Business Rankings Annual

Cumulative Index
1989–2023

ISSN 1043-7908

Cumulative Index 1989–2023

Business Rankings Annual

Includes References to All Listings
in Thirty-Five Editions of
Business Rankings Annual

Part 2: F-N

GALE

Business Rankings Annual, Cumulative Index 1989-2023

Deborah J. Draper

Project Editor: Donna Craft

Editorial Support Services: Wayne D. Fong

Composition and Electronic Prepress: Charlie Montney

Manufacturing: Rita Wimberley

© 2023 Gale, part of Cengage Group

ALL RIGHTS RESERVED. No part of this work covered by the copyright herein may be reproduced or distributed in any form or by any means, except as permitted by U.S. copyright law, without the prior written permission of the copyright owner.

This publication is a creative work fully protected by all applicable copyright laws, as well as by misappropriation, trade secret, unfair competition, and other applicable laws. The authors and editors of this work have added value to the underlying factual material herein through one or more of the following: unique and original selection, coordination, expression, arrangement, and classification of the information.

Cover photographs reproduced by permission of Sergii Molchenko/Shutterstock.com; Song_about_summer/Shutterstock.com (Small box bar graph); metamorworks/Shutterstock.com (Small Box Arrows).

For product information and technology assistance, contact us at
Gale Customer Support, 1-800-877-4253.
For permission to use material from this text or product,
submit all requests online at www.cengage.com/permissions.
Further permissions questions can be emailed to
permissionrequest@cengage.com

While every effort has been made to ensure the reliability of the information presented in this publication, Gale, part of Cengage Group, does not guarantee the accuracy of the data contained herein. Gale accepts no payment for listing; and inclusion in the publication of any organization, agency, institution, publication, service, or individual does not imply endorsement of the editors or publisher. Errors brought to the attention of the publisher and verified to the satisfaction of the publisher will be corrected in future editions.

EDITORIAL DATA PRIVACY POLICY. Does this publication contain information about you as an individual? If so, for more information about our editorial data privacy policies, please see our Privacy Statement at www.gale.com.

Gale, part of Cengage Group
27555 Executive Dr., Ste. 350
Farmington Hills, MI, 48331-3551

ISBN-13: 978-0-02-867461-2 (Cumulative Index, 3 part set)
ISBN-13: 978-0-02-867462-9 (Cumulative Index, part 1)
ISBN-13: 978-0-02-867463-6 (Cumulative Index, part 2)
ISBN-13: 978-0-02-867464-3 (Cumulative Index, part 3)

ISSN 1043-7908

Printed in the United States of America
1 2 3 4 5   26 25 24 23 22

Contents

User's Guide vii
Index Listings
    A-E 1
    F-N 757
    O-Z 1543

User's Guide

This index includes references to all listings in thirty-five editions of Business Rankings Annual *as compiled by Gale.*

Sample Index Entry

▮1▮ Aetna
▮2▮ 1989 Ed. ▮3▮ (3067, 3068, 3069)
1990 Ed. (1129, 1130, 1134, 1135)
1991 Ed. (2444,1448, 1456, 2517)
1992 Ed. (2070, 2087, 2376)
1993 Ed. (2090,2268,2287,2366
1997 Ed. (2298,3017)
1998 Ed. (2011, 2258, 2287, 2366, 2974, 2976, 2977)
2000 Ed. (2370, 2643, 2655, 2671, 2710, 3549)
2005 Ed. (2085, 2147)
2012 Ed. (2969, 2970)
2013 Ed. (1679,1681, 1686, 2127, 2130, 2132, 2133, 2134, 2137)

Description of Numbered Elements

▮1▮ Name listing.

▮2▮ Editions of *Business Rankings Annual* in which listings appear.

▮3▮ Entry numbers within each edition.

Cumulative Index: F–N

F

F 3 Motors - S.R.L.
  2020 Ed. (1510)
F-15 Eagle
  1992 Ed. (4427)
F-16 Fighting Falcon
  1992 Ed. (4427)
F-22 Lightning 2
  1998 Ed. (847, 851)
F 44
  2000 Ed. (277)
F/A-18 Hornet
  1992 Ed. (4427)
F. A. Archinaco
  2001 Ed. (2322)
  2002 Ed. (2187)
  2003 Ed. (2383)
The F. A. Bartlett Tree Expert Co.
  2011 Ed. (3427, 3431, 3432)
  2012 Ed. (3440, 3444, 3445)
  2013 Ed. (3458, 3460, 3465)
  2014 Ed. (3458, 3460, 3465)
  2015 Ed. (3478, 3479, 3483)
  2016 Ed. (3322, 3323, 3327, 3332)
  2017 Ed. (3283, 3289)
  2018 Ed. (3351)
F & A Credit Union
  2009 Ed. (2195)
  2012 Ed. (2026)
  2013 Ed. (2238)
F. A. Cup Soccer
  2003 Ed. (846)
F. A. Davis Co.
  2010 Ed. (598)
  2011 Ed. (528)
F. A. Davis & Sons Inc.
  1995 Ed. (1204)
  1997 Ed. (1201, 1202, 1204, 1207)
  1998 Ed. (977, 980, 983)
F & A Federal Credit Union
  2009 Ed. (2220)
  2011 Ed. (2192)
  2012 Ed. (2052)
  2014 Ed. (2137)
  2015 Ed. (2201)
F. A. Richard & Associates Inc.
  2005 Ed. (3615)
  2006 Ed. (3732, 4066, 4264)
  2007 Ed. (3715, 4112)
  2008 Ed. (3808)
  2009 Ed. (3852)
  2010 Ed. (3771, 4177)
  2011 Ed. (3775, 4176)
  2012 Ed. (3776)
F. A. Tucker Group Inc.
  1995 Ed. (1167)
F. A. Wilhelm Construction Co.
  2003 Ed. (1260)
  2004 Ed. (1263)
  2006 Ed. (1237, 1310, 1337)
  2008 Ed. (1296, 1329)
  2009 Ed. (1280, 1316)
  2010 Ed. (1274)
  2011 Ed. (1226)
  2012 Ed. (1093)
  2014 Ed. (1171)
F. B. Garvey & Associates
  1991 Ed. (2166)
  1993 Ed. (2265)
  1996 Ed. (2353)
F & C Commercial Property Trust
  2016 Ed. (4122)
  2017 Ed. (4101)
F. C. Lai Lai Dept. Store
  1992 Ed. (1798)
F. C. Lanza
  2004 Ed. (2505)
  2005 Ed. (2489)

F. C. Tseng
  2003 Ed. (3295)
F. D. Ackerman
  2001 Ed. (2343)
  2002 Ed. (2208)
  2004 Ed. (2522)
  2005 Ed. (2506)
F D B Faellesfor For Danmarks Brugs-foreninger
  1990 Ed. (1344)
  1994 Ed. (1346)
F. D. Ballou-Loring Wolcott & Coolidge
  1994 Ed. (2309)
F. D. Thomas Inc.
  2003 Ed. (1309)
  2005 Ed. (1318)
The F. Dohmen Co.
  1994 Ed. (1557)
F. Duane Ackerman
  2007 Ed. (1013, 1033)
F. E. Moran Inc. Alarm & Monitoring Services
  2016 Ed. (4326)
F. E. Wood Holdings Ltd.
  1995 Ed. (1015)
F. E. Wright
  2003 Ed. (2380)
  2004 Ed. (2499)
F. F. Korndorf
  2003 Ed. (2390)
F & F McCann
  1999 Ed. (126)
  2000 Ed. (144)
  2001 Ed. (181)
  2002 Ed. (153)
  2003 Ed. (123)
F & F Mechanical Enterprises Inc.
  2010 Ed. (1253)
F & G Construction General Contractors Inc.
  2016 Ed. (4960)
  2019 Ed. (4952)
  2020 Ed. (3578, 4954)
  2021 Ed. (4958)
F. G. McGaw Hospital at Loyola University
  2003 Ed. (2835)
F. Greek Development
  2020 Ed. (4777)
F Group
  2005 Ed. (34)
F & H Acquisition Corp.
  2011 Ed. (2733)
F. H. Cann & Associates Inc.
  2013 Ed. (1033)
  2014 Ed. (1004)
  2015 Ed. (1040)
  2016 Ed. (949)
F. H. Faulding & Co. Ltd.
  2002 Ed. (3760, 3964)
F. H. Joanneum University of Applied Sciences
  2008 Ed. (802)
F. H. Langhammer
  2001 Ed. (2339)
  2002 Ed. (2204)
  2003 Ed. (2397)
  2004 Ed. (2516)
  2005 Ed. (2500)
F. H. Menaker, Jr.
  2001 Ed. (2317)
F. H. Merelli
  2005 Ed. (1103)
F. H. Merrelli
  2010 Ed. (912)
F. H. Paschen
  2009 Ed. (1278)
  2010 Ed. (1273, 1309)
  2011 Ed. (1224, 1272)
  2013 Ed. (1232)

2014 Ed. (1171)
F. H. Perry Builder
  2016 Ed. (1096)
  2017 Ed. (2977)
F. Hammond Music
  2014 Ed. (3719)
F. Hassan
  2001 Ed. (2325)
  2002 Ed. (2207)
  2004 Ed. (2520)
  2005 Ed. (2501)
F. Hoffman-La Roche AG
  2003 Ed. (1670)
F. Hoffman-La Roche & Co. AG
  1993 Ed. (1408)
  1994 Ed. (1456)
F. Hoffman-La Roche & Co. Ltd.
  1990 Ed. (1251)
  2001 Ed. (1556)
F. Hoffman-LaRoche
  1990 Ed. (1423)
  1995 Ed. (1496)
F. Hoffmann-La Roche
  1991 Ed. (1354)
  2013 Ed. (4017)
F Hoffmann-La Roche AG
  2000 Ed. (1562)
F. Hoffmann-La Roche & Co. AG
  1996 Ed. (1453)
F. I. A. Associates
  1991 Ed. (2820, 2821)
F. J. Boutell Driveway Co.
  2002 Ed. (4689)
F. J. Sclame Construction Co. Inc.
  2004 Ed. (1288)
F-ka za kabli Negotino
  2002 Ed. (4442)
F. Korbel & Bros.
  1998 Ed. (3722)
  1999 Ed. (4772)
  2000 Ed. (4396)
F. Korbel & Bros./Heck Clrs.
  1994 Ed. (3664)
F & L Construction Inc.
  2001 Ed. (2702, 2709)
F. L. Crane & Sons Inc.
  1996 Ed. (1136)
  1997 Ed. (1173)
  1999 Ed. (1379)
  2002 Ed. (1301)
  2003 Ed. (1319)
  2007 Ed. (1372)
  2008 Ed. (1268, 1313, 1338)
  2009 Ed. (1244, 1298, 1336)
  2010 Ed. (1243, 1244, 1291, 1307, 1319)
  2011 Ed. (1247, 1296)
  2012 Ed. (1137, 1170, 1171, 1172, 1180)
  2014 Ed. (1216)
  2016 Ed. (1189)
  2017 Ed. (1232)
  2023 Ed. (1403)
F L I International Ltd.
  2006 Ed. (1817)
F. L. Insurance Corp.
  1997 Ed. (902)
  1998 Ed. (639)
  2000 Ed. (982)
F. L. P. Secretan & Co. Ltd.; 367,
  1991 Ed. (2337)
F. L. P. Secretan & Co. Ltd.; 545,
  1991 Ed. (2336)
F. L. P. Secretan & Co. Ltd.; Marine 367,
  1991 Ed. (2336)
F L S Industries A/s
  1994 Ed. (1346)
F. Lance Isham
  2004 Ed. (2527)
F. Lee Bryan III
  2009 Ed. (3444)

F. Lezama
  2002 Ed. (2204)
F. Lynn McPheeters
  2006 Ed. (973)
F & M
  1992 Ed. (1858)
F & M Bancorp
  2005 Ed. (356)
F & M Bank & Trust Co.
  2005 Ed. (1065)
F & M Bank, Wisconsin
  2004 Ed. (185)
F & M Distributors Inc.
  1989 Ed. (925, 927, 2332)
  1990 Ed. (1027)
  1991 Ed. (953, 1458, 1461)
  1992 Ed. (1189, 1851)
  1993 Ed. (963, 1526)
  1994 Ed. (1568, 1572)
  1995 Ed. (1610, 1615)
  1996 Ed. (385, 1588)
F. M. Holding Corp.
  2001 Ed. (1832)
  2003 Ed. (1807)
F. M. Kirby Foundation Inc.
  1995 Ed. (1926)
F. M. Poses
  2003 Ed. (2383)
  2004 Ed. (2502)
  2005 Ed. (2486)
F & M Trust
  2013 Ed. (1995)
F. Menard
  2003 Ed. (3900)
  2004 Ed. (3928)
  2005 Ed. (3876)
  2006 Ed. (3939)
F-Musiikki Oy
  2020 Ed. (3653)
  2021 Ed. (3658)
F. N. B. Corp.
  2004 Ed. (636, 637)
  2005 Ed. (625, 626)
F & N Enterprises
  2016 Ed. (4778)
F-O-R-T-U-N-E of Abington
  2000 Ed. (1868)
F & P Healthcare
  2017 Ed. (1851)
F & R Construction Corp.
  2004 Ed. (1156)
  2005 Ed. (1184)
  2006 Ed. (1178)
  2007 Ed. (1285)
F. R. & J. C. Warren Trust
  2005 Ed. (375)
F. Ross Johnson
  1990 Ed. (1713, 1714)
F. Rowe Michaels
  1999 Ed. (2401)
F & S Building Innovations, Inc.
  2023 Ed. (3180)
F. Schumacher & Co.
  1996 Ed. (3676)
F. Segura Hungaria Ipari ES Kereskedelmi
  2017 Ed. (1606)
F-Series
  2000 Ed. (3141)
  2002 Ed. (386, 4684, 4700)
F-Series; Ford
  2005 Ed. (304, 4777, 4785, 4786)
  2006 Ed. (323, 4829, 4856)
  2007 Ed. (4858)
  2008 Ed. (299, 304, 4765, 4781)
  2009 Ed. (4812)
  2010 Ed. (4830)
  2013 Ed. (4770, 4771, 4772)
F-Series Pickup
  2002 Ed. (4699)

F. Thaddeus Arroyo
  2011 Ed. (2952)
F. Uhrenholt Holding A/S
  2009 Ed. (1635)
F. V. Atlee III
  2005 Ed. (2487)
F-Van Lanschot
  1990 Ed. (645)
  1992 Ed. (795)
  1993 Ed. (586)
F. Van Lanschot Bankiers
  2002 Ed. (625)
  2003 Ed. (591)
  2004 Ed. (596)
  2005 Ed. (585)
  2006 Ed. (504)
  2007 Ed. (526)
  2008 Ed. (481)
  2009 Ed. (509)
  2010 Ed. (491)
  2011 Ed. (420)
F. Van Lanschot Bankiers NV
  1999 Ed. (606)
F. Van Lanschot, S.H'bosch
  1991 Ed. (619)
F. W. Olin Foundation
  2002 Ed. (2331)
F. W. Reid
  2003 Ed. (2379)
F. W. Smith
  2001 Ed. (2342)
  2002 Ed. (2207)
F. W. Van Zile Popular Tours
  2007 Ed. (3584)
  2008 Ed. (4975)
F. W. Woolworth Co.
  1989 Ed. (1245, 2486)
  1990 Ed. (1496, 1508, 1509, 2121, 2132, 3049, 3052, 3060, 3274)
  1991 Ed. (978, 2896, 3115)
  1992 Ed. (1793, 3954)
  1993 Ed. (44)
  1994 Ed. (13, 885, 1019, 1523, 1567, 2137, 3098, 3295, 3367, 3452, 3620)
  1995 Ed. (1395)
  1996 Ed. (893, 1286, 1293, 1294, 1536, 3242, 3243, 3246, 3251, 3426, 3485, 3773)
  1997 Ed. (1342, 1360, 1361, 1632, 1639, 1665, 3345, 3347, 3355, 3549, 3551, 3643, 3644, 3831)
  1998 Ed. (771, 1305, 1359, 3080, 3340, 3657)
  1999 Ed. (4701)
F. X. Matt Brewing Co.
  1997 Ed. (713)
F1 Info Solutions & Services Pvt. Ltd.
  2017 Ed. (2867)
F2
  1989 Ed. (2909)
F3 Forms Software
  1996 Ed. (2562)
F5 IT
  2017 Ed. (1526, 1884)
F5 Networks
  2016 Ed. (1009, 2133, 2136)
  2018 Ed. (940, 954)
  2019 Ed. (931, 3689)
  2020 Ed. (936, 3721)
  2021 Ed. (936)
F5 Networks Inc.
  2001 Ed. (2856, 4185)
  2002 Ed. (2527, 2536)
  2004 Ed. (2771)
  2006 Ed. (2073, 4685)
  2007 Ed. (2045, 4704)
  2008 Ed. (2163, 3644, 4608)
  2009 Ed. (2934)
  2012 Ed. (1958, 1963, 1964, 2784, 4573)
  2013 Ed. (1081, 2155, 2160, 2173, 2175, 2176, 2181, 2183, 2847)
  2014 Ed. (1065, 2093, 2107)
  2015 Ed. (2160)
F6
  1994 Ed. (959)
  1997 Ed. (990)
F12.net
  2021 Ed. (1448)
F27
  1994 Ed. (187)
F45 Training
  2021 Ed. (3887)
  2022 Ed. (3899, 3900)
  2023 Ed. (1031, 3993, 3994)
F150
  2001 Ed. (3394, 4638)
F150 4x2
  2002 Ed. (406)
F150; Ford
  2009 Ed. (349)
  2010 Ed. (325)
  2011 Ed. (252)
  2012 Ed. (272)
Fa
  2001 Ed. (4298)
FA-18 Hornet
  1996 Ed. (1078)

Fa. Anton Schlecker
  2013 Ed. (4330)
The F.A. Bartlett Tree Expert Co.
  2021 Ed. (3995)
F.A. Davis & Sons Inc.
  1998 Ed. (976)
Fa Li
  2000 Ed. (4037)
FA Peinado LLC
  2018 Ed. (3620)
F.A. Wilhelm Construction
  2023 Ed. (1338, 1341)
F.A. Wilhelm Construction Co. Inc.
  2023 Ed. (1779, 1780)
F.A. Wilhelm Construction Co., Inc.
  2019 Ed. (1662)
  2020 Ed. (1621)
  2021 Ed. (1598)
  2022 Ed. (1616)
FAA Eastern Region Credit Union
  2009 Ed. (2187)
Faasos
  2017 Ed. (1635)
FAB
  2022 Ed. (711, 718)
  2023 Ed. (789, 793, 895)
Fab
  1990 Ed. (3548)
  1991 Ed. (3324)
  1992 Ed. (4234)
Fab Fours
  2012 Ed. (3521)
Fab Glass & Mirror
  2018 Ed. (1094)
  2019 Ed. (1897, 3402)
  2021 Ed. (2970, 2975)
  2022 Ed. (3095, 3100)
Fab Glass and Mirror
  2021 Ed. (2970, 2975)
  2022 Ed. (3095)
Fab Industries Inc.
  1991 Ed. (3350)
  1992 Ed. (4277)
  1994 Ed. (3517, 3518)
  1995 Ed. (3600, 3602)
  2004 Ed. (4707)
  2005 Ed. (4679, 4680)
FAB Maintenance Corp.
  2008 Ed. (3702)
Fab: The Coming Revolution on Your Desktop
  2007 Ed. (652)
Fabara; Paul
  2014 Ed. (2975)
FabArc Steel Supply Inc.
  2008 Ed. (1270, 1338)
  2009 Ed. (1246)
  2010 Ed. (1244, 1319)
  2011 Ed. (1193)
  2012 Ed. (1138)
Fabbrica Italiana Aromi Speciali
  2021 Ed. (848)
Fab.com
  2013 Ed. (2475)
  2014 Ed. (2405)
  2015 Ed. (2479)
Fabege AB
  2018 Ed. (1047)
  2019 Ed. (1058)
Faber
  1996 Ed. (2448)
  1997 Ed. (2594)
Faber Castell GmbH & Co.; A. W.
  1992 Ed. (2971)
  1993 Ed. (2386, 2498)
Faberge
  1989 Ed. (2508)
  1990 Ed. (3311, 3312)
  1991 Ed. (1169, 1362)
Faberlic
  2014 Ed. (2260, 2266)
Faberware
  1990 Ed. (2107)
  1992 Ed. (1243)
  1997 Ed. (2311)
  2000 Ed. (1131)
FabFitFun
  2019 Ed. (1106, 3506)
FabFitFun Inc.
  2023 Ed. (2128)
Fabian & Clendenin
  2006 Ed. (3252)
Fabian VanCott PC
  2023 Ed. (3466)
Fabio Cannavaro
  2008 Ed. (4453)
  2009 Ed. (4492)
Fabiola Arredondo
  2002 Ed. (4983)
Fabiola Gianotti
  2014 Ed. (4965)
  2017 Ed. (4916)
Fabletics
  2019 Ed. (2313)
FABP Bancshares Inc.
  2004 Ed. (1545)

Fabr. Nacional de Papel SA
  2002 Ed. (4496, 4497)
Fabra Clean
  2008 Ed. (4788)
Fabregas; Cesc
  2018 Ed. (205)
Fabregas; Pedro
  2014 Ed. (2975)
Fabri-Centers
  1992 Ed. (3226)
  1994 Ed. (2667)
  1998 Ed. (1531)
  1999 Ed. (1054)
Fabri-Centers of America Inc.
  2000 Ed. (1306)
Fabri-Form Co.
  2001 Ed. (4519)
Fabri-Kal Corp.
  1992 Ed. (3474)
  2001 Ed. (4520)
  2003 Ed. (4734)
  2004 Ed. (4718)
  2005 Ed. (4688)
  2006 Ed. (4733)
  2007 Ed. (4749)
  2008 Ed. (4673)
  2009 Ed. (4713)
  2010 Ed. (4727)
  2011 Ed. (4686)
  2012 Ed. (4700)
  2013 Ed. (4661)
  2014 Ed. (4713)
  2015 Ed. (4725)
  2016 Ed. (4627)
  2017 Ed. (4643)
  2018 Ed. (4640)
  2019 Ed. (4654)
  2020 Ed. (4622)
  2021 Ed. (4634)
  2022 Ed. (4653)
Fabric
  2008 Ed. (2646, 2647)
  2009 Ed. (2674)
Fabric Development
  1994 Ed. (2533)
  1995 Ed. (2592)
  1996 Ed. (2662)
  1998 Ed. (2517)
  1999 Ed. (3425)
  2000 Ed. (3151)
Fabric mills
  2007 Ed. (3716)
Fabric softeners
  2002 Ed. (3054)
Fabric washes
  2002 Ed. (3054)
Fabrica de Brinzeturi din Soroca SA
  2022 Ed. (1514)
Fabrica Nacional de Papel SA
  2006 Ed. (4547)
Fabricacion de Automoviles Renault Es-pana SA
  1989 Ed. (1162)
  1990 Ed. (1419)
  1996 Ed. (1447)
Fabricacion de Automoviles Renault de Es-pana SA
  1997 Ed. (1508)
  2001 Ed. (1851)
Fabricas Nacionales de Cerveza
  2009 Ed. (115)
Fabricated
  1990 Ed. (2886)
Fabricated products and machinery
  1989 Ed. (2347)
Fabricated metal product manufacturers, except machinery
  2001 Ed. (1708, 1720, 1758, 1781, 1883)
Fabricated metal product manufacturing
  2010 Ed. (3772)
  2011 Ed. (3776)
Fabricated metals
  1992 Ed. (3476)
  1997 Ed. (1843)
  2003 Ed. (2909)
Fabricated metal products
  1990 Ed. (1268, 3091)
  1991 Ed. (1176)
  1992 Ed. (1502)
  1993 Ed. (1713)
  1995 Ed. (1259, 2895)
  1999 Ed. (1941, 2846, 2866)
  2002 Ed. (2798)
Fabrication Aeraulique & Acoustique
  2018 Ed. (1555)
Fabricators & assemblers
  1998 Ed. (1326, 2694)
Fabricators, assemblers, and handworking occupations
  1989 Ed. (2082)
Fabricland Inc.
  1993 Ed. (3545)
Fabrics
  1989 Ed. (1931)
  2002 Ed. (2216, 2217)
  2004 Ed. (2544, 2546, 2549)
  2005 Ed. (2870)

Fabrienvaf Nuca
  2019 Ed. (832)
fab'rik
  2015 Ed. (1020)
  2016 Ed. (923)
  2017 Ed. (971)
Fabrika Duvana A.D.
  2019 Ed. (1534)
Fabrika cementa Novi Popovac a.d. Novi Popovac
  2006 Ed. (4535)
Fabrikant; Charles
  2009 Ed. (2665)
  2010 Ed. (2566)
Fabrinet
  2004 Ed. (2232)
  2012 Ed. (4436)
  2020 Ed. (2302)
Fabrinet Co., Ltd.
  2019 Ed. (3445)
Fabrizio Freda
  2015 Ed. (962, 964)
  2016 Ed. (873)
Fabrizio Freda (Estee Lauder)
  2021 Ed. (724)
Fabryka Samochodow Malolitrazowch
  1994 Ed. (1206)
Fabu-laxer Relaxer Regular
  2000 Ed. (2410)
Fabuloso
  2009 Ed. (968)
  2010 Ed. (931)
Fabulous Furballs
  2013 Ed. (1481)
Fabulous Furballs Ltd.
  2012 Ed. (2771)
Fabutan Sun Tan Studios
  2002 Ed. (4548)
FAC Realty Trust Inc.
  1999 Ed. (3663, 3664)
F.A.C.B.
  1997 Ed. (2594)
Faccenda Group (South) Ltd.
  2004 Ed. (191)
Faccenda Investments
  2017 Ed. (2031)
Facchinetti; Alessandra
  2006 Ed. (4984)
Facciola; Thomas
  1996 Ed. (1771)
Face
  2000 Ed. (3499)
Face cleansers/creams
  2002 Ed. (4285)
Face creams
  2001 Ed. (3712)
Face the Fire
  2004 Ed. (743)
Face the Nation
  2007 Ed. (843)
  2009 Ed. (834)
Face/Off
  1999 Ed. (4716)
  2001 Ed. (4695)
Face powder
  2002 Ed. (3640)
Face2Face
  2014 Ed. (643)
Facebook
  2009 Ed. (673, 692, 699, 713)
  2010 Ed. (32, 2378)
  2011 Ed. (3321, 3325, 3326, 4959)
  2012 Ed. (549, 550, 655, 2845, 2875, 3091, 3306, 3309, 3311, 3312, 4953)
  2013 Ed. (695, 800, 802, 2921, 2951, 3374, 3376, 3380, 3382, 3383, 3384, 3661)
  2014 Ed. (817, 819, 2968, 3383, 3384, 3385, 3386, 4650)
  2015 Ed. (762, 3038, 3419, 3421, 4640, 4643)
  2016 Ed. (4556, 4557)
  2017 Ed. (706, 731, 730, 731, 733, 2801, 2893, 4561, 4565, 4566, 4567)
  2018 Ed. (647, 677, 678, 2860, 2959, 4583, 4584)
  2019 Ed. (691, 2904, 3291, 3292, 4590, 4595)
  2020 Ed. (641, 642, 681, 682, 683, 1322, 2915, 2923, 3287, 4574)
  2021 Ed. (593, 596, 686, 689, 690, 1317, 1328, 2784, 3152, 3153, 3507, 4558, 4564)
  2022 Ed. (623, 726, 727, 944, 950, 951, 993, 1293, 1635, 1646, 3294, 3296, 3297, 3565, 3566, 3580, 3581, 3586, 3635, 4566, 4574, 4575, 4604)
  2023 Ed. (101, 855, 899, 1164, 1503, 1532, 1533, 1537, 1543, 1549, 1550, 1793, 2460, 3386, 3688, 3689, 4385)
Facebook Canada Ltd.
  2020 Ed. (3491)
  2022 Ed. (3571)
  2023 Ed. (3679)
Facebook Inc.
  2013 Ed. (3378)
  2014 Ed. (1036, 1043, 1439, 1442, 1677,

1680, 2394, 2409, 3595, 3598, 4114, 4434, 4577, 4648)
  2015 Ed. (1071, 1078, 1085, 1097, 1128, 1372, 1373, 1499, 1501, 1725, 1727, 2468, 2483, 4569, 4571, 4634)
  2016 Ed. (978, 985, 995, 1006, 1040, 1300, 1325, 1440, 1442, 1673, 2412, 2415, 4770)
  2017 Ed. (790, 1000, 1012, 1018, 1019, 1022, 1030, 1040, 1072, 1075, 1370, 1416, 1451, 1452, 1456, 1648, 1667, 2258, 2260, 2870, 3045, 3241, 3467, 4493, 4563, 4583)
  2018 Ed. (53, 723, 939, 946, 954, 960, 998, 1339, 1390, 1392, 1431, 1432, 1433, 1438, 1624, 1633, 1635, 2323, 2943, 3035, 3157, 3316, 4527, 4581, 4582, 4791)
  2019 Ed. (45, 740, 935, 942, 945, 955, 999, 1338, 1354, 1374, 1438, 1469, 1667, 1682, 1683, 1684, 1685, 2309, 2315, 2385, 2726, 2823, 2894, 2977, 3042, 3092, 3286, 3288, 3289)
  2020 Ed. (731, 927, 934, 936, 944, 982, 1323, 1332, 1335, 1341, 1398, 1400, 1437, 1634, 1636, 1796, 2291, 2294, 2355, 2847, 3006, 3081, 3124, 3284, 3285, 4336)
  2021 Ed. (55, 745, 930, 931, 964, 1289, 1290, 1318, 1326, 1328, 1335, 1396, 1415, 1416, 1435, 1612, 1613, 1614, 1617, 1762, 2243, 2246, 2867, 3150, 3151, 3305, 4352, 4565)
  2022 Ed. (52, 774, 952, 1299, 1327, 1344, 1422, 1443, 1633, 2282, 2349, 3295, 3390, 4358)
  2023 Ed. (987, 1125, 1505, 1506, 1614, 1615, 1631)
Facebook Inc. (U.S.)
  2021 Ed. (1612)
  2022 Ed. (1633)
Facebook Ireland
  2020 Ed. (919, 1647, 4591)
  2021 Ed. (925, 1626, 4589)
Facebook Marketing All-in-One for Dummies
  2013 Ed. (622)
Facebook (U.S.)
  2021 Ed. (686, 689, 690, 2784, 4564)
  2022 Ed. (727, 3586, 4575)
Facebook.com
  2008 Ed. (3370, 3371)
  2010 Ed. (3376)
Facelogic
  2010 Ed. (3863)
Faces
  2002 Ed. (1798)
Faces Day Spa
  2007 Ed. (3600)
FaceTime Communications Inc.
  2001 Ed. (1873, 2853)
Facial cleansers
  2004 Ed. (4431)
Facial cosmetics
  2000 Ed. (4149)
Facial cleansers and creams
  2003 Ed. (4439)
Facial moisturizer/cleansers
  1997 Ed. (3053)
Facial moisturizers
  2004 Ed. (4431)
Facial moisturizers/cleaners
  1995 Ed. (2895)
Facial powder
  2003 Ed. (1869)
Facial preparations
  1991 Ed. (1456)
Facial skin care products
  2001 Ed. (3715, 3724)
Facial tissue
  2002 Ed. (4092)
FaciliCom International
  2001 Ed. (4474)
Facilities Management Consultants
  1990 Ed. (2287)
Facilities support services
  2007 Ed. (3718)
  2009 Ed. (3855)
Facilitron
  2022 Ed. (961, 4550, 4565)
Facility/event management
  2003 Ed. (4516)
The Facility Group
  2002 Ed. (1244, 1249)
  2003 Ed. (1261)
  2004 Ed. (1264)
  2009 Ed. (1183, 2528)
  2010 Ed. (2547, 2549)
Facility Interiors Inc.
  2003 Ed. (214)
  2008 Ed. (175)
  2013 Ed. (79)
Facility location
  1999 Ed. (964)
Facility support management
  2002 Ed. (2948)
Facility Management of Alaska
  2003 Ed. (4395)

Facility operations/equipment maintenance
  2005 Ed. (2890, 2891)
  2006 Ed. (2897)
Facility Services Management Inc.
  2006 Ed. (3515)
Facility Solutions
  2017 Ed. (1094, 1958)
Facility Solutions Group
  2012 Ed. (1174)
  2013 Ed. (1263)
  2016 Ed. (1167)
Facility Support Services LLC
  2019 Ed. (1915)
FacilityPro
  2003 Ed. (2160, 2179)
  2004 Ed. (2210)
FacilityPro.com
  2001 Ed. (4759)
Faconnable
  1996 Ed. (3859)
Facsimile machines
  1989 Ed. (2344)
Fact
  1991 Ed. (1929)
  1996 Ed. (3081)
The Fact of Business Life
  2014 Ed. (636)
Fact/Fact Plus
  1992 Ed. (3523)
  1993 Ed. (2910)
Fact Holdings Ltd.
  1994 Ed. (996)
Fact Plus
  1996 Ed. (3081)
Fact Plus Pro
  2003 Ed. (3922)
Fact Plus Select
  2003 Ed. (3922)
FactGem
  2019 Ed. (1883)
Faction Projects
  2022 Ed. (4090)
Factiva
  2006 Ed. (3027)
  2007 Ed. (3060)
Factor 75
  2019 Ed. (1637, 2673)
  2020 Ed. (2689)
Factor Report
  1990 Ed. (2364)
  1991 Ed. (2257)
Factor Ten Executive Search
  2022 Ed. (2360)
  2023 Ed. (2524)
Factorial Digital
  2021 Ed. (1853)
Factories McCann
  2003 Ed. (141)
Factory 2-U
  2003 Ed. (2073)
  2004 Ed. (1020, 2107)
  2005 Ed. (1025, 2210)
  2006 Ed. (2273)
Factory 2-U Stores Inc.
  2001 Ed. (1651)
Factory Design Labs Inc.
  2008 Ed. (121)
  2009 Ed. (131, 132, 4132)
  2010 Ed. (130, 131, 132, 133)
  2012 Ed. (53)
  2013 Ed. (50)
Factory Girls: From Village to City in a Changing China
  2010 Ed. (599)
Factory Outlet World
  1996 Ed. (2878)
Factory outlets
  2001 Ed. (3030, 3031)
Factory Pure
  2021 Ed. (4225)
Factory outlet stores
  1998 Ed. (2360)
Factory X
  2020 Ed. (875)
  2021 Ed. (886)
  2022 Ed. (916, 1387)
Factory360
  2021 Ed. (3474)
  2022 Ed. (3531)
  2023 Ed. (3652)
FactoryPure
  2021 Ed. (1895)
  2022 Ed. (1939, 1964, 2280, 2283)
  2023 Ed. (2461)
FACTS
  2008 Ed. (2483)
FACTS Services Inc.
  2006 Ed. (2414)
  2007 Ed. (2362)
FactSet Research Systems
  2013 Ed. (1571, 2510)
  2014 Ed. (1542)
  2015 Ed. (1593)
  2016 Ed. (1519, 4353)
  2019 Ed. (728)
  2020 Ed. (719)

Factset Research Systems
  2018 Ed. (2597)
FactSet Research Systems Inc.
  2004 Ed. (2779)
  2006 Ed. (4023)
  2007 Ed. (4054)
  2009 Ed. (1619)
  2011 Ed. (1597, 2398)
  2012 Ed. (1439, 1442, 2330)
  2013 Ed. (1570)
  2014 Ed. (2451, 2670)
  2015 Ed. (2713, 3094)
  2016 Ed. (2638)
  2019 Ed. (2961)
  2020 Ed. (2990)
  2021 Ed. (2850)
Factual
  2014 Ed. (4647)
Factual Data Corp.
  2004 Ed. (1676)
The Faculty
  2001 Ed. (4700)
FADCO Inc.
  2010 Ed. (4998)
Faded Glory
  2006 Ed. (1017)
  2008 Ed. (982, 984)
  2012 Ed. (815)
Fadi Farra
  2023 Ed. (1304)
Fadi Ghandour
  2013 Ed. (3477, 4719)
Faegre Baker Daniels
  2015 Ed. (3467)
Faegre Baker Daniels LLP
  2015 Ed. (3468)
  2021 Ed. (3231, 3232)
Faegre & Benson
  1990 Ed. (2422)
  1991 Ed. (2288)
  1992 Ed. (2842)
  1993 Ed. (2400)
  1995 Ed. (2647)
  2001 Ed. (816, 849)
  2007 Ed. (2904)
  2012 Ed. (3370, 3378, 3388)
Faegre & Benson LLP
  2003 Ed. (3182)
  2004 Ed. (3233)
  2005 Ed. (3262, 3263)
  2006 Ed. (3250)
  2007 Ed. (3313, 3314, 3320)
  2008 Ed. (3025, 3422)
  2009 Ed. (3112, 3489)
  2010 Ed. (3420, 3421)
  2011 Ed. (3403)
  2012 Ed. (3422, 3423)
  2013 Ed. (3434, 3435)
Faegre Drinker
  2023 Ed. (3424)
Faegre Drinker Biddle & Reath
  2022 Ed. (3334)
  2023 Ed. (3457)
Faellesfor For Danmarks Brugsforeninger; F D B
  1990 Ed. (1344)
FAF
  2008 Ed. (609)
FAF Advisors Inc.
  2010 Ed. (596)
  2011 Ed. (521, 3730, 3738)
Fafard; Lynne
  2013 Ed. (4987)
FAG Automotive
  2004 Ed. (324)
  2006 Ed. (339)
Fage
  2002 Ed. (1960)
  2007 Ed. (40)
Fage USA
  2018 Ed. (2147)
  2019 Ed. (2145, 2149)
  2020 Ed. (2130)
Fage USA Dairy Industry Inc.
  2023 Ed. (2274)
Fage USA Holdings Inc.
  2021 Ed. (2123)
  2022 Ed. (2155)
Fagen Inc.
  2007 Ed. (4016)
  2008 Ed. (1233)
  2009 Ed. (1215)
  2010 Ed. (4082)
Faghiri; Alireza
  2018 Ed. (4107)
Fagin, Brown, Bush, Tinney & Kiser
  1998 Ed. (1376)
Fagioli
  2019 Ed. (1025)
  2020 Ed. (1006)
  2021 Ed. (972)
  2022 Ed. (1009)
  2023 Ed. (1187)
Fagioli Inc.
  2018 Ed. (1014)
  2019 Ed. (1016)
  2020 Ed. (1007)
  2021 Ed. (973)

  2022 Ed. (1010)
Fagioli Inc. (USA)
  2023 Ed. (1188)
Fagioli, Inc.
  2020 Ed. (1014)
  2021 Ed. (981)
  2022 Ed. (1019)
  2023 Ed. (1198)
Fagioli Inc. (USA)
  2021 Ed. (973)
  2022 Ed. (1010)
Fagioli (Italy)
  2021 Ed. (972)
  2022 Ed. (1009)
Fagioli USA
  2020 Ed. (1008, 1012)
  2021 Ed. (974, 979)
  2022 Ed. (1011, 1017)
  2023 Ed. (1189, 1196)
Fahad Al Mubarak
  2013 Ed. (367, 3486)
Fahad Al Otaibi
  2012 Ed. (790)
Fahad Al Rajaan
  2013 Ed. (3474)
Fahd Al Rasheed
  2013 Ed. (1173, 3486)
Fahd Bin Abdul Aziz Al Saud; King
  1990 Ed. (731)
  1991 Ed. (710, 3477)
  1992 Ed. (890)
Fahd Hariri
  2008 Ed. (4890)
  2009 Ed. (4910)
  2010 Ed. (4911)
  2011 Ed. (4897)
  2012 Ed. (4907)
  2013 Ed. (4886)
  2014 Ed. (4899)
  2015 Ed. (4938)
  2016 Ed. (4854)
  2017 Ed. (4858)
  2019 Ed. (4861)
  2020 Ed. (4850)
Fahd; King
  1989 Ed. (732)
  2005 Ed. (4882)
Fahed Hariri
  2021 Ed. (4851)
  2022 Ed. (4846)
  2023 Ed. (4841)
Fahlgren
  1999 Ed. (44)
Fahlgren Mortine
  2011 Ed. (4129)
  2012 Ed. (4158)
  2013 Ed. (4139)
  2014 Ed. (4156, 4166)
  2015 Ed. (4125, 4138)
  2016 Ed. (4039, 4052)
  2017 Ed. (4010, 4023)
  2018 Ed. (4031, 4034, 4047)
  2019 Ed. (4040)
  2020 Ed. (4050)
  2021 Ed. (3470, 4019)
  2022 Ed. (3527, 4038)
  2023 Ed. (144, 3648)
Fahlgren Mortine (includes TURNER)
  2023 Ed. (4143)
Fahlgren & Swink
  1989 Ed. (67)
Fahnestock & Co. Inc.
  1998 Ed. (2232)
  1999 Ed. (920)
  2001 Ed. (843)
Fahnestock Hudson Cap A
  1999 Ed. (3521)
Fahnestock Viner Holdings Inc.
  1992 Ed. (958, 964)
  1994 Ed. (782, 785)
  1996 Ed. (807)
  1997 Ed. (749)
  2003 Ed. (1641)
Fahrenheit
  1994 Ed. (2779)
  1996 Ed. (2954)
  1999 Ed. (3740)
Fahrenheit IT Staffing & Consulting
  2015 Ed. (5029)
Fai Insurances
  1992 Ed. (3978)
  1995 Ed. (200)
Failure to change
  2005 Ed. (784)
Failure to Launch
  2008 Ed. (2386, 3754)
Fain; Richard D.
  2009 Ed. (2664)
  2010 Ed. (2565, 2566)
Fainting Goat Spirits
  2023 Ed. (3521)
Fair Expo Center
  2002 Ed. (1334)
Fair Grounds Race Course & Slots
  2013 Ed. (1815)
Fair Harbor
  2023 Ed. (1922, 4271, 4282)

Fair Isaac
　2023 Ed. (3219)
Fair Isaac Corp.
　2005 Ed. (1679)
　2006 Ed. (1126)
　2007 Ed. (1232)
　2009 Ed. (4553)
　2013 Ed. (3174)
　2016 Ed. (1429)
　2017 Ed. (1440)
Fair Lanes Inc.
　1996 Ed. (386)
Fair Oaks Farm LLC
　2016 Ed. (3478)
Fair Oaks Farms
　2015 Ed. (3592, 3595)
Fair Oaks Farms LLC
　2009 Ed. (3681)
　2010 Ed. (3595)
　2011 Ed. (3597)
　2012 Ed. (3591)
　2013 Ed. (3639, 3645)
　2015 Ed. (3705)
　2016 Ed. (3610)
　2017 Ed. (3578)
　2018 Ed. (3603)
　2019 Ed. (3489, 3494, 3495, 3592)
　2020 Ed. (3565)
　2021 Ed. (92, 3596)
　2022 Ed. (109, 3647)
Fair Oaks Foods
　2023 Ed. (3753)
Fair Price Properties
　2022 Ed. (4083, 4109)
Fair Trade
　2017 Ed. (3612)
　2018 Ed. (3675)
　2019 Ed. (3660)
　2020 Ed. (3627)
　2023 Ed. (3805, 3808)
Fair Winds Captive Management (Cayman) Ltd.
　2006 Ed. (787)
Fairbairn Charitable Trust; Esmee
　1997 Ed. (945)
Fairbank; Richard
　2007 Ed. (1010)
　2008 Ed. (941)
　2011 Ed. (820)
Fairbank; Richard D.
　2005 Ed. (983, 2475)
　2006 Ed. (920, 935, 938)
　2007 Ed. (1035)
　2008 Ed. (945)
　2009 Ed. (957, 958)
　2015 Ed. (966, 975)
　2016 Ed. (872)
Fairbanks
　2001 Ed. (4842)
　2002 Ed. (4922)
　2003 Ed. (4946)
　2004 Ed. (4950)
　2005 Ed. (4930)
　2006 Ed. (4960)
Fairbanks, AK
　1990 Ed. (997, 998)
　1991 Ed. (2781)
　1996 Ed. (3208)
　2001 Ed. (2822, 3206)
　2002 Ed. (920)
　2003 Ed. (831)
　2004 Ed. (869)
　2005 Ed. (838)
　2006 Ed. (766)
　2007 Ed. (864, 3506)
　2008 Ed. (825)
　2011 Ed. (4206)
　2017 Ed. (772)
　2021 Ed. (718)
Fairbanks Capital Corp.
　2001 Ed. (3349)
　2005 Ed. (3305)
Fairbanks Correctional Center
　1994 Ed. (2935)
Fairbanks Enterprises
　2005 Ed. (3900)
Fairbanks; Frank
　1992 Ed. (3136)
Fairbanks Gold Mining Co.
　2003 Ed. (3421)
Fairbanks Memorial Hospital Denali Center
　2010 Ed. (1459)
　2011 Ed. (1460)
Fairbanks Native Association
　2003 Ed. (4395)
Fairbanks North Star Borough School District
　2003 Ed. (2272)
Fairborne Energy Ltd.
　2005 Ed. (1704, 1730)
Fairchild Air Force Base
　2016 Ed. (2126)
　2021 Ed. (1957)
　2022 Ed. (2001)
　2023 Ed. (2102)
Fairchild Air Force, WA
　1992 Ed. (4041)

Fairchild Aircraft Inc.
　2001 Ed. (343, 344, 346, 347)
The Fairchild Corp.
　1992 Ed. (252, 1522)
　1993 Ed. (1177)
　1994 Ed. (188)
　1998 Ed. (94, 95, 98, 1249)
　2004 Ed. (160)
Fairchild Dornie 328
　1999 Ed. (246)
Fairchild-Hiller
　1991 Ed. (1898)
Fairchild Industries
　1989 Ed. (1050, 1320)
　1990 Ed. (181, 183)
　1992 Ed. (1925)
Fairchild Medical Center
　2006 Ed. (2920)
Fairchild Metro/23
　1996 Ed. (192)
Fairchild Semiconductor Corp.
　1999 Ed. (3293)
　2001 Ed. (1782, 1783)
　2003 Ed. (1749, 1750)
　2004 Ed. (1786)
　2005 Ed. (1852)
　2006 Ed. (1859)
　2007 Ed. (1862, 1863)
　2010 Ed. (1792)
　2014 Ed. (1754)
　2015 Ed. (1799)
　2016 Ed. (1753)
Fairchild Semiconductor International Inc.
　2001 Ed. (2158)
　2003 Ed. (1750, 2198, 4379)
　2004 Ed. (885, 1786, 2236, 4400)
　2005 Ed. (1852, 2337, 2340, 4346)
　2006 Ed. (1859, 2114, 2395, 2396)
　2007 Ed. (1554, 1863, 2338, 4700)
　2008 Ed. (1897)
　2009 Ed. (1860)
　2010 Ed. (1792)
　2011 Ed. (1817)
　2012 Ed. (1675)
　2013 Ed. (1826)
FairCo
　2016 Ed. (3274)
Fairco
　2011 Ed. (3423)
　2013 Ed. (3454, 3456)
Faircom
　1991 Ed. (2795)
Fairfax
　1993 Ed. (1199)
Fairfax City County, VA
　1994 Ed. (1481)
Fairfax City, VA
　1990 Ed. (1006, 2158, 2159)
　1991 Ed. (1368)
Fairfax Co. Economic Development Authority, Va.
　1990 Ed. (2876)
Fairfax County Credit Union
　2013 Ed. (2256)
Fairfax County Economic Development Authority
　2006 Ed. (3308)
Fairfax County Government
　2019 Ed. (3961)
Fairfax County Public School
　2008 Ed. (2403, 3786)
Fairfax County Public Schools
　2004 Ed. (4311)
　2006 Ed. (2337)
　2008 Ed. (3166, 3172, 3178, 3181)
　2009 Ed. (2403, 3827)
　2016 Ed. (2142)
　2017 Ed. (2087)
　2018 Ed. (2043)
　2019 Ed. (2102)
　2020 Ed. (2015)
　2021 Ed. (1967)
　2022 Ed. (2013)
　2023 Ed. (2112)
Fairfax County, VA
　1992 Ed. (1719)
　1994 Ed. (716, 1474, 1478, 1479, 1481, 2061, 2168)
　1995 Ed. (337, 1513)
　1996 Ed. (2227)
　1999 Ed. (1779, 2997)
　2002 Ed. (1805)
　2009 Ed. (2387)
　2019 Ed. (4588)
Fairfax County (VA) Public Schools
　1990 Ed. (3106)
　1991 Ed. (2926)
Fairfax County Water Authority, VA
　1991 Ed. (2780)
Fairfax/Fairfax City/Falls Church County, VA
　1992 Ed. (1718)
Fairfax-Falls Church, VA
　1990 Ed. (2157)
Fairfax Financial
　2012 Ed. (3267)
　2013 Ed. (3333)
　2014 Ed. (3351)
　2015 Ed. (3382)

　2016 Ed. (3254, 3271)
　2017 Ed. (3210)
　2018 Ed. (3293)
　2019 Ed. (3245)
　2020 Ed. (3254)
　2022 Ed. (3268)
Fairfax Financial Group
　1999 Ed. (2964)
Fairfax Financial Holdings
　2015 Ed. (3383, 3388)
　2017 Ed. (3083)
Fairfax Financial Holdings Ltd.
　2002 Ed. (2268)
　2003 Ed. (1634)
　2005 Ed. (1708)
　2007 Ed. (3179)
　2008 Ed. (1623, 1659, 3327)
　2009 Ed. (2719, 2720, 3397)
　2010 Ed. (1565, 3280, 3331, 4593)
　2011 Ed. (3288, 4553, 4556, 4560)
　2012 Ed. (1238)
　2016 Ed. (1493, 2605)
　2017 Ed. (2537, 2538, 3228)
　2018 Ed. (2506, 2563, 2609, 3308)
　2019 Ed. (2594, 3267)
　2020 Ed. (2590, 3220, 3268)
　2021 Ed. (2444, 3080, 3086, 3087)
　2022 Ed. (2554, 2649, 2650, 3222, 3226)
　2023 Ed. (2701, 2783, 3316, 3317)
Fairfax Hyundai
　1992 Ed. (385)
　1993 Ed. (271)
　1994 Ed. (270)
　1995 Ed. (270)
　1996 Ed. (273)
Fairfax Imaging
　2012 Ed. (964)
Fairfax India Holdings Corp.
　2018 Ed. (4296)
　2021 Ed. (4330)
Fairfax Realty Inc.
　2008 Ed. (4104, 4105)
Fairfax, VA
　1990 Ed. (1441, 1443, 1483)
　1991 Ed. (1368, 1370, 1372, 1373, 1376)
　1992 Ed. (1720, 1722, 1723)
　1998 Ed. (191)
　2002 Ed. (1057)
Fairfax/Vienna/Centreville, VA
　1992 Ed. (3291)
Fairfield Christian Academy
　2008 Ed. (4281)
Fairfield City School District
　2023 Ed. (1958)
Fairfield Communities
　1991 Ed. (3389)
　1998 Ed. (2674)
The Fairfield Co.
　2010 Ed. (1306)
　2011 Ed. (1264)
Fairfield County Bank
　2021 Ed. (365)
　2022 Ed. (378)
　2023 Ed. (494)
Fairfield County Bank Corp.
　2006 Ed. (428)
　2007 Ed. (424)
Fairfield County, CN
　1997 Ed. (1540)
Fairfield County, CT
　1993 Ed. (1429, 1430, 2144)
　1994 Ed. (239, 1474, 1480, 2167)
　1995 Ed. (2218)
　1996 Ed. (2227)
　1998 Ed. (1200, 2080)
　1999 Ed. (2831)
　2002 Ed. (1808)
　2014 Ed. (752)
　2016 Ed. (710)
　2017 Ed. (771)
　2018 Ed. (705)
　2021 Ed. (716, 3315)
Fairfield Credit Union
　2002 Ed. (1848)
　2003 Ed. (1907)
　2004 Ed. (1947)
　2005 Ed. (2088)
　2006 Ed. (2166, 2183)
　2007 Ed. (2104)
　2008 Ed. (2219)
　2009 Ed. (2202)
　2010 Ed. (2156)
　2011 Ed. (2177)
　2012 Ed. (2037)
　2013 Ed. (2210)
　2014 Ed. (2141)
　2015 Ed. (2205)
　2016 Ed. (2176)
Fairfield, CT
　1990 Ed. (2157)
　1991 Ed. (2002)
　1998 Ed. (2058)
　2000 Ed. (1603, 2612)
　2001 Ed. (1940)
　2005 Ed. (3642, 3643)
Fairfield Federal Credit Union
　2018 Ed. (2084)
　2020 Ed. (2062)

　2021 Ed. (2052)
　2022 Ed. (2088)
　2023 Ed. (2202)
Fairfield Federal Savings & Loan Association of Lancaster
　2021 Ed. (4315)
　2022 Ed. (4322)
　2023 Ed. (4352)
Fairfield Financial Group
　1993 Ed. (1037)
Fairfield Homes
　2002 Ed. (2670)
　2003 Ed. (1213)
Fairfield Inn
　1993 Ed. (2085, 2096)
　2002 Ed. (2644)
　2006 Ed. (2943)
　2019 Ed. (3009)
Fairfield Inn by Marriott
　2011 Ed. (3068)
Fairfield Inns
　1991 Ed. (1943)
　1992 Ed. (2476)
　1994 Ed. (2115)
　1995 Ed. (2165)
　1996 Ed. (2178)
　1997 Ed. (2292, 2302)
　1998 Ed. (2016, 2027)
　1999 Ed. (2776)
　2000 Ed. (2553)
Fairfield Inns by Marriott
　1990 Ed. (2077)
　2001 Ed. (2790)
　2008 Ed. (3079)
　2009 Ed. (3169)
Fairfield Inns & Suites by Marriott
　2007 Ed. (2954)
Fairfield by Marriott
　2023 Ed. (3152)
Fairfield-Noble
　1990 Ed. (1064)
Fairfield, OH
　2012 Ed. (3146)
　2013 Ed. (3223)
　2014 Ed. (3242)
Fairfield Public Finance Authority, CA
　1991 Ed. (1478)
Fairfield Residential Co.
　2017 Ed. (199)
Fairfield Residential Company LLC
　2022 Ed. (174)
Fairfield Residential LLC
　2007 Ed. (282)
　2008 Ed. (258)
　2021 Ed. (182)
Fairfield at St. James
　1990 Ed. (1146)
　1991 Ed. (1045)
Fairfield University
　1992 Ed. (1269)
　1993 Ed. (1017)
　1994 Ed. (1044)
　1995 Ed. (1052)
　1996 Ed. (1037)
　1997 Ed. (1053)
　1998 Ed. (801)
　1999 Ed. (1230)
　2000 Ed. (1139)
　2001 Ed. (1325)
　2008 Ed. (1086)
　2009 Ed. (1060)
　2010 Ed. (1028)
Fairgrounds Surgical Center
　2008 Ed. (2036)
Fairholme
　2007 Ed. (2481)
　2008 Ed. (2611)
　2011 Ed. (3724)
　2014 Ed. (4567)
Fairholme Focused Income
　2018 Ed. (633)
Fairholme Fund
　2006 Ed. (3617)
　2008 Ed. (4516)
　2009 Ed. (3808)
　2010 Ed. (3737)
　2011 Ed. (3732, 4536)
Fairlane Town Center
　2000 Ed. (4028)
　2001 Ed. (4252)
　2002 Ed. (4280)
Fairleigh Dickinson University
　1997 Ed. (863)
　2008 Ed. (774)
　2014 Ed. (775)
　2015 Ed. (817, 818)
　2016 Ed. (730)
Fairlife
　2017 Ed. (3530, 3647)
　2018 Ed. (3574)
　2021 Ed. (2629)
　2022 Ed. (3617, 3619, 3621)
　2023 Ed. (3715, 3716, 3717, 3719, 3720)
fairlife
　2018 Ed. (3572, 3573)
　2019 Ed. (3565, 3566)
　2020 Ed. (3539, 3540, 3541)
　2021 Ed. (3555, 3557)

CUMULATIVE INDEX • 1989-2023

2022 Ed. (3618, 3620)
Fairlife LLC
  2018 Ed. (2141)
  2019 Ed. (2139)
  2020 Ed. (2123)
  2021 Ed. (2116)
  2022 Ed. (2148)
  2023 Ed. (2266)
Fairly Oddparents Movie: Wishology
  2011 Ed. (2938)
Fairmark Press Tax Guide
  2002 Ed. (4855)
Fairmark Press Tax Guide for Investors
  2002 Ed. (4856)
  2003 Ed. (3043)
FairMarket Inc.
  2002 Ed. (2475)
Fairmarkit
  2022 Ed. (1001)
Fairmont
  1996 Ed. (2176, 2800)
  1997 Ed. (2294)
  1998 Ed. (577, 2002)
  1999 Ed. (2775)
  2000 Ed. (2552)
Fairmont Capital Advisors
  1991 Ed. (2171)
Fairmont Capital Inc.
  2006 Ed. (4010)
Fairmont Credit Union
  2002 Ed. (1900)
  2003 Ed. (1955)
  2004 Ed. (1995)
  2005 Ed. (2137)
  2006 Ed. (2232)
  2007 Ed. (2153)
  2008 Ed. (2268)
  2009 Ed. (2255)
  2010 Ed. (2208)
  2011 Ed. (2226)
  2012 Ed. (2088)
  2013 Ed. (2274)
  2014 Ed. (2208)
  2015 Ed. (2272)
  2016 Ed. (2243)
Fairmont Federal Credit Union
  2018 Ed. (2129)
  2020 Ed. (2110)
  2021 Ed. (2101)
  2022 Ed. (2133)
  2023 Ed. (2251)
Fairmont Homes
  1990 Ed. (1173, 2892, 2893)
  1991 Ed. (2757)
  1992 Ed. (3515, 3518, 3519, 3520, 3521, 3522)
  1993 Ed. (2899, 2902, 2903, 2904, 2905)
  1994 Ed. (1115, 1120, 2914, 2915, 2916, 2917, 2918, 2919)
  1995 Ed. (1131, 2970, 2971, 2972, 2973, 2975, 2976, 2977, 2979)
  1996 Ed. (1104, 3068, 3069, 3070, 3071, 3072, 3073, 3074, 3077, 3078)
  1997 Ed. (1125, 3149, 3150, 3152, 3153)
  1999 Ed. (3873, 3875, 3877)
  2000 Ed. (3588, 3594, 3595)
Fairmont Hotel
  1992 Ed. (2479, 2481)
Fairmont Hotels Hawaii
  2011 Ed. (1683, 1684)
  2012 Ed. (1535)
Fairmont Hotels Inc.
  1990 Ed. (2075)
  1993 Ed. (2083)
  1994 Ed. (2113)
  1998 Ed. (2020)
  1999 Ed. (2778)
  2008 Ed. (4319)
  2009 Ed. (2262)
  2010 Ed. (4468)
  2011 Ed. (4401)
Fairmont Hotels Management Co.
  1992 Ed. (2485)
Fairmont Hotels & Resorts
  2002 Ed. (2626)
  2006 Ed. (1594, 2926)
  2007 Ed. (2952, 4158, 4363)
  2008 Ed. (3077, 4200)
  2013 Ed. (1491)
Fairmont Hotels & Resorts Hawaii
  2013 Ed. (1678, 1682)
  2014 Ed. (1630, 1634)
  2015 Ed. (1679)
Fairmont Industries
  1995 Ed. (2978)
The Fairmont Kea Lani
  2010 Ed. (1674, 1675)
  2017 Ed. (1602)
  2018 Ed. (1583)
  2019 Ed. (1619)
  2020 Ed. (1580)
The Fairmont Kea Lani, Maui
  2016 Ed. (1629)
Fairmont Minerals Ltd.
  1990 Ed. (3094)
  2011 Ed. (3663)

Fairmont Orchid
  2019 Ed. (1610)
  2020 Ed. (1572)
  2023 Ed. (1749)
Fairmont at the Plaza
  2005 Ed. (2938)
Fairmont Raffles Hotels International
  2009 Ed. (3165)
Fairmont Singapore
  2018 Ed. (3077)
Fairmont Specialty Group
  2007 Ed. (1758)
Fairmont Supply Co.
  1992 Ed. (2590)
  2003 Ed. (2203)
Fairmount Capital Advisors Inc.
  1995 Ed. (2334)
  1997 Ed. (2478, 2486)
  1998 Ed. (2227)
  1999 Ed. (3015)
  2001 Ed. (737, 786, 875, 891)
Fairmount Hotel
  1991 Ed. (1946)
Fairmount Hotels
  1991 Ed. (1941)
Fairouz
  2013 Ed. (906, 3472, 3479)
FairPoint Communications
  2017 Ed. (1880)
  2019 Ed. (4599)
Fairport Midwest Growth
  2000 Ed. (3294)
FairPrice
  2014 Ed. (693)
  2015 Ed. (730)
Fairs
  2005 Ed. (1604)
  2006 Ed. (1487)
  2007 Ed. (1517)
  2008 Ed. (1499)
  2009 Ed. (1432)
  2010 Ed. (1415)
Fairsail
  2018 Ed. (4578)
Fairtrade
  2007 Ed. (743)
Fairview Capital Partners Inc.
  2003 Ed. (218)
  2004 Ed. (174)
  2005 Ed. (176)
  2006 Ed. (189)
  2007 Ed. (195)
  2008 Ed. (178)
  2009 Ed. (197)
  2010 Ed. (176)
  2011 Ed. (101)
  2012 Ed. (108)
  2013 Ed. (89)
  2015 Ed. (112)
  2016 Ed. (120)
  2017 Ed. (111)
  2018 Ed. (122)
  2019 Ed. (108)
  2020 Ed. (103)
  2021 Ed. (95)
  2022 Ed. (110)
Fairview Construction Inc.
  1991 Ed. (3515)
Fairview Health Services
  2000 Ed. (3360)
  2003 Ed. (1762)
  2006 Ed. (3589, 3720, 3722)
  2011 Ed. (1858)
  2012 Ed. (1713)
  2013 Ed. (1870)
  2014 Ed. (1802)
  2017 Ed. (2824)
  2020 Ed. (1727)
  2021 Ed. (1701)
  2022 Ed. (1728)
  2023 Ed. (1870)
Fairview Health Systems
  2004 Ed. (2800)
Fairview Homes Limited
  2019 Ed. (2074)
Fairview Hospital & Healthcare Services
  1990 Ed. (2632)
  1994 Ed. (2575)
  1998 Ed. (2551)
  2001 Ed. (1794)
Fairview Hospitals and Healthcare Services
  1992 Ed. (3129)
Fairview Savings & Loan Association
  2021 Ed. (4316)
  2022 Ed. (4323)
  2023 Ed. (4353)
Fairview Search Group
  2022 Ed. (2379)
  2023 Ed. (2541)
Fairview-University Medical Center
  2003 Ed. (2833, 2834, 2835, 2836)
Fairway Consulting Group
  2023 Ed. (2540)
Fairway Foods
  2000 Ed. (2384, 2387)
Fairway Ford
  1990 Ed. (342)
  1991 Ed. (278)

1992 Ed. (377, 379, 383, 415, 418)
Fairway Forms & Printing Inc.
  2009 Ed. (4102)
Fairway Independent Mortgage
  2017 Ed. (3602)
  2020 Ed. (3617)
Fairway Independent Mortgage Corp.
  2016 Ed. (3622)
  2017 Ed. (3589)
  2018 Ed. (3646, 3649)
  2019 Ed. (3635, 3637, 3638)
  2020 Ed. (3608, 3610, 3611)
  2021 Ed. (3632, 3633)
  2022 Ed. (3692, 3695, 3698, 3699, 3700)
  2023 Ed. (3791, 3792, 3793)
Fairway Independent Mortgage Corporation
  2022 Ed. (3695, 3700)
Fairway Landscape & Nursery Inc.
  2002 Ed. (2540)
FAIRWINDS Credit Union
  2021 Ed. (2014)
Fairwinds Credit Union
  2002 Ed. (1858)
  2003 Ed. (1912)
  2004 Ed. (1952)
  2005 Ed. (2094)
  2006 Ed. (2189)
  2007 Ed. (2110)
  2008 Ed. (2225)
  2009 Ed. (2209)
  2010 Ed. (2120, 2163)
  2011 Ed. (1633, 2182)
  2012 Ed. (1483, 2042)
  2013 Ed. (2224)
  2014 Ed. (2156)
  2015 Ed. (2220)
  2016 Ed. (2191)
  2018 Ed. (2089)
  2020 Ed. (2067)
  2021 Ed. (2057)
  2022 Ed. (2093)
  2023 Ed. (2207)
Fairwinds FCU
  1999 Ed. (1805)
Fairwinds Federal Credit Union
  1998 Ed. (1232)
  2000 Ed. (1631)
Fairwood Holdings
  1996 Ed. (2140)
Fairy
  1996 Ed. (1541)
  1999 Ed. (1183, 1839)
  2002 Ed. (2227, 2709)
  2008 Ed. (717)
  2009 Ed. (727)
  2010 Ed. (651)
Fairy Detergent
  1992 Ed. (1799)
Fairy Excel
  1996 Ed. (983)
Fairy Idol
  2008 Ed. (826)
Fairy Liquid
  1992 Ed. (1177, 4237)
A Fairy-Tale Adventure
  2014 Ed. (575)
Fairy Tales
  2020 Ed. (3364)
  2021 Ed. (3296)
  2023 Ed. (3500, 3501)
Fairy Tales Rosemary Repel
  2023 Ed. (3500)
Fairy Washing Up Liquids
  1994 Ed. (983, 1525)
Fairytale Brownies
  2010 Ed. (817)
Faisal Al Ayyar
  2013 Ed. (3478)
Faisal Bank of Egypt
  1992 Ed. (655)
Faisal Bin Qassim Al Thani
  2018 Ed. (4881)
  2019 Ed. (4874)
  2022 Ed. (4859)
  2023 Ed. (4853)
Faisal Islamic Bank
  2009 Ed. (2750)
  2010 Ed. (2674)
  2011 Ed. (2663)
  2012 Ed. (2591)
  2014 Ed. (2663)
  2015 Ed. (2704)
  2016 Ed. (2628)
  2017 Ed. (2562)
  2018 Ed. (2630)
  2019 Ed. (2616)
  2020 Ed. (2626)
Faisal Islamic Bank (Sudan)
  2023 Ed. (2801)
Faisal Islamic Bank of Bahrain
  1996 Ed. (452)
Faisal Islamic Bank of Egypt
  1989 Ed. (455)
  1990 Ed. (477, 613)
  1991 Ed. (428, 568)
  1992 Ed. (583)
  1993 Ed. (465)
  1994 Ed. (411)

1995 Ed. (404, 461)
1996 Ed. (431, 566)
1997 Ed. (396)
1999 Ed. (453)
2000 Ed. (445)
2010 Ed. (2655)
2011 Ed. (333, 2643)
2012 Ed. (340, 2570)
2014 Ed. (2650)
2015 Ed. (2692)
2016 Ed. (2614)
2017 Ed. (2547)
2018 Ed. (2615)
2019 Ed. (348, 2601)
2020 Ed. (2609)
2023 Ed. (560, 2794)
Faisal Islamic Bank of Sudan
  1990 Ed. (613)
  1991 Ed. (440, 568)
  1992 Ed. (596)
  2008 Ed. (508)
  2009 Ed. (540, 2732)
  2010 Ed. (523)
  2011 Ed. (452)
  2013 Ed. (353)
  2014 Ed. (371)
  2015 Ed. (425)
Faisal Private Bank
  2009 Ed. (2751)
  2010 Ed. (2675)
  2011 Ed. (2664)
  2012 Ed. (2592)
Faishin FHC
  2009 Ed. (545)
Faison
  1996 Ed. (3431)
  1998 Ed. (3004, 3300)
Faison Associates
  1992 Ed. (3969)
Faison Office Products Co.
  2002 Ed. (3373)
  2003 Ed. (3425)
Faith Bridge
  2022 Ed. (1098, 1101)
Faith Hill
  1996 Ed. (1094)
  1997 Ed. (1113)
Faith Technologies
  2019 Ed. (4453)
  2020 Ed. (4440)
Faith Technologies Inc.
  2009 Ed. (1318, 1319)
  2010 Ed. (1310)
  2011 Ed. (1275, 1315)
  2013 Ed. (1260)
  2014 Ed. (1194)
  2015 Ed. (1252)
  2016 Ed. (1163)
  2018 Ed. (1164, 1193)
  2019 Ed. (1174, 1179, 1183, 1187, 1188, 1189, 1197, 1202)
  2020 Ed. (1169, 1170, 1174, 1178, 1179, 1183, 1190, 1195, 1200, 1202)
  2021 Ed. (1130, 1137, 1142, 1143, 1147, 1151, 1152, 1156, 1165, 1167, 1169, 1174, 1175, 1190)
  2022 Ed. (1133, 1151, 1155, 1156, 1159, 1161, 1167, 1169, 1173, 1174, 1191)
Faith Technologies Inc. (FTI)
  2023 Ed. (1374, 1384, 1386, 1397, 1403)
Faith Technologies Incorporated (FTI)
  2023 Ed. (1377, 1378, 1379, 1385, 1388, 1396, 1410)
Faithbridge Church
  2010 Ed. (4178)
Faithful + Gould
  2019 Ed. (1099)
Fajairah
  1992 Ed. (1393)
Fakahany; Ahmass
  2006 Ed. (952)
Faker
  2011 Ed. (1068)
Fakta
  2021 Ed. (611)
Faktab Finans AB
  2006 Ed. (2029)
  2007 Ed. (1999)
  2008 Ed. (2092, 2690, 2715)
Falaballa y Corsi Inversora
  2007 Ed. (753)
Falabela
  2005 Ed. (67)
Falabella
  1999 Ed. (4135)
  2004 Ed. (35)
  2005 Ed. (28, 1563)
  2006 Ed. (34, 1640, 1845, 4227)
  2007 Ed. (26, 1655)
  2008 Ed. (31, 1664)
  2009 Ed. (36, 1586, 4331, 4338)
  2010 Ed. (46, 1574, 4356)
  2011 Ed. (1574)
  2013 Ed. (665)
  2014 Ed. (689, 4339)
  2015 Ed. (721, 737, 738, 761, 1431, 4332)
  2016 Ed. (4228)

CUMULATIVE INDEX • 1989-2023

2017 Ed. (4214)
2019 Ed. (1502)
2020 Ed. (1470)
2021 Ed. (1459)
2022 Ed. (666, 1473)
2023 Ed. (1652)
Falabella Chile
  2014 Ed. (1506)
Falabella; Maria Luisa Solari
  2014 Ed. (4876)
  2015 Ed. (4914)
  2016 Ed. (4830)
Falabella Peru
  2014 Ed. (1947)
Falabella; S. A. C. I.
  2007 Ed. (4196)
Falabella S.A.
  2022 Ed. (2555, 4262)
Falabella; SACI
  2001 Ed. (23)
  2012 Ed. (1414, 2124)
  2013 Ed. (1539, 2323)
  2014 Ed. (1505, 2253)
  2015 Ed. (1563, 2322)
  2016 Ed. (1497, 2276)
  2017 Ed. (1491, 2129)
  2018 Ed. (1471, 2175)
  2019 Ed. (2166)
  2020 Ed. (2163)
Falabella; Teresa Matilde Solari
  2014 Ed. (4876)
Falabracks
  2018 Ed. (4630)
Falafel
  2021 Ed. (2608)
Falafel (SAJJ Mediterranean)
  2021 Ed. (2608)
Falaj Hotel
  1991 Ed. (41)
Falasca Mechanical Inc.
  2015 Ed. (1231)
Falcao; Radamel
  2015 Ed. (224)
  2016 Ed. (220)
  2017 Ed. (218)
Falck
  1999 Ed. (1424)
Falck Renewables SpA
  2023 Ed. (1808)
Falco; Peter
  1990 Ed. (1768)
  1991 Ed. (1689)
  1993 Ed. (1783, 1821)
  1994 Ed. (1767, 1804)
  1995 Ed. (1808)
Falcom Financial Services
  2013 Ed. (4399)
Falcon
  2002 Ed. (384)
Falcon 2000
  1998 Ed. (144)
Falcon Associates Inc.
  1993 Ed. (1136)
  1994 Ed. (1150)
  1995 Ed. (1170)
Falcon Bancshares
  2005 Ed. (524)
Falcon Cable
  1998 Ed. (602)
  2001 Ed. (1540)
Falcon Cable Holdings
  2002 Ed. (1384)
Falcon Cable TV
  1996 Ed. (855)
  1997 Ed. (874)
Falcon Consulting Group
  2017 Ed. (1154)
Falcon Drilling Co. Inc.
  1997 Ed. (3404)
Falcon Energy
  2016 Ed. (1990)
Falcon Fund International
  1993 Ed. (2657)
Falcon Green Personnel
  2018 Ed. (719, 1506, 2016)
Falcon International Bank
  2008 Ed. (2962)
  2009 Ed. (3042)
  2010 Ed. (2966)
  2011 Ed. (2928)
  2012 Ed. (2862)
  2013 Ed. (2931)
  2014 Ed. (2948)
Falcon National Bank
  1995 Ed. (493)
  1998 Ed. (398)
Falcon Press LLC
  2010 Ed. (4013)
Falcon Products Inc.
  2004 Ed. (2773)
  2005 Ed. (1879)
Falconbridge Ltd.
  1990 Ed. (1700, 2600)
  1991 Ed. (2467, 2479, 3403)
  1992 Ed. (1597, 4313)
  1994 Ed. (2526)
  1996 Ed. (2649)
  1997 Ed. (2794)

1999 Ed. (3360, 3415)
2002 Ed. (3369)
2005 Ed. (1727, 3485)
2006 Ed. (3485)
2007 Ed. (1648, 3517, 3518)
2008 Ed. (1418, 3677)
Falconbridge Nickel Mines Ltd.
  2004 Ed. (3691)
Falcone; Philip
  2009 Ed. (2715)
Falcone Specialized Carriers LLC
  2020 Ed. (1559)
Falcon.io
  2018 Ed. (1501)
Falcons; Atlanta
  2009 Ed. (1093)
  2012 Ed. (2680)
FalconStor Software
  2009 Ed. (4653)
  2012 Ed. (2757)
Falder Homes; Scott
  1995 Ed. (1133)
Falfurrias State Bank
  1998 Ed. (397)
Falgold
  1997 Ed. (3930)
Falguni Nayar
  2023 Ed. (4923)
Falih; Khalid Al
  2013 Ed. (1173, 3483, 3486)
  2014 Ed. (3468)
Falk
  1997 Ed. (987)
Falk; T. J.
  2005 Ed. (2500)
Falk; Thomas J.
  2006 Ed. (941)
  2007 Ed. (1036)
  2009 Ed. (961)
  2011 Ed. (836)
  2015 Ed. (956)
Falke
  1998 Ed. (1976)
Falken
  2006 Ed. (4741)
  2007 Ed. (4757)
  2012 Ed. (4709)
  2013 Ed. (4674)
  2014 Ed. (4721)
  2015 Ed. (4739)
  2016 Ed. (4640)
  2017 Ed. (4654)
  2018 Ed. (4646)
  2019 Ed. (4663)
  2020 Ed. (4630)
  2021 Ed. (4643)
  2022 Ed. (4655, 4656, 4657)
Falkengren; Annika
  2010 Ed. (4981)
  2011 Ed. (4981)
  2012 Ed. (4977)
  2013 Ed. (4964)
  2014 Ed. (4974)
  2015 Ed. (5022)
  2016 Ed. (4940)
  2017 Ed. (4931)
Falkner Enterprises Inc.
  1990 Ed. (2592)
  1991 Ed. (2473)
Fall Creek Housing
  2003 Ed. (1201)
  2004 Ed. (1208)
Fall International Home Furnishings Market
  2004 Ed. (4755)
Fall Out Boy
  2017 Ed. (3630)
  2023 Ed. (1177)
Fall Protection
  2000 Ed. (4322, 4323, 4324)
Fall River Herald News
  1989 Ed. (2064)
  1990 Ed. (2710)
Fall River State Bank
  1997 Ed. (181)
Fallbrook Mall
  1994 Ed. (3300)
  1995 Ed. (3377)
  1999 Ed. (4310)
  2000 Ed. (4030)
Fallen
  2005 Ed. (3536)
  2012 Ed. (451)
The Fallen
  2020 Ed. (581)
  2021 Ed. (559)
Falling Behind: How Rising Inequality Harms the Middle Class
  2009 Ed. (635)
"Falling Dollar"
  1992 Ed. (993)
Falling Into You
  1998 Ed. (3025)
Fallinghbrook Growth
  2003 Ed. (3587, 3588)
Fallon Community Health Plan
  2000 Ed. (2430)
  2008 Ed. (3647)
  2009 Ed. (3696, 3711)

2010 Ed. (3611)
2011 Ed. (2881, 3614, 3630)
Fallon Health
  1999 Ed. (2651)
Fallon; Jimmy
  2016 Ed. (2528)
Fallon McElligot
  1999 Ed. (124)
Fallon McElligott
  1989 Ed. (135)
  1990 Ed. (73)
  1997 Ed. (119)
  1998 Ed. (60)
  2000 Ed. (41, 142, 3474)
Falls
  1992 Ed. (1763)
  1995 Ed. (2)
  1996 Ed. (1)
  2004 Ed. (1)
  2005 Ed. (3617)
  2006 Ed. (3733)
Falls Church City, VA
  1991 Ed. (1368)
Falls Church County, VA
  1996 Ed. (2227)
  1998 Ed. (1200, 2080)
Falls Church, VA
  1996 Ed. (2225)
  1999 Ed. (1152, 2829)
  2000 Ed. (1066, 1603, 2610, 2612)
  2002 Ed. (1057, 1060)
  2004 Ed. (2986)
Falls City Brewing Co.
  2023 Ed. (909)
Falls Facility Services Inc.
  2016 Ed. (3587)
  2017 Ed. (3555)
  2018 Ed. (3605)
  2019 Ed. (3595)
  2020 Ed. (3568)
  2021 Ed. (3598)
  2022 Ed. (3655)
  2023 Ed. (3754)
Falls Management Co.
  2008 Ed. (4201)
  2009 Ed. (4298)
  2011 Ed. (4264)
  2014 Ed. (4284)
FallStreet.com
  2002 Ed. (4833)
Falmer
  1999 Ed. (791, 3128)
False Economy
  2011 Ed. (529)
False Witness
  1992 Ed. (4251)
Falson
  1998 Ed. (3002)
Falstaff
  1989 Ed. (762)
  1990 Ed. (753)
  1997 Ed. (718)
Falstaff Brewing
  1989 Ed. (759)
  1990 Ed. (756, 757, 762)
  1991 Ed. (742)
Falstaff, Pearl & General
  1992 Ed. (929, 931, 934)
Falvey Autos, Inc.
  1991 Ed. (3515)
  1992 Ed. (4485)
Falvey Cargo Underwriting Ltd.
  2008 Ed. (2060)
  2009 Ed. (2026)
  2011 Ed. (2019)
Falvey Motors of Troy Inc.
  1993 Ed. (3735)
Falvey, Patrick J.
  1991 Ed. (3423)
Faly Music
  2013 Ed. (3805)
  2015 Ed. (3752)
  2016 Ed. (3660)
  2020 Ed. (3666)
  2021 Ed. (3672)
FAM
  1991 Ed. (838)
  2000 Ed. (943)
FAM Equity Income
  2004 Ed. (3557)
FAM Value
  1990 Ed. (2371)
  1994 Ed. (2604, 2637)
  1996 Ed. (2772)
  2005 Ed. (4491)
  2006 Ed. (4565)
Fam Value Fund
  1999 Ed. (3557)
Famba Automotive Inc.
  2021 Ed. (89)
  2022 Ed. (102)
Famco Holdings Ltd.
  1992 Ed. (2249)
  2001 Ed. (2071)
  2002 Ed. (2383)
Fame
  2001 Ed. (1381)
  2019 Ed. (3479)

2020 Ed. (3457)
2021 Ed. (3477)
2022 Ed. (3534)
2023 Ed. (3655)
Fame Systems Inc.
  2009 Ed. (866, 867)
Fameco Management Services
  2007 Ed. (4380)
  2008 Ed. (4336)
  2009 Ed. (4440)
  2010 Ed. (4482)
  2011 Ed. (4415)
Famento Economico Mexicana
  1997 Ed. (2047)
Familius
  2019 Ed. (4053)
  2020 Ed. (4063)
  2021 Ed. (4035)
  2022 Ed. (4055)
  2023 Ed. (4159)
Family
  1997 Ed. (3037)
  2000 Ed. (4216)
  2004 Ed. (3334, 3335)
Family leave of absence
  1994 Ed. (2806)
Family Asset
  2000 Ed. (3297)
Family Automotive Group
  2000 Ed. (741)
  2001 Ed. (712)
  2005 Ed. (169, 170)
  2006 Ed. (184)
  2007 Ed. (190)
  2012 Ed. (3703)
Family Bank
  1998 Ed. (3550)
  2021 Ed. (4292)
  2022 Ed. (4300)
  2023 Ed. (4330)
Family Bargain
  1999 Ed. (1873)
Family Building Blocks
  2012 Ed. (1773)
Family Care
  2023 Ed. (3840)
Family Channel
  1992 Ed. (1015)
  1993 Ed. (812)
  1994 Ed. (829)
  1998 Ed. (583, 589, 605)
Family Charities Ethical
  2000 Ed. (3300)
Family Christian Stores
  2002 Ed. (4748)
  2014 Ed. (47)
Family Circle
  1990 Ed. (2801)
  1991 Ed. (2701, 2704)
  1992 Ed. (3380, 3383)
  1993 Ed. (2791, 2794, 2796)
  1994 Ed. (2784, 2790)
  1995 Ed. (2884, 2887)
  1996 Ed. (2963, 2972)
  1997 Ed. (3039, 3050)
  1998 Ed. (1278, 2801)
  1999 Ed. (1857, 3751, 3771)
  2000 Ed. (3462, 3480)
  2001 Ed. (3198)
  2002 Ed. (3226)
  2003 Ed. (3274)
  2004 Ed. (3337)
  2005 Ed. (3362)
  2006 Ed. (149, 152)
  2007 Ed. (142, 144, 3404, 4994)
  2009 Ed. (3596)
  2010 Ed. (3516)
  2011 Ed. (3518, 3519, 3521)
  2013 Ed. (3555)
  2014 Ed. (3531)
  2015 Ed. (3547, 3551, 3552)
  2016 Ed. (3402, 3403)
Family dining
  2002 Ed. (4011)
Family Dollar
  1989 Ed. (1252, 1257)
  1990 Ed. (1511, 1514, 1518, 1519, 1522, 1523, 1524)
  2014 Ed. (862)
  2015 Ed. (4591)
  2020 Ed. (2959)
Family Dollar Stores
  2014 Ed. (1326, 1890)
  2015 Ed. (1936)
  2016 Ed. (2570, 4511)
  2017 Ed. (2451)
  2018 Ed. (2497)
  2019 Ed. (2524)
  2020 Ed. (2515)
  2021 Ed. (2274, 2435)
Family Dollar Stores/Dollar Tree
  2021 Ed. (2435)
Family Dollar Stores Inc.
  1989 Ed. (1249)
  1990 Ed. (1509, 2719, 3058)
  1991 Ed. (1434, 1439, 2621)
  1992 Ed. (1821, 1826, 1845)
  1993 Ed. (1520)

1994 Ed. (1565, 2134)
1995 Ed. (1606, 2792)
1996 Ed. (1586)
1997 Ed. (923, 1627, 1634, 1668, 2321)
1998 Ed. (663, 1307, 1310, 1311, 1360)
1999 Ed. (1835, 1922)
2000 Ed. (1661)
2001 Ed. (2028, 2030, 2031, 2032, 2033, 4096)
2002 Ed. (2584)
2003 Ed. (2068, 2069, 2070, 2073, 2782, 4167, 4185)
2004 Ed. (2103, 2104, 2107, 2124, 2882, 2891, 4180, 4189, 4825)
2005 Ed. (1914, 2210, 2878, 4102, 4105, 4812)
2006 Ed. (822, 823, 1941, 2269, 2270, 2271, 2273, 2885, 4155, 4159, 4875, 4876)
2007 Ed. (909, 910, 2205, 2206, 2207, 2209, 2878, 4181)
2008 Ed. (891, 2342, 2343, 2344, 2346, 2998)
2009 Ed. (900, 1416, 2331, 2332, 2333, 2335, 2340, 3082, 4310, 4745, 4746, 4747, 4748)
2010 Ed. (848, 1446, 1725, 1726, 1730, 1731, 2259, 2260, 2263, 3014, 4268, 4287, 4293, 4756)
2011 Ed. (772, 1740, 1741, 1745, 1746, 1923, 2266, 2267, 2268, 2270, 2983, 4275, 4279, 4284)
2012 Ed. (713, 717, 1780, 1784, 2133, 2134, 2135, 2136, 2137, 4310, 4315, 4318)
2013 Ed. (918, 922, 1952, 1957, 2340, 2341, 2342, 4281, 4302, 4306)
2014 Ed. (863, 867, 1888, 1893, 2270, 2271, 2272, 4343)
2015 Ed. (1934, 1938, 2354, 2356, 4337)
2016 Ed. (1891, 1901, 1902, 1908, 2299, 2300, 4236, 4243, 4244)
2017 Ed. (1865, 1866)
2018 Ed. (2997)
2020 Ed. (2961)
Family Enterprises
 1996 Ed. (2561)
Family Entertainment
 2000 Ed. (3820)
Family Federal Savings
 2021 Ed. (4301)
Family Federal Savings, F.A.
 2021 Ed. (4301)
Family Financial Centers
 2020 Ed. (2663)
 2021 Ed. (2571)
Family First Credit Union
 2010 Ed. (2139)
 2015 Ed. (2252)
Family First Funding LLC
 2022 Ed. (3697)
Family First Mortgage
 2006 Ed. (2594)
Family Fun
 2000 Ed. (3477)
Family Guaranty Life Insurance Co.
 1997 Ed. (2451)
 1998 Ed. (2165)
 2000 Ed. (2689)
Family Guy
 2000 Ed. (4217)
 2005 Ed. (2260)
 2010 Ed. (2977)
 2012 Ed. (2870)
Family Haircut Store/Rancar Corp.
 1994 Ed. (1916)
Family Handyman
 1993 Ed. (2801, 2805)
 1999 Ed. (1855)
 2009 Ed. (173)
Family Health International
 2011 Ed. (3764)
Family Heritage Life
 2016 Ed. (2294)
Family Home Care & Hospice
 2013 Ed. (2157)
Family Horizons Credit Union
 2009 Ed. (2215)
Family Life campaign
 1991 Ed. (46)
Family Life Insurance Co.
 1993 Ed. (2379)
Family Magazine
 2015 Ed. (3550)
Family Mart
 2012 Ed. (1225, 4326, 4356)
 2013 Ed. (1328, 4277, 4285)
Family Media
 1991 Ed. (2709)
 1992 Ed. (3390)
Family Network
 2011 Ed. (3324, 4807)
Family PC
 1997 Ed. (3042, 3046)
 1998 Ed. (2794)
 1999 Ed. (3749)
 2000 Ed. (3469)

Family Physicians Group
 2016 Ed. (3588, 4952)
Family financial planning
 1998 Ed. (1947)
Family Planning Association
 2005 Ed. (36)
 2006 Ed. (43)
Family portraits
 2001 Ed. (3794)
Family practice
 2004 Ed. (3900)
Family Practice News
 1995 Ed. (2538)
Family & general practitioner
 2008 Ed. (3809)
Family Relief Nursery
 2012 Ed. (1828)
Family Resources
 2006 Ed. (799)
Family Restaurants
 1996 Ed. (1951)
 1997 Ed. (2051)
Family Safety and Health
 1990 Ed. (287)
Family Saving and Loan Association
 1991 Ed. (2922)
Family Savings Bank
 1994 Ed. (437)
 1998 Ed. (339)
 2002 Ed. (713)
Family Savings Bank, FSB
 1992 Ed. (621)
 1993 Ed. (437, 3098)
 1995 Ed. (430)
 1996 Ed. (457)
 1997 Ed. (419)
 1999 Ed. (479)
 2003 Ed. (455)
Family Savings Credit Union
 2002 Ed. (1845)
 2003 Ed. (1904)
 2004 Ed. (1944)
 2005 Ed. (2085)
Family Savings & Loans Association
 1990 Ed. (3104)
Family Security Credit Union
 2004 Ed. (1944)
 2005 Ed. (2085)
 2006 Ed. (2180)
 2007 Ed. (2101)
 2008 Ed. (2216)
 2009 Ed. (2199)
 2010 Ed. (2139, 2153)
 2011 Ed. (2174)
 2012 Ed. (2034)
 2013 Ed. (2207)
 2014 Ed. (2138)
 2015 Ed. (2202)
 2016 Ed. (2173)
 2018 Ed. (2081)
 2020 Ed. (2059)
 2021 Ed. (2049)
 2022 Ed. (2085)
 2023 Ed. (2199)
Family Shopping Network
 1991 Ed. (3289)
Family: The Ties That Bind...and Gag!
 1989 Ed. (745)
Family Trust
 1990 Ed. (2951)
Family Trust Credit Union
 2002 Ed. (1891)
 2003 Ed. (1945)
 2004 Ed. (1985)
 2005 Ed. (2127)
 2006 Ed. (2222)
 2007 Ed. (2143)
 2008 Ed. (2258)
 2009 Ed. (2244)
 2010 Ed. (2198)
 2011 Ed. (2216)
 2012 Ed. (2077)
 2013 Ed. (2263)
 2014 Ed. (2196)
 2015 Ed. (2260)
 2016 Ed. (2231)
Family Trust Federal Credit Union
 2010 Ed. (1977)
 2018 Ed. (2120)
 2020 Ed. (2100)
 2021 Ed. (2090)
 2022 Ed. (2124)
 2023 Ed. (2240)
Family Value
 1993 Ed. (2671)
 1994 Ed. (2614)
Family Video
 1998 Ed. (3670)
 1999 Ed. (4713)
 2000 Ed. (4346)
 2002 Ed. (4751)
 2004 Ed. (4840)
Family Video Movies
 2001 Ed. (2123)
 2004 Ed. (4844)
Family Violence Prevention Fund
 2004 Ed. (934)

FamilyCare Inc.
 2005 Ed. (2362)
FamilyFun
 1996 Ed. (2960, 2966, 2967)
 2004 Ed. (3333)
FamilyLife
 1998 Ed. (2785)
 2000 Ed. (3479)
FamilyMart
 2014 Ed. (687)
 2015 Ed. (4304, 4305, 4306)
 2016 Ed. (4162, 4163, 4168)
 2017 Ed. (4141, 4142, 4145)
 2018 Ed. (4143)
 2019 Ed. (4159)
 2020 Ed. (4168, 4169, 4171)
 2021 Ed. (4111)
Familymart
 2007 Ed. (4636)
 2016 Ed. (4519)
 2017 Ed. (4515)
FamilyMart Co., Ltd.
 2015 Ed. (4263, 4267)
 2016 Ed. (4164, 4169)
 2017 Ed. (4143, 4146)
FamilyMart (Japan)
 2021 Ed. (4111)
Familymeds
 2006 Ed. (2308)
FamilyPC
 1998 Ed. (1276, 2785)
 1999 Ed. (1851)
 2001 Ed. (254, 3193)
Famoso Inc.
 2015 Ed. (4318)
 2016 Ed. (4214)
Famoso Neapolitan Pizzeria
 2015 Ed. (4318)
 2016 Ed. (1495, 4214)
 2017 Ed. (1488, 4352)
 2018 Ed. (4227)
Famoso Pizzeria
 2019 Ed. (4255)
Famous Amos
 1997 Ed. (1214)
Famous Amos Chocolate Chip
 1996 Ed. (3775)
 1998 Ed. (992, 993, 3659)
Famous Brands
 2017 Ed. (2953)
 2018 Ed. (3068)
Famous Brands International
 2022 Ed. (1278)
Famous Brands Ltd.
 2015 Ed. (4270)
Famous Caribe Inc.
 2017 Ed. (1935)
Famous Dave's
 1998 Ed. (3069, 3182)
 2000 Ed. (3798)
 2003 Ed. (4094)
 2004 Ed. (4122, 4123)
 2005 Ed. (4050, 4051)
 2006 Ed. (4124)
 2007 Ed. (4152)
 2008 Ed. (4187)
 2009 Ed. (4286)
 2010 Ed. (4218)
 2011 Ed. (4221)
 2012 Ed. (4284)
 2013 Ed. (4252)
 2014 Ed. (4265, 4308)
 2015 Ed. (4257)
 2018 Ed. (4153, 4216)
 2019 Ed. (4245)
 2020 Ed. (4165)
 2021 Ed. (4191, 4211)
 2023 Ed. (4231)
Famous Dave's of America
 2004 Ed. (4124)
 2009 Ed. (4475)
 2010 Ed. (4214)
Famous Dave's Legendary Pit Bar-B-Que
 2008 Ed. (4164, 4197, 4198)
 2009 Ed. (4272, 4295)
 2010 Ed. (4213)
 2011 Ed. (4219, 4261)
 2012 Ed. (4269, 4270)
Famous Famiglia
 2008 Ed. (2685, 4165)
 2012 Ed. (695)
Famous Footwear
 2006 Ed. (4450)
 2011 Ed. (201, 4515, 4516)
The Famous Grouse
 1989 Ed. (2363, 2365)
 1990 Ed. (2463, 3113, 3115)
 1991 Ed. (2332, 2935)
 1992 Ed. (2881, 2892)
 1993 Ed. (3110)
 1994 Ed. (2394)
 1996 Ed. (2525, 2526)
 1999 Ed. (3248)
 2000 Ed. (3870)
 2001 Ed. (359, 3113, 4168, 4169)
 2002 Ed. (293, 3182, 4181, 4183)
 2003 Ed. (4304)
 2004 Ed. (4314)

 2008 Ed. (246)
 2009 Ed. (269)
 2010 Ed. (256)
 2021 Ed. (169)
Famous Players
 1994 Ed. (1670)
 1996 Ed. (1698)
Famous Tate
 2018 Ed. (4257)
 2021 Ed. (4258)
 2022 Ed. (4270)
Famous Toastery
 2020 Ed. (4211)
 2023 Ed. (4246)
FamousCookies.com
 2013 Ed. (2467)
FamousFootwear.com
 2008 Ed. (2446)
Famsa
 2021 Ed. (2271)
Fan Bolivia
 2010 Ed. (1506)
Fan Fest
 2019 Ed. (2001, 3507)
Fan Fox and Leslie R. Samuels Foundation
 1989 Ed. (1478)
Fan Jiang
 2000 Ed. (2063, 2064)
Fan Milk
 2008 Ed. (43)
Fan Milk Ltd.
 2017 Ed. (2649)
Fanatic
 1989 Ed. (2909)
Fanatics
 2019 Ed. (3432, 4483)
 2020 Ed. (869, 4469)
 2023 Ed. (3630)
Fanatics Inc.
 2015 Ed. (2463)
 2021 Ed. (3447)
 2022 Ed. (3506)
Fancamp Exploration Ltd.
 2009 Ed. (1581)
Fanch
 1998 Ed. (602)
FANCHEST
 2021 Ed. (2240, 2244)
Fanchest
 2021 Ed. (1757, 4225)
FANCL
 2019 Ed. (3760)
Fancy Feast
 1989 Ed. (2198)
 1990 Ed. (2814)
 1992 Ed. (3413)
 1993 Ed. (2820)
 1994 Ed. (2825, 2834)
 1996 Ed. (2996)
 1997 Ed. (3075)
 1999 Ed. (3780)
 2002 Ed. (3647)
 2003 Ed. (3801)
 2014 Ed. (3849)
 2015 Ed. (3874)
 2016 Ed. (3785)
 2017 Ed. (3740)
 2018 Ed. (3792)
Fancy Feast Appetizers
 2014 Ed. (3849)
Fancy Feast Elegant Medleys
 2014 Ed. (3849)
 2015 Ed. (3874)
 2016 Ed. (3785)
 2017 Ed. (3740)
 2018 Ed. (3792)
Fancy Feast Gravy Lovers
 2014 Ed. (3849)
 2015 Ed. (3874)
 2016 Ed. (3785)
 2017 Ed. (3740)
 2018 Ed. (3792)
Fancy Fittings Ltd.
 2002 Ed. (4425)
Fancy Nancy & the Boy from Paris
 2010 Ed. (562)
Fancy Nancy at the Museum
 2010 Ed. (562)
Fancy Nancy & the Posh Puppy
 2009 Ed. (578)
Fancy Nancy's Favorite Fancy Words
 2010 Ed. (560)
Fancystage Unipessoal
 2020 Ed. (1870, 2032)
Fandango.com
 2011 Ed. (2366)
 2013 Ed. (2472)
F&B Farms and Nursery
 2023 Ed. (3863)
F&C Executive Search & Recruiting
 2022 Ed. (2380)
F&C Executive Search and Recruiting
 2023 Ed. (2542)
F&C Latin America
 2000 Ed. (3309)
F&C US Smaller Companies
 1992 Ed. (3207)

Farmek Edonomisk Foren
  2002 Ed. (250)
Farmer Automobile Insurance Association
  1999 Ed. (2899)
Farmer Boys
  2002 Ed. (2248)
  2003 Ed. (2452)
  2004 Ed. (2583)
  2006 Ed. (2569)
  2007 Ed. (2540)
  2009 Ed. (2702)
  2010 Ed. (2623)
  2011 Ed. (2604)
  2022 Ed. (2631)
  2023 Ed. (2767)
Farmer Boys Hamburgers
  2023 Ed. (2756)
Farmer Boys Restaurants
  2018 Ed. (2588)
  2019 Ed. (2563)
Farmer Bros. Co.
  2006 Ed. (2282)
Farmer Brothers Co.
  2004 Ed. (2660, 4584)
  2005 Ed. (2653)
Farmer, Greg
  1993 Ed. (3445)
Farmer & Irwin Corp.
  2006 Ed. (1242)
  2009 Ed. (1228)
Farmer Jack
  1998 Ed. (100)
  1999 Ed. (195)
Farmer Jack Supermarkets
  2000 Ed. (219)
  2001 Ed. (272)
  2005 Ed. (1757)
Farmer John
  1994 Ed. (2450)
  2002 Ed. (423, 4098)
  2008 Ed. (4278)
  2009 Ed. (4382, 4383)
  2011 Ed. (4359)
  2012 Ed. (4399)
  2013 Ed. (4367)
  2014 Ed. (288, 4422)
  2015 Ed. (4420)
  2016 Ed. (4314)
  2017 Ed. (323, 4317)
  2018 Ed. (301, 302, 4290, 4308)
  2020 Ed. (307)
  2021 Ed. (292)
  2022 Ed. (305, 306, 4291, 4293)
  2023 Ed. (407)
Farmer, Lumpe + McClelland
  2013 Ed. (100)
  2014 Ed. (107)
Farmer, Lumpe + McClelland Advertising Agency Ltd.
  2011 Ed. (115)
  2012 Ed. (122)
  2013 Ed. (101)
  2014 Ed. (108)
  2015 Ed. (121, 123)
  2016 Ed. (124, 129)
  2017 Ed. (119, 121)
Farmer Mac
  2005 Ed. (2606)
Farmer & Mechanics Bank
  1998 Ed. (3528)
Farmer; Richard T.
  2005 Ed. (4846)
  2006 Ed. (4902)
  2007 Ed. (4897)
Farmerline
  2019 Ed. (1380)
farmermobil
  2021 Ed. (1551, 2973)
Farmers
  1989 Ed. (2079)
  1992 Ed. (67, 2643, 2655)
  1993 Ed. (44)
  1994 Ed. (35, 2587)
  1995 Ed. (2287)
  2003 Ed. (3659)
  2005 Ed. (3620, 3632)
  2007 Ed. (2461, 3719)
  2009 Ed. (2622, 3856)
Farmers Auto Insurance Association
  1998 Ed. (2111, 2206)
Farmers Automobile Association
  1991 Ed. (2126)
Farmers Automobile Insurance Association
  1993 Ed. (2186)
  1994 Ed. (2218)
  1997 Ed. (2412, 2466)
  2000 Ed. (2652, 2727)
Farmers Bank
  1989 Ed. (213)
  1994 Ed. (512)
  2009 Ed. (455)
  2021 Ed. (371)
  2022 Ed. (384)
  2023 Ed. (502)
Farmers Bank & Capital Trust Co.
  2013 Ed. (1802)

The Farmers Bank of China
  1991 Ed. (673)
  1994 Ed. (1849)
Farmers Bank of Northern Missouri
  1996 Ed. (392)
Farmers Bank & Trust
  2004 Ed. (361)
Farmers Bank & Trust Co.
  2021 Ed. (362)
  2022 Ed. (374)
Farmers Bank & Trust Company
  2023 Ed. (467)
Farmers Business Network
  2018 Ed. (2720)
Farmers Capital Bank
  2014 Ed. (1730)
  2015 Ed. (1775)
Farmers of China
  1991 Ed. (672)
Farmers Co-operative Dairy Ltd.
  1992 Ed. (1588)
  2011 Ed. (1931)
  2012 Ed. (1792)
Farmer's Commercial Bank
  2013 Ed. (353)
Farmers Commercial Bank
  2012 Ed. (2591)
  2014 Ed. (2663)
  2016 Ed. (2628)
  2017 Ed. (2562)
  2018 Ed. (2630)
  2019 Ed. (2616)
  2020 Ed. (2626)
Farmers Cooperative
  2012 Ed. (2747)
Farmers Cooperative Elevator Co.
  2011 Ed. (131)
Farmers Deposit Bank
  2005 Ed. (3307)
Farmers & Distillers
  2021 Ed. (4166, 4167)
  2022 Ed. (4189, 4190)
Farmers Edge Precision Consulting Inc.
  2015 Ed. (842)
Farmers Exchange
  1990 Ed. (2251)
Farmers Fishers Bakers
  2021 Ed. (4166)
  2022 Ed. (4189)
Farmers, Fishers, Bakers
  2020 Ed. (4210)
  2021 Ed. (4167)
  2022 Ed. (4190)
Farmers Grain Terminal Inc.
  2014 Ed. (1821)
  2015 Ed. (1861)
  2016 Ed. (1820)
Farmers Group Inc.
  1989 Ed. (1743, 2469)
  1990 Ed. (1228, 1229, 1250, 2273, 2752)
  1991 Ed. (1182, 1725)
  1992 Ed. (2691)
  2006 Ed. (3071)
  2007 Ed. (3096)
  2008 Ed. (1490, 3238)
  2009 Ed. (3300)
  2010 Ed. (3227)
  2011 Ed. (3193)
  2012 Ed. (4749)
  2013 Ed. (3227)
  2014 Ed. (3247)
  2015 Ed. (3301)
  2016 Ed. (3153)
Farmers Home Furniture
  2014 Ed. (2823)
  2018 Ed. (2833)
  2019 Ed. (2355)
  2020 Ed. (2323, 2825)
  2021 Ed. (2289)
  2022 Ed. (2321)
  2023 Ed. (2497)
Farmers Hotline
  2010 Ed. (4761)
Farmers House plc
  2002 Ed. (4499)
Farmers Ins Group
  2023 Ed. (3245, 3246, 3247, 3249, 3267, 3288, 3295, 3363)
Farmers Insurance
  2013 Ed. (4708)
  2014 Ed. (4762)
  2016 Ed. (3134)
  2017 Ed. (3074)
  2018 Ed. (3184, 3981)
  2019 Ed. (3118, 3961)
  2020 Ed. (3142, 3187, 3982)
  2021 Ed. (3011)
  2022 Ed. (45, 3145, 3959)
  2023 Ed. (89, 3238)
Farmers Insurance Co. Inc. and subsidiary cos.
  2000 Ed. (2670)
Farmers Insurance Co. of Oregon
  2008 Ed. (2013)
  2009 Ed. (1978)
Farmers Insurance Exchange
  1991 Ed. (2122, 2126)
  1992 Ed. (2686, 2690)
  1993 Ed. (1458, 2183, 2186, 2233, 2236)
  1994 Ed. (2215, 2218, 2270, 2274)
  1996 Ed. (2269, 2272, 2336, 2340)
  1997 Ed. (2409, 2412, 2462)
  1998 Ed. (2111, 2118, 2204, 2206)
  1999 Ed. (2899, 2904, 2973, 2975)
  2000 Ed. (2650, 2652, 2681, 2724, 2727)
  2001 Ed. (2899, 2901)
  2002 Ed. (2872, 2958)
  2003 Ed. (2759, 3010)
  2004 Ed. (2846, 3055)
  2005 Ed. (3066, 3141)
  2008 Ed. (3321)
  2010 Ed. (3326)
  2013 Ed. (3341)
  2014 Ed. (3360)
  2015 Ed. (3393)
  2016 Ed. (3263, 3265, 3268)
  2017 Ed. (3219, 3221, 3224)
  2018 Ed. (3305)
  2019 Ed. (3258, 3260)
  2020 Ed. (3263)
  2021 Ed. (3126)
  2022 Ed. (3269, 3273)
  2023 Ed. (3360, 3362)
Farmers Insurance Group
  1989 Ed. (1672, 1674, 1676, 1710)
  1990 Ed. (2220, 2221, 2225, 2227, 2250)
  1991 Ed. (2082, 2083, 2090, 2092, 2121, 2123)
  1992 Ed. (2644, 2646, 2650, 2656, 2678, 2687)
  1993 Ed. (2188, 2190, 2193, 2201, 2232, 2238)
  1994 Ed. (2219, 2221, 2242, 2246, 2271, 2280)
  1995 Ed. (2266, 2320, 2324)
  1996 Ed. (2295, 2301, 2333, 2335, 2337)
  1997 Ed. (2406, 2408, 2431, 2461, 2465, 2466)
  1998 Ed. (2115, 2117, 2146, 2152, 2203, 2211)
  1999 Ed. (2901, 2903, 2913, 2921, 2934, 2971, 2972, 2978, 2979)
  2000 Ed. (2655, 2657, 2721, 2723)
  2001 Ed. (2902, 2903, 2904, 2906, 3084)
  2002 Ed. (2839, 2840, 2841, 2842, 2894, 2949, 2960, 2970)
  2005 Ed. (3132)
  2006 Ed. (3142, 4217)
  2007 Ed. (3088, 3089, 3090, 3091, 3093, 3101, 3127, 3128, 3178)
  2008 Ed. (3229, 3230, 3231, 3232, 3234, 3248, 3282, 3283, 3326)
  2009 Ed. (3288, 3289, 3290, 3291, 3292, 3294, 3309, 3339, 3395)
  2010 Ed. (3216, 3217, 3218, 3219, 3221, 3236, 3277, 3330)
  2011 Ed. (3180, 3181, 3182, 3184, 3207, 3246, 3287, 4733)
  2012 Ed. (3128, 3139, 3140, 3141, 3143, 3166, 3212, 3264, 4750)
  2013 Ed. (3217, 3218, 3219, 3221, 3238, 3273, 3344)
  2014 Ed. (3236, 3237, 3238, 3240, 3265, 3301, 3363)
  2015 Ed. (3294, 3295, 3296, 3298, 3396)
  2016 Ed. (3146, 3147, 3148, 3150, 3269)
  2017 Ed. (3089, 3090, 3091, 3093, 3113, 3119, 3168, 3225)
  2018 Ed. (3192, 3193, 3194, 3196, 3208, 3213, 3236, 3245)
  2019 Ed. (3125, 3126, 3127, 3129, 3145, 3150, 3179, 3187, 3264, 3990)
  2020 Ed. (3148, 3149, 3150, 3152, 3176, 3180, 3212, 3267)
  2021 Ed. (3019, 3020, 3021, 3023, 3041, 3044, 3060, 3066)
  2022 Ed. (3154, 3155, 3156, 3158, 3176, 3178, 3202)
  2023 Ed. (3272)
Farmers Insurance Group of Companies
  2020 Ed. (3168)
Farmers Insurance Group of Cos.
  2000 Ed. (2732, 2735)
  2014 Ed. (3232, 3234, 3299, 3300, 3361, 3364)
  2015 Ed. (3292, 3344, 3394)
  2016 Ed. (3144, 3212, 3213, 3266, 3270)
  2017 Ed. (3088, 3167, 3222, 3226)
  2019 Ed. (3124, 3186, 3261, 3265)
  2020 Ed. (3265)
  2021 Ed. (3128)
Farmers Insurance Group Credit Union
  2002 Ed. (1844)
  2003 Ed. (1903)
  2006 Ed. (2178)
Farmers Insurance Group Federal Credit Union
  2011 Ed. (2192)
Farmers Investment Co.
  1991 Ed. (257)
  1998 Ed. (1775)
Farmers of Los Angeles
  1990 Ed. (2252)
Farmers Market
  2017 Ed. (2197)
Farmers' markets
  2001 Ed. (3520)

Farmers & Mechanics Bank
  1998 Ed. (3539)
  1999 Ed. (4601)
  2000 Ed. (3857, 4251)
Farmers & Merchants
  1990 Ed. (514)
Farmers & Merchants Bank
  1989 Ed. (212, 215)
  1991 Ed. (406, 473, 594)
  2010 Ed. (435)
  2011 Ed. (360)
  2016 Ed. (509)
The Farmers & Merchants Bank
  2021 Ed. (362)
  2022 Ed. (374)
Farmers & Merchants Bank of Long Beach
  1993 Ed. (554)
  1994 Ed. (556)
  1995 Ed. (530)
  1996 Ed. (587)
  1997 Ed. (543)
  1998 Ed. (390)
  2002 Ed. (3550, 3551, 3552, 3553, 3555, 3557)
  2003 Ed. (530)
  2004 Ed. (401, 403, 404, 405, 406, 408, 546)
  2009 Ed. (495)
  2011 Ed. (405)
  2012 Ed. (388)
  2014 Ed. (321)
Farmers and Merchants Bank of Long Beach
  2023 Ed. (509)
Farmers & Merchants Bank & Trust
  1989 Ed. (217)
  1993 Ed. (509)
  1997 Ed. (495)
Farmers & Merchants Savings
  1998 Ed. (371)
Farmers & Merchants Savings Bank
  1996 Ed. (542)
  1997 Ed. (501)
Farmers & Merchants State Bank
  1989 Ed. (204, 212, 219)
  1996 Ed. (546)
  2014 Ed. (497)
  2015 Ed. (561)
  2016 Ed. (508, 509)
Farmers Mutual Hail Insurance Co. of Iowa
  2014 Ed. (3228)
  2016 Ed. (3140)
  2017 Ed. (3083)
  2019 Ed. (3120)
Farmers National Banc Corp.
  2020 Ed. (332, 1821)
Farmers National Bank
  1989 Ed. (208, 216)
Farmers National Bank of Canfield
  2005 Ed. (380)
The Farmers National Bank of Canfield
  2022 Ed. (407)
  2023 Ed. (529)
Farmers National Co.
  1989 Ed. (1410, 1411)
  1990 Ed. (1744, 1745)
  1991 Ed. (1646, 1647, 1648, 1649)
  1992 Ed. (2106, 2107, 2108, 2109)
  1993 Ed. (1744, 1745, 1746, 1747)
  1994 Ed. (1736, 1737, 1738, 1739)
  1995 Ed. (1769, 1770, 1771, 1772)
  1996 Ed. (1747, 1748, 1749, 1750)
  1997 Ed. (1828, 1829, 1830, 1831)
  1998 Ed. (1541, 1542, 1543, 1544)
  1999 Ed. (2121, 2122, 2123, 2124)
  2000 Ed. (1907)
Farmers New World
  1991 Ed. (2116)
  1995 Ed. (2277)
Farmer's Pride Inc.
  2009 Ed. (3683)
  2010 Ed. (3597)
  2011 Ed. (3599)
  2014 Ed. (3585)
  2015 Ed. (3599, 3600)
Farmers Pride Inc.
  2014 Ed. (3579, 3583)
  2015 Ed. (3579)
  2022 Ed. (3554, 3556, 3561)
Farmers Pride Inc., dba Bell & Evans
  2022 Ed. (3554, 3556, 3561)
Farmers & ranchers
  2004 Ed. (2290)
Farmers Savings Bank
  1991 Ed. (544)
  1992 Ed. (702)
  1993 Ed. (504)
  1994 Ed. (509)
  1995 Ed. (490)
  1996 Ed. (537)
  1997 Ed. (180, 496)
Farmers Savings, FS&LA
  1990 Ed. (3585)
Farmers State Bank
  1989 Ed. (207, 209, 211, 215, 217)
  1993 Ed. (500)
  1997 Ed. (181)
  2005 Ed. (523)

2022 Ed. (398)
The Farmers State Bank of Turton
  2022 Ed. (113)
  2023 Ed. (187)
Farmers & Stockmens Bank
  2022 Ed. (403)
  2023 Ed. (525)
Farmer's Tobacco Co. of Cynthiana Inc.
  2011 Ed. (4697)
The Farmers' Trading
  2001 Ed. (62)
  2006 Ed. (70)
  2007 Ed. (61)
  2012 Ed. (4359)
  2013 Ed. (4290)
Farmers Union (CENEX)
  1994 Ed. (1422)
Farmers Union Central Exchange
  1991 Ed. (2470)
Farmers Union Milk Marketing Cooperative
  1993 Ed. (1457)
Farmers, fishermen & forestry workers
  1998 Ed. (1326, 2694)
Farmexim SA
  2015 Ed. (3993)
Farmexpert D.C.I. SA
  2015 Ed. (3993)
Farmfresh
  2019 Ed. (2773)
Farmhouse
  2015 Ed. (2404)
  2016 Ed. (2347)
  2017 Ed. (2197)
  2023 Ed. (2430)
Farming
  1997 Ed. (2018)
  2005 Ed. (3633, 3634)
  2007 Ed. (3736)
Farming/building trade
  1993 Ed. (2046)
Farmington Foods Inc.
  2012 Ed. (3586, 3593, 3594)
  2013 Ed. (3647, 3648)
  2014 Ed. (3582)
Farmington National Bank
  1993 Ed. (592)
Farmington, NJ
  1996 Ed. (2730)
Farmington, NM
  1993 Ed. (2625)
  1999 Ed. (3471)
  2011 Ed. (2412)
Farmington Savings Bank
  2005 Ed. (481)
Farmington State Bank
  2018 Ed. (125)
Farmland
  2000 Ed. (3134)
  2002 Ed. (423)
  2008 Ed. (335)
  2012 Ed. (280)
  2013 Ed. (283)
  2014 Ed. (287, 288, 4424)
  2015 Ed. (319, 320)
  2016 Ed. (319)
  2017 Ed. (323)
  2018 Ed. (301, 302)
  2020 Ed. (307)
  2021 Ed. (292)
  2022 Ed. (305, 306, 2039, 2163)
  2023 Ed. (407)
Farmland Dairies
  2001 Ed. (3312)
Farmland Foods
  2014 Ed. (289)
  2015 Ed. (321)
Farmland Foods Inc.
  1993 Ed. (2879)
  1994 Ed. (2453, 2458, 2905, 2907)
  1995 Ed. (1909, 2527, 2966)
  1996 Ed. (2584, 2588, 2590, 3059, 3061, 3062)
  1997 Ed. (2734, 2737, 3134, 3140)
  2000 Ed. (3061, 3580)
  2003 Ed. (2524)
  2005 Ed. (3420)
  2007 Ed. (2627)
  2018 Ed. (303)
  2021 Ed. (293)
Farmland Foods Production Group
  2003 Ed. (3337)
Farmland Industries/Alliance
  2001 Ed. (3851)
Farmland Industries Inc.
  1992 Ed. (3264)
  1993 Ed. (251, 1370, 2728)
  1994 Ed. (1423, 1873)
  1995 Ed. (1460, 1784, 1898)
  1996 Ed. (1388, 1422)
  1997 Ed. (1482, 1844, 2025, 2039)
  1998 Ed. (1178, 1553, 1710, 1713)
  1999 Ed. (1708, 2456, 2461, 2470, 2472)
  2000 Ed. (1519, 1914, 2214, 2216, 2230)
  2001 Ed. (372, 1799, 2458, 2463, 2479)
  2002 Ed. (1341, 1732, 2291, 2300, 2309)
  2003 Ed. (1375, 1376, 1768, 1769, 2504, 2508, 2516, 3331)

2004 Ed. (1381, 1382, 1384, 1806, 2639, 2645, 2656)
  2005 Ed. (1402, 1403, 1405, 1639, 1888, 2630, 2636)
  2014 Ed. (1823)
Farmland Management Services
  1998 Ed. (1773, 1775)
Farmland National Beef
  1999 Ed. (2475)
Farmland Partners Inc.
  2018 Ed. (1479)
  2021 Ed. (1468)
Farmland Refrigerated
  2004 Ed. (3407, 3408)
Farmland Refrigerated Foods & Livestock Production Group
  2002 Ed. (3274, 3275, 3277)
  2003 Ed. (3338, 3340, 3342)
Farmland Special Request Slim+
  2010 Ed. (3675)
FarmLogix
  2022 Ed. (1600, 3437, 3440)
Farms.com
  2001 Ed. (4749)
  2003 Ed. (2154)
Farmstead Foods
  1992 Ed. (2994, 2996, 3509, 3510)
Farmway Credit Union
  2004 Ed. (1935)
Farnell Electronics plc
  1997 Ed. (1235, 1713)
  2002 Ed. (1472)
  2003 Ed. (1493)
  2004 Ed. (1523)
  2005 Ed. (1539)
Farner-Bocken Co.
  1995 Ed. (1200)
  1997 Ed. (1203)
  2011 Ed. (1361)
  2013 Ed. (1332)
  2014 Ed. (1263, 1267)
  2015 Ed. (1324, 1328, 1329)
  2016 Ed. (1237, 1248)
  2017 Ed. (1287)
  2018 Ed. (1265)
Farner-Publicis
  1989 Ed. (165)
  1990 Ed. (154)
Farner Publicis.FCB
  1991 Ed. (154)
Farnham; Robert
  2005 Ed. (990)
  2006 Ed. (964)
Farnsworth Group Inc.
  2020 Ed. (2403)
FARO Technologies
  2015 Ed. (1633)
  2016 Ed. (1559, 2349)
Farooq Kathwari
  2011 Ed. (2974)
Faros
  2003 Ed. (3706)
Farouk El Baz
  2013 Ed. (3475)
Farouq Al Zanki
  2013 Ed. (2531, 3478)
Farplants
  2018 Ed. (3711)
  2019 Ed. (3698)
Farpoint
  2009 Ed. (1125)
Farpoint Technologies
  2008 Ed. (1146)
Farquhar Ltd.; R. B.
  1994 Ed. (997)
Farquhar; Scott
  2019 Ed. (4835)
  2020 Ed. (4825)
  2021 Ed. (4826)
  2022 Ed. (4819)
  2023 Ed. (4813)
Farr Automotive Group; Mel
  1991 Ed. (712)
  1992 Ed. (894)
  1993 Ed. (303, 705)
  1994 Ed. (293, 713)
  1995 Ed. (297, 669)
  1996 Ed. (300, 743, 744)
  1997 Ed. (675, 676)
Farr; David
  2010 Ed. (884)
Farr; David N.
  2009 Ed. (950)
  2010 Ed. (2570)
  2011 Ed. (848)
  2015 Ed. (968)
Farr Ford Inc.; Mel
  1990 Ed. (737)
  1991 Ed. (714)
Farra; Fadi
  2023 Ed. (1304)
Farragut Mortgage
  1995 Ed. (204)
Farrar, Straus & Giroux
  1995 Ed. (3043)
Farrel Corp.
  2001 Ed. (4130)

Farrell; Colin
  2005 Ed. (4885)
  2007 Ed. (4920)
  2008 Ed. (4884)
Farrell Fritz
  2000 Ed. (2898)
Farrell, Fritz, Caemmerer, Cleary, Barnosky & Armentano
  1999 Ed. (3152)
Farrell Grant Sparks
  1999 Ed. (13)
Farrell II; Thomas F.
  2008 Ed. (956)
  2010 Ed. (908)
  2011 Ed. (847)
  2015 Ed. (972, 975)
  2016 Ed. (872)
Farrell; John C.
  1990 Ed. (2660)
Farrell; Michael A. J.
  2011 Ed. (830)
Farrell; Robert
  1993 Ed. (1836)
  1994 Ed. (1816)
  1995 Ed. (1858)
Farrell; W. J.
  2005 Ed. (2493)
Farrell; W. James
  2005 Ed. (966)
  2006 Ed. (901, 936)
Farrell-Wako Global Investment Management
  1999 Ed. (3087, 3089)
Farrelli's Pizza
  2018 Ed. (3939)
  2019 Ed. (3911)
  2020 Ed. (3926)
  2021 Ed. (3896)
Farrelli's Wood Fire Pizza
  2009 Ed. (4063)
  2010 Ed. (3981)
  2011 Ed. (3985)
  2012 Ed. (3981)
  2015 Ed. (4027)
  2016 Ed. (3939)
  2017 Ed. (3910)
Farrens Tree Surgeons Inc.
  2006 Ed. (206)
Farrier's Greeting Cards
  2010 Ed. (817)
Farrington Bank
  1995 Ed. (494)
Farris; G. Steven
  2005 Ed. (968)
  2006 Ed. (909)
  2007 Ed. (999)
  2011 Ed. (840)
Farris Vaughan Wills & Murphy
  2004 Ed. (1428)
Farris Wilks
  2013 Ed. (4846)
  2014 Ed. (4862)
  2015 Ed. (4899)
Farrow Amusements
  1997 Ed. (907)
Farrow Shows
  1998 Ed. (646)
  1999 Ed. (1039)
  2000 Ed. (987)
  2005 Ed. (2523)
Farstad Oil Inc.
  2001 Ed. (1824)
  2007 Ed. (1929)
  2008 Ed. (1995)
  2009 Ed. (1956)
  2010 Ed. (1894)
  2011 Ed. (1925)
  2012 Ed. (1786)
  2013 Ed. (1960)
  2014 Ed. (1896)
  2015 Ed. (1941)
  2016 Ed. (1911)
Faruqi & Faruqi
  2017 Ed. (3278, 3280)
Farwell
  2019 Ed. (2111)
Farwest Financial
  1992 Ed. (3926, 3928)
Fasa
  2014 Ed. (1738)
Fasa-Renault
  1993 Ed. (1399)
  1995 Ed. (1488)
Fasa Renault Sa
  1994 Ed. (1450)
Fasano; Christine
  1997 Ed. (1931, 1944)
Fasciano Fund
  2000 Ed. (3224)
Fascitelli; Michael D.
  2013 Ed. (989)
Fasco
  1994 Ed. (3453)
FashCom
  2018 Ed. (1752)
Fashion
  1992 Ed. (3235, 4390)
  1993 Ed. (2917)

1994 Ed. (2931)
  2006 Ed. (697)
  2007 Ed. (790)
Fashion accessories/baggage
  1992 Ed. (2951)
Fashion Bug
  1992 Ed. (3727)
  1993 Ed. (3039)
  1994 Ed. (3094)
Fashion Cafe
  2001 Ed. (4086)
Fashion Channel
  1991 Ed. (3290)
Fashion Days
  2019 Ed. (2297)
Fashion Industries
  2007 Ed. (3957)
  2009 Ed. (4055)
Fashion Nova
  2020 Ed. (2298)
Fashu; Chen
  2010 Ed. (4864)
  2011 Ed. (4851)
Fasken, Campbell, Godfrey
  1993 Ed. (2394)
  1994 Ed. (2357)
Fasken Martineau
  1995 Ed. (2415)
  1996 Ed. (2451)
Fasken Martineau Davis
  1991 Ed. (2282)
  1992 Ed. (2831, 2846)
  1993 Ed. (2405)
  1997 Ed. (2596)
  1999 Ed. (3147)
Fasken Martineau DuMoulin LLP
  2009 Ed. (3487)
  2016 Ed. (3320)
  2018 Ed. (3348)
Fasken Martineau Dumoulin LLP
  2016 Ed. (3315)
  2017 Ed. (3274)
  2020 Ed. (3328)
Fasken Martineau Walker
  1990 Ed. (2416, 2427)
  1991 Ed. (2293)
Fasmatex SA
  2001 Ed. (4511)
  2002 Ed. (4618)
FAST
  2001 Ed. (4746)
  2009 Ed. (1114)
Fast
  2022 Ed. (2644)
Fast Capital 360
  2019 Ed. (1924, 2633)
Fast Company
  1999 Ed. (3754)
  2000 Ed. (3467, 3479, 3490, 3492)
  2001 Ed. (250, 251, 1053)
  2002 Ed. (3228)
  2005 Ed. (138)
  2008 Ed. (759)
  2009 Ed. (835)
  2010 Ed. (781, 3515)
  2011 Ed. (3520)
  2013 Ed. (4699)
Fast Company
  2023 Ed. (3579, 3580)
Fast Enterprises
  2022 Ed. (3117)
Fast Five
  2013 Ed. (3770, 3771, 3772)
Fast-Fix Jewelry Repairs
  2002 Ed. (4260)
  2004 Ed. (4410)
  2005 Ed. (4358)
  2006 Ed. (4299)
Fast-Fix Jewelry & Watch Repairs
  2007 Ed. (4366)
  2008 Ed. (4322)
  2009 Ed. (4425)
  2010 Ed. (4470)
  2011 Ed. (4405)
  2012 Ed. (4472)
  2013 Ed. (2923)
  2014 Ed. (4469)
  2020 Ed. (4387)
Fast Fixin
  2022 Ed. (3549)
  2023 Ed. (2939)
Fast Fixin'
  2021 Ed. (3491)
  2023 Ed. (3669)
Fast Food
  1991 Ed. (2059)
  1992 Ed. (91, 92, 95)
  1994 Ed. (1190)
  1995 Ed. (1533)
  2000 Ed. (38)
Fast Food Nation
  2004 Ed. (745)
The Fast & the Furious
  2004 Ed. (2160)
Fast & Furious 6
  2015 Ed. (3717, 3718)

Fast Future Brands
  2020 Ed. (875)
  2021 Ed. (886)
  2022 Ed. (916)
Fast food restaurants
  1996 Ed. (364)
  1998 Ed. (1744)
  1999 Ed. (2485)
  2001 Ed. (4078)
Fast Retailing
  2016 Ed. (4229)
  2017 Ed. (4215)
  2021 Ed. (907, 1367, 1634)
Fast Retailing Co.
  2001 Ed. (1763)
  2002 Ed. (1710)
  2005 Ed. (4128, 4129)
  2006 Ed. (4173)
  2007 Ed. (4197, 4204)
  2008 Ed. (4233)
  2010 Ed. (4345, 4351)
  2011 Ed. (1780, 4296)
  2012 Ed. (842, 1630, 4325)
  2013 Ed. (1017, 1022)
  2014 Ed. (987)
  2015 Ed. (1022)
  2016 Ed. (927)
  2017 Ed. (973)
  2018 Ed. (905)
  2019 Ed. (904)
  2020 Ed. (894)
Fast Retailing Co., Ltd.
  2013 Ed. (4334)
  2014 Ed. (4385)
  2016 Ed. (926, 4267, 4270)
  2017 Ed. (2468, 4258)
  2018 Ed. (2519)
  2021 Ed. (2458)
  2022 Ed. (2569, 4466)
  2023 Ed. (2712)
Fast Search & Transfer
  2003 Ed. (2712)
  2006 Ed. (3030)
Fast Search & Transfer ASA
  2006 Ed. (1951)
  2007 Ed. (1934, 3063)
  2008 Ed. (2000)
  2009 Ed. (1962)
Fast Shop
  2014 Ed. (2395)
Fast Slow Motion
  2018 Ed. (1347)
Fast Take
  2002 Ed. (1972)
Fast-teks On-site Computer Services
  2008 Ed. (880)
  2009 Ed. (890)
  2010 Ed. (840, 841)
  2011 Ed. (766)
  2012 Ed. (704)
  2013 Ed. (4591)
  2014 Ed. (4646)
Fast Track
  1997 Ed. (2390)
  2011 Ed. (65)
Fast Track Erectors LLC
  2021 Ed. (998)
  2022 Ed. (1042, 1043)
Fast-Trak Construction Inc.
  2022 Ed. (4961)
Fast-Up Partners
  2021 Ed. (1082)
Fastaff Travel Nursing
  2023 Ed. (1665)
FastBridge Learning
  2020 Ed. (1726)
Fastclick Inc.
  2007 Ed. (99, 2324)
Fastclick.com
  2006 Ed. (4878)
Fastenal
  2015 Ed. (785)
  2017 Ed. (767)
  2018 Ed. (3131)
  2019 Ed. (3063)
  2020 Ed. (3097, 4891)
  2021 Ed. (2969, 4886)
  2022 Ed. (1734, 3094, 4881)
  2023 Ed. (1876, 3199, 4874, 4875)
Fastenal Co.
  1989 Ed. (2367)
  1994 Ed. (2017)
  1998 Ed. (1881)
  2003 Ed. (2891)
  2004 Ed. (4759, 4760, 4912, 4913)
  2005 Ed. (4738, 4739, 4903, 4904)
  2006 Ed. (1888, 3364, 4437, 4788, 4789)
  2007 Ed. (4280)
  2008 Ed. (4726)
  2009 Ed. (3224)
  2010 Ed. (850, 3157, 4351)
  2011 Ed. (3123, 4400)
  2012 Ed. (2912, 2915, 4469)
  2013 Ed. (1878, 2999, 3001, 3004, 4433)
  2014 Ed. (3008, 3013, 4130, 4467)
  2015 Ed. (3076, 3081, 4461)
  2016 Ed. (2974, 2977, 4360)
  2017 Ed. (2930, 2933, 4000)
  2018 Ed. (3004, 3006, 4022)
  2019 Ed. (2942, 2947, 4011, 4273)
  2020 Ed. (2972, 2976, 4027)
  2021 Ed. (3993)
  2022 Ed. (4007)
  2023 Ed. (2839, 3198, 3203, 4091)
The Fastenal Company
  2021 Ed. (2594, 2968, 3939)
  2022 Ed. (2707, 3093, 3103)
Fasteners
  2005 Ed. (2781)
Fastennal Corp.
  1991 Ed. (892)
FASTer Way to Fat Loss
  2021 Ed. (1514, 1516)
  2022 Ed. (1528, 1533, 1534, 2913)
  2023 Ed. (3035)
Faster Way to Fat Loss
  2022 Ed. (2912)
Fastest Labs
  2017 Ed. (4364)
  2018 Ed. (3542)
  2019 Ed. (3533)
  2020 Ed. (3514, 3816)
  2023 Ed. (3701)
FastExpert
  2020 Ed. (4113)
FastFrame
  2008 Ed. (170)
Fastframe
  2016 Ed. (801)
Fastframe USA Inc.
  2002 Ed. (2362, 3710)
  2003 Ed. (896, 3876)
  2004 Ed. (3901)
  2005 Ed. (3839)
  2006 Ed. (3908)
  2007 Ed. (3955)
  2008 Ed. (3986)
  2010 Ed. (3969)
  2011 Ed. (3976)
Fastfrate/Bestway/ASL Distribution Services
  2023 Ed. (4715)
Fastighets AB Brostaden
  2011 Ed. (2062)
Fastino's
  1995 Ed. (2952)
Fastline
  2004 Ed. (57)
Fastlink
  2005 Ed. (52)
  2006 Ed. (59)
  2007 Ed. (50)
  2008 Ed. (53)
  2009 Ed. (60)
  2010 Ed. (70)
FASTNET Corp.
  2002 Ed. (2533)
FastoolNow
  2019 Ed. (2837)
FastParts.com
  2001 Ed. (4751)
Fastpay
  2016 Ed. (2642)
FasTracKids International Ltd.
  2002 Ed. (2066)
  2003 Ed. (2126)
  2004 Ed. (913, 914, 2173)
  2005 Ed. (905, 2274)
  2006 Ed. (820, 2342)
  2007 Ed. (907, 2278)
  2008 Ed. (882, 2411)
  2009 Ed. (2411)
  2011 Ed. (2318)
  2012 Ed. (2220)
  2013 Ed. (2398)
  2014 Ed. (857)
  2017 Ed. (1507)
  2018 Ed. (780)
  2019 Ed. (797)
FASTSIGNS
  2019 Ed. (3967)
  2020 Ed. (732, 3988, 3997)
  2021 Ed. (746, 3953, 3964, 4391, 4392, 4393, 4394, 4395)
  2022 Ed. (775, 856, 3965, 4399)
  2023 Ed. (988, 1038, 4039, 4423, 4424, 4425, 4426)
FastSigns
  2023 Ed. (4422, 4779)
Fastsigns
  1992 Ed. (2221)
  1999 Ed. (2510, 2512, 2516)
  2002 Ed. (4281)
  2003 Ed. (4420)
  2019 Ed. (3957)
FASTSIGNS International
  2018 Ed. (4369, 4370, 4371, 4372, 4373, 4374)
  2019 Ed. (4396)
  2020 Ed. (4395)
  2022 Ed. (4396, 4397, 4398)
FastSigns International
  2021 Ed. (4785)
  2022 Ed. (4789)
FASTSIGNS International Inc.
  2021 Ed. (820)

FastSigns International Inc.
  2004 Ed. (4420)
  2005 Ed. (4368)
  2006 Ed. (4316)
  2007 Ed. (4381)
  2008 Ed. (4337)
  2009 Ed. (4442)
  2010 Ed. (4483)
  2011 Ed. (4416)
  2012 Ed. (4478)
  2013 Ed. (4441)
  2014 Ed. (4473)
  2015 Ed. (4467)
  2016 Ed. (4369)
  2017 Ed. (4368)
  2018 Ed. (4368)
  2019 Ed. (4395)
  2020 Ed. (4394)
  2021 Ed. (4390)
  2022 Ed. (4395)
FASTSIGNS (U.S.)
  2021 Ed. (3953)
FastSpring
  2012 Ed. (636)
  2013 Ed. (1097)
  2016 Ed. (1016)
Fastweb
  2021 Ed. (4585)
  2022 Ed. (660, 4599)
  2023 Ed. (4603)
Fastweb SpA
  2007 Ed. (1831)
Fat Bastard
  2005 Ed. (4966)
Fat Bottom Brewing Co.
  2023 Ed. (912)
Fat Brands Inc.
  2021 Ed. (819)
  2022 Ed. (851)
Fat Burners
  1996 Ed. (1547)
Fat Fish Farm
  2022 Ed. (1575)
Fat Fish Farm, dba Kanaloa Octopus Farm
  2022 Ed. (1575)
Fat Free Fig Newtons
  1994 Ed. (1858)
FATA Hunter Inc.
  2014 Ed. (4250)
Fatabella
  2000 Ed. (3849)
Fatbeam
  2017 Ed. (4579)
FatBrainToys.com
  2010 Ed. (2374)
  2013 Ed. (2477)
  2018 Ed. (2328)
Fatburger
  2023 Ed. (2767, 4233)
Fatburger North America Inc.
  2012 Ed. (707)
  2014 Ed. (858)
Fatburger North American
  2015 Ed. (2665)
  2016 Ed. (2588)
  2017 Ed. (2512)
Fatburger Restaurants
  2009 Ed. (2702)
FatCloud
  2015 Ed. (1117)
  2016 Ed. (1031)
FATE
  1997 Ed. (3752)
The Fate of the Furious
  2019 Ed. (3653, 3654, 3655)
Fater
  1989 Ed. (38)
  2010 Ed. (1613)
  2013 Ed. (1779)
  2014 Ed. (1560)
Fater SpA
  2010 Ed. (1756)
Fathead
  2015 Ed. (2474)
Fathead LLC
  2015 Ed. (2478)
Fathead.com
  2010 Ed. (2374)
Father of the Bride
  1993 Ed. (2599)
Father Flanagan's Boys' Home
  1991 Ed. (2614)
  1993 Ed. (896)
  1994 Ed. (904)
  1995 Ed. (941, 2780)
  1996 Ed. (912)
  2011 Ed. (3763)
Father Son & Co.: My Life at IBM & Beyond
  2006 Ed. (584)
Father's Day
  1990 Ed. (1948)
  1992 Ed. (2348)
  2001 Ed. (2627)
  2004 Ed. (2759)
The Father's Table
  2017 Ed. (807, 811)
  2018 Ed. (741)

  2019 Ed. (758)
  2020 Ed. (748)
  2021 Ed. (762, 765)
  2022 Ed. (803)
Fathom
  2003 Ed. (3036)
  2015 Ed. (3560)
  2016 Ed. (2835)
Fathom Communications
  2008 Ed. (3595)
Fathom Realty
  2017 Ed. (4067)
  2018 Ed. (4095)
  2019 Ed. (1870, 4102)
  2021 Ed. (4050, 4054)
  2022 Ed. (4065, 4072)
  2023 Ed. (4169, 4177)
Fathom SEO
  2013 Ed. (1975)
Fatima Al Jaber
  2015 Ed. (5008)
  2016 Ed. (4925)
Fatima Mernissi
  2013 Ed. (3481)
Fator
  2010 Ed. (673)
Fator Plural Jaguar FIA
  2005 Ed. (3577)
Fatpipe Networks India Ltd.
  2012 Ed. (2844)
Fattmerchant
  2021 Ed. (1513, 2555)
  2022 Ed. (2673)
Fattmerchant Inc.
  2022 Ed. (1526)
Fatwood
  2023 Ed. (805)
Faucet.com
  2010 Ed. (2374)
Faucets
  2001 Ed. (4743)
Fauji Fert AI
  1997 Ed. (2588)
Fauji Fertilizer Bin Qasim Ltd.
  2006 Ed. (4527)
  2007 Ed. (1581)
Fauji Fertilizer Co. Ltd.
  1999 Ed. (3132, 3133)
  2002 Ed. (3044, 3045, 4453)
Fauji Fertilizer Company Limited
  2000 Ed. (2879)
Faul Oldsmobile-GMC; Larry
  1990 Ed. (312)
Faul Oldsmobile-GMC-Peugeot; Larry
  1990 Ed. (345)
Faul Oldsmobile-GMC Truck Inc.; Larry
  1993 Ed. (280)
  1994 Ed. (279)
Faul Oldsmobile; Larry
  1991 Ed. (289)
Faul Pontiac; Larry
  1992 Ed. (396)
  1993 Ed. (281)
Faulding Inc.
  2001 Ed. (2061)
Faulds Advertising
  2001 Ed. (236)
Faulk; Rick
  2006 Ed. (2514)
Faulkner Inc.; Henry
  1990 Ed. (312)
  1991 Ed. (289)
Faulkner; Judy
  2014 Ed. (4857)
  2015 Ed. (4894)
  2023 Ed. (4931)
Faulkner Oldsmobile
  1992 Ed. (394)
Faulkner Organization
  2001 Ed. (439, 445)
Fault Lines: How Hidden Fractures Still Threaten the World Economy
  2012 Ed. (512)
The Fault in Our Stars
  2014 Ed. (571)
  2015 Ed. (639, 640)
Faultless
  2003 Ed. (3168)
Faultless Starch/Bon Ami Co.
  2003 Ed. (995, 3169)
Faure Equipements SA
  1999 Ed. (2552)
Faurecia
  2003 Ed. (342, 343)
  2004 Ed. (320)
  2007 Ed. (325)
  2008 Ed. (313)
  2010 Ed. (312)
  2011 Ed. (235)
  2012 Ed. (259)
  2013 Ed. (260)
  2014 Ed. (260, 261, 262)
  2016 Ed. (301)
  2017 Ed. (302, 303, 304)
  2018 Ed. (283, 284, 285)
  2019 Ed. (283, 284, 285, 290)
  2020 Ed. (286, 287, 291, 3432)
  2021 Ed. (273, 274, 278, 617, 3448)

2022 Ed. (289, 290, 294)
2023 Ed. (386, 391)
Faurecia North America
 2018 Ed. (272, 1713)
Faurecia SA
 2012 Ed. (255)
 2013 Ed. (264)
 2014 Ed. (266)
 2015 Ed. (306)
 2016 Ed. (304)
 2017 Ed. (307)
 2018 Ed. (288)
 2019 Ed. (288)
Faurecia Sieges D'Automobile SA
 2004 Ed. (2708)
Fauser Oil Co., Inc.
 2004 Ed. (1760)
Faust; Leland
 2009 Ed. (3440)
Faustina Hydrogen Products LLC
 2009 Ed. (919)
Fausto Colovan
 1999 Ed. (2362)
FaverGray
 2023 Ed. (1704)
Favor
 2003 Ed. (980)
 2008 Ed. (980)
 2020 Ed. (1957, 3381)
Favor TechConsulting LLC
 2017 Ed. (1259)
Favor TechConsulting LLC (FTC)
 2023 Ed. (4775, 4979)
Favor TechConsulting, LLC
 2018 Ed. (1236, 1238)
 2019 Ed. (1271)
Favorite Brands
 2000 Ed. (977)
Favorite Brands International Inc.
 2003 Ed. (1133, 1134)
Favorite Healthcare Staffing Inc.
 2023 Ed. (2717)
Favorite Nurses
 2006 Ed. (4456)
FAW Car
 2006 Ed. (4307)
 2012 Ed. (236)
FAW-VW
 1995 Ed. (308)
Faw Xiali
 2006 Ed. (4307)
Fawaz Alhokair
 2016 Ed. (4871)
 2018 Ed. (4884)
Fawaz Zu'bi
 2013 Ed. (4614)
Fawzi Al-Kharafi
 2013 Ed. (4885)
 2014 Ed. (4898)
 2015 Ed. (4937)
 2016 Ed. (4853)
 2018 Ed. (4866)
 2019 Ed. (4860)
Fax-9
 1991 Ed. (1771, 1772)
 1992 Ed. (2221, 2222)
 1994 Ed. (1912, 1915)
 2002 Ed. (2363)
Fax orders
 1992 Ed. (3251)
Fax Plus Inc.
 2003 Ed. (1364)
Faxon-Gillis
 2002 Ed. (1198)
 2003 Ed. (1180)
 2004 Ed. (1186)
 2005 Ed. (1212)
FaxonGillis Homes
 2000 Ed. (1221)
Faxton St. Luke's Healthcare
 2013 Ed. (4212)
Fay; Carolyn Grant
 1994 Ed. (890)
Fay Cos.; Leslie
 1991 Ed. (981)
 1993 Ed. (990, 992, 996, 997)
 1994 Ed. (1022, 1024, 1028, 1029)
 1996 Ed. (1284)
Fay, Leslie
 1990 Ed. (1062)
 1992 Ed. (1220, 1221, 1222, 1224, 1225)
 1995 Ed. (1031, 1032, 1318, 1320, 1328, 1334, 2768)
Fay Richwhite
 1990 Ed. (1689)
 1992 Ed. (2006)
 1993 Ed. (1665)
Fay, Richwhite Securities New Zealand
 1995 Ed. (3280)
Fay Sharpe LLP
 2015 Ed. (4774)
Fayard; Gary
 2006 Ed. (949)
 2007 Ed. (1044)
Faye Landes
 1997 Ed. (1901)
 1998 Ed. (1623)
 1999 Ed. (2267)

2000 Ed. (2052)
Fayed; Mohamed Al
 2012 Ed. (4885)
 2013 Ed. (4869)
 2014 Ed. (4883)
 2015 Ed. (4921)
 2016 Ed. (4837)
 2017 Ed. (4845)
 2018 Ed. (4852)
 2019 Ed. (4847)
 2020 Ed. (4836)
 2021 Ed. (4837)
 2022 Ed. (4830)
 2023 Ed. (4825)
Fayette County, GA
 1993 Ed. (1433)
 1995 Ed. (1509)
Fayette Independent Development Authority
 1996 Ed. (2240)
Fayette Janitorial Service
 2022 Ed. (4958)
 2023 Ed. (4961)
Fayette-Springdale-Rogers, AR-MO
 2019 Ed. (2720)
Fayetteville, AR
 1989 Ed. (2336)
 1993 Ed. (2549)
 1998 Ed. (1520, 2474)
 2005 Ed. (2380, 3311)
 2006 Ed. (2424, 3298, 4864)
 2007 Ed. (3361, 3362)
 2008 Ed. (3460)
 2009 Ed. (4344)
 2010 Ed. (3458)
 2017 Ed. (2312)
 2021 Ed. (3309)
Fayetteville, NC
 1992 Ed. (4041)
 1993 Ed. (2555)
 1994 Ed. (825, 969)
 1998 Ed. (579)
 1999 Ed. (2127)
 2000 Ed. (1909)
 2005 Ed. (1190, 2977)
 2007 Ed. (3012)
 2008 Ed. (978, 3131)
 2009 Ed. (3540)
 2010 Ed. (3464)
 2011 Ed. (3467)
 2017 Ed. (3095)
 2019 Ed. (3131)
 2021 Ed. (3342)
Fayetteville-Springdale, AR
 2020 Ed. (2357)
Fayetteville-Springdale-Rogers, AR
 1997 Ed. (2767)
 1999 Ed. (1173, 2088, 3368, 3370)
 2004 Ed. (2289)
 2005 Ed. (2387, 4797)
 2008 Ed. (3459, 3479)
Fayetteville-Springdale-Rogers, AR-MO
 2007 Ed. (2374)
 2009 Ed. (4778)
Fayetteville-Springdale-Rogers-Bentonville, AR
 2022 Ed. (3403)
Fayez S. Sarofim
 2004 Ed. (4861)
Fayez Sarofim
 1992 Ed. (2737, 2752, 2760)
 1993 Ed. (2288, 2295, 2320)
 1994 Ed. (2299, 2307)
 2006 Ed. (4899)
Fayez Sarofim & Co.
 2008 Ed. (3377)
Fayez Shalaby Sarofim
 2002 Ed. (3356)
Fayor-Butikerna
 1989 Ed. (52)
Fayrewood
 2002 Ed. (4292)
Fay's
 1990 Ed. (1552, 1557)
 1992 Ed. (1854)
 1996 Ed. (1591)
Fay's Drug
 1990 Ed. (1550)
Faysal Bank
 1999 Ed. (3133)
 2009 Ed. (2744)
Faysal Bank Ltd.
 2015 Ed. (2700)
 2016 Ed. (2624)
 2017 Ed. (2557)
 2018 Ed. (2625)
 2019 Ed. (2611)
 2020 Ed. (2621)
Faysal Islamic Bank of Bahrain
 1991 Ed. (568)
 1996 Ed. (430)
 1997 Ed. (395)
 1999 Ed. (452)
 2000 Ed. (444)
Fayyad; Usama
 2013 Ed. (3477)
FaZe Clan
 2021 Ed. (4788)
 2022 Ed. (4677)

Faze Three USA
 2010 Ed. (4386)
Fazer
 2009 Ed. (1665)
 2010 Ed. (712)
Fazio; Tom
 2008 Ed. (2827)
Fazio; Vic
 1994 Ed. (845)
Fazoli's
 1998 Ed. (3060, 3065)
 1999 Ed. (2128, 2130, 2133, 2137, 2138, 4049, 4058, 4064, 4068)
 2000 Ed. (3773, 3774, 3785, 3787, 3795)
 2001 Ed. (4065)
 2002 Ed. (4002, 4022)
 2003 Ed. (2455, 4099, 4120)
 2004 Ed. (4138)
 2005 Ed. (2553)
 2006 Ed. (2560, 4122)
 2007 Ed. (2534, 4149)
 2008 Ed. (2667, 2670, 4161, 4183, 4184)
 2009 Ed. (4269, 4285)
 2010 Ed. (4209)
 2011 Ed. (4215, 4244)
 2012 Ed. (2537)
 2014 Ed. (3981)
 2015 Ed. (4026)
 2018 Ed. (793, 4217)
 2019 Ed. (4246)
 2020 Ed. (2558, 2559, 2560, 2561, 4212)
 2021 Ed. (2521, 2522, 2523, 2524, 2526)
 2022 Ed. (2633, 2634, 2635, 2636, 2637, 2638)
Fazoli's Franchising Systems
 2020 Ed. (2557)
Fazoli's Restaurants
 2021 Ed. (4201)
Fazoli's Systems Inc.
 2002 Ed. (2250)
 2004 Ed. (2584)
FB Marine Group
 2018 Ed. (629)
 2019 Ed. (644)
FBA Paramount Fund Income
 1992 Ed. (3177)
FBC Holding
 2009 Ed. (561)
 2010 Ed. (544)
 2011 Ed. (472)
 2014 Ed. (377)
 2015 Ed. (431)
FBC Mortgage LLC
 2017 Ed. (3585)
FBC Mortgage Securities X
 1989 Ed. (1112)
FBG
 2019 Ed. (3065)
FBG Service Corp.
 2019 Ed. (2366)
 2020 Ed. (2334)
 2021 Ed. (2299)
 2022 Ed. (2330)
FBG Services Corp.
 2006 Ed. (4364)
FBI
 1992 Ed. (2635)
 2013 Ed. (3743)
FBL Financial Group
 2004 Ed. (3100, 3101)
 2005 Ed. (3103)
 2009 Ed. (4369)
 2013 Ed. (1766, 2692, 2841)
FBL-Growth Common Stock
 1992 Ed. (3177)
FBL Series Managed
 1995 Ed. (2725)
FBM
 1997 Ed. (2669, 2672)
FBMC Benefits Management
 2015 Ed. (3309)
FBMC Benefits Management Inc.
 2020 Ed. (3169)
FBMC Benefits Management, Inc.
 2020 Ed. (3187)
FBN Holdings
 2015 Ed. (419, 1932)
 2016 Ed. (383, 1888)
 2017 Ed. (382, 1855)
FBOP Corp.
 1998 Ed. (287)
 2006 Ed. (403)
FBR American Gas Index
 2005 Ed. (3542)
FBR Asset Investment Corp.
 2004 Ed. (1588)
FBR Focus
 2009 Ed. (4548)
 2010 Ed. (4580)
FBR Funds
 2010 Ed. (3723)
FBR Funds Small Cap
 2006 Ed. (4570)
 2008 Ed. (598, 4515)
FBR Gas Utility Index
 2007 Ed. (3677)
FBR: Sm Cap Financial
 1999 Ed. (3522)

FBR Small Cap
 2006 Ed. (3642, 3643)
 2007 Ed. (2491)
 2008 Ed. (2621, 4516)
 2009 Ed. (3799)
FBR Small Cap Financial
 1999 Ed. (3507)
 2003 Ed. (3522)
 2004 Ed. (3565, 3566, 3568, 3587, 3595)
 2006 Ed. (3596, 3637, 3655, 4561)
FBS Capital Markets
 1991 Ed. (3035)
FBZ Investment Befektetesi ES Kereskedelmi
 2017 Ed. (1606)
FC Barcelona
 2022 Ed. (4426)
FC Barcelona (Spain)
 2022 Ed. (4428)
FC Bayern Munich
 2022 Ed. (4424)
FC Bayern Munich (Germany)
 2022 Ed. (4428)
FC Business Systems Inc.
 2006 Ed. (1371, 1374)
 2008 Ed. (1399)
FC-GEN Acquisition Inc.
 2012 Ed. (2889)
 2013 Ed. (2968)
 2014 Ed. (2979)
FC Internazionale Milano
 2022 Ed. (4425)
F.C. Kerbeck & Sons
 1990 Ed. (317)
FC Koln
 2022 Ed. (4424)
FC Midtjylland
 2019 Ed. (1531)
FC Schalke 04
 2022 Ed. (4424)
F.C. Tucker Company, Inc.
 2021 Ed. (4064)
 2022 Ed. (4080)
FC USA
 2018 Ed. (4734)
FCA
 2023 Ed. (274)
FCA Canada Inc.
 2017 Ed. (266)
 2018 Ed. (252)
 2019 Ed. (249)
 2020 Ed. (254)
 2022 Ed. (264)
 2023 Ed. (363)
FCA France
 1993 Ed. (99)
 1994 Ed. (88)
FCA International Ltd.
 1997 Ed. (1044, 1045, 1046, 1048)
FCA Poland
 2017 Ed. (3416)
FCA Srbija DOO
 2018 Ed. (1517)
 2019 Ed. (1545)
 2020 Ed. (1518)
 2021 Ed. (1503)
FCA Transport
 2019 Ed. (4002)
 2020 Ed. (4019)
 2021 Ed. (3985)
 2022 Ed. (3999)
 2023 Ed. (4083)
FCA U.S.
 2018 Ed. (4790)
FCA U.S. LLC
 2016 Ed. (1788, 1789, 1794, 3417)
 2017 Ed. (1756, 1758, 1759, 3374)
 2018 Ed. (1707, 1710, 1711, 3438)
FCA US
 2018 Ed. (1307, 4721)
FCA US LLC
 2018 Ed. (1712, 1719, 3014)
 2019 Ed. (1777, 2955)
 2020 Ed. (1716)
FCA US, LLC
 2018 Ed. (3968)
 2020 Ed. (3958)
FCB
 1989 Ed. (154)
 1990 Ed. (145)
 1994 Ed. (2443)
 1995 Ed. (116, 2509)
 1996 Ed. (73, 130, 131)
 1999 Ed. (81, 133, 146)
 2000 Ed. (151, 163)
 2003 Ed. (184)
 2015 Ed. (2327)
FCB/Advis
 2001 Ed. (145)
FCB Africa
 2003 Ed. (148)
FCB Argentina
 2001 Ed. (103)
 2002 Ed. (76)
 2003 Ed. (42)
FCB/Artefilme
 1989 Ed. (101)
 1990 Ed. (96)

1991 Ed. (95, 106)
1992 Ed. (143, 156)
FCB/Artefilme Honduras
1990 Ed. (108)
FCB Canada
1995 Ed. (53, 54, 55)
1996 Ed. (69)
1997 Ed. (70)
1999 Ed. (70, 71)
2000 Ed. (75, 76)
2001 Ed. (119)
FCB Canada Worldwide
2002 Ed. (90)
2003 Ed. (57)
FCB Colombia
1997 Ed. (73)
FCB Costa Rica
1994 Ed. (80)
2002 Ed. (94)
FCB de Costa Rica
1995 Ed. (60)
1996 Ed. (74)
1997 Ed. (74)
1999 Ed. (75)
2001 Ed. (123)
FCB Direct
1991 Ed. (1420)
1992 Ed. (1805)
2000 Ed. (1680)
FCB Direct/U.S.
1993 Ed. (1489)
1995 Ed. (1565, 1566)
FCB Dominican Republic
1997 Ed. (80)
2001 Ed. (130)
FCB Ecuador
1993 Ed. (95)
1995 Ed. (69)
1996 Ed. (82)
1997 Ed. (82)
1999 Ed. (83)
2000 Ed. (89)
2001 Ed. (131)
2002 Ed. (103)
2003 Ed. (68)
FCB El Salvador
1995 Ed. (71)
1996 Ed. (84)
1997 Ed. (84)
1999 Ed. (85)
2000 Ed. (91)
2001 Ed. (133)
FCB Financial Holdings
2020 Ed. (4160)
FCB Financial Holdings Inc.
2018 Ed. (336)
2019 Ed. (339)
FCB Finland
2001 Ed. (135)
FCB Florida Bancorp
2008 Ed. (427)
FCB Germany
2001 Ed. (138)
FCB Guatemala
1997 Ed. (94)
FCB Health
2015 Ed. (80)
2016 Ed. (80)
2018 Ed. (76)
FCB Healthcare
1996 Ed. (48)
1997 Ed. (139)
FCB Honduras
1995 Ed. (80)
1996 Ed. (94)
1997 Ed. (95)
1999 Ed. (97)
2000 Ed. (102)
2001 Ed. (142)
2002 Ed. (115)
2003 Ed. (82)
FCB Hong Kong
2001 Ed. (121)
FCB Jakarta
1994 Ed. (95)
1995 Ed. (84)
FCB/Leber Katz Partners
1995 Ed. (104)
1996 Ed. (58, 81, 2866, 2867)
1997 Ed. (81, 124)
FCB/Lewis, Gilman & Kynett Inc.
1993 Ed. (127)
FCB Malaysia
2000 Ed. (128)
2001 Ed. (168)
2002 Ed. (140)
2003 Ed. (106)
FCB Mexico
2001 Ed. (179)
2002 Ed. (149)
2003 Ed. (121)
FCB New Zealand
2001 Ed. (187)
2002 Ed. (159)
2003 Ed. (127)
FCB Peru
2001 Ed. (196)
2002 Ed. (167)
2003 Ed. (135)
FCB Publicidad
1991 Ed. (104)
1995 Ed. (79)
1996 Ed. (93)
2003 Ed. (79)
FCB Publicidade
1989 Ed. (153)
1990 Ed. (144)
1991 Ed. (144)
1992 Ed. (200)
1993 Ed. (130)
1994 Ed. (111)
1999 Ed. (96)
FCB Publicidade Portugal
2002 Ed. (170)
2003 Ed. (138)
FCB-Publicis
1990 Ed. (58, 59, 60, 61, 62, 65, 66, 67, 68, 69, 70, 72, 112)
1991 Ed. (110, 112, 113)
1992 Ed. (161, 162, 164, 165)
1993 Ed. (110, 111, 2504)
1995 Ed. (86)
FCB Puerto Rico
1991 Ed. (145)
1997 Ed. (135)
2001 Ed. (201)
2002 Ed. (172)
2003 Ed. (139)
FCB/Puma
1990 Ed. (90)
1991 Ed. (88)
1992 Ed. (136)
1993 Ed. (89)
1994 Ed. (79)
1995 Ed. (59)
FCB Red
2019 Ed. (3478)
2020 Ed. (3456)
2021 Ed. (3476)
2022 Ed. (3533)
FCB/Ronalds-Reynolds Ltd.
1990 Ed. (85)
1991 Ed. (82)
1992 Ed. (130, 131, 215)
1993 Ed. (85, 142)
1994 Ed. (74, 75, 123)
FCB/Siboney
1989 Ed. (95, 99, 112)
1990 Ed. (91, 95, 107)
1991 Ed. (89, 93)
1992 Ed. (137, 145)
1993 Ed. (90)
FCB/Siboney/Blanco Uribe
1990 Ed. (161)
1992 Ed. (219)
1993 Ed. (145)
FCB/Siboney/Uribe
1989 Ed. (172)
1991 Ed. (160)
FCB Slovakia
1999 Ed. (151)
2000 Ed. (169)
2001 Ed. (207)
2002 Ed. (179)
2003 Ed. (146)
FCB South Africa
2001 Ed. (209)
FCB Sri Lanka
2002 Ed. (187)
2003 Ed. (151)
FCB Switzerland
2002 Ed. (189)
FCB Taiwan
2002 Ed. (191)
FCB/Tapsa
2000 Ed. (174)
2001 Ed. (210)
2002 Ed. (186)
2003 Ed. (150)
FCB Thailand
2001 Ed. (224)
FCB Ulka
2002 Ed. (117)
2003 Ed. (84)
FCB-Ulka Advertising
1999 Ed. (100)
2000 Ed. (104)
2001 Ed. (144)
FCB Venezuela
1997 Ed. (157)
2001 Ed. (239)
2002 Ed. (208)
2003 Ed. (179)
FCB Worldwide
2001 Ed. (98, 99, 101, 164, 188, 202, 220, 221, 222, 223, 241)
2002 Ed. (63, 65, 70, 73, 101, 102, 150, 151, 210, 211)
FCBi
2006 Ed. (3420)
FCC
2002 Ed. (3518)
2012 Ed. (1042)
F.C.C. Fishery Co., Ltd.
1990 Ed. (2520)
FCC National Bank
1991 Ed. (362, 365)
1992 Ed. (505, 510, 567)
1993 Ed. (352, 382, 407, 409, 460)
1994 Ed. (342, 344, 397, 399, 465)
1995 Ed. (392)
1996 Ed. (361, 415)
1997 Ed. (382, 384)
1998 Ed. (298, 302, 309, 312, 346)
1999 Ed. (406, 414)
2000 Ed. (404, 414)
FCC SA
2002 Ed. (1327)
2003 Ed. (1324, 1334)
2004 Ed. (1324, 1333, 1334, 1335)
2019 Ed. (1264)
2020 Ed. (1258)
2021 Ed. (1224)
2022 Ed. (1226)
2023 Ed. (1461, 1464)
FCCI Insurance Group
2011 Ed. (1633)
2012 Ed. (1483, 1491)
2013 Ed. (1612, 1621)
2014 Ed. (1579)
2015 Ed. (1629)
2016 Ed. (1557)
FCCI Mutual Insurance Co.
1997 Ed. (2421)
1998 Ed. (2133)
2000 Ed. (2733)
FCCI Mutual Insurance Holding Co.
2017 Ed. (3211)
FCCSA
1994 Ed. (3650)
FCE Bank
2005 Ed. (624)
2006 Ed. (537)
2007 Ed. (568)
2008 Ed. (521)
2009 Ed. (556)
2013 Ed. (472)
FCE Bank plc
2010 Ed. (539)
2011 Ed. (468)
FCE Credit Union
2002 Ed. (1877)
2003 Ed. (1931)
2004 Ed. (1971)
2005 Ed. (2113)
2006 Ed. (2208)
2007 Ed. (2129)
F.C.F. Fishery Co. Ltd.
1992 Ed. (1705, 2974)
FCI
2001 Ed. (2136, 2137, 2138)
2005 Ed. (2279)
FCI Americas Holding Inc.
2004 Ed. (1817)
2015 Ed. (1885)
2016 Ed. (1847)
FCI Constructors
2004 Ed. (3968)
2005 Ed. (1325)
2010 Ed. (1249, 1250, 4062)
2011 Ed. (1199, 4040)
2012 Ed. (1141, 4073)
2013 Ed. (1227)
FCI Constructors Inc.
2013 Ed. (1259, 1562)
2014 Ed. (1170)
2015 Ed. (1223)
2017 Ed. (1175, 1188)
2018 Ed. (1111, 1140, 1489)
2019 Ed. (1134, 1521)
2020 Ed. (1125, 1484)
2021 Ed. (1111, 1473)
FCi Federal
2017 Ed. (4969)
2018 Ed. (4977)
FCL Builders
2022 Ed. (1176)
2023 Ed. (1350)
FCL Builders Inc.
2008 Ed. (1797)
FCL Builders LLC
2023 Ed. (1334)
FCL Interstate Transport Services
2004 Ed. (3962)
FCm Travel Solutions
2011 Ed. (1765)
2012 Ed. (1616)
2014 Ed. (1708)
FCN Inc.
2017 Ed. (1280)
2019 Ed. (1288, 1292)
2020 Ed. (1269)
2021 Ed. (1242, 1247)
2022 Ed. (1247)
FCNB Corp.
2002 Ed. (432, 433)
FCNBD
2000 Ed. (397, 431)
FCP-ECA
2000 Ed. (3403)
FCR of Boston
2006 Ed. (4060)
FCS of America
2015 Ed. (1338)
FCS of Mid-America
2015 Ed. (1338)
FCT Bancshares
2015 Ed. (559)
FCTG Holdings Inc.
2010 Ed. (1932)
2011 Ed. (1987)
2012 Ed. (1833)
FD
2011 Ed. (4119)
2012 Ed. (4151)
FD Engineers & Constructors Inc.
2001 Ed. (1070)
F.D. Thomas Inc.
2020 Ed. (1228)
FD Thomas Inc.
2000 Ed. (1265, 1271)
2009 Ed. (1238)
2010 Ed. (1237)
2011 Ed. (1185)
2012 Ed. (1132)
2013 Ed. (1278)
2014 Ed. (1211)
2015 Ed. (1269)
2016 Ed. (1184)
2017 Ed. (1227)
2018 Ed. (1207)
2019 Ed. (1234)
The FDA Group
2017 Ed. (1747)
FDB
2009 Ed. (42)
2013 Ed. (4326)
2014 Ed. (4377)
FDB Faellesfor For Danmarks Brugs-foreninger
1989 Ed. (1104)
1993 Ed. (1294)
FDB Faellesforeningen for Danmarks Brugsforeninge
1996 Ed. (1324)
FDC
2011 Ed. (1705)
FDIC Credit Union
2009 Ed. (2173)
FDL Foods Inc.
1992 Ed. (2996, 3510)
1993 Ed. (2521, 2879, 2890)
1994 Ed. (2454, 2455, 2458, 2910, 2911)
1995 Ed. (2527, 2966)
1996 Ed. (2586, 2587, 3065, 3066)
FDL Operating
2023 Ed. (2982)
FDL Operating LLC
2019 Ed. (3790)
FDM Group
2017 Ed. (1055)
FDR
1992 Ed. (1747)
FDRsafety LLC
2012 Ed. (3776)
2017 Ed. (3662, 3663)
2018 Ed. (3717, 3718)
FDS
2002 Ed. (2255)
2003 Ed. (2461)
2018 Ed. (2592)
FDS Bank
2004 Ed. (4283)
2005 Ed. (4216)
2007 Ed. (4255)
2010 Ed. (4428, 4429)
2011 Ed. (4373, 4374)
2012 Ed. (4413, 4414)
2013 Ed. (4384, 4385)
FDS Field Marketing Group
2002 Ed. (3264)
FDS International
2000 Ed. (3044)
FDX Corp.
1999 Ed. (1745, 4652)
2000 Ed. (1571, 3393, 3394, 3576, 4292)
2001 Ed. (293, 1876)
Fe; Ernesto de la
2010 Ed. (2560)
FE International
2021 Ed. (2541, 2574)
Fea; Vincent
1997 Ed. (1925)
Fear
2020 Ed. (589)
"Fear the Walking Dead"
2018 Ed. (2954)
Fearless
2017 Ed. (3612)
2023 Ed. (3744)
Fearless Fourteen
2010 Ed. (563)
2011 Ed. (495)
Fearless Solutions LLC
2022 Ed. (3641)
Fearnley Holdings Ltd.
1992 Ed. (1197)
Fearon; Richard
2007 Ed. (1068)

A Feast for Crows
  2013 Ed. (557, 568)
  2014 Ed. (579)
  2015 Ed. (647)
Feat Socks
  2019 Ed. (2319)
Feather
  2020 Ed. (2288)
Feather O'Connor
  1991 Ed. (3210)
Featherlite Enterprises
  2006 Ed. (3535)
Featon; Richard
  2010 Ed. (915)
Feazel
  2022 Ed. (4768)
  2023 Ed. (4756)
FEB Investments Inc.
  1996 Ed. (3392)
Febreze
  2003 Ed. (3168)
  2005 Ed. (198)
  2008 Ed. (206)
  2009 Ed. (3196)
  2013 Ed. (3122)
  2014 Ed. (953)
  2015 Ed. (990)
  2016 Ed. (892)
  2017 Ed. (939)
  2018 Ed. (874)
  2019 Ed. (878)
  2020 Ed. (865)
  2021 Ed. (879)
February
  2001 Ed. (1156, 4857, 4858, 4859)
  2002 Ed. (415)
February 1, 1917
  1999 Ed. (4497)
February 5, 1987
  1989 Ed. (2045)
February 9-October 7, 1966
  1989 Ed. (2749)
February 11, 1932
  1989 Ed. (2750)
February 13, 1932
  1989 Ed. (2750)
February 22, 1996
  1999 Ed. (4395, 4397)
Fecto Cement
  1997 Ed. (2589)
Fed Nac de Cafeteras
  1989 Ed. (1102)
Fed USA Insurance/Financial Services
  2006 Ed. (2601)
FedBiz IT Solutions
  2018 Ed. (1235, 1236, 1238, 3994)
  2019 Ed. (1268, 1269, 2088)
  2020 Ed. (1262, 1997)
FedBiz IT Solutions LLC
  2019 Ed. (1274)
FedBiz IT Solutions, LLC
  2020 Ed. (1263)
  2021 Ed. (1229)
Fedco
  1998 Ed. (3695)
  1999 Ed. (1871)
  2000 Ed. (1688, 2595)
  2001 Ed. (4403)
Fedco Drugs
  2002 Ed. (2035)
Fedco Electronics Inc.
  1998 Ed. (1413)
  2004 Ed. (2249)
  2005 Ed. (2349)
Fedcom Credit Union
  2015 Ed. (2215)
Fedders Corp.
  1990 Ed. (197)
  1991 Ed. (187)
  1992 Ed. (258, 261)
  1993 Ed. (165, 166)
  1994 Ed. (149)
  1995 Ed. (3434, 3436)
  1996 Ed. (3499)
  1997 Ed. (185, 1254)
  1998 Ed. (107)
  1999 Ed. (204)
  2000 Ed. (227)
  2001 Ed. (286, 287, 288)
  2002 Ed. (253, 1912, 2701)
  2004 Ed. (2949, 2950)
  2005 Ed. (2949, 2950)
Fedele; Joe
  2005 Ed. (2321)
Fedeli Group
  2001 Ed. (2912)
Feder; Ron
  2019 Ed. (4117)
Federacafe/Fondo
  1989 Ed. (1135)
Federacion de Asociaciones Peruarias de Puerto Rico Inc.
  2006 Ed. (201)
Federacion de Asocs. Peruarias de Puerto Rico
  2004 Ed. (183)
  2005 Ed. (189)

Federacion Nacional de Cafeteros
  2006 Ed. (2544)
Federacion National de Cafeteros
  1989 Ed. (28)
Federacion Patronal Seguros
  2007 Ed. (3108)
  2008 Ed. (3253)
  2010 Ed. (3242)
Federal Agricultural Mortgage Corp.
  1998 Ed. (2725)
  2004 Ed. (2596)
  2005 Ed. (2606)
Federal Aviation Administration
  2008 Ed. (2167, 2168, 3437, 3438)
  2009 Ed. (2150, 2151, 3511, 3512)
  2012 Ed. (2787, 3692, 3693)
  2013 Ed. (2854, 3744)
  2014 Ed. (3677)
  2016 Ed. (3577, 3578, 4933)
  2017 Ed. (3547)
  2018 Ed. (4932)
Federal Aviation Administration (FAA)
  2023 Ed. (3742, 4934)
Federal Aviation Administration Employees Credit Union
  2002 Ed. (1886)
  2003 Ed. (1940)
  2004 Ed. (1980)
  2005 Ed. (2122)
  2006 Ed. (2217)
  2007 Ed. (2138)
  2008 Ed. (2253)
  2009 Ed. (2239)
  2010 Ed. (2193)
  2011 Ed. (2211)
  2012 Ed. (2072)
  2013 Ed. (2254)
  2014 Ed. (2186)
  2015 Ed. (2250)
  2016 Ed. (2221)
Federal Bank
  2021 Ed. (1581)
Federal Building and Courthouse
  2002 Ed. (2419)
Federal Bureau of Investigation
  2005 Ed. (1061)
  2006 Ed. (1069)
  2008 Ed. (1047, 1049, 1050)
  2009 Ed. (2940)
  2010 Ed. (993)
  2011 Ed. (2856)
  2012 Ed. (3692)
  2013 Ed. (3743, 4976)
  2014 Ed. (2883, 3676, 4981)
  2015 Ed. (2927, 3693, 3694, 3695)
  2016 Ed. (2857, 3576, 3577, 3578, 4933)
  2017 Ed. (3545, 3547, 4924, 4925)
  2018 Ed. (2886, 3596)
  2021 Ed. (3584)
  2022 Ed. (3638, 4932)
  2023 Ed. (4934)
Federal Bureau of Investigation (FBI)
  2021 Ed. (3584)
  2022 Ed. (3638)
  2023 Ed. (3740)
Federal Bureau of Investigation; U.S.
  2005 Ed. (3181)
Federal Bureau of Prisons
  1994 Ed. (1889)
  1995 Ed. (1917)
  1996 Ed. (1953)
  1997 Ed. (2056)
  2000 Ed. (3617)
  2001 Ed. (2486)
Federal Business Center
  1992 Ed. (2597)
  1997 Ed. (3261)
Federal Business Development Bank
  1990 Ed. (1942)
  1992 Ed. (2341, 4389)
  1994 Ed. (1985)
  1996 Ed. (3761)
  1997 Ed. (2155, 3811)
Federal Business Products
  1998 Ed. (2924)
  2000 Ed. (3614)
Federal Communications Commission
  1989 Ed. (1202)
  2017 Ed. (4571)
Federal Computer Week
  1998 Ed. (2793, 2794)
  1999 Ed. (3759, 3762)
  2004 Ed. (146)
  2006 Ed. (752)
  2007 Ed. (162, 163, 164, 845, 4795)
  2008 Ed. (146, 147, 148, 811, 4712)
  2009 Ed. (168, 169, 170, 836, 3599, 4756)
  2010 Ed. (155, 782, 3517, 4765)
  2011 Ed. (709, 4718)
  2012 Ed. (653, 4738)
  2013 Ed. (797)
  2014 Ed. (814)
Federal Corp.
  1990 Ed. (2260)
  1992 Ed. (2695)
  1994 Ed. (2223, 2283)
  1996 Ed. (2302)

  1997 Ed. (2470)
  1999 Ed. (2976)
Federal Data Corp.
  2002 Ed. (1069)
  2004 Ed. (1363)
Federal budget deficit
  1990 Ed. (276)
Federal Deposit Insurance Corp.
  2005 Ed. (361)
  2013 Ed. (2184)
  2017 Ed. (3545)
Federal Drug Administration
  2013 Ed. (3742)
Federal Emergency Management Agency
  2007 Ed. (4645)
  2014 Ed. (4981)
  2015 Ed. (3695)
Federal Equipment Dealers Inc.
  2014 Ed. (2698)
Federal Executive Board
  2018 Ed. (1793)
  2019 Ed. (1850)
  2020 Ed. (1792)
  2021 Ed. (1759)
  2022 Ed. (1793)
  2023 Ed. (1925)
Federal Express
  2014 Ed. (136, 137, 138)
  2015 Ed. (149, 153, 154, 155)
  2016 Ed. (154, 158, 159, 160)
  2017 Ed. (146)
  2018 Ed. (144)
  2019 Ed. (142)
  2020 Ed. (136)
  2021 Ed. (124)
Federal Express Canada Ltd.
  1993 Ed. (3614)
  1995 Ed. (3655)
Federal Express Corp.
  1989 Ed. (223, 231, 244)
  1990 Ed. (198, 199, 200, 202, 212, 222, 225, 230, 237, 3640)
  1991 Ed. (188, 189, 190, 191, 192, 193, 194, 198, 205, 207, 208, 209, 212, 213, 3413, 3414)
  1992 Ed. (262, 263, 264, 265, 276, 286, 288, 289, 290, 294, 296, 298, 4334, 4335, 4336, 4340, 4343)
  1993 Ed. (167, 169, 170, 172, 173, 174, 175, 181, 183, 184, 185, 195, 196, 197, 198, 2175, 3291, 3610, 3611, 3612)
  1994 Ed. (150, 151, 153, 154, 155, 157, 158, 159, 160, 173, 174, 175, 176, 178, 3283, 3567, 3568, 3569, 3572, 3587)
  1995 Ed. (168, 172, 174, 188, 3362, 3653, 3656, 3668)
  1996 Ed. (171, 173, 174, 175, 177, 178, 182, 190, 1455, 2898, 3752)
  1997 Ed. (187, 189, 190, 200, 210, 211, 212, 214, 215, 1402, 1523, 2980, 3136)
  1998 Ed. (109, 110, 111, 112, 113, 114, 116, 117, 118, 119, 120, 121, 568, 1062, 1070, 1188, 2729, 2888, 3119, 3614)
  1999 Ed. (206, 207, 208, 209, 210, 211, 224, 240, 241, 242, 993, 1038, 1623, 3678, 3681, 3861, 4301, 4750)
  2000 Ed. (228, 229, 230, 232, 234, 244, 246, 256, 259, 260, 261, 262, 264, 265, 940, 1429, 4013, 4378)
  2001 Ed. (290, 292, 293, 297, 311, 313, 324, 325, 326, 327, 328, 332, 335, 1875, 1876, 2172, 2196, 3830, 4628, 4631)
  2002 Ed. (3214, 3487, 4871, 4885)
  2003 Ed. (239, 240, 1832, 1833)
  2004 Ed. (196, 197, 1866)
  2005 Ed. (199, 200, 1969)
  2006 Ed. (213, 214, 2038)
  2007 Ed. (221, 222, 1679, 2010)
  2008 Ed. (208, 209, 2105, 2351, 4771, 4774, 4775, 4776, 4777)
  2009 Ed. (229, 230, 2080)
  2010 Ed. (214, 215, 1692, 1816, 1993, 2023)
  2011 Ed. (138, 139, 1847, 2080)
  2012 Ed. (142, 143, 157, 1924)
  2013 Ed. (118, 119, 2084)
  2014 Ed. (128, 129, 2018)
  2015 Ed. (142, 143, 2062)
  2016 Ed. (147, 148, 2022, 3966)
  2017 Ed. (3947)
  2018 Ed. (3968)
  2019 Ed. (3943)
  2020 Ed. (3958)
  2021 Ed. (3924)
Federal Express Corporation PAC
  1992 Ed. (3475)
Federal Express Europe Inc.
  2007 Ed. (1823)
  2010 Ed. (2006)
  2011 Ed. (2067)
  2013 Ed. (2075)
  2014 Ed. (2007)
  2015 Ed. (2052)

Federal health facilities
  2002 Ed. (3747, 3756)
Federal Financial Institutions Examination Council
  2008 Ed. (2831)
Federal Flour Mills
  1995 Ed. (1452, 1453)
  1997 Ed. (1474)
  2001 Ed. (1784)
Federal Flour Mills Bhd.
  1990 Ed. (1398)
  1991 Ed. (1323)
  1992 Ed. (1668, 1669)
  1993 Ed. (1365)
  1994 Ed. (1417)
Federal government
  1992 Ed. (3664)
  1993 Ed. (3543)
  1995 Ed. (2758)
  1999 Ed. (4045)
  2001 Ed. (2153, 3561, 4042)
  2002 Ed. (3974, 3978, 3979)
  2009 Ed. (3853)
Federal Grid
  2013 Ed. (2445)
Federal Grid Co.
  2011 Ed. (2346)
  2012 Ed. (2256, 2271)
  2013 Ed. (850, 882, 2434)
  2014 Ed. (2369, 2378, 4036)
Federal Grid Co. of Unified Energy System
  2014 Ed. (2380)
  2015 Ed. (2448)
Federal Highway Administration
  2014 Ed. (3676)
  2017 Ed. (4925)
  2019 Ed. (4933)
Federal Home Life Insurance Co.
  2002 Ed. (2927)
Federal Home Loan
  1990 Ed. (2683)
Federal Home Loan Bank
  2014 Ed. (4115)
Federal Home Loan Bank of Indianapolis
  2011 Ed. (4048)
  2019 Ed. (1662)
  2020 Ed. (1620, 1621)
  2021 Ed. (1597, 1598)
  2022 Ed. (1615, 1616)
  2023 Ed. (1780)
Federal Home Loan Bank San Francisco
  1993 Ed. (2418)
Federal Home Loan Banks
  1996 Ed. (3312)
  1999 Ed. (4216)
  2000 Ed. (3963)
Federal Home Loan Marketing Association
  1997 Ed. (2007)
Federal Home Loan Mortgage Corp.
  1990 Ed. (1357)
  1991 Ed. (1714, 3094)
  1992 Ed. (2145, 2146, 3929)
  1993 Ed. (1854, 3294)
  1994 Ed. (1841, 1842, 1843, 3259, 3286)
  1995 Ed. (1871, 1872, 1873, 3338, 3365)
  1996 Ed. (1459, 1915, 1916, 1917, 3312, 3413)
  1997 Ed. (1528, 2005, 2006)
  1998 Ed. (1191, 1558, 1690, 1691, 1692, 1693, 1696, 3210)
  1999 Ed. (1749, 2435, 2439, 2440)
  2000 Ed. (2195, 3963)
  2005 Ed. (2591)
  2006 Ed. (2108, 2110, 2111)
  2008 Ed. (2368)
  2011 Ed. (2998)
  2012 Ed. (1981)
Federal Home Loan Mortgage Corp. (Freddie Mac)
  2001 Ed. (2434, 2435, 3344)
Federal Hotels Group
  2019 Ed. (4143)
Federal Housing Administration
  1991 Ed. (1981)
  1993 Ed. (2113)
Federal Industries Ltd.
  1990 Ed. (1531)
  1992 Ed. (1835)
  1993 Ed. (1504, 3453)
Federal Insurance Co.
  1995 Ed. (2327)
  1997 Ed. (2432)
  2001 Ed. (4032, 4035)
  2002 Ed. (2958, 2963)
  2004 Ed. (3132)
  2005 Ed. (3129, 3140)
  2007 Ed. (3174)
  2008 Ed. (3319, 3323)
  2009 Ed. (3391)
  2010 Ed. (3326)
  2011 Ed. (3284)
  2013 Ed. (3341)
  2014 Ed. (3360)
  2015 Ed. (3393)
  2016 Ed. (3265)
  2017 Ed. (3221)
Federal Insurance Company
  2000 Ed. (2724, 2728)

Federal judge
 1989 Ed. (2084)
Federal Kemper Life Assurance
 1998 Ed. (2194)
Federal Lands
 1993 Ed. (3619)
Federal-Mogul
 2017 Ed. (253)
Federal Mogul Corp.
 2013 Ed. (3717)
Federal-Mogul Corp.
 1989 Ed. (337)
 1990 Ed. (389, 390)
 1991 Ed. (331, 336)
 1992 Ed. (467)
 1998 Ed. (1529)
 1999 Ed. (2107)
 2000 Ed. (1337, 1343, 1358, 1516, 1900, 3171)
 2001 Ed. (498, 499, 1790)
 2002 Ed. (397, 1388, 1430, 1513, 1515, 1516, 1519, 1544, 3401)
 2003 Ed. (338, 340, 341, 1450, 1537, 1542, 4196, 4197, 4204, 4205)
 2004 Ed. (317, 1480, 1559, 4222, 4223)
 2005 Ed. (316, 4150, 4151)
 2006 Ed. (330, 4206, 4207)
 2007 Ed. (4216, 4217)
 2008 Ed. (1443, 1444, 1445, 1446, 1447, 1448, 1449, 1450, 4253, 4254)
 2009 Ed. (1411, 1413, 1414, 1417, 1418, 4354, 4355)
 2010 Ed. (4379, 4380)
 2011 Ed. (3654)
 2012 Ed. (3658, 3659)
 2013 Ed. (1857)
 2014 Ed. (3648)
 2015 Ed. (3658)
 2016 Ed. (3524)
 2019 Ed. (281)
Federal-Mogul Holdings Corp.
 2018 Ed. (1716)
Federal Mortgage Bank of Nigeria
 1993 Ed. (599)
Federal Mortgage Bank of Nigeria (FMBN)
 1992 Ed. (806)
Federal National Management Association
 1993 Ed. (3219)
Federal National Meeting Association
 1995 Ed. (3307, 3308)
Federal National Mortgage
 1989 Ed. (1045, 1424)
 1990 Ed. (1289, 1306, 1775)
 1998 Ed. (3361)
Federal National Mortgage Assn.
 2000 Ed. (3963)
Federal National Mortgage Association
 1989 Ed. (1423, 1425, 1426, 2471)
 1990 Ed. (1325, 1357, 1774, 1776, 1777, 3244)
 1991 Ed. (494, 1196, 1231, 1308, 1713, 1714, 1981, 3090, 3094)
 1992 Ed. (2144, 2145, 2146, 2147, 3929, 4061, 4071)
 1993 Ed. (1853, 1854, 1855, 1860, 2113, 2717, 2719, 3224, 3228, 3229, 3251, 3266)
 1994 Ed. (1243, 1256, 1841, 1842, 1844, 1848, 3220, 3228, 3229, 3245)
 1995 Ed. (1264, 1871, 1872, 1873, 1876, 3302, 3306, 3325, 3336)
 1996 Ed. (1246, 1249, 1263, 1325, 1915, 1916, 1917, 1920, 3312)
 1997 Ed. (1292, 1295, 1308, 1383, 1642, 2005, 2006, 2007, 2010)
 1998 Ed. (1136, 1558, 1690, 1691, 1693, 3210)
 1999 Ed. (2439, 4216)
 2005 Ed. (2005, 2009, 2010, 2591, 2606)
 2006 Ed. (2103, 2111)
 2010 Ed. (2090)
 2011 Ed. (2147, 2998)
 2012 Ed. (1994)
 2013 Ed. (2184)
 2014 Ed. (2114)
Federal National Mortgage Association (Fannie Mae)
 2001 Ed. (2434, 2435, 3344)
Federal No. 2
 1989 Ed. (1996)
Federal Office Products
 2006 Ed. (3514, 4353)
Federal Paper Board Co. Inc.
 1989 Ed. (2111, 2112, 2114)
 1990 Ed. (1189, 2760, 2761, 2762, 3448)
 1991 Ed. (2667, 2668, 2670)
 1992 Ed. (2102, 2103, 3327, 3328, 3329, 3332)
 1993 Ed. (2762, 2765)
 1994 Ed. (2721, 2723, 2726, 2727)
 1995 Ed. (2828, 2832, 2836)
 1996 Ed. (2902)
 1997 Ed. (2991, 2993)
 1998 Ed. (2740)
 2002 Ed. (1459)
Federal Pioneer
 1991 Ed. (1903)
 1992 Ed. (2399)

Federal Piping Co., Inc.
 2019 Ed. (2543)
Federal Prison
 2002 Ed. (2419)
Federal Prison Industries Inc.
 2013 Ed. (2185, 4658)
Federal intramural programs
 2002 Ed. (3973)
Federal Publication
 1989 Ed. (49)
Federal Realty
 1994 Ed. (3000)
 1995 Ed. (3069)
Federal Realty Investment Trust
 1991 Ed. (2808, 2816)
 1992 Ed. (3628, 3961, 3971)
 1998 Ed. (3297, 3301)
 2002 Ed. (1556)
 2004 Ed. (2126)
 2005 Ed. (2220)
 2006 Ed. (4049)
 2007 Ed. (2228, 4086, 4093)
 2008 Ed. (2356, 4118)
 2018 Ed. (4123)
 2019 Ed. (4133)
 2020 Ed. (4137)
 2023 Ed. (4204)
Federal Reserve
 2000 Ed. (3433)
 2006 Ed. (3979)
 2007 Ed. (4018)
The Federal Reserve
 2022 Ed. (3638)
 2023 Ed. (3740)
Federal Reserve Bank
 2017 Ed. (3545)
Federal Reserve Bank of Atlanta
 2013 Ed. (1647)
 2016 Ed. (2322)
 2017 Ed. (2161)
 2018 Ed. (2212)
 2019 Ed. (2191)
 2020 Ed. (2184)
Federal Reserve Bank Cleveland
 2023 Ed. (2332, 2333, 2335, 2336)
Federal Reserve Bank of Cleveland
 2016 Ed. (2322)
 2017 Ed. (2161)
 2018 Ed. (2212)
 2019 Ed. (2191)
 2023 Ed. (2330)
Federal Reserve Bank of New York
 2014 Ed. (1317, 1324, 1696)
Federal Reserve Bank of St. Louis
 2018 Ed. (2212)
Federal Reserve Bank of San Francisco
 2022 Ed. (4934)
Federal Reserve Board
 1992 Ed. (25, 27)
Federal Reserve Employees
 1999 Ed. (3722)
 2001 Ed. (3668)
 2003 Ed. (3761)
 2004 Ed. (3787)
 2007 Ed. (2193, 3791)
 2008 Ed. (2305, 2322, 3865)
 2009 Ed. (2300, 2307, 2310, 3923)
 2010 Ed. (3841)
Federal Reserve System
 2018 Ed. (3596)
 2019 Ed. (3584)
 2020 Ed. (3557)
 2021 Ed. (3584)
Federal Reserve System; U.S.
 2014 Ed. (1317, 1324)
Federal Retirement Thrift
 1994 Ed. (2753, 2759, 2761)
 1995 Ed. (2857, 2858, 2860, 2861)
 1996 Ed. (2924, 2928, 2930)
 1997 Ed. (3012, 3014, 3018, 3020)
 1998 Ed. (2760, 2763, 2771)
 1999 Ed. (3718, 3721, 3722, 3729, 3731)
 2000 Ed. (3430, 3433, 3446, 3448)
 2001 Ed. (3665, 3666, 3668, 3683, 3684)
 2002 Ed. (3602, 3603, 3619, 3620)
 2003 Ed. (1985, 1987, 3761, 3762)
 2004 Ed. (2039, 2041, 3787, 3788, 3791)
 2007 Ed. (2193, 2194, 3791, 3793, 3796)
 2008 Ed. (2320, 2322, 3865, 3867, 3870)
 2009 Ed. (2308, 2310, 2312, 3923, 3925, 3927)
 2010 Ed. (2240, 2243, 3841, 3843, 3846)
 2011 Ed. (2252, 3845, 3848)
 2012 Ed. (3823)
 2013 Ed. (3878)
 2014 Ed. (3814)
 2015 Ed. (3839)
 2016 Ed. (3745)
 2017 Ed. (3698)
 2018 Ed. (3751)
 2019 Ed. (3731)
 2020 Ed. (3774)
 2021 Ed. (3768)
 2022 Ed. (3793)
 2023 Ed. (3895)
Federal Retirement Thrift Board
 1998 Ed. (2769)

Federal Retirement Thrift Investment Board
 1998 Ed. (2762)
 2000 Ed. (3432)
Federal Retirement Thrift (U.S.)
 2021 Ed. (3768)
 2022 Ed. (3793)
Federal Safety Equipment, Inc.
 2019 Ed. (4780)
The Federal Saving Bank
 2015 Ed. (558)
The Federal Savings Bank
 2014 Ed. (496)
 2021 Ed. (4293)
 2022 Ed. (4301)
 2023 Ed. (4331)
Federal Signal
 2022 Ed. (1595, 3102)
Federal Signal Corp.
 1992 Ed. (1884)
 1993 Ed. (2165)
 1994 Ed. (2184)
 1995 Ed. (2238)
 1997 Ed. (2369)
 1998 Ed. (2088)
 1999 Ed. (2850)
 2003 Ed. (2893)
 2004 Ed. (318, 340, 341, 2999)
 2010 Ed. (3189)
Federal Staffing Resources LLC
 2016 Ed. (4943)
Federal Technology Corp.
 2006 Ed. (1353)
Federal Trade Commission
 2002 Ed. (4844)
FederalConference.com
 2014 Ed. (1237)
 2015 Ed. (1295, 4094)
Federale Belgische Staat
 2009 Ed. (31)
 2010 Ed. (41)
Federally-funded R&D centers
 2002 Ed. (3974)
Federated
 1992 Ed. (1789)
 1994 Ed. (2623)
 1995 Ed. (557)
 1996 Ed. (1533, 1535)
 1997 Ed. (1592, 3342)
 1998 Ed. (664)
 1999 Ed. (1833, 4093, 4095, 4098)
 2000 Ed. (3547, 3809)
 2008 Ed. (2609)
Federated Aggressive Growth A
 1999 Ed. (3528)
Federated Allied
 1992 Ed. (1089, 1091)
Federated Allied Credit
 1993 Ed. (1442)
Federated/Allied Fed. Dept. Stores
 1992 Ed. (1791)
Federated Ambulatory Surgery Association
 1999 Ed. (300)
Federated ARMs I
 1998 Ed. (2597)
Federated ARMs Institute
 1996 Ed. (2767)
Federated Bank S.S.B.
 1994 Ed. (1224)
Federated Bond
 1992 Ed. (3164)
Federated Bond Fortress
 1997 Ed. (687)
Federated Bond Fund F
 1999 Ed. (745)
Federated Capital Appreciation
 2003 Ed. (3488, 3489)
 2006 Ed. (3620, 3621)
Federated Co-operative
 1996 Ed. (3828)
Federated Co-operatives
 2013 Ed. (1344)
 2014 Ed. (1277)
Federated Co-Operatives Ltd.
 2016 Ed. (2829)
 2017 Ed. (4507)
 2018 Ed. (4539)
 2019 Ed. (4525)
Federated Co-operatives Ltd.
 1994 Ed. (3659)
 2001 Ed. (1499)
 2003 Ed. (1381)
 2006 Ed. (1401)
 2007 Ed. (1434, 4945)
 2008 Ed. (1385)
 2009 Ed. (1558, 1569)
 2010 Ed. (1373, 1554, 4943)
 2011 Ed. (1366, 1556)
 2012 Ed. (1401)
 2013 Ed. (1510)
 2020 Ed. (3859)
 2022 Ed. (3841)
 2023 Ed. (3940)
Federated Co-ops Inc.
 2019 Ed. (4017)
Federated Department Stores; Campeau/Allied Stores,
 1991 Ed. (1146)

Federated Department Stores Inc.
 1989 Ed. (1235, 1237, 1238, 2320, 2322, 2327)
 1990 Ed. (1228, 1229, 1236, 1250, 1267, 1326, 1494, 1495, 1809, 3042, 3059, 3249)
 1991 Ed. (1163, 1182, 2896, 3099)
 1992 Ed. (1475, 1494)
 1993 Ed. (365, 366, 1207, 1476, 3215)
 1994 Ed. (132, 885, 888, 1235, 1520, 1521, 1522, 3256, 3260)
 1995 Ed. (149, 150, 682, 931, 1254, 1550, 1551, 1554, 3147)
 1996 Ed. (161, 162, 383, 910, 1000, 1200, 1207, 1223, 1432, 1531, 1532, 2824, 2828, 3235, 3245, 3247)
 1997 Ed. (167, 350, 354, 921, 943, 1253, 1269, 1494, 1590, 1591, 2928, 3348)
 1998 Ed. (74, 86, 440, 651, 685, 772, 1015, 1147, 1183, 1258, 1259, 1260, 1261, 1298, 2426, 3078, 3083, 3084, 3096)
 1999 Ed. (179, 180, 390, 1043, 1071, 1200, 1448, 1720, 1834, 1872, 3288, 4103, 4105, 4112)
 2000 Ed. (204, 206, 207, 1011, 1113, 1308, 1531, 1621, 2300, 3803, 3816, 3818, 3823)
 2001 Ed. (1260, 1828, 2740, 2742, 2743, 2747, 4091, 4092, 4094, 4105, 4107, 4108)
 2002 Ed. (227, 228, 946, 1552, 1743, 1744, 1749, 2286, 2386, 2706, 4045, 4051, 4059, 4061)
 2003 Ed. (192, 193, 1012, 1016, 1801, 1802, 2008, 2011, 2495, 2597, 2873, 4145, 4146, 4163, 4164, 4166, 4178)
 2004 Ed. (151, 152, 1834, 1835, 2050, 2051, 2054, 2055, 2631, 2712, 2869, 2886, 2888, 2895, 2962, 4157, 4158, 4161, 4179, 4180, 4184, 4188, 4205)
 2005 Ed. (150, 1027, 1531, 1569, 1920, 1921, 1943, 2165, 2166, 2167, 2619, 2875, 2969, 4093, 4094, 4097, 4101, 4102, 4104, 4105, 4116, 4134)
 2006 Ed. (161, 166, 1954, 1955, 2252, 2615, 2964, 4145, 4148, 4149, 4153, 4155, 4159, 4160, 4161, 4180, 4181)
 2007 Ed. (153, 1126, 1535, 1937, 1938, 2195, 2886, 4168, 4169, 4177, 4180, 4181, 4182, 4183, 4201, 4202)
 2008 Ed. (886, 887, 888, 892, 896, 1008, 1491, 1519, 2005, 2006, 2327, 2328, 2995, 3008, 4209, 4210, 4213, 4215, 4217, 4236)
 2009 Ed. (894, 1967, 2315, 4304, 4305, 4316)
Federated Department Stores Inc. (Bullock's nd I. Magnin Stores)
 1990 Ed. (1226, 1230, 1235, 1238, 1244, 1256, 1265, 3553)
Federated Deptartment Stores
 2000 Ed. (390)
Federated Equity
 2000 Ed. (3262)
Federated Equity Income
 2001 Ed. (3431, 3432)
Federated Equity Income A
 1998 Ed. (2595, 2611)
Federated GNMA
 1990 Ed. (2387)
 1992 Ed. (3188)
 1997 Ed. (2869)
Federated GNMA Institute
 1996 Ed. (2769)
Federated GNMA Trust
 1990 Ed. (2603)
 1993 Ed. (2656, 2665, 2696)
 2002 Ed. (3415)
 2003 Ed. (697)
 2004 Ed. (712)
Federated GNMA Trust Instit. Sh.
 1994 Ed. (2642)
Federated Government 2-5 Years I
 1997 Ed. (2889)
Federated Government 5-10 Years I
 2000 Ed. (764)
The Federated Group
 1990 Ed. (1647, 2026, 2030)
 1991 Ed. (1542)
Federated Hermes Kaufmann Small Cap A
 2023 Ed. (4520)
Federated Hi Yield
 1999 Ed. (3547, 3548)
Federated High Income
 1990 Ed. (2388)
Federated High Inc.
 1999 Ed. (3547, 3548, 3549)
 2000 Ed. (3265)
Federated High-Inc. Bond C
 1999 Ed. (3547)
Federated High Yield
 1995 Ed. (2715)
 1998 Ed. (2625, 2626)
 2000 Ed. (3265)
Federated/High Yield Cash Trust
 1992 Ed. (3099)

Federated High Yield Inst.
  1996 Ed. (2765)
  1997 Ed. (2867)
Federated High-Yield Treasury
  1997 Ed. (2892)
Federated High Yield Trust
  1993 Ed. (2666, 2677)
  2009 Ed. (3470)
Federated Information Technologies
  2012 Ed. (3699, 4049)
Federated Institutional U.S. Government Bond
  2004 Ed. (721)
  2007 Ed. (645)
Federated Intermediary Government
  1992 Ed. (3199)
Federated Intermediate Municipal
  2006 Ed. (608, 609)
  2007 Ed. (634)
Federated International
  2008 Ed. (594)
Federated International Government Trust
  1994 Ed. (2643)
Federated International High Income
  2008 Ed. (593)
  2009 Ed. (621)
  2011 Ed. (522)
Federated International High Income Fund
  2003 Ed. (3530)
Federated International Income A
  1997 Ed. (691)
Federated International Small-Mid Co A
  2021 Ed. (4497)
Federated International Small-Mid Company
  2021 Ed. (4497)
Federated Investment Counseling
  1991 Ed. (2223)
Federated Investors
  2013 Ed. (3819)
  2017 Ed. (3636)
  2018 Ed. (1859, 1877, 2493, 3698)
  2020 Ed. (3713)
Federated Investors Inc.
  1991 Ed. (2375)
  1992 Ed. (2778)
  1998 Ed. (2262, 2655)
  2000 Ed. (2830)
  2001 Ed. (3422)
  2003 Ed. (3556)
  2005 Ed. (1942, 1946, 1948, 1949, 1951, 3208)
  2006 Ed. (1988, 3210)
  2007 Ed. (3251)
  2008 Ed. (2050)
  2009 Ed. (2013, 2650)
  2010 Ed. (1948, 1951, 2641)
  2011 Ed. (1992, 1996, 2001, 2004, 2542)
Federated IT
  2014 Ed. (3682)
Federated Kaufmann
  2004 Ed. (3574, 3580)
  2007 Ed. (2488)
  2020 Ed. (4506, 4507)
  2021 Ed. (4488)
Federated Kaufmann A
  2021 Ed. (4488)
Federated Kaufmann Small Cap
  2006 Ed. (3649)
  2020 Ed. (4510, 4511, 4512, 4513)
  2021 Ed. (4492, 4494, 4495)
Federated Kaufmann Small Cap A
  2021 Ed. (4492, 4494, 4495)
Federated Liberty Equity Income A
  1997 Ed. (2885)
Federated Life
  1993 Ed. (2231)
Federated Lloyds of Texas
  1992 Ed. (2680)
Federated Macy's Credit Card Buyers
  1999 Ed. (1856)
Federated Managed Income I
  1999 Ed. (746)
Federated Managed Income Select
  2000 Ed. (756)
Federated Management
  1992 Ed. (3157)
Federated Market Opportunity
  2004 Ed. (3557)
Federated Master Trust
  1992 Ed. (3100)
  1994 Ed. (2543)
Federated MDT Small Cap Core Institutional
  2018 Ed. (4520)
Federated Mid Cap Index
  2006 Ed. (3641)
Federated Mid-Cap Index Fund
  2003 Ed. (3536)
Federated/MN Muni Cash
  1996 Ed. (2668)
Federated/MN Municipal Cash Instit. Shares
  1994 Ed. (2540)
Federated-Mogul Corp.
  2001 Ed. (4131)

Federated Money Market Trust
  1992 Ed. (3100)
  1994 Ed. (2543)
Federated Mortgage
  2004 Ed. (714)
Federated Mortgage-IS
  2005 Ed. (696)
Federated Mutual
  1991 Ed. (2125)
  1993 Ed. (2235)
Federated Mutual Group
  2019 Ed. (3246)
Federated Mutual Insurance
  1992 Ed. (2689)
  1998 Ed. (2197)
  1999 Ed. (2968)
  2000 Ed. (2726)
  2003 Ed. (3006)
Federated Mutual Insurance Co.
  2014 Ed. (3226)
Federated Mutual Insurance Cos.
  2004 Ed. (3125)
  2005 Ed. (3131)
  2006 Ed. (3139)
  2007 Ed. (3172)
Federated National Holding
  2017 Ed. (1548, 2801, 3212)
  2018 Ed. (1530, 3296)
Federated/OH Municipal Cash Instit. Shares
  1994 Ed. (2540)
Federated Retail Holdings Inc.
  2006 Ed. (4145)
  2007 Ed. (1937, 4169)
  2008 Ed. (4209)
  2009 Ed. (4304)
Federated Securities Corp.
  1992 Ed. (3181)
  1993 Ed. (2668)
  1995 Ed. (763)
Federated Short-Inter. Government Institute
  1996 Ed. (2767)
Federated States of Micronesia
  2023 Ed. (1019)
Federated Stock & Bond Fund A
  1999 Ed. (3532)
Federated Stock Trust
  1999 Ed. (3541)
Federated Strategic Value Dividend
  2013 Ed. (4506)
Federated Total Return Bond
  2003 Ed. (700)
Federated Total-Return Government Bond Institutional
  2004 Ed. (694)
Federated U.S. Government Bond
  1999 Ed. (749)
  2002 Ed. (724)
Federated Utility
  2003 Ed. (3553)
Federation des Caisse Desjardins
  2019 Ed. (578)
  2020 Ed. (561)
  2021 Ed. (533)
Federation des Caisse Desjardins (Canada)
  2021 Ed. (533)
Federation des Caisse Desjardins de Quebec
  2017 Ed. (1476)
  2020 Ed. (1455)
  2022 Ed. (1461)
Federation des Caisse Desjardins du Quebec
  2022 Ed. (554)
  2023 Ed. (802)
Federation des Caisse Desjardins du Quebec (Canada)
  2022 Ed. (554)
Fédération des Caisses Desjardins de Québec
  2023 Ed. (1646)
Federation des Caisses Desjardins de Quebec
  2021 Ed. (474)
  2022 Ed. (488)
Federation des Caisses Desjardins du Quebec
  2023 Ed. (712)
Federation des Caisses Populaires Desjardins de Montreal
  2001 Ed. (1498)
Federation Day Care Services
  1990 Ed. (977)
  1991 Ed. (929)
Federation Internationale de Football Association
  2016 Ed. (4463)
Federation of Jewish Agencies of Greater Phila
  1992 Ed. (3269)
Federation of Migros Cooperatives
  2006 Ed. (92)
  2007 Ed. (82, 2004)
  2008 Ed. (89)
  2009 Ed. (98)
  2010 Ed. (106)

Federative Republic of Brazil
  2005 Ed. (3240)
Federazione Italiana Dei Consorzi Agrari Soc. Coop A.R.L. Federconsorzi
  1991 Ed. (3479)
Federer; Roger
  2009 Ed. (294, 296)
  2010 Ed. (276, 278, 4564)
  2011 Ed. (200)
  2012 Ed. (215, 216)
  2013 Ed. (185, 186, 191)
  2014 Ed. (192, 199)
  2015 Ed. (219, 225, 2601)
  2016 Ed. (215, 221)
  2017 Ed. (211, 212, 220)
  2018 Ed. (197, 204)
  2019 Ed. (191, 198)
  2020 Ed. (196, 201)
  2021 Ed. (195, 197)
  2022 Ed. (2518)
  2023 Ed. (316, 322, 323)
Federica Mogherini
  2017 Ed. (4916)
Federico; Richard
  2007 Ed. (1005)
Federmann; Michael
  2010 Ed. (4908)
  2011 Ed. (4895)
  2012 Ed. (4904)
FedEx
  2013 Ed. (4732)
  2014 Ed. (4781)
  2015 Ed. (4806, 4813)
  2016 Ed. (4709, 4714)
  2017 Ed. (4725, 4732, 4733)
  2018 Ed. (3410, 4712, 4718, 4719)
  2019 Ed. (3382, 3384, 4709)
  2020 Ed. (3384, 4661, 4694)
  2021 Ed. (119, 1438, 3390, 3392, 3394, 3395, 3412, 4689, 4699)
  2022 Ed. (1935, 3448, 3452, 3470, 3782, 4692, 4704)
  2023 Ed. (999, 1548, 2049, 2052, 3589, 3880, 3882, 4678, 4679, 4681, 4690)
FedEx BCS National Championship
  2011 Ed. (4673)
FedEx Centroamerica
  2011 Ed. (1796)
FedEx Corp.
  2001 Ed. (292, 4233, 4616)
  2002 Ed. (1781, 2075, 3569, 3570, 3573, 4265, 4685)
  2003 Ed. (236, 239, 240, 241, 1544, 1559, 1603, 1833, 1834, 1968, 2152, 3707, 3708, 3709, 4526, 4781, 4791, 4793, 4796, 4799, 4801, 4812)
  2004 Ed. (194, 195, 196, 197, 216, 217, 218, 219, 220, 1342, 1569, 1866, 1867, 2273, 2689, 2690, 3752, 3753, 4414, 4763, 4777, 4781, 4788)
  2005 Ed. (195, 196, 197, 199, 200, 212, 224, 225, 226, 227, 228, 739, 1348, 1578, 1806, 1809, 1818, 1969, 1970, 2687, 2688, 3667, 4364, 4365, 4750, 4754, 4759)
  2006 Ed. (209, 210, 211, 213, 214, 223, 240, 241, 242, 243, 244, 1457, 1459, 1463, 1483, 1783, 1785, 1786, 1787, 1788, 1789, 1805, 1850, 1980, 2036, 2038, 2039, 2243, 3763, 3764, 4308, 4309, 4799, 4805, 4806, 4812)
  2007 Ed. (218, 219, 221, 222, 223, 242, 243, 855, 856, 858, 1448, 1490, 1790, 1793, 1796, 1812, 2010, 2011, 2167, 3759, 3760, 4362, 4373, 4374, 4376, 4815, 4816, 4821, 4834)
  2008 Ed. (205, 208, 209, 221, 222, 818, 1434, 1436, 1438, 1440, 1484, 1827, 1828, 1829, 1830, 1831, 1832, 1834, 1851, 2105, 2106, 2282, 3026, 3198, 4066, 4067, 4072, 4328, 4329, 4331, 4736, 4742, 4743)
  2009 Ed. (229, 230, 245, 246, 252, 842, 843, 1402, 1675, 1776, 1800, 2080, 2081, 2082, 2083, 2270, 2835, 3113, 3257, 3890, 3891, 4180, 4434, 4436, 4771, 4774, 4788)
  2010 Ed. (214, 215, 236, 237, 238, 239, 240, 243, 622, 1471, 1573, 1742, 2023, 2024, 2025, 2026, 2071, 2225, 3047, 3188, 3689, 3802, 3804, 4115, 4119, 4477, 4784, 4792, 4805, 4820, 4823, 4824, 4825, 4826)
  2011 Ed. (138, 139, 159, 160, 161, 162, 163, 166, 558, 1469, 2080, 2081, 2082, 2083, 2126, 3016, 3152, 3157, 3799, 3801, 4083, 4412, 4741, 4754, 4771, 4779, 4783, 4784, 4785, 4786)
  2012 Ed. (140, 141, 142, 143, 172, 173, 174, 175, 176, 179, 660, 1263, 1605, 1698, 1924, 1925, 1927, 1928, 1944, 1997, 2465, 2943, 3789, 3791, 4114, 4118, 4752, 4756, 4772, 4792, 4793, 4801, 4804, 4805, 4806, 4807)
  2013 Ed. (116, 117, 118, 119, 126, 127, 128, 1536, 1647, 1753, 1761, 2007, 2008, 2010, 2084, 2085, 2087, 2089, 3032, 3188, 3855, 3857, 4110, 4438, 4720, 4731, 4753, 4754, 4763, 4767)

  2014 Ed. (124, 126, 128, 129, 1356, 1694, 1737, 1912, 2018, 2019, 2020, 2021, 2023, 2554, 2571, 3045, 3786, 3787, 4126, 4763, 4764, 4772, 4780, 4803, 4804, 4814, 4817)
  2015 Ed. (140, 141, 142, 143, 180, 1378, 1384, 1737, 2062, 2064, 2066, 2812, 3111, 3259, 3806, 3808, 4110, 4784, 4799, 4808, 4812, 4838, 4839, 4849, 4852, 4853)
  2016 Ed. (52, 145, 146, 147, 148, 1297, 2022, 2023, 2027, 2028, 2030, 2031, 2033, 2143, 2745, 3106, 3719, 3721, 4687, 4704, 4711, 4713, 4740, 4742, 4743, 4753, 4756, 4757, 4758, 4759, 4760)
  2017 Ed. (136, 138, 1665, 1983, 1987, 1988, 1992, 1994, 2695, 3348, 3674, 3675, 3993, 3997, 4702, 4717, 4727, 4728, 4731, 4755, 4764, 4767, 4768, 4809)
  2018 Ed. (135, 137, 1335, 1633, 1865, 1875, 1876, 1936, 1941, 1942, 1944, 1945, 1946, 2754, 3037, 3408, 3425, 3728, 4002, 4004, 4019, 4714, 4747, 4749, 4750, 4760, 4763, 4814)
  2019 Ed. (132, 134, 1360, 1364, 1372, 1676, 1987, 1996, 1997, 1999, 2000, 2003, 2737, 2979, 3381, 3392, 3716, 3717, 3989, 3990, 4008, 4697, 4717, 4719, 4738, 4740, 4749, 4751, 4752, 4763, 4766, 4767, 4768, 4809)
  2020 Ed. (128, 129, 1328, 1339, 1633, 1913, 1922, 1925, 1927, 1929, 2777, 3008, 3758, 3759, 4660, 4663, 4681, 4687, 4690, 4691, 4714, 4716, 4720, 4721, 4722, 4728, 4730, 4731, 4751, 4754, 4757, 4798)
  2021 Ed. (1333, 1874, 1883, 1884, 1889, 2649, 2651, 2869, 3412, 3759, 3760, 4354, 4694, 4719, 4721, 4722, 4723, 4724, 4729, 4731, 4732, 4749, 4752, 4753, 4756, 4797)
  2022 Ed. (1342, 1920, 1929, 1930, 1932, 1936, 2777, 2780, 3470, 3781, 3988, 4697, 4721, 4723, 4724, 4725, 4726, 4731, 4733, 4734, 4751, 4754, 4756, 4793)
  2023 Ed. (2036, 2045, 2046, 2048, 2906, 4072, 4703, 4704, 4706, 4707, 4708, 4713, 4715, 4716, 4735, 4741, 4744)
FedEx Corporation
  2023 Ed. (4685)
FedEx Costa Rica
  2013 Ed. (1582)
FedEx Custom Critical
  2011 Ed. (137)
  2012 Ed. (139)
  2013 Ed. (115)
  2014 Ed. (123)
  2015 Ed. (139)
  2016 Ed. (144)
FedEx Employees Credit Association
  2018 Ed. (2122)
FedEx Express
  2007 Ed. (231, 244, 245, 246, 4848, 4851, 4852, 4853, 4854)
  2008 Ed. (223, 224, 225, 235, 3686, 3687, 4771, 4774, 4775, 4776, 4777)
  2009 Ed. (247, 248, 249, 4803, 4806, 4807, 4808, 4809)
  2010 Ed. (1502, 1756)
  2011 Ed. (1496, 1651, 1769, 2054, 4769)
  2012 Ed. (1344, 1502, 1616)
  2013 Ed. (140, 152, 153, 155, 156, 1436, 1773, 1779, 1850, 4099)
  2014 Ed. (150, 157, 159, 160, 1398, 1579, 1676, 1707, 2040)
  2015 Ed. (173, 179, 186, 187, 2089)
  2016 Ed. (172, 178, 179, 181, 182, 4021)
  2017 Ed. (159, 165, 166, 169)
  2018 Ed. (148, 154, 155)
  2019 Ed. (152, 153, 155, 156)
  2020 Ed. (145, 147, 148, 4338)
  2021 Ed. (143, 144)
  2022 Ed. (4360)
FedEx Express en Centroamerica
  2010 Ed. (1569)
Fedex Express Mexico
  2010 Ed. (1815)
FedEx Field
  2001 Ed. (4355)
  2005 Ed. (4438, 4439)
  2016 Ed. (4470)
  2017 Ed. (4478)
  2018 Ed. (4320)
  2019 Ed. (4348)
  2020 Ed. (4344)
  2021 Ed. (4360)
  2022 Ed. (4366)
FedEx Field (Landover, MD)
  2021 Ed. (4360)
  2022 Ed. (4366)
FedEx Freight
  2013 Ed. (4751, 4761)
  2014 Ed. (4801, 4812)
  2015 Ed. (4836, 4847)
  2016 Ed. (4739, 4751)

2017 Ed. (4772, 4773)
2018 Ed. (4746, 4766, 4767)
2019 Ed. (4748, 4771, 4772)
2020 Ed. (4718, 4727, 4758)
2021 Ed. (4728, 4755, 4757)
2022 Ed. (4730, 4757)
2023 Ed. (4712, 4743, 4745)
FedEx Freight Corp.
 2004 Ed. (2687, 4769)
 2005 Ed. (2685, 4784)
 2006 Ed. (4850, 4854)
 2007 Ed. (4847, 4851, 4852, 4854, 4857)
 2008 Ed. (2772, 4763, 4769, 4774, 4775, 4776, 4777, 4780)
 2009 Ed. (2832, 4794, 4801, 4806, 4807, 4808, 4809)
 2010 Ed. (2776, 4812)
 2011 Ed. (4762, 4768)
 2012 Ed. (2694, 4784, 4790)
 2013 Ed. (2775)
 2014 Ed. (2759)
 2015 Ed. (2810, 2811)
 2016 Ed. (2743)
FedEx Freight System Inc.
 2011 Ed. (2766)
FedEx Ground
 2002 Ed. (3572, 4691)
 2003 Ed. (1809, 4788)
 2004 Ed. (1841, 4772, 4790, 4791)
 2005 Ed. (1944, 4748, 4762, 4763)
 2006 Ed. (1981, 4798, 4849, 4850)
 2007 Ed. (4848, 4851, 4852, 4853, 4854)
 2011 Ed. (4769)
 2021 Ed. (4678)
FedEx Ground Package System Inc.
 2007 Ed. (1951)
 2008 Ed. (291, 2040, 4737, 4771, 4774, 4775, 4776, 4777)
 2009 Ed. (2002, 4803, 4806, 4807, 4808, 4809)
 2010 Ed. (1940)
 2011 Ed. (1993)
 2012 Ed. (1841)
 2013 Ed. (1998)
 2014 Ed. (1937)
 2015 Ed. (1984)
 2016 Ed. (1951)
FedEx Guatemala
 2013 Ed. (1537, 1669)
FedEx Kinko's Office & Print Services Inc.
 2006 Ed. (943, 2340, 3969, 3970, 4813)
 2007 Ed. (1038, 4008, 4009)
 2008 Ed. (961, 4026, 4028)
 2009 Ed. (963, 4098, 4101)
FedEx Logistics
 2020 Ed. (2779)
 2021 Ed. (4797)
 2022 Ed. (4792, 4793)
 2023 Ed. (4787, 4788)
FedEx Office
 2010 Ed. (4017)
 2011 Ed. (4269)
FedEx Panama
 2013 Ed. (1993)
FedEx Services
 2017 Ed. (3053)
 2018 Ed. (3165)
FedEx Supply Chain
 2019 Ed. (4808)
 2020 Ed. (4797)
 2021 Ed. (4795)
 2023 Ed. (2041)
FedEx Supply Chain Services
 2007 Ed. (3389)
FedEx Trade Networks
 2009 Ed. (3585)
 2019 Ed. (1116)
FedEx U.K.
 2015 Ed. (4789)
FedEx (U.S.)
 2021 Ed. (3394)
FedFinancial Credit Union
 2010 Ed. (2123)
Fedlife
 1995 Ed. (2315)
Fednav Ltd.
 1990 Ed. (3642)
 1991 Ed. (3417)
 1992 Ed. (4338)
 1993 Ed. (3614)
 1997 Ed. (3789)
 1999 Ed. (4654)
 2013 Ed. (1516)
 2014 Ed. (1485)
 2015 Ed. (1541)
 2016 Ed. (1481)
Fedstar Savings FSB
 1990 Ed. (3129)
FedStats
 2003 Ed. (3051)
FedStats Home Page
 2004 Ed. (3159)
FedStore Corp.
 2011 Ed. (1316, 1317, 4799)
 2012 Ed. (1184, 4815)
FedSys Inc.
 2013 Ed. (1305)
 2014 Ed. (1238)

Fedun; Leonid
 2010 Ed. (4918)
FedWriters
 2022 Ed. (3524, 3537)
Fee Ltd.; J. & J.
 1991 Ed. (960)
 1992 Ed. (1196)
Feed, cattle
 2008 Ed. (1094)
Feed the Children
 2004 Ed. (935)
 2007 Ed. (3703)
 2010 Ed. (3761)
 2011 Ed. (3765)
 2012 Ed. (3768)
Feed Control Norway AS
 2011 Ed. (2916)
Feed dealers
 2001 Ed. (4154)
 2006 Ed. (4220)
 2007 Ed. (4236)
Feed grains
 1996 Ed. (1516)
Feed manufacturers
 2001 Ed. (4154)
 2006 Ed. (4220)
 2007 Ed. (4236)
Feed store
 1992 Ed. (3406, 3407)
Feedback
 2013 Ed. (3806)
 2015 Ed. (3753)
Feedback Technology
 2013 Ed. (2080)
FeedBurner
 2007 Ed. (3053)
Feeding America
 2012 Ed. (3762, 3767, 3768)
Feeding bowls
 1990 Ed. (2826)
Feedonomics
 2021 Ed. (61, 1404, 2240, 2244)
Feedster
 2005 Ed. (3185)
 2007 Ed. (3053)
Feehily; Mark
 2008 Ed. (4884)
Feehily; Markus
 2005 Ed. (4885)
Feeley & Driscoll
 1998 Ed. (13)
 1999 Ed. (17)
 2011 Ed. (17)
 2012 Ed. (21)
 2013 Ed. (21)
 2014 Ed. (17)
 2015 Ed. (18)
 2016 Ed. (17)
Feeley & Driscoll PC
 2002 Ed. (16)
 2003 Ed. (5)
 2004 Ed. (11)
 2005 Ed. (7)
 2006 Ed. (12)
 2007 Ed. (8)
 2008 Ed. (6)
 2009 Ed. (9)
 2010 Ed. (18)
Feelfree Rentals
 2018 Ed. (4730)
Feenan; John A.
 2007 Ed. (2498)
Feenics
 2022 Ed. (984)
Fees too high
 1989 Ed. (440)
Fees (permits, impact)
 2002 Ed. (2711)
Fehr Foods Inc.
 2018 Ed. (1290)
 2022 Ed. (1279)
FEI
 2013 Ed. (4420)
 2014 Ed. (2413, 4244)
 2015 Ed. (4446)
 2016 Ed. (3449)
FEI Co.
 2004 Ed. (2243)
 2005 Ed. (1466)
 2011 Ed. (4195)
 2013 Ed. (2172)
 2014 Ed. (2111)
 2017 Ed. (4116)
Fei-Feiersinger GmbH
 2016 Ed. (1387)
The Feil Organization
 1990 Ed. (3287)
 1993 Ed. (3315)
Feinberg Foundation; Joseph & Bessie
 1991 Ed. (1003, 1767)
Feiner; Jeffrey
 1991 Ed. (1690)
 1995 Ed. (1844)
 1996 Ed. (1822)
 1997 Ed. (1896)
Feiniko
 2020 Ed. (3449)

Feiniko Handelsgesellschaft
 2021 Ed. (1551, 3469)
Feintuch Communications
 2013 Ed. (4126)
 2022 Ed. (4020)
Feit Electric
 2016 Ed. (3354)
 2017 Ed. (3319)
 2018 Ed. (3382)
 2023 Ed. (3505)
Feit Electric Co.
 2016 Ed. (3355)
 2017 Ed. (3320)
 2018 Ed. (3383)
Fekkai; Frederic
 2007 Ed. (2758)
Fekra Consulting
 2020 Ed. (1088)
Fel-Pro
 1995 Ed. (335, 1663)
 1997 Ed. (1350, 2815)
 1999 Ed. (1475)
Felbro Inc.
 2005 Ed. (3866)
 2006 Ed. (3930)
 2007 Ed. (3985)
Felburg Holt & Ullevig
 2013 Ed. (2591)
FelCor Lodging Trust Inc.
 2003 Ed. (4052)
 2004 Ed. (1533, 2940, 4076, 4077, 4078, 4079, 4085)
 2005 Ed. (2933, 4009, 4011, 4012, 4018)
 2006 Ed. (2863, 2937, 4042)
 2007 Ed. (2948)
 2008 Ed. (3073)
 2009 Ed. (3162)
 2010 Ed. (3092)
 2011 Ed. (3061)
 2012 Ed. (3005, 3007)
 2013 Ed. (3095)
Felcor Suite Hotels Inc.
 1999 Ed. (4001)
Feldberg; Saul
 2005 Ed. (4869)
Feldene
 1992 Ed. (3002)
 1995 Ed. (1587)
Feldene caps 20 mg
 1990 Ed. (1573)
Feldene 20mg Cap
 1991 Ed. (2400)
Feldene Caps
 1990 Ed. (2530)
Felder; Raoul
 1997 Ed. (2611)
Felder, Raoul Lionel
 1991 Ed. (2297)
Felderman Design-Build
 2010 Ed. (1147)
 2014 Ed. (1145)
Feldhusen; Jeanne
 1996 Ed. (1893)
Feldman
 1990 Ed. (841)
Feldman Automotive Inc.
 2021 Ed. (224, 225)
 2023 Ed. (1863)
Feldman; Robert Alan
 1996 Ed. (1889)
 1997 Ed. (1994)
Feldmann; Alceu Elias
 2022 Ed. (4822)
Feldmuehle Nobel
 1989 Ed. (959)
Feldmuehle Vermoegensverwaltung Aktiengesellschaft
 1991 Ed. (3107)
Feldmuhle Nobel
 1991 Ed. (1284)
 1992 Ed. (1482, 1483)
Feldstone Communities
 2003 Ed. (1211)
Felice Agency
 2020 Ed. (3029)
 2021 Ed. (2891)
 2022 Ed. (3017)
The Felice Agency
 2022 Ed. (3017)
 2023 Ed. (3133)
Felicia Thornton
 2007 Ed. (3617)
Felix
 1996 Ed. (3000)
 1999 Ed. (3791)
 2002 Ed. (3658)
 2008 Ed. (719)
 2009 Ed. (729)
 2010 Ed. (652)
 2012 Ed. (689)
Felix Boni
 1996 Ed. (1905)
Felix Cat Food
 1994 Ed. (2838)
Felix E. Wright
 2005 Ed. (978, 2483)
Felix Equities Inc. & Affiliates
 2002 Ed. (1274)

Felix Grucci
 2003 Ed. (3893)
Felix Hernandez
 2014 Ed. (193)
 2016 Ed. (216)
 2019 Ed. (192)
Felix Kjellberg
 2019 Ed. (3290)
Felix Kjellberg, aka PewDiePie
 2021 Ed. (4787)
Felix & Paul Studios
 2019 Ed. (4594)
Felix Resources
 2011 Ed. (1480, 1481, 1485)
Felix Salmon
 2012 Ed. (493)
 2013 Ed. (608, 610)
Felix Storch Inc.
 2000 Ed. (4057)
Felix Supreme cat food
 1992 Ed. (3417)
Felix Zandman
 1999 Ed. (2085)
Felixstowe
 1992 Ed. (1397)
 1997 Ed. (1146)
Fellers Marketing & Advertising
 2003 Ed. (173)
Fellheimer; Alan S.
 1992 Ed. (531)
Fellon-McCord
 2012 Ed. (1644)
Fellon-McCord & Associates
 2008 Ed. (1880)
 2010 Ed. (1776)
Fellowes, Inc.
 2020 Ed. (35)
Fellowship of Aucoustic- Dedemsvaart
 2020 Ed. (3667)
 2021 Ed. (3673)
The Fellowship of the Ring
 2004 Ed. (745)
The Fellowship of the Rings
 2003 Ed. (723)
Fels Naptha
 2003 Ed. (2042)
Felsburg Holt & Ullevig
 2009 Ed. (2581)
 2016 Ed. (2475)
 2022 Ed. (2449)
Felsinger; Donald E.
 2008 Ed. (956)
 2010 Ed. (908)
 2011 Ed. (847)
Felson Homes
 2007 Ed. (1271)
Feltex Australia
 2004 Ed. (4715)
Feltham; Shantal
 2017 Ed. (4983)
Feltman; James
 2016 Ed. (1113)
Feltrax International
 1991 Ed. (2594, 2595)
Female Health
 2011 Ed. (4432, 4436, 4451)
FEMBi Mortgage
 2020 Ed. (2918)
Femcare
 1996 Ed. (3769)
 1998 Ed. (1552)
Femi Otedola
 2010 Ed. (4916)
 2016 Ed. (4861)
 2017 Ed. (4865)
Feminine care
 2001 Ed. (2107)
Feminine deodorants
 1990 Ed. (1956)
Feminine hygiene
 2000 Ed. (3510, 3511)
 2001 Ed. (2106)
Feminine Needs
 2000 Ed. (1715, 3618)
Feminine hygiene products
 2002 Ed. (3769)
Feminine products
 1997 Ed. (3171, 3173)
 2001 Ed. (2083)
Feminine pain relievers
 2004 Ed. (248)
Feminist Majority Foundation
 1994 Ed. (893)
Femizol-7
 1998 Ed. (1552)
FEMSA
 1992 Ed. (1670, 3062)
 1993 Ed. (2559)
 1994 Ed. (2507, 2508)
 1996 Ed. (2628, 2629)
 1999 Ed. (2471)
 2000 Ed. (2229, 3124, 3125)
 2001 Ed. (698)
 2005 Ed. (1564, 1844)
 2006 Ed. (570, 1849, 1876, 1878, 2547, 3392)
 2007 Ed. (616, 1877)

2008 Ed. (564, 566, 1926, 2749, 3571, 4695)
2009 Ed. (596, 1885, 3641)
2010 Ed. (578, 1819, 2732, 3560)
2011 Ed. (506, 507, 1850, 2717, 2720, 3563, 4705)
2012 Ed. (468, 470, 476, 1702, 2652, 3556)
2013 Ed. (579, 585, 586, 587, 843, 1853, 1854, 2734, 3595)
2014 Ed. (589, 590, 595, 596, 597, 598, 599, 600, 1784, 1785, 2710, 4027)
2015 Ed. (657, 659, 665, 666, 667, 668, 670, 1826, 4269)
2016 Ed. (598, 599, 607, 608, 609, 611, 1786)
2017 Ed. (634, 635, 643, 644, 648, 1753)
2018 Ed. (596, 601, 603, 1703)
2019 Ed. (608, 613, 615, 1771)
2020 Ed. (594, 599, 1679, 1713, 2353)
2021 Ed. (1658, 1692)
2022 Ed. (1717, 2347)
Femsa
  2014 Ed. (1783)
  2021 Ed. (563)
  2023 Ed. (1861)
Femsa B
  1997 Ed. (2779)
FEMSA Cerveza
  2012 Ed. (444)
FEMSA Comercio
  2009 Ed. (4338)
  2010 Ed. (4356)
FEMSA Comercio, SA de CV
  2013 Ed. (4335)
  2014 Ed. (4386)
  2016 Ed. (4271)
  2017 Ed. (4259)
FEMSA; Fomento Economico Mexicano, SA de CV--
  2005 Ed. (672)
Femsa Logistica
  2018 Ed. (4007)
  2019 Ed. (3994)
  2020 Ed. (4011)
Femstat 3
  1998 Ed. (1552)
FenceCore
  2021 Ed. (2987)
Fender America Corporation
  1992 Ed. (3142)
Fender Musical Instruments
  1992 Ed. (3143)
  1994 Ed. (2588, 2589, 2590)
  1995 Ed. (2671, 2672)
  1996 Ed. (2749, 2750)
  1998 Ed. (2589)
  2000 Ed. (3221)
  2001 Ed. (3409)
  2013 Ed. (3777, 3781)
  2014 Ed. (3726)
  2015 Ed. (3729)
  2016 Ed. (3638)
  2017 Ed. (3622)
  2018 Ed. (3685)
  2019 Ed. (3670, 3671)
  2020 Ed. (3637)
Fender Musical Instruments Corp.
  2014 Ed. (3710)
  2015 Ed. (3722)
  2016 Ed. (3636)
  2017 Ed. (3610)
  2019 Ed. (3658)
  2020 Ed. (3625)
  2021 Ed. (3642, 3644)
Fendi
  2001 Ed. (2117)
  2007 Ed. (3398)
  2008 Ed. (657, 3529)
  2009 Ed. (672, 3588)
  2011 Ed. (3510)
  2012 Ed. (3508)
  2014 Ed. (3524)
  2015 Ed. (3540)
Fendrich; Michael
  2011 Ed. (2973)
Fenerbahce SK
  2022 Ed. (713)
Fenergo
  2018 Ed. (1640)
Fenergo Group Limited
  2019 Ed. (1693)
Feng Hsin Iron & Steel
  2007 Ed. (2006)
Feng Tay Enterprise
  2007 Ed. (2006)
  2021 Ed. (1922)
Feng Ying Wang
  2021 Ed. (4927)
Fengate Capital Management Ltd.
  2009 Ed. (1976)
Fengying; Wang
  2016 Ed. (4939)
  2017 Ed. (4930)
Feni Industries AD
  2014 Ed. (1566)

Feni Industry AD
  2015 Ed. (1617)
  2016 Ed. (1543)
  2017 Ed. (1533)
  2018 Ed. (1514)
Fenimore Assets
  1995 Ed. (2360)
Fenimore FAM Value
  1999 Ed. (3515)
Fenimore International Equity
  1993 Ed. (2692)
Fenix Consulting Group
  2015 Ed. (1476)
  2016 Ed. (1403)
Fenley & Nicol Environmental
  2000 Ed. (1860)
Fenn, Wright & Manson
  1997 Ed. (2702)
Fennemore
  2023 Ed. (3461)
Fennemore Craig
  2012 Ed. (3394)
  2021 Ed. (3195, 3196)
Fennemore Craig PC
  2007 Ed. (1501)
  2022 Ed. (3345)
Fenner
  1997 Ed. (1417)
  2016 Ed. (2523)
  2017 Ed. (3022)
Fensterblick
  2021 Ed. (1551, 2241)
Fentanyl Transdermal
  2007 Ed. (2244)
  2010 Ed. (2282)
Fenton; Dan
  2009 Ed. (3713)
Fenton; Drew
  2017 Ed. (4083)
Fenton Family Dealerships
  2021 Ed. (2480)
  2022 Ed. (2592)
  2023 Ed. (2735)
Fenton; Peter
  2012 Ed. (4820)
  2013 Ed. (4783)
  2014 Ed. (4829)
  2015 Ed. (4864)
  2016 Ed. (4771)
  2017 Ed. (4781)
  2020 Ed. (4763)
Fenton; Timothy J.
  2011 Ed. (2547)
Fentress Architects
  2009 Ed. (288, 289)
  2010 Ed. (272, 273)
  2011 Ed. (194, 196)
  2012 Ed. (196, 203, 2400)
  2013 Ed. (178, 3367, 3372)
  2014 Ed. (3375, 3377, 3382)
  2015 Ed. (3410, 3418)
Fentress Bradburn Architects
  2002 Ed. (332)
  2005 Ed. (263)
  2006 Ed. (285)
  2008 Ed. (265)
Fentress Oil
  2006 Ed. (4373)
Fenty Beauty
  2019 Ed. (2548)
Fenty Beauty by Rihanna
  2020 Ed. (3787)
Fenway Park
  2015 Ed. (4532)
  2018 Ed. (4498)
  2023 Ed. (4496)
Fenway Partners Inc.
  2002 Ed. (1448)
  2003 Ed. (1468)
  2004 Ed. (1498)
  2005 Ed. (1514)
Fenway Sports Group
  2022 Ed. (4473)
Fenwick & West
  2013 Ed. (3445)
Fenwick & West LLP
  2002 Ed. (1503)
  2022 Ed. (3336)
FEO Media
  2018 Ed. (1922, 2838)
Feo Media AB
  2018 Ed. (1507, 1923)
Feosol
  2003 Ed. (2063)
Fepasa Ferrovia Paulista SA
  1990 Ed. (1335)
  1992 Ed. (1584)
  1996 Ed. (1305)
FER Financial (ordinary)
  1990 Ed. (3472)
Fera
  1992 Ed. (4054)
  1993 Ed. (3374)
Fera International
  1991 Ed. (3173)
Feragen; Jody
  2015 Ed. (2638)
  2016 Ed. (4928)

Feral Services Ltd.
  1995 Ed. (1007)
Ferbal Auditing & Consulting DP
  2001 Ed. (4)
Ferdinand; Rio
  2005 Ed. (268, 4895)
Ferfin
  1992 Ed. (3073, 3074)
Fergo Nazca S & S
  1996 Ed. (125)
  1997 Ed. (129)
  1999 Ed. (139)
Fergo Nazca Saatchi & Saatchi
  2000 Ed. (156)
  2001 Ed. (194)
Fergus MacLeod
  1999 Ed. (2311, 2342)
  2000 Ed. (2087, 2093, 2129, 2130)
Ferguson
  2006 Ed. (208, 3926)
  2014 Ed. (4358)
  2015 Ed. (4367)
  2017 Ed. (3994)
  2018 Ed. (3086)
  2019 Ed. (1094, 1095)
  2020 Ed. (1083)
  2021 Ed. (2934)
  2022 Ed. (3051)
  2023 Ed. (1221, 3115, 3117)
Ferguson Associates Inc.; Thomas G.
  1989 Ed. (141)
  1990 Ed. (57)
  1991 Ed. (69, 131, 2398)
  1992 Ed. (185)
Ferguson Communications Group
  1994 Ed. (58)
  1995 Ed. (33)
Ferguson & Co.; A. F.
  1997 Ed. (11)
Ferguson Construction Co.
  2009 Ed. (1153, 1154)
  2015 Ed. (1195, 1196)
  2018 Ed. (1027, 1028)
Ferguson Consulting Inc.
  2008 Ed. (4969)
Ferguson Enterprises
  2021 Ed. (116, 2968, 3893, 3913)
  2022 Ed. (125, 3093, 3907, 3923)
  2023 Ed. (195, 3198, 4001, 4010)
Ferguson Enterprises Inc.
  1995 Ed. (2233)
  1999 Ed. (2847)
  2004 Ed. (2108)
  2006 Ed. (2274)
  2008 Ed. (2160, 4068, 4070, 4075, 4922, 4923)
  2009 Ed. (2140, 4183, 4938, 4939)
  2010 Ed. (2081, 4117, 4946, 4947)
  2011 Ed. (4929, 4930)
  2012 Ed. (4933)
  2013 Ed. (2146)
  2017 Ed. (1095, 4327)
  2018 Ed. (4003, 4321)
  2019 Ed. (3990, 4349)
  2020 Ed. (4338)
  2022 Ed. (4360)
  2023 Ed. (4091)
Ferguson Enterprises, Inc.
  2023 Ed. (1212)
Ferguson (General Re Corp.); Ronald E.
  1991 Ed. (2156)
Ferguson Investment
  1993 Ed. (2354)
Ferguson Investment Con.
  1999 Ed. (3088)
Ferguson; J. B.
  2005 Ed. (2487)
Ferguson; J. Brian
  2007 Ed. (1024)
  2008 Ed. (946)
  2009 Ed. (2658)
  2010 Ed. (897)
Ferguson; J. J.
  2006 Ed. (2521)
Ferguson, Jr.; Robert R
  1991 Ed. (1632)
Ferguson Jr.; Roger W.
  2010 Ed. (179)
Ferguson LLC
  2021 Ed. (4354)
Ferguson PLC
  2019 Ed. (3390)
Ferguson Pontiac-GMC-Dodge
  1995 Ed. (268)
Ferguson Pontiac-GMC-Yugo Inc.
  1992 Ed. (414)
Ferguson; Ronald E.
  1992 Ed. (2713)
  1994 Ed. (2237)
Ferguson; Sarah
  1990 Ed. (2504)
Ferguson; Thomas G.
  1992 Ed. (117)
Ferguson, Wellman, Rudd, Purdy & Van Winkle
  2000 Ed. (2816)

Feria
  2001 Ed. (2654, 2655, 2657)
  2003 Ed. (2647)
Feridexiv/Injectable Solution
  1999 Ed. (3338)
Ferique Bond Fund
  2010 Ed. (3732)
Ferit Faik Sahenk
  2012 Ed. (4896)
  2013 Ed. (4919)
  2014 Ed. (4926)
  2015 Ed. (4966)
  2016 Ed. (4883)
  2017 Ed. (4881)
  2018 Ed. (4893)
  2019 Ed. (4885)
  2020 Ed. (4874)
  2021 Ed. (4875)
  2022 Ed. (4871)
  2023 Ed. (4865)
Ferit Sahenk
  2006 Ed. (4928)
  2009 Ed. (4900)
  2010 Ed. (4900)
  2011 Ed. (4888)
Ferland; E. James
  1992 Ed. (2063)
  2007 Ed. (1034)
Ferlin
  1991 Ed. (2458)
Ferma Corp.
  2018 Ed. (1029)
  2020 Ed. (1044)
Ferman Automotive Group
  2022 Ed. (237)
Fermar Importacion Exportacion
  2018 Ed. (4231)
Fermax
  2018 Ed. (4302)
  2019 Ed. (4324, 4329)
  2020 Ed. (4316, 4320, 4323)
  2021 Ed. (4333, 4336)
  2022 Ed. (4341, 4344)
Ferme Onésime Pouliot
  2019 Ed. (125, 1494)
  2020 Ed. (121)
Fermi National Accelerator Lab
  1990 Ed. (1097, 2998)
  1991 Ed. (1005, 2834)
  1992 Ed. (1284, 3670)
  1993 Ed. (3001)
  1994 Ed. (1059, 3047)
  1996 Ed. (1049, 3193)
Fermi National Accelerator Laboratory
  1991 Ed. (915)
  1995 Ed. (1074, 3096)
Fermilab
  2016 Ed. (4933)
Fermilab Particle Accelerator
  2004 Ed. (3307)
Fern; Fred
  2013 Ed. (3388)
  2014 Ed. (3390)
  2015 Ed. (3422)
  2016 Ed. (3283)
  2017 Ed. (3242)
  2018 Ed. (3318)
Fernandes 19
  2000 Ed. (3836, 3838)
Fernandes Distillers
  1992 Ed. (84)
Fernandes Masonry Inc.
  2016 Ed. (1182)
  2017 Ed. (1225)
Fernandez; Alejandro
  2015 Ed. (1136)
Fernandez Entertainment
  2016 Ed. (4958)
Fernandez; Henry
  2013 Ed. (2962)
Fernandez; Jose Antonio
  2014 Ed. (935)
Fernandez; Joseph
  1990 Ed. (2658)
Fernandez; Miguel
  2011 Ed. (2951)
Fernandez; Mike
  2011 Ed. (2544)
Fernando Aguirre
  2009 Ed. (1397)
  2011 Ed. (1378)
  2012 Ed. (1236)
  2013 Ed. (2957, 2962)
  2014 Ed. (2974)
  2015 Ed. (3043)
Fernando Alonso
  2015 Ed. (226)
Fernando Batlle
  2023 Ed. (1304)
Fernando Garibay
  2013 Ed. (2961)
Fernando Hernandez
  2014 Ed. (2975)
Fernando Roberto Moreira Salles
  2019 Ed. (4838)
  2020 Ed. (4828)
Fernando; Rohan
  2017 Ed. (1155)

CUMULATIVE INDEX • 1989-2023

Fernando Torres
　2013 Ed. (190)
　2014 Ed. (197)
　2015 Ed. (224)
Fernbank Inc.
　1994 Ed. (1905)
　1995 Ed. (1932)
Ferndale Honda Inc.
　1994 Ed. (3670)
　1995 Ed. (3795)
　1996 Ed. (744, 3880)
　1997 Ed. (3917)
　1998 Ed. (3762)
Ferndale Motors Inc.
　1990 Ed. (737)
Ferndale School District
　2013 Ed. (2165)
Fernhoff
　2018 Ed. (1796, 1797)
Ferns Productions
　2011 Ed. (2616, 4670)
Fernwood Fitness
　2002 Ed. (1581)
Fernwood Fitness Centres
　2001 Ed. (1252)
Fernwood Resort Country Club
　1999 Ed. (4048)
Fernwood Women's Health Clubs
　2020 Ed. (4468)
　2021 Ed. (4461)
　2022 Ed. (4470)
Fernz Corp. Holdings
　1997 Ed. (2939, 2940)
Fernz Corp. Ltd.
　1994 Ed. (2670)
　1996 Ed. (2844)
Fero; Franklin L.
　1993 Ed. (893)
Ferolito, Vultaggio & Sons
　2003 Ed. (4677)
　2004 Ed. (674)
Feron
　1996 Ed. (1581)
Feroze1888 Mills
　2022 Ed. (1860)
Ferozsons Laboratories
　2018 Ed. (1857)
　2019 Ed. (1912)
Ferpainel, S.A.
　2017 Ed. (1933)
Ferragon Corp.
　2015 Ed. (3018)
Ferrailles
　1992 Ed. (2971)
　1994 Ed. (2438)
Ferrandino & Son
　2011 Ed. (4472)
　2012 Ed. (4487)
　2013 Ed. (4456)
　2014 Ed. (3457)
　2015 Ed. (3476, 3477, 3481)
　2016 Ed. (3321, 3325, 3330, 3331)
　2017 Ed. (3282, 3283, 3288, 3289, 3293, 3294)
　2018 Ed. (3350, 3351, 3356)
　2019 Ed. (3329, 3330)
　2020 Ed. (3331)
　2021 Ed. (3267)
Ferrandino & Son Inc.
　2017 Ed. (4411)
Ferranti International
　1993 Ed. (1323)
Ferrara
　2003 Ed. (3738)
Ferrara Candy Co.
　2015 Ed. (874)
　2016 Ed. (763)
　2017 Ed. (820)
　2018 Ed. (742, 751, 752, 857)
　2019 Ed. (766, 770, 774, 872)
　2020 Ed. (764, 859)
　2021 Ed. (783, 785)
　2022 Ed. (813, 814, 817)
Ferrara; Chris
　2011 Ed. (3357)
Ferrara Fire Apparatus
　2019 Ed. (3420)
Ferrara Food Co.
　2003 Ed. (3741)
Ferrara & Sons; James
　1996 Ed. (2049)
Ferrara; Stephen
　2018 Ed. (4110)
Ferrari
　1990 Ed. (3631)
　2003 Ed. (747)
　2007 Ed. (1827)
　2010 Ed. (636, 3507)
　2011 Ed. (579)
　2014 Ed. (270, 669, 670)
　2015 Ed. (277, 727)
　2016 Ed. (273, 665)
　2017 Ed. (273, 698)
　2018 Ed. (658)
　2019 Ed. (668)
　2020 Ed. (652)
　2021 Ed. (251, 258, 1291, 1606, 3399, 3408)

　2022 Ed. (272, 661, 1300, 3455, 3463)
　2023 Ed. (370, 869, 1507, 3570, 3575)
Ferrari Color
　2009 Ed. (4110)
　2010 Ed. (4043)
　2011 Ed. (4019)
　2012 Ed. (4046)
　2013 Ed. (4092)
　2014 Ed. (4101)
　2015 Ed. (4079)
　2016 Ed. (3990)
　2017 Ed. (3972)
　2020 Ed. (3998)
Ferrari (Italy)
　2021 Ed. (3408)
　2022 Ed. (3463)
Ferrari Mondial
　1990 Ed. (403)
Ferrari; Piero
　2023 Ed. (4838)
Ferrari SpA
　2008 Ed. (1711, 1715)
　2009 Ed. (772, 2595, 2598, 2599)
Ferrari Testarossa
　1991 Ed. (354)
　1992 Ed. (483)
Ferraro Group
　2018 Ed. (1052)
Ferreira Construction Co.
　2015 Ed. (1893)
　2018 Ed. (1123)
　2019 Ed. (1140)
　2020 Ed. (1131)
　2021 Ed. (1117)
Ferreira Construction Co., Inc.
　2014 Ed. (3687)
　2018 Ed. (3619)
Ferreira; Elia
　2023 Ed. (1300)
Ferreligas
　1993 Ed. (2925)
Ferrell Gas
　2011 Ed. (1471)
Ferrell North America
　2008 Ed. (4074)
Ferrellgas
　1990 Ed. (2909)
　1994 Ed. (2943)
　1995 Ed. (3001)
　1996 Ed. (3102)
　1997 Ed. (3180)
　1998 Ed. (2932)
　1999 Ed. (3906)
　2018 Ed. (2265)
　2019 Ed. (2250, 4018)
　2022 Ed. (4014, 4015)
　2023 Ed. (4098, 4099)
Ferrellgas North America
　2007 Ed. (4039)
Ferrellgas Partners
　2017 Ed. (1707)
　2019 Ed. (4001)
　2020 Ed. (4018)
　2023 Ed. (1828, 4090)
Ferrellgas Partners, L. P.
　2002 Ed. (3799)
Ferrellgas Partners LP
　2000 Ed. (3622, 3623)
　2001 Ed. (1798)
　2003 Ed. (1767, 3970)
　2004 Ed. (3973)
　2005 Ed. (3779, 3931, 3944)
　2006 Ed. (4005, 4013)
　2007 Ed. (1840, 1844, 4045)
　2008 Ed. (4081)
　2009 Ed. (1826, 4194)
　2010 Ed. (4129)
　2011 Ed. (4094)
　2012 Ed. (4128)
　2013 Ed. (1794, 4121)
　2014 Ed. (4136)
　2015 Ed. (1770, 4120)
　2016 Ed. (4034)
　2017 Ed. (4006)
　2018 Ed. (4028)
　2019 Ed. (4020)
　2020 Ed. (4033, 4035)
　2021 Ed. (3999, 4001)
Ferrer & Sons; James
　1995 Ed. (2053)
Ferrere Rocher
　2000 Ed. (1060)
Ferrero
　1990 Ed. (35)
　1992 Ed. (59)
　2001 Ed. (37, 46)
　2007 Ed. (1827)
　2012 Ed. (35)
　2022 Ed. (2735, 4414)
Ferrero Collection
　2021 Ed. (767)
Ferrero France
　2013 Ed. (1641)
Ferrero; Giovanni
　2019 Ed. (4857)
　2020 Ed. (4847)
　2021 Ed. (4848)
　2022 Ed. (4843)

　2023 Ed. (4838)
Ferrero Group
　2020 Ed. (2713)
　2023 Ed. (1016, 4442)
The Ferrero Group
　2006 Ed. (782, 2647)
Ferrero International SA
　2009 Ed. (1855)
　2011 Ed. (1812)
　2012 Ed. (2668)
　2017 Ed. (2479)
　2018 Ed. (2533)
Ferrero International Sa
　2023 Ed. (2711)
Ferrero Latin American Developing Markets SAS
　2014 Ed. (1513)
Ferrero; Michele
　2008 Ed. (4869)
　2010 Ed. (4891)
　2011 Ed. (4880, 4886)
　2012 Ed. (4889, 4895)
　2013 Ed. (4882, 4917)
　2014 Ed. (4895)
　2015 Ed. (4934)
Ferrero North America
　2020 Ed. (759)
　2021 Ed. (780)
　2022 Ed. (810)
Ferrero North America & Ferrara, both divisions of Ferrero Group
　2023 Ed. (1014)
Ferrero Nutella & Go
　2020 Ed. (1285)
　2021 Ed. (1268)
　2022 Ed. (1268)
Ferrero Rocher
　1997 Ed. (165)
　2002 Ed. (1047)
　2008 Ed. (674, 695)
　2009 Ed. (682, 703)
　2021 Ed. (767)
　2023 Ed. (1077, 2873)
Ferrero S.p.A.
　2021 Ed. (2457)
　2022 Ed. (2568, 2746)
Ferrero SpA
　1991 Ed. (30)
　1993 Ed. (37)
　1994 Ed. (28)
　2003 Ed. (2517)
　2004 Ed. (47, 55)
　2005 Ed. (41, 50, 865, 866, 997)
　2006 Ed. (48, 51, 776)
　2007 Ed. (39, 48, 873)
　2008 Ed. (51, 843, 1160)
　2009 Ed. (58, 855)
　2010 Ed. (68, 802)
　2011 Ed. (730)
　2012 Ed. (669)
　2013 Ed. (808)
　2014 Ed. (837)
　2015 Ed. (876)
　2016 Ed. (764)
　2017 Ed. (821)
　2018 Ed. (753)
　2019 Ed. (775)
　2020 Ed. (765)
　2021 Ed. (786)
　2022 Ed. (818)
Ferrero SpA (Italy)
　2021 Ed. (786)
　2022 Ed. (818)
Ferrero USA
　2017 Ed. (930)
　2018 Ed. (866)
　2019 Ed. (772)
Ferrero USA Inc.
　2000 Ed. (975)
　2003 Ed. (3159)
　2018 Ed. (1287)
　2023 Ed. (1482)
Ferrero USA, Inc.
　2020 Ed. (762, 860, 1291, 1299)
　2021 Ed. (783, 874, 1274, 1280)
　2022 Ed. (812, 907, 1274, 1282)
Ferreteria EPA CA
　2015 Ed. (2117)
Ferreteria EPA SA
　2010 Ed. (2074)
Ferrets
　2001 Ed. (3777)
Ferretti Group
　2008 Ed. (1216, 1865)
　2009 Ed. (1192, 1819)
Ferrexpo
　2016 Ed. (3535)
　2017 Ed. (3502)
Ferrier Hodgson
　2004 Ed. (7)
Ferring Pharmaceuticals
　2014 Ed. (26, 30, 46)
　2015 Ed. (29, 33, 49)
　2016 Ed. (29, 32, 48)
　2017 Ed. (26, 29, 45)
　2018 Ed. (28, 30, 45)
　2019 Ed. (24, 26, 41)
　2020 Ed. (28, 30, 45)

　2021 Ed. (31, 33, 49, 1737)
　2022 Ed. (29, 46)
　2023 Ed. (72, 90)
Ferris Baker
　2001 Ed. (947)
Ferro Corp.
　1989 Ed. (895, 898)
　1990 Ed. (962, 3065)
　1991 Ed. (919, 2904)
　1992 Ed. (1127)
　1993 Ed. (927)
　1994 Ed. (940, 1261)
　1995 Ed. (972)
　1996 Ed. (351)
　1997 Ed. (972)
　1998 Ed. (714)
　2001 Ed. (4025)
　2002 Ed. (993, 1019)
　2003 Ed. (932)
　2004 Ed. (940, 948, 949)
　2005 Ed. (938, 939)
Ferro & Ferro Saatchi & Saatchi
　2001 Ed. (181)
　2002 Ed. (153)
　2003 Ed. (123)
FerRobotics Compliant Robot Technology GmbH
　2018 Ed. (1378)
Ferrocarriles Metropolitanos SA
　2002 Ed. (1575)
　2004 Ed. (1622)
Ferrocarriles Nac de Mexico
　1989 Ed. (1140)
Ferrocarriles Nacionales de Mexico
　1997 Ed. (1471)
　2002 Ed. (1725)
　2004 Ed. (1794)
Ferrous Metal Processing, Inc.
　1991 Ed. (1907)
Ferrous Processing & Trading Co.
　2005 Ed. (4031)
Ferrovial
　2013 Ed. (675, 1176, 1181)
　2014 Ed. (1999)
　2016 Ed. (1193, 1196)
　2017 Ed. (1238, 1241, 1251, 1253)
　2018 Ed. (1218, 1233)
　2019 Ed. (1048)
　2020 Ed. (1038, 1243, 1261)
　2021 Ed. (663, 1210, 1227)
　2022 Ed. (1221, 1225, 1226, 1228, 1229)
　2023 Ed. (1448, 1451, 1455, 1461, 1463, 1464)
Ferrovial Agroman SA
　2004 Ed. (1167)
　2009 Ed. (1291)
　2010 Ed. (1284)
　2011 Ed. (1234)
　2013 Ed. (1287, 1290, 1301)
Ferrovial Agroman U.S. Corp.
　2014 Ed. (1187)
Ferrovial SA
　2016 Ed. (1060)
　2017 Ed. (2490)
　2018 Ed. (2546)
　2023 Ed. (2742)
Ferrovial, S.A.
　2019 Ed. (1251, 1254, 1264, 1266)
　2020 Ed. (1245, 1248, 1258, 1260)
　2021 Ed. (1022, 1211, 1214, 1218, 1223, 1224, 1226, 2489)
　2022 Ed. (1060, 1212, 1215, 1225, 2601)
Ferrovial SA; Grupo
　2005 Ed. (1328, 1329, 1340)
　2006 Ed. (1301, 1302, 1317, 1319, 1320, 1683, 1700)
　2007 Ed. (1287, 1288, 1990)
　2008 Ed. (1282, 1285, 1286, 1298, 1305, 2086)
　2009 Ed. (1161, 1163, 2056, 2057)
　2010 Ed. (1158, 1994)
　2011 Ed. (1105, 1108, 2055, 2056, 2057)
　2012 Ed. (1020, 1021, 1026, 1586, 1900, 1902, 1903, 4769, 4776)
　2013 Ed. (1165, 1171, 1178, 2063, 2065, 4722, 4727)
　2014 Ed. (1122, 4775, 4778)
　2015 Ed. (1163, 4803, 4807)
　2016 Ed. (1078, 4706, 4710)
　2017 Ed. (1108, 4719, 4726)
　2018 Ed. (4708, 4713)
　2019 Ed. (4714, 4718)
　2020 Ed. (4684)
Ferrovial, S.A. (Spain)
　2021 Ed. (1218)
Ferrovial U.S. Construction Corp.
　2015 Ed. (1230, 1241)
　2016 Ed. (1136, 1141, 1152)
　2017 Ed. (1182, 1183, 1190, 1201)
　2018 Ed. (1132)
Ferrovial US Construction Corp.
　2022 Ed. (1143)
Ferrovial US Construction Group
　2022 Ed. (1132)
Ferrovie Dello Stato
　1992 Ed. (2022)
Ferrovie dello Stato Italiane
　2022 Ed. (659)

Ferrovie dello Stato Societa di Trasporti e Servizi SpA
 2002 Ed. (1700, 3902)
 2004 Ed. (1764, 4061)
Ferrum
 2007 Ed. (1852, 1855)
Ferrum Crescent
 2015 Ed. (2025)
Ferruzzi
 1994 Ed. (3362)
Ferruzzi Agricola
 1989 Ed. (2017)
Ferruzzi Agricola Finanziaria SpA
 1995 Ed. (1440)
Ferruzzi Finanziana
 1996 Ed. (1404, 1946)
Ferruzzi Finanziari
 1992 Ed. (1483)
Ferruzzi Finanziaria
 1993 Ed. (1879, 1882)
 1994 Ed. (928, 1880)
 1995 Ed. (1905)
 1997 Ed. (1458, 2046)
 1998 Ed. (1731)
Ferruzzi Finanziaria SpA
 1999 Ed. (1686)
 2000 Ed. (1486)
 2001 Ed. (1759)
 2003 Ed. (1727)
Ferruzzi Finanziaria's Montedison's Eridania Zuccherifici Nazionale
 1994 Ed. (1227)
Ferruzzi Group
 1989 Ed. (961)
 1990 Ed. (1102, 1703)
 1991 Ed. (1312)
 1992 Ed. (1653)
Ferruzzi/Montedison
 1993 Ed. (1353)
 1996 Ed. (1402)
Ferruzzi/Montedison Group
 1994 Ed. (1406)
 1995 Ed. (1438)
Fertgas Handels GmbH
 2017 Ed. (1402)
FertileMind
 2002 Ed. (4833)
Fertilizer
 1993 Ed. (1714)
 2000 Ed. (1895)
Fertilizers
 1994 Ed. (1730)
 2001 Ed. (1186)
 2006 Ed. (3009)
 2007 Ed. (2516)
 2008 Ed. (2644)
 2009 Ed. (2672)
Fertilizers, phosphatic
 2001 Ed. (4389)
Fertitta Entertainment
 2016 Ed. (3345)
 2017 Ed. (3308)
 2018 Ed. (3377)
 2019 Ed. (2035, 3360)
 2020 Ed. (1959, 3363)
 2021 Ed. (1920, 3293)
 2022 Ed. (1965, 3378)
 2023 Ed. (3497)
Fertitta Entertainment Inc.
 2014 Ed. (2743)
 2015 Ed. (2796)
Fertitta; Frank
 2012 Ed. (4852)
 2013 Ed. (4849)
Fertitta; Lorenzo
 2013 Ed. (4849)
Feruzzi Agricola
 1991 Ed. (1311)
Feruzzi Agricola Finanziaria Spa
 1994 Ed. (1408)
Fervent
 2018 Ed. (586)
Fervent Electrical Corp.
 2016 Ed. (1161)
Fervent Events
 2020 Ed. (3448)
Fesco
 2003 Ed. (2423)
 2004 Ed. (2541)
Fessler Nursery
 2020 Ed. (3738)
 2021 Ed. (3740)
 2022 Ed. (3758)
 2023 Ed. (3863)
Fest Amsterdam
 2020 Ed. (2951)
Festicket
 2019 Ed. (2888)
 2020 Ed. (4704)
Festiva
 2002 Ed. (384)
The Festival Cos.
 2006 Ed. (4315)
Festival del Humor
 2011 Ed. (2947)
Festivals
 2004 Ed. (1573)
 2005 Ed. (1604)

2006 Ed. (1487)
2007 Ed. (1517)
2008 Ed. (1499)
2009 Ed. (1432)
2010 Ed. (1415)
Festo
 2023 Ed. (4096)
Festo BV
 2015 Ed. (1877)
Feta
 1999 Ed. (1076)
Fetch Logistics
 2005 Ed. (4743)
 2006 Ed. (4794)
Fetch! Pet Care
 2017 Ed. (3854)
Fetch! Pet Care Inc.
 2008 Ed. (3892)
 2009 Ed. (3955)
 2012 Ed. (3856)
Fetch Rewards
 2021 Ed. (942, 1977)
 2022 Ed. (2022)
 2023 Ed. (2119)
Fetch Robotics
 2017 Ed. (4283, 4285, 4287)
 2019 Ed. (4296)
 2020 Ed. (4290)
Fetco International
 1998 Ed. (2854)
Fetherstonhaugh
 2015 Ed. (3475)
 2016 Ed. (3320)
Fette Ford Inc.
 1991 Ed. (311)
Fette Isuzu Inc.
 1992 Ed. (386)
Fetter; Trevor
 2009 Ed. (3706)
 2010 Ed. (3623)
 2015 Ed. (956, 967)
 2016 Ed. (867)
Fetterman; Annabelle L.
 1993 Ed. (3731)
Fettig; Jeff
 2011 Ed. (2973)
Fettig; Jeff M.
 2011 Ed. (829)
 2015 Ed. (964)
Fettig; Jeffrey
 2011 Ed. (820)
Fettucine
 1996 Ed. (2913)
Fetty Wap
 2017 Ed. (3628, 3629)
Fetzer
 1996 Ed. (3855)
 1997 Ed. (3901, 3902, 3904, 3905, 3911)
 1998 Ed. (3747, 3748)
 1999 Ed. (4791, 4792, 4793, 4794, 4798)
 2000 Ed. (4412, 4416, 4418, 4421, 4424, 4426)
 2001 Ed. (4877, 4878, 4879, 4881, 4883, 4886, 4888, 4891, 4894)
 2002 Ed. (4941, 4943, 4945, 4947, 4948, 4955, 4958, 4961)
 2004 Ed. (4966)
Fetzer Architectural
 2022 Ed. (4995)
Fetzer Architectural Woodwork
 2012 Ed. (4583)
 2013 Ed. (4528)
 2019 Ed. (4994)
 2020 Ed. (2817)
 2021 Ed. (2693)
Fetzer Vineyards
 2017 Ed. (4904)
 2018 Ed. (4924)
Fetzers Inc.
 1999 Ed. (4500)
Feuerman; Kurt
 1991 Ed. (1706)
 1993 Ed. (1771, 1773, 1798, 1830)
 1994 Ed. (1813, 1820)
 1995 Ed. (18, 1862)
Feurman; Kurt
 1992 Ed. (2135)
Fever-Tree
 2018 Ed. (590, 1998, 2000)
 2019 Ed. (603, 2050, 2052, 2055, 2057)
Feverfew
 1998 Ed. (1924)
Fevertree Drinks
 2017 Ed. (637)
A Few Good Men
 1995 Ed. (2614, 3703, 3708)
FexEx
 2023 Ed. (4677)
Fey; Tina
 2010 Ed. (2514, 2520)
 2011 Ed. (2516)
 2012 Ed. (2442)
 2013 Ed. (2606)
 2014 Ed. (2533)
 2015 Ed. (2606)
Feyen Zylstra LLC
 2021 Ed. (1150)
 2023 Ed. (1403)

FFC Jardon
 1999 Ed. (3133)
FFC Jordan
 2000 Ed. (2878)
FFC Jordan Fertilizer Co. Ltd.
 2002 Ed. (3044, 3045, 4453, 4454)
FFC Management
 2021 Ed. (4190)
FFD Designs (Canada) Inc.
 2015 Ed. (1207)
FFD Financial Corp.
 2020 Ed. (487)
FFE Transportation Services Inc.
 1991 Ed. (2824)
 1992 Ed. (3648)
 1993 Ed. (2987, 3640)
 1994 Ed. (3029, 3600)
 1995 Ed. (3081)
 1998 Ed. (3031)
 1999 Ed. (4019)
 2000 Ed. (3734)
 2002 Ed. (3944)
 2003 Ed. (4789)
 2004 Ed. (4773)
 2005 Ed. (4033, 4034)
 2007 Ed. (4111)
 2008 Ed. (4134)
 2009 Ed. (4242)
 2010 Ed. (4173)
 2011 Ed. (4175)
 2012 Ed. (4226)
 2013 Ed. (3188, 4211)
 2014 Ed. (4225)
 2015 Ed. (4213)
FFG AgriVest
 1997 Ed. (1830)
 1998 Ed. (1542)
FFG FINANZCHECK Finanzportale
 2019 Ed. (2628)
FFKR Architects
 2006 Ed. (287)
 2008 Ed. (266, 267)
 2009 Ed. (290, 291)
 2010 Ed. (274)
 2014 Ed. (2486)
 2015 Ed. (2561)
 2018 Ed. (2404)
 2019 Ed. (2447)
 2020 Ed. (2436)
 2021 Ed. (2360)
 2022 Ed. (2469)
 2023 Ed. (2584)
FFO Home
 2020 Ed. (2824, 2826)
 2021 Ed. (2697)
FFP Marketing
 2000 Ed. (278)
FFP Partners LP
 1994 Ed. (1178)
FFP Securities
 1999 Ed. (846, 847)
 2000 Ed. (842, 844, 845, 848)
 2002 Ed. (788, 797, 801)
FFR-DSI Inc.
 2015 Ed. (3583)
FFR Inc.
 2007 Ed. (3985, 4595)
 2008 Ed. (4005, 4546)
 2009 Ed. (4079)
FFR Merchandising
 2016 Ed. (2305)
 2017 Ed. (2145)
 2018 Ed. (2196)
FFTW Limited Duration
 2003 Ed. (701)
 2004 Ed. (715)
FFTW U.S. Short-Term Fixed Income
 1996 Ed. (2793)
FFW Corp.
 2019 Ed. (1665)
Ffwd Precision Marketing
 2000 Ed. (1679)
 2002 Ed. (1979, 1984)
FG/PG
 2022 Ed. (3529)
FG Schaefer Co.
 2017 Ed. (2686)
FG Wilson
 2005 Ed. (1982, 1984, 1985)
 2006 Ed. (2062, 2063, 2065, 2066)
 2007 Ed. (2035)
 2009 Ed. (2112)
FGL Sports Ltd.
 2018 Ed. (4488)
FGM Inc.
 2003 Ed. (2258)
FGMK
 2016 Ed. (12)
 2017 Ed. (8)
 2018 Ed. (7)
 2019 Ed. (8)
 2020 Ed. (10)
 2021 Ed. (12)
 2022 Ed. (13)
FGMK LLC
 2010 Ed. (8)
FGML LLC
 2010 Ed. (9)

FGP International
 2008 Ed. (2074)
 2009 Ed. (2045)
 2010 Ed. (1977, 2884)
FGIPG
 2023 Ed. (3650)
FH Acquisition Corp.
 1990 Ed. (1230, 3553)
 1995 Ed. (2444)
 1996 Ed. (2486)
 1997 Ed. (2629)
F.H. Paschen
 2019 Ed. (1125)
 2020 Ed. (1115)
 2021 Ed. (1102)
 2022 Ed. (1118)
F.H. Paschen, S.N. Nielsen & Associates LLC
 2017 Ed. (1179)
F.H. Paschen, S.N. Nielsen & Associates, LLC
 2018 Ed. (1116)
FHC Health Systems
 2008 Ed. (4058)
 2009 Ed. (2947, 4170, 4171)
 2010 Ed. (4106)
FHIA Holdings LLC
 2022 Ed. (3002, 3068)
FHIA Holdings LLC (Statewide Remodeling & FHIA)
 2022 Ed. (3068)
FHM
 2000 Ed. (3494, 3499)
 2004 Ed. (139, 3333)
FHN Memorial Hospital
 2009 Ed. (3145)
FHP-Arizona
 1996 Ed. (2087)
FHP-California
 1996 Ed. (2087)
FHP/Great Lakes of Illinois Inc.
 1997 Ed. (2198)
FHP Health Care
 1993 Ed. (2023)
 1996 Ed. (2088)
 1997 Ed. (2191)
 1998 Ed. (1915, 1918)
 1999 Ed. (2656)
FHP Hospital-Fountain Valley
 1997 Ed. (2264)
FHP of Illinois Inc.
 1998 Ed. (1916)
FHP Inc.
 1990 Ed. (1997)
 1996 Ed. (2093)
 1997 Ed. (2188, 2190, 2194, 2195)
 1998 Ed. (1914)
 1999 Ed. (3883)
FHP International
 1991 Ed. (1892, 1893)
 1992 Ed. (2384)
 1993 Ed. (2018, 2021)
 1994 Ed. (2030, 2033)
 1995 Ed. (2081, 2082, 2083)
 1996 Ed. (1278, 2077, 2078, 2079, 2084, 2085, 2086)
 1997 Ed. (2180, 2182)
 1998 Ed. (1901, 1903)
 1999 Ed. (2639)
FHP Intl.
 1990 Ed. (1294)
FHP Takecare
 1997 Ed. (2700)
FHP Texas
 1999 Ed. (2648)
FHR Corp.
 2011 Ed. (1889)
 2012 Ed. (1745)
 2013 Ed. (1910)
 2014 Ed. (1844)
 2015 Ed. (1881)
 2016 Ed. (1843)
FHTK Holding
 2000 Ed. (4035)
FHV/BBDO Group
 1989 Ed. (138)
 1990 Ed. (130)
 1991 Ed. (129)
FI
 2000 Ed. (4131)
Fi-Bar Chewy & Nutty
 1995 Ed. (3399)
FI Group
 2000 Ed. (3386)
Fi System Brand New Media
 2002 Ed. (1956)
FIA Associates, A Merabank Co.
 1989 Ed. (1807)
F.I.A Associates, Inc.
 1989 Ed. (2127)
 1990 Ed. (2969)
 1991 Ed. (2247)
FIA Card Services NA
 2008 Ed. (340, 347, 348, 349, 357, 359, 361, 362, 365, 1091)
 2009 Ed. (360, 365, 366, 367, 373, 375, 377, 378, 380, 1073)

2010 Ed. (338, 343, 344, 345, 356, 358, 359, 1042)
2011 Ed. (262, 263, 266, 267, 281, 3122)
2012 Ed. (284, 285, 288, 289, 290, 299, 302, 303, 639, 1451, 3057)
2013 Ed. (286, 287, 290, 291, 292, 312, 313, 779, 1587, 3138)
2014 Ed. (302, 303, 306, 307, 326, 327, 801, 1552, 3138)
2015 Ed. (338, 342, 343, 366, 367, 1602, 3198)
2016 Ed. (333, 337, 338, 354, 355, 1529, 3055)
Fiai Handels GmbH
  2017 Ed. (1402)
Fiasco Gelato
  2017 Ed. (1464)
  2018 Ed. (1442, 4227)
  2019 Ed. (1473, 1475)
  2020 Ed. (1440)
  2021 Ed. (1437)
Fiat
  1989 Ed. (325, 1111)
  1990 Ed. (363, 372, 1347, 1355, 1363, 2624, 2627, 3472)
  1992 Ed. (59, 78, 448, 458, 461, 1603, 1605, 1606, 1612, 1648, 3117, 4349)
  1993 Ed. (741)
  1994 Ed. (308, 310, 315, 1350, 1351, 1393)
  1995 Ed. (309, 315, 316, 1374, 1375, 1420, 3097)
  1996 Ed. (326, 327, 1327, 1387, 1393, 2641)
  1997 Ed. (306, 308, 319, 1386, 2579)
  1998 Ed. (231, 232, 233, 243)
  1999 Ed. (335, 336, 337, 338, 351, 352, 1604, 1605, 1606, 1608, 1686, 1687, 1688, 3122, 3123, 4656)
  2000 Ed. (356, 2870, 2871)
  2001 Ed. (455)
  2007 Ed. (700, 714)
  2008 Ed. (684)
  2009 Ed. (693)
  2013 Ed. (225, 652, 4649)
  2014 Ed. (51, 82, 232, 233, 669, 4698, 4699)
  2015 Ed. (89, 268, 269, 277, 727, 3574, 4160, 4710)
  2016 Ed. (263, 273, 665)
  2017 Ed. (265, 273, 698)
  2018 Ed. (251)
  2019 Ed. (248)
  2020 Ed. (251)
  2021 Ed. (238, 251)
  2022 Ed. (259, 272)
  2023 Ed. (370)
Fiat/Alfa/Lancia
  1991 Ed. (327)
Fiat Argentina
  2013 Ed. (1407)
Fiat Auto
  2007 Ed. (1828)
Fiat Auto France SA
  1995 Ed. (3730)
Fiat Auto Partecipazioni SpA
  2003 Ed. (1727)
Fiat Auto Poland
  2016 Ed. (3455)
Fiat Auto Poland SA
  2009 Ed. (2016)
  2011 Ed. (2008)
  2012 Ed. (1858)
  2013 Ed. (2018)
Fiat Auto SpA
  1989 Ed. (1130)
  1990 Ed. (1388)
  1994 Ed. (1408)
  1995 Ed. (1440)
  1996 Ed. (319, 1333, 1404, 3735)
  1997 Ed. (1395, 1458)
  2000 Ed. (1486, 3029)
  2001 Ed. (1759)
  2002 Ed. (1700, 4669)
  2004 Ed. (1764)
  2008 Ed. (1862)
Fiat Auto U.K. Ltd.
  2002 Ed. (48)
FIAT Automobili Srbija DOO
  2015 Ed. (1620)
  2016 Ed. (1546)
Fiat Automoveis SA
  1996 Ed. (1302, 1306)
Fiat Chrysler
  2017 Ed. (2177)
  2018 Ed. (2742, 4790)
  2019 Ed. (2726)
Fiat Chrysler Automobiles
  2016 Ed. (54, 85, 256, 4074, 4613, 4614)
  2017 Ed. (51, 68, 260, 268, 2262, 4048, 4631)
  2018 Ed. (51, 246, 4072, 4626)
  2019 Ed. (242, 266, 2075, 4067, 4642)
  2020 Ed. (247, 267, 1983, 4076, 4612)
  2021 Ed. (232, 242, 2247, 4042, 4624)
  2022 Ed. (253, 263, 2209, 2210, 4060, 4642)
  2023 Ed. (362)
Fiat Chrysler Automobiles NV
  2015 Ed. (1827)
  2017 Ed. (283)
  2018 Ed. (265)
  2019 Ed. (267)
Fiat Chrysler Automobiles (Stellantis)
  2022 Ed. (2209)
Fiat Group
  1989 Ed. (326)
  1990 Ed. (368, 373, 1389)
  1991 Ed. (332, 1312, 1313)
  1992 Ed. (460, 1653, 1654)
  1993 Ed. (335, 1353, 1354)
  1994 Ed. (1406, 1407)
  1996 Ed. (328, 1402, 1403)
  1997 Ed. (309, 1459, 1460)
  2000 Ed. (1487, 1488)
Fiat Group Automobile SpA
  2009 Ed. (1817)
Fiat Group Automobiles SpA
  2012 Ed. (238, 1623)
  2013 Ed. (239, 1782)
Fiat-Hitachi
  1993 Ed. (1082)
  1996 Ed. (2245)
Fiat Industrial
  2014 Ed. (4023)
Fiat Industrial SpA
  2012 Ed. (1622, 3069, 3070)
  2013 Ed. (838, 1781, 3144, 3158)
  2014 Ed. (2564, 3147, 4061)
  2015 Ed. (3207, 3542)
Fiat-Iveco
  2002 Ed. (3403)
Fiat North America LLC
  2016 Ed. (2939)
Fiat ORD
  1994 Ed. (2520)
  1996 Ed. (2642)
  1997 Ed. (2578)
Fiat (ordinary)
  1992 Ed. (3073, 3074)
Fiat Palio
  2004 Ed. (302)
  2005 Ed. (296)
Fiat Panda
  1990 Ed. (374)
Fiat Portuguesa
  1992 Ed. (72)
Fiat pref.
  1994 Ed. (2520)
Fiat (preferred)
  1991 Ed. (2458, 2459)
  1992 Ed. (3073, 3074)
Fiat PRV
  1996 Ed. (2642)
  1997 Ed. (2579)
Fiat SpA
  1989 Ed. (38)
  1990 Ed. (34, 35, 1348, 1349, 1351, 1353, 1388)
  1991 Ed. (22, 28, 30, 48, 328, 1269, 1271, 1272, 1273, 1282, 1287, 1311, 1360, 2494)
  1992 Ed. (1607, 2104)
  1993 Ed. (29, 35, 37, 51, 53, 1297, 1298, 1300, 1301, 1302, 1305, 1306, 1336, 1338, 1355, 2570, 2571, 2607)
  1994 Ed. (21, 26, 28, 44, 1206, 1352, 1353, 1354, 1357, 1359, 1408, 2065, 2519, 3575)
  1995 Ed. (307, 317, 1376, 1377, 1381, 1438, 1439, 1440, 3659)
  1997 Ed. (1393, 1395, 1458)
  1999 Ed. (1610)
  2000 Ed. (1411, 1413, 1415, 1486)
  2001 Ed. (20, 34, 38, 46, 515, 1578, 1689, 1691, 1759, 1760, 1761, 2845)
  2002 Ed. (388, 390, 391, 392, 393, 398, 1408, 1451, 1640, 1642, 1645, 1699)
  2003 Ed. (1471, 1669, 1672, 1727, 2209, 2326, 3458, 4592)
  2004 Ed. (32, 55, 306, 884, 1501, 3524)
  2005 Ed. (25, 50, 83, 298, 300, 1517, 1830, 3020, 3328)
  2006 Ed. (31, 57, 1791, 1792, 1793, 1795, 1796, 1797, 1798, 1822, 1823, 3378, 3388)
  2007 Ed. (23, 48, 312, 314, 1514, 1798, 1799, 1800, 1801, 1802, 1803, 1804, 1805, 1827, 1828, 1829, 1830, 3423)
  2008 Ed. (28, 51, 301, 1861, 1862, 1863, 1864, 3567, 4539)
  2009 Ed. (33, 58, 320, 322, 323, 1816, 1817, 1818, 2393, 3637, 4784)
  2010 Ed. (43, 68, 77, 302, 303, 1405, 1730, 1731, 1757, 1759, 3556)
  2011 Ed. (224, 225, 226, 227, 734, 1770, 1771, 1772, 3512, 3559, 4747)
  2012 Ed. (237, 243, 1594, 1622, 1624, 2196, 3552)
  2013 Ed. (231, 837, 1781, 3591, 4736)
  2014 Ed. (235, 244, 2573, 3527, 4785)
  2015 Ed. (271, 286)
  2016 Ed. (267, 282)
Fiat SpA/Peugeot SA
  1993 Ed. (1740)
Fiat Tipo
  1990 Ed. (374)
Fiat Uno
  1989 Ed. (321)
  1990 Ed. (361, 369, 374, 381)
  1991 Ed. (323)
  1992 Ed. (446)
  1995 Ed. (313)
  2004 Ed. (302)
  2005 Ed. (296)
Fiat Uno/Punto
  1996 Ed. (320)
Fiatimpresit SpA
  1990 Ed. (1209)
  1991 Ed. (1091, 1094, 1095)
  1992 Ed. (1426, 1429, 1430)
  1993 Ed. (1141, 1144, 1145)
  1994 Ed. (1161, 1162, 1166, 1169, 1171)
  1995 Ed. (1186, 1189, 1191)
  1996 Ed. (1155)
  1997 Ed. (1180, 1183, 1184, 1188, 1191, 1193)
  1998 Ed. (963, 964, 971, 972)
  1999 Ed. (1406)
Fiat's Telettra unit
  1993 Ed. (1197)
Fibam Companhia Industrial
  2007 Ed. (1852, 1855)
Fiber
  1994 Ed. (3636)
Fiber Advance
  2018 Ed. (3366)
  2020 Ed. (3347)
Fiber/Fabric
  2000 Ed. (1898)
Fiber Group LLC
  2005 Ed. (2672)
Fiber One
  2009 Ed. (880)
  2010 Ed. (831)
  2015 Ed. (4483)
  2017 Ed. (4399)
  2018 Ed. (4419)
Fiber-optic equipment
  2005 Ed. (4815)
Fiber Pad Inc.
  2007 Ed. (3591)
Fiber-Tel Contractors
  2010 Ed. (663)
  2011 Ed. (595)
Fiberall
  1994 Ed. (2360)
FiberCom (Netedge)
  1996 Ed. (1764)
Fibercon
  1994 Ed. (2360)
  2001 Ed. (3073)
  2003 Ed. (3198)
FiberCore
  2003 Ed. (2703)
Fiberglas Canada
  1989 Ed. (1930)
  1991 Ed. (1170)
  1992 Ed. (1185, 1879)
  1994 Ed. (1580)
Fiberglas Federal Credit Union
  2014 Ed. (1902)
Fiberglass
  1998 Ed. (2318)
Fiberlink Communications Corp.
  2009 Ed. (1115)
  2011 Ed. (1032)
Fibermark Inc.
  1999 Ed. (4709)
  2001 Ed. (1893)
  2003 Ed. (1843)
  2004 Ed. (1878, 3764)
  2005 Ed. (1993, 3679)
  2006 Ed. (2092)
  2007 Ed. (2050)
  2010 Ed. (2079)
Fibermark North America Inc.
  2008 Ed. (2153)
  2009 Ed. (2136)
Fibermatics Inc.
  2007 Ed. (3382)
Fibernet Telecom Group
  2005 Ed. (4521)
Fibernet Telemanagement
  1999 Ed. (4561)
Fiberod
  2008 Ed. (2495)
Fiberoptic Lighting Inc.
  2007 Ed. (3593)
FIBERplus Inc.
  2017 Ed. (4782)
  2018 Ed. (4773)
FiberPlus Inc.
  2019 Ed. (4776)
Fibers
  1996 Ed. (930)
  2000 Ed. (3570, 4255)
  2002 Ed. (3722)
FiberTech
  1995 Ed. (2788)
Fibertech Networks LLC
  2005 Ed. (1907)
  2006 Ed. (1935)
  2008 Ed. (1981, 1983, 2953)
  2009 Ed. (3013)
  2013 Ed. (1947)
  2014 Ed. (1873)
Fibertex
  2010 Ed. (3765)
  2011 Ed. (3767)
FiberTower
  2013 Ed. (4521)
Fiberweb
  2010 Ed. (3765)
  2011 Ed. (3767)
  2012 Ed. (3770)
  2013 Ed. (3834)
  2014 Ed. (3755)
  2015 Ed. (3778)
Fiberweb Group
  1992 Ed. (3272, 3273)
  1993 Ed. (2734)
  1994 Ed. (2682)
  1995 Ed. (2788, 2789, 2790)
  1996 Ed. (2854)
FIBERxperts Inc.
  2008 Ed. (4788)
FiBest Ltd.
  2009 Ed. (2982)
  2010 Ed. (2947)
FIBI
  1991 Ed. (3275)
  2021 Ed. (521)
  2022 Ed. (535)
  2023 Ed. (786)
FIBI Holding
  2006 Ed. (1818)
  2007 Ed. (1825)
  2008 Ed. (1860)
  2009 Ed. (1815)
  2012 Ed. (375)
  2013 Ed. (525, 1778)
  2014 Ed. (1713)
  2015 Ed. (1756)
FIBI Holdings
  2014 Ed. (541)
  2015 Ed. (607)
  2016 Ed. (552, 1706)
  2017 Ed. (574, 1688)
  2018 Ed. (539, 1646)
  2019 Ed. (558, 1698)
  2020 Ed. (541, 1650)
  2022 Ed. (1649)
Fibocom Wireless
  2023 Ed. (1653)
Fibram Companhia Industrial
  2005 Ed. (1841)
Fibre Credit Union
  2002 Ed. (1899)
  2003 Ed. (1953)
  2004 Ed. (1993)
  2005 Ed. (2135)
  2006 Ed. (2230)
  2007 Ed. (2151)
  2008 Ed. (2266)
  2009 Ed. (2253)
Fibreboard Corp.
  1992 Ed. (2369)
  1993 Ed. (1458)
  1995 Ed. (203, 206)
FibreChem Technologies
  2009 Ed. (4711)
Fibrenew
  2002 Ed. (4757)
  2004 Ed. (2709)
  2005 Ed. (2703)
  2021 Ed. (282)
  2022 Ed. (856)
  2023 Ed. (1038, 2970, 4417)
Fibrenoire
  2016 Ed. (1455, 1480)
  2017 Ed. (1482, 3048)
Fibrenow
  2018 Ed. (2820)
  2019 Ed. (2797)
  2020 Ed. (2821)
  2021 Ed. (2696)
  2022 Ed. (2856)
FibrexNylon
  2006 Ed. (4531)
Fibria
  2012 Ed. (1655)
  2015 Ed. (3819)
  2016 Ed. (2735)
  2017 Ed. (2691)
  2022 Ed. (630, 666)
Fibria Celulose SA
  2012 Ed. (3801, 3804, 4574)
  2013 Ed. (3577)
  2019 Ed. (3723)
Fibro Source USA Inc.
  2006 Ed. (3536)
  2007 Ed. (3594, 4443)
Fibronics
  1996 Ed. (1763)
FIC
  2006 Ed. (1236)
Ficalora; Joseph
  2012 Ed. (789)

Ficalora; Joseph R.
  2005 Ed. (973)
  2006 Ed. (930)
  2007 Ed. (1021)
Ficelity Bankshares
  2002 Ed. (484)
Fichet Bauche
  1991 Ed. (1781)
  1992 Ed. (2249)
  1993 Ed. (1912)
  1994 Ed. (1931)
  1995 Ed. (1960)
Fichtner Consulting Engineers
  1995 Ed. (1694)
  1996 Ed. (1676)
  1997 Ed. (1757)
Fichtner GmbH
  2015 Ed. (2588)
  2018 Ed. (2434)
Fichtner GmbH & Co. KG
  2009 Ed. (2571)
  2010 Ed. (2487)
Fickle; Kate
  2011 Ed. (1142)
FICM
  2007 Ed. (2565)
FICO
  2016 Ed. (1429)
  2017 Ed. (1440)
  2023 Ed. (1531)
Ficohsa Honduras; Grupo
  2013 Ed. (1535)
Ficomsa Servicios Financieros
  2018 Ed. (1917, 2642)
Ficomsa Servicios Financieros SL
  2018 Ed. (1918)
Ficon Corp.
  1992 Ed. (1419)
  1993 Ed. (1132)
Ficorinvest
  1989 Ed. (1780)
Ficosa Adas SLU
  2019 Ed. (1969)
Ficosota Holding
  2006 Ed. (32)
  2007 Ed. (24)
Ficosota Sintez
  2009 Ed. (34)
  2010 Ed. (44)
FICSA
  2000 Ed. (474, 477)
Fid & Deposit Group
  1990 Ed. (2263, 2264)
Fidani; Carlo
  2005 Ed. (4871)
  2014 Ed. (4874)
  2015 Ed. (4912)
  2016 Ed. (4828)
Fiddle Faddle
  2009 Ed. (4082)
Fiddlebender
  2016 Ed. (4907)
Fiddler Gonzalez
  2001 Ed. (906)
Fiddler, Gonzalez & Rodriguez
  1991 Ed. (1487)
  1993 Ed. (2160)
Fiddler on the Roof
  2018 Ed. (4639)
Fideicomisos Instituidos en Relacion con la Agricultura
  2011 Ed. (1844)
Fidel Castro
  2004 Ed. (4878)
  2005 Ed. (4880)
  2007 Ed. (2703)
Fidelcor
  1989 Ed. (364, 622)
  1990 Ed. (415)
Fidelcor Capital Corp.
  1990 Ed. (3669)
Fidelis Partners
  2015 Ed. (4533)
  2022 Ed. (4479)
Fidelity
  1989 Ed. (1200)
  1990 Ed. (2319)
  1992 Ed. (3181)
  1994 Ed. (2623)
  1995 Ed. (557)
  1997 Ed. (565)
  1998 Ed. (491, 1694, 2618, 2645)
  1999 Ed. (3523, 3524, 3527)
  2000 Ed. (2748, 4382)
  2001 Ed. (2973)
  2002 Ed. (4795)
  2003 Ed. (3501, 3517)
  2005 Ed. (3547)
  2006 Ed. (660, 661)
  2007 Ed. (3660, 3661)
  2008 Ed. (3763)
  2009 Ed. (3790)
  2011 Ed. (3728)
  2012 Ed. (3743)
  2013 Ed. (711)
  2018 Ed. (3997)
Fidelity Active Investor
  2007 Ed. (760)

Fidelity Active Trader
  2007 Ed. (762)
  2008 Ed. (738)
Fidelity Adv. Equity Growth
  2000 Ed. (3260)
Fidelity Adv Strategic Income
  2022 Ed. (613)
Fidelity Advanced Growth Opportunity
  2001 Ed. (2524)
Fidelity Advanced Leveraged
  2007 Ed. (3671)
Fidelity Advanced Strategic Income
  2021 Ed. (585)
Fidelity Advanced Value Strategy
  2014 Ed. (4567)
Fidelity Advantage Dynamic Capital Appreciation
  2006 Ed. (3627)
  2008 Ed. (2615)
Fidelity Advantage High Income
  2008 Ed. (596)
Fidelity Advantage International Small Cap
  2007 Ed. (3669)
Fidelity Advantage Latin America
  2007 Ed. (3672)
Fidelity Advantage Leverage Company Stock
  2006 Ed. (3653)
Fidelity Advisor
  2003 Ed. (3621)
  2006 Ed. (628)
Fidelity Advisor Diversified International
  2006 Ed. (3675, 3676)
Fidelity Advisor Emerging Asia
  2011 Ed. (4542)
Fidelity Advisor Emerging Asia A
  2023 Ed. (3825)
Fidelity Advisor Emerging Markets
  2011 Ed. (3722)
Fidelity Advisor Emerging Markets A
  1999 Ed. (3581)
Fidelity Advisor Emerging Markets Income
  2008 Ed. (592)
  2009 Ed. (619, 621)
  2011 Ed. (516)
Fidelity Advisor Emerging Markets T
  1999 Ed. (748)
Fidelity Advisor Energy
  2010 Ed. (3729)
Fidelity Advisor Equity Income A
  1997 Ed. (2874)
Fidelity Advisor Equity Income B
  1996 Ed. (2777, 2792)
Fidelity Advisor Funds
  1996 Ed. (2786)
  1997 Ed. (2894)
Fidelity Advisor Global Natural Resources
  1995 Ed. (2723)
Fidelity Advisor Growth Opp.
  1994 Ed. (2603)
Fidelity Advisor Growth Opportunities
  2021 Ed. (4484, 4486, 4487)
Fidelity Advisor Growth Opportunities A
  2021 Ed. (4484, 4486, 4487)
  2023 Ed. (4510, 4512)
Fidelity Advisor Growth Opportunity
  2000 Ed. (3264)
Fidelity Advisor Growth Opps
  2022 Ed. (4492, 4494, 4495)
Fidelity Advisor Growth Opps A
  2022 Ed. (4492, 4494, 4495)
Fidelity Advisor High Income
  1994 Ed. (2611, 2622)
  1995 Ed. (2701, 3542)
Fidelity Advisor High Income Advance
  2009 Ed. (619)
Fidelity Advisor High Income Advanced
  2008 Ed. (593)
Fidelity Advisor High Income Advantage
  2005 Ed. (699)
  2006 Ed. (625, 626)
  2007 Ed. (642, 644)
  2008 Ed. (583, 599)
  2009 Ed. (624)
Fidelity Advisor High Yield
  1994 Ed. (2610, 2621, 2631)
  1995 Ed. (2688, 2700)
Fidelity Advisor High Yield A
  1996 Ed. (2808)
  1997 Ed. (688)
Fidelity Advisor High-Yield T
  1999 Ed. (3535, 3539)
Fidelity Advisor Income Institutional
  1997 Ed. (2882)
Fidelity Advisor Inflation-Protected Bond
  2008 Ed. (607)
Fidelity Advisor Institutional Equity Growth
  1996 Ed. (2798)
Fidelity Advisor International Cap Appreciation
  2004 Ed. (3641)
Fidelity Advisor International Small Cap
  2006 Ed. (3681)
Fidelity Advisor Intl Capital App A
  2023 Ed. (4508)
Fidelity Advisor Japan
  2001 Ed. (3503)

Fidelity Advisor Korea
  2004 Ed. (3647)
Fidelity Advisor Latin America
  2008 Ed. (3772)
  2009 Ed. (3802, 3804)
  2011 Ed. (3734, 4541)
Fidelity Advisor Latin America Institutional
  2005 Ed. (3579)
Fidelity Advisor Leveraged Company Stock
  2007 Ed. (2489)
  2008 Ed. (2619)
Fidelity Advisor Ltd. Term Bond B
  1996 Ed. (2782)
Fidelity Advisor Mid Cap
  2003 Ed. (3495)
Fidelity Advisor Overseas A
  2023 Ed. (4507)
Fidelity Advisor Semiconductors
  2021 Ed. (3713, 3714, 3715)
Fidelity Advisor Semiconductors A
  2021 Ed. (3713, 3714, 3715)
  2023 Ed. (3829, 3830, 3831, 3832)
Fidelity Advisor Technology
  2021 Ed. (3713, 3716)
  2022 Ed. (3733, 3736)
Fidelity Advisor Technology A
  2021 Ed. (3713, 3716)
  2022 Ed. (3733, 3736)
  2023 Ed. (3829, 3831, 3832)
Fidelity Advisor Value A
  2023 Ed. (4515)
Fidelity Advisors Dynamic Capital
  2007 Ed. (4547)
Fidelity Aggr. Equity
  1996 Ed. (624)
Fidelity Aggressive Growth
  2000 Ed. (3245, 3259, 3260, 3263)
  2001 Ed. (3442)
  2002 Ed. (2155, 2160)
  2004 Ed. (3589, 3603, 3604)
Fidelity Aggressive International
  2004 Ed. (3641)
Fidelity Aggressive Tax-Free
  1990 Ed. (2378)
  1992 Ed. (3167)
  1995 Ed. (2689, 2701)
  1996 Ed. (2812)
Fidelity American
  1992 Ed. (3208)
Fidelity ASEAN
  1997 Ed. (2910)
Fidelity Asset Manager
  1992 Ed. (3162)
  1994 Ed. (2606)
  1995 Ed. (2680, 2707, 2725)
  1996 Ed. (2768)
  1997 Ed. (2871)
  1998 Ed. (2614)
  1999 Ed. (3570)
  2000 Ed. (3250, 3284)
Fidelity Asset Manager Aggressive
  2004 Ed. (3601)
Fidelity Asset Manager Growth
  1994 Ed. (2617)
  1995 Ed. (2707, 2725)
  1997 Ed. (2871)
  1998 Ed. (2614)
  1999 Ed. (3533, 3570)
  2000 Ed. (3250, 3284)
Fidelity Asset Mgr. Growth
  2000 Ed. (3249)
Fidelity Balanced
  1990 Ed. (2372)
  1994 Ed. (2639)
  1995 Ed. (2739)
  1998 Ed. (2614)
  1999 Ed. (3533)
  2000 Ed. (3250)
  2007 Ed. (2482)
Fidelity Balanced Fund
  1993 Ed. (2662)
  2003 Ed. (2366)
  2004 Ed. (3540)
  2005 Ed. (3538)
  2006 Ed. (4549)
  2007 Ed. (4538)
  2008 Ed. (4504)
  2009 Ed. (3780)
Fidelity Bancorp
  2013 Ed. (2000, 2006)
Fidelity Bancshares
  2005 Ed. (375)
  2009 Ed. (514)
Fidelity Bancshares (N.C.) Inc.
  2023 Ed. (493)
Fidelity Bank
  1989 Ed. (653)
  1994 Ed. (510)
  1995 Ed. (490)
  1998 Ed. (347)
  2000 Ed. (664)
  2011 Ed. (422)
  2013 Ed. (348)
  2014 Ed. (366)
  2015 Ed. (418)
  2016 Ed. (382, 386)
  2017 Ed. (381, 389)
  2018 Ed. (352)

  2019 Ed. (355)
  2020 Ed. (351)
  2021 Ed. (349, 375)
  2022 Ed. (388)
  2023 Ed. (550, 571)
The Fidelity Bank
  2021 Ed. (392)
  2022 Ed. (405)
  2023 Ed. (527)
Fidelity Bank Bahamas
  2019 Ed. (415)
Fidelity Bank Lease Corp.
  1990 Ed. (2620)
Fidelity Bank NA
  1990 Ed. (431, 667)
  1991 Ed. (646)
  1992 Ed. (529, 818)
  1993 Ed. (360, 612)
  1994 Ed. (615)
  1999 Ed. (502, 638)
Fidelity Bank, National Association
  2021 Ed. (375)
  2022 Ed. (388)
  2023 Ed. (506)
Fidelity Bank, PA
  1989 Ed. (2158)
Fidelity Bank plc
  2013 Ed. (1949)
Fidelity Bankers Life Insurance Co.
  1992 Ed. (2676)
Fidelity Blue Chip Growth
  1995 Ed. (2677, 2691, 2697, 2713)
  1996 Ed. (2752, 2773, 2788)
  2000 Ed. (3264)
  2001 Ed. (2524)
  2023 Ed. (4512, 4513)
Fidelity Bond Index
  2000 Ed. (3266)
Fidelity Brokerage
  1995 Ed. (758)
  1996 Ed. (801, 804, 805)
  1997 Ed. (737, 740, 741)
  1998 Ed. (520, 521, 524)
  1999 Ed. (827, 837, 838, 863)
  2000 Ed. (831, 832, 863)
  2008 Ed. (731)
Fidelity Brokerage Services Inc.
  1993 Ed. (766)
  2012 Ed. (4445)
Fidelity Brokerage Services LLC
  2004 Ed. (4328, 4331, 4335)
  2007 Ed. (4270, 4273, 4277)
Fidelity Building
  1998 Ed. (2697)
  2000 Ed. (3365)
Fidelity California Municipal Income
  2008 Ed. (581)
Fidelity Canada
  2004 Ed. (3646, 3648, 3649)
  2007 Ed. (2483)
  2008 Ed. (2713)
  2009 Ed. (3807)
  2010 Ed. (3735)
  2011 Ed. (3737)
  2023 Ed. (3826)
Fidelity Canada Fund
  2003 Ed. (3529)
Fidelity Canadian Balanced
  2003 Ed. (3558, 3559)
Fidelity Canadian Growth Co.
  2002 Ed. (3446, 3447)
Fidelity Canadian Growth Company
  2001 Ed. (3475, 3476)
  2003 Ed. (3572)
  2004 Ed. (3618)
Fidelity Canadian Growth Company Fund
  2010 Ed. (3733)
Fidelity Canadian Large Cap
  2003 Ed. (3567, 3568)
Fidelity Canadian Opportunities Fund
  2010 Ed. (3733)
Fidelity Capital Appreciation
  1990 Ed. (2369)
  1992 Ed. (3189)
  1995 Ed. (2703)
  1996 Ed. (2799)
  2006 Ed. (4556, 4572)
  2007 Ed. (2484)
  2008 Ed. (2614)
Fidelity Capital & Income
  1992 Ed. (3155)
  1994 Ed. (2610, 2621)
  1995 Ed. (2688, 2692, 2694, 2700, 2710, 2715, 2716)
  1996 Ed. (2765, 2808)
  1998 Ed. (2626)
  1999 Ed. (3535, 3547, 3548)
  2000 Ed. (766, 3255)
  2001 Ed. (3441)
  2002 Ed. (3414)
  2003 Ed. (698)
  2005 Ed. (699, 3248)
  2006 Ed. (625, 626, 3234)
  2007 Ed. (644, 3294)
  2008 Ed. (599, 3409)
  2009 Ed. (619, 624, 3470)
  2011 Ed. (523)

Fidelity OTC
  2000 Ed. (3260)
  2010 Ed. (3725)
  2020 Ed. (4502, 4504)
  2021 Ed. (4484, 4486)
  2022 Ed. (4494)
  2023 Ed. (4512)
Fidelity OTC Portfolio
  2002 Ed. (2160)
Fidelity Overseas
  1992 Ed. (3184)
  1995 Ed. (2693, 2714)
  1996 Ed. (2770)
  1997 Ed. (2870)
  1998 Ed. (2617)
  1999 Ed. (3565)
  2000 Ed. (3277)
  2023 Ed. (4507, 4508)
Fidelity Overseas Fund
  2003 Ed. (2363)
Fidelity Pacific Basin
  2000 Ed. (3279)
  2020 Ed. (3706)
  2021 Ed. (3709, 3711)
  2022 Ed. (3731)
  2023 Ed. (3827)
Fidelity Personal Trust Co.
  2021 Ed. (4309)
Fidelity Personal Trust Co., FSB
  2021 Ed. (4309)
Fidelity Personal Trust Company, FSB
  2022 Ed. (4309)
  2023 Ed. (4339)
Fidelity Pound Performance
  1992 Ed. (3169, 3173)
Fidelity Puritan
  1990 Ed. (2368, 2394)
  1991 Ed. (2559)
  1994 Ed. (2601, 2607, 2618)
  1995 Ed. (2680, 2690, 2720, 2739)
  1996 Ed. (2755, 2768, 2776, 2791, 2806)
  1997 Ed. (2868, 2884)
  1998 Ed. (2607, 2614)
  1999 Ed. (3533)
  2000 Ed. (3222, 3249, 3250)
  2004 Ed. (3549)
Fidelity Real Estate
  2003 Ed. (3545)
Fidelity Real Estate Hi Income
  2003 Ed. (3117)
Fidelity Real Estate Income
  2012 Ed. (4211)
Fidelity Real Estate Investment
  1998 Ed. (2651)
  2001 Ed. (3446)
  2004 Ed. (3564)
  2005 Ed. (3549)
  2006 Ed. (3602)
Fidelity Regional Banks
  1994 Ed. (2629)
Fidelity Retirement Growth
  1995 Ed. (2696)
Fidelity Retirement Reserves
  1997 Ed. (3830)
Fidelity Retirement Reserves High Income
  1992 Ed. (4373)
  1994 Ed. (3614)
  1997 Ed. (3824)
Fidelity Retirement Reserves Overseas
  1994 Ed. (3613)
Fidelity Savings Bank
  1998 Ed. (3546)
Fidelity Savings & Loan
  1994 Ed. (2629)
Fidelity Security Services
  2016 Ed. (4318)
  2017 Ed. (4321)
Fidelity Sel Computers
  2000 Ed. (3290)
Fidelity Sel Developing Comm
  2000 Ed. (3290)
Fidelity Sel. Energy Services
  1998 Ed. (2603)
Fidelity Select Air Transportation
  1990 Ed. (2374)
  1997 Ed. (2895)
  2002 Ed. (3422)
  2004 Ed. (3565)
Fidelity Select American Gold
  1990 Ed. (2373)
  1993 Ed. (2682)
Fidelity Select Automotive
  1994 Ed. (2613, 2624)
Fidelity Select Biotech
  1992 Ed. (3148, 3158, 3170, 3173, 3179, 3182)
  1993 Ed. (2658, 2669, 2680)
  1994 Ed. (2631)
Fidelity Select Biotechnology
  1995 Ed. (2722)
  2001 Ed. (3439, 3440)
  2002 Ed. (4503)
  2003 Ed. (3513)
  2004 Ed. (3544)
  2021 Ed. (3715)
  2022 Ed. (3735)
Fidelity Select-Broadcast & Media
  1990 Ed. (2374)

Fidelity Select-Broker. & Inv.
  1989 Ed. (1851)
Fidelity Select Broker & Investment
  2004 Ed. (3567)
Fidelity Select Brokerage
  1989 Ed. (1847)
  1993 Ed. (2679)
  1998 Ed. (2651)
  1999 Ed. (3507, 3522, 3578)
Fidelity Select Brokerage & Investment
  2004 Ed. (3543)
Fidelity Select—Brokerage & Investment Management
  2001 Ed. (3433)
  2006 Ed. (3636)
Fidelity Select Computers
  1992 Ed. (3158, 3169)
  1996 Ed. (2787)
  1997 Ed. (2877)
  2000 Ed. (3225)
  2001 Ed. (3449)
  2004 Ed. (3567)
  2009 Ed. (3796)
  2012 Ed. (3740)
Fidelity Select Construction & Hsg Port
  2023 Ed. (3830)
Fidelity Select Consumer Staples
  2010 Ed. (3724, 4579)
Fidelity Select Defense & Aerospace
  1997 Ed. (2877)
  2004 Ed. (3567)
Fidelity Select Elec. Utility
  1994 Ed. (2607)
Fidelity Select—Electronics
  1992 Ed. (3182)
  1997 Ed. (2877, 2895, 2905)
  1998 Ed. (2651)
  2001 Ed. (3449)
  2002 Ed. (2155, 2156, 4503)
  2004 Ed. (3567)
  2005 Ed. (3544)
  2006 Ed. (3604, 3636)
Fidelity Select Energy
  2007 Ed. (3664, 3675)
  2009 Ed. (3793)
  2010 Ed. (3729)
  2023 Ed. (3830)
Fidelity Select Energy Service
  1998 Ed. (2593)
  1999 Ed. (3507)
  2006 Ed. (3656)
  2007 Ed. (3663, 3664, 3675)
  2010 Ed. (3729)
Fidelity Select—Energy Services
  1991 Ed. (2569)
  1992 Ed. (3176, 3179, 3182)
  1993 Ed. (2682)
  1998 Ed. (2651)
  2004 Ed. (3542)
  2005 Ed. (3542)
Fidelity Select—Financial Services
  1994 Ed. (2613, 2624)
  2004 Ed. (3543, 3569)
  2006 Ed. (3635)
Fidelity Select Food Agriculture
  1992 Ed. (3148, 3176)
Fidelity Select Gold
  2004 Ed. (3594)
  2009 Ed. (3794)
  2012 Ed. (3739)
Fidelity Select Health
  1992 Ed. (3148, 3158, 3170, 3173, 3179)
  1993 Ed. (2646, 2649, 2658)
  1994 Ed. (2632)
  1995 Ed. (2722)
Fidelity Select Health Care
  2020 Ed. (3709)
  2022 Ed. (3737)
Fidelity Select-Health Care
  1996 Ed. (2787)
  2000 Ed. (3289)
  2001 Ed. (3440)
  2004 Ed. (3544, 3569)
  2006 Ed. (3635)
  2009 Ed. (3787)
Fidelity Select Health Care Services Port
  2020 Ed. (3709)
Fidelity Select—Home Finance
  1997 Ed. (2877)
  1998 Ed. (2651)
  2003 Ed. (3515)
  2004 Ed. (3567)
  2006 Ed. (3596)
  2007 Ed. (3680)
Fidelity Select—Insurance
  1994 Ed. (2625)
  2000 Ed. (3289)
  2001 Ed. (3433)
  2004 Ed. (3565, 3567)
  2006 Ed. (3596, 3636)
Fidelity Select IT Services
  2020 Ed. (3710)
  2021 Ed. (3715)
Fidelity Select—Leisure
  1990 Ed. (2374)
  1999 Ed. (3578)
  2006 Ed. (3635)

Fidelity Select Medical
  1991 Ed. (2569)
  1992 Ed. (3148, 3158)
  1993 Ed. (2658)
  1995 Ed. (2722)
  1996 Ed. (2787)
Fidelity Select-Medical Delivery
  1990 Ed. (2374)
  2000 Ed. (3294)
  2003 Ed. (3523)
  2004 Ed. (3568)
  2006 Ed. (2508, 3597)
  2009 Ed. (3787)
Fidelity Select Medical Equipment/Systems
  2003 Ed. (3523)
Fidelity Select Medical Tech & Devices
  2020 Ed. (3708, 3709, 3711)
Fidelity Select Natural Gas
  2001 Ed. (3430)
  2002 Ed. (4504)
  2006 Ed. (3595, 3656)
  2007 Ed. (3675)
  2010 Ed. (3729)
Fidelity Select Natural Resources
  2010 Ed. (3729)
Fidelity Select Paper & Forest Products
  2007 Ed. (3679)
Fidelity Select Pharmaceuticals Port
  2020 Ed. (3709)
Fidelity Select Precious Metal
  1994 Ed. (2626)
Fidelity Select Precious Metals & Minerals
  1997 Ed. (2879)
Fidelity Select-Reg Banks
  2000 Ed. (3289)
Fidelity Select Regional Bank
  1994 Ed. (2624, 2631)
Fidelity Select-Regional Banks
  1990 Ed. (2374)
Fidelity Select Regular Banks
  1994 Ed. (2613)
Fidelity Select-Restaurant Industry
  1990 Ed. (2374)
Fidelity Select Retailing
  1990 Ed. (2374)
  1993 Ed. (2649)
  1994 Ed. (2631)
  2020 Ed. (3710)
  2021 Ed. (3715)
Fidelity Select Savings & Loan
  1994 Ed. (2613, 2624)
Fidelity Select Semiconductors
  2020 Ed. (3708, 3710)
  2021 Ed. (3713, 3714, 3715)
  2022 Ed. (3733, 3735)
  2023 Ed. (3829, 3830, 3831, 3832)
Fidelity Select Software
  1994 Ed. (2613)
  2001 Ed. (3449)
Fidelity Select Software & Computer
  1997 Ed. (2877)
  2004 Ed. (3567)
  2012 Ed. (3740)
Fidelity Select-Software/Computer Service
  2009 Ed. (3796)
Fidelity Select—Software/Computer Services
  2006 Ed. (3604, 3636)
Fidelity Select Software & Computers
  2003 Ed. (3552)
Fidelity Select Software & IT Services Port
  2020 Ed. (3710, 3711)
  2021 Ed. (3715, 3716)
Fidelity Select Software & IT Svcs Port
  2021 Ed. (3713)
  2022 Ed. (3735)
Fidelity Select Technology
  2020 Ed. (3710)
  2021 Ed. (3713, 3716)
  2022 Ed. (3733)
  2023 Ed. (3829, 3831, 3832)
Fidelity Select-Technology
  1992 Ed. (3158)
  1997 Ed. (2877)
  2001 Ed. (3449)
  2002 Ed. (4503)
  2003 Ed. (3513)
  2004 Ed. (3569)
  2005 Ed. (4495)
  2006 Ed. (3604, 4571)
  2009 Ed. (3796)
Fidelity Select Telecom
  1991 Ed. (2555)
Fidelity Select Telecommunications
  1990 Ed. (2374)
  1999 Ed. (3578)
Fidelity Select Transport
  1994 Ed. (2625)
Fidelity Select Utilities
  1990 Ed. (2390)
  1991 Ed. (2560)
  1992 Ed. (3153)
  1993 Ed. (2654)
  1994 Ed. (2607)
  2020 Ed. (3709)
Fidelity Select Utilities Growth
  1997 Ed. (2878)
  2000 Ed. (3229)

Fidelity Select Wireless
  2006 Ed. (2508, 3639, 3656)
Fidelity Selected Precious Metals
  1995 Ed. (2718, 2721)
Fidelity Short-Intermediate Municipal
  2008 Ed. (582)
  2009 Ed. (611)
Fidelity Short-Term Bond
  2005 Ed. (703)
  2006 Ed. (630)
Fidelity Small Cap America
  2003 Ed. (3583)
Fidelity Small Cap Growth
  2021 Ed. (4492)
Fidelity Small-Cap Stock
  2005 Ed. (4491)
  2006 Ed. (4565)
  2011 Ed. (3731)
Fidelity South East Asia
  1997 Ed. (2921)
Fidelity Southeast Asia
  2006 Ed. (3661)
Fidelity Spartan 500 Index
  2003 Ed. (2365)
  2004 Ed. (3550)
Fidelity Spartan 500 Index-Investment
  2010 Ed. (3718)
Fidelity Spartan Arizona Municipal Income
  2004 Ed. (708)
Fidelity Spartan CA Municipal MMP
  1994 Ed. (2538)
Fidelity Spartan California Municipal Income
  2007 Ed. (633)
Fidelity Spartan Connecticut Municipal Income
  2004 Ed. (708)
  2006 Ed. (607)
Fidelity Spartan Equity Index
  2002 Ed. (2158)
Fidelity Spartan Ext. Market Index-Investment
  2011 Ed. (3723)
Fidelity Spartan Extended Market Index Investment
  2008 Ed. (3767)
Fidelity Spartan GNMA
  1999 Ed. (751)
Fidelity Spartan Government Income
  2000 Ed. (764)
Fidelity Spartan High Income
  1995 Ed. (2688, 2710)
  1996 Ed. (2761, 2781, 2795)
  1997 Ed. (688, 2892)
  1998 Ed. (2625, 2626, 2633)
  1999 Ed. (753, 3535, 3538, 3547, 3548)
Fidelity Spartan High Inc.
  1994 Ed. (2621)
Fidelity Spartan Intermediate Municipal Income
  2004 Ed. (702)
  2005 Ed. (688, 701)
  2006 Ed. (604, 627)
Fidelity Spartan International Index-Investment
  2007 Ed. (3666)
  2010 Ed. (3718)
  2011 Ed. (3723)
Fidelity Spartan Investment Grade
  1995 Ed. (2708)
Fidelity Spartan Investment Grade Bond
  2006 Ed. (618, 619)
Fidelity Spartan Invst. Growth
  2000 Ed. (3266)
Fidelity Spartan Ltd. Mature Government
  1997 Ed. (2889)
Fidelity Spartan Limited Maturity Gov.
  1999 Ed. (3553)
Fidelity Spartan Limited Maturity Government
  1999 Ed. (752)
Fidelity Spartan Long Government
  1995 Ed. (2709)
Fidelity Spartan Long Term Bond Index Investment
  2016 Ed. (638)
Fidelity Spartan Long-Term Government
  1997 Ed. (2902)
Fidelity Spartan Long-Term Treasury Bond Index
  2010 Ed. (594)
Fidelity Spartan Long-Term Trust Bond Index Investment
  2013 Ed. (615)
Fidelity Spartan Maryland Municipal Income
  2004 Ed. (709)
Fidelity Spartan Massachusetts Municipal Income
  2003 Ed. (695)
  2004 Ed. (706, 709)
  2005 Ed. (689)
  2007 Ed. (633)
Fidelity Spartan Michigan Municipal Income
  2004 Ed. (709)
Fidelity Spartan MMF
  1996 Ed. (2666, 2670)

Fidelity Spartan Money Market Fund
  1992 Ed. (3096)
  1994 Ed. (2539)
Fidelity Spartan Municipal Income
  1995 Ed. (2746)
  2003 Ed. (694)
  2005 Ed. (687)
  2006 Ed. (602, 603)
  2007 Ed. (631)
Fidelity Spartan Municipal Money Fund
  1994 Ed. (2538)
Fidelity Spartan New Jersey Municipal Income
  2004 Ed. (708)
Fidelity Spartan New York Municipal Income
  2006 Ed. (607)
  2007 Ed. (633)
Fidelity Spartan Ohio Municipal Income
  2004 Ed. (709)
Fidelity Spartan PA Muni MMP
  1992 Ed. (3095)
Fidelity Spartan PA Municipal MMP
  1994 Ed. (2544)
Fidelity Spartan Short-Intermediate Government
  1997 Ed. (2889)
Fidelity Spartan Short-Intermediate Municipal
  2004 Ed. (707)
  2005 Ed. (690)
  2006 Ed. (608, 609)
  2007 Ed. (634)
Fidelity Spartan Total Market Index Investment
  2008 Ed. (3767)
Fidelity Spartan U.S. Equity Index
  2000 Ed. (3264)
Fidelity Spartan U.S. Equity Index Investment
  2008 Ed. (3767)
Fidelity Spartan U.S. Government MMF
  1994 Ed. (2537)
Fidelity Spartan U.S. Treasury MMF
  1994 Ed. (2537)
Fidelity Spec. Equity Dis.
  1996 Ed. (625)
Fidelity Special Situations
  1990 Ed. (2391)
Fidelity State Bank
  1989 Ed. (204, 210)
  1996 Ed. (403, 542)
  1997 Ed. (501)
  1998 Ed. (371)
Fidelity Strategic Dividend & Income
  2020 Ed. (3702)
  2021 Ed. (3707)
Fidelity Strategic Income
  2005 Ed. (698)
  2019 Ed. (650)
  2020 Ed. (631)
Fidelity Tax Free Bond
  2008 Ed. (603)
Fidelity Total Bond
  2015 Ed. (697)
  2016 Ed. (637)
Fidelity True North
  2001 Ed. (3465)
  2002 Ed. (3435)
Fidelity U.S. Bond Index
  1999 Ed. (3549)
  2000 Ed. (3267)
Fidelity U.S. Equity Index
  1999 Ed. (3544)
  2001 Ed. (2524)
Fidelity U.S. Index
  1998 Ed. (2615)
Fidelity Utilities Fund
  2000 Ed. (3229)
Fidelity Utilities Income
  1995 Ed. (2681)
  1997 Ed. (2878)
Fidelity Utilities Inc.
  1994 Ed. (2607)
Fidelity Value
  1996 Ed. (2752, 2773)
  1998 Ed. (2624)
  2004 Ed. (3560)
  2009 Ed. (3799)
  2023 Ed. (4515)
Fidelity Value Fund
  2007 Ed. (4545)
  2008 Ed. (4512)
  2009 Ed. (4539)
Fidelity Value Strategies
  2014 Ed. (4567)
Fidelity Voice & Data
  2015 Ed. (1958)
Fidelity Worldwide
  1995 Ed. (2743)
  1996 Ed. (2775, 2805)
  1999 Ed. (3551)
Fidelity Worldwide Fund
  2008 Ed. (4508)
  2010 Ed. (4577)

Fidelity.com
  2001 Ed. (2974)
  2002 Ed. (4868)
Fidellity Disc. Equity
  1999 Ed. (3541)
Fidelty & Deposit Group
  1995 Ed. (2328)
Fidem Interop
  2023 Ed. (2050, 3047)
Fidenas Investment Ltd.
  1994 Ed. (1223)
Fidessa
  2013 Ed. (1104)
  2014 Ed. (1063)
  2017 Ed. (1043, 1055)
Fidessa Group plc
  2012 Ed. (963)
Fidlelity Money Market Trust/Domestic Portfolio
  1992 Ed. (3100)
Fido
  2021 Ed. (4573)
Fido, a Rogers Communications Company
  2021 Ed. (4573)
  2023 Ed. (4588)
Fiducial Inc.
  2003 Ed. (2)
  2004 Ed. (3)
  2005 Ed. (2, 904, 2599)
  2006 Ed. (3, 2599)
  2007 Ed. (2)
Fiducial Triple Check Inc.
  2002 Ed. (2, 2362)
  2003 Ed. (896)
  2004 Ed. (2613)
Fiduciary Asset Mgmt.
  2000 Ed. (2783)
Fiduciary Capital
  1999 Ed. (3058)
  2002 Ed. (729)
Fiduciary Capital Management Inc.
  2003 Ed. (3086)
Fiduciary Capital Mgmt.
  1990 Ed. (2342)
Fiduciary Investment Advisors LLC
  2013 Ed. (1572)
  2014 Ed. (1543)
Fiduciary Management
  1996 Ed. (2400, 2408)
Fiduciary Management Associated Growth
  1998 Ed. (2619)
Fiduciary Management Associates
  1991 Ed. (2222)
Fiduciary Management Associates Growth
  1998 Ed. (2601)
Fiduciary Mgmt. Associates
  1990 Ed. (2338)
Fiduciary Trust
  1989 Ed. (2136, 2144)
  1990 Ed. (654, 706)
  1992 Ed. (803)
  1993 Ed. (596)
  1995 Ed. (2371)
  1996 Ed. (2426)
Fiduciary Trust International
  1989 Ed. (1805)
  1990 Ed. (2353)
  1991 Ed. (2245)
  1992 Ed. (2773)
  1993 Ed. (652, 2309)
  1994 Ed. (653, 2317, 2448)
  1996 Ed. (2415)
  1997 Ed. (2537, 2549)
  1998 Ed. (2305)
  1999 Ed. (665)
  2000 Ed. (2842)
  2002 Ed. (3008)
Fiducient Advisors
  2023 Ed. (3389, 3390)
FIDUCIM
  2020 Ed. (1555, 4112)
  2021 Ed. (4071)
Fiducle Desjardins
  1997 Ed. (3811)
Fiduiary Capital Management
  2000 Ed. (2793)
Fiduvalor
  2007 Ed. (757)
Fiehler; Sharon D.
  2009 Ed. (2661)
  2010 Ed. (2570)
Field
  2000 Ed. (3403)
Field agents
  2000 Ed. (3504)
Field Center for Entrepreneurship; Lawrence N.
  2011 Ed. (649)
Field Container
  1992 Ed. (3328)
  1999 Ed. (3686)
  2000 Ed. (3402)
Field; David
  2007 Ed. (1004)
  2008 Ed. (938)
Field of Dreams
  1993 Ed. (3536)

Field Facts Worldwide
  2002 Ed. (3256)
Field Fastener
  2017 Ed. (1355)
Field Lining Systems Inc.
  2006 Ed. (3496)
  2008 Ed. (3694, 4368)
Field Management Ireland Ltd.
  2014 Ed. (1707)
Field; Marshall
  2006 Ed. (4914)
Field Museum of Natural History
  1993 Ed. (891)
Field Nation
  2015 Ed. (843)
Field of Nature
  1994 Ed. (3634)
Field sales representatives
  1999 Ed. (3854)
Field Roast
  2022 Ed. (874, 2813, 2838)
  2023 Ed. (1054, 2940, 3671)
Field Roast Grain Meat Co.
  2018 Ed. (2778)
Field Safe Solutions
  2023 Ed. (1635)
Field Sales Solutions
  2010 Ed. (139)
  2011 Ed. (62)
Field & Stream
  1998 Ed. (1282)
  1999 Ed. (1855)
  2000 Ed. (3481)
  2001 Ed. (1231)
  2003 Ed. (4524)
Field Trial
  1992 Ed. (3408)
  1993 Ed. (2815)
  1994 Ed. (2829)
  1996 Ed. (2991)
  1997 Ed. (3070)
  1999 Ed. (3785)
Fieldale Farms Corp.
  2011 Ed. (3594, 3599, 3604)
  2013 Ed. (3636, 3650)
  2014 Ed. (3579, 3583, 3587)
  2015 Ed. (3591, 3597)
  2016 Ed. (3475, 3479)
  2017 Ed. (3439, 3443, 3444)
  2019 Ed. (3491)
  2020 Ed. (3476, 3477, 3481, 3482)
  2021 Ed. (3420)
Fieldbrook Foods Corp.
  2018 Ed. (2147)
  2019 Ed. (2145)
  2020 Ed. (2130)
Fieldcrest
  1990 Ed. (1584)
  1991 Ed. (861, 862, 1480)
  1992 Ed. (1881)
  1993 Ed. (1545)
  1994 Ed. (2131)
  1996 Ed. (2196)
  1999 Ed. (2806)
  2003 Ed. (2869)
  2005 Ed. (4686)
  2006 Ed. (2951)
  2007 Ed. (2968)
  2008 Ed. (3092)
  2012 Ed. (3024)
Fieldcrest Cannon
  1989 Ed. (1600, 1601, 2814, 2816)
  1990 Ed. (1326, 2719, 3270, 3564, 3565, 3566, 3570)
  1991 Ed. (2621, 3348, 3353, 3354, 3360)
  1992 Ed. (1063, 4274, 4275, 4281)
  1994 Ed. (3516)
  1995 Ed. (1468, 3597, 3601)
  1996 Ed. (1014, 1015, 3677, 3678)
  1997 Ed. (837, 2239, 2316, 2317, 3734)
  1998 Ed. (2048, 2049, 3518, 3519)
  1999 Ed. (4589, 4590)
Fielder; Cecil
  1995 Ed. (251)
Fielder; Prince
  2013 Ed. (187)
  2015 Ed. (220)
  2016 Ed. (216)
Fielding; Roy
  2008 Ed. (1151)
FieldLevel
  2018 Ed. (4490)
Fieldman, Rolapp & Associates
  1997 Ed. (2477)
  1998 Ed. (2230, 2232)
  2001 Ed. (732, 778)
FieldPoint Petroleum Corp.
  2003 Ed. (3828)
  2008 Ed. (3898)
  2012 Ed. (3874, 3875, 3876)
Field's
  2023 Ed. (2911)
Fields
  2022 Ed. (2787)
Fields Corp.
  1995 Ed. (3153)
  2006 Ed. (4511)

Fields Inc.
  2017 Ed. (3905)
  2018 Ed. (3934, 3936)
  2020 Ed. (3923)
  2021 Ed. (3889)
  2022 Ed. (3903)
Fields; Mark
  2009 Ed. (21)
  2014 Ed. (2596)
  2015 Ed. (2639)
Field's; Marshall
  1995 Ed. (1552)
Fields of Nature
  2020 Ed. (2050)
Fields Piano & Organ
  1993 Ed. (2641)
  1994 Ed. (2593, 2597)
  1995 Ed. (2674)
  1996 Ed. (2747)
  1997 Ed. (2862)
  1999 Ed. (3501)
  2000 Ed. (3219)
  2013 Ed. (3802)
Fields Saab
  1991 Ed. (295)
  1992 Ed. (400)
  1994 Ed. (283)
  1995 Ed. (289)
  1996 Ed. (287)
FieldSmart
  2011 Ed. (62)
Fieldson PLC
  1994 Ed. (997)
Fieldstone Communities
  1997 Ed. (1124)
  2007 Ed. (1297, 1298)
Fieldstone Co.
  1992 Ed. (1360)
Fieldstone Homes
  2004 Ed. (1216)
  2005 Ed. (1240)
Fieldstone Lodge Nursing Home
  1998 Ed. (3765)
Fieldwood Energy LLC
  2018 Ed. (2841, 3814, 3815)
  2019 Ed. (2809, 3791, 3792)
Fielmann
  2016 Ed. (4216)
  2017 Ed. (4203)
Fielmann AG
  2014 Ed. (4331)
Fiera Capital Emerging Markets Investment
  2020 Ed. (3696)
Fiera Capital Global Equity Inv
  2023 Ed. (4503)
Fiera Foods
  2023 Ed. (1007)
Fierce; Hughlyn F.
  1989 Ed. (735)
FierceMarkets
  2008 Ed. (4042)
Fieri; Guy
  2014 Ed. (876)
Fiero Fluid Power Inc.
  2006 Ed. (4381)
  2007 Ed. (4449)
Fiesta
  1997 Ed. (994)
  2002 Ed. (667)
  2004 Ed. (4640)
Fiesta Auto Insurance
  2020 Ed. (735)
Fiesta Auto Insurance & Tax
  2017 Ed. (3103)
  2018 Ed. (3203)
  2019 Ed. (3137)
  2020 Ed. (3164)
  2021 Ed. (3031)
  2022 Ed. (3166)
  2023 Ed. (3257)
Fiesta; Ford
  2005 Ed. (296)
  2006 Ed. (322)
  2008 Ed. (303)
Fiesta Insurance Franchise Corp.
  2012 Ed. (701, 2612, 3167)
  2013 Ed. (2707)
Fiesta Kitchen
  2002 Ed. (3585)
Fiesta Mart
  2018 Ed. (1955)
  2019 Ed. (4527)
Fiesta Mart Inc.
  2018 Ed. (1971)
  2019 Ed. (2027)
  2021 Ed. (1913)
Fiesta Restaurant Group Inc.
  2016 Ed. (2725)
Fiesta Ware
  2011 Ed. (4604)
FIF Pactual FX Alvancado
  2003 Ed. (3616)
  2004 Ed. (3653)
FIF Santander Empresas
  2003 Ed. (3616)
FIFA
  2016 Ed. (4463)

FIFA World Cup
  2009 Ed. (4512)
  2013 Ed. (4475)
  2017 Ed. (4467)
  2018 Ed. (4486)
  2019 Ed. (4481)
FIFCO USA
  2020 Ed. (686)
  2021 Ed. (694)
  2022 Ed. (731)
  2023 Ed. (934, 1913)
Fifteen Beacon
  2002 Ed. (2631)
Fifteen Five Partners
  2018 Ed. (1949)
Fifth Avenue
  2006 Ed. (4182)
The Fifth Discipline
  2005 Ed. (718)
Fifth District Savings Bank
  2021 Ed. (4298)
  2022 Ed. (4306)
  2023 Ed. (4336)
The Fifth Element
  1999 Ed. (3450)
Fifth Federal
  2010 Ed. (1682)
Fifth Harmony
  2018 Ed. (3691)
Fifth Street Finance
  2010 Ed. (4446)
Fifth Third
  1992 Ed. (502)
  2006 Ed. (632, 3658)
  2007 Ed. (647)
  2008 Ed. (3776)
Fifth Third Asset
  2005 Ed. (3562)
Fifth Third Bancorp
  1989 Ed. (423, 623, 624)
  1990 Ed. (53, 639, 641, 2466)
  1991 Ed. (395, 609, 637)
  1992 Ed. (517, 518, 519, 520, 780, 3656)
  1993 Ed. (355, 376, 569, 2991, 3219, 3286)
  1994 Ed. (349, 366, 571, 607, 1215, 3032, 3036, 3037, 3038, 3039, 3226, 3276)
  1995 Ed. (373, 492, 3084, 3085, 3357)
  1996 Ed. (367, 647, 3177, 3181, 3182, 3183, 3185)
  1997 Ed. (335, 586, 2622, 3280, 3284, 3285, 3286, 3290)
  1998 Ed. (291, 324, 330, 332, 2464, 3034, 3035)
  1999 Ed. (394, 397, 399, 427, 437, 438, 667, 3315, 4026, 4027, 4028, 4029)
  2000 Ed. (422, 428, 430, 3156, 3744, 3745)
  2001 Ed. (573, 574, 594, 636, 637, 1955)
  2002 Ed. (1380, 4501)
  2003 Ed. (421, 422, 439, 449, 629, 630, 1532, 1535, 4558, 4564)
  2004 Ed. (416, 418, 433, 434, 441, 638, 639, 1603)
  2005 Ed. (363, 365, 423, 439, 440, 627, 628, 923, 1625)
  2006 Ed. (384, 397, 399, 831, 2602)
  2007 Ed. (382, 4530, 4568)
  2008 Ed. (345, 4264)
  2009 Ed. (363, 391)
  2011 Ed. (285)
  2012 Ed. (308, 309, 397, 1797, 4558)
  2013 Ed. (317, 318, 320, 1970)
  2014 Ed. (331, 332, 334, 1909)
  2015 Ed. (371, 372, 375, 378, 1953)
  2016 Ed. (359, 360, 364, 1926)
  2017 Ed. (358, 359, 363, 1898)
  2018 Ed. (329, 334, 335, 1842, 1845)
  2019 Ed. (332, 336, 338, 1895)
  2020 Ed. (336, 340, 1834, 4158)
  2021 Ed. (1800)
  2022 Ed. (1841)
  2023 Ed. (474)
Fifth Third Bancorp.
  2013 Ed. (3174)
Fifth Third Bank
  1992 Ed. (810)
  1993 Ed. (604, 2414)
  1995 Ed. (351, 367, 577, 2436)
  1998 Ed. (272, 421, 2443)
  1999 Ed. (376, 441)
  2000 Ed. (379)
  2001 Ed. (581, 583)
  2007 Ed. (467)
  2009 Ed. (430)
  2010 Ed. (198, 359)
  2011 Ed. (120, 265, 969)
  2012 Ed. (127, 287, 362, 382, 883, 2905)
  2013 Ed. (106, 307, 1042, 2989)
  2014 Ed. (113, 320, 1007, 2997)
  2015 Ed. (128, 361, 369, 1043)
  2016 Ed. (134, 357, 952)
  2020 Ed. (496, 1837)
  2021 Ed. (323, 345, 394)
  2022 Ed. (336, 343, 357, 359, 407, 520, 2194)
  2023 Ed. (440, 449, 454, 473, 475, 744)
Fifth Third Bank Chicago
  2002 Ed. (4293)
Fifth Third Bank of Kentucky Inc.
  1998 Ed. (387)
Fifth Third Bank, Mid Cap Consistent Quality Growth
  2003 Ed. (3130)
Fifth Third Bank, National Association
  2021 Ed. (394)
  2022 Ed. (407)
  2023 Ed. (529)
Fifth Third Bank of Norwest Ohio NA
  2000 Ed. (434)
Fifth Third Bank (U.S.)
  2022 Ed. (520)
Fifth Third Bank Western Ohio
  1998 Ed. (334)
Fifth Third Field
  2005 Ed. (4443)
Fifth Third Leasing
  2003 Ed. (569)
Fifth Third Micro Cap Value Institutional
  2007 Ed. (2492)
  2008 Ed. (2622)
Fifth Third Multi Cap Value Institutional
  2009 Ed. (3798)
Fifth Third SB of W. Kentucky
  1997 Ed. (3742)
Fifth Wall Ventures
  2020 Ed. (2571)
Fifth Wheel Freight
  2019 Ed. (1776, 3379)
Fifty One Job Inc. Ads
  2006 Ed. (4590)
Fifty Shades Darker: Book Two
  2014 Ed. (580)
  2015 Ed. (644, 648)
Fifty Shades Freed: Book Three
  2014 Ed. (580)
  2015 Ed. (644, 648)
Fifty Shades of Grey
  2014 Ed. (576)
  2015 Ed. (644)
Fifty Shades of Grey: Book One
  2014 Ed. (580)
  2015 Ed. (648)
Fifty Shades Trilogy Bundle
  2014 Ed. (576, 580)
Fig Leaf Brewing Co.
  2023 Ed. (923)
Fig Newton
  1995 Ed. (1209, 3692)
  1997 Ed. (1214)
  1998 Ed. (992, 993, 3660)
Fig Newton; Nabisco
  2008 Ed. (1379)
Fig Newtons
  2009 Ed. (1382)
  2010 Ed. (1368)
Figari & Davenport LLP
  2012 Ed. (3407)
Figaro
  1997 Ed. (3075)
  1999 Ed. (3780)
Figaro's Italian Kitchen
  1999 Ed. (2517)
Figaro's Italian Pizza
  2002 Ed. (3718)
  2003 Ed. (2460)
Figaro's Pizza
  2006 Ed. (2575)
  2007 Ed. (2546)
  2008 Ed. (2687)
  2009 Ed. (2711)
  2010 Ed. (2630)
  2011 Ed. (2613)
  2013 Ed. (4049)
  2014 Ed. (3988)
Figeac Aero
  2017 Ed. (90)
  2018 Ed. (103)
  2020 Ed. (87)
Figgie International
  1992 Ed. (3939)
  1996 Ed. (1229)
  1997 Ed. (1272, 1273)
Figgie, Jr.; Harry E.
  1990 Ed. (1711)
Fight Back Against Unfair Debt Collection Practices
  2012 Ed. (518)
Fighting Back program
  1992 Ed. (1100, 2216)
Fighting Irish; Notre Dame
  2011 Ed. (2743)
  2014 Ed. (2748)
Figi's
  2013 Ed. (893)
Figleaves
  2007 Ed. (711)
Figma
  2023 Ed. (4580)
Figone's California Olive Oil Co.
  2018 Ed. (3719)
  2019 Ed. (3706)
  2020 Ed. (3750)
  2021 Ed. (3750)
  2022 Ed. (3771)
  2023 Ed. (3873)
Figpin Collect Awesome Inc.
  2023 Ed. (1602)
FIGS
  2020 Ed. (1397, 4255)
Figueredo; Grace
  2012 Ed. (2166)
  2013 Ed. (2959)
Figueredo; Jorge
  2010 Ed. (2560)
Figueredo; Jorge L.
  2012 Ed. (2882)
Figueroa; Carlos
  2011 Ed. (1142)
Figueroa; John
  2013 Ed. (2637)
Figure 8 Films
  2010 Ed. (2635, 4713)
Figurines
  1999 Ed. (1222)
Figurines 100
  1998 Ed. (1272, 1352)
FIH
  2002 Ed. (1343)
FIH Ehrvervsbank
  2007 Ed. (430)
  2008 Ed. (404)
  2009 Ed. (428, 429)
  2010 Ed. (404)
  2011 Ed. (331)
FIH Erhvervsbank
  2013 Ed. (419)
  2014 Ed. (438)
  2015 Ed. (492)
  2016 Ed. (446)
  2017 Ed. (464)
  2018 Ed. (427)
FII
  1991 Ed. (1476, 1477)
  1992 Ed. (1877)
F.I.I. Group
  1990 Ed. (3465)
Fiji
  2006 Ed. (2329)
  2011 Ed. (553)
  2012 Ed. (531)
  2015 Ed. (713)
  2016 Ed. (649, 653)
  2017 Ed. (680, 686)
  2018 Ed. (636)
  2019 Ed. (654)
  2020 Ed. (635)
Fiji Development Bank
  1991 Ed. (505)
  1992 Ed. (660)
  1993 Ed. (472)
Fiji Yakuhin
  2012 Ed. (3836)
  2013 Ed. (3888)
Fijitsu Ltd.
  2013 Ed. (3592)
  2014 Ed. (3550)
  2015 Ed. (3573)
Fikes Wholesale Inc.
  2013 Ed. (1327)
  2014 Ed. (1261)
Fikosota
  2007 Ed. (57)
Fil-Estate Land
  1999 Ed. (3821)
Fila
  1990 Ed. (3338)
  1993 Ed. (3376)
  1995 Ed. (252)
  1996 Ed. (251)
  1997 Ed. (279, 280, 281)
  1998 Ed. (200, 3349)
  1999 Ed. (309, 792, 4377, 4380)
  2000 Ed. (323, 324)
  2001 Ed. (425)
Fila Holding SpA
  2001 Ed. (4350)
Fila Holdings SpA
  2003 Ed. (4592)
Filal af Delta Air Lines, Inc. USA Delta Airlines
  2000 Ed. (4296)
Filan; Shane
  2005 Ed. (4885)
  2008 Ed. (4884)
Filanbanco
  1990 Ed. (540)
  1991 Ed. (500)
  2000 Ed. (514, 517)
  2003 Ed. (484)
Filanbanco SA
  1996 Ed. (491, 492)
  1997 Ed. (454, 455)
  1999 Ed. (505)
  2000 Ed. (516)
Filco Discount Centers
  2014 Ed. (4364)
  2015 Ed. (4373)
Fildas Trading SRL
  2015 Ed. (3993)
  2021 Ed. (1496)
Fildas Trading SRL (Romania)
  2021 Ed. (1496)
File clerk
  1989 Ed. (2087)
File clerks
  2007 Ed. (3719)
  2009 Ed. (3856)
Filek; Paul
  2006 Ed. (4140)
FileMaker Inc.
  2005 Ed. (1154)
Filemaker Pro
  1997 Ed. (1096)
Filemanker Pro
  1996 Ed. (1077)
Filemobile Inc.
  2010 Ed. (2859)
Filene's Basement
  1989 Ed. (936)
  1990 Ed. (1053)
  1991 Ed. (979)
  1992 Ed. (1216, 1824)
  1994 Ed. (1018, 1537)
  1995 Ed. (1025, 1028)
  1996 Ed. (1007, 1010)
  1997 Ed. (1029, 1633)
  1998 Ed. (768, 1303)
  1999 Ed. (1197, 1877)
  2000 Ed. (1119)
  2001 Ed. (1270)
  2004 Ed. (1020)
  2005 Ed. (1025)
  2006 Ed. (1039)
  2007 Ed. (1125)
  2008 Ed. (1007)
  2009 Ed. (991)
  2010 Ed. (956)
FileNet Corp.
  1992 Ed. (1340)
  1997 Ed. (1108)
  2006 Ed. (3024)
Filertek Cos.
  1993 Ed. (932)
Filevine
  2022 Ed. (980)
Filho; Alfredo Egydio Arruda Villela
  2012 Ed. (4877)
Filho; Jorge Moll
  2022 Ed. (4822)
  2023 Ed. (4816)
Filho; Jose Joao Abdalla
  2020 Ed. (4828)
Filial af Delta Air Lines, Inc. USA Delta Airlines
  2000 Ed. (1406)
Filing supplies/accessories
  1999 Ed. (2711)
Filinvest Development Corp.
  1991 Ed. (2414)
Filinvest Land
  1997 Ed. (3113)
Filipinas Synthetic Fibre Corp.
  1989 Ed. (1152)
Filipowski; Andrew J.
  1994 Ed. (1721)
Filippi's Pizza Grotto
  1994 Ed. (2884)
Filippo Berio
  1995 Ed. (2809)
  1996 Ed. (2869)
  2003 Ed. (3693)
  2014 Ed. (3773)
  2015 Ed. (3792)
  2016 Ed. (3706)
Filippo Fochi SPA
  1993 Ed. (1146)
  1995 Ed. (1188)
Filius D.O.O.
  2016 Ed. (1535)
Filiz Sahenk
  2010 Ed. (4900)
  2011 Ed. (4888)
  2012 Ed. (4896)
  2013 Ed. (4919)
  2014 Ed. (4926)
  2015 Ed. (4966)
  2016 Ed. (4883)
  2018 Ed. (4893)
  2019 Ed. (4885)
  2020 Ed. (4874)
  2021 Ed. (4875)
  2022 Ed. (4871)
  2023 Ed. (4865)
Filled Cupcake Oreos
  2018 Ed. (3705)
Filler Paper, 100-count
  1990 Ed. (3430, 3431)
Filler paper, 100-ct.
  1989 Ed. (2633)
Fillerup Employment Services Inc.
  2006 Ed. (2429)

Fillings/frostings
  1999 Ed. (365)
Fillmore Capital Partners LLC
  2014 Ed. (2979)
  2016 Ed. (2939)
The Fillmore Law Firm
  2004 Ed. (3227)
Film
  1990 Ed. (3032)
  1991 Ed. (733)
  1996 Ed. (3610)
  2003 Ed. (3943, 3944)
  2004 Ed. (2127)
  2005 Ed. (2233, 3833)
Film, 35mm
  1999 Ed. (1010)
Film 35mm, point-and-shoot
  1999 Ed. (1010)
Film 35mm, SLR
  1999 Ed. (1010)
Film extrusion and coatings
  2000 Ed. (3570)
Film/flash products
  1997 Ed. (3172)
Film Four
  2001 Ed. (4694)
Film processing
  1992 Ed. (2353)
Film Roman Inc.
  1999 Ed. (2678)
  2001 Ed. (1651)
Film & video services
  2002 Ed. (2222, 2783, 2784)
Film & Video
  2007 Ed. (4793)
Film/video editor
  2011 Ed. (3778)
Films
  1993 Ed. (1594)
  2002 Ed. (3722)
Films of Record
  2010 Ed. (2634, 4714)
  2017 Ed. (4636)
Filmtrax PLC
  1992 Ed. (1201)
Filner; Bob
  2015 Ed. (3485)
Filo; David
  2005 Ed. (4856, 4859)
  2006 Ed. (4896, 4912)
  2007 Ed. (4905)
  2008 Ed. (4834)
  2011 Ed. (4845)
FiloBlu
  2018 Ed. (1647)
  2019 Ed. (1701, 2302)
FiltaFry
  2005 Ed. (766)
  2006 Ed. (673)
  2007 Ed. (769)
  2008 Ed. (745)
  2009 Ed. (739)
Filter tip cigarettes
  1992 Ed. (2349)
Filter Sensing Technologies Inc.
  2016 Ed. (4144)
Filterfresh Coffee Service Inc.
  2007 Ed. (4397, 4426)
Filters
  2005 Ed. (309)
Filters & Cartridges
  1989 Ed. (328, 329)
Filters & Cartridges (all)
  1990 Ed. (397, 398)
FilterSolution USA Inc.
  2007 Ed. (3561)
Filterwerk Mann & Hummel Gesellschaft Mit Beschraenkter Haftung
  1991 Ed. (2385)
  1992 Ed. (2971)
Filtisac
  2018 Ed. (4637)
Filtration systems
  2001 Ed. (3831)
Filtrine Manufacturing Company
  2023 Ed. (2734)
Filtronic
  2006 Ed. (1114)
Filtronic Comtek
  1997 Ed. (1417)
FIM
  2012 Ed. (1478)
FIM Holdings LLC
  2011 Ed. (2167)
FIMA
  1989 Ed. (47)
  2001 Ed. (69)
Fima-Fabrica de Produtos Alimentare
  1990 Ed. (44)
Fimag Finanz Industrie Management AG
  2006 Ed. (1560)
  2007 Ed. (1595)
Fimat USA Inc.
  2004 Ed. (2714)
  2005 Ed. (2707)
  2006 Ed. (2682)
  2007 Ed. (2672)

  2009 Ed. (2860)
Fimat USA LLC
  2008 Ed. (2803)
FIMBank plc
  2011 Ed. (411)
Fin Cp Santa Barbara
  1990 Ed. (3582)
Fin Fun
  2018 Ed. (4233)
Fina Europe SA
  2000 Ed. (1393)
FINA, Inc.
  1992 Ed. (3445)
  1993 Ed. (220, 223)
  1994 Ed. (207, 211)
  1995 Ed. (209, 212, 2754)
  1996 Ed. (1646, 2821)
  1997 Ed. (235, 239, 1727)
  1998 Ed. (159, 161, 1434)
  2000 Ed. (285, 287, 289)
Finac
  1991 Ed. (260)
  1992 Ed. (363)
Finagro
  2000 Ed. (515)
Final Charge Global
  2015 Ed. (209)
Final Fantasy VII
  1999 Ed. (4712)
Final Fantasy XII
  2008 Ed. (4811)
Final Net
  1991 Ed. (1881)
Final Touch
  2003 Ed. (2429)
The Final Warning
  2011 Ed. (492)
Finamex
  2010 Ed. (682)
Finance
  1989 Ed. (1866)
  1996 Ed. (2908, 3873)
  1997 Ed. (1644, 2018, 2220, 2378)
  1999 Ed. (2679, 3008, 4821)
  2000 Ed. (905, 2464)
  2001 Ed. (2703, 2706, 2707, 3201)
  2002 Ed. (56, 2547, 2551, 2553, 2554)
  2003 Ed. (2269, 2753, 2754)
  2005 Ed. (2839, 2841)
  2006 Ed. (2833)
  2007 Ed. (166, 786, 2329, 2523)
  2008 Ed. (2454, 2957)
Finance & accounting
  1999 Ed. (2009)
Finance of America Mortgage
  2017 Ed. (3602)
  2020 Ed. (3617)
  2022 Ed. (3688, 3697)
  2023 Ed. (420, 3790, 3792)
Finance of America Mortgage LLC
  2018 Ed. (3649)
  2019 Ed. (3635, 3637, 3638, 3639)
  2020 Ed. (3610, 3611, 3612)
  2021 Ed. (3632, 3633, 3634)
  2022 Ed. (3699)
Finance Bank Zambia
  2009 Ed. (560)
  2010 Ed. (543)
  2011 Ed. (471)
  2014 Ed. (376)
  2015 Ed. (430)
Finance and banking
  1997 Ed. (2572)
Finance Canada; Department of
  2015 Ed. (1551, 2652)
  2016 Ed. (1490)
Finance Center Credit Union
  2002 Ed. (1864)
Finance Center Federal Credit Union
  2009 Ed. (2215)
  2010 Ed. (2169)
Finance companies
  1989 Ed. (1486)
  1991 Ed. (1000)
Finance & Credit Bank
  2011 Ed. (464)
Finance, insurance and real estate
  1996 Ed. (2663, 3874)
  1997 Ed. (867)
Finance Factors, Ltd.
  2021 Ed. (370)
  2022 Ed. (383)
  2023 Ed. (499)
Finance House PJSC
  2010 Ed. (2679)
Finance and insurance
  1993 Ed. (3729)
Finance, insurance, real estate
  1994 Ed. (803, 1625)
  1995 Ed. (1, 1670, 2670, 3785, 3789, 3791)
Finance/interest
  1996 Ed. (3453)
Finance & investment
  2002 Ed. (2783, 2784)
Finance Ireland Ltd.
  2016 Ed. (2091)

Finance One
  1999 Ed. (1747, 4162)
Finance One Pcl
  2000 Ed. (1577)
Finance vice president
  2004 Ed. (2278)
Finance/real estate
  1996 Ed. (2117)
Finance, property and business services
  1997 Ed. (2556)
Financeit
  2020 Ed. (2639)
Financeware.com
  2002 Ed. (4814)
Financial
  1990 Ed. (167)
  1991 Ed. (3306, 3308, 3310)
  1992 Ed. (99)
  1994 Ed. (743)
  1999 Ed. (4341)
  2000 Ed. (3460)
  2001 Ed. (246)
  2002 Ed. (59, 216, 217, 220, 225, 226, 234, 926, 3887, 3888, 4584, 4585)
  2003 Ed. (190, 3500)
  2004 Ed. (2449)
  2005 Ed. (134, 852, 3633, 3634)
  2006 Ed. (138)
  2007 Ed. (131, 3736)
  2009 Ed. (179)
Financial 21 Community Credit Union
  2003 Ed. (1894)
Financial activities
  2007 Ed. (3732, 3733, 3734, 3735)
  2009 Ed. (3866, 3867, 3868, 3869)
Financial advice/investing
  1995 Ed. (2981)
Financial adviser
  2011 Ed. (3779)
Financial advisor
  2007 Ed. (3731)
Financial advisors
  2000 Ed. (2817)
  2009 Ed. (3859)
Financial advisory
  1998 Ed. (544)
Financial analyst
  2008 Ed. (3811)
  2011 Ed. (3779)
Financial analysts
  2009 Ed. (3859, 3861)
Financial Analysts Journal
  1993 Ed. (792)
Financial assistance
  1992 Ed. (2909)
Financial Assurance Credit Union
  2002 Ed. (1828)
Financial Bank
  2002 Ed. (530)
Financial Benefit Group Inc.
  1994 Ed. (1857)
Financial Benefits Credit Union
  2015 Ed. (2208)
Financial Bond High Yield
  1991 Ed. (2563)
  1992 Ed. (3155, 3197)
Financial Bond Select Income
  1992 Ed. (3155, 3166)
Financial Bond-Select Inc.
  1994 Ed. (2600, 2619)
Financial Centre
  1990 Ed. (2730)
Financial services companies
  1991 Ed. (2054)
Financial controller
  2008 Ed. (3811)
Financial Corp. of America
  1989 Ed. (2460, 2821, 2826, 2827)
  1993 Ed. (365)
  1994 Ed. (358)
  1996 Ed. (382)
  1997 Ed. (353)
  1999 Ed. (391)
  2000 Ed. (391)
  2005 Ed. (420)
  2010 Ed. (348, 350)
  2011 Ed. (272)
  2012 Ed. (295)
  2013 Ed. (297)
  2015 Ed. (349)
  2016 Ed. (344)
  2017 Ed. (351)
Financial Corporation of America
  1990 Ed. (1309, 1311, 1312, 1314, 1316, 1318, 1320, 1322, 1324, 1779, 3581)
Financial Corp. of Santa Barbara
  1990 Ed. (3256)
  1991 Ed. (3093, 3228)
Financial counseling
  2000 Ed. (3505)
Financial Counselors
  1995 Ed. (2364)
Financial Credit Network Inc.
  2010 Ed. (987)
Financial Credit Union
  2005 Ed. (2079)
  2006 Ed. (2173)

Financial Dynamics
  1994 Ed. (2959)
  1995 Ed. (3019)
  1997 Ed. (3194, 3197)
  2011 Ed. (4128)
Financial Engines
  2002 Ed. (4814)
  2017 Ed. (2577)
Financial Engines Advisors
  2023 Ed. (3389)
Financial Engines Advisors LLC
  2012 Ed. (3318)
  2018 Ed. (3322)
Financial/estate planning
  1997 Ed. (1570)
Financial Federal Corp.
  2003 Ed. (514)
  2011 Ed. (4435, 4443)
Financial Federal Savings & Loan Association
  1994 Ed. (3530)
Financial Federal Trust & Savings Bank
  1994 Ed. (3142)
  1995 Ed. (3184)
  1996 Ed. (3284)
  1997 Ed. (3381)
  1998 Ed. (3154, 3543)
  1999 Ed. (4598)
  2000 Ed. (4248)
  2001 Ed. (4527)
  2002 Ed. (4620)
Financial Finesse Inc.
  2012 Ed. (1663)
  2013 Ed. (1454)
  2014 Ed. (1415)
  2015 Ed. (1475)
Financial Freedom Senior Funding
  2006 Ed. (3560)
Financial Genius
  1992 Ed. (3551)
Financial Graphic Service Inc.
  2007 Ed. (4410)
Financial Guaranty Assurance
  2000 Ed. (3208, 3210, 3213)
Financial Guaranty Insurance Co.
  1990 Ed. (2650, 2651, 2652, 2653)
  1991 Ed. (2168, 2537, 2538, 2539, 2540, 2541, 2542, 2543, 2544, 2545)
  1993 Ed. (2628, 2629, 2630, 2631, 2632, 2633, 2634, 2635, 2636, 2637)
  1995 Ed. (2654, 2655, 2656, 2657, 2658, 2659, 2660, 2661, 2662, 2663, 2664)
  1996 Ed. (2733, 2734, 2735, 2736, 2738, 2739, 2740, 2741, 2742)
  1997 Ed. (2850, 2851, 2853, 2854, 2855, 2856, 2857, 2858, 2859, 2860)
  1998 Ed. (2579, 2580, 2581, 2582, 2583, 2584, 2585, 2586, 2587, 2588)
  1999 Ed. (3489, 3490, 3491, 3492, 3494, 3495, 3496, 3497, 3498, 3499)
  2000 Ed. (3206, 3207, 3209, 3211, 3214, 3215, 3216)
  2001 Ed. (743)
  2012 Ed. (3195)
  2013 Ed. (3264)
  2014 Ed. (3292)
  2016 Ed. (3201)
  2017 Ed. (3156)
  2019 Ed. (3178)
Financial Guaranty Reinsurance Co.
  1997 Ed. (2852)
Financial Highway
  2013 Ed. (609)
Financial Horizons Credit Union
  2012 Ed. (2064)
  2013 Ed. (2246)
  2014 Ed. (2178)
  2015 Ed. (2242)
  2016 Ed. (2213)
  2018 Ed. (2108)
  2020 Ed. (2087)
  2021 Ed. (2077)
  2022 Ed. (2112)
  2023 Ed. (2227)
Financial Independence Co.
  2002 Ed. (2858, 4990)
  2003 Ed. (4991)
Financial Industrial Income
  1992 Ed. (3153, 3192)
  1993 Ed. (2653, 2663, 2674, 2690)
  1994 Ed. (2599, 2607, 2636)
Financial Industries Corp.
  1994 Ed. (2706)
  1995 Ed. (2822)
  2004 Ed. (3100)
Financial industry
  1998 Ed. (561, 1933)
Financial Industry Regulatory Authority
  2015 Ed. (2714)
Financial information
  1996 Ed. (860)
Financial Information Trust
  1990 Ed. (1781)
  1991 Ed. (1716, 3376, 3378, 3379)
  1992 Ed. (1762)
Financial Insitutions Training Center
  2013 Ed. (1949)

Financial institutions
  1991 Ed. (2818)
Financial Institutions Reserve Risk Retention Group Inc.
  1996 Ed. (881)
Financial & Insurance Services
  2000 Ed. (196)
Financial Intelligence
  2010 Ed. (2687)
Financial Investment Bank
  2009 Ed. (2750)
  2010 Ed. (2674)
  2011 Ed. (2663)
Financial asset investors
  2002 Ed. (2783, 2784)
Financial, legal, and insurance services
  2003 Ed. (4516)
Financial management
  1993 Ed. (792)
  1998 Ed. (1981)
Financial Management Advisors
  1998 Ed. (2287, 2288, 2289, 2290)
  1999 Ed. (3078)
Financial Management Advisors Inc., Tax-Exempt Fixed Income
  2003 Ed. (3139)
Financial managers
  1991 Ed. (2630)
  2005 Ed. (3625)
  2007 Ed. (3720)
  2009 Ed. (3857)
Financial Mgt. Advisors
  2000 Ed. (2815)
Financial Models Co., Inc.
  2003 Ed. (1086)
  2006 Ed. (1128)
Financial Network Investment Corp.
  1995 Ed. (800)
  1996 Ed. (809)
  1997 Ed. (782)
  1998 Ed. (529)
  1999 Ed. (904)
  2000 Ed. (885)
  2002 Ed. (797, 798, 800, 801, 838)
Financial News Network
  1991 Ed. (837, 2571, 3148)
  1992 Ed. (1027)
Financial Objects
  2001 Ed. (1886)
Financial Partners Credit Union
  2005 Ed. (358)
  2009 Ed. (2220)
Financial Peace
  1999 Ed. (690)
Financial planner
  1990 Ed. (3701)
Financial planning
  1990 Ed. (533)
  1992 Ed. (1753)
  2008 Ed. (4710)
  2011 Ed. (4717)
  2012 Ed. (4481)
Financial Plus Credit Union
  2023 Ed. (2166)
Financial Port.: Health
  1991 Ed. (2569)
  1992 Ed. (3173)
Financial Portfolio Environ
  1994 Ed. (2627)
Financial Programs Gold
  1993 Ed. (2682)
Financial Programs Health
  1993 Ed. (2680)
Financial Relations Board
  1990 Ed. (2918)
  1992 Ed. (3557, 3565)
  1993 Ed. (2927, 2930, 2932)
  1994 Ed. (2946, 2948, 2953)
  1995 Ed. (3004, 3007, 3011, 3031)
  1996 Ed. (3103, 3105, 3112)
  1997 Ed. (3182, 3191, 3211)
  1998 Ed. (2313, 2939, 2945, 2959)
  1999 Ed. (3911, 3914, 3918, 3929, 3953)
Financial Resource Management Trust Co.
  1993 Ed. (3009)
Financial Resources Credit Union
  2002 Ed. (1880)
  2003 Ed. (1934)
  2004 Ed. (1974)
  2005 Ed. (2116)
  2006 Ed. (2211)
  2007 Ed. (2132)
  2008 Ed. (2247)
  2009 Ed. (2233)
  2010 Ed. (2187)
  2011 Ed. (2205)
  2012 Ed. (2066)
  2013 Ed. (2248)
  2014 Ed. (2180)
  2015 Ed. (2244)
  2016 Ed. (2215)
Financial Resources Federal Credit Union
  2018 Ed. (2110)
  2020 Ed. (2089)
  2021 Ed. (2079)
  2022 Ed. (2114)
  2023 Ed. (2229)

Financial Review
  1993 Ed. (792)
Financial Risk Management
  2005 Ed. (2819)
  2006 Ed. (2799)
Financial Savings
  1990 Ed. (2475, 3123)
Financial services and securities
  1997 Ed. (707)
Financial Securities Asr. Group
  2000 Ed. (2716)
Financial Security Assurance
  1990 Ed. (2650, 2652)
  1991 Ed. (2542)
  1993 Ed. (2628, 2629, 2631, 2632, 2633, 2635, 2636, 2637)
  1995 Ed. (2654, 2655, 2656, 2657, 2658, 2659, 2660, 2661, 2662, 2663, 2664)
  1996 Ed. (2733, 2734, 2735, 2736, 2737, 2738, 2739, 2740, 2741, 2742)
  1997 Ed. (2850, 2851, 2852, 2853, 2854, 2855, 2856, 2857, 2858, 2859)
  1998 Ed. (2579, 2580, 2581, 2582, 2583, 2584, 2585, 2586, 2587, 2588)
  1999 Ed. (3489, 3490, 3491, 3492, 3493, 3494, 3495, 3496, 3497, 3498, 3499)
  2000 Ed. (3206, 3207, 3209, 3211, 3212, 3214, 3215, 3216)
  2001 Ed. (743)
Financial Security Assurance Group
  2010 Ed. (3263)
Financial Security Assurance Holdings Ltd.
  2004 Ed. (1470)
  2011 Ed. (1373)
Financial Security Insurance Co.
  2000 Ed. (3208, 3210, 3213)
Financial service
  1999 Ed. (844, 846, 847, 848, 849, 850)
  2000 Ed. (842, 843, 844, 845, 846, 847, 848)
  2009 Ed. (1431)
Financial data services
  2008 Ed. (3155)
Financial products & services
  1999 Ed. (30)
Financial services
  1989 Ed. (1657, 2647)
  1990 Ed. (2185)
  1991 Ed. (2056)
  1992 Ed. (1943, 2627, 2629, 3250)
  1993 Ed. (1210)
  1995 Ed. (692, 2203, 3395)
  1996 Ed. (770, 2063, 2252)
  1997 Ed. (1723, 2379, 3698)
  1998 Ed. (607, 2096, 3760)
  1999 Ed. (176, 1002, 1008, 2100, 4286)
  2000 Ed. (30, 40, 736, 797, 947, 2629)
  2001 Ed. (1077, 2990)
  2002 Ed. (917, 2212, 3254)
  2003 Ed. (22, 24, 2910, 2911)
  2004 Ed. (100)
  2005 Ed. (95)
  2006 Ed. (104, 697, 698, 699, 1486, 3258)
  2007 Ed. (98, 790, 791, 792, 2325)
  2008 Ed. (109, 760, 1643, 2451)
  2009 Ed. (119)
  2010 Ed. (120)
  2011 Ed. (33)
  2012 Ed. (42)
Financial services & insurance services
  1997 Ed. (164)
Financial Services Authority
  2011 Ed. (921)
Financial services, banking
  2002 Ed. (2988)
Financial Services Information Sharing & Analysis Center
  2020 Ed. (2666)
Financial services, investment
  2002 Ed. (2988)
Financial services, miscellaneous
  1998 Ed. (3363)
Financial Services Roundtable
  2001 Ed. (3829)
Financial services, insurance & securities
  1998 Ed. (23, 487)
Financial services, full service
  2002 Ed. (2988)
Financial Standards Group Inc.
  2006 Ed. (4)
  2008 Ed. (2)
  2009 Ed. (2)
  2012 Ed. (7)
  2013 Ed. (14)
  2014 Ed. (10)
  2015 Ed. (11)
  2016 Ed. (10)
Financial Statecraft: The Role of Financial Markets in American Foreign Policy
  2008 Ed. (619)
Financial Strat. European
  1992 Ed. (3161)
Financial Strat.-Health
  1994 Ed. (2599)
Financial Strat-Health Sci
  1991 Ed. (2555)

Financial Strat-Leisure
  1991 Ed. (2555)
Financial Strategic Health Science
  1992 Ed. (3148, 3158, 3170, 3182, 3183)
Financial Strategic-Leisure
  1990 Ed. (2374)
Financial Strategic Technology
  1992 Ed. (3182)
Financial Strategy Financial Service
  1993 Ed. (2649)
Financial Strategy Health
  1993 Ed. (2649, 2658, 2669)
Financial Strategy Technical
  1993 Ed. (2658)
Financial Strategy Utilities
  1993 Ed. (2654, 2663)
Financial; Superford
  1992 Ed. (2441)
Financial support/services
  1994 Ed. (2066)
Financial Tax-Free Income
  1991 Ed. (2564)
  1992 Ed. (3156, 3187, 3200)
  1993 Ed. (2667, 2698)
Financial Telemarketing Services
  2002 Ed. (4572)
Financial Times
  2002 Ed. (231, 3514, 4828)
  2003 Ed. (749, 812)
  2004 Ed. (854)
  2005 Ed. (828)
  2006 Ed. (754)
  2007 Ed. (703, 847)
  2008 Ed. (675, 813, 4710)
  2009 Ed. (683, 838)
  2010 Ed. (781, 4763)
  2011 Ed. (707, 712, 4717)
  2012 Ed. (651, 657)
  2013 Ed. (795, 802)
  2014 Ed. (812, 819)
Financial/treasury analysis
  2005 Ed. (1062)
  2006 Ed. (1070)
Financial Trust Corp.
  1993 Ed. (379)
  1998 Ed. (266)
Financial Wisdom
  2017 Ed. (2572)
Financial World
  1989 Ed. (178, 182, 2173, 2177)
  1991 Ed. (2703)
  1992 Ed. (3376, 3382, 3389)
  1994 Ed. (2785, 2796, 2800)
FinancialCAD Corp.
  2009 Ed. (1517)
financialplacements
  2006 Ed. (1967, 1969, 1971, 1973)
Financials, diversified
  2002 Ed. (2769, 2772, 2777, 2778)
  2007 Ed. (4284)
  2008 Ed. (1820, 1823)
  2009 Ed. (1768, 1771, 1772)
Financials, specialized
  2006 Ed. (3010)
Financiera Automotriz
  1997 Ed. (2984)
Financiera Maderera SA
  2004 Ed. (3320)
Financiera Uno
  2014 Ed. (1945)
Financiera Y Minera
  1993 Ed. (713)
Financiere Darty
  1995 Ed. (1243)
Financiere Diwan
  1997 Ed. (909)
  2002 Ed. (945)
Financiere de L'Atlantique SA
  1994 Ed. (2438)
  1995 Ed. (2506)
Financiere de l'echiquier
  2011 Ed. (1652)
Financiere de l'Odet
  2012 Ed. (141)
  2013 Ed. (117)
  2014 Ed. (2279)
  2015 Ed. (2364)
  2016 Ed. (2310, 4692)
  2017 Ed. (2150)
  2018 Ed. (2201)
  2019 Ed. (2179)
  2020 Ed. (2172)
  2021 Ed. (2409)
  2022 Ed. (2522)
  2023 Ed. (2666)
Financiere de l'Odet SA
  2012 Ed. (4767)
  2013 Ed. (4716)
Financiere de Suez
  1992 Ed. (2161)
Financiero Banorte; Grupo
  2007 Ed. (1877)
  2008 Ed. (1926)
Financiero Banorte, SA de CV; Grupo
  2005 Ed. (579)
Financiero BBVA Bancomer, SA de CV; Grupo
  2005 Ed. (579, 1865)

Financiero Inbursa, SA de CV; Grupo
  2005 Ed. (579)
Financiero Santander Serfin; Grupo
  2006 Ed. (1878)
Financing
  2001 Ed. (707)
Financing Alternatives Inc.
  2008 Ed. (186)
Financing costs
  2002 Ed. (2711)
FinansBank
  1991 Ed. (2416, 2417)
  1993 Ed. (2532, 2533)
  1995 Ed. (2541, 2542)
  2005 Ed. (540, 620)
  2006 Ed. (468, 533)
  2007 Ed. (564, 2020, 4579, 4580)
  2008 Ed. (516)
  2009 Ed. (550)
  2010 Ed. (533)
  2011 Ed. (462)
Finansbank
  2013 Ed. (469)
  2015 Ed. (544)
  2016 Ed. (497)
  2017 Ed. (512)
  2018 Ed. (475)
Finansdepartementet
  2009 Ed. (774)
Finanzchef24
  2020 Ed. (2640)
Finanziaria Ernesto Breda
  1993 Ed. (3008)
Finatis
  2007 Ed. (4802)
  2008 Ed. (3258)
  2012 Ed. (1505, 4342, 4600)
  2013 Ed. (1644, 4292, 4538)
  2014 Ed. (4596)
  2015 Ed. (4592)
  2016 Ed. (4512)
  2017 Ed. (4510, 4522)
  2018 Ed. (4542, 4549)
  2019 Ed. (4528, 4529, 4538)
  2020 Ed. (4533, 4534)
  2021 Ed. (4512)
  2022 Ed. (4519)
  2023 Ed. (4532)
Finatis SA
  2005 Ed. (2587)
  2007 Ed. (4090)
Finavera Renewables Inc.
  2008 Ed. (2936)
Finbar Group
  2013 Ed. (1430)
FINCA Afghanistan
  2011 Ed. (2636)
  2012 Ed. (2563)
Fincantieri
  2020 Ed. (2146)
  2021 Ed. (2142)
  2022 Ed. (2176)
Finck; August von
  2009 Ed. (4888)
  2010 Ed. (4889)
  2011 Ed. (4878)
  2012 Ed. (4887)
  2013 Ed. (4871)
  2014 Ed. (4885)
Finconesia
  1989 Ed. (1780)
Find; Benedicte
  2021 Ed. (4836)
  2022 Ed. (4829)
  2023 Ed. (4824)
Find Great People
  2022 Ed. (2384)
  2023 Ed. (2546)
Find/SVP
  2004 Ed. (2211)
Findeison Enterprises
  1995 Ed. (2674)
  1996 Ed. (2747)
  1997 Ed. (2862)
Finden Synnove ASA
  2007 Ed. (1934)
FinderSeekers
  2022 Ed. (2374)
Findex
  2020 Ed. (2636)
  2021 Ed. (2543)
  2022 Ed. (2658)
Finding Dory
  2018 Ed. (3666, 3667, 3668)
"Finding Nemo"
  2017 Ed. (2887)
Finding Nemo
  2018 Ed. (2232)
Finding Nemo
  2005 Ed. (2259, 3519, 3520)
  2011 Ed. (2938)
Finding qualified staff
  2000 Ed. (1049)
Findlay Automotive Group
  2022 Ed. (242)
Findlay; Cliff
  2006 Ed. (333)

Findlay Industries Inc.
  2005 Ed. (325)
  2006 Ed. (338, 339)
Findlay, OH
  2002 Ed. (2745)
  2003 Ed. (3247)
  2005 Ed. (3334)
  2009 Ed. (3574)
  2011 Ed. (3493)
  2013 Ed. (3542)
  2014 Ed. (3518, 4262)
  2015 Ed. (3533)
  2016 Ed. (3384, 4155)
  2017 Ed. (3343)
  2018 Ed. (3403)
  2021 Ed. (3359)
  2022 Ed. (3409)
Findlay Toyota
  2020 Ed. (234)
  2023 Ed. (349)
Findley Davies Inc.
  2010 Ed. (2773)
Findomestic Banca
  2011 Ed. (382)
Findorff & Son Inc.; J. H.
  2006 Ed. (1352)
  2008 Ed. (1345)
  2009 Ed. (1346)
  2010 Ed. (1332)
  2011 Ed. (1314)
FindSounds.com
  2004 Ed. (3163)
Findus
  2008 Ed. (716)
FindWhat.com Inc.
  2006 Ed. (2736)
Fine arts
  2011 Ed. (961)
Fine dining
  2012 Ed. (4343)
Fine Facilities Management Ltd.
  2017 Ed. (2053)
Fine Host Corp.
  1998 Ed. (3069, 3182)
  2000 Ed. (2235, 3795, 3796)
  2004 Ed. (2665, 2666)
Fine; Jerrold N.
  1990 Ed. (2318)
Fine; Lauren
  1995 Ed. (1800)
  1997 Ed. (1894)
Fine Painting Co.
  2004 Ed. (1312)
  2005 Ed. (1318)
  2006 Ed. (1288)
Fine Painting & Decorating Co.
  1998 Ed. (952)
  1999 Ed. (1373)
  2003 Ed. (1309)
  2007 Ed. (1365)
Fine Tissues
  1991 Ed. (32)
Fine Touch Dental Atlantic Management Inc.
  2014 Ed. (1471)
FinecoBank
  2019 Ed. (456)
  2020 Ed. (441)
Finecobank
  2021 Ed. (450)
  2022 Ed. (465)
  2023 Ed. (659)
FinecoGroup SpA
  2006 Ed. (1688, 1689)
FineLine Construction
  2019 Ed. (2998)
  2020 Ed. (3030)
  2021 Ed. (2892)
Fineline Printing Group
  2009 Ed. (3760)
  2010 Ed. (3695)
  2016 Ed. (3585)
  2020 Ed. (3564)
  2021 Ed. (3595)
Finely; Donald J.
  1991 Ed. (3212)
Finemark National Bank & Trust
  2022 Ed. (381)
  2023 Ed. (497)
Finer Homes
  2002 Ed. (1207)
  2004 Ed. (1212)
Finerman's Rules
  2015 Ed. (699)
Finesse
  1991 Ed. (1879, 1881, 3114)
  1992 Ed. (3946, 4236)
  1993 Ed. (3297)
  1996 Ed. (2071)
  1998 Ed. (1895, 3291)
  1999 Ed. (2628, 3772, 4290, 4291, 4292)
  2000 Ed. (4009)
  2001 Ed. (2632, 2633, 4225, 4226)
  2002 Ed. (2435, 2438)
  2003 Ed. (2648, 2649, 2650, 2657, 2658, 2659, 2660)
  2004 Ed. (2785)

Finest Financial Corp.
  1993 Ed. (591)
Finetre Corp.
  2008 Ed. (2709)
Finevest Foods
  1991 Ed. (1214, 1737)
  1992 Ed. (1528, 2180)
  1993 Ed. (3467)
Finevest Services
  1990 Ed. (1038)
  1991 Ed. (967)
Finewrap Australia
  2002 Ed. (3782)
  2004 Ed. (3960)
Finex Communications Group
  2002 Ed. (1979)
Finfrock
  2016 Ed. (3429)
  2018 Ed. (3456)
  2019 Ed. (3427)
  2020 Ed. (2521, 3427)
  2021 Ed. (3442)
Finger Furniture Co.
  2010 Ed. (3015)
Finger Lakes Coffee Roasters
  2009 Ed. (4339)
Finger Lakes Stairs
  2017 Ed. (4990)
Finger Lickin' Fifteen
  2011 Ed. (493)
  2012 Ed. (455)
Fingerhut Catalog
  2000 Ed. (993, 3023)
Fingerhut Cos.
  1996 Ed. (885, 886, 1743, 3432)
  1997 Ed. (913, 914, 2318, 2324, 2698, 3518)
  1999 Ed. (1043, 1044, 3288, 4313)
  2000 Ed. (995)
Fingerhut Inc.
  1990 Ed. (2508)
  1991 Ed. (868, 869)
  1992 Ed. (2105)
  1994 Ed. (873, 1927, 2132, 2140)
  1995 Ed. (911)
  1998 Ed. (648, 651, 652, 653, 3303)
  2001 Ed. (1135, 2746)
  2002 Ed. (2704)
  2003 Ed. (2870)
fingerhut.com
  2001 Ed. (2977)
Fingerle Lumber
  1993 Ed. (780)
  1994 Ed. (797)
Fingerpaint
  2016 Ed. (1872)
  2017 Ed. (1828)
  2018 Ed. (1773)
  2023 Ed. (1910)
Fingerprint Card
  2018 Ed. (2938)
Fingerprint Cards
  2019 Ed. (2892)
Fingos
  1995 Ed. (915)
Fingrid System Oy
  2003 Ed. (1674)
Fing'rs
  2003 Ed. (3623)
Fingrs California Girl
  2004 Ed. (3659)
Fini Sweets Inc.
  2022 Ed. (813)
Fining
  2019 Ed. (274)
Finint Mediatore Creditizio S.P.A.
  2019 Ed. (1702)
Fininvest
  1991 Ed. (2394)
  1993 Ed. (820)
  2000 Ed. (474)
Fininvest S.p.A.
  2023 Ed. (2711)
Finire
  2022 Ed. (3386)
Finis Conner
  1989 Ed. (2341)
Finisar
  2011 Ed. (1523)
  2012 Ed. (4572)
Finisar Corp.
  2020 Ed. (3109)
Finish
  1996 Ed. (983)
  1999 Ed. (1183)
  2002 Ed. (2709)
  2008 Ed. (717)
  2009 Ed. (727)
  2010 Ed. (651)
  2013 Ed. (636)
  2021 Ed. (682)
Finish Dishwasher Detergent
  1992 Ed. (1177)
Finish Dishwasher Products
  1994 Ed. (983)
The Finish Line
  2016 Ed. (918)
  2018 Ed. (4243, 4261)

2019 Ed. (4290)
2020 Ed. (4282)
The Finish Line Inc.
  1995 Ed. (2818)
  1998 Ed. (2725)
  1999 Ed. (307, 308, 4304, 4305)
  2002 Ed. (4274)
  2003 Ed. (4406)
  2006 Ed. (4448)
  2007 Ed. (4162)
  2008 Ed. (893, 4483)
  2010 Ed. (4603)
  2011 Ed. (1715, 4509)
  2012 Ed. (4516)
  2017 Ed. (1642)
  2018 Ed. (1621)
  2019 Ed. (1663)
  2020 Ed. (1622)
Finishing
  2002 Ed. (997)
Finishing Edge
  2006 Ed. (1279)
  2010 Ed. (1207)
Finishing Edge Curb & Sidewalk LLC
  2010 Ed. (1246)
  2011 Ed. (1195)
Finishing Touch Flawless
  2020 Ed. (4400)
Finistbank
  1993 Ed. (631)
Finit Solutions
  2022 Ed. (1843)
Finite Group
  2019 Ed. (731)
  2020 Ed. (722)
  2021 Ed. (727)
  2022 Ed. (751)
Finity Group LLC
  2014 Ed. (1926)
  2015 Ed. (1972)
Finjan Holdings Inc.
  2019 Ed. (977, 978, 1001)
  2020 Ed. (962, 965)
Finjan Software Ltd.
  2002 Ed. (4882)
Fink Beef Genetics
  2021 Ed. (800)
  2022 Ed. (832)
Fink; Larry
  2008 Ed. (943)
  2009 Ed. (943)
  2010 Ed. (894)
  2011 Ed. (818)
  2012 Ed. (791)
  2013 Ed. (984)
  2019 Ed. (3345)
Fink; Laurence
  2015 Ed. (953, 966)
  2016 Ed. (864)
  2017 Ed. (922)
Fink; Laurence D.
  2011 Ed. (830)
Fink; Richard A.
  1996 Ed. (1228)
Fink; Stanley
  2006 Ed. (836)
  2007 Ed. (917)
Finkel; Seth
  2021 Ed. (3154)
  2022 Ed. (3298)
  2023 Ed. (3387)
Finkle + Williams Architecture
  2017 Ed. (1698)
Finlan; Mark
  2016 Ed. (1113)
Finland
  1989 Ed. (1404, 2117, 2900)
  1990 Ed. (241, 1450, 1577)
  1991 Ed. (1383, 1479, 3466)
  1992 Ed. (226, 227, 229, 1029, 1040, 1485, 1728, 2358, 3600, 4413, 4489)
  1993 Ed. (1035, 1046, 1540, 1542, 2167, 2378, 3681)
  1994 Ed. (836, 854, 1533, 1699, 1705, 2006, 2359, 2684, 2731, 3643)
  1995 Ed. (345, 683, 900, 1723, 3719)
  1996 Ed. (874, 2024, 3433, 3436, 3808, 3809)
  1997 Ed. (287, 897, 2475, 2997, 2998, 3000, 3633, 3859, 3860)
  1998 Ed. (635, 1131, 1367, 1431, 2743, 2744, 2745, 3467, 3691)
  1999 Ed. (1253, 1254, 1753, 3004, 3289, 3629, 3653, 3654, 3696, 3697, 3698, 4734)
  2000 Ed. (1064, 1154, 1155, 1585, 3354, 4360)
  2001 Ed. (291, 386, 390, 670, 704, 979, 1081, 1101, 1141, 1149, 1171, 1229, 1242, 1297, 1311, 1340, 1342, 1917, 1944, 1949, 2002, 2020, 2035, 2036, 2038, 2042, 2044, 2045, 2094, 2142, 2278, 2305, 2379, 2442, 2443, 2481, 2575, 2639, 2735, 2752, 2799, 2835, 3181, 3207, 3275, 3298, 3305, 3315, 3420, 3546, 3552, 3609, 3629, 3638, 3783, 3821, 3823, 3824, 3850, 3863, 3875, 3991, 4017, 4119, 4276, 4277,

4339, 4378, 4393, 4471, 4548, 4569, 4596, 4664, 4670, 4671, 4687, 4705, 4715, 4915, 4921, 4941)
  2002 Ed. (1409, 1410, 1810, 1823, 2424, 2756, 2997, 3302, 3519, 3520, 4378, 4427, 4507, 4773)
  2003 Ed. (851, 965, 1029, 1084, 1085, 1430, 1431, 2151, 2234, 2616, 2618, 2619, 2620, 2641, 3023, 3258, 3259, 3362, 3710, 3892, 4176, 4556, 4700)
  2004 Ed. (873, 874, 979, 1033, 1100, 1460, 1461, 1463, 1468, 1909, 1911, 1921, 2737, 3164, 3315, 3321, 3428, 3688, 3756, 3769, 3915, 3917, 3919, 4203)
  2005 Ed. (853, 998, 1040, 1122, 1476, 2042, 2056, 2537, 2538, 2735, 2763, 3022, 3030, 3337, 3346, 3444, 3603, 3610, 3671, 3686, 3860, 3863, 3865, 4498, 4602)
  2006 Ed. (773, 1008, 1049, 2124, 2150, 2335, 2702, 2717, 2824, 3017, 3273, 3325, 3336, 3339, 3453, 3553, 3705, 3780, 3923, 3927, 3929, 4083, 4682)
  2007 Ed. (1097, 1138, 2086, 2094, 2266, 2827, 3394, 3397, 3428, 3476, 3700, 3777, 3976, 3982, 3984, 4412, 4414, 4415, 4417, 4419, 4702)
  2008 Ed. (975, 1018, 1109, 2194, 2204, 2399, 2844, 2949, 2950, 3503, 3592, 3650, 3999, 4388, 4627, 4793, 4794)
  2009 Ed. (966, 1003, 1087, 2170, 2381, 2382, 2384, 2397, 2407, 2408, 2965, 3239, 3275, 3567, 3568, 3715, 4073, 4466, 4468, 4469, 4549)
  2010 Ed. (281, 700, 768, 925, 1065, 1068, 1386, 1631, 2018, 2113, 2213, 2214, 2301, 2309, 2585, 2586, 2837, 3379, 3399, 3633, 3746, 3836, 3837, 3992, 4187, 4517, 4520, 4522, 4671, 4684, 4722, 4843)
  2011 Ed. (204, 626, 863, 894, 896, 910, 1003, 1006, 1375, 1641, 2230, 2231, 2307, 2401, 2567, 2568, 3327, 3328, 3387, 3508, 3509, 3635, 3746, 3819, 3839, 3840, 3997, 4001, 4199, 4454, 4456, 4457, 4634, 4680, 4802)
  2012 Ed. (218, 365, 596, 601, 925, 928, 1234, 2093, 2094, 2206, 2333, 2514, 2515, 2620, 3314, 3347, 3751, 3820, 3821, 4251, 4547, 4694, 4819, 4962)
  2013 Ed. (208, 488, 733, 742, 1069, 1072, 1347, 2279, 2280, 2389, 2513, 2644, 2645, 2690, 3386, 3417, 3823, 3873, 3875, 4215, 4504, 4656, 4782, 4969)
  2014 Ed. (120, 215, 499, 759, 763, 792, 1028, 1031, 1032, 1283, 2213, 2214, 2275, 2326, 2456, 2602, 2603, 2675, 3208, 3388, 3415, 3493, 3746, 3809, 3811, 4229, 4708, 4978)
  2015 Ed. (135, 247, 563, 794, 799, 835, 1063, 1066, 1347, 2277, 2278, 2359, 2525, 2645, 2646, 2716, 2719, 3448, 3511, 3770, 3832, 3834, 4219, 4546, 4720, 5011)
  2016 Ed. (716, 971, 974, 1266, 2248, 2249, 2460, 2566, 2567, 3307, 3370, 3739, 4622)
  2017 Ed. (1008, 1009, 3329)
  2018 Ed. (3393)
  2019 Ed. (930, 4909)
  2020 Ed. (921, 4909)
  2021 Ed. (3173, 3187)
  2022 Ed. (2218, 3317, 3327)
  2023 Ed. (2405, 2407)
Finlandia
  1989 Ed. (2896, 2897, 2898)
  1990 Ed. (3678)
  1991 Ed. (3461, 3462, 3463, 3464)
  1992 Ed. (4407, 4408, 4409, 4410, 4411)
  1993 Ed. (2447, 3679)
  1994 Ed. (3641)
  1995 Ed. (3716, 3717)
  1996 Ed. (3803, 3804, 3805, 3806, 3807)
  1997 Ed. (3855, 3857, 3858)
  1998 Ed. (3687, 3689)
  1999 Ed. (4736)
  2000 Ed. (4359, 4362)
  2001 Ed. (3132, 3135, 4707, 4711, 4712, 4713, 4714)
  2002 Ed. (286, 4761, 4768, 4769, 4770, 4771, 4772)
  2003 Ed. (4865, 4870)
  2004 Ed. (4850, 4851)
  2022 Ed. (640)
Finlands Bank
  2009 Ed. (441)
  2010 Ed. (417)
  2011 Ed. (342)
Finlay Enterprises
  1998 Ed. (3341)
  1999 Ed. (4372)
  2004 Ed. (3217, 3218)
  2005 Ed. (3245, 3246)
  2010 Ed. (3404)
  2011 Ed. (770)

1998 Ed. (286, 395)
1999 Ed. (3432)
First of America Bank-Mid Michigan, NA
1993 Ed. (568)
1994 Ed. (570)
1995 Ed. (546)
First of America Bank-Security
1995 Ed. (546)
First of America Bank-Southeast Michigan, NA
1993 Ed. (358, 568)
1994 Ed. (570)
1995 Ed. (546)
First of America Bank-Southeast Michigan NA (Detroit)
1991 Ed. (608)
First of America Bank-West Michigan
1996 Ed. (605)
First of America-Detroit
1996 Ed. (2479)
First America FSB
1992 Ed. (3782)
First of America Insurance Group
1999 Ed. (2912)
2000 Ed. (2666)
First of America Investment Corp.
1999 Ed. (3101)
First America Regional Equity Institutional
1997 Ed. (2896)
First Americable Corp.
1991 Ed. (1164)
First American-Asset Allocation A
1996 Ed. (623)
First American Asset Management
2002 Ed. (3021)
First American-Balanced Fund A
1996 Ed. (623)
First American-Balanced Fund C
1998 Ed. (410)
First American Bank
1989 Ed. (219)
1998 Ed. (3524, 3567)
2002 Ed. (4293)
2003 Ed. (510, 512)
2004 Ed. (407, 408)
2005 Ed. (1065, 2869)
2007 Ed. (416)
2013 Ed. (305)
2021 Ed. (372, 390)
2022 Ed. (385, 403)
2023 Ed. (431, 525)
First American Bank of Georgia NA
1992 Ed. (681)
First American Bank of Georgia NA (Atlanta)
1991 Ed. (526)
First American Bank of Kenya
2005 Ed. (556)
First American Bank of Maryland
1992 Ed. (773)
First American Bank of Maryland (Silver Spring)
1991 Ed. (604)
First American Bank NA
1992 Ed. (863)
1993 Ed. (383, 489, 643, 663)
1994 Ed. (3010)
1996 Ed. (392)
First American Bank NA (Washington, DC)
1991 Ed. (688)
First American Bank, SSB
1997 Ed. (3743)
First American Bank-Thumb Area
1989 Ed. (211)
First American Bank & Trust
1989 Ed. (215, 216)
1991 Ed. (2653)
2023 Ed. (510)
First American Bank of Virginia
1991 Ed. (687)
1992 Ed. (862)
1993 Ed. (383, 662, 2966)
1994 Ed. (663)
First American Bankshares
1989 Ed. (382, 473)
1990 Ed. (496)
1991 Ed. (399)
1993 Ed. (3221, 3251)
1994 Ed. (3245)
First American Corp.
1989 Ed. (673)
1990 Ed. (652)
1991 Ed. (422, 444)
1992 Ed. (3922)
1993 Ed. (3291)
1994 Ed. (3283)
1995 Ed. (3362)
1999 Ed. (669, 4027, 4028)
2000 Ed. (3738)
2003 Ed. (1559, 2973, 3432)
2004 Ed. (1540, 3074, 3501, 4545)
2005 Ed. (3085, 3500)
2006 Ed. (745, 1424, 3140, 3557)
2007 Ed. (1480, 3102, 3107)
2008 Ed. (1493, 2709, 3249, 3748)
2009 Ed. (3769)
2010 Ed. (3241)

First American Credit Union
2010 Ed. (2145)
First American Engineered Solutions LLC
2007 Ed. (3615, 4455)
2008 Ed. (3741, 4439)
First American Equipment Finance
2003 Ed. (3950)
2006 Ed. (1935)
2009 Ed. (2771)
2013 Ed. (1934)
2015 Ed. (1908)
2016 Ed. (1871)
2022 Ed. (1788, 2642)
First American Equity Income
2003 Ed. (3141)
First American Equity Income Retail
2000 Ed. (3228)
First American Financial Corp.
1990 Ed. (2254)
1991 Ed. (2128)
1996 Ed. (2332)
1997 Ed. (2460)
2000 Ed. (2192)
2001 Ed. (3344)
2002 Ed. (3380)
2012 Ed. (1379)
2013 Ed. (1475)
2014 Ed. (1437)
2015 Ed. (1482)
2017 Ed. (1455)
2018 Ed. (1435)
2019 Ed. (1471)
2020 Ed. (1436)
2023 Ed. (1601, 1633)
First American Fixed Income A
1996 Ed. (615)
First American International
2001 Ed. (2307)
First American-International A
2000 Ed. (623)
First American-International Y
2000 Ed. (623)
First American-Limited Term C
1998 Ed. (412)
First American Micro Cap
2004 Ed. (3572)
First American Microcap
2003 Ed. (3507, 3508, 3549, 3551)
2004 Ed. (2457)
First American Mid Cap Growth Opportunity
2007 Ed. (2488)
2008 Ed. (2618)
First American Missouri Tax-Free
2004 Ed. (709)
First American Munis
2001 Ed. (822)
First American, Nashville
1992 Ed. (504)
First American National Bank
1989 Ed. (212)
1991 Ed. (675)
1992 Ed. (543, 847)
1994 Ed. (645)
1995 Ed. (617)
1996 Ed. (691)
1997 Ed. (626)
1998 Ed. (430)
1999 Ed. (3432)
First American National Securities
1989 Ed. (821)
First American Payment Systems
2021 Ed. (1912)
First American Payment Systems LP
2022 Ed. (1955)
First American Printing & Direct Mail
2006 Ed. (3522, 4361)
First American Real Estate Securities
2008 Ed. (3762)
First American-Regional Equity A
1998 Ed. (400, 401)
First American-Regional Equity B
1998 Ed. (400)
First American-Regional Equity C
1998 Ed. (400)
First American Regional Equity Ret A
1997 Ed. (2873)
First American Savings & Loan Assn.
1990 Ed. (3586)
First American Small Cap Core Fund
2003 Ed. (3541)
First American Small Cap Growth Opportunity
2005 Ed. (3559)
2006 Ed. (3647)
First American - Special Equity
1994 Ed. (583, 585)
First American Special Equity A
1996 Ed. (612, 620)
First American-Special Equity C
1998 Ed. (407)
First American Stock A
1996 Ed. (613)
First American Strat Income
1999 Ed. (3536)
First American Strategic Aggressive Growth Allocation
2008 Ed. (2615)

First American Strategic Growth
2001 Ed. (3454)
First American Technology Fund
2001 Ed. (2306)
First American Temporary Services
2006 Ed. (3536)
First American Title
2011 Ed. (1525)
First American Title Co. of Los Angeles
1990 Ed. (2265)
1998 Ed. (2215)
2000 Ed. (2739)
First American Title Company of Los Angeles
1999 Ed. (2986)
First American Title & Escrow Co.
2010 Ed. (1683)
First American Title Insurance Co.
1998 Ed. (2214)
1999 Ed. (2985)
2000 Ed. (2738)
2002 Ed. (2982)
2015 Ed. (1959)
2016 Ed. (1397)
First American Trust Co.
1993 Ed. (503)
First American Trust Co., Santa Ana, CA
1992 Ed. (703)
First American Trust, F.S.B.
2021 Ed. (4287)
2022 Ed. (4295)
First American Trust, FSB
2023 Ed. (4325)
First aid antiseptics
1990 Ed. (1956)
First Aqua Ltd.
2004 Ed. (1459)
First Asset
1993 Ed. (2313)
First Asset Management
1992 Ed. (2753)
First Atlantic Credit Union
2002 Ed. (1880)
2003 Ed. (1934)
2004 Ed. (1974)
2005 Ed. (2116)
2006 Ed. (2165, 2211)
2007 Ed. (2132)
2008 Ed. (2247)
2009 Ed. (2233)
2010 Ed. (2187)
First Atlantic Federal Credit Union
2021 Ed. (2079)
2022 Ed. (2114)
2023 Ed. (2229)
First Australia Income
1992 Ed. (3169)
The First Australia Prime Income Fund, Inc.
1991 Ed. (236)
1998 Ed. (162)
2000 Ed. (290)
First Australia Prime Inc. Fund
1990 Ed. (253)
First Austrial Bank
1995 Ed. (424)
First Austrian Bank
1991 Ed. (454)
1992 Ed. (609, 610)
1993 Ed. (429)
1994 Ed. (429)
1999 Ed. (472)
First Automotive Works
2006 Ed. (319)
First Avenue Productions
2020 Ed. (3027)
2021 Ed. (2888)
2022 Ed. (3013)
First B & TC of Illinois
2002 Ed. (540)
First BanCorp
2013 Ed. (321)
2014 Ed. (534)
2015 Ed. (599)
2016 Ed. (545)
2017 Ed. (565)
2018 Ed. (532)
2019 Ed. (551)
2020 Ed. (537)
2023 Ed. (623, 783)
First Bancorp
2020 Ed. (559)
2021 Ed. (358, 1763)
2022 Ed. (370, 555, 1798)
2023 Ed. (460, 493, 550, 804)
First Bancorp of Durango
2007 Ed. (465)
First Bancorp Inc.
2000 Ed. (392, 422)
2003 Ed. (451, 4602)
2004 Ed. (1671, 2606)
2005 Ed. (448, 1731, 1954, 2586)
2006 Ed. (400, 1999, 2589)
2007 Ed. (1964, 2229, 2557)
2008 Ed. (2355, 2370, 2371)
2009 Ed. (514)
2011 Ed. (288, 435)
2012 Ed. (357, 4575)
2019 Ed. (340)

First Bancorp of Ohio
1989 Ed. (423)
First Bancorporation
2005 Ed. (524)
2006 Ed. (454)
First Bancshares
2022 Ed. (370)
2023 Ed. (462)
The First Bancshares
2020 Ed. (1737)
2021 Ed. (1711)
First Bancshares Inc.
2002 Ed. (3556)
2009 Ed. (1826)
The First Bancshares/The First, ANBA
2021 Ed. (1711)
First Bangkok City Bank
1989 Ed. (696)
1990 Ed. (699)
1991 Ed. (678, 2941)
1992 Ed. (849)
1993 Ed. (645)
1994 Ed. (647)
1995 Ed. (619)
1997 Ed. (628, 3400)
1999 Ed. (647)
2000 Ed. (673)
First Bangkok City Bank PLC
1996 Ed. (693, 3303)
First Bank
1989 Ed. (636)
1991 Ed. (544)
1993 Ed. (570, 2383, 2384, 2418, 3502)
1994 Ed. (583)
1995 Ed. (393, 547, 2439)
1997 Ed. (333)
1998 Ed. (373, 396, 413, 3127, 3130, 3134, 3522, 3524, 3533, 3553, 3560)
1999 Ed. (441, 614)
2000 Ed. (4176)
2010 Ed. (435, 1524)
2011 Ed. (360)
2016 Ed. (509)
2021 Ed. (345, 360, 384, 392)
2022 Ed. (351, 357, 372, 397, 405)
2023 Ed. (465, 519, 527)
First Bank of Alabama
2022 Ed. (329)
First Bank Centre
1998 Ed. (365)
First Bank of Delaware
2005 Ed. (520)
2008 Ed. (429)
2009 Ed. (392, 393, 452, 454)
First Bank of Eagle County
1996 Ed. (538)
First Bank of Florida
1998 Ed. (3540)
2000 Ed. (4249)
First Bank of Florida FSB
1999 Ed. (4599)
First Bank, FSB
1997 Ed. (3743)
First Bank of Hennessey
1996 Ed. (392)
First Bank of Immokalee
1993 Ed. (511)
First Bank of Immokalee, FL
1992 Ed. (703)
First Bank Kansas
2023 Ed. (434)
First Bank of Marietta
1996 Ed. (537)
1997 Ed. (496)
First Bank, McComb
1996 Ed. (535)
First Bank of Milwaukee
1989 Ed. (2159)
First Bank Minnesota
1996 Ed. (2480)
First Bank of Montana NA
1992 Ed. (786)
First Bank NA
1990 Ed. (642, 1014, 1016)
1991 Ed. (694)
1992 Ed. (781)
1994 Ed. (572)
1996 Ed. (559, 606)
1997 Ed. (559)
First Bank NA (Minneapolis)
1991 Ed. (610)
First Bank Nigeria
2015 Ed. (1403)
First Bank of Nigeria
1989 Ed. (563)
1991 Ed. (415, 416, 633)
1992 Ed. (574, 806)
1993 Ed. (599)
1994 Ed. (602)
1995 Ed. (573)
1996 Ed. (643)
1997 Ed. (583)
1999 Ed. (446, 613, 641)
2000 Ed. (439, 635)
2002 Ed. (509, 628, 1746)
2003 Ed. (592, 614, 4555)
2004 Ed. (600, 623)
2005 Ed. (588, 612)

2006 Ed. (381, 468, 4525)
2007 Ed. (530, 555)
2008 Ed. (484, 507)
2009 Ed. (511, 539)
2010 Ed. (492, 1885)
2011 Ed. (291, 422)
2013 Ed. (333, 348)
2014 Ed. (366)
2015 Ed. (418)
2016 Ed. (382, 386)
2017 Ed. (369, 381, 389)
2018 Ed. (340, 352)
2019 Ed. (355)
2020 Ed. (351)
2021 Ed. (417)
2022 Ed. (431)
2023 Ed. (571, 572, 879)
First Bank of Nigeria plc
 2002 Ed. (4450)
 2004 Ed. (1827)
 2013 Ed. (1949)
First Bank of Northern Kentucky
 2007 Ed. (464)
First Bank of Oak Park
 1995 Ed. (490)
 1998 Ed. (333, 344)
 1999 Ed. (440, 494)
 2000 Ed. (433, 487)
 2002 Ed. (540)
 2007 Ed. (417)
 2008 Ed. (395)
First Bank of Oak Park, Illinois
 1992 Ed. (702)
First Bank Of Nigeria
 2022 Ed. (678)
First Bank of South Dakota NA
 1997 Ed. (616)
 1998 Ed. (429)
First Bank System
 1989 Ed. (370, 397, 429)
 1990 Ed. (450)
 1991 Ed. (390)
 1992 Ed. (780, 1517, 3921)
 1993 Ed. (569, 3280)
 1994 Ed. (340, 571, 3033, 3034, 3270)
 1995 Ed. (3351)
 1996 Ed. (360, 368, 619, 1242, 2604, 3177, 3178, 3179)
 1997 Ed. (285, 286, 332, 335, 568, 1236, 1238, 1239, 1245, 1246, 1255, 3280, 3281, 3282, 3283)
 1998 Ed. (202, 203, 267, 272, 293, 324, 329, 332, 405, 1044, 1064, 2464, 3035)
 1999 Ed. (316, 376, 663, 1444)
First Bank Systems
 1991 Ed. (2471)
First Bank of Toyama
 2002 Ed. (574)
First Bank & Trust
 1997 Ed. (494)
 1998 Ed. (102, 335)
 1999 Ed. (442)
 2000 Ed. (435)
 2021 Ed. (400)
 2022 Ed. (390, 413)
 2023 Ed. (535)
First Bank & Trust Co. of Illinois
 1997 Ed. (496, 497)
 1998 Ed. (344, 364, 366)
 1999 Ed. (494, 539)
 2000 Ed. (433, 487, 550)
 2005 Ed. (3307)
 2008 Ed. (395)
 2009 Ed. (418)
 2010 Ed. (394)
First Bank Trust Farm Div.
 1996 Ed. (1747, 1748, 1749, 1750)
First Bank Trust Farm Division
 1997 Ed. (1828, 1829, 1830, 1831)
 1998 Ed. (1541, 1542, 1543, 1544)
First Bank & Trust of Memphis
 2005 Ed. (3307)
First Bank USA
 2000 Ed. (487)
First Bankcorp Ohio
 1989 Ed. (623)
First Bankers Trustshares Inc.
 2003 Ed. (522, 523)
 2004 Ed. (409)
First Banks America Inc.
 2004 Ed. (644, 645, 4697)
First Baptist Academy
 2008 Ed. (4282)
First Boston
 1989 Ed. (791, 792, 793, 794, 795, 796, 798, 799, 800, 802, 803, 804, 805, 806, 807, 808, 809, 1013, 1047, 1413, 1414, 1415, 1423, 1426, 1757, 1758, 1759, 1760, 1761, 1762, 1763, 1764, 1765, 1766, 1768, 1769, 1770, 1771, 1774, 1775, 1776, 1778, 1872, 2370, 2374, 2375, 2376, 2377, 2379, 2380, 2381, 2382, 2384, 2385, 2386, 2387, 2388, 2390, 2391, 2392, 2393, 2394, 2395, 2396, 2397, 2398, 2399, 2400, 2401, 2402, 2403, 2404, 2405, 2406, 2407, 2408, 2409, 2410, 2411, 2412, 2413, 2414, 2415, 2416, 2417, 2418, 2419, 2420, 2421, 2422, 2423, 2436, 2437, 2438, 2439, 2440, 2441, 2442, 2443, 2444, 2445, 2453, 2454)
 1990 Ed. (790, 791, 792, 793, 795, 796, 797, 798, 800, 801, 802, 803, 804, 805, 806, 807, 808, 809, 1222, 1764, 1765, 1770, 1776, 2293, 2295, 2296, 2297, 2298, 2300, 2301, 2302, 2303, 2306, 2307, 2310, 2311, 2312, 2641, 2643, 2645, 2647, 2981, 2982, 3137, 3138, 3139, 3140, 3141, 3142, 3143, 3144, 3145, 3146, 3147, 3148, 3150, 3151, 3152, 3154, 3155, 3156, 3157, 3159, 3160, 3161, 3163, 3170, 3171, 3172, 3173, 3174, 3175, 3176, 3184, 3185, 3187, 3188, 3189, 3190, 3191, 3192, 3193, 3194, 3195, 3196, 3197, 3198, 3199, 3200, 3201, 3202, 3203, 3204, 3205, 3206)
 1991 Ed. (752, 753, 754, 755, 756, 759, 760, 761, 762, 763, 764, 765, 766, 767, 768, 1110, 1668, 1669, 1670, 1671, 1674, 1675, 1676, 1678, 1679, 1680, 1681, 1689, 1691, 1700, 1702, 1704, 1705, 1709, 2176, 2177, 2178, 2179, 2180, 2181, 2182, 2183, 2186, 2187, 2189, 2190, 2191, 2192, 2193, 2194, 2195, 2196, 2197, 2198, 2199, 2200, 2201, 2202, 2203, 2204, 2513, 2516, 2517, 2518, 2520, 2522, 2831, 2832, 2944, 2945, 2946, 2947, 2949, 2950, 2951, 2952, 2953, 2954, 2955, 2956, 2957, 2958, 2959, 2960, 2962, 2963, 2964, 2965, 2966, 2967, 2968, 2969, 2970, 2971, 2972, 2973, 2974, 2975, 2976, 2977, 2979, 2980, 2981, 2983, 2984, 2985, 2986, 2987, 2988, 2989, 2992, 2993, 2994, 2995, 2996, 2997, 2998, 2999, 3000, 3001, 3002, 3003, 3004, 3005, 3006, 3007, 3008, 3009, 3010, 3011, 3012, 3013, 3014, 3015, 3016, 3017, 3018, 3019, 3020, 3021, 3022, 3023, 3024, 3025, 3026, 3074, 3079)
 1992 Ed. (955, 1050, 1051, 1052, 1053, 1266, 1450, 1451, 1452, 1453, 1454, 1455, 2132, 2133, 2134, 2141, 2148, 2158, 2719, 2720, 2721, 2722, 2723, 2724, 2725, 2726, 2727, 3550, 3640, 3823, 3832, 3834, 3835, 3837, 3838, 3841, 3842, 3843, 3844, 3845, 3846, 3847, 3848, 3849, 3850, 3851, 3852, 3853, 3854, 3855, 3857, 3858, 3859, 3861, 3862, 3863, 3864, 3865, 3866, 3867, 3868, 3869, 3870, 3872, 3873, 3874, 3875, 3876, 3877, 3878, 3879, 3881, 3882, 3883, 3884, 3885, 3886, 3888, 3889, 3891, 3892, 3894, 3895, 3905, 3907)
 1993 Ed. (761, 793, 1014, 1165, 1166, 1167, 1168, 1170, 1171, 1172, 1768, 1769, 1770, 2272, 2273, 2274, 2275, 2276, 2279, 2981, 3116, 3118, 3119, 3120, 3121, 3122, 3123, 3124, 3125, 3126, 3127, 3128, 3129, 3130, 3131, 3132, 3133, 3134, 3136, 3138, 3139, 3140, 3141, 3142, 3143, 3144, 3145, 3146, 3147, 3148, 3149, 3150, 3151, 3152, 3153, 3154, 3156, 3157, 3158, 3159, 3160, 3161, 3162, 3163, 3164, 3165, 3166, 3169, 3171, 3173, 3174, 3175, 3176, 3179, 3181, 3182, 3184, 3185, 3188, 3189, 3192, 3193, 3196, 3197, 3198, 3200)
 1994 Ed. (180, 727, 728, 768, 769, 770, 771, 774, 776, 777, 780, 1040, 1197, 1198, 1199, 1201, 1202, 1756, 1758, 1829, 1830, 1835, 2286, 2287, 2288, 2289, 2291, 2292, 2580, 2581, 2582, 2583, 3024, 3159, 3162, 3163, 3164, 3165, 3166, 3167, 3168, 3169, 3170, 3171, 3172, 3174, 3175, 3176, 3177, 3178, 3179, 3181, 3182, 3183, 3184)
 1995 Ed. (752, 753, 757, 1048, 2353, 3076, 3209, 3255, 3256, 3257, 3259, 3260, 3262, 3263, 3264, 3265, 3266)
 1996 Ed. (3100)
First Boston Asset Management
 1993 Ed. (2326, 2340)
First Boston/Credit Suisse
 1991 Ed. (758)
 1993 Ed. (1164)
First Boston/CSFB
 1990 Ed. (3226, 3228)
First Boston/CSFB/CS
 1991 Ed. (3075, 3076)
 1992 Ed. (3902, 3903, 3904)
 1993 Ed. (3207, 3208)
 1994 Ed. (2290, 3189, 3190, 3191)
First Boston Investment Management Group
 1995 Ed. (2386)
First Brands
 1989 Ed. (929)
 1990 Ed. (41, 1038)
 1991 Ed. (38)
 1992 Ed. (66)
 1993 Ed. (2810)

1994 Ed. (2810)
1995 Ed. (2897)
1996 Ed. (2980)
1998 Ed. (2874, 3103)
1999 Ed. (4116)
2000 Ed. (3827, 3828)
First Busey Corp.
 2002 Ed. (484)
 2019 Ed. (576)
First Business Bank
 1991 Ed. (2813)
 2021 Ed. (409)
 2022 Ed. (422)
 2023 Ed. (546)
First Calgary Petroleum Ltd.
 2005 Ed. (1702, 1705, 1729)
First Calgary Petroleums Ltd.
 2004 Ed. (1665)
 2006 Ed. (1607, 1632, 4594)
First Calgary Savings Credit Union
 2005 Ed. (2090)
 2006 Ed. (2185)
First California Mortgage Co.
 1995 Ed. (2611)
The First Call from Heaven
 2015 Ed. (645)
First Call Jewel Inc.
 2013 Ed. (1698)
 2014 Ed. (1646)
 2015 Ed. (1688)
 2016 Ed. (1641)
First Canadian Equity
 2001 Ed. (3469, 3470)
First Canadian Title Co., Ltd.
 2006 Ed. (1624, 1625, 2604)
First Capital
 1989 Ed. (676)
 1990 Ed. (686)
 1999 Ed. (391, 910, 911, 912, 913, 914)
First Capital Advisers Inc.
 1993 Ed. (2039)
First Capital Bank
 1992 Ed. (799)
First Capital Bankers Inc.
 2001 Ed. (568)
First Capital Group
 2000 Ed. (2842)
First Capital Group LLC
 2001 Ed. (558, 3688, 3690)
First Capital Holding
 1990 Ed. (2232, 2234)
 1991 Ed. (2098)
 1992 Ed. (2665, 2668)
First Capital Holdings
 1993 Ed. (365, 368)
 1994 Ed. (358)
 1996 Ed. (382)
 1997 Ed. (353)
 2000 Ed. (391)
First Capital Inc.
 2021 Ed. (1601)
First Capital Life
 1990 Ed. (2247, 2248, 2249)
 1991 Ed. (2096, 2115, 2117)
 1992 Ed. (337)
 1993 Ed. (2380)
First Capital Realty
 2005 Ed. (1706)
 2006 Ed. (1608)
 2007 Ed. (4088)
 2008 Ed. (1629, 1648, 1654, 1655, 4116)
 2009 Ed. (4224, 4225)
 2010 Ed. (4161, 4595)
 2015 Ed. (4196)
 2019 Ed. (1344)
First Capital Realty Inc.
 2013 Ed. (4187)
 2014 Ed. (1464)
 2020 Ed. (1450)
First Capital REIT
 2022 Ed. (4118)
 2023 Ed. (4203)
First Capital Strategists
 1993 Ed. (2294)
First Caribbean International Bank
 2006 Ed. (3232, 4485, 4828)
First Carolina Bank
 2023 Ed. (527)
First Carolina Corporate Credit Union
 2013 Ed. (2206)
 2014 Ed. (2134)
 2015 Ed. (2198)
 2016 Ed. (2171)
First Carolina Postal Credit Union
 2003 Ed. (1893)
First Cash Financial Services
 2013 Ed. (2094, 4274)
First Cash Financial Services Inc.
 2006 Ed. (4337)
 2012 Ed. (1932)
 2013 Ed. (2095)
First Central Bank
 1992 Ed. (799)
 1995 Ed. (493)
 1996 Ed. (539)
 1997 Ed. (498)
First Central Credit Union
 1998 Ed. (1218)

First Central Financial
 1997 Ed. (229)
 1999 Ed. (262)
First Charter
 2009 Ed. (514)
First Charter National Bank
 1993 Ed. (577)
First Charter/Scudder Horizon Managed International
 1994 Ed. (3613)
First Cherokee
 2003 Ed. (510)
First Cherokee Bancshares Inc.
 2002 Ed. (3549, 3554)
First Chicago
 1989 Ed. (366, 376, 420, 421, 532, 534, 560, 624, 2144, 2540)
 1990 Ed. (418, 464, 555, 556, 598, 599, 641, 801, 802, 3137, 3150, 3160)
 1991 Ed. (361, 373, 374, 381, 555, 556, 609, 1392, 1601, 1760, 2171, 2196, 2200, 2201, 2375, 2412, 3032, 3048, 3072, 3262)
 1992 Ed. (507, 508, 713, 714, 780, 1745, 1746, 3341, 3901)
 1993 Ed. (354, 372, 374, 375, 387, 525, 569, 1438, 1439, 1440, 1441, 1444, 1445, 1683, 1684, 1889, 2769, 3206, 3259)
 1994 Ed. (345, 374, 375, 376, 377, 520, 523, 571, 1494, 1496, 1498, 1499, 1501, 2287, 2289, 3253)
 1995 Ed. (346, 350, 354, 501, 504, 740, 1525, 1526, 1527, 1529, 1540, 2837, 2842, 3303, 3332)
 1996 Ed. (362, 372, 373, 374, 377, 391, 552, 554, 555, 927, 1486, 1487, 1488, 1489, 1491, 1539, 3180)
 1997 Ed. (332, 334, 336, 337, 362, 387, 1252, 1550, 1551, 1552, 1553, 3003, 3004)
 1998 Ed. (1018, 2606)
 1999 Ed. (1452, 2012, 2013, 2014)
First of Chicago
 1989 Ed. (2145, 2153)
First Chicago Capital Markets Inc.
 1993 Ed. (3188, 3189, 3194)
 1995 Ed. (3262, 3263)
 1996 Ed. (2372, 3369)
 1997 Ed. (2505, 3450, 3451, 3468, 3470)
 1998 Ed. (2252, 3250)
 1999 Ed. (4229, 4231, 4240, 4244, 4245)
 2000 Ed. (3974)
First Chicago HK
 1991 Ed. (2411)
First Chicago Investment
 1990 Ed. (2363)
First Chicago Investment Advisors
 1991 Ed. (2375)
First Chicago National Bank
 1990 Ed. (417)
First Chicago/NBD
 1997 Ed. (340, 341, 342, 343, 346, 347, 358, 386, 511, 512, 566, 568, 1285, 1549, 2511, 2532, 3287, 3288, 3289)
 1998 Ed. (273, 275, 277, 278, 279, 280, 281, 284, 285, 287, 288, 319, 321, 324, 326, 327, 328, 329, 332, 378, 380, 404, 405, 1051, 1059, 1147, 1205, 1207, 1210, 1211, 1212, 1264, 2305, 2357, 3315)
 1999 Ed. (312, 370, 379, 380, 382, 383, 400, 426, 435, 436, 439, 443, 445, 549, 595, 615, 652, 657, 1790, 3034, 3583, 3707, 4023, 4024, 4025, 4333)
 2000 Ed. (374, 375, 380, 421, 438, 505, 636, 1617, 2842, 2922, 2923, 2925, 2928)
First Chicago NBD Institutional Investment Management
 2000 Ed. (2846)
First Chicago NBD Investment Management Co.
 1998 Ed. (2306, 2307)
 1999 Ed. (836, 3100, 3101)
 2000 Ed. (2845)
First Chicago NBD Investment Services, Inc.
 2000 Ed. (830)
First Chicago Trust
 1995 Ed. (366)
First Chicago Trust Co. of New York
 1995 Ed. (3513)
First Chicago Venture Capital/First Capital Corp. of Chicago (SBIC)
 1991 Ed. (3441)
First Chicago Venture Capital & Management
 1996 Ed. (2487)
First Choice
 2007 Ed. (734, 2961, 3348)
 2008 Ed. (3085, 3444)
 2009 Ed. (3174, 3519)
First Choice Agents Alliance
 2023 Ed. (3357)

First Choice America Community Credit Union
  2009 Ed. (2255)
  2010 Ed. (2208)
  2011 Ed. (2226)
  2012 Ed. (2088)
  2013 Ed. (2274)
  2014 Ed. (2208)
  2015 Ed. (2272)
  2016 Ed. (2243)
First Choice America Community Federal Credit Union
  2018 Ed. (2129)
  2020 Ed. (2110)
  2021 Ed. (2101)
  2022 Ed. (2133)
  2023 Ed. (2251)
First Choice Business Brokers
  2010 Ed. (698)
  2011 Ed. (625)
  2022 Ed. (747)
First Choice Cooperative
  2010 Ed. (2893, 2894)
First Choice Credit Union
  2006 Ed. (2169)
First Choice & Eclipse & Enterprise
  2000 Ed. (35, 3396)
First Choice Emergency Room
  2016 Ed. (2034)
First Choice Hair Cutters
  2019 Ed. (2824)
First Choice Haircutters
  1989 Ed. (1487)
  1990 Ed. (1854)
  1991 Ed. (1773)
  1992 Ed. (2227)
  2002 Ed. (2432)
  2005 Ed. (2780)
  2006 Ed. (2752)
  2009 Ed. (2938)
  2010 Ed. (2874)
  2011 Ed. (2854)
  2012 Ed. (2785)
  2013 Ed. (2852)
  2014 Ed. (2880)
  2015 Ed. (2918)
  2016 Ed. (2849)
  2017 Ed. (2810)
  2018 Ed. (2877)
  2019 Ed. (2826)
  2020 Ed. (2862)
First Choice Healthcare Services
  2011 Ed. (1613)
First Choice Holiday
  1996 Ed. (1356)
  1999 Ed. (1645)
First Choice Holidays
  2001 Ed. (4589)
First Choice Holidays plc
  2001 Ed. (309)
  2002 Ed. (256)
  2004 Ed. (209)
  2009 Ed. (2113)
First Choice Selection
  2007 Ed. (1219)
First Citizens Bancorp
  2011 Ed. (288)
First Citizens Bancorporation of South Carolina
  2002 Ed. (3551, 3552, 3557)
  2004 Ed. (401, 404, 405, 407)
First Citizens BancShares Inc.
  1992 Ed. (540)
  1993 Ed. (378, 3285)
  1994 Ed. (3275)
  1995 Ed. (3356)
  1997 Ed. (333)
  1998 Ed. (291, 292, 320)
  1999 Ed. (395, 425)
  2000 Ed. (420)
  2009 Ed. (514)
  2012 Ed. (395)
  2023 Ed. (485)
First Citizens Bancshares Inc.
  2022 Ed. (424)
  2023 Ed. (473, 549)
First & Citizens Bank
  1994 Ed. (511)
First Citizens Bank
  1997 Ed. (631)
  2000 Ed. (675)
  2003 Ed. (474)
  2004 Ed. (461, 630)
  2005 Ed. (618)
  2006 Ed. (531)
  2007 Ed. (562)
  2008 Ed. (514)
  2009 Ed. (548)
  2010 Ed. (531)
  2011 Ed. (317, 460)
  2012 Ed. (332)
  2013 Ed. (406, 407, 482)
  2014 Ed. (422, 423)
  2015 Ed. (479, 480)
  2016 Ed. (431, 432)
  2017 Ed. (446, 447)
  2018 Ed. (411, 412)
  2019 Ed. (416, 417)
  2020 Ed. (407, 408)
  2023 Ed. (433, 623, 624)
First Citizens Bank Limited
  1999 Ed. (650)
First Citizens Bank & Trust Co.
  2013 Ed. (303)
First-Citizens Bank & Trust Co.
  1991 Ed. (634)
  1992 Ed. (807)
  1993 Ed. (600, 628)
  1994 Ed. (603, 632)
  1995 Ed. (575, 607)
  1996 Ed. (644, 680)
  1997 Ed. (584, 615)
  1998 Ed. (420, 428)
  2021 Ed. (392)
  2022 Ed. (405)
First-Citizens Bank & Trust Company
  2023 Ed. (527)
First Citizens Community Bank
  2021 Ed. (349)
First Citizens Credit Union
  2014 Ed. (2143)
First Citizens National Bank
  1993 Ed. (505)
  2010 Ed. (2019)
  2011 Ed. (2076)
  2021 Ed. (401)
  2022 Ed. (414)
  2023 Ed. (537)
First Citizens' Credit Union
  2005 Ed. (2062)
First City
  1992 Ed. (521, 848)
  1995 Ed. (353)
First City Bancorp
  1989 Ed. (677)
  1992 Ed. (547)
First City Bancorp Texas
  1990 Ed. (686)
First City Bancorp of Texas Inc.
  1989 Ed. (410)
  1991 Ed. (693)
  1993 Ed. (523, 654, 2715, 3292)
First City Bancorporation
  1990 Ed. (3562)
First City Bancorporation of Texas, Inc.
  1990 Ed. (708)
First City Bank
  2004 Ed. (591)
First City/Citibank
  1993 Ed. (355)
First City Financial
  1992 Ed. (2153)
  2002 Ed. (3386)
First City Investment
  1994 Ed. (3158)
First City Investment PLC
  1996 Ed. (3303)
First City Merchant Bank
  1994 Ed. (602)
  1996 Ed. (643)
  1997 Ed. (583)
  1999 Ed. (613)
First City Monument Bank
  2011 Ed. (422)
  2013 Ed. (348)
  2014 Ed. (366)
  2015 Ed. (418)
  2016 Ed. (382, 386)
  2017 Ed. (381)
  2018 Ed. (352)
  2019 Ed. (355)
  2023 Ed. (571)
First City National Bank
  1989 Ed. (563)
First City National Bank of Houston
  1989 Ed. (695)
First City Nat'l/Dallas
  1990 Ed. (703)
First City Texas
  1991 Ed. (676)
First City Texas- Dallas
  1993 Ed. (385, 644)
First City Texas-Houston NA
  1991 Ed. (676)
  1992 Ed. (722)
  1993 Ed. (360, 383, 385, 395, 644)
  1994 Ed. (528)
First City Trust
  1992 Ed. (4360)
First City Trustco
  1990 Ed. (3659)
First-class airline seating
  2000 Ed. (3505)
First Clover Leaf Financial Corp.
  2008 Ed. (1951, 1953)
First Coast Capital Management
  1992 Ed. (2766)
First Coast Logistics Services
  2012 Ed. (4799)
  2013 Ed. (4760)
First Coast Sotheby's International Realty
  2022 Ed. (3015)
First Coast Systems Inc.
  2000 Ed. (4433)
First Coastal Bank
  1998 Ed. (3524, 3569)

First Coastal Corp.
  2003 Ed. (526)
First Cobalt Corp.
  2019 Ed. (4508)
First Coleman National Bank
  1999 Ed. (442, 541)
  2000 Ed. (435)
First Coleman National Bank (Coleman, TX)
  2000 Ed. (551)
First Colony Corp.
  1996 Ed. (2319, 2322, 3050)
  1997 Ed. (2435)
  1998 Ed. (1028)
First Colony Life Insurance Co.
  1995 Ed. (2293, 2300, 2302, 2304)
  1997 Ed. (2443, 2445)
  1998 Ed. (2157, 2164, 2170, 2182)
  1999 Ed. (2952)
  2000 Ed. (2690, 2691, 2693, 2703)
  2002 Ed. (2914, 2916)
  2003 Ed. (2999)
  2008 Ed. (3300)
  2009 Ed. (3360)
First Colorado Financial
  1990 Ed. (2748)
First Colorado Group of Companies
  2002 Ed. (3386)
First Columbia
  2002 Ed. (1493)
First Command Bank
  2021 Ed. (4322)
  2022 Ed. (4329)
  2023 Ed. (4359)
First Command Financial Services Inc.
  2020 Ed. (3162)
First Command Financial Services, Inc.
  2022 Ed. (1955)
First Commerce Bank
  2002 Ed. (3548, 3549)
  2019 Ed. (503)
First Commerce Corp.
  1989 Ed. (676)
  1990 Ed. (686)
  1991 Ed. (386)
  1993 Ed. (377, 3275)
  1994 Ed. (347, 348, 364, 365, 3265)
  1995 Ed. (356, 3346)
  1996 Ed. (375, 376)
  1999 Ed. (371, 372, 659)
  2004 Ed. (402)
First Commerce Farm & Ranch Management
  1989 Ed. (1411)
First Commerce Firm & Ranch Management
  1995 Ed. (1772)
First Commercial
  2000 Ed. (374, 375)
First Commercial Bank
  1989 Ed. (690, 691)
  1990 Ed. (695, 1796)
  1991 Ed. (673)
  1992 Ed. (845, 2157, 4189)
  1993 Ed. (425, 641)
  1994 Ed. (644, 1849, 3472)
  1995 Ed. (419, 616)
  1997 Ed. (410, 624, 2402, 3682)
  1998 Ed. (338)
  1999 Ed. (646, 4530)
  2000 Ed. (529, 671)
  2002 Ed. (522, 654)
  2003 Ed. (618)
  2004 Ed. (526, 627)
  2005 Ed. (616)
  2007 Ed. (559)
  2008 Ed. (511)
  2009 Ed. (545)
  2010 Ed. (528)
  2011 Ed. (457)
  2014 Ed. (414)
  2015 Ed. (471)
  2016 Ed. (420)
  2017 Ed. (432)
  2018 Ed. (397)
  2019 Ed. (400)
  2020 Ed. (393)
  2023 Ed. (612)
First Commercial Bank Ltd.
  2021 Ed. (494)
  2022 Ed. (508)
  2023 Ed. (733)
First Commercial Bank NA
  1996 Ed. (445, 678, 690, 2640, 3628)
First Commercial Realty
  1990 Ed. (2953)
First Commercial Trust
  1993 Ed. (2315)
First Commonwealth
  2000 Ed. (2433)
  2001 Ed. (2687)
  2002 Ed. (3561)
  2012 Ed. (4969)
First Commonwealth Bank
  1997 Ed. (593)
  1998 Ed. (424)
  1999 Ed. (2653)
  2021 Ed. (397)

  2022 Ed. (362, 410)
  2023 Ed. (451, 532)
First Commonwealth Credit Union
  2002 Ed. (1888)
  2003 Ed. (1942)
  2004 Ed. (1982)
  2005 Ed. (2124)
First Commonwealth Federal Credit Union
  2021 Ed. (2040)
  2022 Ed. (2075)
First Commonwealth Financial
  2004 Ed. (636)
  2005 Ed. (625, 626)
  2010 Ed. (1946)
  2012 Ed. (1846, 1848)
First Commonwealth Securities Corp.
  1999 Ed. (732)
First Community Bancorp
  2004 Ed. (1528)
First Community Bancshares
  2002 Ed. (3551, 3552, 3555, 3557)
  2004 Ed. (406)
  2007 Ed. (2229)
First Community Bank
  1996 Ed. (541)
  1997 Ed. (500)
  1999 Ed. (4340)
  2009 Ed. (2738)
  2010 Ed. (2662)
  2011 Ed. (2650)
  2012 Ed. (1366, 1887, 2577)
  2013 Ed. (1452)
  2014 Ed. (1413)
  2015 Ed. (1473)
  2021 Ed. (356, 362, 399, 406)
  2022 Ed. (331, 368, 374, 412)
  2023 Ed. (422, 467, 534)
First Community Bank (VA)
  2023 Ed. (458)
The First Community Bank
  2023 Ed. (2795)
The First Community Bank Ltd.
  2016 Ed. (2619)
  2017 Ed. (2552)
  2018 Ed. (2620)
  2019 Ed. (2606)
  2020 Ed. (2616)
First Community Bank & Trust Co.
  2011 Ed. (319)
First Community Credit Union
  1996 Ed. (1511)
  1997 Ed. (1559)
  2000 Ed. (221)
  2002 Ed. (1875, 1884)
  2003 Ed. (1929, 1938)
  2004 Ed. (1969, 1978)
  2005 Ed. (2111, 2120)
  2006 Ed. (2206, 2215)
  2007 Ed. (2127, 2136)
  2008 Ed. (2242, 2251)
  2009 Ed. (2228, 2237)
  2010 Ed. (2182, 2191)
  2011 Ed. (2200, 2209)
  2012 Ed. (2061, 2070)
  2013 Ed. (2240, 2243, 2252)
  2014 Ed. (2172, 2175, 2184)
  2015 Ed. (2236, 2239, 2248)
  2016 Ed. (2210, 2219)
  2018 Ed. (2105, 2114, 2117)
  2020 Ed. (2084, 2093, 2096)
  2021 Ed. (2039, 2074, 2083, 2086)
  2022 Ed. (2064, 2074, 2109, 2118, 2121)
  2023 Ed. (2176, 2224, 2233, 2236)
First Community CU
  2000 Ed. (1629)
First Computer Inc.
  1992 Ed. (1336)
  1994 Ed. (1098)
  1995 Ed. (1115)
  1996 Ed. (1091)
  1997 Ed. (1111)
  1998 Ed. (862)
First Consulting Group
  2006 Ed. (2774)
  2008 Ed. (3165)
  2009 Ed. (3240)
First Consumer National Bank
  1997 Ed. (943)
First Consumers National Bank
  1998 Ed. (368, 685)
  1999 Ed. (1793)
First Continental
  1990 Ed. (2965)
First Corbin Long Term Care Inc.
  2010 Ed. (1775)
  2011 Ed. (1788)
First Cornerstone Group LLC
  2018 Ed. (1951)
First County Bank
  2004 Ed. (473)
  2005 Ed. (481)
  2006 Ed. (428)
  2007 Ed. (424)
  2021 Ed. (365)
  2022 Ed. (378)
  2023 Ed. (494)
First Covenant Bank
  2016 Ed. (506)

First Credit Bank
  1999 Ed. (539)
  2000 Ed. (550)
First Credit Services Inc.
  2016 Ed. (950)
First Credit Union
  2002 Ed. (1847)
  2003 Ed. (1906)
  2004 Ed. (1946)
  2005 Ed. (2087)
  2006 Ed. (2182)
  2007 Ed. (2103)
  2008 Ed. (2218)
  2009 Ed. (2182, 2201)
  2010 Ed. (2155)
  2011 Ed. (2176)
  2012 Ed. (2036)
  2013 Ed. (2209)
  2014 Ed. (2140)
  2015 Ed. (2204)
  2016 Ed. (2175)
  2018 Ed. (2083)
  2020 Ed. (2061)
  2021 Ed. (2051)
  2022 Ed. (2087)
  2023 Ed. (2201)
First Credit Union of Scranton
  2010 Ed. (2141)
First Czech-Russian Bank
  2010 Ed. (509)
First Dakota National Bank
  2021 Ed. (400)
  2022 Ed. (413)
  2023 Ed. (535)
First Data
  2013 Ed. (1397)
First Data Card Issuing Services
  2007 Ed. (4362)
First Data Card Services Group
  1997 Ed. (1554)
  1998 Ed. (1206)
  1999 Ed. (1791)
First Data Corp.
  1994 Ed. (1092)
  1995 Ed. (1089, 2256, 3315)
  1996 Ed. (1064, 1068, 3053, 3402)
  1997 Ed. (1078, 1082, 1239, 1285, 2211, 3411, 3497)
  1998 Ed. (820, 826, 1051, 1204, 2464, 3288)
  1999 Ed. (1260, 1266, 1503)
  2000 Ed. (1159, 1733, 2639)
  2001 Ed. (1068, 1364, 1601, 2184, 2187)
  2002 Ed. (1132, 1148, 1438, 2807)
  2003 Ed. (1091, 1106, 1108, 1121, 1642, 1648, 1649, 1650, 1651, 1654, 1657, 1774, 2705, 3673)
  2004 Ed. (842, 847, 1078, 1079, 1113, 1678, 1679, 1680, 1681, 1682, 1683, 1685, 1687, 2610, 2611, 2824)
  2005 Ed. (1117, 1134, 1555, 1736, 1737, 1738, 1739, 1740, 1741, 1745, 2594, 2595, 2825, 3024, 3027)
  2006 Ed. (761, 1107, 1124, 1419, 1647, 1648, 1649, 1650, 1651, 1652, 1654, 1655, 1656, 1657, 1658, 1659, 1662, 1663, 2807, 2808, 3032, 3035, 4294)
  2007 Ed. (1243, 1476, 1663, 1664, 1665, 1666, 1667, 1670, 2570, 2575, 2800, 4358)
  2008 Ed. (1470, 1675, 1676, 1677, 1681, 1683, 1684, 1685, 1686, 1688, 1689, 1690, 1692)
  2009 Ed. (826, 1396, 1607, 1608, 1609, 1610, 1613, 1616, 2765, 4129, 4427)
  2010 Ed. (771, 1593, 2689, 2692, 2694, 4061)
  2011 Ed. (700, 1661, 2678, 2681, 4043)
  2012 Ed. (634, 1513, 2607, 2611, 3815, 4077)
  2013 Ed. (772, 1652, 1656, 2698, 3174)
  2014 Ed. (797, 1611, 1615, 2682, 2690)
  2015 Ed. (840, 1661, 1663, 1665, 2736)
  2016 Ed. (735, 1602, 1605, 1607, 1608, 2659)
  2017 Ed. (1586, 2605, 4796)
  2018 Ed. (1566, 2639, 4358, 4360, 4364, 4774, 4790)
  2019 Ed. (1601, 2651, 4387, 4389, 4393, 4777, 4802)
  2020 Ed. (2664, 4381, 4383, 4391, 4765, 4789)
  2021 Ed. (2572)
First Data Government Solutions Inc.
  2012 Ed. (1436)
First Data Merchant Services
  1998 Ed. (1206)
First Data & Partners
  2001 Ed. (1955)
First Data Resources Inc.
  1990 Ed. (1455)
  1991 Ed. (1393)
  1992 Ed. (1751)
  1994 Ed. (1497)
  1995 Ed. (1530, 1649)
  1996 Ed. (1492)
  1999 Ed. (1955)
  2001 Ed. (1802)

  2003 Ed. (1772)
  2004 Ed. (1809)
  2005 Ed. (1892)
  2006 Ed. (1914)
  2007 Ed. (1896)
  2008 Ed. (1960)
  2009 Ed. (1914)
  2011 Ed. (1878)
  2012 Ed. (1735)
  2013 Ed. (1900)
First Data Resources LLC
  2014 Ed. (1832)
  2015 Ed. (1871)
  2016 Ed. (1835)
First Data Technologies Inc.
  2001 Ed. (1673)
First Dearborn, Federal Association
  1990 Ed. (3587)
First Defiance Financial Corp.
  2002 Ed. (485)
  2005 Ed. (357)
First Deposit Bancshares Inc.
  2004 Ed. (1545)
First Deposit National Bank
  1989 Ed. (636)
  1990 Ed. (647, 1794)
  1991 Ed. (624)
  1993 Ed. (592)
  1994 Ed. (342)
  1995 Ed. (567)
  1996 Ed. (636)
  1997 Ed. (576)
  1998 Ed. (415)
First Deposit National Banks
  1990 Ed. (453)
First Derivatives
  2002 Ed. (2496)
  2009 Ed. (3024)
  2018 Ed. (2005)
First Direct
  2007 Ed. (744)
First Direct Arena
  2023 Ed. (1181)
First District Association
  2018 Ed. (2145)
  2019 Ed. (2143, 2149)
  2020 Ed. (2128)
  2021 Ed. (2121)
  2022 Ed. (2153)
  2023 Ed. (2272)
First Eagle Fund of America
  1996 Ed. (2800)
  1999 Ed. (3520, 3529)
  2000 Ed. (3240, 3246)
  2004 Ed. (3558)
  2006 Ed. (3641)
First Eagle Global
  2005 Ed. (4484)
  2006 Ed. (4558)
First Eagle Gold
  2005 Ed. (3559, 3561)
  2006 Ed. (3637, 3638, 3657)
  2011 Ed. (3736)
First Eagle Overseas
  2006 Ed. (3678, 3679, 3680)
  2007 Ed. (2483)
First Eagle SoGen Overseas
  2003 Ed. (3613)
  2004 Ed. (2477, 3640, 3641, 3643)
First Eagle SoGen Overseas Fund
  2003 Ed. (3529, 3610, 3611)
First-East International Bank
  1997 Ed. (2012)
  1999 Ed. (483)
First East Side Savings Bank
  2009 Ed. (455)
First Eastern Bank
  1990 Ed. (2435, 2439)
First Eastern Bank NA
  1993 Ed. (2967)
First Education Credit Union
  2004 Ed. (1997)
  2005 Ed. (2139)
  2006 Ed. (2234)
  2007 Ed. (2155)
First Electric Cooperative Corp.
  2014 Ed. (1368)
First of Elgin (C), IL
  1989 Ed. (2148, 2152, 2156)
First of Elgin (D1), ILL.
  1989 Ed. (2155)
First Empire State Corp.
  1989 Ed. (635)
  1990 Ed. (257)
  1991 Ed. (232)
  1992 Ed. (326, 1836)
  1993 Ed. (222, 1506)
  1994 Ed. (365)
  1995 Ed. (210, 211, 3306)
  1996 Ed. (3182)
  1997 Ed. (236, 238)
  1998 Ed. (157, 163, 3034)
  1999 Ed. (437, 665, 4026, 4029)
  2000 Ed. (281, 284, 285, 291)
First Energy Bank
  2012 Ed. (2566)
  2014 Ed. (2648)
  2015 Ed. (432, 2690)

  2016 Ed. (387, 2612)
  2017 Ed. (391, 2545)
  2018 Ed. (357)
  2019 Ed. (360)
  2020 Ed. (355)
  2023 Ed. (579)
First Engineering
  2008 Ed. (2068)
First Ent Financial
  2000 Ed. (3392)
First Entertainment Credit Union
  2014 Ed. (2137)
  2015 Ed. (2201)
  2023 Ed. (2159)
First Environment Inc.
  2019 Ed. (4790)
  2020 Ed. (4777)
First EQUICOR Life Insurance Co.
  1991 Ed. (2104)
  1992 Ed. (2660)
First Equity Mortgage Bankers Inc.
  2007 Ed. (2834)
  2008 Ed. (2962)
  2009 Ed. (3042)
  2010 Ed. (2966)
  2011 Ed. (2928)
  2012 Ed. (2862)
  2013 Ed. (2931)
  2014 Ed. (2948, 2952)
  2015 Ed. (2989, 2996, 3003)
First Equity Mortgage Brokers
  2006 Ed. (2841)
First Essex Bank, FSB
  1998 Ed. (3550)
First Excess & Reinsurance Corp.
  2001 Ed. (2907)
First Excess & Reinsurance Corporation
  2000 Ed. (2680)
First Executive Corp.
  1989 Ed. (1680, 1682)
  1990 Ed. (2232, 2234)
  1991 Ed. (2098, 2651)
  1992 Ed. (3319)
  1993 Ed. (365, 367, 368)
  1994 Ed. (358)
  1996 Ed. (382)
  1997 Ed. (353)
  1999 Ed. (391)
  2000 Ed. (391)
First Executive Corp.'s Executive Life Insurance Co.'s Junk Bond Portfolio
  1994 Ed. (1205)
First Farmers Financial
  2021 Ed. (499)
First Farmers Financial (Converse, IN)
  2021 Ed. (499)
First Farmers Financial Corp.
  2014 Ed. (339)
First Farmers & Merchants Bank
  2022 Ed. (414)
  2023 Ed. (537)
First Farmers & Merchants National Bank
  1996 Ed. (544)
First Fds-Growth & Income
  1999 Ed. (598)
First Federal
  1990 Ed. (2473, 3118, 3131)
  1993 Ed. (3567, 3568)
  2013 Ed. (303)
First Federal of Arkansas, FA
  1990 Ed. (3578)
First Federal Association
  1990 Ed. (424)
First Federal Bancorp Inc.
  1990 Ed. (3102)
First Federal Bank
  1994 Ed. (3529)
  1998 Ed. (3553)
  2005 Ed. (1067)
  2021 Ed. (346, 4286, 4291, 4313)
  2022 Ed. (4294, 4299, 4320)
  2023 Ed. (4329, 4350)
First Federal Bank of California
  1998 Ed. (3141, 3152, 3538)
  2002 Ed. (4116, 4128)
  2003 Ed. (4272)
First Federal Bank of California, FSB
  2004 Ed. (4246, 4285)
  2005 Ed. (4179)
  2006 Ed. (4231)
  2007 Ed. (4245, 4251)
  2010 Ed. (4418, 4431, 4433)
First Federal Bank of Eau Claire
  1998 Ed. (3571)
First Federal Bank of Florida
  2011 Ed. (967)
  2012 Ed. (355)
First Federal Bank, a FSB
  2021 Ed. (4286)
  2022 Ed. (4294)
  2023 Ed. (4324)
First Federal Bank of Kansas City
  2021 Ed. (4305)
  2022 Ed. (4313)
  2023 Ed. (4343)
First Federal Bank of Louisiana
  2021 Ed. (4298)
  2022 Ed. (4306)

  2023 Ed. (4336)
First Federal Bank of the Midwest
  2021 Ed. (394)
First Federal Bank of Ohio
  2022 Ed. (4322)
  2023 Ed. (4352)
First Federal Bank for Savings
  1998 Ed. (3524)
First Federal Bank & Trust
  2021 Ed. (4326)
  2022 Ed. (4333)
  2023 Ed. (4363)
First Federal Bank of Wisconsin
  2021 Ed. (4325)
  2022 Ed. (4332)
  2023 Ed. (4362)
First Federal Bankcorp Inc.
  1991 Ed. (2921)
  1992 Ed. (3800)
First Federal Capital Corp.
  2004 Ed. (2117)
First Federal of Colorado
  1995 Ed. (3612)
First Federal of Fort Myers
  1994 Ed. (3536)
First Federal Lincoln Bank
  1998 Ed. (3554)
First Federal Michigan
  1989 Ed. (2827)
  1990 Ed. (3582)
First Federal of Michigan
  1990 Ed. (3102)
  1992 Ed. (3785)
  1993 Ed. (3073, 3085, 3572, 3573)
  1998 Ed. (3155)
First Federal of Northern Michigan Bancorp, Inc.
  2018 Ed. (4528)
First Federal Realty/Better Homes & Gardens
  1992 Ed. (3613)
First Federal S & L Association of Scotlandville
  1990 Ed. (3104)
First Federal S&L Association of Florida
  1999 Ed. (4599)
  2000 Ed. (4249)
First Federal Savings
  1994 Ed. (3280)
First Federal Savings of Arkansas
  1991 Ed. (3363)
First Federal Savings Bank
  1991 Ed. (3384)
  1994 Ed. (3529)
  1998 Ed. (3569, 3571)
  2004 Ed. (4719)
  2005 Ed. (522)
  2006 Ed. (453)
  2008 Ed. (1879)
  2009 Ed. (1834)
  2010 Ed. (1775)
  2011 Ed. (1788)
  2015 Ed. (1773)
  2021 Ed. (4293, 4294)
  2022 Ed. (338, 4301, 4302)
  2023 Ed. (430, 4331, 4332)
First Federal Savings Bank of Angola
  2021 Ed. (4294)
  2022 Ed. (4302)
  2023 Ed. (4332)
First Federal Savings Bank of Champaign Urbana
  2021 Ed. (4293)
  2022 Ed. (4301)
  2023 Ed. (4331)
First Federal Savings Bank of Kentucky
  2021 Ed. (4297)
  2022 Ed. (4305)
  2023 Ed. (4335)
First Federal Savings Bank of Lincolnton
  2021 Ed. (4313)
  2022 Ed. (4320)
  2023 Ed. (4350)
First Federal Savings Bank of North Texas
  1998 Ed. (3138, 3567)
First Federal Savings & Loan
  2023 Ed. (457)
First Federal Savings & Loan Association
  1990 Ed. (424, 430, 432)
  1991 Ed. (3381, 3383)
  1994 Ed. (3532)
  1998 Ed. (3153, 3537, 3542, 3557, 3565)
  2021 Ed. (4297, 4304)
  2022 Ed. (4305, 4312)
  2023 Ed. (4335, 4342)
First Federal Savings & Loan Association of Alpena
  2002 Ed. (3553)
First Federal Savings & Loan Association of Bath
  2021 Ed. (4299)
  2022 Ed. (4307)
  2023 Ed. (4337)
First Federal Savings & Loan Association of Charleston
  2004 Ed. (4245)
  2011 Ed. (4362)
  2012 Ed. (4402)

2013 Ed. (4375, 4377, 4387)
First Federal Savings & Loan Association of Florida
 1998 Ed. (3540)
First Federal Savings & Loan Association of Greene Co
 2023 Ed. (4355)
First Federal Savings & Loan Association of Greene County
 2021 Ed. (4318)
 2022 Ed. (4325)
First Federal Savings & Loan Association of Greensburg
 2021 Ed. (4294)
 2022 Ed. (4302)
 2023 Ed. (4332)
First Federal Savings & Loan Association of Lakewood
 2021 Ed. (4315)
 2022 Ed. (4322)
 2023 Ed. (4352)
First Federal Savings & Loan Association of Lenawee Colorado
 1990 Ed. (3580)
First Federal Savings & Loan Association of Lorain
 2021 Ed. (4315)
 2022 Ed. (4322)
 2023 Ed. (4352)
First Federal Savings & Loan Association of McMinnville
 2021 Ed. (4317)
 2022 Ed. (4324)
 2023 Ed. (4354)
First Federal Savings & Loan Association of Ravenswood
 2021 Ed. (4324)
 2022 Ed. (4331)
 2023 Ed. (4361)
First Federal Savings & Loan Association of San Rafael
 2021 Ed. (4287)
 2022 Ed. (4295)
 2023 Ed. (4325)
First Federal Savings & Loan Association of Valdosta
 2021 Ed. (4292)
 2022 Ed. (4300)
 2023 Ed. (4330)
First Federal Savings & Loan East
 2003 Ed. (478)
First Federal Savings & Loan of Lakewood
 1998 Ed. (3561)
First Federal Savings & Loan of Rochester
 1998 Ed. (269)
First Federal Savings & Loan of San Rafael
 2023 Ed. (469)
First Federal Savings & Loan of Wooster
 1998 Ed. (3561)
First Fidelity
 1990 Ed. (1795)
 1991 Ed. (1724, 2515)
 1992 Ed. (2156)
 1996 Ed. (359, 1227)
 1997 Ed. (334)
First Fidelity Bancorp
 1989 Ed. (364, 400, 622)
 1990 Ed. (415, 669)
 1991 Ed. (392, 3086)
 1992 Ed. (820)
 1993 Ed. (614, 3283)
 1994 Ed. (365, 604, 617, 3032, 3033, 3034, 3273)
 1995 Ed. (491, 566, 587, 1240, 3084, 3354)
 1996 Ed. (371, 1242)
 1997 Ed. (332, 1236, 1246)
 1999 Ed. (374)
First Fidelity Bank
 1989 Ed. (217, 638, 2372)
 2005 Ed. (380)
 2021 Ed. (347, 395)
 2022 Ed. (408)
 2023 Ed. (530)
First Fidelity Bank Leasing Group
 1993 Ed. (2603)
First Fidelity Bank NA
 1990 Ed. (651)
 1991 Ed. (625, 1922, 1923)
 1992 Ed. (566, 800, 2430)
 1993 Ed. (406, 593)
 1994 Ed. (355, 393, 395, 396, 400, 598, 1039)
 1995 Ed. (361, 362, 377, 378, 388, 390, 391, 395, 568, 585, 1047)
 1996 Ed. (380, 389, 400, 401, 404, 411, 413, 414, 418, 478, 600, 2676, 3163)
 1997 Ed. (351, 368, 378, 380, 385, 391, 442, 553, 2807)
 2008 Ed. (2007)
 2015 Ed. (1959)
First Fidelity Bank NA/North Jersey
 1991 Ed. (625)
First Fidelity Bank NJ
 1989 Ed. (2151)
 1991 Ed. (2990)
 1996 Ed. (638)

First Fidelity (Disc.), N.J.
 1989 Ed. (2147, 2151)
First Fidelity Securities
 1992 Ed. (3860)
First Finance Co.
 2009 Ed. (2737, 2745)
 2010 Ed. (2661, 2668)
 2011 Ed. (2649, 2657)
 2012 Ed. (2585)
 2014 Ed. (2654)
 2015 Ed. (2696)
 2016 Ed. (2618)
 2017 Ed. (2551)
 2018 Ed. (2619)
 2019 Ed. (2605)
 2020 Ed. (2614)
First Finance Co. Jordan
 2011 Ed. (2649)
 2012 Ed. (2576)
First Financial
 2015 Ed. (2159)
 2016 Ed. (366, 2132)
 2023 Ed. (551)
First Financial Banc Corp.
 2013 Ed. (483)
 2014 Ed. (495)
First Financial Bancorp
 1999 Ed. (444, 667)
 2004 Ed. (420, 421)
 2005 Ed. (426, 427)
 2011 Ed. (288)
 2012 Ed. (2604, 2781)
 2013 Ed. (2692, 2841, 2848)
First Financial Bank
 2021 Ed. (328, 346, 352, 394, 402)
 2022 Ed. (340, 359, 364, 407, 415)
 2023 Ed. (432, 455, 474, 475, 529)
First Financial Bank FSB
 1992 Ed. (3791)
 1993 Ed. (3090, 3091)
 1998 Ed. (3130, 3134, 3145, 3533, 3571)
First Financial Bank, National Association
 2021 Ed. (373, 402)
 2022 Ed. (386, 415)
 2023 Ed. (504, 538)
First Financial Bankshares
 2015 Ed. (381)
First Financial Bankshares (Abilene, TX)
 2023 Ed. (735)
First Financial Bankshares Inc.
 2010 Ed. (366, 367)
 2011 Ed. (289)
 2012 Ed. (312)
 2018 Ed. (336)
 2019 Ed. (339)
First Financial Corp.
 1993 Ed. (3227, 3296)
 1994 Ed. (3288)
 1995 Ed. (3367)
 1997 Ed. (3197)
 2005 Ed. (2222)
 2018 Ed. (1622)
First Financial Credit Union
 2002 Ed. (1881)
 2003 Ed. (1935)
 2004 Ed. (1937, 1975)
 2005 Ed. (2117)
 2006 Ed. (2212)
 2007 Ed. (2133)
 2008 Ed. (2248)
 2009 Ed. (2234)
 2010 Ed. (2139, 2142, 2188)
 2011 Ed. (2206)
 2012 Ed. (2023, 2067)
 2013 Ed. (2219, 2249)
 2014 Ed. (2151, 2181)
 2015 Ed. (2245)
 2016 Ed. (2187, 2216)
 2018 Ed. (2111)
 2020 Ed. (2090)
 2021 Ed. (2080)
 2022 Ed. (2115)
 2023 Ed. (2181, 2230)
First Financial Federal Credit Union
 2019 Ed. (2127)
First Financial Federal Credit Union of Maryland
 2020 Ed. (2079)
 2021 Ed. (2069)
 2022 Ed. (2104)
 2023 Ed. (2219)
First Financial Group
 1994 Ed. (1118)
First Financial Holding
 2014 Ed. (3409)
 2015 Ed. (3444)
 2016 Ed. (421)
 2017 Ed. (433)
 2018 Ed. (398)
 2019 Ed. (401)
 2020 Ed. (394)
First Financial Holdings Inc.
 2005 Ed. (375)
 2008 Ed. (2073)
First Financial Management
 1989 Ed. (2102)
 1990 Ed. (1781)
 1991 Ed. (1203, 1716, 3376, 3378)

1992 Ed. (1327, 1329)
 1993 Ed. (3215, 3256)
 1994 Ed. (3232)
 1995 Ed. (1089, 3288, 3315)
 1996 Ed. (1064, 1068, 3402)
 1997 Ed. (1082, 1236, 1237, 1238, 1239, 1246)
First Financial of Maryland Credit Union
 2002 Ed. (1870)
 2003 Ed. (1924)
 2004 Ed. (1964)
 2005 Ed. (2106)
 2006 Ed. (2201)
 2007 Ed. (2122)
 2008 Ed. (2237)
 2009 Ed. (2223)
 2010 Ed. (2177)
 2011 Ed. (2195)
 2012 Ed. (2055)
 2013 Ed. (2236)
 2014 Ed. (2168)
 2015 Ed. (2232)
 2016 Ed. (2203)
First Financial of Maryland Federal Credit Union
 2018 Ed. (2100)
First Financial Savings Association
 1991 Ed. (363)
First Financial Service
 2007 Ed. (1849)
First Financial Trust, N.A. U.S. Fixed Income
 2003 Ed. (3123)
First Fire & Casualty
 1995 Ed. (2326)
First Flight Solutions
 2015 Ed. (3537)
First Florida
 1992 Ed. (525)
First Florida Bank NA
 1990 Ed. (466)
 1992 Ed. (663)
First Florida Bank NA (Tampa)
 1991 Ed. (507)
First Florida Banks
 1989 Ed. (385)
 1991 Ed. (378)
 1993 Ed. (475, 651, 3255)
 1994 Ed. (340, 477)
First Florida Credit Union
 2009 Ed. (2179)
 2016 Ed. (2178)
 2021 Ed. (2014)
 2022 Ed. (2050)
 2023 Ed. (2162)
First Focus Small Company
 2011 Ed. (3731)
First Foundation
 2018 Ed. (1397)
 2019 Ed. (1443)
First Foundation Inc.
 2020 Ed. (1405)
 2021 Ed. (1402)
 2022 Ed. (1408)
First Franklin Financial
 1997 Ed. (2809)
 2006 Ed. (3558, 3561)
First, FSB
 1992 Ed. (3782)
 1993 Ed. (3081, 3082)
First Fuel Inc.
 2013 Ed. (1461)
First Funds Growth & Income
 2002 Ed. (3416)
First Funds Growth & Income Portfolio
 1998 Ed. (2610)
First Funds Muni MMP Institution
 1996 Ed. (2668)
First Gaston Bank of North Carolina
 2003 Ed. (509)
First General Bank
 2018 Ed. (489)
 2020 Ed. (487)
First General Credit Union
 2012 Ed. (2028)
First Gibraltar Bank
 1994 Ed. (3527)
First Gibraltar Bank, FSB
 1991 Ed. (3362)
 1992 Ed. (371, 3775, 3783, 3789, 3795, 3797, 3798)
 1993 Ed. (3083, 3088, 3094, 3096, 3097)
First Gilbratar Bank, FSB
 1991 Ed. (3385)
First Global Bank
 2020 Ed. (406)
First Global Data
 2018 Ed. (2934)
First Global Investment Trust Co.
 2001 Ed. (2890)
First Global Investments Group
 2011 Ed. (2662)
 2012 Ed. (2590)
First Group of Companies Realty Holdings Ltd.
 2013 Ed. (2686)

First Group Investment Partnership
 2010 Ed. (317, 318)
 2011 Ed. (241)
 2012 Ed. (262)
 2013 Ed. (278)
 2014 Ed. (280)
 2015 Ed. (312)
 2016 Ed. (309)
First Growth & Income
 2003 Ed. (3488)
First Guaranty Bank
 2001 Ed. (568)
 2021 Ed. (377)
 2022 Ed. (390)
 2023 Ed. (510)
First Gulf Bank
 1989 Ed. (448)
 2004 Ed. (399)
 2007 Ed. (566)
 2008 Ed. (377, 477, 519)
 2009 Ed. (553, 2106)
 2010 Ed. (536, 2047)
 2011 Ed. (295, 296, 297, 415, 465, 2104)
 2012 Ed. (316, 317, 318, 419, 421, 1945)
 2013 Ed. (361, 368, 371, 534, 536, 685, 2108, 2109)
 2014 Ed. (378, 385, 548, 552, 2041, 2042)
 2015 Ed. (435, 441, 611, 615, 2090)
 2016 Ed. (390, 396, 555, 559, 2071)
 2017 Ed. (395, 401, 580, 581, 585, 1768, 2029)
 2018 Ed. (365, 543, 544, 545, 1722)
 2019 Ed. (364, 369, 563)
 2021 Ed. (1928)
First Harvest Credit Union
 2023 Ed. (2229)
First Hawaiian
 1989 Ed. (424, 712)
 1990 Ed. (440)
 1991 Ed. (693)
 1992 Ed. (520, 524, 538, 539, 540, 867, 3656)
 1994 Ed. (498, 667, 3032, 3251)
 1997 Ed. (2177)
 1998 Ed. (292, 361)
 1999 Ed. (656)
First Hawaiian Bank
 1993 Ed. (376, 377, 378, 496, 666, 3257)
 1995 Ed. (482, 3330)
 1996 Ed. (526)
 1997 Ed. (485)
 2003 Ed. (1688)
 2004 Ed. (1725)
 2007 Ed. (1752)
 2008 Ed. (1775, 1776)
 2011 Ed. (1678, 1680)
 2012 Ed. (1529, 1531, 1541)
 2013 Ed. (1676, 1681)
 2014 Ed. (1627, 1637, 1640)
 2015 Ed. (1683)
 2016 Ed. (1634)
 2017 Ed. (1600, 1603)
 2018 Ed. (1584)
 2021 Ed. (370)
 2022 Ed. (383, 1584)
 2023 Ed. (478, 499)
First Hawaiian Bank (Honolulu)
 1991 Ed. (537)
 1992 Ed. (693)
First Hawaiian Inc.
 2019 Ed. (1618)
 2020 Ed. (1579)
 2021 Ed. (1563)
 2022 Ed. (1582)
 2023 Ed. (1754)
First Health
 1994 Ed. (2284)
 2000 Ed. (3601)
First Health Group Corp.
 2001 Ed. (1667, 3873)
 2002 Ed. (3741)
 2003 Ed. (3921)
 2005 Ed. (3883)
 2006 Ed. (3106)
First Health Life & Health Insurance Co.
 2011 Ed. (3232)
The First Health Network
 2000 Ed. (2439, 3598, 3599)
 2001 Ed. (3874)
 2002 Ed. (3744)
 2005 Ed. (3883)
First Health Richmond Emergency Medical Services
 2016 Ed. (3369)
First Health Strategies Inc.
 1995 Ed. (992)
 1996 Ed. (980)
First Heartland Jusan Bank
 2022 Ed. (1671)
First Heritage Mortgage, LLC
 2022 Ed. (3691)
First Heritage Savings
 2002 Ed. (1851)
First Heritage Savings Credit Union
 1999 Ed. (1804)

First Hialeah Community Credit Union
　2002 Ed. (1837)
First Home Bancorp
　2019 Ed. (503)
　2020 Ed. (487)
First Home Bank
　2023 Ed. (492)
First Home Builders of Florida
　2004 Ed. (1170, 1201)
　2005 Ed. (1197, 1226, 1227)
　2006 Ed. (1189, 1190)
First Home Federal S & L Association
　1992 Ed. (1476)
First Home Federal Savings & Loan Association
　1994 Ed. (3530)
First Home Mortgage Corp.
　2022 Ed. (3683)
First Horizon
　2011 Ed. (382)
　2023 Ed. (2033)
First Horizon Bank
　2021 Ed. (401)
　2022 Ed. (363, 414)
　2023 Ed. (481, 514, 537)
First Horizon Corp.
　2022 Ed. (1930)
　2023 Ed. (2046, 2048)
First Horizon Home Loan Corp.
　2002 Ed. (3383)
　2006 Ed. (3566)
First Horizon Home Loans
　2003 Ed. (3433)
　2006 Ed. (3559, 3561)
First Horizon National
　2020 Ed. (329, 1927)
First Horizon National Corp.
　2006 Ed. (404, 2036)
　2007 Ed. (201, 2214)
　2008 Ed. (188, 426, 2102, 2354)
　2009 Ed. (205)
　2010 Ed. (186, 2019)
　2011 Ed. (108, 2076, 3139, 4530)
　2012 Ed. (1927)
　2013 Ed. (92, 2087, 3174)
　2014 Ed. (2021)
　2015 Ed. (3247)
　2017 Ed. (1990)
　2018 Ed. (1944)
　2019 Ed. (4935)
　2021 Ed. (1884, 1886)
　2023 Ed. (749)
First Horizon National Corporation
　2020 Ed. (39)
First Horizon Pharmaceutical Corp.
　2003 Ed. (2643, 2645)
　2004 Ed. (2148)
First Hospitality Group
　2017 Ed. (4743)
　2018 Ed. (4729)
　2019 Ed. (4730)
First Illinois Bank
　2009 Ed. (456)
First Illinois Corp.
　1989 Ed. (2148)
First Impression Litho
　1997 Ed. (3166)
First Inc.
　2016 Ed. (3603)
　2017 Ed. (3568)
First Independence Bank
　1993 Ed. (438)
　2019 Ed. (103)
　2020 Ed. (98)
　2021 Ed. (90)
　2022 Ed. (103)
First Independence National Bank of Detroit
　1990 Ed. (510)
　1991 Ed. (463)
First Independent
　2001 Ed. (4694)
First Independent Investment Corp.
　2002 Ed. (572)
First Independent Investment Group
　2003 Ed. (530)
First Indiana Bank
　1998 Ed. (3544)
　2007 Ed. (467)
First Indiana Corp.
　2004 Ed. (2117)
　2006 Ed. (2282, 4725)
　2008 Ed. (2369)
First Industrial
　1990 Ed. (679)
　1999 Ed. (4002)
First Industrial Realty Trust
　1998 Ed. (3022)
　1999 Ed. (4014)
　2000 Ed. (3717, 3731)
　2001 Ed. (4009, 4015)
　2002 Ed. (3935)
　2003 Ed. (2888, 4063)
　2004 Ed. (2997, 4089)
　2005 Ed. (2995, 4023)
　2006 Ed. (4053)
　2007 Ed. (3021, 4104)
　2008 Ed. (3139, 4125)
　2009 Ed. (3223, 4235)
　2010 Ed. (4167)
　2012 Ed. (3082)
　2013 Ed. (3165)
　2014 Ed. (3170)
　2015 Ed. (3230)
　2016 Ed. (3085, 3086)
First Inland Bank
　2008 Ed. (484)
　2009 Ed. (511)
　2010 Ed. (347)
First Insurance
　1995 Ed. (2326)
　2009 Ed. (2737)
　2012 Ed. (2576)
　2014 Ed. (2654)
　2015 Ed. (2696)
　2016 Ed. (2618)
　2017 Ed. (2551)
　2018 Ed. (2619)
　2019 Ed. (2605)
　2020 Ed. (2614)
First Insurance Co. of Hawaii
　2014 Ed. (1623)
　2016 Ed. (1621)
First Insurance Co. of Hawaii Ltd.
　2006 Ed. (1749)
　2007 Ed. (1759)
　2008 Ed. (1786)
　2009 Ed. (1728)
　2010 Ed. (1676)
　2011 Ed. (1685)
　2012 Ed. (1536)
　2013 Ed. (1683)
　2014 Ed. (1635)
　2015 Ed. (1683)
First Insurance Company of Hawaii Ltd.
　2012 Ed. (1524)
　2017 Ed. (1603)
　2022 Ed. (1584)
First International
　1995 Ed. (2574)
First International Asset Management
　1993 Ed. (2340)
First International Bancorp Inc.
　2000 Ed. (3387)
First International Bank
　1991 Ed. (29)
　1992 Ed. (58)
　1994 Ed. (27)
First International Bank of Esrael
　1995 Ed. (515)
First International Bank of Israel
　1991 Ed. (3274, 3275)
　1992 Ed. (4196)
　1993 Ed. (36, 537)
　1994 Ed. (539)
　1996 Ed. (568)
　1997 Ed. (525)
　1999 Ed. (559)
　2002 Ed. (591)
　2003 Ed. (549)
　2004 Ed. (563)
　2005 Ed. (549)
　2006 Ed. (473)
　2007 Ed. (486)
　2008 Ed. (451)
　2009 Ed. (479)
　2010 Ed. (461)
　2011 Ed. (388)
　2013 Ed. (523)
　2014 Ed. (539)
　2015 Ed. (605)
　2016 Ed. (551)
　2017 Ed. (573)
　2018 Ed. (538)
　2019 Ed. (557)
　2020 Ed. (540)
　2023 Ed. (785)
First International Bank of Isreal
　2000 Ed. (570)
First International Bank & Trust
　2021 Ed. (393)
　2022 Ed. (406)
　2023 Ed. (528)
First International Computer Inc.
　1994 Ed. (1089)
First Internet Bancorp
　2020 Ed. (332, 1614)
First Internet Bank of Indiana
　2002 Ed. (4841)
　2021 Ed. (373)
　2022 Ed. (386)
　2023 Ed. (504)
First Interstate
　1989 Ed. (375, 376, 377, 421)
　1991 Ed. (472)
　1992 Ed. (538, 1747, 2985)
　1993 Ed. (351, 362)
　1997 Ed. (1239, 2727, 2728, 2730)
First Interstate/Arizona
　1989 Ed. (2159)
First Interstate Bancard Corp.
　1991 Ed. (360)
　1992 Ed. (503)
First Interstate Bancard NA
　1990 Ed. (421)
　1991 Ed. (364)
First Interstate Bancorp
　1989 Ed. (369, 372, 381, 413, 420, 426, 500, 713, 714)
　1990 Ed. (294, 419, 436, 441, 460, 464, 704, 717, 718, 1231, 1779, 3447)
　1991 Ed. (265, 361, 371, 372, 376, 403, 408, 411, 594, 693, 1512, 3262)
　1992 Ed. (371, 507, 515, 523, 544, 720, 867, 1911, 2151, 2941, 2961)
　1993 Ed. (264, 357, 519, 554, 650, 666, 3246)
　1994 Ed. (250, 251, 341, 346, 377, 556, 652, 667, 1605, 3240)
　1995 Ed. (253, 254, 351, 530, 2488, 3320)
　1996 Ed. (257, 258, 367, 370, 371, 391, 393, 555, 587, 2548, 3178, 3179, 3180, 3599)
　1997 Ed. (285, 286, 332, 333, 338, 339, 342, 343, 345, 543, 1236, 1238, 1245, 1246, 1248, 1288, 1291, 2688, 3281, 3282, 3283)
　1998 Ed. (203, 269, 271, 274, 280, 1027, 3359, 3361)
　1999 Ed. (374, 1460)
　2001 Ed. (579)
First Interstate BancSystem
　2004 Ed. (1808)
　2005 Ed. (1891)
　2007 Ed. (388)
　2009 Ed. (388, 394)
　2010 Ed. (365)
First Interstate Bank
　1991 Ed. (2646)
　1992 Ed. (555, 559)
　1997 Ed. (2617, 2621)
　2021 Ed. (340, 385)
　2022 Ed. (361, 398)
　2023 Ed. (520)
First Interstate Bank of Arizona
　1989 Ed. (476)
　1991 Ed. (185)
　1992 Ed. (255)
First Interstate Bank of Arizona NA
　1989 Ed. (203, 205)
　1990 Ed. (500)
　1993 Ed. (355, 423)
　1994 Ed. (425)
　1995 Ed. (418)
　1996 Ed. (444)
　1997 Ed. (409)
First Interstate Bank of Arizona NA (Phoenix)
　1991 Ed. (447)
First Interstate Bank California
　1990 Ed. (513)
　1992 Ed. (509, 564, 565, 566, 628, 2430)
　1997 Ed. (370, 374, 381, 383, 427, 443)
First Interstate Bank of California
　1989 Ed. (510, 511, 2783)
　1990 Ed. (421, 515, 516, 526, 527, 528, 2620)
　1991 Ed. (364, 486, 488, 489)
　1994 Ed. (389, 396, 398, 445, 460, 2447)
　1995 Ed. (384, 391, 393, 437, 450, 1047, 2437)
　1996 Ed. (407, 412, 413, 414, 416, 464, 479, 3163)
First Interstate Bank of California (Los Angeles)
　1991 Ed. (471)
First Interstate Bank of California NA
　1993 Ed. (355, 395, 399, 405, 406, 445, 2603)
First Interstate Bank Card Corp.
　1994 Ed. (343)
First Interstate Bank/Denver
　1992 Ed. (3853, 3861)
　1993 Ed. (577, 578, 2298)
First Interstate Bank of Denver NA
　1991 Ed. (483)
　1994 Ed. (455)
　1995 Ed. (447)
　1997 Ed. (440)
First Interstate Bank of Fort Collins
　1992 Ed. (2961)
First Interstate Bank NA
　1991 Ed. (2814)
　1992 Ed. (555, 602, 848)
First Interstate Bank of Nevada NA
　1991 Ed. (622)
　1992 Ed. (797)
　1993 Ed. (588)
　1994 Ed. (595)
　1995 Ed. (564)
　1996 Ed. (633)
　1997 Ed. (574)
　1998 Ed. (334)
First Interstate Bank of Oklahoma
　1991 Ed. (1647)
　1992 Ed. (2106, 2107, 2109)
First Interstate Bank of Oregon
　1989 Ed. (648)
First Interstate Bank of Oregon NA
　1990 Ed. (662)
　1991 Ed. (641)
　1992 Ed. (813)
　1993 Ed. (607)
　1994 Ed. (610)
　1995 Ed. (580)
　1996 Ed. (650)
　1997 Ed. (589)
　1998 Ed. (334)
First Interstate Bank South Dakota NA
　1993 Ed. (505)
First Interstate Bank of Texas
　1992 Ed. (548)
First Interstate Bank of Texas NA
　1991 Ed. (676)
　1993 Ed. (644)
　1994 Ed. (646)
　1995 Ed. (618)
　1996 Ed. (692)
　1997 Ed. (627)
　1998 Ed. (334)
First Interstate Bank of Washington NA
　1991 Ed. (689)
　1992 Ed. (864)
　1993 Ed. (664)
　1994 Ed. (664)
　1995 Ed. (633)
　1996 Ed. (403, 709)
　1997 Ed. (370, 644)
First Interstate/California
　1989 Ed. (2159)
First Interstate Capital Management
　1996 Ed. (2429)
First Interstate Capital Markets Ltd.
　1993 Ed. (2262, 2267)
First Interstate Central Bank
　1998 Ed. (369)
First Interstate Mortgage
　1990 Ed. (2971)
First Interstate/Oklahoma
　1989 Ed. (2151)
First Interstate/Oregon
　1989 Ed. (2150)
First Interstate Tower
　1990 Ed. (2732)
First Interstate of Wisconsin
　1992 Ed. (502)
First Inv Qualified Div
　1991 Ed. (2570)
First Investment
　2020 Ed. (2617)
First Investment Bank
　2003 Ed. (472)
　2004 Ed. (459)
　2006 Ed. (422)
　2013 Ed. (415)
　2014 Ed. (432)
　2015 Ed. (488)
　2016 Ed. (441, 442)
　2017 Ed. (457, 458)
　2018 Ed. (421)
　2019 Ed. (428)
　2020 Ed. (416)
　2023 Ed. (635)
First Investment Bank AD
　2009 Ed. (411)
　2010 Ed. (388)
　2011 Ed. (313)
First Investment Co.
　2009 Ed. (2727, 2739)
　2010 Ed. (2663)
　2011 Ed. (2651)
　2014 Ed. (2655)
　2015 Ed. (2697)
　2016 Ed. (2620)
　2017 Ed. (2553)
　2018 Ed. (2621)
First Investors
　2003 Ed. (704)
　2006 Ed. (3682)
　2007 Ed. (648, 3682)
　2008 Ed. (3776)
　2009 Ed. (612)
First Investors Fund for Income A
　1996 Ed. (2795)
　1997 Ed. (688)
　1999 Ed. (753, 3539)
First Investors Global
　1991 Ed. (2558)
　1992 Ed. (3194)
　1993 Ed. (2661)
First Investors High Yield A
　1996 Ed. (2795)
　1997 Ed. (688)
First Investors Ins Intrm. T/E
　2000 Ed. (3285)
First Investors Insured Tax-Exempt
　1992 Ed. (4193)
　2004 Ed. (704)
First Investors Management
　2004 Ed. (710)
　2013 Ed. (2632, 2633, 3814)
First Investors Natural Res.
　1989 Ed. (1852)
First Investors Variable Annuity C Target Mat 2007
　2000 Ed. (4330)
FIRST INVSTR "C": DISCOVR
　1994 Ed. (3617)

First Japan Railways Company
    1992 Ed. (3612)
First Jersey
    1990 Ed. (1795)
First Jersey National Corp.
    1989 Ed. (364)
    1990 Ed. (415)
First Jersey National, N.J.
    1989 Ed. (2158)
First Kentucky National Corp.
    1989 Ed. (371, 390, 430, 431)
    1990 Ed. (415)
    2001 Ed. (822)
First Kentucky Trust (Ret.)
    1989 Ed. (2158)
First Keystone Corp.
    1999 Ed. (540)
    2000 Ed. (552)
First aid kits
    2004 Ed. (2617)
First Liberty Bank
    1998 Ed. (3541)
The First Life Insurance Co. Ltd.
    1990 Ed. (2246)
    1992 Ed. (2677)
    1994 Ed. (2268)
First Light Technologies
    2018 Ed. (1445)
First of Long Island Corp.
    1999 Ed. (444)
    2000 Ed. (437)
First Look Media
    2019 Ed. (3513)
First Los Angeles Bank
    1991 Ed. (594)
    1993 Ed. (554)
    1994 Ed. (556)
First Madison Bank
    1998 Ed. (371)
First Magnus Financial Corp.
    2006 Ed. (3977)
First Mainstreet Financial Ltd.
    2007 Ed. (357)
First Majestic Silver
    2015 Ed. (3673)
    2019 Ed. (3579)
    2020 Ed. (3548, 3553)
    2021 Ed. (3564)
First Majestic Silver Corp.
    2012 Ed. (1409)
    2013 Ed. (1530)
    2014 Ed. (1488, 1501)
    2018 Ed. (1468)
First Manhattan Co. Select Fund
    1999 Ed. (3546)
First Manistique Corp.
    2001 Ed. (4280)
    2002 Ed. (4294)
First Marathon
    1990 Ed. (811)
    1992 Ed. (958)
    1996 Ed. (807)
First Marathon Securities
    1989 Ed. (812)
    1990 Ed. (822)
    1992 Ed. (964)
    1994 Ed. (782, 785)
    1997 Ed. (749)
First Marblehead Corp.
    2005 Ed. (2574)
    2006 Ed. (1870, 1874, 2733, 2734, 4582)
    2007 Ed. (1875, 2723, 2724, 4556, 4566)
    2008 Ed. (1905, 1918, 1919, 1920, 1924, 2853, 2854)
    2009 Ed. (1874, 2924, 2925, 4572)
    2016 Ed. (1775)
The First Marblehead Corp.
    2013 Ed. (2699)
First Mariner Bancorp
    2016 Ed. (343)
First Maryland
    1992 Ed. (524)
First of Maryland
    1989 Ed. (2159)
First Maryland Bancorp
    1989 Ed. (392, 432)
    1990 Ed. (447, 456, 1535, 3253)
    1991 Ed. (387)
    1993 Ed. (3277)
    1994 Ed. (3267)
    1995 Ed. (3348)
    1996 Ed. (375, 376)
    1999 Ed. (660)
First McMinnville Corp.
    1999 Ed. (540)
    2000 Ed. (552)
First Medical Health Plan Inc.
    2006 Ed. (3093)
    2016 Ed. (1973)
    2017 Ed. (1937)
    2018 Ed. (1885, 1887)
First Mental Health
    1996 Ed. (2561)
First Merchant Bank
    2011 Ed. (409)
    2013 Ed. (342)
    2014 Ed. (360)
    2015 Ed. (412)

First Merchant Bank of Zimbabwe
    1993 Ed. (672)
    1994 Ed. (673)
First Merchants
    2021 Ed. (328)
First Merchants Acceptance Corp.
    1999 Ed. (1118, 2622)
First Merchants Bank
    2021 Ed. (373)
    2022 Ed. (386)
    2023 Ed. (504)
First Metro Investment Corp.
    1989 Ed. (1782)
    1990 Ed. (2316)
    1996 Ed. (3392)
    1997 Ed. (3487)
First Metropolitan Mortgage
    2005 Ed. (3495)
First Michigan Bank
    2013 Ed. (482)
First Michigan Bank Corp.
    1999 Ed. (662)
First of Michigan Corp.
    1992 Ed. (3871, 3893)
    1995 Ed. (2331)
First MidWest Bank
    2014 Ed. (496)
First Midwest Bank
    2001 Ed. (612)
    2006 Ed. (424)
    2007 Ed. (416)
    2008 Ed. (394)
    2021 Ed. (327, 372)
    2022 Ed. (339, 385)
    2023 Ed. (431, 503)
First Midwest Bank Amphitheatre
    2011 Ed. (180)
    2015 Ed. (205)
    2016 Ed. (196)
First Midwest Bank/Illinois N.A.
    1992 Ed. (636)
First MidWest Bank NA
    1992 Ed. (636)
    1997 Ed. (493)
    1998 Ed. (363)
    2002 Ed. (539)
    2009 Ed. (417)
    2010 Ed. (393)
    2011 Ed. (318)
    2012 Ed. (333)
    2013 Ed. (301)
    2014 Ed. (315)
    2015 Ed. (356)
    2016 Ed. (347)
First Midwest Bank North America
    2001 Ed. (610, 611)
First Midwest Bankcorp.
    1990 Ed. (456)
First Midwest Corp.
    1998 Ed. (287)
First Mining Finance Corp.
    2018 Ed. (4528)
First Mississippi
    1989 Ed. (876)
    1990 Ed. (935, 936, 940, 1757)
    1991 Ed. (1662)
    1992 Ed. (2128)
    1993 Ed. (1762)
    1994 Ed. (1753)
    1995 Ed. (951, 3434)
    1997 Ed. (952, 958)
    1998 Ed. (702)
First Montana Bank
    2021 Ed. (340)
First Montauk Securities
    1999 Ed. (843, 845)
    2000 Ed. (842)
    2002 Ed. (789, 799)
First Mortgage
    1995 Ed. (2822)
First Mortgage Direct
    2023 Ed. (1817)
First Mortgage Solutions
    2015 Ed. (1763)
First Mutual Properties Limited
    2022 Ed. (1352, 4103)
First Mutual Properties Limited (Zimbabwe)
    2022 Ed. (1352, 4103)
First Nat Bank Hldgs
    2000 Ed. (2876, 2877)
First National
    1990 Ed. (545, 590, 679, 680, 681, 697)
    1991 Ed. (2571, 3148)
    1993 Ed. (1396)
    1994 Ed. (203)
    1995 Ed. (1486)
First National AlarmCap Income Fund
    2009 Ed. (1576)
    2011 Ed. (1144)
First National Bancshares
    2015 Ed. (559)
First National Bancshares Inc.
    2005 Ed. (365, 374)
First National Bank
    1989 Ed. (204, 207, 208, 210, 212, 214, 215, 216, 217, 218, 219, 365, 425, 436, 510, 511, 512, 513, 540, 556, 617, 626)

    1990 Ed. (425, 427, 461, 462, 467, 528, 579, 591, 633)
    1991 Ed. (367, 368, 406, 616, 638, 2811)
    1992 Ed. (528, 681, 701, 702, 747, 774, 792, 801)
    1993 Ed. (359, 371, 382, 384, 502, 504, 505, 506, 511, 545, 564, 583, 594, 2965)
    1994 Ed. (353, 371, 451, 460, 506, 507, 508, 510, 546, 566, 590, 599, 3143)
    1995 Ed. (359, 360, 365, 368, 443, 450, 489, 542, 560, 1771)
    1996 Ed. (387, 390, 392, 472, 479, 534, 535, 537, 541, 542, 545, 601, 629)
    1997 Ed. (1257)
    1998 Ed. (294, 363, 370, 371, 372, 375, 394, 413)
    2004 Ed. (542)
    2005 Ed. (380, 523, 3307)
    2008 Ed. (430, 431)
    2009 Ed. (452, 455, 456)
    2010 Ed. (431, 434, 435)
    2011 Ed. (356, 359, 360)
    2012 Ed. (356, 358)
    2013 Ed. (485)
    2015 Ed. (561, 755)
    2016 Ed. (370, 506, 681)
    2017 Ed. (354, 369)
    2018 Ed. (323, 340)
    2019 Ed. (344)
    2020 Ed. (344)
    2021 Ed. (362, 378, 390, 400, 418, 658, 659)
    2022 Ed. (331, 345, 353, 359, 374, 391, 432, 626, 697)
    2023 Ed. (467, 511, 535, 574, 856, 886)
First National Bank Alaska
    2004 Ed. (401, 403, 404, 405, 408)
    2014 Ed. (1346)
    2015 Ed. (1423)
    2016 Ed. (1346)
    2018 Ed. (1352)
    2019 Ed. (1390)
    2021 Ed. (360)
    2022 Ed. (372)
    2023 Ed. (465)
First National Bank/Amarillo
    1993 Ed. (578, 579)
    1994 Ed. (581, 582)
First National Bank of America
    2021 Ed. (381)
    2022 Ed. (394)
    2023 Ed. (515)
First National Bank of Anchorage
    2002 Ed. (3550, 3551, 3552, 3555, 3557)
    2003 Ed. (2472)
First National Bank (Atlanta)
    1991 Ed. (526)
First National Bank of Atlanta
    1990 Ed. (1014)
    1991 Ed. (944, 946)
    1992 Ed. (1178, 1180)
First National Bank of Bastrop
    2023 Ed. (552)
First National Bank of Blanchardville
    2005 Ed. (372)
First National Bank of Blue Earth
    1996 Ed. (541)
First National Bank (Boston)
    1991 Ed. (605)
First National Bank of Boston
    1990 Ed. (549, 1014)
    1991 Ed. (944, 2979)
    1992 Ed. (569, 1180)
    1993 Ed. (401)
    1994 Ed. (390, 391, 399)
    1995 Ed. (386)
    1996 Ed. (400, 404, 409)
    1997 Ed. (375, 376)
    1998 Ed. (305, 311)
First National Bank of Botswana
    2013 Ed. (336)
    2014 Ed. (355)
    2015 Ed. (403, 1402)
    2016 Ed. (1332)
    2017 Ed. (372)
    2019 Ed. (347)
    2023 Ed. (559)
First National Bank of Botswana Ltd.
    2002 Ed. (4387)
    2006 Ed. (4488)
First National Bank in Brookings
    1996 Ed. (403)
    1997 Ed. (370)
    1998 Ed. (310)
First National Bank (Chicago)
    1991 Ed. (543)
First National Bank of Chicago
    1989 Ed. (2783)
    1990 Ed. (520, 525, 527, 2436, 3165, 3176, 3190)
    1991 Ed. (478, 2673)
    1992 Ed. (551, 559, 570, 636, 673, 1178, 2718, 2723, 3339)
    1993 Ed. (399, 408, 409, 410, 450, 578, 2274, 2277, 2417, 2767)
    1994 Ed. (379, 381, 389, 391, 398, 581, 582, 1631, 2737, 2740)

    1995 Ed. (384, 386, 393, 585, 2442)
    1996 Ed. (399, 407, 409, 416, 420, 1647, 1650, 1653, 2378, 2479, 2484)
    1997 Ed. (359, 360, 364, 374, 376, 383, 436, 1728, 1729, 2622)
    1998 Ed. (297, 301, 305, 343, 1543)
    1999 Ed. (407, 410, 493, 1836, 3182)
    2000 Ed. (399, 407, 486)
First National Bank of Colorado
    2005 Ed. (480)
First National Bank-Colorado
    2004 Ed. (542)
First National Bank of Commerce
    1992 Ed. (762)
    1993 Ed. (555, 2269)
    1994 Ed. (557)
    1995 Ed. (531)
    1996 Ed. (588)
    1997 Ed. (544)
    1998 Ed. (391)
First National Bank of Commerce (New Orleans)
    1991 Ed. (595)
First National Bank of Dona Ana County
    1996 Ed. (545)
    1997 Ed. (504)
First National Bank, Ely, NV
    1992 Ed. (703)
First National Bank of Evergreen Park
    1993 Ed. (450)
    1994 Ed. (451)
    1995 Ed. (443)
    1996 Ed. (472)
The First National Bank of Fort Smith
    2022 Ed. (374)
    2023 Ed. (467)
First National Bank of Gillette
    2021 Ed. (410)
    2022 Ed. (423)
    2023 Ed. (547)
First National Bank Group
    2005 Ed. (451)
    2007 Ed. (388, 462)
    2009 Ed. (388)
    2011 Ed. (287)
First National Bank Holding Co.
    2005 Ed. (379, 451)
    2007 Ed. (388)
First National Bank Holdings
    1995 Ed. (397, 606)
    1996 Ed. (421, 679)
    1997 Ed. (388, 614)
    1999 Ed. (446, 638, 641)
    2000 Ed. (439, 664)
First National Bank of Holdrege
    1999 Ed. (415)
    2000 Ed. (412)
First National Bank of Hope
    1993 Ed. (510)
First National Bank of Houma
    1996 Ed. (535)
First National Bank of Howard County
    1994 Ed. (511)
First National Bank in Howell
    1999 Ed. (502)
    2000 Ed. (510)
    2001 Ed. (620)
    2002 Ed. (551)
First National Bank-Hutchinson
    1989 Ed. (1411)
    1991 Ed. (1648, 1649)
First National Bank of Indiana
    1997 Ed. (500)
The First National Bank of Israel
    1993 Ed. (3506)
First National Bank of Keystone
    1998 Ed. (364, 366, 368)
    1999 Ed. (539)
    2000 Ed. (550)
First National Bank of La Grange
    1999 Ed. (494)
    2000 Ed. (487)
    2010 Ed. (394)
    2011 Ed. (319)
First National Bank of Leesport
    1997 Ed. (502)
First National Bank (Louisville)
    1991 Ed. (581)
First National Bank of Louisville
    1991 Ed. (2306)
First National Bank of Marin
    1999 Ed. (1793)
First National Bank of Maryland
    1989 Ed. (616)
    1992 Ed. (670, 773)
    1993 Ed. (563, 2325)
    1994 Ed. (565)
    1995 Ed. (541)
    1996 Ed. (508, 600)
    1997 Ed. (472, 553)
    1998 Ed. (358, 393)
    1999 Ed. (525, 3182)
First National Bank of Maryland (Baltimore)
    1991 Ed. (604)
First National Bank of McIntosh
    1998 Ed. (367)

First National Bank of Michigan
  1994 Ed. (507)
  1996 Ed. (535, 537)
  1997 Ed. (494, 496)
  1998 Ed. (333, 366)
  1999 Ed. (440)
First National Bank of Minnesota
  1997 Ed. (500)
First National Bank of Mt. Vernon
  1996 Ed. (542)
First National Bank of Namibia
  2013 Ed. (347)
  2014 Ed. (365)
  2015 Ed. (417)
  2016 Ed. (381)
  2017 Ed. (380)
  2018 Ed. (351)
  2019 Ed. (354)
  2023 Ed. (570)
First National Bank of Namibia Ltd.
  1993 Ed. (581)
  1994 Ed. (588)
  1995 Ed. (558)
  1996 Ed. (628)
  1997 Ed. (570)
  1999 Ed. (604)
  2000 Ed. (627)
First National Bank ND
  2000 Ed. (412)
First National Bank of North Tarrytown
  1991 Ed. (630)
  1992 Ed. (803)
First National Bank of Northwest Florida
  1998 Ed. (3314)
First National Bank of Olney
  1997 Ed. (180)
  1999 Ed. (541)
First National Bank of Omaha
  1993 Ed. (351)
  1994 Ed. (343)
  1995 Ed. (348)
  1996 Ed. (2604)
  1997 Ed. (335)
  1998 Ed. (272, 2464)
  1999 Ed. (376)
  2000 Ed. (379)
  2002 Ed. (248)
  2003 Ed. (1772)
  2005 Ed. (191, 1892)
  2008 Ed. (196)
  2009 Ed. (217)
  2010 Ed. (197)
  2011 Ed. (120)
  2012 Ed. (126)
  2013 Ed. (105)
  2014 Ed. (112)
  2015 Ed. (127)
  2016 Ed. (133, 134)
  2017 Ed. (126)
  2018 Ed. (126)
  2019 Ed. (122)
  2020 Ed. (117)
  2021 Ed. (109, 320, 386)
  2022 Ed. (114, 333, 353, 399)
  2023 Ed. (188, 424, 521)
First National Bank-Omaha
  1991 Ed. (2219, 2235)
First National Bank of Omaha (Omaha, NE)
  2021 Ed. (109)
The First National Bank of Orwell
  2021 Ed. (405)
  2022 Ed. (418)
  2023 Ed. (542)
First National Bank (PA)
  2022 Ed. (359)
First National Bank of Panhandle
  1997 Ed. (370)
First National Bank of Pennsylvania
  2021 Ed. (397)
  2022 Ed. (410)
  2023 Ed. (532)
First National Bank in Philip
  1998 Ed. (102)
First National Bank of Portsmouth
  1993 Ed. (592)
First National Bank PT International Equity
  1994 Ed. (2312)
First National Bank of Rowena
  1996 Ed. (387)
First National Bank of Santa Fe
  2013 Ed. (305)
First National Bank; Seattle-
  1990 Ed. (715)
The First National Bank in Sioux Falls
  2021 Ed. (400)
  2022 Ed. (413)
  2023 Ed. (535)
First National Bank of South Africa
  1990 Ed. (678)
  1991 Ed. (415, 660)
First National Bank of Southern Africa
  1990 Ed. (571)
  1992 Ed. (574, 833)
  1993 Ed. (414, 626, 627)
  1994 Ed. (404, 631)
First National Bank of Southwestern Ohio
  2000 Ed. (434)

First National Bank Stratton
  1998 Ed. (375)
First National Bank of Stratton
  1997 Ed. (505)
First National Bank of Summer
  1997 Ed. (499)
First National Bank of Swaziland
  2013 Ed. (354)
  2014 Ed. (372)
  2015 Ed. (426)
First National Bank Texas
  2022 Ed. (330)
  2023 Ed. (447)
First National Bank & Trust of Broken Arrow
  1996 Ed. (545)
First National Bank & Trust Co.
  1989 Ed. (204, 208, 210, 214, 215, 216)
  1998 Ed. (370)
  2005 Ed. (1065, 3303)
  2008 Ed. (427)
  2009 Ed. (452)
First National Bank of Wheaton
  1996 Ed. (678, 2640)
First National of Boston
  1995 Ed. (366)
First National Building Society
  1990 Ed. (1790)
First National Capital Corp.
  2008 Ed. (4371)
First National Cinc
  1989 Ed. (623)
First National Cincinnati Corp.
  1989 Ed. (368, 403)
  1990 Ed. (440)
First National Community Bancorp
  2015 Ed. (381)
First National Equities
  2001 Ed. (1536)
First National Financial
  2015 Ed. (2728)
First National Lincoln, Neb.
  1989 Ed. (2160)
First National of Nebraska Inc.
  1997 Ed. (345)
  1998 Ed. (283, 291)
  2001 Ed. (569)
  2002 Ed. (3551, 3552, 3554, 3557)
  2004 Ed. (401, 404, 405, 1224, 4697)
  2005 Ed. (358, 2046)
  2012 Ed. (312)
  2013 Ed. (324)
First National Realty & Development Co., Inc.
  1990 Ed. (3286)
First National Securities
  1990 Ed. (1787)
First National South
  1997 Ed. (503)
  1998 Ed. (373)
First National Wealth Management
  2012 Ed. (3330)
  2013 Ed. (3403)
First Nationwide
  1990 Ed. (3102)
First Nationwide Bank
  1991 Ed. (1660, 2482, 2486, 2919)
  1992 Ed. (506, 3774, 3776, 3777, 3778, 3780, 3784, 3786, 3787, 3788, 3791, 3793, 3794, 3795, 3796, 3797, 3798, 4286)
  1994 Ed. (2551, 3527, 3528)
  1996 Ed. (360, 3684, 3685)
  1997 Ed. (3740, 3741)
  1998 Ed. (268, 270, 2530, 3128, 3133, 3136, 3139, 3140, 3141, 3144, 3147, 3148, 3150, 3151, 3152, 3156, 3535, 3567)
  1999 Ed. (3435)
First Nationwide Bank, A Federal Savings Bank
  1990 Ed. (3097)
First Nationwide Bank, FSB
  1990 Ed. (422, 515, 516, 2606, 3096, 3098, 3100, 3126, 3575, 3576, 3584)
  1991 Ed. (363, 3373, 3374, 3375)
  1998 Ed. (3531, 3533)
First Nationwide Bank, a FSB
  1993 Ed. (3073, 3074, 3076, 3077, 3078, 3079, 3080, 3084, 3086, 3092, 3093, 3094, 3095, 3096, 3097, 3565, 3569)
  1998 Ed. (3142, 3149)
First Nationwide Bank, FSB (San Francisco)
  1991 Ed. (3365)
First Nationwide Bank, FSB (San Francisco, CA)
  1991 Ed. (3364)
First Nationwide Mortgage
  1998 Ed. (1861, 2527)
  1999 Ed. (2608, 3437)
  2000 Ed. (3159, 3162)
  2001 Ed. (3352)
  2002 Ed. (3382, 3384, 3388)
First Nationwide Savings
  1990 Ed. (2434)
  1991 Ed. (2304)
  1995 Ed. (2437)

First Nat'l.-Chicago
  1990 Ed. (2645)
First NB of Boston
  1992 Ed. (561)
First NB of LaGrange
  2002 Ed. (540)
First NBC Bank
  2013 Ed. (1815)
  2014 Ed. (1742)
First NBC Bank Holding Co.
  2016 Ed. (1745)
  2019 Ed. (324)
First Nebraska Credit Union
  2002 Ed. (1877)
  2018 Ed. (2107)
  2020 Ed. (2086)
  2021 Ed. (2076)
  2022 Ed. (2111)
  2023 Ed. (2226)
First Nebraska Educators Credit Union
  2003 Ed. (1931)
  2004 Ed. (1971)
  2005 Ed. (2113)
  2006 Ed. (2208)
  2007 Ed. (2129)
  2008 Ed. (2244)
  2009 Ed. (2230)
  2010 Ed. (2184)
First Nebraska Educators & Employee Groups Credit Union
  2011 Ed. (2202)
  2012 Ed. (2063)
  2013 Ed. (2245)
  2014 Ed. (2177)
  2015 Ed. (2241)
  2016 Ed. (2212)
First of Neenah, Wis.
  1989 Ed. (2152, 2159, 2160)
First New England Mortgage
  2007 Ed. (2572)
First New Hampshire Bank of Lebanon
  1990 Ed. (649)
First New Hampshire Bank, NA-Manchester
  1993 Ed. (592)
First New Hampshire Banks Inc.
  1991 Ed. (623)
First New York Bank for Business
  1993 Ed. (2966, 2967)
First New York Federal Credit Union
  2021 Ed. (2035)
First NH Banks Inc.
  1990 Ed. (453)
First Niagara Bank
  2007 Ed. (1183)
  2010 Ed. (1039, 1040, 3704, 4418)
  2011 Ed. (966, 967, 3697, 3699, 4361, 4363, 4374, 4379)
First Niagara Bank, FSB
  2007 Ed. (3636)
First Niagara Bank NA
  2016 Ed. (134)
First Niagara Financial Group
  2013 Ed. (541)
  2014 Ed. (556)
First Niagara Financial Group Inc.
  2005 Ed. (426, 427)
  2012 Ed. (3712, 3713, 3714, 4701, 4702, 4703)
  2013 Ed. (4662, 4663, 4664)
  2014 Ed. (3693, 4714, 4715, 4716)
  2015 Ed. (3712, 4726, 4727, 4728)
  2016 Ed. (1881, 4628, 4629, 4630)
  2017 Ed. (4644, 4645, 4646)
First Niagara Risk Management Inc.
  2011 Ed. (3199)
  2012 Ed. (3154)
  2013 Ed. (3230)
  2014 Ed. (3249)
First Nonprofit Mutual Insurance Co.
  2010 Ed. (3263)
First North American National Bank
  1998 Ed. (368)
First Northern Bank of Dixon
  2023 Ed. (469)
First Northern Bank of Wyoming
  2021 Ed. (410)
  2022 Ed. (423)
  2023 Ed. (547)
First Northern Capital Corp.
  2002 Ed. (484)
First Northern Cooperative Bank
  1990 Ed. (3122, 3131)
First Northern Savings Bank
  1998 Ed. (3571)
First Northwest Bancorp
  2022 Ed. (1999)
First Oak Brook Bancshares
  1999 Ed. (423)
  2007 Ed. (2229)
First Ohio Bancshares
  1992 Ed. (502)
First aid ointments
  2004 Ed. (2617)
First aid ointments/antiseptics
  2002 Ed. (2281)
First of Omaha
  1995 Ed. (2540)

First Omaha Equity Fund
  1996 Ed. (620)
First Omaha Fixed Income Fund
  2000 Ed. (626)
First of Omaha Merchant Processing
  2001 Ed. (1955)
First Omni Bank NA
  1991 Ed. (520)
First Onsite Property Restoration
  2023 Ed. (3183)
First Option Health Plan
  1997 Ed. (2199)
First Option Health Plan of New Jersey, Inc.
  1998 Ed. (1919)
  1999 Ed. (2657)
  2000 Ed. (2440)
First Pacific
  1996 Ed. (2138, 2139)
  1997 Ed. (1423)
  1999 Ed. (868, 869, 870, 871, 1648, 1650, 3469)
  2000 Ed. (1452)
  2001 Ed. (1723)
  2012 Ed. (354)
  2013 Ed. (3400)
  2014 Ed. (3400)
  2015 Ed. (3433)
  2016 Ed. (3293)
  2017 Ed. (3255)
  2019 Ed. (3305)
  2020 Ed. (3307)
First Pacific Bancshares
  1992 Ed. (2443)
  1993 Ed. (2059)
First Pacific Capital Corp.
  1991 Ed. (2414)
First Pacific Co.
  2017 Ed. (961)
First Pacific Co., Ltd.
  2013 Ed. (3576)
  2017 Ed. (2458)
  2021 Ed. (2578)
  2022 Ed. (2694)
First Pacific Company Ltd.
  2000 Ed. (1450)
  2021 Ed. (2453)
  2022 Ed. (2563)
First Palmetto Bank
  2021 Ed. (399)
  2022 Ed. (412)
First Penn-Pacific
  1995 Ed. (2277, 2296, 2297, 2299)
  1997 Ed. (2438, 2439, 2441)
  1998 Ed. (2169, 2188)
  1999 Ed. (2938, 2940)
First Pennsylvania Bank
  1989 Ed. (653)
First Pennsylvania Bank NA
  1990 Ed. (667)
  1991 Ed. (646)
First Pennsylvania Corp.
  1989 Ed. (405)
  1990 Ed. (703)
  1991 Ed. (396)
  1992 Ed. (502)
First Peoples Community Federal Credit Union
  2021 Ed. (2025)
First Peoples Financial Corp.
  1992 Ed. (820)
  1993 Ed. (614)
First Person Inc.
  2020 Ed. (2318, 3169)
  2021 Ed. (3034)
  2022 Ed. (3169)
First of Philadelphia Investment Group
  1993 Ed. (768)
First Philippine Holdings Corp.
  1994 Ed. (2432)
First Piedmont Federal Savings & Loan Association of Gaffney
  2021 Ed. (4319)
  2022 Ed. (4326)
  2023 Ed. (4356)
First Pioneer Farm Credit
  2000 Ed. (222)
First Place Bank
  2013 Ed. (4372)
First Place Financial Corp.
  2014 Ed. (313)
First Point Power
  2016 Ed. (2463)
First Point Power LLC
  2018 Ed. (1890)
  2019 Ed. (1936)
First Potomac Realty
  2006 Ed. (2114)
First Prairie Dividend Asset
  1993 Ed. (2693)
First Premier Bank
  1995 Ed. (348, 2540)
  1998 Ed. (364, 368)
  2000 Ed. (433)
  2013 Ed. (2051)
  2021 Ed. (400)
  2022 Ed. (413)
  2023 Ed. (535)

CUMULATIVE INDEX • 1989-2023

First aid preparations
  1996 Ed. (3094)
First Private Bank Ltd.
  1994 Ed. (441)
  1995 Ed. (434)
  1996 Ed. (460, 461)
  1997 Ed. (423, 424, 2012)
First aid products
  1993 Ed. (2811)
  2001 Ed. (2106)
  2003 Ed. (3945, 3946)
First Professionals Insurance Co., Inc.
  2004 Ed. (3135)
  2005 Ed. (3143)
First PTS Inc.
  2010 Ed. (317, 318)
  2011 Ed. (241)
First Public Savings
  1990 Ed. (463)
First Quadrant
  1990 Ed. (2342)
  1991 Ed. (2222)
  1993 Ed. (2294, 2304, 2312)
  1994 Ed. (2296, 2332)
  1995 Ed. (2354, 2392)
  1996 Ed. (2426, 2428)
  1997 Ed. (2519, 2521, 2551, 2553)
  1998 Ed. (2302, 2309)
  1999 Ed. (1251, 3046, 3061, 3108)
  2000 Ed. (2778, 2800, 2851, 2854, 2857, 2858)
  2002 Ed. (3013, 3020)
  2003 Ed. (3080, 3089)
  2005 Ed. (3583, 3595)
First Quadrant LP
  2000 Ed. (2859)
First Quadrant LP, U.S. Market-Neutral Equity
  2003 Ed. (3125)
First Quality
  2010 Ed. (3765)
First Quality Nonwoven
  2011 Ed. (3767)
First Quality Tissue
  2012 Ed. (2195, 3494)
First Quantum
  2012 Ed. (3673)
  2021 Ed. (608)
First Quantum Minerals
  2013 Ed. (3687, 3726)
  2014 Ed. (3621, 3661, 3665)
  2015 Ed. (3634, 3673, 3674, 3679, 3683)
  2016 Ed. (3518, 3558, 3561, 3562, 3566)
  2017 Ed. (3533, 3536)
  2018 Ed. (3584, 3587)
  2019 Ed. (3577, 3578)
  2020 Ed. (3549, 3550)
  2021 Ed. (1449, 3571, 3573)
  2022 Ed. (1462, 3629)
  2023 Ed. (1647, 3724, 3729, 3731)
First Quantum Minerals Ltd.
  2003 Ed. (3376)
  2005 Ed. (1664, 1702, 1705)
  2006 Ed. (1607, 4594)
  2007 Ed. (1649)
  2009 Ed. (1556, 1558, 3725, 3744, 3745)
  2010 Ed. (1516, 1517, 3682, 3683)
  2011 Ed. (1509, 3666, 3667, 4554)
  2012 Ed. (1357, 1358, 1408, 3672, 3674, 4564)
  2013 Ed. (1514, 3729, 3734)
  2014 Ed. (1483, 3574, 3664, 3668)
  2015 Ed. (1538, 1545, 1557, 3588, 3682, 3684)
  2016 Ed. (1478, 3519, 3565)
  2017 Ed. (1479, 1481, 3492, 3537)
  2018 Ed. (3546, 3580)
  2019 Ed. (3537, 3572)
  2020 Ed. (3520, 3547)
  2021 Ed. (3572)
  2022 Ed. (3625, 3631)
  2023 Ed. (3722)
First Quardrant
  2000 Ed. (2797)
First Rand Bank
  2008 Ed. (84)
First Regional Bancorp
  2007 Ed. (390)
  2008 Ed. (372, 427, 428)
  2009 Ed. (392, 394)
First Regional Bank
  2009 Ed. (495)
First Reliance Bank
  2008 Ed. (2074)
  2009 Ed. (2045)
  2011 Ed. (2038)
  2012 Ed. (1887)
  2015 Ed. (31)
  2016 Ed. (31)
  2017 Ed. (28)
First Republic
  1995 Ed. (353)
  1998 Ed. (2400)
First Republic Bancorp Inc.
  1995 Ed. (884)
First Republic Bank
  1989 Ed. (2666)
  1990 Ed. (2682, 3562)

1996 Ed. (544)
2005 Ed. (3303)
2013 Ed. (324)
2014 Ed. (338)
2015 Ed. (378)
2016 Ed. (359)
2017 Ed. (358)
2018 Ed. (321, 324, 329, 335)
2019 Ed. (327, 332, 338)
2020 Ed. (331, 336, 4161)
2021 Ed. (363)
2022 Ed. (376)
2023 Ed. (423, 480, 490)
First Republic Bank CA
  2012 Ed. (329)
  2013 Ed. (300)
  2014 Ed. (314)
  2015 Ed. (355)
  2016 Ed. (346)
  2017 Ed. (355)
First Republic Corp. of America
  2003 Ed. (2491, 2492)
  2004 Ed. (4586)
  2005 Ed. (2613, 2614)
  2006 Ed. (2612)
  2007 Ed. (2588)
  2008 Ed. (2724, 2725)
  2009 Ed. (2779, 2780)
  2010 Ed. (2711, 2712)
  2011 Ed. (2697, 2698)
  2012 Ed. (2627)
  2015 Ed. (2743, 3188)
  2016 Ed. (2673, 2674)
First Republic Investment Management
  2019 Ed. (3296)
  2020 Ed. (3299)
  2021 Ed. (3158)
  2022 Ed. (3302)
  2023 Ed. (3390)
First RepublicBank Asset Management Co.
  1989 Ed. (1805)
First Republicbank Corp.
  1989 Ed. (376, 677, 2648)
  1992 Ed. (547)
First RepublicBank Dallas NA
  1989 Ed. (510, 511, 513)
  1990 Ed. (698)
First Reserve
  1997 Ed. (2538)
  1998 Ed. (2259, 2275)
  1999 Ed. (3057)
  2000 Ed. (2792)
  2002 Ed. (3014)
  2003 Ed. (3085, 3211)
  2006 Ed. (1417)
  2009 Ed. (3453)
First Residential Mortgage
  2008 Ed. (1879)
First Resource Bank
  2016 Ed. (509)
First Resources
  2015 Ed. (1445, 2018)
First Response
  1991 Ed. (1929)
  1992 Ed. (3320, 3523)
  1993 Ed. (2758, 2910)
  1996 Ed. (2897, 3081)
  2003 Ed. (3922)
  2014 Ed. (3827)
  2017 Ed. (3955)
  2018 Ed. (3977)
  2020 Ed. (3974)
  2021 Ed. (3940)
First Response Gold
  2017 Ed. (3955)
  2018 Ed. (3977)
  2020 Ed. (3974)
  2021 Ed. (3940)
First Response Rapid Result
  2017 Ed. (3955)
  2018 Ed. (3977)
  2020 Ed. (3974)
  2021 Ed. (3940)
First Risk Management/IBC Inc.
  2006 Ed. (4199)
  2008 Ed. (4249)
  2011 Ed. (4316)
  2012 Ed. (4378)
First Round Capital
  2010 Ed. (4845)
First Russian Frontiers
  1999 Ed. (3584)
First Sate Insurance Co.
  1992 Ed. (2648)
First Saving Bank Hegewisch
  2006 Ed. (4736)
  2007 Ed. (4750)
  2008 Ed. (4674)
First Saving Bank of Hegewisch
  2010 Ed. (4728)
  2011 Ed. (4687)
First Savings of America, FS&LA
  1990 Ed. (3586)
First Savings of Arkansas FA
  1992 Ed. (3771)
First Savings Bank
  1992 Ed. (533)
  1993 Ed. (3290)

1994 Ed. (3281)
1995 Ed. (3361)
2004 Ed. (4719)
2021 Ed. (4320)
2022 Ed. (4327)
2023 Ed. (4357)
First Savings Bank of Perkasie
  2000 Ed. (3857, 4251)
First Savings Bank of Washington
  1998 Ed. (3570)
First Savings East Texas
  1989 Ed. (2360)
First Savings & Loan Association
  2021 Ed. (4313)
  2022 Ed. (4320)
  2023 Ed. (4350)
First Savings Mortgage
  2022 Ed. (3691)
First Script Network Services
  2010 Ed. (2400)
  2012 Ed. (3975)
First Seacoast Bank
  2021 Ed. (4309)
  2022 Ed. (4316)
  2023 Ed. (4346)
First Securities Co., Ltd.
  1990 Ed. (821)
First Securities Investment Trust Fund
  1993 Ed. (2684)
First Security Bancorp
  2011 Ed. (287)
  2012 Ed. (311)
  2014 Ed. (339)
  2018 Ed. (488)
First Security Bank
  1990 Ed. (717)
  1999 Ed. (198, 399, 415, 539)
  2000 Ed. (220, 398, 412, 550)
  2021 Ed. (318, 362)
  2022 Ed. (331, 352, 374)
  2023 Ed. (422, 444, 467)
First Security Bank of Craig NA
  1998 Ed. (365)
First Security Bank of Idaho NA
  1993 Ed. (501)
  1994 Ed. (505)
  1995 Ed. (488)
  1996 Ed. (533)
  1997 Ed. (492)
First Security Bank of Idaho NA (Boise)
  1991 Ed. (542)
  1992 Ed. (700)
First Security Bank (Lake Benton, MN)
  2000 Ed. (551)
First Security Bank Missoula
  1996 Ed. (538)
First Security Bank, N.A.
  1998 Ed. (296, 310)
  2002 Ed. (249)
First Security Bank of Nevada
  2021 Ed. (387)
  2022 Ed. (400)
  2023 Ed. (522)
First Security Bank of New Mexico NA
  1995 Ed. (569)
  1996 Ed. (639)
  1997 Ed. (578)
  1998 Ed. (417)
First Security Bank of Oregon NA
  1998 Ed. (3563)
First Security Bank of Utah NA
  1991 Ed. (685)
  1992 Ed. (860)
  1993 Ed. (660)
  1994 Ed. (661)
  1995 Ed. (630)
  1996 Ed. (706)
  1997 Ed. (639)
  1998 Ed. (432)
First Security Corp.
  1989 Ed. (714)
  1992 Ed. (519)
  1993 Ed. (377, 666)
  1994 Ed. (667, 3285)
  1995 Ed. (492)
  1996 Ed. (3183)
  1999 Ed. (4027)
  2000 Ed. (3738, 3740)
  2001 Ed. (657, 658, 805)
  2002 Ed. (437)
  2010 Ed. (2027)
First Security FSB
  2006 Ed. (4736)
First Security Islami Bank
  2014 Ed. (2649)
  2015 Ed. (2691)
  2016 Ed. (2613)
  2017 Ed. (2546)
  2018 Ed. (2614)
  2019 Ed. (2600)
  2020 Ed. (2608)
  2023 Ed. (2793)
First Security Life & Health Assurance Co.
  1998 Ed. (2191)
  1999 Ed. (2960)
First Security National Bank & Trust Co.
  1992 Ed. (747)

First Security National Bank & Trust Co. (Lexington)
  1991 Ed. (581)
First Security Savings Bank
  1990 Ed. (2476, 3124, 3133)
  1996 Ed. (2680)
First Security Service Co.
  2001 Ed. (1890)
First Security Van Kasper
  2001 Ed. (560, 805, 931)
First Seismic
  1994 Ed. (2704)
First Sentinel Bancorp Inc.
  2005 Ed. (355)
First Service Bank for Savings
  1990 Ed. (3455)
First Service Credit Union
  2010 Ed. (2140)
First Service Security Division
  2006 Ed. (4274)
  2007 Ed. (4297)
  2008 Ed. (4302)
  2009 Ed. (4408)
First in Service Travel Ltd.
  2015 Ed. (3016)
First Shanghai Capital
  1996 Ed. (3376)
First Shore Federal Savings & Loan Association
  2021 Ed. (4300)
  2022 Ed. (4308)
  2023 Ed. (4338)
First Sierra Financial Inc.
  2001 Ed. (577)
First Signal
  2017 Ed. (3955)
  2018 Ed. (3977)
  2020 Ed. (3974)
  2021 Ed. (3940)
First Signature Bank & Trust Co.
  1993 Ed. (590)
  1994 Ed. (597)
First Solar
  2013 Ed. (4221)
  2014 Ed. (4258)
  2016 Ed. (4407, 4412, 4416, 4417)
  2017 Ed. (1384, 1392, 4423, 4424, 4427, 4430)
  2018 Ed. (4444, 4445, 4447, 4449, 4532)
  2019 Ed. (4362, 4437, 4457, 4458, 4461)
  2020 Ed. (4358)
First Solar Corp.
  2017 Ed. (2321)
  2018 Ed. (1327)
First Solar Inc.
  2007 Ed. (2380)
  2009 Ed. (2897, 2906, 4559, 4565, 4570)
  2010 Ed. (2382, 2841, 2850, 3532)
  2011 Ed. (1016, 2383, 2823, 2830, 2832, 2833, 2834, 2835, 3531)
  2012 Ed. (1309, 2311, 2315, 2342, 2361, 2759, 3519, 4633, 4637)
  2013 Ed. (1246, 2526, 2541, 2542, 2846, 2847)
  2014 Ed. (1184, 2474)
  2015 Ed. (1156, 2548)
  2016 Ed. (2353)
  2017 Ed. (2202, 2265, 2271)
  2018 Ed. (2258)
  2020 Ed. (2308)
  2021 Ed. (2253)
  2022 Ed. (2293)
  2023 Ed. (2473)
First Sound Bank
  2015 Ed. (558)
First Source Bancorp
  2000 Ed. (3856)
First Source Bank
  1995 Ed. (497)
  1996 Ed. (549)
  1997 Ed. (508)
  1998 Ed. (376)
First Source Income Equity
  2004 Ed. (3535)
First Source Inc.
  1999 Ed. (658)
  2006 Ed. (3510, 4349)
  2007 Ed. (3549, 3550, 4409)
  2008 Ed. (3706, 4382, 4959)
First South Bancorp
  2007 Ed. (463)
  2008 Ed. (429)
  2009 Ed. (392, 393, 454)
  2019 Ed. (1874)
First South Bank
  1998 Ed. (364)
  2002 Ed. (4126)
  2003 Ed. (4270)
First South Bank of Middle Georgia
  1997 Ed. (499)
First South Credit Union
  2002 Ed. (1893)
  2003 Ed. (1947)
  2004 Ed. (1987)
  2005 Ed. (2129)
  2006 Ed. (2224)
  2007 Ed. (2145)
  2008 Ed. (2260)

2009 Ed. (2246)
2010 Ed. (2138, 2200)
2011 Ed. (2218)
2012 Ed. (2079)
First South Financial
  2018 Ed. (2122)
First South Financial Credit Union
  2013 Ed. (2265)
  2014 Ed. (2199)
  2015 Ed. (2263)
  2016 Ed. (2234)
  2020 Ed. (2102)
  2021 Ed. (2092)
  2022 Ed. (2126)
  2023 Ed. (2242)
First South Production Credit Association
  2000 Ed. (222)
First Southern Bancorp
  2013 Ed. (499, 500, 541)
First Southern National Bank - Jessamine
  1993 Ed. (506)
First Southern National Bank of Jessamine
  1996 Ed. (678, 2640)
First Southwest Bancorp
  2001 Ed. (736, 739)
First Southwest Co.
  1991 Ed. (2165, 2167, 2169, 2170, 2171, 2172, 2173, 2174, 2175)
  1993 Ed. (2262, 2263, 2268, 2269, 2270, 2271)
  1995 Ed. (2332, 2333, 2340)
  1996 Ed. (2351, 2352, 2354, 2357, 2358, 2359)
  1997 Ed. (2479, 2481, 2482, 2484, 2485)
  1998 Ed. (2226, 2227, 2229, 2230, 2232, 2235)
  1999 Ed. (3010, 3012, 3014, 3016, 3017, 3019, 3020)
  2000 Ed. (2757, 2759, 2762, 2763, 2764, 2765, 2766)
  2001 Ed. (558, 733, 735, 741, 742)
  2005 Ed. (3532)
  2007 Ed. (3656, 4316)
First Specialty Insurance Corp.
  2006 Ed. (3100)
  2008 Ed. (3264)
First State Bancorporation
  2004 Ed. (644, 645)
  2005 Ed. (633, 634)
  2007 Ed. (2215, 2229)
  2013 Ed. (296)
First State Bank
  1989 Ed. (218)
  1990 Ed. (467)
  1991 Ed. (544)
  1992 Ed. (702)
  1993 Ed. (371, 504, 505, 507, 509, 512)
  1994 Ed. (509, 510)
  1996 Ed. (536)
  1997 Ed. (180, 495, 498, 504)
  1998 Ed. (335, 373, 374)
  1999 Ed. (442, 541)
  2000 Ed. (435)
  2004 Ed. (543)
  2008 Ed. (430)
  2010 Ed. (434)
  2011 Ed. (359)
  2014 Ed. (496)
  2017 Ed. (125)
  2019 Ed. (121)
First State Bank of California
  2004 Ed. (402, 407)
First State Bank in East Detroit
  2000 Ed. (510)
First State Bank, East Detroit
  2001 Ed. (620)
  2002 Ed. (551)
First State Bank (Idaho Springs, CO)
  2000 Ed. (551)
First State Bank of Stratford
  1998 Ed. (102)
First State Bank of Thompson Falls
  1997 Ed. (505)
First State Community Bank
  2021 Ed. (384)
  2022 Ed. (397)
  2023 Ed. (443, 519)
First State Financial Corp.
  1995 Ed. (359)
  1996 Ed. (378)
  1997 Ed. (349)
  1998 Ed. (286)
  1999 Ed. (384)
  2000 Ed. (384)
  2009 Ed. (430)
First State Insurance Co.
  1991 Ed. (2087)
  1993 Ed. (2191)
  1994 Ed. (2240)
First State Management Group
  1995 Ed. (2289)
  1996 Ed. (2294)
  1997 Ed. (2429)
  1998 Ed. (2144)
First State Super Fund
  2002 Ed. (1588)
  2015 Ed. (1451)
First Steamship
  1993 Ed. (3501)

First Step
  2014 Ed. (3640)
First Student
  2018 Ed. (704)
  2019 Ed. (718)
  2020 Ed. (709)
  2021 Ed. (715)
First Student Inc.
  2003 Ed. (3239, 3240)
  2004 Ed. (3295)
  2005 Ed. (3308)
  2006 Ed. (3296)
  2007 Ed. (3357)
  2012 Ed. (3471)
  2013 Ed. (3517)
  2014 Ed. (3491)
  2015 Ed. (3509)
  2016 Ed. (3368)
First Sun Bank of America
  1999 Ed. (541)
First Sun Management Corp.
  2014 Ed. (40)
  2015 Ed. (43)
  2016 Ed. (42)
First SunAmerica Polaris Alliance Growth
  2000 Ed. (4337)
First SunAmerica Polaris Worldwide High Income
  2000 Ed. (4332)
First aid supplies
  1996 Ed. (2041)
First Surveys
  2002 Ed. (3257)
First Systems & Resources Inc.
  2010 Ed. (4011)
First Takaful Insurance Co.
  2009 Ed. (2727)
First aid tape/bandage/gauze/cotton
  2002 Ed. (2281)
First Team Real Estate
  2009 Ed. (4216)
  2012 Ed. (4184)
  2017 Ed. (1437)
  2018 Ed. (1418)
  2019 Ed. (4087)
  2020 Ed. (4099, 4100)
  2021 Ed. (4061, 4062)
  2022 Ed. (4077, 4078)
  2023 Ed. (4170, 4175, 4176)
First Team Sports (Ultra-wheels)
  1992 Ed. (3744)
First Tech Credit Union
  2013 Ed. (2216, 2223)
  2014 Ed. (2147, 2155)
  2015 Ed. (2211, 2219)
  2016 Ed. (2182, 2190, 2236)
First Tech Federal Credit Union
  2021 Ed. (2039)
  2023 Ed. (1973)
First Technology
  2006 Ed. (2402)
First Technology Credit Union
  2002 Ed. (1887)
  2003 Ed. (1941)
  2004 Ed. (1981)
  2005 Ed. (2123)
  2006 Ed. (2154, 2162, 2218)
  2007 Ed. (2139)
  2008 Ed. (2254)
  2009 Ed. (2240)
  2010 Ed. (2194)
  2011 Ed. (2212)
  2012 Ed. (2073)
First Technology Federal Credit Union
  1998 Ed. (1215)
  2018 Ed. (2078, 2085)
  2020 Ed. (2063, 2104)
  2021 Ed. (2053, 2094)
  2022 Ed. (2089)
  2023 Ed. (2203, 2244)
First Technology Federal Credit Union (CA)
  2021 Ed. (2094)
First Tek Inc.
  2023 Ed. (3768)
First Tek Technologies Inc.
  2009 Ed. (3012)
First Tennessee
  2008 Ed. (2102)
  2010 Ed. (2019)
  2011 Ed. (2076)
First Tennessee Bank
  1989 Ed. (693)
  2000 Ed. (400)
  2005 Ed. (4312, 4334)
  2021 Ed. (338, 351)
First Tennessee Bank NA
  1990 Ed. (696)
  1991 Ed. (675)
  1992 Ed. (722, 847)
  1993 Ed. (643)
  1994 Ed. (645, 2550, 3165)
  1995 Ed. (617)
  1996 Ed. (691, 3329, 3348)
  1997 Ed. (626, 3430, 3431)
  1998 Ed. (272, 430)
  1999 Ed. (376, 2119, 4217, 4226)
  2001 Ed. (927)
  2006 Ed. (371)

2007 Ed. (354)
First Tennessee National Corp.
  1989 Ed. (675)
  1991 Ed. (397)
  1992 Ed. (518)
  1994 Ed. (3283)
  1995 Ed. (3362, 3518)
  1996 Ed. (3181, 3182, 3183, 3185)
  1997 Ed. (3290)
  1998 Ed. (293, 320, 3034)
  1999 Ed. (393, 397, 425, 669, 4026, 4027, 4028, 4029)
  2000 Ed. (392, 393, 420, 427, 3738, 3739, 3740)
  2001 Ed. (650, 651, 3348)
  2002 Ed. (491)
  2003 Ed. (421, 424, 427, 631, 632)
  2004 Ed. (416, 441, 642, 643)
  2005 Ed. (450, 452, 631, 632, 2869)
First Texas Bank
  1990 Ed. (510)
  1991 Ed. (463)
  1993 Ed. (438)
  1994 Ed. (437)
  1995 Ed. (430, 431)
  1996 Ed. (457)
  1997 Ed. (419)
  2023 Ed. (552)
First Texas Homes
  2012 Ed. (1039, 1040)
First Texas Savings
  1989 Ed. (2359)
First Texas Savings Association
  1989 Ed. (2823)
First Transit
  2006 Ed. (4017)
First aid treatment
  1996 Ed. (2979, 3090, 3095)
  1997 Ed. (1674, 3058, 3172, 3174, 3175)
First aid treatments
  2000 Ed. (1715, 3618)
  2001 Ed. (2083, 2085)
  2002 Ed. (2284, 3769)
  2003 Ed. (2487)
  2004 Ed. (3751)
First Trust Advisors
  2017 Ed. (672)
  2018 Ed. (630, 3693, 3694)
  2019 Ed. (648, 3679)
  2020 Ed. (2510, 3690)
  2021 Ed. (2431)
  2022 Ed. (2545)
First Trust Bank
  2018 Ed. (2011)
  2019 Ed. (2068)
  2020 Ed. (1978)
First Trust Co. of North Dakota
  1992 Ed. (2108, 2109)
  1994 Ed. (1738)
  1995 Ed. (1771, 1772)
  1996 Ed. (1748, 1749)
  1997 Ed. (1829)
First Trust Co. of North Dakota NA
  1993 Ed. (1746, 1747)
First Trust Co./St. Paul
  1990 Ed. (703)
First Trust Corp.
  1997 Ed. (2626)
  1998 Ed. (2350, 2354, 2355, 2356)
  1999 Ed. (3178, 3179, 3181, 3184)
  2000 Ed. (2924, 2925, 2926, 2928, 2929)
  2005 Ed. (480)
  2007 Ed. (431)
First Trust DJ Internet Index
  2002 Ed. (3475)
First Trust DJIA Target
  2002 Ed. (3472)
First Trust DJIA Target 10 96
  2001 Ed. (3498, 3499)
First Trust Dow Jones Internet
  2004 Ed. (3632, 3633)
First Trust North American Tech Trust
  2003 Ed. (3577, 3578, 3605)
First Trust North American Technology
  2002 Ed. (3445)
First Trust Pharmaceutical
  2002 Ed. (3444)
First Trust & Savings Bank
  1989 Ed. (208)
First Trust Savings FSB
  1990 Ed. (3134)
First Trust Tax-Free-Income
  1990 Ed. (2377)
First Trust Tax-Free-Insured
  1990 Ed. (2377)
First Trust Wealth Management
  2002 Ed. (3427)
First Tuskeegee Bank
  1998 Ed. (373)
First Tuskegee Bank
  1995 Ed. (490)
  1996 Ed. (538)
  1998 Ed. (398)
The First Tycoon
  2011 Ed. (537)
First Ukrainian International Bank
  1999 Ed. (676)
  2000 Ed. (686)

2003 Ed. (624)
2004 Ed. (470, 633)
2013 Ed. (471)
2014 Ed. (485)
2015 Ed. (546)
2016 Ed. (499)
2019 Ed. (493)
2020 Ed. (475)
2023 Ed. (701)
First Ukrainina International Bank
  2018 Ed. (478)
First Union Arena
  2003 Ed. (4530)
First Union Balanced Trust
  1996 Ed. (611)
First Union Balanced Trust Shares
  1994 Ed. (584)
First Union Bank
  1990 Ed. (684)
  2001 Ed. (754, 755, 756)
First Union Bank, N.C.
  1989 Ed. (2149, 2153, 2154)
First Union Brokerage Services, Inc.
  2001 Ed. (916, 940)
First Union Capital Corp.
  2001 Ed. (876)
First Union Capital Markets Corp.
  1998 Ed. (2567)
  1999 Ed. (3479)
  2000 Ed. (3190, 3192, 3194, 3195, 3975)
  2001 Ed. (760, 761, 831)
First Union Capital Partners
  2000 Ed. (1535)
First Union Center
  2001 Ed. (4351)
  2003 Ed. (4527)
First Union Corp.
  1989 Ed. (422, 673, 674, 675)
  1990 Ed. (536, 2755)
  1991 Ed. (663)
  1992 Ed. (502, 836, 3275, 3657)
  1994 Ed. (251, 340, 350, 352, 367, 634, 2683, 3033, 3275)
  1995 Ed. (254, 355, 357, 358, 364, 396, 2770, 3356)
  1996 Ed. (359, 394, 395, 397, 2855, 2880, 3184)
  1997 Ed. (332, 333, 334, 340, 341, 342, 343, 346, 347, 358, 363, 387, 566, 567, 1236, 1246, 1491, 3287, 3288, 3289)
  1998 Ed. (202, 270, 275, 277, 278, 279, 281, 282, 284, 288, 317, 319, 321, 327, 328, 332, 378, 404, 406, 425, 1147, 1182, 1207, 1264, 2103, 2456, 3315)
  1999 Ed. (312, 313, 382, 383, 394, 400, 422, 435, 443, 445, 596, 597, 609, 615, 622, 666, 993, 1443, 1444, 1449, 1451, 1716, 2636, 2698, 3065, 4022, 4023, 4024, 4025, 4333, 4335, 4750)
  2000 Ed. (220, 327, 382, 383, 385, 396, 425, 426, 432, 436, 438, 504, 559, 618, 619, 620, 621, 632, 636, 647, 682, 940, 1527, 2263, 2484, 2921, 3156, 3157, 3413, 3414, 3415, 3737, 3741, 3742, 3743, 3886, 3896, 3936, 4021, 4053, 4378)
  2001 Ed. (431, 433, 585, 586, 587, 597, 598, 638, 639, 640, 734, 750, 751, 787, 836, 844, 848, 864, 884, 892, 904, 924, 947, 1075, 1076, 1685, 1821, 4029, 4281)
  2002 Ed. (444, 488, 498, 626, 629, 915, 1431, 1561, 1747, 3203, 3204, 3205, 3207, 3208, 3408, 3947, 4221, 4232, 4234, 4874)
  2003 Ed. (429, 438, 594, 1423, 1793, 2761, 4720)
  2004 Ed. (1526)
First Union Corp. of Florida
  2000 Ed. (526)
  2002 Ed. (445)
First Union Direct Bank, N.A.
  2002 Ed. (505)
First Union Financial Center
  1998 Ed. (2695)
  2000 Ed. (3364)
First Union/First Fidelity
  1997 Ed. (386)
First Union Leasing
  1998 Ed. (389)
  2003 Ed. (569, 570, 571, 572)
First Union Mortgage
  1990 Ed. (2601, 2602)
  1991 Ed. (1660, 1856, 2483)
  1992 Ed. (3107)
  1995 Ed. (2601)
  2000 Ed. (3163)
  2002 Ed. (3392)
  2003 Ed. (3446)
First Union National Bank
  1989 Ed. (644)
  1990 Ed. (656, 2337)
  1991 Ed. (371, 634, 2484)
  1992 Ed. (565, 681, 807)
  1993 Ed. (362, 405, 628, 630, 2414, 2417, 2735, 2970, 2991, 3285)

1994 Ed. (250, 346, 587, 632)
1995 Ed. (351, 389, 456, 607, 632)
1996 Ed. (257, 367, 488, 559)
1997 Ed. (284, 285, 338, 451, 553, 735, 2618, 2620)
1998 Ed. (201, 274, 295, 306, 393, 424, 1958, 2310, 2354)
1999 Ed. (316, 380, 381, 398, 399, 401, 402, 403, 404, 408, 409, 411, 412, 413, 414, 416, 417, 418, 419, 420, 421, 3110, 3182, 3183, 3433, 3436, 3706)
2000 Ed. (381, 398, 399, 401, 402, 403, 405, 406, 407, 408, 409, 410, 411, 413, 415, 416, 417, 418, 419, 2925)
2001 Ed. (432, 581, 582, 595, 596, 641, 650, 651, 763, 764, 1821, 3154, 3350, 3506, 3507, 3510, 4002)
2002 Ed. (248, 249, 442, 478, 479, 480, 482, 483, 487, 505, 506, 507, 508, 643, 1120, 2725, 3210, 3391, 3392)
2003 Ed. (229, 230, 378, 379, 384, 386, 426, 428, 430, 431, 432, 433, 434, 435, 436, 1055, 1056, 1793, 2887, 3434, 3445, 3446, 3475)
First Union National Bank (Atlanta)
1991 Ed. (526)
First Union National Bank, Charlotte
1999 Ed. (3434)
First Union National Bank Florida
2000 Ed. (3163)
First Union National Bank of Florida
1990 Ed. (546)
1992 Ed. (559, 565)
1993 Ed. (361, 388, 393, 399, 403, 405, 406, 475, 530, 2590, 2965)
1994 Ed. (356, 383, 389, 393, 394, 395, 403, 477, 2553, 3009, 3012)
1995 Ed. (372, 375, 377, 378, 384, 388, 389, 390, 467, 1047, 2596, 2605, 3066)
1996 Ed. (380, 398, 400, 401, 407, 410, 411, 412, 413, 418, 499, 2676, 3163)
1997 Ed. (351, 359, 367, 368, 374, 377, 378, 379, 380, 385, 462, 2807)
1998 Ed. (103, 295, 299, 308, 316, 348, 2524)
First Union National Bank of Florida (Jacksonville)
1991 Ed. (507)
1992 Ed. (663)
First Union National Bank of Georgia
1993 Ed. (489)
1994 Ed. (491)
1995 Ed. (474, 2596)
1996 Ed. (515)
1997 Ed. (477)
1998 Ed. (360)
First Union National Bank of North Carolina
1993 Ed. (600)
1994 Ed. (603)
1995 Ed. (575)
1996 Ed. (256, 644)
1997 Ed. (584)
1998 Ed. (420)
1999 Ed. (407, 1836)
First Union National Bank of North Carolina Capital Management Group
1998 Ed. (2305)
First Union National Bank of South Carolina
1996 Ed. (680)
1997 Ed. (615)
1998 Ed. (428)
First Union National Bank of Tennessee
1995 Ed. (617)
1996 Ed. (691)
1997 Ed. (626)
1998 Ed. (430)
First Union National Bank of Virginia
1996 Ed. (708)
1997 Ed. (643)
1998 Ed. (433)
First Union Plaza
2002 Ed. (3532)
First Union Real Estate
1989 Ed. (2287)
1990 Ed. (2956)
First Union Real Estate Capital Markets
2000 Ed. (3723, 3725)
2002 Ed. (4276, 4277)
2003 Ed. (447, 448)
First Union Real Estate Equity
1991 Ed. (2816)
First Union Regional Foundation
2002 Ed. (977)
First Union Securities
2001 Ed. (748, 749, 757, 759, 4003, 4088)
2002 Ed. (822, 838, 3000)
First Union Small Business Capital
2001 Ed. (4280)
2002 Ed. (1121)
First Union Treas MMP/Trust Shares
1996 Ed. (2667)
First United Bancshares Inc.
2002 Ed. (434)

First United Bank
1998 Ed. (3314)
1999 Ed. (4337)
2010 Ed. (1904)
2012 Ed. (1802)
2013 Ed. (1976)
2014 Ed. (1915)
2015 Ed. (1959)
2016 Ed. (1929)
First United Bank & Trust
2021 Ed. (356, 379)
2022 Ed. (392)
2023 Ed. (512)
First United Bank & Trust Co.
2005 Ed. (1065)
2021 Ed. (395)
2022 Ed. (408)
First United Bank & Trust Company
2023 Ed. (530)
First United Trust (G), IL
1989 Ed. (2148)
First US Bank
2022 Ed. (363)
First USA
1995 Ed. (1872, 2767, 3517)
1997 Ed. (336, 337, 1549, 1550, 1551, 1552)
1999 Ed. (379, 1343, 1790, 1795)
First USA Bank
1991 Ed. (406)
1992 Ed. (510)
1994 Ed. (399, 465)
1995 Ed. (394, 454)
1996 Ed. (361, 417, 485, 1486, 1487, 1488, 1489, 1916)
1997 Ed. (449, 1553, 2006)
1998 Ed. (273, 346, 1205, 1207, 1210, 1211, 1212, 1558, 1692, 3152)
2000 Ed. (397, 405, 431, 954)
2001 Ed. (1678)
2004 Ed. (1694)
First USA Bank NA
2000 Ed. (404)
2002 Ed. (442)
2003 Ed. (378, 1663)
First USA Merchant Services Corp.
1991 Ed. (360)
1992 Ed. (503)
1995 Ed. (348, 2540)
1996 Ed. (2604)
1997 Ed. (335)
First USA Paymentech Inc.
1998 Ed. (272, 2464)
1999 Ed. (376, 1791)
First Utility
2017 Ed. (2031, 2033)
First Valley Bank
1992 Ed. (543)
1996 Ed. (654)
1997 Ed. (593)
First Variable Direct Annuity Tilt Utility
1997 Ed. (3827)
First Variable Life, Ark.
1989 Ed. (2156)
First Variable Life Insurance
1993 Ed. (2302)
First Variable Vista II Tilt Utility
1997 Ed. (3827)
First Vermont Bank & Trust
1997 Ed. (642)
First Victoria National Bank
1989 Ed. (1410)
First Virginia
1999 Ed. (394)
First Virginia Bank
1991 Ed. (687)
1993 Ed. (378, 630, 662, 3294)
1994 Ed. (663)
First Virginia Banks Inc.
1989 Ed. (371, 412)
1990 Ed. (440)
1991 Ed. (398)
1992 Ed. (836)
1994 Ed. (347, 348, 349, 366, 3286)
1995 Ed. (356, 632, 3365)
1996 Ed. (375, 708)
1997 Ed. (643)
1998 Ed. (331, 433)
1999 Ed. (670)
2001 Ed. (569)
2003 Ed. (422)
2004 Ed. (636, 637)
2005 Ed. (355, 356)
First Voice of Business
2002 Ed. (3634)
First Wachovia
1989 Ed. (673, 674)
1990 Ed. (536)
1991 Ed. (394, 663)
1992 Ed. (519, 538, 540, 715, 836, 2985, 3275)
First Washington Management Inc.
1999 Ed. (4311)
First Watch
2016 Ed. (4159)
2017 Ed. (4132)
2019 Ed. (4218)

2020 Ed. (4192, 4193, 4194, 4196, 4197, 4212, 4213, 4224)
2021 Ed. (4131, 4132, 4133, 4135, 4136, 4169, 4170, 4181, 4183, 4206)
2022 Ed. (4158, 4159, 4160, 4162, 4163, 4192, 4193, 4213)
First of Waverly Corp.
2005 Ed. (446, 453)
First Weber Group
2007 Ed. (4072)
First West Credit Union
2013 Ed. (1343, 2697)
2014 Ed. (2681)
2015 Ed. (2725)
2016 Ed. (2170)
2017 Ed. (2110)
2020 Ed. (2058)
2022 Ed. (2084)
2023 Ed. (2197)
First-West Texas Bancshares
2016 Ed. (507)
First Western
1990 Ed. (680, 681)
First Western Bank
2002 Ed. (3556)
First Western Bank & Trust
2021 Ed. (393)
2022 Ed. (406)
2023 Ed. (528)
First Western Federal Savings Bank
2015 Ed. (560)
2021 Ed. (4320)
2022 Ed. (4327)
2023 Ed. (4357)
First Western Financial Inc.
2009 Ed. (4132)
2010 Ed. (3397)
First Western Trust Bank
2010 Ed. (1608)
2021 Ed. (364)
2022 Ed. (377)
2023 Ed. (491)
First Western Trust Bank & Affiliates
2013 Ed. (3403)
First Wilshire Securities Management
1990 Ed. (2318)
1994 Ed. (2308)
First Wisconsin Corp.
1989 Ed. (371, 396, 414, 432)
First Wisconsin/Madison
1993 Ed. (576, 2299)
First Wisconsin National Bank
1991 Ed. (694)
1992 Ed. (868)
1993 Ed. (667)
First Wisconsin Trust
1992 Ed. (2755, 2759, 2767)
First Wisconsin Trust (Index)
1989 Ed. (2146)
The First Wives Club
1999 Ed. (4716)
First for Women
1992 Ed. (3383)
1993 Ed. (2796, 2801)
1994 Ed. (2790, 2792)
2001 Ed. (3195)
2004 Ed. (3337)
2015 Ed. (3552)
2016 Ed. (3403)
First Wyoming Bancorp
1990 Ed. (456)
First Years Inc.
2002 Ed. (2801)
Firstar Bank
1994 Ed. (668)
1996 Ed. (2475, 2482, 3185)
1997 Ed. (3290)
2003 Ed. (3444)
Firstar Bank-Illinois
1997 Ed. (436, 493)
1998 Ed. (343, 363)
1999 Ed. (493)
2000 Ed. (486)
2001 Ed. (612)
Firstar Bank Iowa NA
1997 Ed. (520)
1998 Ed. (385)
Firstar Bank Madison NA
1998 Ed. (334)
Firstar Bank Milwaukee N.A.
1995 Ed. (636)
1996 Ed. (712)
1997 Ed. (647, 735)
1998 Ed. (436)
2001 Ed. (1900)
Firstar Bank Minnesota NA
1997 Ed. (559)
1998 Ed. (396)
Firstar Bank, N.A.
2002 Ed. (248, 249, 483, 643, 1120, 2725)
Firstar Bank USA N.A.
2002 Ed. (540)
Firstar Bank Wisconsin
1998 Ed. (436)
Firstar Bond IMMDEX
2002 Ed. (3415)

Firstar Corp.
1990 Ed. (639)
1991 Ed. (400)
1993 Ed. (3296)
1994 Ed. (1224, 3036, 3037, 3038, 3039, 3288)
1995 Ed. (367, 3085, 3367)
1996 Ed. (3182, 3183)
1997 Ed. (3284, 3285, 3286)
1998 Ed. (270, 3034)
1999 Ed. (671, 4026, 4027, 4028, 4029)
2000 Ed. (374, 375, 432, 1358, 1583, 2785)
2001 Ed. (573, 574, 636, 637)
2002 Ed. (435, 1389, 1797, 3947)
2003 Ed. (1423, 1496, 4720)
Firstar Equipment Finance
2003 Ed. (572)
Firstar Growth & Income Inst.
2000 Ed. (3272)
Firstar Growth & Income Institutional
2000 Ed. (3236)
Firstar Homes Inc.
2008 Ed. (1195)
Firstar IMMDEX Inst'l
2000 Ed. (3266)
Firstar Investment
1999 Ed. (3050)
Firstar Investment Research
1998 Ed. (2284)
Firstar Micro Cap Inst.
2001 Ed. (2306)
Firstar MicroCap Return
2002 Ed. (3424)
Firstar Mutual Fund Services LLC
2001 Ed. (3422)
Firstar Tax-Exempt Interim Bond Inst.
2001 Ed. (726)
firstauction.com
2001 Ed. (2979, 2981, 2984, 2993)
FirstBank
2007 Ed. (431)
2008 Ed. (399)
2009 Ed. (422)
2010 Ed. (398)
2019 Ed. (1521)
2020 Ed. (1492)
2021 Ed. (364)
2022 Ed. (377, 1496)
2023 Ed. (424, 491, 749)
FirstBank (TN)
2023 Ed. (454)
Firstbank
2014 Ed. (495)
2021 Ed. (401)
2022 Ed. (414)
2023 Ed. (537)
FirstBank of Colorado
2005 Ed. (480)
FirstBank Holding Co.
2006 Ed. (403)
2007 Ed. (357, 388)
2008 Ed. (344)
2009 Ed. (388, 906)
2010 Ed. (365)
2011 Ed. (287)
2012 Ed. (311, 718)
2020 Ed. (485)
2021 Ed. (497)
2023 Ed. (461)
FirstBank Holding Co. (Lakewood, CO)
2023 Ed. (735)
Firstbank Holding Co.
2014 Ed. (337)
2015 Ed. (377)
FirstBank Holding Co. of Colorado
2002 Ed. (544)
2003 Ed. (477)
2005 Ed. (379)
FirstBank Holding Co. (Lakewood, CO)
2021 Ed. (497)
FirstBank Mortgage
2023 Ed. (3787)
FirstBank Puerto Rico
1996 Ed. (661)
1997 Ed. (599)
1998 Ed. (427)
Firstborn
2011 Ed. (34)
2019 Ed. (3479)
2020 Ed. (3457, 4573)
2021 Ed. (3487)
2022 Ed. (3534)
2023 Ed. (3655)
Firstcall SA
2009 Ed. (1713)
Firstcare
1994 Ed. (2035, 2037)
FirstCaribbean Bahamas
2014 Ed. (421)
FirstCaribbean International Bank Bahamas
2015 Ed. (478, 479)
2016 Ed. (430, 431)
2017 Ed. (445)
FirstCaribbean International Bank Group
2011 Ed. (317)
2012 Ed. (332)
2013 Ed. (406)

2014 Ed. (422)
2015 Ed. (479)
2016 Ed. (431)
2017 Ed. (446)
2018 Ed. (411)
FirstCash
　2021 Ed. (1892, 4454)
FirstCash Inc.
　2019 Ed. (2009)
FirstCash, Inc.
　2021 Ed. (1916)
　2022 Ed. (1959)
FirstChoice Cooperative
　2008 Ed. (2892)
FirstCity Financial Corp.
　2009 Ed. (2266)
FirstCommand Financial Services
　2006 Ed. (2602)
FirstComp
　2007 Ed. (3103)
　2008 Ed. (3250)
　2009 Ed. (1149, 3311)
FirstComp Insurance
　2006 Ed. (3086)
FirstCorp
　1992 Ed. (319)
　1993 Ed. (2532, 2533)
　1995 Ed. (2541, 2542)
FirstCorp Merchant Bank
　2001 Ed. (1534)
FirstDay Financial Credit Union
　2010 Ed. (2142)
FirstEnergy
　2013 Ed. (2425)
　2014 Ed. (2361, 2557)
　2015 Ed. (2427)
　2016 Ed. (2373)
　2017 Ed. (1898, 2207, 2221)
　2020 Ed. (1837, 2255)
　2021 Ed. (2216)
　2022 Ed. (2251)
FirstEnergy Corp.
　1999 Ed. (3964)
　2000 Ed. (3674)
　2001 Ed. (1672, 3944, 3948)
　2003 Ed. (2140)
　2004 Ed. (1835, 2196, 2197, 2321, 2725)
　2005 Ed. (1799, 1920, 1921, 2289, 2309, 2310, 2715)
　2006 Ed. (1954, 1955, 2352, 2355, 2359, 2360, 2362, 2364, 2443, 2690, 2694, 2696)
　2007 Ed. (1937, 1938, 2286, 2291, 2293, 2294, 2295, 2297, 2678, 2680)
　2008 Ed. (1451, 2426)
　2009 Ed. (1970, 2418, 2426, 2429, 2867)
　2010 Ed. (1903, 2332, 2346, 2348, 2349, 2804, 2811)
　2011 Ed. (1935, 1938, 2333, 2335, 2337, 2338, 2340, 2342, 2343, 2793, 2794)
　2012 Ed. (1794, 1797, 1798, 2241, 2242, 2247, 2248, 2722)
　2013 Ed. (847, 880, 883, 1967, 1970, 1972, 2415, 2417, 2420, 2423, 2811, 4808)
　2014 Ed. (1905, 1909, 1911, 2353, 2354, 2356, 2358, 2359, 2841, 2849, 4032, 4066, 4069, 4836)
　2015 Ed. (1950, 1953, 1955, 2419, 2422, 2424, 2425, 2881, 2889, 4429, 4873)
　2016 Ed. (1921, 1928, 2368, 2370)
　2017 Ed. (1900, 2216, 2219)
　2018 Ed. (2272, 2274)
　2019 Ed. (1899, 2258, 2261)
　2020 Ed. (2251, 2254)
　2023 Ed. (2558)
FirstEnergy Corporation
　2022 Ed. (2252)
FirstEnergy Facilities Services Group
　2003 Ed. (1231, 1233, 1234, 1236, 1237, 1238, 1337)
　2004 Ed. (1234, 1236, 1237, 1240, 1241, 1337)
　2005 Ed. (1280, 1282, 1290, 1342)
　2006 Ed. (1240, 1257, 1258, 1259, 1261, 1338)
　2007 Ed. (1387)
FirstEnergy Park
　2005 Ed. (4443)
FirstEnergy Solutions Corp.
　2012 Ed. (1119)
　2020 Ed. (327)
FirstEye
　2015 Ed. (1501)
FirstFed Financial Corp.
　1992 Ed. (4291)
　1994 Ed. (3144, 3533)
　1995 Ed. (2770, 3186)
　1996 Ed. (3285)
　1997 Ed. (3382)
　1998 Ed. (3157)
　1999 Ed. (4142)
　2004 Ed. (4290, 4291)
　2005 Ed. (4223, 4224)
　2009 Ed. (390)
　2012 Ed. (294)

FirstFed Michigan
　1991 Ed. (2921)
　1992 Ed. (3800, 4285, 4288, 4290)
　1993 Ed. (3279, 3562)
　1994 Ed. (3269, 3526, 3534, 3535)
　1995 Ed. (3350, 3608, 3610)
　1996 Ed. (3688, 3689)
FirstFleet Inc.
　2011 Ed. (4781)
　2012 Ed. (4795)
　2013 Ed. (4756)
　2014 Ed. (4806)
　2015 Ed. (4841)
　2016 Ed. (4745)
　2017 Ed. (4757)
　2018 Ed. (4754)
　2019 Ed. (4756)
　2020 Ed. (4735)
　2021 Ed. (4734)
　2022 Ed. (4736)
　2023 Ed. (4720)
FirstGov
　2002 Ed. (4821)
FirstGov.gov
　2004 Ed. (3159)
FirstGroup
　2014 Ed. (2059)
　2015 Ed. (2109)
　2018 Ed. (2014)
　2019 Ed. (2071)
FirstGroup Acquisitions Inc.
　2010 Ed. (317, 318)
　2011 Ed. (241)
　2012 Ed. (262)
FirstGroup America
　2004 Ed. (326, 327)
　2005 Ed. (329)
　2006 Ed. (343, 344)
　2007 Ed. (328, 329)
　2008 Ed. (315, 3454, 3455)
　2009 Ed. (337, 3532, 3533)
　2010 Ed. (3456, 3457)
　2011 Ed. (623, 3458)
　2012 Ed. (593, 3471)
　2013 Ed. (728)
　2014 Ed. (750)
　2015 Ed. (788)
　2016 Ed. (708)
　2017 Ed. (769)
　2018 Ed. (702)
　2019 Ed. (716)
　2023 Ed. (4679)
FirstGroup America Inc.
　2013 Ed. (3517)
　2014 Ed. (3491)
　2016 Ed. (3368)
FirstGroup PLC
　2023 Ed. (2085)
FirstGroup plc
　2001 Ed. (4621)
　2002 Ed. (4671)
　2010 Ed. (1395)
　2011 Ed. (4756)
　2012 Ed. (4777)
　2018 Ed. (2015)
FirstGroup USA Inc.
　2008 Ed. (316)
　2009 Ed. (338)
　2010 Ed. (317, 318)
　2011 Ed. (241)
　2012 Ed. (262)
　2013 Ed. (278)
　2014 Ed. (280, 281)
　2015 Ed. (312, 313)
　2016 Ed. (309, 310)
Firsthand Alternative Energy
　2021 Ed. (3714)
　2022 Ed. (3734)
Firsthand e-Commerce
　2004 Ed. (3596)
Firsthand Technology Innovators
　2004 Ed. (3596)
　2007 Ed. (3679, 3680)
Firsthand Technology Leaders
　2000 Ed. (3290)
　2002 Ed. (4505)
Firsthand Technology Opportunities
　2020 Ed. (3708, 3710, 3711)
　2021 Ed. (3716)
　2022 Ed. (3733, 3734, 3735, 3736)
Firsthand Technology Value
　2002 Ed. (4503, 4505)
　2006 Ed. (3636)
FirstHealth of the Carolinas
　2008 Ed. (2902)
Firstib.com
　2001 Ed. (631)
FirsTier Bank
　2002 Ed. (544)
FirsTier Bank NA
　1991 Ed. (616)
　1992 Ed. (792)
　1993 Ed. (583)
　1994 Ed. (590)
　1995 Ed. (560)
　1996 Ed. (629)
　1997 Ed. (571)

FirsTier Financial
　1995 Ed. (373)
　1997 Ed. (1255)
FirsTime Design Ltd.
　2015 Ed. (2182)
FirstJob.Me
　2017 Ed. (1716)
FirstLight Federal Credit Union
　2021 Ed. (2034)
FirstLight Home Care
　2016 Ed. (4777)
　2020 Ed. (2971)
　2021 Ed. (2832)
　2022 Ed. (2997)
　2023 Ed. (183, 184, 3112)
FirstLight HomeCare
　2016 Ed. (798)
　2018 Ed. (123)
　2019 Ed. (109)
Firstlight Homecare
　2020 Ed. (784)
FirstLight HomeCare Franchising
　2020 Ed. (105)
　2021 Ed. (97)
　2022 Ed. (112)
Firstline Manufacturing Corp.
　2016 Ed. (2841)
　2017 Ed. (2803)
　2018 Ed. (2863)
Firstline Security
　2005 Ed. (4293)
　2006 Ed. (4269)
　2009 Ed. (4403)
Firstlogic
　2019 Ed. (1705)
Firstmac
　2020 Ed. (3613)
　2021 Ed. (3635)
　2022 Ed. (3702)
Firstmark Corp.
　2005 Ed. (1554)
FirstMerit Bank NA
　2008 Ed. (197)
　2009 Ed. (218)
FirstMerit Corp.
　1998 Ed. (331)
　1999 Ed. (667)
　2005 Ed. (361)
　2008 Ed. (2709)
　2016 Ed. (566)
FirstOntario Credit Union
　2014 Ed. (1495)
FirstPhone
　2021 Ed. (1569, 4224)
FirstPlace Software, Inc.
　2002 Ed. (2511)
　2003 Ed. (2717)
FirstPlus Financial
　2000 Ed. (3330)
FirstPlus Financial Group
　2001 Ed. (3349)
Firstrade
　2005 Ed. (2205)
　2006 Ed. (2267)
　2007 Ed. (758, 2203)
　2008 Ed. (731, 737, 2340)
　2009 Ed. (2328)
　2010 Ed. (2257)
　2011 Ed. (2264)
　2012 Ed. (2132)
　2018 Ed. (689)
FirstRand
　2013 Ed. (4395)
　2016 Ed. (369, 385, 1329)
　2017 Ed. (368, 385)
　2022 Ed. (427, 1897)
　2023 Ed. (556, 573, 2009)
Firstrand
　2015 Ed. (1399, 2022)
FirstRand Bank
　2017 Ed. (390)
　2020 Ed. (343)
　2021 Ed. (414)
　2022 Ed. (428)
　2023 Ed. (557)
FirstRand Bank Holdings Ltd.
　2013 Ed. (333, 340)
　2014 Ed. (358)
　2015 Ed. (397, 408)
　2016 Ed. (372, 377)
　2017 Ed. (377, 384)
　2018 Ed. (346, 353)
　2019 Ed. (343, 356)
　2020 Ed. (352)
FirstRand Bank (South Africa)
　2021 Ed. (414)
　2022 Ed. (428)
FirstRand Banking Group
　2002 Ed. (509, 647, 650)
　2003 Ed. (610, 614)
　2004 Ed. (619, 623)
　2005 Ed. (609, 612)
　2006 Ed. (523, 2010)
　2007 Ed. (552, 555)
　2008 Ed. (504, 507)
　2009 Ed. (535, 539)
　2010 Ed. (369, 519)
　2011 Ed. (291, 448)

FirstRand Ltd.
　2001 Ed. (1846)
　2002 Ed. (1734, 3038, 3040, 4447, 4449)
　2006 Ed. (2009, 4523, 4536)
　2007 Ed. (1975)
　2008 Ed. (2072)
　2009 Ed. (2043)
　2010 Ed. (1974)
　2011 Ed. (2036)
　2012 Ed. (409, 1885)
　2013 Ed. (352, 2044)
　2014 Ed. (370, 1978)
　2015 Ed. (424, 2023, 2024, 2026)
　2016 Ed. (1996)
　2017 Ed. (1957, 2413)
　2018 Ed. (1908)
　2019 Ed. (1957)
　2020 Ed. (353, 1891)
　2021 Ed. (1852)
FirstRand (South Africa)
　2022 Ed. (427)
Firstronic
　2018 Ed. (3479)
Firstrust Bank
　2000 Ed. (3857, 4251)
Firstrust Savings Bank
　1989 Ed. (2832)
　1990 Ed. (3591)
　1991 Ed. (3383)
　1992 Ed. (4294)
　1993 Ed. (3568)
　1994 Ed. (3532)
　1998 Ed. (3564)
　1999 Ed. (4601)
FirstService Commercial Real Estate Services Inc.
　2016 Ed. (4086)
　2017 Ed. (4063)
FirstService Corp.
　2007 Ed. (4365)
　2008 Ed. (4321)
　2009 Ed. (4424)
　2011 Ed. (4404)
　2012 Ed. (4562)
　2018 Ed. (4091)
　2019 Ed. (4097)
　2020 Ed. (4109)
　2022 Ed. (4091)
　2023 Ed. (4179)
Firstsource Solutions
　2010 Ed. (4702)
FirstSouth Bank
　1999 Ed. (4599)
　2000 Ed. (4249)
FirstSouth Federal Savings Bank
　2002 Ed. (4622)
FirstStreetOnline.com
　2006 Ed. (2379)
FirstSun Capital Bancorp
　2023 Ed. (461)
Firstwave Technologies Inc.
　2008 Ed. (1156)
Firth Rixson Forgings LLC
　2012 Ed. (3647)
　2013 Ed. (3707)
FIS
　2021 Ed. (4560)
FIS Group
　2020 Ed. (96)
Fis, Proizvodnja, Trgovina, Storitve, D.O.O.
　2017 Ed. (1956)
FISC Solutions
　2013 Ed. (1824)
　2015 Ed. (1797)
Fiscal Advisors Inc.
　1995 Ed. (2330)
　1996 Ed. (2349, 2357)
　1997 Ed. (2482)
Fiscal Advisors & Marketing Inc.
　1993 Ed. (2261)
Fiscal Services Inc.
　1999 Ed. (3014)
　2001 Ed. (826, 923)
Fiscal Strategies
　2001 Ed. (786)
Fisch, Meier Direct
　2001 Ed. (217)
Fisch, Meier Direct (Ammirati)
　1999 Ed. (160)
　2000 Ed. (177)
Fischbach Corp.
　1990 Ed. (1200)
　1992 Ed. (1425)
　1993 Ed. (1123, 1124, 1125)
　1994 Ed. (1139, 1155)
　1995 Ed. (1158, 1174)
　1996 Ed. (1149)
　1997 Ed. (1161, 1162, 1163, 1178)
　1998 Ed. (946, 951, 955)
　2001 Ed. (1410)
Fischbach; Mark
　2019 Ed. (3290)
　2021 Ed. (4787)
Fischbach & Moore Electric Inc.
　2005 Ed. (1311)
Fischbach & Moore Inc.
　1990 Ed. (1202)
　1991 Ed. (1077, 1078)

CUMULATIVE INDEX • 1989-2023

1992 Ed. (1410, 1411)
1994 Ed. (1140)
1995 Ed. (1159)
1996 Ed. (1134)
1999 Ed. (1368)
Fischer
  1991 Ed. (3134)
  1992 Ed. (3983)
  1993 Ed. (3327)
  2001 Ed. (4635)
  2023 Ed. (4193)
Fischer AG; Georg
  1994 Ed. (2483)
  1996 Ed. (2612)
Fischer AG; George
  1995 Ed. (2549)
Fischer America Comunicacao
  2000 Ed. (71)
Fischer America Comunicacao Total
  2001 Ed. (115)
  2002 Ed. (87)
  2003 Ed. (54)
Fischer; Charles
  2010 Ed. (910)
  2011 Ed. (855)
Fischer Cunnane & Associates Ltd.
  2015 Ed. (1982)
  2016 Ed. (1950)
Fischer; Dean
  2011 Ed. (1142)
Fischer; Dr. Josef
  2015 Ed. (3485)
Fischer Francis
  1992 Ed. (2787)
  1993 Ed. (2348)
Fischer Francis Trees
  1996 Ed. (2382)
Fischer, Francis, Trees & Watts
  1991 Ed. (2221)
  1992 Ed. (2764)
  1997 Ed. (2536)
Fischer & Frichtel
  2002 Ed. (1208)
  2003 Ed. (1208)
  2004 Ed. (1215)
  2005 Ed. (1239)
Fischer Giessereianlagen AG; Georg
  1994 Ed. (2438)
Fischer Giesserie-Anlagen AG; Georg
  1996 Ed. (2568)
Fischer-Grey
  1990 Ed. (161)
  1991 Ed. (160)
  1992 Ed. (219)
  1993 Ed. (145)
  1994 Ed. (125)
  1995 Ed. (137)
  1996 Ed. (151)
  1997 Ed. (157)
  1999 Ed. (168)
The Fischer Group
  2002 Ed. (2682)
  2005 Ed. (1187)
Fischer Health
  2004 Ed. (3988)
  2005 Ed. (3954)
Fischer Homes
  2000 Ed. (1209)
  2002 Ed. (1184)
  2003 Ed. (1154)
  2004 Ed. (1159)
  2005 Ed. (1187)
  2008 Ed. (1879)
  2010 Ed. (1165)
  2011 Ed. (1113, 1119)
  2012 Ed. (1035)
  2015 Ed. (1185)
  2017 Ed. (1134)
  2018 Ed. (1066)
  2019 Ed. (1077)
  2020 Ed. (1066)
  2021 Ed. (1034)
  2022 Ed. (1071)
  2023 Ed. (1238, 1243, 1245)
Fischer, Justus Comunicacoes
  1997 Ed. (67)
Fischer, Justus Comunicacao Total
  1999 Ed. (67)
Fischer, Justus Comunicacoes
  1994 Ed. (73)
  1996 Ed. (68)
Fischer, Justus, Young & Rubicam
  1990 Ed. (83)
Fischer & Porter Co. Inc.
  1996 Ed. (1212)
Fischer Rohrleitungssysteme AG; Georg
  1994 Ed. (2483)
  1996 Ed. (2612)
Fischer Scientific
  1997 Ed. (2957)
FischerBrian Construction
  2003 Ed. (1179)
FischerHealth
  2004 Ed. (4015)
  2005 Ed. (3966)
FischerSIPS LLC
  2008 Ed. (4396)

Fiserv
  2013 Ed. (2193)
  2014 Ed. (1075)
  2015 Ed. (1113, 2739)
  2016 Ed. (1025, 2662)
  2017 Ed. (1059, 2094, 2608, 4360)
  2018 Ed. (985, 2671)
  2019 Ed. (984, 2110, 2656)
  2020 Ed. (2025, 2668)
  2021 Ed. (1976, 2579)
  2022 Ed. (1329, 2021, 2025, 2695)
  2023 Ed. (2821, 4415)
Fiserv DirectSource
  2009 Ed. (4099)
Fiserv Forum
  2021 Ed. (4360)
  2022 Ed. (4366)
Fiserv Forum (Milwaukee, WI)
  2021 Ed. (4360)
  2022 Ed. (4366)
Fiserv Health Inc.
  2006 Ed. (3083)
  2007 Ed. (3099, 3100)
  2008 Ed. (3247)
  2009 Ed. (3306)
Fiserv Health Plan Administration
  2008 Ed. (3268)
  2009 Ed. (3325)
Fiserv Inc.
  1992 Ed. (1762)
  1993 Ed. (459)
  1994 Ed. (464)
  1995 Ed. (1223, 1308)
  1996 Ed. (1278)
  2003 Ed. (1108, 3673)
  2004 Ed. (847, 1079, 1103, 1113)
  2005 Ed. (1107, 1117, 1134, 3024, 3027)
  2006 Ed. (1107, 1124, 3032, 3035)
  2007 Ed. (1223, 1237, 2068, 2069, 2570, 2800, 4358)
  2008 Ed. (1125, 2176, 2177, 2926, 4801)
  2009 Ed. (2159, 2162, 2765)
  2010 Ed. (1087, 2101, 2102, 2689, 2691, 2692, 2694, 2700, 3174, 3194, 4588)
  2011 Ed. (2153, 2154, 2155, 2678, 2681, 2687, 4400)
  2012 Ed. (933, 2003, 2007, 2607, 4469)
  2013 Ed. (1081, 2195, 2698, 2710, 4433)
  2014 Ed. (1059, 2126, 2682, 4467)
  2015 Ed. (1096, 2180, 2183, 2726, 3247, 4461)
  2016 Ed. (1005, 2158, 2649)
  2017 Ed. (1039, 2097, 2100, 2587, 2605)
  2018 Ed. (970, 2052)
  2019 Ed. (967, 2651)
  2020 Ed. (953, 2028, 2664)
  2021 Ed. (2572)
  2022 Ed. (2020, 2691)
  2023 Ed. (2118)
Fiserv Trust Co.
  2008 Ed. (399)
  2009 Ed. (422)
  2010 Ed. (398)
Fish
  1991 Ed. (2875, 2876)
  1992 Ed. (2074, 3815)
  1995 Ed. (3198)
  1997 Ed. (2063, 2064)
  1998 Ed. (1743, 1745)
  1999 Ed. (3408)
  2001 Ed. (3777)
  2003 Ed. (719, 2565)
  2007 Ed. (2519)
  2008 Ed. (2732)
Fish Advertising
  2018 Ed. (1893)
Fish, breaded
  2003 Ed. (2565)
Fish City Grill
  2009 Ed. (2085)
  2011 Ed. (4220)
Fish Consulting
  2018 Ed. (4042, 4053)
  2019 Ed. (4035, 4046)
  2020 Ed. (4045)
  2021 Ed. (4014)
  2022 Ed. (4032)
  2023 Ed. (4105, 4122, 4137)
Fish, frozen
  1994 Ed. (3460)
Fish Furniture
  2012 Ed. (1801)
Fish; Lawrence
  1990 Ed. (1723)
Fish; Lawrence K.
  1990 Ed. (1712)
Fish & Neave
  2003 Ed. (3171, 3172, 3173)
Fish Oil
  2001 Ed. (2013)
Fish & Richardson
  2003 Ed. (3171, 3172, 3173)
  2008 Ed. (3860, 4725)
  2009 Ed. (3919)
  2012 Ed. (3381)
  2021 Ed. (3227, 3228)

Fish & Richardson PC
  2010 Ed. (3834)
  2011 Ed. (3836, 3837)
  2012 Ed. (3408, 3817, 3818)
  2013 Ed. (3445, 3447, 3877)
  2014 Ed. (3445, 3447, 3813)
  2015 Ed. (3836)
  2016 Ed. (3742)
Fish/seafood/shrimp, frozen
  1999 Ed. (2532)
Fish; William
  1993 Ed. (1844)
  1997 Ed. (1947)
Fish Window Cleaning
  2020 Ed. (4388)
  2021 Ed. (4383)
  2023 Ed. (4891)
Fish Window Cleaning Services Inc.
  2003 Ed. (4939)
  2004 Ed. (4942)
  2005 Ed. (4922)
  2006 Ed. (4955)
  2007 Ed. (4963)
  2008 Ed. (4933)
  2009 Ed. (739)
  2010 Ed. (4963)
  2011 Ed. (4947)
  2012 Ed. (4946)
  2013 Ed. (4938)
  2014 Ed. (4948)
  2015 Ed. (4987)
  2016 Ed. (4904)
  2017 Ed. (4898)
  2018 Ed. (4916)
  2019 Ed. (4914)
  2020 Ed. (4912)
  2021 Ed. (4907)
  2022 Ed. (4902)
Fishbach Corp.
  1996 Ed. (1133)
Fishbein & Co.
  1989 Ed. (11)
  1992 Ed. (22)
Fishbowl
  2015 Ed. (2128)
Fishburn Hedges
  1996 Ed. (3118, 3120)
  1997 Ed. (3197)
  1999 Ed. (2840, 3935, 3938, 3941)
  2000 Ed. (3651, 3652)
  2002 Ed. (3857, 3858, 3862, 3867, 3870, 3871, 3872)
  2004 Ed. (1872)
  2007 Ed. (2024)
  2008 Ed. (2120)
  2009 Ed. (2110)
  2011 Ed. (4128)
Fishburn Hedges Boys Williams Ltd.
  2008 Ed. (2128, 2132, 2134)
Fishburne; Laurence
  2009 Ed. (201)
Fisher
  1990 Ed. (1109)
  1996 Ed. (2859)
  2003 Ed. (3654)
  2008 Ed. (2385, 3802)
  2009 Ed. (3848, 4490)
Fisher; Andrew
  1997 Ed. (2004)
Fisher & Arnold Inc.
  2008 Ed. (2527)
Fisher Arnold Inc.
  2023 Ed. (2640)
Fisher Associates
  2016 Ed. (1873)
Fisher Auto Parts Inc.
  2002 Ed. (421)
  2005 Ed. (311)
  2006 Ed. (329)
  2007 Ed. (320)
Fisher, Boyd, Brown & Huguenard
  2012 Ed. (3392)
Fisher Capital Partners Ltd.
  2002 Ed. (4737)
Fisher College of Business
  2015 Ed. (807)
Fisher College of Business; Ohio State University
  2009 Ed. (803)
  2010 Ed. (753)
  2011 Ed. (664)
Fisher Communications
  2014 Ed. (2102, 2106)
Fisher Communications Inc.
  2004 Ed. (4584)
  2005 Ed. (1098)
Fisher Companies Inc.
  2002 Ed. (3560)
Fisher Construction
  2013 Ed. (2166)
Fisher Control International
  2005 Ed. (1512)
Fisher Development Inc.
  1995 Ed. (3375, 3376)
  1996 Ed. (3429)
  1997 Ed. (3516)
  2000 Ed. (4026)
  2002 Ed. (1276)

2003 Ed. (1286, 1311)
Fisher; Donald
  1989 Ed. (2751)
  2010 Ed. (4853)
  2011 Ed. (4820)
Fisher; Donald G.
  2005 Ed. (4846)
  2006 Ed. (4902)
Fisher; Donald George
  1996 Ed. (961)
Fisher; Doris
  2010 Ed. (4853)
  2011 Ed. (4820)
  2023 Ed. (4931)
Fisher; Doris F.
  2005 Ed. (4846)
  2006 Ed. (4902)
Fisher; Eileen
  2005 Ed. (2468)
  2008 Ed. (4345)
Fisher family; Donald
  1989 Ed. (2905)
Fisher Foods
  1990 Ed. (3059)
Fisher family & G. Getty
  1991 Ed. (3333)
Fisher; George M. C.
  1996 Ed. (964)
Fisher-Grey
  2002 Ed. (208)
Fisher Group
  2010 Ed. (4027)
Fisher Hoffman Sithole
  1997 Ed. (26, 27)
  1999 Ed. (22)
Fisher III; Charles
  1990 Ed. (974)
  1991 Ed. (927)
  1992 Ed. (1144)
  1993 Ed. (939)
  1994 Ed. (948)
  1995 Ed. (981)
  1996 Ed. (965)
Fisher Investments
  1990 Ed. (2343, 2346)
  1991 Ed. (2231)
  2020 Ed. (3299)
  2021 Ed. (3158)
  2023 Ed. (3389)
Fisher Island Club
  2002 Ed. (3990)
Fisher; John
  2006 Ed. (4902)
  2008 Ed. (4831)
  2009 Ed. (4849)
  2010 Ed. (4853)
  2012 Ed. (430)
Fisher, Justus Comunicacoes
  1995 Ed. (52)
Fisher, Justus/Young & Rubicam
  1989 Ed. (89)
Fisher; Lee E.
  1993 Ed. (3443)
Fisher; Max Martin
  1995 Ed. (935)
Fisher; Paul
  2006 Ed. (1001)
Fisher & Paykel
  1992 Ed. (3234)
  2002 Ed. (1745)
Fisher & Paykel Finance
  2015 Ed. (556)
Fisher & Paykel Healthcare
  2007 Ed. (1922)
  2018 Ed. (1796)
  2022 Ed. (1378, 1380, 1381, 1796)
Fisher & Paykel Industries Ltd.
  1994 Ed. (2671)
  1996 Ed. (2845)
  1997 Ed. (2940)
Fisher & Phillips
  2012 Ed. (3373, 3383)
  2021 Ed. (3209, 3210)
Fisher Price
  2016 Ed. (3087, 3095)
  2017 Ed. (3042)
Fisher-Price
  1989 Ed. (2858)
  1990 Ed. (3623)
  1991 Ed. (3410)
  1992 Ed. (4325, 4326, 4327, 4328)
  1993 Ed. (733, 734, 739, 743, 984, 2413, 2984, 3601, 3602, 3603)
  1994 Ed. (745, 1011, 2365, 3025, 3559, 3560, 3561)
  1995 Ed. (1022, 3638, 3639, 3640, 3642, 3643)
  1996 Ed. (1002, 3722, 3723, 3726)
  1997 Ed. (709, 1020, 3775, 3776)
  1998 Ed. (3596, 3599)
  1999 Ed. (786, 788, 1192, 4628, 4629)
  2000 Ed. (4277)
  2005 Ed. (1536)
  2006 Ed. (4782)
  2007 Ed. (4789)
  2008 Ed. (4707)
  2012 Ed. (4734)
  2016 Ed. (4677)

2018 Ed. (4676)
2019 Ed. (4681)
2021 Ed. (4666, 4667, 4669)
2022 Ed. (4674, 4679)
2023 Ed. (4667, 4668)
Fisher-Price pre-school ranges
 1992 Ed. (4329)
Fisher-Price (U.S.)
 2021 Ed. (4669)
 2022 Ed. (4679)
Fisher; Richard B.
 1993 Ed. (940)
 1997 Ed. (982)
Fisher; Rob
 2023 Ed. (1310)
Fisher; Robert
 2006 Ed. (4902)
 2007 Ed. (4897)
 2008 Ed. (4831)
 2009 Ed. (4849)
 2010 Ed. (4853)
Fisher School of Business; Ohio State University
 2006 Ed. (740)
 2007 Ed. (826)
Fisher School of Business; Ohio State University-Columbus
 2008 Ed. (799)
 2009 Ed. (782, 814, 816)
 2010 Ed. (763, 765)
 2011 Ed. (652, 663, 676)
Fisher Science
 2004 Ed. (894)
Fisher Scientific Group
 1989 Ed. (2362)
 1990 Ed. (2216)
Fisher Scientific International Inc.
 2001 Ed. (1811)
 2002 Ed. (4894)
 2003 Ed. (1782, 2889, 2890, 4923, 4924)
 2004 Ed. (1817, 2798, 3123, 4916, 4917)
 2005 Ed. (880, 1901, 2791, 2799, 3126, 3127, 4675, 4905, 4906)
 2006 Ed. (800, 1927, 2761, 2769, 2781, 3447, 4936, 4938)
 2007 Ed. (889, 1912, 2774, 4943, 4944, 4947)
 2008 Ed. (866, 1402, 1972, 4920, 4922)
 2009 Ed. (1927, 4938)
 2010 Ed. (4946)
 2011 Ed. (1829)
Fisher & Sons
 2013 Ed. (2166)
Fisher; Stephen
 2006 Ed. (986)
Fisher; Terri
 2012 Ed. (4386)
Fisher Transport
 1989 Ed. (2368)
Fisher; William
 2007 Ed. (4897)
 2008 Ed. (4831)
 2009 Ed. (4849)
 2010 Ed. (4853)
 2016 Ed. (4817)
Fisherman's Marine Supply Inc.
 2015 Ed. (2744, 3189)
Fishers
 2005 Ed. (3616)
Fisher's Big Wheel
 1990 Ed. (1519)
Fisher's Document Systems
 2010 Ed. (1683)
Fishers, hunters, and trappers
 1989 Ed. (2080, 2082)
Fishers, IN
 1991 Ed. (1478)
Fishers Island Electric Corp.
 2003 Ed. (2134)
Fishery products
 1997 Ed. (2049)
Fishery Products International
 1998 Ed. (1734)
 2004 Ed. (1669)
 2006 Ed. (4250)
 2007 Ed. (4265)
 2008 Ed. (4284)
FisherZucker LLC
 2023 Ed. (3464)
Fishing
 1995 Ed. (3430)
 1997 Ed. (2018)
 1998 Ed. (3355)
 2000 Ed. (4090)
 2001 Ed. (4334, 4340, 4343)
 2005 Ed. (3633, 3634, 4428)
 2007 Ed. (3736)
Fishing, trapping or vermin destroying
 1990 Ed. (2776)
Fishing equipment
 1997 Ed. (3555)
Fishing, freshwater
 1999 Ed. (4384, 4386)
Fishing or hunting
 2000 Ed. (1048)
Fishing, Hunting
 2000 Ed. (2919)

Fishing industry
 1994 Ed. (2243)
Fishing Lake First Nation
 2009 Ed. (2811)
Fishing Online
 2022 Ed. (1875)
Fishing, saltwater
 1999 Ed. (4384)
Fishing World
 1992 Ed. (3385)
Fishkind & Associates
 1991 Ed. (2173)
 1997 Ed. (2477)
Fishking Processors Inc.
 1996 Ed. (2660)
 1997 Ed. (2801)
Fishman; Barbara White
 1995 Ed. (935)
Fishman; J. G.
 2005 Ed. (2489)
Fishman; Jay S.
 2009 Ed. (948)
 2010 Ed. (900)
 2011 Ed. (821, 837)
 2015 Ed. (966)
Fishman; Jerald G.
 2006 Ed. (2524)
 2011 Ed. (842)
Fishman PR
 2023 Ed. (4122)
Fishpond.co.nz
 2009 Ed. (3015)
Fisk
 2013 Ed. (1263)
Fisk Corp.
 2004 Ed. (1304)
 2005 Ed. (1311)
 2006 Ed. (1281)
 2010 Ed. (1231, 1232, 1251)
 2011 Ed. (1178, 1179, 1270)
 2012 Ed. (1092, 1126, 1127, 1174)
Fisk Electric Co.
 1993 Ed. (1124)
 1996 Ed. (1134)
 1997 Ed. (1162)
 1998 Ed. (946)
 1999 Ed. (1368)
 2000 Ed. (1254)
 2001 Ed. (1474)
 2002 Ed. (1289)
 2003 Ed. (1301)
 2005 Ed. (1294)
 2007 Ed. (1378)
 2015 Ed. (1256)
 2017 Ed. (1211)
 2018 Ed. (1184)
Fisk University
 2009 Ed. (200)
 2015 Ed. (4222)
Fiskars
 2016 Ed. (1556)
Fiske & Co.
 2001 Ed. (1036)
Fisker Automotive
 2011 Ed. (2300, 3489)
Fisons
 1996 Ed. (1356, 1358)
 1997 Ed. (1395)
Fisons PLC
 1990 Ed. (948)
FISQ Zero coupon - profit Quebec
 2004 Ed. (725, 726)
Fissolo; Maria Franca
 2016 Ed. (4850)
 2017 Ed. (4855)
 2018 Ed. (4863)
Fist Wachovia
 1989 Ed. (675)
Fistar Corp.
 1996 Ed. (3181)
Fiszman; Danny
 2007 Ed. (4931)
Fit Body Boot Camp
 2020 Ed. (3919)
FIT Hon Teng
 2021 Ed. (1922)
Fit-One Exercise Machine
 1994 Ed. (1724)
Fit Pregnancy
 2005 Ed. (147)
 2015 Ed. (3550)
Fit Soda
 2021 Ed. (3725)
Fit & Trim
 1999 Ed. (3785)
Fitaihi Holding Group
 2017 Ed. (4224)
Fitbit
 2017 Ed. (1457, 1458, 2448, 2832)
 2018 Ed. (50, 1436)
 2019 Ed. (47, 2339)
FitBit Inc.
 2018 Ed. (2309)
Fitbit Inc.
 2019 Ed. (1001)
Fitbit, Inc.
 2019 Ed. (2891)

FitBit.com
 2018 Ed. (2319)
fitbox
 2021 Ed. (4709)
Fitch
 1995 Ed. (2225, 2229)
 1996 Ed. (2234, 2235)
 1999 Ed. (2839, 2842)
 2001 Ed. (1444, 1446, 1448)
 2002 Ed. (1952, 1953, 1956, 1957, 1958)
Fitch RS
 1990 Ed. (1276, 1670, 2170)
 1991 Ed. (2014)
 1992 Ed. (2588, 2589)
 1993 Ed. (2158)
 1994 Ed. (2175)
Fitch, Wiley, Richlin & Tourse
 1995 Ed. (673, 2413)
Fitch Worldwide
 2002 Ed. (2986)
Fitchburg-Leominster, MA
 2002 Ed. (2459)
Fitchburg Sentinel-Enterprise
 1989 Ed. (2064)
 1990 Ed. (2710)
FitchLive
 2011 Ed. (61)
Fite Building Co.
 2023 Ed. (1219)
Fites; Donald V.
 1994 Ed. (1719)
Fitesa
 2014 Ed. (3755)
 2015 Ed. (3778)
 2016 Ed. (3692)
 2017 Ed. (3650)
 2018 Ed. (3709)
 2019 Ed. (3696)
 2020 Ed. (3724)
 2021 Ed. (3726)
 2022 Ed. (3744)
 2023 Ed. (3845)
Fitger's Inn
 2005 Ed. (2928)
 2006 Ed. (2931)
 2007 Ed. (2942)
FitLinxx Inc.
 2003 Ed. (2710, 3053)
Fitness
 1996 Ed. (2961)
 1997 Ed. (3042, 3046)
 1998 Ed. (2785, 2799)
 1999 Ed. (3754)
 2000 Ed. (3464, 3477)
 2004 Ed. (3333)
 2005 Ed. (147, 148)
 2007 Ed. (2329)
Fitness Anywhere
 2012 Ed. (1078)
Fitness Consulting Group
 2015 Ed. (1774)
Fitness Cubed
 2021 Ed. (1578, 3418)
 2022 Ed. (1100, 1600)
Fitness Holdings Inc.
 2001 Ed. (375)
 2003 Ed. (270)
Fitness International LLC
 2015 Ed. (2964)
 2023 Ed. (1621)
Fitness International, LLC
 2023 Ed. (3064)
Fitness & Lifestyle Group
 2020 Ed. (3917)
 2021 Ed. (3885)
 2022 Ed. (3897)
Fitness Machine Technicians
 2022 Ed. (4393)
Fitness Machine Technicians (FMT)
 2022 Ed. (4393)
 2023 Ed. (4416)
Fitness Quest
 2001 Ed. (2349)
Fitness Revolution
 2015 Ed. (899, 4018)
Fitness Time
 2021 Ed. (654)
 2022 Ed. (689)
Fitness Together
 2004 Ed. (2817)
 2005 Ed. (2813)
 2006 Ed. (2789)
 2007 Ed. (2789)
 2008 Ed. (2914)
 2009 Ed. (892, 2969)
 2010 Ed. (842, 2909)
 2011 Ed. (2879)
 2012 Ed. (2819)
Fitness Together Holdings Inc.
 2011 Ed. (768)
 2012 Ed. (706)
 2013 Ed. (910)
 2014 Ed. (857)
Fitness trainers
 2005 Ed. (3623)
 2009 Ed. (3860)

Fitness Walking
 1996 Ed. (3036)
 1998 Ed. (3354)
 1999 Ed. (4386)
 2000 Ed. (4089)
Fitness/workout shoes
 1993 Ed. (257)
FITT Scientific
 2021 Ed. (1228, 1948)
 2022 Ed. (1259, 1991)
Fitter International
 2018 Ed. (1443)
 2019 Ed. (1475)
Fitterfirst
 2019 Ed. (1475)
Fitti
 1995 Ed. (1562)
 1996 Ed. (1546)
 2000 Ed. (1666)
Fitz Vogt & Associates Ltd.
 2004 Ed. (1816)
 2005 Ed. (1900)
 2006 Ed. (1926)
 2007 Ed. (1911)
 2010 Ed. (1861)
 2011 Ed. (1893)
Fitz, Vogt & Associates Ltd.
 2013 Ed. (1914)
 2014 Ed. (1849)
Fitzgarrald; Jonathan
 2023 Ed. (1301)
Fitzgerald Analytics
 2013 Ed. (1210)
 2014 Ed. (1151)
 2015 Ed. (1204)
Fitzgerald Auto Mall
 2014 Ed. (221)
 2015 Ed. (256)
 2016 Ed. (249)
 2017 Ed. (246)
 2018 Ed. (233)
Fitzgerald Bros. Beverages Inc.
 2017 Ed. (2495)
 2018 Ed. (2551)
 2019 Ed. (2545)
 2022 Ed. (2606)
 2023 Ed. (2747)
FitzGerald Communications
 2001 Ed. (3929, 3933)
 2002 Ed. (3810, 3823)
 2003 Ed. (3990, 3997, 4004, 4006)
Fitzgerald & Co.
 1997 Ed. (59)
 2000 Ed. (172)
 2004 Ed. (130)
Fitzgerald Contractors Inc.
 2007 Ed. (1378)
FitzGerald Contractors LLC
 2011 Ed. (1243)
 2012 Ed. (1171)
Fitzgerald Dealership Group
 2012 Ed. (102)
Fitzgerald; Dr. Peter
 2010 Ed. (4906)
Fitzgerald Group; Sherry
 2008 Ed. (49)
 2009 Ed. (56)
Fitzgerald; J.P.
 2017 Ed. (2795)
Fitzgerald; Larry
 2014 Ed. (195)
Fitzgerald; Mark
 2007 Ed. (2465)
 2010 Ed. (2527)
Fitzgerald; Sherry
 2007 Ed. (46)
Fitzgerald; Timothy J.
 2009 Ed. (2663)
 2010 Ed. (2564)
 2011 Ed. (2547)
Fitzgerald; W. Paul
 1995 Ed. (983)
FitzMark
 2016 Ed. (1660)
Fitzpatrick, Cella, Harper & Scinto
 2009 Ed. (3919)
 2010 Ed. (3834)
 2011 Ed. (3837)
 2012 Ed. (3381, 3818)
Fitzpatrick Cello Harper & Scinto
 2008 Ed. (3860)
Fitzpatrick & Co.
 2012 Ed. (1400)
 2014 Ed. (1471)
Fitzpatrick; David
 2006 Ed. (958)
Fitzpatrick Dealership Group
 2004 Ed. (167)
 2005 Ed. (169)
 2021 Ed. (89)
 2022 Ed. (102)
Fitzpatrick Design Group Inc.
 1996 Ed. (231)
 1997 Ed. (262)
Fitzpatrick Electric Supply Co.
 2003 Ed. (2203)
Fitzpatrick; Florence K.
 1992 Ed. (1098)

CUMULATIVE INDEX • 1989-2023

2020 Ed. (4750)
Fleet Clean USA
2020 Ed. (301)
2023 Ed. (1025)
Fleet Complete
2021 Ed. (4380)
Fleet Credit Corp.
1998 Ed. (389)
Fleet Enema
1992 Ed. (1846)
1993 Ed. (1521)
Fleet Enema Extra
2018 Ed. (3365)
Fleet Equipment LLC
2021 Ed. (1872)
Fleet, farm, industrial
1994 Ed. (2179)
Fleet Feet Sports
2008 Ed. (4487)
2009 Ed. (4518)
2013 Ed. (4477)
2014 Ed. (4525)
2015 Ed. (4524)
2016 Ed. (4460)
2017 Ed. (4468)
2018 Ed. (4489)
2019 Ed. (4482)
2020 Ed. (4466)
2021 Ed. (4458)
Fleet Financial
1990 Ed. (415)
1999 Ed. (380, 445, 1794)
2000 Ed. (396, 438)
2001 Ed. (582)
Fleet Financial Bank
1998 Ed. (394)
Fleet Financial Group Inc.
1989 Ed. (364)
1990 Ed. (452, 648)
1994 Ed. (250, 346, 348, 578, 604)
1996 Ed. (359, 360, 368, 371, 635, 1438, 3179)
1997 Ed. (332, 334, 339, 342, 343, 346, 347, 1477, 3287, 3288, 3289)
1998 Ed. (201, 202, 203, 267, 270, 277, 278, 281, 282, 284, 321, 378, 1175, 3315)
1999 Ed. (312, 313, 370, 383, 397, 422, 482, 597, 611, 615, 661, 1704, 2698, 4022, 4023, 4024, 4025, 4333, 4335)
2000 Ed. (327, 380, 382, 383, 385, 425, 426, 436, 504, 505, 621, 1513, 3156, 3157, 3415, 3737, 3741, 3742, 3743, 4053)
2001 Ed. (433, 573, 574, 580, 587, 4281)
2002 Ed. (1389)
Fleet Financial/Shawmut
1997 Ed. (386)
Fleet Hoster
2023 Ed. (1139)
Fleet Insurance Services LLC
2005 Ed. (2370, 3069)
2006 Ed. (2419)
Fleet Investment
2002 Ed. (2350)
2003 Ed. (3074)
Fleet Investment Advisors
1994 Ed. (2317)
2000 Ed. (2842)
Fleet Investment Advisors, Value Driven Growth
2003 Ed. (3125)
Fleet Kids
2002 Ed. (4829)
Fleet/Liberty
2003 Ed. (3621)
Fleet Maintenance Inc.
2008 Ed. (4975)
Fleet Management Solutions
2009 Ed. (3583)
Fleet Mortgage
1989 Ed. (2006)
1990 Ed. (2602, 2605)
1991 Ed. (1856, 2483)
1992 Ed. (3107)
1999 Ed. (2608, 3435, 3437, 3439, 3440, 3441)
2000 Ed. (3158, 3159, 3161, 3162)
2001 Ed. (3345, 3346, 3347, 3352, 4522)
2002 Ed. (3381, 3382, 3385, 3388, 3389)
Fleet Mortgage Group
1994 Ed. (1984, 2548, 2549, 2554, 2557, 2558)
1995 Ed. (2042, 2597, 2599, 2600, 2601, 2606, 2609, 2610)
1996 Ed. (2036, 2675, 2677, 2679, 2681, 2682, 2683, 2684, 2686)
1997 Ed. (2808, 2810, 2811, 2813, 2814)
1998 Ed. (1861, 2456, 2522, 2523, 2525, 2526, 2527, 2528, 2529, 2530)
Fleet NA Bank
2002 Ed. (479, 480, 481, 482, 483, 487, 489, 506, 508, 643, 1120, 2578, 2725, 3210, 3391)
2003 Ed. (1056)

Fleet National Bank
1989 Ed. (661)
1990 Ed. (673)
1991 Ed. (654)
1992 Ed. (569, 826)
1993 Ed. (409, 619, 1993, 2592)
1994 Ed. (623, 1984, 2554)
1995 Ed. (593, 2433, 2435)
1996 Ed. (417, 662)
1997 Ed. (600)
1998 Ed. (298, 299, 301, 303, 306, 307, 308, 313, 314, 318, 1958)
1999 Ed. (398, 403, 405, 411, 412, 413, 421, 3433)
2000 Ed. (399, 400, 401, 408, 409, 410, 414, 417, 419)
2003 Ed. (384, 386, 387, 428, 430, 431, 432, 433, 434, 435, 436, 1055, 2771, 2887, 3445)
2004 Ed. (363, 365, 366, 422, 426, 427, 428, 429, 430, 1064, 1065, 2863, 2996)
2005 Ed. (369, 382, 384, 428, 431, 432, 433, 434, 435, 436, 1068, 1069, 2868, 2994)
2006 Ed. (376, 378, 386, 390, 392, 393, 394, 1076, 1077, 2873, 2989, 3563)
Fleet National Bank of Connecticut
1994 Ed. (3011)
1997 Ed. (442)
Fleet/Norstar
1989 Ed. (378, 422)
1990 Ed. (439, 1792, 2609)
1995 Ed. (2602, 2603)
Fleet/Norstar Financial
1989 Ed. (635)
1990 Ed. (657, 658, 1535)
Fleet/Norstar Financial Group
1989 Ed. (399)
1990 Ed. (659, 1791)
1991 Ed. (374, 623, 635, 1721, 1722, 1725, 2486)
1992 Ed. (808)
1993 Ed. (601, 2593, 2595, 3289)
Fleet/Norstar Securities Inc.
1993 Ed. (2268, 3166)
Fleet Optics
2020 Ed. (1451)
Fleet Pedia Lax
2016 Ed. (3334)
2018 Ed. (3365)
2020 Ed. (3346)
2021 Ed. (3282)
2022 Ed. (3366)
2023 Ed. (3483, 3484)
Fleet Phospho Soda
2003 Ed. (3197)
2004 Ed. (249)
Fleet Readiness Center Southeast
2016 Ed. (3435)
2018 Ed. (3463)
2019 Ed. (3432)
2020 Ed. (3541)
2021 Ed. (3447)
2022 Ed. (3506)
2023 Ed. (3630)
Fleet Real Estate Funding Corp.
1991 Ed. (1856, 2483)
1992 Ed. (3107)
1995 Ed. (2042, 2606)
1996 Ed. (2036, 2677, 2684)
Fleet Securities Inc.
1995 Ed. (3256)
1996 Ed. (2356)
1997 Ed. (3461)
1998 Ed. (2566, 3260)
1999 Ed. (4232, 4238, 4250)
2000 Ed. (3984)
2001 Ed. (736, 740, 782, 830, 832, 839, 863, 871, 891, 892, 911, 912)
Fleet/Shawmut
1996 Ed. (395, 3184)
Fleet Transport Co.
1993 Ed. (3503)
1994 Ed. (3474)
1995 Ed. (3680)
1996 Ed. (3759)
1997 Ed. (3809)
1998 Ed. (3639)
FleetBoston Financial Corp.
2001 Ed. (431, 585, 586, 621, 622, 639, 640, 643, 4029, 4088, 4193)
2002 Ed. (444, 488, 498, 502, 503, 629, 1685, 1723, 1818, 3195, 3196, 3203, 3204, 3205, 3207, 3208, 3947, 4108, 4201, 4206, 4208, 4210, 4213, 4215, 4220, 4221, 4223, 4224, 4276, 4277, 4556, 4557, 4874)
2003 Ed. (426, 429, 437, 438, 446, 452, 453, 594, 627, 628, 818, 1756)
2004 Ed. (418, 423, 432, 434, 440, 601, 640, 641, 1793, 4394, 4436)
2005 Ed. (355, 358, 373, 376, 377, 423, 424, 429, 438, 440, 448, 449, 590, 629, 630, 790, 1002, 1003, 1064, 1562, 1858, 1861, 1862, 1863, 1864, 2046, 2223, 2866, 4335, 4385, 4571, 4572, 4573, 4574, 4575, 4576)

2006 Ed. (387, 507, 1423)
Fleetcare
2019 Ed. (4092)
2020 Ed. (3348)
2021 Ed. (3283)
2022 Ed. (3367)
FleetCenter
1999 Ed. (1298)
2001 Ed. (4351)
2002 Ed. (4343)
2003 Ed. (4527)
2006 Ed. (1153)
FleetCor Technologies
2014 Ed. (4463)
2015 Ed. (4457, 4471)
2016 Ed. (2643, 4357)
2017 Ed. (2578, 4356)
2018 Ed. (1561, 2645, 4355)
2019 Ed. (4385)
2020 Ed. (4379)
Fleetgistics
2012 Ed. (4801)
Fleetio
2017 Ed. (1378)
2022 Ed. (1357)
Fleetmark
1993 Ed. (2604)
Fleetmatics
2023 Ed. (1153)
Fleetmatics Group
2018 Ed. (1639)
Fleetwood
1996 Ed. (3172, 3173)
Fleetwood Commerce Park
1991 Ed. (1044)
Fleetwood Enterprises Inc.
1989 Ed. (1001, 1891, 2295, 2298, 2871, 2872)
1990 Ed. (2892, 2893)
1991 Ed. (314, 1060, 1062, 2299, 2491, 2757, 3420)
1992 Ed. (430, 1368, 1560, 2855, 3115, 3116, 3515, 3518, 3519, 3520, 3521, 3522, 3643, 3644)
1993 Ed. (1091, 2413, 2606, 2899, 2900, 2901, 2902, 2903, 2904, 2905, 2983, 2984, 2985, 2986)
1994 Ed. (1107, 1115, 1119, 1120, 2365, 2914, 2915, 2916, 2917, 2918, 2919, 2922, 2923, 3025, 3026)
1995 Ed. (1131, 1134, 2970, 2971, 2972, 2973, 2975, 2976, 2978, 2979, 3078)
1996 Ed. (1104, 2130, 3068, 3069, 3070, 3071, 3072, 3073, 3074, 3075, 3077, 3078, 3171)
1997 Ed. (1123, 1125, 3149, 3150, 3151, 3152, 3153, 3156, 3157, 3158, 3275)
1998 Ed. (881, 886, 887, 890, 1435, 2060, 2902, 2903, 2904, 2905, 2906, 2907, 2908, 2909, 3026, 3027, 3028, 3029)
1999 Ed. (1313, 1317, 1320, 1322, 2028, 2816, 3873, 3874, 3875, 3876, 3877, 3878, 3879, 3880, 4018)
2000 Ed. (1195, 1196, 1201, 1805, 2590, 3588, 3589, 3590, 3591, 3594, 3595, 3596, 3597)
2001 Ed. (1395, 1405, 1406, 2500, 2501)
2002 Ed. (397, 1523, 3739, 3740)
2003 Ed. (338, 3207, 3265, 3266, 3283)
2004 Ed. (3318, 3319, 3346, 3497)
2005 Ed. (284, 286, 287, 3341, 3342, 3496, 3497)
2006 Ed. (304, 307, 309, 3332, 3333, 3355, 3356)
2007 Ed. (306, 3390, 3391, 3409)
2008 Ed. (294, 3538)
2009 Ed. (3604)
2010 Ed. (3522, 3523, 3700, 4606)
2012 Ed. (227)
Fleetwood Fixtures
2008 Ed. (4546)
2019 Ed. (2792)
2020 Ed. (2817)
2021 Ed. (2693)
Fleetwood Folding Trailers Inc.
1993 Ed. (2986)
Fleetwood Mac
1999 Ed. (1292)
2005 Ed. (1160)
2006 Ed. (2486)
2017 Ed. (1082, 2383)
Fleetwood Transportation Services Inc.
2020 Ed. (4738)
Fleis & Vandenbrink Engineering Inc.
2019 Ed. (2430)
Fleischer; Arthur
1991 Ed. (2297)
Fleischer; David
1990 Ed. (1769)
1994 Ed. (1794)
1995 Ed. (1832)
1996 Ed. (1810)
1997 Ed. (1884)
Fleischer; Ernest M.
1990 Ed. (457, 3686)

Fleischmann's
1989 Ed. (1512, 1513)
1990 Ed. (1896, 3676)
1991 Ed. (1810, 3455, 3456)
1992 Ed. (2285, 4402)
1993 Ed. (1942, 1949, 1950, 3674)
1994 Ed. (1970, 1972, 2441)
1995 Ed. (1992, 2507)
1996 Ed. (2017)
1997 Ed. (2139)
1999 Ed. (4733)
2000 Ed. (3039, 3040, 4359)
2003 Ed. (3311, 3685)
2005 Ed. (2732)
2008 Ed. (3589)
Fleischmann's Gin
1995 Ed. (1996)
1998 Ed. (1829)
1999 Ed. (2586, 2589)
2000 Ed. (2329)
2001 Ed. (2595, 2599, 2601)
2002 Ed. (287, 2399)
2003 Ed. (2609, 2615)
2004 Ed. (2730, 2735)
Fleischmann's Light
1994 Ed. (2441)
Fleischmann's Preferred
1990 Ed. (2452)
1991 Ed. (2318)
1992 Ed. (2870)
1993 Ed. (2434)
1994 Ed. (2384)
1995 Ed. (2465)
1996 Ed. (2514)
1997 Ed. (2653)
1999 Ed. (3204)
2000 Ed. (2944)
2001 Ed. (4786)
2002 Ed. (3102)
2003 Ed. (4899)
2004 Ed. (4889)
Fleischmann's Royal
2002 Ed. (287)
Fleischmann's Royal Velvet
2003 Ed. (4864)
2004 Ed. (4845)
Fleischmann's Royal Vodka
1999 Ed. (4724)
Fleischmann's Vodka
2000 Ed. (2968)
2001 Ed. (4714)
2002 Ed. (4772)
Fleishman-Hillard
1990 Ed. (2911, 2912, 2913, 2914, 2916, 2917, 2918, 2920)
1992 Ed. (3556, 3557, 3559, 3560, 3563, 3569, 3570, 3574, 3576, 3580, 3581)
1993 Ed. (2927, 2928, 2929, 2933)
1994 Ed. (2945, 2946, 2947, 2950, 2952, 2966, 2972)
1995 Ed. (3002, 3006, 3007, 3008, 3009, 3023, 3024, 3025, 3026, 3032)
1996 Ed. (3103, 3104, 3107, 3109, 3111, 3113, 3128, 3129, 3130, 3131, 3135)
1997 Ed. (3181, 3182, 3184, 3185, 3188, 3190, 3192, 3204, 3205, 3206, 3212)
1998 Ed. (104, 444, 1474, 1712, 1902, 1926, 2313, 2935, 2936, 2939, 2940, 2941, 2942, 2943, 2946, 2950, 2951, 2952, 2954, 2958, 2961, 3353, 3618)
1999 Ed. (3908, 3909, 3910, 3913, 3915, 3918, 3919, 3920, 3921, 3923, 3924, 3925, 3926, 3927, 3929, 3930, 3932, 3942, 3943, 3944, 3946, 3948, 3952, 3953, 3956)
2000 Ed. (3625, 3626, 3627, 3631, 3634, 3635, 3636, 3637, 3638, 3640, 3641, 3642, 3643, 3646, 3647, 3648, 3657, 3658, 3659, 3660, 3662, 3666, 3667, 3670)
2001 Ed. (3924, 3925, 3926, 3927, 3928, 3929, 3930, 3931, 3932, 3934, 3935, 3937, 3938, 3939, 3940, 3942)
2002 Ed. (3806, 3807, 3808, 3811, 3813, 3815, 3817, 3818, 3819, 3820, 3824, 3825, 3826, 3829, 3830, 3831, 3832, 3834, 3835, 3836, 3837, 3838, 3839, 3840, 3843, 3844, 3845, 3846, 3849, 3850)
2003 Ed. (3973, 3976, 3977, 3978, 3979, 3980, 3982, 3994, 3995, 3996, 3997, 3999, 4001, 4002, 4003, 4005, 4007, 4008, 4009, 4010, 4011, 4014, 4015, 4016, 4020, 4021)
2004 Ed. (3977, 3978, 3979, 3980, 3981, 3984, 3987, 3991, 3992, 3993, 3994, 3996, 4013)
2011 Ed. (4103, 4119)
2012 Ed. (4133, 4151)
2014 Ed. (4141, 4142)
2015 Ed. (4123, 4124)
2016 Ed. (4037, 4038)
Fleishman-Hillard Europe
1995 Ed. (719)
Fleishman-Hillard Inc.
2019 Ed. (2951)
2020 Ed. (2981)
2021 Ed. (2841)

Fleishman-Hillard Miami
  1998 Ed. (2948)
Fleishman-Hillard UK
  1994 Ed. (2957, 2962, 2964)
  2002 Ed. (3853, 3857, 3863)
FleishmanHillard
  2018 Ed. (4032, 4033, 4934)
  2019 Ed. (4025, 4026, 4934)
  2020 Ed. (4932)
  2021 Ed. (4936)
  2023 Ed. (4123, 4124)
Fleishmann's Preferred
  1998 Ed. (2373)
Fleming
  1989 Ed. (1449, 2478)
  1990 Ed. (1821)
  1992 Ed. (3933, 3938)
  1995 Ed. (3298, 3358, 3728)
  1996 Ed. (1433, 3822, 3824, 3825)
  2000 Ed. (1532, 2388, 2391, 4384, 4385, 4389)
Fleming Altoona Division
  1997 Ed. (1204, 1205)
Fleming American Fledgeling
  1993 Ed. (2657)
Fleming Arthur
  2000 Ed. (3845)
Fleming Asset Management; Robert
  1992 Ed. (2140)
Fleming Building Co., Inc.
  2006 Ed. (1171, 1172)
  2010 Ed. (1147, 1148)
  2011 Ed. (1090)
  2014 Ed. (1145, 1146)
  2015 Ed. (1196)
  2016 Ed. (1071)
  2017 Ed. (1101)
Fleming Chinese
  2000 Ed. (3309)
Fleming Companies Inc.
  1990 Ed. (1652, 1957, 3495)
  2000 Ed. (4166)
  2001 Ed. (4828)
  2002 Ed. (4535, 4893, 4901, 4903)
  2003 Ed. (1804, 4650, 4654, 4656, 4873, 4929, 4930, 4933, 4935, 4936)
  2004 Ed. (1614, 1616, 1870, 4613, 4626, 4764, 4931, 4932, 4933, 4934, 4938, 4940, 4941)
  2005 Ed. (421, 4915, 4921)
The Fleming Construction Group
  2022 Ed. (1042, 1043)
Fleming Continental European
  2000 Ed. (3295, 3296)
Fleming Convenience Marketing & Distribution
  1998 Ed. (976, 978, 979, 981, 983)
Fleming Cos.
  1989 Ed. (1445, 1451, 2474)
  1990 Ed. (1814, 1818, 3241, 3258, 3492)
  1991 Ed. (1731, 1734, 1737, 1862, 3098, 3103, 3253, 3255)
  1992 Ed. (2173, 2176, 2180, 2351, 3547, 4165)
  1993 Ed. (1874, 1998, 3220, 3241, 3488, 3490)
  1994 Ed. (1860, 1863, 1991, 1997, 1998, 2000, 2939, 3216, 3234, 3277, 3466, 3658)
  1995 Ed. (1884, 2050, 2056, 3533)
  1996 Ed. (1930, 2046, 2048, 2052, 3621, 3826)
  1997 Ed. (1495, 2027, 3672, 3873, 3874, 3875, 3876, 3877, 3880)
  1998 Ed. (1134, 1184, 1719, 1869, 1870, 1873, 1875, 3372, 3450, 3709, 3710, 3712, 3713, 3714)
  1999 Ed. (1721, 4519, 4755, 4757, 4758, 4759, 4762)
  2000 Ed. (2385)
  2001 Ed. (1830, 4807, 4829)
  2005 Ed. (1462)
Fleming European Fledging
  2000 Ed. (3295, 3296)
Fleming Far Eastern
  1991 Ed. (2259)
  1996 Ed. (2816)
Fleming Flagship Japanese Fund
  2002 Ed. (3222)
Fleming Fledging
  2000 Ed. (3293)
Fleming Holdings; Jardine
  1989 Ed. (1779)
Fleming Holdings Ltd.; Robert
  2005 Ed. (1482, 1500)
Fleming Hub City Division
  1997 Ed. (1205, 1206)
Fleming; Ibi
  2015 Ed. (3044)
Fleming Income & Capital Units
  2000 Ed. (3298)
Fleming Income & Growth Cap
  1999 Ed. (3584)
Fleming Inc. & Cap Units
  2000 Ed. (3304)
Fleming Investment Management
  1994 Ed. (2774)
  1995 Ed. (2870)

  1996 Ed. (2945)
Fleming; Jardine
  1989 Ed. (816)
  1994 Ed. (781)
Fleming/Jardine Fleming; Robert
  1994 Ed. (1686, 1703, 2474, 3187)
  1996 Ed. (1700)
  1997 Ed. (1783, 1784)
Fleming; John
  2010 Ed. (3006)
Fleming Martin
  2001 Ed. (1535)
Fleming Martin Securities
  2001 Ed. (1536)
Fleming Mercantile
  1994 Ed. (2647)
Fleming Merchantile
  1992 Ed. (3205)
Fleming; Robert
  1993 Ed. (1646)
Fleming Universal
  1992 Ed. (3205)
Flemings
  1995 Ed. (2871)
  1999 Ed. (3588)
Fleming's Prime Steakhouse & Wine Bar
  2004 Ed. (4131)
  2007 Ed. (4135, 4139)
  2015 Ed. (4250)
  2016 Ed. (4170)
  2017 Ed. (4133, 4147)
  2018 Ed. (4144, 4209, 4218)
  2019 Ed. (4238, 4247)
  2020 Ed. (4180, 4236, 4244)
  2021 Ed. (4200, 4212)
Flents Quiet Time
  2018 Ed. (2233)
  2020 Ed. (2202)
  2021 Ed. (2178)
Flesh Co.
  2019 Ed. (3966)
  2020 Ed. (3987)
  2021 Ed. (3952)
The Flesh Co.
  2009 Ed. (4106)
  2012 Ed. (4037)
  2013 Ed. (4086)
  2014 Ed. (4088, 4095)
  2016 Ed. (3981, 3982)
Fletcher
  1992 Ed. (3247)
  2017 Ed. (1854)
Fletcher Allen Health Care Inc.
  1999 Ed. (4709)
  2001 Ed. (1892, 1893)
  2003 Ed. (1842)
  2004 Ed. (1877)
  2005 Ed. (1992, 1993)
  2006 Ed. (2091, 2092)
  2007 Ed. (2049, 2050)
  2008 Ed. (2153, 2154, 2155)
  2009 Ed. (2136, 2137)
  2010 Ed. (2078, 2079)
  2011 Ed. (2135)
  2012 Ed. (1979)
  2013 Ed. (2138)
  2014 Ed. (2072)
  2015 Ed. (2121, 2122)
  2016 Ed. (2104, 2105)
Fletcher Allen Health Ventures Inc.
  2008 Ed. (2154)
  2009 Ed. (2137)
  2010 Ed. (2079)
  2011 Ed. (2135)
  2012 Ed. (1979)
  2013 Ed. (2138)
  2014 Ed. (2072)
  2015 Ed. (2121, 2122)
  2016 Ed. (2104, 2105)
Fletcher Auto Group
  2019 Ed. (228)
Fletcher Bright Co.
  1994 Ed. (3304)
Fletcher Building
  2004 Ed. (1153, 1826)
  2006 Ed. (3394, 3703)
  2009 Ed. (1947)
  2010 Ed. (1884)
  2012 Ed. (4359)
  2013 Ed. (4290)
  2015 Ed. (1172, 1929)
  2016 Ed. (1887)
  2017 Ed. (1853)
  2018 Ed. (1798, 1799)
Fletcher Challenge Building
  2000 Ed. (3331, 3332)
  2002 Ed. (3498)
  2003 Ed. (4597)
Fletcher Challenge Canada Ltd.
  1991 Ed. (748, 1764, 2366)
  1992 Ed. (2212, 2213)
  1993 Ed. (1894, 2478)
  1994 Ed. (1894, 1896)
  1996 Ed. (1960)
  1997 Ed. (2070, 2987, 2995)
  1999 Ed. (2492, 3691, 3692, 3693)
  2000 Ed. (3410, 3411)
  2001 Ed. (3627)

Fletcher Challenge Energy
  2000 Ed. (3331, 3332)
  2002 Ed. (3497, 3498)
  2003 Ed. (4597)
Fletcher Challenge Forest USA Inc.
  2001 Ed. (2503)
  2003 Ed. (2544)
Fletcher Challenge-Forests Division
  1996 Ed. (2844, 2845)
  1997 Ed. (2939, 2940)
Fletcher Challenge Forests Ltd.
  2000 Ed. (3331, 3332)
  2004 Ed. (3767)
Fletcher Challenge Ltd.
  1989 Ed. (1467)
  1990 Ed. (42, 1337, 1405, 1845, 1846)
  1991 Ed. (39, 1330, 1331, 1332, 2594, 2595)
  1992 Ed. (1674, 1675, 3233, 3234)
  1993 Ed. (1378, 1893, 2721, 2722)
  1994 Ed. (1431, 1432, 1895, 2670, 2671, 2727)
  1995 Ed. (1925, 2829, 2831, 2836)
  1996 Ed. (253, 1429)
  1997 Ed. (1490, 2939, 2940, 2992)
  1998 Ed. (2747)
  1999 Ed. (1392, 1396, 3622, 3623, 3703)
  2002 Ed. (1745)
  2003 Ed. (4597)
Fletcher Challenge Ltd. Forest
  2002 Ed. (3498)
Fletcher Challenge Ltd.-Ordinary Division
  1996 Ed. (2844, 2845)
Fletcher Challenge Ltd. Paper
  2000 Ed. (3331, 3332)
  2002 Ed. (3498)
Fletcher & Co.
  2010 Ed. (1247)
Fletcher Construction
  1991 Ed. (1097)
  1992 Ed. (1424, 1427, 1432)
  1994 Ed. (1164, 1166)
  2000 Ed. (1281, 1283)
Fletcher Construction Co. North America
  1995 Ed. (1173)
Fletcher Construction Group
  1996 Ed. (1157)
Fletcher Construction (U.S.A.) Ltd.
  1990 Ed. (1196)
  1991 Ed. (1074)
  1993 Ed. (1115, 1138, 1147)
  1994 Ed. (1154)
Fletcher International Exports
  2019 Ed. (3447)
  2020 Ed. (2698)
Fletcher Jones Automotive Group
  2001 Ed. (439)
  2017 Ed. (248)
  2019 Ed. (232)
  2022 Ed. (242)
Fletcher Jones Imports
  2008 Ed. (320)
Fletcher Jones Isuzu
  1990 Ed. (328)
  1991 Ed. (281)
Fletcher Jones Jr.
  2006 Ed. (334, 348)
Fletcher Jones Motor Cars Inc.
  1995 Ed. (279)
Fletcher Jones Motorcars
  1996 Ed. (279)
  2002 Ed. (352, 356, 359)
  2004 Ed. (273, 274, 275, 338)
  2005 Ed. (277, 278, 334, 4806)
  2006 Ed. (299, 300, 4868)
  2008 Ed. (285, 286, 311, 320, 4791)
  2013 Ed. (215, 217, 218)
  2014 Ed. (222)
  2015 Ed. (257)
  2016 Ed. (250)
  2017 Ed. (247)
  2018 Ed. (234)
  2019 Ed. (230)
  2020 Ed. (234, 235, 236, 295)
  2021 Ed. (227, 229)
  2022 Ed. (252)
Fletcher; K.
  1991 Ed. (1618)
Fletcher Martin Ewing
  2004 Ed. (129)
Fletcher Music Centers
  1993 Ed. (2644)
  1994 Ed. (2592, 2597)
  1995 Ed. (2673)
  1997 Ed. (2861)
  1999 Ed. (3500)
  2000 Ed. (3218)
  2013 Ed. (3801)
Fletcher & Oakes
  1992 Ed. (4440)
Fletcher & Oakes Wine Spritzer
  1991 Ed. (3485)
Fletcher-Thompson Inc.
  2008 Ed. (2515)
  2010 Ed. (2444)
  2011 Ed. (2450)
Fletchers Castoria
  2003 Ed. (3197)

Fletcher's Fine Foods Ltd.
  1993 Ed. (2524, 2897)
  1994 Ed. (2460, 2912)
  1995 Ed. (2528, 2969)
  1996 Ed. (2586, 2587, 2592, 3065, 3066, 3067)
  1997 Ed. (2739, 3146)
  2000 Ed. (3060, 3582)
  2002 Ed. (1224)
Fleur De Lys
  2016 Ed. (2820)
Fleur de Savane Petit
  1994 Ed. (961)
Fleury SA
  2023 Ed. (2337)
Flex
  2004 Ed. (149)
  2015 Ed. (97)
Flex
  2017 Ed. (3929)
  2018 Ed. (3954, 4347)
  2019 Ed. (3425)
  2022 Ed. (1894, 1895, 2297)
  2023 Ed. (2005, 2006, 2771)
Flex-a-Min
  2003 Ed. (4855, 4859)
  2004 Ed. (2100)
Flex Able
  2003 Ed. (4855)
Flex Aid
  2018 Ed. (2683)
Flex All 454
  1999 Ed. (275)
  2001 Ed. (384)
  2002 Ed. (315, 316)
  2003 Ed. (280)
Flex Fund-Growth
  1992 Ed. (3177)
Flex-fund Money Market Fund
  1992 Ed. (3096, 3099)
Flex-fund Muirfield Fund
  2000 Ed. (3243)
Flex-funds Muirfield
  2000 Ed. (3247)
Flex-Funds Murified
  1996 Ed. (2791)
Flex-Fund's Total Return Utilities
  2007 Ed. (4471)
Flex Glue
  2022 Ed. (2879)
  2023 Ed. (2993)
Flex Ltd.
  2019 Ed. (1951)
  2020 Ed. (1887, 3425)
  2021 Ed. (1847, 1848, 3440, 4376)
  2022 Ed. (3498)
  2023 Ed. (3623)
Flex-N-Gate
  2004 Ed. (323)
  2010 Ed. (310)
  2011 Ed. (233, 237)
  2012 Ed. (250)
  2013 Ed. (1212)
  2014 Ed. (1153, 1655)
  2015 Ed. (1206, 1699)
  2016 Ed. (1115, 1649)
  2017 Ed. (1157, 1618)
  2018 Ed. (1093, 1599)
  2019 Ed. (1105, 1638)
  2020 Ed. (1092, 1596)
  2021 Ed. (1087, 1579)
  2022 Ed. (1094, 1601)
  2023 Ed. (352, 1312, 1767)
Flex-N-Gate Corp.
  2018 Ed. (285)
  2019 Ed. (285)
  2020 Ed. (288)
  2021 Ed. (275)
  2022 Ed. (291)
Flex-Partners Tact Asset
  2000 Ed. (3247)
Flex Seal
  2016 Ed. (2292)
  2019 Ed. (3087)
Flex Shot
  2016 Ed. (2292)
Flex Softdisc
  2023 Ed. (2771)
Flex Tape
  2018 Ed. (3153)
  2022 Ed. (27)
  2023 Ed. (68)
FlexAdmin
  2008 Ed. (2483)
  2009 Ed. (2487)
FlexCorp Systems
  2007 Ed. (2357)
FlexCorp Systems LLC
  2007 Ed. (3584)
FLEXE
  2022 Ed. (4550, 4565)
Flexegen
  2003 Ed. (4855)
Flexera
  2020 Ed. (977)
  2023 Ed. (1162)
Flexera (now Revenera)
  2022 Ed. (991)

CUMULATIVE INDEX • 1989-2023

Flexfire LEDs
  2018 Ed. (3434)
Flexfone
  2019 Ed. (1531)
Flexfone A/S
  2018 Ed. (1501)
Flexible Annuity Life Accounts
  1997 Ed. (3817)
Flexible Benefit Service Corp.
  2008 Ed. (3267, 3268)
  2009 Ed. (3324)
  2011 Ed. (3227, 3228)
Flexible Fixtures
  2000 Ed. (3820)
Flexible hours
  2000 Ed. (1783, 1784)
  2005 Ed. (2371)
Flexible Plan Investments Ltd.
  2002 Ed. (3022)
Flexible Premium Deferred Variable Annuity
  1991 Ed. (3438, 3439)
Flexible Premium Variable Life
  1991 Ed. (2119)
Flexible Staffing
  2021 Ed. (2317)
Flexicrew Technical Services
  2021 Ed. (1663, 2957)
Flexion Therapeutics Inc.
  2022 Ed. (1707)
Flexiti
  2022 Ed. (1447, 1851, 2664)
Flexiti Financial
  2021 Ed. (1440, 2542, 2549)
Flexium Interconnect
  2014 Ed. (2013)
  2015 Ed. (2057)
Flexography
  2001 Ed. (3905)
Flexpipe Systems
  2008 Ed. (1548)
Flexport
  2020 Ed. (1397, 3381, 4001)
  2021 Ed. (725, 750)
FlexPrint
  2020 Ed. (4761)
  2021 Ed. (4759)
The FlexPro Group
  2014 Ed. (189, 2901)
FlexRx
  1995 Ed. (2496)
Flexsteel
  1999 Ed. (2545)
Flexsteel Industries
  2014 Ed. (2807, 2808)
  2015 Ed. (2849, 2850, 2854)
  2016 Ed. (2784, 2785, 2789)
  2017 Ed. (2754, 2755, 2757)
  2018 Ed. (2814)
  2019 Ed. (2787)
  2020 Ed. (2811, 2812, 2813)
  2021 Ed. (2689)
Flexsteel Industries Inc.
  2009 Ed. (2852)
  2012 Ed. (2712)
  2013 Ed. (2786)
  2014 Ed. (2814)
  2015 Ed. (2858)
  2016 Ed. (2793)
  2017 Ed. (2760)
  2019 Ed. (2791)
  2020 Ed. (2816)
  2021 Ed. (2692)
Flextime
  1994 Ed. (2806)
  1997 Ed. (2014)
Flextronics
  2013 Ed. (690)
  2015 Ed. (2395, 3577)
Flextronics America
  2016 Ed. (3427)
  2017 Ed. (3387)
  2018 Ed. (3454)
Flextronics Global Services Texas
  2015 Ed. (3530)
Flextronics International
  2014 Ed. (1975, 4459)
  2015 Ed. (4455)
  2016 Ed. (1992, 2912)
  2017 Ed. (1952, 2280, 4351)
  2018 Ed. (1904, 4346)
  2019 Ed. (1953, 4377)
Flextronics International HTR Kft
  2009 Ed. (1733)
Flextronics International Ltd.
  1998 Ed. (933)
  2001 Ed. (1458, 1459, 1460)
  2002 Ed. (1226, 1227, 1444, 1761, 2098, 3250)
  2003 Ed. (2200, 2202, 2240, 2247, 2768, 3304)
  2004 Ed. (1084, 1112, 2232, 2241, 2257, 2259, 2260, 3306, 4403)
  2005 Ed. (1271, 1273, 1273, 1278, 2356, 4351)
  2006 Ed. (1229, 1230, 1231, 1232, 1484, 2007, 2401, 3366, 3398, 4291, 4292)
  2007 Ed. (1973, 1974, 2337, 2344, 2348, 4352, 4355)

  2008 Ed. (2069, 2070, 2473, 3578, 4311, 4314)
  2009 Ed. (1199, 2036, 2037, 2478, 3250, 3649, 4418, 4421)
  2010 Ed. (1970, 1971, 2387, 3181, 3567, 4457, 4460)
  2011 Ed. (2030, 2031, 2032, 2382, 3145, 3570, 4392, 4394)
  2012 Ed. (1879, 1880, 3100, 3563, 4458)
  2013 Ed. (1753, 2039, 2041, 3610)
  2014 Ed. (1974, 1976, 3192)
  2015 Ed. (2019)
  2016 Ed. (1991)
  2017 Ed. (1951)
  2018 Ed. (1903)
  2019 Ed. (1952)
  2020 Ed. (1886)
FLGI Acquisition
  1992 Ed. (1459)
Fliakos; Constantine (Gus)
  1993 Ed. (1815)
  1994 Ed. (1798)
  1997 Ed. (1888)
Flick My BIC
  2015 Ed. (3503)
  2016 Ed. (3357)
  2017 Ed. (3322)
  2018 Ed. (3385)
  2019 Ed. (3364)
  2020 Ed. (3366)
Flickr.com
  2008 Ed. (3370)
Fliers
  1990 Ed. (2737)
Flight 33 Productions
  2015 Ed. (2676, 4715)
Flight Centre
  2002 Ed. (4674)
  2004 Ed. (1655, 1872)
  2005 Ed. (1980)
  2006 Ed. (1591)
  2021 Ed. (4708)
Flight Centre (Canada)
  2017 Ed. (1970, 4211)
Flight Centre Canada
  2011 Ed. (1505)
  2012 Ed. (4332)
  2013 Ed. (1486, 4270)
Flight Centre North America
  2005 Ed. (1698, 1713, 1715, 1716, 1717, 1718, 2373, 2471, 2472)
  2008 Ed. (1583)
  2010 Ed. (1512, 4751)
  2011 Ed. (4711)
Flight Centre Travel Group
  2020 Ed. (4708)
  2021 Ed. (4713)
  2022 Ed. (4715)
Flight Centre Travel Group, Americas
  2023 Ed. (4700)
Flight Centre Travel Group (USA)
  2021 Ed. (4713)
  2022 Ed. (4715)
Flight Centre (UK) Ltd.
  2014 Ed. (2043)
Flight Club Darts
  2021 Ed. (4109)
Flight International Inc.
  2003 Ed. (236)
Flight operations
  2001 Ed. (339)
Flight Shops Inc.
  2013 Ed. (4696)
  2014 Ed. (4749)
  2015 Ed. (4769)
  2016 Ed. (4673)
Flight Simulator
  1997 Ed. (1088)
Flightlease Ltd.
  2001 Ed. (345)
FlightNetwork.com
  2015 Ed. (4459)
Flightplan
  2008 Ed. (2386)
FlightSafety International
  1989 Ed. (2476)
  1990 Ed. (3640)
  1991 Ed. (3101, 3414)
  1992 Ed. (273, 275, 3936, 4335)
  1993 Ed. (3611)
  1994 Ed. (3232, 3568)
Flightsafety International
  2019 Ed. (79)
  2020 Ed. (77)
Flinchy's Restaurant Bar & Deck
  2021 Ed. (4768)
Flinders Port
  2020 Ed. (4667)
Flink Ink Corp.
  2004 Ed. (3972)
  2005 Ed. (3041, 3916)
  2006 Ed. (3044, 3045, 3046)
  2007 Ed. (3077, 3078)
  2008 Ed. (3218, 3219)
  2009 Ed. (3277)
  2010 Ed. (3202)
  2011 Ed. (3166)
  2012 Ed. (3122)

  2013 Ed. (3207)
  2014 Ed. (3219)
  2015 Ed. (3282)
  2016 Ed. (3122)
  2017 Ed. (3063)
  2018 Ed. (3176)
  2019 Ed. (3112)
  2020 Ed. (3139)
  2021 Ed. (3005)
Flinstones
  1991 Ed. (3453)
Flint Downtown Development Authority
  1993 Ed. (892)
Flint Energy Services
  2014 Ed. (1469)
Flint Energy Services Ltd.
  2007 Ed. (3865)
  2008 Ed. (3917)
  2009 Ed. (1251, 3985)
  2010 Ed. (1248, 3893)
  2011 Ed. (3905)
  2012 Ed. (1303, 3891)
  2013 Ed. (1529)
  2014 Ed. (1448)
Flint Group
  2009 Ed. (935)
  2010 Ed. (876)
  2022 Ed. (3142, 3143)
  2023 Ed. (3235)
Flint Hills Resources LLC
  2004 Ed. (3903, 3904)
  2005 Ed. (3841, 3842)
  2006 Ed. (3910)
  2007 Ed. (3960, 3961)
Flint Hills Resources LP
  2010 Ed. (3904)
  2011 Ed. (3922)
Flint Ink Corp.
  1989 Ed. (925, 928)
  1991 Ed. (953)
  1992 Ed. (1189)
  1993 Ed. (963)
  1994 Ed. (989, 2934)
  1995 Ed. (1002)
  1996 Ed. (989)
  1997 Ed. (1013)
  1998 Ed. (752)
  1999 Ed. (3899)
  2000 Ed. (1103)
  2001 Ed. (1256, 2876, 2877, 2878)
  2009 Ed. (3278)
  2010 Ed. (3203)
  2011 Ed. (3167)
  2012 Ed. (3123)
  2013 Ed. (3208)
  2014 Ed. (3220)
  2015 Ed. (3283)
  2016 Ed. (3123)
  2017 Ed. (3064)
  2018 Ed. (3177)
  2019 Ed. (3113)
  2020 Ed. (3140)
  2021 Ed. (3006)
Flint, MI
  1994 Ed. (825)
  1996 Ed. (2204)
  1998 Ed. (2484)
  1999 Ed. (1170, 2815)
  2002 Ed. (407, 1061)
  2005 Ed. (2379, 3473, 4796)
  2006 Ed. (2425)
  2007 Ed. (3013)
  2009 Ed. (2495)
  2010 Ed. (2408, 3474)
  2011 Ed. (2409, 3479)
  2021 Ed. (3325)
Flintco
  2013 Ed. (1195)
  2017 Ed. (1151)
The Flintco Cos.
  2004 Ed. (1257)
  2008 Ed. (3690, 3727)
Flintco Inc.
  2006 Ed. (1341)
  2008 Ed. (2107)
  2009 Ed. (1249, 1303, 1333)
  2010 Ed. (1317, 1904, 2030)
  2011 Ed. (1255, 1267, 1939, 2087)
  2012 Ed. (1109, 1115, 1120)
Flintco LLC
  2013 Ed. (2090)
  2022 Ed. (1918)
Flintco, LLC
  2018 Ed. (2475)
Flintco West Inc.
  2010 Ed. (1297)
Flintheart Glomgold
  2013 Ed. (4853)
The Flinto Cos.
  2007 Ed. (3683)
  2008 Ed. (3778)
The Flintoco Cos.
  2010 Ed. (4094)
Flintstone
  1996 Ed. (3796)
Flintstones
  1992 Ed. (1064)
  1996 Ed. (2687)

  2003 Ed. (4858)
  2014 Ed. (4832)
  2017 Ed. (4802)
Flintstones Complete
  2016 Ed. (4787)
  2018 Ed. (4799)
Flintstones Extra C
  1996 Ed. (3796)
Flintstones Nerds Push-Ups
  1997 Ed. (2347)
Flip Electronics
  2023 Ed. (3200)
Flip Flop Shops
  2012 Ed. (840)
  2013 Ed. (1019)
  2014 Ed. (984, 4333)
  2015 Ed. (1020)
  2016 Ed. (923)
  2017 Ed. (971)
Flip Flop Workshop
  2018 Ed. (1576)
Flip 'N Dive Barbie
  2000 Ed. (4276)
Flip Saunders
  2013 Ed. (545)
Flipboard
  2012 Ed. (2305)
Flipdog
  2003 Ed. (3040)
Flipkart
  2016 Ed. (4251)
  2017 Ed. (1635)
  2019 Ed. (2383)
  2020 Ed. (2351)
  2022 Ed. (2345)
Flipkart India
  2023 Ed. (1503)
The Flippen Group
  2008 Ed. (2107)
Flipswap
  2011 Ed. (1143)
Flipz
  2018 Ed. (4415)
Flir Systems
  2016 Ed. (3449)
  2018 Ed. (4299, 4301, 4304)
  2019 Ed. (4325, 4328, 4331)
  2020 Ed. (4317, 4319, 4322)
  2021 Ed. (4334, 4335, 4339)
  2022 Ed. (4342, 4346)
Flir Systems Inc.
  2000 Ed. (2399, 2450)
  2003 Ed. (209, 4568)
  2005 Ed. (1789, 1941, 2001)
  2006 Ed. (1976, 2081, 2086, 2386)
  2007 Ed. (1947)
  2008 Ed. (2029)
  2009 Ed. (1362, 1364)
  2010 Ed. (1346, 1348, 2070)
  2011 Ed. (2125, 2852)
  2012 Ed. (1963, 1964, 1965, 2764)
  2013 Ed. (2176)
Flir Systems (U.S.)
  2021 Ed. (4335)
Flirtey
  2019 Ed. (4297)
Flite Banking Centers
  2018 Ed. (720)
FLM+
  2019 Ed. (111, 112, 113, 115, 117, 120)
FLM Harvest
  2020 Ed. (106, 107, 108, 111, 112, 115)
  2021 Ed. (98, 99, 100, 101, 102, 103, 104, 107)
FLO
  2018 Ed. (1382)
Flo Rida
  2010 Ed. (3716)
  2011 Ed. (3714)
  2014 Ed. (3730)
Flo Sun Corp.
  2007 Ed. (2156)
  2008 Ed. (2271, 4055)
  2009 Ed. (2258, 4136, 4137)
  2010 Ed. (2215, 2216)
  2011 Ed. (2233)
  2012 Ed. (2095)
Flo-Tech
  2015 Ed. (4458)
Flo Water
  2021 Ed. (2608, 2609)
Floarea Soarelui SA
  2014 Ed. (1567)
  2015 Ed. (1618)
  2019 Ed. (1543)
  2020 Ed. (1516)
  2021 Ed. (1501)
  2022 Ed. (1514)
  2023 Ed. (1688)
Flock D.C.
  2022 Ed. (3022)
Flock DC (Nest DC + Roost DC)
  2023 Ed. (3138)
Flohr Pools Inc.
  2005 Ed. (4027)
Flom; Joseph
  1991 Ed. (2297)

CUMULATIVE INDEX • 1989-2023

Flomax
  2011 Ed. (2287)
  2012 Ed. (2181)
Flonase
  1998 Ed. (1341)
  2001 Ed. (2068)
  2002 Ed. (2019)
  2005 Ed. (3813)
  2017 Ed. (990)
  2018 Ed. (923)
  2020 Ed. (3715)
  2021 Ed. (3720)
  2023 Ed. (3837, 3838)
Flonase Allergy 24-Hour Spray
  2017 Ed. (3718)
Flonase Sensimist
  2020 Ed. (3715)
  2021 Ed. (3720)
  2023 Ed. (3837, 3838)
Flonase Sensimist Allergy Relief Spray
  2019 Ed. (3749)
Flood
  2014 Ed. (851, 852)
Flood damage
  1991 Ed. (2060)
Flooding
  2005 Ed. (885)
Floods
  2003 Ed. (2980)
  2005 Ed. (884)
Floods, hail, tornadoes
  2003 Ed. (2980)
Floor care
  2005 Ed. (2961)
Floor cleaners/stripers
  1992 Ed. (1172)
Floor clocks
  1990 Ed. (1018)
Floor-covering specialty stores
  1999 Ed. (4120)
Floor Coverings International
  1992 Ed. (2221)
  2006 Ed. (3159)
  2007 Ed. (3193)
  2008 Ed. (3335)
  2009 Ed. (3409)
  2012 Ed. (705)
  2013 Ed. (2994)
  2014 Ed. (3001)
  2016 Ed. (2978)
  2017 Ed. (2935)
  2018 Ed. (2692)
  2019 Ed. (2666)
  2020 Ed. (2684)
  2021 Ed. (2593)
  2022 Ed. (2706)
  2023 Ed. (2838, 3170)
Floor & Décor
  2021 Ed. (2591, 2592)
Floor & Decor
  2017 Ed. (2621)
  2018 Ed. (2690, 2691)
  2019 Ed. (2664, 2665)
  2020 Ed. (2682, 2683)
  2021 Ed. (2591, 2592)
Floor & Decor Holdings
  2022 Ed. (1561)
Floor & Décor Holdings Inc.
  2022 Ed. (2704, 2705)
Floor & Decor Holdings Inc.
  2022 Ed. (2704, 2705)
Floor & Decor Holdings, Inc.
  2023 Ed. (2836)
Floor care products
  1992 Ed. (1170)
Floor covering stores
  2010 Ed. (4279)
  2011 Ed. (4271)
FloorCare Specialists
  2007 Ed. (883)
Floorgraphics
  2005 Ed. (96)
Flooring America
  2002 Ed. (2286, 2581, 2582, 2587)
Flooring Liquidators, Inc.
  2023 Ed. (2837)
Flooring Systems Inc.
  2009 Ed. (1299)
Floorplan Designer 3-D
  1995 Ed. (1099)
Floorz Up
  2009 Ed. (1256)
Floppy disks
  1998 Ed. (828)
Flor Eloy SA
  2011 Ed. (1615)
Flora
  1992 Ed. (2356)
  1994 Ed. (748, 1511, 2004)
  1996 Ed. (1517)
  1999 Ed. (1816)
  2002 Ed. (1909)
  2008 Ed. (715)
  2009 Ed. (725)
  2010 Ed. (649)
Flora Margarine
  1992 Ed. (925, 1761)

Floral
  2003 Ed. (4643)
Florals
  1995 Ed. (2989)
Floraplex
  2001 Ed. (4771)
Florejoy
  2013 Ed. (1810)
Florek; Anita
  2009 Ed. (386)
Floreloy SA
  2012 Ed. (1463)
  2013 Ed. (1595)
Florence
  2013 Ed. (1786)
Florence, AL
  2003 Ed. (4195)
  2005 Ed. (2028, 2381, 2388, 3470)
  2006 Ed. (2426)
  2010 Ed. (2409)
Florence DuPont Employees Credit Union
  2015 Ed. (2251)
  2016 Ed. (2222)
Florence Electric/Kaydon group
  2023 Ed. (1372, 1381, 1382, 1391, 1399, 1408)
Florence Electric LLC
  2021 Ed. (1158, 1179)
Florence Healthcare
  2022 Ed. (2914)
Florence, Italy
  1992 Ed. (1165)
  2009 Ed. (3205)
Florence J. Gould Foundation
  1989 Ed. (1478)
Florence K. Fitzpatrick
  1992 Ed. (1098)
Florence + the Machine
  2020 Ed. (995)
Florence-Muscle Shoals, AL
  2021 Ed. (3370)
Florence, SC
  1998 Ed. (1520, 2474)
  1999 Ed. (2089, 3369)
  2005 Ed. (1190, 2386)
  2006 Ed. (1180)
  2007 Ed. (4097)
  2008 Ed. (3114)
  2010 Ed. (3494)
Florenradica
  2020 Ed. (2537)
Florentino Perez
  2009 Ed. (4897)
  2010 Ed. (4896)
  2011 Ed. (4883)
  2012 Ed. (4892)
  2013 Ed. (4910)
  2020 Ed. (4869)
  2022 Ed. (4866)
Florentino Perez Rodriguez
  2019 Ed. (874)
Flores Automation LLC
  2015 Ed. (3023)
Flores; Benjamin
  2012 Ed. (2883)
Flores; Dr. William
  2011 Ed. (2950)
Flores & Rucks
  1998 Ed. (2674)
Flores, Tawney and Acosta P.C.
  2023 Ed. (1909)
Floria; James J.
  1995 Ed. (2043)
Florida
  1989 Ed. (1, 3, 4, 201, 310, 318, 746, 869, 1190, 1507, 1508, 1737, 1906, 1987, 2241, 2529, 2530, 2532, 2556, 2558, 2613, 2614, 2618, 2893, 2895, 2913, 2914, 2928, 2930)
  1990 Ed. (354, 356, 744, 759, 823, 824, 825, 828, 829, 831, 832, 833, 834, 1482, 1748, 2021, 2147, 2409, 2447, 2450, 2513, 2664, 3068, 3069, 3109, 3110, 3279, 3280, 3281, 3282, 3344, 3347, 3353, 3367, 3378, 3379, 3380, 3383, 3384, 3389, 3391, 3392, 3395, 3398, 3399, 3400, 3401, 3402, 3403, 3404, 3405, 3411, 3413, 3415, 3416, 3417, 3426, 3427, 3506, 3606, 3649, 3677, 3692)
  1991 Ed. (1, 320, 322, 726, 786, 787, 788, 791, 792, 794, 795, 796, 881, 1155, 1157, 1398, 1645, 1652, 1811, 1812, 1853, 2163, 2314, 2321, 2349, 2350, 2363, 2396, 2397, 2475, 2476, 2485, 3177, 3178, 3186, 3188, 3189, 3190, 3191, 3193, 3201, 3202, 3213, 3337, 3421, 3459, 3460, 3481, 3482, 3486, 3487)
  1992 Ed. (1, 439, 441, 908, 933, 967, 969, 970, 971, 972, 973, 974, 975, 977, 978, 1079, 1468, 1481, 1757, 1942, 2098, 2099, 2279, 2286, 2339, 2340, 2414, 2651, 2810, 2862, 2866, 2873, 2875, 2878, 2879, 2880, 2919, 2923, 2927, 2931, 2932, 2942, 2943, 2945, 2946, 3084, 3089, 3106, 3118, 3360, 3484, 3750, 3751, 3811, 3812,

3819, 4014, 4075, 4076, 4087, 4091, 4092, 4093, 4094, 4100, 4101, 4102, 4105, 4106, 4108, 4118, 4119, 4120, 4122, 4123, 4124, 4125, 4127, 4130, 4263, 4314, 4315, 4316, 4317, 4344, 4405, 4406, 4435, 4442, 4444, 4448, 4454, 4455, 4481)
  1993 Ed. (724, 744, 870, 1190, 1195, 1501, 1734, 1735, 1945, 1946, 2151, 2426, 2437, 2440, 2441, 2442, 2443, 2460, 2585, 2586, 2608, 2622, 3058, 3107, 3108, 3353, 3394, 3396, 3397, 3400, 3401, 3402, 3404, 3408, 3409, 3410, 3413, 3414, 3416, 3423, 3426, 3427, 3428, 3429, 3430, 3431, 3432, 3434, 3435, 3439, 3441, 3505, 3547, 3621, 3623, 3677, 3678, 3698, 3703, 3706, 3709, 3715, 3716, 3719)
  1994 Ed. (161, 749, 977, 1214, 1216, 1968, 2334, 2370, 2377, 2379, 2380, 2381, 2387, 2401, 2405, 2556, 2568, 3028, 3119, 3149, 3150, 3375, 3378, 3379, 3380, 3381, 3382, 3383, 3386, 3387, 3392, 3393, 3394, 3398, 3399, 3400, 3403, 3404, 3405, 3406, 3411, 3416, 3418, 3419, 3420, 3424, 3425, 3426, 3427, 3475, 3506, 3638, 3639)
  1995 Ed. (363, 918, 1230, 1231, 1669, 1762, 1764, 1993, 2114, 2204, 2449, 2457, 2458, 2460, 2461, 2462, 2468, 2479, 2481, 2608, 2623, 2799, 3171, 3192, 3194, 3448, 3451, 3452, 3453, 3454, 3455, 3458, 3459, 3464, 3465, 3469, 3470, 3471, 3474, 3475, 3477, 3478, 3482, 3487, 3489, 3490, 3491, 3492, 3495, 3496, 3498, 3499, 3500, 3501, 3502, 3591, 3665, 3712, 3713, 3732, 3741, 3743, 3751, 3752, 3801)
  1996 Ed. (898, 1201, 1203, 1644, 1721, 1737, 1738, 2015, 2016, 2504, 2506, 2507, 2508, 2509, 2511, 2516, 2536, 2701, 2856, 2875, 3174, 3254, 3255, 3264, 3265, 3286, 3291, 3292, 3512, 3522, 3524, 3526, 3530, 3531, 3532, 3533, 3534, 3535, 3538, 3539, 3544, 3545, 3546, 3550, 3551, 3552, 3555, 3556, 3558, 3563, 3568, 3570, 3571, 3572, 3573, 3576, 3577, 3578, 3667, 3743, 3798, 3799, 3831, 3840, 3843, 3850, 3851, 20902)
  1997 Ed. (1, 331, 929, 1247, 1249, 1573, 1818, 1819, 2137, 2219, 2637, 2648, 2650, 2655, 2681, 2683, 2844, 3228, 3363, 3383, 3388, 3389, 3562, 3563, 3565, 3567, 3572, 3573, 3574, 3575, 3576, 3578, 3579, 3585, 3586, 3590, 3591, 3592, 3595, 3596, 3598, 3599, 3609, 3610, 3611, 3612, 3615, 3616, 3617, 3618, 3620, 3623, 3624, 3726, 3850, 3851, 3881, 3888, 3892, 3898, 3899, 3915)
  1998 Ed. (473, 481, 671, 732, 1024, 1025, 1535, 1799, 1830, 1831, 1928, 1935, 1945, 1977, 2041, 2366, 2381, 2383, 2384, 2385, 2401, 2404, 2406, 2415, 2417, 2418, 2459, 2901, 3105, 3106, 3167, 3168, 3373, 3374, 3388, 3389, 3391, 3392, 3396, 3397, 3398, 3511, 3517, 3620, 3683, 3684, 3716, 3728, 3729, 3732, 3736, 3755, 3759)
  1999 Ed. (392, 738, 798, 1058, 1060, 1145, 1457, 1458, 1848, 2587, 2588, 2681, 2911, 3196, 3217, 3219, 3221, 3222, 3223, 3224, 3226, 3258, 3267, 3269, 3270, 3595, 4121, 4122, 4151, 4152, 4402, 4413, 4414, 4415, 4416, 4417, 4418, 4419, 4422, 4423, 4424, 4436, 4437, 4438, 4439, 4444, 4456, 4457, 4458, 4459, 4462, 4464, 4467, 4582, 4621, 4664, 4726, 4727, 4764, 4776, 4777, 4782)
  2000 Ed. (751, 803, 1005, 1007, 1140, 1317, 1318, 1792, 1905, 1906, 2327, 2382, 2454, 2465, 2475, 2506, 2603, 2645, 2939, 2956, 2958, 2960, 2961, 2962, 2963, 2965, 3005, 3008, 3009, 3010, 3203, 3557, 3558, 3587, 3689, 3831, 3832, 3866, 3867, 4015, 4016, 4024, 4025, 4094, 4099, 4100, 4102, 4103, 4104, 4105, 4106, 4107, 4108, 4109, 4111, 4113, 4114, 4180, 4232, 4269, 4289, 4290, 4297, 4299, 4355, 4356, 4391, 4398, 4400, 4401, 4407)
  2001 Ed. (1, 2, 273, 274, 285, 340, 341, 396, 397, 401, 402, 410, 411, 412, 413, 414, 415, 429, 547, 548, 549, 550, 660, 661, 703, 719, 720, 721, 722, 978, 998, 1006, 1014, 1030, 1031, 1050, 1051, 1084, 1085, 1086, 1087, 1106, 1107, 1110, 1123, 1124, 1158, 1202, 1263, 1266, 1267, 1268, 1269, 1293, 1305, 1345, 1346, 1370, 1371, 1372, 1373, 1375, 1376, 1377, 1378, 1396, 1397, 1400, 1411, 1415, 1416, 1418, 1419, 1422, 1423, 1425, 1426, 1427, 1428, 1429, 1430, 1431, 1432, 1433, 1434, 1435, 1436, 1437, 1438, 1440, 1492, 1941, 1942, 1975,

1976, 1980, 2048, 2049, 2050, 2051, 2056, 2111, 2112, 2149, 2150, 2151, 2218, 2219, 2235, 2260, 2261, 2265, 2266, 2286, 2287, 2357, 2360, 2368, 2380, 2381, 2388, 2390, 2391, 2392, 2396, 2397, 2399, 2415, 2416, 2417, 2418, 2436, 2437, 2452, 2453, 2460, 2538, 2541, 2542, 2544, 2545, 2556, 2557, 2563, 2564, 2567, 2572, 2573, 2592, 2593, 2594, 2597, 2606, 2607, 2617, 2618, 2619, 2620, 2623, 2624, 2629, 2630, 2659, 2660, 2663, 2682, 2683, 2685, 2705, 2738, 2739, 2758, 2963, 2964, 2997, 2998, 2999, 3000, 3032, 3033, 3034, 3035, 3042, 3043, 3046, 3047, 3048, 3049, 3069, 3072, 3082, 3083, 3091, 3094, 3096, 3097, 3098, 3099, 3103, 3122, 3170, 3172, 3173, 3204, 3205, 3213, 3214, 3223, 3224, 3225, 3226, 3262, 3263, 3307, 3338, 3339, 3355, 3356, 3357, 3383, 3384, 3385, 3386, 3396, 3397, 3401, 3413, 3414, 3416, 3417, 3418, 3419, 3536, 3537, 3538, 3539, 3568, 3570, 3571, 3583, 3584, 3589, 3590, 3597, 3607, 3617, 3620, 3639, 3652, 3654, 3662, 3663, 3677, 3708, 3717, 3730, 3731, 3732, 3733, 3736, 3738, 3781, 3782, 3787, 3789, 3790, 3791, 3792, 3795, 3796, 3807, 3808, 3827, 3828, 3841, 3849, 3871, 3872, 3879, 3880, 3881, 3883, 3889, 3894, 3895, 3896, 3897, 3904, 3913, 3914, 3915, 3916, 3964, 3965, 3966, 3968, 3969, 3993, 3994, 3999, 4000, 4006, 4011, 4012, 4018, 4019, 4141, 4144, 4145, 4158, 4165, 4166, 4171, 4172, 4173, 4174, 4175, 4176, 4198, 4199, 4212, 4224, 4230, 4231, 4232, 4241, 4243, 4247, 4248, 4258, 4259, 4287, 4295, 4304, 4305, 4327, 4328, 4334, 4335, 4336, 4362, 4406, 4407, 4408, 4415, 4442, 4443, 4444, 4445, 4459, 4460, 4479, 4480, 4481, 4482, 4488, 4489, 4518, 4531, 4532, 4552, 4582, 4583, 4584, 4595, 4599, 4600, 4614, 4615, 4633, 4634, 4637, 4642, 4643, 4646, 4653, 4654, 4657, 4658, 4659, 4660, 4682, 4683, 4684, 4709, 4710, 4721, 4726, 4727, 4728, 4737, 4738, 4739, 4740, 4741, 4742, 4794, 4796, 4798, 4799, 4808, 4809, 4810, 4811, 4812, 4813, 4814, 4815, 4820, 4821, 4822, 4823, 4824, 4825, 4826, 4827, 4832, 4833, 4838, 4866, 4868, 4912, 4913, 4918, 4927, 4928, 4931)
  2002 Ed. (273, 367, 368, 378, 454, 458, 460, 471, 474, 771, 864, 948, 960, 1102, 1115, 1401, 1402, 1824, 1904, 1906, 2063, 2064, 2120, 2226, 2229, 2401, 2548, 2549, 2552, 2843, 2844, 2845, 2846, 2847, 2849, 2851, 2865, 2868, 2874, 2877, 2881, 2882, 2883, 2892, 2895, 2896, 2897, 2899, 2902, 2903, 2944, 2946, 2947, 2953, 2961, 2971, 2977, 2978, 2979, 2980, 2981, 2983, 3053, 3089, 3115, 3116, 3117, 3118, 3119, 3120, 3123, 3212, 3289, 3300, 3327, 3367, 3600, 4071, 4072, 4073, 4074, 4106, 4107, 4108, 4111, 4112, 4113, 4147, 4149, 4150, 4151, 4155, 4176, 4177, 4178, 4179, 4196, 4308, 4367, 4368, 4369, 4370, 4375, 4376, 4521, 4606, 4627, 4681, 4739, 4740, 4741, 4762, 4763, 4764, 4765, 4910, 4917, 4918, 4992)
  2003 Ed. (354, 403, 413, 757, 904, 1032, 1060, 1061, 2270, 2424, 2433, 2434, 2612, 2751, 2793, 2794, 2960, 2961, 2962, 2963, 2964, 2982, 2984, 2988, 3003, 3221, 3236, 3261, 3263, 3355, 3360, 3420, 3459, 3758, 3895, 3896, 3897, 3898, 4209, 4210, 4240, 4241, 4242, 4244, 4257, 4287, 4291, 4295, 4300, 4308, 4309, 4408, 4416, 4417, 4467, 4551, 4646, 4723, 4755, 4852, 4853, 4867, 4868, 4908, 4909, 4910, 4944, 4955, 4988, 4992)
  2004 Ed. (359, 367, 368, 390, 392, 396, 415, 436, 767, 775, 805, 921, 1026, 1027, 1037, 1069, 1072, 1098, 2023, 2188, 2293, 2294, 2298, 2299, 2300, 2301, 2302, 2303, 2304, 2305, 2309, 2316, 2317, 2536, 2563, 2564, 2565, 2566, 2567, 2572, 2574, 2727, 2728, 2732, 2904, 2973, 2980, 2989, 2990, 2991, 2992, 2993, 2994, 3037, 3041, 3042, 3043, 3044, 3045, 3046, 3047, 3048, 3049, 3057, 3058, 3069, 3070, 3087, 3090, 3091, 3092, 3094, 3096, 3098, 3099, 3118, 3120, 3121, 3145, 3146, 3263, 3278, 3281, 3282, 3290, 3294, 3418, 3425, 3426, 3525, 3673, 3783, 3923, 3924, 3925, 3926, 4232, 4233, 4259, 4261, 4262, 4277, 4295, 4299, 4302, 4303, 4304, 4309, 4318, 4319, 4419, 4446, 4501, 4506, 4507, 4508, 4510, 4511, 4512, 4515, 4516, 4520, 4521, 4522, 4524, 4525, 4526, 4527,

4531, 4654, 4701, 4735, 4837, 4838, 4847, 4848, 4898, 4899, 4900, 4901, 4948, 4958, 4981, 4995, 4996)
2005 Ed. (398, 401, 410, 411, 422, 443, 782, 912, 2382, 2526, 2527, 2543, 2544, 2840, 2882, 2916, 2937, 3122, 3335, 3432, 3441, 3484, 3524, 3690, 3701, 3871, 3872, 3873, 3874, 4184, 4192, 4193, 4194, 4210, 4227, 4228, 4232, 4233, 4234, 4241, 4242, 4392, 4472, 4597, 4712, 4723, 4828, 4829, 4928, 4940, 4941)
2006 Ed. (373, 383, 2428, 2550, 2551, 2707, 2790, 2834, 2894, 2987, 3069, 3070, 3080, 3084, 3097, 3103, 3104, 3112, 3115, 3117, 3130, 3132, 3136, 3137, 3155, 3156, 3443, 3450, 3483, 3584, 3790, 3934, 3935, 3936, 3937, 3944, 3983, 4158, 4332, 4334, 4410, 4475, 4664, 4665, 4666, 4667, 4764)
2007 Ed. (333, 341, 356, 366, 1199, 2274, 2371, 2372, 2520, 2526, 2527, 2702, 2838, 2916, 3009, 3018, 3372, 3459, 3474, 3515, 3647, 3648, 3788, 3992, 3993, 3994, 3995, 4002, 4022, 4396, 4472, 4534, 4684, 4686, 4687, 4770)
2008 Ed. (327, 354, 1105, 1757, 2405, 2406, 2407, 2492, 2648, 2654, 2655, 2832, 2918, 2958, 3037, 3129, 3130, 3137, 3266, 3280, 3281, 3469, 3512, 3633, 3648, 3759, 3760, 3859, 3862, 4009, 4010, 4011, 4012, 4048, 4355, 4361, 4455, 4497, 4595, 4596, 4661, 4690, 4733, 4838, 4940)
2009 Ed. (350, 1083, 2399, 2498, 2499, 2676, 2682, 2683, 2888, 3038, 3122, 3214, 3215, 3221, 3298, 3336, 3337, 3537, 3548, 3549, 3551, 3577, 3578, 3697, 3712, 3771, 3782, 3921, 4083, 4084, 4119, 4350, 4452, 4455, 4494, 4527, 4639, 4640, 4703, 4732, 4765, 4768, 4961)
2010 Ed. (326, 822, 823, 1056, 2312, 2328, 2329, 2358, 2363, 2412, 2413, 2418, 2420, 2574, 2578, 2827, 3055, 3154, 3225, 3272, 3273, 3275, 3409, 3447, 3460, 3468, 3469, 3495, 3613, 3630, 3710, 3839, 3995, 4002, 4182, 4504, 4537, 4567, 4568, 4668, 4669, 4717, 4740, 4969)
2011 Ed. (253, 749, 750, 994, 2324, 2325, 2354, 2359, 2415, 2416, 2421, 2423, 2551, 2553, 2811, 3025, 3026, 3120, 3188, 3241, 3242, 3244, 3447, 3464, 3471, 3502, 3616, 3631, 3707, 3842, 4003, 4010, 4031, 4180, 4440, 4475, 4531, 4613, 4617, 4618, 4675, 4958)
2012 Ed. (274, 686, 687, 918, 2278, 2336, 2337, 2344, 2500, 2505, 2743, 3055, 3136, 3147, 3206, 3207, 3208, 3210, 3464, 3473, 3477, 3526, 3610, 3631, 3728, 4061, 4484, 4490, 4533, 4622, 4624, 4690, 4952)
2013 Ed. (299, 739, 1158, 1387, 2284, 2518, 2519, 2520, 2523, 2834, 3043, 3130, 3136, 3224, 3522, 3526, 3527, 3568, 3721, 3828, 3830, 4434, 4446, 4490, 4570, 4571, 4578, 4580, 4587, 4723, 4774, 4775, 4974, 4996)
2014 Ed. (95, 277, 620, 621, 624, 755, 2472, 3136, 3230, 3243, 3298, 3496, 3500, 3501, 3503, 3750, 4477, 4624, 4627, 4632, 4633, 4637, 4639, 4761)
2015 Ed. (101, 691, 693, 790, 2293, 2393, 2631, 3280, 3514, 3517, 3536, 4101, 4472, 4623, 4627, 4782)
2016 Ed. (94, 632, 712, 2338, 2342, 3120, 3373, 3375, 4015, 4377, 4541, 4545, 4685)
2017 Ed. (313, 3006, 3096, 3332, 4371, 4534, 4539, 4540, 4544, 4546)
2018 Ed. (624, 708, 1316, 2236, 2250, 2353, 3130, 3174, 3396, 3399, 4380, 4559, 4564, 4565, 4569, 4571, 4687)
2019 Ed. (639, 721, 2521, 3062, 3110, 3322, 3323, 3371, 3372, 3373, 4404, 4451, 4452, 4557, 4560, 4565, 4566, 4570, 4572, 4589, 4692)
2020 Ed. (82, 619, 712, 992, 3323, 3377, 3378, 4369, 4438, 4439, 4557, 4658)
2021 Ed. (70, 577, 720, 2180, 2433, 3163, 3184, 3185, 3312, 3333, 3372, 3373, 4374, 4437, 4538, 4555, 4683)
2022 Ed. (83, 605, 746, 2354, 2356, 2547, 2885, 3309, 3325, 3392, 3397, 3422, 3423, 3427, 3742, 4448, 4449, 4544, 4562, 4999)
2023 Ed. (168, 846, 953, 2519, 3054, 3412, 3413, 3527, 3532, 3536, 3548, 3549, 3552, 4469, 4471, 4558, 4674)
Florida A & M University
  1999 Ed. (1234)
  2000 Ed. (744, 1141)
  2002 Ed. (1107)
  2008 Ed. (181)
Florida Agricultural & Mechanical University
  1998 Ed. (806)

Florida Aircraft Credit Union
  1996 Ed. (1510)
Florida Association of Realtors
  1998 Ed. (195)
  1999 Ed. (302)
  2000 Ed. (319)
  2002 Ed. (340)
Florida Atlantic University
  1998 Ed. (806)
  1999 Ed. (1234)
  2000 Ed. (1141)
  2002 Ed. (867, 1107)
  2008 Ed. (758)
  2009 Ed. (753, 2601)
  2010 Ed. (699, 2504)
  2011 Ed. (2505)
  2012 Ed. (2426)
Florida Auto Auction of Orlando
  1990 Ed. (299)
  1991 Ed. (267)
  1992 Ed. (373)
Florida Baptist Credit Union
  2010 Ed. (2129)
  2012 Ed. (2024)
  2014 Ed. (2152)
  2015 Ed. (2216)
  2016 Ed. (2187)
Florida Bar
  1998 Ed. (195)
  1999 Ed. (302)
  2000 Ed. (319)
  2002 Ed. (340)
The Florida Bar Journal
  2008 Ed. (4716)
Florida Blue
  2016 Ed. (1575)
  2017 Ed. (1564)
  2018 Ed. (1546)
  2019 Ed. (1576, 4690)
  2020 Ed. (1544, 4337, 4656)
  2021 Ed. (4353, 4681)
  2023 Ed. (1709, 3268, 3269, 4673)
Florida Blue Foundation
  2023 Ed. (1716)
Florida Board
  2000 Ed. (3440)
Florida Board of Education
  1991 Ed. (2521)
Florida Business Development Corp.
  2002 Ed. (4295)
Florida Business Interiors
  2017 Ed. (1565)
Florida Center for Entrepreneurship; University of South
  2009 Ed. (780)
Florida Chamber
  1999 Ed. (1057)
  2000 Ed. (1004)
Florida Chamber of Commerce
  1998 Ed. (670)
  2002 Ed. (958)
Florida Citrus Bowl
  1990 Ed. (1841)
Florida Citrus, Business & Industries Fund
  2002 Ed. (2884)
Florida Citrus Mutual
  1999 Ed. (302)
  2000 Ed. (319)
  2002 Ed. (340)
Florida Combined Life/BCBS of Florida
  2002 Ed. (1915)
Florida Community Banks
  2008 Ed. (427)
  2009 Ed. (393, 454, 1670)
Florida Community College at Jacksonville
  2002 Ed. (1105)
Florida Construction
  2005 Ed. (1220)
Florida Construction Services
  2007 Ed. (1336)
Florida Credit Union
  2010 Ed. (2139)
Florida Crystals
  2015 Ed. (4581, 4582)
  2016 Ed. (4500, 4501)
  2017 Ed. (4497, 4498)
  2018 Ed. (1545)
  2019 Ed. (1574)
  2020 Ed. (1544)
Florida Department of Corrections
  1994 Ed. (1889)
  1995 Ed. (1917)
  1996 Ed. (1953)
  1997 Ed. (2056)
  2001 Ed. (2486)
Florida Dept. of Corrections
  2000 Ed. (3617)
Florida Department of Environmental Protection
  1998 Ed. (2560)
Florida Dept. of Environmental Protection
  1999 Ed. (3474)
Florida Department of Law Enforcement
  2005 Ed. (2827)
Florida Department of Lottery
  2003 Ed. (271)
Florida Department of Natural Resources
  1993 Ed. (2622)

Florida Department of Transportation
  1998 Ed. (3616)
  2001 Ed. (793)
Florida Design Communities
  1998 Ed. (3005)
Florida Drum
  1992 Ed. (1386)
Florida East Coast
  1993 Ed. (2959)
Florida East Coast Industries Inc.
  1989 Ed. (2282)
  1990 Ed. (2946)
  1991 Ed. (1729, 2799)
  1992 Ed. (3609)
  2004 Ed. (4055, 4056)
  2005 Ed. (3993, 3994)
Florida East Coast Industry
  1994 Ed. (1855, 2994)
Florida Education Association
  2000 Ed. (319)
  2002 Ed. (340)
Florida Education Association/United
  1998 Ed. (195)
  1999 Ed. (302)
Florida Envelope Co.
  2010 Ed. (4029)
Florida Federal Savings
  1991 Ed. (3371)
  1992 Ed. (3782, 3791)
Florida Federal Savings Bank (St. Petersburg)
  1991 Ed. (3380)
Florida Federal Savings & Loan Assn.
  1990 Ed. (424)
Florida, Frederic G. Levin College of Law; University of
  2007 Ed. (3329)
  2008 Ed. (3430)
  2010 Ed. (3434)
  2011 Ed. (3418)
  2012 Ed. (3434)
Florida Gas Transmission Co.
  1990 Ed. (1880)
  1991 Ed. (1794)
Florida Gators
  2011 Ed. (2743)
  2014 Ed. (2748)
Florida Georgia Line
  2015 Ed. (3734)
  2016 Ed. (3642)
  2017 Ed. (3625, 3630)
  2018 Ed. (3691)
  2019 Ed. (3672)
  2020 Ed. (3639)
Florida Gold
  1998 Ed. (1778)
Florida Gulf Coast University
  1998 Ed. (806)
  1999 Ed. (1234)
  2000 Ed. (1141)
  2002 Ed. (1107)
  2008 Ed. (758)
Florida Health Choice
  1999 Ed. (3882)
Florida Health Sciences Center Inc.
  2001 Ed. (1702)
  2005 Ed. (1762)
Florida Health Systems Credit Union
  2004 Ed. (1929)
Florida Health; University of
  2015 Ed. (3255)
Florida Home Builders Association
  1998 Ed. (195)
  1999 Ed. (302)
  2000 Ed. (319)
  2002 Ed. (340)
Florida Home Improvement Associates
  2019 Ed. (3037)
  2020 Ed. (2977, 3075)
  2021 Ed. (2952)
  2022 Ed. (3069)
Florida Home Improvement Associates Inc.
  2020 Ed. (3074)
Florida Hospital
  1995 Ed. (2143)
  1999 Ed. (2748)
  2000 Ed. (2529)
  2004 Ed. (2813)
  2012 Ed. (2992)
  2014 Ed. (3081)
  2015 Ed. (3129)
  2016 Ed. (1561, 2992)
  2017 Ed. (1546)
  2019 Ed. (1556, 1571)
  2020 Ed. (1540)
Florida Hospital Advent Health
  2020 Ed. (4334)
Florida Hospital Celebration Health
  2019 Ed. (1583)
Florida Hospital, Flagler
  2006 Ed. (2920)
  2008 Ed. (3061)
Florida Hospital Medical Center Inc.
  2012 Ed. (1489)
  2013 Ed. (1619)
  2014 Ed. (1586)
  2015 Ed. (1638)
  2016 Ed. (1570)

Florida Hospital Orlando
  2018 Ed. (1528)
Florida Hospital-Orlando
  1998 Ed. (1990)
  2000 Ed. (2528)
  2002 Ed. (2621)
Florida Hospital-Ormond Memorial
  2006 Ed. (2923)
Florida, Hough Graduate School of Business; University of
  2010 Ed. (741)
Florida Housing Finance Agency
  1991 Ed. (1986)
Florida Housing Finance Corp.
  2001 Ed. (793, 922)
Florida Ice & Farm
  1989 Ed. (1103)
Florida Ice & Farm Co.
  2017 Ed. (605)
  2018 Ed. (569)
  2019 Ed. (584)
  2020 Ed. (569, 1778, 1794)
  2021 Ed. (542)
  2022 Ed. (570)
Florida Ice and Farm Co.
  2023 Ed. (816)
Florida Ice & Farm Co. SA
  2018 Ed. (1777, 1794)
Florida, Ice & Farm SA
  2002 Ed. (4401)
Florida Informanagement Services Inc.
  1991 Ed. (3376, 3379)
Florida Information Services
  1992 Ed. (1762)
Florida Institute of Certified Public Accountants
  1998 Ed. (195)
  1999 Ed. (302)
  2000 Ed. (319)
Florida Institute of CPAs
  2002 Ed. (340)
Florida Institute of Technology
  1991 Ed. (892)
  1998 Ed. (805)
  1999 Ed. (1233)
  2002 Ed. (1106)
  2011 Ed. (650)
Florida International University
  1990 Ed. (2053)
  1993 Ed. (795, 1018)
  1994 Ed. (1045)
  1995 Ed. (1053)
  1998 Ed. (806)
  1999 Ed. (1234)
  2000 Ed. (929, 1141)
  2001 Ed. (1066)
  2002 Ed. (867, 1107)
  2007 Ed. (809)
  2008 Ed. (758)
  2009 Ed. (753, 792, 3504)
  2010 Ed. (699)
  2012 Ed. (864, 2886, 3434)
  2015 Ed. (815, 816)
Florida International University, Alvah H. Chapman Jr. Graduate School of Business
  2005 Ed. (2853)
  2006 Ed. (2859)
  2007 Ed. (808, 2849)
  2008 Ed. (787)
  2009 Ed. (802, 803)
  2010 Ed. (741)
  2011 Ed. (651)
  2012 Ed. (612)
  2013 Ed. (754)
Florida Investments Unlimited Inc.
  2019 Ed. (4946)
Florida scrub jay
  1996 Ed. (1643)
Florida Keys, FL
  1995 Ed. (874)
Florida Landscape Service
  2011 Ed. (3424)
Florida Lemark Corp.
  2022 Ed. (4971)
Florida Lottery
  1993 Ed. (2474)
Florida Lumber Co.
  1996 Ed. (3234)
  1997 Ed. (3339)
Florida Marlins
  2013 Ed. (4480)
Florida Medical Association
  1998 Ed. (195)
  1999 Ed. (302)
  2000 Ed. (319)
  2002 Ed. (340)
Florida Medical Center
  1998 Ed. (1989)
  1999 Ed. (2747)
  2000 Ed. (2527)
  2002 Ed. (2620)
Florida Medical Clinic LLC
  2022 Ed. (1541)
  2023 Ed. (1717)
Florida Medical Clinic PA
  2021 Ed. (1524)

Florida Memorial College
 2000 Ed. (1142)
Florida Metal Building Services
 2011 Ed. (1090, 1091)
Florida Metropolitan University
 2002 Ed. (1106)
Florida Metropolitan University System
 1998 Ed. (805)
 1999 Ed. (1233)
Florida Metropolitian University
 2000 Ed. (1142)
Florida Municipal Advisors Inc.
 1996 Ed. (2357)
 2000 Ed. (2757)
Florida Municipal Power Agency
 1995 Ed. (1628)
Florida National Bank
 1990 Ed. (546)
Florida National Bank (Jacksonville)
 1991 Ed. (507)
Florida National Banks
 1989 Ed. (675)
 1990 Ed. (684)
 1991 Ed. (378)
 1992 Ed. (502)
Florida National Banks of Florida
 1989 Ed. (385)
 1990 Ed. (705)
Florida National University
 2023 Ed. (4974)
Florida panther
 1996 Ed. (1643)
Florida Panthers
 1998 Ed. (3357)
 2001 Ed. (4347)
Florida Power Corp.
 1998 Ed. (2965)
 1999 Ed. (3965)
 2000 Ed. (3675)
 2001 Ed. (3869)
 2002 Ed. (3881, 4873)
Florida Power & Light
 2015 Ed. (2427)
 2016 Ed. (2373)
 2021 Ed. (2234, 2236)
 2022 Ed. (2253)
 2023 Ed. (2438)
Florida Power & Light Co.
 1990 Ed. (1809)
 1995 Ed. (1632)
 1998 Ed. (1374, 2965)
 1999 Ed. (3965)
 2000 Ed. (3675)
 2001 Ed. (1703, 2154, 3870)
 2002 Ed. (3881, 4873)
 2003 Ed. (1676, 2138)
 2004 Ed. (1705, 2313)
 2006 Ed. (1709)
 2007 Ed. (1704)
 2008 Ed. (1733)
 2009 Ed. (1672)
 2011 Ed. (1638, 2336)
 2012 Ed. (1488, 1490)
 2013 Ed. (1618, 1620)
 2014 Ed. (1585, 1587)
 2015 Ed. (1639)
 2016 Ed. (1571)
 2017 Ed. (2221)
Florida Premier Realty of the Palm Beaches
 2018 Ed. (4095)
Florida Progress Corp.
 1989 Ed. (1300, 1301)
 1990 Ed. (1604, 1605)
 1991 Ed. (1501, 1502)
 1992 Ed. (1902, 1903, 2168)
 1993 Ed. (1559, 1869, 1870, 3255)
 1994 Ed. (1599, 1600, 1854, 1855, 1856, 3249)
 1995 Ed. (1641, 1642, 1882, 3328)
 1996 Ed. (1336, 1618, 1619, 1924, 1925, 1927)
 1997 Ed. (1398, 1697, 1698, 2019)
 1998 Ed. (1137, 1390, 1391, 1708)
 1999 Ed. (1951, 2451)
 2000 Ed. (1423, 2207)
 2001 Ed. (3948)
 2002 Ed. (1649, 2002)
 2004 Ed. (1829)
 2010 Ed. (965, 966)
 2011 Ed. (891)
 2012 Ed. (846)
 2013 Ed. (1026)
 2014 Ed. (990, 991)
 2015 Ed. (1024, 1933)
 2016 Ed. (929, 1890)
Florida Public Utilities Co.
 1998 Ed. (1822, 2966)
 1999 Ed. (2582)
 2000 Ed. (2318)
 2006 Ed. (2283)
Florida Restaurant Association
 2002 Ed. (340)
Florida Restaurant Association/Southeast U.S. Foodservice
 1998 Ed. (2460)

Florida Retail Federation
 1998 Ed. (195)
 1999 Ed. (302)
Florida Retail Federation Self-Insurer Fund
 2002 Ed. (2884)
Florida Rock Industrial
 1995 Ed. (912)
Florida Rock Industries Inc.
 1991 Ed. (876)
 1992 Ed. (1070)
 1993 Ed. (859)
 1994 Ed. (879)
 1996 Ed. (889)
 1999 Ed. (259)
 2002 Ed. (4510, 4511)
 2003 Ed. (4614, 4615)
 2004 Ed. (788, 789, 4592, 4594)
 2005 Ed. (1247, 1248, 4525, 4526, 4527)
 2006 Ed. (681, 1206, 1207)
 2007 Ed. (777, 4593)
 2008 Ed. (1163)
 2010 Ed. (3679, 3680)
 2011 Ed. (3662)
Florida Rock & Tank Lines Inc.
 2021 Ed. (4679)
Florida Rock & Tank Lines & Sunbelt
 2009 Ed. (4804)
Florida Roofing, Sheet Metal & A/C Contractors Self-Insurer Fund
 2002 Ed. (2884)
Florida Rural Electric Self-Insurer Fund
 2002 Ed. (2884)
Florida RV SuperShow
 2015 Ed. (4773)
 2018 Ed. (4679)
 2019 Ed. (4682)
Florida; Shands at the University of
 2006 Ed. (2922)
Florida Solar One
 2018 Ed. (4452)
 2019 Ed. (4440)
Florida Southern College
 1996 Ed. (1042)
 2008 Ed. (1063)
 2009 Ed. (1039)
 2010 Ed. (1005)
Florida State
 2000 Ed. (1140)
Florida State Board
 1994 Ed. (2752, 2756, 2760, 2762, 2766, 2770)
 1995 Ed. (2849, 2853, 2854, 2856, 2859)
 1997 Ed. (3010, 3011, 3015, 3019, 3021, 3024)
 1998 Ed. (2756, 2759, 2764, 2765, 2768, 2772)
 1999 Ed. (3718, 3720, 3723, 3724, 3725, 3727, 3728, 3732)
 2000 Ed. (3429, 3434, 3437, 3438, 3442, 3443, 3445, 3449, 3454)
 2001 Ed. (3664, 3666, 3670, 3672, 3675, 3676, 3677, 3679, 3680, 3681, 3685, 3695)
 2002 Ed. (3601, 3603, 3605, 3607, 3610, 3611, 3615, 3616, 3617)
 2003 Ed. (1976, 1981, 1982, 1983, 3762, 3763)
 2004 Ed. (2024, 2030, 2031, 2032, 3788, 3789, 3791)
 2007 Ed. (2177, 2179, 2181, 2183, 2185, 2186, 2188, 2191, 2192, 3793, 3794)
 2008 Ed. (2297, 2298, 2301, 2304, 2310, 2313, 3867, 3868)
 2009 Ed. (2288, 2289, 2290, 2292, 2295, 2297, 2302, 2304, 2305, 3925)
 2010 Ed. (2233, 2234, 2236, 2237, 2239, 3843, 3844, 3846)
 2011 Ed. (2250, 2251, 3845, 3846)
Florida State Board of Administration
 1991 Ed. (2687, 2690)
 1992 Ed. (3356)
 1993 Ed. (2777, 2781)
 1998 Ed. (2762)
 2000 Ed. (3432)
 2020 Ed. (3773)
Florida State Board of Education
 1991 Ed. (2510, 2533, 2923)
 1993 Ed. (3100)
 1995 Ed. (3187)
 1996 Ed. (2922, 2923, 2926, 2931, 2932, 2936, 2940, 3286)
 1997 Ed. (2831, 3383)
 1998 Ed. (3159)
 1999 Ed. (4144)
 2001 Ed. (793, 922)
Florida State Board Fund
 1999 Ed. (3735)
Florida State Citrus
 1992 Ed. (2241)
 1995 Ed. (1948)
 1996 Ed. (1981)
Florida State Employees Credit Union
 2014 Ed. (2187)
Florida State Fair
 1996 Ed. (1718)
Florida State Fairgrounds
 1999 Ed. (1417)
 2002 Ed. (1334)

Florida State Lottery
 1995 Ed. (2490)
 1996 Ed. (2552)
 1997 Ed. (2689)
Florida; State of
 1994 Ed. (11, 2211)
Florida State University
 1993 Ed. (888, 889, 1028)
 1998 Ed. (806)
 1999 Ed. (1234)
 2000 Ed. (1141)
 2002 Ed. (1107)
 2006 Ed. (3948, 3952, 4198, 4203)
 2007 Ed. (3329)
 2008 Ed. (3430)
 2009 Ed. (3504, 3700)
 2010 Ed. (758, 3434)
 2011 Ed. (962, 3418, 3618)
 2012 Ed. (3434)
Florida State University-Tallahassee
 2004 Ed. (827)
Florida Steel
 1993 Ed. (3449)
Florida Supreme Court
 2006 Ed. (2809)
Florida Times-Union
 1998 Ed. (2681)
 1999 Ed. (3618)
 2000 Ed. (3337)
 2002 Ed. (3508)
Florida Tire Recycling Inc.
 2005 Ed. (4695)
Florida Transportation Credit Union
 2008 Ed. (2213)
Florida United Business Association
 2000 Ed. (319)
Florida United Businesses Association
 1998 Ed. (195)
 1999 Ed. (302)
Florida; University of Central
 2007 Ed. (2446)
 2008 Ed. (758, 2575)
 2009 Ed. (753, 2601)
 2010 Ed. (699, 2504, 3835)
 2011 Ed. (2505)
 2012 Ed. (2426)
Florida; University of
 1991 Ed. (2680)
 1994 Ed. (889, 1056, 2743)
 1995 Ed. (2428)
 1996 Ed. (2463)
 1997 Ed. (2608)
 2006 Ed. (714)
 2007 Ed. (1163, 4597)
 2008 Ed. (758, 783, 1065)
 2009 Ed. (753, 1042, 2586, 2601)
 2010 Ed. (699, 761, 764, 766, 1008, 1013, 2504)
 2011 Ed. (947, 950, 2505)
 2012 Ed. (857, 863, 864, 871, 2426, 2886)
 2015 Ed. (4222)
Florida; University of South
 2008 Ed. (758)
 2009 Ed. (753)
 2010 Ed. (699, 724)
Florida Virtual School
 2005 Ed. (3182)
Florida West
 2006 Ed. (227)
 2007 Ed. (233)
Florida Window and Door
 2023 Ed. (4896, 4897)
Florida's Natural
 1996 Ed. (2875)
 1998 Ed. (1778)
 1999 Ed. (2536, 3660)
 2001 Ed. (3595)
 2002 Ed. (3541)
 2003 Ed. (2578, 3702)
 2004 Ed. (3746)
 2005 Ed. (3656, 3657)
 2006 Ed. (3755)
 2007 Ed. (3754)
 2013 Ed. (3851)
 2014 Ed. (3777, 3778, 3779)
 2015 Ed. (3797, 3799)
 2016 Ed. (2783, 3710, 3712)
 2017 Ed. (3669)
 2018 Ed. (3722, 3724)
 2019 Ed. (3709, 3711)
 2020 Ed. (3753, 3754)
 2021 Ed. (3754)
 2022 Ed. (2850, 3773, 3774, 3775)
 2023 Ed. (2960, 3875, 3876)
Florida's Natural Growers
 2003 Ed. (2579)
Florida's Natural Growers Pride
 2005 Ed. (3657)
Florida's Natural Orange Juice
 2006 Ed. (2672)
 2007 Ed. (2656)
 2010 Ed. (2789)
 2011 Ed. (2776)
Florida's Silver Springs
 1990 Ed. (266)
 1992 Ed. (333)

Florino Furago
 2002 Ed. (385)
Florio
 1997 Ed. (3887)
Florists' Transworld Delivery Association
 1992 Ed. (36, 2637)
Florsheim
 1995 Ed. (3370)
Florsheim Shoe Co.
 1998 Ed. (2709)
Florstar Sales Inc.
 1991 Ed. (1728)
 1992 Ed. (2166)
 1993 Ed. (1866)
 1995 Ed. (1879)
 1996 Ed. (1922)
 1998 Ed. (1699)
 1999 Ed. (2447)
 2000 Ed. (2202)
Flotek Industries
 2016 Ed. (3799)
Flotek Industries Inc.
 2008 Ed. (2864, 2865)
Flouder
 2004 Ed. (2622)
Flough & Co.; William R.
 1991 Ed. (3063)
Flounder
 2001 Ed. (2440)
 2003 Ed. (2490)
 2005 Ed. (2611)
 2006 Ed. (2610)
 2007 Ed. (2585)
 2008 Ed. (2722)
 2009 Ed. (2777)
 2010 Ed. (2709)
 2011 Ed. (2695)
Flounder/Sole
 1992 Ed. (3816)
 1993 Ed. (3111)
 2001 Ed. (2439)
Flour
 1999 Ed. (4508)
 2001 Ed. (551)
Flour, all-purpose white wheat
 2002 Ed. (2289)
Flour City Architectural Metal Inc.
 1995 Ed. (1166)
Flour City Architectural Metals
 1992 Ed. (1420)
 1993 Ed. (1133, 1954)
 1994 Ed. (1152, 1976)
 1996 Ed. (1143)
 1997 Ed. (2149)
 1998 Ed. (948)
 1999 Ed. (1370, 2600)
 2000 Ed. (1262, 2343)
 2001 Ed. (1476)
 2003 Ed. (1304)
Flour City Architectural Metals/E. G. Smith
 1990 Ed. (1206)
Flour City International Inc.
 2002 Ed. (1292)
Flour Daniel Inc.
 1992 Ed. (1949)
Flour Mills Nigeria
 2023 Ed. (879)
Flour mixes
 2001 Ed. (551)
Flour, all purpose
 2003 Ed. (2496)
Flour, single purpose
 2002 Ed. (2289)
Flourigard
 1993 Ed. (1471)
 1996 Ed. (1527)
Flournoy Construction Co.
 1993 Ed. (1094, 1096)
 1996 Ed. (1096)
 1998 Ed. (874, 875, 880)
 2002 Ed. (1201)
 2010 Ed. (1168, 4181)
Flours/grains
 1999 Ed. (365)
Flovent
 2003 Ed. (2114)
Flow Automotive
 2023 Ed. (1946)
Flow Automotive Cos.
 2021 Ed. (1782)
 2022 Ed. (1824)
Flow International Corp.
 2004 Ed. (2323)
Flow La Movie
 2020 Ed. (3631)
Flower
 2021 Ed. (2171)
The Flower Bazaar
 2023 Ed. (3136)
Flower Child
 2021 Ed. (2506)
Flower Foods Bakeries Group
 2008 Ed. (726)
Flower and Garden
 1994 Ed. (2791)
Flower inhalables
 2021 Ed. (2171)

Flower; Scott
  1997 Ed. (1895)
Flower Tent
  2016 Ed. (4237)
  2017 Ed. (4225)
  2018 Ed. (4242)
Flowerama of America
  2004 Ed. (2729)
  2005 Ed. (2620)
  2006 Ed. (2616)
  2007 Ed. (904)
  2008 Ed. (879)
Flowerfield Industrial Park
  1991 Ed. (1043)
Flowers
  1992 Ed. (2189)
  2007 Ed. (2312)
Flowers Bakeries
  2003 Ed. (761)
Flowers Foods Bakeries
  2015 Ed. (325, 766)
  2016 Ed. (322)
Flowers Foods Bakeries LLC
  2017 Ed. (326, 334, 335, 738)
  2018 Ed. (308, 315)
  2019 Ed. (307, 314, 693)
  2020 Ed. (309, 316, 684)
  2021 Ed. (296, 304, 692)
  2022 Ed. (309, 317, 729)
Flowers Foods Inc.
  2004 Ed. (2661)
  2005 Ed. (2634, 2654)
  2007 Ed. (2608)
  2010 Ed. (1419, 2720)
  2017 Ed. (2703)
  2018 Ed. (2761)
  2019 Ed. (2744)
  2020 Ed. (2784)
  2021 Ed. (2655)
  2022 Ed. (2791)
  2023 Ed. (2915)
Flowers Foods LLC
  2018 Ed. (305, 307, 310, 311, 679, 740, 2221, 4386)
  2019 Ed. (305, 306, 308, 310, 692, 756, 4407)
  2020 Ed. (308, 310, 312, 314, 747, 2191, 4406)
  2021 Ed. (294, 295, 297, 298, 299, 300, 302, 691, 764, 2169, 2170, 4405)
  2022 Ed. (307, 308, 310, 311, 312, 313, 314, 315, 728, 802, 2198, 4403)
  2023 Ed. (409, 410, 411, 413, 902, 1008, 2379, 2380, 4433)
Flowers Hospital
  2012 Ed. (2954)
Flowers Industries Bakery Division
  1989 Ed. (359)
Flowers Industries Inc.
  1989 Ed. (354, 355, 1453)
  1990 Ed. (1893)
  1992 Ed. (491, 495)
  1993 Ed. (1318)
  1994 Ed. (1374, 1875)
  1995 Ed. (342, 1399)
  1997 Ed. (328, 330)
  1998 Ed. (256, 258, 265, 1320)
  1999 Ed. (369)
  2000 Ed. (373, 1343)
  2002 Ed. (1521, 1526, 2297)
  2003 Ed. (1519, 2556, 2570)
Flowers; Kevin
  2011 Ed. (859)
Flowers & plants
  1996 Ed. (2473)
Flowing Energy Corp.
  2006 Ed. (4594)
Flowmon
  2018 Ed. (1496)
Flowmon Networks
  2019 Ed. (1527, 4333)
Flowserv/Invensys Flow Control
  2005 Ed. (3937)
Flowserve
  2017 Ed. (3026)
Flowserve Control Valves GmbH
  2015 Ed. (1457)
Flowserve Corp.
  1999 Ed. (2615, 2666)
  2002 Ed. (1380)
  2003 Ed. (1492)
  2004 Ed. (1522, 2999, 3328)
  2005 Ed. (1538, 3352, 3353)
  2007 Ed. (4532)
  2008 Ed. (3530)
  2009 Ed. (2086, 3606)
  2010 Ed. (3525)
  2011 Ed. (1425, 1429, 1447, 3128, 3129)
  2012 Ed. (3063, 4529)
  2013 Ed. (3152)
  2014 Ed. (3155, 4535)
  2015 Ed. (3215)
  2016 Ed. (3070)
Flowservice Corp.
  2013 Ed. (4119)
Floyd
  2022 Ed. (3743)

Floyd County, GA
  2014 Ed. (3304)
Floyd Hall
  1998 Ed. (723)
  1999 Ed. (1125)
  2000 Ed. (1045, 1876)
  2001 Ed. (1220)
Floyd; Hurricane
  2005 Ed. (882, 2979)
  2009 Ed. (3812)
  2010 Ed. (3741)
  2011 Ed. (3741)
  2012 Ed. (3749)
Floyd L. English
  1997 Ed. (1796, 1803)
Floyd Manufacturing Inc.
  2018 Ed. (3610)
  2019 Ed. (3604)
  2020 Ed. (3575)
  2021 Ed. (3605)
  2022 Ed. (3656)
  2023 Ed. (3762)
Floyd Mayweather
  2012 Ed. (215, 216)
  2015 Ed. (2607)
  2016 Ed. (215, 221, 2526)
  2017 Ed. (211, 212, 220, 2380)
  2020 Ed. (196, 201, 2482)
Floyd Music Stores
  2020 Ed. (3652)
  2021 Ed. (3657)
Floyd Valley Hospital
  2006 Ed. (2920)
Floyd's
  2022 Ed. (2205)
Floyd's 99 Barbershop
  2021 Ed. (2734)
Floyd's 99 Holdings LLC
  2021 Ed. (818)
  2022 Ed. (850)
F.L.P. Secretan & Co. Ltd.
  1992 Ed. (2895, 2896, 2898)
  1993 Ed. (2454, 2456)
FLS Energy
  2013 Ed. (2529)
  2014 Ed. (2464)
  2016 Ed. (4413, 4426)
  2017 Ed. (4424, 4437)
  2018 Ed. (4445, 4455)
FLS Inds.
  1991 Ed. (1266)
FLS Industries
  1999 Ed. (1599)
FLS Industries A/A (Koncern)
  1994 Ed. (3520)
FLS Industries A/S
  1993 Ed. (1294)
  1995 Ed. (1371, 3604)
  2000 Ed. (1406)
  2006 Ed. (3377)
FLS Industries A/S (Koncern)
  1996 Ed. (3680)
FLS Industries AS
  1997 Ed. (1381)
FLS Industries B
  1993 Ed. (1162)
Flserv Inc.
  1990 Ed. (1781)
  1991 Ed. (1716, 3376, 3378, 3379)
Flu Busters
  2010 Ed. (2887)
Flubber
  2001 Ed. (4693)
Fluence
  2020 Ed. (2384)
  2022 Ed. (2415)
Fluet Huber + Hoang
  2016 Ed. (2115)
Flughafen AG
  1996 Ed. (3792, 3793)
  1997 Ed. (3846)
Flughafen Frankfurt Main
  2001 Ed. (352)
Flughafen Frankfurt/Main
  2023 Ed. (223)
Flughafen Frankfurt/Main AG
  2001 Ed. (309)
Flughafen Leipzig/Halle
  2022 Ed. (149)
  2023 Ed. (223)
Flughafen Wein
  1999 Ed. (4722)
Flughafen Wien
  1999 Ed. (4723)
  2000 Ed. (4352)
  2002 Ed. (4756)
Flugleidir H. F.
  2001 Ed. (309)
Fluid Market
  2023 Ed. (1502)
Fluid delivery systems
  2001 Ed. (3604)
Fluidigm
  2006 Ed. (592)
Fluidity Bar
  2015 Ed. (2336)

Fluidmaster Inc.
  2014 Ed. (1412)
  2015 Ed. (1472)
Fluids, drilling
  1999 Ed. (946)
Fluke
  2018 Ed. (2970)
  2020 Ed. (2932)
  2021 Ed. (2792)
  2022 Ed. (2958)
  2023 Ed. (3082)
Fluke Corp.
  1989 Ed. (2304)
  1990 Ed. (1615)
  1991 Ed. (1517, 2843)
  1999 Ed. (1974)
  2000 Ed. (1750)
  2012 Ed. (1989)
  2013 Ed. (2167)
  2014 Ed. (2096)
  2015 Ed. (2151)
Fluke; John
  1989 Ed. (1326)
Fluke Networks
  2019 Ed. (2914)
Fluor
  2014 Ed. (1133)
  2015 Ed. (1181)
  2016 Ed. (1093)
  2017 Ed. (1274)
  2022 Ed. (1132, 1135, 1136, 1137, 1138, 1139, 1141, 1142)
  2023 Ed. (1217, 1262, 1446, 1447, 1449, 1457, 1459, 1462, 2575, 2586, 2588, 2589, 2595, 2601, 2602, 2604, 2606, 2610, 2611, 2614, 2619, 2673, 2678, 2681, 2683)
Fluor Australia
  2002 Ed. (1179)
Fluor Canada
  2007 Ed. (1284)
  2008 Ed. (1184)
  2009 Ed. (1160)
  2010 Ed. (1156)
  2011 Ed. (1099)
  2012 Ed. (1016)
Fluor Canada Ltd.
  2016 Ed. (1075)
  2017 Ed. (1105)
  2018 Ed. (1033)
  2019 Ed. (1044)
  2020 Ed. (1035)
Fluor City Architectural Metals Inc.
  1997 Ed. (1170)
Fluor Corp.
  1989 Ed. (2474, 2478)
  1990 Ed. (1154, 1169, 1343, 3241, 3258)
  1992 Ed. (1354, 1355, 1359)
  1995 Ed. (1123, 1125, 1127, 3303)
  1996 Ed. (1098, 1106, 1108, 1247, 1654, 2259, 3411)
  1997 Ed. (1121, 1127, 1129, 1732, 1753)
  1998 Ed. (881, 882, 884, 1435, 1446, 3290)
  1999 Ed. (1313, 1315, 1591, 2028, 2032, 2033)
  2000 Ed. (1196, 1805, 1824)
  2001 Ed. (1069, 1070, 1204, 1395, 1403, 1404, 1646, 1649)
  2002 Ed. (331, 1171, 1174, 1175, 1176, 1194, 1195, 1228, 1229, 1236, 1238, 1242, 1244, 1246, 1248, 1249, 1250, 1252, 1254, 1257, 1259, 1260, 1264, 1265, 1266, 1267, 1268, 1269, 1270, 1271, 1272, 1273, 1275, 1278, 1281, 1282, 1305, 1306, 1308, 1309, 1313, 1315, 1317, 1319, 1455, 2132, 2133, 2134, 2136, 2139)
  2003 Ed. (1140, 1142, 1145, 1146, 1244, 1245, 1249, 1252, 1259, 1261, 1262, 1263, 1267, 1269, 1271, 1273, 1275, 1276, 1277, 1278, 1279, 1280, 1281, 1283, 1284, 1288, 1290, 1291, 1292, 1293, 1294, 1321, 1322, 1324, 1325, 1329, 1331, 1332, 1343, 1353, 1475, 2289, 2292, 2293, 2294, 2297, 2298, 2299, 2301, 2304, 2307, 2308, 2309, 2311, 2312, 2315, 2325)
  2004 Ed. (1144, 1148, 1149, 1247, 1248, 1252, 1264, 1265, 1266, 1270, 1272, 1274, 1276, 1278, 1279, 1280, 1281, 1283, 1284, 1287, 1291, 1294, 1295, 1297, 1322, 1324, 1330, 1353, 1505, 1579, 2325, 2343, 2344, 2352, 2354, 2359, 2360, 2361, 2362, 2363, 2364, 2365, 2367, 2372, 2374, 2378, 2380, 2386, 2389, 2390, 2392, 2393, 2396, 2397, 2399, 2401, 2404, 2406, 2407, 2432, 2437, 2442)
  2005 Ed. (1167, 1168, 1169, 1170, 1171, 1172, 1208, 1279, 1298, 1299, 1301, 1302, 1303, 1304, 1305, 1335, 1369, 1521, 1798, 2417, 2419, 2420, 2428, 2436, 2438, 2441, 2442)
  2006 Ed. (1163, 1164, 1165, 1166, 1167, 1168, 1184, 1185, 1239, 1241, 1244, 1245, 1246, 1247, 1248, 1249, 1251, 1267, 1268, 1270, 1271, 1272, 1273, 1301, 1303, 1304, 1314, 1354, 1360,

2450, 2459, 2461, 2462, 2463, 2464, 2465, 2468, 2469, 2473, 2476, 2478, 2483, 2502, 2506)
  2007 Ed. (1275, 1276, 1277, 1278, 1293, 1339, 1340, 1342, 1343, 1344, 1345, 1346, 1347, 1348, 1376, 1389, 1399, 2012, 2399, 2412, 2417, 2421, 2422, 2426, 2427, 2428, 2429, 2430, 2433, 2434, 2438, 2441, 2442, 2444, 2449, 2471, 2475, 2477, 2765)
  2008 Ed. (1163, 1177, 1178, 1191, 1226, 1229, 1230, 1231, 1232, 1233, 1234, 1235, 1237, 1240, 1278, 1281, 1282, 1285, 1286, 1288, 1300, 1301, 1304, 1307, 1349, 1353, 1358, 1361, 1367, 1368, 1474, 2114, 2286, 2530, 2531, 2533, 2534, 2535, 2538, 2540, 2544, 2548, 2549, 2553, 2554, 2555, 2556, 2557, 2559, 2560, 2561, 2565, 2568, 2569, 2571, 2578, 2600, 2601, 2604, 2606, 2628, 2881, 3187)
  2009 Ed. (1152, 1162, 1165, 1183, 1206, 1208, 1211, 1212, 1213, 1214, 1215, 1216, 1217, 1264, 1265, 1269, 1271, 1284, 1285, 1289, 1292, 1352, 1356, 1358, 1775, 1780, 2086, 2099, 2519, 2551, 2556, 2561, 2562, 2563, 2564, 2565, 2568, 2569, 2573, 2576, 2577, 2579, 2604, 2628, 2631, 2632, 2634)
  2010 Ed. (1136, 1145, 1146, 1157, 1159, 1176, 1179, 1211, 1214, 1215, 1216, 1217, 1218, 1219, 1260, 1261, 1265, 1267, 1278, 1282, 1340, 2040, 2041, 2436, 2467, 2471, 2472, 2475, 2477, 2478, 2479, 2480, 2481, 2484, 2485, 2489, 2492, 2493, 2495, 2507, 2531, 2534, 2535, 2537, 2541)
  2011 Ed. (1088, 1089, 1107, 1108, 1124, 1127, 1159, 1161, 1162, 1163, 1164, 1165, 1166, 1168, 1210, 1211, 1215, 1217, 1231, 1325, 1328, 1331, 2098, 2100, 2440, 2442, 2481, 2482, 2485, 2486, 2487, 2488, 2489, 2492, 2493, 2497, 2500, 2501, 2503, 2509, 2532, 2535, 2536)
  2012 Ed. (670, 1009, 1010, 1011, 1026, 1045, 1058, 1061, 1095, 1098, 1099, 1100, 1101, 1102, 1103, 1104, 1105, 1106, 1107, 1115, 1146, 1147, 1150, 1151, 1153, 1160, 1161, 1167, 1191, 1194, 1197, 1935, 1936, 2365, 2378, 2385, 2390, 2391, 2393, 2396, 2399, 2404, 2405, 2406, 2407, 2408, 2411, 2412, 2413, 2416, 2419, 2420, 2421, 2423, 2430, 2468, 2471, 2472, 2474, 2475, 2481, 2782)
  2013 Ed. (10, 880, 1153, 1154, 1159, 1178, 1197, 1238, 1241, 1242, 1243, 1244, 1245, 1246, 1247, 1248, 1249, 1285, 1286, 1287, 1288, 1289, 1294, 1297, 1299, 1308, 1310, 1311, 1366, 2098, 2099, 2543, 2551, 2561, 2562, 2568, 2572, 2573, 2575, 2576, 2577, 2580, 2581, 2583, 2584, 2589, 2590, 2593, 2596, 2616, 2617, 2622, 2626, 2628, 4791, 4811)
  2014 Ed. (6, 1115, 1116, 1117, 1118, 1131, 1149, 1176, 1179, 1180, 1181, 1182, 1183, 1184, 1185, 1186, 1187, 1218, 1219, 1221, 1222, 1227, 1230, 1232, 1242, 1244, 1679, 2030, 2031, 2233, 2475, 2482, 2490, 2491, 2497, 2501, 2502, 2503, 2504, 2505, 2506, 2509, 2510, 2512, 2513, 2518, 2522, 2524, 2545, 2575, 2576, 2581, 2584, 2586, 3033, 3515)
  2015 Ed. (6, 1153, 1154, 1155, 1156, 1157, 1178, 1202, 1227, 1230, 1233, 1234, 1235, 1236, 1237, 1238, 1239, 1240, 1241, 1276, 1277, 1279, 1280, 1285, 1288, 1290, 1300, 1302, 1304, 2080, 2549, 2557, 2565, 2566, 2571, 2575, 2576, 2577, 2578, 2579, 2580, 2583, 2584, 2586, 2587, 2592, 2593, 2596, 2598, 2614, 2616, 2618, 2621, 2624, 3099)
  2016 Ed. (1064, 1067, 1068, 1069, 1090, 1107, 1110, 1137, 1141, 1144, 1145, 1146, 1147, 1148, 1149, 1150, 1151, 1152, 1191, 1192, 1194, 1195, 1200, 1202, 1204, 1207, 1215, 1217, 1226, 2050, 2062, 2266, 2473, 2484, 2486, 2487, 2488, 2493, 2497, 2498, 2499, 2500, 2501, 2502, 2505, 2506, 2508, 2509, 2514, 2515, 2519, 2521, 2538, 2540, 2542, 2545, 2548)
  2017 Ed. (1097, 1099, 1124, 1152, 1190, 1193, 1194, 1195, 1196, 1197, 1198, 1199, 1200, 1237, 1239, 1240, 1247, 1249, 1252, 2329, 2340, 2342, 2343, 2349, 2354, 2355, 2357, 2358, 2359, 2362, 2363, 2365, 2366, 2371, 2372, 2376, 2428, 2430, 2435, 2438, 2440)
  2018 Ed. (754, 1025, 1026, 1056, 1133, 1141, 1143, 1144, 1145, 1146, 1147, 1148, 1150, 1217, 1219, 1227, 1229, 1232, 1252, 1960, 1977, 2407, 2409, 2410, 2411, 2416, 2421, 2422, 2424, 2425, 2426, 2428, 2429, 2430, 2431,

2433, 2438, 2439, 2443, 2477, 2482, 2485, 2487, 3025)
2019 Ed. (1033, 1035, 1066, 1097, 1100, 1153, 1155, 1156, 1157, 1158, 1159, 1160, 1162, 1250, 1260, 1262, 1265, 1285, 2014, 2032, 2416, 2453, 2455, 2456, 2457, 2462, 2470, 2471, 2473, 2474, 2475, 2477, 2478, 2479, 2482, 2487, 2488, 2492, 2504, 2509, 2512, 2514, 2967, 3064, 3066)
2020 Ed. (1025, 1026, 1027, 1054, 1087, 1144, 1146, 1147, 1148, 1149, 1150, 1151, 1153, 1244, 1254, 1256, 1259, 1266, 1942, 1955, 2389, 2444, 2445, 2451, 2459, 2460, 2462, 2464, 2466, 2467, 2468, 2471, 2476, 2479, 2494, 2496, 2498, 2501, 2503, 2504, 2506, 2996, 3098)
2021 Ed. (996, 1051, 1209, 1212, 1220, 1222, 1225, 1237, 1346, 2365, 2384, 2386, 2387, 2391, 2392, 2395, 2401, 2403, 2414, 2416, 2418, 2421, 2423, 2424, 2426)
2022 Ed. (1242, 1244, 1250, 2423, 2478, 2479, 2485, 2511)
2023 Ed. (2659)
Fluor Corp. (U.S.)
2021 Ed. (2384, 2401)
Fluor Daniel
1990 Ed. (1168, 1176, 1181, 1182, 1195, 1196, 1198, 1199, 1210, 1664, 1667)
1991 Ed. (1048, 1050, 1068, 1069, 1073, 1074, 1075, 1076, 1093, 1094, 1095, 1550, 3103, 3155)
1992 Ed. (1365, 1375, 1401, 1402, 1403, 1404, 1405, 1406, 1407, 1408, 1424, 1428, 1429, 1433, 1948, 1950, 1953, 1956, 1957, 1963, 1964, 1968, 4025)
1993 Ed. (1084, 1087, 1093, 1100, 1101, 1102, 1114, 1115, 1116, 1117, 1118, 1119, 1120, 1121, 1142, 1143, 1144, 1148, 1601, 1602, 1605, 1606, 1608, 1611, 1615, 1618)
1994 Ed. (1106, 1108, 1110, 1123, 1124, 1125, 1130, 1131, 1132, 1133, 1134, 1135, 1136, 1137, 1154, 1160, 1163, 1165, 1167, 1170, 1171, 1633, 1637, 1638, 1640, 1641, 1646, 1647, 1649, 1652)
1995 Ed. (1138, 1139, 1140, 1148, 1149, 1150, 1151, 1152, 1153, 1154, 1156, 1157, 1173, 1178, 1179, 1180, 1181, 1185, 1187, 1190, 1192, 1672, 1675, 1676, 1677, 1679, 1680, 1685, 1686, 1687, 1688, 1691, 1693, 1696)
1996 Ed. (1111, 1112, 1121, 1122, 1123, 1124, 1125, 1126, 1128, 1129, 1148, 1152, 1154, 1155, 1156, 1158, 1161, 1163, 1655, 1659, 1663, 1667, 1668, 1669, 1670, 1673, 1678)
1997 Ed. (1136, 1137, 1138, 1150, 1151, 1153, 1154, 1156, 1157, 1158, 1177, 1181, 1183, 1184, 1187, 1192, 1733, 1737, 1741, 1748, 1751, 1759, 1763)
1998 Ed. (934, 935, 936, 937, 938, 939, 940, 942, 964, 967, 1436, 1439, 1447, 1451, 1476, 1480, 1481, 1483, 1484, 1485, 1486, 1489, 1490)
1999 Ed. (955, 1340, 1341, 1342, 1354, 1355, 1356, 1357, 1358, 1359, 1360, 1361, 1362, 1364, 1387, 1388, 1389, 1390, 1391, 1397, 1398, 1400, 1401, 2018, 2019, 2021, 2022, 2023, 2034)
2000 Ed. (1238, 1239, 1240, 1246, 1247, 1248, 1250, 1251, 1252, 1253, 1256, 1276, 1277, 1278, 1279, 1280, 1284, 1285, 1287, 1289, 1794, 1796, 1798, 1799, 1800, 1810, 1811, 1812, 1817, 1818, 1823, 1845, 1847, 1848, 1850, 1853, 1854, 1858)
2001 Ed. (1070, 1462, 1463, 1464, 1465, 1466, 1470, 1486, 1487, 2237, 2239, 2240, 2241, 2243, 2245, 2246, 2288, 2290, 2292, 2295, 2296, 2297, 2299, 2300)
2002 Ed. (1173)
Fluor Daniel Construction Co.
2012 Ed. (1457)
2013 Ed. (1592)
Fluor Enterprises Inc.
2003 Ed. (2325)
2004 Ed. (2406)
2005 Ed. (2441)
Fluor/St. Joe Minerals
1991 Ed. (1146)
Fluoxetine
2001 Ed. (3778)
2003 Ed. (2107)
2005 Ed. (2249)
2006 Ed. (2310)
The Flur Organization
1990 Ed. (2953)
Flushing Savings Bank, FSB
2007 Ed. (4245)
2010 Ed. (4418)
2011 Ed. (4363)
2012 Ed. (4403)
2013 Ed. (4376)

Flute
1999 Ed. (3504)
Flutter
2022 Ed. (951, 4240, 4604)
2023 Ed. (1124, 1800, 4280, 4566)
Flutter Entertainment
2023 Ed. (97, 101)
Flutterwave
2019 Ed. (1380)
2020 Ed. (1347)
Flux7
2019 Ed. (2005)
Fluxion Biosciences
2015 Ed. (4236)
Fluxx
2020 Ed. (2139)
Fluxys SA
2005 Ed. (2730, 3771)
Fly-fishing
1999 Ed. (4384)
Fly Leasing
2022 Ed. (3368)
Fly Music
2020 Ed. (3674)
2021 Ed. (3680)
flydubai
2016 Ed. (163)
2017 Ed. (150)
The Flyer
2019 Ed. (4796)
Flyers Energy LLC
2017 Ed. (1446)
2018 Ed. (2529)
2019 Ed. (1464)
2020 Ed. (1430)
2021 Ed. (1429)
2022 Ed. (1435)
Flyers; Philadelphia
2006 Ed. (2862)
2009 Ed. (3056)
2010 Ed. (2990)
2011 Ed. (2959)
2012 Ed. (2888)
2013 Ed. (2965)
2014 Ed. (2978)
2015 Ed. (3046)
2016 Ed. (2938)
2017 Ed. (2898)
2018 Ed. (2964)
2019 Ed. (2907)
2020 Ed. (2926)
2021 Ed. (2787)
2022 Ed. (2953)
Flyers Pizza & Subs
2016 Ed. (3939)
2017 Ed. (3910)
2018 Ed. (3939)
2019 Ed. (3911)
2020 Ed. (3926)
2021 Ed. (3896)
FLYi Inc.
2006 Ed. (4606, 4824)
The Flying Biscuit Café
2023 Ed. (4246)
Flying Dog Brewing Co.
2000 Ed. (3126)
Flying Eye
2018 Ed. (100)
Flying Food Fare Inc.
1990 Ed. (3706)
Flying Food Group
2000 Ed. (3144)
Flying Food Group LLC
2006 Ed. (3499, 3500, 4989, 4990)
2007 Ed. (3537, 4986)
2009 Ed. (3757, 4986)
2010 Ed. (3692, 4993)
2011 Ed. (3687, 4990)
2012 Ed. (3704, 4987)
2013 Ed. (3748, 4980)
2014 Ed. (3681)
2015 Ed. (3699)
Flying J
2018 Ed. (2851)
Flying J Inc.
2001 Ed. (497, 1891)
2003 Ed. (2804)
2006 Ed. (2898)
2009 Ed. (4004, 4169)
2010 Ed. (3185, 3911, 4105)
2011 Ed. (3930, 4074)
2014 Ed. (220, 2066)
Flying J Motel
1990 Ed. (2066)
Flying J Travel Plazas
1994 Ed. (3452)
Flying insect killer
2002 Ed. (2816)
The Flying Locksmiths
2019 Ed. (811, 3033)
2020 Ed. (805, 3069)
2021 Ed. (830, 2947)
2022 Ed. (3064)
2023 Ed. (3170, 3177)
Flying Robot International Film Festival
2017 Ed. (4275)
Flying S
2022 Ed. (1599)

Flying Tiger
1990 Ed. (199, 200, 201, 202, 236, 237)
Flying Tiger Line Inc.
1990 Ed. (240)
Flying Tigers
1990 Ed. (221, 230, 231)
1992 Ed. (296)
Flynco Inc.
2007 Ed. (1374)
The Flynn Co.
1999 Ed. (3995)
2019 Ed. (4792)
2020 Ed. (4779)
2021 Ed. (4777)
Flynn; Donald F.
1989 Ed. (1376)
Flynn Group
2023 Ed. (1434, 2992, 4310)
Flynn Group of Companies
2018 Ed. (4271)
2019 Ed. (4298)
2020 Ed. (4291)
2021 Ed. (4266)
2022 Ed. (2877, 4278)
2023 Ed. (2990, 2991)
Flynn Group of Cos.
2020 Ed. (1229, 2844)
2021 Ed. (1196, 2720)
2022 Ed. (1197, 2878)
Flynn Holdings
2023 Ed. (1622)
Flynn; Raymond L.
1991 Ed. (2395)
1992 Ed. (2987)
1993 Ed. (2513)
Flynn Restaurant Group
2018 Ed. (4201)
2019 Ed. (799, 4230)
2020 Ed. (793, 4228)
2021 Ed. (4192)
2022 Ed. (4210)
2023 Ed. (4245)
Flynn Restaurant Group LLC
2016 Ed. (2725)
Flyte-Time/Regency
1993 Ed. (2600)
Flyte Tyme Worldwide Transportation
2016 Ed. (3362)
2017 Ed. (3327)
2018 Ed. (3390)
Flytech Technology
2009 Ed. (1094, 2075)
2010 Ed. (2011)
FlyteVu
2020 Ed. (4475)
Flytevu
2022 Ed. (4478)
2023 Ed. (4495)
Flytoget
2011 Ed. (1926)
2014 Ed. (1897)
Flytographer Enterprises
2021 Ed. (4707)
Flytrex
2019 Ed. (1699)
Flywheel
2020 Ed. (3129)
FM Global
2005 Ed. (3068, 3096, 3097, 3100, 3124, 3136)
2006 Ed. (3102, 3134)
2007 Ed. (3119, 3169)
2008 Ed. (3265, 3316)
2009 Ed. (3323, 3385)
2010 Ed. (3264, 3321)
2011 Ed. (3226, 3279)
2012 Ed. (3196, 3257)
2013 Ed. (3265, 3329)
2014 Ed. (3245, 3293, 3302, 3303)
2015 Ed. (3299, 3340, 3345, 3346, 3392)
2016 Ed. (3151, 3202, 3214, 3215, 3264)
2017 Ed. (1943, 3114, 3157, 3158, 3169, 3170, 3220)
2018 Ed. (3209, 3236, 3237, 3246, 3247)
2019 Ed. (1940, 3147, 3179, 3180, 3188, 3189, 3259)
2020 Ed. (1877, 3178, 3207, 3208, 3213, 3214, 4337)
2021 Ed. (3060, 3061, 3067, 3068, 4353)
2022 Ed. (1335, 1886, 3195, 3196, 3203, 3204, 4359)
FM Global Group
2002 Ed. (2878)
2003 Ed. (2983, 2989)
2013 Ed. (3340)
2023 Ed. (3288, 3296)
FM Office Express Inc.
2006 Ed. (1935)
2008 Ed. (1981, 1983, 4930)
2015 Ed. (3016)
FM Resources
2006 Ed. (1935)
FM Services Corp.
1993 Ed. (3512)
F.M. Sylvan, Inc.
2019 Ed. (1165)
FMA
1995 Ed. (2360, 2368)

FMB Engineering
2019 Ed. (4610)
FMB-First Michigan Bank
1998 Ed. (395)
FMB Holdings
1995 Ed. (640)
1996 Ed. (714)
1997 Ed. (648)
1999 Ed. (684)
2000 Ed. (701)
2002 Ed. (666)
2003 Ed. (640)
FMB Oxford Ltd.
2015 Ed. (4222)
FMC
1989 Ed. (885, 889, 1917)
1990 Ed. (946, 957, 2502)
1991 Ed. (901, 903, 1640, 2370)
1992 Ed. (1110)
1993 Ed. (902, 1226, 1343, 1712, 1718, 2486, 2852, 3351)
1994 Ed. (915, 917, 926, 932, 1731, 2420, 2854)
1995 Ed. (951, 953, 957, 961, 1748, 2921)
1996 Ed. (922, 923, 926, 1727)
1997 Ed. (952, 954, 955, 958, 1814, 1816)
1998 Ed. (694, 695, 701, 702, 1523, 2104, 3333)
1999 Ed. (1084, 1086, 1501, 1885)
2000 Ed. (1019, 1023, 1024, 1692)
2001 Ed. (1183, 3188, 3189)
2002 Ed. (246, 991, 3592, 3968, 4789)
2003 Ed. (4071)
2004 Ed. (944, 945, 4097)
2005 Ed. (934, 935, 2769)
2006 Ed. (848, 868)
2007 Ed. (930, 944)
2008 Ed. (911)
2009 Ed. (929)
2010 Ed. (857, 869)
2020 Ed. (816)
2022 Ed. (1861)
FMC Corp.
2013 Ed. (974, 977)
2014 Ed. (927)
2015 Ed. (948)
2019 Ed. (858, 860)
2020 Ed. (846, 847)
2021 Ed. (2847)
FMC Gold Co.
1990 Ed. (2543)
1991 Ed. (2420)
1992 Ed. (3225)
FMC Select
2003 Ed. (3497)
2004 Ed. (3534, 3535, 3537)
FMC Technologies
2013 Ed. (1388, 1390, 2098, 3921)
2014 Ed. (2540, 3866)
2015 Ed. (3893)
2016 Ed. (3805)
2017 Ed. (3759)
FMC Technologies Inc.
2003 Ed. (3812)
2004 Ed. (2312, 2315, 3823)
2005 Ed. (2393, 2396, 2397, 3730, 3731)
2006 Ed. (2434, 2438, 2439, 3820, 3821)
2007 Ed. (2714, 3833, 3836)
2008 Ed. (2498, 3895)
2009 Ed. (2093, 3232, 3960, 3961)
2010 Ed. (3164, 3871, 3872)
2011 Ed. (1439, 1447, 2092, 2097, 3130, 3881, 3882, 3919)
2012 Ed. (3864, 3867, 3868, 4529)
2013 Ed. (2543, 3917, 3918, 3920, 3924)
2014 Ed. (2475, 3862, 3863, 3865)
2015 Ed. (2549, 3889, 3890, 3892)
2016 Ed. (3391, 3800, 3802, 3804)
2017 Ed. (3027, 3352, 3753, 3758)
2018 Ed. (3141)
FMC Wyoming Corp.
2001 Ed. (1902, 1903)
2003 Ed. (1857, 1858)
2004 Ed. (1893, 1894)
2005 Ed. (2019, 2020)
2006 Ed. (2122, 2123)
2007 Ed. (2070, 2071)
2008 Ed. (2178, 2179)
2009 Ed. (2164, 2165)
2010 Ed. (2104, 2105)
2011 Ed. (2157)
2012 Ed. (2008)
2013 Ed. (2197)
2015 Ed. (2186, 2187)
2016 Ed. (2162, 2163)
FMCG
2002 Ed. (3264, 3266)
FMF Assistans AB
2017 Ed. (1972)
FMG Corp.
1992 Ed. (4367)
FMH Material Handling Solutions Inc.
2005 Ed. (2541)
2006 Ed. (2549, 3987)

CUMULATIVE INDEX • 1989-2023

FMI Common Stock
  2004 Ed. (3560)
  2006 Ed. (3650)
  2011 Ed. (3727)
FMI Focus
  1999 Ed. (3560)
  2004 Ed. (2457, 3572, 3593)
  2005 Ed. (4482)
  2006 Ed. (4557)
  2011 Ed. (3731)
FMI Focus Fund
  1999 Ed. (3522)
  2003 Ed. (3508, 3541)
  2009 Ed. (4543)
  2011 Ed. (4539)
FMI International
  2016 Ed. (3675)
  2017 Ed. (4490)
  2018 Ed. (4518)
  2020 Ed. (4498)
FMI Provident Trust Strategy
  2010 Ed. (3725)
  2011 Ed. (3725)
FMI Sasco Contrarian Value
  2004 Ed. (3557)
FMI Stock Fund
  2003 Ed. (3536)
FML Holdings Inc.
  2011 Ed. (3663)
  2012 Ed. (3663)
  2013 Ed. (3728)
FML-S Oph Solution
  1992 Ed. (3301)
FMOQ Bond
  2001 Ed. (3484)
FMOQ Canadian Equity
  2001 Ed. (3470, 3471)
  2003 Ed. (3569)
  2004 Ed. (3615)
FMOQ Fonds De Placement
  2003 Ed. (3560)
  2004 Ed. (3612)
FMOQ International Equity
  2001 Ed. (3467)
FMOQ Investment
  2001 Ed. (3457, 3458, 3459)
  2002 Ed. (3428, 3430)
FMR
  2016 Ed. (85)
FMR Corp.
  1989 Ed. (1811, 1812, 1813)
  1990 Ed. (2356, 2357, 2359)
  1991 Ed. (967)
  2000 Ed. (205)
  2001 Ed. (1788, 4197)
  2002 Ed. (227)
  2003 Ed. (1754, 4326)
  2004 Ed. (1791, 4344)
  2005 Ed. (1856, 4283)
  2006 Ed. (141, 1867, 4262)
  2007 Ed. (134, 1488, 1870, 4290)
  2008 Ed. (1475, 1907, 4294)
  2009 Ed. (1869, 2455, 4402)
  2010 Ed. (1800, 2376, 4448)
  2011 Ed. (2375, 4387)
  2013 Ed. (2479)
  2017 Ed. (2262)
FMR-Fidelity Investments
  1992 Ed. (2737)
FMR LLC
  2012 Ed. (4445)
  2013 Ed. (4406)
  2014 Ed. (4436)
  2015 Ed. (4418)
  2016 Ed. (4312)
  2021 Ed. (505)
  2022 Ed. (517)
FMS Enterprises Migun
  2018 Ed. (1723, 3421)
FMX Inc.
  2008 Ed. (4957)
F@N Communications
  2016 Ed. (1710)
  2017 Ed. (1693)
FNA Insurance Services Inc.
  2020 Ed. (3143)
  2021 Ed. (3014)
FNAC
  2012 Ed. (546)
  2013 Ed. (662, 4275)
  2014 Ed. (682)
Fnac
  2022 Ed. (644)
Fnatic
  2020 Ed. (4791)
  2021 Ed. (4788)
  2022 Ed. (4677)
FNB
  2019 Ed. (678)
FNB Chicago
  2000 Ed. (2921)
FNB of Chicago
  1992 Ed. (3175)
FNB Corp.
  2001 Ed. (570)
  2005 Ed. (362)
  2006 Ed. (404)
  2010 Ed. (1946)

  2011 Ed. (1999)
  2012 Ed. (1853)
  2019 Ed. (505)
FNB Islamic Finance
  2010 Ed. (2672)
  2012 Ed. (2589)
FNB Mozambique
  2015 Ed. (416)
FNB Namibia
  2016 Ed. (1332)
FNB Stadium
  2015 Ed. (4532)
FNB United
  2009 Ed. (514)
FNBC of La Grange
  2009 Ed. (454)
  2010 Ed. (433)
  2011 Ed. (358)
FNF Construction
  2006 Ed. (1174)
  2008 Ed. (1180)
  2009 Ed. (1156)
  2011 Ed. (1094)
FNF Construction Inc.
  2018 Ed. (1124)
  2020 Ed. (1132)
  2021 Ed. (1118)
FNF Group
  2017 Ed. (4493)
FNIC
  1999 Ed. (844, 845, 847, 848, 849, 850)
  2000 Ed. (843, 845, 846, 847, 848)
FNSS Savunma Sistemleri A.S.
  2022 Ed. (2180)
FNX Mining
  2005 Ed. (1702, 1705)
  2006 Ed. (1603, 4594)
  2007 Ed. (1619, 1623)
  2008 Ed. (1659)
  2010 Ed. (2820)
Foa & Son Corp.
  2020 Ed. (3161)
  2021 Ed. (3030)
  2022 Ed. (3165)
  2023 Ed. (3256)
Foal
  2019 Ed. (1634)
  2020 Ed. (1591)
Foam Cups, 7 oz., 50-count
  1989 Ed. (1631)
Foam, flexible
  2001 Ed. (3845)
Foam, rigid
  2001 Ed. (3845)
Foamex
  1995 Ed. (1478, 3167)
  1996 Ed. (3262, 3263)
  1997 Ed. (3362)
Foamex Automotive Products
  2006 Ed. (339)
Foamex International Inc.
  1997 Ed. (3361)
  1998 Ed. (2429, 3104)
  1999 Ed. (2700)
  2000 Ed. (3828)
  2001 Ed. (4129)
  2002 Ed. (4066, 4067)
  2004 Ed. (4707, 4708)
  2005 Ed. (4679, 4680)
Foamy
  2001 Ed. (4227)
Focal
  1995 Ed. (679)
  1996 Ed. (750, 3035)
  1997 Ed. (3115)
  1998 Ed. (2848)
  1999 Ed. (736, 3825)
Focal Communications Corp.
  2002 Ed. (1611)
Focal Point Fixtures Inc.
  2019 Ed. (4992)
Focal Pointe Outdoor Solutions
  2020 Ed. (3330)
  2022 Ed. (3350)
Focal Therapeutics Inc.
  2019 Ed. (1442)
FocalPoint Business Coaching
  2010 Ed. (698)
  2011 Ed. (625)
  2012 Ed. (595)
FocalPoint Coaching
  2015 Ed. (793)
  2016 Ed. (715)
FocalTech Corp.
  2015 Ed. (2973)
Fochi SpA; Filippo
  1993 Ed. (1146)
Fockedey Truck
  2017 Ed. (1405)
The Fockele Garden Co.
  2011 Ed. (3421)
Foco
  2017 Ed. (2745)
  2018 Ed. (2797)
  2021 Ed. (2681)
Focus Advertising
  1999 Ed. (147)
  2001 Ed. (203)

Focus Advertising (Publicis)
  2000 Ed. (164)
Focus Advertising Specialties
  2022 Ed. (100)
Focus Apparel Group
  1993 Ed. (959, 3336)
Focus Brands
  2013 Ed. (4229)
Focus Communications
  2003 Ed. (182)
Focus Corp.
  2002 Ed. (410)
  2006 Ed. (1539)
  2007 Ed. (4790)
  2011 Ed. (4403)
Focus Credit Union
  2012 Ed. (2028)
Focus Energy Trust
  2005 Ed. (1711)
Focus on the Family
  2000 Ed. (3350)
  2006 Ed. (1651)
  2008 Ed. (3791)
Focus on the Family (Canada) Association
  2010 Ed. (4180)
  2012 Ed. (730)
Focus Features
  2020 Ed. (2490)
Focus FIA
  2002 Ed. (3479)
Focus; Ford
  2005 Ed. (295, 303, 344, 347, 348)
  2006 Ed. (315, 358, 360)
  2007 Ed. (345)
  2008 Ed. (298, 328, 332)
  2009 Ed. (352)
  2010 Ed. (329)
  2013 Ed. (275, 277)
Focus Graphite Inc.
  2015 Ed. (1968)
The Focus Group Ltd.
  2022 Ed. (100)
The Focus Group Ltd., dba Focus Advertising Specialties
  2022 Ed. (100)
FOCUS Healthcare Management Inc.
  1997 Ed. (3160)
  1998 Ed. (2911)
  1999 Ed. (3882)
  2002 Ed. (3743)
Focus: HOPE
  1998 Ed. (2686)
  1999 Ed. (3627)
  2000 Ed. (3351)
  2001 Ed. (3550)
  2002 Ed. (3522)
Focus Marketing
  1992 Ed. (3760)
Focus Media
  2010 Ed. (1483, 1484, 1485)
Focus Media Information Technology
  2017 Ed. (1013)
  2018 Ed. (947, 958)
  2019 Ed. (936, 953)
  2020 Ed. (64)
Focus Services
  2019 Ed. (728)
Focus T25
  2015 Ed. (2336)
  2016 Ed. (2289)
FOCUS Wickes Ltd.
  2006 Ed. (4173)
FocusMotion
  2018 Ed. (4490)
Fodor Wyllie
  2002 Ed. (3854)
Fodors
  2003 Ed. (3055)
Fodors.com
  2004 Ed. (3161)
Foegre & Benson
  2008 Ed. (3418)
Foereningssparbanken
  1999 Ed. (1737)
  2000 Ed. (1558)
  2001 Ed. (1858)
Foersaekrings AB Skandia
  2008 Ed. (1410)
Foerster, Tom
  1990 Ed. (2483)
  1991 Ed. (2346)
  1995 Ed. (2484)
Fogarty Associates; Aubrey
  1996 Ed. (102)
Fogarty & Klein
  1989 Ed. (160)
Fogarty Klein Monroe
  2002 Ed. (185)
  2003 Ed. (173, 174)
  2004 Ed. (132)
Fogarty Klein & Partners
  1995 Ed. (43, 126)
  1996 Ed. (140)
  1997 Ed. (97, 146)
  1998 Ed. (66)
  1999 Ed. (155)
  2000 Ed. (173)

Fogarty & Klein/Winius-Brandon
  1994 Ed. (117)
Fogel-Anderson Construction
  2016 Ed. (1716)
Fogel-Anderson Construction Co.
  2017 Ed. (1698)
Fogel Keating Wagner Polidori Shafner
  2012 Ed. (3392)
Fogel Levin
  1991 Ed. (115)
Fogel; Sergio
  2023 Ed. (4869)
Fogelman Properties
  1990 Ed. (1172)
  1991 Ed. (1054, 1059)
Foggers, indoor
  2002 Ed. (2816)
Fogo de Chão
  2019 Ed. (4213, 4214, 4215)
Fogo de Chao
  2009 Ed. (4274)
  2018 Ed. (4209)
  2019 Ed. (4238)
  2020 Ed. (4181, 4182, 4236, 4244)
  2021 Ed. (4120, 4212)
  2022 Ed. (4148, 4149, 4195, 4205)
Fogo de Chao Holdings LLP
  2005 Ed. (1977)
  2006 Ed. (2046)
Foille
  1993 Ed. (231)
Fok; Henry
  2009 Ed. (4864)
Fokas Ave SA
  2009 Ed. (1713)
Fokas Odysseus SA
  2007 Ed. (1748)
  2008 Ed. (1774)
Fokker
  1998 Ed. (478)
Fokus
  1990 Ed. (660)
Fokus Bank
  1992 Ed. (809)
  1996 Ed. (646)
  1997 Ed. (585)
  1999 Ed. (616)
  2000 Ed. (637, 3383)
  2004 Ed. (602)
  2005 Ed. (591)
  2006 Ed. (508)
  2007 Ed. (533)
  2008 Ed. (487)
  2009 Ed. (516)
Fokus Bank, Trondheim
  1991 Ed. (636)
Folanan
  1992 Ed. (4464)
Folcroft East and West Business Park
  1990 Ed. (2181)
  1991 Ed. (2024)
Folcroft East and West Business Parks
  1992 Ed. (2598)
Folders/binders/report covers
  1995 Ed. (3079)
Folds; Jim
  2014 Ed. (1152)
Folexco/East Earth Herb
  2001 Ed. (994)
Foley, AL
  1994 Ed. (2406)
Foley Cadillac Inc.; Steve
  1993 Ed. (284)
  1995 Ed. (288)
Foley Cadillac-Rolls Royce Inc.; Steve
  1992 Ed. (399)
Foley Cadillac-Rolls; Steve
  1994 Ed. (282)
Foley Co.
  2003 Ed. (1241)
  2004 Ed. (1244)
  2005 Ed. (1295)
  2007 Ed. (4888)
  2008 Ed. (1253)
  2009 Ed. (1227, 4845)
  2012 Ed. (1121, 3997, 4837)
  2013 Ed. (4831)
  2014 Ed. (4846)
  2015 Ed. (4883)
  2016 Ed. (4801)
Foley; Debbie
  2018 Ed. (3653)
Foley; Deborah
  2017 Ed. (3592, 3598, 3599)
  2018 Ed. (3658)
Foley Enterprises; Steve
  1991 Ed. (308)
Foley Family Wines
  2017 Ed. (4904)
Foley; Frank
  2011 Ed. (2973)
Foley Hoag
  2013 Ed. (3449)
  2021 Ed. (3227, 3228)
Foley, Hoag & Eliot
  1990 Ed. (2415)
  1992 Ed. (2830)
  1993 Ed. (2393)

Foley, Hoag & Elliot
  1991 Ed. (2281)
Foley Hoag LLP
  2009 Ed. (3112)
Foley II; William P.
  2008 Ed. (957, 2638, 2639)
  2009 Ed. (2665)
Foley Industries Inc.
  2016 Ed. (4982)
  2017 Ed. (4970)
  2018 Ed. (1661, 4978)
  2020 Ed. (4975)
  2021 Ed. (4977)
  2022 Ed. (4976)
  2023 Ed. (4980)
Foley & Judell
  1995 Ed. (3664)
  1998 Ed. (2084)
  2001 Ed. (824, 921)
Foley & Lardner
  1991 Ed. (2524)
  1998 Ed. (2329)
  1999 Ed. (3150)
  2000 Ed. (2891, 2896)
  2001 Ed. (561, 563, 745, 941, 953, 4206)
  2002 Ed. (3058)
  2003 Ed. (3171, 3194, 3204)
  2004 Ed. (3250)
  2006 Ed. (3267)
  2014 Ed. (3446, 3447, 3813)
  2016 Ed. (3717)
Foley & Lardner LLP
  2007 Ed. (1512, 3083, 3300, 3657, 4080)
  2008 Ed. (3413, 3415, 3860, 4112)
  2009 Ed. (3112, 3247, 3483, 3484, 3919, 4219)
  2010 Ed. (3415, 3834)
  2012 Ed. (3368, 3385, 3403, 3408)
  2013 Ed. (3444)
  2014 Ed. (3444)
  2015 Ed. (3836)
  2016 Ed. (3742)
  2021 Ed. (3263, 3264)
  2023 Ed. (3460)
Foley Lardner Weissburg & Aronson
  2000 Ed. (3196)
Foley, Lardner, Welsburg & Aronson
  1998 Ed. (2710)
Foley & Mansfield
  2014 Ed. (1579)
  2021 Ed. (3231, 3232)
Foley & Masfield
  2013 Ed. (1613)
Foley Rolls-Royce; Steve
  1996 Ed. (286)
Foley's
  1990 Ed. (1490, 1493)
  1991 Ed. (1413)
  1992 Ed. (1784, 1787)
  1994 Ed. (2146)
Foleys Piano
  2020 Ed. (3642)
  2021 Ed. (3647)
Foley's/Sanger Harris
  1989 Ed. (1635)
The Folger Coffee Co.
  2016 Ed. (941, 942, 943)
  2017 Ed. (986, 987, 988)
  2018 Ed. (913, 917, 918, 919)
  2019 Ed. (908)
  2020 Ed. (900)
  2021 Ed. (912)
  2022 Ed. (937)
Folger's
  2013 Ed. (1029)
  2014 Ed. (998)
  2015 Ed. (1032)
  2016 Ed. (937)
  2017 Ed. (980)
Folgers
  1990 Ed. (3545)
  1992 Ed. (1239, 1240, 4233)
  1993 Ed. (1004)
  1995 Ed. (649)
  1996 Ed. (723, 1936)
  1997 Ed. (2031)
  1998 Ed. (1716)
  1999 Ed. (1215, 2457, 2458)
  2000 Ed. (2215)
  2001 Ed. (1306)
  2002 Ed. (1089)
  2003 Ed. (676, 1039, 1041, 2524)
  2004 Ed. (1047, 2634, 2642)
  2005 Ed. (1048, 1049)
  2006 Ed. (572, 1059)
  2007 Ed. (618, 1147, 1154)
  2008 Ed. (1027, 1035, 2741)
  2009 Ed. (1011, 1018)
  2010 Ed. (975, 977)
  2011 Ed. (903, 912)
  2014 Ed. (993, 994)
  2015 Ed. (1027, 1028)
  2016 Ed. (932, 933, 936)
  2017 Ed. (975, 976)
  2018 Ed. (908, 909, 910)
  2019 Ed. (906, 907)
  2020 Ed. (897, 899)
  2021 Ed. (910, 911)
  2022 Ed. (935, 936, 940, 4434)
  2023 Ed. (1104)
Folgers coffee
  1991 Ed. (990, 3323)
  1998 Ed. (1714)
Folgers Coffee House
  1999 Ed. (3597)
  2002 Ed. (1089, 1090)
  2005 Ed. (1048)
  2007 Ed. (1147)
  2008 Ed. (1027)
  2009 Ed. (1011)
  2010 Ed. (975, 977)
Folgers Decaffeinated
  2002 Ed. (1089)
Folger's Gourmet Selections
  2015 Ed. (1034)
  2016 Ed. (939)
  2017 Ed. (984)
  2018 Ed. (916)
Folgers Gourmet Selections
  2014 Ed. (995)
  2015 Ed. (1029)
  2016 Ed. (934)
  2017 Ed. (978)
  2018 Ed. (911)
Folgers Gourmet Selections K-Cups
  2013 Ed. (3831)
Folger's Gourmet Supreme
  2015 Ed. (1027)
Folger's Ground Coffee
  2002 Ed. (1090)
Folgers House Ground
  2003 Ed. (1039)
Folgers Instant
  2002 Ed. (1089)
  2006 Ed. (1059)
Folgers Simply Smooth
  2015 Ed. (1028)
  2016 Ed. (933)
  2017 Ed. (976)
Foliage
  2013 Ed. (1109)
Foliage Design Systems
  2019 Ed. (709)
  2020 Ed. (702)
  2021 Ed. (705)
Folica.com
  2012 Ed. (2300)
Folinari
  1997 Ed. (3904, 3906, 3910)
  1998 Ed. (3754)
FolioFn
  2002 Ed. (4796)
FolioMetrix
  2016 Ed. (639, 640, 2555, 3674)
Folios Cheese Wraps
  2021 Ed. (3725)
Folium Energy Development
  2016 Ed. (4428)
Folker AS
  1997 Ed. (1381)
Folksam
  2006 Ed. (1690)
Folksamerica Group
  1999 Ed. (2967)
Folksamerica Re
  2001 Ed. (2954, 2955)
Folksamerica Reinsurance Co.
  2003 Ed. (3016)
  2004 Ed. (3056, 3139)
  2005 Ed. (3067)
  2009 Ed. (3402)
  2010 Ed. (3337)
Follett
  2018 Ed. (1599)
  2019 Ed. (1638)
  2020 Ed. (1596)
Follett Corp.
  1994 Ed. (2523)
  2009 Ed. (4504)
  2010 Ed. (4545)
  2011 Ed. (3155, 4494)
  2012 Ed. (4079, 4496)
  2013 Ed. (1708)
Follett Software Co.
  2002 Ed. (1153)
  2004 Ed. (3257)
  2005 Ed. (3285, 3288)
  2006 Ed. (3277, 3278)
Folli Follie
  2007 Ed. (1746)
Follmer Rudzeqicz Advisors Inc.
  2004 Ed. (9)
Follmer Rudzewicz Advisors Inc.
  2002 Ed. (10)
  2005 Ed. (5)
Follmer, Rudzewicz & Co.
  1998 Ed. (4, 8)
  1999 Ed. (5)
  2000 Ed. (8)
  2001 Ed. (3)
Follow You Home
  2018 Ed. (587)
Follow Your Heart
  2020 Ed. (812)
  2021 Ed. (833)
  2022 Ed. (872)
  2023 Ed. (1054)
Followill; Becca
  2011 Ed. (3377)
Folonari
  1990 Ed. (3698)
  1993 Ed. (3720)
  1995 Ed. (3760, 3772)
  1999 Ed. (4791, 4795, 4798)
  2000 Ed. (4415, 4417, 4419, 4423)
  2001 Ed. (4845, 4882, 4884, 4885, 4890)
  2002 Ed. (4925, 4944, 4946, 4957)
  2003 Ed. (4948)
  2004 Ed. (4971)
  2005 Ed. (4958, 4968)
Folonari Wines
  1991 Ed. (3496, 3502)
Folorunsho Alakija
  2015 Ed. (4946, 5006)
  2016 Ed. (4861, 4923)
  2017 Ed. (4865, 4917)
  2018 Ed. (4874)
  2019 Ed. (4868)
  2020 Ed. (4857)
Fomento de Construcciones y Contratas
  2005 Ed. (1338, 1339, 1340)
  2006 Ed. (1317, 1320)
Fomento de Construcciones y Contratas SA
  1994 Ed. (1122)
  2000 Ed. (1290)
  2009 Ed. (1268, 1288, 1289, 1291)
  2010 Ed. (1264, 1275, 1276, 1277, 1281, 1282, 1283, 1994)
  2011 Ed. (1105, 1214, 1229, 1230, 1234, 1235, 1236, 1237, 2055)
  2012 Ed. (1150, 1158, 1159, 1163, 1164, 1165, 1901)
  2013 Ed. (1175, 1287, 1294, 1295, 1296, 1298, 1301, 1302)
  2014 Ed. (1128, 1220, 1228, 1229, 1231, 1234, 1235)
  2015 Ed. (1174, 1278, 1287, 1292, 1293)
  2016 Ed. (1086, 1194, 1206, 1209)
  2017 Ed. (1118, 2490)
Fomento de Construcciones y Contratas, S.A.
  2021 Ed. (1022, 2489)
  2022 Ed. (1060, 2601)
Fomento Economica Mexicano SA de CV
  1993 Ed. (2559)
Fomento Economico Mexicano
  1996 Ed. (1947)
  2000 Ed. (1515)
  2002 Ed. (1726)
  2003 Ed. (672, 1758, 4596)
  2020 Ed. (1712)
  2021 Ed. (564, 1690)
  2022 Ed. (591, 1715)
Fomento Economico Mexicano SA de CV
  2015 Ed. (4269)
Fomento Economico Mexicano, SA de CV
  1995 Ed. (1906)
  2004 Ed. (678, 1795)
  2005 Ed. (671, 1498, 1564, 1844, 1865)
  2006 Ed. (570, 1849, 1876, 1878, 2547, 3392)
  2007 Ed. (616, 1877)
  2008 Ed. (564, 566, 1926, 2749, 3571, 4695)
  2009 Ed. (596, 1885, 3641)
  2010 Ed. (578, 1819, 2732, 3560)
  2011 Ed. (506, 507, 1850, 2717, 2720, 3563, 4705)
  2012 Ed. (468, 470, 476, 1702, 2652, 3556)
  2013 Ed. (579, 585, 586, 587, 843, 1853, 2734, 3595)
  2014 Ed. (589, 595, 596, 597, 599, 1784, 4027)
  2015 Ed. (657, 665, 666, 667, 1826)
  2016 Ed. (598, 607, 608, 1786)
  2017 Ed. (634, 643, 644, 1753)
  2018 Ed. (596, 601, 603, 1703)
  2019 Ed. (608, 613, 615, 1771)
  2020 Ed. (594, 599, 1713)
  2021 Ed. (1692)
Fomento Economico Mexicano, SA de CV (FEMSA)
  2021 Ed. (1692)
Fomento Economico Mexicano, SA de CV--FEMSA
  2004 Ed. (679, 1778)
  2005 Ed. (672)
Fomento Economico Mexicano, SAB de CV
  2014 Ed. (590, 600, 2710)
  2015 Ed. (659, 668, 670)
  2016 Ed. (599, 609, 611)
  2017 Ed. (635, 648, 2410, 2481)
  2019 Ed. (1769)
Fomon; Robert
  1989 Ed. (1377)
Fona
  2001 Ed. (29)
FONA International
  2012 Ed. (3520)
Fonciere Euris
  2002 Ed. (4061)
  2003 Ed. (4178)
  2004 Ed. (4205)
  2005 Ed. (4134)
  2012 Ed. (1021)
  2013 Ed. (1171)
Fonciere Euris SA
  2005 Ed. (2587)
  2006 Ed. (1796, 4180, 4181)
  2007 Ed. (4090, 4201)
  2008 Ed. (4236)
  2009 Ed. (1760, 4332)
  2010 Ed. (4348)
  2011 Ed. (4298)
Fonciere des Regions
  2011 Ed. (4164)
  2012 Ed. (4196, 4212)
  2013 Ed. (4178, 4199)
  2014 Ed. (4216)
  2015 Ed. (4175, 4199)
  2016 Ed. (4092, 4115)
  2017 Ed. (4068, 4094)
  2018 Ed. (4097)
  2019 Ed. (4103)
Fond of Bags
  2018 Ed. (2575)
Fond du Lac, WI
  2008 Ed. (3476)
  2017 Ed. (3406)
  2023 Ed. (3638)
Fonda Group Inc.
  2001 Ed. (1893)
Fondation Lucie et Andre Chagnon
  2009 Ed. (909)
  2010 Ed. (852)
  2011 Ed. (2759)
Fondation Med V Pour la Solidarite
  2009 Ed. (71)
FONDEP Micro-Credit
  2009 Ed. (2714, 3736)
Fondia
  2015 Ed. (1610)
Fondia Oy
  2012 Ed. (1478)
  2013 Ed. (1608)
Fondiaria
  1993 Ed. (2570)
Fondiaria-SAI
  2006 Ed. (1820)
  2012 Ed. (3182)
  2013 Ed. (3250)
Fondiaria-Sai SpA
  2011 Ed. (1771)
  2012 Ed. (1623)
  2013 Ed. (1782)
Fondo Comun
  2008 Ed. (741)
Fondo Comun Pormex
  2002 Ed. (3481)
Fondo Dinamico de Inversiones Bursatiles
  2002 Ed. (3481)
Fondo & Forma
  1999 Ed. (65)
Fondo y Forma
  2001 Ed. (112)
  2002 Ed. (84)
  2003 Ed. (51)
Fondo y Forma (JWT)
  2000 Ed. (69)
Fondo Ganadero de Cordoba
  2006 Ed. (1848, 1852)
Fondo Santander Balanceado
  2002 Ed. (3481)
Fondo de Valores Immobiliarios
  2000 Ed. (986)
Fondo de Valores Immobiliaros
  2002 Ed. (942)
Fondo de Valores Inmobiliarios
  2006 Ed. (792)
Fonds de Croissance Select
  2002 Ed. (3449, 3450, 3451)
  2003 Ed. (3580, 3581, 3582)
  2004 Ed. (2462)
Fonds d'Aide & Garantie des Credits
  1993 Ed. (446)
  1994 Ed. (446)
  1995 Ed. (438)
Fonds d'Equipement Communal
  2015 Ed. (436)
  2016 Ed. (391)
  2018 Ed. (348)
  2019 Ed. (352)
  2023 Ed. (567)
Fonds de compensation de l'AVS
  2012 Ed. (343)
  2013 Ed. (441)
Fonds de Pension Desjardins
  2009 Ed. (3928)
Fonds de Solidarite des Trav. du Quebec
  2013 Ed. (1496)
  2014 Ed. (1464)
  2016 Ed. (1461)
Fonds de Solidarite des Travailleurs
  1992 Ed. (4389)

Fonds de Solidarite des Travailleurs du Quebec
  2017 Ed. (1471)
  2020 Ed. (1450)
Fonds du solid des trav.
  2009 Ed. (1557)
Fondsfinans
  2001 Ed. (1522)
Fondue pots
  1996 Ed. (2192)
Fondul Proprietatea SA
  2018 Ed. (1522)
Fondul Proprietatea SA - Bucuresti
  2014 Ed. (1575)
  2015 Ed. (1627)
  2016 Ed. (1553)
  2017 Ed. (1542)
Fone Zone
  2002 Ed. (1581)
Fong; Evan
  2019 Ed. (3290)
  2021 Ed. (4787)
Fong; Ng Teng
  2006 Ed. (4918, 4919)
  2008 Ed. (4850)
  2009 Ed. (4871, 4872)
  2010 Ed. (4872, 4873)
  2011 Ed. (4860)
Fonix
  2018 Ed. (2643)
  2019 Ed. (2629)
Fonko
  2005 Ed. (59)
Fonseca
  1997 Ed. (3887)
  2000 Ed. (4411)
  2001 Ed. (4844, 4875)
  2002 Ed. (4924, 4939, 4940)
  2003 Ed. (4964)
  2004 Ed. (4965, 4968)
  2005 Ed. (4950, 4960, 4962)
  2006 Ed. (4965)
Font & Vaamonde
  1991 Ed. (105)
Fontainebleau Hilton Resort & Towers
  1999 Ed. (2791, 2795)
Fontaine Associates; Richard
  1992 Ed. (2763)
  1994 Ed. (2309)
Fontaine Equipment Co.
  2020 Ed. (4655)
  2021 Ed. (4680)
Fontaine; R. Richard
  2009 Ed. (942)
Fontainebleau Hilton Resort & Towers
  1998 Ed. (2030)
  2002 Ed. (2648)
Fontainebleau Miami Beach
  2017 Ed. (2964)
Fontainebleu Hilton Resort and Towers
  2000 Ed. (2568)
Fontana Candida
  1990 Ed. (3698)
Fontana Pietro
  2008 Ed. (300, 1865)
Fontana Steel Inc.
  1992 Ed. (1416)
  1994 Ed. (1146)
  1995 Ed. (1161)
Fontanarrosa, Capurro & Asociados
  1991 Ed. (73)
Fontbona; Iris
  2009 Ed. (4883)
  2010 Ed. (4884, 4902)
  2011 Ed. (4872, 4899)
  2012 Ed. (4854, 4880)
  2013 Ed. (4851, 4862)
  2014 Ed. (4876)
  2015 Ed. (4914)
  2016 Ed. (4830)
  2017 Ed. (4839)
  2018 Ed. (4845)
  2019 Ed. (4841)
  2021 Ed. (4830)
  2022 Ed. (4824)
  2023 Ed. (4819)
Fonterra
  2014 Ed. (2227)
  2017 Ed. (1849, 1854, 2663)
  2022 Ed. (2727)
Fonterra Co-Op Group
  2015 Ed. (2758)
  2016 Ed. (2687)
  2017 Ed. (2638)
  2018 Ed. (2704)
  2019 Ed. (2680)
  2020 Ed. (2697)
  2021 Ed. (2610)
Fonterra Co-op Group
  2004 Ed. (1826, 2651)
  2016 Ed. (2688, 3452)
  2017 Ed. (3409)
  2018 Ed. (3474)
  2019 Ed. (3446)
Fonterra Co-Operative Group
  2009 Ed. (96)
Fonterra Co-operative Group
  2015 Ed. (1929, 2767)
  2016 Ed. (1887)
  2017 Ed. (1853)
  2018 Ed. (1798, 1799)
Fonterra Cooperative Group
  2023 Ed. (1491)
Fonterra Cooperative Group Ltd.
  2017 Ed. (645)
Fonterra (USA) Inc.
  2016 Ed. (2259)
Fonterra USA Inc.
  2018 Ed. (2141)
  2019 Ed. (2139)
Fontis Solutions
  2013 Ed. (4077)
  2014 Ed. (4087, 4090, 4091, 4092, 4094, 4097)
  2015 Ed. (4070, 4071, 4072, 4073, 4074, 4075, 4077)
  2016 Ed. (3971, 3978)
  2017 Ed. (3960, 3961, 3962, 3977)
Fontova
  1996 Ed. (3713)
Foo Jou Min
  1997 Ed. (2001)
Foo Kon & Tan
  1996 Ed. (23)
  1997 Ed. (25)
Food
  1991 Ed. (1428, 2029, 2031, 2032, 2036, 2038, 2040, 2042, 2044, 2046, 2047, 2048, 2049, 2050, 2051, 2053, 2827)
  1992 Ed. (99, 917, 1817, 2600, 2601, 2603, 2606, 2608, 2610, 2612, 2614, 2616, 2617, 2618, 2619, 2620, 2621, 2622, 2860, 3235, 3476, 4390)
  1993 Ed. (58, 735, 1218, 1232, 1234, 1237, 1238, 1239, 1240, 1241, 1242, 2377)
  1994 Ed. (1272, 1276, 1277, 1278, 1279, 1280, 1281, 1282)
  1995 Ed. (147, 692, 1278, 1298, 1299, 1300, 1302, 1303, 1304, 1989, 2445, 2891)
  1996 Ed. (770, 1253, 1256, 1258, 1259, 1262, 2488, 2489)
  1997 Ed. (164, 707, 1142, 1299, 1302, 1304, 1305, 1441, 1444, 2384, 2386, 2630, 2631, 3698)
  1998 Ed. (23, 487, 1073, 1077, 1154, 1828, 2098, 3462, 3699)
  1999 Ed. (176, 1508, 1509, 1512, 1677, 2868, 2869, 3301)
  2000 Ed. (30, 38, 39, 40, 196, 201, 797, 1352, 1353, 2633)
  2001 Ed. (94, 246)
  2002 Ed. (56, 59, 216, 217, 926, 1014, 1220, 1398, 1407, 1413, 1414, 1420, 1489, 2212, 2790, 3242, 3887, 3888, 4584, 4585, 4586)
  2003 Ed. (24, 1425, 1435, 1439, 1516)
  2004 Ed. (100, 178, 1455, 1464, 1465, 1469, 1527, 1546)
  2005 Ed. (95, 1470, 1480, 1481, 1485, 1561)
  2006 Ed. (104, 834, 1436, 1437, 1440, 1444, 1447, 1486)
  2007 Ed. (98, 1321, 1516, 2312)
  2008 Ed. (109, 1416, 1420, 1423, 1498, 2439)
  2009 Ed. (119, 1431)
  2010 Ed. (120)
  2011 Ed. (33)
  2012 Ed. (42)
Food 4 Less
  1998 Ed. (1711)
  1999 Ed. (2462)
  2004 Ed. (4642, 4646)
  2007 Ed. (4637, 4638, 4640, 4641)
  2014 Ed. (1433)
  2020 Ed. (2840)
  2021 Ed. (2714)
Food additives
  1996 Ed. (952)
  2002 Ed. (1035)
Food Americas
  2006 Ed. (3918)
  2007 Ed. (3972)
Food and live animals
  1992 Ed. (2086, 2087)
Food Arts
  2009 Ed. (4755)
  2010 Ed. (4764)
Food storage bags
  1990 Ed. (1955)
  2002 Ed. (3719)
Food & Beverage
  1996 Ed. (2116, 2119)
  2000 Ed. (2544)
Food and beverages
  1997 Ed. (2381)
Food Brokers
  2001 Ed. (4902)
Food Brokers (Holdings) Ltd.
  1995 Ed. (1011)
Food, Chinese
  1997 Ed. (2033, 2063, 2064)
Food Circus Supermarkets
  2013 Ed. (2652)
Food & Commercial Workers, Joint Trust Funds
  1991 Ed. (3412)
  1992 Ed. (4333)
  1996 Ed. (2939, 3729)
Food & Commercial Workers, Joint Trust Funds, Southern California
  1989 Ed. (2163, 2862)
  1990 Ed. (2783, 3628)
  1991 Ed. (2686, 2693, 2695)
  1992 Ed. (3355)
  1993 Ed. (2780, 3607)
  1994 Ed. (2769, 3564)
Food storage containers
  2002 Ed. (3046)
Food, prepared & convenience
  1997 Ed. (36)
Food Corporation of India
  2001 Ed. (1732)
Food-counter and related workers
  1989 Ed. (2077)
Food-counter, fountain & related workers
  1993 Ed. (2738)
Food, deli
  1997 Ed. (2063, 2064)
  1998 Ed. (3433)
  1999 Ed. (4507)
Food Dimensions
  1990 Ed. (2052)
Food & beverage director
  2004 Ed. (2280)
Food distribution
  1992 Ed. (2626)
  1993 Ed. (2168)
  1994 Ed. (2191)
Food distributors
  1989 Ed. (1657)
  1990 Ed. (2185)
  1996 Ed. (2252)
Food & drink
  1999 Ed. (2995)
Food, drink, and tobacco companies
  1991 Ed. (2054)
Food, drink, and tobacco industry
  1994 Ed. (2191)
Food, drink, & tobacco wholesaling
  2002 Ed. (2780)
Food, drinks
  1992 Ed. (2858)
Food, drug
  1989 Ed. (2347)
Food & Drug Administration
  2012 Ed. (3691)
  2014 Ed. (3675)
Food/drug combos
  1996 Ed. (3797)
Food/drug combination stores
  1990 Ed. (1432)
  1998 Ed. (3092, 3680)
Food/drug stores
  2001 Ed. (4602, 4603)
  2002 Ed. (749)
Food Empire
  2009 Ed. (2035)
  2010 Ed. (1969)
Food, ethnic
  1997 Ed. (3680)
  1998 Ed. (2666)
Food, fat-free
  1998 Ed. (2666)
Food/Food products
  1991 Ed. (174)
Food For Life Baking Co.
  2017 Ed. (740)
Food, freshly-prepared
  2002 Ed. (4719)
Food, frozen
  1998 Ed. (2666)
Food, frozen-prepared
  2002 Ed. (4719)
Food gifts
  1992 Ed. (2283)
  1993 Ed. (1941)
  1994 Ed. (1967)
  1996 Ed. (2221)
Food/grocery
  1991 Ed. (2058)
Food, healthy
  1997 Ed. (3680)
Food for the Hungry
  1991 Ed. (2615, 2617)
  1994 Ed. (905)
  2010 Ed. (3759)
Food, drink & tobacco industries
  1993 Ed. (2168, 3729)
Food industry
  1993 Ed. (2137)
Food ingredients
  1999 Ed. (1110, 1111, 1112, 1114)
  2001 Ed. (1210)
Food Investments
  2016 Ed. (2688)
Food, Italian
  1997 Ed. (2063, 2064)
Food for Life Baking Co.
  2017 Ed. (333)
  2018 Ed. (309)
  2019 Ed. (308)
  2021 Ed. (298)
  2022 Ed. (311)
Food for Life Baking Co., Inc.
  2018 Ed. (680)
Food Lion
  1989 Ed. (1556, 2459, 2465, 2776, 2778)
  1990 Ed. (1963, 2719, 2752, 3029, 3058, 3255, 3491, 3494, 3496, 3498)
  1991 Ed. (1426, 1860, 2621, 2654, 3252, 3254, 3256, 3257)
  1992 Ed. (489, 1815, 2350, 3275, 3317, 3739, 3927, 4025, 4163, 4164, 4166, 4167, 4168, 4169, 4170, 4171)
  1993 Ed. (864, 1496, 1997, 2735, 2751, 2755, 3048, 3219, 3285, 3469, 3486, 3493, 3494, 3495, 3496, 3497)
  1994 Ed. (1254, 1543, 1990, 2683, 2705, 3275, 3448, 3459, 3461, 3464, 3465, 3466)
  1995 Ed. (343, 1324, 2792, 2794, 2798, 3154, 3356, 3527, 3531, 3532, 3533)
  1996 Ed. (1270, 1560, 2855, 3606, 3612, 3613, 3614, 3619, 3620, 3627)
  1997 Ed. (329, 1626, 2790, 3660, 3667, 3670, 3671, 3674, 3675, 3676, 3677)
  1998 Ed. (264, 1297, 3443, 3444, 3449, 3451, 3452, 3453, 3454, 3455, 3456, 3457)
  1999 Ed. (368, 1414, 1870, 1921, 4515, 4518, 4520, 4521, 4522)
  2000 Ed. (372, 1687, 1714, 2489, 4163, 4167, 4168, 4169)
  2001 Ed. (1822, 4404, 4417, 4418, 4420, 4421, 4422)
  2003 Ed. (4649)
  2004 Ed. (4625)
  2005 Ed. (4554)
  2006 Ed. (4633)
  2007 Ed. (4619)
  2008 Ed. (4566)
  2009 Ed. (4596)
  2010 Ed. (4627)
  2014 Ed. (1982, 2080)
  2015 Ed. (2134)
  2016 Ed. (2113)
  2017 Ed. (2068)
  2020 Ed. (3015)
  2022 Ed. (1806)
  2023 Ed. (1933)
Food Lion Credit Association Credit Union
  2003 Ed. (1893)
Food Lion LLC
  2006 Ed. (4152)
  2011 Ed. (3008)
  2012 Ed. (2935)
  2016 Ed. (1893, 1894, 1897, 1898, 1899)
  2017 Ed. (1861, 1862, 1863, 1871)
  2018 Ed. (1808, 1809, 1810, 1976)
  2019 Ed. (1861, 1862)
  2020 Ed. (1801)
  2021 Ed. (1768)
  2022 Ed. (1802, 1805)
  2023 Ed. (1932)
Food, low-fat
  1998 Ed. (2666)
Food Management
  2007 Ed. (4794)
  2008 Ed. (4711)
Food Management Partners
  2018 Ed. (2740)
Food & kindred products manufacturers
  2001 Ed. (1637, 1639, 1677, 1681, 1699, 1708, 1720, 1727, 1754, 1757, 1758, 1804, 1837, 1838, 1859, 1883)
Food manufacturers
  2000 Ed. (2211)
Food manufacturing
  2002 Ed. (2224)
Food, Mexican
  1997 Ed. (2033, 2063, 2064)
Food & More GmbH
  2005 Ed. (2940, 3282, 4090)
Food Motor Co. and Hertz management
  1991 Ed. (2376)
Food Network
  2010 Ed. (3369)
  2021 Ed. (761)
  2022 Ed. (798)
Food Network Magazine
  2011 Ed. (3520)
  2012 Ed. (3515)
  2013 Ed. (3556)
  2014 Ed. (3532)
  2015 Ed. (3552)
  2016 Ed. (3403)
Food Network Magazine
  2023 Ed. (3584)
Food, party
  1997 Ed. (3680)
Food poisoning
  2005 Ed. (3619)
Food for the Poor
  2008 Ed. (3791)
  2009 Ed. (3836, 3842)

2010 Ed. (3761)
2011 Ed. (3765)
2012 Ed. (3768)
Food preparation
  2005 Ed. (3628, 3629)
Food, refrigerated prepared
  1998 Ed. (2497)
Food preparers/servers
  2005 Ed. (3631)
Food Processing
  1989 Ed. (1636, 1661)
  1990 Ed. (1233, 1234, 1257, 1258, 1261, 1262, 1272)
  1991 Ed. (1151, 1175, 1176, 1179, 1180, 1190, 1191)
  1992 Ed. (1171, 1465, 1466, 1487, 1488, 1491, 1492)
  1993 Ed. (1186, 1187, 1201, 1204, 1205, 1213)
  1994 Ed. (1210, 1211, 1228, 1229, 1232, 1233, 1239)
  1995 Ed. (1250, 1251, 1259)
  1996 Ed. (1197, 1198, 1215, 1216, 1219, 1225, 1231)
  1997 Ed. (1243, 1244, 1262, 1263, 1266, 1274)
  1998 Ed. (1034)
  1999 Ed. (1468, 1473)
  2000 Ed. (1325, 1327)
  2001 Ed. (1205, 2378)
  2002 Ed. (1997)
  2003 Ed. (2909)
  2009 Ed. (4755)
  2010 Ed. (4764)
Food & beverage processing
  2001 Ed. (2175)
Food processing, consumer goods
  1995 Ed. (1670)
Food processor
  1991 Ed. (1964)
Food processors
  1989 Ed. (1657)
  1990 Ed. (2185)
  1996 Ed. (2192)
Food production
  2002 Ed. (2774, 2775)
  2003 Ed. (2902)
  2004 Ed. (1745, 3006, 3007, 3008)
  2007 Ed. (3039, 3040)
Food & related products
  1999 Ed. (2863)
Food and food products
  1990 Ed. (178)
  1992 Ed. (32, 3394)
  1993 Ed. (2806, 2808)
  1995 Ed. (2888)
  1996 Ed. (2253, 2973, 3655, 3776)
  1997 Ed. (3233)
  1998 Ed. (586, 598, 2800)
  1999 Ed. (3767)
  2000 Ed. (2629)
Food and kindred products
  1990 Ed. (1224, 1225, 1254, 1268, 1269)
  1991 Ed. (1173)
  1997 Ed. (1613)
  1999 Ed. (1941, 2846, 2866)
  2000 Ed. (2628)
Food and tobacco products
  1991 Ed. (1138, 1139, 1186, 1187)
Food consumer products
  2003 Ed. (2901, 2903, 2905)
  2004 Ed. (1744, 1745, 1747, 3009, 3011)
  2005 Ed. (3007, 3009)
  2006 Ed. (3000, 3005)
  2007 Ed. (3044)
  2009 Ed. (1770)
Food products
  1990 Ed. (2149, 2150, 2151, 2153, 3090)
  1991 Ed. (1995, 1996, 1997, 1999)
  1992 Ed. (2567, 2568, 2569, 2571, 2572)
  1993 Ed. (2132, 2133, 2134, 2136)
  1994 Ed. (743, 2802, 2925)
  1995 Ed. (2208, 2209, 2210, 2211, 2980)
  2001 Ed. (2376)
  2008 Ed. (1822)
Food quality
  1992 Ed. (4385)
Food, ready-to-serve prepared
  2005 Ed. (2234)
Food, reduced-calorie
  1998 Ed. (2666)
Food, refrigerated
  1998 Ed. (2666)
Food Resources Solutions
  2006 Ed. (2618)
Food retailers
  2001 Ed. (1699, 1720, 1727)
Food retailing
  1992 Ed. (2626)
Food retailing, specialized
  2002 Ed. (2779)
Food service
  1992 Ed. (1171)
  1995 Ed. (2816)
  2000 Ed. (1355, 1357, 2503, 3422)
  2001 Ed. (2760)
  2002 Ed. (2598, 2599, 3525)
  2005 Ed. (2890, 2891)

2006 Ed. (2897)
2008 Ed. (3039)
Food Service of America
  1991 Ed. (1758)
Food Service Solutions
  2022 Ed. (4878)
Food Service Supplies
  1999 Ed. (2482)
  2000 Ed. (2243)
Food preparation services
  1999 Ed. (3666)
Food services
  1996 Ed. (1253, 1256, 1257, 1258, 1259, 1262, 2881)
  1997 Ed. (1298, 1299, 1302, 1305)
  1998 Ed. (1076, 1077, 1981)
  2001 Ed. (2686, 2766, 3556)
  2004 Ed. (3008, 3009, 3010, 3011, 3012)
  2005 Ed. (3004, 3006, 3007, 3010)
  2006 Ed. (3003, 3006, 3007)
  2007 Ed. (3042, 3044, 3045)
  2008 Ed. (3154, 3156)
  2011 Ed. (3776)
  2012 Ed. (3777)
  2014 Ed. (3763)
Food Services of America
  1990 Ed. (1837)
  2019 Ed. (3998)
  2020 Ed. (4015)
  2021 Ed. (3981)
Food Should Taste Good
  2012 Ed. (2631)
  2014 Ed. (4745)
  2017 Ed. (4678)
Food Should Taste Good Inc.
  2018 Ed. (4669)
Food & Spirits
  1990 Ed. (45)
  1991 Ed. (43)
  1994 Ed. (39)
Food, shelf stable
  2002 Ed. (4719)
Food & drug stores
  1996 Ed. (1253, 1255)
  1997 Ed. (1302, 1444, 2382, 2386)
  1998 Ed. (1077, 1154, 2098, 2100)
  1999 Ed. (1512, 1514, 1677, 1679, 2868, 2870)
  2000 Ed. (1357, 2634)
  2002 Ed. (2774, 2778, 2792, 2795)
  2003 Ed. (1710, 2900)
  2004 Ed. (1744)
Food stores
  1991 Ed. (724, 739, 2706)
  1993 Ed. (675, 2152, 2157)
  1995 Ed. (1588, 3709)
  1997 Ed. (650, 1579)
  1998 Ed. (1317, 3336)
  1999 Ed. (1894, 1895, 1904, 4102)
  2001 Ed. (4484)
  2002 Ed. (3747, 3756, 3757, 3758, 3759)
  2006 Ed. (1437)
Food Stores & Supermarkets
  2000 Ed. (4210)
Food systems
  2002 Ed. (4727)
Food, drink and tobacco
  1992 Ed. (2092, 2623)
  1996 Ed. (2252)
  1997 Ed. (2379)
Food Town
  2004 Ed. (4640, 4644)
Food trade
  1997 Ed. (3848)
Food/trash bags
  1995 Ed. (3528)
Food waste
  1992 Ed. (4385)
  1995 Ed. (1786)
Food & wine
  1989 Ed. (178, 2173)
  1995 Ed. (2981)
  2000 Ed. (3473)
  2001 Ed. (4887)
  2002 Ed. (2989)
Food & Wines from France
  1989 Ed. (2940)
  1991 Ed. (3493)
  2002 Ed. (4962, 4963)
Food preparation & serving workers
  2007 Ed. (3723, 3728, 3729, 3730)
  2009 Ed. (3858, 3863, 3864, 3865)
  2010 Ed. (3787)
Food preparation workers
  2010 Ed. (3787)
Food preparation workers, waiters, waitresses, & bartenders
  1998 Ed. (1326, 2694)
Food World Games
  1992 Ed. (3756)
Food-X
  2016 Ed. (2704)
Fooda
  2019 Ed. (1634)
  2020 Ed. (1591)
  2021 Ed. (1575)

Foodarama Supermarkets Inc.
  2003 Ed. (4645)
  2004 Ed. (4630, 4631)
  2005 Ed. (4558, 4559)
  2009 Ed. (4615)
Foodbrands America Inc.
  1997 Ed. (2035, 2038)
  2001 Ed. (2480)
  2003 Ed. (1804)
Foodbuy.com
  2001 Ed. (4764)
Foodcraft Equipment Co.
  1995 Ed. (1920)
Foodgalaxy.com
  2001 Ed. (4764)
Foodie Fit
  2022 Ed. (1760, 2712)
Foodland
  2002 Ed. (2304)
  2004 Ed. (1648)
  2021 Ed. (608)
Foodland Associated
  1996 Ed. (3242)
  2004 Ed. (68)
  2005 Ed. (63)
  2006 Ed. (70)
  2007 Ed. (61)
Foodland Distributors
  1994 Ed. (1998, 2003)
  1995 Ed. (2054)
  1996 Ed. (989, 2050, 2051)
  1997 Ed. (1013)
  1998 Ed. (752, 1872, 1873)
  1999 Ed. (1187)
Foodland Super Market Ltd.
  2004 Ed. (1726)
Foodliner Inc.
  2005 Ed. (4592)
  2008 Ed. (4772)
  2009 Ed. (4804)
  2010 Ed. (4821)
  2011 Ed. (4770, 4780)
  2012 Ed. (4615)
  2013 Ed. (4562)
  2014 Ed. (4617)
  2015 Ed. (4616)
  2016 Ed. (4535)
  2018 Ed. (4554)
  2019 Ed. (4553, 4764)
  2020 Ed. (4553, 4752)
  2021 Ed. (4534, 4535, 4750)
  2022 Ed. (4540, 4541, 4752)
Foodliner Inc./Quest Liner
  2021 Ed. (4534)
  2022 Ed. (4540)
Foodliner / Quest Liner
  2023 Ed. (4553)
Foodliner/Quest Liner
  2023 Ed. (4552)
Foodliner/Quest Liner Inc.
  2009 Ed. (4632)
  2021 Ed. (4750)
  2022 Ed. (4752)
  2023 Ed. (4736)
FoodLinks
  2016 Ed. (1716)
FoodLinks Inc.
  2017 Ed. (1698)
Foodmaker
  1996 Ed. (1951, 3228)
  1997 Ed. (2051, 2628, 3327)
  1998 Ed. (1736, 3067)
  1999 Ed. (2481, 4082)
Foodmaster Super Markets Inc.
  2009 Ed. (4598)
Foodmerezha TOV
  2017 Ed. (1543)
FoodMinds
  2011 Ed. (4109, 4116)
  2012 Ed. (4139, 4148)
  2013 Ed. (4129)
  2014 Ed. (4145, 4151)
  2015 Ed. (4128, 4134)
  2016 Ed. (4042, 4048)
  2017 Ed. (4013, 4019)
FoodNetworkStore.com
  2009 Ed. (2445)
Foodquest Inc.
  1997 Ed. (3329, 3651)
Foods
  1990 Ed. (3629)
  1991 Ed. (3440)
  1993 Ed. (3660)
Foods, bakery
  1999 Ed. (3599)
Foods, breakfast
  1999 Ed. (1413, 2125)
Foods By George LLC
  2017 Ed. (2705)
Foods, ethnic
  1995 Ed. (3537)
Foods, health
  1995 Ed. (3537)
Foods, hot
  1995 Ed. (3536)
Foods, international
  2002 Ed. (764)

Foods, mexican
  1999 Ed. (1413, 2125)
Foods, packaged
  1994 Ed. (2931)
Foods, prepared
  1994 Ed. (1493)
Foods and food products
  1997 Ed. (3051)
Foods, frozen & refrigerated
  1994 Ed. (1493)
Foods/soup, hot
  1995 Ed. (3537)
Foodscape.com
  2001 Ed. (4764)
Foodservice
  2005 Ed. (1395, 1396)
  2006 Ed. (1385)
  2007 Ed. (1422)
  2008 Ed. (4020, 4702)
FoodService Director
  2007 Ed. (4794)
  2008 Ed. (4711)
Foodservice distributors
  2003 Ed. (4836)
Foodservice Equipment Marketing
  2019 Ed. (2072)
Foodservices of America
  2000 Ed. (2244)
Foodstuffs
  2004 Ed. (68)
  2005 Ed. (63)
  2006 Ed. (70)
  2012 Ed. (4359)
  2013 Ed. (4290)
  2015 Ed. (1929, 4334)
  2016 Ed. (1887)
Foodstuffs Co-op
  1990 Ed. (42)
  1991 Ed. (39)
Foodstuffs New Zealand
  2007 Ed. (61)
  2008 Ed. (64)
  2009 Ed. (73)
  2010 Ed. (83)
Foodstuffs North Island
  2017 Ed. (1853)
  2018 Ed. (1798)
Foodstuffs (NZ)
  2001 Ed. (62)
  2012 Ed. (4591)
  2013 Ed. (4540)
Foodstuffs South Island
  2018 Ed. (1798)
Foodtown
  1989 Ed. (45)
  1992 Ed. (67)
Foodtrader.com
  2001 Ed. (4755)
FoodUSA.com
  2001 Ed. (4755)
Foodwell Corp.
  2022 Ed. (1900)
Foody; Dan
  2006 Ed. (1003)
Fooled by Randomness: The Hidden Role of Chance in the Markets & in Life
  2006 Ed. (580)
Foolproof Ltd.
  2019 Ed. (3458)
Fool's Gold
  2010 Ed. (2290)
Fools Rush In
  1999 Ed. (4720)
Foor Concrete
  2006 Ed. (1237)
Foot-care insoles
  1995 Ed. (2903)
Foot Care Products
  1992 Ed. (1871)
Foot, Cone & Belding
  1998 Ed. (38)
Foot care devices
  2004 Ed. (2673)
Foot District
  2021 Ed. (1860, 2241)
Foot-grooming products
  1995 Ed. (1921)
Foot-Joy
  1991 Ed. (263)
  1993 Ed. (259)
  1997 Ed. (279)
  2000 Ed. (324)
Foot Locker
  2013 Ed. (898, 1021)
  2014 Ed. (979, 982, 986, 987, 1306)
  2015 Ed. (1016, 1019, 1022)
  2016 Ed. (918, 921, 922, 925, 927)
  2017 Ed. (969, 970, 973)
  2018 Ed. (900, 905, 4261)
  2019 Ed. (900, 4290)
  2020 Ed. (888, 4282)
  2022 Ed. (917, 4259)
  2023 Ed. (1080, 1081, 1084, 4490)
Foot Locker Inc.
  1991 Ed. (3167)
  1992 Ed. (4046)
  1993 Ed. (3368, 3369)
  1999 Ed. (307, 308, 4304, 4305)

CUMULATIVE INDEX • 1989-2023

2001 Ed. (4338)
2003 Ed. (1020, 1022)
2004 Ed. (1013, 1014, 2103, 2104)
2005 Ed. (1023, 1024, 2207, 2208, 2769, 4421)
2006 Ed. (1031, 1032, 1033, 1035, 1036, 4448)
2007 Ed. (1118, 1119, 1121, 1122, 1127, 4504)
2008 Ed. (999, 1000, 1003, 1004, 1009, 4483)
2009 Ed. (985, 986, 988, 989, 993)
2010 Ed. (949, 950, 953, 954, 4554)
2011 Ed. (879, 880, 4499, 4509, 4511)
2012 Ed. (838, 839, 4498, 4516, 4517)
2013 Ed. (1015, 1016, 4468)
2014 Ed. (980, 981, 4517)
2015 Ed. (1017, 1018, 2481, 4516)
2016 Ed. (919, 920, 4452, 4461)
2017 Ed. (4459)
2018 Ed. (901)
2019 Ed. (4475)
2020 Ed. (889, 4460)
2021 Ed. (4455)
2022 Ed. (4464)
Foot Locker, Inc.
　2018 Ed. (4226)
Foot Locker Retail Inc.
　2004 Ed. (1013)
　2005 Ed. (1023)
　2006 Ed. (1031)
　2007 Ed. (1118)
　2008 Ed. (999)
　2009 Ed. (985)
　2010 Ed. (949)
　2013 Ed. (1015)
　2014 Ed. (980)
　2015 Ed. (1018)
　2016 Ed. (920)
Foot care medication
　2004 Ed. (2673)
Foot-odor-control products
　1995 Ed. (1921)
Foot Petals
　2009 Ed. (1189)
Foot preparations
　2002 Ed. (2052)
Foot soaks
　1995 Ed. (1921)
Foot Solutions
　2015 Ed. (3854)
　2016 Ed. (3765)
Foot Solutions Inc.
　2004 Ed. (910)
　2005 Ed. (901)
　2006 Ed. (816, 819)
　2007 Ed. (899)
　2008 Ed. (2900)
　2009 Ed. (3939)
　2010 Ed. (3852)
　2011 Ed. (3857)
　2012 Ed. (3832)
　2013 Ed. (3896)
Foot Supply
　2002 Ed. (2318)
Footaction
　2002 Ed. (4273, 4274)
　2003 Ed. (4405, 4406)
FootAction USA
　1999 Ed. (307, 308, 4304, 4305)
Footage Firm
　2014 Ed. (3595)
Football
　1990 Ed. (3328)
　2001 Ed. (422, 4340, 4341)
　2005 Ed. (4446, 4453)
Football, college
　2005 Ed. (4453)
Football Federation Australia
　2020 Ed. (4468)
　2021 Ed. (4460)
　2022 Ed. (4469)
Football Football
　2001 Ed. (4086)
Football player (NFL)
　1989 Ed. (2084, 2092, 2096)
Football Stadium
　1999 Ed. (1299)
Football telecasts
　1991 Ed. (3245)
FootCardigan.com
　2018 Ed. (2328)
Foote, Cone & Belding
　1989 Ed. (133, 136, 174)
　1990 Ed. (13, 75, 128, 143, 162, 881, 1505)
　1992 Ed. (3598)
　1994 Ed. (68, 102, 106, 112, 126)
　1995 Ed. (44, 66, 99, 105, 117, 138)
　1996 Ed. (59, 80, 100, 115, 120, 152)
　1998 Ed. (30, 31, 33, 35, 36, 40, 41, 43, 44, 45, 46, 47, 48, 49, 54, 56, 60, 62, 64, 67, 597, 3493, 3494)
　1999 Ed. (35, 37, 39, 40, 41, 43, 44, 45, 46, 48, 49, 50, 51, 53, 82, 105, 124, 132, 170)
　2000 Ed. (42, 43, 47, 48, 49, 50, 51, 52, 53, 56, 77, 87, 88, 142, 150, 191)

2004 Ed. (103, 105, 124, 126)
2005 Ed. (97, 101)
2011 Ed. (48)
Foote, Cone & Belding Chicago
　1994 Ed. (76)
　1995 Ed. (56)
　1998 Ed. (52)
Foote, Cone & Belding Communications
　1989 Ed. (56, 58, 61, 62, 63, 68, 80, 120)
　1990 Ed. (87)
　1991 Ed. (58, 59, 61, 62, 63, 68, 70, 71, 72, 85, 111, 127, 161, 840, 3317)
　1992 Ed. (101, 103, 104, 105, 107, 111, 113, 116, 133, 163, 1806)
　1993 Ed. (59, 60, 61, 62, 65, 66, 68, 70, 71, 72, 74, 78, 86, 94, 104, 109, 117, 123, 131, 1488)
　1994 Ed. (50, 51, 52, 53, 55, 57, 58, 59, 60, 61, 62, 64, 66, 67, 96)
　1995 Ed. (24, 25, 26, 27, 28, 29, 30, 31, 32, 34, 36, 38, 39, 40, 41, 42, 85)
　1997 Ed. (37, 38, 39, 41, 42, 43, 45, 46, 47, 48, 49, 50, 52, 56, 85, 118, 125, 139, 159)
Foote, Cone & Belding/Direct
　1990 Ed. (1503, 1504, 1506)
　1995 Ed. (1564)
Foote, Cone & Belding Publicidad
　1994 Ed. (125)
Foote, Cone & Belding/Southern CA
　1995 Ed. (96)
Foote, Cone & Belding Worldwide
　2003 Ed. (28, 29, 36, 114, 165, 166, 167, 168, 176)
　2004 Ed. (112)
　2005 Ed. (110)
　2006 Ed. (107, 109, 120)
　2007 Ed. (109)
Foothill/Eastern Transportation Corridor
　1997 Ed. (2831)
　2001 Ed. (765, 777, 950)
Foothill/Eastern Transportation Corridor, CA
　1998 Ed. (3616)
　1999 Ed. (3472)
Foothill Nissan
　1989 Ed. (285)
　1990 Ed. (309)
　1992 Ed. (375)
Foothills Brewing
　2023 Ed. (921)
Foothills Creamery
　2018 Ed. (3477)
Foothills Medical Centre
　2012 Ed. (2995)
Foothills Pipe Lines
　1994 Ed. (1955)
Foothills Pipelines
　1992 Ed. (2268)
FootJoy
　2010 Ed. (4552)
Footlocker.com
　2011 Ed. (4510)
Footmarks Inc.
　2020 Ed. (2003)
Footprint Center
　2023 Ed. (1181)
Footprints Floors
　2022 Ed. (3004)
　2023 Ed. (1220, 3119, 3120, 3174)
Footsply
　2000 Ed. (2250)
Footstar Inc.
　2004 Ed. (2051, 4469)
　2005 Ed. (4417)
　2006 Ed. (382)
Footsteps
　2006 Ed. (112)
　2007 Ed. (101)
　2008 Ed. (111)
　2009 Ed. (121)
　2010 Ed. (122)
　2011 Ed. (40)
　2012 Ed. (46)
　2014 Ed. (62)
　2015 Ed. (74)
　2016 Ed. (74)
Footwear
　1991 Ed. (1637)
　1992 Ed. (3747)
　1993 Ed. (1715)
　1994 Ed. (1729)
　1999 Ed. (2110)
　2000 Ed. (1898)
　2001 Ed. (3844, 4333)
　2003 Ed. (4511)
　2004 Ed. (2551, 2554)
　2008 Ed. (2439)
　2009 Ed. (2674)
For All Moonkind
　2019 Ed. (4467)
　2020 Ed. (4454)
For Colored Girls
　2012 Ed. (3723)
For Days
　2014 Ed. (2259)
For Days Co.
　2023 Ed. (2314)

For Dealer
　2020 Ed. (257)
For Eyes
　2012 Ed. (3783)
　2013 Ed. (3850)
　2014 Ed. (3776)
　2015 Ed. (3709)
　2016 Ed. (3709)
For-hire truck
　2001 Ed. (4234)
For Ner
　2001 Ed. (2119)
For One More Day
　2008 Ed. (552)
　2009 Ed. (642)
Forall
　2006 Ed. (1030)
Forbes
　1989 Ed. (180, 181, 183, 185, 2172, 2175, 2176, 2178)
　1990 Ed. (2796)
　1991 Ed. (2705, 2707, 2710)
　1992 Ed. (3379, 3388, 3391, 3393)
　1993 Ed. (2802, 2803, 2807)
　1994 Ed. (2797, 2801, 2803, 2804, 2805)
　1995 Ed. (2890)
　1996 Ed. (2964)
　1997 Ed. (3041)
　1998 Ed. (70, 2797)
　1999 Ed. (3764, 3766, 3769)
　2000 Ed. (203, 3465, 3491, 3493)
　2001 Ed. (257, 260, 3710)
　2002 Ed. (221)
　2003 Ed. (809)
　2004 Ed. (147, 851)
　2005 Ed. (145, 825)
　2006 Ed. (151, 156, 158, 751)
　2007 Ed. (143, 148, 168, 844, 3237)
　2008 Ed. (151, 759, 810)
　2009 Ed. (172, 835)
　2010 Ed. (156, 781, 785)
　2011 Ed. (78, 707, 712)
　2012 Ed. (651, 657, 4743)
　2013 Ed. (795, 802, 4699)
　2014 Ed. (812, 819, 3532)
Forbes Alexander
　2007 Ed. (1055)
　2008 Ed. (968)
Forbes, Forbes & Associates
　1998 Ed. (2968)
Forbes Futures
　2007 Ed. (1188)
Forbes Group Ltd.
　2000 Ed. (2664)
Forbes Jr; Malcolm S.
　1992 Ed. (3079, 3392)
　1993 Ed. (2580)
Forbes Lux Group
　2015 Ed. (2344)
Forbes; Malcolm Stevenson
　1989 Ed. (1989)
　1990 Ed. (2578)
Forbes Marshall Pvt. Ltd.
　2014 Ed. (1662)
　2015 Ed. (1705)
Forbes Medi-Tech Inc.
　2005 Ed. (1728)
Forbes Tate Partners
　2022 Ed. (3391)
　2023 Ed. (3526)
Forbes Video
　1996 Ed. (3789)
　1997 Ed. (3840)
Forbes.com
　2004 Ed. (853)
　2005 Ed. (827)
　2006 Ed. (753, 757)
　2007 Ed. (846, 850)
　2008 Ed. (812)
　2009 Ed. (837, 841)
Forbo-Alpina AG
　1992 Ed. (4280)
　1994 Ed. (3520)
Forbo International SA
　1991 Ed. (3356)
Forbo-Stamflor AG
　1994 Ed. (3520)
　1996 Ed. (3680)
Forbo-Stamoid AG
　1992 Ed. (4280)
　1993 Ed. (3557)
　1994 Ed. (3520)
　1996 Ed. (3680)
Forbo-Teppichweke AG
　1996 Ed. (3680)
Forbright Bank
　2023 Ed. (512)
Force 3 Inc.
　1998 Ed. (1939, 3289)
　1999 Ed. (2665, 2675, 2676, 2677, 2680, 4284)
　2000 Ed. (2449, 2468)
　2002 Ed. (2546)
　2003 Ed. (1347, 2750)
　2004 Ed. (1348)
　2005 Ed. (1357, 1382)
　2006 Ed. (2845)
　2008 Ed. (2966)

2009 Ed. (3035)
Force Construction Co.
　2017 Ed. (1101)
Force Financial Ltd.
　1999 Ed. (3011)
Force Four
　2018 Ed. (4629)
Force Four Entertainment
　2012 Ed. (2557, 4684)
　2013 Ed. (2676)
　2014 Ed. (2630, 4702)
　2015 Ed. (2673, 4712)
　2016 Ed. (4615)
　2017 Ed. (4634)
Force India
　2014 Ed. (270)
Force of Nature
　2023 Ed. (1318)
Force Protection
　2009 Ed. (2898)
　2010 Ed. (2842)
Force3 Inc.
　2005 Ed. (1356)
Force10
　2009 Ed. (4675)
Force10 Networks Inc.
　2006 Ed. (4878)
　2011 Ed. (2915)
Forcenergy
　2000 Ed. (2210)
Forcenergy Gas Exploration Inc.
　1997 Ed. (3404)
Forcht Bank
　2021 Ed. (376)
　2022 Ed. (389)
　2023 Ed. (435)
Forcht Bank, National Association
　2021 Ed. (376)
　2022 Ed. (389)
　2023 Ed. (507)
Forcivity
　2023 Ed. (3217)
Forcum Lannom Contractors LLC
　2011 Ed. (1196)
Ford
　1989 Ed. (13, 177, 314, 317, 320, 322, 323, 327, 1331, 1332, 1595, 2752)
　1990 Ed. (13, 52, 300, 343, 344, 351, 353, 358, 359, 373, 379, 1277, 1346, 1347, 2624, 2627, 2935, 3531, 3654)
　1991 Ed. (8, 54, 319, 327, 332)
　1992 Ed. (30, 31, 53, 68, 81, 432, 442, 445, 448, 458, 460, 461, 481, 1804, 2413, 4346, 4349, 4350, 4351)
　1993 Ed. (18, 149, 266, 305, 311, 316, 320, 332, 337, 2581, 2868, 2945, 2947, 2997, 3366, 3628)
　1994 Ed. (8, 49, 301, 307, 310, 741)
　1995 Ed. (17, 302, 690, 2587)
　1996 Ed. (27, 33, 309, 310, 315, 768, 3748)
　1997 Ed. (28, 299, 300, 705, 710, 2229)
　1998 Ed. (24, 218, 226, 485, 488, 3495, 3497, 3625, 3646)
　1999 Ed. (323, 326, 334, 794)
　2000 Ed. (25, 32, 344, 358, 474, 795, 800, 3692)
　2001 Ed. (438, 455, 483, 535, 1009)
　2002 Ed. (413, 414, 768, 4703)
　2003 Ed. (303, 317, 333, 357, 359, 360, 743, 748, 752)
　2004 Ed. (342, 756, 759)
　2005 Ed. (279, 283, 352, 741, 2851)
　2006 Ed. (313, 355, 652, 2854, 4855)
　2007 Ed. (309, 315, 342, 680, 714, 735, 3792)
　2008 Ed. (139, 302, 329, 638, 639, 684, 705, 3866)
　2009 Ed. (160, 324, 353, 569, 665, 666, 693, 714)
　2010 Ed. (151, 328, 330, 631)
　2011 Ed. (75, 230, 256, 579)
　2012 Ed. (77, 246, 277)
　2013 Ed. (70, 229, 247, 249, 272, 274)
　2014 Ed. (89, 231, 246, 248, 249, 279)
　2015 Ed. (91, 266, 267, 289, 291, 718)
　2016 Ed. (86, 261, 262, 286, 308, 657)
　2017 Ed. (263, 264, 288, 290, 291, 315)
　2018 Ed. (86, 249, 269, 270, 292)
　2019 Ed. (75, 246, 271, 292)
　2020 Ed. (72, 271, 272, 273, 294)
　2021 Ed. (66, 237, 266, 280)
　2022 Ed. (258, 283, 284, 296, 4758)
　2023 Ed. (359, 380, 396, 4746)
Ford Aerospace
　1990 Ed. (1138)
Ford Aerostar
　1992 Ed. (434, 3087)
　1993 Ed. (2580)
　1994 Ed. (2529)
　1997 Ed. (2798)
　1998 Ed. (223)
Ford; Allyn
　2005 Ed. (4022)
Ford Aspire
　1996 Ed. (2268)
Ford & Associates Architects Inc.
　2023 Ed. (304)

CUMULATIVE INDEX • 1989-2023

Ford Associates Inc.; H. J.
  1995 Ed. (2107)
Ford Association Inc.; H. J.
  1994 Ed. (2052, 2056)
Ford Atlanta
  1994 Ed. (331)
  1997 Ed. (320)
Ford Australia
  2002 Ed. (3225, 3964)
  2003 Ed. (4075)
  2004 Ed. (1650, 4100)
  2016 Ed. (264)
Ford Auto Dealers Assn.
  1990 Ed. (19, 2214)
Ford Auto Dealers Association
  1991 Ed. (12, 3312)
  1992 Ed. (36, 2637, 4223)
  1993 Ed. (3526)
  1994 Ed. (11, 2211)
Ford Automotive Components Group
  1996 Ed. (331, 342)
Ford Automotive Components Operations
  1992 Ed. (465)
  1999 Ed. (350)
Ford Automotive Holdings
  2004 Ed. (4795)
Ford, Bacon & Davis Cos. Inc.
  1995 Ed. (1192)
Ford, Bacon & Davis LLC
  2009 Ed. (2531, 2538)
  2010 Ed. (2447, 2448, 2456)
  2011 Ed. (2448, 2456, 2465)
  2012 Ed. (202, 206, 2370)
Ford Barclaycard
  1996 Ed. (1496)
Ford; Bob
  2011 Ed. (3340)
Ford Brasil
  1989 Ed. (1096)
Ford Brasil S.A.
  1990 Ed. (1336)
Ford Bronco
  1996 Ed. (3765)
Ford Bronco II
  1992 Ed. (2409)
  1999 Ed. (4376)
Ford Canada
  1997 Ed. (1813)
Ford Car Range
  1993 Ed. (321)
Ford passenger cars
  1991 Ed. (737)
Ford cars, trucks & vans
  1992 Ed. (920)
  1993 Ed. (738)
Ford; Celeste
  2005 Ed. (2468)
Ford Center
  2005 Ed. (4441)
Ford Chicago
  1994 Ed. (331)
  1997 Ed. (320)
Ford Contract Motoring
  1997 Ed. (2821)
  1999 Ed. (3455)
Ford Conventional Truck
  1990 Ed. (2017)
Ford County
  2011 Ed. (493)
Ford County: Stories
  2012 Ed. (455)
Ford Courier
  2004 Ed. (308)
Ford Credit Canada
  1994 Ed. (1847)
  1996 Ed. (1918)
  2010 Ed. (2699)
Ford Credit Europe
  1999 Ed. (531)
Ford Credit Europe Bank
  2014 Ed. (486)
  2015 Ed. (547)
Ford Crown Victoria
  1989 Ed. (348)
  1994 Ed. (306, 318)
  1995 Ed. (318)
Ford Crown Victoria CNG
  2000 Ed. (335)
Ford Currency Exchange
  1993 Ed. (215)
Ford Dealer Association
  1998 Ed. (206)
Ford Dealers
  1990 Ed. (2619)
  2002 Ed. (48)
Ford Dealers Association Franchise
  1991 Ed. (13, 738)
Ford Del Ray
  1990 Ed. (361)
Ford Division
  2001 Ed. (457, 458, 459, 460, 461, 462, 463, 464, 465)
  2005 Ed. (341, 342)
  2006 Ed. (356)
Ford Econoline
  2004 Ed. (283)
  2005 Ed. (291)

  2008 Ed. (4765)
Ford Econoline/Club Wagon
  1996 Ed. (2492)
Ford Econoline van
  1992 Ed. (434)
Ford Ecosport
  2006 Ed. (323)
  2008 Ed. (304)
Ford Edge
  2013 Ed. (4772)
Ford Edison
  1994 Ed. (3586)
  2000 Ed. (4305)
Ford Escape
  2004 Ed. (308, 4476, 4806)
  2005 Ed. (4426, 4777)
  2006 Ed. (4856)
  2008 Ed. (299)
  2013 Ed. (4770, 4771, 4772)
Ford Escort
  1989 Ed. (315)
  1990 Ed. (349, 361, 370, 371, 377, 381, 2017, 2614)
  1991 Ed. (321)
  1992 Ed. (429, 433, 440, 443, 446, 459, 2409, 2410)
  1993 Ed. (313, 314, 319, 321, 322, 323, 350, 2187)
  1994 Ed. (296, 300, 305, 314)
  1995 Ed. (299, 301, 305, 313, 2111)
  1996 Ed. (307, 313, 314, 317, 2268)
  1997 Ed. (297, 304)
  1999 Ed. (327, 330)
  2000 Ed. (346, 347)
  2005 Ed. (295)
Ford Escort L
  1993 Ed. (2187)
Ford Escort Wagon
  1989 Ed. (342, 1671)
Ford Espana S.A.
  1989 Ed. (1162)
Ford Expedition
  1999 Ed. (4375, 4376)
  2000 Ed. (4087)
  2004 Ed. (4477, 4806)
  2006 Ed. (3577)
Ford Explorer
  1993 Ed. (314, 2580)
  1994 Ed. (296, 2529)
  1995 Ed. (299)
  1996 Ed. (307, 2492)
  1997 Ed. (297, 3799)
  1998 Ed. (234)
  1999 Ed. (341, 3418, 4375, 4670)
  2003 Ed. (4820)
  2004 Ed. (303, 4477, 4806, 4812)
  2005 Ed. (4427, 4777, 4786)
  2006 Ed. (3577, 4829, 4856)
  2007 Ed. (4858)
  2008 Ed. (4765, 4781)
  2011 Ed. (252)
  2012 Ed. (272)
  2014 Ed. (275)
Ford F-150
  1999 Ed. (341)
  2001 Ed. (466, 467, 468, 469, 470, 471, 472, 473, 474)
Ford F-150 Series
  2000 Ed. (360)
Ford F-250
  1998 Ed. (223)
  2001 Ed. (468, 470, 474)
Ford F-350
  1998 Ed. (223)
Ford F-Pickup
  1994 Ed. (296)
Ford F-Series
  1995 Ed. (299, 3666)
  1998 Ed. (234)
  1999 Ed. (3418, 4670)
  2001 Ed. (480, 3329)
  2003 Ed. (4820)
  2005 Ed. (304, 4777, 4785, 4786)
  2006 Ed. (323, 4829, 4856)
  2007 Ed. (4858)
  2008 Ed. (299, 304, 4765, 4781)
  2009 Ed. (4812)
  2010 Ed. (4830)
  2013 Ed. (4770, 4771, 4772)
Ford F-Series Pickup
  1992 Ed. (429, 434)
  1993 Ed. (314)
  1996 Ed. (307, 2492)
  1997 Ed. (297, 3799)
  2004 Ed. (303, 308, 4806, 4811, 4812)
Ford F150
  1996 Ed. (2268)
  2009 Ed. (349)
  2010 Ed. (325)
  2011 Ed. (252)
  2012 Ed. (272)
Ford Falcon/Fairmont
  1990 Ed. (360)
Ford & Family; William
  1990 Ed. (3687)
Ford Farewell Mills & Gatsch, Architects
  2002 Ed. (335)

Ford Festiva
  1992 Ed. (449, 485)
  1993 Ed. (324)
Ford Fiesta
  1990 Ed. (370, 371)
  1991 Ed. (323)
  1992 Ed. (446, 459)
  1994 Ed. (314)
  1996 Ed. (320)
  2004 Ed. (302)
  2005 Ed. (296)
  2006 Ed. (322)
  2008 Ed. (303)
Ford Focus
  2003 Ed. (363)
  2004 Ed. (307, 346, 349, 350)
  2005 Ed. (295, 303, 344, 347, 348)
  2006 Ed. (315, 358, 360)
  2007 Ed. (345)
  2008 Ed. (298, 328, 332)
  2009 Ed. (352)
  2010 Ed. (329)
  2013 Ed. (275, 277)
The Ford Foundation
  1989 Ed. (1469, 1470, 1471, 2165)
  1990 Ed. (1847, 2786)
  1991 Ed. (895, 1765, 2689)
  1992 Ed. (1095, 1097, 1100, 2214, 2215, 2216, 3358)
  1993 Ed. (892, 1895, 1896, 2783)
  1994 Ed. (1897, 1898, 1902, 1903, 1904, 1906, 1907, 2772)
  1995 Ed. (1926, 1930, 1931, 1933)
  1999 Ed. (2499, 2500, 2501)
  2000 Ed. (2259, 2260)
  2001 Ed. (2517, 2518, 3780)
  2002 Ed. (2324, 2325, 2327, 2328, 2329, 2332, 2333, 2335, 2337, 2340, 2342)
  2004 Ed. (2681)
  2005 Ed. (2677, 2678)
  2008 Ed. (2766)
  2010 Ed. (2770, 2772)
  2011 Ed. (2756, 2758)
  2012 Ed. (2690, 2692)
Ford Freestar
  2008 Ed. (299)
Ford FSG Inc.
  2004 Ed. (326, 327)
  2005 Ed. (329, 330)
Ford Fusion
  2013 Ed. (275, 277)
Ford Glass Division
  1996 Ed. (349)
Ford Global Technologies Inc.
  2001 Ed. (3647)
  2002 Ed. (3594)
Ford group
  1995 Ed. (309)
Ford Gum & Machine Co.
  2018 Ed. (857)
  2019 Ed. (872)
  2020 Ed. (859)
Ford; Harrison
  2010 Ed. (2508)
  2011 Ed. (2510)
Ford & Harrison LLP
  2012 Ed. (3373, 3383, 3409)
  2013 Ed. (3446)
Ford Health Care Corp.; Henry
  1990 Ed. (2055)
  1991 Ed. (1415)
Ford Health Care System; Henry
  1991 Ed. (1933)
  1992 Ed. (3127)
Ford Health System; Henry
  1992 Ed. (2457)
  1993 Ed. (2072)
  1994 Ed. (1526)
  1995 Ed. (2142)
  1996 Ed. (1542, 2154)
  1997 Ed. (2163, 2261, 2269, 2830)
Ford; Henry
  2006 Ed. (1450)
  2010 Ed. (891)
Ford Holdings Inc.
  2008 Ed. (4114)
  2009 Ed. (4221)
  2010 Ed. (4158)
  2011 Ed. (4156)
  2012 Ed. (4189)
  2013 Ed. (4182)
  2014 Ed. (4199)
Ford Holdings LLC
  2006 Ed. (295, 296)
  2007 Ed. (4082)
  2015 Ed. (4179)
  2016 Ed. (4096)
Ford Jr.; William C.
  2006 Ed. (936)
  2007 Ed. (1030)
Ford Jr., William Clay
  2014 Ed. (2596)
  2015 Ed. (2639)
Ford Jr.; William Clay
  2005 Ed. (984)
Ford Ka
  2005 Ed. (296)

Ford Kansas City
  1992 Ed. (4351)
  1994 Ed. (331, 3586)
  2000 Ed. (4305)
Ford Kansas City Assembly Plant
  2023 Ed. (1826, 3631)
Ford Kentucky
  2000 Ed. (4305)
Ford Laser
  1990 Ed. (360)
Ford/Liberal
  2000 Ed. (475)
Ford Life
  1996 Ed. (2311)
Ford Life Insurance Co.
  1992 Ed. (2647)
  1994 Ed. (2252, 2253)
  1995 Ed. (2285)
  1997 Ed. (2450)
Ford Lio Ho Motor Co. Ltd.
  1990 Ed. (1427, 2519)
  1992 Ed. (1699, 2975)
  1994 Ed. (1458, 2439)
Ford Local Dealers Association Franchise
  1989 Ed. (753)
Ford Lorain
  1994 Ed. (331)
Ford Louisville
  1992 Ed. (4351)
  1994 Ed. (3586)
  2000 Ed. (4305)
Ford Medium
  1993 Ed. (3627)
Ford Medium Duty
  1994 Ed. (3582)
Ford; Michael C.
  2012 Ed. (2158)
Ford Michigan
  1994 Ed. (3586)
Ford Midway Mall
  1990 Ed. (2015)
Ford of Montebello
  2002 Ed. (708)
Ford Motor
  2021 Ed. (242, 258)
  2022 Ed. (263)
  2023 Ed. (352, 356, 362, 377, 378, 1867)
Ford Motor Canada
  1990 Ed. (1731)
Ford Motor Co.
  1989 Ed. (311, 312, 1038, 1041, 1059, 1140, 1386, 1388, 2014, 2016, 2104, 2277, 2803)
  1990 Ed. (47, 56, 350, 352, 357, 1282, 1283, 1286, 1289, 1291, 1296, 1301, 1304, 1305, 1306, 1341, 1342, 1382, 1383, 1384, 1631, 1730, 2625, 2626, 2639, 2680, 2685, 2687, 2983, 3445, 3446)
  1991 Ed. (2380)
  1992 Ed. (31, 34, 37, 51, 96, 97, 232, 233, 243, 423, 424, 430, 918, 1458, 1503, 1508, 1509, 1511, 1513, 1534, 1538, 1540, 1563, 1564, 1565, 1640, 1647, 1648, 1801, 1809, 2069, 2411, 2636, 2818, 3103, 3115, 3116, 3117, 3133, 3229, 3231, 3260, 3354, 3594, 3666, 4150, 4153, 4224, 4312)
  1993 Ed. (20, 23, 28, 31, 45, 53, 54, 56, 147, 154, 176, 309, 310, 312, 334, 335, 736, 1215, 1217, 1219, 1230, 1231, 1243, 1245, 1334, 1336, 1337, 1338, 1346, 1368, 1481, 1490, 1710, 1738, 1898, 2382, 2492, 2605, 2606, 2607, 2611, 2779, 2909, 3117, 3527, 3529, 3563, 3592)
  1994 Ed. (9, 10, 21, 23, 26, 31, 37, 41, 44, 46, 127, 129, 134, 294, 295, 298, 299, 302, 304, 308, 315, 317, 500, 742, 1241, 1247, 1257, 1269, 1270, 1283, 1285, 1287, 1390, 1393, 1394, 1395, 1400, 1421, 1527, 1726, 1755, 2185, 2210, 2429, 2566, 2567, 2578, 2579, 2664, 2754, 2761, 2768, 2984, 3043, 3050, 3555, 3583)
  1995 Ed. (18, 22, 23, 141, 146, 148, 150, 153, 154, 298, 300, 306, 307, 314, 315, 316, 317, 670, 691, 1261, 1264, 1265, 1266, 1267, 1269, 1280, 1284, 1292, 1293, 1294, 1309, 1311, 1312, 1313, 1314, 1420, 1421, 1423, 1429, 1430, 1435, 1458, 1560, 1567, 1747, 1763, 2498, 2621, 2622, 2771, 2850, 2855, 2861, 2889, 3045, 3092, 3570, 3571, 3572, 3574, 3667)
  1996 Ed. (28, 155, 158, 160, 161, 163, 304, 305, 306, 319, 323, 324, 326, 327, 328, 330, 337, 769, 775, 850, 1233, 1240, 1249, 1250, 1263, 1264, 1265, 1267, 1279, 1280, 1281, 1287, 1383, 1384, 1385, 1387, 1389, 1393, 1394, 1395, 1420, 1543, 1723, 2698, 2699, 2710, 2838, 2925, 2938, 2974, 3145, 3194, 3656, 3657, 3659, 3660, 3711, 3747)
  1997 Ed. (29, 31, 162, 166, 168, 295, 298, 308, 309, 319, 706, 1286, 1295,

CUMULATIVE INDEX • 1989-2023

1296, 1307, 1308, 1309, 1310, 1312, 1324, 1325, 1326, 1327, 1328, 1349, 1351, 1406, 1434, 1436, 1446, 1449, 1450, 1451, 1480, 1601, 1807, 1811, 1824, 1825, 1826, 2703, 2804, 2822, 2823, 2938, 3013, 3020, 3052, 3226, 3298, 3713, 3714)
1998 Ed. (22, 28, 68, 71, 75, 86, 87, 214, 215, 216, 231, 232, 233, 243, 244, 486, 578, 595, 1080, 1083, 1084, 1086, 1087, 1088, 1110, 1112, 1113, 1116, 1117, 1118, 1149, 1157, 1159, 1162, 1164, 1165, 1169, 1176, 1267, 1289, 1529, 1534, 1324, 2320, 2430, 2435, 2539, 2540, 2557, 2676, 2757, 2758, 2769, 2775, 2786, 2978, 3043, 3490)
1999 Ed. (28, 29, 177, 178, 179, 321, 322, 324, 335, 336, 337, 351, 352, 359, 994, 1488, 1516, 1517, 1537, 1541, 1543, 1547, 1548, 1549, 1554, 1612, 1660, 1661, 1662, 1666, 1670, 1674, 1706, 1840, 2107, 2505, 3112, 3294, 3456, 3457, 3468, 3719, 3721, 3729, 3734, 3768, 3974, 4043, 4044, 4566, 4567)
2000 Ed. (23, 31, 34, 195, 202, 204, 205, 207, 336, 340, 341, 356, 365, 798, 951, 1336, 1342, 1344, 1349, 1360, 1381, 1382, 1469, 1473, 1477, 1478, 1481, 1516, 1664, 1900, 2263, 2880, 3027, 3029, 3038, 3170, 3171, 3187, 3427, 3430, 3446, 3458, 3685, 3757, 4208, 4209, 4295)
2001 Ed. (14, 20, 21, 22, 33, 34, 35, 43, 52, 53, 60, 63, 71, 74, 81, 83, 90, 456, 475, 503, 504, 506, 519, 520, 1041, 1045, 1555, 1557, 1583, 1584, 1588, 1589, 1592, 1593, 1594, 1596, 1598, 1604, 1740, 1742, 1744, 1747, 1751, 1790, 1792, 2174, 2227, 2228, 2229, 2230, 2231, 2377, 3215, 3217, 3228, 3229, 3395, 3403, 3647, 3665, 3667, 3693, 3835, 3958, 4043, 4044, 4617, 4618, 4619)
2002 Ed. (33, 48, 49, 55, 57, 60, 218, 219, 224, 227, 235, 365, 366, 375, 381, 388, 390, 391, 393, 398, 868, 925, 980, 1185, 1400, 1408, 1429, 1484, 1500, 1533, 1538, 1541, 1542, 1543, 1572, 1655, 1691, 1692, 1727, 3230, 3233, 3246, 3400, 3401, 3402, 3403, 3594, 3602, 3886, 3966, 4587, 4588, 4600, 4668)
2003 Ed. (16, 17, 19, 20, 21, 188, 189, 192, 304, 312, 314, 315, 316, 318, 319, 320, 321, 322, 323, 324, 325, 326, 327, 328, 329, 330, 331, 332, 835, 914, 917, 1449, 1523, 1550, 1553, 1562, 1563, 1564, 1567, 1568, 1572, 1574, 1575, 1576, 1584, 1585, 1713, 1715, 1718, 1760, 1761, 1985, 2238, 2253, 2254, 2757, 2759, 3288, 3300, 3457, 3458, 3748, 3760, 4029, 4030, 4073, 4076, 4542, 4710, 4806, 4807, 4809, 4810)
2004 Ed. (21, 22, 23, 25, 28, 44, 47, 55, 60, 69, 70, 76, 79, 87, 98, 138, 142, 151, 278, 280, 281, 284, 285, 286, 287, 288, 289, 290, 291, 292, 293, 294, 295, 296, 297, 298, 299, 305, 306, 341, 884, 1355, 1479, 1574, 1576, 1592, 1593, 1594, 1595, 1599, 1600, 1602, 1611, 1616, 1699, 1750, 1755, 1797, 1798, 2039, 2838, 3308, 3351, 3361, 3520, 3524, 3773, 3785, 4048, 4099, 4564, 4566, 4680, 4681, 4776, 4792, 4794)
2005 Ed. (14, 15, 16, 18, 21, 25, 38, 55, 63, 64, 65, 74, 81, 82, 85, 91, 92, 129, 133, 135, 284, 285, 286, 287, 288, 289, 292, 294, 298, 300, 301, 339, 340, 871, 872, 925, 1176, 1371, 1495, 1576, 1605, 1617, 1618, 1619, 1620, 1621, 1622, 1623, 1624, 1636, 1642, 1756, 1774, 1813, 1816, 1822, 1867, 1868, 2270, 2375, 2848, 2854, 3328, 3331, 3380, 3381, 3392, 3521, 3522, 3692, 3987, 3990, 4038, 4452, 4656, 4657, 4659, 4764, 4765, 4767, 4768)
2006 Ed. (20, 21, 22, 24, 25, 33, 45, 57, 62, 71, 83, 91, 94, 101, 132, 135, 137, 144, 295, 296, 304, 307, 309, 310, 312, 314, 318, 320, 835, 1173, 1488, 1503, 1504, 1505, 1506, 1507, 1508, 1509, 1510, 1511, 1525, 1801, 1803, 1881, 1882, 2326, 2422, 2849, 2892, 3320, 3361, 3362, 3385, 3579, 3580, 3582, 4026, 4069, 4463, 4708, 4709, 4714, 4819)
2007 Ed. (15, 16, 18, 23, 25, 36, 53, 62, 73, 81, 92, 126, 130, 137, 199, 303, 304, 305, 306, 307, 314, 316, 916, 1279, 1327, 1457, 1470, 1518, 1532, 1533, 1534, 1536, 1537, 1538, 1539, 1540, 1808, 1810, 1880, 1881, 2194, 2366, 2844, 2846, 2887, 2914, 3216, 3415, 3416, 3790, 4528, 4555, 4566, 4569, 4590, 4645, 4716, 4827, 4828, 4831)

2008 Ed. (19, 20, 23, 26, 28, 40, 55, 59, 66, 86, 88, 91, 98, 102, 133, 140, 141, 287, 292, 293, 294, 296, 301, 1179, 1354, 1464, 1500, 1508, 1517, 1518, 1521, 1522, 1523, 1817, 1849, 1929, 1930, 2394, 2486, 2969, 3009, 3036, 3356, 3544, 3682, 3686, 3758, 4096, 4140, 4651, 4652, 4656, 4753, 4754, 4756)
2009 Ed. (22, 23, 26, 33, 35, 45, 75, 95, 97, 100, 111, 114, 151, 152, 156, 157, 161, 162, 308, 313, 314, 315, 322, 1155, 1357, 1433, 1440, 1448, 1449, 1451, 1452, 1453, 1469, 1646, 1759, 1887, 1890, 2289, 2290, 2309, 2455, 3051, 3055, 3095, 3611, 3613, 3633, 3634, 3924, 4249, 4252, 4693, 4694, 4697, 4781, 4782, 4784, 4785)
2010 Ed. (33, 43, 45, 55, 103, 105, 147, 148, 152, 183, 290, 295, 296, 297, 299, 302, 303, 1341, 1412, 1416, 1422, 1430, 1431, 1434, 1435, 1436, 1706, 1822, 1825, 2973, 3028, 3509, 3535, 3552, 3842, 4075, 4710, 4797, 4798, 4801)
2011 Ed. (29, 71, 76, 212, 216, 217, 218, 219, 221, 226, 227, 229, 255, 1326, 1432, 1433, 1435, 1436, 1437, 1448, 1727, 1852, 1855, 2378, 2997, 3138, 3534, 3552, 3555, 3680, 3826, 3844, 4193, 4530, 4660, 4666, 4745, 4746, 4748)
2012 Ed. (31, 68, 73, 74, 226, 227, 228, 229, 230, 234, 242, 243, 244, 245, 248, 276, 670, 672, 1079, 1192, 1269, 1270, 1272, 1273, 1704, 1706, 1707, 1708, 2165, 2195, 2302, 2454, 2923, 3524, 3545, 3547, 3689, 3726, 3812, 4555, 4676, 4761, 4762, 4764)
2013 Ed. (63, 68, 69, 221, 222, 223, 224, 225, 227, 243, 244, 245, 246, 248, 812, 1370, 1371, 1373, 1377, 1378, 1381, 1382, 1857, 1860, 1861, 1863, 1865, 1866, 2380, 3012, 3550, 3565, 3613, 3615, 3616, 4224, 4514, 4515, 4648, 4733, 4734, 4736)
2014 Ed. (82, 86, 88, 224, 225, 226, 227, 229, 233, 243, 244, 245, 247, 1299, 1313, 1314, 1316, 1324, 1789, 1793, 1795, 1797, 1798, 2293, 2556, 2573, 3021, 3544, 4575, 4576, 4698, 4782, 4783, 4785)
2015 Ed. (55, 84, 88, 90, 259, 260, 261, 262, 264, 269, 285, 286, 287, 288, 290, 1361, 1377, 1379, 1381, 1383, 1831, 1833, 1834, 1836, 1838, 3088, 3566, 3691, 4569, 4570, 4709, 4814, 4815)
2016 Ed. (54, 84, 85, 252, 253, 254, 255, 256, 258, 281, 282, 283, 284, 285, 287, 1304, 1306, 1308, 1311, 1312, 1725, 1733, 1792, 1795, 1797, 1800, 2416, 3417, 3422, 3432, 3436, 3574, 4321, 4433, 4613, 4716, 4717)
2017 Ed. (51, 253, 256, 257, 258, 259, 260, 262, 282, 283, 284, 286, 287, 289, 1349, 1359, 1362, 1363, 1708, 1710, 1758, 1760, 1762, 1765, 1767, 2176, 2499, 2501, 3374, 3382, 3392, 3396, 3543, 3544, 4324, 4632, 4736)
2018 Ed. (51, 84, 239, 240, 243, 244, 245, 246, 264, 265, 266, 267, 268, 1336, 1338, 1662, 1664, 1668, 1711, 1712, 1714, 1716, 1718, 1719, 2556, 2557, 2571, 3014, 3438, 3448, 4625, 4722)
2019 Ed. (48, 74, 236, 239, 240, 241, 242, 244, 266, 267, 268, 269, 1107, 1361, 1363, 1719, 1722, 1727, 1774, 1777, 1779, 2955, 3418, 3433, 3583, 4641, 4642, 4724)
2020 Ed. (52, 241, 242, 245, 246, 247, 249, 267, 268, 269, 1666, 1669, 1673, 1716, 1719, 1720, 1722, 1796, 2536, 2985, 3421, 3432, 4611, 4612, 4697)
2021 Ed. (56, 232, 234, 262, 263, 1325, 1647, 1650, 1652, 1698, 1762, 2498, 2499, 2845, 3436, 3448, 4355, 4623, 4624, 4704)
2022 Ed. (253, 255, 279, 280, 1334, 1667, 1670, 1724, 2611, 2612, 3507, 4361, 4642, 4706)
2023 Ed. (354, 4083, 4637)
Ford Motor Co. / SK Innovation Co. (Hardin County, KY)
2023 Ed. (1500)
Ford Motor Co. / SK Innovation Co. (Stanton, TN)
2023 Ed. (1500)
Ford Motor Co. Claycomo Assembly Plant
2023 Ed. (1822)
Ford Motor Company
2000 Ed. (3428)
2021 Ed. (262)
2022 Ed. (279)
2023 Ed. (2752, 2754)
Ford Motor Company (Stanton, TN)
2023 Ed. (2399)

Ford Motor Company (Wayne and Dearborn, MI)
2023 Ed. (2399)
Ford Motor Company / SK innovation Co., Ltd. (Glendale, KY)
2023 Ed. (2399)
The Ford Motor Company
2023 Ed. (3737)
Ford Motor Co. (Austria) GmbH
2010 Ed. (1497)
Ford Motor Co. Brasil
2006 Ed. (2542)
Ford Motor Co. (Brook Park, OH)
1996 Ed. (1741)
Ford Motor Co. of Canada
1989 Ed. (1148)
1990 Ed. (1338, 1365, 1408, 1738)
1991 Ed. (230, 231, 233, 1262, 2642)
1992 Ed. (324, 325, 327, 447, 1587, 1596, 1600)
1993 Ed. (220, 223, 1287, 3591)
1994 Ed. (207, 208, 309, 3554)
1995 Ed. (209, 211, 1366, 1395)
1996 Ed. (318, 1308, 1312, 1316)
1997 Ed. (32, 235)
1999 Ed. (1626)
2000 Ed. (1398)
2004 Ed. (885, 1662, 3967)
2005 Ed. (3911)
2006 Ed. (3984)
2007 Ed. (310, 4023)
2008 Ed. (297, 4049)
2009 Ed. (318, 319, 1553, 4126, 4127)
2010 Ed. (300, 301)
2011 Ed. (222)
2012 Ed. (235)
2013 Ed. (242)
2014 Ed. (242)
2015 Ed. (1536)
Ford Motor Company of Canada
2022 Ed. (1292)
Ford Motor Co. of Canada Ltd.
2013 Ed. (1495)
2014 Ed. (1463)
2016 Ed. (265)
2017 Ed. (266)
2018 Ed. (252)
2019 Ed. (249)
2020 Ed. (254, 1447)
2022 Ed. (264, 1452)
2023 Ed. (363, 1639)
Ford Motor Company of Canada, Ltd.
2001 Ed. (1253)
Ford Motor Co. Dealers Association
1994 Ed. (3501)
1996 Ed. (3660)
Ford Motor Co. Foundation
2002 Ed. (977)
Ford Motor Co. Fund
1989 Ed. (1472)
2001 Ed. (2516, 2519)
2002 Ed. (978, 2354)
2005 Ed. (2676)
Ford Motor Co. and Hertz management
1992 Ed. (2962)
Ford Motor Co., Kansas City Assembly Plant
2021 Ed. (1647, 1650)
2022 Ed. (1667, 1670)
Ford Motor Co. (Lima, OH)
1996 Ed. (1741)
Ford Motor Co. Local Dealers
1990 Ed. (176)
1991 Ed. (170, 173)
1992 Ed. (239)
Ford Motor Co. of New Zealand
2015 Ed. (1925)
Ford Motor Co./North Penn Electronics
1997 Ed. (2709)
Ford Motor Co./North Pennsylvania Electronics Facility
1998 Ed. (2520)
Ford Motor Co. (Switzerland) SA
2004 Ed. (1703)
Ford Motor Co. (U.S.)
2021 Ed. (2499)
2022 Ed. (2612)
Ford Motor Co./Volkswagen AG
1993 Ed. (1739, 1740)
Ford Motor Credit Company
2000 Ed. (1916, 1917, 1918)
Ford Motor Credit Corp.
1990 Ed. (1787)
1991 Ed. (1663, 1664, 1665, 1666)
1992 Ed. (2130, 2131, 2161)
1993 Ed. (845, 1763, 1764, 1765, 1766)
1994 Ed. (1754, 1755)
1995 Ed. (1787, 1788, 1790, 1791)
1996 Ed. (337, 1765, 1766, 1767)
1997 Ed. (1845, 1846, 1847)
1998 Ed. (229)
2001 Ed. (1959)
2003 Ed. (1885)
2004 Ed. (1917)
2006 Ed. (2145)
2007 Ed. (3696)
Ford Motor Insurance Group
1992 Ed. (2645)

Ford Motor Land Service
2003 Ed. (1554, 4809)
Ford Motorcy
1992 Ed. (41)
Ford Mustang
1991 Ed. (355)
1992 Ed. (2409)
1993 Ed. (350)
1995 Ed. (3431)
1996 Ed. (316, 345)
1997 Ed. (323)
1999 Ed. (357, 358)
2000 Ed. (360)
2004 Ed. (350)
2005 Ed. (348)
Ford New Holland
1992 Ed. (4331)
Ford Norfolk
1992 Ed. (4351)
1994 Ed. (3586)
2000 Ed. (4305)
Ford Oakville
1994 Ed. (331)
2000 Ed. (4305)
Ford Ontario
1994 Ed. (3586)
Ford Ontario Truck
1992 Ed. (4351)
Ford Orion
1990 Ed. (371, 380)
1992 Ed. (459)
Ford Otosan
2006 Ed. (3229)
2012 Ed. (4764)
2019 Ed. (2040)
2020 Ed. (679)
2021 Ed. (679)
2022 Ed. (714, 715, 1971)
2023 Ed. (894, 2079)
Ford Palio Weekend
2004 Ed. (302)
2005 Ed. (296)
Ford Pickup
2014 Ed. (275)
2017 Ed. (311)
Ford Pickups
1995 Ed. (333)
Ford Probe
1995 Ed. (3431)
1996 Ed. (348)
Ford Ranger
1992 Ed. (429, 434)
1993 Ed. (314)
1994 Ed. (296)
1995 Ed. (299)
1996 Ed. (307, 2492)
1997 Ed. (297, 3799)
1999 Ed. (341, 4670)
2004 Ed. (301, 4806)
2005 Ed. (295, 304, 4777, 4785, 4786)
2006 Ed. (323, 4829)
2008 Ed. (304)
2013 Ed. (4771)
Ford Ranger EV
2000 Ed. (335)
Ford Ranger Pickup
2003 Ed. (4820)
2004 Ed. (4811, 4812)
Ford; Robert
1996 Ed. (1903)
Ford Romania SA
2016 Ed. (1984)
2021 Ed. (1496, 1839)
2022 Ed. (1887)
2023 Ed. (1692, 2000)
Ford Romania SA (Romania)
2021 Ed. (1496)
Ford; S. T.
2005 Ed. (2506)
Ford St. Louis
2000 Ed. (4305)
Ford Scorpio/Granada
1990 Ed. (1110)
Ford; Scott
2007 Ed. (1012)
2008 Ed. (940)
Ford; Scott T.
2007 Ed. (1033)
Ford Sedans
1995 Ed. (333)
Ford Sierra
1989 Ed. (321)
1990 Ed. (370, 371, 377, 381, 1110)
1991 Ed. (323)
1992 Ed. (459)
1994 Ed. (314)
Ford Tauraus
1990 Ed. (2017)
Ford Taurus
1989 Ed. (315)
1990 Ed. (349, 376, 2613)
1991 Ed. (321)
1992 Ed. (429, 433, 440, 443)
1993 Ed. (313, 314, 318, 322)
1994 Ed. (296, 300, 305)
1995 Ed. (299, 301, 303, 313)
1996 Ed. (307, 311, 314, 317, 2268, 3765)

1997 Ed. (296, 297, 301, 304)
1998 Ed. (217)
1999 Ed. (325, 327, 329)
2000 Ed. (343, 347)
2003 Ed. (362)
2004 Ed. (346, 347, 350)
2005 Ed. (344, 345, 348)
2006 Ed. (358, 359)
2008 Ed. (332)
2011 Ed. (252)
Ford Taurus SHO
 1996 Ed. (3765)
Ford Taurus station wagon
 1991 Ed. (356)
Ford Tempo
 1989 Ed. (315)
 1990 Ed. (349, 362, 2613)
 1991 Ed. (321, 350)
 1992 Ed. (433, 440, 2409, 2410)
 1993 Ed. (313, 322)
 1994 Ed. (300, 305)
 1995 Ed. (301)
 1996 Ed. (317, 3765)
Ford Topaz
 1990 Ed. (376)
Ford Twin Cities
 1992 Ed. (4351)
 1994 Ed. (3586)
 2000 Ed. (4305)
Ford UK
 1991 Ed. (1639)
Ford Wayne
 1994 Ed. (331)
Ford; Wendell H.
 1994 Ed. (2890)
Ford-Werke
 1990 Ed. (363)
 1992 Ed. (1608)
Ford-Werke AG
 1994 Ed. (1330)
 1995 Ed. (1361)
 1996 Ed. (1301)
 1997 Ed. (3791)
 1999 Ed. (4656)
 2000 Ed. (4295)
 2001 Ed. (4619)
 2002 Ed. (4669)
 2004 Ed. (4795)
Ford Werke Ag-Fabr Te Genk
 1993 Ed. (1284)
Ford Werke Aktiengesellschaft
 1993 Ed. (1284)
Ford Werke Aktiengesellschaft-Fabr. Te Genk
 1989 Ed. (1095)
Ford West
 2002 Ed. (357)
Ford; William
 2009 Ed. (4828)
 2010 Ed. (4844)
Ford Windstar
 1997 Ed. (2798)
 1999 Ed. (3418, 4670)
 2003 Ed. (4820)
 2004 Ed. (283, 303, 308)
 2005 Ed. (291, 304)
ford.com
 2001 Ed. (4773)
Fordham; Robb
 2021 Ed. (3638)
 2022 Ed. (3705)
Fordham University
 2000 Ed. (2912)
 2007 Ed. (796)
 2011 Ed. (642, 3419)
Fording Canadian Coal Trust
 2006 Ed. (1632, 3668, 4857)
 2007 Ed. (3518, 4860)
 2008 Ed. (1621, 1625, 3677, 4783)
 2009 Ed. (1558, 1559, 1580, 3725, 3744, 3745, 4815)
 2010 Ed. (3683)
Fording Coal
 1992 Ed. (3086)
 1994 Ed. (2527)
 1996 Ed. (2650)
 1997 Ed. (2795)
Fording Inc.
 1999 Ed. (3415)
Ford's Garage
 2023 Ed. (4257)
Fore
 1998 Ed. (196)
Fore Systems
 1996 Ed. (246, 1277, 1722, 2054, 2057, 2060, 2062, 3305, 3306, 3307, 3444, 3447, 3450, 3777, 3779, 3780)
 1997 Ed. (1256, 1319, 1322)
 1998 Ed. (1146)
The Forecast Group
 2001 Ed. (1389)
 2002 Ed. (2673, 2674)
Forecast Homes
 2002 Ed. (2675)
 2003 Ed. (1178, 1206, 1207)
 2004 Ed. (1185, 1213, 1214)
 2005 Ed. (1183, 1211, 1237, 1238)

ForeclosureDaily.com
 2010 Ed. (4157)
ForeFront
 2016 Ed. (1857)
ForeFront Power
 2023 Ed. (4478)
Foreground Security
 2012 Ed. (4446)
 2013 Ed. (4407)
Foreign Candy Co.
 2014 Ed. (834)
 2015 Ed. (873)
Foreign Cars Italia
 1996 Ed. (263)
Foreign & Col Eurotrust
 2000 Ed. (3296)
Foreign & Colonial
 1990 Ed. (2398)
 19912 Ed. (2259)
 1992 Ed. (3204)
 1993 Ed. (2700)
 1994 Ed. (2647)
 1997 Ed. (2522, 2920)
 1999 Ed. (3075)
 2006 Ed. (4881)
 2007 Ed. (3290)
 2016 Ed. (3284)
 2017 Ed. (3244)
Foreign & Colonial Emerging Markets
 2000 Ed. (2819)
Foreign & Colonial Eurotrust
 2000 Ed. (3295)
Foreign & Colonial Income Growth
 2000 Ed. (3298)
Foreign & Colonial Trust
 1995 Ed. (2748)
 1996 Ed. (2816)
Foreign trade deficit
 1990 Ed. (276)
Foreign exchange
 1990 Ed. (2401)
Foreign Investment Committee
 2015 Ed. (3527)
Foreign investors
 1991 Ed. (2818)
 1993 Ed. (2926)
 2000 Ed. (2646)
Foreign Motors West
 1990 Ed. (313, 316)
 1991 Ed. (290, 293)
 1992 Ed. (395, 398)
 1993 Ed. (283)
 1995 Ed. (278)
 2002 Ed. (352)
Foreign News
 2000 Ed. (4218)
Foreign Policy
 2009 Ed. (4756)
 2010 Ed. (4765)
 2011 Ed. (4718)
 2012 Ed. (4738)
Foreign government representation
 2002 Ed. (2781, 2782)
Foreign language services
 2008 Ed. (3039)
Foreign Trade Bank of the Democratic People's Republic of Korea
 1989 Ed. (595)
 1991 Ed. (583)
Foreign videos
 1993 Ed. (3670)
Foreign trade zone
 1992 Ed. (2909)
Foreline Security Corp.
 1998 Ed. (1421)
 1999 Ed. (4204)
Forell/Elsesser Engineers Inc.
 2009 Ed. (2518)
Foreman; George
 1995 Ed. (251)
 1997 Ed. (278)
Foreman; Robert B.
 2005 Ed. (2511)
 2006 Ed. (2525)
 2007 Ed. (2504)
 2008 Ed. (2635, 3120)
 2009 Ed. (2661, 3208)
 2010 Ed. (2563, 3140)
 2011 Ed. (2546)
Foremark
 2005 Ed. (4004)
Foremost Corp. of America
 1989 Ed. (1733)
Foremost Dairy Co.
 2001 Ed. (92)
Foremost Farms Cooperative USA
 2001 Ed. (2476)
Foremost Farms USA
 2016 Ed. (2259)
 2018 Ed. (2135, 2153)
 2019 Ed. (2132, 2154)
 2020 Ed. (2136)
 2021 Ed. (2110, 2131)
 2022 Ed. (2161)
 2023 Ed. (2280)
Foremost Farms USA Cooperative
 1999 Ed. (197)
 2006 Ed. (1389)

2007 Ed. (1426)
Foremost Graphics, LLC
 2000 Ed. (3607)
Foremost Groups Inc.
 2013 Ed. (3754)
 2014 Ed. (3687)
 2016 Ed. (3598)
 2017 Ed. (3566)
 2019 Ed. (751, 3613)
 2020 Ed. (743)
 2021 Ed. (759)
Foremost Guaranty
 1989 Ed. (1711)
Foremost Income Fund
 2007 Ed. (1619)
 2011 Ed. (3124, 3524)
Foremost Industries Income Fund
 2006 Ed. (1631, 3668)
Foremost Industries, Inc.
 1991 Ed. (2758, 2759)
Foremost Land Development Co., Ltd.
 1990 Ed. (2963)
ForeMostCo Inc.
 2022 Ed. (3747)
Foreningen KD (Koncern)
 1996 Ed. (1330, 2124)
Forenings Sparbanken
 2000 Ed. (1560)
Foreningsbanken
 1995 Ed. (614)
 1996 Ed. (688)
 1997 Ed. (622)
 1999 Ed. (644)
 2000 Ed. (669)
Foreningsbankernas Bank
 1993 Ed. (639)
 1994 Ed. (642)
ForeningsSparbanken
 2000 Ed. (4123)
Foreningsparbanken AB
 2002 Ed. (652, 1773, 1774, 1775)
 2004 Ed. (1862)
ForeningsSparbanken (Swedbank)
 2003 Ed. (616)
 2004 Ed. (625)
 2005 Ed. (614)
 2006 Ed. (527, 2026, 2027)
 2007 Ed. (557, 1997)
 2008 Ed. (509)
 2009 Ed. (542)
 2010 Ed. (525)
Forensic Architecture
 2022 Ed. (204)
Forensic Fluids Laboratories
 2012 Ed. (2800)
Foreperson
 2004 Ed. (2275)
Forerunner Corp.
 2005 Ed. (1164, 2439)
 2006 Ed. (2433)
 2007 Ed. (2445)
Forerunner Ventures
 2018 Ed. (2599)
Foresa
 2001 Ed. (2510)
ForeSight Electronics Inc.
 1997 Ed. (1709)
 1998 Ed. (1407, 1413)
 1999 Ed. (1988, 1989)
 2001 Ed. (2209)
 2002 Ed. (2085, 2092)
Foresight Research Solutions
 2007 Ed. (3267)
Foresight Systems Inc.
 2008 Ed. (2986, 4943)
 2009 Ed. (4964)
Forest
 2014 Ed. (3966, 3967, 3969)
Forest City Commercial Management Inc.
 1992 Ed. (3969)
Forest City Development
 1991 Ed. (1059)
 1998 Ed. (3007)
 1999 Ed. (3997)
Forest City Enterprises
 1992 Ed. (3619, 3622)
 1993 Ed. (2963, 2964)
 1994 Ed. (1110, 3001, 3003)
 1995 Ed. (1127)
 1996 Ed. (1108)
 1997 Ed. (1129)
 1998 Ed. (884)
 1999 Ed. (1315)
 2003 Ed. (4409)
 2004 Ed. (2323, 2324, 4076, 4078)
 2005 Ed. (2415, 2416, 4008, 4010)
 2006 Ed. (4313)
 2007 Ed. (2228)
 2008 Ed. (2368)
 2010 Ed. (4481)
 2016 Ed. (4316)
 2017 Ed. (4319)
Forest City Hawaii LLC
 2010 Ed. (1668)
Forest City Realty Trust
 2018 Ed. (186)

Forest City Realty Trust Inc.
 2018 Ed. (4123)
 2019 Ed. (4133)
 2020 Ed. (4137)
Forest City Residential Group Inc.
 2017 Ed. (197, 201)
Forest City Trading Group
 2001 Ed. (1832)
 2003 Ed. (1807)
 2004 Ed. (1840)
 2005 Ed. (1940)
 2010 Ed. (4956)
 2016 Ed. (1946)
 2017 Ed. (1909)
 2018 Ed. (1856)
 2019 Ed. (1907, 1910)
 2020 Ed. (1846)
Forest City Trading Group LLC
 2011 Ed. (4940)
Forest County General Hospital
 2006 Ed. (1893)
 2007 Ed. (1886)
 2008 Ed. (1941)
 2009 Ed. (1901)
 2010 Ed. (1837)
 2011 Ed. (1868)
 2012 Ed. (1724)
Forest Creek Inc.
 2009 Ed. (4994, 4995)
Forest Edge Winery
 2023 Ed. (4906)
Forest Enterprises Australia
 2002 Ed. (1582)
Forest Enterprises Group
 2001 Ed. (1252)
Forest Expo
 2005 Ed. (4737)
Forest Glen
 1999 Ed. (4789, 4794, 4795, 4797)
 2000 Ed. (4413, 4419, 4422)
 2001 Ed. (4880, 4884, 4889, 4892)
 2002 Ed. (4942, 4956, 4959)
Forest Holidays
 2019 Ed. (2046)
Forest Investment
 1993 Ed. (2311)
Forest Laboratories
 2013 Ed. (2774)
 2015 Ed. (3983)
 2016 Ed. (3921)
Forest Laboratories Inc.
 1990 Ed. (1302)
 1993 Ed. (216)
 1994 Ed. (204)
 1995 Ed. (207, 213, 1580)
 1997 Ed. (230, 234)
 2000 Ed. (280)
 2001 Ed. (2103)
 2002 Ed. (1548)
 2003 Ed. (2690, 3866, 4540)
 2004 Ed. (2150, 2151, 3874, 3877, 3880, 4498, 4567)
 2005 Ed. (1633, 2246, 2247, 3802, 3805, 3806, 3807, 3810, 3821, 4455, 4471)
 2006 Ed. (3869, 3871, 3873, 3874, 3876, 3879, 3884)
 2007 Ed. (3903, 3905, 3907, 3908, 3914, 3928, 3929, 3930, 3932, 3933, 3934, 3935, 3936, 3937, 3940, 3941, 4527)
 2008 Ed. (3942, 3948, 3956, 3961, 3962, 3964, 3965, 3966, 3967, 3968, 3969, 3970, 3971, 3972, 3974, 3975)
 2009 Ed. (4038, 4039, 4040, 4041, 4042, 4043, 4044, 4045, 4047, 4048)
 2010 Ed. (3923, 3940, 3942, 3943, 3945, 3946, 3947, 3951, 3952)
 2011 Ed. (3964, 3965, 3967, 3968)
 2012 Ed. (3939, 3940, 3961, 3964, 3965, 3970)
 2013 Ed. (3999, 4002, 4034)
 2014 Ed. (3972)
 2015 Ed. (4010, 4011, 4013, 4015, 4016)
 2016 Ed. (3923)
Forest Labs
 1992 Ed. (1861)
 1996 Ed. (1568)
Forest Lake C-P-D
 1990 Ed. (341)
Forest Lake Chrysler-Plymouth-Dodge
 1991 Ed. (277, 307)
 1992 Ed. (382, 412)
 1993 Ed. (268, 297)
 1994 Ed. (267, 289, 292)
Forest Lake Ford
 2006 Ed. (183)
 2007 Ed. (189)
Forest Lane Porsche-Audi
 1990 Ed. (315, 334)
Forest Manufacturing Co.
 2001 Ed. (3890)
Forest Menasha Products Corp.
 2010 Ed. (2768)
 2011 Ed. (2752)
 2012 Ed. (2687)
Forest Oil Corp.
 2002 Ed. (1625, 3677)
 2003 Ed. (1642, 1649)
 2004 Ed. (1676, 1679, 3833, 3834)

CUMULATIVE INDEX • 1989-2023

2007 Ed. (1662, 3866)
2008 Ed. (1400)
2009 Ed. (3986)
2010 Ed. (3874)
Forest products and packaging
  1992 Ed. (2623)
  1993 Ed. (2168)
  1994 Ed. (2191)
Forest & Paper Products
  1994 Ed. (1275, 1278, 1282)
  1995 Ed. (1296, 1300, 1304)
  1996 Ed. (1255)
  1997 Ed. (1297, 1300, 1304)
  1998 Ed. (1151, 1152, 1154, 1155)
  2002 Ed. (2787, 2788, 2790)
Forest Pharmaceuticals
  2013 Ed. (2774)
Forest Pharmaceuticals Inc.
  1999 Ed. (3326)
  2000 Ed. (1706, 3064)
  2001 Ed. (2063)
Forest Preserve District of Cook County
  2014 Ed. (2753)
Forest paper & products
  1995 Ed. (2243)
Forest products
  1989 Ed. (2647)
  1990 Ed. (2188)
  1991 Ed. (2028, 2030, 2032, 2035, 2037, 2038, 2043, 2044, 2046, 2047, 2048, 2049, 2050, 2051, 2057)
  1992 Ed. (2599, 2602, 2604, 2605, 2607, 2613, 2614, 2616, 2617, 2618, 2619, 2620, 2621, 2627)
  1993 Ed. (1218, 1233, 1235, 1239)
  1994 Ed. (2192)
  2000 Ed. (1897)
  2006 Ed. (3010)
Forest Products Holdings LLC
  2011 Ed. (3504)
  2012 Ed. (3506)
  2013 Ed. (4989)
  2014 Ed. (4994)
Forest Rayonier Resources LP
  2010 Ed. (2767, 2768)
  2011 Ed. (2751)
  2012 Ed. (2686)
Forest & Resources Expo
  2010 Ed. (4776)
  2011 Ed. (4727)
Forest River
  1998 Ed. (3029)
Forestales Atlanticos
  2001 Ed. (2510)
Forestar Group
  2016 Ed. (4091)
Forestar Group Inc.
  2019 Ed. (3804, 3805)
Forester
  2001 Ed. (485)
Forester Sisters; Kenny & Christmas: Kenny Rogers, The
  1991 Ed. (1040)
Forester Value
  2011 Ed. (3726)
Foresters Growth Equity
  2003 Ed. (3566)
  2004 Ed. (2471)
Foresters Invest Management
  2020 Ed. (3713)
Foresters Investment Management
  2017 Ed. (3636)
  2018 Ed. (635)
  2019 Ed. (651, 2518)
  2020 Ed. (632)
ForestExpress
  2003 Ed. (2178)
Forestry
  1997 Ed. (2018)
  2005 Ed. (3633, 3634)
  2007 Ed. (3736)
Forestry and logging occupations
  1989 Ed. (2080, 2083)
Forestry Tasmania
  2004 Ed. (1637)
Forestville Lumber
  1996 Ed. (822)
Forethought Life
  1995 Ed. (2296, 2298)
  1996 Ed. (2312)
  1997 Ed. (2440)
  1999 Ed. (2951)
Forever 21
  2013 Ed. (636, 4467)
  2015 Ed. (3531)
  2016 Ed. (4212)
  2017 Ed. (1415, 4199)
  2018 Ed. (1391, 4225)
  2019 Ed. (900)
  2020 Ed. (887)
  2021 Ed. (4219)
Forever 21 Inc.
  2007 Ed. (4596)
  2010 Ed. (946)
  2012 Ed. (836, 3707, 4083)
  2013 Ed. (4984)
  2014 Ed. (1431, 3686, 4987)
  2015 Ed. (3702, 5033)

2016 Ed. (3595, 4985)
  2017 Ed. (3563, 4974)
  2018 Ed. (3614, 4982)
  2019 Ed. (3608, 4977)
  2020 Ed. (3580, 4980)
  2021 Ed. (1420, 3609, 4981)
Forever in Blue
  2009 Ed. (578)
Forever Entertainment
  2021 Ed. (2705)
Forever Krystle
  1990 Ed. (2793)
Forever Living
  2023 Ed. (2320)
Forever New
  2020 Ed. (4281)
  2022 Ed. (916)
The Forever Portfolio
  2011 Ed. (540)
Forever21
  2021 Ed. (905)
ForeverSpin
  2019 Ed. (1481)
  2020 Ed. (1451)
Forex Club Financial
  2012 Ed. (2605)
Forez s.r.o.
  2008 Ed. (3658)
Forfarmers UK Ltd.
  2018 Ed. (2007)
  2019 Ed. (2064, 2687)
Forge Energy LLC
  2019 Ed. (3789)
  2020 Ed. (3718, 3851)
Forge Group
  2014 Ed. (1389)
Forge Health
  2023 Ed. (3042)
Forge Lumber
  2016 Ed. (2863)
Forgent Networks Inc.
  2006 Ed. (1143)
Forgery
  1992 Ed. (963)
Forget Me Not
  1992 Ed. (2346)
  1994 Ed. (1988, 1989)
  1995 Ed. (2045, 2046, 3525)
  1997 Ed. (2160)
  1998 Ed. (1864)
  1999 Ed. (2609)
Forgive Us Our Debts: The Intergenerational Dangers of Fiscal Irresponsibility
  2010 Ed. (603)
The Forgotten
  2014 Ed. (577)
Foriel-Destezet; Philippe
  2010 Ed. (4888)
  2011 Ed. (4877)
forint; Hungarian
  2008 Ed. (2273)
  2009 Ed. (2261)
Forklift operator
  1989 Ed. (2090, 2091)
Form
  1996 Ed. (1092)
Form-All Inc.
  2007 Ed. (4401)
Form Technologies Inc.
  2020 Ed. (1814)
Form Works Inc.
  2006 Ed. (1237)
Form700
  2020 Ed. (1032)
  2021 Ed. (1005)
  2022 Ed. (1049)
Formal education (College)
  1995 Ed. (1665)
Formaldehyde
  2001 Ed. (3290)
Forman Perry
  2014 Ed. (3448)
Format
  2019 Ed. (973, 1498)
Formation Capital
  2010 Ed. (2902)
The Formation Creative Consultants
  2001 Ed. (1445)
Formation LLC
  2019 Ed. (2007)
Formcraft
  1992 Ed. (990)
Former
  1994 Ed. (3307)
Former Soviet Union
  1994 Ed. (3656, 3657)
  1995 Ed. (713)
  1998 Ed. (1803, 1807, 2363)
  1999 Ed. (3279, 3848)
FormFactor
  2003 Ed. (4381)
  2007 Ed. (2332)
  2008 Ed. (4615)
  2021 Ed. (4372)
Formfactor
  2018 Ed. (1436)

FormFactor Inc.
  2023 Ed. (1123)
Formfill Ltd.
  2003 Ed. (2739)
Formica
  1993 Ed. (2381)
FormiChem GmbH
  2018 Ed. (1571)
Formitas
  2001 Ed. (208)
  2002 Ed. (180)
  2003 Ed. (147)
Formlabs
  2015 Ed. (3774)
Formol y Derivados
  2001 Ed. (2510)
Formosa Chemical & Fibre
  1996 Ed. (3627)
Formosa Chemicals
  1996 Ed. (1454)
  2015 Ed. (2059)
  2017 Ed. (920, 1980)
  2018 Ed. (853, 1932)
  2019 Ed. (865, 1983)
  2020 Ed. (852, 1910)
  2021 Ed. (1870)
Formosa Chemicals & Fiber Corp.
  1990 Ed. (1425, 1427, 1737, 2519, 3573)
  1994 Ed. (1457, 1458, 1734, 2439, 3525)
  1997 Ed. (1520, 3683)
  2008 Ed. (2101)
  2009 Ed. (2077)
  2010 Ed. (2013, 4726)
  2011 Ed. (788, 4685)
  2012 Ed. (741, 762, 784, 1916, 4699)
  2013 Ed. (864, 980, 982, 2082, 4660)
  2014 Ed. (930, 4050, 4712)
  2015 Ed. (951, 4724)
  2016 Ed. (861)
  2017 Ed. (919)
  2018 Ed. (851)
  2019 Ed. (863)
  2020 Ed. (850)
Formosa Chemicals & Fibre
  2014 Ed. (905)
  2015 Ed. (931)
  2016 Ed. (828, 836)
  2017 Ed. (893)
  2019 Ed. (836)
Formosa Chemicals & Fibre Corp.
  1989 Ed. (1165)
  1991 Ed. (1356, 2753, 3271)
  1992 Ed. (1698, 1699, 2975)
  1993 Ed. (1409)
  1995 Ed. (1497)
  1999 Ed. (1743, 4531, 4592)
  2000 Ed. (1568)
  2012 Ed. (768)
  2013 Ed. (3611)
  2016 Ed. (4626)
  2017 Ed. (2493, 4642)
  2018 Ed. (2549, 4638)
  2019 Ed. (4653)
  2021 Ed. (2492)
  2022 Ed. (898, 2604)
Formosa Chemicals & Fibre Corporation
  2000 Ed. (4242)
Formosa Group
  2002 Ed. (1001, 1003)
Formosa Hydrocarbons
  2005 Ed. (2720)
Formosa Petrochemical
  2014 Ed. (4067)
  2017 Ed. (1980)
  2018 Ed. (1932)
  2019 Ed. (1983)
  2020 Ed. (1910)
  2021 Ed. (1869, 1870, 3840)
  2022 Ed. (1915)
  2023 Ed. (2031)
Formosa Petrochemical Corp.
  2006 Ed. (2034, 4655)
  2007 Ed. (2008, 2386, 3874, 3891)
  2008 Ed. (2101, 2501, 3584, 3934)
  2009 Ed. (2076, 2077, 2078, 3655, 4009)
  2010 Ed. (2012, 2013, 2014, 2423, 3573, 3915)
  2011 Ed. (2073, 2074, 2431, 3576, 3934)
  2012 Ed. (1915, 1916, 1917, 2350, 3569, 3932)
  2013 Ed. (864, 2081, 2082, 2548, 3611, 3988)
  2014 Ed. (2014, 2015, 2480, 4050)
  2015 Ed. (2058, 2059, 2554)
  2016 Ed. (2018, 3881)
  2017 Ed. (1979, 2493)
  2018 Ed. (2549, 2567, 3885)
  2019 Ed. (2411)
  2020 Ed. (3880)
  2021 Ed. (2342, 2492, 3842)
  2022 Ed. (2414, 2604, 3864)
  2023 Ed. (2745)
Formosa Plastic Corp.
  1989 Ed. (1165, 1166)
Formosa Plastics
  2014 Ed. (885, 905)
  2015 Ed. (931)
  2016 Ed. (836)

2017 Ed. (893)
  2018 Ed. (1932)
  2019 Ed. (1983)
  2020 Ed. (852, 1910)
  2023 Ed. (1072)
Formosa Plastics Corp.
  1990 Ed. (2877)
  1991 Ed. (1356, 1357, 3271)
  1992 Ed. (1119, 1572, 1697, 1698, 1699, 2102, 2103, 2956, 2975)
  1993 Ed. (1409, 1738, 1739, 3501)
  1994 Ed. (933, 1457, 1458, 1734, 2439, 3472, 3525)
  1995 Ed. (1344, 1347, 1497, 1498)
  1996 Ed. (1454, 3627, 3628)
  1997 Ed. (1520, 1521)
  1998 Ed. (707, 2875)
  1999 Ed. (1743, 1744, 4530)
  2000 Ed. (1564, 1568, 1569, 1570)
  2001 Ed. (1865, 3848)
  2006 Ed. (852, 860, 2577, 4655)
  2007 Ed. (934, 935, 4672)
  2008 Ed. (913, 914)
  2009 Ed. (937)
  2012 Ed. (671, 740, 741, 770, 784, 4947)
  2013 Ed. (864, 945, 969, 980, 4940)
  2014 Ed. (898, 930, 4050, 4950)
  2015 Ed. (951, 4989)
  2016 Ed. (829, 851, 861, 4906)
  2017 Ed. (886, 911, 919, 2493, 4900)
  2018 Ed. (820, 843, 851, 2549)
  2019 Ed. (837, 857, 863)
  2020 Ed. (843, 850)
  2021 Ed. (866, 2492)
  2022 Ed. (898, 902, 2604)
Formosa Plastics Corp. (Taiwan)
  2021 Ed. (866)
  2022 Ed. (902)
Formosa Plastics Corp. USA
  2001 Ed. (1221)
  2003 Ed. (2369)
Formosa Plastics Group
  1992 Ed. (2102, 2103)
  2009 Ed. (922, 928)
  2010 Ed. (864, 868, 878)
  2011 Ed. (787, 788, 806, 4948)
  2017 Ed. (904)
  2018 Ed. (837)
  2019 Ed. (851)
Formosa Taffeta Co. Ltd.
  1990 Ed. (3573)
  1992 Ed. (4284)
  1994 Ed. (3523)
Formosa United Industrial Corp.
  1989 Ed. (54)
FORMost Graphic Communication
  2000 Ed. (908)
The Forms Group
  1989 Ed. (831)
  1990 Ed. (848)
  1991 Ed. (810)
  1992 Ed. (990)
  1993 Ed. (787)
  1994 Ed. (804)
  1995 Ed. (855)
Forms Plus
  2000 Ed. (909)
Forms & supplies
  1994 Ed. (804)
  1995 Ed. (855)
Forms & Supply Inc.
  2018 Ed. (4941)
  2020 Ed. (4938, 4939)
  2021 Ed. (4943, 4944)
  2022 Ed. (4939, 4940)
  2023 Ed. (4943, 4944)
FormScape, Inc.
  2003 Ed. (2725)
Formspring.me
  2012 Ed. (3311)
Formstack
  2023 Ed. (1775)
Formstack LLC
  2022 Ed. (1611)
FormsTronics
  2000 Ed. (906)
Formula
  1990 Ed. (409, 1013)
  1994 Ed. (3462, 3463)
  1995 Ed. (3530)
  2000 Ed. (4185)
  2002 Ed. (4559)
Formula 1
  2005 Ed. (4446)
  2006 Ed. (27)
  2007 Ed. (20)
Formula 44
  1999 Ed. (1218)
  2000 Ed. (1135)
  2001 Ed. (1310)
Formula 409
  1991 Ed. (943)
  1992 Ed. (1174, 1176)
  1993 Ed. (952, 954)
  1994 Ed. (982)
  1995 Ed. (994, 996)
  1996 Ed. (982)

1997 Ed. (1005)
1999 Ed. (1178, 1179)
2000 Ed. (1096)
2001 Ed. (1237, 1239, 1240)
2002 Ed. (1064)
2003 Ed. (977, 978, 981)
2004 Ed. (983)
2006 Ed. (1014)
2007 Ed. (1099)
2008 Ed. (981)
Formula 20001
  2001 Ed. (4744)
Formula baby food
  1991 Ed. (1457)
Formula One Promotions & Administration Ltd.
  1995 Ed. (1006, 1012)
Formula Public Relations
  2013 Ed. (4135, 4137, 4138, 4146)
  2015 Ed. (4134, 4144)
Formula Servizi Societa Cooperativa A Responsabilita Limitata
  2006 Ed. (1824)
Formula Shell
  2015 Ed. (3719)
  2016 Ed. (3631)
  2017 Ed. (3606)
  2018 Ed. (3669)
  2019 Ed. (3656)
  2020 Ed. (3622)
  2021 Ed. (3640)
FormulaFolio Investments
  2018 Ed. (2648)
  2019 Ed. (1776, 2633, 3981)
  2020 Ed. (1718)
Formulary
  2008 Ed. (4717)
  2009 Ed. (4760)
Formycon
  2019 Ed. (832, 1537, 1602)
Fornance Physician Services Inc.
  2000 Ed. (3545)
Fornengo; John D.
  1995 Ed. (1079)
Fornetti
  2015 Ed. (4264, 4265)
Fornetti Kft.
  2015 Ed. (4268)
Foro Sol
  2003 Ed. (4531)
  2011 Ed. (4527, 4528)
  2014 Ed. (4532)
  2015 Ed. (4532)
  2016 Ed. (4471)
  2018 Ed. (4498)
  2019 Ed. (4492)
  2020 Ed. (4476)
Foroya Banki
  2011 Ed. (341)
Foroya Banki A.S.
  1989 Ed. (526)
Foroya Banki P/F
  1992 Ed. (659)
  1993 Ed. (471)
  1994 Ed. (474)
  1995 Ed. (465)
Forrer Supply Co., Inc.
  2008 Ed. (4439)
Forrest; Andrew
  2008 Ed. (4842)
  2009 Ed. (4860, 4876)
  2010 Ed. (4862, 4878)
  2011 Ed. (4867, 4868)
  2012 Ed. (4873, 4874)
  2013 Ed. (4855, 4856)
  2014 Ed. (4869, 4870)
  2015 Ed. (4907, 4908)
  2016 Ed. (4823, 4824)
  2018 Ed. (4839)
  2019 Ed. (4835)
  2020 Ed. (4825)
  2021 Ed. (4826)
  2022 Ed. (4819)
  2023 Ed. (4813)
Forrest Binkley & Brown
  1998 Ed. (3666)
  1999 Ed. (4706)
  2000 Ed. (4341)
Forrest City, AR
  2002 Ed. (1058)
Forrest City Grocery Co.
  2011 Ed. (1352, 1353, 1357, 1358, 1359)
  2012 Ed. (1218, 1219, 1221, 1222, 1223, 1224)
Forrest County General Hospital
  2001 Ed. (1796)
  2003 Ed. (1765)
  2013 Ed. (1886)
  2014 Ed. (1818)
  2015 Ed. (1858)
  2016 Ed. (1817)
Forrest E. Mars
  1990 Ed. (731, 3688)
Forrest E. Mars, Jr.
  1989 Ed. (732)
  1990 Ed. (731)
  1991 Ed. (710, 3477)
  1992 Ed. (890)

Forrest E. Mars, Sr.
  1989 Ed. (732)
  1991 Ed. (710, 3477)
  1992 Ed. (890)
Forrest Edward Mars
  2010 Ed. (4854)
  2011 Ed. (4828)
  2012 Ed. (4841)
  2013 Ed. (4839)
Forrest Gump
  1996 Ed. (2687)
  1997 Ed. (3845)
  1998 Ed. (2537)
  2001 Ed. (3412)
  2004 Ed. (3513)
Forrest Gump
  2013 Ed. (4853)
Forrest Homes
  2004 Ed. (1141)
Forrest Jr. & John Mars
  2005 Ed. (4882)
  2007 Ed. (4915)
  2008 Ed. (4881)
Forrest Li
  2022 Ed. (4862)
  2023 Ed. (4856)
Forrest Mars Jr.
  1993 Ed. (699)
  1994 Ed. (708)
  2002 Ed. (3353)
  2003 Ed. (4880)
  2004 Ed. (4862)
  2005 Ed. (4848)
  2006 Ed. (4903)
  2007 Ed. (4898)
  2008 Ed. (4827)
  2009 Ed. (4852)
  2014 Ed. (4855)
  2015 Ed. (4892)
  2016 Ed. (4810)
  2017 Ed. (4821)
Forrest Mars, Sr.
  1993 Ed. (699)
  1994 Ed. (708)
Forrest N. Shumway
  1989 Ed. (1383)
Forrest Perkins
  2006 Ed. (3160)
Forrestal Hotel
  1999 Ed. (2769)
Forrester Construction
  2018 Ed. (1213)
Forrester Construction Co.
  2009 Ed. (1326)
  2010 Ed. (1330)
  2011 Ed. (1312)
  2019 Ed. (1242)
Forrester Research
  2005 Ed. (1859)
  2006 Ed. (1866)
  2009 Ed. (4473)
Forrester; Thomas
  2006 Ed. (980)
Forrester; W. Thomas
  2007 Ed. (1074)
ForRetail.com
  2001 Ed. (4769)
Forsatrz AB
  2009 Ed. (1192)
Forsee; G. D.
  2005 Ed. (2506)
Forsee; Gary
  2006 Ed. (923, 2515, 3931)
  2007 Ed. (1012)
Forsee; Gary D.
  2005 Ed. (2516)
  2006 Ed. (2530)
  2007 Ed. (1033)
  2008 Ed. (958)
Forsee Power
  2019 Ed. (1538, 1587)
Forshay
  2017 Ed. (2991)
Forskningscenter Riso
  2009 Ed. (2590)
Forsman & Bodenfors
  2019 Ed. (50)
Forsman Inc.
  2008 Ed. (3720, 4412)
Forst Nationwide Bank, FSB
  1993 Ed. (3564)
Forsta Sparbanken
  1989 Ed. (684, 685)
  1990 Ed. (690)
  1992 Ed. (842)
  1993 Ed. (638, 639)
  1994 Ed. (641)
Forstaff Australia
  2002 Ed. (3771)
Forste Sparbanken
  1991 Ed. (669)
Forstmann
  1997 Ed. (2975)
Forstmann-Leff Associates LLC, Large Cap Equity
  2003 Ed. (3126)
Forstmann-Leff International
  1999 Ed. (3057)

Forstmann Little & Co.
  1990 Ed. (1652)
  1993 Ed. (1177)
  1997 Ed. (2627, 2628)
  1998 Ed. (2105)
  1999 Ed. (3185)
  2003 Ed. (3211)
  2004 Ed. (1823)
Forstoedernes Bank
  2010 Ed. (405)
  2011 Ed. (332)
Forsvarets forskningsinstitutt
  2009 Ed. (1960, 2597)
Forsys Metals Corp.
  2008 Ed. (1660)
  2010 Ed. (1547, 1548, 1568)
Forsyth
  2003 Ed. (970)
Forsyth Co.; John
  1990 Ed. (3569)
Forsyth Company; John
  1992 Ed. (4279)
Forsyth County, GA
  1999 Ed. (1765)
Forsyth, GA
  2000 Ed. (1593)
Forsyth, MT
  1991 Ed. (2530)
  1994 Ed. (2406)
  1995 Ed. (2482)
Forsythe
  2011 Ed. (1129)
Forsythe; Dall E.
  1993 Ed. (3444)
Forsythe; Dall W.
  1991 Ed. (3209)
Fort Belvoir
  1996 Ed. (2645)
  1998 Ed. (2500)
Fort Bend County, TX
  1995 Ed. (1509, 1512)
  2016 Ed. (2050)
  2018 Ed. (1960)
  2019 Ed. (2014)
  2020 Ed. (1942)
  2021 Ed. (1902)
Fort Bend Independent School District
  2016 Ed. (2050)
  2018 Ed. (1960)
  2019 Ed. (2014)
  2020 Ed. (1942)
  2021 Ed. (1902)
Fort Benjamin Harrison
  1996 Ed. (2643)
Fort Bouw BV
  1997 Ed. (2692)
  1999 Ed. (3278)
Fort Bragg
  1996 Ed. (2645)
  1998 Ed. (2500)
Fort Bragg Credit Union
  2002 Ed. (1883)
  2005 Ed. (2119)
  2006 Ed. (2214)
  2007 Ed. (2135)
  2008 Ed. (2250)
  2009 Ed. (2236)
  2010 Ed. (2190)
  2011 Ed. (2208)
  2012 Ed. (2069)
  2013 Ed. (2251)
  2014 Ed. (2183)
  2015 Ed. (2247)
  2016 Ed. (2218)
Fort Buchanan Credit Union
  2002 Ed. (1889)
  2003 Ed. (1890, 1943)
  2004 Ed. (1983)
  2005 Ed. (2125)
  2006 Ed. (2220)
  2007 Ed. (2141)
Fort Campbell Credit Union
  2002 Ed. (1867)
  2003 Ed. (1921)
  2004 Ed. (1961)
  2005 Ed. (2103)
  2006 Ed. (2198)
  2007 Ed. (2119)
  2012 Ed. (2079)
  2013 Ed. (2265)
  2014 Ed. (2199)
  2015 Ed. (2263)
  2016 Ed. (2234)
Fort Chicago Energy Partners
  2010 Ed. (3976)
  2011 Ed. (3981)
Fort Chicago Energy Partners LP
  2007 Ed. (3885)
  2011 Ed. (3978)
Fort Collins, CO
  1998 Ed. (743)
  2005 Ed. (1058, 2377)
  2006 Ed. (1066)
  2009 Ed. (1022, 3535)
  2010 Ed. (988, 3458)
  2011 Ed. (3461)
  2013 Ed. (3520)
  2014 Ed. (3494)

2015 Ed. (3512)
2016 Ed. (3371)
2017 Ed. (3330)
2020 Ed. (2357)
2021 Ed. (3314)
Fort Collins-Loveland, CO
  1991 Ed. (1547)
  1997 Ed. (2767, 3356)
  1998 Ed. (2057)
  2005 Ed. (2989)
  2008 Ed. (1055)
Ft. Collins-Loveland, CO
  2002 Ed. (31, 3329)
Fort Community Credit Union
  1998 Ed. (1217)
Fort Dearborn Co.
  1999 Ed. (3887)
Fort Dearborn Lithograph
  1992 Ed. (3541)
Fort Financial Credit Union
  2009 Ed. (2179)
  2010 Ed. (2127)
  2011 Ed. (2169)
  2012 Ed. (2023)
  2013 Ed. (2219)
Ft. Garry Brewing Co. Ltd.
  2002 Ed. (4392, 4393)
Fort Hamilton Hospital
  2023 Ed. (1958)
Fort Hills Energy
  2019 Ed. (1333)
Fort Hood
  1996 Ed. (2645)
Fort Hood National Bank
  1996 Ed. (535)
  1997 Ed. (494)
Fort Howard Corp.
  1989 Ed. (1009, 2113, 2114)
  1990 Ed. (1228, 1229, 1358, 3186)
  1994 Ed. (1469)
  1995 Ed. (1305, 1506, 2003, 2444)
  1996 Ed. (2486)
  1997 Ed. (2629)
  1998 Ed. (2052)
  1999 Ed. (2115, 2603, 3699, 3702)
  2005 Ed. (1535)
Fort Howard Paper Co.
  1990 Ed. (2440)
  1991 Ed. (1212, 1227, 1822, 2309)
  1992 Ed. (2298)
  1993 Ed. (1416, 1955, 2381)
  1994 Ed. (1977)
  1996 Ed. (2031)
  1997 Ed. (2151)
  1998 Ed. (1844)
  2000 Ed. (2346)
  2002 Ed. (3790)
  2003 Ed. (2621)
  2004 Ed. (2738)
  2005 Ed. (2736)
Fort Huachuca; U.S. Army
  1991 Ed. (255, 257)
Fort Jackson Credit Union
  2002 Ed. (1891)
  2003 Ed. (1945)
  2004 Ed. (1985)
  2005 Ed. (2127)
Fort James Corp.
  1999 Ed. (1553, 1749, 2489, 2490, 2491, 3687, 3689)
  2000 Ed. (1581, 2241, 2254, 2256, 3405, 3407)
  2001 Ed. (1044, 3614, 3621, 3622, 3623, 3624, 3625, 3626, 3641)
  2002 Ed. (2319, 3575, 3578, 3579, 3582, 3583, 4093)
  2003 Ed. (3714, 3716, 3720, 3736, 4669, 4742, 4761)
  2004 Ed. (3761, 3762)
  2005 Ed. (1526, 3676)
  2006 Ed. (3774)
  2007 Ed. (3769)
  2008 Ed. (3849)
  2009 Ed. (3906)
  2010 Ed. (3816)
  2014 Ed. (3793)
  2015 Ed. (3814)
  2016 Ed. (3726)
Fort James Operating Co.
  2001 Ed. (3625)
Fort Knox Credit Union
  2002 Ed. (1867)
  2003 Ed. (1921)
  2004 Ed. (1961)
  2005 Ed. (2103)
  2006 Ed. (2198)
  2007 Ed. (2119)
  2008 Ed. (2234)
  2009 Ed. (2219)
  2010 Ed. (2173)
  2011 Ed. (2191)
  2012 Ed. (2051)
  2013 Ed. (2233)
  2014 Ed. (2165)
  2015 Ed. (2229)
  2016 Ed. (2200)

CUMULATIVE INDEX • 1989-2023

Fortune Promoseven-McCann Lorin
 2000 Ed. (143)
 2001 Ed. (180)
 2002 Ed. (152)
 2003 Ed. (122)
Fortune Promoseven Network
 1989 Ed. (85)
Fortune Promoseven-Qatar
 2002 Ed. (173)
 2003 Ed. (140)
The Fortune-Red Ball Demolition Group
 2002 Ed. (1288)
Fortune Savings Bank
 1993 Ed. (3081)
Fortune Savings Bank (Clearwater)
 1991 Ed. (3380)
Fortune Shoes
 2022 Ed. (1379)
Fortune Small Business
 2001 Ed. (250, 251)
 2005 Ed. (138)
 2010 Ed. (3517)
Fortune Tobacco Corp.
 1991 Ed. (42)
 1992 Ed. (71)
 1993 Ed. (46)
 1994 Ed. (38)
 2001 Ed. (67)
 2005 Ed. (68)
 2006 Ed. (76)
 2007 Ed. (67)
 2008 Ed. (72)
 2009 Ed. (81)
FortuneBuilders
 2012 Ed. (2213)
 2013 Ed. (2395)
Fortune's Formula
 2007 Ed. (652)
Fortunoff
 1990 Ed. (48, 2115, 2466)
 1992 Ed. (2525, 2532)
 1994 Ed. (2139, 2146)
 1996 Ed. (3626)
 2000 Ed. (1105, 4175)
 2004 Ed. (4651)
 2005 Ed. (4589)
 2006 Ed. (4654)
 2007 Ed. (4675)
Fortunoff Fine Jewelry & Silverware Inc.
 2003 Ed. (3163)
Fortunoff's
 1997 Ed. (2323, 3340, 3681)
 1998 Ed. (3093, 3460)
Fortunr
 2000 Ed. (915)
Fortuscue Metals Group
 2009 Ed. (4565)
Fortusis, LLC
 2019 Ed. (3971, 3972, 3973, 3974)
 2020 Ed. (3992, 3993, 3994)
 2021 Ed. (3957, 3958, 3959, 3960, 3961)
 2022 Ed. (3969, 3970, 3971, 3972, 3973, 3974)
Forty Winks
 2004 Ed. (3959)
Forum
 2011 Ed. (1077)
The Forum
 2017 Ed. (1085)
 2018 Ed. (1009)
 2019 Ed. (1012)
 2020 Ed. (997)
 2023 Ed. (1180)
Forum Architecture & Interior Design Inc.
 2023 Ed. (265)
Forum Cahayabuana; P. T.
 1991 Ed. (109)
FORUM Credit Union
 2018 Ed. (2094)
 2021 Ed. (2019)
 2023 Ed. (2167, 2213)
Forum Credit Union
 2002 Ed. (1864)
 2003 Ed. (1918)
 2004 Ed. (1958)
 2005 Ed. (2100)
 2006 Ed. (2169, 2195)
 2007 Ed. (2116)
 2008 Ed. (2231)
 2009 Ed. (2179, 2215, 2216)
 2010 Ed. (2169, 2170)
 2011 Ed. (2188)
 2012 Ed. (2048)
 2013 Ed. (2230)
 2014 Ed. (2162)
 2015 Ed. (2226)
 2016 Ed. (2197)
 2020 Ed. (2073)
 2021 Ed. (2063)
 2022 Ed. (2098)
Forum Equity Partners
 2019 Ed. (4096)
Forum Financial Management
 2023 Ed. (44)
Forum Financial Management, LP
 2020 Ed. (3)
 2021 Ed. (5)

Forum Interim
 2009 Ed. (1512)
Forum Investors Bond
 1992 Ed. (3164)
 1996 Ed. (2757, 2783)
 1999 Ed. (744)
 2000 Ed. (758)
Forum Media Group GmbH
 2008 Ed. (3629)
Forum Retirement
 1990 Ed. (2967)
Forward
 2009 Ed. (141)
 2010 Ed. (4140)
Forward Air
 2020 Ed. (4718)
 2023 Ed. (197)
Forward Air Corp.
 2002 Ed. (238)
 2004 Ed. (2689, 4789, 4790)
 2005 Ed. (2687, 4761, 4762)
 2006 Ed. (4808, 4849, 4851)
 2011 Ed. (137)
 2012 Ed. (139)
 2018 Ed. (134)
 2019 Ed. (131)
 2020 Ed. (127)
 2021 Ed. (118)
 2022 Ed. (127)
Forward Air Inc.
 2013 Ed. (115)
 2014 Ed. (123)
 2015 Ed. (139)
 2016 Ed. (144)
Forward Financing
 2018 Ed. (1694)
 2019 Ed. (1760, 1766, 2633)
 2020 Ed. (1708)
Forward Industries
 2007 Ed. (2713, 2722, 4395)
 2008 Ed. (2847)
Forward International Small Companies
 2006 Ed. (3679, 3681)
Forward Internet Group
 2012 Ed. (2855)
Forward; Paul
 2011 Ed. (3364)
Forward Trust Group
 1990 Ed. (1787)
The Forzani Group Ltd.
 2008 Ed. (1550)
 2011 Ed. (4290, 4560)
 2012 Ed. (1303)
fos4X
 2019 Ed. (1603)
Fosa-Renault
 1992 Ed. (78)
Foschini Group Ltd.
 2023 Ed. (2345, 2374)
Fosfertil
 2006 Ed. (4599)
 2011 Ed. (807)
 2012 Ed. (772)
Foshan Hai Tian Flavouring & Food
 2017 Ed. (2645)
Foshan Haitian Flavouring & Food
 2019 Ed. (1508, 2696)
 2020 Ed. (1474, 2730)
 2021 Ed. (1460)
Foshan Haitian Flavouring & Food Co.
 2018 Ed. (2725)
 2019 Ed. (2709)
 2020 Ed. (2742)
Foshee; Douglas L.
 2010 Ed. (904)
Fosler Construction Co.
 2022 Ed. (4441)
 2023 Ed. (4463)
Foss Manufacturing
 1991 Ed. (2620)
 1992 Ed. (3271)
 1993 Ed. (2733)
Foss National
 2016 Ed. (290)
Foss National Leasing
 2017 Ed. (292)
 2019 Ed. (272)
Fossbankin P/F
 1992 Ed. (659)
 1993 Ed. (471)
 1994 Ed. (474)
 1995 Ed. (465)
Fossil
 2014 Ed. (2028, 2553)
Fossil Energy Services Pty. Ltd.
 2015 Ed. (1449)
FOSSIL Group
 2018 Ed. (894)
Fossil Group
 2017 Ed. (953)
Fossil Group Inc.
 2016 Ed. (900)
 2017 Ed. (947)
 2018 Ed. (882)
 2019 Ed. (884)
Fossil Inc.
 1995 Ed. (2064, 3386, 3391)
 1996 Ed. (2882)

 2004 Ed. (999, 1000)
 2005 Ed. (1014, 1015)
 2006 Ed. (1018, 1024)
 2009 Ed. (2086)
 2010 Ed. (3849)
 2012 Ed. (1932, 3829)
 2013 Ed. (997, 2095, 3891, 3893)
 2014 Ed. (3825)
Fost; Joshua
 2005 Ed. (994)
FOSTEC & Company
 2021 Ed. (1082)
Foster
 1989 Ed. (780)
 1990 Ed. (766, 767)
 1991 Ed. (746)
Foster Advertising
 1989 Ed. (91)
 1990 Ed. (157)
Foster Bank
 1992 Ed. (782)
 1993 Ed. (571)
 1994 Ed. (573)
 1995 Ed. (548)
 2001 Ed. (4282)
 2002 Ed. (4293)
Foster Care Alumni of America
 2013 Ed. (33)
Foster Clark Products Ltd.
 2011 Ed. (1820)
Foster Co.; L. B.
 1990 Ed. (1153)
 1991 Ed. (2021)
 2005 Ed. (2783)
 2007 Ed. (1950, 1953)
 2008 Ed. (2038, 2043, 2045)
 2009 Ed. (2001, 2004, 2006, 2007, 2008, 2013)
Foster Dairy Farms Inc.
 2015 Ed. (3507)
Foster Farms
 2009 Ed. (3675, 3685)
 2010 Ed. (3590)
 2011 Ed. (3592)
 2012 Ed. (3579)
 2014 Ed. (2755, 2780)
 2015 Ed. (2826, 3591, 3592, 3596, 3597, 3599)
 2016 Ed. (2758)
 2017 Ed. (2709)
 2018 Ed. (2765, 2789)
 2019 Ed. (2764, 2770)
 2020 Ed. (2802, 2807)
 2021 Ed. (2598, 2674, 2678, 3927)
 2022 Ed. (2711, 2768, 2802, 2822, 2823, 2825, 2826, 2829, 2832)
 2023 Ed. (2845, 2924, 2939, 4024, 4074)
Foster Farms Fresh & Easy
 2002 Ed. (1330)
Foster Fuels
 2019 Ed. (4021)
 2023 Ed. (4100)
Foster Fuels Inc.
 2020 Ed. (4036)
 2021 Ed. (4002)
Foster G. McGaw Hospital
 1995 Ed. (2141)
Foster G. McGaw Hospital/Loyola University Medical
 1996 Ed. (2153)
Foster G. McGaw Hospital/Loyola University Medical Center
 1991 Ed. (1932)
 1992 Ed. (2456)
 1994 Ed. (2088)
Foster; John
 2009 Ed. (3713)
Foster; Maria Das Gracas
 2014 Ed. (4974)
 2015 Ed. (5022)
Foster; Maria das Gracas Silva
 2014 Ed. (4961)
 2015 Ed. (5002, 5027)
 2016 Ed. (4919)
Foster/McCann-Erickson
 1990 Ed. (85)
Foster Mortgage Corp.
 1991 Ed. (1661, 1856, 2483)
Foster Parents Plan
 1991 Ed. (2616)
Foster Parents Plan International
 1989 Ed. (275, 1146)
 1990 Ed. (2718)
Foster + Partners
 2021 Ed. (190)
 2022 Ed. (199)
 2023 Ed. (307)
Foster Pepper & Shefelman
 2001 Ed. (941)
Foster Pepper & Shefelman PLLC
 2007 Ed. (1511)
Foster Poultry Farms
 2014 Ed. (2778)
Foster Poultry Farms Inc.
 1997 Ed. (3143)
 1998 Ed. (2447, 2893, 2895)
 2001 Ed. (3152, 3153)
 2006 Ed. (3289)

 2007 Ed. (3356)
 2008 Ed. (3453, 3610, 3615, 3616)
 2009 Ed. (3526)
 2010 Ed. (3454, 3455)
 2011 Ed. (3456, 3594, 3598, 3599, 3600)
 2012 Ed. (3468, 3469, 3581, 3585, 3586, 3587)
 2013 Ed. (3514, 3515)
 2014 Ed. (3488, 3489)
 2015 Ed. (3506, 3507)
 2016 Ed. (3365, 3366)
Foster Printing Co.
 2010 Ed. (4013)
 2012 Ed. (4019, 4027)
Foster Printing Service
 2014 Ed. (4089, 4099)
Foster School of Business
 2016 Ed. (729)
Foster School of Business; University of Washington
 2009 Ed. (787)
 2010 Ed. (733)
 2013 Ed. (750)
Foster Wheeler AG
 2010 Ed. (1145, 1146)
 2011 Ed. (1089, 1161, 1163, 1165, 1166, 1210, 1231, 1233, 2487)
 2012 Ed. (1098, 1103, 1104, 1146, 1160)
 2013 Ed. (1241, 1245, 1246, 1248, 1285, 1299)
 2014 Ed. (1179, 1183, 1184, 1218)
 2015 Ed. (1233, 1237, 1238)
Foster Wheeler Environmental Corp.
 2002 Ed. (2153)
Foster Wheeler Ltd.
 1989 Ed. (1002)
 1990 Ed. (1160, 1169)
 1991 Ed. (1050, 1073, 1076, 1094, 1098, 2823)
 1992 Ed. (1355, 1404, 1405, 1428, 1429, 1433, 1950, 1964, 1965, 1968, 2103, 2592)
 1993 Ed. (1084, 1087, 1100, 1114, 1117, 1118, 1121, 1144, 1608, 1616, 1620)
 1994 Ed. (1106, 1108, 1110, 1130, 1133, 1134, 1135, 1159, 1161, 1162, 1163, 1165, 1170, 1172, 1175, 1633, 1634, 1637, 1640, 1646, 1648, 1649, 1652)
 1995 Ed. (1123, 1125, 1127, 1148, 1151, 1152, 1156, 1157, 1178, 1180, 1181, 1182, 1184, 1185, 1190, 1192, 1672, 1676, 1679, 1685, 1686, 1687, 1691, 1696, 1698, 1699)
 1996 Ed. (1106, 1108, 1124, 1125, 1128, 1129, 1154, 1163, 1165, 1166, 1654, 1659, 1667, 1668, 1669, 1673, 1675, 1678, 1680, 1681)
 1997 Ed. (1121, 1127, 1129, 1136, 1150, 1153, 1154, 1156, 1157, 1158, 1192, 1732, 1734, 1737)
 1998 Ed. (881, 882, 884, 934, 935, 937, 939, 940, 942, 966, 967, 1435, 1436, 1438, 1439, 1440, 1449, 1451, 1479, 1480, 1481, 1482, 1483, 1485, 1486, 1487, 1488, 1489, 1490)
 1999 Ed. (1313, 1315, 1341, 1342, 1354, 1355, 1356, 1359, 1361, 1362, 1391, 1399, 1400, 2019, 2023, 2024, 2028)
 2000 Ed. (1196, 1225, 1226, 1238, 1239, 1240, 1246, 1247, 1248, 1250, 1252, 1253, 1278, 1280, 1286, 1287, 1289, 1796, 1799, 1801, 1805, 1808, 1809, 1811, 1812, 1813, 1817, 1819, 1823, 1845, 1846, 1847, 1848, 1849, 1850, 1851, 1852, 1853, 1855, 1856, 1857, 1858)
 2001 Ed. (1204, 1395, 1403, 1404, 1462, 1463, 1464, 1466, 2237, 2239, 2241, 2242, 2245, 2246, 2288, 2290, 2291, 2292, 2293, 2294, 2295, 2296, 2298, 2300, 2301, 2302)
 2002 Ed. (331, 1171, 1174, 1175, 1202, 1228, 1238, 1239, 1240, 1250, 1257, 1268, 1269, 1270, 1271, 1272, 1273, 1309, 1317, 1319, 1531, 2132, 2134, 2139, 4872)
 2003 Ed. (1140, 1145, 1146, 1244, 1245, 1252, 1262, 1267, 1275, 1277, 1279, 1280, 1281, 1284, 1321, 1331, 1333, 1590, 2289, 2294, 2297, 2299, 2307, 2310, 2312, 2315, 2318, 2320, 2323)
 2004 Ed. (1248, 1253, 1254, 1265, 1278, 1279, 1281, 1282, 1283, 1284, 1287, 1323, 1329, 1332, 2332, 2344, 2352, 2361, 2362, 2363, 2365, 2367, 2370, 2393, 2396, 2399, 2401, 2432, 2433, 2434, 2436, 2437, 2440, 2441, 2442, 2444, 2446)
 2005 Ed. (1303, 1304, 1337, 2419, 2422, 2425, 2428, 2431, 2433, 2436)
 2006 Ed. (1164, 1244, 1248, 1249, 1267, 1272, 1273, 1302, 1314, 1316, 2459, 2465, 2471, 2473)
 2007 Ed. (1278, 1342, 1346, 1347, 2417, 2419, 2436, 2438, 2442, 4567)
 2008 Ed. (1229, 1233, 1234, 1299, 1302, 2544, 2546, 2550, 2569)
 2009 Ed. (1211, 1212, 1215, 1216, 1284, 1287, 2551, 2553, 2563, 2568, 2571, 2577, 4556)

2010 Ed. (1214, 1218, 1219, 1277, 1278, 1280, 1467, 2479, 2484, 2487, 2493)
2011 Ed. (2492, 2495, 2509, 2849)
2013 Ed. (10, 2596)
Foster Wheller Corp.
1992 Ed. (1953)
Foster's
1990 Ed. (768)
1991 Ed. (747)
1992 Ed. (940, 2888)
1993 Ed. (751)
1995 Ed. (709)
1996 Ed. (253, 785, 788)
1997 Ed. (724)
1998 Ed. (507, 508)
1999 Ed. (817, 818, 819, 820)
2000 Ed. (821, 822)
2001 Ed. (359, 682, 685)
2002 Ed. (686)
2006 Ed. (556, 557)
2008 Ed. (245)
2009 Ed. (268)
2010 Ed. (255)
2022 Ed. (581)
2023 Ed. (823)
Fosters
2019 Ed. (594)
2020 Ed. (576)
2021 Ed. (549)
2022 Ed. (575)
Fosters of Bradford Ltd.
1993 Ed. (970)
Fosters Brewing
1994 Ed. (247, 694, 754)
2000 Ed. (326)
Foster's Brewing Group Canada
1994 Ed. (692)
1996 Ed. (724, 1294)
1997 Ed. (658)
Foster's Brewing Group Ltd.
1993 Ed. (261, 1279)
1994 Ed. (1323)
1995 Ed. (712, 1354)
1999 Ed. (1582)
2002 Ed. (2303)
Foster's Franchise
2005 Ed. (655)
Fosters Freeze
1995 Ed. (1783)
Fosters Freeze International Inc.
1992 Ed. (2225)
Foster's Group Ltd.
2004 Ed. (2651)
2005 Ed. (1657, 1659)
2008 Ed. (3547)
2009 Ed. (3612)
2012 Ed. (463, 1326)
Foster's Lager
1992 Ed. (937)
1994 Ed. (753)
1995 Ed. (704, 711)
1996 Ed. (783, 786)
1997 Ed. (721)
1998 Ed. (497)
1999 Ed. (808)
2000 Ed. (812)
2001 Ed. (1024)
2002 Ed. (281)
2004 Ed. (668)
2005 Ed. (654)
2006 Ed. (558)
2007 Ed. (600)
Fosters Lager
2015 Ed. (636)
Fosters Poultry Farms Inc.
2003 Ed. (3233, 3234)
2004 Ed. (3288, 3289)
2005 Ed. (3296, 3297)
2006 Ed. (3288)
2007 Ed. (3355)
2008 Ed. (3452)
2009 Ed. (3525)
Foster's Wine Estates
2007 Ed. (4966)
2008 Ed. (4935)
2009 Ed. (4956)
2010 Ed. (4965)
2011 Ed. (4949, 4956)
Fosun
2020 Ed. (2348)
2022 Ed. (2342)
Fosun International
2015 Ed. (3458, 4543)
2016 Ed. (4482)
2017 Ed. (4489)
2018 Ed. (4511)
2019 Ed. (4504)
2020 Ed. (4488)
Fosun International Ltd.
2009 Ed. (3628)
2010 Ed. (3549)
2011 Ed. (3549)
2012 Ed. (3351, 3542, 4539)
2013 Ed. (3421, 3587, 4494)
2014 Ed. (3418, 3554, 4537)
2015 Ed. (3451, 3579, 4536)
2016 Ed. (3459, 4475)
2017 Ed. (3422, 4483)

2018 Ed. (3481, 4504)
2019 Ed. (4497)
2020 Ed. (4481)
Fotbal Club Viitorul S.A.
2017 Ed. (1945)
Fote; Charles
2005 Ed. (971)
2006 Ed. (882)
Fote; Charles T.
2006 Ed. (1098)
2007 Ed. (2509)
Fotex
1997 Ed. (825)
Foth Cos.
2008 Ed. (2545)
2009 Ed. (2552)
2010 Ed. (2468)
2012 Ed. (2392)
2013 Ed. (2563)
Foth & Van Dyke
2004 Ed. (2343)
2007 Ed. (2418)
Fotios Choulairas & Co. OE
2002 Ed. (1087)
Foto-Kem
1999 Ed. (2053)
Fotomat
1989 Ed. (2229)
Foton
2021 Ed. (244)
2022 Ed. (266)
2023 Ed. (365)
Fotorecord Print Center
2010 Ed. (4012)
Fotouhi Alonso
1995 Ed. (3796)
Fotowatio Renewable Ventures B.V.
2018 Ed. (1753)
FouFou Dog
2015 Ed. (1207)
Fougerolle
1992 Ed. (2963)
Foul Pontiac, Inc.; Larry
1991 Ed. (291)
Foulet; Estate of Alfred L.
1991 Ed. (888)
Foulkes; Helena
2006 Ed. (4140)
Foulston Siefkin LLP
2023 Ed. (3459)
Foundation Armor
2022 Ed. (4987)
Foundation/Better Life
2008 Ed. (2971)
Foundation Building Materials
2018 Ed. (1394)
2019 Ed. (2839, 2842, 2946)
2020 Ed. (2975)
2021 Ed. (2745, 2748)
2022 Ed. (3001)
Foundation Building Materials (FBM)
2023 Ed. (947)
Foundation Building Materials Inc.
2021 Ed. (1400)
Foundation for the Carolinas
1989 Ed. (1475)
2001 Ed. (2514)
2002 Ed. (1128, 1129)
2010 Ed. (1053)
2011 Ed. (989)
2012 Ed. (904)
Foundation Coal Holdings Inc.
2007 Ed. (2398)
2008 Ed. (2509)
2010 Ed. (966)
2011 Ed. (892)
Foundation Constructors Inc.
1991 Ed. (1082)
1992 Ed. (1423)
1993 Ed. (1128)
Foundation Consumer Healthcare
2021 Ed. (1095)
Foundation Contractors
2006 Ed. (1295)
2008 Ed. (1293)
2009 Ed. (1204, 1276, 1308)
2010 Ed. (1208, 1271)
2011 Ed. (1156, 1222)
Foundation, cream
2002 Ed. (3640)
The Foundation for Evangelism
2011 Ed. (4178)
Foundation Food Group
2020 Ed. (3476, 3477, 3482)
2021 Ed. (3496, 3502)
Foundation Health
1993 Ed. (2021, 3465)
1994 Ed. (3442)
1995 Ed. (2083)
1996 Ed. (1194, 2081, 2086, 2092)
1997 Ed. (1315, 2181, 2189, 2194)
1998 Ed. (1114, 1340, 1901, 1904, 1905, 1918)
1999 Ed. (2639, 2655, 2656)
2000 Ed. (2419, 2435)
Foundation Health, A Florida Health Plan
2002 Ed. (2462)

Foundation Health/Care Florida
1998 Ed. (1917)
Foundation Health Partners
2022 Ed. (1361)
Foundation Health Plan
1989 Ed. (1586)
1990 Ed. (1998)
Foundation Health System
2000 Ed. (2422)
Foundation Health Systems
1999 Ed. (1515, 2641, 3266)
2001 Ed. (2673, 2675, 2677)
2002 Ed. (1603, 2001)
Foundation Health Systems, Woodland Hills, CA
2000 Ed. (2429)
Foundation, liquid
2002 Ed. (3640)
2003 Ed. (1869)
Foundation Medical Staffing
2015 Ed. (1960)
2016 Ed. (1930)
Foundation Medicine
2013 Ed. (606)
2015 Ed. (1814)
2016 Ed. (1773)
2020 Ed. (621)
Foundation Medicine Inc.
2016 Ed. (1775)
Foundation for the Support of International Medical Training
1989 Ed. (274, 2072)
1990 Ed. (288)
1993 Ed. (250, 2729)
Foundation Technologies
2018 Ed. (1724)
The Foundation Trilogy
2005 Ed. (712)
Foundation of the University of Medicine & Dentistry of New Jersey
1989 Ed. (1477)
FoundationDB
2017 Ed. (1065)
Foundations
1993 Ed. (3543)
2000 Ed. (1013)
Founder Group
2009 Ed. (2464)
Founder Securities
2016 Ed. (3290)
2017 Ed. (3251)
Founders
1999 Ed. (3524)
2019 Ed. (585)
2020 Ed. (570)
2021 Ed. (543)
2022 Ed. (571)
2023 Ed. (820)
Founders Asset Management
1993 Ed. (2668)
Founders Asset Management LLC
2002 Ed. (3021)
Founders Balanced
1995 Ed. (2707)
Founders Balanced Fund
1997 Ed. (2884)
1998 Ed. (2620)
Founders Bank
2022 Ed. (380)
2023 Ed. (496)
Founders Bank of Arizona
1997 Ed. (497, 504)
Founders Blue Chip
1993 Ed. (2689)
Founders Court Investors Inc.
1991 Ed. (3444)
Founders Credit Union
2002 Ed. (1891)
2003 Ed. (1945)
2004 Ed. (1985)
2005 Ed. (2127)
2006 Ed. (2222)
2007 Ed. (2143)
2008 Ed. (2258)
2009 Ed. (2244)
2010 Ed. (2198)
2011 Ed. (2216)
2012 Ed. (2077)
2013 Ed. (2263)
2014 Ed. (2196)
2015 Ed. (2260)
2016 Ed. (2231)
Founders Discovery
1995 Ed. (2737)
Founders Equity-Income
1992 Ed. (3192)
Founders Federal Credit Union
2018 Ed. (2120)
2020 Ed. (2100)
2021 Ed. (2090)
2022 Ed. (2124)
2023 Ed. (2240)
Founders Financial
2022 Ed. (2682)
2023 Ed. (2816)
Founders Financial Securities
2017 Ed. (2580, 2589)
2018 Ed. (2647, 2654, 2658, 2660, 2667)

2019 Ed. (2639, 2643, 2652)
2021 Ed. (2563, 2565)
Founders Frontier
1990 Ed. (2369, 2379)
1992 Ed. (3183, 3193)
1993 Ed. (2691)
Founders National Bank of Los Angeles
1995 Ed. (493)
Founders Savings and Loan Association
1990 Ed. (3104)
Founders Software
2022 Ed. (973)
Founders Special
1992 Ed. (3189)
1993 Ed. (2647, 2687)
Founders Worldwide Growth
1993 Ed. (2672)
1995 Ed. (2743)
1996 Ed. (2805)
Founding Farmers
2019 Ed. (4198)
2020 Ed. (4210, 4223)
2021 Ed. (4157, 4158, 4164, 4166, 4167)
2022 Ed. (4187, 4189, 4190)
Founding Farmers (Washington DC)
2021 Ed. (4164)
2022 Ed. (4187)
Founding Fathers
2019 Ed. (4197)
2020 Ed. (4209)
Founding Partners Stable-Value Fund
2003 Ed. (3115)
FoundPac
2023 Ed. (1837)
Foundries
2007 Ed. (3716)
Foundry Networks Inc.
2001 Ed. (1595, 4185)
2002 Ed. (1551)
2006 Ed. (4578, 4585, 4586)
2007 Ed. (4704)
2010 Ed. (3186)
Fountain Auto Mall
1994 Ed. (279)
Fountain Construction Co.
2007 Ed. (1379)
2008 Ed. (1312)
2009 Ed. (1297)
2011 Ed. (1246)
Fountain drinks
1997 Ed. (2059, 3669)
Fountain of Health Foods
2020 Ed. (2167)
Fountain Isuzu
1990 Ed. (328)
1991 Ed. (281)
Fountain Motors Inc.
1993 Ed. (272)
Fountain Olds
1996 Ed. (298)
Fountain Oldsmobile
1991 Ed. (289)
Fountain Oldsmobile-GMC
1995 Ed. (296)
Fountain pens
1990 Ed. (404, 484, 2467, 3712)
1992 Ed. (4494)
1993 Ed. (3741)
Fountain Tire
2001 Ed. (4543)
2005 Ed. (1689, 1703)
2018 Ed. (4237)
Fountainbleau Hilton Resort & Towers
1998 Ed. (2035)
Fountainebleau Hilton Resort & Towers
2000 Ed. (2574)
2002 Ed. (2650)
FountainGlen Properties LLC
2004 Ed. (1539)
Fountainhead Special Value
2003 Ed. (3494, 3497)
2004 Ed. (3605)
2006 Ed. (3644)
FountainHead Treatment Program
1992 Ed. (2450)
Fountn Pwrbt
1996 Ed. (207)
The Four Agreements
2003 Ed. (725)
2004 Ed. (747)
Four Blind Mice
2004 Ed. (739)
Four Corners Community Bank
2021 Ed. (390)
Four Daughters Vineyard & Winery
2023 Ed. (4914)
Four Foods Group
2013 Ed. (2130)
2014 Ed. (2065)
2016 Ed. (2093)
2019 Ed. (4228)
Four Foods Group Holdings
2014 Ed. (2702)
Four LLC
2017 Ed. (1271)
2019 Ed. (1288, 1292)
2021 Ed. (1247, 1253)
2022 Ed. (1252, 1258)

Four Loko
 2015 Ed. (199, 200)
 2016 Ed. (190)
 2017 Ed. (177, 3360)
 2018 Ed. (163)
 2019 Ed. (167, 3393)
 2020 Ed. (164, 3394)
 2021 Ed. (166, 3413)
 2023 Ed. (229)
Four Loko Gold
 2019 Ed. (3692)
Four Media Film Laboratory
 1999 Ed. (2053)
Four Mine
 2021 Ed. (2240, 2244)
Four Mine (With Clarity)
 2021 Ed. (2240, 2244)
Four Points
 2021 Ed. (2918)
Four Points Credit Union
 2008 Ed. (2244)
 2009 Ed. (2230)
 2010 Ed. (2184)
 2011 Ed. (2202)
 2012 Ed. (2063)
 2013 Ed. (2245)
 2014 Ed. (2177)
 2015 Ed. (2241)
 2016 Ed. (2212)
Four Points Federal Credit Union
 2018 Ed. (2107)
 2020 Ed. (2086)
 2021 Ed. (2076)
 2022 Ed. (2111)
 2023 Ed. (2226)
Four Points Hotels
 1998 Ed. (2019, 2022)
Four Points by Sheraton
 2000 Ed. (2555)
Four Points Technology LLC
 2017 Ed. (4794)
 2019 Ed. (1288, 4797)
 2020 Ed. (4784)
 2021 Ed. (1247)
 2022 Ed. (1252, 4785)
Four Points Technology, LLC
 2022 Ed. (1258)
Four Seas Communications Bank
 1989 Ed. (668)
Four Season Hotel
 2000 Ed. (2539)
Four Season Hotels Inc.
 2004 Ed. (2944)
 2007 Ed. (1631)
Four Seasons
 1990 Ed. (3002)
 1994 Ed. (2102, 2110, 2117, 2720, 3092)
 1995 Ed. (2156, 2157, 2172)
 1996 Ed. (2180)
 1997 Ed. (2305, 2307, 2309)
 1998 Ed. (577, 2002, 2013, 2018, 2031, 2032, 2037, 3049)
 1999 Ed. (2771, 2775, 2778, 2792, 2793)
 2000 Ed. (2546, 2564, 2570, 3772)
 2001 Ed. (2801, 4053)
 2003 Ed. (4087)
 2005 Ed. (2928)
 2006 Ed. (2065)
 2007 Ed. (4129)
 2008 Ed. (4147)
 2011 Ed. (578, 3073)
Four Seasons Chicago, IL
 1996 Ed. (2189)
Four Seasons Clift
 1990 Ed. (2100)
 1996 Ed. (2189)
Four Seasons Greenhouses Design & Remodeling
 1990 Ed. (1851)
Four Seasons Healthcare
 2005 Ed. (1989)
 2006 Ed. (2068)
 2007 Ed. (2040)
 2008 Ed. (2123)
 2009 Ed. (2115)
 2010 Ed. (2050)
 2011 Ed. (2107)
 2012 Ed. (1948)
 2013 Ed. (2123)
 2014 Ed. (2058)
 2017 Ed. (2048)
 2018 Ed. (2009)
 2019 Ed. (2066)
 2020 Ed. (1976)
Four Seasons Hotel
 1990 Ed. (2063)
 1996 Ed. (2170)
 2011 Ed. (3672)
 2012 Ed. (2154)
Four Seasons Hotel George V
 2013 Ed. (3103)
 2016 Ed. (3018)
Four Seasons Hotel Gresham Palace
 2016 Ed. (3019)
Four Seasons Hotel Philadelphia
 1990 Ed. (2099)
 1991 Ed. (1957)
 2000 Ed. (2576)

Four Seasons Hotels
 1990 Ed. (2075, 2083, 2084)
 1992 Ed. (2472, 2487, 2512, 2513)
 2003 Ed. (3210)
 2005 Ed. (1568)
 2007 Ed. (1520, 2952, 4158)
 2008 Ed. (1639, 2276)
 2009 Ed. (3167, 4297)
Four Seasons Hotels & Resorts
 1996 Ed. (2187)
 2000 Ed. (2569)
 2002 Ed. (2626)
 2011 Ed. (2236)
 2013 Ed. (2358, 2510)
 2014 Ed. (3056)
 2015 Ed. (3123)
 2016 Ed. (2986)
 2017 Ed. (2083, 4742)
 2018 Ed. (4728)
 2019 Ed. (3002, 4729)
 2020 Ed. (3037, 4702)
 2021 Ed. (2900)
 2022 Ed. (1446, 4710)
Four Seasons Housing
 2002 Ed. (3739)
 2006 Ed. (3356)
 2007 Ed. (3409)
Four Seasons Los Angeles, CA
 1996 Ed. (2189)
Four Seasons Nevis
 1995 Ed. (2173)
Four Seasons New York, NY
 1996 Ed. (2189)
Four Seasons/Newport Beach, Newport Beach, CA
 1990 Ed. (2079)
Four Seasons Olympic Hotel
 1993 Ed. (2087, 2089)
Four Seasons Olympic Hotels
 1997 Ed. (2309)
Four Seasons, Philadelphia
 1998 Ed. (2038)
Four Seasons/Regent
 2000 Ed. (2552)
Four Seasons-Regent Hotels & Resorts
 1997 Ed. (2294, 2306)
Four Season's Remodeling Group
 2015 Ed. (3178)
Four Seasons Resort
 2006 Ed. (1748)
 2008 Ed. (1785)
 2009 Ed. (1726)
 2010 Ed. (1674)
 2011 Ed. (1683, 1684)
 2014 Ed. (1632, 1634)
Four Seasons Resort Bora-Bora
 2015 Ed. (3167)
Four Seasons Resort & Club
 2000 Ed. (2543)
Four Seasons Resort Hualalai
 2017 Ed. (1592)
 2019 Ed. (1610)
 2020 Ed. (1572)
 2021 Ed. (1556)
 2022 Ed. (1576)
Four Seasons Resort Kaupulehu Makai Venture
 2004 Ed. (1725)
 2005 Ed. (1783)
Four Seasons Resort Lanai
 2022 Ed. (1583)
Four Seasons Resort Lanai at Manele Bay
 2016 Ed. (1629)
Four Seasons Resort Maui at Wailea
 2006 Ed. (1741)
 2016 Ed. (1626, 1629)
 2017 Ed. (1599, 1602)
 2018 Ed. (1583)
 2019 Ed. (1619)
 2020 Ed. (1580)
 2021 Ed. (1562)
 2022 Ed. (1583)
 2023 Ed. (1755)
Four Seasons Resort Oahu at Ko Olina
 2019 Ed. (1620)
 2020 Ed. (1581)
 2021 Ed. (1564)
 2022 Ed. (1585)
 2023 Ed. (1756)
Four Seasons Resort Sensei Lanai
 2023 Ed. (1755)
Four Seasons Sunrooms
 2002 Ed. (2059)
 2009 Ed. (2373)
 2010 Ed. (2297, 3021)
 2011 Ed. (2990)
Four Seasons Washington, DC
 1996 Ed. (2189)
Four Sisters Inns
 1992 Ed. (2467)
Four Soft Ltd.
 2009 Ed. (3005)
Four Square
 1989 Ed. (45)
Four Star Greenhouses
 2020 Ed. (3732)
 2021 Ed. (3734)
 2022 Ed. (3752)

2023 Ed. (3857)
Four Suns Builders Inc.
 2007 Ed. (1383)
Four Twelve Roofing
 2022 Ed. (1029, 1034, 1689, 1698)
Four Wheeler
 2001 Ed. (258, 3191)
Four Winds Casino
 2019 Ed. (4730)
 2020 Ed. (4703)
Four Winds Hospital
 2003 Ed. (3972)
Four Winns
 2012 Ed. (3493)
FourCrown Inc.
 2019 Ed. (799)
Fourex
 1992 Ed. (1400)
 1998 Ed. (932)
Fournier
 1995 Ed. (1959)
Fourniresto.com
 2019 Ed. (4260)
FourPoint Energy LLC
 2020 Ed. (1486)
 2021 Ed. (1474)
FourQuest Energy
 2013 Ed. (1481)
 2014 Ed. (1447)
FourQuest Energy Inc.
 2016 Ed. (1455)
Fourquest Energy Inc.
 2016 Ed. (1465, 4355)
Fours Seasons Resort
 2006 Ed. (1749)
Foursight Capital, LLC
 2020 Ed. (1986)
Foursquare
 2012 Ed. (3091)
 2018 Ed. (2157)
Fourteen Foods
 2019 Ed. (798)
The Fourth Cinven Fund
 2009 Ed. (2648)
Fourth Dimension Designs
 2007 Ed. (2955)
Fourth Elm Construction LLC
 2023 Ed. (1926)
Fourth Financial Corp.
 1990 Ed. (639)
 1994 Ed. (347, 3263)
 1995 Ed. (492, 1223, 1224, 3344)
The Fourth R
 2002 Ed. (4555)
 2003 Ed. (4681)
 2004 Ed. (4659)
Fourtis Holding SA
 2005 Ed. (1782)
FOVA
 2000 Ed. (55)
Fowke III; Benjamin G.S.
 2015 Ed. (972)
Fowl II; Artemis
 2012 Ed. (540)
Fowler Goedecke, Ellis & O'Connor
 1998 Ed. (3009)
Fowler Jr.; Wyche
 1994 Ed. (2890)
Fowler Measle & Bell PLLC
 2012 Ed. (1644)
Fowler Packing Co. Inc.
 1998 Ed. (1776)
Fowler; Robbie
 2005 Ed. (4895)
Fowler Welch
 2015 Ed. (4789)
 2019 Ed. (4706)
Fowler White Boggs Banker
 2008 Ed. (3424)
Fowler White Boggs Banker PA
 2009 Ed. (3491)
Fowler White Burnett
 2012 Ed. (3363)
Fowler, White, Gillen, Boggs, Villareal & Banker
 1998 Ed. (2329)
 1999 Ed. (3150)
 2002 Ed. (3058)
Fowler White Gillen Boggs Villareal & Banker PA
 2000 Ed. (2896)
Fowler's
 2003 Ed. (3654)
FOX
 2013 Ed. (3666)
Fox
 1991 Ed. (3330)
 1992 Ed. (948, 949, 4256)
 1993 Ed. (754, 3524, 3544)
 1995 Ed. (718, 3576)
 1996 Ed. (793, 2689)
 1997 Ed. (730, 731, 3717, 3719, 3721)
 1998 Ed. (513, 3501, 3502)
 1999 Ed. (825, 3679)
 2000 Ed. (4216)
 2001 Ed. (3358, 3362, 4496, 4497)
 2003 Ed. (3450, 4714)

 2004 Ed. (4691)
 2005 Ed. (4663)
 2007 Ed. (4739)
 2008 Ed. (3354)
 2009 Ed. (2363, 2364, 2365, 4832, 4833, 4834)
 2010 Ed. (2982)
 2011 Ed. (2944, 3702, 4663, 4669)
 2012 Ed. (2874, 3721, 4681)
 2013 Ed. (2950, 3668)
 2014 Ed. (3601)
 2015 Ed. (3036, 3613, 3614, 4711)
 2016 Ed. (2932, 3497, 3498)
 2017 Ed. (2891, 3465, 3468, 3469)
 2018 Ed. (2957, 3523, 3526, 3527, 4628)
 2019 Ed. (3510, 3514, 4643, 4644)
 2020 Ed. (3497, 4613, 4614)
 2021 Ed. (594, 685, 3519, 3520, 3523, 4625)
 2022 Ed. (2521, 3585, 4643)
 2023 Ed. (2665, 3688)
Fox 21/Pacific 2.1 Entertainment Group
 2012 Ed. (4682)
Fox Architects
 2017 Ed. (3238)
Fox Asset Management
 1991 Ed. (2224, 2232)
 1992 Ed. (2755)
 1997 Ed. (2533)
 1998 Ed. (2270)
 1999 Ed. (3070)
Fox Broadcasting Co.
 1994 Ed. (762)
 1996 Ed. (3664)
Fox Chase Cancer Center
 1994 Ed. (1901)
 2000 Ed. (3345)
Fox Chase Federal Savings Bank
 2000 Ed. (3857, 4127)
Fox Chase Federal Savings & Loan Association
 1999 Ed. (4601)
Fox Chevrolet Inc.
 1995 Ed. (261)
Fox College; George
 1994 Ed. (1051)
Fox Communities Credit Union
 2003 Ed. (1956)
 2004 Ed. (1996)
 2005 Ed. (2075, 2138)
 2006 Ed. (2233)
 2007 Ed. (2154)
 2008 Ed. (2269)
 2009 Ed. (2256)
 2010 Ed. (2209)
 2011 Ed. (2227)
 2012 Ed. (2089)
 2013 Ed. (2275)
 2014 Ed. (2209)
 2015 Ed. (2273)
 2016 Ed. (2244)
 2018 Ed. (2130)
 2020 Ed. (2111)
 2021 Ed. (2102)
 2022 Ed. (2134)
 2023 Ed. (2252)
Fox Contractors Corp.
 2006 Ed. (3512, 3689, 4351)
 2007 Ed. (3553, 4411)
 2008 Ed. (3708, 4385)
Fox Corporation
 2020 Ed. (2997)
 2021 Ed. (2857)
Fox Dealer
 2020 Ed. (58, 1397)
Fox Deportes
 2013 Ed. (2953)
 2014 Ed. (2970)
 2015 Ed. (3039)
 2016 Ed. (2934)
 2017 Ed. (2894)
 2018 Ed. (2960)
 2019 Ed. (2905)
 2020 Ed. (2924)
Fox; Edward A.
 1989 Ed. (1380)
Fox Entertainment
 2000 Ed. (3324)
Fox Entertainment Group Inc.
 2000 Ed. (3963)
 2001 Ed. (2272, 2273)
 2003 Ed. (827, 1598, 3450)
 2004 Ed. (777, 778, 3511)
 2005 Ed. (749, 750)
 2006 Ed. (657, 2492, 3433, 3435, 3437)
 2007 Ed. (3638)
 2008 Ed. (3751)
 2009 Ed. (3775)
Fox-Everett Inc.
 2002 Ed. (2858)
 2004 Ed. (2269)
Fox Factory Holding
 2020 Ed. (244)
 2022 Ed. (1561, 4128)
 2023 Ed. (1735, 4211)
Fox Fashion Stores
 2005 Ed. (49)
 2006 Ed. (56)

CUMULATIVE INDEX • 1989-2023

Fox Filmed Entertainment
  2006 Ed. (2496)
Fox Foundation; Terry
  2011 Ed. (776)
  2012 Ed. (730)
Fox & Fowle Architects
  1989 Ed. (268)
Fox & Fowle Architects P.C.
  1991 Ed. (253)
Fox Hayes
  2010 Ed. (3430)
Fox Hollow Technologies Inc.
  2008 Ed. (1595)
Fox Home Entertainment
  2001 Ed. (2122, 4691, 4692, 4697)
Fox & Hound
  2018 Ed. (561)
Fox Hyundai
  1992 Ed. (385)
Fox Interactive Media
  2008 Ed. (3374, 4808)
  2009 Ed. (3434, 3436, 3437)
Fox & Jacobs
  2003 Ed. (1172)
Fox & Jacobs Homes
  2002 Ed. (1186)
Fox Laser EOOD
  2018 Ed. (1387)
Fox & Lazo Inc.
  1989 Ed. (2286)
Fox Life
  2016 Ed. (2934)
  2017 Ed. (2894)
  2018 Ed. (2960)
Fox; Lindsay
  2009 Ed. (4860)
  2010 Ed. (4862, 4878)
  2011 Ed. (4867, 4868)
  2012 Ed. (4874)
  2016 Ed. (4823, 4824)
  2017 Ed. (4834)
  2018 Ed. (4839)
  2019 Ed. (4835)
  2020 Ed. (4825)
Fox Motors
  2022 Ed. (241)
Fox Music
  1993 Ed. (2645)
Fox News
  2006 Ed. (4711, 4713)
  2007 Ed. (4732, 4733)
  2008 Ed. (3367, 4654, 4655)
  2009 Ed. (4696)
  2019 Ed. (753)
Fox News Channel
  2011 Ed. (725)
"Fox News Sunday"
  2013 Ed. (801)
  2014 Ed. (818)
Fox News Sunday
  2009 Ed. (834)
  2010 Ed. (784)
  2011 Ed. (711)
  2012 Ed. (656)
Fox NFC Championship
  2008 Ed. (4660)
  2010 Ed. (4715)
Fox NFC Playoff
  2009 Ed. (4702)
  2011 Ed. (4673)
Fox NFL
  2005 Ed. (823)
Fox Parrack Fox
  1997 Ed. (3200)
Fox-Pitt, Kelton
  1998 Ed. (340)
  2001 Ed. (553, 556, 2429)
  2003 Ed. (2368)
  2005 Ed. (527, 3102, 3238)
  2007 Ed. (3261)
  2008 Ed. (3385)
Fox Rent A Car
  2018 Ed. (271)
  2019 Ed. (275)
  2020 Ed. (274)
  2021 Ed. (269)
  2022 Ed. (286)
  2023 Ed. (381)
Fox Residential Group Inc.
  1999 Ed. (3994)
  2001 Ed. (3996)
Fox Restaurant Concepts LLC
  2016 Ed. (1363)
Fox Ridge Homes
  1998 Ed. (912)
  2000 Ed. (1224)
  2002 Ed. (1201)
  2003 Ed. (1185)
  2005 Ed. (1216)
Fox & Roach Realtors
  2000 Ed. (3716)
Fox Rothschild LLP
  2021 Ed. (3247, 3248)
  2022 Ed. (3338)
  2023 Ed. (3446, 3456, 3463)
Fox; Sam
  1997 Ed. (2004)

Fox School of Business
  2015 Ed. (815)
Fox School of Business; Temple University
  2008 Ed. (792)
Fox Searchlight
  2009 Ed. (3776)
  2010 Ed. (2520, 3707)
Fox Searchlight Pictures
  2012 Ed. (3718)
Fox Sports
  2008 Ed. (3367)
Fox Sports en Espanol
  2010 Ed. (2985)
  2011 Ed. (2946)
  2012 Ed. (2877)
Fox Sports on MSN
  2007 Ed. (3243)
  2008 Ed. (3372)
Fox Sports Net (FSN)
  2011 Ed. (725)
Fox Super Bowl Post Game
  2010 Ed. (4715)
Fox Super Bowl XLII
  2010 Ed. (4715)
Fox Television
  1990 Ed. (3550)
Fox Television Station
  2000 Ed. (4214)
Fox Television Stations
  1999 Ed. (823, 4570)
  2001 Ed. (4492)
  2007 Ed. (4741)
  2008 Ed. (4662)
  2011 Ed. (4668)
  2012 Ed. (4679)
  2013 Ed. (4651)
  2014 Ed. (4701)
  2017 Ed. (4633)
Fox Theatre
  1999 Ed. (1295)
  2001 Ed. (4353)
  2002 Ed. (4345)
  2003 Ed. (4529)
  2006 Ed. (1155)
  2010 Ed. (1128)
  2011 Ed. (1069, 1070)
  2012 Ed. (996)
  2013 Ed. (1139)
  2014 Ed. (1100)
  2015 Ed. (1137)
  2016 Ed. (1049)
  2017 Ed. (1084)
  2018 Ed. (1008)
  2019 Ed. (1011)
  2020 Ed. (996)
  2023 Ed. (1179)
Fox TV Stations
  2002 Ed. (4582)
  2003 Ed. (4713)
  2004 Ed. (4690)
  2005 Ed. (4661, 4662)
  2006 Ed. (4717, 4718)
  2007 Ed. (4738)
  2009 Ed. (4700)
  2010 Ed. (4711)
Fox (U.S.)
  2021 Ed. (3523)
Fox Valley Inn
  1995 Ed. (2160)
Fox Valley Savings Bank
  2021 Ed. (4325)
  2022 Ed. (4332)
Foxboro Co.
  1990 Ed. (2217, 3447)
  1992 Ed. (3226)
  2005 Ed. (1538)
Foxboro Federal Savings
  2021 Ed. (4301)
  2022 Ed. (4309)
  2023 Ed. (4339)
Foxboro Stadium
  1999 Ed. (1300)
  2002 Ed. (4347)
  2003 Ed. (4531)
Foxconn
  2005 Ed. (2279)
  2009 Ed. (859)
  2010 Ed. (806, 808, 2304)
  2014 Ed. (2317)
  2017 Ed. (2177)
  2018 Ed. (4269)
  2019 Ed. (1334, 1335, 1338, 2211)
Foxconn CZ
  2015 Ed. (2977)
  2016 Ed. (2912)
Foxconn CZ sro
  2009 Ed. (1625)
  2011 Ed. (1603)
  2012 Ed. (1449)
  2013 Ed. (1584)
Foxconn Electronics, Inc.
  2001 Ed. (2138)
Foxconn International Holdings Ltd.
  2008 Ed. (3553)
  2009 Ed. (3620)
  2010 Ed. (2387, 3542)
  2011 Ed. (3541)
  2012 Ed. (3542)

  2013 Ed. (3594)
Foxconn Technology
  2014 Ed. (2421)
Foxconn Technology Co., Ltd.
  2019 Ed. (1336)
Foxconn Technology Group
  2017 Ed. (4283, 4285, 4287)
foxkids.com
  2001 Ed. (4775)
FoxMeyer
  1990 Ed. (1551)
  1993 Ed. (1513)
  1994 Ed. (3108)
  1995 Ed. (1586, 3729)
  1998 Ed. (1331, 1332)
FoxMeyer Drug Co.
  1994 Ed. (1557)
FoxMeyer Health
  1996 Ed. (1241, 3824)
  1997 Ed. (953, 3874)
  1998 Ed. (2678)
  1999 Ed. (388, 389)
FOXNC
  2010 Ed. (4708, 4709)
  2011 Ed. (4664, 4665)
Fox's Pizza Den
  2002 Ed. (4021)
  2003 Ed. (2454)
  2004 Ed. (2588)
  2005 Ed. (2567)
  2006 Ed. (2573)
  2007 Ed. (2544, 4135)
  2008 Ed. (2685)
  2009 Ed. (2708)
  2010 Ed. (2628)
  2011 Ed. (2610)
  2012 Ed. (2553)
  2014 Ed. (3987)
  2015 Ed. (4037)
  2016 Ed. (3948)
  2018 Ed. (3948)
Fox's Rocky
  2008 Ed. (712)
  2009 Ed. (722)
  2010 Ed. (645)
Foxsemicon Integrated Technology
  2018 Ed. (1930)
  2019 Ed. (1980)
  2020 Ed. (1908)
Foxtail Marketing
  2019 Ed. (2077)
Foxtel Cable Television Pty. Ltd.
  2001 Ed. (1095)
Foxtons
  2016 Ed. (4122)
FoxVideo
  1999 Ed. (4715)
Foxwoods-Mohegan Sun, CT
  2010 Ed. (2801)
  2011 Ed. (2786)
Foxwoods Resort Casino
  2005 Ed. (2936)
  2023 Ed. (1676)
Foxworth-Galbraith
  1996 Ed. (824)
Foxworth-Galbraith Lumber
  1996 Ed. (814)
  2019 Ed. (2841)
  2020 Ed. (2873)
  2021 Ed. (2747)
Foxworthy; Jeff
  1997 Ed. (1113)
  2009 Ed. (2608)
Foxx; Jamie
  2009 Ed. (201)
  2011 Ed. (3714)
Foxx Life Sciences
  2021 Ed. (2479)
  2022 Ed. (2591)
  2023 Ed. (2734)
Foyle Food
  2005 Ed. (1983)
FP
  2016 Ed. (3072)
  2017 Ed. (3019)
FP Newspapers
  2015 Ed. (4154)
FP Newspapers Income Fund
  2010 Ed. (4007, 4137)
  2011 Ed. (4014, 4137)
FP Resources
  2010 Ed. (2731)
FPA
  1991 Ed. (1066)
  1992 Ed. (3181)
  2010 Ed. (3723)
FPA Capital
  1993 Ed. (2670)
  1994 Ed. (2602)
  1995 Ed. (2737)
  1996 Ed. (2751, 2772)
  1997 Ed. (2880)
  1998 Ed. (2610)
  1999 Ed. (3505, 3574)
  2003 Ed. (3548, 3550)
  2004 Ed. (3574, 3576)
  2005 Ed. (4482)
  2006 Ed. (3650, 3651)

FPA Capital Fund
  1998 Ed. (2619)
  2004 Ed. (3578)
  2005 Ed. (3551)
FPA Crescent
  2006 Ed. (4560)
  2010 Ed. (3737)
  2011 Ed. (3732)
  2012 Ed. (3744)
  2013 Ed. (3818)
  2014 Ed. (3743)
  2015 Ed. (3765)
  2016 Ed. (3676)
FPA International Value
  2020 Ed. (4515, 4517)
FPA Med Management
  2000 Ed. (3392)
FPA Medical Management
  2000 Ed. (3544)
FPA New Income
  1990 Ed. (2387, 2603)
  1991 Ed. (2562)
  1993 Ed. (2656, 2665, 2676)
  1994 Ed. (2608, 2619)
  1995 Ed. (2683)
  1996 Ed. (2757, 2783)
  1997 Ed. (2887)
  1998 Ed. (2641)
  1999 Ed. (3537)
  2000 Ed. (759)
  2003 Ed. (691)
FPA New Income Fund
  2003 Ed. (3531)
FPA Paramount
  1990 Ed. (2392)
  1991 Ed. (2559)
  1992 Ed. (3152)
  1993 Ed. (2646, 2662)
  1995 Ed. (2678, 2698)
  1996 Ed. (2753, 2774, 2789)
  1998 Ed. (2598, 2610, 2640)
  2004 Ed. (3576)
  2006 Ed. (4565)
FPA Paramount Fund
  1998 Ed. (2631)
FPA Perennial
  1992 Ed. (3191)
  2003 Ed. (3506)
  2006 Ed. (3650)
FPA Perennial Fund
  2003 Ed. (3540)
FPA Technology Services Inc.
  2013 Ed. (1454)
FPAM Exempt Ethical
  2000 Ed. (3300)
FPB Holding AG
  1996 Ed. (2905)
  1997 Ed. (2996)
  1999 Ed. (3694)
  2000 Ed. (3409)
  2002 Ed. (3577)
FPB Holding Aktiengesellschaft
  1994 Ed. (2730)
  1995 Ed. (2834)
fpBioMed
  2006 Ed. (1967, 1969, 1971, 1973)
FPC Financial, FSB
  2003 Ed. (4263)
  2004 Ed. (4247, 4281)
  2005 Ed. (4180, 4214)
  2006 Ed. (4239)
  2007 Ed. (4253)
  2010 Ed. (4425, 4426)
  2011 Ed. (4364, 4370, 4371)
  2012 Ed. (4404, 4410, 4411)
FPC National
  2020 Ed. (732)
  2021 Ed. (2320)
  2022 Ed. (2378)
  2023 Ed. (2540)
FPD Savills Estate Agents
  2002 Ed. (51)
FPG Business Services Inc.
  2003 Ed. (10)
FPGA
  1994 Ed. (230)
FPI Ltd.
  2003 Ed. (1218)
  2007 Ed. (2615)
  2008 Ed. (1636, 2745)
  2009 Ed. (2799)
FPI Management
  2006 Ed. (277)
  2023 Ed. (249)
FPI Management Inc.
  2017 Ed. (198, 202)
  2018 Ed. (188)
  2019 Ed. (183)
  2020 Ed. (184)
  2021 Ed. (183)
  2022 Ed. (177)
FPIC Insurance Group Inc.
  2005 Ed. (3123)
  2006 Ed. (3133)
  2009 Ed. (1670)
  2010 Ed. (1626)

CUMULATIVE INDEX • 1989-2023

FPL Food LLC
  2012 Ed. (3580, 3588, 3591)
  2013 Ed. (3642, 3645)
  2014 Ed. (3578, 3587)
  2015 Ed. (3601)
  2017 Ed. (3438)
FPL Group Inc.
  1989 Ed. (1300, 1301)
  1990 Ed. (1604, 1605, 2507)
  1991 Ed. (1501, 1502)
  1992 Ed. (2169)
  1993 Ed. (1553, 1559, 1870, 3255)
  1994 Ed. (1312, 1590, 1599, 1600, 1854, 1855, 1856, 3249)
  1995 Ed. (1335, 1641, 1642, 1882, 3034, 3328)
  1996 Ed. (1289, 1336, 1608, 1618, 1619, 1924, 1925, 1927, 3136)
  1997 Ed. (1398, 1691, 1697, 1698, 2019, 3213)
  1998 Ed. (1137, 1384, 1390, 1391, 1708, 2963)
  1999 Ed. (1555, 1618, 1947, 1951, 2451, 2452, 3963, 3964)
  2000 Ed. (1423, 1731, 2207, 2208)
  2001 Ed. (1703, 3944)
  2002 Ed. (1648, 1649, 3876)
  2003 Ed. (1676, 1677, 2140, 2141)
  2004 Ed. (1705, 1706, 2194, 2198, 2199, 2321)
  2005 Ed. (1176, 1550, 1761, 1763, 1764, 2290, 2293, 2300, 2311, 2312, 2401)
  2006 Ed. (1707, 1709, 1710, 2353, 2356, 2365, 2443, 2690)
  2007 Ed. (1702, 1704, 1705, 2289, 2291, 2294, 2295, 2680)
  2008 Ed. (1403, 1730, 1733, 1734, 2422, 2423, 2426)
  2009 Ed. (1669, 1672, 1673, 1674, 2418, 2421, 2422, 2424, 2426, 2427, 2428, 2867, 2869, 2870)
  2010 Ed. (1625, 1626, 1629, 1630, 2016, 2332, 2342, 2343, 2344, 2346, 2347, 2348, 2354, 2355, 2433, 2804, 2810, 2811, 2816, 4583)
  2011 Ed. (1638, 1639, 1640, 1732, 2332, 2333, 2337, 2338, 2340, 2341, 2342, 2347, 2350, 2437, 2793, 2794, 2802, 4546)
  2012 Ed. (1490, 2237, 2241, 2244, 2245, 2246, 2247, 2266)
  2013 Ed. (2417, 2459)
  2014 Ed. (2356, 2390)
FPP Family Investments Inc.
  2014 Ed. (1763)
FPS Apparel
  2023 Ed. (4038)
FPS New Income
  1999 Ed. (745)
FPT
  2018 Ed. (676)
FPT Corp.
  2015 Ed. (2124)
Fr. Meyer's Sohn
  2021 Ed. (2653)
FRA - Frankfurt Airport
  2022 Ed. (149)
Frab Bank International
  1989 Ed. (456)
FRAC
  1990 Ed. (2623)
Frack; Bill
  2015 Ed. (1205)
Fraco Products Ltd.
  2019 Ed. (1017)
  2020 Ed. (1003)
  2021 Ed. (969)
  2022 Ed. (1007)
  2023 Ed. (1184)
Fractures
  2002 Ed. (3529)
Fradd; R. Brandon
  1996 Ed. (1782)
Fradkin; Steven
  2009 Ed. (386)
Fraga; Luis
  2013 Ed. (2960)
Fragasso; Robert
  2009 Ed. (3442)
Fragrance Acquisitions Ltd.
  2009 Ed. (2116)
Fragrance blends
  2001 Ed. (2450)
Fragrance Impressions
  2004 Ed. (2683)
Fragrance gift sets
  2002 Ed. (3633)
FragranceNet.com
  2010 Ed. (2367)
Fragrances
  1994 Ed. (2818)
  2001 Ed. (1911, 1920)
  2002 Ed. (3638, 4634)
Fragrances/toiletries, men's
  1999 Ed. (1933, 1934)
Fragrances, women's
  1999 Ed. (1933, 1934)

Fraidy Cats
  1997 Ed. (3771)
Fraikin
  2018 Ed. (4738)
Frain Camins & Swartchild-Oncor International
  1997 Ed. (3272)
Fraizer; Michael
  2012 Ed. (792)
  2013 Ed. (985)
Fraley; Robert T.
  2007 Ed. (2498)
Fram
  1989 Ed. (338, 339)
  1990 Ed. (388)
  1991 Ed. (338)
  1992 Ed. (469, 470)
  1993 Ed. (342, 343)
  1994 Ed. (329, 330)
  1995 Ed. (326)
  1996 Ed. (340, 341)
  1997 Ed. (317, 318)
  1998 Ed. (239, 242)
  1999 Ed. (347, 348)
  2000 Ed. (355)
Fram Farmers Ltd
  2019 Ed. (2687)
Fram (Manufacture Francaise de Chaussures)
  1994 Ed. (2362)
Fram Skandinavien
  2021 Ed. (1862)
Frama International Logistics
  2018 Ed. (4699)
Framatome
  1992 Ed. (1925)
  1997 Ed. (1683, 2754)
  2000 Ed. (3086)
  2001 Ed. (3282)
  2004 Ed. (3447)
Framatome Anp
  2005 Ed. (3461)
Frame Architecture
  2023 Ed. (273)
Framebridge
  2019 Ed. (2308)
Framery
  2019 Ed. (1553, 1554, 2933)
  2020 Ed. (1523, 2951)
Frame's Motor Freight Inc.
  1994 Ed. (3672)
  1995 Ed. (3797)
  1997 Ed. (3919)
  1998 Ed. (3766)
  1999 Ed. (4815)
  2000 Ed. (4436)
Framework
  2018 Ed. (1334)
Framework Technologies Corp.
  2002 Ed. (2521)
Frami Oy
  2012 Ed. (1479)
  2013 Ed. (1609)
Framingham, MA
  1992 Ed. (2578)
Framingham Savings
  1991 Ed. (1723)
Framlington American Turnaround
  1992 Ed. (3209)
Framlington Dual Cap
  1999 Ed. (3584)
  2000 Ed. (3306)
Framlington Health Fund
  1997 Ed. (2909, 2910)
Framlington I&C Inc.
  2000 Ed. (3303)
Frampton Construction
  2020 Ed. (1022, 1892)
Frampton Construction Co.
  2022 Ed. (1186)
  2023 Ed. (1423)
Fran; Hurricane
  2005 Ed. (2979)
Fran Metrics
  2023 Ed. (1293)
Frana & Sons
  2003 Ed. (1183)
franc; Swiss
  2008 Ed. (2273, 2275)
Franca Marketi D.O.O.
  2018 Ed. (1516)
  2019 Ed. (1544)
France
  1989 Ed. (198, 229, 230, 282, 349, 565, 1178, 1179, 1389, 1390, 1394, 1406, 1865, 2638, 2956, 2957, 2964, 2965)
  1990 Ed. (203, 204, 205, 405, 742, 746, 960, 1252, 1259, 1260, 1263, 1264, 1445, 1450, 1481, 1577, 1736, 1747, 1830, 1901, 1906, 1913, 1920, 1929, 1930, 1931, 1964, 1965, 2403, 2497, 3235, 3276, 3471, 3508, 3610, 3611, 3612, 3613, 3615, 3616, 3617, 3618, 3619, 3694, 3699, 3700)
  1991 Ed. (165, 222, 329, 352, 516, 728, 934, 1172, 1177, 1178, 1181, 1184, 1379, 1383, 1400, 1402, 1408, 1641, 1819, 1820, 1824, 1825, 1826, 1828, 1829, 1836, 1844, 1868, 2111, 2263, 2276, 2493, 2915, 3108, 3109, 3236, 3267, 3268, 3279, 3287, 3357, 3358, 3405, 3406, 3407, 3506, 3507, 3508)
  1992 Ed. (225, 228, 268, 269, 669, 723, 891, 906, 911, 912, 1040, 1049, 1087, 1088, 1120, 1234, 1373, 1485, 1489, 1490, 1493, 1496, 1639, 1713, 1727, 1728, 1736, 1737, 1759, 1774, 1776, 1880, 2046, 2070, 2072, 2078, 2079, 2080, 2081, 2171, 2252, 2293, 2297, 2300, 2301, 2302, 2304, 2305, 2312, 2320, 2322, 2358, 2806, 2854, 2936, 2937, 2950, 3276, 3348, 3599, 3600, 3685, 3806, 3807, 4139, 4140, 4141, 4152, 4184, 4185, 4194, 4203, 4238, 4239, 4320, 4321, 4322, 4413, 4474, 4475, 4495)
  1993 Ed. (146, 171, 178, 179, 201, 213, 479, 481, 700, 721, 727, 728, 843, 885, 917, 920, 956, 1035, 1202, 1203, 1206, 1209, 1269, 1299, 1345, 1422, 1463, 1466, 1467, 1535, 1540, 1542, 1596, 1717, 1719, 1720, 1722, 1723, 1724, 1730, 1731, 1732, 1743, 1952, 1957, 1958, 1959, 1960, 1962, 1969, 1976, 1992, 2000, 2028, 2103, 2129, 2167, 2229, 2368, 2378, 2387, 2481, 2482, 2950, 3053, 3302, 3455, 3456, 3476, 3510, 3595, 3596, 3597, 3681, 3722, 3723, 3724, 3725, 3726)
  1994 Ed. (156, 184, 200, 311, 335, 486, 709, 730, 735, 736, 841, 857, 927, 934, 949, 1230, 1231, 1234, 1349, 1484, 1488, 1489, 1515, 1516, 1533, 1581, 1932, 1974, 2130, 2264, 2333, 2344, 2367, 2684, 2731, 2747, 2898, 3436, 3450, 3476, 3522, 3651)
  1995 Ed. (170, 191, 663, 688, 689, 876, 929, 967, 997, 1038, 1247, 1252, 1253, 1516, 1520, 1521, 1593, 1658, 1734, 1737, 1742, 1961, 2000, 2005, 2012, 2019, 2020, 2021, 2024, 2031, 3169, 3176, 3605, 3616, 3634, 3719, 3773, 3774, 3775, 3776)
  1996 Ed. (363, 510, 761, 908, 942, 944, 1217, 1221, 1222, 1226, 1479, 1480, 1495, 1645, 1719, 1729, 1963, 2025, 2344, 2449, 2551, 3189, 3274, 3433, 3436, 3692, 3714, 3715, 3716, 3717, 3762, 3763, 3870, 3871, 3881)
  1997 Ed. (287, 321, 474, 518, 699, 941, 966, 1264, 1265, 1267, 1268, 1544, 1545, 1557, 1578, 1687, 1808, 1809, 2108, 2147, 2558, 2559, 2563, 2564, 2565, 2566, 2568, 2571, 2573, 2691, 2786, 2997, 2998, 2999, 3079, 3080, 3292, 3634, 3767, 3768, 3769, 3770, 3912)
  1998 Ed. (115, 230, 352, 484, 632, 633, 656, 683, 708, 785, 856, 1030, 1031, 1032, 1033, 1367, 1369, 1527, 1528, 1530, 1732, 1792, 1803, 1838, 1846, 1850, 1860, 2192, 2209, 2223, 2421, 2461, 2742, 2743, 2745, 2814, 2897, 3467, 3589, 3590, 3591, 3592, 3593)
  1999 Ed. (332, 770, 1069, 1104, 1207, 1213, 1462, 1463, 1464, 1465, 1783, 1784, 1796, 2090, 2091, 2092, 2103, 2106, 2108, 2443, 2596, 2611, 2612, 2613, 2825, 2826, 2884, 2936, 3111, 3113, 3114, 3115, 3193, 3273, 3283, 3284, 3289, 3342, 3449, 3695, 3696, 3698, 3790, 4348, 4468, 4479, 4481, 4594, 4623, 4624, 4625, 4626, 4695, 4802, 4803, 4804)
  2000 Ed. (787, 820, 1032, 1064, 1321, 1322, 1323, 1324, 1608, 1612, 1613, 1649, 1889, 2335, 2355, 2356, 2360, 2374, 2375, 2378, 2862, 2863, 2983, 3011, 3175, 3354, 3357, 3753, 4183, 4271, 4272, 4273, 4274, 4360, 4425)
  2001 Ed. (291, 358, 367, 386, 390, 395, 525, 526, 625, 662, 697, 1002, 1004, 1005, 1019, 1020, 1082, 1097, 1125, 1137, 1149, 1152, 1171, 1174, 1182, 1190, 1191, 1242, 1259, 1274, 1283, 1285, 1299, 1300, 1301, 1311, 1338, 1340, 1353, 1414, 1496, 1497, 1509, 1688, 1917, 1918, 1919, 1949, 1950, 1982, 1983, 1984, 1992, 2002, 2008, 2020, 2023, 2035, 2038, 2042, 2044, 2047, 2094, 2104, 2127, 2128, 2134, 2135, 2142, 2147, 2222, 2263, 2278, 2305, 2364, 2366, 2367, 2370, 2371, 2372, 2379, 2395, 2412, 2451, 2469, 2489, 2562, 2574, 2575, 2602, 2611, 2639, 2681, 2696, 2724, 2734, 2735, 2752, 2799, 2800, 2814, 2821, 2825, 2835, 2970, 3020, 3022, 3036, 3044, 3045, 3075, 3149, 3151, 3160, 3181, 3199, 3207, 3209, 3227, 3240, 3241, 3244, 3298, 3305, 3316, 3367, 3370, 3387, 3410, 3420, 3502, 3529, 3552, 3558, 3602, 3638, 3644, 3691, 3706, 3760, 3783, 3823, 3824, 3825, 3847, 3859, 3865, 3875, 3950, 3967, 3987, 3991, 4017, 4028, 4039, 4041, 4112, 4113, 4134, 4136, 4155, 4246, 4249, 4263, 4266, 4267, 4276, 4277, 4309, 4339, 4370, 4378, 4387, 4390, 4393, 4398, 4399, 4400, 4401, 4402, 4440, 4483, 4494, 4495, 4500, 4548, 4565, 4566, 4590, 4596, 4597, 4598, 4601, 4632, 4651, 4652, 4655, 4656, 4664, 4677, 4686, 4687, 4690, 4715, 4732, 4785, 4905, 4906, 4907, 4908, 4909, 4910, 4941, 4943)
  2002 Ed. (280, 301, 559, 561, 681, 742, 746, 758, 780, 781, 975, 1344, 1409, 1410, 1411, 1412, 1419, 1474, 1475, 1476, 1477, 1478, 1479, 1486, 1651, 1682, 1809, 1810, 1814, 1823, 2409, 2412, 2425, 2751, 2752, 2753, 2754, 2755, 2756, 2757, 2900, 2936, 3073, 3075, 3099, 3181, 3183, 3229, 3519, 3523, 3595, 3596, 3961, 3967, 4055, 4056, 4057, 4058, 4380, 4507, 4623, 4707, 4773, 4971, 4972, 4973, 4974, 4998, 4999)
  2003 Ed. (249, 266, 267, 268, 290, 493, 641, 824, 871, 930, 949, 950, 1036, 1386, 1430, 1431, 1432, 1433, 1438, 1494, 1495, 1879, 1973, 1974, 2053, 2129, 2216, 2217, 2218, 2220, 2224, 2225, 2227, 2233, 2234, 2493, 2616, 2618, 2623, 2624, 2702, 3167, 3200, 3232, 3276, 3332, 3336, 3415, 3658, 3755, 3877, 4043, 4176, 4199, 4200, 4214, 4216, 4422, 4423, 4554, 4556, 4618, 4628, 4667, 4672, 4822, 4898, 4920, 4970, 4971, 4972, 5000)
  2004 Ed. (210, 231, 232, 257, 655, 863, 897, 938, 1041, 1042, 1043, 1044, 1401, 1460, 1461, 1462, 1463, 1468, 1524, 1525, 1909, 1921, 2096, 2178, 2626, 2740, 2768, 2814, 2823, 3223, 3243, 3244, 3287, 3321, 3339, 3393, 3396, 3402, 3406, 3479, 3703, 3769, 3902, 3917, 3918, 3919, 4063, 4203, 4226, 4227, 4238, 4422, 4425, 4426, 4538, 4601, 4603, 4604, 4605, 4606, 4607, 4608, 4650, 4652, 4738, 4816, 4817, 4821, 4888, 4909, 4999)
  2005 Ed. (237, 238, 240, 259, 505, 644, 837, 861, 862, 920, 930, 1042, 1043, 1044, 1045, 1422, 1476, 1477, 1478, 1479, 1484, 1540, 1541, 2042, 2056, 2200, 2278, 2536, 2537, 2616, 2738, 2761, 2764, 2824, 3022, 3101, 3252, 3269, 3346, 3363, 3400, 3403, 3415, 3419, 3478, 3603, 3610, 3614, 3686, 3840, 3863, 3864, 3865, 3999, 4130, 4153, 4154, 4166, 4370, 4373, 4374, 4375, 4535, 4537, 4538, 4539, 4540, 4541, 4542, 4570, 4590, 4602, 4603, 4717, 4790, 4791, 4801, 4824, 4901, 4902, 4969, 4970, 4971, 4977, 5000)
  2006 Ed. (258, 259, 282, 441, 586, 763, 839, 1010, 1051, 1052, 1053, 1055, 1407, 1432, 1433, 1434, 1435, 1439, 1442, 1443, 2138, 2150, 2262, 2328, 2346, 2538, 2539, 2614, 2703, 2718, 2719, 2720, 2806, 2985, 3017, 3116, 3239, 3261, 3335, 3339, 3349, 3409, 3412, 3425, 3429, 3479, 3705, 3731, 3780, 3909, 3927, 3928, 3929, 4034, 4176, 4209, 4210, 4214, 4221, 4318, 4323, 4324, 4478, 4573, 4616, 4618, 4619, 4620, 4621, 4622, 4623, 4651, 4656, 4669, 4769, 4777, 4861, 4862, 4866, 4934, 4935, 5000)
  2007 Ed. (265, 266, 267, 285, 446, 577, 674, 748, 862, 1140, 1141, 1142, 2086, 2094, 2200, 2282, 2590, 2697, 2711, 2798, 3050, 3298, 3379, 3393, 3397, 3426, 3428, 3700, 3714, 3777, 3956, 3982, 3983, 3984, 4070, 4219, 4220, 4237, 4383, 4388, 4389, 4412, 4418, 4419, 4536, 4603, 4605, 4606, 4607, 4608, 4609, 4610, 4651, 4676, 4689, 4776, 4868, 4941, 5000)
  2008 Ed. (248, 251, 414, 1020, 1021, 1022, 1279, 1280, 1283, 1284, 1287, 1289, 1291, 1412, 1413, 1414, 1415, 1419, 1421, 1422, 2204, 2334, 2417, 2626, 2727, 2824, 2845, 2924, 2949, 2950, 3164, 3411, 3590, 3592, 4270, 4339, 4387, 4499, 4552, 4554, 4555, 4556, 4557, 4558, 4582, 4587, 4597, 4793, 4794, 4918, 5000)
  2009 Ed. (271, 272, 439, 1005, 1006, 1007, 1262, 1263, 1266, 1267, 1270, 1272, 1274, 2321, 2377, 2379, 2385, 2416, 2653, 2679, 2774, 2782, 2882, 2980, 3239, 3275, 3340, 3374, 3479, 3660, 3662, 4250, 4374, 4444, 4464, 4470, 4471, 4530, 4584, 4585, 4586, 4587, 4588, 4589, 4625, 4631, 4641, 4929, 5001)
  2010 Ed. (258, 768, 970, 971, 972, 1065, 1258, 1259, 1262, 1263, 1266, 1268, 1270, 1378, 2018, 2113, 2251, 2331, 2405, 2558, 2579, 2584, 2586, 2714, 2819, 2838, 2920, 3279, 3336, 3411, 3600, 3746, 3747, 3837, 3970, 4189, 4374, 4401, 4485, 4487, 4488, 4515, 4518, 4521, 4573, 4581, 4618, 4619,

830   Business Rankings Annual • CUMULATIVE INDEX • 1989-2023 / Part 2

4620, 4621, 4622, 4623, 4659, 4671, 4684, 4934)
2011 Ed. (178, 685, 896, 897, 898, 899, 900, 1003, 1208, 1212, 1213, 1216, 2259, 2299, 2327, 2543, 2556, 2557, 2561, 2566, 2568, 2700, 2805, 2820, 2884, 3136, 3248, 3293, 3383, 3395, 3507, 3508, 3509, 3602, 3755, 3819, 3840, 3977, 4001, 4309, 4325, 4326, 4346, 4418, 4422, 4423, 4452, 4455, 4458, 4459, 4535, 4574, 4575, 4576, 4577, 4578, 4579, 4607, 4634, 4703)
2012 Ed. (626, 925, 1144, 1148, 1149, 1152, 1156, 2508, 2513, 2515, 2753, 3084, 3214, 3274, 3313, 3821, 4376)
2013 Ed. (666, 767, 1069, 1625, 2291, 2643, 2645, 2828, 3167, 3385, 3778, 3873)
2014 Ed. (792, 2466, 2601, 2869, 3172, 3387, 3711, 3809)
2015 Ed. (94, 835, 2644, 2646, 2909, 3723, 3832, 4243)
2016 Ed. (58, 2567, 2830)
2017 Ed. (710, 2317, 3073, 3231)
2018 Ed. (661)
2019 Ed. (632, 671, 2399, 3319, 3320, 4907)
2020 Ed. (663, 2215, 4569)
2021 Ed. (638, 3186)
2022 Ed. (673)
2023 Ed. (845, 877, 2999, 3406, 3645, 4458, 4570, 4571)
France; Brian
 2009 Ed. (4519)
 2010 Ed. (4557, 4558)
France & Co.
 2009 Ed. (866)
France (Corsica-119)
 2000 Ed. (4237)
France Growth Fund Inc.
 2005 Ed. (3214)
France; James
 2007 Ed. (4904)
 2015 Ed. (4902)
 2016 Ed. (4819)
France; Joseph
 1992 Ed. (2136)
 1993 Ed. (1801)
 1994 Ed. (1784, 1828)
France Jr.; William
 2007 Ed. (4904)
France Loto
 1991 Ed. (22)
 1994 Ed. (21)
France Public Relations Group
 2001 Ed. (3936)
France Telecom
 1990 Ed. (1945)
 1991 Ed. (3107)
 1992 Ed. (2343, 3942, 4204)
 1993 Ed. (2937, 3253)
 1994 Ed. (3247, 3484)
 1995 Ed. (3035, 3554, 3555)
 1996 Ed. (3137, 3403, 3649, 3650, 3651)
 1997 Ed. (1407, 3499, 3501, 3502, 3692, 3693)
 1998 Ed. (2217, 3477)
 1999 Ed. (1632, 4164, 4287, 4289, 4551, 4552, 4553)
 2000 Ed. (790, 1434, 1435, 1475, 2642, 4006, 4008, 4191, 4192)
 2001 Ed. (36, 1337, 1693, 1696, 1707, 1709, 1710, 1711)
 2014 Ed. (2569, 4013, 4015, 4056, 4658)
 2015 Ed. (4653)
France Telecom SA
 2002 Ed. (761, 762, 1126, 1403, 1415, 1638, 1656, 1657, 1658, 4569, 4570)
 2003 Ed. (1428, 1681, 1682, 3298, 4396, 4584, 4702, 4703)
 2004 Ed. (30, 41, 45, 54, 77, 1089, 1720, 1738, 3022, 3359, 4673)
 2005 Ed. (23, 39, 49, 77, 1475, 1483, 1797, 2146, 3284, 3390, 4282, 4359, 4634)
 2006 Ed. (29, 46, 56, 81, 86, 101, 1093, 1431, 1438, 1721, 1722, 1724, 1725, 3039, 3380, 4598)
 2007 Ed. (21, 37, 76, 92, 1687, 1730, 1732, 1733, 4585, 4588, 4713, 4714, 4718, 4719, 4721)
 2008 Ed. (41, 82, 102, 1759, 1760, 1761, 3558, 4641, 4643)
 2009 Ed. (46, 57, 82, 91, 1685, 1686, 1687, 1688, 3625, 3764, 4680, 4681, 4683, 4684)
 2010 Ed. (56, 67, 70, 80, 91, 94, 99, 103, 1046, 1403, 1413, 1642, 1643, 1644, 1645, 3546, 4693, 4695, 4697)
 2011 Ed. (976, 1653, 1654, 1655, 3546, 4645, 4647, 4648, 4653)
 2012 Ed. (34, 895, 1504, 3539, 4636, 4649, 4651, 4654, 4658)
 2013 Ed. (1052, 1643, 3584, 4602, 4611, 4634, 4638)
 2014 Ed. (1016, 1602, 3548, 4655, 4671, 4689)
 2015 Ed. (1051, 1653, 3571, 4650, 4679, 4699)

France; Todd
 2021 Ed. (4462)
Frances
 1992 Ed. (1566)
 2001 Ed. (600, 601, 602)
Frances Beinecke
 2009 Ed. (3832)
Frances; Hurricane
 2007 Ed. (3005)
 2009 Ed. (874, 3209)
 2010 Ed. (3141)
 2011 Ed. (3108)
 2012 Ed. (3044)
Frances Lehman Loeb
 1993 Ed. (891)
Frances Loo
 1996 Ed. (1907)
Frances del Rio de la Plata
 2000 Ed. (456, 458, 461)
Frances Valores
 2008 Ed. (732)
Francesca Raleigh
 1999 Ed. (2344)
Francesca's
 2014 Ed. (4332)
Francesca's Collections
 2014 Ed. (965)
 2015 Ed. (1000)
 2016 Ed. (907)
 2018 Ed. (885)
Franceschini; Tony
 2007 Ed. (2507)
Francesco Gaetano Caltagirone
 2008 Ed. (4869)
 2009 Ed. (4891)
Francesco Group Holdings
 2001 Ed. (2661)
Francesco Rinaldi
 2014 Ed. (4508)
 2015 Ed. (4508)
Francesco Totti
 2007 Ed. (4464)
Franchise Brokers Association
 2023 Ed. (936)
FCC, The Franchise Consulting Company
 2023 Ed. (936)
The Franchise CPA
 2023 Ed. (50)
Franchise Elevator PR
 2023 Ed. (4122)
Franchise FastLane
 2023 Ed. (1293, 1889)
Franchise Finance
 1989 Ed. (2293)
Franchise Payments Network
 2023 Ed. (4415)
Franchise Services
 2017 Ed. (3959, 3966, 3967, 3968, 3969, 3970, 3971)
 2022 Ed. (3969, 3970, 3971, 3972, 3973, 3974)
Franchise Services Inc.
 2014 Ed. (4106, 4107, 4108, 4109, 4110, 4111, 4112)
 2015 Ed. (4084, 4085, 4086, 4087, 4088, 4089, 4090)
 2016 Ed. (3995, 3996, 4000, 4001, 4002, 4003, 4004)
 2018 Ed. (3983, 3984, 3985, 3986, 3987, 3988, 3989, 3990)
 2019 Ed. (3971, 3972, 3973, 3974)
 2020 Ed. (3992, 3993, 3994)
 2021 Ed. (3957, 3958, 3959, 3960, 3961)
FranchiseMart
 2012 Ed. (595)
FranchiseSmith LLC
 2023 Ed. (3464)
FranchiseSoft
 2023 Ed. (4574)
Franchitti; Dario
 2005 Ed. (4895)
FranChoice
 2023 Ed. (936)
Francis; Agil
 2020 Ed. (1090)
Francis Cauffman
 2011 Ed. (3304)
Francis Cauffman Foley Hoffman, Architects Ltd.
 1999 Ed. (291)
Francis Cauffman Foley Hoffmann
 2000 Ed. (316)
Francis Cauffman Foley Hoffmann, Architects
 1994 Ed. (238)
 2005 Ed. (3159)
Francis Choi
 2018 Ed. (4857)
Francis deSouza
 2020 Ed. (716)
Francis Ford Coppola
 2006 Ed. (2499)
Francis Freisinger
 1999 Ed. (2405)
Francis; Michael
 2010 Ed. (2568)

Francis Middlehurst
 1996 Ed. (1913)
 1997 Ed. (2003)
Francis & Shamus Jennings
 2009 Ed. (4916)
Francis Woollen
 1999 Ed. (2318)
 2000 Ed. (2097)
Francis X. Knott
 1992 Ed. (2060)
Francis Yeoh
 2006 Ed. (4917)
Franciscan Alliance Inc.
 2016 Ed. (1665)
 2017 Ed. (1639)
 2018 Ed. (1618)
 2019 Ed. (1660)
 2020 Ed. (1619)
 2021 Ed. (1596)
Franciscan Crab Restaurant
 2019 Ed. (4186)
 2020 Ed. (4198)
 2021 Ed. (4137, 4138)
 2022 Ed. (4164)
Franciscan Health System
 1992 Ed. (3258)
 1997 Ed. (2163, 2257)
 2010 Ed. (3344)
Franciscan Health System West
 2007 Ed. (2055)
 2008 Ed. (2164)
 2009 Ed. (2145)
Franciscan Health Systems
 1989 Ed. (1610)
Francisco A. Lorenzo
 1990 Ed. (1711)
Francisco Borges
 2013 Ed. (2683)
Francisco Cigarroa
 2011 Ed. (2950)
Francisco D'Souza
 2015 Ed. (970)
Francisco Ivens de Sa Dias Branco
 2013 Ed. (4859)
 2015 Ed. (4911)
 2016 Ed. (4827)
Francisco Jose Calderon Rojas
 2014 Ed. (4901)
 2019 Ed. (4863)
 2020 Ed. (4852)
Francisco Jose Riberas Mera
 2015 Ed. (4960)
Francisco L. Borges
 2008 Ed. (184)
Francisco Loret de M.
 2002 Ed. (3728)
Francisco N. Codina
 2008 Ed. (2628)
Francisco Partners
 2004 Ed. (3255)
The Franciscus Co.
 2002 Ed. (2694)
 2003 Ed. (1170)
 2005 Ed. (1205)
Franco
 2023 Ed. (4127, 4146)
Franco-American
 2003 Ed. (861)
Franco-American Where's Waldo?
 1995 Ed. (1887)
Franco; Anthony M.
 1994 Ed. (2955)
 1995 Ed. (3013)
Franco Fresco
 2021 Ed. (1551, 2615)
Franco Manufacturing
 2006 Ed. (2950)
 2007 Ed. (588, 3296)
 2009 Ed. (3182, 3472)
 2010 Ed. (3114, 3408)
Franco Modigliani
 2004 Ed. (3167)
Franco; Natalia
 2006 Ed. (2516)
Franco Nevada
 2018 Ed. (3593)
Franco-Nevada
 2017 Ed. (3533)
Franco-Nevada Corp.
 2009 Ed. (4400)
 2010 Ed. (1567)
 2015 Ed. (2905)
 2018 Ed. (1467, 3581, 3582)
 2019 Ed. (3573, 3575)
 2020 Ed. (3552)
 2021 Ed. (3573)
 2022 Ed. (2880, 3633)
 2023 Ed. (2994)
Franco Nevada Mining Corp.
 2003 Ed. (2626)
 2005 Ed. (1521)
Franco Public Relations
 1996 Ed. (3114)
 1998 Ed. (2947)
 1999 Ed. (3931)
Franco Public Relations Group
 1997 Ed. (3193)
 2002 Ed. (3839)

2003 Ed. (4018)
Franco Rosso Italia SRL
 2017 Ed. (1690)
Franco Whole Foods LLC
 2022 Ed. (4668)
 2023 Ed. (4657)
Francodex Sante Animale
 2017 Ed. (1572)
Francois Bettencourt Meyers
 2021 Ed. (4839)
 2022 Ed. (4832)
Francois Gouws
 1999 Ed. (2427)
 2000 Ed. (2187)
Francois-Henri Pinault
 2007 Ed. (1102)
 2009 Ed. (969)
 2010 Ed. (932)
 2020 Ed. (716, 861)
Francois-Henri Pinault (Kering)
 2021 Ed. (875)
François Pinault & family
 2023 Ed. (4827)
Francois Pinault
 2000 Ed. (735)
 2008 Ed. (4865, 4866)
 2009 Ed. (4887)
 2010 Ed. (4888)
 2011 Ed. (4877)
 2012 Ed. (4886)
 2013 Ed. (4870)
 2014 Ed. (4884)
 2015 Ed. (4923)
 2016 Ed. (4839)
 2017 Ed. (4847)
 2018 Ed. (4854)
 2019 Ed. (4849)
 2020 Ed. (4838)
 2021 Ed. (4839)
 2022 Ed. (4832)
Francoise Bettencourt Meyers
 2019 Ed. (4849)
 2020 Ed. (4838)
Francoise Bettencourt Meyers & family
 2023 Ed. (4827)
Franconia Village Cross-Country Ski Center
 2015 Ed. (4470)
 2016 Ed. (4375)
Franconia Village Cross-Country Ski & Outdoor Recreation Center
 2018 Ed. (4376)
 2019 Ed. (4399)
 2020 Ed. (4398)
 2021 Ed. (4398)
FranConnect
 2023 Ed. (4574)
Frandisco Life Ins Co
 2023 Ed. (3330)
Frandisco Life Insurance Co.
 2021 Ed. (3100)
 2022 Ed. (3241)
Frandsen Bank & Trust
 2012 Ed. (391)
 2013 Ed. (304)
 2014 Ed. (318)
 2015 Ed. (359)
 2021 Ed. (337, 382)
 2022 Ed. (395)
 2023 Ed. (517)
Franel Optical Supplies
 2001 Ed. (3594)
FranFund
 2023 Ed. (551)
FranFunnel
 2023 Ed. (4574)
Frangelico
 1990 Ed. (2444)
 1992 Ed. (2889)
 1993 Ed. (2429, 2432)
 1994 Ed. (2373)
 1996 Ed. (2499, 2502)
 1997 Ed. (2641, 2643)
 1998 Ed. (2369, 2370)
 2000 Ed. (2942)
 2001 Ed. (3105, 3107)
 2002 Ed. (300, 3093, 3095)
 2003 Ed. (3224)
 2004 Ed. (3274)
Frango AB
 2006 Ed. (2029)
Franich Auto Center; Marty
 1995 Ed. (296)
Franich Ford; Marty
 1991 Ed. (269)
 1994 Ed. (268)
Franich Lincoln Mercury; Marty
 1991 Ed. (284)
 1993 Ed. (275)
 1994 Ed. (274)
 1996 Ed. (299)
Frank A. Greek & Son
 2000 Ed. (3722)
 2002 Ed. (3925)
Frank Alvarez
 2011 Ed. (2950)
Frank Annunzio
 1992 Ed. (1039)

CUMULATIVE INDEX • 1989-2023

Frank B. Hall
  1989 Ed. (1739, 2666)
  1990 Ed. (2268, 2270)
  1992 Ed. (20, 2702)
Frank B. Hall & Co. Inc.
  1990 Ed. (2266)
  1991 Ed. (1148, 2137, 2138, 2139)
  1993 Ed. (2247, 2248, 2249)
  1994 Ed. (2224, 2225, 2227)
Frank B. Hall Consulting Co.
  1990 Ed. (1651)
Frank B. Hall Management Co.
  1990 Ed. (905)
Frank Baldino Jr.
  2011 Ed. (831, 851)
Frank; Barney
  2010 Ed. (702)
Frank Batten Jr.
  2010 Ed. (4928)
  2011 Ed. (4913)
Frank Batten Sr.
  2008 Ed. (4911)
  2009 Ed. (4859)
  2010 Ed. (4928)
  2011 Ed. (4913)
Frank, Bernstein, Conaway & Goldman
  1990 Ed. (2414)
  1991 Ed. (2280)
  1992 Ed. (2829)
  1993 Ed. (2392)
Frank Blake
  2009 Ed. (3074)
  2010 Ed. (2559)
  2011 Ed. (2975)
Frank Bluestein
  2009 Ed. (3442)
Frank Bodenchak
  1999 Ed. (2215)
  2000 Ed. (1988)
Frank Bommarito Mazda
  1991 Ed. (285)
  1992 Ed. (390)
  1994 Ed. (275)
Frank Bommarito Oldsmobile
  1993 Ed. (276)
Frank Boyd
  2012 Ed. (4920)
  2013 Ed. (4894)
Frank Burke
  2009 Ed. (4905)
  2010 Ed. (4906)
Frank C. Carlucci
  1998 Ed. (1135)
Frank C. Lanza
  1993 Ed. (1702)
  2005 Ed. (973, 976)
  2006 Ed. (930)
Frank Cerminara
  2006 Ed. (961)
Frank Chevrolet; Z.
  1991 Ed. (306)
  1993 Ed. (296, 300)
  1994 Ed. (265)
Frank Consolidated Enterprises Inc.
  1989 Ed. (924)
  1990 Ed. (1025)
  1991 Ed. (952)
  1992 Ed. (1187, 4483)
  1993 Ed. (3733)
  1994 Ed. (3668)
  1995 Ed. (3792)
  1996 Ed. (3878)
  2000 Ed. (4431)
  2009 Ed. (325)
  2010 Ed. (306)
Frank Crystal & Co.
  2002 Ed. (2857)
  2004 Ed. (3067)
  2005 Ed. (3077)
  2006 Ed. (3078)
  2007 Ed. (3098)
  2008 Ed. (3246)
  2011 Ed. (3201)
  2012 Ed. (3158)
  2013 Ed. (3234)
  2014 Ed. (3248)
Frank; Curtiss Ely
  1993 Ed. (893)
Frank D'Amelio
  2006 Ed. (957)
  2007 Ed. (1053)
Frank DeSantis Jr.
  1994 Ed. (1762)
  1995 Ed. (1804)
  1996 Ed. (1778)
  1997 Ed. (1853)
  1998 Ed. (1628)
Frank Dunn
  2004 Ed. (2534)
Frank Dunne
  2007 Ed. (4918)
Frank E. Weise III
  2004 Ed. (971, 1667)
Frank F. Haack & Associates Inc.
  2004 Ed. (2269)
  2005 Ed. (2370)
  2006 Ed. (2419)

Frank Fairbanks
  1992 Ed. (3136)
Frank Fertitta
  2012 Ed. (4852)
  2013 Ed. (4849)
Frank Fletcher Co.
  2014 Ed. (1372)
Frank Fletcher Cos.
  2014 Ed. (1378)
Frank Foley
  2011 Ed. (2973)
Frank G. Wells
  1990 Ed. (1713)
  1991 Ed. (1620)
  1992 Ed. (2051)
Frank G. Zarb
  1995 Ed. (1728)
  1997 Ed. (1802)
Frank Governali
  1993 Ed. (1827)
  1995 Ed. (1848)
  1996 Ed. (1826)
  1997 Ed. (1900)
  1998 Ed. (1679)
  1999 Ed. (2274)
  2000 Ed. (2056)
Frank & Grossman Landscape Contractors
  2021 Ed. (3266)
Frank Gumpert Printing of Annapolis
  2013 Ed. (4093)
Frank Gumpert Printing Co. Inc.
  1996 Ed. (3086)
  1997 Ed. (3164)
Frank H. Riketson, Jr.
  1992 Ed. (1096, 1098)
Frank Harmon Architect
  2011 Ed. (194)
Frank Hasenfratz
  2001 Ed. (1219)
Frank Hennessey
  1998 Ed. (1517)
Frank Howard Allen, Realtors
  2008 Ed. (4106)
Frank J. Biondi II
  1994 Ed. (950)
Frank J. Biondi Jr.
  1995 Ed. (980)
Frank J. Corbett Inc.
  1989 Ed. (62)
Frank J. Fertitta, III
  1999 Ed. (2079)
  2000 Ed. (1877)
Frank J. Marshall
  1999 Ed. (2083)
Frank J. Pascale
  1992 Ed. (534)
Frank J. Tasco
  1989 Ed. (1741)
  1990 Ed. (2271)
Frank Jordan
  1995 Ed. (2518)
Frank Knuettel
  1993 Ed. (1813, 1815)
  1994 Ed. (1796, 1798)
  1995 Ed. (1834)
  1996 Ed. (1812, 1813)
  1997 Ed. (1886, 1888)
  1998 Ed. (1635, 1646)
  1999 Ed. (2222)
  2000 Ed. (1999)
Frank L. Blum Construction Co.
  2019 Ed. (1865)
  2020 Ed. (1804)
  2021 Ed. (1771)
  2022 Ed. (1808)
  2023 Ed. (1935)
Frank Lampard
  2007 Ed. (4464)
  2012 Ed. (217)
  2013 Ed. (190)
  2018 Ed. (198)
Frank Lanza
  1998 Ed. (1515)
  2006 Ed. (870)
  2007 Ed. (961)
Frank Lautenberg
  2001 Ed. (3318)
Frank Lazaran
  2006 Ed. (933)
Frank Leta Automotive Family
  2023 Ed. (4771)
Frank Leta Automotive Group
  2022 Ed. (1739, 4782)
  2023 Ed. (1879)
Frank Lill & Son Inc.
  2008 Ed. (1192, 1981, 1983)
  2009 Ed. (1167, 1938)
Frank Lowy
  2001 Ed. (3317)
  2002 Ed. (871)
  2008 Ed. (4842)
  2009 Ed. (4860, 4876)
  2010 Ed. (4862, 4878)
  2011 Ed. (4867, 4868)
  2012 Ed. (4873, 4874)
  2013 Ed. (4855, 4856)
  2014 Ed. (4869, 4870)
  2015 Ed. (4907, 4908)

  2016 Ed. (4823, 4824)
  2017 Ed. (4834)
  2018 Ed. (4839)
  2019 Ed. (4835)
  2020 Ed. (4825)
  2021 Ed. (4826)
  2022 Ed. (4819)
  2023 Ed. (4813)
Frank M. Clark
  2010 Ed. (178)
Frank M. Semple
  2009 Ed. (956)
  2011 Ed. (857)
Frank Malet
  1994 Ed. (899)
Frank Marshall
  1998 Ed. (1515)
Frank McGann
  1999 Ed. (2277, 2411)
Frank N. Newman
  1999 Ed. (386)
  2000 Ed. (386)
Frank & Oak
  2016 Ed. (4251)
Frank Oldsmobile; Z
  1991 Ed. (289)
Frank Pallone Jr.
  1999 Ed. (3843, 3959)
Frank Parra
  1990 Ed. (2015)
Frank Parra Autoplex
  1994 Ed. (2050)
  1995 Ed. (2106, 2110)
  2004 Ed. (338)
Frank Parra Chevrolet Inc.
  1990 Ed. (2007)
  1991 Ed. (271, 1905)
  1992 Ed. (2400, 2408)
Frank Parra Mitsubishi
  1991 Ed. (287)
  1992 Ed. (392)
  1993 Ed. (278)
  1994 Ed. (277)
  1995 Ed. (280)
  1996 Ed. (280)
Frank Productions
  2018 Ed. (1005)
Frank R. Jarc
  1997 Ed. (1804)
Frank Rewold & Son Inc.
  2009 Ed. (1642)
Frank, Rimerman & Co.
  2000 Ed. (21)
Frank, Rimerman & Co. LLP
  2002 Ed. (26, 27)
  2003 Ed. (11)
  2004 Ed. (17)
  2005 Ed. (13)
  2006 Ed. (18)
  2007 Ed. (14)
  2008 Ed. (12)
  2009 Ed. (15)
  2010 Ed. (25, 27)
  2011 Ed. (23)
  2012 Ed. (28)
  2013 Ed. (24)
  2014 Ed. (20)
  2015 Ed. (21)
  2016 Ed. (20)
  2017 Ed. (16)
  2018 Ed. (15)
  2019 Ed. (16)
  2020 Ed. (18)
  2021 Ed. (20)
  2022 Ed. (21)
  2023 Ed. (61)
Frank, Rimerman + Co. LLP
  2023 Ed. (21)
Frank; Robert
  1996 Ed. (1804)
  1997 Ed. (1877)
Frank Robino Associates Inc.
  1991 Ed. (1066)
Frank; Ronald
  1995 Ed. (1867)
  1996 Ed. (1806)
Frank; Rudolph J.
  1989 Ed. (735)
Frank Russell Canada Ltd.
  2006 Ed. (1601, 2604)
  2007 Ed. (2573)
Frank Russell Co.
  1992 Ed. (2780)
  1993 Ed. (2291)
  1994 Ed. (2323)
  1995 Ed. (2381)
  1996 Ed. (2379)
  1998 Ed. (2266, 2300, 2304)
  1999 Ed. (3044, 3063, 3064, 3068)
  2000 Ed. (2776, 2799, 2832)
  2002 Ed. (3005, 3006, 3017)
  2003 Ed. (3088)
  2004 Ed. (3192)
Frank Russell Equity II Fund Institutional
  2003 Ed. (3536)
Frank Russell Investment Management
  1997 Ed. (2512, 3271)

Frank Russell Trust
  1992 Ed. (2741)
Frank Salizzoni
  2002 Ed. (2180)
Frank Samuel
  1991 Ed. (2406)
Frank Savage
  1989 Ed. (737)
Frank Sherman Morgan
  1990 Ed. (457, 3686)
Frank; Sidney
  2007 Ed. (4900)
Frank Smathers, Jr.
  1992 Ed. (1093)
Frank Smathers Jr. and Mary Belle
  1992 Ed. (1280)
Frank & Stein
  2002 Ed. (2249)
Frank Stronach
  1997 Ed. (980)
  2001 Ed. (1219)
  2004 Ed. (2534)
  2005 Ed. (2514, 3857, 4869)
  2006 Ed. (936, 2528, 3920)
  2007 Ed. (1030)
  2008 Ed. (2637)
  2009 Ed. (2662)
  2013 Ed. (4051)
Frank Tax-Advantage High Income
  1993 Ed. (2677)
Frank Templeton Fr A Micro Cap Value
  2004 Ed. (4541)
Frank Timis
  2012 Ed. (4917)
Frank V. Cahouet
  2001 Ed. (2314)
Frank V. Sica
  1998 Ed. (1135)
Frank Warren
  2010 Ed. (829)
Frank Weise
  2006 Ed. (2528)
Frank Weise III
  2006 Ed. (875)
Frank Wise
  1992 Ed. (3139)
FrankAndOak.com
  2018 Ed. (2318)
  2019 Ed. (2307)
Franke Contract Group
  1996 Ed. (1955, 1956)
  2000 Ed. (2243)
Franke Contract Group USA
  2005 Ed. (2623)
  2006 Ed. (2619)
  2007 Ed. (2595)
Franke; Richard J.
  1994 Ed. (1721)
Franke Romont Sa.
  1991 Ed. (1781)
Franke USA Group
  1997 Ed. (2060, 2061)
  1999 Ed. (2482)
Franke USA Holding Inc.
  2011 Ed. (1605)
  2012 Ed. (1451)
Frankel
  2005 Ed. (3406)
Frankel & Co.
  1989 Ed. (2351)
  1990 Ed. (3077)
  1992 Ed. (3758)
  1993 Ed. (3063)
  1997 Ed. (1618)
  1998 Ed. (1287)
  2000 Ed. (77, 1675)
  2001 Ed. (3920)
Frankel's
  1990 Ed. (2115)
Frankenmuth Bavarian Inn
  1991 Ed. (2858)
  1992 Ed. (3687)
  1993 Ed. (3010)
  1994 Ed. (3053)
  2001 Ed. (4051, 4052)
  2010 Ed. (4198, 4199, 4200)
  2018 Ed. (4175, 4176)
  2019 Ed. (4190, 4191)
  2020 Ed. (4202, 4207)
  2021 Ed. (4163, 4163, 4164)
  2022 Ed. (4174, 4175, 4187)
Frankenmuth Bavarian Inn (Frankenmuth, MI)
  2021 Ed. (4164)
  2022 Ed. (4187)
Frankenmuth Brewery Inc.
  1992 Ed. (3064)
  1996 Ed. (2630)
  1997 Ed. (714)
Frankenmuth Brewing Co.
  1998 Ed. (2490)
Frankenmuth Credit Union
  2022 Ed. (2062)
Frankford Candy LLC
  2022 Ed. (813)
Frankford Elevated reconstruction project
  2000 Ed. (1227)

Frankford Hospital
 2000 Ed. (3539)
Frankford Paw Patrol Wonder Ball
 2021 Ed. (771)
Frankford Shopkins
 2021 Ed. (771)
Frankford Super Mario
 2021 Ed. (771)
Frankfort, KY
 2016 Ed. (1732)
 2017 Ed. (3343)
Frankfort; Lew
 2005 Ed. (980, 2480)
 2011 Ed. (836)
 2012 Ed. (799)
 2013 Ed. (984)
Frankfort; Lewis
 2006 Ed. (873, 932, 938)
 2007 Ed. (964, 1022)
 2008 Ed. (935, 943)
 2009 Ed. (943)
Frankfort Regional Medical Center
 2008 Ed. (1879)
 2009 Ed. (1834)
 2010 Ed. (1775)
 2015 Ed. (1773)
 2016 Ed. (1726)
Frankfurt
 1990 Ed. (863)
 1997 Ed. (1004, 2684, 3782)
 2000 Ed. (107)
 2023 Ed. (2779)
Frankfurt Airport
 1992 Ed. (311)
 1997 Ed. (223, 224, 225, 1679)
 1998 Ed. (147)
 1999 Ed. (249, 250)
 2001 Ed. (2121)
 2002 Ed. (274)
 2021 Ed. (156)
 2022 Ed. (140, 144, 146, 149)
 2023 Ed. (215, 220)
Frankfurt Airport (Germany)
 2021 Ed. (156)
 2022 Ed. (146)
Frankfurt, Germany
 1990 Ed. (866)
 1992 Ed. (1165, 3292)
 1993 Ed. (2468)
 1995 Ed. (1869)
 1996 Ed. (978, 979, 2541, 2543, 2865)
 1999 Ed. (1177)
 2001 Ed. (136)
 2002 Ed. (109, 277, 2749)
 2003 Ed. (187)
 2004 Ed. (224, 3305)
 2005 Ed. (233, 3313)
 2006 Ed. (249, 251)
 2007 Ed. (256, 257, 258, 260)
 2008 Ed. (238)
 2009 Ed. (256, 261, 263)
 2010 Ed. (248, 250)
 2011 Ed. (169, 171, 2622, 2626, 2629, 2630)
 2012 Ed. (182, 184, 3490)
 2013 Ed. (161, 163, 167)
 2014 Ed. (127, 165, 167, 171, 2643, 2644)
 2015 Ed. (194, 197, 2685, 2686)
 2016 Ed. (189, 2602)
 2017 Ed. (139, 174, 2533)
 2018 Ed. (2605)
 2019 Ed. (135, 164, 165, 2585, 2588, 2590)
 2020 Ed. (2208, 2577, 2578, 2580, 2582)
 2023 Ed. (3416)
Frankfurt Kurnit Klein & Selz
 2012 Ed. (3364, 3375)
Frankfurt Kurnit Klein & Selz PC
 2011 Ed. (1913)
Frankfurt-Main Airport
 1990 Ed. (1580)
 1993 Ed. (205, 208, 209, 1536, 1538, 1539)
 1994 Ed. (194)
 1995 Ed. (195, 199)
 1996 Ed. (197, 198, 199, 200, 201, 202, 1596, 1597, 1598)
Frankfurt am Main, Germany
 2002 Ed. (276, 2750)
 2010 Ed. (3486)
Frankfurt-Main, Germany
 2003 Ed. (256, 257)
Frankfurt Messe
 1992 Ed. (1443)
Frankfurt Rheim Airport
 1996 Ed. (196)
Frankfurt, West Germany
 1990 Ed. (1439)
 1991 Ed. (2632)
Frankfurter Hypo Centralboden
 2000 Ed. (1862)
Frankfurter Sparkasse
 1992 Ed. (682)
 1993 Ed. (490)
 1994 Ed. (492)
 1996 Ed. (516)

Frankfurters
 2005 Ed. (3417)
Frankie, Johnnie & Luigi, Too
 2007 Ed. (3966)
 2008 Ed. (3992)
 2009 Ed. (4063)
 2010 Ed. (3981)
 2011 Ed. (3985)
 2012 Ed. (3981)
 2013 Ed. (4044)
 2014 Ed. (3982)
 2015 Ed. (4027)
 2016 Ed. (3939)
Frankie, Johnnie & Luigi, Too!
 2018 Ed. (3939)
 2019 Ed. (3911)
 2020 Ed. (3926)
Frankie Muniz
 2003 Ed. (2331)
 2004 Ed. (2411)
Frankin Resources
 2004 Ed. (546)
Franklin
 1993 Ed. (868)
 1994 Ed. (2623)
 1995 Ed. (557)
 1999 Ed. (2545)
Franklin Advisers
 1992 Ed. (2739)
 1993 Ed. (2290)
 1996 Ed. (2414)
 1998 Ed. (2262)
 2000 Ed. (2788)
 2001 Ed. (3453)
Franklin AGE High Income
 1997 Ed. (2867)
 1998 Ed. (2625, 2626)
 1999 Ed. (3548)
 2005 Ed. (699)
 2007 Ed. (644)
Franklin Age High Income I
 1999 Ed. (3539)
Franklin Asset Mgmt.
 1990 Ed. (2345)
Franklin B. Walter
 1991 Ed. (3212)
Franklin Balance Sheet
 1995 Ed. (2677)
Franklin Balance Sheet Investment
 1996 Ed. (2800)
Franklin Bank
 2021 Ed. (4310)
 2022 Ed. (4317)
 2023 Ed. (4347)
Franklin Bank Corp.
 1995 Ed. (491)
 2001 Ed. (620)
 2007 Ed. (2725)
 2008 Ed. (2855)
 2009 Ed. (430)
 2010 Ed. (349)
Franklin Bank N. A.
 2000 Ed. (510)
Franklin Bank N.A.
 2000 Ed. (384)
Franklin Bank North America
 2002 Ed. (551)
Franklin; Ben
 1994 Ed. (1911, 3620)
Franklin C. Brown
 2004 Ed. (1549)
Franklin CA Insured Tax-Free Income
 1992 Ed. (4192)
Franklin California Growth
 1997 Ed. (2873)
Franklin California Growth I
 1999 Ed. (3561)
Franklin California Tax-Free Income
 1993 Ed. (716)
 2001 Ed. (3451)
 2004 Ed. (717)
 2006 Ed. (623)
 2008 Ed. (584)
Franklin College
 1994 Ed. (1050)
 1995 Ed. (1058)
Franklin Computer
 1989 Ed. (2671)
Franklin Convertible Securities
 1995 Ed. (2680, 2740)
 1996 Ed. (2776, 2807)
 2020 Ed. (3700, 3701, 3702, 3703)
 2021 Ed. (3705, 3707, 3708)
 2022 Ed. (3725, 3726, 3727, 3728)
Franklin Convertible Securities A
 2021 Ed. (3705, 3708)
 2022 Ed. (3725, 3726, 3727, 3728)
 2023 Ed. (3821, 3823, 3824)
Franklin Convertible Securities I
 1999 Ed. (3563)
Franklin Corporate Qualified Dividend
 1996 Ed. (2776)
Franklin Corp. SBIC
 1990 Ed. (3669)
Franklin County Industrial Development Agency, NY
 1993 Ed. (2159)

Franklin County, KY
 2008 Ed. (3480)
Franklin County, OH
 1993 Ed. (2619)
 2019 Ed. (3058)
 2020 Ed. (3096)
 2023 Ed. (2688)
Franklin Covey Corp.
 2001 Ed. (1890)
 2004 Ed. (1874)
 2006 Ed. (2090)
Franklin Credit Management
 2007 Ed. (2713)
 2008 Ed. (2847)
Franklin Cust. U.S. Government I
 1998 Ed. (2638)
Franklin Custodian
 2002 Ed. (723)
Franklin Custodian Federated Income
 2007 Ed. (2482)
Franklin Custodian Income
 1995 Ed. (2680)
 2008 Ed. (2612)
Franklin Custodian U.S. Government 1
 1999 Ed. (750)
Franklin Custodian U.S. Government Securities
 1993 Ed. (716)
Franklin Distributors
 1993 Ed. (2668)
Franklin DynaTech
 2021 Ed. (4484, 4487)
Franklin Dynatech
 1992 Ed. (3179)
Franklin DynaTech A
 2021 Ed. (4484, 4487)
Franklin DynaTech Fund
 2004 Ed. (3581)
 2006 Ed. (3609)
Franklin Electric Co., Inc.
 2005 Ed. (2283)
Franklin Electric Linares
 2010 Ed. (1815, 1816)
Franklin Electronic Publishers Inc.
 2004 Ed. (4039)
Franklin Equipment LLC
 2022 Ed. (1014)
Franklin Equity Income
 1995 Ed. (2736)
 1996 Ed. (2777, 2802)
Franklin Federal Bancorp FSB
 1997 Ed. (3743)
 1998 Ed. (271, 3524, 3567)
Franklin Federal Savings
 1998 Ed. (3569)
Franklin Federal Savings Association
 1994 Ed. (3531)
 1995 Ed. (508)
Franklin Federal Savings Bank
 1990 Ed. (3102)
Franklin Federal Tax-Free Income
 1993 Ed. (716)
 2001 Ed. (3451)
 2004 Ed. (717)
Franklin Federal Tax-Free Income I
 1998 Ed. (2639)
Franklin Financial Corp.
 2003 Ed. (505)
 2006 Ed. (452)
Franklin First Savings Bank
 1997 Ed. (3743)
 1998 Ed. (3522, 3564)
Franklin Foods
 2020 Ed. (5000)
Franklin Global Equity A
 2023 Ed. (4503)
Franklin Global Health
 1995 Ed. (2722)
Franklin Global Health Care
 2000 Ed. (3294)
 2002 Ed. (4504)
Franklin Global Utilities
 1995 Ed. (2712)
Franklin Global Utilities I
 1997 Ed. (2878)
Franklin Gold
 1989 Ed. (1849)
 1990 Ed. (2373)
 1994 Ed. (2626)
Franklin Gold Fund
 1989 Ed. (1846)
Franklin Gold & Precious Metals
 2011 Ed. (3734, 3736)
 2021 Ed. (3714)
Franklin Gold & Precious Metals A
 2021 Ed. (3714)
Franklin Group
 1989 Ed. (1808)
 1990 Ed. (2358)
 1991 Ed. (2253)
Franklin Group of Funds
 1994 Ed. (2324)
 2000 Ed. (2771)
Franklin Growth
 1992 Ed. (3149)
 2011 Ed. (3725)

Franklin Growth Fund
 2004 Ed. (3658)
 2006 Ed. (3609)
Franklin High Income
 2018 Ed. (633)
Franklin High-Yield Tax-Free
 1990 Ed. (2378)
Franklin High-Yield Tax-Free Income
 1996 Ed. (2785)
Franklin High Yield Tax-Free Income I
 1999 Ed. (3572)
Franklin (Holdings & Management Services) Ltd.; J. & S.
 1994 Ed. (996, 997)
Franklin Income
 1993 Ed. (2674)
 1995 Ed. (2707)
Franklin India Growth
 2020 Ed. (3704)
Franklin Institute Science Museum
 1998 Ed. (2688)
Franklin Institutional
 1993 Ed. (2288, 2290)
Franklin International
 2013 Ed. (32)
 2014 Ed. (27, 44)
 2015 Ed. (30, 47)
 2016 Ed. (30, 46)
 2017 Ed. (27, 43)
 2018 Ed. (43)
 2019 Ed. (39)
 2020 Ed. (43)
 2021 Ed. (47)
 2022 Ed. (44)
 2023 Ed. (72, 88)
Franklin International Growth
 2020 Ed. (4500)
 2021 Ed. (4480, 4481, 4483)
Franklin International Growth A
 2021 Ed. (4480, 4481, 4483)
Franklin Intl Growth
 2022 Ed. (4488, 4491)
Franklin Intl Growth A
 2022 Ed. (4488, 4491)
Franklin L. Fero
 1993 Ed. (893)
Franklin Lam
 1999 Ed. (2285)
 2000 Ed. (2066)
Franklin-Lamoille Bank
 1997 Ed. (642)
Franklin; Martin E.
 2012 Ed. (793)
Franklin Media
 2021 Ed. (4215, 4245)
Franklin MI Insured Tax-Free Income
 1992 Ed. (4192, 4193)
Franklin Microcap Value
 2003 Ed. (2359, 3548, 3550)
 2004 Ed. (3573)
 2007 Ed. (2492)
Franklin Mills
 1992 Ed. (3972)
 1994 Ed. (3305)
 1998 Ed. (3302)
 1999 Ed. (4312)
 2000 Ed. (4032)
Franklin Mint Credit Union
 2009 Ed. (2241)
 2010 Ed. (2195)
 2011 Ed. (2213)
 2012 Ed. (2074)
 2013 Ed. (2258)
 2014 Ed. (2190)
 2015 Ed. (2254)
 2016 Ed. (2225)
Franklin Mint Federal Credit Union
 1990 Ed. (1462)
 1991 Ed. (1396)
 1993 Ed. (1454)
 1994 Ed. (1507)
 1996 Ed. (1515)
 2018 Ed. (2118)
 2020 Ed. (2097)
 2021 Ed. (2087)
 2022 Ed. (2122)
 2023 Ed. (2237)
Franklin Mint Ltd.
 1990 Ed. (2508)
 1991 Ed. (172)
 1997 Ed. (1050)
 1998 Ed. (88, 1253)
 2000 Ed. (1653)
 2002 Ed. (47)
Franklin Mint Mail Order
 1992 Ed. (52, 100)
 1999 Ed. (1824)
Franklin MN Insured Tax-Free Income
 1992 Ed. (4192, 4193)
Franklin Mutual Advisors
 2001 Ed. (3922)
Franklin Mutual-European
 2009 Ed. (4545)
Franklin Mutual Insurance Group
 2009 Ed. (3388)
Franklin Mutual Qualified Z
 1998 Ed. (2610)

CUMULATIVE INDEX • 1989-2023

Franklin Nutter
　1999 Ed. (3254)
Franklin OH Insured Tax-Free Income
　1992 Ed. (4192, 4193)
Franklin Otis Booth Jr.
　2000 Ed. (4377)
Franklin Pierce Law Center
　1995 Ed. (2426)
　1996 Ed. (2462)
　1997 Ed. (2606)
　1998 Ed. (2337)
　1999 Ed. (3163)
　2000 Ed. (2907)
　2001 Ed. (3064)
Franklin Portfolio
　1997 Ed. (2525)
　1999 Ed. (3051)
Franklin Portfolio Associates
　1998 Ed. (2273)
Franklin Premier Return
　1995 Ed. (2725)
Franklin Printing
　2006 Ed. (4356)
Franklin Quest
　1994 Ed. (2009, 2010, 2011, 2015, 3317,
　　3318, 3320, 3323)
　1995 Ed. (2769)
Franklin Raines
　2004 Ed. (176)
　2005 Ed. (964)
　2006 Ed. (906, 1201, 2517)
Franklin Research
　1995 Ed. (2369)
　1996 Ed. (2409)
Franklin Resources
　2014 Ed. (1321)
　2018 Ed. (1414)
　2020 Ed. (4312)
　2023 Ed. (4367)
Franklin Resources Inc.
　1989 Ed. (2503)
　1990 Ed. (3305, 3448)
　1991 Ed. (3147)
　1992 Ed. (2145, 3993)
　1994 Ed. (1842)
　1995 Ed. (1872)
　1996 Ed. (1916)
　1998 Ed. (1558, 1692)
　1999 Ed. (832, 2142, 2435)
　2000 Ed. (827)
　2001 Ed. (4177)
　2002 Ed. (2261, 4190, 4217)
　2003 Ed. (2475, 4315, 4316)
　2004 Ed. (557, 2610, 4324, 4325)
　2005 Ed. (528, 539, 2580, 2583, 2594,
　　4247, 4248)
　2006 Ed. (457, 467, 778, 779, 2582,
　　2586, 3210, 4252, 4253)
　2007 Ed. (469, 480, 2550, 2552, 2566,
　　3277, 4266, 4267)
　2008 Ed. (434, 442, 445, 1599, 1601,
　　1609, 2365, 2693, 4525, 4528)
　2009 Ed. (458, 467, 470, 1455, 1540,
　　1542, 1545, 2716, 2770, 4395)
　2010 Ed. (438, 447, 451, 2641, 4441)
　2011 Ed. (367, 371, 1522, 1529, 2679,
　　4386)
　2012 Ed. (2609, 2623, 3322, 3326, 4426,
　　4427)
　2013 Ed. (2700, 2713, 3395, 3404, 4393,
　　4394)
　2014 Ed. (2685, 2695, 3396, 3403, 4430,
　　4431)
　2015 Ed. (2730, 2742, 3428, 3436, 4412,
　　4413)
　2016 Ed. (2654, 2665, 3289, 4308, 4309)
　2017 Ed. (3250, 4313, 4314)
　2018 Ed. (3324)
　2019 Ed. (3299, 4320)
　2020 Ed. (3302, 4311)
　2021 Ed. (4328)
　2022 Ed. (4337)
Franklin Resources, Inc.
　2018 Ed. (2574)
　2021 Ed. (505)
　2022 Ed. (517)
Franklin Rising Dividends
　1994 Ed. (2635)
　2004 Ed. (3557)
Franklin SA
　1992 Ed. (3772, 3773, 3796)
Franklin Savings Assn.
　1991 Ed. (580)
Franklin Savings Association
　1989 Ed. (2822)
　1990 Ed. (3583)
　1992 Ed. (547)
　1993 Ed. (531, 3072, 3073)
Franklin Savings Bank
　1991 Ed. (2921)
　1992 Ed. (3800)
　2015 Ed. (1797)
　2021 Ed. (388)
　2022 Ed. (401)
　2023 Ed. (523)
Franklin Savings & Loan Association
　1998 Ed. (369)

Franklin Small-Cap
　2002 Ed. (2156)
Franklin Small Cap Growth I
　1999 Ed. (3542, 3577)
Franklin Small Cap Value
　2004 Ed. (3557)
Franklin Small Capital Growth
　1998 Ed. (2623)
Franklin Stoorza
　1997 Ed. (138)
Franklin Strategic Cal. Growth
　2004 Ed. (3558)
Franklin Strategic California Growth
　1997 Ed. (2881, 2896)
　1998 Ed. (2613)
Franklin Strategic Flexible Cap Growth
　2006 Ed. (3646)
Franklin Strategic Global Utility
　1995 Ed. (2729)
Franklin Strategic Income
　1999 Ed. (747)
Franklin Synergy Bank
　2021 Ed. (401)
Franklin Tax-Advantage High-Yield Securities
　1995 Ed. (2741)
Franklin Tax-Advantage International
　1992 Ed. (3169)
Franklin Tax Advantaged High Yield
　1997 Ed. (2903)
Franklin Tax-Exempt Money Market Fund
　1992 Ed. (3101)
Franklin Tax-Free Federal Intermediate
　1998 Ed. (2643)
Franklin Tax-Free High Yield
　1995 Ed. (2689)
　1997 Ed. (2893)
　1998 Ed. (2602)
Franklin Tax Free High Yield 1
　1999 Ed. (756)
Franklin Tax-Free High Yield I
　1996 Ed. (2762)
Franklin Tax Free Tr-High Yield I
　1998 Ed. (2644)
Franklin Templeton
　1994 Ed. (2612)
　1996 Ed. (2786)
　1997 Ed. (565)
　2000 Ed. (3280)
　2002 Ed. (4816)
　2003 Ed. (3487, 3501, 3503)
　2004 Ed. (3539)
　2005 Ed. (691, 3537, 3546, 3547)
　2006 Ed. (3592, 3599, 3600)
　2007 Ed. (3660, 3662, 3678)
　2008 Ed. (2317, 2608, 3763, 3764, 3765)
　2009 Ed. (3790)
　2010 Ed. (2553, 3719)
　2011 Ed. (2539, 3728, 3729)
　2012 Ed. (3741, 3743)
　2013 Ed. (617)
　2017 Ed. (3640)
　2021 Ed. (3718)
Franklin Templeton Foreign
　2004 Ed. (3642)
　2006 Ed. (3673)
Franklin Templeton Foreign Small Companies
　2006 Ed. (3678, 3680)
Franklin Templeton German Government
　1997 Ed. (691)
Franklin Templeton Global Bond
　2007 Ed. (642)
Franklin Templeton Global Currency
　1996 Ed. (2792)
Franklin Templeton Global Hard Currency
　1996 Ed. (2777, 2792)
Franklin/Templeton Group
　1995 Ed. (2384, 2702)
　1997 Ed. (1353)
　1998 Ed. (2298, 2299, 2592, 2618, 2627,
　　2628, 2629, 2645, 2647)
　1999 Ed. (3038, 3043)
Franklin Templeton Hard Currency
　2009 Ed. (620)
Franklin Templeton Investment
　2019 Ed. (3684)
Franklin Templeton Investments
　2018 Ed. (3693, 3694)
　2019 Ed. (651, 652, 3679, 3683)
　2022 Ed. (3738)
Franklin Templeton Investments Corp.
　2003 Ed. (3070, 3082, 3109, 3622)
　2004 Ed. (2043, 2045, 2046, 3193, 3195,
　　3210, 3561, 3562, 3563, 3637)
　2005 Ed. (3218)
　2006 Ed. (3601)
　2009 Ed. (3806)
Franklin/Templeton Japan
　1998 Ed. (2656)
Franklin Templeton Services Inc.
　2002 Ed. (3626, 3628, 3629)
　2005 Ed. (1680)
Franklin, TN
　2004 Ed. (4215)
Franklin U.S. Government
　1990 Ed. (2387)

Franklin U.S. Government Sec.
　2004 Ed. (717)
Franklin U.S. Government Securities
　1990 Ed. (2381, 2603)
Franklin U.S. Government Securities I
　1999 Ed. (3554)
Franklin US Government Security
　2001 Ed. (3451)
Franklin US Long-Short
　2004 Ed. (3548)
Franklin Utilities
　1991 Ed. (2566)
　1992 Ed. (3153)
　1993 Ed. (2654)
　2003 Ed. (3553)
Franklin Utilities Fund
　2003 Ed. (3515)
Franklin Valuemark: Equity Growth
　1992 Ed. (4376)
Franklin Valuemark: High Inc.
　1992 Ed. (4375)
Franklin Valuemark II/Zero Coupon Fund
　2000
　　1992 Ed. (4373)
Franklin Valuemark II/Zero Coupon Fund
　2005
　　1992 Ed. (4373)
Franklin Valuemark II/Zero Coupon Fund
　2010
　　1992 Ed. (4373)
Franklin Valuemark-IV Zero-Coupon 2010
　2000 Ed. (4330)
Franklin Valuemark Zero-Coupon 2010
　1997 Ed. (3821)
　2000 Ed. (4330)
Franklin Variety; Ben
　1995 Ed. (3690)
　1996 Ed. (3773)
Franklin W. Olin College of Engineering
　2008 Ed. (2408)
　2010 Ed. (2497)
Franklin, Weinrib, Rudell & Vassallo
　2012 Ed. (3375)
Franklin Whaite & Asociados
　1992 Ed. (219)
Franklin Whaite & Associates
　1993 Ed. (145)
　1994 Ed. (125)
　1995 Ed. (138)
Franklin Whaite & Associates (Lintas)
　1996 Ed. (151)
Franklin Wireless
　2013 Ed. (2841, 2845)
Franklins
　1996 Ed. (3242)
Franklins Holdings Ltd.
　2002 Ed. (1653, 2304)
Franklin's Systems Inc.
　2002 Ed. (3765)
　2003 Ed. (3932)
　2004 Ed. (3940)
Franklinton
　1992 Ed. (1749)
Franklinton Financial Services
　1991 Ed. (887)
Franklyn M. Bergonzi
　2004 Ed. (1549)
Frankona Group
　1996 Ed. (3188)
Frankona Reinsurance Co.
　1995 Ed. (3088)
　1997 Ed. (3293)
　1999 Ed. (4034)
Frankona Reinsurance Group
　1992 Ed. (3660)
Frankona Ruck
　1991 Ed. (2132)
Frank's Nursery
　1993 Ed. (781)
Frank's Nursery & Crafts Inc.
　1998 Ed. (669)
　1999 Ed. (1054, 1056)
　2001 Ed. (1943)
　2006 Ed. (2141)
Franks PR; Lynne
　1994 Ed. (2961)
Franks Public Relations; Lynne
　1997 Ed. (3199)
Frank's Red Hot
　2022 Ed. (2185)
　2023 Ed. (2306)
Frank's Supply Co., Inc.
　2006 Ed. (4368)
FranNet
　2017 Ed. (774)
　2023 Ed. (936)
Frans Van Schaik
　1999 Ed. (2418)
　2000 Ed. (2180)
Fransabank
　2000 Ed. (448)
　2002 Ed. (608)
　2003 Ed. (573)
　2004 Ed. (581)
　2005 Ed. (419, 570)
　2006 Ed. (381, 491)
　2007 Ed. (363, 512)

　2008 Ed. (469)
　2009 Ed. (369, 492)
　2010 Ed. (474)
　2011 Ed. (400)
　2012 Ed. (316, 386)
　2013 Ed. (363)
　2014 Ed. (380, 545)
　2015 Ed. (438)
　2016 Ed. (393)
　2017 Ed. (396)
　2018 Ed. (361)
　2019 Ed. (365)
　2020 Ed. (360)
Fransabank SAL
　1991 Ed. (588)
　1992 Ed. (757)
　1993 Ed. (551)
　1994 Ed. (553)
　1995 Ed. (527)
　1996 Ed. (583)
　1997 Ed. (539)
　1999 Ed. (575)
　2000 Ed. (592)
Franser SP. Z O.O.
　2016 Ed. (1965)
FranServe
　2023 Ed. (936)
Franshion Properties (China)
　2016 Ed. (2645, 2661)
　2017 Ed. (2582)
Frantic Films
　2011 Ed. (2616, 4670)
　2012 Ed. (2557, 4684)
　2013 Ed. (2676)
　2014 Ed. (2630, 4702)
　2015 Ed. (2673, 4712)
　2017 Ed. (4634)
　2018 Ed. (4629)
　2019 Ed. (4645)
　2020 Ed. (4615)
　2021 Ed. (4626)
　2022 Ed. (4644)
　2023 Ed. (4639)
Frantschach AG
　2002 Ed. (2575)
Frantz; Milane
　2014 Ed. (4852)
　2015 Ed. (4889)
　2016 Ed. (4807)
　2017 Ed. (4819)
　2018 Ed. (4824)
　2019 Ed. (4820)
　2020 Ed. (4810)
　2021 Ed. (4811)
　2022 Ed. (4804)
　2023 Ed. (4797)
Frantz Ward
　2012 Ed. (3373)
Franworks Franchise Corp.
　2015 Ed. (4318)
Franworks Group of Companies
　2015 Ed. (4318)
Franz
　2015 Ed. (323, 324)
　2016 Ed. (321)
　2017 Ed. (328)
Franz Bakery
　1989 Ed. (355)
Franz Baking Co.
　1989 Ed. (356)
Franz Colruyt
　2006 Ed. (1562)
　2007 Ed. (1597)
Franz Haniel
　1998 Ed. (3714)
　2000 Ed. (4389)
　2013 Ed. (1753)
Franz Haniel & Cie.
　1999 Ed. (1433)
　2002 Ed. (1076, 4903)
　2006 Ed. (4946)
　2016 Ed. (4008)
Franz Haniel & Cie. GmbH
　1993 Ed. (3696)
　1994 Ed. (3661)
　1995 Ed. (3731)
　1997 Ed. (3878, 3880)
　1999 Ed. (4760, 4762)
　2000 Ed. (4387)
　2002 Ed. (4899)
　2003 Ed. (4934)
　2004 Ed. (4939)
　2005 Ed. (4769, 4919)
　2006 Ed. (3991, 4951, 4952)
　2007 Ed. (4958, 4959)
　2008 Ed. (4928)
　2009 Ed. (4944, 4950)
　2010 Ed. (4958)
　2011 Ed. (4935, 4942)
Franz Hanniel & CIE GmbH
　1996 Ed. (3829)
Franzeluta SA
　2022 Ed. (1514)
　2023 Ed. (1688)
Franzia
　1990 Ed. (3693, 3695)
　1994 Ed. (3663)
　1995 Ed. (3738, 3757, 3760, 3767)

1996 Ed. (3836, 3856, 3859, 3860, 3864)
1997 Ed. (3885, 3902, 3905)
1998 Ed. (3439, 3723, 3730, 3742, 3747, 3748, 3750, 3752)
1999 Ed. (4785, 4788, 4796)
2000 Ed. (4409, 4412, 4418, 4421, 4424, 4426)
2001 Ed. (4874)
2002 Ed. (4938)
2004 Ed. (4964)
2005 Ed. (4949)
2006 Ed. (4964)
2007 Ed. (4967)
2008 Ed. (4936, 4937, 4938)
2009 Ed. (4957, 4958)
2010 Ed. (4966, 4967)
2011 Ed. (4952)
2012 Ed. (4950)
2014 Ed. (4956)
2015 Ed. (4996)
2016 Ed. (4911)
2017 Ed. (4906)
2018 Ed. (4926)
2019 Ed. (4925)
2020 Ed. (4925)
2021 Ed. (4922)
2022 Ed. (4916)
2023 Ed. (4915)
Franzia Box
  2011 Ed. (4953, 4954)
  2012 Ed. (4949)
  2013 Ed. (4943)
  2014 Ed. (4955)
  2015 Ed. (4995)
Franzia Box Wine
  2016 Ed. (4914)
  2017 Ed. (4909)
Franzia Brothers
  1992 Ed. (4441)
Franzia Brothers Wine & Champagne
  1991 Ed. (3495)
Franzia Brothers Wine Cooler
  1991 Ed. (3485, 3499)
Franzia Winetaps
  2001 Ed. (4843, 4846)
  2002 Ed. (4923, 4926)
  2003 Ed. (4947, 4950, 4963)
  2004 Ed. (4951, 4952)
  2005 Ed. (4931, 4932)
  2006 Ed. (4961, 4962)
Fraport
  2007 Ed. (4833)
  2012 Ed. (4766)
  2013 Ed. (4714)
  2014 Ed. (4767)
  2015 Ed. (4788)
Frappuccino
  2003 Ed. (1042)
  2006 Ed. (1058)
  2007 Ed. (1146, 1148)
  2008 Ed. (1025, 1026)
  2009 Ed. (1010)
  2010 Ed. (976)
  2011 Ed. (904)
  2013 Ed. (1030)
  2014 Ed. (996, 997)
  2015 Ed. (1030, 1031)
Frappuccino Dark Chocolate
  2010 Ed. (976)
Frappuccino Light
  2014 Ed. (997)
  2015 Ed. (1030, 1031)
Fraser Advanced Information Systems
  2020 Ed. (4779)
  2021 Ed. (4777)
  2022 Ed. (4779)
  2023 Ed. (4766)
Fraser & Beatty
  1990 Ed. (2427)
  1991 Ed. (2282)
  1992 Ed. (2831, 2846)
  1993 Ed. (2394, 2405)
  1994 Ed. (2357)
  1995 Ed. (2415)
  1996 Ed. (2451)
  1997 Ed. (2596)
Fraser and Beatty, Gottlieb
  1990 Ed. (2416)
  1991 Ed. (2293)
Fraser; Brendan
  2008 Ed. (2590)
  2010 Ed. (2521)
Fraser Communications
  2009 Ed. (1529)
Fraser Health
  2015 Ed. (4425)
  2016 Ed. (4319)
  2017 Ed. (4322)
  2018 Ed. (4314)
  2019 Ed. (4342)
Fraser; Jane
  2022 Ed. (4936)
  2023 Ed. (2780, 4929, 4935, 4938)
Fraser Milner Casgrain LLP
  2009 Ed. (3487)
  2011 Ed. (2015)

Fraser & Neave
  1990 Ed. (1414)
  1991 Ed. (1339, 1340)
  1992 Ed. (1685, 1686)
  1993 Ed. (1390)
  1994 Ed. (1443, 3310)
  1995 Ed. (1479, 1480)
  1996 Ed. (1439, 1440, 3437, 3438)
  1997 Ed. (1503)
  1999 Ed. (1729, 3469)
  2000 Ed. (1550)
  2006 Ed. (3398)
  2008 Ed. (3578)
  2009 Ed. (3649)
  2010 Ed. (3567)
  2011 Ed. (3570)
  2012 Ed. (2150, 3563)
  2013 Ed. (2354)
  2014 Ed. (1282)
  2019 Ed. (2186)
Fraser & Neave Ltd.
  2013 Ed. (852, 3610)
  2014 Ed. (4038)
Fraser Papers
  2010 Ed. (1556)
  2011 Ed. (2749)
Fraser Valley Edelweiss Credit Union
  2005 Ed. (2585)
Frasers Centrepoint
  2018 Ed. (665)
  2019 Ed. (677)
Frasers Group plc
  2022 Ed. (2610)
FRASERS PROPERTY Limited
  2022 Ed. (2599)
"Frasier"
  2000 Ed. (4222)
  2001 Ed. (4486, 4487, 4498)
Fraternal beneficiary societies
  1997 Ed. (3684)
Fraternity Federal (Baltimore, MD)
  1991 Ed. (2918)
Fraud
  1993 Ed. (3693)
  2000 Ed. (1632)
Fraud and embezzlement
  1990 Ed. (1141)
FraudBuster
  2019 Ed. (4333)
FraudSniffr
  2018 Ed. (1683)
Fraudulent and excessive claims
  2000 Ed. (2654)
Fraunhofer-Gesellschaft
  2009 Ed. (1708, 1709, 2593)
  2010 Ed. (1661)
The Fray
  2011 Ed. (3716)
Fray Bentos
  2009 Ed. (856)
  2010 Ed. (803)
Fray Bentos Corned Beef
  1992 Ed. (1047)
Fray Municipals
  1991 Ed. (2173)
Frazee Industries Inc.
  1998 Ed. (1968)
Frazer Frost
  2011 Ed. (23)
Frazer & Neave
  1997 Ed. (3519)
Frazier & Deeter
  2012 Ed. (24)
  2013 Ed. (22)
  2014 Ed. (18)
  2015 Ed. (19)
  2016 Ed. (18)
  2017 Ed. (14)
  2018 Ed. (13)
  2019 Ed. (14)
  2020 Ed. (16)
  2021 Ed. (18)
  2022 Ed. (19)
  2023 Ed. (59)
Frazier & Deeter LLC
  2010 Ed. (2)
  2023 Ed. (1)
Frazier; Kenneth
  2019 Ed. (3345)
Frazier; Kenneth C.
  2015 Ed. (960)
  2016 Ed. (870)
FrazierHeiby
  2021 Ed. (4003, 4010)
  2023 Ed. (4106, 4133, 4141)
FRB Federal Credit Union
  2022 Ed. (2132)
  2023 Ed. (2250)
FRCH Design Worldwide
  1997 Ed. (262, 263)
  1998 Ed. (184)
  1999 Ed. (287)
  2005 Ed. (3159, 3169)
  2006 Ed. (3161, 3171)
  2007 Ed. (3205)
  2008 Ed. (3347, 4227)
  2009 Ed. (3420, 4321)
  2010 Ed. (3356, 3358)

  2011 Ed. (3314)
  2012 Ed. (3291, 3298)
  2013 Ed. (1965, 3361, 3371)
  2014 Ed. (186, 3381)
  2015 Ed. (1947, 3417)
  2016 Ed. (1916)
  2019 Ed. (3284)
FRCH NELSON
  2020 Ed. (190, 3282)
Freakonomics
  2007 Ed. (663)
  2008 Ed. (622)
  2018 Ed. (582)
Freakonomics: A Rogue Economist Explores the Hidden Side of Everything
  2007 Ed. (653)
Freakout Holdings
  2019 Ed. (1705)
Freaks 4U Gaming
  2020 Ed. (3449)
F'real
  2012 Ed. (2704)
f'real
  2016 Ed. (3048)
  2017 Ed. (2995)
  2018 Ed. (3117)
  2019 Ed. (3047)
  2020 Ed. (3086)
  2021 Ed. (2960)
  2022 Ed. (3086)
Freaney & Co.; Oliver
  1992 Ed. (17, 18)
  1993 Ed. (7, 8)
Freaney; Oliver
  1996 Ed. (14, 15)
Freche Freunde
  2018 Ed. (1570, 2707)
  2019 Ed. (2683)
Fred A. Moreton
  2006 Ed. (3110)
Fred Alger Management
  1990 Ed. (2348)
  1993 Ed. (2342, 2343)
Fred Alvarez
  2012 Ed. (2882)
Fred Balboni
  2012 Ed. (1077)
Fred Bartlit Jr.
  1997 Ed. (2611)
  2002 Ed. (3068)
Fred Bauer
  2006 Ed. (874)
Fred Beans
  2014 Ed. (3467)
Fred Braswell
  1993 Ed. (3445)
Fred & Bryce Ruiz
  2011 Ed. (2924)
Fred Burgos Construction Co.
  1991 Ed. (1912)
Fred Crawford
  2012 Ed. (1077)
Fred DeLuca
  2013 Ed. (4839)
  2014 Ed. (4855)
  2015 Ed. (4892)
The Fred Factor
  2006 Ed. (635)
Fred Fern
  2013 Ed. (3388)
  2014 Ed. (3390)
  2015 Ed. (3422)
  2016 Ed. (3283)
  2017 Ed. (3242)
  2018 Ed. (3318)
Fred Fuller
  2015 Ed. (3485)
Fred Goodwin
  2006 Ed. (932)
  2007 Ed. (1022)
  2008 Ed. (943)
  2009 Ed. (943)
  2010 Ed. (2561)
Fred Haas Toyota
  2004 Ed. (271)
Fred Haas Toyota World
  2013 Ed. (215, 217, 220)
  2014 Ed. (222)
  2015 Ed. (257)
  2016 Ed. (250)
  2017 Ed. (247)
Fred Hassan
  2006 Ed. (902)
  2007 Ed. (992, 1028)
Fred Hutchinson Cancer Center
  1994 Ed. (890)
Fred Hutchinson Cancer Research Center
  2005 Ed. (3606)
  2018 Ed. (2898)
  2019 Ed. (2852)
Fred J. Ali
  2011 Ed. (3761)
Fred J. Meyer
  1999 Ed. (1127)
Fred Jones Ford of Tulsa
  1990 Ed. (303)
  1991 Ed. (272)

Fred Joseph
  2010 Ed. (895)
Fred Kessler
  2010 Ed. (4391)
Fred Kiesner
  2004 Ed. (819)
  2005 Ed. (796)
Fred Kinateder Masonry Inc.
  2006 Ed. (1254)
  2009 Ed. (1347)
Fred L. Turner
  1991 Ed. (926)
Fred Lindstrom, 1932
  1991 Ed. (702)
Fred Loya Insurance
  2007 Ed. (2834, 2835)
  2008 Ed. (2966)
  2009 Ed. (3046)
  2010 Ed. (2966)
  2011 Ed. (2928)
  2012 Ed. (2862)
  2013 Ed. (2931)
  2014 Ed. (2948, 2955)
  2015 Ed. (2991, 2996, 3021)
Fred M. Baron
  2002 Ed. (3071)
Fred M. Diaz
  2012 Ed. (2489)
Fred Mannix
  2003 Ed. (4891)
  2005 Ed. (4863)
  2012 Ed. (4878)
  2013 Ed. (4860)
Fred Matera
  2013 Ed. (2638)
  2015 Ed. (2636)
  2016 Ed. (2561)
Fred Meyer
  2017 Ed. (1906, 2077)
  2018 Ed. (1853)
  2020 Ed. (2840)
  2022 Ed. (1361)
  2023 Ed. (1565)
Fred Meyer of Alaska Inc.
  2015 Ed. (1429)
  2016 Ed. (1352)
Fred Meyer Inc.
  1989 Ed. (1245, 1248, 1253, 2778)
  1990 Ed. (1508, 1509, 1510, 1511, 1525, 1526, 3494)
  1991 Ed. (1429, 1430, 1435, 1440, 1450, 2646)
  1992 Ed. (1818, 1822, 1827, 1829, 1844, 2422)
  1993 Ed. (781, 3287)
  1994 Ed. (1546, 1567, 2154, 3278)
  1995 Ed. (1575, 1596, 2196, 3359)
  1996 Ed. (1434, 1555, 2214)
  1997 Ed. (350, 1496, 1630, 1665, 2343)
  1998 Ed. (1185, 1306, 1312, 1359, 2065, 3078, 3083)
  1999 Ed. (1497, 1498, 1505, 1722, 1880, 2820, 4103, 4519, 4523, 4694)
  2000 Ed. (1343, 1358, 1533, 1874, 2219, 2221, 2489, 2595, 4163, 4167, 4168, 4169, 4170)
  2001 Ed. (1832, 4403)
  2002 Ed. (4037, 4747)
  2003 Ed. (1603, 1807, 2075, 2272, 4171, 4172)
  2004 Ed. (915, 1840, 4198)
  2005 Ed. (906, 1531, 1940, 4138, 4543, 4554)
  2006 Ed. (824, 1975, 4633)
  2007 Ed. (1946, 4618, 4619)
  2008 Ed. (2028, 4559, 4565, 4566)
  2009 Ed. (1992, 4595, 4596)
  2010 Ed. (1932, 4627, 4754, 4755)
  2014 Ed. (1928)
  2015 Ed. (1974)
  2016 Ed. (1941)
Fred Meyer Jewelers
  2014 Ed. (3428)
Fred Meyer Stores
  2014 Ed. (2443)
  2015 Ed. (2515)
  2016 Ed. (2448)
  2017 Ed. (2294)
  2021 Ed. (2274)
Fred Meyer Stores Inc.
  2001 Ed. (1832)
  2004 Ed. (1840, 4609)
  2005 Ed. (1940, 4544)
  2006 Ed. (1975)
  2007 Ed. (1946)
  2008 Ed. (2028)
  2009 Ed. (1992)
  2010 Ed. (1932)
  2012 Ed. (3782)
  2013 Ed. (3849)
  2014 Ed. (1928, 3775)
  2015 Ed. (1974, 2929, 2930, 3795)
  2016 Ed. (1941, 2859, 2860, 3708)
  2017 Ed. (3665)
  2018 Ed. (3720)
  2019 Ed. (3707)
  2020 Ed. (3751)
  2021 Ed. (3751)

CUMULATIVE INDEX • 1989-2023

Fred. Olsen Energy
　2011 Ed. (1930)
Fred P. Lampropoulos
　2006 Ed. (3920)
Fred & Ron Mannix
　2008 Ed. (4855)
　2011 Ed. (4870)
Fred S. James
　1990 Ed. (2255)
Fred S. James & Co.
　1990 Ed. (2266)
　1991 Ed. (2139)
Fred Sands Realtors
　2000 Ed. (3713)
　2002 Ed. (3913)
Fred Segal
　2006 Ed. (1038)
　2008 Ed. (1001)
　2010 Ed. (951)
Fred Sherwood & Sons (Transport)
　2018 Ed. (4706)
Fred Smith
　2005 Ed. (787)
　2022 Ed. (4810)
　2023 Ed. (4803)
Fred Tierney
　2006 Ed. (348)
Fred W. Albrecht Grocery Co.
　2009 Ed. (4616)
　2010 Ed. (4645)
　2019 Ed. (2530)
Fred. W. Lyons, Jr.
　1992 Ed. (2051)
Fred W. Talton
　1991 Ed. (3210)
Freda; Fabrizio
　2015 Ed. (962, 964)
　2016 Ed. (873)
　2021 Ed. (724)
Freddie Aldous
　1997 Ed. (2705)
Freddie Linnett
　2009 Ed. (4918)
Freddie Mac
　1991 Ed. (999, 2822)
　1992 Ed. (1266, 3640)
　1993 Ed. (1014, 2981)
　1994 Ed. (1040, 3024)
　1995 Ed. (1048, 3076)
　1996 Ed. (1034, 3170)
　1998 Ed. (792, 3024)
　1999 Ed. (1221, 4016)
　2000 Ed. (773, 1338, 1379, 1581, 2192, 2199, 2263)
　2001 Ed. (2433, 4003)
　2002 Ed. (1499, 1537, 1569, 1795, 2260, 2263, 3380, 4189)
　2003 Ed. (1569, 1589, 1846, 2470, 2471, 2473, 2475, 2477, 3424, 3432, 4056, 4549, 4564)
　2004 Ed. (1596, 1615, 1881, 2116, 2118, 2596, 2597, 2600, 2603, 2604, 2605, 2608, 2609, 3154, 3492, 3501)
　2005 Ed. (264, 361, 1819, 2221, 2223, 2574, 2575, 2591, 3492, 3500)
　2006 Ed. (1517, 2108, 2110, 2111, 2283, 2585, 3557)
　2007 Ed. (1480, 2225, 2231, 2566, 2578, 3628)
　2008 Ed. (896, 1540, 2162, 2170, 2702, 2717)
　2009 Ed. (1440, 1468, 2143, 2153, 2717, 2769, 2770)
　2010 Ed. (1422, 1706, 1712, 2083, 2094, 2642, 2702, 4605)
　2011 Ed. (1424, 1428, 1455, 2140, 2632, 2998)
　2012 Ed. (1264, 1288, 1598, 1599, 1984, 1986, 2560)
　2013 Ed. (1374, 1396, 1754, 1755, 2149, 2151, 2361, 2684, 3013)
　2014 Ed. (1317, 1322, 1334, 2082, 2085, 2646, 3403, 3413, 4972)
　2015 Ed. (1371, 1385, 1386, 1387, 1390, 1397, 2135, 2138, 2374, 2376, 2688, 3436, 5018)
　2016 Ed. (1316, 1327, 2114, 2116, 2119, 2146, 2320, 2608, 3296, 4936)
　2017 Ed. (1364, 1368, 1668, 2069, 2072, 2089, 2540, 3258, 4927)
　2018 Ed. (2031, 2045, 2610, 3332)
　2019 Ed. (1366, 1368, 1369, 1376, 2085, 2104, 2595, 2596, 3308)
　2020 Ed. (1335, 1343, 1995, 1998, 2001, 2017, 2602, 3310)
　2021 Ed. (1327, 1337, 1946, 1951, 1969, 2538, 2539)
　2022 Ed. (1339, 1346, 1987, 2015, 2653, 2654)
　2023 Ed. (1552, 2114, 2786, 2787)
Freddie Mac Foundation
　2005 Ed. (2675)
Freddy Fuego
　2021 Ed. (1784, 4109)
Freddy's
　1991 Ed. (1461)
　1992 Ed. (1851, 1858)
　2019 Ed. (790, 792, 2550)

Freddy's Frozen Custard
　2015 Ed. (2835)
　2016 Ed. (2759)
　2017 Ed. (2715)
　2018 Ed. (3123)
Freddy's Frozen Custard & Steakburgers
　2017 Ed. (4126)
　2019 Ed. (2549, 3053)
　2020 Ed. (783, 2864, 2866, 2867, 3092)
　2021 Ed. (2736, 2738, 2739, 2963, 4170)
　2022 Ed. (2892, 2894, 3090)
　2023 Ed. (2756, 3196, 4219)
Freddy's Lefse Bakery
　2018 Ed. (680)
Freddys Lefse Bakery
　2017 Ed. (740)
Freddy's (Melville)
　1991 Ed. (1458)
Freddy's Steakburgers
　2018 Ed. (2576)
Fredensborg Kommune
　2015 Ed. (1604)
Frederic
　1991 Ed. (2136)
Frederic Court (Felix Capital Partners)
　2022 Ed. (4763)
Frederic Dorwart, Esquire
　2001 Ed. (566)
Frederic Fekkai
　2007 Ed. (2758)
Frederic G. Levin College of Law; University of Florida
　2007 Ed. (3329)
　2008 Ed. (3430)
　2010 Ed. (3434)
　2011 Ed. (3418)
　2012 Ed. (3434)
Frederic Greenberg
　1989 Ed. (1416, 1417)
　1990 Ed. (1766)
Frederic; Hurricane
　2005 Ed. (2979)
Frederic M. Poses
　2009 Ed. (957)
Frederic Printing
　2002 Ed. (3761)
Frederic R. Harris Inc.
　1991 Ed. (1559)
　1994 Ed. (1639)
　1995 Ed. (1678)
　1996 Ed. (1661)
　1997 Ed. (1739)
　1998 Ed. (1442)
　1999 Ed. (2034)
　2000 Ed. (1803)
　2001 Ed. (2244)
Frederic V. Malek
　1998 Ed. (1135)
Frederic V. Salerno
　2004 Ed. (2490)
Frederick
　1990 Ed. (2015)
Frederick A. Krehbiel
　2002 Ed. (3357)
Frederick Atkins Inc.
　1992 Ed. (1204)
Frederick B. Karl
　1993 Ed. (2461)
Frederick Barclay
　2009 Ed. (4921)
　2012 Ed. (4924)
　2013 Ed. (4922)
　2016 Ed. (4886)
　2017 Ed. (4884)
　2018 Ed. (4896)
　2019 Ed. (4888)
Frederick Barclay; Sir David & Sir
　2005 Ed. (4893)
Frederick Brewing
　1997 Ed. (714)
　1998 Ed. (462, 2489, 2490)
　2000 Ed. (729)
Frederick Chevrolet Cadillac
　1992 Ed. (2408)
Frederick Chevrolet Cadillac Buick Inc.
　1995 Ed. (2110)
Frederick County, MD
　2018 Ed. (2235)
Frederick Field
　1998 Ed. (3707)
Frederick H. Waddell
　2011 Ed. (824, 856)
Frederick Leuffer
　1991 Ed. (1697, 1706)
Frederick Leuffer Jr.
　1997 Ed. (1886, 1889)
　1998 Ed. (1635)
　1999 Ed. (2222)
Frederick Ley
　2015 Ed. (3426)
Frederick, MD
　2014 Ed. (2315)
Frederick Moran
　1996 Ed. (1805)
Frederick P. & Sandra P. Rose Foundation
　1993 Ed. (891, 1897)

Frederick Rose Co.
　2002 Ed. (3935)
Frederick Ross Co.
　2002 Ed. (3909)
Frederick Searby
　1999 Ed. (2397)
Frederick Smith
　2006 Ed. (871)
　2007 Ed. (962)
　2008 Ed. (934)
　2011 Ed. (4839)
　2012 Ed. (4843)
　2013 Ed. (4842)
　2014 Ed. (4858)
　2015 Ed. (4895)
　2016 Ed. (4813)
　2017 Ed. (4824)
　2018 Ed. (4829)
　2019 Ed. (4826)
　2020 Ed. (4816)
　2021 Ed. (4817)
Frederick T. Horn
　2002 Ed. (2177)
Frederick Taylor
　1999 Ed. (2170)
Frederick W. Buckman
　2003 Ed. (2347)
Frederick W. Smith
　1989 Ed. (1984)
　1991 Ed. (925)
　2004 Ed. (2490)
　2007 Ed. (1029)
　2008 Ed. (951)
　2011 Ed. (846)
Frederick W. Wackerle
　1991 Ed. (1614)
Frederick Weyerhaeuser
　2006 Ed. (4914)
　2008 Ed. (4837)
Frederick Wildman
　2003 Ed. (4960)
Frederick Wildman & Sons Ltd.
　2002 Ed. (4962, 4963)
　2004 Ed. (4975)
　2005 Ed. (4976)
Frederick Wise
　1997 Ed. (1921)
　1998 Ed. (1652)
　1999 Ed. (2232)
　2000 Ed. (2016)
Frederick's of Hollywood
　1992 Ed. (2369)
　1994 Ed. (3099)
Fredericks; J. Richard
　1991 Ed. (1673, 1674)
　1992 Ed. (2135, 2137)
　1993 Ed. (1780)
　1994 Ed. (1763)
　1995 Ed. (1805)
Fredericksburg, TX
　2008 Ed. (4245)
Fredericksn Electric
　2016 Ed. (4429)
Fredericton, New Brunswick
　2003 Ed. (3251)
　2005 Ed. (3327)
　2011 Ed. (3484)
Frederik Meijer
　2011 Ed. (4837)
　2012 Ed. (4840)
　2013 Ed. (4838)
Frederik Paulsen
　2015 Ed. (4961)
　2016 Ed. (4877)
　2017 Ed. (4867)
　2018 Ed. (4889)
　2019 Ed. (4881)
　2020 Ed. (4870)
　2021 Ed. (4871)
　2022 Ed. (4867)
　2023 Ed. (4861)
Frederiksted Credit Union
　2002 Ed. (1897)
　2003 Ed. (1951)
　2004 Ed. (1991)
　2005 Ed. (2133)
　2006 Ed. (2228)
　2007 Ed. (2149)
　2008 Ed. (2264)
　2009 Ed. (2250)
　2010 Ed. (2204)
　2011 Ed. (2222)
　2012 Ed. (2083)
　2013 Ed. (2269)
　2014 Ed. (2203)
　2015 Ed. (2267)
　2016 Ed. (2238)
Frederiksted Federal Credit Union
　2020 Ed. (2105)
　2021 Ed. (2095)
　2023 Ed. (2245)
Frediksen; John
　2008 Ed. (4901)
Fredrik Cassel
　2023 Ed. (4751)
Fredrik Cassel (Creandum)
　2021 Ed. (4761)
　2022 Ed. (4763)

Fredrik Eaton
　1991 Ed. (1617)
　1997 Ed. (3971)
Fredrik Lundberg
　2008 Ed. (4873)
　2009 Ed. (4898)
　2010 Ed. (4897)
　2011 Ed. (4884)
　2012 Ed. (4893)
　2013 Ed. (4911)
　2018 Ed. (4889)
　2019 Ed. (4881)
　2021 Ed. (4871)
　2022 Ed. (4867)
　2023 Ed. (4861)
Fredrik Nygren
　1999 Ed. (2425)
　2000 Ed. (2185)
Fredriksen; John
　2005 Ed. (4888)
　2007 Ed. (4923)
　2008 Ed. (4862)
　2009 Ed. (4886, 4917)
　2010 Ed. (4921)
　2012 Ed. (4882, 4921)
　2013 Ed. (4866, 4901)
　2014 Ed. (4880, 4913)
　2015 Ed. (4918)
　2016 Ed. (4834)
　2017 Ed. (4842)
　2018 Ed. (4849)
　2019 Ed. (4844)
　2020 Ed. (4833)
　2021 Ed. (4834)
　2022 Ed. (4827)
　2023 Ed. (4822)
Fredrikson & Byron
　1990 Ed. (2422)
　1991 Ed. (2288)
　1992 Ed. (2842)
　1993 Ed. (2400)
　2001 Ed. (563)
　2021 Ed. (3231, 3232)
　2023 Ed. (3457)
Fredrikson & Byron PA
　2007 Ed. (3320)
Fred's Inc.
　1992 Ed. (4383)
　1994 Ed. (3620)
　1995 Ed. (3690)
　1996 Ed. (3773)
　1999 Ed. (1871)
　2000 Ed. (1688)
　2003 Ed. (2073, 4550)
　2004 Ed. (2107, 4632, 4633, 4825)
　2005 Ed. (2210, 4119, 4560, 4561, 4812)
　2006 Ed. (2270, 2271, 2273, 4875, 4876)
　2007 Ed. (2206, 2209, 4183)
　2008 Ed. (1509, 2342, 2343, 2344, 2346)
　2009 Ed. (2331, 2332, 2333, 2335)
　2010 Ed. (2260, 2263, 4293)
　2011 Ed. (2270, 4284)
　2012 Ed. (4318)
　2013 Ed. (2368, 4306)
　2016 Ed. (4244)
　2018 Ed. (1942, 4268)
　2019 Ed. (1997)
Fred's Peugeot
　1990 Ed. (313)
　1991 Ed. (290)
　1992 Ed. (395)
Freuenberg-NOK Group Cos.
　2000 Ed. (1900)
Fredy Bush
　2006 Ed. (4977)
Free
　2021 Ed. (4581)
　2022 Ed. (4594)
　2023 Ed. (4597)
Free Bud
　2020 Ed. (3679)
　2021 Ed. (3685)
Free Culture
　2006 Ed. (634)
Free weights exercise
　1997 Ed. (3561)
The Free Forum Network
　2002 Ed. (4815)
Free From Broke
　2012 Ed. (494)
　2013 Ed. (609)
The Free Library of Philadelphia Association
　1998 Ed. (2688)
Free Market Madness
　2011 Ed. (533)
Free Marketing
　2013 Ed. (621)
Free Money Finance
　2012 Ed. (494)
Free People
　2018 Ed. (879)
　2019 Ed. (882)
Free Press
　2005 Ed. (733)
Free Software Foundation
　2007 Ed. (1256)
　2008 Ed. (1155)

836　　　　　　　　　　　　　　　　　　　　　　　　　　　　　Business Rankings Annual • CUMULATIVE INDEX • 1989-2023 / Part 2

2009 Ed. (1134)
2010 Ed. (1118)
2011 Ed. (1057)
2012 Ed. (984)
2013 Ed. (1125)
Free State Consolidated Gold Mines Ltd.
   1996 Ed. (2443)
   1997 Ed. (2586)
Free State Consolidated Mines
   1992 Ed. (4149)
Free trips
   1993 Ed. (2131)
Free-weight usage
   1998 Ed. (3354)
   1999 Ed. (4386)
Free Weights
   2000 Ed. (4089)
Free Willy
   1995 Ed. (2612)
FreeAgent.com
   2002 Ed. (4801, 4809)
FreeAlliance.com LLC
   2021 Ed. (1231)
FreeAlliance.com, LLC
   2022 Ed. (1232, 1235)
Freebairn & Co.
   1999 Ed. (42)
FreeBalance Inc.
   2003 Ed. (1341)
Freebit
   2020 Ed. (1816, 3780)
Freed Maxick & Battaglia
   2011 Ed. (18)
Freed Maxick CPAs PC
   2023 Ed. (38)
Freedent
   1995 Ed. (975)
   1996 Ed. (954)
   1999 Ed. (1116)
   2002 Ed. (1037)
   2018 Ed. (854)
   2019 Ed. (866)
   2020 Ed. (853)
Freedent Spearmint Gum
   1990 Ed. (894)
Freedent Spearmint Plen-T-Pak
   1989 Ed. (857)
Freedman; Jay
   1991 Ed. (1683)
   1992 Ed. (2136, 2137, 2138)
   1993 Ed. (1772, 1773, 1789, 1802)
Freedman; Jeffrey
   1996 Ed. (1815)
   1997 Ed. (1889)
Freedman & Rossi/BBDO
   1989 Ed. (157)
Freedom
   2000 Ed. (708)
   2002 Ed. (3365)
   2006 Ed. (227)
   2012 Ed. (452, 453, 511)
Freedom Acquisitions
   2009 Ed. (1394)
Freedom Air
   2006 Ed. (228)
Freedom Boat Club
   2006 Ed. (4056)
   2007 Ed. (4107)
   2008 Ed. (4129)
   2009 Ed. (4239)
   2010 Ed. (4170)
   2011 Ed. (4171)
   2012 Ed. (4219)
   2015 Ed. (4463)
   2017 Ed. (4364)
   2018 Ed. (4131)
   2020 Ed. (4150)
   2021 Ed. (4098, 4099)
   2022 Ed. (4127)
Freedom Bowl
   1990 Ed. (1841)
Freedom Communications Inc.
   2006 Ed. (1418)
Freedom Energy Logistics, LLC
   2019 Ed. (2543)
Freedom FCU
   2000 Ed. (1622)
Freedom Federal Credit Union
   2023 Ed. (2172)
Freedom First Credit Union
   2021 Ed. (2046)
Freedom Foods Group
   2016 Ed. (1377)
FREEDOM FOREVER
   2020 Ed. (2365)
Freedom Forever
   2021 Ed. (2329)
   2022 Ed. (2395, 4437, 4452, 4453)
   2023 Ed. (4475, 4476)
Freedom Forum
   2002 Ed. (2324, 2338, 2339)
Freedom Forum Newseum
   2002 Ed. (2349)
Freedom Funds
   1991 Ed. (2565)
Freedom Global Income
   1992 Ed. (3153)

Freedom Graphic Systems
   2020 Ed. (3979)
Freedom Group Inc.
   2012 Ed. (4063)
Freedom Health
   2011 Ed. (3211, 3683, 4020, 4025)
   2012 Ed. (3167)
Freedom Health Care Inc.
   1993 Ed. (2025)
Freedom Holding
   2023 Ed. (2805)
Freedom In Sales
   2020 Ed. (4672)
Freedom Medical
   2005 Ed. (2787)
Freedom Mobile Inc.
   2020 Ed. (4583)
Freedom Mortgage Corp.
   2016 Ed. (3618, 3619, 3621, 3623)
   2017 Ed. (3585, 3586, 3588, 3589, 3590, 3602)
   2018 Ed. (3646, 3647, 3648, 3649, 3650)
   2019 Ed. (3635, 3636, 3637, 3638, 3639)
Freedom National Bank
   2021 Ed. (398)
Freedom National Bank of New York
   1990 Ed. (510)
   1991 Ed. (463)
Freedom, ND
   2000 Ed. (1126)
Freedom Northwest Credit Union
   2022 Ed. (2096)
   2023 Ed. (2211)
Freedom Plus - 1
   1997 Ed. (3813)
Freedom Property Group LLC
   2020 Ed. (1670)
Freedom Savings & Loan Association, FS&LA
   1990 Ed. (424)
Freedom of the Seas
   2018 Ed. (2134)
Freedom Solar LLC
   2017 Ed. (1996)
Freedom Solar Power
   2016 Ed. (4428)
   2017 Ed. (4439)
   2018 Ed. (1948, 4458)
   2019 Ed. (4447)
   2020 Ed. (4437)
   2023 Ed. (2053)
Freedom Variable Annuity (SPVA)
   1991 Ed. (3439)
Freedom Variable Annuity (VA)
   1991 Ed. (3438)
Freefoam Plastics
   2017 Ed. (1685)
   2018 Ed. (1645)
   2019 Ed. (1697)
   2020 Ed. (1649)
   2021 Ed. (1628)
Freegold
   1990 Ed. (1938)
   1991 Ed. (1852)
   1993 Ed. (1989)
   1994 Ed. (738)
   1995 Ed. (2041)
Freehill Hogan & Mahar
   2012 Ed. (3363)
Freehills
   2002 Ed. (3055, 3784)
   2003 Ed. (3181)
Freehold Bank
   2023 Ed. (4347)
Freehold Chevrolet
   2002 Ed. (708, 709)
   2003 Ed. (211, 212)
   2004 Ed. (168)
   2005 Ed. (170)
Freehold Royalty Trust
   2004 Ed. (3173)
   2010 Ed. (4832)
   2011 Ed. (1552)
Freeley & Driscoll
   2000 Ed. (14)
Freelite Llc.
   2018 Ed. (1899)
Freeman
   2000 Ed. (4036)
   2003 Ed. (644)
   2015 Ed. (81, 82, 860)
   2016 Ed. (81, 82)
   2017 Ed. (798, 2473)
   2018 Ed. (77, 78, 731)
   2019 Ed. (2536)
   2020 Ed. (3452)
   2021 Ed. (1914, 2469, 3472)
   2022 Ed. (2579, 3529)
   2023 Ed. (157, 958, 2722, 3650, 3920)
Freeman Bare Foot
   1999 Ed. (305, 2486)
   2000 Ed. (2247)
   2001 Ed. (2491, 2492)
Freeman Barefoot
   1998 Ed. (1747)
Freeman Companies LLC
   2018 Ed. (3610)
   2019 Ed. (3604)

2020 Ed. (3575)
2021 Ed. (3605)
2022 Ed. (3656)
The Freeman Company
   2020 Ed. (1952)
Freeman Cos. LLC
   2023 Ed. (3762)
Freeman-Darling Construction Co.
   1995 Ed. (1176)
Freeman; Einson
   1993 Ed. (3064)
Freeman Foundation
   2002 Ed. (2328)
Freeman, Gerald Public Relations
   1989 Ed. (2258)
Freeman Holdings of Arizona LLC
   2023 Ed. (2288)
Freeman, Mathis & Gary
   2021 Ed. (3209)
Freeman Mazda
   1991 Ed. (285)
   1992 Ed. (390)
   1993 Ed. (276)
   1994 Ed. (275)
   1995 Ed. (275)
   1996 Ed. (278)
Freeman Oldsmobile-Mazda
   1990 Ed. (332)
Freeman & Partners; Cliff
   1994 Ed. (85)
Freemans
   1992 Ed. (2960)
FreemanWhite
   2008 Ed. (2532)
FreemanXP
   2019 Ed. (3474)
FreeMarkets
   2001 Ed. (1873, 2164, 2180, 2853, 4186, 4757)
   2003 Ed. (2173)
   2004 Ed. (2212)
FreeMarkets Asset Exchange
   2001 Ed. (4772)
FreeMerchant.com
   2002 Ed. (4800)
Freenet
   2016 Ed. (4591)
   2021 Ed. (4582)
   2022 Ed. (4595)
   2023 Ed. (4596)
freenet.de AG
   2007 Ed. (1744)
Freepik
   2018 Ed. (1917, 3518)
Freepoart McMoran Copper & Gold Inc.
   2001 Ed. (3322)
Freeport, Bahamas
   2003 Ed. (3916)
Freeport Copper
   1997 Ed. (2947)
   1998 Ed. (2684, 2685)
   1999 Ed. (3625)
Freeport Health Network
   2005 Ed. (180)
Freeport Indonesia
   1995 Ed. (1419)
   1996 Ed. (1380)
   1997 Ed. (1432)
   1999 Ed. (1657)
   2000 Ed. (1462, 1463, 1466, 1467)
Freeport Industrial Park
   1990 Ed. (2179)
   1991 Ed. (2023)
Freeport LNG
   2012 Ed. (738, 3494)
Freeport-McMoRan
   2018 Ed. (1328, 1329, 3587, 4531)
   2019 Ed. (3551, 3785)
   2020 Ed. (3528)
   2021 Ed. (3576)
   2022 Ed. (1367, 3839, 3852)
   2023 Ed. (1569, 3734, 3950)
Freeport-Mcmoran
   2023 Ed. (3938)
Freeport-McMoran, Agrico Chemical
   1993 Ed. (922)
Freeport-McMoran Cooper
   1990 Ed. (2543)
Freeport-McMoran Cooper & Gold
   1997 Ed. (2792, 2948)
Freeport-McMoran Copper
   1991 Ed. (2420)
Freeport-McMoRan Copper & Gold
   2014 Ed. (3923)
   2015 Ed. (3957)
   2016 Ed. (3873)
   2017 Ed. (3840)
Freeport-McMoRan Copper & Gold Inc.
   1992 Ed. (3028, 3225)
   1993 Ed. (1348, 2536)
   1994 Ed. (1403, 2480)
   1998 Ed. (1160, 2471, 2507, 2508, 2509)
   1999 Ed. (1558, 3357, 3360, 3412, 3413, 3414)
   2000 Ed. (3092, 3096, 3097, 3136, 3137, 3138)
   2001 Ed. (1503, 1780, 3289, 3320, 3323)
   2002 Ed. (3366, 3664)

2003 Ed. (1748, 3363, 3367, 3368, 3371, 3374, 3813, 3817)
2004 Ed. (3398, 3429, 3432, 3433, 3437, 3485, 3486, 3835, 3838)
2005 Ed. (923, 1849, 3409, 3447, 3448, 3449, 3452, 3454, 3482, 3483, 3743, 4462, 4500)
2006 Ed. (831, 1855, 3456, 3457, 3461, 3471, 3484)
2007 Ed. (914, 1526, 1528, 1529, 1548, 1858, 1859, 3022, 3479, 3480, 3482, 3485, 3495, 3513, 3514, 3516, 3844, 4518, 4519)
2008 Ed. (1427, 1890, 1891, 3141, 3653, 3654, 3659)
2009 Ed. (1442, 1444, 1485, 1853, 2267, 2924, 3225, 3608, 3719, 3720, 3722, 3743, 3749, 3968, 4556)
2010 Ed. (1424, 1474, 1475, 1476, 1708, 2846, 2847, 3637, 3638, 3640, 3649, 3681, 3684, 3876, 3903, 4591)
2011 Ed. (1425, 1426, 1472, 1473, 1727, 2829, 3639, 3640, 3642, 3643, 3653, 3665, 3888, 4805)
2012 Ed. (1262, 1265, 1266, 1282, 1309, 1312, 1313, 1314, 1921, 3635, 3636, 3637, 3639, 3640, 3648, 3652, 3664, 3666, 3679, 3869, 3906)
2013 Ed. (1351, 1367, 1408, 1412, 1413, 3694, 3695, 3696, 3698, 3701, 3710, 3715, 3735, 3935, 4792)
2014 Ed. (1358, 1363, 1364, 1365, 1745, 2537, 3628, 3629, 3630, 3632, 3635, 3643, 3647, 3669, 3880)
2015 Ed. (1433, 1438, 1439, 1789, 2294, 3641, 3642, 3643, 3645, 3649, 3653, 3657, 3687, 3905)
2016 Ed. (1354, 1361, 1364, 3528, 3529, 3530, 3532, 3536, 3541, 3546, 3815, 3818)
2017 Ed. (1384, 1392, 3497, 3499, 3503, 3511, 3773)
2018 Ed. (1359, 3493, 3549)
2019 Ed. (1403, 3542, 3570, 3799)
2020 Ed. (1357, 3523, 3545, 3855)
2021 Ed. (3819)
Freeport-McMoRan Corp.
   1989 Ed. (874, 875, 878, 900, 1991, 1992)
   1990 Ed. (933, 937, 967, 1757, 2585, 3660)
   1991 Ed. (910, 920)
   1992 Ed. (3438)
   1993 Ed. (928, 1350, 1364, 2575, 2576, 2844, 3689)
   1994 Ed. (942, 1264, 1416, 2524, 2525, 2673)
   1995 Ed. (1451, 2581, 2582, 2775, 2776)
   1996 Ed. (2648, 2652, 2850, 2851, 2852)
   1997 Ed. (2792, 2793)
   1998 Ed. (1052, 1553, 1855, 2508)
   2000 Ed. (2380)
   2011 Ed. (3639)
   2012 Ed. (3635)
   2013 Ed. (3694)
   2014 Ed. (3628, 3629)
   2015 Ed. (1438, 3641, 3642)
   2016 Ed. (1361, 3528, 3529)
Freeport-McMoran Gold
   1989 Ed. (1946)
   1991 Ed. (1232)
   1992 Ed. (1486)
Freeport-McMoRan Inc.
   2016 Ed. (1359)
   2017 Ed. (1331, 1389, 2422, 3513)
   2018 Ed. (1365, 3551)
   2019 Ed. (1402, 3544)
   2020 Ed. (1363, 1365)
   2021 Ed. (1357, 1359)
   2022 Ed. (1371, 1373)
   2023 Ed. (1572)
Freeport-McMoRan Research
   1994 Ed. (1753)
Freeport-McMoRan Research L.P.
   1995 Ed. (1784)
Freeport McMoran Resource Partners
   1997 Ed. (1844)
Freeport-McMoRan Resources
   1992 Ed. (2128)
   1993 Ed. (1762)
Freeport Minerals Co.
   1990 Ed. (1241)
Freer Gallery of Art
   1995 Ed. (935)
freeride.com
   2001 Ed. (2995, 2996)
Freescale Semiconductor
   2016 Ed. (4347)
   2017 Ed. (1010)
Freescale Semiconductor Inc.
   2006 Ed. (2725, 4258, 4281, 4290)
   2007 Ed. (2338, 2900, 4348, 4350, 4353, 4356)
   2008 Ed. (1402, 1405, 2280, 2462, 3022, 3445, 4079, 4293, 4309, 4313, 4616)
   2009 Ed. (3109, 3250, 3606, 4168, 4415)
   2010 Ed. (2389, 3042, 3525, 4104, 4458, 4459)
   2011 Ed. (2391, 3011, 4073)

CUMULATIVE INDEX • 1989-2023

2012 Ed. (2321, 2938, 3100, 4105)
2013 Ed. (2498, 3033, 3181)
2014 Ed. (3046)
2015 Ed. (4428)
2016 Ed. (2045)
2017 Ed. (3369)
Freescale Semiconductor Ltd.
  2017 Ed. (2004)
Freese & Nichols
  2014 Ed. (2024)
  2019 Ed. (1351)
  2022 Ed. (753, 1962)
  2023 Ed. (2643)
Freese & Nichols Inc.
  2011 Ed. (4426)
  2012 Ed. (1044)
  2013 Ed. (1147)
  2014 Ed. (2485)
  2015 Ed. (2560)
  2022 Ed. (2460)
Freesen Inc.
  2003 Ed. (1268)
Freeserve
  2001 Ed. (4781)
  2008 Ed. (680)
Freeserve plc
  2001 Ed. (4189)
freeshop.com
  2001 Ed. (2995, 2996)
Freesia
  1993 Ed. (1871)
FreeSoft plc
  2008 Ed. (1790)
Freestar
  2021 Ed. (61, 1353, 3967)
  2022 Ed. (58, 62, 1365)
Freestar; Ford
  2008 Ed. (299)
Freestate Electrical Cos.
  2022 Ed. (2698)
Freestate Electrical Service Co.
  2016 Ed. (2666)
freestyle
  2021 Ed. (2194)
Freestyle Lite
  2017 Ed. (2132)
  2018 Ed. (2178)
  2019 Ed. (2167)
  2020 Ed. (2164)
  2021 Ed. (2153)
Freestyle Precision Neo
  2018 Ed. (2178)
  2019 Ed. (2167)
  2020 Ed. (2164)
  2021 Ed. (2153)
Freeway Dodge Inc.
  1990 Ed. (341)
  1991 Ed. (277)
  1992 Ed. (382)
FreewebCentral
  2002 Ed. (4815)
Freewebs Inc.
  2010 Ed. (2949)
Freeze-dried
  2002 Ed. (4728)
Freezer bags
  2000 Ed. (4155)
  2002 Ed. (3719)
Freezer Queen
  1996 Ed. (1975)
Fregli Demir Celik
  1997 Ed. (2577)
Frehner Construction Co.
  2007 Ed. (1380)
  2008 Ed. (1315)
  2009 Ed. (1300)
  2010 Ed. (1293)
Freia
  1994 Ed. (2700, 2701)
  1996 Ed. (2877)
Freia AS
  1993 Ed. (45, 1879)
  1994 Ed. (36)
Freia Marabou
  1993 Ed. (2745)
  1995 Ed. (1243)
Freibaum; Bernard
  2005 Ed. (985)
  2006 Ed. (1001)
  2007 Ed. (1093)
Freight Liquidators Furniture
  1998 Ed. (1789)
Freight management
  1995 Ed. (857)
Freight Masters Systems Inc.
  2006 Ed. (3512, 4351)
  2008 Ed. (179, 3708, 4385)
Freight, stock, & material movers
  2007 Ed. (3728, 3729)
  2009 Ed. (3863)
  2010 Ed. (3787)
Freight transportation
  2010 Ed. (1048, 1049, 2336, 2337, 2808, 2809, 4789, 4790)
  2011 Ed. (982, 983, 2329, 2330, 2790, 2791, 4736, 4737)
FreightCar America Inc.
  2007 Ed. (4279)

FreightDesk.com
  2001 Ed. (4758)
Freightliner
  1991 Ed. (3424)
  1992 Ed. (4350)
  1993 Ed. (3627, 3628)
  1994 Ed. (3582, 3583)
  1995 Ed. (3667)
  1996 Ed. (3747)
  1998 Ed. (3625, 3646)
  2000 Ed. (4304)
  2001 Ed. (1832)
  2002 Ed. (4703)
  2003 Ed. (1806)
  2009 Ed. (2386)
Freightliner LLC
  2003 Ed. (1807)
  2006 Ed. (1975)
  2008 Ed. (2028)
  2009 Ed. (1992)
Freightmasters
  2002 Ed. (4692)
FreightMatrix.com
  2001 Ed. (4758)
FreightPlus
  2023 Ed. (1853)
FreightPros
  2015 Ed. (3537)
Freightquote Inc.
  2015 Ed. (2814)
Freightquote.com
  2016 Ed. (2747)
freightquote.com
  2001 Ed. (4758)
  2004 Ed. (4434)
  2005 Ed. (1831)
  2006 Ed. (1830, 4794)
Freightroute
  2017 Ed. (4718)
  2018 Ed. (4707)
FreightSaver
  2020 Ed. (3381)
FreightWaves
  2023 Ed. (1137, 2050)
FreightWise
  2001 Ed. (4758)
  2021 Ed. (1339, 1605, 1887, 3386, 3967, 4686, 4697)
  2022 Ed. (1933, 3437)
  2023 Ed. (2035)
FreightWise (U.S.)
  2021 Ed. (1605)
Freihofer
  1996 Ed. (358)
  1998 Ed. (260, 261)
  2000 Ed. (368)
Freihofer Baking Co.; Chas.
  1992 Ed. (494)
Freihofer's
  1995 Ed. (2939)
Freiman; Paul E.
  1993 Ed. (1699)
Freimuth Abbruch & Recycling
  2018 Ed. (1037, 1051)
  2019 Ed. (1049)
  2020 Ed. (1039, 1053)
Freitag; Ralph
  1992 Ed. (2056)
Freitag-Weinhardt Inc.
  2009 Ed. (1281)
  2011 Ed. (1227)
Freixenet
  1989 Ed. (872, 2942, 2944, 2946)
  1992 Ed. (1082, 1083, 1084, 1085, 4460)
  1993 Ed. (869, 873, 874, 875, 876, 877, 882, 883)
  1995 Ed. (921, 923, 924, 925, 930)
  1996 Ed. (900, 901, 905, 906, 909, 3839, 3866, 3868)
  1997 Ed. (931, 932, 933, 934, 937, 938, 942, 3910, 3911)
  1998 Ed. (674, 675, 677, 679, 680, 681, 682, 3442, 3724, 3750, 3751, 3753)
  1999 Ed. (1062, 1063, 1065, 1067, 1068, 4797, 4798)
  2000 Ed. (1008, 1009, 4422)
  2001 Ed. (1151, 1160, 1161, 1162, 1163, 4889, 4890, 4892)
  2002 Ed. (963, 968, 971, 972, 974, 4956, 4957, 4959)
  2003 Ed. (900, 908)
  2004 Ed. (924, 925)
  2005 Ed. (915, 918, 919, 4953, 4955, 4956)
  2006 Ed. (829)
  2015 Ed. (4994)
Freixenet Spanish Wine
  1991 Ed. (884, 885, 3494, 3499)
Freixenet USA Inc.
  2003 Ed. (907)
  2004 Ed. (927)
  2005 Ed. (922)
  2006 Ed. (830)
Fremantle
  1992 Ed. (1399)
FremantleMedia
  2013 Ed. (2678)

Fremont
  2000 Ed. (4410)
Fremont Argus
  1998 Ed. (80)
Fremont Associates
  2002 Ed. (3923)
Fremont Bancorp
  2005 Ed. (2869)
  2015 Ed. (380)
Fremont Bancorp.
  2018 Ed. (488)
Fremont Bond
  2000 Ed. (3253)
  2003 Ed. (691)
  2004 Ed. (692, 722)
  2005 Ed. (702)
  2006 Ed. (629)
Fremont Bond Fund
  2000 Ed. (756, 757)
  2003 Ed. (3531)
Fremont Brewing Co. (West)
  2023 Ed. (916)
Fremont, CA
  1992 Ed. (1158, 3134)
Fremont Contract Carriers Inc.
  2021 Ed. (4676)
Fremont Emerging Markets Fund
  1999 Ed. (3540)
Fremont General Corp.
  1992 Ed. (2682)
  1994 Ed. (3227)
  1997 Ed. (2459, 2460)
  1998 Ed. (2201, 2208)
  1999 Ed. (2967)
  2000 Ed. (2729)
  2005 Ed. (450)
  2006 Ed. (404, 2585, 2723)
  2007 Ed. (389, 2555)
  2008 Ed. (4535)
  2009 Ed. (1850)
  2010 Ed. (349)
Fremont General Group
  2000 Ed. (4438, 4440)
  2002 Ed. (4991)
  2003 Ed. (4994)
Fremont, OH
  2015 Ed. (3533)
  2022 Ed. (3409)
Fremont U.S. Micro-Cap
  2002 Ed. (3424)
Fremont U.S. Micro-Cap Fund
  2003 Ed. (3507, 3541)
Fremont U.S. Micro Cap Institutional
  2004 Ed. (2457)
Fremont U.S. Mirco-Cap
  1998 Ed. (2593)
French
  2000 Ed. (2889, 4380)
French AMX30B2
  1992 Ed. (3479)
French/Cinnamon Toast
  2003 Ed. (876)
French Colombard
  2001 Ed. (4872, 4873)
  2002 Ed. (4969, 4970)
  2003 Ed. (4968, 4969)
French Connection
  2007 Ed. (716)
  2008 Ed. (685)
French Countryside
  2000 Ed. (2338)
French Duncan LLP
  2018 Ed. (16)
  2019 Ed. (17)
  2020 Ed. (20)
  2021 Ed. (22)
French/English, English/French Dictionary, Larousse
  1990 Ed. (2768)
French Fragrances
  1998 Ed. (1887)
French franc
  1995 Ed. (2813)
  1996 Ed. (2872)
  2000 Ed. (2742)
French francs
  1992 Ed. (2025, 2047)
French Gerleman Electric Co.
  2006 Ed. (4362)
French Horn
  1999 Ed. (3504)
French Hospital Medical Center
  2010 Ed. (3058)
  2011 Ed. (3029)
  2013 Ed. (3045)
  2014 Ed. (3058)
French/Italian bread
  1998 Ed. (255)
French Leclerc
  1992 Ed. (3078)
French; Martin
  1997 Ed. (1997)
French & Parrello Associates PA
  2016 Ed. (4776)
The French Patisserie
  2020 Ed. (1293)
  2022 Ed. (1276)

French Polynesia
  1990 Ed. (3616)
French Toast
  2013 Ed. (890)
French toast
  1992 Ed. (3019)
French Toast Crunch
  1999 Ed. (3597)
French toast/pancakes/waffles, frozen
  1993 Ed. (3485)
French Truck Coffee
  2020 Ed. (2846)
  2021 Ed. (2723)
French | West | Vaughan
  2023 Ed. (4125, 4128, 4133, 4134, 4149, 4150, 4152, 4153, 4156)
French/West/Vaughan
  2005 Ed. (3965, 3976)
  2012 Ed. (4135, 4143)
  2013 Ed. (4127, 4146)
  2014 Ed. (4144, 4163)
  2015 Ed. (4126, 4144)
  2016 Ed. (4040, 4058)
  2023 Ed. (4118)
French West Vaughn
  2005 Ed. (3953, 3957)
French/West/Vaughn
  2013 Ed. (4126)
  2014 Ed. (4143)
  2015 Ed. (4125)
  2016 Ed. (4039)
French Women Don't Get Fat
  2007 Ed. (663)
French | West
  2012 Ed. (4159)
French | West | Vaughan
  2013 Ed. (4145)
  2014 Ed. (4162)
  2015 Ed. (4143)
  2016 Ed. (4057)
  2017 Ed. (4010, 4011, 4028, 4029)
  2018 Ed. (4034, 4035, 4039, 4052, 4053, 4056)
  2019 Ed. (4027, 4028, 4032, 4045, 4046)
  2020 Ed. (4037, 4038, 4042, 4056, 4057, 4060)
  2021 Ed. (4003, 4005, 4010, 4011, 4012, 4025, 4026, 4028, 4029)
  2022 Ed. (4021, 4022, 4023, 4028, 4029, 4047, 4048, 4051)
Frenchman Valley Co-op
  2014 Ed. (2628)
  2018 Ed. (131)
Frenchman Valley Cooperative
  2016 Ed. (2594)
  2017 Ed. (2523)
Frenchman Valley Farmers Coop
  2022 Ed. (124)
French's
  2008 Ed. (637)
Frenkel & Co.
  1991 Ed. (2139)
  1992 Ed. (2702)
  1995 Ed. (2274)
Frequency Electronics Inc.
  2005 Ed. (4673)
Frere; Albert
  2008 Ed. (4861)
  2009 Ed. (4879)
  2010 Ed. (4880)
  2011 Ed. (4849)
  2012 Ed. (4876)
  2013 Ed. (4858)
  2014 Ed. (4872)
  2015 Ed. (4910)
  2016 Ed. (4826)
  2017 Ed. (4836)
  2018 Ed. (4841)
  2019 Ed. (4837)
Frere-Bourgeois Holding Co.
  2017 Ed. (2454)
  2018 Ed. (2504, 2558)
Fresard Pontiac; Jim
  1995 Ed. (283)
  1996 Ed. (283)
Fresca
  1999 Ed. (4358)
  2007 Ed. (4477)
  2008 Ed. (4461)
Fresche Solutions Inc.
  2016 Ed. (1481)
Freschetta
  2003 Ed. (2559, 2566)
  2004 Ed. (2692)
  2005 Ed. (2692)
  2006 Ed. (2667)
  2007 Ed. (2650)
  2008 Ed. (2787, 2788)
  2009 Ed. (2844)
  2010 Ed. (2785)
  2012 Ed. (2703)
  2014 Ed. (2763, 2789, 2790)
  2015 Ed. (2832, 2833)
  2016 Ed. (2765, 2766)
  2017 Ed. (2725)
  2018 Ed. (2782, 2783)
  2019 Ed. (2758)
  2020 Ed. (2795)

2021 Ed. (2667)
2022 Ed. (2814, 2816)
Fresco; Paolo
  1997 Ed. (1797)
Fresco Supermarkets
  2002 Ed. (2304)
  2004 Ed. (1648)
Fresenius
  2007 Ed. (2781)
  2016 Ed. (2896, 2901)
  2017 Ed. (2855)
  2018 Ed. (2921, 2924, 2925)
  2019 Ed. (2876, 2879, 2884, 3529, 3530)
  2020 Ed. (2885, 2902, 2906, 3510)
  2021 Ed. (2769, 2775, 3531)
  2022 Ed. (1572, 2929, 2933, 2936, 2940)
  2023 Ed. (1744, 3058, 3066, 3700)
Fresenius AG
  1998 Ed. (1041, 1340)
  1999 Ed. (1471)
  2002 Ed. (1449)
  2003 Ed. (1469)
  2004 Ed. (1499, 4930)
  2005 Ed. (1515)
Fresenius (Germany)
  2022 Ed. (2936)
Fresenius Medical Care
  2007 Ed. (2781)
  2010 Ed. (2905)
  2013 Ed. (2887)
  2014 Ed. (2758, 2916)
  2017 Ed. (3408)
Fresenius Medical Care AG
  2003 Ed. (4585)
  2008 Ed. (1424, 1744, 1751, 4668)
  2010 Ed. (3207)
  2011 Ed. (2874, 3171)
  2012 Ed. (2811, 3127)
  2013 Ed. (830, 2866, 3212)
  2014 Ed. (2899, 2914, 3224, 4018)
  2015 Ed. (2942, 2961, 3287)
  2016 Ed. (2874, 3128)
  2017 Ed. (2831, 3067)
  2018 Ed. (3179)
  2019 Ed. (3115)
Fresenius Medical Care Extracorporeal Alliance
  2005 Ed. (3665)
Fresenius Medical Care Holdings Inc.
  2001 Ed. (2677)
  2004 Ed. (4925)
  2005 Ed. (3042)
  2006 Ed. (3047)
  2007 Ed. (3079)
  2012 Ed. (3124)
  2013 Ed. (1842, 3209, 3210)
  2014 Ed. (1772, 3221)
  2015 Ed. (1818, 3284, 3285)
  2016 Ed. (3125)
Fresenius Medical Care North America Inc.
  2010 Ed. (1801, 2889)
  2011 Ed. (1829, 2868)
Fresenius SE
  2010 Ed. (3619)
  2011 Ed. (2874, 3617, 3621)
  2012 Ed. (2811, 3621, 3622)
  2013 Ed. (830, 2866, 3678, 3679)
  2014 Ed. (2899, 3612, 3613, 4018)
  2015 Ed. (2942, 3624, 3625)
  2016 Ed. (2874, 3509, 3510)
  2017 Ed. (2831, 3484, 3485)
  2018 Ed. (3538, 3539)
  2019 Ed. (3525, 3526)
  2020 Ed. (3506)
Fresenius USA Inc.
  1997 Ed. (1235)
Fresh
  2001 Ed. (394, 2551, 3862)
  2007 Ed. (709)
  2009 Ed. (690)
  2022 Ed. (2037)
Fresh beef
  1991 Ed. (1866)
Fresh Brands Inc.
  2004 Ed. (4630, 4631)
  2005 Ed. (4558, 4559)
Fresh-brew, whole bean
  2002 Ed. (4728)
Fresh-brew, preground
  2002 Ed. (4728)
Fresh Brothers
  2015 Ed. (4027)
Fresh Catch
  1993 Ed. (2820)
  1994 Ed. (2834)
Fresh Chef
  1992 Ed. (3220)
Fresh Choice
  1995 Ed. (3136, 3207)
  1996 Ed. (3211, 3212, 3233)
  1997 Ed. (3336)
  1999 Ed. (4062)
  2002 Ed. (4010, 4020)
Fresh Coat
  2009 Ed. (2374)
  2010 Ed. (2298)
  2011 Ed. (767, 2296)
  2013 Ed. (3117)

2014 Ed. (3118)
2015 Ed. (3180)
2016 Ed. (3033)
2017 Ed. (2974)
2018 Ed. (3097)
2021 Ed. (2945)
2022 Ed. (3062)
2023 Ed. (3171, 3175)
Fresh & Co.
  2005 Ed. (75)
Fresh & Co., Sobotica
  2001 Ed. (75)
Fresh & Co., Subotica
  2004 Ed. (80)
Fresh Consulting
  2021 Ed. (1954, 1955)
  2022 Ed. (1997, 1998)
Fresh Del Monte Produce Inc.
  2003 Ed. (2513, 4576)
  2004 Ed. (2633, 4940)
  2005 Ed. (2634, 4920)
  2006 Ed. (4953)
  2007 Ed. (4960)
  2008 Ed. (4931)
  2009 Ed. (4953)
  2010 Ed. (1626, 2749, 4961)
  2011 Ed. (4945)
  2012 Ed. (3533, 4944)
  2013 Ed. (3594, 4936)
  2014 Ed. (4943)
  2015 Ed. (4983)
  2016 Ed. (4900)
  2017 Ed. (2744)
  2018 Ed. (2796)
  2019 Ed. (2774)
  2020 Ed. (2808)
  2021 Ed. (2680)
The Fresh Diet
  2012 Ed. (2631)
  2013 Ed. (2717)
Fresh Direct LLC
  2019 Ed. (4287)
Fresh & Easy
  2011 Ed. (1806, 4585, 4586)
  2012 Ed. (1500, 4595, 4596)
  2013 Ed. (1632, 4537)
  2014 Ed. (1594, 4595)
  2015 Ed. (1644)
Fresh & Easy Neighborhood Market
  2012 Ed. (711)
  2013 Ed. (916)
Fresh Electric
  2011 Ed. (2301)
Fresh Express
  1996 Ed. (773, 1934, 2825)
  2001 Ed. (2477)
  2003 Ed. (3969)
  2007 Ed. (4433)
  2008 Ed. (2782)
  2013 Ed. (4355)
Fresh Express Co.
  2017 Ed. (4293)
  2020 Ed. (4292)
  2021 Ed. (4269)
Fresh Fish/Seafood
  1990 Ed. (1961)
Fresh Foods Inc.
  2000 Ed. (3798)
Fresh From Texas Inc.
  2016 Ed. (3443)
  2017 Ed. (3394, 3402)
Fresh Frozen Foods Inc.
  2014 Ed. (2795)
Fresh citrus fruits
  1991 Ed. (1865)
Fresh Healthy Cafe
  2017 Ed. (2515)
Fresh Healthy Vending
  2015 Ed. (4861)
  2016 Ed. (798, 4769)
  2018 Ed. (4771)
Fresh Hospitality
  2023 Ed. (4224)
Fresh Intelligence
  2017 Ed. (3428)
Fresh International Corp.
  2001 Ed. (279)
  2003 Ed. (233)
Fresh Jax
  2022 Ed. (1527)
Fresh Juice
  1999 Ed. (722)
  2000 Ed. (724, 729)
Fresh Kitchen
  1992 Ed. (3220)
Fresh Made
  2019 Ed. (3569, 5000)
  2020 Ed. (3543)
  2021 Ed. (3560)
Fresh Made Inc.
  2018 Ed. (2155)
Fresh Mark Inc.
  1992 Ed. (2991, 2992, 3485, 3486)
  1994 Ed. (2455, 2911)
  2008 Ed. (3614)
  2009 Ed. (3681, 3684)
  2010 Ed. (3595)
  2011 Ed. (3597)

2012 Ed. (3581, 3584)
2013 Ed. (3639)
2014 Ed. (3579, 3582, 3584, 3587)
2015 Ed. (3592, 3595, 3596, 3599, 3601)
2016 Ed. (3478, 3483)
2018 Ed. (3500, 3505, 3506, 3508, 3511)
2019 Ed. (3489, 3494, 3498)
2020 Ed. (3480, 3481, 3483, 3487)
2021 Ed. (3496, 3500, 3501, 3503, 3506)
2022 Ed. (3557, 3559, 3560, 3562, 3563, 3564)
Fresh Market
  2017 Ed. (1879, 1880)
The Fresh Market
  2013 Ed. (4550)
  2015 Ed. (901)
The Fresh Market Inc.
  2009 Ed. (4159)
  2010 Ed. (4636)
  2011 Ed. (4585, 4586)
  2012 Ed. (4432, 4434, 4595, 4596)
  2013 Ed. (4537)
  2014 Ed. (4595)
Fresh Mart International
  2013 Ed. (4296)
Fresh Mates; Charmin
  2008 Ed. (4697)
Fresh Meadow Mechanical Corp.
  2007 Ed. (1388)
  2008 Ed. (1322, 1332, 1333, 1334, 4002)
  2009 Ed. (1327, 1328, 4076)
  2010 Ed. (1300, 1313)
  2011 Ed. (135, 1258, 1281, 1282, 1283)
  2012 Ed. (137, 1176, 1177, 3994)
  2013 Ed. (1261)
  2016 Ed. (1164)
  2018 Ed. (1177)
Fresh Meal Plan
  2017 Ed. (2628)
Fresh N' Lean
  2023 Ed. (1600)
Fresh n' Lean
  2021 Ed. (1401)
  2022 Ed. (1407)
Fresh potatoes
  1991 Ed. (1865)
Fresh poultry
  1991 Ed. (1866)
  1992 Ed. (2349)
Fresh produce
  2001 Ed. (3521)
Fresh Produce Sportswear Inc.
  2004 Ed. (4989)
  2005 Ed. (4994)
  2007 Ed. (4990)
  2008 Ed. (4993)
Fresh fish and other seafood
  1991 Ed. (1867)
Fresh Start Bakeries North America
  2011 Ed. (2768)
Fresh Start Facility Service Inc.
  2020 Ed. (99)
Fresh View Solutions
  2016 Ed. (950)
Freshbenies
  2017 Ed. (2832)
FreshCare
  2003 Ed. (3168)
FreshDirect
  2018 Ed. (2310)
  2021 Ed. (2242)
FreshDirect Inc.
  2005 Ed. (3182)
FreshDirect LLC
  2007 Ed. (4163, 4942)
FreshDirect.com
  2006 Ed. (2378)
  2008 Ed. (2441)
Freshens Frozen Treats
  2009 Ed. (3213)
  2011 Ed. (3111)
Freshens Premium Yogurt
  1991 Ed. (1771)
  1992 Ed. (2221)
  1997 Ed. (3312, 3332)
  1998 Ed. (3048)
Freshens Yogurt
  1993 Ed. (3014, 3015)
  1995 Ed. (3136)
Fresherized Foods
  2017 Ed. (2136)
  2018 Ed. (2182)
  2019 Ed. (2170)
  2020 Ed. (2165)
Freshfields
  1991 Ed. (1607, 1611, 2286)
  1992 Ed. (14, 15, 2034, 2043, 2835, 2836, 2839)
  1999 Ed. (3151)
  2000 Ed. (2897)
  2001 Ed. (1539)
  2011 Ed. (932)
Freshfields Bruckhaus Deringer
  2002 Ed. (1361, 3797)
  2003 Ed. (1407, 1408, 1412)
  2004 Ed. (1432, 1433, 1437, 1438)
  2005 Ed. (1449, 1450)
  2006 Ed. (3251)

2007 Ed. (3317)
2008 Ed. (3428)
2009 Ed. (3493, 3495, 3496, 3498, 3499, 3500, 3501)
2010 Ed. (3423, 3424, 3427, 3428, 3429)
2011 Ed. (3407, 3408, 3409, 3412, 3413, 3414, 3415)
2012 Ed. (3410, 3426)
2013 Ed. (3450, 3452)
2014 Ed. (3453)
2017 Ed. (3277)
Freshfields Bruckhaus Deringer International
  2003 Ed. (3183, 3184)
  2004 Ed. (3235)
  2005 Ed. (3265)
Freshii
  2018 Ed. (4198, 4220)
  2019 Ed. (4249)
  2020 Ed. (786)
Freshjax Organic Spices
  2023 Ed. (1704)
Freshlinc
  2015 Ed. (2096)
  2016 Ed. (4708)
  2018 Ed. (4703, 4711)
  2019 Ed. (4708)
FreshLinc Group
  2021 Ed. (4696)
Freshly Picked
  2017 Ed. (2056)
  2018 Ed. (2021)
Freshmatic
  1992 Ed. (1177)
Freshness date marked on products
  1990 Ed. (1951)
  1991 Ed. (1861)
Freshnex.com
  2001 Ed. (4764)
FreshPair.com
  2013 Ed. (2466)
Freshwater Fishing
  2000 Ed. (4089)
Freshwater Software
  2001 Ed. (2859)
  2002 Ed. (1072, 2486)
The Freshwater Trust
  2012 Ed. (1774)
FreshWorks
  2021 Ed. (1446)
Freshworks
  2023 Ed. (4580)
Fresnillo
  2011 Ed. (3668)
  2012 Ed. (3654, 3676, 3683)
  2013 Ed. (3699, 3722)
  2014 Ed. (3633, 3658)
  2015 Ed. (3676)
  2016 Ed. (3559, 3568)
  2017 Ed. (3535, 3539)
  2018 Ed. (3552, 3593)
  2019 Ed. (3545)
  2021 Ed. (1693)
  2022 Ed. (1718, 3608)
Fresnillo (Mexico)
  2022 Ed. (3608)
Fresnillo plc (Mexico)
  2021 Ed. (3546)
Fresnillo plc
  2021 Ed. (3546)
  2023 Ed. (1862, 3712)
Fresno
  2000 Ed. (2470)
Fresno, CA
  1990 Ed. (286)
  1991 Ed. (1371, 3288)
  1992 Ed. (369, 1154, 1721)
  1993 Ed. (947, 951)
  1994 Ed. (2495)
  1996 Ed. (344)
  1997 Ed. (2848)
  1999 Ed. (356, 2684, 2687, 3374, 3393, 3394)
  2000 Ed. (1087, 4287)
  2002 Ed. (407)
  2003 Ed. (231, 232, 2084)
  2004 Ed. (189, 190)
  2005 Ed. (338, 2992, 3314, 3324, 3470, 4792, 4796, 4835)
  2006 Ed. (4863)
  2009 Ed. (351)
  2010 Ed. (207, 2705, 2765)
  2011 Ed. (254)
  2012 Ed. (275)
  2014 Ed. (278)
  2017 Ed. (314, 2677, 4428)
Fresno County, CA
  1993 Ed. (1431)
Fresno County Federal Credit Union
  2008 Ed. (1592)
  2009 Ed. (1527)
Fresno First Bank
  2017 Ed. (1413)
Fresno Isuzu
  1990 Ed. (328)
  1991 Ed. (281)

Fresno Pacific College
  1993 Ed. (1024)
  1995 Ed. (1059)
Fresno-Visalia, CA
  2002 Ed. (920)
  2003 Ed. (831)
  2004 Ed. (187, 188)
  2008 Ed. (825)
  2010 Ed. (792)
  2011 Ed. (719)
Fretted products
  1994 Ed. (2591)
Fretter
  1989 Ed. (264)
  1990 Ed. (1646, 2031)
  1991 Ed. (1541)
  1992 Ed. (2428)
  1994 Ed. (2071)
  1995 Ed. (2120)
  1997 Ed. (355)
Fretwell-Downing
  2005 Ed. (3287)
Freud Communications
  1996 Ed. (3115, 3122)
  1997 Ed. (3199)
  1999 Ed. (3933)
  2000 Ed. (3650)
  2002 Ed. (3859, 3860, 3869, 3873)
  2011 Ed. (4128)
Freudenberg
  1991 Ed. (2620)
  1992 Ed. (3272, 3273)
  1993 Ed. (2734)
  1995 Ed. (2788, 2789, 2790)
  1997 Ed. (2952)
  1998 Ed. (2689)
  1999 Ed. (3631, 4117)
  2000 Ed. (3356)
  2001 Ed. (3551)
Freudenberg; Carl
  1994 Ed. (2362)
  1995 Ed. (2432)
  1996 Ed. (2469)
  1997 Ed. (2616)
Freudenberg & Co.
  2000 Ed. (3829)
  2002 Ed. (4068)
  2004 Ed. (3699)
  2005 Ed. (3609)
  2006 Ed. (3725)
  2007 Ed. (3708)
  2008 Ed. (3799)
  2009 Ed. (3845)
  2010 Ed. (3765)
  2011 Ed. (3767)
  2012 Ed. (3770)
  2013 Ed. (3834)
  2014 Ed. (3755)
  2015 Ed. (1887, 3778)
  2016 Ed. (1849, 3692)
  2017 Ed. (1807)
  2018 Ed. (1757)
  2019 Ed. (1814)
  2020 Ed. (1759)
  2021 Ed. (1728)
Freudenberg Group
  1996 Ed. (2854)
  2003 Ed. (4204)
Freudenberg Household Products BV
  2002 Ed. (1087)
  2012 Ed. (1080)
  2013 Ed. (1215)
Freudenberg-NOK
  1991 Ed. (2577)
  1992 Ed. (3216)
  1993 Ed. (2705)
  1999 Ed. (2107)
  2014 Ed. (1852)
  2015 Ed. (1888)
  2016 Ed. (1851, 3424)
  2017 Ed. (1810, 3385)
  2018 Ed. (1760)
  2019 Ed. (1817, 3422)
  2020 Ed. (1761)
  2021 Ed. (1730)
Freudenberg-NOK G.P.
  2003 Ed. (4205)
Freudenberg & NOK Group Cos.
  2001 Ed. (2377)
Freudenberg Nonwovens Group
  1994 Ed. (2682)
Freudenberg Nonwovens LP
  2008 Ed. (4670)
  2009 Ed. (4709)
Freudenberg North America LP
  2006 Ed. (1927)
  2008 Ed. (1972)
  2009 Ed. (1927)
  2010 Ed. (1862)
  2011 Ed. (1894)
Freudenberg Performance Materials
  2017 Ed. (3650)
  2018 Ed. (3709)
  2019 Ed. (3696)
  2020 Ed. (3724)
  2021 Ed. (3726)
  2022 Ed. (3744)
  2023 Ed. (3845)

Freudenberg SE
  2023 Ed. (2753)
Frey; Thomas R.
  1990 Ed. (2479)
  1991 Ed. (2343)
Frey Vineyards
  2019 Ed. (4923)
Frey Vineyards, Ltd.
  2022 Ed. (4914)
  2023 Ed. (4903)
Freyman; Thomas C.
  2009 Ed. (2663)
  2011 Ed. (2547)
  2012 Ed. (2493)
Freymiller Trucking
  1993 Ed. (2987, 3633)
  1994 Ed. (3029)
  1995 Ed. (3081)
Frial
  2018 Ed. (2793)
  2019 Ed. (2771)
Frialsa
  2023 Ed. (4790)
Frialsa Frigorificos
  2021 Ed. (4801)
Frialsa Frigorificos S.A. de C.V.
  2022 Ed. (4795)
Frialsa Frigorificos SA de CV
  2018 Ed. (4811, 4812)
  2019 Ed. (4811)
  2021 Ed. (4796, 4799)
Fridababy
  2021 Ed. (918)
The Friday Night Knitting Club
  2010 Ed. (566, 612)
Friday Night Smackdown
  2010 Ed. (2977)
Fridigaire
  1991 Ed. (3242)
Fridman; Mikhail
  2006 Ed. (691, 4929)
  2008 Ed. (4894)
  2009 Ed. (4914)
  2010 Ed. (4918)
  2011 Ed. (4907, 4908)
  2012 Ed. (4918)
  2013 Ed. (4903)
  2014 Ed. (4914)
  2015 Ed. (4954)
  2016 Ed. (4870)
  2017 Ed. (4871)
  2018 Ed. (4882)
  2019 Ed. (4875)
  2020 Ed. (4863)
  2021 Ed. (4864)
  2023 Ed. (4855)
Fridson; Martin
  1993 Ed. (1842)
  1997 Ed. (1952)
Fried Frank
  2004 Ed. (3229)
Fried, Frank, Harris, Shriver & Jacobson
  1990 Ed. (2424)
  1991 Ed. (2278)
  1992 Ed. (2827)
  1993 Ed. (2389)
  1998 Ed. (2326)
  1999 Ed. (1431, 3143, 3144, 3145)
  2000 Ed. (2893)
  2003 Ed. (1415)
  2004 Ed. (1446)
  2012 Ed. (3395)
Fried Frank Harris Shriver & Jacobson LLP
  2005 Ed. (1444, 1449)
  2017 Ed. (27, 29, 33)
  2018 Ed. (28, 30, 34)
  2019 Ed. (24, 30)
  2020 Ed. (28, 34)
  2021 Ed. (31, 37)
  2022 Ed. (29, 35)
  2023 Ed. (72, 78)
Fried, Frank, Harris, Shriver & Jacobson LLP
  2022 Ed. (31, 35)
Fried. Krupp
  1991 Ed. (1283)
  1995 Ed. (1425)
  1996 Ed. (2607)
  1998 Ed. (2467)
Fried Krupp AG
  1999 Ed. (3286, 3346, 3351)
Fried. Krupp AG Hoesch-Krupp
  1995 Ed. (2494)
  1996 Ed. (2558)
  1997 Ed. (2695, 2751)
  2000 Ed. (3021)
  2001 Ed. (3284)
  2002 Ed. (3310)
Fried Krupp Aktiengesellschaft
  1994 Ed. (2422)
Fried Krupp Gesellschaft mit Beschraenkter Haftung
  1991 Ed. (2371)
Fried. Krupp GmbH
  1992 Ed. (1644, 2954)
Frieda's
  2022 Ed. (326)
  2023 Ed. (416)

Frieda's Inc.
  1992 Ed. (4486)
  1993 Ed. (3736)
  1994 Ed. (3671)
  1995 Ed. (3796)
  2011 Ed. (4989)
  2012 Ed. (4985)
  2014 Ed. (4990)
  2016 Ed. (4988)
  2023 Ed. (4987)
Friedberg Commodity Management (Currency)
  1996 Ed. (1055)
Friedberg Communications Management
  2006 Ed. (1081)
  2007 Ed. (1187)
  2008 Ed. (1095)
Friedberg Currency
  2006 Ed. (3666, 3667)
Friedberg Diversified
  2004 Ed. (3634)
  2005 Ed. (3569)
Friedberg Foreign Bond
  2006 Ed. (3665)
Friedberg Toronto Equity Hedge $US
  2002 Ed. (3427)
Friedberg Toronto Trust International Securities
  2004 Ed. (2478, 2479)
Friede Goldman
  2000 Ed. (2404)
  2002 Ed. (2122)
Friede Goldman International
  1999 Ed. (4163, 4168)
  2000 Ed. (2405)
Friede Goldman Intl.
  2000 Ed. (4048, 4049, 4050)
Friedemann Goldberg
  2013 Ed. (1456)
Friedemann Goldberg Wargo Hess
  2023 Ed. (3444)
Friedhelm Loh Stiftung & Co. KG
  2022 Ed. (2246)
Friedkin Companies Inc.
  2019 Ed. (2531)
Friedkin; Dan
  2015 Ed. (4886)
  2016 Ed. (4804)
  2017 Ed. (4816)
  2018 Ed. (4821)
  2019 Ed. (4817)
  2020 Ed. (4807)
  2021 Ed. (4808)
  2022 Ed. (4802)
  2023 Ed. (4794)
The Friedkin Group/Gulf States Toyota
  2023 Ed. (2060)
Friedkin; Thomas
  2011 Ed. (4842)
  2012 Ed. (4848)
  2013 Ed. (4834)
  2014 Ed. (4849)
Friedland; Jim
  2011 Ed. (3374)
Friedland; Richard S.
  1997 Ed. (1803)
Friedland; Robert
  2005 Ed. (4864)
  2013 Ed. (4845)
  2014 Ed. (4861)
Friedlander; George
  1997 Ed. (1955)
Friedman
  2015 Ed. (1)
  2020 Ed. (12)
  2021 Ed. (14)
  2022 Ed. (15)
  2023 Ed. (55)
Friedman; Adena
  2023 Ed. (2780)
Friedman, Billings
  1995 Ed. (3254)
Friedman, Billings, Ramsey
  2000 Ed. (3951)
Friedman, Billings, Ramsey & Co.
  1996 Ed. (3320, 3333)
  1998 Ed. (997, 3264, 3265)
  1999 Ed. (4206, 4225, 4255)
  2000 Ed. (3985)
Friedman, Billings, Ramsey Group Inc.
  2004 Ed. (546, 553, 556)
  2005 Ed. (528, 536, 539, 2591, 2606, 4252, 4255, 4257, 4295, 4299)
  2006 Ed. (2115, 2731, 2737, 4261)
  2007 Ed. (4294, 4298, 4302, 4309)
Friedman, Eisenstein, Raemer & Schwartz
  1993 Ed. (4)
  1994 Ed. (2)
  1995 Ed. (9)
  1996 Ed. (10)
  1998 Ed. (2, 3, 4, 5, 7, 922)
  2000 Ed. (6)
Friedman Elsenstein Raemer & Schwartz
  1992 Ed. (10)
Friedman; Gary
  2015 Ed. (2636)
  2016 Ed. (2561)

Friedman Industries
  2008 Ed. (4363, 4429)
  2010 Ed. (2031, 2035)
Friedman; Jamie
  2011 Ed. (3373)
Friedman; Jerry
  2014 Ed. (1152)
Friedman LLP
  2010 Ed. (1)
  2011 Ed. (1, 1912)
  2013 Ed. (1916)
  2015 Ed. (1891)
  2016 Ed. (1855)
Friedman Luzzatto
  2001 Ed. (855)
Friedman; Mark
  1996 Ed. (1775)
Friedman; Meggan
  2011 Ed. (3334)
Friedman; Philip
  1991 Ed. (1702)
  1993 Ed. (1776)
  1994 Ed. (1773)
  1995 Ed. (1801, 1814)
  1996 Ed. (1776, 1788)
  1997 Ed. (1851, 1963)
Friedmann & Rose
  1995 Ed. (119)
  1996 Ed. (133)
  1997 Ed. (137)
  1999 Ed. (148)
Friedman's Home Improvement
  2019 Ed. (2838)
Friedman's Inc.
  2004 Ed. (3217, 3218)
  2005 Ed. (3245, 3246)
Friedman's Shoes
  2010 Ed. (817)
Friedrich
  1991 Ed. (187)
  1992 Ed. (258, 261)
  1993 Ed. (165, 166)
  1994 Ed. (149)
  1997 Ed. (185)
  1998 Ed. (107)
  1999 Ed. (204)
  2000 Ed. (227)
  2001 Ed. (288)
  2002 Ed. (253)
Friedrich Air Conditioning Co.
  2017 Ed. (3402)
Friedrich Grohe
  2007 Ed. (3497)
Friedrich Krupp
  1994 Ed. (1227)
Friedrich Krupp GmbH
  1993 Ed. (2487, 3454)
Friedrichshafen AG; ZF
  2011 Ed. (236)
Friedson; David
  1991 Ed. (1629)
Friendemic
  2019 Ed. (3481)
FriendFinder
  2013 Ed. (4405)
FriendFinder Networks
  2011 Ed. (1086, 3606)
  2012 Ed. (3597)
Friendly
  1996 Ed. (3213)
Friendly Chevrolet
  1989 Ed. (283)
  1990 Ed. (339)
  1991 Ed. (272, 306)
  1992 Ed. (380, 381, 411)
  1993 Ed. (296)
Friendly Computers
  2005 Ed. (903)
  2006 Ed. (818)
  2007 Ed. (906)
  2008 Ed. (880)
  2009 Ed. (890)
  2010 Ed. (840)
  2011 Ed. (766)
Friendly Exchange
  1993 Ed. (2795)
Friendly Ford
  1993 Ed. (269)
  1994 Ed. (268)
Friendly Franchisees Corp.
  2014 Ed. (3688)
  2021 Ed. (4190)
Friendly Franchisees Corp. (FFC Management)
  2021 Ed. (4190)
Friendly Ice Cream Corp.
  1990 Ed. (3005, 3022)
  1991 Ed. (2881)
  1992 Ed. (2564, 3719)
  1993 Ed. (3033)
  2005 Ed. (1858, 4136)
  2006 Ed. (1869, 4184)
  2007 Ed. (1872)
  2008 Ed. (1909, 1915, 3125)
  2013 Ed. (3564)
  2014 Ed. (3128, 3543)

Friendly Jeep-Eagle
 1994 Ed. (273)
 1995 Ed. (277)
 1996 Ed. (276)
Friendly Mobile Computer Services
 2004 Ed. (912)
Friendly's
 1994 Ed. (3072, 3090)
 1995 Ed. (3117, 3140)
 1996 Ed. (3232)
 1997 Ed. (3335)
 1998 Ed. (3064)
 1999 Ed. (4067)
 2000 Ed. (3784)
 2001 Ed. (4065)
 2002 Ed. (4014)
 2003 Ed. (4078)
 2004 Ed. (4132)
 2006 Ed. (4117)
 2007 Ed. (4144)
 2008 Ed. (4175, 4176)
 2009 Ed. (4280)
 2010 Ed. (4235)
 2011 Ed. (4238)
 2017 Ed. (2994)
 2018 Ed. (4207)
 2019 Ed. (4236)
 2020 Ed. (4197)
 2021 Ed. (4136)
 2022 Ed. (3078, 3082)
All Friendly's Ice Cream
 2023 Ed. (3194)
Friendly's Ice Cream
 1999 Ed. (4069)
 2003 Ed. (4112, 4113, 4114, 4115, 4116, 4117, 4131, 4132)
 2005 Ed. (4065, 4066, 4067, 4068, 4069)
 2010 Ed. (4230, 4231, 4232, 4233, 4234)
 2011 Ed. (4235, 4236, 4237)
 2012 Ed. (4278, 4279, 4280, 4281, 4282)
 2013 Ed. (4246, 4247, 4248, 4249, 4250)
 2014 Ed. (4268, 4297, 4298, 4299, 4300, 4301, 4314)
 2015 Ed. (4287, 4288, 4289, 4290, 4291, 4292, 4295)
 2016 Ed. (4191, 4192, 4193, 4194, 4195, 4196)
Friendly's Ice Cream LLC
 2014 Ed. (1771)
 2017 Ed. (2998)
 2018 Ed. (2143, 3120)
 2019 Ed. (3050, 3052)
 2020 Ed. (3089, 3091)
 2021 Ed. (2962)
 2022 Ed. (3089)
Friendly's Restaurants Franchise Inc.
 2002 Ed. (2360, 4015)
 2003 Ed. (4119)
 2004 Ed. (4134)
 2005 Ed. (4071)
 2006 Ed. (4118)
 2007 Ed. (4145)
 2008 Ed. (4177)
Friendly's Restaurants Franchise LLC
 2009 Ed. (4281)
 2010 Ed. (4236)
 2011 Ed. (4240)
 2012 Ed. (4283)
Friends
 2000 Ed. (4217, 4222)
 2001 Ed. (4486, 4487, 4491, 4498, 4499)
 2002 Ed. (4583)
 2003 Ed. (4715, 4716)
 2004 Ed. (3515, 3808, 4685, 4692)
 2005 Ed. (2260, 4664, 4665, 4666)
 2006 Ed. (4719)
Friends Arena
 2015 Ed. (4532)
Friends Hospital
 2003 Ed. (3972)
Friends Life
 2017 Ed. (3185)
Friends Life Group
 2017 Ed. (3178)
Friends Provident
 2006 Ed. (3129)
 2007 Ed. (3163)
Friends Provident American Small Cos.
 1997 Ed. (2909)
Friends Provident Japanese Small Cos.
 1997 Ed. (2912)
Friends Provident plc
 2006 Ed. (1684)
 2007 Ed. (3159, 3164)
 2008 Ed. (3312)
Friends Reunited
 2009 Ed. (692, 713)
Friends Vilas Fischer Trust
 1997 Ed. (2523, 2527)
Friends of the Zoo (Atlanta)
 1994 Ed. (1905)
Friendship
 2000 Ed. (1015, 4150)
 2001 Ed. (1168)
 2004 Ed. (2758)
 2019 Ed. (4465)
 2021 Ed. (4452)
 2022 Ed. (4462)

Friendship Dairies
 2010 Ed. (4493)
 2022 Ed. (4463)
 2023 Ed. (4485)
Friendship Dairyies Inc.
 2017 Ed. (2117)
Friendship Inns
 1991 Ed. (1943)
 1992 Ed. (2476, 2501)
 1993 Ed. (2085, 2096)
 1997 Ed. (2295)
Frierson Building Supply
 1995 Ed. (849)
Fries, Frank, Harris, Shriver & Jacobson
 1998 Ed. (2325)
Fries; Michael
 2015 Ed. (962)
Fries; Michael T.
 2010 Ed. (912)
 2013 Ed. (986)
 2014 Ed. (939)
 2015 Ed. (955, 965)
 2016 Ed. (866)
Friesche Vlag
 1990 Ed. (33)
Friesens Corp.
 2008 Ed. (1900)
 2009 Ed. (4094)
 2010 Ed. (4006)
 2011 Ed. (4013)
Friesland
 2000 Ed. (1640)
Friesland Bank
 1991 Ed. (619)
 1994 Ed. (593)
 1996 Ed. (631)
 1997 Ed. (572)
 1999 Ed. (606)
 2000 Ed. (629)
 2002 Ed. (625)
 2003 Ed. (591)
 2005 Ed. (585)
 2006 Ed. (504)
 2007 Ed. (526)
 2008 Ed. (481)
 2009 Ed. (509)
 2010 Ed. (491)
 2011 Ed. (420)
 2013 Ed. (449)
Friesland/Campania
 2014 Ed. (2227)
Friesland Coberco
 2000 Ed. (1639)
 2001 Ed. (1970)
Friesland Coberco Dairy Foods Holding NV
 2002 Ed. (1908)
Friesland Cooperative
 1999 Ed. (1815)
Friesland (Frico Domo) Cooperative
 1997 Ed. (1576)
FrieslandCampina
 2023 Ed. (1491)
Friess Small Cap Growth Investment
 2020 Ed. (4511)
Friets; Nels
 1997 Ed. (2001)
Frieze; Michael
 2011 Ed. (2970)
Frigidaire
 1991 Ed. (2825, 3471)
 1992 Ed. (1830, 3649, 4154, 4420)
 1993 Ed. (2569)
 1996 Ed. (2190, 2195)
 1997 Ed. (2314)
 1998 Ed. (2042)
 1999 Ed. (2801, 3169, 3170)
 2000 Ed. (2577, 2914, 2915)
 2001 Ed. (287, 288, 2037, 2808, 3600, 3601, 4027, 4731)
 2002 Ed. (2695)
 2003 Ed. (2864, 2865)
 2005 Ed. (2951, 2953)
 2006 Ed. (2948)
 2007 Ed. (2965)
 2008 Ed. (2348, 2988, 3089, 3835, 4548)
 2009 Ed. (3176)
 2011 Ed. (3088)
Frigidaire Home Products
 2002 Ed. (3061, 3063)
Frigo
 2001 Ed. (1169)
 2003 Ed. (922)
 2020 Ed. (810, 811)
 2021 Ed. (832)
 2022 Ed. (865, 868, 869, 870, 871)
 2023 Ed. (1051, 1052)
Frigo Cheese Heads
 2022 Ed. (867)
 2023 Ed. (1049)
Frigo Natural
 2003 Ed. (924)
Frigolanda Cold Logistics
 2018 Ed. (4809)
Frigorex Ag fuer Kaeltetechnik
 1994 Ed. (1122)
Frigorifico Modelo SA
 2002 Ed. (4496, 4497)
 2006 Ed. (4547)

Frima Studio Inc.
 2010 Ed. (2858)
 2011 Ed. (2840)
 2015 Ed. (1100)
Frimcom, S.R.O.
 2017 Ed. (1954)
Frimetal
 2007 Ed. (1852)
Fringe Benefit Resources
 2015 Ed. (1868, 3301)
 2016 Ed. (1832, 3153)
Fringe Benefits Management Co.
 2000 Ed. (1775)
 2002 Ed. (2858)
 2004 Ed. (2269)
 2005 Ed. (2370)
 2006 Ed. (2419)
 2008 Ed. (3239)
Fringuelli; A. Michael
 1995 Ed. (1829)
Frinquelli; A. Michael
 1994 Ed. (1790)
 1996 Ed. (1806)
 1997 Ed. (1880)
Friozem Armazens Frigorificos Ltda.
 2018 Ed. (4811)
 2021 Ed. (4796)
Fris
 1995 Ed. (3716)
 1996 Ed. (3807)
 1998 Ed. (3687, 3689, 3690)
 1999 Ed. (4731)
 2002 Ed. (4761)
 2003 Ed. (4865)
 2004 Ed. (4851)
Fris Skandia
 1999 Ed. (4736)
 2001 Ed. (4707)
FRISA
 2020 Ed. (3967)
 2021 Ed. (3932)
 2022 Ed. (3944)
 2023 Ed. (4028)
FRISA (Areca)
 2023 Ed. (4028)
Frisa Industries Group
 2010 Ed. (2590)
Frisby Technologies Inc.
 1999 Ed. (2623, 2670)
Frischhertz Electric Co.
 2018 Ed. (1168)
 2019 Ed. (1185)
 2020 Ed. (1176)
Frischhertz Electric Co., Inc.
 2006 Ed. (4355)
 2007 Ed. (4423)
Frischmeyer, CTA; Michael J.
 1995 Ed. (1079)
Frischmeyer; Michael J.
 2005 Ed. (1088)
 2008 Ed. (1096)
Frisch's Big Boy
 2014 Ed. (4297, 4298, 4299, 4300, 4301)
 2015 Ed. (4287, 4288, 4289, 4290, 4291, 4292)
 2016 Ed. (4191, 4192, 4193, 4194, 4195, 4196)
 2017 Ed. (4169, 4170, 4171, 4172, 4173, 4174)
 2020 Ed. (4193, 4195, 4196)
 2021 Ed. (4132, 4134, 4135)
 2022 Ed. (4158, 4159, 4161, 4162, 4163, 4213)
Frisch's Restaurants Inc.
 2016 Ed. (4222)
Frisch's Restaurants, Inc.
 1991 Ed. (2884)
 1998 Ed. (1320, 3072, 3420)
 2004 Ed. (2120)
Frisco
 1998 Ed. (3305)
Frisco Independent School District
 2008 Ed. (4280)
Frisco, TX
 2019 Ed. (3321)
Frisian-Flag
 1992 Ed. (57)
Frisk
 2001 Ed. (1122)
Friskies
 1989 Ed. (2199)
 1990 Ed. (2815)
 1992 Ed. (3414)
 1993 Ed. (2821)
 1994 Ed. (2826, 2835)
 1996 Ed. (2997, 3000)
 1997 Ed. (3076)
 1999 Ed. (3784)
 2002 Ed. (3651)
 2003 Ed. (3801)
 2004 Ed. (3814)
 2014 Ed. (3849)
 2015 Ed. (3874)
 2016 Ed. (3785)
Friskies Buffet
 1989 Ed. (2198)
 1990 Ed. (2814)
 1992 Ed. (3413)

 1993 Ed. (2820)
 1994 Ed. (2825, 2834)
 1996 Ed. (2996)
 1997 Ed. (3075)
 1999 Ed. (3780)
 2002 Ed. (3647)
 2003 Ed. (3801)
 2008 Ed. (3890)
Friskies Chefs Blend
 2004 Ed. (3814)
Friskies Come & Get It
 2004 Ed. (3815)
Friskies Crispies
 2014 Ed. (3845)
Friskies Feline Favorites
 2014 Ed. (3847)
Friskies Fresh Catch
 1994 Ed. (2825)
Friskies Gourmet
 1996 Ed. (2992)
 1997 Ed. (3071)
 1999 Ed. (3781)
 2002 Ed. (3648)
Friskies Party Mix
 2014 Ed. (3845)
 2015 Ed. (3870)
 2016 Ed. (3781)
 2017 Ed. (3736)
Friskies Party Mix Beachside Crunch
 2016 Ed. (3781)
 2017 Ed. (3736)
 2018 Ed. (3788)
Friskies Party Mix Original Crunch
 2016 Ed. (3781)
 2017 Ed. (3736)
 2018 Ed. (3788)
Friskies Pet Care Products
 1994 Ed. (2828)
 1999 Ed. (3786)
Friskies PetCare
 2000 Ed. (3513)
 2002 Ed. (3656)
 2003 Ed. (3803, 3804)
Friskies Petcare U.K. Ltd.
 2002 Ed. (44)
Friskies Prime Filets
 2014 Ed. (3849)
 2015 Ed. (3874)
 2016 Ed. (3785)
Friskies Pull 'n Play
 2017 Ed. (3736)
Friskies Seafood Sensations
 2014 Ed. (3847)
 2015 Ed. (3872)
Friskies Senior
 1995 Ed. (2905)
Friskies Tasty Treasures
 2014 Ed. (3849)
 2015 Ed. (3874)
 2016 Ed. (3785)
 2017 Ed. (3740)
 2018 Ed. (3792)
Friso
 2022 Ed. (2162)
 2023 Ed. (2281)
Friss Elelmiszer Kereskedelmi ES Szolgaltato KFT
 2016 Ed. (1638)
Frissora; Mark
 2006 Ed. (936)
 2008 Ed. (952)
Frissora; Mark P.
 2006 Ed. (869)
 2011 Ed. (825)
 2015 Ed. (960)
 2016 Ed. (870)
Frist Jr.; Thomas
 2008 Ed. (4829)
 2009 Ed. (4850)
 2010 Ed. (4856)
 2011 Ed. (4829)
 2012 Ed. (4842)
 2013 Ed. (4841)
 2014 Ed. (4857)
 2015 Ed. (4894)
 2016 Ed. (4812)
 2017 Ed. (4823)
 2018 Ed. (4828)
 2019 Ed. (4825)
 2020 Ed. (4815)
 2021 Ed. (4816)
 2022 Ed. (4809)
Frist, Jr.; Thomas
 2023 Ed. (4802)
Frist Jr.; Thomas F.
 1994 Ed. (947, 1714)
 2005 Ed. (4849)
Frist; Senator Bill
 2007 Ed. (2706)
Friteks SIA
 2019 Ed. (1734)
Fritidsresor
 2009 Ed. (2063)
 2010 Ed. (2003)
Frito
 1999 Ed. (4345)
Frito corn chips
 1999 Ed. (4703)

CUMULATIVE INDEX • 1989-2023

Frito Lay
  1989 Ed. (2505, 2506, 2507)
  1991 Ed. (1741)
  1992 Ed. (496, 3075, 4004)
  1994 Ed. (2901, 3136, 3342, 3345)
  1995 Ed. (3405, 3407, 3408, 3691)
  1997 Ed. (3138, 3533)
  1998 Ed. (622, 623, 1716, 1717, 3325)
  1999 Ed. (1021, 1022, 2863, 4346)
  2000 Ed. (971, 3846)
  2002 Ed. (4300)
  2003 Ed. (2637, 3920, 4228, 4452, 4457, 4458)
  2005 Ed. (1975, 2644, 3923, 3928)
  2006 Ed. (943, 1215, 1456, 3997, 4002, 4389, 4394)
  2007 Ed. (1038, 4032, 4033, 4037, 4461, 4462)
  2008 Ed. (961, 4066, 4067, 4069, 4071, 4446, 4448)
  2009 Ed. (2344, 2345, 3847, 3848, 4180, 4490)
  2010 Ed. (4115, 4118)
  2011 Ed. (4077, 4078, 4082, 4083, 4805)
  2012 Ed. (4486)
  2016 Ed. (3697, 4386)
  2017 Ed. (1309, 3655, 3657, 3936, 3950, 4376, 4377, 4380, 4382, 4383, 4384, 4398, 4680)
  2018 Ed. (2181, 4410)
  2020 Ed. (3959, 4416, 4642)
  2021 Ed. (1272)
  2022 Ed. (1272, 1274, 3925, 4406)
  2023 Ed. (4012)
Frito-Lay
  2013 Ed. (3842)
  2014 Ed. (3761)
  2015 Ed. (3785)
  2016 Ed. (3698, 3699, 4396, 4397)
  2017 Ed. (1162, 2624, 3658, 4407, 4409)
  2018 Ed. (1097)
  2019 Ed. (50, 4430)
  2020 Ed. (1099, 1299, 2751)
  2021 Ed. (1280)
  2022 Ed. (1107, 1282)
  2023 Ed. (4435, 4654)
Frito-Lay Cheese/Peanut Butter Crackers
  1997 Ed. (1216)
Frito-Lay Cheetos
  1995 Ed. (3405, 3691)
Frito-Lay Fritos
  2001 Ed. (4289)
Frito-Lay Fritos Racerz
  2001 Ed. (4289)
Frito-Lay Fudge Chocolate Chip
  1996 Ed. (3775)
Frito-Lay Grandma's Oatmeal/Apple Spice
  1996 Ed. (3775)
Frito-Lay Grandma's Peanut Butter
  1996 Ed. (3775)
Frito Lay Inc.
  2015 Ed. (4491)
  2016 Ed. (4401)
  2017 Ed. (4388)
  2018 Ed. (4401)
Frito-Lay, Inc.
  2019 Ed. (1316, 3702, 3934, 3944, 4409, 4411, 4413, 4417, 4418, 4676)
  2020 Ed. (3748, 3960, 4407, 4409, 4410, 4412, 4413, 4643)
  2021 Ed. (3749, 3925, 4407, 4409, 4410, 4413, 4414, 4657)
  2022 Ed. (3768, 3936, 4405, 4407, 4409, 4412, 4413, 4665)
  2023 Ed. (4020, 4438, 4441)
Frito-Lay Light
  2007 Ed. (3695)
Frito-Lay Munchies
  2016 Ed. (3699)
  2017 Ed. (3658)
  2019 Ed. (3703)
Frito-Lay Nacho Doritos
  1995 Ed. (3405, 3691)
Frito Lay North America
  2005 Ed. (3929)
  2006 Ed. (4003)
  2009 Ed. (963)
  2012 Ed. (4246)
Frito-Lay North America
  2017 Ed. (3430)
  2018 Ed. (4006)
  2019 Ed. (3993)
  2020 Ed. (4010)
  2023 Ed. (4079)
Frito-Lay North America Inc.
  2014 Ed. (4078, 4486, 4746)
  2015 Ed. (2749, 4062, 4482, 4767)
  2016 Ed. (3970, 4400, 4671)
  2017 Ed. (3952, 4387, 4682)
  2018 Ed. (3974, 4400, 4672)
Frito-Lay Ruffles
  1995 Ed. (3405, 3691)
Frito Lay Variety Pack
  2009 Ed. (3847)
Frito-Lay Variety Pack
  2018 Ed. (4407)
Frito's
  2018 Ed. (2181)

Fritos
  1993 Ed. (3345)
  2003 Ed. (4455)
  2006 Ed. (4391)
  2007 Ed. (4458)
  2008 Ed. (4441)
  2009 Ed. (4486)
  2017 Ed. (4395)
Fritos Chili and Scoops
  2001 Ed. (4289)
Fritos Corn Snacks
  2004 Ed. (4439)
Fritos Flavor Twists
  2006 Ed. (4391)
  2007 Ed. (4458)
  2008 Ed. (4441)
  2009 Ed. (4486)
  2017 Ed. (4395)
Fritos Scoops
  2001 Ed. (4289)
  2006 Ed. (4391)
  2007 Ed. (4458)
  2008 Ed. (4441)
  2009 Ed. (4486)
  2017 Ed. (4395)
Frits D. van Paasschen
  2011 Ed. (835)
Frits Fentener van Vissingen
  1992 Ed. (888)
Frits Goldschmeding
  2008 Ed. (4870)
  2009 Ed. (4892)
  2010 Ed. (4892)
  2011 Ed. (4881)
  2012 Ed. (4890)
  2013 Ed. (4891)
  2014 Ed. (4904)
  2015 Ed. (4944)
  2016 Ed. (4859)
  2017 Ed. (4863)
  2018 Ed. (4872)
  2019 Ed. (4866)
  2020 Ed. (4855)
  2021 Ed. (4855)
  2022 Ed. (4851)
  2023 Ed. (4846)
Frits Van Paasschen
  2009 Ed. (947)
Fritz
  2000 Ed. (3393)
  2002 Ed. (3569)
Fritz B. Burns Foundation
  1990 Ed. (1848)
Fritz Companies Inc.
  1999 Ed. (206, 1351, 3679)
  2000 Ed. (3394, 4311)
  2001 Ed. (3161, 4233, 4631)
  2002 Ed. (238, 1550, 3570)
Fritz Company
  1999 Ed. (2498)
Fritz Cos. Inc.
  1998 Ed. (1755)
  2000 Ed. (2258)
  2002 Ed. (1225)
Fritz Draxlmaier Gmbh & Co.
  2022 Ed. (1294)
Fritz Egger Gesellschaft MBH & Co.
  2000 Ed. (3017)
Fritz Egger GmbH
  1999 Ed. (3278)
Fritz Egger GmbH & Co.
  2002 Ed. (3218)
  2004 Ed. (3320)
FRITZ EGGER GmbH & Co. OG
  2022 Ed. (2551, 2765)
  2023 Ed. (2698)
Fritzsche; Jennifer
  2008 Ed. (2692)
Frizz Ease
  2001 Ed. (2632, 2633)
  2002 Ed. (2435)
  2003 Ed. (2654)
Frizz-Ease; John Frieda
  2008 Ed. (2870)
Frizz-Ease Serum
  1996 Ed. (2981)
Frizzel Group Ltd.
  1990 Ed. (2465)
The Frizzell Group Ltd.
  1993 Ed. (2457)
The Frizzell Group PLC
  1991 Ed. (2339)
  1992 Ed. (2899)
FRL Automotive
  2019 Ed. (235)
  2020 Ed. (240)
FRM Group
  1997 Ed. (1761)
FRM Solutions
  2023 Ed. (4574)
Frobes
  2000 Ed. (915)
Frobozz Magic Co.
  2010 Ed. (1432)
Frodo Baggins
  2006 Ed. (649)

Froedtert Health
  2015 Ed. (2179, 4098)
  2016 Ed. (2154, 2155)
  2017 Ed. (2092)
  2018 Ed. (2047, 2048)
  2019 Ed. (2107, 2108)
  2020 Ed. (2022, 2023)
  2021 Ed. (1974)
Froedtert Health inc.
  2016 Ed. (2152)
Froedtert Health Inc.
  2021 Ed. (1973, 1974)
  2022 Ed. (2018, 2019)
  2023 Ed. (2117)
Froedtert & the Medical College of Wisconsin
  2014 Ed. (3076)
  2015 Ed. (3141)
Frog
  2018 Ed. (3706)
The Frog and Toad
  1990 Ed. (980)
Frogmore Estates
  1994 Ed. (1379)
FrogSlayer LLC
  2015 Ed. (2070)
Frogtown Cellars
  2015 Ed. (4990)
Froley, Revy
  2002 Ed. (3009)
Froley, Revy Investment
  2003 Ed. (3071)
Froley Revy Investments
  2000 Ed. (2834)
Frollerskates
  1989 Ed. (2342)
From Dead to Worse
  2011 Ed. (495, 543)
From Dusk Till Dawn 2: Texas Blood Money
  2001 Ed. (4698, 4701)
From Idea to Exit
  2013 Ed. (623)
Fromageries Bel
  2001 Ed. (1971)
Fromberg; Barry
  2006 Ed. (961)
Frommer's
  2004 Ed. (3161)
Frone
  1996 Ed. (1581)
Froneri Ltd.
  2020 Ed. (2732)
Fronheiser Pools
  2022 Ed. (4538)
Fronsac Real Estate Investment Trust
  2021 Ed. (4068)
The Front
  2011 Ed. (495)
Front
  2020 Ed. (1321)
  2021 Ed. (1316)
Front Door Communications
  2004 Ed. (3306)
Front Door Networks
  2010 Ed. (665)
  2011 Ed. (597)
Front office manager
  2004 Ed. (2280)
Front Page Sports: Football Pro
  1995 Ed. (1083)
Front Range Biosciences Inc.
  2022 Ed. (1493)
Front Range Capital Corp.
  2005 Ed. (379)
  2007 Ed. (357)
  2008 Ed. (344)
Front Range Community College
  2002 Ed. (1104)
Front Range Internet Inc.
  2002 Ed. (2991)
Front Range Resources Ltd.
  2018 Ed. (4515)
Front Row Motorsports
  2016 Ed. (307)
  2017 Ed. (310)
  2018 Ed. (291)
  2019 Ed. (291)
Front Street Canadian Hedge
  2006 Ed. (3667)
Front Systems
  2018 Ed. (1823)
FrontBridge Technologies
  2006 Ed. (4266)
Frontdesk
  2023 Ed. (2119, 4698)
Frontdoor Inc.
  2021 Ed. (1886)
  2022 Ed. (1932)
Fronteer Development Group Inc.
  2007 Ed. (1619)
Fronteer Gold Inc.
  2012 Ed. (1409)
Frontegra Total Return Bond
  2003 Ed. (700)
Fronteo
  2019 Ed. (980)

Frontera Copper
  2010 Ed. (1549)
Frontera Energy
  2022 Ed. (1455, 3853)
  2023 Ed. (1640)
Frontera Energy (Canada)
  2022 Ed. (3853)
Frontgate Broadbandworks.com
  2010 Ed. (665)
Frontier
  1996 Ed. (3637)
  1997 Ed. (1277, 1278, 1281)
  1999 Ed. (4543)
  2000 Ed. (4203)
  2001 Ed. (477)
  2004 Ed. (4677)
  2014 Ed. (2552)
  2018 Ed. (139)
  2022 Ed. (556)
  2023 Ed. (805)
Frontier Adjusters of America
  1995 Ed. (202)
Frontier Airlines
  2013 Ed. (124)
  2014 Ed. (134)
  2015 Ed. (144)
  2016 Ed. (149)
  2017 Ed. (140)
  2018 Ed. (138)
  2019 Ed. (136)
Frontier Airlines Inc.
  2002 Ed. (1916, 2429)
  2004 Ed. (201, 202, 208)
  2005 Ed. (204, 205, 213, 220)
  2006 Ed. (225, 248)
  2007 Ed. (232, 238, 249)
  2008 Ed. (217, 228, 229, 234, 1687)
Frontier Bank
  1994 Ed. (3332)
  2021 Ed. (386, 4320)
  2022 Ed. (4327)
  2023 Ed. (4357)
Frontier Capital
  1997 Ed. (2525)
  2004 Ed. (3195)
Frontier Co-Op
  2022 Ed. (1638)
Frontier Communication
  2021 Ed. (4610)
Frontier Communications
  2019 Ed. (4620)
  2020 Ed. (4592, 4604)
  2021 Ed. (594, 1485, 4605)
  2022 Ed. (328, 4623, 4631)
  2023 Ed. (4623)
Frontier Communications Corp.
  2003 Ed. (1519)
  2012 Ed. (4641, 4642)
  2013 Ed. (1577, 4612, 4616)
  2014 Ed. (4678)
  2015 Ed. (4689)
  2016 Ed. (4596)
  2017 Ed. (4615)
  2018 Ed. (1778, 4616)
  2019 Ed. (928, 1836, 4614)
  2020 Ed. (920)
  2021 Ed. (926)
  2022 Ed. (945)
Frontier Communications Inc.
  2023 Ed. (1113)
Frontier Communications of the South
  1998 Ed. (3485)
Frontier Communivation
  2021 Ed. (4614)
Frontier Cooperative
  2010 Ed. (2832)
  2011 Ed. (2816)
  2022 Ed. (124, 2881)
Frontier Cooperative Co.
  2017 Ed. (131)
  2018 Ed. (131)
  2019 Ed. (127)
  2020 Ed. (124)
  2021 Ed. (115)
Frontier El Dorado Refining Co.
  2011 Ed. (1784, 3932)
  2012 Ed. (1640)
Frontier Equity Fund
  1995 Ed. (2719)
  1998 Ed. (2656)
Frontier Financial Corp.
  2000 Ed. (423, 437)
  2006 Ed. (2079)
  2008 Ed. (2147)
  2009 Ed. (389, 390, 394)
  2010 Ed. (2065)
  2011 Ed. (2120)
  2012 Ed. (1959)
Frontier Ford
  1989 Ed. (285)
  1990 Ed. (307, 309)
  1991 Ed. (268, 271)
  1992 Ed. (376, 416)
Frontier Health Care Inc.
  2001 Ed. (1788)
Frontier Insurance Group Inc.
  2002 Ed. (2976)

Frontier Jet Express
　2007 Ed. (238)
　2008 Ed. (217)
Frontier Land Co.
　2002 Ed. (2675)
Frontier Lights Box
　1997 Ed. (993)
　1999 Ed. (1141)
　2000 Ed. (1062)
Frontier Management, LLC
　2021 Ed. (194)
　2022 Ed. (208)
　2023 Ed. (314)
Frontier Oil Corp.
　2002 Ed. (1501, 3250)
　2003 Ed. (3304)
　2004 Ed. (1583, 3833, 3834)
　2005 Ed. (3742)
　2007 Ed. (1548, 1549, 1551, 1559, 3838, 3846, 3848, 3889, 4533, 4559, 4561, 4562)
　2008 Ed. (1530, 1533, 1540, 3901, 3926)
　2009 Ed. (1441, 1460, 1462, 1468, 2933)
　2010 Ed. (1423, 1445, 1447, 1453)
　2011 Ed. (3932)
　2012 Ed. (3930)
　2013 Ed. (3986)
Frontier Oil & Refining
　1990 Ed. (1026)
　1992 Ed. (1188, 3602)
Frontier Real Estate Inc.
　2002 Ed. (3910)
Frontier Real Estate Investment
　2016 Ed. (4117)
Frontier Refining Inc.
　2001 Ed. (1903)
　2003 Ed. (1858)
　2004 Ed. (1894)
　2005 Ed. (2020)
　2006 Ed. (2123)
　2007 Ed. (2071)
　2008 Ed. (2179)
　2009 Ed. (2165)
　2010 Ed. (2105)
Frontier Refining & Marketing Inc.
　2011 Ed. (3932)
　2012 Ed. (3930)
Frontier Springs
　2022 Ed. (1603)
Frontier State Bank
　2010 Ed. (432)
　2011 Ed. (357)
Frontier Technologies Inc.
　2006 Ed. (3506)
Frontier Touring
　2013 Ed. (1136)
　2019 Ed. (1007)
　2020 Ed. (993)
Frontier Touring Co.
　2007 Ed. (1266)
　2015 Ed. (1134)
　2016 Ed. (1046)
　2017 Ed. (1081)
Frontier Toyota
　2002 Ed. (370)
Frontier Trust Co., FSB
　2002 Ed. (4125)
Frontier Vision
　1997 Ed. (871)
Frontiers
　1995 Ed. (2879)
Frontiers Community Builders
　2005 Ed. (1183)
Frontiti AB
　2013 Ed. (2069)
　2014 Ed. (2002)
Frontken
　2022 Ed. (1687)
　2023 Ed. (1837)
Frontline Communications
　2002 Ed. (2994)
　2016 Ed. (3445)
　2017 Ed. (3403)
Frontline Ltd.
　2002 Ed. (3543)
　2006 Ed. (3758)
　2007 Ed. (2393)
　2008 Ed. (3923)
Frontline Plus
　2019 Ed. (3775)
Frontline Stores
　2020 Ed. (4883)
Froot Loops
　1992 Ed. (1074)
　1995 Ed. (914)
　1998 Ed. (659, 661)
　2000 Ed. (1003)
　2003 Ed. (876)
　2015 Ed. (892)
　2016 Ed. (777, 778)
　2017 Ed. (837)
　2018 Ed. (768, 771)
　2019 Ed. (785)
　2020 Ed. (780)
　2021 Ed. (812)
　2022 Ed. (845)

Froots
　2010 Ed. (3406)
　2011 Ed. (3391)
Fros Herreds Sparekasse
　2010 Ed. (1602)
　2011 Ed. (1606, 1619)
　2012 Ed. (1454)
　2013 Ed. (1590, 1600)
Fross Zelnick Lehrman & Zissu
　2012 Ed. (3381)
Fross Zelnick Lehrman & Zissu PC
　2009 Ed. (4763)
　2010 Ed. (4777)
　2011 Ed. (4728)
　2012 Ed. (4745)
　2013 Ed. (4701)
　2014 Ed. (4753)
　2015 Ed. (4774)
Frost
　2012 Ed. (24)
Frost Bank
　2017 Ed. (354)
　2020 Ed. (330, 3163)
　2021 Ed. (402)
　2022 Ed. (415)
　2023 Ed. (538)
Frost Brown Todd
　2012 Ed. (3373)
　2021 Ed. (3241, 3242)
Frost Brown Todd LLC
　2023 Ed. (3424, 3432)
Frost International Ltd.
　2017 Ed. (3983)
Frost Investment Advisors
　2011 Ed. (526)
　2012 Ed. (501)
　2013 Ed. (616, 617)
　2016 Ed. (639, 3678)
　2017 Ed. (674)
Frost National Bank
　1991 Ed. (676)
　1992 Ed. (848)
　1993 Ed. (644)
　1994 Ed. (646)
　1995 Ed. (618)
　1996 Ed. (692)
　1997 Ed. (627)
　1998 Ed. (431)
Frost; Phillip
　2009 Ed. (4850)
　2010 Ed. (4856)
　2011 Ed. (4835)
　2012 Ed. (4842)
　2013 Ed. (4841)
　2014 Ed. (4857)
　2015 Ed. (4894)
　2016 Ed. (4812)
　2017 Ed. (4823)
　2018 Ed. (4828)
　2019 Ed. (4825)
　2020 Ed. (4815)
　2022 Ed. (4809)
Frosted Flakes
　1990 Ed. (924)
　1991 Ed. (877, 878, 3322)
　1992 Ed. (1072, 1074)
　1993 Ed. (860, 862)
　1994 Ed. (883)
　1995 Ed. (914)
　1996 Ed. (891)
　1998 Ed. (659, 661)
　2000 Ed. (1001, 1002, 1003)
　2001 Ed. (1147)
　2002 Ed. (955)
　2003 Ed. (876, 879)
　2004 Ed. (902)
　2005 Ed. (892)
　2006 Ed. (807)
　2007 Ed. (894)
　2008 Ed. (871)
　2009 Ed. (881)
　2010 Ed. (832)
　2014 Ed. (854)
　2015 Ed. (892)
　2016 Ed. (777, 778)
　2017 Ed. (837)
　2018 Ed. (768, 771)
　2019 Ed. (785)
　2020 Ed. (780)
　2021 Ed. (812)
　2022 Ed. (845)
Frosted Mini Wheats
　2014 Ed. (854)
　2015 Ed. (892)
　2016 Ed. (777)
　2017 Ed. (837)
　2018 Ed. (768)
Frosted Mini-Wheats
　1993 Ed. (860)
　1995 Ed. (914, 915)
　1996 Ed. (891)
　2000 Ed. (1001, 1002, 1003)
　2001 Ed. (1147)
　2002 Ed. (955)
　2003 Ed. (879)
　2007 Ed. (894)
　2018 Ed. (771)
　2019 Ed. (785)

2020 Ed. (780)
　2021 Ed. (812)
　2022 Ed. (845)
Frosties
　1992 Ed. (1075)
　1994 Ed. (884)
　1996 Ed. (892)
　2002 Ed. (956)
Frosting
　2002 Ed. (431)
Frosting, icing mixes
　1992 Ed. (2354, 2355)
Frostings and icings
　1991 Ed. (1865)
Frosty Ice
　2023 Ed. (2852)
Frou-Frou
　1992 Ed. (45)
"Frozen"
　2018 Ed. (2954)
Frozen
　2015 Ed. (3717)
　2016 Ed. (3466, 3630)
　2018 Ed. (2232)
Frozen
　2000 Ed. (4151)
　2001 Ed. (394, 2551, 3862)
　2002 Ed. (4727)
Frozen confections
　2002 Ed. (4718)
Frozen dinners
　2007 Ed. (3694)
Frozen dinners/entrees
　1993 Ed. (3485)
Frozen entrees/pizzas/convenience foods
　2000 Ed. (2222)
All The Frozen Farmer
　2023 Ed. (3194)
Frozen food
　1992 Ed. (92)
Frozen Food Express
　2006 Ed. (4064, 4065)
Frozen Food Express Industries
　2006 Ed. (4061)
　2007 Ed. (4110)
　2008 Ed. (4133)
　2011 Ed. (4174)
　2012 Ed. (4225)
　2013 Ed. (4210)
　2014 Ed. (4224)
　2015 Ed. (4212)
Frozen foods
　1995 Ed. (2049, 2998)
　1996 Ed. (1485)
　2000 Ed. (4165)
　2002 Ed. (764)
　2006 Ed. (4611)
　2007 Ed. (4598)
　2008 Ed. (2839)
　2009 Ed. (2896)
Frozen prepared foods
　2010 Ed. (2836)
Frozen orange juice
　1992 Ed. (2355)
Frozen novelties
　2001 Ed. (1974, 1996)
　2002 Ed. (2715)
　2003 Ed. (2564, 3941, 3942)
Frozen Orange Juice Concentrate
　1990 Ed. (1962)
Frozen Oriental Foods
　1990 Ed. (1960)
Frozen pastry
　2001 Ed. (551)
Frozen Pies
　2000 Ed. (4154)
Frozen Pizza
　1990 Ed. (3306)
　1991 Ed. (1867)
　1992 Ed. (2355)
　2000 Ed. (4154)
Frozen poultry
　1993 Ed. (3685)
Frozen dairy products
　2001 Ed. (3311)
　2005 Ed. (3479)
Frozen/refrigerated meat alternatives
　2000 Ed. (2222)
Frozen sandwiches
　1991 Ed. (1864)
　1992 Ed. (2353)
Frozen fish sticks
　1991 Ed. (1865)
Frozen plain vegetables
　2000 Ed. (3619)
Frozen prepared vegetables
　1993 Ed. (3485)
Frozen vegetables
　1992 Ed. (3546)
Frozen vegetables, plain
　1993 Ed. (3485)
Frozen waffles
　1992 Ed. (2353)
Frozen yogurt
　1990 Ed. (1953)
　1992 Ed. (2353, 3016, 3017, 3018, 3019)
　1993 Ed. (1479)
　1995 Ed. (3529)

2000 Ed. (2596)
　2002 Ed. (2720)
Frozen yogurt/tofu
　2001 Ed. (1996)
　2002 Ed. (2715)
Frozens
　2000 Ed. (4144)
Frozsun Foods Inc.
　2008 Ed. (2782)
FRR
　2011 Ed. (1608)
FRS Capital Corp.
　2008 Ed. (4818)
　2009 Ed. (4843)
　2010 Ed. (4849)
　2011 Ed. (4816)
　2012 Ed. (4835)
　2013 Ed. (4829)
　2014 Ed. (4844)
　2015 Ed. (4881)
　2016 Ed. (4799, 4800)
FRS Forde-Reederel
　2001 Ed. (2414)
FRSTeam
　2010 Ed. (2289)
　2011 Ed. (2289)
　2012 Ed. (2183)
　2013 Ed. (2379)
　2020 Ed. (4388)
　2021 Ed. (4383)
Fru-Con Construction Corp.
　2002 Ed. (1243, 1249, 1258, 1275)
　2003 Ed. (1255, 1261, 1268, 1281, 1283)
　2004 Ed. (1264, 1271, 1282, 1286)
　2008 Ed. (1253)
　2009 Ed. (1227)
Fru-Con Construction Group
　2001 Ed. (1464)
Fru-Con Engineering Inc.
　1997 Ed. (1741)
Fru-Veg Marketing Inc.
　2015 Ed. (2990)
Fru-Veg Sales Inc.
　1997 Ed. (2226)
Frucor Beverages
　2015 Ed. (2766)
Fructis
　2001 Ed. (2640, 2641, 2646, 2648, 2650, 2653)
　2008 Ed. (3878)
Fructis; Garnier
　2008 Ed. (2869, 2870, 2872, 2873)
　2009 Ed. (2936)
　2010 Ed. (2872)
Fruehauf
　1989 Ed. (2014)
　1990 Ed. (350, 2625, 2626)
　1993 Ed. (337)
　1994 Ed. (3566)
　1999 Ed. (4649)
Fruehauf Trailer
　1990 Ed. (379)
Fruehauf Trailer Operations
　1991 Ed. (330)
Frugal Rules
　2014 Ed. (628, 629)
Fruit
　2004 Ed. (2555)
　2008 Ed. (2839)
　2009 Ed. (2896)
　2010 Ed. (2836)
Fruit beverages
　1998 Ed. (445)
　1999 Ed. (4364)
　2000 Ed. (717)
　2001 Ed. (686, 690, 691, 692, 693, 694)
　2002 Ed. (692, 693, 694, 695)
Fruit juice blend
　2001 Ed. (2558)
Fruit juices blended
　1999 Ed. (2537)
Fruit By The Foot
　1995 Ed. (3401)
Fruit, canned
　2003 Ed. (3939, 3940)
Fruit, canned/bottled
　1998 Ed. (2927, 3445)
　2004 Ed. (2648)
Fruit Center Marketplace
　2016 Ed. (1773)
Fruit cocktail
　2002 Ed. (2371)
　2003 Ed. (2576)
Fruit d'Or Inc.
　2007 Ed. (2738)
Fruit drink
　2001 Ed. (2560)
Fruit & vegetable drinks
　2008 Ed. (557)
Fruit drinks
　1998 Ed. (446)
　1999 Ed. (2537)
　2001 Ed. (2558)
　2002 Ed. (2374)
　2005 Ed. (2758)
　2008 Ed. (2793)

CUMULATIVE INDEX • 1989-2023

Fruit juices & drinks
  1993 Ed. (681)
  1994 Ed. (682)
  1995 Ed. (644)
Fruit drinks, canned
  2003 Ed. (2580)
Fruit of the Earth
  2002 Ed. (2280)
  2003 Ed. (2486, 4619, 4624)
Fruit & Fibre
  1990 Ed. (3540)
Fruit Flavored Coolers
  1998 Ed. (3719, 3721)
Fruit-flavored drinks
  1994 Ed. (3462)
Fruit Flowers
  2008 Ed. (2829)
Fruit & fruit-flavored drinks
  2002 Ed. (4309)
Fruit Growers Alliance
  2019 Ed. (2773)
Fruit Hill Orchard Inc.
  1998 Ed. (1771)
Fruit juice
  1996 Ed. (719)
Fruit juice, blended
  1999 Ed. (2535)
  2008 Ed. (2793)
Fruit juice/drinks
  2002 Ed. (690)
Fruit Juicer
  1993 Ed. (835)
Fruit Juicers
  1994 Ed. (852)
Fruit juices
  1991 Ed. (3306)
  1995 Ed. (3529)
  2005 Ed. (2758)
Fruit Liqueurs
  2001 Ed. (3111)
Fruit of the Loom
  1989 Ed. (942, 943, 945)
  1990 Ed. (253, 1059, 1060, 1062, 1065, 1325)
  1991 Ed. (2271)
  1992 Ed. (1208, 1209, 1210, 1219, 1220, 1221, 1222, 1223, 1224, 1225, 1226, 1228, 1531, 2818)
  1993 Ed. (216, 221, 990, 991, 992, 993, 996, 997, 998, 1216, 2382)
  1994 Ed. (204, 206, 210, 213, 214, 215, 1010, 1011, 1012, 1013, 1021, 1022, 1023, 1024, 1025, 1026, 1027, 1028, 1029, 1030, 1402)
  1995 Ed. (1022, 1023, 1030, 1031, 1032, 1033, 1034, 1035, 1036, 1277)
  1996 Ed. (1001, 1002, 1004, 1005, 1019)
  1997 Ed. (1020, 1021, 1023, 1024, 1026, 1027, 1034, 1035, 1036, 1037, 1038, 1039)
  1998 Ed. (760, 761, 763, 764, 765, 766, 774, 775, 776, 777, 778, 779, 2320)
  1999 Ed. (1191, 1192, 1193, 1194, 1195, 1201, 1203, 1204, 1205, 1482, 1556, 1559, 4492)
  2000 Ed. (1112, 1114, 1116, 1121, 1122, 1123, 1124, 1363, 2880)
  2001 Ed. (1275, 1276, 1559, 1560, 1561, 1562, 1563, 1565, 1566, 1575, 4507, 4508, 4513)
  2003 Ed. (2869, 4727, 4728)
  2004 Ed. (4709)
  2005 Ed. (1494, 4681, 4682, 4686)
  2006 Ed. (1015, 1016, 1017, 3284, 4727)
  2007 Ed. (1100, 1101, 1103, 1104, 3351, 4745, 4747)
  2008 Ed. (982, 983, 984, 985, 3447, 4669)
  2009 Ed. (4708)
  2010 Ed. (933, 4724)
  2011 Ed. (4682)
  2012 Ed. (815, 816, 817, 3466, 4696)
  2013 Ed. (1010)
  2016 Ed. (2983)
  2017 Ed. (2944)
  2018 Ed. (3058)
Fruit of the Loom 'A'
  1998 Ed. (3372)
Fruit of the Loom Inc.
  2013 Ed. (4657)
  2014 Ed. (4709, 4710)
  2015 Ed. (1778, 4721, 4722)
  2016 Ed. (4623, 4624)
Fruit 'N Fibre
  1992 Ed. (1075)
  1994 Ed. (884)
  1996 Ed. (892)
Fruit nectar
  1998 Ed. (446)
  2001 Ed. (2560)
  2008 Ed. (2793)
Fruit & Oatmeal
  2003 Ed. (4456)
Fruit punch
  2002 Ed. (4310)
Fruit Roll-Ups
  1995 Ed. (3401)

Fruit mixes & salad
  2002 Ed. (2371)
  2003 Ed. (2576)
Fruit, shelf-stable
  1995 Ed. (2997)
Fruit, shelved
  1993 Ed. (2921)
Fruit, dried & snack
  2002 Ed. (2372)
Fruit, dried and snacks
  2003 Ed. (2577)
  2005 Ed. (2234)
Fruit snacks, dried
  1992 Ed. (3218)
  1994 Ed. (3347)
Fruit Spreads
  2002 Ed. (3036)
  2003 Ed. (3161)
Fruit punch bases and syrups
  2003 Ed. (4480)
Fruit and vegetables
  1994 Ed. (2657)
Fruition
  2014 Ed. (1523)
  2019 Ed. (2773)
Fruition Partners
  2016 Ed. (2835)
Fruitopia
  1998 Ed. (3441, 3469)
  2000 Ed. (2282)
Fruits
  1999 Ed. (3599)
  2007 Ed. (2518)
  2008 Ed. (2732)
Fruits, citrus
  2003 Ed. (3968)
Fruits, frozen
  2003 Ed. (2564)
Fruits and vegetables
  1990 Ed. (1733)
  1992 Ed. (2198)
  1993 Ed. (2708)
  1997 Ed. (2929)
fruitwater
  2015 Ed. (709)
  2016 Ed. (648)
  2017 Ed. (679)
Fruity Pebbles
  2021 Ed. (812)
Frullati Café & Bakery
  2007 Ed. (2543)
Frullati Cafe & Bakery
  2000 Ed. (2271)
  2008 Ed. (2684)
Frumento, S. R. O.
  2016 Ed. (1994)
Frusen Gladje
  1993 Ed. (2123)
Fruth Drugs
  2006 Ed. (2309)
Fruth Pharmacy
  2002 Ed. (2030)
Fry Communications Inc.
  2020 Ed. (3407)
  2022 Ed. (3480)
  2023 Ed. (3602)
Fry Multimedia Inc.
  2001 Ed. (4747)
Fry; Stephen
  2009 Ed. (701)
Fry; William
  2005 Ed. (1444, 1445)
Frye-Williamson Press
  2015 Ed. (4080)
Fry's
  2022 Ed. (3054)
Fry's Electronics
  2014 Ed. (2444, 4361)
  2015 Ed. (2516, 4353, 4370)
  2016 Ed. (2450)
  2017 Ed. (65, 2284, 2297)
  2018 Ed. (3089, 4265)
  2021 Ed. (2277, 2937, 4219)
Fry's Electronics Inc.
  2005 Ed. (2358, 3910)
  2008 Ed. (154)
  2009 Ed. (175, 4504)
  2010 Ed. (157, 4545)
  2011 Ed. (79, 4494)
  2012 Ed. (80, 4496)
  2013 Ed. (74)
  2014 Ed. (92)
  2015 Ed. (98)
  2016 Ed. (88, 2577)
  2017 Ed. (71, 2476)
  2019 Ed. (2539)
Fry's Food Stores
  2017 Ed. (1390)
  2018 Ed. (1366)
  2021 Ed. (1358)
  2022 Ed. (1372)
  2023 Ed. (1573)
Fry's Food Stores Inc.
  2007 Ed. (4621)
Fry's Marketplace
  2007 Ed. (4618)
  2008 Ed. (4565)
  2009 Ed. (4595)

FS Bancorp
  2020 Ed. (487)
  2023 Ed. (2096)
FSA Inc.
  2017 Ed. (1549, 1550, 1552, 1554)
FSAS
  2001 Ed. (1763)
FSB International Bank
  1999 Ed. (613)
  2000 Ed. (635)
  2004 Ed. (600)
FSC Architects & Engineers
  2010 Ed. (4469)
FSC (Banc One)
  1992 Ed. (1747)
FSC Inc.
  2011 Ed. (1781)
FSC Securities
  2017 Ed. (3246)
  2018 Ed. (3321)
  2019 Ed. (2646)
FSC Securities Corp.
  2021 Ed. (2553, 2559, 2561)
FSC Semiconductor Corp.
  2001 Ed. (1783)
FSD/Young & Rubicam
  1993 Ed. (79)
FSH Communications LLC
  2009 Ed. (3757)
FSI.Co.
  2018 Ed. (4094)
FSP-Financial Services Portfolio
  1994 Ed. (2631)
FSP-Health Sciences
  1994 Ed. (2631)
FSQ Inc.
  2005 Ed. (1856)
Fst Australia Prime
  1990 Ed. (249)
FSTV
  1999 Ed. (1006)
FSU
  2001 Ed. (1097)
FSU-12
  2001 Ed. (2448, 2449)
FT Guide to Business Networking
  2013 Ed. (621)
FT International
  1992 Ed. (3184)
Ft. Lauderdale Sun Sentinel
  1998 Ed. (77, 80, 82)
FT MarketWatch
  2002 Ed. (4827)
FT Mortgage
  1998 Ed. (1861, 2527, 2528)
  1999 Ed. (2608, 3437)
FT Mortgage Companies
  2001 Ed. (3345, 3346)
FT S&P Day Trade
  1999 Ed. (3904)
FTC Diversified Concept I Ltd.
  1999 Ed. (1249)
FTC Farmers
  1989 Ed. (45)
  1990 Ed. (42)
  1991 Ed. (39)
FTC Federation in Canada
  2012 Ed. (726)
FTC Futures Fund Dynamic
  2005 Ed. (1086)
FT.com
  2002 Ed. (4826, 4866)
FTD Group
  2010 Ed. (846)
Ftd.com Inc.
  2001 Ed. (4779)
  2004 Ed. (2778, 4562, 4563, 4565)
FTEN
  2011 Ed. (1026)
  2012 Ed. (952)
FTG Equipment Solutions
  2019 Ed. (1823)
FTI
  2012 Ed. (1069)
FTI Consulting
  2003 Ed. (4568)
  2005 Ed. (1252)
  2006 Ed. (1211)
  2007 Ed. (2060)
  2008 Ed. (2169)
  2011 Ed. (2845)
  2013 Ed. (2871)
  2014 Ed. (2889, 4140, 4142, 4145, 4148, 4149, 4155, 4158, 4159, 4160, 4164, 4167)
  2015 Ed. (2948)
  2016 Ed. (2879)
  2018 Ed. (2908)
  2021 Ed. (1070)
  2022 Ed. (2917)
  2023 Ed. (1280)
FTI Consulting Inc.
  2015 Ed. (27)
  2016 Ed. (23)
FTI Healthcare
  2010 Ed. (2895)
  2012 Ed. (2803)

FTI Small Capitalization Equity
  2002 Ed. (3424)
FTI Touristik GmbH
  2021 Ed. (2440)
FTN Midwest Securities Corp.
  2007 Ed. (3258, 3259, 3262)
  2008 Ed. (3382, 3383, 3386)
FTP Software
  1995 Ed. (2059, 2061, 2065, 3205, 3206, 3380, 3383, 3385, 3693, 3694)
  1996 Ed. (2056, 2060, 3446, 3450, 3454)
  1997 Ed. (2167)
FTS International
  2016 Ed. (2056, 3446)
  2017 Ed. (2015)
  2020 Ed. (4021)
  2021 Ed. (1916, 3987)
  2022 Ed. (4001)
  2023 Ed. (4085)
FTS International Inc.
  2020 Ed. (1935)
FTSE 100
  2008 Ed. (4501)
FTSE Russel
  2023 Ed. (991)
FTTH Communications LLC
  2010 Ed. (662, 665)
  2011 Ed. (597)
Fu Chengyu
  2013 Ed. (966)
Fu Sheng Industrial Co. Ltd.
  1994 Ed. (2425)
Fu Tsu Construction Co. Ltd.
  1990 Ed. (1213)
  1992 Ed. (1438)
  1994 Ed. (1176)
Fubon Financial
  2006 Ed. (4655)
  2012 Ed. (3345)
  2013 Ed. (3363)
  2014 Ed. (3318, 3409)
  2015 Ed. (3364, 3444)
  2016 Ed. (3226, 3303, 3306)
  2017 Ed. (3184, 3265, 3268)
  2018 Ed. (3338, 3341)
  2019 Ed. (3315, 3318)
  2020 Ed. (3317, 3321)
  2021 Ed. (675)
  2022 Ed. (1915)
  2023 Ed. (2031)
Fubon Financial Holding
  2020 Ed. (1909, 2601)
  2021 Ed. (1869, 3098)
  2022 Ed. (1914, 3239)
  2023 Ed. (2030, 3328)
Fubon Financial Holding Co., Ltd.
  2006 Ed. (529, 2034, 2035)
  2007 Ed. (559)
  2008 Ed. (511)
  2009 Ed. (545)
  2011 Ed. (2074)
  2012 Ed. (1916)
  2013 Ed. (2082)
  2014 Ed. (2015)
  2015 Ed. (2059)
  2016 Ed. (2019)
  2017 Ed. (1980)
  2018 Ed. (1932)
  2019 Ed. (1981, 1983)
  2020 Ed. (1910)
  2021 Ed. (1870)
Fubon Group
  2005 Ed. (3232)
Fubon Life
  2019 Ed. (684, 3190)
  2021 Ed. (3072)
  2022 Ed. (3208)
  2023 Ed. (3302)
Fubon Securities
  1995 Ed. (3283)
  1997 Ed. (3489)
  1999 Ed. (2894)
  2004 Ed. (4373)
Fubon Securities Investment Trust Co.
  2001 Ed. (2890)
Fubu
  2001 Ed. (1265)
FUBU the Collection
  2009 Ed. (3761)
Fucci; Michael
  2009 Ed. (1187)
  2010 Ed. (1194)
Fuci Metals USA Inc.
  2000 Ed. (743, 3143)
  2001 Ed. (714)
FuckedCompany.com
  2002 Ed. (4838)
Fud
  2022 Ed. (866)
Fudan University
  2014 Ed. (782)
  2015 Ed. (824)
Fuddrucker's
  1991 Ed. (2869)
  1993 Ed. (3017)
  1994 Ed. (3075)
  1995 Ed. (3120)
  1996 Ed. (1966, 3216)

1997 Ed. (1838, 2172, 3328)
1999 Ed. (2632, 4813)
2000 Ed. (3781)
2001 Ed. (4063)
2002 Ed. (4024)
2003 Ed. (4120, 4129)
2004 Ed. (4135)
2005 Ed. (2547, 2553, 2558, 4072)
2006 Ed. (2560, 2574)
2007 Ed. (2533, 2534, 2545, 4146)
2008 Ed. (2667, 2686, 4156)
2009 Ed. (2710, 4264)
2010 Ed. (4204)
2011 Ed. (4210)
2012 Ed. (2534)
Fuddruckers
 2014 Ed. (2881)
 2015 Ed. (2919)
 2017 Ed. (2811)
 2019 Ed. (4219)
Fuddrukers
 1990 Ed. (3006)
Fudeco Oy
 2012 Ed. (1479)
 2013 Ed. (1609)
Fudge; Anne
 2006 Ed. (4975)
Fudge Chocolate Chip
 1995 Ed. (3692)
Fudge Covered; Little Debbie
 2005 Ed. (1397)
Fudge marble
 2001 Ed. (2832)
Fudge Shoppe
 1999 Ed. (1420)
 2001 Ed. (1494)
 2002 Ed. (1338)
 2003 Ed. (1369)
Fudge Shoppe; Keebler
 2005 Ed. (1397)
Fudgesicle
 2003 Ed. (2876)
Fudgesicle Sugar Free
 1990 Ed. (2143)
Fudgsicle
 1996 Ed. (1976)
Fudgsicle Variety Pack
 1997 Ed. (2347)
Fudian Bank
 2011 Ed. (321)
 2017 Ed. (538)
Fuego en la Sangre
 2010 Ed. (2987)
Fuel
 2001 Ed. (1508)
 2008 Ed. (4547)
Fuel in a Bottle
 2015 Ed. (677)
 2016 Ed. (619)
 2017 Ed. (656)
Fuel Card Service International Unipessoal, LDA
 2017 Ed. (1933)
Fuel exhaustion
 1994 Ed. (337)
Fuel oil
 2001 Ed. (2162)
 2005 Ed. (2316)
 2006 Ed. (2371)
 2007 Ed. (2515)
Fuel oil, distillate
 2001 Ed. (3750)
Fuel oil, residual
 2001 Ed. (3750)
Fuel Systems Solutions Inc.
 2010 Ed. (4589, 4603)
 2012 Ed. (2780, 3085)
Fuel Talent LLC
 2019 Ed. (3588)
Fuel Tech
 2009 Ed. (4456, 4463)
 2010 Ed. (4500, 4514)
The Fuel Trading Co., Ltd.
 2017 Ed. (2053)
FuelCell Energy Inc.
 2002 Ed. (4502)
 2004 Ed. (4569)
Fuelink
 2003 Ed. (3957)
 2004 Ed. (4921)
Fuels
 2008 Ed. (1631)
Fuels, mineral
 2008 Ed. (2643)
 2009 Ed. (2671)
Fuels, stored
 1998 Ed. (122)
Fuente; David I.
 1994 Ed. (1722)
Fuentes; Gabriel A.
 2012 Ed. (2881)
Fuentez Systems Concepts Inc.
 2004 Ed. (4985)
Fufeng Group
 2012 Ed. (1325)
 2013 Ed. (1424)
Fugazy; Shane
 2012 Ed. (4386)

Fugelberg Koch
 2000 Ed. (314)
The Fugitive
 1995 Ed. (2612)
 1996 Ed. (3790, 3791)
Fugitive Denim: A Moving Story of People and Pants in the Borderless World of Global Trade
 2009 Ed. (639)
Fugitt; Micah
 2017 Ed. (2795)
Fugro
 2001 Ed. (2241)
 2004 Ed. (2355, 2360)
 2011 Ed. (3910)
 2012 Ed. (3895)
 2013 Ed. (3916, 4811)
 2014 Ed. (3861)
 2015 Ed. (3888)
 2016 Ed. (3798)
Fugro-McClelland BV
 1991 Ed. (1558, 1561)
 1993 Ed. (1619)
Fugro-McClelland NV
 1994 Ed. (1651)
 1995 Ed. (1690, 1692, 1698)
 1996 Ed. (674, 1672, 1680)
Fugro NV
 1997 Ed. (1749, 1752, 1754, 1755, 1758, 1759)
 1998 Ed. (1445)
 2000 Ed. (1811, 1823)
 2001 Ed. (2246)
 2003 Ed. (2305, 2310, 2311, 2312, 2313, 2315, 2323)
 2004 Ed. (2387, 2391, 2392, 2393, 2394, 2396, 2404)
 2005 Ed. (2421, 2423, 2424, 2425, 2426, 2428, 2433, 2436)
 2006 Ed. (2460, 2463, 2464, 2465, 2466, 2468, 2476)
 2007 Ed. (2425, 2428, 2429, 2430, 2431, 2433, 2434, 2438, 2441)
 2008 Ed. (2552, 2555, 2556, 2557, 2558, 2560, 2561, 2565, 2568)
 2009 Ed. (2560, 2561, 2563, 2564, 2565, 2566, 2568, 2569, 2576)
 2010 Ed. (2476, 2477, 2479, 2480, 2481, 2482, 2484, 2485, 2492)
 2011 Ed. (2484, 2485, 2487, 2488, 2489, 2492, 2493, 2500)
 2012 Ed. (2403, 2404, 2406, 2408, 2409, 2411, 2412, 2419, 3915)
 2013 Ed. (2571, 2572, 2573, 2575, 2577, 2578, 2581, 2584)
 2014 Ed. (2500, 2501, 2502, 2504, 2506, 2507, 2510, 2513)
 2015 Ed. (2574, 2575, 2576, 2578, 2580, 2581, 2584, 2587)
 2016 Ed. (2496, 2497, 2498, 2500, 2502, 2503, 2506, 2509)
 2017 Ed. (2353, 2355, 2356, 2357, 2359, 2360, 2363, 2365, 2366)
 2018 Ed. (2420, 2422, 2423, 2424, 2426, 2430, 2433)
 2019 Ed. (2471, 2472, 2473, 2475, 2479, 2481, 2482)
 2020 Ed. (2460, 2464, 2468, 2470, 2471, 2472)
 2021 Ed. (2395)
 2022 Ed. (2504, 2505, 2506, 2507)
 2023 Ed. (2613, 2614, 2615)
Fugro (USA) Inc.
 2012 Ed. (2388)
Fugue
 2019 Ed. (992)
Fuhu
 2015 Ed. (1208, 2914, 4094)
 2016 Ed. (1116, 2960, 4005)
Fuhu Inc.
 2015 Ed. (1484)
 2016 Ed. (1412, 2911)
Fuji
 1989 Ed. (530)
 1990 Ed. (554, 1783, 1784)
 1992 Ed. (463, 1991, 2020, 2712, 3340, 3460, 3461)
 1993 Ed. (2853)
 1994 Ed. (2874)
 1995 Ed. (679, 2937)
 1996 Ed. (749, 750, 774, 868, 2105, 3034, 3035)
 1997 Ed. (680, 681, 3115, 3116)
 1998 Ed. (475, 476, 610, 611, 2848, 2849, 2852)
 1999 Ed. (735, 736, 1012, 1013, 3824, 3825, 3826)
 2000 Ed. (749, 1655, 3543)
 2001 Ed. (1105, 3793)
 2002 Ed. (930, 3705)
 2006 Ed. (3900, 3902)
 2007 Ed. (130, 870, 3952)
 2012 Ed. (666, 3977)
Fuji 135-24 ISO-100 Color Print Film
 1990 Ed. (2866)
The Fuji Accounting Office
 1996 Ed. (16)

Fuji APS Nexia
 2016 Ed. (3895)
Fuji Bank
 1989 Ed. (561)
 1990 Ed. (501, 502, 547, 594, 603, 604, 605, 607, 609, 617, 1385, 1390, 1392, 1788, 1789)
 1991 Ed. (221, 508, 548, 557, 558, 559, 563, 575, 576, 577, 1305, 1309, 1318, 2675, 2678, 3073, 3235, 3400)
 1992 Ed. (665, 666, 667, 671, 672, 674, 721, 726, 744, 2154, 3626)
 1993 Ed. (424, 476, 477, 483, 485, 517, 518, 527, 529, 532, 542, 543, 544, 1333, 1349, 1358, 1683, 1684, 1859, 2419, 2421, 2768, 2969, 3206, 3475, 3587)
 1994 Ed. (479, 480, 483, 484, 485, 526, 530, 545, 1365, 3013)
 1995 Ed. (468, 469, 505, 506, 509, 510, 519, 520, 1388, 1444, 2436, 2838)
 1996 Ed. (501, 502, 503, 504, 505, 506, 507, 511, 557, 558, 561, 562, 573, 574, 1398, 1408, 2909, 3597, 3706)
 1997 Ed. (514, 519, 1433, 1447, 1454, 1464, 1731, 3001, 3761)
 1998 Ed. (351, 353, 354, 355, 356, 357, 382, 383, 384, 1163, 2347, 2351, 3008)
 1999 Ed. (466, 521, 563)
 2000 Ed. (462, 528, 530, 531, 532, 533, 574, 575, 576, 1474, 3896)
 2001 Ed. (603, 626, 630, 1549, 2885)
 2002 Ed. (581, 587, 595, 597, 2276, 4434)
Fuji Bank Canada
 1997 Ed. (463)
Fuji Bank Group
 1990 Ed. (595, 597)
 1991 Ed. (448, 450, 549, 551, 553)
 1992 Ed. (603, 604)
Fuji Bank Ltd. (Japan)
 2000 Ed. (562)
Fuji Bank & Trust Co.
 1990 Ed. (2436)
 1992 Ed. (548, 670)
 1993 Ed. (385, 482)
 1994 Ed. (487, 3011)
 1996 Ed. (508)
 1997 Ed. (472)
 1998 Ed. (358)
 1999 Ed. (516, 518, 520, 521, 522, 523, 524, 525, 550, 552, 554, 555, 564, 565, 1667, 1691, 4614)
Fuji Color Superia
 2004 Ed. (3895, 3896)
Fuji Electric Co. Ltd.
 1990 Ed. (1588)
Fuji Electric Holdings Co., Ltd.
 2012 Ed. (2230, 2234)
 2013 Ed. (2402)
 2014 Ed. (2341)
 2015 Ed. (2407)
Fuji Fertiliser
 1997 Ed. (2589)
Fuji Fire & Marine Insurance
 1990 Ed. (2274)
 1991 Ed. (2143)
 1992 Ed. (2706)
 1993 Ed. (2252)
 1994 Ed. (2232)
 1995 Ed. (2279)
 1997 Ed. (2418)
 2007 Ed. (3114)
Fuji Food & Catering Services
 2009 Ed. (2797)
Fuji Food Products Inc.
 2017 Ed. (4385)
Fuji Foto
 1992 Ed. (3345)
Fuji Heavy Industries
 2016 Ed. (277)
 2017 Ed. (277)
Fuji Heavy Industries Ltd.
 1990 Ed. (1478, 2177)
 1991 Ed. (1405)
 1992 Ed. (1772)
 1993 Ed. (1276, 1461)
 1994 Ed. (1322, 2421)
 1995 Ed. (1543, 2493)
 1998 Ed. (1148)
 2002 Ed. (1408)
 2012 Ed. (247)
 2013 Ed. (237)
 2014 Ed. (239)
 2015 Ed. (278)
 2016 Ed. (274)
 2017 Ed. (274)
Fuji HQ
 2002 Ed. (4755)
Fuji International Finance
 1989 Ed. (1779)
Fuji Machine Manufacturing
 2001 Ed. (3185)
 2002 Ed. (4432)
 2006 Ed. (4510)

Fuji Media
 2016 Ed. (3491)
 2017 Ed. (3459)
Fuji Media Holdings
 2014 Ed. (726)
Fuji Medical System
 1992 Ed. (3009)
Fuji Medical Systems USA Inc.
 1995 Ed. (2534)
 1997 Ed. (2745)
 1999 Ed. (3339)
 2000 Ed. (3078)
 2001 Ed. (3269)
Fuji Photo
 1989 Ed. (2123)
 1990 Ed. (959)
Fuji Photo Film Co., Ltd.
 1989 Ed. (2297)
 1990 Ed. (33, 37, 2777)
 1991 Ed. (846, 909)
 1992 Ed. (1113)
 1993 Ed. (55, 908, 1274, 2772, 3586)
 1994 Ed. (923, 1320, 1612, 2746)
 1995 Ed. (959, 1656, 2846)
 1996 Ed. (869)
 1997 Ed. (959)
 1999 Ed. (1100, 3822, 3827, 4147, 4148)
 2000 Ed. (1026, 1490, 1495, 3863)
 2001 Ed. (3651)
 2002 Ed. (1674, 1709, 2831, 3534, 4506)
 2003 Ed. (2249, 2729, 4144, 4303)
 2004 Ed. (2827, 4313)
 2005 Ed. (2836)
 2006 Ed. (4087)
 2007 Ed. (2342, 2460, 2987, 2992, 3816, 3950, 4264)
 2008 Ed. (3980, 4283)
 2009 Ed. (3517)
Fuji Photo Film USA
 2016 Ed. (574)
 2017 Ed. (603)
 2018 Ed. (567)
Fuji Quick Snap Flash
 2004 Ed. (3895, 3896)
Fuji Quicksnap
 2002 Ed. (930)
Fuji Quicksnap Flash
 2002 Ed. (930)
 2023 Ed. (1009)
Fuji Quicksnap Waterprooof
 2023 Ed. (1009)
Fuji Super HQ
 2004 Ed. (3896)
Fuji Superia Xtra
 2004 Ed. (3895)
Fuji Television Network
 1996 Ed. (792)
 2001 Ed. (4493)
 2007 Ed. (3452)
 2009 Ed. (773)
Fuji Xerox
 1990 Ed. (1640)
 1991 Ed. (1537)
 1993 Ed. (1585)
 1994 Ed. (1367)
Fuji Xerox New Zealand
 2015 Ed. (1079, 1924, 1927, 1928)
Fujian
 2001 Ed. (2262)
Fujian Dali Food Co., Ltd.
 2020 Ed. (2704)
Fujian Expressway Development
 2008 Ed. (1568)
Fujian Newland
 2018 Ed. (963)
 2019 Ed. (959)
 2020 Ed. (947)
 2021 Ed. (940)
 2022 Ed. (960)
 2023 Ed. (1132)
Fujian Shenyuan New Materials Co.
 2018 Ed. (806)
Fujian Sunner Development Co. Ltd.
 2022 Ed. (3942)
 2023 Ed. (4027)
Fujian Yongrong Technology Co.
 2018 Ed. (806)
FujiFilm
 1998 Ed. (2851)
 2008 Ed. (833, 834, 3982)
Fujifilm
 2013 Ed. (3619)
 2014 Ed. (3556)
 2016 Ed. (987, 4554)
 2017 Ed. (1023, 4557)
 2023 Ed. (2469)
Fujifilm Holdings
 2019 Ed. (957, 3759)
 2022 Ed. (3594, 3595)
Fujifilm Holdings (healthcare only)
 2023 Ed. (3696)
Fujifilm Holdings America
 2023 Ed. (1119)
Fujifilm Holdings America Corp.
 2017 Ed. (1835)
 2018 Ed. (1781)
 2019 Ed. (1839)
 2020 Ed. (1786)

Fujifilm Holdings Corp.
 2009 Ed. (1796)
 2010 Ed. (1738, 3828)
 2011 Ed. (1751)
 2012 Ed. (3035, 3038, 3841, 3845)
 2013 Ed. (2974, 2986)
 2014 Ed. (2985, 2996)
 2015 Ed. (3053, 3068)
 2016 Ed. (2943, 2959)
 2017 Ed. (2902, 2918)
 2018 Ed. (2966, 2985)
 2019 Ed. (2910, 2930)
 2020 Ed. (2928, 2948)
Fujifilm North America
 2013 Ed. (3208)
 2015 Ed. (3283)
 2016 Ed. (3123)
 2017 Ed. (3064)
 2018 Ed. (3177)
 2019 Ed. (3113)
 2020 Ed. (3139, 3140)
 2021 Ed. (3006)
 2022 Ed. (3143)
 2023 Ed. (3235)
Fujifilm Quicksnap Flash 800
 2023 Ed. (1009)
Fujifilm Sericol
 2010 Ed. (3202)
 2011 Ed. (3166)
Fujifilm Sericol International
 2008 Ed. (3219)
 2009 Ed. (3278)
 2011 Ed. (3167)
 2012 Ed. (3123)
Fujifilm SonoSite Inc.
 2020 Ed. (3417)
Fujikura
 1998 Ed. (1557)
Fujio Cho
 2004 Ed. (2486)
 2006 Ed. (690, 932)
Fujio Mitarai
 2006 Ed. (690, 3262)
 2017 Ed. (923)
Fujirebio Diagnostics Inc.
 2010 Ed. (1937)
Fujisan
 2022 Ed. (4419)
 2023 Ed. (4446)
Fujisan Chef Select
 2022 Ed. (4419)
Fujisankei
 1994 Ed. (1671)
Fujisawa
 1989 Ed. (1280)
 1990 Ed. (1571)
 1993 Ed. (1517)
Fujisawa Pharmaceutical Co.
 1991 Ed. (1475)
 1992 Ed. (1497)
 1995 Ed. (3099)
 1997 Ed. (1664, 2745)
 2006 Ed. (2781)
Fujishin Family Cellars
 2018 Ed. (4920)
Fujita Corp.
 1989 Ed. (1006)
 1990 Ed. (1175)
 1991 Ed. (1064, 1308)
 1992 Ed. (1370, 4309)
 1995 Ed. (1135)
 1997 Ed. (1131)
 1999 Ed. (1323, 1407)
 2000 Ed. (1203)
 2001 Ed. (1625)
Fujita Kanko Inc.
 1997 Ed. (2288)
 1999 Ed. (2772)
 2000 Ed. (2547)
Fujita Tourist Ent. Co., Ltd.
 1990 Ed. (2092)
Fujita Tourist Enterprises Co. Ltd.
 1990 Ed. (2082, 2091)
 1992 Ed. (2486)
 1993 Ed. (2093)
 1994 Ed. (2109)
 1995 Ed. (2162)
Fujitsu
 2013 Ed. (1135, 4592)
 2014 Ed. (1051, 1096, 1719, 2568)
 2015 Ed. (1086, 4637)
 2016 Ed. (987, 996)
 2017 Ed. (1023, 3060, 4557)
 2018 Ed. (3154, 3172)
 2019 Ed. (3088, 4585)
 2020 Ed. (3136, 4566)
 2021 Ed. (2991, 2992, 3000, 3001, 3002, 4551, 4560)
 2022 Ed. (663, 1654, 3128, 3129, 3138, 3139, 4381, 4558)
 2023 Ed. (1812, 3226, 3231, 3232, 4401)
Fujitsu (IT Services)
 2023 Ed. (3227, 3233)
Fujitsu America Inc.
 2021 Ed. (2850)
Fujitsu Business Communications
 1994 Ed. (2936)

Fujitsu Computer Systems Corp.
 2006 Ed. (3033)
Fujitsu Finland
 2013 Ed. (1607)
Fujitsu General
 2017 Ed. (2983)
Fujitsu Hokkaido Digital Technology Co., Ltd.
 2002 Ed. (1704)
 2004 Ed. (1765)
Fujitsu-ICI Systems Inc.
 2001 Ed. (435)
Fujitsu ICIM
 1997 Ed. (1106)
Fujitsu Laboratories of America Inc.
 2016 Ed. (1591, 2518)
Fujitsu Ltd.
 1989 Ed. (983, 1306, 1341, 2458)
 1990 Ed. (1103, 1128, 1639, 2739)
 1991 Ed. (2069)
 1992 Ed. (1320, 1321, 1322, 1658, 1833, 1930, 1931, 1932, 1959, 3544, 3911, 3912, 3918, 4200, 4201, 4202)
 1993 Ed. (1060, 1062, 1584, 1587, 1612, 1740, 1741, 2176, 2565, 2568, 3007, 3214, 3483, 3509)
 1994 Ed. (252, 1074, 1085, 1087, 1096, 1616, 1617, 1645, 2199, 2201, 2202, 2203, 2204, 2205, 2206, 2514, 2516, 2995, 3199, 3201, 3203, 3204, 3205, 3678)
 1995 Ed. (1084, 1090, 1093, 1111, 1683, 2252, 2570, 2575, 2576, 2938, 2990, 3099, 3100, 3286, 3553)
 1996 Ed. (2260, 2608, 2639, 3194, 3396, 3399, 3640)
 1997 Ed. (1744)
 1998 Ed. (837, 1402, 1539, 2705, 2752, 3278, 3279, 3282, 3285)
 1999 Ed. (1271, 1272, 1273, 1995, 2030, 2874, 2875, 2876, 2877, 2878, 2880, 2881, 3646, 3647, 3648, 3714, 3716, 4272, 4273, 4275, 4276, 4279, 4281)
 2000 Ed. (307, 308, 1166, 1495, 1772, 1795, 2638, 2639, 3370, 3704, 3760, 3994, 3995, 3996, 3997, 4003, 4263)
 2001 Ed. (398, 399, 1343, 1354, 1379, 1616, 1621, 1764, 1766, 1769, 2133, 2159, 3114, 3645, 3650, 3651)
 2002 Ed. (1141, 1497, 1706, 1707, 1708, 2106, 2108, 3251, 4431, 4518, 4635, 4636)
 2003 Ed. (1098, 1099, 1100, 2239, 2248, 2250, 3205, 3305, 3751, 3756)
 2004 Ed. (263, 1117, 1118, 1119, 2256, 2261, 3362, 3776, 3780)
 2005 Ed. (1124, 1126, 2343, 2355, 3036, 3393, 3695, 3699, 4667)
 2006 Ed. (2400, 3389)
 2007 Ed. (1212, 1213, 2347, 2828, 3074, 3825)
 2008 Ed. (1117, 3568)
 2009 Ed. (1096, 3638)
 2010 Ed. (1075, 2688, 3557)
 2011 Ed. (1014, 2677, 3560, 3833, 3834)
 2012 Ed. (941, 2606)
 2013 Ed. (1085, 2696, 3202, 3204, 3205)
 2014 Ed. (1048, 2680, 3218)
 2015 Ed. (1083, 2724)
 2016 Ed. (993, 2647)
 2017 Ed. (1028, 2584, 4343)
 2018 Ed. (958)
 2019 Ed. (953)
 2020 Ed. (943, 2147)
Fujitsu Network Communications Inc.
 2005 Ed. (1974, 4639)
 2009 Ed. (962)
Fujitsu New Zealand
 2015 Ed. (1927, 1928)
Fujitsu Philippines
 1998 Ed. (1537)
Fujitsu Semiconductor America Inc.
 2016 Ed. (4341)
Fujitsu Services Oy
 2012 Ed. (1477)
Fujitsu Siemens
 2002 Ed. (3336, 3337, 3338, 3339)
Fujitsu Siemens Computers (Holding) BV
 2007 Ed. (3825)
Fujuita Tourist Enterprises Co. Ltd.
 1991 Ed. (1950)
Fukui; Takeo
 2010 Ed. (2559)
Fukuoka City Bank
 2004 Ed. (547, 548)
 2005 Ed. (529, 532)
 2006 Ed. (458)
Fukuoka Financial Group
 2012 Ed. (379)
 2013 Ed. (389)
 2014 Ed. (400)
 2015 Ed. (456)
 2016 Ed. (408)
 2017 Ed. (417)
 2018 Ed. (384)
 2019 Ed. (388)
 2020 Ed. (381)

Fukushima Bank
 2003 Ed. (531)
Fukuzo Iwasaki
 2003 Ed. (4890)
 2004 Ed. (4876)
 2005 Ed. (4861)
Fulbright & Jaworksi
 2000 Ed. (1726, 3679)
Fulbright & Jaworski
 1990 Ed. (2420)
 1991 Ed. (1487, 2277, 2287, 2782)
 1992 Ed. (2825, 2837)
 1993 Ed. (1549, 2390, 2398, 2940, 3101)
 1994 Ed. (2351)
 1995 Ed. (1629, 2412, 2645, 2649, 2653, 3037)
 1996 Ed. (2450, 3138, 3287)
 1997 Ed. (2595, 2841, 3384)
 1998 Ed. (2324, 2573, 2968, 3158)
 1999 Ed. (1942, 3485, 3967, 4143)
 2000 Ed. (3196, 3200, 3204, 3858)
 2001 Ed. (744)
 2003 Ed. (3171, 3172, 3173)
 2005 Ed. (3525)
 2009 Ed. (3492)
 2010 Ed. (3422)
 2011 Ed. (3400, 3406)
Fulbright & Jaworski LLP
 2001 Ed. (3085)
 2003 Ed. (3204)
 2007 Ed. (3316, 3649, 3657)
 2011 Ed. (4728)
 2012 Ed. (3373, 3374, 3376, 3382, 3385, 3389, 3390)
 2013 Ed. (3445, 3447)
 2014 Ed. (3445, 3476)
Fulcher; Mark
 2017 Ed. (2795)
Fulcrum Cap
 1999 Ed. (3584)
 2000 Ed. (3305, 3306)
Fulcrum Construction Group
 2019 Ed. (1381)
Fulcrum Direct Inc.
 2001 Ed. (1814)
Fulcrum Global Partners
 2006 Ed. (3190, 3198, 3200, 3203, 3205, 3206)
 2007 Ed. (3257, 3264, 3266, 3271, 3273)
Fulcrum Inquiry
 2012 Ed. (3, 1663)
 2014 Ed. (1415)
 2015 Ed. (1475)
Fulcrum Microsystems Inc.
 2010 Ed. (1523)
 2011 Ed. (1518, 4051)
 2012 Ed. (4082)
Fuld; Dick
 2010 Ed. (895)
Fuld Jr.; Richard
 2005 Ed. (964)
 2006 Ed. (878)
 2007 Ed. (969)
 2008 Ed. (941)
Fuld Jr.; Richard S.
 2005 Ed. (980, 981, 983, 2474, 2475, 2490)
 2006 Ed. (932)
 2007 Ed. (1022, 1027, 1035)
 2008 Ed. (943, 949)
 2009 Ed. (948, 958)
Fuld; Richard
 2010 Ed. (2561)
Fulfilling the Potential of Your Business
 2013 Ed. (620)
Fulfillment Corp. of America
 2006 Ed. (3535)
 2007 Ed. (3592, 4442)
The Fulfillment Lab
 2018 Ed. (3407)
Fulfillment Plus Inc.
 2007 Ed. (3540, 4403, 4989)
Fulgent Genetics
 2023 Ed. (3056)
Full Access
 2012 Ed. (1774, 1821, 1822, 1824, 1825)
Full alloy
 2001 Ed. (4665)
Full Circle Image
 2002 Ed. (2492)
Full Circle Marketing & Sales
 2014 Ed. (1581)
Full Circle PR
 2023 Ed. (4120)
Full Compass
 2000 Ed. (3220)
Full Compass Systems Ltd.
 2013 Ed. (3799, 3800, 3803, 3804)
 2014 Ed. (3735, 3737, 3738)
 2015 Ed. (3748, 3750, 3751, 5030)
 2016 Ed. (3656, 3658, 3659, 4948)
 2017 Ed. (3631, 3633, 4939)
 2018 Ed. (3692, 4945)
 2019 Ed. (3678, 4942)
 2020 Ed. (3662, 3664, 3665, 4944)
 2021 Ed. (3667, 3668, 3670, 3671, 4947)
 2022 Ed. (4943)
 2023 Ed. (4947)

Full Court Press
 2003 Ed. (3928)
Full Dark, No Stars
 2012 Ed. (453)
"Full House"
 1995 Ed. (3582)
Full Long Securities Co., Ltd.
 1992 Ed. (3945)
The Full Monty
 1999 Ed. (3447)
 2001 Ed. (4695)
Full Sail Brewing Co.
 1998 Ed. (2488)
 1999 Ed. (3402, 3403)
 2000 Ed. (3128)
Full-service cafeteria
 2002 Ed. (4724)
Full Spectrum Emergency Room & Urgent Care
 2019 Ed. (4784)
Full-strength cigarettes
 1990 Ed. (989)
Full Swing Golf
 2019 Ed. (4804)
Full Throttle
 2007 Ed. (4510, 4512)
 2008 Ed. (4490, 4493)
 2009 Ed. (4523)
 2010 Ed. (4561)
 2011 Ed. (4520, 4523)
 2012 Ed. (4522)
 2013 Ed. (595, 4484)
 2014 Ed. (608)
 2023 Ed. (834)
Full Throttle Power Sports
 2018 Ed. (1462)
Fullcast Holdings
 2021 Ed. (1635)
FullContact
 2020 Ed. (1489)
Fullcourt Press
 2010 Ed. (4023, 4025)
Fuller Brush Roto Sweep
 2018 Ed. (3153)
Fuller & Co.
 2002 Ed. (3909)
Fuller Co.; H. B.
 1989 Ed. (895, 897)
 1991 Ed. (919, 921, 2470)
 1992 Ed. (24, 1127)
 1993 Ed. (16, 927)
 1997 Ed. (972, 1277, 1278, 2983)
 2005 Ed. (938, 939)
 2007 Ed. (921, 930)
 2008 Ed. (911)
 2009 Ed. (913)
Fuller; Fred
 2015 Ed. (3485)
Fuller Group
 2004 Ed. (1672)
 2005 Ed. (1731)
 2016 Ed. (1972)
 2018 Ed. (1886)
Fuller; H. Laurance
 1993 Ed. (938)
Fuller; H.B.
 1990 Ed. (962, 965)
Fuller Homes
 2004 Ed. (1150)
 2005 Ed. (1179)
Fuller Jenks Landau
 1995 Ed. (8)
Fuller Jenks Landau/MacKay
 1992 Ed. (7)
 1993 Ed. (3)
Fuller; John
 1990 Ed. (2662)
Fuller Landau
 2011 Ed. (2015)
Fuller Landau LLP
 2007 Ed. (3378)
Fuller; Simon
 2005 Ed. (4891, 4894)
 2006 Ed. (2500)
 2007 Ed. (4929, 4932)
 2008 Ed. (4905)
Fuller's Car Wash
 2007 Ed. (348)
Fullerton Bank
 2012 Ed. (551)
Fullerton Dodge
 1995 Ed. (255)
Fullerton & Friar Inc.
 1995 Ed. (2330)
 1996 Ed. (2349)
Fullhouse
 2010 Ed. (3578)
 2011 Ed. (3581)
Fullman Co.
 1999 Ed. (1372)
Fullscope
 2012 Ed. (29, 4816)
 2013 Ed. (4779)
Fullscreen Video Network
 2020 Ed. (3288)
Fullscript
 2022 Ed. (984, 1447, 1851)

Fullservice restaurants
  2001 Ed. (4078)
Fullshare Holdings
  2018 Ed. (1041)
Fully
  2020 Ed. (3028)
  2021 Ed. (2890)
Fully Completely
  2007 Ed. (883, 884)
Fully Promoted
  2019 Ed. (885)
  2020 Ed. (872, 3997)
  2021 Ed. (882, 3956)
  2022 Ed. (913, 3968)
  2023 Ed. (4039, 4048, 4059, 4061)
Fully Promoted/EmbroidMe
  2021 Ed. (3956)
Fulmar Advertising
  1990 Ed. (159)
Fulmer; Dave
  2021 Ed. (3638)
Fulmer; David
  2022 Ed. (3705)
Fulton Bank
  1997 Ed. (593)
  1998 Ed. (424)
  2021 Ed. (322, 349, 397)
  2022 Ed. (335, 354, 410)
  2023 Ed. (426, 446)
Fulton Bank Lancaster
  1996 Ed. (654)
Fulton Bank, National Association
  2021 Ed. (397)
  2022 Ed. (410)
  2023 Ed. (532)
Fulton Brewery
  2023 Ed. (931)
Fulton County, CA
  1995 Ed. (1515)
Fulton County, GA
  1993 Ed. (1434)
  1994 Ed. (1483)
  1999 Ed. (1764, 1779, 2008, 2997)
  2009 Ed. (2387, 2887)
  2023 Ed. (2890)
Fulton County, Georgia
  2007 Ed. (2564)
Fulton County School District
  1993 Ed. (3099)
Fulton Dekalb Hospital Authority
  2001 Ed. (1712)
  2003 Ed. (1683)
  2005 Ed. (1778)
  2006 Ed. (1729)
  2007 Ed. (1736)
  2008 Ed. (1764)
  2009 Ed. (1699)
  2010 Ed. (1649)
  2012 Ed. (1510)
  2013 Ed. (1653)
  2014 Ed. (1612)
  2015 Ed. (1662)
  2016 Ed. (1604)
Fulton Federal Savings
  1992 Ed. (3782, 4292)
Fulton Financial Corp.
  1998 Ed. (330, 331)
  1999 Ed. (437, 438)
  2000 Ed. (429, 430)
  2004 Ed. (640, 641)
  2005 Ed. (361, 365, 629)
Fulton Fish Market
  2003 Ed. (2524)
Fulton, GA
  1998 Ed. (2058)
Fulton Hogan
  2015 Ed. (1172, 1929)
  2016 Ed. (1887)
  2017 Ed. (1853)
  2018 Ed. (1798)
Fulton Homes
  1998 Ed. (915)
  1999 Ed. (1337)
  2002 Ed. (1205)
  2003 Ed. (1192)
  2004 Ed. (1197)
  2005 Ed. (1223)
  2007 Ed. (1297)
  2011 Ed. (1118)
  2020 Ed. (1064)
  2021 Ed. (1032)
Fulton Press
  1997 Ed. (3166)
Fulton's Crab House
  1999 Ed. (4056)
  2000 Ed. (3772)
  2001 Ed. (4053)
  2002 Ed. (3994)
  2003 Ed. (4087)
  2005 Ed. (4047)
  2007 Ed. (4124)
  2008 Ed. (4149)
  2009 Ed. (4259)
  2010 Ed. (4199)
  2018 Ed. (4172)
Fulwell 73
  2018 Ed. (2449)
  2023 Ed. (4641)

Fumiaki Sato
  1999 Ed. (2366, 2383)
  2000 Ed. (2165)
Fumihide Goto
  1999 Ed. (2383)
  2000 Ed. (2163)
Fumihiko Nakazawa
  1996 Ed. (1878)
  1997 Ed. (1985)
  1999 Ed. (2385)
  2000 Ed. (2168)
Fumiko Hayashi
  2007 Ed. (4982)
Fumiyuki Takahashi
  1999 Ed. (2371)
  2000 Ed. (2151)
Fun.
  2014 Ed. (3732)
  2015 Ed. (3734)
Fun Bus
  2008 Ed. (2913)
  2009 Ed. (2968)
Fun Bus Fitness Fun on Wheels
  2011 Ed. (2878)
  2012 Ed. (2818)
Fun with Dick & Jane
  2008 Ed. (2386)
Fun Pops
  2023 Ed. (3195)
Fun Saver
  2001 Ed. (1105)
Fun in the Sun Solar
  2016 Ed. (4409, 4415, 4420)
Fun Sun Vacations Ltd.
  2007 Ed. (1568)
Fun Technologies Inc.
  2008 Ed. (2942)
Funai Consulting
  2007 Ed. (1832)
Funai Electric Co. Ltd.
  2003 Ed. (2242, 2246)
Funambol
  2007 Ed. (1225)
Funcef
  1997 Ed. (3026)
  2002 Ed. (3631)
  2007 Ed. (3797)
  2008 Ed. (3871)
  2010 Ed. (3847)
Funco
  2000 Ed. (2397, 2400, 4044, 4050)
Functional Beverages
  2000 Ed. (716)
Functionalab
  2018 Ed. (1465, 3475)
Functionalab Group
  2019 Ed. (4381)
  2020 Ed. (4375)
  2021 Ed. (4380)
  2022 Ed. (4390)
Fund America
  1994 Ed. (1040, 3024)
Fund America Investor Corp.
  1996 Ed. (1034, 3170)
Fund American
  1993 Ed. (1014, 1348, 2981, 3216, 3217, 3224, 3225, 3226)
Fund American Cos.
  1991 Ed. (1208)
  1992 Ed. (1520, 3925)
Fund American Enterprise Holdings Inc.
  1998 Ed. (267)
Fund American Enterprises
  1995 Ed. (3305)
Fund American Enterprises Holdings Inc.
  1997 Ed. (3835)
Fund for the City of New York
  1993 Ed. (892)
  1994 Ed. (1904)
Fund for a Feminist Majority
  1994 Ed. (893)
Fund for Free Expression
  1991 Ed. (895)
The Fund for Peace
  1992 Ed. (1097)
  1996 Ed. (917)
Fund-raising services
  1992 Ed. (3249)
Fund That Flip
  2021 Ed. (1757, 2542, 2575, 4072)
Fund for Theological Education
  1995 Ed. (1927)
Fund for U.S. Government
  1990 Ed. (2387)
Fund for U.S. Government Securities
  1990 Ed. (2603)
Fundacao Banco Central de Previdencia Privada
  2006 Ed. (3792)
Fundacao CESP
  1997 Ed. (3026)
  2006 Ed. (3792)
Fundacao dos Economiarios Federais
  2006 Ed. (3792)
Fundacao Forluminas de Seguridade Social
  2006 Ed. (3792)

Fundacao Itaubanco
  2006 Ed. (3792)
Fundacao Petrobras de Seguridade Social
  2006 Ed. (3792)
Fundacao Sistel de Seguridade Social
  2006 Ed. (3792)
Fundacao Vale do Rio Doce de Seguridade Social
  2006 Ed. (3792)
Fundación Espriu
  2023 Ed. (1494)
Fundacion Mundial de la Mujer Bucaramanga
  2009 Ed. (2714, 3736)
Fundacion Mundo Mujer Popayan
  2009 Ed. (2714, 3736)
Fundacion WWB Colombia
  2009 Ed. (2714)
Fundacion WWB Columbia
  2009 Ed. (3736)
FundAdvice
  2002 Ed. (4834)
FundAlarm
  2002 Ed. (4817, 4837)
  2003 Ed. (3027)
Fundalco
  2021 Ed. (2972)
Fundamental ApS
  2018 Ed. (1501)
Fundamental F/I Hi-Yld Muni
  1999 Ed. (3571)
Fundamental Futures Inc.
  1990 Ed. (2288)
  1992 Ed. (1289)
Fundamental Investors
  1991 Ed. (2557)
  1992 Ed. (3150)
  1995 Ed. (2678)
  1997 Ed. (2882)
Fundation
  2022 Ed. (2693)
Funded Today
  2020 Ed. (58, 1987)
Fundera
  2020 Ed. (1789, 2645)
Funding Circle
  2017 Ed. (2862)
  2018 Ed. (2933)
FundingShield
  2023 Ed. (4380, 4381)
FundingUniverse
  2012 Ed. (2605)
Fundline
  1993 Ed. (2360)
Fundraiser
  2008 Ed. (4243)
  2010 Ed. (3774)
Fundraising
  1993 Ed. (2725)
  1998 Ed. (3486)
Fundraising/Cause related
  1992 Ed. (3251)
Fundrise
  2020 Ed. (2019, 2645)
  2021 Ed. (2575)
  2022 Ed. (2657, 2693)
Funds SA
  2003 Ed. (1616)
  2004 Ed. (1633)
Funds transfer
  1990 Ed. (532)
Fundtec Partners
  1993 Ed. (1044)
FundThrough
  2022 Ed. (2664)
FundTrade Financial Corp.
  2006 Ed. (2746)
  2007 Ed. (2738)
FundX Tactical Upgrader
  2020 Ed. (3692, 3693, 3695)
Fundy Engineering & Consulting Ltd.
  2009 Ed. (1548)
Funeral director
  2011 Ed. (3778)
Funeral directors
  1997 Ed. (3177)
  1999 Ed. (3903)
Funeral Directors Life Insurance Co.
  2015 Ed. (2068)
  2016 Ed. (2035)
Funeral leave
  1995 Ed. (3389)
Funeral home operators
  1991 Ed. (813, 2628)
Funeral services
  2003 Ed. (2910, 2913)
Funes Straschnoy & Dreyfus
  1989 Ed. (82)
Funes, Straschnoy, Dreyfuss Y & R
  1991 Ed. (73)
Fung; Victor
  2011 Ed. (4837, 4852)
  2012 Ed. (4843, 4859)
  2013 Ed. (4842, 4873)
  2014 Ed. (4858, 4887)
  2015 Ed. (4895, 4926)
  2016 Ed. (4813)

  2017 Ed. (4824)
Fung; William
  2010 Ed. (4865)
  2011 Ed. (4852, 4853)
  2012 Ed. (4859, 4860)
  2013 Ed. (4873, 4874)
  2014 Ed. (4887)
  2015 Ed. (4926)
Fungi Care
  1999 Ed. (305)
  2002 Ed. (2317)
  2003 Ed. (2537)
  2004 Ed. (2671)
Fungi Cure
  1999 Ed. (2486)
Fungicides
  1996 Ed. (2990)
Fungicure
  2001 Ed. (2491, 2492)
Funiglobal
  2019 Ed. (2302)
Funk Gruppe GmbH
  2011 Ed. (3197)
Funk/Luetke
  1992 Ed. (3575)
  1994 Ed. (2969)
  1995 Ed. (3029)
  1996 Ed. (3132)
Funko Inc.
  2020 Ed. (2004)
Funko Pop!
  2022 Ed. (4674, 4679)
  2023 Ed. (4667)
Funko Pop! (U.S.)
  2022 Ed. (4679)
Funky Audio Gear
  2020 Ed. (3659)
  2021 Ed. (3664)
Funky Buddha Brewery
  2023 Ed. (919)
FunMobility Inc.
  2009 Ed. (3018, 3688)
Funnoodle Float Assortment
  1997 Ed. (3772)
Funnoodles Foam Float
  1998 Ed. (3601)
Funny or Die
  2012 Ed. (2448)
Funny Money
  2006 Ed. (586)
Funnye; Chester J.
  1991 Ed. (2549)
Funo
  2016 Ed. (4118)
Fun's Family Dining
  2002 Ed. (4010)
Funsa
  1997 Ed. (3752)
funschool.com
  2001 Ed. (4775)
Funtastic Shows
  1995 Ed. (910)
  1997 Ed. (907)
  1998 Ed. (646)
  1999 Ed. (1039)
  2000 Ed. (987)
  2005 Ed. (2523)
Funyuns
  1999 Ed. (4346)
  2002 Ed. (4300)
  2003 Ed. (4453)
  2009 Ed. (3847)
  2016 Ed. (4386, 4394)
  2017 Ed. (4398, 4406)
  2018 Ed. (4407, 4418)
  2019 Ed. (4427)
  2020 Ed. (4418)
  2021 Ed. (4419)
  2022 Ed. (4421)
  2023 Ed. (4450)
Fuqua
  1989 Ed. (2229)
Fuqua; Duke University,
  1991 Ed. (814)
Fuqua Homes, Inc.
  1990 Ed. (2594)
  1991 Ed. (2758, 2759)
  1992 Ed. (3516)
Fuqua Industries
  1989 Ed. (2231)
  1990 Ed. (1893, 2110, 2863, 2864, 3582)
  1991 Ed. (2741)
  1992 Ed. (3459)
Fuqua School of Business
  2014 Ed. (768, 778)
  2015 Ed. (820, 821, 838)
  2016 Ed. (725)
Fuqua School of Business; Duke University
  2007 Ed. (808, 823)
  2008 Ed. (182, 770, 787)
  2009 Ed. (802, 803)
  2010 Ed. (723, 741, 744, 748, 749, 750, 751)
  2011 Ed. (639, 655, 659, 660, 661, 662, 698)
  2012 Ed. (606, 607, 609, 612, 613, 630)
  2013 Ed. (748, 749, 756, 770)

CUMULATIVE INDEX • 1989-2023

2014 Ed. (2955, 2958)
2015 Ed. (2989, 3021, 3025)
2016 Ed. (3593)
G. A. Schaefer Jr.
  2005 Ed. (2477)
G. A. Spector
  2003 Ed. (2377)
G. A. Sullivan
  2002 Ed. (2517)
G. Accion
  2003 Ed. (1181)
G Adventures
  2019 Ed. (4733)
G. Alan Zimmerman
  1997 Ed. (1880)
  1998 Ed. (1656)
G. Alan Zimmermann
  1993 Ed. (1807)
  1994 Ed. (1790)
  1995 Ed. (1829)
  1999 Ed. (2246)
  2000 Ed. (2028)
G. Allen Andreas
  2006 Ed. (2627)
G-Art Design International
  2020 Ed. (3281)
G & B Solutions Inc.
  2008 Ed. (1346)
G. Barnett Group Ltd.
  1994 Ed. (1002)
G-bits Network Technology
  2023 Ed. (1653)
G. Brent Stanley
  2006 Ed. (2525)
G. C. Bible
  2002 Ed. (2210)
  2003 Ed. (2405)
  2004 Ed. (2525)
G & C Equipment Corp.
  2012 Ed. (104)
G. C. Sullivan
  2001 Ed. (2339)
  2002 Ed. (2204)
  2004 Ed. (2516)
  2005 Ed. (2500)
G. C. Wallace Cos.
  2007 Ed. (2405, 2407)
  2008 Ed. (2520, 2529)
  2009 Ed. (2533, 2545)
  2010 Ed. (2449, 2461)
  2011 Ed. (2458)
G. C. Wallace Inc.
  2006 Ed. (2456)
G. C. Zeman
  2003 Ed. (2376)
G. D. Barri & Associates Inc.
  2007 Ed. (3532, 3533)
G. D. Forsee
  2005 Ed. (2506)
G. D. Searle
  1990 Ed. (1192)
G. David
  2001 Ed. (2317)
  2002 Ed. (2184)
  2003 Ed. (2378)
  2004 Ed. (2498)
G. E. Capital Corp.
  1998 Ed. (2131)
G. E. D. Examination Books
  1998 Ed. (479)
G. E. Johnson
  2022 Ed. (1124)
G. E. Johnson Construction
  2007 Ed. (1375)
  2008 Ed. (1273)
  2009 Ed. (1252)
  2010 Ed. (1249)
  2012 Ed. (1141)
  2013 Ed. (1227)
G. E. Johnson Construction Co.
  2014 Ed. (1170)
  2015 Ed. (1223)
  2016 Ed. (1132)
  2017 Ed. (1175, 1176, 1188)
  2018 Ed. (1111, 1112)
  2021 Ed. (1111)
G. E. Johnson Holding Co.
  2019 Ed. (1134)
  2020 Ed. (1125)
G. E. Johnston
  2005 Ed. (2500)
G. E. Supply
  1998 Ed. (2086)
  1999 Ed. (2847)
  2002 Ed. (1993)
G. F. Namibia
  1991 Ed. (2469)
G. F. Office Furniture Ltd.
  2004 Ed. (1365)
G. F. Post III
  2005 Ed. (2506)
G. F. Wright Steel & Wire Co.
  2002 Ed. (3561, 3562)
G. Fisher Construction
  2018 Ed. (3101)
G & G Outfitters
  2009 Ed. (975)
  2010 Ed. (938)

2011 Ed. (869)
2012 Ed. (823)
G & G Risk Management Consultants Inc.
  2015 Ed. (2990)
G by Guess
  2009 Ed. (4578)
G. H. Bass & Co.
  2003 Ed. (3201)
  2004 Ed. (3247, 3248)
  2005 Ed. (3272)
  2013 Ed. (3497)
  2014 Ed. (3473)
  2015 Ed. (3491, 3492)
  2016 Ed. (3341)
G. H. Michell
  2002 Ed. (3586, 3786)
  2003 Ed. (3957)
G. H. Mumm
  2000 Ed. (1009)
  2001 Ed. (1151)
  2002 Ed. (963)
  2003 Ed. (900)
  2004 Ed. (925)
  2005 Ed. (916)
G. H. Phipps Construction Cos.
  2010 Ed. (1249)
  2012 Ed. (1141)
  2013 Ed. (1227)
  2015 Ed. (1223)
  2016 Ed. (1132)
G & H Seed Co.
  2013 Ed. (4419)
  2014 Ed. (4450)
G. H. Thaver
  1991 Ed. (138)
  1996 Ed. (124)
G. H. Thaver & Co.
  1993 Ed. (125)
  1995 Ed. (109)
  1997 Ed. (128)
  1999 Ed. (138)
  2002 Ed. (164)
  2003 Ed. (132)
G. Haindl'sche Papierfabriken KG auf Aktien
  2000 Ed. (3409)
G. Haindl'sche Papierfabriken KGAA
  2002 Ed. (3577)
G. Heileman
  1989 Ed. (759)
  1990 Ed. (753, 757)
  1991 Ed. (742, 743)
G. Heileman Brewing Co.
  1989 Ed. (726)
  1990 Ed. (762)
  1992 Ed. (928, 929, 930, 931, 934, 938)
  1993 Ed. (748)
  1994 Ed. (751)
  1995 Ed. (705)
  1996 Ed. (784)
  1997 Ed. (716, 717, 718, 722, 2628)
  1998 Ed. (499)
  1999 Ed. (388, 389, 809)
G. H.Mumm
  1990 Ed. (1249)
G-I Holdings Inc.
  2009 Ed. (742, 4155)
  2010 Ed. (688, 4087)
  2011 Ed. (617, 4059)
  2012 Ed. (588, 4091)
  2013 Ed. (1925)
  2014 Ed. (1864)
  2015 Ed. (1900)
  2016 Ed. (1863)
  2017 Ed. (1822)
  2018 Ed. (1768)
  2019 Ed. (1826)
  2020 Ed. (1770)
  2021 Ed. (1738)
G. I. Trucking Co.
  2002 Ed. (4698)
G-III Apparel
  1993 Ed. (997, 998)
G-III Apparel Group
  2004 Ed. (999)
  2010 Ed. (1881)
  2017 Ed. (848, 945, 1829)
  2018 Ed. (880, 1774)
G-III Apparel Group Ltd.
  2016 Ed. (898)
  2018 Ed. (882)
  2019 Ed. (884)
G. J. Cahil & Co.
  2008 Ed. (2057)
G. J. Coles & Co. Ltd.
  1989 Ed. (22)
G. J. Coles & Coy Pty. Ltd.
  2002 Ed. (1594)
  2004 Ed. (1634)
G. J. Harad
  2004 Ed. (2515)
G & J Pepsi-Cola Bottlers Inc.
  2013 Ed. (634)
G. J. Roberts
  2002 Ed. (2201)
G James Australia
  2020 Ed. (3519)
  2021 Ed. (3539)

2022 Ed. (3599)
G. James Australia
  2003 Ed. (3956)
  2004 Ed. (3958)
G. K. Goh
  1993 Ed. (1645)
  1995 Ed. (802, 803, 804, 805, 822, 823, 824, 825, 826)
G & K Inc.
  2003 Ed. (2134)
G & K Services Inc.
  2001 Ed. (3729)
  2004 Ed. (999, 1000, 3811, 3812)
  2005 Ed. (1014, 1015, 3721)
  2006 Ed. (3811)
  2007 Ed. (3827)
  2008 Ed. (3887)
  2009 Ed. (3950)
  2010 Ed. (3862)
  2011 Ed. (3870)
  2012 Ed. (3849)
  2013 Ed. (3909)
  2014 Ed. (3842)
  2015 Ed. (3867)
  2016 Ed. (3776)
G. K. Thompson
  2004 Ed. (2492)
G-Katmar Family of Cos.
  2007 Ed. (1383)
  2008 Ed. (1320)
G-Katmer Concrete
  2007 Ed. (1336)
G. Kennedy Thompson
  2005 Ed. (1104)
  2006 Ed. (1099)
  2007 Ed. (1016, 1202)
  2008 Ed. (1108)
  2009 Ed. (1086)
G. L. Hassell
  2002 Ed. (2185)
G. L. Hodson & Son Inc.
  1990 Ed. (2262)
  1991 Ed. (2830)
  1992 Ed. (3659)
  1993 Ed. (2993)
  1994 Ed. (3041)
G. L. Homes
  2000 Ed. (1215)
  2003 Ed. (1161, 1166)
  2004 Ed. (1169, 1174)
  2005 Ed. (1202)
G. L. Homes of Florida
  2000 Ed. (1186)
  2002 Ed. (1191, 2677)
  2005 Ed. (1227)
G. L. I. Holding Co.
  2003 Ed. (3240)
  2004 Ed. (3296)
  2005 Ed. (3309)
  2006 Ed. (3297)
  2007 Ed. (3358)
  2008 Ed. (3455)
  2009 Ed. (3533)
G. L. Summe
  2002 Ed. (2195)
  2004 Ed. (2510)
G. L. Watson
  2003 Ed. (2399)
G. Leuenberger
  1994 Ed. (2593)
G. Levenberger
  1993 Ed. (2641)
G-Log
  2004 Ed. (2220)
G. M. Binder
  2001 Ed. (2325)
G. M. Fisher
  2001 Ed. (2330)
  2002 Ed. (2196)
G. M. Kapadia & Co.
  1997 Ed. (10)
G. M. Levin
  2001 Ed. (2340)
  2002 Ed. (2201)
G. M. Sherman
  2001 Ed. (2332)
  2002 Ed. (2195)
G. Maunsell & Partners
  1993 Ed. (1614)
G. Meza & Ted Bates
  1989 Ed. (94)
  1990 Ed. (90)
G. Modiano Ltd.
  1994 Ed. (998)
G. Nutresa
  2014 Ed. (1515)
G. P. C. K. Birla
  1990 Ed. (1380)
G. P. D'Aloia
  2003 Ed. (2383)
G. P. Eliot & Co. Ltd.
  1992 Ed. (2898)
  1993 Ed. (2456)
G. P. Eliot & Co. Ltd.; 53,
  1991 Ed. (2335)
G-P Inverek Corp.
  1992 Ed. (2961)

G-Petrol d.o.o. Sarajevo
  2022 Ed. (1512)
G & R Construction Inc.
  2011 Ed. (1202)
G. R. Herberger College of Business; St. Cloud State University
  2012 Ed. (633)
  2013 Ed. (753)
G. R. Wagoner Jr.
  1998 Ed. (1517)
G. Richard Wagoner Jr.
  2004 Ed. (975)
  2005 Ed. (984)
  2006 Ed. (874)
G. Robert "Bull" Durham
  1989 Ed. (903)
G. Robert O'Brien
  1991 Ed. (1633)
G & S Business Communications
  2016 Ed. (126, 128, 130, 132, 4039, 4042, 4050, 4057)
  2017 Ed. (118, 120, 122, 124, 4010, 4013, 4021, 4028)
  2018 Ed. (4034, 4037, 4045, 4052)
  2019 Ed. (116, 4027, 4030, 4038, 4045)
  2020 Ed. (111, 4037, 4040, 4048, 4056)
  2021 Ed. (4003, 4007, 4017, 4028)
  2022 Ed. (4021, 4025, 4035, 4047)
G. S. Farris
  2004 Ed. (2512)
G. S. Long Co.
  2013 Ed. (2283)
  2014 Ed. (2217)
  2015 Ed. (2281)
  2016 Ed. (2252)
  2017 Ed. (2111)
  2018 Ed. (2132)
  2019 Ed. (2130)
  2020 Ed. (2113)
  2021 Ed. (2104)
G & S Research Inc.
  2008 Ed. (1805)
G. Scott Burk
  2011 Ed. (3358)
G. Scott Nirenberski
  2000 Ed. (2006)
G-Shank Enterprise
  2009 Ed. (2075, 3233)
G. Steven Farris
  2005 Ed. (968)
  2006 Ed. (909)
  2007 Ed. (999)
  2011 Ed. (840)
G. T. Baker
  2002 Ed. (2197)
  2003 Ed. (2375)
  2004 Ed. (2495)
  2005 Ed. (2479)
G. T. C. Transcontinental Group Ltd.
  2002 Ed. (3269)
  2003 Ed. (1078)
G. T. Japan Growth
  1989 Ed. (1849)
G-TECH
  2022 Ed. (2372)
  2023 Ed. (2534)
G-TECH Services
  2021 Ed. (2319)
G. Thomas Baker
  1995 Ed. (983)
G. W. Buckley
  2003 Ed. (2374)
  2005 Ed. (2479)
G. W. Chamillard
  2001 Ed. (2329)
G. W. Edwards
  2003 Ed. (2393)
G. W. Liles Construction Co.
  2016 Ed. (1130)
G. W. Loveman
  2002 Ed. (2196)
  2003 Ed. (2374)
  2004 Ed. (2495)
  2005 Ed. (2479)
G & W Rich & Rare
  2000 Ed. (2945)
  2001 Ed. (4789)
  2002 Ed. (3103)
G. Wallace McCain
  1997 Ed. (3871)
G. Willi-Food International
  2023 Ed. (1804)
G. Wimpey
  2005 Ed. (1245)
  2006 Ed. (1204)
  2007 Ed. (1312)
G Zero
  2021 Ed. (4464)
  2022 Ed. (4477)
G1 Investments Ltd.
  2012 Ed. (1448)
  2013 Ed. (1583)
G2
  2009 Ed. (2324, 3666, 3667)
  2010 Ed. (3585)
  2011 Ed. (4519, 4525)
  2012 Ed. (3576, 4524)
  2013 Ed. (4482, 4486)

2014 Ed. (4527, 4531)
G2 Crowd
  2020 Ed. (1594)
G2 Energy
  2015 Ed. (2098)
  2016 Ed. (2075)
  2017 Ed. (2034)
G2 Esports
  2020 Ed. (4791)
  2021 Ed. (4788)
G2 Joshua
  2013 Ed. (2325)
G2 Perform
  2012 Ed. (4524)
  2013 Ed. (4482, 4483)
G2 Software Systems Inc.
  2012 Ed. (964)
G2 Stick Packs
  2013 Ed. (4483)
G2 Sticks
  2011 Ed. (4522)
G2 Worldwide
  2010 Ed. (3580)
  2011 Ed. (3582)
  2012 Ed. (3574)
  2013 Ed. (3623, 3627)
  2014 Ed. (3561, 3565)
G2i Construction
  2019 Ed. (1830)
  2020 Ed. (1773)
  2023 Ed. (1907)
G2S Technology LLC
  2014 Ed. (4438)
G2SF Inc.
  2017 Ed. (1257)
G2V Recruitment Group
  2017 Ed. (2032)
G3 Bates
  1998 Ed. (64)
G3 Enterprises | Tapp Label
  2023 Ed. (4898)
G3 Third Generation Holdings
  2021 Ed. (1628)
G4 Synergetics
  2013 Ed. (3539)
G4S
  2011 Ed. (4406)
  2017 Ed. (4359)
  2021 Ed. (749)
G4S plc
  2012 Ed. (4454)
  2013 Ed. (4416)
  2014 Ed. (1689, 4447)
  2015 Ed. (4442)
  2016 Ed. (1683, 4335)
  2017 Ed. (1659)
  2018 Ed. (4333)
G4S Secure Integration LLC
  2018 Ed. (4322, 4331, 4332)
  2019 Ed. (4359, 4360)
  2020 Ed. (4350, 4353, 4354, 4355)
  2021 Ed. (4361, 4367, 4368)
  2022 Ed. (4367, 4368, 4377, 4378)
G4S Secure Solutions
  2018 Ed. (4305)
  2019 Ed. (4332)
  2020 Ed. (4324)
  2021 Ed. (4340)
  2022 Ed. (4347)
G4S Secure Solutions (USA)
  2013 Ed. (4797)
  2021 Ed. (4340)
  2022 Ed. (4347)
G4S Technology LLC
  2014 Ed. (4439, 4443, 4446)
  2015 Ed. (4432, 4433, 4438)
  2016 Ed. (4325, 4326, 4331)
  2017 Ed. (4328, 4329)
G5 Entertainment
  2019 Ed. (2803)
  2020 Ed. (1902, 2829)
G5 Games
  2018 Ed. (1922, 2838)
G5 Search Marketing
  2010 Ed. (1930)
G6 Hospitality
  2015 Ed. (3161)
  2016 Ed. (3014)
  2017 Ed. (2957)
  2018 Ed. (3070)
  2020 Ed. (3054)
G6; Pontiac
  2009 Ed. (355)
  2010 Ed. (332)
G7 Trading & Service
  2012 Ed. (4365)
  2013 Ed. (4297)
G8 Education
  2016 Ed. (1377)
  2017 Ed. (1400)
G8 Education Ltd.
  2023 Ed. (2329, 2367)
G70 - Architecture
  2023 Ed. (296)
G.1440
  2021 Ed. (2318)
  2022 Ed. (2370)

GA Communications Inc.
  2008 Ed. (4035)
  2009 Ed. (4108)
GA Ins. Co. (NY)
  1992 Ed. (2695)
GA Smart Building
  2020 Ed. (1510)
G.A. Yupangco & Co.
  2020 Ed. (3671)
  2021 Ed. (3677)
Gaas AS; Eesti
  2012 Ed. (1465)
  2013 Ed. (1597)
GAB Business Services Inc.
  1989 Ed. (918)
  1990 Ed. (1012)
  1991 Ed. (941)
  1992 Ed. (1169, 2697)
  1994 Ed. (2284)
  1995 Ed. (992)
  1996 Ed. (980)
GAB Robins Group of Cos.
  2010 Ed. (3232)
GAB Robins North America Inc.
  2000 Ed. (1093)
Gaba International AG
  2006 Ed. (1418)
Gabapentin
  2007 Ed. (2244)
  2010 Ed. (2282)
  2019 Ed. (2204)
  2023 Ed. (2393)
Gabay; Yakir
  2018 Ed. (4849)
  2019 Ed. (4844)
  2020 Ed. (4833)
  2021 Ed. (4834)
  2022 Ed. (4827)
  2023 Ed. (4822)
Gabb; Roger
  2008 Ed. (4006, 4909)
Gabbana; Stefano
  2007 Ed. (1102)
  2009 Ed. (969)
  2010 Ed. (932)
Gabberts
  1990 Ed. (1866)
  1995 Ed. (1965, 2447)
  1996 Ed. (1984)
Gabby: A Story of Courage and Hope
  2013 Ed. (567)
Gabe Newell
  2017 Ed. (4822)
  2018 Ed. (4827)
  2019 Ed. (4824)
  2020 Ed. (4814)
  2021 Ed. (4815)
  2022 Ed. (4808)
  2023 Ed. (4801)
Gabelli
  2010 Ed. (3723)
Gabelli ABC
  2004 Ed. (2448)
  2010 Ed. (4579)
Gabelli ABC Fund
  2004 Ed. (3581)
  2005 Ed. (3564)
  2010 Ed. (4574)
Gabelli Asset
  1992 Ed. (3190)
  1999 Ed. (3520)
  2002 Ed. (2467)
  2003 Ed. (2701)
  2005 Ed. (4491)
  2006 Ed. (4565)
Gabelli Blue Chip Value
  2004 Ed. (3590)
Gabelli Convertible Sec.
  1994 Ed. (2606)
Gabelli Convertible Securities
  1992 Ed. (3162, 3177)
  1995 Ed. (2740)
Gabelli Funds
  2002 Ed. (4816)
Gabelli Global Growth
  2005 Ed. (3539)
Gabelli Global Growth AAA
  2023 Ed. (4502, 4504)
Gabelli Global Interactive Coach Potato
  2000 Ed. (3293)
Gabelli Global Interactive CP
  1999 Ed. (3513, 3514)
Gabelli Global Telecomm.
  1999 Ed. (3513)
Gabelli Global Telecommunications
  2000 Ed. (3233)
  2005 Ed. (3539)
Gabelli Gold
  2005 Ed. (3561)
  2006 Ed. (3638)
Gabelli Gold Fund
  1999 Ed. (3582)
Gabelli Growth
  1990 Ed. (2370)
  1992 Ed. (3183, 3190)
  1999 Ed. (3521)
  2002 Ed. (3416)

Gabelli; Mario J.
  2012 Ed. (809)
  2013 Ed. (987)
  2014 Ed. (942)
  2016 Ed. (871)
Gabelli Mathers Fund
  2004 Ed. (3581)
  2005 Ed. (3555, 3564, 3565)
Gabelli-O'Connor Fixed Income
  1995 Ed. (2356, 2364)
Gabelli-O'Connor Fixed Income Management
  1992 Ed. (2767)
Gabelli-O'Connor Treasury Fund T-E
  1992 Ed. (2767)
Gabelli Small Cap Growth
  1999 Ed. (3577)
  2004 Ed. (3592)
  2009 Ed. (3801)
Gabelli Value
  1995 Ed. (2705)
  1999 Ed. (3521, 3559)
  2003 Ed. (3496)
  2004 Ed. (3558)
Gabelli Value Fund
  2000 Ed. (3240)
Gabelli/Westwood Balanced
  1999 Ed. (3562)
Gabelli Westwood Equity
  2005 Ed. (4489)
Gabia
  2012 Ed. (1894)
Gabila & Sons Manufacturing
  2017 Ed. (3953)
Gable Co. Inc.; Claude
  1994 Ed. (1928)
Gable Inc.; R. R.
  1994 Ed. (2999)
GableGotwals
  2012 Ed. (1803)
  2013 Ed. (1977)
  2014 Ed. (1916)
  2015 Ed. (1960)
Gables Search Group
  2022 Ed. (2380)
  2023 Ed. (2542)
Gabon
  1990 Ed. (1446)
  1991 Ed. (1380)
  1992 Ed. (1729)
  1994 Ed. (1485)
  1995 Ed. (1517)
  1996 Ed. (1476)
  1999 Ed. (2109)
  2001 Ed. (3212, 4656)
  2002 Ed. (4707)
  2003 Ed. (3282, 4822)
  2004 Ed. (3344, 3345, 4821)
  2005 Ed. (3375, 3376)
  2006 Ed. (3184, 3353, 3354)
  2007 Ed. (3407, 3408)
  2008 Ed. (3537)
  2009 Ed. (2169, 3603)
  2010 Ed. (3521)
  2011 Ed. (3525)
  2014 Ed. (2599, 2603, 3179, 4230)
  2015 Ed. (2357, 2643)
  2016 Ed. (2301)
Gabor GmbH
  1995 Ed. (2432)
  2001 Ed. (3077)
Gaborone
  2000 Ed. (3376)
Gabriel A. Fuentes
  2012 Ed. (2881)
Gabriel Besson
  2000 Ed. (2078)
Gabriel Brothers Inc.
  2012 Ed. (2001)
  2013 Ed. (2190)
Gabriel Buigas
  2011 Ed. (2544)
Gabriel Cosmetics Inc.
  2023 Ed. (3073)
Gabriel Group
  2021 Ed. (3950)
Gabriel Knight
  1995 Ed. (1106)
Gabriel; Peter
  2015 Ed. (1136)
Gabriel Resources Ltd.
  2007 Ed. (4578)
  2010 Ed. (1548, 1567)
Gabriel Vending Inc.
  1992 Ed. (4487)
Gabriela Sabatini
  1998 Ed. (198, 3757)
Gabrielle Chevalier
  2009 Ed. (4985)
  2010 Ed. (4992)
  2012 Ed. (4986)
Gabrielle Napolitano
  1999 Ed. (2186)
  2000 Ed. (1963)
Gabrielli; Jose Sergio
  2010 Ed. (894)
  2011 Ed. (818)

Gachina Landscape Management
  2016 Ed. (3330)
  2017 Ed. (3293)
  2018 Ed. (3361)
  2019 Ed. (3340)
  2020 Ed. (3342)
  2021 Ed. (3278)
  2022 Ed. (3362)
Gad Rausing
  1994 Ed. (708)
Gadberry Construction
  2018 Ed. (2859)
Gadberry Construction Co.
  2019 Ed. (2822)
Gaddah; Moafaq Al
  2013 Ed. (1173, 3488)
GadellNet IT Consulting
  2021 Ed. (1593)
Gadens Lawyers
  2003 Ed. (3180)
Gadjah Tunggal
  1999 Ed. (1574)
Gadjah Tunggal DBS Securities
  1996 Ed. (3377)
Gadjah Tunggal PT
  1997 Ed. (1431)
Gadot Chemical Terminals
  2023 Ed. (1062)
Gadsby & Hannah
  2001 Ed. (869)
Gadsden, AL
  2005 Ed. (2381, 3473, 3475)
  2006 Ed. (1067)
Gadzooks Inc.
  2003 Ed. (1024)
  2004 Ed. (986, 1023)
  2005 Ed. (1008, 1030)
  2006 Ed. (1041)
Gadzoox Networks, Inc.
  2003 Ed. (2731)
Gaeta; Isaura
  2015 Ed. (3044)
Gaetano Cordials
  2000 Ed. (2937)
  2001 Ed. (3100)
  2002 Ed. (3085)
  2003 Ed. (3218)
GAF
  1989 Ed. (900, 1050, 1051)
  1990 Ed. (935, 936)
  1993 Ed. (1224)
  2013 Ed. (1927)
  2016 Ed. (1865)
  2017 Ed. (1824, 3386)
Gaffney; Lisa
  1997 Ed. (1936)
Gafisa
  2012 Ed. (1655)
Gaft Networks Inc.
  2008 Ed. (2867)
Gage
  2010 Ed. (3578)
  2011 Ed. (3581)
  2019 Ed. (3472)
Gage-Babcock & Associates Inc.
  2004 Ed. (4348)
  2005 Ed. (3615, 4287, 4288)
  2006 Ed. (3732, 4265)
Gage; Barbara Carlson
  2006 Ed. (4913)
  2007 Ed. (4907)
  2008 Ed. (4836)
  2009 Ed. (4856)
  2011 Ed. (4830)
  2013 Ed. (4848)
  2014 Ed. (4864)
  2015 Ed. (4901)
Gage Marketing Group
  1994 Ed. (3127)
  1996 Ed. (1553, 3276)
  1997 Ed. (119, 1618)
  1998 Ed. (1287)
  1999 Ed. (54, 1862)
  2000 Ed. (57)
  2001 Ed. (3920)
Gage Marketing Group LLC
  2013 Ed. (3625)
  2014 Ed. (3563)
Gagen CPA, LLC; Marilyn J.
  2006 Ed. (3509)
Gagfah
  2010 Ed. (1788)
Gagnon; Andre-Philippe
  2018 Ed. (1007)
Gagosian; Larry
  2013 Ed. (180)
GAHF (Ireland)
  2023 Ed. (212)
GAHF Ireland
  2017 Ed. (172)
  2021 Ed. (147)
  2022 Ed. (135)
GAI Consultants
  2019 Ed. (2451, 2469)
  2020 Ed. (2458)
  2021 Ed. (2381)

GAI Consultants Inc.
  2000 Ed. (1843)
  2019 Ed. (2427)
  2022 Ed. (2492)
Gai Zhong Gai
  2005 Ed. (29)
  2006 Ed. (35, 36)
  2007 Ed. (27)
Gaia
  2020 Ed. (1651, 2707)
Gaia FX Ltd.
  2000 Ed. (1153)
Gaia Hedge II Ltd.
  1995 Ed. (1081)
  2000 Ed. (1153)
Gaiam
  2014 Ed. (1516)
  2018 Ed. (4232)
Gaiam Inc.
  2000 Ed. (1098, 4043)
  2010 Ed. (1584)
GaiaX Co., Ltd.
  2012 Ed. (1627)
  2013 Ed. (1786)
Gail Boudreaux
  2015 Ed. (2638)
  2016 Ed. (4928)
  2020 Ed. (4935)
  2021 Ed. (4934)
  2022 Ed. (4929)
  2023 Ed. (4938, 4939)
Gail Boudreaux (Anthem)
  2021 Ed. (4940)
  2022 Ed. (4936)
Gail Boudreaux (U.S.)
  2022 Ed. (4930)
GAIL India
  2020 Ed. (2837)
GAIL (India) Ltd.
  2006 Ed. (4507)
  2008 Ed. (2816)
  2009 Ed. (2874)
  2010 Ed. (2814)
  2011 Ed. (2799)
  2012 Ed. (2726, 2728, 3543)
  2013 Ed. (2812, 2817)
  2014 Ed. (2850, 2855)
  2015 Ed. (2890, 2895)
  2016 Ed. (2816, 2817)
  2017 Ed. (2787, 2788)
  2018 Ed. (2847, 2848)
  2020 Ed. (2836)
  2021 Ed. (2711)
  2022 Ed. (2871)
  2023 Ed. (2985)
Gail India Ltd.
  2013 Ed. (3571)
Gail Kelly
  2010 Ed. (4981, 4982)
  2011 Ed. (4981)
  2012 Ed. (4977, 4978, 4984)
  2013 Ed. (4953, 4964)
  2014 Ed. (4960, 4974)
  2015 Ed. (5001, 5022, 5027)
  2016 Ed. (4918, 4939)
Gail Miller
  2023 Ed. (4794, 4931)
Gaileo Electro-Optics Corp.
  1990 Ed. (409)
Gain
  1998 Ed. (746)
  1999 Ed. (1181)
  2000 Ed. (780, 1095)
  2001 Ed. (1241, 2000, 2001)
  2002 Ed. (1961, 1963, 1965, 1966)
  2003 Ed. (2040, 2043, 2044, 2045)
  2004 Ed. (2093)
  2005 Ed. (2196, 2197)
  2006 Ed. (2256, 2257, 2258)
  2007 Ed. (2196, 2197)
  2008 Ed. (2329, 2330, 2331)
  2009 Ed. (2317, 2318)
  2010 Ed. (2247, 2248)
  2014 Ed. (2254)
  2015 Ed. (2323)
  2016 Ed. (2277, 2303)
  2017 Ed. (939, 2130, 2143)
  2018 Ed. (2176, 2194)
  2019 Ed. (878)
  2020 Ed. (865)
  2021 Ed. (879)
  2022 Ed. (3071)
  2023 Ed. (3185)
Gain Capital Group
  2007 Ed. (2565)
GAIN Capital Holdings
  2017 Ed. (1816, 4312)
GAIN Capital Holdings Inc.
  2012 Ed. (4433)
Gain Ultra
  2002 Ed. (1962)
Gainer Bank NA
  1992 Ed. (706)
  1993 Ed. (515)
Gainer Bank NA (Gary)
  1991 Ed. (546)
Gainer, Donelly & Desroches
  2012 Ed. (26)

Gainer, Donnelly & Desroches
  2013 Ed. (23)
  2014 Ed. (19)
Gainers Inc.
  1992 Ed. (2998, 3513)
  1993 Ed. (2518, 2524, 2896, 2897)
  1994 Ed. (2460, 2912)
  1995 Ed. (2528, 2969)
Gaines Burgers
  1989 Ed. (2194)
  1992 Ed. (3409)
  1993 Ed. (2816)
  1994 Ed. (2823, 2833)
  1996 Ed. (2995)
  1997 Ed. (3074)
  1999 Ed. (3788)
Gaines & Co.
  2008 Ed. (1267)
  2009 Ed. (1243)
  2010 Ed. (1242, 1290)
Gaines; Elizabeth
  2021 Ed. (724)
  2022 Ed. (748)
Gaines Gravy Train
  1994 Ed. (2822)
Gainesburgers
  1990 Ed. (2819)
Gainesville Area Chamber
  2000 Ed. (1004)
Gainesville, FL
  1994 Ed. (2498)
  1995 Ed. (2807)
  1996 Ed. (2621)
  2002 Ed. (31, 3329)
  2005 Ed. (1058, 2377, 4797)
  2006 Ed. (1066)
  2007 Ed. (1162, 3366)
  2009 Ed. (2392)
  2011 Ed. (916)
  2012 Ed. (4371)
Gainesville, GA
  2014 Ed. (2460, 3520)
  2015 Ed. (3535)
  2016 Ed. (3386)
  2017 Ed. (2677, 3345)
  2018 Ed. (3405)
  2022 Ed. (3420)
Gainesville Health & Fitness
  2017 Ed. (3700)
Gainesville Regional Utilities
  1997 Ed. (2129)
  1998 Ed. (1822)
  1999 Ed. (2582)
  2000 Ed. (2318)
Gainesville Regional Utilities-Gas Dept.
  1998 Ed. (2966)
Gainey Transportation Services
  1991 Ed. (3429)
  1992 Ed. (4354)
Gainor Staffing
  2023 Ed. (2540)
The Gainsborough Group Inc.
  2023 Ed. (1702)
Gainsco
  1994 Ed. (215)
  1995 Ed. (202, 214)
Gainsharing
  1996 Ed. (3811)
Gainsight
  2017 Ed. (1038)
  2018 Ed. (2939)
  2019 Ed. (964, 1444)
Gainsville, FL
  1997 Ed. (2765)
  1998 Ed. (2472)
Gair, Gair, Conason, Steigman, Mackauf,
    Bloom & Rubinowitz
  2012 Ed. (3392)
Gai's Seattle French Baking Co.
  1989 Ed. (355, 361)
Gaither
  2016 Ed. (2287)
Gaithersburg, MD
  1997 Ed. (2233)
Gajah Tunggal
  1996 Ed. (2436)
  1997 Ed. (2581)
Gajba TV
  2001 Ed. (78)
Gakujo
  2009 Ed. (1820)
Gala Coral
  2013 Ed. (2124)
  2014 Ed. (2059)
Gala Hedge III
  1993 Ed. (1042)
Galactic Resources Ltd.
  1991 Ed. (2657)
Galafilm
  2011 Ed. (2616, 4670)
Galan; Ignacio
  2021 Ed. (875)
Galanter Applebaum; Michelle
  1995 Ed. (1847)
Galanti; Richard
  2006 Ed. (951)

Galavision
  2010 Ed. (2985)
  2011 Ed. (2946)
  2012 Ed. (2877)
  2013 Ed. (2953)
  2014 Ed. (2970)
  2015 Ed. (3039)
  2016 Ed. (2934)
  2017 Ed. (2894)
  2018 Ed. (2960)
  2019 Ed. (2905)
  2020 Ed. (2924)
Galaxy
  1994 Ed. (856)
  1996 Ed. (873)
  1999 Ed. (785, 1026)
  2001 Ed. (1121)
  2008 Ed. (695, 714)
  2009 Ed. (703, 724)
  2010 Ed. (648)
Galaxy Aerospace Co.
  2005 Ed. (1492)
Galaxy Builders
  2004 Ed. (1152, 1217)
Galaxy Builders Ltd.
  2016 Ed. (3604)
  2017 Ed. (3570)
  2018 Ed. (3626)
  2019 Ed. (3603, 3620)
  2020 Ed. (3590)
  2021 Ed. (3618)
Galaxy Desserts
  2019 Ed. (1318)
  2020 Ed. (1293)
  2022 Ed. (1276)
Galaxy Energy
  2008 Ed. (1679)
Galaxy Entertainment
  2016 Ed. (4731)
Galaxy Entertainment Group
  2015 Ed. (1685)
  2016 Ed. (1637)
Galaxy Entertainment Group Limited
  2022 Ed. (3028)
Galaxy Entertainment Group Ltd.
  2013 Ed. (884, 889)
  2014 Ed. (846, 850)
  2015 Ed. (885, 888)
  2016 Ed. (770, 773)
  2017 Ed. (834, 2463)
  2018 Ed. (765, 2514)
  2019 Ed. (782)
  2020 Ed. (777)
Galaxy Funds/Government Fund
  1992 Ed. (3094)
Galaxy Funds II U.S. Treasury Retail A
  2000 Ed. (764)
Galaxy Growth Fund
  2003 Ed. (3537)
Galaxy Health Network
  2005 Ed. (3883)
Galaxy II U.S. Treasury Index
  2003 Ed. (702)
  2004 Ed. (716)
Galaxy II-US Treasury Idx Inv
  2000 Ed. (626)
Galaxy II Utility Index
  1997 Ed. (2900)
Galaxy III
  1999 Ed. (3904)
Galaxy International Equity
  1995 Ed. (556)
Galaxy International Equity Return
  1996 Ed. (616)
Galaxy Macau
  2021 Ed. (2700, 2703)
Galaxy Nutritional Foods
  2014 Ed. (875)
Galaxy Nutritional Foods Veggie
  2014 Ed. (871)
Galaxy; Samsung
  2014 Ed. (2412)
Galaxy Scientific
  1995 Ed. (998, 3392)
Galaxy Small Cap Value Fund
  2003 Ed. (3540)
Galaxy Small Cap Value Trust
  1998 Ed. (2608)
Galaxy Small Company Equity Return
  1998 Ed. (401)
Galaxy Strategic Equity
  2003 Ed. (3526)
Galaxy Theatres
  2018 Ed. (3665)
  2019 Ed. (3652)
Galaxy Total
  2002 Ed. (1167)
Galazy High Quality Bond Institutional
  2000 Ed. (626)
Galbani
  2022 Ed. (867, 870)
  2023 Ed. (1049, 1053)
Galbraith; Eugene
  1996 Ed. (1866)
  1997 Ed. (1974)
Galbraith; Steve
  2005 Ed. (3202)

Galbreath & Co.; John W.
  1990 Ed. (2959)
  1991 Ed. (1051, 2809, 2810)
Galbreath Inc.
  1992 Ed. (3619, 3622)
  1993 Ed. (2963)
  1994 Ed. (3001)
  1997 Ed. (3274)
  1998 Ed. (3000)
  1999 Ed. (3995)
  2006 Ed. (4351)
Gale E. Klappa
  2007 Ed. (1034)
  2008 Ed. (956)
Gale GFS
  2008 Ed. (4317)
Gale Industries Inc.
  2007 Ed. (1353)
Gale Klappa
  2015 Ed. (2635)
Gale Norton
  2007 Ed. (2497)
Gale Thomas Construction Inc.
  2008 Ed. (4369)
Gale & Wentworth Construction Services
  2002 Ed. (1202)
Gale & Wentworth, LLC
  2000 Ed. (3722)
  2002 Ed. (3925)
Galeana Automotive Group
  2001 Ed. (454, 2710)
Galeana Chrysler-Plymouth Inc.
  1990 Ed. (340)
  1994 Ed. (266)
Galeana Group
  1991 Ed. (309)
  1992 Ed. (419)
  1993 Ed. (303)
  1994 Ed. (293)
  1995 Ed. (297)
  1996 Ed. (300)
  1998 Ed. (208, 1942)
  1999 Ed. (319, 2685)
Galeana Van Dyke Dodge Inc.
  1991 Ed. (1905)
  1992 Ed. (2400, 2402, 2408)
  1996 Ed. (260, 2110)
  1998 Ed. (204, 1934)
Galeana's Van Dyke Dodge Inc.
  1990 Ed. (346)
  1994 Ed. (2050)
  1995 Ed. (255, 2101, 2106, 2110)
Galen
  2005 Ed. (1983, 1984, 1985, 1988)
Galen College of Nursing
  2013 Ed. (3836)
Galen Health Care
  1994 Ed. (2030, 2031, 2572)
  1995 Ed. (1220)
  2005 Ed. (1515)
Galen Holdings plc
  2005 Ed. (4887)
Galen Hospital Alaska Inc.
  2001 Ed. (1608)
  2003 Ed. (1605)
  2004 Ed. (1620)
  2005 Ed. (1646)
  2006 Ed. (1537)
  2007 Ed. (1566)
  2008 Ed. (1545)
  2009 Ed. (1474)
  2011 Ed. (1461)
  2015 Ed. (1429)
Galen Weston
  1991 Ed. (1617)
  2001 Ed. (1219)
  2002 Ed. (4788)
  2003 Ed. (4891, 4893)
  2004 Ed. (4879)
  2005 Ed. (4866, 4875, 4876, 4881)
  2006 Ed. (4923, 4925)
  2007 Ed. (4910, 4913)
  2008 Ed. (4855, 4856, 4878)
  2009 Ed. (4881, 4882)
  2010 Ed. (4882, 4883, 4902)
  2011 Ed. (4870, 4871)
  2012 Ed. (4878, 4879, 4921)
  2013 Ed. (4860, 4861, 4901)
  2014 Ed. (4874, 4875)
  2015 Ed. (4912, 4913)
  2016 Ed. (4828, 4829)
  2017 Ed. (4837, 4838)
  2018 Ed. (4843, 4844)
  2019 Ed. (4839, 4840)
  2020 Ed. (4829)
  2021 Ed. (4829)
Galen Weston, Jr.
  2015 Ed. (796)
  2016 Ed. (719)
Galena Chrysler-Plymouth, Inc.
  1991 Ed. (307)
Galena State Bank & Trust Co.
  1996 Ed. (541)
Galene Financial
  2019 Ed. (2992)
  2021 Ed. (2887)
  2022 Ed. (3008)
  2023 Ed. (3124)

Galenicum Special Ingredients
  2020 Ed. (3894)
Galeria Kaufhof GmbH
  2012 Ed. (115)
Galeries Lafayette
  2001 Ed. (4512)
  2006 Ed. (4175)
Galeries Lafayette Group
  2007 Ed. (55)
Galgano; Brenda
  2010 Ed. (2835)
Gali Group Trasporti E Spedizioni S.R.L.
  2016 Ed. (1536)
Gali Group Trasporti E Spedizioni SRL
  2016 Ed. (1707)
Gali Service Industries
  2006 Ed. (3518)
Gali Service Industries Inc.
  2015 Ed. (3009)
Galia Maor
  2009 Ed. (4975)
Galicia Seguros
  2015 Ed. (1432)
Galifi; Vincent J.
  2006 Ed. (3920)
  2007 Ed. (3974)
  2013 Ed. (4051)
  2014 Ed. (3990)
  2016 Ed. (3950)
  2017 Ed. (3925)
Galileo International
  1999 Ed. (4164)
  2001 Ed. (4636)
  2002 Ed. (4879)
  2003 Ed. (2804)
Galileo Re Ltd.
  2019 Ed. (3175)
Galindo Financial Corp.
  1990 Ed. (2007, 2010, 2011, 2012)
  1993 Ed. (2583)
  1995 Ed. (2590)
Gall; Brenda
  1991 Ed. (1685)
  1993 Ed. (1828)
  1994 Ed. (1811)
  1995 Ed. (1797, 1849)
  1996 Ed. (1827)
  1997 Ed. (1901)
Gallagher
  1991 Ed. (1042)
  2001 Ed. (2909)
  2022 Ed. (2917)
  2023 Ed. (3260, 4376)
Gallagher ABOW Inc.
  1998 Ed. (2127)
  1999 Ed. (2912)
  2000 Ed. (2666)
  2001 Ed. (2913)
Gallagher; Arthur J.
  1989 Ed. (1739)
  1990 Ed. (2268)
  1992 Ed. (20)
Gallagher Bassett Services Inc.
  1989 Ed. (918)
  1990 Ed. (1012)
  1991 Ed. (941)
  1992 Ed. (1169, 2697)
  1993 Ed. (2244)
  1994 Ed. (2284)
  1995 Ed. (992)
  1996 Ed. (980)
  2000 Ed. (1093)
  2001 Ed. (2914)
  2004 Ed. (4347, 4348)
  2005 Ed. (4287)
  2006 Ed. (3081, 3082, 3083, 4197)
  2007 Ed. (3099, 3100, 4213, 4292)
  2008 Ed. (3247)
  2009 Ed. (763, 3306)
  2010 Ed. (706, 3230, 3232)
  2011 Ed. (637, 3203, 3204)
  2012 Ed. (603, 605, 3161, 3162, 3163, 4379)
  2013 Ed. (744)
  2014 Ed. (3258, 3260, 3261)
  2015 Ed. (3311, 3313, 3314)
  2017 Ed. (3108, 3109)
  2018 Ed. (3718)
  2020 Ed. (3170, 3171, 3173)
  2021 Ed. (3035, 3036, 3038)
  2022 Ed. (3170, 3171, 3173)
  2023 Ed. (3262, 3263, 3265)
Gallagher Benefit Services
  2017 Ed. (2305, 2306, 2307, 2308, 2309)
Gallagher Benefit Services Inc.
  2008 Ed. (2484)
  2011 Ed. (2396)
Gallagher; Bernadette
  2007 Ed. (4919)
  2008 Ed. (4899)
Gallagher; C. Tom
  1995 Ed. (3505)
Gallagher, Callahan & Gartrell
  1999 Ed. (3154)
Gallagher Captive Services Hawaii
  2006 Ed. (789)
Gallagher; Charles
  2009 Ed. (4905)

Gallagher & Co.; Arthur J.
  1990 Ed. (2266)
  1991 Ed. (2137)
  1993 Ed. (2247, 2248)
  1994 Ed. (2224, 2225, 2226)
  1995 Ed. (2270, 2271, 2272, 2273)
  1996 Ed. (2273, 2274, 2275)
  1997 Ed. (2413, 2414)
  2005 Ed. (1469, 2582, 3070, 3073, 3074, 3078, 3152)
  2006 Ed. (1424, 2298, 2584, 3071, 3072, 3073, 3075, 3079, 3149)
  2007 Ed. (3095, 3096)
  2008 Ed. (3236, 3237, 3238, 3240, 3241, 3242, 3243)
  2009 Ed. (3300, 3301, 3305, 3307)
  2010 Ed. (3227, 3228, 3229, 3234)
  2011 Ed. (3192, 3193, 3198, 3200, 3202, 3205)
  2012 Ed. (3149, 3153, 3155, 3156, 3159, 3164)
  2013 Ed. (3227, 3235, 3236)
Gallagher & Co.; Aurthur J.
  1990 Ed. (1650)
Gallagher, Flynn & Co.
  2013 Ed. (2137)
  2014 Ed. (2071)
  2015 Ed. (2120)
  2016 Ed. (2103)
Gallagher; John J.
  2010 Ed. (2562)
Gallagher Jr.; J. Patrick
  2011 Ed. (3196)
Gallagher; Liam
  2020 Ed. (995)
Gallagher Ltd.; J. J.
  1994 Ed. (996)
  1995 Ed. (1009)
Gallagher; Mark J.
  1995 Ed. (983)
Gallagher Public Relations
  2004 Ed. (4015)
Gallagher Re
  2007 Ed. (3186)
  2008 Ed. (3331)
  2009 Ed. (3403, 3406)
  2022 Ed. (3279)
  2023 Ed. (3369)
Gallagher Reinsurance
  2009 Ed. (3404)
Gallagher; Robert E.
  1989 Ed. (1741)
  1990 Ed. (2271)
Gallagher Sharp Attorneys
  2012 Ed. (3394)
Gallagher; Thomas
  1997 Ed. (1916)
Gallagher; Thomas C.
  2011 Ed. (829)
Gallagher; Tom
  1993 Ed. (3443)
Gallagher's Las Vegas
  2001 Ed. (4054)
Gallaher
  1992 Ed. (51)
  1994 Ed. (3547)
  1995 Ed. (3625)
  1996 Ed. (3703)
  1999 Ed. (4612)
  2001 Ed. (4564)
  2002 Ed. (4631)
  2004 Ed. (58, 4737)
  2005 Ed. (53)
Gallaher Group
  2006 Ed. (60)
Gallaher Group plc
  2001 Ed. (4564)
  2002 Ed. (4631)
  2005 Ed. (1772)
  2006 Ed. (1717, 4772)
  2007 Ed. (1717, 4775, 4780)
  2008 Ed. (1743, 1746, 1753)
Gallaher Tobacco Ltd.
  1997 Ed. (3759)
  2002 Ed. (53)
Gallant Construction
  2000 Ed. (4026)
Gallantt Ispat
  2021 Ed. (1582)
Gallaudet University
  1992 Ed. (1273)
  1994 Ed. (1058, 1900)
  1995 Ed. (1070, 1928)
Gallegos; James
  2010 Ed. (2560)
  2016 Ed. (3335)
Gallegos Sanitation Inc.
  2013 Ed. (3758)
Gallegos United
  2019 Ed. (2900)
  2020 Ed. (2919)
Galleher
  2017 Ed. (2620)
  2018 Ed. (2688)
  2019 Ed. (2662)
  2020 Ed. (2680)
  2021 Ed. (2589)
  2022 Ed. (2702)

2023 Ed. (2834)
Galler
  2007 Ed. (1598)
The Galleria
  2003 Ed. (4407)
  2004 Ed. (3330)
  2006 Ed. (4311)
The Galleria at Fort Lauderdale
  1998 Ed. (3299)
  1999 Ed. (4309)
Gallerist
  2018 Ed. (3412)
Gallery
  2016 Ed. (647)
  2017 Ed. (4044)
Gallery Alex OOO
  2015 Ed. (4268)
Gallery Furniture
  1999 Ed. (2562)
  2004 Ed. (2881, 2890)
  2014 Ed. (2819, 2822)
  2020 Ed. (2822, 2824)
The Gallery at Market East
  1989 Ed. (2493)
  1990 Ed. (3292)
  1991 Ed. (3127)
  1992 Ed. (3305)
  1994 Ed. (3305)
  1998 Ed. (3302)
  1999 Ed. (4312)
  2000 Ed. (4032)
Galles Chevrolet
  2018 Ed. (2526)
Galli; Joe
  2005 Ed. (2470)
Galli Jr.; J.
  2005 Ed. (2480)
Galli Jr.; Joseph
  2007 Ed. (3974)
  2008 Ed. (3997)
Galliard Capital
  2003 Ed. (3073)
Galliard Capital Management
  1999 Ed. (3072)
Galliard Capital Mgmt.
  2000 Ed. (2802)
Galliford Try
  2007 Ed. (1313)
  2008 Ed. (1203)
  2012 Ed. (1047)
  2014 Ed. (1119)
  2015 Ed. (1158)
  2016 Ed. (1066, 1072)
  2017 Ed. (1102, 2984)
  2018 Ed. (1030)
  2019 Ed. (1041)
Galliker Dairy Co.
  2018 Ed. (2152)
  2019 Ed. (2151)
  2020 Ed. (2133)
  2021 Ed. (2128)
  2022 Ed. (2158)
  2023 Ed. (2277)
Gallina
  2016 Ed. (20)
  2017 Ed. (16)
Gallina LLP
  2013 Ed. (5)
Gallins Pro Musicians Store
  2013 Ed. (3787)
  2015 Ed. (3736)
  2016 Ed. (3645)
Gallitzin Savings
  1990 Ed. (3125)
Gallivan, White
  2014 Ed. (3446)
Gallo
  1989 Ed. (2943, 2944, 2946)
  1990 Ed. (3693)
  1992 Ed. (2888, 4447, 4458, 4460, 4461, 4462, 4464, 4465)
  1993 Ed. (3704, 3720)
  1994 Ed. (3663)
  1995 Ed. (3756, 3758, 3759, 3760, 3764, 3765, 3766, 3767, 3768, 3769, 3770)
  1996 Ed. (3835, 3855, 3857, 3858, 3859, 3860, 3864, 3865, 3866, 3867, 3868)
  1997 Ed. (3902, 3903, 3905, 3906, 3907)
  1998 Ed. (3742, 3744, 3745, 3747, 3748, 3749, 3750, 3752, 3753)
  1999 Ed. (4791, 4794, 4795, 4798)
  2000 Ed. (4413, 4415, 4418, 4419, 4422, 4423, 4424, 4426)
  2012 Ed. (4950)
Gallo; Chris
  2021 Ed. (3636, 3637)
  2022 Ed. (3703, 3704)
Gallo; E. & J.
  1989 Ed. (2929)
  1990 Ed. (3695)
  1993 Ed. (679, 3705, 3714, 3721)
Gallo; Ernest
  2005 Ed. (4857)
  2007 Ed. (4900)
Gallo Family Vineyard Twin Valley
  2011 Ed. (4953)

Gallo Family Vineyards
  2012 Ed. (4949)
  2013 Ed. (4943)
  2014 Ed. (4956)
  2015 Ed. (4995, 4996, 4997)
  2016 Ed. (4911, 4912)
  2017 Ed. (4907)
Gallo Livingston Cellars
  1995 Ed. (3738)
  1996 Ed. (3835, 3836)
  1997 Ed. (3885)
  1998 Ed. (3439, 3723, 3730)
  1999 Ed. (4785)
Gallo Mechanical Contractors Inc.
  2009 Ed. (1296)
Gallo Salame
  2002 Ed. (3271)
  2008 Ed. (3608)
Gallo Sonoma
  2001 Ed. (4880, 4882, 4884, 4886, 4889, 4890, 4892)
  2002 Ed. (4942, 4944, 4947, 4956, 4957, 4959)
  2003 Ed. (4965)
  2005 Ed. (4951, 4952, 4954, 4956, 4958)
Gallo Vermouth
  2001 Ed. (4676)
  2002 Ed. (4742)
  2003 Ed. (4850)
  2004 Ed. (4833)
  2005 Ed. (4822, 4823)
Gallo Winery; E & J
  1991 Ed. (3490, 3491)
  1992 Ed. (4453, 4473)
  1994 Ed. (690, 3664)
  1995 Ed. (3739, 3750)
  1996 Ed. (3849)
Gallo Wines
  1991 Ed. (3496, 3501, 3502)
Gallogly; James
  2012 Ed. (765)
  2013 Ed. (966, 2636)
  2014 Ed. (2591)
  2015 Ed. (2633)
  2017 Ed. (2447)
Gallon Petroleum Co.
  2017 Ed. (3765)
Gallop!
  2010 Ed. (559)
Gallop Logistics Corp.
  2007 Ed. (1942)
Galloway Ford; Sam
  1995 Ed. (267)
  1996 Ed. (271)
Gallup
  2010 Ed. (2895, 2896)
  2021 Ed. (1065, 1076)
  2023 Ed. (1267)
Gallup, NM
  2013 Ed. (4226)
The Gallup Organization
  1993 Ed. (2995, 2996)
  1996 Ed. (3190, 3191)
  1997 Ed. (3295)
  1998 Ed. (3042)
  1999 Ed. (4042)
  2007 Ed. (2894)
Galoob
  1993 Ed. (3601)
Galoob Toys
  1995 Ed. (2767)
  1999 Ed. (4637)
Galoob Toys; Lewis
  1989 Ed. (2666)
Galp Energia
  2007 Ed. (1960)
  2015 Ed. (754)
  2022 Ed. (1882)
  2023 Ed. (1996)
Galp Energia SGPS
  2008 Ed. (2054)
  2009 Ed. (2019)
  2010 Ed. (1958)
  2011 Ed. (2012, 2013)
  2012 Ed. (1862)
  2013 Ed. (2021)
  2014 Ed. (1955)
  2015 Ed. (2001)
  2016 Ed. (1968)
  2017 Ed. (1934)
  2018 Ed. (1884)
  2019 Ed. (1934)
  2020 Ed. (1871)
  2021 Ed. (1834)
Galp Energia SGPS SA
  2006 Ed. (1995)
  2008 Ed. (2053)
  2009 Ed. (2018)
  2011 Ed. (2011)
Galp Energia, SGPS, S.A.
  2021 Ed. (2484)
  2022 Ed. (2414, 2596)
Galp-Petroleo E Gas de Portugal, SGPS SA
  2005 Ed. (1953)
Galperin; Marcos
  2012 Ed. (599)
  2018 Ed. (4838)

CUMULATIVE INDEX • 1989-2023

2019 Ed. (4834)
2020 Ed. (4824)
2021 Ed. (4825)
2022 Ed. (4818)
2023 Ed. (4812)
Galpin Ford
  1989 Ed. (283)
  1992 Ed. (376, 383, 416)
  1993 Ed. (269, 298)
  1995 Ed. (267, 294)
  1996 Ed. (271, 297, 299)
  1999 Ed. (320)
  2000 Ed. (334)
  2002 Ed. (354, 355, 356, 358, 359, 370)
  2004 Ed. (272, 273, 275, 4803, 4804)
  2005 Ed. (276, 277, 278, 319)
  2006 Ed. (298, 299, 300)
  2008 Ed. (284, 285, 286, 310, 4790, 4791)
  2013 Ed. (217)
  2014 Ed. (222)
  2015 Ed. (257)
Galpin Honda
  2013 Ed. (216)
Galpin Hyundai
  1990 Ed. (327)
  1991 Ed. (280)
  1992 Ed. (385)
Galpin Lincoln-Mercury
  1995 Ed. (274)
Galpin Motors Inc.
  1991 Ed. (268)
  1996 Ed. (301)
  1998 Ed. (209)
  2017 Ed. (248, 251)
  2018 Ed. (235, 238)
  2019 Ed. (232, 235)
  2020 Ed. (237, 240)
Galpin Motors, Inc.
  2022 Ed. (236)
Galt House Hotel
  2003 Ed. (2413)
  2004 Ed. (2945)
The Galt House Hotel & Suites
  2005 Ed. (2519)
Galtaco
  1989 Ed. (1930)
Galter, Jack and Dollie
  1994 Ed. (890)
Galusha, Higgins & Galusha
  2011 Ed. (22)
  2012 Ed. (27)
  2013 Ed. (20)
Galusha, Higgins & Galusha PC
  2002 Ed. (15)
  2003 Ed. (10)
  2004 Ed. (16)
  2005 Ed. (12)
  2006 Ed. (17)
  2007 Ed. (13)
  2008 Ed. (11)
  2009 Ed. (14)
  2010 Ed. (26)
Galvanizers
  2001 Ed. (4942)
Galvao Eng.
  2015 Ed. (1782)
Galvao Engineering
  2012 Ed. (1655)
Galveston
  1992 Ed. (1810)
Galveston, TX
  2002 Ed. (1061)
Galvin; C. B.
  2005 Ed. (2489)
Galvin; Christopher B.
  1996 Ed. (1716)
  1997 Ed. (1804)
Galway Co-op
  2022 Ed. (4016)
Galway County, Ireland
  2009 Ed. (3205)
Galway Natural Health Sales
  2018 Ed. (1640)
Galyan's Trading Co.
  2006 Ed. (4449, 4451)
GAM Amalgam Account
  1997 Ed. (2915)
GAM Europe
  2004 Ed. (3648)
GAM Europe A
  1999 Ed. (3567)
GAM Global
  1996 Ed. (2805)
GAM Global A
  1997 Ed. (2876)
  1999 Ed. (3513, 3514, 3551, 3580)
GAM Global Fund
  1992 Ed. (3178)
GAM Hon Kong Inc.
  1990 Ed. (2399)
GAM Inc.
  1990 Ed. (2319)
  2012 Ed. (3719)
  2015 Ed. (1420)
GAM Institutional
  1997 Ed. (2522)

GAM International
  1992 Ed. (3178)
  1996 Ed. (2754, 2804)
  2001 Ed. (3444)
GAM International A
  1995 Ed. (2679, 2699, 2706)
  1997 Ed. (2875, 2883, 2898)
  1999 Ed. (3517, 3567, 3568)
GAM International Class A
  2000 Ed. (3311)
GAM North American
  1992 Ed. (3207)
GAM Overseas
  1994 Ed. (2598)
  1995 Ed. (2095)
GAM Pacific Basin
  1996 Ed. (2775, 2790)
GAM Pacific Basin A
  1997 Ed. (2875)
GAM Pacific Inc.
  1990 Ed. (2397)
GAM Singapore & Malaysia
  1996 Ed. (2817, 2818)
GAM Trading Investment Strategy
  2004 Ed. (2820)
GAM Tyche
  1993 Ed. (2657)
Gama Music
  2013 Ed. (3805)
  2015 Ed. (3752)
  2016 Ed. (3660)
  2020 Ed. (3666)
  2021 Ed. (3672)
Gaman ehf.
  2019 Ed. (1629)
Gamax Informatikai es Munkaero-
    Kolcsonza Korlatolt
  2014 Ed. (1576)
Gambardella; Michael
  1997 Ed. (1899)
Gambia
  1993 Ed. (2951)
  2001 Ed. (3659)
  2010 Ed. (2583, 2589, 2839, 2840, 4672)
  2011 Ed. (1641, 2565, 2571, 2821, 2822, 4620)
  2012 Ed. (2512, 2518, 2754, 2755, 4626)
  2013 Ed. (2639, 2642, 2648, 2830, 4566)
  2014 Ed. (2597, 2600, 2606, 2871, 2872, 4621)
  2015 Ed. (2649, 2911, 2912, 4620)
  2016 Ed. (2832, 2833)
Gambia Commercial and Development
    Bank
  1989 Ed. (539)
Gambino; Thomas and Joseph
  1994 Ed. (890)
Gambler
  2016 Ed. (4656, 4658)
Gambling
  1995 Ed. (3077)
  1996 Ed. (2473)
  2001 Ed. (2969)
  2008 Ed. (70)
  2009 Ed. (79, 3855)
Gambone Brothers
  2002 Ed. (1204)
  2003 Ed. (1191)
Gambr AB
  1993 Ed. (1193)
Gambrinus
  2001 Ed. (679)
  2003 Ed. (662)
  2010 Ed. (553)
  2011 Ed. (480)
  2012 Ed. (443)
  2022 Ed. (732)
  2023 Ed. (935)
The Gambrinus Co.
  2013 Ed. (697)
  2014 Ed. (719, 720, 721)
  2015 Ed. (767, 768, 769)
  2016 Ed. (689, 690, 692)
  2017 Ed. (743)
  2018 Ed. (683)
  2019 Ed. (698)
  2020 Ed. (687)
  2021 Ed. (695)
Gambro AB
  2005 Ed. (1775)
  2006 Ed. (1720, 3402)
  2007 Ed. (1729, 2781)
  2008 Ed. (1411, 1758)
  2009 Ed. (1684)
Gambro Healthcare
  2006 Ed. (2781)
Gambro Inc.
  2005 Ed. (1754)
Gamco Investors
  1990 Ed. (2344)
  1991 Ed. (2226, 2230, 2241)
  1993 Ed. (2297)
The Game
  1992 Ed. (4051)
  1993 Ed. (3371)
  2000 Ed. (4349)

Game Boy
  1996 Ed. (3726)
  2002 Ed. (4746)
The Game-Changer: How Every Leader
    Can Drive Everyday Innovation
  2010 Ed. (599, 602)
Game Gear System
  1993 Ed. (3600)
  1996 Ed. (3721)
Game Group
  2010 Ed. (4371)
Game Informer
  2008 Ed. (152)
  2011 Ed. (3518)
  2012 Ed. (3514)
  2013 Ed. (3555)
  2014 Ed. (3531)
  2015 Ed. (3547)
Game Informer Magazine
  2015 Ed. (3549, 3551)
  2016 Ed. (3400, 3402)
Game On!
  2014 Ed. (575)
"Game Plan"
  2017 Ed. (2887)
Game shows
  1996 Ed. (865)
A Game of Thrones
  2013 Ed. (557, 568)
  2014 Ed. (579)
  2015 Ed. (647)
Game Workshop
  2006 Ed. (1676)
Gameboy
  1993 Ed. (3600)
  1994 Ed. (3557)
  2006 Ed. (1121)
  2008 Ed. (1129)
  2012 Ed. (956)
GameChangerSF
  2019 Ed. (1444, 1445)
  2020 Ed. (1408)
GameFly.com
  2013 Ed. (2472)
Gamegate.com
  2002 Ed. (2518)
Gameloft
  2007 Ed. (2742)
Gameloft SA
  2007 Ed. (1695, 1735)
  2008 Ed. (1722, 1763, 2868, 3207)
  2009 Ed. (1660, 1691, 2920)
Gamen Investment Group Ltd.
  2008 Ed. (3736, 4432)
GamePlan Financial Marketing
  2005 Ed. (3081)
  2006 Ed. (3086)
  2007 Ed. (3103)
GamePro
  2000 Ed. (3486, 3488)
  2001 Ed. (258)
Gamerica Capital
  2002 Ed. (3420)
  2003 Ed. (3510)
GAMerica Capital A
  1999 Ed. (3560)
GAMerica Capital Fund
  2005 Ed. (3557)
Games
  1990 Ed. (2776)
  1992 Ed. (3250)
  1993 Ed. (2564)
  2001 Ed. (4593, 4605)
  2002 Ed. (926)
  2005 Ed. (852, 4728)
  2007 Ed. (2311, 3218)
  2008 Ed. (2647, 3352)
  2009 Ed. (2675)
Games, children's action
  1999 Ed. (4634)
Games, toys & children's vehicles
  1998 Ed. (29)
Games, toys and sporting goods
  1990 Ed. (3629)
Games, toys & hobbycraft
  2000 Ed. (947)
Games, toys & hobbycrafts
  1999 Ed. (1002)
Games Informer
  2007 Ed. (169)
Games-on-demand
  1996 Ed. (859)
Games/puzzles
  1994 Ed. (732)
  1999 Ed. (4633)
Games, simulations
  1993 Ed. (1594)
Games & Toys
  1990 Ed. (3534)
Games/toys
  1991 Ed. (3304)
Games/toys/hobbycrafts
  1996 Ed. (860)
Games/toys/playing cards
  1996 Ed. (2221)
Games, travel
  1999 Ed. (4634)

Games, computer and video
  2003 Ed. (4514)
Games Workshop
  2006 Ed. (2969)
Games2u
  2020 Ed. (809)
Games2U Franchising LLC
  2012 Ed. (702)
  2013 Ed. (913)
Gamesa
  1989 Ed. (42)
  2007 Ed. (4962)
  2013 Ed. (2542)
  2017 Ed. (1304)
  2018 Ed. (4914)
  2020 Ed. (2717)
  2022 Ed. (666)
Gamesa Corporacion Tecnologica SA
  2008 Ed. (3581)
  2009 Ed. (3652)
  2010 Ed. (3570)
  2011 Ed. (3573)
  2012 Ed. (3566)
  2013 Ed. (3602)
GameSpy Industries
  2002 Ed. (4870)
GameStop
  2013 Ed. (914)
  2014 Ed. (2434, 2446)
  2015 Ed. (2506, 2518)
  2016 Ed. (2439)
  2017 Ed. (2285)
  2021 Ed. (2266, 2278, 4459)
GameStop Corp.
  2004 Ed. (1571, 1868, 4340)
  2007 Ed. (4494)
  2008 Ed. (887, 888, 1513, 2850, 2982, 2993, 2994, 4232, 4473)
  2009 Ed. (897, 1461, 2086, 2616, 3064, 3078, 3079, 3118, 4323, 4328, 4334, 4745, 4746, 4747, 4748, 4750)
  2010 Ed. (264, 846, 2868, 2997, 3010, 3011, 3052, 4351, 4754, 4755, 4756, 4757, 4759)
  2011 Ed. (185, 2853, 2965, 2979, 3021, 4295, 4712)
  2012 Ed. (193, 713, 717, 1936, 2326, 2896, 2909, 2948, 4336, 4337, 4339, 4340, 4348, 4499, 4500, 4501, 4502)
  2013 Ed. (918, 922, 2504, 2506, 2507, 2981, 2984, 4327, 4466, 4469)
  2014 Ed. (863, 2448, 2992, 3051, 4515, 4518)
  2015 Ed. (2504, 2520, 2522, 3064, 3117, 3264)
  2016 Ed. (2060, 2452, 2954, 4243, 4451)
  2017 Ed. (2300, 2912, 4458)
  2018 Ed. (2346, 2978, 3044, 4478)
  2019 Ed. (2346, 2923)
  2020 Ed. (2316, 3015)
  2021 Ed. (1916, 2280)
  2022 Ed. (1959)
GameStop.com
  2008 Ed. (2443)
Gamesys
  2010 Ed. (141)
  2011 Ed. (64)
Gametek Inc.
  1996 Ed. (1926)
Gametime
  2019 Ed. (1106, 1436, 3506, 3981)
Gametime United
  2019 Ed. (4483)
Gametraders
  2009 Ed. (1500)
GameTruck Licensing
  2015 Ed. (2609)
The GameTruck Licensing
  2013 Ed. (913)
  2014 Ed. (860)
  2016 Ed. (796)
  2017 Ed. (855)
Gamevil
  2014 Ed. (1987)
  2015 Ed. (2036)
Gamewave Group Ltd.
  2014 Ed. (2925)
Garnier Nutrisse
  2004 Ed. (2784)
Gamil Magal
  2007 Ed. (2464)
Gaming dealer
  2008 Ed. (3810)
Gaming & Leisure Properties Inc.
  2022 Ed. (1869)
  2023 Ed. (1986)
Gaming manager
  2011 Ed. (3778)
Gaming Partners International
  2009 Ed. (4476)
Gamma Biologicals
  1994 Ed. (712)
Gamma Communications
  2017 Ed. (3581)
Gamma-Dynacare Medical Laboratories
    Inc.
  2010 Ed. (4469)
  2011 Ed. (4402)

Gamma Holding
    1999 Ed. (4593)
Gamma Holding NV
    2002 Ed. (4618)
Gamma North America
    2016 Ed. (2823)
Gamma North America Inc.
    2021 Ed. (2719)
Gamma USA Inc.
    2013 Ed. (2824)
Gamma Windows & Wall
    2022 Ed. (2875)
Gamma Windows and Wall
    2023 Ed. (2989)
Gamma Windows & Walls International Inc.
    2015 Ed. (2903, 2904)
Gammon Gold Inc.
    2009 Ed. (1399)
Gamuda
    2007 Ed. (1864)
Gamut Investments
    1993 Ed. (2684)
Gamut Re Ltd.
    2010 Ed. (3278)
Gan
    1990 Ed. (2279)
    1992 Ed. (1618, 2709)
    1993 Ed. (1860)
    1994 Ed. (1848, 2235)
    1995 Ed. (1876)
    1996 Ed. (1920)
    1997 Ed. (2422, 2425)
    1999 Ed. (1659, 2917)
    2000 Ed. (564)
GAN-Assur Nationales
    1994 Ed. (1369)
    1996 Ed. (1347)
    1999 Ed. (1633)
    2000 Ed. (1436)
Gan; Eric
    1996 Ed. (1885)
    1997 Ed. (1991)
Gan Framlington Managed
    1997 Ed. (2917)
GAN Integrity
    2022 Ed. (973)
Gan; J.P.
    2020 Ed. (4763)
Gan Perpetual Managed
    1997 Ed. (2914)
Gan Tee Jin
    1996 Ed. (1911)
Ganadera Sofia
    2014 Ed. (1932)
Ganadero
    2000 Ed. (497, 498, 499, 500, 502)
    2001 Ed. (616, 617, 618)
Ganahl Lumber
    2019 Ed. (2840)
    2021 Ed. (2746)
Ganassi Racing; Chip
    2007 Ed. (327)
    2009 Ed. (336)
Ganassi Racing; Earnhardt
    2010 Ed. (316)
    2011 Ed. (240)
    2012 Ed. (261)
Gancia Asti
    1989 Ed. (872)
    1991 Ed. (885)
    1992 Ed. (1085)
    1993 Ed. (883)
    1995 Ed. (930)
    1996 Ed. (909)
    1997 Ed. (942)
    1998 Ed. (682)
    1999 Ed. (1068)
    2000 Ed. (1009)
    2001 Ed. (1151)
    2002 Ed. (963)
G&A Partners
    2019 Ed. (3606)
    2020 Ed. (1937)
    2021 Ed. (1896)
    2023 Ed. (2060)
Gandalf
    1990 Ed. (2595)
Gandalf Technologies
    1998 Ed. (2727, 2728)
    1999 Ed. (3676, 3677)
Gandara; Marilda L.
    2006 Ed. (2516)
Gandara; Patricia
    2013 Ed. (2960)
G&D Shoes
    1992 Ed. (88)
Gandel; John
    2008 Ed. (4842)
    2009 Ed. (4860, 4876)
    2010 Ed. (4862, 4878)
    2011 Ed. (4867, 4868)
    2012 Ed. (4873, 4874)
    2013 Ed. (4855, 4856)
    2014 Ed. (4869, 4870)
    2015 Ed. (4907, 4908)
    2016 Ed. (4823, 4824)
    2017 Ed. (4834)
    2018 Ed. (4839)
    2019 Ed. (4835)
    2020 Ed. (4825)
    2021 Ed. (4826)
    2022 Ed. (4819)
Gander Mountain
    2013 Ed. (902)
    2018 Ed. (4488)
Gander Mountain Co.
    2006 Ed. (4449)
    2007 Ed. (4505)
    2008 Ed. (4482, 4484)
    2009 Ed. (4514, 4515)
    2010 Ed. (4555)
    2011 Ed. (4512, 4513, 4515)
    2012 Ed. (4518)
    2016 Ed. (4461)
GanderMtn.com
    2010 Ed. (2375)
G&G Industrial Lighting
    2023 Ed. (1910)
G&G LED Lighting
    2019 Ed. (1833)
    2020 Ed. (1775)
    2022 Ed. (1779)
Gandhi; Sonia
    2006 Ed. (4986)
    2009 Ed. (4983)
    2010 Ed. (4985)
    2011 Ed. (4983)
    2012 Ed. (3825)
    2013 Ed. (4957, 4960)
    2014 Ed. (4964, 4969)
    2015 Ed. (5010)
G&J Seiberlich & Company
    2023 Ed. (21)
G&M Food Mart
    2020 Ed. (2840)
Gandolfo; Laurene
    2012 Ed. (2489)
G&S Business Comms.
    2023 Ed. (4152)
G&S Business Communications
    2020 Ed. (107, 108, 109, 110, 115, 4050)
    2021 Ed. (98, 99, 100, 102, 4019, 4024)
    2022 Ed. (4028, 4043)
    2023 Ed. (4118, 4125, 4133, 4140)
G&S Solar
    2020 Ed. (4433)
G&T Continental
    2023 Ed. (773)
Gandur; Jean-Claude
    2009 Ed. (4899)
    2010 Ed. (4898)
    2011 Ed. (4885)
    2012 Ed. (4894)
    2013 Ed. (4912)
    2014 Ed. (4922)
G&Y
    2023 Ed. (2326)
Gandy's Dry Inc.
    2003 Ed. (4493)
Gang, Tyre, Ramer & Brown
    2012 Ed. (3375)
Gang Ye
    2022 Ed. (4862)
    2023 Ed. (4856)
Gangwal; Rakesh
    2019 Ed. (4830)
    2021 Ed. (4821)
    2023 Ed. (4807)
Gani; Marcel
    2006 Ed. (957)
ganji.com
    2013 Ed. (2902)
Ganley Auto Group
    2017 Ed. (244)
    2018 Ed. (2522)
    2019 Ed. (2530)
    2022 Ed. (246)
Ganley Westside Imports Inc.
    1992 Ed. (403)
Ganley Yugo
    1992 Ed. (414)
Ganlose Ejendomsservice APS
    2016 Ed. (1531)
Ganna; Khadija Ben
    2013 Ed. (3473)
Gannet Co.
    2000 Ed. (3333)
Gannett
    2016 Ed. (4072)
    2020 Ed. (4573)
Gannett Broadcasting
    1992 Ed. (4256)
    2000 Ed. (4214)
    2001 Ed. (4492)
    2010 Ed. (4711)
    2011 Ed. (4668)
    2013 Ed. (4651)
    2014 Ed. (4701)
Gannett Co.
    2013 Ed. (3661)
Gannett Co. Inc
    1999 Ed. (3969)
Gannett Co., Inc.
    1989 Ed. (2010, 2264, 2265, 2266, 2267, 2971)
    1990 Ed. (2929, 2930, 2931, 2933)
    1991 Ed. (2389, 2391, 2392, 2783, 2784, 2785, 2786, 2787)
    1992 Ed. (1985, 2978, 2980, 3585, 3586, 3589, 3602)
    1993 Ed. (752, 1413, 2505, 2941, 2942, 2943, 2944, 3544)
    1994 Ed. (757, 1467, 2444, 2445, 2977, 2978, 2979, 2981, 2982)
    1995 Ed. (715, 1257, 1504, 2510, 3038, 3039, 3040, 3042, 3576)
    1996 Ed. (1459, 2846, 3139, 3140, 3141, 3142)
    1997 Ed. (1280, 1281, 1528, 2716, 2717, 2718, 2942, 3219, 3220, 3221, 3222, 3234, 3718, 3719, 3720)
    1998 Ed. (512, 1064, 1191, 1318, 2441, 2679, 2972, 2973, 2974, 2975, 2976, 2981, 3500, 3501)
    1999 Ed. (823, 824, 3307, 3310, 3312, 3612, 3968, 3971, 3972, 4569, 4570)
    2000 Ed. (825, 1581, 3050, 3681, 3682, 3683, 4213, 4427)
    2001 Ed. (1033, 1543, 3230, 3231, 3247, 3248, 3540, 3804, 3886, 3887, 3952, 4490)
    2002 Ed. (1565, 1795, 2146, 3280, 3283, 3286, 3288, 3883, 3884, 3885, 4582)
    2003 Ed. (918, 1846, 2336, 3346, 3347, 3350, 3351, 3641, 4022, 4023, 4024, 4025, 4026, 4027, 4712, 4713)
    2004 Ed. (777, 778, 2417, 3409, 3410, 3411, 3412, 3415, 3685, 4040, 4041, 4045, 4046, 4689, 4690)
    2005 Ed. (749, 750, 1997, 2005, 2010, 3422, 3424, 3425, 3427, 3600, 3979, 3980, 3983, 3984, 4660, 4661)
    2006 Ed. (2097, 2108, 2110, 2111, 3433, 3435, 3436, 3438, 3439, 3440, 3704, 4019, 4020, 4021, 4022, 4716, 4717)
    2007 Ed. (100, 2053, 2054, 2061, 2908, 3451, 3453, 3699, 4049, 4050, 4051, 4052, 4053, 4737, 4738)
    2008 Ed. (2159, 2161, 2170, 3031, 3200, 3624, 3628, 3783, 4085, 4086, 4659)
    2009 Ed. (2139, 2142, 3117, 3823, 4199, 4200, 4201, 4202, 4699, 4700)
    2010 Ed. (1730, 2082, 3051, 4134, 4135, 4136, 4138, 4139)
    2011 Ed. (3020, 3752, 4134, 4135, 4136, 4138, 4667)
    2012 Ed. (2947, 3757, 4165, 4166, 4167, 4168, 4169, 4170, 4171, 4678)
    2013 Ed. (3036, 3832, 4155, 4156, 4157, 4158, 4160, 4650)
    2014 Ed. (3050, 3753, 4170, 4171, 4172, 4175, 4177, 4178)
    2015 Ed. (3116, 4150, 4151, 4152, 4153, 4156, 4159)
    2016 Ed. (4065, 4066, 4067, 4068, 4070, 4073)
    2017 Ed. (4037, 4040)
    2018 Ed. (3042, 4061)
    2019 Ed. (2984, 4056)
    2020 Ed. (3013)
    2021 Ed. (2874)
Gannett Fleming
    2018 Ed. (2392, 2401)
    2019 Ed. (2435)
    2020 Ed. (2394, 2419)
    2022 Ed. (2453, 2456, 2491)
    2023 Ed. (2581)
Gannett Fleming Engineers & Architects
    2000 Ed. (1860)
Gannett Fleming Inc.
    2004 Ed. (2336)
    2009 Ed. (2559)
    2011 Ed. (2447)
    2012 Ed. (2374, 2402)
    2014 Ed. (1939)
    2015 Ed. (1986)
    2016 Ed. (1956, 2481)
    2017 Ed. (2337)
    2018 Ed. (1866, 2403)
    2019 Ed. (1919, 2446, 2451)
    2020 Ed. (1856, 2435, 2441)
    2021 Ed. (1821, 2359, 2363)
    2022 Ed. (1867, 2468, 2474)
    2023 Ed. (1984)
Gannett Suburban Newspapers
    1997 Ed. (2945)
    1999 Ed. (3621)
    2000 Ed. (3339)
Gansu Jiu Steel Group Hongxing Iron & Steel
    2015 Ed. (3451, 4536)
    2016 Ed. (4475)
Gansu Jiu Steel Group Hongxing Iron & Steel Co.
    2017 Ed. (3412)
Gant
    1993 Ed. (995)
    1994 Ed. (1027)
Gant; Lourdes
    2016 Ed. (4991)
Gantech Inc.
    2010 Ed. (1333)
GAO
    1994 Ed. (2473)
Gao Xiqing
    2012 Ed. (3824)
Gap
    1989 Ed. (933, 934)
    1990 Ed. (1048, 1049, 1050, 1051, 1052, 3031)
    1991 Ed. (974, 975, 978, 3227, 3229)
    1992 Ed. (1211, 1212, 1215, 1217, 3727, 4038)
    1993 Ed. (827, 828, 988, 1348, 1497, 3039, 3365, 3462, 3471)
    1994 Ed. (885, 1015, 1016, 1019, 3094, 3100, 3222, 3226, 3367)
    1995 Ed. (1024, 1025, 1029, 3288, 3304, 3306, 3426, 3516)
    1996 Ed. (1008, 1009, 1010, 1243, 1246, 1247, 2866, 2867, 3487)
    1997 Ed. (1028, 1029, 1030, 1824, 3551, 3552)
    1998 Ed. (767, 769, 770, 771, 772, 1063, 1298, 3345, 3346, 3347)
    1999 Ed. (1198, 1199, 1200, 1204, 1872, 4093, 4095, 4098, 4374)
    2000 Ed. (950, 1118, 1123, 1333, 1334, 1689, 4125, 4427)
    2001 Ed. (1271, 1272, 1273, 1587, 1648, 1649, 2027, 2487, 4093, 4094, 4095, 4096, 4107, 4322, 4323, 4324, 4325, 4326)
    2002 Ed. (1689, 4036, 4044, 4334, 4335, 4336)
    2003 Ed. (195, 1010, 1011, 1018, 1021, 1022, 4183, 4185, 4500, 4501, 4505, 4506)
    2004 Ed. (1013, 1014, 1019, 1555, 4187, 4188, 4214, 4466, 4468, 4470, 4472, 4473, 4475)
    2005 Ed. (1023, 1024, 1027, 1569, 1674, 1677, 1683, 1685, 3244, 4106, 4115, 4116, 4141, 4414, 4415, 4416, 4418, 4419, 4420, 4422)
    2006 Ed. (136, 1015, 1031, 1032, 1033, 1034, 1035, 1037, 1583, 1588, 1589, 4162, 4163, 4167, 4431, 4433, 4434, 4435, 4438, 4443)
    2007 Ed. (129, 716, 910, 1100, 1104, 1117, 1118, 1119, 1120, 1121, 1122, 1124, 1126, 1127, 1608, 2886, 4184, 4492, 4493, 4496, 4500, 4501)
    2008 Ed. (685, 891, 983, 985, 996, 999, 1000, 1002, 1003, 1004, 1005, 1006, 1008, 1009, 1591, 3008, 4224, 4225, 4477, 4478, 4653)
    2009 Ed. (665, 694, 900, 985, 986, 987, 988, 989, 990, 992, 3094, 3121, 4311, 4314, 4316, 4505, 4506, 4511)
    2010 Ed. (631, 949, 950, 952, 953, 954, 955, 957, 3027, 3122, 4288, 4290, 4303, 4353, 4546)
    2011 Ed. (878, 879, 880, 881, 883, 1380, 3021, 4281, 4285, 4302, 4495, 4499)
    2012 Ed. (815, 816, 826, 832, 838, 839, 841, 2463, 2948, 4320, 4321, 4322, 4324, 4325, 4498, 4504, 4505, 4508)
    2014 Ed. (977)
    2015 Ed. (3584)
    2020 Ed. (887, 2290)
    2021 Ed. (594, 896)
    2023 Ed. (1084, 4490)
Gap Inc.
    2016 Ed. (49)
    2020 Ed. (3015)
    2023 Ed. (2039, 2355, 2357, 2374)
Gap Inc. (Old Navy, Gap, Banana Republic, Athleta)
    2023 Ed. (4386)
The Gap Inc.
    2013 Ed. (898, 998, 1009, 1013, 1015, 1016, 1018, 1021, 1022, 3038, 4315, 4467, 4468)
    2014 Ed. (863, 960, 961, 978, 980, 981, 982, 983, 986, 987, 988, 1289, 1295, 1429, 2553, 2570, 3051, 4354, 4517)
    2015 Ed. (997, 1011, 1015, 1017, 1018, 1019, 1022, 1349, 1360, 1491, 2470, 3117, 3263, 3264, 4361, 4363, 4516, 4520)
    2016 Ed. (901, 914, 917, 919, 920, 921, 925, 926, 927, 4452, 4457)
    2017 Ed. (948, 949, 968, 969, 973, 4459)
    2018 Ed. (898, 900, 904, 905, 1326, 1328, 1409, 1414, 4482)
    2019 Ed. (898, 901, 903, 904, 1990, 4475)
    2020 Ed. (886, 888, 892, 893, 894, 1310, 1916, 4460)
    2021 Ed. (905, 906, 1877, 4455)
    2022 Ed. (1923, 4251, 4464)
The Gap, Inc.
    2022 Ed. (4466)
GAP Publicidad
    1997 Ed. (126)
    1999 Ed. (134)
    2002 Ed. (160)
    2003 Ed. (128)
GAP Publicidad (FCB)
    2000 Ed. (152)
GAP Publicidad Nicaragua
    2001 Ed. (189)

GAP Resurs
  2021 Ed. (3933)
Gap Stores
  2005 Ed. (1028)
GAP Vehicle Hire
  2021 Ed. (735)
Gap.com
  2001 Ed. (2975, 2982, 2983)
  2008 Ed. (2446)
  2009 Ed. (2451)
  2010 Ed. (2372)
  2013 Ed. (2470)
GapKids
  2001 Ed. (1260)
Gapps Oy
  2019 Ed. (1553)
Gaptec 2011 SL
  2018 Ed. (1918)
Gar Tootelian Inc.
  2011 Ed. (1520)
  2013 Ed. (2283)
  2014 Ed. (2217)
  2015 Ed. (2281)
  2016 Ed. (2252)
  2017 Ed. (2111)
  2018 Ed. (2132)
  2019 Ed. (2130)
  2020 Ed. (2113)
  2021 Ed. (2104)
Gar Tootelian, Inc.
  2021 Ed. (2104)
Garage
  2021 Ed. (887)
Garage Experts
  2018 Ed. (2990)
  2019 Ed. (2935)
  2020 Ed. (2978)
Garage Group
  2020 Ed. (1819)
The Garage Group
  2019 Ed. (1897)
Garage Isla Verde Inc.
  2004 Ed. (304)
  2005 Ed. (297)
  2006 Ed. (316)
  2007 Ed. (311)
Garage Teunkens
  2017 Ed. (1405)
Garage.com
  2002 Ed. (4818, 4860)
GarageExperts
  2017 Ed. (2935)
  2021 Ed. (2810)
  2022 Ed. (2977)
GarageTek Inc.
  2005 Ed. (3157)
  2006 Ed. (3158)
  2007 Ed. (3192)
  2011 Ed. (3306)
  2012 Ed. (3289)
Garan Inc.
  1993 Ed. (998)
  1994 Ed. (215, 1030)
  1995 Ed. (1036)
  1996 Ed. (999)
  1997 Ed. (1019)
  2004 Ed. (986)
Garanimals
  1992 Ed. (1208)
  1995 Ed. (1022)
  1997 Ed. (1020)
  1999 Ed. (1192)
Garanti
  2013 Ed. (691)
  2019 Ed. (687)
  2020 Ed. (679)
  2021 Ed. (679)
Garanti Bank
  2012 Ed. (418)
  2018 Ed. (476, 1984)
  2019 Ed. (491, 2040)
  2020 Ed. (473, 1963)
  2021 Ed. (1926)
  2022 Ed. (1971)
Garanti Bankasi
  1993 Ed. (2370)
  2000 Ed. (2868)
  2002 Ed. (3030)
  2006 Ed. (3229)
  2014 Ed. (711)
  2015 Ed. (757)
  2017 Ed. (513)
  2018 Ed. (673)
Garanti Bankasi; T.
  1997 Ed. (2576)
Garanti BBVA
  2021 Ed. (467)
  2022 Ed. (481, 715)
  2023 Ed. (700, 894)
Garavoglia; Luca
  2020 Ed. (4847)
Garavoglia; Rosa Anna Magno
  2015 Ed. (4934)
  2017 Ed. (4855)
Garbage bags
  1993 Ed. (2109)
  2002 Ed. (3719)

Garbage collectors
  1990 Ed. (2728)
GarbageMan, A Green Co.
  2014 Ed. (2574)
GarbageMan, A Green Company
  2016 Ed. (1802)
Garban Intercapital
  2001 Ed. (1886)
Garbanzo Mediterranean Fresh
  2023 Ed. (4253)
Garbarino
  2004 Ed. (24)
Garbarski Euro RSCG
  1993 Ed. (83)
  1994 Ed. (72)
  1995 Ed. (50)
  1996 Ed. (66)
  1997 Ed. (64)
Garber Automotive
  2022 Ed. (241)
Garber Bros. Inc.
  1995 Ed. (1196, 1197, 1201, 1204)
  1997 Ed. (1202, 1204, 1207)
  1998 Ed. (980, 982)
  2003 Ed. (4937)
  2011 Ed. (1357, 1358, 1359)
  2012 Ed. (1218, 1222, 1223, 1224)
  2013 Ed. (1334, 1337, 1338, 1339, 1340)
  2014 Ed. (1264, 1267)
  2015 Ed. (1325, 1328)
  2016 Ed. (1247)
Garber Management Group
  2018 Ed. (232, 236)
  2020 Ed. (232)
Garbett Homes
  2007 Ed. (1314)
Garbiñe Muguruza
  2021 Ed. (196)
Garces & Grabler PC
  2015 Ed. (3014)
Garcia
  1993 Ed. (3367)
  1994 Ed. (3371)
  1995 Ed. (3428)
  1997 Ed. (3556)
  1998 Ed. (3350)
Garcia; Andy
  1993 Ed. (1634)
  1994 Ed. (1668)
Garcia; Art
  2010 Ed. (2560)
Garcia-Cantera; Jose
  1996 Ed. (1897)
Garcia; Carlos E.
  1991 Ed. (2547)
  1992 Ed. (3137)
  1995 Ed. (2669)
Garcia; Carlos M.
  2007 Ed. (2496)
Garcia Construction Group
  2009 Ed. (3760)
  2015 Ed. (3006)
Garcia Construction Group Inc.
  2015 Ed. (3701)
Garcia; Dineen E.
  2014 Ed. (2975)
Garcia; Elisa D.
  2012 Ed. (2489)
Garcia; Ernest
  2020 Ed. (4807)
  2021 Ed. (4808)
  2022 Ed. (4802)
Garcia, Espinosa, Miyares & Co.
  2010 Ed. (3)
Garcia Hamilton & Associates LP
  2022 Ed. (3658)
Garcia, II; Ernest
  2023 Ed. (4794)
Garcia III; Ernest
  2021 Ed. (4808)
  2022 Ed. (4802)
  2023 Ed. (4794)
Garcia, III; Ernest
  2023 Ed. (4794)
Garcia III; Juan
  2013 Ed. (2963)
Garcia; Jerry
  1993 Ed. (1634)
  1995 Ed. (1715)
Garcia; John A.
  2009 Ed. (2656)
Garcia; Lino
  2013 Ed. (2961)
Garcia; Marilyn L.
  1995 Ed. (2653)
Garcia-Marmolejo; Marina
  2012 Ed. (2882)
Garcia; Mike
  2013 Ed. (2958)
Garcia Patto
  1991 Ed. (126)
  1992 Ed. (179)
Garcia Patto International
  1989 Ed. (134)
Garcia Patto Intl.
  1990 Ed. (127)

Garcia; Paul
  2006 Ed. (882)
  2007 Ed. (973)
Garcia-Quiroz; Lisa
  2015 Ed. (3044)
Garcia Roofing Inc.
  2003 Ed. (2420)
Garcia; Sergio
  2014 Ed. (198)
Garcia Surveyors Inc.
  2015 Ed. (3018)
Garcia y Vega
  1998 Ed. (731, 3438)
  2003 Ed. (966)
  2015 Ed. (984)
  2016 Ed. (885)
Garcia-Velez; Carlos
  1991 Ed. (1629)
Garcia; Yvonne
  2015 Ed. (3044)
Garcia's Mexican Restaurants
  1991 Ed. (2449, 2878)
  1992 Ed. (3061)
  1993 Ed. (2558)
  1994 Ed. (2506)
Garcy Corp.
  1999 Ed. (4500)
Garda World Security
  2006 Ed. (1604, 1633)
  2007 Ed. (1638)
  2009 Ed. (2917)
  2010 Ed. (1196)
  2011 Ed. (1144)
Garda World Security Corp.
  2018 Ed. (4352)
  2019 Ed. (4383)
  2022 Ed. (4392)
  2023 Ed. (4414)
Gardaland
  1997 Ed. (247)
  1999 Ed. (269)
  2000 Ed. (297)
  2001 Ed. (377)
  2002 Ed. (308)
  2003 Ed. (273)
  2005 Ed. (249)
  2006 Ed. (268)
  2007 Ed. (273)
Gardant Management Solutions
  2020 Ed. (193)
Gardant Management Solutions, Inc.
  2023 Ed. (312)
GardaWorld
  2023 Ed. (4379)
Gardein
  2022 Ed. (2813, 2838)
  2023 Ed. (2925)
Gardein Protein International Inc.
  2018 Ed. (2778)
  2020 Ed. (2800)
Garden
  2005 Ed. (2781)
The Garden
  2013 Ed. (2678)
  2014 Ed. (2632, 4704)
  2015 Ed. (2675, 4714)
  2016 Ed. (4617)
  2017 Ed. (4636)
  2018 Ed. (4631)
  2019 Ed. (4647)
  2020 Ed. (4617)
  2021 Ed. (4628)
The Garden (an ITV Company)
  2023 Ed. (4641)
Garden Bar
  2020 Ed. (3586)
  2021 Ed. (3614)
Garden City Hospital
  2009 Ed. (3147)
Garden City, NY
  1990 Ed. (2159)
Garden City Saab
  1993 Ed. (285)
Garden Design
  1998 Ed. (2785)
  1999 Ed. (3754)
Garden Design
  2015 Ed. (3465)
  2016 Ed. (3313, 3329)
  2017 Ed. (3284, 3291)
  2018 Ed. (3352, 3359)
  2019 Ed. (3331, 3338)
  2021 Ed. (3269, 3276)
  2022 Ed. (3353, 3360)
Garden Fresh
  1998 Ed. (3072, 3420)
Garden Fresh Gourmet Salsa
  2016 Ed. (2280)
  2017 Ed. (2137)
  2018 Ed. (2183)
Garden Fresh Gourmet Salsa Inc.
  2019 Ed. (4463)
Garden Fresh Restaurant
  2019 Ed. (4155)
Garden Fresh Restaurant Corp.
  2006 Ed. (4010)
Garden Fresh Salsa Co.
  2009 Ed. (1644)

Garden Grove Hospital Medical Center
  2014 Ed. (3077)
  2015 Ed. (3142)
Garden Grove Hyundai
  1991 Ed. (280)
Garden & Gun
  2013 Ed. (3556)
Garden & Gun
  2023 Ed. (3579)
Garden & Gun Magazine LLC
  2016 Ed. (1997)
Garden House
  2006 Ed. (74)
Garden of Life
  2006 Ed. (2758)
  2007 Ed. (1323)
  2023 Ed. (4782)
Garden Lites
  2022 Ed. (2785)
  2023 Ed. (2910, 2926)
Garden Lites Veggies Made Great
  2022 Ed. (2785, 2803)
Garden Remedies Inc.
  2023 Ed. (2390)
Garden Ridge
  1998 Ed. (1299, 1304)
  1999 Ed. (1878, 4373)
  2001 Ed. (2744)
Garden Ridge Pottery
  1998 Ed. (3343)
Garden Savings Credit Union
  2016 Ed. (2375)
Garden Savings Federal Credit Union
  2018 Ed. (2110)
  2020 Ed. (2089)
  2021 Ed. (2079)
  2022 Ed. (2114)
  2023 Ed. (2229)
Garden State Cable TV
  1992 Ed. (895)
  1993 Ed. (706)
  1994 Ed. (714)
  1995 Ed. (671)
Garden State Credit Union
  2003 Ed. (1895)
  2010 Ed. (2134)
  2016 Ed. (2177, 2206, 2228)
Garden State Exhibit & Convention Center
  2002 Ed. (1335)
Garden State Growers
  2020 Ed. (3734)
  2021 Ed. (3736)
  2022 Ed. (3754)
  2023 Ed. (3859)
Garden State Limousine
  1999 Ed. (3454)
  2000 Ed. (3169)
Garden State Park
  1990 Ed. (1219)
  1999 Ed. (1419)
  2002 Ed. (1335)
Garden State Plaza
  1989 Ed. (2492)
  1990 Ed. (3291)
Gardena Honda
  1990 Ed. (326)
  1991 Ed. (279)
  1992 Ed. (376, 384, 416)
  1993 Ed. (270, 298)
  1994 Ed. (269)
  1995 Ed. (269)
  1996 Ed. (272)
Gardenburger
  2003 Ed. (2506)
  2004 Ed. (2641)
  2005 Ed. (2632)
Gardener's Supply Co.
  2010 Ed. (2076)
The Gardens
  1998 Ed. (3299)
  1999 Ed. (4309)
Gardens Alive!
  2013 Ed. (900)
Gardens of the Palm Beaches
  2000 Ed. (4029)
Gardere & Wynne
  1990 Ed. (2418)
  1991 Ed. (2284)
  1992 Ed. (2833)
  1993 Ed. (2396)
Gardere Wynne Sewell
  2011 Ed. (3406)
Gardetto's
  2016 Ed. (4394)
  2017 Ed. (4406)
  2018 Ed. (4418)
  2019 Ed. (4427)
  2020 Ed. (4418)
Gardettos
  1994 Ed. (3342)
  2000 Ed. (4063)
  2001 Ed. (4291)
  2004 Ed. (4437)
  2009 Ed. (3847)
  2016 Ed. (4386)
  2023 Ed. (4450)
Gardetto's Chips & Twists
  2001 Ed. (4291)

Gardetto's Sank Ens
 2001 Ed. (4291)
Gardetto's Snak Ens
 1995 Ed. (3405, 3691)
 1999 Ed. (4346)
 2002 Ed. (4300)
Gardiner
 2015 Ed. (1957)
Gardiner Angus Ranch
 2019 Ed. (783)
 2020 Ed. (778)
 2021 Ed. (800, 801)
 2022 Ed. (832, 833)
Gardiner & Clancy LLC
 1999 Ed. (3011)
Gardiner & Rauen Inc.
 1995 Ed. (853)
 1999 Ed. (958)
Gardiner Trane
 2012 Ed. (1800)
 2013 Ed. (1974)
 2014 Ed. (1913)
Gardini; Raul
 1992 Ed. (888)
Gardline Shipping Ltd.
 2019 Ed. (2398)
Gardner; Booth
 1991 Ed. (1857)
 1992 Ed. (2344, 2345)
Gardner, Carton & Douglas
 1998 Ed. (2327)
 1999 Ed. (3148)
 2001 Ed. (807, 845)
 2002 Ed. (3535)
Gardner; Craig
 1993 Ed. (7, 8)
 1996 Ed. (14, 15)
Gardner Denver
 2004 Ed. (3325, 3326)
 2005 Ed. (3350, 3351)
 2008 Ed. (845)
 2009 Ed. (2923, 3608)
 2010 Ed. (2860)
Gardner/Fox Associates, Inc.
 2021 Ed. (2949)
 2022 Ed. (3066)
 2023 Ed. (3179)
Gardner Glass Products
 2013 Ed. (2822)
Gardner Glass Products Inc.
 2020 Ed. (2841)
Gardner; Henry L.
 1991 Ed. (2546)
 1992 Ed. (3136)
 1993 Ed. (2638)
Gardner; Jeffery R.
 2011 Ed. (845)
Gardner; Jeffrey
 2007 Ed. (1087)
Gardner Lewis Asset
 1995 Ed. (2360)
Gardner Lewis Asset Management
 1994 Ed. (2308)
Gardner Merchant Food Services
 1994 Ed. (1890)
 1995 Ed. (1912, 1914, 3114)
 1996 Ed. (1954)
 1997 Ed. (2057)
Gardner Merchant Ltd.
 1994 Ed. (2120)
 1995 Ed. (2171)
 1996 Ed. (2186)
 1997 Ed. (2304)
Gardner Merchant Ltd
 1990 Ed. (2093)
Gardner Merchant Services Group Ltd.
 1997 Ed. (2304)
Gardner; Nora
 2023 Ed. (1304)
Gardner Resources Consulting
 2022 Ed. (2371)
 2023 Ed. (2533)
Gardner Smith
 2002 Ed. (3772, 3788, 4895)
 2003 Ed. (3955)
 2004 Ed. (4918, 4921)
 2005 Ed. (3909)
Gardner Trucking Inc.
 2021 Ed. (4678)
Gardner Turfgrass Inc.
 2004 Ed. (1712, 1998, 3947)
Gardner-White
 2015 Ed. (2864)
 2018 Ed. (2829)
 2023 Ed. (2971, 2972, 2974)
Gardnerville Ranchos, NV
 2016 Ed. (4155)
Gardy World Security
 2009 Ed. (1190)
Gareeb; Nabeel
 2009 Ed. (957)
 2010 Ed. (2570)
Garelick Farms Inc.
 2000 Ed. (3133, 3134)
 2001 Ed. (3310, 3312)
 2008 Ed. (3669, 3670)

Gareth Bale
 2015 Ed. (224)
 2016 Ed. (220)
 2017 Ed. (218)
 2018 Ed. (205)
 2019 Ed. (199)
 2020 Ed. (202)
Gareth Davis
 2014 Ed. (933)
Gareth Lord
 2017 Ed. (2795)
Gareth Williams
 2017 Ed. (2393)
Garfield
 1992 Ed. (1064)
Garfield; Liv
 2015 Ed. (797)
Garfield Weston
 1992 Ed. (888)
Garfield Weston Foundation
 1997 Ed. (945)
Garfield's Restaurant & Pub
 2002 Ed. (4024)
 2004 Ed. (4140)
Garfundel Wild
 2011 Ed. (3398)
Garfunkel; Simon &
 2006 Ed. (2486)
Garfunkel, Wild & Travis
 2008 Ed. (3415)
 2009 Ed. (3484)
 2010 Ed. (3415)
Garg Consulting Services Inc.
 2019 Ed. (3604)
 2020 Ed. (3575)
 2021 Ed. (3605)
 2022 Ed. (3656)
 2023 Ed. (3762)
Gargalli; Claire
 1992 Ed. (4496)
Gargeu; Gina
 2018 Ed. (4108)
 2019 Ed. (4119)
Gargiulo Inc.
 1998 Ed. (1772)
Garibaldi Glass Industries Inc.
 2013 Ed. (2822)
Garibaldi Resources Corp.
 2019 Ed. (4508)
Garibaldi Thohir
 2012 Ed. (4862)
Garibay; Fernando
 2013 Ed. (2961)
Garijo; Belén
 2023 Ed. (4937)
Garijo; Belen
 2022 Ed. (4935)
Garland
 1990 Ed. (2744, 2745, 3483, 3484)
Garland; Chey
 2007 Ed. (2463)
The Garland Co., Inc.
 2014 Ed. (1914)
 2015 Ed. (1958)
Garland; Greg C.
 2015 Ed. (969)
Garland Griffin Homes
 2006 Ed. (1159)
Garland Homes
 2003 Ed. (1201)
 2004 Ed. (1208)
Garland Insulating
 2009 Ed. (3282)
Garland, TX
 1991 Ed. (2781)
Garland Writing Instruments
 2006 Ed. (3538, 4376)
Garlic
 1996 Ed. (2102)
 1998 Ed. (1924)
 2000 Ed. (2445, 2447)
 2001 Ed. (2012)
Garlic bread
 1998 Ed. (255)
Garlic supplements
 1994 Ed. (3636)
Garlick & Co.
 1995 Ed. (806, 807, 808, 809, 810)
 1997 Ed. (789, 3486)
Garlick Farms
 2005 Ed. (3477)
Garlock Bearings Inc.
 1999 Ed. (2602)
Garments
 1989 Ed. (1931)
Garmin
 2017 Ed. (94, 1701, 2903, 2918)
 2018 Ed. (105, 941, 1092, 2985)
 2019 Ed. (931, 932, 2339, 2930)
 2020 Ed. (89, 924, 1318, 2948)
 2021 Ed. (77, 80)
Garmin International Inc.
 2016 Ed. (1725)
 2017 Ed. (1708)
Garmin Ltd.
 2005 Ed. (1823, 1834)
 2006 Ed. (1635, 1833, 1834)

 2007 Ed. (1651, 1844, 3341, 4108)
 2008 Ed. (1118, 1661, 1872, 1873, 1878, 4527, 4605)
 2009 Ed. (187, 1097, 1584, 1826, 1827, 1828, 1829, 1833, 3620, 4560)
 2010 Ed. (166, 1570, 1768, 1769, 1770, 3542)
 2011 Ed. (90, 1569, 1782, 1786, 3440, 3541)
 2012 Ed. (96, 1636, 1637, 1638, 3533)
 2013 Ed. (77, 1792, 1793, 1794, 1799, 2986)
 2014 Ed. (96, 1726, 2539, 2996)
 2015 Ed. (1764, 1765, 1766, 3068)
 2018 Ed. (1664)
 2019 Ed. (1722)
 2020 Ed. (1669)
 2021 Ed. (1650)
 2022 Ed. (1670)
 2023 Ed. (1827, 1828, 3631)
Garmin.com
 2010 Ed. (2369)
Garn; Jake
 1992 Ed. (1038)
Garneau Group
 2019 Ed. (3040)
 2020 Ed. (3079)
 2021 Ed. (2956)
Garner
 2008 Ed. (3878)
 2016 Ed. (2845)
 2017 Ed. (2806)
Garner Fructis Sleek & Shine
 2016 Ed. (2843)
 2017 Ed. (2804)
 2018 Ed. (2866)
Garner Publishing Co.
 2006 Ed. (1811)
 2007 Ed. (1818)
Garnesa
 2015 Ed. (2548)
Garnett; Kevin
 2006 Ed. (292)
 2010 Ed. (277)
 2013 Ed. (188)
Garney Companies Inc.
 2000 Ed. (1270)
 2001 Ed. (1483)
Garney Co.
 2022 Ed. (2329)
 2023 Ed. (2505)
Garney Construction
 2020 Ed. (3846)
Garney Construction Co.
 2004 Ed. (1318)
 2005 Ed. (1323)
Garney Cos.
 1994 Ed. (1153)
 1995 Ed. (1167)
 1996 Ed. (1142)
 1997 Ed. (1171)
 1998 Ed. (957)
 1999 Ed. (1378)
 2002 Ed. (1283, 1300)
 2003 Ed. (1318)
 2011 Ed. (1241)
Garney Holding Co.
 2004 Ed. (1258, 1298, 1301)
 2005 Ed. (1306, 1308)
 2006 Ed. (1275, 1277)
 2009 Ed. (2625)
 2010 Ed. (2530)
 2011 Ed. (2531)
 2014 Ed. (2589)
 2015 Ed. (2613, 2615, 2627, 2629)
 2016 Ed. (2537, 2539, 2551, 2553)
 2017 Ed. (2427, 2430, 2441, 2443)
 2018 Ed. (2474, 2477, 2488, 2490)
 2019 Ed. (2365, 2501, 2504, 2515, 2517)
 2020 Ed. (2333, 2493, 2495, 2496, 2507, 2508, 2509)
 2021 Ed. (2298, 2413, 2416, 2427, 2428, 2429)
 2022 Ed. (2528, 2531, 2541, 2542, 2543, 2544)
 2023 Ed. (2670, 2673, 2684, 2685, 2686)
Garnier
 2004 Ed. (2788)
 2007 Ed. (3819)
 2008 Ed. (3884)
 2009 Ed. (3940, 3946)
 2010 Ed. (3853)
 2011 Ed. (3858, 3867)
 2012 Ed. (3843)
 2013 Ed. (3903, 3905)
 2014 Ed. (3835, 3837)
 2015 Ed. (2188, 2194, 2195, 3843, 3861, 3863)
 2016 Ed. (2164, 2846, 2848, 3749, 3772)
 2017 Ed. (2104, 2807, 2809, 3703, 3726, 3728)
 2018 Ed. (2057, 2067, 2068, 2872, 2873, 2876, 3776)
 2019 Ed. (2117, 3761)
 2020 Ed. (2848, 3801, 3810)
 2021 Ed. (1983, 2001, 3786)
 2022 Ed. (2028, 2038)
 2023 Ed. (2125, 2144)

Garnier; Alberto
 1991 Ed. (89)
 1994 Ed. (80)
Garnier; Alberto H.
 1989 Ed. (95)
 1990 Ed. (91)
 1995 Ed. (60)
 1996 Ed. (74)
Garnier/BBDO
 1993 Ed. (90)
 1997 Ed. (74)
 1999 Ed. (75)
 2000 Ed. (81)
 2001 Ed. (123)
 2002 Ed. (94)
Garnier/BBDO Costa Rica
 2003 Ed. (61)
Garnier Fructis
 2005 Ed. (2778)
 2006 Ed. (2750)
 2007 Ed. (2756)
 2008 Ed. (2869, 2870, 2872, 2873)
 2009 Ed. (2936)
 2010 Ed. (2872)
Garnier Fructis Sleek & Shine
 2016 Ed. (2844)
 2017 Ed. (2805)
 2018 Ed. (2867, 2870, 2871)
 2020 Ed. (2851, 2855, 2856, 2857)
 2021 Ed. (2726, 2728, 2729)
 2023 Ed. (3005, 3006, 3010, 3011, 3012)
Garnier Fructis Sleek & Shine Hair
 2016 Ed. (2842)
Garnier Fructis Style
 2018 Ed. (2868)
 2020 Ed. (2854)
 2023 Ed. (3008)
Garnier Nutrisse
 2003 Ed. (2671)
 2016 Ed. (2847)
 2017 Ed. (2808)
 2018 Ed. (2874, 2875)
 2020 Ed. (2859)
 2021 Ed. (2731)
 2023 Ed. (3013, 3014)
Garnier Olia
 2016 Ed. (2847)
 2018 Ed. (2874, 2875)
Garnier SkinActive
 2019 Ed. (2526)
 2020 Ed. (2042, 2517)
 2021 Ed. (2437)
Garnier Skinactive
 2023 Ed. (2693, 2694)
Garnier Whole Blends
 2018 Ed. (2866, 2871)
 2020 Ed. (2851, 2855, 2856)
 2021 Ed. (2726, 2728)
 2023 Ed. (3005, 3006, 3011, 3012)
Garoppolo; Jimmy
 2020 Ed. (199)
Garrand
 2011 Ed. (1815)
 2012 Ed. (1673)
 2013 Ed. (1824)
Garrard; Sir David
 2005 Ed. (3868)
 2008 Ed. (4007)
Garrett
 1996 Ed. (3700)
Garrett Bancshares
 1995 Ed. (492)
Garrett Camp
 2016 Ed. (4829)
 2017 Ed. (4837, 4838)
 2018 Ed. (4843, 4844)
 2019 Ed. (4839, 4840)
 2020 Ed. (4829)
The Garrett Companies
 2019 Ed. (1658, 4102)
 2020 Ed. (1616, 4113)
 2021 Ed. (1594)
 2022 Ed. (1612, 4087)
Garrett Construction
 2011 Ed. (1306)
Garrett Controls
 1989 Ed. (272)
The Garrett Cos.
 2020 Ed. (1615)
 2023 Ed. (1775)
Garrett; Daniel
 2019 Ed. (1103)
Garrett; Jesse James
 2007 Ed. (1256)
Garrett; Levi
 1994 Ed. (3546)
Garrett; Mark
 2010 Ed. (920)
Garrett; Myles
 2023 Ed. (319)
Garrett Yu Hussein
 2003 Ed. (3989)
Garretty; Jeanette
 2012 Ed. (3317)
 2013 Ed. (3389)
 2014 Ed. (3391)
Garrick-Aug Assoc. Store Leasing Inc.
 1990 Ed. (2950)

Garrigues
  2009 Ed. (3493)
  2013 Ed. (3450)
Garrison Accounting Group
  2004 Ed. (4)
The Garrison Barrett Group
  2009 Ed. (2522)
Garrison Brewing Co.
  2012 Ed. (1400)
Garrison; Bruce
  1996 Ed. (1804)
Garrison Construction Group
  2022 Ed. (1039)
Garrison Construction Group LLC
  2023 Ed. (2058)
Garrison; Edwin
  1995 Ed. (979)
Garrison, Keogh & Co.
  1993 Ed. (2341)
Garrison Memorial Hospital Inc.
  2006 Ed. (1945)
Garrison Protective Services
  2000 Ed. (3905)
Garrison; Walter R.
  1992 Ed. (2064)
The Garrity Group Public Relations
  2018 Ed. (1770)
Garrix; Martin
  2017 Ed. (3621)
  2018 Ed. (3684)
  2019 Ed. (3669)
  2020 Ed. (3636)
  2021 Ed. (3643)
Garry Struthers Associates Inc.
  2006 Ed. (3546, 4384)
  2008 Ed. (3689, 3738, 4435)
Garry Van Egmond Enterprises
  2012 Ed. (993)
Garry Winnick
  2000 Ed. (4377)
Garside, The Garside Forecast; Ben
  1990 Ed. (2366)
Garsons
  2020 Ed. (2830)
Gart
  1992 Ed. (4046)
Gart Bros.
  1989 Ed. (2522)
Gart Bros. Sporting Goods Co.
  2011 Ed. (1592)
  2012 Ed. (1435)
  2013 Ed. (1566)
  2014 Ed. (1535)
  2015 Ed. (1586)
Gart Sports
  1996 Ed. (3494)
  1997 Ed. (3560)
  1998 Ed. (3352)
  1999 Ed. (4381)
  2001 Ed. (4337, 4338)
  2003 Ed. (1646)
  2004 Ed. (1676, 4094)
  2005 Ed. (4435)
  2006 Ed. (4450)
Garth Brooks
  1992 Ed. (1351)
  1993 Ed. (1076, 1079)
  1995 Ed. (1117, 1118, 1119, 1120, 1714)
  1996 Ed. (1094)
  1998 Ed. (866, 868)
  1999 Ed. (1292, 1294)
  2000 Ed. (1182, 1184)
  2017 Ed. (2380, 2383, 3625)
  2018 Ed. (3687)
  2019 Ed. (3672)
  2020 Ed. (3639)
Garth H. Drabinsky
  1991 Ed. (1621)
Garth Milne
  1999 Ed. (2352)
Gartmore
  1990 Ed. (2319)
  1995 Ed. (2871)
  1996 Ed. (2943)
  2008 Ed. (608)
Gartmore American Emerging Growth
  1992 Ed. (3208)
Gartmore Bcliff. Income Account
  1997 Ed. (2918)
Gartmore Br Income & Growth Units
  2000 Ed. (3298)
Gartmore Capital Management
  1995 Ed. (2396)
Gartmore Capital Strategy Pacific Basin Fund
  1990 Ed. (2397)
Gartmore China Opportunities
  2008 Ed. (3771)
Gartmore European
  2000 Ed. (3295, 3296, 3308)
Gartmore Global Bond
  1994 Ed. (726)
Gartmore Global Partners
  1998 Ed. (2287, 2289, 2291)
  2000 Ed. (2819)
Gartmore Group
  2007 Ed. (3251)

Gartmore High Income
  1997 Ed. (2913)
Gartmore Hong Kong
  1994 Ed. (2648)
  1996 Ed. (2815)
  1997 Ed. (2910)
Gartmore Hong Kong Fund
  1990 Ed. (2399)
Gartmore Investment Ltd.
  1994 Ed. (2774)
  1995 Ed. (2870)
  1996 Ed. (2945)
Gartmore Investment Management
  1992 Ed. (3350)
Gartmore Micro Cap Equity
  2006 Ed. (3644)
Gartmore Milennium Growth
  2004 Ed. (3606)
Gartmore Nationwide
  2006 Ed. (3620)
Gartmore Nationwide Leaders
  2008 Ed. (2614)
Gartmore Pacific Growth
  1997 Ed. (2921)
Gartmore Small Cap
  2007 Ed. (3673)
  2008 Ed. (2622)
Gartmore U.S. Growth Leaders
  2006 Ed. (3628)
  2007 Ed. (2485)
  2008 Ed. (2615)
Gartner
  2017 Ed. (780, 3060)
  2018 Ed. (714, 1332, 3172)
  2019 Ed. (727, 3108)
  2020 Ed. (718, 3136)
  2021 Ed. (1079, 3002)
  2022 Ed. (1501, 1502, 3124, 3139)
  2023 Ed. (960, 995, 1288, 1674, 3232)
Gartner Group
  1989 Ed. (1571, 2498)
  1998 Ed. (1146)
  2000 Ed. (3755, 3756)
Gartner-Harf Co.
  1992 Ed. (2991, 3485)
Gartner Inc.
  2004 Ed. (3015, 3018)
  2006 Ed. (4725)
  2011 Ed. (3797)
  2012 Ed. (1439)
  2023 Ed. (1677)
Gartner Ireland
  2017 Ed. (787, 1153)
  2020 Ed. (729)
  2021 Ed. (738, 1083)
  2022 Ed. (765, 1090)
  2023 Ed. (975, 1292)
Gartner Studios
  2006 Ed. (1214)
Garuda
  1992 Ed. (57)
  1994 Ed. (180)
Garuda Indonesia
  2001 Ed. (301, 310, 312)
  2015 Ed. (154, 753)
  2016 Ed. (159, 678)
  2017 Ed. (145)
  2019 Ed. (141)
  2021 Ed. (137)
Garvan Financial Planning
  2015 Ed. (2712)
Garver
  2020 Ed. (2395, 2413, 2426)
  2021 Ed. (2350, 2354, 2356)
  2022 Ed. (2429, 2447, 2460)
  2023 Ed. (2658)
Garver Engineers LLC
  2008 Ed. (2514, 2526)
  2009 Ed. (2525)
  2010 Ed. (2442)
Garver LLC
  2011 Ed. (2448, 2465)
  2012 Ed. (202)
Garvey & Associates; F. B.
  1991 Ed. (2166)
  1993 Ed. (2265)
  1996 Ed. (2353)
The Garvey Group
  2007 Ed. (4010)
Garvin School of Business; Thunderbird
  2006 Ed. (710, 727, 740)
  2007 Ed. (813, 822, 826)
Garwick
  1992 Ed. (311)
Gary Anderson
  1989 Ed. (1753)
  2023 Ed. (1310)
Gary B. Smith
  2003 Ed. (4695)
Gary Balter
  1995 Ed. (1845)
  1996 Ed. (1823)
  1997 Ed. (1896, 1897)
  1998 Ed. (1668, 1669)
  1999 Ed. (2216, 2230)
  2000 Ed. (2041, 2042)
  2002 Ed. (2258)

Gary Bass
  2007 Ed. (3704)
  2008 Ed. (3789)
  2009 Ed. (3832)
  2010 Ed. (3757)
Gary Bettman
  2006 Ed. (2517)
Gary Black
  1995 Ed. (1795, 1797, 1798, 1851)
  1996 Ed. (1772, 1773, 1829)
  1997 Ed. (1902)
  1998 Ed. (1675)
  1999 Ed. (2268)
  2000 Ed. (2053)
Gary Blake Saab
  1992 Ed. (400)
  1996 Ed. (287)
Gary Bluman
  2012 Ed. (3448)
Gary Burrell
  2008 Ed. (4828)
Gary C. Butler
  2011 Ed. (825)
Gary C. Comer
  2005 Ed. (4846)
Gary C. Corner
  2004 Ed. (4860)
Gary C. Wyatt General Contractor LLC
  2007 Ed. (1373)
  2008 Ed. (1269)
Gary Cadenhead
  2004 Ed. (819)
Gary Carter
  1989 Ed. (278, 719)
Gary Chase
  2011 Ed. (3358)
Gary & Co.; Howard
  1993 Ed. (708, 2262, 2266)
Gary & Co. Ltd.; James R.
  1996 Ed. (3882)
  1997 Ed. (3918)
Gary Crittenden
  2005 Ed. (985)
  2006 Ed. (991)
Gary D. Bass
  2012 Ed. (3763)
Gary D. Black
  2009 Ed. (956)
  2012 Ed. (807)
Gary D. Forsee
  2005 Ed. (2516)
  2006 Ed. (2530)
  2007 Ed. (1033)
  2008 Ed. (958)
Gary D. Gilmer
  2002 Ed. (2214)
Gary E. Holdren
  2009 Ed. (959)
Gary E. Robinette
  2014 Ed. (3990)
Gary Economo
  2016 Ed. (2562)
Gary Ellis
  2008 Ed. (966)
Gary Erickson
  2005 Ed. (2468)
Gary Fayard
  2006 Ed. (949)
  2007 Ed. (1044)
Gary Forsee
  2006 Ed. (923, 2515, 3931)
  2007 Ed. (1012)
Gary Frazier
  1998 Ed. (1643)
  1999 Ed. (2234)
  2000 Ed. (2015)
Gary Friedman
  2015 Ed. (2636)
  2016 Ed. (2561)
Gary Giblen
  1994 Ed. (1822)
  1995 Ed. (1864)
  1996 Ed. (1845)
  1997 Ed. (1918)
  1998 Ed. (1619)
  1999 Ed. (2259)
Gary Goldberg
  2016 Ed. (866)
Gary Gordon
  1995 Ed. (1863)
  1996 Ed. (1771, 1824, 1844)
  1997 Ed. (1898, 1917)
  1998 Ed. (1608, 1621)
  2000 Ed. (2048)
Gary/Hammond, IN
  1993 Ed. (2542)
Gary Hendrickson
  2016 Ed. (869)
Gary Hennes Realtors
  2020 Ed. (3032)
  2021 Ed. (2894)
  2023 Ed. (3136)
Gary, IN
  1995 Ed. (2187, 2807)
  1996 Ed. (344)
  1998 Ed. (2483)
  1999 Ed. (1175)
  2002 Ed. (1061)

  2003 Ed. (3903)
  2008 Ed. (3110)
  2010 Ed. (3132)
  2011 Ed. (3099)
  2021 Ed. (3319)
Gary J. Schoennauer
  1992 Ed. (3138)
Gary Jenkins
  1999 Ed. (2299)
  2000 Ed. (2076)
Gary Kaplan & Associates
  1994 Ed. (1710)
Gary Karlin Michelson
  2007 Ed. (4891)
Gary Kelly
  2005 Ed. (988)
  2007 Ed. (963)
  2008 Ed. (935)
  2010 Ed. (885)
  2011 Ed. (850)
Gary Klott's TaxPlanet.com
  2002 Ed. (4855)
Gary Krellenstein
  1993 Ed. (1844)
  1997 Ed. (1949)
  1998 Ed. (1563)
  2000 Ed. (1953)
Gary L. Rainwater
  2009 Ed. (955)
Gary L. Santerre
  1991 Ed. (2549)
Gary L. Tooker
  1997 Ed. (1803)
Gary Latainer
  1993 Ed. (1845)
Gary & Laura Lauder
  2004 Ed. (3891)
Gary Lee Partners
  2012 Ed. (3297)
Gary Libecap
  2006 Ed. (703)
Gary Lineker
  2009 Ed. (708)
Gary Loveman
  2005 Ed. (967)
  2006 Ed. (890)
  2007 Ed. (980)
  2008 Ed. (935)
Gary M. Breaux
  1995 Ed. (2669)
Gary M. Rodkin
  2011 Ed. (832)
Gary Mathews North Inc.
  1990 Ed. (325)
  1992 Ed. (414)
Gary McCullough
  2010 Ed. (179)
Gary McManus
  2000 Ed. (2023)
Gary McPeak
  2019 Ed. (3650)
Gary Michelson
  2011 Ed. (4829)
  2012 Ed. (4842)
  2013 Ed. (4841)
  2014 Ed. (4857)
Gary Miller
  2003 Ed. (3893)
Gary Morin
  2005 Ed. (992)
  2006 Ed. (967)
Gary Perlin
  2008 Ed. (970)
  2010 Ed. (922)
Gary Raden
  2003 Ed. (4960)
  2004 Ed. (4975)
Gary Rall
  2007 Ed. (4161)
Gary Reich
  1991 Ed. (1671)
  1993 Ed. (1776)
  1997 Ed. (1851)
Gary Rollins
  2017 Ed. (4828)
  2018 Ed. (4833)
  2019 Ed. (4830)
  2020 Ed. (4825)
  2021 Ed. (4821)
  2022 Ed. (4814)
  2023 Ed. (4807)
Gary Sheffield
  2000 Ed. (322)
Gary Shiffman
  1998 Ed. (723)
Gary Smith System 2
  1997 Ed. (3178)
Gary State Bank
  1994 Ed. (512)
Gary Stimac
  1996 Ed. (1710)
Gary Uberstine
  2003 Ed. (223)
Gary Valade
  1999 Ed. (2084)
  2000 Ed. (1885)
Gary Valenzuela
  2001 Ed. (2345)

CUMULATIVE INDEX • 1989-2023

Gary Vaynerchuk
  2011 Ed. (756)
Gary Vineberg
  1993 Ed. (1773)
  1994 Ed. (1822)
  1996 Ed. (1845)
  1997 Ed. (1918)
  1998 Ed. (1619)
Gary Viniberg
  1995 Ed. (1864)
Gary W. Blake Saab
  1994 Ed. (283)
Gary W. Loveman
  2007 Ed. (1026)
  2008 Ed. (948)
Gary Wang
  2008 Ed. (4852)
Gary West
  2008 Ed. (2634)
Gary-Wheaton Bank
  1990 Ed. (520)
Gary Wilson
  1991 Ed. (1620)
Gary Winnick
  2002 Ed. (3358)
Gary Yablon
  1993 Ed. (1822)
  1994 Ed. (1805, 1831)
  1995 Ed. (1843)
  1996 Ed. (1770, 1772, 1821, 1830)
  1997 Ed. (1895, 1903)
  1998 Ed. (1666, 1676)
  1999 Ed. (2256, 2269)
  2000 Ed. (1981, 2037, 2054)
Garyline
  2023 Ed. (4060)
Garzarelli; Elaine
  1989 Ed. (1418, 1419)
  1990 Ed. (1767)
  1991 Ed. (1708, 1709)
  1993 Ed. (1771, 1774, 1838, 1839)
  1994 Ed. (1816, 1818, 1819)
  1995 Ed. (1858, 1861)
  1996 Ed. (1838)
Gas
  2001 Ed. (2161)
  2006 Ed. (834)
  2008 Ed. (1631)
Gas Authority of India Ltd.
  2000 Ed. (754)
  2001 Ed. (1733, 1734)
  2005 Ed. (2410, 2730, 3771)
Gas Depot Inc.
  2011 Ed. (3687)
  2014 Ed. (3681)
  2015 Ed. (3699)
  2016 Ed. (3581)
Gas/electric
  2003 Ed. (2910, 2911)
Gas del Estado
  1989 Ed. (1089)
Gas marts
  1995 Ed. (3545)
Gas Natural
  2016 Ed. (2819)
Gas, natural
  1999 Ed. (739, 740, 1733)
  2000 Ed. (752)
  2003 Ed. (2601)
  2004 Ed. (2715)
  2005 Ed. (2705)
  2006 Ed. (2681, 4538)
  2008 Ed. (1094)
Gas Natural Fenosa
  2012 Ed. (1901)
  2013 Ed. (1736, 1743, 1749, 2064)
  2014 Ed. (1997, 1998, 1999, 2473, 2855, 2858)
  2015 Ed. (748, 2045, 2046, 2546, 2887, 2895)
  2016 Ed. (675, 2008, 2010, 2815, 2817)
  2017 Ed. (1966, 1968, 2785, 2788)
  2018 Ed. (1916, 1919, 2366, 2812)
  2019 Ed. (1967, 1970, 2288, 2814)
  2020 Ed. (1898, 2376)
Gas Natural Group
  2009 Ed. (2057)
  2010 Ed. (1995, 1996)
  2011 Ed. (2058)
Gas Natural SDG
  1996 Ed. (1446)
  1997 Ed. (1511)
  2000 Ed. (1555)
  2001 Ed. (1854)
  2006 Ed. (2020, 2021)
  2007 Ed. (1991, 2685)
  2008 Ed. (2086)
Gas Natural SDG SA
  2001 Ed. (1853)
  2002 Ed. (721, 1768, 4471, 4472, 4473, 4475)
  2005 Ed. (2729, 2730, 2731, 3770, 3771, 3772)
  2007 Ed. (1443, 2687)
  2008 Ed. (2816)
  2009 Ed. (2874, 2876)
  2010 Ed. (2814, 2817)
  2011 Ed. (2435, 2797, 2799, 2803)

2012 Ed. (1903, 2724, 2726, 2728, 2732)
2013 Ed. (857, 2066, 2528, 2801, 2808, 2812, 2817, 2820, 4827)
2014 Ed. (2838, 2846, 2850, 4043, 4841)
2015 Ed. (2878, 2890, 4878)
2016 Ed. (2808, 2816)
2017 Ed. (2778, 2787)
2018 Ed. (2847)
2019 Ed. (1966)
2020 Ed. (2836)
Gas Natural SDG, SA
  2018 Ed. (2363)
Gas Negara
  2015 Ed. (753)
  2016 Ed. (678)
  2017 Ed. (725)
Gas, petroleum-plant and system jobs
  1989 Ed. (2078)
Gas, unleaded regular
  1994 Ed. (1939)
Gas South Arena
  2023 Ed. (1181)
Gas stations
  1996 Ed. (364, 3795)
  1997 Ed. (997)
Gas & Supply
  2021 Ed. (2709)
Gas supply
  2002 Ed. (2781, 2784, 2785)
Gas & Supply Co.
  2022 Ed. (2866)
Gas and Supply Co.
  2023 Ed. (2980)
Gas and transmission
  1991 Ed. (3223)
Gas turbine
  2001 Ed. (2155)
Gas utilities
  1991 Ed. (2055)
Gas X
  2001 Ed. (387)
  2004 Ed. (249, 251)
  2016 Ed. (207)
  2017 Ed. (194)
  2018 Ed. (181, 182)
  2020 Ed. (181)
  2021 Ed. (180)
  2022 Ed. (170)
  2023 Ed. (242, 243)
Gas-X
  2019 Ed. (2203)
Gasamat
  2023 Ed. (2748)
Gasamat Oil Corp.
  2015 Ed. (1321)
  2016 Ed. (1236)
GasAmerica Services Inc.
  2010 Ed. (4997)
  2011 Ed. (4994)
Gasan Group of Cos.
  2011 Ed. (1820)
Gasco
  2012 Ed. (1654)
Gasco Energy Inc.
  2008 Ed. (1678)
  2013 Ed. (3939, 3940, 3941)
Gascor
  2004 Ed. (1641)
Gases
  1990 Ed. (1141)
  2001 Ed. (1206)
Gases de Occidente
  2013 Ed. (1810)
Gases de Occidente SA
  2012 Ed. (1422)
  2015 Ed. (1570)
Gaseteria Oil corp.
  2000 Ed. (3805)
Gaseteria Oil Corp.
  1993 Ed. (2584)
  1994 Ed. (2532)
  1995 Ed. (2591, 3142)
  1996 Ed. (2661, 3234)
  1997 Ed. (2802, 3339)
  1998 Ed. (2516, 3081)
  1999 Ed. (3424, 4090)
  2000 Ed. (3150)
  2001 Ed. (2713)
  2002 Ed. (2560)
  2008 Ed. (2965)
  2009 Ed. (3045)
  2010 Ed. (2969)
  2011 Ed. (2932)
Gaslight Brewery
  2019 Ed. (4790)
gasNatural
  2014 Ed. (702, 2857)
GasNatural Fenosa
  2015 Ed. (2897)
  2016 Ed. (2818)
gasNatural Fenosa
  2018 Ed. (667)
Gasol; Pau
  2014 Ed. (194)
Gasoline
  1989 Ed. (1662)
  1992 Ed. (95, 3435)
  1997 Ed. (1208)

2001 Ed. (3750)
2008 Ed. (1094)
Gasoline companies
  1992 Ed. (1750)
Gasoline, lubricants, fuels
  1997 Ed. (3233)
Gasoline service stations
  2010 Ed. (4279, 4280)
  2011 Ed. (4271, 4272)
Gasoline stations
  2009 Ed. (3853)
Gasored
  2013 Ed. (1851)
Gaspromavia
  2012 Ed. (154)
Gass; Michelle
  2016 Ed. (2560)
  2020 Ed. (716)
Gassman; Amy
  1990 Ed. (1766, 1767)
  1991 Ed. (1682)
  1993 Ed. (1799)
  1994 Ed. (1782)
  1995 Ed. (1822)
  1996 Ed. (1795)
Gastar Exploration
  2016 Ed. (2040)
Gastar Exploration Inc.
  2017 Ed. (3765)
Gaster
  1992 Ed. (1841)
Gasteria Oil Corp.
  1992 Ed. (2402, 3092)
GasTerra
  2013 Ed. (1752)
GasTerra BV
  2008 Ed. (1965)
  2009 Ed. (1919, 2516)
  2010 Ed. (1853, 2431)
  2011 Ed. (1886, 2435)
  2012 Ed. (1741)
  2013 Ed. (1907)
  2014 Ed. (1841)
  2015 Ed. (1879)
  2016 Ed. (1840)
Gastineau Log Homes
  2003 Ed. (1201)
  2004 Ed. (1208)
Gaston Andrey of Framingham
  1992 Ed. (400)
Gaston Caperton
  1992 Ed. (2344)
Gaston Glock
  2020 Ed. (4826)
  2021 Ed. (4827)
Gaston Memorial Hospital
  2013 Ed. (3045)
  2014 Ed. (3075)
  2015 Ed. (3140)
Gaston & Snow
  1990 Ed. (2415)
  1991 Ed. (2281)
  1992 Ed. (2830)
  1993 Ed. (2393)
Gastro ZONA
  2018 Ed. (1589)
Gastrointestinal liquids
  2004 Ed. (3751)
Gastrointestinal tablets
  2004 Ed. (3751)
gastronovi
  2019 Ed. (4157)
Gasunie; NV Nederlandse
  2005 Ed. (2413)
  2006 Ed. (2445, 2446)
  2007 Ed. (1903)
  2012 Ed. (2726)
  2013 Ed. (2812)
Gasunie Trade & Supply
  2008 Ed. (2506)
Gat Creek
  2020 Ed. (4992)
GAT Marketing Agency Inc.
  2022 Ed. (1721)
Gate Agency; Daniel
  1992 Ed. (3613)
Gate City Bank
  2021 Ed. (4314)
  2022 Ed. (358, 4321)
  2023 Ed. (4351)
Gate City Federal Savings Bank
  1998 Ed. (3560)
Gate Construction Materials Group
  2007 Ed. (1357)
  2008 Ed. (1255, 1339)
  2009 Ed. (1260, 1307, 1337)
  2010 Ed. (1229)
  2011 Ed. (1176)
  2012 Ed. (1124)
Gate Gourmet
  1996 Ed. (188)
  2003 Ed. (2526, 2527, 2530)
  2005 Ed. (2662, 2665)
  2010 Ed. (2751, 2754)
  2011 Ed. (2735)
  2013 Ed. (2762)
  2014 Ed. (2745)

Gate Gourmet Copenhagen a/s
  2002 Ed. (1635)
  2004 Ed. (1697)
Gate Gourmet Division Americas
  2005 Ed. (2659)
  2008 Ed. (2759)
  2009 Ed. (2814)
  2011 Ed. (2739)
Gate Gourmet-Dobbs
  2003 Ed. (2533)
  2004 Ed. (2666)
Gate Petroleum
  2009 Ed. (4138)
Gate Petroleum Co.
  2021 Ed. (1528)
Gate Precast Co.
  2010 Ed. (1256, 1291, 1307)
  2011 Ed. (1297)
  2013 Ed. (1268)
  2014 Ed. (1201)
  2015 Ed. (1258)
  2016 Ed. (1172)
  2019 Ed. (1178)
gategroup
  2009 Ed. (4172)
  2011 Ed. (2733)
Gatehouse Bank
  2010 Ed. (2680)
  2011 Ed. (2634, 2669)
  2012 Ed. (2597)
  2014 Ed. (2667)
  2015 Ed. (2708)
  2016 Ed. (2632)
  2017 Ed. (2566)
  2018 Ed. (2635)
  2019 Ed. (2620)
  2020 Ed. (2631)
Gatekeeper Systems Inc.
  2018 Ed. (4516)
Gates
  2018 Ed. (3429)
Gates of the Arctic National Park
  1990 Ed. (2667)
Gates/Arrow Distributing Inc.
  2001 Ed. (1848)
Gates; Bill
  2019 Ed. (3345)
  2022 Ed. (4801, 4816, 4817, 4876)
  2023 Ed. (4793, 4809, 4811, 4871)
Gates Corp.
  1990 Ed. (1026)
  1992 Ed. (1188)
  1994 Ed. (988)
  1995 Ed. (1001)
  1996 Ed. (988)
  1998 Ed. (751)
  2005 Ed. (1775)
  2006 Ed. (1720)
  2007 Ed. (1729, 4216)
  2008 Ed. (1758)
  2009 Ed. (1684)
  2010 Ed. (1640)
  2011 Ed. (1650)
  2013 Ed. (1633)
  2014 Ed. (1597)
  2015 Ed. (1647)
  2016 Ed. (1506, 1590, 3470)
  2017 Ed. (1501, 3433)
  2018 Ed. (1481, 3494)
  2019 Ed. (1513, 3483)
Gates Distributing
  1989 Ed. (2502)
Gates Family Foundation
  2002 Ed. (981)
Gates Foundation; Bill & Melinda
  2005 Ed. (2677, 2678)
  2008 Ed. (2766)
  2010 Ed. (2770, 2772)
  2011 Ed. (775, 2756, 2758)
  2012 Ed. (719, 2690, 2692)
Gates Global
  2016 Ed. (4010)
Gates III; William H.
  1995 Ed. (664, 1717, 1731)
  1996 Ed. (961)
  1997 Ed. (673)
  2005 Ed. (788, 4858, 4860, 4882, 4883)
  2006 Ed. (689, 1450, 3262, 3898, 4911, 4915, 4927)
  2007 Ed. (4906, 4908, 4915, 4916)
  2008 Ed. (4835, 4837, 4839, 4881, 4882)
  2009 Ed. (759, 4855, 4858, 4904)
  2010 Ed. (891, 2897, 4860, 4861, 4905)
  2011 Ed. (4846, 4847, 4893)
  2012 Ed. (3825, 4847, 4853, 4855, 4901)
  2013 Ed. (3493, 4833, 4850, 4852, 4924)
  2014 Ed. (3469, 4848, 4866, 4867, 4931)
  2015 Ed. (3486, 4885, 4903, 4904, 4971)
  2016 Ed. (3336, 4803, 4820, 4888)
  2017 Ed. (3297, 4815, 4830, 4831, 4886)
  2018 Ed. (3368, 4820, 4835, 4836, 4899)
  2019 Ed. (4816, 4832, 4833, 4891)
  2020 Ed. (4806, 4822, 4823, 4880)
  2021 Ed. (4807, 4823, 4824, 4880)
Gates Industrial Corp.
  2021 Ed. (1468)
Gates Jr.; Charles C.
  2005 Ed. (4850)

Gates; Larry A.
  1996 Ed. (2989)
  1997 Ed. (3068)
Gates Learning Foundation
  2002 Ed. (2338, 2339)
Gates; Melinda
  2006 Ed. (3898)
  2007 Ed. (4983)
  2013 Ed. (4959, 4960)
  2014 Ed. (4968, 4969)
  2015 Ed. (5009, 5010)
  2016 Ed. (4926, 4927)
  2017 Ed. (4922, 4923)
  2018 Ed. (3367)
  2019 Ed. (3345)
  2021 Ed. (4934, 4935)
  2022 Ed. (4929, 4930)
Gates; Melinda French
  2023 Ed. (4929, 4930)
Gates; Robert C.
  1990 Ed. (2482)
Gates Rubber Co.
  2002 Ed. (1654)
  2003 Ed. (1680)
  2004 Ed. (1717)
Gates; William
  1997 Ed. (1798)
Gates; William H.
  1994 Ed. (890, 1716, 1718)
Gates; William & Melinda
  2005 Ed. (3832)
  2007 Ed. (3949)
  2008 Ed. (3979)
  2010 Ed. (3955)
  2011 Ed. (775)
  2012 Ed. (719)
Gatesman
  2018 Ed. (4049)
  2019 Ed. (4042)
  2020 Ed. (4053)
  2021 Ed. (4023)
Gatesman + Dave
  2015 Ed. (4140)
  2016 Ed. (4054)
  2017 Ed. (4025)
GatesMcDonald
  2004 Ed. (4095)
  2005 Ed. (4035)
  2006 Ed. (3081, 4066)
  2007 Ed. (4112)
Gateway
  1990 Ed. (3499, 3500)
  1991 Ed. (3294)
  1992 Ed. (1495, 3740)
  1993 Ed. (1208)
  1994 Ed. (1236)
  1995 Ed. (1255)
  1996 Ed. (3623)
  1997 Ed. (1270)
  1998 Ed. (823)
  1999 Ed. (1258)
  2000 Ed. (953, 1162, 3129)
  2001 Ed. (1071, 1344, 1347, 1350, 1600, 1849, 1850, 2170, 3296)
  2002 Ed. (1133, 1134, 1135, 1136, 1137, 1139, 2728, 2990, 3334, 3335, 3336, 3337, 3338, 4363)
  2003 Ed. (818, 1087, 1089, 1092, 1095, 1100, 1125, 1355, 1595, 2895, 2898, 3796, 4547)
  2004 Ed. (1102, 1106, 1110, 1114, 1119, 1135, 2489, 4496, 4497)
  2005 Ed. (834, 1110, 1112, 1113, 1114, 1116, 1118, 1158, 4466, 4468, 4469, 4483)
  2006 Ed. (761, 1103, 1106, 1108, 1121, 1148, 4466, 4470, 4559, 4585)
  2007 Ed. (855, 1210, 1407, 2714, 3692, 3823, 4528)
  2008 Ed. (2848, 4613)
  2009 Ed. (2899, 3100)
  2012 Ed. (2895)
Gateway 2000
  1992 Ed. (1184)
  1993 Ed. (856, 959, 1050, 2561, 3336)
  1994 Ed. (985, 1086, 1263, 2512, 2514, 3330)
  1995 Ed. (20, 911, 998, 1085, 1088, 2257, 2573, 2574, 2575, 3392)
  1996 Ed. (886, 1065, 1067, 2632, 2633, 2882, 2889)
  1997 Ed. (30, 913, 914, 1079, 1080, 2205, 2697, 2699, 2783)
  1998 Ed. (570, 651, 653, 821, 830, 832, 1286, 1537, 2425, 2426, 2427, 2492, 2493, 3776)
  1999 Ed. (1043, 1044, 1261, 1263, 1265, 1267, 1863, 1963, 2874, 3287, 3288, 3290, 3641)
  2000 Ed. (967, 993, 995, 1160, 1161, 1164, 2453, 3022, 3023, 3024, 3367, 3368)
  2001 Ed. (1134, 3202, 3203, 3208)
Gateway Bank, F.S.B.
  2023 Ed. (4325)
Gateway Bank, FSB
  2005 Ed. (522)
  2006 Ed. (451)

Gateway Casinos & Entertainment
  2021 Ed. (4662)
  2022 Ed. (4670)
  2023 Ed. (4660)
Gateway Casinos & Entertainment Inc.
  2010 Ed. (4751)
  2011 Ed. (4711)
  2012 Ed. (4732)
  2013 Ed. (4696)
  2014 Ed. (4749)
  2015 Ed. (4769)
Gateway Casinos Income Fund
  2006 Ed. (1572, 1576, 1613)
  2007 Ed. (2457)
  2008 Ed. (2591)
  2009 Ed. (2619)
Gateway Cigar Store/Newsstands
  2013 Ed. (4303)
  2014 Ed. (4344)
  2015 Ed. (4338)
  2016 Ed. (4237)
  2017 Ed. (4225)
Gateway Cigar Store/Newstands
  2002 Ed. (3499)
  2003 Ed. (892)
  2004 Ed. (911)
  2005 Ed. (902)
  2006 Ed. (3706)
  2007 Ed. (904)
  2008 Ed. (3784)
  2009 Ed. (889)
  2010 Ed. (839)
  2011 Ed. (765)
  2012 Ed. (3760)
Gateway Commercial Bank
  2021 Ed. (361)
  2022 Ed. (373)
  2023 Ed. (466)
Gateway Communications
  1989 Ed. (2501)
Gateway Consortium Inc.
  2007 Ed. (3571, 4429)
Gateway Construction Co. Inc.
  1990 Ed. (1207)
  1991 Ed. (1083)
  1992 Ed. (1416)
  1993 Ed. (1129)
  1994 Ed. (1146)
Gateway Corp PLC
  1990 Ed. (3635)
Gateway Corp. PLC
  1991 Ed. (1140, 1141, 1168, 1170, 1183, 2897, 3110)
Gateway Credit Union
  2002 Ed. (1855)
Gateway EDI, Inc.
  2002 Ed. (2517)
Gateway Educational Products
  1992 Ed. (3594)
  1993 Ed. (2952)
  1994 Ed. (2986)
  1995 Ed. (3048)
  1996 Ed. (3147)
  1997 Ed. (3232)
Gateway Equity Call Premium
  2021 Ed. (3697)
Gateway Equity Call Premium A
  2021 Ed. (3697)
Gateway First Bank
  2021 Ed. (395)
  2022 Ed. (408)
  2023 Ed. (530)
Gateway Foods of Altoona
  1993 Ed. (1155, 1156, 1157)
  1995 Ed. (1195, 1196, 1198, 1199)
Gateway Foods, Inc.
  1990 Ed. (3492)
  1991 Ed. (1862)
Gateway Fund
  2003 Ed. (2365)
Gateway Genomics
  2022 Ed. (2907)
Gateway Group One
  2014 Ed. (2608)
  2015 Ed. (2654)
  2016 Ed. (2574)
  2018 Ed. (2525, 3619)
Gateway Health
  2018 Ed. (1867)
  2019 Ed. (1920)
  2020 Ed. (1857)
Gateway Health Plan
  2006 Ed. (3994)
  2010 Ed. (4066)
  2011 Ed. (4066)
  2012 Ed. (4100)
  2013 Ed. (2001)
Gateway HealthSM
  2017 Ed. (1920)
Gateway Index Plus
  1994 Ed. (2635)
  1996 Ed. (2789)
Gateway Index Plus Fund
  1992 Ed. (3160, 3177)
Gateway Industrial Park
  1994 Ed. (2188)

Gateway Metro Credit Union
  2002 Ed. (1875)
  2003 Ed. (1929)
  2004 Ed. (1969)
  2005 Ed. (2111)
  2006 Ed. (2206)
  2007 Ed. (2127)
  2008 Ed. (2242)
  2009 Ed. (2228)
  2010 Ed. (2182)
Gateway Mortgage Group
  2022 Ed. (3694)
  2023 Ed. (3788)
Gateway Mortgage Group LLC
  2019 Ed. (3636)
  2020 Ed. (3608, 3609)
  2021 Ed. (3631)
  2022 Ed. (3693)
Gateway Multifamily
  2021 Ed. (4066, 4080)
  2022 Ed. (4083, 4109)
  2023 Ed. (4196)
Gateway National Recreation Area
  1990 Ed. (2666)
Gateway Newsstands
  2018 Ed. (4242)
  2020 Ed. (4260)
Gateway Recruiting
  2023 Ed. (2548)
Gateway Savings Bank
  1990 Ed. (3585)
Gateway State Bank
  1990 Ed. (654)
  1991 Ed. (630)
Gateway Telecommunications
  2005 Ed. (66)
  2006 Ed. (74)
  2007 Ed. (65)
  2008 Ed. (70)
  2009 Ed. (79)
  2010 Ed. (89)
Gateway Title Co.
  1998 Ed. (2215)
Gateway Toyota
  1989 Ed. (283)
  1990 Ed. (322)
  1991 Ed. (297)
  1992 Ed. (402)
Gateway Trailer Repairs
  2017 Ed. (1473)
  2019 Ed. (1483)
Gateway Trailer Repairs Ltd.
  2016 Ed. (4689)
Gateway Transfer Co.
  1995 Ed. (3652)
  1996 Ed. (3731)
gateway.com
  2001 Ed. (2978, 2984)
Gatewit
  2015 Ed. (2000)
Gathering Blue
  2004 Ed. (738)
Gatineau, Quebec
  2010 Ed. (3477, 3480)
Gato Distributors
  1995 Ed. (3727)
Gator Cases Inc.
  2017 Ed. (4966)
  2022 Ed. (4972)
  2023 Ed. (4975)
Gator Industries Inc.
  1990 Ed. (2008)
  1991 Ed. (1906)
  1992 Ed. (2401)
  1993 Ed. (2038)
  1994 Ed. (2051)
  1995 Ed. (2102, 2501)
  1996 Ed. (2111)
  1997 Ed. (2217)
  1998 Ed. (2514)
  1999 Ed. (3422)
  2000 Ed. (3147)
  2002 Ed. (3375)
Gator Lager Beer Inc.
  1992 Ed. (927)
Gator Network
  2004 Ed. (3152)
  2005 Ed. (3196)
Gator Outdoor
  2001 Ed. (1544)
Gatorade
  1992 Ed. (2241)
  1993 Ed. (689, 690, 691, 692, 693, 694, 695, 696)
  1994 Ed. (687)
  1995 Ed. (1947, 1948, 3432)
  1996 Ed. (3497)
  1998 Ed. (451, 1777)
  1999 Ed. (704)
  2000 Ed. (4091)
  2001 Ed. (1000)
  2002 Ed. (702)
  2003 Ed. (4469, 4517, 4518, 4519, 4520)
  2004 Ed. (4481)
  2005 Ed. (4448)
  2006 Ed. (4454, 4455)
  2007 Ed. (4509, 4511, 4513)

  2008 Ed. (567, 568, 2755, 4488, 4489, 4491, 4492)
  2009 Ed. (597, 598, 4522, 4524)
  2010 Ed. (582, 4560, 4562, 4563)
  2011 Ed. (510, 4482, 4519, 4522, 4525)
  2012 Ed. (479, 480, 4495, 4524)
  2013 Ed. (594, 597, 598, 4461, 4479, 4482, 4483, 4486)
  2014 Ed. (607, 4497, 4527, 4528, 4531)
  2015 Ed. (664, 679, 4497, 4526, 4527, 4528, 4531)
  2016 Ed. (620, 4464, 4465, 4466, 4469)
  2017 Ed. (642, 657, 659, 4475, 4476, 4477)
  2018 Ed. (616, 617, 618, 4436, 4494, 4495, 4496)
  2019 Ed. (627, 628, 629, 630, 4488, 4490)
  2020 Ed. (610, 611, 612, 4424, 4472, 4474)
  2021 Ed. (573, 4424, 4426, 4464, 4465)
  2022 Ed. (601, 4433, 4436, 4475, 4477)
  2023 Ed. (837, 2305, 4445, 4456, 4457, 4494)
Gatorade All Stars
  2006 Ed. (4455)
  2007 Ed. (4509, 4513)
  2008 Ed. (4488, 4489)
  2009 Ed. (4522)
  2010 Ed. (4560)
  2011 Ed. (4519)
  2014 Ed. (4531)
  2016 Ed. (4464)
Gatorade AM
  2009 Ed. (3821, 4522)
  2010 Ed. (4560)
Gatorade Cool Blue
  2011 Ed. (4525)
  2012 Ed. (4524)
  2013 Ed. (4482, 4486)
  2014 Ed. (4527, 4531)
  2015 Ed. (4526)
Gatorade Drink Mix
  2006 Ed. (4455)
Gatorade Endurance
  2007 Ed. (4509, 4513)
Gatorade Endurance Formula
  2008 Ed. (4488, 4489)
Gatorade Fierce
  2006 Ed. (4455)
  2007 Ed. (4509, 4513)
  2008 Ed. (4488, 4489)
  2009 Ed. (4522)
  2010 Ed. (4560, 4563)
  2011 Ed. (4519, 4522)
  2014 Ed. (4531)
  2015 Ed. (4526)
  2016 Ed. (4464, 4466, 4469)
  2017 Ed. (4475, 4476, 4477)
  2018 Ed. (4494, 4495, 4496)
  2019 Ed. (4488, 4490)
  2020 Ed. (4472)
  2021 Ed. (4464)
Gatorade Fierce Bring It
  2011 Ed. (4525)
  2012 Ed. (4524)
Gatorade Flow
  2019 Ed. (4490)
  2020 Ed. (4474)
  2021 Ed. (4464)
Gatorade Frost
  1999 Ed. (3597)
  2000 Ed. (4091)
  2003 Ed. (4518)
  2006 Ed. (4455)
  2007 Ed. (4509, 4513)
  2008 Ed. (4488, 4489)
  2009 Ed. (4522)
  2010 Ed. (4560, 4563)
  2011 Ed. (4519, 4522, 4525)
  2012 Ed. (4524)
  2013 Ed. (4482, 4483, 4486)
  2014 Ed. (4527, 4531)
  2015 Ed. (4526, 4528)
  2016 Ed. (4464, 4465, 4466, 4469)
  2017 Ed. (4475, 4476, 4477)
  2018 Ed. (4494, 4495, 4496)
  2019 Ed. (4488, 4490)
  2020 Ed. (4472, 4474)
  2021 Ed. (4464, 4465)
  2022 Ed. (4475, 4477)
Gatorade G Series Perform
  2013 Ed. (4486)
  2014 Ed. (4531)
Gatorade G2
  2010 Ed. (3750, 4560)
  2014 Ed. (4527)
  2015 Ed. (4526, 4528)
  2016 Ed. (4464, 4466, 4469)
  2017 Ed. (4475, 4476, 4477)
  2018 Ed. (4495)
Gatorade G2 Perform
  2013 Ed. (4486)
  2014 Ed. (4531)
  2015 Ed. (4526, 4527, 4528, 4531)
  2016 Ed. (4464, 4465, 4466, 4469)
  2017 Ed. (4475, 4476, 4477)
  2018 Ed. (4494, 4495)
  2019 Ed. (4488)

G (cont.)

Gatorade (cont.)
2020 Ed. (4472)
2021 Ed. (4464)
Gatorade Glow
2020 Ed. (4472)
Gatorade Ice
2006 Ed. (4455)
2007 Ed. (4509, 4513)
2008 Ed. (4488, 4489)
Gatorade Lemonade
2007 Ed. (3695)
Gatorade Light
1994 Ed. (687)
Gatorade Option
2009 Ed. (4522)
Gatorade Perform
2012 Ed. (4524)
2013 Ed. (4483)
2014 Ed. (4527, 4528)
2015 Ed. (4526, 4528, 4531)
2016 Ed. (4464, 4466, 4469)
2017 Ed. (4475, 4476, 4477)
2018 Ed. (4494, 4495, 4496)
2019 Ed. (4488, 4489, 4490)
2020 Ed. (4472, 4473, 4474)
2021 Ed. (4464, 4465)
2022 Ed. (4476, 4477)
Gatorade Performance
2022 Ed. (4475)
Gatorade Premium
2013 Ed. (4482)
Gatorade Rain
2008 Ed. (4488, 4489)
2009 Ed. (4522)
2010 Ed. (4560)
2011 Ed. (4519)
Gatorade Rain No Excuses
2011 Ed. (4525)
Gatorade Recover
2013 Ed. (4482, 4486)
2016 Ed. (4384)
2017 Ed. (4408)
2018 Ed. (4406, 4422)
2019 Ed. (4421, 4429)
2020 Ed. (4417)
2021 Ed. (4417)
2022 Ed. (4418)
Gatorade Tiger
2010 Ed. (4560)
2011 Ed. (4519)
Gatorade Tiger/Focus
2011 Ed. (3750, 4525)
Gatorade/Tropicana North America
2005 Ed. (667)
Gatorade (U.S.)
2021 Ed. (4426)
2022 Ed. (4436)
Gatorade X Factor
2015 Ed. (4528)
2016 Ed. (4469)
2017 Ed. (4475)
Gatorade X-Factor
2006 Ed. (4455)
2007 Ed. (4509, 4513)
2008 Ed. (4488, 4489)
2009 Ed. (4522)
2010 Ed. (4560)
2011 Ed. (4519)
Gatorade Xtremo
2006 Ed. (4455)
2007 Ed. (4509, 4513)
2008 Ed. (4488, 4489)
2009 Ed. (4522)
Gatorade Zero
2022 Ed. (4475)
Gators; Florida
2011 Ed. (2743)
2014 Ed. (2748)
GATR Technologies
2011 Ed. (4656)
Gatsby Charitable Foundation
1995 Ed. (1934)
1997 Ed. (945)
Gatti's Pizza
2011 Ed. (3991)
2020 Ed. (807)
Gatwick Airport
1990 Ed. (1580)
1993 Ed. (205, 208, 209, 1538, 1539)
1995 Ed. (197)
1996 Ed. (197, 198, 200)
1997 Ed. (224, 225)
1998 Ed. (147)
1999 Ed. (249, 250)
2002 Ed. (274)
2021 Ed. (154)
2022 Ed. (142)
2023 Ed. (218)
GATX Capital Corp.
2001 Ed. (345)
GATX Corp.
1990 Ed. (2945, 3640)
1991 Ed. (3414)
1992 Ed. (2145, 4335)
1993 Ed. (204, 3629)
1994 Ed. (3588)
1996 Ed. (3157)
2001 Ed. (4628, 4630, 4631)
2003 Ed. (2642, 4793, 4799)
2004 Ed. (2115, 3245, 3246)
2005 Ed. (2220, 2231, 2593, 2596, 2601, 3270, 3271)
2006 Ed. (2595, 2597)
GATX Financial Corp.
2005 Ed. (4752)
GATX Logistics
2001 Ed. (4723)
Gaucho Ltd.
2007 Ed. (2833)
2014 Ed. (2950)
Gaudin Motor Co.
2008 Ed. (4791)
Gauff Ingenieure
2003 Ed. (2316)
Gauff Ingenieure GmbH & Co.
1991 Ed. (1555)
Gaughan South LLC
2016 Ed. (1843)
Gaulle Airport; Charles de
1993 Ed. (208, 209)
Gauloises Blondes
1994 Ed. (958)
Gauloises Brunes
1994 Ed. (958)
Gault; Stanley
1997 Ed. (1790)
Gault; Stanley C.
1993 Ed. (936)
Gauntlet Energy
2003 Ed. (1632)
2005 Ed. (4511)
Gaut; C. Christopher
2005 Ed. (989)
2006 Ed. (982)
2007 Ed. (1076)
2008 Ed. (965)
Gautam Adani
2010 Ed. (4903)
2011 Ed. (4891)
2012 Ed. (4872, 4899, 4900)
2013 Ed. (4875)
2016 Ed. (4845)
2018 Ed. (4859)
2019 Ed. (4853)
2020 Ed. (4843)
2021 Ed. (4843, 4844)
2022 Ed. (4839)
Gautam Adani & family
2023 Ed. (4834)
Gauthier Saab
1990 Ed. (318)
Gauthier Team; Katherine
2019 Ed. (4120)
Gauvreau CPA
2022 Ed. (2665)
Gauze, pads
2002 Ed. (2284)
Gauze, rolls
2002 Ed. (2284)
Gavekal Fund Management (Ireland) Ltd.
2016 Ed. (1700)
Gavel International
2015 Ed. (3632)
Gavilon Group LLC
2013 Ed. (772, 1904)
2014 Ed. (797, 1836)
Gavin Anderson & Co.
1999 Ed. (3911, 3914, 3918)
Gavin Clabaugh
2010 Ed. (3757)
Gavin DeGraw
2012 Ed. (995)
Gavin; Gen J. M.
1992 Ed. (1896)
Gavin White
1999 Ed. (2311)
2000 Ed. (2087, 2093)
Gavis Pharmaceuticals
2016 Ed. (1125)
2017 Ed. (1169)
2018 Ed. (1101, 1103)
2020 Ed. (1104)
2021 Ed. (1095)
Gaviscon
1992 Ed. (340, 343)
1993 Ed. (237)
1996 Ed. (226, 1594)
2001 Ed. (387, 2108)
2002 Ed. (2053)
2018 Ed. (180)
2023 Ed. (240, 241)
Gavita
2018 Ed. (2226)
Gavron; Lord
2007 Ed. (917)
Gavyn Davies
1998 Ed. (1685)
1999 Ed. (2297)
Gawker
2014 Ed. (627)
Gay & Hardaway
2003 Ed. (3187)
Gay Lea Foods Co-operative
2014 Ed. (1277)
Gay Lea Foods Co-operative Ltd.
2011 Ed. (4401)
2013 Ed. (1524)
Gay Love
1997 Ed. (3910)
Gay; Robert
1992 Ed. (2136)
1993 Ed. (1819)
1994 Ed. (1819)
1995 Ed. (1861)
1996 Ed. (1838)
1997 Ed. (1911)
Gay & Robinson Inc.
2006 Ed. (1747)
2007 Ed. (1756)
2008 Ed. (1784)
2012 Ed. (1527)
Gayla Delly
2006 Ed. (959)
2007 Ed. (1055)
Gayle A. Anderson
1994 Ed. (3666)
Gayle Benson
2020 Ed. (4821)
2021 Ed. (4822)
2022 Ed. (4815)
2023 Ed. (4808)
Gayle Woodbury
2023 Ed. (1298)
Gaylor Electric
2018 Ed. (1167)
2023 Ed. (1376, 1379, 1384, 1403)
Gaylor Electric Inc.
2016 Ed. (1163)
2019 Ed. (1181, 1184, 1186)
2020 Ed. (1172, 1175)
2021 Ed. (1145)
2022 Ed. (1144, 1153, 1154, 1156, 1157, 1161, 1165, 1169)
2023 Ed. (1366)
Gaylor Inc.
2009 Ed. (1281, 1318)
2011 Ed. (1227)
2013 Ed. (1260)
2014 Ed. (1194)
Gaylord
1994 Ed. (2522)
1995 Ed. (3580)
Gaylord Broadcasting
1990 Ed. (3550)
1997 Ed. (871)
Gaylord Container Corp.
1991 Ed. (1071)
1992 Ed. (1132, 1385, 3333, 3338)
1993 Ed. (934, 1110)
1994 Ed. (1129)
1995 Ed. (1288, 2830)
1996 Ed. (2903)
1997 Ed. (1144)
1998 Ed. (154)
1999 Ed. (1752)
2000 Ed. (1584)
2001 Ed. (3612, 3613, 3634)
2002 Ed. (3581)
2003 Ed. (3731)
Gaylord Entertainment
2014 Ed. (3195)
Gaylord Entertainment Center
2001 Ed. (4355)
Gaylord Entertainment Co.
1993 Ed. (3533)
1994 Ed. (758, 759, 760, 3503)
1995 Ed. (716, 717, 2511)
1996 Ed. (789, 790)
1997 Ed. (246, 727, 728)
1998 Ed. (511, 2440)
2001 Ed. (1875)
2003 Ed. (1832)
2006 Ed. (2037)
Gaylord Opryland Resort & Convention Center
2004 Ed. (2945)
2005 Ed. (2519)
2017 Ed. (2964)
2018 Ed. (3079)
Gaylord Opryland USA Inc.
2007 Ed. (2009)
2008 Ed. (2104)
2009 Ed. (2079)
2010 Ed. (2022)
2011 Ed. (2079)
2012 Ed. (1923)
2013 Ed. (2083)
2014 Ed. (2017)
2015 Ed. (2061)
2016 Ed. (2021)
Gaylord Palms Resort & Convention Center
2004 Ed. (2945)
2005 Ed. (2519)
2018 Ed. (1552)
2019 Ed. (1583)
Gaylord Texan Resort & Convention Center
2017 Ed. (2964)
2018 Ed. (3079)
Gaynair; Sasha
2023 Ed. (1295)
Gaz
1996 Ed. (3098)
Gaz de France
1989 Ed. (1118)
1990 Ed. (1945, 2927)
1992 Ed. (2343)
1996 Ed. (2651)
1997 Ed. (2796, 3502)
1999 Ed. (3139)
2000 Ed. (3139)
2001 Ed. (3326)
2002 Ed. (3370)
2004 Ed. (3491)
2005 Ed. (1474, 1802)
2007 Ed. (2303, 2304, 2688, 2689, 4585)
2008 Ed. (2816)
2009 Ed. (2874)
Gaz de France SA
2007 Ed. (2299, 2685)
2008 Ed. (1427, 2432, 2818)
2009 Ed. (2435, 2875, 2876)
2010 Ed. (2353, 2814, 2815)
Gaz Metro LP
2006 Ed. (4857)
2007 Ed. (3885, 4860)
2008 Ed. (4783)
2009 Ed. (4815)
2010 Ed. (1564, 3976, 4592, 4596, 4833)
2011 Ed. (3981, 4552)
Gaz Metropolitain
1990 Ed. (1888)
1992 Ed. (2276)
1994 Ed. (1964)
1997 Ed. (2132)
Gaz Metropolitain & Co. LP
2003 Ed. (2142)
Gaz Metropolitan & Co. LP
2002 Ed. (4709)
Gazal Corp.
2002 Ed. (3586)
2004 Ed. (4715)
GazeboCreations.com
2011 Ed. (2369)
Gazelle
2012 Ed. (1078)
2013 Ed. (1214)
Gazelle Global
1997 Ed. (2201)
Gazelle.ai
2023 Ed. (1635)
Gazette
1995 Ed. (2879)
Gazibara; Adnan
2010 Ed. (4391)
GAZIN
2013 Ed. (1441)
Gazprom
1997 Ed. (1502)
1998 Ed. (1802)
1999 Ed. (629, 1606, 1665)
2000 Ed. (1472)
2001 Ed. (1694)
2011 Ed. (3923)
2012 Ed. (3907)
2013 Ed. (673, 3968, 3981, 3982)
2014 Ed. (699, 3924, 3925)
2015 Ed. (744, 3945, 3959, 3960)
2016 Ed. (673, 3862, 3875)
2017 Ed. (715, 3825, 3843)
2018 Ed. (664, 2366, 3869)
2019 Ed. (675, 2406, 3836)
2020 Ed. (669, 1507, 2374, 2383)
2021 Ed. (651, 652, 1493, 2341, 3826)
2022 Ed. (688, 1888, 1889, 2412, 3848)
2023 Ed. (883, 2001, 2002, 2567, 3947)
Gazprom Marketing & Trading
2015 Ed. (2714)
Gazprom Neft
2009 Ed. (2515)
Gazprom Neft' PAO
2019 Ed. (1945)
Gazprom Neft Trading GmbH
2012 Ed. (1340)
2013 Ed. (1434)
Gazprom OAO
2019 Ed. (3843)
Gazprom; OAO
2005 Ed. (1768, 1958, 3785)
2006 Ed. (1697, 2004, 2005, 2006, 2445, 3846)
2007 Ed. (1693, 1707, 1709, 1817, 1961, 1969, 1970, 2387, 2392, 3867, 3868, 3876, 4579, 4581)
2008 Ed. (1736, 1738, 1814, 1816, 1845, 2064, 2065, 2066, 2502, 2506, 3577, 3918)
2009 Ed. (1677, 1761, 1762, 1764, 1794, 1802, 1803, 2032, 2033, 2509, 2516, 3648, 3988, 3998)
2010 Ed. (964, 1407, 1633, 1709, 1741, 1745, 1964, 1965, 1966, 2424, 2430, 2431, 2434, 3566, 3894, 3898, 3902, 3905)
2011 Ed. (890, 1626, 1643, 1723, 1754, 1757, 2025, 2026, 2428, 2434, 2435, 2438, 3569, 3909, 3912, 3916, 3920, 3924)
2012 Ed. (1468, 1475, 1606, 1607, 1874, 1875, 2351, 2358, 2362, 3562, 3894, 3897, 3901, 3904, 3908, 3919)
2013 Ed. (1606, 1639, 1763, 1764, 2035, 2036, 2535, 2547, 2549, 3599, 3957, 3964, 3969, 3976, 3978, 3983)

CUMULATIVE INDEX • 1989-2023

2014 Ed. (1570, 1574, 1696, 1697, 1698, 1970, 1971, 2479, 3901, 3907, 3911, 3921, 3922, 3926, 4035, 4252)
2015 Ed. (1740, 2015, 2016, 2553, 3928, 3935, 3944, 3955, 3956, 3961)
2016 Ed. (1691, 1692, 1986, 1988, 3846, 3854, 3861, 3871, 3872, 3876)
2017 Ed. (1668, 1946, 1948, 3806, 3807, 3823, 3824, 3838)
2018 Ed. (1898, 1900, 3853, 3867, 3868, 3880)
2019 Ed. (1946, 1948, 3825, 3834, 3835, 3842)
2020 Ed. (1882, 1883, 3868, 3874)
2021 Ed. (1841, 1842)
Gazprom; OJSC
 2014 Ed. (1675, 2469, 2481, 3917, 3919)
 2015 Ed. (1721, 2540, 2555, 3951, 3953)
 2016 Ed. (1672, 2467, 2472, 3868)
 2017 Ed. (3834)
 2020 Ed. (2379, 3871)
 2021 Ed. (2336, 2343)
Gazprom PAO
 2019 Ed. (1945)
Gazprom; Public JSC
 2018 Ed. (2357, 2363, 2368, 2369, 2370, 2372)
 2019 Ed. (2394, 2402, 2408, 2409, 2410, 2412)
Gazprom Rao
 2005 Ed. (2407)
Gazprom Space Systems
 2016 Ed. (4300)
 2017 Ed. (4305)
 2018 Ed. (4286)
 2019 Ed. (4314)
 2021 Ed. (4283)
Gazprom Space Systems (Russia)
 2021 Ed. (4283)
Gazprombank
 2002 Ed. (640)
 2003 Ed. (489, 604)
 2004 Ed. (612)
 2005 Ed. (494, 499, 503, 602)
 2007 Ed. (443, 445, 546)
 2008 Ed. (497)
 2009 Ed. (437, 438, 527)
 2010 Ed. (414, 415, 508, 509, 510)
 2011 Ed. (338, 339, 439)
 2012 Ed. (404)
 2013 Ed. (443, 455)
 2014 Ed. (433, 434, 457, 471)
 2015 Ed. (489, 515, 529)
 2016 Ed. (443, 483)
 2017 Ed. (459, 500)
 2018 Ed. (423, 464)
 2019 Ed. (430, 476)
 2020 Ed. (418, 459)
 2021 Ed. (461)
 2022 Ed. (455)
 2023 Ed. (685)
Gazprombank (Russia)
 2022 Ed. (455)
Gazprommedstrakh
 2003 Ed. (2978)
Gb Auto
 2022 Ed. (639)
 2023 Ed. (863)
GB Auto Service Inc.
 2022 Ed. (4654)
GB Collects
 2013 Ed. (1034)
 2014 Ed. (1005)
GB Foods
 1992 Ed. (2362, 2363, 3988, 3989)
 1995 Ed. (3133)
 1998 Ed. (3412)
GB Group Corp.
 2006 Ed. (3772)
GB Group plc
 2015 Ed. (1107)
GB-Inno-BM
 1989 Ed. (24)
 1991 Ed. (730, 1258, 1259)
GB-Inno-BM SA
 1989 Ed. (1095)
 1997 Ed. (1365)
 1999 Ed. (1589)
GB Logistics
 2022 Ed. (3648)
 2023 Ed. (3746)
GB & T Bancshares Inc.
 2002 Ed. (1381)
GB-Unic
 2005 Ed. (1663)
GB Unic SA
 2000 Ed. (1393)
 2001 Ed. (1638)
GBA Marine AS
 2011 Ed. (2916)
GBA Services
 2020 Ed. (4683)
 2021 Ed. (4696)
GBB Buck Consultants
 1990 Ed. (1649)
GBBN
 2023 Ed. (266)

GBC Bancorp
 1993 Ed. (379)
 1994 Ed. (556)
 1995 Ed. (530)
 1996 Ed. (587)
 1998 Ed. (390)
 1999 Ed. (428, 444, 581)
 2000 Ed. (423, 424)
 2002 Ed. (443, 3376)
 2003 Ed. (513, 514, 515, 545, 3427)
 2005 Ed. (356)
GBC Canadian Growth
 2001 Ed. (3475, 3476)
 2004 Ed. (3618)
GBC Technologies
 1995 Ed. (2060, 3381)
GBC Technology Service SRL
 2016 Ed. (1707)
GBD Architects Inc.
 2023 Ed. (288)
GBF Graphics
 2000 Ed. (914)
GBI
 2018 Ed. (3618)
 2019 Ed. (3612)
GBL
 1991 Ed. (730)
 1992 Ed. (913, 914)
 1993 Ed. (729, 730)
 1996 Ed. (763)
 1997 Ed. (700)
 2002 Ed. (759)
 2007 Ed. (2576)
 2011 Ed. (2688)
 2012 Ed. (2616)
 2013 Ed. (2691)
 2014 Ed. (2676)
 2015 Ed. (2720)
 2016 Ed. (2641)
 2017 Ed. (2576)
GBM
 2003 Ed. (3620)
GBM Capital Bursatil
 2004 Ed. (3656)
GBM Fondo de Crecimiento
 2004 Ed. (3656)
 2005 Ed. (3580)
GBM Grupo Bursatil Mexicano
 2007 Ed. (763)
 2008 Ed. (739)
GBMI
 2005 Ed. (271)
GBP Direct Inc.
 2016 Ed. (4987)
G.B.P. Industries
 1990 Ed. (2212)
GBQC Architects
 1996 Ed. (237)
 1998 Ed. (189)
GBS
 1989 Ed. (831)
 1991 Ed. (810)
 1992 Ed. (990)
 1993 Ed. (787)
 1994 Ed. (804)
 1995 Ed. (855)
 1999 Ed. (961)
 2000 Ed. (907, 908)
 2009 Ed. (4099)
 2010 Ed. (4018, 4021, 4026, 4028, 4030, 4032, 4033, 4035)
 2011 Ed. (4017)
GBS Corp.
 2015 Ed. (4068)
GBS Corporation
 2000 Ed. (910)
GBV Taucha mbH
 2019 Ed. (4101)
GBW Custom Homes
 2006 Ed. (1159)
GBW Development
 2006 Ed. (1159)
GBW Properties
 1993 Ed. (1090)
 1994 Ed. (1114, 3007)
 1995 Ed. (1130)
GC America Inc.
 1999 Ed. (1825)
 2000 Ed. (1654)
 2001 Ed. (1987)
GC Management LLC
 2008 Ed. (2966)
GC Micro
 2015 Ed. (3001, 3026)
GC Micro Corp.
 2015 Ed. (5036)
 2016 Ed. (4990)
 2017 Ed. (4980)
 2018 Ed. (4987)
 2019 Ed. (4982)
 2020 Ed. (4986)
 2021 Ed. (4987)
GC Services Limited Partnership
 1999 Ed. (4557)
 2001 Ed. (1312, 1313, 1314, 4463, 4466)
GC Services LP
 2005 Ed. (1055, 4645, 4646)
 2009 Ed. (1021)

GC Solar
 2016 Ed. (4429)
 2017 Ed. (4441)
Gcarso
 1997 Ed. (2778)
 1999 Ed. (3397, 3398)
 2000 Ed. (3124, 3125)
Gcarso A1
 1997 Ed. (2779)
GCAS Sales Promotions
 2000 Ed. (3845)
 2002 Ed. (4086)
GCE
 1993 Ed. (732)
GCG Norway
 1995 Ed. (108)
 1996 Ed. (123)
 1997 Ed. (127)
 1999 Ed. (136)
GCG Norway (Grey)
 2000 Ed. (154)
GCH Retail
 2012 Ed. (4357)
 2013 Ed. (4286)
GCHQ
 2011 Ed. (936)
GCI
 2022 Ed. (1361)
 2023 Ed. (1565)
GCI/APCO
 2000 Ed. (3626, 3627, 3632, 3633, 3634, 3635, 3636, 3640, 3641, 3642, 3643, 3652, 3667, 3668, 3670)
 2002 Ed. (3855, 3857, 3860, 3861, 3862, 3863, 3865, 3866, 3868, 3869, 3870, 3871, 3872)
GCI Communication Corp.
 2001 Ed. (1608)
 2003 Ed. (1605, 1606)
 2008 Ed. (1546)
 2009 Ed. (1473, 1475)
 2010 Ed. (1461)
 2011 Ed. (1462)
 2012 Ed. (1301)
 2013 Ed. (1406)
GCI Communications
 2003 Ed. (1077)
GCI Group
 1990 Ed. (2915, 2919)
 1992 Ed. (3558, 3561, 3573)
 1994 Ed. (2967)
 1995 Ed. (719, 3027)
 1996 Ed. (3105, 3109, 3121, 3127, 3134)
 1997 Ed. (3181, 3183, 3185, 3188, 3211)
 1998 Ed. (104, 444, 1472, 1474, 1545, 1712, 1902, 1926, 1961, 2313, 2934, 2935, 2936, 2940, 2941, 2959, 3618)
 1999 Ed. (3908, 3910, 3913, 3916, 3917, 3919, 3920, 3922, 3924, 3925, 3926, 3928, 3948, 3953, 3954, 3956)
 2002 Ed. (3808, 3817, 3824, 3825, 3850, 3851)
 2008 Ed. (3201)
GCI Group/APCO Associates
 2001 Ed. (3925, 3926, 3928, 3929, 3932, 3937, 3942)
 2003 Ed. (3995, 4010, 4014, 4016, 4017)
 2004 Ed. (3998, 4000, 4008, 4017, 4025, 4026, 4028, 4035)
GCI Group/APCO Worldwide
 2003 Ed. (3994)
 2004 Ed. (3977, 3978, 3979, 3984, 3987, 3991, 3992, 3993, 3994, 4004, 4013, 4020, 4037)
GCI Group London
 1997 Ed. (3196, 3198, 3203)
 1999 Ed. (3938, 3941)
GCI Health
 2023 Ed. (4101)
GCI Holdings Inc.
 2016 Ed. (1352)
GCI Indemnity Inc.
 1997 Ed. (902)
 1998 Ed. (639)
GCI Industries
 1991 Ed. (1164)
GCI London
 1994 Ed. (2957, 2964)
GCI Management
 2009 Ed. (2920)
GCI Management AG
 2009 Ed. (1660, 1710)
GCI Systems
 2006 Ed. (3521)
 2007 Ed. (3569, 4428)
GCI Tunheim
 2003 Ed. (3974, 3976, 3977, 3979, 3981, 3982, 4009)
"Gcinema Vacaciones VII"
 2015 Ed. (3040)
GCL-Poly
 2013 Ed. (2380)
GCL-Poly Energy Holdings
 2013 Ed. (2542)
 2014 Ed. (2474)
 2015 Ed. (2548)
GCL-Poly Energy Holdings Limited
 2022 Ed. (4384)

GCL-Poly Energy Holdings Ltd.
 2013 Ed. (832, 2454, 2816)
 2023 Ed. (1759)
GCL System Integration Technology
 2017 Ed. (2199, 2205)
GCOM Software Inc.
 2019 Ed. (3593)
GCR Tire Centers LLC
 2006 Ed. (4366)
GCR Tires & Service
 2016 Ed. (4645)
 2017 Ed. (4658)
 2018 Ed. (4654)
 2019 Ed. (4668)
 2020 Ed. (4634)
 2021 Ed. (4648)
 2022 Ed. (4661)
GCREST Inc.
 2010 Ed. (2947)
GCS Credit Union
 2004 Ed. (1933)
GCS Software LLC
 2008 Ed. (986)
Gcubed
 2021 Ed. (4543, 4556)
GCubed Enterprises Inc.
 2022 Ed. (4549, 4564)
GD Betrieb
 2020 Ed. (1585)
GD equipment
 1994 Ed. (135)
GD Express Carrier
 2017 Ed. (1728)
GD Midea Holding
 2012 Ed. (1421, 3021, 3022)
 2013 Ed. (1544)
 2014 Ed. (3121)
 2015 Ed. (3182)
GD Midea Holding Co., Ltd.
 2013 Ed. (3109, 3110)
 2014 Ed. (2345, 3547)
 2015 Ed. (2411)
 2016 Ed. (2355)
 2017 Ed. (2204)
 2018 Ed. (2260)
GD Power Development
 2013 Ed. (2432)
 2014 Ed. (2368)
 2015 Ed. (2434)
 2016 Ed. (2381)
 2017 Ed. (2230)
 2018 Ed. (2286)
 2019 Ed. (2275)
 2020 Ed. (2265)
 2021 Ed. (2222)
 2022 Ed. (2262)
 2023 Ed. (2444)
GD Power Development Co. Ltd.
 2022 Ed. (2417)
GD Power Development Co., Ltd.
 2010 Ed. (2427)
 2013 Ed. (2525)
 2014 Ed. (2471)
 2015 Ed. (2542)
 2016 Ed. (2469)
 2017 Ed. (2322)
 2018 Ed. (2364)
 2020 Ed. (2381)
GDB International Inc.
 2014 Ed. (3687)
 2016 Ed. (3598)
 2017 Ed. (3566)
 2018 Ed. (3619)
 2019 Ed. (3613)
GDC
 1990 Ed. (2596)
 1996 Ed. (246)
GDC IT Solutions
 2019 Ed. (4782)
 2020 Ed. (4769)
 2021 Ed. (4768)
 2022 Ed. (4769)
 2023 Ed. (4757)
GDE Construcciones SL
 2001 Ed. (1851)
 2003 Ed. (1825)
GDF Suez
 2010 Ed. (1643, 2817)
 2011 Ed. (1653, 1655, 1656, 1719, 1721, 2435, 2436, 2797, 2798, 2803)
 2012 Ed. (1504, 1506, 1507, 2250, 2257, 2264, 2347, 2357, 2358, 2724, 2725, 2730)
 2013 Ed. (648, 1643, 1645, 1646, 1735, 1737, 1742, 1749, 2436, 2449, 2455, 2530, 2539, 2801, 2810, 2819, 2820, 2821, 4827)
 2014 Ed. (663, 1282, 1602, 1603, 1604, 2371, 2383, 2387, 2473, 2838, 2848, 2857, 2858, 2859, 4841, 4843)
 2015 Ed. (724, 1654, 2437, 2546, 2878, 2897, 2898, 2899, 4878, 4880)
 2016 Ed. (662, 1594, 1595, 2384, 2402, 2808, 2818, 2819)
 2017 Ed. (1575, 2233, 2778, 2789)
 2018 Ed. (2472)

GDF Suez Energy Romania SA
  2012 Ed. (1873)
  2013 Ed. (2034)
GDF Suez SA
  2015 Ed. (2451, 2888)
GDI
  2010 Ed. (4449)
GDI Construction Corp.
  2023 Ed. (1775)
GDI Integrated Facility Services Inc.
  2018 Ed. (2473)
  2022 Ed. (4392)
  2023 Ed. (4414)
GDMI (Grey Directory)
  2003 Ed. (181)
GDS Business Displays
  2014 Ed. (4080)
GDS Engineers Inc.
  2004 Ed. (2361)
GDSX Ltd.
  2012 Ed. (1931)
  2013 Ed. (2093)
GDX Automotive
  2003 Ed. (343)
  2005 Ed. (1757)
GE
  1992 Ed. (1285, 2420, 3401, 3460, 4321)
  1995 Ed. (698)
  1996 Ed. (2190, 2195)
  2000 Ed. (4202, 4223)
  2001 Ed. (287, 288)
  2003 Ed. (749, 752)
  2004 Ed. (661, 762)
  2005 Ed. (742, 2863, 2953)
  2006 Ed. (654)
  2007 Ed. (683, 691, 692, 696, 2965, 2975)
  2008 Ed. (641, 655, 656, 663, 2348, 2981, 3089, 3668, 3835, 4548)
  2009 Ed. (669, 670, 674, 3176, 3177, 3193)
  2010 Ed. (634, 635, 640, 3121)
  2011 Ed. (557, 568, 569, 570, 575, 3079)
  2012 Ed. (536, 548, 553, 554, 558)
  2013 Ed. (639, 640, 667, 694, 3569, 3619, 3676, 4409)
  2014 Ed. (653, 654, 684, 691, 717, 2290, 2412, 3556)
  2015 Ed. (714, 735, 763, 3584, 4640, 4642)
  2016 Ed. (655, 670, 685, 3354, 4556, 4557)
  2017 Ed. (689, 731, 734, 3319, 4561, 4565)
  2018 Ed. (2211, 3382)
  2019 Ed. (1281, 4590)
  2020 Ed. (1268, 2182, 2183)
  2021 Ed. (1240, 2163, 3460)
  2022 Ed. (2193, 3384)
  2023 Ed. (3504, 3505)
GE (General Electric Co.)
  2023 Ed. (1852)
GE 3-Way Light Bulbs (White), 50-, 100-, 150-Watt
  1990 Ed. (2129, 2130)
GE Access
  2005 Ed. (4811)
GE Advanced Materials
  2007 Ed. (924, 931, 2261)
GE Aircraft Engines
  2005 Ed. (165)
GE Appliance
  1997 Ed. (2314)
  1998 Ed. (2042)
  1999 Ed. (2801)
GE Appliances
  2000 Ed. (2577)
  2001 Ed. (2808)
  2002 Ed. (1079, 1912, 1990, 2695, 2700, 3945, 4515, 4516, 4781)
  2003 Ed. (2864)
  2016 Ed. (1733, 3436)
  2017 Ed. (3396)
  2019 Ed. (3433)
  2020 Ed. (3009, 3432)
  2021 Ed. (3448)
  2022 Ed. (3507)
GE Appliances, a Haier company
  2021 Ed. (3448)
  2023 Ed. (3507)
GE Asset
  2005 Ed. (3547, 3563)
GE Asset Management
  2002 Ed. (3014, 3938)
  2003 Ed. (3085, 3502, 3503)
  2004 Ed. (711, 3561, 3563)
  2005 Ed. (3208)
  2006 Ed. (3599, 3659)
  2007 Ed. (2494, 3251)
  2008 Ed. (2609, 3763, 3765)
  2009 Ed. (3790, 3791, 3810)
  2010 Ed. (3719)
  2011 Ed. (2540)
  2012 Ed. (2487, 2488, 3748)
  2013 Ed. (613, 3819)
  2016 Ed. (2554, 3678)
GE & Associates
  1999 Ed. (4691, 4692)

GE Aviation
  2012 Ed. (87)
  2016 Ed. (3424, 3432)
  2017 Ed. (95, 3392)
  2018 Ed. (3451, 3458)
  2019 Ed. (1887, 3422, 3429)
  2020 Ed. (1826, 3429)
  2021 Ed. (80, 1793, 3444)
  2022 Ed. (3503)
  2023 Ed. (3627)
GE Basic
  2023 Ed. (3504)
GE Bright Stick
  2018 Ed. (3382)
GE Capital
  1994 Ed. (1754, 1755)
  2000 Ed. (1621, 2714, 3846)
  2010 Ed. (2223)
  2016 Ed. (2639)
GE Capital Auto Lease, Inc.
  1990 Ed. (2619)
GE Capital Aviation Services
  2019 Ed. (159)
  2020 Ed. (151)
  2021 Ed. (148)
GE Capital Aviation Services (GECAS)
  2021 Ed. (148)
GE Capital Bank
  2003 Ed. (482)
  2004 Ed. (478)
  2005 Ed. (485)
  2006 Ed. (431)
GE Capital Consumer Card Co.
  2005 Ed. (4180, 4181, 4212, 4213, 4214, 4216, 4217, 4219)
  2006 Ed. (4232, 4233, 4238, 4239, 4241, 4242, 4244)
GE Capital European Funding
  2015 Ed. (1752)
  2016 Ed. (1702)
  2017 Ed. (484)
GE Capital Fleet
  1996 Ed. (2696, 2697)
GE Capital Fleet Services
  1990 Ed. (2617)
  1993 Ed. (2602, 2604)
  1995 Ed. (2620)
  2016 Ed. (291)
  2017 Ed. (293)
GE Capital Information Technology Solutions Inc.
  2003 Ed. (1733)
  2004 Ed. (1770)
  2005 Ed. (1836)
  2006 Ed. (1841)
GE Capital Investment
  2000 Ed. (2828)
  2002 Ed. (3938)
GE Capital and Kidder, Peabody
  1990 Ed. (2440)
GE Capital/McCullagh
  1994 Ed. (2565)
GE Capital Mortgage Corp.
  1996 Ed. (2036, 2675, 2677, 2678, 2679, 2681, 2683, 2684, 2685, 2686)
GE Capital Mortgage Services
  1994 Ed. (2549, 2558)
  1995 Ed. (2042, 2597, 2599, 2601, 2602, 2606, 2607, 2609, 2610)
  2000 Ed. (3159, 3162)
GE Capital Real Estate
  2000 Ed. (3725)
GE Capital Retail Bank
  2013 Ed. (1039, 1040, 4373, 4374, 4377, 4380, 4381, 4382, 4383, 4384, 4385, 4387, 4388, 4390)
  2014 Ed. (302, 303, 307)
  2015 Ed. (338, 343, 367)
GE Capital Retailer Financial Services
  1994 Ed. (888)
  1995 Ed. (931)
  1996 Ed. (910)
GE Capital Small Business
  2000 Ed. (4058)
GE Capital Small Business Finance Corp.
  2000 Ed. (4056)
  2002 Ed. (4295)
GE Capital Small Business Finance Group
  2000 Ed. (4055)
GE/CGR
  1990 Ed. (2537)
GE Commercial Finance
  2006 Ed. (4820)
GE Commercial Finance Real Estate
  2007 Ed. (4101)
GE Companies
  2000 Ed. (303, 3932)
GE Consumer & Industrial
  2010 Ed. (3111, 3128)
  2011 Ed. (3081, 3096)
  2012 Ed. (3023, 3036)
GE Consumer Products
  2004 Ed. (2953)
  2005 Ed. (2951, 2956)
  2006 Ed. (2948)
  2007 Ed. (2966)
  2008 Ed. (3088)

GE Digital Energy
  2015 Ed. (2415, 2877)
GE Edison Life
  2006 Ed. (1441)
GE Edison Life Insurance
  2005 Ed. (1552, 1571)
GE Energy
  2007 Ed. (4962)
  2011 Ed. (3527)
  2013 Ed. (3189)
GE Energy Consulting
  2021 Ed. (1061)
GE Energy Officials
  2011 Ed. (3491)
GE Energy Smart
  2016 Ed. (3354)
  2017 Ed. (3319)
  2018 Ed. (3382)
GE Engine Services
  2001 Ed. (271)
GE Equipment Management
  2006 Ed. (4820)
GE ERC Group
  2004 Ed. (3143)
  2005 Ed. (3153)
GE Financial Assurance
  2002 Ed. (2905)
GE Financial Assurance Group
  2003 Ed. (2992, 2997)
  2005 Ed. (3113)
GE Financial Assurance Holdings Inc.
  2004 Ed. (3105, 3106, 3109)
  2005 Ed. (3108, 3109, 3110, 3111)
GE Financial Assurance Partnership Marketing
  2002 Ed. (3535)
GE Financial Assurance--PMG
  2001 Ed. (4464, 4467)
GE Foundation
  2010 Ed. (2771)
  2011 Ed. (2757)
  2012 Ed. (2691)
GE Fund
  2001 Ed. (2516)
  2002 Ed. (978)
GE Global Asset Protection Services
  2004 Ed. (4347, 4348, 4349)
  2005 Ed. (4287, 4288)
  2006 Ed. (4264, 4265)
  2007 Ed. (4292, 4293)
GE Global Insurance
  2004 Ed. (3119)
GE Global Insurance Group
  2004 Ed. (3072)
GE Global Insurance Holding Corp.
  1999 Ed. (759)
  2005 Ed. (3123)
  2006 Ed. (3133, 3150)
  2007 Ed. (3168, 3187)
  2008 Ed. (3332)
GE Global Insurance Holdings
  2004 Ed. (3144)
GE Halogen Headlamps
  1989 Ed. (2325)
  1990 Ed. (3036)
GE Healthcare
  2005 Ed. (2788, 2802)
  2008 Ed. (2479, 2905, 3840)
  2009 Ed. (2160, 2482, 3701, 3705, 3896)
  2010 Ed. (2900, 3621)
  2011 Ed. (2873, 3623)
  2012 Ed. (2803, 2804, 2808, 3625)
  2013 Ed. (2871, 3682)
  2014 Ed. (3617)
  2015 Ed. (2179, 3565, 3629)
  2016 Ed. (2890, 3420, 3513)
  2017 Ed. (2846, 3380, 3482)
  2018 Ed. (2907, 2916, 2923, 3446, 3537)
  2019 Ed. (641, 2863, 3416, 3523, 3529, 3530)
  2020 Ed. (2886, 3417, 3419, 3505, 3509, 3510, 3512)
  2021 Ed. (2761, 3432, 3434, 3526, 3531)
  2022 Ed. (2915, 3492, 3589, 3593, 3595)
  2023 Ed. (3038, 3618, 3692)
GE Healthcare (General Electric)
  2023 Ed. (3696, 3697, 3699)
GE Healthcare Consulting
  2021 Ed. (1064)
  2023 Ed. (1274)
GE Healthcare Financial Services
  2010 Ed. (2881)
GE Healthcare (General Electric)
  2022 Ed. (3595)
GE Healthcare Integrated IT Solutions
  2007 Ed. (2778)
GE Hitachi Nuclear Energy Americas LLC
  2010 Ed. (2590)
GE Home & Business Solutions
  2013 Ed. (3123)
  2014 Ed. (3109)
  2015 Ed. (3171)
GE Hungary Zrt
  2009 Ed. (1733)
  2011 Ed. (1695)
GE Industrial Systems
  2005 Ed. (3002)

GE Information Services
  1990 Ed. (1645)
GE Infrastructure
  2006 Ed. (4011)
  2007 Ed. (4044)
GE Infrastructure Central & Eastern Europe Holding
  2015 Ed. (3574)
  2016 Ed. (3455)
  2017 Ed. (3416)
  2018 Ed. (1510, 3478)
GE Institutional International Equity Service
  2010 Ed. (3735)
GE Institutional S & P 500 Index Investment
  2009 Ed. (2649)
GE Insurance Solutions
  2006 Ed. (3151, 3152)
  2008 Ed. (1431)
GE Interlogix
  2016 Ed. (4329)
GE International Equity
  1998 Ed. (2634)
  2010 Ed. (3735)
GE Investment
  1995 Ed. (3071, 3072, 3074)
GE Investments
  1989 Ed. (2126, 2130, 2131, 2135)
  1990 Ed. (2323, 2327, 2330, 2333, 2352, 2363)
  1991 Ed. (2819)
  1992 Ed. (2744, 2748, 2772, 3636, 3639, 4073)
  1993 Ed. (1898, 2283, 2284, 2288, 2304, 2308, 2779, 2974, 2975, 2976, 2979, 3392)
  1994 Ed. (2299, 2302, 2304, 2305, 2316, 2768, 3015, 3016, 3018, 3020)
  1996 Ed. (2377, 2384, 2410, 2414, 3165, 3166)
  1997 Ed. (2510, 2627, 3267, 3268)
  2000 Ed. (2792)
G.E Johnson
  2023 Ed. (1347)
GE Johnson
  2020 Ed. (1486)
  2021 Ed. (1479)
GE Johnson Construction Co.
  2002 Ed. (2396)
  2003 Ed. (3961)
  2009 Ed. (1253, 4134)
  2010 Ed. (1250, 4063, 4065)
  2011 Ed. (1199, 4041)
  2013 Ed. (1259)
  2017 Ed. (1509)
  2018 Ed. (1489)
GE Johnson Holding Co.
  2019 Ed. (1521)
Ge; Li
  2023 Ed. (4802)
GE Light Bulbs (White), 60 watts, 4-pack
  1989 Ed. (1630, 1631)
GE Light Bulbs (White), 100 watts, 4-pack
  1989 Ed. (1630)
GE Lighting
  2001 Ed. (3215)
GE Med/GE Med Imaging Systems
  1995 Ed. (2139)
GE Medical Facilities
  1989 Ed. (265)
GE Medical Systems
  1995 Ed. (2138)
  1996 Ed. (2595)
  1999 Ed. (3339)
  2000 Ed. (3078)
  2001 Ed. (2767, 3269)
  2006 Ed. (2774)
GE Money
  2009 Ed. (2175)
GE Money Bank
  2007 Ed. (429, 4246, 4247, 4252, 4253, 4255, 4257, 4258, 4261)
  2008 Ed. (403)
  2009 Ed. (426, 427)
  2010 Ed. (402, 403, 411, 412, 4419, 4422, 4424, 4425, 4426, 4427, 4429, 4430, 4431, 4432, 4434)
  2011 Ed. (329, 330, 966, 4364, 4367, 4369, 4370, 4371, 4374, 4375, 4376, 4377, 4379)
  2012 Ed. (880, 881, 4404, 4407, 4408, 4409, 4410, 4411, 4412, 4413, 4414, 4415, 4416, 4417, 4419, 4422)
  2013 Ed. (418, 4371)
GE Money Bank Czech Republic
  2014 Ed. (437)
  2015 Ed. (491)
  2017 Ed. (463)
  2018 Ed. (426)
  2019 Ed. (434)
  2020 Ed. (422)
GE Mortgage Capital Mortgage Services
  1994 Ed. (2555)
GE Mortgage Capital Services
  1993 Ed. (2591)
GE Oil & Gas
  2012 Ed. (3520)
  2016 Ed. (3434)

2017 Ed. (3395)
2018 Ed. (3420)
GE Oil & Gas UK Ltd.
   2019 Ed. (2070)
GE Plastics
   2000 Ed. (3559)
   2004 Ed. (884, 3908)
GE Plastics Canada Ltd.
   1996 Ed. (986, 1595)
GE Plastics Structured Products Division
   2001 Ed. (3818)
GE Polymerland
   2001 Ed. (4750)
   2003 Ed. (2162)
GE Power Systems
   2004 Ed. (4661)
   2005 Ed. (3002)
GE Power & Water
   2015 Ed. (3253)
GE/Profile
   2001 Ed. (2037, 3304, 3600, 3601, 4027, 4731)
GE-RCA
   1990 Ed. (1637)
GE Real Estate
   2008 Ed. (4120)
   2009 Ed. (282, 4229)
   2010 Ed. (268)
GE Refresh
   2022 Ed. (3384)
   2023 Ed. (3504, 3505)
GE Reinsurance Corp.
   2001 Ed. (2907)
   2002 Ed. (3948, 3949, 3950, 3958, 3959)
   2003 Ed. (2971, 3014, 3015, 3016, 3017, 4995)
   2004 Ed. (3056, 3137, 3138, 3139, 3140, 3141)
   2005 Ed. (3147)
GE Relax
   2022 Ed. (3384)
   2023 Ed. (3504, 3505)
GE Renewable Energy
   2019 Ed. (2407)
GE Reveal
   2016 Ed. (3354)
   2017 Ed. (3319)
   2018 Ed. (3382)
   2022 Ed. (3384)
   2023 Ed. (3504, 3505)
GE S & S Long Term
   1995 Ed. (2686)
   1996 Ed. (2769)
   1997 Ed. (2887)
GE S & S Short Term
   1996 Ed. (2767, 2769)
GE S & S Short Term Interest
   1995 Ed. (2716)
GE Sealants & Adhesives
   2004 Ed. (19)
GE Security
   2013 Ed. (4410)
GE Small Business Solutions
   2001 Ed. (4754)
GE Soft White
   2016 Ed. (3354)
   2017 Ed. (3319)
   2018 Ed. (3382)
   2022 Ed. (3384)
   2023 Ed. (3504)
GE Supply Co.
   1995 Ed. (2232, 2233)
   2000 Ed. (2622)
   2003 Ed. (2204, 2205)
   2004 Ed. (2998)
   2005 Ed. (2996)
GE Transportation
   2007 Ed. (4824)
   2013 Ed. (2381)
GE (U.S.)
   2021 Ed. (2163)
GE/UTC
   2015 Ed. (4436)
GE Value Equity
   2000 Ed. (3262)
GE Value Equity A
   1999 Ed. (3545)
G.E. Warren
   1992 Ed. (3442)
GE Water & Process Technologies
   2014 Ed. (3538)
GEA
   1993 Ed. (981, 982, 1499, 2988, 2990, 3478, 3480, 3686)
   1994 Ed. (1007, 1008, 1547, 3030, 3031, 3454, 3455, 3649)
   1995 Ed. (1019, 1020, 1576, 3082, 3723)
   1997 Ed. (1017, 1018, 1640, 3278, 3655, 3656, 3865)
   1998 Ed. (759, 1252, 1315, 3032, 3428, 3429, 3697)
   1999 Ed. (1190, 1823, 1883, 4020, 4502, 4503, 4741)
   2000 Ed. (1111, 1652, 1691, 2582, 3735, 4136, 4137, 4366)
   2003 Ed. (2235)

GEA Group
   2013 Ed. (1630)
   2014 Ed. (4018)
GEA Group AG
   2011 Ed. (1623)
   2012 Ed. (2144)
   2013 Ed. (830, 2349)
   2014 Ed. (2280)
   2015 Ed. (2365)
   2016 Ed. (2311)
   2017 Ed. (2151)
   2018 Ed. (2202)
Geac
   1994 Ed. (2523)
   2006 Ed. (3279)
GEAC Advanced
   1991 Ed. (2310, 2311)
Geac Computer Corp., Ltd.
   2001 Ed. (1657, 1659)
   2002 Ed. (2506)
   2003 Ed. (1114, 1117, 2930, 2939)
   2005 Ed. (1711, 1726, 2832)
   2006 Ed. (1128, 1613, 2816)
   2007 Ed. (1234, 2813)
Geant
   2022 Ed. (644)
Gear
   2001 Ed. (3197)
Gear 4 Music
   2013 Ed. (3812)
   2015 Ed. (3760)
   2016 Ed. (3668)
   2020 Ed. (3662, 3685)
   2021 Ed. (3668, 3692)
Gear Holdings Inc.
   2001 Ed. (4925)
Gear for Sports
   2001 Ed. (4348)
Gearhart Industries Inc.
   1989 Ed. (2208)
   1990 Ed. (1245)
Gears of Leo AB
   2019 Ed. (1973)
Gears of War
   2008 Ed. (4811)
Gears of War 3
   2013 Ed. (4817)
Gearso
   1994 Ed. (2507, 2508)
   1996 Ed. (2628, 2629)
Geary Brewing Co.; D. L.
   1997 Ed. (714)
Geary Brewing Co.; D.L.
   1989 Ed. (758)
Geauga Lake
   1995 Ed. (216)
Geauga Savings Bank
   2021 Ed. (4315)
Gebbia; Joe
   2015 Ed. (797)
Geberit
   2011 Ed. (1104)
   2012 Ed. (1055)
Geberit AG
   2013 Ed. (1193)
   2014 Ed. (1122, 1144)
   2015 Ed. (1163, 1194)
   2016 Ed. (1078, 1104)
   2017 Ed. (1108, 1149)
   2018 Ed. (1084)
   2019 Ed. (1094)
   2020 Ed. (1082)
Gebhardt Emerson Moodie Bonanno LLC
   2023 Ed. (1666)
Gebr Heinemann
   2013 Ed. (159)
   2014 Ed. (163)
Gebr. Heinemann
   1997 Ed. (1680)
   1999 Ed. (247)
   2015 Ed. (190)
   2016 Ed. (185)
   2017 Ed. (173)
   2018 Ed. (160)
   2019 Ed. (160)
   2020 Ed. (152)
   2021 Ed. (149)
   2022 Ed. (136)
   2023 Ed. (213)
Gebr. Heinemann SE & Co. KG
   2022 Ed. (4262)
Gebr. Schmidt GmbH
   2001 Ed. (2877)
Gebr Sulzer AG
   1996 Ed. (1453)
Gebril; Umar
   2019 Ed. (3641)
   2021 Ed. (3636)
Gebrueder Beetz Filmproduktion
   2015 Ed. (2674, 4713)
   2022 Ed. (4645)
   2023 Ed. (4640)
Gebrueder Beetz Filmproduktion (Cologne, Germany)
   2022 Ed. (4645)
GEC
   1989 Ed. (1338, 2794)
   1990 Ed. (1637, 1638, 3462)

   1991 Ed. (1535, 1639, 2355)
   1995 Ed. (1747)
   1996 Ed. (1360)
   1998 Ed. (1251)
   1999 Ed. (192, 1821, 1992, 4691, 4692)
   2000 Ed. (1648)
GEC Alsthom
   1990 Ed. (3433)
GEC Alsthom NV
   1997 Ed. (1484)
   2000 Ed. (1522)
GEC Alsthom SA
   1994 Ed. (2423)
   1995 Ed. (2495)
GEC Alsthorn NV
   1999 Ed. (1711)
GEC Marconi Ltd.
   1996 Ed. (1521)
   1998 Ed. (2502)
   2000 Ed. (3020)
GEC Packaging Technologies
   2020 Ed. (1920)
   2021 Ed. (1881)
GEC/Picker
   1990 Ed. (2537)
GEC PLC
   1992 Ed. (1629, 1928)
   1993 Ed. (1468, 1581)
GEC Plessey
   1993 Ed. (3212)
   1994 Ed. (2285, 3198)
GEC Siemens
   1991 Ed. (1168)
GECAS
   2001 Ed. (345)
GECC
   1992 Ed. (1749)
   2007 Ed. (2466)
GECC Retailer Financial Services
   1991 Ed. (887)
   1992 Ed. (1090)
Gecina
   2007 Ed. (4079)
   2011 Ed. (4164)
   2012 Ed. (4196, 4212)
   2013 Ed. (4178, 4199)
   2014 Ed. (4195, 4216)
   2015 Ed. (4175, 4199)
   2016 Ed. (4092, 4115)
   2017 Ed. (4068, 4094)
   2018 Ed. (4097)
   2019 Ed. (4103)
   2020 Ed. (4115)
Gecis India
   2007 Ed. (4806)
GECOM Corp.
   2005 Ed. (326, 327)
   2006 Ed. (341)
GECU
   2018 Ed. (2123)
   2022 Ed. (2127)
   2023 Ed. (2243)
Gedalio Grinberg & family
   1995 Ed. (2112, 2579, 3726)
GEDANKENtanken
   2020 Ed. (2220)
Geddes Brecher Qualls Cunningham
   1990 Ed. (285)
   1991 Ed. (254)
   1992 Ed. (360)
   1993 Ed. (249)
   1994 Ed. (258)
Geddes Federal Savings & Loan Association
   2021 Ed. (4312)
   2022 Ed. (4319)
   2023 Ed. (4349)
Geddes Grant
   1994 Ed. (3580)
Gedeon Programmes
   2017 Ed. (4635)
Gedik Holding
   2012 Ed. (3647)
Gedney Farm, New Marlborough, MA
   1992 Ed. (877)
Gedsden, AL
   2003 Ed. (4195)
Gee Automotive Companies
   2019 Ed. (229)
Gee Automotive Holdings
   2021 Ed. (1810)
GEE/EMC
   2018 Ed. (4286, 4287, 4288)
Gee Jay Group International
   2021 Ed. (2970, 2971)
Gee & Jenson
   1998 Ed. (1444)
GeeenRubino
   2014 Ed. (2091)
"Geek Charming"
   2016 Ed. (2928)
The Geek Patrol
   2016 Ed. (1540)
Geek Squad
   2007 Ed. (4596)
   2013 Ed. (2982, 2983)
   2017 Ed. (2915)
   2019 Ed. (2927)

Geeks On Call
   2010 Ed. (840)
Geeks On Call America
   2006 Ed. (818)
   2007 Ed. (905, 906)
   2008 Ed. (880)
Geely
   2019 Ed. (251)
   2021 Ed. (244)
   2022 Ed. (266)
   2023 Ed. (365)
Geely Automobile Holdings
   2018 Ed. (1588)
   2019 Ed. (1109, 1625)
   2020 Ed. (1095, 1584)
Geely Automobile Holdings Ltd.
   2021 Ed. (262, 2453)
   2022 Ed. (279)
   2023 Ed. (2708)
Geely Automotive Holdings
   2014 Ed. (1511)
   2015 Ed. (1568)
Geer, DuBois
   1989 Ed. (65)
Geerlings & Wade
   1996 Ed. (2054, 3444)
Geest
   2006 Ed. (2646)
   2007 Ed. (2625)
Geewax, Terker & Co.
   2001 Ed. (3690)
GEFCO
   1991 Ed. (2469)
Gefco
   2018 Ed. (4711)
   2019 Ed. (4706)
Gefco SA
   2004 Ed. (4798)
Gefco U.K.
   2016 Ed. (4693)
   2017 Ed. (4708)
   2018 Ed. (4700)
Geffen
   1991 Ed. (2739)
   2010 Ed. (3711)
Geffen; David
   1995 Ed. (933)
   2005 Ed. (4851)
   2006 Ed. (2515, 4901)
   2007 Ed. (4896)
   2008 Ed. (4825)
   2009 Ed. (4848)
   2010 Ed. (4855)
   2011 Ed. (4833)
   2012 Ed. (4845)
   2013 Ed. (4844)
   2014 Ed. (4860)
   2015 Ed. (4897)
   2016 Ed. (4815)
   2020 Ed. (4818)
   2021 Ed. (4819)
   2022 Ed. (4812)
   2023 Ed. (4805)
Geffen School of Medicine; University of California-Los Angeles, David
   2007 Ed. (3953)
   2008 Ed. (3983)
   2011 Ed. (3975)
Gefinor
   1994 Ed. (2417)
   2006 Ed. (3340)
Gefland Partners
   1996 Ed. (2408)
GEHA
   2022 Ed. (1665)
   2023 Ed. (1824)
Gehan Homes
   2003 Ed. (1158)
   2004 Ed. (1164, 1201)
   2012 Ed. (1039, 1040)
   2021 Ed. (1037)
   2022 Ed. (1074)
   2023 Ed. (1242)
Gehe AG
   1996 Ed. (3830)
   1997 Ed. (3879)
   1999 Ed. (4761)
   2000 Ed. (4388)
   2002 Ed. (4900)
   2004 Ed. (956)
Gehl Co.
   2004 Ed. (181, 182)
   2005 Ed. (181, 182)
Gehl Foods Inc.
   2018 Ed. (2153)
Gehl Foods LLC
   2022 Ed. (2161)
   2023 Ed. (2280)
Gehl Power Products Inc.
   2003 Ed. (1822)
   2004 Ed. (1858)
   2013 Ed. (2049)
Gehrlicher Solar America Corp.
   2016 Ed. (4406, 4424)
   2017 Ed. (4435)
Gehrlicher Solar Amreica Corp.
   2016 Ed. (4407)

Gehry Partners
  2005 Ed. (262)
GEI Consultants Inc.
  2022 Ed. (2444)
GEICO
  2017 Ed. (3084, 3119)
  2018 Ed. (3213)
  2019 Ed. (3150, 4341)
  2020 Ed. (3180, 3218, 4337)
  2021 Ed. (3012, 3044, 3084, 4353)
  2022 Ed. (3146, 3178, 3225, 4359)
  2023 Ed. (3239, 3272, 3315)
Geico
  1989 Ed. (1732, 1733)
  1990 Ed. (2253, 2254, 2507)
  1992 Ed. (2643, 2681, 2683, 2704, 2959)
  1993 Ed. (2188, 2190, 2239, 2251, 2490, 3251)
  1996 Ed. (1325, 2330, 2332)
  1997 Ed. (1383, 2406, 2408, 2457, 2460, 2697)
  1998 Ed. (1286, 2425)
  1999 Ed. (3287)
  2001 Ed. (1686, 3203)
  2004 Ed. (3077)
  2005 Ed. (128, 3084, 3330, 3922)
  2006 Ed. (2103, 3996)
  2007 Ed. (4031)
  2008 Ed. (637)
  2009 Ed. (654)
  2010 Ed. (621, 2090, 3281, 4107)
  2011 Ed. (2147, 3250)
  2012 Ed. (77, 549, 1994, 3217)
  2013 Ed. (70, 3284)
  2014 Ed. (89, 3308)
  2015 Ed. (91, 3289, 3321, 3354, 3584)
  2016 Ed. (86, 3134, 3136)
  2017 Ed. (69, 3074, 3076, 3078)
  2018 Ed. (86, 3184, 3185)
  2019 Ed. (75, 3118, 3119)
  2020 Ed. (72, 3142)
  2021 Ed. (66, 3011)
  2022 Ed. (78, 3145)
  2023 Ed. (159, 3238)
Geico Auto Insurance
  2002 Ed. (763)
GEICO Corp.
  2014 Ed. (2118)
  2015 Ed. (2171)
  2016 Ed. (2144)
Geico Corp.
  2013 Ed. (2184)
  2014 Ed. (2114)
GEICO Corp. Group
  1989 Ed. (1672)
  1990 Ed. (2221)
  1991 Ed. (2083, 2127, 2128, 2373)
  1992 Ed. (2644, 2646)
  1994 Ed. (2219, 2221, 2230, 2276, 2279, 2426, 3245)
  1995 Ed. (2266, 2321, 3325, 3516)
Geico Credit Union
  2006 Ed. (2167)
  2010 Ed. (2132, 2207)
GEICO Direct
  2005 Ed. (1061)
Geico Federal Credit Union
  2018 Ed. (2128)
GEICO General Insurance Co.
  2001 Ed. (2899, 2901)
  2002 Ed. (2965)
  2018 Ed. (3295)
Geico Indemnity Co.
  2007 Ed. (2058)
  2010 Ed. (2090)
GEICO (U.S.)
  2021 Ed. (3084)
  2022 Ed. (3225)
Geier Flynt; Helen
  1993 Ed. (891, 893)
Geiger
  2008 Ed. (1894)
  2012 Ed. (1672)
  2017 Ed. (3963)
  2023 Ed. (4056)
Geiger Group
  2016 Ed. (1749)
Geiger; Julian R.
  2007 Ed. (2505)
Geiger; Reinold
  2013 Ed. (4857)
  2014 Ed. (4871)
  2015 Ed. (4909)
  2016 Ed. (4825)
  2017 Ed. (4835)
  2018 Ed. (4840)
  2019 Ed. (4836)
  2020 Ed. (4826)
  2022 Ed. (4820)
  2023 Ed. (4814)
GEIS
  1992 Ed. (1934, 4365, 4366)
Geisberg; Samuel
  1996 Ed. (1710)
Geisel; Theodor
  2007 Ed. (891)
  2009 Ed. (878)
  2010 Ed. (828)

2011 Ed. (755)
2012 Ed. (691)
2013 Ed. (907)
2014 Ed. (853)
2015 Ed. (889)
2016 Ed. (774)
2018 Ed. (2445)
2019 Ed. (2494)
2020 Ed. (2486)
Geisel; Theodor Seuss
  2006 Ed. (802)
Geisha
  1994 Ed. (3607)
Geisha Williams
  2013 Ed. (2958)
Geisinger Health Plan
  1997 Ed. (2186, 2187)
  2010 Ed. (2914, 3629)
  2011 Ed. (2881, 3630)
Geisinger Health System
  2006 Ed. (2780)
  2019 Ed. (4342)
  2020 Ed. (4334)
  2021 Ed. (4350)
  2022 Ed. (4356)
Geisinger Health System Foundation
  2004 Ed. (1841)
  2005 Ed. (1944)
  2006 Ed. (1981)
  2007 Ed. (1951)
  2008 Ed. (2040)
  2009 Ed. (2002)
  2010 Ed. (1940)
  2011 Ed. (1993)
Geisinger Holy Spirit
  2019 Ed. (1918)
Geisler; James
  2007 Ed. (1039)
Geissler's Supermarkets
  2009 Ed. (4606)
Geithner; Timothy
  2010 Ed. (702)
Gekkeikan Sake
  1989 Ed. (2947, 2950)
  1991 Ed. (3497)
  2005 Ed. (4930)
  2006 Ed. (4960)
Gekko Boats
  2003 Ed. (1554)
Gekko; Gordon
  2010 Ed. (624)
Gekko it-solutions GmbH
  2015 Ed. (1459)
Gel
  1992 Ed. (2371)
  2004 Ed. (2787)
GEL Engineering LLC
  2012 Ed. (210)
Gel sprays
  2001 Ed. (2652)
Gelatin, diet
  2002 Ed. (1959)
Gelatin/pudding mixes
  2004 Ed. (2648)
Gelatin, sweetened
  2002 Ed. (1959)
Gelatin-sweetened mix
  2003 Ed. (2039)
Gelb; Morris
  2008 Ed. (2631)
  2009 Ed. (2658)
Gelb; Richard L.
  1990 Ed. (975, 1713)
  1991 Ed. (924)
  1993 Ed. (937, 1695)
Gelbtuch; Daniel
  2008 Ed. (2692)
Gelco
  1989 Ed. (2462, 2471, 2880)
  1990 Ed. (3651)
Geldermann Inc.
  1991 Ed. (1012)
Geldof; Bob
  2007 Ed. (4917)
  2008 Ed. (2587)
Gelfand LLC; Law Offices of Ross
  2009 Ed. (1020)
Gelfand Partners
  1996 Ed. (2396, 2400)
Gelfand, Rennergt & Feldman
  2000 Ed. (12)
Gelfand Rennert & Feldman
  1999 Ed. (15)
Gelfond Hochstadt Pangburn PC
  2002 Ed. (9)
  2003 Ed. (3, 10)
  2004 Ed. (8, 16)
  2005 Ed. (12)
  2006 Ed. (17)
Gelfond Hockstadt Pangburn, PC
  2002 Ed. (15)
Gelia
  2022 Ed. (3527)
  2023 Ed. (129, 3648)
Gelia Wells & Mohr, Inc.
  2021 Ed. (3470)
Geller Family Office Services
  2010 Ed. (3384)

Geller & Wind
  2002 Ed. (1217)
Gellert; Jay
  2009 Ed. (3314)
  2010 Ed. (3246)
Gellert; Jay M.
  2008 Ed. (950)
Gelly; James
  2007 Ed. (1054)
  2008 Ed. (963)
Gelman, Rosenberg & Freedman
  2014 Ed. (11)
  2016 Ed. (11)
Gelman, Rosenberg & Freedman CPAs
  2013 Ed. (2)
Gelman Sciences
  1998 Ed. (1931)
  1999 Ed. (2669)
gelrad, llc
  2022 Ed. (3517)
Gels
  2001 Ed. (2651, 2652)
Gelsemium
  1992 Ed. (2437)
Gelsinger; Pat
  2020 Ed. (716)
Gelson's Markets
  2019 Ed. (4294)
Gelusil
  1992 Ed. (340)
Gem
  2003 Ed. (3623)
  2022 Ed. (1399, 3120)
GEM Capital Management Inc.
  2002 Ed. (3009)
GEM Dolphin Fund of Funds
  1997 Ed. (2918)
The GEM Group
  2005 Ed. (3407)
  2006 Ed. (3416)
GEM Inc.
  2015 Ed. (1252)
  2018 Ed. (1170, 1171, 1179)
  2019 Ed. (1169, 1186)
  2020 Ed. (1160, 1189)
  2021 Ed. (1164)
  2022 Ed. (1165)
Gem Inc.
  2020 Ed. (1178)
  2021 Ed. (1150)
GEM Industrial
  2016 Ed. (1170)
  2018 Ed. (1196)
GEM Technology
  1998 Ed. (1932, 1936)
Gemalto
  2011 Ed. (2385)
  2012 Ed. (2317)
  2013 Ed. (2483)
  2014 Ed. (2415)
  2015 Ed. (1101)
  2016 Ed. (1012)
  2017 Ed. (1045, 1067)
  2022 Ed. (675)
gemalto
  2021 Ed. (641)
Gemalto NV
  2009 Ed. (1117)
  2010 Ed. (1098)
Gematic, S.R.O.
  2017 Ed. (1954)
Gemco Constructors LLC
  2023 Ed. (1775)
Gemco Employees Credit Union
  2002 Ed. (1854)
  2003 Ed. (1911)
  2004 Ed. (1951)
Gemco National Inc.
  1994 Ed. (1857)
GemConnect.com
  2001 Ed. (4769)
Gemcraft Homes
  2002 Ed. (1180)
  2003 Ed. (1151)
  2004 Ed. (1155)
  2005 Ed. (1182)
Gemdale
  2012 Ed. (4194)
  2015 Ed. (4172)
  2016 Ed. (4087)
  2017 Ed. (4064)
  2018 Ed. (4092)
  2019 Ed. (4098)
  2020 Ed. (4111)
Gemeenschappen En Gewesten
  2011 Ed. (30)
Gemeinhardt
  1991 Ed. (2553)
Gemey/Maybelline
  2001 Ed. (1930)
Gemfibrozil
  2006 Ed. (2312)
Gemfibrozil/Lopid
  1991 Ed. (931)
Gemfire
  2003 Ed. (1070)
Gemina
  1992 Ed. (3074)

Gemina Ordinaria
  1991 Ed. (2459)
Geminder; Fiona
  2017 Ed. (4834)
  2018 Ed. (4839)
Gemini Associates Inc.
  2006 Ed. (2831)
Gemini Capital Fund Management Ltd.
  1999 Ed. (4705)
Gemini Consulting
  1996 Ed. (834, 835)
  1997 Ed. (845)
  2001 Ed. (1449)
Gemini Consulting & Services
  2016 Ed. (3105)
Gemini Corp.
  2007 Ed. (1569)
Gemini Industries
  2023 Ed. (4038)
Gemini Motor Transport
  2020 Ed. (4745)
  2021 Ed. (4743)
  2022 Ed. (4745)
Gemini Motor Transport LP
  2023 Ed. (4729)
Gemini Solutions
  2023 Ed. (1885, 3217)
Gemini Tech Services LLC
  2015 Ed. (3009)
GeminiBio
  2023 Ed. (842)
Gemline
  2023 Ed. (4058, 4060)
Gemma Power Systems
  2019 Ed. (1160)
Gemma Ward
  2009 Ed. (3766)
Gemological Institute of America
  2015 Ed. (855)
  2016 Ed. (4367)
Gemperle Family Farms
  2023 Ed. (2425)
Gemplus
  1994 Ed. (2473)
  1996 Ed. (2603)
Gems
  1997 Ed. (3717)
Gems Absolute Return Portfolio
  2003 Ed. (3151)
Gems Low Volatility Portfolio
  2003 Ed. (3151)
Gems Russia Portfolio
  2003 Ed. (3143, 3145, 3152)
Gemstar International Group
  2000 Ed. (3003)
  2001 Ed. (1595)
Gemstar-TV Guide International Inc.
  2003 Ed. (2343)
  2004 Ed. (2420, 2421, 2853, 4579)
  2005 Ed. (1516, 2445, 2861)
  2006 Ed. (4585, 4588)
Gemstone Entertainment
  1995 Ed. (3698)
Gemunder; Joel
  2006 Ed. (2531)
  2007 Ed. (2512)
  2008 Ed. (2640)
  2009 Ed. (2666)
  2012 Ed. (2494)
Gemunder; Joel F.
  2011 Ed. (834)
Gemvara
  2014 Ed. (4333)
Gemvara.com
  2013 Ed. (2474)
Gen. Banque
  1993 Ed. (729)
  1996 Ed. (763, 764)
  1997 Ed. (700, 701)
Gen. Belgique
  1993 Ed. (729, 730)
Gen Group
  1997 Ed. (13, 14, 15)
GEN-I d.o.o.
  2014 Ed. (1977)
  2015 Ed. (1624, 2021)
  2016 Ed. (1550, 1995)
  2017 Ed. (1540, 1955)
  2018 Ed. (1520, 1906)
  2019 Ed. (1547, 1955)
  2020 Ed. (1511, 1519, 1520, 1889)
  2021 Ed. (1504, 1505, 1850)
  2022 Ed. (1519, 1896)
  2023 Ed. (1693, 2008)
GEN-I d.o.o. (Slovenia)
  2021 Ed. (1504, 1505)
  2022 Ed. (1519)
GEN-I DOOEL
  2015 Ed. (1617)
  2021 Ed. (1500)
GEN III Oil Corp.
  2019 Ed. (4507)
Gen J. M. Gavin
  1992 Ed. (1896)
Gen. Joseph Dunford
  2019 Ed. (3345)

CUMULATIVE INDEX • 1989-2023

Gen-Probe Inc.
  1993 Ed. (1514)
  2006 Ed. (2736)
  2009 Ed. (3617)
Gen Re
  2021 Ed. (3079)
Gen Re Group
  2011 Ed. (3297, 3299, 3301)
Gen. Reserve
  1996 Ed. (764)
Gen-S Hematology System
  1999 Ed. (3336)
Gen Trak Inc.
  1993 Ed. (704)
  1995 Ed. (668)
Gena & Posta Genetica el Cuatro
  2002 Ed. (3728)
Genaissance Pharmaceuticals Inc.
  2005 Ed. (2834)
  2006 Ed. (2822)
  2007 Ed. (2824)
GenAmerica Corp.
  2000 Ed. (1519, 2696)
  2002 Ed. (1391)
Genba Digital
  2021 Ed. (2705)
Genband
  2010 Ed. (2956, 4701)
  2011 Ed. (4656)
  2014 Ed. (3204)
Genband Inc.
  2014 Ed. (3751)
Genbel
  1993 Ed. (2578)
  1995 Ed. (2584)
GenCap Construction Corp.
  2019 Ed. (2092)
  2020 Ed. (2002)
Gencare Health Systems Inc.
  1997 Ed. (1255)
GENCO
  2008 Ed. (4578)
  2011 Ed. (4066)
Genco
  2015 Ed. (4871)
  2016 Ed. (4794)
GENCO ATC
  2012 Ed. (1089, 4100)
  2013 Ed. (1225)
  2014 Ed. (1165, 4834)
  2015 Ed. (4870)
  2016 Ed. (4793)
  2017 Ed. (4808)
  2018 Ed. (4810)
Genco ATC
  2013 Ed. (2001)
GENCO Distribution
  2006 Ed. (4887)
  2007 Ed. (4879)
  2008 Ed. (4814)
  2009 Ed. (4836, 4839)
  2010 Ed. (4847)
Genco Shipping & Trading Ltd.
  2009 Ed. (2905, 2906, 2911)
  2010 Ed. (2849, 2850, 2855)
  2011 Ed. (2831, 2832, 2836)
  2012 Ed. (2761, 2762)
  2013 Ed. (2844)
  2016 Ed. (343)
GENCO Supply Chain Solutions
  2009 Ed. (4838)
  2011 Ed. (4813)
  2012 Ed. (4829)
  2013 Ed. (4820)
Genco; William
  1990 Ed. (1766)
  1991 Ed. (1688)
  1992 Ed. (2135, 2137)
  1993 Ed. (1820)
  1994 Ed. (1803)
  1995 Ed. (1841)
  1996 Ed. (1819)
  1997 Ed. (1893)
Gencom American Hospitality
  1997 Ed. (2275)
Gencom Software International Inc.
  2010 Ed. (1514)
Gencor
  1990 Ed. (2590)
  1991 Ed. (2468)
  1992 Ed. (1689)
  1993 Ed. (1397, 2577)
  1994 Ed. (1446, 2342, 2343)
  1995 Ed. (1483, 2585)
  1996 Ed. (1442, 1443, 2034, 2442, 2652)
  1997 Ed. (2585, 2586)
  1998 Ed. (1855)
  1999 Ed. (3130, 3131)
  2000 Ed. (2380, 2876)
Gencor Industries
  2000 Ed. (279, 2396)
  2010 Ed. (4512)
GenCorp Inc.
  1990 Ed. (186, 378, 1327, 3066)
  1991 Ed. (178, 183, 331, 1188, 1215)
  1992 Ed. (244, 253, 2632, 4297)
  1993 Ed. (156, 158, 159, 3576)
  1995 Ed. (160, 162)
  1996 Ed. (165, 167, 168)
  1997 Ed. (172)
  1998 Ed. (3103)
  1999 Ed. (4115, 4116)
  2000 Ed. (3828)
  2001 Ed. (4129, 4139, 4508)
  2002 Ed. (4066)
  2003 Ed. (204, 3289)
  2004 Ed. (2020, 2021, 2159)
  2005 Ed. (2160, 2161)
  2016 Ed. (1437)
GenCorp.
  1989 Ed. (193, 195, 1040, 2349, 2752)
  1994 Ed. (140)
  2000 Ed. (3827)
Gencraft
  1994 Ed. (2131)
Gendai Agency
  2011 Ed. (1775)
Gendex Corp.
  1992 Ed. (1131)
  1993 Ed. (933)
Gendis Inc.
  1990 Ed. (1496)
  1991 Ed. (2894)
  1992 Ed. (1793)
  1994 Ed. (1523)
  2003 Ed. (1640)
Gene Beard
  2000 Ed. (1874)
Gene Keiffer
  1995 Ed. (979)
  1996 Ed. (963)
Gene Langan Volkswagen
  1996 Ed. (291)
Gene Logic Inc.
  2005 Ed. (682)
  2006 Ed. (596)
Gene Rogers
  2004 Ed. (976)
Gene W. Schneider
  2004 Ed. (1099)
  2005 Ed. (1103)
Genea
  2020 Ed. (2881)
Geneca
  2011 Ed. (1700)
  2012 Ed. (1553)
Geneca LLC
  2013 Ed. (1702)
GeneMedicine
  1996 Ed. (3304, 3778)
Genencor International Inc.
  2004 Ed. (683)
  2005 Ed. (676)
  2006 Ed. (4328)
  2007 Ed. (4392)
Genentech
  2014 Ed. (1303)
  2015 Ed. (3243, 3272)
  2016 Ed. (3100, 3899)
  2017 Ed. (3855)
  2018 Ed. (1330, 3893)
  2019 Ed. (1345, 1348, 3861)
  2020 Ed. (3883)
  2022 Ed. (3866)
  2023 Ed. (3624, 3963, 3964, 3965)
Genentech Inc.
  1989 Ed. (733, 1271, 2644, 2670)
  1990 Ed. (732, 1285, 2984, 2985, 3470)
  1991 Ed. (711, 1465, 2837, 2838)
  1992 Ed. (892, 1458, 1459, 1486, 3667, 3668)
  1993 Ed. (701, 1940, 2998, 2999, 3006)
  1994 Ed. (710, 711, 3044, 3045)
  1995 Ed. (665, 666, 667, 3093, 3094)
  1996 Ed. (741)
  1997 Ed. (1650)
  1998 Ed. (1334)
  1999 Ed. (728)
  2001 Ed. (706, 709, 1203, 2073, 2589, 4188)
  2003 Ed. (683, 684, 3863)
  2004 Ed. (682, 683, 684, 685, 686, 4560)
  2005 Ed. (675, 676, 677, 678, 679, 681, 1675, 1686, 3817, 3818, 3828, 4517, 4611)
  2006 Ed. (591, 593, 594, 595, 1489, 1491, 1581, 1584, 2326, 2659, 3319, 3886, 3887, 3894, 4869)
  2007 Ed. (621, 622, 623, 624, 1519, 1521, 2889, 3899, 3901, 3904, 3917, 3919, 3925, 3929, 3930, 3931, 3933, 3934, 3935, 3936, 3937, 3939, 3940, 3941, 3944, 4557, 4701)
  2008 Ed. (571, 572, 573, 910, 1488, 1501, 1503, 1585, 1586, 1588, 1589, 3011, 3942, 3947, 3955, 3961, 3962, 3965, 3966, 3967, 3968, 3969, 3970, 3971, 3972, 3974, 3975, 3976, 4523, 4614)
  2009 Ed. (602, 918, 1401, 1434, 1435, 1521, 1523, 1524, 1532, 3097, 3608, 4017, 4020, 4035, 4036, 4037, 4039, 4040, 4041, 4042, 4043, 4044, 4045, 4047, 4048, 4049, 4251, 4558)
  2010 Ed. (586, 861, 1417, 1526, 3030, 3923, 3940, 3941, 3942, 3943, 3944, 3945, 3946, 3947, 3950, 3951, 3952, 4587, 4604)
  2011 Ed. (511, 1419, 1521, 2397, 2999, 3961, 3962, 3963, 3964, 3965, 3966, 3967, 3971, 3972)
  2012 Ed. (484, 487, 1257, 1368, 1378, 2328, 2925)
  2013 Ed. (602, 1457, 1473, 3014, 3170)
  2014 Ed. (617, 1418, 1435, 1728, 3023, 3939)
  2015 Ed. (685, 1364, 1365, 1478, 3090, 3975)
  2016 Ed. (1294, 1432, 1726, 3889)
  2017 Ed. (1412, 1444, 2311, 2992)
  2018 Ed. (1389, 2352, 3016)
  2019 Ed. (1435, 2957, 3859)
  2020 Ed. (2987, 3881)
  2021 Ed. (2847, 3845)
Geneos Wealth Management
  2017 Ed. (2579, 2589, 2593)
  2018 Ed. (2654, 2658, 2660)
  2019 Ed. (2639, 2643, 2645)
  2020 Ed. (2651, 2655, 2657)
  2021 Ed. (2559, 2563, 2564, 2565)
  2022 Ed. (2678, 2682, 2684)
  2023 Ed. (2816)
genEplanet
  2020 Ed. (1890, 2883)
GENEPLUS
  2022 Ed. (835)
Gener SA
  2002 Ed. (4095)
  2003 Ed. (4577)
Gener8 Maritime Inc.
  2017 Ed. (4723)
Generac Holdings
  2022 Ed. (2017, 3102)
Generac Holdings Inc.
  2015 Ed. (2182, 2185, 3565)
  2017 Ed. (3380)
  2021 Ed. (3434)
Generac Holdings Inc. (Generac Power Systems)
  2023 Ed. (3618)
Generac Power Systems
  2023 Ed. (3618)
Generaco
  1998 Ed. (921)
General
  1990 Ed. (383, 2621)
  1992 Ed. (4298)
  1993 Ed. (234, 338)
  1994 Ed. (324)
  1995 Ed. (322)
  1998 Ed. (905)
  2001 Ed. (4542)
  2006 Ed. (4742, 4743, 4744, 4750, 4751)
  2008 Ed. (4679, 4680)
  2009 Ed. (4718, 4719, 4720)
  2012 Ed. (4707, 4708, 4709, 4710, 4711)
  2013 Ed. (4666, 4667, 4672, 4673, 4674)
  2014 Ed. (4719, 4720, 4721)
  2015 Ed. (4731, 4732, 4737, 4738, 4739)
  2016 Ed. (4632, 4633, 4638, 4639, 4640)
  2017 Ed. (4652, 4653)
  2018 Ed. (4645, 4646)
  2019 Ed. (4661)
  2020 Ed. (4626, 4628)
  2021 Ed. (4639, 4641)
  2022 Ed. (4655)
The General
  2019 Ed. (3118)
  2020 Ed. (3142)
  2021 Ed. (3011)
  2022 Ed. (3145)
  2023 Ed. (3238)
General Accident
  1990 Ed. (2260, 2283)
  1991 Ed. (2146, 2157)
  1993 Ed. (1324, 2255, 2259)
  1995 Ed. (2268)
General Accident Assurance
  1990 Ed. (2257)
  1992 Ed. (2692, 2694)
  1996 Ed. (2342, 2343)
General Accident Assurance Co. of Canada
  1990 Ed. (2256)
  1991 Ed. (2131)
  1992 Ed. (2693)
  1995 Ed. (2325)
  1997 Ed. (2468)
  1999 Ed. (2980)
General Accident Fire & Life Assurance Corp.
  1999 Ed. (2913)
General Accident Fire & Life Assurance Corp. PLC
  1991 Ed. (2145)
General Accident Insurance Co.
  1992 Ed. (2160)
  1998 Ed. (2712)
General Accident Insurance Co. of America
  1990 Ed. (2281)
General Accident Investment Management Services
  1999 Ed. (3102)
General Accident of New York
  1995 Ed. (2327)
General Accident of NY
  1994 Ed. (2222, 2223, 2283)
General Accident plc
  2003 Ed. (2977)
General Accident Prop. Services
  1991 Ed. (1726)
General Agents Group
  2002 Ed. (2952)
General Aggressive Growth
  1992 Ed. (3189)
General Air
  2021 Ed. (2709)
  2022 Ed. (2866)
  2023 Ed. (2980)
General American
  1989 Ed. (1702, 1704)
General American Life
  1989 Ed. (1685)
  1991 Ed. (2094)
  1992 Ed. (2658)
  1993 Ed. (2214, 2227, 2302, 3281)
  1994 Ed. (2262, 3271)
  1995 Ed. (2299, 2303, 3352)
  1996 Ed. (2317)
General American Life Insurance Long-Term Bond SA-18
  1994 Ed. (2315)
General American Life Insurance Lowcap SA-20 Gross
  1994 Ed. (2314)
General Assembly
  2020 Ed. (2226)
General Assembly of the Christian Church
  1993 Ed. (894)
General Atomic Technologies Corp.
  2009 Ed. (1359)
  2010 Ed. (1343)
  2011 Ed. (1328, 1339)
  2012 Ed. (1194, 1204)
General Atomics
  2022 Ed. (1248, 2169)
General Atomics Aeronautical Systems Inc.
  2009 Ed. (3617)
General Atomics International
  2013 Ed. (1308)
  2014 Ed. (1242, 1252)
  2015 Ed. (1309)
General Atomics Technologies Corp.
  2019 Ed. (1284, 2159)
  2020 Ed. (2141)
  2021 Ed. (1243, 2135)
General Authority for Investment
  2015 Ed. (3523)
General Automotive Corp.
  1989 Ed. (928)
General Bank
  1990 Ed. (463)
  1996 Ed. (3164)
  1997 Ed. (2801)
  1998 Ed. (2515)
  1999 Ed. (3423)
  2000 Ed. (542, 3149)
General Bank of Greece
  2003 Ed. (500)
  2004 Ed. (535)
  2005 Ed. (514)
  2006 Ed. (447)
  2007 Ed. (454)
General Bank for Venture Financing
  1994 Ed. (502)
General Banking & Trust Co.
  1997 Ed. (489)
  2004 Ed. (539)
  2005 Ed. (518)
  2006 Ed. (449)
  2007 Ed. (460, 480)
  2008 Ed. (424, 442, 445)
  2009 Ed. (467, 470)
  2010 Ed. (411, 412, 429, 447, 451)
General de Banque
  1991 Ed. (1260)
General of Berne
  1990 Ed. (2244)
General Beverage Corp.
  1994 Ed. (1227)
General BF
  1994 Ed. (805)
General Binding Corp.
  1991 Ed. (2636)
  1992 Ed. (1478)
  1998 Ed. (1878, 1925)
  1999 Ed. (2615, 2666)
  2005 Ed. (3639)
General Biscuit of America
  1992 Ed. (497)
General Board of Pensions & Health Benefits of the United Methodist Church
  1997 Ed. (3027)
General Board of Pensions and Health Benefits of United Methodist Church
  1996 Ed. (2946)
General Board of Pensions, United Methodist Church
  1992 Ed. (3361)
  1994 Ed. (2775)

General Bronze Corp.
    2007 Ed. (2696)
    2008 Ed. (2821)
General Bronze South LLC
    2009 Ed. (2879)
General Building Maintenance Inc.
    2007 Ed. (4407)
General Business Forms
    1989 Ed. (832)
    1990 Ed. (849)
    1991 Ed. (809)
    1992 Ed. (991)
    1993 Ed. (788)
    1995 Ed. (856)
    1999 Ed. (962)
General CA Municipal MMF
    1992 Ed. (3095)
General Cable
    2013 Ed. (1803)
    2015 Ed. (1775)
General Cable Corp.
    1995 Ed. (1446)
    1996 Ed. (864)
    2001 Ed. (3280)
    2002 Ed. (3316)
    2003 Ed. (3368, 3371, 3375, 3380)
    2004 Ed. (2179)
    2005 Ed. (2280, 2285, 2286, 3397, 3464)
    2006 Ed. (1842, 1844, 2347, 2350)
    2007 Ed. (1846, 1847, 1849, 2285, 3424)
    2008 Ed. (1882, 1883, 1885, 2418)
    2009 Ed. (1837, 1838, 1841, 3630)
    2010 Ed. (1778, 1779, 1781, 2383, 3551)
    2011 Ed. (591, 1791, 1792, 1794, 2384, 3551, 3637, 3638, 3645)
    2012 Ed. (1648, 1650, 2313, 3544, 3633, 3634, 3638)
    2013 Ed. (1806, 1808, 2406, 2495, 3612, 3692, 3697)
    2014 Ed. (1733, 1735, 2344, 2425, 3626, 3627)
    2015 Ed. (1778, 1779, 2404, 2498, 3577, 3639, 3640)
    2016 Ed. (1732, 1736, 2433, 3457, 3527, 3531)
    2017 Ed. (1713, 2279, 3498)
    2018 Ed. (3550)
    2019 Ed. (3543)
General Cable de Latinoamerica SA de CV
    2008 Ed. (3563)
General de Cable de Mexico del Norte SA de CV
    2011 Ed. (3551)
General Catalyst Partners
    2010 Ed. (4845)
General Chemical
    1993 Ed. (3351)
General Chemical Soda Ash Partners
    2001 Ed. (1902)
    2003 Ed. (1857, 1858)
    2005 Ed. (2019, 2020)
    2006 Ed. (2122, 2123)
    2007 Ed. (2070)
    2008 Ed. (2178)
    2009 Ed. (2164)
    2010 Ed. (2104)
    2011 Ed. (2157)
    2012 Ed. (2008)
General Cigar
    1989 Ed. (2844)
    1999 Ed. (1143, 1144, 4512)
General Cigar Co.
    2016 Ed. (4647)
General Cigar Holdings Inc.
    2001 Ed. (4561)
    2003 Ed. (967, 4745)
    2004 Ed. (4727)
    2005 Ed. (4704)
    2006 Ed. (4758)
    2007 Ed. (4764)
    2011 Ed. (4696)
General Cinema Corp.
    1989 Ed. (255, 726, 2510, 2514)
    1990 Ed. (262, 726, 727, 1287, 1491, 3248, 3319)
    1991 Ed. (706, 1185, 1411, 1412, 3112)
    1992 Ed. (1521, 3108, 3109, 3944, 4260)
    1993 Ed. (1194, 2598, 3215)
    2001 Ed. (3388)
General Cinema Fallbrook Mall
    1997 Ed. (2820)
General Cinema Theatres
    1990 Ed. (2610)
    1999 Ed. (3451)
    2001 Ed. (3389)
General office clerks
    1989 Ed. (2077)
General & Cologne Re
    2002 Ed. (2871)
General Cologne Reinsurance
    2002 Ed. (2972, 2974)
General Communication Inc.
    2001 Ed. (1609)
    2004 Ed. (1621)
    2005 Ed. (1647)
    2006 Ed. (1538)
    2007 Ed. (1567)
    2008 Ed. (1546)

2009 Ed. (1475)
2010 Ed. (1461)
2011 Ed. (1462)
2012 Ed. (1301)
2013 Ed. (1406)
2016 Ed. (1353)
General Communications Inc.
    2014 Ed. (1353)
    2015 Ed. (1430)
General building contractors
    2001 Ed. (1677, 1726, 1754, 1757, 1781, 1804, 1837, 1838, 1855)
General Data Co.
    2012 Ed. (4034)
    2014 Ed. (4085)
General Data Co., Inc.
    2018 Ed. (3992)
    2019 Ed. (3969, 3976)
    2020 Ed. (3990, 3996)
General Datacomm
    1989 Ed. (2309)
    1990 Ed. (1105, 2987)
    1991 Ed. (2844)
    1992 Ed. (3675)
    1993 Ed. (1045, 2612)
    1996 Ed. (2835)
General Development
    1990 Ed. (1159)
    1991 Ed. (3389)
    1992 Ed. (3227)
General Donlee Canada
    2013 Ed. (1504)
    2015 Ed. (3647)
General Donlee Income Fund
    2008 Ed. (3657)
    2009 Ed. (3726)
    2010 Ed. (3642)
    2011 Ed. (3646)
General Dynamics
    2013 Ed. (2154, 2306, 2312)
    2014 Ed. (2088, 2247, 2536)
    2015 Ed. (2141, 2310, 2312, 2315, 2317)
    2016 Ed. (95, 104, 106, 108, 2119)
    2017 Ed. (82, 96, 99, 100, 1265, 1266)
    2018 Ed. (97, 107, 110, 111, 4316)
    2019 Ed. (78, 85, 95, 98)
    2020 Ed. (89, 91, 93, 94, 2001, 2153)
    2021 Ed. (72, 80, 84, 2149)
    2022 Ed. (82, 85, 86, 97, 98, 1993, 2182)
    2023 Ed. (163, 165, 167, 172, 173, 1470, 2094, 3616)
General Dynamics Advanced Information Systems
    2007 Ed. (1395, 4871)
    2008 Ed. (1348, 4798, 4802)
    2013 Ed. (3564)
    2014 Ed. (3543)
    2021 Ed. (3427)
General Dynamics Armament & Technical Products Inc.
    2007 Ed. (2050)
    2008 Ed. (2154)
    2009 Ed. (2137)
    2010 Ed. (2079)
General Dynamics C4 Systems Inc.
    2006 Ed. (1544)
    2007 Ed. (1574)
    2008 Ed. (1557)
    2009 Ed. (1483)
    2010 Ed. (1473)
    2011 Ed. (1471)
    2012 Ed. (1311)
    2013 Ed. (1411)
    2014 Ed. (1362)
    2015 Ed. (1437)
    2016 Ed. (1360)
General Dynamics Canada
    2014 Ed. (1491)
    2015 Ed. (2983)
    2016 Ed. (2918)
    2017 Ed. (2875)
General Dynamics Canada Ltd.
    2006 Ed. (1592, 1605, 1623)
    2008 Ed. (2929)
    2017 Ed. (2864)
    2018 Ed. (2935)
    2019 Ed. (2889)
General Dynamics Co.
    2013 Ed. (4219)
    2014 Ed. (2119, 4256)
    2015 Ed. (2172)
    2016 Ed. (2147)
General Dynamics: Convair Division
    1990 Ed. (3092)
General Dynamics Corp.
    1989 Ed. (193, 194, 195, 196, 197, 2813)
    1990 Ed. (179, 183, 184, 191, 1404, 1480)
    1991 Ed. (176, 179, 180, 181, 182, 183, 184, 1329, 1403, 1407)
    1992 Ed. (244, 246)
    1993 Ed. (153, 157, 160, 1413, 1460, 1462, 1468, 2573)
    1994 Ed. (136, 137, 138, 139, 142, 143, 144, 1213, 1237, 1245, 1251, 1263, 1264, 1467, 1513, 1517)

1995 Ed. (155, 157, 158, 159, 160, 161, 162, 163, 1287, 1288, 1428, 1504, 1542, 3435)
1996 Ed. (165, 166, 167, 168, 1271, 1391, 1392, 1518, 1520)
1997 Ed. (170, 171, 172, 173, 1583)
1998 Ed. (92, 93, 94, 95, 96, 1245, 1247, 1318)
1999 Ed. (183, 184, 185, 186, 1819)
2000 Ed. (213, 214, 215, 1646, 1647, 1648, 1651)
2001 Ed. (263, 264, 265, 266, 1045, 1981)
2002 Ed. (239, 240, 241, 242, 1388, 1424, 1426, 1795, 1911, 4501, 4668)
2003 Ed. (197, 198, 199, 200, 201, 202, 203, 207, 210, 1342, 1344, 1349, 1351, 1359, 1363, 1446, 1845, 1846, 1964, 1966, 1968, 1969, 1970, 1971, 1975, 4810)
2004 Ed. (157, 158, 161, 162, 163, 166, 882, 1344, 1345, 1360, 1364, 1368, 1370, 1476, 1533, 1880, 1881, 2009, 2010, 2012, 2014, 2015, 2016, 2018, 2019, 2020, 2021)
2005 Ed. (155, 158, 159, 160, 161, 166, 868, 1352, 1353, 1364, 1376, 1381, 1389, 1391, 1492, 1996, 1997, 2005, 2006, 2150, 2151, 2152, 2153, 2154, 2155, 2157, 2158, 2160, 2161, 2162, 4503, 4765, 4768)
2006 Ed. (171, 172, 174, 175, 176, 177, 179, 1355, 1365, 1368, 1373, 1377, 1379, 1420, 2096, 2097, 2108, 2111, 2243, 2244, 2245, 2246, 2247, 2248, 2250, 3363, 3932, 4815, 4816, 4819)
2007 Ed. (173, 174, 175, 176, 177, 178, 179, 182, 183, 185, 1405, 1411, 1415, 1417, 1468, 2053, 2054, 2061, 2167, 2168, 2169, 2170, 2171, 2172, 2174, 2884, 4827, 4828)
2008 Ed. (157, 159, 160, 162, 164, 1361, 1362, 1368, 1372, 1373, 1399, 1462, 2159, 2161, 2162, 2170, 2282, 2283, 2284, 2285, 2286, 2287, 2289, 3006, 4753, 4754, 4756)
2009 Ed. (183, 186, 188, 189, 1348, 1351, 1357, 1360, 1363, 1368, 1372, 1374, 1400, 1880, 2139, 2141, 2143, 2153, 2270, 2271, 2272, 2273, 2274, 2275, 2277, 3092, 4781, 4782, 4785, 4825)
2010 Ed. (162, 164, 167, 169, 1341, 1344, 1345, 1347, 1352, 1358, 1360, 1812, 2081, 2082, 2083, 2094, 2225, 2226, 2227, 2228, 2229, 2230, 2231, 3025, 4797, 4798, 4801, 4802)
2011 Ed. (83, 84, 88, 91, 93, 1326, 1327, 1333, 1341, 1344, 1346, 1348, 2138, 2139, 2140, 2242, 2243, 2244, 2245, 2246, 2247, 2249, 2994, 4549, 4746, 4748, 4749)
2012 Ed. (84, 86, 88, 94, 97, 99, 1193, 1199, 1206, 1211, 1213, 1982, 1983, 1984, 1986, 2106, 2107, 2108, 2109, 2110, 2111, 2115, 2116, 2920, 3689, 4762, 4763, 4765)
2013 Ed. (77, 804, 1313, 1320, 2146, 2148, 2149, 2151, 2294, 2295, 2300, 2302, 2303, 2307, 2308, 2310, 2313, 2853, 3009, 3739, 4734, 4735, 4737)
2014 Ed. (97, 822, 1243, 1247, 1254, 2079, 2081, 2082, 2085, 2232, 2233, 2238, 2240, 2241, 2243, 2246, 2248, 2882, 3018, 3672, 4782, 4783, 4784, 4786)
2015 Ed. (861, 1297, 1301, 1305, 1311, 2133, 2135, 2138, 2297, 2298, 2304, 2306, 2307, 2311, 2314, 2318, 2926, 3085, 3690, 3692, 4814, 4815, 4816, 4817)
2016 Ed. (92, 93, 100, 109, 1216, 1220, 1226, 2112, 2114, 2116, 2146, 2265, 2266, 2267, 2268, 2856, 3418, 3573, 3575, 4716, 4717, 4718, 4720)
2017 Ed. (77, 80, 81, 83, 97, 101, 1264, 1268, 1275, 2069, 2072, 2089, 2121, 2122, 2123, 2124, 4734, 4736, 4737)
2018 Ed. (95, 98, 108, 1243, 1247, 1253, 2031, 2045, 2159, 2160, 2162, 2163, 3011, 4720, 4722, 4723)
2019 Ed. (81, 86, 96, 1278, 1280, 1286, 2085, 2104, 2159, 2160, 2161, 4723, 4724, 4725)
2020 Ed. (79, 83, 92, 1267, 1995, 1998, 2017, 2141, 2154, 4697)
2021 Ed. (69, 82, 1235, 1238, 1239, 1245, 1946, 1951, 1969, 2135, 2136, 2150, 4704)
2022 Ed. (82, 95, 1237, 1243, 1244, 1250, 1987, 2015, 2169, 2170, 2183, 4706)
2023 Ed. (1468, 2114, 2299, 2300, 4692)
General Dynamics Corp. (U.S.)
    2021 Ed. (2150)
    2022 Ed. (2183)
General Dynamics Decision Systems Inc.
    2004 Ed. (1623)
    2005 Ed. (1649)

General Dynamics Electric Boat
    2017 Ed. (1941, 3376)
    2018 Ed. (1492, 3440)
    2019 Ed. (1524, 3409)
    2020 Ed. (1496, 3412)
    2021 Ed. (1483)
    2022 Ed. (1500)
    2023 Ed. (1673, 1998, 3607)
General Dynamics: Electronics Division
    1990 Ed. (3092)
General Dynamics Information Technology
    2008 Ed. (2160)
    2009 Ed. (2140)
General Dynamics Land Systems
    1992 Ed. (3078)
    1998 Ed. (100)
    1999 Ed. (195)
    2000 Ed. (219)
    2001 Ed. (272, 2227)
    2005 Ed. (1757)
    2018 Ed. (1710)
General Dynamics Land Systems - Canada
    2018 Ed. (2161)
General Dynamics Mission Systems
    2017 Ed. (3375)
    2018 Ed. (3439)
    2019 Ed. (3408)
    2020 Ed. (3411)
    2021 Ed. (3426)
    2022 Ed. (3483)
General Dynamics Nassco
    2009 Ed. (3617)
General Dynamics Ordnance and Tactical Systems
    2023 Ed. (2293)
General Dynamics: Space Systems Division
    1990 Ed. (3092)
General Dynamics (U.S)
    2022 Ed. (98)
General editorial
    2007 Ed. (166)
General Edward Lawrence Logan Airport
    2008 Ed. (236)
General Electric
    2013 Ed. (664)
    2014 Ed. (715)
    2015 Ed. (760)
    2016 Ed. (684)
    2018 Ed. (1058)
    2019 Ed. (1068)
    2021 Ed. (1000, 1019, 1025, 2161, 3460, 4371)
    2022 Ed. (1245)
    2023 Ed. (1221, 1235, 2600, 3204, 3206)
General Electric-Aerospace
    1995 Ed. (1220)
General Electric Aircraft Engines
    2001 Ed. (4748)
    2003 Ed. (2153)
General Electric Canada
    1990 Ed. (2517)
    1991 Ed. (2383)
    1992 Ed. (1879)
    1994 Ed. (2048)
    1996 Ed. (2107)
    2004 Ed. (2825)
    2005 Ed. (2830)
    2006 Ed. (2814)
General Electric Capital
    2013 Ed. (2292)
General Electric Capital Assurance Co.
    1999 Ed. (2930)
    2000 Ed. (2676)
    2001 Ed. (2930, 2932, 2949, 2950)
    2002 Ed. (2889, 2890)
    2007 Ed. (3123, 3124, 3153)
    2008 Ed. (3273, 3274)
General Electric Capital Corp.
    1990 Ed. (1357, 1759, 1760, 1761, 1763)
    1991 Ed. (1274, 1663, 1664, 1665, 1667)
    1992 Ed. (2130, 2131)
    1993 Ed. (845, 1442, 1763, 1764, 1765, 1767)
    1995 Ed. (1787, 1789, 1790, 1791)
    1996 Ed. (1765, 2483)
    1998 Ed. (229, 388, 2456)
    2001 Ed. (1548, 1959, 4153)
    2003 Ed. (1885)
    2004 Ed. (1917, 2006)
    2005 Ed. (2052, 2146)
    2006 Ed. (2145)
    2007 Ed. (2089, 4656)
    2008 Ed. (2199)
    2009 Ed. (2176, 2267)
    2010 Ed. (2119)
    2011 Ed. (2167)
    2012 Ed. (2012)
    2013 Ed. (2202)
    2014 Ed. (2132)
    2015 Ed. (2197)
    2016 Ed. (2169)
General Electric Capital Financial
    1998 Ed. (368)
General Electric Capital Fleet Services
    1999 Ed. (3455)
General Electric Capital Investment
    1999 Ed. (3093)

General Electric Capital Mortgage Services
  1997 Ed. (2814)
  1998 Ed. (2523, 2525, 2529, 2530)
  1999 Ed. (3435, 3438, 3440, 3441)
General Electric Capital Real Estate
  1999 Ed. (4007, 4308)
General Electric Capital Retailer Financial Services
  1997 Ed. (943)
  1998 Ed. (685)
  1999 Ed. (1071)
  2000 Ed. (1011)
General Electric Capital Services Inc.
  1996 Ed. (1766, 1767)
  1997 Ed. (1845, 1847, 1946)
  2000 Ed. (1916, 1917, 1918, 3030)
  2001 Ed. (1959)
  2003 Ed. (1885)
  2004 Ed. (1917)
  2005 Ed. (2052)
  2006 Ed. (2145)
  2007 Ed. (2089)
  2008 Ed. (2199, 2280)
  2009 Ed. (2176)
  2010 Ed. (2119)
  2011 Ed. (2167)
  2012 Ed. (2012)
  2013 Ed. (2202)
  2014 Ed. (2132)
  2015 Ed. (2197)
  2016 Ed. (2169)
General Electric Capital Small Business Finance Corp.
  1998 Ed. (3314)
  1999 Ed. (4337, 4340)
General Electric Co (DH)
  2000 Ed. (2880)
General Electric Co Plc
  1989 Ed. (199, 1340)
General Electric Co.
  1989 Ed. (193, 197, 882, 1023, 1041, 1042, 1059, 1227, 1260, 1285, 1288, 1307, 1312, 1315, 1318, 1329, 1330, 1331, 1386, 1388, 2123, 2189, 2673)
  1990 Ed. (171, 186, 197, 931, 948, 959, 1046, 1047, 1104, 1230, 1277, 1283, 1286, 1289, 1291, 1296, 1301, 1304, 1305, 1306, 1341, 1382, 1384, 1477, 1527, 1530, 1586, 1623, 1624, 1629, 1642, 1730, 1984, 1987, 2027, 2110, 2112, 2199, 2534, 2680, 2685, 2687, 2777, 2790, 2792, 2809, 2901, 2935, 2978, 2979, 2983, 3433, 3441, 3442, 3444, 3481, 3681)
  1991 Ed. (187, 972, 973, 1441, 2457, 2592, 2825, 2828, 3242, 3243, 3471)
  1992 Ed. (66, 234, 243, 248, 252, 1105, 1291, 1462, 1463, 1500, 1503, 1504, 1507, 1509, 1510, 1511, 1512, 1513, 1534, 1538, 1539, 1540, 1542, 1563, 1564, 1565, 1638, 1640, 1648, 1650, 1770, 1771, 1809, 1834, 1884, 1916, 1918, 1921, 1985, 2069, 2636, 2817, 2818, 2979, 2980, 3009, 3076, 3216, 3217, 3228, 3229, 3231, 3232, 3260, 3261, 3345, 3353, 3666, 4057, 4061, 4144, 4151, 4153, 4154, 4155)
  1993 Ed. (154, 158, 176, 752, 898, 901, 1191, 1192, 1212, 1215, 1217, 1223, 1229, 1230, 1231, 1243, 1244, 1245, 1247, 1270, 1291, 1325, 1333, 1334, 1335, 1336, 1337, 1338, 1347, 1349, 1374, 1460, 1462, 1468, 1490, 1503, 1543, 1569, 1571, 1574, 1586, 1588, 1710, 2013, 2014, 2049, 2050, 2110, 2382, 2497, 2505, 2530, 2573, 2705, 2706, 2716, 2717, 2719, 2720, 2772, 2778, 2813, 2869, 2945, 2947, 2997, 3317, 3318, 3319, 3377, 3381, 3458, 3464, 3475)
  1994 Ed. (1208, 1213, 1238, 1241)
  1995 Ed. (154, 157, 160, 715, 948, 952, 1223, 1224, 1263, 1264, 1266, 1268, 1269, 1280, 1284, 1292, 1293, 1294, 1306, 1309, 1310, 1311, 1312, 1313, 1314, 1336, 1368, 1393, 1421, 1422, 1423, 1424, 1431, 1434, 1542, 1546, 1567, 1625, 1626, 1651, 1652, 1655, 1659, 2079, 2118, 2510, 2772, 2845, 2846, 2848, 2850, 2854, 2857, 2860, 2862, 2863, 2864, 2902, 3045, 3092, 3433, 3525)
  1996 Ed. (168, 850, 928, 1194, 1195, 1200, 1202, 1229, 1230, 1233, 1236, 1240, 1248, 1249, 1250, 1263, 1264, 1265, 1266, 1267, 1273, 1276, 1279, 1280, 1281, 1282, 1287, 1288, 1320, 1343, 1383, 1384, 1385, 1386, 1389, 1395, 1398, 1518, 1520, 1607, 1626, 1627, 1637, 1723, 2074, 2075, 2126, 2127, 2472, 2710, 2839, 2842, 2917, 2924, 2925, 2930, 2933, 2935, 2984, 2986, 2988, 3145, 3498, 3593, 3597, 3607, 3664)
  1997 Ed. (173, 953, 1240, 1241, 1257, 1272, 1273, 1276, 1286, 1294, 1295, 1307, 1308, 1309, 1310, 1311, 1312, 1321, 1323, 1324, 1325, 1326, 1327, 1329, 1351, 1379, 1403, 1433, 1436, 1446, 1448, 1451, 1454, 1684, 1685, 1705, 1706, 1714, 1807, 2174, 2175, 2234, 2235, 2331, 2718, 2791, 2937, 3007, 3012, 3013, 3017, 3018, 3023, 3060, 3062, 3226, 3652, 3718, 3720)
  1998 Ed. (95, 578, 687, 692, 696, 1080, 1081, 1083, 1084, 1085, 1086, 1087, 1088, 1110, 1111, 1112, 1113, 1116, 1117, 1130, 1133, 1149, 1158, 1159, 1162, 1164, 1166, 1168, 1244, 1246, 1319, 1372, 1373, 1398, 1400, 1417, 1420, 1899, 1949, 1950, 2050, 2051, 2320, 2435, 2557, 2591, 2627, 2647, 2675, 2756, 2757, 2760, 2764, 2766, 2771, 2805, 2806, 2978, 3362, 3407, 3425)
  1999 Ed. (780, 994, 1078, 1440, 1472, 1488, 1516, 1517, 1526, 1530, 1537, 1538, 1539, 1540, 1541, 1543, 1544, 1545, 1546, 1547, 1548, 1549, 1596, 1600, 1620, 1624, 1660, 1661, 1663, 1666, 1671, 1675, 1681, 1682, 1822, 1864, 1885, 1886, 1887, 1939, 1968, 1969, 1973, 1993, 1994, 2505, 2506, 2634, 2635, 2690, 2691, 2701, 2807, 3112, 3285, 3309, 3310, 3341, 3468, 3605, 3606, 3608, 3609, 3718, 3719, 3721, 3726, 3727, 3731, 3974, 4391, 4488, 4494, 4498)
  2000 Ed. (942, 964, 1017, 1021, 1174, 1300, 1338, 1339, 1342, 1344, 1349, 1360, 1372, 1373, 1377, 1379, 1380, 1381, 1382, 1404, 1426, 1430, 1469, 1470, 1473, 1478, 1482, 1651, 1692, 1693, 1744, 1745, 1773, 1894, 2415, 2478, 3035, 3038, 3187, 3235, 3326, 3327, 3328, 3427, 3430, 3435, 3437, 3440, 3442, 3448, 3567, 3685, 4092)
  2001 Ed. (267, 268, 1165, 1557, 1558, 1571, 1573, 1574, 1581, 1583, 1584, 1585, 1586, 1588, 1590, 1591, 1592, 1593, 1594, 1596, 1598, 1599, 1604, 1676, 1684, 1740, 1741, 1742, 1744, 1747, 1748, 1749, 1751, 1981, 2039, 2040, 2041, 2174, 2191, 2267, 2809, 2869, 3084, 3217, 3403, 3665, 3666, 3667, 3670, 3671, 3675, 3679, 3683, 3692, 3958, 4617, 4618, 4722)
  2002 Ed. (768, 868, 989, 990, 993, 1015, 1019, 1038, 1400, 1450, 1463, 1473, 1484, 1520, 1532, 1533, 1534, 1535, 1536, 1537, 1538, 1539, 1540, 1541, 1542, 1543, 1545, 1546, 1554, 1555, 1557, 1560, 1561, 1564, 1572, 1629, 1655, 1672, 1673, 1674, 1677, 1678, 1681, 1686, 1688, 1691, 1692, 1693, 2001, 2079, 2105, 2260, 2263, 3233, 3246, 3267, 3495, 3567, 3602, 3603, 3605, 3606, 3610, 3614, 3619, 4877)
  2003 Ed. (1342, 1424, 1444, 1446, 1470, 1484, 1496, 1503, 1512, 1519, 1522, 1524, 1525, 1526, 1527, 1528, 1544, 1545, 1547, 1551, 1562, 1563, 1564, 1567, 1568, 1569, 1570, 1571, 1572, 1573, 1574, 1575, 1579, 1580, 1585, 1586, 1587, 1591, 1660, 1661, 1662, 1705, 1711, 1712, 1713, 1715, 1716, 1717, 1718, 1720, 1721, 1964, 1966, 1968, 1970, 1977, 1980, 1982, 1985, 2086, 2087, 2088, 2152, 2184, 2194, 2237, 2238, 2253, 2254, 2470, 2473, 2475, 2729, 2865, 2867, 3288, 3289, 3300, 3352, 3633, 3638, 3639, 3640, 3752, 3760, 3762, 4144, 4559, 4567, 4806, 4807)
  2004 Ed. (809, 882, 963, 1362, 1454, 1474, 1500, 1514, 1532, 1533, 1540, 1553, 1559, 1561, 1565, 1569, 1570, 1576, 1594, 1596, 1597, 1598, 1599, 1600, 1601, 1602, 1605, 1606, 1611, 1612, 1613, 1690, 1691, 1741, 1750, 1752, 1753, 1754, 1755, 1757, 1758, 1917, 2009, 2010, 2014, 2016, 2019, 2029, 2031, 2039, 2111, 2112, 2118, 2119, 2123, 2180, 2181, 2237, 2562, 2604, 2608, 2609, 2827, 2871, 2878, 3351, 3361, 3416, 3679, 3680, 3777, 3785, 4554, 4557, 4564, 4581)
  2005 Ed. (358, 364, 739, 871, 940, 958, 1378, 1467, 1469, 1490, 1516, 1530, 1548, 1552, 1555, 1562, 1571, 1573, 1577, 1578, 1601, 1617, 1619, 1621, 1622, 1623, 1624, 1627, 1628, 1629, 1630, 1636, 1637, 1638, 1642, 1748, 1749, 1793, 1800, 1803, 1808, 1810, 1812, 1813, 1814, 1815, 1816, 1818, 1819, 1820, 1821, 1822, 1824, 1825, 2052, 2146, 2148, 2155, 2215, 2216, 2217, 2223, 2224, 2228, 2281, 2282, 2329, 2338, 2354, 2375, 2582, 2836, 2955, 3181, 3371, 3380, 3381, 3392, 3428, 3596, 3696, 3937, 3989, 4164, 4501, 4502, 4504, 4516, 4575, 4675)
  2006 Ed. (46, 143, 160, 695, 696, 843, 865, 1421, 1423, 1424, 1446, 1457, 1461, 1466, 1467, 1468, 1469, 1470, 1482, 1503, 1505, 1506, 1508, 1509, 1510, 1515, 1516, 1517, 1518, 1519, 1525, 1526, 1527, 1531, 1532, 1667, 1668, 1774, 1783, 1784, 1785, 1787, 1788, 1790, 1800, 1801, 1802, 1803, 1805, 1806, 1807, 1808, 1809, 2145, 2245, 2248, 2277, 2278, 2280, 2285, 2287, 2288, 2293, 2393, 2398, 2399, 2422, 2493, 2548, 2584, 2850, 2869, 2878, 3225, 3291, 3329, 3361, 3362, 3363, 3385, 3698, 3699, 3702, 4025, 4218, 4576, 4577, 4589, 4598, 4603, 4607, 4726)
  2007 Ed. (152, 788, 789, 852, 853, 855, 856, 858, 860, 954, 1268, 1448, 1452, 1453, 1479, 1500, 1534, 1538, 1539, 1543, 1544, 1545, 1546, 1547, 1555, 1556, 1557, 1561, 1562, 1584, 1673, 1674, 1692, 1783, 1790, 1791, 1792, 1794, 1795, 1797, 1807, 1809, 1810, 1812, 1813, 1814, 1815, 1816, 1817, 1923, 2089, 2175, 2178, 2179, 2181, 2182, 2187, 2193, 2194, 2212, 2213, 2217, 2221, 2225, 2226, 2283, 2335, 2345, 2366, 2554, 2578, 2872, 3023, 3415, 3416, 3697, 3698, 3792, 4234, 4553, 4554, 4570, 4741)
  2008 Ed. (154, 762, 764, 765, 816, 818, 846, 1045, 1347, 1363, 1406, 1424, 1431, 1434, 1439, 1473, 1495, 1518, 1522, 1523, 1527, 1528, 1529, 1536, 1537, 1538, 1542, 1698, 1699, 1814, 1826, 1829, 1830, 1831, 1833, 1834, 1845, 1848, 1851, 1852, 1853, 1854, 2199, 2296, 2299, 2306, 2322, 2352, 2357, 2361, 2365, 2366, 2461, 2474, 2486, 2487, 2589, 2717, 2992, 3544, 3564, 3755, 3866, 4080, 4093, 4094, 4268, 4526, 4662)
  2009 Ed. (155, 175, 178, 655, 755, 758, 760, 769, 842, 907, 1028, 1351, 1364, 1402, 1406, 1407, 1449, 1452, 1453, 1457, 1458, 1459, 1464, 1465, 1466, 1470, 1622, 1623, 1762, 1774, 1775, 1777, 1778, 1779, 1781, 1782, 1792, 1794, 1795, 1797, 1800, 1801, 1802, 1803, 1804, 1880, 2176, 2272, 2287, 2296, 2301, 2310, 2312, 2460, 2461, 2479, 2491, 2717, 2769, 2961, 3076, 3178, 3611, 3632, 3633, 3634, 3777, 3924, 4192, 4205, 4206, 4251, 4372, 4557)
  2010 Ed. (31, 146, 157, 158, 703, 798, 994, 1149, 1335, 1342, 1348, 1390, 1412, 1413, 1431, 1435, 1436, 1441, 1442, 1443, 1444, 1449, 1450, 1451, 1455, 1598, 1599, 1709, 1719, 1735, 1737, 1739, 1742, 1745, 1748, 2119, 2227, 2234, 2235, 2236, 2237, 2243, 2269, 2381, 2386, 2388, 2403, 2501, 2518, 2528, 2642, 2702, 2875, 3008, 3109, 3535, 3552, 3553, 3827, 3830, 3842, 4127, 4141, 4142, 4399, 4586, 4601)
  2011 Ed. (27, 28, 29, 79, 81, 634, 635, 715, 726, 928, 930, 1092, 1318, 1334, 1433, 1436, 1437, 1443, 1444, 1445, 1446, 1451, 1452, 1453, 1457, 1600, 1601, 1723, 1728, 1752, 1756, 1759, 1760, 2167, 2242, 2244, 2252, 2381, 2389, 2390, 2403, 2519, 2632, 2690, 2977, 3018, 3534, 3552, 3554, 3555, 3556, 3828, 3829, 3831, 3844, 4092, 4141, 4142, 4344)
  2012 Ed. (660, 854, 855, 1186, 1200, 1241, 1270, 1273, 1278, 1279, 1285, 1286, 1290, 1443, 1446, 1447, 1600, 1602, 1610, 2012, 2108, 2142, 2143, 2147, 2229, 2230, 2320, 2446, 2457, 2560, 2907, 2944, 3086, 3524, 3545, 3546, 3547, 3548, 3688, 3689, 3690, 3811, 4126, 4174, 4555, 4569, 4964, 4973)
  2013 Ed. (804, 1306, 1311, 1314, 1371, 1372, 1374, 1376, 1377, 1378, 1384, 1385, 1392, 1393, 1394, 1573, 1579, 1580, 1581, 1756, 1757, 2202, 2348, 2352, 2357, 2380, 2404, 2407, 2497, 2541, 2684, 3141, 3162, 3492, 3565, 3613, 3615, 3616, 3739, 4119, 4120, 4219, 4221, 4514, 4515, 4795, 4975)
  2014 Ed. (822, 1239, 1244, 1248, 1293, 1314, 1319, 1320, 1325, 1330, 1331, 1332, 1544, 1548, 1549, 1620, 1690, 1700, 2132, 2230, 2278, 2283, 2289, 2342, 2345, 2427, 2545, 2564, 2646, 3142, 3167, 3544, 3672, 3678, 4134, 4135, 4256, 4258, 4575, 4576, 4648, 4980)
  2015 Ed. (861, 1297, 1302, 1306, 1355, 1378, 1379, 1382, 1383, 1384, 1388, 1393, 1394, 1395, 1595, 1599, 1724, 1737, 1742, 2122, 2197, 2363, 2368, 2373, 2408, 2411, 2500, 2547, 2688, 3112, 3203, 3226, 3227, 3566, 3626, 3691, 3835, 4118, 4119, 4427, 4570, 5013)
  2016 Ed. (59, 749, 1212, 1217, 1221, 1286, 1305, 1306, 1307, 1310, 1311, 1312, 1313, 1317, 1318, 1323, 1324, 1325, 1520, 1524, 1525, 1685, 1689, 1694, 1878, 2169, 2309, 2314, 2319, 2339, 2353, 2355, 2435, 2608, 3058, 3082, 3083, 3355, 3422, 3426, 3573, 3574, 3579, 4032, 4033, 4321, 4932)
  2017 Ed. (61, 93, 94, 797, 799, 1261, 1265, 1269, 1329, 1330, 1343, 1358, 1359, 1360, 1362, 1366, 1369, 1370, 1512, 1515, 1516, 1665, 2149, 2154, 2159, 2202, 2204, 2281, 2420, 2541, 3009, 3026, 3033, 3320, 3382, 3543, 4004, 4005, 4324, 4924)
  2018 Ed. (105, 106, 732, 1240, 1244, 1245, 1248, 1313, 1327, 1335, 1337, 1339, 1494, 1633, 1700, 1783, 2205, 2209, 2210, 2238, 2258, 2260, 2367, 3038, 3109, 3143, 3145, 3383, 3429, 3448, 3453, 3595, 4026, 4027, 4316, 4913, 4914, 4931)
  2019 Ed. (94, 749, 1681, 1684, 1685, 1763, 1768, 1840, 2184, 2188, 2189, 2243, 2245, 2980, 3066, 3067, 3078, 3082, 3397, 3418, 3424, 4015, 4016, 4344, 4913, 4932)
  2020 Ed. (89, 90, 1637, 1704, 1709, 1711, 1781, 1796, 2176, 2180, 3098, 3108, 3112, 3398, 3421, 3424, 4031, 4032, 4339)
  2021 Ed. (47, 81, 1684, 1689, 1750, 1762, 2977, 2980, 3436, 3439, 3997)
  2022 Ed. (44, 94, 1706, 1714, 1782, 3104, 3106, 3497)
  2023 Ed. (88, 1852, 1914, 2291, 3622)
The General Electric Company plc (GEC)
  2001 Ed. (542, 2214, 2268)
The General Electric Co. plc
  1990 Ed. (1639, 2511)
  1991 Ed. (1296, 1297, 1299, 1536, 2372)
  1992 Ed. (1773, 1930, 2955)
  1993 Ed. (2488)
  1994 Ed. (2423)
  1995 Ed. (2495)
  1996 Ed. (2559)
  1997 Ed. (1582, 2696)
  1998 Ed. (1250)
  2000 Ed. (3020)
  2001 Ed. (2213)
General Electric Credit Corp.
  1997 Ed. (2621)
General Electric Credit Union
  2010 Ed. (2192)
  2011 Ed. (2210)
  2012 Ed. (2071)
  2013 Ed. (2253)
  2014 Ed. (2143, 2185)
  2015 Ed. (2207, 2249)
  2016 Ed. (2178, 2220)
  2018 Ed. (2115)
  2020 Ed. (2094)
  2021 Ed. (2084)
  2022 Ed. (2119)
  2023 Ed. (2234)
General Electric Evendale Employees Credit Union
  2002 Ed. (1885)
  2003 Ed. (1939)
  2004 Ed. (1979)
  2005 Ed. (2121)
  2006 Ed. (2216)
  2007 Ed. (2137)
  2008 Ed. (2252)
  2009 Ed. (2238)
General Electric Financial Services, Inc.
  1992 Ed. (2161)
General Electric Foundation
  1989 Ed. (1473)
General Electric (GE Aviation)
  2022 Ed. (94)
General Electric Group
  2000 Ed. (3750)
General Electric Information Service Co.; Genie,
  1991 Ed. (3450)
General Electric International Inc.
  2006 Ed. (1666, 2483)
  2007 Ed. (1672, 2449)
  2008 Ed. (1697, 2578)
  2009 Ed. (1621, 2604)
  2010 Ed. (1597, 2507)
  2011 Ed. (1599, 2509)
  2012 Ed. (1457, 1790)
  2013 Ed. (10, 1577, 1592, 1961, 2596)
  2014 Ed. (6, 1547, 2522)
  2015 Ed. (6, 1598, 2596)
  2016 Ed. (1523, 2519)
General Electric International Inc. USA
  2005 Ed. (1753)
General Electric Investment Corp.
  1989 Ed. (2161)
  1991 Ed. (2206, 2209, 2212, 2213, 2215, 2217, 2237, 2244, 2685, 2690, 2692, 2694, 2817)
  1992 Ed. (2728, 2731, 2737, 3354)
  1996 Ed. (2938, 2942)
  1998 Ed. (2758)
General Electric Investment Corporation
  2000 Ed. (3428)
General Electric Investments
  1998 Ed. (2259, 2267, 3013)
  1999 Ed. (3057, 3068, 3086)

General Electric-Meter & Control
　1990 Ed. (2675)
General Electric Mortgage Insurance (Ohio)
　1989 Ed. (1711)
General Electric/NBC
　1996 Ed. (2577)
General Electric Plastics
　1998 Ed. (2875, 2876)
　2002 Ed. (3720)
General Electric/RCA
　1989 Ed. (2039, 2806)
　1991 Ed. (1145)
General Electric S & S Program Long-Term
　1999 Ed. (744)
General Electric Supply Co.
　1997 Ed. (2365)
General Employment
　2021 Ed. (2317)
General Employment Enterprises, Inc.
　1992 Ed. (318, 321)
　1996 Ed. (209)
　2000 Ed. (286)
General managers and top executives
　1993 Ed. (2738)
　2001 Ed. (3563)
General Fidelity Life Insurance Co.
　1994 Ed. (2252)
General Filters
　1990 Ed. (2140)
　1991 Ed. (1989)
　1992 Ed. (2556)
　1993 Ed. (2118)
　1994 Ed. (2151)
General Finance & Securities
　1992 Ed. (3824)
　1997 Ed. (3490)
General Foods Baking Cos. Inc.
　1995 Ed. (342)
　1997 Ed. (328)
General Foods Corp.
　1989 Ed. (1023, 1024)
　1990 Ed. (1078, 1079, 1823)
　1991 Ed. (989, 2580)
　1992 Ed. (1073, 3075)
　1993 Ed. (679, 687, 2572)
　1994 Ed. (689, 690)
　2002 Ed. (1447)
　2011 Ed. (29)
General Foods International
　2000 Ed. (4182)
　2001 Ed. (1306)
　2003 Ed. (676, 1041)
General Foods International Coffee Instant
　2002 Ed. (1089)
General Foods International Coffees
　1991 Ed. (990)
　1992 Ed. (1240)
　1995 Ed. (649)
　1996 Ed. (723)
General Foods/Nabisco
　1996 Ed. (890)
General Foods USA
　1991 Ed. (3478)
General Glass International
　2013 Ed. (2822)
General Growth Center Cos.
　1991 Ed. (3118, 3124, 3126)
　1992 Ed. (3959, 3965, 3966, 3967, 3968, 3970, 3971)
　1993 Ed. (3304, 3305, 3310)
General Growth Cos.
　1994 Ed. (3004, 3021, 3301)
General Growth Development Corp.
　1990 Ed. (3283)
　1992 Ed. (3620)
General Growth Management Inc.
　1996 Ed. (3430)
　2000 Ed. (4022)
General Growth Properties
　2015 Ed. (4422)
　2016 Ed. (4098, 4316)
　2017 Ed. (4074, 4100, 4319)
　2018 Ed. (4102, 4125, 4310, 4461)
　2019 Ed. (4108, 4338)
General Growth Properties Inc.
　1997 Ed. (3514, 3517)
　1998 Ed. (3003, 3298, 3300)
　1999 Ed. (4004, 4307, 4311)
　2000 Ed. (4019, 4031)
　2001 Ed. (4250, 4255)
　2002 Ed. (3920, 4279)
　2003 Ed. (4061, 4065, 4410, 4411)
　2004 Ed. (4076, 4078, 4091)
　2005 Ed. (4008, 4010, 4011, 4025)
　2006 Ed. (1422, 1423, 2289, 2294, 2295, 4041, 4042, 4043, 4044, 4045, 4055, 4312, 4313, 4314, 4315)
　2007 Ed. (2216, 2222, 4084, 4085, 4086, 4087, 4103, 4106, 4379, 4380)
　2008 Ed. (2356, 2368, 3821, 4127, 4128, 4335, 4336)
　2009 Ed. (4237, 4438, 4439, 4440, 4579, 4580)
　2010 Ed. (1724, 1727, 1729, 1732, 4169, 4481, 4482, 4605, 4613, 4614)
　2011 Ed. (271, 273, 4168, 4170, 4568, 4569)
　2012 Ed. (296, 1588, 4188, 4190, 4214, 4218, 4584, 4585)
　2013 Ed. (298, 1744, 4180, 4200, 4204)
　2014 Ed. (4197, 4217, 4221, 4472)
　2015 Ed. (350, 4177, 4201, 4206, 4466)
　2016 Ed. (345, 4094, 4120, 4124, 4126)
　2017 Ed. (4070, 4098, 4099)
　2018 Ed. (4099)
　2019 Ed. (4106, 4136, 4138)
　2020 Ed. (4141)
General Growth Properties, Inc.
　2017 Ed. (351)
General Hardware Co.
　1990 Ed. (1985)
General Health Services Corp.
　2005 Ed. (2856)
　2006 Ed. (2863)
General Health System Management Inc.
　2010 Ed. (1785)
　2011 Ed. (1809)
　2012 Ed. (1666)
　2013 Ed. (1817)
　2014 Ed. (1744)
　2015 Ed. (1788)
　2016 Ed. (1742)
General Homes
　1990 Ed. (2682)
"General Hospital"
　1992 Ed. (4255)
　1993 Ed. (3541)
　1995 Ed. (3587)
General Hospital of Laramie County
　2005 Ed. (2020)
General medical & surgical hospitals
　1989 Ed. (2475)
　1994 Ed. (3235)
　1995 Ed. (3314)
General Host
　1989 Ed. (2328)
　1990 Ed. (3043)
General Hotel & Restaurant Supply Corp.
　1995 Ed. (1919)
General Instrument Corp.
　1989 Ed. (1314, 1322, 2302, 2309, 2457)
　1990 Ed. (1104, 1105, 1622, 1632, 2987)
　1991 Ed. (1524)
　1992 Ed. (1293, 1459, 1908, 1909, 3675, 3676)
　1994 Ed. (1609)
　1995 Ed. (1289, 1650)
　1996 Ed. (3637)
　1997 Ed. (1320, 2211, 3411)
　1998 Ed. (3475)
　1999 Ed. (4269, 4547)
　2000 Ed. (1746)
　2005 Ed. (1509)
General Instrument of Taiwan Ltd.
　1990 Ed. (1643, 1737)
General disability insurance
　1994 Ed. (2228)
General liability insurance
　1995 Ed. (2323)
General Insurance Corp. of India
　2002 Ed. (2821)
　2023 Ed. (3368)
General Insurance Corporation of India
　2021 Ed. (3056)
General Insurance Corp. of India Group
　1997 Ed. (2394)
　1999 Ed. (2887)
　2001 Ed. (2883)
General Leas
　2002 Ed. (4493)
General ledger
　1990 Ed. (531, 532)
General Lima Stock Exchange Index
　2008 Ed. (4502)
General long
　2006 Ed. (622)
General machinery
　1989 Ed. (1658, 1660)
General Magnaplate
　1990 Ed. (3454)
General Mailing & Shipping Systems Inc.
　2023 Ed. (1908)
General Maintenance Service Co.
　1989 Ed. (2902)
　1990 Ed. (3683)
　1991 Ed. (3472)
　1992 Ed. (4422)
General manager
　2004 Ed. (2280)
General and operations managers
　2009 Ed. (3857)
　2010 Ed. (3788)
General managers, top executives
　1989 Ed. (2077)
General manufacturing
　1991 Ed. (3223)
　1993 Ed. (2501)
　2000 Ed. (2617)
General Maritime
　2003 Ed. (4321, 4322)
　2007 Ed. (2713)
　2008 Ed. (2847)
General Maritime Corp.
　2013 Ed. (296)
General merchandise
　2000 Ed. (1351, 2632, 2634, 4151)
　2002 Ed. (2792, 2795)
　2005 Ed. (1395, 1396)
　2006 Ed. (1385)
　2007 Ed. (1422)
General merchandisers
　1997 Ed. (2382, 2386)
　2002 Ed. (2778)
　2003 Ed. (1710, 2901)
　2006 Ed. (3003)
　2007 Ed. (3047)
　2008 Ed. (3158, 3159)
　2009 Ed. (1769, 1770)
General Microsystems Inc.
　2007 Ed. (3610, 4452)
　2021 Ed. (86)
General Milling Corp.
　1997 Ed. (1498)
General Mills
　2013 Ed. (1352)
　2014 Ed. (88, 854, 4697)
　2015 Ed. (892, 3557, 4485)
　2016 Ed. (3408, 4381)
　2017 Ed. (806, 4399)
　2019 Ed. (2721)
　2020 Ed. (2138, 2690, 2752)
　2021 Ed. (2126, 2133, 2601, 2612, 2617, 2622, 2630, 4936)
　2022 Ed. (1734, 2714, 2749)
　2023 Ed. (1014, 1016, 1876, 2272, 2841, 2842, 2850, 2859, 2883, 4442, 4443, 4638)
General Mills Canada
　2009 Ed. (2799)
　2010 Ed. (2731)
　2012 Ed. (2646)
　2014 Ed. (2714)
General Mills Canada Corp.
　2022 Ed. (2731)
　2023 Ed. (2867)
General Mills Cheerios
　1997 Ed. (920)
　1999 Ed. (1050)
　2002 Ed. (954)
General Mills Chex Mix
　2001 Ed. (4291)
　2002 Ed. (4300)
　2004 Ed. (4439)
　2009 Ed. (3847)
　2016 Ed. (4386)
　2017 Ed. (4398)
　2022 Ed. (4421)
　2023 Ed. (4450)
General Mills Cinnamon Toast Crunch
　2002 Ed. (954)
General Mills Cinnamon Toast Crunch Treats
　2022 Ed. (4416)
General Mills Co.
　2014 Ed. (2715)
　2015 Ed. (2769)
　2016 Ed. (2699)
　2017 Ed. (2652)
　2018 Ed. (1325)
General Mills Corp.
　2015 Ed. (2770)
　2017 Ed. (2653)
General Mills Fiber One
　2015 Ed. (4483)
　2016 Ed. (4379)
　2017 Ed. (2133, 4390)
　2018 Ed. (4408, 4802)
General Mills Fiber One Chewy Bars
　2009 Ed. (3821)
General Mills France
　2015 Ed. (1651)
General Mills Golden Grahams Treats
　2022 Ed. (4416)
General Mills Honey Nut Cheerios
　1997 Ed. (920)
　1999 Ed. (1050)
　2002 Ed. (954)
　2004 Ed. (2634)
General Mills Inc.
　1989 Ed. (1444, 1448, 1450)
　1990 Ed. (878, 879, 923, 1812, 1815, 1816, 1817, 1822, 3537)
　1991 Ed. (842, 843, 1733, 1735, 1736, 2470, 2580, 3309, 3312, 3315)
　1992 Ed. (2185)
　1993 Ed. (20, 736, 823, 825, 861, 1369, 1873, 1875, 1876, 1877, 2124, 2572, 3526)
　1994 Ed. (8, 9, 741, 742, 833, 834, 880, 881, 882, 1422, 1862, 1864, 1865, 1866, 1871, 1874, 2658, 2665, 3501)
　1995 Ed. (879)
　1996 Ed. (28, 769, 862, 890, 1421, 1928, 1932, 1933, 3656, 3660)
　1997 Ed. (875, 919, 1290, 1481, 2025, 2028, 2029, 2030, 2046, 3533, 3713)
　1998 Ed. (253, 660, 662, 1048, 1065, 1160, 1177, 1202, 1715, 1718, 1720, 1724, 2501, 3325, 3435, 3491, 3498)
　1999 Ed. (1483, 1491, 1664, 2459, 2460, 3598, 3637, 4567)
　2000 Ed. (956, 1336, 1517, 2221, 3131, 4209, 4443)
　2001 Ed. (1042, 1148, 1164, 1602, 1743, 2462, 2473)
　2002 Ed. (2291, 2297, 2299, 2302, 4588)
　2003 Ed. (17, 371, 833, 844, 865, 875, 877, 911, 913, 916, 920, 1550, 1578, 1590, 1596, 1960, 2038, 2094, 2505, 2507, 2510, 2511, 2512, 2519, 2521, 2636, 2637, 3324, 3325, 4457, 4458, 4459, 4999)
　2004 Ed. (20, 1560, 1801, 2637, 2638, 2640, 2644, 2650, 2658, 2659, 2662, 2845, 4485, 4558, 4681, 4982)
　2005 Ed. (14, 47, 923, 924, 1870, 1871, 1872, 2628, 2629, 2631, 2633, 2635, 2637, 2641, 2644, 2647, 2651, 2652, 2655, 2656, 2768, 4657, 4988, 4989)
　2006 Ed. (105, 805, 831, 1215, 1456, 1883, 1887, 1891, 1892, 2624, 2625, 2628, 2630, 2633, 2635, 2638, 2641, 2642, 2648, 2713, 4074, 4709, 4981)
　2007 Ed. (47, 135, 1883, 1884, 1885, 2602, 2604, 2605, 2607, 2610, 2612, 2621, 2897, 3052, 4805, 4979, 4980)
　2008 Ed. (50, 830, 869, 896, 1433, 1478, 1934, 1935, 1937, 1938, 1939, 1940, 2736, 2739, 2741, 2743, 2751, 2756, 2780, 2782, 3019, 3166, 3170, 3176, 3177, 3181, 4266, 4734, 4946)
　2009 Ed. (656, 758, 760, 852, 904, 1892, 1893, 1896, 1897, 1898, 1899, 1900, 2790, 2791, 2793, 2794, 2803, 2806, 2807, 2809, 2810, 2812, 2838, 2840, 3106, 3121, 4370, 4551, 4769, 4968)
　2010 Ed. (798, 1389, 1828, 1829, 1830, 1831, 1832, 1833, 1834, 1835, 1836, 2724, 2725, 2726, 2729, 2734, 2736, 2738, 2740, 2741, 2744, 2745, 2746, 2750, 2779, 2781, 2989, 4397, 4583, 4706, 4782, 4974, 4977)
　2011 Ed. (634, 635, 726, 1380, 1857, 1859, 1860, 1861, 1862, 1863, 1864, 1865, 1866, 1867, 2705, 2706, 2707, 2708, 2709, 2712, 2713, 2719, 2721, 2723, 2725, 2726, 2729, 2731, 2732, 2768, 2770, 3008, 3491, 4342, 4546, 4661, 4974)
　2012 Ed. (69, 71, 664, 692, 694, 1712, 1714, 1715, 1716, 1717, 1718, 1719, 1720, 1721, 1722, 1723, 2332, 2456, 2633, 2634, 2635, 2636, 2637, 2639, 2641, 2642, 2653, 2654, 2656, 2658, 2659, 2663, 2665, 2669, 2670, 2697, 2699, 2935, 3089, 4677, 4972, 4973, 4974)
　2013 Ed. (64, 65, 806, 1869, 1872, 1873, 1874, 1876, 1877, 1878, 1879, 1880, 1881, 1882, 2512, 2719, 2720, 2721, 2722, 2735, 2737, 2741, 2743, 2749, 2750, 2752, 2756, 2757, 3024, 3170, 3492, 3494, 4649, 4962, 4963)
　2014 Ed. (83, 84, 294, 826, 855, 1280, 1620, 1801, 1804, 1806, 1808, 1809, 1810, 1811, 1812, 1813, 1814, 2312, 2313, 2542, 2704, 2706, 2707, 2716, 2718, 2721, 2723, 2729, 2730, 2731, 2736, 2741, 2765, 2766, 2770, 2774, 2775, 2783, 2786, 2788, 2792, 2795, 2868, 3035, 3181, 3211, 4485, 4506, 4699, 4825, 4971, 4973)
　2015 Ed. (38, 85, 86, 329, 865, 894, 1344, 1380, 1842, 1844, 1845, 1846, 1848, 1849, 1850, 1851, 1852, 1854, 2746, 2750, 2752, 2753, 2772, 2776, 2778, 2784, 2785, 2786, 2791, 2793, 2817, 2821, 2828, 2829, 2831, 2834, 2837, 2908, 3101, 3272, 4420, 4481, 4506, 4708, 4710, 4860, 5017, 5018, 5019)
　2016 Ed. (37, 753, 780, 1265, 1805, 1809, 1811, 1812, 1813, 1814, 1815, 1816, 2676, 2679, 2680, 2681, 2682, 2683, 2701, 2706, 2708, 2714, 2715, 2716, 2721, 2723, 2750, 2755, 2760, 2761, 2763, 2767, 2828, 3045, 3100, 3113, 4314, 4399, 4443, 4614, 4768, 4936, 4937)
　2017 Ed. (804, 810, 839, 1324, 1775, 1777, 1778, 1779, 1780, 1781, 1783, 2416, 2623, 2624, 2630, 2631, 2632, 2633, 2656, 2661, 2663, 2669, 2670, 2671, 2676, 2679, 2703, 2704, 2705, 2710, 2716, 2718, 2721, 2724, 2728, 2730, 2731, 2735, 2737, 2738, 2739, 2798, 2799, 2992, 3436, 3915, 4317, 4375, 4377, 4380, 4381, 4386, 4450, 4631, 4685, 4779, 4928)
　2018 Ed. (307, 312, 737, 740, 742, 770, 772, 774, 1284, 1289, 1729, 1731, 1732, 1733, 1734, 1735, 2145, 2453, 2464, 2694, 2695, 2701, 2702, 2717, 2723, 2729, 2730, 2731, 2735, 2738, 2761, 2762, 2768, 2774, 2775, 2779, 2780, 2781, 2784, 2785, 2787, 2788, 2789, 2791, 2792, 2793, 2857, 2858, 3462, 4308, 4386, 4387, 4392, 4393, 4394, 4398, 4399, 4469, 4470, 4626, 4673)

CUMULATIVE INDEX • 1989-2023

2019 Ed. (306, 752, 766, 786, 1312, 1320, 1787, 1789, 2143, 2669, 2670, 2675, 2676, 2677, 2686, 2702, 2707, 2713, 2714, 2715, 2722, 2744, 2745, 2747, 2750, 2751, 2757, 2759, 2760, 2762, 2766, 2768, 2769, 2821, 3413, 3917, 4408, 4411, 4412, 4413, 4415, 4419, 4464, 4678)
2020 Ed. (308, 314, 744, 759, 781, 1288, 1295, 1310, 1729, 1733, 1734, 2128, 2192, 2685, 2686, 2692, 2693, 2695, 2735, 2746, 2747, 2754, 2784, 2786, 2789, 2790, 2793, 2796, 2797, 2799, 2803, 2805, 2806, 3416, 3825, 3832, 3932, 4409, 4410, 4414, 4452, 4645)
2021 Ed. (295, 301, 780, 813, 1276, 1707, 1708, 2121, 2605, 2606, 2628, 2655, 2657, 2661, 2666, 2668, 2669, 2671, 2675, 2677, 2722, 3430, 4405, 4406, 4408, 4409, 4410, 4411, 4415, 4451, 4659)
2022 Ed. (308, 327, 810, 846, 1278, 1735, 2153, 2721, 2722, 2755, 2790, 2791, 2795, 2797, 2809, 2817, 2818, 2829, 2831, 2884, 3489, 4403, 4404, 4406, 4407, 4409, 4410, 4411, 4414, 4667)
2023 Ed. (1480, 2858, 2889, 2914, 2915, 2918, 2920, 2931, 2933, 2945, 2947, 2997, 3614, 4433, 4434, 4436, 4437, 4438, 4439, 4656)

General Mills Lucky Charms
1997 Ed. (920)
1999 Ed. (1050)
2002 Ed. (954)

General Mills Lucky Charms Treats
2014 Ed. (4488)
2022 Ed. (4416)

General Mills Operations Inc.
2008 Ed. (1934, 2773)
2009 Ed. (1892, 2833)
2010 Ed. (1828, 2777)

General Mills Restaurants Inc.
1991 Ed. (1055)

General Mining Unin Corp.
1991 Ed. (2269)

General Mining Union Corp.
1990 Ed. (1416)
1992 Ed. (2815)
1993 Ed. (2375)

General Moly Inc.
2009 Ed. (1596)

General Motors
2013 Ed. (229)
2015 Ed. (266)
2020 Ed. (267, 3442)
2021 Ed. (242, 259, 3581)
2022 Ed. (263, 1723, 2209, 3383, 3509, 3635, 4933)
2023 Ed. (351, 356, 362, 377, 378, 2514, 3633, 3637)

General Motors Acceptance, zero coupon '12
1990 Ed. (740)

General Motors Acceptance, zero coupon '15
1990 Ed. (740)

General Motors Acceptance Corp.
1990 Ed. (898, 1759, 1760, 1761, 1762)
1991 Ed. (848, 1663, 1664, 1665, 1666)
1992 Ed. (904)
1993 Ed. (718, 845, 1763, 1764, 1765, 1766)
1995 Ed. (681, 1787, 1788, 1790, 1791)
1996 Ed. (337, 756, 1765, 1766, 1767, 1918)
1997 Ed. (1845, 1846, 1847)
1998 Ed. (229, 2712)
1999 Ed. (760)
2000 Ed. (773, 774, 1916, 1917, 1918)
2001 Ed. (1959)
2003 Ed. (1885)
2004 Ed. (1917)
2005 Ed. (2052)
2006 Ed. (2145)
2007 Ed. (2089, 3696)

General Motors Acceptance Corp. of Canada Ltd.
2009 Ed. (1565, 2719)
2010 Ed. (1552)
2011 Ed. (1555)
2012 Ed. (1399)

General Motors Acceptance Corp.- Mortgage Corp.
1991 Ed. (1661, 1856, 2483)
1993 Ed. (2595)

General Motors Acceptance Corp.- Mortgage Group
1998 Ed. (2529)

General Motors Acceptance Wholesale Receivables
1996 Ed. (337)

General Motors Arlington Assembly
2023 Ed. (3633)

General Motors Assembly Divsion
1989 Ed. (1932)

General Motors Asset Management
2002 Ed. (3005, 3006, 3017)
2003 Ed. (3072, 3085, 3088)
2004 Ed. (2046, 3192, 3210)

General Motors do Brasil
1989 Ed. (1096)
2006 Ed. (2542)

General Motors Canada
1990 Ed. (1731)

General Motors of Canada
1989 Ed. (1097)
1990 Ed. (1365, 1408, 2787)
1991 Ed. (1262, 1285, 2642)
1992 Ed. (74, 447, 1186, 1587)
1993 Ed. (1287, 3590, 3591)
1994 Ed. (309, 986, 3553, 3554)
1995 Ed. (1366, 1395, 3632)
1996 Ed. (30, 318, 1308, 3148)
1997 Ed. (32, 1011, 1813)
1999 Ed. (1626)
2000 Ed. (1398)
2001 Ed. (1253)
2004 Ed. (1662, 3967)
2005 Ed. (3911)
2006 Ed. (3984)
2007 Ed. (310, 4023)
2008 Ed. (297, 1646, 4049)
2009 Ed. (318, 319, 1551, 1553, 1566, 1578, 4126, 4127)
2010 Ed. (301, 1562, 4058)
2011 Ed. (4036)
2012 Ed. (235, 4069)

General Motors of Canada Ltd.
2016 Ed. (265)
2017 Ed. (266)
2018 Ed. (252)
2019 Ed. (249)
2020 Ed. (254)
2022 Ed. (264)
2023 Ed. (363)

General Motors Chevette
1990 Ed. (361)

General Motors' Chevrolet Division
1990 Ed. (56, 3539)

General Motors -Class H
1990 Ed. (408, 411)
2001 Ed. (1596)

General Motors Co.
2013 Ed. (35, 36, 63, 64, 65, 66, 67, 71, 73, 74, 221, 222, 223, 224, 225, 227, 243, 244, 245, 248, 806, 1370, 1371, 1378, 1636, 1637, 1857, 1860, 1861, 1863, 1865, 1866, 2479, 3012, 3539, 3565, 3613, 3615, 3616, 4097, 4098, 4224, 4648, 4649, 4733, 4734)
2014 Ed. (51, 82, 83, 84, 90, 91, 92, 224, 225, 226, 227, 229, 233, 243, 244, 245, 247, 826, 1313, 1314, 1316, 1320, 1789, 1791, 1793, 1795, 1797, 1798, 2318, 2410, 2556, 3021, 3106, 3544, 3555, 4237, 4698, 4699, 4782, 4783, 4785)
2015 Ed. (55, 83, 93, 259, 260, 261, 262, 264, 269, 285, 286, 287, 290, 865, 1377, 1379, 1381, 1383, 1831, 1832, 1834, 1836, 1838, 2485, 3088, 3246, 3566, 3690, 4225, 4238, 4709, 4710, 4814, 4815)
2016 Ed. (54, 55, 85, 88, 252, 253, 254, 255, 256, 258, 281, 282, 283, 285, 287, 753, 1304, 1306, 1308, 1311, 1312, 1725, 1792, 1793, 1794, 1797, 1800, 2416, 2856, 2858, 3411, 3417, 3422, 3439, 3446, 3574, 4433, 4613, 4614, 4716, 4717, 4763)
2017 Ed. (51, 63, 64, 68, 256, 257, 258, 259, 260, 262, 282, 283, 284, 285, 289, 804, 1359, 1362, 1363, 1708, 1758, 1759, 1762, 1765, 1767, 2176, 3369, 3374, 3382, 3429, 3542, 3543, 4631, 4632, 4736)
2018 Ed. (51, 80, 239, 243, 244, 245, 246, 264, 265, 266, 267, 737, 1313, 1314, 1336, 1338, 1664, 1707, 1708, 1710, 1711, 1712, 1716, 1718, 1719, 1778, 2216, 2885, 3014, 3438, 3448, 3490, 4625, 4626, 4694, 4717, 4722, 4774, 4790)
2019 Ed. (48, 77, 236, 239, 240, 241, 242, 244, 267, 268, 269, 752, 1339, 1340, 1361, 1363, 1722, 1774, 1777, 1779, 2210, 2316, 2834, 2955, 3418, 3435, 3471, 4641, 4642, 4722, 4724, 4777)
2020 Ed. (52, 241, 242, 245, 246, 247, 249, 268, 269, 744, 1308, 1309, 1329, 1331, 1669, 1716, 1719, 1720, 1722, 2870, 2985, 3421, 4611, 4612, 4697, 4765, 4931)
2021 Ed. (56, 232, 234, 263, 264, 265, 760, 1289, 1325, 1650, 1698, 3436, 3450, 3456, 4623, 4624, 4704, 4768)
2022 Ed. (53, 79, 253, 255, 280, 281, 282, 1293, 1295, 1298, 1670, 1724, 1795, 3485, 3514, 4641, 4642, 4706)
2023 Ed. (98, 354, 1505, 4637, 4692)

General Motors Company
2023 Ed. (379)

General Motors Co. (Hamtramck, MI)
2022 Ed. (1293)

General Motors Co. LLC
2021 Ed. (4786)

General Motors Co. (Spring Hill, TN)
2022 Ed. (1293)

General Motors Co. (U.S.)
2021 Ed. (265)
2022 Ed. (282)

General Motors Coporate Directors Assn.
1990 Ed. (2214)

General Motors Corp.
1989 Ed. (16, 17, 20, 312, 314, 317, 319, 322, 323, 326, 345, 1023, 1038, 1041, 1042, 1059, 1087, 1332, 1339, 1386, 1388, 2014, 2016, 2166, 2277, 2673, 2752, 2803)
1990 Ed. (14, 17, 18, 23, 25, 27, 50, 168, 170, 172, 173, 174, 175, 180, 372, 1231, 1242, 1279, 1281, 1465, 1487, 1499, 1500, 2213, 2432, 2713, 2782, 2811, 2936, 2937)
1991 Ed. (1248)
1992 Ed. (460, 3133, 4049, 4153)
1993 Ed. (19, 20, 21, 26, 30, 35, 43, 45, 48, 53, 147, 148, 149, 150, 151, 152, 154, 176, 309, 311, 312, 320, 332, 334, 335, 337, 736, 823, 825, 1180, 1191, 1217, 1219, 1230, 1231, 1243, 1245, 1269, 1334, 1336, 1337, 1338, 1346, 1368, 1460, 1462, 1480, 1481, 1490, 1565, 1710, 2013, 2581, 2589, 2605, 2606, 2607, 2611, 2717, 2719, 2778, 2784, 2785, 2786, 2868, 2874, 2909, 2945, 2947, 2952, 2997, 3117, 3366, 3383, 3458, 3526, 3527, 3528, 3529, 3592)
1994 Ed. (307, 310, 1395)
1995 Ed. (2587)
1996 Ed. (28, 158, 159, 161, 163, 164, 304, 305, 319, 323, 326, 327, 328, 330, 769, 850, 862, 1194, 1195, 1207, 1230, 1235, 1240, 1249, 1250, 1263, 1264, 1265, 1266, 1267, 1279, 1280, 1281, 1285, 1287, 1383, 1384, 1385, 1387, 1389, 1393, 1394, 1395, 1420, 1518, 1520, 1542, 1543, 1723, 2247, 2472, 2698, 2699, 2710, 2838, 2842, 2843, 2922, 2923, 2924, 2925, 2974, 3145, 3147, 3194, 3498, 3501, 3656, 3657, 3659, 3660, 3661, 3711)
1997 Ed. (29, 31, 166, 168, 169, 295, 298, 308, 309, 319, 700, 875, 1253, 1272, 1273, 1286, 1295, 1296, 1307, 1308, 1309, 1310, 1311, 1312, 1324, 1325, 1326, 1327, 1328, 1349, 1351, 1406, 1434, 1436, 1446, 1449, 1450, 1451, 1480, 1600, 1601, 1807, 1823, 1825, 2614, 2822, 2823, 2938, 3010, 3011, 3012, 3013, 3052, 3226, 3232, 3298, 3713, 3714, 3715, 3765)
1998 Ed. (22, 28, 71, 75, 86, 90, 214, 215, 216, 231, 232, 233, 243, 486, 578, 595, 596, 1015, 1080, 1083, 1084, 1086, 1087, 1088, 1110, 1112, 1113, 1116, 1117, 1118, 1149, 1157, 1159, 1162, 1164, 1165, 1169, 1176, 1267, 1529, 1532, 1533, 2435, 2539, 2540, 2557, 2755, 2756, 2757, 2759, 2760, 2775, 2776, 2786, 2978, 2979, 2980, 3043, 3364, 3490, 3491, 3499)
1999 Ed. (28, 177, 178, 179, 181, 321, 322, 324, 335, 336, 337, 351, 352, 994, 1000, 1001, 1073, 1448, 1474, 1488, 1489, 1505, 1516, 1517, 1541, 1543, 1547, 1548, 1549, 1554, 1600, 1660, 1661, 1662, 1666, 1670, 1671, 1674, 1706, 1817, 1840, 2107, 2505, 3112, 3310, 3456, 3457, 3468, 3718, 3719, 3720, 3721, 3734, 3768, 3974, 3976, 3977, 4043, 4044, 4566, 4567, 4568, 4618, 4693, 4694)
2000 Ed. (23, 31, 195, 202, 204, 205, 207, 211, 336, 340, 341, 356, 365, 798, 942, 945, 946, 951, 1306, 1308, 1344, 1381, 1382, 1469, 1473, 1477, 1478, 1481, 1516, 1663, 1664, 1894, 1900, 2619, 2747, 3038, 3170, 3171, 3187, 3427, 3429, 3430, 3454, 3458, 3685, 3690, 3691, 3757, 4208, 4209, 4211, 4265)
2001 Ed. (14, 17, 20, 22, 34, 37, 43, 52, 53, 60, 63, 64, 70, 71, 74, 89, 90, 456, 475, 503, 504, 506, 515, 519, 520, 577, 1041, 1045, 1092, 1165, 1557, 1583, 1584, 1589, 1592, 1593, 1598, 1604, 1744, 1747, 1751, 1790, 1792, 2174, 2225, 2227, 2228, 2229, 2230, 2377, 2718, 2719, 3215, 3217, 3228, 3395, 3403, 3647, 3664, 3665, 3666, 3667, 3693, 3695, 3835, 3958, 4043, 4044, 4617, 4618, 4722)
2002 Ed. (33, 57, 60, 218, 219, 222, 227, 228, 235, 365, 375, 381, 398, 868, 925, 1185, 1378, 1426, 1484, 1533, 1537, 1538, 1541, 1542, 1543, 1572, 1655, 1691, 1692, 1727, 2228, 3233, 3246, 3400, 3401, 3402, 3403, 3594, 3601, 3602, 3603, 3886, 3889, 3916, 3966, 4587, 4588, 4589, 4599, 4668, 4670, 4874)
2003 Ed. (16, 17, 19, 21, 188, 189, 192, 193, 195, 304, 312, 313, 314, 315, 316, 318, 319, 320, 321, 322, 323, 324, 325, 326, 327, 328, 329, 330, 331, 332, 833, 835, 844, 914, 917, 1446, 1525, 1526, 1562, 1563, 1564, 1567, 1568, 1572, 1574, 1575, 1584, 1585, 1594, 1713, 1715, 1718, 1760, 1761, 1976, 1977, 1978, 1979, 1983, 1984, 1985, 1986, 1987, 2187, 2757, 2759, 3288, 3300, 3372, 3457, 3458, 3632, 3633, 3748, 3760, 3762, 4029, 4030, 4032, 4073, 4076, 4710, 4711, 4806, 4807, 4809, 4810, 4873)
2004 Ed. (20, 21, 22, 23, 25, 32, 34, 60, 70, 75, 76, 79, 87, 97, 138, 142, 151, 156, 278, 279, 280, 281, 284, 285, 286, 287, 288, 289, 290, 291, 292, 293, 294, 295, 296, 297, 298, 299, 305, 306, 340, 341, 859, 862, 871, 1476, 1537, 1543, 1574, 1576, 1592, 1593, 1594, 1595, 1596, 1599, 1600, 1602, 1611, 1616, 1686, 1698, 1699, 1750, 1755, 1797, 1798, 2015, 2024, 2025, 2026, 2032, 2039, 2159, 2838, 2840, 3307, 3351, 3361, 3520, 3524, 3773, 3785, 3788, 3791, 4048, 4099, 4564, 4680, 4681, 4776, 4792, 4794)
2005 Ed. (14, 15, 16, 18, 25, 27, 70, 74, 92, 129, 133, 135, 150, 154, 284, 285, 286, 287, 288, 289, 292, 294, 298, 300, 301, 302, 339, 340, 831, 850, 851, 1176, 1371, 1492, 1518, 1605, 1617, 1618, 1619, 1620, 1621, 1622, 1623, 1624, 1636, 1642, 1744, 1755, 1756, 1813, 1816, 1822, 1867, 1868, 2146, 2232, 2329, 2375, 2846, 2847, 2848, 2849, 2851, 2854, 3178, 3380, 3381, 3392, 3521, 3522, 3692, 3987, 3990, 4038, 4656, 4657, 4764, 4765, 4767, 4768)
2006 Ed. (20, 21, 22, 24, 31, 33, 79, 91, 132, 135, 137, 144, 166, 169, 193, 304, 305, 306, 307, 308, 309, 310, 312, 314, 320, 321, 772, 1173, 1467, 1468, 1488, 1503, 1504, 1505, 1506, 1507, 1508, 1509, 1510, 1511, 1525, 1801, 1803, 1850, 1881, 1882, 2297, 2422, 2548, 2847, 2849, 2851, 2852, 3361, 3362, 3385, 3491, 3579, 3580, 3581, 3582, 4026, 4708, 4709, 4714, 4815, 4816, 4819, 4886)
2007 Ed. (15, 16, 18, 23, 25, 73, 79, 80, 81, 82, 92, 126, 130, 137, 199, 302, 303, 304, 305, 306, 307, 314, 316, 678, 855, 1279, 1470, 1518, 1524, 1532, 1533, 1534, 1536, 1537, 1538, 1539, 1540, 1555, 1799, 1802, 1808, 1810, 1880, 1881, 2175, 2177, 2180, 2181, 2182, 2183, 2186, 2187, 2188, 2189, 2190, 2192, 2194, 2326, 2366, 2842, 2844, 2846, 2887, 3226, 3415, 3416, 3790, 3792, 4526, 4528, 4530, 4566, 4568, 4569, 4590, 4716, 4827, 4828, 4831, 4878)
2008 Ed. (19, 20, 23, 25, 28, 30, 51, 55, 79, 88, 89, 102, 140, 141, 154, 156, 186, 287, 291, 292, 293, 294, 296, 301, 830, 1179, 1354, 1464, 1500, 1508, 1517, 1518, 1521, 1522, 1523, 1524, 1811, 1846, 1849, 1929, 1930, 2299, 2301, 2303, 2304, 2306, 2307, 2310, 2311, 2312, 2321, 2449, 2452, 2486, 2969, 2970, 3009, 3183, 3356, 3544, 3564, 3682, 3757, 3758, 3866, 3867, 4094, 4140, 4651, 4652, 4656, 4737, 4753, 4754, 4651, 4656)
2009 Ed. (22, 23, 29, 33, 35, 85, 88, 95, 98, 107, 114, 151, 152, 154, 155, 156, 157, 161, 162, 178, 203, 308, 313, 314, 315, 322, 852, 1155, 1433, 1440, 1448, 1449, 1451, 1452, 1453, 1646, 1759, 1765, 1795, 1798, 1887, 1890, 2305, 2312, 2455, 3049, 3051, 3055, 3095, 3242, 3611, 3633, 3634, 3781, 3924, 3925, 4206, 4249, 4252, 4693, 4694, 4697, 4781, 4782, 4785)
2010 Ed. (31, 33, 39, 43, 45, 68, 73, 96, 114, 116, 142, 143, 145, 146, 148, 152, 153, 157, 183, 290, 295, 296, 297, 299, 302, 303, 798, 808, 1149, 1150, 1341, 1412, 1416, 1422, 1430, 1431, 1434, 1435, 1436, 1706, 1740, 1822, 1824, 1825, 2239, 2243, 2376, 2528, 2973, 2975, 3028, 3173, 3525, 3535, 3552, 3708, 3842, 3843, 4142, 4705, 4706, 4710, 4797, 4798, 4800, 4801)
2011 Ed. (27, 28, 29, 66, 67, 69, 76, 77, 79, 212, 216, 218, 219, 221, 226, 227, 255, 270, 271, 273, 726, 1092, 1326, 1432, 1433, 1435, 1436, 1851, 1852, 1855, 2250, 2301, 2375, 2378, 2997, 3138, 3534, 3552, 3553, 3555, 3826, 3844, 3845, 4029, 4030, 4142, 4660, 4661, 4666, 4745, 4746, 4747)
2012 Ed. (30, 31, 68, 69, 70, 71, 78, 79,

80, 226, 228, 229, 230, 234, 242, 245, 248, 276, 293, 296, 664, 1192, 1273, 1497, 1706, 1708, 2302, 2923, 3092, 3545, 3547, 3812, 4056, 4058, 4059, 4174, 4443, 4569, 4570, 4676, 4677, 4761)
2013 Ed. (295, 298, 1377)
2014 Ed. (312)
2015 Ed. (347, 350)
2016 Ed. (342, 345, 4321)
2017 Ed. (349, 352, 4324)
2018 Ed. (318, 4316)
General Motors Corp.; Bill Wink Chevrolet/
 1989 Ed. (2332)
General Motors Corp. local dealers
 1990 Ed. (173, 176)
 1991 Ed. (170, 173)
 1992 Ed. (235, 239)
 1996 Ed. (164)
General Motors Corp. Dealers Association
 1991 Ed. (12, 3312)
 1992 Ed. (36, 2637, 4223)
 1993 Ed. (3526)
 1994 Ed. (11, 2211, 3501)
 1996 Ed. (3660)
General Motors Dealers
 2005 Ed. (4659)
General Motors EDS
 1989 Ed. (2480)
 1990 Ed. (3260)
 1991 Ed. (1246)
 1992 Ed. (1329)
General Motors Espana Sa
 1993 Ed. (1401)
General Motors EV1
 2000 Ed. (335)
General Motors Fairfax Assembly & Stamping Plant
 2021 Ed. (1650)
 2022 Ed. (1670)
 2023 Ed. (3631)
General Motors Financial Co.
 2019 Ed. (4341)
 2021 Ed. (4346)
 2022 Ed. (4352)
General Motors Financial Company
 2020 Ed. (4330)
 2021 Ed. (4346)
 2022 Ed. (4352)
General Motors Fort Wayne
 1992 Ed. (4351)
General Motors Foundation Inc.
 1989 Ed. (1472, 1473)
 2005 Ed. (2675, 2676)
General Motors Fund
 1999 Ed. (3735)
General Motors group
 1995 Ed. (309)
General Motors (Hamtramck, MI)
 2022 Ed. (2209)
General Motors Holdings LLC
 2012 Ed. (1497, 4056, 4761)
 2013 Ed. (1636, 4097, 4733)
 2014 Ed. (1789, 4782, 4783)
General Motors Hughes Electronics
 1991 Ed. (1404, 1516, 1519, 1524, 1526, 1527, 1528, 1540, 2839, 2847)
General Motors Investment Management
 1993 Ed. (2779)
 1994 Ed. (2768)
 1996 Ed. (2938)
 1998 Ed. (2758)
 2000 Ed. (3428)
General Motors LLC
 2012 Ed. (1497, 1703, 4056, 4761)
 2013 Ed. (1636, 1859, 4097, 4733)
 2014 Ed. (1788, 1789, 4782, 4783)
General Motors de Mexico
 1989 Ed. (1140)
General Motors de Mexico SA de CV
 1997 Ed. (1471)
General Motors Moraine
 1992 Ed. (4351)
General Motors/Opel
 1991 Ed. (332)
General Motors (Oshawa, Ontario)
 2022 Ed. (2209)
General Motors de Portugal SA
 1997 Ed. (1500)
General Motors Powertrain
 2003 Ed. (3271)
General Motors R & D Center
 2015 Ed. (4237)
General Municipal Bond
 1992 Ed. (3156, 3167)
 1993 Ed. (2678, 2698)
 1994 Ed. (2611, 2644)
 1995 Ed. (2701, 2746)
General merchandise (not over $500)
 1989 Ed. (1387)
General Novelty Ltd.
 1995 Ed. (3420)
General Nutrition Center Inc.
 1997 Ed. (2085)
General Nutrition Centers
 2005 Ed. (3920)
 2006 Ed. (3994)

General Nutrition Cos. Inc.
 2003 Ed. (2109, 2761, 4861)
General Nutrition Franchising
 1991 Ed. (1771)
 1992 Ed. (2221)
General Nutrition Inc.
 1990 Ed. (2508)
 1992 Ed. (2223)
 1995 Ed. (3162)
 1997 Ed. (923, 3548, 3550, 3551)
 1998 Ed. (3341)
 2001 Ed. (2726)
 2005 Ed. (2856)
General Occidentale
 1990 Ed. (1652)
General/Pabst
 1989 Ed. (777)
General Pacific Inc.
 2015 Ed. (2503)
 2016 Ed. (2437)
 2017 Ed. (2283)
 2019 Ed. (2343)
 2020 Ed. (2314)
 2021 Ed. (2262)
 2022 Ed. (2301)
 2023 Ed. (2481)
General Parts Inc.
 1993 Ed. (980)
 1994 Ed. (1006)
 1995 Ed. (1018)
 1997 Ed. (1016)
 1998 Ed. (757)
 2002 Ed. (421)
 2005 Ed. (311, 3919)
 2006 Ed. (329, 3993)
 2007 Ed. (320, 4040)
 2008 Ed. (4075)
 2009 Ed. (345, 4158, 4188)
 2010 Ed. (323, 4091, 4123)
 2011 Ed. (247, 4061, 4088)
 2012 Ed. (268, 4094, 4122)
 2013 Ed. (1212, 1955)
 2014 Ed. (1153, 1891)
 2015 Ed. (1206, 1937)
General Parts International Inc.
 2009 Ed. (4159)
 2010 Ed. (4092)
 2011 Ed. (4062)
 2012 Ed. (4095)
 2013 Ed. (1958)
 2014 Ed. (1894)
 2015 Ed. (1939)
General Physics Corp.
 1998 Ed. (1450)
 1999 Ed. (2022)
 2000 Ed. (1800)
 2001 Ed. (2240)
 2007 Ed. (2418, 2435)
 2008 Ed. (2545)
 2010 Ed. (1345, 1351)
General Portfolio Group
 1992 Ed. (1618)
General Produce Co. Ltd.
 2023 Ed. (3774)
General Property Trust
 1993 Ed. (3472)
General Public Utilities
 1992 Ed. (1901)
 1993 Ed. (1558, 3283)
 1994 Ed. (1598, 3273)
 1995 Ed. (1639, 3354)
 1996 Ed. (1617)
 1997 Ed. (1695)
General Publishing Group
 1997 Ed. (3223)
General Re Corp.
 1989 Ed. (1742, 2471)
 1990 Ed. (1152, 1792)
 1992 Ed. (2159, 2704, 2705, 3924)
 2005 Ed. (1519)
 2006 Ed. (3151)
 2007 Ed. (3188)
 2009 Ed. (1419)
 2013 Ed. (3354, 3358)
 2014 Ed. (3371)
General Re Group
 2000 Ed. (2725)
 2009 Ed. (3402)
 2010 Ed. (3337)
 2011 Ed. (3294)
 2012 Ed. (3275, 3276)
 2014 Ed. (3368)
General Re Life Corp.
 2011 Ed. (3231)
General Real Estate Corp.
 2006 Ed. (2840)
 2007 Ed. (2837)
 2008 Ed. (2961)
General Refractories Co.
 1989 Ed. (1143)
General Reinsurance Corp.
 1990 Ed. (2261)
 1991 Ed. (1722, 2133, 2140, 2141, 2142, 2829, 3089)
 1992 Ed. (2703, 3658)
 1993 Ed. (2239, 2251, 2992, 2994, 3217, 3248, 3379)

1994 Ed. (2230, 2276, 2279, 3040, 3042, 3223, 3242)
1995 Ed. (2318, 2321, 2322, 3087, 3088, 3305, 3322, 3435)
1996 Ed. (2330, 2332, 3186, 3188, 3500)
1997 Ed. (1285, 1313, 1379, 2459, 2460, 2464, 3293)
1998 Ed. (1130, 2198, 2199, 2200, 2201, 2204, 2207, 2208, 3037, 3040, 3361)
1999 Ed. (1596, 2905, 2965, 2966, 2969, 2976, 4033, 4035, 4036, 4037, 4389)
2000 Ed. (2660, 2728, 2729, 3748, 3752)
2001 Ed. (2953, 4030, 4033, 4036)
2002 Ed. (2963, 3948, 3949, 3950, 3958, 3959)
2003 Ed. (2971, 3016, 4995)
2004 Ed. (3056, 3139, 3141)
2005 Ed. (3145, 3147)
2007 Ed. (3184)
2011 Ed. (1373, 3299)
General Reinsurance Corporation
 2000 Ed. (2680)
General Reinsurance Group
 2000 Ed. (3750)
General merchandise retailers
 2001 Ed. (1708, 1754, 1855)
General Revenue Corp.
 1997 Ed. (1047)
General Roofing
 2006 Ed. (1336)
General Roofing Industries Inc.
 2000 Ed. (1266)
General Roofing Services Inc.
 2001 Ed. (1480)
 2002 Ed. (1296)
 2003 Ed. (1313)
General RV Center Inc.
 2018 Ed. (1704)
 2020 Ed. (1714)
 2021 Ed. (1694)
General Seating of America Inc.
 1996 Ed. (352)
General Securities
 1992 Ed. (3191)
 1996 Ed. (2791)
General Security Inc.
 2023 Ed. (4395)
General Sekiyu
 1992 Ed. (1680)
 1994 Ed. (2861)
General Service Bureau
 2010 Ed. (987)
 2012 Ed. (852)
 2014 Ed. (1004)
General services
 2006 Ed. (104)
 2007 Ed. (98, 2325)
 2008 Ed. (109, 2451)
 2009 Ed. (119)
 2010 Ed. (120)
 2011 Ed. (33)
 2012 Ed. (42)
General Services Administration
 1998 Ed. (2512)
 2005 Ed. (2746)
 2006 Ed. (3493)
 2008 Ed. (3691)
 2010 Ed. (2876)
 2013 Ed. (3743)
General Services Administration (GSA); U.S.
 1991 Ed. (1056)
General Services Administration; U.S.
 2014 Ed. (3675)
General Sheet Metal
 2020 Ed. (4962)
 2021 Ed. (4965)
 2022 Ed. (4962)
General Signal
 1989 Ed. (1288, 1313, 1316, 1667, 2362)
 1990 Ed. (2518)
 1991 Ed. (2079, 3083)
 1992 Ed. (1318, 2641, 3914)
 1993 Ed. (2486, 3210)
 1994 Ed. (2420)
 1996 Ed. (1202)
 1997 Ed. (1272)
 1998 Ed. (1401)
 2000 Ed. (1760)
General Slocum steamship
 2005 Ed. (2204)
General Star Indemnity Co.
 1991 Ed. (2087)
 1992 Ed. (2648)
 1993 Ed. (2191)
 1994 Ed. (2240)
 1995 Ed. (2288)
 1996 Ed. (2293)
 1997 Ed. (2428)
 1998 Ed. (2145)
 1999 Ed. (2926)
 2001 Ed. (2927, 2928)
 2002 Ed. (2876)
 2004 Ed. (3089)
 2008 Ed. (3263)
 2010 Ed. (3262)
 2011 Ed. (3225)
 2012 Ed. (3193)

2013 Ed. (3263)
2014 Ed. (3291)
2015 Ed. (3339)
2017 Ed. (3154)
2020 Ed. (3206)
2021 Ed. (3059)
General Star Management Co.
 1993 Ed. (2192)
 1994 Ed. (2241)
 1995 Ed. (2289)
 1996 Ed. (2294)
 1997 Ed. (2429)
 1998 Ed. (2144)
General Star National Insurance Co.
 2013 Ed. (3262)
 2014 Ed. (3290)
General Steel Fabricators Inc.
 1990 Ed. (1207)
 1991 Ed. (1083)
General merchandise stores
 1990 Ed. (1658)
 1999 Ed. (4089, 4506)
 2000 Ed. (1670)
 2010 Ed. (3772)
 2011 Ed. (3776)
 2012 Ed. (3777)
 2014 Ed. (3763)
 2019 Ed. (3704)
General surgeon
 2004 Ed. (2279)
General Textile Mfg. Co., Ltd.
 1990 Ed. (3572)
The General Theory of Employment, Interest, & Money
 2006 Ed. (577)
General Tire Inc.
 1989 Ed. (2836)
 1991 Ed. (2271)
 1992 Ed. (2818)
 1993 Ed. (2382)
General Tobacco
 2008 Ed. (2963)
 2009 Ed. (3043)
General Transport Co.
 2017 Ed. (1606)
General Transportation Services
 2003 Ed. (4784)
General Trustco
 1990 Ed. (3659)
General Trustco of Canada
 1992 Ed. (4360)
General Tyre & Rubber of Pakistan
 2018 Ed. (1857)
General-use carpets
 2000 Ed. (988)
General Welding Supply Co.
 1992 Ed. (4486)
 1993 Ed. (3736)
 1994 Ed. (3671)
General Woodcraft Inc.
 2020 Ed. (4992)
Generalbank FSB
 1990 Ed. (2006)
 1991 Ed. (1909)
Generaldirek For Post-& Telegrafvaesenet
 1989 Ed. (1104)
 1993 Ed. (1294)
 1994 Ed. (1346)
Generaldirek.For Post-& Telegrafvaesenet
 1990 Ed. (1344)
Generale Bank
 1989 Ed. (488)
 1990 Ed. (509, 560)
 1991 Ed. (459)
 1992 Ed. (617)
 1993 Ed. (435)
 1997 Ed. (417)
 1999 Ed. (477, 1587)
 2000 Ed. (469)
Generale Bank Grop
 1995 Ed. (428)
Generale Bank Group
 1991 Ed. (1259)
 1992 Ed. (1578)
 1994 Ed. (1328)
 1995 Ed. (1359)
 1996 Ed. (455, 1299)
 1997 Ed. (1366)
 2000 Ed. (1394)
Generale Banque
 1994 Ed. (435, 737, 738)
Generale de Banque
 1990 Ed. (1333, 3456)
 1991 Ed. (415, 729)
 1993 Ed. (1283)
 1994 Ed. (1329)
 1995 Ed. (1360)
 1996 Ed. (1300)
 1997 Ed. (1367)
 1999 Ed. (771, 772, 1588)
 2000 Ed. (788, 789, 1392)
Generale de Banque SA
 2001 Ed. (579)
Generale Belgiqe
 2000 Ed. (788)
Generale Belgique
 1990 Ed. (1333)

CUMULATIVE INDEX • 1989-2023

Generale de Belgique
  1990 Ed. (3456)
  1991 Ed. (729, 1260)
  1992 Ed. (1579)
  1999 Ed. (1587)
Generale d'Electricite
  1991 Ed. (1291)
Generale d'Electrique
  1992 Ed. (1620)
Generale Eaux
  1989 Ed. (2482)
Generale des Eaux
  1990 Ed. (3264, 3468)
  1991 Ed. (1291)
  1992 Ed. (1620, 3943)
  1993 Ed. (731, 1315)
  1994 Ed. (1369, 1372, 3650)
  1997 Ed. (1386, 1408, 1410, 1781, 3215)
  1999 Ed. (1606, 1633)
Generale des Eaux Grope
  1995 Ed. (1374)
Generale des Eaux Groupe
  1990 Ed. (2927)
  1995 Ed. (1396)
  1996 Ed. (1327, 1347)
Generale du Luxembourg
  1990 Ed. (630)
Generali
  1990 Ed. (2277)
  1992 Ed. (1653, 2708)
  1993 Ed. (1353, 2570, 2571)
  1994 Ed. (1406, 2519, 2520)
  1995 Ed. (2281)
  1996 Ed. (2289)
  1997 Ed. (2420, 2469)
  1998 Ed. (3040)
  1999 Ed. (1688, 2918, 2919, 3122, 3123, 4037)
  2000 Ed. (2870, 2871, 3749)
  2013 Ed. (652, 3283)
  2014 Ed. (669, 3307)
  2015 Ed. (727, 3353)
  2016 Ed. (665, 3137)
  2017 Ed. (698, 3077)
  2018 Ed. (658, 3249)
  2019 Ed. (668, 3192)
  2020 Ed. (652)
  2021 Ed. (3073)
  2022 Ed. (3211)
Generali Assicurazioni
  1996 Ed. (2641, 2642)
  1997 Ed. (2578, 2579)
Generali Budapest
  2001 Ed. (2924)
Generali en France
  1990 Ed. (2279)
Generali-France
  1997 Ed. (2422)
Generali Group
  1989 Ed. (1746)
  1990 Ed. (2278)
  1991 Ed. (1270, 1312, 2132)
  1995 Ed. (1438)
  1996 Ed. (1402)
  1997 Ed. (1459, 2546)
  2000 Ed. (1488)
  2003 Ed. (3100, 3103)
  2010 Ed. (1382)
  2020 Ed. (3202)
  2021 Ed. (3056)
  2022 Ed. (661, 1650)
  2023 Ed. (869, 1807, 3305)
Generali Group SpA
  2014 Ed. (2561)
Generali Gruppe (Roma)
  1991 Ed. (2159)
Generali Holding Vienna
  2006 Ed. (4883)
Generali Peru
  2007 Ed. (3116)
Generali Pojistovna
  2001 Ed. (2922)
Generali Polska
  2018 Ed. (3226)
Generali SpA
  2019 Ed. (1703)
  2020 Ed. (1652)
  2021 Ed. (1632)
Generali SpA; Assicurazioni
  2005 Ed. (1486, 1830, 3089, 3090, 3091, 3121)
  2006 Ed. (1820, 1821, 1822, 3094, 3095, 3127, 3213, 3216, 3230)
  2007 Ed. (1826, 1828, 1829, 3113)
  2008 Ed. (1861, 1862, 1863, 3258)
  2009 Ed. (1816, 1817, 1818, 3315, 3316, 3317, 3377, 3456)
  2010 Ed. (1405, 1757, 1758, 1759, 3249, 3250, 3313)
  2011 Ed. (1770, 1771, 1772, 3214, 3215, 3218, 3219, 3276)
  2012 Ed. (1622, 1624, 3173, 3178, 3180, 3181, 3182, 3215, 3216, 3250)
  2013 Ed. (1781, 1783, 3247, 3250, 3256, 3258, 3326)
  2014 Ed. (1714, 1715, 3273, 3276)
  2015 Ed. (1757, 3324, 3327)
  2016 Ed. (1708, 3178, 3181)

  2017 Ed. (1691, 3128, 3131)
  2018 Ed. (1649, 3225, 3232)
  2019 Ed. (3165, 3172)
  2020 Ed. (3196)
Generali Zavarovalnica d.d.
  2023 Ed. (3280)
Generall
  2000 Ed. (1390)
Generall (Assicurazioni)
  1990 Ed. (1355)
Generalmarine
  2018 Ed. (4596)
generalRoofing
  2004 Ed. (1313)
  2005 Ed. (1319)
  2006 Ed. (1291)
The General's Daughter
  2001 Ed. (3364)
Generation 1
  1997 Ed. (3813)
Generation Debt: Why Now Is a Terrible Time to be Young
  2008 Ed. (614)
Generation Homes
  2008 Ed. (1593)
  2009 Ed. (1531)
Generation Securities Ltd.
  1992 Ed. (1196)
Generator
  2017 Ed. (4750)
Generic
  2003 Ed. (3776)
Generik Paris
  2018 Ed. (2056)
Generis Global Partners
  2021 Ed. (733)
Generis Group
  2022 Ed. (3525)
Genesco
  2014 Ed. (979, 4332)
Genesco Inc.
  1989 Ed. (2485, 2486)
  1990 Ed. (3272, 3277)
  1991 Ed. (3115)
  1992 Ed. (1212, 3954)
  1993 Ed. (988)
  1995 Ed. (3434)
  1996 Ed. (3426, 3499, 3510)
  1998 Ed. (2674)
  2002 Ed. (4273)
  2003 Ed. (4405, 4406)
  2004 Ed. (4416, 4417)
  2005 Ed. (4366, 4367)
  2006 Ed. (1035)
  2007 Ed. (910, 1121)
  2008 Ed. (891, 1003, 4333)
  2009 Ed. (900, 988)
  2010 Ed. (848, 953)
  2011 Ed. (4499, 4500)
  2012 Ed. (4503, 4504, 4505)
  2013 Ed. (4467)
  2014 Ed. (983)
Genesee Brewing Co.
  1989 Ed. (759)
  1990 Ed. (757)
  1991 Ed. (742)
  1992 Ed. (929, 931, 934)
  1993 Ed. (749)
  1994 Ed. (698, 702, 706)
  1997 Ed. (713, 716, 718)
  1998 Ed. (501, 503, 2491)
  1999 Ed. (812)
  2000 Ed. (3127)
  2001 Ed. (674, 1023, 1026)
  2002 Ed. (787)
  2003 Ed. (662, 764)
Genesee Co.
  1989 Ed. (766)
  1990 Ed. (750, 753)
  1995 Ed. (654, 658, 661, 662)
  1996 Ed. (730, 738, 739)
  1997 Ed. (671)
  1998 Ed. (455, 458)
  1999 Ed. (714)
  2005 Ed. (1244)
Genesee County, NY
  2014 Ed. (2738)
  2017 Ed. (2677)
Genesee Cream Ale
  1997 Ed. (719)
  1998 Ed. (495, 3436)
Genesee Painting Co.
  2002 Ed. (1295)
Genesee Portfolio
  1996 Ed. (2097)
Genesee Portfolio A
  1996 Ed. (2097)
Genesee Region Home Care Association
  2017 Ed. (2928)
Genesee Regional Bank
  2009 Ed. (2771)
  2014 Ed. (1873)
Genesee & Wyoming
  2017 Ed. (1514, 4052)
  2018 Ed. (1493)
Genesee & Wyoming Inc.
  2004 Ed. (4055, 4056)
  2005 Ed. (3993, 3994)

  2011 Ed. (4145)
  2012 Ed. (4177)
  2013 Ed. (4165)
  2014 Ed. (4183)
  2015 Ed. (4164)
  2016 Ed. (4077)
Genesis
  1989 Ed. (989)
  1992 Ed. (4414)
  1993 Ed. (3600)
  1994 Ed. (1099, 1101, 3557)
  1996 Ed. (3721)
  2000 Ed. (2671)
  2008 Ed. (2293)
  2009 Ed. (2283)
  2017 Ed. (4911)
  2018 Ed. (2974)
  2019 Ed. (248)
  2020 Ed. (252)
  2021 Ed. (239)
  2022 Ed. (260)
  2023 Ed. (361)
Genesis Asset Management
  2005 Ed. (3213)
Genesis Asset Managers
  1995 Ed. (2393, 2397)
  1997 Ed. (2521)
  2000 Ed. (2852)
  2003 Ed. (3070)
Genesis Consolidated Services
  1998 Ed. (748, 3310)
Genesis Crude Oil LP
  2001 Ed. (3803)
  2003 Ed. (3879)
  2005 Ed. (3842)
  2007 Ed. (3961)
  2008 Ed. (3988)
  2009 Ed. (4059)
  2010 Ed. (3975)
  2011 Ed. (3980)
Genesis Energy
  2015 Ed. (2075)
  2017 Ed. (3906)
Genesis Energy LP
  2008 Ed. (3988)
  2009 Ed. (4059)
  2010 Ed. (3975)
  2011 Ed. (3980)
  2012 Ed. (3979)
  2013 Ed. (4042)
  2014 Ed. (3978)
  2015 Ed. (4021)
  2016 Ed. (3934)
Genesis Financial Solutions
  2005 Ed. (1936, 1938)
Genesis Global Recruiting
  2023 Ed. (4974)
Genesis Group Consulting Corp.
  2006 Ed. (3988)
Genesis Health Corp.
  2010 Ed. (2902)
Genesis Health System
  1998 Ed. (2548)
  2000 Ed. (3180)
Genesis Health Ventures Inc.
  1997 Ed. (2936)
  1998 Ed. (2691, 3184)
  1999 Ed. (3636)
  2000 Ed. (3361)
  2002 Ed. (2451)
  2003 Ed. (2680, 2692, 3635, 3653)
  2004 Ed. (258, 3701)
  2005 Ed. (3612)
Genesis HealthCare
  2013 Ed. (3841)
  2014 Ed. (3759)
  2015 Ed. (3782)
  2016 Ed. (3695)
  2017 Ed. (3653)
  2018 Ed. (3712)
  2019 Ed. (2727, 3699)
Genesis Healthcare
  2017 Ed. (2859)
  2019 Ed. (2853)
Genesis HealthCare Corp.
  2006 Ed. (2770, 3727)
  2007 Ed. (3710)
  2008 Ed. (2899, 3801)
  2009 Ed. (3846)
  2010 Ed. (2882)
  2011 Ed. (2863, 2869, 3770)
  2012 Ed. (2793, 2805, 3773, 4101)
  2013 Ed. (2005, 2860, 2872)
  2014 Ed. (1942, 2891, 2904)
  2015 Ed. (1988, 2934, 2949, 2965)
  2016 Ed. (1961, 2869, 2880, 2899)
  2017 Ed. (2835, 2858)
  2018 Ed. (2909, 2928)
  2019 Ed. (2864)
  2022 Ed. (2918)
Genesis HealthCare System
  2016 Ed. (3116)
Genesis Homes
  2003 Ed. (1197)
  2004 Ed. (1202, 3346)
Genesis Insurance Co.
  2002 Ed. (2901)

Genesis Investment Management Ltd.
  1993 Ed. (2338, 2352)
Genesis Land Development
  2018 Ed. (4101)
Genesis Malaysia Maju
  1996 Ed. (2817, 2818)
Genesis Media
  2002 Ed. (3278)
Genesis Medical Center East
  2012 Ed. (2989)
Genesis Microchip Inc.
  2001 Ed. (1655)
  2002 Ed. (2485, 2503)
  2005 Ed. (1466)
Genesis Networks Enterprises LLC
  2012 Ed. (4815)
  2013 Ed. (2925, 2928, 2938, 4778)
  2014 Ed. (2945)
Genesis Networks Inc.
  2009 Ed. (3036)
  2010 Ed. (2960)
Genesis Networks Telecom Services LLC
  2014 Ed. (2955, 2958)
  2015 Ed. (2993, 3021, 3026)
Genesis Pharma
  2010 Ed. (1663)
  2011 Ed. (1670)
  2013 Ed. (1666)
  2014 Ed. (1620)
  2015 Ed. (1670)
Genesis Power
  2015 Ed. (2537)
Genesis Products
  2009 Ed. (3607)
  2023 Ed. (4998)
Genesis Products Inc.
  2023 Ed. (4994)
Genesis Resource Enterprises
  2003 Ed. (3724)
Genesis Security Service
  2015 Ed. (2002)
  2016 Ed. (1969)
Genesis Security Services Inc.
  2016 Ed. (1972, 1974)
  2017 Ed. (1936, 1938)
  2018 Ed. (1886)
Genesis Security Systems LLC
  2014 Ed. (4439)
  2015 Ed. (4433)
  2016 Ed. (4326)
Genesis Seed Fund Inc.
  1990 Ed. (3669)
Genesis with Sonic 2
  1997 Ed. (3773)
Genesis Today
  2010 Ed. (2887)
Genesse
  2000 Ed. (722)
Genessee Brewing Co.
  2000 Ed. (816, 817, 818)
Genessee Corp.
  2001 Ed. (679)
Genesys Group
  2001 Ed. (3909)
Genesys Health System
  2011 Ed. (2865)
Genesys Regional Medical Center
  2008 Ed. (3062)
Genetch
  1990 Ed. (2684)
Genetec Inc.
  2011 Ed. (2015)
  2012 Ed. (1864)
  2013 Ed. (1516)
  2014 Ed. (1485)
  2015 Ed. (1541)
Genetech
  1996 Ed. (740)
  1997 Ed. (674, 3299, 3300)
  2000 Ed. (738)
Genetic counselor
  2010 Ed. (3774)
Genetic Engineering & Biotechnology News
  2009 Ed. (4760)
  2010 Ed. (4770)
Genetics Institute
  1991 Ed. (711, 2837, 2838)
  1992 Ed. (892, 3667, 3668)
  1993 Ed. (701, 1940, 2998, 2999, 3006)
  1994 Ed. (710, 1289, 3044, 3045)
  1995 Ed. (665, 1307, 3093, 3094)
  1996 Ed. (741, 1277)
  1997 Ed. (3299, 3300)
Genetronics Biomedical Corp.
  2001 Ed. (2863)
  2005 Ed. (1559)
Genetrust
  2021 Ed. (803)
Genetski; Robert
  1990 Ed. (2285)
Geneva
  1990 Ed. (1221)
  2000 Ed. (2323)
Geneva Acquisition Corp.
  2009 Ed. (1882)
Geneva Brett
  2019 Ed. (4117)

Geneva Capital Mgmt.
  1990 Ed. (2339)
Geneva College
  2006 Ed. (1072)
Geneva Generics
  1997 Ed. (2134)
Geneva Life
  1990 Ed. (2245)
  1991 Ed. (2114)
Geneva Luxury Motor Vans
  1992 Ed. (4368)
Geneva Luxury Motor Vehicles
  1995 Ed. (3688)
Geneva Pharmaceuticals
  2000 Ed. (2321)
Geneva Steel Holdings Corp.
  2006 Ed. (2088)
  2008 Ed. (2148)
  2009 Ed. (2131)
Geneva Steel Inc.
  1994 Ed. (3433)
  1995 Ed. (3510)
  2001 Ed. (1890)
Geneva, Switzerland
  1990 Ed. (1439)
  1991 Ed. (1365)
  1992 Ed. (1712, 2717)
  1995 Ed. (1869)
  2005 Ed. (2033, 3313)
  2011 Ed. (2629)
  2014 Ed. (2643)
Genex
  2002 Ed. (2478)
  2003 Ed. (2719)
GENEX Services Inc.
  2004 Ed. (4095)
  2005 Ed. (4035)
  2006 Ed. (2410, 2411, 4066)
  2007 Ed. (2359, 4112)
  2008 Ed. (2482)
  2009 Ed. (2485, 2486)
  2010 Ed. (2398, 4177)
  2011 Ed. (4176)
  2012 Ed. (3129, 3130, 3131)
Genex Technologies, Inc.
  2002 Ed. (2512)
  2003 Ed. (2720)
Genezen Laboratories Inc.
  2022 Ed. (1611)
Genezon BioSciences Inc.
  2009 Ed. (4830)
GenFed Federal Credit Union
  2001 Ed. (1962)
Genfed Financial Credit Union
  2019 Ed. (2127)
Genfoot/Karnik
  2005 Ed. (272)
Gen.G Sports
  2020 Ed. (4791)
  2021 Ed. (4788)
Genghis Grill
  2010 Ed. (4244)
  2011 Ed. (4220, 4245)
  2012 Ed. (4264, 4284)
  2017 Ed. (4140)
  2018 Ed. (4202, 4203)
Genghis Grill Franchise Concepts LP
  2017 Ed. (3567)
Genghis Grill, the Mongolian Stir Fry
  2013 Ed. (4252)
  2014 Ed. (4308)
Genicom
  1990 Ed. (1125, 2997)
  1993 Ed. (1052, 1578)
Genie
  1989 Ed. (1212)
  1992 Ed. (4216)
  1999 Ed. (1989)
Genie in a Bottle
  2001 Ed. (3406)
Genie, G. E. Information Service Co.
  1991 Ed. (3293)
Genie, General Electric Information Service Co.
  1991 Ed. (3450)
Genie Group Inc.
  1996 Ed. (1631)
  1998 Ed. (1410, 1414)
  2000 Ed. (1765, 1769)
  2001 Ed. (2204, 2210)
  2002 Ed. (2085, 2087)
  2004 Ed. (2247, 2249)
  2005 Ed. (2347, 2349)
  2008 Ed. (2465, 2467)
  2009 Ed. (2467, 2470)
GenieKnows.com
  2002 Ed. (4848)
Geniem
  2019 Ed. (1553)
Geniki Bank
  2008 Ed. (420)
Genisco Technology
  1997 Ed. (227)
Genisys Credit Union
  2011 Ed. (2197)
  2012 Ed. (2057)
  2013 Ed. (2240)
  2014 Ed. (2172)
  2015 Ed. (2236)
  2016 Ed. (2207)
  2018 Ed. (2102)
  2020 Ed. (2081)
  2021 Ed. (2071)
  2022 Ed. (2062, 2106)
  2023 Ed. (2174, 2221)
Genius
  1991 Ed. (1784)
  2008 Ed. (667)
  2009 Ed. (2363, 4834)
Genius Electronic Optical
  2023 Ed. (2029)
Genius Jr.; Richard M.
  1995 Ed. (938)
Genius Kids
  2017 Ed. (924)
  2018 Ed. (860)
Genius Tympanic Thermometer
  1999 Ed. (3635)
GENIVAR Income Fund
  2009 Ed. (1188, 4562)
  2010 Ed. (777)
  2011 Ed. (4404)
Genklaudis Sh.a.
  2017 Ed. (1530)
  2018 Ed. (1511)
  2019 Ed. (1539)
  2020 Ed. (1512)
  2021 Ed. (1497)
  2022 Ed. (1511)
  2023 Ed. (1685)
The Genlyte Group Inc.
  1990 Ed. (1039)
  1991 Ed. (1483)
  1994 Ed. (1584)
  2003 Ed. (2130, 2132, 2893)
  2004 Ed. (2698, 2699)
  2005 Ed. (2697, 2698)
  2006 Ed. (1842, 1844, 2348)
  2007 Ed. (874, 1847, 1849)
  2008 Ed. (1883)
Genlyte Thomas Group LLC
  2004 Ed. (1803)
Genmab
  2022 Ed. (1507)
  2023 Ed. (1681)
Genmab A/S
  2007 Ed. (1681)
Genmar Holdings
  2009 Ed. (4238)
Genmont Biotech
  2013 Ed. (2080)
Gennady Timchenko
  2014 Ed. (4914)
  2015 Ed. (4954)
  2016 Ed. (4870)
  2017 Ed. (4871)
  2018 Ed. (4882)
  2019 Ed. (4875)
  2020 Ed. (4863)
  2021 Ed. (4864)
  2022 Ed. (4861)
  2023 Ed. (4855)
Gennum Corp.
  2006 Ed. (2816)
  2007 Ed. (2817)
  2008 Ed. (2943)
  2011 Ed. (2897)
GenNx360 Capital Partners
  2010 Ed. (176)
  2011 Ed. (101)
  2012 Ed. (108)
  2013 Ed. (89)
  2015 Ed. (112)
  2016 Ed. (120)
  2017 Ed. (111)
  2018 Ed. (122)
  2019 Ed. (108)
  2020 Ed. (103)
  2021 Ed. (95)
  2022 Ed. (110)
Geno Atkins
  2016 Ed. (219)
Genoa
  1992 Ed. (1398)
  2003 Ed. (1070)
Genoa-2
  1990 Ed. (2722)
GENOKE Trading
  2021 Ed. (1492)
Genome mapping
  1996 Ed. (2104)
Genomic Health
  2006 Ed. (592)
  2011 Ed. (1532, 2915)
Genomic Solutions Inc.
  2002 Ed. (2154)
Genomics England
  2015 Ed. (695)
Genomics One Corp.
  2002 Ed. (1604)
Genomma Lab
  2007 Ed. (59)
  2013 Ed. (41)
  2020 Ed. (3806, 3811)
  2021 Ed. (3787)
Genomma Lab Internacional
  2017 Ed. (63, 67)
  2018 Ed. (80)
  2019 Ed. (68, 71)
  2020 Ed. (65, 68)
Genomma Lab International
  2015 Ed. (85, 86)
  2017 Ed. (64)
  2018 Ed. (81)
Genomma Lab USA
  2020 Ed. (2051)
  2021 Ed. (2002)
Genomma Lab USA Inc.
  2023 Ed. (2147, 2148)
GenOn Energy, Inc.
  2019 Ed. (324)
Genoptix Inc.
  2010 Ed. (2925)
  2011 Ed. (2832)
  2012 Ed. (2762, 2765)
  2013 Ed. (2845)
Genossenschaft. Zentralbank
  1989 Ed. (483)
Genossenschaftliche
  1990 Ed. (506)
  1991 Ed. (454)
Genossenschaftliche Zentralbank
  1989 Ed. (576)
Genova & Imperia
  1992 Ed. (739)
  1993 Ed. (538)
Genova e Imperia
  1994 Ed. (540)
Genovese Drug Stores
  1995 Ed. (1606)
  1996 Ed. (1586)
  1997 Ed. (1668)
  1998 Ed. (1360)
  1999 Ed. (1922, 1924)
  2000 Ed. (1719, 1720)
Genpact
  2019 Ed. (1104)
  2020 Ed. (1091)
  2022 Ed. (1093)
  2023 Ed. (3219)
Genpact Ltd.
  2008 Ed. (3834)
  2009 Ed. (3889)
Genpact LLC
  2023 Ed. (1307)
Genpact (U.S.)
  2022 Ed. (1093)
Genpak LLC
  2001 Ed. (4520)
  2003 Ed. (4734)
  2004 Ed. (4718)
  2005 Ed. (4688)
  2006 Ed. (4733)
  2007 Ed. (4749)
  2008 Ed. (4673)
  2009 Ed. (4713)
  2010 Ed. (4727)
  2011 Ed. (4686)
  2012 Ed. (4700)
  2013 Ed. (4661)
  2014 Ed. (4713)
  2015 Ed. (4725)
  2016 Ed. (4627)
  2017 Ed. (4643)
  2018 Ed. (4640)
  2019 Ed. (4654)
  2020 Ed. (4622)
  2021 Ed. (4634)
  2022 Ed. (4653)
Genpass Card Solutions LLC
  2006 Ed. (4375)
Genpass Technologies LLC
  2006 Ed. (4380)
GenQuest Inc.
  2011 Ed. (2922)
  2013 Ed. (2925)
  2014 Ed. (4989)
GenRad
  1989 Ed. (2304, 2312)
  1990 Ed. (298, 2989)
  1991 Ed. (266, 2842, 2843)
  1992 Ed. (372)
Gensar
  1997 Ed. (1703)
Genscape
  2006 Ed. (2433)
  2007 Ed. (2379)
Genscape Inc.
  2015 Ed. (1773)
GenScript
  2014 Ed. (841)
Gensia
  1998 Ed. (465)
Gensia Pharmaceuticals
  1993 Ed. (1246)
Gensia Sicor
  2000 Ed. (738)
Gensler
  1998 Ed. (184, 188, 1437, 1448, 2218)
  1999 Ed. (284, 287, 290, 2014, 2994)
  2000 Ed. (310, 315, 1797, 2741)
  2001 Ed. (2238)
  2002 Ed. (332, 334, 2130, 2140, 2986)
  2003 Ed. (2295, 2306, 2313)
  2005 Ed. (260, 3160, 3161, 3162, 3163, 3164, 3165, 3169, 4118)
  2006 Ed. (285)
  2007 Ed. (288, 2408)
  2009 Ed. (288, 2533)
  2010 Ed. (2449)
  2011 Ed. (1515, 2444, 2449, 2458, 2461, 2467, 2472, 2479)
  2012 Ed. (1046, 2374, 2402)
  2013 Ed. (2566)
  2014 Ed. (1167)
  2015 Ed. (1221)
  2016 Ed. (210, 2474)
  2017 Ed. (206, 780, 2331)
  2018 Ed. (714)
  2019 Ed. (190, 2354)
  2020 Ed. (191, 2322, 2408, 2434)
  2021 Ed. (2288, 2358, 2361)
  2022 Ed. (192, 201, 203, 204, 2320, 2429, 2430, 2443, 2451, 2455, 2475, 2477, 2488, 2491, 3283, 3284, 3285, 3286, 3287, 3288, 3289, 3291, 3292)
  2023 Ed. (278, 279, 281, 284, 285, 286, 292, 293, 297, 308, 309, 2496, 2581, 2585, 2587, 2598, 3373, 3375, 3376, 3377, 3378, 3379, 3380, 3382, 3383)
Gensler & Assoc./Architects
  1990 Ed. (278)
Gensler & Assoc./Arcitects
  1990 Ed. (2287)
Gensler & Associates
  1998 Ed. (187)
Gensler & Associates/Architects
  1991 Ed. (1551)
  1992 Ed. (353, 358)
  1993 Ed. (244)
  1994 Ed. (233, 236)
  1995 Ed. (235, 239, 1675)
  1996 Ed. (232, 235, 236, 1658, 2346)
  1997 Ed. (263, 267, 1736, 2474)
Gensler Jr. & Associates Inc.; M. Arthur
  2006 Ed. (283, 3162, 3163, 3164, 3166, 3168, 3171, 3172, 3173)
  2007 Ed. (286, 2414, 2415, 2955, 3195, 3197, 3198, 3200, 3202, 3203, 3205, 3206, 3207, 4190)
  2008 Ed. (262, 264, 2511, 2523, 2530, 2536, 2537, 2538, 2540, 2541, 2542, 3080, 3337, 3339, 3340, 3341, 3342, 3344, 3345, 3347, 3348, 4227)
  2009 Ed. (285, 287, 2521, 2547, 2549, 3170, 3411, 3412, 3413, 3414, 3415, 3417, 3418, 3420, 4321)
  2010 Ed. (270, 272, 2438, 2443, 2452, 2458, 2463, 2466, 2471, 3101, 3348, 3350, 3351, 3352, 3353, 3355, 3356, 3358)
  2011 Ed. (190, 192, 196, 2477, 2480, 2483, 3069, 3304, 3305, 3307, 3308, 3309, 3310, 3312, 3314)
  2012 Ed. (196, 198, 2368, 2379, 2381, 2384, 2385, 2386, 2387, 2388, 2389, 2400, 3012, 3288, 3290, 3291, 3292, 3293, 3295, 3298, 3299)
  2013 Ed. (176, 179, 1147, 2554, 2556, 2558, 2559, 2560, 2570, 3105, 3362, 3363, 3364, 3365, 3367, 3369, 3371, 3372)
  2014 Ed. (183, 186, 187, 2485, 2488, 2489, 2499, 3103, 3373, 3374, 3375, 3376, 3377, 3379, 3381, 3382)
  2015 Ed. (213, 215, 2560, 2562, 2563, 2573, 3407, 3409, 3410, 3411, 3413, 3415, 3417, 3418)
  2016 Ed. (211, 213, 2483, 2485, 2495)
  2017 Ed. (207, 2352, 3239)
  2018 Ed. (194, 2375, 2376, 2381, 2391, 2400, 2419, 3313)
  2019 Ed. (188, 2421, 2465, 3275, 3277, 3278, 3279, 3280, 3282, 3284, 3285)
  2020 Ed. (189, 2396, 2416, 2454, 3275, 3276, 3277, 3278, 3280, 3282, 3283)
  2021 Ed. (188, 2377, 3139, 3140, 3141, 3142, 3143, 3145, 3147, 3148)
  2022 Ed. (190)
Gensler (U.S.)
  2022 Ed. (203)
GenSpring Family Offices LLC
  2017 Ed. (3247)
Genspring Family Offices LLC
  2012 Ed. (3318)
  2013 Ed. (3391)
  2014 Ed. (3393)
  2016 Ed. (3286)
Genstar Stone Products
  1995 Ed. (1246)
Genta Inc.
  2006 Ed. (4606)
Gentai Capital
  2021 Ed. (1456, 2547)
GenTeal Tears Lubricant Eye Drops Liquid Drops
  2018 Ed. (3769)
Gentec International
  2009 Ed. (1976)
GenTech Associates
  2022 Ed. (1613)

GenTech Associates Inc.
  2022 Ed. (1611)
  2023 Ed. (1775)
Gentek Inc.
  2003 Ed. (1781, 1782)
  2004 Ed. (1816, 1817)
  2005 Ed. (1900, 1901)
Gentera
  2015 Ed. (1823)
  2022 Ed. (553)
Gentera Sab De
  2021 Ed. (532)
Gentex
  2014 Ed. (1787, 3148)
  2019 Ed. (3399)
  2020 Ed. (3400)
  2023 Ed. (353, 1531)
Gentex Corp.
  1998 Ed. (1881)
  2004 Ed. (315)
  2005 Ed. (314)
  2006 Ed. (308)
  2007 Ed. (305, 322)
  2014 Ed. (4582)
  2018 Ed. (1721)
Gentherm
  2015 Ed. (1829, 3208)
  2016 Ed. (293, 1787, 3632, 4376)
  2017 Ed. (255)
  2018 Ed. (242, 1706)
Gentherm Inc.
  2014 Ed. (1786)
  2015 Ed. (1827)
  2016 Ed. (1788)
  2017 Ed. (1754)
Genting
  1994 Ed. (1418, 2109, 2348)
  1995 Ed. (1454, 1455, 1577, 2162)
  1996 Ed. (1415, 1416, 2447)
  1997 Ed. (1475, 2593)
  1999 Ed. (1701, 1702, 1887, 2772, 3137)
  2000 Ed. (1294, 1296, 1298, 1299, 1511, 1694, 2884)
  2001 Ed. (1785)
  2007 Ed. (1865)
  2008 Ed. (1899)
  2009 Ed. (661)
  2010 Ed. (625)
  2012 Ed. (1678)
  2013 Ed. (656, 842, 3102)
  2014 Ed. (673, 3100, 4790)
  2015 Ed. (3496, 4824)
  2016 Ed. (679, 4728)
  2017 Ed. (726, 4747)
  2018 Ed. (671)
  2020 Ed. (655)
  2021 Ed. (630, 1670, 2703)
  2022 Ed. (670)
  2023 Ed. (874, 3682)
Genting Berhad
  1998 Ed. (2558)
  2009 Ed. (1862, 3172, 3516, 4299)
  2021 Ed. (2475)
  2022 Ed. (2587, 3028)
Genting Bhd.
  1989 Ed. (1139)
  1990 Ed. (1397, 2082)
  1991 Ed. (1324, 1950)
  1992 Ed. (1667, 2486, 2823)
  1993 Ed. (2093, 2385)
  1997 Ed. (1358, 2288)
  2000 Ed. (2547)
  2002 Ed. (3051)
  2011 Ed. (1819, 3074, 4266)
  2012 Ed. (680, 1677)
  2013 Ed. (889, 1829)
  2014 Ed. (850, 1758)
  2015 Ed. (888, 1801)
  2016 Ed. (773, 1755)
  2017 Ed. (834, 1729, 2480)
  2018 Ed. (765, 1681, 2534)
  2019 Ed. (782)
Genting Hong Kong
  2017 Ed. (2951)
Genting Malaysia
  2014 Ed. (4790)
  2015 Ed. (3496, 4824)
  2016 Ed. (4728)
  2017 Ed. (4747)
Genting Singapore
  2013 Ed. (868)
  2014 Ed. (710)
  2019 Ed. (677)
  2020 Ed. (671)
Genting Singapore plc
  2012 Ed. (3462, 4781)
  2013 Ed. (3509, 4742)
Gentiva Health Services
  2014 Ed. (3006)
  2016 Ed. (2971)
Gentiva Hospice of Portland
  2015 Ed. (1970)
Gentle Giant Moving
  1992 Ed. (4354)
Gentle Giant Moving Co.
  2020 Ed. (4725)
  2021 Ed. (4726)
  2022 Ed. (4728)

2023 Ed. (4710)
Gentle Giants Canine Cuisine
  2021 Ed. (3804)
  2022 Ed. (3824)
Gentle Treatment
  2001 Ed. (2634, 2635)
  2003 Ed. (2656)
  2008 Ed. (2871)
Gentle Treatment, Relaxer, Regular
  1990 Ed. (1979)
  2000 Ed. (2410)
Gentle Treatment, Relaxer, Super
  2000 Ed. (2410)
Gentleman Jack
  1999 Ed. (3235, 3236, 3238)
  2001 Ed. (4803, 4804, 4805, 4806)
  2002 Ed. (286, 3159, 3161, 3162)
  2003 Ed. (4919)
  2004 Ed. (4908)
A Gentleman in Moscow
  2019 Ed. (598)
  2021 Ed. (561)
Gentlemen's Quarterly
  1989 Ed. (180, 2175)
  1990 Ed. (2800)
Gentra Inc.
  1996 Ed. (1314, 1317, 3761)
  1997 Ed. (3811)
  2002 Ed. (3919)
The Gentry Companies
  2020 Ed. (1574)
Gentry County Bank
  1989 Ed. (213)
Gentry Homes
  2012 Ed. (1039, 1040)
Gentueri
  2023 Ed. (2119, 3056, 3598)
Genua & Mulligan Printing
  2015 Ed. (4082)
  2016 Ed. (3991, 3993)
Genua & Mulligan Printing Corp.
  2017 Ed. (3975)
Genuardi Family Markets Inc.
  2007 Ed. (4639)
Genuardi Super Markets Inc.
  1990 Ed. (1043)
Genuine Black & White Bar
  1999 Ed. (4353)
Genuine Draft
  1989 Ed. (773)
Genuine Gemstone Co.
  2015 Ed. (2098)
Genuine Health Group
  2022 Ed. (1525)
Genuine Parts
  2014 Ed. (1614, 4934)
  2015 Ed. (4975)
  2016 Ed. (4892)
  2018 Ed. (4907)
  2019 Ed. (4897)
  2021 Ed. (4886)
  2022 Ed. (1567, 4881)
  2023 Ed. (4874)
Genuine Parts / NAPA Auto Parts
  2023 Ed. (4091)
Genuine Parts Co.
  1989 Ed. (334, 337)
  1990 Ed. (393, 394, 395, 396)
  1991 Ed. (335, 337, 341, 342, 345, 346, 2017)
  1992 Ed. (466, 468, 471, 474, 475, 478, 479, 2591)
  1993 Ed. (341, 2162, 3225)
  1994 Ed. (326, 328, 2177)
  1995 Ed. (324, 325, 3304, 3728)
  1996 Ed. (338, 339, 1350, 3824, 3825)
  1997 Ed. (315, 316, 1412, 3873, 3874)
  1998 Ed. (240, 241, 1142, 3290, 3709, 3712)
  1999 Ed. (349, 1634, 4285, 4757)
  2000 Ed. (336, 4004)
  2001 Ed. (4222, 4816)
  2002 Ed. (421, 1221, 4894)
  2003 Ed. (2085, 2119, 4394, 4923, 4924, 4925, 4926)
  2004 Ed. (313, 314, 1723, 2108, 2114, 2159, 4916, 4917, 4925, 4926)
  2005 Ed. (311, 312, 313, 1780, 2211, 2212, 2219, 4905, 4906, 4908, 4909)
  2006 Ed. (295, 296, 308, 329, 1731, 2274, 2275, 2281, 4936, 4938)
  2007 Ed. (296, 297, 304, 305, 320, 1738, 2210, 2224, 2972, 4944)
  2008 Ed. (281, 282, 1766, 2349, 2364, 3190, 4920)
  2009 Ed. (303, 304, 1696, 1701, 1702, 3189, 3249, 4932, 4933)
  2010 Ed. (285, 286, 1651, 1652, 3119, 3180, 4941, 4960)
  2011 Ed. (208, 209, 217, 1146, 1659, 1660, 1661, 4924, 4944)
  2012 Ed. (221, 222, 228, 251, 1509, 1511, 1512, 1513, 3099, 4122, 4928, 4943)
  2013 Ed. (212, 213, 224, 1651, 1654, 1656, 3180, 4115, 4465, 4471, 4926)
  2014 Ed. (219, 220, 227, 1610, 1613, 1615, 3026, 3191, 4514, 4520, 4933)

2015 Ed. (254, 255, 262, 1660, 1663, 1665, 3093, 4513, 4519, 4974)
  2016 Ed. (255, 1601, 1605, 1608, 4449, 4456, 4891, 4893, 4894)
  2017 Ed. (259, 1580, 1582, 1586, 4455, 4463, 4890)
  2018 Ed. (1563, 1566, 3019, 4475, 4481)
  2019 Ed. (1601, 4472, 4479, 4896)
  2020 Ed. (1563, 1567, 4458, 4464, 4889)
  2021 Ed. (1550, 3993, 4885)
  2022 Ed. (1570, 4007, 4880)
Genuine Parts Co./NAPA
  2021 Ed. (3993)
Genuity Inc.
  2002 Ed. (4194, 4207)
  2005 Ed. (1560)
  2008 Ed. (4616)
Genus
  1992 Ed. (3994)
  2007 Ed. (3948)
  2016 Ed. (3909)
  2017 Ed. (3877)
Genus plc
  2004 Ed. (191)
GenVec, Inc.
  2003 Ed. (2720)
Genworth Canada
  2012 Ed. (4568)
Genworth Financial
  2015 Ed. (2141, 3322)
  2016 Ed. (3175, 3228)
  2017 Ed. (3124)
  2018 Ed. (3219)
  2019 Ed. (3147, 3151, 3157)
  2020 Ed. (3178, 3181, 3186)
  2021 Ed. (1330)
Genworth Financial Group
  2013 Ed. (3304, 3305, 3307)
  2014 Ed. (3328)
Genworth Financial Group Consolidated
  2009 Ed. (3378)
Genworth Financial Inc.
  2006 Ed. (2095, 4258, 4598)
  2007 Ed. (2054, 2062, 3107, 3132, 3139, 3142, 3143, 3144)
  2008 Ed. (2161, 2162, 2171, 3290, 3291, 3292, 3293, 3295)
  2009 Ed. (1395, 2141, 2143, 3350, 3351, 3352, 3353, 3355)
  2010 Ed. (3288, 3289, 3290, 3291, 3292, 3314, 3323)
  2011 Ed. (2140, 3252, 3254, 3281)
  2012 Ed. (1984, 2451, 3169, 3219, 3227, 3228, 3259)
  2013 Ed. (2151, 3242, 3291, 3306, 3331)
  2014 Ed. (2085, 3268, 3329, 3348)
  2015 Ed. (2138, 3317, 3370)
  2016 Ed. (3169, 3232, 3250)
  2017 Ed. (3120, 3190, 3192, 3207, 3220)
  2019 Ed. (3225, 3242, 3259)
  2020 Ed. (3240)
Genworth Financial Services
  2008 Ed. (3314, 3315)
  2009 Ed. (3381)
Genworth Life & Annuity Insurance Co.
  2011 Ed. (3259)
Genworth Life Insurance Co.
  2009 Ed. (3330, 3383)
  2010 Ed. (3319)
Genworth MI Canada
  2015 Ed. (3388)
Genworth MI Canada Inc.
  2013 Ed. (1496)
  2014 Ed. (4569)
  2015 Ed. (4563)
  2016 Ed. (4494)
  2017 Ed. (1471)
  2018 Ed. (4523)
  2020 Ed. (1450)
Genyk
  2020 Ed. (1464, 3443)
  2021 Ed. (3461)
  2022 Ed. (3519)
Genzyme
  2013 Ed. (1436)
Genzyme Corp.
  1989 Ed. (733)
  1990 Ed. (732)
  1991 Ed. (711)
  1993 Ed. (701, 1940)
  1994 Ed. (710)
  1995 Ed. (665, 3093)
  1996 Ed. (741)
  1997 Ed. (674)
  1998 Ed. (465)
  1999 Ed. (728)
  2001 Ed. (706, 709)
  2003 Ed. (684)
  2004 Ed. (686, 4561)
  2005 Ed. (681, 3817, 3821, 3828)
  2006 Ed. (594, 832, 3886, 3894, 4081)
  2007 Ed. (621, 622, 915, 1873, 1875, 3917, 4518)
  2008 Ed. (571, 572, 1917)
  2009 Ed. (602, 1873, 1875)
  2010 Ed. (586, 1805, 1807, 3937)
  2011 Ed. (511, 1833, 1835, 1837, 3944, 3962, 3971)

2012 Ed. (484, 485, 487, 488, 491, 1688, 1691, 1692, 1695, 1697, 3968)
  2013 Ed. (600, 602, 4027, 4031)
  2016 Ed. (1778)
Genzyme Flanders BVBA
  2011 Ed. (1497)
Genzyme General
  2000 Ed. (738)
  2001 Ed. (1203)
  2006 Ed. (595, 3879)
  2007 Ed. (623)
  2008 Ed. (573)
Genzyme Ireland
  2014 Ed. (1706)
  2015 Ed. (1748)
Genzyme Ltd.
  2019 Ed. (2862)
Geo
  1998 Ed. (3645)
Geo. A. Hormel
  1990 Ed. (2526, 2527)
Geo A. Hormel & Co.
  1992 Ed. (2174, 2199, 2988, 2993, 2994, 2996, 2997, 3505, 3508, 3509, 3510, 3512)
  1997 Ed. (1643)
Geo. A. Kelson Co.
  2009 Ed. (1976)
Geo-Con Inc.
  1990 Ed. (1204)
  1991 Ed. (1082)
  1994 Ed. (1147)
  1995 Ed. (1172)
  1996 Ed. (1139)
  1997 Ed. (1165)
  2003 Ed. (1251)
  2004 Ed. (1253)
Geo. Heinl & Co., Ltd.
  2015 Ed. (3739)
  2016 Ed. (3647)
GEO II/Young & Rubicam
  2002 Ed. (113)
  2003 Ed. (78)
Geo & Jem Inc.
  2007 Ed. (3592, 3593, 4442)
  2008 Ed. (3728, 4423, 4979)
Geo-Logic Associates
  2020 Ed. (2420)
Geo Metro
  1991 Ed. (353)
  1996 Ed. (316)
  1998 Ed. (213)
Geo Metro LSI
  1991 Ed. (353)
Geo Metro XFI
  1991 Ed. (353)
Geo-Solutions
  2011 Ed. (2507)
Geo Storm
  1992 Ed. (2410)
  1994 Ed. (306)
Geo Storm/Spectrum
  1992 Ed. (449, 454)
Geo-Young & Rubicam
  1992 Ed. (154)
  1993 Ed. (103)
  1999 Ed. (94)
  2000 Ed. (100)
  2001 Ed. (140)
Geocaching
  2016 Ed. (2457)
Geocan Energy Inc.
  2008 Ed. (1548)
GeoCapital
  1992 Ed. (2758, 2762)
Geocapital Partners
  2000 Ed. (4342)
Geocell
  2004 Ed. (46)
  2005 Ed. (40)
  2009 Ed. (47)
GeoCities
  2001 Ed. (1547, 4192, 4777, 4778, 4781)
Geodata
  2015 Ed. (1943)
Geode Capital Management
  2009 Ed. (3451)
  2010 Ed. (3392)
Geodex Communications
  2006 Ed. (1848)
GEODIS
  2019 Ed. (1117, 2738)
  2021 Ed. (1879)
  2022 Ed. (1925)
  2023 Ed. (2041)
Geodis
  2008 Ed. (3525)
  2009 Ed. (3584)
  2011 Ed. (1151)
  2018 Ed. (4814)
  2019 Ed. (4809)
  2020 Ed. (4798)
  2021 Ed. (4797)
  2022 Ed. (4793)
GEODIS North America
  2018 Ed. (4810)
  2019 Ed. (4808)
  2020 Ed. (4797)

2021 Ed. (4795)
2022 Ed. (4792)
2023 Ed. (4787)
Geodis (North America)
  2022 Ed. (4793)
  2023 Ed. (4788)
GEODIS North America (OHL)
  2021 Ed. (4795)
Geodis U.K.
  2017 Ed. (4710)
Geodyne Resources
  1992 Ed. (317)
Geoege Lopez
  2012 Ed. (2434)
GeoEngineers Inc.
  2009 Ed. (2523, 2536, 2543, 2546)
  2010 Ed. (2459, 2462)
  2011 Ed. (2446, 2469, 2475)
  2012 Ed. (212, 2372)
GeoEye Inc.
  2010 Ed. (2958)
  2012 Ed. (2783)
Geoff Beattie
  2010 Ed. (704)
  2011 Ed. (633)
Geoff Howe Marketing Communications
  2009 Ed. (4363)
Geoff Kieburtz
  1998 Ed. (1658)
Geoff Tate
  2002 Ed. (2181)
Geoff Warren
  2000 Ed. (2070)
Geoffery Merszei
  2011 Ed. (2545)
Geoffrey Bloom
  1999 Ed. (1122, 4302)
Geoffrey C. Bible
  1996 Ed. (966)
Geoffrey Canada
  2011 Ed. (3761)
Geoffrey Dennis
  1996 Ed. (1855, 1856, 1894, 1906)
Geoffrey Harris
  1996 Ed. (1796)
  1997 Ed. (1869)
  1998 Ed. (1643)
Geoffrey Hedrick
  2008 Ed. (2634)
Geoffrey Kieburtz
  1999 Ed. (2248)
  2000 Ed. (2030)
Geoffrey Rush
  2001 Ed. (2270)
Geoffrey Y. Yang
  2002 Ed. (4730)
Geoffrey Yang
  2004 Ed. (4828)
Geographic Expeditions
  2014 Ed. (2453)
Geographic Solutions Inc.
  2023 Ed. (1145)
GeoLearning
  2007 Ed. (2271)
  2008 Ed. (2404, 4394)
GeoLogics Corp.
  2008 Ed. (2959, 3737, 4433)
Geologics Corp.
  2013 Ed. (2936)
  2014 Ed. (2956)
  2015 Ed. (3022)
Geologist
  1989 Ed. (2093)
  2004 Ed. (2276)
Geologistics Corp.
  2001 Ed. (3161, 4629)
  2003 Ed. (4792)
  2004 Ed. (4778, 4779)
  2006 Ed. (4804)
Geologists
  1990 Ed. (2729)
Geomagic
  2007 Ed. (1225)
Geomaque Explorations Ltd.
  2001 Ed. (1656)
GeoMet
  2008 Ed. (2495)
Geometric Design & Technology
  2020 Ed. (3441)
Geometry Global
  2015 Ed. (82)
  2016 Ed. (82)
  2019 Ed. (3476)
  2020 Ed. (3454)
geomix
  2019 Ed. (1425)
Geon
  2001 Ed. (1214)
  2002 Ed. (992)
Geonerco
  2000 Ed. (1236)
Geonetric
  2010 Ed. (2884)
GeoPeak Energy
  2015 Ed. (1894)
  2016 Ed. (4424)
  2017 Ed. (4435)

GeoPost Group
  2020 Ed. (2770)
  2021 Ed. (2643)
  2022 Ed. (2771)
GeoPost U.K.
  2015 Ed. (4789)
  2016 Ed. (4693, 4699, 4708)
GeoResources
  2013 Ed. (2092, 3927)
GeoResources Inc.
  2005 Ed. (3733)
  2008 Ed. (4347)
  2009 Ed. (4482)
  2010 Ed. (2031, 2032, 2035, 4495, 4503, 4530)
  2011 Ed. (2823, 3884)
Georg Fischer AG
  1994 Ed. (2483)
  1996 Ed. (2612)
  2023 Ed. (2028)
Georg Fischer Giessereianlagen AG
  1994 Ed. (2438)
Georg Fischer Giesserei-Anlagen AG
  1996 Ed. (2568)
Georg Fischer Rohrleitungssysteme AG
  1994 Ed. (2483)
  1996 Ed. (2612)
Georg Schaeffler
  2012 Ed. (4887)
  2015 Ed. (4924)
  2016 Ed. (4840)
  2017 Ed. (4848)
  2018 Ed. (4855)
  2019 Ed. (4850)
  2020 Ed. (4839)
  2022 Ed. (4834)
Georg Stumpf
  2018 Ed. (4840)
  2019 Ed. (4836)
  2020 Ed. (4826)
  2021 Ed. (4827)
  2022 Ed. (4820)
  2023 Ed. (4814)
George
  1998 Ed. (2796, 2799)
George A. Abd
  2010 Ed. (3990)
George A. Castineiras
  2011 Ed. (2544)
George A. Dunn
  2010 Ed. (3385)
George A. Fuller Co.
  2009 Ed. (1305, 1322)
  2010 Ed. (1252)
  2011 Ed. (1201)
George A. Hormel
  1989 Ed. (1936, 1937)
George A. Hormel & Co.
  1991 Ed. (1732, 1750)
  1993 Ed. (1369, 1884, 2514, 2516, 2519, 2521, 2525, 2709, 2879, 2887, 2888, 2889, 2890, 2894, 2898)
  1994 Ed. (1422, 1882, 2451, 2453, 2456, 2458, 2903, 2905, 2906, 2907)
George A. Ramirez
  2012 Ed. (2489)
George A. Smathers
  1994 Ed. (889, 1056)
George Adler
  1993 Ed. (1771, 1818)
  1994 Ed. (1801)
  1995 Ed. (1839)
  1996 Ed. (1817)
  1997 Ed. (1891)
George B. H. Macomber Co.
  1998 Ed. (959)
  2002 Ed. (1246)
George B. Kaiser
  2004 Ed. (4859)
  2005 Ed. (4845)
  2006 Ed. (4900)
  2007 Ed. (4895)
  2008 Ed. (4824)
  2009 Ed. (4847)
  2010 Ed. (3955, 4852)
  2011 Ed. (4834)
George Bado
  2012 Ed. (2495)
  2013 Ed. (2638)
George Bailey
  1990 Ed. (2483)
George Baker
  1991 Ed. (1697)
  1994 Ed. (1796)
George Baker Group
  2019 Ed. (2048)
George & Barbara Bush
  2001 Ed. (3943)
  2002 Ed. (3077)
George Barkow
  1995 Ed. (983)
George Bjurman
  1995 Ed. (2367)
  1996 Ed. (2407)
George Bodenheimer
  2009 Ed. (4519)
  2010 Ed. (4557, 4558)

George Booth & Associates
  1992 Ed. (1289)
George Borkow
  1996 Ed. (1710)
George Boy Manufacturing Inc.
  1992 Ed. (3643)
George Brett
  1989 Ed. (719)
George Brown College
  2009 Ed. (821)
  2011 Ed. (1549)
  2012 Ed. (1394)
George Buckley
  2007 Ed. (989)
George Bull III
  2012 Ed. (2495)
  2013 Ed. (2638)
George Burns/Bob Hope, Dionne Warwick
  1991 Ed. (1042)
George Bush
  1990 Ed. (2504)
George Clooney
  2009 Ed. (2605)
  2010 Ed. (2508)
  2011 Ed. (2510)
  2012 Ed. (2431)
  2020 Ed. (2481, 2482)
George Cogan
  2014 Ed. (1152)
George Cope
  2010 Ed. (704)
  2011 Ed. (633)
George D. Kennedy
  1992 Ed. (1143, 2059)
  1993 Ed. (938)
George D. Zamias Developer
  1994 Ed. (3297)
George David
  2005 Ed. (966, 980, 981, 2469, 2482)
  2006 Ed. (870, 937, 938)
  2007 Ed. (961, 1022, 1029)
  2008 Ed. (934, 943, 951)
  2009 Ed. (950, 958)
George Dickel
  1989 Ed. (748, 751, 752)
  2001 Ed. (4803, 4804, 4806)
  2002 Ed. (3161)
George Douglas
  1989 Ed. (1419)
  1990 Ed. (1769)
  1991 Ed. (1709)
George Duboeuf
  1996 Ed. (3869)
  1998 Ed. (3754)
George E. Bull III
  2006 Ed. (930)
George E. Masker Inc.
  1996 Ed. (1144)
  2022 Ed. (1196)
George E. Warren Corp.
  1989 Ed. (929)
  1990 Ed. (1038)
  1995 Ed. (1003)
  1996 Ed. (990)
  1998 Ed. (753)
  2000 Ed. (1104)
  2002 Ed. (1075)
  2005 Ed. (3917)
  2006 Ed. (3990)
  2007 Ed. (4028)
  2008 Ed. (4055)
  2009 Ed. (4136, 4137)
George Eaton
  1997 Ed. (3871)
George Eisenberg
  1994 Ed. (897)
George Elling
  1994 Ed. (1823)
  1995 Ed. (1826)
George F. Taylor
  1992 Ed. (531)
George Fischer AG
  1995 Ed. (2549)
George Foreman
  1995 Ed. (251)
  1997 Ed. (278)
  2002 Ed. (4253)
  2003 Ed. (2867)
  2005 Ed. (2955)
  2009 Ed. (3177)
  2011 Ed. (3079)
George Fox College
  1992 Ed. (1276)
  1994 Ed. (1051)
  1995 Ed. (1059)
  1996 Ed. (1044)
  1997 Ed. (1060)
George Fox University
  1998 Ed. (797)
  1999 Ed. (1226)
  2001 Ed. (1323)
George Friedlander
  1997 Ed. (1955)
  1998 Ed. (1564, 1614)
  1999 Ed. (2203)
  2000 Ed. (1962)
George G. Sharp Inc.
  2003 Ed. (1354)

George Gosbee
  2005 Ed. (2473)
  2010 Ed. (704)
  2011 Ed. (633)
George Group
  2009 Ed. (1186)
The George Gund Foundation
  1995 Ed. (1930)
George Harad
  2006 Ed. (2523)
George Harrison
  2006 Ed. (802)
  2007 Ed. (891)
  2009 Ed. (878)
George Hyman Construction Co.
  1990 Ed. (1212)
  1991 Ed. (1100)
  1993 Ed. (1122)
  1994 Ed. (1109)
George J. Igel & Co. Inc.
  1990 Ed. (1204)
George J. Martin & Son Inc.
  2016 Ed. (4983)
George J. Sella
  1989 Ed. (1383)
  1990 Ed. (1724)
  1991 Ed. (1632)
George J. Vojta
  1989 Ed. (417)
George; Jeff
  2013 Ed. (740)
George Jerome & Co.
  2001 Ed. (1683)
George Joseph
  2012 Ed. (4843)
  2014 Ed. (4854)
  2015 Ed. (4891)
George of the Jungle
  2001 Ed. (4695)
George K. Baum & Co.
  1993 Ed. (3135, 3142, 3167, 3180, 3186, 3194, 3195, 3200)
  1995 Ed. (3257, 3260)
  1996 Ed. (3363)
  1997 Ed. (3466)
  1998 Ed. (3236, 3254)
  1999 Ed. (3482, 4230, 4243)
  2000 Ed. (3979, 3980)
  2001 Ed. (752, 771, 811, 928, 932, 960)
  2002 Ed. (3410, 3411)
  2003 Ed. (3478)
George K. Baum & Co.
  1992 Ed. (3853, 3856, 3861)
  2001 Ed. (787, 860)
George Kaiser
  2007 Ed. (3949)
  2012 Ed. (4839)
  2013 Ed. (4837)
  2014 Ed. (4852)
  2015 Ed. (4889)
  2016 Ed. (4807)
  2017 Ed. (4819)
  2018 Ed. (4824)
  2019 Ed. (4820)
  2020 Ed. (4810)
  2021 Ed. (4811)
  2022 Ed. (4804)
  2023 Ed. (4797)
George Kelly
  1994 Ed. (1827)
  1995 Ed. (1856)
  1998 Ed. (1603)
  1999 Ed. (2189)
  2000 Ed. (1998)
George Kent
  2016 Ed. (1754)
George Kepper
  2002 Ed. (872, 2477)
George Killians
  2019 Ed. (592)
  2020 Ed. (575)
  2021 Ed. (547)
George King
  1998 Ed. (1576)
  1999 Ed. (2164)
  2000 Ed. (1934)
George Krapf Jr. & Sons Inc.
  2018 Ed. (704)
  2019 Ed. (718)
George Krug
  1994 Ed. (1824)
George L. Lindemann
  1991 Ed. (1622)
George Lamond
  1993 Ed. (1078)
The George Lang Corp.
  1990 Ed. (1840)
  1992 Ed. (2207)
George Lewin
  2010 Ed. (3956)
George Lindemann
  2005 Ed. (4843)
George Lithograph
  1999 Ed. (3887)
George Little Management Co.
  2001 Ed. (4612)
  2002 Ed. (4645)

George Little Management LLC
 2003 Ed. (4777)
 2004 Ed. (4754)
 2005 Ed. (4736)
 2006 Ed. (4787)
 2008 Ed. (4723)
 2010 Ed. (4775)
 2011 Ed. (4726)
George Lopez
 2006 Ed. (2855)
 2008 Ed. (2581)
 2009 Ed. (2608)
 2012 Ed. (2884)
 2015 Ed. (2602)
George Lucas
 1999 Ed. (2049)
 2001 Ed. (1138, 2026, 2269)
 2002 Ed. (2143, 3398)
 2003 Ed. (2330, 2333)
 2004 Ed. (2410, 2413)
 2005 Ed. (2443)
 2007 Ed. (2450, 2451)
 2008 Ed. (2582, 2586)
 2009 Ed. (4848)
 2010 Ed. (2512, 2515, 4855)
 2011 Ed. (2514, 2517)
 2012 Ed. (2435, 2443)
 2014 Ed. (2530)
 2022 Ed. (4812)
 2023 Ed. (4805)
George M. C. Fisher
 1996 Ed. (964)
George M. Leader Family Corp.
 2019 Ed. (2529)
George M. Raymond Co.
 2011 Ed. (1252, 1302)
 2022 Ed. (1162)
George Mason Mortgage, LLC
 2022 Ed. (3691)
George Mason University
 1989 Ed. (840)
 1990 Ed. (1086)
 1996 Ed. (2462)
 2005 Ed. (2273)
 2009 Ed. (205)
 2011 Ed. (108, 3419)
George Melhado & Co.
 1995 Ed. (1197)
 1997 Ed. (1202)
 1998 Ed. (978)
George Merck
 2005 Ed. (974)
George Michael
 1990 Ed. (1144)
 1991 Ed. (1578)
George Mintz & Company Inc.
 2000 Ed. (3712)
George Mitchell
 2007 Ed. (4895)
George Morris Center for Agri-Food Research & Education
 2011 Ed. (1947)
 2012 Ed. (1811)
 2013 Ed. (1526)
 2014 Ed. (1496)
George Mrkonic
 2001 Ed. (2346)
George Neal South
 1998 Ed. (3401)
George P. Johnson
 2013 Ed. (3624)
 2014 Ed. (3562)
 2015 Ed. (860)
 2017 Ed. (798)
 2018 Ed. (731)
 2019 Ed. (2363, 3474)
 2020 Ed. (2331, 3452)
 2021 Ed. (2296, 3472)
 2022 Ed. (2328, 3529)
 2023 Ed. (2504, 3650)
George P. Johnson Co.
 2006 Ed. (3419)
 2007 Ed. (3433)
 2008 Ed. (3597, 3600)
 2009 Ed. (2654, 3666, 3668)
 2010 Ed. (3580, 3585)
 2011 Ed. (3582, 3587, 3588)
 2012 Ed. (3575, 3576)
 2014 Ed. (3570, 3571)
 2015 Ed. (81, 82)
 2016 Ed. (81, 82)
 2018 Ed. (77)
George Patterson Bates
 1999 Ed. (57)
George Patterson Pty.
 1989 Ed. (83)
 1990 Ed. (77)
 1991 Ed. (74)
 1992 Ed. (121)
 1993 Ed. (81)
 1994 Ed. (70)
 1995 Ed. (46)
 1996 Ed. (62)
George Patterson Pty. (Bates)
 1997 Ed. (60)
George; Paul
 2020 Ed. (198)

George Paz
 2010 Ed. (2570)
 2011 Ed. (834)
 2012 Ed. (799)
 2013 Ed. (989)
George Pedersen
 2006 Ed. (3931)
George Perlegos
 2002 Ed. (2179)
 2003 Ed. (956)
George Petersen Insurance Agency
 2014 Ed. (1413)
 2015 Ed. (1473)
George Phydias Mitchell
 2005 Ed. (4845)
George Putnam
 2000 Ed. (3249)
George Putnam-Boston
 1996 Ed. (2771)
George Putnam Fund
 1999 Ed. (3533)
George Putnam Fund of Boston
 1997 Ed. (2871)
George R. Brown Convention Center, Houston
 1991 Ed. (1104)
George R. Brown School of Engineering; Rice University
 2007 Ed. (2446)
George R. Chapdelaine
 2004 Ed. (2533)
George R. Lewis
 1989 Ed. (736)
George R. Roberts
 1998 Ed. (1135, 1689)
George; Richard
 2010 Ed. (910)
 2011 Ed. (855)
George; Richard L.
 2007 Ed. (2507)
George Richardson
 1991 Ed. (1617)
George Roberts
 1989 Ed. (1422)
 1990 Ed. (1773)
 1994 Ed. (1840)
 1995 Ed. (1870)
 1999 Ed. (2434)
 2007 Ed. (4894)
 2009 Ed. (4846)
 2011 Ed. (4827)
 2014 Ed. (3392)
George S. May International Co.
 1990 Ed. (853)
 1991 Ed. (811)
 1993 Ed. (1103, 3733)
 1994 Ed. (1126, 3668)
 1995 Ed. (3792)
 1996 Ed. (3878)
George Salem
 1993 Ed. (1779)
George Santana
 1996 Ed. (1899)
 1999 Ed. (2407)
George; Sara
 1992 Ed. (1098)
George Scangos
 2016 Ed. (721)
 2017 Ed. (776, 923)
George Schaefer Jr.
 2004 Ed. (411)
 2006 Ed. (926)
George Schaeffler
 2009 Ed. (4888)
George Shapiro
 1991 Ed. (1671)
 1993 Ed. (1776)
 1994 Ed. (1760, 1831)
 1995 Ed. (1801)
 1996 Ed. (1776)
 1997 Ed. (1851)
 1998 Ed. (1624)
 1999 Ed. (2208)
 2000 Ed. (1980)
George Sissel
 2002 Ed. (2177)
George & Sjakon Tahija
 2010 Ed. (3960)
George Sollitt Construction Co.
 1993 Ed. (1122)
George Soros
 1989 Ed. (1422)
 1991 Ed. (2265)
 1992 Ed. (2143)
 1994 Ed. (1840)
 1995 Ed. (1870)
 1996 Ed. (1914)
 1997 Ed. (2004)
 1998 Ed. (686, 1689)
 1999 Ed. (1072, 2434)
 2001 Ed. (3779)
 2002 Ed. (3356)
 2003 Ed. (4879)
 2004 Ed. (3213, 3890, 4861)
 2005 Ed. (3832, 4847)
 2006 Ed. (2798, 3898, 4899)
 2007 Ed. (3949, 4894)
 2008 Ed. (3979, 4823)

 2009 Ed. (2715, 4846)
 2010 Ed. (2640, 3955, 4851)
 2011 Ed. (4827)
 2012 Ed. (4838)
 2013 Ed. (4832, 4833)
 2014 Ed. (2920, 4847)
 2015 Ed. (2968, 4884)
 2016 Ed. (2902, 4802)
 2017 Ed. (4814)
 2018 Ed. (4819)
 2019 Ed. (4822)
George Staphos
 1995 Ed. (1838)
 1996 Ed. (1816)
 1997 Ed. (1890)
 1998 Ed. (1659)
 1999 Ed. (2249)
 2000 Ed. (2031)
George Steel Fabricating Inc.
 2016 Ed. (1917)
George Steinbrenner
 2012 Ed. (691)
George Strachan
 1999 Ed. (2216)
George Strait
 1989 Ed. (991)
 1990 Ed. (1143)
 1992 Ed. (1351)
 1993 Ed. (1079)
 1994 Ed. (1100)
 1995 Ed. (1120)
 1996 Ed. (1094)
 1997 Ed. (1113)
 1998 Ed. (868)
 1999 Ed. (1294)
 2000 Ed. (1182, 1184)
 2001 Ed. (1380)
 2002 Ed. (1159)
George Strait, Billy Joe Royal, Linda Davis
 1991 Ed. (1040)
George Strait Country Music Festival
 2001 Ed. (1384)
George Strait, Kathy Mattea, Baillie & The Boys
 1991 Ed. (1040)
George; Susan E.
 1990 Ed. (2660)
George Sutherlin Nissan
 1996 Ed. (281)
George Thompson
 1994 Ed. (1764, 1831)
George Ty
 2006 Ed. (4921)
 2010 Ed. (4917)
 2011 Ed. (4903)
 2012 Ed. (4914)
 2013 Ed. (4897)
 2014 Ed. (4909, 4910)
 2015 Ed. (4950, 4951)
 2016 Ed. (4865, 4866)
 2017 Ed. (4868)
 2018 Ed. (4878)
 2019 Ed. (4872)
George V. Grune
 1992 Ed. (1142, 2050)
George V. Voinovich
 1993 Ed. (1994)
George Von Holtzbrinck GmbH & Co
 1996 Ed. (3088)
George W. Auch Co.
 1990 Ed. (1211)
 1991 Ed. (1099)
 1992 Ed. (1435)
 1993 Ed. (1150)
 1994 Ed. (1157)
 1996 Ed. (1150)
 1999 Ed. (1385)
 2000 Ed. (1274)
 2001 Ed. (1485)
 2002 Ed. (1303)
 2018 Ed. (1118)
George W. Buckley
 2008 Ed. (951, 2631)
 2009 Ed. (950, 2657, 2658)
 2010 Ed. (902, 2562)
 2011 Ed. (848, 2545)
 2012 Ed. (2491)
 2013 Ed. (2636)
 2014 Ed. (2591)
George W. Bush
 2003 Ed. (3058)
 2005 Ed. (4879)
 2006 Ed. (1201)
 2010 Ed. (2897)
George W. Dunne
 1990 Ed. (2483)
 1991 Ed. (2346)
George W. Edwards Jr.
 1995 Ed. (1728)
George W. Millar Co.
 1989 Ed. (831)
George Warren
 1990 Ed. (2848)
George Washington Medical Center
 1989 Ed. (2903)
 1990 Ed. (3682)
 1991 Ed. (3473)

 1992 Ed. (4423)
George Washington Memorial Parkway
 1990 Ed. (2666)
George Washington Savings Bank
 2008 Ed. (4674)
George Washington University
 1989 Ed. (2903)
 1990 Ed. (3682)
 1991 Ed. (1444, 3473)
 1992 Ed. (1008, 4423)
 1993 Ed. (1502)
 1995 Ed. (2476)
 1996 Ed. (2459, 2461, 2462)
 1997 Ed. (2604, 2606, 2607)
 1998 Ed. (2336, 2337, 2338)
 1999 Ed. (3161, 3163, 3164)
 2000 Ed. (2905, 2907, 2908)
 2001 Ed. (3062, 3064, 3065)
 2002 Ed. (902)
 2006 Ed. (713)
 2007 Ed. (795, 1164, 2268)
 2008 Ed. (779)
 2009 Ed. (779, 1948)
 2010 Ed. (731)
 2011 Ed. (653, 3419)
 2015 Ed. (815, 3276)
George Washington University Health Plan
 1994 Ed. (2036)
 1995 Ed. (2089)
George Washington University Law School
 2010 Ed. (3434)
George Washington's Secret Six
 2015 Ed. (646)
George Weston
 2013 Ed. (4901)
 2014 Ed. (659)
 2019 Ed. (4524, 4540)
 2020 Ed. (4530)
 2021 Ed. (4539)
 2023 Ed. (1648)
George Weston Foods
 2002 Ed. (1652)
 2016 Ed. (2687)
 2017 Ed. (2638)
 2019 Ed. (2680)
 2020 Ed. (2697)
 2022 Ed. (2727)
George Weston Holdings Ltd.
 1991 Ed. (1748)
George Weston Limited
 2022 Ed. (4261)
George Weston Ltd.
 1989 Ed. (1148, 2333)
 1990 Ed. (1339, 1408, 1738, 1827, 3051)
 1991 Ed. (1262, 1263, 1264, 1745, 2642)
 1992 Ed. (1587, 1596, 1598, 1600, 2195)
 1993 Ed. (1287, 3591)
 1994 Ed. (1338, 1878, 1879, 3554)
 1995 Ed. (1364, 1366)
 1996 Ed. (1308, 1309, 1312, 1943)
 1997 Ed. (1370, 2041)
 1999 Ed. (1592, 1888)
 2000 Ed. (1401)
 2001 Ed. (1658, 1660, 2461)
 2002 Ed. (1607, 1608, 1609, 2303, 3241, 3301)
 2003 Ed. (1631, 1636, 1639, 3361)
 2004 Ed. (1662, 1664)
 2005 Ed. (926, 927, 1712, 1725, 3388, 4566)
 2006 Ed. (836, 1599, 1614, 1619, 1622, 3375, 4641, 4642)
 2007 Ed. (917, 1626, 1628, 1629, 1630, 1632, 1635, 1645, 1797, 4634, 4635, 4927)
 2008 Ed. (726, 897, 1626, 1635, 1640, 1653, 3552, 4575, 4903)
 2009 Ed. (1551, 1552, 1564, 1568, 1570, 1578, 3619)
 2010 Ed. (1544, 1551, 1553, 1555, 1562, 1565, 1707, 2736, 3541)
 2011 Ed. (1546, 1554, 1557, 2714, 2721, 3540)
 2012 Ed. (1391, 1398, 1402, 1410, 2655, 3532, 4593, 4921)
 2013 Ed. (1217, 1493, 1494, 1501, 1505, 1511, 2736, 3578, 4534)
 2014 Ed. (1156, 1461, 1462, 1468, 1476, 1479, 2700, 2717, 4592)
 2015 Ed. (1211, 1517, 1523, 1532, 1535, 2764, 2771, 4589)
 2016 Ed. (1458, 1459, 1472, 1477, 2700, 2829, 4492, 4509)
 2017 Ed. (1468, 1469, 1480, 2456, 2655, 4507, 4508)
 2018 Ed. (1449, 1453, 1457, 2506, 2715, 3934, 4539, 4540)
 2019 Ed. (1479, 1486, 2700, 4525, 4526)
 2020 Ed. (1445, 1446, 1457, 2702, 4529, 4531)
 2021 Ed. (1443, 1450, 2444)
 2022 Ed. (1451, 1463, 2554, 3904, 4517)
 2023 Ed. (1638, 3998, 4530)
George Weston Ltd. Company
 2023 Ed. (2701)
George Wimpey plc
 1991 Ed. (1065)
 1992 Ed. (1372, 1428)
 1996 Ed. (1162)

1997 Ed. (1182)
2006 Ed. (1205)
2007 Ed. (2985, 2994)
George Zeidenstein
1993 Ed. (1701)
George's
2021 Ed. (3504)
George's at the Cove
2018 Ed. (4171)
2019 Ed. (4186)
2020 Ed. (4198)
2021 Ed. (4137, 4138, 4163)
2022 Ed. (4164)
George's at the Cove (La Jolla, CA)
2021 Ed. (4163)
Georges Duboeuf
1995 Ed. (3772)
2000 Ed. (4417)
2001 Ed. (4845)
2002 Ed. (4925)
2003 Ed. (4948)
2004 Ed. (4971)
2005 Ed. (4963, 4966)
2006 Ed. (4966)
Georges Enterprises
2016 Ed. (1744)
2019 Ed. (1741)
Georges; Hurricane
2005 Ed. (882, 2979)
2009 Ed. (3209)
George's Inc.
2013 Ed. (1414)
2014 Ed. (1366, 1371, 1380)
2015 Ed. (3591, 3592, 3596)
2016 Ed. (3475)
2017 Ed. (3439, 3443, 3449)
2018 Ed. (3502, 3506, 3511)
2019 Ed. (3489, 3491)
2020 Ed. (3474, 3476, 3477, 3481, 3482, 3487, 3963)
2021 Ed. (3496, 3497, 3501, 3502, 3506, 3927, 3935)
2022 Ed. (3556, 3557, 3560, 3561, 3564, 3939, 3947)
2023 Ed. (4022, 4031)
George's Music
2013 Ed. (3801)
Georgeson & Co.
1990 Ed. (2922)
1991 Ed. (2775)
1992 Ed. (3573)
1994 Ed. (2358, 2967)
1995 Ed. (3027)
1997 Ed. (3207)
Georgetown Bank & Trust Co.
1997 Ed. (495)
Georgetown Brewing Co.
2023 Ed. (916)
Georgetown Community Hospital
2008 Ed. (1879)
Georgetown, KY
1993 Ed. (336)
Georgetown University
1989 Ed. (839, 2903)
1990 Ed. (3682)
1991 Ed. (1444, 3473)
1992 Ed. (4423)
1993 Ed. (805, 1502)
1994 Ed. (2358)
1995 Ed. (2423, 2427, 2428)
1996 Ed. (2458, 2460, 2461, 2463, 2464)
1997 Ed. (2603, 2607, 2608, 2609)
1998 Ed. (2335, 2338, 2339, 2340)
1999 Ed. (3159, 3164, 3165)
2000 Ed. (2903, 2904, 2905, 2908, 2909, 2910, 2912)
2001 Ed. (789, 1066, 1329, 3060, 3061, 3062, 3065, 3066, 3067, 3068)
2002 Ed. (900)
2003 Ed. (788, 794, 795, 797, 798, 799)
2004 Ed. (831, 832)
2005 Ed. (812, 814)
2006 Ed. (714)
2007 Ed. (831, 1164)
2009 Ed. (1948)
2010 Ed. (759)
2011 Ed. (3419)
2012 Ed. (869)
2018 Ed. (1332)
Georgetown University Hospital
1989 Ed. (2903)
1990 Ed. (3682)
1991 Ed. (3473)
1992 Ed. (4423)
Georgetown University, McDonough School of Business
2005 Ed. (2853)
2006 Ed. (2859)
2007 Ed. (834, 2849)
2008 Ed. (775)
Georgetown University Press
2010 Ed. (598)
Georgetown University, Robert Emmett Mc-Donough School of Business
2009 Ed. (803)
Georgi
1991 Ed. (3462, 3463)
1992 Ed. (4408, 4409)

1993 Ed. (2447, 3679)
1994 Ed. (3641)
1995 Ed. (3716)
1996 Ed. (3803, 3806)
1997 Ed. (3856, 3858)
1998 Ed. (3687, 3688)
1999 Ed. (4730, 4732)
2000 Ed. (4359)
2001 Ed. (4713)
2002 Ed. (4771)
Georgi Domuschiev
2023 Ed. (4817)
Georgia
1989 Ed. (1507, 1508, 1906, 2532, 2547, 2565, 2618, 2895)
1990 Ed. (760, 823, 831, 832, 1237, 1748, 2430, 2513, 3279, 3280, 3281, 3282, 3355, 3356, 3359, 3368, 3385, 3389, 3402, 3413, 3415)
1991 Ed. (1, 790, 792, 793, 794, 795, 797, 1811, 1812, 1853, 2161, 2163, 2349, 2475, 2476, 3157, 3176, 3183, 3184, 3185, 3188, 3189, 3193, 3337, 3460)
1992 Ed. (967, 968, 976, 977, 978, 1468, 1481, 1757, 2098, 2099, 2279, 2286, 2339, 2340, 2574, 2866, 2873, 2875, 2878, 2879, 2880, 2923, 2927, 2931, 2968, 3084, 3118, 3542, 3812, 4014, 4081, 4082, 4093, 4102, 4105, 4106, 4119, 4124, 4126, 4263, 4406)
1993 Ed. (315, 1195, 1734, 1735, 1945, 1946, 2437, 2440, 2585, 2586, 2710, 3108, 3353, 3396, 3397, 3401, 3410, 3413, 3431, 3433, 3439, 3547, 3678, 3698)
1994 Ed. (1214, 1216, 1968, 1969, 2377, 2380, 2381, 2387, 2401, 2556, 2568, 3149, 3217, 3375, 3381, 3382, 3384, 3400, 3403, 3411, 3426, 3506, 3638)
1995 Ed. (675, 1230, 1669, 1931, 1993, 1994, 2204, 2458, 2468, 2479, 2608, 2623, 3299, 3448, 3453, 3454, 3456, 3471, 3472, 3474, 3482, 3490, 3492, 3496, 3499, 3500, 3540, 3591, 3665, 3712, 3732)
1996 Ed. (1201, 1203, 1720, 1738, 2015, 2016, 2090, 2504, 2506, 2511, 2516, 2701, 3254, 3255, 3292, 3511, 3512, 3514, 3518, 3533, 3534, 3536, 3552, 3555, 3557, 3563, 3571, 3573, 3667, 3743, 3798, 3831)
1997 Ed. (331, 1249, 1283, 1573, 1819, 2137, 2138, 2219, 2648, 2655, 2681, 2683, 3574, 3576, 3592, 3593, 3597, 3610, 3612, 3613, 3617, 3619, 3623, 3726, 3850, 3881, 33893)
1998 Ed. (466, 473, 1025, 1535, 1536, 1702, 1830, 1831, 1928, 1935, 2041, 2381, 2384, 2385, 2401, 2404, 2406, 2419, 2420, 2901, 2926, 3168, 3382, 3386, 3388, 3391, 3396, 3397, 3398, 3511, 3620, 3683, 3716, 3755)
1999 Ed. (392, 798, 799, 1458, 1848, 2587, 2588, 2681, 2812, 3219, 3221, 3226, 3271, 3272, 4152, 4402, 4417, 4418, 4425, 4429, 4430, 4431, 4432, 4437, 4438, 4439, 4443, 4449, 4459, 4537, 4582, 4664, 4726, 4764)
2000 Ed. (276, 803, 804, 1317, 1318, 2327, 2328, 2339, 2958, 2960, 2965, 3010, 3587, 3867, 4102, 4104, 4112, 4232, 4299, 4355, 4391, 4393)
2001 Ed. (1, 2, 9, 10, 278, 284, 340, 341, 361, 397, 401, 411, 415, 547, 666, 667, 997, 998, 1014, 1015, 1028, 1029, 1050, 1051, 1085, 1087, 1110, 1123, 1126, 1127, 1202, 1245, 1262, 1263, 1266, 1267, 1268, 1293, 1372, 1376, 1377, 1378, 1396, 1400, 1416, 1418, 1421, 1422, 1425, 1430, 1431, 1432, 1433, 1441, 1491, 1492, 1934, 1975, 2048, 2049, 2050, 2111, 2112, 2129, 2131, 2143, 2144, 2152, 2218, 2219, 2265, 2360, 2361, 2380, 2381, 2385, 2386, 2387, 2389, 2390, 2391, 2392, 2393, 2394, 2417, 2418, 2421, 2459, 2466, 2471, 2472, 2537, 2572, 2573, 2577, 2597, 2598, 2604, 2606, 2607, 2624, 2629, 2630, 2738, 2739, 2804, 2806, 2963, 2964, 2999, 3034, 3047, 3070, 3083, 3090, 3098, 3169, 3174, 3205, 3213, 3214, 3235, 3236, 3295, 3338, 3339, 3355, 3357, 3384, 3537, 3539, 3545, 3567, 3571, 3576, 3577, 3606, 3615, 3620, 3633, 3636, 3637, 3639, 3640, 3652, 3654, 3660, 3661, 3708, 3717, 3730, 3731, 3781, 3782, 3786, 3788, 3789, 3791, 3796, 3807, 3808, 3810, 3827, 3828, 3840, 3841, 3849, 3871, 3872, 3878, 3892, 3896, 3904, 3914, 3963, 3964, 3965, 3966, 3968, 3969, 3993, 3994, 3999, 4000, 4005, 4006, 4011, 4150, 4165, 4171, 4199, 4230, 4247, 4248, 4258, 4259, 4286, 4287, 4294, 4295, 4304, 4327, 4360, 4362, 4406, 4407, 4408, 4415, 4429, 4430, 4442, 4459, 4460, 4481, 4482, 4515, 4516, 4517, 4518,

4532, 4552, 4580, 4581, 4642, 4646, 4659, 4660, 4709, 4719, 4726, 4727, 4728, 4729, 4794, 4796, 4799, 4808, 4809, 4810, 4811, 4812, 4813, 4814, 4815, 4820, 4823, 4824, 4825, 4826, 4827, 4832, 4833, 4837, 4838, 4927, 4928, 4929, 4931, 4937, 4938)
2002 Ed. (367, 378, 441, 446, 451, 452, 454, 461, 462, 463, 465, 473, 492, 493, 495, 496, 497, 770, 771, 772, 773, 1116, 1117, 1401, 1402, 1802, 1816, 1904, 1905, 1907, 2069, 2226, 2229, 2400, 2401, 2402, 2403, 2746, 2843, 2844, 2845, 2847, 2849, 2877, 2882, 2883, 2896, 2897, 2899, 2944, 2947, 2961, 2978, 2980, 3053, 3115, 3116, 3117, 3120, 3127, 3128, 3199, 3212, 3236, 3289, 3367, 3600, 4082, 4102, 4141, 4177, 4195, 4196, 4366, 4368, 4369, 4370, 4376, 4537, 4606, 4627, 4681, 4732, 4763, 4765, 4909, 4910)
2003 Ed. (354, 392, 394, 395, 406, 419, 441, 443, 757, 758, 1059, 1063, 1880, 2270, 2434, 2582, 2612, 2613, 2960, 2961, 2962, 2964, 2984, 2988, 3236, 3244, 3250, 3255, 3261, 3263, 3294, 3420, 3758, 3895, 3897, 4213, 4234, 4299, 4308, 4408, 4416, 4417, 4551, 4646, 4723, 4755, 4867, 4908, 4909, 4944, 4945)
2004 Ed. (376, 377, 378, 381, 398, 414, 415, 435, 767, 768, 1027, 1067, 1068, 1069, 1904, 2177, 2296, 2298, 2299, 2300, 2303, 2305, 2308, 2309, 2564, 2565, 2566, 2567, 2572, 2726, 2727, 2728, 2732, 2733, 2987, 2990, 2992, 3041, 3042, 3043, 3045, 3047, 3048, 3049, 3057, 3069, 3091, 3092, 3094, 3096, 3099, 3118, 3121, 3146, 3278, 3281, 3294, 3300, 3311, 3356, 3783, 3923, 3925, 3933, 4236, 4252, 4254, 4255, 4256, 4257, 4264, 4265, 4318, 4419, 4499, 4501, 4502, 4504, 4507, 4508, 4515, 4521, 4524, 4525, 4701, 4735, 4898, 4899, 4948, 4949, 4979, 4981)
2005 Ed. (390, 393, 404, 405, 407, 418, 422, 441, 443, 444, 445, 1071, 1073, 1074, 2034, 2382, 2527, 2544, 2840, 3301, 3384, 3432, 3484, 3701, 3871, 3873, 4159, 4184, 4185, 4187, 4188, 4193, 4196, 4227, 4241, 4472, 4601, 4712, 4928, 4929)
2006 Ed. (383, 2130, 2428, 2551, 2834, 2984, 3069, 3080, 3103, 3104, 3112, 3115, 3117, 3130, 3132, 3137, 3323, 3368, 3443, 3483, 3790, 3934, 3936, 3983, 4158, 4213, 4475, 4664, 4764, 4791)
2007 Ed. (333, 341, 366, 2078, 2165, 2274, 2372, 2527, 2838, 3372, 3385, 3420, 3459, 3515, 3647, 3788, 3992, 3994, 4021, 4022, 4226, 4534, 4684, 4685, 4770, 4804)
2008 Ed. (327, 343, 354, 2193, 2400, 2405, 2406, 2407, 2414, 2436, 2492, 2655, 2918, 2958, 3130, 3266, 3281, 3469, 3470, 3512, 3633, 3759, 3862, 4009, 4011, 4012, 4048, 4257, 4497, 4661, 4690, 4729, 4733, 4838, 4940)
2009 Ed. (350, 2413, 2498, 2499, 2668, 2669, 2683, 2877, 3034, 3038, 3214, 3215, 3548, 3549, 3551, 3697, 3771, 3782, 3921, 4083, 4084, 4119, 4243, 4350, 4361, 4527, 4640, 4703, 4732, 4765, 4768, 4961)
2010 Ed. (326, 821, 822, 823, 2106, 2112, 2312, 2324, 2406, 2412, 2413, 2572, 2573, 2574, 2586, 2594, 2880, 2959, 3273, 3400, 3409, 3447, 3460, 3468, 3469, 3495, 3613, 3710, 3746, 3839, 3995, 4175, 4388, 4567, 4568, 4669, 4717, 4740, 4779, 4969)
2011 Ed. (253, 748, 750, 1001, 2159, 2320, 2407, 2415, 2416, 2551, 2568, 2576, 2862, 2921, 3242, 3447, 3463, 3464, 3471, 3472, 3616, 3707, 3746, 3747, 3842, 4003, 4031, 4200, 4331, 4531, 4618, 4675, 4700, 4730, 4958)
2012 Ed. (274, 685, 687, 909, 923, 2222, 2336, 2337, 2500, 2515, 2792, 2856, 3208, 3464, 3473, 3474, 3476, 3477, 3478, 3500, 3526, 3610, 3728, 3751, 3752, 4061, 4533, 4624, 4628, 4690, 4952)
2013 Ed. (299, 739, 1067, 1387, 2316, 2397, 2518, 2519, 2645, 2654, 2655, 2656, 2834, 3516, 3522, 3525, 3526, 3527, 3545, 3721, 3823, 3824, 3828, 3830, 3840, 4568, 4580, 4723, 4774, 4974, 4996)
2014 Ed. (230, 277, 755, 1026, 2316, 3496, 3497, 3499, 3500, 3501, 3521, 3589, 3746, 3747, 4761)
2015 Ed. (265, 790, 1061, 2393, 2631, 2645, 3280, 3514, 3516, 3517, 3518, 3536, 3770, 3771, 3779, 4055, 4056, 4101, 4622, 4627, 4782)

2016 Ed. (260, 712, 2338, 2556, 2566, 2568, 3120, 3373, 3374, 3375, 3376, 3387, 3685, 3686, 3961, 3962, 4015, 4545, 4685)
2017 Ed. (313, 3332, 3335, 3346, 3940, 3941, 3942, 3943, 4533, 4546)
2018 Ed. (248, 708, 1316, 2236, 2246, 2250, 2353, 3174, 3396, 3397, 3399, 3400, 3406, 3963, 3964, 4558, 4571, 4687)
2019 Ed. (245, 639, 721, 2219, 2247, 3110, 3323, 3371, 3372, 3373, 3374, 3377, 3938, 3939, 4450, 4452, 4572, 4589, 4692)
2020 Ed. (82, 992, 2216, 2753, 3323, 3377, 3378, 4438, 4569, 4621, 4658)
2021 Ed. (70, 2188, 3163, 3170, 3171, 3184, 3185, 3333, 3335, 3372, 3373, 3377, 3378, 4555, 4683)
2022 Ed. (83, 746, 1005, 2218, 2354, 2356, 2547, 2763, 2885, 3308, 3309, 3324, 3325, 3392, 3397, 3399, 3401, 3422, 3423, 3427, 3428, 3706, 3742, 4448, 4999)
2023 Ed. (168, 953, 1175, 2519, 2891, 3412, 3413, 3532, 3534, 3536, 3537, 3548, 3549, 3552, 4469, 4674)
Georgia Berner
2006 Ed. (2514)
Georgia Bonded Fibers
1990 Ed. (3275)
Georgia Bulldogs
2011 Ed. (2743)
2014 Ed. (2748)
Georgia Central Credit Union
2012 Ed. (2017)
Georgia Congress Center
2018 Ed. (1277)
Georgia Corporate Credit Union
2013 Ed. (2206)
Georgia Credit Union
2002 Ed. (1859)
2003 Ed. (1913)
2004 Ed. (1953)
2005 Ed. (2095)
2006 Ed. (2190)
2007 Ed. (2111)
2008 Ed. (2226)
2009 Ed. (2210)
2010 Ed. (2164)
2011 Ed. (2183)
2012 Ed. (2043)
Georgia Department of Corrections
2001 Ed. (2486)
Georgia Division of Investment Services
1991 Ed. (2692, 2694)
Georgia Dome
2001 Ed. (4356)
2002 Ed. (4347)
2003 Ed. (4531)
2018 Ed. (1277)
Georgia Federal Bank, FSB
1993 Ed. (3092)
Georgia Group
1989 Ed. (2046)
1990 Ed. (2688)
1991 Ed. (2596)
Georgia Gulf Corp.
1989 Ed. (876, 877, 900, 1050, 1054, 1055, 2645, 2655, 2665)
1990 Ed. (933, 934, 938, 967, 1297, 1298, 1978, 2877)
1991 Ed. (920, 1216, 1222, 2753)
1992 Ed. (1126, 1128, 1526, 1529, 1530)
1993 Ed. (928, 1318)
1994 Ed. (942, 1374, 2665)
1995 Ed. (974)
1996 Ed. (950)
1997 Ed. (973)
1998 Ed. (715)
1999 Ed. (1113)
2001 Ed. (1221, 3848)
2002 Ed. (988, 1769)
2004 Ed. (944, 945)
2005 Ed. (934, 935, 945)
2006 Ed. (848, 862)
2007 Ed. (921, 1550)
2008 Ed. (927)
Georgia Health Sciences University Foundation Inc.
2013 Ed. (1653)
2014 Ed. (1612)
2015 Ed. (1662)
Georgia Institute of Technology
1989 Ed. (958)
1991 Ed. (1575)
1992 Ed. (1980)
1993 Ed. (1621, 1631)
1994 Ed. (939, 1654, 1655, 1662)
1995 Ed. (1702, 1709)
1996 Ed. (1684, 1691)
1997 Ed. (1764, 1765, 1773)
1998 Ed. (1458, 1465, 1466)
1999 Ed. (2035, 2036, 2038, 2040, 2041, 2042, 2043, 2045)
2000 Ed. (1826, 1827, 1829, 1831, 1832, 1833, 1834, 1835)

CUMULATIVE INDEX • 1989-2023

2001 Ed. (2247, 2248, 2249, 2251, 2253, 2254, 2255, 2257)
2002 Ed. (901, 3980, 3983)
2004 Ed. (2405)
2005 Ed. (2440)
2007 Ed. (2446, 2447)
2008 Ed. (1062, 2574, 2575, 2576)
2009 Ed. (821, 1038, 2585, 2586, 2602)
2010 Ed. (764, 1004, 2498, 2499, 2504, 2505)
2011 Ed. (2504, 2505, 2506, 3838)
2012 Ed. (867, 870, 871, 2426, 2427)
Georgia Institute of Technology & Foundation
  1997 Ed. (1065)
Georgia Kaolin (Asea Brown)
  1995 Ed. (1246)
Georgia Kraft
  1989 Ed. (1058)
Georgia Lighting Supply
  1990 Ed. (2441)
Georgia Lottery Corp.
  2001 Ed. (376)
  2003 Ed. (271)
  2004 Ed. (239)
  2005 Ed. (242)
  2006 Ed. (263)
Georgia Main Food Group
  2023 Ed. (1647)
Georgia Municipal Electric Authority
  1990 Ed. (2655, 3504)
  1991 Ed. (1486)
Georgia O'Keeffe Museum
  2002 Ed. (2348)
Georgia-Pacific
  2017 Ed. (3676)
  2018 Ed. (4438)
  2019 Ed. (4436)
  2023 Ed. (3883, 3884)
Georgia Pacific Consumer Products
  2016 Ed. (3735, 3736)
  2017 Ed. (3691, 3692)
  2018 Ed. (3746)
Georgia-Pacific Consumer Products
  2017 Ed. (3694, 4676)
  2018 Ed. (3748, 4664)
Georgia-Pacific Corp.
  1989 Ed. (273, 1465, 1466, 1914, 1915)
  1990 Ed. (1842, 1843, 1844, 1893, 2499, 2500)
  1991 Ed. (258, 806, 1154, 1761, 1762, 1763, 2366, 2668, 2672, 3332)
  1992 Ed. (361, 987, 1385, 1458, 1459, 1461, 1516, 2209, 2210, 2211, 2212, 2961, 3331, 3332, 3333, 3338)
  1993 Ed. (782, 1318, 1417, 1890, 1891, 1892, 1893, 1894, 2478, 2763, 2765)
  1994 Ed. (798, 1374, 1891, 1892, 1893, 1895, 1896, 2722, 2724, 2727)
  1995 Ed. (1399, 1922, 1923, 1925, 2826, 2827, 2830, 2832, 2835, 2836)
  1996 Ed. (1350, 1958, 1959, 1961, 1962, 2901, 2903, 3812)
  1997 Ed. (1412, 2067, 2069, 2075, 2076, 2986, 2988, 2989, 2990, 2992, 2993)
  1998 Ed. (1068, 1142, 1750, 1751, 1752, 1753, 1754, 2424, 2736, 2737, 2738, 2739, 2740, 2741, 2746)
  1999 Ed. (1553, 1634, 1752, 2489, 2490, 2491, 2496, 2497, 3687, 3688, 3689, 3700, 3702)
  2000 Ed. (1437, 1584, 2241, 2254, 2257, 3405, 3411)
  2001 Ed. (1580, 2500)
  2002 Ed. (1459, 1660, 1684, 2319, 2320, 2321, 2322, 3575, 3578, 3579, 3581, 3582, 3583, 3584, 4093, 4603, 4872)
  2003 Ed. (1480, 1519, 1684, 1685, 2539, 2540, 2541, 2542, 2544, 2638, 3265, 3266, 3369, 3717, 3720, 3721, 3722, 3725, 3726, 3729, 3730, 3731, 3733, 3736, 4669, 4734, 4761)
  2004 Ed. (1510, 1722, 1723, 2561, 2677, 2678, 3318, 3319, 3435, 3760, 3765, 3766, 3770, 3778, 4718, 4764)
  2005 Ed. (1526, 1534, 1779, 1780, 2669, 2670, 3675, 3676, 3677, 3680, 3681, 3682, 3683, 3688, 3689, 3929, 4688)
  2006 Ed. (1417, 1730, 1731, 2655, 3770, 3774, 3775, 3776, 3777, 3778, 3779, 3781, 3782, 4733)
  2007 Ed. (136, 1483, 2638, 2898, 3769, 3770, 3771, 3772, 3774, 3775, 3778, 3779, 4749)
  2008 Ed. (3849)
  2009 Ed. (3658, 3906)
  2014 Ed. (3804, 4742)
  2015 Ed. (3827, 4764)
  2016 Ed. (3738, 4667)
Georgia-Pacific Group
  2000 Ed. (2256, 3407)
  2001 Ed. (1044, 1713, 2498, 2499, 2501, 2504, 3614, 3621, 3622, 3630, 3631, 3634, 3635, 3641, 4933)
Georgia-Pacific LLC
  2010 Ed. (3816, 4727)
  2011 Ed. (3812)
  2012 Ed. (1511, 3796, 3797)
2013 Ed. (1414, 3861)
2014 Ed. (1613, 3793, 3794, 4713)
2015 Ed. (1663, 3814, 3815, 4725)
2016 Ed. (3726, 3727)
2017 Ed. (3341)
2018 Ed. (3435)
Georgia-Pacific SARL
  2007 Ed. (1860)
Georgia-Pacific's Harmon Associates
  2007 Ed. (3216)
Georgia Pine Credit Union
  2009 Ed. (2185)
  2010 Ed. (2136)
Georgia Ports Authority
  1999 Ed. (3857)
  2000 Ed. (3572)
Georgia Power
  2022 Ed. (2252)
Georgia Power Co.
  1993 Ed. (1459)
  1998 Ed. (1374)
  2001 Ed. (3870)
  2002 Ed. (4710)
  2006 Ed. (2362, 2364, 2694, 2696)
  2007 Ed. (2297)
  2008 Ed. (2427)
  2009 Ed. (2429)
  2010 Ed. (2349)
  2011 Ed. (1659, 2343)
  2012 Ed. (1511, 2249)
  2013 Ed. (1654, 2425)
  2014 Ed. (2361)
  2015 Ed. (2427)
  2016 Ed. (2373)
  2017 Ed. (2221)
  2018 Ed. (2276)
  2019 Ed. (2263)
Georgia Regents University
  2016 Ed. (1604)
Georgia, Republic of
  2012 Ed. (4252)
Georgia State University
  1994 Ed. (817)
  2000 Ed. (925)
  2001 Ed. (1063)
  2003 Ed. (798)
  2004 Ed. (827)
  2005 Ed. (810)
  2006 Ed. (4198, 4203)
  2009 Ed. (778)
  2015 Ed. (815)
Georgia State University, Robinson School of Business
  2008 Ed. (792)
  2009 Ed. (784)
  2010 Ed. (742, 747, 758, 762)
  2011 Ed. (643, 658)
Georgia Teachers
  1997 Ed. (3021)
  2007 Ed. (2191)
  2008 Ed. (2313)
  2009 Ed. (2304)
Georgia Tech.
  1992 Ed. (3663)
Georgia Tech College of Architure
  2008 Ed. (775)
Georgia Telco Credit Union
  2002 Ed. (1859)
  2003 Ed. (1898, 1913)
  2004 Ed. (1953)
  2005 Ed. (2095)
  2006 Ed. (2190)
  2007 Ed. (2111)
  2008 Ed. (2226)
Georgia, Terry College of Business; University of
  2010 Ed. (734)
Georgia, Terry School of Business; University of
  2008 Ed. (792, 800)
  2009 Ed. (809, 817)
  2010 Ed. (758, 762, 766)
  2011 Ed. (669, 677)
Georgia, Terry, University of
  1993 Ed. (804)
  1994 Ed. (817)
Georgia United Credit Union
  2013 Ed. (2225)
  2014 Ed. (2157)
  2015 Ed. (2221)
  2016 Ed. (2192)
  2018 Ed. (2090)
  2020 Ed. (2068)
  2021 Ed. (2015, 2058)
  2022 Ed. (2051, 2094)
  2023 Ed. (2163, 2208)
Georgia; University of
  1991 Ed. (824)
  1992 Ed. (1005)
  2006 Ed. (716, 1071, 4203)
  2007 Ed. (802, 1163)
  2008 Ed. (782, 1065)
  2009 Ed. (795, 1033, 1042)
  2010 Ed. (1008, 1014)
  2011 Ed. (947, 951)
  2012 Ed. (863)
Georgia World Congress Center
  1996 Ed. (1173)
  1999 Ed. (1418)
  2001 Ed. (2350)
  2003 Ed. (2412)
  2005 Ed. (2518)
Georgia World Congress Center, Atlanta
  1991 Ed. (1104)
Georgia World Congress Center Authority
  2018 Ed. (1277)
Georgiadis
  1997 Ed. (992)
  1999 Ed. (1137)
Georgian College
  2013 Ed. (2649)
Georgian Court University
  2014 Ed. (775)
Georgian Online
  2006 Ed. (47)
Georgia's Own Credit Union
  2009 Ed. (2210)
  2010 Ed. (2164)
  2011 Ed. (2183)
  2012 Ed. (2043)
  2013 Ed. (2225)
  2014 Ed. (2157)
  2015 Ed. (2207, 2221)
  2016 Ed. (2192)
  2018 Ed. (2090)
  2020 Ed. (2068)
  2021 Ed. (2058)
  2022 Ed. (2094)
Georgias Own Credit Union
  2023 Ed. (2208)
Georgie
  1989 Ed. (2544)
Georgie Boy
  1996 Ed. (3173)
Georgie Boy Manufacturing
  1994 Ed. (2922)
Georgina
  2000 Ed. (4289)
Georgina Rinehart
  2010 Ed. (4982)
  2012 Ed. (4873, 4874)
  2013 Ed. (4855, 4856, 4916, 4953)
  2014 Ed. (4869, 4870, 4960)
  2015 Ed. (4907, 4908, 5001)
  2016 Ed. (4823, 4824, 4918)
  2017 Ed. (4834)
  2018 Ed. (4839)
  2019 Ed. (4835)
  2020 Ed. (4825)
  2021 Ed. (4826)
  2022 Ed. (4819)
Georgio Armani
  2001 Ed. (2269)
Georgiou Group
  2020 Ed. (1032)
  2021 Ed. (1005)
  2022 Ed. (1049)
Georste Mason University
  1994 Ed. (896, 1057)
Geosign Technologies Inc.
  2009 Ed. (4830)
Geosoft Inc.
  2010 Ed. (1538)
Geoson Advertising
  1992 Ed. (174)
  1993 Ed. (116)
  1994 Ed. (99)
  1995 Ed. (94)
Geospace Technologies
  2015 Ed. (2069, 2071, 3617, 4635)
GeoStabilization International
  2020 Ed. (1055)
  2021 Ed. (1024)
GeoStabilization International (U.S.)
  2021 Ed. (1024)
GeoSure
  2022 Ed. (2167)
GeoSyntec Consultants
  2004 Ed. (2353)
Geosyntec Consultants
  2014 Ed. (2508)
  2016 Ed. (2504)
  2017 Ed. (2361)
  2021 Ed. (2367)
Geosyntec Consultants Inc.
  2018 Ed. (2379)
Geosyntec Consultants International Inc.
  2013 Ed. (1526)
Geotab
  2017 Ed. (4704)
Geotechnical & Environmental Services
  2005 Ed. (1898)
Geotechnology Inc.
  2018 Ed. (2385, 2389)
  2019 Ed. (2429, 2433)
Geotek Inc.
  2007 Ed. (2405)
  2008 Ed. (2520)
Geothermal Resources
  1991 Ed. (225)
GeoVera Insurance Holdings Ltd.
  2012 Ed. (3190)
  2013 Ed. (3259)
  2014 Ed. (3287)
2016 Ed. (3196)
2017 Ed. (3150)
2019 Ed. (3176)
GeoVera U.S. Insurance Group
  2017 Ed. (3148, 3151)
GeoVision
  2010 Ed. (2011)
Geox
  2010 Ed. (636)
  2014 Ed. (840)
GEP Fuel & Energy Indiana
  2018 Ed. (3951)
Gepalk Trading KFT
  2016 Ed. (1638)
GEPF
  2009 Ed. (3927)
  2018 Ed. (3752)
Gephardt; Richard A.
  1994 Ed. (845)
Ger-Win Vans Inc.
  1992 Ed. (4371)
Geraci LLP
  2020 Ed. (1409)
Geraghty; Jack
  1991 Ed. (1678)
Geraghty; John
  1993 Ed. (1794)
  1994 Ed. (1777)
  1995 Ed. (1817, 1818)
  1996 Ed. (1792, 1802)
Geraghty & Miller
  1992 Ed. (1958)
  1993 Ed. (2876)
  1996 Ed. (1656)
  2000 Ed. (1860)
Gerald A. Knechtel
  1994 Ed. (1712)
  1995 Ed. (1726)
  1996 Ed. (2989)
  1997 Ed. (3068)
Gerald A. Martin Ltd.
  2011 Ed. (1255)
Gerald Appel, Systems and Forecasts
  1990 Ed. (2366)
Gerald C. Grosvenor
  2010 Ed. (4899)
Gerald Cahill
  2005 Ed. (988)
  2006 Ed. (971)
  2008 Ed. (964)
Gerald Cavendish Grosvenor
  2004 Ed. (4877)
  2008 Ed. (4910)
  2009 Ed. (4921)
  2010 Ed. (4925)
  2011 Ed. (4911)
  2012 Ed. (4924)
  2013 Ed. (4922)
  2014 Ed. (4929)
  2015 Ed. (4969)
  2016 Ed. (4886)
  2017 Ed. (4884)
Gerald D. Hines Interests
  1990 Ed. (2959)
  1991 Ed. (2809)
Gerald D. Prothro
  1989 Ed. (736)
Gerald Diez
  2011 Ed. (2924)
Gerald E. Newfarmer
  1991 Ed. (2546)
Gerald F. Montry
  1996 Ed. (967, 1710)
  1997 Ed. (979)
Gerald F. Taylor
  2000 Ed. (1051)
  2001 Ed. (2316)
Gerald Freeman Inc.
  1992 Ed. (3572)
Gerald Greenwald
  1996 Ed. (1715)
Gerald Grossman, CTA
  1996 Ed. (1056)
Gerald Grosvenor
  1991 Ed. (710, 3477)
  2014 Ed. (4913)
Gerald H. McQuarrie
  1990 Ed. (1712)
Gerald H. Phipps Inc.
  2002 Ed. (2396)
  2005 Ed. (1325)
  2007 Ed. (1375)
  2008 Ed. (1273)
  2009 Ed. (1252, 4131, 4134)
Gerald Harvey
  2008 Ed. (4842)
  2011 Ed. (4868)
Gerald Hosier
  1997 Ed. (2612)
  2002 Ed. (3071)
Gerald Isom
  2000 Ed. (1878, 2425)
Gerald L. Baliles
  1992 Ed. (2344)
Gerald Levin
  1997 Ed. (1801)
Gerald Lewinsohn
  1993 Ed. (1807)

Gerald Lewis
  1993 Ed. (3444)
Gerald Lucas
  2000 Ed. (1958)
Gerald M. Czarnecki
  1995 Ed. (1726)
Gerald M. Levin
  1996 Ed. (964)
  2002 Ed. (1042, 2182, 2183)
  2003 Ed. (2410)
  2004 Ed. (972, 2495)
Gerald Martin General Contractor
  2006 Ed. (1329)
  2007 Ed. (1382)
  2008 Ed. (1319)
  2009 Ed. (1303)
  2010 Ed. (1297)
Gerald McCoy
  2017 Ed. (216)
Gerald Metals Inc.
  2001 Ed. (1676, 4817)
  2005 Ed. (1747, 4909)
  2006 Ed. (1667)
  2007 Ed. (1673)
  2008 Ed. (1698)
Gerald Michaud
  1991 Ed. (2296)
Gerald Mossinghoff
  1991 Ed. (2406)
Gerald Newfarmer
  1993 Ed. (2638)
Gerald Odening
  2000 Ed. (2000)
Gerald Putnam
  2007 Ed. (3223)
Gerald Schwartz
  1997 Ed. (980)
  2001 Ed. (1219)
  2004 Ed. (2534)
  2005 Ed. (4863)
  2012 Ed. (802, 803, 805)
Gerald Soloway
  2006 Ed. (2518)
Gerald Stevens Inc.
  2002 Ed. (1400)
Gerald Tsai, Jr.
  1990 Ed. (1714)
Gerald V. MacDonald
  1995 Ed. (981)
Geraldine State Bank
  1996 Ed. (536)
Geraldo
  1992 Ed. (4244)
Geraldo I. Lopez
  2015 Ed. (973)
Geraldo Rivera
  1993 Ed. (1634)
Geraldo Rivers
  1994 Ed. (1668)
  1995 Ed. (1715)
Geraldton Fishermen's Co-op
  2020 Ed. (4899)
  2021 Ed. (4895)
Gerard A. Klingman
  2009 Ed. (3442)
Gerard Arpey
  2006 Ed. (872)
  2007 Ed. (963)
Gerard Industries
  2002 Ed. (3778)
  2003 Ed. (3957)
  2004 Ed. (3956)
Gerard J. Arpey
  2011 Ed. (846)
Gerard Louis-Dreyfus
  2008 Ed. (4866)
Gerard O'Hare
  2009 Ed. (4916)
  2010 Ed. (4920)
Gerard R. Roche
  1991 Ed. (1614)
Gerard R. Vittecoq
  2009 Ed. (2663)
Gerard; Steven L.
  2011 Ed. (3196)
Gerard Wertheimer
  2012 Ed. (4886)
  2013 Ed. (4870)
  2014 Ed. (4884)
  2015 Ed. (4923)
  2016 Ed. (4839)
  2017 Ed. (4847)
  2018 Ed. (4854)
  2019 Ed. (4849)
  2020 Ed. (4838)
  2021 Ed. (4839)
  2022 Ed. (4832)
  2023 Ed. (4827)
Gerawan Farming
  1998 Ed. (1776)
Gerber
  1991 Ed. (1741)
  1993 Ed. (983, 984)
  1994 Ed. (1010, 1011, 1866, 1871, 2197)
  1996 Ed. (1002)
  1997 Ed. (1020, 1021)
  1998 Ed. (760, 761)
  1999 Ed. (1192)
  2003 Ed. (2914, 2917, 2918, 2919, 2920)
  2008 Ed. (3161, 3162)
  2012 Ed. (815)
Gerber; Aaron
  2017 Ed. (3595)
  2018 Ed. (3655)
  2019 Ed. (3644)
Gerber Agri Inc.
  1999 Ed. (3319, 3320, 3867, 3868)
  2000 Ed. (3057, 3058, 3583, 3584)
Gerber Architeckten
  2017 Ed. (209)
Gerber Baby
  2003 Ed. (2916)
Gerber Baby Products
  2000 Ed. (2636)
Gerber Childrenswear Inc.
  1996 Ed. (999)
  1997 Ed. (1019)
  2004 Ed. (999)
Gerber Good Star Gentle
  2015 Ed. (3233)
  2016 Ed. (3088)
Gerber Good Start Gentle
  2014 Ed. (3174, 3175)
  2015 Ed. (3234, 3235)
  2016 Ed. (3089, 3090)
  2017 Ed. (3036, 3037)
Gerber Good Start Soothe
  2015 Ed. (3234)
  2016 Ed. (3089)
  2017 Ed. (3036)
Gerber Good Start Soy
  2015 Ed. (3233, 3234)
  2016 Ed. (3088)
Gerber Graduates
  1995 Ed. (2249)
Gerber Life Grow-Up Plan
  2017 Ed. (2138)
Gerber Life Insurance Co.
  2009 Ed. (3367)
Gerber Memorial Health Services
  2008 Ed. (3061)
Gerber; Murry
  2005 Ed. (968)
  2006 Ed. (907)
  2007 Ed. (997)
  2010 Ed. (886)
Gerber Plumbing Fixtures Corp
  1996 Ed. (3878)
Gerber Plumbing Fixtures Corp.
  1990 Ed. (3706)
  1991 Ed. (3514)
  1992 Ed. (4483)
  1993 Ed. (3733)
  1994 Ed. (3668)
  1995 Ed. (3792)
  2000 Ed. (4431)
Gerber Products Co.
  1990 Ed. (1061)
  1991 Ed. (1213)
  1992 Ed. (2174)
  1995 Ed. (1022, 1885, 1890, 1896, 2249)
  1996 Ed. (1192, 1200)
  1998 Ed. (1725)
  2002 Ed. (2801)
  2003 Ed. (2923)
  2005 Ed. (3854)
  2006 Ed. (1456)
  2014 Ed. (3176, 3177)
  2015 Ed. (3236, 3237, 3238)
  2016 Ed. (3091, 3092, 3093)
  2017 Ed. (3038, 3039)
Gerber Scientific
  1989 Ed. (1309, 1326, 1667, 2654)
  1990 Ed. (1123, 1126, 1615, 1620, 2989)
  1991 Ed. (1030, 1517, 2843, 2846)
  1992 Ed. (1313, 1315, 3677)
  1993 Ed. (1053)
Gerber Soothe
  2018 Ed. (180)
Gerbig Snell/Weishemer
  2004 Ed. (111)
  2005 Ed. (108)
Gerbino & Co.; Kenneth J.
  1994 Ed. (2309)
Gerbino; Kenneth J.
  1993 Ed. (2297)
Gerdau
  2007 Ed. (1604)
  2014 Ed. (1403, 3634, 4233)
  2015 Ed. (3648)
  2016 Ed. (3533)
  2021 Ed. (604)
Gerdau (Cosigua)
  2023 Ed. (1590)
Gerdau Acominas
  2007 Ed. (1851)
Gerdau Acos Longos
  2011 Ed. (1797)
Gerdau AmeriSteel Corp.
  2005 Ed. (1729)
  2006 Ed. (1609, 1611, 1617)
  2007 Ed. (3497, 4535, 4577)
  2008 Ed. (4498)
  2009 Ed. (3618, 4529)
  2010 Ed. (4572)
  2011 Ed. (4534)
  2012 Ed. (3634)
Gerdau Ameristeel Sayreville Inc.
  2015 Ed. (3639)
  2016 Ed. (3526)
Gerdau Ameristeel U.S. Inc.
  2015 Ed. (3639)
  2016 Ed. (3526)
Gerdau PN
  2013 Ed. (820)
  2014 Ed. (4008)
Gerdau USA Inc.
  2015 Ed. (3639)
  2016 Ed. (3526)
Gerding Edlen
  2015 Ed. (1969)
Gerding Edlen Development
  2009 Ed. (1985)
  2011 Ed. (1949)
  2012 Ed. (1813)
Geremia Pool & Landscaping
  2019 Ed. (4548)
Geremia Pools Inc.
  2014 Ed. (4615)
Geremia Pools & Landscaping
  2019 Ed. (4551)
Gerencia Operativa ARC CA
  2015 Ed. (2117)
Gerhard Andlinger
  1991 Ed. (2265)
  1992 Ed. (2143)
Gerhard Berger
  1996 Ed. (250)
Gerhard Eschelbeck
  2005 Ed. (994)
Gerhard Schroder
  2005 Ed. (4879)
Geriatric care manager
  2008 Ed. (4243)
Geriatric Medical Care
  1998 Ed. (1984)
GeriMed of America Inc.
  2003 Ed. (3962)
Geritol Complete
  2003 Ed. (4858)
Geritol Tab 40
  1991 Ed. (3454)
Gerke; Thomas A.
  2009 Ed. (954)
  2010 Ed. (913)
Gerlands
  2004 Ed. (4640)
Gerland's Food Fair Inc.
  2010 Ed. (4638)
Gerling
  1998 Ed. (3040)
  1999 Ed. (4037)
  2001 Ed. (2926)
Gerling Global Re
  2000 Ed. (3749)
  2001 Ed. (2956)
Gerling Global Reinsurance Corp. of America
  2002 Ed. (3948, 3949, 3950, 3951, 3953, 3959)
  2003 Ed. (2971, 3014, 3015, 3017, 4995)
  2004 Ed. (3056, 3137, 3138, 3139, 3140, 3141, 3142, 3143)
  2005 Ed. (3067, 3148)
Gerling Global Reinsurance Group
  1992 Ed. (3660)
  1996 Ed. (3188)
  1997 Ed. (2469, 3293)
  1998 Ed. (3039)
  1999 Ed. (4034, 4035, 4036)
  2001 Ed. (4030, 4038, 4040)
  2002 Ed. (2973)
  2004 Ed. (3144)
  2005 Ed. (3154)
Gerling-Konzern Global Reinsurance Group
  2002 Ed. (2972, 2974)
Gerling-Konzern Globale Reinsurance Group
  1991 Ed. (2132, 2133)
Germ X
  2018 Ed. (4426)
  2020 Ed. (4420)
  2021 Ed. (4421)
  2023 Ed. (2326, 2327)
Germain; Groupe
  2007 Ed. (1965)
Germain Motor Co.
  2014 Ed. (221)
  2015 Ed. (256)
  2016 Ed. (249)
  2022 Ed. (2572)
Germain Motor Company
  2022 Ed. (246)
German
  2000 Ed. (2889, 2890, 4380)
German American Acquisition Group
  1995 Ed. (853)
  1997 Ed. (843)
  1998 Ed. (540)
  1999 Ed. (958)
German American Bancorp
  2018 Ed. (1622)
German American Bancorp Inc.
  2018 Ed. (337)
  2019 Ed. (340)
German American Bank
  2021 Ed. (373)
  2022 Ed. (386)
  2023 Ed. (432, 504)
German bond
  1993 Ed. (1916)
German Khan
  2009 Ed. (4914)
  2010 Ed. (4918)
  2015 Ed. (4954)
  2017 Ed. (4871)
German Larrea
  2012 Ed. (4854)
German Larrea Mota Velasco
  2013 Ed. (4851)
German Larrea Mota Velasco & family
  2023 Ed. (4843)
German Larrea Mota-Velasco
  2009 Ed. (4906)
  2010 Ed. (4907)
  2011 Ed. (4894, 4899)
  2012 Ed. (4903)
  2013 Ed. (4888)
  2014 Ed. (4901)
  2015 Ed. (4941)
  2016 Ed. (4856)
  2017 Ed. (4860)
  2018 Ed. (4869)
  2019 Ed. (4863)
  2020 Ed. (4852)
  2021 Ed. (4853)
  2022 Ed. (4848)
German Leopard II
  1992 Ed. (3078)
German mark
  2000 Ed. (2742)
German Motors Corp.
  1993 Ed. (293)
German Post Office
  1992 Ed. (50)
  1993 Ed. (30)
  1994 Ed. (22)
German PTT
  1991 Ed. (1273)
German Smaller Companies
  1992 Ed. (3205)
German Stock Exchange
  1993 Ed. (3457)
  1997 Ed. (3631, 3632)
Germane Systems LC
  2007 Ed. (2051)
GermanFLAVOURS
  2019 Ed. (832)
Germanides; Damon
  2020 Ed. (3615)
Germanimals
  2018 Ed. (930)
  2019 Ed. (919, 1602)
Germanos
  2004 Ed. (33, 48)
  2006 Ed. (49)
  2007 Ed. (1746)
Germanos Group
  2008 Ed. (44)
Germantown Savings Bank
  1989 Ed. (2832)
  1990 Ed. (3591)
  1991 Ed. (3383)
  1992 Ed. (4291, 4294)
Germanwings GmbH
  2007 Ed. (250)
  2008 Ed. (229)
  2011 Ed. (151)
  2012 Ed. (164)
Germany
  1990 Ed. (1577, 1906, 1913, 1920, 1929, 1930, 1931)
  1991 Ed. (930, 1824, 1825, 1826, 1829, 1836, 2915)
  1992 Ed. (499, 723, 912, 1029, 1049, 1087, 1088, 1120, 1152, 1485, 1493, 1496, 1727, 1728, 1736, 2046, 2068, 2070, 2072, 2078, 2079, 2080, 2081, 2083, 2170, 2171, 2251, 2252, 2297, 2300, 2301, 2302, 2305, 2312, 2322, 2566, 2806, 2950, 3348, 4194, 4203, 4238, 4321, 4495)
  1993 Ed. (146, 171, 178, 179, 201, 213, 345, 700, 721, 722, 727, 728, 885, 917, 920, 956, 1046, 1067, 1269, 1299, 1345, 1422, 1467, 1535, 1540, 1542, 1582, 1596, 1719, 1720, 1722, 1723, 1724, 1731, 1732, 1743, 1952, 1957, 1958, 1959, 1962, 1969, 1976, 1992, 2000, 2028, 2103, 2129, 2167, 2229, 2368, 2378, 2387, 2411, 2412, 2476, 2481, 2482, 3053, 3061, 3302, 3455, 3456, 3476, 3510, 3595, 3596, 3597, 3680, 3722, 3723, 3724, 3725)
  1994 Ed. (156, 184, 311, 335, 486, 709, 730, 731, 736, 786, 854, 855, 857, 927, 934, 949, 957, 1230, 1231, 1234, 1349, 1484, 1488, 1489, 1515, 1516, 1533, 1581, 1932, 1974, 2130, 2264, 2359, 2367, 2731, 2747, 3125,

3436, 3450, 3476, 3522, 3642, 3643, 3651)
1995 Ed. (170, 191, 310, 345, 663, 688, 689, 710, 713, 876, 899, 900, 929, 967, 997, 1038, 1247, 1249, 1252, 1253, 1516, 1520, 1521, 1593, 1657, 1658, 1734, 1736, 1737, 1739, 1740, 1741, 1742, 1743, 1744, 1749, 1961, 1962, 2000, 2005, 2012, 2019, 2020, 2021, 2024, 2031, 3169, 3418, 3520, 3605, 3616, 3634, 3718, 3719, 3774, 3775, 3776)
1996 Ed. (363, 510, 761, 762, 872, 874, 908, 942, 944, 1217, 1218, 1221, 1222, 1226, 1479, 1480, 1495, 1645, 1719, 1726, 1729, 1963, 2025, 2344, 2449, 2551, 3189, 3273, 3275, 3692, 3715, 3716, 3717, 3762, 3763, 3808, 3809, 3871, 3881)
1997 Ed. (287, 321, 474, 518, 693, 699, 723, 725, 823, 824, 896, 897, 939, 941, 966, 1264, 1265, 1267, 1544, 1545, 1578, 1687, 1808, 1809, 2108, 2117, 2557, 2560, 2561, 2562, 2563, 2564, 2566, 2567, 2568, 2569, 2570, 2571, 2691, 2786, 2997, 2999, 3079, 3080, 3266, 3292, 3371, 3509, 3634, 3767, 3768, 3769, 3770, 3859, 3860)
1998 Ed. (115, 123, 230, 352, 484, 506, 632, 633, 634, 635, 656, 683, 708, 785, 856, 1031, 1032, 1033, 1367, 1369, 1419, 1431, 1522, 1525, 1527, 1528, 1530, 1792, 1803, 1838, 1846, 1847, 1848, 1850, 1860, 2192, 2209, 2223, 2312, 2421, 2461, 2707, 2742, 2743, 2814, 2898, 2929, 3113, 3589, 3591, 3593, 3691, 3692)
1999 Ed. (212, 332, 770, 821, 1069, 1104, 1146, 1207, 1213, 1214, 1253, 1462, 1463, 1464, 1465, 1783, 1784, 1796, 2005, 2015, 2090, 2091, 2092, 2094, 2101, 2103, 2106, 2108, 2488, 2554, 2596, 2611, 2612, 2613, 2826, 2884, 2936, 3111, 3113, 3114, 3115, 3273, 3283, 3284, 3289, 3342, 3629, 3630, 3653, 3654, 3695, 3696, 3790, 3848, 4130, 4328, 4348, 4368, 4473, 4478, 4479, 4481, 4594, 4625, 4626, 4695, 4734, 4735, 4801, 4802, 4803, 4804)
2000 Ed. (787, 820, 1032, 1064, 1155, 1321, 1322, 1323, 1324, 1608, 1612, 1613, 1649, 1889, 1899, 1902, 2335, 2355, 2356, 2360, 2374, 2375, 2378, 2862, 2863, 2983, 3011, 3175, 3354, 3355, 3357, 3753, 4183, 4272, 4273, 4361)
2001 Ed. (358, 367, 373, 386, 390, 395, 525, 526, 625, 662, 697, 704, 979, 989, 1002, 1004, 1005, 1019, 1082, 1097, 1101, 1125, 1143, 1149, 1152, 1174, 1182, 1190, 1191, 1259, 1274, 1283, 1285, 1286, 1299, 1300, 1301, 1311, 1338, 1342, 1353, 1414, 1497, 1688, 1918, 1919, 1944, 1949, 1950, 1983, 1984, 1985, 1992, 2020, 2023, 2035, 2038, 2042, 2044, 2047, 2104, 2127, 2128, 2134, 2135, 2139, 2142, 2147, 2163, 2232, 2263, 2278, 2305, 2362, 2364, 2366, 2367, 2371, 2372, 2379, 2412, 2454, 2469, 2481, 2489, 2562, 2574, 2575, 2602, 2611, 2639, 2658, 2681, 2694, 2696, 2697, 2724, 2734, 2752, 2759, 2800, 2814, 2821, 2825, 2970, 3020, 3022, 3036, 3045, 3075, 3149, 3151, 3160, 3181, 3207, 3209, 3227, 3241, 3244, 3298, 3305, 3316, 3367, 3370, 3410, 3502, 3529, 3530, 3552, 3558, 3602, 3629, 3691, 3694, 3706, 3760, 3783, 3823, 3824, 3825, 3847, 3859, 3967, 3987, 3991, 4017, 4039, 4041, 4112, 4113, 4134, 4136, 4137, 4149, 4151, 4155, 4221, 4246, 4249, 4265, 4266, 4267, 4276, 4277, 4309, 4318, 4339, 4370, 4371, 4373, 4378, 4387, 4390, 4393, 4399, 4483, 4500, 4548, 4565, 4566, 4596, 4597, 4598, 4601, 4632, 4648, 4651, 4652, 4655, 4664, 4686, 4687, 4690, 4705, 4715, 4716, 4732, 4785, 4831, 4906, 4907, 4908, 4909, 4914, 4921, 4943)
2002 Ed. (301, 302, 303, 559, 561, 681, 737, 740, 741, 743, 745, 746, 747, 758, 780, 781, 975, 1344, 1345, 1409, 1410, 1411, 1412, 1419, 1474, 1475, 1476, 1477, 1478, 1479, 1486, 1651, 1682, 1809, 1814, 1823, 2409, 2410, 2412, 2425, 2426, 2751, 2752, 2753, 2754, 2755, 2756, 2757, 2900, 2936, 3073, 3075, 3099, 3100, 3101, 3181, 3183, 3519, 3595, 3596, 3724, 3961, 3967, 4055, 4056, 4057, 4058, 4081, 4379, 4380, 4507, 4623, 4773, 4774, 4972, 4973, 4998, 4999)
2003 Ed. (249, 266, 267, 268, 290, 493, 641, 824, 851, 860, 873, 930, 949, 950, 1026, 1036, 1085, 1096, 1430, 1431, 1432, 1433, 1438, 1494, 1495,

1879, 1973, 1974, 2129, 2149, 2216, 2217, 2218, 2219, 2220, 2221, 2224, 2225, 2226, 2227, 2228, 2233, 2234, 2483, 2618, 2623, 2624, 2641, 2702, 2795, 3167, 3200, 3213, 3232, 3258, 3333, 3336, 3415, 3658, 3755, 3877, 3918, 4043, 4176, 4199, 4200, 4202, 4214, 4216, 4422, 4423, 4496, 4554, 4556, 4618, 4667, 4698, 4700, 4897, 4898, 4920, 4970, 4972, 5000)
2004 Ed. (210, 231, 232, 233, 237, 257, 655, 733, 863, 873, 874, 900, 938, 1029, 1041, 1042, 1043, 1044, 1460, 1461, 1462, 1463, 1468, 1524, 1525, 1909, 1921, 2170, 2178, 2202, 2740, 2768, 2814, 2821, 2823, 2905, 3223, 3243, 3244, 3259, 3287, 3321, 3391, 3396, 3403, 3406, 3479, 3703, 3769, 3902, 3917, 3918, 3919, 3931, 4063, 4203, 4226, 4227, 4229, 4237, 4238, 4425, 4426, 4459, 4462, 4538, 4601, 4603, 4605, 4650, 4738, 4814, 4816, 4817, 4888, 4909, 4999)
2005 Ed. (237, 238, 240, 259, 644, 837, 853, 861, 862, 920, 930, 1042, 1043, 1044, 1045, 1476, 1477, 1478, 1479, 1484, 1540, 1541, 2043, 2278, 2530, 2531, 2536, 2537, 2621, 2738, 2764, 2821, 2824, 2883, 3101, 3198, 3252, 3269, 3291, 3346, 3400, 3403, 3416, 3419, 3478, 3603, 3610, 3614, 3686, 3840, 3863, 3864, 3865, 3881, 3999, 4153, 4154, 4156, 4160, 4166, 4373, 4374, 4375, 4404, 4407, 4478, 4499, 4535, 4537, 4539, 4570, 4717, 4788, 4790, 4791, 4901, 4902, 4970, 4971, 5000)
2006 Ed. (258, 259, 260, 282, 441, 545, 763, 773, 839, 1011, 1051, 1052, 1053, 1055, 1432, 1433, 1434, 1435, 1439, 1442, 1443, 2138, 2150, 2346, 2372, 2537, 2538, 2539, 2540, 2617, 2703, 2718, 2719, 2720, 2802, 2806, 2824, 2895, 2985, 3017, 3116, 3239, 3261, 3285, 3335, 3336, 3339, 3409, 3412, 3426, 3429, 3479, 3705, 3731, 3770, 3780, 3909, 3927, 3928, 3929, 3941, 4034, 4209, 4210, 4212, 4214, 4221, 4323, 4324, 4421, 4424, 4478, 4573, 4616, 4618, 4620, 4651, 4669, 4769, 4777, 4859, 4861, 4862, 4934, 4935, 5000)
2007 Ed. (265, 266, 267, 285, 446, 577, 674, 748, 862, 869, 1140, 1141, 1142, 2094, 2282, 2310, 2592, 2697, 2711, 2794, 2798, 2827, 2917, 3050, 3298, 3334, 3352, 3379, 3393, 3394, 3397, 3426, 3428, 3700, 3714, 3767, 3777, 3956, 3982, 3983, 3984, 3999, 4070, 4219, 4220, 4222, 4237, 4388, 4389, 4414, 4419, 4536, 4603, 4605, 4607, 4651, 4689, 4776, 4862, 4941, 5000)
2008 Ed. (248, 251, 260, 414, 823, 831, 1020, 1021, 1022, 1109, 1279, 1280, 1283, 1291, 1412, 1413, 1414, 1415, 1419, 1421, 1422, 2194, 2204, 2417, 2438, 2626, 2824, 2842, 2924, 2950, 3038, 3091, 3164, 3411, 3434, 3448, 3502, 3590, 3592, 3847, 4018, 4256, 4270, 4499, 4552, 4555, 4582, 4587, 4918, 5000)
2009 Ed. (271, 272, 283, 439, 845, 853, 1005, 1006, 1007, 1087, 1262, 1263, 1266, 1274, 2170, 2377, 2379, 2382, 2385, 2416, 2440, 2653, 2679, 2882, 2980, 3123, 3239, 3275, 3340, 3474, 3479, 3508, 3523, 3660, 3662, 3903, 4089, 4250, 4357, 4374, 4471, 4530, 4549, 4584, 4586, 4625, 4631, 4641, 4642, 4643, 4644, 4929, 5001)
2010 Ed. (258, 259, 269, 800, 970, 971, 972, 1065, 1066, 1068, 1259, 1262, 1263, 1270, 1378, 1386, 2018, 2113, 2331, 2361, 2405, 2558, 2579, 2584, 2819, 2838, 2920, 3056, 3279, 3336, 3399, 3411, 3437, 3452, 3813, 3836, 3837, 3970, 4001, 4187, 4189, 4383, 4401, 4487, 4488, 4521, 4573, 4581, 4618, 4620, 4659, 4684, 4932, 5005)
2011 Ed. (178, 179, 728, 896, 897, 898, 899, 910, 1003, 1004, 1006, 1209, 1212, 1220, 2237, 2357, 2401, 2406, 2543, 2556, 2557, 2561, 2566, 2805, 2820, 2884, 3027, 3136, 3248, 3293, 3383, 3387, 3395, 3435, 3453, 3507, 3508, 3509, 3755, 3809, 3819, 3839, 3977, 4001, 4009, 4199, 4325, 4326, 4328, 4346, 4420, 4422, 4423, 4535, 4574, 4576, 4607, 4634, 4703, 4791, 4917, 5001)
2012 Ed. (925, 926, 928, 1145, 1148, 1156, 2100, 2333, 2508, 2513, 2515, 2617, 2753, 3214, 3274, 3313, 3820, 3821, 4251, 4609)
2013 Ed. (666, 1070, 1072, 2643, 2645, 2828, 3385, 3778, 3875, 4215)
2014 Ed. (1029, 1031, 1032, 2326, 2466, 2601, 2869, 3711, 3809, 3811, 4229)
2015 Ed. (94, 881, 1064, 1066, 2525,

2644, 2646, 2909, 3723, 3834, 4219, 4243)
2016 Ed. (58, 971, 972, 974, 2830)
2017 Ed. (280, 710, 1008, 1009, 2185, 2317, 3073, 3231)
2018 Ed. (661, 1312)
2019 Ed. (265, 632, 671, 930, 2399, 3319, 3320, 4907, 4908, 4909)
2020 Ed. (663, 921, 4909)
2021 Ed. (638, 3172, 3173, 3186, 3187)
2022 Ed. (56, 673, 3316, 3326)
2023 Ed. (845, 877, 2999, 3401, 3406, 3414, 3645, 4458, 4570, 4571, 4886, 4887)
Germany Fund
  1991 Ed. (2589)
Germany Stock Exchange
  2001 Ed. (4379)
Germany Trade & Invest
  2011 Ed. (3488)
  2012 Ed. (3492)
  2013 Ed. (3534)
  2014 Ed. (3511)
  2015 Ed. (3526)
Germnay
  2011 Ed. (900)
Gernot Langes-Swarovski
  2015 Ed. (4909)
Gernsbacher's Inc.
  1995 Ed. (1920)
Geroge Adler
  1998 Ed. (1660)
Geron
  2012 Ed. (490)
Gerrard & King
  2002 Ed. (573)
Gerrard & National
  1992 Ed. (1627)
Gerrard & National Holdings PLC
  1990 Ed. (1786)
  1991 Ed. (1719)
Gerrard; Steven
  2008 Ed. (4453)
  2009 Ed. (4492)
  2013 Ed. (190)
  2018 Ed. (198)
Gerrity
  1990 Ed. (840)
Gerrity Oil & Gas Corp.
  1995 Ed. (2917)
  1996 Ed. (3010)
Gerruzzi/Montedison Group
  1997 Ed. (1459)
Gerry
  2017 Ed. (3040)
  2018 Ed. (3147)
Gerry B. Cameron
  2000 Ed. (386)
Gerry Cameron
  1999 Ed. (2081)
Gerry Finley Inc.
  1993 Ed. (1165)
Gerry Harvey
  2001 Ed. (3317)
  2002 Ed. (871, 872)
Gerry Paul
  1995 Ed. (1803)
  1996 Ed. (1770, 1777)
  1997 Ed. (1852)
  1998 Ed. (1627)
Gerry R. Trias
  1991 Ed. (2344)
Gersh Agency
  2011 Ed. (4606)
  2014 Ed. (101)
  2023 Ed. (185)
Gerson Lehrman Group
  2006 Ed. (3201, 3203, 3206)
Gerstel; Martin S.
  1993 Ed. (1700)
Gerstner Jr.; Louis V.
  1996 Ed. (959, 964, 966, 1709)
Gerstner; Lou
  2010 Ed. (891)
Gerstner; Louis V.
  1997 Ed. (982)
Gert Steens
  1999 Ed. (2418)
Gertens
  2013 Ed. (2797)
  2014 Ed. (2833)
  2015 Ed. (2873)
  2019 Ed. (2805)
  2020 Ed. (2831)
Gertler; Dan
  2014 Ed. (4894)
  2015 Ed. (4933)
Gertrude Geddes Willis Life Insurance Co.
  2002 Ed. (714)
Gertrude Michelson
  1995 Ed. (1256)
Gervais Danone
  1991 Ed. (18)
  1994 Ed. (16, 28)
Gervais; Patrice
  2005 Ed. (2473)
Gery J. Chico
  2012 Ed. (2881)

GES International Ltd.
  2005 Ed. (1274, 1275, 1277)
  2006 Ed. (1234)
GESA Credit Union
  2002 Ed. (1899)
  2003 Ed. (1953)
  2004 Ed. (1937, 1993)
  2005 Ed. (2135)
  2006 Ed. (2230)
  2007 Ed. (2151)
  2008 Ed. (2266)
  2009 Ed. (2253)
  2010 Ed. (2206)
  2011 Ed. (2224)
  2012 Ed. (2085)
  2013 Ed. (2273)
  2014 Ed. (2207)
  2015 Ed. (2271)
  2016 Ed. (2242)
  2020 Ed. (2109)
  2021 Ed. (2099)
  2022 Ed. (2131)
Gesa Credit Union
  2018 Ed. (2127)
  2022 Ed. (2082)
  2023 Ed. (2249)
Gesellschaft fuer Geld und Kapitalverkehr mbH
  1996 Ed. (2124)
Gesparal SA
  2004 Ed. (3806)
Gestalt LLC
  2008 Ed. (1346)
Gestamp Automocion, S.A.
  2021 Ed. (2489)
  2022 Ed. (292, 2601)
Gestamp Servicios S.A.
  2020 Ed. (287)
  2021 Ed. (274)
  2022 Ed. (290)
Gestaweb 2020
  2019 Ed. (1968, 2302)
Gestetner
  1992 Ed. (1449)
Gestetner Holdings PLC
  1994 Ed. (2214)
  1995 Ed. (2264)
Gestifute
  2022 Ed. (4472)
Gestifute International
  2020 Ed. (4470)
  2021 Ed. (4463)
Gestion Bemacon
  1991 Ed. (1554)
Gestion Tecnica de Montajes y Construcciones GTM SA
  2007 Ed. (1992)
  2008 Ed. (1187)
Gestore Del Mercato Elettrico SpA
  2012 Ed. (1623)
  2013 Ed. (1782)
GET
  1990 Ed. (1869, 3518)
Get A Grip Franchising LLC
  2010 Ed. (2299)
  2012 Ed. (2193)
  2013 Ed. (3118)
Get Away Today
  2022 Ed. (4990)
Get Away Today Inc.
  2017 Ed. (4985)
  2018 Ed. (4991)
  2019 Ed. (4987)
  2021 Ed. (4991)
Get Away Today Vacations
  2006 Ed. (3542)
Get In Shape For Women
  2012 Ed. (2819)
  2013 Ed. (4038)
  2014 Ed. (3975)
  2015 Ed. (4018)
  2016 Ed. (3931)
Get Out of Your Head
  2022 Ed. (586)
Get Price Pty. Ltd.
  2012 Ed. (2825)
Get with the Program!
  2004 Ed. (742)
Get Rich or Die Tryin'
  2005 Ed. (3536)
Get Schooled
  2018 Ed. (4675)
Get Well
  2004 Ed. (2758)
Get What's Yours
  2017 Ed. (622)
"Get Your Daily Dose of Nutrition in Seconds with the NutriBullet"
  2016 Ed. (2283)
getAir
  2021 Ed. (1551, 2973)
Getaround
  2017 Ed. (287)
The Getaway
  2005 Ed. (4831)
  2020 Ed. (585)
getBEST Personalservice
  2019 Ed. (1424, 1425)

GETCH Holdings Corp.
    2008 Ed. (1424)
Getin Noble Bank
    2014 Ed. (467)
    2015 Ed. (525)
    2016 Ed. (479)
    2017 Ed. (496)
    2018 Ed. (461)
Getinge
    2011 Ed. (2874)
    2012 Ed. (2811)
    2013 Ed. (860, 2866)
    2014 Ed. (2899)
    2015 Ed. (2942)
    2016 Ed. (2874)
    2017 Ed. (2831)
    2021 Ed. (669, 3530)
    2022 Ed. (706)
Getinge Group
    2015 Ed. (1887)
Getman; Paul
    1989 Ed. (1753)
Geto & deMilly
    1992 Ed. (2901)
Getraenke Beteiligungs AG
    2005 Ed. (1474)
Getronics
    2008 Ed. (4800)
Getronics NV
    2004 Ed. (1357, 1369)
Get's BET SRL
    2017 Ed. (1945)
Getspeed.com
    2002 Ed. (4806)
Gettel Automotive
    2013 Ed. (1621)
Getting F.I.T.
    2014 Ed. (637)
Getting Things Done
    2006 Ed. (638)
    2018 Ed. (582)
Getting to the Top
    2012 Ed. (506)
Gettone Group OU
    2019 Ed. (1533)
Getty
    1989 Ed. (1023)
Getty; Fisher family & G.
    1991 Ed. (3333)
Getty; Gordon
    2005 Ed. (4857)
    2006 Ed. (4903)
    2007 Ed. (4900)
    2011 Ed. (4834)
Getty Images
    2001 Ed. (4760)
    2003 Ed. (2175)
    2006 Ed. (4023, 4293)
    2007 Ed. (3008, 4054)
    2008 Ed. (2143, 3200, 4540)
    2009 Ed. (3259, 3263)
    2010 Ed. (2063)
    2011 Ed. (2118)
Getty Oil C.
    1991 Ed. (1153)
Getty Oil Co.
    1989 Ed. (1024)
    1990 Ed. (1235, 1239, 1240)
    1992 Ed. (1457, 1467, 1480, 3441)
    1993 Ed. (1188)
    1994 Ed. (1212)
    1995 Ed. (1222, 1228, 2429)
    1996 Ed. (1199)
    1997 Ed. (1245)
Getty Petroleum
    1989 Ed. (2209)
    1990 Ed. (1891, 2835)
    1991 Ed. (2359, 2722)
    1992 Ed. (2940, 3427)
    1993 Ed. (1704, 2472, 3364)
    1994 Ed. (1178, 1186)
    1999 Ed. (3264)
    2008 Ed. (321)
Getty Petroleum Corp.
    2013 Ed. (1331)
Getty Realty Corp.
    2004 Ed. (4074)
    2005 Ed. (4006)
    2015 Ed. (1323)
Getty Trust; J. Paul
    1989 Ed. (1470, 1471, 1476, 2165)
    1990 Ed. (1847, 1848, 2786)
    1991 Ed. (2689)
    1992 Ed. (2214, 3358)
    1993 Ed. (1895, 2783)
    1994 Ed. (1897, 2772)
    2005 Ed. (2677)
    2008 Ed. (2766)
    2010 Ed. (2770)
    2011 Ed. (2756)
    2012 Ed. (2690)
Gettys
    2009 Ed. (3417)
    2011 Ed. (3312)
Gettys Group
    1998 Ed. (2029)
    2005 Ed. (3159, 3167)
    2006 Ed. (3160, 3168, 3169)
    2023 Ed. (3379)
The Gettys Group
    2019 Ed. (3282)
    2022 Ed. (3289)
Gettysburg College
    2010 Ed. (1937)
    2011 Ed. (1990)
    2012 Ed. (2211)
    2013 Ed. (1995)
    2015 Ed. (1980)
Gettysburg National Indemnity Ltd.
    2008 Ed. (3225)
GetUpside
    2023 Ed. (4565)
GetYourGuide
    2020 Ed. (4706)
Geumhwa
    2013 Ed. (2053)
    2016 Ed. (2004)
Geun-hye; Park
    2017 Ed. (4919)
GEUSA
    2015 Ed. (1783)
Geutebrueck
    2018 Ed. (4298)
    2019 Ed. (4324)
Gevalia
    2014 Ed. (993)
    2015 Ed. (1027, 1028, 1029)
    2016 Ed. (932, 933, 934)
    2017 Ed. (975, 976, 978)
    2018 Ed. (908, 909, 910, 911)
    2019 Ed. (906)
    2020 Ed. (897)
    2021 Ed. (910)
Gevalia Java Nut
    2017 Ed. (985)
Gevekom
    2018 Ed. (3488)
Gevi SpA Agenzia per il Lavoro
    2009 Ed. (832, 1819)
Gevity HR
    2003 Ed. (804, 3704)
    2004 Ed. (845, 4693)
Gevo Inc.
    2012 Ed. (4428, 4430)
Gewurztraminer
    1996 Ed. (3837)
    2001 Ed. (4873)
    2002 Ed. (4969)
Gex; Catherine
    1996 Ed. (1897)
Gexa Energy Pavilion
    2017 Ed. (183)
Geyen Group
    2009 Ed. (867)
Geyser
    2000 Ed. (782)
Geyser Peak
    1999 Ed. (4791, 4792)
    2000 Ed. (4416)
    2001 Ed. (4883, 4891)
    2002 Ed. (4945, 4958)
Geze
    1991 Ed. (3131)
    1992 Ed. (3980)
GF Coal
    1995 Ed. (1040)
GF Fund Management Co.
    2009 Ed. (3460)
GF Genovate
    2020 Ed. (1982, 2364)
GF Hotels & Resorts
    2023 Ed. (3143)
GF Industries
    1996 Ed. (1176)
GF Labels
    2016 Ed. (3997)
GF Management
    2011 Ed. (3065)
    2012 Ed. (2996, 3008)
    2013 Ed. (3083, 3085)
    2014 Ed. (3083)
    2015 Ed. (3149)
    2016 Ed. (3005)
GF Namib
    1993 Ed. (2577)
    1995 Ed. (2585)
GF & Partners
    2022 Ed. (194)
    2023 Ed. (298)
GF Scotiabank Inverlat
    2004 Ed. (592)
    2005 Ed. (578)
    2007 Ed. (520)
    2008 Ed. (476)
    2009 Ed. (503)
    2010 Ed. (486)
    2011 Ed. (414)
GF Securities
    2012 Ed. (3329)
    2013 Ed. (3397)
    2014 Ed. (2684, 3397)
    2015 Ed. (2729, 3429)
    2016 Ed. (3290)
    2017 Ed. (2598, 3251)
    2018 Ed. (3326)
    2019 Ed. (3300)
    2020 Ed. (3303)
GFA Credit Union
    2016 Ed. (2222)
GFB
    1994 Ed. (2507)
    1996 Ed. (2628, 2629)
    1997 Ed. (2778)
    1999 Ed. (3398)
GFH Financial Group
    2018 Ed. (357, 542)
    2019 Ed. (360, 361, 562)
    2020 Ed. (355, 356, 545, 2607)
    2023 Ed. (579, 2792)
GFI Group Inc.
    2007 Ed. (4279)
GFI Solutions Group
    2012 Ed. (959)
GfK
    2002 Ed. (3259)
GfK AG
    1999 Ed. (3305)
    2008 Ed. (4141)
    2009 Ed. (4253)
    2010 Ed. (4190)
GfK AG USA
    2007 Ed. (4114)
    2008 Ed. (4138)
    2010 Ed. (4185)
GfK Field Marketing
    2011 Ed. (62)
GfK Group
    1990 Ed. (3000, 3001)
    2002 Ed. (3255)
    2003 Ed. (4077)
    2004 Ed. (4101)
    2005 Ed. (4041)
    2006 Ed. (4096)
    2007 Ed. (4117)
GfK Holding AG
    2000 Ed. (3041)
GfK Marketing Services
    1996 Ed. (2570)
    2000 Ed. (3045)
GfK NOP
    2009 Ed. (4247)
GfK SE
    2011 Ed. (4201)
    2012 Ed. (4253)
    2013 Ed. (4213)
    2014 Ed. (4227)
    2015 Ed. (4217)
    2016 Ed. (3462)
    2017 Ed. (3426)
    2018 Ed. (3484)
    2019 Ed. (3453)
GfK UK
    2011 Ed. (3580)
GfK USA
    2011 Ed. (4183)
    2012 Ed. (4233)
    2013 Ed. (4214)
    2014 Ed. (4228)
    2015 Ed. (4218)
    2016 Ed. (3463)
    2017 Ed. (3427)
    2018 Ed. (3485)
    2019 Ed. (3454)
    2020 Ed. (3447)
GFL Environmental
    2021 Ed. (3994)
    2022 Ed. (4008)
    2023 Ed. (4092, 4705, 4791)
GFL Environmental Inc.
    2022 Ed. (2526)
    2023 Ed. (2668)
GFNorte
    2006 Ed. (1876)
    2009 Ed. (1885)
    2010 Ed. (1819)
    2011 Ed. (1850)
GForce Life Sciences
    2020 Ed. (1594, 2884, 4001)
    2021 Ed. (1578, 2957)
GForces
    2019 Ed. (2045)
GFPromex Finamex
    2005 Ed. (500)
GFR Media
    2016 Ed. (1974)
    2017 Ed. (1938)
    2018 Ed. (1888)
GFS British Columbia
    2021 Ed. (3463)
    2023 Ed. (3644)
GFS Canada Group
    2016 Ed. (3456)
    2017 Ed. (3418)
GFS Manufacturing Co. Inc.
    1999 Ed. (2671)
GFS/Northstar
    1993 Ed. (239)
    1994 Ed. (3023)
GFSA
    1990 Ed. (2590)
    1991 Ed. (2468)
    1993 Ed. (2577)
    1995 Ed. (2585)
    1998 Ed. (1855)
    2000 Ed. (2380)
GGI
    2016 Ed. (2821)
    2017 Ed. (2791)
GGK
    1989 Ed. (84, 165)
    1990 Ed. (78, 154)
    1991 Ed. (154)
GGK Basel
    1992 Ed. (212)
    1996 Ed. (144)
    1997 Ed. (150)
GGK Basel/Geneva/Zurich
    1993 Ed. (139)
GGK Basel/Geneva/Zurich/Kuesnacht
    1994 Ed. (120)
GGK Bratislava
    1995 Ed. (122)
    1996 Ed. (136)
    1997 Ed. (142)
GGK Bucharest
    1997 Ed. (136)
GGK Bucuresti
    1996 Ed. (132)
GGK Budapest
    1992 Ed. (158)
    1993 Ed. (106)
    1994 Ed. (93)
    1995 Ed. (82)
    1996 Ed. (96)
    1997 Ed. (98)
GGK CSFR
    1994 Ed. (81)
GGK Holding AG
    1990 Ed. (113)
    1991 Ed. (110)
GGK Ljubljana
    1996 Ed. (137)
    1997 Ed. (143)
GGK Moscow
    1995 Ed. (119)
    1996 Ed. (133)
GGK Prague
    1996 Ed. (77)
    1997 Ed. (76)
GGK Prague/Bratislava
    1993 Ed. (91)
GGK Praha
    1995 Ed. (63)
GGK Sofia
    1997 Ed. (68)
GGK Vienna/Salzburg
    1991 Ed. (75)
    1992 Ed. (122)
    1993 Ed. (82)
    1994 Ed. (71)
    1996 Ed. (63)
    1997 Ed. (61)
GGK Warsaw
    1993 Ed. (129)
    1994 Ed. (110)
    1995 Ed. (115)
    1996 Ed. (129)
    1997 Ed. (133)
GGK Zurich
    1996 Ed. (144)
GGOF Alexandria Global Growth Mutual
    2003 Ed. (3599)
GGOF Canadian Large Cap Equity Fund
    2009 Ed. (3805)
GGOF Global Growth Mutual
    2004 Ed. (2482, 2483)
GGOF RSP Global Growth Classic
    2004 Ed. (2483)
GGOF RSP Global Growth Mutual
    2004 Ed. (2482, 2483)
GGS Structures Inc.
    2018 Ed. (2226)
    2019 Ed. (2202)
GGT Direct Advertising
    2000 Ed. (1678)
GH Bass Co. Inc.
    2001 Ed. (3080)
G.H. Cretors
    2018 Ed. (3960)
GH Michell
    2004 Ed. (4714)
GH Music
    2020 Ed. (3642)
    2021 Ed. (3647)
GH Phipps Construction Cos.
    2010 Ed. (1250)
    2011 Ed. (4041)
    2017 Ed. (1188)
    2018 Ed. (1140)
    2020 Ed. (1125)
    2021 Ed. (1111)
    2022 Ed. (1124)
    2023 Ed. (1347)
G.H. Thaver
    1990 Ed. (138)
G.H. Thaver & Co
    1992 Ed. (193)
Gh3
    2021 Ed. (190)
GHA Technologies
    2008 Ed. (4430)
    2020 Ed. (1361)

Ghafari Associates
　2016 Ed. (2476)
　2019 Ed. (2491)
Ghafari Associates Inc.
　1990 Ed. (282)
　1991 Ed. (252)
　1992 Ed. (357)
　1993 Ed. (247)
　1995 Ed. (238)
　1997 Ed. (266)
　1998 Ed. (185)
　1999 Ed. (288)
　2000 Ed. (313)
　2001 Ed. (409)
Ghafari Associates LLC
　2004 Ed. (2329)
　2007 Ed. (2418)
　2008 Ed. (2545)
　2009 Ed. (2552)
　2010 Ed. (2468)
　2012 Ed. (2392)
　2013 Ed. (2563)
　2014 Ed. (2492)
　2015 Ed. (2566)
　2016 Ed. (2488)
　2017 Ed. (2344)
　2018 Ed. (2386, 2387, 2411)
　2019 Ed. (2430, 2457)
　2020 Ed. (2410, 2446)
　2021 Ed. (2369)
　2022 Ed. (2444, 2480)
　2023 Ed. (2590)
Ghalayini; Mazen
　2020 Ed. (1090)
Ghana
　1990 Ed. (1075)
　1995 Ed. (1517)
　1996 Ed. (1476)
　1997 Ed. (1541, 1604, 3633)
　1998 Ed. (2311)
　1999 Ed. (1133, 1780)
　2000 Ed. (1609, 1896)
　2001 Ed. (508, 1102, 1298, 1946, 2003, 2004, 2614, 2615, 3212)
　2002 Ed. (1815, 2409)
　2003 Ed. (1035, 2051, 2052, 2627, 3282)
　2004 Ed. (889, 1040, 2095, 2745, 3344)
　2005 Ed. (875, 1041, 2198, 2199, 2742, 3375)
　2006 Ed. (797, 1050, 1054, 2146, 2260, 2261, 2704, 3016, 3353)
　2007 Ed. (886, 1139, 1143, 2090, 2198, 2199, 2699, 3407)
　2008 Ed. (863, 1019, 2200, 2332, 2333, 2826, 3537)
　2009 Ed. (869, 1004, 2319, 2320, 2884, 3603)
　2010 Ed. (815, 969, 1062, 2249, 2250, 2264, 2821, 3521, 4188, 4685)
　2011 Ed. (743, 895, 2257, 2258, 2271, 2310, 2807, 3525, 4200, 4635)
　2012 Ed. (3087, 4252, 4962)
　2013 Ed. (2393, 4969)
　2014 Ed. (2330, 4978)
　2015 Ed. (5011)
　2016 Ed. (4930)
　2017 Ed. (2189)
　2021 Ed. (688, 3164, 3165)
　2023 Ed. (2410, 3411)
Ghana Advertising & Marketing
　1999 Ed. (92)
　2001 Ed. (139)
Ghana Advertising & Marketing (JWT)
　2000 Ed. (98)
Ghana Breweries Ltd.
　2002 Ed. (4418)
　2006 Ed. (4505)
Ghana Commercial Bank
　1989 Ed. (543)
　1992 Ed. (685)
　1993 Ed. (414, 492)
　1994 Ed. (404, 494)
　1995 Ed. (397, 476)
　1996 Ed. (421, 518)
　1997 Ed. (388, 479)
　1999 Ed. (530)
　2000 Ed. (539)
　2002 Ed. (564, 4418)
　2003 Ed. (499)
　2004 Ed. (534)
　2005 Ed. (513)
　2006 Ed. (4505)
　2007 Ed. (453)
　2008 Ed. (419)
　2009 Ed. (49, 448)
　2010 Ed. (424)
　2011 Ed. (349)
　2013 Ed. (332)
　2014 Ed. (349)
　2015 Ed. (395)
　2017 Ed. (375)
　2018 Ed. (344)
　2019 Ed. (349)
　2023 Ed. (563)
Ghana Cooperative Bank
　1999 Ed. (530)
　2000 Ed. (539)
Ghana Oil Company Limited
　2022 Ed. (2870)

Ghana Oil Company Limited (Ghana)
　2022 Ed. (2870)
Ghanam; Mohammad
　2012 Ed. (790)
Ghandhara Industries
　2019 Ed. (1912)
　2020 Ed. (1850)
Ghandour; Fadi
　2013 Ed. (3477, 4719)
Gharzolhasaneh Mehr Iran Bank
　2020 Ed. (2604)
Ghasemi; Seifi
　2013 Ed. (2636)
Ghassan Bin Jiddu
　2013 Ed. (906, 3479)
Ghayda Al Khaled
　2013 Ed. (3478)
Ghazali; Lihadh Al
　2013 Ed. (3476)
Ghazanfar Bank
　2023 Ed. (2789)
Ghazantar Bank
　2012 Ed. (2563)
　2016 Ed. (2610)
　2017 Ed. (2543)
GHBM Healthworld
　1999 Ed. (55)
GHD
　2019 Ed. (2486)
　2020 Ed. (1024, 2475)
　2021 Ed. (992, 2399, 2417, 2420, 2423, 2425)
　2022 Ed. (1033, 2489, 2498, 2510, 2532, 2535, 2537, 2538)
　2023 Ed. (2599, 2606, 2609, 2616, 2618, 2674, 2677, 2680)
GHD Group
　2019 Ed. (732, 1418)
　2020 Ed. (724, 1381)
　2021 Ed. (729, 1378)
　2022 Ed. (752)
GHD Group Proprietary Ltd.
　2020 Ed. (2502)
　2021 Ed. (2422)
GHD Inc.
　2016 Ed. (2486)
　2017 Ed. (2342)
　2019 Ed. (2452, 2455)
　2020 Ed. (2444)
　2021 Ed. (2367)
　2022 Ed. (2478)
　2023 Ed. (2588, 2609)
GHD Pty. Ltd.
　2017 Ed. (2353, 2358, 2361, 2368)
　2018 Ed. (2420, 2425, 2428, 2435)
　2019 Ed. (2466, 2477, 2484)
　2020 Ed. (2455, 2463, 2466, 2473)
　2021 Ed. (2378, 2387, 2390, 2397)
　2022 Ed. (2501, 2508)
GHD Pty., Ltd.
　2013 Ed. (2586)
　2014 Ed. (2515)
GHDWoodhead
　2022 Ed. (181)
　2023 Ed. (254)
Ghella SpA
　2008 Ed. (1286)
　2009 Ed. (1269)
　2023 Ed. (1446)
Ghent Seaport
　1994 Ed. (2189)
　1996 Ed. (2249)
　1997 Ed. (2375)
Ghersy Bates
　1996 Ed. (151)
　1997 Ed. (157)
Ghersy/Quintero & Ted Bates
　1989 Ed. (172)
　1990 Ed. (161)
Ghez; Nomi
　1991 Ed. (1681, 1707)
　1993 Ed. (1773, 1798)
　1994 Ed. (1781)
　1995 Ed. (1821)
　1996 Ed. (1794)
　1997 Ed. (1868)
GHG
　2015 Ed. (80)
GHI
　1999 Ed. (3292)
GHI Telecom Services
　2010 Ed. (664)
Ghilotti Bros.
　2012 Ed. (1364)
Ghilotti Bros., Inc.
　2022 Ed. (1431)
　2023 Ed. (1624)
Ghilotti Construction Co.
　2021 Ed. (1428)
　2022 Ed. (1434)
Ghilotti Construction Company, Inc.
　2023 Ed. (1627)
Ghiradelli Chocolate Co.
　2014 Ed. (950)
　2015 Ed. (980)
　2016 Ed. (879)
　2017 Ed. (929)
　2018 Ed. (865)

Ghirardelli Chocolate Co.
　2018 Ed. (748)
　2019 Ed. (769, 771)
　2020 Ed. (762)
　2021 Ed. (783)
　2022 Ed. (812)
Ghirardo CPA
　2012 Ed. (11)
　2013 Ed. (1456)
　2014 Ed. (1417)
　2023 Ed. (21)
Ghislaine Absy
　2018 Ed. (4110)
Ghosn; Carlos
　2005 Ed. (789)
　2006 Ed. (690, 932, 1450, 3262)
　2007 Ed. (1022)
　2013 Ed. (4719)
Ghosson Al Khaled
　2013 Ed. (3478)
Ghossoub; Joseph
　2013 Ed. (3479, 3652)
Ghost
　1992 Ed. (3112)
　1993 Ed. (3668)
　1998 Ed. (2537)
The Ghost and the Darkness
　1999 Ed. (4720)
Ghost Recon: Advanced Warfighter
　2008 Ed. (4811)
Ghost River Brewing Co.
　2023 Ed. (911)
Ghost Soldiers
　2003 Ed. (719)
GhostBed
　2018 Ed. (3498)
　2019 Ed. (3487)
Ghostbed
　2020 Ed. (2298)
Ghostbusters
　1990 Ed. (2611)
　1991 Ed. (2489)
　1992 Ed. (4329)
Ghostbusters II
　1991 Ed. (2488)
Ghosts
　1990 Ed. (886)
Ghostwriter
　2010 Ed. (3774)
The GHP Financial Group
　2005 Ed. (4)
GHP Horwath
　2007 Ed. (4, 13)
　2008 Ed. (11)
　2009 Ed. (14)
　2010 Ed. (26)
　2011 Ed. (22)
　2012 Ed. (27)
　2013 Ed. (20)
　2014 Ed. (16)
　2015 Ed. (17)
GHP Horwath PC
　2008 Ed. (3)
　2009 Ed. (5, 6)
　2010 Ed. (11, 12)
　2011 Ed. (7, 1612)
　2012 Ed. (10)
　2013 Ed. (8, 1550)
　2014 Ed. (1517)
GHP Inc.
　2022 Ed. (4960)
GHR Group
　2004 Ed. (4)
Ghurair; Abdul Aziz Al
　2005 Ed. (4886)
　2006 Ed. (4928)
　2007 Ed. (4921)
　2008 Ed. (4892)
　2009 Ed. (4912)
　2010 Ed. (4913, 4914)
　2011 Ed. (4901)
　2012 Ed. (4910)
　2013 Ed. (4921)
Ghurair; Abdulaziz Al
　2013 Ed. (367, 3490)
Ghurair; Abdulla Al Ahmad Al
　2014 Ed. (4928)
　2015 Ed. (4968)
　2016 Ed. (4885)
　2017 Ed. (4883)
　2018 Ed. (4895)
　2019 Ed. (4887)
　2020 Ed. (4876)
Ghurair; Abdulla Bin Ahmad Al
　2021 Ed. (4877)
　2022 Ed. (4873)
Ghurair; Saif Al
　2009 Ed. (4912)
　2010 Ed. (4914)
　2011 Ed. (4901)
　2012 Ed. (4910)
　2013 Ed. (4921)
　2014 Ed. (4928)
　2015 Ed. (4968)
　2016 Ed. (4885)
　2017 Ed. (4883)
　2018 Ed. (4895)
　2019 Ed. (4887)

2020 Ed. (4876)
GI
　1993 Ed. (1564)
　1994 Ed. (1607)
G.I. Joe
　1992 Ed. (4328)
　1995 Ed. (3647)
GI Joe figures
　1993 Ed. (3599)
G.I. Joe-Hasbro
　1991 Ed. (3409)
GI Minera Mexico
　1992 Ed. (3063)
G.I. Multi-Strategy
　1997 Ed. (2202)
GI Solutions Group
　2018 Ed. (1988)
GI-TEH proizvodnja trgovina in zastopanje
　2019 Ed. (1956)
Giacobbe; Ralph
　2011 Ed. (3353)
Giambi; Jason
　2005 Ed. (267)
　2010 Ed. (277)
Giambruno; Anthony
　1991 Ed. (2346)
Giambruno; David
　2011 Ed. (859)
Giancarlo's Pizza
　1996 Ed. (3045)
Giancarlo Stanton
　2019 Ed. (192)
　2020 Ed. (197)
Giancarlo's Pizza
　1997 Ed. (3126)
Gianettino & Meredith
　1989 Ed. (141)
　1991 Ed. (131)
　1992 Ed. (185)
　1993 Ed. (121)
　1999 Ed. (131)
　2000 Ed. (149)
　2002 Ed. (158)
Gianfelice Mario Rocca
　2013 Ed. (4882)
　2014 Ed. (4895)
　2015 Ed. (4934)
　2016 Ed. (4850)
　2017 Ed. (4855)
　2018 Ed. (4863)
　2019 Ed. (4857)
　2020 Ed. (4867)
Gianluigi & Rafaela Aponte
　2023 Ed. (4862)
Gianluigi Aponte
　2015 Ed. (4962)
　2016 Ed. (4878)
　2017 Ed. (4878)
　2018 Ed. (4890)
　2019 Ed. (4882)
　2020 Ed. (4871)
Gianluigi & Rafaela Aponte
　2008 Ed. (4875)
　2009 Ed. (4899)
　2021 Ed. (4872)
　2022 Ed. (4868)
Gianni Custom Homes
　2022 Ed. (1658)
Gianni Origoni & Partners
　2005 Ed. (1449)
Giannis Antetokounmpo
　2020 Ed. (198)
　2023 Ed. (318, 323)
Gianottl; Fabiola
　2014 Ed. (4965)
　2017 Ed. (4916)
Gianpaolo Trasi
　1999 Ed. (2362)
　2000 Ed. (2144)
Giant
　1994 Ed. (1981)
　1995 Ed. (1569, 1573)
　2008 Ed. (667)
　2011 Ed. (576)
　2012 Ed. (561)
　2013 Ed. (678)
Giant Carlisle
　2008 Ed. (4572)
　2009 Ed. (4604)
　2010 Ed. (4633)
　2011 Ed. (4588)
Giant Center
　2005 Ed. (4441)
Giant Eagle
　2023 Ed. (1991, 4526)
Giant Eagle Inc.
　1994 Ed. (3468, 3624)
　1995 Ed. (2050, 2054, 3534, 3538)
　1996 Ed. (2046, 2048, 2050)
　1998 Ed. (1869, 1873)
　2000 Ed. (2388)
　2001 Ed. (4696)
　2002 Ed. (4529, 4536)
　2003 Ed. (4654)
　2004 Ed. (2964, 4623, 4637, 4647)
　2005 Ed. (3920, 4100, 4565)
　2006 Ed. (3994, 4152, 4640)
　2009 Ed. (2894, 4163, 4616, 4618)

2010 Ed. (2833, 4096, 4097, 4645)
2011 Ed. (1350, 2817, 4066, 4067, 4581)
2012 Ed. (2749, 4100, 4101)
2013 Ed. (2001, 2005, 2368, 4529)
2014 Ed. (1942, 4587)
2015 Ed. (1988, 4585)
2016 Ed. (1957, 1961, 4356, 4504)
2017 Ed. (1920, 1925, 4502)
2018 Ed. (1867, 1872, 4535)
2019 Ed. (1920, 1925, 4519)
2020 Ed. (1274, 1857, 1864, 4523)
2021 Ed. (1826, 4504)
2022 Ed. (1868, 1876, 4512)
2023 Ed. (1985)
Giant Eagle Markets
  2009 Ed. (4618)
Giant Food (Ahold)
  2016 Ed. (2143)
Giant Food Inc.
  1989 Ed. (1556, 2459, 2465, 2776, 2778)
  1990 Ed. (1507, 1963, 3029, 3255, 3491, 3494)
  1991 Ed. (230, 1422, 1426, 1860, 3092, 3252, 3254, 3259, 3260)
  1992 Ed. (1815, 1828, 2350, 3927, 4164)
  1993 Ed. (220, 221, 225, 1492, 1496, 1506, 1997, 3048, 3277, 3486)
  1994 Ed. (1539, 1990, 3267, 3459, 3461, 3467)
  1995 Ed. (209, 3524, 3527, 3534, 3535)
  1997 Ed. (235, 1476, 1626, 3176, 3660, 3667, 3668, 3673)
  1998 Ed. (159, 1174, 1318, 3443, 3444, 3451)
  1999 Ed. (1703, 1929, 4523)
  2000 Ed. (287, 1512, 4170)
  2004 Ed. (2147)
  2005 Ed. (4562)
  2016 Ed. (4096)
Giant Food LLC
  2023 Ed. (2998)
Giant Food Stores Inc.
  2007 Ed. (4639)
  2016 Ed. (1953)
GIANT Food Stores, LLC
  2020 Ed. (3015)
Giant Food Stores LLC
  2017 Ed. (1917)
Giant Foods
  1996 Ed. (1417, 3606, 3613, 3622)
Giant Group Ltd.
  2001 Ed. (1645)
Giant Industries Inc.
  2004 Ed. (3831, 3832)
  2005 Ed. (3740, 3746)
  2006 Ed. (3830)
  2007 Ed. (3848)
  2008 Ed. (1558, 3901)
  2009 Ed. (1484)
Giant Interactive Group
  2009 Ed. (4399)
  2015 Ed. (1445)
Giant Landover
  2008 Ed. (4572)
  2009 Ed. (4604)
  2010 Ed. (4633)
  2011 Ed. (4588)
Giant Leap Technologies AS
  2009 Ed. (3016)
Giant Manufacturing
  2007 Ed. (2006)
Giant of Maryland Inc.
  2003 Ed. (1752)
Giant Spoon
  2020 Ed. (57)
  2021 Ed. (60)
Giants
  2016 Ed. (4397)
  2017 Ed. (4409)
Giants; New York
  2009 Ed. (2817)
  2010 Ed. (2758)
  2011 Ed. (2744)
  2012 Ed. (2679, 2681, 4521)
  2013 Ed. (2767)
  2014 Ed. (2749)
  2015 Ed. (2802)
  2016 Ed. (2732)
  2017 Ed. (2688)
  2018 Ed. (2749, 4493)
  2019 Ed. (2732, 4486)
  2020 Ed. (2762)
  2021 Ed. (2637)
  2022 Ed. (2762, 4474)
Giants; San Francisco
  2005 Ed. (645)
  2006 Ed. (547)
  2008 Ed. (529)
  2009 Ed. (564)
  2010 Ed. (547)
  2011 Ed. (475)
  2012 Ed. (431)
  2013 Ed. (544)
  2014 Ed. (559)
  2015 Ed. (622)
  2016 Ed. (569)
  2017 Ed. (598)
  2018 Ed. (562)

2019 Ed. (581)
2020 Ed. (564)
2021 Ed. (535)
Giants Stadium
  1989 Ed. (986)
  1999 Ed. (1300)
  2001 Ed. (4356, 4358)
  2002 Ed. (4347)
  2003 Ed. (4531)
  2010 Ed. (4565)
  2011 Ed. (4527, 4528)
Giat Industries
  1992 Ed. (3078)
  1994 Ed. (1514)
  1995 Ed. (2549)
Giatec Scientific
  2020 Ed. (1462, 4376)
  2021 Ed. (1453)
  2022 Ed. (3122)
Giattina Aycock Architecture Studio Inc.
  2010 Ed. (2439)
  2023 Ed. (282)
Giattina Fisher Aycock Architects Inc.
  2008 Ed. (2512)
  2009 Ed. (2522)
GIB
  1990 Ed. (23)
  1991 Ed. (18)
  1993 Ed. (730)
  1996 Ed. (764)
  1997 Ed. (701, 1366)
  1999 Ed. (1587)
GIB Group
  1992 Ed. (41, 1578)
  1994 Ed. (1328)
  1995 Ed. (1359)
  1996 Ed. (1299)
  2000 Ed. (1394)
  2001 Ed. (2756)
GIB SA
  1995 Ed. (1361)
  1996 Ed. (1301)
  2001 Ed. (1640)
  2002 Ed. (1597)
Gib-San Pool & Landscape Creations
  2019 Ed. (4544, 4546, 4548)
  2021 Ed. (4530, 4533)
  2022 Ed. (4533, 4537, 4539)
  2023 Ed. (4547, 4548, 4551)
Gibb Building Maintenance Co.
  2006 Ed. (668)
Gibb; Gordon
  2007 Ed. (4925)
Gibb & Partners Ltd./Law Cos. International Group; Sir Alexander
  1993 Ed. (1613)
Gibb; Sir Alexander
  1994 Ed. (1636, 1648)
Gibbon Packing Co. Inc.
  1995 Ed. (2525)
  1996 Ed. (2586, 2587, 2589, 3065, 3066)
  1997 Ed. (2733, 2738, 3139)
Gibbons, Del Deo, Dolan, Griffinger & Vecchione
  2002 Ed. (3060)
Gibbons, Esposito & Boyce
  1991 Ed. (1563)
  1994 Ed. (1653)
  2000 Ed. (1825)
Gibbons, Green Van Amerongen
  2002 Ed. (1448)
  2003 Ed. (1468)
  2004 Ed. (1498)
  2005 Ed. (1514)
Gibbons; James
  1997 Ed. (1927)
Gibbons P.C.
  2022 Ed. (753)
  2023 Ed. (3463)
Gibbons PC
  2008 Ed. (1973)
  2009 Ed. (1928)
  2010 Ed. (1863)
  2011 Ed. (1895)
  2015 Ed. (1891)
  2021 Ed. (3235, 3236)
Gibbons Pools
  2019 Ed. (4547)
  2023 Ed. (4548)
Gibbs
  2001 Ed. (4573)
Gibbs Construction
  2019 Ed. (1135)
Gibbs Construction LLC
  2020 Ed. (1126)
  2021 Ed. (1113)
Gibbs; James R.
  2009 Ed. (952)
  2010 Ed. (904)
Gibbs Racing; Joe
  2007 Ed. (327)
  2009 Ed. (336)
  2010 Ed. (316)
  2011 Ed. (240)
  2012 Ed. (261)
Gibbs & Soell
  2013 Ed. (4126, 4137, 4145)
  2014 Ed. (4143, 4145, 4153, 4162)

2015 Ed. (4125, 4128, 4136, 4143)
Gibbs & Soell, Hoffman Estates
  2013 Ed. (4129)
Gibbs & Soell Inc.
  1990 Ed. (2918)
  1992 Ed. (3557, 3568, 3579)
  1993 Ed. (2927)
  1994 Ed. (2946, 2948, 2965)
  1995 Ed. (3007, 3023)
  1996 Ed. (3103, 3128)
  1997 Ed. (3204)
  1998 Ed. (104, 2950, 2960)
  1999 Ed. (3915, 3942, 3955)
  2000 Ed. (3631, 3639, 3657, 3669)
  2001 Ed. (3928)
  2002 Ed. (3820, 3823, 3826, 3833, 3852)
  2003 Ed. (3983, 3991, 4003, 4019)
  2004 Ed. (3975, 3990, 4003, 4005, 4011, 4030, 4034)
  2005 Ed. (185, 3949, 3956, 3960, 3961, 3964, 3970, 3974, 3976)
  2006 Ed. (197)
  2007 Ed. (205)
  2008 Ed. (192)
  2009 Ed. (210, 214)
  2010 Ed. (190)
  2011 Ed. (112, 116, 4102, 4104, 4111, 4116, 4130)
  2012 Ed. (120, 123, 4134, 4141, 4148, 4159)
  2013 Ed. (99)
  2014 Ed. (104, 105, 106, 107, 111)
  2015 Ed. (120, 122, 126)
Gibco Motor Express
  2005 Ed. (4781)
Giblen; Gary
  1994 Ed. (1822)
  1995 Ed. (1864)
  1996 Ed. (1845)
  1997 Ed. (1918)
Gibley's
  1995 Ed. (1998)
Gibleys of Ireland Ltd.
  2006 Ed. (4946)
Gibraltar
  2011 Ed. (735)
  2014 Ed. (2645)
  2015 Ed. (881, 2687)
  2016 Ed. (2604)
  2017 Ed. (2535)
  2020 Ed. (2584)
Gibraltar Associates
  2011 Ed. (4104)
  2012 Ed. (4134)
  2013 Ed. (4150)
Gibraltar Bank
  2021 Ed. (4310)
  2022 Ed. (4317)
Gibraltar Financial Corp.
  1989 Ed. (2826)
  1990 Ed. (1309, 3256, 3574)
  1991 Ed. (1235, 1237, 3367)
  1993 Ed. (365)
  1994 Ed. (358)
  1997 Ed. (353)
  1999 Ed. (391)
  2000 Ed. (391)
Gibraltar and Iberian Bank
  1991 Ed. (531)
Gibraltar Industries Inc.
  2016 Ed. (1881)
  2023 Ed. (1918)
Gibraltar Mines
  1992 Ed. (3086)
Gibraltar Packaging
  2008 Ed. (3838)
  2009 Ed. (3894)
Gibraltar Savings
  1989 Ed. (2359)
  1990 Ed. (3098, 3100)
  1991 Ed. (3363)
Gibraltar Steel Corp.
  2004 Ed. (4532, 4533)
  2005 Ed. (4474, 4475)
Gibralter Financial Corp.
  1996 Ed. (382)
Gibsland Bank & Trust Co.
  2010 Ed. (431)
  2011 Ed. (356)
Gibson
  1991 Ed. (2825)
  1992 Ed. (1896, 3649)
  1995 Ed. (2045, 2046, 3525)
  1997 Ed. (2159, 2160)
  1998 Ed. (1863, 1864)
  1999 Ed. (2599, 2610)
  2006 Ed. (2712)
  2007 Ed. (2708)
  2008 Ed. (2837)
  2012 Ed. (2748)
Gibson Amphitheatre
  2010 Ed. (1132)
  2011 Ed. (1076, 1077)
  2012 Ed. (1000)
Gibson Brands Corp.
  2015 Ed. (3729)
  2016 Ed. (3638)
  2017 Ed. (3622)

2018 Ed. (3685)
2019 Ed. (3670)
2020 Ed. (3637)
Gibson Brands Inc.
  2015 Ed. (3722)
  2016 Ed. (3636)
  2017 Ed. (3610)
  2019 Ed. (3658)
  2020 Ed. (3625)
  2021 Ed. (3642)
Gibson Buzza
  1991 Ed. (3215)
The Gibson Companies
  2022 Ed. (3663)
  2023 Ed. (3766)
Gibson Concrete LLC
  2016 Ed. (3586)
  2018 Ed. (3604)
  2019 Ed. (3594)
  2020 Ed. (3567)
Gibson Dunn & Crutcher
  2017 Ed. (1327, 1328)
Gibson, Dunn & Crutcher
  1990 Ed. (2412, 2421)
  1991 Ed. (2277, 2278)
  1992 Ed. (2825, 2826, 2827, 2838, 2839, 2840, 2841)
  1994 Ed. (2351)
  1995 Ed. (2412, 2414, 2418)
  1996 Ed. (2450, 2454)
  1997 Ed. (2595, 2598)
  1998 Ed. (2324, 2330)
  1999 Ed. (3141, 3153)
  2000 Ed. (2891, 2899)
  2001 Ed. (3086)
  2002 Ed. (1356, 1357)
  2003 Ed. (1393, 1394)
  2004 Ed. (1408, 1409, 1416, 1427, 1437, 3225, 3232)
  2005 Ed. (1427, 1428, 1440, 1455, 1457, 3255, 3261)
  2006 Ed. (1412, 1413, 3244, 3245, 3248)
  2015 Ed. (1351)
  2023 Ed. (3907)
Gibson Dunn & Crutcher LLP
  2014 Ed. (3450)
Gibson, Dunn & Crutcher LLP
  2002 Ed. (3059)
  2007 Ed. (3304, 3306, 3309, 3318)
  2008 Ed. (1394, 1395, 3414, 3426)
  2009 Ed. (3482, 3485)
  2010 Ed. (3413, 3441)
  2011 Ed. (3397, 3400, 3410, 3439)
  2012 Ed. (1363, 3365, 3366, 3371, 3373, 3379, 3383, 3385, 3391, 3395, 3402, 3419, 3420, 3427, 3456)
  2013 Ed. (3433, 3436, 3437, 3439, 3449)
  2014 Ed. (3435, 3436, 3437, 3438, 3446, 3454)
  2015 Ed. (3470)
  2016 Ed. (1281, 1282, 3317)
  2017 Ed. (1338, 1339)
  2021 Ed. (3238)
Gibson, Dunn & Cruchet
  1993 Ed. (2388, 2390, 2399)
Gibson Energy
  2015 Ed. (3939)
  2016 Ed. (1475)
  2017 Ed. (3799)
  2018 Ed. (3862, 4015)
  2019 Ed. (4004)
  2020 Ed. (4021)
Gibson Energy Inc.
  2016 Ed. (3839)
  2017 Ed. (3796)
Gibson Energy Ltd.
  2010 Ed. (4059)
Gibson Greetings
  1990 Ed. (1949)
  1991 Ed. (1859)
  1992 Ed. (3397)
  1993 Ed. (1995, 1996, 2413, 2810, 2984)
  1994 Ed. (1989, 2810)
  1995 Ed. (2986)
  1996 Ed. (1540, 3607)
Gibson Guitar Corp.
  2013 Ed. (3777)
  2014 Ed. (3710)
Gibson Inc.; C. R.
  1997 Ed. (1255)
Gibson; James F.
  1992 Ed. (533)
Gibson; Kenneth L.
  1991 Ed. (3211)
Gibson-Lewis Cos. Inc.
  1992 Ed. (1413, 1420)
  1993 Ed. (1126, 1133)
  1994 Ed. (1143)
  1995 Ed. (1169)
  1996 Ed. (1136)
  1997 Ed. (1173)
Gibson; Mel
  2006 Ed. (2485, 2488)
  2007 Ed. (2450, 2451)
Gibson Research Corp.
  2003 Ed. (3048)
  2004 Ed. (3157)

Gibson; Verna
 1992 Ed. (4496)
Gibsons
 1990 Ed. (1520)
 2003 Ed. (4087)
Gibsons Bar & Steakhouse
 2016 Ed. (4198)
 2017 Ed. (4175)
 2018 Ed. (4174, 4180)
 2019 Ed. (4189, 4195)
 2020 Ed. (4201, 4208)
 2021 Ed. (4143, 4144, 4165)
 2022 Ed. (4170, 4171, 4188)
Gibsons Bar Steakhouse
 2005 Ed. (4047)
 2006 Ed. (4105)
 2007 Ed. (4128, 4131)
 2008 Ed. (4146, 4149)
 2009 Ed. (4260)
 2010 Ed. (4201)
 2011 Ed. (4207)
Gibsons Bar & Steakhouse (Chicago)
 2021 Ed. (4143, 4144)
 2022 Ed. (4170, 4171)
Gibsons Bar & Steakhouse (Chicago, IL)
 2021 Ed. (4165)
 2022 Ed. (4188)
Gibsons Bar & Steakhouse (Oak Brook)
 2021 Ed. (4143, 4144)
 2022 Ed. (4170, 4171)
Gibsons Bar & Steakhouse (Rosemont)
 2021 Ed. (4143, 4144)
 2022 Ed. (4170, 4171)
Gibson's Discount Center
 1990 Ed. (1524)
Gibsons Italia
 2021 Ed. (4144)
 2022 Ed. (4170, 4171, 4186)
Gibsons Italia (Chicago, IL)
 2022 Ed. (4186)
GIC/BDA
 1992 Ed. (2805)
Giddings & Lewis
 1993 Ed. (2480, 2484)
 1994 Ed. (1469, 2419)
 1999 Ed. (4399)
Gideon Franklin
 1999 Ed. (2306)
 2000 Ed. (2082)
Gideon Services
 2016 Ed. (1210)
Gidron Cadillac & Ford Inc.; Dick
 1990 Ed. (734, 2593)
 1991 Ed. (712, 2474)
 1992 Ed. (894, 3092)
 1993 Ed. (2584)
 1994 Ed. (2532)
 1995 Ed. (2591)
 1996 Ed. (2661)
GIE Environment Technologies Ltd.
 2010 Ed. (1566)
GIE Media
 2010 Ed. (3512)
GIE SpA
 1991 Ed. (1096)
Gieco Corp.
 2003 Ed. (1850)
Gienow Windows & Doors Income Fund
 2009 Ed. (1571)
Gierer Jr.; V. A.
 2005 Ed. (2508)
Giertsen Co.
 2017 Ed. (2978)
Giesecke & Devrient GmbH
 2004 Ed. (3941)
Giesecke+Devrient Gesellschaft mit beschrankter Haftung
 2022 Ed. (942)
Giffeis Associates Inc.
 1998 Ed. (185)
Giffels Associates Inc.
 1989 Ed. (267)
 1990 Ed. (280, 282, 1666)
 1991 Ed. (252, 1557)
 1992 Ed. (357)
 1993 Ed. (247)
 1995 Ed. (237, 238)
 1997 Ed. (266)
 1999 Ed. (283, 288, 2017)
 2000 Ed. (313, 1793)
Giffels Hoyem Basso Inc.
 1990 Ed. (282)
 1991 Ed. (252)
Giffin Interior & Fixture Inc.
 2018 Ed. (2807)
Gifford; C. K.
 2005 Ed. (2477)
Gifford; Charles K.
 2005 Ed. (2474)
Gifford; John
 2006 Ed. (917)
 2007 Ed. (1007)
Gift boxes
 2008 Ed. (974)
Gift cards
 2008 Ed. (2439)
Gift certificates
 2008 Ed. (2439)

Gift Host USA
 1991 Ed. (3295)
Gift sets & travel kits
 2002 Ed. (4633)
Gift, novelty, & souvenir shops
 2010 Ed. (4280)
 2011 Ed. (4272)
Gift packs
 2004 Ed. (2685)
Gift Sender
 1991 Ed. (3295)
Gift sets
 2003 Ed. (2553)
Gift shops
 1999 Ed. (3823)
Gift wrap
 2001 Ed. (2089)
 2005 Ed. (4473)
GiftBaskets.com
 2007 Ed. (2318)
GiftcardRescue.com
 2015 Ed. (1208)
GiftCollector.com
 2006 Ed. (2380)
Gifted
 2015 Ed. (2900)
Gifted Healthcare
 2016 Ed. (4987)
Gifts
 1992 Ed. (2858, 2860, 4390)
 1999 Ed. (2995)
 2002 Ed. (4643)
 2003 Ed. (4776)
 2004 Ed. (178)
 2005 Ed. (4735)
 2006 Ed. (4786)
 2007 Ed. (2312)
 2008 Ed. (4722)
 2010 Ed. (4774)
 2011 Ed. (4725)
Gifts from a Distance
 2015 Ed. (2900)
Gifts & flowers
 2000 Ed. (2751)
 2002 Ed. (2989)
Gifts of food
 1997 Ed. (2136)
Gifts to Foundations
 2000 Ed. (1012)
Gifts & Giftware
 2001 Ed. (4609)
Gifts for the home
 1997 Ed. (2136)
Gifts in Kind America
 1994 Ed. (903, 904)
 1995 Ed. (2785)
Gifts in Kind International
 2000 Ed. (3347)
 2005 Ed. (3608)
 2006 Ed. (3709, 3713, 3715)
 2007 Ed. (3705, 3707)
 2008 Ed. (3790, 3792)
 2009 Ed. (3833, 3836, 3837, 3842)
 2010 Ed. (3758, 3761)
 2011 Ed. (3762, 3764)
 2012 Ed. (3764, 3766)
Gifts, personal
 1997 Ed. (2136)
GiftTree.com
 2009 Ed. (2449)
Giftware
 2001 Ed. (4432)
 2005 Ed. (2961)
Gifu Bank
 2003 Ed. (531)
Gifu Shinkin Bank
 2007 Ed. (472, 473, 474)
Giga-Byte Technology
 2000 Ed. (2644)
Giga Pets
 1999 Ed. (4640, 4641)
Giga Solar
 2014 Ed. (2317)
Giga Solar Materials Corp.
 2012 Ed. (2824, 2849)
 2013 Ed. (2898)
Giga-tronics Inc.
 1995 Ed. (884)
Gigabyte
 2008 Ed. (667)
Gigaclear
 2018 Ed. (4596)
GigaDevice Semiconductor
 2020 Ed. (1372)
GigaMedia
 2008 Ed. (4538)
 2012 Ed. (4574)
Gigamon
 2019 Ed. (2894)
Gigante, SA de CV; Grupo
 2005 Ed. (4137)
Gigantic Color
 2010 Ed. (4043)
 2011 Ed. (4019)
 2014 Ed. (4101)
 2017 Ed. (3972)

GigaOM
 2012 Ed. (493)
 2013 Ed. (608, 610)
GigaSavvy
 2016 Ed. (1403)
GigaSpaces
 2010 Ed. (2946)
 2014 Ed. (1079)
Gig@Byte Ltd.
 2002 Ed. (2498)
Gigg Express
 2019 Ed. (1488, 4702)
 2020 Ed. (4668)
Giggle.com
 2011 Ed. (2374)
Giggling Restaurants
 2019 Ed. (4157)
Giggs; Ryan
 2005 Ed. (4895)
Gigi Hadid
 2018 Ed. (3645)
 2019 Ed. (3634)
 2020 Ed. (3606)
Gigi's Cupcakes
 2013 Ed. (284)
 2014 Ed. (293)
 2015 Ed. (328)
 2016 Ed. (325)
Gil Shwed
 2004 Ed. (4880)
 2012 Ed. (4904)
 2013 Ed. (4881)
 2015 Ed. (4933)
 2016 Ed. (4849)
 2017 Ed. (4854)
 2018 Ed. (4862)
 2019 Ed. (4856)
 2020 Ed. (4846)
 2021 Ed. (4847)
 2022 Ed. (4842)
Gila Corp.
 2011 Ed. (913)
 2012 Ed. (850)
Gila River Gaming Enterprises
 2019 Ed. (4730)
Gila River Indian Community
 2010 Ed. (4402)
 2011 Ed. (4347)
 2012 Ed. (4388)
Gilardini SpA
 1994 Ed. (2483)
 1995 Ed. (2549)
Gilbane
 2016 Ed. (1058)
 2017 Ed. (1091)
 2018 Ed. (1020)
 2019 Ed. (1029)
 2020 Ed. (1021)
 2021 Ed. (988)
 2022 Ed. (1026)
 2023 Ed. (1207)
Gilbane Building Co.
 1989 Ed. (929, 1000)
 1990 Ed. (1038, 1176, 1183, 1210, 1211)
 1991 Ed. (967, 1100)
 1992 Ed. (1357, 1371, 1376, 1402, 1434)
 1993 Ed. (1085, 1098, 1102, 1115, 1149, 1153)
 1994 Ed. (1109, 1125, 1131, 1156, 1175)
 1995 Ed. (1136, 1140, 1149, 1175, 1194)
 1996 Ed. (1105, 1112, 1113, 1122, 1168)
 1997 Ed. (1126, 1137, 1139, 1151, 1198)
 1998 Ed. (891, 936, 974)
 1999 Ed. (1339, 1355, 1357, 1410)
 2000 Ed. (1225, 1237, 1238, 1247, 1249)
 2001 Ed. (1462, 1464, 1468)
 2002 Ed. (1182, 1202, 1212, 1228, 1234, 1241, 1242, 1245, 1251, 1257, 1270, 1274, 1291)
 2003 Ed. (1142, 1247, 1255, 1258, 1277, 1303, 1316, 2290, 2630, 2927)
 2004 Ed. (1252, 1257, 1259, 1261, 1263, 1281, 1285, 1295, 1306, 1316, 1848, 2748)
 2005 Ed. (1172, 1250, 1299, 1301, 1302, 1305, 1313, 1956)
 2006 Ed. (1168, 1186, 1209, 1243, 1250, 1274, 1283, 1298, 1308, 1337, 2001, 2792)
 2007 Ed. (1316, 1341, 1348, 1355, 1386, 1967)
 2008 Ed. (1172, 1173, 1175, 1176, 1206, 1224, 1228, 1235, 1237, 1241, 1242, 1247, 1252, 1274, 1317, 1331, 1345, 2062, 2915)
 2009 Ed. (1141, 1183, 1210, 1217, 1258, 1278, 1302, 1314, 1316, 1320, 1321, 1322, 1323, 1324, 1326, 1346, 2028, 2637, 2639, 2641, 3246, 4164)
 2010 Ed. (1134, 1175, 1176, 1210, 1213, 1220, 1252, 1273, 1289, 1305, 1308, 1312, 1326, 1330, 1332, 1961, 2542, 2544, 2546, 2547, 2911, 3177, 4098)
 2011 Ed. (1079, 1085, 1096, 1123, 1124, 1158, 1160, 1182, 1201, 1224, 1244, 1253, 1263, 1269, 1271, 1273, 1277, 1278, 1279, 1280, 1308, 1312, 2021, 4068)

 2012 Ed. (1002, 1005, 1030, 1057, 1058, 1094, 1097, 1107, 1108, 1110, 1115, 1120, 1129, 1869, 2376)
 2013 Ed. (1150, 1195, 1232, 1234, 1240, 1244, 1269, 1275, 2028)
 2014 Ed. (1112, 1148, 1149, 1171, 1174, 1178, 1202, 1208)
 2015 Ed. (1199, 1224, 1226, 1227, 1232, 1235, 1239, 1260, 1266, 2010)
 2016 Ed. (1107, 1133, 1134, 1136, 1137, 1143, 1146, 1147, 1173, 1174, 1175, 1181, 1981)
 2017 Ed. (1151, 1152, 1182, 1183, 1184, 1192, 1196, 1214, 1224, 1233, 2474)
 2018 Ed. (1087, 1107, 1119, 1125, 1127, 1132, 1133, 1139, 1142, 1144, 1146, 1195, 1204, 1213)
 2019 Ed. (1096, 1097, 1119, 1139, 1142, 1148, 1154, 1156, 1158, 1210, 1212, 1218, 1220, 1223, 1231, 1242, 1244, 1246)
 2020 Ed. (1084, 1109, 1130, 1133, 1139, 1140, 1145, 1148, 1149, 1205, 1207, 1214, 1217, 1236, 1240, 2495, 2523)
 2021 Ed. (1048, 1102, 1119, 1125, 1126, 1133, 1177, 1184, 1192, 1202, 1206, 2415, 2422, 2463)
 2022 Ed. (1085, 1117, 1118, 1129, 1130, 1134, 1138, 1176, 1183, 1184, 1193, 1203, 1207, 2530)
 2023 Ed. (1259, 1333, 1352, 1354, 1360, 1361, 1412, 1413, 1420, 1421, 1422, 1430, 1440, 1442, 2672, 2679)
Gilbane Inc.
 2004 Ed. (1145)
 2005 Ed. (1168, 3026, 3178)
 2006 Ed. (1164)
 2007 Ed. (1384)
 2011 Ed. (3141)
 2012 Ed. (1870)
 2013 Ed. (1144)
 2019 Ed. (1940)
 2020 Ed. (1877)
Gilbane, Inc.
 2021 Ed. (1022)
 2022 Ed. (1060)
Gilbert Advertising; Peter
 1991 Ed. (162)
 1992 Ed. (222)
 1995 Ed. (139)
 1997 Ed. (160)
Gilbert Advertising (Saatchi); Peter
 1996 Ed. (153)
Gilbert Advertising/S&S
 1999 Ed. (172)
Gilbert Associates Inc.
 1989 Ed. (1143)
 1994 Ed. (1638)
 1995 Ed. (1677)
 1996 Ed. (1660)
Gilbert, AZ
 2023 Ed. (951)
Gilbert Central Corp.
 2004 Ed. (1192, 1810)
 2005 Ed. (1218, 1893)
 2007 Ed. (1296, 1897)
Gilbert, Christopher & Associates
 1995 Ed. (3026)
Gilbert/Commonwealth Inc.
 1992 Ed. (1951)
 1993 Ed. (1606)
Gilbert; Daniel
 2014 Ed. (4854)
 2015 Ed. (4891)
 2016 Ed. (4809)
 2023 Ed. (4799)
Gilbert; Denise
 1993 Ed. (1782)
 1994 Ed. (1766)
Gilbert; Diana
 2023 Ed. (1295)
Gilbert E. Ahye
 2008 Ed. (184)
Gilbert; Elizabeth Beans
 2014 Ed. (3467)
Gilbert F. Casellas
 2007 Ed. (1444)
 2009 Ed. (2656)
 2011 Ed. (1378)
Gilbert; H. Steven
 2011 Ed. (3107)
Gilbert Harrison
 2011 Ed. (2970)
Gilbert; James
 2014 Ed. (3467)
Gilbert LLP
 2011 Ed. (3399)
Gilbert Oshinsky LLP
 2010 Ed. (3416)
Gilbert Palter
 2005 Ed. (2473)
Gilbert; S. Parker
 1990 Ed. (972)
 1991 Ed. (924)
Gilbert + Tobin
 2021 Ed. (3197)
 2022 Ed. (3332)

Gilbert Tweed Associates Inc.
 1991 Ed. (1616)
 1993 Ed. (1692)
 1994 Ed. (1711)
Gilbert Veneers Inc.
 2010 Ed. (4998)
Gilbert, Whitney & Johns Inc.
 1989 Ed. (2258)
 1992 Ed. (3572)
 1993 Ed. (121)
Gilberto Benetton
 2008 Ed. (4869)
 2009 Ed. (4891)
 2010 Ed. (4891)
 2011 Ed. (4880)
 2012 Ed. (4889)
 2013 Ed. (4882)
Gilbey Canada
 1994 Ed. (692)
 1996 Ed. (724)
 1997 Ed. (2669, 2672)
Gilbeys
 1989 Ed. (1509, 2892)
 1990 Ed. (1896, 1897, 1898, 1899, 3676)
 1991 Ed. (1810, 1814, 1815, 1816, 1817, 3455, 3456)
 1992 Ed. (2285, 2289, 2290, 2291, 4402)
 1993 Ed. (1942, 1947, 1948, 1950, 3674)
 1994 Ed. (1970, 1972, 3640)
 1995 Ed. (1992, 1997, 3711, 3714)
 1996 Ed. (2017, 2019, 3800)
 1997 Ed. (2139)
 2000 Ed. (4353)
 2005 Ed. (2732)
Gilbey's Gin
 1995 Ed. (1996)
 1998 Ed. (1829)
 1999 Ed. (2586, 2589)
 2000 Ed. (2329)
 2001 Ed. (2595)
 2002 Ed. (291, 2399)
 2003 Ed. (2609)
 2004 Ed. (2730)
Gilbeys of Ireland Ltd.
 2006 Ed. (1816)
Gilbeys of Ireland (R & D) Ltd.
 2005 Ed. (1829)
Gilbeys London Dry
 1989 Ed. (1511, 1512, 1513)
Gilbey's Vodka
 1997 Ed. (3852)
 1998 Ed. (3682)
 1999 Ed. (4724)
 2000 Ed. (4354)
 2001 Ed. (4706)
 2002 Ed. (291, 4760)
Gilbrane Building Co.
 1999 Ed. (1340)
Gilchrist Automotive
 2021 Ed. (1912)
 2022 Ed. (1955)
Gilchrist Construction Co.
 2009 Ed. (1295)
 2011 Ed. (1242)
Gilchrist Metal Fabricating Co., Inc.
 2020 Ed. (4788)
Gilda Marx Inc.
 1996 Ed. (3882)
Gilda Marx Industries
 1992 Ed. (4486)
 1993 Ed. (3736)
 1994 Ed. (3671)
 1995 Ed. (3796)
Gildan
 2016 Ed. (907)
 2017 Ed. (954, 2944)
 2018 Ed. (885, 3058)
 2019 Ed. (887)
 2023 Ed. (1081)
Gildan Activewear
 2015 Ed. (4319)
 2016 Ed. (2985)
 2017 Ed. (2946)
 2018 Ed. (3060)
Gildan Activewear Inc.
 2007 Ed. (1325)
 2008 Ed. (1215)
 2009 Ed. (1190)
 2010 Ed. (1196)
 2011 Ed. (870, 4684)
 2012 Ed. (1864)
 2013 Ed. (1216)
 2014 Ed. (1298)
 2015 Ed. (1360)
 2016 Ed. (1291, 3454)
 2017 Ed. (1348, 3411)
 2018 Ed. (3476, 4524)
 2019 Ed. (3449)
 2020 Ed. (874, 3444)
 2021 Ed. (884)
 2022 Ed. (3520)
 2023 Ed. (1510, 3642)
Gildan Service
 2016 Ed. (2985)
 2017 Ed. (2946)
 2018 Ed. (3060)

Gildan Smart Basics
 2016 Ed. (2983)
 2017 Ed. (2944)
Gilden Activewear Inc.
 2009 Ed. (1398)
Gilder Gagnon Howe & Co.
 2013 Ed. (3390)
Gildo & Paolo Zegna
 2007 Ed. (1102)
Gildo Zegna
 2009 Ed. (969)
 2010 Ed. (932)
Gilead
 2014 Ed. (3966)
 2021 Ed. (3850)
 2022 Ed. (3888, 3890, 3893)
 2023 Ed. (3984, 3985, 3986, 3988)
Gilead Sciences
 2013 Ed. (1366)
 2014 Ed. (1310)
 2015 Ed. (1375, 1391, 4006)
 2016 Ed. (1300, 1301, 1302, 1315, 1321, 3900, 3919, 3920, 4495)
 2017 Ed. (1365, 1414, 1416, 1658, 2801, 2833, 3855, 3858, 3868, 3874, 3880, 3884, 3886, 3889, 4493)
 2018 Ed. (50, 1327, 1390, 1392, 3894, 3895, 3910, 3913, 3915, 3916)
 2019 Ed. (1353, 1358, 1365, 3862, 3863, 3883)
 2020 Ed. (2887, 3898, 3901)
 2021 Ed. (1762, 2762, 3859)
 2022 Ed. (52, 2916, 3874, 3878)
 2023 Ed. (3039, 3057, 3965, 3968, 3971, 3974)
Gilead Sciences Inc.
 1997 Ed. (2208, 3646)
 2003 Ed. (683, 4548)
 2005 Ed. (677, 678, 679, 946, 3817, 3818, 3828)
 2006 Ed. (591, 593, 594, 595, 3879, 3886, 3887, 3894, 4072, 4081, 4464)
 2007 Ed. (621, 622, 623, 2719, 3899, 3904, 3917, 3919, 4517, 4522, 4697)
 2008 Ed. (571, 572, 573, 1596, 1599, 1604, 2851, 2895, 3646, 3942, 3955, 4496, 4668)
 2009 Ed. (602, 1439, 1520, 1523, 1540, 1541, 1542, 1545, 2902, 3019)
 2010 Ed. (587, 1421, 1424, 1439, 1445, 1447, 1518, 1519, 1533, 2847, 2857, 3923, 3925, 3930, 4582, 4587, 4588, 4682)
 2011 Ed. (512, 1426, 1440, 1449, 1522, 1523, 1527, 1529, 1530, 1531, 1532, 2839, 3943, 3944, 3952, 3962, 3964, 3965, 3966, 3967, 3968, 3971, 3972, 4545, 4549)
 2012 Ed. (485, 486, 488, 1275, 1373, 3940, 3941, 3942, 3962, 3963, 3964, 3965, 3968, 4531)
 2013 Ed. (601, 604, 605, 1380, 1465, 1477, 1478, 3999, 4000, 4004, 4027, 4030, 4033, 4034)
 2014 Ed. (616, 619, 625, 1321, 1438, 1440, 3945, 3949, 3965, 3968, 3972)
 2015 Ed. (686, 688, 694, 1498, 1500, 3981, 3985, 4008, 4009, 4011, 4012, 4013, 4016)
 2016 Ed. (626, 628, 633, 1440, 1441, 3893, 3894, 3898, 3921, 3922, 3924, 3925, 3926, 3929)
 2017 Ed. (663, 665, 668, 1451, 1453, 3862, 3863, 3867, 3885, 3890, 3891, 3892, 3893, 3894, 3895, 3896, 3897, 3898)
 2018 Ed. (620, 622, 625, 1431, 1433, 3899, 3914, 3919, 3921, 3922, 3923, 3924, 3925, 3926, 3927, 3928, 3929)
 2019 Ed. (633, 636, 640, 2983, 3867, 3870, 3886, 3887, 3891, 3893, 3894, 3895, 3896, 3897, 3898, 3899, 3900, 3901)
 2020 Ed. (614, 616, 620, 3012, 3890, 3904, 3909, 3910, 3911, 3912, 3913, 3914)
 2021 Ed. (837, 2873, 3848, 3869, 3876, 3877, 3879)
 2022 Ed. (3869)
 2023 Ed. (3695)
Giles Darby
 2004 Ed. (1549)
Giles G. Dodd
 1992 Ed. (3137)
Giles-Parscale
 2019 Ed. (2008)
Gilette
 1995 Ed. (1290)
 2000 Ed. (1513, 2212)
Gilford-Johnson Flooring LLC
 2019 Ed. (1724)
Gilgan; Peter
 2019 Ed. (4840)
Gilkey Window Company
 2023 Ed. (4897)
Gill Capital Management Ltd.
 1994 Ed. (1067)

Gill; Estate of Robert J.
 1991 Ed. (888)
Gill Foundation
 2002 Ed. (981)
Gill; Johnny
 1993 Ed. (1076, 1077)
Gill; Lisa C.
 2011 Ed. (3350)
Gill Pontiac-GMC Inc.; Dave
 1990 Ed. (314)
 1991 Ed. (291)
Gill; R. B.
 1991 Ed. (1626)
 1992 Ed. (2056)
Gill Red Angus
 2021 Ed. (809)
 2022 Ed. (841)
Gill Savings Assn.
 1990 Ed. (3578)
Gill Savings Association
 1989 Ed. (2823)
Gill-Simpson Inc.
 2011 Ed. (1245)
Gill Studios Inc.
 2005 Ed. (3889)
 2006 Ed. (3965)
 2008 Ed. (4024, 4027)
 2010 Ed. (4010, 4031, 4036, 4042)
 2012 Ed. (4034, 4040, 4045)
 2013 Ed. (4070, 4078, 4084)
 2014 Ed. (4088, 4093)
 2019 Ed. (3969)
 2020 Ed. (3990)
 2021 Ed. (3955)
 2022 Ed. (3967)
 2023 Ed. (4054)
Gill; Vince
 1993 Ed. (1079)
 1994 Ed. (1100)
 1997 Ed. (1113)
Gillam Group
 2019 Ed. (1043, 1476, 1498, 1904)
 2020 Ed. (1034, 1441, 1466, 1843)
Gillard; Julia
 2012 Ed. (4978)
 2013 Ed. (4953)
 2014 Ed. (4960)
 2023 Ed. (4918)
Gilleland; Richard A.
 1990 Ed. (976, 1726)
Gilles Lupien
 2003 Ed. (228)
Gillespie
 2000 Ed. (3661)
 2002 Ed. (158)
Gillespie Advertising
 1989 Ed. (141)
The Gillespie Organization
 1991 Ed. (131)
 1992 Ed. (185)
 1993 Ed. (121)
 1999 Ed. (131)
 2000 Ed. (149)
Gillespie Public Relations
 1998 Ed. (2953)
 1999 Ed. (3947)
Gillett Agricultural Management
 1991 Ed. (1646, 1647)
 1992 Ed. (2107)
Gillett Entertainment Group
 2006 Ed. (1152)
 2010 Ed. (1125)
 2011 Ed. (1064)
Gillett Holdings
 1992 Ed. (4256)
 1996 Ed. (2163)
Gillette
 2013 Ed. (639, 2199, 3897, 3903, 3905)
 2014 Ed. (1160, 2129, 3830, 3835, 3837)
 2015 Ed. (2195, 3855, 3861, 3863)
 2016 Ed. (2164, 3766, 3772)
 2017 Ed. (1162, 2104, 3719, 3726, 3728)
 2018 Ed. (1097, 2066, 2067, 2068)
 2019 Ed. (2118, 2119, 2120, 3761)
 2020 Ed. (1099, 2046, 3800, 3801, 3810)
 2021 Ed. (1998, 2001, 3785, 3786)
 2022 Ed. (1107, 2035, 2038, 3802)
 2023 Ed. (2143, 2144, 3901)
Gillette Agility
 2003 Ed. (2672)
Gillette Atra
 1990 Ed. (2805, 2806)
 1997 Ed. (3254)
 2003 Ed. (4045)
Gillette Atra, 10s
 1989 Ed. (2184, 2185)
Gillette Atra Plus
 2003 Ed. (4046, 4047)
Gillette Canada Inc.
 1993 Ed. (961)
 1994 Ed. (1066)
 1996 Ed. (986)
Gillette Co.
 1989 Ed. (1629, 1945, 1947, 2188)
 1990 Ed. (1437, 2128, 2541, 2542, 2807, 2810, 2947, 2948, 3475, 3603)
 1991 Ed. (38, 1215, 1224, 1976, 2419,
 2421, 2581, 2711, 2712, 2801, 2802, 2803, 3398)
 1992 Ed. (3401)
 1993 Ed. (740, 1343, 1350, 1367, 1421, 2535, 2537, 2809, 2810, 3249)
 1994 Ed. (747, 1420, 1519, 2479, 2481, 2484, 2665, 2809, 2810, 2812, 2813, 2817, 2997, 3243)
 1995 Ed. (698, 2901)
 1996 Ed. (777, 1246, 1418, 1467, 2200, 2609, 2610, 2613, 2980, 2983, 2984, 3161)
 1997 Ed. (712, 1292, 1477, 2328, 2752, 2753, 3056, 3059, 3061, 3062)
 1998 Ed. (926, 1010, 1057, 1175, 2052, 2468, 2469, 2803, 2805, 2807, 2811)
 1999 Ed. (776, 795, 1344, 1345, 1531, 1704, 1762, 1830, 3348, 3350, 3773, 3774, 3776, 3990, 3991, 4350, 4355)
 2000 Ed. (1242, 1243, 3085, 3087, 3506, 3509, 4068)
 2001 Ed. (57, 75, 1789, 1914, 1932, 1989, 1991, 3278, 3279, 3711, 3714, 3721, 3722, 3723)
 2002 Ed. (1424, 1443, 1723, 3317, 3318, 3643, 4302, 4305)
 2003 Ed. (1445, 1463, 1755, 1756, 1996, 1998, 2004, 2674, 2872, 3378, 3379, 3768, 3771, 3772, 3784, 3786, 3787, 3793, 4048, 4399, 4438, 4765)
 2004 Ed. (1493, 1792, 1793, 1897, 1898, 2122, 2956, 2961, 2963, 3443, 3444, 3798, 3801, 3802, 3806, 3807, 4065, 4742)
 2005 Ed. (47, 1255, 1260, 1491, 1509, 1626, 1857, 1858, 1861, 1862, 1863, 2021, 2022, 2966, 2970, 3457, 3458, 3709, 3711, 3712, 3713, 3715, 3717, 3718, 4522, 4658)
 2006 Ed. (164, 780, 782, 1215, 1219, 1868, 1869, 1870, 1871, 1872, 1873, 1875, 2962, 2966, 3466, 3467, 3797, 3799, 3800, 3801, 3802, 3803, 3804, 3806, 3807, 4076, 4462, 4710)
 2007 Ed. (155, 1443, 2909, 2973, 3491, 3803, 3811, 3819)
 2008 Ed. (131, 711, 3662, 3841, 3877, 3878, 3884, 4481)
 2009 Ed. (721, 3731, 3937, 3940, 3946)
 2010 Ed. (644, 3650, 3853)
 2011 Ed. (3654, 3858, 3867)
 2012 Ed. (3658, 3843)
 2014 Ed. (3648)
 2015 Ed. (3658, 3659)
 2016 Ed. (3524, 3525)
Gillette Company
 1990 Ed. (252, 743)
Gillette Custom Plus
 2003 Ed. (4044)
 2004 Ed. (4064)
 2018 Ed. (4078)
 2020 Ed. (4083)
Gillette Custom Plus for Women
 2003 Ed. (2672, 4044)
Gillette Daisy Plus
 1990 Ed. (2806)
 2003 Ed. (2672, 4044)
 2008 Ed. (2875)
Gillette Excel Sensor for Women
 2003 Ed. (2672)
Gillette Foamy
 1997 Ed. (3063)
 1999 Ed. (4295, 4296)
 2002 Ed. (4261)
 2003 Ed. (4397, 4398)
 2018 Ed. (4365)
 2020 Ed. (4392)
 2021 Ed. (4386)
Gillette Fusion
 2016 Ed. (4081)
 2017 Ed. (4054, 4055, 4056)
 2018 Ed. (4079, 4080, 4081)
 2019 Ed. (4074)
Gillette Fusion 5
 2023 Ed. (4167, 4168)
Gillette Fusion 5 Proshield
 2023 Ed. (4167, 4168)
Gillette Fusion Hydra Gel
 2018 Ed. (4365)
 2020 Ed. (4392)
Gillette Fusion Power
 2017 Ed. (4055)
 2018 Ed. (4079)
 2019 Ed. (4074)
 2020 Ed. (4084)
 2021 Ed. (4047)
Gillette Fusion ProGlide
 2017 Ed. (4055)
 2018 Ed. (2752, 4079, 4365)
 2019 Ed. (4074)
 2020 Ed. (4392)
 2021 Ed. (4386)
Gillette Fusion Proglide
 2016 Ed. (4081)
Gillette Fusion ProGlide FlexBall
 2017 Ed. (4054, 4056)
 2018 Ed. (4080, 4081)

CUMULATIVE INDEX • 1989-2023

Gillette Fusion ProGlide Flexball
  2018 Ed. (2752)
Gillette Fusion Proglide Flexball
  2023 Ed. (4167)
Gillette Fusion ProGlide FlexBall Silver
  2017 Ed. (4054)
Gillette Fusion ProGlide FlexBall Silver-Touch
  2017 Ed. (4056)
Gillette Fusion ProGlide Power
  2017 Ed. (4055)
  2018 Ed. (4079)
  2019 Ed. (4074)
  2020 Ed. (4084)
  2021 Ed. (4047)
Gillette Fusion ProGlide Power FlexBall
  2018 Ed. (2262)
Gillette Fusion ProGlide Styler
  2018 Ed. (2262)
Gillette Fusion ProShield
  2018 Ed. (4081)
  2020 Ed. (4084)
  2021 Ed. (4047)
Gillette Fusion Proshield
  2018 Ed. (4080)
  2019 Ed. (4074, 4075)
Gillette Fusion ProShield Chill
  2020 Ed. (4084)
Gillette Fusion Proshield Chill
  2019 Ed. (4074)
Gillette Fusion5
  2020 Ed. (4084, 4085)
  2021 Ed. (4047, 4048)
Gillette Fusion5 ProGlide
  2020 Ed. (4085)
  2021 Ed. (4048)
Gillette Fusion5 ProShield
  2021 Ed. (4048)
Gillette Good News
  1997 Ed. (3254)
  2003 Ed. (3777, 4044, 4045)
  2004 Ed. (4064)
Gillette Good News Disposable Razors, 10s
  1989 Ed. (2184, 2185)
Gillette Good News Pivot Plus
  2003 Ed. (4044)
Gillette Good News Plus
  1990 Ed. (2806)
  1997 Ed. (3254)
  2003 Ed. (4044)
Gillette Mach 3
  2003 Ed. (3777, 4045, 4046, 4047)
  2004 Ed. (2153, 3803, 4064)
Gillette Mach 3 Cool Blue
  2003 Ed. (4047)
Gillette Mach 3 Turbo
  2004 Ed. (2128, 3797, 3803, 4064)
Gillette Mach3
  2001 Ed. (3726)
  2002 Ed. (3907)
  2008 Ed. (3876)
  2016 Ed. (4081)
  2017 Ed. (4054, 4055)
  2018 Ed. (4078, 4079, 4080, 4081)
  2019 Ed. (4074, 4075)
  2020 Ed. (4083, 4084, 4085)
  2021 Ed. (4046, 4047, 4048)
  2023 Ed. (4167, 4168)
Gillette Mach3 Turbo
  2008 Ed. (3876)
  2017 Ed. (4054, 4055)
  2018 Ed. (4079)
  2019 Ed. (4075)
  2020 Ed. (4084, 4085)
  2021 Ed. (4047)
Gillette; Robert J.
  2011 Ed. (844)
Gillette Safety Razor Co.
  2004 Ed. (1791)
  2005 Ed. (1856)
  2006 Ed. (1867)
Gillette Satin
  2002 Ed. (4261)
Gillette Satin Care
  1999 Ed. (4295, 4296)
  2003 Ed. (4398)
  2008 Ed. (2875)
  2020 Ed. (4392)
  2021 Ed. (4386)
Gillette Sensor
  1991 Ed. (2579)
  1997 Ed. (3254)
  2002 Ed. (3907)
  2003 Ed. (3777, 4045, 4046, 4047)
  2004 Ed. (3803, 4064)
  2008 Ed. (3876)
Gillette Sensor 2 Good News
  2018 Ed. (4078)
  2020 Ed. (4083)
  2021 Ed. (4046)
Gillette Sensor 2 Plus Custom
  2018 Ed. (4078)
Gillette Sensor 2 Plus Custom Plus
  2020 Ed. (4083)
  2021 Ed. (4046)

Gillette Sensor 3
  2018 Ed. (4078)
  2020 Ed. (4083)
  2021 Ed. (4046)
Gillette Sensor Blades
  1996 Ed. (3608)
Gillette Sensor Cartridge Refills
  1995 Ed. (1607, 1608)
Gillette Sensor Cartridges
  1993 Ed. (1521, 1522)
  2017 Ed. (775)
Gillette Sensor Excel
  1999 Ed. (4295, 4296)
  2002 Ed. (3907)
  2003 Ed. (3777, 4045, 4046, 4047)
  2004 Ed. (3803, 4064)
  2008 Ed. (3876)
Gillette Sensor Excel Women
  2003 Ed. (4046, 4047)
Gillette Sensor Excel for Women
  2002 Ed. (3907)
  2008 Ed. (2875)
Gillette Sensor for Women
  1997 Ed. (3254)
  2003 Ed. (4046)
Gillette SensorExcel
  1997 Ed. (3254)
Gillette Series
  1997 Ed. (3063)
  1999 Ed. (4295, 4296)
  2001 Ed. (3702, 3723, 3726, 4227)
  2002 Ed. (4261)
  2003 Ed. (2002, 3777, 3778, 4397, 4398)
  2005 Ed. (2164, 2680)
  2008 Ed. (2326, 3876)
  2018 Ed. (4365)
  2020 Ed. (4392)
  2021 Ed. (4386)
Gillette Skinguard
  2023 Ed. (4167, 4168)
Gillette Stadium
  2011 Ed. (4527, 4528)
  2012 Ed. (4526)
  2015 Ed. (4532)
  2016 Ed. (4470, 4471)
  2017 Ed. (4478, 4479)
  2018 Ed. (4498)
  2019 Ed. (4492)
  2020 Ed. (4476)
Gillette Trac II
  2003 Ed. (3777, 4045)
Gillette Trac II Plus
  1997 Ed. (3254)
  2002 Ed. (3907)
  2003 Ed. (4046, 4047)
Gillette U.K. Ltd.
  2002 Ed. (38)
  2004 Ed. (3447)
Gillette (U.S.)
  2021 Ed. (3785)
Gillette Venus
  2003 Ed. (4046, 4047)
  2004 Ed. (3797, 3803, 4064)
  2008 Ed. (2875)
  2016 Ed. (4081)
  2017 Ed. (4055)
  2018 Ed. (4078, 4079, 4081)
  2020 Ed. (4083, 4084, 4085)
  2021 Ed. (4046, 4047, 4048)
  2023 Ed. (4167, 4168)
Gillette Venus Comfortglide
  2023 Ed. (4167)
Gillette Venus Devine
  2008 Ed. (2875)
Gillette Venus Embrace
  2016 Ed. (4081)
  2017 Ed. (4056)
  2018 Ed. (4080)
  2019 Ed. (4074, 4075)
Gillette Venus & Olay
  2016 Ed. (4081)
  2018 Ed. (2753)
Gillette Venus Spa Breeze
  2018 Ed. (4080)
  2019 Ed. (4075)
  2020 Ed. (4085)
  2021 Ed. (4048)
Gillette Venus Swirl
  2017 Ed. (4056)
  2018 Ed. (4079, 4080)
Gillette Venus Tropical
  2021 Ed. (4046)
Gillette, WY
  2010 Ed. (3661, 3677)
Gilliam; Margaret
  1991 Ed. (1691)
  1994 Ed. (1807)
Gilliam; Terry K.
  1992 Ed. (532)
Gillian Anderson
  2000 Ed. (2743)
Gillian C. Ivers-Read
  2007 Ed. (2510)
Gillian Yu
  2015 Ed. (3425)
  2016 Ed. (3285)
  2021 Ed. (3159)
  2023 Ed. (3391)

Gillian Yu (Morgan Stanley Private Wealth Management)
  2021 Ed. (3159)
  2022 Ed. (3303)
Gillies Stransky Brems Smith PC
  2008 Ed. (266, 267)
Gillings; Dr. Dennis
  2008 Ed. (897)
Gillis; Deborah
  2017 Ed. (775)
Gillis Ellis & Baker Inc.
  2014 Ed. (1743)
Gillis; M. E.
  1994 Ed. (1712)
Gillis; Manly E.
  1995 Ed. (1726)
Gillman Auto Group
  2022 Ed. (248)
Gillman Honda
  2002 Ed. (353)
  2004 Ed. (271)
Gillman Suzuki
  1992 Ed. (413)
  1993 Ed. (302)
  1994 Ed. (285)
Gillpatrick Woodworks Inc.
  2008 Ed. (4994)
  2011 Ed. (4996)
Gilman & Ciocia Inc.
  2003 Ed. (2)
  2005 Ed. (2)
  2006 Ed. (3)
  2007 Ed. (2)
Gilman + Ciocia Inc.
  2004 Ed. (3)
Gilman Ciocia Inc.
  2015 Ed. (7)
Gilman & Clocia, Inc.
  2002 Ed. (2)
Gilman Paper Co.
  1995 Ed. (2832)
  1997 Ed. (2993)
  1998 Ed. (2740)
  2001 Ed. (3641)
Gilmartin; Raymond
  2006 Ed. (2517)
Gilmartin; Raymond V.
  1992 Ed. (2063)
Gilmore & Bell
  1991 Ed. (1987, 2015)
  1993 Ed. (2117, 2623)
  1995 Ed. (2231, 2649, 2651)
  1996 Ed. (2728)
  1997 Ed. (2843)
  1998 Ed. (2576)
  1999 Ed. (1942, 2843, 3487)
  2000 Ed. (2593)
  2001 Ed. (816, 857)
Gilmore Construction
  2003 Ed. (1179)
Gilmore; Stephon
  2019 Ed. (195)
Gilram Supply, Inc.
  1991 Ed. (1907)
Gilroy Kernan & Gilroy
  2011 Ed. (1905)
Gil's Jeep-Eagle-Peugeot
  1990 Ed. (313)
  1992 Ed. (395)
Gilt Groupe
  2018 Ed. (2310, 3414)
Gilt Groupe Inc.
  2014 Ed. (2399)
GIM Capital
  1996 Ed. (3169)
GIM Global
  1995 Ed. (2373)
  1996 Ed. (2519)
GIM Global Advisor
  1993 Ed. (2357)
Gimbal
  2019 Ed. (52, 3506)
Gimelstob Realty-Better Homes & Gardens
  1997 Ed. (3255)
  1998 Ed. (2997)
Gimlet Media
  2019 Ed. (3513)
  2020 Ed. (57)
Gin
  2001 Ed. (3124, 3125, 3150)
  2002 Ed. (3132, 3133, 3142, 3143, 3167, 3168, 3169, 3170)
Gin or vodka tonic
  1990 Ed. (1074)
Gina Centrello
  2006 Ed. (4974)
Gina Cody
  2012 Ed. (4986)
Gina Gargeu
  2018 Ed. (4108)
  2019 Ed. (4119)
Gina Italian Vill
  2022 Ed. (2805)
Gina Italian Village
  2022 Ed. (2805)
Gina Italian Village Mini Round
  2022 Ed. (2805)

Gina Rinehart
  2009 Ed. (4860, 4876)
  2010 Ed. (4862, 4878)
  2011 Ed. (4867, 4868)
  2022 Ed. (4920)
  2023 Ed. (4813, 4918)
Ginasio do Ibirapuera
  2014 Ed. (1102)
Ginbayashi; Toshihiko
  1997 Ed. (1977)
Ginger
  1998 Ed. (1924)
Ginger Bay Salon & Spa
  2012 Ed. (4483)
Gingiss Formalwear
  2002 Ed. (1080)
  2003 Ed. (1017)
Gingiss Formalwear Centers
  1999 Ed. (2516)
Gingko/SSA
  1995 Ed. (136)
Gingko SSAW
  1996 Ed. (150)
Gingl; Manfred
  2005 Ed. (3857)
  2006 Ed. (2528, 3920)
  2007 Ed. (3974)
  2008 Ed. (3997)
  2009 Ed. (4071)
Gingrich; Newt
  1994 Ed. (845)
  2010 Ed. (2897)
Ginkgo
  2000 Ed. (2447)
  2003 Ed. (177)
Ginkgo Biloba
  1998 Ed. (1924)
  2001 Ed. (2012)
Ginkgo Bioworks
  2019 Ed. (6375)
Ginkgo Saatchi & Saatchi
  2000 Ed. (187)
Ginkgo SSAW
  1997 Ed. (156)
  1999 Ed. (167)
Ginko International
  2016 Ed. (2017)
Ginkoba
  1998 Ed. (1273, 1357)
  2003 Ed. (4856)
Ginn Group
  2021 Ed. (1963, 4072)
Ginna
  1990 Ed. (2721, 2722)
Ginni Rometty
  2012 Ed. (4976)
  2013 Ed. (4966)
  2014 Ed. (4976)
  2015 Ed. (5024, 5026, 5027)
  2016 Ed. (4941)
  2017 Ed. (4932)
  2019 Ed. (4937)
  2020 Ed. (4935)
  2021 Ed. (4934)
Ginni Rometty (IBM)
  2021 Ed. (4940)
Ginni Rometty (U.S.)
  2021 Ed. (4935)
Ginnie Mae
  1998 Ed. (792, 3024)
  1999 Ed. (1221, 4016)
Ginny's Printing
  2005 Ed. (3900)
Ginoli & Co.
  2008 Ed. (278)
Gino's
  1989 Ed. (2234)
Ginsana
  1994 Ed. (3635)
  1996 Ed. (3796)
  1998 Ed. (1273, 1357)
Ginsburg; Ruth Bader
  2006 Ed. (4986)
  2009 Ed. (4981)
Ginsburg; Scott
  2011 Ed. (4441)
Ginseng
  1996 Ed. (2102)
  1998 Ed. (1924)
  2000 Ed. (2445, 2447)
  2001 Ed. (2012)
Ginseng supplements
  1994 Ed. (3636)
Ginsters
  2008 Ed. (713)
  2009 Ed. (723)
  2010 Ed. (647)
Gintaro Baldai UAB
  2009 Ed. (1192)
Gintech Energy
  2013 Ed. (1424, 2080)
Gintech Energy Corp.
  2011 Ed. (2886)
Gintel Capital Appreciation
  1990 Ed. (2369)
Gintel & Co.
  1995 Ed. (1240)

Gintel Erisa
　1990 Ed. (2371)
Gintel Fund
　1994 Ed. (2615)
　1998 Ed. (2632)
　2004 Ed. (3580, 3581)
Gintzler International
　2018 Ed. (4946)
Ginza
　1992 Ed. (1166)
　2006 Ed. (4182)
Giodano's
　2022 Ed. (3908)
Giogio Arman's Acqua di Gio Pour Homme
　2006 Ed. (2662)
Gioia Tauro, Italy
　2008 Ed. (1220)
Gioielli Monna Lisa & Antichita, DI Hans-Peter Lehmann
　2016 Ed. (2015)
Giordano, Halleran & Ciesta
　1995 Ed. (2651)
Giordano Holdings
　2000 Ed. (1448, 1451)
Giordano's
　2019 Ed. (3914, 3915)
　2020 Ed. (3929, 3930)
　2021 Ed. (3899)
　2022 Ed. (3908, 3910)
　2023 Ed. (4007)
Giorgio
　1991 Ed. (2699)
　1994 Ed. (2778, 2780)
　1995 Ed. (2875)
　1996 Ed. (2955)
　1999 Ed. (3741)
Giorgio Armani
　2001 Ed. (1915, 1995)
　2007 Ed. (1102)
　2008 Ed. (4869)
　2009 Ed. (969, 4891)
　2010 Ed. (636, 932, 4891)
　2011 Ed. (4880)
　2012 Ed. (4889)
　2013 Ed. (4882)
　2014 Ed. (4895)
　2015 Ed. (4934)
　2016 Ed. (4850)
　2017 Ed. (4855)
　2018 Ed. (4863)
　2019 Ed. (4857)
　2020 Ed. (4847)
　2021 Ed. (4848)
　2022 Ed. (4843)
　2023 Ed. (2339, 4838)
Giorgio Armani Fragrances
　2020 Ed. (3775)
Giorgio Armani SpA
　2009 Ed. (772)
Giorgio Beverly Hills
　1993 Ed. (2788)
Giorgio Foods Inc.
　2017 Ed. (3435)
Giorgio Perfetti
　2014 Ed. (4895)
　2015 Ed. (4934)
　2016 Ed. (4850)
　2017 Ed. (4855)
　2018 Ed. (4863)
　2019 Ed. (4857)
　2020 Ed. (4847)
Giovanni Agnelli
　1992 Ed. (888)
Giovanni/FCB
　2000 Ed. (71)
　2001 Ed. (115)
Giovanni Ferrero
　2019 Ed. (4857)
　2020 Ed. (4847)
　2021 Ed. (4848)
　2022 Ed. (4843)
　2023 Ed. (4838)
Giovanni Monti & Partners
　2020 Ed. (2842)
Giovanni Rana
　2022 Ed. (3790)
　2023 Ed. (3668)
Giovanni Rana Organic
　2022 Ed. (3790)
Giovinco; Sebastian
　2018 Ed. (198)
Gipa - Selja
　2010 Ed. (111)
Giphy
　2017 Ed. (4563)
　2019 Ed. (2499)
Gipsy
　1995 Ed. (2131)
Giraffas
　2015 Ed. (4307, 4308)
Giraffes Can't Dance
　2021 Ed. (557)
Giralda Farms
　1997 Ed. (2377)
Girard Environmental Services
　2012 Ed. (3435)
　2019 Ed. (3335, 3337)

Girard Manufacturing Inc.
　2008 Ed. (2056)
Girard Savings Bank
　1998 Ed. (3146, 3147)
Girard Securities
　2019 Ed. (2631, 2632, 2652)
Girard; Stephan
　2008 Ed. (4837)
Girard; Stephen
　2006 Ed. (4914)
Girard's
　2014 Ed. (4404)
　2015 Ed. (4392)
Girassol
　2001 Ed. (3776)
Girgenti, Hughes, Butler & McDowell
　1993 Ed. (65)
　1994 Ed. (56)
　1995 Ed. (31, 33)
　1996 Ed. (46, 48)
　1997 Ed. (43, 45, 57)
　1998 Ed. (45)
Girikon
　2021 Ed. (1353, 2988)
Girit Projects Inc.
　2005 Ed. (2777)
　2006 Ed. (2747)
The Girl with a Dragon Tattoo
　2011 Ed. (496)
The Girl with the Dragon Tattoo
　2011 Ed. (544)
　2012 Ed. (455, 456, 511, 523, 524)
　2013 Ed. (557, 559, 569)
Girl, Get Your Credit Straight: A Sister's Guide to Ditching Your Debt, Mending Your Credit, and Building a Strong Financial Future
　2009 Ed. (636)
The Girl in the Ice
　2018 Ed. (587)
Girl with a Pearl Earring
　2003 Ed. (723, 725)
Girl Scouts
　2004 Ed. (934)
Girl Scouts of San Gorgonio Council
　2011 Ed. (3758)
Girl Scouts U.S.A
　1993 Ed. (895)
Girl Scouts of the USA
　1989 Ed. (275)
　1991 Ed. (2618)
　1995 Ed. (942, 2781, 2784)
　1996 Ed. (911)
　1997 Ed. (2949)
　2000 Ed. (3346, 3348)
　2001 Ed. (1819)
　2005 Ed. (3607)
　2006 Ed. (3714)
　2012 Ed. (3762, 3765)
Girl in the Spider's Web
　2017 Ed. (620)
The Girl in the Spider's Web
　2017 Ed. (624)
Girl, Stop Apologizing
　2021 Ed. (560)
The Girl on the Train
　2017 Ed. (620, 624)
　2018 Ed. (584, 586, 587, 588)
Girl, Wash Your Face
　2020 Ed. (583, 589)
The Girl Who Kicked the Hornet's Nest
　2012 Ed. (452, 453, 511, 521)
　2013 Ed. (556)
The Girl Who Loved Tom Gordon
　2001 Ed. (984)
The Girl Who Played with Fire
　2012 Ed. (455, 456, 511, 523, 524)
　2013 Ed. (557)
Girls Clubs
　1991 Ed. (2617, 2618)
Girls Clubs of America
　1992 Ed. (1100)
Girls in Pants: The Third Summer of the Sisterhood
　2008 Ed. (551)
Giro
　1995 Ed. (3590)
　1996 Ed. (3670, 3671)
　1997 Ed. (3729)
　1998 Ed. (3508, 3509)
　1999 Ed. (4579)
　2000 Ed. (4233)
　2001 Ed. (4503)
　2002 Ed. (283, 4604)
Giro/Sauza
　1991 Ed. (3336)
GiroBank-Denmark A/S
　1995 Ed. (455)
　1996 Ed. (487)
GiroBank-Denmarka A/S
　1997 Ed. (450)
GiroCredit
　1995 Ed. (424)
　1997 Ed. (413)
　1999 Ed. (472)
GiroCredit Bank der Sparkassen
　1996 Ed. (448, 449)

Girod; B. A.
　2005 Ed. (2483)
Girod; Bernard A.
　2005 Ed. (976, 978)
　2006 Ed. (869)
Girola SpA
　1994 Ed. (1169)
Girolamo; Mark
　1997 Ed. (1928)
Giroux Glass Inc.
　2009 Ed. (1235)
　2010 Ed. (1234)
　2011 Ed. (1181)
　2012 Ed. (2737, 2738)
　2013 Ed. (2824)
　2014 Ed. (2863)
　2021 Ed. (2720)
　2023 Ed. (2992)
Girozentrale-Vienna
　1989 Ed. (483)
　1990 Ed. (506)
　1991 Ed. (454)
Girozentrale Vienna GZV
　1992 Ed. (610)
　1993 Ed. (429)
　1994 Ed. (429)
Girozentrale Wien
　1992 Ed. (609)
Girsky; Stephen
　1994 Ed. (1761, 1812, 1831, 1832, 1833, 1834)
　1995 Ed. (1795, 1803, 1850)
　1996 Ed. (1777, 1828)
　1997 Ed. (1852, 1857)
　2015 Ed. (2639)
Girteka UAB
　2009 Ed. (1848)
Gisele Bundchen
　2002 Ed. (3377)
　2003 Ed. (3429)
　2004 Ed. (3498)
　2008 Ed. (3745)
　2009 Ed. (3765, 3766)
　2011 Ed. (3693)
　2012 Ed. (3711, 4979)
　2013 Ed. (3761, 4954)
　2014 Ed. (3692, 4961)
　2015 Ed. (3710, 3711, 5002)
　2016 Ed. (3616, 3617, 4919)
　2017 Ed. (3584)
　2018 Ed. (3645)
　2019 Ed. (3634)
　2020 Ed. (3606)
Gish Biomedical Inc.
　1991 Ed. (1870, 1877, 3143)
　1998 Ed. (1011)
　2005 Ed. (1544)
Gish Logging
　2016 Ed. (2669)
gish SEIDEN
　2011 Ed. (1519)
Gish, Sherwood & Friends
　1999 Ed. (3955)
Gismart
　2021 Ed. (1495, 1935, 2705)
Gismart (U.K.)
　2021 Ed. (1495)
Gist
　2015 Ed. (4789)
　2017 Ed. (4708)
Gistra SL
　2018 Ed. (1918)
Git
　2010 Ed. (1106)
　2011 Ed. (1045)
　2012 Ed. (975)
　2013 Ed. (1119)
　2014 Ed. (1077)
　2015 Ed. (1120)
　2016 Ed. (1032)
GIT Equity-Special Growth
　1990 Ed. (2390)
Gitab BBDO
　2000 Ed. (112)
Gitam BBDO
　1996 Ed. (103)
　1997 Ed. (105)
　1999 Ed. (107)
　2001 Ed. (150)
　2002 Ed. (123)
　2003 Ed. (90)
Gitam Image
　1991 Ed. (115)
Gitam Image Promotion
　1993 Ed. (113)
　1995 Ed. (88)
Gitam Image Promotion Systems
　1992 Ed. (167)
Gitam Image Promotions
　1989 Ed. (123)
Gitanes Brunes
　1994 Ed. (958)
Gitano
　1989 Ed. (945)
　1992 Ed. (1210, 1226)
　1993 Ed. (984, 986, 987, 994, 995)
　1994 Ed. (1011, 1013, 1014, 1022, 1026, 2667)

　1995 Ed. (1022, 1023, 1032, 1034, 1035, 1324, 1328, 1332, 2398)
　1996 Ed. (1002, 1005, 1019, 2836)
　1997 Ed. (1026, 1027, 1039)
　1998 Ed. (765)
　1999 Ed. (1196)
Gitano Group
　1991 Ed. (982, 984)
　1992 Ed. (1220, 1223)
　1993 Ed. (990, 992, 993, 996)
　1996 Ed. (384, 385)
Gitarhuset.no AS
　2020 Ed. (3670)
　2021 Ed. (3676)
GitHub
　2013 Ed. (1116)
　2014 Ed. (1079)
　2015 Ed. (1088, 1118)
　2016 Ed. (1030)
　2017 Ed. (1068)
　2018 Ed. (993)
　2019 Ed. (999)
　2020 Ed. (974)
　2021 Ed. (955)
　2022 Ed. (991)
　2023 Ed. (1162)
Giti
　2023 Ed. (4650)
Giti Tire
　2016 Ed. (2340, 3382)
GITI Tire Investment Co.
　2007 Ed. (937)
Giti Tire Pte. Ltd.
　2019 Ed. (4666)
GITIC Enterprises
　1999 Ed. (4166)
GitLab
　2020 Ed. (951, 975)
　2021 Ed. (961)
　2022 Ed. (998)
　2023 Ed. (1169)
Gitt; Jerry
　1991 Ed. (1692)
　1992 Ed. (2137)
　1993 Ed. (1825)
　1994 Ed. (1808, 1833)
　1995 Ed. (1846)
　1996 Ed. (1824)
　1997 Ed. (1898)
Gitterman; Jeffrey
　2006 Ed. (2514)
Gittinger; Anne
　2016 Ed. (4817)
Giugiaro Architettura S.R.L.
　2019 Ed. (1702)
Giuliana Benetton
　2008 Ed. (4869, 4883)
　2009 Ed. (4891, 4976)
　2010 Ed. (4891)
　2011 Ed. (4880)
　2012 Ed. (4889)
　2013 Ed. (4882)
Giuliano; L. J.
　2005 Ed. (2493)
Giumara Vineyards Corp.
　1998 Ed. (1773)
Giumarra Vineyards Corp.
　1998 Ed. (1774)
　2013 Ed. (2281)
　2014 Ed. (2215)
　2015 Ed. (2279)
　2016 Ed. (2250)
Giuseppe De'Longhi
　2017 Ed. (4855)
　2018 Ed. (4863)
　2019 Ed. (4857)
　2020 Ed. (4847)
　2021 Ed. (4848)
　2022 Ed. (4843)
Giuseppe De'Longhi & family
　2023 Ed. (4838)
GIV-SP
　1998 Ed. (144)
Givaudan
　1998 Ed. (1698)
　2011 Ed. (814)
　2012 Ed. (757, 783, 787, 2668)
　2013 Ed. (959, 979)
　2014 Ed. (912, 920, 929)
　2015 Ed. (922, 950)
　2016 Ed. (825)
　2017 Ed. (882)
Givaudan-Roure
　1997 Ed. (2013)
Givaudan-Roure Aromen AG
　1996 Ed. (1944)
Givaudan SA
　2006 Ed. (857)
　2007 Ed. (943)
　2008 Ed. (920)
　2009 Ed. (928)
Givaudan/Tastemaker
　1999 Ed. (2444)
Give & Go Prepared Foods Corp.
　2018 Ed. (307, 4386)
　2019 Ed. (306)
　2020 Ed. (308)
　2021 Ed. (295, 301, 4405)

2022 Ed. (308, 314, 4403)
Give & Take
  2015 Ed. (707)
GiveMeTheVin.com
  2021 Ed. (1912)
  2022 Ed. (1955)
Given Contracting Inc.; W. E.
  2008 Ed. (3728, 4423)
Givenchy
  1992 Ed. (2445)
  2021 Ed. (3397)
  2022 Ed. (919, 3453, 3461)
  2023 Ed. (1086, 3569)
The Giver
  2001 Ed. (982)
  2004 Ed. (738)
  2008 Ed. (550)
  2010 Ed. (561)
  2013 Ed. (563)
  2014 Ed. (574)
  2015 Ed. (642)
  2020 Ed. (587)
The Giver of Stars
  2022 Ed. (585)
  2023 Ed. (827)
Givington's
  2019 Ed. (736, 1404)
Giza Group Ltd.
  1999 Ed. (4705)
Gizmo Retail
  2018 Ed. (1752)
  2019 Ed. (3736)
Gizmo retail
  2018 Ed. (3756)
Gizmodo
  2011 Ed. (3322)
Gizmox
  2012 Ed. (981)
  2013 Ed. (1116)
  2014 Ed. (1079)
  2015 Ed. (1118)
  2016 Ed. (1030)
Gizo Rental SP. Z O.O.
  2016 Ed. (1965)
G.J. Gardner Homes
  2019 Ed. (1521, 4076)
  2020 Ed. (1492, 3078)
  2021 Ed. (1479, 2955)
  2023 Ed. (4185)
Gjaja; Dr. Marin
  2020 Ed. (1090)
Gjensididge Nor Spareforsikring ASA
  2006 Ed. (1947)
Gjensidige
  2020 Ed. (667)
  2022 Ed. (680)
  2023 Ed. (880)
Gjensidige Forsikring
  2022 Ed. (1825)
  2023 Ed. (1950)
Gjensidige Forsikring ASA
  2012 Ed. (1791, 3185)
  2013 Ed. (1962, 3254)
  2014 Ed. (1900)
  2015 Ed. (1945)
  2016 Ed. (1913)
  2017 Ed. (1885)
  2018 Ed. (1825)
  2019 Ed. (1879)
  2020 Ed. (1817)
Gjensidige NOR
  2005 Ed. (591)
Gjert Wilhelmsen
  2016 Ed. (4862)
Gjesdal Caravanservice AS
  2019 Ed. (1878)
GJJ
  2019 Ed. (3080)
GJS Robot
  2020 Ed. (1475)
GJW
  1994 Ed. (2960)
  1995 Ed. (3016)
  1997 Ed. (3198)
GK Archi
  2022 Ed. (202)
GK Goh
  1997 Ed. (783, 784, 785, 786, 787, 803, 804, 805, 806, 807)
  1999 Ed. (906, 908, 926, 927, 928, 929, 930)
GK Goh Ometraco
  1994 Ed. (3186)
GK Group Ltd.
  1992 Ed. (1197)
GKK Grundstucks
  2007 Ed. (4090)
GKN
  1990 Ed. (400)
  1993 Ed. (344)
  1997 Ed. (1745)
  2003 Ed. (1434)
  2006 Ed. (324)
  2007 Ed. (187)
  2008 Ed. (165)
  2009 Ed. (190)
  2010 Ed. (170)
  2012 Ed. (100)

2014 Ed. (2235)
  2015 Ed. (2300)
  2016 Ed. (96, 2083)
  2017 Ed. (84)
  2018 Ed. (99)
GKN Aerospace
  2017 Ed. (93)
  2020 Ed. (2152)
  2022 Ed. (3485)
GKN Aerospace North America
  2006 Ed. (173)
GKN America Corp.
  2005 Ed. (4524)
  2006 Ed. (1954, 4609)
GKN Automotive Driveline Division
  2004 Ed. (1718)
GKN Automotive Inc.
  2003 Ed. (3271)
  2005 Ed. (324, 1776)
GKN Driveline
  2011 Ed. (237)
GKN plc
  1992 Ed. (480, 1773)
  2002 Ed. (1642, 1792)
  2003 Ed. (3747)
  2006 Ed. (337)
  2013 Ed. (261)
  2014 Ed. (263)
  2015 Ed. (271, 303)
  2016 Ed. (267, 302, 304)
  2017 Ed. (305)
  2018 Ed. (286)
  2019 Ed. (286)
GKN (United Kingdom) PLC
  1994 Ed. (2483)
  1995 Ed. (2549)
  1996 Ed. (2612)
  1997 Ed. (2754)
GKR Neumann
  1997 Ed. (1793)
  1999 Ed. (2071)
G.L. Homes
  1999 Ed. (1304, 1305)
G.L. Mezzetta
  2017 Ed. (1441)
  2018 Ed. (1421)
G.L. Mezzetta, Inc.
  2020 Ed. (1426)
  2021 Ed. (1425)
GL Veitingar Ehf.
  2017 Ed. (1608)
GLAC
  2001 Ed. (1971)
Glaceau Fruit Water
  2016 Ed. (654)
  2017 Ed. (685)
Glaceau Fruitwater
  2016 Ed. (652)
  2017 Ed. (683)
Glaceau fruitwater
  2015 Ed. (709)
  2016 Ed. (648)
  2017 Ed. (679)
Glaceau Smart Water
  2014 Ed. (647)
  2017 Ed. (676)
  2018 Ed. (638)
  2023 Ed. (852)
Glaceau Smartwater
  2011 Ed. (553)
  2012 Ed. (531)
  2013 Ed. (631, 633)
  2014 Ed. (648, 650)
  2015 Ed. (711, 713)
  2016 Ed. (649, 653)
  2017 Ed. (680, 686)
  2018 Ed. (641)
  2019 Ed. (655)
  2020 Ed. (637)
  2021 Ed. (589)
  2022 Ed. (618)
Glaceau smartwater
  2015 Ed. (708)
  2018 Ed. (636, 637)
  2019 Ed. (653, 654)
  2020 Ed. (635)
  2021 Ed. (587)
  2022 Ed. (616)
Glaceau Vitamin Water
  2008 Ed. (631)
  2014 Ed. (647)
  2017 Ed. (676)
  2018 Ed. (638)
Glaceau Vitamin Water Zero
  2014 Ed. (647)
Glaceau Vitaminwater
  2008 Ed. (632)
  2009 Ed. (651)
  2010 Ed. (618)
  2011 Ed. (550)
  2013 Ed. (631, 633)
  2014 Ed. (648, 650)
  2015 Ed. (711, 713)
  2016 Ed. (649, 653)
  2017 Ed. (680, 686)
Glaceau vitaminwater
  2015 Ed. (710)
  2021 Ed. (587)

Glaceau Vitaminwater Zero
  2012 Ed. (3755)
  2013 Ed. (633)
  2014 Ed. (648, 650)
  2015 Ed. (711)
Glaceau Water Co.
  2014 Ed. (651)
  2017 Ed. (684, 687)
  2018 Ed. (645)
Glaceau Water Co., Inc.
  2018 Ed. (644)
  2019 Ed. (658)
  2020 Ed. (640)
  2021 Ed. (592)
  2022 Ed. (620)
Glacier
  2021 Ed. (1437, 3467)
Glacier Bancorp
  1999 Ed. (444)
  2000 Ed. (437)
  2005 Ed. (2230)
  2009 Ed. (390)
  2010 Ed. (367)
  2011 Ed. (289)
  2023 Ed. (418)
Glacier Bancorp Inc.
  2019 Ed. (339)
  2021 Ed. (340)
Glacier Bank
  2021 Ed. (385)
  2022 Ed. (352, 398)
  2023 Ed. (444, 520)
Glacier Bank of Whitefish
  2006 Ed. (1912)
Glacier Bay
  2004 Ed. (4945)
  2005 Ed. (4925)
  2012 Ed. (2343)
Glacier Bay National Park
  1990 Ed. (2667)
Glacier Fish Co.
  2003 Ed. (2491)
  2004 Ed. (2624)
  2005 Ed. (2613)
  2012 Ed. (2628)
  2015 Ed. (2743, 2744, 3188, 3189)
  2016 Ed. (2673, 2674)
Glacier Fish Co. LLC
  2001 Ed. (2445)
  2003 Ed. (2492)
  2004 Ed. (2625)
  2005 Ed. (2614)
  2006 Ed. (2612)
  2007 Ed. (2587, 2588)
  2008 Ed. (2724)
  2009 Ed. (2779)
  2010 Ed. (2711)
  2011 Ed. (2697)
  2012 Ed. (2627)
Glacier Media
  2010 Ed. (4597)
  2011 Ed. (4014, 4137)
  2015 Ed. (4154)
  2022 Ed. (4670)
  2023 Ed. (4660)
Glacier Peak
  2000 Ed. (782)
Glacier Ridge
  2000 Ed. (782)
Glacier Technologies LLC
  2014 Ed. (1250)
Glacier Ventures International
  2006 Ed. (2746)
  2009 Ed. (4095, 4203)
Glacier Ventures Intl.
  2007 Ed. (4055)
  2008 Ed. (4088)
Glacier Water
  2002 Ed. (753)
  2003 Ed. (732)
  2005 Ed. (735)
Glacier Water Services Inc.
  2001 Ed. (996)
  2004 Ed. (4855)
  2005 Ed. (4839)
Glackens; Ira
  1994 Ed. (898)
Glad
  1994 Ed. (2147)
Glad Corn
  2006 Ed. (3729)
  2007 Ed. (3712)
  2009 Ed. (3849)
GLAD EMPIRE
  2023 Ed. (1708)
Glad Empire
  2020 Ed. (3631)
  2023 Ed. (3681, 3809)
Glad Products Co.
  2001 Ed. (3817)
  2003 Ed. (3890)
  2005 Ed. (3853)
  2012 Ed. (3985)
  2013 Ed. (4050)
  2014 Ed. (3989)
  2015 Ed. (4038)
  2016 Ed. (3949)
  2017 Ed. (3924)

Glade
  1999 Ed. (1183)
  2002 Ed. (2709)
  2003 Ed. (237)
  2005 Ed. (198)
  2008 Ed. (206)
  2009 Ed. (3196)
  2013 Ed. (3122)
  2014 Ed. (953)
  2015 Ed. (990)
  2016 Ed. (892)
  2017 Ed. (939)
  2018 Ed. (874)
Gladiator
  2002 Ed. (3397)
Gladstone; Barbara
  2013 Ed. (160)
Gladstone Capital Corp.
  2006 Ed. (2115, 2735, 2740)
  2007 Ed. (2730)
  2008 Ed. (2860)
Gladstones
  2018 Ed. (4171)
  2019 Ed. (4186)
Gladstone's 4 Fish
  1993 Ed. (3010)
  1994 Ed. (3055)
  1995 Ed. (3101)
  1999 Ed. (4088)
  2000 Ed. (3801)
  2002 Ed. (4035)
Gladstone's Malibu
  2001 Ed. (4051)
  2007 Ed. (4130)
  2008 Ed. (4148)
  2009 Ed. (4258)
  2010 Ed. (4198)
Gladstone's Universal
  2000 Ed. (3801)
Gladwell; Malcolm
  2007 Ed. (3617)
Gladys Krieble Delmas
  1995 Ed. (937, 1069)
Glam Media
  2013 Ed. (3374)
  2014 Ed. (3383)
  2015 Ed. (3419)
Glam Media Inc.
  2012 Ed. (4822)
  2014 Ed. (3751)
Glam.com
  2010 Ed. (3005)
Glamis Gold Ltd.
  2004 Ed. (3681, 4578)
  2005 Ed. (1670, 4510)
  2006 Ed. (3486)
  2008 Ed. (1424, 2825)
Glamour
  1991 Ed. (3246)
  1992 Ed. (3375, 3387)
  2000 Ed. (3480)
  2001 Ed. (1231, 3794)
  2006 Ed. (157)
  2007 Ed. (127, 149)
Glamour Community Credit Union
  2009 Ed. (2242)
  2010 Ed. (2196)
  2011 Ed. (2214)
  2012 Ed. (2075)
  2013 Ed. (2259)
  2014 Ed. (2191)
  2015 Ed. (2255)
  2016 Ed. (2226)
Glamour Community Federal Credit Union
  2020 Ed. (2098)
  2021 Ed. (2088)
Glamour Secrets
  2010 Ed. (3863)
Glamour Shots Licensing Inc.
  2002 Ed. (3706)
  2003 Ed. (3873)
  2004 Ed. (3894)
Glanbia
  2005 Ed. (2656)
  2015 Ed. (2759)
  2016 Ed. (2078, 2083, 2689)
  2017 Ed. (2037, 2639, 2641)
  2018 Ed. (2705)
  2019 Ed. (2681)
  2021 Ed. (2616)
  2022 Ed. (2737)
  2023 Ed. (190, 2875)
Glanbia Foods Inc.
  2014 Ed. (2773)
  2016 Ed. (2261)
Glanbia Nutritionals
  2018 Ed. (2140)
  2019 Ed. (2138)
  2020 Ed. (2122)
  2021 Ed. (2116)
  2022 Ed. (2148)
  2023 Ed. (2266)
Glanbia Nutritionals, U.S.
  2022 Ed. (2148)
Glanbia Performance Nutrition
  2023 Ed. (4388)

Glanbia plc
 2004 Ed. (2653)
 2006 Ed. (3386)
 2008 Ed. (3565)
 2009 Ed. (3635)
 2010 Ed. (3554)
 2011 Ed. (3557)
 2012 Ed. (3550)
 2013 Ed. (2727, 3590)
 2017 Ed. (130, 2644)
 2020 Ed. (123, 2715)
 2021 Ed. (114, 2616)
 2022 Ed. (121, 2737)
Glance Technologies Inc.
 2019 Ed. (4322)
Glankler Brown PLLC
 2023 Ed. (3440)
Glantz; Ronald
 1991 Ed. (1672)
Glarner Kantonalbank
 2018 Ed. (484)
Glasenberg; Ivan
 2013 Ed. (4855, 4856)
 2014 Ed. (4869, 4870)
 2015 Ed. (4907, 4908)
 2016 Ed. (4823, 4878)
 2018 Ed. (4890)
 2019 Ed. (4882)
 2020 Ed. (4871)
 2022 Ed. (4868)
 2023 Ed. (4862)
Glasgow
 2000 Ed. (3375)
Glasgow Income
 2000 Ed. (3301)
Glasgow, Scotland
 2000 Ed. (3374)
 2020 Ed. (2208)
Glasrock Home Health Care
 1991 Ed. (1927)
 1992 Ed. (2435)
Glasrock Home Healthcare
 1993 Ed. (2055)
Glass
 1992 Ed. (3645, 3646, 3653)
 1998 Ed. (3699)
 2001 Ed. (1457)
 2005 Ed. (1480)
 2006 Ed. (275)
 2007 Ed. (280)
 2008 Ed. (1824)
 2009 Ed. (1769, 1772)
Glass Cap Credit Union
 2014 Ed. (2151)
The Glass Castle
 2008 Ed. (555, 624)
 2009 Ed. (644)
 2013 Ed. (559)
Glass containers
 1990 Ed. (2187)
 1994 Ed. (3027)
Glass; David D.
 1996 Ed. (961)
Glass Doctor
 2002 Ed. (4906)
 2003 Ed. (4941)
 2004 Ed. (4944)
 2005 Ed. (2263)
 2006 Ed. (2323)
 2007 Ed. (2254)
 2008 Ed. (2391)
 2009 Ed. (2372)
 2010 Ed. (2296)
 2011 Ed. (2294)
 2012 Ed. (2190)
 2013 Ed. (3114)
 2014 Ed. (3113)
 2015 Ed. (3176)
 2016 Ed. (3030)
 2017 Ed. (2976)
 2018 Ed. (3100)
 2019 Ed. (3029)
 2020 Ed. (3070)
 2021 Ed. (2948)
 2022 Ed. (3061)
 2023 Ed. (399, 401, 3174)
Glass Gardens ShopRite
 2009 Ed. (4615)
Glass Glover Group PLC
 1993 Ed. (972)
The Glass Guru
 2010 Ed. (2296)
 2012 Ed. (585)
 2013 Ed. (3114)
 2014 Ed. (3113)
 2015 Ed. (3176)
 2016 Ed. (3030)
 2017 Ed. (2976)
 2019 Ed. (3029)
 2022 Ed. (3003)
Glass industry
 1993 Ed. (2870)
Glass Magic
 2003 Ed. (2076)
Glass, metal, and plastic
 1995 Ed. (1786)
Glass Molders Pottery Plastics
 1996 Ed. (3602)

Glass Nickel Pizza Co.
 2013 Ed. (4044)
 2014 Ed. (3982)
 2015 Ed. (4027)
 2016 Ed. (3939)
Glass Plus
 2001 Ed. (1239)
Glass Recycling U.K.
 2016 Ed. (2074)
Glassalum Engineering Corp.
 1990 Ed. (1206)
 1992 Ed. (1420)
Glassalum International Corp.
 1993 Ed. (1133, 1954)
 1994 Ed. (1152, 1976)
 1995 Ed. (1166, 2002)
 1996 Ed. (1143)
Glassboro State College
 1995 Ed. (932, 1068)
Glasscock; Larry
 2005 Ed. (979)
 2007 Ed. (993)
 2009 Ed. (3314)
Glassdoor
 2014 Ed. (1413)
 2015 Ed. (1470)
 2017 Ed. (2893)
Glasses, reading
 2001 Ed. (2088)
Glassfront
 2002 Ed. (4729)
Glassman Automotive Group Inc.
 2019 Ed. (226)
 2021 Ed. (224)
Glassman; Saly
 2011 Ed. (3330)
 2012 Ed. (3317)
Glassnote
 2017 Ed. (3620)
Glasspack Participations
 2006 Ed. (1446)
Glassrock County, TX
 1997 Ed. (1681)
Glasstra Aluminum Inc.
 2017 Ed. (1935)
Glassware/Ceramics
 1996 Ed. (2221)
 1998 Ed. (3117)
 1999 Ed. (4132)
 2000 Ed. (3842)
Glassware & crystal
 1999 Ed. (4529)
Glassware/crystal
 1992 Ed. (2283)
 1994 Ed. (1967)
Glasswerks LA
 2021 Ed. (2715)
Glasswerks LA Inc.
 2013 Ed. (2822)
 2014 Ed. (2860)
 2015 Ed. (2901)
 2016 Ed. (2821)
 2017 Ed. (2791)
Glast, Phillips & Murray PC
 2022 Ed. (4778)
 2023 Ed. (4765)
Glastonbury Bank & Trust Co.
 1989 Ed. (636)
 1990 Ed. (647)
Glasurit
 1993 Ed. (909)
Glasvegas
 2011 Ed. (1067, 1068)
Glatfelter
 2004 Ed. (3935)
 2012 Ed. (3770)
 2013 Ed. (2002, 3834)
 2014 Ed. (3755)
 2015 Ed. (3778)
 2016 Ed. (3692)
 2017 Ed. (3650)
 2018 Ed. (3709)
 2019 Ed. (3696)
 2020 Ed. (1858, 3724)
 2021 Ed. (3726)
 2022 Ed. (3744)
 2023 Ed. (3845)
Glatfelter Co.; P. H.
 1990 Ed. (2761)
 1991 Ed. (2668, 2670)
 1992 Ed. (3329, 3330, 3332)
 1993 Ed. (221, 2765)
 1994 Ed. (2725, 2726)
 1995 Ed. (2828)
 1996 Ed. (2902)
 2005 Ed. (3892)
Glatfelter Insurance Group
 2008 Ed. (2033)
 2009 Ed. (1999)
 2010 Ed. (1937)
 2011 Ed. (1990)
 2012 Ed. (1839)
 2015 Ed. (1980)
 2016 Ed. (1948)
Glaukos
 2021 Ed. (3533)
 2022 Ed. (3594)
 2023 Ed. (3698)

Glaukos Corp.
 2014 Ed. (3751)
 2020 Ed. (1405)
 2021 Ed. (1402)
 2022 Ed. (1408)
 2023 Ed. (1603)
Glaval Corp.
 1992 Ed. (4367, 4368, 4370, 4371, 4372)
 1995 Ed. (3685, 3686, 3687, 3688)
Glaxo
 1990 Ed. (1372, 1565, 1569, 1570, 2529, 3462)
 1991 Ed. (1472, 2399)
 1992 Ed. (1608, 1625, 1839, 1840, 1842, 1867, 3001)
 1995 Ed. (1592, 1594, 1663, 2241, 2934)
 1996 Ed. (1357, 1360, 1361, 1362, 1364, 1365, 1367, 1382, 1576, 1580)
 1997 Ed. (1602, 2686)
 2000 Ed. (1665)
Glaxo Group Ltd.
 1994 Ed. (1356)
 1995 Ed. (1380)
 1997 Ed. (1392)
 2000 Ed. (1414)
Glaxo Holdings
 1989 Ed. (1583)
 1990 Ed. (1375, 1568, 1993)
 1991 Ed. (1270, 1297, 1299, 2355)
 1992 Ed. (1604, 1609, 1626, 1631, 1641, 1642, 2935)
 1993 Ed. (33, 232, 1296, 1304, 1322, 1326, 1339, 1340, 1512, 1516, 2469, 3473)
 1994 Ed. (199, 902, 1348, 1378, 1382, 1397, 1398, 1556, 1562, 1563, 2410, 2411, 2664, 2698, 2871)
 1996 Ed. (1326, 1354, 1369, 1391, 1392, 1574, 1582, 2544, 2545, 2546)
 1997 Ed. (1660, 2685)
Glaxo, Holdings PLC
 1990 Ed. (3459)
 1994 Ed. (212)
 1995 Ed. (1373, 1379, 1403, 1408, 1427, 1428, 1585, 1595, 2771, 2812, 3098)
 1996 Ed. (204, 1331)
Glaxo India
 1992 Ed. (56)
Glaxo Laboratories
 1989 Ed. (34)
Glaxo SmithKline
 2001 Ed. (2079)
Glaxo Wellcome Inc.
 1997 Ed. (1350, 1385, 1416, 1422, 1438, 1439, 1655, 1657, 1658, 1659, 1661, 1662, 1663, 2740, 2815)
 1998 Ed. (73, 1150, 1159, 1160, 1167, 1329, 1342, 1344, 1345, 1347)
 1999 Ed. (1095, 1607, 1613, 1642, 1646, 1664, 1672, 1673, 1906, 1911, 1912, 1914, 1915, 1916, 1917, 1918, 3262, 3263)
 2000 Ed. (1442, 1479, 1480, 1701, 1709, 1710, 2998, 2999)
 2002 Ed. (4875)
Glaxo Wellcome plc
 2000 Ed. (957, 1028, 1412)
 2001 Ed. (1189, 1693, 1719, 1885, 2058, 2069, 2072, 2074, 2075, 2076)
 2002 Ed. (1011, 1417, 1500, 1689, 1690, 1785, 1791, 1969, 2016, 2017, 2018, 2024, 2025, 3215, 3217)
GlaxoSmithKlin
 2007 Ed. (3915)
GlaxoSmithKline
 2003 Ed. (1793)
 2004 Ed. (1828)
 2005 Ed. (933, 1770, 1945, 3908)
 2008 Ed. (3951)
 2009 Ed. (23, 96, 2963, 4024)
 2010 Ed. (2055, 3928)
 2013 Ed. (2000, 2006, 2007, 2008, 2010, 2011, 4024)
 2014 Ed. (1686, 3962, 3965, 3968)
 2015 Ed. (4005)
 2016 Ed. (1895, 1899)
 2017 Ed. (1859)
 2018 Ed. (50, 1806, 1995, 2901, 4627)
 2020 Ed. (1977, 1983, 2354, 3806, 3807, 3913)
 2021 Ed. (1932, 1936, 3853, 3864, 3867, 3880)
 2022 Ed. (606, 1976, 2348, 3874, 3882, 3891, 3892, 3893)
 2023 Ed. (839, 1004, 2081, 2082, 3964, 3967, 3970, 3976, 3977, 3978, 4638)
GlaxoSmithKline Consmr Hlthcar
 2023 Ed. (2147)
GlaxoSmithKline Consumer
 2013 Ed. (1949)
GlaxoSmithKline Consumer Healthcare
 2008 Ed. (2034)
 2017 Ed. (3882)
 2018 Ed. (179, 183, 928, 3672, 4803)
GlaxoSmithKline Consmr Hlthcr
 2023 Ed. (2148)

GlaxoSmithKline LLC
 2015 Ed. (3115)
 2018 Ed. (3041)
 2019 Ed. (2983)
 2020 Ed. (3012)
GlaxoSmithKline NZ
 2015 Ed. (933)
GlaxoSmithKline Patient Access Programs Foundation
 2010 Ed. (2772)
 2011 Ed. (2758)
 2012 Ed. (2692)
GlaxoSmithKline Pharma
 2010 Ed. (1602)
 2011 Ed. (1606, 1669)
 2012 Ed. (1454)
GlaxoSmithKline Pharmaceuticals
 2017 Ed. (2834)
GlaxoSmithKline PLC
 2021 Ed. (1310)
GlaxoSmithKline plc
 2002 Ed. (1638, 1788, 1789, 1790, 2014, 2021, 3245, 3753)
 2003 Ed. (833, 840, 844, 1704, 1706, 1707, 1839, 2695, 3310, 3774, 3864, 3868, 3869, 3870, 3872, 4610, 4710, 4711)
 2004 Ed. (59, 91, 1707, 3366, 3774, 3879, 3881, 3882, 3884, 3885, 3886, 3888, 4563, 4580, 4682, 4742)
 2005 Ed. (54, 850, 851, 1592, 1594, 1596, 1758, 1765, 1766, 1801, 1981, 2971, 3399, 3693, 3809, 3814, 3816, 3820, 3822, 3823, 3824, 3825, 3826, 3829, 3830, 3831, 4038, 4040, 4658)
 2006 Ed. (61, 77, 140, 772, 780, 782, 1449, 1691, 1698, 1711, 1712, 1718, 1775, 2054, 2057, 2058, 2060, 2070, 2968, 3328, 3407, 3877, 3880, 3883, 3884, 3885, 3888, 3889, 3890, 3891, 3895, 3896, 3897, 4546, 4710)
 2007 Ed. (15, 52, 95, 133, 137, 1494, 1687, 1693, 1706, 1707, 1784, 2026, 2027, 2031, 2041, 2907, 2986, 2993, 3815, 3913, 3916, 3918, 3920, 3921, 3922, 3923, 3924, 3925, 3926, 3928, 3929, 3930, 3931, 3933, 3934, 3936, 3938, 3939, 3941, 3943, 3945, 3946, 3947, 3948)
 2008 Ed. (19, 54, 105, 141, 912, 1048, 1454, 1456, 1457, 1461, 1717, 1735, 1736, 1815, 2121, 2124, 2135, 3030, 3105, 3109, 3587, 3842, 3942, 3943, 3944, 3945, 3952, 3953, 3954, 3957, 3958, 3959, 3960, 3961, 3962, 3963, 3964, 3965, 3966, 3967, 3968, 3970, 3971, 3973, 3974, 3975, 3977, 3978, 4267, 4651, 4653, 4656)
 2009 Ed. (22, 162, 603, 756, 925, 1420, 1423, 1656, 1763, 2117, 2119, 2122, 2267, 3116, 3200, 3204, 3659, 3898, 4025, 4026, 4027, 4030, 4031, 4032, 4033, 4034, 4035, 4036, 4037, 4038, 4039, 4041, 4043, 4046, 4047, 4048, 4049, 4050, 4051, 4052, 4249, 4252, 4371, 4693, 4695)
 2010 Ed. (33, 108, 153, 1391, 1394, 1398, 1815, 1816, 2052, 2056, 2223, 2284, 3050, 3131, 3576, 3831, 3927, 3929, 3931, 3932, 3933, 3934, 3936, 3938, 3941, 3942, 3943, 3945, 3946, 3947, 3948, 3949, 3950, 3951, 3953, 3954, 4398, 4705, 4707)
 2011 Ed. (28, 31, 77, 792, 923, 1404, 1406, 1409, 1410, 1412, 2106, 2110, 2111, 2286, 3019, 3098, 3579, 3947, 3949, 3950, 3951, 3953, 3954, 3955, 3956, 3958, 3960, 3963, 3965, 3966, 3968, 3969, 3970, 3972, 3973, 4343, 4660, 4662)
 2012 Ed. (750, 1291, 1949, 1950, 1951, 2180, 2946, 3034, 3040, 3572, 3944, 3946, 3949, 3950, 3951, 3952, 3954, 3955, 3956, 3957, 3958, 3959, 3960, 3962, 3963, 3965, 3966, 3967, 3973, 3974)
 2013 Ed. (2126, 2127, 2128, 3035, 3607, 4006, 4007, 4011, 4014, 4015, 4016, 4017, 4018, 4019, 4020, 4021, 4025, 4026, 4028, 4029, 4031, 4032, 4033, 4035, 4218)
 2014 Ed. (2047, 2061, 2062, 2063, 2562, 2898, 3049, 3186, 3551, 3838, 3950, 3951, 3955, 3956, 3957, 3958, 3959, 3960, 3963, 3964, 3970, 3971, 4053, 4243)
 2015 Ed. (2099, 2101, 2111, 2112, 2941, 3248, 3575, 3986, 3989, 3998, 3999, 4000, 4001, 4002, 4003, 4004, 4006, 4007, 4011, 4014, 4015)
 2016 Ed. (208, 1537, 2077, 2089, 2092, 2672, 2872, 3634, 3773, 3899, 3900, 3902, 3909, 3912, 3913, 3914, 3915, 3916, 3919, 3920, 3924, 3927, 3928)
 2017 Ed. (195, 1863, 2051, 2054, 2619, 3608, 3673, 3729, 3860, 3870, 3877, 3880, 3881, 3883, 3884, 3885, 3890, 3897, 3898)
 2018 Ed. (1308, 1311, 1327, 1810, 2008,

2019, 3777, 3897, 3910, 3911, 3912, 3913, 3914, 3915, 3919, 3923, 3926, 3927, 3928, 3929)
2019 Ed. (1862, 2049, 2051, 2065, 2855, 2874, 3762, 3873, 3883, 3884, 3885, 3886, 3887, 3888, 3891, 3900, 3901)
2020 Ed. (1315, 1801, 2732, 3811, 3901, 3902, 3903, 3904, 3914, 3915)
2021 Ed. (1768, 3787, 3862, 3869, 3870, 3874, 3881, 3882)
2022 Ed. (3880, 3883)
2023 Ed. (2354, 2373)
Glaz-Tech Industries Inc.
  2013 Ed. (2822)
Glaze/Lotions
  1992 Ed. (2371)
Glazer Family
  2022 Ed. (4473)
Glazer; Malcolm
  2009 Ed. (4853)
  2010 Ed. (4858)
  2012 Ed. (2680, 4852)
  2013 Ed. (2768, 4849)
  2014 Ed. (4865)
  2015 Ed. (4902)
Glazer's
  2014 Ed. (2034)
  2015 Ed. (2083)
  2016 Ed. (2064)
  2017 Ed. (2023)
Glazer's Wholesale Distributors
  2005 Ed. (3921)
Glazer's Wholesale Drug Co.
  2004 Ed. (677)
  2005 Ed. (666)
  2006 Ed. (3995)
  2007 Ed. (4030)
  2008 Ed. (4057)
  2009 Ed. (3524, 4167, 4168)
  2010 Ed. (3453, 4103, 4104)
  2011 Ed. (3454, 4073)
  2012 Ed. (3467)
Glazing/sheet
  2000 Ed. (3568)
GLE
  2022 Ed. (4689)
Gleacher
  1996 Ed. (1187)
  2001 Ed. (1520, 1525, 1527)
Gleacher & Co.
  2003 Ed. (3059)
Gleacher NatWest/Hawkpoint
  2000 Ed. (2455)
Gleaner
  2002 Ed. (3035)
Gleaner Life Insurance Society
  1996 Ed. (1972)
Gleaning for the World
  2009 Ed. (3833, 3835, 3837, 3839)
  2010 Ed. (3758)
Gleason Works
  1993 Ed. (2480)
Gleba
  2014 Ed. (1356)
  2015 Ed. (1432)
"Glee"
  2013 Ed. (2946)
Glee
  2012 Ed. (2448, 2870)
Glee Cast
  2012 Ed. (3737)
Gleeds
  2010 Ed. (1287)
  2011 Ed. (1240)
Gleeson, Sklar, Sawyers & Cumpata
  2002 Ed. (8)
Gleiss Lutz
  2005 Ed. (1444, 1445, 1450)
Glen Burnie (MD) Maryland Gazette
  2003 Ed. (3645)
Glen Canyon National Recreation Area
  1990 Ed. (2665)
Glen Cove, NY
  1992 Ed. (1168)
Glen Deveron
  1991 Ed. (2934)
  1999 Ed. (4153)
  2000 Ed. (3868)
  2001 Ed. (4162)
  2003 Ed. (4305)
Glen Dimplex
  2017 Ed. (3417)
  2021 Ed. (3462)
  2023 Ed. (3643)
Glen Electric
  2006 Ed. (2064)
  2016 Ed. (2090)
  2017 Ed. (2052)
  2018 Ed. (2012)
  2019 Ed. (2069)
Glen Ellen
  1992 Ed. (4447)
  1993 Ed. (3704, 3721)
  1995 Ed. (3757, 3760)
  1997 Ed. (3901)
  1998 Ed. (3730, 3747, 3748)
  1999 Ed. (4785)

2001 Ed. (4877, 4878, 4879, 4886, 4888, 4894)
2002 Ed. (4941, 4947, 4948, 4955, 4961)
Glen Ellen Proprietor's Reserve
  1998 Ed. (3439, 3723)
Glen Ellen Reserve
  1997 Ed. (3885)
Glen Ellyn Savings & Loan Association, FS&LA
  1990 Ed. (3586)
Glen F. Post III
  2015 Ed. (971)
Glen Falls Press-Star
  1990 Ed. (2698)
Glen Fl. Post III
  2011 Ed. (845)
Glen Garloch
  1991 Ed. (2934)
Glen/Mar Construction
  2018 Ed. (1128)
Glen Meakem
  2001 Ed. (1217)
Glen Post
  2015 Ed. (974)
Glen Reynolds
  1993 Ed. (1841)
Glen River Industries
  1995 Ed. (2978, 2979)
  1996 Ed. (3069, 3077, 3078)
Glen Senk
  2008 Ed. (2990)
  2009 Ed. (3073)
  2011 Ed. (822)
Glen Taylor
  2003 Ed. (4885)
  2005 Ed. (4855)
  2006 Ed. (4909)
  2007 Ed. (4904)
  2008 Ed. (4833)
  2009 Ed. (4853)
  2011 Ed. (4823)
  2012 Ed. (4851)
  2013 Ed. (547)
Glenair Inc.
  2022 Ed. (3481)
Glenayre
  1991 Ed. (3467)
Glenayre Technologies
  1995 Ed. (2796, 2797, 2819)
  1997 Ed. (3639, 3640)
  1998 Ed. (3410, 3421)
  2000 Ed. (1735)
Glenbriar Technologies Inc.
  2005 Ed. (1691, 1696)
  2019 Ed. (976)
Glenbrook
  1997 Ed. (256, 361)
Glenbrook Life STI Classic/Capital Growth
  1999 Ed. (4697)
Glenbrook, NV
  2006 Ed. (2972)
  2009 Ed. (3206)
Glencar Construction
  2022 Ed. (1509, 1974)
Glencar Construction (U.K.)
  2022 Ed. (1509)
Glencar Mining plc
  2008 Ed. (1858)
  2011 Ed. (1767)
Glenco
  1990 Ed. (2977)
Glencoe Foods
  2003 Ed. (4488)
Glencoe Insurance Ltd.
  2008 Ed. (3263)
Glencore
  2009 Ed. (919)
  2013 Ed. (3733, 3737)
  2016 Ed. (1688)
  2017 Ed. (1663, 3840)
  2018 Ed. (3588, 3591, 3592, 3594)
  2019 Ed. (3581, 3582)
  2020 Ed. (2383, 3554)
  2021 Ed. (3578, 3579, 3580)
  2022 Ed. (1910, 3634, 3852)
  2023 Ed. (2025, 3735, 3736)
Glencore AG
  1997 Ed. (3879)
Glencore Holding AG
  1997 Ed. (2232)
  2012 Ed. (1910)
  2013 Ed. (2076)
Glencore International
  1999 Ed. (1741, 4644)
  2002 Ed. (1076)
  2013 Ed. (1604, 2077, 4404, 4517)
  2014 Ed. (1282, 1570, 2010, 2011, 3923)
  2016 Ed. (1686, 2016)
  2017 Ed. (1976)
  2018 Ed. (1929)
  2019 Ed. (1979)
  2020 Ed. (1907)
  2023 Ed. (2026)
Glencore International AG
  2000 Ed. (1562, 4284)
  2001 Ed. (1860)
  2003 Ed. (1671, 1672, 1829)
  2005 Ed. (1967, 4122, 4912)

2006 Ed. (3991)
2008 Ed. (2093)
2009 Ed. (2068, 4944)
2011 Ed. (1621, 2068, 4935)
Glencore International plc
  2013 Ed. (2079, 3706, 3710)
  2014 Ed. (2012, 3639, 3643, 3658, 3671, 4055)
  2015 Ed. (1611, 3653, 3676, 3689)
  2016 Ed. (3541)
  2017 Ed. (3511)
  2018 Ed. (3559)
  2019 Ed. (3551)
  2020 Ed. (3528)
Glencore PLC
  2019 Ed. (1975, 3485)
Glencore plc
  2016 Ed. (3458, 3543)
  2017 Ed. (3421, 3513)
  2018 Ed. (1926, 3562, 3590)
  2019 Ed. (1976, 3554)
  2020 Ed. (1905)
  2021 Ed. (1865)
  2022 Ed. (1908)
Glencore (Switzerland)
  2021 Ed. (3580)
Glencore Xstrata
  2015 Ed. (750, 3688, 3923)
  2016 Ed. (677, 3559, 3568, 3571, 3572)
  2017 Ed. (721, 3535, 3539, 3540, 3541)
Glencore Xstrata plc
  2015 Ed. (2055, 3579)
  2016 Ed. (2014)
  2017 Ed. (1974, 2325)
Glenda Flanagan
  2006 Ed. (998)
Glendale
  2019 Ed. (3343)
Glendale Adventist Medical Center
  1997 Ed. (2264)
  2010 Ed. (1522)
  2011 Ed. (1516)
  2012 Ed. (1661)
Glendale, CA
  1993 Ed. (947)
  1994 Ed. (970, 2244, 2584)
Glendale Federal
  1990 Ed. (2469, 3117)
Glendale Federal Bank
  1991 Ed. (2482, 2919)
  1994 Ed. (2551, 3144, 3527, 3528)
  1995 Ed. (1328, 3186, 3608, 3610)
  1996 Ed. (397, 1284, 2880, 3285, 3685, 3686, 3688)
  1997 Ed. (3382, 3740, 3744, 3746, 3747)
  1998 Ed. (3140, 3157, 3523, 3525, 3527, 3538)
  1999 Ed. (4142)
Glendale Federal Bank, FSB
  1991 Ed. (3362, 3375)
  1992 Ed. (3774, 3776, 3777, 3784, 3786, 3787, 3788, 3790, 3791, 3794, 3795, 3797, 3798, 4286)
  1993 Ed. (3074, 3076, 3077, 3079, 3081, 3082, 3084, 3085, 3086, 3087, 3088, 3089, 3090, 3093, 3094, 3096, 3097, 3564, 3565, 3572, 3573)
  1998 Ed. (3128, 3132, 3133, 3135, 3139, 3141, 3143, 3146, 3147, 3148, 3149, 3151, 3532)
  1999 Ed. (4595)
Glendale Federal Bank, FSB (CA)
  1991 Ed. (3365)
Glendale Federal Bank, FSB (Los Angeles, CA)
  1991 Ed. (3364)
Glendale Federal Savings & Loan Association
  1989 Ed. (2822)
  1990 Ed. (422, 2606, 3096, 3097, 3098, 3100, 3575, 3576, 3577, 3583, 3584)
  1991 Ed. (363, 2481, 3374)
Glendale Galleria
  1994 Ed. (3300)
  1995 Ed. (3377)
  1999 Ed. (4310)
  2000 Ed. (4030)
Glendale International
  2008 Ed. (2975)
  2009 Ed. (3058)
Glendale Mitsubishi
  1992 Ed. (392)
Glendive, MT
  2001 Ed. (2822)
  2009 Ed. (851)
Glenealy Plantations (M) Bhd
  1991 Ed. (1252)
Glenex Industries
  1992 Ed. (1984)
Glenfed
  1989 Ed. (2355, 2643, 2821, 2826)
  1990 Ed. (1779, 2609, 3099, 3446, 3574, 3581)
  1991 Ed. (2486, 2917, 3361, 3366, 3367)
  1992 Ed. (2150, 2151, 4285, 4289, 4290)
  1993 Ed. (519, 523, 1261, 3562, 3563)
  1994 Ed. (1291, 1294, 1298, 1310, 3444, 3526, 3534)

1995 Ed. (2768)
Glenfiddich
  1989 Ed. (2363, 2365)
  1990 Ed. (1579, 2456, 2460, 2462, 2463, 3113, 3115)
  1991 Ed. (2322, 2329, 2331, 2332, 2935)
  1992 Ed. (3810, 3813)
  1993 Ed. (3106, 3109)
  1994 Ed. (3152, 3153)
  1995 Ed. (3196, 3197)
  1996 Ed. (3294, 3295, 3296, 3298)
  1997 Ed. (3391, 3392, 3394, 3395)
  1998 Ed. (3165, 3169, 3170, 3171, 3173)
  1999 Ed. (4153, 4154, 4155, 4157)
  2000 Ed. (3868, 3869, 3870, 3872)
  2001 Ed. (2115, 4162, 4167, 4168)
  2002 Ed. (300, 4175, 4181, 4183)
  2003 Ed. (4305, 4311)
  2004 Ed. (4315, 4321)
  2021 Ed. (169, 172)
  2022 Ed. (161, 164)
The Glenlivet
  1989 Ed. (2365)
  1990 Ed. (3115)
  1991 Ed. (2329, 2332, 2934, 2935)
  1992 Ed. (2889, 3810, 3813)
  1993 Ed. (3106, 3109)
  1994 Ed. (3152, 3153)
  1995 Ed. (3196, 3197)
  1996 Ed. (3294, 3295, 3298)
  1997 Ed. (3391, 3394, 3395)
  1998 Ed. (3165, 3169, 3170, 3173)
  1999 Ed. (4153, 4154, 4157)
  2000 Ed. (3868, 3869, 3871, 3872)
  2001 Ed. (2115, 4162, 4167, 4168)
  2002 Ed. (296, 4175, 4181, 4183)
  2003 Ed. (4305, 4311)
  2004 Ed. (4315, 4321)
The Glenlivet Distillers Ltd.
  1999 Ed. (1609)
  2001 Ed. (1690)
Glenmark Pharmaceuticals
  2010 Ed. (1484, 1485)
Glenmede Core Fixed Income
  2004 Ed. (694)
Glenmede Corp.
  1993 Ed. (653)
  1994 Ed. (654)
  1999 Ed. (668)
Glenmede Equity Fund
  1998 Ed. (407, 2631)
Glenmede Fund/Government Cash Portfolio
  1996 Ed. (2667)
Glenmede International Fixed
  1996 Ed. (621)
  1998 Ed. (403)
Glenmede International Fund
  1995 Ed. (556)
  1998 Ed. (409)
Glenmede International Institutional
  1998 Ed. (409)
Glenmede Large Cap Growth
  2016 Ed. (4488)
Glenmede Quant US Total Market Equity
  2023 Ed. (4515)
Glenmede Secured Options
  2021 Ed. (3697)
  2022 Ed. (3719)
Glenmede Small Cap Equity
  2015 Ed. (3763)
The Glenmede Trust Co.
  1990 Ed. (707)
  2000 Ed. (2860)
Glenmorangie
  1991 Ed. (2934)
  1992 Ed. (3810)
  1993 Ed. (3106)
  1994 Ed. (3152)
  1995 Ed. (3196)
  1996 Ed. (3294)
  1997 Ed. (3391)
  1998 Ed. (3165, 3169, 3170, 3173)
  1999 Ed. (4153, 4154)
  2000 Ed. (3868)
  2001 Ed. (360, 2115, 4162, 4168, 4169)
  2002 Ed. (4175)
  2003 Ed. (4305)
  2004 Ed. (4315)
Glenmore
  1999 Ed. (2586)
Glenmore Distilleries Co.
  1990 Ed. (2459)
  1991 Ed. (1809, 2325, 3335, 3458)
  1992 Ed. (2284, 4261, 4404)
  1993 Ed. (1183, 1193, 1944, 3550, 3676)
Glenn A. Britt
  2011 Ed. (839)
Glenn Beck
  2012 Ed. (2439)
  2013 Ed. (2604)
  2014 Ed. (2531)
  2015 Ed. (2604, 2607)
  2016 Ed. (2528)
Glenn Beck's Common Sense
  2011 Ed. (496, 544)
Glenn Christenson
  2006 Ed. (962)
  2007 Ed. (1059)

2008 Ed. (964)
Glenn Confections
  1992 Ed. (1044)
Glenn Cutler, Market Mania
  1990 Ed. (2366)
Glenn Engel
  1993 Ed. (1777)
  1994 Ed. (1765)
  1997 Ed. (1856)
  1998 Ed. (1625)
  1999 Ed. (2209)
Glenn F. Tilton
  2011 Ed. (846)
Glenn M. Gelman & Associates
  2011 Ed. (1514)
  2012 Ed. (1362)
Glenn M. Renwick
  2011 Ed. (837)
Glenn Murphy
  2009 Ed. (2662)
Glenn Reicin
  1997 Ed. (1921)
  1998 Ed. (1652)
  1999 Ed. (2232)
  2000 Ed. (2016)
Glenn Renwick
  2006 Ed. (908)
  2007 Ed. (998)
Glenn Reynolds
  1999 Ed. (2193)
Glenn Rieder Inc.
  2005 Ed. (4996)
Glenn Rieder, Inc.
  2020 Ed. (4996)
  2021 Ed. (4997)
Glenn Rieder LLC
  2022 Ed. (4995)
Glenn Schaeffer
  2006 Ed. (962)
Glenn Schwartz
  2018 Ed. (3655)
Glenn T. Tilton
  2008 Ed. (948)
Glenn Tilton
  2005 Ed. (982)
Glenn Wagner
  1993 Ed. (1844)
  1998 Ed. (1593)
Glenn Wortman
  2011 Ed. (3354)
Glens Falls Insurance Co.
  2004 Ed. (3055, 3133)
  2005 Ed. (3066, 3141)
Glens Falls, NY
  1989 Ed. (1612)
  1994 Ed. (2245)
  2005 Ed. (2992, 3469)
  2008 Ed. (3467)
  2009 Ed. (3546)
  2010 Ed. (3466)
  2011 Ed. (3469)
  2021 Ed. (719)
Glens Falls Post-Star
  1989 Ed. (2052)
  1990 Ed. (2694)
  1991 Ed. (2607)
  1992 Ed. (3244)
Glen's Vodka
  2010 Ed. (256)
Glenshaw Glass
  1992 Ed. (2295)
Glentel Inc.
  2003 Ed. (4697)
  2008 Ed. (1133)
  2009 Ed. (1111)
  2010 Ed. (1092, 2931)
  2011 Ed. (1030, 2894)
  2012 Ed. (2829)
  2013 Ed. (603, 2914)
  2014 Ed. (618, 2928, 4570)
  2016 Ed. (4227)
  2017 Ed. (4211)
Glentronomie
  1992 Ed. (3810)
  1993 Ed. (3106)
Glenveagh Properties Plc
  2021 Ed. (4074)
  2022 Ed. (4098)
  2023 Ed. (4188)
Glenview Offshore Opportunity
  2015 Ed. (2969)
  2016 Ed. (2903)
Glesecke & Devrient America Inc.
  2008 Ed. (4433)
Glew
  2021 Ed. (1765)
  2022 Ed. (1800)
GLG Partners
  2005 Ed. (2820)
  2006 Ed. (2800)
  2007 Ed. (4922)
  2009 Ed. (1394, 2979)
  2012 Ed. (1231)
Glick Co.
  1994 Ed. (118)
Glick; David
  2011 Ed. (3346)

Glickenhaus & Co.
  1994 Ed. (2308)
Glico
  1997 Ed. (1577)
Glidden
  1990 Ed. (1984)
  1991 Ed. (1887)
  1992 Ed. (1238, 2162, 2375, 2376, 3324, 3325, 3728)
  1993 Ed. (2014)
  1994 Ed. (2025, 2026)
  1995 Ed. (2079)
  1996 Ed. (2074, 2075, 2132)
  1997 Ed. (2174, 2175)
  1998 Ed. (1899, 1968)
  1999 Ed. (2635)
  2000 Ed. (2415)
Glide
  1999 Ed. (1827)
  2003 Ed. (1989, 1990)
  2017 Ed. (4797)
GlideFast Consulting
  2022 Ed. (1711, 3114)
Glidewell Laboratories
  1999 Ed. (1825)
Glidwell Laboratories
  1997 Ed. (1586)
Glimcher
  2013 Ed. (1963)
Glimcher; Arne
  2013 Ed. (180)
Glimcher Co.
  1990 Ed. (3283)
Glimcher Group
  1993 Ed. (3315)
  1999 Ed. (3664)
Glimcher Realty Trust
  1998 Ed. (3297, 3301)
  2000 Ed. (4020)
  2016 Ed. (1918)
Glimpses-McCann-Erickson
  1999 Ed. (95)
Glinka; Ernest J.
  1990 Ed. (2662)
Glispa
  2011 Ed. (197, 4023)
Glispa Media
  2010 Ed. (121, 3697, 4047)
Gliss
  2001 Ed. (2648)
Gliss Kur
  2001 Ed. (2649)
Glisten
  2003 Ed. (2076)
Glitnir
  2008 Ed. (425)
  2010 Ed. (430)
Glitnir Bank
  2008 Ed. (1791)
  2009 Ed. (1735)
Glitnir Banki
  2011 Ed. (355)
GLM Industries LP
  2011 Ed. (3524)
GLMV Architecture Inc.
  2023 Ed. (294)
Glo Mobile
  2022 Ed. (678)
Gloag; Ann
  1996 Ed. (1717)
  2007 Ed. (4926)
  2008 Ed. (4900)
  2009 Ed. (4919)
  2010 Ed. (4923)
  2012 Ed. (4923)
  2013 Ed. (4905)
Gloat
  2019 Ed. (1699)
Globacom
  2008 Ed. (65)
Globakar; Edward
  2014 Ed. (3467)
Global
  1989 Ed. (1845)
  2002 Ed. (3040)
  2007 Ed. (2662)
  2022 Ed. (4984)
Global, a 1st Flagship Company
  2020 Ed. (4983)
  2022 Ed. (4984)
  2023 Ed. (4987)
Global Advertising Strategies
  2009 Ed. (122)
  2010 Ed. (123)
  2011 Ed. (41)
  2014 Ed. (63, 64)
  2015 Ed. (3030)
Global Aero Logistics
  2009 Ed. (4142)
Global AHJ Group
  2006 Ed. (3547, 4385)
Global Air Logistics & Training
  2022 Ed. (2419, 2514)
Global Alliant
  2023 Ed. (976, 1845, 3223)
Global American Inc.
  2008 Ed. (3721)

Global Analytic Information Technology Services Inc.
  2005 Ed. (1346)
Global Asset
  2004 Ed. (2818)
Global Asset Management
  1992 Ed. (2790, 2791, 2792, 2793, 2794, 2795)
  1993 Ed. (2353, 2358, 2359)
  1995 Ed. (2394)
  1998 Ed. (2279)
Global Asset Mgmt.
  2000 Ed. (2807)
Global Asset Protection Services
  2009 Ed. (762, 763)
Global Asset Protection Services LLC
  2010 Ed. (705, 706)
  2011 Ed. (636, 637)
  2012 Ed. (603, 604, 605)
Global Associates Ltd.
  2004 Ed. (1358)
  2005 Ed. (1374)
Global Atlantic Financial Group
  2016 Ed. (3233)
Global Automotive Alliance
  2002 Ed. (716, 717)
  2004 Ed. (170)
Global Automotive Alliance Corp.
  2021 Ed. (85, 92)
  2022 Ed. (109)
Global Automotive Alliance L.L.C.
  2018 Ed. (119)
Global Automotive Alliance LLC
  2004 Ed. (173, 175)
  2005 Ed. (177)
  2009 Ed. (198)
  2013 Ed. (85, 1855)
  2015 Ed. (109)
  2016 Ed. (110, 117, 3582, 3605)
  2017 Ed. (102, 108, 3572)
  2018 Ed. (112, 3631)
Global Bank Corp.
  2016 Ed. (541)
  2017 Ed. (561)
  2018 Ed. (525, 529)
  2019 Ed. (547)
  2020 Ed. (517, 528, 533)
Global Bank Corporation
  2023 Ed. (779)
Global Bank Group Corp.
  2008 Ed. (490)
  2012 Ed. (399)
Global Bio-Chem Technology Group
  2007 Ed. (1760)
Global Brand Marketing Inc.
  2005 Ed. (1254)
  2006 Ed. (1214, 3977)
Global Business Consulting Services
  2010 Ed. (3172)
Global Business Dimensions Inc.
  2007 Ed. (3580, 4435)
  2008 Ed. (3722, 4415)
  2013 Ed. (3754)
  2023 Ed. (3768)
Global Business Systems Inc.
  2002 Ed. (1142)
Global Capital Ltd.
  2008 Ed. (4960)
Global Capitalism: Its Fall & Rise in the Twentieth Century
  2008 Ed. (617)
Global Captive Management
  2022 Ed. (827)
Global Captive Management Ltd.
  2006 Ed. (784, 787)
  2007 Ed. (879)
  2008 Ed. (858)
Global Casinos Inc.
  2002 Ed. (1627)
Global Choice International LLC
  2019 Ed. (4993)
Global Communications
  2001 Ed. (124)
  2002 Ed. (95)
Global Communications Solutions Inc.
  2005 Ed. (1907)
  2006 Ed. (1935)
  2007 Ed. (1918)
  2008 Ed. (1981, 1983, 2953)
Global competition/protection of U.S. jobs
  1991 Ed. (2025, 2026)
Global Computer Supplies
  1998 Ed. (1274)
  1999 Ed. (1849)
  2000 Ed. (1179)
Global Computronics Inc.
  2006 Ed. (3521)
  2007 Ed. (3569, 4428)
Global Consultants Inc.
  2002 Ed. (2523)
  2003 Ed. (2723)
  2006 Ed. (3528, 4367)
  2007 Ed. (292, 3580)
  2008 Ed. (271, 3722)
Global Copper Corp.
  2009 Ed. (1561, 1583)
Global Corporate Advisory
  2004 Ed. (1443)

Global Crossing Ltd.
  2002 Ed. (1387, 1388, 4353, 4356, 4359, 4360, 4565, 4883)
  2003 Ed. (1459, 1504, 1519, 4694)
  2004 Ed. (412, 1489, 1532, 2489, 4666)
  2005 Ed. (420, 1505, 1548, 4622)
  2006 Ed. (1517, 2726, 3255, 4687)
  2007 Ed. (364, 2716)
  2008 Ed. (352, 3201, 3202)
  2009 Ed. (3262, 4365)
  2010 Ed. (351, 3193, 4392)
  2011 Ed. (273, 3156, 4337)
  2012 Ed. (296, 3112)
  2013 Ed. (298, 3193)
  2015 Ed. (350)
  2016 Ed. (345)
  2017 Ed. (352)
Global Data Consultants, LLC
  2019 Ed. (4782)
  2020 Ed. (4769)
  2021 Ed. (4768)
  2022 Ed. (4769)
Global Data Consultants, LLC, dba GDC IT Solutions
  2021 Ed. (4768)
  2022 Ed. (4769)
  2023 Ed. (4757)
Global Data Systems
  2016 Ed. (4300)
  2017 Ed. (4305)
  2018 Ed. (4286)
Global Delights
  2016 Ed. (2754)
  2019 Ed. (2765)
Global Dial
  2005 Ed. (1655)
Global Dimensions
  2017 Ed. (1255)
Global Direct Mail Corp.
  1997 Ed. (3407)
  1999 Ed. (3264, 3603, 4313)
Global DirectMail
  1999 Ed. (3640)
Global DirectMail Corp. (Systemax)
  2001 Ed. (1135)
Global Dog Music
  2014 Ed. (3716)
Global-e Online
  2021 Ed. (1935, 2241)
Global e-Point Inc.
  2004 Ed. (4826, 4827)
Global Eagle
  2019 Ed. (4315, 4316)
Global Efficient Energy
  2017 Ed. (2313)
The Global Emailing Co.
  2009 Ed. (3024)
Global Energy Efficiency
  2016 Ed. (2463)
Global Energy Group
  2016 Ed. (2074)
Global Energy of North America
  2007 Ed. (3380)
Global Engine Alliance
  2005 Ed. (4767)
Global Engine Manufacturing Alliance
  2011 Ed. (3512)
Global eProcure
  2007 Ed. (1318)
Global equity
  2001 Ed. (3456)
Global Evolution Fondsmaglerselskab A/S
  2017 Ed. (1521)
Global Experience Specialists
  2011 Ed. (3587)
  2012 Ed. (3575)
  2014 Ed. (3570)
  2015 Ed. (81)
  2016 Ed. (81)
Global Experts in Travel Inc.
  2007 Ed. (3526, 3567, 3568, 4984)
  2008 Ed. (3690, 3715, 4967, 4986)
Global Express
  1998 Ed. (144)
Global Financial Management
  1993 Ed. (2333)
Global Financial Training Program
  2021 Ed. (748)
Global Fixed Income
  1992 Ed. (2787)
Global Fixed Income Advisors
  1992 Ed. (2745)
Global Food Concepts Inc.
  2018 Ed. (5000)
Global Furniture Group
  2020 Ed. (2814)
  2021 Ed. (2690)
Global Futures Management
  1993 Ed. (1041)
Global Gas Inc.
  2002 Ed. (4987)
  2003 Ed. (4990)
  2004 Ed. (3969, 4988)
  2005 Ed. (4993)
  2007 Ed. (4988)
Global Government Plus Fund
  1989 Ed. (1113)

CUMULATIVE INDEX • 1989-2023

Global Government Services
  2021 Ed. (4984)
Global Government Services, a 1st Flagship Company
  2021 Ed. (4984)
Global Graphics SE
  2016 Ed. (1042)
  2017 Ed. (1049)
Global Group
  2008 Ed. (3708, 4385)
  2009 Ed. (2850, 2852, 4109)
  2012 Ed. (2711)
  2013 Ed. (2785)
  2019 Ed. (2789)
Global High Income Dollar Fixed
  2005 Ed. (3214)
Global Hotel Alliance
  2020 Ed. (3050, 3053)
  2021 Ed. (2923)
  2022 Ed. (3041)
  2023 Ed. (3160)
Global Household Brands Inc.
  2003 Ed. (238, 996)
Global Hyatt Corp.
  2007 Ed. (2902, 2938, 2947, 4024)
  2008 Ed. (3023, 3067, 3072, 4051)
  2009 Ed. (3110, 3152, 3155, 3161, 4128, 4141)
  2010 Ed. (3043, 3083, 3091, 3096, 4060, 4073)
Global Icons
  2014 Ed. (3484)
  2015 Ed. (3501)
  2016 Ed. (3352)
  2017 Ed. (3317)
  2018 Ed. (3380)
  2021 Ed. (3297)
  2022 Ed. (3382)
  2023 Ed. (3502)
Global Imaging Systems Inc.
  2004 Ed. (3728)
  2005 Ed. (3638, 3639)
  2008 Ed. (803)
Global Imports
  2013 Ed. (218)
Global Industrial
  2022 Ed. (3103)
  2023 Ed. (3203)
Global Industrial Technologies
  1998 Ed. (1840)
  2000 Ed. (2337)
Global Industrial Technology
  1997 Ed. (2148)
Global Industries Ltd.
  2009 Ed. (2903, 2924, 4553)
Global Infotek, Inc.
  2022 Ed. (1236)
Global International Rate Hedged Fund—Aggressive
  2003 Ed. (3112)
Global Investment Systems Ltd.
  2001 Ed. (3424)
Global IP Solutions
  2009 Ed. (3021)
Global IP Sound AB
  2009 Ed. (3001, 3010)
Global Kinetics Corp.
  2018 Ed. (2923)
Global Logistic Properties
  2013 Ed. (4190)
  2014 Ed. (4207)
  2015 Ed. (2020, 4187)
  2016 Ed. (4105)
  2017 Ed. (1952, 4081)
  2018 Ed. (4105)
Global logistics
  1999 Ed. (964)
Global macro
  2005 Ed. (2818)
Global Management Systems Inc.
  2003 Ed. (1348)
Global Marine Inc.
  1989 Ed. (418)
  1998 Ed. (2821)
  1999 Ed. (3413)
  2000 Ed. (3137)
  2001 Ed. (3320)
  2013 Ed. (3914)
Global Marine Supply OU
  2017 Ed. (1523)
Global Market Insite Inc.
  2008 Ed. (110)
  2009 Ed. (3033)
Global Market Research
  1995 Ed. (3090)
  1996 Ed. (3191)
Global Media
  2001 Ed. (124)
  2002 Ed. (95)
  2003 Ed. (62)
Global Mediacom
  2010 Ed. (1484)
Global Mixed-Mode Technology
  2009 Ed. (4417)
Global Mixed-mode Technology
  2023 Ed. (2029)
Global Modular Solutions LLC
  2010 Ed. (3488)

Global Network Navigator
  1998 Ed. (3775)
Global Octanes
  2001 Ed. (1185)
Global One Co.
  2003 Ed. (1428)
Global Package LLC
  2022 Ed. (4910)
  2023 Ed. (4898)
Global Partners
  2013 Ed. (1365, 4926)
  2014 Ed. (1778, 4933)
  2015 Ed. (1398, 4974)
  2016 Ed. (4891)
  2017 Ed. (4890)
  2019 Ed. (4896)
  2020 Ed. (1342, 1711, 4889)
  2021 Ed. (1336, 1689, 4885)
  2022 Ed. (1345, 1347, 4880)
  2023 Ed. (1858, 4874, 4875)
Global Partners LP
  2008 Ed. (1539, 1540, 1541, 1911, 1915, 1916, 1920, 1921, 1923, 1924)
  2009 Ed. (1467, 1468, 1469, 1876, 1877, 1883, 2505)
  2010 Ed. (1452, 1453, 1454, 1804, 1809, 1813, 2422)
  2011 Ed. (1454, 1455, 1456, 1829, 1837, 2425, 4946)
  2012 Ed. (1287, 1288, 1289, 1688, 2346)
  2013 Ed. (1395, 1396, 1397, 1842, 1847)
  2014 Ed. (1333, 1334, 1772, 1777, 3193, 4944)
  2015 Ed. (1396, 1397, 1818, 1822, 4984)
  2016 Ed. (1326, 1327, 1777, 1780, 1784, 4901)
  2017 Ed. (1751)
  2020 Ed. (1274)
Global Parts & Maintenance
  2015 Ed. (3011)
  2017 Ed. (2881)
  2018 Ed. (2947)
Global Passenger Services LLC
  1999 Ed. (957)
  2000 Ed. (989)
Global Payment
  1999 Ed. (1791)
Global Payment Inc.
  2019 Ed. (740)
Global Payment Technologies Inc.
  2000 Ed. (2460)
  2004 Ed. (4826, 4827)
  2005 Ed. (4813, 4814)
Global Payments
  2010 Ed. (772)
  2013 Ed. (1655)
  2018 Ed. (4355)
  2019 Ed. (4385)
  2020 Ed. (4379)
  2023 Ed. (1535, 2155, 2821)
Global Payments Inc.
  2013 Ed. (2201)
  2020 Ed. (731)
  2021 Ed. (745)
  2022 Ed. (774)
  2023 Ed. (987, 4415)
Global Performance
  2006 Ed. (1160)
  2008 Ed. (1165)
Global Personals
  2016 Ed. (2073)
Global Personals Ltd.
  2012 Ed. (2855)
Global Pet Foods
  2015 Ed. (3883)
  2017 Ed. (3748)
  2018 Ed. (3801)
  2019 Ed. (3776)
  2020 Ed. (3834)
  2021 Ed. (3806)
  2022 Ed. (3826)
  2023 Ed. (3923)
Global Petro.
  1990 Ed. (2848)
Global Petroleum
  1989 Ed. (929)
  1990 Ed. (1038)
  1991 Ed. (967)
  1992 Ed. (3441, 3442, 3443)
Global Petroleum Show
  2003 Ed. (4778)
  2005 Ed. (4737)
  2010 Ed. (4776)
  2011 Ed. (4727)
Global Planners Inc.
  2008 Ed. (4973)
Global Plastics
  2019 Ed. (2544)
  2023 Ed. (2735)
Global Plastics, LP
  2020 Ed. (3705)
  2021 Ed. (2534)
  2022 Ed. (2480)
  2022 Ed. (2592)
Global Power Equipment Group Inc.
  2003 Ed. (4319)
  2004 Ed. (3327)
  2005 Ed. (3352)
  2008 Ed. (353)

Global Privatization Fund
  1996 Ed. (3312)
Global Protection Corp.
  2016 Ed. (1126)
  2017 Ed. (1168, 1170)
  2018 Ed. (1102, 1104)
  2020 Ed. (1105)
  2021 Ed. (1096)
  2023 Ed. (1328, 1329, 3567)
Global Recruiters Network
  2018 Ed. (4499)
Global Relay Communications
  2011 Ed. (2901)
  2012 Ed. (2836)
Global Relay Communications Inc.
  2014 Ed. (1454)
Global Resource Trading Sh.p.k.
  2023 Ed. (1685)
Global Resources Corp.
  2004 Ed. (1243)
Global Resources Unlimited
  2006 Ed. (3526)
Global Retail Brands
  2021 Ed. (1088)
  2022 Ed. (1095)
Global Retirement Partners
  2022 Ed. (3302)
  2023 Ed. (3390)
Global Risk Consultants Corp.
  2004 Ed. (4347, 4348, 4349)
  2005 Ed. (4287, 4288)
  2006 Ed. (4264, 4265)
  2007 Ed. (4292, 4293)
  2009 Ed. (762, 763)
  2010 Ed. (705, 706)
  2011 Ed. (636, 637)
  2012 Ed. (603, 604, 605)
  2013 Ed. (744, 745, 746)
  2014 Ed. (765, 766, 767)
  2015 Ed. (801, 802, 803)
Global Risk Solutions
  2009 Ed. (3311)
Global Savings Group
  2019 Ed. (58, 1537, 1602)
Global Signal Inc.
  2005 Ed. (4984)
  2006 Ed. (4675)
Global Software Inc.
  2008 Ed. (1136)
Global Solution SRL
  2018 Ed. (1648)
Global Solutions Group, Inc.
  2003 Ed. (2730)
Global Sources
  2001 Ed. (4771)
  2007 Ed. (846)
  2009 Ed. (3433)
Global Sports
  2003 Ed. (2703)
Global Standard Technology
  2013 Ed. (2053)
  2022 Ed. (1900)
Global stocks
  2001 Ed. (2525)
Global Strategic Management
  1995 Ed. (2394)
Global Strategies
  2013 Ed. (4407)
Global Strategy Canada Growth
  2002 Ed. (3459, 3460)
Global Strategy Canadian Small Cap
  2002 Ed. (3470, 3471)
Global Strategy Group
  2016 Ed. (4053)
  2017 Ed. (4024)
  2023 Ed. (1281)
Global Strategy Rothschild World Companies
  2001 Ed. (3466, 3468)
Global Supply Solutions
  2018 Ed. (113)
Global Support Software
  2007 Ed. (2051)
Global Switching Inc.
  2012 Ed. (4177)
Global Talent Solutions
  2023 Ed. (1293)
Global-Tech Appliances Inc.
  2003 Ed. (4587)
Global Technical Talent Inc.
  2017 Ed. (1809)
  2018 Ed. (1759)
Global Technology Resources Inc.
  2006 Ed. (3502, 3976)
  2007 Ed. (3539, 3541, 4026)
  2008 Ed. (3698, 3699, 3700, 4373)
  2009 Ed. (3758, 3759, 4131)
  2010 Ed. (1349, 3693, 4063)
  2011 Ed. (1336, 1337, 3688, 3689)
  2012 Ed. (3705)
  2013 Ed. (1562)
Global Telecom
  2003 Ed. (1517)
Global Telecom Holding
  2016 Ed. (1331)
Global TeleSystems Group Inc.
  2001 Ed. (1039)
  2002 Ed. (2535, 3547, 3565)

Global TeleSystems Inc.
  2003 Ed. (1076)
Global TH
  1997 Ed. (825, 826)
Global Thermoelectric
  2004 Ed. (4572)
Global Total Return A
  1999 Ed. (3579)
Global Touchpoints Inc.
  2022 Ed. (3670)
Global Traffic Network
  2013 Ed. (2840)
Global Transportation Services Inc.
  1999 Ed. (2498)
  2000 Ed. (2258)
Global TV
  2008 Ed. (48)
  2009 Ed. (55)
  2010 Ed. (65)
  2013 Ed. (40)
Global Utility Fund A
  1995 Ed. (2729)
Global Utility Fund B
  1995 Ed. (2729)
Global Value Fund
  2003 Ed. (3149)
Global Van Lines
  1993 Ed. (3643)
  1994 Ed. (3603)
  1995 Ed. (3681)
  1996 Ed. (3760)
  1998 Ed. (3636)
  1999 Ed. (4676)
Global Video
  2002 Ed. (4752)
  2004 Ed. (4841)
Global Village Consulting Inc.
  2015 Ed. (1560, 3244)
  2016 Ed. (1495, 3103)
Global Vision Multimedia
  2022 Ed. (1382)
Global Vision Multimedia (Japan)
  2022 Ed. (1382)
Global Water Technologies
  2021 Ed. (592)
Global Wedge
  2011 Ed. (3530)
  2012 Ed. (2343, 3700, 4053)
Globalcom
  2009 Ed. (74)
  2010 Ed. (84)
GlobalFoodExchange.com
  2001 Ed. (4755)
GlobalFoundries
  2016 Ed. (3426)
  2018 Ed. (3453)
  2019 Ed. (1333, 2210, 3424)
  2020 Ed. (3424)
  2021 Ed. (3439)
  2023 Ed. (4370)
GlobalFoundries U.S. Inc.
  2022 Ed. (3497)
  2023 Ed. (1920, 3622)
GlobalHue
  2003 Ed. (31, 33)
  2004 Ed. (114, 125, 171)
  2005 Ed. (113, 174)
  2006 Ed. (112, 114, 187)
  2007 Ed. (101, 103, 193, 196, 3535)
  2008 Ed. (111, 113, 116, 176, 179, 3696)
  2009 Ed. (121, 123, 195)
  2010 Ed. (122, 124, 174)
  2011 Ed. (40, 42, 99)
  2012 Ed. (46, 48, 55, 56, 106)
  2013 Ed. (81, 2943, 2944)
  2014 Ed. (62, 64, 2961, 2962)
  2015 Ed. (74, 76, 105, 3030, 3031)
  2016 Ed. (74, 76, 112, 2926, 2927)
  2017 Ed. (103, 2885)
  2018 Ed. (114, 2952)
Globalia
  2021 Ed. (664)
GlobaLinks Learning Abroad
  2014 Ed. (4984)
  2015 Ed. (5028)
Globalinternet
  2019 Ed. (1810)
  2020 Ed. (1754, 4586)
Globalis Viagens e Eventos Corporativos
  2021 Ed. (1833)
Globalive Communications Corp.
  2005 Ed. (2776)
  2009 Ed. (1976)
Globalization and Its Discontents
  2004 Ed. (734)
Globalization & Its Enemies
  2008 Ed. (617)
Globalization Partners
  2018 Ed. (720, 1694, 3994)
  2019 Ed. (736, 1760, 1766)
  2022 Ed. (1702, 1704)
  2023 Ed. (1848)
GlobalLinks LLC
  2010 Ed. (4996)
  2011 Ed. (4993)
  2012 Ed. (4989)
  2013 Ed. (4988)

Globalme
 2017 Ed. (785)
GlobalMed
 2014 Ed. (2901)
 2018 Ed. (4786)
GlobalNetXchange
 2003 Ed. (2180)
 2004 Ed. (2221)
GlobalNetXchange.com
 2001 Ed. (4769)
GlobaLogix
 2012 Ed. (2343)
Globaloney: Unraveling the Myths of Globalization
 2007 Ed. (655)
GlobalOrange
 2017 Ed. (1802)
Globalquest Staffing Solutions Inc.
 2020 Ed. (4947)
GlobalSantaFe Corp.
 2003 Ed. (3815)
 2006 Ed. (1635)
 2007 Ed. (1651, 3835)
 2008 Ed. (1661)
 2009 Ed. (4560)
GlobalSCAPE
 2011 Ed. (2833)
 2012 Ed. (1931)
GlobalScape
 2016 Ed. (3102)
GlobalSCAPE Inc.
 2016 Ed. (2035)
 2018 Ed. (978)
GlobalSpec
 2006 Ed. (3030)
 2007 Ed. (846)
 2008 Ed. (812)
 2010 Ed. (786)
 2011 Ed. (712, 713)
 2012 Ed. (658)
 2013 Ed. (803)
Globalstar Inc.
 2016 Ed. (1745)
Globalt
 1995 Ed. (2361)
 1996 Ed. (2393, 2397, 2409)
 1997 Ed. (2526, 2534)
 1999 Ed. (3075, 3077)
Globaltemp - Empresa De Trabalho Temporario, S.A.
 2017 Ed. (1933)
Globaltex Fine Linens
 2022 Ed. (3095, 3100)
 2023 Ed. (3200)
Globaltexusa
 2021 Ed. (2970, 2975)
GlobalTrade Corp.
 2008 Ed. (2867)
GlobalTranz
 2010 Ed. (4791)
 2011 Ed. (3501)
 2017 Ed. (4771)
 2022 Ed. (1370)
 2023 Ed. (1571, 2902)
GlobalTranz Enterprises
 2019 Ed. (2736)
 2020 Ed. (2774)
 2021 Ed. (2646)
 2022 Ed. (2774)
GlobalTranz Enterprises Inc.
 2016 Ed. (1358)
 2017 Ed. (1387)
 2021 Ed. (1355, 1356)
Globalwafers
 2021 Ed. (1922)
GlobalWide Media
 2013 Ed. (1454)
Globalwork
 2021 Ed. (4578)
Globe
 1990 Ed. (2398)
 1991 Ed. (2708)
 1993 Ed. (2791)
 1994 Ed. (2784)
 1996 Ed. (2959)
 1999 Ed. (3751)
 2001 Ed. (1381, 1382, 3195, 3198)
 2004 Ed. (3337)
Globe
 2022 Ed. (3384)
 2023 Ed. (3504)
Globe Composite Solutions Ltd.
 2009 Ed. (3022)
Globe Finlay
 1992 Ed. (2745)
Globe Holding Co.
 2018 Ed. (2539)
Globe Investments Trust PLC
 1990 Ed. (1350)
Globe Life & Accident
 1993 Ed. (2209)
Globe Life Insurance Co.
 1992 Ed. (2647)
 1994 Ed. (2252, 2253)
 1995 Ed. (2286)
Globe Locums
 2019 Ed. (735)

Globe & Mail
 2002 Ed. (3506)
 2017 Ed. (4254)
Globe Manufacturing Co.
 2015 Ed. (1889)
GLOBE ONE Ltd.
 2017 Ed. (1590)
Globe Security Systems
 1991 Ed. (2943)
Globe Telecom
 1999 Ed. (4549)
 2000 Ed. (4190)
 2004 Ed. (72)
 2005 Ed. (68)
 2006 Ed. (76, 3899)
 2007 Ed. (67)
 2008 Ed. (72, 642)
 2009 Ed. (81)
 2010 Ed. (90)
 2021 Ed. (4593)
 2022 Ed. (4608)
 2023 Ed. (4610)
Globe Transport
 2003 Ed. (4786, 4804)
 2004 Ed. (4770)
 2005 Ed. (4746)
 2006 Ed. (4801)
 2007 Ed. (4034)
GlobeCast
 2016 Ed. (4301, 4302)
 2017 Ed. (4306, 4307)
Globecast
 2019 Ed. (4314, 4315, 4316)
 2020 Ed. (4306, 4307)
 2021 Ed. (4284, 4285)
Globecast (France)
 2021 Ed. (4284, 4285)
Globecomm
 2013 Ed. (1932)
 2016 Ed. (4302)
 2017 Ed. (4307)
 2018 Ed. (4288)
 2019 Ed. (4316)
 2020 Ed. (4305, 4307)
Globecomm Systems
 2003 Ed. (2718)
 2009 Ed. (4478)
 2010 Ed. (4527)
 2011 Ed. (4443, 4466)
Globelle Corp.
 2000 Ed. (1397)
GlobeNet
 2007 Ed. (2173)
GlobeSpan, Inc.
 2003 Ed. (2703, 2723)
GlobeSpan Semiconductor Inc.
 2001 Ed. (417, 4182)
GlobeSpanVirata Inc.
 2005 Ed. (2343)
GlobeTel Communications Corp.
 2008 Ed. (4541)
Globeways Canada
 2018 Ed. (128)
 2019 Ed. (125)
 2020 Ed. (121)
Globeways Canada Inc.
 2013 Ed. (2838)
 2015 Ed. (2760)
Globex
 2004 Ed. (1781)
Globex Utilidades
 1993 Ed. (25)
 1994 Ed. (17)
Globexbank
 2003 Ed. (604)
 2004 Ed. (553, 612)
 2005 Ed. (536, 602)
 2006 Ed. (464)
 2007 Ed. (546)
 2011 Ed. (371)
Globix Corp.
 2005 Ed. (4355)
 2007 Ed. (3689)
GLOBO
 2018 Ed. (1860)
 2019 Ed. (1924)
GLOBO Language Solutions
 2017 Ed. (1914)
Globoforce
 2015 Ed. (1749)
Globovision
 2009 Ed. (116)
GLOBSERVER Strategia
 2018 Ed. (1589)
GlobTek Inc.
 2008 Ed. (4973)
Globtel
 2001 Ed. (77)
 2004 Ed. (82)
Globul
 2005 Ed. (26)
 2006 Ed. (32)
 2009 Ed. (34)
 2010 Ed. (44)
Globus Grundstucksverwer GmbH
 2007 Ed. (4090)
Globus Holding GmbH
 2013 Ed. (4330)
 2014 Ed. (4381)

 2016 Ed. (4266)
 2017 Ed. (4254)
Globus - Kartendienst GmbH
 1995 Ed. (2987)
Globus Medical
 2015 Ed. (1981, 3976)
 2016 Ed. (3714)
 2017 Ed. (3670)
 2018 Ed. (3726)
 2019 Ed. (3713)
 2020 Ed. (3755)
 2021 Ed. (3755)
 2022 Ed. (3777)
 2023 Ed. (3877)
Globus Medical Inc.
 2010 Ed. (2954)
 2011 Ed. (2917)
Glocap Search
 2002 Ed. (4794)
Glock; Gaston
 2020 Ed. (4826)
 2021 Ed. (4827)
Gloman Advertising
 1999 Ed. (172)
Glomgold; Flintheart
 2013 Ed. (4853)
Glooko
 2019 Ed. (2877)
Gloria
 1991 Ed. (2136)
Gloria Arroyo
 2007 Ed. (4983)
Gloria Estefan
 1993 Ed. (1634)
 1994 Ed. (1668)
 1995 Ed. (1715)
Gloria Ferrer
 1998 Ed. (3743, 3746, 3749, 3751)
 1999 Ed. (1064)
 2005 Ed. (909)
 2006 Ed. (827)
Gloria Ferrer Champagne
 1997 Ed. (933, 934)
Gloria Ferrer Winery
 1997 Ed. (3904, 3911)
Gloria; Grupo
 2007 Ed. (66)
 2008 Ed. (71)
 2009 Ed. (80)
Gloria Jean's Coffees
 2009 Ed. (1013)
 2019 Ed. (914)
 2020 Ed. (906)
 2021 Ed. (917)
Gloria Jeans Gourmet Coffees
 1998 Ed. (3339)
Gloria Jean's Gourmet Coffees Franchise Corp.
 2002 Ed. (1091)
Gloria Jean's Gourmet Coffees Franchising Corp.
 2004 Ed. (1048)
 2005 Ed. (1050)
Gloria Macapagal-Arroyo
 2006 Ed. (4986)
Gloria Milstein Flanzer
 1992 Ed. (1093, 1095)
Gloria Rajkumar
 2012 Ed. (4986)
Gloria Vanderbilt
 1994 Ed. (2777)
Glorious
 1990 Ed. (2794)
Glory
 2003 Ed. (2501)
 2016 Ed. (741)
Glory Days Grill
 2022 Ed. (4215)
 2023 Ed. (4257)
Glory Foods
 2014 Ed. (4823)
 2015 Ed. (4859)
 2016 Ed. (4767)
 2017 Ed. (4778)
Glory Glory Man United
 2000 Ed. (3495)
Glory Science
 2018 Ed. (1930)
Glosette
 1999 Ed. (1132)
Glossier
 2018 Ed. (4581)
 2019 Ed. (2319)
Glossman; Diane
 1997 Ed. (1853)
Glotman Simpson Consulting Engineers
 2012 Ed. (4470)
Glotzbach; John
 2013 Ed. (3392)
 2014 Ed. (3394)
Glou International Inc.
 1992 Ed. (2048)
Gloucester County, NJ
 1994 Ed. (239, 1480)
 2023 Ed. (2890)
Gloucester Engineering Co.
 2014 Ed. (3538)

Gloucester, MA
 1992 Ed. (2164)
Glover Smith Bode
 2007 Ed. (2955)
Glovis Co., Ltd.
 2012 Ed. (1090, 1899)
 2013 Ed. (1226)
Glow Global Events
 2022 Ed. (762, 768)
GlowTouch Technologies
 2011 Ed. (3137, 3683, 4025)
GLP
 2019 Ed. (3086, 4135)
 2020 Ed. (3116, 4140)
GLP J-REIT
 2016 Ed. (4117)
 2017 Ed. (4096)
GLS Cos.
 2008 Ed. (4036)
Glu Mobile
 2009 Ed. (3688, 4398)
Glucerna
 2008 Ed. (4913)
 2018 Ed. (4902)
 2020 Ed. (4881)
 2021 Ed. (4881)
 2023 Ed. (4872)
Glucofilm
 1994 Ed. (1529)
Glucometer Dex
 2002 Ed. (1972)
 2003 Ed. (2050)
Glucometer Elite
 2002 Ed. (1972)
 2003 Ed. (2050)
Glucophage
 2001 Ed. (2097, 2109, 2110)
 2002 Ed. (2047, 3749, 3755)
 2003 Ed. (2113)
Glucosamine
 2001 Ed. (2013)
Glucosamine & chondroitin
 2004 Ed. (2101)
Glucose
 2001 Ed. (1508)
Glucostix
 1994 Ed. (1529)
Glue
 2002 Ed. (3536)
 2003 Ed. (3675)
Glueckauf-Bau-AG
 1989 Ed. (1109)
 1990 Ed. (1350)
Glumara Bros. Fruit Co. Inc.
 1998 Ed. (754)
Glumarra Vineyards
 1992 Ed. (4473)
Glunz AG
 1996 Ed. (2555)
 1997 Ed. (2692)
 2000 Ed. (3017)
 2001 Ed. (3180)
 2002 Ed. (3218)
Glunz AG (Konzern)
 1994 Ed. (2415)
 1999 Ed. (3278)
Glunz Aktiengesellschaft
 1994 Ed. (2415)
 1995 Ed. (2492)
Gluski; Andres R.
 2015 Ed. (975)
Gluskin Sheff & Associates
 2011 Ed. (2686)
Gluskin Sheff + Associates
 2010 Ed. (1549)
 2016 Ed. (1471)
Glutenfreeda Foods Inc.
 2018 Ed. (1288)
Glutino
 2014 Ed. (4492)
 2015 Ed. (4489, 4490)
 2016 Ed. (4388, 4389)
 2017 Ed. (4402)
 2018 Ed. (4409, 4415, 4421, 4424)
GLV Inc.
 2010 Ed. (3159)
 2012 Ed. (2831)
 2013 Ed. (2918)
GLY Construction
 2018 Ed. (1136, 1138)
 2019 Ed. (1151, 1152)
 2020 Ed. (1142, 1143)
 2021 Ed. (1128, 1129)
 2023 Ed. (1363, 1364)
GLY Construction Inc.
 2009 Ed. (1330, 1344)
 2010 Ed. (1315, 1328)
 2011 Ed. (1286, 1289, 1310)
Gly-Oxide
 1994 Ed. (2570)
 1996 Ed. (2103)
Glyburide
 2001 Ed. (2102)
GlycoMimetics Inc.
 2018 Ed. (2042)
Glyko Biomedical Ltd.
 2003 Ed. (1637)

CUMULATIVE INDEX • 1989-2023

Glyman; Gregory D.
  2012 Ed. (3319)
Glynis A. Bryan
  2011 Ed. (4978)
Glynis Bryan
  2010 Ed. (180)
Glynn Electronics Inc.
  2001 Ed. (2205, 2209)
Glynn Jr.; R. D.
  2005 Ed. (2509)
Glynn; Robert
  2005 Ed. (2470)
Glynwed International
  1999 Ed. (3349)
Glynwed International plc
  1994 Ed. (2483)
  2000 Ed. (3086)
  2001 Ed. (3282)
Glynwed UK Ltd.
  1993 Ed. (1304)
Glyoxide
  2003 Ed. (1995)
  2019 Ed. (2162)
Glyphosate
  1999 Ed. (2663)
Glywed
  2002 Ed. (1111)
GM
  1992 Ed. (431, 432, 4346)
  2000 Ed. (25, 358, 795, 4165)
  2023 Ed. (99)
GM-ACG (Europe)
  1992 Ed. (480)
GM Advisory Group
  2021 Ed. (3157)
GM Automotive Components Group
  1992 Ed. (465)
  1996 Ed. (342)
G.M. Breweries
  2018 Ed. (1602)
  2020 Ed. (1598)
GM Card
  1996 Ed. (1496)
GM Components Holdings LLC
  2016 Ed. (3448)
GM Construction
  2008 Ed. (3708, 4385)
GM Corp. Dealers Assn.
  1990 Ed. (19)
GM Daewoo Auto & Technology Co.
  2004 Ed. (70)
  2006 Ed. (89, 319)
GM Delco Electronics Division
  1993 Ed. (889, 1028)
GM-EDS
  1990 Ed. (1138)
GM Europa
  2006 Ed. (4818)
GM Fort Wayne
  1994 Ed. (3586)
G.M. Hill Engineering Inc.
  2019 Ed. (4952)
  2020 Ed. (3578, 4954)
  2021 Ed. (4958)
  2022 Ed. (3665, 4954)
GM Holden
  2016 Ed. (264)
GM Homes
  2002 Ed. (1200)
GM Hotels
  2020 Ed. (3041)
GM Hughes
  1989 Ed. (1227)
  1990 Ed. (1637, 2901)
  1994 Ed. (2443)
GM Hughes Aircraft
  1993 Ed. (1468)
GM Hughes Electronics
  1989 Ed. (1314, 1317, 1318, 1342, 2310)
  1990 Ed. (1617, 1627, 1628, 1629, 1632, 1644, 2990, 2995)
  1992 Ed. (465, 1917, 1919, 1920, 1921, 1929, 3671, 3678, 4361)
  1993 Ed. (1570, 1572, 1574, 1579, 1583, 2504, 3002)
  1994 Ed. (141, 1513, 1517, 1609, 1611, 1613)
  1995 Ed. (161, 1542, 1546, 1655)
  1996 Ed. (1521, 1522, 1629)
  1997 Ed. (1707)
GM Investment
  2002 Ed. (3941)
GM Kadett/Astra
  1993 Ed. (323)
GM Monza
  1990 Ed. (361)
GM Opala
  1990 Ed. (361)
GM-Opel
  2002 Ed. (388, 390, 391, 392, 393)
GM Oshawa
  1994 Ed. (3586)
GM Pickups
  1995 Ed. (333)
GM Planworks
  2009 Ed. (1641)

GM Powertrain
  2016 Ed. (3448)
  2017 Ed. (3405)
  2018 Ed. (3472)
  2019 Ed. (3441)
GM Shreveport
  1994 Ed. (3586)
GM/SSA
  1993 Ed. (90)
  1994 Ed. (80)
  1995 Ed. (60)
GM SSAW
  1996 Ed. (74)
  1997 Ed. (74)
GM Vans
  1995 Ed. (333)
GM2 Associates Inc.
  2018 Ed. (3610)
  2019 Ed. (3604)
  2020 Ed. (3575)
  2021 Ed. (3605)
  2022 Ed. (3656)
  2023 Ed. (3762)
GMA
  2007 Ed. (55)
  2008 Ed. (57)
GMAC
  1992 Ed. (1056)
  1994 Ed. (1754, 1847)
  2009 Ed. (1440, 1890, 2717, 4118)
GMAC Bank
  2003 Ed. (4266)
  2005 Ed. (540, 2867)
  2006 Ed. (468)
  2007 Ed. (4251)
GMAC of Canada
  2007 Ed. (2574)
  2010 Ed. (2699)
GMAC Commercial Holding Capital Corp.
  2005 Ed. (2146, 2604)
GMAC Commercial Holding Corp.
  2005 Ed. (4015, 4016)
  2006 Ed. (2596)
  2007 Ed. (2572)
GMAC Commercial Mortgage Corp.
  2000 Ed. (3725, 4021)
  2001 Ed. (576, 3350, 4003, 4088)
  2002 Ed. (4276)
  2003 Ed. (448, 4057)
  2004 Ed. (4083)
  2006 Ed. (4051)
  2007 Ed. (4101)
GMAC Financial Services
  2009 Ed. (4112, 4149)
  2010 Ed. (4045, 4081)
  2011 Ed. (3379, 4021, 4054)
GMAC Home Services
  2011 Ed. (4150)
GMAC HomeServices Inc.
  2004 Ed. (4069, 4071)
  2005 Ed. (4001, 4002)
GMAC Inc.
  2013 Ed. (325)
GMAC Insurance
  2012 Ed. (3285)
GMAC Insurance Group
  2013 Ed. (3359)
GMAC Insurance Management Corp.
  2006 Ed. (3056)
GMAC LLC
  2008 Ed. (2199)
  2009 Ed. (2176)
  2010 Ed. (364, 1825, 2702)
  2011 Ed. (286, 1424, 1855)
GMAC Mortgage
  1989 Ed. (2006, 2007)
  1990 Ed. (2601, 2602, 2604, 2605)
  1992 Ed. (3107)
  1994 Ed. (2549, 2558)
  1995 Ed. (2601, 2602)
  1997 Ed. (2813, 2814)
  2000 Ed. (3159, 3162)
  2001 Ed. (3352)
  2002 Ed. (3383, 3386, 3388)
GMAC Mortgage Group
  1996 Ed. (2675, 2686)
GMAC Real Estate
  2006 Ed. (4036, 4037)
  2007 Ed. (4076, 4077)
  2008 Ed. (4109, 4110)
  2009 Ed. (4216)
  2010 Ed. (4150, 4151)
GMAC Residential Holdings
  2005 Ed. (3302, 3509)
GMAC-RFC
  1994 Ed. (2548)
  2006 Ed. (3564, 3565)
Gmail
  2007 Ed. (2351)
GM&P Consulting and Glazing Contractors, Inc.
  2020 Ed. (2843)
Gmaseca
  2000 Ed. (2228)
GMC
  1990 Ed. (359)
  1996 Ed. (3748)
  1998 Ed. (218)

  1999 Ed. (326, 360)
  2000 Ed. (344)
  2001 Ed. (457, 459, 460, 461, 462, 464, 465, 483, 535)
  2002 Ed. (413, 4703)
  2003 Ed. (303, 359)
  2005 Ed. (341)
  2006 Ed. (355, 4855)
  2009 Ed. (569)
  2010 Ed. (328)
  2011 Ed. (256, 1817)
  2012 Ed. (277)
  2013 Ed. (229, 272)
  2014 Ed. (231, 279)
  2015 Ed. (266, 267)
  2016 Ed. (261, 308)
  2017 Ed. (263)
  2018 Ed. (249, 292)
  2019 Ed. (292)
  2020 Ed. (294)
  2021 Ed. (237)
  2022 Ed. (258)
  2023 Ed. (359)
GMC Envoy
  2006 Ed. (3577)
GMC P model
  2001 Ed. (480)
GMC Safari
  1996 Ed. (347)
  1997 Ed. (2798)
GMC Sierra
  1995 Ed. (3666)
  2001 Ed. (480)
  2004 Ed. (303)
  2006 Ed. (4829, 4856)
  2007 Ed. (4858)
  2008 Ed. (299, 4765, 4781)
  2009 Ed. (4812)
  2010 Ed. (4830)
  2013 Ed. (4770, 4772)
GMC Sierra Pickup
  2003 Ed. (4820)
  2004 Ed. (4812)
  2005 Ed. (4786)
GMC Suburban
  2000 Ed. (4087)
GMC W4
  2001 Ed. (480)
GMC-White GMC Truck Center
  1996 Ed. (743, 2659)
GMC Yukon
  2000 Ed. (4087)
  2006 Ed. (3577)
GMCR
  2014 Ed. (2070)
Gmexico
  1992 Ed. (3062)
  1997 Ed. (2778)
GMF
  1990 Ed. (2279)
GMF Manifatture Lane Gaetano Marzotto & Figli Spa
  1993 Ed. (3557)
  1995 Ed. (3604)
GMF Robotics
  1990 Ed. (3064)
GMFanuc Robotics
  1991 Ed. (2902)
GMFS Mortgage LLC
  2023 Ed. (3789)
GMG/Seneca Capital
  1997 Ed. (2529)
GMH Realty Inc.
  1999 Ed. (3995)
  2000 Ed. (3715)
GMHBA
  2019 Ed. (2625)
  2020 Ed. (2637)
  2021 Ed. (2544)
  2022 Ed. (2659)
GMK Associates
  2006 Ed. (2793)
  2009 Ed. (2548)
  2010 Ed. (2464)
GMM Grammy
  2007 Ed. (2018)
GMM Grammy Public Co.
  2004 Ed. (92)
  2005 Ed. (87)
  2006 Ed. (96)
  2007 Ed. (86)
  2008 Ed. (93)
GMMB
  2015 Ed. (34)
  2016 Ed. (33)
  2017 Ed. (30)
  2018 Ed. (31)
GMO
  2005 Ed. (3213)
  2009 Ed. (2283)
GMO Currency Hedged International Bond
  2003 Ed. (3147)
GMO Emerging Country Debt
  2012 Ed. (500)
GMO Emerging Country Debt Strategy
  2003 Ed. (3144)
GMO Japan Fund
  2001 Ed. (3504)

GMO Payment Gateway
  2015 Ed. (1759)
GMO Tobacco-Fr Core
  1999 Ed. (3574)
GMO Trust—Pelican Fund
  2003 Ed. (2367)
GMO U.S. Core
  2003 Ed. (3488)
GMO World Equity Allocation
  2004 Ed. (2481)
Gmodelo
  1997 Ed. (2778)
  1999 Ed. (3397)
  2000 Ed. (3124)
GMP
  2015 Ed. (1991)
GMP Architekten
  2022 Ed. (186)
  2023 Ed. (259)
GMP Capital
  2007 Ed. (3282)
  2012 Ed. (3328)
  2013 Ed. (3413)
  2014 Ed. (3410)
GMP Capital Trust
  2008 Ed. (3401)
  2009 Ed. (3459)
  2010 Ed. (3396)
GMP Consulting & Glazing Contractors Inc.
  2019 Ed. (2817)
GMR Marketing
  2005 Ed. (3405, 3406, 3408)
  2006 Ed. (3414, 3415, 3417)
  2007 Ed. (3431)
  2010 Ed. (3585)
  2011 Ed. (3587, 3588)
  2012 Ed. (3575, 3576)
  2013 Ed. (3624, 3630)
  2014 Ed. (3570, 3571)
  2015 Ed. (81, 82)
  2016 Ed. (81, 82)
  2019 Ed. (3476)
  2020 Ed. (3454)
  2021 Ed. (3474)
  2022 Ed. (3531)
  2023 Ed. (138, 157)
GMR Marketing LLC
  2008 Ed. (3597)
  2014 Ed. (3562)
GMRI Inc.
  2001 Ed. (4058, 4059)
  2003 Ed. (4079, 4080)
  2004 Ed. (4105, 4106)
  2005 Ed. (4043, 4044)
  2006 Ed. (4102)
  2007 Ed. (4121)
  2008 Ed. (4143)
  2009 Ed. (4256)
GMS
  2019 Ed. (2839)
  2020 Ed. (2975)
  2021 Ed. (711, 2745)
  2022 Ed. (3001)
  2023 Ed. (3117)
GMS Consulting
  2011 Ed. (2010)
GMS Inc.
  2022 Ed. (742)
  2023 Ed. (947)
GMT Global Marine Travel
  2021 Ed. (581)
  2022 Ed. (610)
  2023 Ed. (849)
GMV
  2009 Ed. (2058)
  2013 Ed. (2014)
GMX Resources
  2013 Ed. (1977)
GMX Resources Inc.
  2003 Ed. (4322)
  2004 Ed. (3825)
  2007 Ed. (4552)
  2009 Ed. (3964)
  2010 Ed. (2453)
  2011 Ed. (1940)
GN Bank
  2021 Ed. (90)
  2022 Ed. (103)
GN Store Nord
  2002 Ed. (1343)
GN Store Nord A/S
  2008 Ed. (1706, 3207)
GN Store Nord Holdings
  1990 Ed. (1362)
GNA Corp.
  1995 Ed. (2136)
  1996 Ed. (2146)
  1997 Ed. (2254)
  1998 Ed. (1985)
  1999 Ed. (2724)
  2000 Ed. (2502)
  2006 Ed. (2095)
  2007 Ed. (2052)
  2008 Ed. (2158)
  2009 Ed. (2138)
  2010 Ed. (2080)
  2011 Ed. (2137)

GNB Bancorp
  2005 Ed. (446, 453)
GNB Sudameris Bank
  2011 Ed. (302)
  2019 Ed. (531, 544, 547)
GNC
  2020 Ed. (4264)
  2021 Ed. (4241)
GNC Corp.
  2003 Ed. (2108, 4185, 4504, 4860)
  2006 Ed. (2636)
  2008 Ed. (2337)
  2009 Ed. (2346)
  2010 Ed. (2271)
  2011 Ed. (4066)
  2012 Ed. (4100)
GNC Franchising
  2020 Ed. (4260)
  2021 Ed. (4238)
GNC Franchising Inc.
  1996 Ed. (1966)
  1999 Ed. (2511)
  2001 Ed. (2531)
  2002 Ed. (2358, 4759)
  2003 Ed. (4863)
  2005 Ed. (2640)
  2006 Ed. (2637)
  2007 Ed. (2613)
  2008 Ed. (2742)
  2009 Ed. (2796)
  2010 Ed. (2728)
  2011 Ed. (2711)
  2012 Ed. (4827)
  2013 Ed. (4819)
  2014 Ed. (4833)
  2015 Ed. (4869)
  2016 Ed. (4791)
  2018 Ed. (4807)
GNC General Nutrition Centers
  1994 Ed. (1912, 1916)
GNC Holdings
  2013 Ed. (4403)
GNC.com
  2001 Ed. (2079)
  2012 Ed. (2290)
GND Holdings
  1991 Ed. (1142)
GNEIL
  1999 Ed. (1849)
GNF
  1997 Ed. (2587)
Gnip
  2014 Ed. (1519)
  2015 Ed. (2523)
GNLD
  2006 Ed. (4216)
  2007 Ed. (4232)
GNN
  1997 Ed. (3926)
Gnomi/FCB
  1989 Ed. (111)
  1990 Ed. (106)
  1991 Ed. (103)
Gnomi/Publicis FCB
  1992 Ed. (154)
  1993 Ed. (103)
  1994 Ed. (91)
GNP Co.
  2014 Ed. (3579)
  2015 Ed. (3591, 3596)
  2016 Ed. (3475)
  2017 Ed. (3439)
GNW-Evergreen Insurance Services LLC
  2013 Ed. (1450)
GNYHA Services
  1999 Ed. (2637)
GNYHA Ventures
  2006 Ed. (2772)
  2008 Ed. (2892, 2893)
  2009 Ed. (2956)
  2010 Ed. (2893, 2894)
Go-Ahead Group
  2009 Ed. (4790)
  2010 Ed. (4807)
  2011 Ed. (4756)
  2012 Ed. (4777)
  2013 Ed. (4711)
  2016 Ed. (4688)
The Go-Ahead Group plc
  2001 Ed. (4621)
  2002 Ed. (4671)
The Go Between
  1998 Ed. (2465)
  2000 Ed. (3080)
Go-Cat
  2008 Ed. (719)
  2009 Ed. (729)
  2010 Ed. (652)
Go Chevrolet
  2009 Ed. (310)
The Go Daddy Group Inc.
  2006 Ed. (3031, 3972)
  2007 Ed. (3064)
  2008 Ed. (1135)
Go Energies
  2016 Ed. (2463, 4005)

Go Energistics
  2021 Ed. (990, 1919)
  2022 Ed. (1029, 1039)
*Go the F**k to Sleep*
  2013 Ed. (558, 567)
Go Fly
  2002 Ed. (54)
The Go-Go Years: The Drama & Crashing Finale of Wall Street's Bullish '60s
  2006 Ed. (586)
Go Honda 104th
  2009 Ed. (310)
GO Logistics
  2021 Ed. (4686, 4690)
Go Logistics
  2021 Ed. (4691)
Go Mini's
  2009 Ed. (4773)
Go Mini's Franchising
  2019 Ed. (3657)
  2020 Ed. (3624)
Go Mini's Portable Storage & Moving
  2015 Ed. (3720)
  2018 Ed. (3673)
Go Powertrain
  2023 Ed. (2092, 3598)
Go Rio Cruises
  2021 Ed. (3604)
Go Set a Watchman
  2017 Ed. (620, 624)
Go Snacks
  2004 Ed. (4437)
Go Solar Group
  2017 Ed. (4440)
Go Solar Power
  2022 Ed. (2398)
  2023 Ed. (2555)
Go, Stitch, Go!
  2004 Ed. (738)
Go Toyota Scion Arapahoe
  2009 Ed. (310)
Go Travel Inc.
  2021 Ed. (3599)
Go Veggie
  2022 Ed. (872)
Go-Vision
  2021 Ed. (202)
Go2Africa
  2022 Ed. (4671)
Go2net
  2000 Ed. (2640, 2641)
Goal Financial
  2009 Ed. (4125)
Goal Petroleum
  1992 Ed. (1627)
Goal Systems International Inc.
  1993 Ed. (1074)
Goal Zero
  2014 Ed. (2453)
  2015 Ed. (1208, 4094)
GoAmerica
  2003 Ed. (2183)
Goasis
  2008 Ed. (4547)
GOAT
  2020 Ed. (2538)
Goat
  2005 Ed. (3417, 3418)
  2006 Ed. (3427, 3428)
  2007 Ed. (3442, 3443)
Goat cheese
  1999 Ed. (1076)
GoatHouse Brewing Co.
  2019 Ed. (696)
Goatley; David
  1997 Ed. (1998)
Gobain SA; Cie. de Saint
  2005 Ed. (3390)
  2006 Ed. (1721, 3380)
  2007 Ed. (780, 1288, 1290, 1732, 3423)
  2008 Ed. (752, 1760, 3556, 3558)
  2009 Ed. (748, 1166, 1686, 3623, 3625)
  2010 Ed. (691, 692, 1160, 3546)
  2011 Ed. (620, 621, 1104, 1109, 1654, 3546, 4935)
  2012 Ed. (591, 592, 1020, 1027, 1052, 1056, 3539)
  2013 Ed. (726, 1165, 1180, 1191, 1194, 3584)
  2014 Ed. (748, 1122, 1132, 1141, 1147, 3548)
  2015 Ed. (786, 1163, 1180, 1192, 1197)
  2016 Ed. (706, 1078, 1092, 1102, 1105)
  2017 Ed. (768, 1108, 1150)
  2018 Ed. (700)
  2019 Ed. (715)
Gober; James
  2015 Ed. (954)
Gobernacion Prov de
  2001 Ed. (12)
Gobi
  2002 Ed. (4445, 4446)
  2006 Ed. (4522)
Gobierno Bolivariano
  2008 Ed. (106)

Gobierno Del Estado/Chihuahua
  2010 Ed. (144)
  2011 Ed. (68)
Gobierno Nacional
  2009 Ed. (79)
  2010 Ed. (89)
Goble & Associates
  2006 Ed. (118)
  2007 Ed. (107)
  2008 Ed. (115)
GoCardless
  2018 Ed. (2938)
  2019 Ed. (2073, 2629)
GoCargo.com
  2001 Ed. (4758)
GoCo-op
  2001 Ed. (4756)
  2003 Ed. (2171)
go.com
  2001 Ed. (4776)
God Is Not Great
  2009 Ed. (643)
The God of Small Things
  1999 Ed. (692)
  2000 Ed. (710)
GoDaddy
  2020 Ed. (3125)
  2023 Ed. (3219)
GoDaddy Group
  2016 Ed. (1363)
GODADDY Inc.
  2020 Ed. (3005)
  2021 Ed. (2866)
Goddard; Paulette
  1993 Ed. (893)
The Goddard School
  2020 Ed. (2224, 3819)
  2021 Ed. (2198, 3796)
  2022 Ed. (2229)
  2023 Ed. (1074, 2412)
The Goddard Schools
  2002 Ed. (1044)
  2003 Ed. (962)
  2004 Ed. (977)
Goddard Systems Inc.
  2005 Ed. (995)
  2006 Ed. (1005)
  2007 Ed. (1096)
  2008 Ed. (972)
  2009 Ed. (965)
  2010 Ed. (924)
  2011 Ed. (861)
  2012 Ed. (811)
  2013 Ed. (992)
  2014 Ed. (947)
  2015 Ed. (977)
  2016 Ed. (874)
  2017 Ed. (924)
  2018 Ed. (860)
  2019 Ed. (875)
  2020 Ed. (862)
  2021 Ed. (876)
  2022 Ed. (908)
Goddards
  2003 Ed. (983)
Goddess Bra Co.
  1999 Ed. (781, 3188)
Goddijn; Harold
  2008 Ed. (4897, 4901)
Goddijn-Vigreux; Corinne
  2008 Ed. (4897, 4901)
Gödel Technologies Europe Ltd.
  2019 Ed. (978)
  2020 Ed. (963)
Godfather's
  1990 Ed. (2870)
  2002 Ed. (3870)
Godfather's Pizza
  1989 Ed. (2235)
  1990 Ed. (2872)
  1991 Ed. (2749, 2750, 2751)
  1992 Ed. (3470, 3471, 3472)
  1993 Ed. (2862, 2863, 2864)
  1994 Ed. (2885, 2887, 2888)
  1995 Ed. (2950, 2952, 2953)
  1996 Ed. (3047, 3048)
  1997 Ed. (3127, 3128, 3129)
  1998 Ed. (2867, 2868)
  1999 Ed. (3836, 3838, 3839)
  2000 Ed. (3551, 3552, 3553, 3789)
  2001 Ed. (3806)
  2002 Ed. (4004, 4026)
  2003 Ed. (2440)
  2004 Ed. (2587)
  2005 Ed. (3846)
  2006 Ed. (3917, 4125)
  2007 Ed. (3968, 4153)
  2008 Ed. (3994, 4188, 4189)
  2009 Ed. (4065, 4287)
  2010 Ed. (3983)
  2011 Ed. (3987, 3988, 4247)
  2012 Ed. (3983, 3984)
  2013 Ed. (4046, 4047)
  2014 Ed. (3981, 3984, 3985)
  2015 Ed. (4026, 4029, 4030)
  2016 Ed. (3941)
  2017 Ed. (3909, 3912)
  2019 Ed. (3914)

  2020 Ed. (807, 3934, 3936, 3939)
  2021 Ed. (3902, 3904, 3907)
  2022 Ed. (3914, 3917)
Godfrey
  2019 Ed. (3472)
  2020 Ed. (3450)
  2021 Ed. (3470)
Godfrey Hirst
  2002 Ed. (3586)
  2004 Ed. (4715)
Godfrey & Kahn SC
  2001 Ed. (953)
  2007 Ed. (1512)
  2021 Ed. (3263)
  2023 Ed. (3460)
Godfrey & Kahn, SC
  2021 Ed. (3264)
Godfrey Law Firm
  2001 Ed. (824)
Godfrey Philips
  1994 Ed. (25, 32)
Godfrey Transport
  2018 Ed. (4006)
  2019 Ed. (3993)
Godiva
  1996 Ed. (2499, 2500, 2502)
  1997 Ed. (2641, 2642, 2643, 2662)
  1998 Ed. (2369, 2370, 2371)
  2001 Ed. (3105, 3107, 3108)
  2003 Ed. (3224)
Godiva Belgian Blends
  2009 Ed. (1010)
  2010 Ed. (976)
  2011 Ed. (904)
Godiva Chocolatier
  2013 Ed. (893)
Godiva Chocolatier Inc.
  2003 Ed. (964)
  2018 Ed. (749)
Godiva.com
  2001 Ed. (4779)
  2010 Ed. (2367)
  2011 Ed. (2363)
Godrej
  1993 Ed. (33)
Godrej; Adi
  2006 Ed. (4926)
  2010 Ed. (4903, 4904)
  2012 Ed. (4900)
  2013 Ed. (4875)
  2014 Ed. (4889)
  2015 Ed. (4928)
Godrej & Boyce Manufacturing
  2004 Ed. (51)
  2012 Ed. (4346)
  2013 Ed. (4283)
Godrej Consumer Products
  2015 Ed. (3849)
  2016 Ed. (3756)
Godrej family
  2016 Ed. (4844)
  2018 Ed. (4858)
  2021 Ed. (4843)
Godrej Group
  2017 Ed. (3983)
  2021 Ed. (624)
Godrej Industries
  2005 Ed. (45)
Godrej Soaps
  1992 Ed. (56)
God's World Publications Inc.
  2010 Ed. (4133)
Godsey & Gibb
  1993 Ed. (2315)
Godshall's Meats Inc.
  2017 Ed. (3445)
Godshall's Quality Meats
  2018 Ed. (3500)
Godshall's Quality Meats Inc.
  2012 Ed. (3587, 3595)
  2013 Ed. (3649)
Godshall's Qualtiy Meats Inc.
  2018 Ed. (3508)
Godwin Advertising
  1997 Ed. (43)
Godwin Advertising Agency
  2013 Ed. (62)
Godwins
  1990 Ed. (855)
Godwins Booker & Dickenson
  1995 Ed. (1661)
  1996 Ed. (1638)
  1997 Ed. (1715)
Godwins International
  1995 Ed. (1662)
  1996 Ed. (1639)
Godwins International Holdings Inc.
  1991 Ed. (1543)
  1993 Ed. (1591)
  1994 Ed. (1622, 1623)
Godzilla
  2000 Ed. (4274, 4278, 4279)
  2001 Ed. (2125, 4693)
Goebel & Co. Furniture
  2019 Ed. (4993)
Goebel; David L.
  2008 Ed. (958)

Goehring & Rozencwajg Resources Retail
  2023 Ed. (3830)
Goel Services Inc.
  2010 Ed. (1228, 1331)
Goelitz Confectionery
  1992 Ed. (1044)
Goer Manufacturing Co.
  1996 Ed. (3600)
  1997 Ed. (3653)
  1998 Ed. (3427)
  1999 Ed. (4501)
  2000 Ed. (4135)
Goerges Naturprodukte GmbH
  2018 Ed. (1571)
GoerTek
  2013 Ed. (1422)
  2023 Ed. (2467)
Goertek
  2015 Ed. (4660)
  2016 Ed. (4573)
  2017 Ed. (1496, 4587)
  2018 Ed. (1476)
  2019 Ed. (949, 1508)
Goetz; Jim
  2014 Ed. (4829)
  2015 Ed. (4864)
  2016 Ed. (4771)
  2017 Ed. (4781)
  2020 Ed. (4763)
GoEuro
  2018 Ed. (4732)
Gofen and Glossberg
  1997 Ed. (2534)
Goff Associates
  2001 Ed. (1446)
Goff & Howard
  2003 Ed. (3983, 3985, 4009)
  2004 Ed. (3975, 3982, 4018)
  2005 Ed. (3950, 3968)
Goff Public
  2014 Ed. (1817)
Gofish.com
  2001 Ed. (4755)
GoFor Delivers
  2023 Ed. (1636)
Goforth Construction LLC
  2010 Ed. (1767)
GoFundMe
  2018 Ed. (1333)
Goglanian Bakeries
  2017 Ed. (2706)
Gogo Inc.
  2014 Ed. (3057)
GoGold Resources
  2021 Ed. (3537)
GoGuardian
  2020 Ed. (2221)
Goh Cheng Liang
  2015 Ed. (4956, 4957)
  2016 Ed. (4872, 4873)
  2017 Ed. (4873)
  2019 Ed. (4877)
  2020 Ed. (4865)
  2021 Ed. (4866)
  2022 Ed. (4862)
  2023 Ed. (4856)
Goh; Eng Lim
  2006 Ed. (1003)
Goh; G. K.
  1993 Ed. (1645)
  1995 Ed. (802, 803, 804, 805, 822, 823, 824, 825, 826)
Goh; GK
  1997 Ed. (783, 784)
Goh Peng Ooi
  2016 Ed. (4855)
Goh Tong; Lim
  1997 Ed. (849)
GoHastings.com
  2013 Ed. (2473)
goHenry
  2020 Ed. (2910)
gohenry
  2021 Ed. (2550)
Gohlke Pools
  2021 Ed. (4533)
  2023 Ed. (4548)
Goi; Sam
  2013 Ed. (4907)
  2014 Ed. (4917)
  2015 Ed. (4957)
  2016 Ed. (4873)
  2018 Ed. (4885)
Goin' Postal
  2008 Ed. (4017)
  2009 Ed. (4088)
  2010 Ed. (841, 4000)
  2011 Ed. (4008)
Goin' Postal Franchise Corp.
  2017 Ed. (851)
  2019 Ed. (804)
Going Rogue
  2011 Ed. (494)
Goings; E. V.
  2005 Ed. (3857)
  2008 Ed. (2639)
  2009 Ed. (2665)
  2010 Ed. (2566)

Goings; E. V. (Rick)
  2007 Ed. (3974)
  2008 Ed. (3997)
  2009 Ed. (4071)
  2010 Ed. (3990)
  2011 Ed. (3995)
  2012 Ed. (3988)
  2013 Ed. (4051)
  2014 Ed. (3990)
  2016 Ed. (3950)
  2017 Ed. (3925)
Goizueta Business School
  2011 Ed. (648)
  2015 Ed. (810)
Goizueta Business School; Emory University
  2006 Ed. (2859)
  2007 Ed. (797, 2849)
  2008 Ed. (773)
  2009 Ed. (784, 786, 789, 802, 803, 824)
  2010 Ed. (726, 732)
  2011 Ed. (643, 652)
Goizueta family
  2004 Ed. (2843)
Goizueta Foundation
  2002 Ed. (2336, 2341)
Goizueta; Roberto C.
  1990 Ed. (972)
  1991 Ed. (924, 1619)
  1993 Ed. (936)
  1994 Ed. (1717, 2059, 2521, 3655)
  1995 Ed. (978, 1727, 1730, 2112, 2579, 3726)
  1996 Ed. (960)
Goizueta School of Business; Emory University
  2005 Ed. (812, 814, 815, 2853)
  2007 Ed. (831, 833, 834)
  2008 Ed. (777)
Gojo
  2000 Ed. (4073)
  2001 Ed. (4298)
  2003 Ed. (647)
  2008 Ed. (4452)
GOJO Industries
  2020 Ed. (3761)
Gojo Industries
  2003 Ed. (650, 652)
Gokhale; Sameer
  2011 Ed. (3348)
Gokhan Altin VE DIS
  2018 Ed. (1983)
Gokongwei; John
  2011 Ed. (4903)
Gokongwei Jr.; John
  2006 Ed. (4921)
  2010 Ed. (4917)
  2012 Ed. (4914)
  2013 Ed. (4897)
  2014 Ed. (4909)
  2015 Ed. (4950)
  2016 Ed. (4865)
Gokongwei, Jr.; John
  2015 Ed. (4951)
  2016 Ed. (4866)
  2017 Ed. (4868)
  2018 Ed. (4878)
  2019 Ed. (4872)
  2020 Ed. (4861)
Gol
  2002 Ed. (382, 385)
  2005 Ed. (219)
  2022 Ed. (631)
Gol Linhas Aereas
  2019 Ed. (147)
Gol Linhas Aereas Inteligentes SA
  2007 Ed. (237, 251, 252, 254)
  2008 Ed. (216, 228, 230, 231, 232, 233, 4758)
  2009 Ed. (239, 240)
  2010 Ed. (223, 224, 229, 230, 232, 233, 234)
  2011 Ed. (146, 147, 153, 155, 156, 157)
  2012 Ed. (158, 159, 165, 166, 167, 168, 169, 170, 174)
  2013 Ed. (137, 138, 144, 145, 146, 147, 148, 149)
  2014 Ed. (147, 148)
  2015 Ed. (167, 168)
  2016 Ed. (169, 170)
  2017 Ed. (156, 157)
GOL Transportes Aereos
  2015 Ed. (169)
Gol TV
  2010 Ed. (2985)
  2011 Ed. (2946)
  2012 Ed. (2877)
  2013 Ed. (2953)
  2014 Ed. (2970)
  2015 Ed. (3039)
Gol; Volkswagen
  2005 Ed. (296)
  2013 Ed. (276)
Golar
  2006 Ed. (3758)
Golar LNG
  2013 Ed. (4520)

Golar LNG Ltd.
  2013 Ed. (4518)
Gold
  1989 Ed. (1845)
  1990 Ed. (1871, 2402, 2742)
  1991 Ed. (2262)
  1992 Ed. (2074, 2092, 2804)
  1993 Ed. (1914, 2364)
  1995 Ed. (2695)
  1996 Ed. (1517)
  1999 Ed. (1816, 2565)
  2002 Ed. (1909)
  2005 Ed. (3016, 3018)
  2007 Ed. (3038)
  2008 Ed. (1093, 2643, 2644)
  2009 Ed. (2671, 2672)
Gold Banc Corp.
  2002 Ed. (485)
  2005 Ed. (357)
Gold Blend
  1992 Ed. (887)
  1994 Ed. (693)
  1996 Ed. (725)
  1999 Ed. (710)
Gold Bond
  2001 Ed. (3698, 3699, 3704)
  2003 Ed. (2537, 2549, 2920, 3773, 3783)
  2004 Ed. (2671, 2684)
  2008 Ed. (4586)
  2013 Ed. (3894)
  2017 Ed. (2616)
  2018 Ed. (2678)
  2020 Ed. (2672, 3776)
  2021 Ed. (3769)
Gold Bond Ice Cream Inc.
  1993 Ed. (2124)
Gold Bond Ultimate
  2017 Ed. (2616)
  2018 Ed. (2678, 3411)
  2019 Ed. (3385)
  2020 Ed. (2672, 3386)
  2021 Ed. (2582, 3396)
  2023 Ed. (3565, 3566)
Gold Canyon Resources Inc.
  2012 Ed. (1396)
Gold; Christina
  2011 Ed. (4977)
Gold; Christina A.
  2007 Ed. (2510)
  2012 Ed. (807)
Gold Circle
  1998 Ed. (869)
Gold Club
  2008 Ed. (2071)
Gold Coast Beverage Distributors Inc.
  2004 Ed. (666)
  2005 Ed. (653)
  2006 Ed. (553)
  2007 Ed. (593)
  2008 Ed. (538)
  2009 Ed. (572)
  2010 Ed. (554)
  2011 Ed. (481)
  2012 Ed. (437)
  2013 Ed. (551)
Gold Coin Ltd.
  1989 Ed. (1155)
Gold Coin Savings
  1990 Ed. (463)
Gold Crayons
  1998 Ed. (3601)
Gold; David
  2005 Ed. (4892)
  2007 Ed. (4927, 4928)
  2008 Ed. (4904)
Gold; David, Ralph & Jacqueline
  2008 Ed. (4903)
Gold Fields Ltd.
  2004 Ed. (3681)
  2006 Ed. (2010)
  2008 Ed. (4612)
  2010 Ed. (1974)
  2012 Ed. (1885, 3656, 3685)
  2013 Ed. (817, 853, 869, 870, 2044, 3704)
  2014 Ed. (3637)
Gold Fields of S.A.
  1996 Ed. (2034)
Gold Fields of South Africa
  1990 Ed. (1416)
  1992 Ed. (1689, 2815, 2816)
  1993 Ed. (1397)
  1994 Ed. (1446)
Gold Flake
  2017 Ed. (697, 4673)
  2018 Ed. (4662)
  2020 Ed. (4639)
  2021 Ed. (4655)
Gold Greenlees
  1993 Ed. (3474)
Gold Greenlees Trott
  1991 Ed. (110)
Gold; Hadley
  1990 Ed. (2659)
Gold; Jeff
  2015 Ed. (1205)

Gold Kist Holdings Inc.
  2006 Ed. (2634)
  2007 Ed. (2608, 2611)
  2008 Ed. (2740)
Gold Kist Inc.
  1990 Ed. (1893, 2891)
  1992 Ed. (2990, 2994, 2997, 3507, 3509, 3511, 3512)
  1993 Ed. (1318, 1884, 2517, 2518, 2519, 2522, 2523, 2889, 2891, 2892, 2895, 2896)
  1994 Ed. (1374, 1875, 1882, 2452, 2453, 2456, 2459, 2904, 2905, 2906, 2908, 2909)
  1995 Ed. (1399, 1899, 2519, 2521, 2524, 2526, 2959, 2961, 2962, 2964, 2965, 2967)
  1996 Ed. (1949, 2583, 2584, 2588, 2591, 3058, 3059, 3061, 3063, 3064)
  1997 Ed. (2732, 2737, 3140, 3143, 3144, 3145)
  1998 Ed. (1713, 2451, 2889, 2895, 2896)
  1999 Ed. (2475, 3321, 3865)
  2000 Ed. (3059, 3060, 3061, 3580, 3581, 3582)
  2001 Ed. (2479, 3153)
  2002 Ed. (2292, 2300)
  2003 Ed. (1375, 2508, 3340, 3341)
  2004 Ed. (1381, 1382, 2639, 2645)
  2005 Ed. (1402, 1403, 2630, 2636)
  2006 Ed. (1388, 1389, 2626)
Gold Leaf
  2022 Ed. (2821)
  2023 Ed. (2937)
Gold Leaf of Nebraska Inc.
  2020 Ed. (2800)
Gold Line Refining Ltd.
  1994 Ed. (714)
  1995 Ed. (671)
  1996 Ed. (745)
Gold Mantis
  2022 Ed. (3283, 3289, 3290, 3291)
Gold Mantis Construction Decoration Co.
  2023 Ed. (3373, 3374)
Gold Medal
  2015 Ed. (2745)
  2016 Ed. (2675)
  2017 Ed. (2622)
Gold Medal Bakery Inc.
  2018 Ed. (309)
  2022 Ed. (311)
Gold Mines of Kalgoorlie
  1990 Ed. (3470)
Gold (Mining) Inc.
  1996 Ed. (3508)
  2005 Ed. (3447)
Gold 'n' Soft
  2003 Ed. (3311)
  2008 Ed. (3589)
Gold 'n' Sweet
  2003 Ed. (3311)
  2008 Ed. (3589)
Gold, nonmonetary
  2007 Ed. (2515)
Gold oriented
  1991 Ed. (2568)
Gold Peak
  2011 Ed. (4626)
  2012 Ed. (4630)
  2013 Ed. (4582, 4583)
  2014 Ed. (4642, 4643)
  2015 Ed. (4629, 4630, 4631)
  2016 Ed. (4547, 4548, 4549)
  2017 Ed. (4549, 4550, 4551, 4552, 4553)
  2018 Ed. (4574, 4575, 4576)
  2019 Ed. (4575, 4576, 4577, 4578, 4579)
  2020 Ed. (4559, 4560, 4561, 4562)
  2021 Ed. (4540, 4541, 4542)
  2022 Ed. (4545, 4546, 4547, 4548)
  2023 Ed. (4560, 4561, 4562, 4563)
Gold Peak Chilled Tea
  2013 Ed. (3831)
Gold Peak Industries
  2020 Ed. (3637)
  2021 Ed. (3644)
Gold Power Development
  2017 Ed. (2240)
Gold PR & Social Media
  2023 Ed. (4142)
Gold Public Relations
  2017 Ed. (4011, 4022)
  2018 Ed. (4035, 4046)
Gold Reserve Inc.
  2005 Ed. (3482, 4512)
  2016 Ed. (2120)
  2021 Ed. (1952)
  2022 Ed. (1994)
Gold Reserve Inc. A
  2023 Ed. (2095)
Gold Rush Rum
  1998 Ed. (3110, 3112)
Gold & Silver Buyers
  2013 Ed. (1214, 4094)
  2014 Ed. (1154)
Gold Standard Inc.
  1995 Ed. (2429)
Gold Standard Ventures Corp.
  2018 Ed. (1469)

Gold Star
 1989 Ed. (1134)
 1990 Ed. (1394)
 1993 Ed. (1362)
 1996 Ed. (2127, 2444, 2445)
 1997 Ed. (2061, 2591, 2592)
Gold Star Co. Ltd
 1992 Ed. (1666)
Gold Star Products
 1996 Ed. (1956)
Gold Strike Casino Resort
 2023 Ed. (1027)
Gold Toe Moretz
 2016 Ed. (2985)
 2017 Ed. (2946)
 2018 Ed. (3060)
Gold Trust Bank
 2000 Ed. (685)
 2004 Ed. (95)
Gold Wheaton Gold
 2011 Ed. (1562)
Gold Zack
 2002 Ed. (4292, 4414)
Golda's Balcony
 2005 Ed. (4687)
GoldBank Communications
 2002 Ed. (4435)
Goldberg
 2022 Ed. (624)
Goldberg; Arthur J.
 1994 Ed. (1721)
Goldberg; Arthur M.
 1990 Ed. (1722)
 1993 Ed. (938)
Goldberg; Gary
 2016 Ed. (866)
Goldberg; Howard
 1997 Ed. (1945)
Goldberg; Kenneth
 1997 Ed. (1945)
The Goldberg Moser O'Neill
 1997 Ed. (45, 139)
 1998 Ed. (34, 67)
 1999 Ed. (39, 170)
 2000 Ed. (191)
Goldberg Segalla
 2021 Ed. (3237)
Goldberger; Laurie
 1993 Ed. (1775)
Goldbug
 2016 Ed. (3095)
 2017 Ed. (3042)
 2018 Ed. (3149)
Goldco Precious Metals
 2017 Ed. (2581)
Goldcoast Mitsubishi
 1994 Ed. (277)
Goldcorp
 2013 Ed. (3730)
 2014 Ed. (3665)
 2015 Ed. (3673, 3683)
 2018 Ed. (3583, 3593)
 2019 Ed. (3579)
 2020 Ed. (3551, 3552)
GoldCorp Inc.
 2013 Ed. (3700)
 2014 Ed. (3574)
Goldcorp Inc.
 1994 Ed. (1982)
 1997 Ed. (2152)
 2005 Ed. (4511)
 2007 Ed. (1648, 2698, 4573)
 2008 Ed. (1424, 2825)
 2009 Ed. (1580, 2883, 3725, 3744)
 2010 Ed. (1516, 1545, 1546, 1565, 2820, 3644, 3682, 3685)
 2011 Ed. (1509, 1536, 1547, 2806, 3666, 3671, 4554)
 2012 Ed. (1239, 1356, 1357, 1397, 2739, 3643, 3668, 3670, 3671, 3672, 3681, 4067)
 2013 Ed. (1496, 1503, 1513, 1514, 1520, 1530, 2825, 3687, 3725, 3726, 3729, 3738, 4510)
 2014 Ed. (1482, 1483, 2864, 3621, 3660, 3661, 3664, 3671)
 2015 Ed. (1537, 1538, 2905, 3634, 3678, 3679, 3682, 3689)
 2016 Ed. (1478, 3518, 3519, 3561, 3562, 3565)
 2017 Ed. (1344, 1481, 3491, 3492, 3536, 3537)
 2018 Ed. (1456, 1467, 2853, 3546, 3584)
 2019 Ed. (1485, 2819, 3537, 3577, 3578, 3813)
 2020 Ed. (1456, 3520, 3547, 3549, 3550)
 2021 Ed. (3571, 3572)
Goldcrest
 2007 Ed. (1832)
Goldcrest Investment Holdings Ltd.
 1995 Ed. (1010)
Golden
 2023 Ed. (2928)
The Golden 1
 2000 Ed. (1627, 1628)
Golden 1 Credit Union
 2018 Ed. (2078, 2079, 2080, 2085)

The Golden 1 Credit Union
 1992 Ed. (1754, 3262)
 1993 Ed. (1447, 1450)
 1994 Ed. (1502)
 1995 Ed. (1534, 1535)
 1996 Ed. (1497, 1499, 1500, 1501, 1502, 1503)
 1997 Ed. (1558, 1560, 1562, 1564, 1566, 1567, 1568, 1569)
 1998 Ed. (1220, 1221, 1222, 1223, 1224, 1225, 1227, 1228, 1229, 1230)
 2001 Ed. (434, 1960, 1961)
 2002 Ed. (1841, 1842, 1843, 1850)
 2003 Ed. (1887, 1901, 1902, 1908)
 2004 Ed. (1926, 1941, 1942, 1948)
 2005 Ed. (2047, 2060, 2061, 2065, 2077, 2081, 2082, 2083, 2089)
 2006 Ed. (2158, 2171, 2175, 2176, 2177, 2184)
 2007 Ed. (2098, 2099, 2100, 2105)
 2008 Ed. (2210, 2214, 2215, 2220)
 2009 Ed. (330, 2178, 2189, 2190, 2198, 2203)
 2010 Ed. (2125, 2149, 2150, 2152, 2157)
 2011 Ed. (2172, 2173, 2178)
 2012 Ed. (2014, 2015, 2021, 2032, 2033, 2038)
 2013 Ed. (2214, 2216, 2267, 2268)
 2014 Ed. (2145, 2147, 2201, 2202)
 2015 Ed. (2209, 2211, 2265, 2266)
 2016 Ed. (2180, 2182, 2236, 2237)
 2019 Ed. (2128, 2129)
 2020 Ed. (2063, 2104)
 2021 Ed. (2053, 2094)
 2022 Ed. (2089)
 2023 Ed. (2203, 2244)
The Golden 1 Credit Union (CA)
 2021 Ed. (2094)
Golden 1 CU
 1999 Ed. (1799, 1801, 1802, 1803)
Golden 1 Federal Credit Union
 1991 Ed. (1394)
Golden Agri-Resources Ltd.
 2008 Ed. (4533)
 2009 Ed. (2037)
 2012 Ed. (1881, 2665)
 2013 Ed. (2041, 2754)
 2014 Ed. (2733)
 2015 Ed. (2788)
 2016 Ed. (2718)
 2017 Ed. (2673)
 2018 Ed. (2574, 2732)
 2021 Ed. (2487)
 2022 Ed. (2599)
 2023 Ed. (2740)
Golden American GoldenSelect Real Estate
 2000 Ed. (4334)
Golden American (VUL)
 1991 Ed. (2119)
Golden Arrow Resources Corp.
 2018 Ed. (4514)
Golden Associates Corp.
 2007 Ed. (2470)
Golden Bear
 1997 Ed. (843)
 1998 Ed. (540)
Golden Bees
 2021 Ed. (1540)
Golden Belt Bank
 2021 Ed. (4296)
 2022 Ed. (4304)
Golden Belt Bank, FSA
 2021 Ed. (4296)
 2022 Ed. (4304)
 2023 Ed. (4334)
Golden Blend
 1994 Ed. (3546)
 1995 Ed. (3624)
 1998 Ed. (3579)
Golden Blue
 2021 Ed. (1856)
Golden Books
 1997 Ed. (3776)
 1999 Ed. (3970)
Golden Books Family Entertainment, Inc.
 2001 Ed. (3955)
"Golden Boy Promo Previa"
 2015 Ed. (3040)
Golden Brau Original
 2021 Ed. (647)
Golden Builders
 2003 Ed. (1137)
Golden Capital Distributors Ltd.
 1993 Ed. (1154)
 1994 Ed. (1177)
Golden; Charles
 2006 Ed. (974)
 2007 Ed. (1069)
Golden Chick
 2002 Ed. (2245)
 2007 Ed. (2542)
 2009 Ed. (2706)
 2011 Ed. (2608)
 2012 Ed. (2551)
 2013 Ed. (2672)
 2014 Ed. (2623)
 2015 Ed. (2667)
 2016 Ed. (2590)

2017 Ed. (2514)
 2019 Ed. (2561, 4221)
 2020 Ed. (2552)
 2021 Ed. (2515, 4125, 4126, 4127)
 2022 Ed. (2629, 4152, 4153, 4154)
 2023 Ed. (2765, 4235, 4248)
Golden Circle
 2003 Ed. (3956)
 2004 Ed. (2652)
Golden Circle Life Insurance Co.
 1994 Ed. (2233)
 1995 Ed. (2280)
 1996 Ed. (2286)
 1997 Ed. (2419)
 1998 Ed. (2132)
 1999 Ed. (2916)
 2000 Ed. (2669)
 2002 Ed. (714)
 2003 Ed. (2976)
 2004 Ed. (3079)
Golden, CO
 2006 Ed. (1679)
 2007 Ed. (1682)
Golden Cockerel
 2021 Ed. (3931)
 2022 Ed. (3943)
The Golden Cockerel Group
 2019 Ed. (3954)
 2020 Ed. (3971)
 2021 Ed. (3936)
 2022 Ed. (3948)
 2023 Ed. (4032)
Golden Co.; M. H.
 1992 Ed. (1409)
The Golden Compass
 2009 Ed. (579)
Golden Construction Development Co.
 2012 Ed. (4098)
Golden Corral
 1990 Ed. (1042)
 1991 Ed. (970, 2873, 2883)
 1992 Ed. (3713, 3718)
 1993 Ed. (980, 3021, 3035)
 1994 Ed. (1006, 3077, 3088)
 1995 Ed. (1018, 3122, 3126, 3138)
 1996 Ed. (3217, 3230)
 1997 Ed. (1016, 3318, 3333)
 1998 Ed. (757, 3066)
 1999 Ed. (2512, 2515, 4079, 4080)
 2000 Ed. (3792, 3793)
 2001 Ed. (4068, 4072, 4075)
 2002 Ed. (4006, 4029)
 2003 Ed. (4102, 4121, 4122, 4123, 4124, 4125, 4126, 4127)
 2005 Ed. (3919, 4074, 4075, 4076, 4077, 4078, 4083)
 2006 Ed. (3993)
 2010 Ed. (4239, 4240, 4241, 4242, 4243)
 2012 Ed. (4297)
 2014 Ed. (4266)
 2015 Ed. (4247, 4299)
 2016 Ed. (4204)
 2017 Ed. (4125, 4130, 4169, 4170, 4171, 4172, 4173, 4174)
 2018 Ed. (4138, 4165, 4166, 4167, 4168, 4169, 4170, 4206)
 2019 Ed. (4180, 4181, 4182, 4183, 4184, 4185, 4235)
 2020 Ed. (4192, 4193, 4194, 4195, 4196, 4197, 4233)
 2021 Ed. (4131, 4133, 4134, 4135, 4136, 4197)
 2022 Ed. (4158, 4159, 4161, 4162, 4163)
 2023 Ed. (4219)
Golden Corral Buffet & Grill
 2006 Ed. (4114)
 2007 Ed. (4141)
 2008 Ed. (4155, 4167, 4168)
 2009 Ed. (4263, 4275)
 2010 Ed. (4203)
 2011 Ed. (4209, 4222, 4239)
 2014 Ed. (4302)
Golden Corral Franchising Systems
 2015 Ed. (4294)
Golden Corral Franchising Systems Inc.
 2002 Ed. (4030)
 2003 Ed. (4140)
 2004 Ed. (4148)
 2005 Ed. (4088)
 2006 Ed. (4137)
 2007 Ed. (4157)
 2008 Ed. (4199)
 2009 Ed. (4296)
 2010 Ed. (4262)
 2011 Ed. (4262)
 2012 Ed. (4284)
 2013 Ed. (4235)
 2014 Ed. (4283)
 2016 Ed. (4178)
 2017 Ed. (4156)
Golden Corral, OH! Brian's
 1990 Ed. (3023)
Golden Corral Restaurants
 2018 Ed. (4152)
 2019 Ed. (4199)
 2020 Ed. (4211)

Golden Corral Steaks, Buffet & Bakery
 2001 Ed. (4079)
 2003 Ed. (4118)
 2004 Ed. (4126, 4133, 4137)
 2005 Ed. (4070)
Golden Cos., Inc.
 2006 Ed. (3531, 4370)
 2007 Ed. (3585, 3586, 4438)
 2008 Ed. (3725, 4419, 4976)
Golden County Foods Inc.
 2017 Ed. (2717)
Golden Crisp Fryer Saver
 2022 Ed. (2834)
 2023 Ed. (2949)
Golden Crown
 1994 Ed. (1511)
 1996 Ed. (1517)
Golden Cycle Gold Corp.
 2002 Ed. (3568)
 2009 Ed. (1596)
Golden Days China
 2023 Ed. (2311)
Golden Dipit Cocktail Sauce
 1992 Ed. (3769)
Golden Eagle Industries Inc.
 1996 Ed. (1202)
 2002 Ed. (1467)
 2003 Ed. (1488)
 2004 Ed. (1518)
 2005 Ed. (1534)
Golden Eagle Retail
 2013 Ed. (1422)
Golden Eagle Retail Group
 2014 Ed. (1385, 1386)
Golden Enterprises Inc.
 2015 Ed. (1408, 1412, 1413, 1414)
Golden Enterprises, Inc.
 1991 Ed. (1446)
Golden Eye Media
 2022 Ed. (4222, 4231)
Golden Flake
 1999 Ed. (3863)
 2006 Ed. (4390)
 2007 Ed. (4457)
 2009 Ed. (4485, 4487)
 2013 Ed. (4454)
 2014 Ed. (4489, 4491)
 2015 Ed. (4488)
 2016 Ed. (4387, 4391)
 2017 Ed. (4401, 4404)
 2018 Ed. (4414, 4420)
Golden Flake Delites
 2001 Ed. (4289)
Golden Flake Snack Foods
 2017 Ed. (4383)
Golden Flake Snack Foods Inc.
 2018 Ed. (4389, 4396)
 2019 Ed. (4417)
 2020 Ed. (4412)
 2021 Ed. (4413)
 2022 Ed. (4405, 4412)
Golden Forest
 1999 Ed. (3685)
Golden Friends Corp.
 1994 Ed. (1462, 2424)
Golden Furrow Fertilizer
 2014 Ed. (116)
 2015 Ed. (133)
 2016 Ed. (139)
Golden Gate Air Freight Inc.
 2002 Ed. (2563)
 2009 Ed. (3047)
 2010 Ed. (2971)
 2011 Ed. (2934)
 2012 Ed. (2867)
 2013 Ed. (2939)
 2014 Ed. (2959)
 2015 Ed. (3027)
Golden Gate Bridge Highway & Transit District
 1991 Ed. (1886)
Golden Gate Capital
 2012 Ed. (2671)
 2017 Ed. (2681)
 2020 Ed. (2758)
Golden Gate Capital Group LLC
 2013 Ed. (2759)
 2014 Ed. (2743)
Golden Gate Capital LP
 2012 Ed. (4445)
 2014 Ed. (4436)
 2015 Ed. (4418)
Golden Gate Freight Systems Inc.
 2001 Ed. (2715)
Golden Gate National Recreation Area
 1990 Ed. (2666)
 1999 Ed. (3705)
Golden Gate Private Equity Inc.
 2011 Ed. (2508)
 2012 Ed. (2429)
 2013 Ed. (9, 2595)
 2014 Ed. (5, 2521)
 2015 Ed. (5, 2595)
 2016 Ed. (2518)
Golden Gate Sotheby's International Realty
 2019 Ed. (4080, 4082, 4090)
 2020 Ed. (4103)
 2021 Ed. (4053, 4054, 4065)

2022 Ed. (4081)
Golden Gate University
  2005 Ed. (2273)
  2006 Ed. (2337)
Golden Gates Edelmetalle
  2019 Ed. (4260)
  2020 Ed. (3532)
Golden Giant
  1994 Ed. (1981)
  1996 Ed. (2032)
Golden Globe Awards
  2006 Ed. (4719)
Golden Grahams
  2003 Ed. (4456)
Golden Grahams Treats
  2000 Ed. (2383, 4065)
  2016 Ed. (4382)
  2017 Ed. (4393)
  2018 Ed. (4404)
  2019 Ed. (4420)
  2020 Ed. (4415)
  2021 Ed. (4416)
Golden Grain
  2003 Ed. (3743)
  2008 Ed. (3858)
Golden Grain Macaroni Co.
  2014 Ed. (2312)
Golden Grain—Mission
  2003 Ed. (3740)
Golden Harvest
  1994 Ed. (1196)
Golden Health System
  1990 Ed. (2725)
  1992 Ed. (3279)
Golden Hill
  1996 Ed. (2142)
Golden Hope
  1993 Ed. (2385)
Golden Hope Plantations
  2000 Ed. (1294, 1298)
  2007 Ed. (1864)
Golden Key Credit Union
  2009 Ed. (2186)
Golden Krust Caribbean Bakery & Grill
  2004 Ed. (2586)
  2007 Ed. (2543)
  2012 Ed. (4262)
Golden Krust Franchising
  2018 Ed. (2590)
  2019 Ed. (2566)
  2020 Ed. (2557)
Golden Krust Franchising Inc.
  2008 Ed. (2684)
  2009 Ed. (2707)
  2012 Ed. (2552)
  2013 Ed. (2673)
  2014 Ed. (2624)
  2015 Ed. (2668)
  2016 Ed. (2591)
Golden Lady
  1998 Ed. (1976)
Golden Living
  2009 Ed. (3846)
  2010 Ed. (2882)
  2011 Ed. (2863, 2869, 3770)
  2012 Ed. (2793, 2805, 3773)
  2013 Ed. (2860, 2872, 3841)
  2014 Ed. (2891, 2904, 3759)
  2015 Ed. (2934, 2965)
  2016 Ed. (2869, 2899)
  2017 Ed. (2827, 2858)
  2018 Ed. (2899, 2928)
  2019 Ed. (2727, 2853)
  2020 Ed. (2880)
  2021 Ed. (2754)
  2022 Ed. (2904)
  2023 Ed. (3026)
Golden Living Center of Petaluma
  2012 Ed. (1366)
  2013 Ed. (1452)
  2014 Ed. (1413)
  2015 Ed. (1473)
Golden Meditech
  2008 Ed. (1787)
Golden Moon Distillery
  2023 Ed. (226)
Golden Mountain Trading Inc.
  1992 Ed. (2743)
  1994 Ed. (1069)
Golden Neo Life Diamite International
  2007 Ed. (4232)
Golden Nugget
  1989 Ed. (1048, 1614)
  1990 Ed. (2081, 2510)
  1991 Ed. (1055, 1939)
  1992 Ed. (2474)
Golden Nugget Atlantic City
  2023 Ed. (1028)
Golden Nugget Hotel
  2016 Ed. (1859)
Golden Nugget Las Vegas
  2017 Ed. (4743)
  2018 Ed. (4729)
  2019 Ed. (4730)
Golden Pacific Bank
  2023 Ed. (508)

Golden Pacific Brewing Co.
  1998 Ed. (2490)
  1999 Ed. (3400, 3401)
Golden Pacific Systems Inc.
  2012 Ed. (4017, 4018, 4044)
  2013 Ed. (4069, 4089)
  2014 Ed. (4097)
Golden Pass Products
  2015 Ed. (3529)
Golden Plains Credit Union
  2002 Ed. (1866)
  2003 Ed. (1920)
  2004 Ed. (1960)
  2005 Ed. (2102)
  2006 Ed. (2155, 2169, 2197)
  2007 Ed. (2118)
  2008 Ed. (2233)
  2009 Ed. (2218)
  2010 Ed. (2172)
  2011 Ed. (2190)
  2012 Ed. (2050)
  2013 Ed. (2232)
  2014 Ed. (2164)
  2015 Ed. (2228)
  2016 Ed. (2199)
  2018 Ed. (2096)
  2020 Ed. (2075)
  2021 Ed. (2065)
  2022 Ed. (2100)
  2023 Ed. (2215)
Golden Plough Inn
  1999 Ed. (2769)
  2000 Ed. (2545)
Golden Poultry
  1995 Ed. (1896, 1899)
Golden Predator Mining Corp.
  2018 Ed. (4514)
Golden Pyramids Plaza
  2017 Ed. (2953)
  2018 Ed. (3068)
Golden Rounds
  1996 Ed. (1174)
Golden Rule
  1993 Ed. (2197)
Golden Rule Financial Corp.
  2005 Ed. (1464)
Golden Spirits
  1990 Ed. (2458)
  1992 Ed. (2886)
  1994 Ed. (2392)
Golden Spoon Frozen Yogurt
  2010 Ed. (4216)
Golden Star Resources
  2015 Ed. (3675)
  2018 Ed. (3581, 3586)
  2020 Ed. (3548, 3553)
  2021 Ed. (3564, 3574)
  2023 Ed. (3724)
Golden Star Resources Ltd.
  2002 Ed. (1619)
  2005 Ed. (1729, 1734)
  2006 Ed. (3486)
  2007 Ed. (4577)
  2009 Ed. (1399)
  2011 Ed. (3640)
  2012 Ed. (3636)
  2018 Ed. (1469)
Golden Star RSC
  2006 Ed. (1615)
Golden State Bancorp Inc.
  1999 Ed. (1456, 4596, 4597)
  2000 Ed. (375, 4246, 4247)
  2001 Ed. (437, 3344, 4159, 4160, 4521, 4523)
  2002 Ed. (491, 3380, 4171)
  2003 Ed. (421, 451, 3432, 4282, 4283, 4301)
  2004 Ed. (3501, 4290, 4291)
  2005 Ed. (1542, 1558)
Golden State Foods
  2013 Ed. (3638)
  2014 Ed. (2776)
  2015 Ed. (3594)
  2016 Ed. (2677, 2762)
  2017 Ed. (2627, 2720)
  2018 Ed. (2697)
  2019 Ed. (2672)
  2020 Ed. (2688)
  2021 Ed. (2595, 2598, 3495, 3497)
  2022 Ed. (2709, 2711)
  2023 Ed. (1596, 2845)
Golden State Foods Corp.
  1991 Ed. (1758)
  1993 Ed. (978, 1888)
  2009 Ed. (220)
  2010 Ed. (201)
  2011 Ed. (123, 4035, 4065)
  2012 Ed. (130, 4068, 4099)
  2013 Ed. (1459, 1469)
  2014 Ed. (1420, 1432)
  2015 Ed. (1480)
  2016 Ed. (1405, 1427)
  2017 Ed. (1415, 1437)
  2018 Ed. (1391, 1418)
  2019 Ed. (1437, 1458)
  2020 Ed. (1399, 1422)
  2021 Ed. (1395, 1421)
  2022 Ed. (1401, 1428)

2023 Ed. (1621)
Golden State Lumber
  1996 Ed. (816, 823, 825)
  2016 Ed. (2864, 2865)
  2018 Ed. (2890, 2891)
Golden State Mutual Life Insurance Co.
  1990 Ed. (2275)
  1991 Ed. (2144)
  1992 Ed. (2707)
  1993 Ed. (2253)
  1994 Ed. (2233)
  1995 Ed. (2280)
  1996 Ed. (2286)
  1997 Ed. (2419)
  1998 Ed. (2132)
  1999 Ed. (2916)
  2000 Ed. (2669)
  2002 Ed. (714)
  2003 Ed. (2976)
  2004 Ed. (3079)
  2005 Ed. (3087)
  2006 Ed. (3092)
Golden State Overnight
  2016 Ed. (4742)
  2018 Ed. (4749)
  2019 Ed. (4751)
Golden State University
  2000 Ed. (929)
Golden State Vintners & Golden State Vintners Napa
  2000 Ed. (4396)
Golden State Vintners Inc.
  1998 Ed. (1773, 1774, 3722)
  1999 Ed. (4772)
  2004 Ed. (3276, 3277)
  2005 Ed. (3293, 3294)
Golden State Warriors
  2013 Ed. (546)
  2014 Ed. (560)
  2015 Ed. (623)
  2016 Ed. (570)
  2017 Ed. (599)
  2018 Ed. (563)
  2019 Ed. (582)
  2020 Ed. (565)
  2022 Ed. (557, 4474)
  2023 Ed. (809)
Golden Systems
  1996 Ed. (2887)
Golden Telecom
  2004 Ed. (1850)
Golden Telemedia
  2007 Ed. (30)
  2009 Ed. (40)
  2010 Ed. (50)
Golden Textiles & Clothes Wool Co.
  2018 Ed. (4637)
Golden Triangle
  1989 Ed. (2360)
Golden Triangle Construction Inc.
  2010 Ed. (4063)
Golden Triangle Savings & Loan Association
  1990 Ed. (3592)
Golden Tulip
  2000 Ed. (2571)
Golden Vale PLC
  1993 Ed. (1534)
Golden Valley
  1994 Ed. (3342)
Golden Valley Act II
  1995 Ed. (3405, 3691)
Golden Valley Electric Association
  2014 Ed. (1351)
Golden Valley Foods
  1989 Ed. (1570, 2497)
Golden Valley Microwave
  1989 Ed. (1566, 2500)
  1990 Ed. (1967, 3297)
  1991 Ed. (3147)
  1999 Ed. (4703)
Golden Ventures LLC
  2011 Ed. (1475)
Golden Virginia
  2001 Ed. (4568)
Golden West Broadcasting Ltd.
  2007 Ed. (1866)
Golden West Financial Corp.
  1989 Ed. (2355, 2825, 2826, 2827)
  1990 Ed. (3099, 3579, 3582)
  1991 Ed. (2486, 2917, 3361, 3366, 3367, 3368)
  1992 Ed. (2150, 2151, 3770, 4285, 4288, 4289, 4290)
  1993 Ed. (3070, 3246, 3562, 3563, 3572, 3573)
  1994 Ed. (1293, 3141, 3240, 3526, 3533, 3534, 3535)
  1995 Ed. (3320, 3608, 3609, 3610, 3611)
  1996 Ed. (1565, 3686, 3687, 3688, 3689)
  1997 Ed. (3744, 3745, 3746, 3747)
  1998 Ed. (3523, 3525, 3526, 3527)
  1999 Ed. (4595, 4596, 4597)
  2000 Ed. (4246, 4247, 4429)
  2001 Ed. (437, 3344, 4159, 4160, 4521, 4523)
  2002 Ed. (3380, 4171, 4984)

2003 Ed. (423, 424, 1555, 2471, 3432, 4282, 4283, 4301)
  2004 Ed. (416, 441, 1603, 3501, 4290, 4291, 4310, 4984)
  2005 Ed. (264, 452, 1625, 1685, 2229, 2584, 3303, 3500, 4223, 4224, 4243, 4689, 4690)
  2006 Ed. (400, 405, 1513, 1589, 2294, 2587, 3557, 4248, 4734, 4735)
  2007 Ed. (367, 2556, 3627, 3628, 4262)
  2008 Ed. (1402, 1405, 1427)
Golden West Food Group
  2017 Ed. (3440, 3442, 3443, 3444)
  2018 Ed. (3502, 3505, 3506, 3507)
  2019 Ed. (3490, 3494)
  2020 Ed. (3475, 3476, 3480, 3481, 3482)
  2022 Ed. (3555, 3556, 3559, 3560, 3561)
Golden West Homes
  1992 Ed. (1368, 3522)
  1993 Ed. (2904, 2905)
  1994 Ed. (2919)
  1995 Ed. (2976)
  1996 Ed. (3069, 3074, 3077, 3078)
Golden West Refining
  2001 Ed. (1617)
  2002 Ed. (3306)
Golden Wheat Mills
  2009 Ed. (4537)
Golden Wonder
  1994 Ed. (3349)
  2002 Ed. (4301)
Golden Wonder Crisps
  1992 Ed. (4006)
  1996 Ed. (3468)
Golden Wonder Pot Noodle
  1997 Ed. (165)
Golden Wonder Potato Crisps
  1999 Ed. (4347)
Goldenberg Rosenthal
  2000 Ed. (18)
Goldenberg Rosenthal Friedlander
  1996 Ed. (21)
  1997 Ed. (23)
  1998 Ed. (17)
GoldenEye
  1998 Ed. (2535)
Goldeneye 007
  1999 Ed. (4712)
  2000 Ed. (4345)
Goldenseal
  1996 Ed. (2102)
  1998 Ed. (1924)
  2000 Ed. (2445)
Goldenvoice
  2019 Ed. (2520)
Goldenwest Credit Union
  2002 Ed. (1895)
  2003 Ed. (1949)
  2004 Ed. (1989)
  2005 Ed. (2131)
  2006 Ed. (2226)
  2007 Ed. (2147)
  2008 Ed. (2262)
  2009 Ed. (2248)
  2010 Ed. (2202)
  2011 Ed. (2220)
  2012 Ed. (2081)
  2013 Ed. (2270)
  2014 Ed. (2204)
  2015 Ed. (2268)
  2016 Ed. (2239)
  2018 Ed. (2124)
  2020 Ed. (2106)
  2021 Ed. (2096)
  2022 Ed. (2128)
  2023 Ed. (2246)
Golder
  2022 Ed. (2479, 2480, 2498, 2504, 2511)
  2023 Ed. (2606, 2612, 2674, 2675, 2676, 2677, 2680, 2682)
Golder Associates
  2020 Ed. (2468, 2502)
  2023 Ed. (2600)
Golder Associates Corp.
  2013 Ed. (2571, 2582, 2586, 2616, 2618, 2620, 2621, 2625, 2627)
  2014 Ed. (2500, 2511, 2515, 2575, 2577, 2579, 2580, 2583, 2585)
  2015 Ed. (2574, 2582, 2585, 2589, 2614, 2615, 2617, 2619, 2620, 2623, 2625, 2626)
  2016 Ed. (2504, 2507, 2511, 2538, 2539, 2541, 2543, 2544, 2547, 2549, 2550)
  2017 Ed. (2361, 2362, 2364, 2370, 2428, 2429, 2431, 2433, 2434, 2437, 2439)
  2018 Ed. (2411, 2428, 2431, 2435, 2438, 2478, 2480, 2481, 2484, 4352)
  2019 Ed. (2457, 2474, 2480, 2484, 2487, 2505, 2506, 2507, 2508, 2511, 2513)
  2020 Ed. (2445, 2446, 2463, 2469, 2476, 2497, 2498, 2499, 2503, 2505)
  2021 Ed. (2368, 2369, 2387, 2390, 2393, 2400, 2418, 2419, 2423, 2425)
  2022 Ed. (2533, 2534, 2538, 2540)
Golder & Associates Inc.
  2011 Ed. (2470)

Golder Associates Ltd.
1991 Ed. (1561)
1992 Ed. (1967)
1993 Ed. (1619)
1994 Ed. (1651)
1995 Ed. (1690, 1698)
1996 Ed. (1672, 1680)
1997 Ed. (1748, 1761)
1998 Ed. (1488, 1490)
1999 Ed. (2057)
2000 Ed. (1810)
2003 Ed. (2305, 2314, 2317)
2004 Ed. (2353, 2387, 2395, 2400, 2440)
2005 Ed. (2427, 2430, 2432)
2006 Ed. (2457, 2470, 2472, 2504, 2505)
2007 Ed. (2435, 2437, 2473, 2474)
2008 Ed. (1102, 2536, 2552, 2562, 2564, 2599, 2602, 2603, 4320)
2009 Ed. (2523, 2546, 2560, 2570, 2572, 2626, 2627, 2630, 2631, 2635)
2010 Ed. (2440, 2468, 2476, 2486, 2488, 2533, 2534, 2538, 4469)
2011 Ed. (2446, 2475, 2494, 2496, 4402)
2012 Ed. (2403, 2413, 2415)
2014 Ed. (1451)
Goldfarb Corp.
1995 Ed. (3090)
Goldfarb; David
2006 Ed. (952)
Goldfarb; Jonathan
1993 Ed. (1784)
1994 Ed. (1768)
1995 Ed. (1809)
1996 Ed. (1784)
1997 Ed. (1860)
Goldfeder; Howard
1989 Ed. (1377)
Goldfish
1999 Ed. (779, 1421)
2000 Ed. (1293)
2001 Ed. (1495)
2002 Ed. (1340)
2003 Ed. (1370)
Goldfish Medical Staffing
2022 Ed. (4479)
Goldfish; Pepperidge Farm
2005 Ed. (1400)
2006 Ed. (1387)
2007 Ed. (1424)
2008 Ed. (1381)
2009 Ed. (1383)
2010 Ed. (1369)
Goldfish Swim School
2020 Ed. (4151)
2021 Ed. (4099)
2022 Ed. (909)
2023 Ed. (3995, 4364)
Goldfish Swim School Franchising
2017 Ed. (3899)
2018 Ed. (3932)
2019 Ed. (3903)
2020 Ed. (3920)
2021 Ed. (3888)
2022 Ed. (3901)
Goldheart
2022 Ed. (692)
Goldi
2004 Ed. (42)
2006 Ed. (43)
Goldin; Harrison J.
1990 Ed. (2662)
Goldin; Harrsion J.
1991 Ed. (2547)
Golding; Susan
1991 Ed. (2346)
GoldK Inc.
2004 Ed. (2682)
Goldline
1997 Ed. (2134)
2003 Ed. (3776)
Goldline Enterprises Ltd.
2002 Ed. (4425)
Goldline International Inc.
2011 Ed. (4051)
2012 Ed. (4082)
Goldman
2000 Ed. (377)
Goldman, Beale Associates
1995 Ed. (2337)
Goldman; Emanuel
1989 Ed. (1416)
1990 Ed. (1768)
1991 Ed. (1675, 1706, 1707)
1992 Ed. (2137)
1993 Ed. (1781, 1830)
1994 Ed. (1764, 1813, 1833, 1834)
1995 Ed. (1806, 1851)
1996 Ed. (1780, 1829)
1997 Ed. (1855, 1902)
Goldman; Kenneth B.
2011 Ed. (3351)
Goldman; Lillian
1995 Ed. (932, 1068)
Goldman; Robert
1996 Ed. (1849)
1997 Ed. (1921)
Goldman S. Municipal Income Inst.
2003 Ed. (3132)
Goldman S. Short Duration T/F Inst.
2003 Ed. (3132)
Goldman Sach
1998 Ed. (3243)
Goldman Sachs
1989 Ed. (534, 791, 792, 793, 794, 795, 796, 797, 798, 799, 800, 801, 802, 803, 804, 805, 806, 807, 808, 1013, 1413, 1414, 1415, 1757, 1758, 1759, 1760, 1761, 1762, 1766, 1767, 1768, 1771, 1772, 1774, 1775, 1776, 1778, 1872, 2370, 2371, 2374, 2375, 2376, 2377, 2378, 2379, 2380, 2381, 2382, 2383, 2384, 2385, 2386, 2387, 2388, 2389, 2390, 2391, 2392, 2393, 2394, 2395, 2396, 2397, 2398, 2399, 2400, 2401, 2402, 2403, 2404, 2405, 2406, 2407, 2408, 2409, 2410, 2411, 2412, 2413, 2414, 2415, 2416, 2417, 2418, 2419, 2420, 2421, 2422, 2423, 2427, 2436, 2437, 2438, 2439, 2440, 2441, 2442, 2443, 2444, 2445, 2447, 2448, 2451, 2453, 2454)
1990 Ed. (552, 556, 558, 790, 791, 792, 793, 795, 796, 797, 798, 799, 800, 801, 802, 803, 804, 805, 806, 807, 808, 1222, 1702, 1764, 1765, 1770, 1772, 2293, 2295, 2302, 2303, 2306, 2307, 2308, 2310, 2311, 2312, 2313, 2440, 2641, 2645, 2647, 2981, 2982, 3138, 3139, 3140, 3141, 3142, 3143, 3144, 3145, 3146, 3147, 3148, 3149, 3150, 3151, 3152, 3154, 3155, 3156, 3157, 3159, 3160, 3161, 3162, 3163, 3170, 3171, 3172, 3173, 3174, 3175, 3176, 3177, 3180, 3185, 3187, 3188, 3189, 3190, 3191, 3192, 3193, 3194, 3195, 3197, 3198, 3199, 3200, 3201, 3202, 3203, 3204, 3205, 3206, 3224, 3225, 3226, 3228)
1991 Ed. (1691, 1707, 1709, 1710, 1711)
1992 Ed. (951, 952, 953, 954, 955, 956, 960, 961, 1050, 1051, 1052, 1053, 1204, 1266, 1290, 1450, 1451, 1452, 1453, 1454, 1455, 1484, 1989, 1990, 1991, 1992, 1993, 1994, 1995, 1999, 2010, 2013, 2014, 2036, 2040, 2044, 2132, 2133, 2134, 2140, 2141, 2158, 2719, 2720, 2721, 2723, 2724, 2725, 2726, 2727, 2785, 3550, 3640, 3823, 3832, 3834, 3835, 3837, 3838, 3839, 3840, 3841, 3842, 3843, 3845, 3846, 3847, 3848, 3849, 3850, 3851, 3852, 3853, 3854, 3855, 3857, 3858, 3859, 3860, 3861, 3862, 3863, 3864, 3865, 3866, 3867, 3868, 3869, 3870, 3871, 3872, 3873, 3874, 3875, 3876, 3877, 3878, 3879, 3881, 3882, 3883, 3884, 3885, 3886, 3887, 3888, 3889, 3890, 3891, 3892, 3893, 3894, 3895, 3896, 3897, 3900, 3902, 3903, 3904, 3905, 3907)
1993 Ed. (755, 756, 757, 758, 759, 761, 764, 767, 839, 840, 841, 842, 957, 979, 1164, 1165, 1166, 1167, 1168, 1170, 1171, 1172, 1173, 1174, 1198, 1650, 1651, 1653, 1654, 1655, 1658, 1659, 1667, 1668, 1669, 1670, 1671, 1673, 1675, 1677, 1680, 1681, 1682, 1685, 1768, 1769, 1770, 1851, 1865, 2273, 2274, 2275, 2276, 2277, 2278, 2279, 3116, 3118, 3119, 3121, 3122, 3123, 3124, 3125, 3126, 3127, 3128, 3129, 3130, 3131, 3132, 3133, 3134, 3135, 3136, 3137, 3138, 3139, 3140, 3141, 3142, 3143, 3144, 3145, 3146, 3147, 3148, 3149, 3150, 3151, 3152, 3153, 3154, 3155, 3156, 3157, 3158, 3159, 3160, 3161, 3162, 3163, 3164, 3165, 3166, 3167, 3168, 3170, 3171, 3172, 3173, 3174, 3175, 3176, 3179, 3180, 3181, 3182, 3183, 3184, 3186, 3187, 3188, 3189, 3190, 3191, 3192, 3193, 3194, 3195, 3196, 3197, 3198, 3200, 3203, 3204, 3205, 3207, 3208, 3209, 18056)
1994 Ed. (727, 728, 764, 765, 766, 767, 768, 769, 770, 771, 772, 774, 775, 776, 777, 780, 783, 984, 1005, 1197, 1198, 1199, 1200, 1201, 1202, 1672, 1674, 1675, 1676, 1678, 1679, 1681, 1686, 1687, 1688, 1689, 1690, 1691, 1693, 1695, 1696, 1700, 1701, 1702, 1703, 1704, 1756, 1757, 1758, 1829, 1830, 1835, 1838, 1839, 1845, 2286, 2287, 2288, 2289, 2290, 2291, 2292, 2580, 2581, 2582, 2583, 3159, 3162, 3163, 3164, 3165, 3166, 3167, 3168, 3169, 3170, 3171, 3172, 3173, 3174, 3175, 3176, 3177, 3178, 3179, 3180, 3181, 3182, 3183, 3184, 3187, 3188, 3189, 3190, 3191)
1995 Ed. (421, 503, 574, 722, 723, 724, 725, 727, 729, 730, 731, 732, 733, 734, 735, 736, 737, 738, 739, 740, 741, 742, 743, 744, 745, 746, 747, 748, 749, 750, 751, 752, 753, 754, 755, 790, 792, 794, 1017, 1213, 1214, 1215, 1216, 1217, 1218, 1219, 1540, 1719, 1720, 1721, 1722, 1793, 1794, 1799, 2336, 2341, 2342, 2343, 2344, 2345, 2346, 2347, 2348, 2350, 2351, 2352, 2633, 2634, 2635, 2636, 2637, 2638, 2639, 2640, 2641, 2642, 3068, 3204, 3209, 3213, 3215, 3216, 3218, 3219, 3220, 3221, 3222, 3223, 3224, 3225, 3226, 3227, 3228, 3229, 3230, 3231, 3232, 3233, 3234, 3235, 3236, 3237, 3238, 3239, 3240, 3241, 3242, 3243, 3244, 3245, 3246, 3247, 3249, 3250, 3251, 3252, 3253, 3254, 3255, 3256, 3257, 3259, 3260, 3261, 3262, 3263, 3264, 3265, 3266, 3269, 3270, 3271, 3273, 3274, 3275, 3276, 3277)
1997 Ed. (770, 772, 773, 774, 775, 776, 1220, 1221, 1223, 1224, 1225, 1226, 1227, 1228, 1229, 1230, 1231, 1232, 1233, 1597, 1786, 1787, 1788, 1789, 1848, 1849, 1850, 1922, 2487, 2488, 2489, 2490, 2491, 2492, 2493, 2494, 2495, 2496, 2497, 2498, 2500, 2501, 2502, 2503, 2504, 2506, 2536, 2832, 2833, 2834, 2836, 2837, 2838, 2935, 3263, 3417, 3418, 3419, 3420, 3421, 3422, 3423, 3424, 3425, 3426, 3427, 3428, 3429, 3430, 3431, 3432, 3433, 3434, 3435, 3436, 3438, 3439, 3440, 3441, 3442, 3443, 3444, 3445, 3446, 3448, 3449, 3450, 3451, 3452, 3453, 3454, 3455, 3456, 3457, 3458, 3459, 3460, 3461, 3462, 3463, 3464, 3465, 3466, 3467, 3468, 3469, 3470, 3471, 3474, 3475, 3476, 3477, 3478, 3479, 3480, 3481, 3482)
1998 Ed. (322, 342, 528, 996, 997, 998, 999, 1000, 1001, 1002, 1003, 1004, 1005, 1006, 1493, 1494, 1495, 1496, 1498, 1499, 1501, 1559, 1560, 1561, 2237, 2238, 2239, 2240, 2241, 2242, 2243, 2244, 2245, 2246, 2247, 2248, 2249, 2251, 2590, 2591, 2605, 2627, 3181, 3206, 3207, 3208, 3209, 3211, 3212, 3213, 3214, 3215, 3216, 3217, 3218, 3219, 3220, 3221, 3222, 3223, 3224, 3225, 3226, 3227, 3228, 3229, 3230, 3231, 3242, 3244, 3245, 3246, 3247, 3248, 3249, 3267, 3268, 3269, 3270, 3271, 3272, 3273, 3414)
1999 Ed. (828, 829, 830, 888, 893, 894, 895, 896, 897, 898, 906, 942, 945, 967, 1087, 1089, 1185, 1188, 1425, 1426, 1427, 1428, 1429, 1430, 1432, 1435, 1436, 1437, 1438, 1439, 2063, 2064, 2065, 2066, 2143, 2150, 2151, 2152, 2278, 2296, 2321, 2323, 2324, 2396, 3021, 3022, 3023, 3024, 3025, 3026, 3027, 3028, 3029, 3030, 3031, 3032, 3035, 3036, 3037, 3051, 3084, 3085, 3477, 3478, 3479, 3480, 3481, 3482, 3649, 4007, 4176, 4177, 4178, 4179, 4180, 4181, 4182, 4183, 4184, 4185, 4186, 4187, 4188, 4189, 4190, 4191, 4192, 4193, 4195, 4196, 4197, 4198, 4199, 4205, 4206, 4207, 4208, 4209, 4210, 4211, 4212, 4213, 4214, 4215, 4217, 4218, 4219, 4220, 4221, 4222, 4223, 4224, 4225, 4226, 4227, 4228, 4229, 4230, 4231, 4232, 4234, 4235, 4236, 4237, 4238, 4239, 4240, 4241, 4242, 4243, 4244, 4245, 4246, 4247, 4248, 4249, 4250, 4251, 4252, 4253, 4254, 4255, 4258, 4259, 4260, 4261, 4262, 4263, 4264, 4265, 4308)
2000 Ed. (867, 869, 871, 872, 1025, 1920, 1921, 1922, 2058, 2145, 2451, 2455, 2456, 2457, 2768, 2780, 2796, 2800, 2827, 3190, 3191, 3192, 3193, 3194, 3195, 3878, 3880, 3881, 3883, 3884, 3886, 3887, 3888, 3889, 3890, 3891, 3892, 3893, 3894, 3895, 3896, 3897, 3898, 3899, 3901, 3902, 3904)
2005 Ed. (2598)
2006 Ed. (3594, 3601)
2007 Ed. (635, 3659, 3662)
2008 Ed. (3764, 4079)
2010 Ed. (2553)
2011 Ed. (364, 378, 379, 384, 578)
2013 Ed. (326, 1353)
2014 Ed. (507, 509, 2696)
2015 Ed. (383, 564, 573)
2016 Ed. (368, 370, 523)
2017 Ed. (367, 533, 541, 542, 597)
2018 Ed. (339, 507, 508, 560, 2599)
2019 Ed. (522, 523, 579, 777)
2020 Ed. (507, 508, 562, 2354, 3081)
2021 Ed. (413)
2022 Ed. (426, 2346, 2348)
2023 Ed. (555, 752, 753, 803)
Goldman Sachs Adjustable-Rate Government
1998 Ed. (2597, 2650)
Goldman Sachs (Asia)
1992 Ed. (1456)
2002 Ed. (2166)
2003 Ed. (3096)
2007 Ed. (3278)
2010 Ed. (3394)
Goldman Sachs Asset
1994 Ed. (2293)
1995 Ed. (2363)
1996 Ed. (2383)
Goldman Sachs Asset Management
1991 Ed. (2226, 2230, 2234)
1992 Ed. (2765)
2000 Ed. (3312)
2001 Ed. (3003, 3513, 3689)
2003 Ed. (3076, 3077, 3442)
2005 Ed. (3213, 3583, 3595)
2006 Ed. (2800)
2008 Ed. (3378)
2009 Ed. (2977, 2979)
2010 Ed. (2918, 2919)
2016 Ed. (2554, 3673, 3677)
2018 Ed. (630)
2019 Ed. (652)
2020 Ed. (629)
Goldman Sachs Asset Management Hedge Fund Strategies Group
2006 Ed. (2799)
2007 Ed. (2793)
Goldman Sachs Asset Mgmt.
2000 Ed. (2857)
Goldman Sachs Bank AG
2009 Ed. (543)
2010 Ed. (526)
2011 Ed. (455)
Goldman Sachs Bank USA
2010 Ed. (339)
2011 Ed. (263, 280)
2012 Ed. (285)
2013 Ed. (287)
2014 Ed. (303)
2015 Ed. (339)
2016 Ed. (334)
2021 Ed. (391)
2022 Ed. (404)
2023 Ed. (526)
Goldman Sachs Bk USA
2023 Ed. (540)
Goldman, Sachs Capital Growth
1994 Ed. (2615)
Goldman Sachs Capital Partners
2005 Ed. (3284)
Goldman Sachs Capital Partners V
2008 Ed. (1425)
Goldman Sachs China Equity
2022 Ed. (3729, 3730)
Goldman Sachs China Equity A
2022 Ed. (3729, 3730)
Goldman Sachs & Co
2000 Ed. (3971)
Goldman Sachs Commodity Strategy A
2023 Ed. (3814)
Goldman Sachs & Co.
1990 Ed. (783, 785, 786, 787, 788, 789, 1797, 1798, 2137, 2138, 2950, 3164, 3165, 3167, 3168, 3169, 3207, 3208, 3209, 3210, 3211, 3212, 3213, 3214, 3215, 3216, 3217)
1991 Ed. (752, 753, 754, 755, 756, 757, 758, 759, 760, 761, 762, 763, 764, 765, 766, 767, 768, 770, 771, 772, 773, 778, 780, 783, 969, 999, 1012, 1110, 1113, 1115, 1116, 1117, 1118, 1120, 1121, 1124, 1125, 1126, 1127, 1129, 1131, 1132, 1133, 1668, 1669, 1670, 1671, 1673, 1677, 1681, 1682, 1683, 1684, 1685, 1686, 1689, 1690, 1691, 1693, 1695, 1696, 1699, 1701, 1702, 1704, 1705, 1707, 1709, 1760, 2174, 2176, 2177, 2178, 2179, 2180, 2181, 2182, 2183, 2184, 2186, 2187, 2188, 2189, 2190, 2191, 2192, 2193, 2194, 2195, 2197, 2198, 2199, 2200, 2201, 2202, 2203, 2204, 2513, 2515, 2516, 2517, 2518, 2520, 2822, 2831, 2832, 2944, 2945, 2946, 2947, 2948, 2949, 2950, 2951, 2952, 2953, 2954, 2955, 2956, 2957, 2958, 2959, 2960, 2961, 2962, 2963, 2964, 2965, 2966, 2967, 2968, 2969, 2970, 2971, 2972, 2973, 2974, 2975, 2976, 2977, 2978, 2979, 2980, 2981, 2982, 2983, 2984, 2985, 2986, 2987, 2988, 2989, 2990, 2991, 2992, 2993, 2994, 2995, 2996, 2997, 2998, 2999, 3000, 3001, 3002, 3003, 3004, 3005, 3006, 3007, 3008, 3009, 3010, 3011, 3012, 3013, 3014, 3015, 3016, 3017, 3018, 3019, 3020, 3021, 3022, 3023, 3024, 3025, 3026, 3027, 3028, 3029, 3030, 3031, 3032, 3033, 3036, 3037, 3038, 3039, 3042, 3043, 3045, 3047, 3049, 3050, 3051, 3052, 3053, 3054, 3055, 3056, 3057, 3058, 3059, 3060, 3061, 3062, 3063, 3064, 3065, 3070, 3071, 3074, 3075, 3076, 3079)
1996 Ed. (396, 796, 797, 799, 808, 998, 1181, 1182, 1183, 1184, 1185, 1186, 1187, 1188, 1189, 1190, 1538, 1703, 1704, 1705, 1706, 1768, 1769, 1774, 1861, 1862, 1863, 1892, 2360, 2361, 2363, 2364, 2365, 2367, 2369, 2370, 2371, 2373, 2712, 2713, 2714, 2715, 2716, 2717, 2718, 2719, 2720, 2721,

3311, 3313, 3314, 3316, 3317, 3318, 3319, 3320, 3321, 3322, 3323, 3324, 3325, 3326, 3327, 3328, 3329, 3330, 3331, 3332, 3333, 3334, 3335, 3336, 3337, 3338, 3339, 3340, 3341, 3342, 3343, 3344, 3346, 3347, 3348, 3349, 3350, 3351, 3353, 3354, 3355, 3356, 3357, 3358, 3359, 3360, 3361, 3362, 3363, 3364, 3365, 3366, 3367, 3368, 3369, 3370, 3371, 3372, 3373, 3374, 3375, 3378, 3379, 3380, 3381, 3382, 3383, 3385, 3386, 3387, 3389, 3394)
1998 Ed. (192, 379, 814, 1265, 1562, 2253, 2566, 2567, 2568, 2569, 2570, 2571, 2578, 3186, 3187, 3188, 3189, 3190, 3191, 3192, 3193, 3194, 3195, 3196, 3197, 3198, 3199, 3232, 3233, 3234, 3235, 3236, 3237, 3238, 3239, 3240, 3241, 3250, 3251, 3252, 3253, 3254, 3255, 3256, 3257, 3258, 3259, 3260, 3261, 3262, 3263, 3264, 3265)
2000 Ed. (376, 378, 775, 776, 777, 826, 880, 881, 1100, 1919, 3908, 3909, 3910, 3911, 3912, 3913, 3914, 3915, 3916, 3917, 3923, 3925, 3927, 3928, 3929, 3930, 3931, 3933, 3934, 3935, 3936, 3937, 3938, 3939, 3940, 3941, 3942, 3943, 3944, 3945, 3946, 3947, 3948, 3949, 3950, 3951, 3952, 3953, 3954, 3955, 3956, 3957, 3958, 3959, 3960, 3961, 3962, 3964, 3965, 3966, 3967, 3968, 3969, 3970, 3972, 3973, 3974, 3975, 3976, 3977, 3978, 3979, 3980, 3981, 3982, 3983, 3984, 3985, 3986, 3987, 3988, 4021)
2001 Ed. (553, 556, 557, 559, 560, 746, 747, 748, 749, 750, 751, 752, 753, 754, 755, 756, 757, 758, 791, 810, 811, 815, 823, 831, 840, 844, 848, 856, 872, 876, 880, 884, 892, 896, 900, 916, 924, 928, 932, 936, 944, 948, 952, 956, 1195, 1196, 1510, 1512, 1513, 1514, 1515, 1516, 1517, 1518, 1519, 1520, 1521, 1522, 1523, 1524, 1525, 1526, 1527, 1528, 1529, 1530, 1531, 1532, 1533, 1538, 1684, 2424, 2425, 2426, 2428, 2429, 2430, 3211, 4193, 4194, 4207, 4208)
2002 Ed. (338, 439, 579, 730, 731, 732, 734, 735, 736, 807, 808, 809, 834, 999, 1348, 1349, 1350, 1351, 1352, 1353, 1354, 1355, 1358, 1360, 1362, 1363, 1364, 1365, 1366, 1367, 1368, 1369, 1370, 1371, 1372, 1375, 1376, 1377, 1385, 1404, 1405, 1406, 1421, 1493, 1504, 1742, 1920, 1925, 1926, 1927, 1929, 1930, 1931, 1932, 1933, 1934, 1935, 1942, 1943, 1944, 1945, 1946, 1948, 1949, 1950, 2157, 2161, 2162, 2165, 2168, 2270, 2271, 2272, 2273, 2274, 2275, 2817, 2999, 3001, 3002, 3003, 3011, 3012, 3015, 3016, 3042, 3043, 3192, 3203, 3205, 3407, 3408, 3409, 3410, 3411, 3412, 3795, 4189, 4190, 4191, 4197, 4198, 4201, 4202, 4206, 4207, 4208, 4209, 4210, 4211, 4212, 4213, 4214, 4215, 4217, 4218, 4219, 4220, 4221, 4222, 4223, 4224, 4225, 4226, 4227, 4228, 4229, 4230, 4231, 4232, 4233, 4234, 4235, 4236, 4237, 4238, 4239, 4240, 4241, 4242, 4243, 4244, 4245, 4246, 4247, 4248, 4249, 4250, 4251, 4252, 4500, 4556, 4557, 4601, 4602, 4647, 4651, 4652, 4653, 4654, 4655, 4656, 4657, 4658, 4659, 4660, 4661, 4662, 4663)
2003 Ed. (1387, 1388, 1389, 1390, 1391, 1392, 1395, 1396, 1406, 1414, 1417, 1441, 2362, 2368, 2474, 2476, 2478, 2599, 3059, 3060, 3066, 3090, 3091, 3093, 3094, 3095, 4055, 4057, 4315, 4317, 4325, 4719)
2004 Ed. (1402, 1403, 1404, 1405, 1406, 1407, 1410, 1411, 1439, 1441, 1471, 2714, 3171, 3182, 3187, 3189, 3190, 3191, 3197, 3198, 3202, 3203, 3500, 4324, 4342, 4695)
2005 Ed. (164, 215, 222, 293, 299, 543, 544, 545, 546, 662, 680, 706, 708, 948, 961, 1021, 1119, 1137, 1142, 1423, 1424, 1425, 1426, 1429, 1430, 1431, 1433, 1434, 1435, 1436, 1441, 1442, 1443, 1446, 1447, 1448, 1451, 1452, 1453, 1456, 1458, 1460, 1487, 2147, 2169, 2171, 2172, 2173, 2174, 2175, 2177, 2178, 2179, 2180, 2182, 2183, 2185, 2189, 2190, 2191, 2192, 2193, 2296, 2297, 2298, 2447, 2450, 2638, 2707, 2805, 2807, 3029, 3055, 3175, 3206, 3217, 3219, 3222, 3223, 3234, 3238, 3249, 3465, 3503, 3504, 3505, 3506, 3507, 3526, 3527, 3528, 3529, 3530, 3531, 3590, 3594, 3684, 3714, 3732, 3748, 3811, 3819, 4020, 4112, 4113, 4247, 4252, 4255, 4256, 4257, 4258, 4259, 4260, 4261, 4262, 4263, 4264, 4265, 4266, 4267, 4268, 4269, 4270, 4271, 4272, 4273, 4276, 4277, 4278, 4279, 4295, 4296, 4299,

4300, 4301, 4302, 4303, 4304, 4305, 4306, 4307, 4308, 4309, 4310, 4311, 4312, 4313, 4314, 4315, 4316, 4319, 4320, 4321, 4322, 4323, 4325, 4326, 4327, 4329, 4330, 4331, 4332, 4333, 4334, 4336, 4337, 4338, 4341, 4348, 4572, 4614, 4615, 4644, 4670, 4671, 4672, 4770)
2006 Ed. (694, 695, 696, 1416, 2242, 2682, 3236, 3686, 3687, 3700, 3701, 4251, 4261, 4276, 4277, 4278, 4279)
2007 Ed. (787, 788, 789, 3276)
2008 Ed. (339, 763, 764, 765, 3398)
2009 Ed. (2946, 3454, 3455)
2010 Ed. (2798, 2881, 3395)
2011 Ed. (2785)
2012 Ed. (2715)
2013 Ed. (2795)
2014 Ed. (2831)
2015 Ed. (2871, 4418)
2016 Ed. (2804)
2017 Ed. (1325, 1326, 2772)
2018 Ed. (1303, 2837)
2019 Ed. (2801)
Goldman Sachs Emerging Market Debt
2011 Ed. (516)
Goldman Sachs Emerging Markets Debt
2008 Ed. (594)
2009 Ed. (621)
Goldman Sachs Emerging Markets Equity
2020 Ed. (3696)
2021 Ed. (3701)
Goldman Sachs Emerging Markets Equity A
2021 Ed. (3701)
The Goldman Sachs Foundation
2005 Ed. (2675)
2010 Ed. (2769)
Goldman Sachs Global Income
2008 Ed. (607)
Goldman Sachs Global Income A
1999 Ed. (747, 3579)
Goldman Sachs GQG Partners International Opportunities
2020 Ed. (4499)
Goldman Sachs Group
2014 Ed. (1881, 1885)
2015 Ed. (1727, 1918)
2016 Ed. (1673)
2017 Ed. (1648, 1843)
2018 Ed. (1789)
2021 Ed. (1760)
2022 Ed. (1792, 1794, 3307)
2023 Ed. (554, 742, 1924, 3394)
Goldman Sachs Group Holdings (U.K.)
2007 Ed. (1160)
2008 Ed. (1053)
2009 Ed. (1026)
2010 Ed. (992)
Goldman Sachs Group Inc.
1992 Ed. (2148)
1996 Ed. (800, 803, 806, 985)
1997 Ed. (736, 739, 742, 1009, 1015)
1998 Ed. (518, 525, 749, 756)
1999 Ed. (834, 835, 864)
2000 Ed. (828, 829, 864, 1108)
2001 Ed. (552, 961, 962, 963, 964, 966, 967, 968, 969, 970, 971, 972, 973, 975, 1567, 2423, 2434, 2435, 3007, 3008, 3009, 3038, 4177, 4178, 4188)
2003 Ed. (1397, 1398, 1399, 1402, 1403, 1404, 1405, 1409, 1410, 1411, 1416, 1418, 2013, 2014, 2015, 2016, 2017, 2018, 2019, 2020, 2021, 2022, 2023, 2024, 2025, 2026, 2027, 2028, 2029, 2030, 2031, 2032, 2033, 2034, 2035, 3473, 3474, 3475, 3476, 3477, 3478, 4316, 4323, 4324, 4326, 4332, 4333, 4335, 4336, 4337, 4338, 4339, 4340, 4341, 4342, 4343, 4344, 4345, 4346, 4347, 4348, 4349, 4350, 4351, 4352, 4353, 4354, 4357, 4358, 4359, 4360, 4361, 4362, 4363, 4364, 4365, 4366, 4367, 4368, 4369, 4370, 4371, 4372, 4373, 4374)
2004 Ed. (809, 1412, 1413, 1414, 1415, 1420, 1423, 1424, 1425, 1426, 1429, 1430, 1431, 1434, 1435, 1436, 1442, 1443, 1444, 1445, 2007, 2057, 2059, 2060, 2061, 2062, 2063, 2064, 2065, 2066, 2067, 2068, 2069, 2070, 2071, 2072, 2073, 2074, 2076, 2077, 2078, 2079, 2083, 2084, 2085, 2087, 2090, 2091, 2600, 2603, 3153, 3193, 3527, 3528, 3529, 3530, 3531, 3532, 4082, 4083, 4325, 4329, 4330, 4333, 4336, 4339, 4341, 4343, 4344, 4352, 4353, 4355, 4356, 4357, 4358, 4359, 4360, 4361, 4362, 4363, 4364, 4365, 4366, 4367, 4368, 4369, 4370, 4371, 4372, 4373, 4375, 4378, 4379, 4380, 4381, 4383, 4384, 4385, 4387, 4388, 4389, 4390, 4391, 4393, 4395, 4396, 4397)
2005 Ed. (869, 870, 1550, 2580, 4248, 4887)
2006 Ed. (778, 779, 1408, 1409, 1410, 1411, 1414, 1415, 1490, 1934, 2582, 2586, 3191, 3208, 3209, 3223, 3319,

3320, 3698, 4051, 4252, 4253, 4722, 4723, 4724, 4869)
2007 Ed. (649, 651, 1440, 1488, 1520, 2162, 2552, 2566, 2577, 2672, 2888, 3250, 3256, 3295, 3632, 3633, 3634, 3650, 3651, 3653, 3654, 3655, 3697, 3986, 4266, 4267, 4268, 4275, 4278, 4282, 4283, 4285, 4286, 4288, 4289, 4298, 4299, 4302, 4303, 4304, 4305, 4306, 4307, 4308, 4309, 4310, 4311, 4312, 4313, 4314, 4315, 4317, 4321, 4323, 4324, 4325, 4327, 4328, 4329, 4330, 4331, 4332, 4333, 4335, 4336, 4337, 4338, 4339, 4340, 4341, 4560, 4653, 4654, 4656, 4660, 4661, 4922)
2008 Ed. (762, 1042, 1390, 1391, 1392, 1393, 1396, 1397, 1398, 1482, 1496, 1502, 1854, 1988, 2281, 2291, 2292, 2294, 2487, 2695, 2716, 2803, 2882, 2922, 3010, 3410, 4285, 4286, 4290, 4292, 4293, 4303, 4304, 4305, 4306, 4496, 4525, 4617, 4665, 4666)
2009 Ed. (384, 769, 775, 1393, 1402, 1434, 1435, 1761, 1942, 1943, 2071, 2118, 2268, 2281, 2282, 2285, 2770, 2860, 2939, 3446, 3451, 3456, 3471, 4394, 4395, 4396, 4401, 4409, 4410, 4411, 4412, 4689)
2010 Ed. (364, 711, 720, 1380, 1417, 1716, 1717, 1719, 1720, 1879, 1880, 2224, 2404, 2704, 2864, 3029, 3387, 3392, 3407, 4442, 4443, 4447, 4453, 4454, 4601, 4654, 4977)
2011 Ed. (277, 286, 374, 423, 931, 1419, 1427, 1442, 1457, 1732, 1734, 1735, 1738, 1755, 1908, 1909, 1910, 1911, 2404, 2679, 2689, 2692, 2860, 2998, 4974)
2012 Ed. (310, 369, 916, 1229, 1255, 1257, 1583, 1766, 1767, 1768, 2105, 2455, 2609, 2623, 2790, 3322, 3334, 3340, 3360, 4441, 4455, 4456, 4613, 4972)
2013 Ed. (322, 325, 492, 495, 542, 1346, 1374, 1739, 1943, 1944, 2293, 2700, 2713, 2859, 3013, 3404, 3407, 3416, 3431, 3741, 4400, 4402, 4417, 4418, 4962)
2014 Ed. (336, 342, 504, 557, 1281, 1317, 1882, 1883, 2231, 2685, 2695, 2888, 3403, 3405, 3413, 3431, 4432, 4448, 4449, 4616)
2015 Ed. (376, 382, 568, 621, 1345, 1919, 1920, 1922, 2295, 2713, 2730, 2742, 2932, 3436, 3439, 3447, 3464, 4414, 4443, 4444, 4615)
2016 Ed. (365, 367, 514, 567, 1883, 1885, 2638, 2654, 2665, 2867, 3296, 3299, 3306)
2017 Ed. (365, 366, 528, 595, 1368, 1845, 1846, 1848, 2418, 2601, 2612, 3258, 3261, 3268)
2018 Ed. (338, 496, 558, 1790, 1791, 3332, 3335, 3340, 3341)
2019 Ed. (337, 341, 511, 577, 1845, 1847, 2577, 3308, 3311, 3317, 3318)
2020 Ed. (341, 342, 494, 560, 1788, 1790, 3310, 3313, 3321)
2021 Ed. (411, 412, 506, 1756)
2022 Ed. (425, 518)
Goldman Sachs Group LP
1995 Ed. (757, 760, 763)
1998 Ed. (517)
Goldman Sachs Group (U.S.)
2022 Ed. (3307)
Goldman Sachs Growth & Income
1996 Ed. (2789)
2008 Ed. (2614)
Goldman Sachs Growth Opportunities
2006 Ed. (3683)
Goldman Sachs Growth Strategy
2008 Ed. (2612)
Goldman Sachs/GSAM
2003 Ed. (688)
Goldman Sachs High Income
2007 Ed. (644)
Goldman Sachs High Yield
2006 Ed. (625)
Goldman Sachs ILA/Prime Obligs
1996 Ed. (2671)
Goldman, Sachs ILA/Prime Obligs. Portfolio
1994 Ed. (2543)
Goldman, Sachs/ILA Prime Portfolio
1992 Ed. (3100)
Goldman Sachs International
1989 Ed. (1350)
1990 Ed. (1680, 1692, 1702, 1771)
1991 Ed. (1588, 1712)
1992 Ed. (2139)
1993 Ed. (1648, 1649, 1652, 1687, 1689, 1846, 1848, 1849, 3201, 3202)
1994 Ed. (1706, 1707)
1996 Ed. (1859)
1997 Ed. (1967, 1969, 1970)
2000 Ed. (2073, 2108, 2109, 2110)
2001 Ed. (2427)
2002 Ed. (2167)
2003 Ed. (3098)
2004 Ed. (3205, 3207)

2007 Ed. (3285)
2009 Ed. (2107)
2010 Ed. (3398)
Goldman Sachs Investment High Yield
2006 Ed. (628)
Goldman Sachs (Japan)
1996 Ed. (1868)
1997 Ed. (1975)
1999 Ed. (2363)
2002 Ed. (2169)
2003 Ed. (3097)
2007 Ed. (3279, 3288)
2009 Ed. (3463)
Goldman Sachs JB Were
2005 Ed. (754)
Goldman Sachs Mezzanine Partners
2014 Ed. (2743)
Goldman Sachs Mid Cap Value
2004 Ed. (3557)
2006 Ed. (3683)
Goldman Sachs Mid Cap Value Fund Institutional
2003 Ed. (3538)
Goldman Sachs Principal Investment Area
2014 Ed. (3414)
Goldman Sachs Short-Term Government
1998 Ed. (2650)
Goldmann Sachs Global Income A
2000 Ed. (760)
GoldMining Inc.
2018 Ed. (4528)
Goldmining Inc.
2018 Ed. (4514)
Goldmoney
2018 Ed. (2934)
Gold'n Plump
2020 Ed. (2800)
Gold'n Plump Poultry
2009 Ed. (3677)
2010 Ed. (3592)
2012 Ed. (3581)
Goldner Associates
2006 Ed. (3540, 4379)
Goldner; Brian
2011 Ed. (836)
Goldome
1989 Ed. (2821)
1990 Ed. (430, 1309, 3097, 3251, 3575, 3581, 3584)
1991 Ed. (3361, 3381)
1992 Ed. (1551, 1552, 1553, 1554, 1555, 1556, 1558, 3793, 4285, 4289, 4292)
1995 Ed. (353)
Goldome Federal Savings Bank
1993 Ed. (3266, 3570, 3571)
Goldome Realty Credit Corp.
1989 Ed. (2006, 2007)
1990 Ed. (2601, 2602, 2605)
Goldome Savings
1992 Ed. (4287)
Goldome Savings Association
1990 Ed. (424)
Goldray Industries Ltd.
2013 Ed. (2822)
Goldrich & Kest
1994 Ed. (1114, 3007)
Goldrich & Kest Industries
1990 Ed. (2972)
Goldrich Mining Co.
2021 Ed. (1952)
2022 Ed. (1994)
2023 Ed. (2095)
Goldrich & West Industries
1995 Ed. (1130, 3065)
Goldring Holdings
2011 Ed. (481)
2012 Ed. (437)
Goldring/Moffett Family Holdings
2007 Ed. (593)
2008 Ed. (538)
2009 Ed. (572)
2010 Ed. (554)
Goldring/Moffett Holdings
2013 Ed. (551)
Gold's Gym
2003 Ed. (896)
2005 Ed. (2811)
2006 Ed. (2787)
2016 Ed. (2898)
2020 Ed. (2904)
2021 Ed. (2772)
2023 Ed. (3993)
Gold's Gym Franchising Inc.
2004 Ed. (2817)
2005 Ed. (2813)
2006 Ed. (2789)
2007 Ed. (2789)
2008 Ed. (2914)
2009 Ed. (2969)
2010 Ed. (2909)
2011 Ed. (2879)
2012 Ed. (2819)
2013 Ed. (4038)
2014 Ed. (3975)
2015 Ed. (4018)
2016 Ed. (3931)
2017 Ed. (3900)

Goldsack Harris
 2001 Ed. (187)
Goldsberry; Ronald E.
 1989 Ed. (735)
Goldsboro Hog Farm
 2001 Ed. (3851)
 2002 Ed. (3727)
 2004 Ed. (3927)
 2005 Ed. (3875)
 2006 Ed. (3938)
 2007 Ed. (3996)
Goldsboro Milling Co.
 2005 Ed. (3919)
 2006 Ed. (3993)
Goldsboro, NC
 1995 Ed. (2559)
 2006 Ed. (3306)
 2007 Ed. (3370)
 2008 Ed. (3468)
 2009 Ed. (3547)
 2010 Ed. (3467)
 2011 Ed. (3470)
 2021 Ed. (719)
Goldschlager
 1996 Ed. (2501)
 1997 Ed. (2636, 2641, 2643, 2644)
 1998 Ed. (2364)
 2001 Ed. (3110)
 2002 Ed. (3086)
 2003 Ed. (3219)
 2004 Ed. (3272)
Goldschmeding; Frits
 2008 Ed. (4870)
 2009 Ed. (4892)
 2010 Ed. (4892)
 2011 Ed. (4881)
 2012 Ed. (4890)
 2013 Ed. (4891)
 2014 Ed. (4904)
 2015 Ed. (4944)
 2016 Ed. (4859)
 2017 Ed. (4863)
 2018 Ed. (4872)
 2019 Ed. (4866)
 2020 Ed. (4855)
 2021 Ed. (4855)
 2022 Ed. (4851)
 2023 Ed. (4846)
Goldsheet
 2002 Ed. (4839)
Goldsmith, Agio, Helms & Lynner LLC
 2008 Ed. (2709)
Goldsmith Agio Helms
 2008 Ed. (2707)
Goldsmith; Lady Annabel
 2009 Ed. (4918)
Goldsource Mines Inc.
 2010 Ed. (1566)
Goldspeed.com
 2007 Ed. (2318)
 2010 Ed. (2370)
 2011 Ed. (2368)
GoldSpread
 1993 Ed. (1068)
GoldStar Electronics
 1991 Ed. (33, 34, 53)
Goldstar Inc.
 1990 Ed. (1098, 2027, 2574)
 1991 Ed. (1917, 2457)
 1992 Ed. (1285, 1662, 1663, 3072)
 1993 Ed. (40, 166, 1363, 2384, 2569, 3667)
 1994 Ed. (30, 1414, 1415, 2346)
 1995 Ed. (1448, 2118, 2577, 3702)
 1996 Ed. (1411, 2608)
 1997 Ed. (185, 1072, 2789, 3844)
 2000 Ed. (964)
 2001 Ed. (287, 288, 3304)
 2008 Ed. (3668)
 2011 Ed. (1510)
Goldstar & Lucky Ltd.
 1989 Ed. (40)
Goldstar Transport
 2015 Ed. (4792)
 2017 Ed. (4710)
 2018 Ed. (4703)
Goldstar Transport Ltd.
 2019 Ed. (2398)
Goldstein, Golub, Kessler & Co.
 1992 Ed. (21)
 1993 Ed. (12)
 1994 Ed. (6)
 1995 Ed. (12)
 1996 Ed. (20)
 1997 Ed. (22)
 1998 Ed. (3, 16)
 1999 Ed. (19, 20)
Goldstein Golub Kessler LLP
 2008 Ed. (2921)
Goldstein, Jon
 2022 Ed. (3298)
 2023 Ed. (3387)
Goldstein; Jon
 2006 Ed. (3189)
 2007 Ed. (3248, 3249)
 2014 Ed. (3390)
 2016 Ed. (3283)
 2017 Ed. (3242)

 2020 Ed. (3294)
Goldstein Lieberman & Co. LLC
 2023 Ed. (47)
Goldstein; Michael
 1991 Ed. (1680, 1708)
 1992 Ed. (2136, 2138)
 1996 Ed. (1773, 1837, 1838)
 1997 Ed. (1910, 1911)
Goldstein Motors
 1992 Ed. (401)
 1995 Ed. (285)
Goldstein; R. A.
 2005 Ed. (2487)
Goldstein; Richard A.
 2006 Ed. (2520, 2521)
Goldstein; Rob
 2014 Ed. (761)
 2015 Ed. (797)
Goldstein, Schechter & Koch
 2014 Ed. (13)
Goldstein; Stanley
 1997 Ed. (1801)
Goldstein Subaru
 1994 Ed. (284)
Goldston; Mark
 2005 Ed. (2321)
Goldstreak Ltd.
 2001 Ed. (1692)
Goldtex
 1990 Ed. (3570)
 1991 Ed. (3360)
Goldtoner Europe Trading SRL
 2016 Ed. (1536, 1707)
Goldtron
 1994 Ed. (3311)
 1996 Ed. (3439)
 1997 Ed. (3520)
The Goldwatcher: Demystifying Gold Investing
 2010 Ed. (609)
Goldwater Bank, N.A.
 2021 Ed. (361)
 2022 Ed. (373)
 2023 Ed. (466)
Goldwind
 2014 Ed. (2474)
 2018 Ed. (4913, 4914)
 2019 Ed. (4913)
Goldwind Science & Technology
 2012 Ed. (2361)
 2013 Ed. (2541)
GoLean; Kashi
 2008 Ed. (4913)
GoLeanSixSigma.com
 2022 Ed. (1577)
Golembiewscy Sp. z o.o. S.K.
 2018 Ed. (1881)
Golex
 2004 Ed. (80)
 2005 Ed. (75)
 2006 Ed. (84)
Golf
 1992 Ed. (4048)
 1994 Ed. (3369)
 1996 Ed. (329)
 1999 Ed. (4385, 4816)
 2000 Ed. (1048, 2919)
 2001 Ed. (422, 4334, 4343)
 2005 Ed. (4428, 4446, 4453)
Golf Canada Securities
 1999 Ed. (1433)
Golf course
 1992 Ed. (3631)
 2000 Ed. (3554)
Golf Course Superintendent Association of America
 1998 Ed. (2460)
Golf Digest
 1998 Ed. (1282)
 1999 Ed. (1855)
 2003 Ed. (4525)
 2006 Ed. (162)
Golf equipment
 1997 Ed. (3555)
Golf Etc.
 2002 Ed. (4338)
 2003 Ed. (2628)
 2004 Ed. (2746)
 2005 Ed. (2743)
 2006 Ed. (2705)
 2007 Ed. (2700)
 2016 Ed. (802)
Golf Galaxy
 2011 Ed. (4515)
Golf Illustrated
 1990 Ed. (2799)
 1991 Ed. (2708)
 1992 Ed. (3378)
Golf items
 1993 Ed. (1941)
Golf Magazine
 1998 Ed. (1282)
 1999 Ed. (1855)
 2000 Ed. (3464)
 2003 Ed. (4525)
 2006 Ed. (158, 162)
 2007 Ed. (150)

Golf Management Solutions
 2020 Ed. (1540)
Golf Pipeline Corp.
 2022 Ed. (2286)
Golf Savings Bank
 2005 Ed. (520, 522)
 2006 Ed. (451)
Golf specialty store
 1998 Ed. (1858)
Golf specialty stores
 1998 Ed. (773)
Golf Trust of America Inc.
 2004 Ed. (1559)
Golf USA Inc.
 2003 Ed. (2628)
 2004 Ed. (2746)
 2005 Ed. (2743)
 2006 Ed. (2705)
 2007 Ed. (2700)
 2008 Ed. (2828)
 2009 Ed. (4518)
Golf; Volkswagen
 2005 Ed. (296)
 2013 Ed. (275)
Golf for Women
 1995 Ed. (2881)
 1997 Ed. (3037)
 2006 Ed. (3348)
 2007 Ed. (128)
Golfballs.com
 2009 Ed. (2454)
 2011 Ed. (2371)
Golfsmith
 2007 Ed. (888)
 2009 Ed. (871)
 2013 Ed. (902)
Golfsmith.com
 2011 Ed. (2371)
GolfTEC
 2010 Ed. (4559)
 2011 Ed. (4518)
 2012 Ed. (4520)
 2013 Ed. (4478)
 2014 Ed. (4526)
 2018 Ed. (4490)
Goli Nutrition
 2023 Ed. (4781, 4782)
Goliath Tech
 2018 Ed. (4362)
 2019 Ed. (4391)
 2020 Ed. (4387)
 2021 Ed. (4382)
 2022 Ed. (4393)
GoliathTech
 2019 Ed. (811)
Golightly
 1997 Ed. (884, 885, 1606, 1607)
Golin
 2016 Ed. (4037)
 2023 Ed. (4111)
Golin/Harris
 2003 Ed. (4001, 4003, 4021)
Golin/Harris Communications
 1990 Ed. (2919)
 1992 Ed. (3565, 3576)
 1997 Ed. (3205)
 1998 Ed. (2951)
 1999 Ed. (3909, 3914, 3917, 3919, 3921, 3922, 3923, 3925, 3926, 3929, 3943, 3950, 3953)
Golin/Harris International
 2000 Ed. (3633, 3636, 3639, 3643, 3644, 3646, 3658, 3667)
 2001 Ed. (3924, 3934, 3935, 3939)
 2002 Ed. (3807, 3813, 3815, 3837, 3838, 3850, 3853, 3862, 3865, 3866, 3868, 3869, 3870)
 2003 Ed. (3999, 4008)
 2004 Ed. (3977, 3978, 3979, 3980, 3984, 3991, 3992, 3993, 3994, 3998, 4004, 4007, 4010, 4014, 4026, 4037)
Golin/Harris of Shandwick
 1993 Ed. (2930)
 1994 Ed. (2953, 2970)
 1995 Ed. (3011, 3024, 3030)
 1996 Ed. (3111, 3112, 3133)
 1997 Ed. (3190, 3191, 3210)
 1998 Ed. (2943, 2945, 2956, 2959)
Golin/Harris Technologies
 1997 Ed. (3211)
GolinHarris
 2011 Ed. (1912, 4103)
 2012 Ed. (4133)
 2014 Ed. (1408, 4141)
 2015 Ed. (4123)
 2016 Ed. (1397)
Goli's Avenues of Travel Ltd.
 2015 Ed. (5030)
Golisano; B. Thomas
 2005 Ed. (973)
Golisano; Thomas
 1997 Ed. (1798, 1800)
 2011 Ed. (4822)
Golisano; Tom
 2018 Ed. (4833)
 2019 Ed. (4830)
 2020 Ed. (4820)
 2021 Ed. (4821)

 2022 Ed. (4814)
 2023 Ed. (4807)
GoLive! Mobile
 2013 Ed. (3657)
Goll; Carol
 2012 Ed. (2448)
Golley Slater Group
 2013 Ed. (57)
Golley Slater PR
 1997 Ed. (3202, 3203)
Golley Slater Telephone Marketing
 1991 Ed. (3283)
Golomt Bank of Mongolia
 2000 Ed. (615)
Golub
 2021 Ed. (4516)
 2022 Ed. (4523)
 2023 Ed. (4537)
Golub Corp.
 2016 Ed. (1878, 1880)
 2017 Ed. (1837, 1839)
 2018 Ed. (1783, 1786)
 2019 Ed. (1840, 1843)
 2020 Ed. (1781, 1784)
 2021 Ed. (1750, 1753)
 2022 Ed. (1782, 1785)
 2023 Ed. (1914)
The Golub Corp.
 2009 Ed. (4156, 4598, 4606)
Golub; Harvey
 1996 Ed. (964)
Golub Service Stations Inc.
 2001 Ed. (496, 497)
 2003 Ed. (307)
 2004 Ed. (266)
GOM Shelf LLC
 2015 Ed. (2743, 3188)
 2016 Ed. (2673)
Gom Shelf LLC
 2008 Ed. (2724, 2725)
 2009 Ed. (2779, 2780)
 2010 Ed. (2711, 2712)
 2011 Ed. (2697)
 2012 Ed. (2627)
Goman Advertising
 2001 Ed. (243)
 2002 Ed. (213)
 2003 Ed. (183)
Goman Advertising (O & M)
 2000 Ed. (193)
Gome
 2012 Ed. (542)
 2014 Ed. (680)
Gome Electrical Appliances Holding
 2009 Ed. (4328)
 2010 Ed. (1580)
 2012 Ed. (2900, 4334)
 2013 Ed. (2503, 4277, 4279)
GOME Electrical Appliances Holding Ltd.
 2018 Ed. (2508)
Gome Group
 2010 Ed. (4308)
GOME Home Appliance Group
 2010 Ed. (4344)
 2011 Ed. (4295)
 2012 Ed. (4348)
Gome Home Appliance Group
 2013 Ed. (4325)
 2014 Ed. (4376)
 2016 Ed. (4262)
 2017 Ed. (4249)
GOME Retail Holdings Ltd.
 2021 Ed. (2453)
 2022 Ed. (2563)
Gomes Team; The Eklund
 2018 Ed. (4112)
Gomez
 2002 Ed. (4849)
 2010 Ed. (1110)
 2011 Ed. (1049)
Gomez; Elizabeth M.
 2011 Ed. (2951)
Gomez; Laura
 2013 Ed. (2960)
Gomez & the Scene; Selena
 2013 Ed. (3785)
Gomez; Selena
 2015 Ed. (3731)
 2017 Ed. (3627)
 2018 Ed. (3689)
 2019 Ed. (3673)
Gomez.com
 2002 Ed. (4870)
GoNavco Corp.
 2022 Ed. (4766)
GoNavco Corp., dba Navco
 2022 Ed. (4766)
Gonchor & Spat Architects & Planners P.C.
 1991 Ed. (253)
Gonchor & Sput, Architects & Planners
 1995 Ed. (240)
Gonchor & Sput Architects & Planners, a Karlsberger Co.
 1994 Ed. (237)
Gonchor & Sput Architects & Planners P.C.
 1992 Ed. (359)
Gonda; Louis
 2006 Ed. (4908)

Gondola car
　1997 Ed. (3241)
Gondolas
　1999 Ed. (2530)
Gone Girl
　2014 Ed. (576, 577)
　2015 Ed. (644)
"Gone With The Wind" - Pt. 1 (Big Event - Pt. 1)
　1995 Ed. (3581)
"Gone With The Wind" - Pt. 2 (NBC Monday Movie)
　1995 Ed. (3581)
Gone With the Wind
　1992 Ed. (1033, 4246)
　1993 Ed. (3542)
　1998 Ed. (2536)
　1999 Ed. (3446)
Gong
　2023 Ed. (1134)
Gong Cha
　2023 Ed. (4564)
Gong Hongjia
　2019 Ed. (4852)
　2020 Ed. (4841)
Gong Hongjia & family
　2022 Ed. (4836)
　2023 Ed. (4831)
Gongin Precision Industrial
　2019 Ed. (1980)
Gongjo
　2023 Ed. (1137)
Gongren Ribao
　2002 Ed. (3511)
GonLED
　2022 Ed. (1413)
Gonu; Cyclone
　2010 Ed. (825)
Gonzaga University
　1992 Ed. (1272)
　1994 Ed. (1047)
　1995 Ed. (1055)
　1996 Ed. (1040)
　1997 Ed. (1056)
　1998 Ed. (803)
　1999 Ed. (1232)
　2001 Ed. (1327)
　2008 Ed. (1088)
　2009 Ed. (1062)
　2010 Ed. (1030)
Gonzales Automotive Group Inc.
　2008 Ed. (2960)
　2009 Ed. (3039)
　2010 Ed. (2964)
　2011 Ed. (210, 2925)
Gonzales Consulting Services Inc.
　2006 Ed. (3503)
Gonzales; Dave
　2015 Ed. (3044)
Gonzales Design Group
　2003 Ed. (2750)
Gonzales; Jojo
　1996 Ed. (1910)
　1997 Ed. (2000)
Gonzales; Keith
　2006 Ed. (953)
Gonzalez; Alberto Bailleres
　2012 Ed. (4903)
　2013 Ed. (4851, 4888)
　2014 Ed. (4901)
　2015 Ed. (4941)
　2016 Ed. (4856)
　2017 Ed. (4860)
　2018 Ed. (4869)
　2019 Ed. (4863)
　2020 Ed. (4852)
　2021 Ed. (4853)
　2022 Ed. (4848)
Gonzalez Blanco
　2006 Ed. (4397)
Gonzalez Design Engineering
　1992 Ed. (422)
　1998 Ed. (1927, 1941, 1942)
　1999 Ed. (2665, 2675, 2680, 2685, 4284)
Gonzalez Design Group
　1998 Ed. (1937, 3289)
　2000 Ed. (2449, 2468, 2469, 4005)
　2001 Ed. (2710, 2714)
　2002 Ed. (2545, 2546, 2556, 2561)
　2004 Ed. (2833)
　2005 Ed. (2843)
　2009 Ed. (3041)
　2013 Ed. (2933)
　2015 Ed. (2998)
　2016 Ed. (2923)
　2018 Ed. (2947)
Gonzalez Electric Inc.; D. V.
　1993 Ed. (2039)
Gonzalez Fried Products
　2022 Ed. (4407)
Gonzalez Group
　2006 Ed. (2830)
　2013 Ed. (2924)
Gonzalez; Richard A.
　2007 Ed. (2496)
　2012 Ed. (2489)
　2015 Ed. (967)

Gonzalez; Rufino Vigil
　2014 Ed. (4901)
　2022 Ed. (4848)
　2023 Ed. (4843)
Gonzalez Saggio
　2001 Ed. (953)
Gonzalez; Saggio
　2014 Ed. (3446)
Gonzalez Saggio & Harlan LLP
　2008 Ed. (3741)
　2015 Ed. (3705)
Gonzalez-Sanchez; Arlene
　2013 Ed. (2963)
Gonzalez-Strength & Associates Inc.
　2023 Ed. (2629)
Gonzalo Pangaro
　1999 Ed. (2277)
Gooch; Elizabeth
　2007 Ed. (2463)
Gooch & Housego Ohio
　2015 Ed. (3569)
Goochland; Bank of
　2008 Ed. (430)
Good 2 Grow
　2017 Ed. (204)
　2018 Ed. (191)
　2019 Ed. (2778)
　2021 Ed. (2683)
The Good Bean
　2017 Ed. (2628)
The Good Bean Inc.
　2017 Ed. (1422)
Good in Bed
　2004 Ed. (747)
Good Boss, Bad Boss
　2012 Ed. (519)
Good Catalog Co.
　1997 Ed. (3346)
Good Clean Love Inc.
　2023 Ed. (1329, 3567, 3568)
Good Cook Mpof
　2023 Ed. (3418)
All Good Culture
　2023 Ed. (2282)
Good Culture
　2022 Ed. (864)
Good Day Pharmacy
　2011 Ed. (4993)
　2013 Ed. (4988)
　2021 Ed. (4990)
　2022 Ed. (4989)
　2023 Ed. (4993)
Good dairy department
　1991 Ed. (1861)
Good meat department
　1990 Ed. (1951)
　1991 Ed. (1861)
Good produce department
　1990 Ed. (1951)
　1991 Ed. (1861)
Good parking facilities
　1991 Ed. (1861)
The Good Fat Co. Ltd.
　2023 Ed. (1636)
The Good Feet Store
　2023 Ed. (3801)
Good Feet Worldwide
　2014 Ed. (3829)
　2015 Ed. (3854)
　2016 Ed. (3765)
　2017 Ed. (3717)
　2018 Ed. (3768)
　2019 Ed. (3748)
　2020 Ed. (3794)
　2021 Ed. (3778)
Good Feet Worldwide LLC
　2011 Ed. (3857)
　2012 Ed. (3832)
Good Financial Cents
　2013 Ed. (609)
Good Foods Group
　2021 Ed. (2156)
Good & Fruity
　1997 Ed. (888)
Good Girls
　1993 Ed. (1078)
Good Goût
　2018 Ed. (1554, 2707)
Good to Great
　2018 Ed. (582)
Good to Great: Why Some Companies Make the Leap and Others Don't
　2010 Ed. (600)
Good to Great: Why Some Companies Make the Leap...and Others Don't
　2004 Ed. (742)
　2005 Ed. (726)
　2006 Ed. (637)
Good Guys
　1989 Ed. (1567, 2494)
　1990 Ed. (2030)
　1991 Ed. (1542)
　1992 Ed. (1937, 2425, 2428)
　1994 Ed. (2071)
　1995 Ed. (2120)
　1996 Ed. (2128)
　1997 Ed. (1633, 2237)

　1998 Ed. (1303, 1955, 1957)
　1999 Ed. (1856, 1873, 1877, 2694, 2696)
　2000 Ed. (2481)
　2001 Ed. (2217)
　2004 Ed. (2853)
　2005 Ed. (2358)
The Good Guys
　2016 Ed. (1376, 1384)
　2018 Ed. (1374)
Good Health
　2017 Ed. (4389)
Good Health Natural Prods Inc.
　2022 Ed. (4402)
Good Health Natural Products Inc.
　2017 Ed. (4373)
　2018 Ed. (4385)
　2020 Ed. (4405)
Good Health Plan of Oregon
　1994 Ed. (2036, 2037, 2038)
　1995 Ed. (2087, 2089)
Good Health Plan of Washington
　1997 Ed. (2185, 2193)
Good Housekeeping
　1989 Ed. (185, 2172)
　1990 Ed. (2801)
　1991 Ed. (2704)
　1992 Ed. (3370, 3380, 3381, 3388, 3391)
　1993 Ed. (2794, 2796, 2797, 2804)
　1994 Ed. (2782, 2787, 2790, 2798, 2801, 2805)
　1995 Ed. (2882, 2884, 2886, 2887)
　1996 Ed. (2957, 2963, 2965, 2971, 2972, 2975)
　1997 Ed. (3035, 3038, 3045, 3049, 3050)
　1998 Ed. (1278, 2783, 2801)
　1999 Ed. (1857, 3771)
　2000 Ed. (3462, 3475, 3480, 3502)
　2002 Ed. (3226)
　2003 Ed. (191, 3274)
　2004 Ed. (148, 3336)
　2005 Ed. (136, 146, 3361, 3362)
　2006 Ed. (146, 150, 152, 153, 154, 157, 159, 3347)
　2007 Ed. (138, 141, 142, 144, 145, 146, 149, 151, 170, 3403, 3404, 4994)
　2008 Ed. (153, 3533)
　2009 Ed. (174, 3596, 3600)
　2010 Ed. (3516, 3518)
　2011 Ed. (3518)
　2012 Ed. (3514)
　2013 Ed. (3555)
　2014 Ed. (3531)
　2015 Ed. (3547, 3551)
　2016 Ed. (3402)
Good Housekeeping
　2023 Ed. (3583, 3584, 3585, 3586, 3587)
Good Humor
　1996 Ed. (1976)
　1998 Ed. (2070, 2071)
　2002 Ed. (2718)
　2003 Ed. (2877)
　2008 Ed. (3124, 3125)
　2014 Ed. (3128)
　2016 Ed. (3048)
　2017 Ed. (2995, 2998)
　2018 Ed. (3117, 3120)
　2019 Ed. (3043, 3047, 3050, 3052)
　2020 Ed. (3082, 3089, 3091)
　2021 Ed. (2958, 2962)
　2022 Ed. (3082, 3089)
Good Humor/Breyer's
　2017 Ed. (2997)
　2019 Ed. (3051)
　2020 Ed. (3090)
Good Humor/Breyers
　2018 Ed. (3116, 3121)
　2019 Ed. (3046)
　2020 Ed. (3085)
　2021 Ed. (2962)
　2022 Ed. (3085, 3089)
Good Humor-Breyer's Co.
　2003 Ed. (2880)
Good Humor-Breyers Ice Cream
　1997 Ed. (1575, 2350)
　1998 Ed. (1240)
　1999 Ed. (1814, 2822)
　2008 Ed. (2278)
Good Humor/Breyers Ice Cream
　2014 Ed. (3129)
　2015 Ed. (3192)
　2016 Ed. (3050)
　2017 Ed. (2999)
　2018 Ed. (3122)
Good Humor Giant
　2017 Ed. (2995)
　2018 Ed. (3117)
　2019 Ed. (3047)
Good Humor Strawberry Shortcake
　1998 Ed. (985, 2067)
Good Life Management Co.
　2021 Ed. (2541, 2574)
Good Luck Chuck
　2010 Ed. (2290)
"Good Morning America"
　1992 Ed. (4253)
　1993 Ed. (3539)
　1995 Ed. (3585)

Good Morning, Gorillas
　2004 Ed. (738)
Good Morning Securities
　2001 Ed. (1035)
Good Morning, Vietnam
　1991 Ed. (3449)
Good Neighbor
　2023 Ed. (2382)
Good Neighbor Pharmacy
　2013 Ed. (2367)
　2014 Ed. (2303)
　2015 Ed. (2386, 2389)
　2016 Ed. (2332, 2333)
　2017 Ed. (2172)
　2019 Ed. (2200)
　2020 Ed. (4532)
Good News
　2001 Ed. (3988)
Good News Plus
　2001 Ed. (3988)
Good One
　2020 Ed. (1682)
　2021 Ed. (1661)
Good one
　2021 Ed. (3469)
Good & Plenty
　1999 Ed. (1017)
　2008 Ed. (837)
　2014 Ed. (829)
　2015 Ed. (869)
　2020 Ed. (750)
　2021 Ed. (769)
Good Promotions
　1990 Ed. (3083)
Good Relations Group
　2002 Ed. (3855)
Good reputation
　1992 Ed. (571)
Good Samaritan Credit Union
　2009 Ed. (2184)
　2012 Ed. (2027)
　2013 Ed. (2239)
　2014 Ed. (2171)
　2015 Ed. (2235)
　2016 Ed. (2187, 2206)
Good Samaritan Federal Credit Union
　2010 Ed. (2135)
Good Samaritan Hospital
　2001 Ed. (2769)
Good Samaritan Hospital & Medical Center
　1997 Ed. (2263, 2266, 2267)
Good Samaritan Pohai Nani Retirement Community
　2019 Ed. (1621)
　2021 Ed. (1565)
　2022 Ed. (1586)
　2023 Ed. (1757)
Good Samaritan Society
　1990 Ed. (2724)
　1991 Ed. (2623)
　2016 Ed. (3695)
　2017 Ed. (3653)
Good Seasons
　2014 Ed. (4405)
Good Sense
　2006 Ed. (4394)
　2007 Ed. (4461)
　2008 Ed. (4446)
　2009 Ed. (4490)
　2018 Ed. (4410)
　2020 Ed. (2199)
　2021 Ed. (2175)
Good Shepherd Medical Center
　2013 Ed. (3081)
　2014 Ed. (3075)
　2015 Ed. (3140)
Good Shepherd Rehabilitation Network
　2012 Ed. (4227)
　2013 Ed. (4212)
　2014 Ed. (4226)
　2015 Ed. (4214)
　2016 Ed. (4133)
　2017 Ed. (4110)
　2018 Ed. (4136)
Good Start
　2003 Ed. (2914)
　2008 Ed. (3161)
Good Strategy, Bad Strategy
　2013 Ed. (625)
The Good Stuff
　2016 Ed. (4658)
Good Stuff Bakery
　1992 Ed. (497)
Good Swartz Brown & Berns
　2010 Ed. (1523)
　2011 Ed. (1518)
Good Thins
　2019 Ed. (3693)
Good Times
　2016 Ed. (885)
Good Times Restaurant Inc.
　2023 Ed. (1032)
Good Times Restaurants Inc.
　2009 Ed. (1602)
Good Will Hunting
　2000 Ed. (4349)
Good Year Indonesia
　1989 Ed. (1127)

Goodall Homes & Communities
  2016 Ed. (2020)
Goodblend PA/Parallel
  2023 Ed. (2391)
Goodbum; Mark
  2010 Ed. (1194)
Goodby Berlin & Silverstein
  1989 Ed. (173)
  1993 Ed. (77)
  1995 Ed. (43)
Goodby Silverstein & Partners
  2022 Ed. (57)
Goodby, Silverstein & Partners
  1996 Ed. (152)
  1997 Ed. (139, 159)
  1998 Ed. (67)
  2002 Ed. (210, 211)
  2003 Ed. (176)
  2004 Ed. (105, 133, 134)
Goodby, Siverstein & Partners
  1999 Ed. (170)
GoodCall
  2021 Ed. (1486)
Goodcopy Printing & Digital Graphics
  2012 Ed. (4009, 4011)
Goode; D. R.
  2005 Ed. (2503)
Goode-Jones; Sherlonda
  2023 Ed. (1308)
Goode-Taylor Pontiac
  1993 Ed. (281)
Goode-Taylor Pontiac-GMC
  1992 Ed. (396)
Goode-Taylor Pontiac-GMC Truck
  1994 Ed. (257, 280)
Goodell; Roger
  2009 Ed. (4519)
  2010 Ed. (4557, 4558)
Goodfella's
  2008 Ed. (716)
  2009 Ed. (726)
  2010 Ed. (650)
Goodfellow
  2021 Ed. (2382)
Goodfellow Inc.
  2007 Ed. (1636)
  2010 Ed. (4599)
  2011 Ed. (4560)
  2012 Ed. (4568)
Goodfield State Bank
  2013 Ed. (486)
  2015 Ed. (561)
goodfood
  2022 Ed. (1448, 1622, 2726, 2730)
  2023 Ed. (1635)
goodfood (Canada)
  2022 Ed. (1622)
Goodgame Studios
  2016 Ed. (2910)
GoodHaven
  2023 Ed. (4515)
Goodheart-Wilcox Co.
  1993 Ed. (932)
Goodies 504
  2019 Ed. (3694)
Gooding Enterprises Ltd.
  1996 Ed. (1413)
Gooding; Val
  2006 Ed. (4978)
Gooding's Supermarkets
  1996 Ed. (994)
Goodkind Labaton Rudolf & Sucharow
  1995 Ed. (2411)
GoodLife Fitness Clubs
  2008 Ed. (2012)
Goodlife Institute
  2023 Ed. (2414)
The Goodlife Recipe
  2014 Ed. (3845)
Goodman
  1991 Ed. (1484, 1777)
  1992 Ed. (259, 260, 1885, 2242)
  1993 Ed. (164, 1908)
  1994 Ed. (148, 1925)
  1995 Ed. (167, 1949)
  1997 Ed. (184, 2095)
  1998 Ed. (106, 1779, 1922)
  1999 Ed. (23, 203, 204, 1190, 2539, 2659, 4020, 4502, 4503, 4741)
  2000 Ed. (226, 227, 1111, 2286, 2442, 2582, 3130, 3735, 4136, 4137, 4366)
  2001 Ed. (286, 2809)
Goodman Buick-GMC Truck
  1994 Ed. (257)
Goodman & Co.
  1998 Ed. (18)
  2000 Ed. (19)
  2008 Ed. (13)
  2009 Ed. (16)
  2012 Ed. (22)
Goodman Co.
  2013 Ed. (1769)
  2014 Ed. (1703)
  2015 Ed. (1745)
Goodman & Co. LLP
  2002 Ed. (22, 23)
  2003 Ed. (8)
  2004 Ed. (14)
  2005 Ed. (10)
  2006 Ed. (15)
  2007 Ed. (11)
  2008 Ed. (9)
  2009 Ed. (12)
  2010 Ed. (22, 23)
  2011 Ed. (19)
Goodman; Everard
  2007 Ed. (917)
Goodman Family of Builders
  2002 Ed. (1186, 2692)
  2003 Ed. (1157, 1158)
  2004 Ed. (1163)
  2005 Ed. (1191, 1192)
Goodman Fielder
  1994 Ed. (2671)
  1996 Ed. (1390, 2844, 2845)
  2002 Ed. (2303)
  2004 Ed. (2651)
  2015 Ed. (2758)
  2016 Ed. (2687, 2688)
  2020 Ed. (2697)
Goodman Fielder New Zealand
  2015 Ed. (1924, 2766)
Goodman Fielder Wattie Ltd.
  1990 Ed. (42)
  1991 Ed. (39, 2595)
  1992 Ed. (1573, 1679, 3234)
  1993 Ed. (1278, 2722)
Goodman Freeman Phillips & Vineberg
  1991 Ed. (2282)
  1992 Ed. (2831, 2846)
  1993 Ed. (2405)
Goodman Global
  2008 Ed. (751)
  2009 Ed. (2088)
  2011 Ed. (4072)
Goodman Global Holdings Inc.
  2006 Ed. (1418)
Goodman Global Inc.
  2019 Ed. (2027)
Goodman; Greg
  2005 Ed. (4862)
Goodman Group
  2013 Ed. (4171)
  2014 Ed. (4188)
  2016 Ed. (4083)
  2017 Ed. (4060)
  2018 Ed. (4087)
  2019 Ed. (4093)
  2020 Ed. (4106)
  2021 Ed. (1375)
Goodman International Ltd.
  1990 Ed. (1386)
  1992 Ed. (1651, 1652)
  1993 Ed. (1352)
  1994 Ed. (1405)
  1995 Ed. (1437)
  1996 Ed. (1401)
Goodman International Ltd
  1990 Ed. (1387)
Goodman/Janitrol
  1990 Ed. (195, 196)
Goodman; Kitty
  2008 Ed. (4899)
Goodman; Laurie
  1997 Ed. (1953)
Goodman; Lawrence
  1996 Ed. (1895)
Goodman Manufacturing Co.
  2010 Ed. (3002)
Goodman Manufacturing Co. L.P.
  2002 Ed. (252, 253, 1079, 2376, 2465, 2700, 2701, 3340, 3945, 4515, 4516)
Goodman Manufacturing Company LP
  2016 Ed. (3434)
Goodman; Marian
  2013 Ed. (180)
Goodman Masson Ltd.
  2015 Ed. (2092)
Goodman Music
  1997 Ed. (2862)
Goodman Networks
  2014 Ed. (2940, 2945, 2955, 2958)
  2015 Ed. (2989, 2991, 2993, 3021, 3025)
  2017 Ed. (4569)
  2018 Ed. (4587)
Goodman Networks Inc.
  2008 Ed. (2113)
  2009 Ed. (2097)
  2010 Ed. (2970)
  2011 Ed. (2933)
  2012 Ed. (2866)
  2016 Ed. (3599)
Goodman Phillips & Vineberg
  1997 Ed. (2596)
  1999 Ed. (3147)
Goodman Property Trust
  2015 Ed. (4203)
  2017 Ed. (1854)
  2018 Ed. (1799)
Goodman; Richard
  2010 Ed. (916)
Goodman Technologies LLC
  2022 Ed. (1777)
Goodmans
  2005 Ed. (1445)

Goodmark Foods Inc.
  1994 Ed. (3342)
  2000 Ed. (3057, 3584)
Goodmark USA
  2016 Ed. (2848)
  2017 Ed. (2809)
GoodMorning.com
  2022 Ed. (1444, 4225)
Goodnight; James
  2005 Ed. (4856)
  2006 Ed. (4910)
  2007 Ed. (4905)
  2008 Ed. (4834)
  2009 Ed. (4854)
  2010 Ed. (4859)
  2011 Ed. (4840)
  2012 Ed. (4847)
  2013 Ed. (4850)
Goodnight Moon
  1990 Ed. (979)
  2001 Ed. (980)
  2003 Ed. (708, 710)
  2004 Ed. (735)
  2008 Ed. (548)
  2009 Ed. (577)
  2010 Ed. (559)
  2011 Ed. (489)
  2012 Ed. (448)
  2013 Ed. (561)
  2014 Ed. (572)
  2015 Ed. (640)
  2020 Ed. (585)
  2021 Ed. (557)
GoodNites TruFit
  2018 Ed. (49)
GoodR
  2020 Ed. (2297)
GoodReader for iPad
  2012 Ed. (3710)
Goodreads
  2014 Ed. (2968)
  2015 Ed. (3038)
  2017 Ed. (2893)
  2018 Ed. (2959)
  2019 Ed. (2904)
  2020 Ed. (2923)
Goodrich
  2013 Ed. (1388)
  2019 Ed. (3652)
Goodrich; B.F.
  1989 Ed. (885)
  1990 Ed. (2877)
  1992 Ed. (4298)
Goodrich Co.; B. F.
  1989 Ed. (884, 2835)
  1990 Ed. (932, 942)
  1992 Ed. (1115)
  1993 Ed. (2844, 3578)
  1995 Ed. (961, 1271, 2921)
  1997 Ed. (170, 952)
Goodrich Corp.
  2003 Ed. (198, 199, 200, 201, 202, 203, 207, 1795)
  2004 Ed. (158, 161, 162, 163, 944, 945, 1537, 1829)
  2005 Ed. (155, 158, 160, 161, 934, 935)
  2006 Ed. (171, 172, 175, 177)
  2007 Ed. (173, 176, 177, 178, 179, 4831)
  2008 Ed. (157, 161, 4756)
  2009 Ed. (183, 3617, 4785)
  2010 Ed. (160, 162, 163, 4801)
  2011 Ed. (83, 1919, 1922, 1923, 4550, 4748)
  2012 Ed. (84, 85, 86, 1780, 1782, 1783, 1784, 2113, 4557)
  2013 Ed. (1952, 1954, 1956, 1957, 2300, 2301, 2302, 2303)
  2014 Ed. (1892, 2240)
Goodrich Corp., Aircraft Evacuation Systems
  2003 Ed. (3309)
Goodrich Employees Credit Union; B. F.
  2005 Ed. (2085)
  2006 Ed. (2180)
Goodrich Petroleum Corp.
  2008 Ed. (4347, 4359, 4360, 4364, 4429)
  2009 Ed. (4450, 4454, 4456, 4482)
  2010 Ed. (2031, 2035)
  2011 Ed. (3894)
  2012 Ed. (2767)
  2019 Ed. (3803)
Goodrich Tire & Rubber; B.F.
  1989 Ed. (2836)
Goods-producing
  1998 Ed. (3760)
Goods & Services
  2022 Ed. (62, 64, 1564)
GoodSense
  2020 Ed. (2677, 2908, 4404)
  2021 Ed. (2586, 4403)
Goodsense
  2023 Ed. (4430, 4431)
Goodsill
  2023 Ed. (3435)
Goodson Acura
  1992 Ed. (405)
  1993 Ed. (290)

1994 Ed. (259)
  1995 Ed. (258)
  1996 Ed. (262)
Goodson Newspaper
  2001 Ed. (1543)
Goodstart Early Learning
  2016 Ed. (1381)
  2019 Ed. (1419, 2854)
  2020 Ed. (1382)
  2021 Ed. (1379)
Goodstein Management Inc.
  1999 Ed. (4009, 4012)
Goodway Group
  2019 Ed. (1351)
Goodwill Group
  2001 Ed. (1765)
  2006 Ed. (4511)
  2007 Ed. (4368)
Goodwill Hawaii
  2023 Ed. (1749)
Goodwill Industries
  1992 Ed. (3267)
Goodwill Industries of America
  1989 Ed. (2074)
  1991 Ed. (2613)
  1993 Ed. (2730)
  1994 Ed. (910, 2677, 2678)
  1995 Ed. (942, 2781)
Goodwill Industries International
  1996 Ed. (912)
  1997 Ed. (2949)
  1998 Ed. (689)
  2000 Ed. (3346, 3348)
  2001 Ed. (1819)
  2003 Ed. (3651)
  2004 Ed. (934, 3698)
  2005 Ed. (3607, 3608, 3905, 3922)
  2006 Ed. (3709, 3710, 3716, 3996)
  2007 Ed. (3703, 4031)
  2008 Ed. (2403, 3786, 3788, 3793, 3794, 3796, 4059, 4317)
  2009 Ed. (1948, 3831, 3841)
  2010 Ed. (3756, 3764)
  2011 Ed. (3760, 3765)
  2012 Ed. (3767)
Goodwill Industries of San Francisco, San Mateo, and Marin Counties
  2005 Ed. (4355)
Goodwill Industries of Updates/Midlands South Carolina
  2009 Ed. (2044)
Goodwill of North Georgia
  2011 Ed. (3757)
Goodwill Solutions
  2018 Ed. (4699)
Goodwin
  2016 Ed. (2523)
Goodwin, Dannenbaum, Littman & Wingfield
  1989 Ed. (161, 167)
  1990 Ed. (150)
  1991 Ed. (150)
Goodwin; Fred
  2006 Ed. (932)
  2007 Ed. (1022)
  2008 Ed. (943)
  2009 Ed. (943)
  2010 Ed. (2561)
Goodwin & Goodwin
  2001 Ed. (945)
Goodwin Hospitality
  2017 Ed. (2483)
Goodwin Hotel
  2002 Ed. (2631)
Goodwin LLP
  2023 Ed. (3439)
Goodwin Media
  2013 Ed. (2130)
  2014 Ed. (2065)
Goodwin Procter
  2006 Ed. (3244)
  2009 Ed. (3483, 4219)
  2010 Ed. (3414)
Goodwin, Procter & Hoar
  1990 Ed. (2415)
  1991 Ed. (2281)
  1992 Ed. (2830)
  1993 Ed. (2393)
  2001 Ed. (564)
Goodwin Procter LLP
  2007 Ed. (3308)
  2012 Ed. (3366, 3371, 3381, 3387, 3390, 3391, 3414, 4438)
  2013 Ed. (3444)
  2017 Ed. (1327)
  2018 Ed. (1304)
  2021 Ed. (3227, 3228)
Goodwin Recruiting
  2022 Ed. (2376)
  2023 Ed. (2538)
Goodwin; Sir Fred
  2006 Ed. (2533)
Goodwins International Holdings Inc.
  1990 Ed. (1648)
Goodwood Brewing Co.
  2023 Ed. (909)
Goodwood Fund
  2004 Ed. (3621)

CUMULATIVE INDEX • 1989-2023

Goodwood Park Hotel Ltd.
  1989 Ed. (1155)
Goodwyn Mills Cawood
  2023 Ed. (282)
Goodwyn Mills & Cawood Inc.
  2008 Ed. (2512, 2526)
  2009 Ed. (2522, 2538)
  2010 Ed. (2439, 2456)
  2011 Ed. (2445, 2465)
  2012 Ed. (200, 2370)
Goodwyn, Mills & Cawood Inc.
  2018 Ed. (2374)
  2019 Ed. (2419)
  2020 Ed. (2392)
  2022 Ed. (2426)
Goody
  2001 Ed. (2631)
  2004 Ed. (2784)
  2016 Ed. (2840)
  2017 Ed. (2802)
  2018 Ed. (2861, 2862)
  2023 Ed. (3004)
Goody Clancy
  2006 Ed. (285)
Goody Classic
  2001 Ed. (2631)
Goody Ouchless
  2016 Ed. (2840)
  2017 Ed. (2802)
  2018 Ed. (2861, 2862)
  2023 Ed. (3004)
Goody Products
  2016 Ed. (2841)
  2017 Ed. (2803)
  2018 Ed. (2863)
Goodyear
  1989 Ed. (334)
  1990 Ed. (386, 1293, 3595, 3597)
  1994 Ed. (747)
  1995 Ed. (324, 698, 3615)
  1996 Ed. (338, 339, 3693)
  1997 Ed. (315, 316, 318)
  1998 Ed. (240, 242)
  2001 Ed. (4542)
  2002 Ed. (3034, 3035)
  2006 Ed. (4741, 4742, 4743, 4744, 4747, 4748, 4750, 4751)
  2007 Ed. (4757)
  2008 Ed. (4679, 4680)
  2009 Ed. (4718, 4719, 4720)
  2011 Ed. (4692)
  2012 Ed. (4704, 4705, 4706, 4707, 4708, 4709, 4710, 4711)
  2013 Ed. (262, 266, 4665, 4666, 4667, 4669, 4670, 4671, 4672, 4673, 4674)
  2014 Ed. (264, 268, 4719, 4720, 4721)
  2015 Ed. (304, 308, 4731, 4732, 4734, 4735, 4736, 4737, 4738, 4739, 4742)
  2016 Ed. (1926, 4632, 4633, 4635, 4636, 4637, 4638, 4639, 4640, 4644)
  2017 Ed. (4649, 4650, 4651, 4652, 4653, 4654)
  2018 Ed. (4645, 4646, 4650)
  2019 Ed. (4658, 4659, 4660, 4661, 4662, 4663, 4664, 4667)
  2020 Ed. (4626, 4627, 4628, 4629, 4630, 4631, 4633)
  2021 Ed. (276, 4637, 4638, 4639, 4640, 4641, 4642, 4643, 4644, 4645, 4647)
  2022 Ed. (4655, 4656, 4657, 4658, 4660)
  2023 Ed. (362, 4649, 4650)
Goodyear Aerospace Corp.
  1992 Ed. (1771)
Goodyear Canada
  1994 Ed. (309)
  1996 Ed. (318)
Goodyear of Canada
  1992 Ed. (447)
Goodyear Commercial Tire & Service Centers
  2015 Ed. (4743)
  2016 Ed. (4645)
  2017 Ed. (4658)
  2018 Ed. (4654)
  2019 Ed. (4668)
  2020 Ed. (4634)
  2021 Ed. (4648)
  2022 Ed. (4661)
Goodyear Gemini Automotive Care
  2006 Ed. (352)
Goodyear Indonesia
  1990 Ed. (1381)
  1991 Ed. (1303)
Goodyear Sumitomo
  2000 Ed. (4253)
Goodyear Tire
  1989 Ed. (2657)
  1990 Ed. (378, 3065)
  2000 Ed. (1475, 1531, 3560, 3561, 3828)
  2014 Ed. (1335)
  2016 Ed. (1301)
  2019 Ed. (1355)
Goodyear Tire & Rubber
  2013 Ed. (4220)
  2014 Ed. (1907, 2556, 4257)
  2023 Ed. (356, 390, 1970)

Goodyear Tire & Rubber Co.
  1989 Ed. (1050, 2349, 2834, 2835, 2836)
  1990 Ed. (3066, 3596)
  1991 Ed. (331, 335, 337, 2012, 2013, 2267, 2903, 2904, 3391, 3392)
  1992 Ed. (465, 466, 468, 3745, 3746, 4153, 4296, 4297, 4298, 4299)
  1993 Ed. (346, 916, 1382, 2952, 3054, 3055, 3576, 3577, 3578)
  1994 Ed. (326, 932, 1307, 1402, 1436, 3117, 3118, 3538)
  1995 Ed. (1470, 2867, 3167, 3168)
  1996 Ed. (1432, 3262, 3263)
  1997 Ed. (1494, 3361, 3362, 3750, 3751, 3752, 3753)
  1998 Ed. (216, 241, 1183, 3103, 3104, 3572)
  1999 Ed. (324, 1079, 1479, 1493, 1720, 3318, 3793, 3841, 4115, 4116, 4119, 4602)
  2000 Ed. (341, 1018, 3056, 3436, 3517, 3827)
  2001 Ed. (475, 532, 1672, 1828, 3215, 3674, 4129, 4131, 4132, 4138, 4139, 4537, 4538, 4540, 4544, 4546)
  2002 Ed. (1749, 4066, 4067, 4069)
  2003 Ed. (315, 316, 1801, 1802, 4196, 4197, 4203, 4205, 4737, 4738)
  2004 Ed. (279, 281, 284, 317, 1834, 1835, 3775, 3908, 4222, 4223, 4494, 4722, 4723)
  2005 Ed. (289, 292, 316, 1641, 1919, 1920, 1921, 4150, 4151, 4465, 4468, 4693, 4694)
  2006 Ed. (305, 308, 310, 312, 330, 332, 338, 1514, 1530, 1953, 1954, 1955, 3919, 4206, 4207, 4587, 4749, 4752)
  2007 Ed. (296, 297, 305, 307, 321, 323, 324, 1487, 1542, 1560, 1937, 1938, 4567, 4756, 4758)
  2008 Ed. (291, 292, 308, 309, 312, 1481, 2005, 2006, 4253, 4254, 4678, 4681, 4737)
  2009 Ed. (312, 315, 333, 334, 1967, 1968, 1970, 4354, 4355, 4721, 4722, 4772)
  2010 Ed. (297, 313, 1900, 1901, 1903, 2017, 4379, 4380, 4381, 4384)
  2011 Ed. (219, 236, 1935, 1936, 1938, 4321, 4322, 4323, 4329)
  2012 Ed. (230, 251, 256, 1289, 1794, 1795, 1798, 1921, 4382, 4383, 4384, 4385, 4712, 4713, 4715)
  2013 Ed. (227, 256, 265, 1967, 1972, 4351, 4352, 4353, 4354, 4665, 4675, 4676)
  2014 Ed. (229, 256, 267, 1905, 1911, 3538, 4400, 4401, 4402, 4403, 4717, 4723, 4724)
  2015 Ed. (264, 298, 307, 1950, 1955, 4388, 4389, 4390, 4391, 4729, 4741, 4784)
  2016 Ed. (258, 297, 305, 1921, 1928, 4026, 4286, 4287, 4288, 4289, 4631, 4642, 4643, 4645)
  2017 Ed. (262, 299, 308, 1900, 4289, 4290, 4647, 4656, 4657, 4658)
  2018 Ed. (278, 281, 289, 1845, 4272, 4273, 4643, 4648, 4649, 4651, 4652, 4653, 4654)
  2019 Ed. (244, 280, 289, 1899, 4299, 4300, 4665, 4666, 4668)
  2020 Ed. (249, 284, 1839, 2985, 4632, 4634)
  2021 Ed. (234, 1804, 2845, 4646, 4648)
  2022 Ed. (255, 1847, 4005, 4659, 4661)
  2023 Ed. (4089)
Goodyear Tire & Rubber Co., dba Goodyear Commercial Tire & Service Centers
  2021 Ed. (4648)
  2022 Ed. (4661)
Goodyear Tire and Rubber Plant
  1990 Ed. (3557)
Goody's
  1998 Ed. (767)
  2003 Ed. (1023)
  2004 Ed. (1022)
  2007 Ed. (1746)
  2015 Ed. (208)
  2016 Ed. (202)
  2017 Ed. (189)
  2018 Ed. (178)
  2019 Ed. (178)
  2020 Ed. (180)
  2021 Ed. (179)
  2022 Ed. (169)
  2023 Ed. (239)
Goody's Family Clothing
  1994 Ed. (1018, 1537)
  1995 Ed. (1028)
  1996 Ed. (1007, 1010)
  1997 Ed. (1029, 1637)
  1998 Ed. (768, 770, 1300)
  1999 Ed. (1197, 1198, 1873)
  2000 Ed. (1119)
  2001 Ed. (1270, 4324)
  2004 Ed. (2056)
  2005 Ed. (1022, 1029, 2168)

2006 Ed. (1037, 2253)
2007 Ed. (1124)
2009 Ed. (2314, 4166)
Google
  2013 Ed. (635, 640, 664, 667, 694, 696, 802, 1352, 2921, 3374, 3376, 3380, 3381, 3382)
  2014 Ed. (653, 654, 684, 685, 691, 715, 716, 717, 819, 3383, 3384, 4650, 4651)
  2015 Ed. (714, 735, 736, 739, 760, 762, 763, 3419, 4640, 4642, 4643)
  2016 Ed. (655, 670, 684, 685, 4556, 4557)
  2017 Ed. (689, 705, 706, 711, 730, 731, 733, 734, 3430, 4561, 4565, 4566, 4567)
  2018 Ed. (647, 677, 678, 4583, 4584)
  2019 Ed. (691, 968, 2921, 3291, 3292, 4590, 4595)
  2020 Ed. (641, 642, 681, 682, 683, 954, 2915, 2939, 2949, 3287, 3288, 4574)
  2021 Ed. (593, 596, 689, 690, 928, 965, 1438, 2784, 2799, 3152, 3153, 3582, 4558, 4564)
  2022 Ed. (623, 726, 727, 792, 948, 989, 993, 2966, 2974, 3296, 3297, 3565, 3581, 3586, 3636, 3637, 3743, 4566, 4574, 4575, 4931)
  2023 Ed. (98, 100, 855, 899, 1120, 1164, 2463, 3091, 3220, 3688, 3689, 4392, 4933)
Google+
  2013 Ed. (3383, 3384)
  2014 Ed. (3385)
  2015 Ed. (3421)
  2017 Ed. (2893)
  2018 Ed. (2959)
  2019 Ed. (2904)
  2020 Ed. (2923)
Google Ad Network
  2011 Ed. (2377)
  2012 Ed. (2304)
  2013 Ed. (2480)
Google Android
  2015 Ed. (3709)
Google Apps
  2014 Ed. (2412)
Google Australia
  2012 Ed. (1332)
Google Australia Pty. Ltd.
  2010 Ed. (1490)
Google Australia Pty., Ltd.
  2013 Ed. (1429)
  2014 Ed. (1388)
Google Brasil
  2013 Ed. (1441)
Google Canada
  2010 Ed. (1538)
  2011 Ed. (1537)
  2022 Ed. (1469)
Google Canada Inc.
  2018 Ed. (3161)
  2019 Ed. (3096)
  2020 Ed. (3491)
Google Creative Lab
  2012 Ed. (2305)
Google Deskbar
  2005 Ed. (3186)
Google Drive
  2021 Ed. (945)
  2022 Ed. (977)
Google Earth
  2011 Ed. (4959)
Google Finance
  2010 Ed. (3367)
Google Groups
  2004 Ed. (3159)
Google Image Search
  2007 Ed. (3225)
  2008 Ed. (3355)
Google Inc.
  2001 Ed. (4746)
  2002 Ed. (4848)
  2003 Ed. (1110)
  2004 Ed. (3152, 3162)
  2005 Ed. (3176, 3189, 3196, 3197, 4249)
  2006 Ed. (650, 757, 1779, 2726, 2730, 2732, 3020, 3030, 3037, 3040, 3041, 3175, 3177, 3180, 3182, 3183, 3187, 4257, 4258, 4680)
  2007 Ed. (692, 696, 721, 733, 787, 788, 789, 1228, 1237, 1243, 1251, 1257, 1258, 1450, 1452, 1529, 1549, 1584, 1692, 1813, 1923, 2314, 2720, 3053, 3063, 3069, 3217, 3219, 3220, 3221, 3222, 3224, 3225, 3233, 3242, 3245, 3246, 4557, 4585, 4589, 4696, 4701, 4703)
  2008 Ed. (649, 653, 654, 656, 658, 663, 690, 691, 692, 762, 763, 764, 765, 812, 1044, 1046, 1047, 1049, 1050, 1137, 1142, 1154, 1155, 1401, 1434, 1436, 1438, 1501, 1503, 1513, 1585, 1586, 1587, 1588, 1589, 1594, 1595, 1599, 1600, 1601, 1602, 1603, 1606, 1609, 1852, 2450, 2850, 2851, 3018, 3350, 3353, 3354, 3355, 3374, 4496,

4609, 4614, 4615, 4616, 4632, 4808)
  2009 Ed. (667, 669, 673, 674, 764, 765, 769, 772, 775, 776, 837, 1121, 1133, 1134, 1136, 1138, 1400, 1402, 1434, 1436, 1520, 1521, 1522, 1523, 1524, 1526, 1532, 1533, 1534, 1537, 1540, 1541, 1542, 1545, 1546, 1649, 1651, 1689, 1690, 1801, 2071, 2072, 2110, 2118, 2119, 2386, 2443, 2493, 2587, 2588, 2589, 2592, 2594, 2595, 2598, 2599, 2600, 2901, 2902, 3018, 3101, 3255, 3270, 3427, 3431, 3434, 3436, 3437, 3438, 4251, 4558, 4653, 4669)
  2010 Ed. (633, 634, 635, 640, 711, 713, 714, 716, 717, 718, 719, 720, 775, 1101, 1104, 1115, 1120, 1417, 1424, 1518, 1519, 1520, 1526, 1527, 1531, 1533, 1613, 1646, 1647, 1660, 1717, 1719, 1733, 1742, 1743, 1744, 1851, 1989, 2003, 2365, 2404, 2501, 2503, 2845, 2847, 2857, 3045, 3362, 3363, 3375, 3376, 4586, 4682)
  2011 Ed. (556, 565, 568, 569, 570, 572, 575, 703, 712, 1027, 1034, 1038, 1040, 1043, 1054, 1059, 1383, 1384, 1385, 1386, 1387, 1392, 1395, 1396, 1397, 1398, 1399, 1400, 1401, 1402, 1417, 1425, 1426, 1440, 1447, 1453, 1512, 1521, 1522, 1527, 1529, 1530, 1531, 1719, 1730, 1732, 1755, 1756, 1758, 2362, 2828, 2829, 2909, 3014, 3150, 3317, 3318, 3319, 3320, 3321)
  2012 Ed. (41, 548, 553, 554, 558, 639, 657, 933, 936, 942, 955, 973, 984, 986, 1254, 1262, 1274, 1275, 1286, 1321, 1360, 1368, 1369, 1373, 1579, 1580, 1581, 1582, 1583, 1585, 1605, 1608, 2287, 2845, 2941, 3304, 3305, 3307, 3308, 3309, 3601, 3688, 3689, 4530, 4821, 4961, 4964)
  2013 Ed. (779, 1074, 1081, 1087, 1100, 1106, 1116, 1120, 1125, 1128, 1356, 1357, 1358, 1385, 1394, 1457, 1458, 1465, 1476, 1477, 1478, 1480, 1735, 1739, 1761, 1762, 1811, 2464, 2510, 3030, 3203, 3204, 3205, 3375, 3377, 3379, 3661, 3739, 3740, 3741, 4222, 4975)
  2014 Ed. (801, 1036, 1043, 1050, 1060, 1079, 1086, 1089, 1287, 1302, 1303, 1332, 1356, 1418, 1419, 1426, 1438, 1439, 1444, 1676, 1677, 1678, 1679, 1680, 1690, 1694, 1712, 1780, 2394, 2409, 2410, 2546, 2565, 3043, 3218, 3590, 3598, 4259, 4648, 4980)
  2015 Ed. (1055, 1056, 1071, 1078, 1085, 1097, 1102, 1116, 1118, 1121, 1126, 1128, 1364, 1365, 1375, 1384, 1388, 1395, 1432, 1478, 1479, 1488, 1498, 1499, 1503, 1722, 1723, 1725, 1727, 1737, 1739, 1741, 1754, 2468, 2483, 3109, 3420, 3603, 3611, 3690, 3691, 3692, 4225, 4641, 5013)
  2016 Ed. (285, 748, 963, 978, 985, 995, 1006, 1028, 1030, 1033, 1038, 1040, 1269, 1270, 1271, 1272, 1273, 1274, 1275, 1276, 1277, 1278, 1279, 1280, 1294, 1301, 1302, 1313, 1318, 1325, 1404, 1418, 1440, 1444, 1673, 1674, 1676, 1677, 1684, 1689, 1693, 1694, 1704, 2412, 2415, 2960, 3098, 3573, 3575, 4284, 4322, 4770, 4932)
  2017 Ed. (790, 1006, 1040, 1072, 1075, 1331, 1333, 1334, 1335, 1336, 1337, 1352, 1366, 1432, 1670, 1671, 2119, 2195, 2257, 2818, 3045, 3542, 3544, 4325, 4564, 4924)
  2018 Ed. (939, 998, 1318, 1320, 1321, 1322, 1330, 1331, 1389, 1411, 1635, 2367, 3035, 3109, 3157, 4317, 4582, 4793, 4931)
  2019 Ed. (989, 999, 1342, 1349, 2726, 2977, 3042, 3092, 3583, 4345, 4932)
  2020 Ed. (982, 1318, 2287, 3006, 3124, 3555, 3556)
  2021 Ed. (964, 3581, 3583)
Google India Pvt. Ltd.
  2010 Ed. (1692)
  2012 Ed. (1560)
  2013 Ed. (1715)
  2014 Ed. (1662)
  2015 Ed. (1705)
Google Ireland
  2013 Ed. (1772)
  2014 Ed. (1560)
  2017 Ed. (1000, 1019, 1683, 4583)
  2020 Ed. (919, 1647, 4591)
  2021 Ed. (925, 931, 1626, 4589)
  2022 Ed. (944, 951, 1646, 1648, 4604)
  2023 Ed. (1112, 1124, 1801, 1803, 4566)
Google Japan Inc.
  2012 Ed. (1626)
  2013 Ed. (1785)
Google Korea
  2010 Ed. (1983)
Google LLC
  2022 Ed. (952, 1423)
  2023 Ed. (1615, 2399)

Google Maps
  2010 Ed. (3374)
Google Nest
  2023 Ed. (3088)
Google Play
  2014 Ed. (2402)
  2018 Ed. (2327)
Google Search
  2013 Ed. (635)
Google sites
  2021 Ed. (3152, 3153)
  2022 Ed. (3296, 3297)
Google+ for Small Businesses
  2014 Ed. (643)
Google Switzerland
  2010 Ed. (2006)
  2014 Ed. (2007)
Google (U.S.)
  2021 Ed. (689, 690, 2784, 4564)
  2022 Ed. (727, 3586, 4575)
Google Webmaster Central Blog
  2012 Ed. (493)
  2014 Ed. (630)
Google.com
  2003 Ed. (751, 754, 807, 811, 3045, 3051)
  2004 Ed. (761, 764, 849, 3159)
  2005 Ed. (827)
  2006 Ed. (753)
  2007 Ed. (846, 850)
  2009 Ed. (841, 2442)
  2010 Ed. (785, 787, 2364)
  2011 Ed. (714, 2360)
  2012 Ed. (659, 2284)
  2013 Ed. (798, 2462)
  2014 Ed. (815)
  2016 Ed. (2411)
Googled
  2011 Ed. (529, 530)
Googled: The End of the World As We Know It
  2011 Ed. (538)
Goop Inc.
  2023 Ed. (2128)
Goose Creek Consolidated Independent School District
  2021 Ed. (1904)
  2022 Ed. (1949)
Goose Island
  2019 Ed. (585)
Goose Island Brewing
  2002 Ed. (4964)
Goose Ridge Vineyards
  2023 Ed. (4909)
Goosebumps: Welcome to the Deadhouse
  1999 Ed. (4718)
Goosehead Insurance
  2023 Ed. (1031, 3257)
Goosehead Insurance Agency
  2021 Ed. (816, 3031)
  2022 Ed. (3166)
Goose's Edge
  2009 Ed. (1714, 1715)
GOPAC Inc.
  1993 Ed. (2872, 2873)
GoPandy
  2020 Ed. (3669)
  2021 Ed. (3675)
Gopher Publishers
  2002 Ed. (2518)
Gopi Hinduja
  2012 Ed. (4921)
  2013 Ed. (4901)
  2014 Ed. (4913)
Gopichand Hinduja
  2014 Ed. (4929)
GoPole
  2017 Ed. (1158)
GoPro
  2016 Ed. (2960, 4311)
  2017 Ed. (1457)
GoProto
  2022 Ed. (3476)
GoPuff
  2019 Ed. (2319)
Goran Capital Inc.
  2000 Ed. (1399)
Gorbel Inc.
  2008 Ed. (3573)
  2009 Ed. (3643)
  2014 Ed. (1886)
Gordan Lumber
  1997 Ed. (834)
Gorden Food Service
  2005 Ed. (2622)
  2006 Ed. (2618)
Gordo y Flaca: Ed Es
  2011 Ed. (2948)
Gordola car
  1997 Ed. (3240)
Gordon Arata McCollam Duplantis & Eagan
  2012 Ed. (3389)
Gordon Auto World Inc.; Herb
  1990 Ed. (303)
  1991 Ed. (268, 272, 273)

Gordon Bethune
  2005 Ed. (982)
  2006 Ed. (872)
Gordon & Betty Moore
  2005 Ed. (3832)
  2007 Ed. (3949)
  2008 Ed. (895, 3979)
Gordon & Betty Moore Foundation
  2011 Ed. (2756)
  2012 Ed. (2688, 2690)
Gordon Biersch/Big River
  2001 Ed. (1022)
Gordon Binder
  1997 Ed. (1796)
Gordon; Bruce
  2008 Ed. (4842, 4905)
Gordon Bruce Associates
  2002 Ed. (3856)
Gordon Cain
  1990 Ed. (1773)
Gordon Capital Corp.
  1989 Ed. (812)
  1990 Ed. (811, 822)
Gordon Coburn
  2006 Ed. (955)
  2007 Ed. (1051)
  2008 Ed. (968)
  2010 Ed. (920)
Gordon & Co.; R. J.
  1997 Ed. (1014, 2168)
Gordon-Conwell Theological Seminary
  1992 Ed. (1099)
Gordon Crawford
  2005 Ed. (3200)
  2008 Ed. (4007)
Gordon; Donald
  2005 Ed. (926, 927)
  2008 Ed. (4895)
  2009 Ed. (4915)
Gordon Earle Moore
  1999 Ed. (726)
  2002 Ed. (2806, 3361)
Gordon; Ellen
  1996 Ed. (3875)
Gordon F. Teter
  1998 Ed. (721)
  2002 Ed. (1040)
Gordon family
  2007 Ed. (4926)
  2008 Ed. (4900)
  2009 Ed. (4919)
  2010 Ed. (4923)
  2012 Ed. (4923)
  2013 Ed. (4905)
Gordon, Feinblatt, Rothman, Hoffberger & Hollander
  1990 Ed. (2414)
  1992 Ed. (2829)
  2001 Ed. (565)
Gordon Food Service
  2018 Ed. (4011)
  2019 Ed. (3998)
  2020 Ed. (4015)
  2021 Ed. (3981)
  2022 Ed. (2729, 3995)
  2023 Ed. (1866, 2843, 2866, 4079)
Gordon Food Service Inc.
  1990 Ed. (1837)
  2000 Ed. (2242, 2244)
  2009 Ed. (4149, 4612, 4945)
  2010 Ed. (2718, 4081, 4643, 4952)
  2011 Ed. (4054, 4936)
  2012 Ed. (4086, 4938)
  2013 Ed. (1864, 2715)
  2014 Ed. (1796, 2701)
  2015 Ed. (1837, 2747, 4097)
  2016 Ed. (1796, 1798, 2677)
  2017 Ed. (1761, 1766, 2627)
  2018 Ed. (1715, 1720, 2697)
  2019 Ed. (1778, 2542, 2672)
  2020 Ed. (1721, 2688)
  2021 Ed. (1697, 2595)
  2022 Ed. (1722, 2709)
Gordon; Gary
  1995 Ed. (1863)
  1996 Ed. (1771, 1824, 1844)
  1997 Ed. (1898, 1917)
Gordon Gekko
  2010 Ed. (624)
Gordon Getty
  2005 Ed. (4857)
  2006 Ed. (4903)
  2007 Ed. (4900)
  2011 Ed. (4834)
Gordon Gibb
  2007 Ed. (4925)
Gordon Gund
  1995 Ed. (2580)
Gordon H. Chong & Partners
  1999 Ed. (3420)
Gordon Hall
  1994 Ed. (1799)
  1995 Ed. (1837)
  1996 Ed. (1815)
  1997 Ed. (1889)
  1998 Ed. (1658)
  1999 Ed. (2248)
  2000 Ed. (2030, 2129)

Gordon-Harman Homes
  2002 Ed. (2693)
Gordon Hartman Homes
  2003 Ed. (1210)
  2004 Ed. (1217)
Gordon, Hughes & Banks
  2007 Ed. (13)
  2008 Ed. (11)
  2009 Ed. (14)
Gordon, Hughes & Banks LLP
  2004 Ed. (8)
  2005 Ed. (4)
  2006 Ed. (1680)
  2007 Ed. (4, 5, 1683)
  2008 Ed. (3, 1708)
  2009 Ed. (5, 1637)
  2010 Ed. (11)
Gordon; Jeff
  2009 Ed. (295, 296)
  2010 Ed. (315)
  2011 Ed. (239)
  2012 Ed. (260)
  2013 Ed. (267)
  2014 Ed. (269)
  2015 Ed. (226, 309)
  2016 Ed. (217)
  2017 Ed. (214)
Gordon Jewelry
  1989 Ed. (1871)
  1990 Ed. (2408)
Gordon K. Davidson
  2003 Ed. (805)
Gordon M. Binder
  1992 Ed. (2052)
  1993 Ed. (1697)
  1995 Ed. (1731)
Gordon Market Timer
  1990 Ed. (2365)
Gordon; Mike
  2006 Ed. (4922)
Gordon Moore
  1999 Ed. (2082, 2664, 4746)
  2000 Ed. (1881, 2448, 4375)
  2003 Ed. (4886)
  2004 Ed. (3890, 4870)
  2005 Ed. (4856)
  2006 Ed. (3898, 4910)
  2007 Ed. (4905)
  2008 Ed. (4834)
  2009 Ed. (4854)
  2011 Ed. (4831)
Gordon Nixon
  2012 Ed. (803)
  2015 Ed. (796)
Gordon P. Getty
  2004 Ed. (4859)
Gordon; Paul
  2019 Ed. (1103)
Gordon Prill Inc.
  2021 Ed. (3622)
Gordon Ramsay
  2010 Ed. (856)
  2014 Ed. (876)
  2016 Ed. (2528)
  2017 Ed. (2384)
  2020 Ed. (2485)
Gordon Ramsey
  2012 Ed. (4259)
Gordon & Rees
  2013 Ed. (3444)
Gordon & Rees LLP
  2009 Ed. (3486)
Gordon Rees Scully Mansukhani, LLP
  2021 Ed. (3199, 3200)
Gordon Segal
  2008 Ed. (2990)
  2009 Ed. (3073)
Gordon Shields
  2005 Ed. (2463)
Gordon Sloan Diaz-Balart
  1998 Ed. (2949)
Gordon Trucking Inc.
  2014 Ed. (4225)
  2015 Ed. (4213)
Gordon's
  1989 Ed. (1509, 1511, 1512, 1513, 2892)
  1990 Ed. (1896, 1897, 1898, 1899, 3676)
  1991 Ed. (1810, 1815, 1816, 1817, 3455, 3456)
  1992 Ed. (2285, 2288, 2289, 2290, 2291, 2892, 4402)
  1993 Ed. (1942, 1948, 1949, 1950, 3674)
  1994 Ed. (1970, 1972, 2394, 3640)
  1995 Ed. (1992, 1997, 1998, 3711, 3714)
  1996 Ed. (2017, 2019, 2022, 2023, 3800)
  1997 Ed. (2139)
  1998 Ed. (1834, 1835, 1836, 1837)
  1999 Ed. (2592, 2594, 2595, 3249, 4730, 4731)
  2000 Ed. (4353, 4359)
  2001 Ed. (359, 3113)
  2002 Ed. (3182)
  2003 Ed. (3226)
  2005 Ed. (2732, 4833)
  2009 Ed. (267)
  2017 Ed. (2790)

Gordon's Gin
  1991 Ed. (1814)
  1995 Ed. (1996)
  1996 Ed. (2526)
  1998 Ed. (1829)
  1999 Ed. (2586, 2589, 3248)
  2000 Ed. (2329, 2333, 2334)
  2001 Ed. (2595, 2599, 2600, 2601, 3145)
  2002 Ed. (278, 299, 2399, 2405, 2408, 3178)
  2003 Ed. (2609, 2615)
  2004 Ed. (2730)
  2008 Ed. (246)
  2009 Ed. (269)
  2010 Ed. (256)
  2011 Ed. (177)
  2012 Ed. (188)
Gordon's Vodka
  1997 Ed. (3852)
  1998 Ed. (3682)
  1999 Ed. (3240, 4724)
  2000 Ed. (2978, 4354)
  2001 Ed. (4706, 4712)
  2002 Ed. (299, 4760)
  2003 Ed. (4864)
  2004 Ed. (4845)
Gordon's Wholesale Co.
  1995 Ed. (1204)
Gordo's
  2022 Ed. (2186)
  2023 Ed. (2307)
Gordy Co.
  1990 Ed. (735)
  1991 Ed. (713)
Gore; Craig
  2006 Ed. (4922)
  2009 Ed. (4877)
Gore Mutual Insurance Co.
  2011 Ed. (1947)
  2012 Ed. (1811)
  2013 Ed. (1526)
  2014 Ed. (1496)
  2015 Ed. (1553)
  2016 Ed. (1492)
Gore-Tex
  2011 Ed. (202, 4526)
Gore Verbinski
  2009 Ed. (2609)
Gore; W. L.
  2005 Ed. (1980)
Gorenje
  2006 Ed. (3290)
Gorenje d.d.
  2014 Ed. (1977)
  2015 Ed. (2021)
  2016 Ed. (1995)
  2017 Ed. (1955)
  2018 Ed. (1906)
  2019 Ed. (1955)
  2020 Ed. (1889)
  2021 Ed. (1850)
  2022 Ed. (1896)
  2023 Ed. (2008)
Gorenje d.o.o.
  2023 Ed. (1684, 1693)
Gorenje, Gospodnijski Aparati dd
  2011 Ed. (2034)
  2012 Ed. (1884)
  2013 Ed. (2043)
Gorenje Group
  2009 Ed. (2040)
Gorenjska Banka
  1997 Ed. (612)
  1999 Ed. (637)
  2013 Ed. (459)
  2014 Ed. (475)
  2019 Ed. (479)
  2020 Ed. (463)
Gorenjska Banka d.d. Kranj
  1997 Ed. (613)
  2000 Ed. (663)
  2002 Ed. (646)
  2003 Ed. (609)
  2004 Ed. (487, 618)
  2006 Ed. (522)
  2007 Ed. (551)
  2008 Ed. (503)
  2009 Ed. (533, 534)
  2010 Ed. (412, 517, 518)
  2011 Ed. (446, 447)
Gores Group LLC
  2012 Ed. (4932)
  2013 Ed. (4928)
Gores; Samira
  2019 Ed. (4120)
Gores Technology Group
  2005 Ed. (1554)
Gores; Tom
  2006 Ed. (4896)
  2013 Ed. (547)
The Gorge
  2001 Ed. (374)
  2002 Ed. (4342)
  2010 Ed. (260)
  2011 Ed. (181)
  2013 Ed. (171)
  2015 Ed. (205)
  2016 Ed. (196)

CUMULATIVE INDEX • 1989-2023

2017 Ed. (183)
2018 Ed. (171)
2019 Ed. (173)
2020 Ed. (174)
Gorgemead Ltd.
  2009 Ed. (2116)
Görges Naturprodukte
  2020 Ed. (2883)
Gorgonzola
  1999 Ed. (1076)
Gorham Savings Bank
  2021 Ed. (378)
  2022 Ed. (391)
  2023 Ed. (511)
Gorham Studio Pattern
  2000 Ed. (4174)
Gori; Steven
  2016 Ed. (3335)
Gorilla
  2018 Ed. (23)
  2022 Ed. (27, 2879)
  2023 Ed. (68, 69, 2993)
Gorilla Glue
  2016 Ed. (25)
  2017 Ed. (22)
  2018 Ed. (23)
  2022 Ed. (2879)
  2023 Ed. (2993)
The Gorilla Glue Co.
  2016 Ed. (27, 28)
  2017 Ed. (24, 25)
  2018 Ed. (25, 26)
Gorilla Group
  2016 Ed. (2835)
Gorilla Tape
  2016 Ed. (26)
  2017 Ed. (23)
  2018 Ed. (24)
  2022 Ed. (27)
  2023 Ed. (68, 69)
Gorin; Eli
  2009 Ed. (3713)
Gorki Automobile Plant
  2004 Ed. (1851)
Gorki Automobile Plant Public Joint Stock Co.
  2002 Ed. (1759)
Gorman; J. T.
  1992 Ed. (2058)
Gorman; Kenneth F.
  1989 Ed. (1377)
The Gorman-Rupp Co.
  2005 Ed. (3044, 3045)
  2006 Ed. (3365)
Gormley; Dennis
  1994 Ed. (948)
Gormley; Dennis J.
  1996 Ed. (965)
Gornall Construction
  2020 Ed. (3072)
Gorno Automotive Group
  2019 Ed. (226)
Goro Kumagai
  1996 Ed. (1875)
  1997 Ed. (1982)
Gorouh-e Bahman
  2006 Ed. (4509)
Gorr; Ivan W.
  1994 Ed. (1716)
Gorsky; Alex
  2015 Ed. (960, 967)
  2016 Ed. (870)
Gorsuch Kirgis LLP
  2002 Ed. (3057)
  2005 Ed. (3263)
  2006 Ed. (3250)
Gortmullan (Holdings)
  2016 Ed. (2090)
  2017 Ed. (2052)
  2018 Ed. (2012)
Gorton
  2002 Ed. (2370)
Gorton's Grilled Fillets
  2008 Ed. (2789)
Gorton's Inc.
  2008 Ed. (2776, 2783, 2789)
  2009 Ed. (2841)
  2010 Ed. (2782)
  2011 Ed. (2771)
Gorton's Shrimp Temptations
  2014 Ed. (2793)
Goryaev; Timur
  2007 Ed. (785)
GoSaaS
  2023 Ed. (1134, 3223)
Gosbee; George
  2005 Ed. (2473)
  2010 Ed. (704)
  2011 Ed. (633)
Goschie Farms Inc.
  2001 Ed. (282)
Goscor
  2022 Ed. (3371)
Goshen Health System
  2010 Ed. (1698)
Gosiger Holdings Inc.
  2016 Ed. (4956)

Gosling Black Seal Rum
  2000 Ed. (3836, 3837)
Gosling; Ryan
  2010 Ed. (2521)
Goslings Black Seal
  1990 Ed. (3072)
  1996 Ed. (3269, 3272)
  1999 Ed. (4126, 4127)
Gospel
  2001 Ed. (3405)
Gosper County, NE
  1997 Ed. (1681)
Gospodarki Zywnosciowej; Bank
  2005 Ed. (598)
  2006 Ed. (514)
  2007 Ed. (542)
  2008 Ed. (493)
Gospodarstwa Krajowego; Bank
  2005 Ed. (498)
  2006 Ed. (514)
  2007 Ed. (542)
Goss Dodge
  1999 Ed. (2626)
Goss International
  2009 Ed. (3227)
Goss International Americas Inc.
  2015 Ed. (1888)
  2016 Ed. (1851)
Goss; James C.
  2011 Ed. (3343)
Gossame Bay
  2000 Ed. (4414)
Gossamer Bay
  1999 Ed. (4788, 4790, 4794, 4796, 4799, 4800)
  2000 Ed. (4412, 4421, 4426)
  2001 Ed. (4877, 4878, 4879, 4881, 4886, 4888, 4894)
  2002 Ed. (4941, 4943, 4947, 4948, 4955, 4961)
Gosser; Jason
  2019 Ed. (3643)
Gosser; Ric Jason
  2017 Ed. (3594)
  2018 Ed. (3654)
Gossip Girl
  2010 Ed. (2520)
Goswick Advertising
  1997 Ed. (97)
Got 2B
  2004 Ed. (2783)
Got 2B Glued
  2018 Ed. (2869)
  2020 Ed. (2855)
  2021 Ed. (2727)
Got Electric
  2017 Ed. (4425, 4433)
  2019 Ed. (4441)
  2023 Ed. (4479)
Got Light
  2017 Ed. (2940)
  2018 Ed. (3051)
  2019 Ed. (2998)
  2022 Ed. (3018)
Gota Bank Group
  1993 Ed. (639)
  1994 Ed. (642)
  1995 Ed. (614)
Gotabanken
  1989 Ed. (684, 685)
  1990 Ed. (690)
  1991 Ed. (554, 669)
  1992 Ed. (842)
Gotcha
  1990 Ed. (3332)
  1993 Ed. (3372)
Gotcha Covered
  2005 Ed. (3158)
  2006 Ed. (3159)
  2007 Ed. (3193)
  2008 Ed. (3335)
  2021 Ed. (4909)
  2022 Ed. (4904)
  2023 Ed. (3119, 4893)
Gotcha Media Holdings
  2020 Ed. (1892)
  2021 Ed. (1853)
Gotee
  2018 Ed. (3675)
  2019 Ed. (3660)
Gothaer Re
  2001 Ed. (2955, 2956)
Gotham
  2003 Ed. (165)
  2004 Ed. (106)
Gotham Bank of New York
  1991 Ed. (630)
Gotham Bar & Grill
  1994 Ed. (3092)
  2001 Ed. (4054)
  2007 Ed. (4129)
  2008 Ed. (4147)
Gotham Building Maintenance
  1993 Ed. (1152)
Gotham Cigars
  2014 Ed. (4333)

Gotham Construction Co.
  2010 Ed. (1299, 1311)
  2011 Ed. (1257, 1277)
  2012 Ed. (1030)
Gotham Construction Co. LLC
  2003 Ed. (1308)
  2004 Ed. (1311)
  2008 Ed. (1321)
Gotham Direct
  2009 Ed. (120)
Gotham Steel Crisper Tray
  2018 Ed. (3153)
Gotham Total Return
  2020 Ed. (3695)
Gothenburg
  1992 Ed. (1397)
Gothic Grounds Management
  2011 Ed. (3394, 3430, 3432)
  2012 Ed. (3437)
  2016 Ed. (3330)
  2017 Ed. (3293)
Gothic Landscape
  2013 Ed. (3463)
  2016 Ed. (3313, 3321, 3322, 3323, 3325, 3329, 3330, 3331)
  2017 Ed. (3282, 3283, 3284, 3288)
  2018 Ed. (3350, 3351, 3359, 3361)
  2019 Ed. (3329, 3338, 3340, 3341)
  2020 Ed. (3330, 3331, 3332, 3333, 3334, 3337, 3340, 3342, 3343)
  2021 Ed. (3267, 3268, 3269, 3273, 3276, 3278, 3279)
  2022 Ed. (3351, 3352, 3353, 3357, 3360, 3362, 3363)
  2023 Ed. (3468, 3469, 3470, 3474, 3477, 3479, 3480)
Gothic Landscape Inc.
  2005 Ed. (3267)
  2006 Ed. (3253)
  2007 Ed. (3331)
  2008 Ed. (3432)
  2009 Ed. (3506)
  2013 Ed. (3457)
Gothic Landscaping
  2011 Ed. (3394, 3430, 3432)
  2012 Ed. (3443)
Gotianun; Andrew
  2014 Ed. (4910)
  2015 Ed. (4951)
Gottesman; Alan
  1993 Ed. (1775)
  1994 Ed. (1759)
  1995 Ed. (1800)
  1996 Ed. (1775)
Gottesman; Noam
  2014 Ed. (4854)
  2015 Ed. (4891)
  2016 Ed. (4809)
Gotti
  1999 Ed. (4721)
Gottlieb Fisher
  2001 Ed. (724, 941)
Gottlieb; Myron I.
  1991 Ed. (1621)
Gottlieb; Scott
  2019 Ed. (3345)
Gottsch Feeding Corp.
  2005 Ed. (3297)
  2006 Ed. (3289)
Gottschalks Inc.
  2001 Ed. (1993)
  2003 Ed. (2008, 2783)
  2004 Ed. (2054, 2869)
  2005 Ed. (2167)
  2006 Ed. (2252, 4157)
  2007 Ed. (2195)
  2008 Ed. (2328)
  2009 Ed. (894, 2316)
  2010 Ed. (2245)
Gottstein & Co. Inc.; J. B.
  1995 Ed. (2051, 2055)
  1996 Ed. (2049)
Gotty's Contemporary Furniture Inc.
  1999 Ed. (4338)
Gotu kola
  1998 Ed. (1924)
GotVMail Communications
  2009 Ed. (4688)
Gotye
  2014 Ed. (3730)
Gotz-Gebaudemanagement West GmbH & Co.
  2008 Ed. (4323)
Gotz-Gebzudemanagement West GmbH & Co.
  2009 Ed. (4426)
Gou; Terry
  2008 Ed. (4852)
  2009 Ed. (4874)
  2010 Ed. (4875)
  2011 Ed. (4863, 4864)
  2012 Ed. (3824, 4869)
  2013 Ed. (4913)
  2014 Ed. (4923)
  2015 Ed. (4963)
  2016 Ed. (4879)
  2017 Ed. (4879)
  2018 Ed. (4891)

2019 Ed. (4883)
2020 Ed. (4872)
2021 Ed. (4873)
2022 Ed. (4869)
2023 Ed. (4863)
Goudchaux
  1991 Ed. (1969)
Goudengids.be
  2014 Ed. (1398)
Goudy Honda
  1992 Ed. (384)
  1993 Ed. (270, 298)
  1994 Ed. (269, 290)
  1995 Ed. (269)
  1996 Ed. (272, 301)
  1998 Ed. (209)
  1999 Ed. (320)
Gough; Don
  2012 Ed. (3448)
Gough & Gilmour
  2002 Ed. (3788)
Gouin; James
  2008 Ed. (2629)
Goulandris; Chryss
  2007 Ed. (4918, 4919)
Gould; A.
  2005 Ed. (2498)
Gould; Andrew
  2006 Ed. (910)
  2007 Ed. (1000)
  2008 Ed. (936)
  2009 Ed. (952)
  2010 Ed. (886)
Gould Co.
  1989 Ed. (1990, 2103, 2302, 2306)
  1990 Ed. (2510)
  1992 Ed. (1497)
  1993 Ed. (2035)
Gould Evans
  2006 Ed. (3161)
  2007 Ed. (3198)
  2011 Ed. (2451)
Gould Foundation; Florence J.
  1989 Ed. (1478)
Gould (Industrial Automation)
  1990 Ed. (1138, 1628, 2199, 2582, 2583, 2991, 2995, 2996)
Gould; Irving
  1992 Ed. (2064)
  1993 Ed. (1706)
Gould; Jay
  2006 Ed. (4914)
  2008 Ed. (4837)
  2010 Ed. (895)
Gould & McCoy Inc.
  1992 Ed. (2048)
Gould Paper Corp.
  2009 Ed. (3905)
  2010 Ed. (3815)
Gould School of Law; University of Southern California
  2007 Ed. (3329)
  2010 Ed. (3434)
  2011 Ed. (3418)
  2012 Ed. (3434)
Goulding; Ellie
  2017 Ed. (3627)
Goulds Pumps Inc.
  1991 Ed. (2021)
  2002 Ed. (1614)
  2004 Ed. (1673)
  2005 Ed. (1538)
Goulston & Storrs
  2021 Ed. (3227, 3228)
Gourmet
  1989 Ed. (180, 2175)
  1990 Ed. (2800)
  2000 Ed. (3464, 3473)
  2001 Ed. (4887)
  2002 Ed. (715)
  2008 Ed. (3532)
  2009 Ed. (729)
  2010 Ed. (652)
Gourmet Award
  1998 Ed. (442)
The Gourmet Companies
  1990 Ed. (736)
The Gourmet Cos.
  1994 Ed. (715)
  1995 Ed. (672)
  1996 Ed. (746)
  2002 Ed. (710)
  2003 Ed. (213, 214)
  2005 Ed. (172)
  2006 Ed. (185)
  2007 Ed. (191)
  2008 Ed. (174)
  2009 Ed. (193)
  2010 Ed. (172)
  2011 Ed. (96)
  2012 Ed. (103)
  2013 Ed. (78)
  2015 Ed. (103)
Gourmet Dining
  2014 Ed. (2768)
  2015 Ed. (2819)
  2016 Ed. (2752)

Gourmet Events Hawaii
    2016 Ed. (1617)
Gourmet Express LLC
    2018 Ed. (2767)
    2019 Ed. (2748)
Gourmet Garden
    2017 Ed. (4465)
Gourmet/Gift/Novelty & Souvenir stores
    2001 Ed. (2813)
Gourmet Gorilla
    2016 Ed. (2835)
Gourmet Master
    2014 Ed. (2013)
Gourmet Navigator
    2010 Ed. (1761)
Gourmet Nut
    2022 Ed. (4411)
Gourmet/specialty stores
    1998 Ed. (994, 1744)
    1999 Ed. (2485)
GourmetGiftBaskets.com
    2011 Ed. (2703)
    2012 Ed. (2294, 2631)
    2023 Ed. (1899, 2734)
Gousto
    2017 Ed. (2659)
Gouw; Julia
    2007 Ed. (385)
Gouw; Julia S.
    2007 Ed. (4978)
    2008 Ed. (4945)
Gov. Juan F. Luis Hospital & Medical Centre
    2014 Ed. (2074)
Govaars & Associates
    1990 Ed. (2336)
Govatos; Ty
    1993 Ed. (1819)
    1994 Ed. (1802)
    1995 Ed. (1840)
    1996 Ed. (1818)
    1997 Ed. (1892)
    2011 Ed. (3344)
Govberg Jewelers
    2020 Ed. (2289)
GOVECS
    2021 Ed. (245)
Governali; Frank
    1993 Ed. (1827)
    1995 Ed. (1848)
    1996 Ed. (1826)
    1997 Ed. (1900)
Governing
    2007 Ed. (4795)
    2008 Ed. (4712)
    2009 Ed. (4756)
    2010 Ed. (4765)
    2011 Ed. (4718)
    2012 Ed. (4738)
Government
    1990 Ed. (2615, 2616)
    1991 Ed. (1515)
    1993 Ed. (1573, 1864, 2130, 2183, 2184)
    1994 Ed. (325, 2160)
    1995 Ed. (1533, 2203)
    1997 Ed. (2018)
    2002 Ed. (3254)
    2006 Ed. (3294)
Government Accountability Office; U.S.
    2009 Ed. (2887)
Government Acquisitions Inc.
    2006 Ed. (3533, 4372)
    2007 Ed. (291, 1418, 3588, 4440)
    2009 Ed. (1366)
    2010 Ed. (1350)
    2015 Ed. (1315)
    2016 Ed. (1231)
Government administration
    2002 Ed. (2779)
Government of Alberta
    2006 Ed. (1541)
    2007 Ed. (1571)
    2008 Ed. (1550)
    2009 Ed. (1479)
    2010 Ed. (1464)
    2011 Ed. (1465)
Government of Australia
    1993 Ed. (23)
    2006 Ed. (24)
    2007 Ed. (18)
    2008 Ed. (23)
Government Backed Trust
    1990 Ed. (3186)
Government of Bahrain
    2005 Ed. (21)
    2008 Ed. (25)
Government of Belgium
    2004 Ed. (30)
    2005 Ed. (23)
    2006 Ed. (29)
    2007 Ed. (21)
    2008 Ed. (26)
Government of Brazil
    2006 Ed. (31)
    2008 Ed. (28)
Government of Canada
    1990 Ed. (25, 3605)
    1991 Ed. (20, 3402)

1992 Ed. (43, 74, 4311)
1993 Ed. (26, 48, 3590)
1994 Ed. (18, 3553)
1995 Ed. (3632)
1996 Ed. (30, 3148)
2004 Ed. (34, 2013)
2005 Ed. (27)
Government CIO
    2020 Ed. (4764)
Government CIO LLC
    2021 Ed. (4763)
Government Computer News
    1994 Ed. (2796)
    1999 Ed. (3759)
    2005 Ed. (141, 142, 826)
    2007 Ed. (4795)
    2008 Ed. (4712)
    2009 Ed. (4756)
    2010 Ed. (155, 3517, 4765)
    2011 Ed. (4718)
    2012 Ed. (4738)
Government administration & defense
    2002 Ed. (2780)
Government Development Bank for Puerto Rico
    1996 Ed. (2354, 2481)
Government of the District of Columbia
    2012 Ed. (1994)
Government of Dubai
    2008 Ed. (98)
Government of Egypt
    2008 Ed. (38)
Government Employees
    1994 Ed. (2215, 2216, 2222)
    1998 Ed. (2207)
    1999 Ed. (2976)
Government Employees Credit Union of El Paso
    1993 Ed. (1448)
    2002 Ed. (1894)
    2003 Ed. (1948)
    2004 Ed. (1988)
    2005 Ed. (2130)
    2006 Ed. (2225)
    2007 Ed. (2146)
    2008 Ed. (2261)
    2009 Ed. (2247)
    2010 Ed. (2201)
    2011 Ed. (2219)
    2012 Ed. (2016, 2080)
    2013 Ed. (2266)
    2014 Ed. (2200)
    2015 Ed. (2264)
    2016 Ed. (2235)
    2020 Ed. (2103)
    2021 Ed. (2093)
Government Employees Credit Union of Maine
    2002 Ed. (1869)
    2003 Ed. (1923)
    2004 Ed. (1963)
Government Employees Health Association
    2017 Ed. (1704)
    2018 Ed. (1660)
    2019 Ed. (1717)
    2020 Ed. (1665)
    2021 Ed. (1645)
Government Employee's Insurance Co.
    2019 Ed. (3146)
Government Employees Insurance Co.
    1996 Ed. (2269, 2270)
    1997 Ed. (2409, 2410, 2464, 2470)
    1998 Ed. (2114, 2118)
    1999 Ed. (2900, 2904)
    2000 Ed. (2650, 2653, 2728)
    2001 Ed. (2899, 2901)
    2002 Ed. (2958, 2963)
    2004 Ed. (3059)
    2005 Ed. (3070, 3129)
    2006 Ed. (3071)
    2007 Ed. (3096)
    2008 Ed. (3238, 3321, 3323)
    2009 Ed. (3300, 3391)
    2010 Ed. (3227, 3326)
    2011 Ed. (3193, 3284)
    2012 Ed. (3149)
    2013 Ed. (3227, 3341)
    2014 Ed. (3247, 3360)
    2015 Ed. (3301, 3393)
    2016 Ed. (3265)
    2019 Ed. (3260)
    2020 Ed. (3264)
    2021 Ed. (3127)
    2022 Ed. (3270)
Government Executive
    2007 Ed. (4795)
    2008 Ed. (4712)
    2009 Ed. (4756)
    2010 Ed. (4765)
    2011 Ed. (4718)
    2012 Ed. (4738)
Government Finance Associates Inc.
    1991 Ed. (2164, 2172)
    1993 Ed. (2263, 2269)
    1996 Ed. (2351)
    1997 Ed. (2483)
    2001 Ed. (732, 740, 770, 790, 826, 839, 891, 935)

Government Finance Group Inc.
    1995 Ed. (2331)
Government Funding
    1992 Ed. (3996)
    1994 Ed. (3332)
    1995 Ed. (3394)
    1996 Ed. (3459)
    1997 Ed. (3528)
    1998 Ed. (3317)
Government mortgage bond funds
    1993 Ed. (717)
Government-general bond funds
    1993 Ed. (717)
Government of Germany
    2004 Ed. (2013)
Government of Guam
    2000 Ed. (1624)
Government of Guam Credit Union
    2002 Ed. (1860)
    2003 Ed. (1914)
    2004 Ed. (1954)
    2005 Ed. (2096)
    2006 Ed. (2191)
    2007 Ed. (2112)
    2008 Ed. (2227)
    2009 Ed. (2211)
    2010 Ed. (2165)
    2011 Ed. (2184)
Government of Hong Kong
    2007 Ed. (41)
Government Housing Bank
    1999 Ed. (468)
Government Income Securities
    1996 Ed. (2810)
Government of India
    2007 Ed. (43)
Government Info Service
    1990 Ed. (49)
Government Info. Services
    1992 Ed. (68)
Government Information Service
    1991 Ed. (49)
Government, intermediate
    2004 Ed. (691)
Government of Ireland
    2004 Ed. (53)
    2005 Ed. (48)
    2006 Ed. (55)
    2008 Ed. (49)
    2009 Ed. (56)
Government Leader
    2007 Ed. (4795)
Government, local
    2007 Ed. (3717)
    2009 Ed. (3854)
Government, long
    2004 Ed. (691)
    2006 Ed. (622)
Government manager
    2010 Ed. (3774)
Government of Metro Toronto
    1990 Ed. (3605)
    1991 Ed. (3402)
Government of Mexico
    2005 Ed. (1486)
    2006 Ed. (68)
Government Micro Resources Inc.
    1991 Ed. (1910)
    1994 Ed. (2049)
    1995 Ed. (2098, 2105, 2108)
    1996 Ed. (2067, 2106, 2113, 2565)
    1997 Ed. (2213, 2221, 2223, 2706)
    1998 Ed. (1927, 1938, 1941, 2432)
    1999 Ed. (2665, 2680, 4284)
    2000 Ed. (2449, 2468, 4386)
    2001 Ed. (2714)
    2002 Ed. (2546, 2561)
    2003 Ed. (2750)
    2007 Ed. (1418)
Government/military
    1993 Ed. (1111)
Government Mortgage
    1994 Ed. (582)
Government National
    2010 Ed. (101)
Government National Mortgage Association
    1991 Ed. (1981)
    1993 Ed. (2113)
Government of the Netherlands
    2007 Ed. (60)
    2008 Ed. (63)
Government of New Zealand
    2008 Ed. (64)
Government obligations
    1992 Ed. (2805)
Government of Oman
    2008 Ed. (67)
Government of Ontario
    1989 Ed. (26)
    1990 Ed. (3605)
    1991 Ed. (3402)
    1992 Ed. (4311)
    1993 Ed. (3590)
    1994 Ed. (3553)
    1995 Ed. (3632)
    1996 Ed. (3148)
Government & political organizations
    2002 Ed. (225, 226)

Government of Paraguay
    2006 Ed. (74)
    2007 Ed. (65)
    2008 Ed. (70)
Government Pension
    2008 Ed. (3870)
    2009 Ed. (3927)
    2010 Ed. (3846)
Government Pension Fund
    2011 Ed. (3848)
    2012 Ed. (3823)
    2018 Ed. (3752)
    2023 Ed. (3895)
Government Pension Fund Global
    2013 Ed. (3878)
    2014 Ed. (3814)
    2015 Ed. (3839)
    2016 Ed. (3745)
    2017 Ed. (3698)
    2018 Ed. (3751)
    2019 Ed. (3731)
    2020 Ed. (3774)
    2021 Ed. (3768)
    2022 Ed. (3793)
Government Pension Fund (Norway)
    2021 Ed. (3768)
    2022 Ed. (3793)
Government Pension Investment
    2007 Ed. (3796)
    2008 Ed. (3870)
    2009 Ed. (3927)
    2010 Ed. (3846)
    2011 Ed. (3848)
    2012 Ed. (3823)
    2013 Ed. (3878)
    2014 Ed. (3814)
    2015 Ed. (3839)
    2016 Ed. (3745)
    2017 Ed. (3698)
    2018 Ed. (3751, 3752)
    2019 Ed. (3731)
    2020 Ed. (3774)
    2021 Ed. (3768)
    2022 Ed. (3793)
    2023 Ed. (3895)
Government Pension Investment (Japan)
    2021 Ed. (3768)
    2022 Ed. (3793)
Government of Peru
    2006 Ed. (75)
    2007 Ed. (66)
Government Policy Consultants
    2000 Ed. (3651)
Government Product News
    2007 Ed. (4795)
    2008 Ed. (4712)
    2009 Ed. (4756)
    2010 Ed. (4765)
    2011 Ed. (4718)
    2012 Ed. (4738)
Government of Qatar
    2008 Ed. (76)
Government of Quebec
    1993 Ed. (48)
Government-related
    2002 Ed. (2266)
Government of Saudi Arabia
    2008 Ed. (79)
Government Savings Bank
    2015 Ed. (473)
    2018 Ed. (399)
    2019 Ed. (402)
    2020 Ed. (395)
    2023 Ed. (613)
The Government Savings Bank
    2009 Ed. (2753)
    2010 Ed. (2677)
    2011 Ed. (2666)
    2012 Ed. (2594)
Government securities
    1992 Ed. (2667)
    1993 Ed. (2257)
Government Service Insurance System
    1997 Ed. (2400)
Government of Singapore
    2005 Ed. (76)
    2006 Ed. (85)
    2008 Ed. (81)
Government of Singapore Investment Corp.
    1997 Ed. (2401)
    1999 Ed. (2893)
    2001 Ed. (2889)
    2002 Ed. (2827)
    2005 Ed. (3230)
Government of South Africa
    2004 Ed. (84)
    2005 Ed. (79)
    2006 Ed. (88)
Government of Spain
    2006 Ed. (90)
Government Tactical Solutions LLC
    2019 Ed. (1271)
Government Technology
    2007 Ed. (4795)
    2008 Ed. (4712)
    2009 Ed. (4756)
    2010 Ed. (4765)
    2011 Ed. (4718)

2012 Ed. (4738)
Government Technology Services Inc.
  1990 Ed. (1020, 3304)
  1998 Ed. (858)
  2000 Ed. (1181, 1741)
Government of Thailand
  2005 Ed. (87)
  2006 Ed. (96)
  2007 Ed. (86)
  2008 Ed. (93)
Government-treasury bond funds
  1993 Ed. (717)
Government Trust Certificates
  1990 Ed. (1357, 3186)
Government of Uganda
  2008 Ed. (96)
Government of the United Kingdom
  2004 Ed. (98)
  2005 Ed. (92)
  2006 Ed. (101)
Governmental
  1999 Ed. (1180)
Governmental Consultant Services Inc.
  2000 Ed. (2991)
  2001 Ed. (3156)
Governmental Employees
  2000 Ed. (1624)
GovernmentCIO
  2018 Ed. (1236, 1238)
  2020 Ed. (2019)
GovernmentOfficeFurniture.com
  2022 Ed. (1231, 1239)
Governments, foreign
  2002 Ed. (3597, 3598)
Governor & Co. of the Bank of Ireland
  2007 Ed. (1728)
Governor & Company of the Bank of Ireland
  2023 Ed. (722)
The Governor & Company of the Bank of Ireland
  2003 Ed. (4590)
Governors Ball Music Festival
  2018 Ed. (1011)
Governor's Distributors
  2005 Ed. (2625)
Governor's Office of Economic Development
  1996 Ed. (2239)
Govett & Co.; John
  1993 Ed. (2356)
Govett Dollar-Geared Currency
  1995 Ed. (1081)
Govett Emerging Markets
  1995 Ed. (2706, 2717)
  2000 Ed. (3309)
Govett; Hoare
  1994 Ed. (781)
Govett International Equity
  1995 Ed. (2727)
Govett Japan Growth
  1997 Ed. (2912)
Govett; John
  1995 Ed. (2396)
Govett MIS Dollar Bear
  1997 Ed. (2911)
Govett MIS Gilt Bear
  1997 Ed. (2911)
Govett MIS Hong Kong Bear
  1997 Ed. (2911)
Govett MIS Japan Bear
  1997 Ed. (2911)
Govett MIS United Kingdom Bear
  1997 Ed. (2911)
Govett MIS U.S. Bear
  1997 Ed. (2911)
Govett Oriental
  1992 Ed. (3204)
  1995 Ed. (2748)
  1997 Ed. (2920)
Govett Smaller Companies
  1995 Ed. (2703, 2724)
Govett Smaller Cos.
  1996 Ed. (2787, 2797)
Govett Smaller Cos. A
  1997 Ed. (2872, 2895, 2905)
Govett UK Safeguard Fund
  1999 Ed. (1250)
GoVideo
  2008 Ed. (2385)
Govplace
  2011 Ed. (4799)
Govsmart
  2016 Ed. (980)
  2017 Ed. (1015)
GovSmart, Inc.
  2019 Ed. (1274)
Gower; Andrew
  2007 Ed. (4925)
Gower; Andrew & Paul
  2010 Ed. (2527)
Gower; Paul
  2007 Ed. (4925)
Gowland Publicadad
  1995 Ed. (45)

Gowland Publicidad
  1989 Ed. (82)
  1990 Ed. (76)
  1992 Ed. (119)
  1993 Ed. (79)
Gowling and Henderson
  1990 Ed. (2416)
  1991 Ed. (2293)
Gowling Lafleur Henderson LLP
  2009 Ed. (3487)
  2015 Ed. (3475)
  2016 Ed. (3315, 3320)
  2017 Ed. (3274)
  2020 Ed. (3328)
Gowling, Strathy & Henderson
  1991 Ed. (2282)
  1992 Ed. (2831, 2846)
  1993 Ed. (2394)
  1995 Ed. (2415)
  1996 Ed. (2451)
  1997 Ed. (2596)
  1999 Ed. (3147)
Gowling WLG
  2021 Ed. (731)
Gowling WLG (Canada) LLP
  2018 Ed. (3348)
  2019 Ed. (3327)
  2022 Ed. (757)
  2023 Ed. (966)
Goya
  2017 Ed. (3527)
  2018 Ed. (4483)
  2022 Ed. (2839, 2843)
  2023 Ed. (2930, 2948, 2950, 2952, 2953, 2955)
Goya Foods
  2014 Ed. (4523)
  2015 Ed. (4523)
  2016 Ed. (4459)
  2018 Ed. (4484)
Goya Foods Inc.
  1990 Ed. (2008)
  1991 Ed. (1905, 1906, 2474)
  1992 Ed. (73, 2400, 2401, 3092)
  1993 Ed. (2037, 2038, 2584)
  1994 Ed. (2050, 2051, 2053, 2532)
  1995 Ed. (2101, 2102, 2106, 2501, 2591)
  1996 Ed. (2110, 2111, 2565, 2661)
  1997 Ed. (2216, 2217, 2706, 2802)
  1998 Ed. (1934, 2432, 2516)
  1999 Ed. (2682, 3296, 3424)
  2000 Ed. (2466, 3033, 3150)
  2001 Ed. (2704, 2712)
  2002 Ed. (2544, 2558)
  2003 Ed. (2501, 2749)
  2009 Ed. (2785, 3761)
  2010 Ed. (2719, 3696)
  2012 Ed. (3708)
  2013 Ed. (3756)
  2014 Ed. (2766, 2795, 3687, 3689)
  2015 Ed. (1902, 3703)
  2016 Ed. (3598)
  2017 Ed. (2704, 2723, 3566)
  2018 Ed. (1769, 2762)
  2019 Ed. (1828, 2745, 3613)
  2020 Ed. (2793)
  2021 Ed. (1739, 2665, 2666, 2679)
  2022 Ed. (1771, 2809)
  2023 Ed. (2931)
Goya Foods, Inc.
  2020 Ed. (4452)
  2021 Ed. (4451)
Goya de Puerto Rico Inc.
  2005 Ed. (3389)
  2006 Ed. (3376)
Goyal; Naresh
  2008 Ed. (4896)
Goyette Mechanical Co.
  2018 Ed. (1196)
GP-CK Birla
  1991 Ed. (962)
GP Financial Corp.
  1995 Ed. (3609)
  1996 Ed. (3687)
  2001 Ed. (4523)
GP Financial-Home Savings
  1997 Ed. (581)
GP Group Accquisition Corp.
  1991 Ed. (1142)
GP Group Inc.
  1991 Ed. (1142)
GP Holding BV
  1997 Ed. (2996)
  1999 Ed. (3694)
GP Strategies
  2015 Ed. (1804)
GP Supply Co.
  2018 Ed. (3633)
GP & W Inc.
  2011 Ed. (1871)
GPA
  2019 Ed. (2379)
  2022 Ed. (2340)
GPA Group Ltd.
  1990 Ed. (1790)
  1992 Ed. (2155)
  1993 Ed. (1352)
  1994 Ed. (1405)

  1995 Ed. (1437)
  1996 Ed. (1401)
GPA Technologies
  2008 Ed. (2288)
GpasPlus
  2020 Ed. (4254)
GPC
  1996 Ed. (971)
  1997 Ed. (985)
  1998 Ed. (727, 728, 729, 730)
  1999 Ed. (1135)
  2000 Ed. (1061)
  2001 Ed. (1230)
  2002 Ed. (4629)
  2003 Ed. (970, 971, 4751, 4756)
  2004 Ed. (4736)
  2009 Ed. (4573)
GPC-Approved
  1994 Ed. (953)
GPC Asia Pacific
  2017 Ed. (1849)
GPD Group
  2003 Ed. (1292)
  2012 Ed. (2395)
  2014 Ed. (2495)
  2015 Ed. (2569)
  2016 Ed. (2491)
GPEG International Ltd.
  2013 Ed. (2903, 2913)
GPG
  1997 Ed. (2675)
GPM Gas Corp.
  1995 Ed. (1977, 1981)
  1996 Ed. (2000, 2001, 2004)
  1997 Ed. (2122, 2123, 2124)
  1998 Ed. (1810, 1813, 1814)
  1999 Ed. (2571, 2573, 2574)
GPM Investments
  2018 Ed. (4266)
GPM Investments LLC
  2015 Ed. (1317)
  2017 Ed. (1282, 1283)
  2018 Ed. (1260, 1261)
  2019 Ed. (1294, 1296)
  2020 Ed. (1274, 1275)
  2021 Ed. (1255, 1256)
  2022 Ed. (1261, 1262)
  2023 Ed. (1474)
GPS GmbH
  2020 Ed. (3099)
GPS (Great Britain) Ltd.
  2002 Ed. (36, 224)
GPS Hospitality
  2017 Ed. (1576)
  2020 Ed. (4226)
  2023 Ed. (4245)
GPS Hospitality LLC
  2020 Ed. (2757)
GPS Insight
  2012 Ed. (3505)
GPT
  1991 Ed. (3281)
  1992 Ed. (4201)
  1994 Ed. (1074)
GPT Group
  2012 Ed. (4191)
  2014 Ed. (4002, 4188)
  2015 Ed. (4169)
  2017 Ed. (4060)
  2018 Ed. (4087)
  2019 Ed. (4093)
  2020 Ed. (4106)
GPU Energy
  2002 Ed. (4711)
GPU Inc.
  1998 Ed. (1389)
  1999 Ed. (1555, 1950)
  2000 Ed. (3678)
  2002 Ed. (1556, 3878, 3879, 4710)
GPX
  2008 Ed. (275)
GQ
  1992 Ed. (3375, 3386)
  1994 Ed. (2794)
  1998 Ed. (2782)
  1999 Ed. (3746)
  2000 Ed. (3499)
  2009 Ed. (673)
GQ Gentlemen's Quarterly
  2023 Ed. (3586)
GQR Global Markets
  2018 Ed. (3108)
GR Engineering Services
  2014 Ed. (1389)
GR Foods Inc.
  1994 Ed. (2428)
Gr. Galeries Lafayette
  2009 Ed. (4331)
  2010 Ed. (4347)
GRA Inc.
  1993 Ed. (1165)
GRA, Thompson, White & Co., P.A.
  2001 Ed. (555)
Grab
  2020 Ed. (1635, 4693)
  2021 Ed. (1609)
Graber Post Buildings
  2016 Ed. (2865)

Graboplast
  1997 Ed. (826)
  2000 Ed. (893)
Graboyes Commercial Window Co.
  2020 Ed. (3587)
Grabyo
  2021 Ed. (3513)
Gracar
  2006 Ed. (1210)
Grace
  1992 Ed. (4426)
Grace & Co.
  2000 Ed. (13)
Grace & Co.; W. R.
  1990 Ed. (951, 1232)
  1991 Ed. (901, 904, 905, 907, 910, 913, 914, 1149)
  1992 Ed. (3321, 3474)
  1993 Ed. (902, 903, 905, 906, 916, 925, 1211, 1310, 2773)
  1995 Ed. (1257, 1258, 1882)
  1996 Ed. (922, 925, 945, 1229, 1230, 1234, 1336, 1924, 1927, 2915)
  1997 Ed. (954, 957, 967, 1314, 1398, 3005)
  2005 Ed. (938, 939, 1515, 1527, 2768, 2769)
  2006 Ed. (2724, 2725, 4601)
  2007 Ed. (1457, 3425)
  2008 Ed. (3588)
  2011 Ed. (1823)
Grace D. Lieblin
  2011 Ed. (2949)
Grace Equipment Co.
  1989 Ed. (1890)
  1990 Ed. (2431)
Grace Figueredo
  2012 Ed. (2166)
  2013 Ed. (2959)
Grace; J. Peter
  1994 Ed. (1722)
  1995 Ed. (980)
Grace Kenndy
  2000 Ed. (2874)
Grace Kennedy
  2000 Ed. (2875)
  2002 Ed. (4187, 4188)
  2006 Ed. (3232)
Grace, Kennedy & Co.
  1994 Ed. (2339, 2340)
  1996 Ed. (2437, 2438)
  1997 Ed. (2582, 2583)
  1999 Ed. (3126, 3127)
  2002 Ed. (3033, 3034)
Grace Lieblein
  2013 Ed. (2958)
Grace Pacific Corp.
  2014 Ed. (1626)
  2015 Ed. (1676)
Grace Puma
  2013 Ed. (2958)
Grace Technology
  2022 Ed. (1652)
Grace; W. R.
  1989 Ed. (878, 883)
  1990 Ed. (932, 937, 943, 945, 947, 957, 961, 2510)
  1992 Ed. (1110, 1111, 1122)
  1994 Ed. (918, 919, 920, 932, 936, 940, 1208, 1237, 1362, 1854, 1855, 1856, 2744)
  1995 Ed. (954, 956, 968, 972, 1271, 1386)
  1997 Ed. (972, 1273, 2019)
Grace; W.R.
  1992 Ed. (1107)
Graceland College
  1996 Ed. (2857)
  1997 Ed. (2954)
Graceland College Recruitment
  2000 Ed. (3359)
Gracenote
  2006 Ed. (2489)
Gracia Martore
  2005 Ed. (991)
  2006 Ed. (985)
  2007 Ed. (1078)
Gracious Home
  1997 Ed. (3339)
  2000 Ed. (3805)
  2001 Ed. (2713)
  2008 Ed. (2965)
  2009 Ed. (3045)
  2010 Ed. (2969)
  2011 Ed. (2932)
  2012 Ed. (2865)
Gracious Homes
  2002 Ed. (2560)
Graco
  2016 Ed. (3087, 3095)
Graco Inc.
  2004 Ed. (3327)
  2005 Ed. (3352)
  2006 Ed. (1888, 1889, 1890, 2279)
  2007 Ed. (2211)
  2022 Ed. (3105)
Graco Nautilus
  2016 Ed. (3087)

Graco Robotics
  1991 Ed. (2902)
Graco Turbobooster
  2016 Ed. (3087)
GracoRoberts
  2023 Ed. (67)
Grad Associates
  1994 Ed. (237)
Grad Associates P.A.
  1992 Ed. (359)
  1993 Ed. (248)
Grad Partnership
  1989 Ed. (268)
  1990 Ed. (283, 284)
  1991 Ed. (253)
Gradall Industries
  1998 Ed. (1886, 1887)
Gradco Systems
  1993 Ed. (2999)
Grade Enterprise Co., Ltd.
  1990 Ed. (1498)
GradePower Learning
  2020 Ed. (2223)
  2021 Ed. (2197)
Gradex Inc.
  2009 Ed. (1281)
  2011 Ed. (1227)
Gradiente
  2007 Ed. (1851)
Gradison Established Growth
  1990 Ed. (2391)
Gradison Government Income
  1999 Ed. (3553)
  2000 Ed. (765)
Graduate Health System
  1991 Ed. (1936)
  1992 Ed. (2463)
  1998 Ed. (1996, 2844)
Graduate Health System Rancocas Hospital
  1998 Ed. (536)
Graduate Hotels
  2019 Ed. (4733)
Graduate and Zurbrugg Memorial Hospitals
  1989 Ed. (1610)
  1990 Ed. (2059)
Graduation
  1990 Ed. (1948)
  1992 Ed. (2348)
Grady Britton
  2008 Ed. (2024, 2026)
  2009 Ed. (1984, 1990)
Grady Isuzu
  1993 Ed. (272)
Grady L. Patterson
  1991 Ed. (3210)
  1995 Ed. (3505)
Grady L. Patterson Jr.
  1993 Ed. (3443)
Grady's American Grill
  1996 Ed. (3211)
Graebel Companies Inc.
  2017 Ed. (1506)
Graebel Cos.
  2002 Ed. (1073)
  2006 Ed. (3989, 4796)
  2007 Ed. (4813)
  2008 Ed. (4740)
  2011 Ed. (4767)
  2012 Ed. (4788)
  2013 Ed. (4749)
  2014 Ed. (4799)
  2015 Ed. (1588, 4834)
  2016 Ed. (1515, 4737)
Graebel Cos. Inc.
  2023 Ed. (1663, 2748)
Graebel Cos., Inc.
  2015 Ed. (2655)
  2016 Ed. (2579)
  2017 Ed. (2496)
  2018 Ed. (2552)
  2019 Ed. (2546)
  2020 Ed. (2535)
  2021 Ed. (2494)
  2022 Ed. (2607)
Graebel Moving Services
  2020 Ed. (4742)
  2021 Ed. (4741)
Graebel Van Lines Inc.
  1992 Ed. (3121)
  1993 Ed. (2610, 3643)
  1994 Ed. (2571, 3603)
  1995 Ed. (2626, 3681)
  1996 Ed. (3760)
  1997 Ed. (3810)
  1998 Ed. (2544, 3636)
  1999 Ed. (3459, 4676)
  2000 Ed. (3177)
  2002 Ed. (3406)
  2003 Ed. (4784)
  2007 Ed. (4846)
  2008 Ed. (4768)
  2009 Ed. (4800)
  2010 Ed. (4817)
  2011 Ed. (4776)
  2012 Ed. (4798)
  2013 Ed. (4759)
  2014 Ed. (4810)

  2015 Ed. (4845)
  2016 Ed. (4749)
  2017 Ed. (4761)
  2018 Ed. (4757)
GRAEF
  2011 Ed. (2476)
Graef
  2018 Ed. (2405)
  2019 Ed. (2449)
  2020 Ed. (2439)
  2022 Ed. (2472)
Graeme Anne Lidgerwood
  1993 Ed. (1822)
  1994 Ed. (1805)
  1995 Ed. (1843)
  1996 Ed. (1821)
Graeme Eadie
  1999 Ed. (2332)
  2000 Ed. (2117, 2118)
Graeme Hart
  2008 Ed. (4848)
  2009 Ed. (4869, 4913)
  2010 Ed. (4915)
  2011 Ed. (4902)
  2012 Ed. (4912)
  2013 Ed. (4892)
  2014 Ed. (4905)
  2015 Ed. (4945)
  2016 Ed. (4860)
  2017 Ed. (4864)
  2018 Ed. (4873)
  2019 Ed. (4867)
  2020 Ed. (4856)
  2021 Ed. (4856)
  2022 Ed. (4852)
  2023 Ed. (4847)
Graeme Lidgerwood-Dayton
  1997 Ed. (1895)
Graevinska Direkcija Srbije
  2016 Ed. (1554)
Graf Architectural Concrete
  2006 Ed. (1237, 1279)
  2007 Ed. (1358)
Graf; Johann
  2012 Ed. (4875)
  2013 Ed. (4857)
  2014 Ed. (4871)
  2015 Ed. (4909)
  2016 Ed. (4825)
  2017 Ed. (4835)
  2018 Ed. (4840)
  2019 Ed. (4836)
  2020 Ed. (4826)
  2021 Ed. (4827)
  2022 Ed. (4820)
  2023 Ed. (4814)
Graf Jr.; Alan
  2006 Ed. (945)
  2007 Ed. (1040)
Grafbaan Stadspark
  2001 Ed. (4358)
Graff; Laurence
  2007 Ed. (4931)
  2009 Ed. (2623)
  2010 Ed. (2527)
  2014 Ed. (4929)
  2015 Ed. (4969)
  2016 Ed. (4886)
  2017 Ed. (4884)
  2018 Ed. (4896)
  2019 Ed. (4888)
  2020 Ed. (4877)
  2021 Ed. (4878)
Graff; Lawrence
  2010 Ed. (4925)
  2011 Ed. (4911)
Graffiti
  2002 Ed. (76)
  2003 Ed. (42)
Graffiti/BBDO
  1997 Ed. (136)
  1999 Ed. (147)
  2000 Ed. (164)
  2001 Ed. (203)
  2002 Ed. (175)
  2003 Ed. (142)
Graffiti/BBDO-Sofia
  2001 Ed. (116)
  2002 Ed. (88)
  2003 Ed. (55)
Graffiti DMB & B
  1991 Ed. (73)
  1997 Ed. (58)
  2001 Ed. (103)
Grafic
  2001 Ed. (2642, 2644, 2645)
Grafik
  2000 Ed. (105)
Grafik Ammirati Puris Lintas
  1997 Ed. (154)
Grafik/McCann-Erickson
  1995 Ed. (84)
  1996 Ed. (98)
  1997 Ed. (100)
  1999 Ed. (101)
  2001 Ed. (145)
  2002 Ed. (118)
  2003 Ed. (85)

Grafika Lintas
  1989 Ed. (170)
  1990 Ed. (159)
  1991 Ed. (158)
  1992 Ed. (217)
  1993 Ed. (143)
  1994 Ed. (124)
  1995 Ed. (134)
  1996 Ed. (148)
Grafikom
  2009 Ed. (4094)
  2010 Ed. (4006)
GrafTech International
  2011 Ed. (4187)
GrafTech International Holdings Inc.
  2015 Ed. (890)
Grafton; Allison
  2016 Ed. (4991)
  2017 Ed. (4983)
Grafton Group
  1990 Ed. (1056, 1057, 3060)
  1992 Ed. (1218)
  1994 Ed. (1020)
Grafton Group plc
  2017 Ed. (4213)
  2020 Ed. (4256)
  2021 Ed. (4232)
  2022 Ed. (4240)
  2023 Ed. (4280)
The Grafton Group plc
  2017 Ed. (1112)
  2020 Ed. (1043)
  2021 Ed. (1017)
  2022 Ed. (1057)
  2023 Ed. (1229)
Grafton Recruitment
  2007 Ed. (1219, 2034)
Grafton Staffing Inc.
  2007 Ed. (3556, 3557, 4421)
  2008 Ed. (4962)
Grafton Street
  2006 Ed. (4182)
Grafton Winery
  2023 Ed. (4911)
Gragg Advertising Inc.
  2011 Ed. (1781)
  2012 Ed. (1635)
  2013 Ed. (1791)
  2014 Ed. (1721)
Graham
  2017 Ed. (1112)
  2020 Ed. (1043)
  2021 Ed. (1017)
  2022 Ed. (1057)
  2023 Ed. (1229)
Graham Architectural Products
  2015 Ed. (3634)
  2016 Ed. (3548)
  2017 Ed. (3517)
Graham; Ashley
  2019 Ed. (3634)
Graham Co.
  2020 Ed. (3161)
  2021 Ed. (3030)
  2022 Ed. (3165)
The Graham Co.
  1991 Ed. (224, 227)
  2007 Ed. (4571)
  2009 Ed. (2000, 2915, 4559)
  2010 Ed. (1938, 4503)
  2011 Ed. (1287, 1991, 2831, 4434, 4466)
  2012 Ed. (1840, 1841)
  2014 Ed. (1935)
  2015 Ed. (1982)
  2016 Ed. (1950)
  2023 Ed. (3256)
Graham Construction
  2018 Ed. (1043)
Graham Cos.
  1991 Ed. (956)
Graham crackers
  2002 Ed. (1336)
  2003 Ed. (1373)
Graham; D. E.
  2005 Ed. (2502)
Graham Design Ltd.
  1992 Ed. (2716)
  1993 Ed. (243)
Graham; Donald
  2011 Ed. (850)
Graham; Donald E.
  2005 Ed. (978)
Graham & Dunn
  2001 Ed. (567)
Graham Family
  1990 Ed. (2577)
Graham Group Ltd.
  1996 Ed. (230)
  1997 Ed. (261)
  1998 Ed. (183)
  2001 Ed. (1399)
  2002 Ed. (2456)
  2005 Ed. (2814)
  2006 Ed. (2794, 2797)
  2007 Ed. (1284)
  2008 Ed. (1184, 2916, 4050)
  2009 Ed. (1160, 1251)
  2010 Ed. (1156, 1248)

  2011 Ed. (1099, 1198, 4037)
  2012 Ed. (4070)
  2016 Ed. (1075)
  2017 Ed. (1105)
  2019 Ed. (1044)
Graham Holdings
  2016 Ed. (2149, 4067, 4072)
  2017 Ed. (2194)
  2018 Ed. (3042)
  2019 Ed. (2984)
  2020 Ed. (3013)
Graham Holdings Co.
  2016 Ed. (2140, 2141, 4066)
Graham Income Trust
  2012 Ed. (1016)
Graham & James
  1992 Ed. (2826, 2839)
Graham; John
  2009 Ed. (3713)
Graham; Katharine
  1991 Ed. (3512)
  2005 Ed. (974)
Graham Kirkham
  1996 Ed. (1717)
Graham; Lukas
  2018 Ed. (3691)
Graham MacKay
  2014 Ed. (933)
Graham Management Services LP
  2020 Ed. (1035)
  2022 Ed. (1053)
  2023 Ed. (2623)
Graham Norton
  2007 Ed. (4917)
Graham Ormerod
  1996 Ed. (1857)
  1997 Ed. (1966)
  1999 Ed. (2294)
Graham Packaging Co.
  1993 Ed. (2865)
  1998 Ed. (2872)
  2001 Ed. (718)
  2012 Ed. (3986)
  2013 Ed. (4052, 4352)
Graham Packaging Co., LP
  2003 Ed. (687)
  2004 Ed. (690)
  2005 Ed. (686)
  2006 Ed. (601)
  2007 Ed. (630)
  2008 Ed. (578)
  2009 Ed. (607)
  2010 Ed. (590)
  2011 Ed. (515)
  2012 Ed. (496)
  2013 Ed. (611)
  2014 Ed. (631)
  2015 Ed. (696)
  2016 Ed. (634)
  2017 Ed. (670)
  2018 Ed. (627)
  2019 Ed. (642)
  2020 Ed. (622)
  2021 Ed. (578)
  2022 Ed. (607)
Graham Packaging Holdings Co.
  2007 Ed. (4217)
  2008 Ed. (4254)
  2009 Ed. (3892, 4163, 4355)
  2010 Ed. (3805, 4097, 4380)
  2011 Ed. (3802, 4067, 4322)
  2012 Ed. (4383)
  2013 Ed. (4352)
Graham Phillips
  1999 Ed. (2315)
Graham Port
  1992 Ed. (4459, 4466)
Graham Presents; Bill
  1990 Ed. (2908)
  1991 Ed. (2771)
  1992 Ed. (3553)
  1993 Ed. (2924)
  1994 Ed. (2942)
  1996 Ed. (3101)
  1997 Ed. (3179)
Graham Recycling Co.
  2001 Ed. (3819)
Graham, Smith & Partners
  2009 Ed. (284)
Graham Webb International
  2001 Ed. (2661)
Graham's
  1997 Ed. (3887)
  2004 Ed. (4968, 4970)
  2005 Ed. (4960, 4962)
  2006 Ed. (4965)
Grahams Port
  1998 Ed. (3739, 3741)
  1999 Ed. (4786, 4787, 4798)
  2000 Ed. (4411)
  2001 Ed. (4875)
  2002 Ed. (4939, 4940)
  2003 Ed. (4964)
  2004 Ed. (4965)
  2005 Ed. (4950)
Grain
  2002 Ed. (2224)

Grain Growers
    2004 Ed. (3961)
Grain Management LLC
    2016 Ed. (120)
    2017 Ed. (111)
    2018 Ed. (122)
    2019 Ed. (108)
    2020 Ed. (103)
    2021 Ed. (95)
    2022 Ed. (110)
Grain mill products
    1998 Ed. (29)
Grainco
    2002 Ed. (3788)
    2003 Ed. (3956)
    2004 Ed. (3964, 4921)
Grainger
    2001 Ed. (4759)
    2014 Ed. (4461)
    2016 Ed. (4122)
    2017 Ed. (4101)
    2023 Ed. (3199)
The Grainger Foundation
    1994 Ed. (1058, 1900)
Grainger Trust plc
    2008 Ed. (1187)
Grainger; W. W.
    1989 Ed. (1287, 1288)
    1990 Ed. (1528, 1585, 1586)
    1991 Ed. (1481, 1483, 2017)
    1992 Ed. (1462)
    1993 Ed. (1543, 2161, 2162)
    1994 Ed. (1582, 1584, 2176, 2177)
    1995 Ed. (1625, 2232, 2233)
    1997 Ed. (913, 2698, 3497, 3498)
Grainger.com
    2018 Ed. (2319)
Grainworks Brewing Co.
    2023 Ed. (923)
Gram Precision Inc.
    2004 Ed. (2780)
    2005 Ed. (2776)
Gramatan Management
    1998 Ed. (3018)
    1999 Ed. (4008, 4010)
Gramedia Asri Media
    2012 Ed. (4347)
    2013 Ed. (4284)
Gramercy LA
    1992 Ed. (3491, 3492, 3493, 3494, 3495)
Gramercy, LA
    2020 Ed. (3096)
    2023 Ed. (2687, 2688)
Gramercy Property Trust
    2020 Ed. (3116)
Gramet Holdings Corp.
    1992 Ed. (1181, 1182)
Gramm; Phil
    1992 Ed. (1038)
Gramma-FCB
    2003 Ed. (51)
Gramma Publicidad
    2002 Ed. (84)
Grammarly
    2020 Ed. (4571)
Grammer Industries Inc.
    2022 Ed. (4740)
    2023 Ed. (4724)
"Grammy Awards"
    1992 Ed. (4248)
    1993 Ed. (3525, 3535)
    1995 Ed. (3583)
Grammy Corp.
    1995 Ed. (2443)
Grammy Entertainment
    2000 Ed. (1576, 1578, 1579)
Gramon
    2005 Ed. (66)
Gramophone
    2007 Ed. (2865)
Grampian Country Food Group Ltd.
    1993 Ed. (972, 974)
    1994 Ed. (1002)
    1999 Ed. (201)
    2000 Ed. (224)
    2001 Ed. (283)
Grampian Foods Ltd.
    2001 Ed. (283)
    2002 Ed. (250)
Grampian Holdings plc
    2000 Ed. (2917)
    2001 Ed. (3216)
Gran; Bank
    2005 Ed. (502)
Gran Cadena de Almacenes Colombianos SA
    2002 Ed. (1617)
    2004 Ed. (1675)
Gran Estreno
    2011 Ed. (2948)
Gran Melia/Melia
    2000 Ed. (2565)
Gran Park
    2000 Ed. (2625)
Gran Turismo
    2007 Ed. (4876)
Gran Turismo Racing
    2000 Ed. (4345)

Grana y Montero
    2014 Ed. (1947)
Granada
    1997 Ed. (2726)
Granada Bio
    1993 Ed. (215)
Granada Group plc
    2000 Ed. (2566, 4007)
    2001 Ed. (4087)
    2003 Ed. (2856)
Granadillo; Pedro P.
    2006 Ed. (2525)
Granahan Investment Management
    1993 Ed. (2335)
Granary Associates
    1997 Ed. (269)
    1999 Ed. (291)
    2000 Ed. (316)
    2005 Ed. (1250)
    2007 Ed. (3194, 3201)
    2010 Ed. (3347, 3354)
Granary Associates Real Estate
    2002 Ed. (2456)
GranCare
    1994 Ed. (2019)
    1995 Ed. (2069)
    1998 Ed. (2691)
Grancor Enterprises Inc.
    2018 Ed. (4984)
    2019 Ed. (4979)
    2020 Ed. (4982)
    2021 Ed. (4983)
The Grand
    1990 Ed. (2102)
    1997 Ed. (912)
Grand Am
    1990 Ed. (355)
    1998 Ed. (219, 220)
    2001 Ed. (485, 533, 3393)
    2002 Ed. (380, 387, 409, 412)
Grand Am; Pontiac
    2005 Ed. (348)
Grand America Hotels & Resorts Inc.
    2015 Ed. (2113)
Grand Appliance & TV
    2018 Ed. (4257)
    2021 Ed. (2279, 4258)
    2022 Ed. (4270)
Grand Auto
    1989 Ed. (351)
    1990 Ed. (407)
    1992 Ed. (486)
Grand Award
    1995 Ed. (2045)
Grand Bank for Savings
    2021 Ed. (4304)
    2022 Ed. (4312)
Grand Bank for Savings, FSB
    2006 Ed. (453)
    2021 Ed. (4304)
    2022 Ed. (4312)
    2023 Ed. (4342)
Grand Bay
    1990 Ed. (2098)
Grand Bay Hotel
    1990 Ed. (2065)
Grand Canyon
    1996 Ed. (1061)
Grand Canyon, AZ
    1997 Ed. (1075)
Grand Canyon Education
    2010 Ed. (4444)
    2012 Ed. (2760)
    2013 Ed. (774, 4445)
    2014 Ed. (1361, 2333, 4463)
    2015 Ed. (1436, 4457, 4471)
    2016 Ed. (1357, 4353, 4376)
Grand Canyon National Park
    1990 Ed. (2665)
Grand Caravan
    2001 Ed. (3394)
Grand Casino Hinckley
    2012 Ed. (677)
    2013 Ed. (885)
    2014 Ed. (847)
Grand Casino Mille Lacs
    2012 Ed. (677)
    2013 Ed. (885)
    2014 Ed. (847)
The Grand Casino Resort
    1997 Ed. (2308)
    1998 Ed. (2036)
Grand Casinos Inc.
    1996 Ed. (2062)
    1997 Ed. (2164, 3521)
    2003 Ed. (1766)
Grand Casinos of Mississippi Inc., Biloxi
    2001 Ed. (1796)
    2003 Ed. (1765)
    2004 Ed. (1802)
    2005 Ed. (1873)
    2006 Ed. (1893)
    2007 Ed. (1886)
    2008 Ed. (1941)
    2009 Ed. (1901)
    2010 Ed. (1837)
Grand Casinos of Mississippi LLC Gulfport
    2001 Ed. (1796)

Grand Cathay Securities
    1994 Ed. (2019)
    1995 Ed. (3283)
    1997 Ed. (3489)
    1999 Ed. (936, 937, 938, 939, 940)
Grand Cayman System
    1995 Ed. (2999)
Grand Central
    2009 Ed. (645, 649)
    2010 Ed. (613, 617)
    2011 Ed. (545, 549)
    2012 Ed. (525, 529)
    2013 Ed. (626, 628, 630)
    2016 Ed. (643, 645, 647)
    2017 Ed. (4039, 4044)
    2018 Ed. (4063, 4068)
    2019 Ed. (4058, 4063)
    2020 Ed. (4067, 4072)
Grand Central Business Centre
    1990 Ed. (2180)
Grand Central Oyster Bar
    2007 Ed. (4124)
    2021 Ed. (4153)
    2022 Ed. (4180)
Grand Cherokee
    2000 Ed. (3141)
    2001 Ed. (466, 467, 478, 3329, 4638)
    2002 Ed. (386, 4684, 4699, 4701)
Grand Cherokee; Jeep
    2005 Ed. (4427, 4777, 4786)
    2006 Ed. (3577, 4829, 4856)
    2007 Ed. (4858)
    2008 Ed. (4765)
    2011 Ed. (252)
Grand Circle Cruise Line
    2014 Ed. (2219)
    2015 Ed. (2283)
    2016 Ed. (2255)
    2017 Ed. (2114)
    2020 Ed. (2116, 2117)
    2021 Ed. (2108, 2109)
Grand City Hotels
    2014 Ed. (3092)
Grand Coffe
    2008 Ed. (59)
Grand Court Lifestyles Inc.
    1998 Ed. (2055, 3099)
    1999 Ed. (1935, 1936)
    2000 Ed. (1723)
Grand-Flo Solution
    2010 Ed. (1793)
Grand Forks AFB, NC
    1992 Ed. (4041)
Grand Forks Herald
    1990 Ed. (2694)
    1991 Ed. (2607)
Grand Forks, ND
    1995 Ed. (2559)
Grand Forks, ND-MN
    2000 Ed. (1076, 4365)
    2002 Ed. (2118)
    2005 Ed. (3065, 3471, 3474)
Grand Forks, SD
    1993 Ed. (2555)
Grand Gourmet
    1990 Ed. (2822)
    1992 Ed. (3411)
    1994 Ed. (2821, 2830)
Grand Hotel
    1999 Ed. (1570)
Grand Hyatt
    1994 Ed. (2122)
    1996 Ed. (2174)
    1997 Ed. (2289)
Grand Hyatt Denver
    2013 Ed. (1548)
Grand Hyatt Kauai Resort & Spa
    2016 Ed. (1620)
    2017 Ed. (1596)
    2018 Ed. (1579)
    2019 Ed. (1615)
    2020 Ed. (1576)
    2021 Ed. (1560)
    2022 Ed. (1579)
    2023 Ed. (1751)
Grand Hyatt Singapore
    2018 Ed. (3077)
Grand Import PP
    2018 Ed. (1524)
Grand Island, NE
    1990 Ed. (1467)
Grand Island Transit Corp.
    2001 Ed. (3158)
Grand Junction, CO
    1996 Ed. (977)
    1998 Ed. (245)
    2010 Ed. (928)
Grand Junction Concrete Pipe
    1995 Ed. (3794)
    1996 Ed. (3879)
Grand Junction Credit Union
    2010 Ed. (2122)
    2012 Ed. (2019)
Grand Junction-Durango, CO
    1994 Ed. (3061, 3063)
Grand Junction-Durango, NM
    1995 Ed. (3107, 3109)

Grand Junction-Montrose, NM
    1996 Ed. (3202, 3204, 3206)
Grand Junction Networks
    1997 Ed. (1234, 2206)
Grand Lake-Lake Tenkiller, OK
    1989 Ed. (2336)
Grand MacNaish
    1989 Ed. (2364)
Grand MacNish
    1990 Ed. (3114)
    2002 Ed. (292)
Grand Marnier
    1990 Ed. (2443, 2444, 2454, 2456, 2460, 2462)
    1992 Ed. (2861, 2885, 2889)
    1993 Ed. (2425, 2429, 2432, 2449, 2450)
    1994 Ed. (2369, 2373, 2393)
    1995 Ed. (2448, 2452)
    1996 Ed. (2494, 2499, 2502, 2503)
    1997 Ed. (2636, 2641, 2643, 2661)
    1998 Ed. (2364, 2369, 2370, 2371, 2389)
    1999 Ed. (3199, 3200, 3201, 3202, 3229, 3230)
    2000 Ed. (2942, 2969)
    2001 Ed. (3105, 3106, 3107, 3108, 3109, 3110)
    2002 Ed. (295, 3086, 3093, 3094, 3095, 3096)
    2003 Ed. (3219, 3224)
    2004 Ed. (3266, 3269, 3274)
Grand Marquis
    2001 Ed. (495)
The Grand Mayan Los Cabos
    2011 Ed. (1848)
Grand Metropolitan/Heublein
    1991 Ed. (1145)
Grand Metropolitan Inc.
    1989 Ed. (2017)
    1990 Ed. (1376)
    1992 Ed. (1182)
    1993 Ed. (19, 56, 147, 149, 152, 1207, 1325, 1882, 2428, 2469, 2709, 3253, 3528, 3550, 3676, 3705)
    1994 Ed. (127, 1382, 1880, 2658)
    1995 Ed. (141, 152, 641, 1903, 1905, 1944, 2760, 2762, 3047)
    1997 Ed. (169, 660, 2670, 2930, 3231)
    1998 Ed. (90, 258, 454, 509, 596, 1029, 1038, 1202, 1722, 1737, 2398, 3722)
    1999 Ed. (28, 181, 277, 711, 712, 713, 1000, 1434, 1470, 2467, 2468, 2469, 2478, 2484, 3116, 3598, 4566, 4568)
    2001 Ed. (2464)
    2003 Ed. (2503)
Grand Metropolitan plc
    1989 Ed. (1281)
    1990 Ed. (170, 177, 246, 1236, 1244, 1247, 1250, 1265, 1266, 1267, 1576, 2511, 3554)
    1991 Ed. (11, 166, 167, 173, 175, 1136, 1143, 1144, 1147, 1169, 1182, 2264, 2375, 2380, 2793, 3107, 3301, 3313, 3315, 3331, 3490, 3491)
    1992 Ed. (33, 35, 232, 233, 239, 240, 1439, 1494, 1629, 2809, 3596, 3942, 4226, 4227, 4404)
    1994 Ed. (134, 1235, 3247, 3509, 3664)
    1995 Ed. (1254, 3575)
    1996 Ed. (727, 1223, 1945, 2498, 3146, 3404, 3801)
    1997 Ed. (875, 1269, 2031, 2043, 2045)
    2000 Ed. (2226, 2236)
    2002 Ed. (1432, 1447)
    2003 Ed. (1452)
    2004 Ed. (1482)
Grand Motors
    2022 Ed. (1387)
Grand Motors Group of Companies
    2020 Ed. (253)
    2021 Ed. (241)
    2022 Ed. (262)
Grand Mountain Bank, FSB
    2021 Ed. (4288)
Grand Nancy Congres & Evenements
    2018 Ed. (1555)
Grand National Bank
    2001 Ed. (609, 611)
Grand Oldsmobile
    1996 Ed. (282)
Grand Oldsmobile Center
    1995 Ed. (282)
Grand Orient Holdings
    2002 Ed. (4423)
Grand Pacific Petrochemical Corp.
    1992 Ed. (1704)
    1997 Ed. (3683)
Grand Park Hotel & Resorts
    2009 Ed. (4538)
Grand Plastic Technology
    2013 Ed. (2080)
Grand Polymer Co.
    2001 Ed. (3836, 3838)
Grand Power Logistics
    2018 Ed. (722)
Grand Prix
    2000 Ed. (3293)
    2001 Ed. (487)
    2002 Ed. (380)

2004 Ed. (3608)
2006 Ed. (2511)
2015 Ed. (989)
2016 Ed. (890)
2018 Ed. (872)
Grand Prix Fund
　2001 Ed. (2306)
Grand Prix Karting Indoor Entertainment LLC
　2018 Ed. (4778)
　2019 Ed. (4783)
　2020 Ed. (4770)
　2021 Ed. (4769)
　2022 Ed. (4768)
Grand Prom
　2004 Ed. (80)
　2005 Ed. (75)
　2006 Ed. (84)
Grand Rapids Family Credit Union
　2010 Ed. (2142)
Grand Rapids/Kalamazoo, MI
　1990 Ed. (1077)
Grand Rapids, MI
　1991 Ed. (1985)
　1993 Ed. (2115)
　1994 Ed. (965, 3325)
　1995 Ed. (988, 2188, 2666)
　1996 Ed. (2209, 2864)
　1997 Ed. (3524)
　1999 Ed. (1024, 1153, 4514)
　2001 Ed. (2834)
　2005 Ed. (3326)
　2009 Ed. (4228, 4248)
　2010 Ed. (3132)
　2011 Ed. (2411, 3099)
　2017 Ed. (2312, 3097)
　2019 Ed. (4587)
　2020 Ed. (2205)
　2021 Ed. (3325)
　2023 Ed. (950)
Grand Rapids-Muskegon-Holland, MI
　1998 Ed. (2485, 3054)
　1999 Ed. (4054)
　2002 Ed. (2735, 3237, 3238)
　2003 Ed. (2350, 3253)
　2004 Ed. (2427, 3309)
Grand Rapids-Muskegon, MI
　2006 Ed. (2973)
Grand Rapids-Wyoming, MI
　2008 Ed. (3510)
　2009 Ed. (3575)
　2010 Ed. (3493)
　2011 Ed. (3494)
　2012 Ed. (4610)
　2014 Ed. (3519)
　2023 Ed. (3000, 3052)
Grand River Dam Authority
　1989 Ed. (2028)
　1991 Ed. (2532)
　1998 Ed. (1377)
Grand River Dam Authority, OK
　1990 Ed. (3505)
　1993 Ed. (2613)
Grand Sea Fishery PR
　1994 Ed. (3306)
Grand Targhee Resort
　2016 Ed. (4373)
Grand-Tek Technology
　2018 Ed. (1930)
Grand Teton Lodge Co.
　2012 Ed. (2008)
　2013 Ed. (2197)
　2015 Ed. (2186)
　2016 Ed. (2162)
Grand Teton National Park
　1990 Ed. (2665)
Grand Theft Auto: San Andreas
　2012 Ed. (4826)
Grand Theft Auto: Vice City
　2005 Ed. (4831)
Grand & Toy
　1994 Ed. (3366)
Grand Traverse Pie Co.
　2021 Ed. (3890)
　2022 Ed. (3904)
　2023 Ed. (3998)
Grand Trunk Western
　1996 Ed. (3160)
　1998 Ed. (2991)
Grand Trunk Western Railroad
　1993 Ed. (1312, 2959)
　1994 Ed. (1366, 2994)
　1995 Ed. (2044, 3058)
　1997 Ed. (3248)
The Grand Union Co.
　1990 Ed. (1039, 1040, 3498)
　1991 Ed. (968, 3257)
　1992 Ed. (489, 1203, 4167)
　1993 Ed. (3494)
　1994 Ed. (1004, 3465)
　1995 Ed. (3532)
　1996 Ed. (3620)
　1997 Ed. (355, 356, 357)
　2001 Ed. (4419)
Grand Valley Gas
　1992 Ed. (2364, 3990)
　1994 Ed. (2702)

Grand Valley Health Plan
　2010 Ed. (2914)
　2011 Ed. (2881)
Grand View Hospital
　2000 Ed. (894)
Grand Vitara
　2001 Ed. (491)
Grand Wailea
　2013 Ed. (1680)
　2015 Ed. (1681)
　2016 Ed. (1629)
　2017 Ed. (1602)
　2018 Ed. (1583)
　2019 Ed. (1619)
　2020 Ed. (1580)
　2022 Ed. (1583)
Grand Wailea, A Waldorf Astoria Resort
　2022 Ed. (1583)
　2023 Ed. (1755)
Grand Wailea Co.
　2001 Ed. (1721)
Grand Wailea Resort Hotel & Spa
　2006 Ed. (1748)
　2010 Ed. (1674)
　2011 Ed. (1683)
Grandbridge Real Estate Capital
　2013 Ed. (4198)
　2015 Ed. (4198)
　2017 Ed. (4093)
GrandCare
　2013 Ed. (3676)
Grande; Ariana
　2016 Ed. (3640)
　2017 Ed. (3627)
　2018 Ed. (3689)
　2019 Ed. (3673)
Grande Cache Coal Corp.
　2009 Ed. (1561, 1583)
　2011 Ed. (1463, 1562, 1568)
Grande Cheese Co.
　2019 Ed. (2154)
　2020 Ed. (2136)
　2021 Ed. (2131)
The Grande Colonial
　2007 Ed. (2951)
Grande Colonial La Jolla
　2005 Ed. (2938)
Grande Gourmet
　1993 Ed. (2818)
Grande Holdings
　1996 Ed. (2135, 3596)
Grande Prairie, Alberta
　2010 Ed. (3478)
　2017 Ed. (3334)
　2018 Ed. (3398)
Grande West Transportation Group Inc.
　2018 Ed. (4513)
　2019 Ed. (4506)
Grandesign Experiential
　2021 Ed. (3474)
Grandeur Peak Global Opportunities Inv
　2023 Ed. (4504, 4505)
Grandeur Peak International Opps Inv
　2022 Ed. (4505)
　2023 Ed. (4522, 4523, 4524, 4525)
Grandeur Peak International Stalwarts Investment
　2020 Ed. (4517)
　2021 Ed. (4499)
Grandeur Peak Intl Stalwarts Inv
　2022 Ed. (4504, 4505, 4507)
　2023 Ed. (4522, 4523, 4525)
Grandeur Peak Intl Stalwarts Investment
　2021 Ed. (4497)
Grandfield
　2002 Ed. (3866)
Grandi Lavori Fincosit SpA
　2002 Ed. (1323)
　2006 Ed. (1313)
Grandin
　1993 Ed. (883)
　1995 Ed. (930)
　1996 Ed. (909)
　1997 Ed. (942)
Grandma Lee's
　1991 Ed. (1773)
GrandMa's
　2016 Ed. (1252)
　2017 Ed. (1305)
　2018 Ed. (1282)
Grandma's
　1995 Ed. (1209, 3692)
　2019 Ed. (1311)
　2020 Ed. (1287)
　2021 Ed. (1270)
　2022 Ed. (1270, 4279)
　2023 Ed. (1479, 3892, 4312)
Grandmet Restaurants Ltd.
　1991 Ed. (1337)
Grands! refrigerated biscuits
　1998 Ed. (1726, 2668)
Grandsouth Bank
　2021 Ed. (399)
　2022 Ed. (412)
　2023 Ed. (534)
Grandstand, Iowa State Fairgrounds
　1989 Ed. (987)

Grandvision NV
　2017 Ed. (4260)
　2018 Ed. (4264)
Grandy's
　1990 Ed. (1752, 1753, 1755, 1756)
　1991 Ed. (1656, 2872)
　1992 Ed. (2112, 2115, 2117, 2123, 3712)
　1993 Ed. (1751, 1754, 1758, 3020)
　1994 Ed. (1749)
　1995 Ed. (1782)
　1996 Ed. (1760)
　1997 Ed. (1841)
　1998 Ed. (1549)
　1999 Ed. (2135)
　2002 Ed. (2244)
　2004 Ed. (4130)
Grange Advertising Marketing
　2001 Ed. (234)
Grange Co-op
　2015 Ed. (1970)
Grange Insurance Co.
　2010 Ed. (3187)
Grange Mutual Casualty Co.
　2011 Ed. (3151)
Grange National Bank
　1993 Ed. (510)
Grange Resources
　2014 Ed. (1385, 1389)
Granger
　1994 Ed. (3546)
　1995 Ed. (3624)
Granger Construction
　2018 Ed. (1118)
Granger Construction Co.
　2019 Ed. (1214)
　2020 Ed. (1208)
　2021 Ed. (1180)
　2022 Ed. (1178)
Granger; Haidee
　2019 Ed. (4117)
Granit Bank ZRT
　2017 Ed. (1606)
Granite
　1997 Ed. (2594)
Granite Bank
　1994 Ed. (597)
Granite; Bank of
　2005 Ed. (1065)
Granite Broadcasting Corp.
　1992 Ed. (3092)
　1993 Ed. (2584)
　1994 Ed. (2532)
　1995 Ed. (2591)
　1996 Ed. (2661)
　1997 Ed. (677, 2802)
　1998 Ed. (470, 2516)
　1999 Ed. (731, 3424)
　2000 Ed. (743, 3143, 3150)
　2008 Ed. (353)
Granite City Electric Supply Co.
　2006 Ed. (3519, 4358)
　2008 Ed. (3714, 4362, 4403, 4966)
Granite City Electrical Supply Co.
　2016 Ed. (3608)
　2017 Ed. (3576)
　2018 Ed. (3639)
　2019 Ed. (3632)
　2020 Ed. (3604)
　2022 Ed. (4957)
　2023 Ed. (4960)
Granite City Food & Brewery
　2009 Ed. (4274)
　2019 Ed. (4213, 4214)
Granite Const. Co.
　1990 Ed. (1197)
Granite Construction
　2020 Ed. (4447)
　2021 Ed. (1023, 1112, 4428, 4445)
　2022 Ed. (4446, 4447, 4454, 4457, 4459)
　2023 Ed. (1212, 4467, 4480)
Granite Construction Co.
　1991 Ed. (1075)
　1992 Ed. (1403, 1407)
　1993 Ed. (1087, 1116, 1120)
　1994 Ed. (1110, 1136)
　1995 Ed. (1127, 1154)
　1996 Ed. (1108, 1123, 1124, 1127)
　1997 Ed. (1129, 1152, 1155)
　1998 Ed. (884, 938, 941, 3123)
　1999 Ed. (1315, 1360, 1364)
　2000 Ed. (1251, 1255, 3847)
　2001 Ed. (1467)
　2002 Ed. (1172, 1243, 1254, 1284)
　2003 Ed. (1135, 1256, 1296, 2745)
　2004 Ed. (1137, 1148, 1258, 1274, 1299, 2323, 2324, 2325, 2828)
　2005 Ed. (1169, 1171, 1218, 1300, 1307, 2415, 2416, 2417)
　2006 Ed. (1165, 1167, 1176, 1188, 1241, 1269, 1276, 1327, 1329, 1346, 1584, 2450, 3108, 4610)
　2007 Ed. (1275, 1277, 1282, 1296, 1340, 1349, 2399)
　2008 Ed. (1163, 1178, 1182, 1194, 1226, 1236, 1592)
　2009 Ed. (1143, 1158, 1169, 1208, 1218, 1527)
　2010 Ed. (1136, 1153, 1162, 1211, 1221,

1245, 1303, 1315, 1419, 1521)
　2011 Ed. (1097, 1111, 1159, 1168, 1194, 1251, 1286, 1287)
　2012 Ed. (1033, 1095, 1106, 2366, 4116)
　2013 Ed. (1179, 1183)
　2015 Ed. (1179, 1183)
　2016 Ed. (1139)
　2017 Ed. (1095, 1177, 1180, 1186, 1187)
　2018 Ed. (1023)
　2019 Ed. (1031)
　2020 Ed. (1023)
　2021 Ed. (991)
　2022 Ed. (1032)
Granite Construction Inc.
　2013 Ed. (1183, 1238, 1249, 4356)
　2014 Ed. (1135, 1176, 1187, 4408)
　2015 Ed. (1183, 1230, 1241)
　2016 Ed. (1091, 1095, 1141, 1152)
　2017 Ed. (1125, 1174, 1190, 1201, 1219)
　2018 Ed. (1057, 1109, 1122, 1131, 1141, 1151)
　2019 Ed. (1067, 1138, 1146, 1153, 1163)
　2020 Ed. (1055, 1120, 1121, 1129, 1137, 1142, 1144, 1154)
　2021 Ed. (1024)
　2022 Ed. (1132, 1143)
Granite Construction Inc. (U.S.)
　2021 Ed. (1024)
Granite Constructions Inc.
　2006 Ed. (1251)
Granite Credit Union
　2002 Ed. (1895)
　2003 Ed. (1949)
　2004 Ed. (1989)
　2005 Ed. (2131)
　2006 Ed. (2226)
　2007 Ed. (2147)
　2008 Ed. (2262)
　2009 Ed. (2248)
　2010 Ed. (2202)
　2011 Ed. (2220)
　2012 Ed. (2081)
　2013 Ed. (2270)
　2014 Ed. (2204)
　2015 Ed. (2268)
　2016 Ed. (2239)
　2020 Ed. (2106)
　2021 Ed. (2096)
　2022 Ed. (2128)
　2023 Ed. (2246)
Granite Falls Energy LLC
　2006 Ed. (3320)
Granite Falls Furnace
　2007 Ed. (4438)
Granite Federal Credit Union
　2018 Ed. (2124)
Granite Firms Estates
　1991 Ed. (2898)
Granite Furniture
　1990 Ed. (1866)
The Granite Group
　2019 Ed. (1820, 2544)
　2020 Ed. (1764, 2534)
　2021 Ed. (1733, 2480)
　2022 Ed. (1764, 2592)
　2023 Ed. (2735)
The Granite Group Wholesalers
　2017 Ed. (2484)
　2018 Ed. (2539)
Granite Hills Credit Union
　2004 Ed. (1990)
　2005 Ed. (2132)
　2006 Ed. (2227)
　2007 Ed. (2148)
　2010 Ed. (2203)
　2011 Ed. (2221)
　2012 Ed. (2082)
　2013 Ed. (2271)
　2014 Ed. (2205)
　2015 Ed. (2269)
　2016 Ed. (2240)
Granite Investment Advisors, Small Cap Growth
　2003 Ed. (3121, 3136)
Granite Oil Corp.
　2018 Ed. (4526)
Granite Properties
　2015 Ed. (1369)
　2016 Ed. (1296)
　2017 Ed. (1355)
　2022 Ed. (1962, 4086)
Granite Run Mall
　1989 Ed. (2493)
　1990 Ed. (3292)
　1991 Ed. (3127)
　1992 Ed. (3972)
　1994 Ed. (3305)
　1998 Ed. (3302)
　1999 Ed. (4312)
　2000 Ed. (4032)
Granite Solutions Groupe
　2017 Ed. (2940)
Granite Solutions Groupe Inc.
　2018 Ed. (3051)
　2019 Ed. (2998)
Granite State Bankshares Inc.
　1992 Ed. (533)
　1993 Ed. (591)

Granite State Credit Union
  2002 Ed. (1879)
  2003 Ed. (1933)
  2004 Ed. (1973)
  2005 Ed. (2115)
  2006 Ed. (2210)
  2007 Ed. (2131)
  2008 Ed. (2246)
  2009 Ed. (2232)
  2010 Ed. (2186)
  2011 Ed. (2204)
  2012 Ed. (2065)
  2013 Ed. (2247)
  2014 Ed. (2179)
  2015 Ed. (2243)
  2016 Ed. (2214)
  2018 Ed. (2109)
  2020 Ed. (2088)
  2021 Ed. (2078)
  2022 Ed. (2113)
  2023 Ed. (2228)
Granite State Glass
  2021 Ed. (2717)
  2022 Ed. (2875)
  2023 Ed. (2989)
Granite State Solar
  2016 Ed. (4415)
  2017 Ed. (4425)
Granite Telecommunications
  2009 Ed. (1149)
  2019 Ed. (4599)
  2020 Ed. (4579)
Granite Transformations
  2006 Ed. (2325)
  2007 Ed. (2256)
  2008 Ed. (2393)
  2009 Ed. (2375)
  2010 Ed. (2299)
  2011 Ed. (2297)
  2012 Ed. (2193)
  2013 Ed. (3118)
  2014 Ed. (3119)
  2016 Ed. (3034)
Graniterock
  2006 Ed. (4328)
Granja Almeida
  2019 Ed. (2238)
  2020 Ed. (2235)
  2021 Ed. (2209)
  2022 Ed. (2242)
  2023 Ed. (2429)
Granja Catalana
  2019 Ed. (2232)
  2020 Ed. (2229)
  2021 Ed. (2203)
  2022 Ed. (2236)
  2023 Ed. (2423)
Granja El Roble
  2020 Ed. (2229)
Granja Faria
  2021 Ed. (2209)
  2022 Ed. (2242)
  2023 Ed. (2429)
Granja Mantiqueira
  2019 Ed. (2238)
  2020 Ed. (2235)
  2021 Ed. (2209)
  2022 Ed. (2242)
  2023 Ed. (2429)
Granja Tres Arroyos
  2019 Ed. (3955)
  2020 Ed. (3972)
  2021 Ed. (3937)
  2022 Ed. (3949)
  2023 Ed. (4033)
Granja Yabuta
  2019 Ed. (2238)
  2020 Ed. (2235)
  2021 Ed. (2209)
  2022 Ed. (2242)
  2023 Ed. (2429)
Granjazul
  2019 Ed. (2232)
  2020 Ed. (2229)
  2021 Ed. (2203)
  2022 Ed. (2236)
Granjazul (Proavisa)
  2021 Ed. (2203)
  2022 Ed. (2236)
  2023 Ed. (2423)
Granola
  2002 Ed. (953)
Granola and yogurt bars
  1994 Ed. (3647)
  2002 Ed. (2293)
  2003 Ed. (368, 4652)
Granola bars
  2008 Ed. (2836)
Granola/yogurt bars
  1995 Ed. (3529)
  2005 Ed. (2234)
Granovsky family
  2005 Ed. (4867)
Granray Associates
  1998 Ed. (189)
Grant Advertising
  1995 Ed. (128)
  1996 Ed. (142)
  1997 Ed. (148)
  1999 Ed. (157)
  2001 Ed. (214)
  2002 Ed. (187)
  2003 Ed. (151)
Grant Advertising (McCann)
  2000 Ed. (175)
Grant, BJK & E (Lanka)
  1990 Ed. (152)
Grant, BJK&E
  1989 Ed. (163)
Grant Bozell Sri Lanka
  1992 Ed. (210)
Grant Broadcasters
  2020 Ed. (4077)
  2021 Ed. (4043)
  2022 Ed. (4061)
Grant Cooper & Associates
  2008 Ed. (4131)
  2009 Ed. (4240)
  2011 Ed. (4172)
Grant Cooper HealthCare
  2012 Ed. (4223)
  2015 Ed. (4211)
Grant County Economic Growth Council
  2007 Ed. (3373)
Grant County State Bank
  2017 Ed. (125)
  2018 Ed. (125)
  2019 Ed. (121)
  2020 Ed. (116)
  2021 Ed. (108)
  2022 Ed. (113)
  2023 Ed. (187)
Grant County State Bank (Carson, ND)
  2021 Ed. (108)
Grant Dean Buick
  1991 Ed. (304)
  1992 Ed. (409)
Grant & Duncan
  1991 Ed. (2528)
  1993 Ed. (2615, 2617)
Grant family
  2007 Ed. (4926)
  2008 Ed. (4900)
  2009 Ed. (4919)
  2010 Ed. (4923)
  2012 Ed. (4923)
  2013 Ed. (4905)
Grant; H.
  2005 Ed. (2487)
Grant; Harald
  2019 Ed. (4117)
Grant Hill
  1999 Ed. (306)
  2000 Ed. (322)
  2001 Ed. (420)
  2002 Ed. (344)
  2003 Ed. (294)
  2004 Ed. (260)
Grant; Hugh
  2006 Ed. (881)
  2007 Ed. (972, 1024, 2498)
  2008 Ed. (946, 2631)
  2009 Ed. (943, 945, 2657)
  2010 Ed. (883, 894, 897, 909, 2562, 2570)
  2011 Ed. (817, 827, 2545)
  2012 Ed. (2491)
  2013 Ed. (2636)
  2014 Ed. (2591)
  2015 Ed. (953, 963, 2633)
  2016 Ed. (865, 2559)
  2017 Ed. (2447)
Grant; Laurence
  2006 Ed. (1003)
Grant Leading Technology
  2022 Ed. (3130)
Grant Medical Center
  2014 Ed. (3078)
  2015 Ed. (3144)
Grant & Power Landscapes
  2013 Ed. (3455)
Grant Prideco
  2007 Ed. (3837)
  2009 Ed. (2933)
Grant/Riverside Methodist Hospitals
  2001 Ed. (1827)
Grant S. Kesler
  1992 Ed. (1478)
Grant & Sons Ltd.; William
  1990 Ed. (1033)
Grant Street Advisors
  2001 Ed. (732, 739, 903)
Grant/Subsidized Schools Provident Fund
  1997 Ed. (2393)
  1999 Ed. (2886)
  2001 Ed. (2882)
Grant Thornton
  1989 Ed. (9, 12)
  1990 Ed. (3, 7, 9, 855)
  1991 Ed. (3, 4, 5)
  1992 Ed. (10, 11, 12, 13, 16, 17, 18, 21, 22)
  1993 Ed. (2, 4, 5, 6, 7, 8, 12, 13, 3728)
  1994 Ed. (1, 2, 3, 6)
  1995 Ed. (4, 5, 6, 9, 10, 11, 12)
  1996 Ed. (13, 14, 20)
  1997 Ed. (4, 8, 9, 18, 22, 23)
  1998 Ed. (6, 7, 9, 11, 15, 17)
  1999 Ed. (2, 3, 5, 6, 9, 11, 13, 19, 21)
  2000 Ed. (1, 2, 5, 6, 8, 9, 10, 12, 16, 18)
  2001 Ed. (1537, 4179)
  2008 Ed. (13)
  2009 Ed. (3, 16)
  2013 Ed. (1986)
  2014 Ed. (3674, 4973)
  2015 Ed. (5017)
  2017 Ed. (2, 240, 3544)
  2018 Ed. (17)
  2019 Ed. (18, 222)
  2020 Ed. (21, 225)
  2021 Ed. (3, 22, 23, 220, 1062, 1076)
  2022 Ed. (3, 232)
  2023 Ed. (6, 345, 1286)
Grant Thornton Association Inc.
  2002 Ed. (5)
  2005 Ed. (3)
Grant Thornton Australia
  2020 Ed. (19)
  2021 Ed. (21)
  2022 Ed. (22)
Grant Thornton Canada
  2009 Ed. (4)
  2016 Ed. (4)
  2017 Ed. (1)
  2018 Ed. (1)
  2019 Ed. (1)
  2020 Ed. (1)
  2021 Ed. (1, 731)
  2022 Ed. (757)
Grant Thornton International
  1996 Ed. (6, 11, 12)
  1997 Ed. (6, 7, 17)
  1998 Ed. (10)
  2001 Ed. (3)
  2009 Ed. (826, 4141)
Grant Thornton Japan
  1999 Ed. (14)
Grant Thornton LLP
  1996 Ed. (10)
  1998 Ed. (922)
  2002 Ed. (1, 3, 7, 9, 11, 25)
  2003 Ed. (1)
  2004 Ed. (2, 9)
  2005 Ed. (1, 5)
  2006 Ed. (1, 2, 6, 8, 9, 10, 19)
  2007 Ed. (1, 6, 3052)
  2008 Ed. (1, 4, 277, 1778, 1796, 1974, 2921, 3167, 3170)
  2009 Ed. (1, 6, 1716, 1717, 1929, 1936, 1978, 1983)
  2010 Ed. (4, 5, 6, 7, 8, 9, 12, 284, 1864, 1872, 1912, 1916, 4663)
  2011 Ed. (4, 5, 6, 7, 920, 4611, 4980)
  2012 Ed. (4, 5, 6, 8, 4617)
  2013 Ed. (6, 7, 11, 12, 13, 1203, 1204, 2156, 4563, 4706)
  2014 Ed. (7, 8, 9, 2090, 3214, 4618)
  2015 Ed. (8, 9, 10, 4617)
  2016 Ed. (5, 6, 7, 8, 4537)
  2017 Ed. (3, 4, 5, 6, 4529)
  2018 Ed. (2, 3, 4, 5, 3022, 4555)
  2019 Ed. (3, 4, 5, 6, 4555)
  2020 Ed. (4, 5, 6, 7, 8, 4555)
  2021 Ed. (6, 7, 8, 9, 10, 4536)
  2022 Ed. (7, 8, 9, 10, 11, 4542)
  2023 Ed. (36, 45, 46, 48, 49, 51, 4556)
Grant Thornton UK
  2021 Ed. (23)
Grant Thornton U.K. LLP
  2009 Ed. (7)
  2010 Ed. (14)
  2011 Ed. (9, 11, 12, 13, 14, 15)
  2012 Ed. (12, 14, 15, 16, 17, 18)
  2013 Ed. (25, 26, 27, 28, 29)
  2014 Ed. (21, 22, 23, 24, 25)
  2015 Ed. (22, 23, 24)
  2016 Ed. (9)
Grant Thornton UK LLP
  2018 Ed. (16)
Grant Thronton LLP
  2008 Ed. (1777)
Grant W. Lee
  2010 Ed. (3385)
Grant; William
  1991 Ed. (2931)
Grant Writer LLC
  2019 Ed. (4783)
Grantchester; Lady
  2007 Ed. (4924)
  2009 Ed. (4918)
Grantchester Securities
  2000 Ed. (1919)
  2001 Ed. (2423)
  2003 Ed. (3090)
Grantham; Janis
  2005 Ed. (4992)
  2006 Ed. (4988)
  2007 Ed. (4985)
  2008 Ed. (4991)
  2009 Ed. (4985)
  2010 Ed. (4992)
Grantham; Jeremy
  2005 Ed. (3205)
Grantham Mayo
  1989 Ed. (2144)
  2008 Ed. (2293)
Grantham, Mayo, Otterloo
  2002 Ed. (2467)
Grantham Mayo V. Otterloo
  1994 Ed. (2329, 2330)
Grantham Mayo Van Otter
  1992 Ed. (2786)
Grantham Mayo Van Otterloo
  1992 Ed. (2789, 3351)
  1993 Ed. (2347, 2348, 2351)
  1996 Ed. (2424, 2425, 2427)
  1997 Ed. (2548, 2549, 2552)
  1998 Ed. (2308)
  1999 Ed. (3105, 3107)
  2000 Ed. (2850)
Grantham, Mayo, Van Otterloo & Co.
  2000 Ed. (2852)
Grantham, Mayo, Van Otterloo & Co. LLC
  2003 Ed. (3070)
Grantor retained annuity trust
  1999 Ed. (2061)
Grant's
  1992 Ed. (2892)
  1993 Ed. (3110)
  1994 Ed. (2394)
  1996 Ed. (2525, 2526)
  2001 Ed. (4161)
  2002 Ed. (300, 4174)
  2003 Ed. (4304)
  2004 Ed. (4314)
  2010 Ed. (256)
  2021 Ed. (169)
  2022 Ed. (161, 164)
Grant's Appliance
  2014 Ed. (4362)
  2015 Ed. (4371)
Grants Glenfiddich
  1991 Ed. (2934)
Grant's Scotch
  1999 Ed. (3248)
Grant's Scotch Whiskey
  2008 Ed. (246)
  2009 Ed. (269)
Grant's Vodka
  2008 Ed. (246)
  2009 Ed. (269)
Granville
  1994 Ed. (2430)
  1995 Ed. (2500)
Granville Bridge Income
  1995 Ed. (2751)
Granville & Co. Ltd.
  1991 Ed. (960)
  1992 Ed. (1196)
Granville Market Letter
  1992 Ed. (2802, 2803)
  1993 Ed. (2362)
Granville, The Granville Market Letter; Joseph
  1990 Ed. (2366)
Grape
  1992 Ed. (2239)
  2000 Ed. (720)
  2001 Ed. (1216)
  2011 Ed. (4625)
Grape City
  2012 Ed. (974)
  2013 Ed. (1117)
  2015 Ed. (1123)
Grape juice concentrate
  2001 Ed. (2559)
Grape juice
  2000 Ed. (4143)
  2001 Ed. (2558)
  2002 Ed. (2374)
  2003 Ed. (2580, 2581)
Grape King
  1994 Ed. (46)
Grape King Bio
  2016 Ed. (2017)
Grape-Nuts
  1993 Ed. (860)
GrapeCity
  2014 Ed. (1082)
  2015 Ed. (1116)
  2017 Ed. (1069)
  2018 Ed. (995)
  2019 Ed. (995)
  2020 Ed. (979)
Grapefruit
  1992 Ed. (2110, 2239)
  1993 Ed. (1748)
  1996 Ed. (1978)
  2000 Ed. (720)
  2001 Ed. (2548, 2549)
  2003 Ed. (2575)
  2004 Ed. (2693, 2695)
  2005 Ed. (2693, 2695)
  2006 Ed. (2668, 2670)
  2007 Ed. (2651, 2653)
  2008 Ed. (2792)
  2009 Ed. (2845)
  2010 Ed. (2786)
  2011 Ed. (2774)
Grapefruit cocktail
  2001 Ed. (2558)

CUMULATIVE INDEX • 1989-2023

Grapefruit juice concentrate
  2001 Ed. (2559)
Grapefruit juice
  1990 Ed. (1859)
  2001 Ed. (2560)
  2008 Ed. (2793)
Grapefruit juice, canned
  1994 Ed. (3647)
Grapefruit Twisted Gin
  2003 Ed. (1030)
Grapefruits
  1999 Ed. (2534)
Grapeland State Bank
  2007 Ed. (464)
Grapes
  1992 Ed. (2110)
  1993 Ed. (1748, 1749)
  1996 Ed. (1978)
  1999 Ed. (2534)
  2001 Ed. (2548, 2549)
  2003 Ed. (2575, 3967, 3968)
  2004 Ed. (2003, 2694, 2695)
  2005 Ed. (2694, 2695)
  2006 Ed. (2669, 2670)
  2007 Ed. (2652, 2653)
  2008 Ed. (2792)
  2009 Ed. (2845)
  2010 Ed. (2786)
  2011 Ed. (2774)
Grapeseed extracts
  2001 Ed. (2012)
Grapevine
  2021 Ed. (65, 1724)
Grapevine (The Insiders)
  2021 Ed. (65, 1724)
Graphcore
  2021 Ed. (4563)
Graphenano S.L.
  2018 Ed. (1309)
Graphic Art Service Inc.
  2003 Ed. (3933)
  2004 Ed. (3937)
Graphic cards
  1995 Ed. (1094)
Graphic Communication International Union
  1996 Ed. (3602)
Graphic Communications International Union
  1998 Ed. (2322)
Graphic Dimensions
  2016 Ed. (3972)
  2021 Ed. (3952)
  2022 Ed. (3964)
Graphic Dimensions Inc.
  2010 Ed. (4013)
Graphic Dimensions/New Dimension Labels
  2022 Ed. (3964)
The Graphic Edge
  2014 Ed. (4104)
Graphic Enterprises Inc.
  1998 Ed. (2921)
Graphic Information Systems
  2014 Ed. (4079, 4092)
Graphic Information Systems Inc.
  2010 Ed. (4011, 4022)
  2015 Ed. (4072)
  2016 Ed. (3980)
  2017 Ed. (3961)
  2019 Ed. (3968)
  2020 Ed. (3989)
Graphic Innovations
  2020 Ed. (3998)
Graphic Label Solutions LLC
  2007 Ed. (3602)
Graphic:Lintas Malawi
  1989 Ed. (132)
  1990 Ed. (125)
  1991 Ed. (124)
  1992 Ed. (177)
Graphic McCann
  1999 Ed. (121)
  2000 Ed. (127)
  2001 Ed. (167)
  2002 Ed. (139)
  2003 Ed. (105)
Graphic Packaging
  2008 Ed. (3838)
  2009 Ed. (3894)
  2010 Ed. (3807)
  2011 Ed. (3803)
Graphic Packaging Holding
  2021 Ed. (1093, 1094)
  2022 Ed. (1108)
  2023 Ed. (1326, 1536)
Graphic Packaging Holding Co.
  2011 Ed. (3816)
  2012 Ed. (3799)
  2013 Ed. (3862, 3863)
  2016 Ed. (3728)
  2017 Ed. (3683)
  2018 Ed. (3738, 3739)
  2019 Ed. (3727, 3728)
  2020 Ed. (3770)
Graphic Packaging International
  2021 Ed. (3946)
  2023 Ed. (2689)

Graphic Packaging International Corp.
  2002 Ed. (1627)
  2015 Ed. (1586)
  2016 Ed. (1513)
Graphic Press LLC
  2007 Ed. (4402)
Graphic Printing Services Inc.
  1995 Ed. (2985)
Graphic Scanning
  1992 Ed. (3603)
Graphic Systems Group
  2011 Ed. (4019)
  2012 Ed. (4046)
Graphic Systems Group LLC
  2013 Ed. (4092)
  2014 Ed. (4101)
  2015 Ed. (4079)
Graphic Tech
  2011 Ed. (4019)
Graphic Trends, Inc.
  2020 Ed. (3998)
Graphic, visual, or fine arts
  1994 Ed. (2066)
Graphical user interface
  1996 Ed. (2914)
Graphicbliss LLC
  2019 Ed. (100)
  2020 Ed. (95)
Graphics
  1990 Ed. (533, 3080, 3081)
Graphics Business Systems
  1990 Ed. (848)
The Graphics & Technology Group
  2000 Ed. (906, 910)
Graphik Dimensions Ltd.
  2016 Ed. (4979)
  2017 Ed. (4967)
  2018 Ed. (4975)
  2020 Ed. (4972)
  2021 Ed. (4975)
  2022 Ed. (4973)
Graphika
  2022 Ed. (1631)
Graphite Enterprise Trust
  2006 Ed. (4881)
  2007 Ed. (3290)
  2016 Ed. (3284)
  2017 Ed. (3244)
Graphite India
  2020 Ed. (1371, 1598, 1610)
  2021 Ed. (1366, 1582)
Grappone Automotive Group
  2015 Ed. (1889)
  2017 Ed. (2484)
  2018 Ed. (1763, 2539, 4989)
  2019 Ed. (1820, 2544, 4985)
  2020 Ed. (1762, 1764, 2534, 4989)
  2021 Ed. (1731, 1733, 2480)
  2022 Ed. (2592, 4988)
  2023 Ed. (2735, 4992)
Gras Savoye
  1999 Ed. (2909)
Gras Savoye & Cie.
  2000 Ed. (2664)
  2002 Ed. (2859, 2860, 2861, 2863)
  2008 Ed. (3242)
  2011 Ed. (3197, 3200, 3202)
  2012 Ed. (3155, 3159)
Gras Savoye SA
  2017 Ed. (3098)
Graseby
  1995 Ed. (1405)
Grasim
  1992 Ed. (1636)
  2007 Ed. (1773)
Grasim Industries
  1992 Ed. (902, 903)
  1993 Ed. (714, 715)
  1994 Ed. (724)
  1995 Ed. (1416, 1417)
  1996 Ed. (753, 754)
  2000 Ed. (1000)
  2009 Ed. (1750)
  2014 Ed. (4068)
  2021 Ed. (1581)
Grasim Industries Ltd.
  2013 Ed. (834)
  2014 Ed. (4022)
Grasmick Electric Corp
  2023 Ed. (1669)
Grass Valley Group
  2002 Ed. (4594)
Grasshopper Landscaping Inc.
  2011 Ed. (1464)
Grassi
  2023 Ed. (5)
Grassi & Co.
  2012 Ed. (1762)
  2013 Ed. (1934)
Grassland
  2000 Ed. (1634, 1636, 4158)
Grassland Dairy Products Inc.
  2016 Ed. (2260)
  2018 Ed. (2148, 2153)
  2019 Ed. (2147, 2154)
  2020 Ed. (2136)
  2021 Ed. (2125, 2131)
  2022 Ed. (2161)

2023 Ed. (2280)
Grasso; Dick
  2005 Ed. (3204)
Grated
  2001 Ed. (1172)
Grated cheese
  2002 Ed. (983)
Grateful Dead
  1990 Ed. (1142, 1144)
  1991 Ed. (844, 1041)
  1992 Ed. (1348)
  1993 Ed. (1076, 1077, 1078)
  1994 Ed. (1101)
  1995 Ed. (1117, 1118)
  1996 Ed. (1095)
  1997 Ed. (1114)
  2001 Ed. (1380)
  2017 Ed. (3624)
The Grateful Dead
  2017 Ed. (1083)
Gratigny Central Industrial Park
  2000 Ed. (2625)
  2002 Ed. (2765)
Gratiot Medical Center
  2010 Ed. (3076)
Gratis Internet
  2006 Ed. (106)
  2007 Ed. (99)
Graton Resort & Casino
  2015 Ed. (1497)
  2016 Ed. (1433)
  2017 Ed. (1445)
  2018 Ed. (1424)
Gratry
  2000 Ed. (2821, 2825)
Grattan plc
  2002 Ed. (47)
Grattans
  1992 Ed. (2960)
Gratterpalm
  2013 Ed. (57)
  2014 Ed. (75)
Gratton; Robert
  2005 Ed. (4865)
  2006 Ed. (2528)
Graubunder Kantonalbank
  2008 Ed. (510)
Graubundner Kantonalbank
  2015 Ed. (541)
  2016 Ed. (494)
  2017 Ed. (509)
  2019 Ed. (486)
  2020 Ed. (469)
The Grauer School
  2015 Ed. (2523)
Gravely Brewing Co.
  2023 Ed. (909)
Graves Lumber
  2018 Ed. (2891)
  2019 Ed. (2845)
  2021 Ed. (2749, 2750)
Graves Sr.; Earl G.
  2012 Ed. (110)
Gravett & Tilling (Underwriting Agencies) Ltd.
  1992 Ed. (2898)
  1993 Ed. (2456)
Gravett & Tilling (Underwriting Agencies) Ltd.; 340,
  1991 Ed. (2335)
Gravies, meat
  1996 Ed. (3617)
Gravis Law
  2021 Ed. (1963)
Gravis Law, PLLC
  2022 Ed. (1105, 2008)
Gravitas Ventures
  2013 Ed. (3657)
  2014 Ed. (1422, 3595)
Gravity
  2015 Ed. (3717, 3718)
Gravity Diagnostics
  2023 Ed. (1953)
Gravity IT Resources
  2021 Ed. (1519)
Gravity Media
  2014 Ed. (63)
  2015 Ed. (75)
  2016 Ed. (75)
Gravity Resources
  2021 Ed. (736)
Gravure printing
  2001 Ed. (3905)
Gravy Analytics
  2022 Ed. (981, 1991)
  2023 Ed. (1157, 2092, 4577)
Gravy, canned
  2003 Ed. (1129)
Gravy mixes
  2003 Ed. (1129)
Gravy Time
  1994 Ed. (2829)
Gravy Train
  1989 Ed. (2193, 2196)
  1990 Ed. (2818)
  1992 Ed. (3408)
  1993 Ed. (2815)

1996 Ed. (2991)
1997 Ed. (3070)
1999 Ed. (3785)
2015 Ed. (3875)
Gray
  2020 Ed. (4614)
Gray; Allan
  2015 Ed. (4958)
  2016 Ed. (4874)
  2017 Ed. (4874)
  2018 Ed. (4886)
Gray & Becker Construction Co.
  2011 Ed. (1090)
Gray Cary
  2005 Ed. (3257)
Gray Communications
  1991 Ed. (3327)
  1992 Ed. (2978, 4241)
Gray & Co.
  2021 Ed. (4664)
Gray & Co. - Private Active Journeys
  2021 Ed. (4664)
Gray Construction
  2011 Ed. (1192, 1241)
  2015 Ed. (1415)
  2016 Ed. (1337)
  2019 Ed. (1118, 1129, 1214)
  2020 Ed. (1117, 1119, 1218)
  2022 Ed. (1113, 1122, 1137, 1181, 1186)
Gray Construction Inc.
  2023 Ed. (1332, 1341, 1356, 1417)
Gray Consulting Inc.
  2019 Ed. (2995)
  2020 Ed. (3024)
  2021 Ed. (2884)
  2022 Ed. (3010)
Gray Consulting Inc. (dba Clincierge)
  2023 Ed. (3126)
Gray Consulting Inc., dba Clincierge
  2021 Ed. (2884)
  2022 Ed. (3010)
Gray Corp. Ltd.
  1991 Ed. (351)
  1993 Ed. (968)
Gray; Donald
  2007 Ed. (2507)
Gray; Eric
  2016 Ed. (3287)
  2017 Ed. (3248)
Gray iron foundries
  1991 Ed. (2626)
Gray, Gray & Gray
  2014 Ed. (17)
  2015 Ed. (18)
  2016 Ed. (17)
  2017 Ed. (13)
  2018 Ed. (12)
  2019 Ed. (13)
  2020 Ed. (15)
  2021 Ed. (17)
  2022 Ed. (18)
  2023 Ed. (58)
Gray; Harry J.
  1993 Ed. (890)
Gray Hawk Systems
  2005 Ed. (1994, 2159)
  2006 Ed. (2249)
Gray-I.C.E. Builders Inc.
  2011 Ed. (1102)
  2012 Ed. (1018)
Gray Insurance Group Inc.
  2017 Ed. (4994)
Gray; Jonathan
  1991 Ed. (1692)
  1992 Ed. (2138)
  1993 Ed. (1825)
  1994 Ed. (1808, 1821, 1834)
  1995 Ed. (1797, 1798, 1846, 1863)
  1996 Ed. (1772, 1824, 1844)
  1997 Ed. (1898, 1917)
  2011 Ed. (629)
  2016 Ed. (4809)
Gray; Kay L.
  1991 Ed. (2547)
Gray Kirk/Van Sant
  1994 Ed. (116)
  1995 Ed. (125)
  1996 Ed. (139)
Gray Line of Fort Lauderdale
  1994 Ed. (800)
  1996 Ed. (831)
Gray Line of Ft. Lauderdale
  1991 Ed. (807)
  1992 Ed. (988)
Gray Line Worldwide
  2000 Ed. (1102)
Gray; Loren
  2022 Ed. (844)
Gray Monk Estate Winery
  2015 Ed. (4991)
  2016 Ed. (4908)
Gray Mountain
  2017 Ed. (620, 621)
Gray Oil Co., Inc.
  2007 Ed. (3540, 4403, 4989)
Gray Plant Mooty
  2007 Ed. (3320)
  2012 Ed. (3378)

CUMULATIVE INDEX • 1989-2023

2021 Ed. (3231, 3232)
Gray, Plant, Mooty, Mooty & Bennett
  1990 Ed. (2422)
  1991 Ed. (2288)
  1992 Ed. (2842)
  1993 Ed. (2400)
Gray Reed & McGraw
  2021 Ed. (3253)
Gray Robinson
  2008 Ed. (3424)
Gray Robinson PA
  2009 Ed. (3491)
  2011 Ed. (3404)
Gray Suzuki; Bill
  1996 Ed. (289)
Gray Television
  2015 Ed. (4573)
  2018 Ed. (1561)
  2019 Ed. (1593, 2495)
  2020 Ed. (1560, 2487)
Graybar
  2021 Ed. (2211)
  2022 Ed. (2247, 2300)
  2023 Ed. (2432)
Graybar Electric
  2019 Ed. (2365, 4896, 4897)
  2020 Ed. (2333, 4889, 4891)
  2021 Ed. (2298, 4885, 4886)
  2022 Ed. (1747, 2329, 4880, 4881)
  2023 Ed. (1017, 1886, 2505, 4874, 4875)
Graybar Electric Co.
  2013 Ed. (2501)
  2014 Ed. (2431, 3191)
  2015 Ed. (2502, 3251)
  2016 Ed. (1824, 1826, 2436)
  2017 Ed. (1790, 2282)
  2018 Ed. (1743, 2342)
  2019 Ed. (1796, 2341, 2342)
  2020 Ed. (1741, 2312, 2313)
  2021 Ed. (2260, 2261)
  2022 Ed. (1741, 2299)
  2023 Ed. (2479, 2480)
Graybar Electric Co. Inc.
  2023 Ed. (1882)
Graybar Electric Co., Inc.
  1995 Ed. (2232)
  1997 Ed. (1482, 2365)
  1998 Ed. (2086)
  1999 Ed. (1708, 2847)
  2000 Ed. (1519, 1785, 2622)
  2002 Ed. (1732, 1993, 2813, 4898)
  2003 Ed. (1769, 2204, 2205, 2951, 4927, 4928)
  2004 Ed. (1806, 2998, 4927, 4928)
  2005 Ed. (1888, 2996, 3385, 3918, 4910, 4911)
  2006 Ed. (1910, 3992, 4943, 4944)
  2007 Ed. (1893, 4029, 4944, 4949)
  2008 Ed. (1512, 1957, 2463, 4056, 4920)
  2009 Ed. (1907, 1910, 2465, 3249, 4152, 4153, 4932, 4933, 4940)
  2010 Ed. (1438, 1715, 1717, 1718, 1719, 1720, 1721, 1723, 1842, 1843, 3180, 4084, 4941, 4948, 4960)
  2011 Ed. (1873, 1874, 4057, 4924, 4931, 4944)
  2012 Ed. (1730, 1731, 3058, 3099, 4089, 4928, 4934, 4943)
  2013 Ed. (809, 1893, 1894, 1895, 3139, 4926, 4927)
  2014 Ed. (838, 1826, 1827, 1828, 3139, 4933, 4934)
  2015 Ed. (877, 1866, 1867, 4974, 4975)
  2016 Ed. (765, 1829, 1830, 4892)
  2017 Ed. (822, 1794, 1795, 4892)
  2018 Ed. (755, 1747)
  2019 Ed. (776, 1800, 1801)
  2020 Ed. (766, 1746, 1747)
  2021 Ed. (788, 1717, 1718)
  2022 Ed. (820, 1746, 1748)
Graycar Travel Agency
  1992 Ed. (4487)
Graycon Group Ltd.
  2007 Ed. (2821)
  2008 Ed. (2946)
  2009 Ed. (2996)
  2010 Ed. (2936)
  2011 Ed. (2901)
  2012 Ed. (2836)
  2014 Ed. (2936)
  2015 Ed. (2985)
  2016 Ed. (2919)
  2017 Ed. (2876)
Graycon IT
  2018 Ed. (2944)
Graycor
  2019 Ed. (1141, 1214)
  2021 Ed. (1103)
  2022 Ed. (1119)
Graycor Inc.
  1992 Ed. (1371, 1434)
  1994 Ed. (1156)
  1999 Ed. (1326)
Graydaze Contracting Inc.
  2020 Ed. (1228)
  2021 Ed. (1195)
  2022 Ed. (1196)
  2023 Ed. (1433)

Graydon, Head, & Richey
  2001 Ed. (561, 562)
Grayer; Jonathan
  2005 Ed. (2469)
Grayhawk Homes
  2013 Ed. (1186, 1187)
Grayken; John
  2017 Ed. (4853)
  2018 Ed. (4861)
  2019 Ed. (4855)
  2020 Ed. (4845)
  2021 Ed. (4846)
  2022 Ed. (4841)
  2023 Ed. (4836)
Grayling
  2002 Ed. (3860, 3861, 3863, 3867, 3870, 3872)
  2011 Ed. (4119)
Grayling Group
  1994 Ed. (2956, 2958, 2959, 2960, 2961, 2962, 2963)
  1995 Ed. (719, 3014, 3016, 3017, 3018)
  1996 Ed. (3117, 3121, 3126, 3127)
  1997 Ed. (3198, 3201)
  1999 Ed. (3934, 3936, 3938, 3939, 3941)
  2000 Ed. (3650, 3651, 3653, 3656)
Graymer; Judy
  2007 Ed. (2462)
  2008 Ed. (2595)
GrayRobinson
  2021 Ed. (3208)
GrayRobinson PA
  2011 Ed. (3405)
  2012 Ed. (3424)
  2013 Ed. (3437)
  2023 Ed. (3429)
Grayrock Shared Ventures
  1990 Ed. (3670)
Grayson Homes
  2002 Ed. (1180)
  2003 Ed. (1151)
  2004 Ed. (1155)
Grayson; Stanley E.
  1990 Ed. (2660)
Graystone Bank
  2008 Ed. (2036)
  2009 Ed. (2000)
  2010 Ed. (1938)
Graystone Consulting
  2016 Ed. (3124)
  2017 Ed. (3065)
Graz
  1994 Ed. (428)
Graze
  2019 Ed. (2313)
Grazer; Brian
  2009 Ed. (2609, 2613)
  2010 Ed. (2512)
  2011 Ed. (2514)
Graziadio School of Business & Management
  2016 Ed. (727)
Graziadio School of Business & Management; Pepperdine University
  2009 Ed. (825)
  2010 Ed. (770)
  2011 Ed. (699)
  2012 Ed. (631)
  2013 Ed. (752)
Grbic; Mike
  2018 Ed. (4111)
GRC International
  1998 Ed. (2678)
GRE
  1993 Ed. (2255)
GRE European
  1992 Ed. (3203)
Grease
  2001 Ed. (3412)
Grease Monkey
  1990 Ed. (406)
  2001 Ed. (531)
  2002 Ed. (418)
  2003 Ed. (364)
  2006 Ed. (350)
  2007 Ed. (335)
  2008 Ed. (322)
  2009 Ed. (343)
  2020 Ed. (297)
  2021 Ed. (282)
  2023 Ed. (405, 4779)
Grease Monkey Franchising
  2018 Ed. (298)
  2019 Ed. (301)
  2020 Ed. (303)
  2021 Ed. (288, 4785)
  2022 Ed. (303, 4789)
Grease Monkey Franchising LLC
  2008 Ed. (323)
  2009 Ed. (344)
  2010 Ed. (322)
  2011 Ed. (246)
  2012 Ed. (267)
  2013 Ed. (270)
Grease Monkey International Inc.
  2002 Ed. (2363)
  2003 Ed. (355, 895)
  2004 Ed. (339, 914)

2005 Ed. (335, 905)
2006 Ed. (351, 820)
2007 Ed. (336, 907)
2008 Ed. (882)
2023 Ed. (1032)
Great A & P Tea Co.
  1989 Ed. (1556, 2459, 2775, 2777)
  1990 Ed. (1963, 3027, 3051, 3490, 3493)
  1995 Ed. (343, 2757)
  2000 Ed. (372)
  2009 Ed. (4606, 4612, 4615, 4619)
Great A & P Tea Co. (Canada)
  2007 Ed. (2614)
  2008 Ed. (2744)
  2009 Ed. (2798)
The Great A & P Tea Co. Inc. of Canada
  1995 Ed. (1395)
The Great Alaskan Bowl Co.
  2008 Ed. (4366)
Great Allentown Fair
  2001 Ed. (2355)
The Great Alone
  2020 Ed. (581)
Great Amer P & C Ins Group
  2023 Ed. (3347)
Great Amer Res "VA Fund"
  1994 Ed. (3619)
Great America FSA
  1994 Ed. (528)
Great American Bagel
  1999 Ed. (4059)
Great American Bank
  1991 Ed. (3361, 3367)
  1992 Ed. (1551, 1552, 1553, 1556, 1558, 1560, 3773, 3774, 3778, 3779, 3780, 3783, 3785, 3788, 3789, 3794, 3795, 3797, 3926, 4289)
  1993 Ed. (3078)
Great American Bank, FSA
  1993 Ed. (3080, 3081, 3083, 3087, 3088, 3567)
Great American Bank FSB
  1995 Ed. (508)
Great American Bank, SSB
  1991 Ed. (3375)
Great American Bank, SSB (San Diego, CA)
  1991 Ed. (3364, 3365)
Great American Business Products
  2000 Ed. (907)
Great American Communications
  1994 Ed. (2445)
Great American Community Credit Union
  2004 Ed. (1933, 1934)
  2009 Ed. (2187)
Great American Cookie Co. Franchising LLC
  2010 Ed. (336)
  2011 Ed. (260)
  2012 Ed. (282)
  2013 Ed. (1342)
  2014 Ed. (1273)
  2015 Ed. (1333)
  2016 Ed. (1253)
  2018 Ed. (1283)
Great American Cookies
  2004 Ed. (1379)
  2015 Ed. (4474)
  2017 Ed. (4129)
  2019 Ed. (313)
  2020 Ed. (315)
  2021 Ed. (303)
Great American Deli
  2016 Ed. (3473)
Great American Federal
  1994 Ed. (3531)
Great American Financial Resources
  2004 Ed. (2596, 2597)
  2005 Ed. (2574, 2575)
  2008 Ed. (2703)
Great American First
  1991 Ed. (3371)
Great American First Savings
  1989 Ed. (2826)
  1990 Ed. (3126, 3581)
  1991 Ed. (2919)
Great American First Savings Bank
  1989 Ed. (2821, 2824)
  1990 Ed. (420, 422, 515, 516, 1779, 3575, 3576, 3584)
The Great American Hanger Co.
  2007 Ed. (1323)
The Great American Home Store
  2023 Ed. (2971)
Great American Insurance
  2019 Ed. (3147)
  2021 Ed. (3089)
Great American Insurance Co.
  2000 Ed. (2681)
  2005 Ed. (3140, 3142)
Great American Insurance Cos.
  2002 Ed. (2901)
Great American Life
  1998 Ed. (170)
Great American Lines
  2002 Ed. (4688)
  2003 Ed. (4783)

Great American Management
  1990 Ed. (1287)
  1993 Ed. (2164)
Great American Management & Investment Inc.
  1990 Ed. (2145)
  1991 Ed. (1993)
  1992 Ed. (1131, 1523, 2565, 2593)
  1995 Ed. (2239)
Great American Management Investment Inc.
  1991 Ed. (3333)
Great American Nutrition
  2000 Ed. (1669)
  2001 Ed. (2009, 2010)
  2002 Ed. (4889)
Great American Outdoors Group
  2023 Ed. (1886, 4261)
Great American P & C Group
  2003 Ed. (3004)
Great American P & C Insurance Group
  2013 Ed. (3220)
Great American Property & Casualty Insurance Group
  2007 Ed. (3119, 3183)
  2010 Ed. (3264)
  2011 Ed. (3226)
  2012 Ed. (3196)
  2018 Ed. (3236)
  2019 Ed. (3179)
  2020 Ed. (3207)
Great American Reserve - Maxi-Flex (VA)
  1991 Ed. (2149, 2152)
Great American Reserve Maxiflex VA-FP Asset Alloc
  2000 Ed. (4328)
Great American Reserve Maxiflex VA-FP Janus Worldwide Growth
  2000 Ed. (4333)
Great American Restaurants
  2023 Ed. (4223)
Great American Title Agency
  2009 Ed. (4220)
Great APT
  1992 Ed. (1495)
Great Atlantic & Pacific Tea
  2015 Ed. (1900, 4585)
  2016 Ed. (1863, 4504)
  2017 Ed. (1822, 4502)
The Great Atlantic & Pacific Tea Co.
  2013 Ed. (1926)
The Great Atlantic & Pacific Tea Co., Inc.
  1990 Ed. (3556)
  1991 Ed. (1860, 2887, 2888, 2896, 3252)
  1992 Ed. (2195, 2350, 3217, 3729, 3732, 4163, 4169)
  1993 Ed. (1208, 1997, 2706, 2707, 3041, 3496)
  1996 Ed. (1427, 1929, 1943, 2824)
  1997 Ed. (329, 2928, 3660, 3677)
  1998 Ed. (264, 2667, 3444, 3449)
  1999 Ed. (368, 3596, 4518)
  2001 Ed. (1813, 4416, 4417, 4418, 4419)
  2002 Ed. (4529)
  2003 Ed. (680, 1043, 1784, 1785, 4633, 4634, 4635, 4653, 4654, 4655, 4657, 4658, 4660, 4661, 4664)
  2004 Ed. (4614, 4615, 4629, 4630, 4631)
  2005 Ed. (1903, 4558, 4559)
  2006 Ed. (1930, 4626, 4627)
  2007 Ed. (4533, 4612, 4615)
  2009 Ed. (2347, 4593, 4600)
  2010 Ed. (2272, 4626, 4628)
  2011 Ed. (1456, 1901, 2278, 4580, 4583, 4584)
  2012 Ed. (294, 1588, 1589, 1591, 1596, 1754, 2170, 4588, 4590)
  2013 Ed. (2371, 4542, 4549)
Great Atlantic Pools, Spas, Patio, Fireplace
  2005 Ed. (4027)
Great Basin Credit Union
  2012 Ed. (2064)
  2013 Ed. (2246)
  2014 Ed. (2178)
  2015 Ed. (2242)
  2016 Ed. (2213)
Great Basin Federal Credit Union
  2018 Ed. (2108)
  2020 Ed. (2087)
  2021 Ed. (2077)
  2022 Ed. (2067, 2112)
  2023 Ed. (2179, 2227)
Great Basin Gold Ltd.
  2013 Ed. (1531)
Great Basin Petroleum Services LP
  2014 Ed. (2947)
  2015 Ed. (2995)
Great Bay Bankshares Inc.
  1993 Ed. (591)
Great Bay Distributors Inc.
  2016 Ed. (4978)
  2017 Ed. (4966)
  2018 Ed. (4974)
  2019 Ed. (4969)
Great Bear
  1989 Ed. (747)
  1990 Ed. (745)
  1992 Ed. (910)

1994 Ed. (734)
1995 Ed. (687)
1996 Ed. (760)
Great Bear Distribution
 2015 Ed. (4805)
Great Bend Cooperative
 2016 Ed. (139)
 2017 Ed. (131)
Great Big Color Inc.
 2004 Ed. (3970)
Great Boston Fire
 2002 Ed. (2880)
Great Brands of Europe Inc.
 2003 Ed. (737, 740, 4472)
The Great Bridal Expo Group
 2008 Ed. (4723)
 2010 Ed. (4775)
 2011 Ed. (4726)
Great Britain
 1989 Ed. (362)
 1991 Ed. (2111, 2936, 3236, 3405)
 1992 Ed. (2329, 3348, 4152)
 1993 Ed. (212, 213, 479, 943, 956, 1269, 1596, 2229, 2368)
 1994 Ed. (857, 2264, 2333, 2344, 2898, 3450)
 1995 Ed. (344, 713, 1743, 1744)
 1996 Ed. (510, 1645, 3762, 3763)
 1998 Ed. (230, 856)
 1999 Ed. (3848, 4695)
 2001 Ed. (4590, 4920, 4921)
Great Call
 2019 Ed. (2340)
Great Canadian Gaming
 2015 Ed. (2608)
Great Canadian Gaming Corp
 2009 Ed. (1399)
Great Canadian Gaming Corp.
 2005 Ed. (1670, 1705)
 2006 Ed. (1603, 1607, 2495, 4492)
 2007 Ed. (2457)
 2008 Ed. (1430, 2591)
 2009 Ed. (2619)
 2010 Ed. (2522, 4751)
 2011 Ed. (2522, 4559, 4711)
 2012 Ed. (4732)
 2014 Ed. (4749)
 2015 Ed. (4769)
 2016 Ed. (4673)
 2017 Ed. (4688)
 2020 Ed. (175)
 2021 Ed. (174, 4662)
 2022 Ed. (167, 4670)
 2023 Ed. (232)
Great Central Lumber
 1996 Ed. (816, 823, 825)
Great Chicago Fire
 2002 Ed. (2880)
Great Circle Works
 2015 Ed. (1207)
Great Circle Works Inc.
 2012 Ed. (2771)
 2013 Ed. (2839)
Great Clips
 2015 Ed. (895)
 2016 Ed. (786)
 2019 Ed. (793, 803, 2825, 2826)
 2020 Ed. (787, 797, 801, 2861, 2862, 3819)
 2021 Ed. (2733, 2734, 3796)
 2022 Ed. (2890)
 2023 Ed. (3016, 3017)
Great Clips for Hair
 1993 Ed. (1900)
Great Clips Inc.
 1998 Ed. (1758)
 2000 Ed. (2268)
 2002 Ed. (2432)
 2003 Ed. (2675)
 2004 Ed. (2789)
 2005 Ed. (2780)
 2006 Ed. (2752)
 2007 Ed. (2759)
 2008 Ed. (2876)
 2009 Ed. (2938)
 2010 Ed. (2874)
 2011 Ed. (2854)
 2012 Ed. (2785)
 2013 Ed. (2852)
 2014 Ed. (2880)
 2015 Ed. (2918)
 2016 Ed. (795, 2849)
 2017 Ed. (854, 2810)
 2018 Ed. (789, 2877)
 2020 Ed. (792)
 2021 Ed. (822)
 2022 Ed. (853)
 2023 Ed. (1034)
Great Clips (U.S.)
 2021 Ed. (2733)
The Great Crash 1929
 2006 Ed. (586)
Great Dane
 1994 Ed. (3566)
 1999 Ed. (4649)
Great Dane L.P.
 2020 Ed. (4655)
 2021 Ed. (4680)

Great Dane LP
 2005 Ed. (4741)
Great Day
 1994 Ed. (2021)
Great Day Farmers Market
 2014 Ed. (2338)
 2015 Ed. (2404)
 2016 Ed. (2347)
 2017 Ed. (2197)
Great Day Improvements
 1995 Ed. (2689)
Great Day Improvements
 2022 Ed. (3069)
Great Day Improvements LLC
 2016 Ed. (3031)
Great Day Improvements LLC, dba Patio Enclosures, Champion Windows, Universal Windows Direct, Apex Energy Solutions, Stanek Windows
 2023 Ed. (4896)
Great Day Improvements, LLC
 2020 Ed. (4917)
 2021 Ed. (4912)
 2022 Ed. (4906)
 2023 Ed. (3181)
Great Day Improvements LLC, dba Patio Enclosures & Stanek Windows
 2021 Ed. (4912)
 2022 Ed. (4906)
Great Day Improvements, dba Patio Enclosures and Stanek Windows
 2022 Ed. (3069)
Great Deals ECommerce Corp.
 2023 Ed. (1580)
Great Depression of 1990
 1989 Ed. (745)
Great Eagle Holdings
 2017 Ed. (2951)
 2019 Ed. (3017)
 2020 Ed. (3055)
 2021 Ed. (1566)
Great Earth Vitamins
 2002 Ed. (4759)
 2003 Ed. (4863)
Great Eastern
 2013 Ed. (690)
 2014 Ed. (710)
 2018 Ed. (665)
 2019 Ed. (677)
 2020 Ed. (671)
 2021 Ed. (3078)
 2022 Ed. (694, 3215)
 2023 Ed. (885, 3308)
Great Eastern Life Assurance Co.
 1997 Ed. (2401)
 1999 Ed. (2893)
 2001 Ed. (2889)
Great Eastern Shipping
 1991 Ed. (721)
 1994 Ed. (725)
 1996 Ed. (755)
 1997 Ed. (686)
 2007 Ed. (1771)
Great Falls Bank
 1998 Ed. (372)
Great Falls, MT
 1991 Ed. (2429)
 1992 Ed. (3053)
 1995 Ed. (875)
 2001 Ed. (2822)
 2004 Ed. (4762)
 2005 Ed. (3474)
 2006 Ed. (2971)
 2007 Ed. (842, 2999)
 2008 Ed. (4730)
 2011 Ed. (2413)
Great Falls Tribune
 1990 Ed. (2702)
 1991 Ed. (2597)
 1992 Ed. (3240)
Great Financial Federal
 1990 Ed. (3127)
Great Floors
 2017 Ed. (2621)
 2018 Ed. (2691)
 2019 Ed. (2665)
 2020 Ed. (2683)
 2021 Ed. (2592)
 2022 Ed. (2705)
Great Fortune
 2005 Ed. (722)
The Great Frame Up
 1995 Ed. (1936)
 2002 Ed. (3710)
 2003 Ed. (3876)
 2004 Ed. (3901)
 2005 Ed. (3839)
 2006 Ed. (3908)
 2007 Ed. (3955)
 2008 Ed. (3986)
 2009 Ed. (4425)
 2010 Ed. (3969)
 2011 Ed. (3976)
The Great Frame Up Systems Inc.
 1996 Ed. (1967)
The Great Gatsby
 2015 Ed. (648)
Great Glen Trails Outdoor Center
 2015 Ed. (4470)
 2016 Ed. (4375)

2018 Ed. (4376)
 2019 Ed. (4399)
 2020 Ed. (4398)
 2021 Ed. (4398)
The Great Greek
 2023 Ed. (1045)
The Great Greek Mediterranean Grill
 2023 Ed. (4253)
Great Hall National Tax Ex.
 1995 Ed. (2689)
Great Hall National Tax Exempt
 1996 Ed. (2762, 2785)
Great Harvest
 2023 Ed. (414)
Great Harvest Bread Co.
 2021 Ed. (309)
Great Harvest Franchising Inc.
 2002 Ed. (427)
 2003 Ed. (373)
 2004 Ed. (352)
 2005 Ed. (353)
 2006 Ed. (368)
 2007 Ed. (351)
 2008 Ed. (337)
 2009 Ed. (358)
 2010 Ed. (335)
 2011 Ed. (259)
 2012 Ed. (282)
 2013 Ed. (284)
 2014 Ed. (293)
 2015 Ed. (328)
 2016 Ed. (325)
 2017 Ed. (338)
The Great Indoors
 2006 Ed. (2888)
 2007 Ed. (2881)
 2008 Ed. (3001)
 2014 Ed. (4357)
 2015 Ed. (4366)
Great Island Realty
 2020 Ed. (4989)
 2021 Ed. (1729, 4988, 4989)
 2022 Ed. (4987, 4988)
 2023 Ed. (4992)
Great Lakes
 1989 Ed. (1191)
 1990 Ed. (1460, 2169)
 1995 Ed. (1538)
 1997 Ed. (2207)
 1999 Ed. (1082, 2835)
 2000 Ed. (3555)
Great Lakes Ace
 2019 Ed. (2838)
Great Lakes Advisors
 1995 Ed. (2368)
Great Lakes Aviation
 2013 Ed. (2841)
Great Lakes Aviation Ltd.
 2002 Ed. (1916)
 2003 Ed. (1858)
 2004 Ed. (208)
 2005 Ed. (214, 220)
 2011 Ed. (2158)
 2012 Ed. (2009)
 2013 Ed. (2198)
Great Lakes Bancorp
 1990 Ed. (3102)
 1991 Ed. (2921)
 1992 Ed. (3790, 3800)
 1993 Ed. (3089)
 1998 Ed. (3155, 3524, 3551)
Great Lakes Beer Co.
 2000 Ed. (3126)
Great Lakes Brewing Co.
 1998 Ed. (2490)
 1999 Ed. (3400, 3401)
Great Lakes Case & Cabinet Co., Inc.
 2006 Ed. (3536)
 2007 Ed. (3594, 3595, 4443)
Great Lakes Cheese
 2014 Ed. (1910, 2224)
 2015 Ed. (1954)
 2016 Ed. (1927)
 2017 Ed. (1899)
 2018 Ed. (1846)
 2019 Ed. (1898)
 2020 Ed. (1838)
 2021 Ed. (1803)
 2022 Ed. (1845)
 2023 Ed. (1969)
Great Lakes Cheese Co.
 2001 Ed. (1254)
 2009 Ed. (2264, 4160)
 2010 Ed. (2221, 4093)
 2015 Ed. (2289)
 2016 Ed. (2260, 2262)
 2017 Ed. (2116)
 2018 Ed. (2148, 2151)
 2019 Ed. (2147, 2150)
 2020 Ed. (2132)
 2021 Ed. (2125, 2127)
 2022 Ed. (2157)
 2023 Ed. (2276)
Great Lakes Cheese of Utah Inc.
 2006 Ed. (2088)
Great Lakes Chemical Corp.
 1989 Ed. (895, 896, 900)
 1990 Ed. (962, 963, 964, 966, 967, 968)

1991 Ed. (919, 920, 921)
 1992 Ed. (1108, 1126, 1127, 1128)
 1993 Ed. (905, 927, 928, 1332)
 1994 Ed. (919, 940, 941, 1207, 1267, 1387, 3448)
 1995 Ed. (972, 973, 974, 1418)
 1996 Ed. (950, 951)
 1997 Ed. (972, 973, 974)
 1998 Ed. (697, 698, 714, 715, 716, 1120, 1123)
 1999 Ed. (1113, 1561, 4400)
 2001 Ed. (1177, 1213)
 2003 Ed. (941)
Great Lakes Coca-Cola Distribution
 2018 Ed. (4007)
 2019 Ed. (3994)
 2020 Ed. (4011)
 2021 Ed. (3977)
 2022 Ed. (3991)
 2023 Ed. (4075)
Great Lakes Collection Bureau Inc.
 1997 Ed. (1044, 1045, 1046, 1047)
 2001 Ed. (1314)
Great Lakes Color Printers
 2000 Ed. (4054)
Great Lakes Credit Union
 1993 Ed. (1452)
 1994 Ed. (1505)
 2002 Ed. (1863)
 2003 Ed. (1917)
 2004 Ed. (1957)
 2005 Ed. (2099)
 2006 Ed. (2172)
 2009 Ed. (2214)
 2011 Ed. (2187)
 2015 Ed. (2225)
 2020 Ed. (2072)
 2021 Ed. (2062)
 2022 Ed. (2097)
 2023 Ed. (2212)
Great Lakes Crossing
 2000 Ed. (4028)
 2001 Ed. (4252)
 2002 Ed. (4280)
Great Lakes Dredge & Dock Corp.
 1993 Ed. (1120)
 1996 Ed. (1127)
 1997 Ed. (1155)
 2002 Ed. (1260)
 2003 Ed. (1270)
 2004 Ed. (1273)
 2016 Ed. (1145)
 2017 Ed. (1194)
 2018 Ed. (1144)
 2019 Ed. (2504, 2509, 2516)
 2020 Ed. (2496, 2500, 2501)
Great Lakes Employee Benefits
 1994 Ed. (2040)
Great Lakes Environmental & Infrastructure
 2018 Ed. (1203)
Great Lakes Gas Transmission Co.
 2000 Ed. (2314)
 2003 Ed. (3881)
Great Lakes Gas Transmission LP
 1993 Ed. (1924)
 1994 Ed. (1950)
 1996 Ed. (2001, 2003)
 1997 Ed. (2121, 2122)
 1998 Ed. (1811)
Great Lakes Group
 1992 Ed. (1597)
Great Lakes Health Plan
 1993 Ed. (2022)
 1999 Ed. (2654)
Great Lakes Hotel Supply
 1995 Ed. (1920)
Great Lakes Hydro Income Fund
 2011 Ed. (1552, 2345, 2796)
Great Lakes Indian Fish & Wild Life Agency
 2007 Ed. (2587)
 2008 Ed. (2724)
 2009 Ed. (2779)
Great Lakes Indian Fish & Wildlife Commission
 2011 Ed. (2697)
 2016 Ed. (2673)
Great Lakes Insurance Co., Ohio
 2000 Ed. (2716)
Great Lakes Mall
 2001 Ed. (4251)
Great Lakes Media Technology
 2005 Ed. (2333)
Great Lakes Museum of Science, Environment and Technology
 1995 Ed. (1930)
Great Lakes National Bank
 1999 Ed. (384)
 2000 Ed. (384, 510)
 2001 Ed. (588)
Great Lakes National Bank, Michigan
 2001 Ed. (620)
 2002 Ed. (551)
Great Lakes Naval Training Center
 1993 Ed. (2884)
Great Lakes Plumbing & Heating Co.
 2004 Ed. (1235)
 2005 Ed. (1281)
 2006 Ed. (1242)

2007 Ed. (2580)
2009 Ed. (2772)
2014 Ed. (3996)
2015 Ed. (4044)
Great Lakes Plumbing & Mechanical Co.
　2013 Ed. (1239)
Great Lakes Pluming & Heating Co.
　2012 Ed. (3992)
　2013 Ed. (4057)
Great Lakes REIT Inc.
　1999 Ed. (1118, 2622)
　2000 Ed. (1043)
　2001 Ed. (1666)
Great Lakes Works
　2005 Ed. (1757)
Great Lash
　2001 Ed. (2382, 2383)
Great Lash; Maybelline
　2005 Ed. (2024)
　2008 Ed. (2186)
Great Literature
　1994 Ed. (874)
Great Little Box Co., Ltd.
　2006 Ed. (1592, 1596)
　2007 Ed. (1606, 1613)
　2008 Ed. (1583, 1611)
　2009 Ed. (1518)
　2010 Ed. (1537)
　2011 Ed. (1505, 1536)
　2013 Ed. (1160, 1486, 3570)
　2014 Ed. (1454)
Great N. Nekoosa
　1990 Ed. (2766)
Great Neck
　1991 Ed. (1887)
　1992 Ed. (2375)
Great Neck/Lake Success, NY
　1996 Ed. (1602)
Great Northern
　1993 Ed. (2379)
Great Northern Annuity
　1997 Ed. (256, 361)
Great Northern Corp.
　2015 Ed. (3583)
　2016 Ed. (2305)
Great Northern Corp. Packaging & Display Group
　2008 Ed. (4005)
Great Northern Instore
　2017 Ed. (2145)
　2018 Ed. (2196)
Great Northern Mall
　2001 Ed. (4251)
Great Northern Nekoosa Corp.
　1989 Ed. (2112, 2113)
　1990 Ed. (1403, 2761, 2763)
　1991 Ed. (1154, 1328, 2384, 2669, 2670, 3332)
　1992 Ed. (1385, 1458, 1459, 1461)
　2002 Ed. (1467)
　2003 Ed. (1488)
　2004 Ed. (1518)
　2005 Ed. (1534)
Great Northern Paper Inc.
　2001 Ed. (1782)
　2004 Ed. (1785)
Great Northern Properties LLP
　1999 Ed. (1210)
Great Northern Rail
　2003 Ed. (1618)
Great Northwest, Inc.
　2018 Ed. (1350)
Great No. Iron Ore
　1992 Ed. (3225)
The Great Oregon Wine Co. / Rascal / Duck Pond
　2023 Ed. (4907)
Great Pacific Media
　2016 Ed. (4615)
　2017 Ed. (4634)
　2018 Ed. (4629)
　2019 Ed. (4645)
　2020 Ed. (4615)
　2022 Ed. (4644)
Great Pacific Media (a Thunderbird Entertainment Group company)
　2023 Ed. (4639)
Great Pacific Television
　2021 Ed. (4626)
Great Pacific TV
　2014 Ed. (2630, 4702)
　2015 Ed. (2673, 4712)
Great Panther Silver Ltd.
　2018 Ed. (1469)
Great Performances
　2008 Ed. (4975)
Great Plains
　1996 Ed. (824)
　1997 Ed. (1108)
Great Plains Credit Union
　2002 Ed. (1875)
　2003 Ed. (1929)
　2004 Ed. (1969)
　2005 Ed. (2111)
　2006 Ed. (2206)
　2007 Ed. (2127)
　2008 Ed. (2233)
　2009 Ed. (2228)

2010 Ed. (2182)
2011 Ed. (2200)
2012 Ed. (2061)
2013 Ed. (2243)
2014 Ed. (2175)
2015 Ed. (2239)
2016 Ed. (2210)
Great Plains Energy Inc.
　2005 Ed. (1834, 2295)
　2006 Ed. (1833, 1834, 1835)
　2007 Ed. (1840)
　2008 Ed. (1872, 1874)
　2009 Ed. (1828, 1829, 1833, 2418, 2867)
　2010 Ed. (1768, 1774)
　2011 Ed. (1782, 1786)
　2012 Ed. (1637, 1642)
　2015 Ed. (1765, 1770)
Great Plains Federal Credit Union
　2018 Ed. (2105)
　2020 Ed. (2084)
　2021 Ed. (2074)
　2022 Ed. (2109)
　2023 Ed. (2224)
Great Plains Health Alliance
　1996 Ed. (2709)
Great Plains MDF
　2022 Ed. (2209)
Great Plains Regional Medical Center
　2008 Ed. (2007)
Great Plains Software Inc.
　1995 Ed. (2097)
　2003 Ed. (1424)
Great Play
　2014 Ed. (3974)
Great Play Children's Gyms
　2016 Ed. (3930)
Great Portland Estates
　1989 Ed. (2288)
　2009 Ed. (4196)
　2010 Ed. (4131)
　2011 Ed. (4096)
　2012 Ed. (4130)
　2013 Ed. (2117, 4172)
　2014 Ed. (2047, 2051, 2053, 2055, 4189)
　2015 Ed. (2105, 2107, 4170)
　2016 Ed. (4084, 4109, 4119)
　2017 Ed. (2036, 2040, 2041, 2042, 2044, 2049, 4061, 4086, 4097)
　2018 Ed. (2001, 2003, 4088)
　2019 Ed. (2053, 2054, 2055, 2058, 2067, 4094)
Great River Energy
　2005 Ed. (1406)
　2006 Ed. (1392)
　2007 Ed. (1428)
　2015 Ed. (1337)
Great River Financial Group
　2005 Ed. (446)
Great Salt Lake Electric Inc.
　2006 Ed. (1350)
Great Smoky Mountains National Park
　1990 Ed. (2665, 2666)
Great Southern Bancorp
　2000 Ed. (395)
　2003 Ed. (513, 514)
　2006 Ed. (1832)
　2011 Ed. (288, 1786)
Great Southern Bank
　2021 Ed. (339, 384)
　2022 Ed. (351, 397)
　2023 Ed. (433, 443, 519)
Great Southern Bank FSB
　1998 Ed. (3553)
Great Southern Homes
　2008 Ed. (1195)
　2009 Ed. (1145)
　2017 Ed. (1129)
　2022 Ed. (1065)
Great Southern Wood Preserving Inc.
　2015 Ed. (1405)
　2016 Ed. (1334)
　2017 Ed. (1375)
　2021 Ed. (1344)
　2023 Ed. (1558)
Great Southwest Corp.
　1996 Ed. (2248)
Great Southwest Industrial Park (Dallas-Ft. Worth, TX)
　2023 Ed. (3209)
Great Steak
　2020 Ed. (809)
Great Steak & Fry
　1994 Ed. (3087)
Great Steak & Potato Co.
　2016 Ed. (802)
The Great Steak & Potato Co.
　1999 Ed. (2516)
　2002 Ed. (4090)
　2003 Ed. (4220)
　2004 Ed. (4241)
　2005 Ed. (4170)
　2007 Ed. (4239)
　2008 Ed. (2686, 4273)
　2009 Ed. (4377)
　2010 Ed. (4407)
　2011 Ed. (4351)
　2012 Ed. (4391)
　2013 Ed. (4360)

2014 Ed. (4413)
Great Taipei Gas Corp.
　1990 Ed. (2520)
　1992 Ed. (2974)
Great Universal Stores
　1992 Ed. (2960)
　1994 Ed. (2427)
　1996 Ed. (1360)
　1997 Ed. (2699)
　1998 Ed. (2427)
　1999 Ed. (278)
　2002 Ed. (47, 223)
The Great Unraveling
　2006 Ed. (635)
Great Valley Corporate Center
　1990 Ed. (2181)
　1991 Ed. (2024)
　1992 Ed. (2598)
　1994 Ed. (2187, 2190)
　1995 Ed. (2242)
　1996 Ed. (2251)
　2000 Ed. (2626)
Great Valley Pool Service
　2022 Ed. (4537, 4539)
　2023 Ed. (4551)
Great Value
　2012 Ed. (2639)
　2022 Ed. (3071)
　2023 Ed. (3185)
Great Wall
　1995 Ed. (2572)
　2012 Ed. (4950)
　2022 Ed. (266)
　2023 Ed. (365)
Great Wall International Movie & Television Advertising Co.
　1996 Ed. (72)
Great Wall Motor
　2013 Ed. (230)
　2014 Ed. (234, 240, 1511)
　2015 Ed. (270, 281, 1568)
　2016 Ed. (266, 276, 1501)
　2017 Ed. (267, 276, 1496)
　2018 Ed. (253)
　2019 Ed. (250, 1109, 1508)
　2020 Ed. (255)
Great Wall Motor Co.
　2010 Ed. (806)
Great Wall Motor Co., Ltd.
　2018 Ed. (2508)
　2021 Ed. (262)
　2022 Ed. (279)
Great Wall Motor Company Ltd.
　2021 Ed. (262)
　2022 Ed. (279)
Great Wall Technology
　2001 Ed. (1671)
　2013 Ed. (2973)
　2014 Ed. (2984)
　2015 Ed. (3052)
Great Wall Technology Co., Ltd.
　2013 Ed. (3580)
　2014 Ed. (3547)
　2017 Ed. (3412)
Great Wear
　2001 Ed. (1907)
Great-West Aggressive Profile Investment
　2021 Ed. (3707)
Great-West Ariel Mid-Cap Value
　2015 Ed. (3763)
Great-West, Canada
　1989 Ed. (1686, 1687, 1691)
　1990 Ed. (2239)
Great-West, Canada. 1
　1990 Ed. (2240)
Great West Casualty Corp.
　2001 Ed. (2900)
The Great-West Family of Cos.
　2004 Ed. (2682)
Great West Financial
　2015 Ed. (1647)
　2016 Ed. (1590)
Great-West Healthcare
　2006 Ed. (3106)
　2008 Ed. (3268)
　2009 Ed. (2976, 3325, 4091)
　2010 Ed. (2902, 2916, 4003)
Great-West Insurance Group
　2014 Ed. (179)
　2016 Ed. (205)
　2017 Ed. (192)
　2019 Ed. (179)
Great-West International Growth Investment
　2021 Ed. (4481)
Great-West International Value Investment
　2021 Ed. (4482)
Great-West Life
　1991 Ed. (2086)
Great-West Life American Growth
　2004 Ed. (2467)
Great-West Life & Annuity
　1995 Ed. (2443)
　1998 Ed. (2166, 2169)
　1999 Ed. (4173)
　2000 Ed. (3900)

Great West Life & Annuity Insurance Co.
　1995 Ed. (2304)
　1997 Ed. (2439, 2441, 2447)
　2002 Ed. (1654)
　2003 Ed. (1680)
　2004 Ed. (1683, 1717)
　2005 Ed. (1741, 1976)
　2006 Ed. (1658, 1720)
　2007 Ed. (1729, 4025)
　2008 Ed. (1758, 4052)
　2009 Ed. (1684, 4130)
　2010 Ed. (1640)
　2011 Ed. (1650)
　2012 Ed. (1499)
　2013 Ed. (1633)
　2014 Ed. (1597)
Great-West Life Assurance
　1990 Ed. (2241, 2351)
　1991 Ed. (2103, 2104, 2105, 2246)
　1992 Ed. (2660, 2661, 2672, 2774)
　1993 Ed. (2215, 2220, 2221)
　1994 Ed. (2253, 2263, 2318)
　1996 Ed. (2325, 2326)
　1997 Ed. (2454, 2455)
　1999 Ed. (2939, 2959)
　2006 Ed. (2604)
　2010 Ed. (3303)
　2011 Ed. (3270)
　2012 Ed. (1404)
　2014 Ed. (1481, 3323)
Great-West Life Assurance Co.
　2013 Ed. (3295, 3296, 3298)
　2016 Ed. (1474)
　2017 Ed. (1476)
　2020 Ed. (1455)
　2021 Ed. (3050)
The Great-West Life Assurance Co.
　2016 Ed. (1479)
Great-West Life Assurance Co. of Canada
　1991 Ed. (2110)
　1992 Ed. (2673)
　1993 Ed. (2228)
　1995 Ed. (2311)
Great-West Life Assurance Consolidated
　2009 Ed. (277)
Great-West Life Dividend/Growth
　2004 Ed. (3613, 3614)
Great-West Life FutureFunds Maxim Corp. Bond Q
　2000 Ed. (4329)
Great West Life Government Bond A
　2001 Ed. (3483)
Great West Life Government Bond B
　2001 Ed. (3483)
Great-West Life Group
　2019 Ed. (3228)
　2020 Ed. (3243)
　2021 Ed. (3101, 3109)
　2022 Ed. (3242, 3250)
　2023 Ed. (3331, 3339)
Great-West Life Income
　2003 Ed. (3561, 3562)
Great West Life Larger Company Equity A (M)
　2001 Ed. (3492, 3493)
Great West Life Larger Company Equity B (M)
　2001 Ed. (3492, 3493)
Great-West Life Mid Cap Canada
　2003 Ed. (3565, 3566)
Great-West Life U.S. Large Cap Value
　2004 Ed. (2460, 2461)
Great West Lifeco
　2020 Ed. (3273)
　2021 Ed. (3136, 3137)
　2022 Ed. (3280, 3281)
Great-West Lifeco
　2013 Ed. (4516)
　2014 Ed. (1476)
　2015 Ed. (1532)
Great-West Lifeco Inc.
　1994 Ed. (2263)
　1996 Ed. (2325)
　1997 Ed. (2454)
　2002 Ed. (2268)
　2003 Ed. (2482)
　2006 Ed. (1614, 1616, 1622, 1627)
　2007 Ed. (1626, 1627, 1635, 1639, 1641, 1644, 1645, 1647, 3158, 4575)
　2008 Ed. (1626, 1649, 1652, 1653, 1655, 3308, 4531)
　2009 Ed. (1564, 2509, 3370, 3371, 3376)
　2010 Ed. (1551, 1998, 3308, 3312)
　2011 Ed. (1554, 1560, 1565, 2059, 3270, 3275)
　2012 Ed. (1398, 1905, 3222, 3230, 3244, 3249)
　2013 Ed. (1501, 1507, 2682, 3279, 3297, 3301, 3309, 3325, 4508)
　2014 Ed. (1468, 3305, 3323, 3324, 3332, 3341, 4569)
　2015 Ed. (1544, 3351, 3352, 3363, 3376, 4563)
　2016 Ed. (1474, 3189, 3219, 3245, 4490)
　2017 Ed. (1476, 2398, 3139, 3176, 3201)
　2018 Ed. (1453, 1460, 3230, 3270, 4522)
　2019 Ed. (1484, 3170, 3220)
　2020 Ed. (1455, 3200, 3235)

2021 Ed. (3054, 3101)
2022 Ed. (1461, 3189, 3242)
2023 Ed. (1646, 3281, 3282)
Great-West Lifeco, Inc.
2020 Ed. (3184, 3272)
2021 Ed. (3055, 3136)
2022 Ed. (3280)
Great-West PPO/New England Financial PPO
2000 Ed. (3603)
Great-West Retirement Services
2005 Ed. (2679)
2006 Ed. (2658)
2007 Ed. (2641)
2009 Ed. (2825)
2010 Ed. (2773)
Great Western
1992 Ed. (1084)
1994 Ed. (341, 346, 587)
1997 Ed. (931)
2000 Ed. (1008)
2001 Ed. (1161)
2002 Ed. (972)
2015 Ed. (4581)
Great Western Bancorp
2009 Ed. (388)
2020 Ed. (4158)
Great Western Bank
1992 Ed. (506, 515, 794, 1762, 3774, 3775, 3776, 3777, 3779, 3783, 3784, 3785, 3786, 3787, 3791, 3792, 3793, 3795, 3797, 3798, 4286)
1993 Ed. (353, 3074, 3075, 3076, 3077, 3079, 3080, 3083, 3084, 3085, 3086, 3090, 3091, 3092, 3093, 3094, 3096, 3097, 3564, 3565, 3566)
1996 Ed. (367, 3684, 3685)
1997 Ed. (3740, 3741)
1998 Ed. (3128, 3131, 3132, 3133, 3134, 3135, 3136, 3137, 3139, 3140, 3141, 3142, 3143, 3146, 3147, 3148, 3149, 3150, 3151, 3156, 3530, 3532, 3534, 3535, 3536, 3538)
2011 Ed. (119)
2012 Ed. (126)
2013 Ed. (105)
2014 Ed. (112, 335)
2015 Ed. (127)
2016 Ed. (133)
2017 Ed. (126)
2018 Ed. (126)
2019 Ed. (122)
2020 Ed. (117)
2021 Ed. (109, 329, 400)
2022 Ed. (114, 341, 413)
2023 Ed. (188, 535)
Great Western Bank, A FSB
1993 Ed. (3078)
Great Western Bank FSB
1989 Ed. (2822)
1990 Ed. (420, 422, 515, 516, 2469, 2606, 3096, 3097, 3098, 3100, 3117, 3575, 3576, 3577, 3583, 3584)
1991 Ed. (363, 371, 2481, 2919, 3362, 3375)
1995 Ed. (351, 555, 2611)
Great Western Bank, FSB (Beverly Hills, CA)
1991 Ed. (3364, 3365)
Great Western Bank (Sioux Falls, SD)
2021 Ed. (109)
Great Western Chemical
1999 Ed. (1094)
2002 Ed. (1006)
Great Western Financial
1989 Ed. (2355, 2826)
1990 Ed. (3574)
1991 Ed. (2486, 2917, 3361, 3367, 3368)
1992 Ed. (2150, 2151, 3770, 4285, 4289, 4290)
1993 Ed. (2593, 3070, 3246, 3562, 3563, 3572, 3573, 3575)
1994 Ed. (2551, 2558, 3141, 3144, 3240, 3526, 3527, 3528, 3534, 3535, 3537)
1995 Ed. (2610, 3186, 3320, 3608, 3610, 3611, 3613)
1996 Ed. (3285, 3686, 3688, 3689, 3690)
1997 Ed. (735, 3382, 3744, 3746, 3747)
1998 Ed. (1046, 3153, 3157, 3523, 3525, 3527)
1999 Ed. (371, 372, 374, 1523, 4595)
2001 Ed. (579)
Great Western Oil & Gas Co.
2021 Ed. (3815)
Great Western Oil & Gas Co. LLC
2023 Ed. (3933)
Great Western Savings
1991 Ed. (1661)
Great Western Steamship
2004 Ed. (2542)
Great White Fleet
2003 Ed. (1225)
Great Wolf Resorts
2017 Ed. (4743)
2021 Ed. (2901)
Great Wraps
2007 Ed. (4238)
2008 Ed. (4272)
2009 Ed. (4376)
2011 Ed. (4350)
2012 Ed. (4262, 4390)
2013 Ed. (4359)
2014 Ed. (4412)
2015 Ed. (4398)
2016 Ed. (4291)
Great Wraps Grill
2018 Ed. (4284)
GreatAmerica Financial Services
2022 Ed. (1638)
GreatBanc Inc.
2003 Ed. (504, 505, 506)
Greatbatch
2010 Ed. (3551)
Greatek Electronic
2008 Ed. (2098)
Greater Akron Chamber
2009 Ed. (3555)
The Greater Alarm Co.
2005 Ed. (4291)
2006 Ed. (4271)
2007 Ed. (4295)
2008 Ed. (4296, 4297, 4299, 4300)
2009 Ed. (4404)
Greater Atlanta Brokerage Solutions LLC
2004 Ed. (4068)
Greater Atlantic Health Service
1991 Ed. (1896)
1993 Ed. (2025)
1998 Ed. (1920)
Greater Atlantic Health Services
1992 Ed. (2393)
Greater Baltimore Medical Center Inc.
1994 Ed. (890)
2001 Ed. (1786)
2007 Ed. (1867)
2008 Ed. (1902)
2009 Ed. (1865)
2010 Ed. (1795)
2011 Ed. (1822)
2012 Ed. (1681)
2013 Ed. (1833)
2014 Ed. (1762)
Greater Bank
2020 Ed. (401)
2021 Ed. (432)
2022 Ed. (446)
Greater Bay Bancorp
2000 Ed. (395)
2002 Ed. (484, 486, 500, 501)
2003 Ed. (454)
2004 Ed. (646, 647)
2005 Ed. (446, 447, 453, 635, 636)
Greater Boca Raton Chamber
2000 Ed. (1004)
Greater Boca Raton Chamber of Commerce
2002 Ed. (958)
Greater Boston Cable Advertising
1994 Ed. (830)
1996 Ed. (856, 861)
1998 Ed. (587, 601)
Greater Central Texas Credit Union
2009 Ed. (2183)
2015 Ed. (2252)
Greater Chicago Auto Auction
1991 Ed. (267)
1992 Ed. (373)
Greater Chicago Cable Interconnect
1992 Ed. (1018)
1994 Ed. (830)
Greater Chicago Newspapers
1991 Ed. (2605)
Greater China Hospitality
2014 Ed. (3091)
Greater Cleveland Fire Fighters Credit Union
2001 Ed. (1962)
Greater Cleveland NT
1990 Ed. (2688)
1991 Ed. (2596)
Greater Cleveland Regional Transit Authority
1991 Ed. (1885, 3160)
Greater Connecticut
1989 Ed. (226)
Greater Dallas Chamber
2005 Ed. (3320)
2006 Ed. (3308)
Greater Dallas Chamber of Commerce
2007 Ed. (3373)
2008 Ed. (3472)
Greater Dayton Construction
2016 Ed. (1096)
2017 Ed. (2977)
2018 Ed. (3101)
2019 Ed. (3035)
2020 Ed. (3071)
2021 Ed. (2949)
2022 Ed. (3066)
2023 Ed. (3180)
Greater Dayton Construction Ltd.
2022 Ed. (3066)
Greater Des Moines Partnership
2022 Ed. (2208)
Greater Detroit Resource Recovery Authority, MI
1999 Ed. (3471)
Greater East London
1992 Ed. (1031)
Greater Erie County Marketing Group
2006 Ed. (3308)
Greater Ft. Lauderdale/Broward County Convention Center
1999 Ed. (1417)
Greater Fort Lauderdale Chamber
1999 Ed. (1057)
2000 Ed. (1004)
Greater Fort Lauderdale Chamber of Commerce
1998 Ed. (670)
Greater Ft. Lauderdale Convention Center
2002 Ed. (1334)
Greater Glasgow
1992 Ed. (1031)
Greater Halifax Partnership
2009 Ed. (3563)
2010 Ed. (3482)
2012 Ed. (3489)
2013 Ed. (3529)
Greater Houston Partnership
2007 Ed. (3373)
2010 Ed. (3473)
2011 Ed. (3478)
2012 Ed. (3484)
2013 Ed. (3530)
2014 Ed. (3507)
2015 Ed. (3522)
2016 Ed. (3378)
2017 Ed. (3337)
2022 Ed. (2208)
Greater Iowa Credit Union
2005 Ed. (2101)
2006 Ed. (2196)
2007 Ed. (2117)
2008 Ed. (2210, 2232)
2009 Ed. (2217)
2010 Ed. (2171)
2011 Ed. (2189)
2012 Ed. (2049)
2013 Ed. (2231)
2014 Ed. (2163)
2015 Ed. (2227)
2016 Ed. (2198)
2018 Ed. (2095)
2020 Ed. (2074)
2021 Ed. (2064)
2022 Ed. (2099)
2023 Ed. (2168, 2214)
The Greater Journey
2013 Ed. (558)
Greater Kansas City Community Foundation
1989 Ed. (1475)
2000 Ed. (3341)
2010 Ed. (1052, 1053)
2011 Ed. (988, 989)
2012 Ed. (903, 904)
The Greater Kansas City Community Foundation & Affiliated Trusts
2001 Ed. (2514)
2002 Ed. (1127, 1128, 1129, 2336)
2005 Ed. (2673, 2674)
Greater La Crosse Health Plan
1997 Ed. (2185, 2193)
1999 Ed. (2646, 2647)
Greater Lafayette Community Foundation
1994 Ed. (1907)
Greater Louisville Inc.
2008 Ed. (3472)
2012 Ed. (1644)
Greater Media
2001 Ed. (3974)
Greater Metroplex Interiors Inc.
2023 Ed. (1437)
Greater Metropolitan Health System
1999 Ed. (2479, 2493)
Greater Metropolitan Health Systems
1998 Ed. (1909)
Greater Miami Area Small Business Development Center
2002 Ed. (4291)
Greater Miami Chamber
1999 Ed. (1057)
2000 Ed. (1004)
Greater Miami Chamber of Commerce
1998 Ed. (670)
2002 Ed. (958)
Greater Miami Jewish Federation
1992 Ed. (3269)
1993 Ed. (2732)
Greater Minneapolis Convention & Visitors Association
2006 Ed. (3717)
Greater Nevada Credit Union
2002 Ed. (1878)
2003 Ed. (1932)
2004 Ed. (1972)
2005 Ed. (2114)
2006 Ed. (2209)
2007 Ed. (2130)
2008 Ed. (2245)
2009 Ed. (2231)
2010 Ed. (2185)
2011 Ed. (2203)
2012 Ed. (2064)
2013 Ed. (2246)
2014 Ed. (2178)
2015 Ed. (2242)
2016 Ed. (2213)
2018 Ed. (2108)
2020 Ed. (2087)
2021 Ed. (2032, 2077)
2022 Ed. (2067, 2112)
2023 Ed. (2227)
Greater New Orleans Inc.
2015 Ed. (3522)
Greater New York Hospital Association
1996 Ed. (2534)
Greater New York Savings
1991 Ed. (3366)
Greater New York Savings Bank
1994 Ed. (3225)
1997 Ed. (3749)
1998 Ed. (3558)
Greater Oklahoma City Chamber of Commerce
2003 Ed. (3245)
Greater Omaha Economic Development Partnership
2015 Ed. (3522)
Greater Omaha Packaging
2000 Ed. (3060)
Greater Omaha Packing Co.
2000 Ed. (3059, 3581, 3582)
2009 Ed. (3676, 3683, 3686)
2010 Ed. (3591, 3597, 3599)
2011 Ed. (3593, 3599, 3604)
2012 Ed. (3580, 3586, 3596)
2013 Ed. (3635, 3650)
2014 Ed. (3578, 3583, 3587)
2015 Ed. (3590, 3592, 3596, 3597, 3601)
2016 Ed. (3474, 3479, 3483)
2017 Ed. (3438, 3443, 3444, 3449)
2018 Ed. (3500, 3501, 3506, 3507, 3511)
2019 Ed. (3489, 3490, 3498)
Greater Orlando Aviation Authority
1995 Ed. (2646)
Greater Orlando Chamber
1999 Ed. (1057)
2000 Ed. (1004)
Greater Orlando Chamber of Commerce
1998 Ed. (670)
Greater Pacific Industries
2023 Ed. (4038, 4060)
Greater Pacific Industries Inc.
2023 Ed. (310)
Greater Peterborough Area Economic Development Corp.
2015 Ed. (3521)
Greater Philadelphia Cable
1991 Ed. (833, 841)
Greater Philadelphia Cultural Alliance
1991 Ed. (894)
Greater Philadelphia Sport, Travel & Outdoor Show
1998 Ed. (3608)
1999 Ed. (4642)
Greater Phoenix Economic Council
2015 Ed. (3522)
2022 Ed. (2208)
Greater Richmond Partnership
2016 Ed. (3378)
Greater Richmond, VA
2020 Ed. (2204)
Greater Sarasota Chamber
1999 Ed. (1057)
Greater Sarasota Chamber of Commerce
1998 Ed. (670)
Greater Scranton Chamber of Commerce
2009 Ed. (3555)
Greater Shreveport Chamber
2006 Ed. (3308)
Greater Shreveport Chamber of Commerce
2004 Ed. (3302)
Greater Southeast Hospital
1989 Ed. (2903)
Greater Statesville Development Corp.
2010 Ed. (3473)
2013 Ed. (3530)
Greater Sudbury, Ontario
2007 Ed. (3377)
Greater Tampa Chamber
1999 Ed. (1057)
2000 Ed. (1004)
Greater Tampa Chamber of Commerce
1998 Ed. (670)
2002 Ed. (958)
Greater Texas Landscapes
2017 Ed. (3284, 3285, 3288, 3291)
2018 Ed. (3352, 3353, 3356, 3359)
2019 Ed. (3331, 3332, 3335, 3338)
2020 Ed. (3334, 3337, 3340)
Greater Toronto Airports Authority
2016 Ed. (4690)
2017 Ed. (4705)
2018 Ed. (4697)
2019 Ed. (4703)
2020 Ed. (4669)
2022 Ed. (4694)
2023 Ed. (4681)

Greater Toronto Marketing Alliance
  2015 Ed. (3521)
Greater Twin Cities United Way
  2006 Ed. (3721)
Greater Union Organisation Pty. Ltd.
  2001 Ed. (3365, 3389)
The Greater Vancouver Transportation Authority
  2006 Ed. (2708)
  2008 Ed. (1103)
  2009 Ed. (1081)
Greater Washington Initiative
  2008 Ed. (3472)
Greater Western Financial
  1992 Ed. (4288)
Greatest Distance
  2020 Ed. (1870)
The Greatest Generation
  2001 Ed. (985)
The Greatest Generation Speaks
  2001 Ed. (985)
The Greatest Trade Ever
  2011 Ed. (536)
GreatPoint Energy Inc.
  2012 Ed. (2484)
Greats
  2019 Ed. (2319)
Greatwide Dedicated Transport
  2009 Ed. (2269)
  2012 Ed. (4786)
  2013 Ed. (4747)
  2014 Ed. (4797)
  2015 Ed. (4832)
Greatwide Logistics
  2013 Ed. (4765)
Greatwide Logistics Services
  2008 Ed. (4739, 4773, 4777)
  2009 Ed. (4805)
  2010 Ed. (4822)
  2011 Ed. (4765, 4781)
  2012 Ed. (4752, 4795)
  2013 Ed. (4748, 4756)
  2014 Ed. (4806)
Greatwide Truckload
  2012 Ed. (4794)
Greatwide Truckload Management
  2014 Ed. (4798)
  2015 Ed. (4833)
Greaves; Roger F.
  1996 Ed. (962)
Greaves Tours
  2022 Ed. (4672)
Grecian
  2001 Ed. (2657)
Grecian 5
  2021 Ed. (2730)
Grecian Formula
  1994 Ed. (2021)
  2003 Ed. (2655)
Grecian Formula 16
  2020 Ed. (2858)
  2021 Ed. (2730)
Grecian Plus
  2020 Ed. (2858)
Greco; Rosemarie B.
  1994 Ed. (3666)
Grede Holdings LLC
  2014 Ed. (1786)
  2015 Ed. (1827)
Greditor; Alan
  1989 Ed. (1417)
  1990 Ed. (1766)
Gree
  2021 Ed. (4547)
  2023 Ed. (2467)
Gree Electric Appliances
  2014 Ed. (1511, 3121)
  2015 Ed. (1568, 3182)
  2016 Ed. (1501, 3036)
  2017 Ed. (1496, 2982)
  2018 Ed. (3420)
  2021 Ed. (2249, 2941)
  2022 Ed. (2289)
  2023 Ed. (2466)
Gree Electric Appliances Inc.
  2020 Ed. (3062)
Gree Electrical Appliances Inc.
  2010 Ed. (1580)
  2011 Ed. (1580)
  2012 Ed. (1421, 3021, 3022)
  2013 Ed. (3109, 3110)
  2014 Ed. (3107, 3108)
  2015 Ed. (3169, 3170)
  2016 Ed. (3023, 3025)
  2017 Ed. (2968, 2970)
  2018 Ed. (3082, 3093)
  2019 Ed. (3024, 3026)
  2020 Ed. (3064)
GREE Inc.
  2011 Ed. (2886)
  2012 Ed. (2824, 2849)
Greece
  1989 Ed. (362, 2965)
  1990 Ed. (1581, 1906, 1913, 1920, 3503, 3694, 3700)
  1991 Ed. (1829, 1836, 3506, 3508)
  1992 Ed. (305, 1029, 2046, 2293, 2305, 2312, 2322, 4319, 4320, 4475)

  1993 Ed. (1465, 1962, 1969, 1976, 2129, 3724, 3726)
  1994 Ed. (335, 1515, 1987, 3436)
  1995 Ed. (344, 2005, 2012, 2024, 3626, 3773)
  1996 Ed. (3870)
  1997 Ed. (941, 1687, 2147, 3509, 3912)
  1998 Ed. (656, 1522)
  1999 Ed. (1139)
  2000 Ed. (2355, 2356, 2360, 4425)
  2001 Ed. (668, 670, 1171, 1242, 1283, 1338, 1340, 1497, 1938, 1983, 1984, 1985, 2036, 2046, 2094, 2412, 2443, 2481, 2552, 2553, 2658, 3044, 3575, 3578, 3580, 3596, 3638, 3644, 3760, 3783, 3863, 4028, 4119, 4246, 4277, 4371, 4393, 4483, 4494, 4548, 4565, 4567, 4569, 4670, 4671, 4909, 4910, 4915, 4941)
  2002 Ed. (1816, 4972, 4973, 4974)
  2003 Ed. (654, 1877, 3694, 3697, 3699, 3703, 4757)
  2004 Ed. (663, 1908, 2096, 2814, 3738, 3740, 3742, 3747, 4739)
  2005 Ed. (647, 2040, 3022, 3646, 3648, 3650, 3658, 4499, 4603, 4718, 4977)
  2006 Ed. (549, 1029, 2136, 3017, 3744, 3746, 3748, 3756, 4574, 4669, 4770, 4771, 4777)
  2007 Ed. (583, 2084, 3050, 3743, 3745, 3747, 3755, 4689, 4777)
  2008 Ed. (533, 1289, 1413, 2190, 2191, 3164, 3825, 3828, 4597, 4694, 4793, 4794)
  2009 Ed. (568, 1272, 2166, 2167, 3239, 3879, 3882, 4549, 4736)
  2010 Ed. (551, 1268, 2108, 2109, 3748, 3790, 3793, 4671, 4742)
  2011 Ed. (477, 910, 2161, 2162, 3748, 3787, 3790, 3793, 4704)
  2012 Ed. (1154, 2201, 2205, 3753)
  2013 Ed. (1348, 2291, 2388, 3775, 3825)
  2014 Ed. (498, 764, 2325, 3708, 4620, 4827)
  2015 Ed. (562, 800, 3240, 4862)
  2016 Ed. (4539)
  2017 Ed. (2184)
  2018 Ed. (2245)
  2019 Ed. (2218)
  2020 Ed. (2215)
  2021 Ed. (2187)
  2022 Ed. (2217)
  2023 Ed. (2406)
Greece; Bank of
  2006 Ed. (1737)
Greece Central School District
  2002 Ed. (2062)
Greece Fund
  1992 Ed. (3205)
Greehey School of Business; St. Mary's University-San Antonio
  2010 Ed. (731)
Greehey; W. E.
  2005 Ed. (2496)
Greehey; William E.
  2006 Ed. (937)
  2007 Ed. (960, 1031)
Greek
  1990 Ed. (3295)
The Greek Gods
  2017 Ed. (3529)
  2018 Ed. (3578)
  2019 Ed. (3569, 5000)
  2020 Ed. (3543)
  2021 Ed. (3560)
Greek Organization of Football Prognostics
  2006 Ed. (1739)
Greek Organization of Football Prognostics SA
  2007 Ed. (1747)
  2008 Ed. (1773)
  2009 Ed. (1712)
  2011 Ed. (1672)
Greek Post Office Savings Bank
  1992 Ed. (688)
  1994 Ed. (496)
  1995 Ed. (478)
  1996 Ed. (522)
  1997 Ed. (481)
  1999 Ed. (532)
  2000 Ed. (541)
  2002 Ed. (565)
  2003 Ed. (500)
  2004 Ed. (491, 535)
  2005 Ed. (504, 514)
  2006 Ed. (447)
  2008 Ed. (420)
Greek Postal Savings Bank SA
  2009 Ed. (449)
  2010 Ed. (425)
  2011 Ed. (350)
The Greek Progress Fund SA
  1996 Ed. (248)
Greek Theatre
  2002 Ed. (4342)
  2010 Ed. (260)
  2011 Ed. (180)
  2012 Ed. (190)

  2013 Ed. (171)
  2014 Ed. (176)
  2016 Ed. (196)
  2023 Ed. (1182)
Greek's Pizzeria
  2007 Ed. (3969)
  2008 Ed. (3995)
Greektown Casino
  2002 Ed. (1493)
Greeley, CO
  1996 Ed. (3207)
  1998 Ed. (1520, 2474)
  2002 Ed. (1054)
  2005 Ed. (2989)
  2021 Ed. (3314)
Greeley Gas Co.
  1996 Ed. (2001)
Greeley & Hansen
  1993 Ed. (1604)
  2020 Ed. (2457)
Greeley National Bank
  1989 Ed. (207)
Greeley National, Colo.
  1989 Ed. (2160)
Green Acquisition Corp.
  2008 Ed. (4098)
  2009 Ed. (4209)
  2010 Ed. (4144)
  2011 Ed. (4144)
  2014 Ed. (4183)
  2015 Ed. (4163)
Green Acre Foods Inc.
  1998 Ed. (2447, 2448, 2893, 2894)
Green; A.J.
  2018 Ed. (201)
Green (B) & Co. Inc.
  1990 Ed. (1037)
Green Bay Inc.
  1999 Ed. (3686)
Green Bay Packaging
  2000 Ed. (3402)
  2020 Ed. (3400)
Green Bay Packers
  2013 Ed. (2767)
  2014 Ed. (2749)
  2017 Ed. (2688)
  2020 Ed. (4344)
GREEN BAY REMODELING
  2020 Ed. (1022)
Green Bay, WI
  1994 Ed. (2245)
  1996 Ed. (3207)
  2005 Ed. (3324)
  2006 Ed. (3067, 3299)
  2008 Ed. (3132, 4353)
  2009 Ed. (4248)
  2011 Ed. (2409)
  2013 Ed. (3223)
  2014 Ed. (3242)
  2017 Ed. (2677)
  2021 Ed. (3353)
Green beans
  1990 Ed. (897)
  2000 Ed. (4143)
  2003 Ed. (2573)
Green Beans Coffee
  2009 Ed. (2787)
Green Bits
  2021 Ed. (1407)
Green Box Foods
  2015 Ed. (2748)
Green Brick Partners
  2019 Ed. (1089)
  2020 Ed. (1058)
  2022 Ed. (1892, 2928)
  2023 Ed. (1245, 2055, 3163)
Green Brook Buick GMC
  2015 Ed. (3014)
Green cabbage
  1998 Ed. (3658)
Green Catering S.A.
  2017 Ed. (1590)
Green Caterpillar
  1996 Ed. (1092)
Green Cathedral plc
  2003 Ed. (2737)
Green; Cecil H.
  1994 Ed. (894)
Green Century Balanced
  1999 Ed. (3534)
  2002 Ed. (3424)
  2003 Ed. (3483)
  2004 Ed. (3601)
  2006 Ed. (4399)
  2007 Ed. (4466)
Green Chef Corp.
  2019 Ed. (4286)
Green Circle Growers
  2018 Ed. (3710)
  2019 Ed. (3697)
  2020 Ed. (3730, 3737)
  2021 Ed. (3732, 3739)
  2022 Ed. (3750, 3757)
  2023 Ed. (3855, 3862)
Green Cloud Technologies
  2017 Ed. (1958)
  2018 Ed. (3163)

The Green Collar Economy: How One Solution Can Fix Our Two Biggest Problems
  2010 Ed. (601)
Green & Co.; B.
  1993 Ed. (3489, 3492)
Green Co.; John E.
  2006 Ed. (3924)
  2007 Ed. (2580, 3977, 3978, 4888)
  2008 Ed. (2719, 4000, 4001, 4820)
  2009 Ed. (2772, 4074, 4075, 4845)
  2010 Ed. (3993)
  2011 Ed. (3998)
  2012 Ed. (3991, 3992, 3994)
GREEN CREATIVE
  2018 Ed. (3434)
Green; Cristina
  2013 Ed. (4922)
  2014 Ed. (4929)
  2015 Ed. (4969)
  2016 Ed. (4886)
  2017 Ed. (4884)
  2018 Ed. (4896)
Green Cross
  1993 Ed. (1514)
  1994 Ed. (3551)
Green; David
  2005 Ed. (4853)
  2006 Ed. (4907)
  2008 Ed. (4831)
  2013 Ed. (4838)
  2014 Ed. (4853)
  2019 Ed. (4821)
Green Day
  2007 Ed. (1267)
  2011 Ed. (3716)
  2023 Ed. (1177)
Green Dot Corp.
  2012 Ed. (4437)
Green Dragon
  2018 Ed. (2224)
Green Earth
  2013 Ed. (182, 776)
Green Earth Solar
  2018 Ed. (4457)
Green Eggs & Ham
  1990 Ed. (980)
  1998 Ed. (849)
  2001 Ed. (980)
  2003 Ed. (708, 710)
  2004 Ed. (735)
  2008 Ed. (548)
  2009 Ed. (577)
  2010 Ed. (559)
  2011 Ed. (489)
  2012 Ed. (448)
  2013 Ed. (561)
  2014 Ed. (572)
  2015 Ed. (640)
  2020 Ed. (585)
Green Equity Investors II LP
  2001 Ed. (2726)
  2003 Ed. (2761)
  2004 Ed. (2848)
  2005 Ed. (2856)
  2006 Ed. (2863)
  2007 Ed. (2852)
Green; Estate of Edwin B.
  1991 Ed. (888)
Green Exchange
  2011 Ed. (970)
Green Facility Solution
  2019 Ed. (3593)
  2020 Ed. (3566)
  2021 Ed. (3597)
  2022 Ed. (3648)
  2023 Ed. (3746)
Green Field Energy Group
  2022 Ed. (4773)
Green Generation Solutions
  2018 Ed. (2441)
Green Giant
  1992 Ed. (921, 2190)
  1998 Ed. (1716, 1717)
  1999 Ed. (2457, 2458)
  2000 Ed. (2215)
  2006 Ed. (2713)
  2007 Ed. (2612)
  2008 Ed. (2741)
  2009 Ed. (856, 2810)
  2010 Ed. (803)
  2012 Ed. (2639)
  2014 Ed. (1279, 4823)
  2015 Ed. (1343, 2836, 4859)
  2016 Ed. (1264, 4767)
  2017 Ed. (1323, 4778)
  2022 Ed. (2801, 2806, 2835, 2837, 2846)
  2023 Ed. (2928, 2948, 2950, 2952, 2953)
Green Giant Antioxident Blend
  2015 Ed. (2836)
Green Giant Kitchen Sliced
  2014 Ed. (4823)
  2015 Ed. (4859)
  2016 Ed. (4767)
  2017 Ed. (4778)
Green Giant Little Green Sprouts Organics
  2022 Ed. (2846)

Green Giant Little Green Sprouts Orgncs
  2022 Ed. (2846)
Green Giant Mexicorn
  2014 Ed. (1279)
  2015 Ed. (1343)
  2016 Ed. (1264)
  2017 Ed. (1323)
Green Giant Nibblers
  2022 Ed. (2837)
Green Giant Riced Veggies
  2022 Ed. (2839, 2840)
Green Giant Simply Steam
  2015 Ed. (2836)
  2022 Ed. (2806, 2835, 2836, 2840, 2843, 2844, 2845)
  2023 Ed. (2951, 2955, 2956)
Green Giant Sweetcorn
  1992 Ed. (1047)
Green Giant Valley Fresh Steamers
  2011 Ed. (3750)
Green Giant Veggie Tots
  2022 Ed. (2806)
Green Giraffe
  2019 Ed. (1809)
Green Global Communities
  2016 Ed. (4408, 4421)
Green Grass Foods
  2021 Ed. (2599, 3967)
Green-grass pro shops
  1998 Ed. (773, 1858)
Green Grove Design
  2022 Ed. (4994)
Green; Harriet
  2015 Ed. (5020)
Green Hill
  1990 Ed. (1147)
  1991 Ed. (1046)
  1992 Ed. (1352)
  1993 Ed. (1081)
Green Hills Software Inc.
  2005 Ed. (1148)
  2006 Ed. (1137)
  2007 Ed. (1250)
  2008 Ed. (1148)
Green Home Solutions
  2016 Ed. (702, 798)
  2017 Ed. (762)
  2023 Ed. (4417)
Green International Affiliates Inc.
  2022 Ed. (2470)
Green IT Das Systemhaus
  2018 Ed. (1506, 1570, 4578)
Green; Jeffrey S.
  1996 Ed. (3740)
Green Job Interview
  2015 Ed. (1476)
Green; John
  2016 Ed. (245)
  2017 Ed. (243)
  2018 Ed. (230)
Green Key Resources
  2021 Ed. (2320)
Green; Lady
  2012 Ed. (4922)
  2013 Ed. (4902)
Green Lantern Solar
  2022 Ed. (4458)
Green Lawn Fertilizing
  2015 Ed. (3480)
Green Leaf Cabinetry
  2006 Ed. (4994)
Green Leaf's
  2017 Ed. (2515)
Green Line Canadian Bond
  2001 Ed. (3460, 3461, 3462)
Green Line Health Sciences
  2001 Ed. (3494, 3495)
Green Line Polymers
  2017 Ed. (4108)
  2018 Ed. (4133)
  2019 Ed. (4149)
  2020 Ed. (4153)
  2021 Ed. (4102)
Green Line Science & Technology
  2001 Ed. (3472)
Green Line U.S. Index Fund
  2001 Ed. (3477)
Green Machine
  1994 Ed. (1606)
Green Man Gaming
  2019 Ed. (2803)
Green Mark
  2013 Ed. (3513)
Green; Michael
  1997 Ed. (1962)
  2005 Ed. (4891)
  2007 Ed. (4929)
  2008 Ed. (4905)
Green Mill Restaurants
  2005 Ed. (4073)
  2008 Ed. (4179)
Green Mountain
  2014 Ed. (995)
  2015 Ed. (1029, 1034)
  2016 Ed. (939)

Green Mountain Angus Ranch
  2021 Ed. (804)
  2022 Ed. (836)
Green Mountain Bank
  1998 Ed. (367, 369)
Green Mountain Captive Management Co.
  1990 Ed. (907)
  1991 Ed. (856)
Green Mountain Coffee
  2013 Ed. (596)
Green Mountain Coffee Inc.
  2004 Ed. (1560)
  2005 Ed. (1574)
Green Mountain Coffee-K Cups
  2012 Ed. (3755)
Green Mountain Coffee Roasters
  2013 Ed. (893)
  2014 Ed. (1001, 3148, 4332)
  2015 Ed. (1037, 2917)
  2016 Ed. (615)
Green Mountain Coffee Roasters Inc.
  1997 Ed. (2170)
  1999 Ed. (2626)
  2006 Ed. (1455, 4328)
  2007 Ed. (1447)
  2008 Ed. (1433, 2154)
  2009 Ed. (2137)
  2010 Ed. (2079)
  2011 Ed. (2136, 4439)
  2012 Ed. (1977, 1980, 2630, 2759, 2763)
  2013 Ed. (573, 577, 2136, 2139, 2842, 2846)
  2014 Ed. (587, 2072)
  2015 Ed. (2122)
Green Mountain Credit Union
  2018 Ed. (2125)
  2020 Ed. (2107)
  2021 Ed. (2097)
  2022 Ed. (2129)
  2023 Ed. (2247)
Green Mountain Energy Co.
  2007 Ed. (2379, 4016)
Green Mountain Power
  2015 Ed. (2122)
  2016 Ed. (2105)
  2018 Ed. (2367)
  2019 Ed. (2407)
  2020 Ed. (2384)
Green Mountain Power Corp.
  1994 Ed. (3623)
  2001 Ed. (3866)
  2003 Ed. (1843)
  2006 Ed. (2092)
  2007 Ed. (2050)
  2008 Ed. (2154, 2155)
  2009 Ed. (2134, 2137)
  2010 Ed. (2076, 2079)
  2011 Ed. (2133)
  2012 Ed. (1980)
The Green Movement
  2010 Ed. (3005)
Green; Nigel
  2007 Ed. (4929)
  2008 Ed. (4905)
Green; Nigel & Trevor
  2005 Ed. (4891)
Green & Partners; Leonard
  1997 Ed. (2628)
Green Peppers
  1999 Ed. (3837)
Green; Philip
  2005 Ed. (4888, 4890, 4897)
  2013 Ed. (4922)
  2014 Ed. (4929)
  2015 Ed. (4969)
  2016 Ed. (4886)
  2017 Ed. (4884)
  2018 Ed. (4896)
Green; Philip & Cristina
  2008 Ed. (4910)
  2009 Ed. (4921)
  2010 Ed. (4925)
  2011 Ed. (4911)
  2012 Ed. (4924)
Green; Philip & Tina
  2007 Ed. (4923, 4927)
Green Plains
  2014 Ed. (2879)
  2017 Ed. (1799, 2321)
Green Plains Inc.
  2023 Ed. (2569)
Green Plains Renewable Energy
  2013 Ed. (2526, 2842, 2843, 2849)
Green Plains Renewable Energy Inc.
  2012 Ed. (1736)
  2013 Ed. (1901)
  2014 Ed. (1833)
  2015 Ed. (1872)
  2016 Ed. (1836)
The Green Plan
  2012 Ed. (3435, 3436, 3437)
Green Point Savings Bank
  1989 Ed. (639, 2361)
  1990 Ed. (3105, 3577, 3589)
  1991 Ed. (630, 3362, 3381, 3382)
  1992 Ed. (4293)
  1993 Ed. (3566, 3568)
  1995 Ed. (3614)

1996 Ed. (3691)
Green Point Stadium
  1999 Ed. (1299)
Green Power Energy
  2022 Ed. (4443)
Green; Richard
  1990 Ed. (2658)
Green River Electric
  1992 Ed. (3263)
Green River JP Water Board
  2001 Ed. (958)
Green Rush Packaging
  2023 Ed. (964)
Green Shield Canada
  2018 Ed. (3259)
  2019 Ed. (3204)
  2022 Ed. (3230)
  2023 Ed. (3319)
Green Shield Trading Stamp Co. Ltd.
  1992 Ed. (1202)
Green; Sir Philip & Lady
  2008 Ed. (4897, 4901, 4903)
  2009 Ed. (4917, 4920)
  2010 Ed. (4921, 4922, 4924)
The Green Solution
  2018 Ed. (2224)
  2020 Ed. (2196)
Green Springs Health Services
  1996 Ed. (2561)
Green Standards
  2019 Ed. (4382)
  2020 Ed. (4376)
  2021 Ed. (4802, 4803)
  2022 Ed. (4796, 4798)
Green Star Exteriors
  2019 Ed. (1914)
Green State Power
  2016 Ed. (4426)
  2022 Ed. (1799)
Green Street Advisors
  2006 Ed. (3202)
  2007 Ed. (3261, 3268, 3270)
  2008 Ed. (3385, 3390, 3392)
  2013 Ed. (1451)
Green Street Power Partners
  2022 Ed. (1499)
Green Street Solar Power
  2019 Ed. (4444)
Green Sweep
  2022 Ed. (3009)
  2023 Ed. (3125)
Green Theme Technologies LLC
  2016 Ed. (4137)
Green Thumb-Green Arrow
  2013 Ed. (2797)
  2014 Ed. (2833)
  2015 Ed. (2873)
GREEN THUMB INDUSTRIES
  2023 Ed. (1763)
Green Thumb Industries Inc.
  2023 Ed. (838)
Green Thumb Nursery
  2019 Ed. (2806)
Green; Tina
  2007 Ed. (4924)
Green Transportation Co.
  2016 Ed. (3603)
Green Tree Financial Corp.
  1995 Ed. (3517)
  1996 Ed. (1916)
  1997 Ed. (1847, 2006, 3640)
  1998 Ed. (1044, 1692, 1696, 1881)
  1999 Ed. (1502, 1558, 2142)
  2000 Ed. (1916)
  2001 Ed. (3349)
Green; Trevor
  2007 Ed. (4929)
  2008 Ed. (4905)
The Green Turtle Sports Bar & Grille
  2018 Ed. (4191)
Green Valley, AZ
  2010 Ed. (4373)
Green Valley Greenhouses
  2020 Ed. (3733)
  2021 Ed. (3735)
  2022 Ed. (3753)
  2023 Ed. (3858)
Green Valley Ltd.
  1996 Ed. (3050)
  2010 Ed. (3278)
Green Valley Oil LLC
  2013 Ed. (2028)
Green Valley Organics
  2018 Ed. (2155)
  2019 Ed. (5000)
Green Way Investments Ltd.
  2000 Ed. (1153)
Green Way Ltd.
  2000 Ed. (1153)
Green Way Special Opportunities
  2004 Ed. (2820)
Green; William
  2007 Ed. (973)
  2008 Ed. (939)
  2010 Ed. (889)
Green2Go
  2020 Ed. (2193)

Greenall Whitley
  1990 Ed. (3463)
Greenalls Management Ltd.
  1997 Ed. (2304)
  1999 Ed. (2790)
  2001 Ed. (2490)
Greenbar Corp.
  1998 Ed. (2513)
Greenbaum, Rowe, Smith, Ravin, Davis & Bergstein
  1989 Ed. (1884)
Greenbaum, Rowe, Smith, Ravin, Davis & Himmel, LLP
  2002 Ed. (3060)
Greenbelt Marriott
  2005 Ed. (2938)
  2006 Ed. (2940)
Greenbelt Microgreens
  2020 Ed. (121)
Greenbelt Solar
  2018 Ed. (4458)
  2019 Ed. (4447)
Greenberg; Alan
  1996 Ed. (1710)
Greenberg; Alan C.
  1991 Ed. (924, 928)
  1992 Ed. (1141, 1145)
  1993 Ed. (940)
  1994 Ed. (950)
  1995 Ed. (978, 980, 982, 1727)
Greenberg (American International Group Inc.); Maurice R.
  1991 Ed. (2156)
Greenberg & Associates Inc.; Jon
  1997 Ed. (262, 266)
Greenberg & Bass LLP
  2010 Ed. (1524)
  2011 Ed. (1519)
Greenberg; Edward
  1991 Ed. (1684)
Greenberg; Evan
  2007 Ed. (998)
  2010 Ed. (892)
Greenberg; Frederic
  1989 Ed. (1416, 1417)
  1990 Ed. (1766)
Greenberg; Hank
  2005 Ed. (788)
  2006 Ed. (689)
Greenberg; J. W.
  2005 Ed. (2490)
Greenberg; Lon R.
  2007 Ed. (1034)
  2009 Ed. (955)
  2010 Ed. (897)
  2011 Ed. (847)
Greenberg; M. R.
  2005 Ed. (2474, 2475)
Greenberg; Maurice
  2005 Ed. (964)
  2006 Ed. (908)
  2007 Ed. (4892)
  2008 Ed. (4829)
  2009 Ed. (4850)
Greenberg; Maurice R.
  1990 Ed. (2282)
  1992 Ed. (2713)
  1994 Ed. (2237)
  1997 Ed. (982, 1802)
  2005 Ed. (4849)
  2006 Ed. (4904)
Greenberg; Maurice Raymond
  1996 Ed. (966)
Greenberg; Paul
  1997 Ed. (1935, 1943)
Greenberg Seronick O'Leary & Partners
  2002 Ed. (156)
Greenberg Shows
  2010 Ed. (4775)
  2011 Ed. (4726)
Greenberg, Traurig, Hoffman, Lipoff, Rosen & Quentel
  1998 Ed. (2329)
Greenberg Traurig
  1999 Ed. (3150)
  2000 Ed. (2896)
  2019 Ed. (1578)
  2020 Ed. (1547)
  2021 Ed. (1530)
  2023 Ed. (1722, 3454)
Greenberg Traurig Hoffman Lipoff
  1991 Ed. (1487, 2534, 2782, 3423)
  1993 Ed. (1549, 2620, 2626)
  1995 Ed. (1629)
  1996 Ed. (2731)
Greenberg, Traurig, Hoffman, Lipoff, Rosen & Quentel
  1990 Ed. (2292)
  1995 Ed. (2231, 2645, 3037, 3664)
  1998 Ed. (2577)
  1999 Ed. (1942, 4659)
  2001 Ed. (792, 921)
  2006 Ed. (3295)
Greenberg Traurig LLP
  2003 Ed. (3190)
  2006 Ed. (3243)
  2007 Ed. (1501, 1683, 3301)
  2008 Ed. (4725)

CUMULATIVE INDEX • 1989-2023

2009 Ed. (4763)
2010 Ed. (4777)
2011 Ed. (3438)
2012 Ed. (3455)
2013 Ed. (3499)
2014 Ed. (3475)
2015 Ed. (3493)
2016 Ed. (3343)
2021 Ed. (3238)
2023 Ed. (3425)
Greenberg Traurig, LLP
  2021 Ed. (3219, 3220)
Greenberg Traurig PA
  2002 Ed. (3058)
  2005 Ed. (3275)
  2008 Ed. (3424)
  2009 Ed. (3491)
  2011 Ed. (3404, 3405, 3438)
  2012 Ed. (3367, 3370, 3375, 3389, 3394, 3396, 3400, 3406, 3407, 3418, 3424, 3455, 3456)
  2013 Ed. (3437, 3443, 3499, 3500)
  2014 Ed. (3443, 3475)
  2015 Ed. (3493)
  2016 Ed. (3343)
  2023 Ed. (3434)
Greenberry Industrial
  2012 Ed. (1173)
  2015 Ed. (1272)
  2018 Ed. (1108, 1128)
Greenberry Industrial LLC
  2019 Ed. (1130, 1144)
  2020 Ed. (1135)
  2023 Ed. (1380, 1395, 1398, 1409)
Greenbert Traurig PA
  2007 Ed. (1503)
Greenbrain
  2022 Ed. (758)
Greenbrier
  1992 Ed. (3686)
  1994 Ed. (3051)
  1995 Ed. (2155)
  2007 Ed. (2045)
  2009 Ed. (2125)
  2010 Ed. (2061)
  2011 Ed. (2116)
The Greenbrier Companies
  2018 Ed. (1855)
  2019 Ed. (1908)
  2020 Ed. (1847)
  2021 Ed. (1811)
  2022 Ed. (1855)
  2023 Ed. (1975)
Greenbrier Companies Inc.
  2015 Ed. (1974)
Greenbrier Cos.
  2014 Ed. (2101, 2103)
  2015 Ed. (4816)
  2016 Ed. (4718, 4730)
  2017 Ed. (1910, 4734, 4735)
  2018 Ed. (1851, 4701, 4720)
  2019 Ed. (4723)
Greenbrier Cos., Inc.
  2004 Ed. (4055, 4056)
  2005 Ed. (3993, 3994)
  2006 Ed. (1502, 2073, 2086)
  2012 Ed. (4763)
Greenbrier Senior Housing Communities
  2008 Ed. (2917)
Greenburg Traurig Hoffman Lipoff Rosen
  2000 Ed. (4298)
Greencastle Associates Consulting LLC
  2019 Ed. (4792)
Greencastle Drinks Ltd.
  2007 Ed. (609, 2616, 4774)
Greencopper
  2018 Ed. (2494)
Greencore
  1994 Ed. (1578, 1579)
  1997 Ed. (2574, 2575)
  1999 Ed. (3117, 3118)
  2000 Ed. (2866)
  2010 Ed. (2742)
Greencore Group
  1996 Ed. (2432)
  2014 Ed. (2711)
  2016 Ed. (2696)
  2017 Ed. (2639, 2644, 2647, 3417, 3916)
  2018 Ed. (2705)
  2019 Ed. (2681)
  2020 Ed. (2715)
Greencore Group plc
  2002 Ed. (3029)
GreenCupboards
  2015 Ed. (4322)
Greene & Associates; Law Office of Bruce R.
  2012 Ed. (3388)
Greene & Co.; David J.
  1989 Ed. (1801, 2140)
  1990 Ed. (2318)
Greene & Co. Inc.; Thomas A.
  1990 Ed. (2262)
  1991 Ed. (2830)
  1992 Ed. (3659)
Greene County Bancorp
  2020 Ed. (487)
  2021 Ed. (499, 1755)

Greene County Bancorp (Catskill, NY)
  2021 Ed. (499)
Greene Espel PLLP
  2014 Ed. (1816)
The Greene Group
  2016 Ed. (4953)
  2017 Ed. (4944)
Greene; Jeff
  2023 Ed. (4806)
Greene; John
  1996 Ed. (1905)
Greene King
  2005 Ed. (4091)
  2006 Ed. (1475, 4139)
  2007 Ed. (4160)
  2008 Ed. (4204)
  2009 Ed. (4300)
  2010 Ed. (4267)
  2013 Ed. (4228)
  2014 Ed. (4264)
  2015 Ed. (4246)
  2016 Ed. (4157)
  2017 Ed. (2046)
  2018 Ed. (4140)
  2019 Ed. (4156)
Greene King PLC
  2018 Ed. (2007)
  2019 Ed. (2064, 2687)
  2020 Ed. (1974)
Greene King plc
  2007 Ed. (3417)
Greene; Moya
  2016 Ed. (4940)
  2017 Ed. (4931)
Greene Town Foods LLC
  2022 Ed. (4402)
Greene Turtle
  2019 Ed. (4217)
The Greene Turtle
  2019 Ed. (4213)
The Greene Turtle Franchising Corp.
  2011 Ed. (4250)
Greene Turtle Sports Bar & Grille
  2023 Ed. (4229)
The Greene Turtle Sports Bar & Grille
  2012 Ed. (4301)
  2013 Ed. (4266)
  2014 Ed. (4308)
  2016 Ed. (4207)
  2019 Ed. (4207)
  2020 Ed. (4217)
Greene; William
  2011 Ed. (3336)
Greenergy
  2015 Ed. (2094)
  2016 Ed. (2072)
  2017 Ed. (2030)
  2018 Ed. (1986)
  2019 Ed. (2043)
  2020 Ed. (1967)
Greenerways Organic
  2023 Ed. (3902)
The Greenery
  2012 Ed. (3441)
  2013 Ed. (3461)
  2015 Ed. (3481)
  2016 Ed. (3325)
  2019 Ed. (3328)
  2020 Ed. (3337)
  2021 Ed. (3273)
  2022 Ed. (3357, 3359)
  2023 Ed. (3474, 3476)
The Greenery Inc.
  2014 Ed. (3461)
  2016 Ed. (3328)
  2017 Ed. (3290)
  2018 Ed. (3358)
  2019 Ed. (3337)
  2020 Ed. (3339)
  2021 Ed. (3275)
Greeneville Federal Bank
  2021 Ed. (4321)
  2022 Ed. (4328)
Greeneville Federal Bank, FSB
  2021 Ed. (4321)
  2022 Ed. (4328)
  2023 Ed. (4358)
Greenfield Builders Inc.
  2003 Ed. (1257)
Greenfield Communications
  2010 Ed. (665)
Greenfield Construction Co. Inc.
  1991 Ed. (3515)
GreenField Ethanol
  2008 Ed. (2012)
Greenfield Group
  2002 Ed. (2456)
  2005 Ed. (2814)
Greenfield Online Inc.
  2006 Ed. (2822, 4257)
  2007 Ed. (4572)
Greenfield Schoolcraft Amoco
  2001 Ed. (4284)
Greenfire Management Services LLC
  2018 Ed. (3603)
  2021 Ed. (3596)
  2022 Ed. (3647)
  2023 Ed. (3753)

GreenFlex
  2018 Ed. (1088)
GreenForm Construction & Solar
  2018 Ed. (4457)
GreenFuel Technologies
  2007 Ed. (2380)
GreenGro Technologies Inc.
  2019 Ed. (1447)
GreenGym
  2012 Ed. (1400)
Greenhill
  2010 Ed. (2864)
Greenhill & Co.
  2001 Ed. (1514)
  2008 Ed. (4665)
Greenhill & Co. LLC
  2003 Ed. (1399, 1402)
Greenhill; Robert
  1996 Ed. (1710)
  1997 Ed. (1797)
Greenhill; Robert F.
  1991 Ed. (1620)
  1993 Ed. (1696)
  1995 Ed. (1728)
Greenhouse
  2022 Ed. (1788)
GreenHouse Communications
  1995 Ed. (3793)
Greenies
  2008 Ed. (3890)
  2022 Ed. (3819)
Greening Your Small Business
  2011 Ed. (531)
Greenko
  2016 Ed. (2393)
Greenland
  1992 Ed. (3974)
  1994 Ed. (3308)
  2021 Ed. (4070, 4088)
  2022 Ed. (4093, 4117)
  2023 Ed. (4182, 4201)
Greenland America
  2021 Ed. (4802, 4806)
Greenland Bank Ltd.
  1999 Ed. (675)
  2000 Ed. (685)
Greenland Bank Tanzania Ltd.
  2000 Ed. (672)
Greenland (China)
  2021 Ed. (4088)
  2022 Ed. (4117)
Greenland Holding Group
  2018 Ed. (4116)
  2019 Ed. (4099, 4127)
  2021 Ed. (4069, 4085)
  2022 Ed. (4092, 4114)
  2023 Ed. (4181, 4198)
Greenland Holdings Corp. Ltd.
  2019 Ed. (4125)
Greenland Holdings Group
  2017 Ed. (4064, 4087)
  2018 Ed. (4092, 4115)
  2019 Ed. (4098, 4126)
  2020 Ed. (4111, 4129)
Greenland Hotel & Tourism Group
  2022 Ed. (3036)
Greenland Infra. Constr. Group Co. Ltd.
  2023 Ed. (1454)
Greenland Interactive
  1996 Ed. (3643, 3644)
  1997 Ed. (3702, 3703)
  2000 Ed. (4196, 4197)
  2001 Ed. (4470)
  2002 Ed. (4576)
Greenleaf Book Group
  2008 Ed. (3620)
Greenlee
  2018 Ed. (2970)
Greenlife Water Corp.
  2015 Ed. (2916)
Greenlight
  2023 Ed. (1737, 2810, 2811)
Greenlight Capital Re Ltd.
  2011 Ed. (3299)
  2013 Ed. (3355)
Greenlight Staffing Group
  2018 Ed. (3108)
Greenline Industries
  2010 Ed. (2417, 4044)
Greenlink
  2001 Ed. (435)
  2004 Ed. (263)
Greenlite
  2022 Ed. (3384)
GreenLogic
  2012 Ed. (2343)
Greenman Bros.
  1989 Ed. (2860)
Greenman-Pedersen
  1991 Ed. (1563)
  1994 Ed. (1653)
  2000 Ed. (1825)
  2004 Ed. (2330)
  2008 Ed. (2523)
  2013 Ed. (2554)

Greenman-Pedersen Inc.
  2016 Ed. (2477)
  2017 Ed. (2333)
  2018 Ed. (2392, 2394, 2395)
  2019 Ed. (2436, 2437)
  2020 Ed. (2421, 2422)
  2022 Ed. (2455, 2460)
  2023 Ed. (2627, 2630)
Greenman-Pederson Inc.
  2020 Ed. (2419)
  2022 Ed. (2453)
GreenMan Technologies Inc.
  2005 Ed. (4695)
Greenmantra Recycling Technologies
  2020 Ed. (3443)
GreenMountainCoffee.com
  2008 Ed. (2441)
GreenOrder
  2011 Ed. (2538)
Greenough
  2018 Ed. (4036, 4039)
  2019 Ed. (4029, 4032)
Greenough Communications
  2004 Ed. (4016, 4036)
  2005 Ed. (3967)
GreenPages Technology Solutions
  2012 Ed. (985)
GreenPages Techology Solutions
  2011 Ed. (1058)
Greenpath Recovery Inc.
  2019 Ed. (4149)
  2020 Ed. (4153)
  2021 Ed. (4102)
Greenpeace
  1991 Ed. (1580)
  1993 Ed. (1637)
  2016 Ed. (59)
Greenpeace USA
  1991 Ed. (2614, 2616)
  1992 Ed. (1987)
  1994 Ed. (907)
  1995 Ed. (944, 2783)
GreenPoint AG
  2020 Ed. (118, 4357)
  2021 Ed. (4369)
  2022 Ed. (115, 4379)
  2023 Ed. (186, 4398)
Greenpoint AG
  2022 Ed. (2136, 2640)
  2023 Ed. (2254, 2776)
GreenPoint Bank
  1997 Ed. (367, 368, 385, 3740, 3741, 3742, 3749)
  1998 Ed. (308, 313, 314, 3530, 3531, 3536, 3557)
  1999 Ed. (419)
  2000 Ed. (416)
GreenPoint Financial Corp.
  1997 Ed. (2169, 3745)
  1998 Ed. (3523, 3526, 3558)
  1999 Ed. (4595, 4596, 4600)
  2000 Ed. (4247)
  2001 Ed. (643, 4159, 4160, 4530)
  2002 Ed. (4171)
  2003 Ed. (423, 427, 4282, 4283, 4301)
  2004 Ed. (558, 640, 641, 4310)
  2005 Ed. (629, 630, 2584, 3500, 4243)
  2006 Ed. (1419, 3557)
GreenPoint Financial/GreenPoint Bank
  2000 Ed. (4250)
GreenPoint Mortgage
  2003 Ed. (3437, 3448)
GreenPoint Mortgage Funding Inc.
  2006 Ed. (3562, 3567, 3568)
  2008 Ed. (3749)
Greenpoint Savings Bank
  1992 Ed. (803)
  1993 Ed. (596)
GreenPrint
  2021 Ed. (1545, 2329)
Greenproject Italia
  2018 Ed. (3756)
  2019 Ed. (2116)
GreenRubino
  2013 Ed. (2159)
Greens Creek Mining Co.
  2003 Ed. (3421)
Greensboro-High Point, NC
  2008 Ed. (3510)
  2009 Ed. (3575)
  2010 Ed. (3493)
  2012 Ed. (3498)
  2013 Ed. (3543)
  2014 Ed. (3519)
  2015 Ed. (3534)
  2016 Ed. (3385)
  2017 Ed. (3344)
  2018 Ed. (3404)
  2019 Ed. (638)
  2021 Ed. (3360, 3371)
  2022 Ed. (3410, 3421)
Greensboro, NC
  1991 Ed. (829)
  1992 Ed. (2544, 3038)
  1994 Ed. (823)
  1996 Ed. (2206)
  1997 Ed. (2333)
  2008 Ed. (3466)

2009 Ed. (3540)
2010 Ed. (3464)
2011 Ed. (3101, 3467)
2013 Ed. (731)
2014 Ed. (754)
2016 Ed. (711)
2017 Ed. (3095)
2019 Ed. (3131)
2020 Ed. (710)
2021 Ed. (717, 3342)
Greensboro Urban Mistry
  1994 Ed. (1899)
Greensboro/Winston-Salem/High Point
  1992 Ed. (2100, 2101)
Greensboro-Winston-Salem-High Point, NC
  1993 Ed. (1736, 1737)
  1996 Ed. (1739, 1740, 3846)
  1997 Ed. (1820, 1821, 3524, 3894)
  1998 Ed. (2485, 3725)
  1999 Ed. (1148, 3257, 4778)
  2000 Ed. (4402)
  2001 Ed. (2274)
  2002 Ed. (870)
  2003 Ed. (2345, 2826, 3246)
  2004 Ed. (3303)
  2005 Ed. (2946)
Greensboro-Winston-Salem, NC
  1996 Ed. (2207)
  2003 Ed. (4054, 4871)
  2004 Ed. (1162, 3736, 3737, 4081, 4852)
  2005 Ed. (3644, 3645, 4835)
  2006 Ed. (4050, 4884, 4885)
  2007 Ed. (4100)
Greensburg State Bank
  2009 Ed. (455)
Greenscape
  2012 Ed. (3437, 3440)
  2020 Ed. (3338)
  2021 Ed. (3274)
Greenscape Inc.
  2014 Ed. (3460)
Greenscapes
  2012 Ed. (3436)
Greensfelder, Hemker & Gale
  2021 Ed. (3233)
Greensfelder Hemker & Gale PC
  2007 Ed. (1504)
Greensfork Township State Bank
  2005 Ed. (524)
  2006 Ed. (454)
Greenside
  2019 Ed. (2198)
Greenside Group LLC
  2020 Ed. (2193)
Greenskies Renewable Energy
  2017 Ed. (4424)
  2020 Ed. (4445)
  2021 Ed. (4427, 4429, 4438, 4443)
GreenSmith
  2017 Ed. (2313)
Greensmith Energy Management Systems Inc.
  2017 Ed. (2086)
GreenSoft Solutions Inc.
  2009 Ed. (1825)
GreenSpace Brands
  2019 Ed. (1498, 3448)
  2020 Ed. (1466, 1843, 3443)
  2021 Ed. (1455, 3461)
GreenSpace Brands Inc.
  2018 Ed. (4513)
Greenspan; Alan
  2005 Ed. (3203)
  2006 Ed. (1201)
  2009 Ed. (2612)
Greenspan's Fraud
  2007 Ed. (653)
Greenspire
  2018 Ed. (2358)
  2019 Ed. (1436, 2395, 3981)
  2020 Ed. (2365)
Greenspoint Dodge
  1995 Ed. (263)
Greenspoon Marder
  2021 Ed. (3207, 3208)
Greenspring
  1999 Ed. (3562)
  2007 Ed. (2482)
Greenspring Energy
  2013 Ed. (2529)
Greenspring Fund
  2003 Ed. (3483)
GreenStar Products
  2019 Ed. (4784)
GreenStar Services Corp.
  2013 Ed. (1261)
  2014 Ed. (1190, 1195)
  2015 Ed. (1253)
  2016 Ed. (1164)
Greenstar Services Corp.
  2010 Ed. (1231, 1300, 1313)
  2011 Ed. (1178, 1258, 1282, 1283)
  2012 Ed. (1121, 1176, 1177)
  2013 Ed. (1269)
  2014 Ed. (1206, 1213)
  2015 Ed. (136, 1243, 1245, 1247, 1248, 1264, 4048)
  2016 Ed. (1154, 1159, 1179)

GreenState Credit Union
  2021 Ed. (2064)
  2022 Ed. (1638, 2099)
  2023 Ed. (2168, 2214)
Greenstone Carbon
  2011 Ed. (2538)
Greenstorm
  2019 Ed. (1425)
Greenstorm Mobility
  2020 Ed. (2284)
Greenstorm mobility
  2019 Ed. (1424, 2302)
  2020 Ed. (1387)
Greenstorm Mobility GmbH
  2020 Ed. (1510)
Greentarget Global LLC
  2017 Ed. (4013, 4026)
  2018 Ed. (4037, 4050)
  2019 Ed. (4030, 4040, 4043)
  2020 Ed. (4040, 4050, 4054)
  2021 Ed. (4007, 4019, 4024)
  2022 Ed. (4025, 4038, 4043)
  2023 Ed. (4130, 4148)
GreenTech Distribution
  2017 Ed. (2034)
  2018 Ed. (719, 1990)
  2019 Ed. (2045, 4610)
Greentek Energy Systems
  2019 Ed. (1595, 2395)
Greenthal Residential Sales
  2000 Ed. (3714)
  2001 Ed. (3997)
Greentown China Holdings
  2014 Ed. (4192)
  2015 Ed. (4172)
  2016 Ed. (4087)
Greentree Carwash Inc.
  2006 Ed. (364, 365)
Greentree Executive Campus
  1998 Ed. (2696)
GreenTree Hospitality Group
  2020 Ed. (3040)
  2021 Ed. (2924)
  2022 Ed. (3042)
GreenTree Inn
  2022 Ed. (3037)
Greentree.com
  2001 Ed. (2079)
Greenup Industries
  2019 Ed. (1737)
Greenvale Construction
  2004 Ed. (1190)
  2005 Ed. (1216)
Greenville-Anderson-Mauldin, SC
  2018 Ed. (3404)
  2021 Ed. (3360, 3371)
  2022 Ed. (3410, 3421)
Greenville Concrete
  2007 Ed. (1336)
Greenville Credit Union
  2010 Ed. (2123)
Greenville Federal Credit Union
  2021 Ed. (2041)
  2022 Ed. (2076)
Greenville Health System
  2015 Ed. (2029)
  2016 Ed. (1998)
Greenville Hospital System
  2014 Ed. (1982)
Greenville Hospital System Inc.
  2001 Ed. (1847)
  2003 Ed. (1820)
  2004 Ed. (1856)
  2005 Ed. (1959)
  2006 Ed. (2011)
  2007 Ed. (1977)
  2008 Ed. (2075)
  2009 Ed. (2046)
  2010 Ed. (1978)
  2011 Ed. (2040)
  2012 Ed. (1889)
  2013 Ed. (2046)
  2014 Ed. (1980)
Greenville-Maulin-Easley, SC
  2023 Ed. (3000)
Greenville, MS
  2005 Ed. (1190)
Greenville, NC
  1999 Ed. (2127)
  2002 Ed. (1054)
  2008 Ed. (3468)
  2009 Ed. (3536, 3547)
  2010 Ed. (3459, 3467)
  2014 Ed. (3495)
  2015 Ed. (3513)
  2020 Ed. (3376)
Greenville-New Bern-Washington, NC
  2006 Ed. (4099)
Greenville Regional Hospital
  2006 Ed. (2920)
Greenville, SC
  1991 Ed. (1979, 1985)
  1993 Ed. (2112)
  1994 Ed. (2149, 2944)
  1995 Ed. (2808)
  1997 Ed. (3524)
  2000 Ed. (1092, 1909, 2995)
  2005 Ed. (3322)

  2006 Ed. (1180, 3315)
  2007 Ed. (4097)
  2008 Ed. (4039)
  2017 Ed. (4559)
  2021 Ed. (3347)
  2023 Ed. (952)
Greenville-Spartanburg-Anderson, SC
  1996 Ed. (1740)
  1998 Ed. (2485)
  2002 Ed. (2744)
  2004 Ed. (3304)
  2008 Ed. (3474)
Greenville-Spartanburg-Asheville-Anderson, SC-NC
  2014 Ed. (2621)
Greenville-Spartanburg International Airport
  2010 Ed. (246)
Greenville-Spartanburg, SC
  1993 Ed. (1737)
  1994 Ed. (825)
  2003 Ed. (1136, 3680, 3682, 4054)
  2004 Ed. (1162, 3376, 3737, 4081, 4852)
  2005 Ed. (1190, 3326, 3643, 3644, 3645, 4834, 4835)
  2006 Ed. (3741, 3742, 3743, 4050, 4884, 4885)
  2007 Ed. (4099, 4100)
  2008 Ed. (4119)
  2009 Ed. (3877, 4228, 4835)
Greenville, TN
  2007 Ed. (3384)
Greenwald; Gerald
  1996 Ed. (1715)
Greenway Automotive
  2016 Ed. (1576)
  2017 Ed. (244, 249)
  2018 Ed. (236, 1547)
  2020 Ed. (238, 1546)
  2021 Ed. (1529)
  2022 Ed. (237)
Greenway Electrical Services LLC
  2021 Ed. (4767)
Greenway Ford Inc.
  2008 Ed. (2960)
  2009 Ed. (3037, 3039)
  2010 Ed. (2964)
  2011 Ed. (210, 2925)
  2012 Ed. (2859)
  2013 Ed. (2927, 2928)
  2014 Ed. (2940, 2942, 2944, 2945, 2952)
  2015 Ed. (2989, 2991, 2992, 2993, 3003)
Greenway Medical Technologies Inc.
  2009 Ed. (3003)
  2011 Ed. (1036)
Greenway Partners LLC
  1999 Ed. (4578)
Greenwich Asset Management
  1991 Ed. (2236)
  1993 Ed. (2343)
Greenwich Asset Mgmt.
  1990 Ed. (2336)
Greenwich Capital Markets, Inc.
  1993 Ed. (762)
  1995 Ed. (758)
  1996 Ed. (801, 1034, 3170)
  1997 Ed. (737)
  1998 Ed. (524)
  1999 Ed. (863, 4256)
  2004 Ed. (3183, 3185, 3188, 4335)
Greenwich Consulting
  2010 Ed. (1641)
Greenwich, CT
  1989 Ed. (1634, 2773)
  1991 Ed. (938, 2004)
  1992 Ed. (2578)
  1996 Ed. (2225)
  1998 Ed. (1948)
  1999 Ed. (1152, 2829)
  2000 Ed. (1066, 2610)
  2002 Ed. (1060)
  2004 Ed. (2986)
Greenwich/Gleacher Natwest
  2000 Ed. (3881, 3903, 3938, 3944, 3956)
Greenwich Group Intl.
  2000 Ed. (3723)
Greenwich Investment Research
  2006 Ed. (3190)
Greenwich Library
  1995 Ed. (937, 1069)
Greenwich Mills Co. Inc.
  1993 Ed. (1728)
Greenwich NatWest
  2001 Ed. (965)
  2002 Ed. (338)
Greenwich Office Park Bldg. 6
  1990 Ed. (2730)
Greenwich Plaza
  1990 Ed. (2730)
Greenwich Res.
  1990 Ed. (3466)
Greenwich Street Corporate Growth Management Co.; Black Enterprise/
  2005 Ed. (176)
  2006 Ed. (189)
  2007 Ed. (195)
  2008 Ed. (178)
Greenwich Technology Partners
  2004 Ed. (3944)

Greenwired
  2016 Ed. (4408)
  2017 Ed. (4419)
Greenwood Capital
  1995 Ed. (2368)
Greenwood Credit Union
  2002 Ed. (1890)
  2003 Ed. (1886, 1944)
  2004 Ed. (1925, 1984)
  2005 Ed. (2062, 2126)
  2006 Ed. (2155, 2221)
  2007 Ed. (2142)
  2008 Ed. (2257)
  2009 Ed. (329, 2183, 2195, 2243)
  2010 Ed. (2197)
  2011 Ed. (2215)
  2012 Ed. (2026, 2076)
  2013 Ed. (2238, 2261)
  2014 Ed. (2170, 2194)
  2015 Ed. (2234, 2258)
  2016 Ed. (2205, 2229)
  2018 Ed. (2119)
  2020 Ed. (2099)
  2021 Ed. (2089)
  2022 Ed. (2123)
  2023 Ed. (2239)
Greenwood Home Care, Inc.
  1991 Ed. (1928)
  1992 Ed. (2436)
Greenwood Industries Inc.
  2013 Ed. (1279)
  2014 Ed. (4399)
Greenwood Packing Plant
  2017 Ed. (3448)
GreenWood, s.r.o.
  2018 Ed. (1497)
Greenwood Trust Co.
  1990 Ed. (416, 417)
  1991 Ed. (362, 365, 401, 2813)
  1992 Ed. (505, 510, 527, 554, 567, 569, 649, 1748)
  1993 Ed. (352, 361, 390, 394, 397, 407, 409, 460, 1445)
  1994 Ed. (342, 344, 380, 384, 387, 397, 399, 465)
  1995 Ed. (379, 382, 392, 394, 454)
  1996 Ed. (361, 402, 405, 415, 417, 485)
  1997 Ed. (369, 372, 382, 384, 449)
  1998 Ed. (298, 302, 303, 312, 313, 346)
  1999 Ed. (402, 406, 414, 417, 418)
  2000 Ed. (400, 404, 411, 414, 415)
Greenwood Trust Co./Discover
  1994 Ed. (1496)
Greenwood Trust Co. (Discover Card)
  1991 Ed. (1392)
Greenwood Trust Co. (New Castle)
  1991 Ed. (496)
Greenwood Village
  1990 Ed. (1146)
  1991 Ed. (1045)
Greenyard Flowers
  2019 Ed. (3698)
Greenyard NV
  2021 Ed. (2441)
  2022 Ed. (2552)
  2023 Ed. (2699)
The Greer Group Inc.
  2016 Ed. (4980)
  2017 Ed. (4968)
  2018 Ed. (4976)
  2019 Ed. (4970)
  2020 Ed. (4973)
  2022 Ed. (4974)
  2023 Ed. (4977)
Greer Margolis Mitchell & Associates
  2002 Ed. (182)
Greer Moreland Fosdick Shepherd Inc.
  1991 Ed. (2165)
Greer State Bank
  2003 Ed. (511)
Greer; Will
  2012 Ed. (4386)
Greeser Cos.
  2008 Ed. (1260)
Greeting cards
  1994 Ed. (732)
  1996 Ed. (3085, 3610)
  2005 Ed. (4473)
  2007 Ed. (2311)
Greetz
  2010 Ed. (2951)
Greg C. Garland
  2015 Ed. (969)
Greg Clayes
  2023 Ed. (1301)
Greg Farmer
  1993 Ed. (3445)
Greg Goodman
  2005 Ed. (4862)
Greg Henslee
  2011 Ed. (858)
  2012 Ed. (808)
Greg Hoyos Associates
  2002 Ed. (81)
  2003 Ed. (47)
Greg Jensen
  2013 Ed. (740)
  2014 Ed. (761)

CUMULATIVE INDEX • 1989-2023

Greg Kurzner
  2018 Ed. (4108)
Greg Maddux
  2003 Ed. (295)
Greg Miller
  2017 Ed. (3242)
  2018 Ed. (3318)
  2019 Ed. (3293)
  2020 Ed. (3294)
Greg Moore
  2019 Ed. (4117)
Greg Myers
  2006 Ed. (990)
  2007 Ed. (1083)
Greg Norman
  1989 Ed. (278)
  1999 Ed. (2607)
Greg Norman Estates
  2005 Ed. (4964)
Greg Noval
  1999 Ed. (1124)
Greg Ostroff
  1993 Ed. (1775)
Greg Parseghian
  1993 Ed. (1843, 1845)
Greg Poche
  2010 Ed. (3956)
Greg Prieb Homes
  2002 Ed. (2684)
Greg Smith
  1993 Ed. (1838)
  1994 Ed. (1818)
  1995 Ed. (1860)
  1996 Ed. (1837)
  1997 Ed. (1910)
  1998 Ed. (1615)
  1999 Ed. (2204)
  2000 Ed. (1975)
Greg Vaughan
  2023 Ed. (3388)
Greg Weishar
  2013 Ed. (2637)
  2014 Ed. (2592)
Gregg Appliances Inc.; H. H.
  2007 Ed. (2967)
  2008 Ed. (3090)
  2009 Ed. (2481, 3179)
  2010 Ed. (2392)
  2011 Ed. (2393, 2982)
Gregg Clifton
  2003 Ed. (221, 225)
Gregg Engles
  2006 Ed. (889)
  2007 Ed. (979)
Gregg L. Engles
  2007 Ed. (1036)
  2008 Ed. (959)
  2011 Ed. (832)
  2012 Ed. (792)
  2015 Ed. (956)
Gregg Motors Beverly Hills
  1991 Ed. (294)
Gregg Motors Roll-Royce
  1990 Ed. (317)
Gregg Ostrander
  2005 Ed. (3284)
Gregg Patruno
  1997 Ed. (1954)
  1998 Ed. (1612)
  1999 Ed. (2201)
  2000 Ed. (1974)
Gregg Popovich
  2013 Ed. (545)
Gregg Steinhafel
  2010 Ed. (2568)
  2014 Ed. (941)
  2015 Ed. (959)
  2016 Ed. (869)
Gregg W. Steinhafel
  2011 Ed. (841)
Greggs
  2001 Ed. (2490)
  2006 Ed. (4645)
  2007 Ed. (2240, 4644)
  2015 Ed. (4312, 4313)
  2016 Ed. (4520)
  2017 Ed. (4141, 4516)
  2018 Ed. (4472)
  2019 Ed. (4468)
  2020 Ed. (4168)
  2023 Ed. (4226)
Gregorio Perez Companc
  2012 Ed. (4856)
  2013 Ed. (4854)
  2014 Ed. (4868)
  2016 Ed. (4822)
  2017 Ed. (4833)
  2018 Ed. (4838)
  2019 Ed. (4834)
  2020 Ed. (4824)
  2021 Ed. (4825)
  2022 Ed. (4818)
Gregorio Perez Companc & family
  2023 Ed. (4812)
Gregory A. Lee
  2011 Ed. (2546)

Gregory & Appel Insurance
  2008 Ed. (1805)
  2009 Ed. (1752)
  2010 Ed. (1699)
Gregory B. Maffei
  2012 Ed. (807)
  2015 Ed. (955)
Gregory B. Maffel
  2011 Ed. (857)
  2012 Ed. (798)
Gregory Badishkanian
  2006 Ed. (2579)
Gregory Boyce
  2013 Ed. (985)
Gregory Brown
  2011 Ed. (819)
Gregory Burns
  2000 Ed. (1981)
Gregory C. Case
  2011 Ed. (837, 3196)
  2012 Ed. (806)
Gregory Cappelli
  2000 Ed. (2000)
Gregory D. Glyman
  2012 Ed. (3319)
Gregory Distribution (Holdings)
  2016 Ed. (4693)
  2018 Ed. (4700)
  2019 Ed. (4706)
Gregory E. Johnson
  2011 Ed. (830)
Gregory Electric Co.
  2006 Ed. (1336, 4377)
  2007 Ed. (4445)
  2008 Ed. (1325, 4427)
  2009 Ed. (1308)
  2010 Ed. (1302)
  2011 Ed. (1266)
  2018 Ed. (1181)
Gregory FCA
  2011 Ed. (4105)
  2012 Ed. (4135)
  2013 Ed. (4142)
  2014 Ed. (4159, 4163)
  2015 Ed. (4140)
  2016 Ed. (4054)
  2017 Ed. (4017, 4025)
  2018 Ed. (4041, 4049)
  2019 Ed. (4034, 4042)
  2020 Ed. (4044, 4053)
  2021 Ed. (4023)
  2022 Ed. (4031, 4042)
  2023 Ed. (4104, 4141, 4147, 4150)
Gregory FCA Communications
  2011 Ed. (4108, 4111, 4125)
  2012 Ed. (4141)
Gregory Geiling
  2000 Ed. (2051)
Gregory Gould
  1999 Ed. (2220)
  2000 Ed. (1991, 1996)
Gregory H. Boyce
  2010 Ed. (2570)
  2011 Ed. (838)
Gregory Henslee
  2013 Ed. (983)
Gregory House Programs
  2013 Ed. (1687)
Gregory Hyundai; Carl
  1995 Ed. (270)
  1996 Ed. (273)
Gregory J. Parseghian
  2006 Ed. (2532)
Gregory; Joseph M.
  2005 Ed. (2512)
Gregory, Jr.; Vincent L.
  1990 Ed. (1725)
  1991 Ed. (1633)
Gregory Kenny
  2006 Ed. (2531)
  2007 Ed. (2512)
  2009 Ed. (2666)
  2013 Ed. (2637)
  2014 Ed. (2592)
  2015 Ed. (2634)
Gregory Ley
  2015 Ed. (3426)
Gregory Lucier
  2011 Ed. (819)
Gregory Melich
  2000 Ed. (2077)
Gregory Miller
  1996 Ed. (1866)
Gregory Nejmeh
  1993 Ed. (1784)
  1994 Ed. (1768)
  1995 Ed. (1809)
  1996 Ed. (1784)
  1997 Ed. (1860)
  1998 Ed. (1632)
  1999 Ed. (2218)
  2000 Ed. (1990)
Gregory Ostroff
  1991 Ed. (1710)
Gregory P. Dougherty
  2003 Ed. (2386, 2409)

Gregory Poole Equipment Co.
  2018 Ed. (1822)
  2019 Ed. (1876)
Gregory Q. Brown
  2010 Ed. (905, 907, 911)
  2011 Ed. (844)
Gregory R. Badishkanian
  2011 Ed. (3361)
Gregory Vaughan
  2006 Ed. (658, 3189)
  2007 Ed. (3248, 3249)
  2008 Ed. (3376)
  2009 Ed. (3441)
  2010 Ed. (3382)
  2011 Ed. (3331)
  2015 Ed. (3426)
  2018 Ed. (3319)
  2019 Ed. (3294)
  2020 Ed. (3295)
Gregory Vaughan (Morgan Stanley)
  2021 Ed. (3155)
Gregory Vaughan (Morgan Stanley Private Wealth Mgmt.)
  2022 Ed. (3299)
Gregory Whyte
  1996 Ed. (1804)
  1997 Ed. (1877)
  2000 Ed. (1995)
Gregory Zeman
  2003 Ed. (2409)
Gregory's
  2017 Ed. (1302)
  2022 Ed. (2783)
  2023 Ed. (2908)
Gregory's Foods Inc.
  2017 Ed. (1310)
  2018 Ed. (1288)
  2019 Ed. (1317)
  2020 Ed. (1292)
  2022 Ed. (1275)
Greg's Trucking, Inc.
  1991 Ed. (1910)
Greif Bros. Corp.
  1990 Ed. (2760)
  1991 Ed. (2667)
  1992 Ed. (3327)
  2001 Ed. (717)
  2004 Ed. (1229, 1232, 1233, 3318, 3319)
  2005 Ed. (1264)
Greif Brothers Corp.
  1993 Ed. (2762)
  1995 Ed. (1144)
  1996 Ed. (1118)
  1998 Ed. (929)
  1999 Ed. (1346, 3701)
  2003 Ed. (2538, 3713)
Greif Center for Entrepreneurial Studies; Lloyd
  2010 Ed. (724, 727)
  2011 Ed. (638, 649)
Greif Inc.
  2005 Ed. (1261)
  2006 Ed. (1221, 1223, 1224)
  2007 Ed. (1331, 3775)
  2008 Ed. (1219, 3141, 3853)
  2009 Ed. (3225, 3911)
  2010 Ed. (3158, 3820)
  2011 Ed. (3816)
  2013 Ed. (3863)
  2016 Ed. (3728)
  2017 Ed. (3407, 3683)
  2018 Ed. (3738, 3739)
  2019 Ed. (3727)
  2020 Ed. (3770)
Greifeld; Robert
  2011 Ed. (830)
Greig Engineering Inc.
  1995 Ed. (1678)
Greig Fester Group Ltd.
  1995 Ed. (1006)
Greiner Electric
  2013 Ed. (4982)
Greiner Electric LLC
  2009 Ed. (1254)
  2017 Ed. (4936)
  2018 Ed. (4942)
  2019 Ed. (4940)
Greiner Engineering Inc.
  1992 Ed. (1952)
  1993 Ed. (1607)
  1994 Ed. (1639)
  1996 Ed. (234, 1661, 1665)
  1997 Ed. (265, 1739, 1743)
  1998 Ed. (1455)
Greiner; Helen
  2005 Ed. (786)
Greiner Inc.
  1998 Ed. (1444)
Greiner Industries Inc.
  2020 Ed. (3407)
  2022 Ed. (3480)
  2023 Ed. (3602)
Greinke; Zack
  2015 Ed. (220)
Greis Sia
  2012 Ed. (1658)
  2013 Ed. (1812)

Greka Energy Corp.
  2004 Ed. (2778)
Grell Taurel
  1992 Ed. (84)
Gremlin
  2021 Ed. (955)
  2022 Ed. (997)
  2023 Ed. (1168)
Gremona McCann-Erickson
  1999 Ed. (77)
  2000 Ed. (83)
  2001 Ed. (125)
  2002 Ed. (96)
  2003 Ed. (63)
Gremz
  2022 Ed. (1652)
Grenache
  1992 Ed. (4470)
  2001 Ed. (4860, 4861)
  2002 Ed. (4965, 4966)
  2003 Ed. (4966, 4967)
Grenada
  1992 Ed. (4319)
  2001 Ed. (4586)
  2002 Ed. (1816)
  2003 Ed. (1881)
  2004 Ed. (1911, 2765)
Grenada Cooperative Bank
  2020 Ed. (406)
Grenada Sunburst
  1996 Ed. (360)
Grenadines
  2011 Ed. (2303)
  2012 Ed. (2200)
  2013 Ed. (2387)
  2014 Ed. (2324)
  2017 Ed. (2183)
  2018 Ed. (2242)
  2019 Ed. (2215)
  2020 Ed. (2212)
  2021 Ed. (2184)
  2022 Ed. (2214)
Grendene O & M
  1999 Ed. (160)
  2003 Ed. (153)
Grenoble Graduate School of Business
  2011 Ed. (697)
  2012 Ed. (629)
  2013 Ed. (771)
Grenville Thomas
  1999 Ed. (1124)
Gresco Utility Supply Inc.
  2015 Ed. (2503)
  2016 Ed. (2437)
  2017 Ed. (2283)
  2018 Ed. (2343)
  2019 Ed. (2343)
  2020 Ed. (2314)
  2021 Ed. (2262)
  2022 Ed. (2301)
  2023 Ed. (2481)
Gresham & Associates Inc.
  2008 Ed. (3245)
  2011 Ed. (3194, 3195)
  2012 Ed. (3151, 3152)
Gresham & Associates LLC
  2015 Ed. (3385)
  2016 Ed. (3257)
Gresham Computing plc
  2002 Ed. (2498)
Gresham Partners
  2003 Ed. (1402)
  2005 Ed. (1441)
Gresham Smith
  2023 Ed. (268, 270, 292, 2641)
Gresham, Smith & Partners
  1989 Ed. (266)
  1990 Ed. (277)
  1997 Ed. (260)
  1998 Ed. (182)
  1999 Ed. (285)
  2000 Ed. (311)
  2001 Ed. (403)
  2002 Ed. (330)
  2004 Ed. (2348)
  2005 Ed. (3159)
  2006 Ed. (2791)
  2008 Ed. (2526, 2527, 3348)
  2009 Ed. (2528, 2538, 2539)
  2010 Ed. (2439, 2446, 2456, 2457)
  2011 Ed. (2445, 2453, 2465, 2466, 2471)
  2012 Ed. (200, 202, 204, 205, 211, 2370)
  2013 Ed. (3372)
  2014 Ed. (3372)
  2019 Ed. (2419, 2424, 2444)
  2020 Ed. (2413)
Gresser Cos., Inc.
  2009 Ed. (1238)
GreTai Securities Market
  2014 Ed. (4553)
Gretchen Brainard
  2023 Ed. (1300)
Gretchen Colon
  2006 Ed. (2516)
Gretchen Minyard Williams
  1993 Ed. (3731)
  1994 Ed. (3667)
  1995 Ed. (3788)

1996 Ed. (3876)
1997 Ed. (3916)
Gretel
   2019 Ed. (3479)
Greteman Group
   2023 Ed. (123)
Grether; Esther
   2011 Ed. (4885)
   2012 Ed. (4894)
   2013 Ed. (4912)
   2014 Ed. (4922)
Gretsky; Wayne
   1996 Ed. (250)
Gretzky; Wayne
   1997 Ed. (278)
Grewal Foods OC LLC
   2021 Ed. (4190)
Grey
   2017 Ed. (623)
Grey
   1989 Ed. (109)
   1990 Ed. (81, 93, 104, 154)
   1992 Ed. (183)
   1994 Ed. (81, 103, 110, 2443)
   1995 Ed. (50, 63, 102, 115, 118, 119, 2509)
   1999 Ed. (69)
   2000 Ed. (63, 66, 69, 72, 73, 82, 84, 103, 122, 124, 129, 147, 161, 165, 175, 177, 185, 188, 190)
   2002 Ed. (78, 83, 95, 97, 98, 116, 117, 122, 138, 140, 159, 162, 169, 175, 176, 188, 189, 202, 205, 207, 209, 212, 1982)
   2003 Ed. (44, 49, 62, 64, 65, 76, 83, 84, 89, 103, 106, 130, 137, 142, 143, 150, 152, 153, 162, 164, 178, 182)
   2004 Ed. (103, 123, 124)
   2005 Ed. (97)
   2006 Ed. (107)
   2009 Ed. (128)
   2011 Ed. (50)
   2012 Ed. (57)
   2013 Ed. (48)
   2014 Ed. (58, 66)
   2015 Ed. (59, 63)
   2016 Ed. (66)
Grey Advertising Ltd.
   1989 Ed. (56, 58, 62, 63, 64, 66, 68, 69, 79, 80, 91, 120, 145, 174)
   1990 Ed. (61, 63, 64, 68, 69, 70, 72, 75, 115, 134, 136, 157, 881)
   1991 Ed. (58, 59, 60, 61, 64, 70, 72, 111, 112, 132, 136, 147, 840)
   1992 Ed. (101, 102, 103, 106, 107, 111, 113, 114, 115, 130, 146, 147, 161, 163, 186, 191, 220)
   1993 Ed. (59, 60, 63, 64, 68, 69, 71, 72, 78, 91, 92, 101, 106, 109, 117, 122, 129, 135, 138, 2504)
   1994 Ed. (50, 51, 52, 54, 55, 59, 60, 61, 64, 68, 84, 96)
   1995 Ed. (54)
   1996 Ed. (39, 40, 41, 42, 43, 44, 45, 49, 50, 51, 57, 58, 59, 60, 66, 77, 81, 99, 100, 112, 129, 132, 133)
   1997 Ed. (37, 38, 39, 40, 41, 42, 46, 47, 48, 54, 55, 56, 64, 68, 75, 76, 81, 85, 101, 102, 103, 113, 115, 122, 124, 133, 136, 158, 159)
   1998 Ed. (30, 31, 32, 33, 35, 36, 40, 42, 44, 47, 48, 49, 50, 54, 56, 57, 58, 59, 62, 67, 597, 3493, 3494)
   1999 Ed. (34, 35, 36, 37, 38, 40, 41, 45, 46, 47, 48, 49, 53, 60, 62, 68, 76, 78, 82, 99, 103, 104, 105, 116, 118, 119, 127, 129, 132, 144, 148, 157, 160, 165, 169, 170)
   2000 Ed. (42, 43, 44, 45, 46, 47, 52, 53, 56, 88, 108, 109, 110, 125, 139, 150, 151, 191)
   2001 Ed. (97, 98, 99, 100, 101, 102, 107, 110, 117, 124, 126, 143, 146, 147, 160, 162, 164, 169, 170, 184, 203, 204, 214, 217, 220, 221, 222, 223, 229, 238, 240, 242)
   2002 Ed. (204, 3564)
Grey Advertising de Venezuela
   1989 Ed. (172)
Grey Almaty
   2001 Ed. (156)
   2002 Ed. (129)
   2003 Ed. (96)
Grey Argentina
   2001 Ed. (103)
   2002 Ed. (76)
   2003 Ed. (42)
Grey, Attorney; David
   1989 Ed. (1889)
Grey Australia
   2003 Ed. (43)
Grey Austria
   1990 Ed. (78)
   1991 Ed. (75)
   1997 Ed. (61)
Grey Bangladesh
   2002 Ed. (80)
   2003 Ed. (46)

Grey Belgrade
   1999 Ed. (171)
   2000 Ed. (192)
Grey Bolivia
   1995 Ed. (51)
   1996 Ed. (67)
   1997 Ed. (66)
   1999 Ed. (65)
Grey Canada
   1990 Ed. (86)
   1991 Ed. (82)
   1992 Ed. (131, 132)
   1993 Ed. (85, 142)
   1995 Ed. (55)
   1997 Ed. (70)
Grey Casablanca
   1995 Ed. (100)
   1996 Ed. (116)
   1997 Ed. (120)
   1999 Ed. (125)
   2000 Ed. (143)
   2001 Ed. (180)
Grey Chile
   1989 Ed. (93)
   1990 Ed. (88)
   1991 Ed. (86)
   1992 Ed. (134)
   1993 Ed. (87)
   1994 Ed. (77)
   1995 Ed. (57)
   1996 Ed. (70)
   1997 Ed. (71)
   1999 Ed. (72)
   2000 Ed. (78)
   2001 Ed. (120)
   2002 Ed. (91)
   2003 Ed. (58)
Grey China
   1994 Ed. (78)
   1995 Ed. (58)
   1996 Ed. (71)
   1997 Ed. (72)
   1999 Ed. (73)
Grey; Christian
   2015 Ed. (4905)
Grey Colombia
   2003 Ed. (60)
Grey Communications
   1994 Ed. (119)
   1997 Ed. (149)
   2000 Ed. (176)
   2001 Ed. (215)
Grey Communications Group
   1990 Ed. (105)
   1991 Ed. (91, 101)
   1992 Ed. (140, 151, 211)
   1994 Ed. (82, 90)
   1995 Ed. (64, 77, 129)
   1996 Ed. (78, 91, 143)
   1997 Ed. (78, 92)
   1999 Ed. (79, 93, 158)
   2000 Ed. (85, 99)
   2001 Ed. (127, 191, 231)
Grey Creek
   2020 Ed. (4920)
   2021 Ed. (4917)
   2022 Ed. (4911)
Grey Digital Marketing
   2004 Ed. (116)
   2005 Ed. (115)
   2007 Ed. (3434)
Grey Direct
   1991 Ed. (1419, 1420)
   1992 Ed. (1805, 1807)
   1993 Ed. (1487, 1488)
   1994 Ed. (1534)
   1996 Ed. (1550, 1551, 1552, 1554)
   1997 Ed. (1614, 1615, 1616)
   1998 Ed. (1284, 1285, 1288)
   1999 Ed. (1860, 1861)
   2000 Ed. (1673)
   2001 Ed. (2025)
   2002 Ed. (1985)
Grey Direct International
   1990 Ed. (1503, 1504, 1505, 1506)
   1992 Ed. (1808)
   1995 Ed. (1563, 1566)
Grey Direct Marketing
   2000 Ed. (54, 1671)
Grey Direct Marketing Group, Inc.
   1997 Ed. (1617, 1619)
   2000 Ed. (1674, 1680)
   2003 Ed. (2065, 2066, 2067)
Grey Duesseldorf
   1989 Ed. (108)
Grey Espana
   1994 Ed. (118)
   1995 Ed. (127)
   1996 Ed. (141)
   1997 Ed. (147)
   1999 Ed. (156)
   2000 Ed. (174)
   2001 Ed. (210)
   2002 Ed. (186)
Grey: Fifty Shades of Grey as Told by Christian
   2017 Ed. (624)

Grey France
   2002 Ed. (110)
   2003 Ed. (74)
Grey Global Group Inc.
   2002 Ed. (63, 66, 70, 71, 101, 102, 121, 143)
   2003 Ed. (34, 86, 88, 109, 166)
   2004 Ed. (102, 104, 110, 111, 118, 120, 4584, 4589)
   2005 Ed. (98, 99, 100, 106, 118, 119, 121)
   2006 Ed. (111)
Grey Goose
   2001 Ed. (3133, 4707, 4711, 4713)
   2002 Ed. (297, 3165, 4761, 4768, 4770, 4771)
   2003 Ed. (4865, 4870)
   2004 Ed. (4850, 4851)
   2009 Ed. (265)
   2010 Ed. (252)
   2011 Ed. (556)
   2016 Ed. (192)
   2021 Ed. (161, 172, 618)
   2022 Ed. (154, 163)
Grey Goose Vodka
   2010 Ed. (253)
   2011 Ed. (173)
Grey Group Austria
   2000 Ed. (61)
   2001 Ed. (105)
Grey Gruppe
   1996 Ed. (89)
Grey Gruppe Deutschland
   1991 Ed. (100)
   1992 Ed. (150)
   1993 Ed. (100)
   1994 Ed. (89)
   1995 Ed. (76)
   1997 Ed. (90)
   1999 Ed. (91)
   2000 Ed. (97)
   2001 Ed. (138)
   2002 Ed. (111)
Grey Healthcare Group
   1997 Ed. (57)
   2000 Ed. (58)
   2001 Ed. (212)
   2002 Ed. (67)
   2003 Ed. (35)
   2009 Ed. (126)
Grey Holdings
   1990 Ed. (148)
   1991 Ed. (148)
   1992 Ed. (205)
   1993 Ed. (136)
   1994 Ed. (115)
   1995 Ed. (124)
   1996 Ed. (138)
   1997 Ed. (144)
   1999 Ed. (153)
   2000 Ed. (171)
Grey Hong Kong
   1993 Ed. (105)
   1994 Ed. (92)
   1995 Ed. (81)
   1996 Ed. (95)
   1997 Ed. (96)
   1999 Ed. (98)
   2003 Ed. (59)
Grey Integrated
   2000 Ed. (3843)
Grey Interactive
   2001 Ed. (245)
Grey Interactive Worldwide
   2006 Ed. (3420)
   2007 Ed. (3435)
Grey International
   2008 Ed. (54)
Grey Korea
   2002 Ed. (131)
Grey London
   2017 Ed. (56)
   2018 Ed. (55)
Grey Malaysia
   1995 Ed. (97)
   1997 Ed. (116)
   1999 Ed. (122)
Grey Mexico
   1996 Ed. (114)
   1997 Ed. (117)
   1999 Ed. (123)
   2001 Ed. (179)
Grey Midwest
   2023 Ed. (130)
Grey Morocco
   2002 Ed. (152)
   2003 Ed. (122)
Grey Multireklam
   1992 Ed. (158)
Grey New Technologies
   1999 Ed. (102)
   2000 Ed. (106)
   2001 Ed. (148)
Grey Orange
   2017 Ed. (4276)
Grey Peru
   1992 Ed. (196)
   1995 Ed. (112)

1996 Ed. (127)
1997 Ed. (131)
Grey Phillips
   1989 Ed. (157)
Grey; Richard E.
   1990 Ed. (1724, 4725)
   1992 Ed. (2061, 2062, 2064)
   1994 Ed. (1723)
Grey Rock Energy Partners
   2021 Ed. (1893)
Grey Skopje
   1999 Ed. (120)
   2000 Ed. (126)
   2001 Ed. (163)
Grey Svenska
   1989 Ed. (164)
Grey Technology
   2018 Ed. (2017)
Grey Uruguay
   1989 Ed. (171)
   1990 Ed. (160)
   1991 Ed. (159)
   1992 Ed. (218)
   1993 Ed. (144)
   1995 Ed. (136)
   1996 Ed. (150)
   1997 Ed. (156)
   1999 Ed. (167)
   2001 Ed. (237)
   2002 Ed. (206)
   2003 Ed. (177)
Grey Wolf
   2008 Ed. (2862)
   2009 Ed. (2933, 4553)
Grey Wolf Exploration
   2007 Ed. (1622)
Grey Wolf Industries
   2000 Ed. (283, 288, 290)
   2002 Ed. (307)
Grey Worldwide
   2001 Ed. (186)
   2002 Ed. (65, 72, 73, 74, 119, 171)
   2003 Ed. (28, 29, 36, 37, 38, 39, 40, 87)
   2004 Ed. (112)
   2005 Ed. (110, 117)
   2006 Ed. (120)
   2007 Ed. (109, 114)
   2008 Ed. (119)
GreyCastle Security
   2020 Ed. (1775)
   2021 Ed. (1746)
   2022 Ed. (1779)
Greycoat Group
   1993 Ed. (1324)
Greyhound
   1989 Ed. (1632)
   1990 Ed. (352, 931, 937, 2128, 2131)
   1991 Ed. (902)
   1992 Ed. (1105)
   1996 Ed. (208)
Greyhound Australia
   2020 Ed. (4666)
   2021 Ed. (4688)
   2022 Ed. (4691)
Greyhound Canada
   2007 Ed. (783)
   2008 Ed. (755)
   2009 Ed. (750)
   2010 Ed. (695)
Greyhound Canada Transportation Corp.
   1998 Ed. (539)
Greyhound Dial
   1991 Ed. (1976)
Greyhound Food Management Inc.
   1991 Ed. (1755)
Greyhound Leisure
   1997 Ed. (1680)
Greyhound Lines of Canada Ltd.
   1990 Ed. (3642)
   1991 Ed. (807)
   1992 Ed. (988, 4338)
   1994 Ed. (800)
   1995 Ed. (851)
   1996 Ed. (831, 3733)
   1997 Ed. (841)
Greyhound Lines Inc.
   1989 Ed. (829)
   1990 Ed. (846)
   1991 Ed. (807)
   1992 Ed. (988)
   1994 Ed. (800)
   1995 Ed. (851)
   1996 Ed. (831)
   1997 Ed. (841, 3804)
   1998 Ed. (154, 539, 3630)
   1999 Ed. (957)
   2000 Ed. (989)
   2001 Ed. (3159)
   2006 Ed. (686)
   2007 Ed. (783)
   2008 Ed. (755)
   2009 Ed. (750)
   2010 Ed. (695)
Greyhound racing
   1990 Ed. (1872, 3328)
   1995 Ed. (1968)

Greylock Credit Union
 2002 Ed. (1831, 1871)
 2003 Ed. (1925)
 2004 Ed. (1965)
 2005 Ed. (2107)
 2006 Ed. (2202)
 2007 Ed. (2123)
 2008 Ed. (2238)
 2009 Ed. (2224)
 2010 Ed. (2148, 2178)
 2011 Ed. (2196)
 2012 Ed. (2031, 2056)
 2013 Ed. (2237, 2262)
 2014 Ed. (2169)
 2015 Ed. (2233)
 2016 Ed. (2204)
Greylock Federal Credit Union
 2018 Ed. (2101)
 2020 Ed. (2080)
 2021 Ed. (2070)
 2022 Ed. (2061, 2105)
 2023 Ed. (2220)
Greylock Management Corp.
 1993 Ed. (3662)
 1996 Ed. (3781)
 1998 Ed. (3664)
 2002 Ed. (4738)
Greylock Partners
 2013 Ed. (4784)
 2014 Ed. (4830)
GreyOrange
 2017 Ed. (4283, 4287)
Greyrock Energy
 2017 Ed. (4115)
"Grey's Anatomy"
 2013 Ed. (2946)
 2014 Ed. (2964)
 2017 Ed. (2888)
 2018 Ed. (2955, 4624)
Grey's Anatomy
 2007 Ed. (2845)
 2009 Ed. (2605)
 2010 Ed. (2977)
 2011 Ed. (2939)
 2012 Ed. (2870, 4688)
The Greysmith Cos.
 2015 Ed. (2008)
Greyson Consulting
 2020 Ed. (1888)
Greystar Real Estate Partners
 2020 Ed. (185)
 2021 Ed. (184)
 2022 Ed. (172, 173, 174, 176, 177, 178, 1081)
 2023 Ed. (244, 245, 248, 249, 250, 1236, 1256)
Greystar Real Estate Partners LLC
 2007 Ed. (282)
 2008 Ed. (258)
 2009 Ed. (281)
 2011 Ed. (187)
 2012 Ed. (194)
 2013 Ed. (174)
 2014 Ed. (181)
 2015 Ed. (210)
 2017 Ed. (198, 201, 202)
 2018 Ed. (187, 188)
 2019 Ed. (182, 183)
 2020 Ed. (183, 184)
 2021 Ed. (182, 183)
Greystar Real Estate Partners, LLC
 2018 Ed. (1077)
 2019 Ed. (1088)
 2020 Ed. (1078)
 2021 Ed. (1045)
Greystone Books
 2021 Ed. (4035)
Greystone Capital Mgmt.
 2000 Ed. (2824)
Greystone Homes
 1995 Ed. (3065)
 1997 Ed. (3259)
 1998 Ed. (3007)
 1999 Ed. (3997)
 2002 Ed. (1196, 1205, 2671, 2672)
 2003 Ed. (1178, 1192)
 2004 Ed. (1184, 1185, 1193, 1194, 1213, 1218)
 2005 Ed. (1211, 1219, 1237, 1242, 1246)
Greystone International Inc.
 2001 Ed. (4283)
Greystone Logistics
 2021 Ed. (2975)
Greystone Masonry
 2007 Ed. (1358)
 2009 Ed. (1203)
 2010 Ed. (1207)
 2013 Ed. (1237)
Greystone Park Psychiatric Hospital
 1997 Ed. (2272)
Greystone Realty
 1998 Ed. (2274)
Greytak; David B.
 2006 Ed. (334)
GRF CPAs
 2022 Ed. (12)
 2023 Ed. (52)

Grgich Hills Estate
 2015 Ed. (4992)
 2017 Ed. (4902)
 2018 Ed. (4922)
 2019 Ed. (4920)
 2020 Ed. (4921)
GRI of South Florida Inc.
 1996 Ed. (1138)
Griaule
 2022 Ed. (4551)
Gribbins Insulation
 2018 Ed. (1167)
 2019 Ed. (1184)
 2020 Ed. (1175)
 2021 Ed. (1148)
Gribbles Pathology
 2002 Ed. (3776)
Gribin, Kapadia & Associates
 1999 Ed. (281)
GRIC Communications Inc.
 2001 Ed. (2856)
Grid
 1990 Ed. (2880, 2881)
GRID Alternatives
 2020 Ed. (4443)
The Griddle Family Restaurants
 2002 Ed. (4015)
Griddles
 2002 Ed. (2702)
GridGain Systems
 2019 Ed. (1445)
 2020 Ed. (1408)
 2021 Ed. (1407)
GridGain Systems Inc.
 2019 Ed. (1444)
 2020 Ed. (1407)
Gridley Construction Inc.
 2018 Ed. (3053)
The Gridlock Economy: How Too Much Ownership Wrecks Markets, Stops Innovation, & Costs Lives
 2010 Ed. (599)
Gridsum Holding Inc.
 2019 Ed. (980)
Grief Bros.
 1992 Ed. (1386)
Grief Brothers
 1997 Ed. (1145)
Grief/Virginia Fibre
 1999 Ed. (3700)
Griffen Homes
 1994 Ed. (3007)
Griffey Productions; Dick
 1991 Ed. (713)
Griffin
 2003 Ed. (984, 985)
 2011 Ed. (549)
 2012 Ed. (529)
 2013 Ed. (630)
 2016 Ed. (647)
 2019 Ed. (4063)
 2020 Ed. (4072)
Griffin Bacal
 1995 Ed. (68)
Griffin; Blake
 2016 Ed. (218)
 2017 Ed. (215)
 2020 Ed. (198)
Griffin Cement LLC
 2013 Ed. (1230, 1237)
Griffin & Co.; R. J.
 1995 Ed. (1146)
 1997 Ed. (1160)
 2006 Ed. (1306, 1341)
Griffin Dewatering Corp. & Affiliates
 1991 Ed. (1082)
Griffin; Eddie
 1992 Ed. (1349)
Griffin Fertilizer Co.
 2013 Ed. (2674)
 2014 Ed. (2628)
 2015 Ed. (2671)
 2018 Ed. (2596)
 2019 Ed. (2574)
 2020 Ed. (2568)
 2021 Ed. (2529)
Griffin Ford Inc.
 1992 Ed. (378, 379, 383, 415, 417)
 1993 Ed. (269)
 1994 Ed. (268)
Griffin Funding
 2019 Ed. (2633)
The Griffin Group
 2006 Ed. (2499)
Griffin Holdings
 2002 Ed. (3780)
 2003 Ed. (3960)
Griffin Hospital
 2006 Ed. (1489, 1492, 1664)
 2007 Ed. (1519, 1522)
 2008 Ed. (1504)
 2009 Ed. (1619)
 2010 Ed. (1595)
Griffin Inc.; Ben Hill
 1991 Ed. (956)
Griffin Jr.; Alfred J.
 2009 Ed. (2656)

Griffin; Ken
 2005 Ed. (4859)
 2006 Ed. (4912)
 2021 Ed. (4813)
 2022 Ed. (4806)
 2023 Ed. (4799)
Griffin; Kenneth
 2006 Ed. (4896)
 2009 Ed. (2715)
 2013 Ed. (2891)
 2014 Ed. (2920)
 2015 Ed. (2968)
 2016 Ed. (2902)
 2019 Ed. (2885)
Griffin Markets Group
 2019 Ed. (2628)
Griffin Markets Group Ltd.
 2018 Ed. (2018)
Griffin; Mary
 1991 Ed. (2346)
 1995 Ed. (2484)
Griffin Masonry
 2006 Ed. (1255)
Griffin Mechanical
 2019 Ed. (4789)
Griffin; Merv
 2006 Ed. (2499)
Griffin's Resorts Casino Hotel; Merv
 1994 Ed. (2123)
Griffith Ballard & Company
 2023 Ed. (65)
Griffith, Ballard & Co.
 2015 Ed. (26)
 2016 Ed. (22)
 2017 Ed. (19)
 2018 Ed. (20)
 2019 Ed. (20)
 2020 Ed. (24)
 2021 Ed. (26)
 2022 Ed. (24)
Griffith Business School
 2011 Ed. (683)
Griffith Energy
 2008 Ed. (1981, 1982, 4324, 4930)
Griffith; James
 2010 Ed. (903)
Griffith Laboratories Inc.
 2006 Ed. (3366)
Griffith; Tricia
 2020 Ed. (716)
 2021 Ed. (724)
 2022 Ed. (748)
Griffith University
 2004 Ed. (4100)
Griffith Windustrial Co.
 2002 Ed. (1994)
Griffon Corp.
 1997 Ed. (1130)
 1998 Ed. (883)
 1999 Ed. (1314)
 2004 Ed. (783, 793, 2876)
 2005 Ed. (778, 2871, 2872)
 2006 Ed. (677, 680, 682, 2875, 2876)
 2007 Ed. (778)
 2008 Ed. (751)
Griffon; Kenneth
 2006 Ed. (2798)
Grifols
 2014 Ed. (625)
 2015 Ed. (694, 3989)
 2016 Ed. (633, 1899, 3902)
 2017 Ed. (668, 1863, 3870)
 2018 Ed. (625, 1810)
 2019 Ed. (640, 1862)
 2020 Ed. (620, 1801)
 2021 Ed. (1768)
 2022 Ed. (1805)
 2023 Ed. (839, 1932)
Grifols S.A.
 2023 Ed. (2742)
Griftopia
 2012 Ed. (515)
Grigsby & Associates Inc.
 2013 Ed. (87)
Grigsby Bradford
 1989 Ed. (2377)
Grigsby Bradford & Co.
 1993 Ed. (708, 2267, 3168, 3187, 3195)
 1995 Ed. (2337)
 1996 Ed. (2655, 2658, 2711, 3352)
 1997 Ed. (2478, 3458, 3463)
 1998 Ed. (3238, 3255, 3256)
 1999 Ed. (3010, 3017, 3018, 3019, 3020, 4229, 4230, 4231, 4242)
Grigsby Bradford Powell Inc.
 1991 Ed. (2171, 2172, 2509, 2973, 2987, 3037, 3046, 3053)
Grill & Gull
 2001 Ed. (105)
 2002 Ed. (78)
The Grill on Main
 2014 Ed. (4305)
Grill'd
 2019 Ed. (3003)
 2020 Ed. (2540)
 2021 Ed. (2503)
 2022 Ed. (2615)

Grillo; Beppe
 2010 Ed. (829)
Grillo; Valerie
 2015 Ed. (3044)
Grimaldi Group SpA
 2022 Ed. (4800)
Grimaldi's
 2022 Ed. (3910)
 2023 Ed. (4007)
Grimaldi's Coal Brick Oven
 2020 Ed. (3930)
 2021 Ed. (3899)
Grimax Advertising
 1995 Ed. (91)
 1996 Ed. (106)
 1997 Ed. (107)
 1999 Ed. (110)
 2001 Ed. (153)
 2002 Ed. (126)
 2003 Ed. (93)
Grimax Advertising (Grey)
 2000 Ed. (115)
Grimes; Michael
 2005 Ed. (4817)
 2006 Ed. (4879)
 2007 Ed. (4874)
Grimes Total Distribution
 2020 Ed. (4773)
Grimm Construction Co.
 2004 Ed. (1318)
 2005 Ed. (1323)
Grimm + Parker Architects
 2019 Ed. (2450)
Grimmway Enterprises Inc.
 2001 Ed. (279, 280)
 2003 Ed. (233)
 2004 Ed. (193)
 2005 Ed. (194)
 2006 Ed. (206)
Grimmway Farms
 2022 Ed. (2809)
 2023 Ed. (2931)
Grimoldi
 2007 Ed. (1855)
Grimway Farms
 2001 Ed. (281)
 2003 Ed. (1958, 1959)
 2004 Ed. (1998, 1999)
Grinaker-LTA Ltd.
 2003 Ed. (1320)
 2004 Ed. (1320)
 2005 Ed. (1326)
Grinberg & family; Gedalio
 1995 Ed. (2112, 2579, 3726)
Grind
 2021 Ed. (4109)
Grind City Brewing Co.
 2023 Ed. (911)
Grindeks
 2006 Ed. (4515)
Grinder, Taber & Grinder Inc.
 2017 Ed. (1981)
 2018 Ed. (1934)
 2019 Ed. (1985)
Grindlays
 1991 Ed. (700)
Grindlays Bank
 1990 Ed. (582)
Grindlays Bank International (Kenya) Ltd.
 1989 Ed. (594)
Grindlays Bank International (Uganda) Limited
 1989 Ed. (702)
Grindlays Bank International (Uganda) Ltd.
 1994 Ed. (658)
Grindlays Bank International (Zambia) Ltd.
 1991 Ed. (699)
Grindlays Bank (Jersey) Ltd.
 1991 Ed. (477)
Grindlays Bank (Uganda) Limited
 1989 Ed. (702)
Grindlays Bank (Uganda) Ltd.
 1994 Ed. (658)
Grindlays Bank (Zaire) SZARL
 1991 Ed. (698)
Grindr
 2017 Ed. (4563)
Grindrod
 2017 Ed. (4720)
 2018 Ed. (4709)
 2020 Ed. (1346)
 2021 Ed. (1341)
Grinham; Angus
 2009 Ed. (4877)
Grinham; Richard
 2009 Ed. (4877)
Grinnell Cabinet Makers Inc.
 2007 Ed. (4444)
Grinnell College
 1989 Ed. (955)
 1990 Ed. (1089)
 1991 Ed. (1002)
 1995 Ed. (1065)
 1997 Ed. (1066)
 2000 Ed. (1136)
Grinnell Corp.
 2001 Ed. (1811)

Grinnell Corp. of Canada
  1992 Ed. (1960)
Grinnell Mutual Reinsurance Co.
  2016 Ed. (3166)
Grinney; Jay
  2009 Ed. (3707)
  2010 Ed. (3625)
  2015 Ed. (954)
Grins 2 Go
  2008 Ed. (170)
GRIPA
  2006 Ed. (1935)
  2007 Ed. (1918)
  2008 Ed. (1984)
Gripeez
  2016 Ed. (2292)
Grisanti; Eugene P.
  1994 Ed. (950)
  1995 Ed. (980)
Grisby Brandford & Co.
  1996 Ed. (2348, 2355)
Grisby Branford & Co.
  1996 Ed. (3360, 3366, 3367, 3370)
Grisham; John
  2008 Ed. (280)
  2009 Ed. (302)
  2014 Ed. (217)
  2017 Ed. (243)
  2018 Ed. (230)
  2019 Ed. (225)
  2020 Ed. (228)
Griswold Cattle
  2021 Ed. (807)
  2022 Ed. (839)
Griswold Home Care
  2014 Ed. (100)
  2015 Ed. (114)
  2016 Ed. (121)
  2023 Ed. (184)
Griswold Special Care
  2002 Ed. (245)
  2003 Ed. (220)
  2004 Ed. (179)
  2005 Ed. (179)
  2006 Ed. (194)
  2007 Ed. (200)
  2008 Ed. (187)
  2010 Ed. (184)
  2011 Ed. (106)
  2013 Ed. (91)
Grit
  2018 Ed. (585)
Grizzard Communications Group
  2006 Ed. (3419)
  2007 Ed. (3433)
  2008 Ed. (3600)
Grizzley Industrial
  2013 Ed. (2166)
"Grizzlies"; National Geographic,
  1991 Ed. (2772)
Grizzly
  2015 Ed. (4752)
  2016 Ed. (4655)
  2017 Ed. (4666)
  2018 Ed. (4657)
  2019 Ed. (4670)
Grizzly bear
  1996 Ed. (1643)
Grizzly Cub Embroidery
  2006 Ed. (3495, 4339)
  2007 Ed. (3531)
Grizzly Industrial
  2014 Ed. (2095)
  2015 Ed. (2150)
Grizzly Industrial Inc.
  2016 Ed. (2127)
  2017 Ed. (2076)
  2018 Ed. (2035)
  2019 Ed. (2095)
  2020 Ed. (2005)
  2021 Ed. (1958)
  2022 Ed. (2002)
  2023 Ed. (2103)
Grizzly Short
  2008 Ed. (4518)
GRNE Solar
  2022 Ed. (4441)
Gro Intelligence
  2018 Ed. (1342)
Grob AG; Hefti
  1995 Ed. (2492)
Groban; Josh
  2010 Ed. (3714, 3716)
Grobstein, Horwath & Co.
  1998 Ed. (20)
Groce & Co. Inc.; John
  1991 Ed. (1081)
Groceries
  1994 Ed. (1190)
  1996 Ed. (1169, 3827)
  2001 Ed. (2990)
  2008 Ed. (2439)
  2010 Ed. (4939, 4940)
  2011 Ed. (2361, 4922, 4923)
  2012 Ed. (2285)
GrocerKey
  2022 Ed. (983, 2022)

Grocers
  2006 Ed. (4165)
Grocers, retail
  2001 Ed. (4385)
  2006 Ed. (4611)
  2007 Ed. (4598)
Grocers Supply Co.
  1994 Ed. (2002)
  2009 Ed. (2088, 4945)
  2010 Ed. (4102, 4638)
  2011 Ed. (4072, 4936)
  2012 Ed. (4105, 4938)
  2013 Ed. (2102)
  2014 Ed. (2034)
  2015 Ed. (4096)
  2016 Ed. (3382, 4009)
The Grocers Supply Co.
  2016 Ed. (2057)
Grocers, wholesale
  2001 Ed. (4385)
  2006 Ed. (4611)
  2007 Ed. (4598)
Grocery
  1990 Ed. (167)
  2007 Ed. (1422)
Grocery Outlet
  2013 Ed. (4550)
Grocery Outlet Inc.
  2009 Ed. (4617, 4620)
  2010 Ed. (4646)
  2017 Ed. (1438)
  2018 Ed. (1416)
Grocery products
  2004 Ed. (2545, 2546, 2548)
Grocery retailers
  1996 Ed. (364)
Grocery stores
  1990 Ed. (1658)
  1992 Ed. (1146, 3406, 3407, 4003)
  1995 Ed. (3402, 3707)
  1996 Ed. (3, 3467, 3795)
  1997 Ed. (997)
  1998 Ed. (3321)
  2000 Ed. (3579, 4061, 4067)
  2001 Ed. (3520, 4154)
  2002 Ed. (3657)
  2006 Ed. (4220)
  2007 Ed. (4236)
  2008 Ed. (4020, 4702)
  2011 Ed. (3776)
  2012 Ed. (3777)
  2014 Ed. (3763)
Grocery and supermarkets
  1990 Ed. (987)
Grocon
  2002 Ed. (3773)
  2004 Ed. (1154)
Grocontinental
  2018 Ed. (4706)
  2020 Ed. (4683)
Grodan
  2018 Ed. (2226)
  2019 Ed. (2202)
  2020 Ed. (2197)
Groen; Jitse
  2021 Ed. (4855)
Groendyke
  2001 Ed. (4645)
Groendyke Transport
  2023 Ed. (4552, 4553)
Groendyke Transport Inc.
  1991 Ed. (3433)
  1993 Ed. (3503, 3642)
  1994 Ed. (3474, 3602)
  1995 Ed. (3541, 3680)
  1997 Ed. (3809)
  1998 Ed. (3461, 3639)
  1999 Ed. (4532, 4533, 4681, 4682)
  2000 Ed. (4178)
  2001 Ed. (4441)
  2002 Ed. (4547)
  2003 Ed. (4790)
  2004 Ed. (4775)
  2005 Ed. (4591, 4592)
  2006 Ed. (4657, 4845, 4846)
  2007 Ed. (4677, 4849)
  2008 Ed. (4588, 4772)
  2009 Ed. (4632, 4804)
  2010 Ed. (4821)
  2011 Ed. (4770, 4780)
  2012 Ed. (4615, 4802)
  2013 Ed. (4562, 4764)
  2014 Ed. (4617, 4815)
  2015 Ed. (4616, 4850)
  2016 Ed. (4535, 4754)
  2017 Ed. (4765)
  2018 Ed. (4554, 4761)
  2019 Ed. (4553, 4764)
  2020 Ed. (4553, 4554, 4752)
  2021 Ed. (4534, 4535, 4750)
  2022 Ed. (4540, 4541, 4752)
  2023 Ed. (4554, 4736)
Groendyke Transport, Inc.
  2021 Ed. (4720)
  2022 Ed. (4722)
Groendyke Transportation
  1996 Ed. (3630, 3759)

Groep Colruyt
  2007 Ed. (1598, 2241, 4632)
  2008 Ed. (1575)
  2009 Ed. (1508)
  2010 Ed. (1500)
  2011 Ed. (1495, 2276, 4590)
  2012 Ed. (1343, 2167, 4599)
  2013 Ed. (1435, 4320, 4532, 4535)
  2014 Ed. (1397, 4371, 4590, 4593)
  2015 Ed. (1461, 4590)
  2016 Ed. (1391, 4257, 4507, 4510)
  2017 Ed. (1406, 4244, 4505, 4509)
  2018 Ed. (1383)
  2019 Ed. (1429)
  2020 Ed. (1390)
Groesbeck Investment Management,
  Growth of Dividend Income
  2003 Ed. (3141)
Grogg; Peter
  2023 Ed. (4862)
Groh; Douglas
  1996 Ed. (1846)
Groh; JB
  2011 Ed. (3335)
Grolier Direct Marketing Book & Continuity
  1999 Ed. (1854)
Grolier Encyclopedia
  1994 Ed. (874)
Grolier's Encyclopedia
  1996 Ed. (887, 1084)
Grolsch
  2008 Ed. (245)
  2009 Ed. (268)
  2010 Ed. (255)
Gromek; Joseph R.
  2009 Ed. (2659)
Grön Fuels
  2022 Ed. (2209)
Gron Fuels
  2022 Ed. (1293)
Groninger Construction
  2007 Ed. (1358)
  2013 Ed. (1237)
Grontimij NV
  2011 Ed. (2489, 2496, 2499)
  2012 Ed. (2408, 2415, 2418)
  2013 Ed. (2577, 2588)
  2014 Ed. (2506, 2517)
  2015 Ed. (2580, 2591)
  2016 Ed. (2502, 2513)
Grontmij NV
  2013 Ed. (2578)
  2014 Ed. (2507)
  2015 Ed. (2581)
  2016 Ed. (2503)
Grooming aids
  1990 Ed. (2826)
Grooming products
  2005 Ed. (3724)
Grooming/shaving scissors/implements
  2004 Ed. (3805)
Groot Industries
  2006 Ed. (4060)
Groove Life
  2023 Ed. (2050)
Groove Mobile
  2007 Ed. (4968)
Groove Networks
  2006 Ed. (3021)
Groovi Beauty
  2023 Ed. (810)
Grorganics DHT Blocker System Hair
  Gro-N-Wild
  2020 Ed. (2852)
Grosfeld; James
  1991 Ed. (927)
  1992 Ed. (1144)
groSolar
  2008 Ed. (2152)
  2009 Ed. (2135)
  2018 Ed. (4439)
Grospart AG
  2011 Ed. (2068, 4293)
Gross; Bill
  2005 Ed. (788, 3202)
  2014 Ed. (4854)
  2015 Ed. (4891)
  2016 Ed. (4809)
Gross; Bruce
  2005 Ed. (988)
  2006 Ed. (966)
  2007 Ed. (1062)
Gross Builders
  2002 Ed. (2688)
  2003 Ed. (1155)
  2004 Ed. (1160)
  2005 Ed. (1188)
Gross; Joel
  1991 Ed. (1684)
  1993 Ed. (1827)
  1994 Ed. (1810)
Gross Mendelsohn & Associates
  2023 Ed. (52)
Gross, The Professional Investor; Robert
  1990 Ed. (57)
Gross Townsend Frank Hoffman
  1990 Ed. (57)
  1991 Ed. (68)

  1992 Ed. (110, 117, 1806, 3562, 3759)
Gross Townshend Frank Hoffman
  1993 Ed. (77)
Gross; William
  2010 Ed. (702)
Grossman Asset Management
  2005 Ed. (1087)
Grossman, CTA; Gerald
  1996 Ed. (1056)
Grossman; Elizabeth
  2006 Ed. (4973)
Grossman Global Macro Hedge Program
  2003 Ed. (3149)
Grossman's Inc.
  1990 Ed. (838, 839, 840)
  1991 Ed. (801)
  1992 Ed. (982)
  1993 Ed. (775, 2047)
  1994 Ed. (793, 794, 2076)
  1995 Ed. (845, 846, 2125)
  1996 Ed. (817, 818, 821, 827, 2133, 2134)
  1997 Ed. (2244, 2245, 2246)
  1998 Ed. (1967, 1973)
  2000 Ed. (389)
Grosvenor
  2004 Ed. (2818)
Grosvenor Capital Management
  2006 Ed. (2799)
  2007 Ed. (2793)
  2008 Ed. (2923)
Grosvenor Capital Management LP
  2004 Ed. (2819)
Grosvenor; Gerald
  1991 Ed. (710, 3477)
  2014 Ed. (4913)
Grosvenor; Gerald C.
  2010 Ed. (4899)
Grosvenor; Gerald Cavendish
  2008 Ed. (4910)
  2009 Ed. (4921)
  2010 Ed. (4925)
  2011 Ed. (4911)
  2012 Ed. (4924)
  2013 Ed. (4922)
  2014 Ed. (4929)
  2015 Ed. (4969)
  2016 Ed. (4886)
  2017 Ed. (4884)
Groth Vineyards & Winery
  2015 Ed. (4992)
  2017 Ed. (4902)
  2018 Ed. (4922)
  2019 Ed. (4920)
  2020 Ed. (4921)
  2021 Ed. (4918)
Groton Town, CT
  1996 Ed. (2537)
Groucho's Deli
  2012 Ed. (4398)
  2015 Ed. (4406)
  2016 Ed. (4299)
Ground beef
  1989 Ed. (1461)
  2003 Ed. (2565)
Ground Control
  2019 Ed. (3343)
Ground Floor Media
  2011 Ed. (4132)
  2012 Ed. (4161)
  2013 Ed. (4151)
  2015 Ed. (4148)
Ground coat frit
  2001 Ed. (1296)
The Ground Guys
  2014 Ed. (3466)
  2015 Ed. (3484)
  2016 Ed. (3333)
  2017 Ed. (3296)
Ground Improvement Techniques Inc.
  1996 Ed. (1139)
  1997 Ed. (1165)
The Ground Round
  1990 Ed. (3021)
  1991 Ed. (2882)
  1992 Ed. (3717)
  1993 Ed. (3017, 3034)
  1994 Ed. (3075, 3089)
  1995 Ed. (3120, 3139)
  1996 Ed. (3216, 3231)
  1997 Ed. (3317, 3329, 3334, 3651)
  1998 Ed. (3063)
  1999 Ed. (4064, 4065)
  2000 Ed. (3781)
  2003 Ed. (4097)
Ground Round Grill & Bar
  2016 Ed. (800)
Ground transportation
  1998 Ed. (582)
Ground/Whole-Bean Coffee
  2000 Ed. (4143)
Groundfloor Media
  2015 Ed. (2523)
  2016 Ed. (2458)
GroundFloor Media Inc.
  2008 Ed. (1709)
  2009 Ed. (1638)
  2010 Ed. (1610)

2011 Ed. (1614)
2012 Ed. (1462)
2013 Ed. (1554)
2014 Ed. (1523)
The Grounds Guys
　2015 Ed. (3476)
　2016 Ed. (782)
　2017 Ed. (3281)
　2018 Ed. (3349, 3356, 3364)
　2019 Ed. (3335, 3344)
　2020 Ed. (3337)
　2022 Ed. (3357, 3365)
　2023 Ed. (3171, 3482, 4417)
The Grounds Guys LLC
　2015 Ed. (899)
　2016 Ed. (798)
Grounds maintenance
　1995 Ed. (2816)
　1996 Ed. (2881)
The Groundskeeper
　2011 Ed. (3429)
　2012 Ed. (3442)
　2013 Ed. (3462)
　2017 Ed. (3284, 3285, 3288, 3291)
　2018 Ed. (3352, 3353, 3356, 3359)
　2019 Ed. (3331, 3332, 3335, 3338)
　2020 Ed. (3334, 3337, 3340)
Groundskeepers
　2005 Ed. (3632)
Groundskeeping
　2001 Ed. (2760)
Groundskeeping workers
　2007 Ed. (2461)
　2009 Ed. (2622)
Groundspeak
　2014 Ed. (2453)
Groundwater & Environmental Services Inc.
　2009 Ed. (2626)
　2012 Ed. (2478)
　2017 Ed. (2438)
Groundwater Technology Inc.
　1991 Ed. (1552)
　1992 Ed. (1958)
　1993 Ed. (1603)
　1994 Ed. (1635)
　1995 Ed. (1673, 1698)
　1996 Ed. (1656)
　1997 Ed. (1761)
Groundworks
　2022 Ed. (3002, 3068)
　2023 Ed. (3181, 3183)
The Group
　2005 Ed. (71)
Group 1 Auto
　2000 Ed. (3322)
Group 1 Automotive
　2014 Ed. (218)
　2015 Ed. (253)
　2016 Ed. (246)
　2017 Ed. (245, 4458)
　2018 Ed. (4478)
　2020 Ed. (233)
　2021 Ed. (226)
　2022 Ed. (247, 248)
　2023 Ed. (348, 355)
Group 1 Automotive Inc.
　1999 Ed. (317)
　2000 Ed. (329)
　2001 Ed. (440, 443, 444, 445, 446, 447, 448, 449, 450, 451, 452, 539)
　2002 Ed. (351, 364, 371, 372)
　2003 Ed. (308, 310, 311, 1582)
　2004 Ed. (267, 270, 276, 277, 340, 341, 1578)
　2005 Ed. (274, 275, 280, 281, 282, 339, 340, 4161)
　2006 Ed. (297, 301, 302, 303, 4215)
　2007 Ed. (299, 301, 4231)
　2008 Ed. (289, 290, 4260, 4473)
　2009 Ed. (306, 309, 1446, 4364)
　2010 Ed. (287, 291, 4390)
　2011 Ed. (211, 213, 2092, 4335)
　2012 Ed. (223, 224)
　2013 Ed. (214, 226)
　2014 Ed. (223, 228)
　2015 Ed. (258, 263)
　2016 Ed. (248, 251, 257)
　2017 Ed. (249, 250, 252, 261)
　2018 Ed. (232, 236, 237, 247)
　2019 Ed. (228, 233, 234, 243)
　2020 Ed. (232, 238, 239, 248)
　2021 Ed. (230, 233)
　2022 Ed. (254)
Group 4 Falck A/S
　2006 Ed. (1430)
Group 4 Securicor
　2006 Ed. (4303)
　2007 Ed. (4367, 4370)
Group 4 Securicor plc
　2008 Ed. (1719)
　2009 Ed. (1355, 1658)
　2011 Ed. (1622)
Group 360 Chicago
　2008 Ed. (4035)
Group Banco Mare Nostrum
　2013 Ed. (460)
　2014 Ed. (476)

Group Benefit Services Inc.
　2017 Ed. (4935)
Group BSN/Danone
　1996 Ed. (1945)
Group Builders Inc.
　2007 Ed. (1751)
　2009 Ed. (1714, 1715)
　2010 Ed. (1665)
　2011 Ed. (1191)
　2013 Ed. (1283)
　2014 Ed. (1216)
　2019 Ed. (1612)
　2023 Ed. (3763)
Group Ecureuil
　1991 Ed. (521)
Group of European Cos.
　2009 Ed. (1396)
Group Excellence
　2013 Ed. (2395)
Group Five
　2017 Ed. (1119)
Group Genius: The Creative Power of Collaboration
　2009 Ed. (633)
Group Goetz Architects
　2005 Ed. (3165)
　2006 Ed. (3166)
　2007 Ed. (3200)
　2008 Ed. (3342)
　2009 Ed. (3415)
　2010 Ed. (3353)
Group accident & health
　2002 Ed. (2964)
　2005 Ed. (3130)
Group Health Cooperative
　1995 Ed. (2091, 2092)
　2006 Ed. (2765)
　2011 Ed. (3630)
　2013 Ed. (3026)
　2014 Ed. (3037)
　2015 Ed. (1341, 3103)
　2016 Ed. (1262)
　2017 Ed. (1322)
　2018 Ed. (1301, 3029)
Group Health Cooperative of Puget Sound
　1993 Ed. (2019)
　1996 Ed. (2087, 2093)
　1997 Ed. (2195)
　2005 Ed. (1414, 1415)
　2007 Ed. (1432)
Group Health Cooperative of South Central Wisconsin
　2008 Ed. (2919)
　2009 Ed. (2974)
　2010 Ed. (2914)
　2011 Ed. (2881)
　2013 Ed. (3187)
Group Health Inc.
　1995 Ed. (2091)
　1997 Ed. (2701)
　1998 Ed. (2428)
　1999 Ed. (2651)
　2000 Ed. (2439)
　2001 Ed. (3874)
　2002 Ed. (3744)
　2005 Ed. (3367)
　2009 Ed. (3319)
Group Health Permanente
　2013 Ed. (3026)
　2014 Ed. (3037)
　2015 Ed. (3103)
The Group Inc. Real Estate
　2004 Ed. (4068, 4070)
　2007 Ed. (4074)
Group life insurance
　1994 Ed. (2228)
Group Jasminal
　2005 Ed. (88)
　2006 Ed. (97)
　2007 Ed. (87)
　2008 Ed. (94)
Group Lavergne Inc.
　2004 Ed. (3914)
　2005 Ed. (3859)
Group M Search
　2009 Ed. (2456)
　2010 Ed. (2377)
　2011 Ed. (2376)
　2012 Ed. (2303)
Group M Worldwide Inc.
　2014 Ed. (3540)
Group Maintenance America Corp.
　2001 Ed. (1410, 1469, 1478)
Group Management Services, Inc.
　2003 Ed. (3950)
Group Medical Services
　2013 Ed. (1522)
　2015 Ed. (1549)
　2016 Ed. (1488)
Group Nine Media
　2019 Ed. (4803)
　2020 Ed. (4572)
Group O Direct
　2006 Ed. (3511, 4350)
　2007 Ed. (3551, 4410)
Group O Inc.
　2001 Ed. (2716)
　2006 Ed. (2845)

2008 Ed. (2968)
2009 Ed. (3048)
2010 Ed. (2972)
2011 Ed. (2935)
2012 Ed. (2859, 2868)
2013 Ed. (2928, 2934, 2940)
2014 Ed. (2953, 2960)
2015 Ed. (3005, 3028)
Group Olympia Ltee.
　1992 Ed. (2998, 3513)
Group One
　2002 Ed. (2646)
Group One Source
　2002 Ed. (2112)
Group Resources
　2010 Ed. (3231)
Group Rovi
　2006 Ed. (2022)
Group Technologies
　1996 Ed. (1119)
　1999 Ed. (2453)
Group Three Advertising Corp.
　1989 Ed. (106)
Group UAP
　1998 Ed. (2210)
Group Victoire
　1994 Ed. (2235)
Group Voyagers Inc.
　2002 Ed. (1074)
Group W
　1992 Ed. (3602)
　1993 Ed. (3544)
　1995 Ed. (3576)
　1997 Ed. (3238, 3721)
Group Zannier
　2001 Ed. (1261)
Group1 Automotive Inc.
　2000 Ed. (332)
Group9
　2008 Ed. (4113)
Group10 Capital
　2021 Ed. (4072)
GroupAma
　1990 Ed. (2279)
　1992 Ed. (2709)
　1994 Ed. (2235)
　1997 Ed. (2422)
　2003 Ed. (3011)
　2004 Ed. (1739, 3129)
Groupama Asigurari SA
　2014 Ed. (3279)
　2015 Ed. (3329)
　2016 Ed. (3183)
　2017 Ed. (3133)
　2018 Ed. (3227)
　2019 Ed. (3166)
Groupama Asset Mgmt.
　2000 Ed. (2821, 2822, 2823)
Groupama Banque
　2014 Ed. (443)
GroupAma-Gan
　2002 Ed. (2967)
Groupama SA
　2007 Ed. (3180)
　2008 Ed. (3328)
　2009 Ed. (3398)
　2010 Ed. (1382, 3332)
　2011 Ed. (1373, 3289)
Groupe ABS
　2006 Ed. (97)
Groupe Adeo SA
　2013 Ed. (4329)
　2014 Ed. (4380)
　2016 Ed. (4248, 4265)
　2017 Ed. (4253)
Groupe Albert
　2001 Ed. (1261)
Groupe Archambault Inc.
　2015 Ed. (3739)
　2016 Ed. (3647)
　2020 Ed. (3646)
　2021 Ed. (3651)
Groupe Assurance Generale
　1992 Ed. (1461)
Groupe des Assurances du Credit Mutuel SA
　2011 Ed. (503, 2716, 4702)
Groupe Auchan
　2002 Ed. (4533)
　2017 Ed. (1575, 2460, 2500, 2501, 4522)
　2018 Ed. (2561, 2571)
　2019 Ed. (795, 4535)
　2020 Ed. (789, 4542)
　2021 Ed. (817, 4521)
Groupe Auchan (France)
　2021 Ed. (4521)
Groupe Auchan S.A.
　2023 Ed. (2706)
Groupe Auchan SA
　2013 Ed. (4329)
　2014 Ed. (4380)
　2016 Ed. (4265)
　2017 Ed. (3982, 4253)
　2018 Ed. (1508, 2311, 2511, 2559)
Groupe Axa
　1999 Ed. (3104, 3106, 3587)
　2000 Ed. (2849, 2856)

Groupe Banque Centrale Populaire
　2020 Ed. (343)
　2021 Ed. (414)
　2022 Ed. (428)
　2023 Ed. (557)
Groupe Banque Centrale Populaire (Morocco)
　2021 Ed. (414)
　2022 Ed. (428)
Groupe des Banques
　1991 Ed. (521)
Groupe Banques Populaire
　2009 Ed. (506)
　2010 Ed. (487)
　2011 Ed. (417)
　2012 Ed. (392)
　2013 Ed. (333, 364)
　2014 Ed. (381)
　2015 Ed. (397, 436)
　2016 Ed. (372, 391)
　2017 Ed. (377, 397)
　2018 Ed. (346, 348)
　2019 Ed. (343, 352)
　2020 Ed. (349)
　2022 Ed. (427)
　2023 Ed. (556, 567)
Groupe Banques Populaire (Morocco)
　2022 Ed. (427)
Groupe Banques Populaires
　2000 Ed. (535)
　2002 Ed. (562)
　2003 Ed. (496)
　2004 Ed. (531)
　2005 Ed. (510)
　2006 Ed. (444)
　2007 Ed. (450)
　2008 Ed. (416)
　2009 Ed. (444)
　2010 Ed. (420)
　2011 Ed. (345)
Groupe des Banques Populaires
　1990 Ed. (578)
　1992 Ed. (676)
　1993 Ed. (487)
　1994 Ed. (489)
　1995 Ed. (472)
　1996 Ed. (512)
　1997 Ed. (475)
Groupe Bel
　2020 Ed. (2709)
Groupe Bigard SA
　2020 Ed. (2709)
Groupe Biscuits Leclerc Inc.
　2007 Ed. (1965)
Groupe BMR
　2021 Ed. (2835)
Groupe Boutique Neron
　2015 Ed. (1207, 1540)
Groupe BPCE
　2012 Ed. (344, 1506, 1598)
　2013 Ed. (424, 442, 476, 1645)
　2014 Ed. (443, 489, 1603)
　2015 Ed. (497, 550, 1654)
　2016 Ed. (452, 468, 504, 1595, 4008)
　2017 Ed. (470, 486, 519, 3982)
　2018 Ed. (432, 450, 485, 1508)
　2019 Ed. (442, 443, 461, 499, 1332, 1591)
　2020 Ed. (430, 446, 480, 1307, 2349, 2593)
　2021 Ed. (444, 1288)
　2022 Ed. (459, 482, 1290, 1291, 2343)
　2023 Ed. (646, 647, 667, 1492, 1493, 1495)
Groupe BPCE (France)
　2021 Ed. (1288)
　2022 Ed. (482, 1290, 1291)
Groupe Bruxelles Lambert
　1990 Ed. (1333)
　1991 Ed. (1260)
　1992 Ed. (1579)
　1993 Ed. (1283)
　1994 Ed. (1329)
　1995 Ed. (1360)
　1997 Ed. (1367, 1392)
　2002 Ed. (1596)
　2010 Ed. (1501)
Groupe Bruxelles Lambert SA
　1996 Ed. (1300, 1332)
　2003 Ed. (1434)
　2006 Ed. (1562, 1563)
　2021 Ed. (2441, 2578)
　2022 Ed. (2552, 2694)
Groupe BSN
　1991 Ed. (1292)
Groupe Bull
　1990 Ed. (2195, 2196)
　1991 Ed. (1535, 2063, 2064, 2065, 2068)
　1992 Ed. (1321, 1925, 1928, 2633, 2634)
　1993 Ed. (1060, 1062, 1064, 1581, 2177, 2178, 2179)
　1994 Ed. (1085, 2200, 2201, 2203, 2207, 2517)
　1995 Ed. (1093, 2570)
　1999 Ed. (2876)
Groupe Caisse d'Epargne
　1996 Ed. (512)
　1997 Ed. (460, 475)

1999 Ed. (513, 514, 527)
2002 Ed. (562)
2003 Ed. (496)
2004 Ed. (531)
2005 Ed. (510)
2006 Ed. (444)
2007 Ed. (450)
2008 Ed. (416)
2009 Ed. (444)
2010 Ed. (420)
2011 Ed. (345)
Groupe Caissed'Epargne
  2000 Ed. (535)
Groupe des Caisses
  1998 Ed. (3545)
Groupe Caisses d'Epargne
  2008 Ed. (1418)
Groupe des Caisses d'Epargne Ecureuil
  1992 Ed. (676)
  1993 Ed. (487)
  1994 Ed. (489)
  1995 Ed. (472)
Groupe Cantrex Inc.
  2000 Ed. (1397)
Groupe Casin
  2018 Ed. (2311)
Groupe Casino
  1995 Ed. (3335)
  2015 Ed. (2467)
  2016 Ed. (793, 1738)
  2019 Ed. (795, 806, 4535)
  2020 Ed. (789, 4542)
  2021 Ed. (817, 4521)
Groupe Casino (France)
  2021 Ed. (4521)
Groupe Casino SA
  2001 Ed. (2826, 2827)
Groupe de la Cite
  1991 Ed. (986)
  1992 Ed. (1229)
  1993 Ed. (999)
  1996 Ed. (3088)
Groupe Cochez
  2020 Ed. (4672)
Groupe Consoursmania
  2012 Ed. (2843)
  2013 Ed. (2905)
Groupe Crédit Agricole
  2019 Ed. (1332)
  2020 Ed. (1307)
  2021 Ed. (1288)
  2022 Ed. (1290, 1291)
  2023 Ed. (1492, 1493, 1495)
Groupe Credit Agricole
  2013 Ed. (412)
  2014 Ed. (429)
Groupe Crédit Agricole (France)
  2021 Ed. (1288)
  2022 Ed. (1290, 1291)
Groupe Credit Agricole/Landbouwkrediet
  2003 Ed. (467)
Groupe Crédit Mutuel
  2019 Ed. (1332)
  2020 Ed. (1307)
  2023 Ed. (1492, 1495)
Groupe Credit Mutuel
  2022 Ed. (1290)
Groupe Credit Mutuel (France)
  2022 Ed. (1290)
Groupe CRIT SA
  2022 Ed. (785)
Groupe Danone
  1997 Ed. (1411)
  1998 Ed. (1722)
  1999 Ed. (711, 2469, 2470)
  2000 Ed. (2227)
  2001 Ed. (19, 28, 36, 46, 1970, 1971, 2470)
  2002 Ed. (1659, 1908, 2307, 2308, 2309)
  2003 Ed. (750, 2513, 2514, 2517, 4584)
  2004 Ed. (24, 30, 40, 45, 74, 78, 79, 86, 93, 885, 2654)
  2005 Ed. (17, 23, 33, 39, 69, 81, 88, 663, 667, 1798, 2642, 2644, 2646, 4716)
  2006 Ed. (23, 29, 40, 46, 51, 77, 78, 90, 97, 142, 565, 2639, 2641, 2643, 4768)
  2007 Ed. (17, 21, 31, 37, 42, 60, 68, 69, 72, 73, 77, 80, 87, 613, 1731, 2617, 2618, 2619, 2621, 4778)
  2008 Ed. (21, 22, 26, 35, 41, 46, 58, 62, 63, 73, 74, 77, 78, 83, 86, 94, 95, 108, 561, 1762, 1812, 2746, 2748, 2751, 2753, 2754, 4693)
  2009 Ed. (24, 25, 31, 41, 46, 53, 66, 67, 72, 82, 83, 86, 87, 91, 95, 104, 770, 776, 1688, 1689, 2802, 2803, 2806, 2807, 2809)
  2010 Ed. (34, 35, 38, 41, 63, 76, 94, 95, 103, 111, 570, 713, 1641, 1645, 1646, 1711, 1991, 2048, 2733, 2734, 2736, 2738, 2741, 2746)
  2011 Ed. (30, 1625, 1656, 2715, 2718, 2719, 2721, 2723, 2725, 2726)
  2012 Ed. (32, 473, 1507, 2648, 2653, 2654, 2655, 2656, 2659, 2667)
  2013 Ed. (589, 590, 1646, 2728, 2735, 2736, 2737, 2741, 2743, 2756)
  2014 Ed. (55, 601, 602, 1292, 1604, 2227, 2710, 2712, 2715, 2716, 2717, 2718, 2721, 2723, 2741, 4015)
  2015 Ed. (671, 672, 1354, 2761, 2769, 2770, 2771, 2772, 2776, 2778, 2793)
  2016 Ed. (612, 613, 1285, 2691, 2699, 2700, 2701, 2706, 2708, 2723)
  2017 Ed. (1342, 2641, 2652, 2653, 2655, 2656, 2661, 2679)
  2018 Ed. (607, 2714, 2715, 2717, 2738)
  2019 Ed. (617, 618, 2692, 2699, 2700, 2702, 2722)
  2020 Ed. (602, 603, 2709, 2733, 2735, 2741, 2754)
  2021 Ed. (566, 567, 2620, 2622, 2627)
Groupe Danone SA
  2009 Ed. (590, 2800, 4735)
  2011 Ed. (503, 2716, 4702)
  2012 Ed. (466, 2649, 4724)
  2013 Ed. (576, 2731, 4679)
Groupe Ecureuil
  1990 Ed. (543, 577)
Groupe EGIS
  2000 Ed. (1282, 1808, 1811, 1820, 1821, 1822)
Groupe EMC
  2004 Ed. (957)
Groupe Eurotunnel
  2017 Ed. (4707)
Groupe Everest
  1993 Ed. (132)
Groupe Express
  1994 Ed. (2781)
Groupe Forex
  1997 Ed. (1374)
Groupe Germain
  2007 Ed. (1965)
Groupe GTM
  2000 Ed. (1275, 1277, 1278, 1282, 1283, 1285, 1291, 1292)
  2001 Ed. (1487)
  2002 Ed. (1194, 1304, 1306, 1307, 1311, 1321)
Groupe Hersant
  1990 Ed. (2797)
  1992 Ed. (3369)
  1994 Ed. (2781)
Groupe IKKS/Le Bourget
  2001 Ed. (1261)
GROUPE INOVEFA
  2021 Ed. (4071)
Groupe Lactalis
  2001 Ed. (1971)
  2002 Ed. (1908)
  2018 Ed. (2511)
  2019 Ed. (2688, 2690, 2691, 2692, 2694)
  2020 Ed. (2709, 2733)
  2023 Ed. (2706)
Groupe Lactalis S.A.
  2021 Ed. (2450)
  2022 Ed. (2560, 2746)
Groupe Laperriere & Verreault
  2007 Ed. (3024)
  2008 Ed. (3142)
  2009 Ed. (3226)
Groupe Le Duff SA
  2016 Ed. (2725)
Groupe MAAF
  1993 Ed. (1199)
Groupe Michelin
  1998 Ed. (3572)
Groupe Morrow
  1992 Ed. (202)
Groupe Nationale des Caisse d'Epargne SA
  2009 Ed. (443)
  2010 Ed. (419)
  2011 Ed. (344)
Groupe Office Cherifien des Phosphates SA
  2018 Ed. (806)
Groupe Olympia
  1994 Ed. (1877)
Groupe Olympia Ltee.
  1993 Ed. (2524, 2897)
Groupe Open SA
  2008 Ed. (1722, 1763, 2868, 3208)
  2009 Ed. (1691)
Groupe Pinault-Printemps
  1995 Ed. (3335)
  2006 Ed. (1796, 4180)
Groupe Pinault-Printemps-Redoute SA
  2006 Ed. (4945)
Groupe Pomerleau
  2007 Ed. (1284)
  2008 Ed. (1184)
  2009 Ed. (1160, 1251)
  2010 Ed. (1156, 1248)
  2011 Ed. (1198)
Groupe Premier Médical
  2019 Ed. (2627)
Groupe Promutuel
  2008 Ed. (1384)
  2009 Ed. (1387)
  2011 Ed. (1365)
  2013 Ed. (1343)
  2014 Ed. (1276)
Groupe Quintesens
  2019 Ed. (2628)
  2020 Ed. (2640)
Groupe Redman
  2019 Ed. (4101)
Groupe Ro-na Dismat
  1994 Ed. (3366)
  1996 Ed. (3483)
  1997 Ed. (3547)
Groupe Robert
  2006 Ed. (4853)
  2007 Ed. (4856)
  2008 Ed. (4779)
  2009 Ed. (4811)
  2010 Ed. (4829)
  2011 Ed. (4789)
  2012 Ed. (4810)
  2013 Ed. (4745)
  2014 Ed. (4795)
  2015 Ed. (4829)
  2016 Ed. (4734)
  2017 Ed. (4753)
  2018 Ed. (4741)
  2019 Ed. (4741)
Groupe Roullier
  2004 Ed. (957)
Groupe Royale Belge
  1997 Ed. (1367)
Groupe Saint-Gobain
  1990 Ed. (1903)
Groupe St.-Hubert
  1994 Ed. (2110)
Groupe Sani Mobile
  1992 Ed. (1589)
Groupe Savoie - Les Residences Soleil
  2008 Ed. (2058)
Groupe Schneider
  1993 Ed. (1189)
Groupe Schneider-North America
  1998 Ed. (1138)
Groupe SEB
  2010 Ed. (3003, 3111, 3128)
  2011 Ed. (3081, 3096)
  2012 Ed. (3023, 3032, 3036)
  2013 Ed. (3119)
  2014 Ed. (3120)
Groupe SEB SA
  2013 Ed. (3123)
  2014 Ed. (3109)
  2015 Ed. (3171)
Groupe Sportscene Inc.
  2008 Ed. (2058)
Groupe Steria SCA
  2018 Ed. (974)
Groupe Sucres et Denrees
  1989 Ed. (961)
  1990 Ed. (1102)
GROUPE SYSTRA
  2000 Ed. (1814, 1821)
Groupe TAQ
  2021 Ed. (4381)
Groupe Transat A.T. Inc.
  1993 Ed. (3614)
Groupe UCB
  2000 Ed. (1392)
  2001 Ed. (1641)
Groupe Uniprix
  2016 Ed. (2829)
  2017 Ed. (4507)
Groupe Val Royal
  1997 Ed. (3547)
Groupe Vedeotron
  1992 Ed. (946)
Groupe Victoire
  1992 Ed. (915, 916, 2709)
Groupe Videotron
  1992 Ed. (1295)
  1994 Ed. (761)
  1996 Ed. (791)
  1997 Ed. (729)
Groupe Videotron Itee
  2000 Ed. (1397)
Groupe Videotron Ltee.
  1993 Ed. (2506)
  1995 Ed. (2512)
Groupe Volkswagen France SA
  2011 Ed. (1651)
Groupe Wanadoo SA
  2004 Ed. (1132)
  2005 Ed. (1155)
Groupe Xit Inc.
  2015 Ed. (1053)
Groupe Zodiac
  2011 Ed. (3553)
Groupe Zurich
  1990 Ed. (2277)
GroupeLecon
  2001 Ed. (1447)
Groupement d'Achats Edouard Leclerc (Ste Coope)
  1991 Ed. (3480)
  1993 Ed. (3696)
  1994 Ed. (3661)
Groupements d'Achats des Centres E. Leclerc
  2009 Ed. (4326)
  2010 Ed. (4323)
Grouper
  2019 Ed. (2296)
Groupes Banques Populaires
  1999 Ed. (527)
Groupex Solutions
  2017 Ed. (1474, 3048)
GroupGemstone
  2010 Ed. (4044, 4157)
GroupHealth Partnership
  1992 Ed. (2393)
GroupM
  2015 Ed. (2486)
  2016 Ed. (2417)
  2018 Ed. (66, 2326)
  2019 Ed. (63)
  2023 Ed. (151)
GroupM Multicultural
  2019 Ed. (2901)
  2020 Ed. (2920)
Groupo Modelo SA
  2013 Ed. (589)
Groupon
  2015 Ed. (2474)
  2017 Ed. (2258)
  2019 Ed. (2345)
Groupon Goods
  2018 Ed. (2310)
Groupon Inc.
  2012 Ed. (2305, 3306)
  2013 Ed. (2461, 2478)
  2015 Ed. (2473, 3109)
  2018 Ed. (3035)
  2019 Ed. (2977)
  2020 Ed. (4332)
  2021 Ed. (4348)
  2022 Ed. (4354)
Groupon.com
  2012 Ed. (2300)
  2013 Ed. (2471)
Groups Meetings Incentives Inc.
  2008 Ed. (3716, 4406, 4968)
Groupware
  1999 Ed. (3009)
Groupware Technology
  2008 Ed. (4607)
  2009 Ed. (3241, 4111, 4823)
  2010 Ed. (3172)
Grout Doctor Global Franchise Corp.
  2007 Ed. (2253)
  2009 Ed. (227)
  2010 Ed. (213)
  2011 Ed. (134)
  2014 Ed. (3014)
  2019 Ed. (4778)
  2020 Ed. (4766)
The Grout Medic
  2009 Ed. (227)
  2010 Ed. (213)
  2011 Ed. (134)
Grove 45 Extra Virgin Olive Oil
  2015 Ed. (3794)
  2018 Ed. (3719)
  2020 Ed. (3750)
  2023 Ed. (3873)
Grove City College
  1996 Ed. (1041)
  1998 Ed. (795)
  1999 Ed. (1224)
  2001 Ed. (1321)
  2008 Ed. (1060)
Grove Collaborative
  2020 Ed. (1094, 1397)
  2022 Ed. (1098, 4222)
Grove Colourprint Ltd.
  1991 Ed. (960)
Grove Farm Co.
  2007 Ed. (1756)
  2008 Ed. (1779, 1784)
  2009 Ed. (1725)
  2012 Ed. (1533)
  2016 Ed. (1619, 1625, 1634)
  2017 Ed. (1598)
Grove Farm Co., Inc.
  2014 Ed. (1631)
  2015 Ed. (1680)
Grove Isle Hotel & Spa
  2007 Ed. (4118)
  2008 Ed. (3076)
  2009 Ed. (3164)
  2010 Ed. (3095)
Grove Oakland Health Care Center
  2014 Ed. (1963)
Grove Solutions Ltd.
  2017 Ed. (2868)
Grove: The Life & Times of an American; Andy
  2008 Ed. (610, 615)
Grover Connell
  1990 Ed. (2578)
  1991 Ed. (2462)
  1992 Ed. (3079)
  1995 Ed. (2580)
Grover Gaming
  2022 Ed. (974, 1816)
Groves; Edmund
  2005 Ed. (4862)
  2006 Ed. (4922)

CUMULATIVE INDEX • 1989-2023

Grovo
 2018 Ed. (1333)
Grow Biz International
 1995 Ed. (2066, 3388)
 1996 Ed. (2061, 2062, 3451)
Grow Finance
 2023 Ed. (1580, 1581)
Grow Financial Credit Union
 2009 Ed. (2209)
 2010 Ed. (2163)
 2011 Ed. (2182)
 2012 Ed. (2042)
 2013 Ed. (2224)
 2014 Ed. (2156)
 2015 Ed. (2220)
 2016 Ed. (2191)
Grow Financial Federal Credit Union
 2018 Ed. (2089)
 2020 Ed. (2067)
 2021 Ed. (2014, 2057)
 2022 Ed. (1531, 2050, 2093, 2642)
 2023 Ed. (2162, 2207)
Grow Group
 1990 Ed. (2131, 2757)
 1991 Ed. (2666)
 1992 Ed. (3325, 3728)
 1993 Ed. (2761)
 1994 Ed. (2719)
 1995 Ed. (2825)
Grow Marketing
 2019 Ed. (3476)
 2020 Ed. (3454)
 2021 Ed. (3474)
 2022 Ed. (3531)
 2023 Ed. (3652)
Grow Mobility
 2020 Ed. (1680)
Grow Your Money: 101 Easy Tips to Plan, Save, and Invest
 2009 Ed. (640)
Grower Direct Farms
 2023 Ed. (3850)
Growers Fertilizer Corp.
 2013 Ed. (2674)
 2014 Ed. (2628)
 2015 Ed. (2671)
 2016 Ed. (2594)
 2017 Ed. (2523)
 2018 Ed. (2596)
 2019 Ed. (2574)
 2020 Ed. (2568)
Growers House
 2018 Ed. (2226)
 2019 Ed. (2202)
Growers Supply
 2018 Ed. (2226)
 2019 Ed. (2202)
GrowFlow Corp.
 2023 Ed. (2107)
GrowII.com
 2012 Ed. (4029)
 2013 Ed. (4079)
 2014 Ed. (4089)
Growing Tree Children's Center
 2011 Ed. (1970, 1972)
 2012 Ed. (1774, 1822, 1824)
Growlife Inc.
 2022 Ed. (1999)
Growlink
 2022 Ed. (761, 762, 1483)
 2023 Ed. (1669)
GrowLL.com
 2014 Ed. (4099)
GROWMARK
 2022 Ed. (122, 124, 2136, 2640, 2881, 4379)
 2023 Ed. (186, 191, 193, 2254, 2776, 2995, 4398)
Growmark
 2019 Ed. (4017)
GROWMARK Inc.
 2006 Ed. (1388, 1389)
 2007 Ed. (1426)
 2008 Ed. (1382)
 2009 Ed. (1385, 3249)
 2010 Ed. (200, 204, 1370, 2217, 2631, 3180, 4129, 4455)
 2011 Ed. (122, 127, 128, 1363, 2235, 2614, 4094, 4391)
 2012 Ed. (129, 131, 1226, 2097, 2555, 2747, 3099, 4128, 4457)
 2013 Ed. (95, 108, 1345)
 2014 Ed. (102, 115, 1278)
 2015 Ed. (116, 130, 1335, 1336)
 2016 Ed. (122, 135, 1257)
 2017 Ed. (114, 127, 1317)
 2018 Ed. (124, 127, 1296)
 2019 Ed. (110, 123, 1327)
 2020 Ed. (118, 1302)
 2021 Ed. (110, 1283)
 2022 Ed. (115, 1285)
 2023 Ed. (1486)
GROWMARK, Inc.
 2018 Ed. (131)
 2019 Ed. (127)
 2020 Ed. (124)
 2021 Ed. (115)

Growmark Inc.
 2013 Ed. (4121)
 2014 Ed. (4136)
 2015 Ed. (4120)
 2016 Ed. (2839, 4034)
 2017 Ed. (3987, 4006)
 2018 Ed. (4028)
 2019 Ed. (4020)
 2020 Ed. (4034, 4035)
 2021 Ed. (4000, 4001)
 2022 Ed. (4013, 4015)
 2023 Ed. (4097, 4099)
Growmark System
 2006 Ed. (4013)
 2007 Ed. (4045)
 2008 Ed. (4081)
 2009 Ed. (4194)
Grown
 2022 Ed. (107)
Grown in Idaho
 2022 Ed. (2820)
 2023 Ed. (2935, 2936)
Growney Equipment Inc.; Tom
 2007 Ed. (4436)
Growth
 1989 Ed. (1845)
 1991 Ed. (2568)
The Growth Coach
 2007 Ed. (784)
 2008 Ed. (757, 881)
 2009 Ed. (752, 891)
 2010 Ed. (698)
 2011 Ed. (625)
 2012 Ed. (595)
 2013 Ed. (732)
 2014 Ed. (758)
 2020 Ed. (808)
Growth Equity GE
 1996 Ed. (625)
Growth Fund of America
 2003 Ed. (2361, 3491, 3518)
 2004 Ed. (2451, 2464, 3657)
 2005 Ed. (2465, 3581, 4480)
 2006 Ed. (2510, 3684, 4556)
 2007 Ed. (2485)
 2008 Ed. (2610, 4510)
Growth Fund of Spain
 2000 Ed. (3294)
 2001 Ed. (3501)
Growth Fund of Washington
 1999 Ed. (598)
Growth & income
 1989 Ed. (1845)
 1991 Ed. (2568)
Growth Solutions
 2020 Ed. (1697)
Growth Stock Outlook
 1992 Ed. (2800)
 1993 Ed. (2363)
GrowthPlay
 2019 Ed. (736, 1637)
Growthpoint Properties
 2014 Ed. (4040)
 2016 Ed. (4118)
Groz Beckert
 2014 Ed. (3640)
Groz-Beckert KG
 2000 Ed. (3036)
Grp Simec ADR
 1996 Ed. (208)
GRS
 2003 Ed. (3279)
 2004 Ed. (3341)
 2005 Ed. (3372)
GRT Corp.
 2003 Ed. (2710, 3949)
 2004 Ed. (2826)
 2005 Ed. (2834)
Grubb-Chevrolet; Lou
 1989 Ed. (283)
Grubb & Ellis Co.
 1990 Ed. (2949, 2954)
 1991 Ed. (2804, 2805)
 1992 Ed. (3614)
 1994 Ed. (2998, 3022)
 1995 Ed. (3060)
 1997 Ed. (3256)
 1998 Ed. (2998, 2999, 3000, 3002)
 1999 Ed. (3602, 3995)
 2000 Ed. (3715)
 2001 Ed. (4013)
 2002 Ed. (3909, 3911, 3912)
 2003 Ed. (4049, 4051)
 2004 Ed. (4067)
 2005 Ed. (4000)
 2006 Ed. (4035)
 2007 Ed. (4075)
 2008 Ed. (4108)
 2009 Ed. (4234)
 2011 Ed. (4168)
 2012 Ed. (4216)
 2013 Ed. (4202)
Grubb & Ellis/Island Realty
 2000 Ed. (3710)
Grubb & Ellis Management Services Inc.
 1999 Ed. (4011)
 2000 Ed. (3729, 3730, 3731)
 2001 Ed. (4015)

Grubb & Ellis Realty
 1992 Ed. (2750, 2758)
Grubbs Mazda
 1993 Ed. (276)
Gruber; Thomas A.
 1993 Ed. (1703)
GrubHub
 2013 Ed. (2717)
 2016 Ed. (4311)
 2017 Ed. (2870)
 2019 Ed. (1635, 2894, 3288)
 2020 Ed. (1592, 3285)
 2021 Ed. (1576, 3150)
Grubhub
 2022 Ed. (52)
GrubHub.com
 2012 Ed. (2631)
Grubman; Allen
 1991 Ed. (2297)
 1997 Ed. (2611)
Grubman; Jack
 1991 Ed. (1684)
 1993 Ed. (1827)
 1994 Ed. (1810)
 1995 Ed. (1848)
 1996 Ed. (1826, 1904)
 1997 Ed. (1900)
Grudnowski; Thomas
 2010 Ed. (2567)
Gruen Marketing
 1989 Ed. (1567, 2494)
Gruet Winery
 2023 Ed. (4900)
Grum; Clifford J.
 1990 Ed. (976, 1726)
Gruma
 2014 Ed. (1738)
Gruma Corp.
 1999 Ed. (3469)
 2000 Ed. (2229)
 2003 Ed. (2518)
 2006 Ed. (205, 2547)
 2007 Ed. (215)
 2008 Ed. (201, 202)
 2009 Ed. (224, 225, 962)
 2010 Ed. (210)
 2012 Ed. (134, 135)
 2013 Ed. (110, 111)
 2014 Ed. (118)
 2015 Ed. (131, 132)
 2016 Ed. (137, 138)
 2017 Ed. (4685)
 2019 Ed. (4678)
 2020 Ed. (4645)
 2021 Ed. (4659, 4660)
 2022 Ed. (4665, 4667)
 2023 Ed. (4656)
Gruma Mexico
 2013 Ed. (1849)
 2014 Ed. (1779)
Gruma SA
 2018 Ed. (4396, 4669, 4673, 4674)
Gruma SA de CV
 2004 Ed. (2657)
 2005 Ed. (2649)
 2008 Ed. (3571)
 2009 Ed. (3641)
 2010 Ed. (3560)
 2011 Ed. (3563)
 2012 Ed. (3556)
 2013 Ed. (3595)
Gruma SAB de CV
 2020 Ed. (2716)
Grumman Aerospace Corp.
 1991 Ed. (2460)
Grumman Corp.
 1989 Ed. (1226, 1635)
 1990 Ed. (188, 1292)
 1991 Ed. (180, 183, 184, 1403, 2358, 2359)
 1992 Ed. (249, 250, 253, 1770, 2939, 2940, 3077, 4361)
 1993 Ed. (157, 159, 160, 1460, 1704, 2471, 2472, 2573)
 1994 Ed. (137, 138, 139, 142, 144)
 1995 Ed. (158, 159, 162)
 1998 Ed. (3666)
Grumman Corporation & subsidiaries
 1990 Ed. (2489)
Grumpy Old Men
 1996 Ed. (3790, 3791)
Grunau Co.
 2013 Ed. (4057)
 2014 Ed. (3996)
 2015 Ed. (4044)
 2016 Ed. (2667)
 2017 Ed. (1191)
 2018 Ed. (1196)
Grunau Co., Inc.
 1993 Ed. (1140)
 2003 Ed. (1241)
 2004 Ed. (1235)
 2005 Ed. (1281)
 2006 Ed. (1242)
 2008 Ed. (1227, 4001)
 2009 Ed. (1209)
 2010 Ed. (1212)
 2012 Ed. (1096, 3992)

Grundfos
 2009 Ed. (1649)
 2010 Ed. (1607)
Grundfos Holding A/S
 2017 Ed. (2459)
 2018 Ed. (2510)
 2023 Ed. (2703)
Grundfos Holding AG
 2022 Ed. (2557)
Grundfos Pumps
 2003 Ed. (3271)
Grundhofer; J. A.
 2005 Ed. (2477)
Grundy County, IA
 1997 Ed. (1681)
Grundy County National Bank
 1993 Ed. (508)
Grune; George V.
 1992 Ed. (1142, 2050)
Gruneich; Kevin
 1989 Ed. (1416)
 1990 Ed. (1766, 1768)
 1991 Ed. (1689)
 1993 Ed. (1821)
 1994 Ed. (1804)
 1995 Ed. (1842)
 1996 Ed. (1820)
 1997 Ed. (1894)
Grunenthal
 2011 Ed. (1884)
 2012 Ed. (1345)
 2013 Ed. (1437)
Grunenthal Colombiana SA
 2014 Ed. (1513)
Grunenthal Pharma
 2014 Ed. (1994)
 2015 Ed. (2044)
Grunenthal Pharma AG
 2014 Ed. (2009)
Grunenthal Pharma Ltd.
 2013 Ed. (1774)
Grunenthal Portugal
 2015 Ed. (2000)
Grunenthal USA Inc.
 2015 Ed. (1893)
Gruner & Jahr
 1998 Ed. (2781)
 1999 Ed. (3744)
Gruner Jahr
 2000 Ed. (3459)
Gruner + Jahr AG & Co.
 2004 Ed. (3941)
Gruner Jahr AG & Co. Druck- und Verlagshaus
 2001 Ed. (3900)
 2002 Ed. (3762)
Gruner & Jahr USA
 1996 Ed. (2956)
 1997 Ed. (3034)
 2004 Ed. (3332)
 2005 Ed. (3357)
 2006 Ed. (3345)
Gruner & Jahr USA Publishing
 2000 Ed. (3684)
 2001 Ed. (3954)
Grunley Construction Co.
 2009 Ed. (1326)
 2010 Ed. (1330)
 2011 Ed. (1312, 1326)
 2012 Ed. (1192)
 2017 Ed. (1233)
 2018 Ed. (1213)
 2020 Ed. (1236)
 2021 Ed. (1202)
 2022 Ed. (1203)
 2023 Ed. (1440)
Gruno American
 1999 Ed. (1142)
Gruno Half-Zwaar
 1999 Ed. (1142)
Gruno Mild
 1999 Ed. (1142)
Grunt Style
 2020 Ed. (4771)
Gruntal
 1989 Ed. (1859)
Gruntal & Co. Inc.
 1998 Ed. (530)
Gruntal Financial
 1999 Ed. (3293)
Grupa 5 Architekci
 2021 Ed. (187)
Grupa Europa
 2016 Ed. (3182)
Grupa IKEA w Polsce
 2015 Ed. (1995)
Grupa Kapitalowa Powszechnego Zakladu Ubezpieczen SA
 2019 Ed. (3267)
 2020 Ed. (3268)
Grupa LOTOS
 2020 Ed. (1869, 3867)
 2023 Ed. (1995)
Grupa Lotos
 2011 Ed. (2009)
 2014 Ed. (1953, 3910)

Grupa Lotos SA
  2009 Ed. (2016)
  2011 Ed. (2008)
  2013 Ed. (3597)
Grupa LOTOS Spolka Akcyjna
  2015 Ed. (2533)
Grupa PZU
  2019 Ed. (3267)
  2020 Ed. (3268)
  2022 Ed. (1881)
  2023 Ed. (1995)
Grupa Strabag w Polsce
  2018 Ed. (1044)
Grupo Accion
  2004 Ed. (1187)
Grupo ACS
  2006 Ed. (1303, 1311, 1316, 1317, 1318, 1683, 1684, 1700)
  2008 Ed. (1286, 1297, 1302, 1303)
  2009 Ed. (1269, 1282, 1285, 1287, 1288)
  2010 Ed. (1265, 1275, 1280, 1281)
  2011 Ed. (1215, 1228, 1233, 1234, 1235)
  2012 Ed. (1151, 1155, 1157, 1162, 1163, 1164)
  2013 Ed. (1288, 1290, 1293, 1297, 1300, 1301)
  2014 Ed. (1218, 1219, 1220, 1221, 1223, 1226, 1227, 1228, 1229, 1231, 1233, 1234, 1235, 1236)
  2015 Ed. (1176, 1276, 1277, 1278, 1279, 1281, 1284, 1285, 1286, 1287, 1288, 1289, 1291, 1292, 1293, 1294)
  2016 Ed. (1088, 1191, 1192, 1193, 1194, 1196, 1199, 1200, 1201, 1202, 1203, 1204, 1205, 1206, 1207, 1208, 1209)
  2017 Ed. (1122, 1236, 1237, 1238, 1239, 1241, 1244, 1245, 1246, 1247, 1249, 1250, 1251, 1252, 1253, 1254)
  2018 Ed. (1053, 1216, 1217, 1218, 1219, 1221, 1224, 1225, 1226, 1228, 1230, 1231, 1232, 1233, 1234)
  2019 Ed. (1063, 1249, 1250, 1251, 1252, 1254, 1257, 1258, 1259, 1261, 1262, 1263, 1265, 1266, 1267)
  2020 Ed. (1051, 1243, 1244, 1246, 1248, 1251, 1252, 1253, 1256, 1257, 1258, 1259, 1260, 1261)
  2021 Ed. (1021, 1209, 1210, 1212, 1214, 1217, 1218, 1219, 1223, 1224, 1225, 1226, 1227)
  2022 Ed. (1225, 1905)
  2023 Ed. (2019)
Grupo Aeroportuario del Pacifico, SA de CV
  2008 Ed. (4289)
Grupo Aeroportuario del Sureste, SA de CV
  2003 Ed. (4596)
Grupo Agrisal
  2010 Ed. (1569)
Grupo Agrisal Hotel Holiday Inn y Crowne Plaza El Salvador
  2013 Ed. (1596)
Grupo Agropecuario Don Julio
  2019 Ed. (2232)
  2020 Ed. (2229)
  2021 Ed. (2203)
  2022 Ed. (2236)
Grupo el Ahorro Hondureno
  2007 Ed. (457)
Grupo Albanesi
  2022 Ed. (1362, 2392)
Grupo Alfa
  2003 Ed. (1758, 2090)
  2006 Ed. (2547, 2548)
  2012 Ed. (766)
Grupo Antevenio
  2010 Ed. (1989)
  2011 Ed. (2050)
Grupo Antolin-Irausa SA
  2018 Ed. (2558)
Grupo Antolin-Irausa, S.A.
  2021 Ed. (2489)
  2022 Ed. (2601)
Grupo Antolin North America
  2004 Ed. (324)
Grupo Antolin North America Inc.
  2018 Ed. (3175)
  2019 Ed. (3111)
  2020 Ed. (3138)
  2021 Ed. (3004)
  2022 Ed. (3141)
Grupo Argos
  2014 Ed. (1514)
  2015 Ed. (1571)
Grupo Assa
  1997 Ed. (2984)
  1999 Ed. (3684, 3685)
  2000 Ed. (3400, 3401)
Grupo Aval
  2009 Ed. (1591)
  2010 Ed. (1582)
  2011 Ed. (1585)
  2019 Ed. (3301)
  2020 Ed. (3304)
  2021 Ed. (3161)
  2022 Ed. (1481)
  2023 Ed. (1658)
Grupo Aval Acciones y Valores
  2002 Ed. (4394, 4397, 4399)

Grupo Aval Acciones y Valores S.A.
  2021 Ed. (505)
  2022 Ed. (516)
Grupo Aval Acciones y Valores SA
  2012 Ed. (1423)
  2013 Ed. (1546)
  2014 Ed. (1514)
  2015 Ed. (1571)
  2016 Ed. (1502)
  2017 Ed. (1498)
  2018 Ed. (1478, 2509, 2558)
  2019 Ed. (1510)
  2020 Ed. (1476)
  2021 Ed. (1466)
Grupo Bafar
  2003 Ed. (2518)
  2014 Ed. (2657)
  2017 Ed. (2176)
Grupo Bafar, SA de CV
  2005 Ed. (2649)
Grupo Bafar, SAB de CV
  2017 Ed. (824)
Grupo BAL, SA de CV
  2017 Ed. (3988)
  2018 Ed. (1672, 2569)
Grupo Bal, S.A. de C.V.
  2021 Ed. (2476)
  2022 Ed. (2588)
Grupo BAL, SAB de CV
  2017 Ed. (2481)
  2018 Ed. (2535)
Grupo Banca Civica
  2013 Ed. (460)
  2014 Ed. (476)
Grupo Banca March
  1996 Ed. (683)
Grupo Bancaja
  2002 Ed. (648)
  2003 Ed. (612)
  2004 Ed. (621)
  2005 Ed. (611)
  2006 Ed. (525)
  2007 Ed. (554)
  2008 Ed. (506)
  2009 Ed. (538)
  2010 Ed. (522)
  2011 Ed. (451)
Grupo Bancolombia
  2016 Ed. (539)
  2017 Ed. (566)
  2018 Ed. (533)
  2019 Ed. (552)
  2020 Ed. (538)
Grupo Bancolombia SA
  2012 Ed. (1422)
Grupo Banorte
  2002 Ed. (621)
  2003 Ed. (585)
  2004 Ed. (592)
Grupo Bar Galleta
  2020 Ed. (4167)
Grupo Barceló
  2023 Ed. (3150)
Grupo Bates
  1989 Ed. (162)
Grupo Bimbo
  2003 Ed. (1758, 2518)
  2005 Ed. (61)
  2006 Ed. (68)
  2007 Ed. (59)
  2008 Ed. (61)
  2011 Ed. (1850)
  2013 Ed. (657)
  2014 Ed. (674, 1779, 1783)
  2015 Ed. (1823)
  2016 Ed. (1786)
  2017 Ed. (1753)
  2018 Ed. (305, 307, 308, 309, 310, 311, 312, 313, 315, 679, 739, 740, 1285, 1703, 2221, 2719, 3935, 4386, 4387, 4398, 4669)
  2019 Ed. (305, 306, 307, 308, 309, 310, 311, 314, 692, 693, 755, 756, 1771, 2197, 2704, 4407)
  2020 Ed. (308, 309, 310, 311, 312, 313, 314, 316, 684, 746, 747, 1713, 2190, 2191, 2755, 4406)
  2021 Ed. (294, 295, 296, 297, 298, 299, 300, 301, 302, 304, 691, 692, 763, 764, 1692, 1693, 2169, 2617, 2624, 4405)
  2022 Ed. (307, 308, 309, 310, 311, 312, 313, 314, 315, 317, 728, 729, 801, 802, 1717, 1718, 2198, 2199, 2751, 4403)
  2023 Ed. (409, 410, 411, 412, 413, 902, 903, 1007, 1008, 1861, 1862, 2379, 2380, 2885, 4433)
Grupo Bimbo (Mexico)
  2021 Ed. (2624)
  2022 Ed. (2751)
Grupo Bimbo SA de CV
  2004 Ed. (2657)
  2005 Ed. (2649)
  2006 Ed. (2547, 3392)
  2008 Ed. (3571)
  2009 Ed. (3641)
  2010 Ed. (3560)

  2011 Ed. (3563)
  2012 Ed. (3556)
  2013 Ed. (3595)
  2017 Ed. (2481)
  2018 Ed. (2535)
Grupo Bimbo Sa de CV
  2023 Ed. (2732)
Grupo Bimbo S.A.B. de C.V.
  2019 Ed. (4419)
  2020 Ed. (4414)
  2021 Ed. (4415)
  2022 Ed. (4414)
  2023 Ed. (4442)
Grupo Bimbo SAB de CV
  2020 Ed. (2716)
Grupo Bimbo, S.A.B. de C.V.
  2021 Ed. (2476)
  2022 Ed. (2588, 2746)
Grupo Bimbo, SAB de CV
  2012 Ed. (1702)
  2013 Ed. (1853)
  2014 Ed. (4028)
Grupo Bolivar
  2019 Ed. (1510)
  2020 Ed. (1476)
  2021 Ed. (1466, 4384)
Grupo BSB
  1990 Ed. (151)
  1991 Ed. (151)
  1992 Ed. (209)
  1993 Ed. (137)
  1994 Ed. (118)
  1995 Ed. (127)
Grupo Carso
  1996 Ed. (1399)
  2000 Ed. (1515)
  2003 Ed. (1737, 1741)
  2014 Ed. (3141)
  2015 Ed. (1826, 3202)
  2016 Ed. (3057)
  2017 Ed. (3008)
Grupo Carso SA de CV
  1993 Ed. (2559)
  2002 Ed. (1718, 1719, 1720, 1725, 1726)
  2003 Ed. (1758, 2090)
  2004 Ed. (1778, 1794, 1795, 2113)
  2005 Ed. (1865, 2218)
  2006 Ed. (1876, 1878, 3392)
  2007 Ed. (1877, 1878)
  2008 Ed. (1926, 3571)
  2009 Ed. (1885, 3641)
  2010 Ed. (1819, 3560, 4746)
  2011 Ed. (3563, 4708)
  2012 Ed. (2149, 3556, 4727)
  2013 Ed. (3595, 4691)
  2014 Ed. (4737)
  2015 Ed. (4759)
  2016 Ed. (4663)
  2017 Ed. (4672)
  2018 Ed. (4661)
  2019 Ed. (4674)
Grupo Carso, SA de CV
  2013 Ed. (2353)
  2014 Ed. (2284)
  2015 Ed. (2369)
  2016 Ed. (2315)
  2017 Ed. (2155)
  2018 Ed. (2206)
  2020 Ed. (2177)
Grupo Carso, SAB de CV
  2018 Ed. (2535)
Grupo Casa Saba
  2003 Ed. (4180)
Grupo Casa Saba, SA de CV
  2004 Ed. (4207)
  2005 Ed. (3395)
Grupo Catalana Occidente
  2022 Ed. (3222)
  2023 Ed. (2742, 3310)
Grupo Cementos de Chihuahua
  2003 Ed. (1181)
Grupo Cementos de Chihuahua, SA de CV
  2005 Ed. (1213)
Grupo Cermoc
  1991 Ed. (2450)
Grupo CH Consulting
  2012 Ed. (1860)
  2014 Ed. (1954)
Grupo Citibank
  2001 Ed. (605)
Grupo Comercial Chadraui
  2018 Ed. (4541)
  2019 Ed. (4527)
  2021 Ed. (4262, 4510)
Grupo Comercial Chedraui
  2014 Ed. (1779)
  2015 Ed. (1823)
  2019 Ed. (4294)
Grupo Comercial Chedraui SAB de CV
  2017 Ed. (2481)
  2018 Ed. (2535)
  2023 Ed. (2732)
Grupo Comercial Chedraui, S.A.B. de C.V.
  2021 Ed. (2476)
  2022 Ed. (2588)
Grupo Comercial Chedraui, SAB de CV
  2013 Ed. (4335)
  2014 Ed. (4386)

  2017 Ed. (4259)
Grupo Compartamos
  2014 Ed. (1779)
Grupo Consolidado
  1992 Ed. (86)
Grupo Continental
  2003 Ed. (672)
Grupo Continental SA
  2004 Ed. (678)
  2005 Ed. (3395)
Grupo Cooperativo Cajamar
  2020 Ed. (464)
  2023 Ed. (690)
Grupo Coppel SA de CV
  2018 Ed. (1672)
Grupo Coril
  2007 Ed. (764)
  2008 Ed. (740)
  2010 Ed. (683)
Grupo Cortefiel
  2013 Ed. (1010)
Grupo Corvi
  2007 Ed. (1850)
Grupo CP
  2011 Ed. (1573)
Grupo Cuauhtemoc
  1989 Ed. (42)
Grupo Dataflux, SA de CV
  2005 Ed. (3429)
Grupo Dermia Canarias SL
  2018 Ed. (1915)
Grupo DKV Seguros
  2014 Ed. (1993)
  2015 Ed. (2041)
Grupo Dorsay
  1989 Ed. (25)
  1990 Ed. (24)
Grupo Dragados
  2003 Ed. (1324, 1334, 1335, 1336)
Grupo Dragados SA
  2004 Ed. (1324, 1333, 1335)
  2005 Ed. (1330, 1338, 1339, 1340)
Grupo Eaton
  2014 Ed. (1779)
Grupo Editorial Solo Ofertas
  2010 Ed. (1817)
Grupo El Tunal
  2021 Ed. (2209)
  2022 Ed. (2242)
  2023 Ed. (2429)
Grupo Elektra
  2003 Ed. (1738, 4180, 4596)
  2006 Ed. (1846)
  2013 Ed. (1629)
  2020 Ed. (1713, 2317)
  2021 Ed. (1692)
  2022 Ed. (1717)
  2023 Ed. (1861)
Grupo Elektra, SA de CV
  2004 Ed. (4207)
  2005 Ed. (4137)
  2007 Ed. (1725)
  2012 Ed. (1652, 1777, 4337, 4340)
  2013 Ed. (1853, 2507)
  2014 Ed. (2450, 4028)
  2015 Ed. (2522)
  2016 Ed. (2455)
Grupo Elektra SAB de CV
  2017 Ed. (2481)
Grupo Elektra, S.A.B. de C.V.
  2022 Ed. (516)
  2023 Ed. (2732)
Grupo Embotelladoras Unidas
  2003 Ed. (672)
Grupo Embotelladoras Unidas, SA de CV
  2005 Ed. (671)
Grupo Empresarial Cooperativo Coomeva
  2023 Ed. (1494)
Grupo Empresarial Kaluz, SA de CV
  2018 Ed. (1672)
Grupo Empresas Polar
  1995 Ed. (1906)
Grupo EPM
  2014 Ed. (1515)
Grupo Eroski
  2013 Ed. (4342)
  2014 Ed. (4393)
  2016 Ed. (4278)
  2017 Ed. (4266)
Grupo Exito SA
  2014 Ed. (1512)
Grupo Fenicia
  1990 Ed. (24)
  1991 Ed. (19)
  1992 Ed. (42)
Grupo Ferrovial
  2002 Ed. (1190, 1322, 1327)
  2003 Ed. (1322, 1335, 1336, 2311, 2321)
Grupo Ferrovial SA
  2004 Ed. (1322, 1323, 1334, 1335, 2392, 2402)
  2005 Ed. (1328, 1329, 1340)
  2006 Ed. (1301, 1302, 1317, 1319, 1320, 1683, 1700)
  2007 Ed. (1287, 1288, 1990)
  2008 Ed. (1282, 1285, 1286, 1298, 1305, 2086)
  2009 Ed. (1161, 1163, 2056, 2057)

2010 Ed. (1158, 1994)
2011 Ed. (1105, 1108, 2055, 2056, 2057)
2012 Ed. (1020, 1021, 1026, 1586, 1900, 1902, 1903, 4769, 4776)
2013 Ed. (1165, 1171, 1178, 2063, 2065, 4722, 4727)
2014 Ed. (1122, 4775, 4778)
2015 Ed. (1163, 4803, 4807)
2016 Ed. (1078, 4706, 4710)
2017 Ed. (1108, 4719, 4726)
2018 Ed. (4708, 4713)
2019 Ed. (4714, 4718)
2020 Ed. (4684)
Grupo Ficohsa Honduras
  2013 Ed. (1535, 1691)
Grupo Filanbanco
  1992 Ed. (47)
Grupo Financial Serfin
  1996 Ed. (2836)
Grupo Financiero Banacci
  1996 Ed. (1399)
Grupo Financiero Banamex
  2011 Ed. (397)
  2012 Ed. (385)
  2013 Ed. (516, 517)
  2014 Ed. (529, 530)
  2015 Ed. (594, 595)
  2016 Ed. (538, 540)
  2017 Ed. (559, 592)
  2018 Ed. (499, 555)
  2019 Ed. (574)
  2020 Ed. (557)
Grupo Financiero Banamex Accival SA de CV
  2004 Ed. (1543)
  2005 Ed. (1482)
Grupo Financiero Banamex-Accival, SA de CV--Banacci
  2002 Ed. (1716)
Grupo Financiero Bancomer
  1995 Ed. (1457)
  1996 Ed. (1419)
  1997 Ed. (1479)
  1999 Ed. (1705)
  2000 Ed. (1514)
  2002 Ed. (605, 606, 621, 1724)
Grupo Financiero Banorte
  2005 Ed. (578)
  2006 Ed. (500)
  2007 Ed. (520, 1877)
  2008 Ed. (476, 1926)
  2009 Ed. (503)
  2010 Ed. (486)
  2011 Ed. (414)
  2013 Ed. (517)
  2014 Ed. (530)
  2015 Ed. (595)
  2016 Ed. (538, 540)
  2017 Ed. (592)
  2018 Ed. (526, 555)
  2019 Ed. (543, 574)
  2020 Ed. (528, 529, 557)
  2022 Ed. (531, 2347)
  2023 Ed. (775, 800)
Grupo Financiero Banorte (Mexico)
  2022 Ed. (531)
Grupo Financiero Banorte, SA de CV
  2004 Ed. (593)
  2005 Ed. (579)
Grupo Financiero Banorte, SAB de CV
  2012 Ed. (390, 1702)
  2013 Ed. (540, 1853)
  2014 Ed. (555, 1784)
  2015 Ed. (619, 1826)
  2016 Ed. (565, 1786)
  2017 Ed. (593, 1753)
  2018 Ed. (556, 1703)
  2019 Ed. (575, 1771)
  2020 Ed. (558, 1713)
  2021 Ed. (1692)
Grupo Financiero Banorte, SAB de CV (GFNorte)
  2021 Ed. (1692)
Grupo Financiero BBVA
  2007 Ed. (4342)
Grupo Financiero BBVA Bancomer
  2003 Ed. (1517)
  2004 Ed. (576, 592)
  2005 Ed. (564, 578)
  2006 Ed. (485, 500, 1438)
  2007 Ed. (501, 502, 503, 504, 505, 506, 507, 519, 520)
  2008 Ed. (461, 462, 463, 464, 465, 466, 467, 476)
  2009 Ed. (489, 503)
  2010 Ed. (471, 486)
  2011 Ed. (397, 414)
  2012 Ed. (385)
  2013 Ed. (516, 517)
  2014 Ed. (529, 530)
  2015 Ed. (594, 595)
  2016 Ed. (538, 540)
  2017 Ed. (559, 592)
  2018 Ed. (499, 555)
  2019 Ed. (514, 574)
  2020 Ed. (497, 557)
  2023 Ed. (775, 800)

Grupo Financiero BBVA Bancomer, SA de CV
  2004 Ed. (516, 593, 1795)
  2005 Ed. (579, 1865)
Grupo Financiero Bital
  2004 Ed. (1548)
Grupo Financiero Citibanamex
  2023 Ed. (775, 800)
Grupo Financiero Continental SA
  2006 Ed. (3772)
Grupo Financiero Galicia
  2006 Ed. (665)
Grupo Financiero Guayaquil
  2015 Ed. (588)
  2016 Ed. (534)
Grupo Financiero HSBC
  2006 Ed. (500)
  2010 Ed. (486)
  2011 Ed. (414)
  2013 Ed. (517)
  2014 Ed. (530)
  2015 Ed. (595)
  2016 Ed. (540)
  2017 Ed. (592)
  2018 Ed. (555)
  2019 Ed. (574)
  2020 Ed. (557)
  2023 Ed. (800)
Grupo Financiero HSBC Mexico
  2009 Ed. (503)
Grupo Financiero Inbursa
  2006 Ed. (485, 500)
  2007 Ed. (519, 520)
Grupo Financiero Inbursa, SA de CV
  2004 Ed. (593)
  2005 Ed. (579)
Grupo Financiero Inbursa, SAB de CV
  2012 Ed. (390, 1702)
  2013 Ed. (540, 843, 1853)
  2014 Ed. (555)
  2015 Ed. (619)
  2016 Ed. (565)
  2017 Ed. (593)
  2018 Ed. (556)
  2019 Ed. (575)
  2020 Ed. (558)
Grupo Financiero Interacciones
  2014 Ed. (530)
  2016 Ed. (540)
  2017 Ed. (592)
  2018 Ed. (555)
Grupo Financiero Pichincha
  2014 Ed. (523)
  2015 Ed. (588)
  2016 Ed. (534)
  2017 Ed. (555)
  2018 Ed. (520)
  2019 Ed. (538)
  2020 Ed. (524)
  2023 Ed. (771)
Grupo Financiero Santander
  2009 Ed. (489)
  2010 Ed. (471, 486)
  2011 Ed. (397, 414)
  2013 Ed. (516, 517)
  2014 Ed. (529, 530)
  2015 Ed. (594, 595)
  2016 Ed. (538, 540)
  2017 Ed. (559, 592)
  2018 Ed. (555)
  2019 Ed. (574)
  2020 Ed. (557)
  2023 Ed. (775, 800)
Grupo Financiero Santander Mexicano
  2004 Ed. (592)
  2005 Ed. (564, 578)
Grupo Financiero Santander Mexico SAB de CV
  2014 Ed. (4434)
Grupo Financiero Santander Serfin
  2004 Ed. (1548)
  2006 Ed. (485, 500, 1878)
  2007 Ed. (501, 502, 503, 505, 506, 507, 519, 520)
  2008 Ed. (461, 476)
  2009 Ed. (503)
Grupo Financiero Santander Serfin SA de CV
  2005 Ed. (1552)
Grupo Financiero Scotiabank Inverlat
  2007 Ed. (519)
Grupo Financiero Serfin
  1997 Ed. (1257)
Grupo Financiero Serfin SA de CV
  2005 Ed. (1564)
Grupo Galicia
  2017 Ed. (566, 1383)
  2018 Ed. (1358)
  2019 Ed. (1396)
Grupo Gallegos
  2008 Ed. (122)
  2014 Ed. (2961)
  2015 Ed. (76)
  2016 Ed. (76, 2926)
  2017 Ed. (2885)
  2018 Ed. (2952)

Grupo Gamesa S.A.
  2019 Ed. (1321)
  2020 Ed. (1296)
  2021 Ed. (1277)
  2022 Ed. (1279)
Grupo Gamesa SA
  2017 Ed. (1312)
Grupo Gasolinero Gasored
  2011 Ed. (1848)
Grupo Gigante
  1995 Ed. (3159)
  2009 Ed. (4338)
Grupo Gigante, SA de CV
  2004 Ed. (4207)
  2005 Ed. (4137)
Grupo Gigarite
  2003 Ed. (4180)
Grupo Globo
  2017 Ed. (3988)
Grupo Gloria
  2007 Ed. (66)
  2008 Ed. (71)
  2009 Ed. (80)
Grupo Gloria SA
  2020 Ed. (2721)
Grupo Glorieta
  2018 Ed. (2251)
Grupo Gondi
  2012 Ed. (738)
Grupo Grl
  2021 Ed. (1012)
Grupo Grl (Elite Disenos)
  2021 Ed. (1012)
Grupo Guayaquil
  2017 Ed. (555)
Grupo Herdez
  2003 Ed. (2518)
  2004 Ed. (2657)
Grupo Herdez, SA de CV
  2005 Ed. (2649)
Grupo Herdez SAB de CV
  2020 Ed. (2716)
Grupo HIMA-San Pablo Inc.
  2016 Ed. (1972, 1973)
  2017 Ed. (1936, 1937)
  2018 Ed. (1886, 1887)
Grupo Hima-San Pablo Inc.
  2014 Ed. (1956, 1957)
  2016 Ed. (1969, 1970)
Grupo Hotels Unidos
  1990 Ed. (2089, 2090)
Grupo Huevos Guillen
  2023 Ed. (2424)
Grupo Improsa
  2006 Ed. (4494)
Grupo IMSA
  2003 Ed. (2090)
  2007 Ed. (3497)
Grupo IMSA SA de CV
  2004 Ed. (2113)
  2005 Ed. (2218)
  2006 Ed. (2547, 3392)
  2008 Ed. (3571)
Grupo Inbursa
  2014 Ed. (1784)
  2015 Ed. (1826)
  2016 Ed. (1786)
  2017 Ed. (1753)
  2018 Ed. (1703)
  2019 Ed. (1771)
  2020 Ed. (1713)
  2021 Ed. (1692)
  2022 Ed. (1717)
  2023 Ed. (1861)
Grupo Industras Camesa
  2003 Ed. (3306)
  2004 Ed. (3363)
Grupo Industras de Parras
  2004 Ed. (3363)
Grupo Industrial Alfa
  1991 Ed. (1322, 2450)
  1992 Ed. (3063)
Grupo Industrial Alfa SA
  1993 Ed. (2559)
Grupo Industrial Bimbo
  2000 Ed. (1515)
  2002 Ed. (1726)
  2005 Ed. (1838)
  2007 Ed. (1878)
Grupo Industrial Bimbo, SA de Cv
  1993 Ed. (2559)
  1995 Ed. (1906)
Grupo Industrial Durango
  2003 Ed. (3306)
Grupo Industrial Lala
  2001 Ed. (1972)
Grupo Industrial Maseca
  2003 Ed. (2518)
Grupo Industrial Maseca, SA de CV
  2004 Ed. (2657)
  2005 Ed. (2649)
Grupo Industrial Minera Mexico
  1991 Ed. (2450)
Grupo Industrial Saltillo
  2003 Ed. (2090)
Grupo Industrial Saltillo, SA de CV
  2004 Ed. (2113)
  2005 Ed. (2218)

Grupo Inmocaral
  2008 Ed. (4533)
Grupo Intercom
  2010 Ed. (1993)
  2011 Ed. (2054)
  2013 Ed. (2060)
Grupo de Inversiones Suramericana
  2019 Ed. (1510, 3301)
  2020 Ed. (1476, 3304)
  2021 Ed. (3161)
Grupo ISN
  2008 Ed. (2087, 4323)
Grupo Isolux Corsan SA
  2011 Ed. (1235)
  2012 Ed. (1151, 1162)
  2013 Ed. (1288, 1300)
  2014 Ed. (1221)
  2015 Ed. (1279, 1291)
  2016 Ed. (1194, 1205, 1207)
  2017 Ed. (1239)
  2018 Ed. (1219, 1230)
Grupo Isuacell
  1999 Ed. (3602)
Grupo Itau
  1992 Ed. (42)
Grupo Iusacell
  2003 Ed. (1517, 4596, 4705)
Grupo Iusacell SA de CV
  2004 Ed. (4675)
  2005 Ed. (1564, 4638)
  2009 Ed. (3271, 3273)
Grupo Jumex SA de CV
  2020 Ed. (2716)
Grupo Lala
  2016 Ed. (2261, 2263)
  2018 Ed. (2149, 2150, 5000)
  2019 Ed. (2148)
  2020 Ed. (2353)
  2022 Ed. (2347)
Grupo Lala SAB de CV
  2020 Ed. (2716)
Grupo Lamosa
  2003 Ed. (1181)
  2004 Ed. (1187)
Grupo Lamosa, SA de CV
  2005 Ed. (1213)
Grupo Levy
  2006 Ed. (73)
Grupo Logístico Especializado
  2021 Ed. (1465, 4686)
Grupo Luminotecnia
  2013 Ed. (1994)
Grupo Magico Internacional
  2001 Ed. (378)
  2002 Ed. (309)
  2003 Ed. (274)
  2005 Ed. (251)
  2006 Ed. (270)
Grupo Mahou-San Miguel SA
  2020 Ed. (162)
Grupo Marti
  2002 Ed. (1715)
  2003 Ed. (1738)
Grupo Melo
  2019 Ed. (2232, 3950)
  2020 Ed. (2229, 3967)
  2021 Ed. (2203, 3932)
  2022 Ed. (2236, 3944)
  2023 Ed. (2423, 4028)
Grupo Mercantil
  1992 Ed. (86)
Grupo Mexico
  2000 Ed. (1515)
  2002 Ed. (1726)
  2003 Ed. (672, 3306)
  2014 Ed. (1783, 3634, 3643)
  2015 Ed. (3648, 3653)
  2016 Ed. (3533, 3541)
  2017 Ed. (3500, 3511)
  2018 Ed. (3559)
  2019 Ed. (3551)
  2020 Ed. (3528)
  2022 Ed. (1717)
  2023 Ed. (1861)
Grupo Mexico International
  2006 Ed. (2548)
Grupo Mexico SA de CV
  2001 Ed. (4270)
  2004 Ed. (3363)
  2005 Ed. (3395)
  2006 Ed. (1878, 2547, 3392)
  2007 Ed. (1877)
  2008 Ed. (1926, 3571)
  2009 Ed. (1885, 3641)
  2010 Ed. (1819, 3560)
  2011 Ed. (1850, 3563)
  2012 Ed. (1702, 3556, 3652, 3654, 3683)
  2013 Ed. (843, 3595, 3715)
  2014 Ed. (3647, 4027)
  2015 Ed. (3657)
  2016 Ed. (3546)
Grupo Mexico, SA de CV
  2013 Ed. (1853, 3699)
  2014 Ed. (1784, 3633)
  2015 Ed. (1826, 3646)
  2016 Ed. (1786)
  2017 Ed. (1753)
  2018 Ed. (1703, 3552)

2019 Ed. (1771, 3545)
2020 Ed. (1713)
2021 Ed. (1692)
Grupo México S.A.B. de C.V.
   2023 Ed. (2732)
Grupo Mexico SAB de CV
   2017 Ed. (2481)
   2018 Ed. (2535, 2566, 3590)
Grupo Mexico, S.A.B. de C.V.
   2021 Ed. (2476)
   2022 Ed. (2588, 3605)
Grupo Minero de Mexico
   2003 Ed. (1737)
   2004 Ed. (1781)
Grupo Minsa
   2004 Ed. (2657)
Grupo Minsa, SA de CV
   2005 Ed. (2649)
Grupo Modelo
   1996 Ed. (1947)
   1997 Ed. (2047)
   2000 Ed. (1515)
   2002 Ed. (1726)
   2012 Ed. (476)
   2014 Ed. (173, 1282)
   2015 Ed. (203, 665)
Grupo Modelo SA de CV
   2002 Ed. (1725)
   2003 Ed. (658, 1758)
   2004 Ed. (678, 1794, 1795)
   2005 Ed. (652, 671, 1865)
   2006 Ed. (552, 570, 1876, 1878, 2547, 3392)
   2007 Ed. (1877, 1878)
   2008 Ed. (537, 1926, 3571)
   2009 Ed. (1885, 3641)
   2010 Ed. (1819, 3560)
   2011 Ed. (1850, 3563)
   2012 Ed. (444, 462, 1702, 3556)
   2013 Ed. (3595)
Grupo Modelo, SA de CV
   2013 Ed. (1853)
   2014 Ed. (1784)
   2015 Ed. (1826)
Grupo Modelo, SAB de CV
   2013 Ed. (579)
   2014 Ed. (589)
   2015 Ed. (657)
   2017 Ed. (2410)
Grupo la Moderna
   2003 Ed. (2518)
   2004 Ed. (2657)
Grupo Nacional Provincial
   2000 Ed. (2671)
   2007 Ed. (3115)
   2008 Ed. (3259)
   2010 Ed. (3252)
Grupo Nacional Provincial, S.A.B.
   2021 Ed. (3080)
   2022 Ed. (3222)
Grupo Nestle
   1996 Ed. (1947)
Grupo Noboa
   1992 Ed. (47)
Grupo Nutresa SA
   2020 Ed. (2705)
Grupo P
   2013 Ed. (4321)
   2014 Ed. (4372)
Grupo Pacifico
   1992 Ed. (47)
Grupo Palacio de Hierro
   2003 Ed. (4180)
Grupo Palacio de Hierro, SA de CV
   2004 Ed. (4207)
   2005 Ed. (4137)
Grupo Pao Acucar
   1990 Ed. (24)
Grupo Pao de Acucar
   1989 Ed. (25)
   1992 Ed. (42)
   2009 Ed. (33)
   2014 Ed. (1402, 4007)
   2015 Ed. (1464)
Grupo Pevafersa Instalaciones
   2008 Ed. (2087, 2429, 2504, 2814, 3679)
Grupo Philips
   1992 Ed. (42)
Grupo Pilar
   2018 Ed. (3786)
   2020 Ed. (3824)
Grupo Planeta
   2015 Ed. (698)
   2016 Ed. (641)
   2018 Ed. (4069)
   2019 Ed. (4064)
   2020 Ed. (4074)
Grupo Pochteca
   2012 Ed. (747)
Grupo Polar
   1992 Ed. (86)
Grupo Porcicola Mexicano
   2002 Ed. (3728)
   2003 Ed. (3901)
Grupo PRISA
   2006 Ed. (1178)
   2007 Ed. (1285)
   2011 Ed. (49)

Grupo Progreso
   2013 Ed. (1536)
Grupo Prom
   2011 Ed. (1848)
   2013 Ed. (1851)
Grupo Protek
   2012 Ed. (1838)
Grupo Quito Motors
   1992 Ed. (47)
Grupo Radio Centro
   2003 Ed. (3353)
   2004 Ed. (3417)
Grupo Radio Centro, SA de CV
   2003 Ed. (4596)
   2005 Ed. (3429)
Grupo Ransa
   2021 Ed. (4796)
Grupo Repsol
   1991 Ed. (48)
Grupo Roble Corporativo y Administracion Costa Rica
   2013 Ed. (1582)
Grupo Roble Corporativo y Administracion El Salvador
   2013 Ed. (1596)
Grupo Roble Corporativo y Administracion Honduras
   2013 Ed. (1691)
Grupo Roncador
   2022 Ed. (116)
Grupo de los Ruiz
   2002 Ed. (3728)
Grupo Ruz SA de CV
   2014 Ed. (1957)
Grupo Salinas
   2006 Ed. (68)
   2007 Ed. (59)
   2008 Ed. (61)
   2020 Ed. (2353)
   2022 Ed. (2347)
Grupo Salinas y Rocha
   2002 Ed. (1715)
Grupo Sanborns
   2003 Ed. (1735, 1737, 1738, 1741, 4180)
   2004 Ed. (1779)
   2015 Ed. (4332)
   2020 Ed. (4257)
Grupo Sanborns, SA de CV
   2004 Ed. (4207)
   2005 Ed. (4137)
Grupo Santander
   1999 Ed. (3102)
   2007 Ed. (1991)
Grupo Santander (Banco Santander)
   1997 Ed. (516)
Grupo Santander Banespa
   2004 Ed. (458)
   2005 Ed. (470, 500)
   2007 Ed. (409, 501)
   2008 Ed. (388, 461)
   2009 Ed. (410, 489)
   2010 Ed. (387, 471)
   2011 Ed. (312, 397)
   2012 Ed. (385)
Grupo Scotiabank
   2011 Ed. (1846)
Grupo Security
   2010 Ed. (1573)
   2011 Ed. (1572)
Grupo SHG-NOVO1 LLC
   2008 Ed. (3741, 4439)
Grupo Sicnova
   2018 Ed. (3132)
Grupo Sidek
   1997 Ed. (2935)
Grupo Silvio Santos
   2006 Ed. (31)
   2007 Ed. (23)
   2008 Ed. (28)
Grupo Simac
   2003 Ed. (3306)
Grupo Simec
   1995 Ed. (200)
Grupo Simec, SA de CV
   2005 Ed. (3395)
   2008 Ed. (4538)
Grupo Sisttemex
   2023 Ed. (1860)
Grupo Situr SA de CV
   1998 Ed. (478)
Grupo Sol
   1993 Ed. (2100)
Grupo Sonae Investimentos SGP SA
   1994 Ed. (2438)
Grupo Sorimex
   1995 Ed. (3159)
Grupo SuperAlba
   2020 Ed. (3967)
   2022 Ed. (3944)
   2023 Ed. (4028)
Grupo Telecab
   1997 Ed. (878)
Grupo Telefonica
   2014 Ed. (1354)
   2015 Ed. (1431)
Grupo Telefonica Chile
   2011 Ed. (1572)

Grupo Televisa
   1995 Ed. (3203)
   1996 Ed. (1399)
   1998 Ed. (2558, 2559)
   2000 Ed. (1515)
   2003 Ed. (1743, 3353, 4596)
   2004 Ed. (1773)
   2006 Ed. (68, 1877, 1878)
   2007 Ed. (59, 1877, 1878)
   2010 Ed. (148)
   2011 Ed. (66, 72)
   2014 Ed. (1784, 2973)
   2015 Ed. (1826, 3042)
   2016 Ed. (1786, 2937)
   2017 Ed. (62, 1753, 2897)
   2018 Ed. (79, 1703, 2963)
   2019 Ed. (2906)
   2020 Ed. (2925)
Grupo Televisa SA
   2001 Ed. (1778)
   2004 Ed. (3417)
   2005 Ed. (3429)
   2008 Ed. (61, 1926, 3630)
   2009 Ed. (69, 1885)
   2010 Ed. (79, 92, 1819, 3607)
   2011 Ed. (1850, 3610)
   2012 Ed. (1702)
Grupo Televisa SAB
   2018 Ed. (2535)
   2023 Ed. (2732)
Grupo Televisa, S.A.B.
   2022 Ed. (3584)
Grupo Televisa, SAB
   2014 Ed. (4028)
Grupo TMM
   2004 Ed. (1775)
Grupo Tribasa
   1995 Ed. (200)
   1998 Ed. (478)
Grupo Tribasa S.A. de C.V.
   2000 Ed. (1279)
Grupo Ultra
   2014 Ed. (1403)
Grupo Union
   1992 Ed. (86)
Grupo Universal Republica Dominicana
   2013 Ed. (1534, 1594)
Grupo Uro
   2018 Ed. (4231)
Grupo Vale Bates
   2002 Ed. (149)
   2003 Ed. (121)
Grupo Verastegui
   2019 Ed. (2238)
Grupo Vidanta
   2013 Ed. (1849)
   2015 Ed. (1823)
Grupo Vidanta - Desarrollo Mazatlan
   2014 Ed. (1781)
Grupo Vidanta - Desarrollo Riviera Maya
   2014 Ed. (1780)
Grupo Villar Mir, S.A.U.
   2021 Ed. (2489, 2578)
   2022 Ed. (2601, 2694)
Grupo Visual MS
   2010 Ed. (1989)
   2011 Ed. (2050)
   2013 Ed. (2061)
Grupo Vitro
   2003 Ed. (2090)
Grupo Vitro, SA de CV
   2004 Ed. (2113)
Grupo Viz, S.A. De C.V.
   2018 Ed. (2736)
Grupo Votorantim
   2012 Ed. (1654, 1657)
Grupo XP
   2020 Ed. (2346)
   2022 Ed. (2340)
Grupo Xtra
   2005 Ed. (1533)
Grupo Zuliano
   1996 Ed. (884)
   2018 Ed. (2025)
Grupo Zurich
   1994 Ed. (2238)
Grupoaval
   2006 Ed. (4493)
   2015 Ed. (2729)
   2016 Ed. (2651)
Grupos Salinas
   2013 Ed. (41)
Gruposura
   2016 Ed. (2651)
Gruppa Kompani Tashir
   2017 Ed. (2487)
Gruppe 5 Filmproduktion
   2013 Ed. (2677)
   2014 Ed. (2631, 4703)
Gruppo Armando Testa
   1990 Ed. (118)
   1991 Ed. (116)
   1992 Ed. (168)
   1993 Ed. (114)
Gruppo Bancario Cooperativo Iccrea
   2023 Ed. (1495)
Gruppo, Bancario San Paolo
   1995 Ed. (1439)

Gruppo Banco Popolare di Verona e Novara
   2005 Ed. (550)
   2006 Ed. (474)
   2007 Ed. (487)
   2008 Ed. (452)
   2009 Ed. (481)
Gruppo del Barba Consulting
   2021 Ed. (2550)
Gruppo Bipielle
   2008 Ed. (452)
   2009 Ed. (461, 462, 463)
   2010 Ed. (413)
Gruppo Cariparma Credit Agricole
   2015 Ed. (510)
   2018 Ed. (444)
   2019 Ed. (454)
Gruppo Editoriale
   2004 Ed. (55)
Gruppo Editoriale L'espresso
   2007 Ed. (3454)
Gruppo Europeo di Ortodonzia
   2019 Ed. (2857)
Gruppo Eurospin
   2016 Ed. (4269)
   2017 Ed. (4257)
Gruppo Finanziario Tessile Gft SPA
   1991 Ed. (986)
   1992 Ed. (1229)
   1993 Ed. (999)
   1994 Ed. (1031)
   1995 Ed. (1037)
Gruppo Iris Ceramica
   1990 Ed. (3593, 3594)
Gruppo Marazzi
   1990 Ed. (3593)
Gruppo Marconi Logistica Integrata
   2011 Ed. (4811)
   2018 Ed. (4809)
Gruppo Quintiles
   2013 Ed. (1780)
Gruppo Veronesi
   2019 Ed. (3951)
   2020 Ed. (3968)
   2021 Ed. (3933)
   2022 Ed. (3945)
   2023 Ed. (4029)
Gruwell; William
   2006 Ed. (333, 334)
Gruzen Samton Steinglass Architects, Planners
   1989 Ed. (268)
   1990 Ed. (284)
Gruzen Samton Steinglass Architects, Planners, Interior Designers
   1993 Ed. (248)
GRW
   2012 Ed. (200, 205, 2370)
GRW Engineers Inc.
   2018 Ed. (2385)
   2020 Ed. (2406)
   2022 Ed. (2440)
Gryphon Investment
   1989 Ed. (2143)
   1990 Ed. (2362)
   1991 Ed. (2254)
   1992 Ed. (2783)
   1993 Ed. (2344)
Gryphon Investment Counsel
   1994 Ed. (2325)
Grzesiek; Michael
   2021 Ed. (4787)
GS Asset Management Co.
   1997 Ed. (2403)
   1999 Ed. (2895)
GS Caltex
   2014 Ed. (1988)
   2016 Ed. (2005)
   2017 Ed. (1963)
   2019 Ed. (3851)
   2020 Ed. (2375)
   2021 Ed. (1857, 3839)
   2022 Ed. (3849, 3861)
GS Canadian Equity
   2002 Ed. (3464, 3465, 3466)
GS Capital Partners
   1997 Ed. (2627)
   1998 Ed. (2105)
   2008 Ed. (1425, 3445)
   2009 Ed. (2648)
G.S. Creations Inc.
   1997 Ed. (2222, 2227)
GS Engineering & Construction
   2017 Ed. (1249)
   2018 Ed. (1229, 1231)
   2020 Ed. (1255, 1258)
   2021 Ed. (1221, 1222)
   2022 Ed. (1223)
GS Engineering & Construction Corp.
   2008 Ed. (1288)
   2009 Ed. (1271)
   2012 Ed. (1041)
   2013 Ed. (1174)
   2014 Ed. (1127, 1222)
   2015 Ed. (1173, 1280)
   2016 Ed. (1085, 1195, 1203)
   2017 Ed. (1117, 1240, 1248)
   2018 Ed. (1045, 1220)

2019 Ed. (1056, 1253)
2020 Ed. (1045, 1247)
2021 Ed. (1213)
GS Group
  2014 Ed. (700, 921)
  2015 Ed. (943)
  2016 Ed. (853)
  2017 Ed. (913)
GS Holdings
  2013 Ed. (1328, 3970)
  2014 Ed. (3912, 4067)
  2015 Ed. (3946)
  2016 Ed. (3863)
  2017 Ed. (3826)
  2018 Ed. (3870)
  2019 Ed. (3837)
  2020 Ed. (3869)
GS Holdings Co., Ltd.
  2008 Ed. (85)
  2009 Ed. (3651)
  2010 Ed. (1985, 3569)
  2011 Ed. (2046, 3572)
  2012 Ed. (1895, 2152, 3565, 3932, 4362)
  2013 Ed. (856, 2054, 3601, 4341)
  2014 Ed. (4042)
GS Holdings Corp.
  2013 Ed. (4294)
G's Marketing Ltd.
  2005 Ed. (1553)
GS Retail
  2021 Ed. (1855)
GS Retail Co., Ltd.
  2016 Ed. (4277)
  2017 Ed. (4265)
GS Star
  2020 Ed. (4704)
GS5
  2011 Ed. (98, 4024)
GS25
  2014 Ed. (688)
  2020 Ed. (4168, 4169)
GSA Industries
  2002 Ed. (3779)
GS&F
  2023 Ed. (115, 4114)
GSBS Architects
  2009 Ed. (290, 291)
  2015 Ed. (2561)
  2018 Ed. (2404)
  2019 Ed. (2447)
  2021 Ed. (2360)
  2022 Ed. (2469)
GSC Enterprises Inc.
  1993 Ed. (1154, 1155)
  1994 Ed. (1177)
  1995 Ed. (1195, 1197, 1200)
  1997 Ed. (1200, 1202, 1203, 1205)
  1998 Ed. (287, 976, 977, 978, 981, 983)
  2003 Ed. (4938)
  2010 Ed. (1365)
  2011 Ed. (1353, 1361)
  2012 Ed. (1219)
  2013 Ed. (1332, 1333)
  2014 Ed. (1262, 1263)
  2015 Ed. (1324)
  2016 Ed. (1246, 1248)
  2019 Ed. (1298)
GSC Industries Inc.
  1998 Ed. (1939)
GSC Packaging
  2015 Ed. (3560)
GSC Partners
  2004 Ed. (1528)
GSD Field Marketing Group
  2002 Ed. (3264, 3266)
GSD & M
  1989 Ed. (160, 161, 167)
  1990 Ed. (150)
  1991 Ed. (150)
  1992 Ed. (207)
  1994 Ed. (117)
  1995 Ed. (126)
  1996 Ed. (140)
  1997 Ed. (146)
  1998 Ed. (66)
  1999 Ed. (155)
  2002 Ed. (184, 185)
  2003 Ed. (174)
  2004 Ed. (131, 132)
GSD&M
  2000 Ed. (173)
  2023 Ed. (126)
GSE Construction Co.
  2014 Ed. (2951)
GSE Construction Co. Inc.
  1999 Ed. (1382)
  2000 Ed. (1272)
  2001 Ed. (2709)
GSE Construction Co., Inc.
  2014 Ed. (2946)
  2018 Ed. (3629)
  2019 Ed. (3622)
G.S.E. Inc.
  1990 Ed. (2289)
GSE Systems
  2018 Ed. (979)
  2020 Ed. (965)

GSE Systems Inc.
  2007 Ed. (2060)
  2018 Ed. (1684)
  2021 Ed. (1672)
GSG
  2009 Ed. (4110)
  2010 Ed. (4043)
GSG Design New York
  2009 Ed. (4108)
GSH Group
  2023 Ed. (1865, 4184)
GSI
  1990 Ed. (1139)
  2022 Ed. (4368)
GSI Commerce Inc.
  2006 Ed. (4678)
  2007 Ed. (2712)
  2008 Ed. (2846)
  2009 Ed. (2909)
  2010 Ed. (2853)
  2011 Ed. (2824, 4510)
GSI Group Inc.
  2008 Ed. (2943)
GSI Lumonics
  2001 Ed. (2863)
  2002 Ed. (2506)
  2003 Ed. (2940)
  2007 Ed. (2817)
GSI Technology
  2009 Ed. (4398)
GSK
  2018 Ed. (3918)
  2020 Ed. (3907)
  2021 Ed. (3863, 3873)
  2023 Ed. (3055, 3982, 3986, 3987, 3988)
GSK - US Pharma IT
  2019 Ed. (2873)
GSL Electric
  2019 Ed. (1207)
GSL Electric Inc.
  2010 Ed. (1324)
  2011 Ed. (1304, 1306)
  2012 Ed. (1182)
GSM Investments LLC
  2018 Ed. (1262)
GSM London Holdings Ltd.
  2017 Ed. (2053)
GSM Telecom Products
  2021 Ed. (1784, 4578)
GSO Capital Partners
  2010 Ed. (1381)
GSOFT
  2019 Ed. (1489)
GSS America Infotech
  2009 Ed. (4824)
GST/MicroCity
  1999 Ed. (1274)
GST Telecommunications Inc.
  2001 Ed. (2422)
GSV
  2022 Ed. (3372)
GSW Inc.
  1992 Ed. (2434)
  2008 Ed. (1215)
GSW Worldwide
  2006 Ed. (118)
  2007 Ed. (107)
  2008 Ed. (115)
  2009 Ed. (126)
  2010 Ed. (127)
GSX Holdings Inc.
  2016 Ed. (1765)
GT Advanced Technologies
  2015 Ed. (1890)
  2016 Ed. (1854)
GT Advanced Technologies Inc.
  2014 Ed. (1850)
  2015 Ed. (1886)
  2016 Ed. (343, 1850)
GT Advaned Technologies
  2014 Ed. (1854)
  2017 Ed. (1813)
GT America Growth
  1992 Ed. (3190)
  1994 Ed. (2615)
GT Bank
  2021 Ed. (417)
  2022 Ed. (431, 678)
  2023 Ed. (572, 879)
GT Capital Holdings
  2017 Ed. (1930)
  2021 Ed. (1829)
GT Capital Management
  1992 Ed. (2746)
  1993 Ed. (2306, 2352, 2358, 2359)
GT Fixed Line & Networks
  2008 Ed. (43)
  2009 Ed. (49)
GT Fixed Network Services
  2010 Ed. (59)
GT Global
  1997 Ed. (565)
GT Global Allocator Strategic Income
  2000 Ed. (4332)
GT Global Allocator Telecommunications
  2000 Ed. (4334)
G.T. Global America Growth A
  1996 Ed. (2797, 2803)

G.T. Global America Growth B
  1996 Ed. (2797)
GT Global Consumer Product A
  1999 Ed. (3580)
GT Global Consumer Products A
  1998 Ed. (2596)
G.T. Global Developing Markets
  1996 Ed. (3312)
GT Global Emerging Markets A
  1995 Ed. (2717, 2727)
GT Global Financial Services A
  1999 Ed. (3513)
GT Global Government Income A
  1995 Ed. (2712)
GT Global Growth: Japan
  1991 Ed. (2569)
G.T. Global Health Care
  1992 Ed. (3158, 3178)
GT Global Health Care A
  1995 Ed. (2722)
GT Global High-Income A
  1995 Ed. (2712)
  1997 Ed. (691)
  1999 Ed. (3581)
GT Global Japan
  1992 Ed. (3172)
  1994 Ed. (2626)
G.T. Global Natural Resources A
  1998 Ed. (2593)
GT Global Pacific Growth A
  1998 Ed. (2646)
GT Global Pacific Growth B
  1998 Ed. (2646)
GT Global Strat. Income A
  1995 Ed. (2712)
GT Global Strategic Income A
  1997 Ed. (691)
  1998 Ed. (2621)
GT Global Telecom Networks Corp.
  2012 Ed. (2771)
GT Group Telecom Inc.
  2002 Ed. (2505, 2508)
  2003 Ed. (1638, 2934, 2937, 2939)
GT Income
  1995 Ed. (2749, 2751)
GT Industrial LLC
  2008 Ed. (3732, 4427, 4982)
GT Interactive Software Corp.
  1997 Ed. (3403, 3408)
  1999 Ed. (1255, 2625)
  2000 Ed. (2407)
GT International Growth
  1992 Ed. (3194)
  1993 Ed. (2661)
GT Japan Growth
  1991 Ed. (2558)
  1992 Ed. (3183)
G.T. Latin America Growth A
  1996 Ed. (2804)
G.T. Management
  1990 Ed. (2319)
GT Management (Asia)
  1997 Ed. (2544)
GT Nexus
  2004 Ed. (2220)
GT Onetouch
  2010 Ed. (59)
GT Pacific Growth
  1991 Ed. (2558)
  1992 Ed. (3151, 3184)
  1993 Ed. (2652, 2661, 2692)
GT Pacific Growth A
  1995 Ed. (2699)
GT & R Employees N.C.
  2000 Ed. (1623)
GT & R Employees N.C. Credit Union
  2002 Ed. (1827)
  2003 Ed. (1888)
GT & R Employees' North Carolina Credit
  Union
  1998 Ed. (1216)
GT Solar International Inc.
  2010 Ed. (4445, 4446)
  2011 Ed. (2823)
  2012 Ed. (1750, 2768)
  2013 Ed. (1915)
GT UK Smaller Cos Acc
  2000 Ed. (3307)
GT Worldwide Growth
  1993 Ed. (2692)
  1994 Ed. (2646)
GTAccess
  2023 Ed. (3489)
GTC Construction Management
  2017 Ed. (1747)
GTC Inc.
  1998 Ed. (1407)
  2000 Ed. (2463)
GTC Media
  2003 Ed. (3928)
G.T.C. Transcontinental Group Ltd.
  1991 Ed. (1016)
  1992 Ed. (1295, 3591)
  1993 Ed. (2506)
  1994 Ed. (2983)
  1995 Ed. (2512)
  1996 Ed. (2579, 3144)

  1997 Ed. (2724)
  1999 Ed. (3311)
GTCI
  2007 Ed. (4727)
GTCR Golder Rauner LLC
  2001 Ed. (4675)
GTE California Inc.
  2000 Ed. (3004)
GTE and Contel
  1992 Ed. (1067)
GTE Corp.
  1989 Ed. (1329, 1330, 2260, 2261, 2796)
  1990 Ed. (918, 1642, 2923, 2924, 2935, 3475, 3514, 3516)
  1991 Ed. (38, 1109, 1539, 1994, 2577, 2776, 2777, 2779, 3112, 3277, 3284, 3286)
  1992 Ed. (4200, 4209, 4210)
  1993 Ed. (154, 1175, 1176, 1374, 1588, 2705, 2779, 2934, 2935, 2936, 2937, 2945, 2946, 3224, 3228, 3230, 3242, 3248, 3508, 3509, 3515, 3516)
  1994 Ed. (10, 1237, 1249, 1256, 1284, 1286, 1311, 1619, 2060, 2210, 2754, 2763, 2973, 2974, 2975, 2976, 2984, 3215, 3228, 3242, 3257, 3482, 3483, 3489, 3490)
  1995 Ed. (1258, 1336, 2850, 2855, 2862, 3033, 3034, 3035, 3045, 3307, 3322, 3549, 3550, 3551, 3554, 3559)
  1996 Ed. (888, 1230, 1235, 1320, 2547, 3137, 3145, 3636, 3637, 3638, 3639, 3640, 3647, 3649, 3651)
  1997 Ed. (1273, 1306, 1379, 1584, 3687, 3689, 3690, 3692, 3693, 3706)
  1998 Ed. (575, 1130, 1246, 3471, 3473, 3475, 3476, 3477, 3484, 3487)
  1999 Ed. (1442, 1450, 1596, 1817, 1963, 2506, 3717, 3731, 4542, 4543, 4546, 4547, 4548, 4551, 4553, 4559, 4562)
  2000 Ed. (1301, 1309, 1572, 1734, 1740, 2642, 3441, 3690, 4186, 4188, 4192, 4203, 4205)
  2001 Ed. (1335, 1336, 1550, 1878, 3673, 3674, 4454, 4455, 4462, 4473, 4476, 4477, 4478)
  2002 Ed. (1387, 2075, 3916, 4569, 4570)
  2003 Ed. (1072, 1073)
  2004 Ed. (1086)
  2005 Ed. (1096, 1463, 1488, 1503, 1547)
  2006 Ed. (1088)
  2007 Ed. (1194, 1195)
  2008 Ed. (1100)
  2009 Ed. (1079)
  2010 Ed. (1050)
  2011 Ed. (984)
  2012 Ed. (896)
  2013 Ed. (1055)
  2014 Ed. (1019)
  2015 Ed. (1055)
  2016 Ed. (962)
GTE Credit Union
  2002 Ed. (1858)
  2003 Ed. (1912)
  2004 Ed. (1939, 1952)
  2005 Ed. (2083, 2094)
  2006 Ed. (2154, 2165, 2177, 2189)
  2007 Ed. (2110)
  2008 Ed. (2225)
  2009 Ed. (2209)
  2010 Ed. (2163)
  2011 Ed. (2182)
  2012 Ed. (2042)
  2013 Ed. (2224)
  2014 Ed. (2156)
GTE Data Services
  2000 Ed. (2205)
GTE FCU
  1999 Ed. (1805)
GTE Federal Credit Union
  1995 Ed. (1536)
  1996 Ed. (1498)
  1997 Ed. (1565)
  1998 Ed. (1232)
  2000 Ed. (1631)
GTE Financial
  2018 Ed. (2089)
  2023 Ed. (2207)
GTE Financial Credit Union
  2015 Ed. (2220)
  2016 Ed. (2191)
  2020 Ed. (2067)
  2021 Ed. (2057)
  2022 Ed. (2093)
GTE Florida
  1998 Ed. (3485)
  2000 Ed. (2205)
GTE Foundation
  1992 Ed. (1096)
GTE Hawaiian Tel
  1997 Ed. (2177)
GTE Internet Solutions
  1999 Ed. (2999)
GTE Mobile Communications
  1994 Ed. (877)
GTE Mobilnet
  1989 Ed. (863)
  1991 Ed. (871, 872)

1998 Ed. (655)
GTE Moblenet
  2000 Ed. (999)
GTE Products of Connecticut Corp.
  2001 Ed. (2193)
  2003 Ed. (2190)
GTE Service Corp.
  1994 Ed. (2768)
GTE Spacenet Skystar Plus
  1994 Ed. (3644)
GTE Sylvania
  1990 Ed. (2675)
GTE Wireless
  2001 Ed. (1139)
GTECH
  2015 Ed. (1646, 3564)
  2016 Ed. (3418)
Gtech
  2017 Ed. (2033)
GTech Corp.
  2001 Ed. (376)
GTECH Holdings Corp.
  1997 Ed. (1084)
  1998 Ed. (832)
  1999 Ed. (1263)
  2001 Ed. (376)
  2003 Ed. (271)
  2004 Ed. (239, 2716, 2717)
  2005 Ed. (242, 2709, 2710, 3278)
  2006 Ed. (263, 2685)
  2007 Ed. (270, 2675, 2937, 3339, 4119)
GTF
  2018 Ed. (1555)
GTFH Public Relations
  1996 Ed. (3106, 3108)
GTI Corp.
  1993 Ed. (214, 217)
  1995 Ed. (884)
  1997 Ed. (2702)
GTKY Credit Union
  2004 Ed. (1943)
GTM Corp.
  1992 Ed. (4283)
  1994 Ed. (3524)
GTM-Entrepose
  1993 Ed. (1143)
  1994 Ed. (1161, 1166, 1169, 1171)
  1995 Ed. (1180, 1186, 1191)
  1996 Ed. (1151, 1153, 1154, 1159, 1162, 1164)
  1997 Ed. (1180, 1182, 1183, 1187, 1188, 1191, 1193)
  1998 Ed. (963, 964, 971, 972)
  1999 Ed. (1386, 1388, 1389, 1393, 1396, 1397, 1404, 1405)
GTM Holdings
  2019 Ed. (827)
  2020 Ed. (825)
  2021 Ed. (844)
  2022 Ed. (884)
GTN Copper Tech
  2002 Ed. (2228)
GTN Ocean Carrier Consortium
  2004 Ed. (4661)
GTNexus
  2016 Ed. (4531)
  2017 Ed. (4526)
GTP
  1990 Ed. (3512)
GTRI Inc.
  2006 Ed. (3503, 4343)
GT's Enlightened Kombucha
  2022 Ed. (4545)
  2023 Ed. (4560)
GT's Enlightened Synergy
  2022 Ed. (4545)
  2023 Ed. (4560)
GT's Kombucha Synergy
  2015 Ed. (2842)
  2016 Ed. (2773)
  2021 Ed. (4542)
  2022 Ed. (4545)
GTS Kombucha Synergy
  2019 Ed. (4576)
GTS Synergy Kombucha
  2019 Ed. (2781)
GTS Technology Solutions
  2021 Ed. (4948)
GTSI Corp.
  2003 Ed. (1344, 1356, 1358)
  2004 Ed. (1344, 1346, 1367)
  2005 Ed. (1352, 1354, 1361, 1379, 1392, 2009)
  2006 Ed. (1355, 1361, 1365, 1377, 1380, 2106, 2113)
  2007 Ed. (1418, 2063)
  2008 Ed. (1370, 1374)
  2009 Ed. (1375)
  2010 Ed. (1361)
  2011 Ed. (1349)
  2012 Ed. (1214)
  2013 Ed. (1325)
  2014 Ed. (1259)
  2015 Ed. (1315)
GTT Communications, Inc.
  2019 Ed. (926)
GTx Inc.
  2019 Ed. (1999)

GU Acquistion Corp.
  1991 Ed. (1142)
Guadalajara
  1994 Ed. (2440)
Guadalajara, Mexico
  1993 Ed. (2557)
  2009 Ed. (257)
  2012 Ed. (3502)
Guadalajara Miguel Hidalgo y Costilla
  2001 Ed. (350)
Guadalupe Parish
  2000 Ed. (1623)
Guadalupe Parish Credit Union
  1996 Ed. (1504)
  2002 Ed. (1827)
Guadeloupe
  2001 Ed. (4586)
Guadian United Power Technology Co., Ltd.
  2012 Ed. (2824)
Guajiro
  1994 Ed. (962)
Gual; Alejandro Bailleres
  2023 Ed. (4843)
Guala Closures North America
  2023 Ed. (4899)
Guam International Airport
  1993 Ed. (205, 1536)
Guam Naval Station
  1993 Ed. (2884)
Guam; University of
  2005 Ed. (1367)
Guan; Ho Sim
  2008 Ed. (4850)
Guanabara
  2000 Ed. (475)
Guanajuato, Mexico
  2010 Ed. (3501)
  2011 Ed. (3497)
Guangbiao; Chen
  2010 Ed. (3957)
Guangchang; Guo
  2005 Ed. (2515)
  2007 Ed. (2508)
  2008 Ed. (4843)
  2009 Ed. (4861)
Guangdong
  2001 Ed. (2262)
Guangdong Advertising Co.
  1996 Ed. (72)
Guangdong Development Bank
  2007 Ed. (470)
  2008 Ed. (435, 436)
  2010 Ed. (440)
Guangdong Dongwan Chemicals Import & Export Co.
  2001 Ed. (2496)
Guangdong Electric
  1999 Ed. (4297, 4298)
  2000 Ed. (4012)
  2001 Ed. (1670)
Guangdong Electric Power
  2016 Ed. (2381)
  2017 Ed. (2230)
Guangdong Electric Power Development
  2005 Ed. (2305)
Guangdong Electric Power Development Co., Ltd.
  2015 Ed. (2530)
  2016 Ed. (2469)
Guangdong Express Way
  1999 Ed. (4297)
Guangdong Haid Group
  2018 Ed. (1476)
  2019 Ed. (1508, 2696)
  2021 Ed. (1460)
Guangdong Huaxing Bank
  2020 Ed. (504)
Guangdong Investment
  1995 Ed. (2129)
  1999 Ed. (3469)
  2014 Ed. (4020)
  2015 Ed. (2455, 2894)
  2016 Ed. (2401)
  2017 Ed. (2248)
  2018 Ed. (2301)
  2019 Ed. (2291)
  2020 Ed. (2277)
Guangdong Kelon
  2001 Ed. (1671)
Guangdong Kinlong Hardware Products
  2023 Ed. (1576, 1579, 1653)
Guangdong Modern International Exhibition Center
  2018 Ed. (1276)
Guangdong Nanyue Bank
  2021 Ed. (502)
Guangdong Oppo Mobile Telecommunications Co.
  2022 Ed. (1297)
Guangdong Petrochemical
  1993 Ed. (1199)
Guangdong Power
  2006 Ed. (4307)
Guangdong Prvl. Expr.
  2000 Ed. (4012)
  2001 Ed. (1670)

Guangdong Shengyi Science Technology
  2008 Ed. (1568)
Guangdong Tapai Group
  2021 Ed. (1364, 1366)
Guangdong Wens Foodstuffs Group
  2017 Ed. (2666)
  2018 Ed. (2725)
  2019 Ed. (2709)
Guangdong Yihao Foodstuff Co.
  2023 Ed. (2422)
Guangdong Zhongsheng Pharmaceutical Co., Ltd.
  2011 Ed. (1581)
Guanghe; Qiu
  2013 Ed. (4863)
Guanghua School of Business
  2014 Ed. (782)
  2015 Ed. (824)
Guanghua School of Business; Peking University
  2013 Ed. (759)
Guanghui Energy
  2016 Ed. (4102)
Guangming Ribao
  1999 Ed. (3619)
Guangqi Honda Automobile Co., Ltd.
  2012 Ed. (2196, 4764)
Guangshen Railway Co. Ltd.
  2003 Ed. (4578)
Guangxi Beibu Gulf Bank
  2013 Ed. (499)
Guangxi Group
  2003 Ed. (3724)
Guangxi Guiguan Electric Power
  2018 Ed. (2286)
Guangxi Guiguan Electric Power Co., Ltd.
  2018 Ed. (2356)
  2019 Ed. (2392)
Guangxi Investment Group
  2022 Ed. (2652, 2654)
  2023 Ed. (2785, 2787)
Guangzhou
  2001 Ed. (1096, 3854, 3855)
  2023 Ed. (4018)
Guangzhou Automobile
  2012 Ed. (236)
  2013 Ed. (230)
  2015 Ed. (281)
  2016 Ed. (276)
  2017 Ed. (276)
Guangzhou Automobile Group
  2010 Ed. (4800)
  2011 Ed. (734)
Guangzhou Automobile Group Co., Ltd.
  2015 Ed. (270)
  2016 Ed. (266)
  2017 Ed. (267)
  2018 Ed. (253)
  2019 Ed. (250)
  2020 Ed. (255)
Guangzhou Automobile Industry Group
  2020 Ed. (256)
  2021 Ed. (243)
  2022 Ed. (265)
  2023 Ed. (364)
Guangzhou Automotive Group
  2011 Ed. (4747)
Guangzhou Bai Yun International Airport
  2022 Ed. (148)
  2023 Ed. (222)
Guangzhou Baiyun International Airport
  2021 Ed. (151)
  2022 Ed. (138)
  2023 Ed. (214)
Guangzhou Baiyunshan Pharmaceutical Holdings
  2020 Ed. (3892)
Guangzhou Brewery
  1995 Ed. (708)
Guangzhou, China
  2007 Ed. (1098)
  2012 Ed. (3486)
  2013 Ed. (162)
  2014 Ed. (166)
  2015 Ed. (193)
  2019 Ed. (163)
  2021 Ed. (3922)
  2022 Ed. (3934)
Guangzhou Fengei Network Technology Co., Ltd.
  2019 Ed. (2890)
Guangzhou Harbor, China
  2015 Ed. (4058)
  2016 Ed. (3964)
  2017 Ed. (3945)
  2018 Ed. (3966)
  2019 Ed. (3941)
  2020 Ed. (3956)
Guangzhou Hui Zheng Zhi United Technology Co., Ltd.
  2020 Ed. (2912)
Guangzhou Leyaoyao Information Technology Co., Ltd.
  2021 Ed. (2780)
Guangzhou Leyaoyao Information Technology Co., Ltd. (China)
  2021 Ed. (2780)

Guangzhou Liluo Mechanical Equipment Leasing
  2022 Ed. (3371)
  2023 Ed. (3489)
Guangzhou Municipal Construction Group
  2023 Ed. (2572)
Guangzhou Peugeot
  1995 Ed. (308)
Guangzhou Pharmaceutical
  2023 Ed. (3031)
Guangzhou Pharmaceutical Holdings
  2023 Ed. (3972)
Guangzhou Quwan Network Technology Co., Ltd.
  2020 Ed. (2912)
Guangzhou R & F
  2012 Ed. (4194)
  2013 Ed. (4175)
  2014 Ed. (4192)
  2015 Ed. (4172)
  2016 Ed. (4087)
  2017 Ed. (4064)
  2018 Ed. (4092)
  2019 Ed. (4098)
  2020 Ed. (4111)
Guangzhou R&F Properties Co., Ltd.
  2021 Ed. (2902)
  2022 Ed. (4113)
Guangzhou Shiyuan Electronic Technology
  2021 Ed. (1460)
Guangzhou Wuzhou Aoqili Group Co.
  2006 Ed. (36)
Guangzhou Zhujiang Brewery Co., Ltd.
  2020 Ed. (156)
Guanqiu; Lu
  2005 Ed. (2515)
  2006 Ed. (2529)
  2008 Ed. (4843)
Guanxi (The Art of Relationships)
  2008 Ed. (617)
Guarana Antarctica
  2015 Ed. (683)
  2016 Ed. (624)
Guarant
  2001 Ed. (4635)
Guarantee
  1993 Ed. (233)
Guarantee Electrical Co.
  1991 Ed. (1078)
  2009 Ed. (1299)
  2010 Ed. (1310)
  2011 Ed. (1249, 1275)
  2013 Ed. (1260)
  2016 Ed. (1163)
  2018 Ed. (1172)
  2020 Ed. (1181)
  2021 Ed. (1154)
Guarantee Title & Trust Co. Inc.
  1999 Ed. (2985)
Guarantee Trust Group
  2012 Ed. (3221)
Guaranteed investment contracts
  1994 Ed. (1908)
  1995 Ed. (3160)
Guaranteed Overnight Delivery
  1990 Ed. (3657)
  1991 Ed. (3429)
Guaranteed Rate
  2016 Ed. (3619)
  2017 Ed. (3602)
  2020 Ed. (3617)
  2022 Ed. (3682)
  2023 Ed. (3791, 3792, 3793)
Guaranteed Rate Affinity
  2022 Ed. (3682)
  2023 Ed. (3790)
Guaranteed Rate Inc.
  2016 Ed. (3618, 3621, 3622)
  2017 Ed. (3588, 3589)
  2018 Ed. (3646, 3648, 3649)
  2019 Ed. (3635, 3637, 3638)
  2020 Ed. (3610, 3611)
  2021 Ed. (3632, 3633)
  2022 Ed. (3698, 3699)
Guaranteed Removals
  2022 Ed. (3525)
Guaranty Bancorp
  2016 Ed. (1504)
Guaranty Bancshares Inc.
  2012 Ed. (357)
  2013 Ed. (484)
Guaranty Bank
  2002 Ed. (4100, 4117, 4118, 4121, 4125, 4126, 4129, 4131, 4135, 4138)
  2003 Ed. (4229, 4230, 4258, 4260, 4261, 4264, 4269, 4270, 4271, 4273, 4275, 4277, 4279, 4281)
  2004 Ed. (1062, 1063, 2995, 3502, 4244, 4245, 4248, 4278, 4279, 4282, 4283, 4285, 4286, 4287, 4289)
  2005 Ed. (1066, 1067, 2993, 3502, 4177, 4178, 4211, 4218, 4219, 4220, 4221, 4222)
  2006 Ed. (1074, 1075, 3569, 4229, 4230, 4245, 4247)
  2007 Ed. (1182, 1183, 3629, 4243, 4244)
  2010 Ed. (1039, 1040, 3702, 4416, 4417, 4432)

CUMULATIVE INDEX • 1989-2023

Guaranty Bank & Trust Co.
 2002 Ed. (544)
 2005 Ed. (480)
 2007 Ed. (431)
 2008 Ed. (399)
 2009 Ed. (422)
Guaranty Corp.
 2005 Ed. (379)
Guaranty Development Co.
 2008 Ed. (431)
Guaranty Federal
 1989 Ed. (2359)
Guaranty Federal S&L Association
 1989 Ed. (2824)
Guaranty Federal Savings Bank
 1990 Ed. (3102)
 1991 Ed. (3385)
 1994 Ed. (3529)
 1995 Ed. (507)
 1998 Ed. (3127, 3129, 3567)
Guaranty Financial Group Inc.
 2011 Ed. (271)
Guaranty, FSB
 1992 Ed. (3783)
 1993 Ed. (3085, 3089)
Guaranty National Bank of Tallahassee
 2006 Ed. (374)
Guaranty Savings
 1990 Ed. (3121, 3130)
Guaranty Trust Assurance plc
 2013 Ed. (1949)
Guaranty Trust Bank
 2007 Ed. (530)
 2008 Ed. (484)
 2009 Ed. (511)
 2010 Ed. (369, 492)
 2011 Ed. (422)
 2013 Ed. (348)
 2014 Ed. (366)
 2015 Ed. (418, 419, 1403, 1932)
 2016 Ed. (382, 383, 386, 1333, 1888)
 2017 Ed. (369, 381, 382, 389, 1855)
 2018 Ed. (352)
 2019 Ed. (355)
 2020 Ed. (343, 351)
 2023 Ed. (571)
Guaranty Trust Bank Cote d'Ivoire
 2015 Ed. (390)
Guaranty Trust Bank Ghana
 2014 Ed. (349)
 2015 Ed. (395)
Guaranty Trust Bank Liberia
 2015 Ed. (410)
Guaranty Trust Bank Sierra Leone
 2015 Ed. (423)
Guard-A-Kid
 2008 Ed. (971)
 2009 Ed. (964)
 2010 Ed. (923)
 2011 Ed. (767, 860)
 2012 Ed. (702)
 2013 Ed. (991)
 2014 Ed. (860)
 2015 Ed. (976)
Guard companies
 1992 Ed. (3830)
 2001 Ed. (4203)
Guard Systems Inc.
 1995 Ed. (3211)
 1997 Ed. (3413)
 1998 Ed. (3185)
 1999 Ed. (4175)
 2000 Ed. (3907)
Guardant Health Inc.
 2022 Ed. (1424)
Guardent
 2002 Ed. (4205)
 2004 Ed. (4434)
Guardhouses
 1990 Ed. (845)
The Guardian
 1989 Ed. (2229)
 1999 Ed. (1832, 4171, 4173)
 2002 Ed. (231)
 2005 Ed. (3537)
 2006 Ed. (95)
 2007 Ed. (724, 3681)
 2008 Ed. (696)
 2009 Ed. (683, 2366)
 2018 Ed. (2157)
Guardian Alarm Co.
 1997 Ed. (3415, 3416)
 1998 Ed. (3201, 3203)
 1999 Ed. (4200, 4201, 4202)
 2000 Ed. (3918, 3919, 3921)
 2001 Ed. (4201, 4202)
 2002 Ed. (4204)
 2003 Ed. (4327, 4328)
 2006 Ed. (4270)
 2008 Ed. (4296)
Guardian Alarm Company
 2022 Ed. (4375)
Guardian Angels Credit Union
 2015 Ed. (2243)
 2016 Ed. (2214)
Guardian Asset
 1993 Ed. (2319, 2323)

Guardian Asset Allocation
 2000 Ed. (3242)
Guardian Auto Trim
 1999 Ed. (2116, 2117)
Guardian Automotive Corp.
 2001 Ed. (2874)
 2007 Ed. (3076)
 2008 Ed. (3217)
Guardian Automotive Products Inc.
 2003 Ed. (1759)
 2004 Ed. (1796, 3027)
 2013 Ed. (1856, 2651)
Guardian Bancorp
 1995 Ed. (530)
 2016 Ed. (507)
Guardian Bank
 1994 Ed. (3010)
 1995 Ed. (3067)
Guardian Building Products
 2010 Ed. (4956)
Guardian Building Products Distribution Inc.
 2011 Ed. (4940)
 2012 Ed. (4940)
Guardian Canadian Balanced Classic
 2001 Ed. (3479, 3480, 3481)
Guardian Canadian Balanced Mutual
 2001 Ed. (3480)
Guardian Capital Group
 1992 Ed. (3206)
Guardian Cos., Inc.
 2007 Ed. (3544, 4405)
Guardian Credit Union
 2010 Ed. (2133, 2138)
Guardian Enterprise Classic
 2001 Ed. (3475)
Guardian Federal
 1990 Ed. (2476, 3124, 3133)
Guardian Federal Savings & Loan
 1991 Ed. (2482)
Guardian Fueling Technologies
 2023 Ed. (1703)
Guardian Games
 2020 Ed. (3028)
Guardian Global Equity Classic
 2001 Ed. (3466)
Guardian Group
 2002 Ed. (2886)
 2003 Ed. (2979)
Guardian Holdings Ltd.
 2006 Ed. (3232, 4828)
Guardian Home Technologies
 2007 Ed. (4973)
 2008 Ed. (2983, 2986)
 2009 Ed. (3069)
 2010 Ed. (2998)
Guardian Industries Corp.
 1989 Ed. (925, 928)
 1990 Ed. (1027, 1248)
 1991 Ed. (953)
 1992 Ed. (1189)
 1993 Ed. (963)
 1994 Ed. (989)
 1995 Ed. (1002)
 1996 Ed. (349, 989)
 1997 Ed. (1013)
 1998 Ed. (752)
 1999 Ed. (1187)
 2000 Ed. (1103)
 2001 Ed. (1144, 1256)
 2003 Ed. (4612)
 2004 Ed. (3972, 4590)
 2005 Ed. (3916, 4523)
 2006 Ed. (4608)
 2007 Ed. (4592, 4593)
 2008 Ed. (4543)
 2009 Ed. (331, 2680, 4149, 4574)
 2010 Ed. (310, 4068, 4081, 4607)
 2011 Ed. (233, 4054, 4563)
 2012 Ed. (250, 4086, 4576)
 2013 Ed. (1144, 1864, 4522)
 2014 Ed. (1106, 1796, 4581, 4582)
 2015 Ed. (1147, 1837, 4574, 4575)
 2016 Ed. (1058, 1789, 1798, 4497, 4498)
 2017 Ed. (1091, 1756, 1766)
 2018 Ed. (1020, 1720)
 2019 Ed. (1773)
Guardian Insurance & Annuity VA-1
 1994 Ed. (2314)
Guardian Insurance Co. of Canada
 1991 Ed. (2131)
Guardian Insurance, N.Y.
 1989 Ed. (2151)
Guardian Insurance Value Guard II: Centurion Growth
 1995 Ed. (3689)
Guardian Investment
 2005 Ed. (3563)
Guardian Investment Services
 2004 Ed. (3599)
Guardian Investor Guardian Stock
 1994 Ed. (3611)
Guardian Investor Services
 2006 Ed. (3659)
 2007 Ed. (2494)
Guardian Investor Strategic Asset Management
 1994 Ed. (3612)

Guardian Investor Value Line Centurion
 1994 Ed. (3611)
Guardian Life
 1989 Ed. (1701, 1702, 1703, 1704)
 1994 Ed. (2262, 2267)
 2000 Ed. (2698)
 2009 Ed. (3321)
Guardian Life of America
 1993 Ed. (2194, 2195, 2200, 2211)
 2000 Ed. (2695)
 2023 Ed. (3333)
Guardian Life of the Caribbean
 1996 Ed. (3745)
Guardian Life Group
 2023 Ed. (3348)
Guardian Life Insurance Co.
 2002 Ed. (1915)
Guardian Life Insurance Co. of Amer
 2000 Ed. (2649)
Guardian Life Insurance Co. of America
 1991 Ed. (969)
 1992 Ed. (2653)
 1995 Ed. (2286, 2290, 2305)
 1996 Ed. (2265, 2283, 2288, 2296, 2297, 2310, 2316, 2317, 2324)
 1997 Ed. (2426, 2447)
 1998 Ed. (2108, 2137, 2140, 2147, 2148, 2171, 3038)
 1999 Ed. (1831, 2923, 2928, 2929, 2931, 2945, 2954)
 2000 Ed. (1657, 2672, 2674, 2675, 2677, 2679, 2705)
 2001 Ed. (2929, 2931, 2933, 2942, 2945)
 2002 Ed. (2869, 2887, 2888, 2891, 2925, 2932, 2935)
 2003 Ed. (2991, 2994)
 2004 Ed. (3102, 3112)
 2005 Ed. (3083, 3115)
 2006 Ed. (3056, 3120)
 2007 Ed. (3083, 3087, 3122, 3126, 3138, 3151, 3300, 4080)
 2008 Ed. (3197, 3272, 3276, 3301)
 2009 Ed. (3319, 3329, 3333, 3348, 3361)
 2010 Ed. (2915, 3255, 3287, 3298, 3343)
 2011 Ed. (3221, 3230, 3234, 3253, 3260)
 2012 Ed. (3128, 3188, 3224, 3234)
 2013 Ed. (3303)
 2014 Ed. (3326)
 2015 Ed. (3369)
 2016 Ed. (3138, 3231, 3233)
 2017 Ed. (3079, 3189, 3191)
 2018 Ed. (3186, 3278)
 2019 Ed. (3222)
 2020 Ed. (3237)
 2021 Ed. (3103)
 2022 Ed. (3244)
Guardian Life Insurance Group
 1993 Ed. (2199)
The Guardian & Manchester Evening News PLC
 1991 Ed. (958)
 1992 Ed. (1195, 1199)
 1993 Ed. (966, 972)
 1994 Ed. (1000)
Guardian Mortgage Co.
 2005 Ed. (3303)
Guardian National
 1990 Ed. (2283)
 1991 Ed. (2157)
 1993 Ed. (2259)
 1995 Ed. (2284)
 2000 Ed. (2673)
Guardian Park Avenue
 1995 Ed. (2677, 2697)
Guardian Park Avenue A
 1999 Ed. (3519)
Guardian Protection
 2011 Ed. (2966)
 2012 Ed. (2894, 2897, 4447)
 2013 Ed. (4411)
 2014 Ed. (4442)
 2015 Ed. (4437)
 2017 Ed. (2913)
 2018 Ed. (2979)
 2019 Ed. (2924)
 2020 Ed. (2942)
 2021 Ed. (2805)
 2022 Ed. (2968, 2972, 4367, 4374, 4375, 4376, 4378)
 2023 Ed. (3092, 3093, 3096, 4394, 4395, 4396)
Guardian Protection Services
 2013 Ed. (2982)
 2014 Ed. (2993)
 2015 Ed. (3063, 3065, 4441)
 2016 Ed. (2953, 2955, 4330, 4334)
 2017 Ed. (2914, 4333, 4337)
 2018 Ed. (2980, 2981, 4326, 4330, 4332)
 2019 Ed. (2925, 2926, 4354, 4358, 4360)
 2020 Ed. (2943, 2944, 4353, 4355)
 2021 Ed. (2801, 2802, 4368)
 2022 Ed. (2969)
Guardian Protection Services Inc.
 1999 Ed. (4201, 4202)
 2000 Ed. (3919, 3920)
 2001 Ed. (4202)
 2003 Ed. (4327)
 2005 Ed. (4292, 4293)

 2006 Ed. (4268, 4269, 4272, 4273)
 2007 Ed. (2864, 4294, 4296)
 2008 Ed. (4297, 4298, 4299, 4300, 4301, 4943)
 2009 Ed. (3065, 4405, 4406, 4407, 4964)
 2010 Ed. (4450)
 2011 Ed. (4389)
 2012 Ed. (4449, 4450, 4451)
 2013 Ed. (4413, 4414, 4415)
 2014 Ed. (4444, 4445)
 2015 Ed. (4439, 4440)
 2016 Ed. (4332, 4333)
 2017 Ed. (4335, 4336)
 2018 Ed. (4328, 4329)
 2019 Ed. (4356, 4357)
 2020 Ed. (4351, 4352)
 2021 Ed. (4366)
 2022 Ed. (4374)
Guardian Royal Exchange
 1990 Ed. (2242)
 1992 Ed. (2679)
 1993 Ed. (1324)
 2002 Ed. (1391)
Guardian Royal Exchange PLC
 1991 Ed. (2145)
Guardian Savings
 1989 Ed. (2359)
 1990 Ed. (3120)
Guardian Savings Bank
 2004 Ed. (4719)
 2015 Ed. (559)
 2021 Ed. (4315)
Guardian Savings Bank, A Federal Savings Bank
 2021 Ed. (4315)
Guardian Savings Bank, FSB
 2006 Ed. (451)
Guardian Savings & Loan
 1992 Ed. (3105, 3785)
 1993 Ed. (3085)
 1998 Ed. (3529, 3567)
 1999 Ed. (373)
Guardian Savings & Loan Association
 1991 Ed. (3385)
 1994 Ed. (3530)
Guardian Security
 2004 Ed. (2781, 2782)
Guardian State Bank
 1997 Ed. (494)
 1998 Ed. (335)
 1999 Ed. (442, 539)
 2000 Ed. (433)
Guardian State Bank & Trust Co.
 1989 Ed. (214)
Guardian Value Guard II
 1999 Ed. (4697)
Guardian Value Guard II Guardian Stock
 1994 Ed. (3611)
Guardian Value Guard II Strategic Asset Management
 1994 Ed. (3612)
Guardian - Value Guard II (VA)
 1991 Ed. (2149)
Guardian Value Guard II Value Line Centurion
 1994 Ed. (3611)
Guardian - ValuePlus
 1991 Ed. (2149)
Guardian VL Income NonQ
 1989 Ed. (260)
Guardian VL Income Qual
 1989 Ed. (260)
Guardian VL Spec Nonqual
 1989 Ed. (261)
Guardian VL Spec Qual
 1989 Ed. (261)
GuardianEdge
 2011 Ed. (4388)
The Guardians
 2022 Ed. (585)
 2023 Ed. (827)
Guardians of the Galaxy
 2016 Ed. (3629)
Guardians of the Galaxy Vol. 2
 2019 Ed. (3653, 3654, 3655)
Guardicore
 2022 Ed. (1710)
Guardmark
 1991 Ed. (2943)
Guardrisk Group of Cos.
 2007 Ed. (3085)
 2008 Ed. (3225)
 2010 Ed. (3212)
 2011 Ed. (3176)
 2012 Ed. (3133)
Guardrisk Insurance Co., Ltd.
 2006 Ed. (3055)
Guards
 1989 Ed. (2083)
Guards/detectives
 1993 Ed. (1456)
Guardsman
 1992 Ed. (2162)
Guardsman FurniturePro
 2017 Ed. (859)
 2018 Ed. (794)
 2020 Ed. (808)

Guardsman Products
 1990 Ed. (2757)
 1991 Ed. (2666)
 1993 Ed. (2761)
 1994 Ed. (2719)
 1995 Ed. (2825)
 1997 Ed. (2981)
Guardsman WoodPro
 2002 Ed. (2384)
 2003 Ed. (2593)
Guarnieri; Michael
 1997 Ed. (1940)
Guarraia; Pete
 2019 Ed. (1103)
Guatam Adani
 2009 Ed. (4903)
Guatemala
 1989 Ed. (1180)
 1990 Ed. (1581)
 1992 Ed. (3601)
 1995 Ed. (1043, 1740, 1741, 3578)
 1998 Ed. (3114)
 1999 Ed. (4131)
 2000 Ed. (1901)
 2001 Ed. (392, 512, 1307, 1308, 2554, 4128, 4587, 4588, 4592)
 2002 Ed. (537)
 2003 Ed. (285, 1045, 1046, 1880, 2214, 4198)
 2004 Ed. (253, 1050, 1051, 1052, 2766, 3395, 4225)
 2005 Ed. (1051, 1052, 1053, 2539, 2540, 3402, 4152, 4729)
 2006 Ed. (1062, 1063, 1064, 3411, 4208)
 2007 Ed. (1151, 1152, 1153, 2258, 3429, 4218, 4599)
 2008 Ed. (257, 1032, 1033, 1034, 3593)
 2009 Ed. (280, 1015, 1016, 1017, 3663)
 2010 Ed. (267, 981, 982, 983, 2211, 2212, 2580)
 2011 Ed. (908, 909, 911, 2229, 2232, 4324, 4570)
 2012 Ed. (2091, 2092)
 2013 Ed. (2277, 2278)
 2014 Ed. (2211, 2212)
 2015 Ed. (2275, 2276)
 2016 Ed. (2246, 2247)
 2021 Ed. (3168, 3169)
Guay Inc.
 2018 Ed. (1017)
 2019 Ed. (1016, 1022)
 2020 Ed. (1007, 1013)
 2021 Ed. (973, 980)
 2022 Ed. (1016, 1018)
 2023 Ed. (1188, 1197)
Guayaki Yerba Mate
 2018 Ed. (2797)
 2019 Ed. (2775)
GUBA
 2007 Ed. (3446)
Gubay; Albert
 2005 Ed. (4896)
 2007 Ed. (4935)
 2009 Ed. (4922)
GUCCI
 2023 Ed. (869, 1088, 1095, 3570, 3575)
Gucci
 1991 Ed. (1654, 2298, 3474)
 2001 Ed. (2117)
 2007 Ed. (693, 3398)
 2008 Ed. (657, 659, 3529)
 2009 Ed. (671, 3588)
 2010 Ed. (636, 3507)
 2011 Ed. (3510)
 2012 Ed. (3508)
 2013 Ed. (3548, 4275)
 2014 Ed. (670, 3524, 3525)
 2015 Ed. (727, 761, 2470, 3540, 4325)
 2016 Ed. (665, 4220)
 2017 Ed. (698, 732, 3349, 3350, 4208)
 2018 Ed. (658, 895, 3413, 4235)
 2019 Ed. (668, 897, 2548, 4263)
 2020 Ed. (652, 885, 3387, 3388, 3775)
 2021 Ed. (891, 897, 902, 3399, 3407, 3408)
 2022 Ed. (661, 921, 930, 3455, 3462, 3463)
Gucci Group NV
 1997 Ed. (3407)
 1999 Ed. (1664)
 2003 Ed. (4581)
 2004 Ed. (1715)
 2005 Ed. (1772)
 2006 Ed. (1430)
Gucci (Italy)
 2021 Ed. (902, 3407, 3408)
 2022 Ed. (930, 3463)
Gucci Logistica SpA
 2004 Ed. (3249)
Guckenheimer Enterprises
 2001 Ed. (2484)
Guckenheimer Enterprises Inc.
 2013 Ed. (2758)
Gudang Garam
 1992 Ed. (57)
 1993 Ed. (2155, 2156)
 1995 Ed. (1419)
 1996 Ed. (1380, 1381)
 1997 Ed. (1432, 2580)
 1999 Ed. (1567, 3124, 3125)
 2000 Ed. (1463, 1466, 2872, 2873)
 2001 Ed. (1739)
 2002 Ed. (3031, 4479, 4480)
 2006 Ed. (1770)
 2014 Ed. (4730)
 2015 Ed. (4749)
 2016 Ed. (678, 4652)
 2017 Ed. (725, 4663)
 2019 Ed. (685)
 2020 Ed. (677)
 2021 Ed. (1602)
 2022 Ed. (655, 1621)
 2023 Ed. (867)
Gudang Garam PT
 2017 Ed. (2465)
 2018 Ed. (2516)
 2023 Ed. (2710)
Gudang Garam Tbk
 2006 Ed. (3231)
Gudang Garam TBK; PT
 2012 Ed. (1576, 4725, 4727)
 2013 Ed. (1733, 4690, 4691)
 2014 Ed. (1674, 4736, 4737)
 2015 Ed. (1720, 4758, 4759)
 2016 Ed. (1670, 4662, 4663)
 2017 Ed. (1645, 4671, 4672)
 2018 Ed. (1623, 4660, 4661)
 2019 Ed. (1666, 4673, 4674)
 2020 Ed. (1624, 4638)
 2021 Ed. (1604)
Gudelsky Family Foundation; Homer and Martha
 1994 Ed. (1901)
Gudmundsson; Bjorgolfur
 2008 Ed. (4868)
 2009 Ed. (4889)
Guelph General Hospital
 2014 Ed. (1496)
 2015 Ed. (1553)
 2016 Ed. (1492)
Guelph Products
 2005 Ed. (3397)
Guelph; University of
 2007 Ed. (1166, 1167, 1170, 1171, 1172, 1173, 1174, 1175)
 2008 Ed. (1070, 1071, 1074, 1075, 1076, 1077, 1082)
 2009 Ed. (1047, 1048, 1050, 1051, 1052, 1056, 1067)
 2010 Ed. (1017, 1018, 1020, 1021, 1022)
 2011 Ed. (953, 955, 956, 957)
 2012 Ed. (872, 873, 875, 876, 877)
Guenoc Wines
 1995 Ed. (3756)
Guentner Tschechien
 2001 Ed. (289)
Guerard; Laurent
 2019 Ed. (1103)
Guerbet France
 2019 Ed. (1587)
Guerdon Industries
 1989 Ed. (1999)
 1990 Ed. (2594)
Guerlain
 2019 Ed. (2117, 2119, 2120)
 2020 Ed. (2046)
 2021 Ed. (1983, 2001, 3397, 3405)
 2022 Ed. (2028, 2038, 3453)
 2023 Ed. (2125, 2144, 3569, 3575)
Guernsey
 2006 Ed. (783)
 2008 Ed. (851)
 2010 Ed. (812)
 2011 Ed. (735, 737, 741, 2631)
 2012 Ed. (674, 676)
 2014 Ed. (842, 845, 2645)
 2015 Ed. (881, 2687)
 2016 Ed. (769, 2604)
 2017 Ed. (827, 831, 2535)
 2018 Ed. (758, 761, 2607)
 2019 Ed. (778, 2592)
 2020 Ed. (769, 772, 2584)
 2021 Ed. (791, 794)
 2022 Ed. (823)
 2023 Ed. (1020, 1023)
The Guernsey Literary & Potato Peel Pie Society
 2011 Ed. (496, 541, 544)
Guernsey Post
 2012 Ed. (115)
Guerra Homes
 2004 Ed. (1220)
Guerreiro DDB
 2000 Ed. (162)
Guerreiro DDB/Portugal
 2001 Ed. (199)
 2002 Ed. (170)
 2003 Ed. (138)
Guerrelro DDB
 1999 Ed. (145)
Guerrero
 1996 Ed. (3713)
 1999 Ed. (4620)
 2009 Ed. (4487)
 2013 Ed. (4454)
 2014 Ed. (4747)
 2015 Ed. (4488)
 2016 Ed. (4387)
 2017 Ed. (4683)
 2018 Ed. (4420)
Guerrilla RF
 2023 Ed. (3200, 4595)
Guerrilla Rf
 2022 Ed. (949)
Guerrilla RF Inc.
 2022 Ed. (1799)
Guerro
 1998 Ed. (3585)
Guerrouj; Hicham El
 2013 Ed. (3481)
Guess
 2013 Ed. (1010)
 2020 Ed. (4276)
Guess How Much I Love You
 2001 Ed. (980)
 2004 Ed. (735)
 2008 Ed. (548, 549)
Guess Inc.
 2014 Ed. (1441)
 2016 Ed. (900)
 2017 Ed. (947)
 2018 Ed. (4256)
Guess Jeans
 1992 Ed. (30)
 2009 Ed. (2451)
Guess Who
 1992 Ed. (2257)
Guess?
 2015 Ed. (996)
 2016 Ed. (901)
 2017 Ed. (948)
Guess? Inc.
 1990 Ed. (2405)
 1994 Ed. (49)
 1996 Ed. (33)
 2004 Ed. (993)
 2006 Ed. (136)
 2008 Ed. (987, 1006)
 2009 Ed. (977)
 2010 Ed. (940, 2857)
 2011 Ed. (867, 872, 2839)
 2012 Ed. (819, 820, 822, 825, 3519, 4313)
 2013 Ed. (994, 995, 997, 1001)
 2014 Ed. (956, 957, 965)
 2015 Ed. (992, 993)
 2016 Ed. (897, 898)
 2017 Ed. (2844)
The Guest List
 2022 Ed. (585)
 2023 Ed. (827)
Guest Quarters
 1990 Ed. (2078)
 1994 Ed. (2116)
Guest Quarters Hotel-BWI Airport
 1991 Ed. (217)
Guest Quarters Suite Hotels
 1991 Ed. (1944, 1952)
 1992 Ed. (2477, 2479, 2496)
 1996 Ed. (3211, 3212)
Guest Services Inc.
 2013 Ed. (2758)
 2014 Ed. (2742)
 2015 Ed. (2794)
 2016 Ed. (2724)
 2017 Ed. (2680)
 2018 Ed. (2739)
 2020 Ed. (2756)
GuestHouse
 1998 Ed. (2021)
Guesthouse
 2020 Ed. (807)
GuestLogix
 2014 Ed. (3691)
 2015 Ed. (3707)
 2016 Ed. (3614)
 2017 Ed. (3582)
GuestLogix Inc.
 2011 Ed. (2889)
 2012 Ed. (2828)
 2013 Ed. (2838, 2900)
 2017 Ed. (1050)
Guetta; David
 2014 Ed. (3730)
 2015 Ed. (3728)
 2017 Ed. (3621)
 2018 Ed. (3684)
 2019 Ed. (3669)
 2020 Ed. (3636)
 2021 Ed. (3643)
Guffy Family Wines
 2017 Ed. (4901)
Guggenheim Alpha Opportunity
 2020 Ed. (3694)
 2021 Ed. (3699)
Guggenheim Alpha Opportunity P
 2021 Ed. (3699)
Guggenheim Capital LLC
 2017 Ed. (193)
Guggenheim Insurance Services
 2019 Ed. (20)
 2020 Ed. (24)
 2021 Ed. (26)
 2022 Ed. (24)
 2023 Ed. (65)
Guggenheim Investment
 2016 Ed. (3670)
Guggenheim Investments
 2017 Ed. (672)
 2018 Ed. (634, 3694, 3695)
 2020 Ed. (630)
 2021 Ed. (3718)
 2022 Ed. (612, 3715)
Guggenheim Mid Cap Value
 2014 Ed. (3741)
Guggenheim Museum; Solomon R.
 1993 Ed. (891)
 1995 Ed. (1930)
Guggenheim Partners LLC
 2015 Ed. (5, 6, 1376, 1648, 2595, 2596)
Guglielmi; Peter A.
 1997 Ed. (1804)
Guhl
 2001 Ed. (2648, 2649, 2650)
Guichard Perrachon et Cie (Ets Economiques du Casino)
 1991 Ed. (2897)
Guichard Perrachon Et Cie (Casino)
 1993 Ed. (3049)
 1996 Ed. (3404)
 1997 Ed. (3501)
Guidance Financial Group
 2009 Ed. (2757)
 2010 Ed. (2681)
 2011 Ed. (2670)
Guidance Software Inc.
 2005 Ed. (1346)
Guidance Solutions
 2002 Ed. (1077, 2479)
 2003 Ed. (2719, 3965)
Guidang Garam
 1994 Ed. (2337)
Guidant Corp.
 1997 Ed. (2747)
 1998 Ed. (2457)
 1999 Ed. (1480, 1485, 1903, 2642)
 2000 Ed. (739)
 2001 Ed. (2674, 3264, 3265, 3266)
 2002 Ed. (1396, 3297, 3299)
 2003 Ed. (1698, 3356, 3357, 3358, 3359)
 2004 Ed. (1735, 1736, 2798, 2803, 3420, 3421, 3422, 3423)
 2005 Ed. (1466, 1550, 1795, 1796, 2791, 2795, 2799, 3433, 3434, 3435, 3437)
 2006 Ed. (1422, 1448, 1764, 1768, 1769, 2761, 2766, 2781, 3048, 3445, 3446, 3448, 4075)
 2007 Ed. (1443, 1776, 2773, 2899, 3082, 3464, 3465)
 2008 Ed. (1402, 1403, 1405, 3021)
 2009 Ed. (3108)
 2012 Ed. (1232)
Guidant Financial
 2023 Ed. (551)
Guidant Puerto Rico
 2006 Ed. (3395)
Guidant Technologies Inc.
 2008 Ed. (1346)
Guide Corp.
 2001 Ed. (2874)
Guide Dogs for the Blind Association
 1994 Ed. (911, 2680)
Guide to Iceland
 2019 Ed. (2892)
Guided Choice Asset Management Inc.
 2012 Ed. (3318)
Guided missiles
 2004 Ed. (2292)
Guided missiles and spacecraft
 1991 Ed. (1904)
Guided2Health
 2007 Ed. (2358)
Guidehouse LLP
 2021 Ed. (1236)
 2022 Ed. (1241)
Guideline
 2020 Ed. (2571)
Guideline Research Corp.
 1992 Ed. (2977)
GuideOne Mutual Insurance Co.
 2004 Ed. (3132)
GuidePoint Security
 2018 Ed. (4307)
GuidePoint Security LLC
 2018 Ed. (2030)
Guideposts
 1992 Ed. (3381)
 2006 Ed. (145)
GuideSpark Inc.
 2016 Ed. (1414)
Guidestone
 2014 Ed. (1912)
GuideStone Funds Defensive Market Strategies Investment
 2020 Ed. (3700)
GuideWell
 2019 Ed. (4341)
 2020 Ed. (4337)
 2021 Ed. (4353)
 2022 Ed. (3197, 4359)
 2023 Ed. (4384)

GuideWell/Florida Blue
  2021 Ed. (4353)
GuideWell Mutual Holding Corp.
  2017 Ed. (3162, 3163)
  2018 Ed. (3239)
Guidewie Software
  2014 Ed. (4433)
Guidewire
  2017 Ed. (1006)
Guidewire Software
  2017 Ed. (1456)
"Guiding Light"
  1992 Ed. (4255)
  1993 Ed. (3541)
  1995 Ed. (3587)
Guido Brothers Construction Co.
  2016 Ed. (4974)
Guido Companies
  2022 Ed. (4966)
Guido Cos.
  2021 Ed. (4979)
Guido & Cos., Inc.
  2018 Ed. (4968)
  2019 Ed. (4963)
Guido Cos., Inc.
  2020 Ed. (4965)
  2021 Ed. (4968)
Guidon Energy Mgmt Services LLC
  2023 Ed. (3936)
Guild
  1989 Ed. (2929)
  1990 Ed. (3695)
Guild Education
  2020 Ed. (2226)
  2022 Ed. (1483, 2226)
Guild Group
  1990 Ed. (3078, 3085)
Guild Group Holdings
  2020 Ed. (3188)
  2022 Ed. (3182)
Guild Hardy Architects PA
  2008 Ed. (2519)
  2009 Ed. (2532)
  2010 Ed. (2448)
Guild Hotel Management
  1992 Ed. (2468, 2469)
  1993 Ed. (2080, 2081)
Guild Investment
  1991 Ed. (2220)
Guild Investment Management
  1993 Ed. (2353, 2354, 2355)
Guild Mortgage
  2016 Ed. (3619)
  2017 Ed. (3602)
  2020 Ed. (3617)
  2022 Ed. (3681, 3694, 3695, 3700)
  2023 Ed. (2067, 3792, 3793)
Guild Mortgage Co.
  2017 Ed. (3586, 3588, 3589)
  2018 Ed. (3646, 3647, 3648, 3649)
  2019 Ed. (3637, 3638)
  2020 Ed. (3610, 3611)
  2021 Ed. (3632, 3633)
  2022 Ed. (3698, 3699)
Guild Wars Factions
  2008 Ed. (4810)
Guild Wineries
  1992 Ed. (4473)
Guild Wineries & Distilleries
  1991 Ed. (3491)
  1993 Ed. (3705)
GUILD.com
  2004 Ed. (1544)
Guilder
  1992 Ed. (2025)
Guildford Pharmaceuticals
  2004 Ed. (3774)
Guilford County Schools
  2016 Ed. (1896)
  2018 Ed. (1807)
  2019 Ed. (1859)
  2022 Ed. (1803)
  2023 Ed. (1930)
Guilford Mills Inc.
  1989 Ed. (1052, 2817)
  1990 Ed. (3564, 3565, 3566, 3570)
  1991 Ed. (3348, 3350, 3353, 3354, 3360)
  1992 Ed. (4274, 4275, 4277, 4281)
  1993 Ed. (1379, 3555)
  1994 Ed. (1433, 3515)
  1995 Ed. (1468, 3597, 3599, 3601)
  1996 Ed. (3679)
  1997 Ed. (3735)
  1998 Ed. (3520)
  1999 Ed. (4590)
  2012 Ed. (4697)
Guilford Pharmaceuticals Inc.
  2002 Ed. (2513)
  2005 Ed. (682)
  2006 Ed. (596)
Guilherme Ache
  1999 Ed. (2292)
Guillaume Pousaz
  2022 Ed. (4868)
  2023 Ed. (4862)
Guillermo Arbe
  1999 Ed. (2420)

Guillermo Quirch
  2011 Ed. (2924)
Guillermo Tagle
  1999 Ed. (2293)
Guillevin International Inc.
  1992 Ed. (2590)
  1993 Ed. (2161)
  1994 Ed. (2176)
Guiltless Gourmet
  1996 Ed. (3466)
  1997 Ed. (3532)
Guimarin & Co.; W. B.
  2006 Ed. (1336)
Guinea
  1993 Ed. (2951)
  1996 Ed. (3881)
  2001 Ed. (668)
  2003 Ed. (654)
  2004 Ed. (663)
  2005 Ed. (647)
  2006 Ed. (549, 2139)
  2007 Ed. (583)
  2008 Ed. (533)
  2009 Ed. (568)
  2010 Ed. (551)
  2011 Ed. (477)
  2012 Ed. (2098, 2209)
  2014 Ed. (216, 793, 1030, 2273, 2274, 2603, 2872, 3178, 3389, 3810, 4547, 4827)
  2015 Ed. (248, 836, 1061, 1065, 2357, 2717, 2718, 2912, 3239, 3833, 4545, 4620, 4862)
  2016 Ed. (717, 969, 973, 2258, 2301, 2833, 3308, 3740)
  2017 Ed. (1007)
  2018 Ed. (2248)
Guinea-Bissau
  1993 Ed. (2951)
  1994 Ed. (2007)
  2012 Ed. (2202, 2209)
  2023 Ed. (2409)
Guiness
  1989 Ed. (729, 2845)
Guiness Anchor
  1992 Ed. (64)
Guiness China & Hong Kong
  1998 Ed. (2600)
Guiness Flight
  1997 Ed. (2539)
Guiness Flight Investment
  1996 Ed. (2393, 2405)
Guiness Nigeria plc
  2002 Ed. (4450)
Guiness Peat Aviation
  1993 Ed. (204)
Guiness Stout
  1992 Ed. (76)
  1998 Ed. (508)
Guiness World Records 2000 Millennium Edition
  2001 Ed. (985)
Guinness
  1989 Ed. (37, 41, 49)
  1990 Ed. (768)
  1991 Ed. (2931)
  1992 Ed. (940, 2888)
  1993 Ed. (750, 751, 1183, 1193, 1322, 1326, 1340, 1344, 1881, 2469)
  1994 Ed. (694, 1378, 1382, 1397)
  1995 Ed. (648, 650, 697, 709)
  1996 Ed. (727, 785, 1363)
  1997 Ed. (2043, 2045, 2670)
  1998 Ed. (509, 2398)
  1999 Ed. (2467)
  2003 Ed. (746, 749)
  2005 Ed. (655)
  2006 Ed. (557, 558)
  2007 Ed. (592, 599, 601)
  2008 Ed. (543, 545)
  2009 Ed. (575)
  2012 Ed. (445)
  2013 Ed. (553)
  2014 Ed. (569)
  2015 Ed. (637)
  2017 Ed. (617)
  2018 Ed. (580, 657)
  2019 Ed. (594, 667)
  2020 Ed. (576, 579, 651)
  2021 Ed. (549, 555, 627, 629)
  2022 Ed. (575, 581, 658)
  2023 Ed. (823, 868)
Guinness/All Brand
  1991 Ed. (745)
Guinness Anchor
  2000 Ed. (3822)
Guinness Atkinson Alternative Energy
  2022 Ed. (4504, 4505, 4507)
  2023 Ed. (4505)
Guinness Atkinson China & Hong Kong
  2005 Ed. (3541)
  2009 Ed. (3803)
  2011 Ed. (3736, 4542)
Guinness Atkinson Global Energy
  2007 Ed. (3663)
Guinness Atkinson Global Innovators
  2011 Ed. (4540)

Guinness Bass
  2002 Ed. (678)
  2003 Ed. (658)
Guinness-Bass Import Co.
  2003 Ed. (662)
Guinness Brewing GB
  2002 Ed. (34)
Guinness Draught
  2007 Ed. (600)
  2008 Ed. (245, 540, 544)
  2009 Ed. (574)
  2010 Ed. (556)
  2011 Ed. (485)
  2014 Ed. (566)
  2015 Ed. (629)
  2016 Ed. (579)
  2017 Ed. (607)
  2018 Ed. (571)
Guinness family
  2012 Ed. (4902)
  2013 Ed. (4879)
Guinness Flight
  1995 Ed. (2393, 2394, 2396)
Guinness Flight China
  1998 Ed. (2646)
Guinness Flight Global Government.
  2000 Ed. (3292)
Guinness Ghana Ltd.
  2002 Ed. (4418)
  2006 Ed. (4505)
Guinness Hopstore Ltd.
  2003 Ed. (2856)
Guinness Import Co.
  1999 Ed. (816, 4513)
Guinness (Ireland)
  2021 Ed. (555)
Guinness Ireland
  1992 Ed. (1652)
Guinness Nigeria
  2006 Ed. (4525)
  2015 Ed. (1403)
Guinness Nigeria plc
  2003 Ed. (4555)
  2013 Ed. (1949)
Guinness Original
  1994 Ed. (755)
  1996 Ed. (787)
  1999 Ed. (820)
Guinness Peat Group
  1997 Ed. (1418)
Guinness plc
  1991 Ed. (173, 1748)
  1992 Ed. (239, 240, 1482, 1625, 1626, 1645, 2196)
  1995 Ed. (1902)
  1996 Ed. (1944, 1945)
  2009 Ed. (571)
  2010 Ed. (553)
  2011 Ed. (480)
Guinness Son & Co.; Arthur
  2007 Ed. (609, 2616, 4774)
Guinness Son & Co. (Dublin) Ltd.; Arthur
  2005 Ed. (1829)
Guinness Stout
  1994 Ed. (753)
  1995 Ed. (704, 711)
  1996 Ed. (783, 786)
  1997 Ed. (721, 724)
  1998 Ed. (497, 507)
  1999 Ed. (808, 817, 818, 819)
  2000 Ed. (812, 821, 822)
  2001 Ed. (682, 1024)
  2002 Ed. (281)
  2004 Ed. (668)
  2005 Ed. (654)
  2006 Ed. (556)
Guinness/UDV
  2003 Ed. (259)
  2004 Ed. (1039, 2734, 3265, 3283, 3286, 4703, 4849, 4906, 4962)
Guinness World Records
  2000 Ed. (4217)
  2004 Ed. (744)
  2008 Ed. (554)
  2009 Ed. (583)
  2018 Ed. (585)
Guinness World Records 2001
  2003 Ed. (707)
Guinness World Records 2002
  2003 Ed. (717)
Guinness World Records 2003
  2004 Ed. (740)
Guitammer Co., Inc.
  2018 Ed. (1831)
Guitar Amp & Keyboard
  2013 Ed. (3812)
  2015 Ed. (3760)
  2016 Ed. (3668)
  2020 Ed. (3685)
  2021 Ed. (3692)
Guitar Center
  2015 Ed. (3150, 4244)
  2016 Ed. (3345)
  2017 Ed. (3308)
  2018 Ed. (3377)
  2019 Ed. (2313, 3360)
  2020 Ed. (3361)
  2021 Ed. (3293, 3294, 4459)

  2022 Ed. (3378, 3379)
Guitar Center Direct Response
  2016 Ed. (3656)
  2017 Ed. (3631)
  2020 Ed. (3662)
  2021 Ed. (3668)
Guitar Center Holdings Inc.
  2014 Ed. (3003)
  2015 Ed. (3072, 3073)
  2016 Ed. (2962, 2963)
Guitar Center Inc.
  1993 Ed. (2640, 2643)
  1994 Ed. (2592, 2596)
  1995 Ed. (2673)
  1996 Ed. (2746)
  1997 Ed. (2861)
  1999 Ed. (3500)
  2000 Ed. (3003, 3218)
  2001 Ed. (3415)
  2006 Ed. (4436)
  2007 Ed. (4162)
  2008 Ed. (887, 2994)
  2009 Ed. (893, 2616, 3079)
  2012 Ed. (4083)
  2013 Ed. (3799, 3801, 3804, 3813)
  2014 Ed. (3003, 3738, 3739)
  2015 Ed. (3072, 3073, 3751, 3761)
  2016 Ed. (2962, 2963, 3659, 3669)
  2018 Ed. (3692)
  2019 Ed. (3678)
  2020 Ed. (3665, 3686)
  2021 Ed. (3667, 3669, 3671, 3693)
Guitar Center Inc. (U.S.)
  2021 Ed. (3669)
Guitar Guitar UK
  2013 Ed. (3812)
  2015 Ed. (3760)
  2016 Ed. (3668)
  2020 Ed. (3685)
  2021 Ed. (3692)
Guitar Hero II
  2008 Ed. (4811)
Guitar Hero III: Legends of Rock
  2011 Ed. (4809)
  2012 Ed. (4826)
Guitar Iran
  2020 Ed. (3657)
  2021 Ed. (3662)
Guitar Stop
  2015 Ed. (3749)
Guitar Works
  2013 Ed. (3789, 3790)
  2015 Ed. (3739)
  2016 Ed. (3647)
  2020 Ed. (3646)
  2021 Ed. (3651)
Guitarcenter.com
  2015 Ed. (3748)
Guitars
  1992 Ed. (3145)
Guite; J. Michel
  1993 Ed. (1835)
Guizhan Moldazhanova
  2010 Ed. (4986)
Guizhou Panjiang Refined Coal
  2013 Ed. (1421, 1422, 1424)
Guizza
  2002 Ed. (757)
Gujarat Alkalies & Chemicals
  2018 Ed. (1611)
Gujarat Ambuja
  2000 Ed. (1000)
Gujarat Ambuja Cement Co. Ltd.
  1994 Ed. (725)
Gujarat Cooperative Milk Marketing Federation Ltd.
  2020 Ed. (2711)
  2022 Ed. (1291)
  2023 Ed. (1493)
Gujarat Cooperative Milk Marketing Federation Ltd. (India)
  2022 Ed. (1291)
Gujarat Narmada Valley Fertilisers & Chemicals
  2018 Ed. (1611)
Gujarat State Fertilisers Ltd.
  1993 Ed. (715)
Gujarat State Fertilizers
  1992 Ed. (1636)
Gujarat State Petroleum Corp.
  2017 Ed. (3809)
  2018 Ed. (3839, 3856)
Gujing Gong Jiu
  2020 Ed. (170)
  2021 Ed. (160, 173)
  2022 Ed. (153, 164, 166)
  2023 Ed. (231)
Gujing Gong Jiu (China)
  2021 Ed. (173)
  2022 Ed. (166)
Gulden; Bjorn
  2021 Ed. (724)
Guler Sabanci
  2009 Ed. (4972, 4982)
  2010 Ed. (4981)
  2011 Ed. (4981)
  2012 Ed. (4968, 4977, 4983)
  2013 Ed. (4964, 4979)

2014 Ed. (4974)
2015 Ed. (5022)
2016 Ed. (4940)
2017 Ed. (4931)
Gulf Advertising
  2000 Ed. (62)
  2001 Ed. (106)
Gulf African Bank
  2009 Ed. (2738)
  2010 Ed. (2662)
  2011 Ed. (2650)
  2012 Ed. (2577)
  2016 Ed. (2619)
  2017 Ed. (2552)
  2018 Ed. (2620)
  2019 Ed. (2606)
  2020 Ed. (2616)
  2023 Ed. (2795)
Gulf Air Co.
  1991 Ed. (17, 41, 44, 53)
  1993 Ed. (198)
  1994 Ed. (40)
  2001 Ed. (17, 84, 303, 314)
  2004 Ed. (28)
  2005 Ed. (21)
  2006 Ed. (27, 72, 229, 230)
  2007 Ed. (20, 234)
  2009 Ed. (236)
  2010 Ed. (220)
  2011 Ed. (143)
  2012 Ed. (149)
  2013 Ed. (132)
  2014 Ed. (142)
Gulf Air Intl.
  1989 Ed. (1635)
Gulf Applied Technology
  1990 Ed. (3561)
Gulf Bank
  1989 Ed. (459, 597)
  1990 Ed. (482, 621, 622)
  1991 Ed. (34, 433, 552, 585)
  1992 Ed. (63, 588, 752)
  1993 Ed. (417, 549)
  1995 Ed. (408, 524)
  1996 Ed. (435, 579, 580)
  1997 Ed. (400, 499, 535)
  1998 Ed. (397)
  1999 Ed. (457, 570)
  2000 Ed. (447, 582)
  2002 Ed. (604, 4436, 4437)
  2003 Ed. (557)
  2004 Ed. (571)
  2005 Ed. (557)
  2006 Ed. (478)
  2007 Ed. (494)
  2008 Ed. (55, 458)
  2009 Ed. (63, 487, 1842)
  2010 Ed. (73, 469)
  2012 Ed. (383)
  2013 Ed. (527)
  2014 Ed. (543)
  2015 Ed. (434)
  2016 Ed. (389)
  2017 Ed. (394)
  2018 Ed. (360)
  2019 Ed. (363)
  2020 Ed. (358)
  2021 Ed. (522)
  2022 Ed. (536, 537, 1679)
  2023 Ed. (582, 787)
Gulf Bank Algeria
  2014 Ed. (350)
  2015 Ed. (398)
  2016 Ed. (373)
  2017 Ed. (370)
  2018 Ed. (341)
  2019 Ed. (345)
Gulf Bank of Kuwait
  2006 Ed. (4513)
  2012 Ed. (384, 1651)
Gulf Bid
  2009 Ed. (29)
Gulf Breeze Hospital
  2015 Ed. (3143)
Gulf Cable & Electrical Industries
  2017 Ed. (3508)
Gulf Canada Corp.
  1989 Ed. (1098)
  1990 Ed. (3485)
Gulf Canada Resources Ltd.
  1990 Ed. (255, 258, 259, 260)
  1991 Ed. (228, 229, 233, 2729)
  1992 Ed. (323, 327, 3436)
  1993 Ed. (219, 222, 223, 1930, 2704, 2841, 2842, 2843)
  1994 Ed. (208, 209, 211, 2853)
  1995 Ed. (208)
  1996 Ed. (1314, 3014)
  1997 Ed. (237, 3096)
  2002 Ed. (3675)
  2003 Ed. (3822)
Gulf Coast
  2008 Ed. (2806)
Gulf Coast Bank & Trust Co.
  1995 Ed. (494)
  2008 Ed. (431)
  2021 Ed. (332, 377)
  2022 Ed. (390)

Gulf Coast Bank & Trust Company
  2023 Ed. (510)
Gulf Coast Community Credit Union
  2002 Ed. (1874)
  2003 Ed. (1928)
  2006 Ed. (2205)
  2007 Ed. (2126)
  2008 Ed. (2241)
  2009 Ed. (2227)
  2010 Ed. (2181)
  2011 Ed. (2199)
Gulf Coast Community Foundation of Venice
  2011 Ed. (3759)
  2012 Ed. (3761)
Gulf Coast Credit Union
  2005 Ed. (2110)
Gulf Coast Distillers
  2023 Ed. (228)
Gulf Coast Educators Credit Union
  2010 Ed. (2144)
Gulf Coast Financial Associates Inc.
  2004 Ed. (1618)
Gulf Coast Floor Care
  2005 Ed. (762)
Gulf Coast Growth Ventures
  2019 Ed. (2211)
Gulf Coast Laundry Services
  2005 Ed. (4036)
Gulf Coast Medical Center
  2015 Ed. (3142)
Gulf Coast Printing Services, Inc.
  2002 Ed. (3763)
Gulf Coast Produce Distributors, Inc.
  2019 Ed. (3631)
  2020 Ed. (4985)
  2021 Ed. (3629)
Gulf Coast Waste Disposal Authority, TX
  1998 Ed. (2560)
Gulf Consult
  2022 Ed. (189)
  2023 Ed. (262)
Gulf Cooperation Council
  1996 Ed. (426)
Gulf Corp.
  1989 Ed. (1023)
  1990 Ed. (1235, 1239, 1240)
  1991 Ed. (1153, 1158, 1159)
  1992 Ed. (1457, 1480)
  1993 Ed. (1178, 1188, 1196)
  1994 Ed. (1212, 1217, 1218)
  1995 Ed. (1222, 1228, 1233, 1234)
  1996 Ed. (1199, 1204, 1205)
  1997 Ed. (1245, 1250, 1251)
  2003 Ed. (1478)
Gulf Credit Union
  2016 Ed. (2222)
Gulf Finance House
  2009 Ed. (2729)
  2010 Ed. (2652)
  2015 Ed. (432)
  2016 Ed. (387)
  2017 Ed. (391, 392, 579)
  2018 Ed. (2613)
  2019 Ed. (2599)
Gulf Finance House BSC
  2009 Ed. (478)
  2010 Ed. (460)
  2011 Ed. (2639)
  2012 Ed. (2566)
Gulf Fish Inc.
  2011 Ed. (2698)
Gulf Foods Ltd.
  2002 Ed. (1970)
Gulf Freeway Dodge Inc.
  1990 Ed. (734)
  1991 Ed. (712)
  1992 Ed. (894)
  1993 Ed. (705)
Gulf Group Lloyds
  1993 Ed. (2237)
Gulf Hotel
  1991 Ed. (17)
Gulf Hotel Group
  2017 Ed. (1769, 2956)
  2018 Ed. (3071)
Gulf Indonesia Resources Ltd.
  2003 Ed. (4589)
Gulf Insurance Co.
  2002 Ed. (3956)
Gulf International
  1989 Ed. (486, 576)
Gulf International Bank
  1989 Ed. (452, 454)
  1990 Ed. (476, 507)
  1991 Ed. (423, 427, 457, 1760)
  1992 Ed. (582, 613)
  1993 Ed. (431)
  1994 Ed. (410, 431)
  1995 Ed. (403, 426)
  1996 Ed. (430, 451, 452)
  1999 Ed. (452)
  2000 Ed. (444)
  2002 Ed. (512, 513, 633)
  2003 Ed. (458, 459)
  2004 Ed. (446, 451, 529)
  2005 Ed. (457, 463, 582)
  2006 Ed. (410, 416)

2007 Ed. (394, 401)
  2008 Ed. (383)
  2009 Ed. (405)
  2010 Ed. (381, 442, 444)
  2011 Ed. (306)
  2012 Ed. (327)
  2013 Ed. (521)
  2014 Ed. (537)
  2015 Ed. (432)
  2016 Ed. (387)
  2017 Ed. (391)
  2018 Ed. (357)
  2019 Ed. (360)
  2020 Ed. (355)
  2021 Ed. (471)
  2022 Ed. (485)
  2023 Ed. (579)
Gulf International Bank B.S.C.
  2023 Ed. (709)
Gulf International Bank BSC
  2013 Ed. (4399)
  2015 Ed. (2690)
  2016 Ed. (2612)
  2017 Ed. (2545)
  2018 Ed. (2613)
  2019 Ed. (2599)
  2020 Ed. (2607)
  2023 Ed. (2792)
Gulf International Bank (UK) Ltd.
  2021 Ed. (496)
  2022 Ed. (510)
  2023 Ed. (734)
Gulf Interstate Engineering Co.
  2004 Ed. (2364)
  2019 Ed. (2456)
  2020 Ed. (2445)
Gulf Intracoastal
  1998 Ed. (3703)
Gulf Investment Corp.
  1989 Ed. (445, 448, 450, 451, 452, 459, 582)
  1990 Ed. (473, 482)
  1991 Ed. (552)
  1992 Ed. (588)
  1993 Ed. (417)
  1996 Ed. (427, 580)
  1997 Ed. (393, 400, 535)
  1999 Ed. (450, 457, 570)
  2000 Ed. (442, 447, 582)
  2002 Ed. (512, 604, 633, 4452)
  2003 Ed. (458, 557, 587)
Gulf Investment Group
  1991 Ed. (424)
Gulf Island Fabrication
  2010 Ed. (2861)
Gulf Island National Seashore
  1990 Ed. (2666)
Gulf Keystone Petroleum
  2017 Ed. (3820)
Gulf Life Insurance Co.
  1995 Ed. (2277)
Gulf Marine Services
  2017 Ed. (3755)
Gulf Medical Projects
  2017 Ed. (2847)
Gulf National Insurance Co.
  1991 Ed. (2108)
  1992 Ed. (2662)
  1993 Ed. (2223, 2224)
Gulf National Life
  1989 Ed. (1690, 1691)
Gulf National Life Insurance Co.
  1991 Ed. (2106)
Gulf Oil
  1991 Ed. (1807)
  1995 Ed. (1221)
  1998 Ed. (1823)
  1999 Ed. (2584)
  2000 Ed. (2320)
Gulf Oil Lubricants India
  2020 Ed. (1602)
Gulf Petrochemical Industries Co.
  2014 Ed. (4759)
Gulf Power Co.
  1998 Ed. (2965)
  1999 Ed. (3965)
  2000 Ed. (3675)
  2002 Ed. (3881)
Gulf Resources & Chemicals
  1989 Ed. (876, 877)
  1990 Ed. (940)
Gulf Riyad Bank
  1989 Ed. (452, 454)
  1990 Ed. (476)
  1991 Ed. (427)
Gulf Saatchi & Saatchi
  2003 Ed. (45)
Gulf Shores C & A
  2011 Ed. (1153, 1155)
Gulf Shores C & A LLC
  2013 Ed. (1229, 1230)
Gulf Shores Construction Services
  2012 Ed. (1182)
  2014 Ed. (1168)
Gulf Shores Consulting & Acquisitions LLC
  2012 Ed. (1124, 1130)
Gulf South Health Plans
  1998 Ed. (1911)

Gulf South Medical Supply
  1996 Ed. (3305, 3777)
Gulf States
  1992 Ed. (3328)
  1994 Ed. (2547)
  2000 Ed. (2354)
Gulf States Paper
  1995 Ed. (2832)
  1997 Ed. (2993)
  1998 Ed. (2740)
  1999 Ed. (3686)
  2000 Ed. (3402)
  2001 Ed. (3641)
Gulf States Toyota
  2015 Ed. (4096)
  2016 Ed. (4009)
  2017 Ed. (2001)
  2018 Ed. (1955)
  2020 Ed. (1937)
  2021 Ed. (1896)
  2023 Ed. (1312, 2060, 2074)
Gulf States Toyota Inc.
  1999 Ed. (328)
  2009 Ed. (311, 2088, 4168)
  2010 Ed. (292, 4102, 4104)
  2011 Ed. (214, 4072, 4073)
  2012 Ed. (225, 4105)
  2013 Ed. (1212, 2102)
  2014 Ed. (1153, 2034)
  2015 Ed. (1206, 2083)
  2016 Ed. (1115, 2064)
  2017 Ed. (1157, 2023)
  2018 Ed. (1093, 1980)
  2019 Ed. (1105, 2035)
  2020 Ed. (1092, 1959)
  2021 Ed. (1087, 1920)
  2022 Ed. (1094, 1965)
Gulf States Toyota, Inc.
  2021 Ed. (4700)
  2022 Ed. (2190)
Gulf States Utilities
  1989 Ed. (1302, 1303, 2643)
  1990 Ed. (1606, 1607, 3247)
  1991 Ed. (1503, 1504, 3097)
  1992 Ed. (1904, 1905)
  1993 Ed. (1560, 3292)
  1994 Ed. (1213, 1601, 1602)
  1995 Ed. (1644)
Gulf Stream
  1994 Ed. (2922)
  1996 Ed. (3172, 3173)
  1998 Ed. (3028, 3029)
Gulf Stream Coach Inc.
  1993 Ed. (2985)
  1995 Ed. (3685)
Gulf Stream Construction Co.
  2006 Ed. (1335)
Gulf Telephone Co.
  1998 Ed. (3485)
Gulf USA
  1994 Ed. (915)
Gulf Warehousing
  2017 Ed. (4722)
Gulf Western
  1989 Ed. (2269, 2270, 2271, 2272, 2273, 2274)
Gulf & Western Inc.
  1989 Ed. (255, 1260, 1424, 1427, 2275)
  1990 Ed. (261, 262, 1104, 1530, 1758)
  1991 Ed. (20, 2391)
GulfMark Offshore
  2004 Ed. (3325)
  2005 Ed. (3350, 4382)
  2008 Ed. (2862)
  2011 Ed. (2853)
  2012 Ed. (2761)
  2019 Ed. (3813)
Gulfmark Offshore Inc.
  2017 Ed. (4723)
Gulfport Energy
  2014 Ed. (2463)
  2015 Ed. (1961)
Gulfport Energy Corp.
  2008 Ed. (2862)
  2009 Ed. (3973)
  2010 Ed. (2866, 3874, 4495, 4501, 4506, 4528)
  2012 Ed. (3874, 3875, 3876)
  2013 Ed. (3939)
  2014 Ed. (3885, 3886)
  2016 Ed. (3821)
  2017 Ed. (3779)
Gulfport Memorial Hospital
  2011 Ed. (1868)
Gulfport Memorial Hospital EMR
  2012 Ed. (1724)
  2013 Ed. (1886)
  2014 Ed. (1818)
Gulfport, MS
  2008 Ed. (2491)
  2012 Ed. (2503)
  2021 Ed. (3327)
Gulfside Minerals Ltd.
  2009 Ed. (1581)
Gulfstream
  1994 Ed. (188)
  2017 Ed. (91)
  2021 Ed. (78)

2022 Ed. (85, 92)
Gulfstream Aerospace
 2017 Ed. (73)
 2018 Ed. (91)
 2019 Ed. (78)
 2020 Ed. (76)
Gulfstream Aerospace Corp.
 1991 Ed. (1808)
 1992 Ed. (2961)
 1998 Ed. (3210)
 1999 Ed. (183, 188)
 2000 Ed. (213, 214)
 2001 Ed. (269, 342, 1712)
 2003 Ed. (1683)
 2005 Ed. (1492, 1778)
 2006 Ed. (1729)
 2007 Ed. (1736)
 2008 Ed. (1764)
 2009 Ed. (1699)
 2014 Ed. (1612)
 2018 Ed. (3435)
 2020 Ed. (3405)
 2021 Ed. (3420)
 2022 Ed. (3477)
 2023 Ed. (3599)
Gulfstream Coach Inc.
 1992 Ed. (3643, 4370, 4372)
Gulfstream Global
 1993 Ed. (2319)
Gulfstream Global Investors
 1995 Ed. (2373)
 1996 Ed. (2405)
 1998 Ed. (2279)
Gulfstream Homes
 2004 Ed. (1170)
 2006 Ed. (1158)
Gulfterra Energy Partners LP
 2005 Ed. (3585)
GulfWest Energy Inc.
 2004 Ed. (3825)
Gulia; Joseph
 1990 Ed. (2480)
 1992 Ed. (2906)
Gulia; Joseph P.
 1991 Ed. (2345)
 1993 Ed. (2464)
Gull Resource Management Systems
 1991 Ed. (1038)
Gull Resource Mgmt Systems
 1990 Ed. (1140)
Gulley; Mark
 1993 Ed. (1787)
 1994 Ed. (1770)
 1995 Ed. (1811)
 1996 Ed. (1786)
Gullixson; Brent
 2018 Ed. (4110)
 2019 Ed. (4120)
Gullixson; Mary
 2018 Ed. (4110)
 2019 Ed. (4120)
Gulotta; Thomas S.
 1991 Ed. (2343)
 1992 Ed. (2904)
 1993 Ed. (2462)
Gulp Kitchen Towels
 1999 Ed. (4604)
Gulu Lalvani
 2008 Ed. (4896)
Gulzhan Moldazhanova
 2006 Ed. (4984)
 2010 Ed. (4981)
Gum
 2002 Ed. (2422, 3493, 4721)
 2003 Ed. (4830)
 2004 Ed. (877)
 2005 Ed. (854)
Gum, chewing
 2008 Ed. (840)
Gum, regular
 2008 Ed. (932)
Gum, sugarless
 2008 Ed. (932)
Gum Tech International Inc.
 2004 Ed. (879, 880)
G.U.M. Toothbrush
 1995 Ed. (1548)
Gumball Gourmet
 2005 Ed. (855)
Gumberg Co.; J. J.
 1990 Ed. (3287, 3290)
 1991 Ed. (3119, 3120, 3125)
 1993 Ed. (3305, 3312, 3315)
Gumby's Pizza
 1994 Ed. (2884)
 1996 Ed. (3045)
 1997 Ed. (3126)
Gumhouria Bank
 2006 Ed. (492)
 2007 Ed. (513)
 2008 Ed. (470)
gumi Inc.
 2014 Ed. (2925)
Gumley Haft Kleier Inc.
 1999 Ed. (3994)
 2000 Ed. (3714)
 2001 Ed. (3997)

GummiSavers
 2000 Ed. (968)
 2001 Ed. (1115, 1116, 1117, 1118)
 2008 Ed. (838)
Gumout
 2001 Ed. (2588)
 2015 Ed. (315)
 2016 Ed. (312)
 2017 Ed. (317)
Gump; Forrest
 2013 Ed. (4853)
Gumpert Printing Co. Inc.; Frank
 1996 Ed. (3086)
 1997 Ed. (3164)
Gumport; Michael
 1991 Ed. (1678)
Gund Arena
 2005 Ed. (4438)
Gund Foundation; The George
 1995 Ed. (1930)
Gund; Gordon
 1995 Ed. (2580)
Gund N' Roses
 2018 Ed. (1006)
Gundam
 2018 Ed. (4676)
Gunderson Chevrolet
 1999 Ed. (320)
 2000 Ed. (334)
Gunderson Clinic Ltd.
 2004 Ed. (1890)
 2005 Ed. (2016)
 2006 Ed. (2119)
 2007 Ed. (2067)
 2008 Ed. (2175)
 2009 Ed. (2158)
 2010 Ed. (2099)
 2011 Ed. (2152)
 2012 Ed. (2002)
 2013 Ed. (2191)
 2015 Ed. (2177)
 2016 Ed. (2152)
Gunderson Dettmer Stough Villeneuve Franklin & Hachigian
 2012 Ed. (3401)
 2021 Ed. (3199)
Gunderson Lutheran Inc.
 2015 Ed. (2177)
 2016 Ed. (2152)
Gunderson Lutheran Medical Center Inc.
 2004 Ed. (1890)
 2005 Ed. (2016)
 2006 Ed. (2119)
 2007 Ed. (2067)
 2008 Ed. (2175)
 2009 Ed. (2158)
 2010 Ed. (2099)
 2011 Ed. (2152)
 2012 Ed. (2002)
 2013 Ed. (2191)
 2015 Ed. (2177)
 2016 Ed. (2152)
Gundle Environmental Systems
 1994 Ed. (215)
Gundle/SLT Environmental Inc.
 2004 Ed. (3681)
 2005 Ed. (3869)
GungHo Online Entertainment
 2015 Ed. (1446)
Gungho Online Entertainment
 2016 Ed. (3347)
 2017 Ed. (3309)
Gunma Bank
 2004 Ed. (511)
Gunma Bank Ltd.
 2021 Ed. (486)
 2022 Ed. (500)
 2023 Ed. (725)
Gunn & Associates Inc.; Rod
 1996 Ed. (2348, 2355)
Gunn Automotive Group
 2022 Ed. (1952)
 2023 Ed. (2066)
Gunn Mowery LLC
 2013 Ed. (1997)
Gunnar Miller
 1998 Ed. (1670)
 1999 Ed. (2261)
 2000 Ed. (2005)
 2002 Ed. (2258)
Gunnersen
 2020 Ed. (4895)
Gunnison Savings & Loan Association
 2021 Ed. (4288)
 2022 Ed. (4296)
 2023 Ed. (4326)
Gunns
 2004 Ed. (3767)
Gunpowder & Sky
 2019 Ed. (4803)
Guns N' Roses
 1993 Ed. (1076, 1077, 1078)
 1994 Ed. (1101, 1667)
 1995 Ed. (1117, 1119, 1714)
 2018 Ed. (3691)
 2019 Ed. (1008, 1009, 3676)
 2020 Ed. (2484)
 2023 Ed. (1177)

Guns N' Roses, Living Colour, The Rolling Stones;
 1991 Ed. (1039)
Guns N'Roses
 2019 Ed. (1010)
Gunsel; Suat
 2008 Ed. (4862)
 2009 Ed. (4886)
 2012 Ed. (4882)
 2013 Ed. (4866)
 2014 Ed. (4880)
 2015 Ed. (4918)
 2016 Ed. (4834)
 2017 Ed. (4842)
 2018 Ed. (4849)
 2019 Ed. (4844)
 2020 Ed. (4833)
 2021 Ed. (4834)
Gunsmoke: The Last Apache
 1992 Ed. (4251)
Gunster
 2011 Ed. (1633)
Gunster Yoakley Criser & Stewart
 1991 Ed. (2524)
Gunster Yoakley Valades-Fauli & Stewart
 1998 Ed. (2329)
Gunster, Yoakley, Valdes-Fauli & Stewart
 1999 Ed. (3150)
 2002 Ed. (3058)
Gunster Yoakley Valdes-Fauli & Stewart PA
 2000 Ed. (2896)
Gunstock Cross-Country & Snowshoe Center
 2015 Ed. (4470)
 2016 Ed. (4375)
 2018 Ed. (4376)
Gunstock Mountain Resort
 2015 Ed. (4469)
 2016 Ed. (4374)
 2018 Ed. (4375)
 2019 Ed. (4398)
 2020 Ed. (4397)
 2021 Ed. (4397)
Gunther Douglas
 2006 Ed. (3988)
 2007 Ed. (4026)
Gunther Mazda
 1990 Ed. (332)
 1991 Ed. (285)
 1992 Ed. (390)
 1993 Ed. (276)
 1994 Ed. (275)
 1995 Ed. (275)
 1996 Ed. (278)
Gunther Volkswagen
 1991 Ed. (298)
 1992 Ed. (403)
 1993 Ed. (288)
 1994 Ed. (287)
 1995 Ed. (291)
 1996 Ed. (291)
Gunvor Group Ltd.
 2021 Ed. (2342)
 2022 Ed. (2414, 2603)
Gunvor SA
 2018 Ed. (2548, 2567)
 2023 Ed. (2744)
Gunze Electronics USA Corp.
 2011 Ed. (2093)
 2012 Ed. (1933)
 2013 Ed. (2096)
Gunze Ltd.
 1990 Ed. (3568)
 1991 Ed. (3355)
 1992 Ed. (4278)
 1993 Ed. (3556)
 1994 Ed. (3519)
 1995 Ed. (3603)
 1997 Ed. (3736)
 1999 Ed. (4592)
 2000 Ed. (4242)
Guo Guangchang
 2004 Ed. (2535)
 2005 Ed. (2515)
 2007 Ed. (2508)
 2008 Ed. (4843)
 2009 Ed. (4861)
Guoco
 1995 Ed. (819, 820)
Guoco Group
 2019 Ed. (3305)
Guoco Group Ltd.
 1997 Ed. (2008)
 1999 Ed. (2436)
Guodian
 2018 Ed. (4914)
Guodian United Power Technology
 2012 Ed. (2849)
Guosen Securities
 2013 Ed. (4396)
 2016 Ed. (3290)
 2017 Ed. (2598, 3251)
 2018 Ed. (3326)
 2019 Ed. (3300)
 2020 Ed. (3303)
Guotai Junan Securities
 2017 Ed. (407)
 2020 Ed. (371)

Guotai Junan Securities (HK)
 2003 Ed. (4354)
Guoxuan High-tech
 2019 Ed. (1408)
Gupta
 1995 Ed. (3207)
 1997 Ed. (2209, 3647)
Gupta; Desh Bandhu
 2017 Ed. (4851)
Gupta; R. L.
 2005 Ed. (2487)
Gupta; Raj L.
 2008 Ed. (2633)
Gupta; Rajiv
 2006 Ed. (881)
 2007 Ed. (972)
Gupta; Sanjay
 2005 Ed. (3183)
 2006 Ed. (3185)
 2007 Ed. (3223)
Gupta; Subir
 2023 Ed. (1309)
Gupta; Yogesh
 2005 Ed. (994)
Gurbanoglu; Mubariz
 2010 Ed. (4900)
Gurg; Raja Easa Al
 2013 Ed. (3472)
Gurgaon, India
 2013 Ed. (3536)
Gurinder Kalra
 2000 Ed. (2068)
Gurit-Heberlein AG
 1990 Ed. (3555)
Gurkin; Ann H.
 2011 Ed. (3351)
Gurley; Bill
 2016 Ed. (4771)
 2017 Ed. (4781)
 2020 Ed. (4763)
 2021 Ed. (4762)
Gurley; J. William
 1997 Ed. (1873)
Gurnee Mason Rushford Bonotto & Forestiere LLP
 2023 Ed. (4770)
Gurnee Mills
 1996 Ed. (2878)
Gurney's Seed & Nursery
 2006 Ed. (799)
Gurtin; Bill
 2009 Ed. (3444)
Gurtmore Hong Kong
 1997 Ed. (2921)
Guru.com
 2002 Ed. (4809)
 2003 Ed. (3047)
Gururaj Deshpande
 2002 Ed. (3346, 3358, 4788)
 2005 Ed. (4874)
Gurwin Jewish Geriatric Center of LI
 2000 Ed. (3362)
GUS
 2006 Ed. (4186, 4188)
 2007 Ed. (2326, 4205, 4207)
GUS Canada
 1992 Ed. (4036)
Gus Machado
 1990 Ed. (2015)
Gus Machado Enterprises
 2014 Ed. (2944)
 2015 Ed. (2992)
Gus Machado Enterprises Inc.
 1990 Ed. (2007, 2016)
 1992 Ed. (2408)
 1996 Ed. (260)
 1997 Ed. (289)
 1998 Ed. (204)
Gus Machado Ford Inc.
 1995 Ed. (255, 2110)
 1999 Ed. (318)
 2000 Ed. (330, 2463)
 2001 Ed. (2708)
 2013 Ed. (2927)
GUS plc
 2005 Ed. (4425)
 2006 Ed. (4444)
 2007 Ed. (4193, 4500, 4501, 4952)
 2008 Ed. (4241)
Gusaiyer; Saudi Al
 2012 Ed. (790)
Gusdorf
 1995 Ed. (1959)
Gusher; Traci
 2023 Ed. (1300)
Gushers
 1995 Ed. (3401)
Gusmer Enterprises
 2022 Ed. (4915)
GUSS
 2020 Ed. (4290)
Guss Pretzels
 2022 Ed. (2830)
Guss' Pretzels
 2018 Ed. (2790)

Gus's World Famous Fried Chicken
  2019 Ed. (4229)
  2020 Ed. (4227)
  2021 Ed. (4187)
  2022 Ed. (4208)
  2023 Ed. (4241)
Gust Rosenfeld
  2001 Ed. (772)
Gustaf Douglas
  2008 Ed. (4873)
  2009 Ed. (4898)
  2010 Ed. (4897)
  2011 Ed. (4884)
  2012 Ed. (4893)
  2013 Ed. (4911)
  2017 Ed. (4877)
  2021 Ed. (4871)
  2022 Ed. (4867)
  2023 Ed. (4861)
Gustav; Hurricane
  2011 Ed. (752)
Gustav Magnar Witzoe
  2018 Ed. (4875)
  2019 Ed. (4869)
  2020 Ed. (4858)
  2021 Ed. (4858)
  2022 Ed. (4854)
  2023 Ed. (4849)
Gustavo Cisneros
  2003 Ed. (4893)
  2004 Ed. (4875, 4879)
  2005 Ed. (4881)
  2006 Ed. (4925)
  2007 Ed. (4913)
  2008 Ed. (4840, 4878)
  2009 Ed. (4923)
  2010 Ed. (2988, 4927)
  2011 Ed. (4912)
  2012 Ed. (4925)
  2013 Ed. (4923)
  2014 Ed. (4930)
  2015 Ed. (4970)
  2016 Ed. (4887)
  2017 Ed. (4885)
  2018 Ed. (4897)
  2019 Ed. (4889)
  2020 Ed. (4878)
Gustavo Denegri
  2021 Ed. (4848)
  2022 Ed. (4843)
Gustavson; Tamara
  2013 Ed. (4848)
  2014 Ed. (4864)
  2015 Ed. (4901)
  2016 Ed. (4818)
  2017 Ed. (4828)
  2018 Ed. (4833)
  2019 Ed. (4830)
  2020 Ed. (4820)
  2021 Ed. (4821)
  2022 Ed. (4814)
  2023 Ed. (4807)
Gustavus Adolphus College
  1989 Ed. (956)
Gustavus Basch
  1994 Ed. (900)
Gusto
  2016 Ed. (4162)
  2019 Ed. (1351)
Gusto Packing Co.
  2007 Ed. (3551, 4410)
  2008 Ed. (2959, 2963, 3707, 4384)
  2009 Ed. (2670, 3043)
  2010 Ed. (2967)
  2011 Ed. (2930)
  2012 Ed. (2501, 2863)
  2013 Ed. (2932, 2934)
  2014 Ed. (2942, 2949, 2953)
Gutal
  2002 Ed. (4446)
Gutenberghus Reklamebureau
  1989 Ed. (97)
Gutfreund; John H.
  1990 Ed. (975, 1716)
Gutherie Lumber
  2016 Ed. (2865)
  2018 Ed. (2891)
  2019 Ed. (2845)
Gutherplans
  2015 Ed. (2816)
Guthrie Credit Union
  2003 Ed. (1894)
Guthrie GTS Ltd.
  1993 Ed. (3323)
  1996 Ed. (3439)
  1997 Ed. (3520)
Guthrie GTS TSR
  1992 Ed. (3979)
Guthrie GTS TSR 94
  1996 Ed. (3439)
Guthrie; Holly
  2006 Ed. (2579)
Guthrie; John V.
  1995 Ed. (2669)
Guthrie/Mayes
  1998 Ed. (2960)
  2000 Ed. (3669)

Guthrie/Mayes & Associates
  2002 Ed. (3852)
  2003 Ed. (4019)
  2004 Ed. (4034)
  2005 Ed. (3976)
  2011 Ed. (4104)
  2012 Ed. (4134)
  2013 Ed. (4126)
Guthrie/Mayes Public Relations
  1999 Ed. (3955)
Guthrie North America Inc.
  2003 Ed. (1754)
  2004 Ed. (1791)
Guthrie; Roy A.
  2009 Ed. (2663)
Guthrie Theater Foundation
  2006 Ed. (3718)
Guthy-Renker
  2023 Ed. (2128)
Guthy-Renker Corp.
  1995 Ed. (2250)
  2009 Ed. (826)
  2010 Ed. (147, 771)
  2015 Ed. (86)
  2016 Ed. (83)
  2017 Ed. (63, 64)
Gutierrez; C. M.
  2005 Ed. (2492)
Gutierrez; Carlos
  2005 Ed. (967)
  2006 Ed. (889, 2627)
Gutierrez; Carlos M.
  2007 Ed. (3617)
Gutierrez; Kris
  2011 Ed. (2950)
Gutierrez Machado Bates
  1996 Ed. (93)
  1997 Ed. (94)
Guts & Gusto
  2020 Ed. (1754, 2537)
Gutta
  2002 Ed. (4438)
Guttenplans
  2016 Ed. (2749)
  2017 Ed. (2701)
Guttenplan's Bakery Inc.
  2018 Ed. (2786)
Guttenplan's Frozen Dough Inc.
  2017 Ed. (3915)
  2019 Ed. (3917)
  2020 Ed. (3932)
Guttenplans Frozen Dough Inc.
  2020 Ed. (2192)
  2023 Ed. (2934)
Gutter Guard LLC
  2008 Ed. (3003, 3096)
The Gutter Guys
  2005 Ed. (781)
  2006 Ed. (685)
Gutter Helmet by Harry Helmet
  2020 Ed. (3073)
  2021 Ed. (2950)
Guttman Energy
  2019 Ed. (1925, 3787)
  2020 Ed. (1864, 3847)
  2021 Ed. (1826, 3812)
  2022 Ed. (1876, 3833)
  2023 Ed. (1991, 3929)
Guttman Energy Inc.
  2018 Ed. (1867)
  2019 Ed. (1920)
  2020 Ed. (1857)
  2022 Ed. (1868)
  2023 Ed. (1985)
Guttman Group of Companies
  2016 Ed. (1957)
  2017 Ed. (1920)
Guvenay Telekomunikasyon
  2018 Ed. (1983)
Guy B. Snowden
  1999 Ed. (2079)
  2000 Ed. (1877)
Guy Brown
  2016 Ed. (4966)
  2017 Ed. (4956)
  2018 Ed. (3618, 4962)
  2019 Ed. (3612, 4958)
  2020 Ed. (3584, 4960)
  2021 Ed. (3611, 4963)
  2022 Ed. (3664, 4960)
  2023 Ed. (4962)
Guy Brown Products
  2006 Ed. (741, 3540, 4379)
  2007 Ed. (3412, 3601, 4447)
  2008 Ed. (3541, 3733, 4428)
Guy Carpenter & Co.
  1990 Ed. (2262)
  1991 Ed. (2830)
  1992 Ed. (3659)
  1993 Ed. (2993)
  1994 Ed. (3041)
  1995 Ed. (3086)
  1996 Ed. (3187)
  1997 Ed. (3291)
  1998 Ed. (3036)
  2000 Ed. (3751)
  2001 Ed. (4037)
  2002 Ed. (3960)

  2005 Ed. (3152)
  2006 Ed. (3149)
  2007 Ed. (3186)
  2008 Ed. (3331)
  2009 Ed. (3403, 3404, 3406)
  2010 Ed. (3338, 3339, 3341)
  2011 Ed. (3295, 3296, 3300)
  2012 Ed. (3277, 3278, 3283)
  2013 Ed. (3352, 3357)
  2014 Ed. (3370)
  2015 Ed. (3403)
  2016 Ed. (3276, 3278)
  2017 Ed. (3233, 3235)
  2019 Ed. (3273)
  2020 Ed. (3271)
  2021 Ed. (3135)
  2022 Ed. (3279)
Guy Carpenter & Co. LLC
  2023 Ed. (3369)
Guy F. Atkinson Co.
  1989 Ed. (1002)
  1990 Ed. (1160)
  1991 Ed. (1093)
  1994 Ed. (1110)
  1996 Ed. (1108)
  2000 Ed. (387, 389)
Guy F. Atkinson Co. of California
  1992 Ed. (1430)
  1993 Ed. (1087, 1119, 1143)
  1994 Ed. (1160, 1162, 1168)
  1995 Ed. (1179)
Guy Fieri
  2014 Ed. (876)
Guy Gannett Communications
  2001 Ed. (1546)
Guy & Julia Hands
  2005 Ed. (4889)
Guy Kawasaki
  2010 Ed. (829)
  2011 Ed. (756)
Guy Kekwick
  1999 Ed. (2319)
  2000 Ed. (2098)
Guy Laliberte
  2005 Ed. (4873)
  2010 Ed. (4883)
  2011 Ed. (4871)
  2012 Ed. (4879)
Guy Lamming
  1999 Ed. (2310)
  2000 Ed. (2092)
Guy Moszkowski
  1995 Ed. (1820)
  1996 Ed. (1835)
  1997 Ed. (1908)
Guy Ritchie
  2005 Ed. (4889, 4891, 4894)
  2007 Ed. (4929, 4932)
  2008 Ed. (4905)
Guy Saperstein
  1997 Ed. (2612)
Guy; Virginia
  2017 Ed. (3245)
Guyana
  1992 Ed. (3755)
  1994 Ed. (3126)
  1995 Ed. (3176)
  1996 Ed. (3274)
  1997 Ed. (3372)
  1998 Ed. (3114)
  1999 Ed. (4131)
  2000 Ed. (3841)
  2001 Ed. (668, 4148)
  2002 Ed. (4080)
  2003 Ed. (654, 4192)
  2004 Ed. (663, 4218)
  2005 Ed. (647)
  2006 Ed. (549, 4194)
  2007 Ed. (583)
  2008 Ed. (533, 2192, 4246)
  2009 Ed. (568, 4345)
  2010 Ed. (551, 2211, 2587, 2588, 2589, 2840, 3169, 3838, 4375)
  2011 Ed. (477, 2229, 2570, 2571, 2822, 3841, 4311)
  2012 Ed. (2199, 2517, 2755)
  2013 Ed. (2386, 2648, 2830)
  2014 Ed. (2323, 2871)
  2015 Ed. (2911)
  2016 Ed. (2832)
  2017 Ed. (2182)
  2018 Ed. (2241)
  2020 Ed. (2211)
  2021 Ed. (2183, 3180, 3181)
Guyana Bank for Trade & Industry
  2003 Ed. (474)
  2004 Ed. (461)
Guyana Goldfields Inc.
  2006 Ed. (1631)
Guy's Floor Service Inc.
  2005 Ed. (2541)
  2006 Ed. (2549)
  2007 Ed. (2525)
  2009 Ed. (2681)
Guysborough Antigonish Strait Health Authority
  2011 Ed. (1931)
  2012 Ed. (1792)

Guzel Sanatiar/Bates
  2000 Ed. (183)
Guzel Sanatiar/SSA
  1994 Ed. (124)
Guzel Sanatlar
  1989 Ed. (170)
  1991 Ed. (158)
  1992 Ed. (217)
  1995 Ed. (134)
Guzel Sanatlar/Bates
  1997 Ed. (154)
  1999 Ed. (164)
Guzel Sanatlar Reklam
  2001 Ed. (227)
Guzel Sanatlar Reklamc
  2002 Ed. (200)
Guzel Sanatlar Reklamcilik
  1990 Ed. (159)
  1996 Ed. (148)
Guzel Sanatlar Saatchi & Saatchi
  1993 Ed. (143)
  2001 Ed. (227)
  2002 Ed. (200)
  2003 Ed. (160)
Guzman & Co.
  2010 Ed. (3383)
GV
  1998 Ed. (144)
GVA
  2005 Ed. (4000)
GVA Kidder Mathews
  2009 Ed. (1979, 1980, 1981, 1982, 1983)
  2010 Ed. (1913, 1916)
  2011 Ed. (1952, 1953, 1954, 1955, 1956)
GVA Williams
  1999 Ed. (4011)
  2000 Ed. (3729)
  2002 Ed. (3914)
GVA Worldwide
  2001 Ed. (4013)
  2002 Ed. (3933)
  2006 Ed. (4035)
  2007 Ed. (4075)
  2008 Ed. (4108)
  2009 Ed. (4215)
  2011 Ed. (4149)
  2012 Ed. (4183)
GVC Corp.
  1992 Ed. (1700)
GVC Holdings
  2019 Ed. (2802)
GVIC Communications
  2010 Ed. (4007, 4137)
  2015 Ed. (4154)
GVM Law, LLP
  2023 Ed. (3444)
GW Capital
  1995 Ed. (2365, 2369)
  1999 Ed. (3078)
GW International
  2003 Ed. (948)
GW Pharmaceuticals
  2016 Ed. (3909)
  2017 Ed. (3877)
  2018 Ed. (2225)
GW Plastics Inc.
  1999 Ed. (2626)
GW Sierra: CA Municipal Money Market
  1993 Ed. (2686)
GW Sierra California Municipal Bond
  1994 Ed. (587)
GW Sierra Equity Opportunity
  1993 Ed. (580)
GW Sierra Global Income MM
  1994 Ed. (2539)
GW Sierra National Municipal
  1993 Ed. (2675, 2678)
GW Sierra U.S. Government Securities
  1994 Ed. (587)
GW Utilities
  1994 Ed. (1340, 1964)
G.W. Utilities (Olympic/York)
  1990 Ed. (2853)
GWA
  2002 Ed. (861)
  2004 Ed. (798)
Gwaltney
  2002 Ed. (423)
  2008 Ed. (335, 2770)
  2009 Ed. (2827)
  2011 Ed. (2762)
  2012 Ed. (280)
  2013 Ed. (283)
  2014 Ed. (287, 288, 2755, 2756)
  2015 Ed. (319, 320)
  2016 Ed. (319, 2742)
  2017 Ed. (323)
  2018 Ed. (301, 302)
  2020 Ed. (307)
  2022 Ed. (2768)
  2023 Ed. (2901)
Gwaltney Great Dogs
  2014 Ed. (2756)
Gwaltney of Smithfield Ltd.
  2009 Ed. (2829)
  2018 Ed. (303)
GwangjuShinsegae
  2011 Ed. (2045)

CUMULATIVE INDEX • 1989-2023

Gwathmey Siegel & Associates
  1998 Ed. (188)
  2006 Ed. (3170)
  2007 Ed. (3204)
Gwathmey Siegel & Associates Architects
  1996 Ed. (236)
  1997 Ed. (268)
  2005 Ed. (3168)
  2008 Ed. (3346)
  2009 Ed. (3419)
  2010 Ed. (3357)
GWC Group
  1997 Ed. (3705)
Gwen Pacarro
  2007 Ed. (2549)
Gwendolyn Sontheim Meyer
  2014 Ed. (4855)
  2015 Ed. (4892)
  2016 Ed. (4810)
  2018 Ed. (4826)
GWIL Industries Inc.
  2001 Ed. (1654)
Gwimnott County, GA
  1993 Ed. (1433)
Gwinnett Center; The Arena at
  2006 Ed. (1156)
Gwinnett County, GA
  2009 Ed. (2389)
Gwinnett County Public Schools
  2016 Ed. (1606)
  2017 Ed. (1583)
  2018 Ed. (1567)
  2019 Ed. (1598)
  2021 Ed. (1548)
  2022 Ed. (1568)
  2023 Ed. (1741)
Gwinnett, GA
  1994 Ed. (339)
Gwinnett Mall Isuzu
  1993 Ed. (272)
Gwinnett Place Honda
  1996 Ed. (272)
  2002 Ed. (352, 353)
  2004 Ed. (271)
  2020 Ed. (295)
GWL Construction
  2010 Ed. (1141)
GWL Dividend/Growth
  2002 Ed. (3464)
GWL Income
  2002 Ed. (3432, 3433)
GWL Income B
  2002 Ed. (3433)
GWL Mid Cap Canada
  2002 Ed. (3447, 3448)
GWL Realty Advisors Inc.
  2015 Ed. (4422)
  2016 Ed. (4316)
  2017 Ed. (4319)
  2018 Ed. (4336)
  2019 Ed. (4338)
  2020 Ed. (4342)
  2021 Ed. (4358)
  2022 Ed. (4364)
GWR
  1999 Ed. (3982)
GWR Wailea Property LLC
  2016 Ed. (1622)
GWW Inc.
  2008 Ed. (4990)
GWWO Architects
  2023 Ed. (255)
Gwyn Morgan
  2005 Ed. (2514)
  2007 Ed. (2507)
Gwyneth Paltrow
  2015 Ed. (2600)
  2016 Ed. (2525)
Gwynne Shotwell
  2023 Ed. (4579)
GXO Logistics
  2023 Ed. (3560, 4685, 4688, 4787, 4788)
GXS Group Inc.
  2016 Ed. (1765)
GXS Worldwide Inc.
  2013 Ed. (3186)
Gyan Sinha
  2000 Ed. (1964)
GYM
  2005 Ed. (21)
  2006 Ed. (27)
Gym shoes/sneakers
  1994 Ed. (245)
Gym sneakers
  1993 Ed. (257)
The Gymboree Corp.
  1995 Ed. (2060, 2065, 3381, 3385, 3787)
  1997 Ed. (2084)
  1998 Ed. (3086)
  2002 Ed. (3707)
  2003 Ed. (2696)
  2004 Ed. (2816)
  2005 Ed. (2812)
  2006 Ed. (2788)
  2007 Ed. (2788)
  2008 Ed. (886, 2913)
  2009 Ed. (2915, 2968, 4561)
  2010 Ed. (947)

  2011 Ed. (872)
  2012 Ed. (825)
Gymboree Play & Music
  2010 Ed. (2908)
  2011 Ed. (2878)
  2012 Ed. (2818)
  2013 Ed. (4037)
  2014 Ed. (3974)
  2015 Ed. (4017)
  2016 Ed. (2344)
GymGuyz
  2020 Ed. (3919)
  2021 Ed. (3887)
Gymnastics
  1999 Ed. (4383)
Gympie Gold
  2002 Ed. (1581)
GYMR
  2004 Ed. (4038)
  2005 Ed. (3978)
  2011 Ed. (4110, 4133)
  2012 Ed. (4140, 4162)
  2013 Ed. (4136, 4150)
  2014 Ed. (4152, 4167)
  2016 Ed. (4062)
Gymshark
  2018 Ed. (1990)
  2020 Ed. (1969, 1970, 2298)
  2021 Ed. (1930)
Gyne-Lotrimin
  1993 Ed. (3650)
  1994 Ed. (1574)
  1996 Ed. (3769)
  1998 Ed. (1552)
Gyne Lotrimin 3
  2003 Ed. (2461)
Gynecologist
  2008 Ed. (3809)
Gyoza no Ohsho
  2015 Ed. (4303)
Gypsum Management & Supply, Inc.
  2018 Ed. (2888)
  2019 Ed. (2842)
  2021 Ed. (2748)
Gypsum Management & Supply, Inc. (GMS)
  2021 Ed. (2748)
Gypsy
  2005 Ed. (4687)
Gyro
  2013 Ed. (2325)
  2022 Ed. (3527)
  2023 Ed. (3648)
gyro
  2016 Ed. (1914)
  2019 Ed. (3472)
  2020 Ed. (3450)
Gyro Advertising
  1994 Ed. (108)
Gyro International
  2009 Ed. (2325)
  2010 Ed. (2255)
Gyrus
  2006 Ed. (2784)
  2007 Ed. (2785)
Gyrus Group plc
  2002 Ed. (2498)
  2009 Ed. (3591)
Gyu-Kaku
  2010 Ed. (4216)
  2021 Ed. (4194)
Gyu-Kaku Japanese BBQ Restaurant
  2016 Ed. (4199)
  2017 Ed. (4176)
  2018 Ed. (4183)
  2019 Ed. (4199)
  2020 Ed. (4211)
  2021 Ed. (4168)
  2022 Ed. (4191)
  2023 Ed. (4254)
GZA
  2022 Ed. (2452, 2462)
  2023 Ed. (2580)
GZA GeoEnvironmental Inc.
  2003 Ed. (2356)
GZS Gesellschaft fuer Zahlungssystem Mbh
  1995 Ed. (3327)
  1996 Ed. (3405)

H

H. A. Franklin
  2004 Ed. (2526)
H. & A. Hefti AG
  1994 Ed. (2415)
H. A. McKinnell
  2003 Ed. (2398)
  2004 Ed. (2517)
  2005 Ed. (2501)
H. A. Schimberg
  2001 Ed. (2321)
H. A. Simons Ltd.
  1992 Ed. (1965, 1967)
H. A. Verfaillie
  2003 Ed. (2384)
  2004 Ed. (2503)

H. A. Wagner
  2001 Ed. (2323)
  2002 Ed. (2188)
H. B. Austin
  2001 Ed. (2344)
H. B. Bernick
  2005 Ed. (2481)
H. B. D. Construction Inc.
  2009 Ed. (1315)
H. B. D. Contracting Inc.
  2008 Ed. (1314)
  2010 Ed. (1292)
  2011 Ed. (1248)
H & B Foundations
  2006 Ed. (1290)
H. B. Fuller
  2015 Ed. (28, 940)
H. B. Fuller Co.
  1989 Ed. (895, 897)
  1991 Ed. (919, 921, 2470)
  1992 Ed. (24, 1127)
  1993 Ed. (16, 927)
  1997 Ed. (972, 1277, 1278, 2983)
  2001 Ed. (11, 1213, 1214)
  2004 Ed. (19, 948)
  2005 Ed. (938, 939)
  2007 Ed. (921, 930)
  2008 Ed. (911)
  2009 Ed. (913)
  2012 Ed. (3095)
H. B. L Inc.
  1991 Ed. (293)
H. B. LaRue
  2001 Ed. (1516)
H. B. Maynard & Co., Inc.
  2008 Ed. (2036)
H. B. Scott
  1994 Ed. (3546)
  1995 Ed. (3624)
H. B. Zachry Co.
  1996 Ed. (1126)
  2002 Ed. (1243, 1266, 1271, 1272, 1273, 1286)
  2003 Ed. (1256, 1262, 1276, 1279, 1280, 1281, 1283, 1284)
H. Beck
  2022 Ed. (2670)
H. Beck/Capital Financial
  1999 Ed. (853, 854, 855, 856, 857, 858, 860)
  2000 Ed. (851, 852, 853, 854, 855, 856, 857, 858, 860, 861)
H-Berg ehf
  2018 Ed. (1592)
H. Berghaus BV
  1994 Ed. (1356)
H. Brewster Atwater Jr.
  1996 Ed. (958)
H. C. A. Health Services of Tennessee Inc.
  2003 Ed. (1833, 2681)
H & C Bahrain (Burnett)
  1997 Ed. (62)
  1999 Ed. (59)
H & C Leo Burnett
  1989 Ed. (131)
  1991 Ed. (123)
  1992 Ed. (176)
  1995 Ed. (95)
  1996 Ed. (111)
  1997 Ed. (114)
  1999 Ed. (117)
  2000 Ed. (123)
  2001 Ed. (161)
  2002 Ed. (135)
  2003 Ed. (101)
H. C. Miller Co.
  2012 Ed. (4043)
H. C. Stonecipher
  2001 Ed. (2317)
  2002 Ed. (2184)
  2003 Ed. (2378)
  2005 Ed. (2482)
H. C. Wainwright
  2001 Ed. (835)
H & CB
  2002 Ed. (517, 519)
  2003 Ed. (4594)
H & CB Korea
  2002 Ed. (603)
  2003 Ed. (611)
H. Chambers Co.
  2005 Ed. (3167)
  2006 Ed. (3168, 3169)
  2007 Ed. (3202)
H Code Media Inc.
  2022 Ed. (1410)
H. Craig Clark
  2011 Ed. (857)
H. D. Kingsmore
  1992 Ed. (2060)
H. D. Schultz
  2002 Ed. (2192)
  2003 Ed. (2389)
H. D. Smith
  2014 Ed. (3191)
  2015 Ed. (3251)
H. D. Supply Inc.
  2013 Ed. (1654)

H-E-B
  2015 Ed. (4354)
  2021 Ed. (4519)
  2022 Ed. (1946, 4526)
  2023 Ed. (2062, 2074, 2278, 4065, 4258, 4526, 4533, 4534, 4540, 4543)
H-E-B Credit Union
  2004 Ed. (1937)
H-E-B Grocery Co.
  1995 Ed. (3538)
  2023 Ed. (4080)
H-E-B Grocery Stores
  2016 Ed. (2057, 4522)
  2017 Ed. (2016, 4196)
  2018 Ed. (1971, 4223)
  2019 Ed. (2027, 4250)
  2020 Ed. (4247)
H. E. Butt
  1991 Ed. (1422, 3259, 3260)
  1993 Ed. (1492)
  1996 Ed. (3622)
  1997 Ed. (3674, 3675, 3678)
  2013 Ed. (4536)
  2014 Ed. (4594)
  2015 Ed. (4591)
H. E. Butt Grocery Co.
  1999 Ed. (4523)
  2002 Ed. (4529, 4530)
  2003 Ed. (2759, 4629, 4630, 4632, 4651, 4660, 4662, 4663, 4664)
  2004 Ed. (2964, 3946, 4614, 4623, 4627, 4637, 4638, 4640, 4647)
  2005 Ed. (3901, 4557, 4562, 4565)
  2006 Ed. (3973, 4635, 4637, 4638, 4640)
  2007 Ed. (3213, 4623, 4624, 4625)
  2008 Ed. (3612, 4568)
  2009 Ed. (2087, 2894, 3679, 4168, 4600)
  2010 Ed. (2833, 4104, 4628, 4634, 4638)
  2011 Ed. (2095, 2817, 3601, 4073, 4581, 4584, 4589)
  2012 Ed. (2749, 4105, 4587, 4588, 4594, 4598)
  2013 Ed. (2102, 2368, 2614, 4529, 4530, 4541, 4542, 4551)
  2014 Ed. (2034, 4587, 4588, 4598, 4599, 4608)
  2015 Ed. (2083, 4585, 4586, 4594, 4595, 4604)
  2016 Ed. (2064, 4504, 4505, 4515, 4516, 4526)
  2017 Ed. (2023, 4502, 4503)
  2018 Ed. (1980, 4535, 4536, 4547)
  2019 Ed. (2035, 4519, 4520, 4536)
  2020 Ed. (1959, 4523, 4524, 4543)
  2021 Ed. (1920, 4504, 4522)
  2022 Ed. (1965, 4512)
H & E Equipment Services
  2014 Ed. (3471)
  2015 Ed. (3488)
  2016 Ed. (3338)
  2017 Ed. (1722, 3301)
  2018 Ed. (3370)
  2019 Ed. (1740, 3350)
  2020 Ed. (1685, 3351)
  2021 Ed. (3285)
  2022 Ed. (3370)
  2023 Ed. (3488)
H. E. Sargent Inc.
  2001 Ed. (2300)
  2002 Ed. (1258)
  2003 Ed. (1268)
  2004 Ed. (1271)
H. Edward Hanway
  2000 Ed. (1878, 2425)
  2007 Ed. (1028)
  2008 Ed. (950)
  2009 Ed. (949, 3314)
  2010 Ed. (901, 3246)
H. F. Ahmanson
  1989 Ed. (2355, 2821, 2826)
  1990 Ed. (2609, 3099, 3574, 3581)
  1991 Ed. (3071, 3361, 3366, 3367, 3368)
  1992 Ed. (502, 2150, 2151, 3770, 4285, 4288, 4289, 4290)
  1993 Ed. (3070, 3242, 3246, 3562, 3563, 3572, 3573, 3575)
  1994 Ed. (3141, 3240, 3526, 3534, 3535, 3537)
  1995 Ed. (3320, 3608, 3610, 3611, 3613)
  1996 Ed. (3686, 3688, 3689, 3690)
  1997 Ed. (333, 3745, 3747)
  1998 Ed. (271, 2456, 3525)
  1999 Ed. (373, 4595, 4596, 4597)
H. F. Ahmanson & Co.
  1997 Ed. (3744, 3746)
  1998 Ed. (2612)
  2000 Ed. (375, 2486)
H. F. Henderson Industries Inc.
  1990 Ed. (2593)
H. F. & Ph. F. Reemtsma GmbH
  2001 Ed. (4564)
  2002 Ed. (4631)
H. F. & Ph. F. Reemtsma GmbH & Co.
  1995 Ed. (3625)
  1999 Ed. (4612)
H. F. Wilson Engineering
  2008 Ed. (4960)

H. Fisk Johnson
    2006 Ed. (4905)
    2007 Ed. (4901)
    2011 Ed. (4832)
    2012 Ed. (4844)
    2013 Ed. (4843)
    2014 Ed. (4859)
    2015 Ed. (4896)
    2016 Ed. (4814)
    2017 Ed. (4825)
    2018 Ed. (4830)
    2019 Ed. (4827)
    2020 Ed. (4817)
    2021 Ed. (4818)
    2022 Ed. (4811)
    2023 Ed. (4804)
H. Fraser Phillips
    2011 Ed. (3364)
H. G. Rice & Co.
    1990 Ed. (1840)
    1991 Ed. (1759)
    1992 Ed. (2207)
H. Grant
    2005 Ed. (2487)
H Group Holding Inc.
    2007 Ed. (221)
    2008 Ed. (208)
    2009 Ed. (229)
    2010 Ed. (214)
    2011 Ed. (138)
    2012 Ed. (142)
    2013 Ed. (118)
    2014 Ed. (128)
    2015 Ed. (142)
    2016 Ed. (147)
H Group Holdings Inc.
    2016 Ed. (148)
H & H Advertising/Printing Inc.
    1995 Ed. (2985)
H H Electricity Council
    1989 Ed. (1107)
H & H Foods/Meat Products Inc.
    1996 Ed. (2565, 2586, 3066)
H. H. Gregg
    2002 Ed. (2696)
    2003 Ed. (2866)
    2004 Ed. (2881, 2954)
    2015 Ed. (4353)
H. H. Gregg Appliances Inc.
    2005 Ed. (2879, 2954)
    2006 Ed. (2949)
    2007 Ed. (2967)
    2008 Ed. (3090)
    2009 Ed. (2481, 3179)
    2010 Ed. (2392)
    2011 Ed. (2393, 2982)
H & H Homes
    2011 Ed. (1118, 1119)
    2017 Ed. (1132)
    2018 Ed. (1064)
    2019 Ed. (1075)
    2020 Ed. (1064)
H & H Meat Products Co. Inc.
    1995 Ed. (2501)
H. H. Robertson
    1996 Ed. (1143)
H & H Systems & Design
    2010 Ed. (2464)
H & H Talorakennus Oy
    2019 Ed. (1554)
H. Hahn-Rickli AG
    2003 Ed. (1829, 4779)
H. Harrison
    1997 Ed. (3871)
H. Hendy Associates
    2005 Ed. (3159)
    2014 Ed. (1416)
H. I. Development Corp.
    1996 Ed. (2158)
    1997 Ed. (2274)
H. I. G. Capital Management
    2015 Ed. (1640)
    2016 Ed. (1574)
    2017 Ed. (1563)
    2018 Ed. (1545)
    2019 Ed. (1574)
    2020 Ed. (1544)
    2021 Ed. (1527)
    2022 Ed. (1544)
H. J. and Drue Heinz Foundation
    1993 Ed. (891)
H. J. Ford Associates Inc.
    1995 Ed. (2107)
H. J. Ford Association Inc.
    1994 Ed. (2052, 2056)
H. J. Group Ventures Inc.
    1999 Ed. (2676)
H. J. Heinz
    2015 Ed. (2776)
H. J. Heinz Co.
    1990 Ed. (1812, 1820, 1822)
    1991 Ed. (1210, 1732, 1733, 1735, 1738, 1740, 1742, 2580, 3305, 3313)
    1992 Ed. (2174, 2175, 2177, 2179, 2181, 2183, 2184, 2185, 2191, 4226)
    1993 Ed. (1385, 1873, 1875, 1876, 1877, 2124)
    1994 Ed. (1439, 1862, 1864, 1865, 1866, 1870, 1871, 2658)
    1995 Ed. (19, 1473, 1885, 1886, 1888, 1890, 1891, 1895, 1900, 1944, 2760, 2762)
    1996 Ed. (1435, 1928, 1931, 1932, 1933, 1937)
    1997 Ed. (1256, 1497, 2025, 2028, 2029, 2030, 2034)
    1998 Ed. (258, 1134, 1186, 1710, 1715, 1718, 1720, 1724, 1729, 1730, 2813)
    1999 Ed. (1503, 1601, 1723, 2455, 2456, 2461, 2473, 3598)
    2001 Ed. (1834, 2458, 2473, 2474)
    2002 Ed. (1752, 2291, 2295, 2297, 2308, 2311, 3656)
    2003 Ed. (862, 863, 1810, 1811, 2503, 2505, 2507, 2513, 2519, 2521, 2522, 2556, 2560, 2561, 2562, 2567, 2572, 2636, 2915, 3803, 3804, 4228, 4312, 4487, 4557)
    2004 Ed. (1557, 1842, 1843, 2271, 2635, 2637, 2638, 2640, 2644, 2647, 2658, 2659, 2662)
    2005 Ed. (1946, 1948, 1949, 1950, 1951, 1952, 2227, 2628, 2629, 2631, 2635, 2644, 2646, 2651, 2652)
    2006 Ed. (1979, 1983, 1984, 1987, 1988, 1989, 1990, 1991, 2292, 2625, 2628, 2633, 2641, 2642)
    2007 Ed. (1955, 1956, 2599, 2605, 2610, 2621)
    2008 Ed. (2042, 2046, 2047, 2048, 2049, 2740, 2751, 2778, 2783, 2785)
    2009 Ed. (2004, 2009, 2010, 2011, 2013, 2794, 2841)
    2010 Ed. (1941, 1942, 1947, 1948, 1949, 1950, 1951, 2726, 2741, 2782)
    2011 Ed. (1992, 1994, 1996, 2001, 2002, 2003, 2004, 2707, 2709, 2771)
    2012 Ed. (1842, 1843, 1845, 1849, 1850, 1851, 1852, 1853, 2456, 2634, 2635, 2636, 2637, 2664)
    2013 Ed. (1999, 2004, 2009, 2011, 2720, 2721, 2722, 2750, 2753, 2757)
    2014 Ed. (1941, 1943, 2542, 2706, 2707, 2730, 2732, 2736, 2788, 4505, 4509)
    2015 Ed. (1346, 1988, 1989, 2747, 2752, 2753, 4505, 4509)
    2016 Ed. (1957, 1961, 1962, 2677, 2683, 3441, 4022)
    2018 Ed. (2780, 2789)
H. J. Heinz Co. of Canada
    1990 Ed. (1827)
    1991 Ed. (1745)
    1992 Ed. (2194)
H. J. Heinz RTS
    1994 Ed. (858)
H. J. Heinz's Weight Watchers
    1992 Ed. (2237)
H. J. Markley
    2011 Ed. (2547)
H. J. Padewer
    2003 Ed. (2407)
H. J. Pearce
    1998 Ed. (1517)
    2001 Ed. (2319)
H & J Russell & Co.
    1996 Ed. (746)
H. J. Russell & Co.
    1991 Ed. (713)
    1992 Ed. (895)
    1993 Ed. (706)
    1994 Ed. (714, 715)
    1995 Ed. (671)
    1996 Ed. (745)
    1997 Ed. (677)
    1998 Ed. (469, 470)
    1999 Ed. (731)
    2000 Ed. (743)
    2001 Ed. (714)
    2006 Ed. (185, 1306)
    2007 Ed. (191)
    2008 Ed. (174, 1292)
    2009 Ed. (193, 1275)
    2010 Ed. (172)
    2011 Ed. (96)
    2012 Ed. (103)
    2013 Ed. (78)
    2015 Ed. (103)
    2016 Ed. (110)
H. J. Thomas Memorial Hospital Inc.
    2013 Ed. (2189)
    2015 Ed. (2175)
    2016 Ed. (2150)
H. J. Umbaugh & Associates
    1998 Ed. (2232)
    2001 Ed. (814)
H. K. Desai
    2003 Ed. (2386)
H & L Architecture
    2002 Ed. (332)
    2005 Ed. (263)
    2008 Ed. (265)
    2009 Ed. (289)
    2010 Ed. (273)
    2012 Ed. (203)
    2013 Ed. (178)
H + L Architecture
    2012 Ed. (2369)
    2013 Ed. (2552)
    2014 Ed. (2483)
H. L. Boulton
    1996 Ed. (884)
H. L. Culp Jr.
    2002 Ed. (2195)
    2004 Ed. (2510)
H. L. G. Capital Management
    2013 Ed. (1622)
    2014 Ed. (1588)
H. L. Henkel
    2001 Ed. (2331)
    2002 Ed. (2194)
    2003 Ed. (2390)
    2005 Ed. (2493)
H. L. R. Credit Union
    2002 Ed. (1880)
    2003 Ed. (1934)
    2004 Ed. (1974)
    2005 Ed. (2116)
H. L. W. Fast Track Inc.
    2015 Ed. (103)
H. Laurance Fuller
    1993 Ed. (938)
H. Lawrence Culp Jr.
    2005 Ed. (966, 2494)
    2007 Ed. (976, 1029)
    2008 Ed. (934)
    2011 Ed. (848, 849)
    2012 Ed. (800)
H. Lawrence Culp, Jr.
    2015 Ed. (968)
H. Lee Moffitt Cancer Center
    2004 Ed. (2908)
H. Lee Moffitt Cancer Center & Research Institute
    2008 Ed. (3176, 3179)
    2021 Ed. (2903)
    2022 Ed. (3029)
H. Lee Scott Jr.
    2006 Ed. (877, 2627)
    2007 Ed. (2503, 2505)
    2008 Ed. (944)
    2009 Ed. (2660)
H Lundbeck
    2002 Ed. (1342)
    2019 Ed. (3876)
    2020 Ed. (3893)
H. Lundbeck A/S
    2003 Ed. (1714)
    2006 Ed. (1402, 1674)
    2007 Ed. (1677)
    2008 Ed. (1703)
    2009 Ed. (1634, 2590)
    2010 Ed. (1603)
    2011 Ed. (1607)
H & M
    2007 Ed. (737, 1117)
    2008 Ed. (648, 685, 706, 996)
    2009 Ed. (664, 982)
    2010 Ed. (630)
    2011 Ed. (565, 581, 878)
    2012 Ed. (545, 550, 834)
    2013 Ed. (661, 676, 916, 1012, 1014, 4300)
    2014 Ed. (704, 705, 976, 977, 4351)
    2015 Ed. (734, 749, 901, 1014, 1016, 1604, 4335)
    2016 Ed. (676, 918, 4233, 4253)
    2017 Ed. (720, 967, 4219, 4239)
    2018 Ed. (899)
H+M Communications
    2023 Ed. (4111)
H + M Co.
    2002 Ed. (1233, 1236)
    2008 Ed. (1327)
H. M. Cornell Jr.
    2003 Ed. (2380)
H & M Hennes & Mauritz
    2023 Ed. (2743)
H & M Hennes & Mauritz AB
    2017 Ed. (2491)
    2018 Ed. (1921, 1925, 2547, 4250)
    2019 Ed. (1110, 1971, 4281)
    2020 Ed. (1904)
    2021 Ed. (1308, 1864, 2490)
    2022 Ed. (2602, 4466)
H. M. Messmer Jr.
    2002 Ed. (2207)
    2003 Ed. (2377)
    2005 Ed. (2504)
H. M. Paulson Jr.
    2001 Ed. (2334)
    2002 Ed. (2200)
    2004 Ed. (2506)
    2005 Ed. (2490)
H & M Precision Concrete
    2015 Ed. (1259)
H. M. Sampoerna
    2002 Ed. (4479)
H. M. Sandler
    1991 Ed. (1618)
H. Macy & Co.; R.
    1990 Ed. (1238)
H. Moffitt Lee Inc.
    2013 Ed. (3500)
    2014 Ed. (3476)
H & N/McClier
    2000 Ed. (1237)
    2002 Ed. (1244)
H. Neumann International
    2001 Ed. (2313)
H-P
    2019 Ed. (4773)
    2020 Ed. (4760)
    2021 Ed. (4758)
    2022 Ed. (4759)
H-P/Dirt Devil/Vacuflo
    2021 Ed. (4758)
H. P. Hood LLC
    2008 Ed. (2781)
    2009 Ed. (2839)
    2010 Ed. (2780)
    2011 Ed. (2769)
    2012 Ed. (2698)
H-P LaserJet IIP
    1991 Ed. (2579)
H-P Products
    2016 Ed. (4764)
    2017 Ed. (4775)
    2018 Ed. (4768)
H-P products
    2022 Ed. (4759)
H-P Products/Dirt Devil/Vacuflo
    2023 Ed. (4748)
H. Page Engineering Services Ltd.
    1991 Ed. (959)
H Power Corp.
    2004 Ed. (4561)
H & R Accounts Inc.
    2010 Ed. (986)
H. R. Allen Inc.
    2007 Ed. (1354, 1978)
    2011 Ed. (1266)
H. R. Bingham
    2000 Ed. (1051)
H & R Block
    2013 Ed. (912)
    2014 Ed. (802, 2548)
    2015 Ed. (898)
    2016 Ed. (794)
    2017 Ed. (853)
    2018 Ed. (788)
    2023 Ed. (4557)
H & R Block Bank
    2011 Ed. (4370)
    2012 Ed. (4410)
H & R Block Co.
    2013 Ed. (1799)
H & R Block, Compuserve Information Service,
    1991 Ed. (3450)
H & R Block Financial Advisors
    2007 Ed. (2572)
H & R Block Inc.
    1989 Ed. (1424, 1425, 1427, 2480)
    1990 Ed. (1758, 1775, 1852, 3260)
    1991 Ed. (1772)
    1992 Ed. (2145, 2222, 2228)
    1993 Ed. (3225, 3471, 3504)
    1994 Ed. (1915, 3222, 3232)
    1995 Ed. (3315)
    1996 Ed. (1964, 3402)
    1997 Ed. (3497)
    1999 Ed. (986, 1499, 2519)
    2001 Ed. (3729)
    2002 Ed. (911)
    2003 Ed. (2, 801, 2471, 3798, 3799, 4536)
    2004 Ed. (3, 842, 847, 1079, 1577, 1610, 3811, 3812)
    2005 Ed. (2, 417, 821, 1082, 1083, 1084, 1635, 1834, 2206, 2600, 3720, 3721, 4353)
    2006 Ed. (1, 3, 380, 747, 1079, 1524, 1833, 1834, 1835, 1836, 1910, 2596, 3810, 3811, 4295)
    2007 Ed. (2, 835, 1553, 1840, 1841, 1893, 3826, 3827, 4359, 4361)
    2008 Ed. (1, 1872, 1873, 1874, 1875, 1957, 3886, 3887, 4316)
    2009 Ed. (1827, 1829, 3949, 3950)
    2010 Ed. (1768, 1769, 1770, 1774, 3861, 3862, 4587, 4604, 4663)
    2011 Ed. (760, 1782, 1786, 2632, 3870, 4611, 4612)
    2012 Ed. (640, 1260, 1636, 1637, 1638, 3849, 3850, 4574, 4617, 4618)
    2013 Ed. (909, 1792, 1793, 1794, 3909, 4563, 4564)
    2014 Ed. (3841, 3842, 4618, 4619)
    2015 Ed. (1764, 1765, 1766, 3866, 3867, 4617, 4618)
    2016 Ed. (1723, 3775, 3776, 4358, 4537, 4538)
    2017 Ed. (4529, 4530)
    2018 Ed. (4555, 4556)
    2019 Ed. (4555, 4556)
    2020 Ed. (4555, 4556)
    2021 Ed. (4536, 4537)
    2022 Ed. (4542, 4543)
    2023 Ed. (4556)

CUMULATIVE INDEX • 1989-2023

H & R Block Tax Services Inc.
  2002 Ed. (2, 3)
H & R Florasynth
  1998 Ed. (1698)
H & R Florsynth
  1999 Ed. (2444)
H. R. Horton
  2000 Ed. (1188)
H-R International Inc.
  1990 Ed. (1179)
H & R Johnson Tiles Ltd.
  1990 Ed. (3593, 3594)
H. R. Levine
  2005 Ed. (2481)
H & R Real Estate
  2014 Ed. (4191)
H & R Real Estate Investment Trust
  2008 Ed. (1629, 1655)
H & R REIT
  2007 Ed. (4088)
  2008 Ed. (4116)
  2009 Ed. (4224, 4225)
  2010 Ed. (4161)
  2011 Ed. (1552, 4159)
  2016 Ed. (4086)
  2017 Ed. (4063)
  2018 Ed. (4091)
  2019 Ed. (4097)
H. R. Silverman
  2001 Ed. (2342)
  2002 Ed. (2207)
H & R Transport Ltd.
  2008 Ed. (1547)
H & R Wasag AG
  2006 Ed. (1736)
H. Rodgin Cohen
  2002 Ed. (3068)
H. Ross Perot
  2002 Ed. (3345)
  2003 Ed. (4879)
  2005 Ed. (4847)
  2006 Ed. (4898)
  2007 Ed. (4893)
  2008 Ed. (4823)
  2017 Ed. (4818)
  2018 Ed. (4823)
  2019 Ed. (4819)
  2020 Ed. (4809)
H. Rudebeck & Co. Ltd.
  1992 Ed. (1202)
  1993 Ed. (975)
  1994 Ed. (998, 1003)
  1995 Ed. (1011)
H. Ruiz
  2002 Ed. (2191)
H & S Bakery
  2018 Ed. (310)
H & S Construction & Mechanical Inc.
  2009 Ed. (3036)
H. S. Die & Engineering Inc.
  2004 Ed. (3913)
  2006 Ed. (3922)
  2008 Ed. (3746)
  2009 Ed. (3767)
  2012 Ed. (3990)
  2013 Ed. (4055)
  2014 Ed. (3994)
  2015 Ed. (4042)
  2016 Ed. (3954)
  2017 Ed. (3929)
  2018 Ed. (3954)
  2019 Ed. (3930)
H. S. Frank
  2001 Ed. (2330)
H Shmerinh Newspaper
  2007 Ed. (30)
H. Simmons
  1992 Ed. (4260)
H Sivyer
  2020 Ed. (4674)
H Sivyer Transport
  2017 Ed. (4724)
H. Sivyer Transport
  2017 Ed. (4718)
  2018 Ed. (4707)
H. Solomon
  2003 Ed. (2398)
H. Steven Gilbert
  2011 Ed. (3107)
H. T. Hackney Co.
  2003 Ed. (4938)
  2005 Ed. (1969)
  2010 Ed. (1365, 4100, 4101, 4952)
  2011 Ed. (1353, 4070, 4936)
  2012 Ed. (1219, 4104, 4938)
  2013 Ed. (1332, 1333, 1340, 2088)
  2014 Ed. (1262, 1263, 2022)
  2015 Ed. (1324, 2065)
  2016 Ed. (1237, 2032)
  2017 Ed. (1287, 1993)
  2018 Ed. (1265, 1947)
  2019 Ed. (1298, 2002)
  2020 Ed. (1928)
  2021 Ed. (1888)
  2022 Ed. (1934)
H. T. Nicholas III
  2003 Ed. (2386)

H. Thomas Bryant
  2008 Ed. (2640)
H. Ty Warner
  2002 Ed. (3357)
  2003 Ed. (4881)
  2004 Ed. (4864)
  2005 Ed. (4850)
  2006 Ed. (4905)
  2007 Ed. (4901)
  2008 Ed. (4828)
H. W. Becherer
  2002 Ed. (2194)
H. W. Burlingame
  1997 Ed. (3068)
H & W Computer Systems
  1993 Ed. (1075)
H. W. Kaufman Financial Group
  1995 Ed. (202)
  1996 Ed. (205)
H. W. Kaufman Financial Group Inc.
  2013 Ed. (2651)
H. W. Lichtenberger
  2001 Ed. (2323)
  2002 Ed. (2188)
H. W. Lochner Inc.
  2011 Ed. (2474)
H. W. McGraw III
  2001 Ed. (2340)
  2002 Ed. (2205)
  2003 Ed. (2399)
  2004 Ed. (2518)
  2005 Ed. (2502)
H. W. McKay Belk
  2009 Ed. (3074)
  2011 Ed. (2975)
H. W. Nebraska Inc.
  2003 Ed. (1772)
H. Wayne Huizenga
  1993 Ed. (1703)
  1995 Ed. (978, 1727)
  1996 Ed. (960)
  2005 Ed. (4855)
  2006 Ed. (4909)
  2008 Ed. (4833)
  2009 Ed. (4853)
  2010 Ed. (4858)
H & Y Communications
  1993 Ed. (140)
H. Y. Louie Co., Ltd.
  2005 Ed. (1666, 1667)
  2006 Ed. (1573)
  2010 Ed. (1515, 4055)
  2011 Ed. (1508, 4034)
  2012 Ed. (1356, 4067)
  2013 Ed. (1513)
  2014 Ed. (1482)
  2015 Ed. (1537)
  2016 Ed. (1478)
H*Works
  2006 Ed. (2774)
H2 Compliance
  2013 Ed. (2908)
H2M Architects + Engineers
  2019 Ed. (2435)
H2M Group
  1991 Ed. (1563)
  1994 Ed. (1653)
  2000 Ed. (1825)
H2OPlus.com
  2013 Ed. (2468)
H2R CPA
  2023 Ed. (346)
H20 Guam JV
  2023 Ed. (2289)
H20 Plus
  2007 Ed. (4986)
HA!
  1992 Ed. (1032)
Ha-Lo
  2000 Ed. (1672, 1675)
Ha Lo Industries
  1998 Ed. (1877)
  2000 Ed. (3323)
Haack & Associates Inc.; Frank F.
  2005 Ed. (2370)
  2006 Ed. (2419)
Haag Wonen Ontwikkeling B.V.
  2017 Ed. (1802)
Haagen Co. Inc.; The Alexander
  1994 Ed. (3297)
  1995 Ed. (3064)
Häagen-Dazs
  2023 Ed. (3190, 3191, 3193)
Haagen Dazs
  2018 Ed. (3111, 3112, 3113)
  2019 Ed. (3043, 3044)
  2020 Ed. (3082, 3083)
  2021 Ed. (2958, 2959)
Haagen-Dazs
  1992 Ed. (2114, 3714)
  1993 Ed. (1750, 1759, 2123, 2124, 3022)
  1994 Ed. (1741, 1750, 3078, 3079)
  1995 Ed. (1774, 1779, 1946, 2197, 3123)
  1996 Ed. (1751, 1752, 1753, 1756, 1757, 1761, 1977, 2215, 3218)
  1997 Ed. (1833, 1834, 1835, 1837, 1838, 1839, 2093, 2344, 2345, 2346, 2350, 3319)

  1998 Ed. (1770, 2070, 2071, 2072, 2073, 2074, 2075)
  1999 Ed. (2131, 2132, 2822, 2823, 2824, 4081)
  2000 Ed. (799, 2281, 2597, 2598, 2600, 2601, 2602, 3786, 4152, 4153)
  2001 Ed. (2547, 2830, 2831, 2833, 2837, 4069)
  2002 Ed. (2716, 2718, 2721)
  2003 Ed. (2876, 2877, 2878, 2882)
  2004 Ed. (2967)
  2006 Ed. (2976)
  2007 Ed. (3006)
  2008 Ed. (3121, 3123)
  2014 Ed. (2796, 3126, 3127, 3131)
  2015 Ed. (2838, 3190, 3191, 3194, 4254)
  2016 Ed. (2768, 3046, 3047, 3048, 3049, 4160)
  2017 Ed. (2740, 2993, 2994, 2995, 2996, 3001, 4137)
  2018 Ed. (2794, 3114, 3115, 3117, 3118, 3119)
  2019 Ed. (3045, 3047, 3048, 3049)
  2020 Ed. (3084, 3087, 3088)
  2021 Ed. (2961)
  2022 Ed. (3080, 3081, 3088)
  2023 Ed. (3189, 3192)
Haagen-Dazs Arras
  2015 Ed. (1651)
Haagen-Dazs Cafe
  2006 Ed. (1061)
  2007 Ed. (1150)
  2008 Ed. (4160)
  2009 Ed. (4268)
  2010 Ed. (4208)
Haagen-Dazs Chocolate Sorbet Bar
  1997 Ed. (2349, 2931)
Haagen-Dazs Ice Cream Cafe
  1998 Ed. (1550)
  2000 Ed. (1913)
  2002 Ed. (4012)
  2004 Ed. (1049)
The Haagen-Dazs Shoppe
  2015 Ed. (3195)
  2016 Ed. (3052)
  2017 Ed. (3002)
  2021 Ed. (2966)
  2022 Ed. (3092)
The Haagen-Dazs Shoppe Co., Inc.
  2002 Ed. (2723)
  2003 Ed. (2883)
  2004 Ed. (2970)
  2005 Ed. (2982)
  2006 Ed. (2979)
  2008 Ed. (3128)
  2010 Ed. (3144)
Haagen-Dazs Shops
  2011 Ed. (4214)
Haagen-Dazs Vanilla-Almond Bar
  1997 Ed. (1199, 2348)
Haagen Dazs Vanilla-Chocolate
  1998 Ed. (985, 2067)
Haagen Dazs Vanilla-Chocolate Almond
  1998 Ed. (985, 2067)
Haagen-Dazs Vanilla-Chocolate Bar
  1997 Ed. (1199, 2348)
Haagensen; C. Gabriel
  2006 Ed. (2525)
Haake Beck
  1995 Ed. (643)
  1996 Ed. (717)
  1997 Ed. (654)
  2022 Ed. (577)
Haake Beck NA
  2001 Ed. (684)
Haake Beck Non-Alcohol
  2002 Ed. (685)
  2004 Ed. (669)
  2005 Ed. (656)
  2006 Ed. (559)
Haan; Roger & Peter De
  2005 Ed. (4888)
Haar Capital
  2007 Ed. (1188)
Haarman & Reimer Corp.
  2001 Ed. (1556)
Haas
  1995 Ed. (338)
Haas Automation
  1997 Ed. (1014)
Haas; Bill
  2014 Ed. (198)
Haas & Czjzek - Prvni Porcelanova Manufaktura v Cechach, spol. s.r.o.
  2008 Ed. (1700)
Haas Family of Levi Strauss & Co.
  1992 Ed. (1094)
Haas Home Technologies
  2021 Ed. (2804)
  2022 Ed. (2971)
  2023 Ed. (3095)
Haas; Robert
  1989 Ed. (2339)
Haas School of Business
  2011 Ed. (648)
  2014 Ed. (778)
  2015 Ed. (809, 816, 820)
  2016 Ed. (732)

Haas School of Business; University of California,
  2014 Ed. (774)
Haas School of Business; University of California, Berkeley
  2013 Ed. (756)
Haas School of Business; University of California-Berkeley
  2005 Ed. (800)
  2006 Ed. (712)
  2007 Ed. (808, 810, 814, 815, 816, 817, 819, 821)
  2008 Ed. (770, 772, 773, 780, 787, 788, 791, 793, 794, 795, 798, 800)
  2009 Ed. (788, 802, 805, 808, 810, 811, 812, 815, 817)
  2010 Ed. (722, 723, 725, 726, 728, 734, 737, 741, 742, 744, 745, 746, 748, 749, 750, 751, 754, 756, 757, 759, 760, 761, 763, 764, 766)
  2011 Ed. (639, 645, 647, 651, 652, 653, 655, 656, 657, 659, 660, 661, 662, 665, 668, 671, 672, 675, 677, 687, 692, 693, 694, 696)
  2012 Ed. (607, 610)
  2013 Ed. (750)
Haase & Long
  2015 Ed. (1041)
  2016 Ed. (950)
Haave Associates; R. B.
  1993 Ed. (2297)
Habanero Consulting Group
  2010 Ed. (1513)
  2011 Ed. (1504)
  2012 Ed. (1352, 4470)
Habanero Consulting Group Inc.
  2013 Ed. (773, 1488)
  2014 Ed. (1456)
Habanos
  1994 Ed. (960)
Habas Sinai Ve Tibbi Gazlar Istihsal Endustrisi
  2011 Ed. (794)
Habb Bank
  1997 Ed. (590)
Habeco
  2022 Ed. (722)
Haberdashers Aske's School
  1999 Ed. (4145)
Habert-Dassault; Marie-Hélène
  2023 Ed. (4827)
Habert; Marie-Helene
  2020 Ed. (4838)
Habib Bank
  1989 Ed. (649)
  1990 Ed. (663)
  1991 Ed. (642)
  1992 Ed. (814)
  1993 Ed. (608)
  1994 Ed. (611)
  1995 Ed. (581)
  1996 Ed. (566, 651)
  1999 Ed. (619)
  2001 Ed. (65)
  2002 Ed. (584, 632)
  2003 Ed. (420, 534, 597)
  2004 Ed. (399, 518, 604)
  2005 Ed. (419, 593)
  2006 Ed. (510)
  2007 Ed. (535)
  2008 Ed. (489)
  2009 Ed. (518)
  2010 Ed. (497, 2648, 2667)
  2011 Ed. (427)
  2013 Ed. (530)
  2014 Ed. (549)
  2015 Ed. (612)
  2016 Ed. (556)
  2017 Ed. (582, 1912)
  2018 Ed. (546)
  2019 Ed. (565)
  2020 Ed. (548)
  2023 Ed. (790)
Habib Bank Ltd.
  2014 Ed. (2658)
  2015 Ed. (2700)
  2016 Ed. (2624)
  2017 Ed. (2557)
  2018 Ed. (2625)
  2019 Ed. (2611)
  2020 Ed. (509, 2621)
Habib Haddad
  2013 Ed. (4614)
Habib Metropolitan Bank
  2009 Ed. (2722, 2744)
  2011 Ed. (2656)
  2012 Ed. (2584)
  2023 Ed. (754)
Habib Metropolitan Bank Ltd.
  2014 Ed. (2658)
  2015 Ed. (2700)
  2016 Ed. (2624)
  2017 Ed. (2557)
  2018 Ed. (2625)
  2019 Ed. (2611)
Habib Nigeria Bank
  1997 Ed. (583)
  2002 Ed. (628)

2003 Ed. (592)
Habib Selmi
  2013 Ed. (3489)
Habib's
  2015 Ed. (4307, 4308)
Habif, Arogeti
  1999 Ed. (23)
Habif, Arogeti & Wynne
  1998 Ed. (18)
  2009 Ed. (12)
  2010 Ed. (22, 23)
  2011 Ed. (19)
  2012 Ed. (24)
  2013 Ed. (22)
  2014 Ed. (18)
  2015 Ed. (19)
  2016 Ed. (18)
  2017 Ed. (14)
Habif, Arogeti & Wynne LLP
  2002 Ed. (22, 23)
  2003 Ed. (8)
The Habit Burger Grill
  2013 Ed. (4231)
  2018 Ed. (2576, 4198)
  2020 Ed. (2864, 2866, 2867, 4212, 4213)
  2021 Ed. (2736, 2737, 2738, 2739, 4169, 4170, 4206)
  2022 Ed. (2892, 2893, 2894, 2895)
  2023 Ed. (2767)
Habit Restaurants Inc.
  2019 Ed. (1443)
  2020 Ed. (1405)
  2021 Ed. (1402, 4189)
  2023 Ed. (4243)
Habit treatment
  2001 Ed. (2105)
Habitat
  2002 Ed. (3631)
  2003 Ed. (3765)
  2007 Ed. (3797)
  2008 Ed. (679, 3871)
  2010 Ed. (3847)
Habitat America LLC
  2022 Ed. (4938)
  2023 Ed. (4942)
Habitat for Humanity
  1995 Ed. (943, 2782)
  2000 Ed. (3349)
  2003 Ed. (1173)
Habitat for Humanity International
  1996 Ed. (913, 1102, 1103)
  1998 Ed. (689)
  2002 Ed. (2653, 2663)
  2004 Ed. (1181)
  2006 Ed. (3712)
  2007 Ed. (3703)
  2008 Ed. (1197, 3796)
  2009 Ed. (3836, 3841, 3842)
  2010 Ed. (1166)
  2011 Ed. (1114, 1116, 1117)
  2012 Ed. (1036, 1038, 3767)
  2013 Ed. (1185)
  2014 Ed. (1137)
  2015 Ed. (1186)
  2017 Ed. (1129, 1137, 1141, 1142)
  2018 Ed. (1060, 1069)
  2019 Ed. (1071, 1080, 1084, 1085)
  2020 Ed. (1060, 1069, 1073, 1074)
  2021 Ed. (1028, 1037, 1041)
  2022 Ed. (1065, 1074, 1078)
  2023 Ed. (1238)
Habitech Systems
  2019 Ed. (4354)
  2021 Ed. (2805)
  2022 Ed. (2972)
  2023 Ed. (3096)
Habiteo
  2020 Ed. (1555, 4112)
Habitrol
  2018 Ed. (4383)
  2023 Ed. (4432)
Habsi; Ali Al
  2013 Ed. (3482)
Habtoor; Khalaf Al
  2009 Ed. (4912)
  2010 Ed. (4914)
Hach Co.
  1995 Ed. (3794)
  1996 Ed. (3879)
  1998 Ed. (3761)
  1999 Ed. (4811)
  2000 Ed. (4430)
  2017 Ed. (4118)
Hachette
  1989 Ed. (2793)
  1991 Ed. (2394)
  1993 Ed. (2507, 2803)
  1994 Ed. (2781, 2933, 2980)
  1999 Ed. (3742)
  2010 Ed. (3514)
  2021 Ed. (4039)
  2022 Ed. (4057, 4058)
Hachette Book Group
  2010 Ed. (598)
  2011 Ed. (528)
  2014 Ed. (3050)
  2015 Ed. (3116)
  2018 Ed. (3042)

2019 Ed. (2984)
2020 Ed. (3013)
2023 Ed. (4161, 4162)
Hachette Book Group USA
  2008 Ed. (626, 628)
  2009 Ed. (646, 648)
  2010 Ed. (614, 616)
  2011 Ed. (546, 548)
  2012 Ed. (526, 528)
  2013 Ed. (627, 629)
  2016 Ed. (644, 646)
  2017 Ed. (4041, 4043)
  2018 Ed. (4065, 4067)
  2019 Ed. (4060, 4062)
  2020 Ed. (4069, 4071)
  2021 Ed. (4037, 4038)
Hachette Filipacchi
  1996 Ed. (2956)
  1997 Ed. (3034)
  1998 Ed. (2781)
  1999 Ed. (3744)
  2000 Ed. (3459)
Hachette Filipacchi Magazines
  2000 Ed. (3684)
  2001 Ed. (3954)
Hachette Filipacchi Media U.S.
  2007 Ed. (3401)
  2008 Ed. (3531)
  2011 Ed. (3516)
Hachette Filipacchi Presse
  1997 Ed. (3168)
Hachette Filipacchi
  1995 Ed. (2878)
Hachette (France)
  1991 Ed. (723)
Hachette Livre
  2015 Ed. (698)
  2016 Ed. (641)
  2017 Ed. (4045)
  2018 Ed. (4069)
  2019 Ed. (4064)
  2020 Ed. (4074)
  2021 Ed. (4041)
  2022 Ed. (4059)
  2023 Ed. (4163)
Hachette Livre (France)
  2021 Ed. (4041)
Hachette Magazines
  1992 Ed. (1985, 3390, 3592)
Hachette-Presse
  1990 Ed. (2797)
  1992 Ed. (3369)
Hachette Publications
  1991 Ed. (2700)
  1992 Ed. (3368)
Hachette S.A.
  1990 Ed. (1227)
  1995 Ed. (3041, 3044)
  1996 Ed. (3143)
Hachey; Margaret
  2009 Ed. (4985)
  2010 Ed. (4992)
Hachigian; Kirk S.
  2009 Ed. (950)
Hachijuni Bank
  2015 Ed. (456)
Hachijyuni Bank
  2002 Ed. (596)
HACI Mechanical Contractors
  2018 Ed. (1159)
  2021 Ed. (1136)
HACI Mechanical Contractors Inc.
  2009 Ed. (1228)
  2023 Ed. (1368)
Haci Omer Sabanci
  1993 Ed. (3560)
  1994 Ed. (3521)
  1995 Ed. (3606)
  2011 Ed. (2688)
  2012 Ed. (2616)
  2013 Ed. (2691)
  2014 Ed. (2676, 2684)
  2015 Ed. (2720)
Haci Omer Sabanci Holding
  1996 Ed. (3681)
Haci Omer Sabanci Holding A.S.
  2021 Ed. (2495)
  2022 Ed. (2608)
  2023 Ed. (2749)
Haci Omer Sabanci Holding AS
  2002 Ed. (1784)
  2012 Ed. (1943, 2153)
  2013 Ed. (2107, 2356)
  2014 Ed. (2039, 2288)
  2015 Ed. (2088, 2372)
  2016 Ed. (2070, 2318)
  2017 Ed. (2028, 2158)
  2018 Ed. (1984, 2208)
  2019 Ed. (2040)
  2020 Ed. (1963)
  2021 Ed. (1926)
Haci Omer Sabanci Holdings AS
  2017 Ed. (2497)
  2018 Ed. (2553)
Hacienda Business Park
  1997 Ed. (2374)

Hacienda Home Centers Inc.
  2018 Ed. (4784)
  2019 Ed. (4791)
Hacienda Hotel
  1998 Ed. (2034)
  1999 Ed. (2794)
  2000 Ed. (2573)
Hackbarth Delivery Service Inc.
  2006 Ed. (3494)
Hackensack Medical Center
  1990 Ed. (2057)
  1994 Ed. (2091)
Hackensack Meridian Health
  2023 Ed. (2349)
Hackensack University Medical Center
  1998 Ed. (1994)
  1999 Ed. (2750)
  2000 Ed. (2531)
  2001 Ed. (2775)
  2002 Ed. (2457, 2623)
  2004 Ed. (1818)
  2005 Ed. (1902)
  2006 Ed. (1929)
  2007 Ed. (1913, 3215)
  2008 Ed. (1976)
  2009 Ed. (1930)
  2010 Ed. (1865)
  2011 Ed. (1897)
  2013 Ed. (3078)
HackerOne
  2021 Ed. (1611)
The Hackett Group
  2021 Ed. (1055)
Hackett; J. T.
  2005 Ed. (2496)
Hackett; James
  2011 Ed. (822)
Hackett; James T.
  2008 Ed. (953)
  2010 Ed. (904, 907)
  2011 Ed. (840)
  2012 Ed. (795)
Hackett; Richard C.
  1991 Ed. (2395)
Hackley Hospital
  2009 Ed. (3145)
Hackney Co.; H. T.
  2005 Ed. (1969)
Hackworth Fire & Security, LLC
  2019 Ed. (4800)
Hada International
  2022 Ed. (1480, 2026)
Hadassah
  1991 Ed. (897, 2617)
  1994 Ed. (2681)
  1995 Ed. (941, 2780)
  1996 Ed. (2853)
  1999 Ed. (3628)
  2009 Ed. (3828)
Hadassah, the Women's Zionist Organization of America
  2011 Ed. (3763)
  2012 Ed. (3765)
Hadaway; James E.
  1992 Ed. (3139)
Hadco Construction
  2011 Ed. (2128)
  2012 Ed. (1971)
Hadco Corp.
  1990 Ed. (2902)
  1991 Ed. (2764)
  1999 Ed. (1977)
  2000 Ed. (3032)
  2001 Ed. (1811)
Haddad
  2001 Ed. (4348)
Haddad; Habib
  2013 Ed. (4614)
Hadeed-Sabic
  2005 Ed. (74)
  2006 Ed. (83)
Hadeler White PR
  1999 Ed. (3930)
  2000 Ed. (3647)
Hadeler White Public Relations
  1995 Ed. (3012)
  1996 Ed. (3113)
  1997 Ed. (3192)
  1998 Ed. (2946)
Haden; Joe
  2016 Ed. (219)
Hadid; Bella
  2019 Ed. (3634)
  2020 Ed. (3606)
Hadid; Gigi
  2018 Ed. (3645)
  2019 Ed. (3634)
  2020 Ed. (3606)
Hadid; Zaha
  2009 Ed. (4980)
  2010 Ed. (4989)
  2013 Ed. (3476)
Hadley Auto Transport
  2002 Ed. (4689)
  2007 Ed. (4843)
Hadley Gold
  1990 Ed. (2659)

Hadley; J. T.
  1992 Ed. (2060)
Hadley; John
  1995 Ed. (935)
Hadoop Project
  2012 Ed. (973)
  2013 Ed. (1116)
  2014 Ed. (1080)
Hadrian Technology
  2019 Ed. (4333)
Hadson
  1994 Ed. (3444)
Haeahn Architecture
  2022 Ed. (197)
  2023 Ed. (301, 309)
HAECO Americas
  2021 Ed. (3455)
Haefner; Martin
  2014 Ed. (4922)
  2020 Ed. (4871)
  2021 Ed. (4872)
Haefner; Walter
  2008 Ed. (4875)
  2009 Ed. (4899)
  2010 Ed. (4898)
  2011 Ed. (4885)
  2012 Ed. (4894)
  2013 Ed. (4912)
Haejin Baek
  1999 Ed. (2198)
  2000 Ed. (1970)
Haemonetics
  2017 Ed. (2825)
Haemonetics Corp.
  2004 Ed. (682, 683)
  2005 Ed. (675, 676)
  2014 Ed. (1071)
Haffner; David S.
  2011 Ed. (858)
  2012 Ed. (808)
  2013 Ed. (988)
  2014 Ed. (946)
  2015 Ed. (973)
Hafif; Herbert
  1991 Ed. (2296)
Haflund Nycomed
  1996 Ed. (2876)
Hafner; Dudley
  1993 Ed. (1701)
Hafnia
  1990 Ed. (3457)
Hafnia Holding A
  1992 Ed. (1444, 1445)
  1993 Ed. (1162)
Hafnia Holding A/S (Koncern)
  1996 Ed. (2124)
Hafnia Invest
  1991 Ed. (1106)
Hafslund
  1990 Ed. (3474)
  1991 Ed. (2647)
  1994 Ed. (1434, 2700, 2701)
  2008 Ed. (1999)
  2009 Ed. (1961)
Hafslund Nycomed
  1993 Ed. (2745, 2746)
  1996 Ed. (2877)
  1997 Ed. (2970)
Hafslund Nycomed A
  1992 Ed. (3305, 3306)
  1999 Ed. (1433)
Hafslund Nycomed A-aksjer
  1991 Ed. (2648)
Hafslund Nycomed B
  1997 Ed. (2971)
Hafslund Nycomed Frie
  1993 Ed. (2746)
Hafslund Nycomed NA
  1999 Ed. (3662)
Haft Family
  1990 Ed. (1238)
Hag
  2010 Ed. (2112)
Haga Kommer
  2020 Ed. (1815)
  2021 Ed. (1783, 2555)
Hagadone Hospitality Corp.
  2021 Ed. (1956)
Hagan Hamilton Insurance
  2014 Ed. (1925)
Hagan; Timothy F.
  1995 Ed. (2484)
Hagan's Motor Pool
  2019 Ed. (4800)
Haganuma; Chisato
  1997 Ed. (1995)
Hagar hf
  2009 Ed. (1736)
Hage Engineering
  2010 Ed. (2435)
Hagedorn Unternhemensgruppe
  2018 Ed. (1037, 1051, 1052)
  2019 Ed. (1049)
  2020 Ed. (1039)
Hageman; Robert
  1993 Ed. (1812, 1826)
  1994 Ed. (1795, 1809, 1831)

CUMULATIVE INDEX • 1989-2023

1995 Ed. (1833, 1847)
1996 Ed. (1811)
1997 Ed. (1885)
Hagemeyer NA
  2008 Ed. (3140)
Hagemeyer NA Holdings Inc.
  2005 Ed. (2996)
Hagemeyer North America Inc.
  2003 Ed. (2891)
  2004 Ed. (2998)
  2010 Ed. (1979)
  2011 Ed. (2041)
Hagemeyer PPS North America Inc.
  2005 Ed. (1778)
Hagen; Camilla
  2007 Ed. (4925)
Hagen; Stein Erik
  2008 Ed. (4871)
  2009 Ed. (4893)
  2010 Ed. (4893)
  2011 Ed. (4882)
  2012 Ed. (4891)
  2013 Ed. (4895)
  2014 Ed. (4907)
  2015 Ed. (4947)
  2016 Ed. (4862)
  2017 Ed. (4866)
  2018 Ed. (4875)
  2019 Ed. (4869)
  2020 Ed. (4858)
  2021 Ed. (4858)
  2022 Ed. (4854)
  2023 Ed. (4849)
Hagen, Streiff, Newton & Oshiro
  2010 Ed. (24)
  2011 Ed. (21)
  2016 Ed. (19)
  2017 Ed. (15)
  2019 Ed. (15)
Hagen; Susan Hirt
  2015 Ed. (4891)
  2016 Ed. (4809)
Hagen; Torstein
  2019 Ed. (4869)
  2020 Ed. (4858)
  2021 Ed. (4858)
  2022 Ed. (4854)
  2023 Ed. (4849)
Hager
  1995 Ed. (122)
Hager Agema
  1996 Ed. (75)
  1997 Ed. (75)
Hager Bratislava
  1996 Ed. (136)
Hager Reklam
  1995 Ed. (82)
  1996 Ed. (96)
  1997 Ed. (142)
Hager Romania
  1996 Ed. (132)
  1997 Ed. (136)
Hager Sharp
  2004 Ed. (4038)
  2011 Ed. (4110, 4133)
  2012 Ed. (4162)
  2013 Ed. (4136, 4143, 4150)
  2014 Ed. (4160, 4167)
  2015 Ed. (4136)
Hager Sofia
  1997 Ed. (68)
The Hagerman Construction Corp.
  2006 Ed. (1310)
  2008 Ed. (1296)
  2009 Ed. (1280)
  2010 Ed. (1274)
The Hagerman Group
  2018 Ed. (1117)
  2021 Ed. (1103)
  2022 Ed. (1119)
  2023 Ed. (1338)
Hagerston Herald Mail
  1992 Ed. (3239)
Hagerstown Herald-Daily Mail
  1991 Ed. (2600)
Hagerstown Herald, Mail
  1989 Ed. (2054)
  1990 Ed. (2691, 2700)
Hagerstown-Martinsburg, MD-WV
  2008 Ed. (3510)
Hagerstown, MD
  2011 Ed. (917)
  2021 Ed. (3323)
Hagerstown-Washington County Economic Development Commission
  2004 Ed. (3302)
  2005 Ed. (3320)
Hagerty
  2003 Ed. (983)
  2016 Ed. (1295)
Hagg Press
  2013 Ed. (4079)
  2014 Ed. (4099)
  2016 Ed. (3984, 3997, 3998)
Haggar Corp.
  1992 Ed. (1209)
  1996 Ed. (1004)
  1997 Ed. (1024)

1998 Ed. (764)
2004 Ed. (987)
Haggen
  2009 Ed. (4617)
  2010 Ed. (4646)
  2011 Ed. (4269)
  2013 Ed. (2165)
  2018 Ed. (4266, 4541)
Haggen Inc.
  2013 Ed. (2166)
  2014 Ed. (2095)
  2015 Ed. (2150)
  2016 Ed. (2127)
  2017 Ed. (2076)
  2018 Ed. (2035)
  2019 Ed. (2095)
  2020 Ed. (2005)
  2021 Ed. (1958)
  2022 Ed. (2002)
Hagger
  2007 Ed. (1103)
Hagger, Stephen
  1996 Ed. (1896)
Haggerty Dodge
  1991 Ed. (277)
  1992 Ed. (382)
  1993 Ed. (268)
Haggerty Pontiac; Mike
  1993 Ed. (281)
Haggett Longobardi
  2010 Ed. (1594)
Haggman
  2003 Ed. (169)
Hagman & Edwards
  1995 Ed. (1201)
Hagopian Cleaning Services
  2006 Ed. (670)
  2007 Ed. (883, 884, 4867)
  2008 Ed. (861, 862, 4788)
Hagstromer & Nordberg Selective Fund-Biotechnology
  1993 Ed. (2683)
The Hague, Netherlands
  2008 Ed. (1819)
Hahn Appliance
  2021 Ed. (2931)
  2022 Ed. (3047)
Hahn Appliance Warehouse
  2018 Ed. (3083)
  2021 Ed. (2931)
  2022 Ed. (3047)
Hahn Automotive
  1997 Ed. (325)
  2001 Ed. (540)
The Hahn Co.
  1989 Ed. (2490)
  1990 Ed. (2972, 3283, 3288)
  1991 Ed. (3117, 3118, 3124)
  1992 Ed. (3958, 3965, 3966)
  1993 Ed. (3303, 3310, 3316)
  1994 Ed. (3021, 3296, 3301)
  1995 Ed. (3372)
  1997 Ed. (3257, 3517)
Hahn Jr.; Thomas M.
  1995 Ed. (978, 1727)
Hähnel
  2019 Ed. (1697)
  2020 Ed. (1649)
Hahnemann University
  1990 Ed. (2059)
  1991 Ed. (1936)
Hahn's
  2020 Ed. (5000)
Haht Software Inc.
  2001 Ed. (1870, 2850)
HAI
  2013 Ed. (114, 4410)
  2014 Ed. (4441)
  2015 Ed. (4436)
  2016 Ed. (4329)
  2019 Ed. (4352)
Hai Di Lao Hot Pot
  2021 Ed. (4111)
Hai Di Lao Hot Pot (China)
  2021 Ed. (4111)
HAI HELI-EXPO
  2018 Ed. (4677)
Hai-O Enterprise
  2009 Ed. (1861)
  2011 Ed. (1818)
  2012 Ed. (1676)
Hai Sun Hup Group Ltd.
  1993 Ed. (3323)
Hai-Tai Confectionary
  1989 Ed. (40)
Haicang, China
  2012 Ed. (2502)
Haidee Granger
  2019 Ed. (4117)
Haidilao
  2022 Ed. (636, 4203)
  2023 Ed. (4228)
Haidilao (China)
  2022 Ed. (4203)
Haidilao International Holding
  2020 Ed. (4166)
  2021 Ed. (1460, 4177)

Haier
  2002 Ed. (253, 2579)
  2008 Ed. (2988, 3089)
  2013 Ed. (2991)
  2017 Ed. (1850)
  2018 Ed. (3110)
  2019 Ed. (1509, 4581)
  2023 Ed. (2467)
Haier Electronics Group Co., Ltd.
  2017 Ed. (2204)
  2018 Ed. (2260)
Haier Group Co.
  2007 Ed. (1657)
  2009 Ed. (2464)
Haier Smart Home
  2021 Ed. (2249, 2811)
  2022 Ed. (1476, 2289, 2978)
  2023 Ed. (1655, 2466, 3100)
Haifa
  1992 Ed. (1393)
Haig Graphic Communications
  2023 Ed. (4062)
Haight Brown & Bonesteel
  1992 Ed. (2840)
  1995 Ed. (2418)
  1996 Ed. (2454)
  1997 Ed. (2598)
  1998 Ed. (2330)
Haight, Dickson, Brown & Bonesteel
  1990 Ed. (2421)
Hail
  2005 Ed. (885)
Hailey; V. Ann
  2006 Ed. (1002)
Hailiang Group
  2021 Ed. (4670)
  2022 Ed. (4681)
  2023 Ed. (4670)
Hailiang Group Co., Ltd.
  2017 Ed. (3981)
  2022 Ed. (2556, 4683)
Haim
  2017 Ed. (1083)
Haim Saban
  2008 Ed. (4887)
  2009 Ed. (4848)
  2010 Ed. (4855)
  2012 Ed. (4845)
Hain Celestial Group
  2015 Ed. (1909)
  2016 Ed. (593)
  2017 Ed. (1829)
The Hain Celestial Group
  2014 Ed. (874, 3176)
The Hain Celestial Group Inc.
  2003 Ed. (3412, 4490)
  2004 Ed. (2660, 2661)
  2005 Ed. (2653, 2654)
  2008 Ed. (2777)
  2010 Ed. (2720)
  2017 Ed. (2722, 4380)
  2018 Ed. (2155, 2760, 3957, 4393, 4669)
  2019 Ed. (4413)
  2020 Ed. (4410)
  2021 Ed. (2654, 4410)
  2022 Ed. (2790, 4409, 4665)
  2023 Ed. (4438)
The Hain Food Group Inc.
  1999 Ed. (3598)
  2003 Ed. (1499)
Hain Pure Protein Corp.
  2019 Ed. (3947)
Hainan Airlines
  2013 Ed. (127)
  2014 Ed. (137, 159)
  2015 Ed. (154)
  2016 Ed. (159, 181)
  2017 Ed. (168, 4747)
  2021 Ed. (126)
  2023 Ed. (203)
Hainan Airlines Co., Ltd.
  2013 Ed. (129)
  2014 Ed. (139)
  2015 Ed. (156, 163, 182, 183)
  2016 Ed. (161)
  2017 Ed. (147)
  2018 Ed. (145)
  2019 Ed. (143)
  2020 Ed. (137)
Hainan Donghai Tour
  2000 Ed. (4012)
Hainan Group
  2014 Ed. (144)
Haindl Papier GmbH & Co. KG
  2001 Ed. (3628)
  2002 Ed. (3577)
  2004 Ed. (3768)
Hainer; Herbert
  2010 Ed. (4564)
  2018 Ed. (859)
Haines
  2017 Ed. (2620)
  2018 Ed. (2688)
  2019 Ed. (2662)
  2020 Ed. (2680)
  2021 Ed. (2589)
  2022 Ed. (2702)

Haines; Albert
  1991 Ed. (2547)
  1992 Ed. (3137)
Haines; Albert E.
  1993 Ed. (2639)
Haines & Co. Inc.; J. J.
  1991 Ed. (1728)
  1995 Ed. (1879)
  1996 Ed. (1922)
Haines; David
  2012 Ed. (4874)
Haines & Haines Inc.
  1998 Ed. (1772)
Haines Lundberg Waehler
  1989 Ed. (268)
  1990 Ed. (284)
  1991 Ed. (253)
  1992 Ed. (359)
  1993 Ed. (248)
  1994 Ed. (237)
  1995 Ed. (240)
Haines Watts
  2006 Ed. (8)
Haines Watts Group
  2011 Ed. (10)
  2012 Ed. (12, 13)
  2015 Ed. (24)
Haining China Leather Market
  2012 Ed. (4442)
  2016 Ed. (1370)
Hains; David
  2012 Ed. (4873)
  2013 Ed. (4856)
  2014 Ed. (4870)
  2017 Ed. (4834)
Hair accessories
  2001 Ed. (2638, 3712, 3908)
Hair products & accessories
  2002 Ed. (4586)
Hair styling aids
  1996 Ed. (2977)
Hair care
  2002 Ed. (3636, 3637, 3638, 4634)
Hair care/fashion accessories
  2002 Ed. (3642)
Hair care/personal care items
  1989 Ed. (1236)
  1991 Ed. (1428)
  1992 Ed. (1817)
Hair Club for Men Restoration Method
  1990 Ed. (1981)
Hair color
  2004 Ed. (2127, 2787, 3804)
Hair coloring
  1996 Ed. (2041)
  1997 Ed. (3065)
  1998 Ed. (2809)
  2000 Ed. (3510, 4149)
  2001 Ed. (2636, 2637, 2638, 3712)
  2002 Ed. (2439)
  2003 Ed. (2670)
  2005 Ed. (2045, 2759)
Hair conditioner
  2000 Ed. (3511)
  2001 Ed. (2638)
Hair conditioners
  1998 Ed. (2810)
  2000 Ed. (4149)
Hair-DRx
  2020 Ed. (2852)
Hair styling gel/mousse
  2000 Ed. (4149)
  2001 Ed. (2638)
Hair styling items
  2003 Ed. (2868)
Hair; Jay
  1993 Ed. (1701)
Hair dressing needs
  1991 Ed. (1456)
Hair needs
  2005 Ed. (3708)
Hair Off
  2003 Ed. (2673)
Hair preparations
  2002 Ed. (2439)
Hair care products
  1994 Ed. (2818)
  1996 Ed. (1484)
  1999 Ed. (1789)
  2001 Ed. (1920)
  2003 Ed. (3791, 3945, 3946)
Hair coloring products
  2005 Ed. (2233)
Hair dress products
  2001 Ed. (2636, 2637)
Hair growth products
  2001 Ed. (2638)
  2002 Ed. (2439)
  2004 Ed. (2787)
Hair styling products
  2001 Ed. (3724)
Hair conditioners & rinses
  1996 Ed. (2977, 3609)
  1997 Ed. (3064)
Hair conditioning rinses
  1991 Ed. (1456)
Hair salons
  1994 Ed. (2243)

Hair spray
  1990 Ed. (1956)
  1997 Ed. (3064)
  2002 Ed. (2439)
  2003 Ed. (2670)
Hair spray/spritz
  1998 Ed. (2810)
  2000 Ed. (3511, 4149)
  2001 Ed. (2638)
Hair styling sprays
  1992 Ed. (3398, 4176)
Hair treatments
  2001 Ed. (3724)
Haircare
  2001 Ed. (2661)
Haircolorexperts
  2007 Ed. (2759)
Hairdressers
  2005 Ed. (3623, 3632)
  2007 Ed. (2461, 3725)
  2009 Ed. (2622, 3860)
Hairhouse Warehouse
  2020 Ed. (4277)
  2021 Ed. (4259)
Hairsprays
  2001 Ed. (2651)
Hairstylists
  2005 Ed. (3623, 3632)
  2007 Ed. (2461, 3725)
  2009 Ed. (2622, 3860)
Haitai Confectionary
  1991 Ed. (33)
  1992 Ed. (62)
Haiti
  1990 Ed. (3074)
  1992 Ed. (3755)
  1993 Ed. (2373, 3062)
  1994 Ed. (3126)
  1998 Ed. (3114)
  1999 Ed. (4131)
  2000 Ed. (3841)
  2001 Ed. (2455, 4120, 4316)
  2003 Ed. (4191)
  2004 Ed. (4217, 4461)
  2005 Ed. (4145, 4406)
  2006 Ed. (2329, 3016, 3184, 4193, 4423)
  2007 Ed. (2259, 4209, 4483)
  2011 Ed. (4310, 4487)
  2012 Ed. (2199)
  2013 Ed. (209, 734, 743, 768, 1067, 1068, 1071, 1626, 2277, 2278, 2289, 2386, 2514, 2639, 2641, 2648, 2688, 2689, 3418, 3826, 3874, 4503, 4781)
  2014 Ed. (216, 760, 764, 793, 1026, 1027, 1030, 1592, 2211, 2212, 2222, 2323, 2457, 2597, 2606, 2673, 2674, 3416, 3749, 3810, 4230, 4547, 4827)
  2015 Ed. (795, 1061, 1062, 1065, 1643, 2286, 2526, 2640, 2649, 2717, 2718, 3449, 3773, 3833, 4220, 4545)
  2016 Ed. (717, 969, 970, 973, 1586, 2258, 3308, 3688, 3740)
  2017 Ed. (1007, 2182)
  2018 Ed. (2241)
  2019 Ed. (2214)
  2020 Ed. (2211)
  2021 Ed. (2183)
  2022 Ed. (2213)
  2023 Ed. (2402)
Haitian
  2022 Ed. (2733, 2745)
  2023 Ed. (2869)
Haitian International
  2009 Ed. (3233)
Haitong Bank
  2018 Ed. (462)
Haitong Securities
  2012 Ed. (3329)
  2013 Ed. (3397)
  2014 Ed. (2684, 3397)
  2015 Ed. (2729, 3429)
  2016 Ed. (2651, 3290)
  2017 Ed. (2598, 3251, 3268)
  2018 Ed. (3326)
  2019 Ed. (3300)
  2020 Ed. (3303)
Haitong Securities Co.
  2014 Ed. (4011)
Haje; Peter R.
  1996 Ed. (1228)
Hajenius Senorita
  2001 Ed. (2116)
Hajeri; Saif Al
  2013 Ed. (3485)
Haji Hassanal Bolkiah
  2007 Ed. (2703)
  2009 Ed. (2889)
Haji Hassanal Bolkiah Mu'Izzaddin Waddaulah; Sultan
  1993 Ed. (699)
Haji-Ioannou; Clelia
  2016 Ed. (4834)
  2017 Ed. (4842)
  2018 Ed. (4849)
  2019 Ed. (4844)
  2020 Ed. (4833)
  2022 Ed. (4827)

Haji-Ioannou; Polys
  2015 Ed. (4918)
  2016 Ed. (4834)
  2017 Ed. (4842)
  2018 Ed. (4849)
  2019 Ed. (4844)
  2020 Ed. (4833)
  2022 Ed. (4827)
  2023 Ed. (4822)
Haji-Ioannou; Sir Stelios
  2008 Ed. (4906)
Haji-Ioannou; Stelios
  2014 Ed. (4880)
  2015 Ed. (4918)
  2016 Ed. (4834)
  2017 Ed. (4842)
  2018 Ed. (4849)
  2019 Ed. (4844)
  2020 Ed. (4833)
  2022 Ed. (4827)
  2023 Ed. (4822)
Hajo; Al Laith
  2013 Ed. (906, 3488)
Hajoca
  2021 Ed. (3913)
  2022 Ed. (3923)
  2023 Ed. (4010)
Hajoca Corp.
  2006 Ed. (208, 3926)
hajoona
  2019 Ed. (1603, 2857)
  2020 Ed. (2883)
Haka-Auto
  1992 Ed. (48)
Hakan Ostling
  1999 Ed. (2312)
  2000 Ed. (2094, 2100)
Hakanson Construction Inc.
  2017 Ed. (1427)
Hakari Tsushin
  2007 Ed. (3622)
Hake Capital Management
  1998 Ed. (2291)
  1999 Ed. (3091)
Hakeem Olajuwon
  2003 Ed. (296)
Haki Elimu
  2010 Ed. (109)
Hakimian Industries
  1990 Ed. (911)
Hakkasan
  2016 Ed. (4165)
Hakkeijima Sea Paradise
  2005 Ed. (248)
Hakuhodo
  1989 Ed. (127)
  1990 Ed. (121)
  1991 Ed. (111, 119)
  1992 Ed. (120, 163, 164, 165, 171, 172)
  1993 Ed. (80, 109, 110, 115)
  1994 Ed. (96, 98)
  1995 Ed. (86)
  1996 Ed. (99, 101, 107)
  1997 Ed. (101, 103, 108)
  1998 Ed. (57)
  1999 Ed. (103, 111)
  2000 Ed. (116)
  2001 Ed. (154)
  2002 Ed. (120, 127)
  2003 Ed. (86, 88, 94)
  2004 Ed. (117, 118)
  2006 Ed. (122)
  2007 Ed. (116)
  2008 Ed. (123)
  2011 Ed. (51)
  2012 Ed. (59)
  2014 Ed. (74, 78)
  2015 Ed. (67)
  2016 Ed. (67)
Hakuhodo DY
  2007 Ed. (3452)
  2016 Ed. (3491)
  2017 Ed. (3459)
Hakuhodo DY Holdings
  2018 Ed. (61)
  2019 Ed. (60)
  2020 Ed. (64)
  2023 Ed. (149)
Hakuhodo DY Holdings Inc.
  2005 Ed. (100, 118)
  2006 Ed. (108, 123)
  2007 Ed. (117)
  2008 Ed. (124)
  2009 Ed. (135)
  2010 Ed. (135)
  2011 Ed. (53)
  2012 Ed. (58, 61, 62)
  2013 Ed. (54, 59, 61)
  2014 Ed. (72, 77, 79)
  2015 Ed. (70)
  2016 Ed. (3468)
  2018 Ed. (64)
  2019 Ed. (59)
  2020 Ed. (63)
Hakuhodo International
  1989 Ed. (118)
  1990 Ed. (102)

Hakuhodo Singapore
  1992 Ed. (204)
  1993 Ed. (135)
  1995 Ed. (121)
Hakusan Sake
  1996 Ed. (3861, 3862)
Hakusan Sake Gardens
  1995 Ed. (3761, 3762, 3763)
HAL
  1990 Ed. (3246)
  1991 Ed. (3096)
  1993 Ed. (185)
  1994 Ed. (3222)
Hal Hays Construction Inc.
  2012 Ed. (2687)
  2013 Ed. (2773)
  2014 Ed. (2754)
Hal Leonard Corp.
  2020 Ed. (3625)
  2021 Ed. (3642)
Hal Lewis Group
  2005 Ed. (108)
  2006 Ed. (118)
  2007 Ed. (107)
  2008 Ed. (115)
Hal Riney & Partners
  1989 Ed. (57)
  1990 Ed. (73, 162)
  1991 Ed. (161)
  1992 Ed. (104, 112, 220)
  1994 Ed. (126)
  1995 Ed. (138)
  1996 Ed. (152)
  1997 Ed. (139, 159)
  1998 Ed. (52, 67)
  1999 Ed. (170)
HAL Trust
  2013 Ed. (3406)
  2021 Ed. (2578)
  2022 Ed. (2694)
Hal Trust
  2011 Ed. (2688)
  2012 Ed. (2616, 3339)
  2013 Ed. (2691)
  2014 Ed. (2676)
  2015 Ed. (2720)
  2016 Ed. (2641)
  2017 Ed. (2576)
Halabi; Simon
  2008 Ed. (4910)
  2009 Ed. (4921)
  2010 Ed. (4925)
Halal Financial Services
  2009 Ed. (2756)
  2010 Ed. (2680)
  2011 Ed. (2669)
The Halal Guys
  2019 Ed. (4158)
  2020 Ed. (4170)
Halal Mortgages
  2009 Ed. (2756)
  2010 Ed. (2680)
HalalBooking
  2021 Ed. (4709)
Halbrook; Stephen
  2019 Ed. (1103)
Halco (Mining) Inc.
  2003 Ed. (3366)
  2008 Ed. (3653)
  2009 Ed. (3719)
  2010 Ed. (3637)
  2015 Ed. (3641)
Halcon Resources Corp.
  2015 Ed. (2072)
  2016 Ed. (2040)
  2018 Ed. (319, 320)
Halcrow Group Ltd.
  2006 Ed. (2475)
  2007 Ed. (2438, 2440)
  2008 Ed. (2567)
  2009 Ed. (2570, 2572)
Halcrow Inc.
  2011 Ed. (2478)
Halcyon Multiple Strategies LP
  1998 Ed. (1923)
Halcyon Associates
  1996 Ed. (3113)
  1997 Ed. (3192)
  1998 Ed. (2946)
Haldeman Farms Inc.
  2015 Ed. (2280)
Halderman Farm Management Service Inc.
  1989 Ed. (1411)
  1991 Ed. (1649)
  1992 Ed. (2108, 2109)
  1993 Ed. (1746, 1747)
  1994 Ed. (1738, 1739)
  1995 Ed. (1772)
  1996 Ed. (1749)
  1997 Ed. (1830)
  1998 Ed. (1542)
  1999 Ed. (2121)
Halderman Farm Management Services Inc.
  1990 Ed. (1744)
Haldyn Glass
  2014 Ed. (1663)

Hale County State Bank
  1989 Ed. (218)
Hale; Danny
  2007 Ed. (1074)
  2008 Ed. (970)
Hale; David
  1991 Ed. (2160)
Hale & Dorr
  1990 Ed. (2415)
  1991 Ed. (2281)
  1992 Ed. (2830)
  1993 Ed. (2393)
Hale Halsell
  1994 Ed. (2001)
  1995 Ed. (2051)
  1996 Ed. (2047)
  1998 Ed. (1870, 1872, 1874)
  2000 Ed. (2387, 2389)
Hale; Jean R.
  2015 Ed. (2634)
Hale, Jr.; Robert
  2023 Ed. (4810)
Hale Koa Hotel
  2017 Ed. (1603)
Hale Makua
  2007 Ed. (1757)
Hale Makua Health Services
  2012 Ed. (1534)
  2013 Ed. (1680)
  2014 Ed. (1632)
  2015 Ed. (1681)
  2016 Ed. (1626)
  2017 Ed. (1599)
Hale-Mills Construction Inc.
  1991 Ed. (3121, 3122, 3123)
  1992 Ed. (3962)
  1993 Ed. (3306, 3307)
  1994 Ed. (3298)
  1995 Ed. (3374, 3376)
  1996 Ed. (3428, 3429)
  1997 Ed. (3515, 3516)
Hale Ola Kino
  2008 Ed. (1777, 1778)
  2009 Ed. (1718, 1719)
Haleakala National Park
  2018 Ed. (4126)
  2019 Ed. (4139)
  2023 Ed. (4658)
Haleakala Solar
  2016 Ed. (4421)
  2017 Ed. (4426)
Haleakala Solar Inc.
  2015 Ed. (1681)
  2016 Ed. (1626)
  2017 Ed. (1599)
Halekulani
  1990 Ed. (2073)
  1995 Ed. (2158)
  1996 Ed. (2171)
Halekulani Hotel
  1990 Ed. (2064)
  1991 Ed. (1947)
  1992 Ed. (2482)
  1993 Ed. (2090)
Halep; Simona
  2021 Ed. (196, 197)
Hales
  1999 Ed. (367)
Hale's Ales
  2000 Ed. (3126)
Halewood
  2001 Ed. (1881)
Halewood International
  2001 Ed. (4902)
Halewood; John
  2008 Ed. (4909)
Halex - Schauenberg, Ocelove Stavby, S.R.O.
  2017 Ed. (1517)
Haley & Aldrich Inc.
  2015 Ed. (35)
Haley & Aldrich of New York
  2011 Ed. (2450)
Haley; Clifton E.
  1990 Ed. (973)
  1991 Ed. (1628)
Haley-Greer Inc.
  1997 Ed. (2149)
  1999 Ed. (2600)
  2000 Ed. (2343)
  2005 Ed. (2733)
  2006 Ed. (1284)
  2007 Ed. (1362)
  2009 Ed. (1235, 2879)
  2010 Ed. (1234, 2818)
  2011 Ed. (1181, 2804)
  2012 Ed. (2737, 2738)
  2015 Ed. (2904)
  2017 Ed. (2794)
  2018 Ed. (2852)
  2019 Ed. (2818)
Haley Hemeter
  2023 Ed. (3795)
Haleys MO
  2003 Ed. (3197)
Half International Inc.; Robert
  1990 Ed. (889)

Half Price Books
  2019 Ed. (4251)
Half Price Books, Records, Magazines Inc.
  2005 Ed. (1977)
  2006 Ed. (2046)
  2007 Ed. (2016)
  2008 Ed. (2113)
  2009 Ed. (2097)
  2017 Ed. (2473)
  2019 Ed. (2536)
  2020 Ed. (2528)
Half Priced Real Estate Inc.
  2023 Ed. (4968)
Half Robert International Inc.
  2001 Ed. (1067)
Half.com
  2002 Ed. (2076)
Halff Associates
  2023 Ed. (2643)
Halff Associates Inc.
  2011 Ed. (2467)
  2022 Ed. (2429, 2467)
Halfords
  2007 Ed. (4207)
  2010 Ed. (4371)
  2011 Ed. (579, 4307)
  2012 Ed. (4368)
  2016 Ed. (4446)
  2017 Ed. (4452)
Halfords Group plc
  2008 Ed. (4241)
  2009 Ed. (4342)
Halftee Layering Fashions
  2014 Ed. (2065)
Halibna
  2001 Ed. (82)
Halibot
  2002 Ed. (4864)
Halibut
  2001 Ed. (2440)
  2004 Ed. (2622)
  2005 Ed. (2611)
  2006 Ed. (2610)
  2007 Ed. (2585)
  2008 Ed. (2722)
  2009 Ed. (2777)
  2010 Ed. (2709)
  2011 Ed. (2695)
Halifax
  1990 Ed. (3103)
  1992 Ed. (3801)
  1995 Ed. (3185)
  1999 Ed. (783, 784, 1646, 2438)
  2000 Ed. (522, 540, 2998)
  2006 Ed. (2113)
  2009 Ed. (695, 716, 2323)
  2010 Ed. (2253)
  2015 Ed. (549)
  2016 Ed. (502)
  2017 Ed. (517, 2109)
  2021 Ed. (468)
  2023 Ed. (703)
Halifax B Soc Mortgages
  1992 Ed. (2160)
Halifax Bank of Scotland
  2008 Ed. (686, 707)
Halifax Building Society
  1990 Ed. (1786)
  1991 Ed. (1719)
  1993 Ed. (1861, 3575)
  1994 Ed. (3537)
  1995 Ed. (3613)
  1996 Ed. (3690)
  1997 Ed. (3748)
  1998 Ed. (3545)
Halifax Building Society Mortgages
  1991 Ed. (1726)
Halifax Group
  2002 Ed. (1496)
Halifax Group plc
  2003 Ed. (1429, 1437)
Halifax Herald Ltd.
  2006 Ed. (1594)
  2007 Ed. (1197, 4364)
  2008 Ed. (1102, 4320)
  2010 Ed. (4469)
  2011 Ed. (4402)
The Halifax Herald Ltd.
  2016 Ed. (1450)
Halifax Medical Center
  2006 Ed. (2923)
Halifax, Nova Scotia
  2003 Ed. (3251)
  2005 Ed. (3327)
  2006 Ed. (3316)
  2008 Ed. (3487, 3491)
  2009 Ed. (3560, 3562)
  2010 Ed. (3477, 3479, 3481)
  2011 Ed. (3485)
  2017 Ed. (3939)
Halifax, NS
  2000 Ed. (2549)
  2023 Ed. (3562)
Halifax plc
  2002 Ed. (40, 659)
  2003 Ed. (626)
Halifax Property Services
  1991 Ed. (1726)

Halifax Reg. Economic Development Corp.
  1991 Ed. (2523)
Halifax Reg. Economic Development Corp., NC
  1991 Ed. (1478)
Halilit P. Greenspoon & Son Ltd.
  2015 Ed. (3745)
  2016 Ed. (3653)
  2020 Ed. (3659)
  2021 Ed. (3664)
Halim; Liny
  1996 Ed. (1866)
  1997 Ed. (1974)
Halim; Rachman
  2006 Ed. (4916, 4919)
  2008 Ed. (4845)
Halim Saad
  1997 Ed. (849)
Halk Sigorta
  2021 Ed. (677)
Halkbank
  2012 Ed. (418)
  2017 Ed. (513)
  2018 Ed. (476, 673)
  2019 Ed. (491, 687)
  2020 Ed. (473, 1963)
  2021 Ed. (467, 1926)
  2022 Ed. (481, 1971)
  2023 Ed. (700, 2079)
Hall Acquisition Inc.; Mort
  1993 Ed. (705)
Hall Booth Smith
  2021 Ed. (3209, 3210)
Hall Building Corp.
  2009 Ed. (1302)
Hall Capital Partners
  2019 Ed. (3296)
Hall Capital Partners LLC
  2018 Ed. (3322)
Hall & Cederquist
  1989 Ed. (164)
Hall & Cederquist/Y & R
  1995 Ed. (129)
  2000 Ed. (176)
  2001 Ed. (215)
  2002 Ed. (188)
Hall & Cederquist/Young & Rubicam
  1992 Ed. (211)
  1993 Ed. (138)
  1994 Ed. (119)
  1999 Ed. (158)
  2003 Ed. (152)
Hall & Cederquist/Young & Rubican
  1997 Ed. (149)
Hall & Co. Inc.; Frank B.
  1990 Ed. (2266)
  1991 Ed. (1148, 2137, 2138, 2139)
  1993 Ed. (2247, 2248, 2249)
  1994 Ed. (2224, 2225, 2227)
Hall Co. Inc.; Stuart
  1994 Ed. (1223)
Hall Consulting Co.; Frank B.
  1990 Ed. (1651)
Hall; Donald J.
  2005 Ed. (4850)
  2006 Ed. (4905)
  2007 Ed. (4901)
  2008 Ed. (4828)
Hall Estill
  2021 Ed. (3243, 3244)
Hall & Evans LLC
  2002 Ed. (3057)
  2003 Ed. (3182)
  2004 Ed. (3233)
  2007 Ed. (3313)
  2008 Ed. (3422)
  2009 Ed. (3489)
  2010 Ed. (3421)
  2012 Ed. (3423)
  2013 Ed. (3435)
Hall of Fame Bowl
  1990 Ed. (1841)
Hall Financial Group
  1991 Ed. (247)
Hall Ford; Mort
  1991 Ed. (712)
  1992 Ed. (894)
Hall; Frank B.
  1989 Ed. (1739, 2666)
  1990 Ed. (2268, 2270)
  1992 Ed. (20, 2702)
Hall; Gordon
  1994 Ed. (1799)
  1995 Ed. (1837)
  1996 Ed. (1815)
  1997 Ed. (1889)
Hall and Hall, Inc.
  1992 Ed. (2107)
  1993 Ed. (1744, 1745)
  1994 Ed. (1736, 1737)
  1995 Ed. (1770)
  1996 Ed. (1750)
  1997 Ed. (1831)
  1998 Ed. (1543)
  1999 Ed. (2123, 2124)
  2000 Ed. (1907)
Hall Harrison Cowley
  1996 Ed. (3116, 3126, 3127)

Hall Internet Marketing
  2014 Ed. (1752)
  2016 Ed. (1751)
Hall; Ira D.
  1989 Ed. (736)
Hall; Jack
  1995 Ed. (1726)
  1996 Ed. (2989)
Hall Jr.; O. B. Grayson
  2015 Ed. (954)
Hall-Kimbrell Environmental Services
  1991 Ed. (950, 3146)
Hall, Kinion & Associates
  1999 Ed. (2614, 4322)
Hall Management Co.; Frank B.
  1990 Ed. (905)
Hall-Mark Electronics
  1989 Ed. (1335)
  1990 Ed. (3234)
Hall Moore CHI
  2009 Ed. (2325)
Hall & Partners
  2011 Ed. (3580)
Hall & Partners Europe
  2009 Ed. (4247)
Hall; Philip
  1997 Ed. (1986)
Hall Render Killian Health & Lyman PC
  2023 Ed. (3424)
Hall, Render, Killian, Heath & Lyman
  2008 Ed. (3415)
  2009 Ed. (3484)
  2010 Ed. (3415)
  2011 Ed. (3398)
  2015 Ed. (3469)
  2016 Ed. (3316)
  2017 Ed. (3275)
  2018 Ed. (3347)
  2021 Ed. (3213, 3214)
Halla; Brian L.
  2008 Ed. (954)
Halla Engineering & Construction
  2013 Ed. (2057)
Halla Engineering & Construction Corp.
  1999 Ed. (1408)
Halladay Motors Inc.
  1994 Ed. (285)
Hallador Petroleum Co.
  2007 Ed. (3839, 3852)
Halladorr Petroluem Co.
  2013 Ed. (1555)
  2014 Ed. (1525)
Hallam Meat Co. Ltd.
  1992 Ed. (1201, 1202)
  1993 Ed. (975)
  1994 Ed. (1003)
  1995 Ed. (1016)
Halle Berry
  2009 Ed. (201)
Halle; Bruce
  2011 Ed. (4842)
  2012 Ed. (4848)
  2013 Ed. (4834)
  2014 Ed. (4849)
  2015 Ed. (4886)
  2016 Ed. (4804)
  2017 Ed. (4816)
  2018 Ed. (4821)
  2019 Ed. (4817)
Hallenstadion
  2014 Ed. (1102)
  2015 Ed. (1139)
  2016 Ed. (1051)
  2017 Ed. (1086)
  2018 Ed. (1010)
  2019 Ed. (1013)
  2020 Ed. (998)
Hallenstein Glasson
  2017 Ed. (1851)
Hallenstein Glasson Holdings
  2015 Ed. (1927)
Halliburton
  2013 Ed. (2098)
  2015 Ed. (3919, 3962)
  2017 Ed. (3787, 3845)
  2018 Ed. (3836, 3879, 3884)
  2021 Ed. (3830)
  2022 Ed. (621, 3850)
  2023 Ed. (3928)
Halliburton Co.
  1989 Ed. (2203, 2206, 2208, 2644)
  1990 Ed. (2830, 2831, 2832, 3241)
  1991 Ed. (2718, 2719, 2720, 3103)
  1992 Ed. (3422, 3423, 3424)
  1993 Ed. (2828, 2829)
  1994 Ed. (2764, 2839, 2840, 2841)
  1995 Ed. (2855, 2864, 2907)
  1996 Ed. (1106, 1654, 2934, 3002, 3003)
  1997 Ed. (1127, 1732, 3022, 3025, 3081, 3082)
  1998 Ed. (881, 1435, 2770, 2816, 2821, 2824)
  1999 Ed. (1313, 2028, 3730, 3794, 3797)
  2000 Ed. (1196, 1572, 1752, 1805, 3406, 3846)
  2001 Ed. (1395, 3682, 3753, 3754, 3757, 3758)

  2002 Ed. (1171, 1174, 1195, 1445, 2124, 3618, 4363)
  2003 Ed. (1174, 1465, 1554, 1986, 2279, 3808, 3809, 3810, 3812, 3815)
  2004 Ed. (1359, 1495, 1608, 2313, 3342, 3818, 3819, 3820, 3821, 3822, 3823, 3824, 4486, 4577)
  2005 Ed. (1358, 1363, 1375, 1511, 1566, 2393, 2394, 2396, 2397, 2400, 3726, 3727, 3729, 3730, 3731, 4282)
  2006 Ed. (832, 1501, 1522, 2244, 2248, 2434, 2435, 2438, 2439, 3818, 3819, 3820, 3821, 4003)
  2007 Ed. (915, 1291, 1417, 1457, 2017, 2168, 2172, 2382, 3831, 3832, 3835, 3836, 3837, 3877, 4518, 4531)
  2008 Ed. (1373, 1486, 2115, 2283, 2287, 2498, 3192, 3893, 3894, 3925)
  2009 Ed. (905, 2091, 2092, 2251, 3957, 3958, 3961, 3995, 3999, 4181, 4560)
  2010 Ed. (1384, 2033, 2034, 3829, 3868, 3871, 3906, 4116)
  2011 Ed. (2090, 2091, 2097, 3828, 3878, 3879, 3881, 3882, 3887, 3925, 4084)
  2012 Ed. (1938, 2461, 3858, 3859, 3860, 3864, 3867, 3868, 3904, 3909, 4115)
  2013 Ed. (2101, 2103, 2546, 3913, 3914, 3917, 3918, 3920, 3921, 3923, 3924, 3925, 4111)
  2014 Ed. (2033, 2478, 2540, 3048, 3858, 3859, 3862, 3863, 3865, 3866, 3868, 3869, 4127)
  2015 Ed. (2074, 2076, 2082, 2552, 3885, 3886, 3889, 3890, 3892, 3893, 3895, 3896, 4111)
  2016 Ed. (2042, 2044, 2063, 3794, 3795, 3800, 3802, 3804, 3805, 3806, 3807, 4018, 4024, 4027)
  2017 Ed. (2003, 3753, 3756, 3758, 3759, 3760, 3761, 3996, 3999)
  2018 Ed. (1954, 3804, 3806, 3808, 4005, 4021)
  2019 Ed. (2397, 3780, 3782, 3783, 3784, 3985, 3992)
  2020 Ed. (3839, 3841, 3842, 3843, 4004, 4009, 4026)
  2021 Ed. (1898, 3811, 3969, 3970, 3975, 3992)
  2022 Ed. (3832, 3983, 3989, 4006, 4680)
  2023 Ed. (4067, 4073, 4090, 4669)
Halliburton Delaware Inc.
  2001 Ed. (1407, 1408)
  2003 Ed. (1186, 1187)
  2004 Ed. (1191, 1192)
  2005 Ed. (1217, 1218)
  2006 Ed. (1187, 1188)
  2007 Ed. (1295, 1296)
  2008 Ed. (1193, 1194)
  2009 Ed. (1168, 1169)
  2010 Ed. (1161, 1162)
  2011 Ed. (1110)
  2012 Ed. (1032)
  2013 Ed. (1182)
  2014 Ed. (1134, 1135)
  2015 Ed. (1182, 1183)
  2016 Ed. (1094, 1095)
Halliburton Energy Services
  2018 Ed. (4015)
  2019 Ed. (4004)
  2020 Ed. (4021)
  2021 Ed. (3987)
  2022 Ed. (4001)
  2023 Ed. (4085)
Halliburton Energy Services Inc.
  2003 Ed. (3422)
  2005 Ed. (3726)
  2006 Ed. (3818)
  2007 Ed. (3831)
  2008 Ed. (3893, 3894)
  2009 Ed. (3957, 3958, 4176)
  2010 Ed. (3868, 3869, 4111)
  2011 Ed. (3878, 4079)
  2012 Ed. (3858, 4110)
  2013 Ed. (3913, 4106, 4114)
  2014 Ed. (3858, 4122, 4129)
  2015 Ed. (4106, 4113)
  2016 Ed. (3794)
Halliburton Energy Systems
  2009 Ed. (1480)
Halliburton Industries LLC
  2005 Ed. (3726, 3727)
Halliburton KBR
  2003 Ed. (2290, 2291, 2292, 2293, 2297, 2304, 2307)
  2004 Ed. (1320, 1323, 1324, 1330, 1336, 2390, 2391, 2393, 2396, 2397, 2401, 2404)
Halliburton Productos
  2006 Ed. (2542)
Halliday; Robert
  2006 Ed. (988)
  2007 Ed. (1081)
  2008 Ed. (968)
  2010 Ed. (920)
Hallmark
  1992 Ed. (2346, 4131)
  1993 Ed. (733, 734, 739, 743, 1995, 1996, 3446)
  1994 Ed. (745, 746, 1988, 1989, 3428)

1995 Ed. (2046)
1996 Ed. (3583)
1997 Ed. (709, 2159, 2160, 3167, 3626)
1998 Ed. (1863, 1864, 3400)
1999 Ed. (2609, 2610, 4469, 4632, 4715)
2006 Ed. (2712)
2007 Ed. (2708)
2008 Ed. (2837)
2012 Ed. (2748)
Hallmark Capital
  1993 Ed. (2315)
Hallmark Capital Mgmt.
  1990 Ed. (2339)
Hallmark Cards
  1990 Ed. (1949)
  1991 Ed. (172, 1859, 3215)
  1992 Ed. (2347)
  1993 Ed. (2920)
  1994 Ed. (1311, 2060, 2932)
  1995 Ed. (2986)
  1996 Ed. (3087)
  2000 Ed. (2239)
  2001 Ed. (2487)
  2003 Ed. (2186, 4144)
  2004 Ed. (154)
  2005 Ed. (152)
  2009 Ed. (2614, 4153)
  2010 Ed. (622, 2516, 4084)
  2011 Ed. (558, 2518, 3021, 4057)
  2012 Ed. (537, 2445, 2948, 4089)
  2013 Ed. (637)
  2017 Ed. (1704)
  2018 Ed. (1660, 3729)
  2019 Ed. (1717, 3718)
  2020 Ed. (1665, 3760)
  2021 Ed. (1645)
  2022 Ed. (1665, 3783)
  2023 Ed. (1824, 1886, 3677, 3883, 3884)
Hallmark Cards Inc.
  2013 Ed. (1893, 3653)
  2014 Ed. (1822, 1826, 3591)
  2015 Ed. (1862, 1866, 3604)
  2016 Ed. (1823, 1829, 3485)
  2017 Ed. (1700, 1794, 3452)
  2018 Ed. (1747, 3515)
  2019 Ed. (1800, 3501)
  2020 Ed. (1746, 3490)
  2021 Ed. (1717, 2464, 3509)
  2022 Ed. (1661, 1746, 2575, 3567)
  2023 Ed. (1819, 2717)
Hallmark Cards, Inc.
  2017 Ed. (46)
Hallmark Channel
  2021 Ed. (761)
Hallmark Communities
  2004 Ed. (1141)
Hallmark Design Homes
  2008 Ed. (1164)
  2009 Ed. (1145)
Hallmark Financial
  2007 Ed. (2713)
  2008 Ed. (2847)
Hallmark Financial Services Inc.
  2018 Ed. (3235)
Hallmark/First Chicago
  1990 Ed. (3550)
Hallmark Group
  1998 Ed. (3603, 3604)
  1999 Ed. (4637)
Hallmark Health Care Solutions
  2023 Ed. (1151)
Hallmark Homecare
  2016 Ed. (798)
Hallmark Management
  2008 Ed. (2008)
Hallmark Pools & Spas
  2007 Ed. (4646)
Hallmark Public Relations
  1999 Ed. (3940)
Hallmark.com
  2012 Ed. (2294)
  2013 Ed. (2474)
Hallock; Richard W.
  2009 Ed. (2661, 3208)
Halloran; Jean
  2010 Ed. (3140)
Halloween
  1990 Ed. (1948)
  1992 Ed. (2348)
  1999 Ed. (1023)
  2001 Ed. (2627)
  2003 Ed. (854)
Halloween costumes/Decor
  1991 Ed. (1428)
Halloween Express
  2018 Ed. (795)
Halls
  1991 Ed. (3387, 3388)
  1992 Ed. (1265, 1873)
  1993 Ed. (1007, 1531)
  1994 Ed. (1037, 1573, 1575)
  1995 Ed. (1046, 1607)
  1996 Ed. (1029)
  1999 Ed. (1219)
  2000 Ed. (1133)
  2001 Ed. (1939)
  2002 Ed. (1803)
  2003 Ed. (1050, 1878)
  2004 Ed. (1057)
  2008 Ed. (1038)
Halls Cough Drops Mentholyptus 9s
  1990 Ed. (1541)
Halls Defense
  2002 Ed. (1803)
  2003 Ed. (1878)
Halls Mentho-lyptus stick 9s
  1990 Ed. (1082)
Halls Plus
  1999 Ed. (1219)
  2000 Ed. (1133)
  2001 Ed. (1939)
  2002 Ed. (1803)
  2003 Ed. (1878)
Halls Refresh
  2014 Ed. (831)
Halls; Ruth Norman
  1994 Ed. (896, 1057)
  1995 Ed. (937, 1069)
Halls Zinc Defense
  2000 Ed. (1133)
  2001 Ed. (1939)
Hallu
  2020 Ed. (566)
  2023 Ed. (811)
HallWines.com
  2012 Ed. (2289)
Hallwood Group
  2006 Ed. (2042, 2723)
  2007 Ed. (2730, 2731)
  2008 Ed. (2860, 2861)
  2013 Ed. (2841, 2848)
Hallwood Realty Partners
  2006 Ed. (1420)
Halma
  2006 Ed. (2451, 2480)
  2007 Ed. (2402, 2403)
  2008 Ed. (2510)
  2016 Ed. (2429)
  2017 Ed. (2274)
  2018 Ed. (972, 1992, 1999, 2001, 2010)
Halmar Builders of New York Inc.
  2002 Ed. (1234)
  2003 Ed. (1247, 1287)
Halmos; Peter
  1992 Ed. (2060)
  1993 Ed. (1703)
Halmos; Steven
  1991 Ed. (1629)
Halmos; Steven J.
  1993 Ed. (1703)
HALO Branded Solutions
  2017 Ed. (3963)
  2023 Ed. (4048, 4055, 4056, 4059, 4061)
The Halo Effect and Eight Other Business Delusions That Deceive Managers
  2009 Ed. (633)
Halo Investing
  2022 Ed. (2644)
Halo Neuroscience
  2018 Ed. (2495)
Halo: Reach
  2012 Ed. (4825)
Halo Top
  2019 Ed. (3693)
  2020 Ed. (3083, 3087)
  2021 Ed. (2959)
  2022 Ed. (2847, 3078, 3083, 3084, 3087)
  2023 Ed. (2957, 3194)
Halo Top Creamery
  2019 Ed. (1436, 2673, 3981)
  2020 Ed. (1406)
Halogen Software
  2015 Ed. (1968)
  2016 Ed. (1017, 1487)
  2017 Ed. (1487)
  2018 Ed. (1464)
Haloti Ngata
  2014 Ed. (195)
Halozyme Therapeutics Inc.
  2008 Ed. (4538)
Halperns'
  2014 Ed. (3583, 3584)
  2015 Ed. (3599)
Halperns' Purveyors of Steak & Seafood
  2013 Ed. (3637)
  2014 Ed. (3580)
  2015 Ed. (3593)
Halperns' Steak & Seafood Co.
  2012 Ed. (3580, 3582, 3588, 3590)
  2013 Ed. (3642, 3644)
  2014 Ed. (3585)
Halpin; Patrick G.
  1991 Ed. (2343)
  1992 Ed. (2904)
  1993 Ed. (2462)
HALS & Associates
  1997 Ed. (19)
Halsall Associates
  2006 Ed. (1596, 4297)
  2007 Ed. (1197, 4364)
  2008 Ed. (3488, 3494, 3495, 3496, 3497)
Halsey
  2019 Ed. (3673)
Halsion
  2020 Ed. (1970)
Halspan
  2021 Ed. (1934)
Halstead Industries Inc.
  1990 Ed. (1042)
  1991 Ed. (970)
  1993 Ed. (980)
  1994 Ed. (1006)
  1997 Ed. (1016)
Halstead Property Co.
  1999 Ed. (3994)
  2000 Ed. (3714)
  2001 Ed. (3996, 3997)
  2002 Ed. (3915)
Halstead Real Estate
  2021 Ed. (4065)
  2022 Ed. (4081)
Halter Marine Group ,Inc.
  2000 Ed. (286)
  2001 Ed. (1797)
Halter Ranch
  2016 Ed. (4907)
Halterm Income Fund
  2006 Ed. (3668)
Halton Pardee + Partners, Inc.
  2019 Ed. (4122)
Halton Regional Municipality
  2006 Ed. (1595)
Halvoline
  1999 Ed. (348)
Halvor Lines
  2005 Ed. (2690)
Halvorsen; Andreas
  2014 Ed. (4907)
  2015 Ed. (4947)
  2016 Ed. (2902, 4862)
  2017 Ed. (4866)
  2018 Ed. (4875)
  2019 Ed. (2885, 4869)
  2020 Ed. (4858)
  2021 Ed. (4858)
  2022 Ed. (4854)
  2023 Ed. (4849)
Halvorson Family Dealership Group
  2004 Ed. (277)
Halvorson Family Dealerships
  2001 Ed. (441, 442, 447)
Halyk Bank
  2013 Ed. (440)
  2014 Ed. (401, 1727)
  2015 Ed. (458, 489, 608, 1771)
  2016 Ed. (410)
  2017 Ed. (419, 458, 459)
  2018 Ed. (446, 449)
  2019 Ed. (457, 460)
  2020 Ed. (365, 442, 445)
  2022 Ed. (1671)
  2023 Ed. (661, 665, 1829)
Halyk Savings Bank
  2001 Ed. (632)
Halyk Savings Bank of Kazakhstan
  2003 Ed. (555)
  2004 Ed. (569)
  2005 Ed. (555)
  2006 Ed. (477)
  2008 Ed. (456)
  2009 Ed. (485)
  2010 Ed. (467)
  2011 Ed. (394)
Halyk Savings Bank of Kazakstan
  1999 Ed. (567)
  2000 Ed. (579)
Ham
  1994 Ed. (1994, 1996)
  2003 Ed. (3344)
Ham, canned
  1994 Ed. (3647)
Ham & cheese
  1990 Ed. (3095)
Ham Delles Company, Inc.
  2020 Ed. (4986)
  2022 Ed. (4986)
  2023 Ed. (4987)
Hamad Bin Khalifa Al Thani
  2009 Ed. (2889)
Hamad International Airport
  2021 Ed. (157)
  2022 Ed. (150, 151)
  2023 Ed. (224, 225)
Hamad bin Jassim bin Jaber Al Thani
  2018 Ed. (4881)
  2019 Ed. (4874)
  2022 Ed. (4859)
  2023 Ed. (4853)
Hamami; Achmad
  2013 Ed. (4877, 4878)
Hamashbir
  1991 Ed. (29)
Hamashbir Fashion Stores H & O
  2005 Ed. (49)
Ha'mashbir La'zrcan
  1992 Ed. (58)
HamBeens
  2014 Ed. (4502)
  2015 Ed. (4502)
  2016 Ed. (4438)
  2017 Ed. (4445)
  2018 Ed. (4464)
Hambrecht & Quist
  1990 Ed. (2294)
  1995 Ed. (3249)
  1997 Ed. (3418, 3422)
  1998 Ed. (3176, 3247, 3664)
  1999 Ed. (4208)
  2000 Ed. (2456, 3878)
Hambrick; J. L.
  2006 Ed. (2519)
Hambrick; James
  2009 Ed. (2658)
  2011 Ed. (2545)
Hambrick; James L.
  2011 Ed. (827)
Hambro Countrywide
  1992 Ed. (1628)
Hambro-Pacific Japan ESE Enterprise Fund
  1990 Ed. (2400)
Hambro-Pacific Japan Fund
  1990 Ed. (2400)
Hambros
  1992 Ed. (2000, 2006, 2014)
Hambros Bank
  1989 Ed. (1357, 1358)
  1990 Ed. (1685, 1689)
  1991 Ed. (1587, 1589)
  1993 Ed. (1650, 1658, 1659, 1665, 1669)
  1994 Ed. (1681, 1692, 1696, 2474)
  1995 Ed. (1219)
  1998 Ed. (1006)
Hambros Bank (Gibraltar) Limited
  1989 Ed. (544)
Hambros Bank (Gibraltar) Ltd.
  1991 Ed. (531)
Hamburg
  1992 Ed. (1395, 1397)
  1997 Ed. (1146, 3135, 3782)
Hamburg Commercial Bank
  2021 Ed. (447)
Hamburg, Germany
  1998 Ed. (2887)
  2002 Ed. (3731)
  2003 Ed. (3915)
  2004 Ed. (3929)
  2008 Ed. (1220, 1221)
  2009 Ed. (4233)
Hamburg Sud
  2021 Ed. (621)
Hamburg Sud Group
  2016 Ed. (4723)
  2017 Ed. (4740, 4741)
  2018 Ed. (4726, 4727)
  2019 Ed. (4728)
Hamburg SUD Group/CCNI
  2017 Ed. (4738)
  2018 Ed. (4724)
Hamburg, West Germany
  1991 Ed. (2632)
Hamburger
  1991 Ed. (2875, 2876)
  2006 Ed. (4101)
Hamburger; Daniel
  2012 Ed. (2492)
The Hamburger Foundation
  2019 Ed. (1978)
Hamburger Hamlet
  1995 Ed. (3133)
  1997 Ed. (3329, 3651)
Hamburger Sparkasse
  1992 Ed. (682)
  1993 Ed. (490)
  1994 Ed. (492)
  1996 Ed. (516)
Hamburgers
  1997 Ed. (2033, 2063, 2064)
  1998 Ed. (1743, 1745, 2463, 3125)
  1999 Ed. (1413, 2125)
  2002 Ed. (4011)
Hamburgische Electricitats-Werke AG
  2003 Ed. (1429)
Hamburgische Landesbank
  2001 Ed. (608)
  2004 Ed. (504)
Hamco Inc.
  2002 Ed. (2801)
Hamden (CT) Register Express
  2003 Ed. (3642)
Hamdi Akin & family
  2023 Ed. (4865)
Hamdi Ulukaya
  2017 Ed. (4881)
  2021 Ed. (4875)
  2022 Ed. (4871)
  2023 Ed. (4865)
Hamed; Naseem
  2005 Ed. (4895)
Hamee
  2021 Ed. (1635)
Hameen Pintalevy OY
  2016 Ed. (1555)
Hames Sharley
  2022 Ed. (181)
  2023 Ed. (254)
Hames Shows; Bill
  1995 Ed. (910)
  1997 Ed. (907)

CUMULATIVE INDEX • 1989-2023

Hamill Manufacturing
  2016 Ed. (4779)
Hamill Manufacturing Co.
  2018 Ed. (4787)
  2020 Ed. (4781)
  2021 Ed. (4779)
  2022 Ed. (4781)
  2023 Ed. (4768)
Hamilton
  2018 Ed. (585)
Hamilton
  1997 Ed. (1050)
The Hamilton
  2018 Ed. (4182)
  2019 Ed. (4190, 4198)
  2020 Ed. (4207, 4210)
  2021 Ed. (4164, 4166, 4167)
  2022 Ed. (4187, 4189, 4190)
Hamilton; Alex
  2011 Ed. (3335)
Hamilton; Alexander
  1995 Ed. (2296, 2299)
  2006 Ed. (634)
Hamilton Bancorp
  1996 Ed. (1211)
  1998 Ed. (1695)
  1999 Ed. (396, 2441, 2683)
  2000 Ed. (423, 424, 2198, 2467)
  2001 Ed. (2711)
  2002 Ed. (485, 2557)
Hamilton Bank
  1995 Ed. (493)
  1997 Ed. (501)
  1998 Ed. (398)
  2004 Ed. (361)
  2019 Ed. (1749)
Hamilton Beach
  1990 Ed. (739, 1080, 1081, 1591, 1834, 2107, 2109)
  1991 Ed. (717, 1485, 1751, 1961, 1962)
  1992 Ed. (1242, 1243, 2523)
  1993 Ed. (1005, 1006)
  1998 Ed. (786, 2321)
  1999 Ed. (3134)
  2000 Ed. (750)
  2001 Ed. (2811)
  2003 Ed. (235, 2867)
  2005 Ed. (2952, 2955)
  2008 Ed. (1036)
  2009 Ed. (3177, 3192)
  2011 Ed. (2969, 3079)
Hamilton Beach Brands Inc.
  2012 Ed. (3495)
Hamilton Beach/Procter-Silex Inc.
  1998 Ed. (1375, 1380)
  2000 Ed. (1725)
  2002 Ed. (720, 1092, 2070, 2073, 2074, 2313, 2697, 2699, 3047)
Hamilton Beach/Proctor-Silex
  1992 Ed. (899, 1886, 1891, 2201, 2517, 2518)
  1993 Ed. (711, 1547, 1552, 1885)
  1994 Ed. (721, 1035, 1586, 1589, 1883, 2126, 2127)
  1995 Ed. (680, 1044, 1627, 1631, 1910, 2177, 2178, 2410)
  1997 Ed. (682, 1041, 1686, 1690, 2050, 2311, 2312, 2590)
  1998 Ed. (477, 1735, 2043, 2044)
  1999 Ed. (737, 1216, 1940, 1946, 2476, 2802, 2803)
  2000 Ed. (1130, 1730, 2233, 2578, 2579, 2881)
Hamilton City School District
  2023 Ed. (1958)
Hamilton Collection
  1990 Ed. (175)
Hamilton College
  2012 Ed. (861)
Hamilton Construction Co.
  2009 Ed. (1309)
Hamilton County, IN
  1998 Ed. (2082)
Hamilton County School Employees Credit Union
  2008 Ed. (2211)
  2009 Ed. (2180)
  2010 Ed. (2129)
Hamilton Custom Wood Products
  2020 Ed. (4995)
Hamilton; David R.
  1993 Ed. (1706)
Hamilton Economic Development; City of
  2015 Ed. (3521)
  2016 Ed. (3377)
  2017 Ed. (3336)
Hamilton Economic Development & Real Estate Division
  2012 Ed. (3489)
  2013 Ed. (3529)
  2014 Ed. (3506)
Hamilton Field Redevelopment
  2002 Ed. (3532)
Hamilton Fixture Co.
  1996 Ed. (3600)
  1997 Ed. (3653)
  1998 Ed. (3427)
  1999 Ed. (4499, 4501)

2000 Ed. (4134, 4135)
2007 Ed. (4595)
2008 Ed. (4546)
2012 Ed. (4583)
2013 Ed. (4528)
Hamilton & Hamilton
  2012 Ed. (3394)
Hamilton Health Sciences Corp.
  2008 Ed. (1613)
  2009 Ed. (3151)
  2011 Ed. (1946)
  2012 Ed. (1810, 2995)
  2015 Ed. (1552)
  2016 Ed. (1491)
Hamilton Island Enterprises
  2019 Ed. (3003)
Hamilton; Josh
  2017 Ed. (213)
Hamilton; Julie
  2010 Ed. (2835)
Hamilton Lane
  2008 Ed. (2290)
  2009 Ed. (2280)
Hamilton; Laura
  2010 Ed. (2569)
Hamilton; Lewis
  2009 Ed. (708)
  2015 Ed. (226)
  2019 Ed. (198)
  2023 Ed. (316, 317, 323)
Hamilton Life; Alexander
  1996 Ed. (2318)
Hamilton Mall
  1989 Ed. (2492)
  1990 Ed. (3291)
Hamilton-Middletown, OH
  2006 Ed. (3313)
Hamilton, Miller & Birthisel, LLP
  2023 Ed. (179)
Hamilton, OH
  1991 Ed. (1376)
Hamilton, ON
  2001 Ed. (4109)
Hamilton, Ontario
  1993 Ed. (2556)
  2007 Ed. (3377)
  2009 Ed. (3560)
  2010 Ed. (3477, 3479)
  2011 Ed. (3485)
  2012 Ed. (3488)
  2013 Ed. (3524)
  2014 Ed. (3498)
  2015 Ed. (3515)
Hamilton Park
  2002 Ed. (2641)
Hamilton Partners Inc.
  1998 Ed. (3017)
  2000 Ed. (3728)
  2001 Ed. (4010)
  2002 Ed. (3934)
Hamilton Police Service
  2006 Ed. (1595)
  2007 Ed. (1615)
Hamilton Printing
  2006 Ed. (4354)
Hamilton Risk Management Co.
  1998 Ed. (1695)
Hamilton-Ryker
  2021 Ed. (2305)
Hamilton Savings Bank FSB
  1990 Ed. (2473, 3121)
Hamilton Stern Construction LLC
  2016 Ed. (1886)
Hamilton Subaru
  1990 Ed. (320)
Hamilton Sundstrand Credit Union
  2002 Ed. (1853)
  2003 Ed. (1910)
  2004 Ed. (1950)
  2005 Ed. (2092)
  2006 Ed. (2187)
  2007 Ed. (2108)
  2008 Ed. (2223)
Hamilton Sundstrand Federal Credit Union
  2008 Ed. (1694)
Hamilton, TN
  1993 Ed. (2982)
The Hamilton (Washington DC)
  2021 Ed. (4164)
  2022 Ed. (4187)
Hamish Buchan
  1999 Ed. (2352)
Hamish Maxwell
  1990 Ed. (975)
  1991 Ed. (928)
  1993 Ed. (936, 937, 1695)
Hamish Ogston
  2005 Ed. (2463)
  2006 Ed. (2500)
HamkorBank
  2018 Ed. (483)
  2019 Ed. (497)
  2020 Ed. (478)
  2023 Ed. (704)
The Hamlet Cos.
  2004 Ed. (1140)

Hamlet Holding LLC
  2014 Ed. (3086)
  2015 Ed. (3153)
  2016 Ed. (3008)
Hamlet Holdings LLC
  2010 Ed. (3085, 3086)
Hamlet Homes
  2002 Ed. (1209)
  2003 Ed. (1209)
  2004 Ed. (1216)
  2005 Ed. (1240)
Hamlet/Maple Run/Meadows
  1990 Ed. (1146)
Hamlin; Denny
  2010 Ed. (315)
  2012 Ed. (260)
  2015 Ed. (309)
  2016 Ed. (217)
  2017 Ed. (214)
  2018 Ed. (199)
  2019 Ed. (193)
Hamlin Roofing Co.
  2008 Ed. (1324)
Hamline University
  2000 Ed. (2904)
  2001 Ed. (3061)
  2006 Ed. (3719)
  2008 Ed. (1085)
  2009 Ed. (1059)
  2010 Ed. (1027)
  2012 Ed. (633)
  2013 Ed. (753)
  2014 Ed. (772)
  2015 Ed. (814)
Hamlyn; Lord
  2005 Ed. (3868)
Hamm; Harold
  2009 Ed. (4847)
  2010 Ed. (4852)
  2011 Ed. (4834)
  2012 Ed. (4839)
  2013 Ed. (4837)
  2014 Ed. (4852)
  2015 Ed. (4889)
  2016 Ed. (4807)
  2017 Ed. (4819)
  2018 Ed. (4824)
  2019 Ed. (4820)
  2020 Ed. (4810)
  2021 Ed. (4811)
  2022 Ed. (4804)
  2023 Ed. (4797)
Hamm; Jon
  2016 Ed. (2529)
Hamm; Mia
  2005 Ed. (266)
Hammad; Amel
  2023 Ed. (1294)
Hammel, Green & Abrahamson
  2004 Ed. (2348, 2371)
  2006 Ed. (285)
  2007 Ed. (2409)
  2013 Ed. (177)
  2014 Ed. (184, 185)
  2016 Ed. (212)
Hammer
  1994 Ed. (1101)
Hammer; Armand
  1992 Ed. (2055)
Hammer; Bonnie
  2012 Ed. (2448)
Hammer & Chisel
  2020 Ed. (2923)
Hammer; Jan
  2021 Ed. (4761)
  2022 Ed. (4763)
  2023 Ed. (4751)
Hammer Packaging
  2007 Ed. (4010)
  2008 Ed. (1982, 3573, 4036)
  2009 Ed. (3643)
Hammer Press Printers
  2008 Ed. (4973)
Hammer Residences Inc.
  2011 Ed. (3757)
Hammer & Soehne GMBH & Co.; J. E.
  1994 Ed. (2438)
  1995 Ed. (2506)
Hammer; Vickilyn
  1990 Ed. (850)
Hammergren; John
  2007 Ed. (983)
  2010 Ed. (887)
  2016 Ed. (873)
Hammergren; John H.
  2011 Ed. (831)
  2012 Ed. (798)
  2013 Ed. (989)
  2015 Ed. (965)
Hammerhead Networks
  2004 Ed. (4829)
Hammerman & Gainer Inc.
  2006 Ed. (3516)
  2008 Ed. (3712, 4398)
Hammerman; Stephen
  1997 Ed. (2611)
Hammermill
  1990 Ed. (2766)

Hammeroff/Milenthal/Spence
  1995 Ed. (43)
Hammerson
  2005 Ed. (3946)
  2006 Ed. (4015, 4048)
  2007 Ed. (4047, 4079, 4092)
  2008 Ed. (4083)
  2010 Ed. (4131)
  2011 Ed. (4164)
  2012 Ed. (4130, 4212)
  2013 Ed. (4172, 4199)
  2014 Ed. (4189, 4216)
  2015 Ed. (4199)
  2016 Ed. (4084, 4115, 4119)
  2017 Ed. (4094, 4097)
Hammerson Canada
  1990 Ed. (2961)
  1992 Ed. (3624)
Hammerson plc
  2012 Ed. (4208)
  2013 Ed. (4192)
  2015 Ed. (4191)
  2016 Ed. (4109)
  2017 Ed. (4086)
Hammerson Property Investment and Development
  1989 Ed. (2288)
Hammes Co.
  1998 Ed. (949)
  2001 Ed. (1399)
  2002 Ed. (2456)
  2005 Ed. (2814)
  2006 Ed. (2794, 2797)
  2008 Ed. (2916)
  2009 Ed. (2972)
  2010 Ed. (2912)
Hammi Bank
  2014 Ed. (321)
Hammi Pharmaceutical
  2008 Ed. (2079)
Hammond Electronics, Inc.
  2001 Ed. (2205, 2207)
  2002 Ed. (2090)
Hammond Farrell
  1989 Ed. (67)
Hammond, LA
  2012 Ed. (3497)
Hammond Manufacturing Co.
  2011 Ed. (1552)
Hammond Power Solutions
  2011 Ed. (2897)
Hammond Residential Real Estate
  2015 Ed. (1813)
  2016 Ed. (1772)
Hammond Urban Enterprise Association
  1996 Ed. (2239, 2240)
HammondCare
  2020 Ed. (104)
  2021 Ed. (96)
  2022 Ed. (111)
Hammonds; B. L.
  2005 Ed. (2477)
Hammonds Homes
  2001 Ed. (1387)
  2005 Ed. (1181)
Hammons Hotels; John Q.
  1992 Ed. (2465, 2466, 2469)
  1995 Ed. (2149)
  1997 Ed. (2275, 2276, 2277)
Hammons; John Q.
  1990 Ed. (2060)
  1993 Ed. (2078, 2079)
  1994 Ed. (2094)
Hammontree; Jack
  1991 Ed. (3211)
Hamm's NA
  1994 Ed. (679)
  2001 Ed. (684)
Hamni Bank
  1994 Ed. (3332)
Hamon; Nancy
  1994 Ed. (890)
Hampden Bancorp
  2009 Ed. (1882)
Hampden County, MA
  1994 Ed. (2407)
  1995 Ed. (2483)
Hampshire Farms
  2023 Ed. (3853)
Hampshire Farms, LLC
  2021 Ed. (3730)
  2022 Ed. (3748)
Hampshire Fire Protection Co.
  2016 Ed. (2666)
  2017 Ed. (2613)
  2021 Ed. (2581)
Hampshire Label
  2021 Ed. (3952)
  2022 Ed. (3962, 3964)
Hampton
  2012 Ed. (2997)
  2013 Ed. (3084)
  2019 Ed. (4436)
  2020 Ed. (3058)
  2021 Ed. (2927)
Hampton Affiliates
  2009 Ed. (2818, 4162)
  2016 Ed. (1946)

2017 Ed. (1909)
2018 Ed. (1856)
2019 Ed. (1910)
Hampton Bay
  2001 Ed. (287, 288)
  2005 Ed. (3289)
  2009 Ed. (3521)
  2011 Ed. (3451)
Hampton Coliseum
  1989 Ed. (988)
Hampton Creek
  2016 Ed. (2704)
Hampton Farms
  2008 Ed. (3802)
  2009 Ed. (3848)
  2014 Ed. (3760, 3761)
  2015 Ed. (3784, 3785)
  2016 Ed. (3697, 3698)
  2017 Ed. (3655)
  2018 Ed. (3714)
  2022 Ed. (3768)
Hampton Ford Hyundai
  2017 Ed. (4982)
  2019 Ed. (4985)
  2020 Ed. (4989)
  2021 Ed. (4989)
Hampton by Hilton
  2017 Ed. (2955)
  2018 Ed. (3069)
  2019 Ed. (809, 3009, 3015)
  2020 Ed. (803, 3046, 3048)
  2021 Ed. (2911, 2913)
  2022 Ed. (3034, 3037)
  2023 Ed. (3147, 3152, 3153, 3157)
Hampton Hotels
  2012 Ed. (698, 3009, 3011)
  2013 Ed. (912, 3094, 3097)
  2014 Ed. (859, 3088, 3093)
  2015 Ed. (897, 3155, 3158)
  2016 Ed. (791, 3010, 3013)
Hampton Industries
  1990 Ed. (1067)
  1991 Ed. (3360)
  1992 Ed. (4281)
Hampton Inn
  2006 Ed. (2938)
  2017 Ed. (850)
  2018 Ed. (3066, 3076)
  2019 Ed. (3020)
  2021 Ed. (2915)
  2023 Ed. (3156, 3162)
Hampton Inn/Hampton Inn & Suites
  2004 Ed. (2942)
  2005 Ed. (2939)
  2006 Ed. (2942)
  2007 Ed. (2953)
  2008 Ed. (3078)
  2009 Ed. (3168)
  2010 Ed. (3099)
  2011 Ed. (3067)
Hampton Inn by Hilton
  2020 Ed. (3049)
  2021 Ed. (2919)
Hampton Inn/Hotels
  1990 Ed. (2077)
Hampton Inn/Inn & Suites
  2002 Ed. (2644)
  2006 Ed. (2943)
  2007 Ed. (2954)
  2008 Ed. (3079)
  2009 Ed. (3169)
  2010 Ed. (3100)
  2011 Ed. (3068)
Hampton Inns
  1990 Ed. (2086, 2088)
  1991 Ed. (1943, 1951, 1954)
  1992 Ed. (2476, 2491, 2492, 2494, 2495)
  1993 Ed. (2085, 2095, 2096)
  1994 Ed. (2111, 2112, 2115)
  1995 Ed. (2164, 2165)
  1996 Ed. (2178, 2183)
  1997 Ed. (2292, 2298, 2299, 2302)
  1998 Ed. (2016, 2023, 2027)
  1999 Ed. (2513, 2776, 2784)
  2003 Ed. (2849, 2852)
  2004 Ed. (2941)
  2005 Ed. (2934)
  2007 Ed. (2950)
  2008 Ed. (3075)
  2009 Ed. (3163)
  2010 Ed. (3094)
  2011 Ed. (760, 3063)
Hampton Inns/Inn & Suites
  2000 Ed. (2562)
Hampton Inns/Inns & Suites
  2005 Ed. (2935)
Hampton; Philip M.
  1989 Ed. (417)
Hampton Roads Educational Telecommunications Association
  2012 Ed. (3599)
Hampton Roads, NC
  1996 Ed. (3056)
Hampton Roads/Norfolk, VA
  1995 Ed. (2957)

Hampton Roads, VA
  1991 Ed. (2756)
  1992 Ed. (1396, 3494, 3495, 3496, 3497, 3498)
  1994 Ed. (2897)
  2000 Ed. (3574, 3575)
  2003 Ed. (3902, 3905, 3908, 3911, 3912, 3913)
  2009 Ed. (4087)
  2010 Ed. (3999)
  2011 Ed. (4007)
Hampton Suites
  2000 Ed. (2556)
Hampton (U.S.)
  2021 Ed. (2927)
Hampton University
  2000 Ed. (744)
  2008 Ed. (181)
  2009 Ed. (200)
Hampton Watercraft & Marine
  2021 Ed. (583)
  2022 Ed. (611)
Hamptons Estate Agents
  2002 Ed. (51)
Hams
  2001 Ed. (3242)
  2003 Ed. (3334)
  2004 Ed. (3404)
  2005 Ed. (3417)
Han-Bong; Nam
  2010 Ed. (3964)
Han Chang-Woo
  2013 Ed. (4883)
  2014 Ed. (4896)
  2015 Ed. (4935)
  2016 Ed. (4851)
  2017 Ed. (4856)
  2018 Ed. (4864)
Han Corp.
  1995 Ed. (998, 3392)
Han Il Bank
  1991 Ed. (2272, 2273)
Han Joo Electronics Co.
  1997 Ed. (1358)
Han Kun Law Offices
  2012 Ed. (3412, 4439)
Han-Padron Associates LLP
  2004 Ed. (2355)
Han Shin Securities
  1995 Ed. (3278)
Hana Al Rostamani
  2023 Ed. (2780)
Hana Bank
  1994 Ed. (1846)
  2002 Ed. (516, 517, 600, 601, 602, 603, 2824, 3193)
  2003 Ed. (611)
  2004 Ed. (512, 620)
  2005 Ed. (610)
  2006 Ed. (524, 2016)
  2007 Ed. (553)
  2021 Ed. (490)
  2022 Ed. (504)
  2023 Ed. (729)
Hana Ben-Shabat
  2011 Ed. (1142)
Hana Financial Group
  2008 Ed. (505)
  2009 Ed. (536)
  2010 Ed. (520)
  2011 Ed. (449)
  2012 Ed. (410)
  2013 Ed. (398, 2702)
  2014 Ed. (411, 412, 4042)
  2015 Ed. (468, 469, 2038)
  2016 Ed. (417, 418)
  2017 Ed. (429, 430)
  2018 Ed. (395, 396)
  2019 Ed. (397, 398)
  2020 Ed. (390, 391)
  2021 Ed. (428, 1858)
  2022 Ed. (442)
  2023 Ed. (609, 610, 2016, 2156)
Hana Financial Group Inc.
  2013 Ed. (2709)
  2019 Ed. (1961)
Hana Materials
  2020 Ed. (1894)
Hana Microelectronics
  2005 Ed. (1270)
  2007 Ed. (2018)
Hana Securities Co.
  2001 Ed. (1035)
Hana Tour Service
  2009 Ed. (2050)
Hanaford Brothers
  1991 Ed. (3229)
Hanania; Daoud
  2014 Ed. (3468)
Hanaro Telecom
  2002 Ed. (4435)
  2006 Ed. (4537)
Hanasapank
  2002 Ed. (4438)
Hanbury; James
  1994 Ed. (1780)
Hancock Accommodator 2000 Global; John
  1994 Ed. (3613)

Hancock Agricultural
  2000 Ed. (2826)
Hancock Bank
  1995 Ed. (549)
  1996 Ed. (607)
  1997 Ed. (561)
  1998 Ed. (399)
  2017 Ed. (1786)
  2018 Ed. (1739)
Hancock Communities
  2002 Ed. (1205)
Hancock County Hospital
  2012 Ed. (2993)
Hancock County Savings Bank
  2021 Ed. (4324)
  2022 Ed. (4331)
Hancock County Savings Bank, F.S.B.
  2021 Ed. (4324)
  2022 Ed. (4331)
  2023 Ed. (4361)
Hancock Fabrics, Inc.
  1998 Ed. (1531)
  2001 Ed. (1943)
Hancock Financial; John
  1990 Ed. (2324, 2325, 2329)
  1994 Ed. (2318)
Hancock Financial Services; John
  1990 Ed. (2354)
  1991 Ed. (2246)
  1992 Ed. (2769, 2774)
  1994 Ed. (2303, 2306)
  1997 Ed. (2540)
Hancock Fr. Global Rx; J.
  1995 Ed. (2722)
Hancock Freedom Regular Bank B; John
  1994 Ed. (2613)
Hancock Global Technology A; J.
  1997 Ed. (2877)
Hancock Healthplan of Pa. Inc.; John
  1990 Ed. (2000)
Hancock High-Yield Bond A
  1999 Ed. (3535)
Hancock Holding Co.
  1999 Ed. (1455)
  2008 Ed. (372)
  2009 Ed. (390)
  2010 Ed. (367)
  2014 Ed. (556)
  2017 Ed. (1786)
  2018 Ed. (1739)
Hancock Holding Corp.
  2016 Ed. (1745)
Hancock Homes
  1998 Ed. (915)
Hancock Horizon Quant Long/Short Investment
  2020 Ed. (3694)
  2021 Ed. (3699)
Hancock Horizon Value
  2010 Ed. (3726)
Hancock Information Group, Inc.
  2002 Ed. (2489)
  2003 Ed. (2714)
Hancock; John
  1990 Ed. (1799)
  1992 Ed. (2370, 2729, 2732, 2734, 2736, 2748, 3549)
  1993 Ed. (2011, 2258, 2281, 2284, 2286, 2308, 2922)
  1994 Ed. (2294, 2298, 3160)
Hancock Lumber
  2019 Ed. (2541)
Hancock Mutual; John
  1990 Ed. (2243)
Hancock Mutual Life Insurance; John
  1991 Ed. (244, 1721, 2095, 2099, 2104, 2109)
  1996 Ed. (1418, 1974, 2070, 2305, 2306, 2307, 2312, 2314, 2315, 2316, 2317, 2320, 2323, 2324, 2328, 2376, 2387)
Hancock Mutual Life; John
  1990 Ed. (2231, 2239, 2240)
  1991 Ed. (246, 2112, 2113, 2207, 2210, 2212, 2214)
  1992 Ed. (338, 2385, 2660, 2661, 2663, 2666, 2674, 2675, 4381, 4382)
  1993 Ed. (2205, 2206, 2207, 2208, 2210, 2212, 2213, 2215, 2217, 2218, 2220, 2221, 2222, 2287, 3278, 3653, 3654)
  1994 Ed. (224, 2249, 2251, 2255, 2256, 2261, 2262, 2266, 3268)
  1995 Ed. (223, 2292, 2294, 2301, 2306, 2314, 2374, 3349)
  1997 Ed. (2509, 2517, 3412)
Hancock Prospecting
  2016 Ed. (1376, 1385)
  2019 Ed. (1423, 3571)
  2020 Ed. (1386)
  2021 Ed. (1374, 1383)
  2022 Ed. (1385)
Hancock Prospecting Pty. Ltd.
  2017 Ed. (2452)
  2021 Ed. (2439)
  2022 Ed. (2550)
  2023 Ed. (2697)
Hancock Real Estate
  2008 Ed. (3762)

Hancock Regional Bank; John
  1994 Ed. (2624, 2629)
Hancock Sovereign Inv.; John
  1994 Ed. (2635)
Hancock Special Equities; John
  1993 Ed. (2669, 2679)
  1994 Ed. (2602, 2637)
Hancock Technology
  2007 Ed. (3680)
Hancock Venture Partners
  1991 Ed. (3442)
Hancock Whitney Bank
  2019 Ed. (1792)
  2021 Ed. (383)
  2022 Ed. (344, 396)
  2023 Ed. (518)
Hancock Whitney Corp.
  2020 Ed. (1737)
  2021 Ed. (1711)
Hand Arendall Harrison Sale LLC
  2021 Ed. (3192)
  2023 Ed. (3419)
Hand Arendall LLC
  2014 Ed. (3433)
  2015 Ed. (3466)
Hand/body cream
  1990 Ed. (1956)
Hand cleaner, heavy duty
  2004 Ed. (660)
Hand cream
  2002 Ed. (4285)
Hand & body cream/lotions
  1991 Ed. (1456)
Hand Held Products
  2006 Ed. (1115)
  2007 Ed. (1220)
  2008 Ed. (1123)
  2009 Ed. (1101)
  2010 Ed. (1083)
Hand & body lotion
  1998 Ed. (2809)
Hand and body lotions
  2000 Ed. (4149)
  2001 Ed. (3712)
Hand; Louis
  1997 Ed. (2317)
Hand paintings
  1992 Ed. (2076)
Hand/power tools
  1993 Ed. (779)
Hand cleaners & sanitizers
  2002 Ed. (670)
Hand sanitizers
  2004 Ed. (660)
Hand & Stone Massage & Facial Spa
  2014 Ed. (4367)
  2015 Ed. (4378)
  2016 Ed. (3777)
  2017 Ed. (3732)
  2018 Ed. (3780)
  2019 Ed. (3765, 3767)
  2020 Ed. (3817)
  2021 Ed. (3794)
  2022 Ed. (3815)
  2023 Ed. (3808, 3913)
Handa Travel Student Trip Ltd.
  2015 Ed. (4459)
  2016 Ed. (4354)
Handango
  2002 Ed. (4815)
Handbags
  1998 Ed. (1325)
H&C Animal Health
  2021 Ed. (1089, 1467)
  2022 Ed. (1097)
H&C Leo Burnett
  1990 Ed. (124)
Handclens
  2022 Ed. (2189)
H&E Equipment Services
  2017 Ed. (3304)
  2018 Ed. (1017)
  2019 Ed. (1019, 1022, 3354, 3355, 3997)
  2020 Ed. (1004, 3355, 3356, 4014)
  2021 Ed. (970, 3288, 3289, 3291, 3980)
  2022 Ed. (1014, 3374, 3376, 3994)
  2023 Ed. (1185, 1192, 3492, 4078)
H&E Equipment Services (U.S.)
  2021 Ed. (3288)
Handel AB; K. F.
  1993 Ed. (3696)
Handel; Nancy
  2007 Ed. (1081)
Handel Productions
  2013 Ed. (2676)
  2014 Ed. (2630, 4702)
  2015 Ed. (2673, 4712)
Handel's Homemade Ice Cream
  2021 Ed. (2966)
Handel's Ice Cream
  2023 Ed. (4238)
Handels-Krediet-en Industriebank NV
  1989 Ed. (682)
  1991 Ed. (667)
  1992 Ed. (840)
  1993 Ed. (636)
  1994 Ed. (639)
  1995 Ed. (612)

1996 Ed. (686)
1997 Ed. (620)
1999 Ed. (642)
2000 Ed. (668)
Handelsbank
 1990 Ed. (1690, 3457)
Handelsbank Kjobenhavns
 1991 Ed. (3231)
Handelsbank NatWest
 1991 Ed. (1597)
Handelsbanken
 1991 Ed. (1105, 1106)
 1992 Ed. (1445)
 2015 Ed. (487)
 2016 Ed. (440)
 2017 Ed. (456)
 2018 Ed. (420, 1996)
 2019 Ed. (427)
Handelsges Heinrich Heine GMBH
 2000 Ed. (4243)
Handheld electronic devices
 1996 Ed. (2104)
Handi Foil
 2023 Ed. (1483)
Handi Foil Bake Amer Cook N Crry
 2023 Ed. (1483)
Handi Foil Bake America
 2023 Ed. (1483)
Handi Foil Bake America Ichef
 2023 Ed. (1483)
Handi Foil Cook N Carry
 2023 Ed. (1483)
Handi Foil Eco Foil
 2023 Ed. (1483)
Handi Foil Fun Colors
 2023 Ed. (1483)
Handi Foil Ultimates
 2023 Ed. (1483)
Handi-Lift
 2008 Ed. (1275)
Handi Works
 2023 Ed. (4319)
H&K Inc. & Stephieco Inc.
 2000 Ed. (4054)
HANDLE
 2021 Ed. (1651)
Handle With Care Packaging Store
 1990 Ed. (1851)
 2011 Ed. (4008)
 2012 Ed. (4005)
 2013 Ed. (4067)
Handleman Co.
 1989 Ed. (2477)
 1990 Ed. (262, 3261)
 1991 Ed. (3102)
 1992 Ed. (3109, 3937)
 1993 Ed. (2598, 3240)
 1994 Ed. (2561)
 1995 Ed. (2613)
 1996 Ed. (2688)
 1997 Ed. (2818)
 1998 Ed. (841, 2533, 3360, 3371)
 1999 Ed. (1278, 3444)
 2003 Ed. (2336)
 2004 Ed. (2108, 2417, 4162, 4181, 4912, 4913)
 2005 Ed. (2212, 4098, 4103, 4903, 4904)
 2006 Ed. (4150, 4156)
 2009 Ed. (1643)
Handleman; David
 1990 Ed. (974)
 1991 Ed. (927)
 1993 Ed. (939)
Handler; Chelsea
 2012 Ed. (2434)
Handler; Richard B.
 2011 Ed. (830)
Handlers, equipment cleaners, helpers, laborers, & extractive workers
 1998 Ed. (1326, 2694)
Handlowy
 2000 Ed. (4370, 4371)
 2002 Ed. (4780)
 2006 Ed. (4889)
Handlowy w Warszawie; Bank
 2005 Ed. (498, 598)
 2006 Ed. (440, 514)
 2007 Ed. (444, 542)
 2008 Ed. (413, 493)
H&M
 2017 Ed. (943, 4238)
 2018 Ed. (668, 878, 895, 904, 4239, 4253, 4266)
 2019 Ed. (682, 897, 903, 4268)
 2020 Ed. (675, 885, 4273)
 2021 Ed. (669, 671, 902)
 2022 Ed. (681, 707, 930, 4267)
 2023 Ed. (890, 1095)
H&M Food Systems
 2000 Ed. (3057, 3058, 3583, 3584)
H&M - Hennes & Mauritz
 2021 Ed. (907)
 2022 Ed. (917)
 2023 Ed. (1084, 2023)
H&M Hennes & Mauritz AB
 2020 Ed. (892)
 2021 Ed. (905)

H&M (Sweden)
 2021 Ed. (902)
 2022 Ed. (930)
Handmade in America
 2004 Ed. (929)
Handouts
 2004 Ed. (1912)
Handover Inn at Dartmouth
 2002 Ed. (2636)
H&R Block
 2019 Ed. (788, 4554)
 2020 Ed. (786, 3819)
 2021 Ed. (730, 815, 3796)
 2022 Ed. (756, 848)
 2023 Ed. (960, 965, 1030, 1828, 4555)
H&R Block Inc.
 2018 Ed. (1663)
H&R Dental
 2022 Ed. (2383)
 2023 Ed. (2545)
H&R REIT
 2015 Ed. (4196)
 2016 Ed. (4491)
 2020 Ed. (1450, 4109, 4135)
 2022 Ed. (4118)
 2023 Ed. (4203)
H&S Bakery
 2018 Ed. (315)
 2019 Ed. (314, 693)
 2020 Ed. (316, 684)
 2021 Ed. (296, 300, 691, 692)
 2022 Ed. (312, 317, 728, 729)
 2023 Ed. (410, 902)
H&S Bakery Inc.
 2018 Ed. (1685)
 2019 Ed. (1750)
 2021 Ed. (1673)
 2022 Ed. (1691)
Hands; Guy & Julia
 2005 Ed. (4889)
Hands On Greater Portland
 2012 Ed. (1775, 1827)
Handsome
 2007 Ed. (1982)
Handson & Partners
 2013 Ed. (1437)
 2014 Ed. (1399)
Handson PLC
 1996 Ed. (213)
Handspring
 2002 Ed. (3729)
 2003 Ed. (3797)
Handstand Innovations
 2021 Ed. (63, 64)
Handstand Innovations (MessageWrap)
 2021 Ed. (63, 64)
Handstands | HPG
 2023 Ed. (4060)
Handwrytten
 2022 Ed. (58, 1365)
Handy; Alice W.
 1991 Ed. (3210)
Handy Andy
 1995 Ed. (846)
Handy Andy Hawaii
 2021 Ed. (1557)
Handy Andy Lumber
 1994 Ed. (793)
 1997 Ed. (831)
Handy Andy Supermarkets
 1990 Ed. (2007, 2008)
 1991 Ed. (1905, 1906)
 1992 Ed. (2400, 2401)
 1993 Ed. (2037, 2038)
 1994 Ed. (2050, 2051, 2053)
 1995 Ed. (2106)
Handy Associates
 1991 Ed. (1616)
Handy Hardware Wholesale Inc.
 1992 Ed. (2374)
Handy & Harman
 1989 Ed. (2069)
 1990 Ed. (2716)
 1991 Ed. (2612)
 1995 Ed. (2774)
 1996 Ed. (2852)
 1997 Ed. (2948)
Handy HRM Corp.
 1995 Ed. (1724)
Handy HRM Group
 1994 Ed. (1711)
Handy Pontiac Cadillac Buick GMC Inc.
 2011 Ed. (2136)
Handy Solutions Pepto Bismol
 2003 Ed. (3782)
Handy Store Fixtures Inc.
 1996 Ed. (3600)
Handyman Connection
 2002 Ed. (2057)
 2003 Ed. (2121)
 2006 Ed. (2320, 2956)
 2007 Ed. (2251)
 2009 Ed. (2369)
 2010 Ed. (2293)
 2011 Ed. (2291)
 2013 Ed. (3112, 4981)
 2014 Ed. (3111, 3115)
 2019 Ed. (3030)

2022 Ed. (3067)
 2023 Ed. (3182)
Handyman Matters
 2008 Ed. (173)
Handyman Matters Franchise
 2014 Ed. (3111)
 2017 Ed. (2973)
 2018 Ed. (3100)
 2019 Ed. (3030)
Handyman Matters Franchise Inc.
 2006 Ed. (2320)
 2007 Ed. (905, 2251)
 2009 Ed. (2369)
 2010 Ed. (2293)
 2011 Ed. (2291)
 2012 Ed. (2187)
HandyPro Handyman Services
 2015 Ed. (3174)
HandyPro Handyman Services Inc.
 2012 Ed. (2187)
HandyPro International
 2016 Ed. (3028)
 2017 Ed. (2973)
Haneda
 1992 Ed. (311)
 1994 Ed. (194)
 1995 Ed. (195, 199)
Haneda Airport
 1996 Ed. (196)
 1998 Ed. (146)
 2021 Ed. (156)
Haneda Airport (Japan)
 2021 Ed. (156)
Haneda International Airport
 2021 Ed. (153)
 2022 Ed. (141, 145, 146)
 2023 Ed. (216, 220)
Haneda International Airport (Japan)
 2022 Ed. (146)
Haneda, Japan; Tokyo
 2009 Ed. (255, 4960)
 2010 Ed. (247)
Hanergy Holding Group
 2015 Ed. (2547)
Hanergy Thin Film Power Group
 2016 Ed. (2387)
 2017 Ed. (2236)
Hanes
 1991 Ed. (2649)
 1992 Ed. (1208, 1209, 1210, 2445)
 1993 Ed. (983, 984, 985, 986, 987, 994, 995)
 1994 Ed. (1010, 1011, 1012, 1013, 1014, 1026, 1027)
 1995 Ed. (1022, 1023, 1034, 1035)
 1996 Ed. (1001, 1002, 1004, 1005, 1019)
 1997 Ed. (1020, 1021, 1023, 1024, 1026, 1027, 1039)
 1998 Ed. (760, 761, 763, 764, 765, 766, 774)
 1999 Ed. (1191, 1192, 1193, 1194, 1195, 1196, 1203)
 2000 Ed. (1112, 1114, 1116, 1122)
 2001 Ed. (1276)
 2002 Ed. (1082)
 2005 Ed. (1017)
 2006 Ed. (1015, 1016, 1017, 1023, 3284)
 2007 Ed. (1100, 1101, 1103, 1104, 1112, 3351)
 2008 Ed. (982, 983, 984, 985, 991, 3447)
 2009 Ed. (974)
 2010 Ed. (933, 937)
 2012 Ed. (815, 816, 817, 3466)
 2016 Ed. (2982, 2983)
 2017 Ed. (2943, 2944)
 2018 Ed. (3057, 3058)
 2023 Ed. (3511)
Hanes Brands
 2019 Ed. (43)
Hanes Brands Inc.
 2022 Ed. (928)
Hanes Brands Inc. (U.S.)
 2022 Ed. (928)
Hanes Comfort Blend
 2016 Ed. (2983)
 2017 Ed. (2944)
 2018 Ed. (3058)
Hanes Her Way
 1997 Ed. (1824)
Hanes Premium
 2016 Ed. (2983)
 2017 Ed. (2944)
 2018 Ed. (3058)
Hanes Silk Reflections
 1992 Ed. (2445)
 2023 Ed. (3510, 3511)
Hanes Too
 1992 Ed. (2445)
HanesBrands
 2016 Ed. (2984, 2985)
 2017 Ed. (2945, 2946)
 2018 Ed. (3059, 3060)
 2021 Ed. (50)
 2022 Ed. (47)
 2023 Ed. (92, 1940, 3636)

Hanesbrands
 2013 Ed. (898, 998)
 2014 Ed. (2553)
 2017 Ed. (943, 3712)
 2018 Ed. (878, 1326)
 2019 Ed. (887)
 2020 Ed. (870, 1813)
 2021 Ed. (1319)
 2023 Ed. (1082)
HanesBrands Inc.
 2018 Ed. (27, 30, 35)
 2019 Ed. (23, 26)
Hanesbrands Inc.
 2008 Ed. (991, 4669, 4670)
 2009 Ed. (974, 4708, 4709)
 2010 Ed. (937, 942, 4479, 4724, 4725, 4726)
 2011 Ed. (874, 4414, 4682, 4683, 4685)
 2012 Ed. (830, 2454, 4477, 4696, 4697, 4698, 4699)
 2013 Ed. (31, 34, 1007, 3011, 4439, 4657, 4658, 4659, 4660)
 2014 Ed. (26, 30, 35, 972, 3020, 4471, 4709, 4710, 4711, 4712)
 2015 Ed. (29, 33, 38, 994, 1006, 3087, 4721, 4722, 4723, 4724)
 2016 Ed. (29, 32, 37, 899, 904, 906, 1904, 1907, 3447, 4623, 4624, 4625, 4626)
 2017 Ed. (26, 29, 34, 946, 952, 953, 1870, 1875, 1876, 1880, 3404, 4641, 4642)
 2018 Ed. (881, 883, 889, 897, 3013, 3471, 4636, 4638)
 2019 Ed. (886, 2954, 3440, 4652, 4653)
 2020 Ed. (871, 873, 3437)
 2021 Ed. (883, 3455)
 2022 Ed. (914, 1813, 3513)
 2023 Ed. (1094)
hanes.com
 2001 Ed. (2975, 2983)
Haney (Transamerica Corp.); James R.
 1991 Ed. (2156)
Haney Truck Line
 2019 Ed. (4737)
Hanfeng Evergreen
 2007 Ed. (1623)
 2011 Ed. (4404)
Hanford, CA
 2007 Ed. (1159, 3369)
 2008 Ed. (1052, 3467)
 2009 Ed. (1025)
 2010 Ed. (991)
 2011 Ed. (919, 2413, 3480)
 2021 Ed. (718)
Hanford Paper Co.
 2007 Ed. (1862)
Hang Chi Holdings
 2022 Ed. (1587)
Hang; Luciano
 2021 Ed. (4828)
 2023 Ed. (4816)
Hang Lung Bank
 1989 Ed. (553)
Hang Lung Group
 2012 Ed. (4197)
 2013 Ed. (4179)
 2014 Ed. (4196)
 2015 Ed. (4176)
 2016 Ed. (4093)
 2017 Ed. (4069)
 2018 Ed. (4098)
 2019 Ed. (4105)
 2020 Ed. (4116)
Hang Lung Properties Ltd.
 2011 Ed. (4161)
 2012 Ed. (4202)
 2013 Ed. (4196)
Hang Seng
 2008 Ed. (4501)
Hang Seng Bank
 1990 Ed. (588)
 1991 Ed. (1302, 1930)
 1992 Ed. (696, 1635, 2438, 2444)
 1993 Ed. (498, 1329, 1330, 2060)
 1994 Ed. (501, 1385, 1402, 2077, 2078)
 1995 Ed. (485, 1410, 1412, 1413, 2128, 2130, 3514)
 1996 Ed. (529, 555, 1371, 1373, 1374, 1375, 2136, 2137, 2141, 2143)
 1997 Ed. (1424, 1426, 2247, 2248)
 1999 Ed. (470, 535, 1566, 1567, 1571, 1573, 1576, 1577, 1647, 1649, 2715, 2716)
 2000 Ed. (463, 547, 1447, 1449, 2493, 2494)
 2001 Ed. (1724, 1725)
 2002 Ed. (1580, 1665, 4421, 4422)
 2003 Ed. (1690)
 2006 Ed. (1752, 2896)
 2010 Ed. (1679)
 2012 Ed. (1545)
 2013 Ed. (381)
 2014 Ed. (392)
 2015 Ed. (448)
 2016 Ed. (403)
 2017 Ed. (405, 410)
 2018 Ed. (369, 376, 499)

2019 Ed. (373, 380, 514)
2020 Ed. (368, 374, 497)
2021 Ed. (420, 1365, 1566)
2022 Ed. (434)
2023 Ed. (588, 594)
Hang Seng Bank (Hong Kong)
  2021 Ed. (420)
  2022 Ed. (434)
Hang Seng Bank Ltd.
  2017 Ed. (2404)
Hang Seng China Enterprises
  2008 Ed. (4502)
Hang Seng Finance
  1989 Ed. (1779)
  1990 Ed. (2314)
Hang Seng Investment Management
  2001 Ed. (2882)
Hang; Xu
  2021 Ed. (4842)
  2022 Ed. (4836)
  2023 Ed. (4831)
Hangar 18 D.O.O.
  2017 Ed. (1525)
HANGAR12
  2019 Ed. (3477)
  2020 Ed. (3455)
  2021 Ed. (3475)
  2022 Ed. (3532)
  2023 Ed. (3653)
Hangcha Group
  2020 Ed. (2766)
  2021 Ed. (2640)
  2022 Ed. (2767)
  2023 Ed. (2900)
Hangcha Group Co.
  2016 Ed. (4762)
  2017 Ed. (4770)
Hangcha Group Co., Ltd.
  2019 Ed. (4770)
  2020 Ed. (4756)
  2021 Ed. (4754)
  2022 Ed. (4755)
  2023 Ed. (4742)
Hanger
  2014 Ed. (3604)
Hanger Inc.
  2016 Ed. (2045)
Hanger One
  1995 Ed. (193)
Hanger One Multi Family
  2023 Ed. (972)
Hanger Orthopedic Group Inc.
  1993 Ed. (1191)
  2006 Ed. (2785)
  2007 Ed. (2786)
  2008 Ed. (2912)
Hangers
  2002 Ed. (2054)
  2003 Ed. (893, 2118)
Hangers Cleaners Inc.
  2005 Ed. (2258)
Hangon Makaronitehdas
  2020 Ed. (1523, 4167)
The Hangover
  2011 Ed. (3704)
The Hangover Part II
  2013 Ed. (3770, 3771, 3772)
Hangzhou
  2001 Ed. (3856)
Hangzhou, China
  2006 Ed. (1012)
  2007 Ed. (1098)
  2011 Ed. (3482)
Hangzhou Everfine Photo-E-Info
  2014 Ed. (4435)
Hangzhou Hik Vision Digital Technology
  2014 Ed. (2421)
  2015 Ed. (2495)
  2016 Ed. (2427)
  2017 Ed. (2272)
Hangzhou Onechance Tech
  2022 Ed. (1381, 1474)
Hangzhou Robam Appliances
  2017 Ed. (1395)
  2018 Ed. (1370)
  2019 Ed. (1408)
Hangzhou Steam Turbine
  2007 Ed. (1589)
  2009 Ed. (1490)
Hangzhou Tigermed Consulting
  2021 Ed. (1368)
Hangzhou Tuya Information Technology Co., Ltd.
  2021 Ed. (2780)
Hangzhou Tuya Information Technology Co., Ltd. (China)
  2021 Ed. (2780)
Hangzhou Wahaha Group
  2005 Ed. (29)
  2012 Ed. (33)
  2014 Ed. (53)
  2018 Ed. (2508)
Hangzhou Wahaha Group Co., Ltd.
  2020 Ed. (2704)
  2022 Ed. (592)
Haniel & Cie. GmbH; Franz
  1993 Ed. (3696)
  1994 Ed. (3661)
  1995 Ed. (3731)
Haniel Family
  1993 Ed. (698)
  1995 Ed. (664)
Hanifen Imhoff Inc.
  2001 Ed. (867, 960)
Hanil Bank
  1989 Ed. (596)
  1990 Ed. (620)
  1991 Ed. (584)
  1992 Ed. (605, 750, 751, 1665, 2821, 2822)
  1993 Ed. (426, 548, 2383, 2384)
  1994 Ed. (548, 2345)
  1995 Ed. (523)
  1996 Ed. (578)
  1997 Ed. (466, 517, 534)
  1998 Ed. (350)
  1999 Ed. (519, 546, 569, 2890)
  2000 Ed. (529, 581)
Hanin Credit Union
  2012 Ed. (2019)
  2013 Ed. (2212)
  2014 Ed. (2143)
  2015 Ed. (2207)
  2016 Ed. (2178)
Hanjay Mandala Sampoerna
  1993 Ed. (2156)
Hanjaya Mandala Sampoerna
  1997 Ed. (1431)
  1999 Ed. (1656)
  2000 Ed. (1465)
  2006 Ed. (1770)
  2017 Ed. (2406)
Hanjaya Mandala Sampoerna; PT
  2016 Ed. (4663)
  2017 Ed. (4672)
  2018 Ed. (4661)
  2019 Ed. (4674)
Hanjin
  1990 Ed. (1534)
  1992 Ed. (1661, 3951)
  1993 Ed. (977)
  1999 Ed. (1889)
  2002 Ed. (4268, 4270, 4271)
  2003 Ed. (1228, 2425, 2426)
  2004 Ed. (1231)
Hanjin Engineering & Construction Co. Ltd.
  1999 Ed. (1408)
Hanjin Group
  2022 Ed. (133, 2600)
Hanjin Heavy Industries & Construction Co., Ltd.
  2009 Ed. (859, 2393, 4784)
  2012 Ed. (4765)
Hanjin/Senator
  2009 Ed. (4789)
  2010 Ed. (4806)
Hanjin Shipping
  1993 Ed. (3298)
  1997 Ed. (1147)
  1998 Ed. (931, 3293)
  1999 Ed. (207, 4299, 4301)
  2000 Ed. (230)
  2001 Ed. (1777)
  2004 Ed. (2557, 2558, 2559, 2560)
  2011 Ed. (4755)
  2012 Ed. (4775)
  2013 Ed. (4721, 4738)
  2014 Ed. (4774, 4787)
  2015 Ed. (4802, 4818, 4819, 4820, 4821)
  2016 Ed. (4721, 4722, 4723, 4724)
  2017 Ed. (4738, 4739, 4740, 4741)
  2018 Ed. (4727)
Hanjin Shipping Company
  2000 Ed. (4013)
Hanjin Shipping Co., Ltd.
  2017 Ed. (2489)
Hanjin Shipping Holdings
  2013 Ed. (4721)
Hank Aaron Automotive Group
  2005 Ed. (169)
  2007 Ed. (189)
Hank B. Swartout
  2007 Ed. (2507)
  2008 Ed. (2637)
Hank & Doug Meijer
  2021 Ed. (4812)
  2022 Ed. (4805)
Hank Greenberg
  2004 Ed. (2486)
  2005 Ed. (788)
  2006 Ed. (689)
Hank Hermann
  2008 Ed. (958)
  2009 Ed. (960)
  2010 Ed. (913)
  2011 Ed. (858)
  2012 Ed. (808)
  2013 Ed. (988)
  2014 Ed. (946)
Hank & Doug Meijer
  2023 Ed. (4798)
Hank Meijer
  2014 Ed. (4853)
  2015 Ed. (4890)
  2016 Ed. (4808)
  2017 Ed. (4820)
  2018 Ed. (4825)
  2019 Ed. (4821)
  2020 Ed. (4811)
Hank Meyer Associates
  1992 Ed. (3579)
Hank Williams Jr.
  1991 Ed. (844)
  1993 Ed. (1079)
  1997 Ed. (1113)
  1999 Ed. (1294)
Hank Williams Jr. & Bama Band
  1990 Ed. (1143)
Hank Williams Jr. & The Bama Band
  1992 Ed. (1351)
Hank Williams Jr. & The Bama Band, Tanya Tucker
  1991 Ed. (1040)
Hankamer School of Business; Baylor University
  2010 Ed. (734)
Hankey; Don
  2015 Ed. (4886)
  2016 Ed. (4804)
  2017 Ed. (4816)
  2018 Ed. (4821)
Hankins; Anthony P.
  2008 Ed. (2630)
Hankla; James
  1991 Ed. (2546)
  1992 Ed. (3136)
  1993 Ed. (2638)
  1995 Ed. (2668)
Hankla; James C.
  1990 Ed. (2657)
Hankook
  1997 Ed. (3751)
  2001 Ed. (4542)
  2006 Ed. (4742, 4747, 4748)
  2008 Ed. (4680)
  2009 Ed. (4719, 4720)
  2012 Ed. (4708, 4709, 4710, 4711)
  2013 Ed. (4666, 4667, 4672, 4673, 4674)
  2014 Ed. (4719, 4720, 4721)
  2015 Ed. (4731, 4732, 4737, 4738, 4739)
  2016 Ed. (4632, 4633, 4638, 4639, 4640)
  2017 Ed. (4652, 4653, 4654)
  2018 Ed. (4645, 4646)
  2019 Ed. (4661, 4662, 4663)
  2020 Ed. (4626, 4628, 4629, 4630)
  2021 Ed. (660, 4639, 4641, 4642, 4643, 4647)
  2022 Ed. (4656, 4657, 4660)
  2023 Ed. (4650)
Hankook Steel
  1999 Ed. (4167)
Hankook Tire
  2015 Ed. (2395, 4742)
  2016 Ed. (4644)
  2018 Ed. (282, 2545, 4650)
  2019 Ed. (4667)
  2020 Ed. (4633)
  2021 Ed. (4647)
  2022 Ed. (4660)
Hankook Tire America Corp.
  2007 Ed. (4758)
  2008 Ed. (4681)
  2009 Ed. (4722)
  2012 Ed. (4713)
  2013 Ed. (4665)
  2014 Ed. (4717)
  2015 Ed. (4729)
  2016 Ed. (4631)
  2017 Ed. (4647)
  2018 Ed. (4643)
Hankook Tire Co.
  2013 Ed. (813, 4675)
  2014 Ed. (4723)
  2015 Ed. (3530, 4741)
  2016 Ed. (4643)
  2017 Ed. (4657)
  2018 Ed. (4649)
  2019 Ed. (4666)
  2020 Ed. (4632)
  2021 Ed. (4646)
  2022 Ed. (4659)
Hankook Tire Co., Ltd.
  2006 Ed. (4749)
  2007 Ed. (876, 2261, 3973, 4756)
  2008 Ed. (4678)
  2009 Ed. (4721)
  2012 Ed. (4385, 4712)
  2013 Ed. (259, 4354)
  2014 Ed. (4403)
  2016 Ed. (4642)
  2017 Ed. (4656)
  2018 Ed. (4648, 4652, 4653)
  2019 Ed. (4665)
Hankook Tire & technology Group
  2023 Ed. (2741)
Hanks; Tom
  2005 Ed. (2443, 2444)
  2008 Ed. (2579)
  2009 Ed. (2605, 2613)
  2010 Ed. (2508)
  2011 Ed. (2510)
  2012 Ed. (2431)
  2013 Ed. (2597)
  2014 Ed. (2526)
Hankuk
  1995 Ed. (2313)
Hankuk Carbon
  2010 Ed. (1984)
  2011 Ed. (2045)
Hankuk Paper Manufacturing
  2001 Ed. (1777)
Hankyu
  2007 Ed. (4836)
Hankyu Department Stores
  2005 Ed. (4128)
Hankyu Express International Co.
  2012 Ed. (37)
Hankyu Hanshin
  2012 Ed. (4182)
  2013 Ed. (4163)
  2016 Ed. (4727)
  2017 Ed. (4746)
  2021 Ed. (3388)
Hankyu Hanshin Holdings
  2014 Ed. (4181)
  2015 Ed. (4162)
  2016 Ed. (4075)
  2017 Ed. (4050)
  2018 Ed. (4074)
  2019 Ed. (4069)
  2020 Ed. (4079)
Hanla IMS
  2012 Ed. (1894)
Hanley; Thomas
  1989 Ed. (1418)
  1991 Ed. (1673)
  1992 Ed. (2138)
  1993 Ed. (1774, 1779)
  1994 Ed. (1762, 1763, 1833, 1834)
  1995 Ed. (1798, 1804, 1805)
  1996 Ed. (1778, 1779)
  1997 Ed. (1853, 1854)
Hanley Wood LLC
  2010 Ed. (3512)
Hanlin
  2022 Ed. (635)
Hanlog OY
  2016 Ed. (1555)
HanM Transportation
  2019 Ed. (4702)
HanM Transportation Management Services
  2020 Ed. (4668)
Hanmi Bank
  1995 Ed. (3394)
  1996 Ed. (3459)
  2000 Ed. (4056)
  2002 Ed. (3552, 3554, 3555, 3556, 3557, 4296)
  2009 Ed. (495)
  2011 Ed. (405)
  2012 Ed. (388)
  2023 Ed. (509)
Hanmi Financial Corp.
  2003 Ed. (516, 518)
  2014 Ed. (556)
Hanmi Global Co. Ltd.
  2023 Ed. (1452, 1453)
Hanmi Pharmaceutical
  2009 Ed. (2050, 4018)
Hanmi Semiconductor
  2009 Ed. (2050, 4417)
  2023 Ed. (2014)
HanmiGlobal
  2021 Ed. (1215)
Hanmiparsons
  2010 Ed. (1983)
Hanna Andersson
  2013 Ed. (890)
Hanna-Barbera
  1995 Ed. (3401)
Hanna Holdings
  2017 Ed. (4059)
  2019 Ed. (4077, 4081, 4085, 4087)
  2020 Ed. (4086, 4090, 4094, 4095, 4096, 4097, 4099, 4100)
  2021 Ed. (4049, 4050, 4053, 4054, 4057, 4058, 4059, 4061, 4062, 4064)
  2022 Ed. (4064, 4068, 4069, 4072, 4073, 4074, 4075, 4076, 4077, 4078, 4080)
Hanna Holdings / Allen Tate
  2021 Ed. (4050, 4054)
  2022 Ed. (4064, 4068, 4069, 4072, 4077)
Hanna Holdings/Allen Tate
  2021 Ed. (4057, 4058, 4059, 4062, 4063, 4064)
  2022 Ed. (4073, 4074, 4075, 4076, 4078, 4079, 4080)
Hanna Holdings Inc.
  2023 Ed. (4169, 4171, 4172, 4173, 4174, 4175, 4176, 4177, 4768)
Hanna Holdings, Inc.
  2018 Ed. (4083, 4084)
  2019 Ed. (4086, 4088)
  2020 Ed. (4098, 4101)
  2021 Ed. (4060, 4063)
  2022 Ed. (4079)
Hanna Holdings, Inc./Allen Tate
  2021 Ed. (4060)
Hanna Insurance (Vermont) Ltd.
  1990 Ed. (907)
  1991 Ed. (856)

CUMULATIVE INDEX • 1989-2023

1993 Ed. (853)
1994 Ed. (867)
1995 Ed. (909)
Hanna; M. A.
  1992 Ed. (3745)
  1993 Ed. (3054, 3055)
  1994 Ed. (1261, 3117, 3118)
  1995 Ed. (972, 1308, 3167, 3168, 3524, 3527)
  1996 Ed. (3262, 3263)
  1997 Ed. (972, 3361, 3362)
Hannaford Bros. Co.
  1989 Ed. (2778)
  1991 Ed. (3113, 3252, 3254)
  1992 Ed. (490, 4163, 4164)
  1993 Ed. (3486)
  1994 Ed. (3459, 3461)
  1996 Ed. (1278, 1414, 3606, 3613)
  1997 Ed. (1473, 3660, 3667, 3673, 3674, 3675)
  1998 Ed. (1173, 3443, 3444, 3452, 3453)
  1999 Ed. (1699, 4515)
  2000 Ed. (1509)
  2001 Ed. (1782, 1783, 4416, 4420, 4421)
  2003 Ed. (1749, 1750)
  2004 Ed. (1785, 1786, 4638)
  2005 Ed. (1851, 1852)
  2006 Ed. (1858, 1859)
  2007 Ed. (1862, 1863, 2897, 4622)
  2008 Ed. (1896, 1897)
  2009 Ed. (1859, 1860, 4302, 4931)
  2010 Ed. (1791, 1792)
  2011 Ed. (1816)
  2012 Ed. (1674)
  2013 Ed. (1825, 1827, 2368)
  2014 Ed. (1753, 1756)
  2015 Ed. (1798)
  2016 Ed. (1752)
  2017 Ed. (1726)
  2018 Ed. (1679)
  2020 Ed. (1688)
Hannaford Brothers
  1990 Ed. (3494)
  2001 Ed. (4419)
  2004 Ed. (4643)
Hannaford Supermarkets
  2017 Ed. (1811)
  2018 Ed. (1783)
  2019 Ed. (1840)
  2020 Ed. (1781)
  2021 Ed. (1750)
  2022 Ed. (1782)
  2023 Ed. (1914)
Hannah; David H.
  2010 Ed. (893)
Hannah Montana: Keeping Secrets
  2010 Ed. (561)
Hannan; Brian
  1997 Ed. (980)
Hannan; Sean K. F.
  2011 Ed. (3349)
Hannes & Co.; J.J.
  1992 Ed. (2166)
Hanni Toosbuy Kasprzak
  2014 Ed. (4882)
  2015 Ed. (4920)
  2016 Ed. (4836)
  2017 Ed. (4844)
  2018 Ed. (4851)
  2019 Ed. (4846)
Hannibal
  2001 Ed. (984)
  2003 Ed. (720, 3453, 3454)
Hannibal Rising
  2008 Ed. (552)
Hanniel & CIE GmbH; Franz
  1996 Ed. (3829)
Hannity; Sean
  2007 Ed. (4061)
  2017 Ed. (2384)
Hannoch Weisman
  1990 Ed. (2423)
  1991 Ed. (2289)
  1992 Ed. (2843)
  1993 Ed. (2401)
  1994 Ed. (2354)
  1995 Ed. (2419)
  1997 Ed. (2599)
Hannoch Weisman, Roseland
  1989 Ed. (1884)
Hannock Weisman
  1998 Ed. (2331)
Hannon Armstrong
  2023 Ed. (1840)
Hannon Armstrong Sustainable Infrastructure Capital Inc.
  2017 Ed. (1733)
  2018 Ed. (1684)
  2019 Ed. (1749)
  2021 Ed. (1672)
Hannoush Jewelers
  2005 Ed. (902)
Hannover/Eisen & Stahl Reinsurance Co.
  1993 Ed. (2994)
  1995 Ed. (3088)
  1997 Ed. (3293)
Hannover/Elsen & Stahl Reinsurance Co.
  1994 Ed. (3042)

Hannover Life Re
  2002 Ed. (1589)
Hannover Life Reassur America
  2023 Ed. (3334, 3337)
Hannover Life Reassurance America
  2019 Ed. (3223, 3226, 3228)
  2020 Ed. (3238, 3241, 3243)
  2021 Ed. (3104, 3107, 3109)
  2022 Ed. (3245, 3248, 3250)
Hannover Re
  2001 Ed. (2956, 2957, 2961)
  2021 Ed. (3079)
  2022 Ed. (3210)
  2023 Ed. (3304)
hannover re
  2021 Ed. (621, 3008)
Hannover Reinsurance Corp.
  2004 Ed. (3142, 3143, 3144)
  2005 Ed. (3150, 3153, 3154)
  2006 Ed. (3150, 3151, 3154)
  2007 Ed. (3187, 3188)
  2008 Ed. (3332)
  2009 Ed. (3405, 3407)
  2010 Ed. (3340, 3342)
  2011 Ed. (3297, 3301)
  2012 Ed. (3176, 3280, 3284)
  2013 Ed. (3249, 3354, 3358)
  2014 Ed. (3371)
  2015 Ed. (3402, 3404)
  2016 Ed. (3275, 3279)
  2017 Ed. (3236)
  2019 Ed. (3272)
Hannover Reinsurance/Eisen und Stahl
  1992 Ed. (3660)
Hannover Reinsurance Eisen & Stahl Reinsurance Group
  1996 Ed. (3188)
Hannover Reinsurance Group
  1999 Ed. (4034, 4035, 4036, 4037)
  2000 Ed. (3749)
  2002 Ed. (2972, 2973, 2974)
Hannover Reinsurance Group 2
  2000 Ed. (3752)
Hannover Reinsurance SE
  2020 Ed. (3270, 3273)
  2021 Ed. (3134, 3137)
Hannover Ruck
  1991 Ed. (2132)
Hannover Rück SE
  2021 Ed. (3136)
  2022 Ed. (3280)
Hannover Ruck SE
  2022 Ed. (3278, 3281)
  2023 Ed. (3368, 3371)
Hannover Ruckversicherung AG
  2012 Ed. (3174)
  2013 Ed. (3253)
  2014 Ed. (3273)
  2015 Ed. (3324)
  2016 Ed. (3178)
  2017 Ed. (3128)
Hannover Ruckversicherungs AG (Hannover Re)
  2001 Ed. (4038, 4040)
Hannover Rueckversicherung AG
  2012 Ed. (3279)
  2013 Ed. (3353)
  2014 Ed. (3369)
  2016 Ed. (3277)
  2017 Ed. (3234)
  2020 Ed. (3272)
Hannoversche Immobilien Treuhand
  2018 Ed. (4094)
Hannum, Wagle & Cline Engineering
  2009 Ed. (2530)
Hano Document Printers
  2000 Ed. (913)
Hanoi Alcohol Beer & Beverages Corp.
  2020 Ed. (167)
Hanon Systems
  2018 Ed. (1914)
  2021 Ed. (1855)
The Hanor Co.
  2004 Ed. (3927)
  2005 Ed. (3875)
  2006 Ed. (3938)
Hanover
  1995 Ed. (2268)
  1997 Ed. (3782)
  2014 Ed. (4823)
  2015 Ed. (4859)
  2016 Ed. (4767)
  2017 Ed. (2734, 3084, 4778)
  2022 Ed. (2827, 3221)
  2023 Ed. (2943, 2948, 2950, 2952, 2953)
Hanover College
  2010 Ed. (1012)
Hanover Co.
  2017 Ed. (1145)
Hanover Compressor Co.
  2004 Ed. (3327, 3328)
  2005 Ed. (3353)
Hanover Consumer Cooperative Society Inc.
  2019 Ed. (1818)
Hanover Direct Inc.
  1994 Ed. (873, 1927)
  1996 Ed. (885, 886, 3432)

1997 Ed. (3518)
1998 Ed. (162, 3303)
1999 Ed. (4313)
2000 Ed. (290)
2002 Ed. (307)
2003 Ed. (869)
2004 Ed. (891, 892, 893)
2005 Ed. (877, 878, 879)
2011 Ed. (3014)
2012 Ed. (2941)
2013 Ed. (3030)
2014 Ed. (3043)
2015 Ed. (3109)
Hanover Fairgrounds
  1992 Ed. (1443)
Hanover Family Builders
  2022 Ed. (1526, 1534)
Hanover Foods Corp.
  2001 Ed. (2477)
  2002 Ed. (3558)
  2014 Ed. (2774, 2783, 2795)
  2015 Ed. (2829)
  2016 Ed. (2761)
  2017 Ed. (2736, 2739)
  2018 Ed. (2790, 2793)
  2019 Ed. (2767, 2771)
  2020 Ed. (2804)
  2021 Ed. (2676, 2679)
  2022 Ed. (2830)
  2023 Ed. (2946)
Hanover Gold
  2000 Ed. (2338)
Hanover House
  1990 Ed. (2114)
  1991 Ed. (869)
Hanover Inn
  1990 Ed. (2066)
  2000 Ed. (2541)
Hanover Inn At Dartmouth College
  1991 Ed. (1949)
  1992 Ed. (2484)
  1993 Ed. (2092)
  1995 Ed. (2160)
  1996 Ed. (2173)
  1997 Ed. (221, 2287)
  1998 Ed. (2008)
  1999 Ed. (2763)
Hanover Inn at Dartmouth
  2005 Ed. (2930)
Hanover Insurance Co.
  1989 Ed. (1732, 1733)
  1990 Ed. (1792, 2253, 2254)
  1991 Ed. (1722, 2127, 2128)
  1992 Ed. (2683)
  1996 Ed. (2267)
  2001 Ed. (4032)
Hanover Insurance Group
  2007 Ed. (1554)
  2011 Ed. (1842)
  2012 Ed. (1686)
  2013 Ed. (3334)
  2017 Ed. (3214)
The Hanover Insurance Group
  2017 Ed. (3115)
The Hanover Insurance Group Inc.
  2020 Ed. (3168)
Hanover Insurance Group Property & Casualty Cos.
  2020 Ed. (3176)
  2021 Ed. (3041)
Hanover, NH
  1994 Ed. (2165)
  1999 Ed. (1152, 2829)
  2000 Ed. (1066, 2610)
  2002 Ed. (1057, 1060)
  2004 Ed. (2986)
Hanover; NY Tax-Free Money Market
  1993 Ed. (2686)
Hanover Reinsurance Group
  1998 Ed. (3040)
Hanover Ruck SE
  2023 Ed. (3370)
Hanover The Gold Line
  2022 Ed. (2833, 2835, 2839, 2845)
  2023 Ed. (2951)
Hanover The Silver Line
  2022 Ed. (2833, 2835)
Hanrahan; Paul
  2009 Ed. (955)
  2010 Ed. (908)
Hans Adam II
  2004 Ed. (4878)
  2005 Ed. (4880)
Hans-Adam II von und zu Liechtenstein
  2009 Ed. (2889)
Hans-Adam II von und zu Liechtenstein; Prince
  2007 Ed. (2703)
Hans Biomed
  2022 Ed. (1900)
Hans Brindfors
  1989 Ed. (164)
Hans-Dieter Klein
  1999 Ed. (2327)
  2000 Ed. (2113)
Hans Eggerstedt
  2000 Ed. (1052)

Hans G. Storr
  1997 Ed. (979)
Hans and Gad Rausing
  1991 Ed. (709)
  1993 Ed. (698)
Hans Hagen Homes
  2002 Ed. (1200)
Hans Kaufman
  1999 Ed. (2429)
  2000 Ed. (2189)
Hans Kissle
  2021 Ed. (4270)
  2022 Ed. (4279)
  2023 Ed. (4312)
Hans Melchers
  2012 Ed. (4890)
  2013 Ed. (4891)
  2014 Ed. (4904)
  2015 Ed. (4944)
  2016 Ed. (4859)
  2017 Ed. (4863)
  2018 Ed. (4872)
  2019 Ed. (4866)
  2020 Ed. (4855)
  2021 Ed. (4855)
  2022 Ed. (4851)
  2023 Ed. (4846)
Hans-Peter Ast
  1999 Ed. (2429)
Hans Rausing
  1992 Ed. (888)
  1994 Ed. (708)
  1997 Ed. (673)
  2003 Ed. (4892)
  2004 Ed. (4877)
  2005 Ed. (926, 4897)
  2007 Ed. (4923)
  2008 Ed. (4873)
  2009 Ed. (4898, 4917)
  2010 Ed. (4897, 4899, 4921)
  2011 Ed. (4884)
  2012 Ed. (4893)
  2013 Ed. (4911)
  2014 Ed. (4921)
  2015 Ed. (4961)
  2016 Ed. (4877)
  2017 Ed. (4877)
  2018 Ed. (4889)
  2019 Ed. (4881)
  2020 Ed. (4870)
Hans Sy
  2020 Ed. (4861)
  2021 Ed. (4861)
  2022 Ed. (4856)
  2023 Ed. (4851)
Hans Tung
  2020 Ed. (4763)
  2023 Ed. (4752)
Hans Tung (GGV Capital)
  2021 Ed. (4762)
Hans W. Becherer
  1997 Ed. (1803)
Hansabank
  1997 Ed. (457)
  1999 Ed. (508)
  2000 Ed. (519)
  2007 Ed. (437, 444)
  2008 Ed. (407, 413)
  2009 Ed. (432, 433)
  2010 Ed. (407, 408)
  2011 Ed. (335)
Hansabank; AS
  2011 Ed. (334)
Hansabank Group
  2006 Ed. (436)
Hansabank-Latvija
  2002 Ed. (527)
Hansabanka Group
  2008 Ed. (468)
  2009 Ed. (490, 491)
  2010 Ed. (472, 473)
  2011 Ed. (399)
Hansapank
  1996 Ed. (494)
  1999 Ed. (507)
  2001 Ed. (606)
  2002 Ed. (527, 555, 4412, 4413)
  2003 Ed. (486)
  2005 Ed. (491)
  2006 Ed. (434, 435, 440, 4501)
Hansapank A/S
  2005 Ed. (3239)
Hansaton Akustische Gerate GmbH
  2015 Ed. (1457)
Hansberger Global Small Cap
  2001 Ed. (3489, 3490)
Hansberger Global Small Cap Sector
  2001 Ed. (3489, 3490)
Hansberger; James
  2020 Ed. (3295)
  2021 Ed. (3155)
  2023 Ed. (3388)
Hansberger Value Sector
  2001 Ed. (3489, 3490)
Hanscom Credit Union
  2009 Ed. (2224)
  2010 Ed. (2178)
  2011 Ed. (2196)

CUMULATIVE INDEX • 1989-2023

2012 Ed. (2056)
2013 Ed. (2237)
2014 Ed. (2169)
2015 Ed. (2233)
2016 Ed. (2204)
Hanscom Federal Credit Union
  2018 Ed. (2101)
  2020 Ed. (2080)
  2021 Ed. (2070)
  2022 Ed. (2105)
  2023 Ed. (2220)
Hanscraft, s.r.o.
  2018 Ed. (1497)
Hanseatic Corp. (S&P 500)
  1995 Ed. (1079)
Hansel Auto Group
  2015 Ed. (1497)
  2016 Ed. (1433)
  2017 Ed. (1445)
  2018 Ed. (1424)
  2019 Ed. (1463)
  2020 Ed. (1429)
  2021 Ed. (1428)
  2022 Ed. (1434)
  2023 Ed. (1627)
Hansell & Post
  1990 Ed. (2413)
  1991 Ed. (2279)
Hansells Food Group
  2015 Ed. (1928)
Hansen
  2001 Ed. (3516)
Hansen & Adkins Auto Transport
  2014 Ed. (4813)
  2015 Ed. (4848)
  2016 Ed. (4752)
  2017 Ed. (4763)
  2018 Ed. (4759)
  2019 Ed. (4739, 4762)
  2020 Ed. (4715, 4750)
  2021 Ed. (4720, 4730, 4748)
  2022 Ed. (4722, 4732, 4750)
  2023 Ed. (4714, 4734, 4740)
Hansen & Adkins Auto Transport Inc.
  2020 Ed. (4744)
  2021 Ed. (4742)
  2022 Ed. (4744)
  2023 Ed. (4728)
Hansen, Barnett & Maxwell
  2002 Ed. (15)
Hansen Brdrene Transport AS
  2009 Ed. (1962)
Hansen Inc.; William M. Mercer Meidinger
  1990 Ed. (1651)
Hansen, Jacobson, Teller, Hoberman, Newman, Warren & Richman
  2012 Ed. (3375)
Hansen Lind Meyer Inc.
  1989 Ed. (266)
  1990 Ed. (277)
  1991 Ed. (251)
  1992 Ed. (351, 354, 1954)
  1993 Ed. (241, 245, 1609)
  1994 Ed. (231, 234, 1642)
  1995 Ed. (233, 236, 1681)
  1996 Ed. (229)
  1997 Ed. (260)
Hansen Natural Corp.
  1996 Ed. (730, 731, 734, 735, 738, 739)
  1997 Ed. (663, 667, 671)
  1999 Ed. (714, 717, 723)
  2000 Ed. (724, 725, 731, 733)
  2007 Ed. (2718, 2735, 4395, 4533, 4571, 4587)
  2008 Ed. (2852, 4352)
  2009 Ed. (1850, 2903, 2907, 2915, 2916, 4451)
  2010 Ed. (571, 2851, 2857)
  2011 Ed. (2833)
  2012 Ed. (2763, 3519)
  2013 Ed. (578)
Hansen; Neal C.
  2005 Ed. (1103)
  2006 Ed. (1097, 1098)
Hansen-Rice Inc.
  2005 Ed. (1175)
  2006 Ed. (1171, 1172)
  2008 Ed. (1294)
  2010 Ed. (1147, 1148)
  2011 Ed. (1090, 1091)
  2014 Ed. (1145, 1146)
  2016 Ed. (1070, 1071)
  2017 Ed. (1100, 1101)
  2018 Ed. (1028)
  2019 Ed. (1036, 1037)
  2020 Ed. (1028, 1029)
Hansen; Sally
  1992 Ed. (1709, 1710)
  1994 Ed. (1472)
Hansen; Terrance
  1990 Ed. (2482)
Hansen; Thomas J.
  2010 Ed. (2564)
Hansen Transmissions International NV
  2009 Ed. (3590)
Hansen Yuncken
  2002 Ed. (3773)
  2004 Ed. (1154)

2016 Ed. (1382)
2019 Ed. (1040, 1422)
2020 Ed. (1031)
2021 Ed. (1004)
2022 Ed. (1047)
Hansens
  1998 Ed. (1777)
  2005 Ed. (4447)
Hansen's Energy
  2006 Ed. (4453)
  2007 Ed. (4510)
Hansen's Lost Energy
  2007 Ed. (4510)
Hansford County, TX
  1997 Ed. (1681)
Hansford Pontiac-GMC
  1991 Ed. (291)
Hansgrohe AG
  2012 Ed. (115)
Hanshin Securities
  1994 Ed. (3192)
  1996 Ed. (3390)
Hansjoerg Wyss
  2016 Ed. (4812)
Hansjorg Wyss
  2009 Ed. (4899)
  2010 Ed. (4898)
  2011 Ed. (4885)
  2012 Ed. (4894)
  2013 Ed. (4912)
  2014 Ed. (4922)
  2015 Ed. (4962)
  2016 Ed. (4878)
  2017 Ed. (4878)
  2018 Ed. (4890)
  2019 Ed. (4882)
  2020 Ed. (4871)
  2021 Ed. (4872)
  2022 Ed. (4868)
HANSOFT
  2002 Ed. (4435)
Hansol Chemical Co., Ltd.
  2014 Ed. (1692)
Hansol Paper Manufacturing
  2001 Ed. (1777)
Hanson Aggregates
  2005 Ed. (4167, 4525, 4526)
Hanson Aggregates North America
  2006 Ed. (4610)
Hanson Australia (Holdings)
  2004 Ed. (798)
Hanson Australia Holdings
  2016 Ed. (704)
Hanson Bricks Europe
  2001 Ed. (1235)
Hanson Bridgett
  2023 Ed. (3444)
Hanson Building Materials America
  2001 Ed. (1235)
  2002 Ed. (4088, 4510, 4511)
  2003 Ed. (4217, 4614, 4615)
  2004 Ed. (4239, 4592, 4594)
  2005 Ed. (4167, 4525, 4526, 4527)
Hanson Building Products North America
  2006 Ed. (4610)
Hanson (Cgf) Finance Ltd.
  1997 Ed. (1392)
Hanson Dodge Creative
  2014 Ed. (2453)
Hanson Holdings Inc.
  2007 Ed. (3512)
Hanson Industri Utama Tbk
  2002 Ed. (3032)
Hanson Industries
  1990 Ed. (3274)
  1992 Ed. (1111)
  1993 Ed. (1264, 2575, 2576)
  1994 Ed. (1429, 2524, 2525)
  1997 Ed. (2793)
Hanson Industries NA
  1990 Ed. (943, 945)
  1991 Ed. (904, 907)
  1992 Ed. (3082)
  1995 Ed. (1466, 2581, 2582)
Hanson; John Nils
  2007 Ed. (960)
Hanson Ltd.
  1989 Ed. (2017)
  1990 Ed. (1375, 1376, 1533, 3462)
  1992 Ed. (1486, 1609, 1626, 1629, 2935)
  1993 Ed. (232, 783, 1197, 1322, 1325, 2469, 2488, 3583)
  1994 Ed. (199, 1378, 2410, 2411, 2739)
  1995 Ed. (850, 912, 1403, 1406)
  1996 Ed. (829, 889, 1354, 2544, 2545, 2546)
  1997 Ed. (838, 1420, 1422, 2685, 2686)
  1999 Ed. (278, 954, 1640, 1641, 3263, 3604, 4612)
  2000 Ed. (4129)
  2005 Ed. (780)
  2006 Ed. (1205)
  2007 Ed. (1313)
  2009 Ed. (749)
Hanson Logistics
  2019 Ed. (4810)
  2022 Ed. (4794)
  2023 Ed. (4789)

Hanson Lumber
  1994 Ed. (799)
Hanson Medical Systems Inc.
  2017 Ed. (4943)
  2019 Ed. (4946)
  2020 Ed. (4948)
Hanson North America
  2001 Ed. (2503)
Hanson plc North America
  2007 Ed. (4594)
  2008 Ed. (4545)
Hanson plc
  1990 Ed. (2404, 2511)
  1991 Ed. (1147, 1168, 1296, 1297, 1298, 1299, 2264, 2355, 2380, 2897)
  1992 Ed. (2809, 3740)
  1995 Ed. (1220, 1258, 1422)
  1996 Ed. (1370, 2838, 3703)
  1997 Ed. (1419, 2938, 3759)
  1998 Ed. (162)
  2009 Ed. (4576)
Hanson Professional Services
  2016 Ed. (1557)
Hanson Professional Services Inc.
  2006 Ed. (2454)
  2011 Ed. (2454)
  2018 Ed. (2381)
  2019 Ed. (2425)
Hanson; Robert L.
  2014 Ed. (2595)
Hanson Tobacco
  1994 Ed. (3544)
  1997 Ed. (1392)
Hanson Trust
  1992 Ed. (1631)
  1993 Ed. (1326)
  1994 Ed. (1382)
  1995 Ed. (1408)
  1996 Ed. (1369)
Hanson Trust PLC
  1989 Ed. (32)
  1990 Ed. (1256)
Hanson Window & Siding
  2008 Ed. (3003)
Hansons Window & Siding
  2005 Ed. (2959)
  2011 Ed. (2990)
HanTing Hotel
  2020 Ed. (3049)
  2021 Ed. (2919)
  2022 Ed. (3037)
  2023 Ed. (3157)
Hanting Hotel
  2021 Ed. (2906)
  2023 Ed. (3144)
Hanvit Bank
  2001 Ed. (629, 2886)
  2002 Ed. (575, 600, 602, 603, 1921)
  2003 Ed. (533, 534, 535, 611)
Hanvit Securities
  2001 Ed. (1035)
Hanwa
  1990 Ed. (3050)
  1993 Ed. (3263)
  1997 Ed. (1359)
  2012 Ed. (4747)
Hanwa American Corp.
  2015 Ed. (1896, 4977)
Hanwa Co., Ltd.
  2013 Ed. (3691)
  2014 Ed. (3625)
  2015 Ed. (3638)
  2016 Ed. (3523)
  2017 Ed. (3496)
  2018 Ed. (3548)
  2019 Ed. (3540)
  2020 Ed. (3522)
Hanway; H. Edward
  2007 Ed. (1028)
  2008 Ed. (950)
  2009 Ed. (949, 3314)
  2010 Ed. (901, 3246)
Hanwei Energy Services
  2010 Ed. (1563)
Hanwei Group
  2023 Ed. (2422)
Hanwha
  2016 Ed. (2005)
  2017 Ed. (1963)
  2018 Ed. (1912)
  2019 Ed. (1962)
  2020 Ed. (1895, 2150, 2598)
  2021 Ed. (1857, 2146, 3097)
  2022 Ed. (1901, 2179, 3238)
  2023 Ed. (2015, 3327)
Hanwha Chemical Corp.
  2002 Ed. (1003)
  2007 Ed. (948, 1804, 1983, 1984, 4802)
  2008 Ed. (925, 1836, 1837, 1838, 1839, 1840, 1841, 1842, 1843, 2080, 2081)
  2009 Ed. (933, 1783, 1784, 1785, 1786, 1787, 1788, 1789, 1790, 1791, 2051)
  2010 Ed. (874)
  2011 Ed. (785, 2046)
  2012 Ed. (781, 1895)
  2013 Ed. (954, 2054)

Hanwha Corp.
  1999 Ed. (1889)
  2006 Ed. (1773, 2015)
  2012 Ed. (4746, 4748)
  2013 Ed. (1425, 4704)
  2014 Ed. (4756)
  2015 Ed. (4777, 4778)
  2016 Ed. (4681, 4682)
  2017 Ed. (4694, 4695)
  2018 Ed. (4682, 4683)
  2019 Ed. (4687, 4688)
  2020 Ed. (4653, 4654)
  2021 Ed. (2162, 2488)
  2022 Ed. (2192, 2600)
Hanwha Corporation
  2023 Ed. (2741)
Hanwha Life Insurance
  2022 Ed. (3216)
  2023 Ed. (3309)
Hanwha Life Insurance Co., Ltd.
  2015 Ed. (3367)
Hanwha Q CELLS USA
  2017 Ed. (4430)
  2020 Ed. (4428, 4441)
  2021 Ed. (4436, 4439)
Hanwha Q Cells USA
  2016 Ed. (4413)
  2017 Ed. (4424)
Hanwha Securities
  2001 Ed. (1035)
  2012 Ed. (1231)
Hanwha Solutions Corp.
  2023 Ed. (2017)
Hanwha Techwin
  2019 Ed. (4323, 4328, 4331)
  2020 Ed. (4315, 4319, 4322)
  2021 Ed. (4332, 4339)
  2022 Ed. (4340, 4343, 4346)
  2023 Ed. (4373, 4378)
Hanwha Techwin (South Korea)
  2022 Ed. (4343)
  2023 Ed. (4375)
Hanya Plastics
  2006 Ed. (4655)
Hanyang Eng
  2021 Ed. (1364, 1856)
HAP
  1999 Ed. (2649, 2650)
Hap Seng Consolidated
  2021 Ed. (1668)
Hapag-Lloyd
  1992 Ed. (3947, 3948, 3949, 3950)
  1997 Ed. (3792)
  2003 Ed. (2425)
  2004 Ed. (2557, 2559)
  2009 Ed. (4789)
  2010 Ed. (4806)
  2011 Ed. (4755)
  2012 Ed. (4775)
  2013 Ed. (4738)
  2014 Ed. (4787)
  2015 Ed. (4818, 4819, 4820, 4821)
  2016 Ed. (4721, 4722, 4723, 4724)
  2017 Ed. (4738, 4739, 4740, 4741)
  2018 Ed. (4724, 4725, 4726, 4727)
  2019 Ed. (4726, 4727, 4728)
  2020 Ed. (4698, 4699, 4700, 4701)
  2023 Ed. (4693, 4694, 4695)
Hapag-Lloyd AG
  2001 Ed. (319, 4620, 4624)
  2002 Ed. (4673)
  2004 Ed. (4799)
  2020 Ed. (2771)
  2021 Ed. (2644, 4705, 4706)
  2022 Ed. (2772, 4707, 4708)
Hapag-Lloyd Container Linie GmbH
  2001 Ed. (4624)
  2002 Ed. (4673)
  2004 Ed. (4799)
HAPO Community Credit Union
  2018 Ed. (2127)
  2021 Ed. (2047)
  2022 Ed. (2082, 2131)
  2023 Ed. (2249)
Hapo Community Credit Union
  2012 Ed. (2085)
  2013 Ed. (2273)
  2014 Ed. (2207)
  2015 Ed. (2271)
  2016 Ed. (2242)
  2020 Ed. (2109)
  2021 Ed. (2099)
Hapoalim; Bank
  2005 Ed. (549, 580)
  2006 Ed. (56, 473)
  2007 Ed. (486, 522, 1825)
  2008 Ed. (451, 1860)
  2009 Ed. (1815)
  2010 Ed. (1754)
  2011 Ed. (1768)
  2012 Ed. (1620)
  2013 Ed. (1778)
  2014 Ed. (1713)
  2015 Ed. (1756)
Happi Foodi
  2022 Ed. (2844)
  2023 Ed. (2956)

CUMULATIVE INDEX • 1989-2023

Happier IT
  2019 Ed. (3095)
Happiness Express
  1996 Ed. (2054, 2059, 2061, 3443, 3444, 3449, 3451)
Happy
  2001 Ed. (2528, 3705)
  2003 Ed. (2552)
  2008 Ed. (2120, 2125, 2127, 2129, 2130, 2131, 2132, 2134)
Happy Birthday, Princess!
  2014 Ed. (575)
Happy Cat
  1989 Ed. (2200)
  1990 Ed. (2816)
  1992 Ed. (3415)
  1993 Ed. (2822)
  1994 Ed. (2827, 2836)
  1996 Ed. (2998)
  1997 Ed. (3077)
  1999 Ed. (3787)
  2002 Ed. (3653)
Happy; Clinique
  2008 Ed. (2769)
Happy Co.
  2019 Ed. (3505)
The Happy Egg
  2022 Ed. (2243)
  2023 Ed. (2430)
Happy Ever After
  2012 Ed. (456)
Happy Feet
  2008 Ed. (3756)
  2009 Ed. (2367)
Happy Feet Two
  2014 Ed. (3702)
Happy Gilmore
  1998 Ed. (3675)
Happy, Happy, Happy
  2015 Ed. (646)
Happy Harry's
  1999 Ed. (1929)
  2002 Ed. (2030, 2035)
Happy & Healthy Products
  2015 Ed. (4377)
  2016 Ed. (797)
  2017 Ed. (856)
  2018 Ed. (791)
  2022 Ed. (4211)
Happy & Healthy Products Inc.
  2002 Ed. (2316)
  2003 Ed. (3164)
  2004 Ed. (3220)
  2006 Ed. (3233)
  2007 Ed. (4195)
  2008 Ed. (4231)
  2009 Ed. (4327)
Happy Joe's
  2002 Ed. (2251)
  2003 Ed. (2457)
  2004 Ed. (2586)
  2005 Ed. (2566)
Happy Tax Franchising
  2019 Ed. (4556)
Happy Valley
  2007 Ed. (272)
  2020 Ed. (3363)
  2023 Ed. (3499)
HappyBaby
  2013 Ed. (182, 2717, 4977)
HappyBaby/Happy Family Brands
  2014 Ed. (2702)
HappyFeet Legends International
  2013 Ed. (4037)
  2014 Ed. (3974)
  2015 Ed. (4017)
  2016 Ed. (3930)
  2017 Ed. (3899)
  2018 Ed. (3932)
HappyOrNot
  2018 Ed. (1525)
Happy's Pizza
  2013 Ed. (4231)
  2015 Ed. (4294)
Hapy Mayer
  2006 Ed. (2514)
Haque; Promod
  2005 Ed. (4817)
  2006 Ed. (4879)
Har-Bro Inc.
  2005 Ed. (2959)
  2006 Ed. (2955)
  2007 Ed. (2971)
  2008 Ed. (742, 743, 3096)
  2009 Ed. (3188)
Hara
  2011 Ed. (2538)
Harad; George
  2006 Ed. (2523)
Harald A. Moeller
  2004 Ed. (69)
  2005 Ed. (64)
  2006 Ed. (71)
  2007 Ed. (62)
Harald Grant
  2019 Ed. (4117)

Harald Link
  2021 Ed. (4874)
  2022 Ed. (4870)
Harald Tschira
  2018 Ed. (4855)
Harare
  2000 Ed. (3376)
Harare, Zimbabwe
  2010 Ed. (3503)
Harari; Eli
  2007 Ed. (2502)
  2011 Ed. (844)
Harbec Inc.
  2023 Ed. (4769)
Harbert Construction Co.
  1994 Ed. (1138)
Harbert International Construction; Bill
  1995 Ed. (1184)
  1996 Ed. (1162, 1166)
Harbert International LLC; B. L.
  2006 Ed. (1342)
Harbin
  2020 Ed. (579)
  2021 Ed. (539, 554, 555)
  2022 Ed. (562, 581, 583)
Harbin Bank
  2018 Ed. (490)
Harbin Bearing Group Co.
  2009 Ed. (861, 3590)
Harbin (China)
  2021 Ed. (555)
  2022 Ed. (583)
Harbin City Commercial Bank
  2011 Ed. (321)
Harbin Electric
  2013 Ed. (3145)
Harbin Electric International Co., Ltd.
  2019 Ed. (1263)
  2020 Ed. (1257)
Harbin Pharma Group
  2009 Ed. (37)
  2010 Ed. (47)
  2012 Ed. (33)
Harbinger
  2001 Ed. (2348)
  2019 Ed. (52, 2106)
Harbinger Capital Partners Flagship Fund
  2009 Ed. (2978)
Harbinger Futures
  1993 Ed. (1041)
Harbinger Group
  2013 Ed. (3892)
  2014 Ed. (3826)
  2015 Ed. (3848, 3851, 3853)
Harbinger Group Inc.
  2013 Ed. (3890)
Harbinger Partners
  2014 Ed. (1817)
Harbor Bancshares Corp.
  2017 Ed. (106)
  2018 Ed. (117)
  2019 Ed. (103)
  2020 Ed. (98)
  2021 Ed. (90)
  2022 Ed. (103)
Harbor Bancshares Corp. (The Harbor Bank of Maryland)
  2021 Ed. (90)
  2022 Ed. (103)
Harbor Bank of Maryland
  2017 Ed. (106)
  2018 Ed. (117)
  2019 Ed. (103)
  2020 Ed. (98)
  2021 Ed. (90)
  2022 Ed. (103)
The Harbor Bank of Maryland
  1998 Ed. (339)
  1999 Ed. (479)
  2000 Ed. (471)
  2002 Ed. (713)
  2003 Ed. (455)
  2004 Ed. (442)
  2005 Ed. (454)
  2006 Ed. (407)
  2007 Ed. (391)
  2008 Ed. (373)
  2009 Ed. (396)
  2010 Ed. (370)
  2011 Ed. (292)
Harbor Bond
  1992 Ed. (3154)
  1993 Ed. (2675)
  1997 Ed. (2887)
  1999 Ed. (745, 3537)
  2000 Ed. (757, 3253)
  2003 Ed. (691)
  2004 Ed. (722, 3657)
  2005 Ed. (701)
  2006 Ed. (3684)
  2011 Ed. (518)
  2012 Ed. (499)
  2013 Ed. (614)
  2014 Ed. (632)
Harbor Bond Institutional
  2004 Ed. (692)
  2006 Ed. (627)
  2007 Ed. (646)

2008 Ed. (595)
2009 Ed. (622)
2010 Ed. (593)
2011 Ed. (525)
Harbor Branch Oceanographic Institution
  1998 Ed. (1756)
  1999 Ed. (2502)
Harbor Capital
  1995 Ed. (2367)
  1996 Ed. (2407)
  1997 Ed. (2525, 2533)
Harbor Capital Advisors
  1993 Ed. (2334)
Harbor Capital Appreciated
  1997 Ed. (2865)
Harbor Capital Management
  1998 Ed. (2270)
Harbor Commodity Real Return Strategy
  2012 Ed. (3745)
  2013 Ed. (3818)
Harbor Compliance
  2020 Ed. (1862)
Harbor Construction Co. Inc.
  1999 Ed. (4810)
Harbor Court Hotel, Baltimore
  1990 Ed. (2080)
Harbor Federal Savings Bank
  1998 Ed. (3540)
  1999 Ed. (4599)
  2000 Ed. (4249)
  2002 Ed. (4622)
Harbor Foods Group
  2022 Ed. (2584)
  2023 Ed. (2728)
Harbor Freight
  1999 Ed. (1849)
Harbor Freight Tools
  1998 Ed. (1274)
  2014 Ed. (3010)
  2015 Ed. (3078, 4356)
  2017 Ed. (2924)
  2018 Ed. (2989)
  2020 Ed. (4285)
  2022 Ed. (1401, 4218, 4223)
  2023 Ed. (1596, 4261, 4265)
Harbor Freight Tools USA Inc.
  2015 Ed. (2929)
  2016 Ed. (2859)
  2020 Ed. (1421)
  2021 Ed. (1420)
  2022 Ed. (1427)
  2023 Ed. (1619)
Harbor FSB
  2005 Ed. (4178)
  2006 Ed. (4230)
  2007 Ed. (4244)
Harbor Fund International
  2001 Ed. (3444)
Harbor Funds
  2001 Ed. (3455)
Harbor Global Leaders Investment
  2020 Ed. (4495)
  2021 Ed. (4479)
Harbor Global Leaders Investor
  2021 Ed. (4478)
Harbor Group International
  2023 Ed. (245, 246)
Harbor Group International, LLC
  2022 Ed. (173, 174)
Harbor Industries Inc.
  1996 Ed. (3600)
  2002 Ed. (4514)
  2005 Ed. (4528)
  2007 Ed. (4595)
  2008 Ed. (4546)
  2009 Ed. (4079)
  2015 Ed. (3583)
Harbor International
  1993 Ed. (2692)
  1994 Ed. (2638)
  1995 Ed. (2693, 2699, 2714)
  1996 Ed. (2754, 2775)
  1997 Ed. (2875)
  1998 Ed. (2612)
  1999 Ed. (3517)
  2004 Ed. (3642, 4573)
  2012 Ed. (3747)
  2013 Ed. (3817)
  2014 Ed. (3742)
Harbor International Fund
  2003 Ed. (2363)
  2004 Ed. (3638)
Harbor International Growth
  1998 Ed. (2612)
  2000 Ed. (3237)
  2002 Ed. (2163)
  2004 Ed. (3650, 3651)
Harbor International Institutional
  2006 Ed. (3674, 3676)
  2011 Ed. (3739)
Harbor International Investment
  2005 Ed. (3573)
  2006 Ed. (4551)
  2008 Ed. (4506, 4507)
  2009 Ed. (4540)
  2010 Ed. (3736, 4576)
  2011 Ed. (4538)

Harbor International Small Cap Investor
  2023 Ed. (4523)
Harbor One Credit Union
  2008 Ed. (2238)
  2009 Ed. (2224)
  2010 Ed. (2178)
Harbor Overseas Investor
  2023 Ed. (4507)
Harbor Real Return Institutional
  2009 Ed. (620)
Harbor/San Diego
  1990 Ed. (3063)
Harbor Short Duration
  1996 Ed. (2767)
Harbor Small Cap Growth Investment
  2021 Ed. (4493)
Harbor Small Cap Value Institutional
  2007 Ed. (3673)
Harbor Specialty
  2001 Ed. (4035)
Harbor Trust Co.
  1990 Ed. (654)
Harbor Value
  1999 Ed. (3545)
Harbor Wholesale Foods
  2013 Ed. (1337)
  2018 Ed. (1275, 2531)
  2019 Ed. (2540)
  2021 Ed. (2473)
Harbor Wholesale Grocery Inc.
  1998 Ed. (977)
  2011 Ed. (1360)
  2012 Ed. (1224)
  2018 Ed. (2531)
  2019 Ed. (2540)
harborfreight.com
  2001 Ed. (2980)
HarborOne Bancorp
  2023 Ed. (462, 1849)
HarborOne Bank
  2021 Ed. (335)
  2022 Ed. (347)
HarborOne Credit Union
  2006 Ed. (2202)
  2007 Ed. (2123)
  2011 Ed. (2196)
  2012 Ed. (2056)
  2013 Ed. (2237)
  2014 Ed. (2169)
  2015 Ed. (1813, 2233)
HarborOne Mortgage
  2021 Ed. (4989)
Harborside Financial Center, Jersey City
  1990 Ed. (1178)
Harborstone Credit Union
  2002 Ed. (1899)
  2003 Ed. (1953)
  2004 Ed. (1993)
  2005 Ed. (2135)
  2006 Ed. (2230)
  2007 Ed. (2151)
  2008 Ed. (2266)
  2009 Ed. (2253)
  2010 Ed. (2206)
  2011 Ed. (2224)
  2012 Ed. (2085)
  2015 Ed. (2271)
  2016 Ed. (2242)
  2021 Ed. (2099)
Harborview Medical Center
  2002 Ed. (2605)
  2003 Ed. (2809)
  2005 Ed. (2899)
  2006 Ed. (2099)
  2007 Ed. (2055)
  2008 Ed. (2164)
  2009 Ed. (2145)
  2010 Ed. (2085)
  2013 Ed. (2161)
Harbour Contractors Inc.
  2006 Ed. (1271)
Harbour Food Service Equipment
  1996 Ed. (1956)
Harbour Group Ltd.
  2005 Ed. (3918)
  2006 Ed. (3992)
  2008 Ed. (4056)
Harbour Homes
  2003 Ed. (1212)
  2004 Ed. (1219)
  2005 Ed. (1243)
Harbourer Fund
  1996 Ed. (1059)
Harbourton Mortgage Co.
  1998 Ed. (2526)
HarbourVest
  2002 Ed. (4733)
HarbourVest Partners
  2003 Ed. (4844)
HARCO
  2006 Ed. (3505)
  2007 Ed. (3542, 3543, 4404)
  2008 Ed. (3701, 4375, 4956)
Harco Constructors LLC
  2011 Ed. (1090, 1091)
Harco Laboratories Inc.
  2012 Ed. (1441)

CUMULATIVE INDEX • 1989-2023

Harcon
　2007 Ed. (1336)
Harcourt
　2005 Ed. (730, 732)
　2006 Ed. (644)
Harcourt Brace
　1989 Ed. (1743)
　1990 Ed. (2273)
　1991 Ed. (2783)
Harcourt Brace Jovanovich
　1989 Ed. (2269, 2271, 2273, 2274, 2275)
　1990 Ed. (1583)
　1991 Ed. (1730)
　1992 Ed. (2168, 3590, 4060, 4072)
　1993 Ed. (1194, 1870, 3380, 3391)
　1999 Ed. (3650)
Harcourt Brace Jovanovich (U.S.)
　1991 Ed. (723)
Harcourt General Inc.
　1994 Ed. (1550, 3224, 3227, 3268)
　1995 Ed. (3038)
　1996 Ed. (1273, 3245)
　1997 Ed. (1279, 3220, 3348)
　1998 Ed. (1319, 2975)
　1999 Ed. (1886, 4105)
　2000 Ed. (1513, 1693, 3816)
　2001 Ed. (1271, 1272, 1789, 2039, 2040)
　2002 Ed. (3884)
　2005 Ed. (1529)
Harcourt/Harvest
　2005 Ed. (733)
　2007 Ed. (670)
Harcros Chemicals INc.
　2007 Ed. (938)
Harcros Chemicals Inc.
　1999 Ed. (1094)
　2002 Ed. (1006)
　2003 Ed. (948)
　2004 Ed. (955)
　2008 Ed. (916)
　2009 Ed. (924)
Hard Discount Lakovic D.O.O.
　2017 Ed. (1535)
　2018 Ed. (1516)
　2019 Ed. (1544)
　2020 Ed. (1517)
　2021 Ed. (1502)
　2022 Ed. (1515)
　2023 Ed. (1689)
Hard Eight
　1999 Ed. (4721)
Hard as Nails
　2001 Ed. (3514, 3515)
Hard Rock Cafe
　1994 Ed. (3089)
　1995 Ed. (3139)
　1996 Ed. (3231)
　1997 Ed. (3317, 3324, 3334)
　1998 Ed. (3063)
　1999 Ed. (4064, 4071)
　2000 Ed. (3782, 3794, 3799)
　2001 Ed. (4066, 4076, 4082, 4084, 4086)
　2002 Ed. (4007, 4013, 4032)
　2004 Ed. (4127)
　2008 Ed. (4157)
　2009 Ed. (4265)
　2015 Ed. (4257)
　2017 Ed. (4140)
Hard Rock Calling Festival
　2012 Ed. (999)
Hard Rock Hotel
　2015 Ed. (1137)
Hard Rock Hotel & Casino
　2005 Ed. (2936)
Hard Rock International
　2017 Ed. (4125)
　2018 Ed. (4138)
　2023 Ed. (1710, 3496, 3497, 3498, 4696)
Hard spring
　2001 Ed. (4783, 4784)
Hard lines stores
　1991 Ed. (880)
Hard winter
　2001 Ed. (4783, 4784)
Hardaway Construction Corp.
　2008 Ed. (1327)
　2023 Ed. (2035)
Hardbody Supplements
　2023 Ed. (1820, 3034, 4064)
HardCore
　2001 Ed. (3117)
　2002 Ed. (3108)
　2005 Ed. (999)
　2006 Ed. (1009)
Hardcover, adult
　2002 Ed. (748)
Hardcover, children's
　2002 Ed. (748)
Hardee's
　1990 Ed. (1749, 1982, 1983, 3024, 3026, 3542)
　1991 Ed. (1655, 1658, 1659, 1756, 1769, 1883, 1884, 2867, 2879, 2886, 3319)
　1992 Ed. (2203, 2205, 2373, 3705)
　1993 Ed. (1886, 2012, 3013, 3037)
　1994 Ed. (1748, 1885, 1909, 1910, 2022, 2023, 3069)
　1995 Ed. (1781, 1914, 2074, 2075, 2076, 3114)
　1996 Ed. (1759, 1965, 2072, 2073, 3210)
　1997 Ed. (1832, 2058, 2081, 2172, 2173, 3310)
　1998 Ed. (1551, 1764, 1765, 1898, 3050)
　1999 Ed. (2129, 2134, 2507, 2522, 2523, 2633, 4050, 4083)
　2000 Ed. (1911, 1912, 2246, 2414, 3764)
　2001 Ed. (2402, 2408, 4080)
　2002 Ed. (2235, 2238, 2243)
　2003 Ed. (2438, 2453, 4221, 4222, 4225)
　2004 Ed. (2582, 2583)
　2005 Ed. (2563, 4173, 4175)
　2006 Ed. (2566)
　2007 Ed. (2531, 2537, 2540)
　2008 Ed. (2659, 2665, 2675, 2676)
　2009 Ed. (2687, 2690, 2700, 2702)
　2010 Ed. (2605, 2620, 2623, 4251)
　2011 Ed. (2583, 2587, 2600, 2604, 4210, 4355)
　2012 Ed. (2532, 2547, 4292, 4393, 4396)
　2013 Ed. (2660, 2669, 4260, 4361)
　2014 Ed. (2611, 2619)
　2015 Ed. (2657, 2665, 2920, 2921, 2922, 2924, 2925)
　2016 Ed. (2580, 2588, 2850, 2851, 2852, 2854, 2855)
　2017 Ed. (845, 2504, 2512, 2812, 2813, 2814, 2816, 2817, 4193)
　2018 Ed. (2579, 2586, 2588, 2881, 2883, 2884, 4184)
　2019 Ed. (803, 809, 2553, 2560, 2562, 2563, 2828, 2830, 2832, 2833)
　2020 Ed. (2544, 2551, 2553, 2868, 2869)
　2021 Ed. (2507, 2514, 2740, 2741)
　2022 Ed. (2617, 2630, 2896, 2897)
　2023 Ed. (2757, 2766, 2767)
Hardee's Food Systems Inc.
　1990 Ed. (1165)
　1992 Ed. (3722)
　2006 Ed. (1449)
Hardee's Restaurants
　2020 Ed. (803, 2554)
　2021 Ed. (2517)
　2022 Ed. (2631)
Hardee's/Roy Rogers
　1993 Ed. (1757)
Harden Industries
　1992 Ed. (4486)
　1993 Ed. (3736)
　1994 Ed. (3671)
　1995 Ed. (3796)
Harden; James
　2017 Ed. (215)
　2018 Ed. (200)
　2019 Ed. (194, 198)
　2020 Ed. (198)
　2022 Ed. (209)
　2023 Ed. (315, 318)
Harder; Henry U.
　1990 Ed. (2282)
Harder Mechanical Contractors
　2014 Ed. (4846)
Harder Mechanical Contractors Inc.
　2003 Ed. (1235, 1340)
　2004 Ed. (1238, 1340)
　2005 Ed. (1288, 1317, 1345, 3861)
　2006 Ed. (1258, 1347)
　2007 Ed. (1392, 3979)
　2008 Ed. (1245, 1342, 4002)
　2009 Ed. (1221, 1340, 4076)
　2010 Ed. (1224)
　2011 Ed. (1301, 3998)
　2012 Ed. (1117, 1131, 1181, 3991, 3993, 3994)
　2013 Ed. (1254, 4056, 4059)
　2014 Ed. (1188, 1189, 3995, 3998)
　2015 Ed. (1246, 1247, 1268, 4043, 4046)
　2016 Ed. (1157, 1158, 1166, 1183, 3936, 3937)
　2017 Ed. (1206, 1207, 1210, 1226)
　2018 Ed. (132)
　2020 Ed. (1112)
　2021 Ed. (1194)
　2022 Ed. (1195)
Harder Mechanical Contractors, Inc.
　2019 Ed. (1168, 1169)
　2020 Ed. (1158, 1159, 1160)
Hardex Fittings Ltd.
　1992 Ed. (1198)
Hardigg Industries Inc.
　2010 Ed. (3991)
　2011 Ed. (3996)
Hardiman, Alexander, Buchanan & Howland
　1995 Ed. (673, 2413)
Hardiman; Robert
　1993 Ed. (1787)
　1994 Ed. (1770)
　1995 Ed. (1811)
Hardin & Associates
　2002 Ed. (2112)
Hardin Community Credit Union
　2003 Ed. (1891)
Hardin Construction Co.
　2006 Ed. (1182, 1343)
　2008 Ed. (1292, 1336)
　2009 Ed. (1275, 1334)
　2010 Ed. (1318)
Hardin Construction Co. LLC
　2002 Ed. (1276)
　2004 Ed. (1268)
Hardin County, KY
　1996 Ed. (1473, 1474)
Hardin County Savings Bank
　1989 Ed. (209)
Hardin Memorial Hospital
　2009 Ed. (3143)
Hardin-Simmons University
　1992 Ed. (1098)
　2008 Ed. (768, 784)
　2009 Ed. (796, 797)
　2010 Ed. (721, 722, 735, 736)
Harding; David
　2010 Ed. (2640)
Harding Glass
　1995 Ed. (2002)
Harding Glass Industries
　1994 Ed. (1976)
Harding Lawson Associates 2
　1997 Ed. (3132)
Harding Loevner Emerging Markets
　2010 Ed. (4575)
　2014 Ed. (3742)
　2015 Ed. (3764)
　2016 Ed. (3675)
　2017 Ed. (4490)
Harding Loevner International Equity
　1998 Ed. (2634)
Harding Loevner International Equity Research Investment
　2020 Ed. (4501)
Harding Loevner International Small Companies Investment
　2020 Ed. (4516)
Harding; Matthew
　1996 Ed. (1717)
Harding Poorman Group Inc.
　2011 Ed. (1710)
　2012 Ed. (1567)
　2013 Ed. (1722)
Harding; Tonya
　1997 Ed. (1725)
Hardinge Brothers
　1993 Ed. (2480)
Hardinge Inc.
　2004 Ed. (3322, 3323)
Hardis; S. R.
　1997 Ed. (979)
HardOCP
　2004 Ed. (3163)
Hardrock Concrete Placement Co.
　2018 Ed. (1159, 3624)
　2019 Ed. (3618)
　2020 Ed. (3588)
　2021 Ed. (1136, 1168, 3616)
　2022 Ed. (1145, 1168, 3668)
　2023 Ed. (1368, 1402)
Hardrock Concrete Placement Co. Inc.
　2023 Ed. (3771)
Hardstark; Georgia
　2021 Ed. (2405)
Hardtimes
　2021 Ed. (4420)
　2022 Ed. (4422)
　2023 Ed. (4448)
Hardware
　1990 Ed. (842)
　1991 Ed. (805)
　1992 Ed. (986)
　1993 Ed. (779)
　1995 Ed. (2209)
　2001 Ed. (2812)
　2003 Ed. (2911, 2912)
　2010 Ed. (4939, 4940)
　2011 Ed. (4922, 4923)
Hardware/home centers
　1997 Ed. (650)
Hardware development manager
　2004 Ed. (2274)
Hardware Specialty Co. Inc.
　1998 Ed. (1405)
　2001 Ed. (2204)
Hardware stores
　1990 Ed. (1017)
　1991 Ed. (1978)
　1993 Ed. (675, 955)
　1998 Ed. (2053)
Hardware stores/home centers
　2001 Ed. (2813)
Hardware & tools
　1992 Ed. (4390)
Hardware Wholesalers
　1990 Ed. (1985)
　1992 Ed. (2374)
　1993 Ed. (3260)
　1994 Ed. (3254)
Hardwick
　1990 Ed. (3481, 3482)
Hardwick Law Firm
　2001 Ed. (857)
Hardwire
　2010 Ed. (1334)
　2011 Ed. (1317)
Hardwood
　2001 Ed. (3178, 3179)
Hardwood Floors of Hillsboro LLC
　2020 Ed. (4994)
　2021 Ed. (4994)
　2023 Ed. (4995)
Hardwoods Distribution
　2015 Ed. (4973)
Hardwoods Distribution Income Fund
　2008 Ed. (1636)
　2009 Ed. (1571)
　2010 Ed. (1556)
　2012 Ed. (2683)
Hardwoods Distribution Inc.
　2014 Ed. (1500)
Hardy Boy Plants
　2020 Ed. (3726)
　2021 Ed. (3728)
Hardy Corp.
　2008 Ed. (1270)
　2009 Ed. (1246)
　2010 Ed. (1224, 1244)
　2011 Ed. (1193, 1295)
　2012 Ed. (1114, 1138, 1179)
The Hardy Corp.
　2016 Ed. (141)
Hardy Window Company Inc.
　2022 Ed. (4907)
Hardy Windows
　2023 Ed. (4897)
Hardy's
　2001 Ed. (4911)
　2002 Ed. (4975)
　2008 Ed. (247)
　2009 Ed. (270)
　2010 Ed. (257)
　2012 Ed. (4950)
Hare Chevrolet
　2015 Ed. (5029)
　2016 Ed. (4947)
　2017 Ed. (4937)
Hareb; Salma Ali Saif bin
　2013 Ed. (4719)
Harel Insurance Investments & Financial Services
　2019 Ed. (1698, 3191)
　2021 Ed. (1630)
　2022 Ed. (1649)
　2023 Ed. (1805)
Harel Insurance Investments & Financial Services Ltd.
　2021 Ed. (2456, 3080)
　2022 Ed. (2567, 3222)
Harelson Mechanical Inc.
　2018 Ed. (4969)
Harff; Charles H.
　1996 Ed. (1228)
Harford Capital Apprec Y
　1999 Ed. (3559)
Harford Director Advisors
　1998 Ed. (3652)
Harford PCM Voyager
　1998 Ed. (3652)
Harford; Suni
　2023 Ed. (4936)
Hargitay; Mariska
　2010 Ed. (2514)
　2011 Ed. (2516)
　2012 Ed. (2442)
　2013 Ed. (2606)
Hargrave Yacht Brokerage & Charter
　2017 Ed. (1560)
Hargreaves; John
　2005 Ed. (4890)
　2007 Ed. (4927)
　2008 Ed. (4903)
Hargreaves Lansdown
　2015 Ed. (2100, 2102, 2106)
　2016 Ed. (2641, 2653)
　2017 Ed. (2600)
　2018 Ed. (1993, 2002)
　2019 Ed. (2050, 2052, 2057, 2059)
Hargreaves Lansdown plc
　2012 Ed. (1247, 2602)
　2013 Ed. (2681)
　2014 Ed. (2635)
　2015 Ed. (2678)
　2016 Ed. (2596)
　2017 Ed. (2524)
　2018 Ed. (2598)
　2019 Ed. (2576)
Hargreaves; Peter
　2011 Ed. (2527)
Hargreaves Services
　2015 Ed. (4792)
　2016 Ed. (4696)
Hargrove & Associates
　2021 Ed. (1664)
Hargrove & Associates Inc.
　2020 Ed. (2407, 2413)
Hargrove Engineers & Constructors
　2015 Ed. (1415)
Hargrove Engineers + Constructors
　2018 Ed. (2374)
　2019 Ed. (2419)
　2020 Ed. (2392)
　2021 Ed. (2351, 2353, 2354, 2368)
　2022 Ed. (2426, 2429, 2431, 2441, 2447, 2479)
　2023 Ed. (2589, 2629)

CUMULATIVE INDEX • 1989-2023

Haribhakti & Co.
  1997 Ed. (10)
Haribo
  2008 Ed. (714)
  2009 Ed. (724)
  2010 Ed. (648)
  2019 Ed. (2719)
  2023 Ed. (1010)
Haribo of America
  2018 Ed. (751)
Haribo of America Inc.
  2018 Ed. (752)
  2019 Ed. (774)
  2020 Ed. (764)
  2021 Ed. (785)
  2022 Ed. (817)
Haribo GmbH & Co.
  2007 Ed. (873)
  2008 Ed. (843, 1160)
  2009 Ed. (855)
  2010 Ed. (802)
  2011 Ed. (730)
  2012 Ed. (669)
  2013 Ed. (808)
  2014 Ed. (837)
  2015 Ed. (876)
  2016 Ed. (764)
  2017 Ed. (821)
  2018 Ed. (753)
  2019 Ed. (775)
  2020 Ed. (765)
  2021 Ed. (786)
  2022 Ed. (818)
Haribo GmbH & Co. (Germany)
  2021 Ed. (786)
  2022 Ed. (818)
Haribo GmbH & Co. KG
  2020 Ed. (2710)
  2023 Ed. (1016)
Haribo Gold-Bear
  2001 Ed. (1115, 1117, 1118)
Haribo Gold Bears
  2014 Ed. (830)
  2015 Ed. (870)
  2016 Ed. (757)
  2017 Ed. (814)
  2018 Ed. (746)
  2020 Ed. (761)
  2021 Ed. (766, 782)
  2022 Ed. (811)
Haribo Gold-Bears
  2018 Ed. (743)
  2019 Ed. (759)
  2020 Ed. (751)
  2021 Ed. (770)
Haribo Goldbears
  2022 Ed. (804)
Harim Group
  2019 Ed. (3949)
  2020 Ed. (3966)
  2021 Ed. (3930)
  2022 Ed. (3942)
  2023 Ed. (4027)
Harim Holdings Co., Ltd.
  2021 Ed. (2488)
  2023 Ed. (2741)
Hariri; Ayman
  2008 Ed. (4891)
  2012 Ed. (4907)
  2013 Ed. (4886)
  2014 Ed. (4899)
  2015 Ed. (4938)
  2016 Ed. (4854)
  2017 Ed. (4858)
  2019 Ed. (4861)
  2020 Ed. (4850)
  2021 Ed. (4851)
  2022 Ed. (4846)
  2023 Ed. (4841)
Hariri; Aymin
  2011 Ed. (4898)
Hariri; Bahaa
  2008 Ed. (4875)
  2009 Ed. (4899)
  2010 Ed. (4898)
  2011 Ed. (4885)
  2012 Ed. (4907)
  2013 Ed. (4886)
  2014 Ed. (4899)
  2015 Ed. (4938)
  2016 Ed. (4854)
  2017 Ed. (4858)
  2018 Ed. (4867)
  2019 Ed. (4861)
  2020 Ed. (4850)
  2021 Ed. (4851)
  2022 Ed. (4846)
  2023 Ed. (4841)
Hariri; Fahd
  2008 Ed. (4890)
  2009 Ed. (4910)
  2010 Ed. (4911)
  2011 Ed. (4897)
  2012 Ed. (4907)
  2013 Ed. (4886)
  2014 Ed. (4899)
  2015 Ed. (4938)
  2016 Ed. (4854)

2017 Ed. (4858)
2019 Ed. (4861)
2020 Ed. (4850)
2021 Ed. (4851)
2022 Ed. (4846)
2023 Ed. (4841)
Hariri; Hind
  2009 Ed. (4910)
Hariri; Nazek
  2008 Ed. (4890)
  2009 Ed. (4910)
Hariri; Rafik Al
  2005 Ed. (4886)
Hariri; Saad
  2008 Ed. (4891)
  2009 Ed. (4911)
  2011 Ed. (4897)
  2012 Ed. (4907)
  2013 Ed. (4886)
  2014 Ed. (4899)
  2015 Ed. (4938)
  2016 Ed. (4854)
  2017 Ed. (4858)
  2019 Ed. (4861)
Harju Elekter
  2002 Ed. (4412, 4413)
  2006 Ed. (4501)
Harken Energy Corp.
  1998 Ed. (160)
  2000 Ed. (283, 288)
  2002 Ed. (307, 2122)
Harken Oil and Gas
  1990 Ed. (3561)
Harker; William R.
  2011 Ed. (1374)
Harkins Builders
  1993 Ed. (1096)
  1996 Ed. (1096, 1100)
  1998 Ed. (872, 873)
  1999 Ed. (1306)
  2002 Ed. (1262)
  2006 Ed. (1192)
  2009 Ed. (1173, 1321)
  2010 Ed. (1330)
  2011 Ed. (1115)
  2016 Ed. (1106)
Harkins Builders Inc.
  2019 Ed. (1210)
  2020 Ed. (1205)
  2021 Ed. (1177)
  2022 Ed. (1176)
  2023 Ed. (1412)
Harkins Cunningham
  2012 Ed. (3394)
Harkins Theatres
  2013 Ed. (3769)
  2015 Ed. (3716)
  2016 Ed. (2576, 3628)
  2017 Ed. (2475, 3604)
  2018 Ed. (2528, 3664)
  2019 Ed. (2538, 3651)
  2020 Ed. (3618)
  2021 Ed. (3639)
  2022 Ed. (3707)
  2023 Ed. (3797)
Harlan ARH Hospital
  2009 Ed. (3146)
  2013 Ed. (3076)
Harlan Bakeries Inc.
  2009 Ed. (2838)
  2010 Ed. (2779)
  2014 Ed. (2764, 2765)
Harlan Bigger Better
  2001 Ed. (546)
Harlan County, KY
  1998 Ed. (783, 2319)
Harlan Electric Co.
  1989 Ed. (926)
  1990 Ed. (1202)
  1994 Ed. (1140)
  1995 Ed. (1158, 1159)
  1996 Ed. (1133, 1134)
Harlan, KY
  2002 Ed. (1058)
Harlan Laboratories Inc.
  2014 Ed. (3489)
Harland Co,; John H.
  1991 Ed. (1446, 2636, 2766)
Harland Co.; John H.
  1989 Ed. (2102)
  1990 Ed. (2736, 2903)
  1992 Ed. (1836, 3536)
  1993 Ed. (1506, 2740, 2918)
  1995 Ed. (2806)
  1996 Ed. (2862)
  1997 Ed. (2957, 3170)
  2005 Ed. (3892, 3893)
Harland Financial Solutions
  2005 Ed. (1930)
Harland; John M.
  1994 Ed. (2692)
Harlekin Spiel-u Unterhaltungsautomaten Betriebs GmbH
  2008 Ed. (1216)
Harlem Furniture
  1996 Ed. (1983, 1984)

Harlequin
  2006 Ed. (644)
  2007 Ed. (667, 669)
  2008 Ed. (626, 628)
  2009 Ed. (646, 647, 648)
  2010 Ed. (614, 616)
  2011 Ed. (546, 548)
  2012 Ed. (526, 528)
  2013 Ed. (627, 629)
  2016 Ed. (644, 645, 646)
  2017 Ed. (4042)
  2018 Ed. (4066)
  2019 Ed. (4061)
  2020 Ed. (4070)
Harley-Davidson
  2013 Ed. (637, 3507)
  2014 Ed. (3481)
  2015 Ed. (266, 4209)
  2016 Ed. (261, 4129)
  2017 Ed. (253, 263, 4106)
  2018 Ed. (241, 4130)
  2019 Ed. (237)
  2021 Ed. (237)
  2022 Ed. (1300)
  2023 Ed. (353, 1507)
Harley-Davidson Eyewear
  1997 Ed. (2969)
Harley-Davidson Inc.
  1989 Ed. (2871)
  1990 Ed. (3644)
  1991 Ed. (3419)
  1992 Ed. (472, 473, 477)
  1993 Ed. (1416, 2413, 2609, 2983, 2984, 3615, 3616)
  1994 Ed. (1469, 2185, 2365, 3025, 3026, 3443, 3573, 3574)
  1995 Ed. (2624)
  1996 Ed. (2702, 3171, 3734)
  1997 Ed. (3275)
  1998 Ed. (2429, 2541, 3026, 3027, 3411, 3615)
  1999 Ed. (334, 794, 4018, 4655)
  2000 Ed. (3172, 3173, 4294)
  2001 Ed. (1045, 3087, 3399)
  2002 Ed. (1221, 4667)
  2003 Ed. (313, 333, 1856, 2119, 3207, 3208, 3209, 3457, 4808, 4810)
  2004 Ed. (278, 279, 280, 284, 340, 341, 760, 1607, 1891, 1892, 2159, 3520, 4793)
  2005 Ed. (284, 285, 286, 287, 292, 339, 340, 2017, 2018, 3521, 4504, 4766, 4768)
  2006 Ed. (304, 307, 308, 309, 312, 2118, 2120, 2121, 2284, 2291, 2421, 3108, 3579, 3583, 4069, 4576, 4589, 4817, 4819)
  2007 Ed. (304, 305, 306, 2068, 2069, 2215, 2219, 3340, 4280, 4570, 4829, 4831)
  2008 Ed. (294, 1217, 1532, 2176, 2177, 2355, 2359, 3097, 4756)
  2009 Ed. (2159, 2162, 3189, 3631, 4560, 4783, 4785)
  2010 Ed. (622, 2100, 2102, 4799, 4801)
  2011 Ed. (217, 558, 564, 1450, 2153, 2155)
  2012 Ed. (227, 228, 537, 1283, 2003, 2005, 2007, 4221)
  2013 Ed. (222, 224, 1391, 2192, 2194, 2195, 4208)
  2014 Ed. (227, 1329, 2123, 2125, 2126, 4223)
  2015 Ed. (260, 262, 1392, 2178, 2180, 2181, 2183, 3565, 4210)
  2016 Ed. (253, 255, 2153, 2157, 2158, 3420, 4130, 4719)
  2017 Ed. (257, 259, 2094, 2097, 3369, 3380, 4107, 4735, 4736)
  2018 Ed. (244, 2052, 3446, 4132, 4722)
  2019 Ed. (240, 1107, 2109, 2110, 3416, 4724)
  2020 Ed. (2025, 2985, 3419, 4696)
  2021 Ed. (1976, 3434, 4703)
  2022 Ed. (3492)
Harley-Davidson, Inc.
  2019 Ed. (1371)
Harley-Davidson Motor Co.
  2006 Ed. (2120)
  2015 Ed. (3577)
Harley Ellington Design
  1997 Ed. (266)
  1998 Ed. (185)
  1999 Ed. (288)
  2000 Ed. (313)
  2001 Ed. (409)
Harley Ellington Pierce Yee Assoc. Inc.
  1989 Ed. (267)
Harley Ellington Pierce Yee Associates Inc.
  1990 Ed. (282)
  1991 Ed. (252)
  1992 Ed. (357)
  1993 Ed. (247)
  1995 Ed. (238)
Harley Ellis Devereaux
  2017 Ed. (3238)
Harley Hotels
  1990 Ed. (2076)
  1992 Ed. (2475)

1993 Ed. (2084)
1994 Ed. (2114)
Harley Stanfield
  2010 Ed. (4044, 4157)
  2011 Ed. (98, 4020, 4024, 4155)
Harley Stanfield Global
  2015 Ed. (112)
  2016 Ed. (120)
  2017 Ed. (111)
Harley Sy
  2020 Ed. (4861)
  2021 Ed. (4861)
  2022 Ed. (4856)
  2023 Ed. (4851)
HarleyEllis
  2004 Ed. (2339)
Harleysville Group
  2007 Ed. (2230)
  2009 Ed. (3256)
  2010 Ed. (3187)
  2011 Ed. (3151, 3157)
  2012 Ed. (3128)
Harleysville Group Inc.
  2013 Ed. (3187)
Harleysville Insurance Co.
  1990 Ed. (228)
Harleysville Mutual Insurance Co., Inc.
  1998 Ed. (2197)
  1999 Ed. (2968)
  2000 Ed. (2719)
  2002 Ed. (2955)
  2003 Ed. (3006)
  2004 Ed. (3125)
  2005 Ed. (3131)
  2006 Ed. (3139)
Harleysville National Corp.
  1996 Ed. (656)
  1999 Ed. (622)
  2000 Ed. (647)
  2003 Ed. (545)
Harlingen-Brownsville, TX
  2017 Ed. (2889)
  2018 Ed. (2956)
  2020 Ed. (2921)
Harlingen, TX
  2009 Ed. (3052)
  2010 Ed. (2978)
  2011 Ed. (2940)
  2012 Ed. (2871)
  2013 Ed. (2947)
  2014 Ed. (2965)
  2016 Ed. (2930)
  2017 Ed. (2105)
  2020 Ed. (2047)
Harlingen-Weslaco-Brownsville-McAllen, TX
  2002 Ed. (920)
  2006 Ed. (4099)
  2014 Ed. (2621)
Harlingen-Weslaco-Brownville-McAllen, TX
  2004 Ed. (869)
  2005 Ed. (838)
  2006 Ed. (766)
  2007 Ed. (864)
  2008 Ed. (825)
  2009 Ed. (847)
  2010 Ed. (792)
Harlingen-Weslaco, TX
  2015 Ed. (3034)
Harlingen-Westaco-Brownville-McAllen, TX
  2003 Ed. (831)
Harman
  2017 Ed. (287)
Harman Becker Automotive Systems
  2009 Ed. (1641)
Harman Int.
  2000 Ed. (3176)
Harman International
  1990 Ed. (2110)
  1991 Ed. (1963)
  1992 Ed. (2520)
  1993 Ed. (1295, 2105)
  1995 Ed. (1372, 2180)
  1996 Ed. (2193, 2749, 2750)
  1997 Ed. (2313)
  1998 Ed. (2046)
  2000 Ed. (3221)
  2001 Ed. (3409, 3411)
  2016 Ed. (2959)
  2017 Ed. (2903, 2918)
Harman International Industries
  2017 Ed. (3311)
Harman International Industries Inc.
  1994 Ed. (1347, 2128)
  1999 Ed. (359, 2697)
  2000 Ed. (365)
  2001 Ed. (1687, 2737)
  2003 Ed. (1851)
  2004 Ed. (1134, 1886, 2242)
  2005 Ed. (1256, 2003, 2330, 2341)
  2006 Ed. (1216, 2104, 2397, 3408, 4057, 4584)
  2007 Ed. (2059, 2339, 3341, 3425, 4108, 4695)
  2008 Ed. (1214, 2168, 3588, 4605)
  2009 Ed. (2151)
  2010 Ed. (2091)
  2016 Ed. (2433)
  2017 Ed. (2279)

CUMULATIVE INDEX • 1989-2023

2019 Ed. (2330)
Harman International—Professional Div.
  1998 Ed. (2589)
Harman International (Professional Division)
  1995 Ed. (2671, 2672)
Harman Intl. Industries
  2000 Ed. (2482)
Harman; Jane
  1994 Ed. (845)
Harman Management Corp.
  1991 Ed. (2884)
  1993 Ed. (1899)
  2003 Ed. (4139)
Harman Professional
  2013 Ed. (3777, 3781)
  2014 Ed. (3710, 3726)
  2015 Ed. (3722, 3729)
  2016 Ed. (3636, 3638)
  2017 Ed. (3610, 3622)
  2018 Ed. (3685)
  2019 Ed. (3658, 3670)
  2020 Ed. (3625, 3637)
  2021 Ed. (3642)
Harman Professional Solutions
  2021 Ed. (3642, 3644)
Harman; Sidney
  2005 Ed. (2476)
Harman; Sydney
  2005 Ed. (2512)
Harmelin & Associates Inc.
  1999 Ed. (4815)
Harmelin Media
  2000 Ed. (4436)
Harmful substances/environments
  2005 Ed. (3617)
Harmon
  2020 Ed. (2842)
  2021 Ed. (2716, 2717, 2718)
  2022 Ed. (2874, 2875, 2876)
  2023 Ed. (2988, 2989)
Harmon City Inc.
  2009 Ed. (4621)
Harmon Contract
  1991 Ed. (1077, 1087)
  1992 Ed. (1410, 1420, 1425)
  1993 Ed. (1123, 1133, 1139, 1954)
  1994 Ed. (1139, 1144, 1152, 1155, 1976)
  1995 Ed. (1158, 1166, 1174, 2002)
  1997 Ed. (1161, 1170, 1178, 2149)
Harmon Contract WSA Inc.
  1996 Ed. (1133, 1143, 1147, 1149, 2027)
  1998 Ed. (948, 955)
Harmon Contracts & Glazing Inc.
  1990 Ed. (1206)
Harmon Cove Corporate Park
  1997 Ed. (2377)
Harmon Electric
  2016 Ed. (4417)
  2017 Ed. (4429)
  2018 Ed. (4449)
  2020 Ed. (4427)
  2021 Ed. (4427)
Harmon Inc.
  1999 Ed. (1363, 1370, 1376, 2600)
  2000 Ed. (1254, 1262, 2343)
  2001 Ed. (1476)
  2002 Ed. (1292)
  2003 Ed. (1304)
  2004 Ed. (1307)
  2005 Ed. (1314, 2733)
  2006 Ed. (1284, 4185)
  2007 Ed. (1362, 2696)
  2008 Ed. (1259, 2821)
  2009 Ed. (1235, 1319, 2879)
  2010 Ed. (1234, 2818)
  2011 Ed. (1181, 1276, 2804)
  2012 Ed. (2737, 2738)
  2013 Ed. (2823)
  2014 Ed. (2862, 2863)
  2015 Ed. (2903, 2904)
  2016 Ed. (2823, 2824)
  2017 Ed. (2793, 2794)
  2018 Ed. (2852)
  2019 Ed. (2817, 2818)
  2020 Ed. (2843)
  2021 Ed. (2719, 2720)
  2022 Ed. (2877, 2878)
  2023 Ed. (2990, 2991, 2992)
Harmon; Mark
  2013 Ed. (2605)
Harmon Steel, Inc.
  2023 Ed. (1376)
Harmon Stores
  1996 Ed. (1588)
Harmonia Renewable Energy
  2020 Ed. (4802)
Harmonic Inc.
  2003 Ed. (827)
  2004 Ed. (1453)
  2009 Ed. (1543)
Harmonic Machine
  2021 Ed. (2971)
  2022 Ed. (3097)
Harmonics Holdings Inc.
  2004 Ed. (2826)
Harmonics Ltd. LLC
  2003 Ed. (2710)

Harmonie
  2021 Ed. (611)
Harmons
  2017 Ed. (4197)
  2018 Ed. (4224)
  2020 Ed. (4248)
Harmonstores
  1995 Ed. (1610)
Harmony Aerospace France
  2019 Ed. (89)
Harmony Corp.
  1990 Ed. (1938)
  1991 Ed. (1852)
  1993 Ed. (730, 1989)
  1995 Ed. (2041)
  2001 Ed. (1779)
  2003 Ed. (1747)
Harmony Gold Mining Co., Ltd.
  2006 Ed. (4605)
Harmony Health Plan of Illinois Inc.
  2002 Ed. (2460)
Harmony Healthcare LLC
  2017 Ed. (1550)
  2018 Ed. (1531, 1533, 1535, 1536, 1538)
Harmony Juvenile Products
  2016 Ed. (3095)
Harmony LLC
  2004 Ed. (1782)
  2005 Ed. (1848)
Harmony Works
  2016 Ed. (2820)
Harms Plainview Ranch
  2021 Ed. (800)
  2022 Ed. (832)
Harness Dickey & Pierce
  2008 Ed. (3860)
Harness Dickey & Pierce plc
  2009 Ed. (3919)
  2010 Ed. (3834)
  2011 Ed. (3837)
  2012 Ed. (3818)
  2013 Ed. (3877)
  2014 Ed. (3813)
  2015 Ed. (3836)
  2016 Ed. (3742)
Harness Roofing Inc.
  2008 Ed. (1272)
  2009 Ed. (1250)
  2010 Ed. (1247)
  2011 Ed. (1197)
  2012 Ed. (1140)
Harnischfeder Industries
  1996 Ed. (2244)
Harnischfeger Inds
  1989 Ed. (994)
Harnischfeger Industries, Inc.
  1989 Ed. (1916)
  1990 Ed. (2502)
  1991 Ed. (1213, 2370)
  1992 Ed. (2592, 2953)
  1993 Ed. (1416, 2165)
  1994 Ed. (1469, 2184)
  1995 Ed. (1506, 2238, 2239)
  1997 Ed. (2367)
  1998 Ed. (1193, 2088, 2089, 2434)
  1999 Ed. (1751, 2850)
  2001 Ed. (589)
Harold A. Poling
  1989 Ed. (1376)
  1995 Ed. (981)
  1996 Ed. (965)
Harold Bogel
  1994 Ed. (1791)
Harold C. Simmons
  1992 Ed. (1093, 1280)
  2007 Ed. (2498)
  2009 Ed. (2657)
Harold Cabot & Co.
  1989 Ed. (140)
  1990 Ed. (131)
  1991 Ed. (130)
Harold Chevrolet Inc.
  1991 Ed. (306)
  1994 Ed. (265)
Harold D. Buckingham Graduate School
  2014 Ed. (772)
  2015 Ed. (814)
Harold E. Kinne
  2004 Ed. (3911)
Harold and Elizabeth Derrer Trust Fund
  1992 Ed. (1095)
Harold Goddijn
  2008 Ed. (4897, 4901)
Harold Hamm
  2009 Ed. (4847)
  2010 Ed. (4852)
  2011 Ed. (4834)
  2012 Ed. (4839)
  2013 Ed. (4837)
  2014 Ed. (4852)
  2015 Ed. (4889)
  2016 Ed. (4807)
  2017 Ed. (4819)
  2018 Ed. (4824)
  2019 Ed. (4820)
  2020 Ed. (4810)
  2021 Ed. (4811)
  2022 Ed. (4804)

Harold Hamm & family
  2023 Ed. (4797)
Harold and Helen McMaster
  1995 Ed. (933)
Harold Hyundai, Jeep-Eagle
  1992 Ed. (385)
Harold L. Airington
  1993 Ed. (1696)
Harold L. Thomas
  1992 Ed. (3137)
Harold Levinson Associates Inc.
  2000 Ed. (1105)
  2003 Ed. (4937, 4938)
  2010 Ed. (1365)
  2011 Ed. (1353, 1358, 1360, 1361)
  2012 Ed. (1219, 1221, 1222, 1224)
  2013 Ed. (1332, 1333, 1337, 1338, 1340)
  2014 Ed. (1262, 1263)
  2015 Ed. (1324, 1328, 1329)
  2016 Ed. (1237, 1246, 1248)
  2017 Ed. (1287, 1298)
  2018 Ed. (1265)
  2019 Ed. (1298)
Harold McGraw III
  2007 Ed. (1003)
Harold Meek
  2006 Ed. (333)
Harold Messmer Jr.
  2007 Ed. (970)
Harold Nix
  2002 Ed. (3072)
Harold & Pauline Price Center for Entrepreneurial Studies
  2009 Ed. (780)
  2010 Ed. (724)
Harold Poling
  1993 Ed. (939)
  1994 Ed. (948)
Harold R. Tall
  1991 Ed. (2547)
Harold Raynolds, Jr.
  1991 Ed. (3212)
Harold S. Hook
  1990 Ed. (976, 1726, 2282)
  1992 Ed. (2713)
  1994 Ed. (2237)
  1998 Ed. (720, 1514, 2138, 2139)
Harold S. Hook (American General Corp.)
  1991 Ed. (2156)
Harold S. Pittman
  1995 Ed. (2486)
Harold Simmons
  2007 Ed. (4893)
  2008 Ed. (4823)
  2009 Ed. (4846)
  2013 Ed. (4832)
  2015 Ed. (4884)
Harold Tillman
  2007 Ed. (4927)
Harold Vogel
  1991 Ed. (1695)
  1993 Ed. (1808)
  1995 Ed. (1830)
  1996 Ed. (1807)
  1997 Ed. (1881)
  1998 Ed. (1639)
  1999 Ed. (2226)
Harold W. Burlingame
  1995 Ed. (1726)
  1996 Ed. (2989)
Harold W. McGraw III
  2007 Ed. (1026)
  2008 Ed. (948)
  2009 Ed. (947)
  2010 Ed. (899)
Harold Zagunis
  2012 Ed. (2495)
Harold Zeigler Lincoln Mercury BMW
  2013 Ed. (219)
Harold's Hallmark
  1992 Ed. (4026)
Harold's Stores
  1995 Ed. (214)
Harp
  1991 Ed. (747)
Harpell
  2002 Ed. (157)
Harper
  2006 Ed. (1335)
  2008 Ed. (1326)
  2009 Ed. (1311)
  2010 Ed. (615, 617)
  2011 Ed. (549, 1265)
  2012 Ed. (529)
  2013 Ed. (630)
  2019 Ed. (1178, 4058)
  2020 Ed. (4067, 4072)
Harper Bros. Inc.
  2004 Ed. (1191, 1192)
Harper; Bryce
  2020 Ed. (197)
Harper Collins
  1999 Ed. (3970)
Harper Collins Publishers Ltd.
  1994 Ed. (1356)
  1997 Ed. (3224)
Harper Construction
  2011 Ed. (1155)

Harper Corp.
  2019 Ed. (1224)
  2020 Ed. (1218)
Harper Cos.
  2010 Ed. (1324)
  2012 Ed. (1182)
Harper Ferguson
  2001 Ed. (820)
Harper General Contractors
  2022 Ed. (1186)
  2023 Ed. (1423)
Harper Group
  1993 Ed. (167)
  1994 Ed. (151)
  1995 Ed. (168)
  1996 Ed. (171)
Harper Houf Peterson Righellis Inc.
  2010 Ed. (2454)
  2011 Ed. (2463)
Harper Industries Inc.
  2011 Ed. (1241)
Harper Partners Inc.
  2002 Ed. (333)
Harper Perennial
  2011 Ed. (549)
  2012 Ed. (529)
Harper & Row
  1989 Ed. (743)
Harper Stadium
  2001 Ed. (4359)
Harper; Stephen
  2015 Ed. (796)
HarperCollins
  1995 Ed. (3043)
  2001 Ed. (3955)
  2003 Ed. (726)
  2004 Ed. (748)
  2005 Ed. (729)
  2006 Ed. (641)
  2007 Ed. (666)
  2008 Ed. (625)
  2009 Ed. (645)
  2010 Ed. (613)
  2011 Ed. (545)
  2012 Ed. (525)
  2013 Ed. (626)
  2016 Ed. (643)
  2017 Ed. (4039)
  2018 Ed. (4063)
  2021 Ed. (4039, 4040, 4041)
  2022 Ed. (4057, 4058, 4059)
  2023 Ed. (4161, 4162, 4163)
HarperCollins Publishers Inc.
  2003 Ed. (727, 729)
  2004 Ed. (749, 751, 4044)
  2005 Ed. (730, 732)
  2006 Ed. (633, 642, 644)
  2007 Ed. (667, 669)
  2008 Ed. (626, 628)
  2009 Ed. (646, 648)
  2010 Ed. (614, 616)
  2011 Ed. (546, 548)
  2012 Ed. (526, 528)
  2013 Ed. (627, 629)
  2016 Ed. (644, 646)
  2017 Ed. (4041, 4043)
  2018 Ed. (4065, 4067)
  2019 Ed. (4060, 4062)
  2020 Ed. (4069, 4071)
  2021 Ed. (4037, 4038)
HarperCollins (US)
  2021 Ed. (4041)
HarperPerennial
  2003 Ed. (730)
Harper's Bazaar
  1992 Ed. (3387)
  1995 Ed. (2880)
  2006 Ed. (147)
  2007 Ed. (139, 167)
  2009 Ed. (3595)
  2012 Ed. (3515)
  2014 Ed. (3532)
  2015 Ed. (97)
  2016 Ed. (3399)
Harper's Magazine
  1989 Ed. (179, 184, 2174, 2179)
  1992 Ed. (3378)
HarperTorch
  2003 Ed. (728)
  2004 Ed. (750)
  2007 Ed. (668)
Harpic
  1992 Ed. (1177)
  1996 Ed. (983)
Harpic Lavatory Care
  1994 Ed. (983)
Harpo Entertainment Group
  1995 Ed. (2589, 3792)
  1996 Ed. (2659, 3878)
  2000 Ed. (3144, 4431)
Harpo Inc.
  2003 Ed. (217)
  2004 Ed. (173)
  2006 Ed. (2499, 3499, 3500, 4989, 4990)
  2007 Ed. (3537, 4986)
  2009 Ed. (3757, 4986)
  2010 Ed. (3692, 4993)
  2011 Ed. (3687, 4990)

CUMULATIVE INDEX • 1989-2023

2012 Ed. (3704, 4987)
2013 Ed. (3748, 4980)
2014 Ed. (3681)
2016 Ed. (3581)
Harpoon Brewery
 2014 Ed. (720)
Harpoon Brewery Inc.
 2013 Ed. (697)
 2014 Ed. (721)
Harpoon Therapeutics
 2023 Ed. (3969)
Harpreet Arora
 2023 Ed. (1309)
Harp's Food Stores
 2022 Ed. (2317)
 2023 Ed. (2494)
Harps Food Stores Inc.
 2014 Ed. (1372, 1380)
Harr Dodge
 1994 Ed. (267)
Harr Family Homes
 2003 Ed. (1212)
Harr Lincoln-Mercury
 1994 Ed. (274)
Harr Motor Co. Inc.
 1994 Ed. (268)
Harrah's
 2000 Ed. (2238)
 2021 Ed. (2702)
Harrah's Ak-Chin Casino
 2023 Ed. (1026)
Harrah's Atlantic City
 1998 Ed. (2036)
 2000 Ed. (2575)
 2002 Ed. (2651)
Harrah's Atlantic City Casino Hotel
 1999 Ed. (1042, 2797)
Harrahs Casino Co.
 2005 Ed. (1848)
Harrah's Casino Hotel
 1994 Ed. (2123)
 1997 Ed. (912, 2308)
Harrah's Entertainment Inc.
 1997 Ed. (911, 1320, 2281, 2282, 2283)
 1998 Ed. (1123, 2005, 2007)
 1999 Ed. (2760, 2762, 2786)
 2000 Ed. (2540, 2560, 2920)
 2001 Ed. (2272, 2273, 2778, 2786, 2787, 3087)
 2002 Ed. (1738, 2630, 2638, 2804)
 2003 Ed. (1779, 1780, 2337, 2340, 2804, 2841, 2844, 2846, 3209)
 2004 Ed. (1814, 1815, 2417, 2716, 2717, 2932, 2936, 2937, 3252, 3253, 3254)
 2005 Ed. (1897, 1899, 2709, 2710, 2922, 2923, 2927, 2929, 3179, 3277, 3278, 3280, 3423)
 2006 Ed. (1418, 1924, 1925, 2491, 2685, 2927, 2928, 2930, 2932, 3268, 3269, 3271, 3434)
 2007 Ed. (885, 1908, 1909, 2675, 2902, 2938, 2939, 2940, 2941, 2943, 2957, 2958, 3342, 3347)
 2008 Ed. (1213, 1969, 1970, 3023, 3040, 3067, 3068, 3069, 3081, 3174, 3178, 3200, 3202, 4293)
 2009 Ed. (275, 868, 904, 1924, 1925, 3110, 3155, 3156, 3158, 3171, 3259)
 2010 Ed. (814, 1859, 1860, 2800, 3043, 3085, 3086, 3087, 3190, 4086)
 2011 Ed. (742, 1746, 1747, 1892, 3012, 3056, 3058, 3072, 3149)
 2012 Ed. (1746, 2939, 2952, 2999, 3000)
Harrah's Iowa Management Co.
 2006 Ed. (1812, 2928)
 2007 Ed. (1819, 2939)
Harrah's Jazz Co.
 1997 Ed. (356)
Harrah's Lake Tahoe Casino/Hotel
 1992 Ed. (2482)
Harrah's Las Vegas Inc.
 2001 Ed. (1808)
 2005 Ed. (1896)
 2006 Ed. (1923)
 2010 Ed. (1858)
Harrah's Marina
 1990 Ed. (2097)
 1991 Ed. (864)
 1992 Ed. (2511)
 1993 Ed. (855)
 1994 Ed. (871)
Harrah's New Orleans Investment Co.
 2004 Ed. (239, 1866)
Harrah's Operating Co.
 2001 Ed. (375, 376)
 2003 Ed. (270, 271, 1779)
 2004 Ed. (238, 239)
 2005 Ed. (241, 242, 1897)
 2006 Ed. (262, 263, 1924)
 2007 Ed. (269, 270)
 2008 Ed. (252, 253)
 2009 Ed. (273, 274)
 2010 Ed. (261, 262)
 2011 Ed. (182)
 2012 Ed. (191)
 2013 Ed. (172)
 2014 Ed. (177)

Harrah's Philadelphia
 2019 Ed. (779)
 2020 Ed. (774)
Harrah's Philadelphia Casino & Racetrack
 2021 Ed. (796)
 2022 Ed. (828)
Harrah's Philadelphia Casino and Racetrack
 2023 Ed. (1028)
Harrah's Resort Atlantic City
 2019 Ed. (779)
 2020 Ed. (774)
 2021 Ed. (796)
 2022 Ed. (828)
Harraseeket Inn
 1994 Ed. (2105)
 1995 Ed. (2159)
 1997 Ed. (2286)
Harrell Chevrolet-Geo
 1994 Ed. (265)
The Harrell Companies
 2002 Ed. (709)
The Harrell Co.
 2003 Ed. (211, 212)
Harrell Construction Co.
 2016 Ed. (1070, 1071)
Harrell Contracting Group LLC
 2007 Ed. (1379)
 2008 Ed. (1312)
 2009 Ed. (1297)
 2011 Ed. (1246)
The Harrell Cos.
 2004 Ed. (168)
 2005 Ed. (170)
 2006 Ed. (184)
 2007 Ed. (190)
 2008 Ed. (167)
 2009 Ed. (192)
 2010 Ed. (171)
 2011 Ed. (95)
Harrell Enterprise
 1997 Ed. (675)
 1998 Ed. (467)
The Harrell Group
 2003 Ed. (3986)
 2004 Ed. (4030)
 2005 Ed. (3974)
 2013 Ed. (4148)
 2014 Ed. (4165)
Harrell & Harrell
 2011 Ed. (1634)
Harrell Remodeling, Inc.
 2023 Ed. (3179)
Harrell's Metal Works Inc.
 2008 Ed. (1313)
Harriet A. Nietert Weaver
 1994 Ed. (900)
Harriet Carter
 1991 Ed. (868)
 2013 Ed. (895)
Harriet Carter Gifts
 1990 Ed. (916)
 1998 Ed. (1277)
 1999 Ed. (1852)
Harriet Green
 2015 Ed. (5020)
Harriet & Henderson Yarns Inc.
 2002 Ed. (3561)
Harriet M. Wieder
 1990 Ed. (2483)
 1991 Ed. (2346)
Harriett Hentges
 2011 Ed. (2818)
Harriett M. Weider
 1995 Ed. (2484)
Harrigan; Matthew
 2011 Ed. (3343)
Harrington; Andrew
 1997 Ed. (1964)
Harrington & Associates Communication Training
 2007 Ed. (3593)
Harrington Bank
 1998 Ed. (3529, 3544)
Harrington Benefit Services
 2000 Ed. (1093)
 2001 Ed. (2914)
Harrington; Edward
 1993 Ed. (2639)
 1995 Ed. (2669)
Harrington Engineering Inc.
 2011 Ed. (1202)
Harrington Group International LLC
 2018 Ed. (3456)
Harrington, Moran, Barksdale Inc.
 2013 Ed. (1316)
Harrington Services Corp.
 1992 Ed. (2697)
 1993 Ed. (2244)
 1994 Ed. (2284)
 1995 Ed. (992)
 1996 Ed. (980)
Harrington; Tim
 2010 Ed. (4391)
Harris
 2022 Ed. (1195)
 2023 Ed. (1432)

Harris/3M
 1991 Ed. (1643)
Harris/3M (now Lanier Worldwide)
 1991 Ed. (1107, 1108)
Harris Agency Marketing Group
 2023 Ed. (111)
Harris Associates
 2005 Ed. (3595)
Harris Associates, Balanced Value
 2003 Ed. (3114)
Harris Associates, Concentrated Value Equity
 2003 Ed. (3128, 3131)
Harris Associates, Large Cap Value Equity
 2003 Ed. (3124, 3127)
Harris & Associates; Louis
 1993 Ed. (2996)
 1995 Ed. (3090)
 1996 Ed. (3191)
Harris Associates LP
 1999 Ed. (3583)
Harris Associates, Mid-Cap Value Equity
 2003 Ed. (3128, 3131)
Harris Associates, Private Client Equity
 2003 Ed. (3128, 3131)
Harris, Balo & McCullough
 1995 Ed. (113)
Harris Bancorp
 1999 Ed. (4027)
 2000 Ed. (3744)
Harris Bank
 1990 Ed. (520)
 1991 Ed. (478)
 1992 Ed. (636)
 1994 Ed. (451, 3038)
 1997 Ed. (3286)
 2001 Ed. (4282)
Harris Bank Hinsdale NA
 1991 Ed. (520)
Harris Bank International Corp.
 2004 Ed. (499)
Harris Bank Winnetka
 1991 Ed. (520)
Harris Bankcorp
 1989 Ed. (388, 433, 435)
 1991 Ed. (381)
 1999 Ed. (657)
 2000 Ed. (619)
Harris Beach PLLC
 2023 Ed. (3425)
Harris Bretall Sullivan & Smith
 1990 Ed. (2335, 2338)
 1992 Ed. (2754, 2758, 2762)
 1993 Ed. (2314, 2318, 2322, 2326, 2341)
Harris; Calvin
 2015 Ed. (3728)
 2017 Ed. (2383, 3621)
 2018 Ed. (3684)
 2019 Ed. (3669)
 2020 Ed. (3636)
 2021 Ed. (3643)
Harris; Cameron
 2017 Ed. (3601)
Harris CapRock
 2016 Ed. (4301, 4302)
 2017 Ed. (4306, 4307)
 2018 Ed. (4287, 4288)
Harris; Carla
 2012 Ed. (4975)
Harris Chemical North America Inc.
 2005 Ed. (1832)
Harris Companies
 2017 Ed. (1202, 1208)
 2018 Ed. (1152, 1158)
 2020 Ed. (1155)
Harris Constructors Inc.
 2007 Ed. (1379)
Harris Contracting Co.
 2015 Ed. (1231)
Harris Corp.
 1989 Ed. (193)
 1990 Ed. (1628, 1632, 2199, 2208, 2993, 2995, 2996, 3231)
 1991 Ed. (1519, 1524, 1527, 2847, 2852)
 1992 Ed. (2169, 3910)
 1993 Ed. (1310, 1570, 1579)
 1994 Ed. (1078, 1362, 1607, 1609, 1854)
 1995 Ed. (1386, 1650)
 1996 Ed. (1070, 1336)
 1997 Ed. (1084, 1398, 2019, 2473)
 1998 Ed. (830, 832, 1137, 1398, 1708)
 1999 Ed. (1970, 2451, 3645)
 2000 Ed. (1423, 2207, 2208)
 2001 Ed. (542, 2195, 2197)
 2002 Ed. (1380, 2102, 4594)
 2003 Ed. (204, 2192, 2195)
 2004 Ed. (1082, 1083, 1085, 1368, 2017, 2020, 2021, 3016)
 2005 Ed. (1091, 1092, 1093, 1094, 1386, 2151, 2156, 2160, 2161, 3593)
 2006 Ed. (1083, 1084, 1085, 1086, 1366, 1376, 3696, 4685)
 2007 Ed. (1190, 1191, 1403, 4695, 4704, 4969)
 2008 Ed. (1096, 1362, 1371, 1372, 1729, 3199, 4605, 4802)
 2009 Ed. (1362, 1371, 1372, 1673, 3258, 3817)

 2010 Ed. (1044, 1045, 1357, 1358, 1626, 1629, 3745, 4588)
 2011 Ed. (92, 974, 975, 1330, 1345, 1346, 4549)
 2012 Ed. (890, 891, 892, 1196, 1210, 1211, 1263, 1265, 1487)
 2013 Ed. (1048, 1049, 1050, 1323, 1366, 1616, 1623, 3822, 4797)
 2014 Ed. (1014, 1243, 1254, 1257, 1589, 3026, 3745)
 2015 Ed. (1047, 1048, 1049, 1050, 1303, 1313, 3093, 3769)
 2016 Ed. (955, 956, 958, 1229, 3684)
 2017 Ed. (94, 995, 996, 997, 998, 1268, 1275, 1278, 1547, 2122)
 2018 Ed. (105, 932, 933, 934, 1246, 1529, 1539, 1784, 1794, 2159, 3011)
 2019 Ed. (921, 922, 923, 924, 1275, 1557, 1836, 1841, 1852, 2952)
 2020 Ed. (916, 918, 1322, 1549, 1778, 1782, 1794, 2141, 2982)
 2021 Ed. (2135)
Harris Cos.
 2003 Ed. (1237, 1337)
 2004 Ed. (1234, 1244)
 2005 Ed. (1280, 1295)
 2006 Ed. (1264)
 2007 Ed. (1387, 4888)
 2008 Ed. (1253, 1330)
 2009 Ed. (1317)
 2012 Ed. (1133)
 2013 Ed. (1250, 4058)
 2014 Ed. (1199)
 2015 Ed. (4045, 4883)
 2016 Ed. (1169, 1185, 3955, 4801)
 2018 Ed. (1206)
 2019 Ed. (1233)
Harris County Health Facilities Development Corp.
 1997 Ed. (2842)
 2000 Ed. (3197)
Harris County Hospital District
 1994 Ed. (2576)
 1995 Ed. (2631)
 1996 Ed. (2706)
 1997 Ed. (2828)
 1998 Ed. (2554)
 1999 Ed. (3466)
 2000 Ed. (3185)
 2006 Ed. (3590)
Harris County Industrial Development Corp., TX
 1998 Ed. (2560)
Harris County, TX
 1992 Ed. (1715, 1716, 1717, 1718, 2579)
 1993 Ed. (1426, 1427, 1428, 1432, 1434, 1435, 2141, 3623)
 1994 Ed. (1475, 1476, 1477, 1482, 1483, 2166)
 1995 Ed. (1510, 1511, 1514, 1515, 2217)
 1996 Ed. (1468, 1469, 1470, 1471, 2226)
 1997 Ed. (1537, 1538, 1539, 2352, 3559, 3794)
 1999 Ed. (1764, 1766, 1767, 1768, 1769, 1770, 1771, 1772, 1773, 1774, 1775, 1776, 1777, 1778, 2008, 2830, 4630)
 2002 Ed. (374, 1085, 1804, 1807, 2044, 2298, 2380, 2394, 2443, 3992, 4048, 4049)
 2003 Ed. (3436, 3439, 4986)
 2004 Ed. (794, 1004, 2643, 2704, 2718, 2807, 2858, 2966, 2982, 3521, 4182, 4183)
 2007 Ed. (3337, 3338)
 2008 Ed. (3437, 3438)
 2009 Ed. (2387, 3511, 3512)
 2011 Ed. (2745)
 2019 Ed. (3058)
 2020 Ed. (3096)
 2023 Ed. (2688)
Harris Direct
 2003 Ed. (768)
Harris & Drury Advertising
 1989 Ed. (106)
Harris Drury Cohen
 1998 Ed. (55)
 1999 Ed. (89)
 2000 Ed. (95)
 2002 Ed. (108)
Harris EDA
 1997 Ed. (1105)
Harris Entertainment
 2010 Ed. (1858)
Harris Family
 1994 Ed. (892)
Harris Flotebote
 2019 Ed. (645)
 2020 Ed. (626)
Harris & Ford LLC
 2010 Ed. (173)
 2011 Ed. (97)
Harris; Geoffrey
 1996 Ed. (1796)
 1997 Ed. (1869)
Harris Group Inc.
 2004 Ed. (2369)
 2006 Ed. (2453)
 2009 Ed. (2536)

CUMULATIVE INDEX • 1989-2023

The Harris Group, Marcus & Millichap
  2009 Ed. (1530)
Harris Inc.; Frederic R.
  1991 Ed. (1559)
  1994 Ed. (1639)
  1995 Ed. (1678)
  1996 Ed. (1661)
  1997 Ed. (1739)
Harris Insight Convertible Fund
  1994 Ed. (583, 585)
Harris Insight Intermediate Tax-Exempt Bond
  2004 Ed. (703)
Harris Insight Managed Fixed Income
  1996 Ed. (2783)
Harris Insight Small Cap Value
  2006 Ed. (4570)
Harris Insight Tax-Exempt Bond
  2003 Ed. (693)
  2004 Ed. (701, 703)
Harris Interactive
  2007 Ed. (4362)
  2009 Ed. (3102, 4247)
  2011 Ed. (3580)
Harris International Laboratories
  2018 Ed. (3389)
Harris Investment
  1996 Ed. (2390, 2398)
  2005 Ed. (3540, 3546, 3548, 3572)
Harris Investment Management
  1992 Ed. (2765)
  2004 Ed. (3563)
  2006 Ed. (3592, 3594, 3600, 3601)
  2007 Ed. (3661, 3662)
  2009 Ed. (3445)
Harris; Jay H.
  1990 Ed. (1722)
Harris; Joe Frank
  1991 Ed. (1857)
Harris; John J.
  2010 Ed. (178)
Harris; Kamala
  2022 Ed. (4929, 4930)
  2023 Ed. (4929, 4930)
Harris; Laura C.
  1994 Ed. (896, 1057)
Harris; Lord
  2008 Ed. (4006)
Harris; Maury
  1990 Ed. (2285)
  1994 Ed. (1815, 1837)
  1995 Ed. (1855)
  1996 Ed. (1833)
Harris Mechanical
  2017 Ed. (1189)
Harris Media Group
  2010 Ed. (4014, 4016)
  2012 Ed. (4018, 4020)
  2013 Ed. (4069)
Harris Methodist Health Plan
  1994 Ed. (2035, 2036, 2038)
  1995 Ed. (2086, 2087, 2088, 2089)
  1999 Ed. (2988)
Harris Methodist Health System
  1990 Ed. (1167, 2634)
  1991 Ed. (2504)
  1996 Ed. (2708)
  1998 Ed. (2551)
Harris Methodist Health Systems
  1989 Ed. (740)
Harris Methodist Texas Health Plan
  1997 Ed. (2185, 2186, 2187, 2193, 2827)
  1998 Ed. (1910, 1911, 1912, 1913)
  1999 Ed. (2649, 2650)
Harris NA
  2007 Ed. (416)
  2008 Ed. (394)
  2009 Ed. (417)
  2010 Ed. (393)
  2011 Ed. (318)
  2012 Ed. (333)
Harris; Neil Patrick
  2015 Ed. (2605)
  2016 Ed. (2529)
Harris Oakmark
  1994 Ed. (2624)
Harris Products
  2014 Ed. (3552)
Harris Queensway
  1990 Ed. (1249)
Harris Ranch
  2007 Ed. (4130)
Harris Ranch Beef Co.
  1992 Ed. (2989, 3506)
  1996 Ed. (2586, 2587, 3065, 3066)
  1999 Ed. (3320, 3868)
  2011 Ed. (3593)
  2012 Ed. (3580, 3585)
  2013 Ed. (3635)
  2014 Ed. (3578)
  2017 Ed. (3438)
  2018 Ed. (3501)
  2019 Ed. (3490)
Harris Ranch Inn
  2000 Ed. (2541)
Harris Ranch Inn & Restaurant
  2018 Ed. (4171)
  2019 Ed. (4186)
  2020 Ed. (4198)
  2021 Ed. (4137, 4138)
  2022 Ed. (4164, 4165, 4187)
Harris Ranch Inn & Restaurant (Coalinga, CA)
  2022 Ed. (4187)
Harris Ranch Restaurant
  2008 Ed. (4148)
  2009 Ed. (4261)
  2010 Ed. (4200)
The Harris Research Centre
  1996 Ed. (2570)
Harris, Rothenberg International LLC
  2010 Ed. (2394, 2395)
Harris Savings
  1990 Ed. (432)
Harris Scarfe Holdings
  2002 Ed. (2708)
Harris Seeds
  2010 Ed. (817)
Harris Semiconductor
  1993 Ed. (3212)
Harris Sr.; Joe E.
  1992 Ed. (534)
Harris Shelton Hanover Walsh PLLC
  2023 Ed. (3440)
Harris Simmons
  2011 Ed. (850)
Harris Steel Group
  1990 Ed. (1362)
  1992 Ed. (3030)
  1994 Ed. (2482)
  1996 Ed. (2611)
  2007 Ed. (4535)
  2008 Ed. (3657)
Harris Stratex Networks Inc.
  2009 Ed. (3258)
  2011 Ed. (3153)
Harris Teeter Inc.
  1992 Ed. (4174)
  1995 Ed. (3534)
  2001 Ed. (4420)
  2003 Ed. (4654, 4655, 4657, 4659)
  2004 Ed. (4635)
  2005 Ed. (4563)
  2006 Ed. (4639)
  2009 Ed. (4601, 4603)
  2010 Ed. (4630, 4632)
  2011 Ed. (4585, 4586)
  2012 Ed. (710, 4595, 4596)
  2013 Ed. (2614, 4537)
  2014 Ed. (4429, 4595)
  2015 Ed. (4411)
Harris; Trevor
  2005 Ed. (3200)
Harris Trust
  1992 Ed. (2981, 2982)
  1993 Ed. (450, 482, 502, 579, 2508, 2509, 2511, 3259)
  1997 Ed. (2727)
Harris Trust Co. of California
  1991 Ed. (520)
Harris Trust & Savings
  2003 Ed. (3503)
Harris Trust & Savings Bank
  1989 Ed. (556, 1805)
  1990 Ed. (425, 591, 2353)
  1991 Ed. (367, 517, 2301)
  1992 Ed. (670, 701, 1178)
  1994 Ed. (487, 506, 583, 2446, 3011)
  1995 Ed. (443, 489, 2513, 2514, 2515, 3513)
  1996 Ed. (472, 508, 534, 2477, 2580)
  1997 Ed. (436, 472, 493, 2617, 2623)
  1998 Ed. (343, 358, 363, 3564)
  1999 Ed. (493, 525, 3583)
  2000 Ed. (400, 486, 2928)
  2001 Ed. (612, 888)
  2002 Ed. (539)
  2006 Ed. (424)
Harris Trust & Savings Bank (Chicago)
  1991 Ed. (543)
Harris Trust & Savings Bank Collective Bond
  1994 Ed. (2312)
Harris, TX
  1989 Ed. (1175, 1176, 1926)
  1990 Ed. (1440, 1441, 1443, 2156)
  1991 Ed. (1369, 1371, 1377, 2005)
  1992 Ed. (1714)
  1998 Ed. (191)
  2000 Ed. (1594, 1595, 1596, 1597, 1598, 1599, 1600, 1601, 1602, 1604, 1605, 1606, 2611, 2613)
Harris; Wayne
  2005 Ed. (2470)
Harris Wholesalers
  1990 Ed. (1551)
  1993 Ed. (1513)
Harris Woolf Almonds
  2004 Ed. (193)
Harris Woolf California Almonds
  2001 Ed. (280)
Harrisburg Area Community College
  2019 Ed. (1918)
  2021 Ed. (1820)
Harrisburg-Carlisle, PA
  2008 Ed. (4091)
  2012 Ed. (3498, 4370)
  2013 Ed. (3543)
  2023 Ed. (3053)
Harrisburg-Lancaster-Lebanon-York, PA
  2004 Ed. (872)
  2005 Ed. (846)
  2007 Ed. (868)
Harrisburg-Lebanon-Carlisle, PA
  2006 Ed. (3312, 3314)
  2008 Ed. (3479)
Harrisburg-Lebanon, PA
  2006 Ed. (2975)
Harrisburg, PA
  2008 Ed. (4242)
  2021 Ed. (3346)
Harrisdirect
  2005 Ed. (758, 759, 2205)
  2006 Ed. (2267)
  2007 Ed. (2203)
The Harrison Building & Loan Association
  2022 Ed. (4322)
  2023 Ed. (4352)
Harrison Co.
  1992 Ed. (1896)
  1995 Ed. (1196)
  1997 Ed. (1201, 1206)
  1998 Ed. (981)
Harrison Co.; E. Bruce
  1992 Ed. (3557, 3561, 3566, 3581)
  1993 Ed. (2927, 2933)
  1994 Ed. (2972)
  1995 Ed. (3004, 3032)
Harrison Conference
  1990 Ed. (2065)
Harrison Conference Center
  1991 Ed. (1948)
  1992 Ed. (2483)
  1994 Ed. (2105)
  1995 Ed. (2159)
Harrison Contracting Co.
  2021 Ed. (1195)
  2022 Ed. (1196)
  2023 Ed. (1433)
Harrison County, MS
  2011 Ed. (2745)
Harrison Cowley
  1997 Ed. (3201, 3202, 3203)
  2000 Ed. (3650)
  2002 Ed. (3856, 3859, 3867, 3871, 3872, 3873)
Harrison; Dhani
  2007 Ed. (4925)
Harrison; E. Hunter
  2012 Ed. (803)
Harrison; Emma
  2007 Ed. (2463)
Harrison Ford
  2000 Ed. (996, 1838)
  2001 Ed. (8)
  2003 Ed. (2328)
  2004 Ed. (2408)
  2010 Ed. (2508)
  2011 Ed. (2510)
Harrison; George
  2006 Ed. (802)
  2007 Ed. (891)
  2009 Ed. (878)
Harrison; Gilbert
  2011 Ed. (2970)
Harrison; H.
  1997 Ed. (3871)
Harrison; Hunter
  2008 Ed. (2637)
Harrison J. Goldin
  1990 Ed. (2662)
Harrison Jr.; William B.
  2005 Ed. (2474)
  2007 Ed. (1027)
Harrison McCain
  2005 Ed. (4866)
Harrison Memorial Hospital
  2015 Ed. (1773)
  2016 Ed. (1727)
Harrison; Michael J.
  2011 Ed. (3345)
Harrison; Paul
  2007 Ed. (2465)
Harrison Police & Firemen's Credit Union
  2005 Ed. (2067)
  2006 Ed. (2160)
Harrison Poultry Inc.
  2009 Ed. (3677)
  2010 Ed. (3592, 3599)
  2014 Ed. (3585)
  2015 Ed. (3600)
  2018 Ed. (3502)
Harrison; Shawn M.
  2011 Ed. (3349)
Harrison & Star
  1998 Ed. (38)
  1999 Ed. (54, 55)
Harrison & Star Business Group
  2000 Ed. (57)
Harrison Star Wiener & Beitler
  1996 Ed. (48, 2246)
  1997 Ed. (45)
  1998 Ed. (51)
Harrison; Stephen
  2007 Ed. (2465)
Harrison, Taylor & Bazile
  1995 Ed. (2231)
  1999 Ed. (3476)
Harrison, Taylor & Brazile
  1991 Ed. (1987)
Harrisonburg, VA
  2008 Ed. (3511)
  2010 Ed. (2409)
  2011 Ed. (4203, 4206)
  2012 Ed. (4374)
  2018 Ed. (3405)
  2019 Ed. (720)
  2020 Ed. (711)
  2021 Ed. (719)
Harrisons & Cros
  1989 Ed. (959)
Harrisons Malaysian Plantations
  1989 Ed. (1139)
  1990 Ed. (1397)
  1991 Ed. (1324, 3129)
  1992 Ed. (256, 1667)
Harrisons Malaysian-Plantations Bhd
  1993 Ed. (162)
  1994 Ed. (146)
Harrods
  2002 Ed. (53)
  2011 Ed. (1413)
Harrods Investments PLC
  1997 Ed. (3353)
Harrow House International College (Swanage) Ltd.
  2008 Ed. (2413)
Harrow's
  1998 Ed. (1793)
  1999 Ed. (2559)
  2000 Ed. (2298)
  2002 Ed. (2385)
  2003 Ed. (2594)
Harrris Corp.
  2015 Ed. (4224)
Harrsion J. Goldin
  1991 Ed. (2547)
Harry Brakmann Helmsley
  1990 Ed. (2576)
Harry Brittenham
  1997 Ed. (2611)
Harry-Brot GmbH
  2020 Ed. (2710)
Harry Caray's Italian Steakhouse
  2018 Ed. (4174)
  2019 Ed. (4189)
  2021 Ed. (4143)
  2022 Ed. (4170)
Harry Caray's Restaurant
  2010 Ed. (4200)
Harry Crosbie
  2005 Ed. (4884)
Harry & David
  2020 Ed. (2298)
Harry & David Holdings
  2013 Ed. (893)
Harry & David Operations Corp.
  2007 Ed. (2157)
  2008 Ed. (2272)
  2009 Ed. (2259)
Harry; Deborah
  1993 Ed. (1078, 1080)
Harry DeMott III
  2000 Ed. (1988)
Harry Dobson
  2005 Ed. (4892)
  2007 Ed. (4926, 4928)
Harry E. Figgie, Jr.
  1990 Ed. (1711)
Harry Fong
  1998 Ed. (1656)
  1999 Ed. (2246)
The Harry Fox Agency Inc.
  2011 Ed. (3154)
  2012 Ed. (3109)
  2013 Ed. (3190)
  2014 Ed. (3200)
Harry & Izzy's Circle Centre
  2021 Ed. (4145, 4146)
  2022 Ed. (4172, 4173)
Harry J. Gray
  1993 Ed. (890)
Harry J. Pearce
  1996 Ed. (1228)
Harry Jallos
  1999 Ed. (2084)
Harry & Jeanette Weinberg Campus
  2015 Ed. (4214)
  2016 Ed. (4133)
Harry & Jeanette Weinberg Foundation
  1992 Ed. (2215)
  2002 Ed. (2327)
  2008 Ed. (4128)
Harry Kavetas
  2000 Ed. (1050)
Harry Lane Chrysler-Plymouth
  1995 Ed. (262)
Harry M. Conger
  1992 Ed. (2055)

CUMULATIVE INDEX • 1989-2023

Harry M. Day
  1992 Ed. (1098)
Harry M. Jansen Kraemer Jr.
  2002 Ed. (2213)
Harry M. Stevens
  1992 Ed. (2202)
Harry Mays
  1992 Ed. (2903)
Harry Potter
  2006 Ed. (649)
Harry Potter & the Chamber of Secrets
  2001 Ed. (981)
  2003 Ed. (708, 711, 715)
  2004 Ed. (736, 738, 3516, 3517)
  2005 Ed. (2259)
  2009 Ed. (579)
  2013 Ed. (563)
Harry Potter Coloring Book
  2018 Ed. (586)
Harry Potter & the Cursed Child
  2018 Ed. (587, 588)
Harry Potter & the Deathly Hallows
  2009 Ed. (578)
  2011 Ed. (492)
  2012 Ed. (3724, 3725)
  2013 Ed. (563, 3770, 3771, 3772)
Harry Potter & the Goblet of Fire
  2003 Ed. (714)
  2004 Ed. (735, 738)
  2007 Ed. (3642)
  2008 Ed. (2387)
  2009 Ed. (579)
Harry Potter & the Half-Blood Prince
  2008 Ed. (551)
  2009 Ed. (579)
  2011 Ed. (3704)
Harry Potter & the Order of the Phoenex
  2009 Ed. (2367)
Harry Potter & the Order of the Phoenix
  2005 Ed. (723)
  2009 Ed. (579)
  2013 Ed. (563)
Harry Potter & the Prisoner of Azkaban
  2001 Ed. (981)
  2003 Ed. (708, 710, 713)
  2004 Ed. (736)
  2006 Ed. (3576)
  2007 Ed. (3641)
  2013 Ed. (563)
Harry Potter & the Sorcerer's Stone
  2001 Ed. (980, 983)
  2003 Ed. (708, 709, 710, 711, 713, 3453)
  2004 Ed. (736, 2160, 2161, 3513, 3516)
  2009 Ed. (579)
  2013 Ed. (563)
  2020 Ed. (587, 588)
Harry; Prince
  2007 Ed. (4925)
Harry Rosen Inc.
  2008 Ed. (2012)
  2017 Ed. (4200)
Harry (Skip) Brittenham
  1991 Ed. (2297)
  2002 Ed. (3070)
Harry Styles
  2023 Ed. (1177)
Harry Triguboff
  2001 Ed. (3317)
  2002 Ed. (871)
  2008 Ed. (4842)
  2009 Ed. (4860, 4876)
  2010 Ed. (4862, 4878)
  2011 Ed. (4867, 4868)
  2012 Ed. (4873, 4874)
  2013 Ed. (4855, 4856)
  2014 Ed. (4869, 4870)
  2015 Ed. (4907, 4908)
  2016 Ed. (4823, 4824)
  2017 Ed. (4834)
  2018 Ed. (4839)
  2019 Ed. (4835)
  2020 Ed. (4825)
  2021 Ed. (4826)
  2022 Ed. (4819)
  2023 Ed. (4813)
Harry W. Kellogg Jr.
  2003 Ed. (805)
Harry Weese & Associates Ltd.
  1992 Ed. (356)
Harry Winston
  2014 Ed. (3657)
Harry Winston Diamond
  2010 Ed. (4597)
  2011 Ed. (2806)
  2013 Ed. (2825)
Harry Yearsley
  2015 Ed. (4805)
  2020 Ed. (4679)
Harry You
  2005 Ed. (992)
HarryandDavid.com
  2009 Ed. (2445)
Harry's
  2019 Ed. (4075)
  2020 Ed. (2295, 4085)
  2021 Ed. (4047, 4048)
Harrys
  2023 Ed. (4167, 4168)

Harry's Fresh Foods
  2017 Ed. (4447)
  2019 Ed. (4463)
Harry's Grooming
  2018 Ed. (2309)
Harry's Inc.
  2020 Ed. (3812)
Harsco Corp.
  1989 Ed. (1928, 1945, 2872)
  1990 Ed. (1326, 2541, 2542, 3447, 3449)
  1991 Ed. (2419, 2421)
  1992 Ed. (979, 1523, 3027, 3029)
  1993 Ed. (2535, 2537)
  1994 Ed. (136, 2479, 2481)
  1995 Ed. (2548)
  1997 Ed. (3498)
  1998 Ed. (3287)
  1999 Ed. (4283)
  2001 Ed. (3280)
  2003 Ed. (3287, 3292, 3364, 3369)
  2004 Ed. (3430, 3445, 3446)
  2005 Ed. (3445, 3459, 3460, 3464)
  2006 Ed. (3454, 3472, 4294)
  2007 Ed. (3400, 3477, 3478, 3495, 3496, 3516)
  2008 Ed. (3666)
  2011 Ed. (3645)
  2012 Ed. (3638)
  2013 Ed. (2002, 3697)
  2016 Ed. (3531)
  2017 Ed. (3509)
  2020 Ed. (1858)
  2022 Ed. (1869)
  2023 Ed. (1986)
Harsco Environmental
  2022 Ed. (2537, 2538)
  2023 Ed. (2679, 2680)
Harsh Kumar
  2011 Ed. (3372)
Harshman; Richard J.
  2014 Ed. (2595)
Hart
  1997 Ed. (1039)
  2023 Ed. (144)
Hart Advisers
  2000 Ed. (2820)
Hart Brewing
  1990 Ed. (748)
  1991 Ed. (2452)
  1992 Ed. (3064)
  1998 Ed. (458, 459, 462)
Hart Environmental Management Corp.
  1991 Ed. (1564)
Hart Freeland Roberts Inc.
  2008 Ed. (2527)
  2012 Ed. (211)
Hart; Graeme
  2008 Ed. (4848)
  2009 Ed. (4869, 4913)
  2010 Ed. (4915)
  2011 Ed. (4902)
  2012 Ed. (4912)
  2013 Ed. (4892)
  2014 Ed. (4905)
  2015 Ed. (4945)
  2016 Ed. (4860)
  2017 Ed. (4864)
  2018 Ed. (4873)
  2019 Ed. (4867)
  2020 Ed. (4856)
  2021 Ed. (4856)
  2022 Ed. (4852)
  2023 Ed. (4847)
Hart; Jan
  1993 Ed. (2638)
  1995 Ed. (2668)
Hart; John C.
  1996 Ed. (967)
Hart; Kevin
  2015 Ed. (2602)
  2017 Ed. (2381)
  2018 Ed. (2444)
  2020 Ed. (2483)
Hart; Ronald
  2009 Ed. (3444)
  2010 Ed. (3385)
  2011 Ed. (3378)
  2012 Ed. (3319)
Hart; Ronald C.
  2013 Ed. (3392)
  2014 Ed. (3394)
Hart, Schaffner & Marx
  1991 Ed. (1653)
  1995 Ed. (1034)
Hart Specialties
  1995 Ed. (2814, 2815)
  1996 Ed. (2873)
  1997 Ed. (2968)
Hart Specialty Frames
  1996 Ed. (2874)
  1997 Ed. (2969)
  1999 Ed. (3658)
Hart Worldwide
  2005 Ed. (1979)
  2006 Ed. (2052)
Hartalega Holdings
  2012 Ed. (1676)
  2013 Ed. (1828)

  2014 Ed. (1757, 2317)
  2015 Ed. (1800)
Hartalega Holdings Berhad
  2014 Ed. (840)
Hartco
  2007 Ed. (1319, 1636, 2806, 2815)
  2011 Ed. (2902)
  2012 Ed. (2837)
  2013 Ed. (2920)
  2014 Ed. (2937)
  2015 Ed. (2986)
  2016 Ed. (2920)
Hartco Enterprises
  1997 Ed. (3547)
Hartco Income Fund
  2008 Ed. (1208, 1636)
  2009 Ed. (1188, 1571, 1576, 3268)
  2010 Ed. (777, 1556)
Harte Hanks
  2016 Ed. (2281, 2282)
  2017 Ed. (798)
  2018 Ed. (731)
Harte-Hanks Communications
  1998 Ed. (1021)
  1999 Ed. (1499)
Harte-Hanks/DiMark
  2000 Ed. (1671)
Harte-Hanks Direct
  2008 Ed. (2339, 3599)
  2009 Ed. (2324)
  2010 Ed. (2254)
Harte-Hanks Direct Marketing
  1997 Ed. (3700)
Harte-Hanks Inc.
  2003 Ed. (3929, 3931)
  2006 Ed. (115)
  2007 Ed. (104, 3445)
Harte-Hanks Marketing Services
  1993 Ed. (2996)
Harte-Hanks Newspapers
  1989 Ed. (2046)
Harter Secrest & Emery LLP
  2023 Ed. (3450)
Hartex Property Group
  2002 Ed. (1068)
Hartford
  1990 Ed. (2252)
  1996 Ed. (3770)
  1997 Ed. (256, 361)
  2000 Ed. (303, 3932, 4410)
  2005 Ed. (3053)
  2006 Ed. (3658)
  2008 Ed. (585, 3763)
  2009 Ed. (625, 2647, 3790, 3791, 3792, 3810)
  2010 Ed. (2554)
  2011 Ed. (3730)
  2013 Ed. (2635)
  2017 Ed. (2444, 3084, 3636, 3637)
  2022 Ed. (3257)
The Hartford
  2013 Ed. (1976)
  2020 Ed. (3177, 3203)
  2021 Ed. (48, 1484, 3012, 3057)
  2022 Ed. (1503, 3175, 4998)
  2023 Ed. (3239, 3268, 3367)
Hartford-AARP
  1997 Ed. (2457)
Hartford Accident & Indemnity
  1990 Ed. (2260)
Hartford Canadian Equity
  2003 Ed. (3567, 3568)
Hartford Capital Appreciation
  2003 Ed. (3498)
  2006 Ed. (3618)
  2008 Ed. (2614)
  2010 Ed. (3724)
Hartford Capital Appreciation A
  1999 Ed. (3507, 3522, 3559)
Hartford Capital Appreciation B
  1999 Ed. (3559)
Hartford CMSA, CT
  1990 Ed. (1157)
Hartford Computer Group Inc.
  2000 Ed. (1181)
Hartford Courant
  1989 Ed. (2063, 2065)
  1990 Ed. (2709, 2711)
Hartford Credit Union
  2015 Ed. (2252)
Hartford, CT
  1989 Ed. (2099)
  1990 Ed. (1438, 1466, 3702)
  1991 Ed. (829)
  1992 Ed. (2549, 2551, 2553, 3641)
  1993 Ed. (1852, 3223)
  1994 Ed. (951, 972, 2585)
  1996 Ed. (302)
  1998 Ed. (246, 591)
  1999 Ed. (2813)
  2000 Ed. (3103)
  2001 Ed. (2358, 2795, 2802)
  2002 Ed. (870, 2632)
  2003 Ed. (2345)
  2004 Ed. (2423)
  2005 Ed. (2454)
  2007 Ed. (4094, 4096)
  2008 Ed. (3111)

  2014 Ed. (3244)
  2020 Ed. (81)
  2021 Ed. (3315)
  2023 Ed. (2778)
Hartford (CT) Reminder
  2003 Ed. (3644)
Hartford DCPlus American Century Income & Growth
  2000 Ed. (4336)
Hartford Director 1 Aggressive Growth
  1994 Ed. (3610, 3617)
Hartford Director Aggressive Growth
  1994 Ed. (3610, 3617)
The Hartford Dividend & Growth
  2003 Ed. (3141)
Hartford F & C Group
  1991 Ed. (2123)
Hartford Financial
  2002 Ed. (2975)
Hartford Financial Servers Group
  2000 Ed. (2723)
Hartford Financial Services
  2014 Ed. (3262)
  2015 Ed. (3315, 5046)
  2016 Ed. (1299, 3164, 3170, 5000)
  2017 Ed. (191, 3111, 3121, 4999)
  2018 Ed. (3207, 4998)
  2019 Ed. (3142, 4998)
  2020 Ed. (3141, 3175, 3202, 4998)
  2021 Ed. (1317, 3040, 4999)
  2023 Ed. (3361)
The Hartford Financial Services
  2018 Ed. (1494)
Hartford Financial Services Co.
  1999 Ed. (1596, 2965, 2969, 2972, 2977)
  2000 Ed. (1404, 2720, 2731)
  2007 Ed. (2903)
  2009 Ed. (3111, 3401)
  2010 Ed. (3044)
  2011 Ed. (3013)
Hartford Financial Services Group
  2014 Ed. (2541)
  2016 Ed. (2858)
  2017 Ed. (2820)
Hartford Financial Services Group Inc.
  2013 Ed. (3279)
  2014 Ed. (3305)
  2015 Ed. (3351, 3405)
  2016 Ed. (3189, 3280)
  2017 Ed. (3139, 4995)
  2018 Ed. (3217, 3230)
  2019 Ed. (3155, 3170, 3197)
  2020 Ed. (3184, 3200)
The Hartford Financial Services Group Inc.
  1999 Ed. (2971)
  2000 Ed. (2668, 2717)
  2001 Ed. (2917, 2918, 2951)
  2002 Ed. (1629, 2949, 2950, 2962, 2966)
  2003 Ed. (1661, 1662, 2958, 2959, 2975, 3005, 3008)
  2004 Ed. (180, 1688, 1690, 1691, 3033, 3036, 3074, 3076, 3078, 3122, 3123, 3124, 3127)
  2005 Ed. (1746, 1748, 1749, 3050, 3126, 3127, 3128, 3134, 3138, 4163)
  2006 Ed. (1665, 1667, 1668, 3051, 3057, 3088, 3089, 3091, 3138, 3141, 3145, 3146, 4217)
  2007 Ed. (1496, 1500, 1671, 1673, 1674, 3086, 3106, 3131, 3171, 3176, 3181, 3182, 4233)
  2008 Ed. (1490, 1495, 1698, 1699, 3197, 3318, 3329, 3330, 4265)
  2009 Ed. (1622, 1623, 3387, 3390, 3399, 3400, 4369)
  2010 Ed. (1599, 2703, 3208, 4396)
  2011 Ed. (1428, 1601, 2691, 2827, 3151, 3213, 3283, 4341)
  2012 Ed. (1443, 1447, 1598, 2622, 2940, 3137, 3165, 3169, 3211, 3238, 3242, 3262, 3265)
  2013 Ed. (1573, 1580, 2711, 3029, 3214, 3237, 3242, 3317, 3343, 4795)
  2014 Ed. (1544, 1549, 3042, 3233, 3264, 3268, 3334, 3362)
  2015 Ed. (1595, 1599, 3108, 3317, 3395)
  2016 Ed. (1520, 1525, 3143, 3165, 3169, 3237, 3267)
  2017 Ed. (1512, 1516, 3112, 3120, 3193, 3223)
  2018 Ed. (1491, 3214)
  2019 Ed. (1526, 3144, 3151, 3230, 3262)
  2020 Ed. (1495, 1499, 3181, 3266)
  2021 Ed. (1485, 3129)
  2022 Ed. (1504, 3272)
Hartford Fire
  1991 Ed. (2124)
  1993 Ed. (2234)
  1996 Ed. (2338)
Hartford Fire & Casualty
  2010 Ed. (3303, 3304)
  2011 Ed. (3266, 3267)
Hartford Fire & Casualty Consolidated
  2009 Ed. (277, 278)
Hartford Fire & Casualty Group
  1994 Ed. (2271)
  1998 Ed. (2128, 2207)
  2000 Ed. (2721)

2002 Ed. (2957)
2008 Ed. (3320, 3324)
2009 Ed. (3287, 3308, 3338, 3366, 3392, 3393, 4998)
2010 Ed. (3214, 3235, 3276, 3302, 3327, 3328)
2011 Ed. (3178, 3206, 3245, 3265, 3285, 3286)
2020 Ed. (3219, 4997)
2021 Ed. (3085, 4998)
2022 Ed. (4997)
2023 Ed. (3316, 4999)
Hartford Fire Insurance Co.
1992 Ed. (2688)
1994 Ed. (2272)
1997 Ed. (2410, 2464, 3921)
1999 Ed. (2900)
2000 Ed. (2653, 3378)
2001 Ed. (4033, 4036)
2004 Ed. (3132, 3134)
2005 Ed. (3132, 3140, 3142)
2008 Ed. (3319)
Hartford Foundation for Public Giving
1989 Ed. (1474)
Hartford Funds
2020 Ed. (3689)
Hartford Global Community HLS IB
2009 Ed. (3800)
Hartford Global Health
2003 Ed. (3523)
Hartford Group
1998 Ed. (2258)
Hartford Growth Opportunities
2004 Ed. (3560)
2010 Ed. (3725)
2014 Ed. (4567)
Hartford HealthCare
2023 Ed. (1673)
Hartford Healthcare
2013 Ed. (1574)
2016 Ed. (1521)
2017 Ed. (1513)
2018 Ed. (1492)
2019 Ed. (1524)
2020 Ed. (1496)
2021 Ed. (1483)
2022 Ed. (1500)
Hartford Hospital Inc.
1993 Ed. (890)
2003 Ed. (1659)
2004 Ed. (1688, 2813)
2005 Ed. (1746, 2804)
2006 Ed. (1665, 2922)
2007 Ed. (1671)
2008 Ed. (1696)
2009 Ed. (1620)
2010 Ed. (1596)
2011 Ed. (1598)
2012 Ed. (1444)
2013 Ed. (1576)
2014 Ed. (1546)
2015 Ed. (1597)
2016 Ed. (1522)
Hartford Inflation Plus
2008 Ed. (607)
2009 Ed. (620)
Hartford Ins Group
2023 Ed. (3267, 3347, 5000)
Hartford Insurance
2016 Ed. (2286)
The Hartford Insurance Co.
2016 Ed. (3273)
2017 Ed. (3230)
2018 Ed. (3311)
2019 Ed. (3270)
Hartford Insurance Co. of Illinois
2004 Ed. (1688)
2005 Ed. (1746)
2006 Ed. (1665)
2007 Ed. (1671)
2008 Ed. (1696)
2009 Ed. (1620)
2010 Ed. (1596)
2011 Ed. (1598)
2012 Ed. (1444)
2013 Ed. (1576)
2014 Ed. (1546)
2015 Ed. (1597)
2016 Ed. (1522)
Hartford Insurance Group
1989 Ed. (1672, 1673, 1674, 1675, 1676, 1677, 1678, 1734, 1735, 2975)
1990 Ed. (2220, 2221, 2222, 2225, 2227, 2228, 2229, 2263, 3708)
1991 Ed. (2081, 2082, 2083, 2090, 2092, 2093, 2129, 2130, 2134, 2135)
1992 Ed. (2645, 2646, 2650, 2656, 2657, 2682, 2684, 2691, 2698)
1993 Ed. (2011, 2189, 2190, 2193, 2201, 2203, 2240, 2245, 2246, 3655, 3740)
1998 Ed. (2255)
1999 Ed. (2935, 2978, 2983, 4173, 4822)
2000 Ed. (2725, 2736, 3750, 4438, 4440)
2002 Ed. (2866, 2867, 2898, 2959, 2960, 3486, 4991)
2003 Ed. (2989, 3009, 4994, 4996)
2004 Ed. (3071, 3072, 3073, 3126, 4997)

2005 Ed. (3079, 3080, 3096, 3124, 3133, 3135, 3137, 4998)
2006 Ed. (3064, 3085, 3102, 3134, 3143, 4997)
2007 Ed. (3092, 3101, 3119, 3127, 3128, 3169, 3177, 3183, 4998)
2008 Ed. (3233, 3248, 3282, 3316, 3325, 3326)
2009 Ed. (3293, 3309, 3394, 3395, 4999)
2010 Ed. (3220, 3236, 3329, 3330, 5003)
2011 Ed. (3183, 3207, 3246, 3287, 5000)
2012 Ed. (3140, 3142, 3166, 3212, 3263, 4997)
2013 Ed. (3218, 3220, 3238, 5001)
2014 Ed. (3237, 3239, 3265, 5000)
2015 Ed. (3297)
2016 Ed. (3149)
2017 Ed. (3113, 5000)
2018 Ed. (3208, 4999)
2019 Ed. (3145, 4999)
2020 Ed. (3176, 4999)
2021 Ed. (3041, 3118, 5000)
2022 Ed. (3176, 3257, 5000)
Hartford International Life Reassurance Corp.
2001 Ed. (2942)
Hartford International Small Company
2006 Ed. (3680)
Hartford International Value A
2023 Ed. (4507)
Hartford Investment
2000 Ed. (2783)
2002 Ed. (3387)
Hartford Investment Management Co.
2000 Ed. (3882, 3885, 3900)
2001 Ed. (3002)
2003 Ed. (3083)
2005 Ed. (3208)
2007 Ed. (3251)
Hartford Investments
2000 Ed. (2789)
Hartford L & A Insurance Co.
2000 Ed. (2686, 2687)
Hartford Life & Accident
1989 Ed. (1687, 1688)
Hartford Life & Accident Ins Co
2023 Ed. (3331, 3332, 3340)
Hartford Life & Accident Insurance Co.
1991 Ed. (2096, 2103, 2105)
1992 Ed. (2659)
1997 Ed. (2427, 2439, 2441, 2447, 2448)
1998 Ed. (2156, 2160, 2166, 2169, 2180, 2181)
1999 Ed. (2939, 2950, 2951)
2000 Ed. (2702)
2001 Ed. (2939, 2940)
2002 Ed. (2908, 2909, 2922)
2007 Ed. (3148)
2008 Ed. (3272, 3298)
2009 Ed. (3329, 3333, 3357, 3358)
2010 Ed. (3296)
2011 Ed. (3230, 3234, 3256, 3257, 3262)
2012 Ed. (3233)
2013 Ed. (3312)
2020 Ed. (3235, 3236)
2021 Ed. (3101, 3102)
2022 Ed. (3242, 3243, 3251)
Hartford Life Aggressive Growth
2002 Ed. (3469, 3471)
Hartford Life & Annuity Insurance Co.
2002 Ed. (2904, 2921, 2923)
2007 Ed. (3147, 3149, 3154)
2008 Ed. (3297, 3299)
2009 Ed. (3359)
2010 Ed. (3297)
2011 Ed. (3258)
Hartford Life Canadian Advanced Technology
2002 Ed. (3467, 3468)
Hartford Life Canadian Income
2002 Ed. (3455)
Hartford Life Group
2014 Ed. (3336)
2015 Ed. (3371)
Hartford Life Inc.
1991 Ed. (243, 246)
1992 Ed. (338, 2757)
1993 Ed. (2212, 2282, 2317, 3248, 3652, 3653, 3654)
1996 Ed. (2070, 2306, 2310, 2312, 2314, 2316, 2324, 2379, 2387)
2002 Ed. (2931)
2003 Ed. (2993, 2997, 2998, 3002)
2004 Ed. (3103, 3104, 3109, 3110, 3111, 3114)
2005 Ed. (3106, 3107, 3112, 3113, 3114, 3119)
2006 Ed. (3124)
2007 Ed. (3135, 3136, 3144, 3145, 3156, 3157, 3661, 3682)
2008 Ed. (3288, 3289, 3294, 3295, 3306, 3307)
2009 Ed. (3346, 3347, 3354, 3355, 3368, 3369)
2010 Ed. (3285, 3286, 3293, 3294, 3306, 3307)
2011 Ed. (3268, 3269)
2012 Ed. (3222, 3223, 3231, 3241)

2013 Ed. (3301, 3302, 3310, 3320)
2014 Ed. (3324, 3325, 3333)
Hartford Life Insurance Co.
1992 Ed. (4380, 4381, 4382)
1994 Ed. (223, 224, 2259, 2294, 3242)
1995 Ed. (222, 223, 2298, 2299, 2304, 2305, 2306, 2307, 3322)
1997 Ed. (2430, 2437, 2439, 2440, 2441, 2443, 2445, 2453)
1998 Ed. (171, 2141, 2142, 2155, 2158, 2166, 2167, 2168, 2169, 2177, 2178, 2179, 2180, 2189, 2190, 3654, 3656)
1999 Ed. (2939, 2940, 2942, 2951, 2954, 4700)
2000 Ed. (2691, 2693, 2697, 2699, 2701, 2705, 2709, 2711, 4327)
2001 Ed. (2936, 2937, 2939, 2942, 4666, 4667, 4668)
2002 Ed. (2835, 2920, 2921, 2922)
2003 Ed. (2999)
2005 Ed. (3051)
2006 Ed. (3122)
2007 Ed. (3146, 3149, 3154)
2008 Ed. (3296, 3299)
2009 Ed. (3320, 3321, 3356, 3358)
2010 Ed. (3256, 3257, 3295, 3296, 3301)
2011 Ed. (3220, 3221, 3255)
2012 Ed. (3189, 3232)
2013 Ed. (3311)
Hartford Life Insurance Group
2018 Ed. (3270, 3271, 3277)
2019 Ed. (3220, 3221)
Hartford Life Investment Advisors
2007 Ed. (2480)
Hartford Life Putnam Capital Manager: Voyager
1995 Ed. (3689)
Hartford Lloyds Insurance
1992 Ed. (2680)
Hartford Mid Cap
2004 Ed. (2453)
Hartford MidCap
2003 Ed. (3498)
Hartford Municipal Employees Credit Union
2010 Ed. (2132)
Hartford Mutual
2003 Ed. (703, 3502)
2006 Ed. (610)
Hartford Mutual Funds
2004 Ed. (3561)
2005 Ed. (3546)
Hartford National Bank
1989 Ed. (574)
Hartford National Corp.
1989 Ed. (364, 384, 399, 427, 428)
1990 Ed. (415, 452, 648, 1791)
Hartford & New Haven, CT
1991 Ed. (830)
Hartford-New Haven, CT
1990 Ed. (874)
1992 Ed. (1016)
1993 Ed. (815)
2002 Ed. (922)
2003 Ed. (845, 3315)
2004 Ed. (872, 3388)
2005 Ed. (846)
2006 Ed. (771)
2007 Ed. (868, 3506)
2008 Ed. (829)
2009 Ed. (851)
2010 Ed. (797)
2011 Ed. (724)
Hartford/New Haven/Springfield, CT-NH
1990 Ed. (1077)
Hartford PCM Growth & Income
1998 Ed. (3652)
Hartford/Plainville/Vernon, CT
1990 Ed. (871, 873)
Hartford Putnam Capital Manager
1996 Ed. (3771)
Hartford Putnam Capital Manager High Yield
1994 Ed. (3614, 3616)
Hartford Putnam Capital Manager Voyager
1994 Ed. (3610)
Hartford Re Co.
2000 Ed. (3748)
Hartford Reinsurance Co.
1998 Ed. (3037)
2001 Ed. (4033)
Hartford Reminder
2002 Ed. (3502)
The Hartford Roofing Co. Inc.
1991 Ed. (1084)
1992 Ed. (1417)
1993 Ed. (1130)
1994 Ed. (1148)
1995 Ed. (1164)
1996 Ed. (1138)
1997 Ed. (1168)
1998 Ed. (953)
1999 Ed. (1374)
2000 Ed. (1266)
2001 Ed. (1480)
The Hartford Roofing Cos.
2004 Ed. (1313)
2005 Ed. (1319)

The Hartford Roofing Group
2003 Ed. (1313)
Hartford Small Company
2010 Ed. (3730)
Hartford Steam Boiler
1990 Ed. (2254, 3259)
1991 Ed. (2127, 2128)
1992 Ed. (2681, 2683)
1993 Ed. (2239)
1994 Ed. (2279)
1995 Ed. (2321)
1998 Ed. (2199)
2000 Ed. (2729)
Hartford Steam Boiler Inspection & Insurance Co.
2001 Ed. (4034, 4035)
2011 Ed. (1373)
Hartford The Director
1996 Ed. (3771)
The Hartford (U.S.)
2021 Ed. (3057)
Hartford; University of
2015 Ed. (813)
Hartford VA Advisers NQ
1989 Ed. (259)
Hartford VA Advisers Q
1989 Ed. (259)
Hartford Value
2009 Ed. (3798)
Harth-Bedoya; Miguel
2012 Ed. (2884)
Harthy; Assila Zaher Al
2013 Ed. (3482)
Harthy; Sultan Bin Hamdoon Al
2013 Ed. (3482)
Harties
1990 Ed. (1938)
1991 Ed. (1852)
1993 Ed. (1989)
1995 Ed. (2041)
Harting; Bruce
1996 Ed. (1771, 1824, 1844)
1997 Ed. (1898, 1917)
Hartje Lumber
1996 Ed. (822)
1997 Ed. (833)
Hartland Consolidated Schools
2018 Ed. (1709)
Hartlauer
2004 Ed. (26)
Hartley County, TX
1996 Ed. (2227)
1997 Ed. (1540)
1999 Ed. (2831)
Hartley & Gibson
1994 Ed. (3662)
2001 Ed. (4844)
2002 Ed. (4924)
2004 Ed. (4969, 4970)
2005 Ed. (4961, 4962)
2006 Ed. (4965)
Hartley & Gibsons
1997 Ed. (3887)
Hartley Poynton
1997 Ed. (744, 748)
1999 Ed. (867)
Hartman
2020 Ed. (3677)
2021 Ed. (3683)
Hartman + Majewski Design Group
2023 Ed. (271, 1908)
Hartman; Scott F.
2005 Ed. (2516)
2006 Ed. (2530)
Hartman Walsh Industrial Services
2018 Ed. (1207)
2019 Ed. (1234)
2020 Ed. (1228)
2021 Ed. (1195)
2023 Ed. (1433)
Hartman Walsh Painting Co.
2013 Ed. (1278)
2014 Ed. (1211)
Hartman-Walsh Painting Co.
1991 Ed. (1089)
1992 Ed. (1422)
1993 Ed. (1135)
1994 Ed. (1142)
1997 Ed. (1172)
1998 Ed. (952)
Hartmann Blackmon & Kilgore PC
2015 Ed. (1418)
2016 Ed. (1338)
Hartmann & Forbes
2008 Ed. (3541)
Hartmann North America
2004 Ed. (885)
Hartmann Studios
2009 Ed. (2654)
Hartmanns
2013 Ed. (1590)
2014 Ed. (1555)
Hartmarx Corp.
1989 Ed. (934, 942, 943, 944)
1990 Ed. (1050, 1059, 1060, 1061, 1062, 1065)
1991 Ed. (975, 978, 981, 983, 985)
1992 Ed. (1132, 1215, 1217, 1220, 1222)

1993 Ed. (990, 992)
1994 Ed. (1022, 1024, 1291, 1310)
1995 Ed. (1031, 1032, 1319, 3434, 3436)
1996 Ed. (1003, 1014, 1020, 3499)
1997 Ed. (1022)
2004 Ed. (987)
2005 Ed. (1007, 1008)
2006 Ed. (1018)
Hartmarx Specialty Stores
1990 Ed. (1048)
Hartmarxj Corp.
1992 Ed. (1560)
Hartnett; Michael
1997 Ed. (1994)
Hartnett; William
2005 Ed. (3183)
Hartono; Michael
2009 Ed. (4865)
2010 Ed. (4866, 4867)
2011 Ed. (4854, 4855)
2012 Ed. (4861, 4862)
2013 Ed. (4877, 4878)
2014 Ed. (4891, 4892)
2015 Ed. (4930, 4931)
2016 Ed. (4846, 4847)
2017 Ed. (4852)
2018 Ed. (4860)
2019 Ed. (4854)
2020 Ed. (4844)
2021 Ed. (4845)
2022 Ed. (4840)
2023 Ed. (4835)
Hartono; R. Budi
2006 Ed. (4916, 4919)
2008 Ed. (4845)
2009 Ed. (4865)
2010 Ed. (4866, 4867)
2011 Ed. (4854, 4855)
2012 Ed. (4861, 4862)
2013 Ed. (4877, 4878)
2014 Ed. (4891, 4892)
2015 Ed. (4930, 4931)
2016 Ed. (4846, 4847)
2017 Ed. (4852)
2018 Ed. (4860)
2019 Ed. (4854)
2020 Ed. (4844)
2021 Ed. (4845)
2022 Ed. (4840)
2023 Ed. (4835)
Harts Nursery
2020 Ed. (3738)
2021 Ed. (3740)
2022 Ed. (3758)
Hartsburg State Bank
2016 Ed. (508)
Hartsfield
1992 Ed. (313)
Hartsfield, Atlanta
1990 Ed. (245)
1991 Ed. (214, 215, 216, 218)
Hartsfield Atlanta International Airport
1998 Ed. (146)
Hartsfield International
1992 Ed. (306, 307, 308)
1993 Ed. (168, 206)
1994 Ed. (152, 192, 194)
1995 Ed. (169, 195)
2000 Ed. (271)
Hartsfield International Airport
1996 Ed. (193, 199)
1997 Ed. (186)
Hartsfield-Jackson Atlanta International Airport
2005 Ed. (829)
2008 Ed. (236)
2009 Ed. (312, 4772, 4960)
2020 Ed. (4329)
2021 Ed. (4345)
2022 Ed. (4351)
Hartstone
1995 Ed. (2131)
Hartstone Group
1994 Ed. (1379)
1999 Ed. (3172)
The Hartstone Group plc
1997 Ed. (2616)
2000 Ed. (2917)
2001 Ed. (3077)
Hartt Transportation Systems
2005 Ed. (4781)
Hartung Glass Industries
2013 Ed. (2822)
2014 Ed. (2860)
2015 Ed. (2901)
2016 Ed. (2821)
2017 Ed. (2791)
2020 Ed. (2841)
2021 Ed. (2715)
2022 Ed. (2873)
2023 Ed. (2987)
Hartwall Areena
2011 Ed. (1074)
Hartwell Emerging Growth
1991 Ed. (2567)
1992 Ed. (3193)
1993 Ed. (2648, 2658, 2691)

Hartwick College
1993 Ed. (893)
Hartz Delectables Bisque
2018 Ed. (3788)
Hartz Delectables Stew
2018 Ed. (3788)
Hartz Groomers Best
2023 Ed. (3921)
Hartz Home Protection
2019 Ed. (3775)
2023 Ed. (3921, 3922)
Hartz Mountain
2017 Ed. (4442)
2018 Ed. (4461)
Hartz Mountain Corp.
2016 Ed. (3787)
2017 Ed. (3742)
2018 Ed. (3794)
2020 Ed. (3828)
Hartz Mountain Industries, Inc.
1997 Ed. (3261)
2000 Ed. (3722)
2002 Ed. (3925)
Hartz Ultraguard
2019 Ed. (3775)
2023 Ed. (3921, 3922)
Hartz Ultraguard Plus
2023 Ed. (3922)
Hartz Ultraguard Pro
2023 Ed. (3921)
Hartzel E. Lebed
1990 Ed. (1725)
Hartzell; John
1996 Ed. (1891)
Hartzell Propeller Inc.
2002 Ed. (4877)
Haruhiko Yoshimoto
1990 Ed. (730)
Haruhiko Yoshimoto with family
1991 Ed. (709)
Harum Energy
2014 Ed. (1673)
Haruti Suzuki India
2012 Ed. (1563)
Haruyuki Takahashi
2010 Ed. (4564)
Harvard
1990 Ed. (857, 858, 859)
1995 Ed. (1067)
1999 Ed. (984, 985)
Harvard Bioscience
2005 Ed. (1559, 1859, 1860)
2006 Ed. (1866)
2012 Ed. (1686, 1700)
Harvard Business Review
2001 Ed. (259)
2004 Ed. (144)
2007 Ed. (158)
2008 Ed. (142)
Harvard Business School
1997 Ed. (865)
2006 Ed. (2337)
2008 Ed. (2408)
Harvard College
2008 Ed. (2972)
Harvard College and Radcliffe College
1991 Ed. (1001)
Harvard Community Credit Union
2004 Ed. (1928, 1929, 1938)
Harvard Community Health Plan
1989 Ed. (1146)
1993 Ed. (2019)
1995 Ed. (2091)
1996 Ed. (2093)
1997 Ed. (2195)
Harvard Coop
1989 Ed. (2518)
Harvard Graphics 3.0
1993 Ed. (1068)
Harvard Group PLC
1992 Ed. (1198, 1200)
Harvard Industries Inc.
1991 Ed. (1224)
2000 Ed. (387, 388, 389)
2003 Ed. (341)
Harvard International Technology
1996 Ed. (210)
Harvard Jolly Architecture
2023 Ed. (291)
Harvard Jolly Clees Toppe Architects
1998 Ed. (186)
1999 Ed. (289)
Harvard Jolly Clees Toppe Architects PA
2000 Ed. (314)
2002 Ed. (333)
Harvard Jolly Inc.
2023 Ed. (292)
Harvard Manufacturing Texas
2000 Ed. (2462)
Harvard Pilgrim Health
1999 Ed. (2651)
Harvard Pilgrim Health Care
2005 Ed. (3366)
2007 Ed. (2899)
2008 Ed. (2919, 3021, 3647)
2009 Ed. (2974, 3111, 3324)
2010 Ed. (2914, 3044)

2011 Ed. (2881, 3010, 3228)
Harvard Pilgrim Health Care Inc.
2014 Ed. (3042)
2015 Ed. (3108)
2020 Ed. (3000)
Harvard Pilgrim Health Care of New England
2008 Ed. (2919)
2009 Ed. (2974)
2010 Ed. (2914)
2011 Ed. (2881)
Harvard Public Relations
1995 Ed. (3021)
1996 Ed. (3124)
1997 Ed. (3200)
1999 Ed. (3937)
2000 Ed. (3935)
Harvard and Radcliffe Colleges
1990 Ed. (1087)
Harvard State Bank
2012 Ed. (334)
Harvard Technologies
2002 Ed. (2558)
2003 Ed. (2750)
Harvard University
1989 Ed. (842, 954, 957, 2164)
1990 Ed. (856, 1088, 1092, 1094, 1095, 2785)
1991 Ed. (814, 817, 819, 820, 821, 822, 823, 917, 918, 1006, 1007, 2295, 2402, 2688)
1992 Ed. (997, 1001, 1002, 1003, 1004, 1006, 1007, 1009, 1123, 1124, 1267, 1282, 1283, 2848, 3257, 3357)
1993 Ed. (794, 795, 796, 800, 801, 802, 803, 805, 806, 923, 924, 1015, 1030, 1031, 2407, 2782)
1994 Ed. (806, 809, 810, 811, 812, 814, 815, 818, 896, 937, 938, 1042, 1057, 1713, 2358, 2771)
1995 Ed. (858, 859, 860, 862, 863, 864, 866, 867, 868, 932, 969, 970, 1049, 1050, 1063, 1064, 1066, 1068, 1070, 1071, 1072, 1928, 2422, 2427, 2428, 3189)
1996 Ed. (837, 841, 842, 843, 844, 845, 846, 848, 849, 946, 947, 1035, 1050, 1051, 2457, 2461, 2463, 2941)
1997 Ed. (850, 854, 855, 856, 857, 858, 859, 864, 968, 969, 1051, 1062, 1063, 1064, 1066, 1068, 1069, 2602, 2603, 2607, 2608, 2609)
1998 Ed. (548, 550, 552, 553, 555, 556, 557, 560, 712, 713, 799, 809, 811, 2334, 2335, 2338, 2339, 2761, 3161)
1999 Ed. (969, 970, 971, 972, 973, 974, 975, 976, 977, 978, 979, 980, 983, 1107, 1109, 1228, 1238, 1239, 3158, 3159, 3160, 3164, 3165, 3166, 3327, 3328, 3329, 3331, 3332, 3333, 3335)
2000 Ed. (916, 917, 918, 919, 920, 921, 922, 923, 924, 926, 928, 1036, 1137, 1143, 1148, 2904, 2908, 2909, 2910, 2911, 3065, 3066, 3067, 3069, 3070, 3071, 3072, 3074, 3431)
2001 Ed. (1054, 1055, 1056, 1057, 1058, 1059, 1061, 1062, 1064, 1317, 1319, 1329, 2488, 3059, 3061, 3065, 3066, 3252, 3253, 3254, 3256, 3258, 3259, 3260, 3261)
2002 Ed. (873, 874, 875, 877, 878, 879, 881, 882, 883, 898, 1030, 2349)
2003 Ed. (789, 793)
2004 Ed. (808, 813, 814, 815, 816, 817, 818, 822, 823, 828, 829, 832, 928, 1061, 2669, 2844, 3241, 3424)
2005 Ed. (795, 801, 803, 804, 805, 806, 807, 808, 809, 1063, 2852, 2853, 3266, 3440)
2006 Ed. (693, 702, 707, 708, 709, 710, 711, 712, 721, 722, 730, 731, 733, 736, 737, 739, 2858, 2859)
2007 Ed. (798, 802, 803, 804, 805, 806, 807, 809, 810, 816, 819, 822, 823, 825, 827, 828, 1164, 1165, 1181, 2848, 2849, 3330, 3468)
2008 Ed. (181, 182, 770, 776, 780, 782, 783, 784, 785, 786, 788, 1059, 1064, 1089, 3431, 3640, 3864)
2009 Ed. (791, 795, 796, 797, 798, 800, 805, 818, 822, 823, 1034, 1035, 1041, 1058, 1066, 3505, 3709)
2010 Ed. (722, 723, 728, 732, 734, 735, 736, 737, 739, 744, 745, 746, 748, 749, 750, 752, 754, 996, 1001, 1007, 1014, 1026, 1034, 1035, 3435, 3627, 3835)
2011 Ed. (656, 657, 659, 660, 661, 662, 663, 665, 678, 687, 688, 689, 695, 696, 939, 940, 945, 946, 948, 951, 965, 2957, 3420, 3628)
2012 Ed. (606, 607, 609, 613, 614, 628, 858, 860, 862, 864, 2519, 2886)
2013 Ed. (747, 749, 756, 769)
2014 Ed. (768, 777, 778, 794)
2015 Ed. (806, 808, 819, 820, 821, 837, 4237)
2016 Ed. (725, 731, 732)
2018 Ed. (1695)

2019 Ed. (1349, 1761)
2020 Ed. (1702)
2021 Ed. (1682)
2022 Ed. (1705)
2023 Ed. (1850)
Harvard University Employees Credit Union
2003 Ed. (1897)
2014 Ed. (2198)
2015 Ed. (2262)
2016 Ed. (2233)
Harvard University; John F. Kennedy School of Government of
1991 Ed. (891, 1003)
Harvard Vanguard Medical Associates
2018 Ed. (2898)
HarvardNet, Inc.
2002 Ed. (2521)
Harvardsky Prumyslovy
2000 Ed. (1320)
Harve Benard
1993 Ed. (865)
Harvest Energy Solutions
2016 Ed. (4423)
Harvest Energy Trust
2006 Ed. (3668)
2009 Ed. (1477, 2506)
2010 Ed. (4057, 4832, 4833)
2011 Ed. (3904)
Harvest Fund Management Co.
2009 Ed. (3460)
Harvest Hill Beverage Co.
2017 Ed. (205)
2018 Ed. (192)
Harvest House Publishers
2008 Ed. (3621)
Harvest I
1993 Ed. (1042)
Harvest King
2012 Ed. (4704, 4706)
2013 Ed. (4669, 4671)
2015 Ed. (4734, 4736)
2019 Ed. (4659, 4660)
2020 Ed. (4627)
2021 Ed. (4640)
Harvest Land Cooperative
2010 Ed. (200, 2217, 2631)
2011 Ed. (122, 2235, 2614, 4391)
2012 Ed. (129, 2097, 2555, 4457)
Harvest Moon
1996 Ed. (920)
Harvest Natural Resources Inc.
2005 Ed. (3741)
Harvest Operations
2014 Ed. (1446, 1474)
Harvest Operations Corp.
2016 Ed. (3843)
Harvest Right
2020 Ed. (2297)
Harvest State
1992 Ed. (3264)
Harvest States Cooperatives
1991 Ed. (1858)
1995 Ed. (3728)
Harvest States Foods
2017 Ed. (4686)
2021 Ed. (4660)
2022 Ed. (4668)
Harvest Strategy Group Inc.
2012 Ed. (852)
Harvest Time Foods
2017 Ed. (2704)
2018 Ed. (2762)
2019 Ed. (2745)
Harvester Federal Credit Union
2009 Ed. (2215)
Harvesters Credit Union
2002 Ed. (1839)
Harvestland Inc.
2020 Ed. (2800)
Harvey Building Products
2010 Ed. (4964)
2018 Ed. (4918)
2019 Ed. (2841)
2020 Ed. (2873)
Harvey Chaplin
2007 Ed. (4900)
Harvey Chrysler Plymouth
1992 Ed. (3091)
Harvey-Cleary Builders
2019 Ed. (1242)
Harvey Construction Corp.
2019 Ed. (1816)
2022 Ed. (1763)
Harvey Electronics
2007 Ed. (2865)
Harvey Enterprises Inc.
2015 Ed. (1939)
Harvey F. and Geraldine W. Brunch
1992 Ed. (1095)
Harvey; Gerald
2008 Ed. (4842)
2011 Ed. (4868)
Harvey Golub
1996 Ed. (964)
1999 Ed. (1126)

Harvey Heinbach
 1991 Ed. (1672)
 1993 Ed. (1778, 1829)
 1994 Ed. (1761, 1812)
 1995 Ed. (1850)
 1996 Ed. (1828)
 1997 Ed. (1857)
Harvey Home Entertainment
 2009 Ed. (3068)
 2010 Ed. (2999)
Harvey Hotels
 1997 Ed. (2291)
 1998 Ed. (2019)
Harvey Industries LLC
 2016 Ed. (111)
Harvey; J. Brett
 2007 Ed. (1021)
 2009 Ed. (942)
 2011 Ed. (838)
 2014 Ed. (2595)
 2015 Ed. (2637)
Harvey; James R.
 1990 Ed. (2282)
 1992 Ed. (2713)
Harvey; John
 1997 Ed. (1888)
Harvey Keitel
 2001 Ed. (6)
Harvey McGrath
 2012 Ed. (4920)
Harvey Mitsubishi
 1992 Ed. (392)
Harvey Mudd College
 1992 Ed. (1279)
 1993 Ed. (1027)
 1994 Ed. (1054)
 1995 Ed. (1062)
 1996 Ed. (1047)
 2008 Ed. (2573)
 2009 Ed. (2584)
 2010 Ed. (2497)
Harvey Norman
 2004 Ed. (1652)
 2007 Ed. (1587)
 2010 Ed. (627)
 2012 Ed. (542)
 2013 Ed. (659)
 2014 Ed. (676)
 2015 Ed. (92)
 2021 Ed. (599)
 2022 Ed. (4221)
 2023 Ed. (4263)
Harvey Norman Holdings
 2002 Ed. (32, 2708)
 2004 Ed. (25)
 2005 Ed. (18)
 2006 Ed. (24)
 2007 Ed. (18, 61)
 2008 Ed. (23, 64)
 2009 Ed. (26, 73, 90)
 2010 Ed. (36, 83)
 2012 Ed. (4328, 4359)
 2013 Ed. (2503, 4278, 4290)
 2021 Ed. (1375)
Harvey; Paul
 2006 Ed. (2487)
 2007 Ed. (4061)
Harvey; Steve
 2020 Ed. (2485)
Harveys Bristol Cream
 1989 Ed. (2963)
 1992 Ed. (4459, 4461, 4463, 4467)
 1994 Ed. (3662)
 1997 Ed. (3887)
 1998 Ed. (3740, 3741)
 2001 Ed. (3106, 4844)
 2002 Ed. (4924)
 2004 Ed. (4969, 4970)
 2005 Ed. (4961, 4962)
 2006 Ed. (4965)
Harvey's Bristol Cream Sherry
 1989 Ed. (2947, 2948, 2950)
 1991 Ed. (3497, 3500, 3502)
Harvey's Resort Hotel/Casino
 1993 Ed. (2091)
Harvick; Kevin
 2010 Ed. (315)
 2011 Ed. (239)
 2012 Ed. (260)
 2013 Ed. (267)
 2014 Ed. (269)
 2015 Ed. (309)
 2016 Ed. (217)
 2017 Ed. (214)
 2018 Ed. (199)
 2019 Ed. (193)
Harvoni
 2018 Ed. (2229, 2230)
Harward Media
 2022 Ed. (1104)
 2023 Ed. (1321)
Harwood
 1999 Ed. (3205)
Harwood Canadian
 2000 Ed. (2945)
 2001 Ed. (4789)
 2002 Ed. (3103)
 2003 Ed. (4903)
 2004 Ed. (4893)
Harwood K. Smith & Partners Inc.
 1989 Ed. (266)
 1990 Ed. (279, 1665)
Harwoods
 2019 Ed. (2044)
Hary Tanoesoedibjo
 2014 Ed. (4892)
Harza Engineering Co.
 1991 Ed. (1559)
 1992 Ed. (1965)
 1993 Ed. (1617)
 1995 Ed. (1677, 1694)
 1996 Ed. (1660, 1676)
 1997 Ed. (1738, 1750, 1757)
 1998 Ed. (1440)
 1999 Ed. (2024)
 2000 Ed. (1812)
Hasan & Partners
 2001 Ed. (135)
 2002 Ed. (107)
 2003 Ed. (73)
Hasan & Partners Oy (McCann)
 1997 Ed. (88)
Hasbro
 2016 Ed. (4677)
 2017 Ed. (3707)
 2018 Ed. (3730, 4130, 4132, 4676)
 2019 Ed. (3719, 3732, 4681)
 2020 Ed. (3761)
 2021 Ed. (3298, 4666, 4668, 4669)
 2022 Ed. (3383, 4674, 4679)
 2023 Ed. (1547, 3503, 4667, 4668)
Hasbro Inc.
 1989 Ed. (1052, 1891, 2295, 2855, 2856, 2857)
 1990 Ed. (41)
 1991 Ed. (38, 226, 1220, 1247, 2299, 2740, 2741, 3227, 3315, 3408, 3410)
 1992 Ed. (66, 2855, 3458, 3459, 4323, 4325, 4327)
 1993 Ed. (216, 218, 1222, 1227, 1388, 1506, 2413, 2984, 3598, 3601, 3603)
 1994 Ed. (204, 206, 210, 211, 213, 1266, 1442, 2365, 2872, 3025, 3502, 3559)
 1995 Ed. (213, 214, 1478, 3573, 3635, 3638, 3639, 3640)
 1996 Ed. (3722, 3723, 3724)
 1997 Ed. (228, 230, 231, 232, 234, 238, 239, 1501, 3715, 3774, 3775, 3777, 3778, 3779)
 1998 Ed. (152, 156, 157, 160, 161, 163, 164, 596, 1187, 3499, 3595, 3596, 3597, 3599, 3603, 3604)
 1999 Ed. (260, 261, 1000, 1345, 1727, 4627, 4628, 4629, 4631, 4632, 4637)
 2000 Ed. (280, 281, 283, 284, 285, 288, 289, 955, 1545, 2920, 4275, 4277, 4280)
 2001 Ed. (1092, 1840, 1841, 3087, 4604)
 2002 Ed. (1757, 4599, 4641, 4642)
 2003 Ed. (1813, 1814, 2603, 3207, 3208, 3285, 3286, 4772, 4773)
 2004 Ed. (240, 241, 1847, 1848, 3349, 3350, 4747, 4748)
 2005 Ed. (243, 244, 1257, 1955, 1956, 3279, 3378, 3379, 4724, 4725)
 2006 Ed. (264, 265, 2001, 2002, 3270, 3359, 3360, 4071, 4778, 4780)
 2007 Ed. (1966, 1967, 2909, 3344, 3413, 3414, 4784, 4785, 4786)
 2008 Ed. (2061, 2062, 3441, 3542, 3543, 4222, 4704)
 2009 Ed. (2027, 2028, 3609, 3610, 3931, 4744)
 2010 Ed. (1960, 1961, 3533, 3534, 3849, 4753, 4760)
 2011 Ed. (2020, 2021, 3440, 3532, 3533, 4713)
 2012 Ed. (1868, 1869, 1870, 1871, 2329, 2332, 3027, 3457, 3522, 3523, 3525, 3827, 4734, 4735)
 2013 Ed. (1220, 2027, 2028, 2512, 3504, 3511, 3562, 3563, 3564, 3566, 4698)
 2014 Ed. (1289, 1962, 1963, 3485, 3536, 3540, 3541, 3543, 4752)
 2015 Ed. (1214, 2009, 2010, 3561, 3562, 3564, 3567, 4772)
 2016 Ed. (1268, 1980, 1981, 1982, 3353, 3413, 3414, 3418, 3423, 4676)
 2017 Ed. (1332, 1367, 1942, 1943, 2392, 3318, 3376, 3383)
 2018 Ed. (1317, 1894, 2451, 2452, 3381, 3440, 3449)
 2019 Ed. (1107, 1341, 1359, 3363, 3409, 3419)
 2020 Ed. (3365)
 2021 Ed. (3298)
Hasbro, Inc.
 2017 Ed. (1161)
 2018 Ed. (1096)
 2019 Ed. (23, 26, 31, 1112)
 2020 Ed. (35, 1098)
 2021 Ed. (38, 1092)
 2022 Ed. (39, 1106)
 2023 Ed. (82, 1323)
Hasbro, Inc. (U.S.)
 2021 Ed. (1092)
 2022 Ed. (1106)
Hasbro Interactive
 1999 Ed. (255)
Hasbro Managerial Services Inc.
 2006 Ed. (2001)
 2007 Ed. (1966)
 2008 Ed. (2061)
 2009 Ed. (2027)
 2010 Ed. (1960)
 2011 Ed. (2020)
 2012 Ed. (1868)
 2013 Ed. (2027)
 2014 Ed. (1962)
 2015 Ed. (2009)
 2016 Ed. (1980)
Hasbro U.K. Ltd.
 2002 Ed. (46)
 2004 Ed. (3358)
Hasbro (U.S.)
 2021 Ed. (4669)
 2022 Ed. (4679)
Hascak; Jaroslav
 2020 Ed. (4866)
 2021 Ed. (4867)
 2022 Ed. (4863)
 2023 Ed. (4857)
Hasco
 2023 Ed. (385, 391)
Hasegawa
 1998 Ed. (1698)
 1999 Ed. (2444)
Hasegawa; Minoru
 1996 Ed. (1879)
Hasegawa; T.
 1997 Ed. (2013)
Haseko
 2017 Ed. (1111, 1115)
 2018 Ed. (1042)
 2019 Ed. (1053)
 2020 Ed. (1042)
Haseko Corp.
 1999 Ed. (1565)
Haseko (Hawaii) Inc.
 2011 Ed. (1685)
Haselden Construction
 2005 Ed. (1325)
 2006 Ed. (3986)
 2013 Ed. (1259)
 2014 Ed. (1170)
 2015 Ed. (1223)
 2017 Ed. (1176, 1188)
 2018 Ed. (1112, 1140)
 2019 Ed. (1134)
 2020 Ed. (1125)
 2021 Ed. (1111)
 2022 Ed. (1124)
Haselden Construction LLC
 2007 Ed. (1375, 2525)
 2008 Ed. (1273, 2653)
 2009 Ed. (1252, 1253, 2681, 4134)
 2010 Ed. (1249, 1250, 2591)
 2011 Ed. (1199, 4041)
 2012 Ed. (1141)
 2016 Ed. (1132)
 2018 Ed. (1489)
 2021 Ed. (1473)
 2022 Ed. (1487)
 2023 Ed. (1663)
Haseldon Construction LLC
 2018 Ed. (1488)
Haselmeier, S.R.O.
 2017 Ed. (1517)
Hasenbichler Cm.
 1993 Ed. (1041)
Hasenbichler Commodities
 1995 Ed. (1078, 1080)
Hasenbichler Commodities AG
 2000 Ed. (1152)
Hashagen Jr.; John D.
 1992 Ed. (532)
Hashem; Hosnia
 2013 Ed. (3478)
HashiCorp
 2017 Ed. (1061)
 2018 Ed. (987)
 2019 Ed. (991)
 2020 Ed. (975)
 2021 Ed. (956)
 2023 Ed. (4580)
Hashicorp
 2021 Ed. (4566)
 2022 Ed. (4576)
Hashimoto; Naoto
 1996 Ed. (1887, 1888)
 1997 Ed. (1993)
Hashimoto; Takashi
 1997 Ed. (1979)
Hask
 2023 Ed. (3005)
Haskell
 2013 Ed. (1243)
 2014 Ed. (1181, 2095)
 2019 Ed. (1096)
 2020 Ed. (2414, 4659)
 2021 Ed. (1112, 2356)
 2022 Ed. (1125, 1137, 2448, 2460, 2472, 4687)
 2023 Ed. (268, 1720, 2671)
Haskell Co.
 2015 Ed. (1235)
 2018 Ed. (1145)
 2019 Ed. (1157)
 2020 Ed. (1148)
Haskell Company, The
 2023 Ed. (2637)
The Haskell Co.
 1993 Ed. (1093)
 1995 Ed. (234)
 1996 Ed. (230)
 1998 Ed. (183, 186, 904)
 1999 Ed. (286, 289)
 2000 Ed. (312, 314)
 2001 Ed. (404)
 2002 Ed. (333, 1173, 1191, 1249, 1277, 3922)
 2003 Ed. (1246, 1261)
 2004 Ed. (1257, 1264)
 2005 Ed. (2418, 2815)
 2006 Ed. (2458, 2793)
 2007 Ed. (2412)
 2008 Ed. (1240, 3187)
 2009 Ed. (2642)
 2010 Ed. (2464, 2542, 2547)
 2011 Ed. (1294)
 2012 Ed. (2377)
The Haskell Company
 2023 Ed. (4676)
Haskell Corp.
 2015 Ed. (2150)
 2016 Ed. (2127)
 2017 Ed. (2076)
 2018 Ed. (2035)
Haskell County, KS
 1997 Ed. (1681)
Haskell; Skylar
 2011 Ed. (4336)
Haskell Slaughter
 2001 Ed. (723, 921)
Haskell, Slaughter & Young
 2000 Ed. (3679)
Haskell & Stern Associates Inc.
 1992 Ed. (2048)
Haskell & White LLP
 2014 Ed. (1412)
Haslam; Jimmy
 2016 Ed. (4817)
Hass Automation
 1997 Ed. (2168)
Hassan Al Thawadi
 2013 Ed. (3485)
Hassan; F.
 2005 Ed. (2501)
Hassan; Fred
 2006 Ed. (902)
 2007 Ed. (992, 1028)
Hassanal Bolkiah Mu'Izzaddin Waddaulah; Sultan Haji
 1992 Ed. (890)
Hassenberg; Mark
 1993 Ed. (1771, 1772, 1792, 1795)
 1994 Ed. (1775, 1778)
 1995 Ed. (1795, 1815, 1818)
 1996 Ed. (1790, 1792)
 1997 Ed. (1866)
Hassett Lincoln-Mercury
 1991 Ed. (310)
Hassey; L. Patrick
 2007 Ed. (1024)
 2009 Ed. (945)
 2010 Ed. (897)
Hassler
 1995 Ed. (2174)
 2000 Ed. (2564)
Hassmann
 2022 Ed. (3096)
Hasso Plattner
 2000 Ed. (735)
 2011 Ed. (4878)
 2012 Ed. (4887)
 2013 Ed. (4871)
 2014 Ed. (4885)
 2015 Ed. (4924)
 2016 Ed. (4840)
 2017 Ed. (4848)
 2018 Ed. (4855)
 2019 Ed. (4850)
 2020 Ed. (4839)
 2021 Ed. (4840)
The Hasson Co.
 2008 Ed. (4106)
Hasta Dinero Separe
 2012 Ed. (2879)
"Hasta el Fin del Mundo"
 2017 Ed. (2896)
Hastings
 2021 Ed. (186)
Hastings Architecture
 2023 Ed. (270)
Hastings Architecture Associates
 2018 Ed. (193)
Hastings Entertainment
 2002 Ed. (4748)
 2004 Ed. (4039)
 2010 Ed. (843)
Hastings Health Care
 2000 Ed. (149)

CUMULATIVE INDEX • 1989-2023

Hastings Healthcare
  1999 Ed. (131)
Hastings, Janofsky & Walker, Paul
  1996 Ed. (2454)
Hastings Management
  2020 Ed. (1022, 1926)
Hastings Music & Video
  1994 Ed. (3624)
Hastings Mutual Insurance Co.
  2013 Ed. (3187)
Hastings; Paul
  2005 Ed. (2514)
Hastings; Reed
  2011 Ed. (818)
  2012 Ed. (600, 791)
  2015 Ed. (798)
  2016 Ed. (864)
  2017 Ed. (922)
  2022 Ed. (748)
Hastings Water Works
  2021 Ed. (4533)
Hasty Market
  1989 Ed. (1487)
Hat World
  2005 Ed. (4092)
  2006 Ed. (4447)
Hatachi
  1997 Ed. (1448)
Hatboro Federal Savings
  2021 Ed. (4318)
  2022 Ed. (4325)
Hatboro Federal Savings, FA
  2021 Ed. (4318)
  2022 Ed. (4325)
  2023 Ed. (4355)
Hatch
  2021 Ed. (731)
  2022 Ed. (757)
Hatch; Anthony
  1995 Ed. (1843)
  1996 Ed. (1821)
Hatch Associates Consultants Inc.
  2023 Ed. (2646)
Hatch Corp.
  2018 Ed. (1024)
  2019 Ed. (1032)
  2020 Ed. (1024)
  2021 Ed. (992)
Hatch Group
  2003 Ed. (2305, 2309)
  2007 Ed. (2428)
  2008 Ed. (2555)
  2009 Ed. (2563, 2569)
  2010 Ed. (2478, 2479, 2485)
  2011 Ed. (2486, 2487, 2493)
  2012 Ed. (1168, 1169, 2405, 2406)
  2013 Ed. (1291, 1292, 2574, 2580)
  2014 Ed. (1224, 1225, 2500, 2503, 2504, 2509, 2510)
  2015 Ed. (1282, 1283, 2578, 2583, 2584)
  2016 Ed. (1198, 2496, 2499, 2500, 2505, 2506)
  2017 Ed. (2356, 2357, 2362)
Hatch Ltd.
  2006 Ed. (1322, 1323)
  2008 Ed. (1308, 1309)
  2009 Ed. (1293, 1294, 1976)
  2010 Ed. (777, 1286, 1287)
  2011 Ed. (1239, 1240)
  2016 Ed. (1075)
  2017 Ed. (1105)
  2018 Ed. (1033, 2429)
  2019 Ed. (1044, 2478)
  2020 Ed. (2467)
  2021 Ed. (992, 2391)
  2022 Ed. (1033, 1053, 2496, 2502, 2503)
  2023 Ed. (2603, 2605, 2610, 2611, 2623, 2660)
Hatch Mott MacDonald
  2008 Ed. (2521)
  2009 Ed. (1150)
  2010 Ed. (1144, 2450)
  2011 Ed. (1087, 2445, 2456, 2459)
  2012 Ed. (200, 202, 207, 1008, 2370)
Hatch Mott MacDonald Inc.
  2013 Ed. (1152)
  2014 Ed. (1114)
  2015 Ed. (1152)
  2016 Ed. (1063)
  2017 Ed. (1096)
Hatch Stamping Co.
  2018 Ed. (1709)
Hatcher; David
  2008 Ed. (2634)
Hatcher; Teri
  2013 Ed. (2606)
Hatchimals
  2022 Ed. (4678)
  2023 Ed. (4665)
The Hate U Give
  2020 Ed. (585)
Hatfield
  2011 Ed. (4359)
  2012 Ed. (4399)
  2013 Ed. (4367)
  2016 Ed. (4303)
  2018 Ed. (4290)
  2022 Ed. (3552, 3927, 4291, 4293)

  2023 Ed. (4321)
Hatfield Hyundai
  1995 Ed. (270)
Hatfield LLC
  2007 Ed. (883, 4867)
Hatfield Quality Meats Inc.
  1997 Ed. (3134)
  2008 Ed. (3614)
  2009 Ed. (3681)
  2010 Ed. (3595)
Hatfliield
  2022 Ed. (3552)
  2023 Ed. (3673)
Hathaway; Anne
  2010 Ed. (2509)
  2011 Ed. (2511)
Hathaway & Associates
  1994 Ed. (2308)
Hathaway Dinwiddie Construction
  2022 Ed. (1028)
Hathaway Dinwiddie Construction Co.
  2009 Ed. (1158, 2637, 2639)
  2015 Ed. (1222)
  2018 Ed. (1110)
  2019 Ed. (1133)
  2022 Ed. (1123)
  2023 Ed. (1345)
The Hathaway Group LLC
  2017 Ed. (1886)
Hathaway Speight
  2001 Ed. (957)
Hatiba
  2018 Ed. (1036)
Hator Management LLP
  2016 Ed. (2091)
Hatt; Sir Topham
  2011 Ed. (559)
Hattenburg Dilley & Linnell
  2010 Ed. (1459)
  2011 Ed. (1460)
Hatteras
  2019 Ed. (3977)
Hatteras Financial
  2017 Ed. (1874)
Hatteras Inc.
  2013 Ed. (4093)
Hatteras Printing
  2012 Ed. (4013)
  2014 Ed. (4103)
  2015 Ed. (4081)
Hattiesburg Industrial Park
  1996 Ed. (2248)
Hattiesburg, MS
  1996 Ed. (977)
  2002 Ed. (2118, 3330)
  2005 Ed. (2989)
Hatton National Bank
  1991 Ed. (665)
  1992 Ed. (838)
  1993 Ed. (634)
  1995 Ed. (610)
  1996 Ed. (684)
  1997 Ed. (618)
  1999 Ed. (640, 1240, 1241)
  2000 Ed. (666, 1149)
  2002 Ed. (649, 4476)
  2003 Ed. (613)
  2004 Ed. (622)
  2006 Ed. (526)
  2013 Ed. (399)
  2019 Ed. (399)
  2020 Ed. (365, 392)
  2023 Ed. (611)
Hattori Corp.
  1991 Ed. (27)
Hattori Seiko Co.
  1989 Ed. (2297)
  1990 Ed. (32)
Hattori; Setsuko
  2018 Ed. (4107)
Hattron National Bank Ltd.
  1994 Ed. (637)
Hatzel & Buehler Inc.
  2010 Ed. (1255, 1306)
  2011 Ed. (1204, 1264)
  2018 Ed. (1162, 1175, 1180, 1187, 1192)
  2019 Ed. (1122, 1192, 1205, 1222, 1245)
  2020 Ed. (1111, 1198, 1216, 1239)
  2021 Ed. (1101, 1172, 1186)
  2022 Ed. (1115, 1171, 1185, 1206)
Hatzikostas Market SA
  2009 Ed. (1713)
Haub; Erivan
  1995 Ed. (664)
  2009 Ed. (4888)
  2010 Ed. (4889)
Haub; Karl Erivan
  1992 Ed. (888)
Hauck Research International
  2000 Ed. (3048)
Hauck Research Services
  2002 Ed. (3256, 3261)
Haufe-umantis AG
  2015 Ed. (2053)
Haughey; Eddie
  2012 Ed. (4920)
  2013 Ed. (4894)

Hauk Custom Pools
  2019 Ed. (4550)
Haulotte
  2019 Ed. (3080)
  2020 Ed. (3110)
The Haunted Carnival
  2003 Ed. (714)
Hauppauge Digital Inc.
  2002 Ed. (2526)
  2003 Ed. (2718)
  2008 Ed. (4417)
  2009 Ed. (4478)
Hauppauge Office Condos
  1990 Ed. (1145)
  1991 Ed. (1043)
Hauppauge Office Plaza I & II
  1990 Ed. (1145)
  1991 Ed. (1043)
Haupt; Enid Annenberg
  1994 Ed. (890)
Haupt-Stummer
  1992 Ed. (122)
  1997 Ed. (61)
Haupt-Stummer/J. Walter Thompson
  1993 Ed. (82)
Haupt-Stummer/JWT
  1995 Ed. (47)
  1996 Ed. (63)
Hauseman
  1992 Ed. (4426)
Hauser/Botanical International
  2001 Ed. (994)
Hauser; Ursula
  2013 Ed. (180)
Hausman; J. Craig
  1994 Ed. (1712)
Hausmann-Johnson Insurance, Inc.
  2022 Ed. (2643)
Hausmaster SIA
  2016 Ed. (1739)
Hausrath's Landscape Maintenance Inc.
  2019 Ed. (3596)
Hausrath's Landscape Maintenance Inc./ Bison Turf Equipment Inc./Segway of WNY
  2023 Ed. (3755)
Haussman Holdings
  1996 Ed. (2098)
Haute Couture
  1992 Ed. (2951)
Haute-Garonne
  1992 Ed. (675)
  1993 Ed. (486)
Haute Normandie
  1994 Ed. (488)
  1996 Ed. (513)
Hautop; Doug
  2019 Ed. (1103)
Havaianas
  2008 Ed. (661)
  2012 Ed. (552)
  2014 Ed. (678)
  2021 Ed. (604)
  2022 Ed. (631)
Haval
  2018 Ed. (4485)
  2019 Ed. (251)
  2021 Ed. (244)
  2022 Ed. (266)
  2023 Ed. (365)
Havana
  2006 Ed. (1058)
  2007 Ed. (1146, 1148)
  2008 Ed. (1026)
  2009 Ed. (1010)
Havana Stockjes
  1994 Ed. (961)
Havanitos
  1994 Ed. (961)
Havanitos Leger
  1994 Ed. (961)
Havas
  1990 Ed. (3264)
  1991 Ed. (2394)
  1992 Ed. (3943)
  1997 Ed. (2725, 3502)
  1999 Ed. (87, 2052)
  2000 Ed. (93)
  2005 Ed. (100)
  2013 Ed. (58, 3664)
  2014 Ed. (76, 3600)
  2018 Ed. (75)
  2019 Ed. (67)
Havas Advertising
  1997 Ed. (101, 103)
  1998 Ed. (57, 58)
  1999 Ed. (103, 104)
  2000 Ed. (108, 109, 139)
  2001 Ed. (147)
  2002 Ed. (120, 121, 143, 1982)
  2003 Ed. (86, 88, 109)
  2004 Ed. (111, 118, 120)
  2005 Ed. (118, 121)
  2006 Ed. (108, 123, 124)
  2007 Ed. (115, 117, 118)
  2008 Ed. (124, 125)
  2009 Ed. (135, 136)
  2010 Ed. (135)

  2011 Ed. (53)
  2012 Ed. (61)
  2013 Ed. (61)
  2014 Ed. (79)
  2015 Ed. (70)
  2016 Ed. (3468)
  2018 Ed. (65)
Havas Digital Group
  2014 Ed. (67, 68)
  2015 Ed. (78, 79)
  2016 Ed. (79)
Havas Euro RSCG Public Relations
  2001 Ed. (3938)
Havas Formula
  2018 Ed. (4043, 4046, 4053)
  2020 Ed. (4038, 4046, 4048, 4057)
  2021 Ed. (4004, 4005, 4011, 4015, 4021, 4026, 4029)
  2022 Ed. (4033, 4035, 4036, 4040, 4045)
Havas Group
  2019 Ed. (3469)
Havas Health
  2014 Ed. (70)
  2015 Ed. (80)
  2016 Ed. (80)
Havas Health Care
  2007 Ed. (106)
Havas Health & You
  2018 Ed. (76)
Havas Healthcare
  2005 Ed. (107)
  2006 Ed. (117)
  2008 Ed. (114)
Havas Interactive
  2002 Ed. (1154)
Havas; Lianne La
  2018 Ed. (1007)
Havas Media Group
  2014 Ed. (81)
  2015 Ed. (72)
  2016 Ed. (72, 73)
Havas SA
  1990 Ed. (99)
  1994 Ed. (86)
  1995 Ed. (73)
  1996 Ed. (86)
  1997 Ed. (87)
  2001 Ed. (32)
  2003 Ed. (72)
Havas Sports & Entertainment
  2022 Ed. (4478)
  2023 Ed. (4495)
Havas Sports & Entertainment USA
  2019 Ed. (4491)
  2020 Ed. (4475)
  2021 Ed. (4466)
  2022 Ed. (4478)
Havas Worldwide
  2014 Ed. (78)
  2015 Ed. (860)
  2017 Ed. (798)
  2018 Ed. (731)
Havatampa
  1999 Ed. (1144)
  2003 Ed. (966, 967)
Havatampa Jewel 10/5
  1990 Ed. (985)
Havatampa/Phillies
  1999 Ed. (1143, 4512)
Have & Be Co.
  2019 Ed. (3750)
Have Fun, Get Paid
  2015 Ed. (702)
Have a Little Faith
  2011 Ed. (494)
Have a Natural Foods
  2022 Ed. (4407)
Havelsan A.S.
  2022 Ed. (2180)
Haven Bancorp
  2001 Ed. (4529, 4530)
Haven Behavioral Healthcare
  2021 Ed. (2861)
Haven Capital
  1997 Ed. (2534)
Haven Life Insurance Agency, LLC
  2022 Ed. (1788)
Haven Lighting
  2023 Ed. (1953)
Haven Poe
  1991 Ed. (2346)
HavenBrook Partners LLC
  2016 Ed. (3041)
Havenstein; Walter P.
  2011 Ed. (823)
Haverford College
  1989 Ed. (955)
  1990 Ed. (1089)
  1993 Ed. (1016)
  1994 Ed. (1043)
  1995 Ed. (1051)
  1996 Ed. (1036)
  1997 Ed. (1052)
  1998 Ed. (798)
  1999 Ed. (1227)
  2000 Ed. (1136)
  2001 Ed. (1316, 1318)
  2008 Ed. (1057, 1068)

2009 Ed. (1030, 1031, 1044)
2010 Ed. (999, 1006)
2011 Ed. (944)
Haverhill, MA
　1997 Ed. (2765)
Haverty Furniture Cos.
　2004 Ed. (2120, 2125, 2869, 2879, 2882)
　2007 Ed. (2230)
　2008 Ed. (2369)
Haverty; Michael R.
　2006 Ed. (2530)
　2009 Ed. (960)
Havertys
　1990 Ed. (1866)
　1992 Ed. (2253)
　1994 Ed. (1934, 1937, 1938)
　1995 Ed. (1963, 1965, 2447)
　1996 Ed. (1982, 1992)
　1997 Ed. (2097, 2109)
　1998 Ed. (1784, 1796)
　1999 Ed. (2557, 2560, 2561)
　2000 Ed. (2296, 2299, 2301, 2303, 2304)
　2013 Ed. (2790)
　2014 Ed. (2825)
　2015 Ed. (2865)
　2016 Ed. (2798)
　2018 Ed. (2825, 2830)
Havi Group
　2002 Ed. (1982)
HAVI Group LP
　2018 Ed. (1600)
Havican Insurance Co.
　1993 Ed. (851)
　1994 Ed. (864)
　1995 Ed. (906)
Havkins Rosenfeld Ritzert & Varriale
　2017 Ed. (3280)
Havner Jr.; Ronald L.
　2010 Ed. (893)
Havok
　2007 Ed. (1225)
Havoline
　1989 Ed. (338, 339)
　1990 Ed. (388)
　1991 Ed. (338)
　1992 Ed. (469, 470)
　1993 Ed. (342, 343)
　1994 Ed. (329, 330)
　1995 Ed. (326)
　1996 Ed. (340, 341)
　1997 Ed. (317, 318)
　1998 Ed. (239, 242)
　1999 Ed. (3277)
　2000 Ed. (355, 3015)
　2001 Ed. (389)
　2015 Ed. (3719)
Havoline Formula 3
　2001 Ed. (3392)
Haw Par
　2022 Ed. (693)
Haw Par Brothers International Ltd.
　1991 Ed. (1340)
　1992 Ed. (1685)
Haw Par Merchant Bankers
　1991 Ed. (2415)
Haw River Farmhouse Ales
　2023 Ed. (921)
Hawaii
　1989 Ed. (870, 1641, 1987, 2541, 2542, 2556, 2558, 2846, 2847, 2893)
　1990 Ed. (365, 759, 996, 2429, 2867, 3069, 3109, 3347, 3349, 3352, 3361, 3373, 3374, 3409, 3421, 3422, 3423, 3425, 3426, 3427, 3606)
　1991 Ed. (325, 787, 882, 2161, 2352, 3175, 3178, 3181, 3184, 3192, 3195, 3196, 3199, 3200, 3201, 3202, 3214, 3338, 3422)
　1992 Ed. (970, 971, 1080, 1942, 2573, 2586, 2857, 2921, 2924, 2931, 2932, 3632, 3819, 4076, 4078, 4081, 4085, 4087, 4096, 4127, 4315, 4317)
　1993 Ed. (363, 871, 2138, 2526, 2710, 3059, 3107, 3404, 3438, 3442, 3548, 3624, 3732)
　1994 Ed. (678, 1509, 3120, 3389, 3390, 3392, 3507)
　1995 Ed. (919, 2646, 3172, 3461, 3462, 3464, 3497, 3592, 3633, 3733, 3801)
　1996 Ed. (899, 2090, 3265, 3515, 3516, 3517, 3521, 3541, 3542, 3544, 3555, 3564, 3582, 3668, 3832)
　1997 Ed. (930, 996, 1573, 3227, 3364, 3566, 3581, 3582, 3584, 3595, 3604, 3621, 3623, 3727, 3786, 3882)
　1998 Ed. (466, 673, 1977, 2437, 2970, 3106, 3377, 3382, 3387, 3390, 3465, 3717)
　1999 Ed. (1060, 1859, 2811, 3140, 3975, 4122, 4403, 4404, 4405, 4407, 4410, 4418, 4441, 4447, 4450, 4465, 4468, 4535, 4536, 4621, 4765)
　2000 Ed. (1007, 1085, 1792, 2507, 2537, 3688, 3832, 4095, 4097, 4100, 4101, 4107, 4179, 4269, 4393)
　2001 Ed. (1157, 1159, 1232, 1305, 1492, 2840, 3082, 4145, 4260, 4261, 4410, 4411, 4413, 4582, 4583, 4584, 4637,
4653, 4657, 4837, 4839, 4923)
　2002 Ed. (447, 448, 450, 457, 467, 869, 959, 961, 1112, 2121, 2625, 2635, 2895, 2896, 2977, 3198, 3200, 4071, 4073, 4109, 4110, 4114, 4142, 4144, 4145, 4146, 4152, 4153, 4521, 4706, 4909, 4911)
　2003 Ed. (398, 399, 400, 401, 402, 403, 413, 415, 417, 786, 905, 969, 1061, 1062, 2582, 2606, 2688, 2829, 2839, 3235, 3263, 3874, 4210, 4237, 4243, 4244, 4252, 4294, 4295, 4296, 4418, 4419, 4821, 4945)
　2004 Ed. (376, 379, 382, 392, 394, 396, 437, 776, 922, 980, 1026, 1073, 1903, 2022, 2186, 2187, 2317, 2537, 2806, 2930, 2975, 2976, 3291, 3300, 3480, 3672, 3673, 3674, 3898, 3899, 4233, 4256, 4262, 4263, 4268, 4269, 4293, 4300, 4301, 4304, 4512, 4515, 4528, 4529, 4530, 4818, 4949, 4979)
　2005 Ed. (399, 401, 410, 411, 412, 414, 415, 416, 913, 1075, 1078, 1080, 2525, 2917, 2920, 3298, 3299, 3837, 3838, 4189, 4199, 4200, 4201, 4202, 4233, 4234, 4237, 4601, 4723, 4929)
　2006 Ed. (2980, 2981, 3109, 3480, 3905, 4014, 4661, 4664)
　2007 Ed. (1753, 2164, 2371, 3014, 3337, 3338, 3954, 4046, 4682, 4684)
　2008 Ed. (851, 1781, 2414, 2641, 3118, 3133, 3271, 3278, 3279, 3437, 3438, 3984, 4082, 4729)
　2009 Ed. (1722, 2399, 2406, 2413, 2503, 2667, 2668, 2831, 2877, 3207, 3216, 3219, 3335, 3511, 3512, 3550, 3579, 4195, 4245)
　2010 Ed. (812, 2312, 2318, 2324, 2357, 2363, 2414, 2420, 2571, 2572, 2577, 2592, 2595, 2596, 2774, 3023, 3138, 3145, 3146, 3152, 3269, 3270, 3271, 3409, 3470, 3631, 3709, 3996, 4130, 4182, 4536, 4779, 4838)
　2011 Ed. (736, 737, 741, 2314, 2320, 2353, 2359, 2417, 2423, 2548, 2552, 2574, 2577, 2578, 2764, 2992, 3105, 3112, 3113, 3118, 3238, 3239, 3240, 3632, 3706, 4004, 4095, 4180, 4445, 4474, 4730, 4796)
　2012 Ed. (673, 676, 907, 909, 910, 2194, 2215, 2222, 2279, 2338, 2344, 2497, 2504, 2521, 2524, 2525, 2735, 2918, 3042, 3048, 3049, 3202, 3203, 3204, 3205, 3300, 3485, 3632, 3727, 4129, 4164, 4230, 4485, 4489, 4535, 4623, 4813)
　2013 Ed. (736, 1156, 1386, 2315, 2397, 2421, 2521, 2522, 2704, 2833, 3043, 3129, 3134, 3270, 3537, 3721, 3827, 3840, 4039, 4123, 4153, 4569, 4570, 4571, 4574, 4579, 4773, 4776, 4971)
　2014 Ed. (843, 845, 3134, 3513, 4138, 4478, 4625, 4626, 4627, 4628, 4631, 4638)
　2015 Ed. (882, 884, 2529, 3528, 4473, 4498, 4625, 4626)
　2016 Ed. (2462, 3379, 4378, 4430, 4543, 4544)
　2017 Ed. (829, 3004, 3338, 4008, 4372, 4532, 4533, 4534, 4535, 4536, 4538, 4545, 4547)
　2018 Ed. (760, 3128, 3401, 4030, 4381, 4557, 4558, 4559, 4560, 4561, 4563, 4570, 4572)
　2019 Ed. (2387, 3060, 3376, 4023, 4405, 4558, 4559, 4560, 4561, 4562, 4564, 4571, 4573, 4911)
　2020 Ed. (771, 772, 3379)
　2021 Ed. (793, 794, 3332, 3354, 3368, 3369)
　2022 Ed. (825, 826, 2353, 3396, 3404, 3418, 3419, 3706)
　2023 Ed. (1022, 1023, 2518, 2565, 3531, 3539, 3546, 3547, 4470)
Hawaii Auto Group - Cadillac, GMC, Buick of Honolulu
　2012 Ed. (1527)
Hawaii Auto Group - Cadillac, GMC, Buick, VW of Honolulu
　2015 Ed. (1676)
Hawaii; Bank of
　2005 Ed. (365, 635, 636, 1783)
　2006 Ed. (1743, 1745)
　2007 Ed. (383, 390, 1754)
　2011 Ed. (274)
Hawaii Captive Insurance Management Inc.
　1994 Ed. (865)
　1995 Ed. (907)
　1996 Ed. (880)
　1997 Ed. (901)
　1998 Ed. (640)
　1999 Ed. (1031)
　2000 Ed. (981)
　2001 Ed. (2923)
Hawaii Community Credit Union
　2004 Ed. (1955)
　2005 Ed. (2097)
　2006 Ed. (2192)
　2007 Ed. (2113)
　2008 Ed. (2228)
　2009 Ed. (2212)
　2010 Ed. (2166)
　2011 Ed. (2185)
　2012 Ed. (2045)
　2013 Ed. (2227)
　2014 Ed. (2159)
　2015 Ed. (2223)
　2016 Ed. (2194)
Hawaii Community Federal Credit Union
　2018 Ed. (2091)
　2020 Ed. (2070)
　2021 Ed. (2060)
　2022 Ed. (2095)
　2023 Ed. (2164, 2210)
Hawaii Community Foundation
　2012 Ed. (1541)
Hawaii County, HI
　1996 Ed. (1472, 1474, 1475)
Hawaii Credit Union; University of
　2005 Ed. (2097)
　2006 Ed. (2192)
　2007 Ed. (2113)
　2008 Ed. (2228)
　2009 Ed. (2212)
　2010 Ed. (2166)
　2011 Ed. (2185)
　2012 Ed. (2045)
　2013 Ed. (2227)
　2014 Ed. (2159)
　2015 Ed. (2223)
　2016 Ed. (2194)
Hawaii Department of Budget
　2001 Ed. (801)
Hawaii Department of Budget & Finance
　1996 Ed. (2237)
　1999 Ed. (2844)
Hawaii Department of Health
　1994 Ed. (2576)
Hawaii-Dept. of Health; State of
　1992 Ed. (3126)
Hawaii District Navy Exchange
　2007 Ed. (1749)
　2008 Ed. (1775, 1776)
Hawaii Electric Light Co. Inc.
　1991 Ed. (1488)
　2003 Ed. (2134)
Hawaii Employees
　2001 Ed. (3674)
　2002 Ed. (3609)
Hawaii Employment Services Inc.
　2016 Ed. (1618)
Hawaii Energy Connection
　2016 Ed. (4421)
Hawaii Energy Connection LLC
　2015 Ed. (1676)
Hawaii Energy Resources Inc.
　2006 Ed. (1744)
Hawaii Energy Smart
　2016 Ed. (4421)
Hawaii Families as Allies
　2012 Ed. (1526)
Hawaii Federal Credit Union
　2021 Ed. (2016)
Hawaii First Credit Union
　2009 Ed. (3527)
　2010 Ed. (2141)
Hawaii Five-0
　2012 Ed. (4687, 4688)
Hawaii Foundation; University of
　2007 Ed. (1751)
　2013 Ed. (1674)
The Hawaii Group
　2016 Ed. (1630, 1632)
Hawaii Health Systems Corp.
　2002 Ed. (3296)
　2016 Ed. (1623, 2871)
　2018 Ed. (1584)
　2019 Ed. (1614)
　2020 Ed. (1575)
　2021 Ed. (1559)
　2022 Ed. (1578)
Hawaii Human Resources
　2012 Ed. (1542)
　2013 Ed. (1672)
Hawaii Human Resources Inc.
　2013 Ed. (1674)
　2014 Ed. (1626)
　2015 Ed. (1676)
Hawaii Information Consortium
　2015 Ed. (1675)
Hawaii Information Consortium LLC
　2012 Ed. (1526, 1540, 1542)
　2013 Ed. (1672, 1689)
　2014 Ed. (1639, 1641)
　2016 Ed. (1617, 1633)
Hawaii International Environmental Services Inc.
　2006 Ed. (3509, 4348)
Hawaii Medical Assurance Association
　2013 Ed. (1674)
Hawaii Medical Center
　2008 Ed. (1780)
　2009 Ed. (1721)
Hawaii Medical Center East LLC
　2010 Ed. (1669)
Hawaii Medical Center West LLC
　2010 Ed. (1669)
　2011 Ed. (1678)
　2012 Ed. (1529)
　2013 Ed. (1676)
　2014 Ed. (1628)
　2015 Ed. (1677)
Hawaii Medical Service Association
　2001 Ed. (1721)
　2003 Ed. (1688)
　2004 Ed. (1725)
　2005 Ed. (1783)
　2006 Ed. (1743, 1745)
　2007 Ed. (1752, 1754)
　2008 Ed. (1780, 1782)
　2009 Ed. (1721, 1723)
　2010 Ed. (1669, 1671)
　2011 Ed. (1678, 1680)
　2012 Ed. (1529, 1531)
　2013 Ed. (1676, 1681)
　2014 Ed. (1628, 1633, 1640)
　2015 Ed. (1677, 1682)
　2016 Ed. (1622, 1627)
　2017 Ed. (1600)
　2018 Ed. (1580)
　2019 Ed. (1616)
　2020 Ed. (1577)
　2021 Ed. (1561)
　2022 Ed. (1580, 1584)
Hawaii Medical Service Association (HMSA)
　2022 Ed. (1580, 1584)
　2023 Ed. (1752)
Hawaii Mortgage Experts
　2016 Ed. (1617)
Hawaii National Bank
　1996 Ed. (546)
　2021 Ed. (370)
　2022 Ed. (383)
　2023 Ed. (499)
Hawai'i Pacific Health
　2020 Ed. (1577)
　2022 Ed. (1580)
　2023 Ed. (1752)
Hawaii Pacific Health
　2006 Ed. (1745)
　2007 Ed. (1754)
　2008 Ed. (1782)
　2011 Ed. (1678, 1680)
　2012 Ed. (1529, 1530, 1531)
　2013 Ed. (1676, 1677, 1681)
　2014 Ed. (1628, 1629, 1633, 1640)
　2015 Ed. (1677, 1678, 1682, 1683)
　2016 Ed. (1622, 1627, 1634)
　2017 Ed. (1600, 1603)
　2018 Ed. (1578, 1580)
　2019 Ed. (1614, 1617)
　2020 Ed. (1575, 1578)
　2021 Ed. (1559)
　2022 Ed. (1578, 1581)
　2023 Ed. (1750, 1753)
Hawaii Pacific University
　2010 Ed. (3767)
Hawaii Petroleum Inc.
　2006 Ed. (1746)
　2007 Ed. (1755)
　2008 Ed. (1783)
　2009 Ed. (1726)
　2010 Ed. (1674)
　2011 Ed. (1683)
　2013 Ed. (1678)
　2014 Ed. (1630)
　2015 Ed. (1679)
　2016 Ed. (1624)
　2017 Ed. (1594, 1599)
Hawaii Plumbing Group
　2020 Ed. (1573)
Hawaii Preparatory Academy
　2017 Ed. (1597)
Hawaii Schools
　1991 Ed. (2929)
Hawaii Schools Credit Union
　2009 Ed. (329)
　2010 Ed. (2122)
　2012 Ed. (2019)
　2013 Ed. (2212)
Hawaii State Credit Union
　2002 Ed. (1861)
　2003 Ed. (1915)
　2004 Ed. (1955)
　2005 Ed. (2097)
　2006 Ed. (2192)
　2007 Ed. (2113)
　2008 Ed. (2228)
　2009 Ed. (2212)
　2010 Ed. (2166)
　2011 Ed. (2185)
　2012 Ed. (2045)
　2013 Ed. (2227)
　2014 Ed. (2159)
　2015 Ed. (2223)
　2016 Ed. (2194)
Hawaii State Employees Credit Union
　1996 Ed. (1510)
Hawaii State Federal Credit Union
　2011 Ed. (1673)
　2016 Ed. (1615, 1621)
　2018 Ed. (2091)

2020 Ed. (2070)
2021 Ed. (2060)
2022 Ed. (2052, 2095)
2023 Ed. (2164, 2210)
Hawaii Statewide School System
1993 Ed. (3102)
1994 Ed. (3146)
1996 Ed. (3288)
1997 Ed. (3385)
1998 Ed. (3160)
2000 Ed. (3860)
2004 Ed. (4311)
Hawaii Statewide Schools
1991 Ed. (2927)
1992 Ed. (3802)
1995 Ed. (3190)
Hawaii System; University of
2006 Ed. (1745)
2007 Ed. (1754)
2008 Ed. (1782)
2009 Ed. (1723)
2010 Ed. (1671)
2011 Ed. (1680)
2012 Ed. (1531, 1541)
Hawaii Transfer Co.
2016 Ed. (4774)
2017 Ed. (4787)
2020 Ed. (4772)
2021 Ed. (4771)
Hawaii; University of
2013 Ed. (1681)
2014 Ed. (1633)
2015 Ed. (1682)
2016 Ed. (1627)
Hawaii USA Federal Credit Union
2013 Ed. (1670)
Hawaii Volcanoes National Park
2018 Ed. (4126)
2019 Ed. (4139)
2020 Ed. (4142)
2023 Ed. (4658)
Hawaiian Airlines
2013 Ed. (124)
2014 Ed. (134)
2015 Ed. (147)
2016 Ed. (152)
2017 Ed. (143, 160)
2018 Ed. (139)
2019 Ed. (4695)
2020 Ed. (134, 4661)
2021 Ed. (121, 1561)
2022 Ed. (130, 1580, 1584)
2023 Ed. (199)
Hawaiian Airlines Inc.
1989 Ed. (237)
1990 Ed. (1184)
1993 Ed. (1105, 3257)
1994 Ed. (163, 3251, 3572)
2001 Ed. (1722)
2003 Ed. (1689)
2004 Ed. (201, 202, 1726)
2005 Ed. (1784)
2006 Ed. (1744, 1745)
2007 Ed. (1753, 1754)
2008 Ed. (1782)
2009 Ed. (1723)
2010 Ed. (1671)
2011 Ed. (1680)
2012 Ed. (1531, 1541)
2013 Ed. (1681)
2014 Ed. (1629, 1633)
2015 Ed. (1678, 1682, 1683)
2016 Ed. (1623)
2018 Ed. (1578, 3012)
2019 Ed. (2953)
2020 Ed. (2983)
2021 Ed. (2843)
Hawaiian Dredging Construction Co.
2006 Ed. (1290)
2008 Ed. (1781)
2009 Ed. (1722)
2010 Ed. (1205, 1670)
2011 Ed. (1679)
2012 Ed. (1530)
2013 Ed. (1677)
2016 Ed. (1619)
Hawaiian Dredging Construction Co., Inc.
2018 Ed. (1581)
Hawaiian Electric Co.
1990 Ed. (1608)
1991 Ed. (1505)
1992 Ed. (1907)
1993 Ed. (1561)
1994 Ed. (1603, 1604)
1995 Ed. (1645, 1646)
1996 Ed. (1622, 1623)
1997 Ed. (1701, 1702, 2177)
1998 Ed. (1394, 1395)
1999 Ed. (1953)
2001 Ed. (1722)
2003 Ed. (1689)
2006 Ed. (1744)
2007 Ed. (1753)
2008 Ed. (1781)
2009 Ed. (1722)
2010 Ed. (1670)
2011 Ed. (1679)
2012 Ed. (1530)
2013 Ed. (1677)

2014 Ed. (1629)
2015 Ed. (1678)
2016 Ed. (1623)
2017 Ed. (2208)
2018 Ed. (2265)
2019 Ed. (2250)
2020 Ed. (1575, 2244)
Hawaiian Electric Industries
2017 Ed. (1604)
Hawaiian Electric Industries Inc.
2001 Ed. (1722)
2003 Ed. (1689)
2004 Ed. (1726)
2005 Ed. (1784, 2313)
2006 Ed. (1744, 1745, 2359, 2360)
2007 Ed. (1753, 1754, 2293)
2008 Ed. (1781, 1782, 4128)
2009 Ed. (1722, 1723)
2010 Ed. (1670, 1671)
2011 Ed. (1679, 1680)
2012 Ed. (1531, 1541)
2013 Ed. (1677, 1681)
2014 Ed. (1629, 1633, 1640)
2015 Ed. (1678, 1682, 1683)
2016 Ed. (1623, 1627, 1628, 1634)
2017 Ed. (1600, 1601, 1603)
2018 Ed. (1580, 1582, 1584)
2019 Ed. (1616, 1618)
2020 Ed. (1577, 1579)
2021 Ed. (1559, 1561, 1563)
2022 Ed. (1578, 1580, 1582, 1584)
2023 Ed. (1750, 1752, 1754)
Hawaiian Financial Federal Credit Union
2021 Ed. (2016)
Hawaiian Holdings
2017 Ed. (142, 1604)
Hawaiian Holdings Inc.
2005 Ed. (204, 205, 213, 1784)
2006 Ed. (225, 226, 1744)
2007 Ed. (232, 1753)
2008 Ed. (1781)
2009 Ed. (1722)
2010 Ed. (1670)
2011 Ed. (1679)
2012 Ed. (1530)
2013 Ed. (1677)
2014 Ed. (1629)
2015 Ed. (1678)
2016 Ed. (1623, 1627, 1628, 1634)
2017 Ed. (1600, 1601, 1603)
2018 Ed. (1580, 1582, 1584)
2019 Ed. (1616, 1618)
2020 Ed. (1577, 1579)
2021 Ed. (1561, 1563)
2022 Ed. (1580, 1582)
2023 Ed. (1754)
Hawaiian Humane Society
2012 Ed. (1525)
Hawaiian Insurance & Guaranty Co., Ltd.
1995 Ed. (2326)
2006 Ed. (1742)
Hawaiian Punch
1990 Ed. (724)
1992 Ed. (2240)
1995 Ed. (1947)
1998 Ed. (1777)
2000 Ed. (2282)
2002 Ed. (2375)
2003 Ed. (674)
2011 Ed. (2775)
2013 Ed. (2780)
2014 Ed. (2798, 2799)
2015 Ed. (2840)
2016 Ed. (2771)
2018 Ed. (2798)
Hawaiian Punch Fruit Drink
2007 Ed. (2654)
Hawaiian Punch Fruit Drinks
2006 Ed. (2671)
Hawaiian Punch Fruit Juicy Blue
1995 Ed. (1893)
Hawaiian Punch Singles to Go
2017 Ed. (2746)
Hawaiian Tax-Free Trust
1994 Ed. (587)
Hawaiian Tel Employees Credit Union
2002 Ed. (1861)
2003 Ed. (1915)
2004 Ed. (1955)
2005 Ed. (2097)
Hawaiian Tel Federal Credit Union
2018 Ed. (2091)
2023 Ed. (2210)
Hawaiian Telcom
2020 Ed. (4579)
Hawaiian Telcom HoldCo Inc.
2016 Ed. (1628)
Hawaiian Telcom Holdco Inc.
2013 Ed. (1677)
2014 Ed. (1629)
2015 Ed. (1678)
2016 Ed. (1623)
Hawaiian Telecom
2014 Ed. (1640)
2015 Ed. (1683)
Hawaiian Telecom Communications Inc.
2010 Ed. (1670)
2011 Ed. (1679)

2012 Ed. (1530)
Hawaiian Telecom Inc.
2011 Ed. (1673, 1678, 1687)
2012 Ed. (1529, 1541)
Hawaiian Telephone Employees Credit Union
2006 Ed. (2192)
2007 Ed. (2113)
2008 Ed. (2228)
2009 Ed. (2212)
2010 Ed. (2166)
2011 Ed. (2185)
2012 Ed. (2045)
2013 Ed. (2227)
2014 Ed. (2159)
2015 Ed. (2223)
2016 Ed. (2194)
Hawaiian Telephone Federal Credit Union
2020 Ed. (2070)
2021 Ed. (2060)
2022 Ed. (2095)
Hawaiian Tropic
1990 Ed. (3487)
1994 Ed. (3457)
1997 Ed. (711, 3658, 3659)
1998 Ed. (1358, 3432)
1999 Ed. (4505)
2000 Ed. (4039, 4139)
2001 Ed. (4392, 4396)
2003 Ed. (2916, 4619, 4620, 4621, 4622, 4623)
2008 Ed. (3162, 4553)
2017 Ed. (4501)
2018 Ed. (4534)
2020 Ed. (4522)
2021 Ed. (4503)
Hawaiian Trust
1989 Ed. (2154)
1994 Ed. (587)
Hawaii's Own
2022 Ed. (2810)
2023 Ed. (2932)
HawaiiUSA Credit Union
2002 Ed. (1861)
2003 Ed. (1915)
2004 Ed. (1955)
2005 Ed. (2097)
2006 Ed. (2192)
2007 Ed. (2113)
2008 Ed. (2228)
2009 Ed. (2212)
2010 Ed. (2166)
2011 Ed. (2185)
2012 Ed. (2045)
2013 Ed. (2227)
2014 Ed. (2159)
2015 Ed. (2223)
2016 Ed. (2194)
HawaiiUSA Federal Credit Union
2011 Ed. (1673, 1677)
2013 Ed. (1675)
2015 Ed. (1673)
2018 Ed. (2091)
2020 Ed. (2070)
2021 Ed. (2016, 2060)
2022 Ed. (2052, 2095)
2023 Ed. (2164, 2210)
Haward Baker Inc.
1999 Ed. (1369)
Hawi Euro RSCG
1993 Ed. (138)
1994 Ed. (119)
Hawke Media
2019 Ed. (52)
Hawken
1994 Ed. (3545)
1995 Ed. (3623)
Hawken; Xiuli
2011 Ed. (4911)
2012 Ed. (4922)
2013 Ed. (4902)
Hawker 800 XP
1998 Ed. (144)
Hawker Beechcraft Acquisition Co.
2012 Ed. (1640)
2013 Ed. (1797)
Hawker Beechcraft Acquisition Co., LLC
2014 Ed. (311, 313)
Hawker Beechcraft Corp.
2008 Ed. (1876, 1877)
2009 Ed. (1830, 1831)
2010 Ed. (1771)
2011 Ed. (1783)
2012 Ed. (1639, 2106)
2013 Ed. (1797)
Hawker Siddeley
1993 Ed. (1176, 1197)
Hawker Siddeley Canada
1989 Ed. (1930)
1992 Ed. (1879)
Hawker Siddeley Group Plc
1992 Ed. (2954)
Hawkes; Norman
1992 Ed. (2905)
Hawkes; Norman R.
1991 Ed. (2344)
1993 Ed. (2463)

Hawkeye
2009 Ed. (121)
2010 Ed. (3578)
2011 Ed. (3581)
hawkeye
2013 Ed. (3625, 3629)
2014 Ed. (3563, 3567)
Hawkeye Group
2005 Ed. (3407)
Hawkeye Management
2015 Ed. (2722)
Hawkins
2004 Ed. (946)
2005 Ed. (936)
2012 Ed. (748)
2013 Ed. (925, 1867)
2014 Ed. (878, 891, 1799)
2015 Ed. (919)
2016 Ed. (820)
2018 Ed. (811)
2019 Ed. (828)
2020 Ed. (826)
2021 Ed. (845)
2022 Ed. (885)
Hawkins, Cloward & Simister
2006 Ed. (19)
Hawkins Co.; Herbert
1994 Ed. (2999)
Hawkins Construction Inc.
2011 Ed. (1103)
2012 Ed. (1018, 1019)
Hawkins; David
1991 Ed. (1687)
1993 Ed. (1833)
1994 Ed. (1836)
1995 Ed. (1854)
1996 Ed. (1832)
1997 Ed. (1905)
Hawkins Delafield & Wood
1990 Ed. (2292)
1991 Ed. (1987, 2015, 2524, 2531, 2534, 2535)
1993 Ed. (1549, 2117, 2160, 2615, 2627, 2940)
1995 Ed. (1629, 2193, 2645, 2647, 2652, 3037, 3664)
1996 Ed. (2212, 2238, 2724, 2726, 2728)
1997 Ed. (2341, 2841, 2843, 2847, 2849, 3218, 3795)
1998 Ed. (1376, 2061, 2084, 2565, 2573, 2574, 2575, 2577, 3617)
1999 Ed. (1942, 2817, 2843, 3476, 3484, 3485, 3486, 3487, 4659)
2000 Ed. (1726, 2593, 2620, 3196, 3198, 3199, 3200, 3202, 3204, 3858, 4298)
2001 Ed. (744, 745, 768, 772, 780, 800, 828, 869, 877, 881, 889, 897, 921, 925, 937, 945, 949, 4206)
2005 Ed. (3525, 3533)
Hawkins Delafield & Wood LLP
2007 Ed. (3649, 3657)
Hawkins Food Group
2002 Ed. (715)
The Hawkins Food Group LLC
2004 Ed. (175)
2005 Ed. (177)
Hawkins International Inc.
2016 Ed. (4061)
2017 Ed. (4032)
Hawkins International Public Relations
2018 Ed. (4056)
2019 Ed. (4049)
2021 Ed. (4032)
Hawkins; James
2011 Ed. (4441)
Hawkins Jr.; Earl R.
1995 Ed. (2485)
Hawkins; Mark
2012 Ed. (2638)
2013 Ed. (2638)
2014 Ed. (2594)
2015 Ed. (2636)
Hawkins Parnell & Young LLP
2021 Ed. (3209)
Hawkins; Paula
2018 Ed. (230)
2019 Ed. (225)
Hawkins; Rob
2011 Ed. (3353)
Hawkinson Ford Field
2005 Ed. (4442)
Hawksbill Capital Management
1992 Ed. (2743)
1994 Ed. (1069)
1999 Ed. (1246)
Hawksbill Capital Management (Diversified)
1995 Ed. (1078)
Hawley Troxell
2001 Ed. (803)
Haworth
2019 Ed. (3719)
2020 Ed. (1721)
2021 Ed. (1697)
2022 Ed. (1722)
Haworth Inc.
2000 Ed. (3371)
2003 Ed. (1360, 1759, 2586)

2004 Ed. (1365, 1796, 2697, 2700, 2701, 3352)
2005 Ed. (1383, 1866)
2006 Ed. (1880)
2007 Ed. (1879, 2662)
2008 Ed. (1928)
2009 Ed. (1886, 2850)
2010 Ed. (780, 2792)
2011 Ed. (2778, 2779)
2012 Ed. (661, 1703, 2706, 2708, 2711)
2013 Ed. (2781, 2785)
2014 Ed. (2809)
2015 Ed. (2851)
2016 Ed. (2786)
2017 Ed. (2756)
2018 Ed. (1715, 2813)
2019 Ed. (2789, 2790)
2020 Ed. (2814, 2815)
2021 Ed. (2690, 2691)
2022 Ed. (2853)
2023 Ed. (2964, 2965)
Haworth International Ltd.
  2001 Ed. (2569)
  2003 Ed. (2584)
  2004 Ed. (2697, 2700)
  2005 Ed. (2699)
  2012 Ed. (2708)
Hawthorn
  1996 Ed. (2102)
  2002 Ed. (2643)
Hawthorn Bank
  1998 Ed. (370)
The Hawthorn Group
  2000 Ed. (3629)
  2002 Ed. (3835)
Hawthorn Mellody Inc.
  1993 Ed. (2582)
Hawthorn Suites
  1996 Ed. (2175, 2179)
  2000 Ed. (2554)
  2009 Ed. (3154)
Hawthorn Suites Hotels
  1992 Ed. (2496)
Hawthorne Financial Corp.
  1999 Ed. (4142)
  2002 Ed. (485)
  2003 Ed. (514)
Hawthorne Garden Products
  2019 Ed. (2202)
  2020 Ed. (2197)
Hawthorne Hotel
  2005 Ed. (2938)
Hawthorne III; William L.
  2012 Ed. (2157)
Hawthorne Pacific Corp.
  2008 Ed. (1779)
Hawthorne S & LA
  1992 Ed. (3788)
  1993 Ed. (3087)
Hawthorne Savings, FSB
  2004 Ed. (4246)
  2005 Ed. (4179)
Hawthorne Suites
  1998 Ed. (2017, 2022)
Hawthorne Suites Hotels
  1999 Ed. (2777)
Hay
  1999 Ed. (1807)
  2001 Ed. (2665)
The Hay-Adams Hotel
  1991 Ed. (1946)
  1992 Ed. (2481)
  1993 Ed. (2089)
  1994 Ed. (2103)
  1995 Ed. (2157)
Hay Group
  1990 Ed. (852)
  1992 Ed. (2961)
  1999 Ed. (2001)
  2000 Ed. (1779)
  2021 Ed. (1065)
Hay; Heather
  1997 Ed. (1870)
Hay House
  2001 Ed. (3951)
Hay/Huggins Co. Inc.
  1998 Ed. (1427)
Hay III; L.
  2005 Ed. (2509)
Hay III; Lewis
  2008 Ed. (2638)
  2009 Ed. (2664)
  2010 Ed. (2565)
  2011 Ed. (847)
Hay Island Holding Corp.
  2010 Ed. (4737)
Hay; Lewis
  2010 Ed. (2566)
Hay Management Consultants
  1990 Ed. (1649)
Haya International Trading OG
  2016 Ed. (1387)
Hayakawa; Akiyoshi
  1997 Ed. (1991)
Hayao Group
  2008 Ed. (32)

Hayao Group Sanchine Pharmacy
  2009 Ed. (37)
  2010 Ed. (47)
  2012 Ed. (33)
Hayashi; Fumiko
  2007 Ed. (4982)
Hayat
  2006 Ed. (98)
Hayat Sindi
  2013 Ed. (3486)
Hayden Christensen
  2012 Ed. (2444)
Hayden Homes
  2005 Ed. (1224)
Hayden; Noel
  2012 Ed. (2450)
Hayden Outdoors
  2022 Ed. (4109)
Hayden Panettiere
  2009 Ed. (2610)
Hayden, Tolzmann & Associates
  1991 Ed. (2240)
Haydon Building Corp.
  2007 Ed. (1281)
  2008 Ed. (1181)
  2009 Ed. (1156, 1157)
  2010 Ed. (1152)
  2011 Ed. (1094, 1095)
  2014 Ed. (1203)
  2015 Ed. (1261)
  2018 Ed. (1109)
  2019 Ed. (1131)
  2020 Ed. (1121)
  2023 Ed. (1343)
Hayduk; Vitaliy
  2008 Ed. (4877)
  2009 Ed. (4901)
Hayek Investment
  1995 Ed. (2373)
Hayek; Nicolas
  2008 Ed. (4875)
  2009 Ed. (4899)
  2010 Ed. (4898)
  2011 Ed. (4885)
The Hayer Hoyt Corp.
  2011 Ed. (1905)
  2012 Ed. (1762)
Hayes
  1990 Ed. (2595, 2596)
  1991 Ed. (2478)
  1998 Ed. (2519)
  2000 Ed. (3392)
Hayes & Associates LLC
  2006 Ed. (3525)
  2007 Ed. (3575, 4432)
Hayes Conference Center
  2000 Ed. (2545)
Hayes-Dana Inc.
  1992 Ed. (447)
  1994 Ed. (309)
  1996 Ed. (318)
Hayes Express Inc.
  1999 Ed. (4336)
Hayes Forest Services Ltd.
  2007 Ed. (1607)
Hayes Graphics
  2013 Ed. (4070)
Hayes Handpiece Franchises
  2013 Ed. (2314)
Hayes Handpiece Franchises Inc.
  2002 Ed. (1914)
  2003 Ed. (2000)
  2004 Ed. (2047)
  2005 Ed. (2163)
  2006 Ed. (2251)
  2008 Ed. (2325)
  2009 Ed. (2313)
  2011 Ed. (2253)
Hayes; John A.
  2014 Ed. (939)
Hayes Knight Group
  2002 Ed. (4)
Hayes Lemmerz International Inc.
  1999 Ed. (2107)
  2000 Ed. (1900)
  2001 Ed. (2226, 2377)
  2003 Ed. (3372)
  2005 Ed. (315, 1866)
  2006 Ed. (328, 331, 338, 1880)
  2007 Ed. (1879)
  2008 Ed. (1928)
  2009 Ed. (1886)
  2012 Ed. (252)
Hayes Locums LLC
  2019 Ed. (1559)
  2020 Ed. (1528)
Hayes Management Consulting
  2013 Ed. (2863, 2865)
  2014 Ed. (2893, 2894)
Hayes; Thomas W.
  1993 Ed. (3444)
  1995 Ed. (3504)
Hayes Wheels International Inc.
  1998 Ed. (224, 1529)
Haygarth
  2007 Ed. (2022)
  2009 Ed. (4363)

Haygarth Group
  1999 Ed. (2837)
  2000 Ed. (1678)
  2002 Ed. (4085)
Haygrove
  2019 Ed. (2772)
Hayhurst Elias Dudek Inc.
  2011 Ed. (1821)
Hayles
  2006 Ed. (1073)
Hayley; Kathryn
  2009 Ed. (1187)
Hayleys Ltd.
  1994 Ed. (1061)
  1996 Ed. (1052)
  1997 Ed. (1070)
  1999 Ed. (1240, 1241)
  2000 Ed. (1149, 1150)
  2002 Ed. (4476)
Haylo Inc.
  2011 Ed. (1822)
Haymarket Books
  2019 Ed. (4053)
Haymarket Network
  2009 Ed. (141)
  2010 Ed. (4140)
  2011 Ed. (4140)
Hayne; Richard
  2007 Ed. (1019, 4897)
Hayne; Richard A.
  2010 Ed. (4853)
Hayneedle
  2014 Ed. (2399)
Hayneedle Inc.
  2015 Ed. (2473)
Hayneedle.com
  2011 Ed. (2373)
The Hayner Hoyt Corp.
  2016 Ed. (1871)
Haynes & Boone
  1990 Ed. (2418)
  1991 Ed. (2284)
  1992 Ed. (2833)
  1993 Ed. (2396)
  2008 Ed. (3416)
  2009 Ed. (3492)
  2010 Ed. (3422)
  2011 Ed. (3406)
  2012 Ed. (3393)
  2023 Ed. (3445)
Haynes & Boone LLP
  2007 Ed. (3312)
  2012 Ed. (3405)
  2021 Ed. (3253, 3254)
Haynes Bros.
  1997 Ed. (833)
Haynes Corp.; M. B.
  2006 Ed. (1333)
Haynes Inc.
  2013 Ed. (1316)
Haynes International Inc.
  2013 Ed. (1731)
  2023 Ed. (1782)
Haynes Jeep-Eagle
  1995 Ed. (277)
Haynes Mechanical Systems Inc.
  2013 Ed. (1550)
Haynes Motor Co.
  1996 Ed. (276)
Haynie & Co.
  2017 Ed. (12)
  2019 Ed. (12)
  2020 Ed. (14)
  2021 Ed. (16)
  2022 Ed. (17)
  2023 Ed. (57)
Haynie & Co. PC
  2002 Ed. (15)
  2003 Ed. (10)
  2004 Ed. (16)
  2005 Ed. (12)
  2006 Ed. (17)
Haynie; Martha
  1993 Ed. (2463)
Haynie; Martha O.
  1995 Ed. (2485)
Haynsworth, Marion, McKay & Guerard
  1993 Ed. (1549)
  1998 Ed. (1376)
  2001 Ed. (913)
Haynsworth Sinkler Boyd
  2021 Ed. (3249, 3250)
Haynsworth Sinkler Boyd PA
  2013 Ed. (3440)
HAYS
  2023 Ed. (997)
Hays
  2006 Ed. (4302, 4303)
  2007 Ed. (4367, 4369, 4370)
  2012 Ed. (4528)
  2014 Ed. (1708)
  2015 Ed. (1750)
  2022 Ed. (2364)
  2023 Ed. (2527)
Hays Chemical Distribution
  2002 Ed. (1004)
Hays Companies
  2020 Ed. (3161)

Hays Cos.
  2011 Ed. (3201)
  2012 Ed. (3158)
  2013 Ed. (3234)
  2014 Ed. (3248)
  2016 Ed. (3154)
Hays Distribution
  1999 Ed. (963)
Hays Group Inc.
  2011 Ed. (3201)
  2012 Ed. (3158)
  2013 Ed. (3234)
  2014 Ed. (3248)
  2016 Ed. (3154)
  2020 Ed. (3161)
Hays; Michael
  2006 Ed. (2527)
Hays Mitsubishi
  1995 Ed. (280)
  1996 Ed. (280)
Hays Personnel Services
  2003 Ed. (1621)
  2004 Ed. (1641)
Hays plc
  2008 Ed. (4325)
Hays & Sons Complete Restoration
  2007 Ed. (766, 767)
Hayslett Sorrel
  2004 Ed. (3982, 3999)
  2005 Ed. (3957, 3959)
HaystackID
  2017 Ed. (3052)
  2018 Ed. (3163)
Haytek Lentes
  2022 Ed. (1393)
  2023 Ed. (1589)
Haythe & Curley
  1999 Ed. (3476)
Hayward Baker Inc.
  1992 Ed. (1415)
  1993 Ed. (1128)
  1994 Ed. (1147)
  1995 Ed. (1172)
  1996 Ed. (1139)
  1997 Ed. (1165)
  1998 Ed. (947)
  2000 Ed. (1261)
  2001 Ed. (1475)
  2002 Ed. (1290)
  2003 Ed. (1302)
  2004 Ed. (1305)
  2005 Ed. (1312)
  2006 Ed. (1282)
  2007 Ed. (1361)
  2008 Ed. (1258)
  2009 Ed. (1234)
  2010 Ed. (1233)
  2011 Ed. (1180)
  2012 Ed. (1128)
  2013 Ed. (1274)
  2014 Ed. (1207)
  2015 Ed. (1265)
  2016 Ed. (1180)
  2017 Ed. (1223)
  2018 Ed. (1203)
  2019 Ed. (1230)
  2020 Ed. (1224)
Hayward L. Bell
  2012 Ed. (2156)
Haza Foods
  2020 Ed. (793)
HAZA Foods LLC
  2021 Ed. (1913)
  2022 Ed. (1956)
Hazama Corp.
  1998 Ed. (970)
Hazara Engineering Co.
  2000 Ed. (1804)
Hazard Communication-General Industry
  2000 Ed. (4324)
Hazard; Eden
  2018 Ed. (205)
HazardHub
  2023 Ed. (3271)
Hazardous materials communications
  1993 Ed. (2737)
Hazardous waste management
  1992 Ed. (3477)
Hazardous materials
  2001 Ed. (339)
Hazardous waste
  2001 Ed. (2303)
Hazare; Anna
  2013 Ed. (735)
HazCom
  2000 Ed. (4323)
Haze
  1996 Ed. (983)
  1999 Ed. (1183)
  2002 Ed. (2709)
Haze Air Fresheners
  1994 Ed. (983)
Hazelbrook Ice Cream
  2001 Ed. (2836)
Hazeldene's
  2019 Ed. (3954)
  2020 Ed. (3971)
  2021 Ed. (3936)

CUMULATIVE INDEX • 1989-2023

2022 Ed. (3948)
2023 Ed. (4032)
Hazeldene's Chicken Farm
  2002 Ed. (3770)
  2004 Ed. (3950)
  2021 Ed. (2611)
  2022 Ed. (2728)
Hazeldon Foundation
  1989 Ed. (1477)
Hazell Bros.
  2016 Ed. (1383)
  2019 Ed. (1421)
  2020 Ed. (1032, 1384)
  2021 Ed. (1005, 1381)
  2022 Ed. (1049)
Hazelnuts
  1993 Ed. (2736)
  1994 Ed. (2687)
Hazelwood Farms Bakeries Inc.
  1992 Ed. (492)
Hazen
  2020 Ed. (3680)
Hazen & Sawyer
  2018 Ed. (2413, 2474)
  2019 Ed. (2459, 2501)
  2020 Ed. (2448, 2493)
  2021 Ed. (2371, 2413)
  2022 Ed. (2482, 2528)
Hazen and Sawyer
  2023 Ed. (2592, 2596, 2649, 2660)
Hazen & Sawyer PC
  1992 Ed. (1963)
  2008 Ed. (2511, 2523)
  2009 Ed. (2521)
  2012 Ed. (2367)
  2015 Ed. (2613)
  2016 Ed. (2490)
Hazen Transfer
  2022 Ed. (1721, 3443)
Hazlehurst; Bank of
  2005 Ed. (523)
Hazouri; Thomas L.
  1991 Ed. (2395)
  1992 Ed. (2987)
Hazzaz
  1994 Ed. (41)
HB
  1994 Ed. (959)
  1997 Ed. (987, 990)
HB Construction
  2018 Ed. (2526)
  2019 Ed. (1141, 2535)
  2020 Ed. (2527)
  2023 Ed. (2721)
HB Construction Inc.
  2021 Ed. (1743)
HB Design
  2022 Ed. (3016)
  2023 Ed. (3132)
H.B. Fuller
  1990 Ed. (962, 965)
  2017 Ed. (21)
H.B. Fuller Co.
  2020 Ed. (26)
  2021 Ed. (28)
  2022 Ed. (26)
  2023 Ed. (70)
HB Global LLC
  2020 Ed. (1156)
  2023 Ed. (1978)
HB Management Group
  2014 Ed. (4993)
HB Management Group Inc.
  2008 Ed. (4992)
  2009 Ed. (4987, 4988)
  2010 Ed. (4994, 4995)
  2011 Ed. (4991, 4992)
  2012 Ed. (4988)
  2013 Ed. (4982)
  2015 Ed. (5028)
  2016 Ed. (4946)
  2017 Ed. (4936, 4984)
  2018 Ed. (4942)
HB McClure
  2022 Ed. (1185)
HB Technology
  2020 Ed. (1894)
HB White Canada
  2017 Ed. (4417, 4418)
HBA Inc.
  2012 Ed. (1362)
  2013 Ed. (1455)
HBA International
  2023 Ed. (305, 3379)
HBancorporation Inc.
  2010 Ed. (433)
  2011 Ed. (358)
  2012 Ed. (357)
  2013 Ed. (484)
HBC
  2000 Ed. (3620, 4145, 4151, 4165)
HBC Contractors
  1998 Ed. (904)
HBE Corp.
  2000 Ed. (312)
  2001 Ed. (404, 1402)
  2002 Ed. (1173)
  2005 Ed. (2815)

2006 Ed. (2793)
2008 Ed. (1238)
2009 Ed. (2548)
2010 Ed. (2464)
HBE, a Kratos Co.
  2013 Ed. (4408)
  2014 Ed. (4438, 4439)
HBE Medical Buildings
  1999 Ed. (2727)
  2000 Ed. (2504, 2505)
  2001 Ed. (2767, 2768)
HBF
  2002 Ed. (3777)
  2003 Ed. (3960)
  2004 Ed. (3082)
  2019 Ed. (1423, 2625)
  2020 Ed. (1386)
  2021 Ed. (1383)
HBF Health
  2019 Ed. (1325)
  2020 Ed. (1300)
  2021 Ed. (1281)
  2022 Ed. (1283)
  2023 Ed. (1484)
HBF Health Funds
  2016 Ed. (1385)
HBF Health Ltd.
  2020 Ed. (3188)
  2022 Ed. (3182)
HBG
  1992 Ed. (1426)
  1993 Ed. (1144)
  1995 Ed. (1177, 1180, 1186)
  1997 Ed. (1183)
  1998 Ed. (963, 971)
HBG Constructors Inc.
  2002 Ed. (1237, 1260, 1284)
  2003 Ed. (765, 1270)
  2004 Ed. (774)
HBG Design
  2023 Ed. (269, 305)
HBG, Hollandsche Beton Groep NV
  1999 Ed. (1389)
HBIS Group
  2019 Ed. (3539, 3553)
  2020 Ed. (3462, 3465)
  2021 Ed. (3540, 3544)
  2022 Ed. (3600, 3606)
  2023 Ed. (3704, 3710)
HBIS Group Serbia Iron & Steel DOO
  2020 Ed. (1511, 1518)
  2021 Ed. (1503)
HBJ Parks
  1992 Ed. (1460)
HBK-Banque d'Epargne
  1993 Ed. (434)
  1996 Ed. (454)
HBK CPAs & Consultants
  2016 Ed. (1914)
HBK Engineering LLC
  2018 Ed. (2381)
  2019 Ed. (2425)
HBK-Spaarbank
  1992 Ed. (616)
  1994 Ed. (434)
HBKS Wealth Advisors
  2021 Ed. (5)
  2022 Ed. (6)
HBL
  2021 Ed. (524)
H.B.L. Inc.
  1990 Ed. (316)
  1992 Ed. (391, 397, 407)
  1993 Ed. (292)
HBM/Creamer Inc.
  1989 Ed. (140)
HBMA Holdings Inc.
  2007 Ed. (3511)
  2008 Ed. (3674, 3675)
  2009 Ed. (3740, 3741)
  2010 Ed. (3679, 3680)
  2011 Ed. (3662, 3663)
HBO
  1991 Ed. (836)
  1992 Ed. (1022)
  1999 Ed. (1264, 1485, 3644, 4715)
  2001 Ed. (4496)
  2003 Ed. (4714)
  2004 Ed. (4691)
  2005 Ed. (4663)
  2007 Ed. (4739)
  2017 Ed. (4797)
HBO & Co.
  1992 Ed. (1345)
  1994 Ed. (3442)
  1995 Ed. (2138, 2139)
  1996 Ed. (2151)
  1997 Ed. (2258, 3640)
  1998 Ed. (1904, 3410)
  1999 Ed. (2640, 4486, 4487)
  2000 Ed. (1760)
  2005 Ed. (1504)
HBO GO
  2013 Ed. (2481)
HBOS
  2007 Ed. (717, 738)
HBOS LP
  2005 Ed. (1794)

HBOS plc
  2004 Ed. (488, 560, 635, 1740)
  2005 Ed. (496, 508, 538, 623, 624, 1986, 2145, 3940)
  2006 Ed. (438, 469, 536, 537, 538, 2054, 2058, 2060, 2070, 3328)
  2007 Ed. (440, 447, 475, 478, 567, 568, 569, 1467, 1718, 2027, 2031, 2037, 2041, 4664)
  2008 Ed. (411, 447, 448, 520, 521, 1747, 2122, 2135)
  2009 Ed. (435, 440, 554, 555, 556, 2114, 2122)
  2010 Ed. (410, 416, 538, 539, 1383, 1411, 1413, 1729, 1730, 2049)
  2011 Ed. (467, 468, 2106)
HBP Inc.
  2022 Ed. (3977)
HBP, Inc.
  2023 Ed. (4062)
HBTF
  2023 Ed. (581)
HC Co., Inc.
  2017 Ed. (1177)
HC Miller Co.
  2005 Ed. (3885, 3897)
  2009 Ed. (4106)
HC Oregon
  2006 Ed. (2409)
HC Piper Manufacturing Inc.
  2015 Ed. (1513, 2556, 2915)
HC Semitek
  2018 Ed. (2237)
H.C. Starck Inc.
  2015 Ed. (3577)
HC Trading Malta Ltd.
  2012 Ed. (1679)
  2013 Ed. (1830)
HCA
  2013 Ed. (3774)
  2014 Ed. (3707)
  2015 Ed. (3721, 4425)
  2016 Ed. (4319)
  2021 Ed. (595, 687)
  2022 Ed. (2928, 2930, 2936)
HCA Health Services of Kansas Inc.
  2001 Ed. (1770)
  2010 Ed. (1771)
HCA Health Services of Oklahoma Inc.
  2003 Ed. (1803)
  2005 Ed. (1922)
HCA Health Services of Virginia Inc.
  2006 Ed. (2096, 2760)
HCA Healthcare
  2020 Ed. (1927, 1929, 2888, 2898, 2905, 2906)
  2021 Ed. (1330, 1889, 2774, 2775)
  2022 Ed. (1935, 1936, 2933, 2934, 2939, 2940)
  2023 Ed. (1542, 1553, 2052, 3058, 3059, 3065, 3066)
HCA Healthcare Inc.
  2019 Ed. (1991, 1998, 2870)
  2020 Ed. (1917, 1923, 2892)
  2021 Ed. (1878, 1885, 2764)
  2022 Ed. (1921, 1924, 1931)
  2023 Ed. (2037, 2040, 2047, 3051)
HCA Healthcare (U.S.)
  2022 Ed. (2934)
HCA-HealthOne LLC
  2005 Ed. (1754, 2390)
  2006 Ed. (2431)
  2007 Ed. (2376)
  2008 Ed. (2493)
  2009 Ed. (2500)
  2010 Ed. (2415)
  2011 Ed. (2418)
  2012 Ed. (2340)
  2013 Ed. (2515)
  2014 Ed. (1538)
  2015 Ed. (1590)
  2016 Ed. (1517)
  2017 Ed. (1510)
  2018 Ed. (1490)
  2019 Ed. (1522)
  2020 Ed. (1493)
  2021 Ed. (1480)
  2022 Ed. (1497)
  2023 Ed. (1671)
HCA Holdings
  2013 Ed. (4404)
  2016 Ed. (2886, 2895)
  2017 Ed. (2841, 2854, 2860)
  2018 Ed. (2921, 2929)
  2019 Ed. (2876, 2884)
  2021 Ed. (2769)
HCA Holdings Inc.
  2012 Ed. (1927, 1928, 2806, 2812, 2816, 2820, 4428)
  2013 Ed. (1637, 2084, 2087, 2089, 2870, 2873, 2877, 2883, 2889, 4098)
  2014 Ed. (1599, 2018, 2021, 2023, 2902, 2903, 2905, 2909, 2913, 2918)
  2015 Ed. (2062, 2064, 2066, 2946, 2947, 2950, 2955, 2959, 2966)
  2016 Ed. (2022, 2029, 2031, 2033, 2877, 2878, 2881, 2887, 2893, 2900)

2017 Ed. (1989, 1992, 1994, 2836, 2842, 2851, 2859)
2018 Ed. (1937, 1943, 1946, 2910, 2913, 2914, 2920)
2019 Ed. (1988, 2003, 2865, 2868, 2875, 2883)
2020 Ed. (2890)
HCA - Hospital Corporation of America
  2014 Ed. (3038)
  2015 Ed. (3104)
  2018 Ed. (3030)
  2019 Ed. (2972)
HCA-Hospital Corp. of America
  2013 Ed. (2869)
  2014 Ed. (2902)
  2015 Ed. (2946)
HCA Hospital Services of San Diego
  2013 Ed. (1796)
  2014 Ed. (1723)
  2015 Ed. (1768)
HCA Inc.
  2002 Ed. (3802)
  2003 Ed. (2692, 2825)
  2004 Ed. (1582, 1739, 1866, 1867, 2796, 2797, 2799, 2802, 2804, 2808, 2815, 2925, 2926, 2927, 3526)
  2005 Ed. (1464, 1515, 1550, 1969, 1970, 2789, 2790, 2792, 2794, 2796, 2798, 2801, 2913, 2914, 2915)
  2006 Ed. (832, 2038, 2039, 2045, 2759, 2760, 2762, 2764, 2767, 2776, 2795, 2925, 3586, 3587, 3588, 4725)
  2007 Ed. (915, 1486, 2010, 2011, 2769, 2770, 2776, 2782, 2783, 2790, 2791, 2935, 3460)
  2008 Ed. (1405, 1480, 1739, 2105, 2106, 2280, 2888, 2889, 2890, 2891, 2901, 2911, 3445, 3634, 4046, 4079)
  2009 Ed. (1680, 2080, 2081, 2083, 2951, 2952, 2953, 2954, 2955, 2973, 3698, 4028, 4116, 4118)
  2010 Ed. (1636, 1637, 2023, 2024, 2026, 2888, 2889, 2890, 2891, 2892, 2913, 3057, 3082, 3615, 3935, 4045, 4049, 4050, 4100, 4101)
  2011 Ed. (1646, 1647, 2080, 2081, 2083, 2865, 2867, 2868, 3028, 3617, 3945, 3957, 4021, 4027, 4028, 4029, 4070, 4071)
  2012 Ed. (1498, 1924, 1925, 2801, 2802, 2953, 3611, 3730, 4048, 4057, 4058, 4104)
  2013 Ed. (1637, 2084, 2085, 2292, 2869, 2870, 3670, 4096, 4098, 4103)
  2014 Ed. (1599, 2019, 2902, 2919)
  2015 Ed. (2946, 2967)
  2016 Ed. (2022, 2113, 2877, 2878, 2901)
  2017 Ed. (2068)
HCA Inc., Hospital Corp. of America
  1991 Ed. (948, 1144, 1147)
  1994 Ed. (2031)
  1995 Ed. (1229, 1235)
  1996 Ed. (1191, 1193, 1206, 2084)
  1997 Ed. (1252)
  2008 Ed. (2888)
  2009 Ed. (2096, 2951)
  2010 Ed. (2038, 2888)
  2011 Ed. (2867)
  2012 Ed. (2798, 2801, 2813, 4055, 4063, 4064)
HCA Management Co.
  1991 Ed. (2497, 2500, 2503, 2505, 2506)
HCA ManorCare
  2013 Ed. (2860)
  2014 Ed. (2891)
  2015 Ed. (2934)
  2016 Ed. (2869)
  2017 Ed. (2827)
  2018 Ed. (2899)
  2019 Ed. (2853)
  2020 Ed. (2880)
HCA Midwest
  2012 Ed. (1726)
  2013 Ed. (1889)
  2014 Ed. (1822)
HCA Midwest Health
  2022 Ed. (1667)
  2023 Ed. (1822, 1826)
HCA Midwest Health System
  2016 Ed. (1722)
  2017 Ed. (1705)
  2018 Ed. (1662)
  2019 Ed. (1719)
  2020 Ed. (1666)
  2021 Ed. (1647)
HCA North Texas
  2009 Ed. (2096)
  2010 Ed. (2038)
HCA--The Healthcare Co.
  2002 Ed. (1781, 2448, 2450, 2451, 2453, 3291, 3292, 3293, 3917)
  2003 Ed. (1557, 1833, 1834, 2680, 2681, 2682, 2685, 2686, 2689, 2694, 3464, 3465, 3466, 3467, 4534)
HCA (U.S.)
  2022 Ed. (2936)

HCA Virginia Health System
  2013 Ed. (2147)
  2014 Ed. (2080)
  2015 Ed. (2134)
HCA West Florida Division
  2016 Ed. (1573)
  2017 Ed. (1562)
  2018 Ed. (1544)
  2019 Ed. (1573)
  2020 Ed. (1543)
  2021 Ed. (1526)
  2022 Ed. (1543)
  2023 Ed. (1719)
HCB Contractors
  1990 Ed. (1196, 1199)
  1992 Ed. (1424)
  1993 Ed. (1122, 1138)
  1999 Ed. (1332)
HCC De Facto Group
  2002 Ed. (3863, 3866)
HCC Insurance Group
  2012 Ed. (3258)
  2013 Ed. (3330)
HCC Insurance Holdings Group
  2000 Ed. (2718)
  2013 Ed. (3340)
HCC Insurance Holdings Inc.
  2004 Ed. (3060)
  2005 Ed. (3071)
  2008 Ed. (3249, 3284)
  2009 Ed. (3310)
  2010 Ed. (3280)
  2014 Ed. (3257, 3309, 3348, 3359)
  2015 Ed. (3355, 3392, 3405)
  2016 Ed. (3163, 3216, 3264, 3280)
  2017 Ed. (3083, 3173, 3220)
HCF
  2019 Ed. (1325, 1414, 1418, 2625)
  2020 Ed. (1378, 1381)
  2021 Ed. (1374, 1378)
  2022 Ed. (1283, 1385)
  2023 Ed. (1484)
HCF Australia
  2002 Ed. (1587, 3777)
HCF Inc.
  2019 Ed. (3966)
  2021 Ed. (3952)
  2022 Ed. (3964)
  2023 Ed. (4052)
HCI Chemtech Distribution Inc.
  2002 Ed. (1005, 1006)
HCI Group
  2015 Ed. (1633, 2721)
  2016 Ed. (2837)
  2017 Ed. (1548, 3212)
The HCI Group
  2015 Ed. (2944, 4094)
  2016 Ed. (2875)
HCI Integrated Solutions
  2012 Ed. (1184)
HCL
  2020 Ed. (3137)
  2021 Ed. (2990, 3000, 3003, 4550)
  2022 Ed. (652, 3127, 3137, 3140, 4557)
  2023 Ed. (866, 1169, 3225, 3233)
HCL Comnet
  2010 Ed. (1080, 1081, 1124)
  2011 Ed. (1019, 1020, 1063)
HCL Corp.
  2000 Ed. (1177)
  2010 Ed. (4850)
HCL Global Systems Inc.
  2018 Ed. (113)
HCL Hewlett-Packard
  1994 Ed. (1095)
HCL (India)
  2021 Ed. (3003)
  2022 Ed. (3140)
HCL Infosys
  2010 Ed. (1080)
  2011 Ed. (1019)
HCL Technologies
  2010 Ed. (1098)
  2011 Ed. (1037)
  2012 Ed. (1565)
  2013 Ed. (1720)
  2014 Ed. (1072, 1666, 3785, 4005, 4021)
  2015 Ed. (1109, 1113, 1711, 3805)
  2016 Ed. (664, 1020, 1025, 1659, 4553)
  2017 Ed. (1054, 1059, 1634, 4556)
  2018 Ed. (655, 985)
  2019 Ed. (665, 984, 4584)
  2020 Ed. (650, 969)
  2021 Ed. (626, 950, 1581)
  2022 Ed. (998)
  2023 Ed. (1143, 1169)
HCL Technologies Ltd.
  2013 Ed. (1106, 3186, 3204)
  2014 Ed. (1065)
  2015 Ed. (1102)
  2017 Ed. (2464)
  2018 Ed. (999, 2572)
  2021 Ed. (4561)
  2022 Ed. (4570)
  2023 Ed. (2709)
HCM Capital
  1995 Ed. (2364)

HCM Dividend Sector Plus
  2018 Ed. (4520)
HCM Dividend Sector Plus Investor
  2023 Ed. (4511)
HCM Tactical Growth Investor
  2023 Ed. (4511)
HCP
  2015 Ed. (4202)
  2017 Ed. (4082)
HCP Inc.
  2010 Ed. (4164)
  2011 Ed. (1808, 4165, 4166)
  2012 Ed. (1665, 4190, 4192, 4213, 4214)
  2013 Ed. (4173, 4184, 4200)
  2014 Ed. (1443, 4190, 4201, 4217)
  2015 Ed. (4171, 4181, 4200, 4201)
  2016 Ed. (4085, 4098, 4116, 4120)
  2017 Ed. (1455, 2418, 4062, 4095)
  2018 Ed. (1435, 2455, 4089, 4122)
  2019 Ed. (1471, 4095)
  2020 Ed. (1436, 4107, 4136)
  2021 Ed. (4089)
HCPH Holdings
  2002 Ed. (3782)
  2004 Ed. (3960)
HCR Home Care
  2023 Ed. (4969)
HCR Manor Care
  2000 Ed. (3361)
  2001 Ed. (1043)
  2003 Ed. (3653)
  2006 Ed. (1069)
  2009 Ed. (3846)
HCR ManorCare
  2011 Ed. (3770)
  2012 Ed. (3773)
  2013 Ed. (1971, 3841)
  2014 Ed. (1910, 3759)
  2015 Ed. (1954, 2965)
  2016 Ed. (214, 1927, 2899)
  2017 Ed. (210, 1899, 2858)
  2018 Ed. (1846, 2928)
  2019 Ed. (1898, 2727)
  2020 Ed. (1838)
HCS Renewable
  2021 Ed. (4429, 4430, 4434)
HCS Renewable Energy
  2019 Ed. (4447, 4460)
  2020 Ed. (4437, 4444, 4447, 4448)
  2021 Ed. (4436, 4442, 4445, 4447)
HCS Resource LLC
  2004 Ed. (3665)
  2005 Ed. (3584)
HCSC
  2022 Ed. (3197)
HCSC Group
  2010 Ed. (3266)
  2011 Ed. (3235)
  2012 Ed. (3199)
HCSS
  2009 Ed. (2085)
  2010 Ed. (2029)
  2011 Ed. (2086)
  2014 Ed. (2025)
  2016 Ed. (2035)
HCT Beteiligungs & Betriebs AG
  2016 Ed. (2015)
HCT Beteiligungs- & Betriebs-AG
  2017 Ed. (1975)
HD Bank
  2020 Ed. (365, 373)
  2023 Ed. (616)
HD Davis CPAs
  2023 Ed. (3)
HD Insurance
  2020 Ed. (3193)
HD International
  1991 Ed. (2219)
  1992 Ed. (2746, 2758, 2768, 2770, 2792, 2794, 2795)
  1993 Ed. (2306, 2357)
HD Supply
  2013 Ed. (897, 2501)
  2014 Ed. (1611, 2431, 4328)
  2015 Ed. (785, 2502)
  2017 Ed. (767)
  2018 Ed. (698, 4008)
  2019 Ed. (2946, 3995)
  2021 Ed. (2968)
  2022 Ed. (742, 3001, 3093, 3094, 3103)
  2023 Ed. (3203)
HD Supply Holdings
  2016 Ed. (2973, 2974, 2977)
  2017 Ed. (1356, 1586, 2929, 2930, 2933)
  2018 Ed. (3003, 3004, 3006)
  2019 Ed. (4897)
  2022 Ed. (1326, 1567, 4881)
HD Supply Holdings Inc.
  2014 Ed. (4933)
  2015 Ed. (4974)
  2016 Ed. (4891)
  2017 Ed. (1582, 4890)
  2019 Ed. (4896)
  2020 Ed. (4889)
  2021 Ed. (4885)
  2022 Ed. (4880)

HD Supply Inc.
  2008 Ed. (2463, 3140)
  2009 Ed. (2465, 3224)
  2010 Ed. (3157, 4117)
  2011 Ed. (3123, 3144)
  2012 Ed. (3058, 3099, 4116)
  2013 Ed. (3139, 3180)
  2014 Ed. (3139, 3191)
  2015 Ed. (3199, 3251)
  2016 Ed. (3056)
  2017 Ed. (3007)
  2018 Ed. (3131)
  2019 Ed. (3063)
  2020 Ed. (3097)
  2021 Ed. (2969)
  2022 Ed. (3094)
HD Supply Power Solutions
  2016 Ed. (2436)
  2017 Ed. (2282)
  2018 Ed. (2342)
HD Supply White Cap
  2021 Ed. (711)
HD Vest Financial Services
  2017 Ed. (2594)
  2020 Ed. (2643)
  2021 Ed. (2567)
HD Vest Investment Services
  2019 Ed. (2641)
HDFC
  2016 Ed. (1656)
  2017 Ed. (534, 1624, 1627)
  2021 Ed. (626, 1367, 1581, 2576)
  2022 Ed. (652, 1605)
  2023 Ed. (1770)
HDFC Bank
  2004 Ed. (544)
  2005 Ed. (525)
  2006 Ed. (455)
  2007 Ed. (466, 1771, 1773)
  2008 Ed. (432, 440)
  2009 Ed. (465, 1750)
  2010 Ed. (436, 440, 445, 1697)
  2011 Ed. (361, 365, 1708)
  2012 Ed. (361, 1565)
  2013 Ed. (382, 384)
  2014 Ed. (394, 395, 1664, 1666)
  2015 Ed. (450, 451, 1708, 1709, 1711)
  2016 Ed. (404, 405, 1656, 1657, 1659)
  2017 Ed. (402, 412, 413, 707, 1624, 1627, 1632, 1634)
  2018 Ed. (378, 491, 1610, 1613)
  2019 Ed. (381, 404, 1652, 1654)
  2020 Ed. (375, 500, 650, 1609)
  2021 Ed. (422, 501, 511, 626, 636, 1591)
  2022 Ed. (436, 652, 1605, 1609)
  2023 Ed. (595, 596, 866, 1770, 1772)
HDFC Bank (India)
  2021 Ed. (511)
HDFC Bank Ltd.
  2017 Ed. (2405)
  2018 Ed. (379, 1606)
  2019 Ed. (382, 1646, 1648)
  2020 Ed. (376, 1605)
  2021 Ed. (1585, 1587)
HDFC Life
  2015 Ed. (3288)
HDFC Ltd.
  2018 Ed. (1606, 2650)
  2019 Ed. (1648, 2635)
  2020 Ed. (1605, 2647)
  2021 Ed. (1587)
  2022 Ed. (1609)
HDFC Standard Life Insurance Co.
  2017 Ed. (3116)
HDI, Haftpflichtverband der Deutsschen Industrie
  1999 Ed. (2920)
HDI Re
  2001 Ed. (2956)
HDI U.S. Group
  2004 Ed. (3093)
  2007 Ed. (3183)
HDLC
  1993 Ed. (1065)
HDM
  1989 Ed. (59, 70)
  1990 Ed. (60, 66, 74, 126, 135, 156)
  1991 Ed. (125, 156)
  1992 Ed. (118, 147)
HDM Advertising
  1990 Ed. (147)
HDM-Alcantara
  1990 Ed. (143)
  1991 Ed. (143)
HDM Belgium
  1990 Ed. (81)
  1991 Ed. (78)
HDM Dechy
  1989 Ed. (87)
HDM Direct Marketing Group
  1990 Ed. (1506)
  1992 Ed. (1808)
HDM Dorland
  1991 Ed. (75)
HDM-DYR
  1990 Ed. (89)
HDM/DYR Advertising
  1991 Ed. (87)

HDM-DYR Hong Kong
  1989 Ed. (114)
HDM-DYR Malaysia
  1989 Ed. (133)
HDM-DYR Singapore
  1989 Ed. (156)
HDM France
  1989 Ed. (107)
  1990 Ed. (103)
  1991 Ed. (99)
  1992 Ed. (149)
HDM Germany
  1991 Ed. (100)
HDM Hong Kong
  1990 Ed. (109)
  1991 Ed. (107)
HDM Marketing Kommunication
  1991 Ed. (154)
HDM Mattingly
  1991 Ed. (74)
  1992 Ed. (121)
HDM SA
  1989 Ed. (162)
HDM Singapore
  1991 Ed. (147)
HDM Spain
  1990 Ed. (151)
HDM Switzerland
  1989 Ed. (165)
  1990 Ed. (154)
HDM Worldwide Direct
  1991 Ed. (1420)
HDR
  2014 Ed. (3377)
  2018 Ed. (3811)
  2019 Ed. (3785)
  2020 Ed. (3845)
  2021 Ed. (186, 992, 2414, 3144)
  2022 Ed. (192, 201, 203, 1088, 2427, 2430, 2431, 2435, 2438, 2442, 2447, 2451, 2452, 2453, 2454, 2458, 2460, 2461, 2467, 2471, 2475, 2477, 2482, 2483, 2484, 2485, 2486, 2541, 3288)
  2023 Ed. (280, 296, 297, 308, 309, 1260, 1261, 1262, 2577, 2578, 2579, 2580, 2581, 2582, 2583, 2584, 2585, 2587, 2592, 2593, 2594, 2595, 2596, 2598, 2619, 2636, 2672, 2674, 2675, 2677, 2683, 3378)
HDR Architecture
  2013 Ed. (3368)
  2014 Ed. (185, 3378)
  2015 Ed. (3413, 3414)
  2019 Ed. (3281)
  2020 Ed. (3279)
  2021 Ed. (3144)
  2023 Ed. (2643)
HDR Architecture Inc.
  1999 Ed. (285)
  2000 Ed. (311)
  2001 Ed. (403)
  2002 Ed. (330)
  2005 Ed. (261, 3166)
  2006 Ed. (284)
  2007 Ed. (287)
  2008 Ed. (261, 263)
  2009 Ed. (284, 286)
  2010 Ed. (271)
  2011 Ed. (191, 2477, 3308, 3311)
  2012 Ed. (197, 198, 2379, 2380, 2385, 2387, 3291, 3294)
  2013 Ed. (177, 179)
  2014 Ed. (184, 187)
  2015 Ed. (214, 215)
  2016 Ed. (212, 213)
  2017 Ed. (208)
  2018 Ed. (195)
  2023 Ed. (283)
HDR Engineering
  2023 Ed. (2645)
HDR Engineering Inc.
  1998 Ed. (1444)
  1999 Ed. (2031)
  2002 Ed. (2129)
  2006 Ed. (2456)
  2007 Ed. (2404, 2407)
  2008 Ed. (2513, 2520, 2522, 2529)
  2009 Ed. (2524, 2534, 2545)
  2010 Ed. (2441, 2449, 2451, 2461)
  2023 Ed. (2628, 2634, 2650)
HDR Engineering Inc. of the Carolinas
  2023 Ed. (2632)
HDR Inc.
  1990 Ed. (279, 1665)
  1992 Ed. (354, 1954)
  1993 Ed. (245, 1609)
  1994 Ed. (234, 1642)
  1995 Ed. (236, 1681)
  1996 Ed. (233, 1664)
  1997 Ed. (264, 1735, 1742)
  1998 Ed. (1442)
  1999 Ed. (2027, 2029)
  2000 Ed. (1802, 1806)
  2003 Ed. (2303)
  2004 Ed. (2335, 2336, 2348, 2353, 2374, 2375, 2383, 2440)
  2005 Ed. (2420)

2006 Ed. (2791, 3162, 3165, 3166, 3167, 3172)
2007 Ed. (288, 2409, 2420, 2423, 2424, 2470, 3195, 3200, 3201, 3206)
2008 Ed. (2516, 2524, 2528, 2532, 2534, 2538, 2547, 2550, 2551, 3337, 3342, 3343)
2009 Ed. (2527, 2535, 2542, 2544, 2554, 2557, 2558, 2627, 2636, 3411, 3413, 3415, 3416)
2010 Ed. (2443, 2458, 2465, 2470, 2473, 2474, 3348, 3352, 3353, 3354)
2011 Ed. (192, 2444, 2447, 2449, 2451, 2458, 2460, 2467, 2472, 2473, 2474, 2478, 2479, 2483)
2012 Ed. (201, 204, 205, 206, 208, 209, 212, 1022, 1031, 1044, 1046, 1736, 2367, 2368, 2369, 2371, 2372, 2373, 2374, 2375, 2389, 2394, 2397, 2398, 2400, 2401, 2479)
2013 Ed. (1147, 2552, 2554, 2555, 2556, 2557, 2560, 2565, 2567, 2569, 2570, 2619, 2621)
2014 Ed. (1167, 2483, 2484, 2485, 2486, 2489, 2496, 2498, 2499, 2578, 2580)
2015 Ed. (1221, 2558, 2560, 2561, 2563, 2568, 2570, 2572, 2618, 2620)
2016 Ed. (2474, 2485, 2490, 2492, 2493, 2494, 2542, 2544, 2545)
2017 Ed. (2336, 2341, 2346, 2348, 2349, 2350, 2424, 2431, 2434)
2018 Ed. (2375, 2376, 2377, 2380, 2391, 2393, 2395, 2400, 2402, 2403, 2404, 2408, 2413, 2415, 2416, 2417, 2478, 2479, 2481, 2489)
2019 Ed. (189, 1099, 1100, 2419, 2420, 2421, 2422, 2423, 2425, 2427, 2428, 2429, 2431, 2432, 2433, 2434, 2435, 2437, 2438, 2439, 2441, 2442, 2443, 2444, 2445, 2446, 2447, 2448, 2450, 2451, 2454, 2459, 2461, 2462, 2463, 2465, 2467, 2503, 2505, 2506, 2508, 2516)
2020 Ed. (190, 1086, 1087, 2392, 2394, 2395, 2396, 2397, 2398, 2400, 2401, 2402, 2405, 2406, 2411, 2412, 2414, 2415, 2416, 2419, 2422, 2423, 2425, 2426, 2430, 2431, 2432, 2433, 2434, 2435, 2436, 2437, 2441, 2443, 2448, 2450, 2451, 2452, 2454, 2456, 2495, 2497, 2498, 2500, 2508)
2021 Ed. (189, 992, 1050, 1051, 2349, 2350, 2351, 2352, 2354, 2355, 2356, 2357, 2358, 2359, 2360, 2361, 2362, 2363, 2366, 2371, 2372, 2373, 2374, 2375, 2377, 2379, 2415, 2417, 2418, 2420)
2022 Ed. (191, 1087, 2426, 2428, 2432, 2434, 2439, 2440, 2445, 2446, 2448, 2449, 2450, 2457, 2458, 2459, 2463, 2464, 2465, 2466, 2468, 2469, 2474, 2477, 2484, 2485, 2488, 2490, 2530, 2532, 2533, 2535)
HDR, Inc.
2019 Ed. (186, 2352, 2366)
2020 Ed. (2320, 2334)
2021 Ed. (2286, 2299)
2022 Ed. (2307, 2308, 2330)
2023 Ed. (2486, 2487)
HDR (U.S.)
2022 Ed. (203)
HDS
2010 Ed. (1082)
2011 Ed. (1021)
HDS China
2015 Ed. (1564)
HDS/HHA Services
2001 Ed. (2763, 2764)
2003 Ed. (2798, 2799, 2800)
2005 Ed. (2809, 2886)
HDS Holding Corp.
2012 Ed. (4932)
HDS Investment Holding Inc.
2012 Ed. (4932)
HDS Services
1990 Ed. (2052)
1997 Ed. (2250)
2001 Ed. (2484)
2004 Ed. (2665)
HDT Ltd.
2020 Ed. (2912)
H.E. Butt
1990 Ed. (1507)
1992 Ed. (1828)
H.E. Butt Grocery
2021 Ed. (4510)
H.E. Butt Grocery Co.
2000 Ed. (4170)
2019 Ed. (2152)
2020 Ed. (2134)
2021 Ed. (2129)
2022 Ed. (2159)
H.E. Butt Grocery Company
2022 Ed. (4261)
HE Butt Grocery Co.
2021 Ed. (3968)
2022 Ed. (3980)

HE International Ltd.
1989 Ed. (1106)
He; Liu
2019 Ed. (3345)
He-Qiao
2001 Ed. (3842)
He-Ro Group Ltd.
1993 Ed. (2004, 3328)
1994 Ed. (2669)
He Xiangjian
2010 Ed. (4864)
2012 Ed. (4857, 4858)
2013 Ed. (4863, 4864)
2015 Ed. (4916)
2016 Ed. (4831, 4832)
2017 Ed. (4840)
2018 Ed. (4846, 4847)
2019 Ed. (4842)
2020 Ed. (4830, 4831)
2021 Ed. (4831, 4832)
2022 Ed. (4825)
2023 Ed. (4820)
HEA
2000 Ed. (3692)
Head
1991 Ed. (3133, 3173)
1992 Ed. (3982, 4054)
1993 Ed. (3326, 3374, 3376)
Head Above Water
1999 Ed. (4720, 4721)
Head; Ashely
2010 Ed. (2527)
Head Distributing
1998 Ed. (977, 979)
Head Engineering Services LLC
2017 Ed. (4791)
2018 Ed. (4784)
Head lettuce
1996 Ed. (3774)
Head NV
2002 Ed. (4200)
Head & Shoulders
1990 Ed. (3269)
1991 Ed. (3114)
1992 Ed. (3404, 3946, 4236)
1993 Ed. (3297)
1994 Ed. (2819)
1996 Ed. (2981, 3416)
1997 Ed. (3061, 3503)
1998 Ed. (2804, 3291)
1999 Ed. (4290, 4291, 4292)
2000 Ed. (4009)
2001 Ed. (2640, 4225, 4226)
2002 Ed. (2437, 2438)
2003 Ed. (2649, 2657, 2660)
2004 Ed. (2786)
2005 Ed. (2778)
2006 Ed. (35, 2750, 3800)
2007 Ed. (2756)
2008 Ed. (2872, 2873)
2015 Ed. (2193)
2018 Ed. (2066, 2067, 2068, 2864)
2020 Ed. (2849)
2021 Ed. (1998)
2022 Ed. (2035, 2038)
2023 Ed. (2143)
Head & Shoulders 2 in 1
2001 Ed. (4225, 4226)
2002 Ed. (2438)
2018 Ed. (2864)
2020 Ed. (2849)
Head & Shoulders, 15 oz.
1990 Ed. (3269)
Head & Shoulders Classic Clean
2004 Ed. (2783, 2785)
Head & Shoulders Clinical Strength
2018 Ed. (2864)
Head & Shoulders Dry
1990 Ed. (3269)
Head & Shoulders Dry Scalp Care
2018 Ed. (2864)
2020 Ed. (2849)
Head & Shoulders Dry Scalp Care 2 in 1
2018 Ed. (2864)
2020 Ed. (2849)
Head & Shoulders Itchy Scalp Care 2 in 1
2018 Ed. (2864)
2020 Ed. (2849)
Head & Shoulders Men Old Spice
2020 Ed. (2849)
Head & Shoulders Men Old Spice 2 in 1
2018 Ed. (2864)
2020 Ed. (2849)
Head & Shoulders Shampoo
2001 Ed. (2653)
Head Sportswear
1990 Ed. (3337, 3338)
Headache remedies
1990 Ed. (3532, 3534)
1991 Ed. (3302, 3304, 3306, 3308, 3310)
1996 Ed. (3609)
2002 Ed. (321)
2005 Ed. (2233)
Headache remedy
1991 Ed. (733)
Headaches
1996 Ed. (221)
2000 Ed. (2446)

The Headblade Co.
2016 Ed. (4082)
2017 Ed. (4057)
2018 Ed. (4082)
Headco
2021 Ed. (3939)
2022 Ed. (3951)
2023 Ed. (4036)
Headcount Field Marketing
2002 Ed. (3264, 3265, 3266)
HeadHunter.com
2002 Ed. (4819)
Headhunter.net
2002 Ed. (4794)
2004 Ed. (858)
Headhunters Direct Hire & Staffing Specialists LLC
2020 Ed. (1661)
2021 Ed. (1641)
2022 Ed. (1660)
Headhunters Direct Hire & Staffing Specialists LLC, dba Elite Staffing Solutions
2021 Ed. (1641)
2022 Ed. (1660)
Headington; Timothy
2011 Ed. (4834)
Headlam
2006 Ed. (2969)
2016 Ed. (3038)
The Headline Group
1999 Ed. (3926)
2002 Ed. (3808)
2003 Ed. (3992, 3995)
2004 Ed. (3982, 3995, 3999)
"Headline News"
1993 Ed. (822)
2001 Ed. (1100)
Headlines Advertising
1990 Ed. (148)
Headquarter Automotive
2017 Ed. (251)
Headquarter Toyota
1994 Ed. (286, 290)
1995 Ed. (287)
1996 Ed. (290)
2009 Ed. (3039)
2010 Ed. (2964)
2011 Ed. (210, 2925)
2013 Ed. (2927)
2014 Ed. (2944)
2015 Ed. (2992)
Headquarter Toyota & Affiliated Cos.
2004 Ed. (2835)
Headquarters West Ltd.
1995 Ed. (1770)
Heads Up Landscape
2013 Ed. (3454, 3462)
2014 Ed. (3456, 3462)
Heads Up Landscape Contractors
2011 Ed. (3429)
2016 Ed. (3329)
Headsets.com
2007 Ed. (2317)
2012 Ed. (2300)
2017 Ed. (1413, 4198)
Headspace
2018 Ed. (2495)
Headspring
2014 Ed. (2027)
2015 Ed. (2070)
2016 Ed. (2037)
Headspring Systems
2011 Ed. (3137)
Headstart Fund Ltd., Global Class B
2003 Ed. (3149)
Headstart Nursery
2020 Ed. (3725)
2021 Ed. (3727)
2022 Ed. (3745)
2023 Ed. (3848)
Headwall Photonics Inc.
2014 Ed. (4244)
Headwaters
2014 Ed. (4579)
Headwaters Construction
2009 Ed. (1146)
Headwaters Inc.
2004 Ed. (3485, 3486)
2005 Ed. (2774, 2775, 3482, 3483)
2006 Ed. (2090, 2729, 2733, 4331)
2007 Ed. (2719, 2734, 2754)
2017 Ed. (2064)
Headwaters Search
2022 Ed. (2373)
2023 Ed. (2535)
Headway Corporate Resources Inc.
2000 Ed. (2407)
Heafner Group
2001 Ed. (4539, 4541, 4543)
Heafner Motors Inc.
2007 Ed. (1887)
Heald College
2008 Ed. (1593)
The Healing Garden
2000 Ed. (3456, 3457)
2001 Ed. (665, 3698, 3699, 3700, 3701)
2002 Ed. (669, 671, 2356)
2003 Ed. (2548)

2005 Ed. (2681)
2007 Ed. (2644)
2008 Ed. (531)
Healon
1994 Ed. (2697)
Healon .55 Clear Globe
1996 Ed. (2871)
Healon GV
1995 Ed. (2810)
HealPros
2020 Ed. (1562, 2884)
Carbon Health
2023 Ed. (4064)
Health
1989 Ed. (1657)
1990 Ed. (2185)
1992 Ed. (2623)
1993 Ed. (886, 2168, 2798)
1994 Ed. (2786, 2799)
1996 Ed. (2252)
1997 Ed. (2157, 2158, 2379)
1999 Ed. (4341)
2000 Ed. (1012)
2001 Ed. (2622)
2004 Ed. (3889)
2007 Ed. (2329)
Health Ade Kombucha
2023 Ed. (4560)
Health Advances
2023 Ed. (1274)
Health Advantage
1994 Ed. (2035, 2037)
1999 Ed. (2649)
Health Advocate Inc.
2009 Ed. (2950)
2012 Ed. (2853)
Health and beauty aids
1992 Ed. (2860)
1994 Ed. (1493)
1995 Ed. (1935, 2243)
Health Alliance of Greater Cincinnati
2013 Ed. (2774)
Health Alliance Plan
2000 Ed. (2423, 2434)
2001 Ed. (2680)
Health Alliance Plan of Mich.
2000 Ed. (2430)
Health Alliance Plan of Michigan
1990 Ed. (1996)
1991 Ed. (1894)
1992 Ed. (2390)
1994 Ed. (2036, 2038)
1995 Ed. (2087, 2089)
1996 Ed. (2094)
1997 Ed. (2186, 2187, 2196)
1999 Ed. (2644, 2654)
Health Association Nova Scotia
2015 Ed. (1546)
2016 Ed. (1450, 1484)
Health bars/sticks
2005 Ed. (2756)
Health/beauty
1992 Ed. (2858)
Health/biotechnology
1991 Ed. (2568)
Health Can Be Simple
2018 Ed. (2021)
Health Canada / Sante Canada
2023 Ed. (1634)
Health care
1990 Ed. (2182)
1991 Ed. (1138, 1139, 1174, 1187)
1993 Ed. (2917)
1995 Ed. (1670, 2203, 3395)
1996 Ed. (1251, 1254, 1255, 2115, 2118, 2119)
1997 Ed. (1142, 1299, 1300, 1645, 1723, 3165)
1998 Ed. (607, 1072, 1077, 1078)
1999 Ed. (1180, 1507, 1511, 1512, 2864, 4554)
2000 Ed. (200, 1355, 1356, 2630, 4339)
2002 Ed. (2770, 2776, 2796)
Health Care Authority of the City of Huntsville
2001 Ed. (1606)
2003 Ed. (1600)
2004 Ed. (1617)
2005 Ed. (1643)
2006 Ed. (1533)
2007 Ed. (1563)
2008 Ed. (1543)
2009 Ed. (1471)
2010 Ed. (1457)
2011 Ed. (1458)
2012 Ed. (1298)
2013 Ed. (1403)
2014 Ed. (1342)
2015 Ed. (1419)
2016 Ed. (1340)
Health-care benefits
1991 Ed. (2025, 2026)
Health Care Corp. of Sisters of St. Joseph
1990 Ed. (2629)
1991 Ed. (2499)
1992 Ed. (3124)
Health Care Credit Union
2003 Ed. (1891)

Health care, drugs
 1993 Ed. (3389)
 1998 Ed. (3363)
Health Care Exchange
 1990 Ed. (2896)
 1991 Ed. (2760)
Health Care Group
 1990 Ed. (2250)
 1992 Ed. (2678)
 1993 Ed. (2232)
 1994 Ed. (2269)
 1995 Ed. (2317)
Health care, home
 1999 Ed. (1895)
Health Care Indemnity Inc.
 1998 Ed. (2196)
 1999 Ed. (2963)
 2000 Ed. (2683, 2715)
 2002 Ed. (2943, 3956)
 2004 Ed. (3119)
 2005 Ed. (3123)
 2006 Ed. (3133)
 2007 Ed. (3168)
Health care, miscellaneous
 1998 Ed. (3363)
Health Care Partners
 2002 Ed. (2588)
Health Care Prods Inc.
 2023 Ed. (2147, 2148)
Health Care Products
 2020 Ed. (2051)
 2021 Ed. (2002)
Health Care Properties
 1995 Ed. (3069)
Health Care Property Investment
 1993 Ed. (2971)
Health Care Property Investors Inc.
 1991 Ed. (2816)
 1992 Ed. (3628)
 1994 Ed. (1289)
 2002 Ed. (1556)
 2004 Ed. (2126, 3342)
 2005 Ed. (2231)
 2006 Ed. (2296, 4192)
 2007 Ed. (2223)
 2008 Ed. (1401, 2363)
Health Care REIT
 1993 Ed. (2971)
 2000 Ed. (1724)
 2002 Ed. (1556)
 2004 Ed. (2125, 2126)
 2006 Ed. (4192)
 2011 Ed. (4165)
 2012 Ed. (4213)
 2015 Ed. (4200, 4201)
 2016 Ed. (4098, 4116)
 2017 Ed. (4095, 4098, 4100)
Health-care-related services
 1995 Ed. (3387)
Health Care & Retirement Corp.
 1990 Ed. (2726)
 1991 Ed. (2625)
 1992 Ed. (3280)
 1995 Ed. (2801)
Health Care Service Corp.
 1990 Ed. (2218, 2226)
 1991 Ed. (2091)
 1992 Ed. (2653)
 1993 Ed. (2200)
 1995 Ed. (2290)
 2001 Ed. (2929, 2930, 2931, 2945)
 2002 Ed. (2886)
 2005 Ed. (3368)
 2007 Ed. (3122, 3123, 3124, 3126, 3153)
 2008 Ed. (3536)
 2011 Ed. (3676, 3680)
 2012 Ed. (2937, 3197, 3200, 4967, 4972)
 2013 Ed. (1711)
 2014 Ed. (1658)
 2015 Ed. (1702, 2377, 3258)
 2016 Ed. (1653, 2322, 4006)
 2017 Ed. (1619, 3114, 3166, 3979)
 2018 Ed. (1600, 3244)
 2019 Ed. (3185)
 2020 Ed. (3211)
 2021 Ed. (3065)
 2022 Ed. (3201)
 2023 Ed. (2330)
Health Care Service Corporation
 2023 Ed. (3294)
Health Care Service Corporation (HCSC)
 2023 Ed. (2331, 2332, 2334, 2336)
Health Care Service Corp., a Mutual Legal Reserve Co.
 2002 Ed. (2887, 2888, 2890)
Health Care Service Corp. (U.S.)
 2021 Ed. (3065)
 2022 Ed. (3201)
Health Care Services Corp.
 1992 Ed. (3258)
 1996 Ed. (2296, 2297)
 2010 Ed. (3041)
 2011 Ed. (3010)
 2013 Ed. (3267)
 2014 Ed. (2298, 3295)
 2015 Ed. (2381, 3696)
 2016 Ed. (3204, 3579)
 2017 Ed. (3160, 3548)

Health Care Solutions
 1991 Ed. (2785)
 2004 Ed. (2896)
Health Catalyst
 2015 Ed. (2939)
 2019 Ed. (2078)
Health Catalyst Inc.
 2020 Ed. (1986)
Health Center Credit Union
 2004 Ed. (1934)
Health Choice
 1999 Ed. (2531)
Health clubs
 2001 Ed. (2011)
Health Communications
 2003 Ed. (729, 730)
 2004 Ed. (751, 752)
Health Company
 2022 Ed. (2911)
Health Compare Corp.
 1993 Ed. (1193)
Health care composite
 1993 Ed. (3389)
Health Data Management
 2012 Ed. (4739)
Health Data Movers
 2022 Ed. (2920)
Health Data Network Software
 1999 Ed. (2727)
Health Decisions Inc.
 2015 Ed. (2940)
Health Diagnostic Laboratory Inc.
 2013 Ed. (2141)
 2014 Ed. (2075)
Health diagnosticians
 1993 Ed. (2739)
Health Dialog
 2014 Ed. (42)
Health Dialog Services
 2006 Ed. (2758)
Health/diet foods
 1991 Ed. (3306, 3308)
Health care (diversified)
 1993 Ed. (3389)
Health drinks
 2002 Ed. (4309)
 2008 Ed. (557)
Health East
 1989 Ed. (740)
Health Education Authority
 2002 Ed. (42)
Health care employees
 1997 Ed. (3016)
Health Employees Superannuation Trust Australia
 2015 Ed. (1451)
Health Equity Properties
 1995 Ed. (2795)
Health Facilities Group
 2023 Ed. (294)
Health Facility Solutions Co.
 2022 Ed. (1939)
Health Facility Solutions Co., dba HFS Co.
 2022 Ed. (1939)
Health and fitness
 1995 Ed. (2981)
Health Fitness Physical Therapy
 1997 Ed. (1159)
Health Foundation of Greater Cincinnati
 2002 Ed. (2343)
Health Foundation of South Florida
 2000 Ed. (2262)
Health Grades
 2002 Ed. (1627)
 2003 Ed. (1652)
 2009 Ed. (2907)
 2010 Ed. (2851, 4497, 4510)
Health & Human Service Employees Union
 1998 Ed. (2774, 3609)
Health & Human Service Employees Union, Local 1199
 2000 Ed. (3451)
Health & Human Service Employees Union Local 1199, Pension Fund, New York, NY
 2000 Ed. (4283)
Health and Human Services
 1995 Ed. (1666)
Health & Human Services/National Institutes of Health
 1994 Ed. (3331)
Health & Human Services; U.S. Department of
 2005 Ed. (2750)
 2006 Ed. (2711, 3293, 3493)
 2007 Ed. (2707)
 2008 Ed. (2835, 3691, 4611)
 2009 Ed. (2893, 2940)
 2010 Ed. (2831, 3833)
 2011 Ed. (2815, 3835)
 2012 Ed. (3691, 3816)
Health impairments
 1994 Ed. (3674)
Health care industry
 1996 Ed. (2063)

Health industry
 1991 Ed. (2054)
 1994 Ed. (2191)
Health Inspirations
 2005 Ed. (2811)
Health Insurance
 1999 Ed. (2529)
 2000 Ed. (1783)
Health insurance, managed care
 2006 Ed. (3000, 3006, 3007)
 2007 Ed. (3039, 3045, 3046, 3047)
 2008 Ed. (3151, 3153, 3157)
Health Insurance Innovations
 2020 Ed. (1526, 2642, 2847)
Health Insurance Plan of Greater New York
 1990 Ed. (1999)
 1991 Ed. (1895)
 1992 Ed. (2386, 2392)
 1993 Ed. (2019, 2020, 2024)
 1994 Ed. (2042)
 1995 Ed. (2092, 2094)
 1996 Ed. (2092, 2094)
 1997 Ed. (2194, 2196, 2701)
 1998 Ed. (1914, 2428)
Health Issues
 2000 Ed. (4218)
Health-maintenance organizations marketer
 1989 Ed. (2972)
Health Management
 1997 Ed. (2166)
 1998 Ed. (1904, 2726)
 1999 Ed. (2640)
Health Management Associates
 2013 Ed. (1623, 3774)
 2014 Ed. (1589, 3707)
 2021 Ed. (1064)
Health Management Associates Inc.
 1995 Ed. (3516)
 1997 Ed. (2825)
 1998 Ed. (2549)
 1999 Ed. (3461)
 2001 Ed. (1043, 2667, 2668, 2678, 2679, 3923)
 2002 Ed. (2451, 3291, 3293)
 2003 Ed. (2686, 2692, 2825, 3464, 3465)
 2004 Ed. (2804, 2925, 2927)
 2005 Ed. (2801, 2913, 2914, 2915)
 2006 Ed. (2776, 2795, 2925, 3586, 3587)
 2007 Ed. (2776, 2791, 2935, 3460)
 2008 Ed. (2901, 3634)
 2009 Ed. (1673, 2954, 2959, 3698, 4572)
 2010 Ed. (1629, 2891, 2898, 3082, 3615)
 2011 Ed. (2871, 2880)
 2012 Ed. (2820, 3730)
 2013 Ed. (2889, 3670)
 2014 Ed. (2918, 2919, 3038)
 2015 Ed. (3104)
Health Management & Governance
 1994 Ed. (2577)
 1995 Ed. (2632)
Health Management Strategies
 1996 Ed. (2561)
Health Management Technology
 2012 Ed. (4739)
Health Market Science
 2007 Ed. (2768)
 2009 Ed. (3017)
Health Marketing Inc.
 2000 Ed. (3601)
 2001 Ed. (3873)
 2002 Ed. (3741)
Health Mart
 2013 Ed. (2367)
 2014 Ed. (2303, 2304, 2305)
 2015 Ed. (2386, 2387, 2388, 4375, 4376)
 2016 Ed. (2332)
 2017 Ed. (2172)
 2019 Ed. (2200)
 2020 Ed. (178, 2049, 4404)
 2021 Ed. (4403)
 2023 Ed. (236, 2382, 4430, 4431)
Health-Mart
 1991 Ed. (1928)
Health Mart Pharmacy
 2020 Ed. (907, 2199, 2677, 2969, 4404)
 2021 Ed. (2175, 2586, 2830, 4403)
 2023 Ed. (240, 4430)
Health Mart Pharmacy Clearlax
 2020 Ed. (3346)
 2022 Ed. (3366)
 2023 Ed. (3483)
Health Mart Pharmacy Truetest
 2019 Ed. (2167)
 2020 Ed. (2164)
Health Mart Systems
 2015 Ed. (2389)
 2016 Ed. (2333)
 2018 Ed. (4541)
 2020 Ed. (2051)
Health Mart Systems Inc.
 2023 Ed. (2147)
Health Midwest
 1994 Ed. (2573)
 1995 Ed. (2628)
 2005 Ed. (1464, 1550)
Health care (misc.)
 1993 Ed. (3389)

Health Monitor
 2016 Ed. (3401)
Health-Mor
 1996 Ed. (211)
Health Net
 2013 Ed. (1745)
 2016 Ed. (1320, 3406, 3407)
Health Net of California Inc.
 2005 Ed. (2790, 2817)
Health Net of Connecticut
 2009 Ed. (2974)
Health Net Inc.
 1990 Ed. (1997)
 1993 Ed. (1177, 2019, 2023)
 1995 Ed. (2090, 2092)
 1996 Ed. (2092, 2095)
 1997 Ed. (2190, 2194, 2197)
 1998 Ed. (1914, 1918)
 1999 Ed. (2656)
 2000 Ed. (2426, 2427, 2431, 2436)
 2002 Ed. (1563, 2448, 2450, 2463)
 2003 Ed. (1746, 2681, 2685, 2689, 3277, 3278, 3354)
 2004 Ed. (2802, 3340, 4556)
 2005 Ed. (1763, 3365, 3368, 4096, 4354)
 2006 Ed. (1709, 2775, 3107, 4148)
 2007 Ed. (1528, 1724, 2775, 3121, 4558)
 2008 Ed. (2907, 3021, 3536)
 2009 Ed. (3108, 3327, 3328)
 2010 Ed. (3041, 3265)
 2011 Ed. (1740, 1741, 1743, 1744, 1745, 3010, 3229)
 2012 Ed. (3198, 3200, 3517, 3518)
 2013 Ed. (3266, 3558, 3559)
 2014 Ed. (3294, 3534, 3535)
 2015 Ed. (3341)
 2016 Ed. (3203, 3205)
 2017 Ed. (3159, 3161)
Health Net of Oregon
 2005 Ed. (1931)
Health New England
 2009 Ed. (2974)
 2010 Ed. (2914)
 2011 Ed. (2881)
Health service occupations
 1989 Ed. (2081, 2083)
Health One Corp.
 1990 Ed. (2630, 2632)
 1991 Ed. (2502)
Health One Corp. Systems
 1992 Ed. (3127)
Health Options Inc.
 1998 Ed. (1917)
 1999 Ed. (2655)
 2000 Ed. (2431, 2435)
 2002 Ed. (2462)
Health maintenance organizations
 1999 Ed. (3291)
 2002 Ed. (2834, 3747, 3756)
Health Partners
 2021 Ed. (2544)
 2022 Ed. (2659)
Health Partners of Alabama
 1994 Ed. (2035, 2037)
 1995 Ed. (2088)
Health Partners International of Canada
 2012 Ed. (722)
Health Partners of Philadelphia Inc.
 1998 Ed. (1920)
Health Plan of America
 1993 Ed. (2023)
Health Plan of Michigan
 2009 Ed. (2949, 3696)
 2010 Ed. (2885)
 2011 Ed. (3614)
 2012 Ed. (2798)
Health Plan of Nevada Inc.
 2011 Ed. (1890)
Health Plan One
 2013 Ed. (3239)
Health Plans Inc.
 2010 Ed. (3231)
 2021 Ed. (3037)
 2022 Ed. (3172)
Health Plus PHSP
 2001 Ed. (2688)
 2002 Ed. (2464)
Health practitioners
 2009 Ed. (3820)
Health Products
 2006 Ed. (3294)
Health Prof
 1995 Ed. (204)
Health Recovery Solutions
 2020 Ed. (1767, 2900)
Health & Rehab Solutions
 2019 Ed. (1802)
Health & Rehabilitation Property Trust
 1993 Ed. (2971)
Health & Retirement Properties Trust
 1999 Ed. (1936)
Health Risk Management Inc.
 1993 Ed. (3647)
Health Science Center at Houston; University of Texas
 2009 Ed. (3700)

Health Science Center at San Antonio; University of Texas
  2008 Ed. (3637)
  2009 Ed. (3700)
Health & medical services
  1999 Ed. (2863)
Health products & services
  2002 Ed. (4193)
Health services
  1991 Ed. (1000, 2027, 2055)
  1992 Ed. (1464, 2626, 2902)
  1993 Ed. (1185, 1186, 1187, 1200, 2157)
  1994 Ed. (1209, 1239)
  1995 Ed. (1225, 1226, 1227, 1260, 3789)
  1996 Ed. (1196, 1197, 1198, 2489)
  1997 Ed. (1242, 1244, 1579, 2631)
  1998 Ed. (1014, 1035, 1039, 2096)
  1999 Ed. (1447, 1454, 1467, 2010, 2100, 2637, 2754, 4286)
  2000 Ed. (1307)
  2001 Ed. (1758)
  2004 Ed. (1456)
  2006 Ed. (1426, 1454, 3258)
  2008 Ed. (1407, 1408, 1432)
Health Services Corp. of America
  2003 Ed. (2110)
Health Services Group
  2000 Ed. (2716)
Health South Rehab
  1997 Ed. (1234, 2206)
Health Star Managed Care Corp.
  1996 Ed. (3080)
Health bars and sticks
  2003 Ed. (4461)
Health & natural food stores
  1998 Ed. (1975)
Health food small stores
  2001 Ed. (3520)
Health food stores
  1995 Ed. (3710)
  1997 Ed. (3849)
  2001 Ed. (3522)
Health stores
  1995 Ed. (3709)
Health Super
  2004 Ed. (3963)
Health food supermarkets
  2001 Ed. (3520)
Health care professional support
  1997 Ed. (1722)
Health Systems Group
  2001 Ed. (1896)
  2004 Ed. (1882)
Health Systems International
  1996 Ed. (2078, 2081, 2085, 2086, 2088)
  1997 Ed. (1259, 2178, 2180, 2181, 2184, 2188, 2189, 2191, 2700)
  1998 Ed. (813, 1903, 1904, 1905, 1915)
Health tablets, misc.
  1995 Ed. (2993)
Health tablets, miscellaneous
  1997 Ed. (3175)
Health Tech Inc.
  2003 Ed. (763)
Health information technicians
  2005 Ed. (3623, 3630)
Health-Tex
  1992 Ed. (1208)
  1994 Ed. (1010)
Health treatment, miscellaneous
  1997 Ed. (3175)
Health Trust Inc.
  1990 Ed. (1654)
  1991 Ed. (1546, 1934)
  1992 Ed. (2458, 2459, 3122, 3123, 3128, 3130, 3131)
  1993 Ed. (2073)
  1994 Ed. (2030, 2031, 2089, 2572, 3283)
  1995 Ed. (2144)
  1996 Ed. (2081, 2155)
  1997 Ed. (1272, 2270)
Health Trust--The Hospital Co.
  1989 Ed. (1022)
  1990 Ed. (2633, 2635)
  1991 Ed. (2497, 2498)
  1996 Ed. (1200)
  2005 Ed. (1515)
Health Union LLC
  2020 Ed. (1852)
Health Unlimited
  2019 Ed. (4037, 4041)
  2020 Ed. (4047, 4052)
Health Valley
  1998 Ed. (636)
  2003 Ed. (4486)
  2008 Ed. (844, 4464)
Health Valley Fancy Fruit
  1996 Ed. (357)
Health Valley Natural Foods
  2018 Ed. (4469)
  2019 Ed. (4464)
Health Value Management Inc.
  1994 Ed. (3608)
  1995 Ed. (3683)
  1996 Ed. (3767)
Health & Wellness Partners
  2008 Ed. (4947)

Healthagen
  2016 Ed. (2871)
HealthAmerica
  1996 Ed. (2093)
HealthAnswers
  2002 Ed. (158)
  2004 Ed. (111)
Healthcare
  1994 Ed. (2160, 2931)
  2001 Ed. (2175, 2177)
  2002 Ed. (1220, 2212)
  2003 Ed. (2901, 2906)
  2004 Ed. (178, 1744, 1745, 1747, 1749, 3006, 3007, 3008, 3012, 3013)
  2005 Ed. (2371, 3004, 3005, 3009, 3010, 4735)
  2006 Ed. (4786)
  2007 Ed. (3732, 3733, 3734, 3735)
  2008 Ed. (1825, 4722)
  2009 Ed. (1431, 3866, 3867, 3868, 3869)
  2010 Ed. (4774)
  2011 Ed. (4725)
Healthcare America
  1998 Ed. (2933)
Healthcare Asset Network
  2023 Ed. (1830)
Healthcare Association of New York State
  1996 Ed. (2534)
Healthcare Businesswomen's Association
  2014 Ed. (2897)
Healthcare Compare Corp.
  1991 Ed. (1993)
  1992 Ed. (1130, 2565, 3308, 3535)
  1993 Ed. (933, 1246, 2906, 3647)
  1994 Ed. (2159, 3608)
  1995 Ed. (3683)
  1997 Ed. (3159, 3160)
  1998 Ed. (1889, 2076, 2910, 2912)
  1999 Ed. (3881, 3883)
HealthCare COMPARE Corp./The Affordable Medical Networks
  1996 Ed. (3079, 3080, 3767)
Healthcare Development Partners
  2009 Ed. (2972)
Healthcare Employees
  1998 Ed. (2773)
Healthcare Enterprise
  2006 Ed. (2784)
Healthcare Environments
  1995 Ed. (234)
  1996 Ed. (230)
  1998 Ed. (183)
  1999 Ed. (286)
Healthcare Equipment & services
  2007 Ed. (4284)
Healthcare facilities
  2002 Ed. (4722)
HealthCare Facilities Development Corp.
  1993 Ed. (242)
  1996 Ed. (230)
  1998 Ed. (183)
Healthcare Foundation of New Jersey
  2002 Ed. (2343)
Healthcare Informatics
  2012 Ed. (4739)
Healthcare Information & Management Systems Society
  2011 Ed. (199)
The HealthCare Initiative
  2014 Ed. (1523)
Healthcare Insurance Services Inc.
  2002 Ed. (2857)
Healthcare IT News
  2012 Ed. (4739)
Healthcare Management Group
  1992 Ed. (3132)
Healthcare of Ontario Pension Plan
  2016 Ed. (3746)
  2017 Ed. (3697)
  2020 Ed. (3772)
Healthcare Plus Credit Union
  2003 Ed. (1891)
Healthcare practitioners
  2005 Ed. (3635, 3636)
Healthcare products
  2001 Ed. (2376)
HealthCare Purchasing Partners International
  2003 Ed. (2110)
  2006 Ed. (2771, 2773)
  2008 Ed. (2893)
Healthcare Realty Management
  1996 Ed. (1130)
  1997 Ed. (1159)
Healthcare Realty Trust
  2001 Ed. (1399)
  2002 Ed. (2456)
  2006 Ed. (2296)
  2007 Ed. (2223)
  2008 Ed. (2363)
  2011 Ed. (4165)
  2012 Ed. (4213)
  2015 Ed. (4200)
  2016 Ed. (4116)
  2017 Ed. (4095)
  2018 Ed. (4122)

Healthcare Receivables Group
  2014 Ed. (1005)
  2016 Ed. (949)
HealthCare Recruiters International
  2008 Ed. (4131)
  2010 Ed. (4171)
Healthcare Review Corp.
  1995 Ed. (3683)
HealthCare Service Corp.
  2016 Ed. (3205, 3206, 3207, 3208)
  2017 Ed. (3161, 3162, 3163, 3164)
  2018 Ed. (3238, 3239, 3240, 3241)
  2019 Ed. (3182)
Healthcare services
  2009 Ed. (1773)
Healthcare Services Credit Union
  2004 Ed. (1931)
Healthcare Services Group
  1990 Ed. (2051)
  1992 Ed. (2447)
  1993 Ed. (2063, 2067)
  1994 Ed. (2079, 2083)
  1995 Ed. (2132, 2133)
  1996 Ed. (2144, 2148)
  1997 Ed. (2249, 2253)
  1998 Ed. (1979, 1980)
  1999 Ed. (2718, 2719)
  2000 Ed. (2497, 2500)
  2001 Ed. (2764, 2810, 3050)
  2002 Ed. (2592, 2596, 2597)
  2003 Ed. (2798, 2800, 2801, 2802)
  2005 Ed. (2797, 2809, 2886, 2887, 2888, 2958, 3253, 3665)
  2006 Ed. (2768, 2778, 2783, 2954, 3240)
  2008 Ed. (2905, 2909, 3095, 3412)
  2009 Ed. (2962, 2964, 3187, 3480)
  2010 Ed. (2901)
  2012 Ed. (2804)
Healthcare Services Group Inc.
  2014 Ed. (2742)
  2015 Ed. (2794)
  2016 Ed. (2724)
  2017 Ed. (2680)
  2018 Ed. (2739)
  2019 Ed. (2723, 2724)
  2020 Ed. (2756, 2757)
  2021 Ed. (2631)
  2022 Ed. (2756)
  2023 Ed. (2892)
Healthcare Solutions
  2011 Ed. (2865)
Healthcare Staffing Services
  2016 Ed. (3696)
  2017 Ed. (3654)
Healthcare technology
  2008 Ed. (1631)
Healthcare Trust of America
  2016 Ed. (4116)
  2017 Ed. (4095)
  2018 Ed. (4122)
Healthcare United Federal Credit Union
  2005 Ed. (308)
Healthcare Ventures
  2000 Ed. (4342)
Healthcare Ventures I, II, III, and IV, L.P.
  1994 Ed. (3622)
Healthcare wholesalers
  2004 Ed. (1744, 1745, 1749)
  2008 Ed. (1825)
  2009 Ed. (1773)
HealthCare.com
  2018 Ed. (3212)
  2019 Ed. (3149, 3506)
  2020 Ed. (3179)
HealthCareSource.com
  2010 Ed. (3370)
Healthcentric Advisors
  2014 Ed. (1961)
  2015 Ed. (2008)
  2016 Ed. (1979)
HealthChicago Inc.
  1989 Ed. (1585)
  1990 Ed. (1995)
  1993 Ed. (2022)
HealthChoice
  2006 Ed. (3111)
HealthCo Information Systems Inc.
  2015 Ed. (1971)
Healthco International
  1990 Ed. (2536)
  1991 Ed. (2409)
HealthComp Holding Co. LLC
  2023 Ed. (3264)
HealthCorp
  2008 Ed. (2481)
Healthdyne
  1991 Ed. (1927)
  1997 Ed. (2208, 3646)
HealthEast
  2006 Ed. (3720, 3722)
HealthEast Care System
  2000 Ed. (3747)
  2006 Ed. (289, 3586)
Healtheon
  2001 Ed. (4182)
Healtheon/WebMD Corp.
  2001 Ed. (4768)
  2003 Ed. (1510)

2004 Ed. (1453)
HealthEquity
  2021 Ed. (3042)
Healthesystems LLC
  2010 Ed. (5001)
HealtheTech
  2005 Ed. (4521)
HealthExtras Inc.
  2004 Ed. (2774)
  2005 Ed. (2009)
  2006 Ed. (2785)
  2007 Ed. (2745, 2786)
  2008 Ed. (2912)
Healthfirst Credit Union
  2004 Ed. (1933)
HealthFirst Inc.
  2000 Ed. (2438)
HealthFirst PHSP Managed Health Inc.
  2001 Ed. (2688)
  2002 Ed. (2464)
HealthFlex Home Health & Hospice
  2023 Ed. (1604)
Healthfocus
  1992 Ed. (2452, 2455)
  1993 Ed. (2068, 2070)
  1994 Ed. (2079, 2084)
Healthia Consulting
  2007 Ed. (1684)
HealthInfusion Inc.
  1996 Ed. (2084)
HealthJoy
  2023 Ed. (1766)
HealthMarket
  2006 Ed. (2765)
HealthMarkets
  2008 Ed. (4057)
HEALTHNET
  1990 Ed. (1994)
  1995 Ed. (2094)
HealthNet
  2022 Ed. (2930)
HealthNet-Central Valley
  1999 Ed. (2648)
HealthNet of Oregon
  2005 Ed. (1926)
HealthNetwork Inc.
  1990 Ed. (2895)
  1998 Ed. (2910)
HealthNow Administrative Services
  2010 Ed. (3231)
HealthNow New York
  2005 Ed. (2804)
HealthONE
  2002 Ed. (1623)
  2003 Ed. (2275)
  2004 Ed. (2306)
HealthPartners
  2015 Ed. (2913)
HealthPartners Health Plans
  1998 Ed. (1912, 1913)
HealthPartners Inc.
  1995 Ed. (2092)
  1996 Ed. (2092, 2094)
  1997 Ed. (2196)
  1999 Ed. (2649, 2650)
  2005 Ed. (1414, 1415)
  2006 Ed. (3720, 3722)
  2007 Ed. (1432)
  2012 Ed. (1226)
  2013 Ed. (1345)
  2014 Ed. (1278)
  2015 Ed. (1336, 1341)
  2016 Ed. (1257, 1262)
  2017 Ed. (1317, 1322)
  2018 Ed. (1296, 1301)
  2019 Ed. (1327)
  2020 Ed. (1302)
  2021 Ed. (1283)
  2022 Ed. (1285)
  2023 Ed. (1486, 1494)
Healthpeak Properties
  2022 Ed. (4119)
Healthpeak Properties Inc.
  2022 Ed. (1442)
HealthPlan Holdings Inc.
  2010 Ed. (3231)
HealthPlus Corp.
  2003 Ed. (3464)
HealthPlus of Michigan Inc.
  1990 Ed. (1996)
  1991 Ed. (1894)
  1992 Ed. (2390)
Healthpoint Ltd.
  2012 Ed. (1930)
Healthpoint Services
  2013 Ed. (606)
HealthRider
  1997 Ed. (2390)
Healthscope
  2007 Ed. (85)
HealthScope Benefits
  2010 Ed. (3231)
  2012 Ed. (3160)
  2014 Ed. (3259)
  2015 Ed. (3312)
  2017 Ed. (3110)
  2020 Ed. (3172, 3173)

CUMULATIVE INDEX • 1989-2023

Healthscreen Solutions Inc.
  2009 Ed. (2919)
  2012 Ed. (2770)
Healthshop.com
  2001 Ed. (2079)
Healthsmart Foods
  2017 Ed. (932)
Healthsmart Foods Inc.
  2022 Ed. (815)
HealthSmart Holdings Inc.
  2010 Ed. (3231)
  2014 Ed. (3259, 3261)
  2015 Ed. (3310, 3313)
Healthsource
  1997 Ed. (2181, 2189)
  1998 Ed. (1905)
HealthSource Chiropractic & Progressive Rehab
  2010 Ed. (841, 2899)
  2011 Ed. (767, 2872)
  2012 Ed. (2810)
  2013 Ed. (2879)
  2014 Ed. (2911)
  2015 Ed. (2957)
  2016 Ed. (2889)
  2017 Ed. (2845)
HealthSouth
  2017 Ed. (1381)
  2018 Ed. (3981)
HealthSouth Braintree Rehabilitation Hospital
  2003 Ed. (4067)
HealthSouth Corp.
  1997 Ed. (1259, 1319, 2178)
  1998 Ed. (1049, 1051, 1338, 1904, 1906)
  1999 Ed. (257, 1484, 1552, 1562, 1903, 2642)
  2000 Ed. (1346, 1383, 3182, 3747, 4128)
  2001 Ed. (1607, 2676)
  2002 Ed. (1563, 1574, 3563, 3917, 4354)
  2003 Ed. (1601, 1602, 2680, 2692, 4534)
  2004 Ed. (1618, 1619, 2796, 2797, 2925, 2926)
  2005 Ed. (1566, 1644, 2789)
  2006 Ed. (1534, 2759)
  2007 Ed. (1564, 2769)
  2008 Ed. (1544, 2901)
  2009 Ed. (1472, 2959)
  2010 Ed. (1458, 2844)
  2011 Ed. (1459, 2867, 2869)
  2012 Ed. (1294, 1299, 2806, 2812)
  2013 Ed. (1404)
  2014 Ed. (1343)
  2015 Ed. (1407, 1408, 1409, 1410, 1411, 1412, 1413, 1414, 1420, 2949, 4214)
  2016 Ed. (1336, 1341, 2880, 4133)
  2017 Ed. (1377, 2835, 4110)
  2018 Ed. (1346, 2909, 3030, 3712, 4136)
  2019 Ed. (1384, 2864, 2870, 2972, 3699)
HealthSouth Harmarville Rehabilitation Hospital
  2003 Ed. (4067)
HealthSouth Medical Center Inc.
  2004 Ed. (1618, 2797)
HealthSouth New England Rehabilitation Hospital
  2003 Ed. (4067)
Healthspan Direct
  2013 Ed. (2324)
HealthSpan Health Systems Corp.
  1995 Ed. (2628)
HealthSparq
  2017 Ed. (1905)
  2018 Ed. (1852)
HealthSpring
  2013 Ed. (2867, 4518)
HealthStaffers Inc.
  1995 Ed. (3792)
HealthSTAR Advertising
  2006 Ed. (118)
HealthStar Communications
  2011 Ed. (45)
  2014 Ed. (70)
Healthstar Inc.
  1999 Ed. (3881)
  2000 Ed. (3601)
  2001 Ed. (3873)
Healthstar Inc.-Managed Care Division of Illinois
  1998 Ed. (2910)
HealthStar Managed Care Corp.
  1997 Ed. (3160)
HealthStream
  2011 Ed. (4431)
  2013 Ed. (1095)
  2014 Ed. (2895)
  2015 Ed. (2938)
HealthStream Research
  2010 Ed. (2896)
Healthsystems LLC
  2012 Ed. (3975)
Healthtex
  1997 Ed. (1021)
  1998 Ed. (761)
  1999 Ed. (1192)
HealthTexas Medical Group
  2023 Ed. (3761)

HealthTrans
  2006 Ed. (2415, 2416)
  2007 Ed. (2364)
  2010 Ed. (2400, 5001)
HealthTrans LLC
  2008 Ed. (4053)
  2009 Ed. (4131)
  2010 Ed. (4063)
  2012 Ed. (4074)
  2013 Ed. (1565)
HealthTronics Surgical Services Inc.
  2004 Ed. (4433)
HealthTrust
  1989 Ed. (1020)
  1990 Ed. (1653)
  1993 Ed. (2017)
  1995 Ed. (2081, 2082, 2627, 2770, 3362)
  1996 Ed. (1192, 1455, 2077, 2078, 2079, 2084, 2704)
  1997 Ed. (2182)
HealthTrust Purchasing Group
  2004 Ed. (2928)
  2005 Ed. (2918)
  2006 Ed. (2771, 2772, 2773)
  2008 Ed. (2893)
  2009 Ed. (2956, 2957)
  2010 Ed. (2893, 2894)
HealthTrust - The Hospital Co.
  1990 Ed. (2636, 2637, 2638)
  1991 Ed. (2503, 2505, 2506)
Healthways
  1989 Ed. (1586)
  1990 Ed. (1998)
  1991 Ed. (1896)
  1992 Ed. (2392)
  2009 Ed. (2082)
  2011 Ed. (3148)
  2012 Ed. (2693, 2798, 3113)
Healthways Inc.
  2015 Ed. (3255)
HealthWays of New York Inc.
  1990 Ed. (1999)
  1991 Ed. (1895)
Healthwell Foundation
  2010 Ed. (3760)
  2011 Ed. (3764)
Healthworld
  2000 Ed. (58)
  2001 Ed. (212)
  2003 Ed. (35)
Healthy Bethesda Rehabilitation Hospital
  2008 Ed. (1933)
  2009 Ed. (1891)
Healthy Choice
  1992 Ed. (2238, 3219)
  1993 Ed. (1905, 1906)
  1994 Ed. (1921)
  1995 Ed. (946, 1892, 1941, 1942)
  1996 Ed. (921, 1975)
  1997 Ed. (2091)
  1998 Ed. (636, 2072, 2073)
  2000 Ed. (799, 1016, 2278, 2280, 2598, 2602, 3853, 4153, 4157)
  2001 Ed. (1170, 2539, 2540, 2831)
  2002 Ed. (2366, 2367, 2716, 3272)
  2003 Ed. (2558, 2559, 2878, 4483)
  2004 Ed. (2691, 2967, 4455)
  2007 Ed. (2649)
  2008 Ed. (844, 2775)
  2009 Ed. (2837, 3685)
  2010 Ed. (2778)
  2014 Ed. (2769, 2796, 4503)
  2015 Ed. (2820, 2838, 4503)
  2016 Ed. (2753, 2768, 4439)
  2017 Ed. (2708, 2740)
  2018 Ed. (2764)
  2023 Ed. (2917)
Healthy Choice Café Steamers
  2018 Ed. (2766)
  2019 Ed. (2746)
  2020 Ed. (2785)
  2021 Ed. (2656)
  2022 Ed. (2793, 2794)
Healthy Choice Cafe Steamers
  2010 Ed. (3750)
Healthy Choice Thick & Hearty
  1996 Ed. (2825)
Healthy Choice Top Chef Café Steamers
  2018 Ed. (2766)
  2019 Ed. (2746)
  2020 Ed. (2785)
  2021 Ed. (2656)
Healthy Defense; Neutrogena
  2008 Ed. (4553)
Healthy Direct
  2010 Ed. (2253)
Healthy Habits
  2008 Ed. (1571)
  2009 Ed. (1499, 1500)
Healthy Hide Good 'n' Fun
  2022 Ed. (3819)
Healthy Human
  2021 Ed. (1853, 4215, 4245)
"Healthy Meals in Minutes!"
  2016 Ed. (2283)
Healthy Request
  1994 Ed. (1858)

Healthy Skin
  2001 Ed. (1904)
Healthy Woman
  2003 Ed. (4856)
Healy; Daniel
  2006 Ed. (1000)
  2007 Ed. (1092)
Healy; David
  1991 Ed. (1672)
Healy & Long Concrete Contractors
  1991 Ed. (1085)
  1992 Ed. (1418)
HEAPY
  2023 Ed. (2635)
Heapy Engineering
  2019 Ed. (1882)
Hear This Music
  2019 Ed. (3664)
Heard Chevrolet; Bill
  1996 Ed. (268)
Heard Enterprises Inc.; Bill
  1996 Ed. (3766)
Heard, McElroy & Vestal
  1998 Ed. (19)
  2000 Ed. (20)
  2015 Ed. (14)
Heard, McElroy & Vestal LLP
  2002 Ed. (24)
  2003 Ed. (9)
  2004 Ed. (15)
Heard Oldsmobile; Bill
  1996 Ed. (282)
Heard; William T.
  2006 Ed. (333, 334)
Hearing Aid Express
  1997 Ed. (3346)
Hearing impairment
  1995 Ed. (2078)
Hearn; Tim
  2010 Ed. (910)
Hearndon Construction
  2003 Ed. (1170)
  2004 Ed. (1178)
  2005 Ed. (1205)
Hearns-Barkley match
  1994 Ed. (840)
Hearos Xtreme Protection Series
  2018 Ed. (2233)
Hearst
  2021 Ed. (3152, 3153, 3516)
  2022 Ed. (3297, 3576)
  2023 Ed. (1923, 3677, 3684)
Hearst-Argyle
  2000 Ed. (4215)
Hearst-Argyle Television Inc.
  2000 Ed. (4214)
  2001 Ed. (4492)
  2002 Ed. (4582)
  2003 Ed. (4713)
  2004 Ed. (777, 778, 4690)
  2005 Ed. (749, 750, 4661)
  2006 Ed. (4717)
  2007 Ed. (4738)
  2009 Ed. (4700)
  2010 Ed. (4711)
Hearst Communications Inc.
  2004 Ed. (1823)
Hearst Communications, Inc.
  2022 Ed. (3584)
Hearst Corp.
  1989 Ed. (1934)
  1990 Ed. (2523)
  1991 Ed. (2700)
  1992 Ed. (3368)
  1993 Ed. (2505, 2803)
  1997 Ed. (2942)
  1998 Ed. (756, 2441, 2679, 2780)
  1999 Ed. (1188, 3612, 3742, 3743)
  2000 Ed. (1108, 3333, 3463, 3684)
  2001 Ed. (3709, 3953, 3955, 4490)
  2002 Ed. (1382, 3282, 3283, 3286)
  2003 Ed. (3272, 3641, 4712)
  2004 Ed. (3332, 3685, 4689)
  2005 Ed. (3357, 3600, 4660)
  2006 Ed. (160, 3345, 3704, 4716)
  2007 Ed. (152, 3401, 3699, 4737)
  2008 Ed. (3531, 3783, 4659)
  2009 Ed. (3594, 3822, 3823, 4157, 4699)
  2010 Ed. (3751, 4088)
  2011 Ed. (3516, 3751, 3752, 4060, 4667)
  2012 Ed. (3513, 3756, 3757, 4165, 4678)
  2013 Ed. (1945, 3554, 3653, 3832, 4155, 4650)
  2014 Ed. (3530, 3591, 4170)
  2015 Ed. (1915, 3604, 4150, 4151)
  2016 Ed. (1876, 1884, 3485, 4066)
  2017 Ed. (1836, 1847, 3452)
  2018 Ed. (1782, 1792, 3515, 4628)
  2019 Ed. (1849, 3501, 4339, 4644)
  2020 Ed. (1791, 3490, 4331)
  2021 Ed. (1758, 3509, 4347)
  2022 Ed. (1791, 3567, 4353)
The Hearst Corp.
  2018 Ed. (2565)
  2021 Ed. (3522)
Hearst Greek Theatre
  2023 Ed. (1182)

Hearst Magazines
  1990 Ed. (2796)
  1991 Ed. (2709)
  1992 Ed. (3390)
  1994 Ed. (2980)
  1995 Ed. (2878, 3041, 3044)
  1996 Ed. (2956, 3143)
  1997 Ed. (3034)
  1998 Ed. (2781)
  1999 Ed. (3744)
  2000 Ed. (3459)
  2001 Ed. (3954)
  2010 Ed. (3514)
Hearst Newspapers
  1990 Ed. (2689)
Hearst Television
  2013 Ed. (4651)
  2014 Ed. (4701)
Hearst Trade Group
  1989 Ed. (743)
Heart
  1999 Ed. (4650)
Heart of the Desert Pistachios & Wines
  2023 Ed. (4900)
Heart disease
  1995 Ed. (2594, 2595)
Heart diseases
  1992 Ed. (1765, 1767, 1768, 1769)
Heart Health Services
  2007 Ed. (1979)
Heart to Heart International
  2009 Ed. (3834, 3838)
  2010 Ed. (3758, 3760)
  2011 Ed. (3762, 3764)
  2012 Ed. (3764)
Heart Hospital of Lafayette
  2013 Ed. (3045)
Heart impairment
  1995 Ed. (2078)
Heart Internet Ltd.
  2011 Ed. (2905, 2912, 2920)
Heart Labs of America Inc.
  1997 Ed. (1254)
Heart Light America
  2017 Ed. (3424)
Heart London FM
  2001 Ed. (3980)
  2002 Ed. (3896)
Heart & Stroke Foundation of Alberta, Northwestern Territories, & Nunavut
  2012 Ed. (723)
Heart & Stroke Foundation of British Columbia & Yukon
  2012 Ed. (723)
Heart & Stroke Foundation of Ontario
  2009 Ed. (908)
  2012 Ed. (723)
Heart Support of America
  2004 Ed. (935)
Heart Technology
  1995 Ed. (2066, 3388)
HeartBrand Beef
  2021 Ed. (810)
  2022 Ed. (842)
Heartbreak Hotel
  2001 Ed. (3406)
A Heartbreaking Work of Staggering Genius
  2003 Ed. (725)
HeartFlow
  2020 Ed. (4571)
Hearthside
  1998 Ed. (190)
Hearthside Food Solutions
  2021 Ed. (2600)
  2022 Ed. (2713)
  2023 Ed. (1767, 2849)
Hearthstone
  2003 Ed. (1201)
Hearthstone Assisted Living
  2003 Ed. (291)
  2005 Ed. (265)
HearthStone Homes
  2010 Ed. (1164)
HeartLand
  2021 Ed. (3273)
  2022 Ed. (3350, 3351, 3355, 3357, 3361)
  2023 Ed. (3468, 3472, 3474, 3478, 3480)
Heartland
  2010 Ed. (3723)
  2021 Ed. (3266)
Heartland A/S
  2023 Ed. (2703)
Heartland Advisors
  1996 Ed. (2397, 2401)
  1997 Ed. (2522, 2526)
Heartland Associates
  1990 Ed. (1036)
Heartland Bancorp
  2014 Ed. (340)
Heartland Bancshares Inc.
  2002 Ed. (3548)
Heartland Bank Ltd.
  2018 Ed. (1795)
Heartland Bank & Trust Co.
  2021 Ed. (327)
  2022 Ed. (339)

CUMULATIVE INDEX • 1989-2023

Heartland Co-op
  2021 Ed. (115)
  2022 Ed. (2881)
  2023 Ed. (2995)
Heartland Community Church
  2010 Ed. (4178)
Heartland Consulting
  2017 Ed. (1255)
Heartland Cooperative
  2010 Ed. (2832)
  2011 Ed. (2816)
  2012 Ed. (2747)
  2016 Ed. (139)
  2017 Ed. (131)
Heartland Credit Union
  2000 Ed. (221)
  2018 Ed. (2096)
  2020 Ed. (2075)
  2021 Ed. (2065)
  2022 Ed. (2100)
  2023 Ed. (2215)
Heartland CU
  2000 Ed. (1629)
Heartland Dermatology and Skin Cancer Center
  2023 Ed. (1818)
Heartland Exec Park
  1990 Ed. (2179)
Heartland Executive Park
  1991 Ed. (2023)
Heartland Express
  2019 Ed. (1688)
Heartland Express Inc.
  2002 Ed. (4690, 4691, 4693, 4694)
  2003 Ed. (4802, 4803)
  2004 Ed. (4789, 4790)
  2005 Ed. (2689, 4761, 4762, 4763)
  2006 Ed. (4808, 4832, 4833, 4849, 4851)
  2017 Ed. (4702)
Heartland Express, Inc.
  2019 Ed. (4735)
Heartland Express of Iowa
  1995 Ed. (3672)
  1998 Ed. (3643)
All Heartland Farms
  2023 Ed. (2283)
Heartland Farms
  2022 Ed. (2165)
Heartland Federal Savings & Loan Association
  1993 Ed. (3567)
Heartland Financial USA Inc.
  2004 Ed. (401, 404, 405)
Heartland Food Corp.
  2006 Ed. (2844)
  2007 Ed. (3537)
Heartland Group Value
  1996 Ed. (2772)
Heartland Health
  2014 Ed. (4116)
  2016 Ed. (2838)
  2017 Ed. (3985)
Heartland Hi-Yield Municipal Bond
  2000 Ed. (3285)
Heartland Homes
  2002 Ed. (1198)
  2003 Ed. (1180)
  2005 Ed. (1220)
Heartland Industrial Partners
  2002 Ed. (3080)
Heartland Industrial Partners LLP
  2002 Ed. (1408)
Heartland Industrial Partners LP
  2003 Ed. (3211)
Heartland International English School
  2021 Ed. (1457)
Heartland Labs
  2006 Ed. (3549)
  2007 Ed. (3615, 3616, 4455)
  2008 Ed. (3741, 4990)
Heartland Motor Group
  2020 Ed. (253)
  2021 Ed. (241)
Heartland New Zealand
  2017 Ed. (2539)
Heartland Partners LP
  2004 Ed. (2777)
  2006 Ed. (1636)
Heartland Payment System Inc.
  2009 Ed. (827)
  2010 Ed. (772)
Heartland Payment Systems
  2005 Ed. (3904)
  2013 Ed. (1721)
Heartland Payment Systems Inc.
  2015 Ed. (3247)
Heartland Pet Products
  2014 Ed. (2737)
Heartland Pork
  2004 Ed. (3928)
  2005 Ed. (3876)
Heartland Resources Inc.
  2008 Ed. (1658)
Heartland Select Value
  2009 Ed. (3799)
  2010 Ed. (3728)

Heartland Select Value Fund
  2003 Ed. (3538)
Heartland State Bank
  2016 Ed. (509)
Heartland U.S. Government
  1994 Ed. (2609, 2620)
  1995 Ed. (2687, 2709)
Heartland U.S. Government Securities
  1999 Ed. (3553)
Heartland Value
  1994 Ed. (2613, 2624)
  1995 Ed. (2737)
  1996 Ed. (2803)
  2004 Ed. (3574, 3592)
  2006 Ed. (3651, 3652, 3654)
  2008 Ed. (4515)
  2015 Ed. (3763)
Heartland Value Fund
  2003 Ed. (3516, 3542, 3548)
  2004 Ed. (3578)
  2008 Ed. (4507)
Heartland Value Plus
  1998 Ed. (2608)
  1999 Ed. (3506)
  2006 Ed. (3653)
Heartland Vet Supply
  2013 Ed. (899)
Heartland Wireless
  1997 Ed. (872, 3913, 3914)
  1999 Ed. (999)
Hearts in Atlantis
  2001 Ed. (984)
Heartsavers Inc.
  2002 Ed. (1495)
HeartWare Inc.
  2015 Ed. (2975)
Heartwise
  1992 Ed. (3220)
Hearty Chews
  1990 Ed. (2820)
  1992 Ed. (3410)
Heat burns, scalds
  2002 Ed. (3529)
Heat Controller
  2002 Ed. (2377)
HEAT Group
  2012 Ed. (3599)
Heat Housing
  2009 Ed. (2109)
Heat/ice packs
  2004 Ed. (2617)
Heat; Miami
  2007 Ed. (579)
  2008 Ed. (530)
  2009 Ed. (565)
  2012 Ed. (433)
  2013 Ed. (546)
  2014 Ed. (560)
  2015 Ed. (623)
  2016 Ed. (570)
  2017 Ed. (599)
  2018 Ed. (563)
  2019 Ed. (582)
  2020 Ed. (565)
Heat products
  2002 Ed. (2277)
Heat sandwiches, rolls, and muffins
  1989 Ed. (1983)
Heatcraft Inc.
  2001 Ed. (1796)
  2004 Ed. (1802)
Heated
  2002 Ed. (4727)
Heater Advertising
  1999 Ed. (130)
  2000 Ed. (148)
Heath Ceramics
  2016 Ed. (3444)
Heath; D. C.
  1990 Ed. (1583)
Heath Group
  2001 Ed. (4037)
Heath Lambert Group
  2002 Ed. (3960)
  2006 Ed. (3149)
  2007 Ed. (3186)
Heath Lambert Insurance Management (Guernsey) Ltd.
  2006 Ed. (788)
  2008 Ed. (3381)
Heath Ledger
  2010 Ed. (828)
Heath PLC; C. E.
  1990 Ed. (2465)
  1991 Ed. (2339)
  1992 Ed. (2899)
  1993 Ed. (2249, 2457)
  1994 Ed. (2227)
Heath PLC C.E.
  1995 Ed. (1405, 2273)
Heath Tecna
  2013 Ed. (2165)
Heath Underwriting Ltd.; Cuthbert
  1992 Ed. (2897)
Heath Zenith Computers & Electronics
  1989 Ed. (984)
HeathCor Holdings
  1999 Ed. (2705)

Heather Armstrong
  2010 Ed. (829)
  2011 Ed. (756)
Heather Bresch
  2014 Ed. (2595)
  2015 Ed. (2637)
Heather Hay
  1997 Ed. (1870)
  1998 Ed. (1645)
  1999 Ed. (2221, 2235)
  2000 Ed. (1997, 2018)
Heather Killen
  2002 Ed. (4980, 4982)
Heather Mills
  2009 Ed. (687)
Heather Reisman
  2005 Ed. (4863)
Heatherwick Studio
  2018 Ed. (1989)
Heathrow
  1992 Ed. (311, 313)
  2021 Ed. (156)
Heathrow Airport
  1993 Ed. (205, 208, 209, 1536, 1537, 1538, 1539)
  1994 Ed. (194)
  1995 Ed. (195, 197, 199)
  1996 Ed. (196, 197, 198, 199, 200, 201, 202, 1596, 1597, 1598, 1599)
  1997 Ed. (223, 224, 225)
  1998 Ed. (146, 147)
  1999 Ed. (249, 250)
  2001 Ed. (309)
  2002 Ed. (274)
  2021 Ed. (154)
  2022 Ed. (142, 146)
  2023 Ed. (218, 220, 223)
Heathrow Airport/All Shops
  1990 Ed. (1580)
Heathrow Airport (U.K.)
  2022 Ed. (146)
Heathrow, England; London
  2009 Ed. (256, 4960)
  2010 Ed. (248)
Heathrow, London
  1990 Ed. (245)
  1991 Ed. (218)
Heathrow (U.K.)
  2021 Ed. (156)
Heating & air conditioning
  1990 Ed. (2151, 2152)
  1991 Ed. (1996, 1998)
  1992 Ed. (2568, 2570, 2572)
  1993 Ed. (2133, 2135, 2137)
Heating, air conditioning
  1995 Ed. (2207, 2208, 2212)
Heating oil
  1989 Ed. (1662)
  1993 Ed. (1914)
  1994 Ed. (2699)
  2008 Ed. (1094)
Heating oil, 2, NYMEX
  1996 Ed. (1996)
Heating Pads
  1992 Ed. (1871)
Heating & Plumbing Engineers Inc.
  1999 Ed. (1375)
  2005 Ed. (2541)
  2011 Ed. (3689)
  2014 Ed. (4993)
  2017 Ed. (4984)
  2020 Ed. (4941)
Heating & Plumbing Engineers, Inc.
  2019 Ed. (4986)
  2020 Ed. (4990)
  2021 Ed. (4990)
  2022 Ed. (4989)
Heating, ventilation, and air conditioning
  2003 Ed. (1305)
  2004 Ed. (1308)
  2005 Ed. (1315)
  2006 Ed. (1285)
Heaton; John
  2006 Ed. (2514)
Heaven and Earth
  2003 Ed. (720)
Heaven Hill
  1989 Ed. (749, 750, 1513)
  1991 Ed. (1817, 3464)
  1992 Ed. (2869)
  1993 Ed. (2446)
  1995 Ed. (2465)
  1996 Ed. (2514)
  1997 Ed. (2653)
  1998 Ed. (2373)
  1999 Ed. (3204, 3238)
Heaven Hill Blended Whiskey
  2000 Ed. (2944)
  2001 Ed. (4786)
  2002 Ed. (3102)
  2003 Ed. (4899)
  2004 Ed. (4889)
Heaven Hill Bourbon
  1994 Ed. (2391)
  1996 Ed. (2521)
  1997 Ed. (2660)
  1998 Ed. (2376)
  2000 Ed. (2948)

  2001 Ed. (4788, 4806)
  2002 Ed. (290, 3107, 3161)
  2003 Ed. (4902)
  2004 Ed. (4892)
Heaven Hill Distilleries Inc.
  1991 Ed. (2325)
  1999 Ed. (3209, 3210)
  2001 Ed. (3119)
  2002 Ed. (3109)
  2003 Ed. (759, 3227, 3229, 4854, 4915, 4917)
  2004 Ed. (769, 3283, 4839)
  2005 Ed. (4830)
Heaven Is for Real
  2013 Ed. (559, 565, 569)
Heavenly Gourmet LLC
  2019 Ed. (4975)
  2020 Ed. (3574, 4978)
  2022 Ed. (4979)
Heavenly Ham
  2002 Ed. (2316)
  2003 Ed. (886)
Heavenly Valley, CA
  1990 Ed. (3293)
  1993 Ed. (3324)
Heaven's Best Carpet Cleaning
  2022 Ed. (734)
  2023 Ed. (939)
Heaven's Best Carpet & Upholstery Cleaning
  2002 Ed. (2007)
  2003 Ed. (883)
  2004 Ed. (904)
  2005 Ed. (894)
  2006 Ed. (810)
  2007 Ed. (897)
  2008 Ed. (873)
  2009 Ed. (883)
  2010 Ed. (834)
  2011 Ed. (759)
  2012 Ed. (697)
  2013 Ed. (3111)
  2014 Ed. (3110)
  2015 Ed. (3172)
  2016 Ed. (3026)
  2017 Ed. (2971)
  2022 Ed. (3059)
Heaven's Gate
  1991 Ed. (2490)
Heavey; Aidan
  2011 Ed. (2527)
Heaviland Enterprises
  2011 Ed. (3421)
Heavy Duty Liquid Detergent
  2000 Ed. (4154)
Heavy Equipment Guide
  2016 Ed. (722)
Heavy Industry
  2000 Ed. (938)
Heavy machinery
  1990 Ed. (3091)
Heavy fuel oils
  1992 Ed. (2073)
Heavy Seas Beer
  2023 Ed. (930)
Heavy and tractor-trailer truck drivers
  2022 Ed. (3769)
The Heavyweights Inc.
  2009 Ed. (1752)
  2010 Ed. (1699)
HEB
  2006 Ed. (4637, 4638)
  2007 Ed. (4624, 4625)
H.E.B. Food/Drug
  1990 Ed. (1045)
H.E.B. Grocery Co.
  1994 Ed. (3468, 3624)
  2018 Ed. (4012)
  2019 Ed. (3999)
  2020 Ed. (4016)
  2021 Ed. (3982)
  2022 Ed. (3996)
HEB Grocery Co.
  2015 Ed. (2073)
  2016 Ed. (2041, 2057, 4522)
  2017 Ed. (2000, 2016)
  2018 Ed. (1958, 1971)
  2019 Ed. (2012, 2027)
  2020 Ed. (1936, 1940)
  2021 Ed. (1900)
HEB Grocery Co., dba H-E-B Grocery Stores
  2021 Ed. (1900)
Hebb (Motor Engineering) Ltd.; John
  1993 Ed. (975)
Hebb (Motor Engineers) Ltd.; John
  1994 Ed. (1003)
  1995 Ed. (1016)
HEBCO
  2012 Ed. (3699, 4049)
Hebdo Mag International
  2000 Ed. (3026)
Hebei Cornell Polyurethane Co.
  2018 Ed. (3951)
Hebei Iron & Steel
  2012 Ed. (3351, 4539)
  2013 Ed. (3421, 4494)
  2014 Ed. (3418, 4537)

2015 Ed. (3451, 4536)
2016 Ed. (4475)
2017 Ed. (4483)
HeBei Iron & Steel Group
  2017 Ed. (3434)
Hebei Minglu Electric Vehicle Co.
  2019 Ed. (1337)
Heber, UT
  2011 Ed. (4203)
Hebrew National
  1994 Ed. (2347)
  2000 Ed. (2275)
  2002 Ed. (2365, 3271)
  2008 Ed. (2770)
  2009 Ed. (2827)
  2011 Ed. (2762)
  2014 Ed. (2755, 2756)
  2016 Ed. (2742)
  2022 Ed. (2768)
  2023 Ed. (2901)
Hebros Bank
  1996 Ed. (460, 461)
  1997 Ed. (424)
  2003 Ed. (472)
  2004 Ed. (459, 487)
  2006 Ed. (422)
HEC
  2004 Ed. (839)
HEC Montreal
  2004 Ed. (833, 834, 837)
  2011 Ed. (681)
HEC Paris
  2009 Ed. (820)
  2010 Ed. (729)
  2011 Ed. (679, 682, 697, 698)
  2012 Ed. (616, 617, 629, 630)
  2013 Ed. (760, 761, 770, 771)
  2014 Ed. (783, 784, 795, 796)
  2015 Ed. (825, 826, 838, 839)
  2016 Ed. (726, 733, 734)
HEC School of Management
  2008 Ed. (801)
HEC School of Management, Montreal
  2006 Ed. (726)
HEC School of Management, Paris
  2006 Ed. (726, 727)
  2011 Ed. (680)
Hechinger
  1989 Ed. (2328)
  1990 Ed. (838, 839)
  1991 Ed. (801, 802)
  1992 Ed. (982, 983, 2419)
  1993 Ed. (775, 776, 2047, 2424)
  1994 Ed. (793, 794, 796, 2076)
  1995 Ed. (845, 846, 848, 2125)
  1996 Ed. (817, 818, 820, 827, 1417, 2133, 2134, 2493)
  1997 Ed. (830, 831, 2243, 2244, 2245, 2246)
  1998 Ed. (1969, 1970, 1972, 1974)
  1999 Ed. (2710, 2711)
  2000 Ed. (1512)
  2001 Ed. (2742, 2755)
Hechinger Investment Co. of Delaware Inc.
  2001 Ed. (1787, 2755)
Hechinger Investment Company of Delaware Inc.
  2000 Ed. (2492)
Hechinger's
  1990 Ed. (2023)
Hecht; John
  2011 Ed. (3339, 3348)
Hecht Rubber Business Buyers
  1998 Ed. (1274)
  1999 Ed. (1849)
Hecht; W. F.
  2005 Ed. (2509)
Hecht's
  1995 Ed. (1552)
  1998 Ed. (3093, 3460)
  2000 Ed. (1660, 2290, 4175)
Heck! Food
  2017 Ed. (2034)
  2018 Ed. (1990)
  2020 Ed. (2707)
Heckler & Koch
  2005 Ed. (3461)
Heck's
  1990 Ed. (1522)
Heckscher Museum
  1995 Ed. (935)
Hecla Mining
  2014 Ed. (2102)
Hecla Mining Co.
  1997 Ed. (3645)
  1998 Ed. (3422, 3423, 3424)
  1999 Ed. (4493)
  2004 Ed. (2742, 2743)
  2005 Ed. (2739, 2740)
  2008 Ed. (2140, 2144, 2145)
  2009 Ed. (2126)
  2010 Ed. (2060, 2065, 2066, 2067)
  2011 Ed. (2115, 2120, 2121, 2122, 3640)
  2012 Ed. (3636)
  2021 Ed. (1952)
  2022 Ed. (1994)
  2023 Ed. (2095)

Hector Balderas
  2014 Ed. (2976)
Hector Cortez
  2012 Ed. (2885)
Hector Cuellar
  2008 Ed. (2628)
Hector de J. Ruiz
  2007 Ed. (1032)
  2008 Ed. (954)
  2009 Ed. (953)
Hector Ruiz
  2006 Ed. (2515)
  2007 Ed. (3617)
HED
  2005 Ed. (2859)
Hedegaard Biler AS
  1997 Ed. (1381)
Hedensted Kommune
  2014 Ed. (1554)
Hedex
  2001 Ed. (50)
Hedge & Co. Inc.
  2001 Ed. (3936)
HedgeFund.net
  2002 Ed. (4833)
Hedges Construction Co.
  2000 Ed. (2462)
HedgeWorld
  2002 Ed. (4833)
Hedging-Griffo
  2007 Ed. (754)
  2010 Ed. (673)
Hedgpeth Architects
  2023 Ed. (272)
Hedi's Market
  2010 Ed. (77)
Hedlund; Anders
  2005 Ed. (4896)
Hedrick; Geoffrey
  2008 Ed. (2634)
Hedstrom Corp.
  2001 Ed. (4126, 4127)
  2003 Ed. (3891)
  2004 Ed. (3912)
  2005 Ed. (3858)
  2006 Ed. (3921)
Hedstrom Plastics
  2018 Ed. (3953)
  2019 Ed. (3929)
  2020 Ed. (3943)
  2021 Ed. (3911)
Hedwig Van Ameringen
  1994 Ed. (892)
Hedwin (Solvay)
  1993 Ed. (2865)
Heekin Can
  1992 Ed. (1048)
Heel Quik! Inc.
  1994 Ed. (1916)
  1998 Ed. (1758, 1759)
  2002 Ed. (4260)
Heels.com
  2018 Ed. (2319)
Heelys Inc.
  2008 Ed. (2864, 2865)
  2009 Ed. (2905)
  2010 Ed. (2849)
Heenan Blaikie
  2015 Ed. (3475)
Heenan Blaikie LLP
  2009 Ed. (3487)
Heeney-Sundquist Funeral Home Inc.
  2001 Ed. (1683)
Heerema Fabrication Group
  2008 Ed. (1304)
Heerim Architects & Planners
  2022 Ed. (197, 203)
  2023 Ed. (301)
Heerim Architects & Planners (South Korea)
  2022 Ed. (203)
Heeros Systems Oy
  2010 Ed. (2941)
  2011 Ed. (2907)
Heery International
  1992 Ed. (351)
  1995 Ed. (1141)
  1996 Ed. (233, 1658, 1664)
  1997 Ed. (1139)
  1998 Ed. (1437)
  1999 Ed. (1339)
  2000 Ed. (314, 1237)
  2004 Ed. (2334, 2339, 2346)
  2005 Ed. (261, 1173, 1174, 1250)
  2006 Ed. (284, 1170, 1209)
  2007 Ed. (287, 1316)
  2008 Ed. (263, 1168, 1169, 1170, 1173, 1174, 1176, 1206, 2517, 2530, 2531, 2535)
  2009 Ed. (286, 1183, 2528)
  2010 Ed. (271, 1175, 2446)
  2011 Ed. (2453)
  2012 Ed. (197)
Hees International
  1992 Ed. (961)
  1993 Ed. (767)

Hees International Bancorp
  1992 Ed. (2417)
  1994 Ed. (1847)
Heet
  2001 Ed. (389)
  2023 Ed. (901)
Hefei Haizhiyin
  2013 Ed. (3791)
  2015 Ed. (3740)
  2016 Ed. (3648)
Hefei Meran
  1999 Ed. (4298)
Heffernan; Edward
  2006 Ed. (955)
Heffernan Group
  2020 Ed. (3161)
  2022 Ed. (3159, 3165)
  2023 Ed. (3256)
Heffernan Insurance Brokers
  2006 Ed. (1965)
  2011 Ed. (3190)
  2015 Ed. (1477)
Heffernan; Margaret
  2007 Ed. (4919)
  2008 Ed. (4899)
Heffler & Co.
  1994 Ed. (7)
  1995 Ed. (13)
  1996 Ed. (21)
Hefner; Hugh
  2020 Ed. (2486)
Hefner; Linda
  2010 Ed. (3006)
Hefner; Thomas L.
  2005 Ed. (978)
Heftel Broadcasting
  1999 Ed. (3980, 4484, 4485)
Hefter; Steven
  2021 Ed. (3154)
Hefti AG; H. & A.
  1994 Ed. (2415)
Hefti & Grob AG
  1996 Ed. (2555)
Hefti Grob AG
  1995 Ed. (2492)
Hefty EZ Foil
  2023 Ed. (1483)
Hefty/Mobil
  1999 Ed. (2807)
  2000 Ed. (2587)
Hefty Paper Plates
  1990 Ed. (3037)
Hefty Paper Plates, 50- Count
  1990 Ed. (2129, 2130, 3041)
Hefty Paper Plates, 50-ct.
  1989 Ed. (1630, 1631)
Hefty Seed
  2023 Ed. (2254, 4398)
Hefty Seed Co.
  2010 Ed. (2217)
  2011 Ed. (2235)
  2012 Ed. (2097)
  2013 Ed. (2283, 4419)
  2014 Ed. (2217, 4450)
  2015 Ed. (2281, 4445)
  2016 Ed. (2252, 4336)
  2017 Ed. (2111, 4339)
  2018 Ed. (2132, 4334)
  2019 Ed. (2130, 4361)
  2020 Ed. (2113, 4357)
  2021 Ed. (2104, 4369)
  2022 Ed. (2136, 4379)
HEG Ltd.
  2020 Ed. (1610)
HEI
  1991 Ed. (1167)
  2003 Ed. (2946)
HEI Hotels & Resorts
  2018 Ed. (3070)
  2021 Ed. (2904)
Heico
  2013 Ed. (2296)
  2015 Ed. (1631, 2299)
  2017 Ed. (89, 94)
  2021 Ed. (77)
Heico Corp.
  2003 Ed. (209)
Heico Cos.
  2009 Ed. (3227)
  2010 Ed. (3160)
  2011 Ed. (3125)
  2012 Ed. (3059)
  2013 Ed. (809)
  2014 Ed. (838)
  2015 Ed. (877)
  2016 Ed. (765)
  2017 Ed. (822)
  2018 Ed. (755)
  2019 Ed. (776)
  2020 Ed. (766)
  2021 Ed. (788, 789)
  2022 Ed. (820, 821)
  2023 Ed. (1017, 1018)
Heico Cos., LLC
  2007 Ed. (4024)
  2008 Ed. (4051)
Heide & Cook LLC
  2021 Ed. (1558)

Heide-Park
  1996 Ed. (216)
Heidelberg
  2017 Ed. (737)
  2023 Ed. (901)
Heidelberg Baking Co.
  2017 Ed. (739, 740)
  2018 Ed. (680)
Heidelberg Cement
  2009 Ed. (4576)
  2010 Ed. (4609)
Heidelberg College
  1992 Ed. (1275)
Heidelberg Digital
  2002 Ed. (3223)
Heidelberg Digital LLC
  2003 Ed. (3271)
Heidelberg Distributing Co.
  2020 Ed. (4923)
  2021 Ed. (2462, 4920)
  2022 Ed. (2573, 4913)
  2023 Ed. (2715, 4902)
HeidelbergCement
  2015 Ed. (4394)
  2021 Ed. (1020)
Heidelbergcement
  2011 Ed. (1104)
  2012 Ed. (1020, 4580)
  2013 Ed. (1165)
  2014 Ed. (1122)
  2015 Ed. (1163)
  2016 Ed. (1078)
  2017 Ed. (1108)
HeidelbergCement AG
  2007 Ed. (1288)
  2010 Ed. (692)
  2011 Ed. (620, 621, 3544, 4565)
  2012 Ed. (591, 1056, 3537, 4578)
  2013 Ed. (726, 1194, 3589, 4524)
  2014 Ed. (748, 1147)
  2015 Ed. (786, 1197, 4576)
  2016 Ed. (706, 1105)
  2017 Ed. (768, 1150)
  2018 Ed. (700, 1085)
  2019 Ed. (715, 1095)
  2020 Ed. (1083)
Heidelberger Druckmaschinen
  2007 Ed. (3037)
Heidelberger Druckmaschinen AG
  2001 Ed. (3190)
  2004 Ed. (3331)
Heidelberger Zement
  1997 Ed. (2707)
  1999 Ed. (3300)
Heidelberger Zement AG
  1996 Ed. (2567)
  2000 Ed. (3037)
  2002 Ed. (4512)
  2004 Ed. (4593)
Heidelberger Zemet AG
  2001 Ed. (4381)
Heideman Associates Inc.
  2009 Ed. (2526)
Heidemij NV
  1996 Ed. (1165, 1680)
  1997 Ed. (1752, 1754, 1755, 1761)
  1998 Ed. (1445, 1449)
Heiden; Cara
  2012 Ed. (4970)
Heidi Horten
  2008 Ed. (4860)
  2009 Ed. (4878)
  2010 Ed. (4879)
  2011 Ed. (4848)
  2012 Ed. (4875)
  2013 Ed. (4857)
  2014 Ed. (4871)
  2015 Ed. (4909)
  2016 Ed. (4825)
  2017 Ed. (4835)
  2018 Ed. (4840)
  2019 Ed. (4836)
  2020 Ed. (4826)
  2021 Ed. (4827)
  2022 Ed. (4820)
  2023 Ed. (4814)
Heidi Klum
  2003 Ed. (3429)
  2004 Ed. (3498)
  2008 Ed. (3745)
  2009 Ed. (3765, 3766)
  2011 Ed. (3693)
  2012 Ed. (3711)
  2013 Ed. (3761)
Heidi Miller
  2007 Ed. (4978)
  2008 Ed. (4945)
  2009 Ed. (4967)
  2010 Ed. (4976)
  2011 Ed. (4973)
  2012 Ed. (4977)
Heidorn Consulting
  2018 Ed. (20)
Heidrick Partners Inc.
  1996 Ed. (1708)
  1997 Ed. (1792)
  1998 Ed. (1504)
  2000 Ed. (1864)

CUMULATIVE INDEX • 1989-2023

Heidrick & Struffles International, Inc.
　2001 Ed. (2310)
Heidrick & Struggles
　1990 Ed. (1710)
　1993 Ed. (1691, 1692)
　1994 Ed. (1710, 1711)
　1995 Ed. (1724)
　1996 Ed. (1707, 1708)
　1997 Ed. (1792, 1793, 1795)
　1998 Ed. (1504, 1506, 1507)
　1999 Ed. (2071)
　2000 Ed. (1863, 1864, 1866, 1868)
　2001 Ed. (2313)
　2002 Ed. (2174, 2176)
　2011 Ed. (4172)
Heidrick & Struggles International
　2001 Ed. (2311)
　2002 Ed. (2172)
　2005 Ed. (4030)
　2006 Ed. (4058)
　2008 Ed. (4131)
　2009 Ed. (4240)
Heie; John
　2008 Ed. (2629)
Heierling
　1991 Ed. (3132)
　1992 Ed. (3981)
　1993 Ed. (3327)
Heigl; Katherine
　2010 Ed. (2514)
　2011 Ed. (2516)
　2012 Ed. (2442)
　2013 Ed. (2598)
Heijmans Handel & Industrie BV
　1997 Ed. (2692)
Heijn
　1990 Ed. (40)
Heijn; Albert
　1993 Ed. (43)
Heikal; Mohammed Hassanein
　2013 Ed. (3475)
Heikki Herlin
　2022 Ed. (4831)
　2023 Ed. (4826)
Heikki Kyostila
　2017 Ed. (4846)
　2018 Ed. (4853)
　2019 Ed. (4848)
　2020 Ed. (4837)
　2021 Ed. (4838)
　2022 Ed. (4831)
　2023 Ed. (4826)
Heil-Brice Retail Advertising
　2004 Ed. (106)
Heil-Quaker
　1990 Ed. (195, 196, 1589, 1861, 1862)
　1991 Ed. (1484, 1777, 1778)
Heilan Home
　2017 Ed. (1496, 3710)
Heilan Home Co., Ltd.
　2020 Ed. (1474, 3791)
Heileman
　1989 Ed. (761, 764, 765, 766, 777)
　1990 Ed. (750, 754, 755, 769, 770, 771, 772, 773, 774, 775, 776, 777)
Heileman Acquisition Co.
　1998 Ed. (478)
Heileman Brewing Co.; G.
　1989 Ed. (726)
　1990 Ed. (756)
　1992 Ed. (928, 929, 931, 934, 938)
　1993 Ed. (748)
　1994 Ed. (751)
　1995 Ed. (705)
　1996 Ed. (784)
　1997 Ed. (716, 717, 718, 722, 2628)
Heileman; G.
　1989 Ed. (759)
　1990 Ed. (753, 757)
　1991 Ed. (742, 743)
Heileman Inc., Bakery Div.
　1989 Ed. (357)
Heileman products
　1990 Ed. (765)
Heilig-Meyers Co.
　1991 Ed. (3240)
　1992 Ed. (2253)
　1993 Ed. (2104)
　1994 Ed. (677, 1934, 1937, 1938, 2074, 2125, 3097, 3100)
　1995 Ed. (1963, 1965, 1967, 2447, 2517)
　1996 Ed. (1982, 1983, 1992, 3486)
　1997 Ed. (2097, 2109, 3550)
　1998 Ed. (440, 1781, 1784, 1789, 1796, 3084)
　1999 Ed. (2555, 2556, 2557, 2558, 2560, 2561, 2702)
　2000 Ed. (2291, 2296, 2299, 2300, 2301, 2303, 2304, 2581, 3808)
　2001 Ed. (2737, 2740, 2743, 2748, 2750, 2751)
　2002 Ed. (2386, 2587)
　2003 Ed. (785, 2597, 2776, 2777)
Heilig-Meyers Furniture Co.
　2001 Ed. (2751)
　2003 Ed. (2776, 2777)
Heilind (DAC Group)
　1999 Ed. (1938)

Heilingenfed Kliniken
　2013 Ed. (1598)
Heilongjiang
　2001 Ed. (2262)
Heilongjiang Electric
　1999 Ed. (1570, 4294)
　2000 Ed. (4011)
Heilongjiang Electricity
　2000 Ed. (4010)
Heim Resources Inc.
　1994 Ed. (2428)
Heimbuch; Babette
　2009 Ed. (4966)
Heimerich & Payne
　2009 Ed. (4561)
Heimtextil
　2004 Ed. (4756, 4758)
Hein & Associates LLP
　2002 Ed. (9, 15, 26, 865)
　2003 Ed. (3, 10)
　2004 Ed. (8)
　2007 Ed. (4, 5, 1683)
　2008 Ed. (3, 1708)
　2009 Ed. (5, 6)
　2010 Ed. (11, 12)
　2011 Ed. (7)
　2012 Ed. (10, 27)
　2013 Ed. (8, 20)
　2014 Ed. (16)
　2015 Ed. (17)
　2016 Ed. (16)
　2017 Ed. (12)
　2018 Ed. (11)
Hein + Associates LLP
　2004 Ed. (16)
　2005 Ed. (12)
　2006 Ed. (17)
　2007 Ed. (13)
　2008 Ed. (11)
　2009 Ed. (14)
　2010 Ed. (25, 26, 27)
　2011 Ed. (22)
Heinaman Contract Glazing
　2012 Ed. (2738)
　2014 Ed. (2863)
Heinbach; Harvey
　1991 Ed. (1672)
　1993 Ed. (1778, 1829)
　1994 Ed. (1761, 1812)
　1995 Ed. (1850)
　1996 Ed. (1828)
　1997 Ed. (1857)
Heinbochel; John
　1994 Ed. (1822)
Heinbockel; John
　1995 Ed. (1864)
　1996 Ed. (1845)
　1997 Ed. (1918)
Heineken
　1989 Ed. (729, 770, 772, 778, 780, 2845)
　1990 Ed. (766, 767, 768, 1401, 3544)
　1991 Ed. (237, 238, 746, 747, 1325, 3321)
　1992 Ed. (937, 940, 2888, 4231)
　1993 Ed. (750, 751, 1372)
　1994 Ed. (753)
　1995 Ed. (648, 697, 699, 704, 707, 709, 711, 712, 1463)
　1996 Ed. (215, 783, 785, 786, 787, 788, 1425)
　1997 Ed. (721, 724, 2670)
　1998 Ed. (449, 490, 497, 507, 508, 509)
　1999 Ed. (267, 278, 808, 813, 814, 816, 817, 818, 819, 820, 1920, 1923, 2467, 4513)
　2000 Ed. (812, 821, 822, 1521)
　2001 Ed. (682, 1024)
　2002 Ed. (281, 686)
　2005 Ed. (651, 654, 655)
　2006 Ed. (550, 551, 556, 557, 558)
　2007 Ed. (590, 591, 592, 598, 599, 600, 601, 695)
　2008 Ed. (534, 535, 536, 540, 543, 544, 545)
　2009 Ed. (570, 574, 575)
　2010 Ed. (552, 556)
　2011 Ed. (479, 485, 487)
　2012 Ed. (435, 442, 445, 446, 482)
　2013 Ed. (549, 553, 554, 596, 597, 671)
　2014 Ed. (174, 563, 566, 569, 570, 609, 610, 612, 696, 697, 4029)
　2015 Ed. (627, 629, 636, 637, 638, 669, 681, 682, 683, 742)
　2016 Ed. (576, 579, 586, 587, 588, 622, 623, 624, 671)
　2017 Ed. (180, 607, 615, 616, 617, 618, 619, 626, 659, 660, 661, 713, 1842)
　2018 Ed. (165, 571, 578, 580, 581, 589, 618, 619, 662, 1788)
　2019 Ed. (594, 595, 597, 602, 629, 630, 631, 672, 697)
　2020 Ed. (169, 576, 577, 579, 580, 590, 612, 613, 666, 686, 1786)
　2021 Ed. (549, 550, 555, 563, 574, 575, 643, 2627)
　2022 Ed. (165, 566, 575, 576, 577, 583, 584, 677, 1757, 2754)

2023 Ed. (816, 823, 824, 825, 826, 1893)
Heineken B.V.
　1989 Ed. (43)
Heineken Cold Filtered
　2001 Ed. (685)
Heineken Holding
　2016 Ed. (610)
　2017 Ed. (605, 646)
　2018 Ed. (569, 602, 604)
　2019 Ed. (584, 614, 616)
　2020 Ed. (569, 600, 2719)
　2021 Ed. (542, 564, 565, 1723)
　2022 Ed. (570, 591, 593, 1758)
　2023 Ed. (831, 1894)
Heineken Holding N.V.
　2021 Ed. (2478)
　2022 Ed. (592, 2590)
　2023 Ed. (2733)
Heineken Holding NV
　2002 Ed. (2305)
　2009 Ed. (595, 1921)
　2010 Ed. (581, 1857)
　2011 Ed. (497, 502, 505, 509, 1888, 3455)
　2012 Ed. (465, 468, 472, 1590, 1741, 1743)
　2013 Ed. (572, 585, 588, 1907, 1909)
　2014 Ed. (584, 595, 600, 1842)
　2015 Ed. (652, 665, 670, 1880)
　2016 Ed. (592, 607, 611, 1842)
　2017 Ed. (629, 643, 645, 648, 1803, 2482)
　2018 Ed. (601, 1754, 2537, 2574)
　2019 Ed. (613, 1811)
　2020 Ed. (599, 1755)
　2021 Ed. (1725)
Heineken Ireland Ltd.
　2007 Ed. (609, 2616, 4774)
Heineken Lager
　1994 Ed. (755)
　2004 Ed. (668)
Heineken Music Hall
　2011 Ed. (1077)
Heineken (Netherlands)
　2021 Ed. (555)
　2022 Ed. (583)
Heineken Netherlands
　1991 Ed. (37)
Heineken N.V.
　2019 Ed. (617)
　2020 Ed. (602)
　2021 Ed. (566)
Heineken NV
　1994 Ed. (34, 216, 1426)
　1997 Ed. (2045)
　2000 Ed. (2225)
　2001 Ed. (61, 679, 1027, 1807)
　2002 Ed. (704, 1736, 2307)
　2003 Ed. (671, 1777, 2517)
　2004 Ed. (31, 67, 676, 3364)
　2005 Ed. (31, 62, 72, 665, 668, 669, 1474, 3295, 3396)
　2006 Ed. (69, 86, 566, 567, 568, 1921, 3393)
　2007 Ed. (42, 609, 610, 611, 612, 614, 1903, 1905, 2616, 4774)
　2008 Ed. (65, 556, 562, 565, 3572)
　2009 Ed. (74, 571, 585, 591, 768, 2801, 3642)
　2010 Ed. (66, 84, 553, 568, 569, 576, 577, 578, 580, 1854, 2732, 3561)
　2011 Ed. (480, 502, 503, 504, 506, 2716, 2717, 3564, 4702)
　2012 Ed. (443, 444, 457, 462, 465, 466, 469, 470, 473, 474, 2649, 2652, 3557, 4724)
　2013 Ed. (550, 572, 576, 584, 586, 591, 2731, 2734, 3582, 4679)
　2014 Ed. (173, 564, 584, 596, 597, 601, 602, 603)
　2015 Ed. (203, 628, 652, 666, 667, 671, 672, 673)
　2016 Ed. (577, 592, 608, 612, 613, 614)
　2017 Ed. (644, 649, 650, 651)
　2018 Ed. (603, 607, 608, 1325)
　2019 Ed. (615, 618, 619, 1807)
　2020 Ed. (168, 603, 604, 2718)
　2021 Ed. (567, 568)
　2022 Ed. (595)
　2023 Ed. (832)
Heineken NVI
　2014 Ed. (581)
　2015 Ed. (649)
　2016 Ed. (589)
Heineken Premium Light
　2008 Ed. (543)
Heineken Premium Light Lager
　2009 Ed. (574, 3821)
　2010 Ed. (556)
　2011 Ed. (485)
　2012 Ed. (442)
　2014 Ed. (566)
　2015 Ed. (629)
Heineken USA
　2015 Ed. (2651)
　2016 Ed. (2570)
　2017 Ed. (1835)

2018 Ed. (1781)
2019 Ed. (1839)
2021 Ed. (694)
2022 Ed. (731)
2023 Ed. (934)
Heineken USA Inc.
　2002 Ed. (678)
　2003 Ed. (658, 662, 2428)
　2004 Ed. (2562, 4683)
　2005 Ed. (652)
　2006 Ed. (552)
　2008 Ed. (537, 4481)
　2016 Ed. (691)
　2017 Ed. (744)
Heineman Jr.; Benjamin W.
　1996 Ed. (1228)
Heinemann
　2020 Ed. (4989)
Heinemann Publishing
　2021 Ed. (4989)
Heinen's Grocery Store
　2019 Ed. (4251)
　2020 Ed. (4248)
Heinen's Inc.
　2009 Ed. (4616)
　2010 Ed. (4645)
Heinfeld, Meech & Co. PC
　2009 Ed. (4449)
　2010 Ed. (4492)
　2011 Ed. (4427)
Heinle, Wischer und Partner
　2023 Ed. (259)
Heinmiller; John
　2006 Ed. (976)
　2007 Ed. (1071)
　2010 Ed. (2568)
Heinrich Bauer
　1997 Ed. (3168)
Heinrich Bauer Verlag
　1991 Ed. (2394)
　2000 Ed. (3610)
Heinrich Nickel divize
　2001 Ed. (289)
Heinrich von Pierer
　2006 Ed. (691)
Heinz
　1990 Ed. (1816, 2824)
　1992 Ed. (3221, 3405)
　1994 Ed. (858, 2198)
　1995 Ed. (2249)
　1996 Ed. (876, 2258)
　1999 Ed. (1027, 2872)
　2000 Ed. (2279, 3513, 4083, 4084)
　2001 Ed. (543)
　2003 Ed. (2914)
　2008 Ed. (692, 723)
　2009 Ed. (733, 856)
　2010 Ed. (656, 803)
　2011 Ed. (565, 580, 582)
　2013 Ed. (2725, 2740)
　2014 Ed. (1160, 2720)
　2015 Ed. (2757)
　2016 Ed. (2686)
　2018 Ed. (2703, 2721)
　2019 Ed. (2679)
　2020 Ed. (2739)
　2021 Ed. (2618)
　2022 Ed. (2725, 2744)
　2023 Ed. (2935)
Heinz Baby Foods
　1992 Ed. (2630)
Heinz Baked Beans
　1992 Ed. (925, 1047, 2356)
　2002 Ed. (939)
Heinz Bauer
　2004 Ed. (4875)
Heinz Canned Soup
　2002 Ed. (939)
Heinz Co. of Canada; H. J.
　1990 Ed. (1827)
　1991 Ed. (1745)
　1992 Ed. (2194)
Heinz Co.; H. J.
　1990 Ed. (1812, 1820, 1822)
　1991 Ed. (1210, 1732, 1733, 1735, 1738, 1740, 1742, 2580, 3305, 3313)
　1992 Ed. (2174, 2175, 2177, 2179, 2181, 2183, 2184, 2185, 2191, 4226)
　1993 Ed. (1385, 1873, 1875, 1876, 1877, 2124)
　1994 Ed. (1439, 1862, 1864, 1865, 1866, 1870, 1871, 2068)
　1995 Ed. (1473, 1885, 1886, 1888, 1890, 1891, 1895, 1904, 1944, 2760, 2762)
　1996 Ed. (1435, 1928, 1931, 1932, 1933, 1937)
　1997 Ed. (1256, 1497, 2025, 2028, 2029, 2030, 2034)
　2005 Ed. (1946, 1948, 1949, 1950, 1951, 1952, 2227, 2628, 2629, 2631, 2635, 2644, 2646, 2651, 2652)
　2006 Ed. (1979, 1983, 1984, 1987, 1988, 1989, 1990, 1991, 1992, 2292, 2625, 2628, 2633, 2641, 2642)
　2007 Ed. (1955, 1956, 2599, 2605, 2610, 2621)
　2008 Ed. (2042, 2046, 2047, 2048, 2049, 2740, 2751, 2778, 2783, 2785)

CUMULATIVE INDEX • 1989-2023

2009 Ed. (2004, 2009, 2010, 2011, 2013, 2794, 2841)
2010 Ed. (1941, 1942, 1947, 1948, 1949, 1950, 1951, 2726, 2741, 2782)
2011 Ed. (1992, 1994, 1996, 2001, 2002, 2003, 2004, 2707, 2709, 2771)
2012 Ed. (1842, 1843, 1845, 1849, 1850, 1851, 1852, 1853, 2456, 2634, 2635, 2636, 2637, 2664)
2013 Ed. (1999, 2004, 2009, 2011, 2720, 2721, 2722, 2750, 2753, 2757)
2014 Ed. (1941, 1943, 2542, 2706, 2707, 2730, 2732, 2736)
2015 Ed. (2752)
The Heinz Endowments
  2011 Ed. (2753)
Heinz Field
  2017 Ed. (4479)
Heinz Foundation; H. J. and Drue
  1993 Ed. (891)
Heinz Frozen Food Co.
  2001 Ed. (2477, 2478, 2480)
Heinz Frozen Foods
  2014 Ed. (2772, 2779, 2786)
Heinz Hermann Thiele
  2017 Ed. (4848)
  2018 Ed. (4855)
  2019 Ed. (4850)
  2020 Ed. (4839)
  2021 Ed. (4840)
Heinz; H.J.
  1989 Ed. (1447, 1448, 1453)
Heinz Kettler GMBH & Co.
  2000 Ed. (3036)
Heinz North America
  2009 Ed. (2843)
  2010 Ed. (2784)
  2011 Ed. (2773)
  2012 Ed. (2702)
  2014 Ed. (2770, 2775, 2777, 2785)
  2015 Ed. (2823, 2831)
  2016 Ed. (2757)
  2017 Ed. (2711, 2713, 2716, 2717, 2721, 2732, 2737, 3905)
  2018 Ed. (2770, 2772, 2774, 2779, 2791)
  2019 Ed. (2749, 2750, 2768)
  2020 Ed. (2787, 2788, 2789, 2803, 2805)
  2021 Ed. (2658, 2660, 2663, 2664, 2672)
Heinz Pasta Accompaniments
  2002 Ed. (939)
Heinz Pet Products Co.
  1994 Ed. (2828)
  1999 Ed. (3786)
Heinz/Quaker
  1997 Ed. (3069)
Heinz Ready to Serve
  1996 Ed. (876)
Heinz RTS; H. J.
  1994 Ed. (858)
Heinz Soups
  1992 Ed. (1047)
Heinz spaghetti
  1999 Ed. (1027)
Heinz; Steven
  2008 Ed. (4902)
Heinz USA
  2000 Ed. (2636)
  2014 Ed. (2788)
Heinz Wet Baby Food
  2002 Ed. (2803)
Heinz's Weight Watchers; H. J.
  1992 Ed. (2237)
The Heir
  2017 Ed. (625)
Heirloom Restaurant Group
  2014 Ed. (2065)
Heisley Sr.; Michael E.
  2010 Ed. (4858)
Heist Corp.; C. H.
  1997 Ed. (3132)
Heister; Beate
  2016 Ed. (4840)
  2017 Ed. (4848)
  2018 Ed. (4855)
  2019 Ed. (4850)
  2020 Ed. (4839)
  2021 Ed. (4840)
  2022 Ed. (4834)
  2023 Ed. (4829)
Heisterkamp Transport
  2006 Ed. (1922)
  2007 Ed. (1906)
  2008 Ed. (1967, 4757)
Heiteman
  1993 Ed. (726)
Heitkamp Ingenieur- und Kraftwerksbau GmbH
  2015 Ed. (1611)
Heitman
  2003 Ed. (3087)
  2004 Ed. (2036, 4086, 4089)
  2009 Ed. (2284)
Heitman Advisory Corp.
  1989 Ed. (2129)
  1990 Ed. (2332, 2340, 2968, 2970)
  1991 Ed. (2211, 2238, 2247, 2817, 2819)
  1992 Ed. (2749, 2757)
  1993 Ed. (2285, 2309, 2973, 2974, 2975)
1995 Ed. (2375, 3071, 3072, 3073)
1996 Ed. (2417, 2920, 3165, 3166, 3167, 3168)
1997 Ed. (3514)
Heitman Capital
  2000 Ed. (2838, 2841)
Heitman Capital Management Corp.
  1998 Ed. (2274, 2294, 3011, 3012, 3013, 3014, 3016)
  1999 Ed. (3093, 3096, 3097, 3098)
  2000 Ed. (2839)
  2001 Ed. (4001, 4014, 4016)
  2002 Ed. (3625)
Heitman Capital Mgmt.
  2000 Ed. (2804, 2828, 2837)
Heitman Financial
  1993 Ed. (3312)
  1995 Ed. (3068, 3070)
  2002 Ed. (3908, 3931, 3941)
Heitman Financial Services Ltd.
  1994 Ed. (2305, 2319, 3014, 3015, 3016, 3017, 3020)
Heitman/JMB
  1997 Ed. (2541, 3265, 3267, 3268, 3269, 3271)
Heitman/JMB Advisory
  1996 Ed. (2384, 2411, 2921)
Heitman Properties Ltd.
  1994 Ed. (3021, 3303)
  1997 Ed. (3274)
  1998 Ed. (3021, 3023, 3298)
  1999 Ed. (4015, 4307)
Heitman Real Estate Adv.
  1998 Ed. (2648)
Heitman Real Estate Instl.
  1998 Ed. (2648)
Heitman Real Estate Investment
  1998 Ed. (2651)
Heitman Retail Properties
  2000 Ed. (4023)
Heits Building Services
  2016 Ed. (701)
  2017 Ed. (761)
Heitz; Kenneth
  1990 Ed. (1723)
Heitz Parsons Sadek
  2008 Ed. (3349)
  2009 Ed. (3421)
  2010 Ed. (3359)
Hejun; Li
  2015 Ed. (4915, 4916)
  2016 Ed. (4831, 4832)
Helaba
  2021 Ed. (447)
  2022 Ed. (462, 647)
  2023 Ed. (651)
Helaba Bank
  2017 Ed. (474)
  2018 Ed. (436)
  2019 Ed. (445)
  2020 Ed. (432)
  2023 Ed. (649)
Helaba Landesbank Hessen-Thuringen Girozentrale
  2013 Ed. (427)
  2014 Ed. (445)
  2015 Ed. (500)
  2016 Ed. (456)
Helaba-Landesbank Hessen-Thuringen Girozentrale
  2011 Ed. (348)
Helane Becker
  1989 Ed. (1419)
  1991 Ed. (1711)
  1993 Ed. (1777)
  1994 Ed. (1765)
Helayne Spivak
  1993 Ed. (3730)
Helbor
  2012 Ed. (1655)
Helcim
  2020 Ed. (1438, 1440)
  2022 Ed. (2666)
Helco Corp.
  2004 Ed. (159)
  2005 Ed. (156)
Heldenfels Enterprises Inc.
  2019 Ed. (3425)
Helder Vastgoed Onderhoud B.V.
  2017 Ed. (1802)
Heldor Industries
  1989 Ed. (1932)
Heldrick & Struggles Inc.
  1991 Ed. (1615)
Hele Fitness
  2022 Ed. (1575)
  2023 Ed. (1748)
Helen Boaden
  2013 Ed. (4952)
Helen Clement
  1997 Ed. (1926)
  1998 Ed. (1573)
  2000 Ed. (1930)
Helen Copley
  1991 Ed. (3512)
  1995 Ed. (3788)
  1996 Ed. (3876)
Helen Geier Flynt
  1993 Ed. (891, 893)
Helen Greiner
  2005 Ed. (786)
Helen Hunt
  2002 Ed. (2142)
Helen Johnson-Leipold
  2006 Ed. (4905)
  2007 Ed. (4901)
  2011 Ed. (4832)
  2012 Ed. (4844)
  2013 Ed. (4843)
  2014 Ed. (4859)
  2015 Ed. (4896)
  2016 Ed. (4814)
  2017 Ed. (4825)
  2018 Ed. (4830)
  2019 Ed. (4827)
  2020 Ed. (4817)
  2021 Ed. (4818)
  2022 Ed. (4811)
  2023 Ed. (4804)
Helen Jon
  2019 Ed. (1710)
Helen K. & Arthur E. Johnson Foundation
  2002 Ed. (981)
Helen K. Copley
  1993 Ed. (3731)
Helen Keller International
  1995 Ed. (1933)
Helen Kramer Landfill
  1991 Ed. (1889)
Helen Miller
  2019 Ed. (4120)
Helen Of Troy Revlon
  2018 Ed. (2865)
  2020 Ed. (2850)
Helen Of Troy Revlon Perfect Heat
  2018 Ed. (2865)
  2020 Ed. (2850)
Helen R. Walton
  1994 Ed. (708)
  2001 Ed. (4745)
  2002 Ed. (706, 3361)
  2003 Ed. (4887, 4889, 4894)
  2004 Ed. (4872, 4874, 4882)
  2005 Ed. (4858, 4860, 4883)
  2006 Ed. (4911, 4915)
  2007 Ed. (4906)
  2008 Ed. (4831)
Helen Robson Walton
  1999 Ed. (726, 4746)
  2000 Ed. (734)
  2002 Ed. (3362)
Helen Robson Walton, Jim C. Walton, John T. Walton, Alice Louise Walton, S. Robson Walton
  2000 Ed. (4375)
Helen & Swanee Hunt
  2011 Ed. (775)
Helen of Troy
  1998 Ed. (1892, 1896)
  1999 Ed. (2631)
  2000 Ed. (2411, 2412)
  2002 Ed. (2440, 2441)
  2004 Ed. (2867)
  2006 Ed. (2874)
  2016 Ed. (2271, 2841)
  2017 Ed. (2126, 2803)
  2018 Ed. (2170, 2863)
Helena Agri-Enterprises
  2020 Ed. (118)
  2021 Ed. (110, 3987, 3992)
  2022 Ed. (115, 122, 124, 2136, 2640, 4001, 4006, 4379)
  2023 Ed. (186, 191, 193, 2254, 2776, 4073, 4074, 4398)
Helena Agri-Enterprises LLC
  2023 Ed. (4090)
Helena, AR
  2002 Ed. (1058)
Helena Chemical Co.
  2010 Ed. (200, 204, 205, 2217, 2631, 4455)
  2011 Ed. (122, 127, 128, 2235, 2614, 4391)
  2012 Ed. (129, 131, 132, 2097, 2555, 4457)
  2013 Ed. (108)
  2014 Ed. (115)
  2015 Ed. (130)
  2016 Ed. (135)
  2017 Ed. (127)
  2018 Ed. (127, 4015)
  2019 Ed. (123, 4004)
  2020 Ed. (4021)
Helena Community Credit Union
  2002 Ed. (1876)
  2003 Ed. (1930)
  2004 Ed. (1970)
  2005 Ed. (2112)
  2006 Ed. (2207)
  2007 Ed. (2128)
  2008 Ed. (2243)
  2009 Ed. (2229)
  2010 Ed. (2183)
  2011 Ed. (2201)
  2012 Ed. (2062)
2013 Ed. (2244)
2014 Ed. (2176)
2015 Ed. (2240)
2016 Ed. (2211)
2018 Ed. (2106)
2020 Ed. (2085)
Helena Foulkes
  2006 Ed. (4140)
Helena Helmersson
  2023 Ed. (4937)
Helena Helmersson (H&M)
  2022 Ed. (4935)
Helena, MT
  1998 Ed. (245)
  2001 Ed. (2822)
  2011 Ed. (4206)
  2014 Ed. (2627)
Helena Rep
  1992 Ed. (3008)
Helena Revoredo
  2014 Ed. (4920)
  2016 Ed. (4876)
  2018 Ed. (4888)
  2019 Ed. (4880)
Helena Sukova
  1998 Ed. (198, 3757)
Helene Curtis
  1990 Ed. (3603)
  1997 Ed. (3061, 3535, 3536)
Helene Curtis Industries Inc.
  1990 Ed. (2807)
  1991 Ed. (2712, 3150, 3398)
  1992 Ed. (4008, 4010, 4307)
  1993 Ed. (932, 1421, 3249, 3347, 3348)
  1994 Ed. (1261, 3243, 3351, 3352)
  1995 Ed. (2073, 3323, 3410, 3411)
  1996 Ed. (1462, 3469, 3470)
  1998 Ed. (1138, 3329)
  1999 Ed. (1627)
Helfstein; Jason
  2011 Ed. (3334)
Helga Kompani Dooel
  2019 Ed. (1549)
Helgason; David
  2022 Ed. (4838)
  2023 Ed. (4833)
Heliane Canepa
  2014 Ed. (938)
Helicopter Textron Inc.
  2005 Ed. (1972)
Helig-Myers
  2000 Ed. (706)
Helijet International Inc.
  2014 Ed. (1500)
Helio Health Group
  2021 Ed. (1084)
Helio & Matheson Analytics
  2020 Ed. (963)
Helios
  1994 Ed. (962)
  1999 Ed. (3252)
  2010 Ed. (3675)
  2018 Ed. (3578)
Helios Developments
  2016 Ed. (4411)
Helios & Matheson IT Ltd.
  2013 Ed. (1112)
Helios Solar
  2016 Ed. (4423)
Helioslas
  1996 Ed. (2596)
Helit & Woerner Bau-AG
  1999 Ed. (1394)
Helix
  2019 Ed. (2877)
Helix BioPharma Corp.
  2003 Ed. (1633)
Helix Electric
  2014 Ed. (1197)
  2015 Ed. (1255)
  2016 Ed. (1166, 4411, 4418)
  2017 Ed. (4418, 4423, 4427)
  2018 Ed. (1174, 1183, 4440)
  2019 Ed. (1190, 1201, 4454)
  2020 Ed. (1184, 1194, 4428, 4441, 4444, 4448)
  2021 Ed. (1157, 1168, 4438, 4446)
  2022 Ed. (1162, 1168)
  2023 Ed. (1389, 1402)
Helix Electric Inc.
  2007 Ed. (1381)
  2008 Ed. (1257, 1316)
  2009 Ed. (1159, 1232, 1301)
  2010 Ed. (1154, 1232, 1294, 1323)
  2011 Ed. (1098, 1179, 1252, 1302)
  2012 Ed. (1013)
  2013 Ed. (1151)
  2014 Ed. (1193)
  2015 Ed. (1251)
  2016 Ed. (1162)
  2018 Ed. (1160, 1180, 1187, 1190, 1191)
  2019 Ed. (1175, 1243)
  2020 Ed. (1165, 1206, 1223, 1237)
  2021 Ed. (1138, 1172, 1178, 1201, 1203)
  2022 Ed. (1146, 1150, 1171, 1177, 1202, 1204)
  2023 Ed. (1370, 1406)

CUMULATIVE INDEX • 1989-2023

Helix Electric, Inc.
  2023 Ed. (1428)
Helix Electric of Nevada
  2017 Ed. (1210)
Helix Electrics
  2006 Ed. (1328)
Helix Energy Solutions Group Inc.
  2009 Ed. (2513, 3962, 3964)
  2011 Ed. (1111)
Helix Health System
  1999 Ed. (2993)
Helix Investments
  1990 Ed. (3666)
  1992 Ed. (4389)
Helix Sleep
  2019 Ed. (2938)
Helix Technology Corp.
  1990 Ed. (411)
Hella
  2020 Ed. (291)
  2023 Ed. (387)
HELLA GmbH & Co. KGaA
  2022 Ed. (292)
Hella Kgaa Hueck
  2017 Ed. (2268)
Hella KGaA Hueck & Co.
  2018 Ed. (274)
  2019 Ed. (278)
  2020 Ed. (280)
The Hella Mega Tour: Green Day, Fall Out Boy & Weezer
  2023 Ed. (1177)
Hella North America Inc.
  2008 Ed. (313)
Hellaby
  2017 Ed. (1849)
Hellaby Holdings
  2015 Ed. (1931)
Hellas Can
  1994 Ed. (243)
Hellas Direct
  2015 Ed. (1671)
Hellenic Bank
  1991 Ed. (492)
  1992 Ed. (646)
  1993 Ed. (457)
  1994 Ed. (461)
  1995 Ed. (452)
  1996 Ed. (482)
  1997 Ed. (446)
  1999 Ed. (499)
  2000 Ed. (507)
  2002 Ed. (4404, 4405)
  2003 Ed. (481)
  2004 Ed. (39, 477)
  2005 Ed. (32, 484)
  2006 Ed. (39, 430, 4496)
  2007 Ed. (30, 428)
  2008 Ed. (402)
  2009 Ed. (40, 424, 425)
  2010 Ed. (50, 400, 401)
  2011 Ed. (328)
  2013 Ed. (417, 475)
  2014 Ed. (436)
  2016 Ed. (445)
  2017 Ed. (462)
  2018 Ed. (425)
  2019 Ed. (433)
  2020 Ed. (421)
  2023 Ed. (638)
Hellenic Bank Limited
  1989 Ed. (516)
Hellenic Bank PCL
  2011 Ed. (327)
Hellenic Bottling Co.
  1994 Ed. (242, 243)
  1999 Ed. (303)
  2000 Ed. (320, 321)
Hellenic Bottling Co., SA
  1996 Ed. (247)
  1997 Ed. (276)
  2001 Ed. (27)
  2005 Ed. (1782)
Hellenic Ind Dev
  1991 Ed. (534)
Hellenic Industrial Development Bank
  1992 Ed. (689)
  1993 Ed. (494)
Hellenic Investment
  1992 Ed. (364)
Hellenic Petroleum
  2006 Ed. (1737)
  2008 Ed. (1772)
  2009 Ed. (1711)
  2011 Ed. (1671)
  2014 Ed. (3902)
  2015 Ed. (3929)
  2016 Ed. (3847)
  2018 Ed. (1575)
  2019 Ed. (1609)
Hellenic Petroleum S.A.
  2021 Ed. (2452)
  2022 Ed. (2562)
Hellenic Petroleum SA
  2002 Ed. (341, 342)
  2005 Ed. (1782)
  2006 Ed. (290, 1739, 3382)
  2007 Ed. (1747)

2008 Ed. (3560)
  2009 Ed. (1712, 3627)
  2010 Ed. (3548)
  2011 Ed. (1672, 3548)
  2012 Ed. (1522, 1523, 3541)
  2013 Ed. (1667, 1668, 3586)
  2014 Ed. (1622)
  2015 Ed. (1672)
  2016 Ed. (1614)
  2017 Ed. (2462)
  2018 Ed. (2513)
Hellenic Post Bank
  2010 Ed. (1662)
Hellenic Postbank
  2010 Ed. (426)
  2011 Ed. (351)
  2013 Ed. (431)
Hellenic Sugar Industry
  2002 Ed. (342)
Hellenic Sugar Industry SA
  1997 Ed. (276, 277)
  1999 Ed. (304)
Hellenic Telecom
  2006 Ed. (1737)
  2014 Ed. (1622)
  2015 Ed. (1672)
Hellenic Telecom Organization
  2002 Ed. (341, 342)
  2016 Ed. (4564)
Hellenic Telecommunication Organization
  2006 Ed. (290)
Hellenic Telecommunication Organization SA
  2005 Ed. (1782)
  2006 Ed. (1739)
  2007 Ed. (1747)
Hellenic Telecommunications
  1999 Ed. (303, 304)
  2000 Ed. (320, 321)
Hellenic Telecommunications Organization
  2000 Ed. (1472)
  2004 Ed. (33, 48)
  2005 Ed. (42)
  2006 Ed. (49)
Hellenic Telecommunications Organization; OTE
  2007 Ed. (1745)
  2008 Ed. (29, 44, 1772)
  2009 Ed. (50, 1711)
  2010 Ed. (60, 77, 94, 1664)
  2011 Ed. (1671)
  2012 Ed. (1292, 1471, 1522, 1709)
Hellenic Telecommunications Organization SA
  2001 Ed. (1337)
  2003 Ed. (4586)
  2006 Ed. (1738)
  2012 Ed. (1523)
  2013 Ed. (1668)
Hellenic Telecommunications Organization SA (OTE)
  2001 Ed. (38)
Hellenic Trading AB
  2019 Ed. (1973)
Hellenic Transmission System Operator SA
  2012 Ed. (1523)
  2013 Ed. (1668)
Heller Breene
  1989 Ed. (139)
Heller & Cohen
  1992 Ed. (3757)
Heller Ehrman LLP
  2007 Ed. (3309, 3323)
  2008 Ed. (3025, 3417)
Heller, Ehrman, White & McAuliffe
  1990 Ed. (2426)
  1991 Ed. (2292)
  1992 Ed. (2845)
  1993 Ed. (2404)
  1994 Ed. (2352)
  2005 Ed. (3261)
  2006 Ed. (3242, 3248)
  2007 Ed. (2904, 3299)
Heller Financial Inc.
  1990 Ed. (1763)
  1991 Ed. (1667)
  1993 Ed. (1742, 1767)
  1995 Ed. (1789)
  2000 Ed. (4056)
  2002 Ed. (1121)
  2004 Ed. (1543)
Heller First Capital Corp.
  1997 Ed. (3528)
  1998 Ed. (3317)
  2000 Ed. (4055)
  2001 Ed. (4282)
  2002 Ed. (4295)
Heller Industrial Parks
  2016 Ed. (3085)
Heller Industrial Parks, Inc.
  2000 Ed. (3722)
  2002 Ed. (3925)
Heller Pfennig Lebensmittel Vertriebsgesellschaft mbH
  1995 Ed. (3731)
Heller; Sidney
  1991 Ed. (1693)
  1993 Ed. (1837)

1994 Ed. (1817)
Hellenic Investment
  1991 Ed. (261)
Hellermanntyton
  2016 Ed. (2429)
  2017 Ed. (2274)
Hellerstein; Mark A.
  2009 Ed. (956)
The Hellhound of Wall Street
  2012 Ed. (517)
Hellman & Friedman
  1993 Ed. (1166, 1171)
  1994 Ed. (1197)
  1997 Ed. (2627)
  2008 Ed. (1403)
Hellman & Friedman Capital Partners
  2009 Ed. (2648)
Hellman, Jordan
  2002 Ed. (2467)
Hellman; Marc
  1997 Ed. (1923)
Hellmann Worldwide Logistics
  2017 Ed. (2697, 2699)
  2018 Ed. (2755, 2756, 2758)
  2019 Ed. (2739, 2740)
  2020 Ed. (2781)
  2021 Ed. (2652, 2653)
  2022 Ed. (2778, 2779)
  2023 Ed. (2904)
Hellmann Worldwide Logistics GmbH
  2013 Ed. (2778)
Hellmann Worldwide Logistics GmbH & Co. KG
  2022 Ed. (128)
Hellmann's
  2020 Ed. (1000)
  2023 Ed. (2880)
Hellmann's Light Mayonnaise
  1994 Ed. (1858)
Hellmold Opportunity II
  1997 Ed. (2202)
Hellmuth Hurley Charvat Peacock/Architects Inc.
  1999 Ed. (289)
Hellmuth, Obata & Kassabaum
  1989 Ed. (266, 268)
  1990 Ed. (284)
  1991 Ed. (1551)
  1992 Ed. (354, 1954, 1957)
  1993 Ed. (245, 248, 1602, 1609)
  1994 Ed. (234, 236, 237, 1636, 1642)
  1995 Ed. (236, 239, 240, 1675, 1681)
  1996 Ed. (2346)
  1997 Ed. (264, 267, 268, 1736, 1740, 1742, 2474)
  1998 Ed. (186, 187, 1437, 1443, 1448, 2218)
  1999 Ed. (282, 289, 290, 2016, 2020, 2029)
  2000 Ed. (309, 314, 315, 1797, 1806, 1815)
  2001 Ed. (2238)
  2005 Ed. (3159, 3160, 3161, 3162, 3163, 3164, 3165, 3166)
  2006 Ed. (2791)
Hellmuth, Obata + Kassabaum Inc.
  2002 Ed. (334)
  2003 Ed. (2295, 2306)
  2004 Ed. (2345, 2346, 2350, 2371, 2376, 2388, 2394)
  2005 Ed. (261, 2426)
  2006 Ed. (284, 3162, 3163, 3164, 3165, 3166, 3167, 3170, 3173)
  2007 Ed. (287, 3195, 3197, 3199, 3200, 3201, 3206, 3207)
  2008 Ed. (261, 263, 2530, 2532, 2534, 2536, 2537, 2540, 2541, 2542, 2558, 3337, 3339, 3340, 3341, 3342, 3343, 3345, 3348, 3349)
  2009 Ed. (284, 286, 287, 2526, 2541, 2542, 2547, 2549, 2566, 3411, 3412, 3415, 3417, 3418, 3421)
  2010 Ed. (271, 2463, 2465, 2482, 3348, 3350, 3352, 3353, 3355, 3356, 3359, 4469)
  2011 Ed. (191, 192, 193, 195, 196, 2477, 2480, 2490, 3305, 3307, 3309, 3310, 3311)
Hellmuth Obata & Kassabaum Interiors
  2000 Ed. (2741)
Hello!
  2015 Ed. (3544, 3546)
  2016 Ed. (3396, 3398)
Hello
  2000 Ed. (3503)
Hello Direct Inc.
  1997 Ed. (3410)
  2006 Ed. (4366)
Hello Kitty
  2003 Ed. (745)
Hello Sunshine
  2020 Ed. (3496)
HelloFresh
  2018 Ed. (1506, 1570, 2707)
  2019 Ed. (1602, 2302)
HelloFresh SE
  2019 Ed. (1603)
  2023 Ed. (1502)

Helloprint
  2019 Ed. (1810)
Hell's Cartel: I. G. Farben & the Making of Hitler's War Machine
  2010 Ed. (599)
Helltown Brewing
  2023 Ed. (915)
Helly-Hansen
  1990 Ed. (3333)
HELM
  2023 Ed. (1060, 1061, 1063, 1064)
Helm
  1999 Ed. (1092, 1093, 1094)
  2012 Ed. (744, 745)
  2013 Ed. (933, 934, 935, 937, 938)
  2015 Ed. (915, 916, 917, 918, 919, 920)
  2016 Ed. (819, 820, 821)
  2017 Ed. (874, 875, 876, 877, 878, 879)
  2018 Ed. (807, 808, 809, 810, 811, 812)
  2019 Ed. (824, 825, 826, 828, 829)
  2020 Ed. (822, 823, 826, 827)
  2021 Ed. (841, 842, 844, 845, 846)
  2022 Ed. (881, 882, 884, 885, 886)
  2023 Ed. (1065)
Helm AG
  2002 Ed. (1005)
  2017 Ed. (2177)
Helm AG Distribution
  2002 Ed. (1004)
Helm America Corp.
  2007 Ed. (938)
  2008 Ed. (916)
  2009 Ed. (924)
Helm Bank
  2007 Ed. (465)
  2014 Ed. (519)
  2015 Ed. (584)
Helm Group
  2019 Ed. (1164, 1169, 1170)
  2022 Ed. (1152, 1154, 1161, 1174)
  2023 Ed. (1375, 1378, 1384, 1388, 1410)
HELM (North America Cos.)
  2003 Ed. (948)
Helm Software Inc.
  2007 Ed. (1240)
Helman Enterprises
  2000 Ed. (1110)
Helman Hurley Charvat Peacock/Architects
  1998 Ed. (186)
  2000 Ed. (314)
  2002 Ed. (333)
Helme Tobacco
  1989 Ed. (2504)
Helmerich & Payne
  2016 Ed. (3802)
  2017 Ed. (1904, 3759)
Helmerich & Payne Inc.
  1989 Ed. (2206)
  1990 Ed. (2832)
  1991 Ed. (2719)
  1992 Ed. (3423)
  1993 Ed. (2828)
  1994 Ed. (2840)
  1998 Ed. (1045, 1320)
  1999 Ed. (1484, 3797)
  2000 Ed. (3406)
  2004 Ed. (3820, 3842)
  2005 Ed. (3728)
  2006 Ed. (2282)
  2007 Ed. (2727, 2728, 3837)
  2008 Ed. (2358, 2857, 2858)
  2009 Ed. (2930, 3475, 3962)
  2010 Ed. (2866, 3872)
  2011 Ed. (2851)
  2013 Ed. (1981, 3919)
  2014 Ed. (1918, 1920, 3862, 3864)
  2015 Ed. (1965, 2552, 3891)
  2016 Ed. (1932, 1933, 3803)
  2017 Ed. (3774)
Helmersson; Helena
  2022 Ed. (4935)
  2023 Ed. (4937)
Helms Mulliss & Wicker PLLC
  2007 Ed. (1505)
Helmsley Enterprises Inc.
  2001 Ed. (3998)
  2003 Ed. (4051)
Helmsley-Greenfield Inc.
  1989 Ed. (2285)
  1990 Ed. (2955)
  1991 Ed. (2806)
  1992 Ed. (3615)
Helmsley; Harry Brakmann
  1990 Ed. (2576)
Helmsley Hotels
  2000 Ed. (2557)
Helmsley; Leona
  2005 Ed. (4852)
Helmsley; Leona Mindy Rosenthal
  2006 Ed. (4913)
  2007 Ed. (4907)
  2008 Ed. (4836)
Helmsley; Mr. and Mrs. Harry B.
  1991 Ed. (891, 893)
The Helmsley Park Lane Hotel
  1991 Ed. (1946)

Helmsley-Spear Inc.
  1991 Ed. (2805)
  1992 Ed. (3633)
  1997 Ed. (3273)
  1998 Ed. (3019)
  1999 Ed. (4011)
  2000 Ed. (3729)
Helmsman Growth Equity
  1993 Ed. (580)
Helmsman Income Equity
  1993 Ed. (2690)
Helmsman Income Equity Investment Shares
  1994 Ed. (2636)
Helmsman Income Fund
  1994 Ed. (584, 587)
Helmsman Management Services LLC
  2011 Ed. (3204)
  2015 Ed. (3313)
  2020 Ed. (3173)
  2021 Ed. (3035, 3038)
  2022 Ed. (3170, 3173)
  2023 Ed. (3262, 3265)
Helmut Lang
  2007 Ed. (701)
  2009 Ed. (679)
  2019 Ed. (2548)
Helmut Sohmen
  2009 Ed. (4878)
  2010 Ed. (4879)
  2011 Ed. (4848)
  2012 Ed. (4875)
  2013 Ed. (4857)
  2014 Ed. (4871)
  2015 Ed. (4909)
  2016 Ed. (4825)
  2017 Ed. (4835)
  2018 Ed. (4840)
  2019 Ed. (4836)
  2020 Ed. (4826)
  2021 Ed. (4827)
  2022 Ed. (4820)
  2023 Ed. (4814)
The Help
  2011 Ed. (493, 541)
  2012 Ed. (453, 511, 521)
  2013 Ed. (555, 556, 559, 565, 569)
Help the Aged
  1994 Ed. (911, 2680)
  1996 Ed. (919)
  1997 Ed. (946)
Help desk analyst
  2004 Ed. (2286)
H.E.L.P. Bronx
  1993 Ed. (1152)
Help Hospitalized Veterans
  1996 Ed. (918)
  2004 Ed. (935)
HELP International
  2013 Ed. (1828)
Help supply services
  2002 Ed. (2948)
  2010 Ed. (4466, 4467)
  2011 Ed. (4398, 4399)
Help-U-Sell
  1993 Ed. (2960)
  2018 Ed. (794)
Help-U Sell Real Estate
  2020 Ed. (4127)
Help-U-Sell Real Estate
  2002 Ed. (3926)
  2003 Ed. (4050)
  2004 Ed. (4072)
  2005 Ed. (4003)
  2006 Ed. (4038)
  2007 Ed. (4078)
  2008 Ed. (4111)
  2021 Ed. (4078)
  2022 Ed. (4106)
Help for World Travelers
  2002 Ed. (4859)
Helse Sor-Ost RHF
  2012 Ed. (1790)
  2013 Ed. (1961)
Helsel Phelps Construction Co.
  2012 Ed. (1005)
Helsingfors Sparbank
  1993 Ed. (473)
  1994 Ed. (476)
Helsingin
  1992 Ed. (661)
Helsingin Puhelin Oyj
  2002 Ed. (2468)
Helsingin Suomalainen
  1992 Ed. (661)
  1994 Ed. (475, 476)
Helsingin Suomalainen Saastopankki
  1993 Ed. (473)
Helsinki, Finland
  1991 Ed. (1365)
  1992 Ed. (1712)
  1993 Ed. (1425)
  2002 Ed. (2749)
  2009 Ed. (4233)
  2016 Ed. (2602)
Helsinki Stock Exchange
  1995 Ed. (3512)
  2016 Ed. (4483, 4485)

  2019 Ed. (4510)
Helsinki University Central Hospital
  2011 Ed. (3054)
Helstrom Turner & Associates
  1994 Ed. (1710)
  1997 Ed. (1795)
  1998 Ed. (1506)
Heltman Capital Management Corp.
  2000 Ed. (2829)
Heltt
  2021 Ed. (1508)
Heltti
  2021 Ed. (1508, 2759)
Helu; Alfredo Harp
  2008 Ed. (4886)
  2009 Ed. (4906)
  2010 Ed. (4907)
  2011 Ed. (4894)
  2012 Ed. (4903)
  2013 Ed. (4888)
Helu; Carlos Slim
  2005 Ed. (4881)
  2006 Ed. (4925, 4927)
  2007 Ed. (4913, 4915, 4916)
  2008 Ed. (4878, 4881, 4882, 4886)
  2009 Ed. (4904, 4906)
  2010 Ed. (4902, 4904, 4905, 4907)
  2011 Ed. (4893, 4894, 4899)
  2012 Ed. (4854, 4901, 4903)
  2013 Ed. (4851, 4888, 4924)
  2014 Ed. (4901, 4931)
  2015 Ed. (4941, 4971)
  2016 Ed. (4856, 4888)
  2017 Ed. (4860, 4886)
  2018 Ed. (4869, 4899)
  2019 Ed. (4863, 4891)
  2020 Ed. (4852, 4880)
  2021 Ed. (4853)
  2022 Ed. (4848)
  2023 Ed. (4843)
Heluva Good
  2000 Ed. (1637, 4159)
  2001 Ed. (2017, 2018)
  2008 Ed. (2338)
  2022 Ed. (2186)
  2023 Ed. (2307)
Heluva Good Cheese Inc.
  2008 Ed. (901)
  2017 Ed. (2136)
  2018 Ed. (2182)
  2019 Ed. (2170)
  2020 Ed. (2165)
  2021 Ed. (2156)
Helvesat AG
  1996 Ed. (2568)
Helvetia
  1991 Ed. (2158)
  1994 Ed. (2239)
  2021 Ed. (3010)
  2022 Ed. (3218)
  2023 Ed. (3311)
Helvetia Acct.
  1990 Ed. (2258)
Helvetia Fire
  1990 Ed. (2244, 2258)
Helvetia Group
  2012 Ed. (3187)
  2013 Ed. (3255)
  2014 Ed. (3282)
  2015 Ed. (3333)
  2016 Ed. (3188)
  2017 Ed. (3138)
Helvetia Holding
  2018 Ed. (3229)
  2019 Ed. (3169)
  2020 Ed. (3199)
  2021 Ed. (3056)
Helvetia Life
  1990 Ed. (2245)
Helvetia Unfall
  1990 Ed. (2244)
Helvoet Holding BV
  2009 Ed. (1922)
Helzberg Diamonds
  2014 Ed. (3428)
Helzberg's Diamond Shops
  2015 Ed. (901)
  2021 Ed. (3189)
Hemandez/FCB
  1989 Ed. (169)
Hemas Holdings
  2006 Ed. (1073)
Hematology Oncology Associates of Central NY
  2009 Ed. (1937)
Hematology-Oncology Associates PC
  2014 Ed. (4989)
  2017 Ed. (4976)
HEMAV
  2019 Ed. (4297)
Hemberger; Judith A.
  2007 Ed. (2510)
Hemel; Eric
  1992 Ed. (2136)
  1993 Ed. (1825)
  1994 Ed. (1808, 1821)
  1995 Ed. (1846, 1863)
  1996 Ed. (1804, 1844)

  1997 Ed. (1877, 1917)
Hemeter; Haley
  2023 Ed. (3795)
Hemisphere Energy
  2017 Ed. (1465, 1488)
Hemisphere GPS
  2008 Ed. (2937)
  2009 Ed. (1111)
  2010 Ed. (1092)
  2011 Ed. (1030, 2896)
  2012 Ed. (960)
  2014 Ed. (1074)
Hemisphere-Leo Burnett
  1989 Ed. (152)
  1990 Ed. (143)
  1991 Ed. (143)
  1992 Ed. (198)
  1993 Ed. (128)
  1994 Ed. (109)
  1995 Ed. (114)
  1996 Ed. (128)
  1997 Ed. (132)
  1999 Ed. (143)
  2000 Ed. (160)
  2001 Ed. (197)
  2002 Ed. (168)
  2003 Ed. (136)
Hemisphere National Bank
  1998 Ed. (397)
Hemisphere Value
  2001 Ed. (3479, 3480, 3481)
Hemispheres
  1996 Ed. (2966)
  2009 Ed. (171)
Hemispheres GPS Inc.
  2009 Ed. (2988)
Hemlo Gold Mines
  1990 Ed. (1936, 2586)
  1992 Ed. (2335)
  1994 Ed. (1982)
  1996 Ed. (2033)
  1997 Ed. (2152)
Hemlock
  2001 Ed. (3178, 3179)
  2005 Ed. (3344, 3345)
  2006 Ed. (3337, 3338)
  2007 Ed. (3395, 3396)
Hemlock Federal Bank for Savings
  2008 Ed. (4674)
Hemlock Semiconductor Corp.
  2007 Ed. (2260)
  2009 Ed. (2386)
  2010 Ed. (1074, 2304, 2384)
Hemma Concrete Inc.
  2018 Ed. (1164)
Hemmeter Development Corp.
  1990 Ed. (1165)
  1991 Ed. (1055)
Hemming Morse
  2013 Ed. (2)
Hemming Morse Inc.
  1998 Ed. (20)
Hemmings House Pictures Ltd.
  2012 Ed. (1400)
Hemmings Motor News
  1992 Ed. (3373)
  1993 Ed. (2802)
  1994 Ed. (2797)
  1996 Ed. (2964)
  1997 Ed. (3041)
  1998 Ed. (2797)
  1999 Ed. (3766)
  2000 Ed. (3491)
  2001 Ed. (260)
  2004 Ed. (147)
Hemmings; Trevor
  2005 Ed. (4892)
  2007 Ed. (2462, 4928)
  2008 Ed. (4904)
Hemofarm AD
  2015 Ed. (3992)
Hemorrhoidex
  2020 Ed. (2907)
  2021 Ed. (2776, 2777)
Hemotec
  1991 Ed. (3333)
Hemp Bombs
  2021 Ed. (2172, 4790, 4793)
  2022 Ed. (2205, 4791)
  2023 Ed. (4786)
Hemp Bombs electronic smoking devices
  2021 Ed. (2172)
Hemp Bombs Pain Freeze external analgesics/rubs
  2021 Ed. (2172)
Hemp Bombs mineral supplements
  2021 Ed. (2172)
Hemp Bombs sleeping aid tablets
  2021 Ed. (2172)
Hemp Bombs liquid vitamins/minerals
  2021 Ed. (2172)
Hemp Depot
  2021 Ed. (1478)
  2022 Ed. (1483, 1492)
Hemp Oil Canada Inc.
  2015 Ed. (2760)
Hempco Food & Fiber Inc.
  2019 Ed. (4506)

Hempel A/S
  2022 Ed. (1297)
Hemper
  2023 Ed. (1897)
Hempler Foods Group LLC
  2023 Ed. (2103)
Hempler's Foods Group
  2020 Ed. (2005)
  2021 Ed. (1958)
Hempler's Foods Group LLC
  2022 Ed. (2002)
Hempstead Auto Co.
  1990 Ed. (329)
  1991 Ed. (282)
  1992 Ed. (387)
  1993 Ed. (273)
  1994 Ed. (272)
  1995 Ed. (276)
  1996 Ed. (275)
Hempstead Industrial Development Agency
  2000 Ed. (3201)
Hempstead Lincoln-Mercury
  1995 Ed. (274)
Hempstead Lincoln Mercury Motors Corp.
  1991 Ed. (310)
  1992 Ed. (420, 421)
Hempstead, NY
  1992 Ed. (1167)
  2009 Ed. (3299)
  2010 Ed. (3226)
  2011 Ed. (3189)
Hempstead Toyota
  1992 Ed. (420)
Hempz
  2023 Ed. (3565)
Hempzilla
  2022 Ed. (2205)
Hemsley; Stephen
  2009 Ed. (3314)
  2010 Ed. (3246)
  2014 Ed. (941)
  2015 Ed. (959)
  2016 Ed. (869)
Hemsley; Stephen J.
  2011 Ed. (834)
  2012 Ed. (799, 800)
  2013 Ed. (989)
Hemstreet; Mark
  2007 Ed. (1945)
  2008 Ed. (2027)
  2009 Ed. (1991)
Hemsworth; Chris
  2020 Ed. (2481)
Hemsworth Comms.
  2023 Ed. (4137)
Hemsworth Communications
  2018 Ed. (4042)
  2019 Ed. (4035)
  2020 Ed. (4045)
  2021 Ed. (4014)
  2022 Ed. (4032)
Hemus Commercial Bank
  1994 Ed. (441)
Hemus; Simon C.
  2012 Ed. (3988)
  2017 Ed. (3925)
Hen - Servicos Energeticos, LDA
  2019 Ed. (1933)
Henadiy Boholyubov
  2008 Ed. (4877)
  2009 Ed. (4901)
  2010 Ed. (4901)
  2011 Ed. (4889)
  2012 Ed. (4897)
  2013 Ed. (4920)
  2014 Ed. (4927)
  2015 Ed. (4967)
  2016 Ed. (4884)
  2017 Ed. (4882)
  2018 Ed. (4894)
  2019 Ed. (4886)
  2020 Ed. (4875)
  2021 Ed. (4876)
  2022 Ed. (4872)
  2023 Ed. (4866)
Henan Billions Chemicals
  2013 Ed. (4403)
Henan Energy & Chemical
  2022 Ed. (3628)
Henan Jinxing Brewery Group
  2020 Ed. (156)
Henan Shuanghui Investment
  2012 Ed. (2647)
  2013 Ed. (2746)
  2014 Ed. (2726)
  2015 Ed. (2781)
Henan Shuanghui Investment & Development
  2015 Ed. (1568, 2765)
  2016 Ed. (2694)
  2017 Ed. (2645)
Henan Zhongpin Food Co., Ltd.
  2012 Ed. (1496, 2630)
Hend Sabri
  2013 Ed. (3489)
Hendel Products Partnership
  2007 Ed. (4122)

Henderson
 1990 Ed. (1179)
 1991 Ed. (1100)
 1995 Ed. (2871)
 2002 Ed. (1202)
 2006 Ed. (2605)
 2007 Ed. (2034, 2035)
Henderson Administration Group
 1993 Ed. (2357, 2358, 2359)
Henderson Advertising
 1989 Ed. (159)
 1990 Ed. (149)
 1991 Ed. (149)
 1992 Ed. (206)
 1994 Ed. (116)
 1995 Ed. (125)
Henderson American Small Companies
 1992 Ed. (3210)
Henderson; Andrew
 1996 Ed. (1913)
 1997 Ed. (2003)
Henderson Automotive Family
 2008 Ed. (1981, 1983, 4239)
Henderson; B. Alexander
 1993 Ed. (1771, 1772, 1773, 1819)
 1994 Ed. (1802)
 1995 Ed. (1840)
 1996 Ed. (1818)
 1997 Ed. (1892)
Henderson Capital Partners Inc.
 1995 Ed. (2336)
 1999 Ed. (3020)
Henderson County, TX
 2008 Ed. (3480)
Henderson Crosthswaite
 2001 Ed. (1036)
Henderson; Dawna
 2013 Ed. (4987)
Henderson; Ella
 2017 Ed. (1083)
Henderson Engineers
 2011 Ed. (2503)
 2012 Ed. (2386, 2423)
 2013 Ed. (2593)
 2014 Ed. (2524)
 2015 Ed. (2598)
 2017 Ed. (2376)
 2018 Ed. (2443)
 2019 Ed. (2492)
 2020 Ed. (2479)
 2021 Ed. (2403)
 2022 Ed. (2516)
 2023 Ed. (2597, 2638)
Henderson Engineers Inc.
 2021 Ed. (2376)
 2022 Ed. (2487)
Henderson Engineers, Inc.
 2017 Ed. (2351)
 2018 Ed. (2418)
 2019 Ed. (2464)
 2020 Ed. (2453)
 2021 Ed. (2376)
 2022 Ed. (2487)
Henderson Ethical
 2000 Ed. (3300)
Henderson Eurotrust
 2000 Ed. (3302)
Henderson Eurotrust Units
 2000 Ed. (3296)
Henderson Eurotrusts Units
 2000 Ed. (3295)
Henderson Federal Savings Bank
 2021 Ed. (4322)
 2022 Ed. (4329)
 2023 Ed. (4359)
Henderson Ford
 2017 Ed. (1830)
Henderson GP
 2010 Ed. (62)
Henderson Group
 2007 Ed. (41, 2037)
 2016 Ed. (2653)
 2017 Ed. (2600)
Henderson Industries Inc.; H. F.
 1990 Ed. (2593)
Henderson International
 1992 Ed. (2747)
Henderson International Opportunities
 2006 Ed. (3677)
Henderson Investment Services
 2001 Ed. (3922)
Henderson Investments
 1996 Ed. (2135, 3596)
Henderson Investor
 2000 Ed. (2847)
Henderson Japanese Small Cos.
 1999 Ed. (3585)
Henderson Land
 1992 Ed. (2439, 2442)
 1996 Ed. (1374, 2135, 2136, 2139, 2143, 3596)
 2000 Ed. (1204)
 2001 Ed. (1725)
 2012 Ed. (4197)
 2013 Ed. (4179)
 2014 Ed. (4196)
 2015 Ed. (4176)
 2016 Ed. (4093)

 2017 Ed. (4069)
 2018 Ed. (4098)
 2019 Ed. (4105)
 2020 Ed. (4116)
Henderson Land & Development
 1990 Ed. (2958)
Henderson Land Development
 1996 Ed. (1373)
 1997 Ed. (1426, 2247)
 1999 Ed. (1324, 1579, 1648, 1649, 2715, 2716, 4494)
 2000 Ed. (1450, 2494)
 2001 Ed. (1615, 1724)
 2002 Ed. (4421, 4422)
 2006 Ed. (1751, 1752)
Henderson Manufacturing Services Inc.
 1999 Ed. (2845)
Henderson, NC
 2005 Ed. (3334)
Henderson, NV
 1999 Ed. (1174, 3851)
 2023 Ed. (950)
Henderson Pension Fund Management
 1990 Ed. (2321)
Henderson-Sellers
 1991 Ed. (281)
Henderson Shapiro Inc.
 2008 Ed. (4947)
Henderson State University
 1990 Ed. (1084)
Henderson Wholesale
 2006 Ed. (2063)
Hendler; David
 1997 Ed. (1923)
Hendrick A.G.
 1996 Ed. (3766)
Hendrick Automotive Group
 1998 Ed. (205)
 1999 Ed. (317, 328)
 2000 Ed. (329)
 2001 Ed. (439, 440, 443, 444, 445, 446, 447, 448, 449, 451, 452)
 2002 Ed. (350, 351, 364)
 2004 Ed. (277)
 2005 Ed. (281, 282, 4161)
 2006 Ed. (302, 303, 4215)
 2007 Ed. (301, 4231)
 2008 Ed. (289, 290, 4260)
 2009 Ed. (309, 4364)
 2010 Ed. (291, 4390)
 2011 Ed. (213, 4335)
 2012 Ed. (224)
 2013 Ed. (214)
 2014 Ed. (218, 223)
 2015 Ed. (253, 258)
 2016 Ed. (246, 251)
 2017 Ed. (244, 245, 249, 250, 252)
 2018 Ed. (236, 237)
 2019 Ed. (233, 234, 1864)
 2020 Ed. (233, 238, 239, 1803)
 2021 Ed. (226, 230, 1770)
 2022 Ed. (245, 247, 1807)
 2023 Ed. (348, 1934, 1946)
Hendrick Motorsports
 2007 Ed. (327)
 2009 Ed. (336)
 2010 Ed. (316)
 2011 Ed. (240)
 2012 Ed. (261)
 2013 Ed. (268)
 2014 Ed. (271)
 2015 Ed. (310)
 2016 Ed. (307)
 2017 Ed. (310)
 2018 Ed. (291)
 2019 Ed. (291)
 2021 Ed. (1782)
 2022 Ed. (1824)
Hendrick's
 2022 Ed. (161)
Hendricks; Diane
 2011 Ed. (4844)
 2012 Ed. (4844)
 2013 Ed. (4843)
 2014 Ed. (4859)
 2015 Ed. (4896)
 2016 Ed. (4814)
 2017 Ed. (4817)
 2018 Ed. (4822)
 2019 Ed. (4818)
 2020 Ed. (4808)
 2021 Ed. (4809)
 2023 Ed. (4795, 4931)
Hendricks; Kenneth
 2007 Ed. (4901)
 2008 Ed. (4828)
Hendricks Regional Health
 2011 Ed. (3766)
Hendrickson; Gary
 2016 Ed. (869)
Hendrickson Toyota; Al
 1992 Ed. (380, 402)
 1994 Ed. (286, 290)
 1995 Ed. (287)
Hendrix; jimi
 2013 Ed. (907)

Hendry Hay McIntosh
 1995 Ed. (806, 807, 808, 809, 810, 3280)
 1997 Ed. (789, 790, 791, 792, 3486)
Hendy Associates; H.
 2005 Ed. (3159)
Henegan Construction Co.
 2009 Ed. (4992)
Heneken, S.R.O.
 2017 Ed. (1954)
Heng I Chemical Co., Ltd.
 1990 Ed. (958)
Hengan International
 2009 Ed. (1494)
Hengan International Group
 2008 Ed. (1787)
 2009 Ed. (1729)
 2012 Ed. (1421)
 2014 Ed. (1511)
 2018 Ed. (3755)
 2019 Ed. (3735)
 2020 Ed. (3779)
Hengan International Group Co., Ltd.
 2017 Ed. (2458)
Hengan International Group Company Limited
 2022 Ed. (3805)
Hengeler Mueller Weitzel Wirtz
 2002 Ed. (1361)
 2003 Ed. (1407)
 2004 Ed. (1433)
Hengli Group
 2017 Ed. (3981)
 2020 Ed. (3101, 3112)
 2021 Ed. (4632, 4633)
 2022 Ed. (4650, 4652)
 2023 Ed. (4644, 4645)
Hengli Petrochemical
 2020 Ed. (3113)
Hengrui Medicine
 2014 Ed. (1386)
Hengshui Laobaigan
 2022 Ed. (153)
Hengtong
 2021 Ed. (4621)
 2023 Ed. (4634)
Hengyi Petrochemical Co., Ltd.
 2020 Ed. (2301)
Heniff Transportation Systems
 2021 Ed. (4534, 4750)
 2022 Ed. (4540, 4752)
 2023 Ed. (4552, 4553, 4736)
Heniff Transportation Systems Inc.
 2020 Ed. (4554)
 2021 Ed. (4535)
 2022 Ed. (4541)
 2023 Ed. (4554)
Henin; Justine
 2010 Ed. (278)
Heniopen Fund
 2004 Ed. (3570, 3591)
Henkel
 2014 Ed. (55, 954, 1157, 3831)
 2016 Ed. (893, 3769)
 2017 Ed. (882, 910, 3676, 3724)
 2018 Ed. (3729, 3774)
 2019 Ed. (47, 879, 3718, 3755)
 2020 Ed. (866)
 2021 Ed. (880)
 2022 Ed. (3798)
 2023 Ed. (3897)
Henkel Adhesive Technologies
 2021 Ed. (852)
Henkel Adhesives Corp.
 2001 Ed. (11)
Henkel AG
 2010 Ed. (1201)
 2011 Ed. (1149)
 2012 Ed. (1083)
 2013 Ed. (1220)
 2015 Ed. (1214)
 2016 Ed. (1120)
 2017 Ed. (1161)
Henkel AG & Co KGaA
 2018 Ed. (2464)
Henkel AG & Co.
 2016 Ed. (24)
 2017 Ed. (21, 1160, 2403, 2461)
 2018 Ed. (22, 2512)
 2019 Ed. (22, 1605)
 2020 Ed. (26)
Henkel AG & Co. KGaA
 2019 Ed. (2698)
 2021 Ed. (2451)
 2022 Ed. (2561)
 2023 Ed. (2707)
Henkel AG & Co. KgaA
 2019 Ed. (1673)
 2022 Ed. (1309)
 2023 Ed. (1325, 1515, 1745)
Henkel of America Inc.
 2018 Ed. (3443)
 2021 Ed. (3429)
Henkel Belgium
 1992 Ed. (41)
Henkel Consumer Adhesives
 2016 Ed. (28)
 2017 Ed. (25)

 2018 Ed. (26)
Henkel Corp.
 1989 Ed. (23, 24, 31, 43, 51)
 1990 Ed. (22, 23, 28, 48)
 1991 Ed. (16, 18, 22, 23, 30, 48)
 1992 Ed. (24, 4426)
 1993 Ed. (16, 24, 29, 30, 37, 43, 51, 921)
 1997 Ed. (961, 1536, 3538)
 1998 Ed. (1198, 3332)
 1999 Ed. (1761, 1762, 4355)
 2004 Ed. (19)
 2009 Ed. (30, 61, 65)
 2011 Ed. (1595)
 2015 Ed. (28)
 2022 Ed. (3488)
Henkel Corporation (North America)
 2023 Ed. (3613)
Henkel GmbH & Co.
 2021 Ed. (28)
 2022 Ed. (26)
 2023 Ed. (70)
Henkel Group
 1992 Ed. (50)
 1994 Ed. (14, 16, 21, 22)
Henkel; H. L.
 2005 Ed. (2493)
Henkel Ireland Detergents Ltd.
 2005 Ed. (1829)
Henkel KG Auf Aktien
 2000 Ed. (1028)
Henkel KgaA
 2001 Ed. (15, 19, 26, 28, 33, 37, 40, 68, 69, 72, 77, 78, 80, 994, 1188, 3719)
 2002 Ed. (1008, 1012, 1020)
 2003 Ed. (946, 3794)
 2004 Ed. (30, 31, 38, 40, 47, 50, 73, 78, 83, 93, 96, 1032, 3809, 3810)
 2005 Ed. (23, 24, 31, 33, 41, 44, 73, 78, 88, 954, 1039, 3694, 3718)
 2006 Ed. (30, 32, 40, 51, 82, 84, 87, 93, 97, 855, 1048, 1445, 3805, 3806, 3807)
 2007 Ed. (22, 29, 31, 42, 72, 74, 76, 77, 87, 1137, 2985, 2986, 2987, 2988, 2989, 3815, 3816, 3817, 3818, 3820)
 2008 Ed. (21, 27, 29, 34, 35, 46, 77, 78, 80, 82, 83, 94, 921, 1017, 1770, 3105, 3107, 3108, 3841, 3882, 3883)
 2009 Ed. (24, 32, 34, 39, 41, 53, 86, 87, 89, 91, 92, 103, 106, 929, 1002, 1194, 1196, 3200, 3202, 3203, 3897, 3941, 3944)
 2010 Ed. (38, 40, 42, 44, 49, 51, 63, 71, 74, 75, 76, 94, 95, 97, 99, 100, 967, 1200, 1659, 3125, 3127, 3130, 3854, 3858, 3859)
 2011 Ed. (893, 1148, 3092, 3093, 3095, 3097, 3859, 3865)
 2012 Ed. (115, 848, 1082, 1521, 3032, 3033, 3034, 3035, 3037, 3833, 3839, 3841, 3842)
 2013 Ed. (813, 1028, 1219, 3119, 3120, 3124, 3884, 3900)
 2014 Ed. (992, 1159, 3120, 3123, 3819, 3821, 3833)
 2015 Ed. (1026, 1213, 3181, 3184, 3844, 3846, 3858)
 2016 Ed. (931, 3035, 3040, 3750, 3752, 3768)
 2017 Ed. (3680, 3704, 3706, 3722)
 2018 Ed. (3733, 3757, 3759, 3772)
 2019 Ed. (3737, 3739, 3753)
 2020 Ed. (3781, 3783, 3796)
 2021 Ed. (3774)
Henkel Kommanditgesellschaft auf Aktien
 2002 Ed. (1011)
Henkell
 2022 Ed. (862)
 2023 Ed. (1047)
Henkels & McCoy
 2023 Ed. (4077)
Henkels & McCoy Group
 2023 Ed. (1436)
Henkels & McCoy Group, Inc.
 2021 Ed. (1190)
 2022 Ed. (1191)
 2023 Ed. (1428)
Henkels & McCoy Inc.
 1990 Ed. (1043)
 1992 Ed. (1425)
 1993 Ed. (1139)
 1994 Ed. (1155)
 2000 Ed. (1270)
 2001 Ed. (1469, 1483)
 2002 Ed. (1300)
 2003 Ed. (1315, 1318)
 2004 Ed. (1315, 1318)
 2005 Ed. (1321, 1323)
 2006 Ed. (1293, 1296)
 2007 Ed. (1369, 1371)
 2008 Ed. (1265, 1267)
 2009 Ed. (1233, 1241, 1243)
 2010 Ed. (1231, 1232, 1240, 1242)
 2011 Ed. (1179, 1188, 1190, 1264, 1284, 1285)
 2012 Ed. (1127, 1134, 1136)
 2013 Ed. (1272, 1280, 1282)

2014 Ed. (1205, 1213, 1215)
2015 Ed. (1263, 1271, 1273)
2016 Ed. (1095, 1178, 1186, 1188)
2017 Ed. (1222, 1229, 1231)
2018 Ed. (1023, 1186, 1201, 1210, 4009)
2019 Ed. (1204, 1237, 3996)
2020 Ed. (1197, 1231, 4013)
2021 Ed. (1171, 1198, 3979)
2022 Ed. (1199, 3993)
Henkels & McCoy, Inc.
 2020 Ed. (1023)
 2021 Ed. (991)
 2022 Ed. (1032)
 2023 Ed. (1212)
Henkels & McKoy Inc.
 2000 Ed. (1268)
 2002 Ed. (1298)
Henley Business School
 2011 Ed. (680, 691)
Henley; Don
 1993 Ed. (1078)
Henley Group Inc.
 1989 Ed. (878, 882, 2752)
 1990 Ed. (1290, 1343, 2535, 3108, 3690)
 1991 Ed. (1162, 1212, 1227, 2079, 2080, 2377, 2408)
 1992 Ed. (1474, 2641)
 1993 Ed. (1177, 1181, 1375, 2181)
 1994 Ed. (1221, 1755)
 1995 Ed. (1237)
 1996 Ed. (1208)
 1997 Ed. (3401)
 1998 Ed. (1008)
Henley; Jeffrey
 2005 Ed. (992)
Henley; Jeffrey O.
 2005 Ed. (2476)
Henley Manufacturing.
 1990 Ed. (2747, 3454)
Henley Properties
 2002 Ed. (3773)
 2004 Ed. (1154)
Henlopen Fund
 1995 Ed. (2726)
 2006 Ed. (3646, 3648, 3649)
Henlopen Manufacturing
 1999 Ed. (1630)
Henlopen Mfg.
 2000 Ed. (1433)
Hennepin County, MN
 1994 Ed. (1483)
 1995 Ed. (1515)
 1997 Ed. (3559)
 1999 Ed. (1764, 1779, 2008, 2997)
 2009 Ed. (2387)
Hennequin; Denis
 2011 Ed. (2547)
Hennes & Mauritz
 1989 Ed. (52)
 1992 Ed. (80)
 2000 Ed. (1558, 4123)
 2006 Ed. (4575)
 2014 Ed. (1298)
 2015 Ed. (4349)
 2018 Ed. (1326, 1328)
 2022 Ed. (917)
Hennes & Mauritz AB
 1990 Ed. (49)
 1991 Ed. (49)
 1993 Ed. (52)
 1999 Ed. (1658, 1737)
 2000 Ed. (4124)
 2001 Ed. (63, 1750, 1820, 1858)
 2002 Ed. (1775, 4485)
 2003 Ed. (1828)
 2004 Ed. (69, 4214)
 2005 Ed. (4141)
 2006 Ed. (2027, 4174)
 2007 Ed. (1998, 4193, 4197)
 2008 Ed. (4233)
 2009 Ed. (777, 2063, 4329, 4336)
 2010 Ed. (718, 2003, 2004, 2005, 4303, 4345, 4354)
 2011 Ed. (2066, 4292, 4296, 4300, 4303)
 2012 Ed. (1080, 1906, 1909, 4325, 4341, 4349, 4353, 4354)
 2013 Ed. (1022, 1215, 2071, 2074, 4272, 4312, 4331, 4343)
 2014 Ed. (987, 2006, 2570, 4331, 4350, 4382, 4394)
 2015 Ed. (1011, 1022, 1360, 2051, 4320, 4346, 4384)
 2016 Ed. (914, 926, 927, 1291, 2013, 4216, 4252, 4267, 4279)
 2017 Ed. (963, 973, 1348, 1973, 4203, 4237, 4255, 4267)
 2018 Ed. (893, 905, 1924, 2463)
 2019 Ed. (904, 1974)
 2020 Ed. (882, 894, 1903)
 2021 Ed. (900, 1863)
Hennes & Mauritz AB (Sweden)
 2021 Ed. (900)
Hennes & Mauritz LP
 2011 Ed. (1906)
Hennessey
 1995 Ed. (648, 697, 2471)
 1996 Ed. (726)

Hennessey Digital
 2021 Ed. (3466, 3480)
 2022 Ed. (75, 76)
 2023 Ed. (3658)
Hennessy
 1989 Ed. (756)
 1991 Ed. (741, 2315)
 1992 Ed. (2867, 2891)
 1993 Ed. (2433)
 1994 Ed. (2390)
 1997 Ed. (2658)
 1998 Ed. (449, 490)
 1999 Ed. (800, 801, 802, 3247)
 2000 Ed. (805, 806, 807, 2949, 2980)
 2001 Ed. (1016, 1017, 1018, 3118, 3140, 3141)
 2002 Ed. (295, 775, 776, 777, 779, 3130, 3156, 3164, 3174, 3175)
 2003 Ed. (760, 3230)
 2004 Ed. (770, 1053, 3284)
 2007 Ed. (687, 3398)
 2008 Ed. (651, 657, 3529)
 2009 Ed. (671, 3588)
 2011 Ed. (573, 3510)
 2012 Ed. (3508)
 2013 Ed. (169, 3548)
 2017 Ed. (735)
 2018 Ed. (166)
 2020 Ed. (170)
 2021 Ed. (161, 173)
 2022 Ed. (154, 165, 166)
 2023 Ed. (231)
Hennessy Advisors Inc.
 2020 Ed. (1420)
 2021 Ed. (1418)
Hennessy BP Energy Transition Investor
 2023 Ed. (3830)
Hennessy Cadillac
 1990 Ed. (316)
 1993 Ed. (283)
 1995 Ed. (278)
Hennessy Cognac
 2021 Ed. (168)
Hennessy Cornerstone Growth
 2006 Ed. (3647, 3648)
 2007 Ed. (2491)
 2008 Ed. (2621)
Hennessy Cornerstone Growth Fund
 2003 Ed. (3541)
Hennessy Focus
 2007 Ed. (3671)
 2015 Ed. (3763)
Hennessy (France)
 2021 Ed. (173)
 2022 Ed. (166)
Hennessy Funds Focus 30
 2007 Ed. (4547)
Hennessy Jaguar
 1996 Ed. (275)
Hennessy Japan Investment
 2020 Ed. (3704, 3705)
 2021 Ed. (3709, 3711)
Hennessy Japan Investor
 2020 Ed. (3707)
 2022 Ed. (3731)
Hennessy Japan Small Cap Investment
 2020 Ed. (3704, 3706, 3707)
 2021 Ed. (3709, 3711)
Hennessy Japan Small Cap Investor
 2022 Ed. (3731)
Hennessy Jr.; Edward
 1989 Ed. (1383)
Hennessy Jr.; Edward L.
 1990 Ed. (1724)
 1991 Ed. (1630)
 1992 Ed. (2061, 2063)
 1993 Ed. (1705)
 1994 Ed. (1723)
Hennessy Leveraged Dogs
 2000 Ed. (3293)
Hennessy; Neil
 2016 Ed. (2561)
Henniges Automotive
 2009 Ed. (335)
Henniker Brewing Co.
 2020 Ed. (4787)
Henning Cos.
 2020 Ed. (1117, 1211)
Henning Kagermann
 2006 Ed. (2515)
Henning Larsen
 2022 Ed. (184)
Henningsen Cold Storage
 2001 Ed. (4724, 4725)
 2019 Ed. (4810)
 2020 Ed. (4799)
 2021 Ed. (4798)
Henningsen Cold Storage Co.
 2020 Ed. (4800)
 2021 Ed. (4799, 4800)
Henningson, Durham & Richardson
 1989 Ed. (266)
 1991 Ed. (251)
 1992 Ed. (351)
 1993 Ed. (241)
 1994 Ed. (231)
 1995 Ed. (233)
 1996 Ed. (229)

1997 Ed. (260)
1998 Ed. (182)
Hennington Durham & Richardson
 1990 Ed. (277)
Henretta; Deb
 2011 Ed. (4984)
Henri Chermont
 1999 Ed. (2326)
Henrico, VA
 1991 Ed. (1372, 1378)
 1992 Ed. (1722, 1726)
Henrietta B. and Frederick H. Bugher Foundation
 1992 Ed. (1095)
Henrietta Egleston Hospital
 1995 Ed. (1926)
Henrik Lundqvist
 2018 Ed. (202)
Henriksen & Sieling/BBDO
 1991 Ed. (91)
Henrikson; C. Robert
 2011 Ed. (837)
Henrique de Campos Meirelles
 2012 Ed. (292)
Henry A. Hutton
 2006 Ed. (334)
Henry A. McKinneell
 2007 Ed. (1028)
Henry Ansbacher Group
 1990 Ed. (1221)
Henry B. Schacht
 2000 Ed. (1882)
Henry Birks & Sons
 1992 Ed. (4036)
 1994 Ed. (3366)
Henry Brothers Electronics
 2010 Ed. (4451)
 2011 Ed. (4428, 4465)
Henry Butts Suzuki
 1990 Ed. (321)
Henry C. Duques
 2004 Ed. (1099)
 2007 Ed. (2509, 2511)
 2008 Ed. (957)
 2009 Ed. (956)
Henry Cisneros
 2009 Ed. (3054)
Henry & Co.; John W.
 1992 Ed. (2743)
 1993 Ed. (1036, 1038)
 1994 Ed. (1069, 1070)
 2006 Ed. (1081)
Henry County Bancshares
 2004 Ed. (541)
Henry Dickson
 1998 Ed. (1618)
 1999 Ed. (433, 2148, 2258)
 2000 Ed. (1985)
Henry Dorfman
 1994 Ed. (948)
Henry Duques
 1997 Ed. (1801)
 2003 Ed. (959)
Henry Emerson
 2005 Ed. (3205)
Henry Engelhardt
 2007 Ed. (4935)
 2009 Ed. (4922)
 2010 Ed. (4926)
Henry Faulkner Inc.
 1990 Ed. (312)
 1991 Ed. (289)
Henry Fernandez
 2013 Ed. (2962)
Henry Fischer Builder
 1998 Ed. (898)
Henry Fok
 2009 Ed. (4864)
Henry Fong
 2002 Ed. (2177)
Henry Ford
 2006 Ed. (1450)
 2009 Ed. (1643)
 2010 Ed. (891)
Henry Ford Health Care Corp.
 1990 Ed. (1500)
 1991 Ed. (1415)
Henry Ford Health Care System
 1991 Ed. (1933)
 1992 Ed. (3127)
Henry Ford Health System
 1992 Ed. (1800, 2457)
 1993 Ed. (1480, 2072)
 1994 Ed. (1526)
 1995 Ed. (1559, 2142)
 1996 Ed. (1542, 2154)
 1997 Ed. (1600, 2163, 2257, 2261, 2269, 2830)
 1998 Ed. (1988, 2553)
 1999 Ed. (2987, 2991, 3467)
 2000 Ed. (1663, 2526, 3186)
 2001 Ed. (2225, 2230, 2772)
 2002 Ed. (2619)
 2004 Ed. (1698)
 2005 Ed. (1755, 3155)
 2009 Ed. (1641, 1646)
 2011 Ed. (3680)
 2012 Ed. (2994)

2013 Ed. (1861, 3082)
2014 Ed. (1791, 1793, 3082)
2015 Ed. (1828, 1833, 3148)
2016 Ed. (1795, 3003)
2017 Ed. (1755, 2949)
2018 Ed. (1707, 1710, 1711, 1712, 1714, 3062)
2019 Ed. (3005)
2020 Ed. (3039)
2021 Ed. (2167, 2903)
2022 Ed. (3029)
2023 Ed. (2349)
Henry Ford at Home
 1999 Ed. (2707)
 2000 Ed. (2491)
 2001 Ed. (2753)
 2002 Ed. (2589)
Henry Ford Macomb Hospital
 2009 Ed. (3149)
Henry Ford Museum & Greenfield Village
 2000 Ed. (3351)
Henry, GA
 2000 Ed. (1593)
Henry Gill Advertising
 2002 Ed. (99)
 2003 Ed. (66)
 2004 Ed. (113)
 2007 Ed. (111)
 2008 Ed. (121)
 2009 Ed. (131, 132)
 2010 Ed. (130)
Henry Gill Communications
 2010 Ed. (131, 133)
Henry Group
 2007 Ed. (2033)
Henry Gurtzweiler Inc.
 2018 Ed. (1027)
 2022 Ed. (1042)
Henry H. Hoyt Jr.
 1995 Ed. (2580)
Henry Hillenmyer
 2004 Ed. (2533)
Henry Hillman
 2005 Ed. (4847)
 2006 Ed. (4898)
 2007 Ed. (4893)
Henry & Horne
 1998 Ed. (19)
 2000 Ed. (20)
 2011 Ed. (21)
 2020 Ed. (17)
 2021 Ed. (19)
 2022 Ed. (20)
 2023 Ed. (60)
Henry+Horne
 2023 Ed. (24)
Henry & Horne PLC
 1999 Ed. (24)
 2002 Ed. (24)
 2003 Ed. (9)
 2004 Ed. (15)
 2005 Ed. (11)
 2006 Ed. (16)
 2007 Ed. (12)
 2008 Ed. (10)
 2009 Ed. (13)
 2010 Ed. (24)
Henry Hub Natural Gas
 2018 Ed. (2836)
Henry Hudson Parkway Bridge
 1997 Ed. (726)
Henry Infiniti; Warren
 1995 Ed. (271)
 1996 Ed. (295)
Henry International
 2012 Ed. (2378, 2382, 2384)
Henry J. Hermann
 2015 Ed. (973)
Henry J. Kaiser Family Foundation
 1993 Ed. (1897)
 1994 Ed. (1901)
 1995 Ed. (1929)
 2002 Ed. (2338, 2339)
Henry J. Stern
 1992 Ed. (3139)
Henry J. Theisen
 2012 Ed. (3988)
 2014 Ed. (3990)
 2016 Ed. (3950)
 2017 Ed. (3925)
Henry Jackman
 2005 Ed. (4865)
Henry Jaguar; Warren
 1995 Ed. (276)
 1996 Ed. (276)
Henry Jallos
 2001 Ed. (2346)
Henry; John
 1994 Ed. (1840)
 2006 Ed. (2515)
 2014 Ed. (4865)
 2015 Ed. (4902)
 2017 Ed. (4829)
 2018 Ed. (4834)
 2019 Ed. (4831)
 2023 Ed. (4808)

Henry Kravis
 1989 Ed. (1422)
 1990 Ed. (1773)
 1994 Ed. (1840)
 1995 Ed. (1870)
 1999 Ed. (2434)
 2007 Ed. (4894)
 2009 Ed. (4846)
 2010 Ed. (4851)
 2011 Ed. (4827)
 2014 Ed. (3392)
Henry L. Gardner
 1991 Ed. (2546)
 1992 Ed. (3136)
 1993 Ed. (2638)
Henry L. Hillman
 2004 Ed. (4871)
Henry Laufer
 2010 Ed. (2640)
Henry Lea Hillman
 1990 Ed. (2576)
 2003 Ed. (4879)
Henry Luce Foundation
 1992 Ed. (1099)
Henry M. and Betty L. Rowan
 1994 Ed. (1055)
Henry M. and Betty Rowan 932
 1995 Ed. (1068)
Henry M. Paulson Jr.
 2005 Ed. (2475)
 2007 Ed. (1027)
Henry; Mary
 1994 Ed. (1827)
 1996 Ed. (1834)
 1997 Ed. (1907)
Henry Mast Greenhouses
 2020 Ed. (3732)
 2021 Ed. (3734)
 2022 Ed. (3752)
Henry Mast Greenhouses/Masterpiece Flower Co.
 2021 Ed. (3734)
 2022 Ed. (3752)
 2023 Ed. (3857)
Henry McKinnell
 2005 Ed. (969)
Henry McKinnell Jr.
 2006 Ed. (902)
 2007 Ed. (992)
Henry; Michael E.
 2005 Ed. (2516)
Henry Moser
 2011 Ed. (2527)
Henry Nicholas
 2011 Ed. (4838)
Henry Nicholas III
 2002 Ed. (3350)
 2003 Ed. (4886)
 2004 Ed. (4870)
 2005 Ed. (4856)
 2006 Ed. (4910)
Henry Paulson Jr.
 2006 Ed. (878)
 2007 Ed. (969)
Henry Pearce
 1999 Ed. (2084)
Henry of Pelham Family Estate Winery
 2014 Ed. (4952)
 2015 Ed. (4991)
 2016 Ed. (4908)
Henry R. Kravis
 1991 Ed. (891, 893)
 1998 Ed. (1135, 1689)
 2015 Ed. (961)
 2016 Ed. (871)
Henry R. Silverman
 2000 Ed. (1046)
 2002 Ed. (1042, 2182, 2183)
 2003 Ed. (955, 959, 2377)
 2004 Ed. (970, 2520)
 2005 Ed. (980, 981, 2504)
 2007 Ed. (1026, 1035)
Henry R. Wilverman
 2006 Ed. (935)
Henry Range Rover, Warren
 1992 Ed. (398)
Henry Ross Perot
 1989 Ed. (1986)
 1990 Ed. (2576)
 1991 Ed. (2461)
 2004 Ed. (4871)
Henry S. Maxfield Real Estate Inc.
 2019 Ed. (2543, 2544)
 2020 Ed. (2534)
Henry Samueli
 2002 Ed. (2806, 3350)
 2003 Ed. (4886)
 2004 Ed. (4870)
 2006 Ed. (4910)
 2011 Ed. (4838)
Henry Samueli School of Engineering; University of California-Irvine
 2007 Ed. (2446)
 2008 Ed. (2575)
 2009 Ed. (2601)
Henry Schacht
 2000 Ed. (1047, 1875)

Henry Schein
 2017 Ed. (2823)
 2018 Ed. (3538)
 2020 Ed. (3510)
 2021 Ed. (3532)
 2023 Ed. (4883, 4885)
Henry Schein Inc.
 1995 Ed. (1547)
 1997 Ed. (1586, 3406)
 2000 Ed. (995)
 2001 Ed. (1134, 1135)
 2002 Ed. (946, 4902)
 2003 Ed. (870, 4931)
 2004 Ed. (894, 3421, 4935, 4936)
 2005 Ed. (880, 3434, 4917, 4918)
 2006 Ed. (800, 2763, 3447, 4949, 4950)
 2007 Ed. (889, 3466, 4956, 4957)
 2008 Ed. (866, 2885, 2899, 2903, 4927)
 2009 Ed. (872, 1941, 2948, 3253, 4948, 4949)
 2010 Ed. (818, 1878, 2883, 2885, 4957, 4959)
 2011 Ed. (745, 1908, 4941, 4943)
 2012 Ed. (682, 1765, 3615, 4941, 4942)
 2013 Ed. (903, 3672, 3685, 4513, 4934, 4935)
 2014 Ed. (3607, 4936, 4941, 4942)
 2015 Ed. (3619, 4977, 4981, 4982)
 2016 Ed. (3504, 4894, 4898, 4899)
 2017 Ed. (3474, 4896, 4897)
 2018 Ed. (3531, 4912)
 2019 Ed. (3518, 4904, 4906)
 2020 Ed. (3000, 3500, 4905, 4906)
 2021 Ed. (4901, 4903)
 2022 Ed. (4894, 4896)
Henry; Scott R.
 2011 Ed. (3368)
Henry Silverman
 1999 Ed. (2081)
 2000 Ed. (1047, 1875)
 2001 Ed. (1217)
 2002 Ed. (2178)
Henry Smith (Estates Charities)
 1995 Ed. (1934)
Henry Smith's (Kensington Estate)
 1997 Ed. (945)
Henry Sy
 2006 Ed. (4921)
 2008 Ed. (4849)
 2009 Ed. (4870)
 2010 Ed. (3967, 4871, 4917)
 2011 Ed. (4859, 4903)
 2012 Ed. (4865, 4914)
 2013 Ed. (4897, 4898)
 2014 Ed. (4909, 4910)
 2015 Ed. (4950, 4951)
 2016 Ed. (4865, 4866)
 2017 Ed. (4868)
 2018 Ed. (4878)
 2019 Ed. (4872)
Henry Sy Jr.
 2020 Ed. (4861)
 2021 Ed. (4861)
 2022 Ed. (4856)
Henry Sy, Jr.
 2023 Ed. (4851)
Henry T. Nicholas III
 2002 Ed. (2806)
Henry; Thierry
 2005 Ed. (268)
 2006 Ed. (4397)
 2008 Ed. (4453)
 2009 Ed. (4492)
 2012 Ed. (217)
Henry U. Harder
 1990 Ed. (2282)
Henry Valve Co.
 1995 Ed. (3792)
 1996 Ed. (3878)
Henry VIII Hotel
 1994 Ed. (193)
Henry Volvo; Warren
 1992 Ed. (404)
 1996 Ed. (292)
Henry Walker Eltin
 2002 Ed. (3368)
 2004 Ed. (1654)
Henry Weinhards
 2019 Ed. (592)
Henry Weinhard's Ale
 1997 Ed. (719)
 1998 Ed. (495, 3436)
Henry Weinhard's Ice Ale
 1998 Ed. (495, 3436)
Henry Wendt
 1990 Ed. (1725)
Henry Wolf
 2006 Ed. (945)
Henry Wurst & Co.
 2000 Ed. (3608)
Henry Wurst Inc.
 2002 Ed. (3761)
Henry Yim Ltd.
 1993 Ed. (975)
 1994 Ed. (1003)
Henry's
 2019 Ed. (3393)

Henry's Foods Inc.
 2015 Ed. (1325, 1329)
 2016 Ed. (1238)
 2017 Ed. (1288)
Henry's Hard Soda
 2018 Ed. (3703)
Hensall District Co-op
 2013 Ed. (1344)
 2014 Ed. (1277)
Hensall District Co-operative
 2011 Ed. (1366)
Henschel-Steinau
 2005 Ed. (3866)
Henschel-Steinau Marketing Services
 1990 Ed. (3084)
Hensel; Katherine
 1991 Ed. (1674)
 1992 Ed. (2136)
 1993 Ed. (1780)
 1994 Ed. (1763)
 1995 Ed. (1805)
Hensel Phelps
 2015 Ed. (1239)
 2016 Ed. (1138, 1150)
 2017 Ed. (1214)
 2018 Ed. (1195, 1488)
 2019 Ed. (1149, 1210, 1240)
 2020 Ed. (1132, 1152, 1154, 1205, 1234, 1484)
 2021 Ed. (1107, 1112, 1118, 1123, 1125, 1134, 1177, 1202, 1473, 2365)
 2022 Ed. (1123, 1125, 1128, 1129, 1132, 1134, 1138, 1143, 1176, 1193, 1487, 2476)
 2023 Ed. (1343, 1345, 1358, 1360, 1361, 1364, 1412, 1430, 1440, 1663, 2586)
Hensel Phelps Construction
 2013 Ed. (1195)
 2021 Ed. (988)
 2022 Ed. (1026, 2309)
 2023 Ed. (1207, 1660, 2488)
Hensel Phelps Construction Co.
 1992 Ed. (1188)
 1994 Ed. (988)
 1995 Ed. (1001)
 1996 Ed. (988)
 1997 Ed. (1177)
 1998 Ed. (751)
 1999 Ed. (1186)
 2000 Ed. (1102, 1256)
 2001 Ed. (1255)
 2002 Ed. (1073, 1074, 1233, 1234, 1242, 1244, 1255, 1326, 2396)
 2003 Ed. (1246, 1247, 1255, 1257, 1265, 2630, 3961, 3964)
 2004 Ed. (1249, 1250, 1257, 1263, 1268, 1357, 2748, 3968, 3971)
 2005 Ed. (1279, 1313, 1325, 2418, 3912, 3915)
 2006 Ed. (1239, 1243, 1283, 1354, 2458, 3986, 3989)
 2007 Ed. (1339, 1355, 1375, 1382, 2412, 4025, 4027)
 2008 Ed. (1222, 1224, 1237, 1252, 1273, 1319, 4052, 4054)
 2009 Ed. (1252, 1321, 1324, 1325, 1326, 1343, 4129, 4130, 4134)
 2010 Ed. (1134, 1145, 1210, 1213, 1249, 1289, 1308, 1312, 1326, 2542, 2545, 4061, 4062, 4065)
 2011 Ed. (1079, 1085, 1096, 1097, 1158, 1160, 1182, 1199, 1269, 1294, 4039, 4040, 4041)
 2012 Ed. (1002, 1006, 1061, 1094, 1097, 1107, 1110, 1129, 1141, 2376, 2377, 2399, 4072, 4073, 4074)
 2013 Ed. (1150, 1227, 1259, 1275, 1557, 1562, 1565)
 2014 Ed. (1169, 1208, 1527, 1532, 1537)
 2015 Ed. (1222, 1261, 1266, 1578, 1583, 1589)
 2016 Ed. (1131, 1181, 1506, 1511, 1516)
 2017 Ed. (1174, 1188, 1501, 1509, 2340)
 2018 Ed. (1110, 1111, 1112, 1140, 1149, 1204, 1481, 1489)
 2019 Ed. (1123, 1133, 1134, 1148, 1153, 1231, 1513, 1521)
 2020 Ed. (1113, 1123, 1125, 1144, 1225, 1480, 1492)
 2021 Ed. (1109, 1111, 1192, 1469, 1479)
 2022 Ed. (1124, 1187, 1193, 1484, 1496)
 2023 Ed. (1347, 1424, 1670, 2289)
Hensel Phelps - Shimizu JV
 2023 Ed. (2289)
Hensen Construction
 1997 Ed. (2554)
Hensing
 2020 Ed. (3099)
Henslee; Greg
 2011 Ed. (858)
 2012 Ed. (808)
Henslee; Gregory
 2013 Ed. (983)
Hensley Beverage Co.
 2016 Ed. (4969)
 2017 Ed. (4960)
 2018 Ed. (4966)
 2019 Ed. (1400)

Hensley Beverage Company
 2023 Ed. (2724, 4966)
Hensley & Co.
 2001 Ed. (680)
 2003 Ed. (659)
 2004 Ed. (666)
 2005 Ed. (653)
 2006 Ed. (553)
 2007 Ed. (593)
 2008 Ed. (538)
 2009 Ed. (572)
 2010 Ed. (554)
Hensoldt
 2021 Ed. (2139)
 2022 Ed. (2173)
 2023 Ed. (2296)
Henson Group
 2022 Ed. (973)
Henson's Muppet-Vision 3-D (Disney/MGM Studios); Jim
 1993 Ed. (3594)
Henssler Equity
 2011 Ed. (3724)
Hentges; Harriett
 2011 Ed. (2818)
HEOS
 2022 Ed. (231)
Heos
 2017 Ed. (231)
HEOS by Denon
 2018 Ed. (218)
 2019 Ed. (221)
Hep - Esco D.O.O.
 2018 Ed. (1505)
HEP-Operator Distribucijskog Sustava d.o.o.
 2014 Ed. (1565)
 2015 Ed. (1616)
 2016 Ed. (1542)
 2017 Ed. (1532)
 2018 Ed. (1513)
 2019 Ed. (1541)
 2020 Ed. (1514, 1521)
HEP-Proizvodnja d.o.o.
 2014 Ed. (1565)
 2015 Ed. (1616)
 2016 Ed. (1542)
 2017 Ed. (1532, 1541)
 2023 Ed. (1687)
Hepacart Inc.
 2015 Ed. (1763)
Hepaco
 2019 Ed. (1171)
Hepaco LLC
 2018 Ed. (1162, 1180, 1190, 1191, 1192)
 2020 Ed. (1239)
 2021 Ed. (1187)
 2022 Ed. (1188)
 2023 Ed. (1425)
Hepatitis
 2005 Ed. (3619)
HEPCO Inc.
 2018 Ed. (4783)
 2020 Ed. (4777)
Hepcoe Credit Union
 1999 Ed. (1804)
 2002 Ed. (1851)
 2005 Ed. (2090)
Heptachlor
 1990 Ed. (2812)
Heptagon OY
 2016 Ed. (1555)
Hepworth plc
 2000 Ed. (3829)
 2001 Ed. (1235)
Her Hair Co.
 2019 Ed. (1658)
HER LLC
 2020 Ed. (1833)
 2022 Ed. (1839)
 2023 Ed. (1965)
HER, Realtors
 2004 Ed. (4068, 4070)
Hera
 2021 Ed. (3401, 3405)
HERA SpA
 2023 Ed. (2342, 2372)
Hera SpA
 2011 Ed. (2434)
Heracles Cement
 1991 Ed. (260)
 1992 Ed. (363, 364)
 1993 Ed. (253, 254)
 1997 Ed. (276)
 1999 Ed. (303, 304)
 2000 Ed. (320, 321)
Heracles General Cement Co.
 1994 Ed. (242, 243)
 1996 Ed. (247)
Heradura
 2002 Ed. (294)
Heraeus Elektrocheme GmbH
 1997 Ed. (2106)
Heraeus Holding
 2015 Ed. (3656)
 2020 Ed. (3463)
 2023 Ed. (3706)

Heraeus Holding GMBH
 2022 Ed. (3605)
Heraeus Holding GmbH
 2000 Ed. (2477)
 2009 Ed. (1706, 3729)
 2017 Ed. (2461)
 2018 Ed. (2560)
 2021 Ed. (2342, 2451)
 2022 Ed. (2561)
 2023 Ed. (2707)
Herald Glasgow
 2002 Ed. (233)
Herald Holdings
 1995 Ed. (2129)
 2007 Ed. (1760)
Herald (Hong Kong)
 1993 Ed. (2059)
Herald-Tribune
 2002 Ed. (3508)
Herb Chambers
 2017 Ed. (4816)
The Herb Chambers Companies
 2022 Ed. (240)
Herb Chambers Cos.
 2015 Ed. (1812)
 2016 Ed. (1771)
 2018 Ed. (232, 236)
 2019 Ed. (233)
The Herb Chambers Cos.
 2017 Ed. (4790)
 2018 Ed. (4782)
 2019 Ed. (4787)
 2021 Ed. (4773)
 2022 Ed. (4774)
 2023 Ed. (4762)
Herb Chambers Honda of Seekonk
 2021 Ed. (228)
Herb Chambers Lexus
 2021 Ed. (228)
Herb Gordon Auto World Inc.
 1990 Ed. (303)
 1991 Ed. (268, 272, 273)
Herb Group
 2003 Ed. (4474)
Herb Kohl
 2003 Ed. (3206)
Herb Pharm
 2019 Ed. (4401)
Herb and Spice Business
 1999 Ed. (3293)
Herbal Essence
 2000 Ed. (4074)
 2001 Ed. (2632, 4299, 4300)
Herbal Essence Conditioner Happy
 2017 Ed. (3718)
Herbal Essence Shampoo Happy
 2017 Ed. (3718)
Herbal Essences
 2001 Ed. (2633, 3701, 4225, 4226)
 2022 Ed. (2037)
Herbal Essences Bio Renew
 2020 Ed. (2856)
 2021 Ed. (2728)
 2023 Ed. (3005, 3006, 3011, 3012)
Herbal Essences; Clairol
 2008 Ed. (2869, 2870, 2872, 2873)
 2009 Ed. (2936)
 2010 Ed. (2872)
Herbal Essences Hello Hydration
 2018 Ed. (2870)
 2020 Ed. (2856)
 2021 Ed. (2728)
Herbal supplements
 1995 Ed. (1605, 2903)
 2004 Ed. (2102)
Herbaland
 2022 Ed. (1445, 3519)
Herbalife
 2017 Ed. (2625)
 2018 Ed. (2696)
 2022 Ed. (2188)
 2023 Ed. (2319, 2320, 2321, 2323, 2324)
Herbalife International Inc.
 1995 Ed. (2085)
 1999 Ed. (3266)
 2000 Ed. (3003)
 2001 Ed. (2015)
 2004 Ed. (2151)
 2005 Ed. (4162)
 2006 Ed. (4216)
 2007 Ed. (4232)
 2008 Ed. (4263)
 2009 Ed. (4367)
 2010 Ed. (4394)
 2011 Ed. (4339)
Herbalife Ltd.
 2008 Ed. (2337)
 2009 Ed. (1850)
 2012 Ed. (3098)
 2013 Ed. (2329, 2330, 2332, 2333, 2338)
 2014 Ed. (1441, 2262, 2263, 2265, 2269)
 2015 Ed. (2346, 2347, 2349, 2351)
 2016 Ed. (2295, 2298)
 2017 Ed. (2139, 2140)
 2018 Ed. (2186, 2188)
 2019 Ed. (2174)
 2020 Ed. (2168)
 2021 Ed. (2158)

Herbalife Ltd. (USA)
 2021 Ed. (2158)
Herban Feast
 2019 Ed. (3000)
 2020 Ed. (3034)
Herban Fresh
 2023 Ed. (4484)
Herbco Enterprises Inc.
 2004 Ed. (1535)
Herbel Essences Bio Renew
 2020 Ed. (2851)
 2021 Ed. (2726)
Herbel Restaurants
 2007 Ed. (2034)
Herberger College of Business; St. Cloud
  State University, G. R.
 2012 Ed. (633)
 2013 Ed. (753)
Herbert A. Allen Jr.
 2004 Ed. (4861)
Herbert & Boghosian Inc.
 1991 Ed. (3122)
 1992 Ed. (3963)
 1993 Ed. (3307)
 1994 Ed. (3299)
Herbert E. Ehlers
 1992 Ed. (2060)
 1993 Ed. (1703)
 1994 Ed. (1722)
Herbert F. Boeckmann II
 2006 Ed. (333)
Herbert and Florence Irving
 1991 Ed. (891)
Herbert Hafif
 1991 Ed. (2296)
Herbert Hainer
 2010 Ed. (4564)
 2018 Ed. (859)
Herbert Hawkins Co.
 1994 Ed. (2999)
Herbert II; James H.
 1994 Ed. (1720)
Herbert J. Siegel
 1992 Ed. (1145)
Herbert J. Sims & Co.
 1993 Ed. (3177, 3178)
 2001 Ed. (936)
Herbert Kohl
 2001 Ed. (3318)
Herbert Kohler
 2004 Ed. (4864)
 2006 Ed. (4905)
 2007 Ed. (4901)
 2008 Ed. (4828)
 2013 Ed. (4843)
Herbert Kohler Jr.
 2005 Ed. (4843)
 2014 Ed. (4859)
 2015 Ed. (4896)
 2016 Ed. (4814)
 2017 Ed. (4825)
 2018 Ed. (4830)
 2019 Ed. (4827)
 2020 Ed. (4817)
 2021 Ed. (4818)
 2022 Ed. (4811)
Herbert Kohler, Jr. & family
 2023 Ed. (4804)
Herbert Lust III
 1998 Ed. (1581)
Herbert M. Sandler
 1994 Ed. (1720)
 2005 Ed. (2475)
Herbert & Marion Sandler
 2008 Ed. (895, 3979)
 2010 Ed. (3955)
Herbert; Michael
 2009 Ed. (4916)
 2010 Ed. (4920)
Herbert Sandler
 2004 Ed. (411)
 2007 Ed. (996)
Herbert Shiraishi
 2007 Ed. (2549)
Herbert Simon
 2013 Ed. (547)
Herbert Smith
 1991 Ed. (2286)
 1992 Ed. (14, 15, 2835, 2836)
 1999 Ed. (3151)
 2001 Ed. (1539, 4180)
 2003 Ed. (1401, 1407, 1408, 1413)
 2004 Ed. (1432, 1433)
 2005 Ed. (1444, 1445, 1450)
 2009 Ed. (3496, 3497, 3498, 3499, 3501)
 2010 Ed. (3427, 3428, 3429)
 2011 Ed. (3412, 3413, 3414, 3415)
Herbert Smith Freehills
 2017 Ed. (3277)
The Herbert Stanley Co.
 2003 Ed. (990)
Herbert Sy
 2020 Ed. (4861)
 2021 Ed. (4861)
 2022 Ed. (4856)
 2023 Ed. (4851)

Herbert V. Kohler Jr.
 2011 Ed. (4832)
 2012 Ed. (4844)
Herbert Wachtell
 2002 Ed. (3068)
Herbert Young
 1990 Ed. (1723)
Herberts
 1997 Ed. (2982)
Herberts de Mexico
 1996 Ed. (1732)
Herbicides
 1996 Ed. (2990)
Herbruck's Poultry Ranch
 2022 Ed. (2238)
Herbs & botanicals
 2001 Ed. (2014)
Herbye White
 1992 Ed. (3139)
HERC
 2023 Ed. (3492)
Herc Rental Inc. (U.S.)
 2021 Ed. (3288)
 2022 Ed. (3373)
HERC Rentals
 2018 Ed. (3370)
 2019 Ed. (3350)
 2020 Ed. (3351)
 2021 Ed. (3285)
 2022 Ed. (3370)
Herc Rentals
 2019 Ed. (3358, 3997, 4717)
 2020 Ed. (3357, 3358, 3359, 4014)
 2021 Ed. (3290, 3291, 3292, 3980)
 2022 Ed. (1014, 3375, 3376, 3377, 3994)
 2023 Ed. (1192, 3488, 3494, 3495, 4078)
HERC Rentals, Inc.
 2019 Ed. (1019)
 2020 Ed. (1004)
 2021 Ed. (970)
 2023 Ed. (1185)
Herc Rentals Inc.
 2020 Ed. (3355, 3356)
 2021 Ed. (3288, 3289)
 2022 Ed. (3373, 3374)
Herc Rentals (U.S.)
 2021 Ed. (3292)
 2022 Ed. (3377)
Herc-U-Lift
 2019 Ed. (3349)
Hercules
 2015 Ed. (4738)
 2016 Ed. (4639)
 2017 Ed. (4653)
 2019 Ed. (4662)
 2020 Ed. (4629)
 2021 Ed. (4642)
Hercules Flavor Inc.
 2008 Ed. (1702)
 2009 Ed. (1629)
Hercules Holding II LLC
 2010 Ed. (1636, 2023, 2888, 2889, 4049)
 2011 Ed. (1646, 2867, 4027)
 2012 Ed. (2801)
 2013 Ed. (1636, 2869, 4097)
 2014 Ed. (1598, 2018, 2902, 2903)
 2015 Ed. (2062, 2946, 2947)
 2016 Ed. (1591, 2022, 2877, 2878)
Hercules Inc.
 1989 Ed. (874, 875, 879, 884, 885, 889, 1051)
 1990 Ed. (182, 185, 1486, 1487)
 1991 Ed. (900, 908, 914)
 1992 Ed. (1106, 1109, 1125)
 1993 Ed. (900, 925, 1292)
 1994 Ed. (914, 917, 936, 1344)
 1995 Ed. (155, 950, 953, 1369)
 1996 Ed. (3500)
 1997 Ed. (955, 958)
 1998 Ed. (697, 698, 701, 702, 1056, 1121, 1133)
 1999 Ed. (1084, 1561)
 2000 Ed. (1038, 1306, 3423)
 2001 Ed. (1177, 1178, 1181, 1213, 1580, 1679, 4693)
 2002 Ed. (3591, 3965, 4365)
 2003 Ed. (941, 1664, 4070)
 2004 Ed. (945, 964, 1695, 4496)
 2005 Ed. (935, 1527, 1751, 4459)
 2006 Ed. (4745)
 2007 Ed. (1676)
 2008 Ed. (911, 1702)
 2009 Ed. (1629)
 2010 Ed. (1601)
 2015 Ed. (1602)
 2016 Ed. (1529)
Hercules Industries
 2017 Ed. (2496)
 2018 Ed. (2552)
 2019 Ed. (2546)
 2020 Ed. (2535)
Hercules Offshore Inc.
 2009 Ed. (2090)
Hercules Offshore, Inc.
 2017 Ed. (348)
Hercules Technology Growth Capital
 2009 Ed. (2906)
 2010 Ed. (2850)

2011 Ed. (2832, 2836)
 2013 Ed. (2845)
Herda; Larissa L.
 2009 Ed. (956)
 2010 Ed. (912)
 2013 Ed. (986)
 2014 Ed. (939)
 2015 Ed. (955)
 2016 Ed. (866)
Herdbouys McCann-Erickson
 2000 Ed. (171)
 2002 Ed. (181)
 2003 Ed. (148)
Herdbouys McCann-Erickson South Africa
 2001 Ed. (209)
Herdez
 2020 Ed. (2717)
Herdez, SA de CV; Grupo
 2005 Ed. (2649)
Herdez Salsa
 1994 Ed. (3136)
HERE North America LLC
 2018 Ed. (3031)
 2019 Ed. (2973)
 2021 Ed. (2850)
HERE Technologies
 2019 Ed. (2382)
Heredia-Lopez; Carmen
 2013 Ed. (2960)
Herff Jones
 1992 Ed. (3529)
 2004 Ed. (3349)
 2011 Ed. (3527)
Herff Jones Inc.
 2016 Ed. (1667)
Herfy
 2015 Ed. (4266, 4309)
Herfy Food
 2021 Ed. (654)
Herfy Food Services
 2017 Ed. (2650)
 2018 Ed. (2712)
Hering
 2014 Ed. (678)
Heristo AG
 2018 Ed. (3785, 3800)
 2019 Ed. (3772)
 2020 Ed. (3823, 3832)
Heritage
 1990 Ed. (3651)
 1992 Ed. (4205)
Heritage Aviation
 2012 Ed. (1978)
 2013 Ed. (2137)
Heritage Bank
 1997 Ed. (180, 500)
 1998 Ed. (370)
 2014 Ed. (2089)
 2019 Ed. (415)
 2020 Ed. (406, 2587)
 2021 Ed. (355, 407, 2532)
 2022 Ed. (367, 420, 2646)
 2023 Ed. (544, 621)
Heritage Bank, Inc.
 2023 Ed. (507)
Heritage Bank NA
 1996 Ed. (392, 541)
Heritage Bank of St. Tammany
 2021 Ed. (4298)
 2022 Ed. (4306)
 2023 Ed. (4336)
Heritage Bankcorp Inc.
 1991 Ed. (2921)
 1992 Ed. (3800)
Heritage Cablevue
 1994 Ed. (838)
Heritage Cadillac
 1992 Ed. (410)
Heritage Capital Appreciation
 2002 Ed. (3416)
 2003 Ed. (3491)
Heritage Capital Appreciation A
 1999 Ed. (3425)
Heritage Christian Services Inc.
 2021 Ed. (1751)
 2022 Ed. (1783)
Heritage Chrysler-Plymouth
 1991 Ed. (283)
Heritage Commerce Corp.
 2001 Ed. (577)
Heritage Communities
 2000 Ed. (1098, 4043)
Heritage Community Bancorp
 2005 Ed. (2869)
Heritage Community Credit Union
 2002 Ed. (1832)
Heritage Companies Inc.
 1989 Ed. (1590)
 1990 Ed. (2013)
Heritage Cooperative
 2018 Ed. (4334)
 2019 Ed. (4361)
Heritage-Crystal Clean
 2013 Ed. (1701)
 2019 Ed. (4006)
 2023 Ed. (4087)

Heritage-Crystal Clean Inc.
　2010 Ed. (4444)
　2011 Ed. (2837)
Heritage Development Group
　2021 Ed. (4774)
　2022 Ed. (4775)
Heritage Distilling Co.
　2023 Ed. (3516)
Heritage Environmental Services
　2018 Ed. (4017)
　2019 Ed. (4006)
　2020 Ed. (4023)
　2021 Ed. (3989)
　2022 Ed. (4003)
　2023 Ed. (4087)
Heritage Environmental Services, Inc.
　2000 Ed. (1844)
Heritage Environmental Services LLC
　2001 Ed. (2289)
Heritage Family Credit Union
　2002 Ed. (1896)
　2003 Ed. (1950)
　2004 Ed. (1990)
　2005 Ed. (2132)
　2006 Ed. (2227)
　2007 Ed. (2148)
　2008 Ed. (2263)
　2009 Ed. (2249)
　2010 Ed. (2203)
　2011 Ed. (2221)
　2012 Ed. (2082)
　2013 Ed. (2271)
　2014 Ed. (2205)
　2015 Ed. (2269)
　2016 Ed. (2240)
　2020 Ed. (2107)
　2021 Ed. (2097)
　2022 Ed. (2129)
　2023 Ed. (2192, 2247)
Heritage Family Federal Credit Union
　2018 Ed. (2125)
Heritage Federal Savings Bank
　1990 Ed. (3102)
Heritage Financial
　2013 Ed. (2172)
　2016 Ed. (366, 2136)
　2019 Ed. (328, 2091)
Heritage Financial Corp.
　2018 Ed. (2034)
Heritage Financial Services
　1999 Ed. (444)
The Heritage Foundation
　1992 Ed. (1097)
Heritage Gas Ltd.
　2014 Ed. (1455)
　2015 Ed. (1511)
Heritage General Store
　2015 Ed. (2481)
Heritage Growth Equity
　2003 Ed. (3491)
Heritage Holding Corp.
　2005 Ed. (375)
Heritage Home Group
　2019 Ed. (2791)
Heritage Income High Yield A
　1998 Ed. (2594, 2641)
Heritage Inks International
　1999 Ed. (3899)
Heritage Investors Management
　1998 Ed. (2288)
　1999 Ed. (3088)
Heritage Makers
　2011 Ed. (1143)
Heritage Media Corp.
　1995 Ed. (2511)
　1996 Ed. (2576)
Heritage Mid Cap Stock
　2003 Ed. (3498)
　2004 Ed. (3559)
Heritage National Healthplan
　1995 Ed. (2093)
　1998 Ed. (1916)
The Heritage Networks
　2004 Ed. (170)
Heritage Newspapers
　1998 Ed. (2680)
　1999 Ed. (3617)
　2000 Ed. (3336)
　2001 Ed. (3542)
　2004 Ed. (3687)
The Heritage Nursing & Rehabilitation Facility
　2016 Ed. (1728)
Heritage Oaks Bancorp
　2003 Ed. (511, 512)
　2004 Ed. (409)
Heritage Oil
　2013 Ed. (1504)
Heritage Oil Corp.
　2005 Ed. (1726)
Heritage Oil plc
　2013 Ed. (2120)
Heritage Operating LP
　2003 Ed. (1771)
　2010 Ed. (1845)
　2015 Ed. (1869)
　2016 Ed. (1833)

Heritage Propane
　1996 Ed. (3102)
　1997 Ed. (3180)
　1998 Ed. (2932)
　1999 Ed. (3906)
　2000 Ed. (1316, 3622)
　2001 Ed. (4074)
Heritage Propane Partners, L. P.
　2002 Ed. (3799)
Heritage Propane Partners LP
　2000 Ed. (3623)
　2003 Ed. (3970)
　2004 Ed. (3973)
　2005 Ed. (3944)
　2006 Ed. (1418, 4013)
　2007 Ed. (4045)
　2008 Ed. (4081)
　2009 Ed. (4194)
　2010 Ed. (4129)
　2011 Ed. (4094)
　2012 Ed. (4128)
　2013 Ed. (4121)
Heritage Property Investment Trust Inc.
　2004 Ed. (4338)
Heritage Screen Printing Inc.
　2012 Ed. (823)
Heritage Small Cap Stock
　2003 Ed. (3547)
Heritage South Community Credit Union
　2009 Ed. (2183)
Heritage Southeast Bank
　2021 Ed. (369)
Heritage Spumante
　2005 Ed. (917)
Heritage State Bank
　2010 Ed. (435)
　2011 Ed. (360)
　2013 Ed. (486)
　2014 Ed. (497)
Heritage Travel
　1990 Ed. (3652)
Heritage Trust Credit Union
　2002 Ed. (1891)
　2003 Ed. (1945)
　2004 Ed. (1985)
　2005 Ed. (2127)
　2006 Ed. (2222)
　2007 Ed. (2143)
　2008 Ed. (2258)
　2009 Ed. (2244)
　2010 Ed. (2198)
　2011 Ed. (2216)
　2012 Ed. (2077)
　2013 Ed. (2263)
　2014 Ed. (2196)
　2015 Ed. (2260)
　2016 Ed. (2231)
Heritage Trust Federal Credit Union
　2018 Ed. (2120)
　2020 Ed. (2100)
　2021 Ed. (2090)
　2022 Ed. (2124)
Heritage USA Credit Union
　2010 Ed. (2137, 2140)
Heritage Valley Health System
　2006 Ed. (3724)
Heritage Web Solutions
　2009 Ed. (3241)
Heritage Woodworks
　2021 Ed. (4994)
Heritage Woodwright LLC
　2019 Ed. (4993)
　2020 Ed. (4995)
HeritageWest Credit Union
　2011 Ed. (2220)
The Herjavec Group
　2007 Ed. (2739, 2821)
　2009 Ed. (2918)
　2010 Ed. (2936)
　2011 Ed. (2901)
　2012 Ed. (2836)
　2014 Ed. (2922, 2936)
Herkert; Craig
　2011 Ed. (833)
Herkimer Wholesale
　1993 Ed. (1155)
　1997 Ed. (1207)
　1998 Ed. (980)
Herley Industries Inc.
　2003 Ed. (205, 209)
　2005 Ed. (156)
Herley Microwave Systems Inc.
　2004 Ed. (2017)
Herlin; Antti
　2015 Ed. (4922)
　2016 Ed. (4838)
　2017 Ed. (4846)
　2018 Ed. (4853)
　2019 Ed. (4848)
　2020 Ed. (4837)
　2021 Ed. (4838)
　2022 Ed. (4831)
　2023 Ed. (4826)
Herlin; Heikki
　2022 Ed. (4831)
　2023 Ed. (4826)

Herlin; Ilkka
　2015 Ed. (4922)
　2016 Ed. (4838)
　2017 Ed. (4846)
　2018 Ed. (4853)
　2019 Ed. (4848)
　2020 Ed. (4837)
　2021 Ed. (4838)
　2022 Ed. (4831)
　2023 Ed. (4826)
Herlin; Ilona
　2015 Ed. (4922)
　2016 Ed. (4838)
　2017 Ed. (4846)
　2018 Ed. (4853)
　2019 Ed. (4848)
　2020 Ed. (4837)
　2021 Ed. (4838)
　2022 Ed. (4831)
　2023 Ed. (4826)
Herlin; Niklas
　2015 Ed. (4922)
　2016 Ed. (4838)
　2017 Ed. (4846)
　2018 Ed. (4853)
Herman Cain
　1989 Ed. (735)
Herman van Everdigen
　2000 Ed. (2180)
Herman van Everdingen
　1999 Ed. (2418)
Herman Goldner Co., Inc.
　2003 Ed. (1338)
　2005 Ed. (1343)
　2006 Ed. (1340)
　2007 Ed. (1388)
　2019 Ed. (1165)
Herman; Jerry R.
　2006 Ed. (2578)
Herman & Kittle Properties
　2010 Ed. (4181)
Herman & Mancino
　1990 Ed. (3085, 3087)
Herman-Miles Trucking Inc.
　1995 Ed. (3652)
　1996 Ed. (3731)
　1997 Ed. (3787)
　1998 Ed. (3613)
　1999 Ed. (4651)
　2000 Ed. (4291)
　2001 Ed. (2715)
Herman Miller
　2017 Ed. (4205)
　2019 Ed. (3719)
　2020 Ed. (3760)
　2022 Ed. (2862, 4677)
Herman Miller Inc.
　1989 Ed. (2011)
　1990 Ed. (1308, 1864, 1865, 2736, 3260)
　1991 Ed. (1779, 1780, 2636)
　1992 Ed. (2247, 2248, 3285, 3286)
　1993 Ed. (1910, 1911, 2740, 2741)
　1994 Ed. (1929, 1930)
　1995 Ed. (1953, 1955)
　1996 Ed. (1988, 1989)
　1997 Ed. (2101, 2103)
　1998 Ed. (1052, 1102, 1782, 1785)
　1999 Ed. (1532, 2546, 2547)
　2000 Ed. (1371, 1375, 2255, 2288)
　2001 Ed. (1569, 1576, 2565, 3565, 3566, 4153)
　2002 Ed. (913, 1499, 2378, 2381)
　2003 Ed. (1360, 2184, 2585, 2586, 2588, 2589, 3671, 3672, 3674)
　2004 Ed. (1365, 2698, 2699, 2701, 2703, 2705)
　2005 Ed. (1084, 1383, 1575, 2698, 2700, 2701, 3382)
　2006 Ed. (2676, 2677, 2678, 2877)
　2007 Ed. (1186, 2660, 2661, 2662, 2665, 2667, 2871)
　2008 Ed. (1092, 2797, 2798, 3199)
　2009 Ed. (1404, 1406, 1408, 1409, 1888, 1889, 2849, 2850, 2854, 3114)
　2010 Ed. (1717, 1721, 1722, 1823, 1824, 2791, 2792, 2793, 2795, 3033)
　2011 Ed. (1853, 1854, 2400, 2778, 2779, 2780, 2978, 3017)
　2012 Ed. (661, 1707, 2704, 2706, 2708, 2709, 2711, 2908, 2944)
　2013 Ed. (2781, 2783, 2784, 2785, 3033)
　2014 Ed. (2809, 2811, 2813, 3046)
　2015 Ed. (2851, 2853, 2856, 2857, 3112)
　2016 Ed. (2786, 2788, 2791, 2792)
　2017 Ed. (2756, 2758, 2759)
　2018 Ed. (1721, 2813, 2815, 3038)
　2019 Ed. (2788, 2789, 2790, 2980)
　2020 Ed. (2814, 2815, 3009)
　2021 Ed. (2690, 2691, 2870)
　2022 Ed. (2853)
　2023 Ed. (2964)
Herman; Ron
　2006 Ed. (1038)
Hermance Jr.; Ronald
　2010 Ed. (892)
Hermance Jr.; Ronald E.
　2009 Ed. (942)
　2011 Ed. (824)

Hermandez; William
　2006 Ed. (954)
　2007 Ed. (1050)
HermanMiller.com
　2018 Ed. (2319)
Hermann; Hank
　2008 Ed. (958)
　2009 Ed. (960)
　2010 Ed. (913)
　2011 Ed. (858)
　2012 Ed. (808)
　2013 Ed. (988)
　2014 Ed. (946)
Hermann; Henry J.
　2015 Ed. (973)
Hermanoff & Associates
　2001 Ed. (3936)
Herman's
　1989 Ed. (1257, 2522)
　1991 Ed. (3164, 3167, 3168)
　1992 Ed. (4046, 4047)
　1994 Ed. (3372)
　1995 Ed. (3429)
Herman's Sporting Goods
　1996 Ed. (3494)
Herman's World of Sporting Goods
　1993 Ed. (3368, 3369)
　1997 Ed. (3560)
　1998 Ed. (3352)
Hermanson Co.
　2006 Ed. (1351)
　2009 Ed. (1331, 1345)
　2010 Ed. (1316, 1329)
　2011 Ed. (1171, 1311)
　2012 Ed. (1183)
　2020 Ed. (1112, 1159, 1161)
Hermès
　2023 Ed. (865, 1086, 1095, 3569, 3575)
Hermes
　2007 Ed. (687, 3398)
　2008 Ed. (651, 657, 658, 3529)
　2009 Ed. (671, 672, 3588)
　2010 Ed. (3507)
　2011 Ed. (3510)
　2012 Ed. (549, 3508)
　2013 Ed. (661, 695, 1011, 3548)
　2014 Ed. (664, 681, 975, 2261, 3524, 3525)
　2015 Ed. (733, 761, 1003, 1013, 3540)
　2016 Ed. (916)
　2017 Ed. (704, 732, 965, 3349, 3350)
　2018 Ed. (888, 895, 3413)
　2019 Ed. (891, 897, 2381)
　2020 Ed. (649, 660, 885, 3387, 3388)
　2021 Ed. (634, 889, 897, 902, 3397, 3407, 3408)
　2022 Ed. (645, 919, 930, 3453, 3462, 3463)
　2023 Ed. (2339)
Hermes Consilium, poslovno svetovanje, d.o.o.
　2018 Ed. (1907)
Hermes (France)
　2021 Ed. (902, 3407, 3408)
　2022 Ed. (930, 3463)
Hermes Index
　2006 Ed. (4591)
Hermes International
　2007 Ed. (3814)
　2010 Ed. (3860)
　2011 Ed. (3862)
　2012 Ed. (827, 828, 3838, 3844)
　2013 Ed. (828, 1003, 1005, 3882, 3904)
　2014 Ed. (967, 970, 3817, 3836, 4014, 4016)
　2015 Ed. (1002, 1007, 3842, 3862)
　2016 Ed. (909, 911)
　2017 Ed. (956, 958, 3702, 3727)
　2018 Ed. (887, 889)
　2019 Ed. (890, 893)
　2020 Ed. (877, 879)
Hermes International SA
　2015 Ed. (1009, 4465)
Hermes International SCA
　1994 Ed. (2362)
　1995 Ed. (2432)
　2016 Ed. (912)
　2017 Ed. (4255)
Hermes International Societe
　2018 Ed. (897)
Hermes Music
　1999 Ed. (3500)
　2000 Ed. (3218, 3220)
　2001 Ed. (3415)
Hermes Parcelnet
　2015 Ed. (4805)
　2016 Ed. (4693, 4708)
　2017 Ed. (4724)
　2020 Ed. (4673, 4681, 4687)
　2022 Ed. (4697)
　2023 Ed. (4685, 4688)
Hermes SA
　1996 Ed. (2469)
　1997 Ed. (2616)
　1999 Ed. (3172)
Hermes Sargent Bates LLP
　2010 Ed. (2029)

Hermes Sellier
    2000 Ed. (2917)
    2001 Ed. (3077)
    2002 Ed. (4264)
    2004 Ed. (3249)
Hermes Touristik GmbH & Co. KG
    2003 Ed. (4811)
Hermidifier
    1993 Ed. (2118)
    1994 Ed. (2151)
Hermiston Foods Inc.
    2006 Ed. (1974)
    2007 Ed. (1945)
    2008 Ed. (2027)
    2009 Ed. (1991)
    2010 Ed. (1931)
    2011 Ed. (1986)
    2012 Ed. (1832)
    2013 Ed. (1988)
    2014 Ed. (1927)
    2015 Ed. (1973)
    2016 Ed. (1940)
The Hermitage Fund
    2003 Ed. (3143, 3145, 3152)
Hermitage Inn Real Estate Holding Co.
    2018 Ed. (4731)
Hermosilla, Zegers
    1989 Ed. (93)
Hernandez & Associates; Law Offices of David J.
    2013 Ed. (3441)
Hernandez Companies Inc.
    2014 Ed. (2950)
    2015 Ed. (3000)
Hernandez Consulting
    2014 Ed. (2943)
Hernandez Cos., Inc.
    2006 Ed. (3496)
Hernandez Engineering Inc.
    1994 Ed. (2056)
    1996 Ed. (2065, 2068)
Hernandez/FCB
    1990 Ed. (158)
    1991 Ed. (157)
    1992 Ed. (216)
    1996 Ed. (147)
    1997 Ed. (153)
    1999 Ed. (163)
    2000 Ed. (181)
    2002 Ed. (198)
    2003 Ed. (158)
Hernandez/FCB Trinidad
    2001 Ed. (225)
Hernandez; Felix
    2014 Ed. (193)
    2016 Ed. (216)
    2019 Ed. (192)
Hernandez; Fernando
    2014 Ed. (2975)
Hernandez/Foote, Cone & Belding
    1995 Ed. (133)
Hernandez Homes
    2004 Ed. (1220)
Hernandez; Manuel Lao
    2016 Ed. (4876)
    2017 Ed. (4876)
    2018 Ed. (4888)
    2019 Ed. (4880)
Hernandez; Roman
    2011 Ed. (2953)
Hernando
    1990 Ed. (1806)
Hernando County, FL
    1993 Ed. (1433)
Hernando County Jail
    1994 Ed. (2935)
Hernco Inc.
    2016 Ed. (2056)
    2017 Ed. (2015)
    2019 Ed. (3626)
    2020 Ed. (3597)
    2022 Ed. (1955)
Herndon Capital Management LLC
    2015 Ed. (106)
    2016 Ed. (113)
Herndon/Manassas, VA
    1990 Ed. (999, 1001, 2484)
    1991 Ed. (939)
Herndon Marine Products Inc.
    2001 Ed. (2446)
Herning kommunale tandpleje
    2014 Ed. (1555)
Hernon Manufacturing Inc.
    2021 Ed. (3442)
    2023 Ed. (3625)
Hero
    2017 Ed. (707)
    2021 Ed. (250)
    2022 Ed. (271)
    2023 Ed. (369)
Hero Digital
    2021 Ed. (3473)
    2022 Ed. (3530)
    2023 Ed. (3651)
Hero Honda Motors
    2014 Ed. (240)
    2015 Ed. (281)

Hero Honda Motors Ltd.
    2012 Ed. (4220, 4221)
    2013 Ed. (4206, 4208)
Hero Lager
    2022 Ed. (678)
Hero MotoCorp
    2014 Ed. (4223)
    2015 Ed. (4210)
Hero Motocorp
    2016 Ed. (276)
    2017 Ed. (4107)
    2018 Ed. (4132)
    2019 Ed. (4148)
    2020 Ed. (4152)
Hero MotoCorp Limited
    2022 Ed. (279)
Hero MotoCorp Ltd.
    2014 Ed. (4222)
    2015 Ed. (4207)
    2017 Ed. (4104)
    2018 Ed. (4128)
    2019 Ed. (4145)
    2020 Ed. (4147)
Hero Supermarket
    2012 Ed. (4347)
    2013 Ed. (4284)
Heroes
    2011 Ed. (2939)
Heroes of Olympus No. 1: The Lost Hero
    2014 Ed. (575)
The Heroes of Olympus No. 1: The Lost Hero
    2012 Ed. (449)
Heroes of Olympus No. 2: The Son of Neptune
    2013 Ed. (560)
The Heroes of Olympus No. 2: The Son of Neptune
    2013 Ed. (562)
Heroes of Olympus No. 3: The Mark of Athena
    2014 Ed. (571)
The Heroes of Olympus No. 3: The Mark of Athena
    2014 Ed. (573)
The Heroes of Olympus No. 4: The House of Hades
    2015 Ed. (641)
Heroin
    1996 Ed. (1566)
Heroku
    2015 Ed. (1118)
HEROLD Business Data GmbH
    2012 Ed. (1337)
Herold; John S.
    2007 Ed. (3269)
Heron International
    1994 Ed. (902)
Heroux-Devtek
    2015 Ed. (3201)
    2017 Ed. (90)
    2021 Ed. (77)
Héroux-Devtek Inc.
    2023 Ed. (3068)
Heroux-Devtek Inc.
    2003 Ed. (205)
    2008 Ed. (2934)
    2009 Ed. (4562)
    2012 Ed. (4562)
    2022 Ed. (2943)
Heroux Inc.
    1998 Ed. (98, 1249)
    2001 Ed. (1654)
Herpecin
    1996 Ed. (2103)
    2003 Ed. (3214)
Herpecin/Campbell
    1992 Ed. (2398)
Herpecin L
    2020 Ed. (3792)
    2021 Ed. (3776)
    2022 Ed. (3708)
Herpicin
    1993 Ed. (2032)
Herr Foods
    2014 Ed. (4486)
    2015 Ed. (4482)
    2016 Ed. (4400)
    2017 Ed. (4387)
    2018 Ed. (4400)
Herr Foods Inc.
    2003 Ed. (3920, 4458)
    2017 Ed. (4376)
    2018 Ed. (3971, 4389, 4397)
    2019 Ed. (4409)
    2020 Ed. (4407)
    2022 Ed. (3936, 4405, 4413)
Herradura
    1992 Ed. (4266, 4268)
    1996 Ed. (3672, 3674)
    1997 Ed. (3731, 3733)
    1999 Ed. (4586, 4588)
    2002 Ed. (4610, 4612)
    2004 Ed. (4704)
    2005 Ed. (4676)
Herrara; Ram
    1997 Ed. (1113)

Herrera; David
    2017 Ed. (3596, 3598)
    2018 Ed. (3656, 3658)
Herrera; Rafaela
    2007 Ed. (2496)
Herrero Brigantina
    2021 Ed. (3051)
Herrero Builders
    2021 Ed. (3621)
    2022 Ed. (3672)
Herrero; Hortensia
    2016 Ed. (4876)
    2017 Ed. (4876)
    2018 Ed. (4888)
    2021 Ed. (4870)
    2022 Ed. (4866)
Herrick Foundation
    2000 Ed. (2261)
    2001 Ed. (2519)
    2002 Ed. (2354)
Herrick; Todd W.
    2007 Ed. (959)
Herring
    2001 Ed. (2440)
    2003 Ed. (2490)
Herring; Leonard Gray
    1996 Ed. (961)
Herring, sea
    2004 Ed. (2622)
    2005 Ed. (2611)
    2006 Ed. (2610)
    2007 Ed. (2585)
    2008 Ed. (2722)
    2009 Ed. (2777)
    2010 Ed. (2709)
    2011 Ed. (2695)
Herrington Services Corp.
    1992 Ed. (1169)
Herrlin; John
    1997 Ed. (1887)
Herrlin Jr.; John
    1996 Ed. (1814)
Herrmidifier
    1990 Ed. (2140)
    1991 Ed. (1989)
    1992 Ed. (2556)
Herron Todd White
    2021 Ed. (4067)
    2022 Ed. (4085)
Herr's
    2013 Ed. (4455)
    2014 Ed. (4489, 4492)
    2015 Ed. (4061, 4486, 4489, 4490)
    2016 Ed. (3967, 3969, 4383, 4388, 4389, 4391)
    2017 Ed. (4394, 4402, 4404)
    2018 Ed. (4405, 4409, 4413, 4414, 4421)
    2019 Ed. (4424)
    2020 Ed. (2687)
    2023 Ed. (4021)
Herrs
    1994 Ed. (2902)
    1996 Ed. (3057)
    1997 Ed. (3138, 3530, 3664)
    1999 Ed. (3863)
    2000 Ed. (3577, 3578, 4063)
    2001 Ed. (3860, 3861)
    2002 Ed. (3733)
    2003 Ed. (3919)
    2004 Ed. (3932)
    2009 Ed. (4488)
Herrud
    1999 Ed. (4140)
Hersant
    1991 Ed. (2394)
HerschelSupply.com
    2018 Ed. (2328)
Herschler Freudenthal
    2001 Ed. (957)
Hersey's
    2000 Ed. (1058)
Hersha Group
    2021 Ed. (2912)
Hershberger; Sally
    2007 Ed. (2758)
Hershenhorn Bancorp
    2002 Ed. (443)
Hershenhorn Bancorporation, Inc.
    1998 Ed. (287)
    2004 Ed. (543)
Hershey
    1990 Ed. (1816)
    1991 Ed. (1741)
    1992 Ed. (1046, 3344)
    1993 Ed. (830, 831)
    1995 Ed. (1896, 2578)
    1998 Ed. (617, 618, 619, 620, 622, 623, 626, 627, 628, 629, 630, 631)
    1999 Ed. (1016, 1021, 1022)
    2000 Ed. (971)
    2006 Ed. (774, 1006)
    2007 Ed. (2220, 2227, 2604)
    2008 Ed. (1526, 2360, 2367)
    2011 Ed. (730)
    2012 Ed. (537, 669)
    2013 Ed. (637, 1352)
    2014 Ed. (1941)
    2015 Ed. (1987, 3584)

    2016 Ed. (1960)
    2017 Ed. (1162, 1924)
    2019 Ed. (2669, 2714, 3001)
    2020 Ed. (2747)
    2022 Ed. (2606)
    2022 Ed. (2722, 2729)
    2023 Ed. (1077, 2859)
Hershey Almond
    1990 Ed. (895)
    1992 Ed. (1042)
    1995 Ed. (890)
    2000 Ed. (1054)
Hershey Chocolate
    1989 Ed. (858, 2781)
    1992 Ed. (1041)
    1997 Ed. (893)
    1998 Ed. (621)
    2000 Ed. (1059)
Hershey Chocolate North America
    2003 Ed. (865, 964, 1133)
Hershey Chocolate USA
    2000 Ed. (970)
Hershey Co.
    2014 Ed. (2737, 4697)
    2015 Ed. (865, 2791, 4708)
    2016 Ed. (53, 753, 1272, 2721, 3410, 4612)
    2017 Ed. (804, 821, 1336, 2632, 3368, 4631)
    2018 Ed. (737, 753, 2702, 4627)
    2019 Ed. (775)
    2020 Ed. (744, 765)
    2021 Ed. (786)
    2022 Ed. (818)
The Hershey Co.
    2013 Ed. (2002)
    2014 Ed. (833, 834, 835, 836, 950, 951, 1926, 2542)
    2015 Ed. (872, 873, 874, 875, 980, 981, 1972, 2752)
    2016 Ed. (762, 763, 879, 880, 881, 882, 2682, 2703)
    2017 Ed. (819, 820, 929, 930, 931, 932, 2395, 2416, 2631, 4317, 4790)
    2018 Ed. (739, 742, 748, 750, 752, 857, 858, 865, 866, 867, 868, 1287, 1325, 1871, 2451, 2453, 4308, 4395, 4398, 4790)
    2019 Ed. (755, 766, 769, 771, 772, 774, 871, 872, 873, 2686, 4336, 4416, 4419, 4802)
    2020 Ed. (746, 759, 762, 764, 859, 860, 1858, 1863, 4328, 4408, 4411, 4414)
    2021 Ed. (780, 783, 785, 874, 4408, 4412, 4786)
    2022 Ed. (810, 812, 815, 817, 907, 1869, 4406, 4411, 4790)
    2023 Ed. (409, 1014, 1016, 1986, 4436)
The Hershey Company
    2020 Ed. (2695)
    2022 Ed. (2195, 2952)
    2023 Ed. (2351, 2352, 2841, 2842, 3076, 4780)
Hershey Co. (U.S.)
    2021 Ed. (786)
    2022 Ed. (818)
Hershey Entertainment & Resorts Co.
    2006 Ed. (3272)
    2012 Ed. (1841)
    2013 Ed. (1998)
    2014 Ed. (1937)
    2015 Ed. (1984)
    2016 Ed. (1951)
Hershey Foods Corp.
    1989 Ed. (1447)
    1990 Ed. (1812, 3309)
    1991 Ed. (1732)
    1992 Ed. (2174)
    1994 Ed. (1215)
    1995 Ed. (1885)
    1996 Ed. (1931, 2912)
    1997 Ed. (1280, 2028)
    1998 Ed. (1718, 1721)
    1999 Ed. (2464)
    2000 Ed. (4211)
    2001 Ed. (2462, 2473)
    2002 Ed. (938)
    2003 Ed. (679, 859, 964, 1133, 1134, 2500, 2507, 2520, 2524, 3159)
    2004 Ed. (879, 880, 881, 2640, 2662)
    2005 Ed. (856, 857, 860, 865, 866, 962, 997, 2631)
    2006 Ed. (776, 1007, 1456, 2628, 2631, 2632, 2635, 2642, 4074)
    2007 Ed. (873, 2605, 2609)
    2008 Ed. (843, 1160, 1213)
    2009 Ed. (855)
    2010 Ed. (622, 802, 1440)
    2011 Ed. (558)
    2012 Ed. (2634, 2642, 2664, 2670, 2935)
    2013 Ed. (808, 2750, 2753)
    2014 Ed. (837, 2730, 2732)
    2015 Ed. (876, 2785)
    2016 Ed. (764, 2715)
Hershey Foods(includes Ronzoni and San Giorgio)
    1991 Ed. (2679)
Hershey Hugs
    1998 Ed. (626, 627, 628, 629)

Hershey Kisses
  1998 Ed. (626, 627, 628, 629)
Hershey Medical Center
  2008 Ed. (2917)
Hershey Medical Center & College of Medicine; Penn State Milton S.
  2019 Ed. (1918)
Hershey Milk
  1992 Ed. (1042)
  2000 Ed. (1054)
Hershey Milk Chocolate
  1995 Ed. (895)
Hershey Milk Chocolate with Almonds
  1995 Ed. (895)
Hershey: Milton S. Hershey's Extraordinary Life of Wealth, Empire, & Utopian Dreams
  2008 Ed. (610, 615)
Hershey Nuggets
  1998 Ed. (630, 631)
The Hershey Philadelphia Hotel
  1990 Ed. (2099)
  1991 Ed. (1957)
  1992 Ed. (2513)
Hershey School & School Trust; Milton
  1995 Ed. (2786)
Hershey Sweet Escapes
  1998 Ed. (626, 627, 628, 629)
Hersheypark Arena
  1999 Ed. (1296)
  2001 Ed. (4352)
  2002 Ed. (4344)
  2003 Ed. (4528)
Hersheypark Stadium
  2001 Ed. (4357, 4359)
  2002 Ed. (4348)
  2003 Ed. (4531)
  2011 Ed. (4527)
  2023 Ed. (4496)
Hershey's
  1989 Ed. (2505, 2506, 2507)
  1992 Ed. (924)
  1994 Ed. (746, 846, 848, 850)
  1997 Ed. (890, 891, 892, 983)
  1998 Ed. (442, 615, 616, 624, 625)
  1999 Ed. (1130)
  2000 Ed. (1057)
  2001 Ed. (1111, 1113, 1114)
  2002 Ed. (933, 934, 1047, 1048)
  2003 Ed. (963, 1131, 3410)
  2004 Ed. (875, 876, 978)
  2005 Ed. (858, 996)
  2006 Ed. (4389)
  2007 Ed. (679, 871, 4462)
  2008 Ed. (835, 3672, 4448)
  2012 Ed. (667, 4486)
  2013 Ed. (2725, 3719)
  2014 Ed. (948, 949, 3655)
  2015 Ed. (871, 978, 979)
  2016 Ed. (875, 876, 877, 878)
  2017 Ed. (925, 926, 927, 928)
  2018 Ed. (744, 861, 862, 863, 864)
  2019 Ed. (764, 765, 3049)
  2020 Ed. (753, 755, 756, 758, 3088)
  2021 Ed. (773, 775, 777, 778, 779)
  2022 Ed. (806, 807, 808, 809, 2725)
  2023 Ed. (1011, 1013, 2862)
Hershey's Bar
  1999 Ed. (1131)
Hershey's Chocolate
  2008 Ed. (973)
Hershey's Chocolate Bar
  2000 Ed. (1056)
Hershey's Chocolate Kisses, 14- Oz. Bag
  1990 Ed. (893)
Hershey's Co.
  2016 Ed. (4314)
Hershey's Cookie Layer Crunch
  2019 Ed. (3692, 3693)
Hershey's Cookies 'n' Creme
  2016 Ed. (876)
  2017 Ed. (926)
  2018 Ed. (862)
  2020 Ed. (758)
  2021 Ed. (779)
  2022 Ed. (809)
Hershey's Eggs
  2002 Ed. (934)
Hershey's Foods Corp.
  2003 Ed. (680)
Hershey's Hugs
  1997 Ed. (892)
Hershey's Ice Cream Co.
  2022 Ed. (2158)
Hershey's Kisses
  1992 Ed. (1043)
  1993 Ed. (836)
  1995 Ed. (894)
  1996 Ed. (968)
  1997 Ed. (892)
  1999 Ed. (1130)
  2000 Ed. (1057)
  2001 Ed. (1111, 1114)
  2002 Ed. (933, 934, 1047)
  2004 Ed. (875)
  2008 Ed. (973)
  2014 Ed. (948)
  2015 Ed. (978)

  2016 Ed. (875)
  2017 Ed. (925)
  2018 Ed. (744, 861)
  2019 Ed. (765)
  2020 Ed. (756)
  2021 Ed. (777)
  2022 Ed. (807)
Hershey's Kisses-Almonds
  1996 Ed. (968)
Hershey's Milk Chocolate
  1990 Ed. (892)
  1991 Ed. (847)
Hershey's Milk Chocolate with Almonds
  1990 Ed. (892)
Hershey's Milk Chocolate/Almonds
  1991 Ed. (847)
Hershey's Milk Mix
  2003 Ed. (675)
Hershey's Milkshake
  2008 Ed. (3672)
  2009 Ed. (3738)
  2010 Ed. (3674)
Hershey's Nuggets
  1997 Ed. (891)
  2000 Ed. (1057)
  2001 Ed. (1111)
  2002 Ed. (1047)
  2003 Ed. (963)
  2008 Ed. (973)
  2014 Ed. (948)
  2015 Ed. (978)
  2018 Ed. (744, 861)
  2019 Ed. (765)
  2020 Ed. (756)
  2021 Ed. (777)
  2022 Ed. (807)
Hershey's Special Dark
  2015 Ed. (871)
  2016 Ed. (878)
  2017 Ed. (928)
  2018 Ed. (864)
  2019 Ed. (764)
  2020 Ed. (755)
  2021 Ed. (775)
  2022 Ed. (806)
Hershey's Sweet Escapes
  2000 Ed. (1057)
Hershey's TasteTations
  2000 Ed. (973)
Herson; Marilyn
  2015 Ed. (5027)
Herson's Honda
  1991 Ed. (279)
  1992 Ed. (384)
  1993 Ed. (270)
  1994 Ed. (269)
  1995 Ed. (269)
Herta
  2002 Ed. (4907)
Hertie
  1991 Ed. (3261)
  1994 Ed. (3110)
Hertz
  2013 Ed. (252, 786, 790)
  2014 Ed. (252)
  2015 Ed. (293, 1901)
  2016 Ed. (793)
  2017 Ed. (294)
  2018 Ed. (271, 787)
  2019 Ed. (275, 276)
  2020 Ed. (274, 275, 276, 277)
  2021 Ed. (269, 270, 271, 272)
  2022 Ed. (286, 287, 288, 301, 328)
  2023 Ed. (382, 383, 384)
Hertz (includes Dollar & Thrifty)
  2023 Ed. (381)
Hertz Claim Management Corp.
  1994 Ed. (2284)
Hertz Corp.
  1990 Ed. (1039)
  1991 Ed. (968)
  1992 Ed. (464, 1203, 3940)
  1993 Ed. (338, 339, 2492, 3249)
  1994 Ed. (321, 322, 323, 324, 2361)
  1995 Ed. (319, 322, 323, 2498)
  1996 Ed. (332, 333, 334, 335)
  1997 Ed. (312, 313, 314, 2703)
  1998 Ed. (235, 236, 237, 238)
  1999 Ed. (342, 343, 344, 345, 346, 4170)
  2000 Ed. (351, 352, 353, 354)
  2001 Ed. (527, 4628, 4631)
  2002 Ed. (394)
  2003 Ed. (335, 336, 345, 346)
  2004 Ed. (310, 311, 326, 327)
  2005 Ed. (306, 307, 329, 330)
  2006 Ed. (326, 327, 343, 344)
  2007 Ed. (318, 319, 328, 329, 1161, 1441)
  2008 Ed. (306, 307, 315, 316, 4293)
  2009 Ed. (327, 328, 337, 338)
  2010 Ed. (308, 309, 317, 318, 993)
  2011 Ed. (232, 242, 928)
  2012 Ed. (262, 263, 854)
  2013 Ed. (278, 279, 1036)
  2014 Ed. (280)
  2015 Ed. (312)
  2016 Ed. (309)

The Hertz Corp.
  2014 Ed. (4764)
Hertz Equipment
  1993 Ed. (2409)
Hertz Equipment Rental
  2018 Ed. (4010)
  2019 Ed. (3356)
Hertz Equipment Rental Co.
  2019 Ed. (3354, 3355)
Hertz Equipment Rental Corp,
  1997 Ed. (2615)
Hertz Equipment Rental Corp.
  1989 Ed. (1890)
  1990 Ed. (2431)
  1992 Ed. (2852)
  1995 Ed. (2431)
  1996 Ed. (2467)
  1998 Ed. (2345)
  1999 Ed. (3171)
  2000 Ed. (2916)
  2014 Ed. (3471)
  2015 Ed. (3488)
  2016 Ed. (3338)
  2017 Ed. (3301, 3304, 3306)
  2018 Ed. (3373, 3375)
  2019 Ed. (3357)
Hertz Farm Management Inc.
  1989 Ed. (1411, 1412)
  1991 Ed. (1648)
  1992 Ed. (2108, 2109)
  1993 Ed. (1746, 1747)
  1994 Ed. (1738, 1739)
  1995 Ed. (1771, 1772)
  1996 Ed. (1748, 1749)
  1997 Ed. (1829, 1830)
  1998 Ed. (1541, 1542, 1544)
  1999 Ed. (2121, 2122)
Hertz Farm Management Service Inc.
  1990 Ed. (1744)
Hertz Global Holdings
  2016 Ed. (1567)
  2017 Ed. (261, 1570, 3299)
  2018 Ed. (1542)
  2019 Ed. (243, 3346)
  2020 Ed. (248)
  2021 Ed. (46, 233)
  2022 Ed. (50, 254)
Hertz Global Holdings Inc.
  2008 Ed. (315, 316, 4289)
  2009 Ed. (29, 305, 306, 337, 338, 1932)
  2010 Ed. (287, 289, 317, 318, 1149, 1867)
  2011 Ed. (211, 241, 242, 1092, 2997)
  2012 Ed. (223, 262, 263, 2923, 3449, 3450, 3452)
  2013 Ed. (226, 250, 251, 278, 279, 3012, 3496)
  2014 Ed. (228, 250, 251, 280, 281, 2554, 3021, 3472)
  2015 Ed. (263, 292, 312, 313, 3088, 3489, 3490)
  2016 Ed. (309, 310, 1860, 3339, 3340)
  2017 Ed. (2420, 3302, 3307)
  2018 Ed. (1313, 3371, 3376)
  2019 Ed. (1339, 2989, 3351, 3359)
  2020 Ed. (3018, 3352, 3360)
  2021 Ed. (2879)
Hertz (includes Dollar Thrifty)
  2022 Ed. (286)
Hertz (includes Dollar and Thrifty)
  2021 Ed. (269)
Hertz Investors Inc.
  2008 Ed. (315, 316)
  2009 Ed. (337, 338)
  2010 Ed. (317)
  2011 Ed. (241)
  2012 Ed. (262)
  2013 Ed. (278)
  2014 Ed. (280, 281)
  2015 Ed. (312, 313)
  2016 Ed. (309, 310)
Hertz Management
  1993 Ed. (2492)
  1994 Ed. (2429)
Hertz Rent A Car
  2016 Ed. (292)
Hertz Rent a Car
  1991 Ed. (333, 334)
Hertz (U.S.)
  2021 Ed. (270)
Hertzbach & Co.
  2011 Ed. (2)
  2019 Ed. (7)
  2020 Ed. (9)
Herz family
  2007 Ed. (4911)
Herzing College Ottawa
  2015 Ed. (830)
  2016 Ed. (728)
Herzing University
  2015 Ed. (5030)
  2016 Ed. (4948)
Herzog Contracting Corp.
  2002 Ed. (1260, 1261)
  2003 Ed. (1270, 1271)
  2004 Ed. (1274)
Herzog Heine Geduld Inc.
  1995 Ed. (754)

He's Just Not That into You
  2007 Ed. (663)
HES stavebni
  2019 Ed. (1528)
Heseltine; Lord
  2005 Ed. (4896)
  2007 Ed. (4935)
Hesham El Sahatry
  2013 Ed. (3475)
Heska
  2019 Ed. (1519, 3863)
Heska Corp.
  2002 Ed. (2487)
  2009 Ed. (1597)
  2010 Ed. (1584)
  2015 Ed. (1576)
  2019 Ed. (1512)
Hesley Cocoa International
  2008 Ed. (2755)
Hesperia, CA
  2020 Ed. (2206)
Hess
  2022 Ed. (3839)
  2023 Ed. (3950)
Hess Business School; Leon
  2014 Ed. (775)
  2015 Ed. (817)
Hess Corp.
  1992 Ed. (1787)
  2008 Ed. (1987, 3169, 3673, 3894, 3897, 3908, 3909, 3912, 3941)
  2009 Ed. (1376, 1445, 1940, 2510, 3958, 3963, 3970, 3971, 3975, 3976, 3979, 4008, 4016)
  2010 Ed. (1445, 1877, 3868, 3869, 3873, 3877, 3878, 3879, 3880, 3884, 3885, 3888, 3914, 3922)
  2011 Ed. (1380, 1907, 2429, 3878, 3879, 3883, 3892, 3896, 3900, 3933, 3938, 3941)
  2012 Ed. (843, 1215, 1764, 2461, 3858, 3859, 3861, 3863, 3865, 3866, 3870, 3873, 3877, 3878, 3879, 3881, 3931, 3938)
  2013 Ed. (876, 1023, 1329, 1938, 2533, 3913, 3914, 3930, 3931, 3932, 3936, 3937, 3938, 3942, 3943, 3944, 3946, 3987, 3994)
  2014 Ed. (1876, 2502, 2540, 3048, 3859, 3875, 3877, 3881, 3882, 3884, 3888, 3889, 3890, 3892, 3930, 3937, 4062)
  2015 Ed. (1318, 1319, 1911, 2415, 2877, 3114, 3886, 3900, 3906, 3907, 3909, 3913, 3914, 3915, 3917, 3966, 3973)
  2016 Ed. (1875, 2049, 3795, 3810, 3816, 3817, 3818, 3819, 3820, 3822, 3823, 3824, 3827, 3880, 3887)
  2017 Ed. (2417, 2775, 3776, 3777, 3781, 3782, 3785, 3835, 3846, 3853)
  2018 Ed. (2454, 3823, 3824, 3825, 3830, 3831, 3832, 3834, 3890)
  2019 Ed. (3793, 3800, 3801, 3802, 3807, 3808, 3809, 3811)
  2020 Ed. (3555)
  2021 Ed. (2872)
Hess Family Wine Estates
  2022 Ed. (1432)
  2023 Ed. (1625)
Hess; John B.
  2007 Ed. (1031)
  2008 Ed. (953)
  2009 Ed. (952)
  2010 Ed. (904, 909)
  2011 Ed. (840)
  2015 Ed. (969)
Hess; Leon
  1989 Ed. (1989)
  1990 Ed. (2578)
  1991 Ed. (2462)
  1992 Ed. (3079)
  1995 Ed. (1732, 2580)
Hess Management
  1999 Ed. (1045, 3889)
Hess Oil Virgin Islands Corp.
  1999 Ed. (3813)
Hessa Al Jaber
  2013 Ed. (4614)
Hesse; Daniel R.
  2008 Ed. (955)
  2009 Ed. (960)
  2010 Ed. (913)
  2011 Ed. (845, 858)
  2012 Ed. (797, 808)
  2013 Ed. (988)
  2014 Ed. (946)
  2015 Ed. (973)
Hessen, Germany
  2014 Ed. (626)
Hessische Landesbank-Girozentrale
  1990 Ed. (581)
Hess's
  1990 Ed. (2120, 2122)
  1991 Ed. (1969)
HESTA
  2002 Ed. (3777)
  2004 Ed. (3082)
  2009 Ed. (4122)

HeSteel Group
 2018 Ed. (3561)
Hesteel Group Co., Ltd.
 2018 Ed. (4504)
 2019 Ed. (4497)
 2020 Ed. (4481)
Hester Biosciences
 2021 Ed. (1582)
Hestia Insurance
 2001 Ed. (2926)
Hesto Harnesses
 2023 Ed. (1501)
Hesus
 2018 Ed. (4815)
Het PR Bureau BV
 2014 Ed. (1840)
 2015 Ed. (1878)
het Rijk
 2009 Ed. (2591)
Heuberger Motors
 1996 Ed. (288)
Heublein
 1990 Ed. (2459)
 1991 Ed. (3335, 3458)
 1992 Ed. (2884, 4453, 4473)
 1993 Ed. (3714, 3721)
 1994 Ed. (681)
 1995 Ed. (3750)
 1997 Ed. (2640, 3730, 3854, 3897)
 1998 Ed. (452, 2368, 3510, 3686, 3738)
 1999 Ed. (3198, 4583, 4729, 4784)
Heublein Cocktails
 1994 Ed. (2392)
 1996 Ed. (2523, 3833, 3849)
 1997 Ed. (3884)
 1999 Ed. (3207)
 2000 Ed. (2947)
 2001 Ed. (3116)
 2002 Ed. (3106)
Heublein Cocktaisl
 1992 Ed. (2886)
Heublein; Grand Metropolitan/
 1991 Ed. (1145)
Heublein Wines
 1989 Ed. (2929)
Heuer; Christina
 1993 Ed. (1771, 1791)
 1994 Ed. (1774)
 1995 Ed. (1857)
 1996 Ed. (1789)
Heungkuk Life Insurance Co., Ltd.
 2021 Ed. (2488, 3080)
Heupink & Reinders Half-Zwaar
 1999 Ed. (1142)
Heupink & Reinders Light
 1999 Ed. (1142)
Heuristic Development Group
 2001 Ed. (1651)
Heus Manufacturing Co., Inc.
 2007 Ed. (3615, 3616)
Heuston; Bill
 2012 Ed. (4386)
Hevrat Haovdim Ltd.
 1994 Ed. (3660)
HEW Credit Union
 2003 Ed. (1954)
 2004 Ed. (1994)
 2005 Ed. (2136)
 2006 Ed. (2231)
 2008 Ed. (2267)
 2010 Ed. (2207)
 2012 Ed. (2087)
 2013 Ed. (2222)
Hew & Tan
 1997 Ed. (20)
Hewa Bora Airways
 2012 Ed. (152)
Hewins Financial
 2019 Ed. (2)
Hewins Financial
 2020 Ed. (3)
Hewitt Associates Inc.
 1990 Ed. (1648, 1650, 1651)
 1991 Ed. (1543, 1544)
 1992 Ed. (1940, 1941)
 1993 Ed. (1589, 1590, 1591)
 1994 Ed. (1622, 1623)
 1995 Ed. (1661, 1662)
 1996 Ed. (1638, 1639)
 1997 Ed. (1715, 1716)
 1998 Ed. (1422, 1423, 1424, 1425, 1426, 2293)
 1999 Ed. (26, 1997, 1998, 3063, 3066)
 2000 Ed. (1776, 1777)
 2004 Ed. (1730, 2267, 2268, 2682, 3749, 4337)
 2005 Ed. (819, 1790, 2367, 2368, 2369, 2679, 3024, 3663, 3664)
 2006 Ed. (1761, 2418, 2658, 2808, 3032, 3759, 3761)
 2007 Ed. (1768, 2641, 2894, 3757)
 2008 Ed. (1798, 2484, 2767, 3016)
 2009 Ed. (1743, 2489, 2825, 3102, 3888)
 2010 Ed. (1187, 1688, 2399, 2773, 3035, 3800)
 2011 Ed. (1701, 2395, 2396, 3004, 3796)
 2012 Ed. (1556, 2931)

Hewitt Associates LLC
 1999 Ed. (1999)
 2000 Ed. (1774, 1775)
 2001 Ed. (1730, 2221, 2222)
 2002 Ed. (2111, 2112, 2113)
Hewitt, Coleman & Associates Inc.
 2010 Ed. (3233)
Hewitt Holdings LLC
 2006 Ed. (1761)
 2007 Ed. (1768)
 2008 Ed. (1798)
 2009 Ed. (1743)
 2010 Ed. (2514)
 2011 Ed. (2516)
 2012 Ed. (2442)
Hewitt; Jennifer Love
Hewitt; Patricia
 2006 Ed. (4978)
Hewitt; Ronald
 1992 Ed. (3138)
Hewitt Tax Service; Jackson
 1992 Ed. (2221)
Hewlett Foundation; William & Flora
 1992 Ed. (1100)
 2005 Ed. (2677)
 2008 Ed. (2766)
 2010 Ed. (2770, 2772)
 2011 Ed. (2756, 2758)
 2012 Ed. (2690, 2692)
Hewlett Neck, NY
 2012 Ed. (3047)
Hewlett-Packard
 2014 Ed. (657, 1314, 2435)
 2015 Ed. (1942, 2988)
 2016 Ed. (2922)
 2017 Ed. (2880)
 2022 Ed. (2304)
Hewlett-Packard Canada
 1993 Ed. (2036)
 1995 Ed. (2099)
 1996 Ed. (2108)
 1997 Ed. (2214)
 1999 Ed. (2668)
 2003 Ed. (1115)
 2004 Ed. (2825)
 2005 Ed. (2830)
 2006 Ed. (2818)
 2007 Ed. (2820)
 2008 Ed. (2929, 2945)
 2009 Ed. (2990, 2995)
 2010 Ed. (2926, 2935)
 2011 Ed. (2888, 2899)
 2012 Ed. (2832, 2834)
Hewlett-Packard (Canada) Co.
 2016 Ed. (2906)
 2017 Ed. (2864)
 2018 Ed. (2935)
Hewlett-Packard (Canada) Ltd.
 2013 Ed. (2919)
 2014 Ed. (2933)
 2015 Ed. (2983)
 2016 Ed. (2918)
Hewlett-Packard Co
 2013 Ed. (1478)
Hewlett-Packard Colombia Ltda.
 2015 Ed. (1569)
Hewlett Packard Co.
 2013 Ed. (1084)
Hewlett-Packard Co.
 1989 Ed. (975, 976, 978, 983, 1117, 1309, 1317, 1318, 1326, 1329, 1330, 1333, 1342, 1990, 2103, 2304, 2306)
 1990 Ed. (171, 298, 1111, 1112, 1120, 1121, 1123, 1126, 1129, 1131, 1134, 1615, 1620, 1627, 1629, 1644, 2005, 2190, 2201, 2211, 2528, 2570, 2582, 2583, 2735, 2880, 2901, 2983, 2989, 2990, 2991, 3710, 3711)
 1991 Ed. (169, 266, 845, 889, 890, 1010, 1025, 1026, 1030, 1032, 1033, 1038, 1053, 1209, 1443, 1516, 1517, 1521, 1526, 1528, 1540, 2063, 2068, 2077, 2455, 2463, 2464, 2637, 2695, 2836, 2839, 2843, 2846, 2851, 2909, 3516)
 1992 Ed. (234, 1094, 1287, 1298, 1300, 1306, 1307, 1317, 1319, 1320, 1321, 1322, 1325, 1919, 1921, 1929, 2236, 2631, 2633, 3068, 3666, 3671, 3763, 4491, 4492)
 1993 Ed. (826, 1034, 1047, 1048, 1053, 1056, 1057, 1060, 1062, 1063, 1064, 1066, 1183, 1286, 1572, 1574, 1583, 1712, 1904, 2013, 2166, 2177, 2562, 2739, 2947, 2997, 3002, 3066, 3646, 3739)
 1994 Ed. (842, 1073, 1078, 1080, 1081, 1082, 1086, 1085, 1088, 1090, 1337, 1611, 1613, 1726, 1920, 2161, 2186, 2201, 2202, 2204, 2205, 2208, 2402, 3043, 3129, 3676, 3677, 3678, 3679)
 1995 Ed. (20, 21, 154, 1077, 1084, 1085, 1087, 1088, 1090, 1092, 1093, 1344, 1348, 1363, 1393, 1655, 2138, 2240, 2251, 2252, 2253, 2254, 2255, 2257, 2258, 2259, 2260, 2261, 2503, 2670, 2938, 3092, 3178)
 1996 Ed. (774)
 1997 Ed. (30, 712, 1079, 1080, 1084, 1085, 1105, 1341, 1369, 1402, 1403, 1707, 1807, 1827, 2205, 2372, 2782, 2783, 2958, 3294, 3298, 3923)
 1998 Ed. (562, 564, 570, 571, 578, 687, 821, 823, 825, 827, 830, 832, 833, 837, 1070, 1128, 1289, 1399, 1402, 1538, 1539, 1890, 2492, 2493, 2494, 2531, 2700, 2703, 2704, 2705, 3043, 3119, 3770, 3771, 3777)
 1999 Ed. (967, 986, 987, 991, 994, 1073, 1244, 1257, 1258, 1259, 1261, 1263, 1265, 1267, 1269, 1271, 1272, 1273, 1283, 1289, 1475, 1526, 1571, 1572, 1573, 1576, 1591, 1621, 1623, 1965, 1966, 1972, 1974, 2120, 2874, 2875, 2878, 2879, 2880, 2881, 2897, 3298, 3341, 3404, 3405, 3468, 3608, 3609, 3641, 3643, 3646, 3647, 3648, 3974, 4043, 4044)
 2000 Ed. (205, 773, 932, 933, 937, 942, 960, 961, 1157, 1161, 1162, 1164, 1165, 1166, 1167, 1174, 1245, 1396, 1427, 1429, 1743, 1748, 1750, 1751, 2639, 2648, 2747, 3035, 3079, 3187, 3367, 3370, 3685, 3757, 3758, 4441)
 2001 Ed. (659, 1071, 1073, 1134, 1344, 1347, 1349, 1350, 1358, 1363, 1594, 1647, 1648, 1649, 1653, 2198, 2868, 2869, 2897, 3186, 3187, 3296, 3403, 3535, 3958, 4043, 4213)
 2002 Ed. (33, 37, 227, 915, 1133, 1135, 1136, 1137, 1139, 1140, 1141, 1145, 1499, 1560, 1602, 1621, 1655, 2075, 2106, 2109, 2807, 2832, 3233, 3334, 3335, 3336, 3337, 3338, 3339, 3729, 3886, 4518, 4600, 4876, 4896, 4978, 4993, 4994)
 2003 Ed. (192, 911, 1087, 1089, 1090, 1092, 1095, 1098, 1099, 1100, 1104, 1120, 1122, 1125, 1575, 1621, 1627, 1628, 1647, 2239, 2251, 2252, 2253, 2254, 2894, 2895, 2926, 2943, 2944, 2948, 3751, 3796, 3797, 4029, 4030, 4686, 4981, 4982)
 2004 Ed. (151, 859, 1102, 1107, 1108, 1110, 1114, 1116, 1117, 1118, 1119, 1133, 1135, 1450, 1452, 1507, 1526, 1560, 1659, 1660, 1677, 1686, 2256, 2262, 3000, 3001, 3020, 3022, 3024, 3032, 3154, 3351, 3776, 4048, 4099, 4581, 4919, 4984)
 2005 Ed. (152, 793, 831, 832, 834, 836, 1106, 1112, 1113, 1114, 1115, 1118, 1159, 1360, 1363, 1380, 1523, 1574, 1575, 1618, 1620, 1621, 1642, 1673, 1674, 1675, 1677, 1681, 1682, 1683, 1685, 1687, 1735, 1793, 2329, 2355, 2997, 2998, 3025, 3034, 3036, 3380, 3381, 3695, 3987, 4039, 4451, 4463, 4809)
 2006 Ed. (163, 692, 758, 759, 761, 1101, 1103, 1104, 1105, 1108, 1110, 1111, 1121, 1132, 1144, 1148, 1151, 1364, 1369, 1455, 1469, 1470, 1501, 1504, 1507, 1578, 1579, 1581, 1583, 1586, 1587, 1588, 1589, 1590, 1646, 1662, 1850, 2385, 2400, 2869, 2892, 2991, 2992, 3033, 3361, 3362, 3695, 3697, 3760, 4981)
 2007 Ed. (154, 683, 689, 736, 851, 852, 853, 854, 856, 858, 859, 860, 1204, 1206, 1208, 1209, 1210, 1212, 1213, 1214, 1215, 1229, 1237, 1244, 1259, 1263, 1403, 1407, 1447, 1477, 1533, 1537, 1552, 1608, 1610, 1611, 1612, 2326, 2347, 2799, 2862, 2893, 3025, 3026, 3071, 3074, 3415, 3690, 3758, 3823, 3825, 4557, 4700, 4806, 4979, 4980)
 2008 Ed. (641, 816, 817, 818, 896, 1111, 1112, 1113, 1115, 1117, 1118, 1119, 1129, 1138, 1143, 1152, 1157, 1158, 1159, 1347, 1359, 1363, 1471, 1496, 1517, 1521, 1585, 1586, 1588, 1589, 1591, 1594, 1598, 1599, 1600, 1601, 1602, 1603, 1605, 1610, 1922, 2475, 2981, 3014, 3036, 3143, 3144, 3196, 3544, 3834, 3861, 4262, 4605, 4610, 4668)
 2009 Ed. (146, 656, 755, 842, 843, 1090, 1091, 1092, 1096, 1098, 1122, 1131, 1137, 1138, 1139, 1351, 1364, 1448, 1451, 1520, 1521, 1523, 1524, 1526, 1533, 1536, 1537, 1540, 1541, 1542, 1546, 1547, 1792, 1880, 2278, 3006, 3109, 3228, 3229, 3255, 3272, 3611, 3632, 3633, 3889, 3920, 4366, 4560, 4652, 4826)
 2010 Ed. (703, 788, 789, 1071, 1072, 1075, 1076, 1078, 1082, 1102, 1110, 1113, 1121, 1123, 1335, 1344, 1357, 1389, 1412, 1436, 1441, 1449, 1518, 1519, 1520, 1527, 1528, 1531, 1533, 1536, 1733, 1744, 1812, 2218, 2403, 2688, 2930, 2933, 2945, 3033, 3161, 3186, 3488, 3535, 3552, 3832, 4393, 4683)
 2011 Ed. (198, 715, 928, 933, 1010, 1011, 1014, 1015, 1017, 1018, 1021, 1041, 1049, 1052, 1060, 1318, 1345, 1346, 1380, 1432, 1433, 1435, 1436, 1437, 1443, 1451, 1512, 1526, 1527, 1529, 1534, 1728, 1733, 1735, 1738, 1840, 2403, 2529, 2677, 2855, 2885, 2910, 3002, 3126, 3127, 3150, 3534, 3552, 3554, 3555, 3830, 4124, 4633)
 2012 Ed. (214, 660, 854, 856, 931, 932, 934, 935, 940, 941, 943, 956, 967, 970, 977, 978, 987, 1186, 1192, 1210, 1211, 1240, 1269, 1270, 1272, 1284, 1291, 1321, 1360, 1369, 1372, 1373, 1381, 1698, 2165, 2453, 2464, 2606, 2823, 2846, 2895, 2896, 2929, 3060, 3061, 3524, 3545, 3546, 3547, 3688, 4530, 4532, 4635, 4636, 4821)
 2013 Ed. (891, 903, 1073, 1079, 1080, 1083, 1085, 1086, 1088, 1092, 1115, 1121, 1129, 1306, 1309, 1313, 1320, 1323, 1370, 1372, 1373, 1375, 1378, 1392, 1458, 1464, 1465, 1477, 1480, 2292, 2295, 2366, 2611, 2696, 2915, 2922, 2981, 3017, 3149, 3150, 3186, 3202, 3203, 3205, 3565, 3613, 3615, 3616, 4222, 4592, 4975)
 2014 Ed. (1035, 1041, 1042, 1046, 1048, 1049, 1051, 1076, 1084, 1090, 1239, 1243, 1247, 1254, 1257, 1296, 1313, 1315, 1316, 1318, 1330, 1426, 1438, 1444, 2298, 2538, 2551, 2568, 2680, 2929, 2939, 2992, 3027, 3152, 3153, 3218, 3544, 3555, 4259, 4980)
 2015 Ed. (1070, 1076, 1077, 1081, 1083, 1084, 1114, 1129, 1297, 1301, 1305, 1311, 1313, 1378, 1380, 1393, 1479, 1488, 1498, 1503, 2507, 2724, 2926, 2979, 3064, 3094, 3212, 3213, 3566)
 2016 Ed. (977, 983, 984, 990, 993, 994, 1026, 1041, 1212, 1216, 1218, 1220, 1226, 1229, 1305, 1307, 1309, 1404, 1418, 1439, 1440, 1444, 2266, 2440, 2647, 2856, 2914, 2954, 3067, 3068, 3113, 3422, 3442, 3966, 4022)
 2017 Ed. (1021, 1029, 1261, 1264, 1266, 1268, 1275, 1278, 1450, 2122, 2286, 2298, 2421, 2873, 3382, 3994, 4124)
 2018 Ed. (1429, 1430, 2345, 4003)
 2019 Ed. (2345)
 2021 Ed. (2267, 2278)
Hewlett-Packard CTD
 1993 Ed. (3697)
Hewlett-Packard Development Co.
 2005 Ed. (1156)
 2007 Ed. (3782)
 2011 Ed. (3834)
 2012 Ed. (3814)
 2013 Ed. (3876)
Hewlett-Packard Direct Marketing Division
 1997 Ed. (913, 2698)
 1998 Ed. (651, 2426)
 1999 Ed. (1043, 3287, 3288)
 2000 Ed. (993, 3023)
Hewlett Packard Enterprise
 2019 Ed. (991, 3090)
 2020 Ed. (922, 940, 945, 975, 3121)
 2021 Ed. (933, 935, 937, 938)
 2022 Ed. (954, 956, 958, 3136, 4571)
 2023 Ed. (1127, 1129, 1130, 2071, 2072, 2075, 3218, 3220, 4578)
Hewlett-Packard Enterprise
 2017 Ed. (1451)
 2018 Ed. (1431)
Hewlett Packard Enterprise Co.
 2017 Ed. (1020, 1028)
 2018 Ed. (943, 944, 952, 958, 986, 994, 1000, 1243, 1247, 1253, 1256, 1407, 2160, 2943)
 2019 Ed. (934, 943, 953, 985, 1002, 1450, 1472, 2961, 3088, 3104)
 2020 Ed. (926, 935, 943, 970)
 2021 Ed. (1311, 2850, 4562)
 2022 Ed. (970, 1320)
 2023 Ed. (1144, 1555, 2360, 3234, 4567)
Hewlett Packard Enterprise Co. (U.S.)
 2021 Ed. (4562)
Hewlett Packard Enterprise (U.S.)
 2022 Ed. (4571)
Hewlett-Packard France
 2004 Ed. (3331)
Hewlett-Packard Global Delivery Bulgaria Center EOOD
 2014 Ed. (3183)
Hewlett-Packard GmBH
 2000 Ed. (3020)
 2001 Ed. (2213)
 2002 Ed. (2097)
 2004 Ed. (2185)
 2010 Ed. (1496)
Hewlett-Packard Hellas
 2010 Ed. (1662)
Hewlett Packard Holding GMBH
 2000 Ed. (3021)
Hewlett-Packard Idocom
 1993 Ed. (3697)
Hewlett Packard Ireland (Holdings) Ltd.
 2001 Ed. (1755)
Hewlett-Packard (Japan)
 2001 Ed. (1619)

CUMULATIVE INDEX • 1989-2023

Hewlett Packard Peru
  2010 Ed. (1952)
Hewlett-Packard Services
  2006 Ed. (4872)
  2007 Ed. (4871)
Hewlett-Packard (Singapore)
  2001 Ed. (1617, 1618, 1842)
Hewlett-Packard The Hague BV
  2012 Ed. (1467, 1740)
  2013 Ed. (1602, 1906)
Hewlett; William
  1989 Ed. (2751, 2905)
  2008 Ed. (895)
Hewpack
  1995 Ed. (2139)
Hewson; Marillyn
  2015 Ed. (5024, 5026)
  2016 Ed. (4941)
  2017 Ed. (4932)
  2019 Ed. (4937)
  2020 Ed. (4935)
  2021 Ed. (4940)
Hewson; Marillyn A.
  2015 Ed. (968)
Hewson; Marilyn
  2021 Ed. (4934, 4935)
Hewson & Van Hellemont
  2014 Ed. (3444)
Hex-Rays
  2010 Ed. (1110)
  2011 Ed. (1049)
Hexachlorobenzene
  1990 Ed. (2812)
Hexacta
  2010 Ed. (1471)
  2015 Ed. (1432)
Hexagon
  2011 Ed. (2385)
  2012 Ed. (2317)
  2013 Ed. (2483, 3156)
  2014 Ed. (2415, 3160)
  2015 Ed. (2489, 3219)
  2016 Ed. (2421, 3076)
  2017 Ed. (2268, 3025)
  2018 Ed. (3140)
  2019 Ed. (3077)
  2020 Ed. (3107)
Hexagon AB
  2014 Ed. (4046)
Hexagon Industries
  1995 Ed. (1767)
Hexagon U.S. Federal
  2022 Ed. (3473)
Hexal AG
  2006 Ed. (1736)
Hexane
  2000 Ed. (3562)
Hexaware Technologies
  2014 Ed. (1663)
  2015 Ed. (1706)
  2022 Ed. (1378, 1603)
Hexcel
  1989 Ed. (272)
  1990 Ed. (181, 182, 183, 184, 185)
  1992 Ed. (246)
  2000 Ed. (1021)
  2001 Ed. (1586)
Hexcel Corp.
  2019 Ed. (3414)
Hexel Corp.
  1991 Ed. (256)
Hexion
  2022 Ed. (876, 1845)
  2023 Ed. (1055, 1969)
Hexion Inc.
  2017 Ed. (1895)
  2018 Ed. (1841)
  2019 Ed. (1894)
  2020 Ed. (1833)
Hexion Specialty Chemicals Inc.
  2007 Ed. (1529)
  2009 Ed. (941, 4160)
  2010 Ed. (882, 4093)
  2011 Ed. (815, 4063)
Hey-Song Corp.
  1989 Ed. (54)
Hey, Whipple, Squeeze This: A Guide to Creating Great Advertising
  2010 Ed. (600)
Heyman; Karen
  2019 Ed. (4118)
Heyman; Samuel J.
  2005 Ed. (3936)
Heyman; Timothy
  1996 Ed. (1906)
Heymann Brothers Films
  2013 Ed. (2677)
Heytesbury
  2002 Ed. (247, 3770)
  2004 Ed. (3950)
Heywood Williams Group
  1995 Ed. (1405)
  1996 Ed. (1355)
Heywood Williams Group Plc
  2000 Ed. (3086)
Heyzap Inc.
  2017 Ed. (1425)

H.F. Ahmanson
  1998 Ed. (3523, 3527)
HF Ahmanson & Co.
  1990 Ed. (1779)
  1999 Ed. (373)
  2000 Ed. (374)
Hf. Eimskipafelag Islands
  2006 Ed. (4506)
  2009 Ed. (1736)
  2011 Ed. (1696)
  2012 Ed. (1549)
  2013 Ed. (1695)
HF Financial Corp.
  2013 Ed. (2052)
  2015 Ed. (2035)
HF Holdings Inc.
  2006 Ed. (3359)
H.F. & PH. F. Reemtsma GmbH & Co.
  1997 Ed. (3759)
HFB Financial Corp.
  2002 Ed. (3553)
HFCK
  1999 Ed. (3591)
HFCL
  2017 Ed. (1628)
HFD-The Weekly Home Furnishings
  1994 Ed. (2795)
HFF
  2014 Ed. (1936)
  2015 Ed. (1983, 2917)
  2016 Ed. (4091)
  2017 Ed. (4058)
  2018 Ed. (4085, 4096)
  2020 Ed. (4102)
HFF Inc.
  2009 Ed. (2912, 4398)
  2010 Ed. (2856)
  2011 Ed. (2000)
  2012 Ed. (1843, 1846, 1847, 1848, 1853, 4969)
HFF LP
  2013 Ed. (4198)
  2014 Ed. (1409, 4215)
  2015 Ed. (1469, 1972, 4198)
  2016 Ed. (1938)
  2017 Ed. (4093)
  2018 Ed. (4121)
  2019 Ed. (4132)
  2020 Ed. (4134)
HFG Architecture (Health Facilities Group)
  2023 Ed. (294)
HFN
  1996 Ed. (3080)
  1997 Ed. (3160)
  1998 Ed. (2910)
  1999 Ed. (3881)
  2000 Ed. (3601)
  2001 Ed. (3873)
  2002 Ed. (3741)
  2005 Ed. (139, 140)
  2008 Ed. (142)
HFR Inc.
  2012 Ed. (211)
HFS Co.
  2022 Ed. (1939)
HFS Concepts 4
  2009 Ed. (3417, 3418)
  2013 Ed. (3105)
  2014 Ed. (3103)
HFS Credit Union
  2002 Ed. (1861)
  2003 Ed. (1915)
  2004 Ed. (1955)
  2005 Ed. (2097)
  2006 Ed. (2192)
  2007 Ed. (2113)
  2008 Ed. (2228)
  2009 Ed. (2212)
  2010 Ed. (2166)
  2011 Ed. (2185)
  2012 Ed. (2016, 2045)
  2013 Ed. (2227)
  2014 Ed. (2159)
  2015 Ed. (2223)
  2016 Ed. (2194)
HFS Federal Credit Union
  2018 Ed. (2091)
  2020 Ed. (2070)
  2021 Ed. (2016, 2060)
  2022 Ed. (2095)
  2023 Ed. (2164, 2210)
HFS Group
  2006 Ed. (2053)
  2007 Ed. (3194, 3202, 3203)
  2008 Ed. (3344, 3345)
HFS Inc.
  1997 Ed. (1319, 2278, 2279, 2280, 2282, 3639)
  1998 Ed. (575, 1047, 1050, 1066, 1146, 2006, 2009, 2010, 2011, 3001, 3290)
  1999 Ed. (181, 1460, 2765, 2770, 2783)
  2002 Ed. (1463)
  2005 Ed. (1500)
H.G. Arias & Associates
  2021 Ed. (2321)
HG Asia
  1995 Ed. (764, 770, 771, 772, 773, 774, 777, 780, 781, 782, 783, 784, 785,

786, 787, 788, 789, 795, 797, 798, 799, 803, 804, 805, 813, 814, 815, 817, 818, 819, 820, 821, 824, 827, 829, 830, 831, 832, 833, 834, 836, 837, 839, 840, 841)
  1996 Ed. (1851, 3376, 3393)
  1997 Ed. (743, 750, 751, 752, 754, 757, 758, 759, 765, 766, 768, 769, 780, 781, 798, 799, 800, 801, 802, 813, 814, 815, 816, 817, 818, 819, 820, 821, 822, 1957)
HG Capital Trust
  2016 Ed. (3284)
  2017 Ed. (3244)
H.G. Infra Engineering
  2022 Ed. (1603)
HGA
  2022 Ed. (3285)
  2023 Ed. (276, 3372, 3375, 3378)
HGA Architect & Engineers
  2019 Ed. (189)
  2020 Ed. (190)
  2021 Ed. (189)
HGA Architects & Engineers
  2010 Ed. (3351, 3354)
  2011 Ed. (2476, 3304, 3308, 3309, 3311)
  2012 Ed. (3291, 3293)
  2015 Ed. (3410)
  2019 Ed. (3278, 3281)
HGA Inc.
  2023 Ed. (295)
HGA Vertriebs GmbH
  2019 Ed. (2116)
HGB Constructors Inc.
  2003 Ed. (1296)
  2004 Ed. (1299)
HGC Construction
  2020 Ed. (1214)
HGF
  2018 Ed. (3346)
HGK Asset Management, Fixed Income— Short Term
  2003 Ed. (3133)
HGK Asset Management Inc.
  2003 Ed. (3080)
HGM Management & Technologies Inc.
  2007 Ed. (3612)
  2008 Ed. (3739, 4437)
HGreg
  2022 Ed. (4225)
HGST
  2014 Ed. (3192)
HGTV
  2015 Ed. (866)
  2020 Ed. (745)
  2021 Ed. (761)
  2022 Ed. (798)
HH Global
  2018 Ed. (1989)
HH & S
  1994 Ed. (3128)
  1996 Ed. (3277)
  1997 Ed. (3374)
HHA Services
  1992 Ed. (2447, 2451)
  1993 Ed. (2063, 2067)
  2008 Ed. (2909, 3095, 3412)
  2009 Ed. (1639, 3187, 3480)
  2012 Ed. (2797)
  2013 Ed. (2865)
HHD O & M
  1995 Ed. (50)
  1996 Ed. (66)
  1999 Ed. (62)
  2000 Ed. (66)
  2001 Ed. (110)
  2002 Ed. (83)
  2003 Ed. (49)
HHD Ogilvy & Mather
  1989 Ed. (87)
  1990 Ed. (81)
  1991 Ed. (78)
  1992 Ed. (125)
  1993 Ed. (83)
  1994 Ed. (72)
  1997 Ed. (64)
HHGregg
  2013 Ed. (914, 916)
  2014 Ed. (861, 2444)
  2015 Ed. (2516)
  2016 Ed. (2449)
  2017 Ed. (1642, 2296)
  2018 Ed. (1621)
  2019 Ed. (2336)
hhgregg
  2018 Ed. (3088)
HHGregg Inc.
  2011 Ed. (1715)
  2012 Ed. (1568, 2910, 4500, 4501, 4502)
  2013 Ed. (2997, 4466)
  2014 Ed. (2879, 3004, 4361, 4363, 4515)
  2015 Ed. (3073, 4370, 4372)
  2016 Ed. (2963, 3024)
  2017 Ed. (2969)
  2018 Ed. (3090)
  2019 Ed. (3025)
HHHunt
  2005 Ed. (1236)

HHHunt Corp.
  2013 Ed. (1186, 1187)
  2015 Ed. (1185)
  2017 Ed. (31)
  2018 Ed. (32)
  2019 Ed. (42, 1071)
  2021 Ed. (35)
  2023 Ed. (91)
HHL Financial Services
  1997 Ed. (1044, 1045, 1046, 1048)
HHL Leipzig
  2015 Ed. (839)
HHM
  2014 Ed. (3083)
  2015 Ed. (3149)
  2016 Ed. (3005)
HHNEC
  2006 Ed. (4289)
HHS
  2019 Ed. (2026)
HHS LLC
  2023 Ed. (2068)
Hi C
  1990 Ed. (724)
  1992 Ed. (2240)
  1995 Ed. (1947, 1948)
  1998 Ed. (450, 1777)
  2000 Ed. (2282)
  2003 Ed. (2578)
  2007 Ed. (2655)
  2014 Ed. (606)
  2023 Ed. (2961)
Hi C Blast
  2007 Ed. (2655)
Hi C Sour Blast
  2007 Ed. (2655)
Hi-Crush Partners
  2016 Ed. (2040)
H.I. Development Corp.
  1990 Ed. (2062)
  1994 Ed. (2092, 2093)
  1995 Ed. (2147, 2149)
Hi-Dri
  1996 Ed. (2907)
  2003 Ed. (3735)
Hi-Five Sports Franchising
  2021 Ed. (3886)
  2022 Ed. (3898)
Hi Ho
  1996 Ed. (1174)
Hi Inn
  2023 Ed. (3157)
Hi-Life
  2008 Ed. (719)
Hi-Life International
  2012 Ed. (4363)
Hi-Lite
  1997 Ed. (993)
  1999 Ed. (1141)
  2000 Ed. (1062)
Hi Lo
  2017 Ed. (332)
Hi-Lo
  2004 Ed. (4645)
Hi/Lo Automotives
  1994 Ed. (336)
  1995 Ed. (336)
  1996 Ed. (354)
  1997 Ed. (325)
  1998 Ed. (247)
  1999 Ed. (362)
Hi-Mark Construction Group Inc.
  2023 Ed. (1954)
Hi-Mart
  2005 Ed. (80)
  2009 Ed. (94)
  2010 Ed. (102)
  2012 Ed. (4362)
  2013 Ed. (4294)
Hi-Plains Savings
  1989 Ed. (2360)
Hi-Plains Savings & Loan Association FS & LA
  1990 Ed. (3592)
Hi-Pro
  1990 Ed. (2818)
  1994 Ed. (2829)
Hi-Pro Dog Meal
  1989 Ed. (2193)
  1992 Ed. (3408)
  1993 Ed. (2815)
Hi-School Drugs
  2006 Ed. (2309)
Hi-School Pharmacy
  1999 Ed. (1929)
  2002 Ed. (2036)
Hi-Shear Industries Inc.
  1990 Ed. (181, 182)
  1993 Ed. (155, 156)
  1995 Ed. (2497)
Hi-Shear Tech
  2011 Ed. (4437, 4444, 4446)
Hi-Shear Technology Corp.
  1995 Ed. (2497)
Hi-Tec
  1992 Ed. (368)
Hi-Tec Sports
  1993 Ed. (260, 3474)

Hi Tech
  1995 Ed. (3648)
Hi Tech Consultants Inc.
  2001 Ed. (4747)
Hi-Tech Electric Inc.
  2019 Ed. (1185)
  2020 Ed. (1176)
  2021 Ed. (1149)
Hi-Tech Mold & Engineering Inc.
  2004 Ed. (3913)
  2006 Ed. (3922)
  2008 Ed. (3746)
  2009 Ed. (3767)
  2012 Ed. (3990)
  2013 Ed. (4055)
  2014 Ed. (3994)
  2015 Ed. (4042)
  2016 Ed. (3954)
  2017 Ed. (3929)
  2018 Ed. (3954)
  2019 Ed. (3930)
  2020 Ed. (3944)
  2021 Ed. (3912)
  2022 Ed. (3922)
Hi-Tech Pharmacal
  2013 Ed. (1935, 2842, 2867)
  2014 Ed. (1874, 2900)
Hi-Tech Pharmacal Co.
  2005 Ed. (4384)
  2006 Ed. (4330, 4337)
  2007 Ed. (3461)
  2008 Ed. (4417)
Hi-Tech PR of Shandwick
  1992 Ed. (3578)
  1993 Ed. (2932)
Hi-Tech Printing Co.
  2005 Ed. (3895)
  2008 Ed. (4029, 4032)
  2010 Ed. (4013, 4015)
  2012 Ed. (4027)
Hi-Tech Public Relations of Shandwick
  1994 Ed. (2971)
  1995 Ed. (3031)
  1996 Ed. (3134)
Hi-Tech Seals Inc.
  1999 Ed. (2845)
Hi-way Paving Inc.
  1995 Ed. (1163)
HI5
  2012 Ed. (2875)
Hiag Holding AG
  1994 Ed. (2415)
Hialeah, FL
  1994 Ed. (2244)
  1995 Ed. (988, 2666)
  2006 Ed. (2857)
  2017 Ed. (3097)
Hiap Seng Engineering
  2012 Ed. (1878)
Hiba
  1991 Ed. (122)
Hiball, Inc.
  2020 Ed. (597)
Hibbard Brown & Co. Inc.
  1992 Ed. (962)
  1993 Ed. (768)
  1995 Ed. (816)
Hibbard; Dwight H.
  1990 Ed. (1715)
Hibbard Nursing Home Inc.
  2013 Ed. (1826)
  2014 Ed. (1754)
  2015 Ed. (1799)
  2016 Ed. (1753)
Hibbett
  2023 Ed. (4489)
Hibbett Sporting Goods
  2013 Ed. (4271)
  2014 Ed. (4329)
  2015 Ed. (4316)
Hibbett Sporting Goods Inc.
  2001 Ed. (4101)
  2004 Ed. (999, 1000)
  2005 Ed. (1014, 1015)
  2006 Ed. (4449, 4451)
  2007 Ed. (4505)
  2008 Ed. (4475, 4482, 4484)
  2009 Ed. (4508, 4514, 4515)
  2010 Ed. (4548, 4555)
  2011 Ed. (4496, 4497, 4513)
  2012 Ed. (4500, 4501, 4502)
  2013 Ed. (4466)
  2014 Ed. (4515)
  2015 Ed. (1407, 1408, 1409, 1410, 1411, 1412, 1413, 1414)
Hibbett Sports
  2011 Ed. (4516)
  2015 Ed. (1417)
  2018 Ed. (4488)
  2023 Ed. (4306)
Hibbett Sports Inc.
  2016 Ed. (4461)
Hibernia Bank
  1989 Ed. (574)
  1996 Ed. (397, 2880)
  2021 Ed. (4298)
  2022 Ed. (4306)
  2023 Ed. (4336)

Hibernia Corp.
  1989 Ed. (676)
  1990 Ed. (446)
  1991 Ed. (386, 1137)
  1992 Ed. (525)
  1994 Ed. (3265)
  1995 Ed. (356, 3346)
  1996 Ed. (375, 376, 1194)
  1997 Ed. (333)
  1998 Ed. (270)
  1999 Ed. (659, 4027, 4028)
  2000 Ed. (3738, 3739)
  2002 Ed. (491)
  2004 Ed. (416)
  2006 Ed. (401, 2284)
Hibernia National Bank
  1992 Ed. (762)
  1993 Ed. (383, 385, 555, 3275)
  1994 Ed. (557)
  1995 Ed. (531)
  1996 Ed. (588)
  1997 Ed. (544)
  1998 Ed. (391)
Hibernia National Bank (New Orleans)
  1991 Ed. (595)
Hibernia National, La.
  1989 Ed. (2146, 2158)
Hibiclens
  2018 Ed. (2679)
  2020 Ed. (2674)
  2021 Ed. (2583)
  2022 Ed. (2699)
  2023 Ed. (2828)
Hibox Systems Oy
  2013 Ed. (2904)
HICAPS Inc.
  2023 Ed. (4773)
Hiccup
  2019 Ed. (3481)
Hicham El Guerrouj
  2013 Ed. (3481)
Hickam AFB, HI
  1992 Ed. (4041)
Hickam Communities LLC
  2013 Ed. (1684)
Hickam Credit Union
  2002 Ed. (1861)
  2003 Ed. (1915)
  2004 Ed. (1955)
  2005 Ed. (2097)
  2006 Ed. (2192)
  2007 Ed. (2113)
  2008 Ed. (2228)
  2009 Ed. (2212)
  2010 Ed. (2166)
  2011 Ed. (2185)
  2012 Ed. (2045)
  2013 Ed. (2227)
  2014 Ed. (2159)
  2015 Ed. (2223)
  2016 Ed. (2194)
Hickam Federal Credit Union
  2018 Ed. (2091)
  2020 Ed. (2070)
  2021 Ed. (2060)
  2022 Ed. (2095)
  2023 Ed. (2164, 2210)
Hickenlooper; John
  2007 Ed. (2497)
  2009 Ed. (4857)
Hickey; Christopher
  2008 Ed. (2692)
Hickey Dodge; Lynn
  1992 Ed. (375)
  1994 Ed. (267)
  1995 Ed. (263)
  1996 Ed. (270)
Hickey Financial Service Ltd.
  1992 Ed. (1289)
Hickey; Norman
  1990 Ed. (2478)
Hickey; Norman W.
  1991 Ed. (2342)
  1992 Ed. (2903)
  1993 Ed. (2461)
Hickey; W. V.
  2005 Ed. (2488)
Hickey; William
  2006 Ed. (911)
Hickey; William V.
  2011 Ed. (3995)
  2012 Ed. (3988)
  2014 Ed. (3990)
Hickies.com
  2018 Ed. (2328)
Hickingbotham Investments Inc.
  2014 Ed. (1372)
Hicklin Slade
  2002 Ed. (1980)
Hickman Inc.; Dow B.
  1993 Ed. (1183)
Hickman's Egg Ranch
  2017 Ed. (2196)
Hickok & Boardman Financial Planning & Group Benefits Inc.
  2013 Ed. (2137)

Hickok & Boardman Financial Planning & HR Intelligence
  2016 Ed. (2103)
Hickok; Jane C.
  1992 Ed. (1139)
Hickory Brands Inc.
  2003 Ed. (993, 994)
Hickory Farms
  2002 Ed. (3271)
  2009 Ed. (2342, 2344)
  2013 Ed. (893)
Hickory Global Partners
  2018 Ed. (4733)
Hickory-Lenoir-Morganton, NC
  2017 Ed. (3344)
Hickory-Morganton-Lenoir, NC
  2005 Ed. (3473)
  2013 Ed. (3543)
Hickory-Morgantown-Lenoir, NC
  1998 Ed. (2484)
Hickory, NC
  1994 Ed. (2245)
  2005 Ed. (1057, 2379)
  2006 Ed. (2425, 2449, 3304)
  2007 Ed. (1157, 2368, 3368)
  2008 Ed. (1040, 2489, 3466)
  2009 Ed. (1023, 2495, 3540)
  2010 Ed. (989, 3464)
  2011 Ed. (917, 3467)
  2014 Ed. (754)
  2016 Ed. (711)
  2019 Ed. (719)
  2020 Ed. (710)
  2021 Ed. (717, 3342)
Hickory Point
  1990 Ed. (590)
Hickory Printing Group
  2007 Ed. (4010)
Hickory Springs Manufacturing Co.
  2009 Ed. (4159)
Hickory Tech
  2013 Ed. (1867, 4643)
HickoryTech
  2006 Ed. (1889)
  2011 Ed. (4464)
Hicks; Ken
  2016 Ed. (2559)
Hicks, Muse & Co.
  1995 Ed. (1223)
  1996 Ed. (2487)
Hicks, Muse, Tate & Furst Inc.
  1996 Ed. (1194, 1202)
  1997 Ed. (2628)
  1999 Ed. (1440, 3308)
  2001 Ed. (1545)
Hicks Nurseries
  2021 Ed. (2708)
  2022 Ed. (2865)
Hicks; Sydney Smith
  1992 Ed. (2160)
Hicks; Weston
  1996 Ed. (1773, 1806, 1848)
  1997 Ed. (1880)
Hicom
  1997 Ed. (2593)
Hid Corporation Ltd.
  2019 Ed. (1108)
HID Global
  2016 Ed. (3427)
  2017 Ed. (3387)
  2018 Ed. (3454)
Hidalgo County, TX
  1994 Ed. (2407)
  1995 Ed. (2483)
  1996 Ed. (2538)
Hidalgo, TX
  2011 Ed. (2559)
  2012 Ed. (4002)
Hidden
  2014 Ed. (573)
Hidden Creek Industries
  2004 Ed. (3443)
  2005 Ed. (3457, 3458)
  2006 Ed. (3466)
  2007 Ed. (3491, 3492)
Hidden Figures
  2019 Ed. (601)
Hidden Hills, CA
  2017 Ed. (2989)
  2018 Ed. (3106)
Hidden Lake Winery
  2023 Ed. (4911)
Hidden Ridge Vineyards
  2014 Ed. (4951)
Hidden Valley
  2001 Ed. (4152)
Hidden Valley Ranch
  1995 Ed. (1887)
  2014 Ed. (4405)
  2015 Ed. (4392)
Hidden Valley The Original Ranch
  2021 Ed. (4267)
Hide-A-Hose
  2019 Ed. (4773)
  2020 Ed. (4760)
  2022 Ed. (4758)
  2022 Ed. (4759)
  2023 Ed. (4748)

Hideaki Akimoto
  1996 Ed. (1867)
  1997 Ed. (1995)
The Hideaway
  2005 Ed. (3844)
Hideaway Pizza
  2006 Ed. (3915)
  2007 Ed. (3966)
  2008 Ed. (3992)
  2009 Ed. (4063)
  2010 Ed. (3981)
Hidecki Wakabayashi
  1999 Ed. (2366)
HIDEF Lifestyle
  2016 Ed. (2944)
HiDEF Lifestyle
  2017 Ed. (2904, 2915, 2917)
Hidehiko Hoshino
  1999 Ed. (2385)
  2000 Ed. (2168)
HIDEit Mounts
  2020 Ed. (1756)
Hideki Matsui
  2005 Ed. (267)
Hideki Wakabayashi
  1996 Ed. (1873)
  1997 Ed. (1981)
  2000 Ed. (2165)
Hidenobu Sasaki
  1999 Ed. (2373)
  2000 Ed. (2153)
Hideyasu Ban
  2000 Ed. (2149)
Hideyuki Mizuno
  1996 Ed. (1878)
  1999 Ed. (2390)
Hidramar SL
  2018 Ed. (1915)
Hidroelectrica del Cantabrico SA
  2006 Ed. (1430)
Hidroelectrica Espanola
  1990 Ed. (1420)
  1991 Ed. (719, 1346)
  1993 Ed. (1197)
Hidroelectrica Iberica
  1991 Ed. (719, 720)
Hidroelectrica Iberica Iberduero
  1993 Ed. (1197)
HIdroelectrica SA
  2016 Ed. (1552)
Hidroelectrica SA
  2009 Ed. (2031)
  2017 Ed. (1541)
  2018 Ed. (1521)
  2019 Ed. (1550)
  2020 Ed. (1521)
  2021 Ed. (1506)
  2022 Ed. (1520)
  2023 Ed. (1694)
Hidroelectrica SA (Romania)
  2021 Ed. (1506)
  2022 Ed. (1520)
Hidrola
  1990 Ed. (3476)
Hieber Lindberg
  2013 Ed. (3795)
  2015 Ed. (3743)
  2016 Ed. (3651)
  2020 Ed. (3655)
  2021 Ed. (3660)
HIF Private Health Insurance Australia
  2021 Ed. (2544)
  2022 Ed. (2659)
HIFA-OIL d.o.o.
  2014 Ed. (1564)
  2015 Ed. (1615)
Hifa-Oil d.o.o.
  2021 Ed. (1498)
  2022 Ed. (1512)
  2023 Ed. (1686)
Hiffman Shaffer Anderson, Inc.
  1992 Ed. (3621)
Hiffman Shaffer Associates Inc.
  1997 Ed. (3272)
  2000 Ed. (3728)
HiFi Buys
  2022 Ed. (2970)
  2023 Ed. (3079, 3094)
Hifi House
  2007 Ed. (2865)
  2008 Ed. (2983, 2985)
  2009 Ed. (3065, 3067, 3068)
  2010 Ed. (2999)
  2011 Ed. (2966)
  2012 Ed. (2897, 2899)
  2013 Ed. (2983)
  2014 Ed. (2994)
H.I.G. Capital Management
  2023 Ed. (1709)
Higa; Michael
  2007 Ed. (2549)
Higate
  1993 Ed. (2962)
  1995 Ed. (3062)
Higbee & Associates
  2014 Ed. (3682)
Higbee's Co.
  1989 Ed. (2974)

Higby; Lawrence
 2009 Ed. (3707)
 2010 Ed. (3625)
Higginbotham
 2018 Ed. (1952)
Higginbotham & Associates Inc.
 2009 Ed. (2085)
 2011 Ed. (3190)
Higginbotham Brothers
 2019 Ed. (2838)
Higginbotham; John
 2011 Ed. (4441)
Higgins
 1994 Ed. (1621)
Higgins & Co.; A. Faster
 1994 Ed. (1622, 1623, 1624)
Higgins & Co. Inc.; A. Foster
 1990 Ed. (1651)
 1991 Ed. (1543, 1545)
 1992 Ed. (1940)
 1993 Ed. (1589, 1591, 1592)
 1995 Ed. (1661, 1662)
 1996 Ed. (1638, 1639)
 1997 Ed. (1715)
Higgins Concrete Products Ltd.
 1999 Ed. (3300)
Higgins Development Partners
 2001 Ed. (4001)
 2003 Ed. (3670)
 2004 Ed. (3726)
 2005 Ed. (2995, 3637)
 2006 Ed. (3738)
 2007 Ed. (3738)
Higgins General Hospital
 2012 Ed. (2993)
Higgins; James
 1997 Ed. (1895)
Higgs Fletcher & Mack LLP
 2009 Ed. (3486)
High strength low alloy
 2001 Ed. (4665)
High Arctic Energy Services
 2013 Ed. (1504)
High Arctic Energy Services Inc.
 2006 Ed. (1539)
 2016 Ed. (4494)
 2018 Ed. (4526)
High Arctic Energy Services Trust
 2009 Ed. (1562)
High Brew Coffee
 2019 Ed. (2004)
High Cascade Snowboard Camp Inc.
 2005 Ed. (1939)
High cholesterol
 1991 Ed. (2627)
High Coffee Corp.
 1992 Ed. (2403)
 1993 Ed. (2040)
 1994 Ed. (2055)
High Commissioner
 2010 Ed. (256)
High Companies
 2014 Ed. (1939)
 2015 Ed. (1986)
 2016 Ed. (1956)
 2017 Ed. (1919)
 2018 Ed. (1866)
 2019 Ed. (1919)
 2020 Ed. (1856)
 2021 Ed. (1821)
 2022 Ed. (1866, 1867)
 2023 Ed. (1984)
High Concrete Group
 2008 Ed. (1255)
 2010 Ed. (1255, 1290, 1306, 1314, 1327, 1331)
High Concrete Group LLC
 2009 Ed. (1230)
 2010 Ed. (1229)
 2011 Ed. (1254, 1283)
 2013 Ed. (1268)
 2019 Ed. (1122, 1192, 1222)
 2020 Ed. (1111, 1216)
High-definition TV
 1996 Ed. (2104)
High Desert Currency Management
 2008 Ed. (1096)
High Desert Milk
 2018 Ed. (2140)
 2019 Ed. (2138)
 2020 Ed. (2122)
 2021 Ed. (2115)
 2022 Ed. (2147)
 2023 Ed. (2265)
High Endurance; Old Spice
 2008 Ed. (3876)
High Financier
 2012 Ed. (516)
High-Flux Beam Reactor
 1999 Ed. (3633)
High-Flux Isotope Reactor
 1999 Ed. (3633)
High Impact Prospecting LLC
 2016 Ed. (1872)
High Income Opportunity Fund
 2004 Ed. (3176)

High Industries Inc.
 2020 Ed. (3407)
 2022 Ed. (3480)
 2023 Ed. (3602)
High Light Electric
 2001 Ed. (2702)
High Liner Foods
 2013 Ed. (4392)
 2014 Ed. (4428)
 2015 Ed. (1525, 1534, 4410)
 2016 Ed. (4306)
 2020 Ed. (2691)
High Liner Foods Inc.
 2009 Ed. (1571)
 2010 Ed. (4440, 4599)
 2011 Ed. (2771, 4385, 4560)
 2012 Ed. (1400, 1792, 2700, 4425, 4568)
 2013 Ed. (1521, 4510)
 2014 Ed. (1450, 1489, 2770, 2775)
 2015 Ed. (2821)
 2016 Ed. (1450, 1476, 1484)
 2018 Ed. (4293)
 2019 Ed. (2682, 4319)
 2020 Ed. (4309)
 2022 Ed. (2731, 2732)
High Noon
 2010 Ed. (564)
High Noon Entertainment
 2011 Ed. (2618, 4671)
High Peaks Distilling
 2023 Ed. (3517)
High Performance Beverage
 2016 Ed. (4468)
High Performance Beverage Co.
 2018 Ed. (599)
 2019 Ed. (611)
 2020 Ed. (597)
 2022 Ed. (590)
High Performance Capital Inc.
 2015 Ed. (1485)
High Performance Technologies
 2006 Ed. (4678)
High Performing Buildings
 2015 Ed. (805)
 2016 Ed. (723)
High Plains
 1994 Ed. (195)
High Point Design
 2017 Ed. (2946)
 2018 Ed. (3060)
High-Point Group Services
 1994 Ed. (1647)
High Point Regional Health System
 2012 Ed. (2955)
High-Point Services
 1989 Ed. (1120)
High Point Solutions
 2003 Ed. (3950)
 2006 Ed. (3528)
 2017 Ed. (3566)
High Point University
 2009 Ed. (1039)
 2010 Ed. (1005)
High density polyethylene
 2001 Ed. (3814)
High Power Opto Inc.
 2011 Ed. (2886)
High blood pressure
 1991 Ed. (2627)
High school prom
 2001 Ed. (3794)
High Reach Co.
 2019 Ed. (3349)
High Reach Co. LLC
 2019 Ed. (1019)
 2020 Ed. (1004)
 2021 Ed. (970)
 2023 Ed. (1185)
High Ridge Park
 1990 Ed. (2730)
High River, Alberta
 2018 Ed. (3398)
High River Gold Mines Ltd.
 2001 Ed. (1656)
 2011 Ed. (4555)
 2012 Ed. (4563)
 2013 Ed. (4511)
High River LP
 2006 Ed. (1420)
"High School Musical 2"
 2013 Ed. (2945)
High Sierra
 2001 Ed. (1108)
High Sierra Energy LP
 2014 Ed. (1537)
High carbon steel slabs
 1992 Ed. (2076)
High Speed Access Corp.
 2002 Ed. (1619, 1624)
 2003 Ed. (1643, 1653)
High Speed Crow Inc.
 2015 Ed. (1053)
High Street Banking Co.
 2002 Ed. (3548)
 2003 Ed. (512)
High Street Insurance Partners Inc.
 2022 Ed. (2305, 3159)
 2023 Ed. (3250, 3273)

High Street Partners
 2010 Ed. (2687)
 2011 Ed. (701)
High Street TV
 2020 Ed. (1969)
High fructose corn syrup
 2001 Ed. (1508)
High Tech Commercial Cleaning
 2023 Ed. (1040)
High Tech Computer Corp.
 2006 Ed. (3037, 3040)
 2007 Ed. (1581, 3069, 3070, 3072, 3073, 4580)
 2008 Ed. (3210)
 2009 Ed. (1495, 3271)
High-Tech, High-Touch Customer Service
 2014 Ed. (645)
High-tech industries
 1993 Ed. (1864)
 1996 Ed. (2063)
High technology
 2001 Ed. (1077)
 2002 Ed. (917)
High Technology Solutions Inc.
 2003 Ed. (1347)
High Times
 2018 Ed. (2226)
High Touch - High Tech
 2014 Ed. (2335)
 2015 Ed. (2401)
 2016 Ed. (2344)
 2017 Ed. (2192)
High Touch High Tech
 2020 Ed. (863)
High Touch-High Tech
 2002 Ed. (2065)
 2003 Ed. (2125)
 2004 Ed. (2173)
 2005 Ed. (2274)
 2006 Ed. (2342)
 2008 Ed. (2411)
 2009 Ed. (2411)
 2011 Ed. (2318)
 2022 Ed. (909)
High Wire Networks
 2008 Ed. (4647)
High yield
 2006 Ed. (622)
High Yield Mutual Funds
 2000 Ed. (772)
Higham; Richard
 2011 Ed. (2527)
HighBeam Research LLC
 2007 Ed. (3060)
Highbridge Capital Corp.
 2003 Ed. (3151)
Highbridge Capital Management
 2009 Ed. (2977)
The Highbridge Corp.
 2013 Ed. (3455)
Highdive
 2022 Ed. (57)
 2023 Ed. (106, 108, 1766)
Higher education
 2002 Ed. (748)
Higher Ground Education
 2023 Ed. (2411, 2413)
Higher One
 2009 Ed. (2763)
Higher One Holdings
 2013 Ed. (2844)
Higher One Holdings Inc.
 2012 Ed. (4436)
The Highest Calling
 2012 Ed. (507, 509)
Highfive
 2019 Ed. (1000)
Highgate
 2021 Ed. (2904)
 2023 Ed. (3143)
Highgate Springs, VT
 1995 Ed. (2958)
HighGround Inc.
 2023 Ed. (4116)
HighGrove Partners
 2013 Ed. (3456)
 2014 Ed. (3455)
HighJump Software
 2006 Ed. (4646)
 2008 Ed. (4576)
 2009 Ed. (1116)
 2010 Ed. (4648)
 2017 Ed. (4526)
 2018 Ed. (4552)
 2019 Ed. (4541)
Highland
 1990 Ed. (3327)
 1991 Ed. (2931)
 1998 Ed. (899)
Highland Bancorp
 2002 Ed. (486)
Highland Capital Partners
 2005 Ed. (4818)
Highland Community Bank
 1990 Ed. (643)
 1991 Ed. (463)
 1992 Ed. (782)
 1993 Ed. (571)

 1994 Ed. (573)
 1995 Ed. (548)
 1997 Ed. (419)
 1998 Ed. (339)
 1999 Ed. (479)
 2000 Ed. (471)
Highland Computer Forms Inc.
 2005 Ed. (3887, 3889, 3895)
 2006 Ed. (3967, 3971)
 2008 Ed. (4029, 4031, 4033)
 2013 Ed. (4078, 4086)
 2014 Ed. (4095)
Highland Distillers Brands
 2001 Ed. (2118)
Highland Federal Savings & Loan Association
 2021 Ed. (4321)
 2022 Ed. (4328)
 2023 Ed. (4358)
Highland Global Allocation
 2020 Ed. (3701, 3703)
Highland Gold Mining
 2006 Ed. (3489)
The Highland Group
 2007 Ed. (2960)
Highland Healthcare Opportunities
 2021 Ed. (3700)
 2022 Ed. (3720)
Highland Healthcare Opportunities A
 2021 Ed. (3700)
 2022 Ed. (3720)
Highland Holdings
 2004 Ed. (1173)
 2017 Ed. (1132)
Highland Homes
 1994 Ed. (1117)
 1999 Ed. (1328)
 2000 Ed. (1210)
 2003 Ed. (1157)
 2004 Ed. (1164)
 2005 Ed. (1191, 1192, 1241)
 2009 Ed. (4220)
 2017 Ed. (1131, 1137)
 2018 Ed. (1069, 1078)
 2019 Ed. (1080)
 2020 Ed. (1069, 4783)
 2021 Ed. (1037)
 2022 Ed. (1065, 1074)
 2023 Ed. (1248)
Highland Homes of St. Louis
 2009 Ed. (1145)
Highland Hospitality
 2006 Ed. (2114)
Highland Long/Short Healthcare
 2020 Ed. (3693)
Highland Mist
 1989 Ed. (2364)
Highland Park
 2001 Ed. (2115)
 2002 Ed. (293)
Highland Park Ford
 1991 Ed. (278)
 1992 Ed. (383)
Highland Park (TX) Park Cities News
 2003 Ed. (3645)
Highland Partners
 2006 Ed. (4058)
Highland Project Logistics
 2018 Ed. (3407)
Highland Ranch
 1996 Ed. (3050)
Highland Street Connection
 2002 Ed. (2341)
Highland Superstores
 1989 Ed. (264, 2328)
 1990 Ed. (1646, 2026, 2031, 2032, 2033, 3043)
 1991 Ed. (248, 1246, 1541, 1920, 1921, 3164)
 1992 Ed. (348, 1077, 1936, 2423, 2426, 2428)
 1994 Ed. (229, 2071)
Highland Technical Staffing
 2009 Ed. (4987)
Highland Valley Copper
 1996 Ed. (2650)
 1997 Ed. (2795)
 2005 Ed. (1965)
 2006 Ed. (2023)
Highlander Charter School
 2013 Ed. (2025)
 2014 Ed. (1960)
Highlander Engineering, Inc.
 2002 Ed. (2491)
 2003 Ed. (2732)
Highlander Inn & Convention Center
 1995 Ed. (2160)
Highlander: The Adventure Begins
 1998 Ed. (3674)
Highlander; Toyota
 2005 Ed. (4426)
Highlandr
 1990 Ed. (2750)
Highlands Bankshares Inc.
 2004 Ed. (406)
Highlands Coffee
 2019 Ed. (4249)

Highlands Gold
  1994 Ed. (248)
Highlands Gold Club Inc.
  2007 Ed. (270)
Highlands Insurance
  1999 Ed. (2967)
Highlands Residential Mortgage
  2022 Ed. (3689)
Highlight Group of Companies
  2018 Ed. (4696)
  2019 Ed. (4702)
Highlight Technologies
  2022 Ed. (1234)
Highlight Technologies Inc.
  2023 Ed. (2111, 4979)
Highline Warren LLC
  2023 Ed. (2034)
Highmark Blue Cross Blue Shield of Western New York
  2023 Ed. (3290)
HighMark Bond Fund
  2000 Ed. (758)
HighMark Capital
  2009 Ed. (612, 613, 3810)
  2010 Ed. (3720)
  2011 Ed. (526)
HighMark Capital Management
  2013 Ed. (616, 2633)
Highmark Capital Management
  2000 Ed. (2859)
  2010 Ed. (591, 592)
Highmark Credit Union
  2002 Ed. (1892)
  2003 Ed. (1946)
  2004 Ed. (1986)
  2005 Ed. (2128)
  2006 Ed. (2223)
  2007 Ed. (2144)
  2008 Ed. (2259)
  2009 Ed. (2245)
  2010 Ed. (2199)
  2011 Ed. (2217)
  2012 Ed. (2078)
  2013 Ed. (2264)
  2014 Ed. (2197)
  2015 Ed. (2261)
  2016 Ed. (2232)
Highmark Federal Credit Union
  2018 Ed. (2121)
  2020 Ed. (2101)
  2021 Ed. (2091)
  2022 Ed. (2125)
  2023 Ed. (2241)
Highmark Group
  2010 Ed. (3266)
  2011 Ed. (3235)
  2012 Ed. (3199)
Highmark Health
  2016 Ed. (1954)
  2017 Ed. (1918)
  2018 Ed. (1863)
  2019 Ed. (1917)
  2020 Ed. (1855)
  2021 Ed. (1819)
  2022 Ed. (1865)
  2023 Ed. (1983)
Highmark Income Equity
  1997 Ed. (2885, 2900)
Highmark Inc.
  2000 Ed. (2649, 2679)
  2001 Ed. (1833)
  2002 Ed. (2918)
  2003 Ed. (1809)
  2004 Ed. (1841)
  2005 Ed. (1944)
  2006 Ed. (1981, 3724)
  2007 Ed. (3065)
  2008 Ed. (609, 2034, 3223)
  2009 Ed. (3256)
  2010 Ed. (3187, 3194)
  2011 Ed. (4732)
  2012 Ed. (3197)
  2013 Ed. (3267)
  2014 Ed. (3295)
  2016 Ed. (3204)
  2022 Ed. (1866)
Highmark Insurance Group
  2016 Ed. (3205, 3206, 3207, 3208)
  2017 Ed. (3160, 3161, 3163, 3164)
  2018 Ed. (3241)
Highnoon
  2023 Ed. (139)
Highnoon Laboratories
  2021 Ed. (1814)
  2023 Ed. (1977)
Highpine Oil & Gas Ltd.
  2008 Ed. (1430)
HighPoint Global
  2017 Ed. (1256, 1260)
Highpoint Global
  2016 Ed. (738)
  2017 Ed. (1255)
HighPoint Global LLC
  2016 Ed. (1211)
Highscreen
  1996 Ed. (1071)
Highspot
  2022 Ed. (1324, 2006, 3119)

Highstreet
  2019 Ed. (4096)
  2020 Ed. (4108)
Highstreet Ventures
  2022 Ed. (1445, 4090)
HighTower Advisors
  2014 Ed. (2678)
  2019 Ed. (3296)
Hightower Advisors
  2023 Ed. (3392)
Hightower Construction Co., Inc.
  2011 Ed. (4320)
Hightower; Dennis F.
  1989 Ed. (736)
Hightowers Petroleum Co.
  2008 Ed. (3726, 4421)
  2010 Ed. (173)
  2011 Ed. (97)
  2013 Ed. (79)
  2015 Ed. (109)
  2016 Ed. (3590)
  2017 Ed. (3557)
  2019 Ed. (3600)
  2020 Ed. (3572)
  2021 Ed. (86, 92, 3602)
  2022 Ed. (109, 3653)
  2023 Ed. (3759)
Highway 3
  2022 Ed. (1662)
Highway 40/Chesterfield Village, MO
  1996 Ed. (1602)
Highway & street construction
  2001 Ed. (3560)
Highway incidents
  2004 Ed. (1)
Highway One Communications
  1998 Ed. (59)
Highway Traffic Safety Administration
  2013 Ed. (4976)
HighwayMaster Communications
  1997 Ed. (3408, 3410)
The Highwaymen
  1994 Ed. (1100)
Highwire PR
  2018 Ed. (4054)
  2019 Ed. (4047)
  2020 Ed. (4058)
  2021 Ed. (4030)
  2022 Ed. (4017, 4046, 4049, 4053)
  2023 Ed. (4130, 4143, 4151, 4154)
Highwire Public Relations
  2015 Ed. (4142)
  2016 Ed. (4056)
  2017 Ed. (4027)
  2018 Ed. (4051, 4058)
  2019 Ed. (4044, 4051)
  2020 Ed. (4055, 4062)
  2021 Ed. (4027, 4034)
Highwood
  1997 Ed. (2669)
Highwood Properties Inc.
  1999 Ed. (3999, 4005)
Highwoods Properties
  1998 Ed. (3001)
  2000 Ed. (3709)
  2002 Ed. (3922)
  2017 Ed. (1874)
  2019 Ed. (4137)
Higo Bank
  2002 Ed. (594)
Higros
  1992 Ed. (81)
Higson; Philip
  1996 Ed. (1884)
HIH America Group
  2002 Ed. (2951)
HIHR
  2012 Ed. (1526)
HII
  2023 Ed. (163)
Hikari Tsushin
  2016 Ed. (3612)
  2017 Ed. (3580)
Hikari Tsushin Inc.
  2002 Ed. (4635)
Hikari Tsushin, Inc.
  2023 Ed. (2712)
Hiking
  1992 Ed. (4048)
  1998 Ed. (3355)
  2000 Ed. (4090)
  2001 Ed. (422)
Hiking/Backpacking
  1999 Ed. (4384)
Hiking shoes
  1993 Ed. (257)
  2001 Ed. (426)
Hiking trails
  2000 Ed. (3554)
Hikma Pharmaceuticals
  2007 Ed. (3948)
  2011 Ed. (3098, 3973)
  2016 Ed. (2081, 3909)
  2017 Ed. (2042, 2044, 2829, 3877)
Hikma Pharmaceuticals plc
  2012 Ed. (3040, 3973)
Hikmet Ersek
  2014 Ed. (939)

Hikvision
  2015 Ed. (2488)
  2016 Ed. (2420)
  2017 Ed. (2267, 4554)
  2018 Ed. (2331)
  2019 Ed. (2321, 2331, 4351, 4581)
  2020 Ed. (2301, 2310)
  2021 Ed. (4364, 4559)
  2022 Ed. (4371)
  2023 Ed. (2467)
Hikvision Digital Technology
  2018 Ed. (4297, 4301, 4304)
  2019 Ed. (4323, 4326, 4328, 4331)
  2020 Ed. (4315, 4318, 4319, 4321)
  2021 Ed. (4332, 4335, 4338)
  2022 Ed. (4340, 4343, 4345)
  2023 Ed. (4373, 4377)
Hikvision Digital Technology (China)
  2021 Ed. (4335)
  2022 Ed. (4343)
  2023 Ed. (4375)
Hilal
  1994 Ed. (15)
  2011 Ed. (752)
Hilal Confectioneries
  2008 Ed. (68)
Hiland
  2014 Ed. (3651, 3652)
  2015 Ed. (3668, 3669, 3670)
  2016 Ed. (3555, 3556)
  2017 Ed. (3525, 3530)
  2018 Ed. (3572, 3573, 3574, 3575)
  2019 Ed. (3565, 3566, 3567, 4466)
  2020 Ed. (3539, 3540, 3541, 3542, 4453)
  2021 Ed. (3555, 3556, 3557, 3559)
  2022 Ed. (864, 2164, 3616, 3617, 3618, 3619, 3620, 3621)
  2023 Ed. (2282, 2284, 3714, 3715, 3716, 3717, 3719, 3720)
Hiland Dairy Foods Co.
  2015 Ed. (3672)
  2017 Ed. (2117, 3526, 3667)
  2021 Ed. (3558)
Hiland Dairy Foods Co., L.L.C.
  2021 Ed. (3561)
Hiland Partners
  2007 Ed. (2729)
  2008 Ed. (2859)
Hilary Duff
  2009 Ed. (3765)
Hilary Judis
  1997 Ed. (1963)
  1999 Ed. (2286)
  2000 Ed. (2065)
Hilary Lee
  2023 Ed. (1295)
Hilary Rhoda
  2016 Ed. (3617)
Hilary Weston
  2007 Ed. (4918, 4919)
  2008 Ed. (4899)
  2012 Ed. (4902)
  2013 Ed. (4879)
Hilary's
  2023 Ed. (2925)
Hilasal Mexicana
  2004 Ed. (3363)
The Hilb Group
  2018 Ed. (2030, 3212)
  2019 Ed. (2087)
  2020 Ed. (2318, 3153)
The Hilb Group LLC
  2022 Ed. (2305, 3159)
  2023 Ed. (2484)
Hilb Group of New England
  2019 Ed. (1938)
Hilb; Robert H.
  1989 Ed. (1741)
  1990 Ed. (2271)
Hilb, Rogal & Hamilton Co.
  1989 Ed. (1739)
  1991 Ed. (1137, 1148, 2137)
  1992 Ed. (20, 1462, 1463)
  1993 Ed. (1191, 1192, 2248)
  1994 Ed. (1207, 1208, 2226)
  1995 Ed. (1224, 2272)
  1996 Ed. (1195, 2275)
  1997 Ed. (2413)
  1998 Ed. (2120, 2121, 2122)
  1999 Ed. (2906, 2907)
  2000 Ed. (2661, 2662, 2663)
  2002 Ed. (2853, 2856)
  2003 Ed. (4550)
  2004 Ed. (2120, 2124, 3062, 3063, 3066, 3068, 3100)
  2005 Ed. (1486, 2229, 3073, 3074, 3078, 3103)
  2006 Ed. (2286, 3079)
  2009 Ed. (3305)
  2010 Ed. (3229)
Hilb, Rogal & Hobbs Co.
  2006 Ed. (3072, 3073, 3075)
  2007 Ed. (3095)
  2008 Ed. (3236, 3237, 3240, 3241, 3242, 3243)
  2009 Ed. (3301, 3307)
  2010 Ed. (3228, 3234)

Hilb, Rogan & Hamilton Co.
  1990 Ed. (1223)
Hilbert; Stephen C.
  1997 Ed. (1802)
Hilcorp
  2015 Ed. (1367)
  2021 Ed. (1918, 3415)
Hilcorp Energy
  2014 Ed. (1302)
  2023 Ed. (2072, 3593)
Hilcorp Energy Co.
  2010 Ed. (4491)
  2014 Ed. (1288, 1305, 2032, 3536)
  2015 Ed. (2081, 3557)
  2016 Ed. (3408)
  2017 Ed. (2021, 2775, 3766, 3767)
  2018 Ed. (1978, 2841, 3814, 3815, 3819)
  2019 Ed. (2033, 2807, 2809, 3398, 3791, 3792)
  2022 Ed. (3834)
  2023 Ed. (3932)
Hildago; Edward
  1995 Ed. (2480)
Hildago, TX
  2005 Ed. (3878, 3879)
Hildebrand; Jeffery
  2017 Ed. (4819)
Hildebrand; Jeffrey
  2013 Ed. (4837)
  2014 Ed. (4852)
  2015 Ed. (4889)
Hildebrand; Philipp M.
  2012 Ed. (292)
Hildene Opportunities Fund Ltd.
  2014 Ed. (2921)
  2015 Ed. (2969)
Hildene Opportunities Master Ltd.
  2016 Ed. (2903)
Hilex Poly Co.
  2012 Ed. (4103)
  2014 Ed. (1984)
  2015 Ed. (2032)
  2016 Ed. (2001)
Hiley Automotive Group
  2017 Ed. (2015)
  2021 Ed. (1912)
  2022 Ed. (1955)
Hilfiger; Tommy
  2010 Ed. (3004)
HiLight Semiconductor
  2019 Ed. (2042)
Hill, Barth & King
  2019 Ed. (8)
  2020 Ed. (10)
  2021 Ed. (12)
  2022 Ed. (13)
  2023 Ed. (53)
Hill, Barth & King LLC
  2003 Ed. (6)
  2004 Ed. (12)
  2005 Ed. (8)
  2008 Ed. (2003)
  2011 Ed. (1933)
  2015 Ed. (1946)
Hill Brothers Construction & Engineering Co., Inc.
  2007 Ed. (1379)
Hill; Burt
  2008 Ed. (2539)
Hill Construction
  2004 Ed. (1156)
  2005 Ed. (1184)
  2006 Ed. (1290)
Hill Country Bank
  1994 Ed. (510)
Hill Country Holdings
  2014 Ed. (2819)
  2020 Ed. (2822)
Hill Country Memorial Hospital
  2015 Ed. (3143)
Hill; Danny
  2012 Ed. (4920)
  2013 Ed. (4894)
Hill; David
  2010 Ed. (4557)
Hill; Faith
  1996 Ed. (1094)
  1997 Ed. (1113)
Hill Financial Group
  1992 Ed. (2742)
Hill Financial S & L Assn.
  1991 Ed. (3363)
Hill Financial Savings Association
  1989 Ed. (2832)
  1990 Ed. (3591)
Hill/Glazier Architects
  1999 Ed. (2788)
Hill Griffin Inc.; Ben
  1994 Ed. (1224, 1225)
The Hill Group
  2013 Ed. (1260)
  2014 Ed. (1194, 1212)
  2015 Ed. (1242, 1248, 1252, 1270)
  2016 Ed. (1163, 1185)
  2017 Ed. (1228)
  2018 Ed. (1208, 2675)
  2020 Ed. (1155)

Hill Holiday
 2015 Ed. (1813)
Hill, Holiday, Connors, Cosmopulos
 1996 Ed. (119, 2246)
 2004 Ed. (127)
Hill Holliday
 2023 Ed. (113)
Hill, Holliday, Connors & Cosmopulos
 1999 Ed. (130)
Hill, Holliday, Connors, Cosmopulos
 1989 Ed. (140)
 1990 Ed. (131)
 1991 Ed. (130, 3317)
 1992 Ed. (184, 1806)
 1994 Ed. (104)
 1995 Ed. (32, 103)
 1997 Ed. (123)
 1998 Ed. (61)
 2000 Ed. (148)
 2002 Ed. (156, 157)
 2003 Ed. (170)
 2004 Ed. (128)
Hill II; Vernon
 2007 Ed. (1017)
 2008 Ed. (941)
Hill II; Vernon W.
 2007 Ed. (1020)
Hill III; Vernon W.
 2005 Ed. (973)
Hill International
 2014 Ed. (1148)
 2016 Ed. (1106)
 2017 Ed. (1151)
 2018 Ed. (1086)
 2019 Ed. (1096)
 2020 Ed. (1084)
 2021 Ed. (1047)
 2022 Ed. (1084)
 2023 Ed. (1258)
Hill International Inc.
 1989 Ed. (269)
 1991 Ed. (1557, 1558)
 2006 Ed. (1209, 4369)
 2007 Ed. (1316)
 2008 Ed. (1168, 1169, 1171, 1172, 1173, 1174, 1175, 1206, 1317, 1321, 1331)
 2009 Ed. (1183)
 2010 Ed. (1175, 1177, 1178)
 2011 Ed. (1123, 1125, 1126)
 2012 Ed. (1059, 1060)
 2013 Ed. (1196)
 2015 Ed. (1200, 1201)
 2016 Ed. (1108)
 2019 Ed. (1098, 1099)
 2020 Ed. (1085, 1086)
 2021 Ed. (1049, 1050)
 2022 Ed. (1086)
 2023 Ed. (1260)
Hill Investment Advisors; Samuel
 1992 Ed. (2794)
Hill & Knowlton
 1989 Ed. (2259)
 1990 Ed. (2913, 2915, 2916, 2917, 2919, 2920, 2921)
 1991 Ed. (2775)
 1992 Ed. (3556, 3558, 3559, 3560, 3563, 3564, 3565, 3566, 3568, 3569, 3570, 3573, 3574, 3577, 3578, 3579, 3580, 3581)
 1993 Ed. (2928, 2929, 2930, 2931, 2932, 2933)
 1994 Ed. (2945, 2950, 2951, 2952, 2953, 2954, 2965, 2966, 2967, 2968, 2971, 2972)
 1995 Ed. (3002, 3003, 3008, 3009, 3011, 3014, 3015, 3016, 3017, 3019, 3023, 3024, 3025, 3027, 3028, 3031, 3032)
 1996 Ed. (3107, 3109, 3111, 3112, 3128, 3129, 3131, 3134, 3135)
 1997 Ed. (3181, 3183, 3184, 3188, 3190, 3191, 3194, 3195, 3198, 3199, 3200, 3201, 3204, 3205, 3207, 3208, 3212)
 1998 Ed. (2934, 2935, 2936, 2940, 2941, 2943, 2945, 2950, 2951, 2954, 2961)
 1999 Ed. (3933, 3934, 3935, 3936, 3937, 3938, 3939, 3941, 3943, 3948)
 2000 Ed. (3625, 3626, 3627, 3642, 3646, 3649, 3650, 3651, 3652, 3653, 3654, 3655, 3656, 3658, 3662, 3670)
 2001 Ed. (3924, 3925, 3926, 3927, 3928, 3929, 3931, 3932, 3934, 3937, 3938, 3939, 3940, 3942)
 2002 Ed. (3806, 3807, 3813, 3817, 3818, 3824, 3825, 3829, 3831, 3837, 3838, 3843, 3844, 3845)
 2003 Ed. (3994, 3999, 4005, 4008, 4010, 4016, 4021)
 2004 Ed. (3979, 3980, 3981, 3984, 3987, 3991, 3992, 3993, 3996, 4004, 4010, 4013, 4014, 4026, 4037)
 2011 Ed. (4103, 4119, 4128)
 2012 Ed. (4133, 4151)
Hill & Knowlton Canada
 2006 Ed. (4297)
 2007 Ed. (1197, 4364)
 2008 Ed. (1102, 3495, 4320)
 2010 Ed. (4469)
 2011 Ed. (4402)

Hill & Knowlton Europe
 1995 Ed. (719)
Hill & Knowlton Strategies
 2014 Ed. (4141, 4142)
 2015 Ed. (4123, 4124)
 2016 Ed. (4037, 4038)
Hill & Knowlton Tampa
 1998 Ed. (2948)
Hill & Knowlton UK
 1994 Ed. (2956, 2957, 2960, 2961, 2962, 2964)
 1996 Ed. (3115, 3116, 3117, 3120, 3121, 3122, 3123, 3125, 3126, 3127)
 2002 Ed. (3855, 3856, 3857, 3859, 3861, 3862, 3863, 3864, 3865, 3866, 3869, 3870, 3872)
Hill; Lewis
 2007 Ed. (4931)
Hill; Lloyd L.
 2005 Ed. (2516)
 2006 Ed. (915, 2530)
Hill Mechanical
 2021 Ed. (1144)
Hill Mechanical Construction Group
 1991 Ed. (1081)
Hill Mechanical Corp.
 1998 Ed. (954)
 2018 Ed. (1166, 1171)
 2019 Ed. (1180, 1181, 1187, 1235, 2658)
 2020 Ed. (1229)
 2021 Ed. (1144, 1151, 1196, 2581)
 2022 Ed. (1197, 2698)
 2023 Ed. (1434, 2826)
Hill Mechanical Group
 1994 Ed. (1149)
 1995 Ed. (1165)
 1996 Ed. (1137)
 1997 Ed. (1169)
 1999 Ed. (1375)
 2000 Ed. (1267)
 2001 Ed. (1481)
 2002 Ed. (1297)
 2003 Ed. (1237, 1238, 1314, 1337)
 2004 Ed. (1240, 1241, 1314, 1337)
 2005 Ed. (1290, 1291, 1320, 1342)
 2006 Ed. (1260, 1261, 1292, 1309, 1338, 1339)
 2007 Ed. (1368, 1387, 3978)
 2008 Ed. (1248, 1249, 1264, 1330, 4001)
 2009 Ed. (1219, 1224, 1240, 1279, 1317, 1318, 1319, 4075)
 2010 Ed. (1239, 1310, 3993)
 2011 Ed. (1170, 1171, 1187, 1225, 1274, 1275, 1276)
 2012 Ed. (1133, 3993)
 2013 Ed. (1250, 1256, 1279, 4058)
 2014 Ed. (1177)
 2016 Ed. (1153, 1159)
 2017 Ed. (1191, 1202, 1208)
 2018 Ed. (1152, 1158)
Hill; Peter
 2005 Ed. (4862)
 2006 Ed. (4922)
Hill Petroleum Inc.
 2022 Ed. (4765)
 2023 Ed. (4753)
Hill Phoenix
 2017 Ed. (4115)
Hill; R. S.
 2005 Ed. (2493)
Hill; Richard
 2005 Ed. (971)
 2006 Ed. (916)
 2007 Ed. (1006)
Hill Rivkins
 2012 Ed. (3363)
Hill-Rom Co.
 1990 Ed. (2528, 2723)
 1992 Ed. (3277)
 1994 Ed. (2685)
 1996 Ed. (2152)
 2004 Ed. (1362)
Hill-Rom Hillenbrand
 1995 Ed. (2138)
Hill-Rom Hillenbrand Industry
 1996 Ed. (2151, 2856)
Hill-Rom Holdings Inc.
 2012 Ed. (1575, 2708)
 2013 Ed. (2783)
 2014 Ed. (2811)
 2019 Ed. (3519)
Hill-Romaine
 1991 Ed. (2622)
Hill Samuel
 1990 Ed. (571)
Hill, Samuel & Co., Ltd.
 1991 Ed. (532)
Hill Samuel/Investment Advisers
 1991 Ed. (2219, 2227, 2243)
 1992 Ed. (2746, 2768)
Hill Samuel Japan Technology
 1996 Ed. (2814)
Hill Samuel UK Emerging Companies
 1995 Ed. (2747)
Hill Samuel U.S. Smaller Companies
 1994 Ed. (2648)
 1997 Ed. (2910)

Hill & Smith
 2016 Ed. (2523)
 2017 Ed. (3022)
Hill & Smith Holdings
 2019 Ed. (2489)
Hill; Tim
 1990 Ed. (2479)
 1991 Ed. (2343)
 1992 Ed. (2904)
 1993 Ed. (2462)
Hill Ward Henderson
 2023 Ed. (3455)
Hillandale Farms
 2014 Ed. (2338)
 2015 Ed. (2404)
 2016 Ed. (2347)
 2019 Ed. (2236)
 2020 Ed. (2233, 2236)
 2021 Ed. (2207, 2210)
 2022 Ed. (2238, 2240, 2243, 2245)
 2023 Ed. (2425, 2427, 2431)
Hillandale Farms Inc.
 2017 Ed. (327)
Hillandale Farms of PA
 2012 Ed. (2228)
 2013 Ed. (2400)
 2014 Ed. (2337)
 2015 Ed. (2403)
 2016 Ed. (2346)
 2017 Ed. (2196)
 2018 Ed. (2255)
 2019 Ed. (2234)
 2020 Ed. (2231)
 2021 Ed. (2205)
Hillandale Farms (U.S.)
 2021 Ed. (2210)
 2022 Ed. (2245)
Hillard Heintze
 2011 Ed. (4388)
Hillary Kirchner Peruzzi
 1999 Ed. (2412, 2414)
Hillary Rodham Clinton
 2006 Ed. (4986)
 2010 Ed. (2897)
 2012 Ed. (4958, 4984)
 2013 Ed. (4959, 4960)
 2014 Ed. (4968, 4969)
 2015 Ed. (5009, 5010)
 2016 Ed. (4926, 4927)
 2017 Ed. (4922, 4923)
Hillberg & Berk
 2017 Ed. (4201)
Hillberg & Berk Accessories
 2018 Ed. (1466)
 2019 Ed. (1496)
 2020 Ed. (1465)
Hillbilly Elegy
 2018 Ed. (585)
 2019 Ed. (600)
Hillco Ltd.
 2005 Ed. (3919)
 2006 Ed. (3993)
Hillcrest Healthcare Corp.
 2008 Ed. (2009)
 2009 Ed. (1972)
Hillcrest Healthcare System
 2003 Ed. (1803)
 2004 Ed. (1836)
 2005 Ed. (1922)
 2006 Ed. (1957)
 2007 Ed. (1939)
Hillcrest Medical Center
 2005 Ed. (1922)
 2006 Ed. (1957)
Hillcrest Partners LLC
 2018 Ed. (1802)
Hilldrup Moving & Storage
 2022 Ed. (4743)
 2023 Ed. (4727)
Hillegas Construction Inc.
 2008 Ed. (1166, 1902)
 2009 Ed. (1147, 1865)
Hillenbrand Inc.
 2014 Ed. (3541)
 2016 Ed. (4995)
 2017 Ed. (4987)
 2018 Ed. (4993)
 2019 Ed. (4989)
Hillenbrand Industries Inc.
 1989 Ed. (1629, 1928, 1942, 2188)
 1990 Ed. (2516, 2535, 2536, 2807)
 1991 Ed. (2381, 2408, 2409, 2419, 2421)
 1992 Ed. (2967, 3011, 3029)
 1993 Ed. (1332, 2495, 2525)
 1994 Ed. (1387, 2433, 2468, 2469)
 1995 Ed. (1418, 2536, 2537, 2547)
 1996 Ed. (2601, 2609)
 1997 Ed. (651, 2747, 2753)
 1998 Ed. (2457, 2458)
 1999 Ed. (276, 3347)
 2001 Ed. (2570, 3220, 3221, 3264)
 2002 Ed. (3297, 3299)
 2003 Ed. (1698, 2585, 3356, 3357)
 2004 Ed. (2109, 2700, 2798, 3422, 3423)
 2005 Ed. (2696, 2699, 3435, 3437)
 2006 Ed. (2674, 2675, 3446, 3448)
 2007 Ed. (2659, 2660, 3464)
 2008 Ed. (2796, 2898)

 2009 Ed. (2279, 2848)
 2010 Ed. (2791)
Hillenbrand; W. August
 1996 Ed. (962)
Hillenbrands Industries
 1992 Ed. (3010)
Hiller
 1991 Ed. (1898, 1899)
The Hiller Group
 2000 Ed. (310, 316)
Hiller Plumbing, Heating & Cooling Co.
 2008 Ed. (1328)
 2009 Ed. (1313)
 2010 Ed. (1307)
 2011 Ed. (1268)
Hiller Plumbing Heating Cooling & Electrical
 2017 Ed. (1982)
Hillerich & Bradsby
 1991 Ed. (3166)
 1992 Ed. (4044)
Hiller's Shopping Center Markets
 2009 Ed. (4612)
 2010 Ed. (4643)
Hillery Holding
 2010 Ed. (4157)
Hillgas Construction Inc.
 2008 Ed. (1739, 4046)
 2009 Ed. (1680, 4116)
The Hillhaven Corp.
 1992 Ed. (3280)
 1993 Ed. (216)
 1994 Ed. (204, 214)
 1995 Ed. (2801)
 1997 Ed. (1259, 2178)
Hilliard Lyons
 2011 Ed. (2077)
 2012 Ed. (1887)
 2013 Ed. (1963)
 2014 Ed. (1901)
 2015 Ed. (1946)
Hilliard Lyons Growth
 1999 Ed. (3519)
Hillier
 2005 Ed. (260)
Hillier Architects
 2005 Ed. (3163, 3164, 3170)
Hillier Architecture
 2006 Ed. (3165, 3170, 3172)
 2007 Ed. (3199)
The Hillier Group
 1990 Ed. (278, 283)
 1992 Ed. (353)
 1993 Ed. (244)
 1994 Ed. (233)
 1995 Ed. (235, 241)
 1996 Ed. (232)
 1997 Ed. (263, 269)
 1998 Ed. (189)
 1999 Ed. (284, 291)
 2002 Ed. (335)
Hilllier Architecture
 2007 Ed. (3207)
 2008 Ed. (3348)
Hillman Advantage Equity
 2008 Ed. (2614)
Hillman Aggressive Equity
 2006 Ed. (3633, 3634)
 2007 Ed. (3670)
Hillman Focus Advantage
 2007 Ed. (2486)
 2008 Ed. (2616)
Hillman Group
 2010 Ed. (3525)
The Hillman Group Inc.
 2022 Ed. (1838)
 2023 Ed. (1964)
Hillman; Henry
 2005 Ed. (4847)
 2006 Ed. (4898)
 2007 Ed. (4893)
Hillman; Henry Lea
 1990 Ed. (2576)
Hillman Medical Ventures Inc.
 1991 Ed. (3444)
 1992 Ed. (4388)
 1993 Ed. (3663)
 1998 Ed. (3667)
 1999 Ed. (4708)
Hillman Medical Ventures/Rock Hill Ventures Inc.
 2000 Ed. (1535)
Hillrock Estate Distillery
 2023 Ed. (3517)
Hillrom
 2023 Ed. (88)
Hillross Financial Services
 2016 Ed. (2637)
Hills
 1989 Ed. (1244, 1251, 1253)
 1990 Ed. (1515, 1518, 1519, 1523, 2120)
 1992 Ed. (1811, 1812, 1822, 1823, 1827)
 1994 Ed. (1540, 1541, 1546, 1567, 2828)
 1995 Ed. (1570, 1571, 1573, 1575)
 1996 Ed. (1557, 1558, 3725)
 1997 Ed. (1594, 1623, 1624, 1630, 3069, 3344, 3780)
 1998 Ed. (1263, 1293, 1294, 1306, 1308,

1309, 1312, 2314, 2315, 2813, 3094,
3602, 3606)
 1999 Ed. (1868, 1869, 4096, 4097, 4636)
 2000 Ed. (1683, 1685, 3513, 3813, 4282)
Hills; Arthus
 2008 Ed. (2827)
Hills Bancorp.
 2018 Ed. (337)
 2019 Ed. (340)
Hills Bank
 2021 Ed. (329)
 2022 Ed. (341)
 2023 Ed. (433)
Hills Bank & Trust Co.
 2021 Ed. (374)
 2022 Ed. (387)
Hills Bank & Trust Company
 2023 Ed. (505)
Hills Bros.
 1990 Ed. (3545)
 1992 Ed. (1239, 4233)
 1993 Ed. (1004)
 1999 Ed. (1215)
Hills Brothers
 1991 Ed. (3323)
 2003 Ed. (676, 1041)
 2005 Ed. (1048)
Hills Department Stores
 1989 Ed. (1245)
 1990 Ed. (3267)
 1991 Ed. (1413, 1421, 1423, 1424, 1429,
1430, 1433, 1435, 1440, 1450, 3112)
 1992 Ed. (1787, 1813, 1818, 1829, 1844,
3944)
 1993 Ed. (367, 369, 1493, 1494, 1498)
 1999 Ed. (1835)
Hills Developers
 1999 Ed. (1304)
Hills Industries
 2004 Ed. (3439)
Hills Live Aftershow
 2010 Ed. (795)
Hill's Pet Nutrition
 1999 Ed. (3786)
 2003 Ed. (3803, 3804)
 2010 Ed. (2748)
 2012 Ed. (2668)
 2018 Ed. (3787, 3800)
 2019 Ed. (3773, 3774)
 2020 Ed. (3825, 3832)
 2023 Ed. (1824)
Hill's Pet Products Inc.
 2002 Ed. (3656)
Hill's Science Diet
 1992 Ed. (3405)
 2003 Ed. (3801, 3802)
 2008 Ed. (3890)
Hills Stores Co.
 2000 Ed. (774, 1661)
 2001 Ed. (2124)
Hillsboro, OR
 2009 Ed. (4344)
Hillsborough
 1990 Ed. (836, 1805)
Hillsborough, CA
 1989 Ed. (1634, 2773)
 1998 Ed. (737, 3704)
 1999 Ed. (1155, 4747)
 2000 Ed. (1068, 4376)
 2001 Ed. (2817)
 2002 Ed. (2712)
 2003 Ed. (974)
 2013 Ed. (3125)
 2014 Ed. (3124)
 2017 Ed. (2989)
Hillsborough Community College
 2002 Ed. (1105)
Hillsborough Co. Aviation Authority, FL
 1991 Ed. (3422)
Hillsborough Co. Industrial Development
  Authority, FL
 1991 Ed. (2530)
Hillsborough County District
 2004 Ed. (4311)
Hillsborough County, FL
 1992 Ed. (3291)
 1998 Ed. (1201, 1701)
 2009 Ed. (2387)
Hillsborough County (FL) School Board
 1996 Ed. (3288)
 1997 Ed. (3385)
Hillsborough County Hospital Authority
 1990 Ed. (2631)
 1991 Ed. (2501)
Hillsborough County, NH
 1995 Ed. (2483)
 2023 Ed. (1116)
Hillsborough County Nursing Home
 2014 Ed. (1850)
 2015 Ed. (1886)
 2016 Ed. (1848)
Hillsborough County School Board
 1992 Ed. (3802)
 1993 Ed. (3102)
Hillsborough County School District
 1991 Ed. (2926, 2929)
 2016 Ed. (1573)
 2017 Ed. (1562)

 2018 Ed. (1544)
 2019 Ed. (1573)
 2020 Ed. (1543)
 2021 Ed. (1526)
 2022 Ed. (1543)
 2023 Ed. (1719)
Hillsborough County Schools
 1998 Ed. (3160)
 2000 Ed. (3860)
Hillsborough Holdings Corp.
 1990 Ed. (3553)
 1991 Ed. (954, 955, 1212, 1227)
Hillsborough Resources
 2005 Ed. (1665)
 2006 Ed. (1571)
Hillsdale Canadian Aggressive Hedged
 2006 Ed. (3667)
Hillsdale College
 1990 Ed. (1091)
 1992 Ed. (1275)
 1993 Ed. (1023)
 1994 Ed. (1050)
 1995 Ed. (1058)
 1996 Ed. (1043)
 1998 Ed. (794)
 1999 Ed. (1223)
 2001 Ed. (1320)
Hillsdale Fabricators
 2009 Ed. (1281)
Hillsdown Holdings
 1990 Ed. (1829)
 1997 Ed. (2042)
Hillsdown Holdings PLC
 1990 Ed. (1831)
 1991 Ed. (1748)
 1992 Ed. (2196)
 1993 Ed. (1881, 2525, 2898)
 1994 Ed. (1879)
 1995 Ed. (1902, 1903)
 1996 Ed. (1390, 1944)
Hillsdown PLC
 1997 Ed. (659, 2044)
Hillshire Brands
 2014 Ed. (1322, 2727, 2757, 2778, 3586)
Hillshire Brands Co.
 2014 Ed. (2764, 2765, 2770, 2775)
 2015 Ed. (2817, 2821, 2824, 2830)
 2016 Ed. (2764)
 2017 Ed. (327, 812, 2702, 2714, 2716,
2717, 2719, 3436, 3448, 3903, 3905)
 2018 Ed. (2771, 2774, 2776, 3510, 3936)
 2019 Ed. (2741, 2742, 2750, 2752, 2755,
2770, 3497)
 2020 Ed. (2782, 2789, 2792, 2807, 3472,
3486, 3921, 3923)
 2021 Ed. (293, 2660, 2664, 2678, 3889)
 2022 Ed. (2807, 2832)
 2023 Ed. (2929)
The Hillshire Brands Co.
 2014 Ed. (2707, 2784)
Hillshire Brands Inc.
 2014 Ed. (2779, 4425)
 2015 Ed. (2825)
Hillshire Farm
 1999 Ed. (4140)
 2000 Ed. (3853)
 2002 Ed. (3271)
 2008 Ed. (3606, 3607)
 2009 Ed. (3674, 4385)
 2010 Ed. (3589)
 2011 Ed. (4360)
 2012 Ed. (4400)
 2013 Ed. (4368)
 2014 Ed. (4423)
 2016 Ed. (4304)
 2018 Ed. (4291)
 2022 Ed. (3550, 3551, 4292)
 2023 Ed. (3672, 4322)
Hillshire Farm Cheddarwurst
 2011 Ed. (4360)
Hillshire Farm Deli
 2006 Ed. (3424)
 2007 Ed. (3439)
Hillshire Farm Deli Select
 2002 Ed. (3272)
 2003 Ed. (3326)
 2004 Ed. (3399)
 2005 Ed. (3412)
 2008 Ed. (3608)
 2009 Ed. (3685)
 2014 Ed. (3576)
 2018 Ed. (3499)
 2020 Ed. (3471)
 2021 Ed. (3490)
 2022 Ed. (3550, 3551)
Hillshire Farm & Kahn's
 2003 Ed. (2509, 3330)
Hillshire Farm Lite
 1994 Ed. (2416)
Hillshire Farm Lit'l Smokies
 2022 Ed. (4292)
 2023 Ed. (4322)
Hillshire Farm Litl Smokies
 2014 Ed. (4423)
 2016 Ed. (4304)
 2018 Ed. (4291)
Hillshire Farm Lunch 'n Munch
 1994 Ed. (2416)

Hillshire Farms
 1997 Ed. (2088)
 1998 Ed. (1767)
 1999 Ed. (2527)
 2001 Ed. (3233)
 2002 Ed. (3270)
 2008 Ed. (3677)
Hillshire Snacking
 2019 Ed. (3693)
 2022 Ed. (4417)
 2023 Ed. (4444)
Hillside
 2009 Ed. (1010)
Hillside Candy
 2006 Ed. (1007)
Hillside Hospital Credit Union
 2004 Ed. (1934)
HillSouth
 2015 Ed. (4857)
Hilltop
 1992 Ed. (1352)
 1993 Ed. (1081)
Hilltop Condominiums
 1990 Ed. (1147)
 1991 Ed. (1046)
Hilltop Health Care Center Inc.
 2013 Ed. (2190)
Hilltop Holdings
 2016 Ed. (566)
 2018 Ed. (325, 1950)
Hilltop Holdings Inc.
 2016 Ed. (2039)
 2018 Ed. (336)
Hilltop National Bank
 2021 Ed. (410)
 2022 Ed. (423)
 2023 Ed. (547)
Hilltop Pools & Spas
 2019 Ed. (4549)
Hilltop Steak House
 1990 Ed. (3002)
 1991 Ed. (2860)
 2003 Ed. (4087)
 2005 Ed. (4047)
 2006 Ed. (4105)
 2007 Ed. (4123, 4130, 4131)
The Hilltop Steakhouse
 1992 Ed. (3689)
Hillwood
 2003 Ed. (2888)
 2004 Ed. (2997)
 2005 Ed. (2995)
 2006 Ed. (2990)
 2007 Ed. (3021)
 2013 Ed. (3844)
 2014 Ed. (3766)
Hillwood/CapStar
 2002 Ed. (1495)
Hilmar Cheese
 2007 Ed. (2627)
 2010 Ed. (2221)
 2023 Ed. (2845)
Hilmar Cheese Co.
 2016 Ed. (2260)
 2018 Ed. (2137, 2148)
 2019 Ed. (2134, 2147)
 2020 Ed. (2119)
 2021 Ed. (2112, 2125, 2598)
 2022 Ed. (2143, 2711)
 2023 Ed. (2261)
Hilmar Cheese Company
 2021 Ed. (2598)
 2022 Ed. (2711)
Hilmont Inc.
 2005 Ed. (1527)
Hilo, HI
 2012 Ed. (2554)
Hilo-Kona Mazda Subaru Hyundai
 2016 Ed. (1624)
 2017 Ed. (1597)
Hilrose
 1997 Ed. (1683)
Hilson; Keri
 2011 Ed. (3713)
The Hilt
 2021 Ed. (4916)
Hilti
 2013 Ed. (2068)
 2014 Ed. (1356, 1399, 2001)
 2015 Ed. (1609, 2047)
 2022 Ed. (1025, 1961)
Hilti AG
 2011 Ed. (2067)
 2013 Ed. (2075)
 2014 Ed. (2007)
 2022 Ed. (745)
Hilti Fastening Systems
 2013 Ed. (1774)
Hilti Fastening Systems Ltd.
 2014 Ed. (1708)
 2015 Ed. (1750)
Hilti Inc.
 2020 Ed. (2996)
 2021 Ed. (2856)
Hilti Nederland BV
 2015 Ed. (1876)

Hilton
 1990 Ed. (2085)
 1995 Ed. (2166)
 1997 Ed. (2279, 2296)
 1999 Ed. (2766, 2785)
 2000 Ed. (2572)
 2001 Ed. (2789, 2791)
 2003 Ed. (2847)
 2004 Ed. (2938)
 2005 Ed. (2931)
 2008 Ed. (3070)
 2009 Ed. (3159)
 2010 Ed. (3088)
 2011 Ed. (585)
 2017 Ed. (2958, 2962)
 2018 Ed. (3066, 3072, 3076, 4728, 4774)
 2019 Ed. (38, 2192, 2376, 3001, 3016,
3019, 3020, 4729)
 2020 Ed. (1317, 2185, 2186, 2344, 3040,
3050, 3051, 3052, 3054, 3057, 3058,
4702)
 2021 Ed. (46, 595, 687, 1314, 2165,
2166, 2167, 2309, 2310, 2905, 2915,
2916, 2920, 2921, 2922, 2924, 2926,
2927)
 2022 Ed. (1323, 1623, 1993, 2195, 2196,
2338, 2900, 2952, 3598, 4710, 4790)
 2023 Ed. (1529, 1786, 2091, 2094, 2352,
2514, 3021, 3076, 3142, 3156, 3158,
3159, 3161, 3162, 3496, 3703, 3841,
4696, 4780)
Hilton Anchorage
 2003 Ed. (2851)
Hilton Burbank Airport & Convention Center
 2000 Ed. (1185)
Hilton Canada
 1994 Ed. (2110)
Hilton Center for Entrepreneurship
 2009 Ed. (790)
Hilton at Cherry Hill
 1998 Ed. (2038)
 2000 Ed. (2576)
Hilton Chicago O'Hare
 2002 Ed. (2636)
Hilton Diagonal Mar Barcelona
 2017 Ed. (2963)
 2018 Ed. (3078)
Hilton Food
 2005 Ed. (1983)
 2016 Ed. (2696)
 2017 Ed. (2647)
Hilton Ford
 2009 Ed. (2112)
Hilton Foundation; Conrad N.
 1990 Ed. (1848)
 1993 Ed. (895, 1897)
 1994 Ed. (1899, 1904)
 1995 Ed. (1929)
Hilton Fund for Sisters; Conrad N.
 1994 Ed. (1899)
Hilton Garden Inn
 2000 Ed. (2555)
 2001 Ed. (2780, 2789)
 2003 Ed. (2852)
 2004 Ed. (2942)
 2005 Ed. (2939)
 2006 Ed. (2942)
 2007 Ed. (2953)
 2008 Ed. (3078)
 2009 Ed. (3168)
 2010 Ed. (3099, 3100)
 2011 Ed. (3067)
 2012 Ed. (3011)
 2013 Ed. (3094)
 2014 Ed. (3093)
 2015 Ed. (3158)
 2016 Ed. (3013)
 2017 Ed. (2955)
 2018 Ed. (3069)
 2019 Ed. (3010, 3015)
 2020 Ed. (3046)
 2022 Ed. (3034)
 2023 Ed. (3152, 3153)
Hilton Garden Inn Hotels
 1999 Ed. (2779)
Hilton Garden Inns
 2006 Ed. (2941)
Hilton Grand Vacations
 2021 Ed. (46)
 2022 Ed. (43)
 2023 Ed. (87)
Hilton Group
 2005 Ed. (2945, 3283)
Hilton Group plc
 2005 Ed. (2940, 3282, 4090)
 2006 Ed. (1684, 1773, 2945, 3274, 3275)
 2007 Ed. (1718, 2961, 3348)
 2008 Ed. (1747)
Hilton Hawaiian Village LLC
 2014 Ed. (1628)
 2015 Ed. (1677)
 2016 Ed. (1622)
Hilton Head Island, SC
 1990 Ed. (998)
 2017 Ed. (3331)
Hilton Hotel
 2000 Ed. (2563)
 2007 Ed. (2944)

Hilton Hotel Valley Forge
  1992 Ed. (2513)
Hilton Hotels
  2013 Ed. (3092, 3093, 3096, 3106, 3107, 4263)
  2014 Ed. (3104, 4320)
  2015 Ed. (4426)
  2016 Ed. (4320)
  2017 Ed. (4323)
  2018 Ed. (4315)
  2019 Ed. (4343)
  2020 Ed. (4335)
  2021 Ed. (4351)
  2022 Ed. (4357)
Hilton Hotels Corp.
  1989 Ed. (1614, 1615, 1616)
  1990 Ed. (2087, 2095)
  1991 Ed. (1055, 1154, 1165, 1938, 1939, 1945, 1953, 1955, 3095)
  1992 Ed. (2203, 2473, 2474, 2478, 2485, 2488, 2490, 2493, 2497, 2498, 2500, 2502, 2503, 2504, 2506, 2507, 2508, 3930)
  1993 Ed. (2082, 2084, 2088, 2098, 2099, 2101)
  1994 Ed. (2095, 2097, 2098, 2099, 2100, 2113, 2118, 2119, 2121)
  1995 Ed. (2151, 2154, 2161, 2167, 2168, 2169, 2170, 2172)
  1996 Ed. (2161, 2163, 2164, 2167, 2176, 2181, 2182, 2184, 2187)
  1997 Ed. (911, 2281, 2282, 2283, 2290, 2297, 2300, 2306)
  1998 Ed. (1052, 1082, 2005, 2006, 2007, 2010, 2011, 2026, 2031, 2033, 2346)
  1999 Ed. (1477, 2760, 2762, 2764, 2780, 2781, 2783, 2786, 2792, 3174)
  2000 Ed. (1336, 2540, 2558, 2560, 2561, 2569, 3003, 3412)
  2001 Ed. (2778, 2782, 2784, 2785, 2786, 2787, 2792)
  2002 Ed. (2146, 2630, 2637, 2638, 2639)
  2003 Ed. (896, 2336, 2840, 2841, 2842, 2843, 2844, 2845, 2846, 2848, 2850, 2853, 2854, 2857, 2858, 2859, 2860, 3209, 4136)
  2004 Ed. (2906, 2931, 2932, 2933, 2934, 2935, 2936, 2937, 2939, 2940, 2944, 3252, 3254)
  2005 Ed. (1969, 2892, 2922, 2923, 2924, 2925, 2926, 2927, 2929, 2932, 2933, 2935, 2941, 2942, 2943, 2944, 3026, 3277, 4085)
  2006 Ed. (165, 2898, 2927, 2928, 2929, 2930, 2932, 2935, 2936, 2937, 3271, 4130)
  2007 Ed. (156, 853, 2902, 2918, 2937, 2938, 2939, 2940, 2943, 2946, 2947, 2948, 2959, 3339, 4119)
  2008 Ed. (1425, 1513, 3023, 3067, 3068, 3072, 3073, 3074, 3081, 3166, 3171, 3195, 3440, 4128, 4145)
  2009 Ed. (1539, 1851, 3110, 3124, 3152, 3155, 3156, 3157, 3161, 3162, 3165, 3171, 3254, 4123)
  2010 Ed. (3043, 3083, 3085, 3086, 3089, 3090, 3091, 3093, 3096, 3102, 3103, 3185, 3194, 4051, 4056, 4107, 4252, 4256)
  2011 Ed. (2828, 2829, 3012, 3056, 3059, 3060, 3062, 3066, 3070, 3071, 3072, 3149, 4256)
  2012 Ed. (2939, 3003, 3004, 3006, 3013, 3014, 4297)
Hilton Hotels Hawaii Region
  2018 Ed. (1578)
Hilton Hotels Holdings Corp.
  2010 Ed. (3085, 3086)
  2011 Ed. (3056)
  2012 Ed. (2999)
  2013 Ed. (3088)
Hilton Hotels/Inns
  2003 Ed. (2849)
  2004 Ed. (2941)
  2005 Ed. (2934)
  2007 Ed. (2950)
  2008 Ed. (3075)
  2009 Ed. (3163)
  2010 Ed. (3094)
  2011 Ed. (3063)
Hilton Hotels & Resorts
  2008 Ed. (3078)
  2011 Ed. (3067)
  2012 Ed. (3009, 3011)
  2013 Ed. (3094, 3097)
  2014 Ed. (3093)
  2015 Ed. (3151)
  2017 Ed. (852)
  2018 Ed. (787, 3069)
  2019 Ed. (3014, 3015)
  2020 Ed. (803, 3045, 3046, 3048, 3049)
  2021 Ed. (2910, 2911, 2913, 2919)
  2022 Ed. (3033, 3034, 3037)
  2023 Ed. (3148, 3151, 3153, 3157)
Hilton Hotels & Resorts (U.S.)
  2021 Ed. (2910)
Hilton Inc.
  2018 Ed. (2216, 2218, 2887, 3544)
  2019 Ed. (2195, 2836, 2975, 3535)

  2020 Ed. (2872, 3003, 3516)
  2021 Ed. (2744, 2864)
Hilton Inns
  1994 Ed. (2114)
  1996 Ed. (2177)
  1997 Ed. (2291)
  1998 Ed. (2019)
  2000 Ed. (2559)
Hilton Inns/Hotels
  2000 Ed. (2562)
Hilton International Co.
  1990 Ed. (2067)
  1992 Ed. (2503)
  1996 Ed. (2160)
  1997 Ed. (2278)
  1998 Ed. (2011)
  1999 Ed. (1609, 2764, 2773)
  2000 Ed. (2548, 2558, 2565, 2571)
  2001 Ed. (2786, 2787, 2788)
  2003 Ed. (2840)
  2004 Ed. (2931)
  2005 Ed. (2922)
  2006 Ed. (2927, 2938)
  2007 Ed. (2938)
  2008 Ed. (1431, 3067)
  2009 Ed. (3155)
  2010 Ed. (3085)
  2011 Ed. (3056)
  2015 Ed. (3153)
Hilton International Co., Inc. Delaware
  2012 Ed. (2999)
Hilton Las Vegas
  2001 Ed. (2801)
Hilton London Metropole
  2017 Ed. (2963)
  2018 Ed. (3078)
Hilton Los Angeles Airport
  2000 Ed. (1185)
  2002 Ed. (2649)
Hilton Memphis
  2007 Ed. (2944)
Hilton Miami Airport & Towers
  2002 Ed. (2636)
Hilton Natick
  1991 Ed. (1948)
Hilton Oak Lawn
  1998 Ed. (2008)
Hilton; Paris
  2008 Ed. (2584)
Hilton; Perez
  2010 Ed. (829)
  2011 Ed. (756)
Hilton Prague
  2017 Ed. (2963)
  2018 Ed. (3078)
Hilton San Diego Bayfront
  2017 Ed. (2963)
Hilton Short Hills
  2002 Ed. (2641)
Hilton at Short Hills
  1992 Ed. (2483)
  1993 Ed. (2091)
  1997 Ed. (2286)
  1998 Ed. (2012)
Hilton Singapore
  2018 Ed. (3077)
Hilton; Steven J.
  2007 Ed. (1036)
Hilton Suites
  1993 Ed. (2086)
  1994 Ed. (2116)
  1996 Ed. (2175, 2179)
  1997 Ed. (2293)
  2001 Ed. (2789)
Hilton Sydney
  2018 Ed. (3077)
Hilton (U.S.)
  2021 Ed. (2926, 2927)
Hilton Waikoloa Village
  2017 Ed. (1592)
  2019 Ed. (1610)
  2020 Ed. (1572)
  2021 Ed. (1556)
  2022 Ed. (1576)
Hilton; William
  2012 Ed. (4851)
Hilton; William Barron
  2007 Ed. (4899)
  2010 Ed. (3955)
  2011 Ed. (4830)
Hilton Worldwide
  2013 Ed. (2153, 3108)
  2014 Ed. (2118, 3105, 3106, 3195)
  2015 Ed. (2171, 2381, 3045, 4780)
  2016 Ed. (2147, 2326, 4729, 4782)
  2017 Ed. (2070, 2167, 3489, 4749)
  2018 Ed. (2029, 3070, 4349, 4685)
  2019 Ed. (2086, 2878, 3002)
  2020 Ed. (1996, 3037)
  2021 Ed. (1947, 2900)
  2023 Ed. (1043)
Hilton Worldwide Holdings
  2015 Ed. (2138, 3156, 3157, 3163)
  2016 Ed. (2116, 3011, 3012, 3015, 3016)
  2017 Ed. (2072, 2952, 2954, 2959, 2960, 4742)
  2018 Ed. (3067, 3073, 3074)
  2019 Ed. (3012, 3013, 3017, 3018)

  2020 Ed. (3043, 3044, 3055, 3056)
  2021 Ed. (2909, 2925)
  2022 Ed. (52, 1988, 3027, 3030, 3032, 3036, 3038, 3039, 3040, 3042, 3043)
Hilton Worldwide Holdings Inc.
  2015 Ed. (4416)
  2016 Ed. (3008, 3009)
Hilton Worldwide Holdings, Inc.
  2018 Ed. (2031)
Hilton Worldwide Inc.
  2011 Ed. (3055, 4075)
  2012 Ed. (2998, 2999, 3007, 3010, 3104, 4106)
  2013 Ed. (2152, 3086, 3088, 3098, 4225)
  2014 Ed. (1599, 2018, 2086, 3041, 3084, 3087, 3096, 3101, 4261)
  2015 Ed. (2139, 3107, 3150, 3161, 4244)
  2016 Ed. (3014)
  2017 Ed. (2947, 2957)
  2018 Ed. (3033, 3061)
Hilux
  2002 Ed. (384)
Hilux; Toyota
  2005 Ed. (295)
H.I.M. Recruiters
  2022 Ed. (2364)
  2023 Ed. (2527, 2549)
Himalayan Bank Ltd.
  2006 Ed. (4524)
HiMama
  2022 Ed. (984)
Himanshu Patel
  2011 Ed. (3338)
Himaraya
  2012 Ed. (4519)
  2013 Ed. (4476)
Himatsingka
  2022 Ed. (2975)
Himax Technologies
  2015 Ed. (4573)
Himax Technologies Inc.
  2008 Ed. (4291)
Himel; Leigh
  2017 Ed. (4983)
Himko AD
  2002 Ed. (4391)
Himmel Group
  1994 Ed. (2986)
  1999 Ed. (3976)
Himont Inc.
  1989 Ed. (1141)
  1990 Ed. (933, 934, 938, 947, 967, 968)
  1991 Ed. (910)
Hims
  2020 Ed. (2289)
HIMSS Annual Conference & Exhibition
  2005 Ed. (4732)
Hin Sang Hong Co.
  2009 Ed. (52)
Hina Mauk
  2019 Ed. (1621)
  2020 Ed. (1582)
Hina Mauka
  2018 Ed. (1586)
Hinckey & Schmitt
  1999 Ed. (764, 768)
Hinckley Allen
  2015 Ed. (1592)
Hinckley Allen & Snyder LLP
  2008 Ed. (2060)
  2009 Ed. (2025)
  2022 Ed. (3341)
Hinckley, Allen & Synder LLP
  2011 Ed. (2018)
  2012 Ed. (1866)
  2013 Ed. (2025)
  2014 Ed. (1960)
  2015 Ed. (2007)
  2016 Ed. (1978)
Hinckley, MN
  2005 Ed. (2204)
Hinckley & Schmitt
  1992 Ed. (910)
  1993 Ed. (725)
  1995 Ed. (685)
  1997 Ed. (695, 696, 3661)
  1998 Ed. (480)
  2000 Ed. (783, 784)
  2001 Ed. (995)
Hinckley-Schmitt
  1989 Ed. (747)
  1990 Ed. (745)
Hind
  1990 Ed. (3339, 3340)
Hind Hariri
  2009 Ed. (4910)
Hindalco Industries
  2017 Ed. (1623)
Hindalco Industries Limited
  2022 Ed. (3605)
Hindalco Industries Ltd.
  1992 Ed. (902)
  1994 Ed. (724)
  2012 Ed. (189, 1565)
  2013 Ed. (170)
  2014 Ed. (175)
  2015 Ed. (204)
  2016 Ed. (195)

  2017 Ed. (182, 1629, 2464)
  2018 Ed. (170, 2515, 2566)
  2019 Ed. (172)
  2020 Ed. (173)
  2021 Ed. (2454)
  2022 Ed. (2564)
Hindelong; John
  1992 Ed. (2135)
  1993 Ed. (1800)
  1994 Ed. (1783)
  1995 Ed. (1823)
  1996 Ed. (1796)
Hindi
  2000 Ed. (2890)
Hindmarsh Construction Australia
  2016 Ed. (1379)
  2019 Ed. (1410)
  2020 Ed. (1032, 1375)
  2021 Ed. (1005, 1370)
  2022 Ed. (1049)
Hinds Institute of Esthetics; Catherine
  2017 Ed. (2937)
Hinds Instruments Inc.
  2015 Ed. (4234)
The Hindu
  1995 Ed. (2773)
Hinduja
  2021 Ed. (4878)
  2022 Ed. (4874)
Hinduja Brothers
  2014 Ed. (4889)
  2015 Ed. (4928, 4969)
  2016 Ed. (4844, 4886)
Hinduja brothers
  2021 Ed. (4843, 4878)
  2022 Ed. (4874)
  2023 Ed. (4868)
Hinduja family
  2017 Ed. (4884)
  2018 Ed. (4858, 4896)
  2019 Ed. (4888)
  2020 Ed. (4877)
Hinduja; Gopi
  2012 Ed. (4921)
  2013 Ed. (4901)
  2014 Ed. (4913)
Hinduja; Gopichand
  2014 Ed. (4929)
Hinduja Group
  2012 Ed. (1231)
Hinduja Group Ltd.
  2021 Ed. (2162, 2454)
  2022 Ed. (2192, 2564)
Hinduja; Sri
  2012 Ed. (4921)
  2013 Ed. (4901)
  2014 Ed. (4913)
Hinduja; Sri & Gopi
  2007 Ed. (4923)
  2008 Ed. (4896)
  2009 Ed. (4917)
Hinduja; Srichand
  2014 Ed. (4929)
Hinduja TMT
  2007 Ed. (1771)
Hindustan Aeronautics
  2017 Ed. (94)
  2018 Ed. (105)
  2020 Ed. (89, 2144)
  2021 Ed. (80, 2140)
  2022 Ed. (2174)
  2023 Ed. (2297)
Hindustan Aeronautics Ltd.
  1998 Ed. (1247)
  2022 Ed. (2174)
Hindustan Lever
  1992 Ed. (56, 903, 1636)
  1993 Ed. (715)
  1994 Ed. (724)
  1995 Ed. (1416, 1417)
  1996 Ed. (753, 754, 1378)
  1997 Ed. (685, 1429)
  1999 Ed. (741, 1654)
  2000 Ed. (1455, 1456, 1457, 1458, 1459, 1460)
  2001 Ed. (1732, 1733, 1734, 1735)
  2002 Ed. (4424)
  2006 Ed. (1753, 3384, 4507)
  2007 Ed. (1773)
Hindustan Levers
  2000 Ed. (754)
Hindustan Motors Ltd.
  2006 Ed. (318)
Hindustan Petroleum
  2019 Ed. (3848)
  2021 Ed. (3823, 3831)
  2022 Ed. (3845)
Hindustan Petroleum Corp.
  1997 Ed. (685)
  2000 Ed. (754)
  2001 Ed. (1732, 1733, 1734)
  2005 Ed. (3780, 3781)
  2006 Ed. (1765, 1766, 3384)
  2007 Ed. (1774)
  2008 Ed. (1803, 3562)
  2009 Ed. (1749, 3629)
  2010 Ed. (1696, 3550)
  2011 Ed. (1707, 3550)

2012 Ed. (1564, 3543, 3899)
2013 Ed. (1718, 3571, 3958)
2014 Ed. (1665, 3903)
2015 Ed. (1710, 3930)
2016 Ed. (1658, 3848)
2017 Ed. (1630, 1633, 3810)
2018 Ed. (1608, 1612, 3857, 3885)
2019 Ed. (1650, 1653, 3827)
2020 Ed. (1607)
2021 Ed. (1589)
2022 Ed. (1604)
Hindustan Petroleum Corp. Ltd.
  2019 Ed. (1642, 2411)
  2022 Ed. (3864)
  2023 Ed. (3961)
Hindustan Petroleum Corp., Ltd.
  2015 Ed. (1707)
  2017 Ed. (1629)
  2018 Ed. (1607)
  2019 Ed. (1649)
  2020 Ed. (1606)
  2021 Ed. (1588)
  2022 Ed. (1606)
Hindustan Petroleum Corporation Ltd.
  2023 Ed. (1771)
Hindustan Semiconductor Manufacturing Corp.
  2009 Ed. (2393)
Hindustan Thompson
  2000 Ed. (104)
  2001 Ed. (144)
  2002 Ed. (117)
  2003 Ed. (84)
Hindustan Thompson Associates
  1989 Ed. (116)
  1990 Ed. (110)
  1991 Ed. (108)
  1992 Ed. (159)
  1993 Ed. (107)
  1994 Ed. (94)
  1995 Ed. (83)
  1996 Ed. (97)
  1997 Ed. (99)
  1999 Ed. (100)
Hindustan Times
  1995 Ed. (2773)
Hindustan Unilever
  2009 Ed. (754, 760)
  2010 Ed. (1695, 3860)
  2011 Ed. (630, 635)
  2012 Ed. (1563)
  2013 Ed. (1762, 3469, 3494)
  2014 Ed. (3824)
  2015 Ed. (1709, 3849)
  2016 Ed. (3756)
  2017 Ed. (61, 1624, 1628, 3710)
  2018 Ed. (1610)
  2019 Ed. (1652, 1677)
  2020 Ed. (1609, 1634)
  2021 Ed. (1591)
  2022 Ed. (1609)
  2023 Ed. (1772)
Hindustan Unilever Ltd.
  2017 Ed. (2405)
  2019 Ed. (1646)
  2021 Ed. (1585)
Hindustan Zinc
  2017 Ed. (1626)
  2018 Ed. (1605, 3587)
  2019 Ed. (1647)
  2020 Ed. (1604)
Hine
  1999 Ed. (800, 801)
  2000 Ed. (805, 807)
  2001 Ed. (1016, 1017)
  2002 Ed. (778)
  2003 Ed. (760)
  2004 Ed. (770)
Hine Pontiac Mazda; John
  1991 Ed. (273)
Hines
  1998 Ed. (3003)
  2003 Ed. (3670, 4064)
  2014 Ed. (3760)
  2022 Ed. (176)
Hines; Edward
  1996 Ed. (824)
Hines Horticulture Inc.
  2001 Ed. (281)
  2003 Ed. (1958)
  2004 Ed. (1998, 1999, 2756, 2757)
  2005 Ed. (2140, 2141, 2751, 2752)
  2006 Ed. (2235, 2236)
  2007 Ed. (2156, 2157)
  2008 Ed. (2272)
  2009 Ed. (2259)
  2010 Ed. (2216)
  2011 Ed. (2234)
Hines Interests; Gerald D.
  1990 Ed. (2959)
  1991 Ed. (2809)
Hines Interests Limited Partnership
  2022 Ed. (517)
Hines Interests Ltd. Partnership
  1992 Ed. (3619, 3622)
  1993 Ed. (2963, 2964)
  1994 Ed. (3001, 3003)
  1995 Ed. (3063)

1997 Ed. (3257)
1999 Ed. (4014)
Hines Interests LP
  2000 Ed. (3717, 3731)
  2001 Ed. (4015)
  2004 Ed. (3726, 4090)
  2005 Ed. (3637, 4024)
  2006 Ed. (3738, 4054)
  2007 Ed. (3738, 4105)
  2008 Ed. (3821, 4126)
  2009 Ed. (3870, 4236)
  2010 Ed. (4168)
  2011 Ed. (3784, 4169)
  2012 Ed. (3081, 3779, 4217)
  2013 Ed. (3164, 3844, 4203)
  2014 Ed. (3169, 3766, 4220)
  2015 Ed. (3229, 3787, 4205)
  2016 Ed. (3701, 4125)
  2019 Ed. (4137)
Hines Jr. VA Hospital; Edward
  1991 Ed. (1932)
  1994 Ed. (2088)
  1995 Ed. (2141)
  1997 Ed. (2268)
Hines Nurseries Inc.
  2001 Ed. (281)
  2003 Ed. (1958)
  2004 Ed. (1998)
  2005 Ed. (2140)
  2006 Ed. (2235)
  2007 Ed. (2156)
Hines Orchard Fresh
  2018 Ed. (3714)
Hines Park Lincoln-Mercury
  1995 Ed. (274)
  1996 Ed. (277)
Hines Pool & Spa
  2021 Ed. (4533)
  2022 Ed. (4536, 4537, 4539)
  2023 Ed. (4551)
Hinesville, GA
  2007 Ed. (2370)
  2009 Ed. (2496)
  2011 Ed. (919, 2412)
  2019 Ed. (720)
  2020 Ed. (711)
Hing; Mel
  1990 Ed. (2478)
Hingham Institution for Savings
  2008 Ed. (1918)
  2009 Ed. (1874)
  2010 Ed. (1806)
  2011 Ed. (1834)
  2015 Ed. (381)
  2019 Ed. (502)
  2020 Ed. (486)
  2022 Ed. (511)
Hingham Institution for Savings (Hingham, MA)
  2022 Ed. (511)
Hinkle Law Firm LLC
  2023 Ed. (3459)
Hinkle Shanor LLP
  2022 Ed. (3337)
Hinkle's Prime Cut Angus
  2021 Ed. (803)
  2022 Ed. (835)
Hinkley & Schmitt
  1998 Ed. (483)
Hinkley-Schmitt
  1994 Ed. (734)
  1995 Ed. (687)
  1996 Ed. (760)
Hinman, Straub, Pigors & Manning, PC
  1996 Ed. (2533)
Hino
  1990 Ed. (3654)
  1993 Ed. (3627)
  2022 Ed. (274)
  2023 Ed. (372)
Hino Auto Body Ltd.
  2000 Ed. (3028, 3030)
Hino Motors
  2016 Ed. (2522)
  2017 Ed. (3020)
Hino Motors Manufacturing USA Inc.
  2019 Ed. (3407)
  2020 Ed. (3410)
  2021 Ed. (3425)
  2022 Ed. (3482)
  2023 Ed. (3604)
Hinode Cosméticos
  2023 Ed. (2310)
Hinsdale Federal Bank for Savings
  1998 Ed. (3543)
Hinsdale Motor Cars
  1990 Ed. (335)
Hinshaw & Culbertson
  1997 Ed. (2597)
  1998 Ed. (2327)
  2021 Ed. (3212)
HintonBurdick
  2017 Ed. (12)
HintTech
  2010 Ed. (1852)
  2018 Ed. (1883)
Hintz; Brad
  2011 Ed. (3360)

Hintze; Michael
  2008 Ed. (4006, 4007, 4902)
  2011 Ed. (4868)
  2021 Ed. (4826)
Hintzsche Fertilizer Inc.
  2013 Ed. (109)
  2014 Ed. (116)
HIP
  1995 Ed. (2090)
  1996 Ed. (2086, 2087)
  2005 Ed. (3181)
HiP B2B LLC
  2017 Ed. (1828)
  2018 Ed. (1773)
HIP of Greater New York
  1997 Ed. (2190)
  1999 Ed. (3292)
HIP of Greater NY
  1990 Ed. (1994)
HIP Health Plan of Florida
  1999 Ed. (2655)
  2000 Ed. (2435)
  2002 Ed. (2462)
HIP Health Plan of New Jersey
  1998 Ed. (1919, 1920)
  2000 Ed. (2440)
HIP Health Plan of New York
  2000 Ed. (2438)
  2001 Ed. (2688)
  2002 Ed. (2464)
  2004 Ed. (3017, 3076)
  2005 Ed. (3083)
  2008 Ed. (3197)
  2011 Ed. (3614)
HIP Health Plan of NJ
  1997 Ed. (2199)
  1999 Ed. (2657)
HIP Health Plans
  2003 Ed. (2975)
"Hip Hop Abs"
  2015 Ed. (2328)
Hip Hop Fish & Chicken
  2023 Ed. (4229)
Hip Interactive
  2005 Ed. (2831)
  2007 Ed. (2816)
HIP of New Jersey
  1989 Ed. (1587)
  1990 Ed. (1998, 2000)
  1991 Ed. (1896)
HIP of New Jersey-South
  1989 Ed. (1586)
HIP (N.Y.)
  1996 Ed. (2085)
Hip - Petrohemija AD
  2020 Ed. (1511, 1521)
HIP-Rutgers
  1992 Ed. (2391)
HIP/Rutgers Health Plan
  1992 Ed. (2393)
  1993 Ed. (2025)
  1994 Ed. (2041)
HIPB2B
  2021 Ed. (3471)
  2022 Ed. (3528)
  2023 Ed. (3649)
Hiperion Hotel Group SL
  2020 Ed. (1510)
Hipotecario
  2001 Ed. (600, 602)
Hipotecario Nacional
  2000 Ed. (456, 459, 461)
Hipoteku banka
  2009 Ed. (490)
  2010 Ed. (472)
  2011 Ed. (398)
Hipp Baby Food
  2002 Ed. (765)
Hippo
  2002 Ed. (4996)
Hippo Insurance
  2021 Ed. (4265)
Hippo Valley
  1997 Ed. (3929, 3930)
  1999 Ed. (4829, 4830)
Hippo Valley Estates
  2000 Ed. (4445, 4446)
Hippodrome Oldsmobile-Nissan
  1993 Ed. (279)
Hippographics
  1999 Ed. (962, 3898)
  2000 Ed. (911, 914, 3615)
HiQ
  2009 Ed. (2065)
HIQ Computers
  2002 Ed. (1142)
HIQ International
  2007 Ed. (1999)
  2008 Ed. (2092)
Hiram Bithom Stadium
  2002 Ed. (4348)
Hiram College
  1992 Ed. (1275)
  1993 Ed. (1023)
  1994 Ed. (1050)
  1995 Ed. (1058)

Hiram Walker
  1990 Ed. (2459)
  1991 Ed. (2325)
  1992 Ed. (2884)
  2000 Ed. (2941)
Hiram Walker Cordials
  1996 Ed. (2501)
  1999 Ed. (3194, 3202)
  2000 Ed. (2937)
  2001 Ed. (3100, 3105, 3109, 3134)
  2002 Ed. (283, 3085)
  2003 Ed. (3218)
  2004 Ed. (3261)
Hiram Walker Line
  1990 Ed. (2443)
  1991 Ed. (2312)
Hiram Walker & Sons
  1996 Ed. (2498)
  1997 Ed. (2141, 2640)
  1998 Ed. (2368)
  1999 Ed. (3198)
Hiram Walker Ten High
  1989 Ed. (749)
Hiram Walker Various Scotch
  2001 Ed. (4170)
  2002 Ed. (4185)
Hiranandani; Asok Kumar
  2014 Ed. (4917)
Hiranandani; Surendra
  2019 Ed. (4844)
Hirano; Kiyohisa
  1996 Ed. (1884)
  1997 Ed. (1990)
Hiranuma; Makoto
  1996 Ed. (1879)
  1997 Ed. (1978)
Hire Dynamics
  2013 Ed. (1649)
  2014 Ed. (1607)
Hire Expectation
  2007 Ed. (2357)
Hire Power Inc.
  2019 Ed. (3590)
Hire Strategies
  2018 Ed. (3634)
  2019 Ed. (3627)
  2020 Ed. (3599)
  2021 Ed. (3625)
  2022 Ed. (3676)
  2023 Ed. (3779)
Hire Technology
  2016 Ed. (4944)
HireArt
  2022 Ed. (3076, 3077)
HireBetter
  2022 Ed. (2386)
  2023 Ed. (2548)
Hireco (TL)
  2018 Ed. (4737)
Hired Hands Homecare
  2016 Ed. (4990)
  2017 Ed. (4980)
  2018 Ed. (4987)
  2019 Ed. (4982)
  2020 Ed. (4986)
Hirek Media & Internet Technology
  2003 Ed. (2713)
Hireology
  2018 Ed. (720)
  2020 Ed. (1591)
  2021 Ed. (1575)
HireProHealth
  2023 Ed. (957, 1557)
Hires
  1996 Ed. (3476)
HireTalent
  2021 Ed. (2314)
Hireup Pty. Ltd.
  2019 Ed. (2890)
HireVergence
  2018 Ed. (1535)
HireVue
  2015 Ed. (2914)
Hirevue
  2016 Ed. (3044)
Hiring
  2000 Ed. (1783, 1784)
The Hiring Group
  2020 Ed. (1892, 3080)
HiringSolved
  2020 Ed. (4571)
Hiro Media
  2016 Ed. (2910)
Hiro Real Estate
  1991 Ed. (2640)
Hiro Yamagata
  1994 Ed. (890, 892)
  1995 Ed. (935)
Hirokazu Ishii
  1996 Ed. (1882)
  1997 Ed. (1988)
  1999 Ed. (2388, 2389)
Hiroko Takei
  2008 Ed. (4846)
  2009 Ed. (4866)
  2010 Ed. (4868)
  2011 Ed. (4856)

CUMULATIVE INDEX • 1989-2023

Hironori Tanaka
　2000 Ed. (2161)
Hirons
　2023 Ed. (133)
Hirose
　1996 Ed. (1606)
Hirose Electric
　2009 Ed. (1492, 1493, 1494, 1820, 2417)
　2016 Ed. (2428)
Hirose Electric USA, Inc.
　2001 Ed. (2136, 2137, 2138)
Hiroshi Mikitani
　2001 Ed. (2279)
　2003 Ed. (2347)
　2009 Ed. (4866, 4867)
　2010 Ed. (4868, 4869)
　2011 Ed. (4856, 4857)
　2012 Ed. (4863)
　2013 Ed. (4883)
　2014 Ed. (4896)
　2015 Ed. (4935)
　2016 Ed. (4851)
　2017 Ed. (4856)
　2018 Ed. (4864)
　2019 Ed. (4858)
　2020 Ed. (4848)
　2021 Ed. (4849)
　2022 Ed. (4844)
　2023 Ed. (4839)
Hiroshi Nakagawa
　1996 Ed. (1880)
　1997 Ed. (1986)
　1999 Ed. (2386)
Hiroshi Okuda
　2003 Ed. (787)
　2006 Ed. (1450, 3262)
Hiroshi Takada
　2000 Ed. (2163)
Hiroshi Yamauchi
　2008 Ed. (4846)
　2009 Ed. (4866, 4867)
　2010 Ed. (4868, 4869)
　2011 Ed. (4856, 4857)
　2012 Ed. (4863)
Hiroshi Yoshihara
　1997 Ed. (1981)
　1999 Ed. (2367)
　2000 Ed. (2166)
Hiroshima Bank
　1998 Ed. (377)
Hiroshima-Sogo Bank
　2005 Ed. (531, 532)
　2006 Ed. (460, 461)
Hirotako Holdings
　2013 Ed. (1828)
Hirotomo Takei
　1991 Ed. (709)
Hiroyuki Ono
　2000 Ed. (2162)
Hiroyuki Suzuki
　1996 Ed. (1879)
Hirsch Bedner Assoc.
　2000 Ed. (2567)
Hirsch Bedner Associates
　1993 Ed. (243)
　1996 Ed. (2346)
　1998 Ed. (2029, 2218)
　2000 Ed. (2741)
　2001 Ed. (2798)
　2002 Ed. (2646)
　2005 Ed. (3167)
　2006 Ed. (3168, 3169)
　2007 Ed. (2955, 3194, 3195, 3196, 3202, 3203, 3208)
　2008 Ed. (3337, 3338, 3344, 3345, 3349)
　2009 Ed. (3170, 3411, 3417, 3418, 3421)
　2010 Ed. (3101, 3348, 3355, 3356, 3359)
　2011 Ed. (3069, 3305, 3312)
　2012 Ed. (3012, 3288, 3295, 3296)
　2013 Ed. (3105, 3362, 3366, 3369)
　2014 Ed. (3103, 3373, 3379)
　2015 Ed. (3407, 3412, 3415)
　2017 Ed. (3239)
　2018 Ed. (3313)
　2019 Ed. (3275, 3282)
　2020 Ed. (3275, 3280)
　2021 Ed. (3139, 3145)
　2022 Ed. (3283, 3289)
Hirsch/Bedner & Associates
　1990 Ed. (2286)
　1992 Ed. (2716)
　1997 Ed. (2474)
　1999 Ed. (2994)
Hirsch Bedner Associates (HBA)
　2003 Ed. (2855)
　2022 Ed. (3283, 3289)
Hirsch International
　2000 Ed. (3000)
Hirsch; Laurence E.
　2006 Ed. (941)
Hirsch; Leon C.
　1992 Ed. (1142, 2050)
　1993 Ed. (937, 1695)
　1994 Ed. (890, 947, 1714)
　1996 Ed. (960, 962)
Hirsch Performance
　2003 Ed. (3564, 3565, 3566, 3583)
　2004 Ed. (2469, 2470, 2471)

Hirsch Servo AG
　2008 Ed. (918)
Hirsch; Susan
　1993 Ed. (1840)
　1994 Ed. (1820)
　1995 Ed. (1862)
Hirsch Wolf & Co., LLC
　2006 Ed. (3078)
　2007 Ed. (3098)
Hirschbach Motor Lines
　2019 Ed. (4150)
　2020 Ed. (4154, 4156)
　2021 Ed. (4103)
　2022 Ed. (4130)
　2023 Ed. (4212, 4213)
Hirschbach Motor Lines Inc.
　2017 Ed. (4109)
　2018 Ed. (4135)
　2019 Ed. (4151)
　2020 Ed. (4157)
　2021 Ed. (4105)
　2022 Ed. (4131, 4132)
　2023 Ed. (4214, 4215)
Hirschhorn; Laurence
　1989 Ed. (1417)
　1990 Ed. (1766)
Hirschler Fleischer
　2008 Ed. (3429)
　2009 Ed. (3502)
Hirsh
　1992 Ed. (2376)
Hirsh Industries
　2005 Ed. (4528)
Hirshleifer's
　2006 Ed. (1038)
Hirsi; Bader Ben
　2013 Ed. (3491)
Hirzel Canning Co. & Farms
　2003 Ed. (4762)
HIS
　2011 Ed. (1780)
H.I.S. Co., Ltd.
　2021 Ed. (2458)
　2022 Ed. (3028)
HIS Constructors LLC
　2009 Ed. (1281)
His Dark Materials Omnibus
　2009 Ed. (580)
Hisamitsu Pharmaceutical
　2007 Ed. (1832)
Hisanori Shimoi
　2000 Ed. (2163)
Hisashi Ietsugu
　2020 Ed. (861)
Hisco
　2021 Ed. (29)
Hisco, Inc.
　2023 Ed. (67)
Hiscox
　1999 Ed. (1645)
　2006 Ed. (3096)
　2007 Ed. (3117)
　2016 Ed. (3186)
　2017 Ed. (3136)
　2019 Ed. (2049, 2050, 2055, 3202)
　2021 Ed. (3070)
　2022 Ed. (3206)
　2023 Ed. (3300)
Hisense
　2009 Ed. (2464)
Hisert
　2018 Ed. (2575)
Hismanal
　1995 Ed. (226)
HiSoft
　2013 Ed. (1210)
HiSoft Technology International
　2012 Ed. (4442)
Hispania Capital Partners
　2006 Ed. (3619)
Hispanic
　1996 Ed. (2654)
　2005 Ed. (1102, 3360)
Hispanic Association of Colleges & Universities
　2002 Ed. (2559)
　2003 Ed. (2755)
Hispanic Broadcast Group, Inc.
　2002 Ed. (3285)
Hispanic Broadcasting Corp.
　2001 Ed. (3961, 3976)
　2002 Ed. (3288)
　2003 Ed. (3350, 4033, 4034)
　2004 Ed. (777)
　2005 Ed. (1465, 1558)
Hispanic Business
　1990 Ed. (3326)
　2009 Ed. (3597)
　2010 Ed. (2979)
　2011 Ed. (2941)
　2012 Ed. (2872, 4743)
　2013 Ed. (2948, 4699)
　2014 Ed. (2966)
Hispanic Credit Solutions
　2011 Ed. (72)
Hispanic Employment Labor Pool Inc.
　2016 Ed. (3587)
　2017 Ed. (3555)

　2018 Ed. (3605)
　2019 Ed. (3595)
　2022 Ed. (3649)
Hispanic Housing Development Corp.
　2005 Ed. (2845)
　2006 Ed. (2843)
　2007 Ed. (2841)
　2008 Ed. (2964)
　2009 Ed. (3044)
　2010 Ed. (2968)
　2011 Ed. (2931)
　2012 Ed. (2864)
Hispanic Magazine
　1990 Ed. (3326)
Hispanic men
　1992 Ed. (2049)
Hispanic National Bar Association
　1999 Ed. (296)
Hispanic Scholarship Fund
　2002 Ed. (2559)
　2003 Ed. (2755)
　2004 Ed. (2837)
　2005 Ed. (2845)
　2006 Ed. (2843)
　2007 Ed. (2841)
　2008 Ed. (2964)
　2009 Ed. (3044)
　2010 Ed. (2968)
　2011 Ed. (2931)
Hispanic women
　1992 Ed. (2049)
Hispanics
　1993 Ed. (2594)
　1998 Ed. (1, 547, 1997)
Hispano Americano
　1991 Ed. (664)
Hispano Fox
　2001 Ed. (3380)
Hispasat
　2011 Ed. (987)
　2012 Ed. (902)
　2013 Ed. (1059)
　2014 Ed. (1023)
　2015 Ed. (1059)
　2016 Ed. (966)
　2017 Ed. (1003)
　2021 Ed. (4284)
Hispasat (Spain)
　2021 Ed. (4284)
Hissho Sushi
　2018 Ed. (1811)
　2022 Ed. (4419)
　2023 Ed. (4446)
HIST
　2011 Ed. (4665)
The Historian
　1989 Ed. (2095)
　2007 Ed. (662)
Historic Deerfield Inc.
　1993 Ed. (891, 893)
Historic Hotels of America
　2021 Ed. (2923)
　2022 Ed. (3041)
　2023 Ed. (3160)
Historic Hotels Worldwide
　2021 Ed. (2923)
Historic Mission Inn
　2005 Ed. (2928)
　2006 Ed. (2931)
　2007 Ed. (2942)
Historic Preservation
　1992 Ed. (3384)
Historic TW Inc.
　2005 Ed. (2334, 2335)
　2006 Ed. (2389, 2390)
　2007 Ed. (2333)
　2008 Ed. (2459)
　2009 Ed. (2458)
　2010 Ed. (2379)
The Historical Research Center International Inc.
　1996 Ed. (1965)
Historical sites
　2012 Ed. (4481)
History Channel
　2006 Ed. (4711, 4713)
　2010 Ed. (2520)
History Maker Homes
　2005 Ed. (1192)
The History of Whoo
　2023 Ed. (2129)
HistoryMaker Homes
　2020 Ed. (1060)
Hit or Miss
　1989 Ed. (936, 1252)
　1991 Ed. (979, 1434)
　1992 Ed. (1216, 1821, 3727)
　1993 Ed. (3039)
　1994 Ed. (1018, 1537, 3094)
　1995 Ed. (1028)
Hit Promotional Products Inc.
　2023 Ed. (4058, 4060)
Hitachi
　2013 Ed. (655, 2403, 2409)
　2014 Ed. (671, 2347)
　2015 Ed. (728, 4637)
　2016 Ed. (2428, 4554)
　2017 Ed. (699, 2273, 2281, 3029, 4557)

　2018 Ed. (659, 1058, 2341)
　2019 Ed. (669, 1068, 2325, 4585)
　2020 Ed. (653, 3120, 4566)
　2021 Ed. (1016, 1025, 2250)
　2022 Ed. (664, 2290)
　2023 Ed. (870, 1228, 1235, 1815, 2468, 2476)
Hitachi America
　1994 Ed. (2936)
　1998 Ed. (2752)
　2003 Ed. (915)
Hitachi Automotive Products Inc.
　2005 Ed. (326, 327)
　2011 Ed. (237)
Hitachi Building Systems
　2001 Ed. (1619)
Hitachi Capital
　2017 Ed. (2599)
　2018 Ed. (4739, 4740)
Hitachi Chemical
　1993 Ed. (914)
　1994 Ed. (931)
　2001 Ed. (2133)
　2006 Ed. (3947)
　2007 Ed. (953, 4004)
　2011 Ed. (797)
　2012 Ed. (766)
Hitachi Chemical Co., Ltd.
　2014 Ed. (912)
Hitachi Construction Machinery
　2007 Ed. (2401)
　2015 Ed. (1145)
　2016 Ed. (1055)
　2017 Ed. (1089)
　2018 Ed. (1018)
　2019 Ed. (1026)
　2020 Ed. (1011)
　2021 Ed. (984)
　2022 Ed. (1022)
　2023 Ed. (1201)
Hitachi Construction Machinery (Japan)
　2021 Ed. (984)
　2022 Ed. (1022)
Hitachi Construction Machinery Japan
　2023 Ed. (3494)
Hitachi Consulting
　2010 Ed. (1910, 1912, 1913, 1914, 1915, 1916)
　2011 Ed. (1136, 1699, 1950, 1953, 1954, 1955, 1956)
　2012 Ed. (1552, 1826)
Hitachi Data Systems
　2013 Ed. (1062, 1063, 1089, 1457)
　2014 Ed. (3180)
　2015 Ed. (1087)
　2016 Ed. (997)
　2019 Ed. (4690)
Hitachi Data Systems Corp.
　2003 Ed. (1963)
　2013 Ed. (3186)
Hitachi Data Systems Danmark
　2014 Ed. (1556)
Hitachi Global Storage Technologies Inc.
　2006 Ed. (780, 2396, 3033)
　2008 Ed. (3540)
　2011 Ed. (3145)
　2012 Ed. (3100)
Hitachi Group
　2005 Ed. (3884)
　2009 Ed. (1186)
Hitachi High-Technologies
　2003 Ed. (4377)
Hitachi/Hitachi Medical Corp.
　1996 Ed. (2595)
Hitachi Ltd.
　1989 Ed. (983, 1307, 1341, 2123, 2458, 2806)
　1990 Ed. (36, 1128, 1330, 1391, 1532, 1590, 1639, 2778)
　1991 Ed. (1008)
　1992 Ed. (60, 1036, 1285, 1320, 1321, 1322, 1568, 1569, 1614, 1640, 1656, 1658, 1678, 1925, 1930, 1931, 1932, 1938, 1959, 2714, 2715, 2865, 3345, 3544, 3911, 3912, 3914, 3918)
　1993 Ed. (38, 829, 1059, 1060, 1274, 1277, 1311, 1356, 1357, 1461, 1500, 1584, 1586, 1587, 1612, 2035, 2176, 2772, 3007, 3210, 3214, 3483, 3586)
　1994 Ed. (844)
　1995 Ed. (885)
　1996 Ed. (1387, 1393, 2125)
　1997 Ed. (1356, 1357, 1461, 1744, 2787, 2788)
　1998 Ed. (608, 1162, 1166, 1169, 1402, 1417, 1420, 1538, 1951, 1954, 2435, 3275, 3277, 3278, 3279, 3280, 3281, 3284, 3285)
　1999 Ed. (1009, 1286, 1580, 1581, 1619, 1670, 1689, 1690, 1691, 1692, 1992, 1993, 1994, 1995, 2030, 2692, 2695, 2875, 2876, 2877, 2881, 3406, 3714, 3716, 4047, 4051, 4271, 4272, 4273, 4274, 4275, 4276, 4277, 4280, 4281, 4614, 4714)
　2000 Ed. (963, 964, 1473, 1477, 1491, 1494, 1498, 1772, 1773, 1795, 2480, 3038, 3703, 3704, 3705, 3707, 3760,

3994, 3996, 3997, 3998, 3999, 4000, 4002, 4003, 4347)
2001 Ed. (398, 1363, 1379, 1500, 1614, 1620, 1621, 1624, 1625, 1764, 1766, 1767, 2173, 2731, 3114, 3217, 3300, 3301, 3650, 3651, 4217, 4218, 4219)
2002 Ed. (1038, 1579, 1687, 1703, 1704, 1707, 1708, 2107, 2108, 2577, 3251, 4258, 4431, 4518)
2003 Ed. (1703, 2236, 2248, 2250, 2766, 3305, 3752, 4076, 4384, 4387, 4388, 4593)
2004 Ed. (1629, 1711, 1765, 2254, 2255, 2261, 2856, 3362, 3777, 3780, 4404)
2005 Ed. (1143, 1768, 2353, 2354, 2862, 3393, 3696, 3699, 4667)
2006 Ed. (1132, 1144, 1145, 1550, 1714, 1827, 2398, 2399, 2870, 3389)
2007 Ed. (1244, 1259, 1260, 1580, 1835, 2213, 2342, 2343, 2345, 2347, 2349, 2861, 3074, 3782)
2008 Ed. (1143, 1157, 1158, 1563, 1868, 2472, 2474, 2475, 3568, 3861)
2009 Ed. (1122, 1137, 1138, 1491, 1679, 1822, 2477, 2480, 2596, 3638)
2010 Ed. (1076, 1406, 1482, 1635, 1763, 2385, 2688, 3557, 3828)
2011 Ed. (1015, 1041, 1060, 1478, 1645, 1777, 2388, 2392, 2677, 3560, 3830)
2012 Ed. (672, 940, 970, 987, 1320, 1631, 2314, 2319, 2322, 2323, 2606, 3553, 3813)
2013 Ed. (1086, 1115, 1129, 1420, 1787, 1788, 2410, 2485, 2496, 2499, 2696, 3550, 3592, 3707)
2014 Ed. (1049, 1076, 1090, 1384, 1717, 1718, 2348, 2417, 2426, 2428, 2680, 3550, 3812)
2015 Ed. (1084, 1114, 1129, 1760, 1761, 2413, 2491, 2499, 3573)
2016 Ed. (994, 1041, 1711, 1713, 2357, 2423, 2434, 4144, 4145)
2017 Ed. (1029, 1076, 1697, 2206, 2270, 2280, 2409, 3415)
2018 Ed. (959, 1653, 2333, 2339, 2340)
2019 Ed. (954, 1706, 1708, 2324, 2331, 2332, 3107)
2020 Ed. (1657, 2304, 2310)
2021 Ed. (1638, 2257)
2022 Ed. (1657, 2295)
2023 Ed. (1814, 3201)
Hitachi Ltd. and Electronic Data Systems
 1991 Ed. (1141)
Hitachi Ltd./Texas Instruments
 1996 Ed. (1741)
Hitachi Medical Corp.
 1997 Ed. (2745)
 1999 Ed. (3339)
 2000 Ed. (3078)
 2001 Ed. (3269)
Hitachi Metals
 1990 Ed. (2545)
 1997 Ed. (2757)
 2000 Ed. (3093)
 2007 Ed. (3490)
 2016 Ed. (3534)
 2017 Ed. (3501)
Hitachi Rail
 2023 Ed. (2646)
Hitachi Research Laboratory
 2016 Ed. (4144)
Hitachi Sales Corp.
 1990 Ed. (1826)
 1991 Ed. (1744)
 1992 Ed. (2193)
 1993 Ed. (1880)
 1994 Ed. (1876)
 1995 Ed. (1901)
 1997 Ed. (2040)
Hitachi SH
 2001 Ed. (3302)
Hitachi Shipbuilding
 1997 Ed. (1581)
Hitachi Software Engineering Co., Ltd.
 2011 Ed. (1774)
Hitachi Systems
 1992 Ed. (3008)
 2001 Ed. (3268)
Hitachi Transport System
 2016 Ed. (4702)
 2017 Ed. (4715)
Hitachi Zosen
 1990 Ed. (1478)
 1991 Ed. (1284, 1308)
 1992 Ed. (1772)
Hitch
 2007 Ed. (3642)
Hitchcock Alliance
 1996 Ed. (2709)
Hitchcock Automotive Resources
 2017 Ed. (251)
 2018 Ed. (238)
 2019 Ed. (235)
Hitchcock Fleming & Associates Inc.
 2014 Ed. (1914)
Hitchiner Manufacturing Co.
 2015 Ed. (1888)
 2016 Ed. (1851, 1853)

2017 Ed. (1810, 1812, 2484)
2018 Ed. (1760, 1761, 1763, 2539)
2019 Ed. (1817, 1818, 1820, 2544)
2020 Ed. (1761, 1762, 1764, 2534)
2021 Ed. (1730, 1731, 1733, 2480)
2022 Ed. (1764, 2592)
2023 Ed. (2735)
Hitchison Whampoa Ltd.
 1999 Ed. (1580)
Hitco
 2023 Ed. (3807)
Hite Brewery
 2007 Ed. (1982)
Hite Jinro Co., Ltd.
 2020 Ed. (161)
HiTech Group Australia
 2023 Ed. (1584)
Hitech Group Australia
 2021 Ed. (1376)
Hitech Metal Fabrication Corp.
 2005 Ed. (1680)
 2006 Ed. (1585)
Hitek Logistic Inc.
 2015 Ed. (4786)
 2016 Ed. (4689)
Hithink Royal Flush Information Network
 2023 Ed. (1578, 1579, 1653)
Hitoshi Kuriyama
 1997 Ed. (1980)
 1999 Ed. (2365, 2383)
 2000 Ed. (2164)
Hitox
 2000 Ed. (3398)
 2001 Ed. (3608)
Hitox of America
 1995 Ed. (2825)
 1997 Ed. (2981)
 1998 Ed. (2734)
HITS Quantum
 2010 Ed. (666)
HITT Contracting
 2018 Ed. (1212)
 2020 Ed. (1114, 1259)
 2023 Ed. (1344, 1361, 1440, 2093)
Hitt Contracting
 2023 Ed. (1339)
HITT Contracting Inc.
 1992 Ed. (1409)
 1993 Ed. (1122)
 2002 Ed. (1230)
 2008 Ed. (1244)
 2009 Ed. (1324, 1325, 1326, 1343, 2638)
 2010 Ed. (1289, 1312, 1326, 1330)
 2011 Ed. (1244, 1279, 1308, 1312)
 2012 Ed. (1105)
 2016 Ed. (1138)
 2017 Ed. (1185, 1233)
 2018 Ed. (1134, 1149, 1213)
 2019 Ed. (1149, 1161, 1210, 1240, 1242)
 2020 Ed. (1140, 1152, 1234, 1236)
 2021 Ed. (1126, 1200, 1202)
 2022 Ed. (1130, 1141, 1201, 1203)
 2023 Ed. (1439)
Hitt Contracting Inc.
 2022 Ed. (1120)
Hitt; Eugenia Woodward
 1994 Ed. (898)
Hittite Microwave
 2013 Ed. (1839, 4420)
 2014 Ed. (1769, 4451)
Hittite Microwave Corp.
 2008 Ed. (1918, 1924)
 2009 Ed. (1874)
 2010 Ed. (1806, 1808)
 2011 Ed. (1834, 4437, 4451)
Hiuka America Corp.
 1995 Ed. (3080)
 1996 Ed. (3176)
HIV
 2000 Ed. (1642, 1644, 1645)
HIV-protease inhibitors
 1998 Ed. (1327)
HIV-reverse transcriptase inhibitors
 1998 Ed. (1327)
Hive
 2021 Ed. (4563)
Hivery
 2021 Ed. (1371)
Hives; Ellen
 2016 Ed. (1113)
HIW International
 1997 Ed. (268)
HIW Lowe's Inc.
 2006 Ed. (679)
Hiway Credit Union
 2002 Ed. (1873)
 2003 Ed. (1903, 1927)
 2004 Ed. (1967)
 2005 Ed. (2109)
 2006 Ed. (2204)
 2007 Ed. (2125)
 2008 Ed. (2240)
 2009 Ed. (2226)
 2010 Ed. (2180)
 2011 Ed. (2198)
 2012 Ed. (2058, 2059)
 2013 Ed. (2241)
 2014 Ed. (2173)

2015 Ed. (2237)
2016 Ed. (2208)
2023 Ed. (2222)
Hiway Federal Credit Union
 2013 Ed. (2204)
 2014 Ed. (2135)
 2015 Ed. (2199)
 2018 Ed. (2103)
 2020 Ed. (2082)
 2021 Ed. (2072)
HIWIN Technologies
 2014 Ed. (2013)
 2021 Ed. (1364, 1366, 1868)
HiwinTechnologies Corp.
 2014 Ed. (3527)
Hixih Rubber Industry Group
 2019 Ed. (2210)
Hixon family
 1998 Ed. (3707)
 1999 Ed. (4748)
Hixson Architecture & Engineering
 2018 Ed. (2397)
Hixson Architecture Engineering Interiors
 2006 Ed. (4329)
Hixson Architecture, Engineering, Interiors
 2023 Ed. (266)
Hiyes International
 2021 Ed. (1868)
H.J. Heinz
 1989 Ed. (1447, 1448, 1453)
 2000 Ed. (1534, 2214, 2216, 2221, 2231)
H.J. Martin & Son
 2020 Ed. (1177, 1179, 1183)
 2021 Ed. (1146, 1152, 1156)
 2022 Ed. (1157, 1159)
 2023 Ed. (1377, 1383, 1385, 1410)
H.J. Martin & Son Inc.
 2018 Ed. (1193)
 2020 Ed. (1202)
 2021 Ed. (1175)
 2022 Ed. (1174)
H.J. Russell
 1989 Ed. (734)
H.J. Russell & Co.
 1990 Ed. (735)
 2000 Ed. (3143)
 2018 Ed. (3597)
Hjemmet
 1992 Ed. (68)
HJI Supply Chain Solutions
 2018 Ed. (3615)
 2019 Ed. (3609, 4954)
 2020 Ed. (3581, 4956)
 2021 Ed. (4960)
 2022 Ed. (3661)
HK & China Gas
 1995 Ed. (1410)
HK Electric
 1989 Ed. (1125)
HK Exchanges & Clearing
 2012 Ed. (3333)
 2013 Ed. (3400)
HK Exs & Clear
 2014 Ed. (4005)
HK Systems Inc.
 2001 Ed. (1465)
 2002 Ed. (1259)
 2005 Ed. (1302)
 2006 Ed. (1271)
HK Systems/Irista
 2003 Ed. (1123)
HK Telecom
 1994 Ed. (24)
HK Telecommunications
 1995 Ed. (1410)
 1997 Ed. (2247)
 1999 Ed. (2715)
 2000 Ed. (2493)
HK-TVB
 1990 Ed. (2047)
HKBN
 2023 Ed. (4594)
HKC Roofing & Construction Co.
 2017 Ed. (4789)
 2018 Ed. (4781)
 2019 Ed. (4786)
 2020 Ed. (4774)
HKEX
 2018 Ed. (4517)
 2019 Ed. (4511)
 2020 Ed. (4491)
 2021 Ed. (4472, 4474)
 2023 Ed. (4501)
HKEX (Hong Kong)
 2021 Ed. (4474)
HKG Duty Free
 2021 Ed. (2268)
HKG - Hong Kong International Airport
 2022 Ed. (148, 151)
HKM
 1994 Ed. (3435)
HKM Advertising
 1993 Ed. (123)
 1994 Ed. (106)
 1995 Ed. (105)
 1996 Ed. (120)
 1997 Ed. (125)
 1999 Ed. (133)

HKM Direct Market Communications Inc.
 2001 Ed. (3890)
HKS
 2013 Ed. (3105)
 2014 Ed. (185, 3372, 3375, 3378)
 2015 Ed. (3410, 3414)
 2017 Ed. (3239)
 2019 Ed. (3275, 3278, 3281, 3282)
 2020 Ed. (3275, 3279, 3280)
 2021 Ed. (3141, 3144)
 2022 Ed. (192, 201, 203, 2477, 2488, 3288)
 2023 Ed. (279, 286, 297, 308, 309, 2587, 2598, 3378)
HKS Architects
 2020 Ed. (187)
HKS Architects Inc.
 1990 Ed. (277)
 1992 Ed. (351)
 1993 Ed. (241)
 1994 Ed. (231, 234, 1642)
 1995 Ed. (233)
 1996 Ed. (229)
 1997 Ed. (260)
 1998 Ed. (182)
 1999 Ed. (285)
 2000 Ed. (311)
 2001 Ed. (403)
 2008 Ed. (266, 267)
 2009 Ed. (290, 291)
 2010 Ed. (274)
 2011 Ed. (1804)
 2014 Ed. (1408)
 2015 Ed. (1468)
 2016 Ed. (1397)
 2018 Ed. (2378, 2379, 2401)
 2023 Ed. (265)
HKS/Concepts 4
 2008 Ed. (3080)
 2009 Ed. (3170)
 2010 Ed. (3101)
 2011 Ed. (3069)
 2012 Ed. (3012)
HKS Inc.
 1991 Ed. (251)
 1992 Ed. (354, 1954, 1957)
 1993 Ed. (245, 1609)
 1995 Ed. (236, 1681)
 1996 Ed. (233, 1664)
 1997 Ed. (264, 1742)
 1999 Ed. (282, 2016, 2020)
 2000 Ed. (309)
 2002 Ed. (330, 2130)
 2003 Ed. (2295)
 2004 Ed. (2327, 2334, 2345, 2348, 2376)
 2005 Ed. (261)
 2006 Ed. (284, 2791, 3167)
 2007 Ed. (287, 2409, 2415, 3198)
 2008 Ed. (261, 263, 2532, 2542, 3080, 3340)
 2009 Ed. (284, 286, 2540, 2549, 3170, 3413)
 2010 Ed. (271, 2449, 2458, 2461, 2465, 3101, 3351, 3354)
 2011 Ed. (191, 192, 194, 2477, 2479, 2483, 3308)
 2012 Ed. (197, 198, 1046, 2374, 2379, 2380, 2381, 2400, 3012)
 2013 Ed. (177, 179, 2558, 2570)
 2014 Ed. (184, 187, 2499)
 2015 Ed. (214, 215, 2563, 2573)
 2016 Ed. (212, 2485, 2495)
 2017 Ed. (208, 2341, 2352)
 2018 Ed. (195, 2408, 2419)
 2019 Ed. (2454, 2465)
 2020 Ed. (2395, 2434, 2443, 2454)
 2021 Ed. (2350, 2366)
 2022 Ed. (2477)
 2023 Ed. (287)
HKS, Inc.
 2019 Ed. (188)
 2020 Ed. (189)
 2021 Ed. (188)
 2022 Ed. (190)
HKS (U.S.)
 2022 Ed. (203)
HKScan Oyj
 2020 Ed. (2708)
HKT
 2021 Ed. (4577)
 2022 Ed. (4591)
 2023 Ed. (4594)
HKU Utrecht
 2008 Ed. (802)
H+L Architecture
 2009 Ed. (288)
 2010 Ed. (272)
HL Display AB
 2006 Ed. (2029)
 2007 Ed. (1999)
HLB Communications
 2003 Ed. (3977)
 2004 Ed. (4005)
 2005 Ed. (3961)
HLB Group Hungary
 2001 Ed. (4)

HLB International
  1996 Ed. (19)
  1997 Ed. (17)
HLC
  1992 Ed. (2467)
HLF Group plc
  2004 Ed. (3066)
  2005 Ed. (3074, 3078, 3152)
HLF Insurance Holdings Ltd.
  2002 Ed. (2859, 2860, 2861, 2863)
  2004 Ed. (3068)
HLG Holdings Ltd.
  2011 Ed. (3197)
HLK
  2022 Ed. (68)
  2023 Ed. (134)
HLM Design
  2000 Ed. (311)
  2001 Ed. (403, 408)
  2002 Ed. (333)
  2005 Ed. (3165, 3166)
HLM Inc.
  1998 Ed. (182, 186)
  1999 Ed. (285, 289)
HLN
  2011 Ed. (725)
HLN Kidsons
  2001 Ed. (4179)
HLPB
  1996 Ed. (2448)
HLR/BBDO Reklambyra
  1990 Ed. (153)
HLR & Co./BBDO
  1991 Ed. (153)
  1996 Ed. (143)
HLR & Co./BBDO Annonsbyra
  1994 Ed. (119)
  1995 Ed. (129)
HLR & Co./BBDO Reklambyra
  1992 Ed. (211)
  1997 Ed. (149)
HLR & Co./BBDO Reklamsbyra
  1993 Ed. (138)
HLScience
  2022 Ed. (1900)
Hlter Computer
  1992 Ed. (3310)
HLTH Corp.
  2009 Ed. (1135)
HLW
  2005 Ed. (3162, 3170)
  2011 Ed. (3309)
  2014 Ed. (3374)
HLW International
  1996 Ed. (236)
  1998 Ed. (188)
  2000 Ed. (2741)
  2010 Ed. (3347, 3350)
  2011 Ed. (3307)
HLW International LLP
  2006 Ed. (3162, 3164, 3165, 3172)
  2007 Ed. (3198, 3199, 3204, 3206)
  2008 Ed. (3340)
  2009 Ed. (3413)
  2010 Ed. (3351)
H+M Co., Inc.
  2003 Ed. (1249, 1279)
  2004 Ed. (1260, 1294)
  2007 Ed. (1385)
HM Government
  1990 Ed. (29)
HM Rivergroup plc
  2008 Ed. (1401)
HM Sampoerna
  1993 Ed. (2155)
  1994 Ed. (2338)
  1996 Ed. (1381, 2435)
  1997 Ed. (2580)
  1999 Ed. (1657, 3124, 3125)
  2000 Ed. (1463, 1464, 1465, 2872)
  2001 Ed. (1739)
  2002 Ed. (3031)
  2004 Ed. (52)
  2005 Ed. (46)
  2006 Ed. (53)
HM Sampoerna Tbk
  2006 Ed. (3231)
HM Shmpoerna
  2000 Ed. (2873)
HM Sompoerna
  2012 Ed. (1577)
HMA Associates Inc.
  2006 Ed. (3547)
HMC Architects
  2004 Ed. (2339)
  2007 Ed. (288)
  2008 Ed. (262, 264, 2535)
  2009 Ed. (287)
  2010 Ed. (2443)
  2011 Ed. (2449)
  2012 Ed. (2368, 2382, 3287)
  2013 Ed. (176)
  2014 Ed. (183, 3372, 3376)
  2015 Ed. (213, 3406, 3411)
  2018 Ed. (194)
HMC Group
  1994 Ed. (233)
  1995 Ed. (235)

1996 Ed. (232)
HMG/Courtland
  1990 Ed. (2964)
HMG Worldwide
  1997 Ed. (1618)
  2000 Ed. (1675)
HMG Worldwide In-Store Marketing Inc.
  2000 Ed. (4135)
HMI
  2023 Ed. (2987)
HMI Cardinal
  2020 Ed. (2841)
  2021 Ed. (2715)
HMI Worldwide
  2006 Ed. (3510, 4349)
HMM
  2023 Ed. (4693, 4694)
HMM Co. Ltd.
  2023 Ed. (4695)
HMN Financial
  2016 Ed. (506)
HmntyCntrd
  2022 Ed. (3743)
HMO America
  1993 Ed. (2021)
HMO Blue
  1997 Ed. (2199)
  1999 Ed. (2657)
HMO Colorado Inc.
  2002 Ed. (2461)
  2003 Ed. (2700)
  2009 Ed. (2976)
  2010 Ed. (2916)
  2013 Ed. (2890)
HMO Great Lakes
  1989 Ed. (1585)
  1990 Ed. (1995)
HMO Health Ohio
  1996 Ed. (2094)
  1997 Ed. (2196)
HMO Illinois
  1989 Ed. (1585)
  1990 Ed. (1995)
  1993 Ed. (2022)
  1996 Ed. (2096)
  1997 Ed. (2197)
HMO Illinois/Blue Cross Blue Shield of
  Illinois
  1994 Ed. (2040)
  1995 Ed. (2093)
  1997 Ed. (2198)
HMO New Jersey
  1997 Ed. (2199)
HMO of New Jersey
  1989 Ed. (1587)
  1990 Ed. (2000)
  1991 Ed. (1896)
  1992 Ed. (2393)
  1993 Ed. (2025)
HMO-NJ
  1989 Ed. (1586)
HMO PA-U.S. Healthcare
  1993 Ed. (2019)
  1995 Ed. (2091, 2092)
  1996 Ed. (2092)
HMO of Pennsylvania
  1990 Ed. (2000)
  1991 Ed. (1896)
  1992 Ed. (2393)
  1993 Ed. (2025)
HMO Pennsylvania-U.S. Healthcare
  1997 Ed. (2194)
HMO of Philadelphia
  1989 Ed. (1587)
HMP Equity Holdings Corp.
  2005 Ed. (1991)
  2006 Ed. (2089)
HMPB
  1991 Ed. (2274)
HMS Enterprise, Inc.
  2023 Ed. (2835)
HMS Hallmark
  2002 Ed. (150)
HMS Holdings
  2013 Ed. (1933, 2864)
  2014 Ed. (1872, 2895)
  2015 Ed. (2069, 2938)
HMS Holdings Corp.
  2010 Ed. (4497, 4527)
  2011 Ed. (2850, 4431, 4436, 4442, 4443, 4444, 4466)
  2012 Ed. (1770, 2759, 2780, 2799)
  2013 Ed. (1935, 1936, 2867)
  2014 Ed. (1874)
HMS Insurance Associates Inc.
  2021 Ed. (3030)
  2022 Ed. (3165)
  2023 Ed. (3256)
HMS Partners
  1998 Ed. (55)
  1999 Ed. (89)
HMS Technologies
  2011 Ed. (1316, 1317)
HMSHost
  2013 Ed. (2761, 2764, 4259)
  2016 Ed. (2144)
  2021 Ed. (2631)
  2022 Ed. (2756)

2023 Ed. (2892)
HMSHost Corp.
  2003 Ed. (2533)
  2004 Ed. (2665, 2666)
  2005 Ed. (2659)
  2008 Ed. (2759)
  2009 Ed. (2814)
  2011 Ed. (2739)
  2014 Ed. (2745)
  2016 Ed. (2145)
HMSS
  1993 Ed. (2055)
HMT
  1993 Ed. (33)
HMT Associates
  2019 Ed. (3477)
  2020 Ed. (3456)
  2021 Ed. (3476)
  2022 Ed. (3533)
  2023 Ed. (3654)
HMT Vehicles Ltd.
  2008 Ed. (1399)
HMV
  2001 Ed. (4703)
  2006 Ed. (4188)
  2007 Ed. (4207)
  2008 Ed. (134)
HN Management Holdings
  1996 Ed. (2084)
HNA Group
  2017 Ed. (1658)
  2018 Ed. (143, 150)
  2019 Ed. (141, 148)
HNA Group Co.
  2020 Ed. (2757)
HNA Group Company Ltd.
  2020 Ed. (135)
HNA Technology
  2019 Ed. (4704)
  2020 Ed. (4670)
HNB
  1997 Ed. (1070)
  2015 Ed. (756)
  2019 Ed. (681)
  2020 Ed. (674)
  2021 Ed. (668)
  2022 Ed. (704)
  2023 Ed. (889)
HNC Software Inc.
  2004 Ed. (2243)
HND/Hawaiian Dredging-Hale Moku Joint
  Venture
  2004 Ed. (1726)
  2005 Ed. (1784)
HND - Tokyo Haneda Airport
  2022 Ed. (148)
Hnedak Bobo Group
  2003 Ed. (2855)
  2004 Ed. (2943)
  2007 Ed. (2955)
  2008 Ed. (3080)
  2009 Ed. (2539, 3170)
  2010 Ed. (2442)
  2011 Ed. (2448)
  2012 Ed. (202, 3012)
HNI
  2017 Ed. (1677)
HNI Corp.
  2006 Ed. (2675, 2676, 2677, 2678, 2877)
  2007 Ed. (1186, 1819, 2659, 2660, 2661, 2662, 2665, 2667, 2871)
  2008 Ed. (1856, 2795, 2796, 2797, 2798)
  2009 Ed. (1806, 1807, 2847, 2848, 2849, 2850, 2853, 2854)
  2010 Ed. (1750, 2790, 2791, 2792, 2793, 2795)
  2011 Ed. (1762, 2777, 2778, 2779, 2780)
  2012 Ed. (661, 1613, 2706, 2707, 2708, 2709, 2711)
  2013 Ed. (1770, 2781, 2782, 2783, 2784, 2785)
  2014 Ed. (1704, 2809, 2810, 2811, 2813)
  2015 Ed. (1746, 2851, 2852, 2853, 2856)
  2016 Ed. (1698, 2786, 2787, 2788, 2791)
  2017 Ed. (2756, 2758, 2922)
  2018 Ed. (2813, 2815)
  2019 Ed. (2788, 2789, 2790)
  2020 Ed. (2814, 2815)
  2021 Ed. (2690, 2691)
  2023 Ed. (2964)
HNI International
  2015 Ed. (2857)
  2016 Ed. (2792)
  2017 Ed. (2759)
HNM Global Logistics
  2022 Ed. (99)
Hnos. Nadal Obras y Servicios
  2018 Ed. (1036)
HNRC Dissolution Co.
  2012 Ed. (846)
HNTB
  2017 Ed. (3763)
  2019 Ed. (2365, 3786)
  2020 Ed. (720, 1319, 2333)
  2021 Ed. (2298)
  2022 Ed. (2307, 2329)
  2023 Ed. (2486, 2505, 2631)

HNTB Architecture
  2006 Ed. (284)
  2007 Ed. (287, 2411)
  2008 Ed. (2531, 2534)
  2009 Ed. (286)
HNTB Corp.
  1995 Ed. (236, 239, 1678, 1681)
  1996 Ed. (233, 235, 1661, 1664)
  1997 Ed. (264, 267, 1739, 1740, 1742)
  1998 Ed. (187, 1442, 1443, 1455)
  1999 Ed. (282, 290, 2016, 2026)
  2000 Ed. (309, 315, 1803)
  2001 Ed. (2244)
  2003 Ed. (2302, 2306)
  2004 Ed. (2327, 2330, 2349, 2376, 2381, 2388)
  2005 Ed. (261, 1174)
  2006 Ed. (2452, 2454, 2455, 2457)
  2008 Ed. (2516, 2528, 2536)
  2009 Ed. (2526, 2527, 2529, 2530, 2540, 2541, 2542, 2543, 2546)
  2010 Ed. (2445, 2460)
  2011 Ed. (2451, 2452, 2453, 2454, 2455, 2467, 2468, 2471, 2476, 2477, 2479)
  2012 Ed. (204, 212, 1022, 1044, 2371, 2372, 2373)
  2013 Ed. (1147, 2553, 2555, 2557)
  2014 Ed. (1167, 2484, 2485)
  2015 Ed. (1221, 2559, 2560)
  2016 Ed. (2474, 2476, 2477, 2478, 2480)
  2017 Ed. (2014, 2331, 2333, 2334, 2336)
  2018 Ed. (2376, 2378, 2379, 2380, 2381, 2382, 2384, 2386, 2387, 2388, 2389, 2395, 2396, 2399, 2402, 2405)
  2019 Ed. (2421, 2423, 2424, 2425, 2426, 2427, 2428, 2430, 2431, 2432, 2433, 2438, 2439, 2443, 2445, 2448, 2449)
  2020 Ed. (2395, 2396, 2399, 2400, 2402, 2403, 2404, 2405, 2409, 2410, 2411, 2412, 2414, 2417, 2419, 2421, 2422, 2423, 2424, 2431, 2438, 2439, 2457)
  2021 Ed. (2350, 2353, 2355, 2361, 2380)
  2022 Ed. (2430, 2433, 2434, 2435, 2436, 2437, 2438, 2439, 2441, 2442, 2443, 2444, 2445, 2448, 2451, 2455, 2456, 2458, 2464, 2468, 2471, 2472, 2491)
  2023 Ed. (2579, 2580, 2582, 2628, 2638, 2654)
HNTB Cos.
  2002 Ed. (2137, 2140)
  2006 Ed. (1170)
  2007 Ed. (2414, 2423)
  2008 Ed. (2541, 2550)
  2009 Ed. (2547, 2557)
  2010 Ed. (2463, 2473)
  2011 Ed. (2480)
  2012 Ed. (2388, 2397)
  2013 Ed. (2559, 2567)
  2014 Ed. (2488, 2496)
  2015 Ed. (2562, 2570)
  2016 Ed. (2483, 2492)
  2017 Ed. (2339, 2348)
  2018 Ed. (2406, 2415)
  2019 Ed. (2452, 2461)
  2020 Ed. (2442, 2450)
  2021 Ed. (2364, 2373)
  2022 Ed. (2475, 2484)
  2023 Ed. (2585, 2594)
HNTB New York Engineering & Architecture
  PC
  2011 Ed. (2478)
HNZ Group
  2015 Ed. (4797)
HNZ Group Inc.
  2015 Ed. (4567)
Ho Bee Investment
  2012 Ed. (1322, 1325, 1878)
Ho Bee Land
  2022 Ed. (693)
Ho; C. Y.
  1996 Ed. (1857)
  1997 Ed. (1966)
Ho Cheng Pottery Manufacturing Co. Ltd.
  1994 Ed. (1461)
Ho Cheng Pottery Mfg. Co., Ltd.
  1990 Ed. (2520)
Ho Chi Minh Stock Index
  2008 Ed. (4502)
Ho Ching
  2005 Ed. (4991)
  2006 Ed. (4985)
  2007 Ed. (4975)
  2009 Ed. (4983)
  2010 Ed. (4981, 4991)
  2011 Ed. (4984, 4988)
  2012 Ed. (4977, 4982)
  2014 Ed. (4966)
  2015 Ed. (5007, 5025)
  2016 Ed. (4924, 4939)
  2017 Ed. (4918, 4930)
  2021 Ed. (4932)
  2023 Ed. (2780)
Ho-Chunk
  2005 Ed. (3276)
Ho Construction & Development Co.;
  Kuang
  1992 Ed. (3625)

Ho; Dickson
  1996 Ed. (1912)
Ho; Doreen Woo
  2006 Ed. (4980)
  2007 Ed. (4978)
  2008 Ed. (4945)
  2009 Ed. (4967)
Ho Hung Anh
  2020 Ed. (4879)
Ho Lung Anh
  2021 Ed. (4879)
  2022 Ed. (4875)
  2023 Ed. (4870)
Ho; Maykin
  1997 Ed. (1858)
Ho; Pansy
  2015 Ed. (4926, 4927)
Ho; Peter
  2014 Ed. (2593)
Ho Roun Products Co. Ltd.
  1992 Ed. (1702)
  1994 Ed. (1461)
Ho Sim Guan
  2008 Ed. (4850)
Ho; Stanley
  2007 Ed. (4909)
  2008 Ed. (4844)
  2009 Ed. (4863, 4864)
Ho Tai Motor Co. Ltd.
  1992 Ed. (3945)
  1994 Ed. (3282)
Hoa Binh
  2022 Ed. (722)
Hoa Phat
  2022 Ed. (723)
Hoa Phat Group
  2023 Ed. (2089)
Hoa Phat JSC
  2015 Ed. (2124)
Hoa Sen Group
  2022 Ed. (722)
Hoabet Mining, Inc.
  1989 Ed. (1997)
Hoag Memorial Hospital Presbyterian
  1997 Ed. (2263)
  2011 Ed. (3029)
  2012 Ed. (1374)
  2015 Ed. (1489)
  2019 Ed. (1449)
  2020 Ed. (1412)
  2021 Ed. (1411)
  2022 Ed. (1418)
  2023 Ed. (1611)
Hoaloha Na Eha Ltd.
  2014 Ed. (1632)
Hoang Huy Investment Services
  2018 Ed. (2026)
Hoang; Kieu
  2017 Ed. (4823)
  2018 Ed. (4828)
  2019 Ed. (4825)
Hoar Construction
  1991 Ed. (3121, 3123)
  1992 Ed. (3962, 3964)
  1993 Ed. (3306, 3308, 3309)
  1994 Ed. (3298)
  1995 Ed. (3374)
  1996 Ed. (3428)
  1997 Ed. (3515)
  2003 Ed. (1310)
  2006 Ed. (2796)
  2012 Ed. (1116)
  2019 Ed. (1118)
  2022 Ed. (1113)
Hoar Construction LLC
  2006 Ed. (1342)
  2007 Ed. (1373)
  2008 Ed. (1269)
  2009 Ed. (1245)
  2010 Ed. (4253)
  2011 Ed. (1103, 1192, 1246, 4426)
  2012 Ed. (1019)
  2019 Ed. (1137)
  2020 Ed. (1108, 1219)
  2022 Ed. (1113)
  2023 Ed. (1424)
Hoare Govett Investment Research
  1992 Ed. (2139, 2785)
Hoare Govett Ltd.
  1989 Ed. (815, 1421)
  1990 Ed. (815)
  1991 Ed. (778)
  1993 Ed. (1639, 1640, 1642, 1643, 1644, 1645, 1646, 1647, 1846)
  1994 Ed. (781)
  2001 Ed. (1037)
Hoare Govett Securities
  1996 Ed. (1859)
HoaxBusters
  2005 Ed. (3192)
Hobart Corp.
  1990 Ed. (2744, 2745, 2746, 2977, 3483)
  2002 Ed. (4877)
Hobbies
  2001 Ed. (4605)
The Hobbit
  1990 Ed. (2768)
  2003 Ed. (724)

2004 Ed. (743)
  2014 Ed. (579)
The Hobbit: An Unexpected Journey
  2014 Ed. (3699)
The Hobbit: The Battle of the Five Armies
  2016 Ed. (3630)
Hobbs & Black Associates
  1990 Ed. (282)
  1993 Ed. (247)
  1997 Ed. (266)
  1998 Ed. (185)
  2000 Ed. (313)
Hobbs + Black Associates Inc.
  1989 Ed. (267)
  1991 Ed. (252)
  1992 Ed. (357)
  2001 Ed. (409)
Hobbs Group LLC
  2004 Ed. (3067)
  2005 Ed. (1486)
Hobbs Ong
  2001 Ed. (867)
Hobbs, Straus, Dean & Walker
  2012 Ed. (3388)
Hobby
  1997 Ed. (987)
Hobby Center Toys
  1989 Ed. (2860)
Hobby Lobby Stores
  2018 Ed. (2995, 4225)
  2019 Ed. (4253)
  2020 Ed. (4250)
  2021 Ed. (68, 4216, 4459)
  2022 Ed. (2986, 4004, 4218)
  2023 Ed. (1971, 4261)
Hobby Lobby Stores Inc.
  1995 Ed. (1767)
  1999 Ed. (1054)
  2001 Ed. (1943)
  2009 Ed. (4161, 4743)
  2010 Ed. (4094, 4752)
  2012 Ed. (4097, 4344, 4733)
  2013 Ed. (1982)
  2014 Ed. (1921)
  2015 Ed. (1966)
  2016 Ed. (1934)
  2017 Ed. (1903)
  2018 Ed. (1849)
  2019 Ed. (1902)
  2020 Ed. (1841)
  2021 Ed. (1806)
  2022 Ed. (1849)
Hobbycraft
  2005 Ed. (852)
HobbyTown
  2019 Ed. (4271)
  2020 Ed. (4260)
  2021 Ed. (4238)
  2023 Ed. (4488)
HobbyTown USA
  2002 Ed. (957)
  2003 Ed. (892)
  2004 Ed. (4749)
  2005 Ed. (4726)
  2006 Ed. (4781)
  2007 Ed. (4787)
  2008 Ed. (4705)
  2009 Ed. (4749)
  2010 Ed. (4758)
  2012 Ed. (703)
  2013 Ed. (4303)
  2014 Ed. (4344)
  2015 Ed. (4338)
  2016 Ed. (4237)
  2017 Ed. (4225)
  2018 Ed. (4242)
Hobbytron.com
  2006 Ed. (4144)
Hobday; Tamzin
  1996 Ed. (1894)
Hobee's California Restaurants
  2018 Ed. (3053)
Hobet Mining, Inc.
  1989 Ed. (1997)
HOBI International Inc.
  2019 Ed. (4959)
Hobie Sportswear
  1990 Ed. (3332)
Hoboken Floors
  1996 Ed. (1922)
  1998 Ed. (1699)
  1999 Ed. (2447)
  2000 Ed. (2202)
Hoboken School Employees Credit Union
  2005 Ed. (2072, 2078)
  2006 Ed. (2166)
  2009 Ed. (2179, 2185)
  2010 Ed. (2136, 2147)
  2015 Ed. (2215)
Hobsbawm Macaulay Communications
  2002 Ed. (3854, 3858)
Hobson; Mellody
  2007 Ed. (3617)
  2011 Ed. (103)
Hoch; Orion
  1992 Ed. (2058)
Hoch; Stanley H.
  1992 Ed. (2063)

Hocheng Corp.
  1992 Ed. (2974)
Hochschild; Eduardo
  2013 Ed. (4896)
  2014 Ed. (4908)
  2015 Ed. (4949)
  2018 Ed. (4908)
  2019 Ed. (4871)
  2020 Ed. (4860)
  2022 Ed. (4855)
  2023 Ed. (4850)
Hochschild; Roger C.
  2009 Ed. (2663)
Hochtief
  2019 Ed. (1048)
  2020 Ed. (1038)
  2021 Ed. (1013, 1015)
  2022 Ed. (1056, 1059)
  2023 Ed. (1225, 1227, 1232)
Hochtief AG
  1991 Ed. (1092)
  1992 Ed. (1427, 1649)
  1993 Ed. (1145)
  1994 Ed. (1159, 1166, 1169, 1171)
  1995 Ed. (1186)
  1996 Ed. (1154)
  1997 Ed. (1133, 1180, 1181, 1183, 1187, 1188, 1193)
  1998 Ed. (963, 964, 971)
  1999 Ed. (1331, 1389, 1394, 1396, 1397, 1404, 1405)
  2000 Ed. (1214)
  2001 Ed. (1487)
  2002 Ed. (1190, 1305, 1307, 1310, 1312, 1314, 1315, 1318, 1321, 1322)
  2003 Ed. (1321, 1322, 1323, 1326, 1327, 1328, 1329, 1332, 1334, 1335, 1336)
  2004 Ed. (1321, 1322, 1323, 1326, 1327, 1328, 1331, 1333, 1334, 1336)
  2005 Ed. (1327, 1332, 1333, 1334, 1335, 1336, 1341, 2423)
  2006 Ed. (1300, 1305, 1311, 1312, 1313, 1315, 1318, 1319, 1321, 1322, 1323)
  2007 Ed. (1287, 1291, 1293)
  2008 Ed. (1186, 1189, 1191, 1281, 1290, 1297, 1298, 1301, 1303, 1304, 1305, 1306, 1307, 1308, 1309, 1770)
  2009 Ed. (1161, 1163, 1264, 1273, 1282, 1283, 1284, 1288, 1289, 1290, 1291, 1292, 1293, 1294)
  2010 Ed. (1158, 1159, 1260, 1264, 1269, 1275, 1276, 1281, 1282, 1283, 1284, 1285, 1286, 1287, 1659, 2476, 2482)
  2011 Ed. (1105, 1106, 1107, 1108, 1210, 1219, 1228, 1229, 1230, 1232, 1234, 1235, 1236, 1237, 1238, 1239, 1240, 2484, 2490, 2494)
  2012 Ed. (1024, 1025, 1026, 1146, 1147, 1155, 1157, 1158, 1159, 1163, 1164, 1165, 1166, 1167, 1168, 1169, 1586, 2403, 2409, 2413)
  2013 Ed. (1168, 1178, 1285, 1286, 1290, 1291, 1292, 1293, 1294, 1295, 1296, 1298, 1301, 1302, 1303)
  2014 Ed. (1218, 1223, 1224, 1225, 1226, 1227, 1228, 1229, 1230, 1231, 1234, 1235, 1236)
  2015 Ed. (1176, 1276, 1277, 1281, 1282, 1283, 1284, 1285, 1286, 1287, 1289, 1292, 1293, 1294)
  2016 Ed. (1088, 1191, 1192, 1196, 1197, 1198, 1199, 1200, 1201, 1202, 1203, 1206, 1207, 1208, 1209)
  2017 Ed. (1122, 1236, 1237, 1241, 1244, 1245, 1246, 1248, 1251, 1252, 1253, 1254)
  2018 Ed. (1053, 1216, 1217, 1221, 1225, 1226, 1228, 1232, 1233)
  2019 Ed. (1063, 1249, 1250, 1254, 1255, 1256, 1258, 1259, 1261, 1265, 1266)
  2020 Ed. (1051, 1243, 1244, 1248, 1249, 1250, 1252, 1253, 1258, 1259, 1260)
  2021 Ed. (1021, 1209, 1210, 1214, 1218, 1219, 1220, 1224, 1225, 1226)
  2022 Ed. (1210, 1211, 1215, 1220, 1221, 1222, 1226, 1227, 3268, 3272, 3273)
  2023 Ed. (1445, 1447, 1451, 1455, 1456, 1457, 1458, 1461, 1462, 1463)
Hochtief AG (Germany)
  2021 Ed. (1218)
  2022 Ed. (1220)
Hochtief (Germany)
  2021 Ed. (1013)
  2022 Ed. (1056)
Hochtief USA Inc.
  2007 Ed. (1274)
  2008 Ed. (1167)
  2009 Ed. (1148)
  2010 Ed. (1143)
  2011 Ed. (1084)
  2012 Ed. (1004)
  2013 Ed. (1148)
  2014 Ed. (1110)
Hochuli; Christopher
  2007 Ed. (2549)
Hock Development Corp.
  1996 Ed. (230)
Hock E. Tan
  2005 Ed. (976)

Hock Hua Bank
  1992 Ed. (770)
  1997 Ed. (551)
Hock Lian Seng
  2017 Ed. (1950)
Hock Seng Lee
  2013 Ed. (1828)
Hockenbergs
  1996 Ed. (1956)
Hockenbergs Equipment & Supply Co.
  2007 Ed. (2593, 2594)
  2015 Ed. (2799, 2801)
  2016 Ed. (2729, 2731)
  2017 Ed. (2685, 2687)
  2018 Ed. (2748)
The Hockey Co.
  1990 Ed. (3328)
  2006 Ed. (2092)
  2007 Ed. (2050)
HockeyMonkey.com
  2012 Ed. (2297)
Hockeyshot
  2015 Ed. (4318)
  2016 Ed. (1466, 4214)
Hocking Valley Bank
  1993 Ed. (508)
HOCOL
  2015 Ed. (1570)
Hocol SA
  2014 Ed. (1513)
Hodes Group; Bernard
  1990 Ed. (63)
  1992 Ed. (106)
  1993 Ed. (63, 74)
  1994 Ed. (54)
  1995 Ed. (29, 32)
  1996 Ed. (39, 44)
Hodess Building Co. Inc.
  2004 Ed. (1291, 2374)
Hodge; Lady
  2006 Ed. (836)
Hodges
  2007 Ed. (2481)
  2008 Ed. (2611)
  2009 Ed. (3799)
  2010 Ed. (3727)
Hodges Fund
  2000 Ed. (3240)
  2004 Ed. (3598)
  2006 Ed. (3617, 3618)
The Hodges Partnership
  2015 Ed. (2130)
  2016 Ed. (2110)
  2017 Ed. (4010)
  2022 Ed. (4020, 4041)
Hodges Retail
  2018 Ed. (4520)
Hodges Small Intrinsic Value Retail
  2023 Ed. (4519)
Hodgson Mill Enterprise
  2012 Ed. (693)
Hodgson Russ LLP
  2023 Ed. (3428)
Hodinkee
  2020 Ed. (2297, 3496)
Hodmezovasarhelyi Utepito
  2019 Ed. (1627)
Hodo
  2023 Ed. (4025)
Hodson & Son Inc.; G. L.
  1990 Ed. (2262)
  1991 Ed. (2830)
  1992 Ed. (3659)
  1993 Ed. (2993)
  1994 Ed. (3041)
Hodulik; John
  2008 Ed. (2691)
Hoechst
  1989 Ed. (892, 893)
  1990 Ed. (952, 953, 955, 956, 959, 1354, 1371, 1568, 1569, 1570, 1890, 3461)
  1991 Ed. (912, 1293, 1295, 1775, 1776, 2367)
  1992 Ed. (1117, 1118, 1121, 1622, 1623, 1624, 1839, 2231, 2232, 3272, 3273)
  1995 Ed. (958, 962, 964, 965, 966, 1241, 1401, 1402, 1591, 1592, 1594, 2241, 2789, 2790, 3097)
  1997 Ed. (961, 963, 964, 965, 1239, 1414, 1415, 1660, 1662, 2086)
  1998 Ed. (704, 705, 706, 707, 1340, 1346, 2876)
  1999 Ed. (1095, 1096, 1098, 1100, 1101, 1102, 1103, 1636, 2525, 2526)
  2000 Ed. (1028, 1029, 1030, 1031, 4130)
Hoechst AG
  1989 Ed. (1107, 1119)
  1990 Ed. (1349, 1370)
  1993 Ed. (161, 909, 911, 912, 913, 918, 921, 1303, 1319, 1320, 1321, 1516, 1902, 2734)
  1994 Ed. (928, 929, 930, 935, 1355, 1375, 1376, 1377, 1918, 2682, 2871)
  1996 Ed. (934, 938, 939, 943, 1352, 1580, 1970, 2854)
  1997 Ed. (962, 1236, 1237, 1238, 1246, 1259, 1275, 1413, 2178)
  1998 Ed. (1041, 1141)

2000 Ed. (2274)
2001 Ed. (1187, 1199)
2002 Ed. (1011, 1436, 3220, 4415)
2003 Ed. (1456)
2004 Ed. (1486)
2005 Ed. (1502, 1533)
Hoechst Aktiengesellschaft
　1991 Ed. (911)
　1992 Ed. (1116)
Hoechst Celanese
　1990 Ed. (941, 943, 945, 957, 3501)
　1991 Ed. (904, 907, 913)
　1992 Ed. (1103, 1107)
　1993 Ed. (176, 898, 903, 906, 916, 919, 1376)
　1994 Ed. (912, 918, 920, 922, 1429, 2820)
　1995 Ed. (948, 954, 956, 1465)
　1996 Ed. (925, 928)
　1997 Ed. (957, 2952)
　1998 Ed. (692, 700, 1555, 3521)
　1999 Ed. (1079, 3318, 3793)
Hoechst Group
　1989 Ed. (891)
　1990 Ed. (954)
　1991 Ed. (1294)
　1995 Ed. (1400)
　1996 Ed. (1351)
Hoechst Japan
　1994 Ed. (1563)
Hoechst Marion Roussel Inc.
　1997 Ed. (1658, 1659, 1661)
　1998 Ed. (1342, 1345)
　1999 Ed. (1906, 1911, 1914, 1916, 3326)
　2000 Ed. (3064)
　2001 Ed. (2063)
Hoechst-Roussel
　1993 Ed. (2771)
Hoechst Roussel Veterinary
　2001 Ed. (4685)
Hoechst Schering AgrEvo
　1999 Ed. (196)
Hoechst Trevira
　1998 Ed. (2689)
　1999 Ed. (3631)
Hoecsht AG
　1999 Ed. (1471)
Hoecsht Celanese
　1992 Ed. (1122)
Hoefer & Arnett Inc.
　2001 Ed. (558)
　2004 Ed. (1422)
　2005 Ed. (1432)
Hoeffer; Lizy
　2020 Ed. (3614, 3615)
Hoesch
　1989 Ed. (2639)
　1993 Ed. (3454)
　1994 Ed. (2477, 3435)
　1995 Ed. (3511)
Hoesch (Friedrich Krupp)
　1994 Ed. (1227)
Hof Textil & Design
　1995 Ed. (2789)
Hoff Productions; Michael
　2010 Ed. (2635, 4713)
Hoffman Agency, The
　2023 Ed. (4104, 4151, 4154, 4158)
The Hoffman Agency
　1999 Ed. (3928)
　2000 Ed. (3629, 3645)
　2002 Ed. (3812)
　2003 Ed. (3990, 3998, 4004)
　2004 Ed. (3989, 4003, 4011)
　2005 Ed. (3955, 3960, 3964)
　2011 Ed. (4131)
　2012 Ed. (4144, 4160)
　2013 Ed. (4144, 4147)
　2014 Ed. (4161)
　2015 Ed. (4142)
　2016 Ed. (4056)
　2017 Ed. (4027)
　2018 Ed. (4051, 4054, 4058)
　2019 Ed. (4044, 4051)
　2020 Ed. (4055, 4062)
　2021 Ed. (4027, 4030, 4034)
　2022 Ed. (67, 4018, 4046, 4049, 4053)
The Hoffman Agency-San Jose
　1998 Ed. (2944)
Hoffman Brown Co.
　2011 Ed. (3191)
　2014 Ed. (1415)
Hoffman Construction Co.
　1999 Ed. (1358)
　2005 Ed. (1219)
　2009 Ed. (1309, 1330, 1344)
　2010 Ed. (1303, 1315, 1328)
　2011 Ed. (1261, 1286, 1287, 1288, 1289)
　2015 Ed. (1199)
　2016 Ed. (1943)
　2017 Ed. (1907, 1909)
　2018 Ed. (1854, 1856)
　2019 Ed. (1907, 1910)
　2020 Ed. (1846)
　2021 Ed. (1810)
　2022 Ed. (1854)
　2023 Ed. (1974)

Hoffman Corp.
　1996 Ed. (1111)
　1997 Ed. (1138, 1151)
　1998 Ed. (936)
　2000 Ed. (1288, 4244)
　2002 Ed. (1278)
　2003 Ed. (1260, 1269, 1288)
　2004 Ed. (1257, 1272, 1291)
　2005 Ed. (1302)
　2009 Ed. (1200, 4162)
　2010 Ed. (2548, 4095)
　2014 Ed. (1148)
　2016 Ed. (1150, 1946)
　2019 Ed. (1144, 1151, 1152, 1161)
　2020 Ed. (1142)
Hoffman Engineering Co.
　1999 Ed. (2116)
Hoffman Estates, IL
　1993 Ed. (1544)
　2000 Ed. (2621)
Hoffman Foundation; Maximilian E. and Marion O.
　1995 Ed. (1932)
Hoffman-La Roche & Co. AG; F.
　1994 Ed. (1456)
Hoffman-La Roche Inc.
　2000 Ed. (1711, 4344)
　2010 Ed. (3050)
　2011 Ed. (3955)
Hoffman Landscapes
　2013 Ed. (3455)
Hoffman-Laroche
　1990 Ed. (1993)
　1992 Ed. (1458, 1486, 3347)
　1995 Ed. (2241)
　2007 Ed. (3914)
　2009 Ed. (4031)
Hoffman-LaRoche & Co.
　1990 Ed. (3555)
Hoffman-LaRoche; F.
　1990 Ed. (1423)
　1995 Ed. (1496)
Hoffman Media LLC
　2018 Ed. (4947)
Hoffman Oeri and Sacher families
　2001 Ed. (705)
Hoffman Ranch
　2021 Ed. (805)
　2022 Ed. (837)
Hoffman; Reid
　2012 Ed. (4820)
　2013 Ed. (741, 4783)
　2014 Ed. (4829)
　2015 Ed. (4864)
Hoffman Travel
　1996 Ed. (3882)
　1997 Ed. (3918)
　1998 Ed. (3624, 3764)
　1999 Ed. (4667)
　2000 Ed. (4302)
Hoffmann H og Soenner AS
　1997 Ed. (1381)
Hoffmann-La Roche & Co. AG; F.
　1996 Ed. (1453)
Hoffmann-La Roche; F.
　1991 Ed. (1354)
Hoffmann-La Roche Inc.
　1989 Ed. (1583)
　1993 Ed. (1514, 2771, 2774)
　1994 Ed. (2745)
　1998 Ed. (1348, 2753)
　1999 Ed. (3715)
　2000 Ed. (3424)
　2002 Ed. (2027, 3593)
　2003 Ed. (3749, 3871)
　2005 Ed. (1698, 1713, 1716, 1717, 2471, 2472)
　2006 Ed. (1591)
　2007 Ed. (2907)
　2008 Ed. (188, 3945)
　2009 Ed. (603)
Hoffmann-LaRoche
　1989 Ed. (2011)
　1990 Ed. (2779)
　1991 Ed. (2682)
　1992 Ed. (1616)
　1995 Ed. (2844)
　1996 Ed. (2916)
　1997 Ed. (3006)
　1999 Ed. (1919)
Hoffritz
　2003 Ed. (3166)
Hofmann GmbH; I. K.
　2008 Ed. (1209)
　2009 Ed. (832, 1710)
Hofmann GmbH; I.K.
　2008 Ed. (1771)
Hofstra University
　2011 Ed. (2311)
Hogan
　1992 Ed. (2337, 2338)
　1996 Ed. (29, 2035)
　1997 Ed. (2153)
Hogan & Associates Construction
　2008 Ed. (1341, 1344)
　2009 Ed. (1339, 1342)
　2010 Ed. (1322, 1325)
　2011 Ed. (1223, 1300, 1305)

2013 Ed. (1236)
2014 Ed. (1175)
2016 Ed. (1139)
2017 Ed. (1186, 1187)
2018 Ed. (1135, 1137)
2019 Ed. (1150)
2020 Ed. (1141)
Hogan Co.; Ben
　1991 Ed. (1855)
　1993 Ed. (1990, 1991)
Hogan & Hartson
　1990 Ed. (2428)
　1991 Ed. (2294)
　1992 Ed. (2847)
　1993 Ed. (2406)
　1999 Ed. (4659)
　2000 Ed. (4298)
　2001 Ed. (565)
　2002 Ed. (3057)
　2003 Ed. (3182, 3192, 3193, 3195)
　2004 Ed. (3233, 3240)
　2005 Ed. (3263)
　2006 Ed. (3250, 3295)
　2007 Ed. (3313, 3324, 3326, 3327)
　2008 Ed. (3418, 3422)
　2009 Ed. (3489, 3503, 3531)
　2010 Ed. (3420, 3421, 3431)
　2011 Ed. (3403)
Hogan & Hartson LLP
　2007 Ed. (3314, 3328)
Hogan; James
　2012 Ed. (2496)
Hogan Lovells
　2011 Ed. (3398)
　2013 Ed. (3452)
　2014 Ed. (3453)
　2015 Ed. (3469, 4421)
　2016 Ed. (4315)
　2017 Ed. (3277, 4318)
　2018 Ed. (1304, 4309)
　2019 Ed. (4337)
　2021 Ed. (3206, 3218, 3219, 3220)
　2022 Ed. (3344, 3349)
　2023 Ed. (3458)
Hogan Lovells International LLP
　2012 Ed. (3371, 3377, 3379, 3393, 3400, 3406, 3418, 3429)
　2013 Ed. (3443, 3450)
　2014 Ed. (3439, 3443, 3450, 3451)
　2015 Ed. (3471)
　2016 Ed. (3318)
Hogan Lovells U.S. LLP
　2012 Ed. (3422, 3423)
　2013 Ed. (3434, 3435)
　2015 Ed. (3468)
Hogan; Mark
　2007 Ed. (3974)
　2008 Ed. (3997)
　2009 Ed. (4071)
　2010 Ed. (3990)
Hogan; Randall
　2010 Ed. (2567)
　2014 Ed. (941)
　2015 Ed. (959)
　2016 Ed. (869)
Hogan Systems Inc.
　1990 Ed. (2984)
　1992 Ed. (1344, 3667)
HoganLovells LLP
　2016 Ed. (3319)
HoganTaylor
　2021 Ed. (19)
　2022 Ed. (20)
　2023 Ed. (60)
HoganTaylor LLP
　2013 Ed. (1977)
　2014 Ed. (1916)
Hogg; Baroness
　2006 Ed. (4978)
Hogg Group PLC
　1992 Ed. (2899)
　1993 Ed. (2457)
Hogg Robinson
　2001 Ed. (1888)
Hogg Robinson & Gardner Mountain PLC
　1991 Ed. (2339)
Hogg Robinson plc
　2001 Ed. (4623)
　2002 Ed. (4675)
Hogg Robinson (Travel) Ltd.
　2004 Ed. (4798)
Hogg/Y & R; Michael
　1995 Ed. (140)
Hogg/Young & Rubicam; Michael
　1989 Ed. (176)
　1991 Ed. (163)
　1992 Ed. (223)
　1997 Ed. (161)
Hogs
　2008 Ed. (1094)
Hog's Heaven
　2018 Ed. (4420)
Hogs Heaven
　2009 Ed. (4487)
Hoguet; Karen
　2006 Ed. (951)
　2007 Ed. (1046)

Hoguet Newma Regal & Kenney
　2015 Ed. (3474)
　2017 Ed. (3280)
HOH Water
　1990 Ed. (2749)
Hohn; Christopher
　2008 Ed. (897)
　2019 Ed. (2885)
　2022 Ed. (4874)
　2023 Ed. (4868)
Hoisery
　1996 Ed. (1561)
Hoisington Investment Mgmt.
　1990 Ed. (2335)
Hojabr Alimi
　2014 Ed. (2594)
Hojgaard & Schultz A/S (Koncern)
　1994 Ed. (1122)
　1995 Ed. (1137)
Hojo Inns
　1994 Ed. (2112)
　1995 Ed. (2165)
　1997 Ed. (2292)
HOK
　2008 Ed. (264)
　2011 Ed. (2449)
　2014 Ed. (185, 188)
　2019 Ed. (3278, 3285)
　2020 Ed. (187, 190, 191, 2401, 2454, 3279)
　2021 Ed. (189, 2377, 3141, 3144)
　2022 Ed. (189, 192, 201, 2448, 2477, 2488, 3283, 3284, 3285, 3286, 3287, 3288, 3292)
　2023 Ed. (280, 290, 292, 293, 297, 308, 2587, 2598, 3373, 3375, 3376, 3377, 3378, 3380, 3383)
HOK Group
　2020 Ed. (3283)
　2021 Ed. (3148)
HOK Group Inc.
　2002 Ed. (2130, 2140)
　2003 Ed. (2313)
　2004 Ed. (2334, 2335)
　2006 Ed. (2466)
　2007 Ed. (2408, 2409, 2413, 2414, 2415, 2431)
　2011 Ed. (1911, 2451, 2483)
　2012 Ed. (197, 198, 1483, 2378, 2379, 2380, 2381, 2384, 2385, 2387, 2389, 2400, 3288, 3290, 3292, 3293, 3294, 3299)
　2013 Ed. (177, 179, 2553, 2558, 2560, 2570, 3362, 3363, 3365, 3364, 3372)
　2014 Ed. (184, 187, 2489, 2499, 3373, 3374, 3376, 3377, 3382)
　2015 Ed. (214, 215, 2563, 2573, 3407, 3409, 3411, 3413)
　2016 Ed. (212, 213, 2485, 2495)
　2017 Ed. (208, 2341, 2352, 3239)
　2018 Ed. (195, 2389, 2408, 2419, 3313)
　2019 Ed. (189, 2433, 2454, 2465, 3275, 3277, 3279, 3280)
　2020 Ed. (2414, 2443, 3275, 3276, 3277, 3278)
　2021 Ed. (2366, 3139, 3140, 3142, 3143)
HOK LP
　2012 Ed. (1046)
Hokenson; Richard
　1996 Ed. (1833)
Hokkaido Electric Power
　2007 Ed. (2305)
　2012 Ed. (2268)
　2013 Ed. (2442)
　2014 Ed. (2376)
　2015 Ed. (2443)
　2016 Ed. (2390, 2392)
　2017 Ed. (2239, 2241)
　2018 Ed. (2294)
　2019 Ed. (2284)
Hokkaido Takushoku Bank
　1989 Ed. (480)
　1992 Ed. (674, 3626)
　1993 Ed. (542)
　1994 Ed. (2734, 2735)
　1998 Ed. (377)
　1999 Ed. (546)
Hokkaido Welfare Federation of Agricultural Cooperatives
　2023 Ed. (1494)
Hokkoku Shoji
　1990 Ed. (3025)
Hoko Fishing Co.
　1992 Ed. (256)
　1993 Ed. (162)
　1994 Ed. (146)
　1995 Ed. (164)
　1997 Ed. (182)
　1999 Ed. (200)
　2000 Ed. (223)
Hoku Scientific Inc.
　2011 Ed. (2383)
Hokuhoku Financial Group
　2012 Ed. (379)
　2013 Ed. (389)
　2014 Ed. (400)
　2015 Ed. (456)

Hokuhoku Financial Group Inc.
  2018 Ed. (384)
  2019 Ed. (388)
  2020 Ed. (381)
Hokuren
  2023 Ed. (1491)
Hokuriku Bank
  1999 Ed. (546)
  2004 Ed. (511, 547, 549, 550, 556)
Hokuriku Electric Power
  2007 Ed. (2305)
  2012 Ed. (2268)
  2013 Ed. (2442)
  2014 Ed. (2376)
  2016 Ed. (2392)
  2017 Ed. (2241)
Hokuto Bank Ltd.
  1996 Ed. (559)
Hola Paraguay
  2005 Ed. (66)
Holabird & Root
  1990 Ed. (281)
Hola.com
  2019 Ed. (2906)
Holaday-Parks Inc.
  1999 Ed. (1375)
  2000 Ed. (1267)
  2001 Ed. (1481)
  2002 Ed. (1297)
  2003 Ed. (1314)
  2004 Ed. (1314)
  2005 Ed. (1320)
  2006 Ed. (1292)
  2007 Ed. (1368)
  2009 Ed. (1240, 1248)
  2010 Ed. (1239, 1246, 1316, 1329)
  2011 Ed. (1187, 1195, 1290, 1311)
  2012 Ed. (1133, 1139, 1178, 1183)
Holberg Industries Inc.
  2003 Ed. (1661)
Holborn Corp.
  2011 Ed. (3295, 3300)
  2012 Ed. (3278)
  2017 Ed. (3233)
Holborn North American
  1992 Ed. (3208)
Holbrook Avenue Credit Union
  2004 Ed. (1931)
Holcim
  2013 Ed. (727)
  2014 Ed. (749)
  2015 Ed. (784, 787, 2056)
  2016 Ed. (707, 2016)
  2021 Ed. (672, 1018)
  2023 Ed. (949, 1231, 2026)
Holcim/Aggregate Industries
  2010 Ed. (4610)
  2011 Ed. (4566)
Holcim Apasco, SA de CV
  2005 Ed. (1213)
Holcim Australia
  2016 Ed. (704)
Holcim Group
  2012 Ed. (4387, 4580, 4581)
  2013 Ed. (4356, 4526)
  2014 Ed. (4408, 4584, 4585)
  2015 Ed. (4394, 4578, 4579)
  2017 Ed. (4496)
Holcim Inc.
  2013 Ed. (4524)
  2015 Ed. (4576)
Holcim Indonesia
  2012 Ed. (1577)
Holcim Ltd.
  2006 Ed. (2032, 3403)
  2007 Ed. (1288, 1290, 2000, 2003)
  2008 Ed. (752, 2096, 3556, 3583)
  2009 Ed. (748, 1166, 2069, 2073, 3623, 3654)
  2010 Ed. (691, 692, 693, 2008, 2009, 3572)
  2011 Ed. (620, 621, 1104, 1109, 2071, 2442, 3544, 3575, 4565)
  2012 Ed. (591, 1020, 1021, 1027, 1055, 1056, 3568, 4578)
  2013 Ed. (726, 1165, 1171, 1180, 1193, 1194, 3604)
  2014 Ed. (748, 1122, 1132, 1144, 1147)
  2015 Ed. (786, 1163, 1180, 1194, 1197)
  2016 Ed. (706, 1078, 1092, 1104, 1105)
  2017 Ed. (1108)
Holcim Maroc
  2006 Ed. (796)
Holcim North America
  2009 Ed. (4576)
  2010 Ed. (4609)
Holcim (US) Inc.
  2007 Ed. (3381)
Holcombe; William J.
  1992 Ed. (2063)
Hold Everything
  1992 Ed. (4037)
Hold It
  1992 Ed. (4037)
HoldCube
  2012 Ed. (44)
Holden; B. D.
  2005 Ed. (2492)

Holden; Betsy
  2005 Ed. (4990)
Holden Camira
  1990 Ed. (360)
Holden Commodore/Calais
  1990 Ed. (360)
Holden Homes, Inc.
  1992 Ed. (3515)
Holden Industries, Inc.
  2019 Ed. (2356)
  2020 Ed. (2324)
  2022 Ed. (2315, 2322)
  2023 Ed. (2492, 2498)
Holden Ltd.
  2002 Ed. (1653, 3225)
  2004 Ed. (1650, 4100)
  2010 Ed. (36)
Holden LLC
  2005 Ed. (1774)
  2006 Ed. (1719)
Holden New Zealand
  2015 Ed. (282, 1925)
Holder Construction
  2013 Ed. (1235)
  2014 Ed. (1112)
  2015 Ed. (1368)
  2018 Ed. (1564)
  2019 Ed. (1596)
  2020 Ed. (1564)
  2021 Ed. (1546)
  2022 Ed. (1085, 1113, 1124, 1128, 1138, 1141, 1183, 1201, 1565)
  2023 Ed. (1259, 1332, 1336, 1351, 1357, 1358, 1362, 1420, 1439, 1738)
Holder Construction Co.
  2001 Ed. (1470)
  2003 Ed. (1250)
  2004 Ed. (1289)
  2006 Ed. (1250, 1306)
  2007 Ed. (1348, 4392)
  2008 Ed. (1235, 1292, 1326, 4345)
  2009 Ed. (1217, 1275, 1311, 1325, 4448)
  2010 Ed. (1151, 1220, 1312, 1326, 4491)
  2011 Ed. (1094, 1167, 1221, 1271, 1280, 1294, 1308, 4426)
  2012 Ed. (1006, 1105, 1113)
  2013 Ed. (1150, 1233, 1247, 1275)
  2014 Ed. (1172, 1185, 1208)
  2015 Ed. (1239)
  2016 Ed. (1138, 1150)
  2017 Ed. (1199)
  2018 Ed. (1114, 1149, 1204)
  2019 Ed. (1124, 1145, 1161, 1224, 1231, 1240)
  2020 Ed. (1114, 1121, 1140, 1141, 1152, 1214, 1225, 1234, 1566)
  2021 Ed. (1122, 1127, 1200)
  2022 Ed. (1117, 1127, 1131, 1201, 1569)
  2023 Ed. (1742)
Holder; Richard
  1996 Ed. (1714)
Holderbank
  1992 Ed. (1694)
  1993 Ed. (783, 1406)
  1994 Ed. (799)
  1995 Ed. (850)
  1996 Ed. (829)
  1997 Ed. (1132)
HolderBank Financiere Glarus
  1990 Ed. (1903)
Holderbank Financiere Glarus AG
  1993 Ed. (2499)
  1996 Ed. (1453)
  1997 Ed. (1516)
  1999 Ed. (1741)
Holderbank Management + Beratung AG
  2003 Ed. (1671, 1829, 4396)
Holdina d.o.o.
  2021 Ed. (1496)
HOLDINA d.o.o. Sarajevo
  2015 Ed. (1615)
  2016 Ed. (1541)
  2017 Ed. (1531)
  2018 Ed. (1512)
  2019 Ed. (1540)
  2020 Ed. (1513)
  2021 Ed. (1498)
  2022 Ed. (1512)
Holdina d.o.o. Sarajevo
  2023 Ed. (1686)
Holdina d.o.o. Sarajevo (Bosnia and Herzegovina)
  2021 Ed. (1496)
Holding Corporacy Emin Duraku Sh.a.
  2014 Ed. (1571)
  2015 Ed. (1621)
  2016 Ed. (1548)
  2017 Ed. (1538)
Holding & other investment offices
  1990 Ed. (1224, 1225)
  2001 Ed. (1637, 1855, 1859, 1883)
Holding; Robert Earl
  2008 Ed. (4824)
  2009 Ed. (4847)
  2010 Ed. (4852)
  2011 Ed. (4834)

Holding Slovenske Elektarne d.o.o.
  2014 Ed. (1977)
  2015 Ed. (2021)
  2016 Ed. (1995)
Holding Slovenske Elektrarne d.o.o.
  2015 Ed. (1623, 1624)
  2016 Ed. (1550)
  2017 Ed. (1540)
  2018 Ed. (1520, 1906)
  2019 Ed. (1547, 1955)
  2020 Ed. (1520, 1889)
  2021 Ed. (1505, 1850)
  2022 Ed. (1519, 1896)
  2023 Ed. (1693, 2008)
Holding Slovenske Elektrarne d.o.o. (Slovenia)
  2021 Ed. (1505)
  2022 Ed. (1519)
HOLDR Biotech
  2002 Ed. (2170)
HOLDR Market
  2002 Ed. (2170)
HOLDR Telerbras
  2002 Ed. (2170)
Holdren; Gary E.
  2009 Ed. (959)
Holdsport
  2018 Ed. (3419)
Holes
  2003 Ed. (711, 715)
  2004 Ed. (736)
Holey Soles Holdings Ltd.
  2008 Ed. (2867)
  2009 Ed. (2919)
Holford; Ryan
  2017 Ed. (3595)
  2019 Ed. (3644)
Holganix
  2016 Ed. (2536)
Holger Schmieding
  1999 Ed. (2300)
Holian Investments
  1990 Ed. (2046)
Holiday Barbie
  1999 Ed. (4641)
  2000 Ed. (4276)
Holiday Barbie '97
  1999 Ed. (4640)
Holiday Bowl
  2006 Ed. (764)
Holiday Builders
  2004 Ed. (1168, 1170)
  2005 Ed. (1196, 1197, 1198, 1200)
  2007 Ed. (1298)
Holiday Corp.
  1989 Ed. (1614, 1615, 1616, 2459)
  1990 Ed. (177, 1165, 2087, 2095, 3647)
  1991 Ed. (1055, 1945, 1953, 2587, 2589, 3090, 3092)
  1992 Ed. (2506, 2507, 4071)
Holiday Cos
  2005 Ed. (1869)
  2006 Ed. (1886)
  2009 Ed. (4150)
  2010 Ed. (4082)
  2011 Ed. (4055, 4056)
  2012 Ed. (4087, 4088)
Holiday Cos.
  2013 Ed. (269, 1326, 1871, 1875)
  2014 Ed. (272, 1260, 1803, 1807)
  2015 Ed. (1316, 1843, 1847)
  2016 Ed. (1232, 1810)
  2017 Ed. (1281, 1776)
  2018 Ed. (1259, 1730)
  2019 Ed. (1293, 1785)
Holiday Fenoglio Dockerty & Gibson Inc.
  1995 Ed. (3068)
Holiday Fenoglio Fowler, LP
  2002 Ed. (4276, 4277)
Holiday Hospitality
  1999 Ed. (2783)
Holiday Hospitality Worldwide
  2001 Ed. (2788)
Holiday Housewares
  2003 Ed. (1229)
  2005 Ed. (1265)
  2007 Ed. (3970)
Holiday Inn
  1990 Ed. (244, 2076, 2085)
  1994 Ed. (2095, 2096, 2097, 2114, 2118, 2121)
  1996 Ed. (2160, 2161, 2162, 2181)
  1997 Ed. (2279, 2280, 2296, 2306)
  1998 Ed. (2009, 2010, 2019, 2024, 2025)
  1999 Ed. (2765, 2766, 2784, 2785, 2792)
  2000 Ed. (2550, 2565)
  2001 Ed. (2791)
  2003 Ed. (2847)
  2004 Ed. (2938)
  2005 Ed. (2931)
  2006 Ed. (2934, 2938)
  2007 Ed. (2945, 2950)
  2008 Ed. (3070, 3075)
  2009 Ed. (3159, 3163)
  2010 Ed. (3088, 3089, 3090, 3093, 3094, 3102, 3103)
  2011 Ed. (585, 3059, 3060, 3062, 3063, 3070, 3071)

  2012 Ed. (3003, 3004, 3006, 3013, 3014)
  2013 Ed. (3092, 3093, 3096, 3106, 3107)
  2014 Ed. (3104)
  2017 Ed. (4743)
  2018 Ed. (3066, 3076, 4729)
  2019 Ed. (3015, 3020)
  2020 Ed. (3046, 3058)
  2021 Ed. (2911, 2915, 2927)
  2022 Ed. (3034, 3037)
  2023 Ed. (3156, 3157, 3162)
Holiday Inn and Holiday Inn Express
  2023 Ed. (3153)
Holiday Inn Bethlehem & Conference Center
  1995 Ed. (2160)
Holiday Inn Center City
  1990 Ed. (2099)
  1991 Ed. (1957)
  1992 Ed. (2513)
Holiday Inn Center Point
  1992 Ed. (2484)
  1993 Ed. (2092)
  1994 Ed. (2106)
  1995 Ed. (2160)
Holiday Inn Club Vacations
  2019 Ed. (1577, 1583)
Holiday Inn Crowne Plaza
  1994 Ed. (2113)
  1996 Ed. (2165)
Holiday Inn, Crowne Plaza, etc.
  2000 Ed. (2559)
Holiday Inn Crowne Plaza Laguardia
  1995 Ed. (198)
Holiday Inn Denver Southeast
  2002 Ed. (2645)
Holiday Inn Express
  1993 Ed. (2096)
  1994 Ed. (2112)
  1995 Ed. (2165)
  1996 Ed. (2178)
  1997 Ed. (2292, 2298, 2299, 2302)
  1998 Ed. (2016, 2027)
  1999 Ed. (2776)
  2000 Ed. (2553)
  2002 Ed. (2644)
  2005 Ed. (2935)
  2006 Ed. (2941, 2943)
  2007 Ed. (2954)
  2008 Ed. (3079)
  2009 Ed. (3169)
  2010 Ed. (3100)
  2011 Ed. (3068)
  2012 Ed. (2997, 3009)
  2013 Ed. (3084, 3097)
  2016 Ed. (790)
  2017 Ed. (849)
  2018 Ed. (784, 3066)
  2019 Ed. (801, 3015)
  2020 Ed. (796, 3046, 3048, 3049)
  2021 Ed. (825, 2911, 2913, 2919)
  2022 Ed. (854, 3034, 3037)
  2023 Ed. (1036, 3147, 3152, 3153, 3157)
Holiday Inn Express Hotels
  2014 Ed. (3088)
  2015 Ed. (3155)
  2016 Ed. (3010)
Holiday Inn Foster City
  1989 Ed. (253)
Holiday Inn Harrisburg
  2006 Ed. (2940)
Holiday Inn Hauppauge
  1990 Ed. (2066)
Holiday Inn/H.I. Crowne Plaza
  1990 Ed. (2067, 2068, 2069)
Holiday Inn/Holiday Inn Express
  2021 Ed. (2911)
  2022 Ed. (3034)
Holiday Inn Hotels
  1991 Ed. (825, 1942, 1955)
  1995 Ed. (2166, 2172)
  1996 Ed. (2187)
  1998 Ed. (2023)
  2000 Ed. (2555)
Holiday Inn Hotels & Resorts
  2012 Ed. (2997, 3009)
  2013 Ed. (3084, 3097)
  2019 Ed. (801)
  2020 Ed. (3048, 3049)
  2021 Ed. (825, 2913, 2919)
  2022 Ed. (854)
  2023 Ed. (1036, 3147)
Holiday Inn Hotels and Resorts
  2023 Ed. (3152)
Holiday Inn Hotels/Select/Sunspree
  2000 Ed. (2562)
Holiday Inn Independence Mall
  1991 Ed. (1957)
  1992 Ed. (2513)
Holiday Inn Jetport
  1990 Ed. (244)
Holiday Inn of Ponce
  1990 Ed. (2066)
Holiday Inn Pyramid
  1991 Ed. (1949)
Holiday Inn Ronkonkoma
  1989 Ed. (253)

Holiday Inn Select
  1998 Ed. (2019)
  2000 Ed. (2555)
Holiday Inn Select Philadelphia
  1998 Ed. (2038)
Holiday Inn (U.S.)
  2021 Ed. (2927)
Holiday Inn-Valley Forge
  1990 Ed. (1219)
Holiday Inn Worldwide
  1993 Ed. (2084, 2092, 2097, 2098, 2099, 2101)
  1994 Ed. (2119)
  1995 Ed. (2167, 2168, 2169, 2170)
  1996 Ed. (2177, 2182, 2184, 3229)
  1997 Ed. (2052, 2278, 2291, 2297, 2300)
  1998 Ed. (2011, 2026, 2031, 2033)
  1999 Ed. (2764, 2779, 2781)
  2000 Ed. (2569)
  2003 Ed. (885, 2849, 2852)
  2004 Ed. (2941, 2942)
  2005 Ed. (2934)
Holiday Inns
  1989 Ed. (1112)
  1992 Ed. (1460, 2475, 2488, 2490, 2491, 2493, 2497, 2498, 2499, 2501, 2502, 2503, 2504, 2508)
  2002 Ed. (2637)
  2003 Ed. (2853, 2854, 2857, 2858, 2859, 2860)
  2005 Ed. (2941, 2942, 2943, 2944)
Holiday Inns, 10 1/2s '94
  1990 Ed. (740)
Holiday Inns/Hotels/Suites
  2005 Ed. (2935)
Holiday Inns Select
  1999 Ed. (2779)
Holiday Isle Resort
  1991 Ed. (1947)
Holiday Isle Resort and Marina
  1990 Ed. (2064)
Holiday Mart
  1994 Ed. (2154)
  1995 Ed. (2196)
  1996 Ed. (2214)
  1997 Ed. (2343)
  1998 Ed. (2065)
  1999 Ed. (2820)
  2000 Ed. (2595)
Holiday Mart (DAIEI)
  2001 Ed. (4403)
Holiday Organization
  2000 Ed. (1219)
Holiday Plus
  1998 Ed. (2065)
  1999 Ed. (2820)
Holiday Princess Belle
  1999 Ed. (4641)
Holiday Rambler
  1992 Ed. (3643)
  1993 Ed. (2985)
  1994 Ed. (2922)
  1996 Ed. (3173)
Holiday Retirement
  2018 Ed. (2743)
  2019 Ed. (2727, 3700, 3701)
  2020 Ed. (194, 3745, 3746)
  2021 Ed. (193, 3746, 3747)
  2022 Ed. (207, 3764, 3765)
  2023 Ed. (313, 3868, 3869)
Holiday Retirement Corp.
  2004 Ed. (4073)
  2005 Ed. (4005)
  2006 Ed. (4040, 4191, 4192)
Holiday Star Plaza
  1992 Ed. (2484)
Holidaybreak
  2013 Ed. (3087, 3501)
Holidays
  1995 Ed. (3389)
Holidu
  2021 Ed. (1551, 4548)
Holigan Homes
  1998 Ed. (912)
Holingsworth Logistics Group
  2001 Ed. (3519)
Holistic Industries Inc.
  2022 Ed. (2012)
  2023 Ed. (2111, 2387)
Holla Online
  2021 Ed. (1508)
Holland
  1992 Ed. (316)
  1993 Ed. (479, 1046)
  1994 Ed. (857, 2344)
  1995 Ed. (3605)
  1997 Ed. (2475)
  2019 Ed. (4771, 4772)
  2021 Ed. (4676)
Holland America
  1989 Ed. (2097)
Holland America Line
  2013 Ed. (2285, 3101, 3506)
  2014 Ed. (2218)
  2015 Ed. (2282, 3165, 3499)
  2016 Ed. (2253, 3017)
  2017 Ed. (2112, 3313)
  2018 Ed. (2133)
  2020 Ed. (2114, 2115)
  2021 Ed. (2106)
  2022 Ed. (2138)
  2023 Ed. (2255, 2256)
Holland America Line Inc.
  1994 Ed. (1887)
  1995 Ed. (1916)
  2006 Ed. (3272)
  2007 Ed. (783)
  2008 Ed. (755)
  2009 Ed. (750)
  2010 Ed. (695)
Holland America Line - Seabourn
  2015 Ed. (3165, 3499)
Holland America Line-Westours Inc.
  1992 Ed. (988)
  1994 Ed. (800)
  1995 Ed. (851)
  1996 Ed. (831)
  1997 Ed. (841, 2054)
  1998 Ed. (539, 1236)
  1999 Ed. (957)
  2000 Ed. (989, 1633)
  2002 Ed. (863)
Holland America Lines Inc.
  2006 Ed. (686)
Holland; Andrew
  1997 Ed. (1996)
Holland & Barrett
  2019 Ed. (2044)
  2020 Ed. (1968)
Holland Capital
  1995 Ed. (2369)
  1996 Ed. (2393, 2397, 2401)
  1999 Ed. (3078)
  2000 Ed. (2816)
Holland Capital Management, High Quality Growth-Equity
  2003 Ed. (3126)
Holland Capital Management LLC
  2009 Ed. (199)
  2016 Ed. (113)
  2017 Ed. (104)
  2018 Ed. (115)
Holland Capital Management LP
  2006 Ed. (191)
  2007 Ed. (197)
  2008 Ed. (180)
Holland Chemical International
  1999 Ed. (1093, 1094)
Holland-Grand Haven, MI
  2011 Ed. (3494)
Holland-Grand Rapids, MI
  2014 Ed. (2460)
The Holland Group, dba Sara Holland & Company
  2023 Ed. (4991)
The Holland Group/Sara Holland & Company
  2023 Ed. (1899)
Holland & Hart
  2012 Ed. (3386, 4745)
  2013 Ed. (3449)
  2021 Ed. (3201, 3202)
Holland & Hart LLP
  2002 Ed. (3057)
  2003 Ed. (3179, 3182)
  2004 Ed. (3233)
  2005 Ed. (3262, 3263)
  2006 Ed. (3250)
  2007 Ed. (3311, 3313, 3314)
  2008 Ed. (1707, 3421, 3422)
  2009 Ed. (3488, 3489)
  2010 Ed. (3420, 3421)
  2011 Ed. (3403)
  2012 Ed. (1459, 3422, 3423)
  2013 Ed. (1548, 3434, 3435)
  2015 Ed. (3468)
  2022 Ed. (3348)
  2023 Ed. (3422, 3466)
Holland Hospital
  2009 Ed. (3145)
  2010 Ed. (3076)
  2011 Ed. (3048)
  2012 Ed. (2985)
  2013 Ed. (3075)
  2015 Ed. (3142)
Holland & Knight
  1993 Ed. (2623)
  1995 Ed. (2647)
  1997 Ed. (2364)
  1998 Ed. (2329, 2575)
  1999 Ed. (3150, 3488)
  2000 Ed. (3202)
  2001 Ed. (792)
  2004 Ed. (3231)
  2007 Ed. (3325)
  2021 Ed. (3306)
  2022 Ed. (3391)
  2023 Ed. (3526)
Holland & Knight LLP
  2000 Ed. (2896)
  2001 Ed. (3085)
  2002 Ed. (3058)
  2003 Ed. (3170, 3194)
  2004 Ed. (3224, 3251)
  2005 Ed. (3254, 3275)
  2006 Ed. (3266)
  2007 Ed. (1503)
  2008 Ed. (3491)
  2009 Ed. (3491)
  2011 Ed. (3404, 3405)
  2012 Ed. (3363, 3376, 3388, 3390, 3424, 3470)
  2013 Ed. (3437)
  2014 Ed. (3490)
  2015 Ed. (3508)
  2016 Ed. (3367)
  2021 Ed. (3207, 3208, 3304)
  2022 Ed. (3389)
  2023 Ed. (3434, 3454, 3524)
Holland Mark
  2002 Ed. (156, 157)
Holland Mark Martin
  1998 Ed. (61)
Holland Mark Martin Edmund
  1999 Ed. (130)
  2000 Ed. (148)
Holland, MI
  2007 Ed. (3013)
  2010 Ed. (2408)
  2011 Ed. (2409)
Holland Mortgage Advisors
  2023 Ed. (1981)
Holland Partner Group
  2017 Ed. (197, 201, 1145)
Holland; Raymond T.
  1990 Ed. (2659)
Holland Roofing
  2009 Ed. (4352)
  2015 Ed. (4387)
  2017 Ed. (4291)
Holland Roofing Group
  2019 Ed. (4298)
  2020 Ed. (4291)
The Holland Roofing Group
  2002 Ed. (1296)
  2003 Ed. (1313)
  2004 Ed. (1313)
The Holland Roofing Group LLC
  2005 Ed. (1319)
  2006 Ed. (1291)
  2007 Ed. (1367)
  2008 Ed. (1263)
  2009 Ed. (1239)
  2010 Ed. (1238)
  2011 Ed. (1186)
Holland Transportation Management Services
  2009 Ed. (3583)
Holland; William
  1997 Ed. (980)
Hollander Consultants
  2006 Ed. (1969)
  2009 Ed. (1986, 1987)
Hollander Home
  2007 Ed. (3438)
Hollander Home Fashions
  2006 Ed. (2950)
  2007 Ed. (586, 3959)
  2009 Ed. (1071, 3182, 3672, 4057)
  2010 Ed. (1038, 3114, 3588, 3973)
Hollander; Milton
  1994 Ed. (1226)
Hollander Sleep Products
  2022 Ed. (2975)
Hollands Custom Cabinets Inc.
  2020 Ed. (4993)
  2021 Ed. (4994)
Hollandsche Aann My BV
  1997 Ed. (1133)
Hollandsche Beton-En Waterbouw BV
  1997 Ed. (1133)
Hollandsche Beton Groep NV
  1996 Ed. (1151, 1159, 1164)
  1997 Ed. (1133, 1187, 1188, 1193)
  1999 Ed. (1404)
  2001 Ed. (1487)
Hollandsche Beton Groep NV (HBG)
  2002 Ed. (1194, 1307, 1314, 1315)
  2003 Ed. (1323, 1326, 1328, 1329, 1335)
Hollandsche Beton Maatschappij BV
  1997 Ed. (1133)
Hollandsche Wegenbouw Zanen BV
  1997 Ed. (1133)
Hollard
  1995 Ed. (2284)
Hollard Insurance Co.
  2000 Ed. (2673)
Hollender Sustainable Brands
  2018 Ed. (1104)
  2020 Ed. (1105)
  2021 Ed. (1096)
Hollender Sustainable Brands LLC
  2023 Ed. (1328, 1329)
Holley Grubbs
  2001 Ed. (732, 855)
Holley; R. R.
  2005 Ed. (2499)
Holley; Rick
  2007 Ed. (1002)
Holliday; Chad O.
  2008 Ed. (2632)
  2009 Ed. (2657, 2658)
Holliday; Charles O.
  2011 Ed. (2545)

Holliday Fenoglio Dockerty & Gibson Inc.
  1997 Ed. (3263)
Holliday Fenoglio Fowler LP
  2000 Ed. (3709, 3723, 3724, 4017)
  2002 Ed. (3911)
  2003 Ed. (447, 448, 4057)
  2004 Ed. (4083)
  2005 Ed. (4016)
  2008 Ed. (4121)
  2009 Ed. (4230)
  2011 Ed. (4163)
  2012 Ed. (4210)
Holliday Fenoglio Inc.
  1998 Ed. (3009)
Holliday Jr.; C. O.
  2005 Ed. (2487)
Holliday Jr.; Charles O.
  2007 Ed. (1024)
  2008 Ed. (946)
  2009 Ed. (945)
  2010 Ed. (897)
Hollinger Canadian Newspapers
  2005 Ed. (1707)
Hollinger Inc.
  1989 Ed. (965)
  1990 Ed. (1107)
  1991 Ed. (1016, 2393)
  1992 Ed. (1295, 3591)
  1993 Ed. (2506)
  1994 Ed. (2983)
  1995 Ed. (2511, 2512)
  1996 Ed. (2579, 3144)
  1997 Ed. (2724)
  1999 Ed. (3311)
  2002 Ed. (3269)
  2003 Ed. (1078, 1640)
  2010 Ed. (4007, 4137)
Hollinger International Inc.
  2001 Ed. (1543, 3886)
  2003 Ed. (4022)
  2004 Ed. (3683, 3684)
  2005 Ed. (3598, 3599)
Hollinger International Publishing Inc.
  2003 Ed. (1694)
Hollingshead Eye Center
  2010 Ed. (1683)
Hollingsworth Capital Partners
  2010 Ed. (4157)
Hollingsworth; David S.
  1989 Ed. (1380)
  1992 Ed. (2055)
Hollingsworth Logistics North America
  2006 Ed. (190, 2836, 3520, 3689, 4359)
Hollingsworth Oil Co.
  2020 Ed. (2525)
  2021 Ed. (2467)
Hollingsworth Trading
  1994 Ed. (1070)
Hollingsworth & Zivitz PC
  2013 Ed. (1722)
Hollins University
  2010 Ed. (1012)
Hollis L. Caswell
  2002 Ed. (2177)
Hollis Telephone Co.
  2012 Ed. (1749)
  2013 Ed. (1914)
Hollister
  2007 Ed. (1129)
  2008 Ed. (1011)
  2009 Ed. (995)
  2010 Ed. (959)
  2011 Ed. (885)
Hollister Associates Inc.
  2007 Ed. (3565, 3566)
Hollister Construction Services LLC
  2018 Ed. (1764)
Hollister Inc.
  2019 Ed. (2356)
The Hollow
  2010 Ed. (564)
Hollow Ponds
  2022 Ed. (4677)
Holloway; Douglas
  2008 Ed. (183)
Hollowell; Todd
  2016 Ed. (1113)
Holly Becker
  1997 Ed. (1870)
  1998 Ed. (1645)
  1999 Ed. (2221, 2235)
  2000 Ed. (1997, 2018)
Holly Corp.
  1989 Ed. (2209)
  1990 Ed. (2835)
  1991 Ed. (2722)
  1992 Ed. (317, 3427)
  1993 Ed. (1094, 2833)
  1994 Ed. (3448)
  1995 Ed. (2910)
  1996 Ed. (205, 3005)
  1997 Ed. (3085)
  1998 Ed. (2822)
  1999 Ed. (3796)
  2004 Ed. (3833, 3834)
  2005 Ed. (3742)
  2006 Ed. (2042, 2286, 3830)

2007 Ed. (2216, 2218, 2222, 2753, 3838, 3848)
2008 Ed. (2108, 2356, 2358, 2360, 2362, 3896, 3901, 3926)
2009 Ed. (1460, 1462, 2086, 2933)
2010 Ed. (1447)
2011 Ed. (1449, 3932)
2012 Ed. (1266, 1282, 1932, 3930, 3931)
2013 Ed. (2095, 3934, 3986)
Holly Energy Partners
 2011 Ed. (4430, 4470)
Holly Energy Partners LP
 2011 Ed. (2088)
 2012 Ed. (1932)
 2013 Ed. (2095)
Holly Farms
 1989 Ed. (1452, 1936, 1937)
 1990 Ed. (1284, 2526, 2527, 2891)
 1992 Ed. (2187, 2188)
Holly Guthrie
 2006 Ed. (2579)
Holly Hunt Enterprises Inc.
 2010 Ed. (4993)
 2011 Ed. (4990)
Holly Hunt Ltd.
 2006 Ed. (4989)
 2007 Ed. (4986)
Holly Newman Kroft
 2016 Ed. (3285)
 2017 Ed. (3245)
 2019 Ed. (3297)
 2020 Ed. (3300)
 2023 Ed. (3387, 3391)
HollyFrontier
 2013 Ed. (1364, 1365, 1367, 1390, 3987)
 2014 Ed. (1307, 1310, 1311, 1327, 1328, 2028, 2463, 2480, 3930)
 2015 Ed. (1375, 1391, 2071, 2531, 2554, 2917, 3966)
 2016 Ed. (1298, 3877, 3880)
 2017 Ed. (3772, 3846)
 2019 Ed. (3852)
 2020 Ed. (3879)
 2021 Ed. (3841)
 2022 Ed. (1330, 3862)
 2023 Ed. (3959)
HollyFrontier Corp.
 2013 Ed. (2099)
 2014 Ed. (2031, 3879, 3929, 3931)
 2015 Ed. (2080, 2532, 2545, 3558, 3904, 3965, 3967)
 2016 Ed. (2062, 3879)
 2018 Ed. (1977, 3817)
 2022 Ed. (3864)
Hollysys Automation Technologies
 2014 Ed. (1593, 4645)
Hollywell Spring
 2000 Ed. (785)
Hollywood
 1993 Ed. (674)
 2010 Ed. (3711)
 2011 Ed. (3708)
 2017 Ed. (3620)
 2019 Ed. (3668)
 2020 Ed. (3635)
Hollywood Agency
 2019 Ed. (4046)
Hollywood Bowl
 2010 Ed. (260)
 2011 Ed. (181)
 2012 Ed. (190)
 2013 Ed. (171)
 2014 Ed. (176)
 2018 Ed. (171)
 2019 Ed. (173)
 2020 Ed. (174)
Hollywood Casino Amphitheatre
 2019 Ed. (173)
Hollywood Casino Corp.
 1997 Ed. (911)
 2004 Ed. (2935)
Hollywood Casino Tunica
 2023 Ed. (1027)
Hollywood Celebrity
 2003 Ed. (2060)
Hollywood Celebrity Diet
 2004 Ed. (2098)
Hollywood Chrysler-Plymouth
 1990 Ed. (340)
 1991 Ed. (307)
 1993 Ed. (297)
 1994 Ed. (266)
Hollywood Entertainment Corp.
 1998 Ed. (663, 3346, 3347)
 1999 Ed. (4713)
 2000 Ed. (4346)
 2001 Ed. (3361, 4096, 4099, 4100, 4101)
 2002 Ed. (4750, 4751)
 2003 Ed. (3449)
 2004 Ed. (3510, 4840, 4843, 4844)
 2005 Ed. (3515)
 2006 Ed. (2071, 3572, 4441)
 2007 Ed. (3637)
 2008 Ed. (3750)
 2009 Ed. (3774)
 2010 Ed. (3010)
 2011 Ed. (2979)
 2012 Ed. (2909)

2013 Ed. (2996)
2014 Ed. (3696)
2015 Ed. (3715)
Hollywood Fashion Center
 1996 Ed. (2878)
Hollywood Federal
 1991 Ed. (3445)
Hollywood Feed
 2021 Ed. (3806)
 2022 Ed. (3826)
 2023 Ed. (3923)
Hollywood, FL
 1994 Ed. (2244)
Hollywood FSB
 1993 Ed. (3071, 3567, 3571)
Hollywood Honda
 1994 Ed. (269)
 1995 Ed. (269)
 1996 Ed. (272)
Hollywood Marine
 2001 Ed. (4235)
Hollywood Media Corp.
 2007 Ed. (3234)
 2008 Ed. (3363)
Hollywood Park Rlty.
 1990 Ed. (2964)
Hollywood Reporter
 1994 Ed. (2795)
 1996 Ed. (2968)
 1997 Ed. (3043)
 1998 Ed. (2682)
 2006 Ed. (756)
 2007 Ed. (849, 4793)
The Hollywood Reporter
 2014 Ed. (820)
Hollywood Stock Exchange
 2002 Ed. (4854)
Hollywood Studios; Disney's
 2016 Ed. (199)
 2017 Ed. (185)
 2018 Ed. (173)
 2019 Ed. (175)
 2020 Ed. (176)
 2021 Ed. (175)
 2022 Ed. (168)
Hollywood Sun-Tattler
 1990 Ed. (2708)
Hollywood Super
 2010 Ed. (4643)
Hollywood Tans
 2005 Ed. (4593)
 2006 Ed. (4658)
 2007 Ed. (4678)
 2008 Ed. (4589)
 2009 Ed. (4633)
 2010 Ed. (4660)
Hollywood Theaters
 2013 Ed. (3769)
 2014 Ed. (3698)
Hollywood Undead
 2007 Ed. (3214)
Hollywood Video
 1995 Ed. (3698, 3699)
 1996 Ed. (3785, 3786, 3787)
 1997 Ed. (3839, 3841)
 1998 Ed. (3668, 3670)
 2001 Ed. (2123)
Holm
 2022 Ed. (3385)
 2023 Ed. (3506)
Holm Electric
 2022 Ed. (2971)
 2023 Ed. (3095)
Holman Automotive Group Inc.
 2014 Ed. (2608)
 2015 Ed. (2654)
 2016 Ed. (2574)
 2017 Ed. (1824)
 2018 Ed. (232, 1769)
Holman Enterprises
 1991 Ed. (968, 1141, 1142)
 1992 Ed. (1203)
 1994 Ed. (1004)
 1996 Ed. (3766)
 1998 Ed. (758)
 1999 Ed. (1189)
 2001 Ed. (441, 442, 443, 446, 447)
 2002 Ed. (351)
 2004 Ed. (277)
 2005 Ed. (282)
 2006 Ed. (303)
 2007 Ed. (300)
 2008 Ed. (290)
 2013 Ed. (2652)
 2019 Ed. (1828, 2534)
 2020 Ed. (1771)
 2022 Ed. (243, 1771)
 2023 Ed. (1903)
Holman Lincoln-Mercury
 1990 Ed. (302, 331)
 1991 Ed. (284)
 1992 Ed. (389)
 1996 Ed. (277)
Holman Pontiac; Red
 1994 Ed. (257)
 1995 Ed. (283)
 1996 Ed. (283)

Holman's Inc.
 1998 Ed. (3081)
 1999 Ed. (4090)
 2000 Ed. (3805)
 2010 Ed. (2969)
 2011 Ed. (2932)
 2012 Ed. (2865)
 2013 Ed. (2935, 2937)
Holman's USA LLC
 2014 Ed. (2954, 2957)
 2015 Ed. (3015, 3024)
 2017 Ed. (2882)
 2018 Ed. (2948)
 2019 Ed. (2896)
 2020 Ed. (2916)
 2021 Ed. (2785)
Holmart
 1992 Ed. (3959)
Holme Roberts
 2001 Ed. (957)
Holme Roberts & Owen LLP
 2003 Ed. (3182)
 2004 Ed. (3233)
 2005 Ed. (3262, 3263)
 2006 Ed. (1679, 3250)
 2007 Ed. (3311, 3313, 3314)
 2008 Ed. (3421, 3422)
 2009 Ed. (3488, 3489)
 2010 Ed. (3420, 3421)
 2011 Ed. (3403)
 2012 Ed. (3422, 3423)
 2013 Ed. (3434, 3435)
Holme Roberts & Owne
 2012 Ed. (3386, 3389)
Holme Roberts & Owne LLP
 2002 Ed. (3057)
Holmen
 2021 Ed. (670)
Holmens Bruk
 1991 Ed. (3222)
Holmes
 1994 Ed. (2043, 2152)
 1997 Ed. (183, 2200, 2342)
 1998 Ed. (105, 1252, 1921, 2063)
 1999 Ed. (202, 1823, 2658, 2819)
 2000 Ed. (225, 1652, 2441, 2594)
 2018 Ed. (3110)
Holmes AER1
 2018 Ed. (3110)
Holmes & Co. Advertising
 2021 Ed. (4991)
 2022 Ed. (4990)
Holmes Distributors Inc.
 2003 Ed. (2203)
Holmes; Elizabeth
 2016 Ed. (720, 4812)
 2017 Ed. (4823)
The Holmes Group Inc.
 2002 Ed. (251, 1912, 2073, 2074, 2466, 2697, 2699, 2714)
 2004 Ed. (2867)
Holmes Homes
 2003 Ed. (1209)
 2004 Ed. (1216)
Holmes; John
 1993 Ed. (2638)
Holmes Lumber
 1994 Ed. (797)
Holmes & Marchant
 1992 Ed. (2588, 2589)
 1993 Ed. (2158, 3065)
 1995 Ed. (2225, 2226, 2228)
Holmes & Marchant Design Co.
 1996 Ed. (2232, 2233, 2234)
 1999 Ed. (2837, 2840, 2841)
Holmes & Marchant Design Cos.
 1994 Ed. (2175)
Holmes & Marchant Design Group
 1990 Ed. (1276)
Holmes & Marchant Group
 1997 Ed. (3374)
 1999 Ed. (3936)
 2000 Ed. (3653)
Holmes & Marchant Marketing Services
 1994 Ed. (3128)
Holmes & Marchant Public Relations
 1996 Ed. (3123)
Holmes; Maurice F.
 1989 Ed. (736)
Holmes & Merchant Group
 2002 Ed. (4087)
Holmes; Michael
 2011 Ed. (3107)
Holmes Murphy & Associates Inc.
 2011 Ed. (3201)
 2012 Ed. (3158)
 2013 Ed. (3234)
Holmes & Narver
 1990 Ed. (280, 1666)
 1991 Ed. (1068, 1551, 1556, 1560, 1562)
 1992 Ed. (355, 1955, 1957)
 1993 Ed. (246, 1610)
 1994 Ed. (235, 1636, 1643)
 1995 Ed. (237, 1675, 1682, 1692)
 1996 Ed. (234, 1658, 1665, 1674)
 1997 Ed. (265, 1736, 1743, 1755)
 1998 Ed. (1437, 1448)
 1999 Ed. (283, 2017, 2020)

2000 Ed. (1797)
2001 Ed. (2238)
Holmes Products
 2003 Ed. (235)
 2005 Ed. (2952)
Holmes Protection Group Inc.
 1993 Ed. (3115)
 1998 Ed. (3202)
Holmes Protection Inc.
 1992 Ed. (3826)
Holmes Regional Medical Center
 2006 Ed. (2899)
 2022 Ed. (1522)
 2023 Ed. (1698)
Holmes; Stephen P.
 2011 Ed. (835)
Holmes; Stephen R.
 2015 Ed. (960)
 2016 Ed. (870)
Holmes; Tod
 2005 Ed. (987)
 2007 Ed. (1057)
 2008 Ed. (963)
 2010 Ed. (915)
HolmesAir
 1995 Ed. (2194)
Holmusic
 2021 Ed. (3686)
Holnam
 1992 Ed. (980, 981, 1070)
 1993 Ed. (771, 772, 774, 859)
 1994 Ed. (790, 792, 879)
 1995 Ed. (844, 912)
 1999 Ed. (1048)
Hologenix
 2021 Ed. (2970, 2975)
Hologic
 2017 Ed. (1356, 3481)
 2018 Ed. (2897, 3534)
 2019 Ed. (2851)
 2020 Ed. (2879)
 2021 Ed. (3532)
Hologic Inc.
 1996 Ed. (2886)
 2005 Ed. (1860)
 2007 Ed. (3461, 4533)
 2008 Ed. (1905, 1906, 3646)
 2009 Ed. (2905, 2925)
 2010 Ed. (2849, 3532)
 2011 Ed. (2828, 2829, 3531)
 2012 Ed. (3126)
 2013 Ed. (3211)
 2016 Ed. (3127)
 2017 Ed. (3066)
 2018 Ed. (3178)
 2019 Ed. (3114)
Holovis
 2018 Ed. (1991)
Holovision
 2014 Ed. (2991)
 2015 Ed. (4434)
 2016 Ed. (4327)
 2017 Ed. (4330)
 2018 Ed. (4323)
 2019 Ed. (4640)
 2020 Ed. (4610)
 2021 Ed. (4622)
 2022 Ed. (4640)
 2023 Ed. (4635)
Holroyd Howe Ltd.
 2008 Ed. (2126, 4323)
Holscher Architecture
 2023 Ed. (272)
Holstein State Bank
 1989 Ed. (209)
Holsten Pils
 1990 Ed. (768)
Holsum de Puerto Rico Inc.
 2004 Ed. (3357)
 2005 Ed. (3389)
 2006 Ed. (3376)
Holt Advisory
 1992 Ed. (2803)
HOLT CAT
 2017 Ed. (2473)
 2019 Ed. (2536)
Holt Cat
 2019 Ed. (274)
Holt Co.; W.F.
 1989 Ed. (1010)
Holt Homes
 2002 Ed. (1206)
 2003 Ed. (1193)
 2004 Ed. (1198)
Holt; Nicolai
 1997 Ed. (1974)
Holt Renfrew
 2009 Ed. (1976)
 2022 Ed. (4224)
Holt, Ross & Yulish Inc.
 1992 Ed. (3572)
Holt-Smith & Yates Advisors, Growth Equity: Tax-Exempt Accounts
 2003 Ed. (3126)
Holtec International
 2023 Ed. (3620)
Holtek Microelectronics Inc.
 2002 Ed. (4545)

Holten
  2023 Ed. (3669)
Holthouse Carlin & Van Trigt LLP
  2004 Ed. (17)
  2005 Ed. (13)
  2006 Ed. (18)
  2007 Ed. (14)
  2008 Ed. (12)
  2009 Ed. (15)
  2010 Ed. (25, 27)
  2011 Ed. (23)
  2012 Ed. (28)
  2013 Ed. (24)
  2014 Ed. (20)
  2015 Ed. (21)
  2016 Ed. (20)
  2017 Ed. (16)
  2018 Ed. (15)
  2019 Ed. (16)
  2020 Ed. (18)
  2021 Ed. (20)
  2022 Ed. (21)
  2023 Ed. (61)
Holtrust; John M.
  2008 Ed. (2635)
Holt's Cigar Holdings
  1999 Ed. (2614, 4322)
Holtz; Abel
  1989 Ed. (1382)
  1990 Ed. (1721, 1722)
  1995 Ed. (2112, 2579, 3726)
Holtzbrinck
  2015 Ed. (698)
  2016 Ed. (641)
  2017 Ed. (4045)
Holwerda Builders
  2002 Ed. (2683)
  2003 Ed. (1167)
  2004 Ed. (1175)
Holy Cross Health System Corp.
  1994 Ed. (2574)
  1995 Ed. (2629)
  1996 Ed. (2707)
  2001 Ed. (1736)
Holy Cross Hospital
  1997 Ed. (2260)
  2005 Ed. (2893)
Holy Ghost Parish Credit Union
  2005 Ed. (308)
Holy Innocents' Episcopal School
  2014 Ed. (1606)
Holy Land Christian Mission
  1991 Ed. (2616)
Holy Name Hospital
  2009 Ed. (1928)
  2010 Ed. (1863, 2884)
  2011 Ed. (1895, 2864)
Holy Name Medical Center
  2012 Ed. (2794, 2796)
  2013 Ed. (2861)
  2014 Ed. (2892)
  2016 Ed. (1855)
Holy Names College
  1994 Ed. (1051)
Holy Rosary Credit Union
  2002 Ed. (1879)
  2003 Ed. (1933)
  2004 Ed. (1973)
  2018 Ed. (2109)
  2020 Ed. (2088)
  2021 Ed. (2078)
  2022 Ed. (2113)
  2023 Ed. (2228)
Holy Rosary Regional Credit Union
  2005 Ed. (2115)
  2006 Ed. (2210)
  2007 Ed. (2131)
  2008 Ed. (2246)
  2009 Ed. (2232)
  2010 Ed. (2186)
  2011 Ed. (2204)
  2012 Ed. (2065)
  2013 Ed. (2247)
  2014 Ed. (2179)
  2015 Ed. (2243)
  2016 Ed. (2214)
Holy Spirit Health System
  2013 Ed. (1995)
Holy Trinity East Nursing Home
  2003 Ed. (1755, 2681)
Holyfield-Bowe Fight
  1995 Ed. (880)
Holyfield; Evander
  1996 Ed. (250)
Holyfield-Holmes match
  1994 Ed. (840)
Holyoke Construction Co.
  1996 Ed. (3429)
Holyoke Credit Union
  2002 Ed. (1829, 1830)
Holyoke Medical Center
  2019 Ed. (2873)
Holzindustrie Schweighofer SRL
  2016 Ed. (1552)
  2017 Ed. (1541)
Holzmann AG; Philipp
  1990 Ed. (1209)
  1991 Ed. (1097, 1098)

  1992 Ed. (1372, 1426, 1432, 1649, 1967)
  1993 Ed. (1143, 1144, 1147, 1148, 1619)
  1994 Ed. (1161, 1164, 1165)
  1995 Ed. (1137, 1183, 1185, 1690)
  1996 Ed. (1110, 1157, 1158, 1159, 1160,
    1161, 1162, 1164, 1165, 1166, 1672,
    1675)
  1997 Ed. (1132, 1752, 1756)
Holzmann Philipp USA Ltd.
  2001 Ed. (1401, 1821)
HOM Furniture
  1999 Ed. (2558)
  2014 Ed. (2824)
  2018 Ed. (2829)
Homade Foods Inc.
  2014 Ed. (2766)
  2017 Ed. (2704)
  2018 Ed. (2762)
  2019 Ed. (2745)
Homart
  1996 Ed. (3430)
Homart Development Co.
  1989 Ed. (2490, 2491)
  1990 Ed. (1163, 2959, 2960, 3283)
  1991 Ed. (3118)
  1992 Ed. (3620, 3969, 3970)
  1993 Ed. (2963, 2964, 3304, 3311)
  1994 Ed. (3001, 3003, 3004, 3297, 3301,
    3302, 3303)
  1995 Ed. (3063)
  1997 Ed. (3257)
Homasote Co.
  2002 Ed. (3561)
Hombre
  2001 Ed. (477)
Homburg Invest
  2008 Ed. (1620)
  2010 Ed. (1560, 4161)
Home
  1990 Ed. (2774)
  1994 Ed. (2785)
  1995 Ed. (2880)
  2002 Ed. (1553)
  2003 Ed. (3273)
  2004 Ed. (3338, 3533)
  2006 Ed. (153)
  2007 Ed. (145, 166, 3402)
Home accessories
  1996 Ed. (2491)
Home health agencies
  1996 Ed. (2082)
The Home Agency
  2015 Ed. (3013)
Home health aides
  1989 Ed. (2076)
  1997 Ed. (1721)
  2005 Ed. (3630)
  2007 Ed. (3723, 3724, 3729)
  2009 Ed. (3858, 3859, 3864)
  2010 Ed. (3787)
Home Alone
  1992 Ed. (3112)
  1995 Ed. (3704)
  1998 Ed. (2537)
Home Alone 2
  1995 Ed. (2614)
Home & Away
  1999 Ed. (292)
Home BancShares
  2020 Ed. (485)
  2021 Ed. (497)
  2023 Ed. (418)
Home Bancshares
  2016 Ed. (566)
  2018 Ed. (325, 1368)
  2019 Ed. (1405)
  2020 Ed. (4160)
Home BancShares (Conway, AR)
  2021 Ed. (497)
Home BancShares Inc.
  2019 Ed. (339)
Home Bank
  1997 Ed. (503)
  2021 Ed. (377)
  2022 Ed. (390)
  2023 Ed. (436)
Home Bank, National Association
  2021 Ed. (377)
  2022 Ed. (390)
  2023 Ed. (510)
Home Bank SB
  2021 Ed. (4294)
  2022 Ed. (4302)
  2023 Ed. (4332)
Home Base
  1998 Ed. (1970)
Home Box Office
  1998 Ed. (604)
Home Box Office Inc.
  2017 Ed. (4797)
Home builders
  1992 Ed. (2624)
Home Building Bancorp Inc.
  2002 Ed. (3550, 3553)
Home Capital Group
  2015 Ed. (2728)

Home Capital Group Inc.
  2004 Ed. (4572)
  2005 Ed. (1705, 1729)
  2006 Ed. (1603, 1607)
  2007 Ed. (1628, 1629, 1635, 1640, 1642,
    1644, 1646)
  2008 Ed. (1429, 1619, 1628, 1644, 1648,
    1652, 1654)
  2009 Ed. (4813)
  2010 Ed. (4594)
  2011 Ed. (2686, 4554)
  2012 Ed. (1392)
  2016 Ed. (4763)
  2017 Ed. (4774)
  2020 Ed. (4759)
Home Capital Services
  1991 Ed. (2224)
Home health care
  1994 Ed. (2028)
  1997 Ed. (1722)
Home Care Assistance
  2018 Ed. (123)
  2020 Ed. (2971)
  2021 Ed. (2832)
Home Care Assistance Cincinnati
  2019 Ed. (1881)
Home Care Associates
  2016 Ed. (3600, 4968)
  2017 Ed. (3569)
Home-care facilities
  2003 Ed. (3472)
Home Care Plus Inc.
  2004 Ed. (1889)
Home Care Supply
  2003 Ed. (2785)
  2004 Ed. (2896)
Home center/hardware stores
  1996 Ed. (1985, 1986)
Home centers
  1991 Ed. (880)
  1992 Ed. (3725)
  1997 Ed. (2102)
  1999 Ed. (4120)
  2006 Ed. (4165)
Home Chef
  2019 Ed. (4286)
  2020 Ed. (1594, 2689, 4001)
Home Choice
  2000 Ed. (2293)
Home City Savings
  1990 Ed. (2435, 2439)
Home Clean Heroes
  2023 Ed. (1045)
Home Cleaning Centers of America
  2002 Ed. (857)
  2005 Ed. (767)
  2006 Ed. (674)
  2007 Ed. (770)
Home Club
  1990 Ed. (838, 839, 841, 2023)
  1991 Ed. (801, 804)
Home Community Credit Union
  2008 Ed. (2212, 2213)
Home computers
  1993 Ed. (2048)
Home construction/remodeling
  1999 Ed. (697, 698, 1810, 1811, 1812,
    2712)
Home Creations
  2005 Ed. (1220)
  2011 Ed. (1118, 1119)
Home Credit
  2013 Ed. (449)
  2014 Ed. (464, 488)
  2015 Ed. (522)
  2016 Ed. (476)
  2017 Ed. (493)
  2018 Ed. (458, 491)
  2019 Ed. (469, 506)
  2020 Ed. (453, 489, 490)
Home Credit Bank Kazakhstan
  2023 Ed. (661)
Home Credit & Finance Bank
  2020 Ed. (482)
Home Decor '95
  1998 Ed. (3608)
Home/decorative items
  1993 Ed. (1941)
  1994 Ed. (1967)
Home Delivery Network
  2015 Ed. (4789, 4795)
Home Depot
  2013 Ed. (638, 896, 1352)
  2014 Ed. (652, 2882)
  2015 Ed. (4356)
  2017 Ed. (66, 4238)
  2018 Ed. (4253, 4254)
  2020 Ed. (1344, 2290, 4268, 4272, 4273)
  2021 Ed. (596, 2814, 4255)
  2022 Ed. (623, 1567, 2993, 2998, 4257,
    4267, 4268)
  2023 Ed. (855, 1542, 1548, 1740, 2690,
    2832, 3114, 4164, 4296, 4299, 4302,
    4303, 4491, 4492)
The Home Depot
  2013 Ed. (695, 4308, 4313, 4314)
  2014 Ed. (4351, 4352, 4353)
  2015 Ed. (740, 4341, 4347, 4348)

  2016 Ed. (2409, 4246, 4253)
  2017 Ed. (730, 4232, 4239, 4240)
  2018 Ed. (4246, 4248, 4265)
  2019 Ed. (4278, 4285)
  2020 Ed. (4274, 4285)
  2021 Ed. (4246, 4256, 4261)
  2022 Ed. (2999, 3051, 3055)
  2023 Ed. (1504, 3115, 4289, 4293)
Home Depot Canada
  2009 Ed. (4319, 4320)
  2010 Ed. (4316)
  2021 Ed. (2835)
  2022 Ed. (3000)
  2023 Ed. (3116)
Home Depot of Canada
  2012 Ed. (4333)
  2013 Ed. (4301)
  2014 Ed. (4342)
Home Depot of Canada Inc.
  2016 Ed. (4215)
  2017 Ed. (4202)
  2018 Ed. (4229)
  2019 Ed. (4257)
  2020 Ed. (4252)
  2022 Ed. (4227)
  2023 Ed. (1639, 4487)
Home Depot Center
  2005 Ed. (4438)
Home Depot EXPO
  2001 Ed. (2744)
Home Depot Home Center
  2000 Ed. (26, 792, 4219)
  2001 Ed. (1008)
  2002 Ed. (763)
Home Depot Inc.
  2016 Ed. (1303)
  2019 Ed. (4273)
  2022 Ed. (4251)
The Home Depot Inc.
  1989 Ed. (2321, 2328, 2654)
  1990 Ed. (928, 2024, 2025, 3030, 3043,
    3045, 3479)
  1991 Ed. (801, 802, 803, 1202)
  1992 Ed. (982, 983, 984, 985, 1816,
    2419, 3919, 3925, 4034, 4035, 4145)
  1993 Ed. (775, 776, 777, 778, 1497,
    2047, 2424, 3219, 3227, 3256, 3390,
    3462, 3466, 3471)
  1994 Ed. (793, 794, 1244, 1311, 1541,
    2060, 2076, 3108, 3219, 3226, 3227,
    3250, 3443)
  1995 Ed. (845, 846, 1327, 1331, 1333,
    2125, 3154, 3288, 3306, 3329, 3335,
    3425)
  1996 Ed. (815, 817, 818, 819, 820, 821,
    826, 827, 1246, 1247, 1283, 1350,
    2133, 2134, 2493, 3246, 3251, 3485)
  1997 Ed. (830, 831, 832, 835, 921, 922,
    924, 1292, 1293, 1412, 1622, 1824,
    2243, 2244, 2245, 2246, 3341, 3343,
    3347, 3355, 3549, 3641)
  1998 Ed. (664, 665, 666, 667, 772, 1061,
    1142, 1295, 1298, 1967, 1969, 1970,
    1971, 1972, 1973, 1974, 3079, 3080,
    3082, 3089, 3097, 3340, 3343)
  1999 Ed. (759, 1200, 1494, 1634, 1872,
    2703, 2709, 2710, 2711, 4091, 4092,
    4093, 4094, 4106, 4111, 4371, 4373)
  2000 Ed. (950, 1118, 1332, 1437, 1689,
    1690, 2488, 2492, 3412, 3806, 3810,
    3812, 4085, 4126)
  2001 Ed. (1570, 1574, 1685, 1713, 2027,
    2728, 2729, 2742, 2745, 2754, 2755,
    4090, 4093, 4094, 4095, 4097, 4098,
    4104, 4107, 4108, 4322)
  2002 Ed. (1520, 1545, 1546, 1560, 1660,
    1673, 1676, 1677, 1678, 1681, 2003,
    2004, 2286, 2581, 2583, 2584, 4040,
    4041, 4044, 4054, 4059, 4060, 4334,
    4335)
  2003 Ed. (742, 774, 775, 842, 1012,
    1016, 1544, 1684, 1685, 2428, 2495,
    2762, 2780, 2784, 2788, 2790, 2866,
    4032, 4165, 4166, 4167, 4168, 4169,
    4170, 4173, 4177, 4179, 4183, 4184,
    4185, 4186, 4187, 4188, 4500, 4501,
    4506, 4559, 4563)
  2004 Ed. (755, 784, 785, 916, 917, 1553,
    1611, 1722, 1723, 2117, 2123, 2562,
    2631, 2849, 2877, 2879, 2882, 2885,
    2886, 2888, 2889, 2893, 2894, 2902,
    2954, 3258, 3920, 4051, 4187, 4188,
    4189, 4194, 4195, 4204, 4206, 4213,
    4214, 4466, 4467, 4468, 4470, 4471,
    4472, 4474, 4475, 4554, 4575)
  2005 Ed. (738, 770, 771, 907, 908, 1617,
    1619, 1620, 1636, 1779, 1780, 2222,
    2228, 2375, 2619, 2857, 2875, 2876,
    2878, 2880, 2954, 3290, 3989, 4099,
    4106, 4107, 4108, 4114, 4115, 4116,
    4132, 4133, 4140, 4141, 4414, 4415,
    4416, 4418, 4419, 4420, 4424, 4425,
    4445, 4501, 4502, 4504, 4655)
  2006 Ed. (161, 648, 678, 679, 821, 822,
    825, 826, 1500, 1525, 1730, 1731,
    2284, 2293, 2422, 2615, 2680, 2854,
    2864, 2865, 2866, 2867, 2881, 2882,
    2883, 2887, 2890, 2949, 2964, 3282,
    4025, 4151, 4162, 4163, 4166, 4167,

4177, 4178, 4179, 4187, 4431, 4433, 4434, 4435, 4442, 4443, 4444, 4576, 4577, 4589, 4886)
2007 Ed. (153, 678, 773, 774, 909, 910, 911, 913, 1497, 1536, 1540, 1555, 1737, 1738, 2221, 2366, 2591, 2669, 2760, 2761, 2854, 2855, 2856, 2857, 2875, 2876, 2878, 2880, 2901, 2967, 2981, 3350, 3382, 4173, 4179, 4180, 4184, 4185, 4187, 4199, 4200, 4202, 4203, 4206, 4491, 4493, 4500, 4501, 4553, 4554, 4570, 4878)
2008 Ed. (636, 638, 748, 749, 890, 892, 894, 1516, 1520, 1524, 1536, 1764, 1765, 1766, 1922, 2361, 2486, 2728, 2800, 2877, 2878, 2971, 2976, 2977, 2978, 2995, 2996, 3000, 3090, 3102, 3446, 4094, 4214, 4219, 4220, 4223, 4224, 4225, 4234, 4235, 4238, 4471, 4472, 4477, 4478, 4526, 4813)
2009 Ed. (654, 666, 743, 744, 899, 901, 903, 1447, 1450, 1454, 1482, 1696, 1699, 1700, 1701, 1702, 1849, 2491, 2783, 2857, 2941, 2942, 3059, 3060, 3061, 3080, 3084, 3088, 3179, 3197, 3515, 3522, 3602, 4206, 4308, 4311, 4312, 4313, 4314, 4330, 4333, 4336, 4337, 4340, 4505, 4506, 4510, 4511, 4554)
2010 Ed. (144, 621, 623, 689, 690, 847, 849, 851, 1429, 1433, 1437, 1649, 1650, 1651, 1652, 2716, 2796, 2993, 2994, 2995, 3012, 3016, 3019, 3020, 3122, 3124, 3443, 3451, 4142, 4286, 4288, 4289, 4290, 4292, 4294, 4314, 4346, 4349, 4350, 4354, 4361, 4546, 4550, 4551)
2011 Ed. (70, 248, 249, 250, 618, 619, 774, 1658, 1659, 1660, 1661, 1807, 2403, 2418, 2701, 2783, 2962, 2963, 2964, 2985, 2988, 2989, 3091, 3452, 4142, 4278, 4280, 4281, 4283, 4285, 4286, 4288, 4297, 4299, 4303, 4304, 4495, 4501, 4502, 4803)
2012 Ed. (72, 269, 270, 271, 538, 589, 590, 709, 710, 714, 715, 716, 1271, 1378, 1509, 1510, 1511, 1512, 1513, 1664, 2891, 2892, 2893, 2911, 2912, 2913, 2914, 2915, 4174, 4314, 4317, 4319, 4320, 4322, 4330, 4350, 4351, 4354, 4355, 4499, 4509)
2013 Ed. (67, 271, 723, 724, 915, 919, 920, 921, 1372, 1473, 1651, 1653, 1654, 1655, 1656, 2856, 2857, 2998, 2999, 3000, 3001, 3002, 3004, 4161, 4299, 4305, 4309, 4312, 4315, 4345, 4348, 4469, 4473, 4799)
2014 Ed. (86, 274, 746, 747, 864, 865, 866, 1315, 1318, 1330, 1610, 1612, 1613, 1614, 1615, 2441, 2550, 2567, 2885, 2886, 3005, 3008, 3009, 3010, 3011, 3013, 3203, 4179, 4340, 4345, 4348, 4350, 4354, 4358, 4363, 4397, 4518, 4521)
2015 Ed. (88, 902, 903, 1378, 1380, 1393, 1660, 1663, 1664, 1665, 2513, 2651, 2929, 2930, 3074, 3076, 3077, 3078, 3079, 3081, 3264, 4160, 4333, 4339, 4342, 4343, 4346, 4361, 4363, 4367, 4372, 4385, 4517, 4520)
2016 Ed. (1305, 1307, 1309, 1323, 1601, 1603, 1605, 1608, 2408, 2446, 2570, 2859, 2860, 2967, 2968, 2973, 2974, 2975, 2977, 3024, 4074, 4231, 4240, 4241, 4242, 4248, 4252, 4254, 4281, 4283, 4453, 4457)
2017 Ed. (1358, 1360, 1369, 1385, 1580, 1582, 1585, 1586, 1727, 1811, 2292, 2451, 2921, 2923, 2924, 2929, 2930, 2931, 2933, 2969, 4048, 4217, 4227, 4228, 4229, 4233, 4237, 4241, 4269, 4271, 4460, 4464)
2018 Ed. (1335, 1563, 1565, 1566, 1569, 2327, 2346, 2497, 2686, 2742, 2987, 2988, 2989, 3003, 3004, 3005, 3006, 3086, 3090, 4072, 4236, 4245, 4250, 4255, 4259, 4267, 4482)
2019 Ed. (1360, 1366, 1372, 1398, 1597, 1600, 1601, 1679, 1681, 1745, 2346, 2524, 2660, 2940, 2941, 2942, 2943, 2944, 2945, 2947, 3025, 4067, 4265, 4275, 4276, 4281, 4284, 4288, 4295, 4476, 4480)
2020 Ed. (1328, 1333, 1339, 1563, 1565, 1567, 2316, 2515, 2678, 2966, 2967, 2972, 2973, 2974, 2976, 3063, 4076, 4265, 4266, 4275, 4279, 4287, 4461, 4465)
2021 Ed. (1333, 1547, 1550, 2272, 2435, 2587, 2826, 2833, 2834, 2836, 2934, 2938, 4042, 4231, 4242, 4243, 4252, 4257, 4456, 4457)
2022 Ed. (1342, 1566, 1570, 2700, 4060, 4253, 4254, 4264, 4269, 4465, 4467)
2023 Ed. (1739, 1741, 4291)
Home Depot International Inc.
2001 Ed. (2754, 2755)
2003 Ed. (774, 775, 1684)
2004 Ed. (784, 785, 1722)
2005 Ed. (770, 771, 1779)
2006 Ed. (678, 679, 1730)
2007 Ed. (773, 774, 1737)
2008 Ed. (748, 749, 1765)
2009 Ed. (743, 744, 1700)
2010 Ed. (689, 690, 1650)
2011 Ed. (618)
2012 Ed. (589)
2013 Ed. (723, 2856)
2014 Ed. (746, 747, 1613, 2885, 2886)
2015 Ed. (1663, 2929, 2930)
2016 Ed. (1605, 2859, 2860)
Home Depot Rentals
2014 Ed. (3471)
2015 Ed. (3488)
2016 Ed. (3338)
2017 Ed. (3301)
2018 Ed. (3370)
2019 Ed. (3350, 3356)
2020 Ed. (3351)
2021 Ed. (3285)
2022 Ed. (3370)
2023 Ed. (3488)
Home Depot Stores
2005 Ed. (4125)
Home Depot (U.S.)
2021 Ed. (4255)
2022 Ed. (4268)
The Home Depot (U.S.)
2021 Ed. (4256)
Home Depot U.S.A. Inc.
2023 Ed. (4091)
Home Depot USA Inc.
2001 Ed. (1713, 2754, 2755)
2003 Ed. (774, 775, 1684)
2004 Ed. (784)
2005 Ed. (770, 771, 1779)
2006 Ed. (678, 679, 1730, 4432)
2007 Ed. (773, 774, 1737, 4034)
2008 Ed. (748, 749, 1765)
2009 Ed. (743, 744, 1700)
2010 Ed. (689, 690, 1650)
2011 Ed. (618)
2012 Ed. (589)
2013 Ed. (723, 2856)
2014 Ed. (4335)
2015 Ed. (4327)
2016 Ed. (4223)
Home furnishing & interior design
2001 Ed. (4609)
2002 Ed. (4643)
Home Design Virtual Shops
2020 Ed. (1899)
Home distributors
2001 Ed. (681)
Home electronics
2001 Ed. (2733)
Home Entertainment Design South
2015 Ed. (3067)
Home furnishing & equipment
2004 Ed. (178)
Home Equity Mortgage Corp.
2008 Ed. (2962)
Home gym exercise
1997 Ed. (3561)
Home Express
1990 Ed. (2115)
1992 Ed. (2525, 2526)
1996 Ed. (1984)
1997 Ed. (2323)
Home health facilities
2002 Ed. (3756)
Home Federal
1990 Ed. (2473, 3117, 3121)
1991 Ed. (2919)
Home Federal Bancorp
2006 Ed. (2084)
2010 Ed. (2061)
2011 Ed. (2116)
2012 Ed. (1956, 1963)
2015 Ed. (2158)
Home Federal Bank
2014 Ed. (335)
2021 Ed. (4298)
2022 Ed. (4306)
2023 Ed. (4336)
Home Federal Bank of Hollywood
2021 Ed. (4291)
2022 Ed. (4299)
Home Federal Bank of Tennessee
1998 Ed. (3566)
2021 Ed. (4321)
2022 Ed. (4328)
2023 Ed. (4358)
Home Federal Savings
1991 Ed. (1723)
1993 Ed. (3071, 3072, 3078, 3080, 3569, 3570, 3571)
1998 Ed. (3155, 3544, 3552)
1999 Ed. (4141)
Home Federal Savings Bank
1994 Ed. (1226)
2011 Ed. (416)
2012 Ed. (391)
2021 Ed. (4303)
2022 Ed. (4311)
2023 Ed. (4341)
Home Federal Savings Bank of Detroit
1990 Ed. (737)
2000 Ed. (3854)
2001 Ed. (4528)
2002 Ed. (4621)
Home Federal Savings & Loan
1989 Ed. (2826)
1990 Ed. (351, 536)
Home Federal Savings & Loan Assn.
1990 Ed. (3577)
Home Federal Savings & Loan Association
1989 Ed. (2355, 2821, 2824)
1990 Ed. (420, 422, 3092, 3096, 3097, 3098, 3100, 3586)
1998 Ed. (3559)
2021 Ed. (4319)
2022 Ed. (4326)
2023 Ed. (4356)
Home Federal Savings & Loan Association of Grand Island
2021 Ed. (4307)
2022 Ed. (4315)
2023 Ed. (4345)
Home Federal Savings & Loan Association of San Diego
1990 Ed. (3575, 3576, 3583, 3584)
Home Federal Savings & Loan Association of San Diego, CA
1989 Ed. (2822)
Home Finance Co.
2002 Ed. (4418)
2006 Ed. (4505)
Home Financial
1998 Ed. (270, 3153)
Home Fire Prest Logs
2017 Ed. (2615)
Home fixtures
2001 Ed. (2568)
Home FSB
2012 Ed. (881)
Home furnishings
1992 Ed. (2624, 2860)
2003 Ed. (4776)
2005 Ed. (95, 4735)
2006 Ed. (4786)
2008 Ed. (2439, 4722)
2010 Ed. (4774)
2011 Ed. (4725)
Home & garden
2002 Ed. (2989)
Home Goods
2015 Ed. (3075)
2018 Ed. (4260)
2019 Ed. (4289)
Home Government Securities
1992 Ed. (3165)
Home Group
1989 Ed. (1732, 2643)
1990 Ed. (2253)
Home Group Insurance Cos.
1991 Ed. (2093)
1992 Ed. (2657)
Home Guaranty Insurance
1989 Ed. (1711)
Home Guide Magazine
2002 Ed. (215)
Home Hardware
2015 Ed. (751)
2018 Ed. (670)
2021 Ed. (4220)
2022 Ed. (4224)
Home Hardware Stores
2009 Ed. (4319, 4320)
2012 Ed. (4333)
2013 Ed. (4301)
2014 Ed. (4342)
2021 Ed. (2835)
2022 Ed. (3000)
2023 Ed. (3116)
Home Health Corp. of America
1999 Ed. (2708)
2000 Ed. (2490)
Home Health & Hospice of Kansas
2019 Ed. (3630)
2020 Ed. (3602)
2021 Ed. (3628)
2022 Ed. (3678)
2023 Ed. (3780)
Home Health of Kansas
2018 Ed. (3637)
Home healthcare
2004 Ed. (2129)
Home Helpers
2003 Ed. (220, 893)
2004 Ed. (179)
2005 Ed. (179)
2006 Ed. (194)
2007 Ed. (200)
2008 Ed. (187)
2009 Ed. (204)
2010 Ed. (184)
2011 Ed. (106)
2012 Ed. (114)
2013 Ed. (91)
2014 Ed. (100)
2015 Ed. (114)
2016 Ed. (121)
2017 Ed. (113)
Home Helpers & Direct Link
2012 Ed. (2809)
Home Helpers Home Care
2020 Ed. (2895, 2971)
2022 Ed. (112, 2997)
2023 Ed. (183)
Home service & home
2000 Ed. (3471)
"Home Improvement"
1995 Ed. (3582)
1997 Ed. (3722)
2000 Ed. (4222)
2001 Ed. (4486, 4491, 4499)
Home improvements
1997 Ed. (3165)
Home Inns & Hotel Management
2013 Ed. (1631, 2842)
Home Ins Group
1990 Ed. (2228)
Home Instead
2020 Ed. (3747)
2021 Ed. (2759)
2022 Ed. (3766)
2023 Ed. (184, 3870)
Home Instead Senior Care
2000 Ed. (2271)
2001 Ed. (2533)
2002 Ed. (245)
2003 Ed. (220)
2004 Ed. (179)
2005 Ed. (179)
2006 Ed. (194)
2007 Ed. (200)
2008 Ed. (187)
2009 Ed. (204)
2010 Ed. (184)
2011 Ed. (106)
2012 Ed. (114, 2809)
2013 Ed. (91)
2014 Ed. (100)
2015 Ed. (114)
2016 Ed. (121)
2017 Ed. (113)
2019 Ed. (4979)
2020 Ed. (105, 2895, 2971)
2021 Ed. (97, 2765, 2832, 4960)
2022 Ed. (112, 4956)
2023 Ed. (183)
Home insurance
1992 Ed. (1486)
2001 Ed. (2223)
Home Insurance Companies
1992 Ed. (2650)
The Home Insurance Co. of Illinois
1995 Ed. (2288)
1996 Ed. (2293)
Home Insurance Cos.
1993 Ed. (2202, 2203)
1994 Ed. (2247, 2248, 2277)
1995 Ed. (2291)
1996 Ed. (2303, 2304)
1997 Ed. (2434)
Home Insurance Group
1989 Ed. (1677)
Home Intensive Care
1990 Ed. (1970, 1971, 3300, 3301)
Home Interiors & Gifts Inc.
1996 Ed. (1202)
Home Investors Government Guaranteed Income
1990 Ed. (2603)
Home testing kits
1991 Ed. (1457)
Home Life
1989 Ed. (1702)
Home Life Financial Assurance Corp.
1995 Ed. (2307)
Home Life - Home Life Variable Annuity (VA, SPVA)
1991 Ed. (2152, 2153)
Home Life Insurance Co.
1989 Ed. (2142)
Home/lifestyle stores
2000 Ed. (3546, 3802)
The Home Loan Savings Bank
2022 Ed. (4322)
2023 Ed. (4352)
Home Loan Servicing Solutions
2016 Ed. (3041)
2017 Ed. (2988)
Home equity loans
1989 Ed. (2344)
Home Maker Premium
2019 Ed. (3709)
Home Mark Store
2010 Ed. (119)
Home Market Foods Inc.
2017 Ed. (2719, 2739)
2018 Ed. (2776, 2793)
2019 Ed. (2752, 2771)
Home Mechanix
1994 Ed. (2792)
Home Media Retailing
2007 Ed. (160)
Home Meridian International
2014 Ed. (2807, 2808)
2016 Ed. (2784, 2785)
2017 Ed. (2754, 2755)

CUMULATIVE INDEX • 1989-2023

Home Mutual Life Insurance Co.
   2000 Ed. (2689)
Home health needs
   2001 Ed. (2106)
Home Nursing Agency Visiting Nurse Association
   2008 Ed. (2033)
   2009 Ed. (1999)
Home Nutritional Services Inc.
   1992 Ed. (2435)
   1993 Ed. (2055)
   1994 Ed. (2075)
   1995 Ed. (2124)
Home office
   2000 Ed. (2289)
Home Office Computing
   1994 Ed. (2796, 2800)
   1998 Ed. (1276)
   1999 Ed. (3749)
   2000 Ed. (3469)
   2001 Ed. (3193)
Home Office Reference Laboratory
   1990 Ed. (1966, 3296)
Home Oil Co.
   2013 Ed. (4419)
   2014 Ed. (4450)
   2015 Ed. (4445)
   2016 Ed. (4336)
   2017 Ed. (131, 4339)
   2018 Ed. (4334)
   2019 Ed. (4361)
Home Oil Co. Ltd.
   1993 Ed. (2843)
Home Owners Federal
   1990 Ed. (2609)
Home Owners Federal Savings & Loan Assn.
   1990 Ed. (2606)
Home Owners Federal Savings & Loan Association
   1991 Ed. (2481)
Home Owners Savings Bank
   1991 Ed. (1660, 2588, 2591)
Home Painters Toronto
   2019 Ed. (1043)
   2020 Ed. (4375)
   2021 Ed. (1009)
Home PC
   1997 Ed. (3044)
   1999 Ed. (1851)
   2000 Ed. (3468)
Home Performance Alliance
   2021 Ed. (4913)
   2022 Ed. (4907)
Home perm./relaxer kits
   2001 Ed. (2638)
The Home of Peter Shankman
   2012 Ed. (495)
Home Pharmacy
   1995 Ed. (2496)
Home Point Financial
   2019 Ed. (3635)
   2020 Ed. (3617)
Home Point Financial Corp.
   2020 Ed. (3608, 3609, 3612)
   2021 Ed. (3631, 3634)
   2022 Ed. (3693)
Home Point Mortgage Corp.
   2022 Ed. (3689, 3694, 3695, 3698, 3700, 3701)
Home Point Mortgage Corporation
   2022 Ed. (3694, 3695, 3700)
Home Port Bancorp Inc.
   1999 Ed. (540)
   2000 Ed. (552)
Home Pregnanacy Tests
   1990 Ed. (1959)
Home Pride
   1996 Ed. (779)
   1998 Ed. (494)
   2014 Ed. (718)
Home Product Center
   2012 Ed. (4364)
   2013 Ed. (4296)
   2021 Ed. (1923)
Home Product Center PCL
   2023 Ed. (2374)
Home care products
   1992 Ed. (1817)
Home products
   2007 Ed. (2312)
Home Products International
   2001 Ed. (1668)
   2005 Ed. (1267)
Home Properties Inc.
   2002 Ed. (325, 3927, 3928)
   2003 Ed. (4059)
   2006 Ed. (280)
   2007 Ed. (283, 2228)
Home Properties of New York Inc.
   2001 Ed. (4009)
Home Quality Remodeling
   2021 Ed. (990, 1394)
   2022 Ed. (1409)
Home Quarters
   1996 Ed. (2493)

Home Real Estate
   2008 Ed. (4117)
Home-related products
   1998 Ed. (1828)
Home Retail
   2016 Ed. (4230)
Home Retail Group
   2009 Ed. (4342)
   2010 Ed. (4370)
   2012 Ed. (2286)
   2013 Ed. (2463)
   2014 Ed. (2059, 2393)
   2015 Ed. (2467)
   2018 Ed. (2314)
Home Retail Group plc
   2011 Ed. (4292, 4306)
   2012 Ed. (2127, 4367)
   2013 Ed. (2322, 4347)
   2014 Ed. (4396)
   2016 Ed. (4282)
   2017 Ed. (4270)
Home office supply retailers
   1994 Ed. (2068)
Home furnishings retailing
   1995 Ed. (2446)
Home Rich: Increasing the Value of the Biggest Investment of Your Life
   2010 Ed. (609)
Home Run Inc.
   2023 Ed. (4723)
Home Run Inn
   2017 Ed. (2730)
   2018 Ed. (2784, 2785, 2787)
   2019 Ed. (2759, 2762)
   2020 Ed. (2796, 2799)
   2021 Ed. (2668, 2669, 2671)
   2022 Ed. (2817, 2818)
   2023 Ed. (2933)
Home Run Pie
   2000 Ed. (369)
Home Savings
   1990 Ed. (2477, 3125)
Home Savings of America
   1989 Ed. (2822)
   1990 Ed. (2606)
   1991 Ed. (2481, 2486, 2919)
   1994 Ed. (401, 2551, 2557, 2558, 3144, 3527, 3528)
   1995 Ed. (2610, 2611, 3186, 3612)
   1996 Ed. (2675, 2686, 3285, 3684, 3685)
   1997 Ed. (3382, 3741)
   1998 Ed. (2400, 2530, 3133, 3137, 3139, 3149, 3150, 3151, 3156, 3157, 3530, 3531, 3532, 3534, 3535, 3536, 3538)
Home Savings of America, FA
   1990 Ed. (422, 2469, 2604, 3096, 3097, 3098, 3100, 3117, 3575, 3576, 3577, 3583, 3584)
   1991 Ed. (3362, 3375)
   1992 Ed. (3774, 3775, 3776, 3777, 3778, 3779, 3780, 3784, 3785, 3786, 3787, 3793, 3794, 3795, 3796, 3797, 3798, 4286)
   1993 Ed. (2593, 3074, 3075, 3076, 3077, 3078, 3080, 3084, 3085, 3086, 3091, 3092, 3093, 3094, 3095, 3096, 3097, 3564, 3565, 3566)
   1999 Ed. (4142)
Home Savings of America, FA (Irwindale, CA)
   1991 Ed. (3364)
Home Savings of America, FSB
   1997 Ed. (3740)
   1998 Ed. (3128, 3131, 3135, 3136, 3140, 3141, 3142, 3143, 3146, 3147)
Home Savings of America Multiple Family
   1998 Ed. (3009)
Home Savings of American
   1998 Ed. (3132, 3148)
Home Savings Bank
   1992 Ed. (502)
   2005 Ed. (523)
   2021 Ed. (394, 4296)
   2022 Ed. (4304)
   2023 Ed. (4334)
Home Savings Bank, FSB
   2021 Ed. (4297)
   2022 Ed. (4305)
   2023 Ed. (4335)
Home Savings of Kansas City
   1991 Ed. (3371)
Home Savings & Loan Association of Carroll County
   2021 Ed. (4305)
   2022 Ed. (4313)
Home Savings & Loan Association of Carroll County, F.A.
   2021 Ed. (4305)
   2022 Ed. (4313)
   2023 Ed. (4343)
Home Savings & Loan Co.
   1998 Ed. (3561)
Home security
   2001 Ed. (2812)
Home healthcare services
   2007 Ed. (3717, 3718)
   2009 Ed. (3854, 3855)
   2010 Ed. (4466, 4467)

   2011 Ed. (4398, 4399)
Home medical equipment services
   1999 Ed. (3666)
Home services
   2007 Ed. (166)
Home Shopping
   1995 Ed. (3577)
   1996 Ed. (859, 2345, 3432)
   1997 Ed. (2319)
   1998 Ed. (3303)
Home Shopping Center
   1998 Ed. (1300)
Home Shopping Club
   1995 Ed. (3561)
Home Shopping Network
   1990 Ed. (1808)
   1991 Ed. (837, 1730, 3289, 3290)
   1992 Ed. (1027, 4214)
   1993 Ed. (2489, 3533)
   1994 Ed. (3099)
   1996 Ed. (3652)
   1997 Ed. (1637, 2715, 3518, 3649, 3709)
   1998 Ed. (3488)
   1999 Ed. (4563)
   2006 Ed. (2377)
Home Shopping Network (HSN)
   1989 Ed. (848, 2501, 2667)
Home Shopping Newtwork 800/900 Corp.
   1992 Ed. (3248)
Home Solutions of America
   2008 Ed. (2108)
   2009 Ed. (4450, 4453, 4454, 4482)
Home Sports Entertainment
   1992 Ed. (1034)
Home State Bank
   1997 Ed. (498)
Home State County Mutual Insurance Co.
   2001 Ed. (2908)
   2002 Ed. (3954)
   2003 Ed. (2970)
   2004 Ed. (3055)
   2005 Ed. (3066)
Home State Holdings
   1999 Ed. (3675)
Home electronics stores
   2001 Ed. (4484)
Home furnishing stores
   2001 Ed. (4111)
   2010 Ed. (4280)
   2011 Ed. (4272)
Home furniture stores
   1999 Ed. (696, 1809)
Home office stores
   2001 Ed. (4111)
Home furnishings and supplies
   2001 Ed. (246)
Home systems
   2001 Ed. (4205)
Home theater systems
   2003 Ed. (2763)
Home Team Sports
   1992 Ed. (1034)
Home Technology Specialists of America
   2020 Ed. (1096)
   2021 Ed. (1090)
   2022 Ed. (1103)
Home Telephone Co.
   2016 Ed. (1940)
Home pregnancy tests
   1992 Ed. (2353)
Home Theater Store
   2008 Ed. (2983, 2985)
Home Town Auto Retailers
   2000 Ed. (332)
Home Town Buffet
   1997 Ed. (3312)
   1999 Ed. (4077)
   2000 Ed. (3779)
Home Travel Consulting Inc.
   2009 Ed. (1642)
Home Unity Savings Bank
   1989 Ed. (2832)
   1990 Ed. (3591)
   1992 Ed. (4294)
Home Unity Savings & Loan Association
   1990 Ed. (432)
Home Video Studio
   2010 Ed. (3968)
   2012 Ed. (3976)
   2013 Ed. (4036)
   2014 Ed. (3973)
Home videos
   2001 Ed. (3245, 3246)
Home Vision Entertainment
   1996 Ed. (3788)
   1997 Ed. (3839)
Home Works
   2007 Ed. (2971)
   2009 Ed. (3089, 3188)
Home2 Suites
   2021 Ed. (2918)
Home2 Suites by Hilton
   2018 Ed. (3069)
   2020 Ed. (3046)
   2022 Ed. (3034)
   2023 Ed. (3147, 3153)
HomeArts
   1999 Ed. (3006, 4752)

HomeAway
   2019 Ed. (3093)
HomeBanc
   2015 Ed. (1630)
   2016 Ed. (1558)
HomeBanc Corp.
   2009 Ed. (370)
HomeBanc Mortgage Corp.
   2006 Ed. (1492, 1728)
   2007 Ed. (1522)
Homebase
   1994 Ed. (793, 794, 2076)
   1995 Ed. (845, 846, 2125)
   1996 Ed. (817, 818, 821, 827, 2493)
   1997 Ed. (830, 831, 2245, 2246)
   1998 Ed. (1967, 1969, 1973, 1974)
   1999 Ed. (2709, 2711)
   2000 Ed. (2492)
   2001 Ed. (1650, 2728, 2729, 2754)
   2002 Ed. (766)
   2003 Ed. (774, 775, 785, 2762, 2790)
   2007 Ed. (728)
   2008 Ed. (700)
Homebase Living
   2000 Ed. (3498)
HomeBase (Waban)
   1996 Ed. (2134)
HomeBridge Financial Services
   2016 Ed. (3619)
   2017 Ed. (3586, 3588)
Homebridge Financial Services
   2022 Ed. (3686, 3695, 3697, 3700)
HomeBridge Financial Services Inc.
   2016 Ed. (3618, 3623)
   2017 Ed. (3590)
   2018 Ed. (3650)
   2019 Ed. (3635, 3637, 3638, 3639)
   2020 Ed. (3608, 3612)
   2021 Ed. (3634)
   2022 Ed. (3701)
   2023 Ed. (3794)
Homebuilders
   2003 Ed. (2900, 2901, 2902, 2903, 2905, 2906, 2907, 2908)
   2004 Ed. (3006, 3007, 3008, 3009, 3010, 3011, 3012, 3013)
   2005 Ed. (3004, 3005, 3006, 3007, 3009, 3010, 3011, 3012)
   2006 Ed. (3000, 3002, 3003, 3005, 3006, 3007, 3008)
   2007 Ed. (3039, 3040, 3041, 3042, 3044, 3045, 3047)
   2008 Ed. (1821, 1822, 1823, 1824, 1825, 3157, 3159)
Homebuilding
   1996 Ed. (3508)
HomeCare Connect
   2020 Ed. (4948)
HomeCare Connect Inc.
   2022 Ed. (4947)
HomeCare, Inc.
   1991 Ed. (1928)
   1992 Ed. (2436)
Homecare Management Strategies Inc.
   2010 Ed. (1594)
   2011 Ed. (1596)
Homeclub
   1992 Ed. (982)
   1993 Ed. (775, 2047, 2424)
Homecoming
   1990 Ed. (982)
Homecomings/GMAC-RFC
   2005 Ed. (3305)
HomeCraft Gutter Protection
   2022 Ed. (1029, 1031, 1044, 1046, 1564)
HomeCrest Corp.
   1992 Ed. (2819)
Homedco Group Inc.
   1996 Ed. (2131)
   1997 Ed. (1259, 2178)
Homedco Inc.
   1991 Ed. (1927, 1928)
   1992 Ed. (2435, 2436)
   1993 Ed. (2055)
   1994 Ed. (2075)
   1995 Ed. (2124)
HomeDepot.com
   2003 Ed. (3049)
   2005 Ed. (2326)
   2009 Ed. (2446)
   2012 Ed. (2295)
   2018 Ed. (2320)
Homedics
   2018 Ed. (3002)
   2021 Ed. (2830)
Homedics Inc.
   2001 Ed. (2493)
   2002 Ed. (2318)
Homedics Thera P
   2003 Ed. (2485)
HomeFed Bank FSB
   1991 Ed. (3362, 3375)
   1992 Ed. (3773, 3774, 3776, 3777, 3778, 3779, 3780, 3784, 3786, 3787, 3788, 3789, 3790, 3793, 3794, 3795, 3797, 3798, 4286)
   1993 Ed. (519, 523, 1256, 1257, 1258, 1261, 1265, 1267, 2715, 3072, 3073,

3074, 3076, 3077, 3078, 3079, 3080, 3083, 3084, 3087, 3088, 3089, 3093, 3094, 3095, 3096, 3221, 3467, 3562, 3563, 3564, 3565, 3569, 3570, 3572, 3573
1995 Ed. (508)
Homefed Bank, FSB (San Diego, CA)
1991 Ed. (3364, 3365)
Homefed Corp
1992 Ed. (712, 4285)
HomeFed Corp.
1990 Ed. (3574)
1991 Ed. (2917, 3366, 3367)
1992 Ed. (1560, 2150, 2151, 4289, 4290)
1994 Ed. (358, 359, 360, 3531)
1996 Ed. (382)
1997 Ed. (353)
1999 Ed. (391)
2000 Ed. (391)
HomeFix Corp.
2014 Ed. (3114)
Homefree
2022 Ed. (2591, 4987)
Homegate Studios & Suites
1998 Ed. (2017)
HomeGoods
1998 Ed. (3343)
1999 Ed. (4373)
2006 Ed. (2953)
2007 Ed. (2970)
2008 Ed. (3094)
2009 Ed. (3186)
2010 Ed. (3117)
2011 Ed. (3084)
2018 Ed. (2992, 2999, 3001)
2019 Ed. (2937)
2020 Ed. (2955, 2956, 2957, 2958, 2959, 2963, 2964, 2967, 2968)
2021 Ed. (2814, 2815, 2818, 2819, 2823, 2824, 2826, 2827, 2828)
2022 Ed. (2981, 2982, 2990, 2991, 2994, 2995, 3072)
2023 Ed. (3108, 3109)
HomeGrocer.com
2001 Ed. (4673)
Homeinn
2020 Ed. (3049)
2021 Ed. (2919)
2023 Ed. (3157)
Homeinns
2022 Ed. (3037)
HomeInsurance.com
2013 Ed. (2926, 3239)
Homeland Acquisition Corp.
2019 Ed. (2370)
2020 Ed. (2338)
2021 Ed. (2303)
2022 Ed. (2317, 2334)
2023 Ed. (2494, 2509)
Homeland Center
2008 Ed. (2036)
2009 Ed. (2000)
2010 Ed. (1938)
Homeland Communities
1999 Ed. (1325)
Homeland Contracting Corp.
2013 Ed. (2144)
2014 Ed. (2078)
Homeland Credit Union
2007 Ed. (2137)
Homeland Federal Savings Bank
2021 Ed. (4298)
2022 Ed. (4306)
2023 Ed. (4336)
Homeland HealthCare
2013 Ed. (3239)
Homeland Holding Corp.
1999 Ed. (387, 389)
Homeland Interactive Technology
2022 Ed. (1474)
Homeland Security Capital
2013 Ed. (2843, 2845)
Homeland Security; U.S. Department of
2005 Ed. (2750, 3177)
2006 Ed. (1142, 2706, 2711)
2007 Ed. (2701, 2707)
2008 Ed. (2830, 2835)
2009 Ed. (2886, 2887, 2893, 3756)
2010 Ed. (2823, 2831, 2876, 3691)
2011 Ed. (2809, 2815, 2856)
2012 Ed. (2741, 3695, 4965)
2013 Ed. (3744, 3747)
2014 Ed. (3680)
2015 Ed. (3698)
HomElectrical
2017 Ed. (1094)
The Homeless
1990 Ed. (276)
HomeLife
2000 Ed. (2299, 2303, 2304)
HomeLife Furniture Corp.
2001 Ed. (2740, 2743)
2002 Ed. (2386)
2003 Ed. (785, 2597)
HomeLife Media
2019 Ed. (4261)
HomeLife Realty Service Inc.
1990 Ed. (2957)

HomeLife Realty Services
1990 Ed. (2951)
Homelite
1994 Ed. (2025)
Homemaker
2014 Ed. (3777, 3778)
2015 Ed. (3797)
Homemaker-home health sides
1992 Ed. (3282)
Homemaker Premium
2016 Ed. (3710)
2020 Ed. (3753)
2022 Ed. (3773, 3774)
2023 Ed. (3875)
home.net
2001 Ed. (2986)
home.netscape.com
1999 Ed. (4751)
Homeowner
2005 Ed. (3202)
Homeowner Magazine
1989 Ed. (179, 2174)
Homeowners
2002 Ed. (2833)
2005 Ed. (3130)
Homeowners Choice
2013 Ed. (2843)
Homeowners Financial Group USA
2019 Ed. (1351)
Homeowners Financial Group USA LLC
2018 Ed. (1363)
Homeowners Financial Group USA, LLC
2022 Ed. (3680)
Homeowners insurance
1995 Ed. (2323)
Homeowners multiple peril
2002 Ed. (2954, 2964)
HomePC Magazine
1998 Ed. (1276)
HomePlace
1998 Ed. (3343)
1999 Ed. (4373)
2001 Ed. (2744)
HomePlace of America, Inc.
2002 Ed. (4542)
2003 Ed. (785, 4671)
HomePoint
2001 Ed. (4769)
Homepoint
2023 Ed. (3787, 3788, 3791, 3793, 3794)
Homepride
1996 Ed. (876)
2010 Ed. (2743)
Homepride Cook-In Sauces
2002 Ed. (939)
Homepride Cook in Sauce
1999 Ed. (1027)
Homepride Cookin'
1994 Ed. (858)
HomePro
2017 Ed. (2914, 4333)
2018 Ed. (2980, 2981, 4326)
Homer
2022 Ed. (2233)
Homer City Funding LLC
2014 Ed. (311)
Homer Electric Association Inc.
2014 Ed. (1351)
2015 Ed. (1428)
2016 Ed. (1351)
2018 Ed. (1357)
2019 Ed. (1395)
Homer and Martha Gudelsky Family Foundation
1994 Ed. (1901)
HomeRoute
2005 Ed. (4004)
Homes America
1992 Ed. (3613)
2000 Ed. (3711)
Homes by Avi (Canada) Inc.
2011 Ed. (4157)
Homes By Kennedy
2005 Ed. (1163, 1198)
Homes by Dave Brown
1998 Ed. (915)
Homes & Gardens
2000 Ed. (3498)
Homes & Ideas
2000 Ed. (3498)
Homes & Land Magazine
1990 Ed. (1852)
1991 Ed. (1772)
1992 Ed. (2222)
2002 Ed. (215)
2005 Ed. (127)
2007 Ed. (124)
2008 Ed. (118)
2009 Ed. (127)
2010 Ed. (128)
2011 Ed. (46)
2012 Ed. (76)
2013 Ed. (47)
2014 Ed. (57)
2015 Ed. (58)
2016 Ed. (57)
2017 Ed. (53)

Homes & Marchant Group
2000 Ed. (3843)
Homes of Merit Inc.
1992 Ed. (3521)
1993 Ed. (2900, 2904, 2905)
1994 Ed. (2918, 2919)
1995 Ed. (2978, 2979)
1996 Ed. (3069, 3077, 3078)
1999 Ed. (3879, 3880)
Homes & Navar
2000 Ed. (1793)
Homes by Oakwood
1994 Ed. (2914, 2915, 2916, 2917)
1995 Ed. (2970, 2971, 2972, 2975)
1996 Ed. (3068, 3070, 3071, 3072)
1997 Ed. (3158)
Homes on Parade
2000 Ed. (1228)
Homes by Towne
2003 Ed. (1164)
2004 Ed. (1172)
2005 Ed. (1200)
Homeserve
2013 Ed. (2112)
HomeServices of America
2017 Ed. (4059)
2020 Ed. (4086, 4095, 4096, 4097, 4099)
2021 Ed. (4049, 4057, 4058, 4059, 4061, 4064)
2022 Ed. (4073, 4077)
HomeServices of America Inc.
2004 Ed. (4066, 4069, 4071)
2005 Ed. (4001, 4002)
2006 Ed. (4036, 4037)
2007 Ed. (4076, 4077)
2008 Ed. (4109, 4110)
2009 Ed. (4216, 4217)
2010 Ed. (4150, 4151)
2011 Ed. (4150, 4151)
2012 Ed. (4184, 4185)
HomeServices of America, Inc.
2018 Ed. (4083, 4084)
2019 Ed. (4077, 4078, 4081, 4082, 4085, 4086, 4087, 4088)
2020 Ed. (4087, 4090, 4091, 4098, 4100, 4101)
2021 Ed. (4053, 4060, 4062, 4063)
2022 Ed. (4064, 4065, 4068, 4069, 4073, 4074, 4075, 4076, 4077, 4078, 4079, 4080)
2023 Ed. (4170, 4171, 4172, 4173, 4174, 4175, 4176, 4177)
HomeShop
1989 Ed. (2664)
Homeside Financial LLC
2019 Ed. (1883)
Homeside Financial, LLC
2022 Ed. (3683)
HomeSide Lending
1998 Ed. (1861, 2456, 2523, 2525, 2527, 2528, 2529, 2530)
1999 Ed. (2608, 3439, 3441)
2000 Ed. (3158, 3159, 3161, 3162)
2001 Ed. (3345, 3352, 4522)
2002 Ed. (3381, 3382, 3385, 3388, 3389)
HomeSide Lending Inc. FL
1999 Ed. (3440)
HomeSide Lending, Jacksonville, FL
1999 Ed. (3437)
HomeSmart
2019 Ed. (4077, 4078, 4081, 4082, 4086, 4088)
2020 Ed. (4086, 4090, 4091, 4098, 4101)
2021 Ed. (4049, 4050, 4053, 4054, 4060, 4063)
2022 Ed. (4064, 4068, 4076, 4079)
2023 Ed. (4174, 4177)
HomeSmart Connect
2021 Ed. (4052)
2022 Ed. (4066)
HomeSmart International
2016 Ed. (4107)
2022 Ed. (4107)
HomeSmart International LLC
2021 Ed. (4078)
Homesnap
2020 Ed. (1697, 4113)
2021 Ed. (1678, 4072, 4557)
Homesnap Inc.
2021 Ed. (1966)
Homestake
1990 Ed. (3660)
1998 Ed. (1855)
2000 Ed. (2380)
Homestake Gold Australia
1990 Ed. (3470)
1991 Ed. (3233)
Homestake Mining Co.
1989 Ed. (1051, 1058, 1946, 2068)
1990 Ed. (2543, 2715)
1991 Ed. (1846, 2420, 2611)
1992 Ed. (3028, 3252)
1993 Ed. (2536)
1994 Ed. (2480, 2672, 2673)
1995 Ed. (2581, 2774, 2775)
1996 Ed. (2034, 2850, 2851, 3509)
1997 Ed. (2946, 2947)

1999 Ed. (1482, 1556, 1558, 1559, 1560, 4493)
2000 Ed. (3340)
2001 Ed. (3323, 4270)
2002 Ed. (4364)
2003 Ed. (3367)
Homestake Mining Co. of California
2001 Ed. (3323)
HomeStar Remodeling
2019 Ed. (1030, 1529)
2020 Ed. (1022, 1501)
HomeStars
2018 Ed. (4350)
Homestars
2017 Ed. (4352)
HomeStars Directory Inc.
2015 Ed. (3573)
HomeStars Inc.
2016 Ed. (3465)
Homestate Pennsylvania Growth
1999 Ed. (3577)
Homestead
2002 Ed. (4805)
2003 Ed. (3048)
2004 Ed. (3157)
Homestead AFB
1996 Ed. (2643)
Homestead Air Reserve Base
1996 Ed. (2643)
Homestead Building Co.
2009 Ed. (1145)
Homestead Building Products
2010 Ed. (1913)
Homestead Financial
1989 Ed. (2827)
1990 Ed. (3582)
1991 Ed. (1207, 3368)
Homestead Furnishings
2023 Ed. (1315, 1320, 2073)
Homestead Group Assoc.
1991 Ed. (1059)
Homestead Growth
2020 Ed. (4502, 4504, 4505)
Homestead HealthCare
2012 Ed. (3167)
Homestead House
1994 Ed. (1937)
Homestead; Jack
1989 Ed. (1753)
1990 Ed. (2285)
Homestead Savings
1993 Ed. (3073)
Homestead Savings Bank
2021 Ed. (4302)
2022 Ed. (4310)
2023 Ed. (4340)
Homestead Savings, FS & LA
1992 Ed. (3773)
Homestead Short-Term Bond
2011 Ed. (519)
Homestead Small-Company Stock
2013 Ed. (4507)
2014 Ed. (4568)
2015 Ed. (4562)
2016 Ed. (4489)
2017 Ed. (4492)
2018 Ed. (4521)
2019 Ed. (4514, 4515)
Homestead Small Company Value
2014 Ed. (3741)
2015 Ed. (3763)
Homestead Studio Suites
2006 Ed. (2941)
Homestead Studio Suites Hotels
2002 Ed. (2643)
Homestead Value
1996 Ed. (2801)
1999 Ed. (3558)
2011 Ed. (3726)
Homestead Village
2000 Ed. (2563)
2001 Ed. (2790)
The Homesteader
2002 Ed. (215)
Homestore.com Inc.
2002 Ed. (2478)
HomeStreet
2014 Ed. (341, 4433)
2019 Ed. (328, 2091)
Homestreet Bank
2021 Ed. (407)
2022 Ed. (420)
2023 Ed. (544)
Homestyle Family Buffet
1994 Ed. (3091)
Homestyle Two Bite
2014 Ed. (4487)
2015 Ed. (4483)
HomeTask Handyman Service Inc.
2009 Ed. (2369)
HomeTeam Home Inspections
2017 Ed. (841)
HomeTeam Inspection Service
2016 Ed. (782)
2019 Ed. (2950)
2020 Ed. (2980)
2021 Ed. (2840)
2022 Ed. (3005)

2023 Ed. (3121)
The HomeTeam Inspection Service
1999 Ed. (2518)
2002 Ed. (2056)
2003 Ed. (2120)
2004 Ed. (2163)
2005 Ed. (2261)
2006 Ed. (2319)
2007 Ed. (2250)
2008 Ed. (2388)
2009 Ed. (2368)
HomeTeam Pest Defense
2009 Ed. (3952)
HomeTown
2004 Ed. (4126)
2006 Ed. (4114)
Hometown America
2005 Ed. (1462)
Hometown America LLC
2006 Ed. (1417)
Hometown Auto Retailers
2001 Ed. (450)
Hometown Bancorp.
1995 Ed. (491)
HomeTown Buffet
1995 Ed. (3135)
1997 Ed. (2165, 3331, 3332, 3336)
1998 Ed. (3047, 3062)
1999 Ed. (4061, 4062, 4073, 4075)
2001 Ed. (4062, 4068, 4070, 4072, 4073)
2002 Ed. (4000, 4010)
2003 Ed. (4095)
2007 Ed. (4141)
2008 Ed. (1933, 4155, 4167, 4168)
2009 Ed. (1891, 4263, 4275)
2010 Ed. (1827, 4203)
2011 Ed. (4209, 4222)
2018 Ed. (4206)
2019 Ed. (4235)
2020 Ed. (4233)
2021 Ed. (4197)
Hometown Buffet
2014 Ed. (4266)
2015 Ed. (4247)
2017 Ed. (4130)
Hometown Car Wash
2006 Ed. (363)
HomeTown Communications Network Inc.
1999 Ed. (3617)
2000 Ed. (3336)
2001 Ed. (3542)
2004 Ed. (3687)
2005 Ed. (3602)
Hometown Credit Union
2020 Ed. (2093)
2021 Ed. (2083)
2022 Ed. (2118)
2023 Ed. (2233)
Hometown Food Co.
2022 Ed. (327)
Hometown Foods
2022 Ed. (801)
HomeTown Health Plan
1998 Ed. (1910)
HomeTown Hospital Health Plan
1995 Ed. (2086, 2088)
Hometown Oxygen
2012 Ed. (2800)
Hometown Telecom
2012 Ed. (4082, 4673)
Hometown Threads
2007 Ed. (4748)
Hometrend
1993 Ed. (1900)
Hometronics
2015 Ed. (3054)
2016 Ed. (2944, 2957)
HomeTrust Bank
2023 Ed. (550)
Hometrust Bank
2021 Ed. (392)
2022 Ed. (405)
2023 Ed. (527)
HomeVestors
2019 Ed. (790, 792)
2020 Ed. (3078)
2023 Ed. (4185)
HomeVestors of America
2014 Ed. (4209)
2015 Ed. (4189)
2016 Ed. (4107)
2017 Ed. (4084)
2018 Ed. (4106)
2019 Ed. (808, 4116)
2020 Ed. (802, 4126, 4127)
2021 Ed. (4078, 4079)
2022 Ed. (4107)
2023 Ed. (3078, 4195)
HomeVestors of America Inc.
2002 Ed. (3926)
2003 Ed. (4050)
2004 Ed. (4072)
2005 Ed. (4003)
2006 Ed. (4038)
2007 Ed. (4078)
2008 Ed. (4111)
2009 Ed. (4218)
2010 Ed. (4152)

2017 Ed. (846)
2020 Ed. (788)
2021 Ed. (820)
Homewatch CareGivers
2014 Ed. (100)
2015 Ed. (114)
2016 Ed. (121)
2017 Ed. (113)
2023 Ed. (183, 184)
Homewatch Caregivers
2004 Ed. (179)
2005 Ed. (179)
2006 Ed. (194)
2007 Ed. (200)
2008 Ed. (187)
2009 Ed. (204)
2010 Ed. (184)
2011 Ed. (106, 4991)
2012 Ed. (2809)
2020 Ed. (2971)
2021 Ed. (2832)
2022 Ed. (3766)
Homewatch International Inc.
2002 Ed. (245)
Homewatch Living Assistance
2003 Ed. (220)
HomeWell Care Services
2023 Ed. (184, 3112)
HomeWell Senior Care
2011 Ed. (106)
Homewood Corp.
2002 Ed. (2689)
Homewood Federal Savings Bank
2021 Ed. (4300)
2022 Ed. (4308)
2023 Ed. (4338)
Homewood Suites
1993 Ed. (2086)
1997 Ed. (2293)
1998 Ed. (2017)
1999 Ed. (2777)
2000 Ed. (2554)
2009 Ed. (3154)
2019 Ed. (3010)
Homewood Suites by Hilton
2002 Ed. (2643)
2007 Ed. (2953)
2016 Ed. (3013)
2017 Ed. (2955)
2018 Ed. (3069)
2019 Ed. (3015)
2020 Ed. (3046)
2022 Ed. (3034)
2023 Ed. (3153)
Homeworks
2000 Ed. (1219)
HomeWorks Energy
2018 Ed. (2358)
2019 Ed. (1766)
Homicide
2000 Ed. (1644, 1645)
Homicide and legal intervention
2000 Ed. (1642)
Homicides
1992 Ed. (1765, 1766, 1767)
Homicides and legal intervention
1990 Ed. (1468, 1469, 1470, 1471, 1474)
Homie
2023 Ed. (4184)
Hominy grits
2002 Ed. (953)
Hommati
2022 Ed. (3896)
2023 Ed. (1044, 3990)
Hommels; Klaus
2021 Ed. (4761)
2022 Ed. (4763)
2023 Ed. (4751)
Homoly Construction
2012 Ed. (1635)
Homoud; Naseer
2013 Ed. (3477)
Homowach Lodge
1999 Ed. (4048)
Homozel Mickel Daniel
1995 Ed. (937, 1069)
Homz
2005 Ed. (1267)
2007 Ed. (3971)
The HON Co.
2007 Ed. (3424)
Hon Hai Industries
2014 Ed. (839)
Hon Hai Precision
2001 Ed. (1865)
2022 Ed. (1915)
2023 Ed. (2031)
Hon Hai Precision Industry
2013 Ed. (1751)
2014 Ed. (2421)
2015 Ed. (2495)
2016 Ed. (2427)
2017 Ed. (2272, 2879)
2018 Ed. (2340)
2019 Ed. (2332)
2020 Ed. (1374, 3120, 4568)
2021 Ed. (1369, 2252, 2257)
2022 Ed. (1629, 2292, 2295)

2023 Ed. (2030, 2472, 2476)
Hon Hai Precision Industry Co.
2014 Ed. (1689)
2016 Ed. (1683)
Hon Hai Precision Industry Co., Ltd.
2001 Ed. (2136, 2137)
2002 Ed. (1921, 4543)
2003 Ed. (2201, 2950, 3751)
2004 Ed. (3024, 3776)
2005 Ed. (3038)
2006 Ed. (2034, 2035, 3041, 4655)
2007 Ed. (877, 2007, 2008, 2261, 2344, 2348, 3069, 3073)
2008 Ed. (2099, 2100, 2101, 2473, 3210, 3584)
2009 Ed. (1199, 2076, 2077, 2078, 2393, 2477, 2478, 3272, 3274, 3655)
2010 Ed. (1731, 1741, 2012, 2013, 2014, 2015, 2385, 2390, 3573)
2011 Ed. (1719, 1754, 2073, 2074, 2075, 2388, 2392, 3576, 4392)
2012 Ed. (940, 1604, 1915, 1916, 1917, 2314, 2319, 2322, 2325, 3569, 3813)
2013 Ed. (1086, 1760, 2081, 2082, 2410, 2493, 2496, 2499, 3611)
2014 Ed. (1049, 1693, 2014, 2015, 2348, 2424, 2426, 2428, 3812)
2015 Ed. (1084, 1736, 2058, 2059, 2413, 2497, 2499, 3835)
2016 Ed. (767, 994, 2018, 2019, 2339, 2357, 2432, 2434, 2434, 3741)
2017 Ed. (1029, 1664, 1979, 1980, 2206, 2277, 2280)
2018 Ed. (959, 1931, 1932, 2336, 2339)
2019 Ed. (954, 1981, 1982, 1983, 2328, 2331)
2020 Ed. (1909, 1910, 2307, 2310)
2021 Ed. (1869, 1870)
2022 Ed. (1914)
HON Industries Inc.
1989 Ed. (1490)
1990 Ed. (1864, 1865, 2736)
1991 Ed. (1218, 1779, 1780, 2636)
1992 Ed. (2247, 2248, 3285, 3286)
1993 Ed. (1351, 1910, 1911, 2740, 2741)
1994 Ed. (1404, 1929, 1930, 2692, 2693)
1995 Ed. (1436, 1953, 1955, 2806, 3323, 3515)
1996 Ed. (1988, 1989, 2862)
1997 Ed. (2101, 2103, 2957)
1998 Ed. (1782, 1785, 2701)
1999 Ed. (2546, 2547, 3642)
2000 Ed. (2255, 2288, 3371)
2001 Ed. (1753, 2565, 2570, 3565, 3566)
2002 Ed. (913, 2378, 2381)
2003 Ed. (1360, 1723, 2585, 2586, 2588, 2589, 3671, 3672, 3674)
2004 Ed. (1760, 2698, 2699, 2700, 2701, 2703, 2705, 3731)
2005 Ed. (1084, 1383, 1827, 2697, 2698, 2699, 2700, 2701)
Hon; Kuan Kam
2017 Ed. (4859)
2019 Ed. (4862)
2020 Ed. (4851)
2021 Ed. (4852)
2022 Ed. (4847)
2023 Ed. (4842)
Hon Kwok Land Investment
2021 Ed. (1366, 1567)
Hon Leong Bank
1990 Ed. (676)
Honam Oil Refinery
1992 Ed. (1643, 1664)
1993 Ed. (1341, 1362)
Honam Petrochemical
2013 Ed. (978)
2014 Ed. (897)
Honam Petrochemical Corp.
2011 Ed. (796)
2012 Ed. (741, 782)
2013 Ed. (856)
Honcikman Affiliates
2000 Ed. (786)
Honda
1989 Ed. (308, 314, 317, 320, 326, 327, 1409, 1595)
1990 Ed. (300, 343, 353, 358, 364, 367, 373, 2627, 3632)
1991 Ed. (326)
1992 Ed. (431, 437, 438, 442, 445, 455, 456, 460, 462, 463, 481, 1656, 2413, 3117, 3119)
1993 Ed. (265, 266, 305, 306, 307, 308, 310, 311, 312, 316, 320, 330, 331, 334, 335, 337, 1357, 1612, 2607, 2609)
1994 Ed. (301, 307, 313, 319, 320, 2569)
1995 Ed. (302, 312, 2624)
1996 Ed. (306, 310, 315, 322, 324, 326, 2702)
1997 Ed. (290, 300, 303, 307)
1998 Ed. (211, 212, 218, 227, 2541, 3498, 3645)
1999 Ed. (323, 326, 334, 794)
2000 Ed. (25, 338, 340, 344, 358, 795, 3172, 3173, 3174)
2001 Ed. (438, 457, 458, 459, 460, 461,

462, 463, 464, 465, 483, 535, 1009)
2002 Ed. (413, 414)
2003 Ed. (305, 306, 333, 359, 360)
2004 Ed. (342, 757)
2005 Ed. (279, 342, 352)
2006 Ed. (313, 315, 355, 356, 4855)
2007 Ed. (309, 313, 315, 342, 684, 694)
2008 Ed. (302, 329, 639, 642, 643, 660)
2009 Ed. (324, 353, 569, 658)
2010 Ed. (328, 330, 626, 637)
2011 Ed. (230, 256, 560, 574, 579)
2012 Ed. (232, 246, 277, 556)
2013 Ed. (238, 247, 249, 272, 274, 643, 654, 655, 2381)
2014 Ed. (231, 246, 248, 249, 279, 657, 671, 672)
2015 Ed. (279, 289, 291, 718, 728)
2016 Ed. (262, 275, 286, 308, 657, 667, 668)
2017 Ed. (264, 275, 288, 290, 291, 315, 699)
2018 Ed. (250, 260, 269, 270, 292, 659)
2019 Ed. (247, 261, 271, 292, 669)
2020 Ed. (251, 271, 272, 273, 294, 653, 662)
2021 Ed. (253, 261, 266, 280)
2022 Ed. (259, 274, 283, 284, 296, 663, 664)
2023 Ed. (360, 372, 380, 396, 870, 3626)
Honda Accord
1989 Ed. (315)
1990 Ed. (349, 362, 2017)
1992 Ed. (429, 433, 440, 443, 452, 454, 2410)
1993 Ed. (313, 314, 318, 322, 327, 349)
1994 Ed. (296, 300, 305)
1995 Ed. (299, 301, 303, 2111)
1996 Ed. (307, 311, 314, 317, 345, 3764)
1997 Ed. (296, 297, 301, 304, 323)
1998 Ed. (217, 226, 234)
1999 Ed. (325, 327, 329, 341, 357)
2000 Ed. (343, 347, 360)
2003 Ed. (362)
2004 Ed. (346, 347, 350)
2005 Ed. (344, 345, 348)
2006 Ed. (315, 358, 359)
2007 Ed. (344)
2008 Ed. (298, 331, 332)
2009 Ed. (349, 355)
2010 Ed. (325, 332)
2011 Ed. (252)
2012 Ed. (272)
2013 Ed. (277)
2014 Ed. (275)
2017 Ed. (311)
Honda Accord DX
1991 Ed. (313)
Honda Accord DX Sedan
1992 Ed. (4362)
Honda Accord EX
1999 Ed. (358)
2005 Ed. (337)
Honda Accord LX
1999 Ed. (358)
2005 Ed. (337)
Honda Accord (U.S.)
1991 Ed. (321)
Honda of Alabama
2004 Ed. (3306, 4794)
Honda America Manufacturing Co.
2016 Ed. (3433)
2017 Ed. (3393)
Honda of America Manufacturing Inc.
2001 Ed. (1827)
2003 Ed. (1801)
2005 Ed. (1919)
2018 Ed. (3459)
2019 Ed. (3430)
2020 Ed. (3430)
2021 Ed. (3445)
2022 Ed. (3504)
Honda Australia
2002 Ed. (4896)
Honda of Beaverton
1990 Ed. (326)
Honda Canada
1994 Ed. (309)
1995 Ed. (1395)
1996 Ed. (318)
2001 Ed. (2375)
2004 Ed. (3967)
2005 Ed. (3911)
2006 Ed. (3984)
2007 Ed. (310, 4023)
2008 Ed. (297, 4049)
2009 Ed. (318, 319, 1553, 4126, 4127)
2010 Ed. (300, 301)
2011 Ed. (222)
2012 Ed. (235)
2013 Ed. (242)
2014 Ed. (242)
2015 Ed. (1536)
2021 Ed. (242)
2022 Ed. (263)
2023 Ed. (362)
Honda Canada Inc.
2013 Ed. (1495)
2016 Ed. (265, 1460)

2017 Ed. (266, 1470)
2019 Ed. (249)
2020 Ed. (254, 1447)
2022 Ed. (264, 1452)
2023 Ed. (363, 1639)
Honda Cars India
  2016 Ed. (767, 2339)
Honda Civic
  1990 Ed. (362, 375, 2017)
  1992 Ed. (429, 2410)
  1993 Ed. (313, 314, 319, 322, 324)
  1994 Ed. (300, 305)
  1995 Ed. (301, 305, 2111)
  1996 Ed. (313, 314, 317)
  1997 Ed. (296, 297, 304, 310, 323)
  1998 Ed. (234)
  1999 Ed. (327, 329, 341, 357)
  2000 Ed. (343, 347, 360)
  2003 Ed. (363)
  2004 Ed. (346, 349, 350)
  2005 Ed. (344, 347, 348)
  2006 Ed. (315, 358, 360)
  2007 Ed. (345)
  2008 Ed. (298, 328, 332)
  2009 Ed. (349, 352)
  2010 Ed. (325, 329)
  2011 Ed. (252)
  2012 Ed. (272)
  2013 Ed. (275, 277)
  2014 Ed. (275)
  2017 Ed. (311)
Honda Civic Choir
  2008 Ed. (4809)
Honda Civic/CRX
  1991 Ed. (355)
  1992 Ed. (433, 449, 454)
Honda Civic CRX HF
  1991 Ed. (353)
Honda Civic CXCNG
  2000 Ed. (335)
Honda Civic/Del Sol
  1998 Ed. (221)
  1999 Ed. (330)
Honda CivicSi
  2005 Ed. (337)
Honda CR-V
  1999 Ed. (4375)
  2001 Ed. (491)
  2008 Ed. (299, 4781)
  2009 Ed. (4812)
  2010 Ed. (4830)
  2013 Ed. (4770, 4771, 4772)
Honda CRV
  2004 Ed. (4476)
  2005 Ed. (4426)
Honda Dealers Assn.
  1990 Ed. (19)
Honda Dealers Association
  1991 Ed. (12)
  1992 Ed. (36, 2637)
  1994 Ed. (11, 2211)
Honda Development & Manufacturing of America, LLC
  2023 Ed. (3628)
Honda Directors Assn.
  1990 Ed. (2214)
Honda Division
  2005 Ed. (341)
Honda EV Plus
  2000 Ed. (335)
Honda of Lisle
  1990 Ed. (326)
  1991 Ed. (279)
  1993 Ed. (270)
Honda Manufacturing of Alabama
  2016 Ed. (1342, 3428)
  2017 Ed. (1379, 3389)
  2018 Ed. (1348)
  2019 Ed. (1386, 3403)
  2020 Ed. (3406)
  2022 Ed. (1358, 3500)
  2023 Ed. (1562, 3601)
Honda Manufacturing of Alabama LLC
  2004 Ed. (1618, 2171)
  2005 Ed. (1643)
  2008 Ed. (1543)
  2009 Ed. (1471)
  2011 Ed. (1458)
  2012 Ed. (1298)
  2013 Ed. (1403)
  2014 Ed. (1342)
  2015 Ed. (1419)
  2016 Ed. (1340)
  2021 Ed. (3414)
Honda de Mexico
  2013 Ed. (812)
Honda Motor
  2014 Ed. (245, 1719)
  2015 Ed. (287)
  2016 Ed. (283)
  2017 Ed. (285)
  2018 Ed. (267)
  2021 Ed. (258)
  2022 Ed. (1653, 1654)
  2023 Ed. (371, 377, 378, 1811, 1812, 1815)

Honda Motor Co.
  2015 Ed. (89)
  2017 Ed. (67)
  2023 Ed. (354)
Honda Motor Co., Inc.; American
  2005 Ed. (2842, 2855, 3521)
  2006 Ed. (2835, 2838, 2861, 3579)
  2007 Ed. (2839, 2850, 3645, 4947, 4948)
  2008 Ed. (2973, 4922, 4923)
  2009 Ed. (4938, 4939)
  2010 Ed. (4946)
  2011 Ed. (4929)
  2012 Ed. (4932)
  2013 Ed. (4928)
Honda Motor Co., Ltd.
  1989 Ed. (325)
  1990 Ed. (372)
  1991 Ed. (31, 317, 328, 1251, 1553, 2856)
  1992 Ed. (1658, 1678, 1959)
  1994 Ed. (37, 298, 299, 302, 304, 315, 316, 317, 1645)
  1995 Ed. (300, 306, 307, 314, 315, 316, 1350, 1442, 1683, 2241, 3100)
  1996 Ed. (160, 305, 327, 1405)
  1997 Ed. (298, 308, 319, 1462, 1826)
  1998 Ed. (214, 232, 233, 243, 1537, 3491)
  1999 Ed. (322, 335, 336, 337, 338, 351, 352, 1572, 1573, 1576, 1577, 1690, 2030, 4047, 4615)
  2000 Ed. (356, 951, 1489, 1492, 1493, 1495, 1496, 1497, 1795, 4209)
  2001 Ed. (13, 22, 34, 47, 453, 456, 506, 515, 519, 520, 1626, 1764, 1768, 3398, 3399)
  2002 Ed. (349, 366, 375, 381, 392, 398, 1579, 1705, 1708, 1709, 3251, 3402, 3403, 4588)
  2003 Ed. (17, 318, 332, 1523, 1679, 1700, 1728, 2119, 2326, 3305, 3458, 3748, 4593)
  2004 Ed. (56, 285, 287, 305, 306, 1714, 2159, 3362, 3524, 3773, 4681)
  2005 Ed. (51, 288, 294, 298, 300, 301, 1771, 3393, 3522, 3523, 3692, 4038, 4040, 4657)
  2006 Ed. (33, 58, 137, 314, 320, 1482, 1550, 1825, 1826, 1827, 1828, 1829, 2484, 3389, 3581, 3582, 4709, 4774)
  2007 Ed. (49, 130, 314, 316, 317, 1327, 1580, 1833, 1834, 1835, 1837, 3646, 4716)
  2008 Ed. (52, 107, 287, 293, 296, 301, 1217, 1496, 1563, 1854, 1867, 1868, 2394, 3097, 3505, 3568, 3757, 3758, 4652, 4656, 4755)
  2009 Ed. (35, 55, 59, 308, 314, 322, 323, 1193, 1491, 1821, 1822, 1823, 2596, 3189, 3632, 3633, 3638, 3780, 3781, 4694, 4697)
  2010 Ed. (64, 69, 152, 290, 296, 299, 302, 303, 304, 305, 1197, 1406, 1482, 1762, 1763, 1765, 3119, 3552, 3557, 3708, 4706)
  2011 Ed. (212, 218, 221, 226, 227, 229, 255, 1146, 1478, 1482, 1728, 1776, 1777, 1778, 1779, 3552, 3555, 3560, 3705, 3826, 4661, 4666)
  2012 Ed. (37, 229, 234, 242, 243, 245, 247, 276, 1079, 1320, 1328, 1629, 1630, 1631, 1633, 3545, 3547, 3553, 3726, 3812, 4677)
  2013 Ed. (225, 237, 243, 244, 248, 1420, 1427, 1787, 1788, 1790, 3592, 3613, 3615, 3616, 4649)
  2014 Ed. (233, 239, 243, 244, 247, 1717, 1718, 1720, 3550, 4699)
  2015 Ed. (54, 269, 278, 285, 286, 290, 1760, 1761, 1762, 3573, 4710)
  2016 Ed. (256, 274, 281, 282, 285, 287, 1711, 1712, 1713, 4614)
  2017 Ed. (253, 260, 274, 282, 283, 284, 289, 1694, 1696, 1697, 3415)
  2018 Ed. (240, 246, 259, 264, 265, 266, 1320, 1652, 1653)
  2019 Ed. (236, 242, 259, 260, 266, 267, 268, 269, 1707, 1708)
  2020 Ed. (242, 247, 263, 264, 267, 268, 269, 1655, 1657)
  2021 Ed. (232, 252, 263, 264, 1636, 1638)
  2022 Ed. (253, 273, 280, 281, 1657)
Honda Motor Corp.
  2016 Ed. (277)
  2017 Ed. (277)
Honda Motors
  2000 Ed. (4262, 4263)
Honda North America Inc.
  2016 Ed. (3411, 3430)
  2017 Ed. (3390)
  2018 Ed. (3457)
  2019 Ed. (3428)
  2020 Ed. (3428)
  2021 Ed. (3443)
  2022 Ed. (3502)
Honda Odyssey
  1997 Ed. (310)
  2005 Ed. (291)

2008 Ed. (4781)
2009 Ed. (4812)
2010 Ed. (4830)
Honda Prelude
  1992 Ed. (450)
  1993 Ed. (325)
  1996 Ed. (3764)
Honda Prelude Coupe S
  1991 Ed. (313)
Honda Sedans
  1995 Ed. (333)
Honda StepWGN
  1999 Ed. (339)
Honda USA
  1991 Ed. (330)
The Hondo Group
  2010 Ed. (192)
Hondo O & G
  1996 Ed. (208)
Hondo Oil
  2000 Ed. (292)
Hondo Oil & Gas Co.
  1997 Ed. (233)
Honduprint SA de CV
  1995 Ed. (1450)
  1996 Ed. (1413)
Honduras
  1990 Ed. (1581)
  1992 Ed. (3973)
  1996 Ed. (3433, 3436)
  1999 Ed. (1146)
  2000 Ed. (1901, 1902, 3355)
  2001 Ed. (2554, 4587, 4588)
  2002 Ed. (537)
  2004 Ed. (2766)
  2005 Ed. (4729)
  2006 Ed. (1028)
  2010 Ed. (981)
  2011 Ed. (908, 2232)
  2012 Ed. (2091, 2092, 2199)
  2013 Ed. (2277, 2278)
  2014 Ed. (2211, 2212, 3748)
  2015 Ed. (2275, 2276, 3772, 4619)
  2016 Ed. (2246, 2247, 3687)
  2021 Ed. (3168, 3169)
Honea Credit Union
  1996 Ed. (1507)
  2004 Ed. (1934)
Honest-1 Auto Care
  2011 Ed. (243)
  2012 Ed. (264)
  2014 Ed. (284)
  2015 Ed. (317)
  2016 Ed. (315)
  2017 Ed. (320)
  2018 Ed. (297)
  2019 Ed. (300)
Honest Abe Roofing
  2023 Ed. (4311)
Honest Burgers
  2017 Ed. (2034)
The Honest Co.
  2017 Ed. (3043)
  2018 Ed. (922, 3150, 4426)
  2022 Ed. (3112)
  2023 Ed. (810, 3211, 3212, 3213, 3214)
The Honest Co./Honest
  2023 Ed. (3786)
Honest Kids
  2014 Ed. (606)
  2023 Ed. (2961)
Honest Tea
  2005 Ed. (2625)
  2019 Ed. (4575)
Honest Tea Inc.
  2018 Ed. (4577)
  2019 Ed. (4580)
  2020 Ed. (4563)
Honex OU
  2016 Ed. (1533)
Honey
  1999 Ed. (4509)
  2002 Ed. (3036)
  2003 Ed. (3160, 3161)
  2005 Ed. (148)
  2012 Ed. (4629)
Honey Badger
  2013 Ed. (636)
The Honey Baked Ham Co.
  2023 Ed. (4304)
Honey Bunches of Oats
  2004 Ed. (902)
  2005 Ed. (892)
  2006 Ed. (807)
  2007 Ed. (894)
  2008 Ed. (871)
  2009 Ed. (881)
  2010 Ed. (832)
  2014 Ed. (854)
  2015 Ed. (892)
  2016 Ed. (777)
  2017 Ed. (837)
  2018 Ed. (768, 771)
  2019 Ed. (785)
  2020 Ed. (780)
  2021 Ed. (812)
  2022 Ed. (845)

Honey-Can-Do International
  2014 Ed. (1154)
Honey-Can-Do International LLC
  2016 Ed. (1645)
Honey Crunch Corn Flakes
  1999 Ed. (3597)
Honey Dew Donuts
  2009 Ed. (1014, 3211)
  2010 Ed. (980, 3143)
  2011 Ed. (907, 3109)
  2012 Ed. (282)
The Honey Do Service
  2014 Ed. (3111)
Honey & Ginseng
  2012 Ed. (4629)
Honey Hill Farms
  1993 Ed. (1907)
Honey, I Shrunk the Kids
  1991 Ed. (2488)
  1992 Ed. (4397, 4398)
Honey Maid
  1999 Ed. (779, 1421)
  2000 Ed. (1293)
  2017 Ed. (1303)
Honey Maid Graham
  2014 Ed. (1271)
Honey Nut Cheerios
  1990 Ed. (924)
  1991 Ed. (877, 878)
  1992 Ed. (1072)
  1993 Ed. (860)
  1995 Ed. (914, 1892)
  1996 Ed. (891)
  1998 Ed. (659, 661)
  2000 Ed. (1001, 1002)
  2001 Ed. (1147)
  2002 Ed. (955)
  2003 Ed. (879)
  2004 Ed. (902)
  2005 Ed. (892)
  2006 Ed. (807)
  2007 Ed. (894)
  2008 Ed. (871)
  2009 Ed. (881)
  2010 Ed. (832)
  2014 Ed. (854)
  2015 Ed. (892)
  2016 Ed. (777, 778)
  2017 Ed. (837)
  2018 Ed. (768, 771)
  2019 Ed. (785)
  2020 Ed. (780)
  2021 Ed. (812)
  2022 Ed. (845)
The Honey Pot Company
  2023 Ed. (2771)
HoneyBaked Ham
  2013 Ed. (893)
  2023 Ed. (4488)
The HoneyBaked Ham Co.
  2008 Ed. (171)
The HoneyBaked Ham Co. & Café
  2002 Ed. (2316)
  2003 Ed. (886)
  2005 Ed. (4123)
  2006 Ed. (4172)
  2007 Ed. (4195)
  2011 Ed. (4294)
  2013 Ed. (4316)
  2014 Ed. (4366)
  2015 Ed. (4377)
  2016 Ed. (797)
  2017 Ed. (856)
  2018 Ed. (791)
  2019 Ed. (810)
  2020 Ed. (804)
  2021 Ed. (829)
  2022 Ed. (860)
Honeybee Health
  2022 Ed. (603)
Honeycomb Solar
  2016 Ed. (4427)
Honeydew
  2001 Ed. (3272)
Honeygrow
  2020 Ed. (4170)
Honeymoon
  2009 Ed. (582)
Honeys
  2009 Ed. (978, 1820)
Honeysuckle
  2023 Ed. (4024)
Honeysuckle White
  2022 Ed. (2823)
Honeywell
  2013 Ed. (1926, 3569, 3619, 4410, 4777, 4950)
  2014 Ed. (1865, 3556, 4441, 4820)
  2015 Ed. (1901, 3568, 4434, 4436, 4856, 4999)
  2016 Ed. (1864, 3425, 4327, 4329, 4764)
  2017 Ed. (91, 92, 93, 94, 1823, 3386, 4330, 4332, 4775, 4911)
  2018 Ed. (104, 1058, 2974, 2976, 4323, 4325, 4768, 4929)
  2019 Ed. (1068, 1827, 2919, 4344, 4350, 4352, 4773)

2020 Ed. (88, 2937, 3555, 4032, 4339, 4348, 4760)
2021 Ed. (79, 1000, 1025, 3998, 4355, 4363, 4758)
2022 Ed. (960, 1001, 2182, 3108, 4011, 4012, 4361)
2023 Ed. (1221, 1235, 1948, 4095, 4096)
Honeywell (includes LXE, Intermec, Datamax-O'Neil)
2023 Ed. (1132)
Honeywell Aerospace
2005 Ed. (165)
2018 Ed. (3444)
2019 Ed. (3408, 3414)
2020 Ed. (3411, 3417)
2021 Ed. (3426, 3432)
2022 Ed. (3483)
2023 Ed. (3606)
Honeywell Canada
2006 Ed. (2814)
2013 Ed. (2919)
2014 Ed. (2933)
2015 Ed. (2983)
2016 Ed. (2918)
2017 Ed. (2875)
Honeywell Control Products
2004 Ed. (3365)
Honeywell Controls International Ltd.
2012 Ed. (1448)
2013 Ed. (1583)
Honeywell/Duracraft
1998 Ed. (1921)
2000 Ed. (2441, 2594)
Honeywell Federal Manufacturing & Technologies
2016 Ed. (1725)
2017 Ed. (1708)
2018 Ed. (1664)
2019 Ed. (1722)
Honeywell Federal Manufacturing & Technologies LLC
2020 Ed. (1669)
2021 Ed. (1650)
2022 Ed. (1670)
2023 Ed. (3631)
Honeywell Federal Manufacturing & Technology
2023 Ed. (1822)
Honeywell Inc.
1989 Ed. (978, 1312, 1314, 1315, 1317, 1589, 2310, 2479)
1990 Ed. (1123, 1126, 1131, 1300, 1623, 1624, 1627, 1628, 1629, 1637, 2005, 2217, 2995)
1991 Ed. (359, 1033, 1404, 1481, 1516, 1519, 1523, 1525, 1527, 1540, 1903, 2079, 2470, 2847)
1992 Ed. (1310, 1559, 1882, 1918, 1923, 3804)
1993 Ed. (1063, 1369, 1543, 1565, 2181, 2182, 3103, 3115)
1994 Ed. (1088, 1307, 1422, 1582, 1584, 2212, 2213, 3147)
1995 Ed. (1459, 1624, 1625, 2099, 2263, 2429, 3191, 3212)
1996 Ed. (1421, 1607, 2263, 3289, 3309)
1997 Ed. (183, 1278, 1481, 1684, 1685, 2404, 2473, 3386, 3414)
1998 Ed. (97, 105, 1177, 1248, 1372, 1373, 1401, 2106, 3162)
1999 Ed. (187, 202, 1707, 1939, 1970, 1973, 1975, 2658, 2896, 4146, 4203)
2000 Ed. (216, 225, 1517, 1744, 1745, 1746, 1752, 2239)
2001 Ed. (2895, 2896, 4202)
2003 Ed. (235, 2955)
2004 Ed. (3028)
2005 Ed. (1369, 1518, 2148, 2952, 3042, 3043)
2006 Ed. (1360)
2007 Ed. (1398, 1399)
2008 Ed. (2307)
2009 Ed. (1355, 2287, 3192)
2010 Ed. (1339, 2228, 2926, 3204)
2011 Ed. (1325, 2888, 2969, 3168)
2012 Ed. (1190, 1191, 3124)
2013 Ed. (3209, 4219, 4220)
2014 Ed. (3221, 4256, 4257)
2016 Ed. (3125, 3126)
Honeywell Inc., Home & Building Control
1998 Ed. (3204)
2000 Ed. (3921)
Honeywell Intelligrated
2019 Ed. (3482)
2020 Ed. (3460)
2021 Ed. (3481)
2022 Ed. (3538)
2023 Ed. (3659)
Honeywell Intelligrated (U.S.)
2021 Ed. (3481)
Honeywell International
2013 Ed. (880)
2014 Ed. (2536)
2015 Ed. (2410, 2498)
2016 Ed. (2433, 2435)
2017 Ed. (2279, 2281, 3375)
2018 Ed. (2340, 2341, 3439)
2019 Ed. (2330, 2332, 2333)
2020 Ed. (2309, 2311)
2021 Ed. (2254, 2257, 2258, 2982, 3426)
2022 Ed. (1818, 1823, 2294, 2295, 2297)
2023 Ed. (1944, 2288, 2299, 2474, 2477, 2600)
Honeywell International Inc.
2001 Ed. (263, 1586, 2039, 2040, 2041, 2191)
2002 Ed. (239, 241, 242, 243, 251, 989, 1015, 1395, 1740, 2466, 2714, 3592, 3968, 4668)
2003 Ed. (199, 201, 203, 206, 207, 210, 1342, 1513, 1550, 1784, 1786, 1971, 2086, 2088, 4071, 4807, 4810)
2004 Ed. (157, 158, 161, 163, 164, 165, 965, 1819, 1820, 2010, 2017, 2110, 4098, 4560, 4776, 4792)
2005 Ed. (155, 158, 159, 160, 161, 163, 166, 1360, 1548, 1903, 1904, 2150, 2214, 3930, 4764, 4765, 4768)
2006 Ed. (171, 172, 174, 177, 179, 1930, 1931, 3369, 4815, 4816, 4819)
2007 Ed. (178, 179, 181, 183, 185, 186, 1479, 1546, 1914, 1915, 2170, 2213, 2884, 4827, 4828, 4831)
2008 Ed. (158, 160, 162, 164, 1162, 1352, 1353, 1473, 1977, 1978, 3006, 3220, 4753, 4754, 4756)
2009 Ed. (182, 183, 186, 188, 1142, 1351, 1361, 1482, 1804, 1931, 1932, 1933, 2273, 2276, 2277, 2338, 3092, 3279, 4781, 4782, 4785)
2010 Ed. (162, 164, 167, 168, 1135, 1472, 1748, 1866, 1867, 1869, 2231, 3025, 3827, 4797, 4798, 4801)
2011 Ed. (84, 88, 91, 92, 1022, 1318, 1445, 1470, 1760, 1898, 1899, 1901, 2249, 2994, 3827, 4745, 4746, 4748)
2012 Ed. (88, 92, 97, 948, 1186, 1279, 1310, 1610, 1754, 1755, 1757, 1758, 2116, 2142, 2147, 2920, 3525, 3549, 3811, 3813, 4761, 4762)
2013 Ed. (847, 883, 1092, 1306, 1310, 1311, 1921, 1922, 1924, 1928, 2294, 2303, 2310, 2352, 2357, 3009, 3141, 3161, 3162, 3566, 3618, 4733, 4734)
2014 Ed. (97, 1052, 1239, 1244, 1246, 1860, 1863, 1867, 2241, 2283, 2289, 3018, 3142, 3167, 3554, 4782, 4783, 4980)
2015 Ed. (102, 1090, 1297, 1302, 1434, 1896, 1898, 1903, 2297, 2368, 2373, 3085, 3203, 3227, 3567, 3579, 4427, 4814, 4815)
2016 Ed. (999, 1212, 1217, 1219, 1860, 1861, 1866, 2265, 2314, 2319, 3058, 3083, 3423, 3459, 4023, 4321, 4716, 4717)
2017 Ed. (1033, 1261, 1265, 1385, 1819, 1825, 2121, 2154, 2159, 3009, 3029, 3033, 3383, 3407, 3422, 3947, 4113, 4324)
2018 Ed. (963, 1240, 1766, 2159, 2205, 2209, 3449, 3481)
2019 Ed. (959, 1829, 2184, 2188, 3419, 3439, 3452)
2020 Ed. (947, 1768, 1772, 2176, 2180, 3436)
2021 Ed. (940, 1740, 1773, 1774, 1779, 1780, 3454)
2022 Ed. (1810, 1811, 1819, 1821, 3512)
2023 Ed. (1937, 1938, 1945, 2293, 3208, 3635)
Honeywell International (U.S.)
2021 Ed. (2982)
Honeywell Ltd.
2018 Ed. (2200)
Honeywell Process Solutions
2005 Ed. (3937)
2006 Ed. (2469, 4011)
2007 Ed. (4044)
2008 Ed. (4080)
2009 Ed. (4192, 4193)
2010 Ed. (4127, 4128)
2011 Ed. (4092, 4093)
2012 Ed. (4126, 4127)
2013 Ed. (4119, 4120)
2014 Ed. (4134, 4135)
2015 Ed. (4118, 4119)
2016 Ed. (4032, 4033)
2017 Ed. (4004, 4005)
2018 Ed. (4026, 4027)
2019 Ed. (4015, 4016)
2020 Ed. (4031)
2021 Ed. (3997)
Honeywell Process Solutions/Sensing & Control
2021 Ed. (3997)
Honeywell Protection Services Division
1992 Ed. (3826)
Honeywell/Resideo
2021 Ed. (4363)
Honeywell Security
2005 Ed. (4290, 4292)
Honeywell Security & Fire
2018 Ed. (4299, 4301, 4303)
Honeywell Security Products
2001 Ed. (4201)
2002 Ed. (4204)
2003 Ed. (4327, 4328)
Honeywell/Sperry Aerospace
1991 Ed. (1146)
Honeywell Transportation
2006 Ed. (338, 339)
Honeywell Transportation & Power
2005 Ed. (326, 327)
Honeywell (U.S.)
2022 Ed. (3108)
Honfed Bank
1993 Ed. (3089)
Hong Australia Corporation
2020 Ed. (4904)
2021 Ed. (4900)
2022 Ed. (4893)
Hong Environmental Inc.
2006 Ed. (3527)
Hong Fok
1992 Ed. (2440)
2016 Ed. (1370, 1990)
Hong Ho Precision Textile Co., Ltd.
1990 Ed. (3573)
1992 Ed. (4284)
Hong; Judy
2011 Ed. (3340)
Hong Keong Asia Ltd.
2008 Ed. (3578)
Hong Keong Islamic Bank Berhad
2009 Ed. (2741)
Hong Kong
1989 Ed. (946, 1181, 1284, 1390, 1396, 2121, 2641)
1990 Ed. (414, 741, 863, 866, 1264, 1448, 1577, 1582, 1709, 1729, 1734, 1911, 1918, 1925, 1935, 3276, 3615, 3624, 3633)
1991 Ed. (164, 222, 516, 1381, 1401, 1402, 1641, 1821, 1834, 1841, 1844, 1850, 3249, 3268, 3357, 3358)
1992 Ed. (311, 669, 891, 907, 1068, 1390, 1391, 1395, 1732, 1759, 2072, 2075, 2090, 2250, 2294, 2296, 2310, 2317, 2320, 2327, 2333, 2360, 2806, 2807, 2808, 2853, 3514, 3543, 3957, 4185, 4324)
1993 Ed. (213, 479, 481, 700, 722, 843, 956, 1535, 1540, 1582, 1719, 1720, 1730, 1967, 1974, 1981, 1987, 2372, 2411, 2531, 3301, 3302, 3558, 3559, 3682)
1994 Ed. (486, 709, 731, 786, 956, 957, 1486, 1530, 1932, 2008, 2333, 2344, 2363, 3450, 3522)
1995 Ed. (3, 310, 344, 663, 997, 1038, 1244, 1249, 1518, 1739, 1745, 1746, 1752, 2010, 2017, 2021, 2029, 2036)
1996 Ed. (157, 510, 1221, 1477, 2470, 2471, 2543, 2865, 2948, 3716)
1997 Ed. (193, 823, 915, 1008, 1542, 1556, 1791, 1808, 1812, 1815, 2555, 2557, 2558, 2559, 2560, 2562, 2563, 2564, 2565, 2567, 2568, 2569, 2570, 2571, 2573, 2684, 2786, 2922, 2960, 2961, 3000, 3135, 3509, 3513)
1998 Ed. (115, 819, 1030, 1033, 1367, 1419, 1522, 1525, 1526, 1527, 1528, 1850, 2223, 2660, 2749, 2887, 2897, 2898, 2929, 3589, 3591)
1999 Ed. (182, 803, 821, 1207, 1254, 1781, 2005, 2090, 2098, 2101, 2106, 3004, 3449, 3586, 3697, 4479, 4623, 4625, 4801, 4802)
2000 Ed. (1154, 1155, 1610, 1891, 1899, 2349, 2357, 2358, 2363, 2378, 2861, 3175, 3374, 3375, 3377)
2001 Ed. (671, 1128, 1935, 1947, 2126, 2365, 2373, 2694, 2695, 2816, 2968, 3241, 3368, 3369, 3410, 3950, 4262, 4263, 4265, 4371, 4471, 4494, 4647, 4648, 4914)
2002 Ed. (276, 277, 740, 741, 742, 743, 744, 745, 746, 747, 1812, 1816, 2747, 3101, 3723, 3725, 3730, 3731)
2003 Ed. (256, 461, 1096, 1876, 2210, 2211, 2216, 2218, 2221, 2222, 2225, 2229, 2483, 3257, 3258, 3259, 3333, 3914, 3915, 4700)
2004 Ed. (733, 1907, 1919, 2767, 2821, 2822, 3164, 3315, 3394, 3403, 3929, 4421, 4422, 4751, 4813, 4814)
2005 Ed. (459, 727, 2033, 2039, 2054, 2269, 2532, 2533, 2821, 2822, 3198, 3337, 3401, 3416, 4369, 4370, 4498, 4787, 4788)
2006 Ed. (249, 412, 656, 1029, 2135, 2147, 2327, 2332, 2537, 2802, 2803, 2810, 2967, 2985, 3325, 3410, 3426, 3553, 3769, 4182, 4317, 4318, 4321, 4682, 4858, 4859)
2007 Ed. (397, 2083, 2091, 2262, 2263, 2794, 2795, 2802, 3427, 3441, 3766, 4382, 4383, 4386, 4412, 4413, 4414, 4415, 4416, 4417, 4702, 4861, 4862)
2008 Ed. (379, 766, 1221, 2201, 2396, 2398, 2840, 2841, 3205, 3485, 3486, 3591, 3846, 4338, 4339, 4386, 4387, 4388, 4389, 4390, 4391, 4393, 4618, 4619, 4627)
2009 Ed. (255, 261, 401, 2380, 2381, 2383, 2384, 2394, 2396, 2881, 3275, 3422, 3557, 3558, 3661, 3902, 4443, 4444, 4464, 4465, 4466, 4467, 4468, 4469, 4471, 4549, 4645, 4646, 4647, 4654, 4655, 4663, 4666)
2010 Ed. (247, 250, 281, 1061, 1066, 1631, 2107, 2213, 2219, 2303, 2306, 2308, 2406, 2584, 2585, 2586, 2587, 2588, 3379, 3498, 3499, 3500, 3601, 3746, 3812, 4484, 4485, 4515, 4516, 4517, 4518, 4519, 4520, 4673, 4722, 4843)
2011 Ed. (169, 204, 999, 1641, 2160, 2231, 2237, 2299, 2302, 2306, 2407, 2566, 2567, 2568, 2569, 2570, 3382, 3603, 3786, 3808, 4417, 4418, 4420, 4452, 4453, 4454, 4455, 4456, 4457, 4621, 4790, 4791, 4802)
2012 Ed. (182, 218, 365, 601, 928, 1494, 2093, 2100, 2198, 2204, 2513, 2514, 2515, 2516, 2517, 2617, 2620, 3083, 3501, 3751, 4440, 4627, 4819)
2013 Ed. (162, 167, 488, 1625, 2279, 2383, 2385, 2643, 2644, 2645, 2646, 2647, 2687, 2690, 3519, 3823, 4401, 4567, 4782)
2014 Ed. (127, 165, 166, 171, 215, 499, 763, 1029, 1031, 1591, 2213, 2320, 2322, 2601, 2602, 2603, 2604, 2605, 2637, 2642, 2644, 2672, 2675, 3171, 3208, 3387, 3493, 3746, 3747, 3809, 4548, 4622, 4828)
2015 Ed. (193, 197, 247, 563, 799, 1064, 1066, 1642, 2285, 2396, 2644, 2645, 2646, 2647, 2648, 2680, 2686, 2716, 2719, 3231, 3448, 3511, 3771, 3832, 4058, 4546, 4621, 4863)
2016 Ed. (189, 972, 974, 1585, 2257, 2341, 2566, 2567, 2597, 2603, 3307, 3370, 3686, 3739, 3964, 4540)
2017 Ed. (139, 1008, 1009, 2179, 2181, 2526, 2532, 2534, 3945)
2018 Ed. (162, 2240, 2244, 2600, 2606, 3393, 3966)
2019 Ed. (135, 162, 164, 165, 930, 2213, 2217, 2580, 2586, 2587, 2591, 3368, 3941)
2020 Ed. (130, 154, 921, 2210, 2214, 2572, 2578, 2579, 2583, 3319, 3956)
2021 Ed. (2182, 2186, 3176, 3177, 3922)
2022 Ed. (3934)
2023 Ed. (2779, 3564, 4018, 4571)
Hong Kong Aircraft Engineering
2003 Ed. (209)
2008 Ed. (1787)
Hong Kong Airlines
2017 Ed. (145)
Hong Kong Bank
1990 Ed. (1377, 2045, 2048)
1992 Ed. (605, 695, 1635, 2442, 2443, 2444)
1993 Ed. (1330, 2058, 2060)
1997 Ed. (1424)
Hong Kong Bank of Canada
1992 Ed. (630, 664)
1997 Ed. (431, 463)
Hong Kong & China
2010 Ed. (2817)
Hong Kong, China
2000 Ed. (4272)
2001 Ed. (348)
2011 Ed. (2621, 2622)
Hong Kong & China Gas
2013 Ed. (3820)
2014 Ed. (3744)
2015 Ed. (3766)
Hong Kong & China Gas Co.
1990 Ed. (2928)
2000 Ed. (1447)
2001 Ed. (1724)
2005 Ed. (2730, 3771)
2006 Ed. (1752)
2007 Ed. (2687)
2008 Ed. (2816)
2009 Ed. (2874)
2010 Ed. (1486, 2814)
2011 Ed. (2799, 2803)
2012 Ed. (1545, 2726, 2728)
2013 Ed. (2812, 2817, 2820)
2014 Ed. (2850, 2855, 2858)
2015 Ed. (2890, 2895)
2016 Ed. (2816)
2017 Ed. (2787)
2018 Ed. (2847)
2020 Ed. (2836)
2021 Ed. (2711)
Hong Kong & China Gas Co., Ltd.
2014 Ed. (2859, 4843)
2015 Ed. (2899, 4880)
The Hong Kong & China Gas Co. Ltd.
2022 Ed. (2871)
2023 Ed. (2985)
Hong Kong Daily News
1993 Ed. (2059)
Hong Kong dollar
2007 Ed. (2158)
2009 Ed. (2260)
Hong Kong Electric
1993 Ed. (1329, 1330, 2060)

Hong Kong Electric Holdings
  1990 Ed. (2928)
  1997 Ed. (1426)
  2005 Ed. (2305)
Hong Kong equities
  1996 Ed. (2430)
Hong Kong Equity Funds
  1990 Ed. (2396)
Hong Kong Exchanges
  2014 Ed. (4551, 4554, 4560)
  2015 Ed. (4548, 4554, 4560)
Hong Kong Exchanges & Clearing
  2009 Ed. (1492, 1493, 1494, 1729)
  2012 Ed. (1545)
  2014 Ed. (3400)
  2015 Ed. (3433)
  2016 Ed. (3293)
  2017 Ed. (3255)
  2019 Ed. (3305)
  2020 Ed. (3307)
Hong Kong Exchanges & Clearing Ltd.
  2014 Ed. (4019)
  2017 Ed. (2404)
Hong Kong Government
  2009 Ed. (52)
  2010 Ed. (62)
  2011 Ed. (31)
  2012 Ed. (36)
Hong Kong; Government of
  2007 Ed. (41)
Hong Kong Housing Authority
  1997 Ed. (2393)
  1999 Ed. (2886)
  2001 Ed. (2882)
  2002 Ed. (2820)
Hong Kong International
  2001 Ed. (353)
Hong Kong International Airport
  1993 Ed. (205, 209, 1536, 1537)
  1996 Ed. (197, 200, 201, 202, 1596, 1597, 1599)
  1997 Ed. (223, 224)
  1998 Ed. (147)
  1999 Ed. (250, 252)
  2009 Ed. (4960)
  2020 Ed. (155)
  2021 Ed. (151, 156, 158)
  2022 Ed. (138, 146, 148, 151)
  2023 Ed. (214, 222, 225)
Hong Kong International Airport (China)
  2022 Ed. (146)
Hong Kong International Airport & Off-Airport Shops
  1997 Ed. (1679)
Hong Kong Jockey Club
  1999 Ed. (2886)
  2001 Ed. (2882)
  2002 Ed. (2820)
  2005 Ed. (3225)
The Hong Kong Jockey Club
  2019 Ed. (4690)
Hong Kong Land
  1989 Ed. (1125)
  1990 Ed. (1377, 2045, 2048)
  1992 Ed. (1632)
  1999 Ed. (4317)
  2000 Ed. (4034, 4035)
  2006 Ed. (4326)
Hong Kong Land Holdings
  1992 Ed. (1635, 2438, 2442, 2444)
  1994 Ed. (2077, 2078)
  1997 Ed. (1505, 2248)
Hong Kong Macau
  1992 Ed. (2443)
Hong Kong and Macau
  1990 Ed. (1732)
Hong Kong Macau Development
  1993 Ed. (2059)
Hong Kong Optical
  1990 Ed. (2046)
Hong Kong Polytechnic
  2008 Ed. (802)
Hong Kong SAR
  2021 Ed. (3176, 3177)
Hong Kong SAR Exchange Fund
  2002 Ed. (2820)
  2005 Ed. (3225)
Hong Kong SAR Government Land Fund
  1997 Ed. (2393)
Hong Kong SAR Land Fund
  1999 Ed. (2886)
  2001 Ed. (2882)
Hong Kong & Shanghai Banking Corp.
  1991 Ed. (1930)
  1992 Ed. (603, 696, 1634, 2438, 2439)
  1997 Ed. (488)
  1999 Ed. (535)
  2000 Ed. (547)
The Hong Kong & Shanghai Hotels Ltd.
  1992 Ed. (2486)
Hong Kong Stock Exchange
  2016 Ed. (4486)
Hong Kong - Taipei
  1996 Ed. (179)
Hong Kong Telecom
  1996 Ed. (204, 1371, 1373, 1374, 1375, 2136, 2137, 2141, 2143)
  1997 Ed. (1424, 2248, 2393, 3694, 3695)

1999 Ed. (1567, 1580, 1647, 1648, 1649, 2716, 4549)
  2000 Ed. (2494)
Hong Kong Telecommunications
  1990 Ed. (1377, 1378, 2045, 3515)
  1991 Ed. (1300, 1302, 1930)
  1992 Ed. (1634, 1635, 2438, 2444)
  1993 Ed. (1329, 1330, 2058, 2060)
  1994 Ed. (1385, 1403, 2077, 2078)
  1995 Ed. (1412, 1413, 2128, 2130, 3514, 3555)
  1997 Ed. (1426)
  2001 Ed. (1724)
Hong Kong Telecommunications Retirement Scheme
  2001 Ed. (2882)
Hong Kong - Tokyo
  1996 Ed. (179)
Hong Kong; University of
  2010 Ed. (1036)
  2011 Ed. (684)
  2013 Ed. (759)
  2014 Ed. (782)
  2015 Ed. (824)
Hong Kong University of Science & Technology
  2010 Ed. (1036)
  2011 Ed. (684, 695, 698)
  2012 Ed. (623, 628, 630)
  2013 Ed. (759, 769, 770)
  2014 Ed. (782, 794, 795)
  2015 Ed. (824, 838)
  2016 Ed. (733)
Hong; Kuok Khoon
  2009 Ed. (4871, 4872)
  2010 Ed. (4872)
  2011 Ed. (4860, 4861)
  2012 Ed. (4866, 4867)
  2013 Ed. (4906, 4907)
  2014 Ed. (4916, 4917)
  2015 Ed. (4956, 4957)
  2016 Ed. (4872)
  2019 Ed. (4877)
  2023 Ed. (4856)
Hong Leong
  2010 Ed. (625)
Hong Leong Bank
  1999 Ed. (587, 1701)
  2000 Ed. (603, 1297, 1298)
  2002 Ed. (617)
  2003 Ed. (582)
  2004 Ed. (589)
  2005 Ed. (575)
  2006 Ed. (497)
  2007 Ed. (516)
  2008 Ed. (473)
  2009 Ed. (499)
  2010 Ed. (482)
  2011 Ed. (410)
  2013 Ed. (392)
  2014 Ed. (386, 405)
  2015 Ed. (462)
  2017 Ed. (421)
  2018 Ed. (388)
  2019 Ed. (391)
  2020 Ed. (384)
Hong Leong Bank Berhad
  2002 Ed. (518)
Hong Leong Credit Bhd
  1989 Ed. (1139)
Hong Leong Finance
  2020 Ed. (388)
  2023 Ed. (607)
Hong Leong Finance Ltd.
  1989 Ed. (668)
  1991 Ed. (659)
  1999 Ed. (2436)
  2000 Ed. (2194)
Hong Leong Financial
  2016 Ed. (1755)
  2018 Ed. (1681)
  2019 Ed. (1747)
  2020 Ed. (1690)
  2021 Ed. (425, 1670)
  2022 Ed. (439, 1688)
  2023 Ed. (604, 1838)
Hong Leong Group
  1995 Ed. (1454)
  1996 Ed. (1415)
  1997 Ed. (1475)
  1999 Ed. (1701)
  2000 Ed. (1294, 1298)
  2022 Ed. (517, 2599)
Hong Leong Investment Holdings Pte. Ltd.
  1997 Ed. (2008)
Hong Leong Islamic Bank Berhad
  2015 Ed. (2689, 2699)
  2018 Ed. (2611)
Hong Piow Teh
  2018 Ed. (4868)
  2019 Ed. (4862)
  2020 Ed. (4851)
Hong Piow; Teh
  1997 Ed. (849)
Hong Ra-hee
  2022 Ed. (4865)
  2023 Ed. (4859)

Hong Tai Travel
  1989 Ed. (33)
  1990 Ed. (32)
  1991 Ed. (27)
  1992 Ed. (55)
  1993 Ed. (32)
  1994 Ed. (24)
  2005 Ed. (43)
  2006 Ed. (50)
Hong Thong
  2021 Ed. (165)
  2022 Ed. (159)
Hong-Tu; Tsai
  2021 Ed. (4873)
  2022 Ed. (4869)
  2023 Ed. (4863)
Hong-tu; Tsai
  2008 Ed. (4852)
  2009 Ed. (4874)
  2011 Ed. (4864)
  2016 Ed. (4879)
  2018 Ed. (4891)
  2019 Ed. (4883)
Hong Yi Fiber Ind. Co., Ltd.
  1990 Ed. (3573)
Hong Yi Fiber Industry Co., Ltd.
  1992 Ed. (4284)
Hongbin; Sun
  2023 Ed. (4806)
Hongguo International
  2009 Ed. (2035, 4317)
Hongguo International Holdings
  2008 Ed. (1568)
Hongik University
  2008 Ed. (802)
Hongjia; Gong
  2019 Ed. (4852)
  2020 Ed. (4841)
  2022 Ed. (4836)
  2023 Ed. (4831)
Hongkew Holdings
  1993 Ed. (2059)
Hongkew International Holdings
  1996 Ed. (2140)
Hongkong Bank
  1990 Ed. (504)
  1991 Ed. (452, 539)
  1995 Ed. (420, 421, 1347, 1348)
  1996 Ed. (591, 1371)
  1999 Ed. (470, 1566, 1569, 1571, 1572, 1577, 1620, 1622)
  2000 Ed. (1428)
Hongkong Bank of Canada
  1990 Ed. (517)
  1993 Ed. (447)
  1994 Ed. (478)
  1995 Ed. (440)
  1996 Ed. (468, 500)
  1999 Ed. (487)
Hongkong Bank Group
  1990 Ed. (2773)
  1991 Ed. (2678)
  1993 Ed. (426)
  1994 Ed. (426, 500, 2734, 2735)
Hongkong Bank/Midland Group
  1995 Ed. (2838, 2840, 2841, 2843)
  1996 Ed. (2909, 2910)
Hongkong Electric
  2000 Ed. (1447)
  2001 Ed. (1615, 1617, 1725)
  2006 Ed. (1751)
Hongkong Electric Holdings
  1990 Ed. (1378)
  1991 Ed. (1302)
  1995 Ed. (3514)
  1996 Ed. (1375)
  2001 Ed. (1724)
  2002 Ed. (1665)
  2006 Ed. (1752)
Hongkong Land Co.
  1990 Ed. (1378)
  1991 Ed. (1302, 1930, 1931, 3129)
  1992 Ed. (1634)
Hongkong Land Holdings
  1993 Ed. (2058, 3322)
  1995 Ed. (1412, 1413, 2128, 2130, 3514)
  1996 Ed. (1373, 1375)
  1999 Ed. (1731)
Hongkong Macau (Holdings) Ltd.
  1999 Ed. (1570)
Hongkong & Shanghai
  1990 Ed. (565)
Hongkong & Shanghai Bank
  1989 Ed. (553)
  1995 Ed. (485, 1410)
Hongkong and Shanghai Banking Corp
  1991 Ed. (450, 514, 1302, 1931)
Hongkong & Shanghai Banking Corp.
  1989 Ed. (477, 577)
  1990 Ed. (1378)
  1993 Ed. (498)
  1994 Ed. (501)
  1996 Ed. (511, 529)
  2003 Ed. (462)
  2004 Ed. (448, 538)
  2005 Ed. (460, 517)
  2006 Ed. (413, 448)
  2007 Ed. (398, 459)

2008 Ed. (380, 423)
  2010 Ed. (376, 377, 427)
  2011 Ed. (352)
  2012 Ed. (321, 337)
  2013 Ed. (381)
  2014 Ed. (392)
  2015 Ed. (448)
  2016 Ed. (403)
  2017 Ed. (410)
  2018 Ed. (376)
  2019 Ed. (380)
  2020 Ed. (374)
The Hongkong & Shanghai Banking Corp.
  2015 Ed. (556, 1926, 1928)
  2016 Ed. (2607)
  2017 Ed. (2539)
  2018 Ed. (1795)
Hongkong & Shanghai Banking Corp. (Channel Islands) Ltd.
  1994 Ed. (450)
The Hongkong & Shanghai Hotels Ltd.
  1991 Ed. (1950)
  1993 Ed. (2093)
  2014 Ed. (3091)
Hongkong Telecom
  1996 Ed. (2138)
  2000 Ed. (1445, 1446, 1448, 1449, 4190)
Hongkong Telecommunications
  1995 Ed. (1346, 1347, 3552)
HongkongBank Group
  1989 Ed. (1372, 2122)
Honickman Affiliates
  1999 Ed. (769, 4369)
  2000 Ed. (4082)
  2001 Ed. (1003, 4306)
  2003 Ed. (4474)
  2004 Ed. (4449)
  2006 Ed. (647)
  2007 Ed. (676)
  2008 Ed. (635)
  2009 Ed. (653)
  2010 Ed. (620)
  2011 Ed. (555)
  2012 Ed. (533, 534)
  2013 Ed. (634)
Honigman LLP
  2021 Ed. (3229, 3230)
Honigman Miller Schwartz & Cohn
  1989 Ed. (1879)
  1990 Ed. (2419)
  1991 Ed. (2285)
  1992 Ed. (2834)
  1993 Ed. (2397)
  1994 Ed. (2353)
  1995 Ed. (2417)
  1996 Ed. (2453)
  1998 Ed. (2328, 2968)
  1999 Ed. (3149)
  2000 Ed. (2895)
  2001 Ed. (3056)
Honigman Miller Schwartz & Cohn LLP
  2004 Ed. (3234)
  2005 Ed. (3264)
  2007 Ed. (3315)
  2008 Ed. (3423)
  2009 Ed. (3490)
Honk
  2022 Ed. (1447, 1851, 3122)
Honka Log Homes
  2003 Ed. (1201)
  2004 Ed. (1208)
Honkamp Krueger & Co.
  2011 Ed. (16)
  2012 Ed. (20)
  2013 Ed. (5, 19)
  2014 Ed. (15)
  2015 Ed. (16)
  2016 Ed. (15)
  2017 Ed. (11)
  2018 Ed. (10)
  2019 Ed. (11)
  2020 Ed. (13)
  2021 Ed. (15)
  2022 Ed. (16)
  2023 Ed. (56)
Honkamp Krueger & Co. PC
  2005 Ed. (6)
  2006 Ed. (11)
  2007 Ed. (7)
  2008 Ed. (5)
  2009 Ed. (8)
  2010 Ed. (15)
Honkamp Krueger Financial Services, Inc.
  2022 Ed. (6)
Honkemp Krueger & Co. PC
  2003 Ed. (4)
  2004 Ed. (10)
HonkMobile
  2019 Ed. (1481)
Honohan; Patrick
  2012 Ed. (292)
Honolulu
  1992 Ed. (1011, 1012)
  2000 Ed. (235, 275)
Honolulu Academy of Arts
  1992 Ed. (1093, 1096)
  2020 Ed. (1574)

Honolulu Advertiser
  2002 Ed. (3509, 3510)
Honolulu Airport
  2001 Ed. (2121)
Honolulu Authority for Rapid Transportation
  2015 Ed. (1060)
  2016 Ed. (968)
Honolulu Board of Realtors
  2012 Ed. (1526)
  2015 Ed. (1675)
  2016 Ed. (1635)
Honolulu Board of Water Supply
  2016 Ed. (2470)
  2018 Ed. (1584)
Honolulu Builders LLC
  2018 Ed. (1577)
  2021 Ed. (1558)
Honolulu City & County Employees Credit Union
  2002 Ed. (1861)
  2003 Ed. (1915)
  2004 Ed. (1955)
  2005 Ed. (2097)
  2006 Ed. (2192)
  2007 Ed. (2113)
  2008 Ed. (2228)
Honolulu Community Action Program Inc.
  2013 Ed. (1674)
Honolulu County, HI
  2004 Ed. (1004)
Honolulu Department of Transportation
  2013 Ed. (1061)
  2014 Ed. (1025)
Honolulu Federal Employees Credit Union
  2002 Ed. (1861)
  2003 Ed. (1915)
Honolulu Ford, Lincoln
  2016 Ed. (1619)
Honolulu, HI
  1989 Ed. (845)
  1990 Ed. (871, 873, 874, 2072, 2136, 3608, 3609, 3614)
  1991 Ed. (214, 828, 830, 1940, 1979, 1980, 2529, 2862, 2863)
  1992 Ed. (3382)
  1993 Ed. (815, 3044)
  1994 Ed. (820, 821, 823, 824, 826, 968, 971, 975, 2497, 2498, 3060, 3062, 3064, 3066, 3103)
  1995 Ed. (242, 246, 874, 2189, 3106, 3108, 3110, 3111, 3148)
  1996 Ed. (239, 302, 2205, 2210, 2223, 2618, 3201, 3202, 3203, 3204, 3205, 3206, 3248)
  1997 Ed. (193, 270, 2339, 2355, 2761, 3305, 3308, 3349)
  1998 Ed. (580, 591, 735, 1548, 2004, 3052, 3053)
  1999 Ed. (1156, 1162, 1163, 1166, 1169, 2689, 2809, 2813, 3376, 4052)
  2000 Ed. (318, 1077, 1080, 1081, 1082, 1084, 2200, 2615, 3118, 4270)
  2001 Ed. (416, 2794, 2818, 4048, 4055)
  2002 Ed. (336, 395, 922, 1084, 2043, 2628, 2710, 3332, 3991, 3995, 3996, 4046)
  2003 Ed. (845, 872, 4088, 4089)
  2004 Ed. (848, 872, 1007, 4114, 4115)
  2005 Ed. (748, 846, 2050, 3468, 4793)
  2006 Ed. (771, 4864)
  2007 Ed. (868, 2998)
  2008 Ed. (829, 3113, 3457)
  2009 Ed. (851, 3539)
  2010 Ed. (797, 3136, 3463, 4193, 4360)
  2011 Ed. (724, 2405, 2409, 3103, 3466, 4202, 4206)
  2012 Ed. (4254)
  2013 Ed. (4787)
  2014 Ed. (752)
  2016 Ed. (710, 4155)
  2017 Ed. (771, 1005, 4127)
  2018 Ed. (705, 4448)
  2020 Ed. (4426)
  2021 Ed. (716)
  2023 Ed. (4459, 4472)
Honolulu, HI (ATC)
  1991 Ed. (835)
Honolulu Information Service Inc.
  2023 Ed. (3783)
Honolulu International
  1992 Ed. (307, 308)
  1995 Ed. (194)
Honolulu International Airport
  1993 Ed. (168, 205, 206, 1536, 1537, 1538)
  1996 Ed. (1596, 1597, 1599)
  1997 Ed. (1679)
Honolulu-Kahului (Maui)
  1992 Ed. (267)
Honolulu - Tokyo
  1996 Ed. (179)
HONOR
  1989 Ed. (281)
  1990 Ed. (292, 293)
  1991 Ed. (1511)
  1992 Ed. (1913)
  1994 Ed. (1605, 1606)
  1995 Ed. (352, 1648)

  1996 Ed. (259, 1624)
  1997 Ed. (1704)
  1998 Ed. (1396)
  1999 Ed. (1954)
Honor boxes
  2002 Ed. (4729)
Honor Capital
  2018 Ed. (3212)
  2019 Ed. (3149)
Honor Credit Union
  2021 Ed. (2027)
  2022 Ed. (2062)
Honor/Southeast Switch Inc.
  1996 Ed. (1625)
HONOR Technologies
  1999 Ed. (1955)
  2018 Ed. (1732)
HonorHealth
  2016 Ed. (1355)
  2017 Ed. (1385)
  2018 Ed. (1360)
  2019 Ed. (1398)
  2020 Ed. (1358)
Honorlock
  2022 Ed. (965)
  2023 Ed. (1708, 2413, 2414)
Honshu
  2000 Ed. (3404)
Honshu Paper Co. Ltd.
  1990 Ed. (2764)
  1991 Ed. (2671)
  1992 Ed. (3334)
  1993 Ed. (2766, 3586)
  1994 Ed. (2728)
  1995 Ed. (2833)
  1997 Ed. (2074, 2994)
  1999 Ed. (3690)
  2000 Ed. (3408)
Honus Wagner, 1910
  1991 Ed. (702)
Hoo; Sim Wong
  2006 Ed. (4918)
Hood
  1993 Ed. (1907, 2121, 2122)
  1997 Ed. (2350)
  2001 Ed. (2547)
  2016 Ed. (3555)
  2017 Ed. (3525)
  2018 Ed. (2794, 3573, 3574, 3575)
  2019 Ed. (3566, 3567, 4465)
  2020 Ed. (3539, 3540, 3541)
  2021 Ed. (3555, 3557, 4452)
  2022 Ed. (864, 2039, 2164, 2165, 3617, 3618, 3619, 3620, 4462, 4463)
  2023 Ed. (2282, 2283, 3715, 3716, 3717, 3719, 4485, 4486)
Hood; Amy
  2023 Ed. (4579)
Hood Carb Countdown
  2006 Ed. (573)
  2007 Ed. (619)
  2010 Ed. (3675)
  2011 Ed. (4493)
Hood College
  1989 Ed. (956)
  1993 Ed. (1017)
  1994 Ed. (1044)
  1995 Ed. (1052)
  1996 Ed. (1037)
  2000 Ed. (1139)
  2001 Ed. (1325)
Hood Companies Inc.
  2019 Ed. (1791)
Hood Lactaid
  2014 Ed. (3651, 3652)
  2015 Ed. (3668, 3669)
  2016 Ed. (3555)
  2017 Ed. (3525)
  2018 Ed. (3573, 3574, 3575)
  2019 Ed. (3566, 3567)
  2020 Ed. (3540, 3541)
  2021 Ed. (3555, 3557)
  2022 Ed. (3618, 3619, 3620, 3621)
  2023 Ed. (3717, 3719, 3720)
Hood Packaging
  2008 Ed. (3837)
Hood Packaging Corp.
  2022 Ed. (3784)
  2023 Ed. (3887)
Hood River
  1992 Ed. (3748)
  1994 Ed. (3123)
Hood River Brewing Co.
  1992 Ed. (3064)
Hood River Distilleries
  1996 Ed. (3268)
  1997 Ed. (3367)
Hood River Distillers
  2023 Ed. (3519)
Hood & Strong
  1998 Ed. (20)
  1999 Ed. (25)
Hood; Wayne
  1994 Ed. (1806)
  1995 Ed. (1844)
  1996 Ed. (1822)
  1997 Ed. (1896)

Hoodz
  2012 Ed. (585)
Hoofprints.com
  2010 Ed. (817)
Hoogevens Group
  1992 Ed. (330)
Hoogovens
  1989 Ed. (2639)
  1993 Ed. (3454)
  1994 Ed. (3435)
  1995 Ed. (3511)
Hoogovens Groep
  1991 Ed. (238, 1325)
  1992 Ed. (4149)
Hoogovens Iron & Steel BV
  1999 Ed. (3345, 4288)
Hoogwegt Groep BV
  2017 Ed. (2482)
Hook
  1993 Ed. (2599)
Hook (American General Corp.); Harold S.
  1991 Ed. (2156)
Hook; Harold S.
  1990 Ed. (976, 1726, 2282)
  1992 Ed. (2713)
  1994 Ed. (2237)
Hook; Kittie
  2012 Ed. (4386)
Hook-SupeRx
  1989 Ed. (1267)
  1990 Ed. (1552, 1554)
  1991 Ed. (1459, 1460, 1461, 1462, 1928)
  1992 Ed. (1852, 1853, 1856, 1857, 1859)
  1993 Ed. (1528)
  1994 Ed. (1569, 1570, 1571)
  1995 Ed. (1606, 1611, 1612, 1613, 1614, 1616)
Hooker
  2000 Ed. (2292)
Hooker Developments; L.J.
  1990 Ed. (2960)
Hooker Furnishings Corp.
  2023 Ed. (2966)
Hooker Furniture
  2015 Ed. (2850)
  2016 Ed. (2784, 2785)
  2018 Ed. (2814)
  2019 Ed. (2785, 2786, 2787)
  2020 Ed. (1994, 2811, 2812, 2813, 2950)
  2021 Ed. (2689, 2807)
Hooker Furniture Corp.
  2006 Ed. (2874)
  2007 Ed. (2663)
  2009 Ed. (2851)
  2012 Ed. (2712)
  2013 Ed. (2786)
  2014 Ed. (2814)
  2015 Ed. (2858)
  2016 Ed. (2793)
  2017 Ed. (2760)
  2019 Ed. (2791)
  2020 Ed. (2816)
  2021 Ed. (2692)
Hooks-SupeRX
  1996 Ed. (1585)
Hooley; Stephen C.
  2015 Ed. (973)
Hooly Hunt Ltd.
  1991 Ed. (3514)
Hooper Construction Corp.
  1996 Ed. (1142)
  1997 Ed. (1171)
Hooper Consulting; Clarke
  1992 Ed. (3761)
  1993 Ed. (3065)
Hooper Corp.
  1998 Ed. (957)
  1999 Ed. (1378)
  2006 Ed. (1339)
  2012 Ed. (1096)
Hooper's Hooch
  2003 Ed. (261, 4942)
  2004 Ed. (4946)
  2005 Ed. (4924, 4926)
Hoopes Inc./Better Homes & Gardens
  1989 Ed. (2286)
Hoopr Holm
  1996 Ed. (207)
Hoosier Energy
  2007 Ed. (2297)
  2008 Ed. (2427)
  2013 Ed. (2425)
  2017 Ed. (2221)
Hoosier Energy REC Inc.
  2009 Ed. (2429)
Hoosier Energy Rural Electric Co-op Inc.
  2004 Ed. (1385)
Hoosier Energy Rural Electric Cooperative Inc.
  2006 Ed. (2361, 2363, 2693, 2695)
Hoosier Logistics Inc.
  2021 Ed. (1593)
Hoot
  2008 Ed. (550)
Hooters
  1994 Ed. (3071, 3087)
  1995 Ed. (3115, 3116, 3120, 3137)
  2002 Ed. (4021)

  2003 Ed. (4106, 4107, 4108, 4110, 4111, 4132, 4135)
  2004 Ed. (4127)
  2005 Ed. (4062, 4064)
  2006 Ed. (4104, 4115)
  2007 Ed. (4142)
  2008 Ed. (4169, 4170)
  2009 Ed. (4265, 4276)
  2010 Ed. (4223, 4224, 4252)
  2011 Ed. (4225, 4227)
  2012 Ed. (4270, 4273)
  2013 Ed. (4240)
  2016 Ed. (4179)
  2018 Ed. (561)
  2019 Ed. (580, 4168, 4207)
  2020 Ed. (563, 4217)
  2021 Ed. (534)
  2022 Ed. (4146)
Hooters Restaurant
  2015 Ed. (4294)
  2016 Ed. (4207)
  2017 Ed. (4184)
  2018 Ed. (4191)
Hooters Restaurants
  1992 Ed. (3703)
  1996 Ed. (3216, 3231)
  1997 Ed. (3334)
  1998 Ed. (3063)
  1999 Ed. (4065)
  2000 Ed. (3782)
  2002 Ed. (4013, 4016)
Hootie & the Blowfish
  1997 Ed. (1113)
Hootsuite
  2019 Ed. (2380)
Hootsuite Media
  2021 Ed. (2782)
  2022 Ed. (2946)
  2023 Ed. (3069)
HootSuite Media Inc.
  2014 Ed. (1454)
Hoover
  1990 Ed. (1803, 1804, 3661)
  1991 Ed. (3437)
  1992 Ed. (2167, 2523, 4363)
  1993 Ed. (1868, 3648)
  1994 Ed. (1853, 3654)
  1995 Ed. (1881, 3684)
  1996 Ed. (1563, 2202)
  1997 Ed. (2017, 2330, 3812)
  1998 Ed. (1700, 3651)
  1999 Ed. (2448, 2808, 4696)
  2000 Ed. (2203, 4326)
  2002 Ed. (43, 2287, 2698, 4712, 4713)
  2003 Ed. (744, 4823)
  2005 Ed. (2967)
  2007 Ed. (706, 4869)
  2008 Ed. (4796)
  2009 Ed. (4821)
  2011 Ed. (3088, 4798)
Hoover Group Inc.
  2001 Ed. (717)
Hoover; R. D.
  2005 Ed. (2488)
Hoover; R. David
  2005 Ed. (1103)
  2006 Ed. (911, 1097, 1098)
  2007 Ed. (1001)
  2008 Ed. (934)
  2011 Ed. (838)
  2012 Ed. (807)
  2013 Ed. (986)
Hoover Universal Inc.
  2001 Ed. (2569, 2570)
  2003 Ed. (2584, 2585)
  2005 Ed. (2696)
  2006 Ed. (2674, 2675)
Hoovers Inc.
  2005 Ed. (1545)
Hoover's Online
  2002 Ed. (4804, 4812)
  2003 Ed. (3046)
  2004 Ed. (3155)
Hoovers.com
  2011 Ed. (714)
Hoovestol Inc.
  2018 Ed. (4747)
  2019 Ed. (3943, 4749)
  2020 Ed. (3958, 4728)
  2021 Ed. (4729)
Hop Havoc
  2022 Ed. (1698, 2712)
Hop on Pop
  2009 Ed. (577)
Hop Valley Brewing Co.
  2023 Ed. (914)
Hopaco Office Max
  2007 Ed. (1751)
Hopcat
  2019 Ed. (4158)
Hope
  1997 Ed. (993)
  2000 Ed. (1062)
Hope (10)
Hope
  1999 Ed. (1141)
Hope Bancorp
  2019 Ed. (576)

Hope-Beckham
 2014 Ed. (4153)
Hope Brewing
 1990 Ed. (748)
 1991 Ed. (2452)
Hope for the City
 2007 Ed. (3705, 3706, 3707)
 2009 Ed. (3833, 3835, 3837, 3839)
Hope Community Credit Union
 2009 Ed. (2183, 2188, 2227, 3527)
 2010 Ed. (2132, 2133, 2181)
 2011 Ed. (2199)
 2012 Ed. (2060)
 2013 Ed. (2242)
 2014 Ed. (2174)
 2015 Ed. (2238)
 2016 Ed. (2209)
Hope Community Service
 2003 Ed. (2274)
Hope Community Services
 2003 Ed. (4395)
Hope Credit Union
 2020 Ed. (2083)
 2021 Ed. (2073)
 2022 Ed. (2108)
 2023 Ed. (2223)
Hope, Dionne Warwick; George Burns/Bob
 1991 Ed. (1042)
Hope Federal Credit Union
 2018 Ed. (2104)
Hope Hummus LLC
 2020 Ed. (2167)
Hope Industrial Park
 1997 Ed. (2374)
Hope International Development Agency
 2012 Ed. (726)
Hope Street Real Estate Corp.
 2019 Ed. (4096)
Hope, Toni Tennille; Bob
 1991 Ed. (1042)
HopeHealth
 2019 Ed. (1937)
Hopeton State Bank
 1994 Ed. (511)
 1996 Ed. (539)
Hopewell
 2009 Ed. (1493, 1494, 1729, 4227)
Hopewell Chemical Credit Union
 2014 Ed. (2187)
Hopewell Holdings
 1994 Ed. (2078)
 1995 Ed. (2128, 2129)
 2014 Ed. (4005, 4019)
HopFed Bancorp
 2015 Ed. (1775)
Hopi Hari
 2002 Ed. (311)
 2003 Ed. (276)
 2005 Ed. (252)
 2006 Ed. (271)
 2007 Ed. (276)
Hopital Maisonneuve-Rosemont
 2012 Ed. (2995)
Hopital Notre-Dame
 2012 Ed. (2995)
Hopkins
 2001 Ed. (736, 891, 903)
Hopkins Advantage, LLC
 2019 Ed. (4981)
 2020 Ed. (4985)
 2021 Ed. (4986)
Hopkins County, KY
 1998 Ed. (783, 2319)
Hopkins; DeAndre
 2023 Ed. (319)
Hopkins; Deandre
 2019 Ed. (195)
Hopkins; Deborah
 2006 Ed. (3185)
Hopkins Development Co.
 1991 Ed. (3120)
 1992 Ed. (3961, 3971)
Hopkins Federal Savings Bank
 2004 Ed. (4719)
Hopkins Homes
 2017 Ed. (2033)
Hopkins & Moore (Developments) Ltd.
 2019 Ed. (1055)
Hopkins University; Johns
 1994 Ed. (3046)
Hopkinson House
 1990 Ed. (1147)
 1991 Ed. (1046)
 1992 Ed. (1352)
 1993 Ed. (1081)
Hopp; Dietmar
 2020 Ed. (4839)
 2021 Ed. (4840)
Hopper
 2019 Ed. (4733)
 2020 Ed. (2139)
Hopper car
 1997 Ed. (3240, 3241)
Hopper Soliday & Co. Inc.
 1989 Ed. (820)
 1990 Ed. (819)

Hoppers
 1999 Ed. (2530)
Hoppers, covered
 1999 Ed. (2530)
Hopping Gnome Brewing Co.
 2023 Ed. (924)
Hops Grill & Bar
 1998 Ed. (3062)
 1999 Ed. (4049)
Hops Grill & Brewery
 2001 Ed. (1022)
Hops Restaurant
 2001 Ed. (4060, 4061)
Hopson Development
 2012 Ed. (4197)
 2013 Ed. (4179)
Hopson Development Holdings
 2007 Ed. (1760)
 2020 Ed. (4116)
hopTo Inc.
 2016 Ed. (1042)
 2017 Ed. (1077)
 2018 Ed. (1001)
Hora Pico
 2007 Ed. (2847)
Horace Deets
 1991 Ed. (2406)
Horace Mann
 1998 Ed. (2129, 2130)
 2014 Ed. (3225)
Horace Mann Cos.
 1990 Ed. (1652)
Horace Mann Educational
 1994 Ed. (2229)
Horace Mann Educators
 1995 Ed. (2276, 2278)
 1996 Ed. (2284, 2285)
 1997 Ed. (2416, 2417)
 1999 Ed. (2914)
Horacio da Silva Roque
 2009 Ed. (4895)
Horan; Lawrence
 1993 Ed. (1784)
 1995 Ed. (1809)
 1996 Ed. (1784)
 1997 Ed. (1860)
Horanyi; Daniel
 2017 Ed. (3592)
 2018 Ed. (3652, 3657, 3659)
 2019 Ed. (3646, 3648)
Horchow Collection
 1990 Ed. (2114)
 1992 Ed. (2525, 2533)
Hord Coplan Macht
 2019 Ed. (2450)
 2021 Ed. (2362)
 2023 Ed. (255)
Horda Lumber
 1997 Ed. (833)
Hordern Pavilion
 2012 Ed. (1000)
 2013 Ed. (1143)
 2014 Ed. (1104)
Horiba Scientific
 2014 Ed. (4244)
Horie; Shin
 1996 Ed. (1878)
 1997 Ed. (1985)
Horizon
 1993 Ed. (1105)
 1994 Ed. (163)
 1995 Ed. (2316)
 2000 Ed. (100)
 2007 Ed. (238)
 2008 Ed. (217)
 2013 Ed. (1101)
 2014 Ed. (1061)
 2015 Ed. (1098)
 2018 Ed. (3904)
 2022 Ed. (2165, 3617)
 2023 Ed. (2283, 2284, 3719, 3720)
Horizon Advertising
 1992 Ed. (127)
Horizon Air
 1998 Ed. (817)
 1999 Ed. (1252)
Horizon Air Industries Inc.
 2005 Ed. (213)
 2006 Ed. (226)
Horizon Al Raed
 2003 Ed. (95)
Horizon Art LLC
 2023 Ed. (3133)
Horizon Bancorp
 1989 Ed. (424)
 1990 Ed. (440)
 2012 Ed. (1575)
Horizon Bank
 1997 Ed. (181)
 1998 Ed. (3570)
 2021 Ed. (373)
 2022 Ed. (386)
 2023 Ed. (504)
Horizon Bank SSB
 2023 Ed. (552)
Horizon Bank & Trust
 2004 Ed. (400)

Horizon Banks
 2009 Ed. (4131)
Horizon Behavioral Services
 2000 Ed. (3603)
 2002 Ed. (2852)
 2005 Ed. (2364)
Horizon Beverage Co.
 2022 Ed. (4913)
Horizon Blue
 2000 Ed. (2440)
Horizon Blue Cross Blue Shield
 2008 Ed. (2907)
 2016 Ed. (3579)
Horizon Blue Cross Blue Shield New Jersey
 2012 Ed. (3698)
Horizon Blue Cross Blue Shield of New Jersey
 2004 Ed. (3076)
 2006 Ed. (3058)
 2008 Ed. (2907)
 2013 Ed. (2362)
 2014 Ed. (2294, 3678)
 2015 Ed. (2377)
 2016 Ed. (2322)
 2017 Ed. (2161, 3053, 3548)
 2018 Ed. (2212, 3165)
 2019 Ed. (2191)
 2020 Ed. (2184)
Horizon/CMS Healthcare Corp.
 2001 Ed. (1815)
Horizon Coach Lines
 2013 Ed. (728)
 2014 Ed. (750)
 2015 Ed. (788)
 2016 Ed. (708)
Horizon Community Bank
 2021 Ed. (361)
 2022 Ed. (373)
 2023 Ed. (466)
Horizon Credit Union
 2021 Ed. (2047)
Horizon Datacom Solutions
 2005 Ed. (1105)
Horizon, FCB
 2003 Ed. (69)
Horizon, FCB Amman
 2002 Ed. (128)
Horizon, FCB Cairo
 2002 Ed. (104)
Horizon, FCB Kuwait
 2002 Ed. (132)
 2003 Ed. (98)
Horizon Federal Savings Bank
 1989 Ed. (2356)
 1990 Ed. (3101)
 1991 Ed. (2920)
Horizon Financial, FA
 1991 Ed. (3383)
Horizon Financial Federal Association
 1989 Ed. (2832)
 1990 Ed. (432, 3591)
Horizon Food Group
 2020 Ed. (310)
 2021 Ed. (297)
 2022 Ed. (310)
 2023 Ed. (409)
Horizon Freight System Inc.
 2012 Ed. (4799)
 2013 Ed. (4760)
 2014 Ed. (4811)
 2015 Ed. (4846)
 2016 Ed. (4750)
 2017 Ed. (4762)
 2018 Ed. (4758)
 2019 Ed. (4761)
 2020 Ed. (4749)
 2021 Ed. (4747)
 2022 Ed. (4749)
 2023 Ed. (4733)
Horizon Group Inc.
 1999 Ed. (3663, 3664)
 2000 Ed. (4023)
Horizon Health Corp.
 1990 Ed. (2726)
 2002 Ed. (3803)
 2003 Ed. (2803)
 2005 Ed. (2889, 3948)
 2010 Ed. (2394, 2395)
Horizon Health EAP Services
 2006 Ed. (2406, 2407)
Horizon Health Management Co.
 1992 Ed. (2449, 2450)
 1993 Ed. (2065, 2066)
Horizon Health Plan Inc.
 2000 Ed. (2432)
Horizon Health Services
 2010 Ed. (1872)
 2011 Ed. (1904)
 2014 Ed. (1871)
 2015 Ed. (1906)
Horizon Health Systems Inc.
 1993 Ed. (2072)
Horizon Healthcare Corp.
 1994 Ed. (1207)
 1999 Ed. (2723)

Horizon Healthcare Services Inc.
 2016 Ed. (3204, 3206, 3207, 3208)
 2017 Ed. (3162, 3164)
 2018 Ed. (3239)
Horizon HMO
 2005 Ed. (2817)
Horizon Homes
 2005 Ed. (1191, 1192)
Horizon Hotels
 1990 Ed. (2061)
Horizon Industries
 1991 Ed. (1877)
 1992 Ed. (1063)
Horizon Lines Inc.
 2008 Ed. (4819)
 2009 Ed. (312, 4772, 4844)
 2010 Ed. (4850)
 2011 Ed. (4817)
 2012 Ed. (4836)
 2013 Ed. (4830)
 2014 Ed. (4845)
Horizon Lines LLC
 2008 Ed. (4819)
 2009 Ed. (4844)
 2011 Ed. (4817)
 2014 Ed. (4845)
Horizon Media
 2000 Ed. (135)
 2003 Ed. (109)
 2004 Ed. (120)
 2005 Ed. (121)
 2011 Ed. (54)
 2012 Ed. (63)
 2014 Ed. (80)
 2015 Ed. (71)
 2016 Ed. (72)
 2017 Ed. (2886)
 2018 Ed. (2953)
 2019 Ed. (2901, 3500)
 2020 Ed. (2920)
 2023 Ed. (112, 152)
Horizon Mental Health Management
 1998 Ed. (1984)
Horizon Mental Health Services
 1994 Ed. (2086, 2087)
 1995 Ed. (2135)
 1996 Ed. (2147)
 1997 Ed. (2255)
Horizon/Middle East
 2001 Ed. (155, 159)
Horizon National Bank
 2005 Ed. (520, 521, 524)
 2006 Ed. (454)
Horizon Natural Resources Co.
 2006 Ed. (1046)
 2007 Ed. (1135)
 2008 Ed. (1015)
 2009 Ed. (1000)
 2010 Ed. (965)
 2011 Ed. (891)
Horizon North Logistics
 2015 Ed. (3939)
Horizon North Logistics Inc.
 2010 Ed. (4057)
 2011 Ed. (4403)
Horizon Organic
 2003 Ed. (3411)
 2005 Ed. (3477)
 2008 Ed. (821, 3670)
 2011 Ed. (4493)
 2014 Ed. (3651, 3652)
 2015 Ed. (3668, 3669)
 2016 Ed. (3555)
 2017 Ed. (3525, 3530, 3531)
 2018 Ed. (3572, 3573, 3574, 3575)
 2019 Ed. (3566, 3567)
 2020 Ed. (3540, 3541)
 2021 Ed. (3555, 3557)
 2022 Ed. (2166)
 2023 Ed. (3717)
Horizon Organics
 2015 Ed. (3670)
 2016 Ed. (3556)
Horizon Pharmacies
 1999 Ed. (4168)
 2002 Ed. (2031)
Horizon Prime Fund
 1992 Ed. (3098)
 1994 Ed. (2541, 2542)
Horizon Resources
 2012 Ed. (1786)
Horizon Retail Construction Inc.
 2012 Ed. (1018)
Horizon Saatchi & Saatchi
 1999 Ed. (66)
 2000 Ed. (70)
 2001 Ed. (114)
Horizon Savings
 1990 Ed. (3125)
Horizon Services Co.
 2018 Ed. (3610)
Horizon Services Group LLC
 2005 Ed. (4760)
Horizon Solar Power
 2017 Ed. (4421)
 2018 Ed. (4441, 4442)
 2019 Ed. (4455, 4456)

Horizon Staffing Services
 2003 Ed. (3949)
 2008 Ed. (4375)
Horizon Strategies LLC
 2023 Ed. (4773)
Horizon Tax-Exempt Money Fund
 1992 Ed. (3097)
 1994 Ed. (2540, 2544)
Horizon Telecom Inc.
 2004 Ed. (4588)
Horizon Therapeutics
 2021 Ed. (49, 1315)
 2022 Ed. (46, 602, 1324, 1597, 1598, 3866)
 2023 Ed. (90, 1765, 3963)
Horizon Transport Inc.
 2020 Ed. (4722, 4744)
 2021 Ed. (4742)
 2022 Ed. (4744)
 2023 Ed. (4728)
Horizon-UL
 1995 Ed. (2316)
Horizon Utilities Commission
 2013 Ed. (1525)
Horizon Utilities Corp.
 2014 Ed. (1495)
 2015 Ed. (1552)
 2016 Ed. (1491)
Horizons North Credit Union
 2003 Ed. (1890)
Horizons Solutions Corp.
 2008 Ed. (4930)
Horizons Solutions LLC
 2009 Ed. (4952)
Horizont
 2004 Ed. (82)
Horizontal
 2022 Ed. (3646)
 2023 Ed. (3751)
Horizontal Integration
 2016 Ed. (3597)
 2017 Ed. (3565)
 2018 Ed. (3617)
 2019 Ed. (3611)
 2020 Ed. (3583)
 2021 Ed. (3594)
Horizontal Oscillator
 1992 Ed. (3551)
Horizontal Software
 2018 Ed. (2938)
Horizonte
 2007 Ed. (3118)
 2010 Ed. (3254)
Horlicks
 1992 Ed. (887)
 1994 Ed. (693)
 1996 Ed. (725)
 1999 Ed. (710)
 2002 Ed. (703)
 2009 Ed. (601)
 2010 Ed. (585)
Horman Mathematica
 2022 Ed. (23)
Hormel
 1998 Ed. (1717)
 1999 Ed. (2458, 4139)
 2002 Ed. (2010)
 2003 Ed. (861)
 2004 Ed. (1371)
 2008 Ed. (335, 2741, 3606)
 2012 Ed. (280)
 2013 Ed. (283)
 2014 Ed. (287, 288)
 2015 Ed. (319, 320)
 2016 Ed. (319)
 2017 Ed. (323)
 2022 Ed. (3546)
 2023 Ed. (2862, 3668, 4447)
Hormel Always Tender
 2022 Ed. (3552)
 2023 Ed. (3673)
Hormel Black Label
 2002 Ed. (423)
 2008 Ed. (335, 3606)
 2012 Ed. (280)
 2013 Ed. (283)
 2014 Ed. (287, 288)
 2015 Ed. (319, 320)
 2016 Ed. (319)
 2017 Ed. (323)
 2018 Ed. (301, 302)
 2020 Ed. (307)
 2021 Ed. (292)
 2022 Ed. (305, 306, 3545, 3927)
 2023 Ed. (407, 3667)
Hormel & Co.; Geo A.
 1992 Ed. (2174, 2199, 2988, 2993, 2994, 2996, 2997, 3505, 3508, 3509, 3510, 3512)
 1997 Ed. (1643)
Hormel & Co.; George A.
 1991 Ed. (1732, 1750)
 1993 Ed. (1369, 1884, 2514, 2516, 2519, 2521, 2525, 2702, 2879, 2887, 2888, 2889, 2890, 2894, 2898)
 1994 Ed. (1422, 1882, 2451, 2453, 2456, 2458, 2903, 2905, 2906, 2907)

Hormel Compleats
 2010 Ed. (3750)
Hormel Foods
 2013 Ed. (2722)
 2014 Ed. (289)
 2015 Ed. (321, 2753, 2785, 3838)
 2016 Ed. (320, 2683, 3744)
 2017 Ed. (324, 2633, 2670, 3696)
 2018 Ed. (304, 1729, 2730, 3750)
 2019 Ed. (2677, 2714)
 2020 Ed. (2693, 2747, 2751, 3477, 3483)
 2021 Ed. (2606, 3495, 3496, 3497, 3500, 3503, 3504)
 2022 Ed. (2722)
 2023 Ed. (2859, 2918, 2947)
Hormel Foods Corp.
 1995 Ed. (2762)
 1996 Ed. (1421, 1931, 1949, 2583, 2588, 2590, 2591, 3058, 3061, 3062, 3064)
 1997 Ed. (2048, 2732, 2734, 2737, 2930, 3134, 3140, 3144, 3145)
 1998 Ed. (1720, 1733, 2451, 2454, 2455, 2889)
 1999 Ed. (2475, 2527, 2523, 3323, 3864)
 2000 Ed. (2232, 3059, 3061, 3580, 3581)
 2002 Ed. (3274, 3275, 3277)
 2003 Ed. (863, 864, 2500, 2501, 2507, 2509, 3324, 3328, 3329, 3330, 3331, 3338, 3340, 3341, 3342)
 2004 Ed. (3400, 3401, 3407, 3408)
 2005 Ed. (2645, 3413, 3414, 3420)
 2006 Ed. (3431)
 2007 Ed. (2596, 2608, 2609)
 2008 Ed. (2731, 2779, 2784, 3613, 3614, 3615, 3616, 3617, 3618)
 2009 Ed. (2786, 2842, 3680, 3681, 3682, 3683, 3684, 3686, 4386)
 2010 Ed. (2720, 2783, 3594, 4590)
 2011 Ed. (2772, 3596)
 2012 Ed. (2663, 2701, 3583, 3596, 4557)
 2013 Ed. (1869, 2752, 3638, 3650)
 2014 Ed. (2731, 2776, 2784, 3577, 3581, 3587)
 2015 Ed. (2786, 2830, 3589, 3594, 3601)
 2016 Ed. (2681, 2716, 2762, 3474, 3477, 3478, 3480, 3481, 3482, 3483)
 2017 Ed. (1779, 2630, 2671, 2720, 3441, 3444, 3446, 3447, 3449)
 2018 Ed. (1317, 1733, 2145, 2183, 2701, 2731, 2777, 3503, 3504, 3506, 3507, 3509, 3511)
 2019 Ed. (2143, 2171, 2675, 2715, 2721, 2753, 3492, 3493, 3496, 3498)
 2020 Ed. (2128, 2166, 2752, 2786, 2791, 3478, 3479, 3481, 3482, 3485, 3487)
 2021 Ed. (2157, 2630, 2657, 2662, 3498, 3499, 3501, 3502, 3505, 3506)
 2022 Ed. (36, 2795, 2798, 2831, 3555, 3556, 3557, 3558, 3559, 3560, 3561, 3562, 3563, 3564)
 2023 Ed. (2921)
Hormel Foods Corporation
 2022 Ed. (36)
Hormel Foods Inc.
 2021 Ed. (4406)
 2022 Ed. (3558, 4404)
Hormel Foods International Corp.
 2001 Ed. (2479)
Hormel Foods LLC
 2017 Ed. (3435, 3436, 3437, 3448, 3953)
 2018 Ed. (303, 3510, 4390, 4673)
 2019 Ed. (3497, 4410)
 2020 Ed. (3486, 3962)
 2021 Ed. (293)
 2023 Ed. (4434)
Hormel Gatherings
 2022 Ed. (4417)
 2023 Ed. (4444)
Hormel; Geo. A.
 1990 Ed. (2526, 2527)
Hormel; George A.
 1989 Ed. (1936, 1937)
Hormel Little Sizzler
 2002 Ed. (4098)
 2008 Ed. (4278)
 2009 Ed. (4382, 4383)
 2011 Ed. (4359)
 2018 Ed. (4289)
Hormel Natural Choice
 2014 Ed. (3576)
 2018 Ed. (3499)
 2020 Ed. (3471)
 2021 Ed. (3490)
 2022 Ed. (3550, 3551)
 2023 Ed. (3672)
Hormel Party Tray
 2022 Ed. (4417)
 2023 Ed. (4444)
HORN
 2015 Ed. (4142)
 2016 Ed. (4056)
 2018 Ed. (811)
The Horn Cos.
 2008 Ed. (1337)
 2009 Ed. (1221, 1335)
 2011 Ed. (1174)
 2012 Ed. (1122)
 2013 Ed. (1252, 1255)

2014 Ed. (1189)
Horn Group
 2003 Ed. (3990)
 2004 Ed. (3989, 4016, 4027)
 2005 Ed. (3955, 3967, 3972)
 2011 Ed. (4114, 4126)
 2012 Ed. (4144, 4156)
Horn & Hardart
 1990 Ed. (913, 1246, 3018)
Horn; Jerry D.
 1990 Ed. (1719)
Hornbach
 2001 Ed. (2756)
Hornbeck Offshore Services
 2009 Ed. (2924)
 2010 Ed. (2861)
Hornbeck Offshore Services Inc.
 2016 Ed. (1745)
 2017 Ed. (4723)
Hornbeck; Todd
 2015 Ed. (974)
Hornburg Jaguar
 1990 Ed. (329)
 1991 Ed. (282, 293)
 1992 Ed. (381, 387, 398)
 1993 Ed. (273, 283)
 1994 Ed. (272)
 1995 Ed. (278)
 1996 Ed. (275)
Hornburg Land Rover
 1996 Ed. (285)
Horne
 2009 Ed. (12)
 2010 Ed. (22, 23)
 2011 Ed. (20)
 2012 Ed. (25)
 2013 Ed. (17)
 2014 Ed. (13)
 2015 Ed. (14)
 2016 Ed. (13)
 2017 Ed. (9)
 2018 Ed. (8)
 2019 Ed. (9)
 2020 Ed. (11)
 2021 Ed. (13)
 2022 Ed. (2, 14)
 2023 Ed. (54)
Horne Brothers Construction
 2022 Ed. (4440, 4445, 4446, 4454, 4457, 4459)
Horne; Buck
 2008 Ed. (2691)
Horne CPA Group
 2002 Ed. (23)
 2003 Ed. (8)
 2004 Ed. (14)
 2005 Ed. (10)
 2006 Ed. (15)
 2007 Ed. (11)
Horner; Dara Lynn
 2010 Ed. (2569)
Horner & Shifrin Inc.
 2023 Ed. (2651)
Horner, Townsend & Kent Inc.
 1995 Ed. (816)
Hornets Sports & Entertainment
 2021 Ed. (1769)
 2022 Ed. (108)
 2023 Ed. (180)
Hornetsecurity
 2018 Ed. (4306)
Hornitex-Weke Gebr. Kuennemeyer Gmbh & Co. Kg
 2000 Ed. (3017)
Hornitos
 1999 Ed. (4587, 4588)
 2002 Ed. (4610, 4611, 4614)
Hornor, Townsend & Kent
 2021 Ed. (2553)
 2023 Ed. (2807)
Hornor, Townsend & Kent Inc.
 1996 Ed. (810)
Hornsby; Bruce
 1995 Ed. (1118, 1120)
Hornsby Cider
 1998 Ed. (3715)
 1999 Ed. (4763)
Hornsby's
 2001 Ed. (3117)
 2002 Ed. (3108)
 2005 Ed. (999)
 2006 Ed. (1009)
 2014 Ed. (952)
 2015 Ed. (983)
 2016 Ed. (884)
Hornstein Law Office; Howard B.
 1992 Ed. (2901)
Hornstein, Platt & Associates
 2020 Ed. (3024)
 2021 Ed. (2884)
Horos OOO
 2018 Ed. (1524)
Horoscopes
 2001 Ed. (1142)
Horovitz Family
 1990 Ed. (2577)
Horovitz Rudoy & Roteman
 2008 Ed. (278, 2037)

Horovitz, Rudoy & Roteman LLC
 2014 Ed. (1935)
Horowitz; Benjamin
 2021 Ed. (4762)
Horowitz; Stanley
 1993 Ed. (1701)
Horrigan, Jr.; E.A.
 1990 Ed. (1713, 1714)
Horrocks Engineers
 2011 Ed. (2473, 2474)
 2012 Ed. (2375)
Horrocks Engineers Inc.
 2013 Ed. (2557)
 2014 Ed. (2486)
 2015 Ed. (2561)
 2016 Ed. (2482)
 2017 Ed. (2338)
 2018 Ed. (2404)
 2019 Ed. (2447)
 2020 Ed. (2436)
 2021 Ed. (2360)
 2022 Ed. (2450, 2469)
 2023 Ed. (2584)
Horry County Schools
 2008 Ed. (4280)
Hors d'oeuvres
 2002 Ed. (3493)
 2003 Ed. (2571)
Horse chestnut
 2000 Ed. (2447)
Horse parimutuels
 1992 Ed. (2256)
Horse racing
 1995 Ed. (1968)
Horse tracks
 1990 Ed. (1873)
 1992 Ed. (2256)
The Horse Whisperer
 2000 Ed. (709)
Horseback riding
 1999 Ed. (4383)
Horsebooks
 1990 Ed. (1872)
Horsebooks, illegal
 1992 Ed. (2256)
Horsehead Holding Corp.
 2009 Ed. (2006, 2013)
 2012 Ed. (1846, 1847)
Horsehead Holdings
 2011 Ed. (2000)
Horsehead Industries
 1992 Ed. (1525, 1527)
Horsehead Resource
 1996 Ed. (3602)
Horsehead Resource Development
 1992 Ed. (3479)
Horseman Global
 2010 Ed. (2917)
Horsens Kommune
 2010 Ed. (185)
Horseracing
 1990 Ed. (1872)
Horseshoe Entertainment
 2005 Ed. (1848)
Horseshoe Entertainment LP
 2003 Ed. (1747)
Horseshoe Gaming Holding Corp.
 2004 Ed. (239)
 2006 Ed. (1418)
Horseshoe Tunica
 2023 Ed. (1027)
Horsham Corp.
 1992 Ed. (1593)
 1996 Ed. (1564, 3015)
 1997 Ed. (1641)
Horsley Bridge
 2000 Ed. (2792)
 2002 Ed. (4733)
Horsley Bridge Partners
 1999 Ed. (3057)
 2003 Ed. (4844)
Horst Paulmann
 2011 Ed. (4872)
 2012 Ed. (4854, 4880)
 2013 Ed. (4862)
 2014 Ed. (4876)
 2015 Ed. (4914)
 2016 Ed. (4830)
 2017 Ed. (4839)
 2018 Ed. (4845)
 2019 Ed. (4841)
Horst Paulmann & family
 2022 Ed. (4824)
 2023 Ed. (4819)
Horst W. Schroeder
 1991 Ed. (1621)
Horten AG
 1994 Ed. (3110)
Horten Group
 1994 Ed. (3110)
Horten; Heidi
 2008 Ed. (4860)
 2009 Ed. (4878)
 2010 Ed. (4879)
 2011 Ed. (4848)
 2012 Ed. (4875)
 2013 Ed. (4857)
 2014 Ed. (4871)

2015 Ed. (4909)
2016 Ed. (4825)
2017 Ed. (4835)
2018 Ed. (4840)
2019 Ed. (4836)
2020 Ed. (4826)
2021 Ed. (4827)
2022 Ed. (4820)
2023 Ed. (4814)
Hortensia Herrero
2016 Ed. (4876)
2017 Ed. (4876)
2018 Ed. (4888)
2021 Ed. (4870)
2022 Ed. (4866)
Horticulture Center
1990 Ed. (1219)
Horton; Don
2006 Ed. (1201)
Horton; Donald R.
2007 Ed. (4902)
Horton Donuts; Tim
1990 Ed. (1854)
Horton Group International
1996 Ed. (1707)
"Horton Hears a Who"
2017 Ed. (2887)
Horton Hears a Who!
2010 Ed. (559)
Horton Homes Inc.
1990 Ed. (1173, 2892, 2893)
1991 Ed. (1060, 2757, 2758)
1992 Ed. (1368, 3516, 3517, 3518, 3519, 3521)
1993 Ed. (1091, 2899, 2902, 2903)
1994 Ed. (1115, 1116, 1120, 2914, 2915, 2916, 2918, 2920)
1995 Ed. (1131, 2973)
1996 Ed. (3073)
1997 Ed. (3149, 3152, 3153, 3158)
1998 Ed. (2902, 2903, 2904, 2905, 2906, 2907)
1999 Ed. (3873, 3874, 3875, 3876, 3877, 3878)
2000 Ed. (1195, 3588, 3589, 3590, 3591, 3594, 3595)
2002 Ed. (3739, 3740)
2003 Ed. (1197, 3283)
2004 Ed. (1202)
2008 Ed. (3538)
2009 Ed. (3604)
Horton Inc.; D. R.
2005 Ed. (1166, 1179, 1180, 1181, 1183, 1185, 1186, 1191, 1192, 1193, 1196, 1197, 1199, 1202, 1203, 1204, 1206, 1210, 1211, 1215, 1219, 1221, 1222, 1223, 1224, 1225, 1228, 1229, 1230, 1231, 1232, 1233, 1234, 1235, 1237, 1238, 1240, 1241, 1242, 1243, 1244, 1256, 2948, 2962, 2964, 4503)
2006 Ed. (1161, 1162, 1191, 1193, 1194, 1195, 1196, 1197, 1199, 1200, 1202, 1203, 1520, 1523, 1742, 2041, 2947, 2957, 2959, 4190)
2007 Ed. (1269, 1273, 1274, 1290, 1300, 1301, 1303, 1304, 1307, 1308, 1309, 1310, 1311, 1324, 2012, 2964, 2977)
2008 Ed. (1167, 1190, 1198, 1200, 1201, 1202, 1213, 1509, 2114)
2009 Ed. (1148, 1164, 1174, 1175, 1177, 1178, 1179, 1180, 1446, 2098, 3175)
2010 Ed. (1143, 1164, 1166, 1167, 1169, 1170, 1171)
2011 Ed. (1084, 1112, 1114, 1116, 1117)
2012 Ed. (1005, 1034, 1036, 1037, 1038, 1589, 3019)
2013 Ed. (1149, 1184, 1185)
2014 Ed. (1136, 1137)
Horton Insurance Agency Inc.
2001 Ed. (2910, 2911)
2002 Ed. (2862)
Horton; Thomas W.
2016 Ed. (867)
Hortonworks
2015 Ed. (1117)
2016 Ed. (1029, 1038)
2017 Ed. (1063)
2018 Ed. (989)
2019 Ed. (988)
2020 Ed. (972)
Hortonworks Inc.
2018 Ed. (1001)
2019 Ed. (980, 1003)
Horwath
2002 Ed. (5)
Horwath Australia Ltd.
1999 Ed. (3)
2000 Ed. (5)
2004 Ed. (5)
2005 Ed. (3)
2006 Ed. (5)
2007 Ed. (3)
Horwath Clark Whitehill
2001 Ed. (1537)
2002 Ed. (25)
Horwath & Co.
1997 Ed. (14, 15)
1999 Ed. (14)

2000 Ed. (7)
Horwath & Horwath
1991 Ed. (5)
1992 Ed. (4, 5, 6, 16)
Horwath HTL
2008 Ed. (3084)
Horwath International
1993 Ed. (6)
1996 Ed. (6, 11, 12, 19)
1997 Ed. (6, 7)
Hosack, Specht, Muetzel & Wood
2019 Ed. (223)
Hoselton; Brett D.
2011 Ed. (3338)
Hoshizaki
2002 Ed. (1110)
Hosier; Gerald
1997 Ed. (2612)
Hosiery
1995 Ed. (2895, 2896)
1996 Ed. (3096, 3610)
1998 Ed. (1325)
2001 Ed. (1277, 2088)
Hosiery Corp. of America
1997 Ed. (2628)
1999 Ed. (1854)
Hosken Consolidated
2013 Ed. (3408)
Hosking; Peter
2009 Ed. (4877)
Hoskins; Alexander L.
1991 Ed. (2549)
Hoskyns
1992 Ed. (1335)
1997 Ed. (2973)
Hosnia Hashem
2013 Ed. (3478)
Hospice by the Bay
2020 Ed. (1425)
2021 Ed. (1424)
Hospice of Kona Inc.
2011 Ed. (1675)
Hospice of Lancaster County
2010 Ed. (1937)
The Hospice of Marion County Healthcare Alliance
2006 Ed. (4328)
2007 Ed. (4392)
Hospice of Michigan
1998 Ed. (2686)
1999 Ed. (3627)
2000 Ed. (3351)
2001 Ed. (2753, 3550)
2002 Ed. (2589, 3522)
Hospice & Palliative Care of Washington County
2010 Ed. (1922, 1923)
2011 Ed. (1965, 1966, 1967, 1968)
Hospice & Palliative Care of Washington County
2009 Ed. (1989)
Hospice & Palliative Care of Western Colorado
2013 Ed. (1547)
2014 Ed. (1516)
2015 Ed. (1572)
Hospice of Palm Beach County
2014 Ed. (3007)
2016 Ed. (2972)
HospiceLink
2016 Ed. (1339)
Hospices
1996 Ed. (2082)
Hospira
2014 Ed. (3967, 3969, 3971)
2015 Ed. (4009, 4015)
2016 Ed. (3922, 3928)
2017 Ed. (3892, 3898)
Hospira Inc.
2005 Ed. (1790)
2007 Ed. (2774)
2008 Ed. (3030)
2009 Ed. (3116)
2010 Ed. (3050)
2011 Ed. (3019)
2012 Ed. (2462, 2946, 3614, 3616)
2013 Ed. (3035, 3673)
2014 Ed. (46, 2543, 3049)
2015 Ed. (49)
2016 Ed. (48, 3427, 3503, 3505)
2017 Ed. (45, 3475)
Hospitable & Health Networks
2012 Ed. (4739)
Hospital
1989 Ed. (1020, 1578, 1579)
2000 Ed. (3565)
Hospital administrator
1989 Ed. (2088, 2093, 2094, 2095)
Hospital Affiliates Development Corp.
1989 Ed. (265)
1994 Ed. (232)
1995 Ed. (1124)
1996 Ed. (1130)
Hospital Authority
1997 Ed. (2393)
Hospital Authority Provident Fund Scheme
1999 Ed. (2886)
2001 Ed. (2882)

Hospital Blood Glucose Management Systems
2000 Ed. (3075)
Hospital Building & Equipment Co.
1989 Ed. (265)
1991 Ed. (250)
1992 Ed. (352, 1365)
1993 Ed. (242)
1994 Ed. (232)
1995 Ed. (234)
1996 Ed. (230)
1997 Ed. (261)
1998 Ed. (183)
1999 Ed. (286)
Hospital care
1996 Ed. (2083)
The Hospital Co.; Health Trust--
2005 Ed. (1515)
Hospital de la Concepcion
2007 Ed. (2780)
Hospital Contribution Fund
2020 Ed. (1300)
2021 Ed. (1281)
Hospital Contribution Fund (HCF)
2021 Ed. (1281)
Hospital Corp
1990 Ed. (1989)
Hospital Corp. of America
1989 Ed. (1343, 1603, 2474, 2478)
1990 Ed. (1167, 1904, 1990, 1991, 2056, 2630, 2633, 2635, 2636, 2637, 2638, 3258)
1991 Ed. (1057, 1136, 1143, 1144, 1147, 1822, 1934, 2497, 2503, 2505, 2506, 2507, 3105)
1992 Ed. (2298, 2458, 2459, 3122, 3128, 3130, 3131, 3152)
1993 Ed. (1955, 2073, 2381, 3291)
1994 Ed. (1977, 2089, 2572, 3283)
1995 Ed. (2003, 2082, 2144, 2444, 3303, 3362)
1996 Ed. (2031, 2155, 2486)
1997 Ed. (2151, 2629)
1998 Ed. (1844)
1999 Ed. (2603)
2000 Ed. (2346)
2005 Ed. (1515, 2073, 2736)
2008 Ed. (2888, 2889, 4293)
2009 Ed. (2951, 2952)
2010 Ed. (2888)
2013 Ed. (2884)
2015 Ed. (2960)
2016 Ed. (3004)
2017 Ed. (4322)
2018 Ed. (4314)
2019 Ed. (4342)
Hospital Corporation of America
1990 Ed. (1236)
2017 Ed. (2852)
2018 Ed. (2922)
Hospital Corp. of America; HCA Inc.
2002 Ed. (3790)
2003 Ed. (2621)
2004 Ed. (2738)
2012 Ed. (2798, 2813, 4055, 4063, 4064)
Hospital Damas Inc.
2004 Ed. (2812)
2005 Ed. (2808)
2006 Ed. (2782)
2007 Ed. (2780)
Hospital Dietary Service-HDS Services
1992 Ed. (2448)
1993 Ed. (2064)
Hospital Dr. Susoni Inc.
2004 Ed. (2812)
Hospital Espanol Auxilio Mutuo de Puerto Rico Inc.
2004 Ed. (1672, 2812)
2005 Ed. (2808)
2006 Ed. (2782)
2007 Ed. (2780)
2014 Ed. (1956)
2015 Ed. (2002)
2016 Ed. (1969)
Hospital Group of America
1999 Ed. (3907)
Hospital/health cash plan
2001 Ed. (2223)
Hospital/Healthcare
1994 Ed. (2757)
Hospital/Healthcare Union
1995 Ed. (2851)
Hospital Hermonos Melendez Inc.
2005 Ed. (2808)
2006 Ed. (2782)
2007 Ed. (2780)
Hospital & Higher Education Authority
2001 Ed. (905)
Hospital Housekeeping Systems
1995 Ed. (2133)
1996 Ed. (2148)
1997 Ed. (2253)
1998 Ed. (1979)
Hospital for Joint Diseases
2012 Ed. (2978)
2013 Ed. (3070)
2014 Ed. (3068, 3072)
2015 Ed. (3133, 3137)

2016 Ed. (2996, 3000)
Hospital for Joint Diseases, NYU Langone Medical Center
2013 Ed. (3066)
Hospital for Joint Diseases-Othopedic Inst.
1999 Ed. (2737)
Hospital Liability Risk Retention Group Inc.
1993 Ed. (852)
Hospital management
1992 Ed. (4070)
1996 Ed. (3508)
Hospital Management Professionals
1990 Ed. (2630, 2633, 2637)
1991 Ed. (2497, 2500, 2503, 2505)
1992 Ed. (3122, 3125, 3128, 3130, 3131)
Hospital maintenance organizations
2003 Ed. (2837)
Hospital Partners of America
2009 Ed. (1149, 2950, 4111)
Hospital Practice
1990 Ed. (2538)
1991 Ed. (2410)
1992 Ed. (3012)
1994 Ed. (2470)
Hospital Purchasing Service
2009 Ed. (2956, 2957)
2010 Ed. (2893, 2894)
Hospital of St. Raphael
2005 Ed. (2911)
2006 Ed. (2922)
Hospital equipment maintenance services
1999 Ed. (3666)
Hospital Shared Services
1998 Ed. (1980)
1999 Ed. (2717)
2000 Ed. (2495)
2001 Ed. (2762, 2764)
2002 Ed. (2591)
2003 Ed. (2796)
2005 Ed. (2884, 3438)
2006 Ed. (2778, 3449)
2008 Ed. (2905)
2010 Ed. (2901)
Hospital for Sick Children
2012 Ed. (725)
2016 Ed. (2871)
Hospital Sirio-Libanes
2019 Ed. (2379)
Hospital Sisters Health System
1990 Ed. (2629)
1991 Ed. (2499)
1992 Ed. (3124)
Hospital for Special Surgery
1999 Ed. (2737, 2743)
2000 Ed. (2516, 2522)
2002 Ed. (2605, 2608)
2003 Ed. (2809, 2812)
2004 Ed. (2913, 2916)
2005 Ed. (2899, 2902)
2006 Ed. (2906, 2909)
2007 Ed. (2925, 2928)
2008 Ed. (3048, 3051)
2009 Ed. (3134, 3137)
2010 Ed. (3066, 3068)
2011 Ed. (3037, 3040)
2012 Ed. (2975, 2978)
2013 Ed. (3066, 3070)
2014 Ed. (3063, 3066, 3068, 3072)
2015 Ed. (3128, 3133, 3137)
2017 Ed. (2991, 2996, 3000)
2018 Ed. (2898)
Hospital of the University of Pennsylvania
1989 Ed. (740)
1999 Ed. (2735, 2738)
2000 Ed. (2514)
2002 Ed. (2604, 2613)
2003 Ed. (2805, 2808, 2817, 2831, 2835)
2004 Ed. (2912, 2921)
2005 Ed. (2896, 2898, 2905, 2907)
2006 Ed. (2902)
2009 Ed. (3128, 3141)
2010 Ed. (3060, 3069, 3070, 3071, 3072)
2011 Ed. (3031, 3034, 3041, 3043, 3044)
2012 Ed. (2969, 2972, 2976, 2980, 2982)
2013 Ed. (3058, 3060, 3067, 3068, 3071)
2014 Ed. (3073)
2015 Ed. (3138)
2016 Ed. (4319)
Hospital of the University of Pennsylvania-renovations
2000 Ed. (1227)
Hospitality
2003 Ed. (2912)
2007 Ed. (3732, 3733, 3734, 3735)
2009 Ed. (3866, 3867, 3868, 3869)
Hospitality Associates
1992 Ed. (2467)
Hospitality Care Center
1990 Ed. (1739)
Hospitality Design
2008 Ed. (4713)
Hospitality Design Consultants
2010 Ed. (3101)
2011 Ed. (3069)
Hospitality Franchise Systems
1992 Ed. (2497, 2499, 2500, 2501)
1993 Ed. (2097, 2098, 2099)

1994 Ed. (2095, 2096, 2097, 2111, 2112, 2119)
1995 Ed. (2167, 2168, 2169, 2170, 3162)
1996 Ed. (2160, 2161, 2162, 2182, 2184)
1997 Ed. (2297, 2300)
1998 Ed. (2026, 2033)
1999 Ed. (2781)
Hospitality International Inc.
1990 Ed. (2086, 2088)
1991 Ed. (1951, 1954)
1992 Ed. (2500, 2501)
1993 Ed. (2095, 2097)
1995 Ed. (2164)
2008 Ed. (3078)
Hospitality Investors Trust Inc.
2019 Ed. (2101)
Hospitality/lodging
1992 Ed. (2229)
Hospitality Network
1990 Ed. (883)
Hospitality Properties Trust
1997 Ed. (3405)
1999 Ed. (4001)
2005 Ed. (1859)
2009 Ed. (3165)
2013 Ed. (3095)
2014 Ed. (3094)
2015 Ed. (3159)
2018 Ed. (3070)
2020 Ed. (3047)
2021 Ed. (2912)
Hospitality Restaurant Group
2021 Ed. (4186)
Hospitality services
2007 Ed. (786)
Hospitality Staffing Solutions
2008 Ed. (3704, 4380, 4958)
2010 Ed. (1649)
2011 Ed. (1658)
2012 Ed. (1510)
2013 Ed. (1653)
Hospitality Staffing Solutions LLC
2007 Ed. (3547, 4407)
Hospitals
1990 Ed. (1658)
1991 Ed. (1000, 2769)
1994 Ed. (2028, 2029, 2243, 2366)
1995 Ed. (1588)
1996 Ed. (3)
1999 Ed. (1895, 1904, 3007)
2002 Ed. (2779, 4723)
2003 Ed. (4835)
2004 Ed. (2292)
2007 Ed. (3048)
2009 Ed. (1431, 3854)
2010 Ed. (3772)
2011 Ed. (3776)
2012 Ed. (3777)
2014 Ed. (3763)
2019 Ed. (3704)
Hospitals, acute-care
2003 Ed. (3472)
Hospitals, clinics, medical centers
2005 Ed. (153)
Hospitals Contribution Fund
2016 Ed. (1376, 1380)
2018 Ed. (1374)
The Hospitals Contribution Fund of Australia Ltd.
2020 Ed. (3188)
2022 Ed. (3182)
Hospitals, in-patient
1994 Ed. (1041)
Hospitals Insurance Co.
2018 Ed. (3286)
2020 Ed. (3249)
Hospitals Insurance Co., Inc.
2021 Ed. (3117)
Hospitals, non-federal
2002 Ed. (3747, 3756)
Hospitals of Ontario Pension Plan
1990 Ed. (2787)
2009 Ed. (3929)
Hospitals, private
2007 Ed. (3717)
Hospitals, psychiatric
2003 Ed. (3472)
Hospitals of the University of Pennsylvania
2016 Ed. (2988, 2990, 2991, 2992, 2994, 2997, 2998, 3001, 3002)
Hossein Eslambolchi
2006 Ed. (1003)
Hosseini; Mehdi
2011 Ed. (3371)
Hoss's Steak & Sea
2002 Ed. (4018)
The Host
2010 Ed. (563, 610)
2011 Ed. (493, 541)
Host Europe plc
2003 Ed. (2734, 2740, 2741)
Host & hostess
2008 Ed. (3810)
Host Hotels & Resorts
2015 Ed. (4193)
2016 Ed. (4111)
2017 Ed. (4088)
2018 Ed. (4117)

2019 Ed. (4128)
2020 Ed. (4130)
2021 Ed. (4086)
2023 Ed. (4197)
Host Hotels & Resorts Inc.
2007 Ed. (2962)
2008 Ed. (1510, 1512, 1540, 1904, 2694, 3073, 3081, 3086, 4122)
2009 Ed. (1468, 1867, 1868, 3162, 3171, 4222, 4223)
2010 Ed. (1453, 1797, 1798, 3043, 3092, 4159, 4162, 4164)
2011 Ed. (742, 1455, 1826, 3058, 3061, 3072, 4166)
2012 Ed. (679, 1288, 1683, 1684, 1685, 3002, 3005, 3016, 4190, 4204, 4214)
2013 Ed. (1396, 1835, 1837, 1838, 3095, 4185, 4191, 4194, 4200)
2014 Ed. (1334, 1765, 1767, 1768, 3094, 3105, 4202, 4208, 4212)
2015 Ed. (1397, 1808, 1810, 3159, 4182, 4188)
2016 Ed. (1327, 1767, 1769, 4099, 4106)
2017 Ed. (1740, 1742, 4075, 4082)
2018 Ed. (1691, 2455, 3070)
2019 Ed. (1376, 1758, 4104, 4114)
2020 Ed. (1698)
2021 Ed. (4086)
Host International
1995 Ed. (3132)
Host Mariott Corp.
2004 Ed. (2932)
2005 Ed. (2923)
Host Mariott LP
2004 Ed. (2932)
2005 Ed. (2923)
Host Marriott Corp.
1995 Ed. (2151, 2154, 3325)
1996 Ed. (2163, 2164, 2167)
1997 Ed. (2281, 2282)
1998 Ed. (1318, 1736, 2006)
1999 Ed. (1936, 2480, 2481, 2760, 2762, 2770)
2000 Ed. (1358, 1512, 1724, 2540, 2560)
2002 Ed. (2638, 3930)
2003 Ed. (1558, 1589, 1599, 1753, 2844, 4052)
2004 Ed. (1615, 1789, 1790, 2934, 2935, 2940, 4077, 4079)
2005 Ed. (1640, 1854, 1855, 2004, 2768, 2926, 2933, 4009, 4011)
2006 Ed. (1529, 1864, 2724, 2937, 2946, 4042, 4044)
2007 Ed. (2714, 2948, 4083, 4085, 4087)
2008 Ed. (4115)
Host Marriott LP
2004 Ed. (1789)
2005 Ed. (1854)
2007 Ed. (1868, 2939)
Host Marriott Services Inc.
1998 Ed. (3067)
1999 Ed. (4082)
2000 Ed. (254, 2217, 2240)
2001 Ed. (2482, 2778)
2006 Ed. (262, 1862, 1863)
Host Travel Plazas
1998 Ed. (3339)
HostedBizz
2020 Ed. (1462, 3127)
2021 Ed. (1453, 2987)
Hostelling International
2005 Ed. (2936)
2006 Ed. (2939)
Hostess
1995 Ed. (339, 2939)
1996 Ed. (356, 357, 358, 3464)
1998 Ed. (260, 261, 262, 263)
1999 Ed. (366)
2000 Ed. (368, 369, 370, 371, 4059, 4060)
2003 Ed. (852)
2008 Ed. (338, 4445)
2014 Ed. (292, 2299, 4487)
2015 Ed. (327, 4483)
2016 Ed. (324, 754, 2329, 4379)
2017 Ed. (331, 808, 2169, 4390, 4403)
2018 Ed. (738, 2219, 4411)
2019 Ed. (754, 2196, 4423)
Hostess Brands
2014 Ed. (2300)
2015 Ed. (2383)
2016 Ed. (2330)
Hostess Brands Inc.
2012 Ed. (4117)
2013 Ed. (4109)
2019 Ed. (306)
2020 Ed. (308)
2021 Ed. (295)
2022 Ed. (308)
Hostess Brands LLC
2017 Ed. (2170, 4374)
2018 Ed. (307, 312, 740, 2221, 4386)
2019 Ed. (311, 2197, 4407)
2020 Ed. (310, 313, 314, 2190, 2191, 4406)
2021 Ed. (297, 301, 302, 764, 2169, 2170, 4405)

2022 Ed. (310, 314, 315, 802, 2198, 2199, 4403)
2023 Ed. (409, 412, 413, 1008, 2379, 2380, 4433)
Hostess Breakfast Bake Shop
1996 Ed. (357)
1998 Ed. (262)
Hostess Cupcakes
1995 Ed. (341)
Hostess Ding Dongs
1995 Ed. (341)
Hostess Donettes
2014 Ed. (2299)
2015 Ed. (2382)
2016 Ed. (2328)
2017 Ed. (2168)
Hostess Ho Hos
1995 Ed. (341)
1996 Ed. (356)
Hostess Lights
1994 Ed. (1858)
1996 Ed. (356, 3464)
1998 Ed. (263)
Hostess Snack Cake
2008 Ed. (4449)
Hostess Sweet Sixteen
2014 Ed. (2299)
Hostess Twinkie Lights
1995 Ed. (341)
Hostess Twinkies
1995 Ed. (341)
1996 Ed. (356, 3464)
1998 Ed. (263)
2017 Ed. (4390)
Hostess Twinkies Lights
1996 Ed. (3464)
Hostetter Jr.; Amos
1991 Ed. (1142)
HostGator
2010 Ed. (773)
The Hostile Hospital
2003 Ed. (712)
Hostmaker
2021 Ed. (4071)
Hostmann-Steinberg
2006 Ed. (3045)
2007 Ed. (3077)
2008 Ed. (3218)
2009 Ed. (3277)
2010 Ed. (3202)
2011 Ed. (3166)
2012 Ed. (3122)
2013 Ed. (3207)
2014 Ed. (3219)
2015 Ed. (3282)
2016 Ed. (3122)
2017 Ed. (3063)
2018 Ed. (3176)
Hostmark Hospitality Group
2001 Ed. (2777)
2002 Ed. (2626)
Hostmark International
1992 Ed. (2468, 2469)
Hostmark Management Corp.
1995 Ed. (2149, 2150)
Hostmark Management Group
1993 Ed. (2077, 2078, 2079, 2080, 2081)
1994 Ed. (2093, 2094)
1996 Ed. (2158, 2159)
Hostopia.com Inc.
2004 Ed. (2781, 2782)
2006 Ed. (2746)
HostPapa Inc.
2015 Ed. (3244)
HOSTPLUS
2015 Ed. (1451)
Hostwinds
2017 Ed. (3052)
HostWorks Inc.
2003 Ed. (3963)
Hot Air
2012 Ed. (492)
Hot rolled bars
2001 Ed. (4366)
Hot beverages
1991 Ed. (3440)
1993 Ed. (3660)
2002 Ed. (4725)
Hot Bot
1998 Ed. (3780)
Hot cereal
1992 Ed. (3548)
Hot chocolate
2002 Ed. (4720)
2003 Ed. (4833)
Hot Designs
2015 Ed. (2330)
Hot Diggity! Dog Walking + Pet Sitting
2020 Ed. (3028)
Hot Dish Advertising
2023 Ed. (147)
Hot Dog on a Stick
2019 Ed. (2564)
2020 Ed. (2555)
2023 Ed. (2768)
Hot dogs
1997 Ed. (2033)
1998 Ed. (2463, 3125)

1999 Ed. (1413, 2125)
Hot entrees
1993 Ed. (3499)
1997 Ed. (2059)
Hot, Flat & Crowded
2010 Ed. (565)
Hot, Flat, & Crowded: Why We Need a Green Revolution
2010 Ed. (599)
Hot Gossip Body Care
2003 Ed. (642)
Hot Head Burritos
2015 Ed. (4260)
Hot House Growers Income Fund
2008 Ed. (199)
HOT - Israel Cable Association
2008 Ed. (50)
Hot ITem
2010 Ed. (1852)
Hot 'N Now
1994 Ed. (3087)
Hot Pockets
2005 Ed. (2691)
2008 Ed. (2775, 2786)
2014 Ed. (2780, 2781)
2015 Ed. (2826, 2827)
2016 Ed. (2754, 2758)
2017 Ed. (2709)
2018 Ed. (2765)
2019 Ed. (2764, 2765)
2020 Ed. (2802)
2021 Ed. (2674)
2022 Ed. (2800, 2802, 2826)
2023 Ed. (2923, 2924)
Hot & cold therapy products
1995 Ed. (1605)
Hot Rod
2000 Ed. (3481, 3490, 3492)
Hot Rod Magazine
2003 Ed. (4525)
Hot Shades Theme Book, 8-In. x 10-5-In.
1990 Ed. (3431)
Hot Shades Theme Book, 8-In. x 10-5-In.
1990 Ed. (3430)
Hot rolled sheets
2001 Ed. (4366)
Hot Shot
2003 Ed. (2952)
Hot & Spicy
2000 Ed. (4062)
Hot/Spicy/Cajun
1990 Ed. (2887)
Hot & Spicy potato chips
1992 Ed. (3504)
Hot Springs-Lake Ouachita, AR
1989 Ed. (2336)
Hot Stuff
2008 Ed. (2670)
Hot Stuff Foods LLC
2007 Ed. (2543)
2008 Ed. (2684)
2009 Ed. (2707)
2010 Ed. (2627)
2011 Ed. (2609)
2012 Ed. (2552)
2013 Ed. (2673)
Hot Stuff Foods Xpress
2019 Ed. (2754)
Hot Tamales
1993 Ed. (834)
2001 Ed. (1120)
2002 Ed. (936)
Hot Topic
2015 Ed. (996)
2017 Ed. (943)
2020 Ed. (868)
Hot Topic Inc.
2003 Ed. (1024)
2004 Ed. (1023, 1583, 2779)
2005 Ed. (1030, 4379)
2006 Ed. (1035, 1041, 1584)
2007 Ed. (912, 1121, 1129, 4492)
2008 Ed. (884, 997, 1006, 1011)
2009 Ed. (995)
2010 Ed. (959)
2011 Ed. (885)
Hot Wheels
1993 Ed. (3599)
1994 Ed. (3558)
1995 Ed. (3641, 3647)
1996 Ed. (3720)
1997 Ed. (3772)
1998 Ed. (3600, 3601)
1999 Ed. (4629)
2001 Ed. (4606, 4607)
2006 Ed. (4782)
2007 Ed. (4789)
2008 Ed. (4707)
2012 Ed. (4734)
2018 Ed. (4676)
2019 Ed. (4681)
2021 Ed. (4666, 4669)
2022 Ed. (4674, 4679)
2023 Ed. (4667, 4668)
Hot Wheels Mechanix Vehicle Asst.
2000 Ed. (4276)
Hot Wheels Power Loop
1997 Ed. (3771)

CUMULATIVE INDEX • 1989-2023

Hot Wheels (U.S.)
　2021 Ed. (4669)
　2022 Ed. (4679)
Hot Wheels Vehicles
　1997 Ed. (3772)
Hotai Motor
　2016 Ed. (4228)
　2017 Ed. (4214)
　2021 Ed. (1922)
Hotai Motor Co. Ltd.
　1999 Ed. (1743)
　2000 Ed. (1568)
Hotbot
　1999 Ed. (3003)
　2007 Ed. (712)
Hotchin; Mark
　2008 Ed. (4848)
Hotchkis & Wiley
　1991 Ed. (2230)
　1997 Ed. (2553)
　1998 Ed. (2309)
　2000 Ed. (2859)
　2003 Ed. (3081)
Hotchkis & Wiley All Cap Value
　2006 Ed. (3618)
Hotchkis & Wiley Capital Management, Small Cap Value
　2003 Ed. (3134, 3137)
Hotchkis & Wiley Equity-Income
　1996 Ed. (2802)
Hotchkis & Wiley Global Value A
　2023 Ed. (4503)
Hotchkis & Wiley High Yield
　2012 Ed. (500)
　2014 Ed. (633)
Hotchkis & Wiley International
　1997 Ed. (2875)
　1999 Ed. (3517, 3568)
Hotchkis & Wiley Large Cap Value
　2006 Ed. (3634)
　2008 Ed. (2616)
Hotchkis & Wiley Low Duration
　1996 Ed. (2793)
　1998 Ed. (2649)
　1999 Ed. (746)
　2000 Ed. (759)
Hotchkis & Wiley Mid Cap Value
　2014 Ed. (4567)
Hotchkis & Wiley Mid-Cap Value
　2004 Ed. (3556, 3559)
　2007 Ed. (2489)
　2008 Ed. (2619)
　2014 Ed. (3741)
Hotchkis & Wiley Mid-Cap Value A
　2023 Ed. (4515)
Hotchkis & Wiley Mid-Cap Value Fund
　2003 Ed. (3538)
Hotchkis & Wiley Small Cap Value
　2004 Ed. (3573)
　2006 Ed. (3653, 3654)
　2007 Ed. (2492)
　2008 Ed. (2622)
　2012 Ed. (4549)
　2014 Ed. (3741)
Hotchkis & Wiley Small Cap Value Fund
　2003 Ed. (3542)
Hotchkis & Wiley Total Return
　2000 Ed. (757)
Hotchkis & Wiley Value Opportunities
　2020 Ed. (3702)
　2021 Ed. (3707)
Hotchkis & Wiley Value Opportunities A
　2021 Ed. (3707)
Hotel 21 East Kempinski
　1992 Ed. (2479)
Hotel Arts Barcelona
　2017 Ed. (2963)
　2018 Ed. (3078)
Hotel Atop the Bellevue
　1994 Ed. (2103)
Hotel Bar
　2000 Ed. (1634, 1636, 4158)
　2001 Ed. (1080)
　2008 Ed. (820, 821)
　2014 Ed. (823)
Hotel Bar Butter
　2003 Ed. (820)
Hotel Bar Foods
　2003 Ed. (823)
Hotel Booker
　2010 Ed. (2951)
Hotel Boulderado
　2005 Ed. (2928)
　2006 Ed. (2931)
　2007 Ed. (2942)
Hotel Broker One
　2009 Ed. (3160)
Hotel Brokers International
　2008 Ed. (3071)
　2009 Ed. (3160)
Hotel Business
　2008 Ed. (4713)
　2009 Ed. (4761)
Hotel Captain Cook
　2003 Ed. (2851)

Hotel Catalonia Bavaro Republica Dominicana
　2013 Ed. (1534, 1594)
Hotel Catalonia Gran Dominicus Republica Dominicana
　2013 Ed. (1594)
Hotel Catalonia Royal Republica Dominicana
　2013 Ed. (1534, 1594)
Hotel Colon Internacional
　2002 Ed. (4409)
Hotel del Coronado
　1993 Ed. (2091)
　2002 Ed. (3990)
Hotel Crescent Court
　1998 Ed. (2013)
　1999 Ed. (2761)
Hotel De Crillon
　1996 Ed. (2185)
Hotel Design Consultants
　2006 Ed. (3174)
　2007 Ed. (3208)
Hotel Du Pont
　1998 Ed. (2013)
Hotel Employees & Restaurant Employees Union
　1991 Ed. (3411)
Hotel Equities Group
　2012 Ed. (3008)
Hotel F & B
　2009 Ed. (4755)
　2010 Ed. (4764)
Hotel F & B Executive
　2007 Ed. (4794, 4797)
　2008 Ed. (4711, 4713)
Hotel F & B Information Executive
　2009 Ed. (4761)
The Hotel Group
　1995 Ed. (2148)
Hotel Hana-Maui
　1990 Ed. (2064)
Hotel Hershey
　1999 Ed. (2769)
Hotel industry
　1997 Ed. (3527)
Hotel Inter-Continental
　1997 Ed. (2301)
　1999 Ed. (2787)
　2000 Ed. (2539)
Hotel Investors
　1990 Ed. (2060, 2965)
Hotel & Leisure Advisors
　2009 Ed. (3173)
Hotel Macklowe
　1996 Ed. (2165, 2166)
Hotel Management Services
　1992 Ed. (2468)
Hotel general manager
　2008 Ed. (3817)
Hotel Meridien Boston
　1990 Ed. (2063)
Hotel Meridien Newport Beach
　1989 Ed. (253)
Hotel Millenium
　1996 Ed. (2165, 2166)
Hotel Millennium
　1999 Ed. (2798)
Hotel and motel
　1990 Ed. (2187)
　1991 Ed. (2052, 2056, 3225)
Hotel-motel
　1989 Ed. (2647)
Hotel & Motel Management
　2007 Ed. (4797)
　2008 Ed. (4713)
　2009 Ed. (4761)
Hotel Negara Ltd.
　1995 Ed. (1351)
Hotel Parker Meridien
　1990 Ed. (2063)
Hotel Plaza Ltd.
　1993 Ed. (3323)
Hotel Prapatan
　1990 Ed. (1381)
　1991 Ed. (2013)
Hotel Properties Ltd.
　1994 Ed. (3311)
The Hotel Providence
　2008 Ed. (2060)
　2009 Ed. (2026)
Hotel Queen Mary
　1999 Ed. (2796)
Hotel Ramada of Nevada
　2011 Ed. (1889)
Hotel Rehabs
　2019 Ed. (1030, 1637)
Hotel Republic
　2020 Ed. (3053)
　2021 Ed. (2923)
　2022 Ed. (3041)
Hotel reservations
　2007 Ed. (2312)
Hotel Reservations Network
　2004 Ed. (2770)
　2008 Ed. (4615)
Hotel/Resort
　1992 Ed. (3631)

Hotel & Restaurant Supply
　2007 Ed. (2594)
Hotel & Restaurant Supply Co.
　2017 Ed. (2686)
Hotel des Seigneurs Saint-Hyacinthe
　2003 Ed. (2415)
　2005 Ed. (2521)
Hotel Services
　2002 Ed. (4477, 4478)
Hotel Services Division, Holiday Corp.
　1990 Ed. (2286)
Hotel Shilla
　1999 Ed. (2773)
　2000 Ed. (2548)
　2017 Ed. (1965)
　2021 Ed. (1855)
Hotel Skaftafell ehf
　2019 Ed. (1629)
Hotel Sofitel Chicago
　1996 Ed. (2173)
　1997 Ed. (221, 2287)
Hotel Supply Warehouse
　2016 Ed. (2730)
　2021 Ed. (2635)
Hotel Vancouver
　1993 Ed. (2094)
Hotel Zdrojowy Pro-Vita
　2014 Ed. (1952)
hotel.de AG
　2008 Ed. (2951, 2952)
Hoteles Mallorquines Asociados SA
　1990 Ed. (2093)
Hoteles Marriott Cancun
　2011 Ed. (1847)
HotelREZ Hotels & Resorts
　2020 Ed. (3053)
　2021 Ed. (2923)
　2022 Ed. (3041)
HotelREZ Hotels and Resorts
　2023 Ed. (3160)
Hotels
　1993 Ed. (2917)
　1999 Ed. (1180)
　2000 Ed. (3460)
　2001 Ed. (4385)
　2003 Ed. (4835)
　2005 Ed. (95, 852, 1602, 3018)
　2006 Ed. (1486, 4611)
　2007 Ed. (98, 2325, 4797)
　2008 Ed. (109, 1432, 2451, 4713)
　2009 Ed. (119, 179, 4761)
　2010 Ed. (120)
　2011 Ed. (33)
Hotels, motels and campgrounds
　1995 Ed. (1935)
Hotels, casinos, resorts
　2000 Ed. (1350, 1351, 1352, 1353)
　2002 Ed. (2777)
　2003 Ed. (2900, 2908)
　2004 Ed. (3006)
　2005 Ed. (3010)
　2006 Ed. (3006, 3007)
　2007 Ed. (3047)
　2008 Ed. (3151, 3152, 3153, 3157, 3158, 3159)
Hotels Combined Pty. Ltd.
　2012 Ed. (2824, 2825, 2849)
　2013 Ed. (2899)
Hotels/meeting places
　1997 Ed. (1118)
Hotels and motels
　1993 Ed. (2157)
　1995 Ed. (3314)
　1996 Ed. (3, 3508, 3795)
Hotels/motels
　1994 Ed. (2366, 3235)
　2002 Ed. (4723)
Hotels & resorts
　2005 Ed. (134, 153)
　2006 Ed. (138)
　2007 Ed. (131)
Hotels & tourism
　1997 Ed. (2572)
Hotels.com
　2004 Ed. (3019, 3023, 3149, 3150)
　2005 Ed. (1823)
Hotels.com LP
　2007 Ed. (2912)
　2008 Ed. (3034)
　2009 Ed. (3120)
　2010 Ed. (3054)
Hotels.nl
　2009 Ed. (3011)
H.o.T.H.
　2014 Ed. (1350)
The HOTH
　2020 Ed. (1532)
　2021 Ed. (1516)
HotHands
　2018 Ed. (2682)
　2020 Ed. (2676)
　2021 Ed. (2585)
HotHands 2
　2018 Ed. (2682)
　2020 Ed. (2676)
　2021 Ed. (2585)
Hothouse Flowers
　1993 Ed. (1078, 1080)

HotJobs.com
　2002 Ed. (4801)
　2003 Ed. (3047)
　2004 Ed. (3156)
Hotlinv
　1989 Ed. (2664)
Hotmail
　2002 Ed. (4805)
　2003 Ed. (3048)
　2004 Ed. (3157)
hotmail.com
　2001 Ed. (4776)
Hotondo Homes
　2020 Ed. (1056)
　2021 Ed. (1026)
　2022 Ed. (1063)
Hotpoint
　1991 Ed. (187, 1441, 2825, 3242, 3243, 3471)
　1992 Ed. (258, 1830, 2522, 3649, 4154, 4155, 4420)
　1996 Ed. (1563)
　2001 Ed. (2037, 3600, 3601, 4027, 4731)
　2005 Ed. (2953)
　2007 Ed. (727)
　2008 Ed. (678, 699, 2348, 3089, 4548)
Hotrachem
　1999 Ed. (1094)
Hotspex
　2021 Ed. (3467)
Hotto Motto
　2015 Ed. (4302, 4304, 4305, 4306)
　2016 Ed. (4168)
Hotung
　2000 Ed. (4035)
Hotung; Eric
　2010 Ed. (3958)
Hotusa Hotels
　2020 Ed. (3053)
　2021 Ed. (2923)
　2022 Ed. (3038, 3041)
　2023 Ed. (3160)
Hotwire
　2004 Ed. (4052)
　2018 Ed. (4054)
　2019 Ed. (4024, 4041, 4047)
　2020 Ed. (4052, 4055, 4058, 4062)
　2021 Ed. (4020, 4030)
　2022 Ed. (67, 4039, 4046, 4049, 4053)
　2023 Ed. (132, 4154)
Hotwire.com
　2005 Ed. (1464)
HotWired
　1997 Ed. (3920)
Houby; Suzanne Al
　2013 Ed. (3484)
Houchens Industries
　2009 Ed. (4145)
　2010 Ed. (4077)
　2014 Ed. (2455)
　2015 Ed. (2524)
　2016 Ed. (2459)
　2017 Ed. (2310)
　2018 Ed. (1667, 2350)
　2019 Ed. (1726, 2352, 2359)
　2020 Ed. (1672, 2320, 2327)
　2021 Ed. (2286, 2293)
　2022 Ed. (2308, 2325)
　2023 Ed. (2487, 2501)
Houchens Industries Inc.
　2013 Ed. (1806)
　2014 Ed. (1733)
　2015 Ed. (1778)
　2016 Ed. (1732)
Houde Foods Co. Ltd.
　2023 Ed. (2422)
Houg Special Services Inc.
　2012 Ed. (4989)
　2013 Ed. (4988)
Hough & Co.; William R.
　1991 Ed. (2173)
　1993 Ed. (2269, 3198)
　1997 Ed. (2479)
　2005 Ed. (4313)
Hough Graduate School of Business; University of Florida
　2010 Ed. (741)
Hough Guidance Realty
　2000 Ed. (3711)
Hough; Lawrence A.
　1995 Ed. (1731)
Houghton; James
　1997 Ed. (1801)
Houghton Lake Lodging Investment
　2001 Ed. (4283)
Houghton Mifflin
　1989 Ed. (2272)
　1990 Ed. (1583)
　2004 Ed. (752)
　2006 Ed. (642, 644)
　2007 Ed. (667)
　2008 Ed. (626)
　2009 Ed. (646, 648)
Houghton Mifflin Harcourt
　2020 Ed. (4072)
　2021 Ed. (4039, 4040)
　2023 Ed. (3676)

Houghton Mifflin Harcourt Co.
 2019 Ed. (2984)
 2020 Ed. (3013)
 2021 Ed. (2854)
Houghton Mifflin Harcourt Publishing Co.
 2012 Ed. (2947)
 2013 Ed. (3036)
 2014 Ed. (311, 313, 3050)
 2015 Ed. (3116)
 2018 Ed. (3042)
Houghton Mifflin Holding Co.
 2008 Ed. (1401)
Houlder
 2017 Ed. (2032)
Houlihan Lakey Howard & Zukin
 1995 Ed. (853)
Houlihan Lokey
 2017 Ed. (1325)
 2018 Ed. (1302)
 2020 Ed. (489)
Houlihan Lokey Howard & Zukin
 1996 Ed. (833)
 2000 Ed. (2769)
 2001 Ed. (1516)
 2002 Ed. (1351, 2999, 4602)
 2003 Ed. (1388, 1392)
 2004 Ed. (1402, 1406)
 2005 Ed. (1423, 1424)
 2006 Ed. (1409)
 2008 Ed. (1390, 1391)
Houlihan's
 1990 Ed. (3021)
 1991 Ed. (2869, 2877)
 1992 Ed. (3709, 3717)
 1993 Ed. (3017, 3025, 3034)
 1994 Ed. (3089)
 1995 Ed. (3139)
 1997 Ed. (3334)
 1998 Ed. (3063)
 1999 Ed. (4065)
 2000 Ed. (3782)
 2007 Ed. (4152)
 2008 Ed. (4187)
Houma-Bayou Cane-Thibodaux, LA
 2012 Ed. (3498, 4371)
 2014 Ed. (2460)
Houma, LA
 2002 Ed. (3330)
 2005 Ed. (1059, 2989)
 2006 Ed. (1067)
Houma-Thibodaux, LA
 1992 Ed. (2541, 3034)
 1995 Ed. (3779)
Hounds Town USA
 2023 Ed. (1045, 2377)
Hourglass Capital Management
 1992 Ed. (2755)
Hourglass Capital Mangement
 1992 Ed. (2759)
Hourieh Peramaa
 2009 Ed. (4918)
Hourigan Construction Corp.
 2022 Ed. (1201)
 2023 Ed. (1439)
The Hours
 2011 Ed. (1068)
House
 2010 Ed. (2977, 4715)
 2011 Ed. (2939)
House of 1000 Corpses
 2005 Ed. (3518)
House of Batteries
 2004 Ed. (2245)
 2005 Ed. (2345)
House Beautiful
 2000 Ed. (3498)
 2003 Ed. (3273)
 2004 Ed. (3338)
 2006 Ed. (153)
 2007 Ed. (145)
 2010 Ed. (3515)
House of Blues
 1999 Ed. (4058)
 2000 Ed. (3763)
 2001 Ed. (4084)
 2006 Ed. (1152)
 2007 Ed. (1266)
House of Blues Concerts
 2001 Ed. (3917, 3919)
 2002 Ed. (3798)
 2003 Ed. (1126)
House of Cards
 2011 Ed. (529)
House Doctors
 1999 Ed. (2521)
 2000 Ed. (2271)
 2001 Ed. (2533)
 2002 Ed. (2057)
 2003 Ed. (2121)
 2004 Ed. (2164)
 2005 Ed. (2262)
 2006 Ed. (2320)
 2007 Ed. (2251)
 2016 Ed. (801)
House Doctors Handyman Service
 2021 Ed. (2838)
House of Fabric Inc.
 1993 Ed. (3545)

House of Fabrics
 1996 Ed. (386)
 1998 Ed. (1531)
 1999 Ed. (1054)
House Foods
 2007 Ed. (2624)
House of Fraser
 2008 Ed. (677)
House of Fraser PLC
 1990 Ed. (1412)
 1991 Ed. (1337)
 1993 Ed. (1389)
 1997 Ed. (1418)
 2001 Ed. (4115)
House & Garden
 2000 Ed. (3479, 3498)
 2003 Ed. (3273)
 2004 Ed. (3338)
 2007 Ed. (3402)
House of Guitars
 1993 Ed. (2642)
The House on Hope Street
 2003 Ed. (706)
House of Imports Inc.
 1992 Ed. (381, 391)
 1993 Ed. (277)
 1994 Ed. (276)
 1995 Ed. (279)
 1996 Ed. (279)
 2002 Ed. (352)
 2004 Ed. (274)
 2005 Ed. (277, 334)
 2006 Ed. (299)
House of Kia
 1996 Ed. (293)
House of Lords Gin
 1997 Ed. (2144, 2145)
The House of Mondavi
 2009 Ed. (630)
House of Night No. 1: Marked
 2011 Ed. (491)
House of Night No. 2: Betrayed
 2011 Ed. (491)
House of Night No. 3: Chosen
 2011 Ed. (491)
House of Night No. 5: Hunted
 2011 Ed. (490)
 2012 Ed. (450)
House of Night No. 6: Tempted
 2011 Ed. (490)
House of Night No. 7: Burned
 2012 Ed. (449)
House of Night No. 9: Destined
 2013 Ed. (562)
House of Pasta
 2014 Ed. (2763)
 2015 Ed. (2816)
 2016 Ed. (2749)
 2017 Ed. (2701)
 2018 Ed. (2786)
 2021 Ed. (2670)
 2023 Ed. (2934)
House of Performance
 2011 Ed. (1883)
House prices
 1992 Ed. (2804)
House of Raeford Farms
 2020 Ed. (3481)
House of Raeford Farms Inc.
 1997 Ed. (2738, 3139)
 2003 Ed. (3338, 3339)
 2009 Ed. (4159)
 2010 Ed. (4092)
 2011 Ed. (4062)
 2012 Ed. (4095)
 2013 Ed. (1958)
 2016 Ed. (3475, 3483)
 2017 Ed. (3439, 3444, 3449, 3954)
 2018 Ed. (3502, 3507, 3511, 3975)
 2019 Ed. (3491, 3498, 3946)
 2020 Ed. (3476, 3482, 3487, 3963)
 2021 Ed. (3496, 3501, 3506)
 2022 Ed. (3556, 3560, 3564, 3939)
 2023 Ed. (4022)
House of Representatives; U.S.
 2006 Ed. (3293)
The House of Rothschild
 2000 Ed. (780)
House of Sand and Fog
 2003 Ed. (722, 725)
House of Seagram
 1990 Ed. (2455, 2457, 2459)
 1991 Ed. (2323, 2325, 2327)
 1992 Ed. (2882, 2884)
 1996 Ed. (3268)
 1997 Ed. (2141, 3367, 3854)
House of Stuart
 2001 Ed. (4163)
 2002 Ed. (4173)
 2003 Ed. (4306)
 2004 Ed. (4316)
House To House
 2018 Ed. (4231)
 2019 Ed. (3457)
House of Tsang
 1995 Ed. (3183)

Housecall Medical Resources
 1997 Ed. (2242)
 1998 Ed. (1965, 1966, 3419)
 1999 Ed. (2704, 2705, 2706)
Household
 1999 Ed. (1794)
Household accessories
 2002 Ed. (2702)
Household appliance accessories
 2003 Ed. (2868)
Household furnishing & appliances
 1996 Ed. (3508)
Household specialty appliances
 2005 Ed. (2755)
Household appliances/furniture/electronics
 1997 Ed. (3716)
Household Bank
 1990 Ed. (514)
 1992 Ed. (504, 509, 3792, 3793)
 1994 Ed. (342, 1498, 1499, 2551, 3528)
 1995 Ed. (347)
 1996 Ed. (3684)
 1997 Ed. (336, 3381, 3743)
 1998 Ed. (3130, 3131, 3136, 3143, 3145, 3152, 3154, 3524, 3529, 3531, 3543)
Household Bank, FSB
 1993 Ed. (353, 3073, 3075, 3082, 3089, 3090, 3091, 3092)
 2000 Ed. (4248)
 2001 Ed. (4524, 4525, 4527)
 2002 Ed. (4100, 4116, 4119, 4120, 4122, 4130, 4132, 4133, 4620)
 2003 Ed. (4230, 4259, 4262, 4263, 4265, 4268, 4274, 4276)
 2004 Ed. (4286)
Household Bank Illinois NA
 1998 Ed. (344)
Household Bank NA
 1991 Ed. (364, 406)
Household Bank NA, Salinas
 1990 Ed. (421)
Household Bank (Nevada)
 1997 Ed. (574)
Household Bank Nevada NA
 1995 Ed. (564)
 1996 Ed. (633)
 1998 Ed. (414)
Household Bank SB
 1997 Ed. (574)
Household Bank SB NA
 1998 Ed. (414)
Household bookkeeping
 1993 Ed. (2564)
Household cleaners
 1991 Ed. (1428)
 1992 Ed. (91, 92, 1817)
 1995 Ed. (2998, 3528)
 1996 Ed. (1484)
Household Credit Corp.
 1993 Ed. (1438, 1439, 1440, 1441, 1444)
Household Credit Services Inc.
 1994 Ed. (345)
 1995 Ed. (346, 1525, 1526, 1527, 1529)
 1996 Ed. (1486, 1487, 1488, 1489, 1491)
 1997 Ed. (1549, 1550, 1551, 1552, 1553)
 1998 Ed. (1205, 1207, 1210, 1211, 1212)
 1999 Ed. (1790)
 2000 Ed. (1617)
 2001 Ed. (580)
Household Finance Corp.
 1995 Ed. (1787, 1789, 1790, 1791)
 1996 Ed. (1765, 1766, 1767)
 1997 Ed. (1845, 1846, 1847)
Household Financial Corp.
 1991 Ed. (1663, 1664, 1665, 1667)
 1992 Ed. (2130, 2131, 2153)
 1993 Ed. (1763, 1764, 1765, 1767)
 1994 Ed. (1754, 1847)
Household Financial Services
 1990 Ed. (1759, 1760, 1761, 1763)
 2005 Ed. (3305)
Household goods
 1992 Ed. (1488, 1502)
 1993 Ed. (1205, 3389)
 1995 Ed. (1259)
 1996 Ed. (1216, 1225)
 1997 Ed. (1274)
 1998 Ed. (1040)
 1999 Ed. (1473)
 2000 Ed. (4245)
 2001 Ed. (4641, 4644)
 2002 Ed. (2216)
 2004 Ed. (2543)
 2006 Ed. (2536)
 2007 Ed. (1321, 2522)
Household Insurance Group
 2004 Ed. (3085, 3086)
 2005 Ed. (3093, 3094)
 2007 Ed. (3133, 3134)
Household International Group
 2002 Ed. (2918)
Household International Inc.
 1989 Ed. (1424, 1427)
 1990 Ed. (1758, 1775, 3249)
 1992 Ed. (2145)
 1993 Ed. (1503, 3259)
 1994 Ed. (1550, 3253)
 1995 Ed. (350, 3332)

 1996 Ed. (362, 1915)
 1997 Ed. (337, 2005, 2007)
 1998 Ed. (271, 273, 1558, 1690, 1691)
 1999 Ed. (379, 1343, 2435)
 2000 Ed. (380, 1241, 1621, 1916, 1917, 1918, 2192)
 2001 Ed. (575, 1452, 1959, 2433, 2434)
 2002 Ed. (502, 504, 1219, 2002, 2263, 4501)
 2003 Ed. (1215, 1885, 2470, 2471, 2473, 2475, 2476, 2477, 2478, 4564)
 2004 Ed. (1224, 1917, 2114, 2594, 2595, 2600, 2603, 2604, 2605, 2608)
 2005 Ed. (1465, 1468, 1542, 1549, 1558, 1926, 2052)
 2007 Ed. (1480)
Household Life Insurance Co.
 1999 Ed. (2960)
 2002 Ed. (2906)
Household Manufacturing
 1989 Ed. (1947)
Household Mortgage Services
 1991 Ed. (1660)
Household operation
 2007 Ed. (1322)
Household & personal products
 2003 Ed. (2903, 2904, 2905)
 2004 Ed. (1744, 1747, 1748, 3009, 3010, 3011, 3014)
 2005 Ed. (3007, 3008, 3009, 3012)
 2006 Ed. (3003, 3004, 3005)
 2007 Ed. (3042, 3044)
 2008 Ed. (1822, 1823, 3154, 3156)
 2009 Ed. (1770, 1771)
Household paper products
 1991 Ed. (1428)
 1992 Ed. (1428)
Household products
 1992 Ed. (2625)
 1994 Ed. (1493, 2889)
 1996 Ed. (1485)
 2001 Ed. (4288)
 2002 Ed. (764)
 2008 Ed. (1631, 2839)
 2009 Ed. (2896)
 2010 Ed. (2836)
Household Retail Services
 1993 Ed. (1442)
 1994 Ed. (888)
 1995 Ed. (931)
 1996 Ed. (910)
 1997 Ed. (943)
 1998 Ed. (685)
 1999 Ed. (1071)
Household Retailer Services
 2000 Ed. (1011)
Household equipment repair services
 2002 Ed. (2782)
Household stores
 1992 Ed. (99)
 1993 Ed. (58)
Household equipment & supplies
 1992 Ed. (32)
Household supplies
 1999 Ed. (1789)
 2003 Ed. (3947, 3948)
Household workers
 1997 Ed. (1721)
Housekeep
 2020 Ed. (1509, 1982, 4565)
Housekeeper
 2004 Ed. (2280)
Housekeepers
 2010 Ed. (3787)
Housekeeping
 1995 Ed. (2816)
 1998 Ed. (1981)
 2000 Ed. (2503)
 2001 Ed. (2760, 2766, 3556)
 2002 Ed. (2599, 3525)
 2005 Ed. (2890, 2891)
 2006 Ed. (2897)
 2008 Ed. (3039)
Housekeeping cleaners
 2012 Ed. (3778)
HouseMaster
 2002 Ed. (2056, 2361)
 2003 Ed. (2120)
 2004 Ed. (2163)
 2005 Ed. (2261)
 2018 Ed. (3009)
 2019 Ed. (2950)
 2020 Ed. (2978, 2980)
 2021 Ed. (2838, 2840)
HouseMaster Home Inspections
 2006 Ed. (2319)
 2007 Ed. (2250)
 2008 Ed. (2388)
 2009 Ed. (2368)
 2010 Ed. (2292)
 2011 Ed. (2290)
 2012 Ed. (2184)
 2013 Ed. (3007)
 2022 Ed. (3005)
 2023 Ed. (3121)
houseofireland.com
 2001 Ed. (4779)

CUMULATIVE INDEX • 1989-2023

Houseparty
  2020 Ed. (4572)
Housesimple
  2018 Ed. (4094)
HouseValues
  2006 Ed. (2074, 4039)
  2009 Ed. (2126)
Houseware items
  1999 Ed. (4314)
Housewares
  1989 Ed. (2329)
  1990 Ed. (2149, 3035, 3090)
  1991 Ed. (1997)
  1992 Ed. (2569, 2860)
  1993 Ed. (2134)
  1997 Ed. (1675)
  2003 Ed. (3943, 3944)
  2007 Ed. (3048)
  2011 Ed. (2361)
  2012 Ed. (2285)
Housewares & furnishings
  1992 Ed. (4390)
Housewares/tools
  1996 Ed. (2221)
Housing
  1991 Ed. (2262)
  1993 Ed. (2364)
  1997 Ed. (2572)
  2002 Ed. (1220)
  2004 Ed. (178)
  2007 Ed. (1322)
Housing Authority of Baltimore
  1991 Ed. (3161)
Housing Authority Insurance Group
  2008 Ed. (4250)
  2011 Ed. (4317)
Housing Authority Property Insurance Inc.
  2000 Ed. (983)
Housing Authority Risk Retention Group
  1991 Ed. (857)
  1992 Ed. (1061)
  1993 Ed. (852)
  1994 Ed. (866)
  1995 Ed. (908)
  1996 Ed. (881)
  1997 Ed. (904)
  1998 Ed. (641)
  1999 Ed. (1033)
  2000 Ed. (983)
Housing Bank
  1990 Ed. (481)
  1991 Ed. (432, 578)
  1992 Ed. (587)
  1993 Ed. (39)
  1994 Ed. (414)
  1995 Ed. (407)
  1996 Ed. (434)
  1997 Ed. (241, 399)
  1999 Ed. (264, 265, 456, 566)
  2000 Ed. (293, 294, 446, 577, 578)
  2001 Ed. (48)
  2002 Ed. (4381)
  2004 Ed. (57)
  2006 Ed. (59)
  2007 Ed. (50)
  2008 Ed. (53)
  2009 Ed. (60)
  2010 Ed. (70)
The Housing Bank for Trade & Finance
  2002 Ed. (598)
  2003 Ed. (554)
  2004 Ed. (568)
  2005 Ed. (554)
  2006 Ed. (476, 4512)
  2007 Ed. (491)
  2008 Ed. (455)
  2009 Ed. (484)
  2010 Ed. (466)
  2011 Ed. (393)
  2012 Ed. (381)
  2013 Ed. (526)
  2014 Ed. (542)
  2015 Ed. (433)
  2016 Ed. (388)
  2017 Ed. (393)
  2018 Ed. (359)
  2019 Ed. (362)
  2020 Ed. (357)
Housing & Commercial Bank
  2002 Ed. (600, 601, 602)
Housing & Commercial Bank Korea
  1999 Ed. (569)
  2000 Ed. (581)
Housing & Construction
  1990 Ed. (2187)
Housing construction, single-family
  2010 Ed. (1139, 1140)
  2011 Ed. (1080, 1081)
Housing Cooperative Nasz Dom
  2008 Ed. (2052)
Housing & Development Bank
  2011 Ed. (333)
  2012 Ed. (340)
  2023 Ed. (580)
Housing & Development Board
  2011 Ed. (107)
Housing Development Center
  2012 Ed. (1775, 1828)

Housing Development Finance
  2014 Ed. (2684)
  2015 Ed. (2729)
  2016 Ed. (2651)
  2017 Ed. (2598)
Housing Development Finance Corp.
  2015 Ed. (1709)
  2016 Ed. (1657)
  2017 Ed. (1632, 2405)
  2018 Ed. (1610)
  2019 Ed. (1652)
  2020 Ed. (1609)
  2021 Ed. (1591)
  2023 Ed. (1772)
Housing Development Finance Corp., Ltd.
  1996 Ed. (755)
  1999 Ed. (2887)
  2012 Ed. (1563, 2622, 4198)
Housing Development Finance Corporation Ltd.
  2019 Ed. (1646)
  2021 Ed. (1585)
Housing Development Finance Corp. Ltd. (HDFC)
  2013 Ed. (2709)
  2014 Ed. (2692)
  2015 Ed. (2738)
  2016 Ed. (2661)
  2017 Ed. (2607)
  2018 Ed. (2669)
  2019 Ed. (2654)
  2020 Ed. (2667)
Housing New Zealand
  2015 Ed. (1930)
Housing Resources Group
  2013 Ed. (2158)
Housing & Savings Bank
  1993 Ed. (467)
  1994 Ed. (471)
Housing Trust Group
  2021 Ed. (999, 1003)
Housing and Urban Development
  1995 Ed. (1666)
Housing and Urban Development; Department of
  1992 Ed. (26)
Housing & Urban Development; U.S. Department of
  2010 Ed. (2824)
  2013 Ed. (3744)
Houston
  1992 Ed. (98, 1011, 1012, 1013)
  1996 Ed. (2229)
  2000 Ed. (2470, 2472, 2474, 2586, 2589, 3572, 3726, 3771, 3819, 4392)
  2023 Ed. (4016, 4017)
Houston Airport
  1996 Ed. (195)
  1997 Ed. (222)
Houston; Allan
  2006 Ed. (291)
Houston American Energy
  2010 Ed. (2032)
  2012 Ed. (2757)
  2014 Ed. (4580)
Houston American Energy Corp.
  2013 Ed. (3939, 3940, 3941)
Houston; Andrew
  1996 Ed. (1913)
  1997 Ed. (2003)
Houston Associates
  1998 Ed. (748, 3310)
Houston Astros
  2002 Ed. (4340)
  2005 Ed. (645)
  2007 Ed. (578)
  2020 Ed. (564)
Houston, Bauer College of Business; University of
  2009 Ed. (785)
Houston-Baytown-Sugar Land, TX
  2005 Ed. (3336)
  2006 Ed. (676, 1019, 2673, 2698, 2868, 3321, 3324, 3473, 3474, 3476, 3477, 3478, 3578, 4098, 4141, 4143)
  2007 Ed. (772, 1105, 2658, 2692, 2858, 3376, 3383, 3388, 3498, 3499, 3501, 3502, 3503, 3643, 4120, 4164, 4166, 4809, 4877, 4885)
  2008 Ed. (3458, 3477, 3508, 3524, 3748, 4817)
  2009 Ed. (3573, 4767, 4777, 4842)
  2010 Ed. (3491)
  2011 Ed. (3492, 3503, 4270)
  2012 Ed. (3496)
  2013 Ed. (3541)
  2014 Ed. (3517)
Houston/Beaumont/Galveston, TX
  1993 Ed. (2071)
Houston Casualty
  2001 Ed. (4034, 4035)
Houston Casualty Co.
  2016 Ed. (3200)
  2017 Ed. (3153, 3154)
  2018 Ed. (3235)
Houston Casualty Group
  2010 Ed. (3322)

Houston Chronicle
  1990 Ed. (2692)
  1997 Ed. (2943)
  1998 Ed. (77, 78, 82)
  1999 Ed. (3613, 3614)
  2001 Ed. (261)
  2002 Ed. (3501, 3504)
  2003 Ed. (3643, 3647)
  2009 Ed. (3824)
  2010 Ed. (3752, 3753)
  2011 Ed. (80, 3754)
  2012 Ed. (3758, 3759)
Houston Chronicle B.
  2000 Ed. (3334)
Houston-Clear Lake; University of
  2008 Ed. (3639)
  2012 Ed. (611, 879)
  2014 Ed. (773)
  2015 Ed. (815)
Houston CMSA, TX
  1990 Ed. (1156)
Houston Community College
  2017 Ed. (2006)
  2018 Ed. (1959)
  2019 Ed. (2013)
Houston County Healthcare Authority
  2005 Ed. (1643)
  2008 Ed. (1543)
  2009 Ed. (1471)
  2011 Ed. (1458)
  2012 Ed. (1298)
  2013 Ed. (1403)
  2014 Ed. (1342)
  2015 Ed. (1419)
  2016 Ed. (1340)
Houston Dynamo
  2018 Ed. (4432)
Houston Effler Herstek Favat
  1996 Ed. (119)
Houston Effler & Partners
  1994 Ed. (104)
  1995 Ed. (43, 103)
Houston Exploration Co.
  2004 Ed. (3667)
  2005 Ed. (3585, 3774, 3776)
Houston Forward Times
  2002 Ed. (3503)
Houston/Galveston/Brazoria, TX
  1989 Ed. (2912)
  1991 Ed. (3339, 3483)
  1992 Ed. (369)
  1994 Ed. (2536)
  2000 Ed. (4288)
Houston-Galveston, TX
  1993 Ed. (2953)
  1996 Ed. (37)
  1998 Ed. (2983)
  2002 Ed. (3893)
  2003 Ed. (4031)
  2010 Ed. (4143)
Houston Garden Centers
  2013 Ed. (2797)
  2014 Ed. (2833)
  2015 Ed. (2873)
  2019 Ed. (2805)
  2020 Ed. (2831)
Houston Harvest
  2006 Ed. (3933)
  2007 Ed. (3991)
  2008 Ed. (4008)
  2009 Ed. (4082)
Houston Herstek Favat
  1997 Ed. (123)
  1998 Ed. (61)
Houston HOA Management
  2023 Ed. (2058)
Houston Independent School District
  1990 Ed. (3106, 3107)
  1991 Ed. (2923, 2927, 2929)
  1992 Ed. (3802)
  1993 Ed. (3099, 3102)
  1994 Ed. (3070, 3146)
  1995 Ed. (3190)
  1996 Ed. (3288)
  1997 Ed. (3385)
  1998 Ed. (3160)
  2019 Ed. (3961)
Houston Industries
  1989 Ed. (1302, 1303)
  1990 Ed. (1606, 1607)
  1991 Ed. (1185, 1503, 1504)
  1992 Ed. (1904, 1905, 3230)
  1993 Ed. (1560, 3292)
  1994 Ed. (1601, 1602, 2445, 3284)
  1995 Ed. (1643, 1644, 3363)
  1996 Ed. (1620, 1621)
  1997 Ed. (876, 1288, 1699, 1700)
  1998 Ed. (1392, 1393)
  1999 Ed. (1481, 1555, 1952, 3964)
  2000 Ed. (3672)
Houston Intercontinental
  1992 Ed. (308)
Houston International
  1995 Ed. (194)
Houston-Johnson Inc.
  2016 Ed. (3596)
  2017 Ed. (3564)
  2018 Ed. (4958)

Houston Lighting & Power Co.
  1998 Ed. (1374)
  1999 Ed. (1948, 3846)
Houston Livestock Show
  1995 Ed. (1733)
  1996 Ed. (1718)
Houston Livestock Show & Rodeo
  1992 Ed. (2066)
  1993 Ed. (1709)
  1994 Ed. (1725)
  1997 Ed. (1805)
  1998 Ed. (1518)
  1999 Ed. (2086)
  2000 Ed. (1888)
  2002 Ed. (2215)
  2003 Ed. (2417)
  2005 Ed. (2524)
  2006 Ed. (2534)
  2007 Ed. (2513)
Houston Methodist
  2015 Ed. (2081, 2933)
  2016 Ed. (2041, 2868)
  2017 Ed. (2000, 2824)
  2020 Ed. (1936, 2896)
Houston Methodist Research Institute
  2017 Ed. (4120)
Houston Methodist St. Catherine Hospital
  2019 Ed. (2016)
Houston Methodist Sugar Land Hospital
  2016 Ed. (2050)
  2018 Ed. (1960)
  2019 Ed. (2014)
  2020 Ed. (1942)
  2021 Ed. (1902)
Houston Methodist The Woodlands Hospital
  2023 Ed. (2064)
Houston Methodist West Hospital
  2018 Ed. (1962)
  2019 Ed. (2016)
  2020 Ed. (1944)
Houston Milk Producers
  1996 Ed. (1511)
Houston Milk Producers FCU
  2000 Ed. (221, 1629)
Houston Municipal Employees Credit Union
  2009 Ed. (2188)
Houston/NANA
  2003 Ed. (1604, 3422)
Houston Pipeline Co.
  2005 Ed. (2720, 2722)
Houston Police Credit Union
  2015 Ed. (2216)
  2016 Ed. (2187)
Houston Rockets
  1998 Ed. (3357)
  2003 Ed. (4508)
  2006 Ed. (548)
  2007 Ed. (579)
  2008 Ed. (530)
  2009 Ed. (565)
  2010 Ed. (548)
  2011 Ed. (476)
  2012 Ed. (433)
  2013 Ed. (546)
  2014 Ed. (560)
  2015 Ed. (623)
  2016 Ed. (570)
  2017 Ed. (599)
  2018 Ed. (563)
  2019 Ed. (582)
  2020 Ed. (565)
  2022 Ed. (557)
  2023 Ed. (809)
Houston Savings Bank
  2004 Ed. (4719)
Houston-Sugar Land-Baytown, TX
  2012 Ed. (3697)
Houston Symphony
  1991 Ed. (894)
  1994 Ed. (1903)
Houston Texans
  2005 Ed. (2667, 4437)
  2006 Ed. (2653)
  2007 Ed. (2632)
  2008 Ed. (2761)
  2009 Ed. (2817)
  2010 Ed. (2758)
  2011 Ed. (2744)
  2012 Ed. (2681, 4521)
  2013 Ed. (2767)
  2014 Ed. (2749)
  2015 Ed. (2802)
  2016 Ed. (2732)
  2017 Ed. (2688)
  2018 Ed. (2749)
  2019 Ed. (2732)
  2020 Ed. (2762)
  2021 Ed. (2637)
  2022 Ed. (2762)
Houston Texas Fire Fighters Credit Union
  2011 Ed. (2170)
  2013 Ed. (2220)
  2016 Ed. (2187)
Houston-The Woodlands-Sugar Land, TX
  2015 Ed. (3532)
  2016 Ed. (3383)
  2017 Ed. (3342)
  2018 Ed. (3402)

CUMULATIVE INDEX • 1989-2023

2021 Ed. (3358, 3374)
2022 Ed. (3408, 3424)
Houston-The Woodlands, TX
  2017 Ed. (4149)
Houston Tribology Sales & Marketing Office
  2015 Ed. (2077)
  2016 Ed. (2046)
Houston, TX
  1989 Ed. (2, 226, 284, 727, 738, 828, 913, 914, 993, 1265, 1491, 1492, 1560, 1577, 1625, 1627, 1628, 1645, 1646, 1647, 1952, 1956, 1958, 1959, 1960, 1961, 1962, 1963, 1964, 1965, 1966, 1967, 2051, 2317)
  1990 Ed. (286, 291, 301, 401, 404, 738, 871, 873, 917, 1002, 1003, 1005, 1006, 1007, 1008, 1009, 1010, 1054, 1055, 1148, 1150, 1151, 1218, 1553, 1867, 1868, 1958, 1986, 2019, 2022, 2111, 2123, 2124, 2125, 2126, 2154, 2158, 2163, 2165, 2486, 2487, 2546, 2548, 2549, 2551, 2554, 2555, 2556, 2557, 2558, 2559, 2560, 2561, 2562, 2563, 2564, 2565, 2566, 2567, 2656, 2882, 2883, 2884, 2885, 3003, 3047, 3048, 3523, 3524, 3526, 3527, 3528, 3529, 3530, 3535, 3536, 3608, 3609, 3614)
  1991 Ed. (56, 275, 515, 715, 936, 937, 976, 977, 1102, 1455, 1644, 1782, 1783, 1863, 1888, 1914, 1915, 1916, 1965, 1972, 1973, 1974, 1975, 1979, 1980, 1985, 2000, 2003, 2006, 2010, 2424, 2425, 2427, 2430, 2431, 2432, 2433, 2435, 2436, 2437, 2438, 2439, 2440, 2441, 2442, 2443, 2444, 2445, 2446, 2631, 2756, 2861, 2864, 2890, 2892, 3116, 3296, 3298, 3299)
  1992 Ed. (237, 370, 374, 668, 896, 897, 1010, 1153, 1164, 1213, 1356, 1389, 1440, 1797, 2101, 2352, 2387, 2412, 2415, 2416, 2521, 2535, 2536, 2547, 2575, 2577, 2580, 2584, 3040, 3041, 3043, 3044, 3045, 3046, 3047, 3048, 3049, 3050, 3051, 3056, 3057, 3058, 3059, 3140, 3236, 3290, 3293, 3491, 3492, 3493, 3494, 3495, 3496, 3497, 3498, 3499, 3500, 3501, 3502, 3641, 3692, 3734, 3953, 4217, 4220, 4221, 4222, 4242, 4265, 4437)
  1993 Ed. (57, 267, 480, 707, 709, 773, 818, 944, 949, 989, 1158, 1221, 1424, 1478, 1598, 1736, 1737, 1999, 2042, 2043, 2044, 2107, 2108, 2139, 2142, 2145, 2149, 2465, 2540, 2543, 2544, 2545, 2546, 2550, 2551, 2552, 2553, 2812, 2938, 3043, 3045, 3223, 3519, 3521, 3522, 3523, 3549, 3606, 3624, 3700)
  1994 Ed. (128, 256, 482, 717, 718, 719, 827, 963, 966, 973, 1188, 1259, 1524, 1992, 2058, 2062, 2063, 2142, 2143, 2149, 2150, 2162, 2164, 2169, 2170, 2172, 2383, 2409, 2487, 2488, 2489, 2490, 2492, 2494, 2499, 2500, 2501, 2502, 2811, 2897, 2913, 3066, 3067, 3104, 3105, 3293, 3326, 3494, 3495, 3496, 3498, 3508)
  1995 Ed. (142, 230, 231, 257, 330, 676, 990, 1027, 1113, 1202, 1282, 1555, 1668, 1964, 1966, 2048, 2113, 2115, 2116, 2183, 2184, 2188, 2205, 2213, 2215, 2219, 2220, 2222, 2464, 2553, 2554, 2555, 2557, 2558, 2559, 2560, 2561, 2562, 2563, 2571, 2900, 3036, 3102, 3111, 3112, 3113, 3149, 3150, 3300, 3369, 3562, 3563, 3564, 3565, 3566, 3567, 3593, 3651, 3735)
  1996 Ed. (156, 261, 343, 509, 747, 857, 975, 1012, 1170, 1238, 1537, 1739, 1740, 1994, 2040, 2114, 2120, 2121, 2198, 2199, 2209, 2222, 2224, 2228, 2280, 2513, 2539, 2571, 2572, 2573, 2575, 2615, 2616, 2617, 2619, 2620, 2622, 2623, 2624, 2634, 3197, 3207, 3208, 3209, 3249, 3250, 3425, 3653, 3669, 3834)
  1997 Ed. (163, 291, 322, 473, 678, 679, 1001, 1002, 1031, 1032, 1211, 1284, 1596, 1669, 1820, 2073, 2110, 2111, 2162, 2228, 2230, 2303, 2315, 2326, 2327, 2338, 2354, 2356, 2357, 2358, 2360, 2361, 2652, 2682, 2712, 2720, 2721, 2723, 2758, 2759, 2760, 2762, 2766, 2768, 2769, 2771, 2773, 2774, 2784, 2959, 3066, 3304, 3307, 3313, 3350, 3351, 3512, 3710, 3728, 3883)
  1998 Ed. (69, 359, 474, 734, 738, 741, 793, 1055, 1316, 1521, 1547, 1746, 1943, 2028, 2056, 2378, 2380, 2405, 2476, 2477, 2478, 2479, 2480, 2482, 2538, 2693, 3051, 3055, 3296, 3513, 3587, 3612, 3718)
  1999 Ed. (355, 526, 733, 734, 1150, 1151, 1154, 1156, 1157, 1159, 1160, 1161, 1163, 1164, 1165, 1166, 1167, 1168, 1169, 1349, 1487, 1846, 2095, 2096, 2099, 2126, 2494, 2686, 2714,

2757, 2828, 2832, 3211, 3212, 3216, 3371, 3375, 3377, 3378, 3380, 3381, 3382, 3383, 3384, 3385, 3386, 3387, 3388, 3391, 3392, 3852, 3853, 3858, 3859, 3860, 4051, 4055, 4580, 4646, 4766, 4806)
  2000 Ed. (331, 747, 748, 1067, 1069, 1071, 1073, 1074, 1075, 1077, 1078, 1079, 1080, 1081, 1083, 1084, 1117, 1158, 1330, 1662, 1713, 1908, 2306, 2392, 2580, 2604, 2606, 2607, 2609, 2614, 2950, 2951, 2955, 3051, 3053, 3054, 3105, 3106, 3109, 3110, 3111, 3112, 3113, 3114, 3115, 3116, 3117, 3120, 3121, 3508, 3574, 3575, 3680, 3766, 3770, 4014, 4207, 4234, 4268)
  2001 Ed. (715, 2080, 2275, 2358, 2363, 2717, 2722, 2783, 2796, 3219, 3291, 3292, 3646, 3718, 3727, 4049, 4089, 4504, 4790, 4791, 4793, 4836)
  2002 Ed. (229, 255, 373, 376, 396, 408, 719, 1055, 1056, 1059, 1084, 1086, 1223, 2028, 2043, 2045, 2218, 2219, 2220, 2221, 2296, 2301, 2379, 2382, 2393, 2395, 2442, 2565, 2566, 2567, 2570, 2573, 2748, 3135, 3136, 3139, 3140, 3268, 3325, 3326, 3328, 3331, 3590, 3730, 3891, 3991, 3997, 3998, 4046, 4047, 4050, 4052, 4053, 4528, 4590, 4608, 4912)
  2003 Ed. (231, 309, 351, 352, 353, 705, 777, 784, 872, 997, 998, 999, 1000, 1005, 1013, 1014, 1015, 1136, 1143, 1144, 1148, 2006, 2007, 2255, 2256, 2257, 2338, 2353, 2468, 2469, 2587, 2596, 2633, 2639, 2640, 2684, 2756, 2764, 2765, 2773, 2778, 2779, 2787, 2862, 2863, 3242, 3253, 3254, 3262, 3290, 3291, 3316, 3317, 3318, 3383, 3384, 3385, 3386, 3387, 3388, 3389, 3391, 3392, 3396, 3397, 3398, 3399, 3401, 3402, 3403, 3406, 3407, 3408, 3409, 3418, 3419, 3455, 3456, 3660, 3661, 3662, 3663, 3664, 3665, 3666, 3667, 3668, 3669, 3769, 3902, 3903, 3904, 3905, 3906, 3907, 3908, 3909, 3910, 3911, 3912, 3913, 3914, 4082, 4083, 4084, 4090, 4155, 4156, 4157, 4158, 4159, 4162, 4174, 4175, 4181, 4391, 4392, 4403, 4448, 4512, 4636, 4637, 4638, 4639, 4722, 4797, 4798, 4904, 4905, 4907, 4921, 4922, 4943, 4985)
  2004 Ed. (264, 265, 268, 269, 333, 335, 336, 337, 791, 796, 797, 803, 804, 985, 988, 989, 994, 995, 1001, 1006, 1007, 1011, 1012, 1015, 1016, 1017, 1018, 1139, 1146, 1147, 2049, 2052, 2053, 2263, 2264, 2265, 2266, 2419, 2426, 2430, 2598, 2599, 2601, 2602, 2646, 2649, 2702, 2706, 2707, 2711, 2719, 2720, 2750, 2752, 2762, 2763, 2801, 2811, 2839, 2851, 2854, 2860, 2861, 2872, 2873, 2874, 2880, 2887, 2900, 2901, 2951, 2952, 2983, 2985, 3219, 3298, 3348, 3353, 3354, 3357, 3369, 3372, 3373, 3375, 3383, 3384, 3390, 3391, 3449, 3450, 3451, 3452, 3453, 3454, 3455, 3457, 3458, 3462, 3463, 3464, 3466, 3467, 3468, 3469, 3472, 3473, 3474, 3475, 3481, 3482, 3487, 3488, 3518, 3519, 3522, 3523, 3704, 3705, 3707, 3708, 3709, 3710, 3713, 3714, 3715, 3716, 3717, 3718, 3719, 3720, 3721, 3722, 3723, 3724, 3725, 3799, 4104, 4110, 4111, 4112, 4113, 4116, 4153, 4154, 4155, 4156, 4168, 4170, 4171, 4172, 4173, 4174, 4175, 4178, 4185, 4186, 4191, 4192, 4193, 4199, 4200, 4201, 4202, 4211, 4406, 4407, 4408, 4409, 4418, 4435, 4479, 4611, 4612, 4616, 4617, 4618, 4619, 4700, 4765, 4766, 4782, 4783, 4787, 4894, 4895, 4897, 4910, 4911, 4914, 4915, 4947)
  2005 Ed. (2030, 2461, 3312, 4927)
  2006 Ed. (749, 2848, 2975, 3302, 3310, 4100, 4429)
  2007 Ed. (1109, 2601, 2664, 2693, 2843, 2860, 2997, 3004, 3362, 3365, 3504, 3505, 3507, 3508, 3509, 3644, 4125, 4174, 4176, 4230)
  2008 Ed. (237, 977, 1819, 3112, 3407, 3463, 3519, 4015)
  2009 Ed. (262, 1767, 3050, 3052, 3053, 3467, 3538, 3874, 4692)
  2010 Ed. (208, 697, 1137, 1138, 2334, 2335, 2407, 2517, 2637, 2706, 2766, 2806, 2807, 2826, 2886, 2921, 2974, 2978, 2980, 3239, 3405, 3462, 3527, 3528, 3655, 3656, 3658, 3659, 3660, 3663, 3664, 3665, 3666, 3667, 3668, 3669, 3670, 3671, 3672, 3677, 3678, 3775, 3776, 3777, 3778, 3779, 3780, 3781, 3782, 3783, 3784, 3785, 3999, 4154, 4194, 4195, 4270, 4271, 4274, 4275, 4276, 4277, 4278, 4297, 4298, 4299, 4302, 4306, 4307, 4309, 4310, 4313, 4319, 4322, 4324, 4325, 4326,

4327, 4328, 4329, 4330, 4335, 4336, 4337, 4338, 4342, 4343, 4357, 4358, 4362, 4365, 4366, 4367, 4464, 4465, 4704, 4787, 4788, 4937, 4938)
  2011 Ed. (170, 2405, 2560, 2940, 2942, 3101, 3102, 3465, 3658, 4007, 4022, 4659)
  2012 Ed. (183, 914, 2548, 2871, 3475, 3729, 4003, 4004, 4060)
  2013 Ed. (160, 2947, 3546, 4066)
  2014 Ed. (164, 2314, 2620, 2965, 3523, 3546, 4073, 4074)
  2015 Ed. (191, 2527, 3034, 3539, 4055, 4057)
  2016 Ed. (186, 2930, 3961, 3962, 3963)
  2017 Ed. (174, 2394, 2889, 3646, 3939, 3940, 3941, 3942, 3943, 3944, 4560)
  2018 Ed. (161, 1315, 1959, 2956, 3963, 3964, 3965)
  2019 Ed. (84, 2013, 3690, 3938, 3939, 3940)
  2020 Ed. (1941, 2204, 2921, 3953, 3954, 3955)
  2021 Ed. (1901, 3349, 3919, 3920, 3921)
  2022 Ed. (1947, 3403, 3931, 3932, 3933)
  2023 Ed. (2285, 3538, 3562)
Houston (TX) Forward Times
  2003 Ed. (3645)
Houston; University of
  1993 Ed. (1028, 1897)
  1994 Ed. (889, 1055, 1056)
  1995 Ed. (1063, 2425)
  1996 Ed. (2460, 2462)
  1997 Ed. (968, 969, 1068, 2605, 2606)
  2005 Ed. (799)
  2006 Ed. (706)
  2009 Ed. (790)
  2010 Ed. (727)
  2011 Ed. (649, 3419)
Houston, Victoria School of Business Administration; University of
  2010 Ed. (730, 739)
Houston-Victoria; University of
  2008 Ed. (778)
  2009 Ed. (792)
Houston; Whitney
  1989 Ed. (1347)
  1997 Ed. (1726)
Houston Wire & Cable Co.
  2008 Ed. (2862, 2865)
  2009 Ed. (2905)
  2010 Ed. (2849)
  2011 Ed. (2831)
  2017 Ed. (2283)
  2018 Ed. (2343)
Houstonian Hotel, Club & Spa
  2002 Ed. (2631)
Houston's
  2019 Ed. (4215)
Houston's Restaurants
  1997 Ed. (3334)
HoustonStreet.com
  2001 Ed. (4753)
Houtman LLC
  2022 Ed. (4994)
Houts; Valerie
  2020 Ed. (3300)
  2022 Ed. (3303)
  2023 Ed. (3391)
Houts; Valerie Garcia
  2015 Ed. (3425)
Houzz
  2019 Ed. (4594)
HOV Services Ltd.
  2011 Ed. (1034, 1038)
Hovanian Enterprises
  1996 Ed. (1096)
Hovde Financial Inc.
  1996 Ed. (1183)
  1997 Ed. (1222)
  2000 Ed. (377)
  2004 Ed. (1418, 1419, 1422, 1423)
Hovde Financial LLC
  2001 Ed. (552, 553, 554, 558, 559, 560)
  2005 Ed. (1432)
Hovensa LLC
  2002 Ed. (3694)
  2003 Ed. (3856)
  2014 Ed. (2074, 3859)
  2016 Ed. (2839)
  2017 Ed. (3987)
Hover
  2018 Ed. (4270)
Hovercam
  2016 Ed. (3412)
Hoviapteekki
  2019 Ed. (1554)
Hovis
  2008 Ed. (710)
  2009 Ed. (720, 733)
  2010 Ed. (656)
Hovis Granary
  2008 Ed. (710)
Hovnanian; Ara
  1992 Ed. (2062)
Hovnanian; Ara K.
  2007 Ed. (1025)
  2008 Ed. (947)

Hovnanian Enterprises
  2018 Ed. (1063, 1068)
  2019 Ed. (1074)
  2022 Ed. (1064, 1067, 1070, 1071, 1072, 1077, 1078)
  2023 Ed. (1237, 1240, 1245, 1251, 1252)
Hovnanian Enterprises Inc.
  1990 Ed. (1164)
  1991 Ed. (1054)
  1995 Ed. (1126, 1129)
  1996 Ed. (1101)
  1998 Ed. (878, 885)
  2000 Ed. (1192, 1228)
  2002 Ed. (1181, 1197, 2660, 2666, 2685)
  2003 Ed. (1135, 1173, 1184, 1189, 1191, 1195, 1202)
  2004 Ed. (1137, 1196, 1200, 1203, 1204, 1205, 1209, 1210, 1211, 4074, 4075, 4555)
  2005 Ed. (1183, 1188, 1191, 1192, 1201, 1203, 1206, 1211, 1222, 1225, 1228, 1229, 1230, 1233, 1234, 1235, 1237, 1238, 1246, 1256, 1610, 2948, 4006, 4007, 4500)
  2006 Ed. (1191, 1193, 1194, 1195, 1196, 1197, 1199, 1200, 1202, 1203, 1494, 1520, 2947, 4190, 4580, 4581)
  2007 Ed. (1269, 1300, 1301, 1303, 1304, 1307, 1308, 1309, 1310, 1311, 1548, 2749)
  2008 Ed. (1163, 1167, 1198, 1200, 1201, 1202, 4522)
  2009 Ed. (1148, 1174, 1175, 1177, 1178, 1179, 1180)
  2010 Ed. (1164, 1166, 1167, 1169, 1170, 1725)
  2011 Ed. (1112, 1113, 1114, 1116, 1117, 3141)
  2012 Ed. (1034, 1035, 1036, 1037, 1038, 1588, 1589, 1596, 3096, 3520)
  2013 Ed. (1184, 1185, 3177)
  2014 Ed. (1136, 1137)
  2015 Ed. (1184, 1185, 1186, 1187, 1188)
  2016 Ed. (1097, 1099)
  2017 Ed. (1128, 1130, 1131, 1133, 1134, 1135, 1138, 1139, 1140, 1141, 1143, 1144)
  2018 Ed. (1059, 1061, 1062, 1065, 1066, 1067, 1070, 1071, 1072, 1073, 1075, 1076)
  2019 Ed. (1070, 1072, 1073, 1076, 1077, 1078, 1081, 1082, 1083, 1084, 1086, 1087)
  2020 Ed. (1059, 1062, 1066, 1073)
  2021 Ed. (1027, 1030, 1034, 1041)
Hovnanian Enterprises; K.
  1996 Ed. (1097)
Hovnanian; Kevork
  1991 Ed. (1631)
Hovnavian Enterprises Inc.
  1996 Ed. (1107, 1132)
How Does Your Garden Grow?
  2008 Ed. (4812)
How Full is Your Bucket?
  2006 Ed. (635)
How to Get Rich: One of the World's Greatest Entrepreneurs Shares His Secrets
  2010 Ed. (606)
How to Get Rich; Trump:
  2006 Ed. (635)
How the Grinch Stole Christmas
  2003 Ed. (708)
How I Play Golf
  2003 Ed. (717)
How to Lose a Guy in 10 Days
  2005 Ed. (4832)
How Markets Fail
  2011 Ed. (529)
How to Train Your Dragon
  2012 Ed. (451, 3724, 3725)
How to Train Your Dragon 2
  2016 Ed. (3630)
How We Got Here: A Slightly Irreverent History of Technology & Markets
  2007 Ed. (661)
How the West Was Fun
  1998 Ed. (3674)
How to Win Friends and Influence People
  1990 Ed. (2768)
The How of WOW: A Guide to Giving a Speech That Will Positively Blow 'Em Away
  2007 Ed. (658)
How to Write a Business Plan
  2007 Ed. (660)
How You Can Profit from Credit Cards
  2010 Ed. (609)
Howard
  1990 Ed. (1795)
Howard A Goldberg
  2000 Ed. (1877)
Howard; Alan
  2008 Ed. (4902)
  2010 Ed. (2640)
  2013 Ed. (2891)
Howard Atkins
  2006 Ed. (999)
  2007 Ed. (1091)

2010 Ed. (922)
Howard B. Hornstein Law Office
  1992 Ed. (2901)
Howard Bancorp Inc.
  2017 Ed. (1733)
  2021 Ed. (1672)
Howard Bank
  2021 Ed. (379)
  2022 Ed. (392)
  2023 Ed. (512)
Howard Bank NA
  1997 Ed. (642)
Howard Birndorf
  2001 Ed. (2279)
Howard Block
  2000 Ed. (2000)
Howard Books
  2008 Ed. (3622)
  2010 Ed. (4133)
Howard Brodsky
  2011 Ed. (2974)
Howard Chen
  2011 Ed. (3360)
Howard & Co.; Edward
  1992 Ed. (3575)
  1994 Ed. (2969)
  1995 Ed. (3029)
  1996 Ed. (3106, 3108, 3132)
  1997 Ed. (3209)
Howard County, IN
  1998 Ed. (2081)
Howard County, MA
  2002 Ed. (1805)
Howard County, MD
  1994 Ed. (716, 1478, 1479, 2168)
  1995 Ed. (337, 1509, 1512, 1513)
  2009 Ed. (2391)
Howard D. Rothschild
  1994 Ed. (896, 1057)
Howard D. Schultz
  2009 Ed. (957)
  2011 Ed. (835)
Howard De Walden Estates Ltd.
  1994 Ed. (993)
  1995 Ed. (1006)
Howard; Deborah
  2014 Ed. (3391)
  2017 Ed. (3248)
Howard; Dwight
  2013 Ed. (188)
  2014 Ed. (194)
  2015 Ed. (221)
  2016 Ed. (218)
  2017 Ed. (215)
Howard Esaki
  1999 Ed. (2198)
  2000 Ed. (1970)
Howard Fertilizer & Chemical
  2021 Ed. (2529)
Howard Fischer Associates
  2000 Ed. (1868)
Howard Gary & Co.
  1993 Ed. (708, 2262, 2266)
  1998 Ed. (471)
Howard Goldberg
  1997 Ed. (1945)
  1998 Ed. (1587)
  1999 Ed. (2172)
  2000 Ed. (1943)
Howard Goldfeder
  1989 Ed. (1377)
Howard Hanna Co.
  2007 Ed. (4077)
  2008 Ed. (4110)
  2009 Ed. (4217)
  2010 Ed. (4151)
  2011 Ed. (4150, 4151)
  2012 Ed. (4184, 4185)
Howard Hanna Holdings
  2006 Ed. (4037)
Howard Hanna Real Estate Services
  2015 Ed. (1956)
  2018 Ed. (4967)
  2019 Ed. (4794, 4962)
  2020 Ed. (4781, 4964)
  2023 Ed. (959, 2725)
Howard Hanna Real Estate Services Inc.
  2021 Ed. (4779, 4967)
  2022 Ed. (4781, 4965)
  2023 Ed. (4967)
Howard & Howard
  2021 Ed. (3229, 3230)
Howard & Howard Attorneys PC
  2007 Ed. (2904)
Howard Hughes Medical Institute
  1989 Ed. (2164)
  1990 Ed. (2785)
  1991 Ed. (892, 1003, 1767, 2688)
  1992 Ed. (1094, 3256, 3357)
  1993 Ed. (2782)
  1994 Ed. (2771)
Howard I. Atkins
  2007 Ed. (385)
  2008 Ed. (370)
  2009 Ed. (386)
Howard Industries Inc.
  2014 Ed. (1821, 3545)
  2015 Ed. (1861)

2016 Ed. (1820)
2017 Ed. (1785, 3384)
2018 Ed. (3450)
2019 Ed. (3421)
2020 Ed. (3422)
2021 Ed. (3437)
2022 Ed. (3494)
Howard J. Aibel
  1996 Ed. (1228)
Howard J. Rubenstein Assoc. Inc.
  1990 Ed. (2922)
Howard J. Rubenstein Associates Inc.
  1989 Ed. (2259)
  1991 Ed. (2775)
  1992 Ed. (2901, 3573)
  1994 Ed. (2967)
  1995 Ed. (3027)
  1997 Ed. (3207)
Howard; J. Timothy
  2005 Ed. (985)
  2006 Ed. (978)
Howard; Jeff
  2019 Ed. (3650)
Howard; Jerry
  2006 Ed. (1201)
Howard Johnson
  1990 Ed. (2068, 2069, 2076, 2085)
  1992 Ed. (2488, 2493)
  1996 Ed. (2181)
  1997 Ed. (2296)
  1998 Ed. (2025)
  1999 Ed. (2779, 2782)
  2011 Ed. (3067)
  2019 Ed. (3007)
Howard Johnson AmeriSuites
  1991 Ed. (1944)
Howard Johnson Franchise
  1991 Ed. (1953)
Howard Johnson Franchise Systems, Inc.
  1990 Ed. (2087)
Howard Johnson Inns
  1993 Ed. (2096)
  1996 Ed. (2178)
Howard Johnson Plaza Hotel
  1993 Ed. (2094)
Howard Johnson's
  1991 Ed. (1949)
  1995 Ed. (3398)
Howard L. Berman
  1992 Ed. (1039)
Howard L. Kleinoeder
  1993 Ed. (893)
Howard L. Lance
  2011 Ed. (844)
Howard Lee Schiff PC
  2001 Ed. (1315)
Howard Lincoln Shearer
  2008 Ed. (2629)
Howard M. Lorber
  2009 Ed. (2664, 2665)
  2010 Ed. (2565, 2566)
Howard M. Love
  1992 Ed. (1141)
Howard; Mark
  1997 Ed. (1929)
Howard Marlboro Group Worldwide
  1998 Ed. (1287)
Howard & McInnes
  1999 Ed. (3089)
Howard McLure
  2006 Ed. (965)
Howard; Melvin
  1991 Ed. (1627)
Howard, Merrell & Partners
  2003 Ed. (171)
Howard Most
  1998 Ed. (1568)
Howard Needles Tammen & Bergendoff
  1990 Ed. (279, 1665)
  1992 Ed. (1952)
  1993 Ed. (245, 1607, 1609)
  1994 Ed. (234, 1639, 1642)
Howard Payne University
  2010 Ed. (1009)
Howard Penney
  1998 Ed. (1667)
  2000 Ed. (2038)
Howard Pien
  2006 Ed. (2517)
Howard Pontiac-GMC Inc.
  1992 Ed. (414)
Howard Press
  1998 Ed. (2924)
  2000 Ed. (3614)
  2002 Ed. (3767)
Howard R. Levine
  2006 Ed. (933)
Howard Rheingold
  2005 Ed. (2322)
Howard; Ron
  2009 Ed. (2609, 2613)
  2010 Ed. (2512)
  2011 Ed. (2514)
Howard Ronson
  1991 Ed. (2640)
Howard Rowen
  2006 Ed. (3189)
  2007 Ed. (3248, 3249)

2008 Ed. (3376)
Howard Rubel
  2000 Ed. (1980)
  2011 Ed. (3335)
Howard; Ryan
  2013 Ed. (187)
  2015 Ed. (220)
  2016 Ed. (216)
  2017 Ed. (213)
Howard S. Wright Construction Co.
  2002 Ed. (1246)
The Howard S. Wright Cos.
  2009 Ed. (1309, 1330, 1344)
  2010 Ed. (1303, 1315, 1328)
  2011 Ed. (1261, 1286, 1288, 1289, 1310)
Howard Savings Bank
  1989 Ed. (638, 2831)
  1990 Ed. (428)
  1991 Ed. (1724)
  1992 Ed. (2156)
  1993 Ed. (3283)
  2000 Ed. (487)
Howard Schilit
  2004 Ed. (3169)
  2005 Ed. (3205)
Howard Schultz
  2002 Ed. (1040)
  2010 Ed. (899)
  2013 Ed. (741)
  2014 Ed. (943)
Howard Shockey & Sons Inc.
  2009 Ed. (1325, 1343)
  2017 Ed. (1234)
Howard-Sloan-Koller Group
  1993 Ed. (1692)
  1994 Ed. (1711)
  1995 Ed. (1724)
  2002 Ed. (2176)
Howard-Sloan Search Inc.
  2000 Ed. (1867)
  2002 Ed. (2176)
Howard Smith
  2002 Ed. (2708)
  2006 Ed. (980)
Howard Soloman
  2005 Ed. (980)
Howard Solomon
  1995 Ed. (982)
  1997 Ed. (1796)
  2003 Ed. (957, 958, 959)
  2005 Ed. (981)
  2006 Ed. (921, 935, 938)
  2007 Ed. (1020)
  2011 Ed. (831)
Howard Sontag
  2009 Ed. (3440)
  2012 Ed. (3316)
  2013 Ed. (3388)
Howard Stem
  1991 Ed. (1042)
Howard Stern
  2001 Ed. (3959)
  2002 Ed. (4546)
  2003 Ed. (2335)
  2004 Ed. (2415)
  2006 Ed. (2487)
  2007 Ed. (4061)
  2008 Ed. (2580, 2585, 2586)
  2010 Ed. (3698)
  2011 Ed. (3692)
  2012 Ed. (2439)
  2013 Ed. (2604)
  2014 Ed. (2531)
  2015 Ed. (2604, 2607)
  2016 Ed. (2528)
  2017 Ed. (2380, 2384)
  2018 Ed. (2444)
  2019 Ed. (2493)
  2020 Ed. (2485)
  2022 Ed. (2518)
Howard Stern Special
  1995 Ed. (880)
Howard Tenens
  2021 Ed. (4696)
Howard Tenens Storage & Distribution
  2018 Ed. (4703)
  2019 Ed. (4708)
Howard; Tim
  2018 Ed. (198)
Howard University
  1989 Ed. (2903)
  1990 Ed. (3682)
  1991 Ed. (1444, 3473)
  1992 Ed. (4423)
  1993 Ed. (1502)
  2000 Ed. (744)
  2004 Ed. (180)
  2006 Ed. (700, 714, 730)
  2007 Ed. (793, 799, 809, 816)
  2008 Ed. (181, 768, 778)
  2009 Ed. (200, 792, 1948)
  2010 Ed. (721, 730, 997)
Howard University Hospital
  1989 Ed. (2903)
  1990 Ed. (3682)
  1991 Ed. (3473)
  1992 Ed. (4423)
  1993 Ed. (1502)

Howard Weil
  2008 Ed. (3384)
Howard, Weil, Labouisse, Friedrichs
  1991 Ed. (3054)
  1993 Ed. (3188)
Howard's Appliance
  2014 Ed. (2445, 4362)
  2015 Ed. (2517, 4371)
  2016 Ed. (2451)
  2017 Ed. (2299)
  2018 Ed. (4257)
  2021 Ed. (2279, 4258)
  2022 Ed. (4270)
Howarth & Associates
  1991 Ed. (2170)
  1993 Ed. (2263)
  1995 Ed. (2339)
  1996 Ed. (2356)
Howarth Clark Whitehill LLP
  2011 Ed. (14)
Howarth Montague and Associates
  1998 Ed. (2235, 2236)
  1999 Ed. (3010, 3012, 3017, 3020)
Howarth Timber Group
  2018 Ed. (1989)
Howden Group
  1994 Ed. (1379)
Howden North America Inc.; Alexander
  1993 Ed. (2192)
  1994 Ed. (2241)
HOWE
  2014 Ed. (1556)
  2015 Ed. (1605)
Howe & Associates Inc.
  2000 Ed. (1868)
Howe Barnes Hoefer & Arnett
  2008 Ed. (339)
Howe; Wesley J.
  1989 Ed. (1383)
  1990 Ed. (975, 1724)
  1991 Ed. (1630)
Howell Corp.
  2003 Ed. (3837)
  2004 Ed. (3844)
Howell Corp.; Ward
  1990 Ed. (1710)
  1995 Ed. (1724)
Howell III; Thurston
  2008 Ed. (640)
  2009 Ed. (657)
  2010 Ed. (624)
  2011 Ed. (559)
Howell III; Thuston
  2007 Ed. (682)
Howell Industries, Inc.
  1990 Ed. (391, 392)
  1991 Ed. (343, 344)
  1992 Ed. (476, 477)
Howell Public School District
  2018 Ed. (1709)
Howes Lubricator
  2015 Ed. (315)
  2016 Ed. (312)
  2017 Ed. (317)
  2018 Ed. (294)
  2020 Ed. (298)
  2021 Ed. (283)
Howes; Tim
  2006 Ed. (1003)
Howmet Aerospace
  2022 Ed. (82, 1878)
Howmet Aerospace Inc.
  2022 Ed. (4706)
Howmet Casting Inc.
  2006 Ed. (3454)
  2007 Ed. (3477)
  2008 Ed. (3651)
  2009 Ed. (3717)
Howrey
  2007 Ed. (3326, 3327)
  2012 Ed. (3365)
Howrey LLP
  2009 Ed. (4763)
  2010 Ed. (3416)
  2011 Ed. (3399)
  2012 Ed. (3404, 3415)
  2013 Ed. (3445)
Howrey Simon Arnold & White
  2003 Ed. (3172, 3173, 3174, 3193, 3195)
  2004 Ed. (3240)
  2006 Ed. (3242, 3244)
Howson-Algraphy
  1991 Ed. (1170)
HowStuffWorks.com
  2003 Ed. (3051)
Howtek Inc.
  1994 Ed. (205)
Howze; Edward
  2014 Ed. (3467)
"Hoy"
  2014 Ed. (2971)
Hoy
  2014 Ed. (2967)
Hoy en Delaware LLC
  2008 Ed. (3702)
Hoy Los Angeles
  2018 Ed. (3708)

Hoya
 2007 Ed. (2349)
 2012 Ed. (2323)
 2013 Ed. (2485)
 2014 Ed. (2417)
 2015 Ed. (2491)
 2016 Ed. (2423, 2428)
 2017 Ed. (2270, 2273)
 2018 Ed. (2333)
 2019 Ed. (2324)
 2020 Ed. (2304)
Hoya; Oscar de la
 2007 Ed. (294)
Hoya Vision Care
 2006 Ed. (3753, 3754)
 2007 Ed. (3752, 3753)
Hoyem-Basso Associates Inc.
 1989 Ed. (267)
Hoyer Petrolog U.K.
 2015 Ed. (4792)
Hoyer Petrolog UK
 2018 Ed. (4703)
Hoyer; Steny H.
 1994 Ed. (845)
HoyleCohen
 2020 Ed. (3298)
Hoyne Savings Bank
 2007 Ed. (4750)
 2008 Ed. (4674)
Hoyt Jr.; Henry H.
 1995 Ed. (2580)
Hoyt Organization Inc., The
 2023 Ed. (4142, 4146, 4150)
The Hoyt Organization Inc.
 2019 Ed. (4039)
Hoyts Cinemas Ltd.
 1990 Ed. (2610)
 1999 Ed. (3451)
 2001 Ed. (3365, 3388)
Hoyu
 2018 Ed. (2876)
Hozier
 2017 Ed. (3628)
HP
 1992 Ed. (372)
 1995 Ed. (1096, 1761)
 1999 Ed. (2837, 2838, 3470)
 2000 Ed. (2638)
 2006 Ed. (3900)
 2007 Ed. (4703)
 2008 Ed. (833, 834, 4632)
 2009 Ed. (4669)
 2011 Ed. (566, 567, 572, 575, 2909)
 2012 Ed. (548, 2845)
 2013 Ed. (643, 694, 2921, 3199, 3201, 3906)
 2014 Ed. (3217, 3839, 4651)
 2015 Ed. (3277, 3279, 3864)
 2016 Ed. (3117, 3119, 4611)
 2017 Ed. (3059, 3061, 3730, 4567)
 2018 Ed. (3170, 3173, 3778)
 2019 Ed. (3105, 3109)
 2021 Ed. (4527)
 2022 Ed. (3850)
 2023 Ed. (1127, 1129, 1130, 2475, 2478, 4400, 4401)
HP Advanced Solutions Inc.
 2012 Ed. (1394)
 2013 Ed. (2649)
 2014 Ed. (2607)
 2015 Ed. (1551, 2652)
 2016 Ed. (1490, 2571)
HP/Apollo
 1992 Ed. (4493)
HP Canada
 2017 Ed. (2875)
 2018 Ed. (2943)
 2022 Ed. (1469)
HP Canada Co.
 2021 Ed. (928)
HP Capital
 2001 Ed. (3190)
HP Direct Inc.
 2006 Ed. (2374)
HP Employees Credit Union
 2002 Ed. (1833, 1838, 1850)
 2003 Ed. (1908)
H.P. Employees Federal Credit Union
 1997 Ed. (1559)
HP Enterprise Services
 2014 Ed. (1047)
 2015 Ed. (1082)
 2016 Ed. (992)
 2017 Ed. (1027)
 2018 Ed. (957)
HP Enterprise Services LLC
 2012 Ed. (638)
 2013 Ed. (778, 2096)
 2014 Ed. (800, 801)
 2015 Ed. (844, 845, 2077)
 2016 Ed. (739, 740, 2046)
 2017 Ed. (3947)
 2018 Ed. (3968)
 2019 Ed. (3943)
 2020 Ed. (3958)
 2021 Ed. (3924)
H.P. Federal Credit Union
 1993 Ed. (1448)

HP Foods
 1993 Ed. (1879)
HP Home & Home Office Store
 2009 Ed. (2444)
HP Hood
 2003 Ed. (3410)
 2009 Ed. (2264, 4148)
 2014 Ed. (2224)
 2019 Ed. (2719)
 2022 Ed. (3623)
HP Hood Inc.
 2017 Ed. (2117, 2742, 3526)
HP Hood LLC
 2007 Ed. (2160)
 2008 Ed. (2278, 2279)
 2009 Ed. (2265)
 2010 Ed. (2221, 2222, 4080)
 2011 Ed. (2240, 2241, 4053)
 2012 Ed. (2102, 2103, 4085)
 2013 Ed. (1845, 2290)
 2014 Ed. (1775, 2782, 3653, 3654)
 2015 Ed. (1821, 2828, 3671, 3672)
 2016 Ed. (1783, 2260, 2760, 3557)
 2017 Ed. (1750, 2718, 3532)
 2018 Ed. (1701, 2143, 2148, 2775, 3579)
 2019 Ed. (1767, 2141, 2147, 2751)
 2020 Ed. (2126, 2790)
 2021 Ed. (2119, 2125, 2661)
 2022 Ed. (2151, 2797)
 2023 Ed. (2269, 2920)
HP Inc.
 2017 Ed. (1020, 1026, 1028, 1031, 1060, 1067, 1076, 1451, 1459, 2584, 2818, 2879, 2912)
 2018 Ed. (944, 945, 952, 953, 958, 959, 961, 986, 1000, 1431, 2458, 2978, 3448)
 2019 Ed. (934, 943, 944, 950, 953, 956, 957, 985, 1281, 1472, 2923, 2961, 3099, 3107)
 2020 Ed. (923, 926, 935, 940, 943, 945, 1268, 1310, 1437, 2941, 2991)
 2021 Ed. (933, 935, 937, 938, 1311, 1435, 2851, 4562)
 2022 Ed. (954, 956, 958, 1320, 1443, 4571)
 2023 Ed. (1555, 2355, 2360, 2571, 3234, 4578)
HP Inc. (U.S.)
 2021 Ed. (4562)
 2022 Ed. (4571)
HP Pavilion
 2006 Ed. (1153)
 2010 Ed. (1129)
HP Products
 2011 Ed. (4994)
 2013 Ed. (4777)
 2014 Ed. (4820)
HP Products Corp.
 2015 Ed. (5029)
 2016 Ed. (4947)
HP webOS
 2015 Ed. (3709)
HPE
 2021 Ed. (2996)
 2022 Ed. (3135)
HPE (IT Services)
 2023 Ed. (3230)
HPI Health Care Services
 1992 Ed. (2454)
 1993 Ed. (2069)
 1994 Ed. (2081)
 1995 Ed. (2137)
HPM Inc.
 2022 Ed. (1491)
HPM Industries
 2002 Ed. (3778)
 2004 Ed. (3956)
HPP Architekten
 2022 Ed. (186)
 2023 Ed. (259)
HPS Ltd.
 2008 Ed. (1790)
HPS Marketing Communication
 1995 Ed. (3018)
HPS Office Systems LLC
 2006 Ed. (4351)
 2007 Ed. (4411)
HPShopping.com
 2007 Ed. (2317)
 2009 Ed. (2448)
HPT TRS IGH 2 Inc.
 2016 Ed. (3008)
HPY Holding-HTF Holding Oyj ABP
 2002 Ed. (2468)
HQ Office Supplies Warehouse
 1992 Ed. (3283)
HQ Sustainable Maritime Industries Inc.
 2007 Ed. (2587)
 2008 Ed. (2724, 2725)
 2009 Ed. (2779, 2780)
 2010 Ed. (2711, 2712)
 2011 Ed. (2697, 2698)
 2012 Ed. (2627, 2628)
 2015 Ed. (2743, 2744, 3188, 3189)
Hqambros Bank (Jersey) Ltd.
 1995 Ed. (442)

HQN
 2019 Ed. (4061)
 2020 Ed. (4070)
HQN Books
 2011 Ed. (547)
 2012 Ed. (527)
HQSoftware
 2020 Ed. (961)
HR Acuity
 2022 Ed. (1767)
H.R. Allen Inc.
 2018 Ed. (1181)
The HR Answer Book
 2014 Ed. (639)
HR Consulting Group Inc.
 2007 Ed. (2360, 2361)
HR Downloads Inc.
 2013 Ed. (2839)
 2016 Ed. (3043)
 2017 Ed. (2990)
HR Logic
 2002 Ed. (2114)
HR Logic Holdings Inc.
 2004 Ed. (2406)
HR Magazine
 2008 Ed. (4714)
H.R. McMaster
 2018 Ed. (3367)
HR Resolutions
 2023 Ed. (1291)
HR Search Firm
 2008 Ed. (2627)
 2009 Ed. (2655)
HR Solutions LLC
 2015 Ed. (2132)
 2016 Ed. (2111)
HR Tech LLC
 2003 Ed. (1751)
HR Works Inc.
 2013 Ed. (1934)
 2015 Ed. (1908)
 2016 Ed. (1871)
HRAmerica
 2005 Ed. (3902)
HRC/Accor
 1997 Ed. (2704)
HRCS Inc.
 1999 Ed. (2073)
 2000 Ed. (1866)
HREC Investment Advisors
 2008 Ed. (3071)
 2009 Ed. (3160)
HRG Group
 2016 Ed. (3754, 3759)
 2017 Ed. (3707, 3713)
 2018 Ed. (3763)
HRG Group Inc.
 2016 Ed. (3763)
 2017 Ed. (3715)
 2019 Ed. (3747)
 2020 Ed. (3793)
HRG North America
 2018 Ed. (4734)
 2020 Ed. (4708)
HRH Construction
 1999 Ed. (1339)
 2002 Ed. (1262)
 2007 Ed. (1384)
HRH Construction LLC
 2003 Ed. (1264, 1308)
 2006 Ed. (1331)
 2008 Ed. (1321, 1331)
 2009 Ed. (1305)
HRLogix LLC
 2007 Ed. (3591)
HRMS Solutions, Inc.
 2022 Ed. (754, 1482)
The HRP Group
 2011 Ed. (1115)
HRPT Properties Trust
 2008 Ed. (4128)
 2009 Ed. (4236)
 2011 Ed. (4169)
HRS Erase Inc.
 2005 Ed. (1831)
 2006 Ed. (1830)
Hrsmart Inc.
 2006 Ed. (2409)
 2010 Ed. (1094)
HRT
 2001 Ed. (26)
HRT Installations Inc.
 2018 Ed. (2809)
HRT Petroleo
 2013 Ed. (820)
HRU Inc.
 2008 Ed. (4967)
Hruska; Dr. Jan
 2005 Ed. (2463)
 2006 Ed. (2500)
 2007 Ed. (2464)
Hrvatska Elektroprivreda d.d.
 2014 Ed. (1565)
 2015 Ed. (1616, 1624)
 2016 Ed. (1542, 1550)
 2017 Ed. (1532)
 2018 Ed. (1513, 1521)
 2019 Ed. (1541, 1550)

2020 Ed. (1514)
 2021 Ed. (1499)
 2022 Ed. (1513)
 2023 Ed. (1687, 1694)
Hrvatska Kreditna Banka Za Obnovu
 1997 Ed. (444)
Hrvatska Lutrija
 2008 Ed. (34)
 2009 Ed. (39)
Hrvatska Postanska Banka
 2002 Ed. (547)
 2003 Ed. (480)
 2004 Ed. (486)
 2005 Ed. (506)
 2006 Ed. (429)
 2019 Ed. (432)
 2020 Ed. (420)
Hrvatski Telekom
 2023 Ed. (4632)
Hrvatski Telekom d.d.
 2014 Ed. (1565, 1573, 1575)
 2015 Ed. (1616, 1625, 1627)
 2016 Ed. (1542, 1552, 1553)
 2017 Ed. (1532, 1541, 1542)
 2018 Ed. (1513, 1521, 1522)
 2019 Ed. (1541, 1550)
 2020 Ed. (1514)
 2021 Ed. (1499, 1506)
 2022 Ed. (1513, 1520)
 2023 Ed. (1687, 1694)
Hrvatski Telekom d.d. (Croatia)
 2021 Ed. (1506)
 2022 Ed. (1520)
H.S. Die & Engineering Inc.
 2022 Ed. (3922)
HSA Commercial Real Estate
 2002 Ed. (3934)
HSA Corp.
 1992 Ed. (616)
 1993 Ed. (434)
 1994 Ed. (434)
 1996 Ed. (454)
 2003 Ed. (826)
HSB Group, Inc.
 1999 Ed. (2966)
 2004 Ed. (1470)
HSB Professional Loss Control
 2005 Ed. (4287, 4288)
 2006 Ed. (4265)
HSBAU GmbH
 2019 Ed. (1425)
HSBC
 2000 Ed. (463, 524, 2998, 2999, 3418)
 2001 Ed. (1725)
 2003 Ed. (745)
 2004 Ed. (757)
 2006 Ed. (653, 2598, 4275)
 2007 Ed. (685, 690, 738, 746, 747, 754, 2559, 2567, 3286)
 2008 Ed. (368, 642, 650, 707, 724, 733, 2699, 3403)
 2009 Ed. (384, 663, 716, 719, 2721)
 2010 Ed. (363, 629, 643, 2643)
 2011 Ed. (378, 380, 383, 384, 563, 564, 587, 588, 2633, 2669)
 2012 Ed. (562, 2561)
 2013 Ed. (474, 496, 669, 692, 2685)
 2014 Ed. (506, 507, 509, 511, 694, 712, 714, 2130, 2696)
 2015 Ed. (549, 564, 571, 573, 575, 741, 759)
 2016 Ed. (399, 450, 502, 518, 520, 521, 522, 539, 568, 683)
 2017 Ed. (468, 517, 523, 531, 533, 537, 539, 540, 542, 712, 729, 2611)
 2018 Ed. (430, 482, 499, 500, 503, 506, 508, 675, 1997, 2674)
 2019 Ed. (438, 504, 514, 515, 518, 523, 689, 2384)
 2020 Ed. (426, 488, 497, 498, 499, 503, 508, 665, 680, 2666, 2670)
 2021 Ed. (468, 510, 640, 683, 2309, 2577)
 2022 Ed. (721, 2697)
 2023 Ed. (594, 644, 702, 703, 739, 741, 752, 896)
HSBC Amanah
 2009 Ed. (2756)
 2010 Ed. (2647, 2680)
 2011 Ed. (2669)
 2012 Ed. (2597)
 2014 Ed. (2667)
HSBC Amanan
 2010 Ed. (2645)
HSBC Americas Inc.
 1997 Ed. (3284, 3285)
 1998 Ed. (268, 419, 1164)
 1999 Ed. (610, 665, 2438, 4031, 4032)
 2000 Ed. (393, 3745, 3746)
HSBC Asset Management
 2006 Ed. (3211)
HSBC Asset Management, Asia Pacific
 1999 Ed. (3099)
HSBC Asset Management, Hong Kong
 1997 Ed. (2544)
HSBC Bamerindus
 2000 Ed. (473)
 2001 Ed. (604)

HSBC Banco Brasil
  2009 Ed. (410)
  2010 Ed. (387)
  2011 Ed. (312, 397)
  2012 Ed. (385)
  2013 Ed. (516)
  2014 Ed. (529)
HSBC Banco Roberts
  2000 Ed. (456, 458, 461)
  2001 Ed. (600, 601, 602)
HSBC Banco Roberts Uruguay SAIFE Montevideo
  2000 Ed. (688)
HSBC Bank
  2001 Ed. (1037)
  2005 Ed. (475, 567, 2048)
  2006 Ed. (479)
  2007 Ed. (495, 508, 509, 511)
HSBC Bank Argentina
  2004 Ed. (447)
  2005 Ed. (458)
  2007 Ed. (395)
  2010 Ed. (375)
  2011 Ed. (298)
  2013 Ed. (501)
  2014 Ed. (513)
  2015 Ed. (577)
  2016 Ed. (525)
  2017 Ed. (545)
  2018 Ed. (511)
  2019 Ed. (526)
  2020 Ed. (513)
  2023 Ed. (758)
HSBC Bank Armenia
  2004 Ed. (467)
  2018 Ed. (415)
  2019 Ed. (420)
  2020 Ed. (410)
HSBC Bank AS
  2004 Ed. (632)
  2005 Ed. (620)
  2006 Ed. (533)
  2007 Ed. (564)
  2008 Ed. (516)
  2009 Ed. (550)
  2010 Ed. (533)
HSBC Bank Australia
  2014 Ed. (490)
  2015 Ed. (551)
  2016 Ed. (425)
  2017 Ed. (439)
  2018 Ed. (403)
  2019 Ed. (407)
  2020 Ed. (399)
  2023 Ed. (618)
HSBC Bank Bermuda
  2013 Ed. (405)
  2014 Ed. (420)
  2015 Ed. (477)
  2016 Ed. (429)
  2017 Ed. (444, 446)
  2018 Ed. (409, 411)
  2019 Ed. (414, 416)
  2020 Ed. (405, 406, 407)
  2023 Ed. (622)
HSBC Bank Brasil
  2003 Ed. (566)
  2005 Ed. (470)
  2006 Ed. (421)
  2007 Ed. (408, 498)
  2013 Ed. (502)
  2014 Ed. (514)
  2015 Ed. (578)
  2016 Ed. (526)
  2017 Ed. (547)
HSBC Bank Brazil
  2008 Ed. (2709)
HSBC Bank Canada
  2005 Ed. (473, 1667, 2585, 3491)
  2006 Ed. (423, 2588)
  2007 Ed. (412, 414)
  2008 Ed. (391, 392, 2713)
  2009 Ed. (395, 414, 415, 416)
  2010 Ed. (391, 392, 2697, 2698)
  2011 Ed. (315, 316, 1563, 2685)
  2012 Ed. (331, 2614)
  2013 Ed. (537, 543, 1350, 2697)
  2014 Ed. (553, 558, 1285, 1483, 2681)
  2015 Ed. (616, 620, 1538, 2725)
  2016 Ed. (560, 561, 2648)
  2017 Ed. (587, 588, 2585)
  2018 Ed. (550, 551)
  2019 Ed. (569, 570, 1482)
  2020 Ed. (552, 553)
  2021 Ed. (529, 2556)
  2022 Ed. (549, 552, 2675)
  2023 Ed. (795, 796, 799, 2813)
HSBC Bank Costa Rica
  2012 Ed. (338)
  2013 Ed. (511)
HSBC Bank Egypt
  2009 Ed. (431)
  2010 Ed. (374, 406)
  2013 Ed. (362)
  2014 Ed. (379)
  2015 Ed. (404)
  2016 Ed. (375)
  2017 Ed. (374)
  2018 Ed. (343)
  2019 Ed. (348)
  2023 Ed. (560)
HSBC Bank El Salvador
  2012 Ed. (341)
  2013 Ed. (512)
HSBC Bank France
  2017 Ed. (470)
  2018 Ed. (432)
  2019 Ed. (442)
  2020 Ed. (430)
  2023 Ed. (646, 741)
HSBC Bank Honduras
  2012 Ed. (352)
  2013 Ed. (514)
HSBC Bank Indonesia
  2017 Ed. (414)
  2020 Ed. (373)
HSBC Bank (M) Berhad
  2009 Ed. (2741)
HSBC Bank Malaysia
  2004 Ed. (589)
  2005 Ed. (575)
  2006 Ed. (497)
  2007 Ed. (516)
  2008 Ed. (473)
  2010 Ed. (482)
  2011 Ed. (410)
  2017 Ed. (421)
  2018 Ed. (388)
  2019 Ed. (391)
  2020 Ed. (384)
HSBC Bank Malaysia Berhad
  2013 Ed. (392)
  2014 Ed. (405)
HSBC Bank Malta
  2006 Ed. (498, 4519)
  2007 Ed. (517)
  2008 Ed. (474)
  2009 Ed. (500, 501)
  2010 Ed. (483, 484)
  2011 Ed. (411, 412)
HSBC Bank (Mauritius)
  2010 Ed. (485)
  2011 Ed. (413)
HSBC Bank Mauritius
  2013 Ed. (344)
  2015 Ed. (414)
  2016 Ed. (379)
  2017 Ed. (378)
  2018 Ed. (347)
  2019 Ed. (351)
  2023 Ed. (566)
HSBC Bank Middle East
  2014 Ed. (2666)
  2019 Ed. (369)
  2020 Ed. (364)
  2023 Ed. (587)
HSBC Bank Oman
  2015 Ed. (439)
  2016 Ed. (394)
  2017 Ed. (398)
  2018 Ed. (362)
  2019 Ed. (366)
  2020 Ed. (361)
  2023 Ed. (584)
HSBC Bank (Panama)
  2010 Ed. (498)
  2011 Ed. (300, 301, 428)
  2012 Ed. (399, 424, 425)
HSBC Bank Panama
  2013 Ed. (510, 518)
  2014 Ed. (524, 531)
  2015 Ed. (590, 596)
HSBC Bank Peru
  2015 Ed. (598)
HSBC BAnk plc
  2002 Ed. (2259, 2411)
  2009 Ed. (555)
  2010 Ed. (538)
  2011 Ed. (467)
HSBC Bank UAE
  2016 Ed. (396)
  2017 Ed. (401)
HSBC Bank USA
  2000 Ed. (1433)
  2001 Ed. (642, 644)
  2002 Ed. (3210, 3391)
  2003 Ed. (384, 428, 434)
  2004 Ed. (363, 422)
  2005 Ed. (191, 382, 428, 434)
  2006 Ed. (372, 386, 392, 2241)
  2021 Ed. (406)
  2022 Ed. (419)
HSBC Bank USA NA
  2007 Ed. (210, 353, 355, 359, 360, 369, 375)
  2008 Ed. (340, 342, 347, 348, 357, 362, 363)
  2009 Ed. (360, 362, 365, 366, 373, 378, 379)
  2010 Ed. (338, 340, 343, 344, 354)
  2011 Ed. (262, 266, 267, 276)
  2012 Ed. (284, 288, 299)
  2013 Ed. (286, 290, 309, 313)
  2014 Ed. (306)
  2015 Ed. (342)
  2016 Ed. (335)
  2023 Ed. (472)
HSBC Bank USA, National Association
  2021 Ed. (406)
  2022 Ed. (419)
  2023 Ed. (543)
HSBC Brasil Banco de Investimento
  2019 Ed. (3242)
HSBC Buenos Aires Seguros
  2010 Ed. (3242)
HSBC Corporate Finance
  1997 Ed. (3472)
HSBC Equity
  2001 Ed. (3469, 3471)
  2002 Ed. (3440, 3442)
HSBC Finance Corp.
  2006 Ed. (2145)
  2007 Ed. (2089)
  2008 Ed. (2199)
  2009 Ed. (2176)
  2010 Ed. (2122)
  2011 Ed. (2167)
HSBC Financial Services (Cayman) Ltd.
  2001 Ed. (2921)
  2006 Ed. (787)
  2008 Ed. (858)
HSBC France
  2008 Ed. (416)
  2009 Ed. (444)
  2010 Ed. (420)
  2011 Ed. (345)
  2013 Ed. (424)
  2014 Ed. (443)
  2015 Ed. (497)
  2016 Ed. (452)
HSBC Global Markets
  2011 Ed. (921)
HSBC Group
  1995 Ed. (471, 1388, 1407)
  1996 Ed. (1338, 1368)
  1997 Ed. (1421, 3002)
  1998 Ed. (1498, 1503)
  1999 Ed. (1643)
  2000 Ed. (1444, 1469)
HSBC High Growth Hong Kong
  1996 Ed. (2815)
HSBC Holdings
  1993 Ed. (524, 1329)
  1994 Ed. (518, 521, 1227, 1378, 1385, 2077, 2078, 2410)
  1995 Ed. (463, 477, 510, 1373, 1403, 1408, 1413, 2128, 2130, 3336, 3514)
  1996 Ed. (495, 521, 553, 562, 1326, 1354, 1369, 1374, 1375, 1395, 2136, 2137, 2141, 2143, 2544, 2545, 2546, 3410)
  1997 Ed. (458, 460, 480, 519, 1385, 1416, 1422, 1451, 2015, 2247, 2248, 2685, 2686)
  1998 Ed. (355, 357, 382, 1149, 1159, 3008)
  1999 Ed. (510, 511, 512, 513, 514, 516, 524, 531, 548, 550, 551, 552, 553, 555, 953, 1089, 1613, 1642, 1646, 1661, 1667, 1671, 2715, 2716, 3262, 3263)
  2000 Ed. (521, 522, 523, 534, 540, 561, 563, 564, 566, 1442, 1474, 1478, 2493, 2494)
  2005 Ed. (21)
  2007 Ed. (75)
  2018 Ed. (493)
  2019 Ed. (426, 509)
  2020 Ed. (492, 2589)
  2021 Ed. (440)
  2022 Ed. (454, 513, 515, 1976)
  2023 Ed. (634, 667, 737, 740, 742, 2081, 2082, 2083)
HSBC Holdings plc
  1997 Ed. (459, 469, 3262)
  2000 Ed. (559, 560)
  2001 Ed. (624, 628, 630, 643, 963, 965, 1696, 1719, 1740, 1884, 1885, 1889, 3155)
  2002 Ed. (40, 557, 578, 580, 581, 583, 587, 588, 659, 663, 731, 807, 826, 831, 844, 1389, 1415, 1638, 1650, 1692, 1785, 1786, 1788, 1789, 2161, 2271, 2272, 2276, 3188, 3194, 3215, 3217, 3796, 4202, 4231, 4252, 4421, 4422)
  2003 Ed. (490, 491, 494, 536, 538, 539, 542, 543, 626, 1527, 1721, 1839, 2474, 4610)
  2004 Ed. (49, 76, 97, 488, 529, 552, 554, 555, 559, 560, 635, 1415, 1547, 1707, 1708, 1758, 2088, 2089, 4341, 4352, 4382)
  2005 Ed. (43, 71, 496, 508, 534, 535, 537, 538, 541, 542, 623, 624, 871, 1060, 1431, 1465, 1468, 1542, 1549, 1563, 1765, 1766, 1812, 1814, 1815, 1824, 2194, 2195, 2588, 3941, 4263, 4311, 4324, 4328, 4516, 4577, 4580, 4581, 4582, 4583, 4584)
  2006 Ed. (50, 80, 437, 438, 463, 465, 466, 469, 470, 536, 537, 538, 1068, 1475, 1481, 1691, 1698, 1711, 1712, 1799, 1802, 2054, 2058, 2059, 2060, 2070, 2590, 2591, 2896, 3328, 4546)
  2007 Ed. (41, 439, 440, 441, 447, 475, 476, 478, 479, 482, 483, 505, 507, 567, 568, 569, 649, 650, 881, 1160, 1461, 1687, 1693, 1706, 1707, 1709, 1713, 1716, 1720, 1722, 1726, 1728, 1783, 1806, 1807, 1809, 2026, 2027, 2031, 2041, 2042, 2558, 3990, 4299, 4306, 4310, 4317, 4326, 4330, 4335, 4658, 4659, 4663, 4665, 4668, 4669)
  2008 Ed. (45, 81, 409, 411, 441, 443, 444, 447, 448, 520, 521, 1053, 1455, 1735, 1736, 1738, 1742, 1748, 1750, 1754, 1814, 1844, 1848, 1853, 2122, 2124, 2135, 2198, 2698, 2922, 3505, 4666)
  2009 Ed. (52, 90, 109, 435, 440, 465, 466, 468, 469, 472, 473, 474, 475, 554, 556, 766, 770, 1026, 1677, 1793, 1797, 1802, 2114, 2118, 2122, 2175)
  2010 Ed. (62, 98, 410, 416, 439, 446, 448, 449, 450, 453, 456, 457, 537, 539, 673, 703, 709, 720, 1394, 1411, 1413, 1615, 1616, 1633, 1709, 1734, 1739, 2049, 2055, 2056, 2118, 4447)
  2011 Ed. (31, 337, 340, 366, 368, 369, 370, 373, 374, 376, 377, 466, 467, 468, 921, 1624, 1626, 1643, 1645, 1748, 1752, 2106, 2109, 2110, 2111, 2166)
  2012 Ed. (36, 313, 342, 344, 367, 369, 372, 373, 422, 423, 428, 1242, 1244, 1245, 1291, 1468, 1475, 1599, 1602, 1947, 1949, 1950, 1951, 2597, 4552)
  2013 Ed. (414, 422, 442, 472, 473, 476, 489, 490, 492, 495, 497, 498, 1606, 1755, 1757, 2122, 2126, 2127, 2128, 3431, 4399)
  2014 Ed. (431, 441, 486, 487, 489, 501, 502, 504, 508, 1574, 1688, 2057, 2061, 2062, 2063, 2231, 3431, 4449)
  2015 Ed. (487, 495, 547, 548, 550, 565, 566, 568, 572, 1626, 2108, 2111, 2112, 2295, 3464, 4444)
  2016 Ed. (440, 449, 468, 500, 501, 504, 511, 512, 514, 519, 1537, 1682, 2086, 2089, 2092)
  2017 Ed. (456, 467, 486, 515, 516, 519, 525, 526, 528, 532, 1527, 1662, 2047, 2051, 2054)
  2018 Ed. (420, 450, 479, 480, 485, 492, 496, 2008, 2019)
  2019 Ed. (427, 461, 494, 495, 499, 507, 511, 2065, 2075)
  2020 Ed. (446, 476, 477, 480, 491, 494, 1975, 1983)
  2021 Ed. (506, 1932, 1936)
  2022 Ed. (482, 514, 1627, 1975)
HSBC Holdings (U.K.)
  2022 Ed. (513)
HSBC Holdings plc (U.K.)
  2022 Ed. (482, 514)
HSBC Holdings (United Kingdom)
  2000 Ed. (562, 565)
HSBC Hong Kong Growth
  1997 Ed. (2909, 2910, 2921)
HSBC Insurance Group
  2008 Ed. (3286, 3287)
  2009 Ed. (3344, 3345)
  2010 Ed. (3283, 3284)
  2012 Ed. (3220)
  2013 Ed. (3299)
HSBC Insurance Management
  1999 Ed. (1030)
  2006 Ed. (784)
  2007 Ed. (879)
  2008 Ed. (852, 855)
  2009 Ed. (862, 864)
  2010 Ed. (809, 811)
  2011 Ed. (738, 740)
  2012 Ed. (675)
HSBC Insurance Management (USA)
  2008 Ed. (859)
HSBC Insurance Solutions (Bermuda) Ltd.
  2006 Ed. (786)
HSBC InvestDirect
  2002 Ed. (813, 814, 815, 816, 817, 818)
HSBC Investment Bank
  1998 Ed. (381)
  2003 Ed. (3098)
  2005 Ed. (1456)
HSBC Investment Bank Asia Ltd.
  1999 Ed. (535)
  2000 Ed. (547)
HSBC Investments (North America) Inc.
  2008 Ed. (2199)
  2009 Ed. (2176)
  2010 Ed. (2119)
  2011 Ed. (2167)
  2012 Ed. (2012)
HSBC Investor Fixed-Income Fund
  2003 Ed. (3528, 3535)
HSBC Investor International Equity
  2004 Ed. (4573)
HSBC James Capel
  1999 Ed. (868, 869, 870, 871, 2296)
HSBC La Buenos Aires Seguros
  2007 Ed. (3108)
  2008 Ed. (3253)

HSBC Life Insurance
  2001 Ed. (2882)
HSBC Markets
  1996 Ed. (1652)
HSBC Mexico
  2007 Ed. (519, 520)
  2008 Ed. (462, 463, 464, 465, 466, 467, 476)
  2017 Ed. (560, 570)
  2018 Ed. (527)
  2019 Ed. (545)
  2020 Ed. (531)
  2021 Ed. (519)
  2022 Ed. (532)
HSBC Mexico (Mexico)
  2021 Ed. (519)
  2022 Ed. (532)
HSBC Middle East
  2011 Ed. (2668)
  2012 Ed. (2596)
HSBC Midland
  1995 Ed. (1540)
  1998 Ed. (349)
HSBC Mortgage Corp. (Canada)
  2007 Ed. (4859)
HSBC North America
  2007 Ed. (370)
HSBC North America Holdings
  2013 Ed. (325)
  2014 Ed. (342)
  2015 Ed. (382)
  2016 Ed. (367)
  2017 Ed. (366)
  2018 Ed. (338)
  2019 Ed. (341)
  2020 Ed. (483)
HSBC North America Holdings Inc.
  2008 Ed. (358, 2199)
  2009 Ed. (374, 2176)
  2010 Ed. (355, 2119, 3029)
  2011 Ed. (277, 1646, 2167, 4027)
  2012 Ed. (1497, 2012, 4056)
HSBC Overseas Holdings (UK) Ltd.
  2021 Ed. (496)
  2022 Ed. (510)
  2023 Ed. (734)
HSBC (Panama)
  2007 Ed. (536)
HSBC plc
  2013 Ed. (1640)
  2016 Ed. (475, 2080)
  2017 Ed. (492)
HSBC Private Bank Holdings (Suisse)
  2009 Ed. (544)
  2010 Ed. (527)
  2011 Ed. (456)
  2013 Ed. (466)
  2014 Ed. (481)
HSBC Private Bank (Jersey) Ltd.
  2000 Ed. (485)
HSBC Private Bank (Suisse) SA
  2009 Ed. (543)
  2010 Ed. (526)
  2011 Ed. (455)
HSBC Private Banking
  2008 Ed. (2923)
HSBC Private Banking Holdings
  2005 Ed. (2819)
  2006 Ed. (2799)
  2007 Ed. (2793)
HSBC Republic Investments
  2008 Ed. (2923)
HSBC Securities
  2000 Ed. (867, 869, 871, 872, 880, 888, 2073, 2145)
  2001 Ed. (2427)
  2002 Ed. (2166)
HSBC Securities Japan
  1999 Ed. (2363)
HSBC Simpson McKie
  2001 Ed. (1536)
HSBC Small Cap Growth Fund
  2010 Ed. (3733)
HSBC Small Cap Growth Fund Investor Series
  2009 Ed. (3805)
HSBC (Syariah)
  2009 Ed. (2735)
HSBC (U.K.)
  2021 Ed. (510)
HSBC U.S. Equity
  2003 Ed. (3582)
HSBC USA
  2014 Ed. (317)
  2015 Ed. (358)
HSBC USA Inc.
  2001 Ed. (573, 574)
  2005 Ed. (360)
HSE d.o.o.
  2017 Ed. (1955)
HSE Integrated
  2007 Ed. (1622)
HSH Nordbank
  2005 Ed. (512)
  2013 Ed. (427)
  2014 Ed. (445)
  2015 Ed. (500)
  2016 Ed. (456)
  2017 Ed. (474)
  2019 Ed. (445)
HSH Nordbank AG
  2006 Ed. (446)
  2007 Ed. (452)
  2008 Ed. (418)
  2009 Ed. (447)
  2010 Ed. (423)
  2011 Ed. (348)
  2012 Ed. (343)
  2013 Ed. (441)
HSH Nordbank International
  2006 Ed. (495)
  2007 Ed. (515)
  2008 Ed. (472)
  2009 Ed. (497)
HSH Nordbank Securities
  2010 Ed. (480)
  2011 Ed. (407)
HSI Electric Inc.
  2009 Ed. (1720)
Hsinchu Science Park
  1997 Ed. (2373)
Hsing Ta Cement Co. Ltd.
  1994 Ed. (1460, 1464)
HSK Ward
  2020 Ed. (2698)
  2021 Ed. (2611)
  2022 Ed. (2728)
HSM
  2016 Ed. (3431)
HSM Electronic Protections Services Inc.
  2007 Ed. (4294, 4295, 4296)
  2008 Ed. (4296, 4297, 4298, 4299, 4301)
HSM Security
  2006 Ed. (4268, 4270, 4272, 4273)
HSN
  1998 Ed. (3501)
  1999 Ed. (3308)
  2001 Ed. (4496)
  2003 Ed. (4714)
  2004 Ed. (4691)
  2005 Ed. (4663)
  2007 Ed. (4739)
  2018 Ed. (3513)
HSN Communications
  1992 Ed. (4256)
  1993 Ed. (3544)
HSN Inc.
  2015 Ed. (2479)
HSN Telemarketing Services
  1992 Ed. (4206)
HSN.com
  2013 Ed. (2469)
HSNi
  2013 Ed. (894)
HSO (US)
  2023 Ed. (4750)
HSR Business to Business Inc.
  2001 Ed. (211)
  2004 Ed. (4022)
  2005 Ed. (3975)
  2009 Ed. (132)
HSR Business to Business LLC
  2010 Ed. (131, 132, 133)
HSS
  2012 Ed. (2804)
HSS Hire
  2017 Ed. (3303, 3305)
  2018 Ed. (3372, 3374)
  2019 Ed. (3348)
  2022 Ed. (3369)
HSTYLE
  2016 Ed. (2909)
HSU Development
  2005 Ed. (1164)
  2007 Ed. (1272)
Hsu; Douglas
  2008 Ed. (4852)
  2009 Ed. (4874)
Hsu; Lynn
  2008 Ed. (4991)
Hsupply
  2001 Ed. (4756)
HSW International Inc.
  2009 Ed. (1693, 1694)
HSW Investments Inc.
  1990 Ed. (3284, 3289)
  1991 Ed. (3118, 3119, 3125)
  1992 Ed. (3960, 3967)
  1993 Ed. (3314)
H.T. Hackney
  2018 Ed. (2811, 2812)
  2019 Ed. (2785, 2786)
HT Hackney
  2009 Ed. (4166, 4945)
  2023 Ed. (2051)
The H.T. Hackney Co.
  2018 Ed. (4018)
  2019 Ed. (4007)
  2020 Ed. (4024)
  2021 Ed. (3990)
  2022 Ed. (4004)
  2023 Ed. (4088)
HT Investors, R.I.
  1989 Ed. (2155)
H.T. Sweeney & Son Inc.
  2019 Ed. (1222)

HTC
  2009 Ed. (659)
  2010 Ed. (642, 2015)
  2011 Ed. (576, 2075)
  2012 Ed. (561, 894, 945, 1916, 1917, 1918, 4957)
  2013 Ed. (678, 679, 4627)
  2014 Ed. (4663)
  2015 Ed. (4660)
  2018 Ed. (3644, 4582)
HTC Corp.
  2013 Ed. (1051, 2082, 4948, 4949)
  2014 Ed. (1015)
  2017 Ed. (2493)
HTC Global Services Inc.
  2006 Ed. (3520, 4359)
  2007 Ed. (292, 3567, 4427)
  2008 Ed. (3707, 4384)
  2012 Ed. (4815)
  2013 Ed. (183)
  2015 Ed. (216)
  2016 Ed. (1790)
  2017 Ed. (1757)
  2018 Ed. (113)
HTC Purenergy Inc.
  2009 Ed. (2988)
HTC Vive
  2020 Ed. (4573)
HTCO Aggressive Bond
  1996 Ed. (626, 627)
HTCO Defensive Fixed
  1997 Ed. (569)
HTeaO
  2023 Ed. (4564)
HTK Lentes
  2022 Ed. (1393)
HTK Lentes Oftalmicas
  2021 Ed. (1388, 2753)
HTK Lentes Oftalmicas (Haytek Lentes)
  2021 Ed. (1388, 2753)
HTL International Holdings
  2007 Ed. (1972)
HTM Sport- un Freizeitgerate AG
  2001 Ed. (3216)
HTML5
  2012 Ed. (981)
HTML5 Project
  2013 Ed. (1125)
HTR Global Technology
  1997 Ed. (2909)
HTR Independent Portfolio
  1997 Ed. (2916)
http://www.aol.com
  2002 Ed. (4887)
http://www.hotmail.com
  2002 Ed. (4887)
http://www.iwon.com
  2002 Ed. (4887)
http://www.lycos.com
  2002 Ed. (4887)
http://www.microsoft.com
  2002 Ed. (4887)
http://www.msn.com
  2002 Ed. (4887)
http://www.netscape.com
  2002 Ed. (4887)
http://www.passport.com
  2002 Ed. (4887)
http://www.real.com
  2002 Ed. (4887)
http://www.yahoo.com
  2002 Ed. (4887)
httprint
  2005 Ed. (1129)
Hu; Elijah
  2021 Ed. (3636)
Hu; Jeremy
  2019 Ed. (4117)
Hu Jintao
  2012 Ed. (3825)
  2013 Ed. (3493)
Hu Shuli
  2015 Ed. (5003)
  2016 Ed. (4920)
Hua Chiao Comm Bank
  1991 Ed. (539)
Hua Chiao Commercial Bank
  1989 Ed. (553)
  1992 Ed. (695)
  1994 Ed. (501)
  1995 Ed. (485)
  1996 Ed. (529)
  1999 Ed. (536)
  2000 Ed. (548)
  2002 Ed. (566)
  2003 Ed. (501)
Hua Commercial Bank
  1989 Ed. (691)
Hua; Lim Hwee
  1997 Ed. (2001)
Hua Nan Bank
  1996 Ed. (1399)
  1999 Ed. (646)
  2000 Ed. (4176)
Hua Nan Commercial Bank
  1989 Ed. (690)
  1990 Ed. (695)
  1991 Ed. (672, 673)

  1992 Ed. (845, 2157, 4189)
  1993 Ed. (425, 641, 3502)
  1994 Ed. (644, 1849, 3472)
  1995 Ed. (616)
  1996 Ed. (690, 3628)
  1997 Ed. (517, 624, 3682)
  2000 Ed. (671)
  2002 Ed. (654)
  2003 Ed. (618)
  2004 Ed. (526, 627)
  2005 Ed. (531, 532, 616)
  2006 Ed. (529)
  2007 Ed. (559)
  2008 Ed. (511)
  2009 Ed. (545)
  2018 Ed. (397)
  2019 Ed. (400)
  2020 Ed. (393)
  2023 Ed. (612)
Hua Nan Commercial Bank Ltd.
  2021 Ed. (494)
  2022 Ed. (508)
  2023 Ed. (733)
Hua Nan Financial
  2012 Ed. (415)
  2013 Ed. (2705)
  2014 Ed. (2688)
  2015 Ed. (2734)
  2016 Ed. (2661)
Hua Nan Financial Holdings
  2008 Ed. (434)
  2009 Ed. (458)
  2010 Ed. (438, 528)
  2011 Ed. (457)
  2013 Ed. (400)
  2014 Ed. (414)
  2015 Ed. (471)
  2016 Ed. (420)
  2017 Ed. (432)
Hua Securities Co., Ltd.; Kuo
  1992 Ed. (3945)
Hua Tsu Cosmetic Co., Ltd.
  1990 Ed. (1498)
  1992 Ed. (1798)
Hua Xia Bank
  2002 Ed. (542)
  2012 Ed. (336)
  2013 Ed. (379)
  2014 Ed. (391)
  2015 Ed. (446)
  2016 Ed. (401)
  2017 Ed. (408)
  2020 Ed. (490, 2056)
  2023 Ed. (2156)
Hua Yue Textile Co., Ltd.
  1990 Ed. (3571)
Huadian Power International
  2013 Ed. (2432)
  2014 Ed. (2368)
  2015 Ed. (2434)
  2016 Ed. (2381)
  2017 Ed. (2230)
  2018 Ed. (2286)
  2019 Ed. (2275)
  2020 Ed. (2265)
Huadian Power International Corp.
  2012 Ed. (2354)
Huadian Power International Corp. Ltd.
  2022 Ed. (2417)
  2023 Ed. (2570)
Huadian Power International Corp., Ltd.
  2015 Ed. (2542)
  2016 Ed. (2469)
  2017 Ed. (2322)
  2018 Ed. (2364)
Huadong Medicine
  2017 Ed. (1496)
  2019 Ed. (1508, 3882)
  2020 Ed. (1474, 3900)
Huafa Electronics
  1994 Ed. (3291, 3292)
Huafon group co., LTD
  2023 Ed. (2730)
Huaion
  1998 Ed. (2880)
Hualan Biological Engineering
  2012 Ed. (1323)
  2021 Ed. (1366, 1368)
Hualon Corp.
  1989 Ed. (1166)
  1990 Ed. (1425, 1426, 2519)
  1991 Ed. (1357)
  1992 Ed. (1697, 1698, 2975)
  1993 Ed. (1409)
  1994 Ed. (1457, 1458, 2439, 3473, 3525)
  1995 Ed. (1497)
  1996 Ed. (1745, 3629)
  1997 Ed. (1520, 3683)
  1999 Ed. (4531)
  2006 Ed. (2577)
Hualon-Teijran
  1989 Ed. (1165)
  1991 Ed. (3271)
  1992 Ed. (4188)
  1993 Ed. (3501)
  2000 Ed. (4177)
Huaneng Lancang River Hydropower
  2019 Ed. (2275)

Huaneng Lancang River Hydropower Co., Ltd.
  2020 Ed. (2281)
Huaneng Lancang River Hydropower Inc.
  2022 Ed. (2279)
Huaneng Power International
  2013 Ed. (2432)
  2014 Ed. (2368)
  2015 Ed. (2434, 2446)
  2016 Ed. (2381, 2391)
  2017 Ed. (2230, 2240)
  2018 Ed. (2286)
  2019 Ed. (2275)
  2020 Ed. (2265)
  2023 Ed. (2444)
Huaneng Power International Inc.
  2001 Ed. (1671)
  2003 Ed. (4578)
  2006 Ed. (1641, 4304)
  2007 Ed. (1716, 1721, 1727, 1728, 2390)
  2008 Ed. (1745, 2505)
  2009 Ed. (2511)
  2010 Ed. (2426)
  2012 Ed. (2353, 2354)
  2013 Ed. (2537)
  2014 Ed. (2471)
  2015 Ed. (2542)
  2016 Ed. (2469)
  2017 Ed. (2322)
  2018 Ed. (2364)
  2020 Ed. (2381)
  2021 Ed. (2338)
Huaneng Power International, Inc.
  2018 Ed. (2362)
  2023 Ed. (2570)
Huaneng Renewables Corp.
  2018 Ed. (2356)
Huaneng Renewables Corp. Ltd.
  2020 Ed. (2281)
Huang Chulong
  2021 Ed. (4829)
  2022 Ed. (4823)
  2023 Ed. (4818)
Huang; Colin
  2020 Ed. (4831)
Huang; Colin Zheng
  2021 Ed. (4831, 4832)
  2022 Ed. (4825)
Huang Guangyu
  2004 Ed. (4880)
Huang; Jen-Hsun
  2011 Ed. (842, 849)
  2018 Ed. (859)
Huang; Jensen
  2019 Ed. (874)
  2020 Ed. (716, 861)
  2021 Ed. (875)
  2022 Ed. (748)
Huang Rulun
  2010 Ed. (3957)
Huang Shilin
  2023 Ed. (4820)
Huang Wei
  2009 Ed. (4862)
Huangjindadang
  2006 Ed. (35, 36)
  2007 Ed. (27)
Huarchi Global
  2022 Ed. (1587)
Huarong Xiangjiang Bank
  2020 Ed. (489)
Huatai Securities
  2012 Ed. (3329)
  2013 Ed. (3397)
  2014 Ed. (3397)
  2015 Ed. (3429)
  2016 Ed. (3290)
  2017 Ed. (2598, 3251)
  2018 Ed. (3326)
  2019 Ed. (3300)
  2020 Ed. (3303)
Huateng; Ma
  2010 Ed. (4863)
  2011 Ed. (4850, 4851)
  2012 Ed. (4857, 4858)
  2013 Ed. (4864)
  2014 Ed. (4877, 4878)
  2015 Ed. (4915, 4916)
  2016 Ed. (864, 4831, 4832)
  2017 Ed. (922, 4840)
  2018 Ed. (4846, 4847)
  2019 Ed. (4842)
  2020 Ed. (4830, 4831)
  2021 Ed. (4831, 4832)
  2022 Ed. (4825)
  2023 Ed. (4820)
Huateng; Pony Ma
  2012 Ed. (599)
Huawei
  2013 Ed. (4601, 4948)
  2015 Ed. (4649)
  2016 Ed. (4563)
  2017 Ed. (692, 701, 703, 1497, 4576, 4607)
  2018 Ed. (651, 1477, 4584, 4594, 4611)
  2019 Ed. (663, 4595, 4609)
  2020 Ed. (647, 659, 2348)
  2021 Ed. (633, 686, 690, 2259, 4547, 4564, 4621)
  2022 Ed. (637, 2298, 2342, 4553, 4575)
  2023 Ed. (899, 2467, 2478, 4634)
Huawei (China)
  2021 Ed. (686, 690, 4564)
  2022 Ed. (4575)
Huawei Investment & Holding
  2018 Ed. (938)
  2019 Ed. (929)
  2020 Ed. (3120, 4564)
  2021 Ed. (927)
  2022 Ed. (946)
  2023 Ed. (1114)
Huawei Investment & Holding Co.
  2017 Ed. (3981)
  2018 Ed. (1369)
Huawei Technologies
  2013 Ed. (1427)
  2014 Ed. (4234)
  2017 Ed. (3645)
  2019 Ed. (2382)
Huawei Technologies Co.
  2022 Ed. (1297)
Huawei Technologies Co., Ltd.
  2003 Ed. (2201)
  2007 Ed. (1657)
  2009 Ed. (2464, 2589)
  2010 Ed. (667, 1731, 1743, 2501, 4687)
  2011 Ed. (599, 1482, 4192, 4637)
Huaxia Bank
  2011 Ed. (321)
  2018 Ed. (373)
  2019 Ed. (377)
  2020 Ed. (371)
Huaxia Life Insurance
  2021 Ed. (3091, 3113)
  2022 Ed. (3232, 3253)
Huayang New Material Technology Group
  2023 Ed. (3725)
Huayi Brothers Media
  2016 Ed. (3492)
  2017 Ed. (3460)
Huayu Automotive
  2013 Ed. (230)
Huayu Automotive Systems Co., Ltd.
  2018 Ed. (288)
  2019 Ed. (288)
Huazhu Group
  2021 Ed. (2901)
Huazhu Group Ltd.
  2021 Ed. (2905, 2921, 2922)
  2022 Ed. (3030, 3036, 3039, 3040)
  2023 Ed. (3158, 3159)
Hub City Foods Inc.
  1993 Ed. (1156)
  1995 Ed. (1198)
Hub City Ohio Terminals
  1992 Ed. (4354)
Hub Group
  2013 Ed. (4750)
  2014 Ed. (4800)
  2015 Ed. (1219, 2296, 4835)
  2016 Ed. (4738, 4743)
  2017 Ed. (1171, 4721, 4755, 4768)
  2018 Ed. (1105, 4745, 4750)
  2019 Ed. (1116, 4696, 4747, 4752)
  2020 Ed. (1106, 4662, 4711, 4726, 4731)
  2021 Ed. (1097, 4716, 4727, 4753)
  2022 Ed. (1111, 4718, 4729)
  2023 Ed. (2287, 4711, 4733)
Hub Group Inc.
  2001 Ed. (1666, 3161)
  2002 Ed. (1611, 4666)
  2003 Ed. (4800)
  2004 Ed. (2690, 4784, 4786)
  2005 Ed. (2688, 4755, 4757)
  2006 Ed. (209, 210, 211, 2994, 4804, 4810)
  2007 Ed. (219, 2647, 4808, 4822)
  2008 Ed. (205)
  2009 Ed. (2836)
  2011 Ed. (3152)
  2012 Ed. (4755, 4789)
  2013 Ed. (4718)
  2014 Ed. (4770)
  2015 Ed. (4794)
  2016 Ed. (4698)
Hub Group, Inc.
  2022 Ed. (128)
Hub Group Trucking
  2016 Ed. (4750)
  2017 Ed. (4762)
  2018 Ed. (4758)
  2019 Ed. (4761)
  2020 Ed. (4749)
  2021 Ed. (4747)
  2022 Ed. (4749)
Hub I HPG
  2023 Ed. (4060)
HUB International
  2016 Ed. (3262)
  2017 Ed. (2304, 3218)
  2018 Ed. (2349, 3303)
  2019 Ed. (2350, 3251, 3256)
  2020 Ed. (3256)
  2021 Ed. (3121)
  2022 Ed. (3266, 3267)
Hub International
  2023 Ed. (3252)
Hub International Canada West
  2021 Ed. (2556)
  2022 Ed. (2675)
  2023 Ed. (2813)
Hub International Canada West Co.
  2011 Ed. (2685)
HUB International Ltd.
  2022 Ed. (3262)
  2023 Ed. (3354, 3358, 3359)
Hub International Ltd.
  2003 Ed. (1641)
  2004 Ed. (1571)
  2006 Ed. (1636, 1637)
  2007 Ed. (1652)
  2008 Ed. (3227, 3228)
  2010 Ed. (3228)
  2011 Ed. (3192, 3198, 3205)
  2012 Ed. (3156, 3164)
  2013 Ed. (3232, 3233, 3235, 3236)
  2014 Ed. (3254, 3256)
  2015 Ed. (3302, 3307)
  2016 Ed. (3152, 3154, 3155, 3160, 3161, 3162)
  2017 Ed. (3098, 3099, 3100, 3105, 3106, 3107)
  2018 Ed. (3197, 3198, 3199, 3200, 3202, 3205, 3206)
  2019 Ed. (3132, 3133, 3134, 3135, 3139, 3140, 3141, 3143)
  2020 Ed. (3154, 3155, 3157, 3158, 3160, 3166, 3167, 3174)
  2021 Ed. (3025, 3026, 3027, 3028, 3029, 3032, 3033, 3039)
  2022 Ed. (3160, 3161, 3162, 3163, 3164, 3167, 3168, 3174)
  2023 Ed. (3251, 3253, 3254, 3255, 3258, 3259, 3266, 3273)
Hub One Logistics
  2006 Ed. (3994)
Hub Power Co.
  1997 Ed. (2588)
  1999 Ed. (3132, 3133)
  2000 Ed. (2878)
  2002 Ed. (3044)
  2005 Ed. (2305)
  2006 Ed. (4527)
Hub Power Company
  2000 Ed. (2879)
Hubba Bubba
  2020 Ed. (854)
  2021 Ed. (869)
Hubba Bubba Bubble Tape
  2018 Ed. (854)
  2019 Ed. (866, 867)
  2020 Ed. (853)
  2022 Ed. (905)
Hubba Bubba Max
  2018 Ed. (854)
  2019 Ed. (866)
  2022 Ed. (905)
Hubbard Automotive Group
  2008 Ed. (166)
Hubbard Construction Co.
  1999 Ed. (1332)
  2000 Ed. (1215)
  2002 Ed. (1191)
The Hubbard Group
  2003 Ed. (1287, 2745)
  2004 Ed. (1290, 2828)
  2006 Ed. (1182, 1343)
  2011 Ed. (1205)
Hubbard Investments
  1998 Ed. (467)
Hubbard Investments LLC
  1997 Ed. (675)
  1999 Ed. (729)
Hubbard Jr.; Carroll
  1992 Ed. (1039)
Hubbard One
  2005 Ed. (3902)
Hubbard; Stanley S.
  2007 Ed. (4891)
Hubbardton Forge
  2008 Ed. (2151)
Hubbell
  2017 Ed. (2279)
  2022 Ed. (2288)
Hubbell Inc.
  1989 Ed. (1287, 1288)
  1990 Ed. (1585, 1586, 1587)
  1991 Ed. (1481, 1482, 1483)
  1992 Ed. (1882, 1883, 1884)
  1993 Ed. (221, 1543, 1546)
  1994 Ed. (1582, 1583, 1584)
  1995 Ed. (1624, 1625)
  1997 Ed. (1685)
  1998 Ed. (1372, 1373)
  1999 Ed. (1939)
  2000 Ed. (1750)
  2001 Ed. (2140, 2141)
  2003 Ed. (2130, 2132, 4562)
  2004 Ed. (2179, 2182, 2183, 2184)
  2005 Ed. (2280, 2283, 2284, 2285, 2286)
  2006 Ed. (2347, 2348, 2349, 2350, 2397)
  2007 Ed. (2284, 2285, 2339)
  2008 Ed. (2418)
  2012 Ed. (2229)
  2016 Ed. (2353)
  2017 Ed. (2202)
  2018 Ed. (2258)
  2019 Ed. (2243)
Hubbell Incorporated
  2023 Ed. (2465)
Hubbell Lighting Inc.
  2010 Ed. (1976)
Hubbell (U.S.)
  2022 Ed. (2288)
Hubble
  2019 Ed. (2306)
Hubcap Acquisition LLC
  2008 Ed. (1806)
  2009 Ed. (1753)
  2010 Ed. (1700)
HUBCO Inc.
  2000 Ed. (394, 632)
Hubei Jingniu Group
  2008 Ed. (848)
Hubei Jumpcan Pharmaceutical
  2019 Ed. (1408)
  2020 Ed. (1370, 1371, 1372)
Hubei Shuanghuan
  2000 Ed. (4076)
Hubell
  1996 Ed. (1607)
Huber Brewing Co.; Jos.
  1989 Ed. (757)
Huber Corp.; J. M.
  1991 Ed. (968)
  1992 Ed. (1203)
  1994 Ed. (1004, 2934)
  2005 Ed. (3480, 3481)
  2006 Ed. (3481, 3482)
  2007 Ed. (3511, 3512)
  2008 Ed. (3674, 3675)
  2009 Ed. (941, 3740, 3741, 4155)
  2010 Ed. (882, 3679, 3680, 4087)
  2011 Ed. (815, 3662, 3663, 4059)
  2012 Ed. (764, 788, 3662, 3663, 4091)
  2013 Ed. (3727, 3728)
Huber Corp.; J.M.
  1990 Ed. (1039)
Huber Farm Management
  1991 Ed. (1648)
  1992 Ed. (2108)
Huber Group
  2001 Ed. (2877)
  2006 Ed. (3046)
  2007 Ed. (3078)
  2008 Ed. (3219)
  2009 Ed. (3278)
  2010 Ed. (3203)
  2011 Ed. (3167)
  2012 Ed. (3123)
  2013 Ed. (3208)
  2014 Ed. (3220)
  2015 Ed. (3283)
  2016 Ed. (3123)
  2017 Ed. (3064)
  2018 Ed. (3177)
  2019 Ed. (3113)
  2020 Ed. (3140)
  2021 Ed. (3006)
  2022 Ed. (3143)
  2023 Ed. (3235)
Huber, Hunt and Nichols Inc.
  1989 Ed. (1000)
  1990 Ed. (1183)
  1992 Ed. (1357)
  1994 Ed. (1109, 1131)
  1996 Ed. (1112, 1122)
  1997 Ed. (1137, 1143)
  2001 Ed. (1465)
Huber; Joseph
  1990 Ed. (751)
Huber + Suhner Inc.
  2012 Ed. (1978)
Huber Winery
  2023 Ed. (4906)
Hubergroup
  2019 Ed. (3112)
  2020 Ed. (3139)
  2021 Ed. (3005)
  2022 Ed. (3142)
Hubert Burda
  2004 Ed. (4875)
Hubert C. Leach Ltd.
  1992 Ed. (1193)
Hubert Co.
  1999 Ed. (2482)
  2000 Ed. (2243)
  2005 Ed. (2623)
  2006 Ed. (2619)
  2007 Ed. (2593, 2595)
  2008 Ed. (2729)
  2009 Ed. (2784)
  2010 Ed. (2717)
  2011 Ed. (2702)
  2012 Ed. (2629)
  2013 Ed. (2714)
  2014 Ed. (2699)
  2015 Ed. (2801)
  2016 Ed. (2731)
  2017 Ed. (2687)
  2018 Ed. (2748)

CUMULATIVE INDEX • 1989-2023

2019 Ed. (2731)
2020 Ed. (2761)
2021 Ed. (2636)
Hubert Distributors Inc.
  1990 Ed. (3707)
  1991 Ed. (3515)
  1992 Ed. (4485)
  1993 Ed. (3735)
  1994 Ed. (3670)
  1995 Ed. (3795)
  1996 Ed. (3880)
  1997 Ed. (3917)
  1998 Ed. (3762)
  1999 Ed. (4812)
  2000 Ed. (4432)
  2001 Ed. (4924)
  2002 Ed. (4988)
Hubert Joly
  2016 Ed. (869)
Hubert Palfinger
  2015 Ed. (4909)
Hubinger
  1994 Ed. (195)
HubSpot
  2013 Ed. (1097, 2911)
  2015 Ed. (1813)
  2017 Ed. (1354)
  2020 Ed. (1707)
  2021 Ed. (1686, 2985)
  2023 Ed. (1855, 3218, 4574)
Hubspot
  2021 Ed. (2310)
HubSpot Inc.
  2016 Ed. (1772)
HUBZone HQ
  2021 Ed. (1229, 1230)
Huchems Fine Chemical
  2011 Ed. (2045)
Hucheson & Grundy
  1990 Ed. (2420)
Huck Group
  2012 Ed. (4583)
Huck; Paul
  2007 Ed. (1084)
HUD housing loans
  1989 Ed. (1220)
Huda Beauty
  2020 Ed. (3787)
HudBay Minerals
  2007 Ed. (4578)
  2008 Ed. (1621, 1625, 3677)
  2009 Ed. (1579, 3725, 3744, 3745)
  2010 Ed. (3683)
  2011 Ed. (3667)
  2012 Ed. (3674)
  2014 Ed. (3668)
Hudbay Minerals
  2017 Ed. (3533)
  2018 Ed. (3583)
  2021 Ed. (3564)
HudBay Minerals Inc.
  2013 Ed. (4511)
  2018 Ed. (3580)
  2019 Ed. (3572)
Hudbay Minerals Inc.
  2022 Ed. (3625)
  2023 Ed. (3722)
Huddle House
  2002 Ed. (4015)
  2003 Ed. (4119)
  2004 Ed. (4134)
  2005 Ed. (4071)
  2007 Ed. (4145)
  2008 Ed. (4177)
  2009 Ed. (4281)
  2011 Ed. (4240)
  2014 Ed. (4303)
  2016 Ed. (4159)
  2019 Ed. (4236)
  2020 Ed. (4192, 4193, 4197)
  2021 Ed. (4131, 4132, 4133, 4136)
  2022 Ed. (4160, 4163)
  2023 Ed. (4232)
Hudebni dm s.r.o.
  2020 Ed. (3650)
  2021 Ed. (3655)
Hudephol-Schoenling
  1992 Ed. (929)
Hudepohl-Schoenling
  1989 Ed. (759, 760)
  1990 Ed. (751, 753, 756, 757, 762)
  1991 Ed. (742)
  1992 Ed. (931, 934)
  1997 Ed. (713)
Hudl
  2017 Ed. (4470, 4797)
Hudson
  2012 Ed. (972)
  2021 Ed. (2312)
  2022 Ed. (2358)
Hudson Bay Co.
  1996 Ed. (3243)
Hudson Bay Mining & Smelting
  1992 Ed. (3085)
  1994 Ed. (2526)
  1996 Ed. (2649)
  1997 Ed. (2794)

Hudson-Chatham Winery
  2023 Ed. (4905)
Hudson City
  1991 Ed. (1724)
  1992 Ed. (2156)
  2002 Ed. (443, 572)
Hudson City Bancorp
  2001 Ed. (4530)
  2003 Ed. (422)
  2004 Ed. (4290, 4291)
  2005 Ed. (4223, 4224)
  2006 Ed. (400, 4735)
  2007 Ed. (383)
  2008 Ed. (355)
  2009 Ed. (371)
  2010 Ed. (352, 445, 1419)
  2011 Ed. (365)
  2012 Ed. (2764, 3712, 3713, 4701, 4702)
  2013 Ed. (1361)
Hudson City Bancorp Inc.
  2013 Ed. (4662, 4664)
  2014 Ed. (3693, 4714, 4716)
  2015 Ed. (3712, 4726, 4728)
  2016 Ed. (4628, 4630)
Hudson City MHC
  2003 Ed. (530)
Hudson City Savings Bank
  1998 Ed. (3556)
  2000 Ed. (3856)
  2002 Ed. (627)
  2005 Ed. (3303)
  2006 Ed. (2988, 3569, 3570)
  2007 Ed. (3019, 3629, 3635, 4250)
  2009 Ed. (4388, 4389, 4390)
  2010 Ed. (3155, 3702, 3703, 4422, 4423, 4427, 4429, 4435, 4436, 4437)
  2011 Ed. (3121, 3697, 3698, 4367, 4368, 4372, 4374, 4380, 4381, 4382)
  2012 Ed. (3056, 3715, 3716, 4405, 4406, 4407, 4408, 4412, 4414, 4420, 4421, 4422)
  2013 Ed. (3137, 3762, 3763, 4369, 4370, 4371, 4378, 4379, 4380, 4381, 4383)
Hudson Co. Improvement Authority, NJ
  1991 Ed. (2529)
Hudson County Jail 3315
  1999 Ed. (3902)
Hudson County, NJ
  1991 Ed. (2774)
Hudson Foods Inc.
  1990 Ed. (2527)
  1992 Ed. (2181, 2994, 3509, 3511)
  1993 Ed. (1273)
  1994 Ed. (1318, 1872, 1873, 1874, 2908)
  1995 Ed. (1285, 1339, 1899, 2521, 2524, 2961, 2962, 2965)
  1996 Ed. (1938, 1940, 2584, 2588, 3059, 3061, 3063)
  1997 Ed. (2037, 2734, 3143)
  1998 Ed. (2454, 2895, 2896)
  1999 Ed. (1489, 2117, 4693)
  2001 Ed. (3152, 3153)
  2003 Ed. (3233, 3234)
The Hudson Group
  2008 Ed. (4317)
Hudson Hotels
  1992 Ed. (2467)
Hudson Industries
  2007 Ed. (3958)
  2009 Ed. (4056)
  2010 Ed. (3972)
Hudson Institute Inc.
  1993 Ed. (892)
Hudson Investment Group
  2002 Ed. (1587)
Hudson/Jenkins
  2013 Ed. (1119)
Hudson; Kate
  2012 Ed. (2432)
Hudson & Keyse
  2008 Ed. (2704)
  2009 Ed. (2763)
Hudson Mitsubishi; Jim
  1991 Ed. (287)
  1992 Ed. (392)
Hudson-Odom
  2006 Ed. (4754)
  2007 Ed. (4760)
  2008 Ed. (4683)
  2009 Ed. (4724)
  2010 Ed. (4733)
  2011 Ed. (4693)
  2012 Ed. (4715)
  2013 Ed. (4676)
Hudson Place Investments Ltd.
  1991 Ed. (958, 961)
  1992 Ed. (1191)
Hudson Reinsurance Co. Ltd.
  1993 Ed. (847, 848)
Hudson River Tr.: Global
  1992 Ed. (4379)
Hudson River Tr.: High Yield.
  1992 Ed. (4375)
Hudson River VL Com Stk
  1990 Ed. (3664)
Hudson River VL FlexMgd
  1990 Ed. (273)

Hudson River VL MM
  1989 Ed. (262)
  1990 Ed. (3662)
Hudson Solar
  2016 Ed. (4425)
Hudson Toyota
  1990 Ed. (347)
  1991 Ed. (297, 311)
  2002 Ed. (353)
  2004 Ed. (271)
  2005 Ed. (319)
Hudson United Bancorp
  2003 Ed. (423, 424, 427)
  2004 Ed. (636, 637)
  2005 Ed. (358, 359, 450, 625, 626)
  2006 Ed. (404)
Hudson United Bank
  1998 Ed. (416)
  2000 Ed. (633)
  2001 Ed. (644)
  2002 Ed. (626)
Hudson Valley Credit Union
  2002 Ed. (1882)
  2003 Ed. (1936)
  2004 Ed. (1976)
  2005 Ed. (2118)
  2006 Ed. (2213)
  2007 Ed. (2134)
  2008 Ed. (2249)
  2009 Ed. (2235)
  2010 Ed. (2189)
  2011 Ed. (2207)
  2012 Ed. (2068)
  2013 Ed. (2250)
  2014 Ed. (2182)
  2015 Ed. (2246)
  2016 Ed. (2217)
  2023 Ed. (2231)
Hudson Valley Federal Credit Union
  2011 Ed. (1904)
  2018 Ed. (2112)
  2020 Ed. (2091)
  2021 Ed. (2035, 2081)
  2022 Ed. (2116)
Hudson Valley Holding Corp.
  2002 Ed. (3551, 3552, 3556, 3557)
  2004 Ed. (401, 404, 405, 409)
Hudson Valley National Bank
  1993 Ed. (576)
Hudson-Webber Foundation
  2000 Ed. (2261)
  2001 Ed. (2519)
  2002 Ed. (2354)
Hudson's Bay
  2017 Ed. (848)
  2018 Ed. (899, 2173)
Hudson's Bay Co.
  1989 Ed. (1097)
  1990 Ed. (1362, 3051, 3052)
  1991 Ed. (2894)
  1992 Ed. (1793)
  1993 Ed. (3590, 3591)
  1994 Ed. (1523, 3107, 3553, 3554)
  1995 Ed. (3632)
  1996 Ed. (1536)
  1997 Ed. (1373, 1595)
  1999 Ed. (4109)
  2001 Ed. (1658)
  2002 Ed. (1608, 1918, 3301)
  2003 Ed. (2009, 3361)
  2004 Ed. (34, 1663, 1664)
  2005 Ed. (27, 1701, 4089)
  2006 Ed. (33, 1599)
  2007 Ed. (25, 4188)
  2008 Ed. (4201, 4226)
  2009 Ed. (4298, 4320)
  2010 Ed. (4316)
  2014 Ed. (4374)
  2016 Ed. (4215, 4260)
  2017 Ed. (4202, 4247)
  2018 Ed. (4228)
  2019 Ed. (4256)
  2020 Ed. (4252, 4284)
  2022 Ed. (4226)
HudsonValley Plastics
  2021 Ed. (3459)
HudsonValley Plastics, dba Pietryka Plastics
  2021 Ed. (3459)
Hudway
  2017 Ed. (287)
Huebner; Elizabeth
  2007 Ed. (1063)
Huel
  2022 Ed. (1974)
Huelskamp; David G.
  2010 Ed. (4391)
Hueman
  2022 Ed. (753, 1531)
HUF Portuguesa
  2015 Ed. (1998)
Huff; Danny
  2006 Ed. (984)
  2007 Ed. (1077)
Huff Homes
  2004 Ed. (1199)
Huff, Jesse R.
  1991 Ed. (3209)

Huffington; Michael
  1994 Ed. (845)
The Huffington Post
  2011 Ed. (3322)
  2012 Ed. (492, 3091)
  2014 Ed. (627)
Huffman-Davis Group at North & Co.
  2021 Ed. (2891)
Huffy
  1989 Ed. (2858)
  1991 Ed. (3410)
  1992 Ed. (3642, 4326, 4327)
  1993 Ed. (2983, 3603, 3615)
  1994 Ed. (3026, 3371, 3560, 3573, 3574)
  1995 Ed. (3078, 3428, 3639, 3657, 3658)
  1996 Ed. (3171, 3492, 3723)
  1997 Ed. (3275, 3556, 3775)
  1998 Ed. (3027, 3351, 3596)
  1999 Ed. (4018, 4379)
  2004 Ed. (4094)
  2005 Ed. (3378, 4028, 4029)
  2007 Ed. (4789)
  2008 Ed. (4707)
Hug 'n Wiggle Pooh Plush
  1999 Ed. (4641)
Huge
  2013 Ed. (48)
  2014 Ed. (65)
  2015 Ed. (73, 77)
  2016 Ed. (77)
  2018 Ed. (69)
Hugel
  2020 Ed. (1894)
Hugg & Hall Equipment
  2014 Ed. (1367)
Huggies
  1991 Ed. (1416, 1418)
  1992 Ed. (1803)
  1993 Ed. (983, 1483)
  1994 Ed. (1531)
  1995 Ed. (1562)
  1996 Ed. (1546, 2258)
  1998 Ed. (1270)
  1999 Ed. (1191, 1843)
  2000 Ed. (367, 1112, 1666, 1667)
  2001 Ed. (2006, 2007, 3342)
  2002 Ed. (1973, 2803, 3379)
  2003 Ed. (2054, 2055, 2056, 2921, 2922, 3719)
  2005 Ed. (2201)
  2006 Ed. (2263)
  2007 Ed. (679, 2201)
  2008 Ed. (2335, 2336)
  2009 Ed. (2322)
  2010 Ed. (2252)
  2019 Ed. (2118)
Huggies, Large
  1990 Ed. (3038)
Huggies Little Movers Disney Baby
  2023 Ed. (2304)
Huggies Little Snugglr Disney Bby
  2023 Ed. (2304)
Huggies Little Swimmers
  2008 Ed. (2335)
Huggies Nappies
  1999 Ed. (2872)
Huggies Natural Care
  2001 Ed. (3342)
  2002 Ed. (3379)
  2003 Ed. (2921, 2922)
  2016 Ed. (3094)
  2017 Ed. (3041)
  2018 Ed. (3148)
  2020 Ed. (3119, 3607)
  2022 Ed. (3112)
  2023 Ed. (3213, 3214)
Huggies Nourish & Care
  2022 Ed. (3112)
Huggies One & Done Refreshing
  2016 Ed. (3094)
  2017 Ed. (3041)
  2018 Ed. (3148)
  2020 Ed. (3119)
Huggies Pull Ups
  1994 Ed. (1531)
  2001 Ed. (2006)
  2008 Ed. (2335)
Huggies Pull Ups Goodnites
  2001 Ed. (2006)
  2008 Ed. (2335)
Huggies Refreshing Clean
  2022 Ed. (3112)
  2023 Ed. (3213, 3214)
Huggies Simply
  2020 Ed. (3119)
Huggies Simply Cl Disney MM & FR
  2023 Ed. (3213)
Huggies Simply Clean
  2016 Ed. (3094)
  2017 Ed. (3041)
  2018 Ed. (3148)
  2020 Ed. (3607)
Huggies Simply Clean Disney
  2018 Ed. (3148)
  2020 Ed. (3119)
Huggies Simply Clean Disney Mickey Mouse
  2020 Ed. (3119)

Huggies Simply Clean Disney MM&F
  2022 Ed. (3112)
Huggies Simply Cln Disney MM & FR
  2023 Ed. (3214)
Huggies Smply Cln Disney MM&F
  2022 Ed. (3112)
Huggies Snug & Dry Disney Baby
  2023 Ed. (2304)
Huggies Soft Skin
  2016 Ed. (3094)
  2017 Ed. (3041)
Huggies Supertrim large 32
  1991 Ed. (1452)
Huggies Supreme
  2001 Ed. (2006)
Huggies Supreme Care
  2001 Ed. (3342)
  2002 Ed. (3379)
  2003 Ed. (2921, 2922)
Huggies Ultratrim
  2001 Ed. (2006)
Huggins
  1993 Ed. (15)
Huggins Actuarial Services
  2018 Ed. (21)
  2019 Ed. (21)
  2020 Ed. (25)
Huggins Actuarial Services Inc.
  2016 Ed. (23)
  2017 Ed. (20)
Huggins & Co.
  1990 Ed. (2255)
Huggins/Ernst & Young
  1991 Ed. (2899)
Huggins Financial Services/Ernst & Whinney
  1990 Ed. (3062)
Hugh Collum
  2000 Ed. (1052)
Hugh D. Keogh
  1993 Ed. (3445)
Hugh Franklin Culverhouse
  1990 Ed. (457, 3686)
Hugh G. Lane Jr.
  1992 Ed. (532)
Hugh Grant
  2006 Ed. (881)
  2007 Ed. (972, 1024, 2498)
  2008 Ed. (946, 2631)
  2009 Ed. (943, 945, 2657)
  2010 Ed. (883, 894, 897, 909, 2562, 2570)
  2011 Ed. (817, 827, 2545)
  2012 Ed. (2491)
  2013 Ed. (2636)
  2014 Ed. (2591)
  2015 Ed. (953, 963, 2633)
  2016 Ed. (865, 2559)
  2017 Ed. (2447)
Hugh Hefner
  2020 Ed. (2486)
Hugh Jackman
  2015 Ed. (2599)
  2016 Ed. (2524)
Hugh L. McColl Jr.
  1994 Ed. (357)
  1996 Ed. (381, 959, 1709)
  1998 Ed. (289)
  1999 Ed. (386)
Hugh L. McNoll
  1990 Ed. (1711)
Hugh Laurie
  2010 Ed. (2514)
  2011 Ed. (2516)
  2013 Ed. (2605)
  2014 Ed. (2532)
Hugh Panero
  2007 Ed. (1004)
Hughes
  1994 Ed. (3644)
  1995 Ed. (2509)
Hughes Aircraft Co.
  1989 Ed. (1023, 1024)
  1990 Ed. (192)
  1991 Ed. (255, 256, 1161, 1899)
  1992 Ed. (1473)
  1993 Ed. (1180)
  1994 Ed. (1220)
  1995 Ed. (1236)
  1996 Ed. (1207, 1235, 1519)
  1997 Ed. (1234, 1253, 2206)
  2005 Ed. (1492)
Hughes Aircraft Employee FCU
  1999 Ed. (1803)
Hughes Aircraft Employee Federal Credit Union
  1995 Ed. (1534)
Hughes Aircraft Employees
  1990 Ed. (1458)
  2000 Ed. (1627)
Hughes Aircraft Employees Credit Union
  2002 Ed. (1841, 1850)
Hughes Aircraft Employees FCU
  1999 Ed. (1799, 1800)
Hughes Aircraft Employees Federal Credit Union
  1991 Ed. (1394)
  1992 Ed. (1754, 3262)
  1993 Ed. (1447)
  1994 Ed. (1502)
  1996 Ed. (1497, 1499, 1500, 1501, 1502, 1512)
  1997 Ed. (1558, 1560, 1562, 1566, 1569)
  1998 Ed. (1220, 1221, 1223, 1224, 1225, 1227, 1230, 1233)
  2001 Ed. (1960)
Hughes & Associates Inc.
  2010 Ed. (1298)
Hughes Associates Inc.
  2007 Ed. (4292, 4293)
  2009 Ed. (763)
  2013 Ed. (744, 745)
Hughes & Associates; Janet
  2006 Ed. (3506)
Hughes; B. Wayne
  2005 Ed. (4843)
  2006 Ed. (4908)
  2007 Ed. (4903)
  2008 Ed. (4832)
  2018 Ed. (4833)
Hughes; Bradley Wayne
  2011 Ed. (4822)
Hughes Capital
  1997 Ed. (2531)
Hughes Capital Management
  1998 Ed. (2287, 2290)
Hughes Capital Mgmt.
  2000 Ed. (2817)
Hughes; Cindy
  2011 Ed. (4336)
Hughes Communications Inc.
  2010 Ed. (2949)
  2011 Ed. (2832, 2915)
  2012 Ed. (2852)
Hughes Credit Union
  1996 Ed. (1510)
  2002 Ed. (1844, 1847)
  2003 Ed. (1906)
  2004 Ed. (1946)
  2005 Ed. (2087)
  2006 Ed. (2182)
  2007 Ed. (2103)
  2008 Ed. (2218)
  2009 Ed. (2201)
  2010 Ed. (2155)
  2011 Ed. (2176)
  2012 Ed. (2036)
  2013 Ed. (2209)
  2014 Ed. (2140)
  2015 Ed. (2204)
  2016 Ed. (2175)
Hughes Electrical Ltd.
  2019 Ed. (4264)
Hughes Electronics Corp.
  1997 Ed. (1582)
  1998 Ed. (1250, 1399, 2413)
  1999 Ed. (187, 359, 1822, 1966, 4547)
  2000 Ed. (3004)
  2001 Ed. (2195, 2197, 4320)
  2002 Ed. (1603, 2102)
  2003 Ed. (1359, 1363, 1427, 1746, 1751, 2192, 2195, 2199, 2336)
  2004 Ed. (3409, 3414)
  2005 Ed. (1465, 1468, 1518, 1549, 3426)
Hughes Electronics; GM
  1990 Ed. (1632)
Hughes Federal Credit Union
  2018 Ed. (2083)
  2020 Ed. (2061)
  2021 Ed. (2010, 2051)
  2022 Ed. (2046, 2087)
  2023 Ed. (2158, 2201)
Hughes General Contractors Inc.
  2011 Ed. (1305)
  2017 Ed. (1180)
  2018 Ed. (1137)
  2022 Ed. (1131)
  2023 Ed. (1362)
Hughes Group LLC
  2017 Ed. (3575)
Hughes Hubbard
  2011 Ed. (3401)
Hughes Hubbard & Reed
  2010 Ed. (3413)
  2011 Ed. (3397)
Hughes Hubbard & Reed LLP
  2012 Ed. (3382, 3388, 3396, 3402)
  2013 Ed. (3433, 3449)
  2014 Ed. (3435, 3449)
Hughes Investment Management Inc.
  2003 Ed. (3117)
Hughes & Luce
  1991 Ed. (2284)
  1992 Ed. (2833)
Hughes Marino
  2018 Ed. (1334)
  2020 Ed. (1321)
  2021 Ed. (1316)
Hughes Marino Inc.
  2016 Ed. (1403)
Hughes Markets Inc.
  1990 Ed. (1023)
  1993 Ed. (978)
  1996 Ed. (997)
  1998 Ed. (755)
Hughes; Martin
  2008 Ed. (4902)
  2012 Ed. (2495)
  2013 Ed. (2638)
  2014 Ed. (2594)
  2015 Ed. (2636)
  2016 Ed. (2561)
Hughes Medical Institute; Howard
  1989 Ed. (2164)
  1991 Ed. (892, 1003, 1767, 2688)
  1992 Ed. (1094, 3357)
  1993 Ed. (2782)
  1994 Ed. (2771)
Hughes Missile Systems Co.
  1995 Ed. (1766)
Hughes Network Systems
  2020 Ed. (1316)
Hughes Network Systems Europe
  2006 Ed. (4694)
Hughes Network Systems Inc.
  2005 Ed. (4622)
  2006 Ed. (1421, 4694)
  2007 Ed. (184)
Hughes Network Systems LLC
  2014 Ed. (3204)
Hughes Space & Communications Co.
  2001 Ed. (1652)
Hughes Supply Inc.
  1993 Ed. (1088)
  1994 Ed. (1112)
  1995 Ed. (1128)
  1996 Ed. (1109)
  1997 Ed. (1130)
  1998 Ed. (883)
  1999 Ed. (1314, 2847)
  2000 Ed. (2622)
  2001 Ed. (2841, 2842)
  2002 Ed. (1993, 4894)
  2003 Ed. (773, 2204, 2891, 4561, 4923, 4924)
  2004 Ed. (2998, 4912, 4913, 4916, 4917)
  2005 Ed. (2996, 4738, 4739, 4740, 4903, 4904, 4905, 4906)
  2006 Ed. (208, 3926, 4294, 4788, 4789, 4790, 4936, 4938)
  2007 Ed. (874, 4360, 4801, 4943, 4944)
  2012 Ed. (1489)
  2013 Ed. (1619)
Hughes Tool Co.
  2002 Ed. (1440)
  2003 Ed. (1460)
  2004 Ed. (1490)
  2005 Ed. (1506)
Hughlyn F. Fierce
  1989 Ed. (735)
Hugin; Robert J.
  2016 Ed. (870)
Hugo
  1991 Ed. (2136)
  1997 Ed. (3031)
Hugo Boss
  2012 Ed. (834)
  2013 Ed. (695, 1012)
  2014 Ed. (976)
  2015 Ed. (1014)
  2021 Ed. (890)
  2022 Ed. (646, 920)
Hugo Boss AG
  1996 Ed. (1021)
  1997 Ed. (1040)
  2000 Ed. (1125)
  2001 Ed. (1282)
  2013 Ed. (1004)
  2014 Ed. (968)
  2015 Ed. (1004)
Hugo Boss AG (Konzern)
  1994 Ed. (1031)
Hugo Boss Ticino SA
  2010 Ed. (2006)
  2014 Ed. (2007)
Hugo; Hurricane
  2005 Ed. (882, 884, 2979)
  2007 Ed. (3005)
  2009 Ed. (874, 875, 3209, 3812)
  2010 Ed. (819, 824, 3141, 3741)
  2011 Ed. (746, 3108, 3741)
  2012 Ed. (683, 3044, 3749)
Hugo Neu Corp.
  2005 Ed. (4031)
  2006 Ed. (3468)
Hugo Neu-Proler Co.
  1995 Ed. (3080)
  1996 Ed. (3176)
  1997 Ed. (3277)
  1998 Ed. (3030)
Hugo, OK
  2002 Ed. (1058)
Hugo's Cleaning Service, Inc.
  1991 Ed. (1907)
Hugo's Frog Bar & Fish House
  2007 Ed. (4128)
  2008 Ed. (4146)
  2009 Ed. (4260)
  2018 Ed. (4174)
  2019 Ed. (4189)
Huh Chang-Soo
  2009 Ed. (4873)
HuHot Mongolian Grill
  2009 Ed. (4273)
  2011 Ed. (4245)
  2013 Ed. (4252)
  2014 Ed. (4308)
  2015 Ed. (4294)
  2016 Ed. (4199)
  2017 Ed. (4176)
  2018 Ed. (4183)
Huhtamaki Group
  1994 Ed. (2045)
Huhtamaki Holding Inc.
  2004 Ed. (3761)
Huhtamaki I
  1994 Ed. (2046)
Huhtamaki I V
  1994 Ed. (2046)
Huhtamaki K
  1994 Ed. (2046)
Huhtamaki Oy
  1996 Ed. (2100)
  1997 Ed. (2203)
Huhui Group
  2007 Ed. (878)
Hui Ka Yan
  2011 Ed. (4851)
  2012 Ed. (4858)
  2013 Ed. (4863, 4864)
  2014 Ed. (4877, 4878)
  2017 Ed. (4840)
  2018 Ed. (4846, 4847)
  2019 Ed. (4842)
  2020 Ed. (4830, 4831)
  2021 Ed. (4831, 4832)
Hui Wing Mau
  2008 Ed. (4844)
  2009 Ed. (4861, 4863)
  2011 Ed. (4850, 4853)
  2014 Ed. (4877, 4888)
  2015 Ed. (4927)
  2019 Ed. (4852)
  2020 Ed. (4841)
  2021 Ed. (4842)
Hui Wingmau
  2003 Ed. (2411)
Huis Clos
  2014 Ed. (2260)
Huis Ten Boach
  1995 Ed. (220)
Huis Ten Bosch
  1996 Ed. (220)
  1997 Ed. (252)
  1999 Ed. (273)
  2000 Ed. (301)
  2001 Ed. (382)
  2002 Ed. (313)
  2005 Ed. (248)
  2006 Ed. (267)
Huish
  1999 Ed. (1838)
  2001 Ed. (1999)
Huish Detergents Inc.
  2002 Ed. (1967)
Huishang Bank
  2011 Ed. (321)
  2021 Ed. (503, 512)
  2022 Ed. (636)
Huitt-Zollars Inc.
  2012 Ed. (1046)
Huiyan; Yang
  2009 Ed. (4861, 4862)
  2010 Ed. (3957, 4863, 4864)
  2011 Ed. (4850)
  2013 Ed. (4864)
  2014 Ed. (4877, 4878)
  2015 Ed. (4915, 4916)
  2018 Ed. (4847)
  2019 Ed. (4842)
  2020 Ed. (4830, 4831)
  2021 Ed. (4831, 4832)
  2022 Ed. (4825)
Huizenga; H. Wayne
  1993 Ed. (1703)
  1995 Ed. (978, 1727)
  1996 Ed. (960)
  2005 Ed. (4855)
  2006 Ed. (4909)
  2008 Ed. (4833)
  2009 Ed. (4853)
  2010 Ed. (4858)
Huizhou Desay SV Automotive
  2020 Ed. (1370)
HUJ
  2012 Ed. (1454)
Hukla-Werke GmbH, Matratzen-Und Pol-stermoebelfabrik
  1997 Ed. (2106)
Hula Hoops
  1992 Ed. (4006)
  1994 Ed. (3349)
  1996 Ed. (3468)
  1999 Ed. (4347)
  2002 Ed. (4301)
  2008 Ed. (721)
  2009 Ed. (731)
Hula Hoops; KP
  2010 Ed. (654)

Hulcher Services
  2018 Ed. (4017)
  2019 Ed. (4006)
  2020 Ed. (4023)
  2021 Ed. (3989)
  2022 Ed. (4003)
  2023 Ed. (4077)
Hulic
  2016 Ed. (4101)
  2017 Ed. (4077)
Hull & Associates Inc.
  2008 Ed. (2003)
Hull; Jeff
  2005 Ed. (3284)
Hull Jr.; Robert
  2006 Ed. (963)
Hulme; Paul G.
  2008 Ed. (2630, 2632)
Hulp in Huis
  2010 Ed. (1502)
Huls
  1991 Ed. (1286)
  1999 Ed. (1081)
Hult; Bertil
  2013 Ed. (4911)
  2014 Ed. (4921)
  2016 Ed. (4877)
  2020 Ed. (4870)
  2021 Ed. (4871)
Hulu
  2011 Ed. (3324, 4807)
  2012 Ed. (3091, 4824)
  2013 Ed. (4815)
  2018 Ed. (2449, 4791)
  2019 Ed. (4803)
  2020 Ed. (3288, 3489, 4790)
  2023 Ed. (1619)
Hulu LLC
  2010 Ed. (32)
  2017 Ed. (2390)
Hulu Plus
  2016 Ed. (4783)
Hulu Theater at Madison Square Garden
  2020 Ed. (999)
Human Affairs International
  1996 Ed. (2561)
The Human Bean
  2022 Ed. (941)
  2023 Ed. (1102, 1105)
The Human Bean Drive Thru
  2009 Ed. (1013)
  2010 Ed. (979)
  2011 Ed. (906)
  2012 Ed. (849)
  2013 Ed. (1031)
  2014 Ed. (1002)
  2018 Ed. (921)
  2019 Ed. (914)
  2020 Ed. (906)
  2021 Ed. (917)
  2022 Ed. (941)
Human Bees
  2023 Ed. (964, 969, 992, 1554, 1595, 1785, 4064)
Human Capital Consultants
  2023 Ed. (1275)
Human Capital Inc.
  2005 Ed. (1866, 2366)
  2006 Ed. (1880)
  2007 Ed. (1879)
  2008 Ed. (1928, 4714)
  2009 Ed. (1886)
Human Capital Staffing LLC
  2009 Ed. (3813)
  2013 Ed. (3757)
  2018 Ed. (3640)
Human Clay
  2011 Ed. (3710)
Human resources coordinator
  2008 Ed. (3812)
Human Genome Sciences
  2001 Ed. (706, 2590)
  2005 Ed. (683)
  2008 Ed. (575)
  2013 Ed. (2840, 2849)
HUMAN Healthy Markets
  2016 Ed. (798)
  2017 Ed. (857)
HUMAN Healthy Vending
  2015 Ed. (4861)
  2016 Ed. (4769)
Human Healthy Vending
  2015 Ed. (2748)
Human Kind
  2011 Ed. (1848)
  2013 Ed. (1851)
  2014 Ed. (1781)
Human Kinetics
  2010 Ed. (598)
  2011 Ed. (528)
Human resources manager
  1990 Ed. (3701)
  2007 Ed. (3731)
Human Resource
  2004 Ed. (3943)
Human Resource Executive
  2008 Ed. (4714)

Human resources
  1996 Ed. (3873)
  1999 Ed. (2009)
  2007 Ed. (786)
Human Resources Consulting Group Inc.
  2006 Ed. (2412, 2413, 2414)
Human Resources & Skills Development Canada
  2012 Ed. (1394)
  2013 Ed. (2649)
Human Rights Now! Tour
  1990 Ed. (1142)
Human services
  1993 Ed. (886)
  1997 Ed. (2157, 2158)
  2000 Ed. (1012)
  2004 Ed. (3889)
Human Services; Allegheny County Department of
  2008 Ed. (2927)
Human-Tars
  2020 Ed. (1585)
Human Technologies Inc.
  2013 Ed. (2045)
Human therapeutics
  1993 Ed. (703)
Humana
  2013 Ed. (1389)
  2015 Ed. (2331)
  2016 Ed. (2286, 2892, 2897)
  2017 Ed. (2849, 2856)
  2018 Ed. (2894, 2919, 2924, 2926, 3242)
  2019 Ed. (2879, 3183, 4802)
  2020 Ed. (1324, 2876, 2897, 2902, 3177)
  2021 Ed. (2744, 3063)
  2022 Ed. (1674, 2338, 2928, 2930, 2936, 3024, 3197, 3199, 4790)
  2023 Ed. (1831, 2351, 2514, 3061, 3140, 3269, 3291, 3292, 3293, 3703)
Humana/Employers Health
  2002 Ed. (3742)
  2003 Ed. (3921)
Humana Group
  2010 Ed. (3266)
  2011 Ed. (3235)
  2012 Ed. (3199)
  2023 Ed. (3289)
Humana Health Care Plans
  1994 Ed. (2040)
Humana Health Care Plans, Louisville, KY
  2000 Ed. (2429)
Humana Health Care Plans-Michael Reese
  1995 Ed. (2093)
Humana Health Chicago Inc.
  1996 Ed. (2096)
Humana Health Insurance Co. of Florida
  2000 Ed. (2682)
  2002 Ed. (2893)
Humana Health Plan Inc.
  1996 Ed. (2093, 2096)
  1997 Ed. (2195, 2198)
  1999 Ed. (2653, 2655)
  2012 Ed. (2821)
  2013 Ed. (2890)
Humana Health Plans
  2000 Ed. (2433, 3601)
Humana Health Plans of Puerto Rico Inc.
  2005 Ed. (2817)
Humana Healthcare Plans
  1997 Ed. (2700)
  1998 Ed. (1916)
Humana Hospital-Michael Reese
  1994 Ed. (2088)
Humana - IMC
  1990 Ed. (1031)
Humana Inc.
  1989 Ed. (1578, 1579, 1603, 2463)
  1990 Ed. (1988, 1989, 1991, 2633, 2636, 2637, 2638)
  1991 Ed. (1892)
  1992 Ed. (2381, 2383, 2384, 2386, 2458, 2459, 3122, 3128, 3130, 3131, 3132, 3940)
  1993 Ed. (2017, 2018, 2020, 2073, 3249, 3274)
  1994 Ed. (2031, 2033, 2089, 3243, 3264)
  1995 Ed. (1276, 2081, 2082, 2090, 2144, 2767, 3345)
  1996 Ed. (1410, 2077, 2078, 2079, 2085, 2086, 2087)
  1997 Ed. (1279, 1466, 2181, 2182, 2188, 2189, 2191)
  1998 Ed. (1053, 1172, 1901, 1903, 1915)
  1999 Ed. (1479, 1493, 1499, 1694, 2639, 2640, 2641)
  2000 Ed. (1500, 2419, 2422, 2426, 2427, 2428, 2435)
  2001 Ed. (1164, 1566, 1773, 2673, 2675, 2677, 2678, 2679, 2687)
  2002 Ed. (1712, 2448, 2450, 2453, 2460, 2886, 3741, 4875)
  2003 Ed. (1555, 1733, 1734, 2681, 2682, 2685, 2686, 2689, 2694, 2975, 3277, 3278, 3354)
  2004 Ed. (1770, 1771, 2797, 2799, 2802, 2808, 2815, 2925, 2926, 3017, 3076, 3340)
  2005 Ed. (1836, 1837, 2790, 2792, 2794,

2800, 2803, 2913, 2914, 3365, 3368, 4163)
  2006 Ed. (1841, 1842, 1843, 1844, 2760, 2762, 2764, 2767, 2775, 2779, 3058, 3088, 3106, 3107, 3444, 4217)
  2007 Ed. (1847, 1848, 2762, 2766, 2772, 2775, 2777, 2782, 4233)
  2008 Ed. (1514, 1883, 1884, 2910, 3197, 3267, 3268, 3270, 3277, 3536, 4265)
  2009 Ed. (1401, 1838, 1839, 1840, 1841, 3325, 3327, 3328, 3334, 4369)
  2010 Ed. (1779, 1780, 1781, 3265, 3267, 3268, 4396)
  2011 Ed. (1792, 1793, 1794, 2875, 3227, 3228, 3229, 3236, 3237, 4341)
  2012 Ed. (1645, 1646, 1649, 1650, 3197, 3198, 3200, 3201, 3517, 3518)
  2013 Ed. (1803, 1804, 1807, 1808, 3026, 3266, 3267, 3268, 3280, 3558, 3559)
  2014 Ed. (1731, 1734, 1735, 3037, 3294, 3295, 3296, 3306, 3534, 3535)
  2015 Ed. (1776, 1779, 3103, 3316, 3341, 3342, 3352, 3555, 3556, 4865)
  2016 Ed. (1729, 1730, 1733, 1735, 1736, 3138, 3168, 3190, 3203, 3204, 3205, 3206, 3207, 3208, 3209, 3406, 3407, 4772)
  2017 Ed. (1709, 1710, 1712, 1713, 2419, 3140, 3159, 3160, 3161, 3162, 3163, 3164, 3165, 3362, 3363)
  2018 Ed. (1666, 1668, 1670, 2456, 2467, 3029, 3218, 3231, 3238, 3239, 3240, 3241, 3243, 3427, 3428)
  2019 Ed. (1727, 1730, 1731, 2861, 2873, 2874, 3156, 3171, 3181, 3182, 3184, 3395, 3396)
  2020 Ed. (1671, 1673, 1676, 1677, 2896, 3000, 3185, 3201, 3209, 3210, 3395, 3397)
  2021 Ed. (1652, 1655, 1656, 3046, 3055, 3062, 3064)
  2022 Ed. (1678, 3180, 3190, 3198, 3200)
  2023 Ed. (3275, 3282)
Humana Insurance Co.
  2007 Ed. (3122, 3126)
  2008 Ed. (3272, 3276)
  2009 Ed. (3329, 3331, 3333, 4091)
  2010 Ed. (2915, 4003)
  2011 Ed. (3230, 3232, 3234, 3263)
  2012 Ed. (2821, 3236)
  2013 Ed. (2890, 3315)
Humana Medical Plan Inc.
  1996 Ed. (2093)
  1997 Ed. (2190, 2197)
  1998 Ed. (1914, 1917)
  2000 Ed. (2431)
  2002 Ed. (2462)
Humana Michael Reese HMO Plan
  1993 Ed. (2022)
Humana Military Healthcare Services
  2008 Ed. (2907)
Humana Pharmacy Solutions
  2023 Ed. (2383)
Humana Source Inc.
  2003 Ed. (1751)
Humana (U.S.)
  2022 Ed. (2936)
HumanaDental
  2002 Ed. (1915)
Humane Society of the U.S.
  1999 Ed. (294)
Humane Society of the United States
  2004 Ed. (935)
The HumanGeo Group
  2016 Ed. (2110)
HumanIT Solutions LLC
  2023 Ed. (4778)
Humanix Corp.
  2006 Ed. (3546)
  2007 Ed. (3610, 3611, 4452)
  2008 Ed. (3738, 4435, 4989)
Humanoids from the Deep
  1999 Ed. (4721)
HumanSoft
  2017 Ed. (4595)
Humansoft
  2018 Ed. (1723, 2917)
Humantech
  2009 Ed. (1642)
HumanTouch LLC
  2012 Ed. (1202)
Humanwell Healthcare
  2020 Ed. (1002, 1105)
  2021 Ed. (1096)
Humatrope
  2000 Ed. (1707)
Humax Electronics
  2006 Ed. (2061)
Humberto Alfonso
  2013 Ed. (2957)
  2014 Ed. (2974)
  2015 Ed. (3043)
Humble Energy Inc.
  2016 Ed. (3822)
  2018 Ed. (3828, 3829)
  2019 Ed. (3804, 3805, 3806)

Humboldt Bancorp
  2003 Ed. (504)
  2005 Ed. (450)
Humboldt Brewing Co.
  1996 Ed. (2630)
  2000 Ed. (3126)
Humboldt Capital
  2007 Ed. (2853)
Humco
  2018 Ed. (2234)
Humco Inc.
  2001 Ed. (1772)
  2003 Ed. (1732)
  2005 Ed. (1835)
  2006 Ed. (1840)
Humco Lab
  2018 Ed. (2072)
Hume Concrete Marketing Sdn. Bhd.
  2002 Ed. (1721)
  2004 Ed. (1787)
Hume Industries (Malaysia) Bhd.
  1999 Ed. (1700)
HUMEDIX
  2018 Ed. (1911)
Humidifiers
  2001 Ed. (2088)
Humira
  2011 Ed. (2285)
  2012 Ed. (2179)
  2013 Ed. (2376, 2377)
  2014 Ed. (2308)
  2015 Ed. (2391)
  2018 Ed. (2229, 2230)
  2019 Ed. (2205)
  2020 Ed. (2200)
  2021 Ed. (2176)
  2022 Ed. (2206)
  2023 Ed. (2394, 2395)
Humiston-Keeling
  1990 Ed. (1551)
  1993 Ed. (1513)
  1995 Ed. (1586, 3729)
Humiston-Keeling & Co.
  1994 Ed. (1557)
Humitech Franchise Corp.
  2006 Ed. (2322)
Hummel Global Futures Fund
  1993 Ed. (1044)
Hummer
  2006 Ed. (362)
  2012 Ed. (233)
Hummer; Wayne
  1996 Ed. (2393, 2401, 2409)
  1997 Ed. (2527, 2531, 2535)
Hummingbird Ltd.
  2002 Ed. (2505, 2506)
  2003 Ed. (1114, 1641)
  2005 Ed. (1568)
  2006 Ed. (1128, 1452)
  2007 Ed. (1234, 1446, 2818, 3057)
  2008 Ed. (1132, 1430)
Hummingbird Scientific
  2017 Ed. (4116)
Hummingbird Wholesale
  2013 Ed. (1984)
Humphrey Hospitality Trust Inc.
  2002 Ed. (1396)
Humphrey No. 7
  1989 Ed. (1996)
Humulin
  1993 Ed. (1529)
  2000 Ed. (1707)
Hun Chiao Commercial Bank Ltd.
  1997 Ed. (488)
Hunan Jinhai Steel Structure Co.
  2019 Ed. (1336)
Hunan University
  2008 Ed. (802)
Hunan Valin Steel
  2012 Ed. (3351, 4539)
  2013 Ed. (3421, 4494)
  2014 Ed. (3418, 4537)
  2015 Ed. (3451, 4536)
  2016 Ed. (4475)
  2019 Ed. (4497)
  2020 Ed. (4481)
Hunchback of Notre Dame
  1999 Ed. (4717)
Hund; Thomas
  2007 Ed. (1040)
  2010 Ed. (915)
Hundman Lumber
  1996 Ed. (826)
  1997 Ed. (834)
Hundsun Technologies
  2017 Ed. (1054)
  2021 Ed. (1368)
Hunesion
  2023 Ed. (2014)
Hung Chang
  2001 Ed. (4045)
Hung Chong Corp.
  1992 Ed. (2974)
Hung Fu Construction Co. Ltd.
  1994 Ed. (3008)
Hung Kai Properties; Sun
  1992 Ed. (1632)

Hung Lung Ind. Co. Ltd.
  1994 Ed. (3524)
Hung Lung Industries Co., Ltd.
  1992 Ed. (4283)
Hungaria
  2001 Ed. (2924)
Hungarian Credit Bank
  1992 Ed. (653, 697, 711)
Hungarian Foreign Trade Bank
  1992 Ed. (653, 697)
  1999 Ed. (537)
  2004 Ed. (539)
  2005 Ed. (518)
  2006 Ed. (449)
Hungarian forint
  2007 Ed. (2159)
  2008 Ed. (2273)
  2009 Ed. (2261)
Hungarian Investment & Trade Agency
  2014 Ed. (3510)
  2015 Ed. (3525)
Hungarian Oil; MOL
  2014 Ed. (1644)
  2015 Ed. (1686)
  2016 Ed. (1639)
  2017 Ed. (1607)
  2018 Ed. (1590)
  2019 Ed. (1628)
  2020 Ed. (1586)
  2021 Ed. (1570)
  2022 Ed. (1590)
Hungary
  1989 Ed. (2956)
  1990 Ed. (1449, 1476)
  1991 Ed. (1184, 1382)
  1992 Ed. (1734, 1735, 2357, 2359, 2566, 3543)
  1993 Ed. (943, 1206, 1716, 3724)
  1994 Ed. (1487, 2684)
  1995 Ed. (876, 1253, 1519)
  1996 Ed. (1478, 3717, 3870)
  1997 Ed. (941, 1543, 2117, 3767, 3912)
  1998 Ed. (2897, 3590, 3592)
  1999 Ed. (1139, 1782, 2067, 4477, 4624)
  2000 Ed. (824, 1611)
  2001 Ed. (395, 513, 514, 1081, 1948, 2043, 2454, 2553, 2799, 3151, 3575, 3602, 3850, 3863, 3864, 3875, 4028, 4119, 4398, 4402, 4601, 4671, 4732)
  2002 Ed. (1813, 2751, 2753, 2754, 3183)
  2003 Ed. (290, 2212, 2213, 3232)
  2004 Ed. (257, 1920, 4604, 4750)
  2005 Ed. (259, 497, 501, 2055, 2534, 2535, 2765, 3021, 3610, 4538, 4542, 4977)
  2006 Ed. (282, 439, 2149, 2331, 2823, 3015, 4502, 4619, 4623, 4770)
  2007 Ed. (285, 442, 2093, 2592, 2826, 3049, 3379, 4606, 4610)
  2008 Ed. (260, 412, 2203, 3206, 3499, 4554, 4558, 4621)
  2009 Ed. (283, 436, 3564, 4585, 4589, 4641, 4642, 4643, 4644)
  2010 Ed. (269, 1631, 4619, 4623, 4670)
  2011 Ed. (1641, 2569, 3746, 3747, 4575, 4579, 4619, 4917)
  2012 Ed. (1494, 2098, 2516, 3752, 4625)
  2013 Ed. (2646, 3824, 4565)
  2014 Ed. (2604, 3747, 4708)
  2015 Ed. (2647, 3771, 4720)
  2019 Ed. (3319)
  2021 Ed. (2311, 3174, 3175)
  2022 Ed. (3318, 3319)
  2023 Ed. (3403, 3404)
The Hunger Games
  2012 Ed. (447, 451)
  2013 Ed. (555, 560, 561, 563)
  2014 Ed. (571, 572, 574, 3699, 3701, 3704)
  2015 Ed. (639)
The Hunger Games: Catching Fire
  2015 Ed. (3717, 3718)
The Hunger Games: Mockingjay
  2016 Ed. (3629)
  2017 Ed. (3605)
Hunger Games No. 2: Catching Fire
  2012 Ed. (447, 448)
  2013 Ed. (560, 561)
  2014 Ed. (571, 572)
  2015 Ed. (639)
The Hunger Games No. 2: Catching Fire
  2015 Ed. (643)
Hunger Games No. 3: Mockingjay
  2012 Ed. (447, 449)
  2013 Ed. (560, 561)
  2014 Ed. (571, 572)
  2015 Ed. (639)
The Hunger Games Tribute Guide
  2014 Ed. (575)
Hungkuk Life Insurance Co.
  1997 Ed. (2397)
HUNGRY
  2023 Ed. (2864)
Hungry Heart Franchise LLC
  2012 Ed. (2810)
Hungry Hippos
  1991 Ed. (1784)

Hungry Howie Pizza & Subs
  2002 Ed. (4021)
Hungry Howie's
  1992 Ed. (2122)
  1999 Ed. (2524, 3839, 4087)
  2004 Ed. (4121)
Hungry Howie's Pizza
  2006 Ed. (4125)
  2014 Ed. (3981)
  2015 Ed. (4026)
  2017 Ed. (3909, 3912)
  2018 Ed. (4212)
  2019 Ed. (3910, 3914, 4242)
  2020 Ed. (3929, 3934, 3935, 3936, 3938, 3939, 4241)
  2021 Ed. (3898, 3902, 3903, 3904, 3906, 3907, 4205)
  2022 Ed. (3908, 3912, 3913, 3914, 3916, 3917)
  2023 Ed. (4005, 4006)
Hungry Howie's Pizza & Subs
  1998 Ed. (1766, 3076)
  2000 Ed. (3553, 3775)
  2001 Ed. (2534)
  2002 Ed. (3717)
  2003 Ed. (2454)
  2004 Ed. (2587, 2588)
  2005 Ed. (2567)
  2006 Ed. (2573)
  2007 Ed. (2544, 4153)
  2008 Ed. (2685, 4188, 4189)
  2009 Ed. (2708, 4287)
  2010 Ed. (2628)
  2012 Ed. (3984)
  2013 Ed. (4047, 4048)
  2014 Ed. (3985, 3987)
  2015 Ed. (4030, 4037)
  2016 Ed. (3948)
  2017 Ed. (3923)
  2018 Ed. (3948)
  2019 Ed. (3925)
  2020 Ed. (3940)
  2022 Ed. (3918)
  2023 Ed. (4008)
Hungry Howies Pizza and Subs INC..
  2000 Ed. (2273)
Hungry Man
  2014 Ed. (2769)
  2015 Ed. (2820)
  2016 Ed. (2753)
  2017 Ed. (2708)
  2018 Ed. (2764)
  2022 Ed. (2793)
Hungry-Man
  2018 Ed. (2766)
  2019 Ed. (2746)
  2022 Ed. (2794)
Hungryroot
  2023 Ed. (2847, 2855)
Hunkin; John
  2008 Ed. (2637)
Hunsoo Kim
  2000 Ed. (2178)
Hunstan Packaging
  1998 Ed. (2874)
Hunstman Corp.
  2005 Ed. (940)
  2006 Ed. (843)
Hunsucker; Robert D.
  1990 Ed. (1718)
Hunt A Killer
  2020 Ed. (4650)
  2022 Ed. (1098, 1698, 3979)
Hunt; Annette
  2017 Ed. (3600)
Hunt Building Co.
  1994 Ed. (1114, 1117, 1118)
  1996 Ed. (1096, 1100, 1132)
  1998 Ed. (878)
  1999 Ed. (1304, 1310)
  2000 Ed. (1186, 1187, 1192)
  2001 Ed. (1390, 1393)
  2002 Ed. (2660, 2666)
  2003 Ed. (1308)
  2004 Ed. (1203)
  2009 Ed. (1173)
  2010 Ed. (1168, 4181)
  2012 Ed. (1112)
Hunt Building Group
  2006 Ed. (1189)
Hunt Capital Partners
  2021 Ed. (185)
  2022 Ed. (179)
Hunt Capital Partners, LLC
  2023 Ed. (251)
Hunt Columbus Federal Credit Union
  2005 Ed. (308)
Hunt Companies
  2014 Ed. (182)
  2015 Ed. (1683)
Hunt Companies Inc.
  2015 Ed. (211)
Hunt Companies, Inc.
  2018 Ed. (185, 189)
  2019 Ed. (184)
  2020 Ed. (185)

Hunt Consolidated
  2020 Ed. (1959)
  2021 Ed. (3818)
  2022 Ed. (3838)
Hunt Consolidated/Hunt Oil
  2021 Ed. (3818)
  2022 Ed. (1965, 3838)
  2023 Ed. (3929, 3937)
Hunt Consolidated Inc.
  2006 Ed. (3995)
  2007 Ed. (4030)
  2008 Ed. (4057)
  2009 Ed. (3956, 4167)
  2010 Ed. (3867, 4103)
  2011 Ed. (3877)
  2013 Ed. (2102, 3926)
  2014 Ed. (2034, 3870)
  2015 Ed. (2083, 3897)
  2016 Ed. (2064, 3808)
  2017 Ed. (2023, 3764)
  2018 Ed. (3813)
  2019 Ed. (3787)
  2020 Ed. (3847)
  2021 Ed. (3812)
  2022 Ed. (3833)
Hunt Consolidated Inc./Hunt Oil Co.
  2021 Ed. (3812)
  2022 Ed. (3833)
Hunt Construction Group
  2013 Ed. (1233)
  2016 Ed. (1667)
  2018 Ed. (1109, 1122, 1123, 1125, 1131)
Hunt Construction Group Inc.
  2002 Ed. (1234, 1255, 1280, 1284)
  2003 Ed. (1247, 1265, 1296, 1316)
  2004 Ed. (1250, 1268, 1306, 1316)
  2005 Ed. (1313)
  2006 Ed. (1174, 1186, 1298, 1310, 1346, 1354)
  2007 Ed. (1280, 1337, 1355, 1386, 1391)
  2008 Ed. (1180, 1222, 1242, 1252, 1296, 1314, 1329, 1340)
  2009 Ed. (1156, 1280, 1316, 1338, 2637, 4121)
  2010 Ed. (1151, 1274, 1293, 1321, 2550, 4054)
  2011 Ed. (1201, 1226, 1255, 1280, 4033, 4047, 4048)
  2012 Ed. (1006, 1057, 1107, 1109, 1110, 1120, 4066)
  2013 Ed. (1728)
  2014 Ed. (1172, 1670)
  2015 Ed. (1717)
  2016 Ed. (1176, 1666)
Hunt Corp.; J. B.
  2005 Ed. (1652)
  2006 Ed. (1547, 1548)
  2007 Ed. (1577)
  2008 Ed. (1560, 1561)
  2009 Ed. (1486, 1487)
Hunt Cos., Inc.
  2023 Ed. (4754)
Hunt; David
  1997 Ed. (2705)
Hunt; Helen & Swanee
  2011 Ed. (775)
Hunt; Johnelle
  2012 Ed. (4843)
  2013 Ed. (4842)
  2014 Ed. (4858)
  2015 Ed. (4895)
  2016 Ed. (4813)
  2017 Ed. (4824)
  2018 Ed. (4829)
  2019 Ed. (4826)
  2020 Ed. (4816)
  2021 Ed. (4817)
  2022 Ed. (4810)
  2023 Ed. (4803, 4931)
Hunt Lascaris TBWA
  1994 Ed. (115)
  1995 Ed. (124)
  1996 Ed. (138)
  1997 Ed. (144)
Hunt Ltd.; Hooly
  1991 Ed. (3514)
Hunt; Mark
  1996 Ed. (1840)
  1997 Ed. (1913)
Hunt Oil
  2020 Ed. (1959)
  2021 Ed. (3818)
  2022 Ed. (3838)
  2023 Ed. (3929, 3937)
Hunt Oil Co.
  2002 Ed. (1382)
  2003 Ed. (1419)
  2009 Ed. (3956)
  2010 Ed. (3867)
  2011 Ed. (3877)
  2013 Ed. (2102, 3926)
  2014 Ed. (2034, 3870)
  2015 Ed. (2083, 3897)
  2016 Ed. (2064, 3808)
  2017 Ed. (2023, 3764, 3767)
  2018 Ed. (3813)
  2019 Ed. (3787)
  2020 Ed. (3847)

  2021 Ed. (3812, 3817)
  2022 Ed. (3833)
  2023 Ed. (3936)
Hunt Petroleum Corp.
  2004 Ed. (1447)
Hunt; Ray Lee
  2005 Ed. (4845)
  2006 Ed. (4900)
  2007 Ed. (4895)
  2008 Ed. (4824)
  2011 Ed. (4834)
  2012 Ed. (4839)
  2013 Ed. (4837)
  2014 Ed. (4852)
  2015 Ed. (4889)
  2016 Ed. (4807)
  2017 Ed. (4819)
  2018 Ed. (4824)
  2019 Ed. (4820)
  2020 Ed. (4810)
  2021 Ed. (4811)
  2023 Ed. (4797)
HUNT Real Estate ERA
  2020 Ed. (4096, 4097)
  2021 Ed. (4059, 4061, 4062)
  2022 Ed. (4075, 4078)
  2023 Ed. (4172, 4173, 4175, 4176)
Hunt for Red October
  1992 Ed. (3112)
Hunt Refining Co.
  2014 Ed. (1338)
  2015 Ed. (1405)
  2016 Ed. (1334)
Hunt; Rodney P.
  2009 Ed. (4859)
Hunt Technologies, Inc.
  2002 Ed. (2516)
Hunt Transport Inc.; J. B.
  1992 Ed. (4353, 4355, 4357)
  1993 Ed. (3245, 3629, 3630, 3635, 3636, 3641, 3644)
  1994 Ed. (3239, 3572, 3588, 3589, 3590, 3593, 3595, 3596, 3601, 3604)
  1995 Ed. (3319, 3669, 3670, 3675, 3678)
  1997 Ed. (3801, 3803, 3804, 3805, 3908)
  2005 Ed. (1652, 1653, 2686)
  2006 Ed. (1547)
  2007 Ed. (1577)
  2008 Ed. (1560)
  2009 Ed. (1486)
  2010 Ed. (1477, 4822, 4823, 4824, 4825, 4826)
  2011 Ed. (1474, 4782, 4783, 4784, 4785, 4786)
  2012 Ed. (1316, 4803, 4804, 4805, 4806, 4807)
  2013 Ed. (1417, 2776, 4766, 4767)
  2014 Ed. (4809, 4817)
  2015 Ed. (4844, 4852)
  2016 Ed. (4748, 4756)
  2017 Ed. (4760, 4767)
  2018 Ed. (4756, 4763)
  2019 Ed. (4759, 4766)
Hunt Transport Services Inc.; J. B.
  1989 Ed. (2879)
  1990 Ed. (3658)
  1991 Ed. (3427, 3430)
  2005 Ed. (195, 196, 197, 1653, 2686, 2689, 4753, 4780, 4782)
  2006 Ed. (1548, 2665, 4799, 4800, 4802, 4807, 4811, 4814, 4830, 4831, 4850, 4851)
  2007 Ed. (1578, 2646, 4808, 4817, 4823, 4825, 4842, 4844, 4850, 4851, 4852, 4853, 4854)
  2008 Ed. (1561, 2773, 3173, 4743, 4744, 4750, 4764, 4766, 4773, 4775, 4776, 4777)
  2009 Ed. (1487, 1488, 2833, 4774, 4795, 4797, 4805, 4806, 4807, 4808, 4809)
  2010 Ed. (1478, 1479, 2777, 4792, 4813, 4827)
  2011 Ed. (1475, 1476, 2767, 3152, 4741, 4763, 4771, 4787)
  2012 Ed. (1317, 1318, 2695, 4785, 4793, 4808)
  2013 Ed. (2776, 4754)
  2014 Ed. (4804)
  2015 Ed. (4839)
  2016 Ed. (4743)
  2017 Ed. (4755)
  2018 Ed. (4750)
  2019 Ed. (4752)
Hunt Transportation Services; J. B.
  1996 Ed. (3751, 3753, 3754, 3755, 3758)
Hunt-Wesson
  1997 Ed. (3380)
Hunted
  2011 Ed. (493)
The Huntensky Group
  1994 Ed. (3302)
Hunter
  2000 Ed. (225)
  2002 Ed. (251)
  2021 Ed. (4005, 4017, 4021)
  2022 Ed. (4017, 4023, 4033, 4035, 4040)
  2023 Ed. (4103, 4128, 4138, 4140, 4145)

Hunter Advertising
  1989 Ed. (122)
  1990 Ed. (116)
  1991 Ed. (114)
Hunter Area Health
  2002 Ed. (1130)
  2004 Ed. (1649)
Hunter & Associates
  2002 Ed. (3830, 3833)
Hunter Blair Homes
  2002 Ed. (1170, 2654)
Hunter Communications
  2006 Ed. (3513)
Hunter Contracting Co.
  2008 Ed. (1180)
Hunter-Davisson Inc.
  2010 Ed. (1304)
Hunter Douglas
  2013 Ed. (2993)
  2018 Ed. (4917)
  2019 Ed. (4915)
  2020 Ed. (4913)
  2021 Ed. (4908)
  2022 Ed. (4903)
  2023 Ed. (4892)
Hunter Douglas Inc.
  2004 Ed. (1717)
  2005 Ed. (1754, 1775)
  2006 Ed. (1720)
  2013 Ed. (2782)
  2014 Ed. (2810)
Hunter Douglas NV
  2002 Ed. (3307)
  2004 Ed. (3447)
  2010 Ed. (2794, 3111, 3128)
  2011 Ed. (2782, 3081, 3096)
Hunter Douglas Window Fashions Inc.
  2008 Ed. (1670, 1671)
  2009 Ed. (1592, 1593)
Hunter Engineering Co.
  2019 Ed. (4795)
  2022 Ed. (4782)
  2023 Ed. (4771)
Hunter Environment
  1995 Ed. (2820)
Hunter Fan
  2003 Ed. (235)
  2005 Ed. (2952, 3289)
  2009 Ed. (3192, 3521)
  2011 Ed. (2969, 3451)
Hunter Group Ltd.; Domnick
  1994 Ed. (997)
Hunter Harrison
  2008 Ed. (2637)
Hunter Holmes McGuire VA Medical Center
  2015 Ed. (3147)
Hunter; Larry D.
  2011 Ed. (3107)
Hunter Macdonald
  2019 Ed. (2888)
Hunter Mason
  2019 Ed. (1411)
Hunter-Melnor
  1990 Ed. (2747)
Hunter Public Relations
  2003 Ed. (3988, 3991)
  2004 Ed. (3986, 3990)
  2005 Ed. (3953, 3956, 3970)
  2011 Ed. (4105, 4106, 4109, 4111, 4124)
  2012 Ed. (4135, 4136, 4139, 4141, 4155)
  2013 Ed. (4127, 4131, 4135, 4137, 4141)
  2014 Ed. (4147, 4151, 4158)
  2015 Ed. (4130, 4134, 4136, 4139)
  2016 Ed. (4044, 4048, 4050, 4053)
  2017 Ed. (4015, 4019, 4021, 4024)
  2018 Ed. (4035, 4043, 4045, 4048)
  2019 Ed. (4028, 4036, 4038, 4041)
  2020 Ed. (4046)
  2021 Ed. (4015)
  2022 Ed. (4033)
Hunter Roberts
  2009 Ed. (1305, 1322)
  2010 Ed. (1252, 1295, 1299, 1311)
Hunter Roberts Construction Group
  2013 Ed. (1269)
  2016 Ed. (1134)
  2018 Ed. (1086)
  2021 Ed. (1047)
Hunter Roberts Construction Group LLC
  2011 Ed. (1253, 1257, 1277)
  2014 Ed. (1202)
  2015 Ed. (1260)
  2016 Ed. (1175)
  2017 Ed. (1218)
  2018 Ed. (1125)
  2019 Ed. (1140, 1142)
  2020 Ed. (1131, 1133)
  2021 Ed. (1117, 1119)
  2023 Ed. (1354)
Hunter; Sir Tom
  2007 Ed. (917, 4926)
  2008 Ed. (4900)
  2009 Ed. (4919)
Hunter; Tom
  2005 Ed. (926, 927)
  2006 Ed. (836)
Hunter Truck Sales & Service
  2013 Ed. (2001)

Hunter Warfield
  2014 Ed. (1004)
  2015 Ed. (1040)
Hunter Warfield Inc.
  2016 Ed. (949)
Hunter Zinkl
  2018 Ed. (3661)
Hunterdon County, NJ
  1993 Ed. (1430)
  1994 Ed. (1474, 1479, 1481, 2168)
  1995 Ed. (337, 1513)
Hunterdon, NJ
  1998 Ed. (2058)
HunterDouglas
  2021 Ed. (642)
Hunters & Frankau
  2002 Ed. (53)
Hunterskil Howard International
  2001 Ed. (234)
Hunting
  1999 Ed. (1644, 4384)
  2001 Ed. (422, 4334, 4340)
  2003 Ed. (4524)
  2007 Ed. (3883)
  2016 Ed. (3801)
  2017 Ed. (3755)
Hunting Associated Industries PLC
  1992 Ed. (1773)
Hunting Defence Ltd.
  1997 Ed. (1583)
Hunting equipment
  1997 Ed. (3555)
Hunting Gate Group Ltd.
  1994 Ed. (1000)
  1995 Ed. (1013)
Hunting plc
  2002 Ed. (256)
  2004 Ed. (209)
Hunting & trapping
  2002 Ed. (2781, 2782)
Huntingdon Engineering & Environmental Inc.
  1997 Ed. (1756)
Huntingdon International
  1995 Ed. (201)
Huntingdon REIT
  2010 Ed. (1549)
Huntington
  1998 Ed. (3401)
  2012 Ed. (308)
Huntington Alloys Corp.
  2013 Ed. (2189)
Huntington Area Postal Credit Union
  2004 Ed. (1995)
Huntington Area Postal Employees Credit Union
  2006 Ed. (2232)
  2007 Ed. (2153)
  2008 Ed. (2268)
Huntington-Ashland, WV-KY-OH
  1995 Ed. (3779)
  2005 Ed. (2991)
  2006 Ed. (2971)
  2007 Ed. (2999)
Huntington Atrium
  1990 Ed. (1145)
  1991 Ed. (1043)
Huntington Bancshares
  1989 Ed. (403)
  1990 Ed. (640)
  1991 Ed. (395)
  1992 Ed. (1476)
  1994 Ed. (3036, 3037, 3038, 3276)
  1995 Ed. (3357)
  1996 Ed. (3181, 3182, 3185)
  1997 Ed. (3284, 3285, 3286)
  1998 Ed. (3034)
  1999 Ed. (384, 667, 4030)
  2000 Ed. (526)
  2001 Ed. (588, 636, 637, 4280)
  2002 Ed. (445, 4294)
  2003 Ed. (452, 453, 629)
  2004 Ed. (636, 637)
  2005 Ed. (625, 626)
  2006 Ed. (4468)
  2012 Ed. (397)
  2013 Ed. (320, 324)
  2014 Ed. (334)
  2015 Ed. (375)
  2016 Ed. (364)
  2017 Ed. (363)
  2018 Ed. (334)
  2019 Ed. (336, 576)
  2020 Ed. (4158)
Huntington Bancshares Inc.
  2013 Ed. (317)
  2014 Ed. (331)
  2015 Ed. (371)
  2016 Ed. (359)
  2017 Ed. (358)
  2018 Ed. (329, 335)
  2019 Ed. (332, 1884)
  2020 Ed. (336, 1823)
  2022 Ed. (1840)
  2023 Ed. (489, 1966)
Huntington Bancshares Michigan Inc.
  1992 Ed. (526)
  1995 Ed. (359)

  1996 Ed. (378)
  1998 Ed. (286)
Huntington Bank
  2007 Ed. (467)
  2020 Ed. (340)
  2021 Ed. (328, 331, 336, 346, 349, 357)
  2022 Ed. (340, 348, 359, 362)
  2023 Ed. (432, 435, 440, 449, 451)
Huntington Bank Pavilion at Northerly Island
  2019 Ed. (173)
Huntington Banks of Michigan
  1993 Ed. (358, 382, 568)
  1994 Ed. (570)
  1995 Ed. (546)
  1996 Ed. (605)
  1998 Ed. (347, 395)
  1999 Ed. (502)
Huntington Bankshares, Michigan Inc.
  1997 Ed. (349, 558)
Huntington Beach, CA
  1993 Ed. (2143)
  2017 Ed. (745)
Huntington Beach High Schools
  2002 Ed. (2062)
Huntington Divident Capture
  2004 Ed. (3535)
Huntington Federal Savings Bank
  2021 Ed. (4324)
  2022 Ed. (4331)
  2023 Ed. (4361)
Huntington Hilton Hotel
  1994 Ed. (2105)
  1996 Ed. (2172)
Huntington Homes
  2002 Ed. (1186, 2692)
  2004 Ed. (1163)
  2005 Ed. (1191, 1192)
Huntington Income Equity Inv.
  2000 Ed. (3228)
Huntington Ingalls
  2018 Ed. (2238)
Huntington Ingalls Industries
  2014 Ed. (1820, 3545)
  2015 Ed. (1860, 2307)
  2016 Ed. (93, 100, 1819)
  2017 Ed. (73, 77, 81, 83, 1784, 3384)
  2018 Ed. (95, 98, 1737, 3011, 3450)
  2019 Ed. (81, 83, 86, 1368, 2952, 3421)
  2020 Ed. (79, 80, 83, 1735, 2153, 2982, 3422)
  2021 Ed. (1709, 2149, 2842, 3437)
  2022 Ed. (82, 1736, 2182, 3494, 3636)
  2023 Ed. (167, 1877, 2299)
Huntington Ingalls Industries (HII)
  2022 Ed. (3636)
  2023 Ed. (3738)
Huntington Ingalls Industries Inc.
  2014 Ed. (4784)
  2015 Ed. (4816, 4817)
  2016 Ed. (4718, 4720)
  2017 Ed. (4734, 4737)
  2018 Ed. (4720, 4723)
  2019 Ed. (4723, 4725)
Huntington Insurance Inc.
  2011 Ed. (3199)
  2012 Ed. (3154)
  2013 Ed. (3230)
  2014 Ed. (3249)
Huntington Jeep-Eagle
  1990 Ed. (330)
Huntington Learning Center
  2020 Ed. (2224)
  2021 Ed. (2198)
  2022 Ed. (2229)
  2023 Ed. (2412, 2417, 2419)
Huntington Learning Centers Inc.
  2002 Ed. (2066)
  2003 Ed. (2126)
  2004 Ed. (2174)
  2005 Ed. (2275)
  2006 Ed. (2343)
  2007 Ed. (2279)
  2008 Ed. (2412)
  2009 Ed. (2412)
  2010 Ed. (2323)
  2011 Ed. (2319)
  2012 Ed. (2221)
  2013 Ed. (2399)
  2014 Ed. (2336)
  2015 Ed. (2402)
  2016 Ed. (2345)
  2017 Ed. (2193)
  2018 Ed. (2254)
  2019 Ed. (2227)
  2020 Ed. (2223)
  2021 Ed. (2197)
  2022 Ed. (2231)
Huntington Memorial Hospital
  1994 Ed. (2090)
  1995 Ed. (2145)
  1996 Ed. (2156)
  1997 Ed. (2271)
  1998 Ed. (1993)
  1999 Ed. (2749)
  2000 Ed. (2530)
Huntington Museum of Art
  1995 Ed. (939)

Huntington National Bank
  1989 Ed. (646)
  1990 Ed. (661)
  1991 Ed. (637)
  1992 Ed. (514, 810)
  1993 Ed. (604, 3286)
  1994 Ed. (607)
  1995 Ed. (577)
  1996 Ed. (647)
  1997 Ed. (586, 735)
  1998 Ed. (421)
  2003 Ed. (437)
  2004 Ed. (431)
  2006 Ed. (398)
  2009 Ed. (430)
  2010 Ed. (1042)
  2012 Ed. (362)
  2014 Ed. (2671)
  2017 Ed. (353)
  2019 Ed. (2191)
  2023 Ed. (417, 419, 474, 2350)
The Huntington National Bank
  2021 Ed. (394)
  2022 Ed. (407)
  2023 Ed. (529)
Huntington National Bank of West Virginia
  1996 Ed. (710)
  1997 Ed. (645)
  1998 Ed. (435)
Huntington New Economy
  2008 Ed. (2618)
Huntington, NY
  1992 Ed. (1167, 1168)
Huntington Park, CA
  1994 Ed. (333)
Huntington Postal Credit Union
  2002 Ed. (1900)
  2003 Ed. (1955)
Huntington State Park
  1999 Ed. (3704)
Huntington University
  2009 Ed. (1032)
  2010 Ed. (1000)
Huntington-Whiteley; Rosie
  2018 Ed. (3645)
  2019 Ed. (3634)
  2020 Ed. (3606)
Huntington, WV
  1989 Ed. (1904)
  1990 Ed. (1467)
  1996 Ed. (2204)
  2002 Ed. (1061)
  2003 Ed. (972, 1871, 3904, 3906)
  2007 Ed. (2077)
  2008 Ed. (2189)
Huntleigh Technology
  2006 Ed. (2784)
  2007 Ed. (2785)
Huntleigh Technology plc
  2008 Ed. (574, 2908)
Hunton Andrews Kurth LLP
  2021 Ed. (3257, 3258)
Hunton Brady Pryor Maso Architects PA
  2002 Ed. (333)
Hunton & Williams
  1991 Ed. (2015, 2524)
  1997 Ed. (3795)
  2001 Ed. (788, 796, 921, 937)
  2002 Ed. (3797)
  2003 Ed. (3192)
  2007 Ed. (3324)
  2008 Ed. (3429)
  2009 Ed. (3502)
  2013 Ed. (3446)
  2014 Ed. (1579, 3446)
  2015 Ed. (1629)
Hunton & Williams LLP
  2011 Ed. (1911)
  2013 Ed. (1931)
  2015 Ed. (1468)
  2016 Ed. (3344)
HuntonBrady Architects
  2023 Ed. (265)
Hunt's
  2014 Ed. (4508)
  2015 Ed. (4508)
Hunts
  1998 Ed. (1716, 1717)
  1999 Ed. (2457, 2458)
  2000 Ed. (2215)
  2001 Ed. (4321)
  2002 Ed. (4332)
  2008 Ed. (2741)
Hunt's Photo & Video
  2021 Ed. (2275)
Huntsman
  2013 Ed. (950, 951, 1364)
  2014 Ed. (903)
  2015 Ed. (28, 929)
  2016 Ed. (24, 834)
  2017 Ed. (21, 891)
  2018 Ed. (22, 804, 825)
  2019 Ed. (22, 819, 842, 1355)
  2020 Ed. (817, 841)
  2021 Ed. (854)
  2023 Ed. (1532, 1536)
Huntsman Architectural Group
  2006 Ed. (3161)

Huntsman Chemical
  1999 Ed. (1078)
Huntsman Corp.
  1999 Ed. (1097)
  2000 Ed. (1017)
  2001 Ed. (1185, 1891, 2309)
  2002 Ed. (990, 992, 1018)
  2003 Ed. (1456, 1841)
  2004 Ed. (963, 1486)
  2005 Ed. (958, 1502, 1546)
  2006 Ed. (865)
  2007 Ed. (923, 924, 933, 950, 954, 2047, 2048, 4281)
  2008 Ed. (908, 912, 929, 1443, 1444, 1446, 1448, 1449, 1835, 1836, 1837, 1839, 1841, 1842, 1843, 2149)
  2009 Ed. (920, 938, 939, 2132)
  2010 Ed. (863, 879, 880, 2031, 2073)
  2011 Ed. (786, 809, 810, 2130)
  2012 Ed. (735, 739, 1973, 1974)
  2013 Ed. (929, 932, 2132, 2134)
  2014 Ed. (882, 886, 2066, 2068)
  2015 Ed. (911, 914, 2114, 2115, 2116)
  2016 Ed. (813, 817, 835, 2095, 2098, 2100)
  2017 Ed. (869, 873, 2060, 2062, 2064)
  2018 Ed. (802, 2024)
  2019 Ed. (818, 821, 822, 2010, 2081)
  2020 Ed. (26, 815, 819, 821, 1990)
  2021 Ed. (838)
  2022 Ed. (878)
  2023 Ed. (70)
Huntsman Family Corp.
  2001 Ed. (1890)
Huntsman Film
  1998 Ed. (2873)
Huntsman Films
  1996 Ed. (3051)
Huntsman Group Inc.
  2006 Ed. (2089)
  2007 Ed. (2047)
Huntsman Holdings LLC
  2005 Ed. (1991)
  2006 Ed. (2089)
  2007 Ed. (2047)
  2008 Ed. (2149)
  2009 Ed. (2132)
Huntsman Holland BV
  2003 Ed. (1776)
  2005 Ed. (1895)
Huntsman ICI Holdings LLC
  2003 Ed. (1840)
  2004 Ed. (1875)
Huntsman International LLC
  2005 Ed. (1991)
  2006 Ed. (2089)
  2007 Ed. (2047)
  2008 Ed. (2149)
  2009 Ed. (2132)
  2010 Ed. (2073)
  2011 Ed. (2130)
  2012 Ed. (1973)
  2013 Ed. (2132, 4220)
  2014 Ed. (2066, 4257)
  2015 Ed. (2114)
  2016 Ed. (2095)
Huntsman; Jon M.
  1995 Ed. (934)
  2005 Ed. (4850)
  2006 Ed. (4905)
  2007 Ed. (4901)
Huntsman LLC
  2004 Ed. (1875)
  2005 Ed. (1991)
  2006 Ed. (2089)
Huntsman Packaging Corp
  2001 Ed. (3817)
Huntsman; Peter
  2012 Ed. (2491)
Huntsman; Peter R.
  2008 Ed. (2630)
  2009 Ed. (2657)
  2011 Ed. (827)
  2015 Ed. (2633)
  2016 Ed. (2559)
  2017 Ed. (2447)
Huntsman Petrochemical Corp.
  2003 Ed. (1841)
  2004 Ed. (1875)
  2005 Ed. (1991)
  2007 Ed. (2047)
Huntsman Polymers Corp.
  2008 Ed. (2149)
  2009 Ed. (2132)
  2010 Ed. (2073)
Huntsman Specialties
  1999 Ed. (3708)
Huntsville, AL
  1989 Ed. (1903)
  1994 Ed. (2924)
  1996 Ed. (3207)
  1997 Ed. (3304)
  1999 Ed. (254)
  2005 Ed. (1190, 3310, 3473)
  2006 Ed. (2448, 3298, 3974)
  2007 Ed. (3375, 4013, 4057)
  2008 Ed. (978, 3117, 3476, 3479, 3510, 4090, 4353)
  2009 Ed. (260)
  2010 Ed. (927, 2407)
  2011 Ed. (2408, 3460, 3461)
  2013 Ed. (4785)
  2017 Ed. (3406)
  2018 Ed. (2235, 4579)
  2019 Ed. (84, 2208)
  2020 Ed. (2205)
  2021 Ed. (3307)
  2022 Ed. (3410)
  2023 Ed. (4569)
Huntsville Autoplex
  2003 Ed. (211)
Huntsville-Decatur-Florence, AL
  2014 Ed. (2621)
Huntsville; Health Care Authority of the City of
  2007 Ed. (1563)
  2008 Ed. (1543)
  2009 Ed. (1471)
  2010 Ed. (1457)
  2011 Ed. (1458)
  2012 Ed. (1298)
  2013 Ed. (1403)
  2014 Ed. (1342)
  2015 Ed. (1419)
  2016 Ed. (1340)
Huntsville/Madison County Chamber
  2022 Ed. (2208)
Huntsville Solid Waste Disposal Authority, Ala.
  1990 Ed. (2648)
Huntsville, TX
  1990 Ed. (998)
Huntsworth
  2014 Ed. (2059)
  2015 Ed. (2109)
Huntsworth plc
  2009 Ed. (2121)
Huntwood Industries
  2016 Ed. (3450)
  2022 Ed. (796)
Huntzinger Management Group
  2017 Ed. (1154)
Hunzinger Construction Co.
  2006 Ed. (1352)
  2008 Ed. (1345)
  2010 Ed. (1332)
  2011 Ed. (1314)
  2019 Ed. (1246)
  2020 Ed. (1240)
  2021 Ed. (1206)
  2022 Ed. (1207)
  2023 Ed. (1442)
Huons Global
  2018 Ed. (1911)
  2021 Ed. (1856)
Huppin's
  2021 Ed. (2281)
Huppin's/OneCall
  2021 Ed. (2281)
Hurco
  1993 Ed. (2480)
  1999 Ed. (2617, 4324)
Hurco Cos.
  1991 Ed. (1870)
  2004 Ed. (3322, 3323)
  2005 Ed. (3347, 3348)
  2007 Ed. (2732)
  2011 Ed. (2833)
  2012 Ed. (1575)
Hurd & Associates; Kenneth E.
  1990 Ed. (2286)
Hurd; David
  1996 Ed. (1856)
Hurd; Mark
  2007 Ed. (986)
  2008 Ed. (939)
  2010 Ed. (889, 2559)
Hurd; Mark V.
  2007 Ed. (1032)
  2008 Ed. (954)
  2009 Ed. (953)
  2010 Ed. (894, 905)
  2011 Ed. (844)
Huribut Care Communities
  2020 Ed. (1779)
The Hurley Group
  2009 Ed. (1976)
Hurley; Peter
  2012 Ed. (4386)
Hurley; Shena
  2018 Ed. (4110)
Hurley State Bank
  1993 Ed. (371, 504, 505)
  1998 Ed. (429)
Hurley Travel Experts Inc.
  2014 Ed. (1752)
Huron
  2022 Ed. (2917)
Huron Consulting Group
  2006 Ed. (809)
  2007 Ed. (896)
  2010 Ed. (1186, 2860, 2895)
  2011 Ed. (1134, 2844)
  2013 Ed. (1204, 1209)
  2014 Ed. (1150)

Huron Consulting Group Inc.
  2015 Ed. (3097)
  2018 Ed. (3022)
Huron Healthcare
  2013 Ed. (2871)
  2014 Ed. (2889)
  2015 Ed. (2948)
  2016 Ed. (2879)
  2018 Ed. (2908)
Huron River Area Credit Union
  2009 Ed. (3527)
Hurricane
  2015 Ed. (3553)
  2016 Ed. (3404)
  2017 Ed. (3359)
Hurricane Agnes
  1994 Ed. (2153)
Hurricane Alicia
  1994 Ed. (1536, 2153)
  1995 Ed. (2195)
  2005 Ed. (2979)
Hurricane Andrew
  1994 Ed. (1535, 1536, 2153)
  1995 Ed. (1568, 2195, 2275)
  2000 Ed. (1681)
  2002 Ed. (947, 949)
  2005 Ed. (882, 884, 2979)
  2007 Ed. (3005)
  2009 Ed. (874, 875, 3209)
  2010 Ed. (819, 824, 3141)
  2011 Ed. (746, 751, 3108)
  2012 Ed. (683, 688, 3044)
  2014 Ed. (851)
Hurricane Betsy
  1994 Ed. (2153)
  1995 Ed. (2195)
  2002 Ed. (949)
Hurricane Bob
  1995 Ed. (2195)
Hurricane Camille
  1994 Ed. (2153)
Hurricane Carol
  1994 Ed. (2153)
Hurricane Celia
  1995 Ed. (2195)
Hurricane Charley
  2007 Ed. (3005)
  2009 Ed. (874, 875, 3209)
  2010 Ed. (819, 824, 3141)
  2011 Ed. (746, 751, 3108)
  2012 Ed. (683, 688, 3044)
Hurricane Dean
  2010 Ed. (825)
Hurricane Diane
  1994 Ed. (2153)
Hurricane Elena
  1995 Ed. (2195)
Hurricane Festival
  2012 Ed. (999)
  2017 Ed. (1087)
Hurricane Floyd
  2002 Ed. (947, 949, 1986)
  2005 Ed. (882, 2979)
  2009 Ed. (3812)
  2010 Ed. (3741)
  2011 Ed. (3741)
  2012 Ed. (3749)
Hurricane Fran
  2002 Ed. (947)
  2005 Ed. (2979)
Hurricane Frances
  2007 Ed. (3005)
  2009 Ed. (874, 3209)
  2010 Ed. (3141)
  2011 Ed. (3108)
  2012 Ed. (3044)
Hurricane Frederic
  1995 Ed. (1568, 2195, 2275)
  2005 Ed. (2979)
Hurricane Frederick
  1994 Ed. (1536, 2153)
Hurricane Georges
  2001 Ed. (1136)
  2002 Ed. (947, 949)
  2005 Ed. (882, 2979)
  2009 Ed. (3209)
Hurricane Gloria
  1995 Ed. (2195)
Hurricane Grill & Wings
  2011 Ed. (4220)
  2012 Ed. (2546)
  2013 Ed. (2668)
  2014 Ed. (2618)
  2015 Ed. (2664)
  2016 Ed. (2587)
  2020 Ed. (563)
  2021 Ed. (534)
  2023 Ed. (4240)
Hurricane Gustav
  2011 Ed. (752)
Hurricane Hugo
  1994 Ed. (1536, 2153)
  1995 Ed. (1568, 2195, 2275)
  2000 Ed. (1681)
  2002 Ed. (947, 949)
  2005 Ed. (882, 884, 2979)
  2007 Ed. (3005)
  2009 Ed. (874, 875, 3209, 3812)

  2010 Ed. (819, 824, 3141, 3741)
  2011 Ed. (746, 3108, 3741)
  2012 Ed. (683, 3044, 3749)
Hurricane Hydrocarbons Ltd.
  2003 Ed. (1640)
Hurricane Ike
  2010 Ed. (819, 3141)
  2011 Ed. (746, 3108, 3741)
  2012 Ed. (683, 688, 3044, 3749)
  2014 Ed. (851)
Hurricane Iniki
  1994 Ed. (1535, 1536)
  1995 Ed. (1568, 2195, 2275)
  2000 Ed. (1681)
  2002 Ed. (947, 949)
  2005 Ed. (2979)
Hurricane Irene
  2014 Ed. (852)
Hurricane Isabel
  2009 Ed. (3812)
  2010 Ed. (3741)
  2011 Ed. (3741)
  2012 Ed. (3749)
Hurricane Ivan
  2007 Ed. (3005)
  2009 Ed. (874, 875, 3209, 3812)
  2010 Ed. (819, 824, 3141, 3741)
  2011 Ed. (746, 751, 3108, 3741)
  2012 Ed. (683, 688, 3044, 3749)
  2014 Ed. (851)
Hurricane Jeanne
  2009 Ed. (3209)
  2010 Ed. (3141)
  2011 Ed. (3108)
  2012 Ed. (3044)
Hurricane Katrina
  2009 Ed. (874, 875, 3209, 3812)
  2010 Ed. (819, 824, 3141, 3741)
  2011 Ed. (746, 751, 3108, 3741)
  2012 Ed. (683, 688, 3044, 3749)
  2014 Ed. (851)
Hurricane Lili
  2005 Ed. (885)
Hurricane Marilyn
  2005 Ed. (2979)
Hurricane Opal
  2000 Ed. (1681)
  2002 Ed. (947, 949)
  2005 Ed. (882, 2979)
  2009 Ed. (3812)
  2010 Ed. (3741)
  2011 Ed. (3741)
  2012 Ed. (3749)
Hurricane Rita
  2009 Ed. (874, 875, 3209, 3812)
  2010 Ed. (819, 824, 3141, 3741)
  2011 Ed. (746, 751, 3108, 3741)
  2012 Ed. (683, 688, 3044, 3749)
Hurricane Spin Scrubber
  2018 Ed. (3153)
Hurricane Wilma
  2009 Ed. (874, 875, 3209, 3812)
  2010 Ed. (819, 824, 3141, 3741)
  2011 Ed. (746, 751, 3108)
  2012 Ed. (683, 688, 3044)
  2014 Ed. (851)
HurryCane
  2015 Ed. (2342)
Hurst Holme Insurance Co., Ltd.
  2006 Ed. (3055)
  2007 Ed. (3085)
  2008 Ed. (3225)
  2010 Ed. (3212)
Hurst's HamBeens
  2014 Ed. (4502)
  2015 Ed. (4502)
  2016 Ed. (4438)
  2017 Ed. (4445)
  2018 Ed. (4464)
Hurt, Richardson, Garner, Todd & Cadenhead
  1990 Ed. (2413)
  1991 Ed. (2279)
  1992 Ed. (2828)
  1993 Ed. (2391)
Hurtigruten
  2021 Ed. (2105)
  2022 Ed. (2137)
Hurts Donut Co.
  2023 Ed. (2378)
Hus Nan Commercial Bank
  1999 Ed. (4530)
Husaberg
  2001 Ed. (3398)
The Husband's Secret
  2015 Ed. (644)
  2017 Ed. (623)
Husch Blackwell
  2017 Ed. (3275)
  2023 Ed. (3438)
Husch Blackwell LLP
  2012 Ed. (4745)
  2021 Ed. (3233, 3234)
  2023 Ed. (3426, 3437, 3452)
Husch Blackwell Sanders LLP
  2010 Ed. (4777)
HUSCO
  2022 Ed. (3647)

Husco
 2023 Ed. (3753)
Husco International
 2015 Ed. (2991)
HUSCO International Inc.
 1996 Ed. (2112, 2565)
 1997 Ed. (2218, 2706)
 1998 Ed. (1940, 2432)
 1999 Ed. (2683, 3296)
 2000 Ed. (2463, 2467, 3033)
 2001 Ed. (2712)
 2002 Ed. (2545, 2558)
 2003 Ed. (2421)
 2004 Ed. (2540)
 2005 Ed. (2529)
 2006 Ed. (2842)
 2007 Ed. (2517)
 2008 Ed. (2645, 2963)
 2009 Ed. (2673, 3043)
 2010 Ed. (2576, 2967)
 2011 Ed. (2930)
 2012 Ed. (2863)
 2013 Ed. (2932, 2941)
 2014 Ed. (2949)
 2015 Ed. (2997, 3023, 3029, 3705)
 2016 Ed. (3610)
 2017 Ed. (3578)
 2018 Ed. (3603)
 2019 Ed. (3592)
 2020 Ed. (3565)
 2021 Ed. (3596)
Hush Puppies
 1995 Ed. (3370, 3371)
 1999 Ed. (3658)
HushMail
 2002 Ed. (4863)
Husic Capital Management
 1991 Ed. (2243)
 1998 Ed. (2271)
Husker Coop
 2014 Ed. (116)
Husker Harves Days
 2016 Ed. (4678)
Husky Energy
 2014 Ed. (1479, 3923)
 2015 Ed. (3938)
 2016 Ed. (1464)
 2017 Ed. (2456, 3642, 3795, 3800, 3801)
 2018 Ed. (2506, 2567)
 2021 Ed. (1007)
Husky Energy Inc.
 2003 Ed. (3822, 3823)
 2004 Ed. (3852)
 2005 Ed. (1648, 1727, 3763)
 2006 Ed. (1542, 1592, 1601, 1623, 3845)
 2007 Ed. (1572, 1633, 1637, 1648, 3862, 3863)
 2008 Ed. (1551, 1552, 1553, 1554, 1555, 1642, 3915, 3916)
 2009 Ed. (1480, 1553, 1574, 1575, 3619, 3982, 3983, 3984)
 2010 Ed. (1465, 1466, 1467, 1468, 1469, 1542, 1558, 1559, 3541, 3891, 3892, 4598)
 2011 Ed. (1379, 1467, 1559, 3540, 3903, 3904, 3906)
 2012 Ed. (1237, 1305, 1306, 1403, 1578, 3532, 3888, 3889, 3890, 3906, 4566)
 2013 Ed. (1350, 1495, 1509, 2532, 3578, 3953, 3954, 3973, 4516)
 2014 Ed. (1286, 1463, 1478, 2465, 3898, 3899, 3915)
 2015 Ed. (1504, 1505, 1533, 2536, 3924, 3925)
 2016 Ed. (1445, 1446, 1460, 1475, 3838, 3839, 3840, 3841, 3842, 3843, 4493)
 2017 Ed. (1460, 1461, 1470, 1477, 3796, 3797, 3798, 3799)
 2018 Ed. (1440, 1444, 1455, 3845, 3846, 3847, 3848, 3862)
 2019 Ed. (3820, 3821)
 2020 Ed. (1447, 3859, 3860)
 2021 Ed. (2444)
 2022 Ed. (1452, 3841)
 2023 Ed. (3940)
Husky Injection Molding Systems Ltd.
 1996 Ed. (1595)
 2005 Ed. (1717)
 2006 Ed. (3919, 3922)
 2007 Ed. (3024)
 2008 Ed. (1622, 3142, 3746)
 2009 Ed. (3226, 3618, 3767)
 2010 Ed. (3159)
 2012 Ed. (3990)
 2013 Ed. (4055)
 2014 Ed. (3994)
 2015 Ed. (4042)
 2016 Ed. (3954)
 2017 Ed. (3929)
 2018 Ed. (3954)
 2019 Ed. (3930)
 2020 Ed. (3944)
 2021 Ed. (3912)
 2022 Ed. (3922)
Husky Injection Moldings Systems Ltd.
 2004 Ed. (3913)
Husky Oil Ltd.
 1990 Ed. (1238)
 1993 Ed. (2704, 2841, 2842)

Husnu Ozyegin
 2008 Ed. (4876)
 2009 Ed. (4900)
 2010 Ed. (4900)
 2011 Ed. (4888)
 2012 Ed. (4896)
 2013 Ed. (4919)
 2014 Ed. (4926)
 2015 Ed. (4966)
 2016 Ed. (4883)
 2017 Ed. (4881)
 2018 Ed. (4893)
 2019 Ed. (4885)
 2020 Ed. (4874)
 2021 Ed. (4875)
Husqvarna
 2011 Ed. (3092)
Husqvarna AB
 2010 Ed. (3207)
 2011 Ed. (3171)
 2012 Ed. (3127, 3567)
 2013 Ed. (3212)
 2015 Ed. (3287)
 2016 Ed. (3128)
 2017 Ed. (3067)
 2018 Ed. (3179)
 2019 Ed. (3115)
Huss Brewing Co.
 2022 Ed. (2724)
 2023 Ed. (926)
Huss; Shawn
 2019 Ed. (3645)
Hussain; Rashid
 1997 Ed. (783, 784, 787, 849)
Hussain Sajwani
 2017 Ed. (4883)
 2018 Ed. (4895)
 2019 Ed. (4887)
 2020 Ed. (4876)
 2021 Ed. (4877)
 2022 Ed. (4873)
 2023 Ed. (4867)
Husse
 2020 Ed. (3833)
 2021 Ed. (3805)
 2022 Ed. (3825)
 2023 Ed. (3920)
Husse (Sweden)
 2021 Ed. (3805)
Hussein; Rashid
 1993 Ed. (1643)
Hussman Chino
 1996 Ed. (3600)
Hussman Strategic Growth
 2004 Ed. (3557)
 2006 Ed. (4560)
 2007 Ed. (2487)
 2020 Ed. (3693)
Hussman Strategic Total Return
 2020 Ed. (3701)
Hussmann International Inc.
 2003 Ed. (1471)
 2004 Ed. (1501)
Husson; Mark
 1997 Ed. (1918)
HussStraGr
 2004 Ed. (4541)
Hussung Mechanical Contractors Inc.
 2009 Ed. (1207, 1209)
Hussung Mechanical Corp.
 2016 Ed. (1170)
 2018 Ed. (1196)
Hustler
 2003 Ed. (3275)
Huston-Patterson
 1992 Ed. (3532)
Huston; Ron
 2006 Ed. (2514)
The Hut Group
 2015 Ed. (2097)
 2016 Ed. (2074)
 2017 Ed. (2033)
Hutcheson & Grundy
 1991 Ed. (2287)
 1992 Ed. (2837)
Hutcheson Knowles Marinkovich
 1990 Ed. (133)
HutchesonShutze
 1989 Ed. (158)
 1990 Ed. (71)
Hutchinson Builders
 2004 Ed. (1154)
 2016 Ed. (1381)
 2019 Ed. (1040, 1414, 1419)
 2020 Ed. (1031, 1378, 1382)
 2021 Ed. (1004, 1374, 1379)
 2022 Ed. (1047, 1385)
Hutchinson Cancer Center, Fred
 1994 Ed. (890)
Hutchinson Cancer Research Center; Fred
 2005 Ed. (3606)
Hutchinson Credit Union
 2002 Ed. (1866)
 2003 Ed. (1920)
 2004 Ed. (1960)
 2005 Ed. (2102)
 2006 Ed. (2197)
 2007 Ed. (2118)

 2008 Ed. (2233)
 2009 Ed. (2218)
 2010 Ed. (2172)
 2011 Ed. (2190)
 2012 Ed. (2050)
 2013 Ed. (2232)
 2014 Ed. (2164)
 2015 Ed. (2228)
 2016 Ed. (2199)
Hutchinson FTS Inc.
 2001 Ed. (2226)
Hutchinson Jr.; A. L.
 1992 Ed. (534)
Hutchinson, KS
 2006 Ed. (3322)
Hutchinson; Ryan
 2011 Ed. (3375)
Hutchinson SA
 2001 Ed. (393)
 2003 Ed. (4204)
Hutchinson Shockey
 2001 Ed. (920)
Hutchinson Technology Inc.
 1999 Ed. (1981)
 2000 Ed. (1759)
 2001 Ed. (1794)
 2004 Ed. (3023)
 2005 Ed. (2330)
 2008 Ed. (2462)
 2009 Ed. (2462)
Hutchinson Whampoa
 1991 Ed. (27, 1300, 1930)
Hutchison
 1998 Ed. (2559)
Hutchison 3G UK
 2009 Ed. (149)
Hutchison Boyle Brooks & Fisher
 1993 Ed. (3622)
 1995 Ed. (2647)
Hutchison Port Holdings
 2013 Ed. (4517)
Hutchison Port Holdings Trust
 2013 Ed. (4404)
Hutchison Ports (UK) Ltd.
 2017 Ed. (2046)
Hutchison Technology Inc.
 2001 Ed. (1040)
Hutchison Telecommunications
 2002 Ed. (1125, 1584)
 2004 Ed. (1088)
Hutchison Telecommunications (Hong Kong) Ltd.
 2001 Ed. (3333)
Hutchison Telecommunications International Ltd.
 2007 Ed. (3069)
Hutchison Westports Ltd.
 2018 Ed. (2007)
 2019 Ed. (2064, 2398)
Hutchison Whampoa
 2015 Ed. (4677)
Hutchison Whampoa International
 2005 Ed. (2146)
Hutchison Whampoa Ltd.
 1989 Ed. (1125)
 1990 Ed. (1377, 1378, 2045, 2048)
 1991 Ed. (1302, 1931)
 1992 Ed. (1632, 1634, 1635, 2438, 2439, 2442, 2444)
 1993 Ed. (1329, 1330, 2058, 2060)
 1994 Ed. (1385, 2077, 2078)
 1995 Ed. (1410, 1412, 1413, 1577, 2128, 2130, 3514)
 1996 Ed. (1371, 1373, 1374, 1375, 2135, 2136, 2137, 2138, 2141, 2143, 3596)
 1997 Ed. (1423, 1424, 1426, 2247, 2248)
 1998 Ed. (2558)
 1999 Ed. (1647, 1648, 1649, 1650, 1887, 2715, 2716)
 2000 Ed. (1445, 1449, 1450, 1452, 1694, 2493, 2494)
 2001 Ed. (1627, 1723, 1724, 1725)
 2002 Ed. (1580, 1615, 1665, 4421, 4422)
 2003 Ed. (1690)
 2004 Ed. (49)
 2005 Ed. (43)
 2006 Ed. (25, 50, 1552, 1717, 1752, 2896, 4173, 4177)
 2007 Ed. (1717, 1761, 2213)
 2008 Ed. (50, 88, 1667, 1746, 1788, 4234)
 2009 Ed. (27, 97, 1682, 1730, 1804, 4510)
 2010 Ed. (37, 1638, 1678, 1679, 1748, 4550)
 2011 Ed. (1692, 1760, 4501)
 2012 Ed. (36, 1544, 1610, 2145, 2147)
 2013 Ed. (880, 1692, 2350, 2357, 3162)
 2014 Ed. (1642, 2281, 2289, 3167)
 2015 Ed. (1684, 2366, 2373, 3227)
 2016 Ed. (1636, 2312, 2319, 3083)
 2017 Ed. (3033)
Hutchison-Whampoa Ltd.
 2017 Ed. (2463)
 2018 Ed. (2561)
The Hutensky Group
 1994 Ed. (3003, 3004)
 1995 Ed. (3063)

Hutong Pharmaceutical
 2004 Ed. (36)
 2005 Ed. (29)
Hutson Inc.; Steven C.
 1997 Ed. (1074)
Hutter Construction
 2021 Ed. (1731)
Hutter Construction Corp.
 2020 Ed. (2533, 2534)
 2021 Ed. (1729, 2479, 2480)
 2022 Ed. (2592)
Huttig Building Products Inc.
 2004 Ed. (786, 787, 4550)
 2005 Ed. (772, 773, 1879, 1883, 1889)
 2006 Ed. (1902, 1904, 1907, 1908, 1909)
Huttig Sash & Door Co.
 1990 Ed. (843)
 1991 Ed. (806)
 1992 Ed. (987)
 1993 Ed. (782)
 1994 Ed. (798)
Huttleston Associates Inc.
 2008 Ed. (16)
Hutton Chevrolet Co.; Chuck
 1990 Ed. (302, 303)
 1991 Ed. (272)
Hutton; E. F.
 1989 Ed. (803, 806, 807, 808, 821, 2374, 2375, 2376, 2377, 2380, 2381, 2384, 2385, 2386, 2387, 2388, 2390, 2391, 2395, 2397, 2401, 2407, 2418, 2419, 2420, 2422)
Hutton Group; E. F.
 1989 Ed. (809)
Hutton; Henry A.
 2006 Ed. (334)
Hutton; Keith A.
 2011 Ed. (840, 849)
Hutton Life; E. F.
 1989 Ed. (1707, 1709)
Hutton Precious Metals
 1989 Ed. (1849)
Hutzler Brothers Co.
 1990 Ed. (1037)
Huveaux plc
 2009 Ed. (3692)
Huvis Corp.
 2006 Ed. (2577)
 2007 Ed. (4672)
Huvitz
 2012 Ed. (1894)
Huxley Associates
 2008 Ed. (2133)
 2010 Ed. (1851)
 2011 Ed. (1882)
Huya
 2022 Ed. (3572, 3583)
Huzhou Laohenghe Co.
 2018 Ed. (1310, 2736)
HV Food Products Co.
 2014 Ed. (4406, 4407)
 2015 Ed. (4393)
 2021 Ed. (4268)
HVB Bank Biochim
 2008 Ed. (389)
HVB Bank Czech Republic
 2004 Ed. (485)
HVB Bank Hungary
 2004 Ed. (485, 486, 539)
 2005 Ed. (518)
 2006 Ed. (449)
 2007 Ed. (460)
 2008 Ed. (424)
HVB Bank Romania
 2008 Ed. (496)
HVB Bank Slovakia
 2004 Ed. (486)
 2006 Ed. (521)
 2007 Ed. (550)
 2008 Ed. (502)
 2010 Ed. (516)
HVB Banque Luxembourg
 2011 Ed. (407)
HVB Czech Republic
 2010 Ed. (403)
HVB Group
 2006 Ed. (1771)
 2007 Ed. (19, 1443, 1780)
HVB Group New York
 2007 Ed. (2563)
HVB Luxembourg
 2005 Ed. (573)
 2006 Ed. (495)
 2007 Ed. (515)
 2008 Ed. (472)
 2010 Ed. (480)
 2011 Ed. (406)
HVB Tiriac Bank
 2010 Ed. (507)
 2011 Ed. (438)
HVHC Retail
 2012 Ed. (3783)
 2013 Ed. (3850)
Hvide Marine Inc.
 2001 Ed. (4626)
HW Coates
 2018 Ed. (4706)

HW Electronics Inc.
  1992 Ed. (1336)
H.W. Kaufman Financial
  1992 Ed. (317)
Hwa; Chen Din
  2009 Ed. (4863, 4864)
  2010 Ed. (4865)
  2011 Ed. (4852, 4853)
Hwa Wei & Grey
  1989 Ed. (166)
  1990 Ed. (155)
  1991 Ed. (155)
  1992 Ed. (213)
  1993 Ed. (140)
  1994 Ed. (121)
  1996 Ed. (145)
  1997 Ed. (151)
  1999 Ed. (161)
  2000 Ed. (178)
  2001 Ed. (218)
  2002 Ed. (191)
  2003 Ed. (155)
Hwa Wel & Grey
  1995 Ed. (131, 132)
Hwajin
  2016 Ed. (2004)
Hwange Colliery Co.
  2009 Ed. (999, 2507, 2514, 2515)
HWB Capital Management
  1999 Ed. (1245)
  2005 Ed. (1088)
HWH Architects Engineers Planners Inc.
  1991 Ed. (1557)
HWL Ebsworth Lawyers
  2020 Ed. (3326)
  2021 Ed. (3197)
  2022 Ed. (3332)
HWL International
  2006 Ed. (3166)
  2007 Ed. (3200)
  2008 Ed. (3342)
Hwy 55 Burgers, Shakes & Fries
  2018 Ed. (4183)
  2019 Ed. (4199)
  2020 Ed. (4211)
Hwy. 55 Burgers, Shakes & Fries
  2016 Ed. (4199)
HX
  1995 Ed. (2879)
Hy-Drive Technologies Ltd.
  2008 Ed. (2936)
H.Y. Louie
  2016 Ed. (4227)
  2017 Ed. (1479, 4211)
  2018 Ed. (1456)
H.Y. Louie Co.
  2021 Ed. (4230)
  2022 Ed. (4239)
  2023 Ed. (4279)
H.Y. Louie Co., Ltd.
  2019 Ed. (1485)
  2020 Ed. (1456)
  2021 Ed. (1449)
  2022 Ed. (1462)
HY Marketing
  1994 Ed. (121)
  1995 Ed. (131, 132)
  1996 Ed. (145)
  1997 Ed. (151)
  1999 Ed. (161)
HY Marketing (Hakuhodo)
  2000 Ed. (178)
Hy-Tek Material Handling Inc.
  2008 Ed. (4421)
Hy-Vee
  2015 Ed. (4411)
  2017 Ed. (4311)
  2023 Ed. (1794, 4526, 4534, 4543)
Hy-Vee Food Stores
  2017 Ed. (1676)
  2019 Ed. (1688)
Hy-Vee Food Stores Inc.
  1994 Ed. (3468)
  1995 Ed. (3538)
  2002 Ed. (4536)
  2004 Ed. (4623)
  2005 Ed. (4565)
  2009 Ed. (4613)
Hy-Vee Inc.
  2001 Ed. (1753, 4696)
  2002 Ed. (2115)
  2003 Ed. (1723, 2268)
  2004 Ed. (1760)
  2005 Ed. (1827)
  2006 Ed. (1812)
  2007 Ed. (1819)
  2008 Ed. (1856)
  2009 Ed. (1806, 2894, 4143)
  2010 Ed. (1750, 2833, 4075)
  2011 Ed. (1761, 1762, 2817, 4049)
  2012 Ed. (1613, 2749, 4588)
  2013 Ed. (1768, 1770, 2051, 2368, 4529, 4542)
  2014 Ed. (1702, 1704, 2455, 4116, 4117, 4587)
  2015 Ed. (1744, 1746, 2524, 4585, 4595)
  2016 Ed. (1696, 1698, 4504)
  2017 Ed. (1674, 3985, 4502)

  2018 Ed. (1637, 4535)
  2019 Ed. (1687, 4519)
  2020 Ed. (1640, 4523)
  2021 Ed. (1620, 4504)
  2022 Ed. (1637, 3996, 4512)
  2023 Ed. (4080)
Hy-Vee Pizza
  1997 Ed. (3126)
Hy & Zel's
  2003 Ed. (2103)
Hyakugo Bank
  2002 Ed. (594)
Hyakujushi Bank Ltd.
  1998 Ed. (377)
  2001 Ed. (1765)
Hyatt
  1990 Ed. (2085)
  1992 Ed. (1136)
  1999 Ed. (2785)
  2000 Ed. (2559, 2571, 2572)
  2001 Ed. (2780, 2786)
  2008 Ed. (3081)
  2009 Ed. (3171)
  2011 Ed. (578)
  2015 Ed. (2091)
  2017 Ed. (2958, 2962)
  2018 Ed. (3072, 3076)
  2019 Ed. (1636, 3020)
  2020 Ed. (3048, 3058)
  2021 Ed. (2913, 2915, 2927)
  2023 Ed. (3146, 3156, 3162)
Hyatt Cherry Hill
  1990 Ed. (1219, 2099)
  1991 Ed. (1957)
  1992 Ed. (2513)
Hyatt Global
  2015 Ed. (4426)
  2016 Ed. (4320)
  2017 Ed. (4323)
  2018 Ed. (4315)
  2019 Ed. (4343)
  2020 Ed. (4335)
  2021 Ed. (4351)
Hyatt Grand Champions Resort
  1996 Ed. (2166)
Hyatt Hotels
  2013 Ed. (3092, 3093, 3096, 3106, 3107, 4263)
  2014 Ed. (1681, 2544, 3094, 3104, 4314, 4320)
  2015 Ed. (1726, 3123, 3159)
  2017 Ed. (2954, 4742)
  2018 Ed. (3070, 4728)
  2019 Ed. (1348, 3012, 4729)
  2020 Ed. (1593, 3043, 3055, 4702)
  2021 Ed. (1577, 2916)
  2022 Ed. (1597, 3027)
  2023 Ed. (1764, 1765, 3142, 3161, 4696)
Hyatt Hotels Corp.
  1990 Ed. (2067, 2075, 3683)
  1991 Ed. (952, 1941, 1953, 1955, 3472)
  1992 Ed. (2488, 2490, 2492, 2493, 2503)
  1993 Ed. (962, 2083, 2101)
  1994 Ed. (987, 2095, 2113, 2118, 2121)
  1995 Ed. (1000, 2161, 2166, 2168, 2169, 2172)
  1996 Ed. (987, 2160, 2166, 2176, 2181, 2187)
  1997 Ed. (2290, 2296, 2306)
  1998 Ed. (750, 2011, 2020, 2024, 2031)
  1999 Ed. (23, 1621, 2764, 2773, 2780, 2783, 2792)
  2000 Ed. (1101, 2542, 2548, 2558, 2569)
  2001 Ed. (2786, 2791)
  2002 Ed. (1071, 2637)
  2003 Ed. (2847, 2853, 2854, 2857, 2858, 2859, 2860, 4136)
  2004 Ed. (2938, 2944)
  2005 Ed. (2941, 2942, 2943, 2944, 4085)
  2006 Ed. (3985, 4126, 4130)
  2007 Ed. (2950)
  2009 Ed. (3750, 3751, 3752)
  2010 Ed. (3089, 3090, 3093, 3102, 3103, 3686, 3690, 4256)
  2011 Ed. (3012, 3055, 3059, 3060, 3062, 3063, 3066, 3070, 3071, 3673, 3685, 4045, 4256)
  2012 Ed. (1558, 2939, 3000, 3003, 3004, 3006, 3010, 3013, 3014, 3016, 3104, 3687, 4297)
  2013 Ed. (1712, 3028, 3089, 3098, 3100, 3185)
  2014 Ed. (3041, 3086, 3096, 3099, 3195)
  2015 Ed. (3107, 3161, 3164, 3256)
  2016 Ed. (2986, 3016)
  2017 Ed. (2957, 2960)
  2018 Ed. (3033, 3074)
  2019 Ed. (2975, 3002, 3018)
  2020 Ed. (3003, 3037, 3040, 3056)
  2021 Ed. (2864, 2900, 2925)
  2022 Ed. (3028, 3043)
Hyatt Hotels International
  2005 Ed. (2934)
  2006 Ed. (2938)
Hyatt Hotels & Resorts
  1992 Ed. (2485)
Hyatt, Imler, Ott & Blount, Inc.
  1998 Ed. (18)
  2000 Ed. (19)

Hyatt International Corp.
  1990 Ed. (2095)
  1994 Ed. (987)
  1995 Ed. (1000)
  1996 Ed. (987)
  2000 Ed. (1101)
  2001 Ed. (2788)
  2006 Ed. (3985)
Hyatt Legal Plans
  1993 Ed. (2911)
Hyatt Legal Services
  1989 Ed. (1889)
Hyatt Maui LLC
  2007 Ed. (1752)
Hyatt Place
  2020 Ed. (783)
Hyatt Regency
  1992 Ed. (2479)
Hyatt Regency Airport
  2005 Ed. (2930)
Hyatt Regency Chicago
  1997 Ed. (2301)
  1999 Ed. (2787)
  2017 Ed. (2964)
Hyatt Regency Chicago Convention & Exposition Center
  2001 Ed. (2351)
Hyatt Regency Chicago's Riverside Center
  2003 Ed. (2413)
  2004 Ed. (2945)
  2005 Ed. (2519)
Hyatt Regency Coconut Point
  2015 Ed. (1629)
Hyatt Regency Crystal City
  1991 Ed. (217)
Hyatt Regency Denver
  2012 Ed. (1459)
Hyatt Regency Denver Downtown
  2002 Ed. (2645)
Hyatt Regency Maui Resort & Spa
  2017 Ed. (1602)
  2018 Ed. (1583)
  2019 Ed. (1619)
  2020 Ed. (1580)
Hyatt Regency Maui Resort & Spa LLC
  2009 Ed. (1726)
  2010 Ed. (1674)
  2011 Ed. (1683)
Hyatt Regency Miami
  1998 Ed. (2035)
  1999 Ed. (2795)
  2000 Ed. (2574)
  2002 Ed. (2650)
Hyatt Regency O'Hare
  1997 Ed. (2301)
  1999 Ed. (2787)
Hyatt Regency Orlando
  2017 Ed. (2964)
  2018 Ed. (3079)
Hyatt Regency Ravinia, Atlanta
  1990 Ed. (2080)
Hyatt Regency Tech Center
  2002 Ed. (2645)
Hyatt Suites
  1993 Ed. (2086)
  1994 Ed. (2116)
  1996 Ed. (2175, 2179)
  1997 Ed. (2293)
Hyatt (U.S.)
  2021 Ed. (2927)
Hybrid Global Logistics
  2022 Ed. (1863)
Hybrid Kinetic Motors
  2011 Ed. (2300, 2301, 3489, 3490, 3491, 4747)
Hybrid Plastics Inc.
  2011 Ed. (4193)
  2015 Ed. (4223)
Hybrid Theory
  2011 Ed. (3710)
Hybritech
  1993 Ed. (1514)
HYCD/APAP
  2023 Ed. (2393)
Hycon Technology
  2023 Ed. (2029)
Hyde III; Joseph R.
  1995 Ed. (978, 1727)
Hyder Consulting Ltd.
  2000 Ed. (1820)
Hyderabad, India
  2009 Ed. (260)
  2010 Ed. (3475)
  2011 Ed. (3482)
  2012 Ed. (3486)
hydra
  2021 Ed. (3770, 3779)
Hydra LLC
  2010 Ed. (2948)
Hydra Pipe As
  2016 Ed. (1912)
Hydradyne
  2021 Ed. (2594)
  2022 Ed. (2707)
  2023 Ed. (2839)
HydraFacial, a BeautyHealth company
  2023 Ed. (2128)

Hydralyte
  2020 Ed. (2198, 2199)
  2021 Ed. (2175)
HydraMedia
  2009 Ed. (120, 4111)
Hydraquip
  2021 Ed. (2594)
  2022 Ed. (2707)
  2023 Ed. (2839)
Hydrience
  2001 Ed. (2654, 2655)
Hydrite Chemical
  2004 Ed. (955)
  2008 Ed. (916)
  2009 Ed. (924)
  2012 Ed. (748)
  2013 Ed. (937)
  2014 Ed. (891)
  2015 Ed. (919)
  2016 Ed. (820)
  2017 Ed. (878)
  2018 Ed. (811)
  2019 Ed. (828)
  2020 Ed. (826)
  2021 Ed. (845)
  2022 Ed. (885)
  2023 Ed. (1064)
Hydro
  1990 Ed. (1663)
  1992 Ed. (1887)
  1994 Ed. (1627)
  2001 Ed. (369, 2162)
  2005 Ed. (2316)
  2006 Ed. (2371)
  2020 Ed. (667)
  2022 Ed. (679)
Hydro Aluminium A/s
  1989 Ed. (1147)
  1990 Ed. (1406)
  1993 Ed. (1381)
  1994 Ed. (1435)
Hydro Aluminium AS
  1995 Ed. (1469)
  2005 Ed. (1918)
  2006 Ed. (1947)
  2007 Ed. (1930)
  2009 Ed. (1957)
  2011 Ed. (1929)
  2012 Ed. (1790)
  2013 Ed. (1961)
Hydro Aluminium S/A
  1994 Ed. (198)
Hydro Aluminum AS
  1997 Ed. (1492)
  2018 Ed. (3560)
Hydro energy
  1992 Ed. (1945)
Hydro Flame Corp.
  1994 Ed. (1226)
Hydro Flask
  2017 Ed. (1905)
Hydro Group Inc.
  1998 Ed. (957)
Hydro One
  2014 Ed. (1285)
  2017 Ed. (2227)
  2018 Ed. (2283, 3848)
  2019 Ed. (2272)
  2020 Ed. (2262)
  2021 Ed. (2220)
  2022 Ed. (2258)
  2023 Ed. (2440)
Hydro One Inc.
  2004 Ed. (2754)
  2005 Ed. (2749)
  2006 Ed. (2710)
  2007 Ed. (2705, 4365)
  2008 Ed. (2834, 4321)
  2009 Ed. (2430, 2871, 2892, 4424)
  2010 Ed. (2830)
  2011 Ed. (1550, 2814)
  2012 Ed. (1395, 2746)
  2013 Ed. (2827)
  2014 Ed. (2866)
  2016 Ed. (2379)
  2017 Ed. (2228)
Hydro One Ltd.
  2018 Ed. (2284, 4296)
  2019 Ed. (2273)
  2020 Ed. (2263)
  2021 Ed. (4330)
  2022 Ed. (2259, 2260)
  2023 Ed. (2441, 2442)
Hydro Ottawa
  2021 Ed. (2220)
Hydro Physics Pipe Inspection Corp.
  2009 Ed. (4425)
Hydro power
  2001 Ed. (2161)
Hydro-Quebec
  1990 Ed. (1599, 1661, 2787)
  1992 Ed. (1897, 2342)
  1993 Ed. (2937)
  1994 Ed. (1594, 1986)
  1996 Ed. (1613, 2038)
  1997 Ed. (1692, 2156, 3301)
  2001 Ed. (1662)
  2004 Ed. (2754)

2005 Ed. (2749)
2006 Ed. (2710)
2007 Ed. (2298, 2684, 2705)
2008 Ed. (646, 2428, 2813, 2834)
2009 Ed. (1565, 2430, 2431, 2871, 2872, 2890, 2892)
2010 Ed. (1552, 2350, 2812, 2828, 2830)
2011 Ed. (1550, 1555, 2343, 2812, 2814)
2012 Ed. (1237, 1399, 2249, 2254, 2723, 2744, 2746)
2013 Ed. (1349, 1506, 2425, 2448, 2809, 2827)
2014 Ed. (1285, 1477, 2382, 2847, 2866)
2016 Ed. (1473, 2379)
2017 Ed. (1475, 2228)
2018 Ed. (2284)
2019 Ed. (1482, 2273)
2020 Ed. (1449, 1452, 1454, 2263)
2021 Ed. (1438, 1445, 1447, 2220)
2022 Ed. (1446, 1456, 1458, 1460, 2258, 2259, 4885)
2023 Ed. (1634, 1642, 1645, 2440, 2441, 4035)
HydroChina Corp.
 2014 Ed. (2503)
Hydrochina Corp.
 2012 Ed. (2418)
 2016 Ed. (2510)
Hydrochlorothiazide
 1993 Ed. (1939)
 1994 Ed. (1966)
 2004 Ed. (2152)
 2005 Ed. (2250, 2255)
 2006 Ed. (2311)
 2007 Ed. (2245)
 2009 Ed. (2355)
 2010 Ed. (2283)
Hydrock
 2009 Ed. (2109)
Hydrocodone
 2002 Ed. (3749)
 2005 Ed. (2255)
Hydrocodone with apap
 1995 Ed. (1582)
Hydrocodone/APAP
 1997 Ed. (1654, 3162)
 1998 Ed. (1825, 2913, 2914, 2917)
 1999 Ed. (1893, 1898, 2585, 3884, 3885)
 2000 Ed. (2324, 2325, 3604, 3605)
 2001 Ed. (2101, 2102)
 2002 Ed. (2048)
 2003 Ed. (2107, 2113)
 2004 Ed. (2152, 2156)
 2005 Ed. (2249, 2250, 2256)
 2006 Ed. (2310, 2311, 2316)
 2007 Ed. (2244, 2245)
 2009 Ed. (2355)
 2010 Ed. (2282, 2283)
Hydrocodone w/APAP
 1996 Ed. (1570, 2014)
 2000 Ed. (1699)
Hydrocortisones
 2002 Ed. (2284)
 2003 Ed. (2487)
Hydroelectric
 2007 Ed. (2309)
Hydroelectric power
 1995 Ed. (1647)
Hydrogen & Fuel Cell Investor
 2002 Ed. (4796)
Hydrogen Media, Inc.
 2002 Ed. (2490)
Hydrogen peroxide
 2001 Ed. (3957)
Hydrogenics Corp.
 2002 Ed. (2505, 2508)
 2004 Ed. (2780)
 2007 Ed. (2808)
 2008 Ed. (2936)
HydroGroup Inc.
 1999 Ed. (1378)
HydroJug
 2023 Ed. (1315, 1321, 2087)
Hydrologist
 2011 Ed. (3782)
Hydron Biomedics
 1999 Ed. (3658)
Hydron Biomedics 55 Lens
 2001 Ed. (3594)
Hydron Technologies Inc.
 1997 Ed. (2020)
Hydronbiom/Hydron Biomedics
 1996 Ed. (2874)
Hydropothecary
 2019 Ed. (1493)
 2020 Ed. (1463)
Hydropower
 2001 Ed. (2155)
Hydroviv
 2023 Ed. (2050)
Hydroxycut
 2004 Ed. (2097, 2098)
 2015 Ed. (3852)
 2016 Ed. (3762)
 2018 Ed. (4901)
Hydroxycut Advanced
 2018 Ed. (4901)

Hydroxycut Hardcore
 2018 Ed. (4901)
Hydroxycut Lean
 2017 Ed. (4397)
Hydroxycut Max Advanced
 2018 Ed. (4901)
Hyeon-Joo; Park
 2018 Ed. (4887)
Hyflux
 2007 Ed. (1972)
 2008 Ed. (2068)
Hygeia
 2006 Ed. (2765)
 2008 Ed. (2884)
Hygeia Hospital
 2015 Ed. (1608)
HyGen Pharmaceuticals Inc.
 2018 Ed. (3599)
 2019 Ed. (3588)
Hygena Ltd.
 1991 Ed. (1781)
 1992 Ed. (2249)
 1993 Ed. (1912)
 1994 Ed. (1931)
 1995 Ed. (1960)
 1996 Ed. (1991)
 1997 Ed. (2106)
 2000 Ed. (2294)
 2001 Ed. (2571)
 2002 Ed. (2383)
Hygeia Biological Laboratories
 2023 Ed. (842)
Hygiene, oral
 1999 Ed. (1789)
Hygrade
 1995 Ed. (1940)
 1997 Ed. (2088)
 1999 Ed. (2527)
Hygrade Ball Park
 2000 Ed. (2275)
 2002 Ed. (2365)
Hygrade Business Group
 2017 Ed. (3962)
 2019 Ed. (3965)
 2020 Ed. (3986)
 2022 Ed. (3963)
 2023 Ed. (4051)
Hygrade Food Products Corp.
 1990 Ed. (1828)
 1991 Ed. (1746)
 1998 Ed. (1767)
Hyland Hills Water World
 1989 Ed. (2904)
 1990 Ed. (3685)
 1991 Ed. (3476)
 1992 Ed. (4425)
 1995 Ed. (3725)
 1996 Ed. (3819)
 2002 Ed. (4786)
Hyland Homes
 1999 Ed. (1327)
Hyland Software
 2015 Ed. (1952)
 2017 Ed. (1897, 3046)
 2018 Ed. (1844, 3158)
 2019 Ed. (1896, 3093)
 2020 Ed. (1835)
Hyland Software Inc.
 2012 Ed. (1799)
 2013 Ed. (1973)
 2014 Ed. (1912)
 2015 Ed. (1956)
Hyland's
 2015 Ed. (3852)
 2016 Ed. (2337, 3762)
 2018 Ed. (2234)
 2020 Ed. (2203)
 2021 Ed. (2179)
Hylands
 2016 Ed. (203)
 2017 Ed. (190)
 2018 Ed. (179)
 2023 Ed. (2397, 2398)
Hyland's 4 Kids
 2020 Ed. (908)
Hylands 4 Kids
 2023 Ed. (1106)
Hyland's Baby
 2016 Ed. (2269)
 2018 Ed. (180)
 2019 Ed. (2162)
Hylant Group Inc.
 2011 Ed. (3190, 3201)
 2012 Ed. (3158)
 2013 Ed. (3234)
Hylant-Maclean Inc.
 2001 Ed. (2912)
HyLife
 2013 Ed. (4065)
 2014 Ed. (4072)
 2018 Ed. (3961)
 2019 Ed. (3936)
 2020 Ed. (3950)
 2021 Ed. (3917)
 2022 Ed. (3928)
HyLife/Charoen Pokphand Foods
 2021 Ed. (3917)
 2022 Ed. (3928)

Hylsa
 2001 Ed. (4377)
Hylsamex
 2003 Ed. (3306)
 2004 Ed. (1780)
 2006 Ed. (1878)
Hylsamex SA de CV
 2004 Ed. (3363)
 2005 Ed. (3395)
 2006 Ed. (4597)
Hyman Construction Co.; George
 1990 Ed. (1212)
 1991 Ed. (1100)
 1993 Ed. (1122)
 1994 Ed. (1109)
Hyman; Ed
 2005 Ed. (3205)
Hyman; Edward
 1989 Ed. (1418, 1753)
Hyman Jr.; Edward
 1990 Ed. (1767, 1769)
 1991 Ed. (1708)
 1992 Ed. (2138)
 1993 Ed. (1774, 1834)
 1994 Ed. (1837)
 1995 Ed. (1855)
 1996 Ed. (1773, 1833)
 1997 Ed. (1906, 1956)
Hyman, Phelps & McNamara
 2012 Ed. (3377)
Hynd Bouhia
 2013 Ed. (3481)
Hyne Timber
 2020 Ed. (4991)
Hyneman Homes
 1998 Ed. (910)
Hynix Semiconductor Inc.
 2003 Ed. (2200, 2202)
 2004 Ed. (3778)
 2006 Ed. (3341)
 2007 Ed. (1581, 4351, 4353)
 2008 Ed. (4310, 4313)
 2009 Ed. (4420)
 2012 Ed. (4462, 4465)
 2013 Ed. (4425, 4429)
Hynix; SK
 2014 Ed. (4458)
 2015 Ed. (4454)
 2016 Ed. (4350)
 2017 Ed. (4350)
 2018 Ed. (4345)
 2019 Ed. (4376)
 2020 Ed. (4370)
Hynix ST Semiconductor
 2008 Ed. (1116, 2471)
Hyogin Factors Co. Ltd.
 1999 Ed. (2436)
Hyosung
 2013 Ed. (3705)
 2014 Ed. (3638)
 2016 Ed. (3538)
 2017 Ed. (3505)
 2018 Ed. (3554)
 2019 Ed. (3547)
Hyosung Corp.
 1990 Ed. (1534)
 1992 Ed. (1664)
 1993 Ed. (1362, 3560)
 1995 Ed. (3606)
 1996 Ed. (3681)
 2001 Ed. (1623)
 2010 Ed. (4726)
 2011 Ed. (4685)
 2012 Ed. (4699, 4748)
 2013 Ed. (4660)
 2014 Ed. (4712)
 2015 Ed. (4724)
 2016 Ed. (4626)
 2017 Ed. (4642)
 2018 Ed. (4638)
 2019 Ed. (4653)
Hyosung Group
 1994 Ed. (2484)
Hyp3r
 2019 Ed. (4593)
 2020 Ed. (4706)
Hypebeast
 2022 Ed. (1587)
Hyperchip
 2003 Ed. (1070)
Hypercom Corp.
 1996 Ed. (366)
 2000 Ed. (1749, 3877)
HyperFeed Technologies Inc.
 2002 Ed. (3568)
Hyperice
 2018 Ed. (1094)
 2022 Ed. (1096)
Hyperion
 2003 Ed. (727, 729, 730)
 2004 Ed. (748, 749, 751)
 2005 Ed. (729, 730)
 2006 Ed. (642, 644)
 2007 Ed. (666, 667, 669)
 2008 Ed. (625, 626, 628)
 2009 Ed. (646, 648)
 2010 Ed. (614, 616)
 2011 Ed. (546, 548)

2012 Ed. (526)
 2013 Ed. (627, 629)
Hyperion Bank
 2013 Ed. (485)
Hyperion Capital
 1994 Ed. (2296)
Hyperion Capital Management
 1992 Ed. (2758, 2766)
Hyperion Partners
 2020 Ed. (1756, 4587)
 2021 Ed. (1726, 4579)
 2022 Ed. (1760, 4592)
Hyperion Resources Inc.
 2010 Ed. (3489)
Hyperion Software
 1997 Ed. (1108)
Hyperion Solutions Corp.
 2006 Ed. (1126)
 2007 Ed. (1232)
Hyperion Total Return
 1991 Ed. (2940)
Hypermarkets
 2000 Ed. (4281)
Hypermart USA
 1991 Ed. (1991, 1992)
Hyperspace Communications
 2008 Ed. (250)
Hypertec Solution
 2018 Ed. (3132)
Hypertherm
 2019 Ed. (3399)
 2020 Ed. (1764)
 2021 Ed. (1733)
 2022 Ed. (1764)
Hypertherm Inc.
 2007 Ed. (4392)
 2008 Ed. (4345)
 2014 Ed. (44)
 2015 Ed. (47, 1888)
 2016 Ed. (46, 1851, 3390, 3424)
 2017 Ed. (43, 1810, 1814, 3351, 3385)
 2018 Ed. (43, 1760, 3451)
 2019 Ed. (39, 1817, 3422)
 2020 Ed. (43, 1761)
 2021 Ed. (47, 1730)
Hyphn
 2020 Ed. (3586)
 2022 Ed. (3666)
 2023 Ed. (3747)
Hyplains Beef Co. Inc.
 1993 Ed. (2515, 2516, 2519, 2520, 2889, 2893, 2894)
 1994 Ed. (2454, 2455, 2457, 2910, 2911)
Hyplains Dressed Beef Co. Inc.
 1992 Ed. (2995)
 1995 Ed. (2525)
Hypo Alpe Adria Bank
 2014 Ed. (426)
 2015 Ed. (483)
Hypo Alpe-Adria-Bank
 2003 Ed. (480)
 2004 Ed. (450, 487, 489, 551)
 2005 Ed. (507)
 2006 Ed. (415)
 2007 Ed. (400)
 2008 Ed. (382)
 2009 Ed. (404)
 2010 Ed. (380)
 2011 Ed. (305)
Hypo Alpe-Adria-Bank Beograd
 2013 Ed. (457)
Hypo Alpe Adria Bank Croatia
 2015 Ed. (490)
 2016 Ed. (444)
 2017 Ed. (461)
Hypo Alpe-Adria-Bank International AG
 2007 Ed. (1595)
Hypo Alpe-Adria Bank (Slovenia)
 2006 Ed. (522)
Hypo Alpe Adria (Group)
 2013 Ed. (409)
Hypo Alpe Adria International Bank
 2016 Ed. (435)
Hypo Alpe-Aldria-Bank Croatia
 2013 Ed. (416)
Hypo Alpe-Andria-Bank
 2006 Ed. (429)
 2007 Ed. (427)
 2008 Ed. (401)
 2009 Ed. (423)
 2010 Ed. (399)
 2011 Ed. (305)
Hypo F & C U.S. Smaller Companies
 1994 Ed. (2648)
Hypo Group Alpe Adria
 2017 Ed. (451)
Hypo Landesbank Vorarlberg
 2017 Ed. (451)
 2019 Ed. (421)
 2020 Ed. (411)
 2023 Ed. (628)
Hypo Real Estate
 2007 Ed. (2576)
Hypo Real Estate Holding
 2010 Ed. (423, 441)
 2011 Ed. (348, 363, 2690)
 2013 Ed. (427)
 2014 Ed. (445)

CUMULATIVE INDEX • 1989-2023

2015 Ed. (500)
2016 Ed. (456)
Hypo Real Estate Holding AG
  2011 Ed. (347)
Hypo Tirol Bank AG
  2004 Ed. (2607)
  2011 Ed. (304)
HypoBank
  1999 Ed. (3102)
Hypochlorite
  1999 Ed. (1884)
Hyponex Corp.
  1998 Ed. (2341)
  1999 Ed. (3167)
  2000 Ed. (2913)
  2004 Ed. (3483)
  2005 Ed. (3480)
  2006 Ed. (3481)
  2007 Ed. (3511)
  2008 Ed. (3674)
  2009 Ed. (3740)
  2010 Ed. (3679)
Hyporium
  2001 Ed. (4751)
Hypotears
  1995 Ed. (1599, 1600, 1757, 1758)
Hypotecni Banka
  2015 Ed. (491)
Hypotecni Banka AS
  2011 Ed. (329)
Hypothekenbank in Essen
  2000 Ed. (1862)
HypoVereinsbank
  2000 Ed. (1862, 4130)
  2001 Ed. (3155)
  2013 Ed. (427)
  2014 Ed. (445, 669)
  2015 Ed. (500)
  2016 Ed. (456)
  2017 Ed. (474)
  2018 Ed. (436)
  2019 Ed. (445)
  2020 Ed. (432, 497)
  2021 Ed. (447, 621)
  2022 Ed. (462)
  2023 Ed. (649, 651, 741)
HypoVereinsbank AG
  2003 Ed. (491, 494, 498, 536, 1428)
  2004 Ed. (488, 504, 533, 552, 4378)
  2005 Ed. (496, 508, 512, 535, 4329)
  2006 Ed. (446, 462, 1686)
  2007 Ed. (474)
  2008 Ed. (418)
  2009 Ed. (447)
  2010 Ed. (423)
  2011 Ed. (348)
HypoVereinsbank Bank Biochim
  2006 Ed. (422)
HypoVereinsbank Bank Czech Republic
  2004 Ed. (478)
  2005 Ed. (485)
  2006 Ed. (431)
  2007 Ed. (429)
  2008 Ed. (403)
  2009 Ed. (426)
  2010 Ed. (402)
HypoVereinsbank Bank Splitska Banka
  2006 Ed. (429)
HypoVereinsbank CZ
  2003 Ed. (482)
HypoVereinsbank Czech Republic
  2009 Ed. (427)
HypoVereinsbank Luxembourg
  2009 Ed. (497)
HypoVereinsbank Slovakia
  2002 Ed. (645)
  2009 Ed. (532)
Hypower
  2019 Ed. (4440, 4453, 4459)
  2020 Ed. (4430, 4440, 4446)
Hypower Inc.
  2020 Ed. (1168)
  2021 Ed. (1141)
  2022 Ed. (1148)
  2023 Ed. (1373)
Hysan Development
  2014 Ed. (4196)
Hysan Development Co. Ltd.
  1990 Ed. (2049)
  1992 Ed. (2443)
  1994 Ed. (1321)
Hysan Development Co., Ltd.
  2013 Ed. (831)
Hysitron Inc.
  2016 Ed. (4145, 4151)
Hyster-Yale Materials Handling
  2015 Ed. (4855)
  2016 Ed. (4762)
  2023 Ed. (2900)
Hyster-Yale Materials Handling Inc.
  2017 Ed. (4770)
  2018 Ed. (4765)
  2019 Ed. (4770)
  2020 Ed. (2766, 4756)
  2021 Ed. (2640, 4754)
  2022 Ed. (2767, 4755)
Hyster-Yale Materials Handling, Inc.
  2023 Ed. (4742)

Hytac Aplitip Restorative
  1999 Ed. (1826)
Hytek
  2003 Ed. (3900)
  2004 Ed. (3928)
  2005 Ed. (3876)
  2006 Ed. (3939)
  2007 Ed. (3997)
  2008 Ed. (4014)
  2009 Ed. (1864, 4086)
  2010 Ed. (3998)
  2011 Ed. (4006)
  2012 Ed. (4001)
Hytrol Conveyor Co.
  2014 Ed. (1379)
Hytrol Conveyor Co., Inc.
  2014 Ed. (1370)
Hyuk-Bin; Kwon
  2017 Ed. (4875)
  2018 Ed. (4887)
  2019 Ed. (4879)
  2020 Ed. (4868)
  2021 Ed. (4869)
  2022 Ed. (4865)
  2023 Ed. (4859)
Hyun Jeong-Eun
  2010 Ed. (4987)
Hyunda Engineering & Construction
  1995 Ed. (1449)
Hyunda Motor
  1995 Ed. (1449)
Hyundai
  1989 Ed. (320, 322, 323, 327, 1595)
  1990 Ed. (300, 343, 349, 358, 364, 367, 1534)
  1991 Ed. (326)
  1992 Ed. (1663, 1666)
  1993 Ed. (40, 265, 320, 330, 331, 977, 1362, 1363, 1505, 3269, 3270)
  1994 Ed. (30, 303, 1414, 1415)
  1995 Ed. (312)
  1996 Ed. (322, 1412, 2608)
  1997 Ed. (307, 3251, 3493)
  1998 Ed. (225, 227, 2559, 3278, 3293)
  1999 Ed. (340, 360, 901, 1567, 1695, 1887, 1889, 4271, 4273, 4649)
  2000 Ed. (1501, 1507, 1508, 1694, 3703, 3704, 3705, 3994)
  2001 Ed. (64, 1774, 1775, 1776, 4217)
  2002 Ed. (4268, 4269)
  2003 Ed. (306, 358, 2425, 2426)
  2004 Ed. (2559, 2560, 4373)
  2005 Ed. (279)
  2006 Ed. (317, 355, 4855)
  2007 Ed. (309, 313, 697)
  2008 Ed. (665)
  2009 Ed. (569)
  2010 Ed. (328)
  2011 Ed. (256)
  2012 Ed. (277)
  2013 Ed. (241, 247, 249, 272, 274, 674)
  2014 Ed. (231, 246, 248, 249, 279, 700, 701, 2573)
  2015 Ed. (267, 284, 289, 291, 747)
  2016 Ed. (262, 279, 286, 308, 674)
  2017 Ed. (254, 279, 287, 288, 315, 717, 718)
  2018 Ed. (241, 262, 292, 666)
  2019 Ed. (237, 264, 292, 679)
  2020 Ed. (243, 294, 672)
  2021 Ed. (255, 280, 660, 662)
  2022 Ed. (276, 284, 296, 700)
  2023 Ed. (374, 396, 887)
Hyundai Accent
  1996 Ed. (347)
  2006 Ed. (315)
  2013 Ed. (275)
Hyundai Auto Canada
  1990 Ed. (1024)
  1992 Ed. (447)
  2008 Ed. (297)
  2010 Ed. (301)
Hyundai Auto Canada Corp.
  2016 Ed. (4889)
  2017 Ed. (4888)
  2022 Ed. (4879)
  2023 Ed. (4873)
Hyundai Automotive Group
  2005 Ed. (301)
Hyundai Construction
  1992 Ed. (2822)
  1997 Ed. (2592)
Hyundai Corp
  1989 Ed. (319, 1133)
Hyundai Dealers Association
  1994 Ed. (11, 2211)
Hyundai Department Store
  2012 Ed. (4362)
  2013 Ed. (4294)
  2014 Ed. (688)
Hyundai Elantra
  1993 Ed. (325)
  1996 Ed. (347)
  2005 Ed. (347)
  2006 Ed. (360)
  2007 Ed. (345)
  2013 Ed. (275)

Hyundai Electronic Industries Co. Ltd.
  2001 Ed. (4045)
Hyundai Electronics
  1995 Ed. (2574)
  1998 Ed. (1532)
  2000 Ed. (2882)
  2002 Ed. (3048, 3049, 3050)
Hyundai Electronics Europe
  1998 Ed. (1537, 1538)
Hyundai Electronics Industries Co. Ltd.
  2001 Ed. (1776, 2199)
Hyundai Electronics International
  2001 Ed. (2133)
Hyundai Engineering Co. Ltd.
  1997 Ed. (1757)
  2000 Ed. (1813)
Hyundai Engineering Co., Ltd.
  2018 Ed. (2424, 2433, 2434)
  2019 Ed. (2473, 2479, 2480, 2482)
  2020 Ed. (2462, 2471)
  2021 Ed. (1221)
Hyundai Engineering & Constr Co. Ltd.
  1989 Ed. (1133)
  1990 Ed. (1393)
Hyundai Engineering & Construction Co. Ltd.
  2023 Ed. (1445, 1450, 1458, 1459, 1460)
Hyundai Engineering & Construction Co., Ltd.
  1989 Ed. (1134)
  1990 Ed. (1394)
  1991 Ed. (1320, 1321, 2272, 2273)
  1992 Ed. (1666)
  1993 Ed. (1363)
  1994 Ed. (1415, 3137, 3138)
  1995 Ed. (1186, 1448)
  1996 Ed. (1411, 1412)
  1997 Ed. (1468)
  1998 Ed. (971)
  1999 Ed. (1387, 1399, 1401, 1408, 1696)
  2000 Ed. (1276, 1286, 1288, 1289, 1290, 1291)
  2002 Ed. (1305, 1309, 1319, 1321, 1325, 3050)
  2003 Ed. (1321, 1325, 1333)
  2004 Ed. (1321, 1325, 1332)
  2005 Ed. (1327, 1331, 1337)
  2006 Ed. (1300, 1304)
  2009 Ed. (1271, 1287)
  2010 Ed. (1281)
  2012 Ed. (1041, 1153, 1162)
  2013 Ed. (1174, 1289, 1300)
  2014 Ed. (1127, 1222)
  2015 Ed. (1173, 1276, 1280, 1288, 1291)
  2016 Ed. (1085, 1191, 1195, 1202, 1205)
  2017 Ed. (1117, 1236, 1240, 1250, 2367)
  2018 Ed. (1045, 1216, 1219, 1220, 1228, 1230)
  2019 Ed. (1056, 1249, 1252, 1253, 1261, 1262, 1263)
  2020 Ed. (1045, 1243, 1247, 1257)
  2021 Ed. (1209, 1213, 1221, 1223)
  2022 Ed. (1210, 1214, 1223, 1224, 1225)
Hyundai Excel
  1990 Ed. (362, 2017)
  1992 Ed. (436, 449, 454, 485, 2410)
  1993 Ed. (324, 348, 350, 2187)
  1996 Ed. (3765)
Hyundai Excel GLS
  1992 Ed. (4362)
Hyundai Glovis
  2013 Ed. (2057, 4721)
  2014 Ed. (1166, 1991, 4774)
  2015 Ed. (1220, 2039, 4802, 4807)
  2016 Ed. (2007)
  2021 Ed. (1855, 4698)
Hyundai Group
  1990 Ed. (19, 37, 2214, 3537)
  1991 Ed. (12)
  1992 Ed. (36, 2637)
  2001 Ed. (51)
Hyundai Heavy Industries
  2014 Ed. (1989, 3166)
  2015 Ed. (3225)
  2016 Ed. (2005)
  2017 Ed. (1963, 3029)
  2018 Ed. (1912, 3143)
  2019 Ed. (1962, 3082)
Hyundai Heavy Industries Co., Ltd.
  1989 Ed. (1656)
  1992 Ed. (1664)
  1993 Ed. (1362, 3617)
  1994 Ed. (3576)
  1995 Ed. (1448, 3660)
  1996 Ed. (1411, 3736)
  1997 Ed. (1468)
  1999 Ed. (1696)
  2000 Ed. (1506, 1507)
  2006 Ed. (3400)
  2008 Ed. (3580)
  2009 Ed. (1760, 2053, 3234, 3651)
  2010 Ed. (1986, 1987, 3165, 3569, 4802)
  2011 Ed. (2046, 2048, 3572, 4749)
  2012 Ed. (672, 1895, 1897, 1898, 2196, 3070, 3074, 3077, 3565, 4765)
  2013 Ed. (2054, 2056, 3155, 3158, 3163, 3601, 4737)

Hyundai
  2014 Ed. (1988, 1990, 3159, 3164, 3168, 4786)
  2015 Ed. (3218, 3223, 4817)
  2016 Ed. (3075, 4720)
  2017 Ed. (3024, 3419, 4737)
  2018 Ed. (3139, 3142, 4723)
  2019 Ed. (1961, 3076, 4725)
Hyundai Home Shopping
  2014 Ed. (688)
Hyundai Hysco
  2015 Ed. (3457, 4542)
Hyundai Insurance
  2010 Ed. (1983)
Hyundai Investment Trust Management Co.
  2001 Ed. (2886)
  2002 Ed. (2824)
  2005 Ed. (3231)
Hyundai Marine & Fire
  2016 Ed. (2007)
  2021 Ed. (3078)
Hyundai Marine & Fire Insurance
  1999 Ed. (3136)
  2012 Ed. (3272)
  2013 Ed. (3338)
  2014 Ed. (3357)
  2015 Ed. (3390)
  2016 Ed. (3261)
  2017 Ed. (3217)
  2018 Ed. (3302)
  2019 Ed. (3254)
  2020 Ed. (3260)
  2021 Ed. (3075)
  2022 Ed. (698, 3216)
Hyundai Marine & Fire Insurance Company
  2023 Ed. (3309)
Hyundai Merchant
  1992 Ed. (3951)
  2009 Ed. (4564)
Hyundai Merchant Marine
  1999 Ed. (4299)
  2004 Ed. (2557, 2558)
  2019 Ed. (4726, 4727)
  2020 Ed. (4698, 4699)
Hyundai Merchant Marine Co.
  2020 Ed. (2775)
  2021 Ed. (2647)
Hyundai Merchant Marine Co., Ltd.
  2015 Ed. (4818, 4819)
  2016 Ed. (4721)
Hyundai M.M.
  2020 Ed. (4701)
HYUNDAI MOBIS
  2023 Ed. (391)
Hyundai Mobis
  2006 Ed. (4596)
  2012 Ed. (254, 3549)
  2013 Ed. (263, 2057, 3618)
  2014 Ed. (260, 265, 1990, 3554)
  2015 Ed. (305, 2038, 3579)
  2016 Ed. (301, 303, 2006, 3459)
  2017 Ed. (302, 306, 1964)
  2018 Ed. (283, 287, 1912, 1913)
  2019 Ed. (263, 283, 287, 1962)
  2020 Ed. (266, 286, 289, 291, 1895, 1896)
  2021 Ed. (254, 273, 278, 1858)
  2022 Ed. (275, 289, 294, 1901, 1902)
  2023 Ed. (373, 2015)
Hyundai Mobis Co.
  2017 Ed. (3419, 3422)
  2018 Ed. (3481)
  2019 Ed. (3452)
Hyundai Mobis Co., Ltd.
  2013 Ed. (259)
  2014 Ed. (259)
  2015 Ed. (301)
  2016 Ed. (300)
  2018 Ed. (282)
Hyundai Motor
  2014 Ed. (4041)
  2015 Ed. (287)
  2016 Ed. (283, 2005)
  2017 Ed. (285, 1963)
  2018 Ed. (1912)
  2019 Ed. (263, 1962)
  2020 Ed. (266, 269, 1895)
  2021 Ed. (254, 264, 1857)
  2022 Ed. (275, 280, 281, 1901, 1902, 1903)
  2023 Ed. (373, 377, 2015, 2016)
Hyundai Motor America
  2013 Ed. (4929)
  2014 Ed. (4936)
  2015 Ed. (4977)
  2016 Ed. (4894)
  2018 Ed. (3014)
  2019 Ed. (2955)
  2020 Ed. (2985)
  2021 Ed. (2845)
Hyundai Motor America Inc.
  2014 Ed. (1428)
  2015 Ed. (1490)
  2016 Ed. (1424)
Hyundai Motor Co.
  1989 Ed. (1134)
  1990 Ed. (1393, 1394)
  1991 Ed. (1321)
  1992 Ed. (1662, 1663, 1664, 1666, 2821)

1995 Ed. (1447, 1448)
1997 Ed. (292, 1109, 1467, 1468, 1469, 1470, 1822, 2591, 2592)
1998 Ed. (1538, 2558)
1999 Ed. (1695, 1696, 1697)
2000 Ed. (1502, 1505, 1506, 1508)
2004 Ed. (70, 80, 85, 285, 288, 289, 290, 292, 294, 296, 297, 299, 2171, 3306, 3307, 4794)
2005 Ed. (65, 80, 288, 294, 3398, 3523)
2006 Ed. (72, 89, 137, 314, 320, 780, 2015, 2016, 2017, 3237, 3400, 4818)
2007 Ed. (63, 79, 83, 130, 1327, 1983, 1984, 1985, 1986, 3646)
2008 Ed. (21, 30, 38, 85, 90, 287, 293, 296, 2080, 2081, 2082, 3580, 4755)
2009 Ed. (24, 94, 99, 308, 314, 322, 2051, 2053, 3651)
2010 Ed. (34, 102, 290, 296, 299, 1197, 1408, 1985, 1986, 3569)
2011 Ed. (212, 218, 221, 229, 237, 255, 1722, 2046, 2047, 2048, 3572, 3705)
2012 Ed. (229, 234, 242, 243, 245, 276, 1328, 1895, 1896, 1897, 1898, 3565, 3726, 4764)
2013 Ed. (37, 43, 225, 240, 243, 244, 245, 248, 2054, 2055, 2056, 3601)
2014 Ed. (52, 233, 241, 243, 247, 1988, 1990)
2015 Ed. (269, 283, 285, 290, 2038)
2016 Ed. (256, 278, 281, 287, 2006)
2017 Ed. (260, 278, 282, 1964, 3419)
2018 Ed. (246, 261, 264, 1913)
2019 Ed. (242, 262, 1961, 1963)
2020 Ed. (247, 265, 1896)
2021 Ed. (232, 1858)
2022 Ed. (253)
2023 Ed. (354, 4637)
Hyundai Motor Co. Ind.
 1989 Ed. (1133)
Hyundai Motor Group
 2002 Ed. (381, 1685, 1713, 1921, 4664)
 2003 Ed. (320, 321, 323, 326, 327, 328, 4780)
 2004 Ed. (4761)
Hyundai Motor India
 2007 Ed. (876, 4830)
Hyundai Motor Manufacturing Alabama LLC
 2014 Ed. (1342)
 2015 Ed. (1419)
 2016 Ed. (1340)
Hyundai Motor Manufacturing Czech
 2016 Ed. (3455)
 2017 Ed. (3416)
 2018 Ed. (3478)
Hyundai Motor Service
 1994 Ed. (1414, 1415)
 1997 Ed. (1467)
Hyundai Motors
 1994 Ed. (1414, 1415, 2345)
 1996 Ed. (1411, 1412, 2444)
Hyundai Precision & Industry
 2001 Ed. (1777)
Hyundai Precision Industry
 1992 Ed. (3078)
Hyundai Rotem Company
 2020 Ed. (2150)
 2021 Ed. (2146)
 2022 Ed. (2179)
Hyundai Santa Fe
 2013 Ed. (4770)
Hyundai Scoupe
 1996 Ed. (347)
Hyundai Securities
 1996 Ed. (3390)
 1997 Ed. (3484)
 2001 Ed. (1034, 1035)
 2002 Ed. (3049)
Hyundai Sonata
 1992 Ed. (452)
 1993 Ed. (327)
 1996 Ed. (347)
 2013 Ed. (277)
Hyundai Steel
 2012 Ed. (3357, 4545)
 2017 Ed. (4489)
Hyundai Steel Co.
 2013 Ed. (3427, 4500)
 2014 Ed. (3424, 4543)
 2015 Ed. (3457, 4542)
 2016 Ed. (4481)
 2017 Ed. (4488)
 2018 Ed. (4510)
 2019 Ed. (4503)
 2020 Ed. (4487)
Hyundai Translead
 2005 Ed. (4741)
 2020 Ed. (4655)
 2021 Ed. (4680)
Hyundai Wia
 2013 Ed. (4403)
Hyundai Wia Corp.
 2014 Ed. (259)
 2015 Ed. (301)
 2016 Ed. (300)
Hyundair Engineering & Construction Co. Ltd.
 1999 Ed. (1403)

Hyundal Electronics
 2000 Ed. (2883)
Hyunjin Materials
 2010 Ed. (1984)
Hyvision System
 2020 Ed. (1894)
HZ Holding France SAS
 2011 Ed. (3512)
HZDG
 2019 Ed. (3479)

I

I
 2011 Ed. (3710)
I-5/South Orange County Area, CA
 1996 Ed. (1602)
I-270/Shady Grove, MD
 1996 Ed. (1602)
I-800-Flowers.com Inc.
 2018 Ed. (742)
I. A. Dohme Corp.
 2008 Ed. (1977)
 2009 Ed. (1931)
I. A. M. National
 2003 Ed. (3764)
 2004 Ed. (2028, 3790)
 2007 Ed. (3795)
 2008 Ed. (3869)
 2009 Ed. (3926)
 2010 Ed. (3845)
 2011 Ed. (3847)
I, Alex Cross
 2011 Ed. (493)
 2012 Ed. (452, 455)
I Am America (and So Can You!)
 2009 Ed. (583)
 2010 Ed. (611)
I Am Legend
 2010 Ed. (2290, 2291)
I Am Malala
 2015 Ed. (646)
 2017 Ed. (623)
I Am Number Four
 2013 Ed. (560)
I & AS Co., Ltd.
 2010 Ed. (2947)
I. B. J.
 1991 Ed. (1720)
I. C. H. Corp.
 1991 Ed. (230, 232)
I. C. I. Pakistan Ltd.
 2002 Ed. (3044, 3045, 4453, 4454)
I. C. Thomasson Associates Inc.
 2009 Ed. (2539)
 2010 Ed. (2457)
 2011 Ed. (2466)
 2012 Ed. (211)
I Can't Believe It's Not Butter
 2022 Ed. (3523)
 2023 Ed. (3647)
I Can't Believe It's Not Butter
 2014 Ed. (3557)
 2015 Ed. (3580)
 2016 Ed. (3460)
 2017 Ed. (3423)
 2018 Ed. (3482)
I Can't Believe It's Not Butter!
 1994 Ed. (2441)
 1995 Ed. (2507)
 1996 Ed. (1517)
 1997 Ed. (165)
 1999 Ed. (174, 783, 1816)
 2000 Ed. (3039, 3040, 4156)
 2001 Ed. (3222)
 2002 Ed. (1909)
 2003 Ed. (3311, 3684, 3685)
 2008 Ed. (3589)
I Can't Believe It's Not Butter Light
 2022 Ed. (3523)
I Can't Believe It's Not Butter Light
 2014 Ed. (3557)
 2015 Ed. (3580)
 2016 Ed. (3460)
 2017 Ed. (3423)
 2018 Ed. (3482)
I Can't Believe It's Not Butter! Light
 2000 Ed. (3039, 3040)
 2003 Ed. (3311, 3685)
 2008 Ed. (3589)
I Can't Believe It's Yogurt
 1993 Ed. (3014, 3015, 3036)
 1994 Ed. (3070, 3071)
 1998 Ed. (1550)
 1999 Ed. (2136, 2514, 2516)
i-Cell
 2003 Ed. (2713)
I-Centrix
 2010 Ed. (1875)
I-Chiun Precision Industry
 2009 Ed. (2457)
I CLEAN Tampa Bay
 2000 Ed. (2272)
I Color Printing & Mailing Inc.
 2022 Ed. (3977)
i-Create Software India Pvt. Ltd.
 2012 Ed. (2844)

I-CY CHAYA
 2023 Ed. (1580)
I. D. B. Development
 2002 Ed. (4558)
I. D. B. Holdings
 2002 Ed. (4558)
I Declare
 2014 Ed. (578)
I DJ Now
 2013 Ed. (3793)
 2014 Ed. (3734)
I Do Windows
 2005 Ed. (760)
i-drive.com
 2002 Ed. (4863)
I. E. Pacific Inc.
 2009 Ed. (4984)
I. E. Thomasson Associates Inc.
 2008 Ed. (2527)
I & F Group/McCann
 1999 Ed. (171)
 2000 Ed. (192)
 2001 Ed. (242)
 2002 Ed. (212)
 2003 Ed. (182)
I Feel Bad About My Neck
 2008 Ed. (622)
 2009 Ed. (643)
i-frontier
 2002 Ed. (2532)
I. G. Davis Jr.
 1998 Ed. (1513)
I & G Group/McCann
 1999 Ed. (120)
I & G Group/McCann Macedonia
 2000 Ed. (126)
 2001 Ed. (163)
 2002 Ed. (138)
 2003 Ed. (103)
I. G. Seidenberg
 2002 Ed. (2208)
 2003 Ed. (2402)
 2004 Ed. (2522)
 2005 Ed. (2506)
I. H. Mississippi Valley Credit Union
 2002 Ed. (1863)
 2003 Ed. (1917)
 2004 Ed. (1957)
 2005 Ed. (2099)
 2006 Ed. (2194)
 2007 Ed. (2115)
 2008 Ed. (2230)
 2009 Ed. (2214)
 2010 Ed. (2168)
 2011 Ed. (2187)
 2012 Ed. (2047)
 2013 Ed. (2229)
 2014 Ed. (2161)
 2015 Ed. (2225)
 2016 Ed. (2196)
 2020 Ed. (2072)
 2021 Ed. (2062)
 2022 Ed. (2097)
I. H. Services Inc.
 2001 Ed. (1847)
I. H. Whitehouse & Sons
 1991 Ed. (1089)
I Health
 2016 Ed. (203)
 2017 Ed. (190)
 2018 Ed. (179)
I-HWA Industrial Co. Ltd.
 1990 Ed. (3571)
 1992 Ed. (4282)
 1994 Ed. (3523)
I & I cleaners
 2001 Ed. (1210)
I & I Property Management Inc.
 2010 Ed. (1525)
I & K Distributors Inc.
 2001 Ed. (2480)
I. K. Hofmann GmbH
 2008 Ed. (1209)
 2009 Ed. (832, 1710)
I. Kitagawa & Co., Ltd.
 2006 Ed. (1746)
 2007 Ed. (1755)
 2008 Ed. (1783)
 2009 Ed. (1724)
 2010 Ed. (1672)
 2011 Ed. (1681)
 2012 Ed. (1532)
 2013 Ed. (1678)
 2014 Ed. (1630)
 2015 Ed. (1679)
 2016 Ed. (1624)
 2017 Ed. (1597)
I Know What You Did Last Summer
 2000 Ed. (4349)
I. L. W. U.
 2010 Ed. (2132)
I. L. W. U. Credit Union
 2008 Ed. (2212)
 2009 Ed. (2187, 2192, 3527)
i-level
 2010 Ed. (3604)

I-Logix Inc.
 2005 Ed. (1150)
 2006 Ed. (1139)
I Love Lucy Christmas
 1992 Ed. (4248)
I Love Lucy: The Very First Episode
 1992 Ed. (4248)
I Love Rewards Inc.
 2008 Ed. (1102, 4320)
I and Love and You
 2020 Ed. (3830)
I & M Bank
 2010 Ed. (2662)
 2011 Ed. (2650)
 2012 Ed. (2577)
I & M Bank Ltd.
 2016 Ed. (371)
I & M Bank Rwanda
 2015 Ed. (421)
I M Bigg
 2003 Ed. (2055)
I. M. P. Group International Inc.
 2008 Ed. (2001)
I. M. Pei & Partners
 1989 Ed. (268)
I-many Inc.
 2011 Ed. (1061)
I-Mate
 2007 Ed. (2832)
I-Mei
 1994 Ed. (46)
I. N. V. U. Portraits
 2002 Ed. (3706)
I-Net Holdings
 2003 Ed. (1515)
I/O Software, Inc.
 2001 Ed. (2857)
 2003 Ed. (2719)
I/OMagic Corp.
 2002 Ed. (2481)
I Pelletieri D'Italia SpA
 2002 Ed. (4264)
I-Power
 2010 Ed. (1793)
I. R. Cohen
 1994 Ed. (1723)
I R I Istituto Ricostruzione Ind
 1990 Ed. (1348, 1351, 1353)
I + Renta Fija
 2004 Ed. (3652)
I & S/BBDO
 2003 Ed. (94)
I & S Corp.
 1990 Ed. (121)
 1991 Ed. (119)
 1992 Ed. (120, 171)
 1993 Ed. (80, 115)
 1994 Ed. (98)
 1995 Ed. (92)
 1996 Ed. (107)
 1997 Ed. (108)
 1999 Ed. (111)
 2001 Ed. (154)
 2002 Ed. (127)
I S S-International Service System A/s
 1994 Ed. (1346)
i-SENS
 2016 Ed. (2004)
I-Sheng Electric Wire & Cable
 2009 Ed. (2417)
I-Site
 2000 Ed. (4383)
I Spy Extreme Challenger!
 2003 Ed. (714)
I Spy Treasure Hunt
 2001 Ed. (981)
i-systems
 2018 Ed. (1880)
 2019 Ed. (1930)
I. T. S. Express
 2007 Ed. (4015)
I. T. Source
 2012 Ed. (213, 4051)
 2013 Ed. (182, 776)
 2014 Ed. (189, 799)
I. T. Source Corp.
 2014 Ed. (1422)
 2015 Ed. (1484)
I. T. T. Sheraton Corp.
 2003 Ed. (1565, 2840, 2841)
I. T. Todd
 2002 Ed. (2209)
I-Tech Personnel Services Inc.
 2021 Ed. (3613)
I Tell Melody
 2013 Ed. (3789)
I know This Much is True
 2000 Ed. (707)
I-trax Inc.
 2008 Ed. (2925)
 2009 Ed. (3017)
I. W. Levin & Co.
 1991 Ed. (2807)
I Want One of Those
 2008 Ed. (683)
I and love and you
 2022 Ed. (3823)

i2 Technologies Inc.
　1998 Ed. (1880, 1885, 1888)
　1999 Ed. (4525)
　2001 Ed. (2164, 2867, 4425)
　2002 Ed. (1502, 1548, 1992, 2427)
　2003 Ed. (1113, 1118, 2181, 2240, 2243)
　2004 Ed. (2214, 2257, 2489, 3317)
　2005 Ed. (1154)
　2008 Ed. (2116, 4577)
　2009 Ed. (2102)
　2010 Ed. (4649)
　2011 Ed. (4598)
　2012 Ed. (4607)
i3
　2010 Ed. (1992)
　2011 Ed. (2053)
i9 Sports
　2009 Ed. (4520)
　2010 Ed. (2908)
　2011 Ed. (2878)
　2012 Ed. (2818, 4471)
i9 Sports
　2013 Ed. (4037)
　2014 Ed. (3974)
　2016 Ed. (3930)
　2017 Ed. (3899)
　2020 Ed. (3918)
　2021 Ed. (3886)
　2022 Ed. (3898)
　2023 Ed. (3992)
IA Construction Corp.
　1994 Ed. (1175)
　1995 Ed. (1194)
IA Ecflx Diversified
　2006 Ed. (3663)
IA Ecflx NL Diversified
　2003 Ed. (3584, 3585, 3586)
IA Ecflx NL Stock
　2003 Ed. (3593, 3594, 3595)
　2004 Ed. (3626, 3627)
iA Financial Corporation
　2022 Ed. (3184)
iA Financial Corp. Inc.
　2022 Ed. (3230)
　2023 Ed. (3319)
iA Financial Corporation Inc.
　2023 Ed. (3278)
IA Interior Architects
　2020 Ed. (3282)
　2021 Ed. (3147)
　2022 Ed. (3283, 3284, 3292)
　2023 Ed. (3373, 3380, 3382, 3383)
IA Interior Architects Inc.
　2005 Ed. (3160, 3164, 3170)
　2006 Ed. (3162, 3163, 3172)
　2007 Ed. (3195, 3197, 3206)
　2008 Ed. (3337, 3339)
　2009 Ed. (3411, 3412)
　2010 Ed. (3350)
　2011 Ed. (3307)
　2012 Ed. (3288, 3290, 3292)
　2013 Ed. (3362, 3363, 3365)
　2014 Ed. (3373, 3374)
　2015 Ed. (3407, 3409)
　2017 Ed. (3239)
　2018 Ed. (3313)
　2019 Ed. (3275, 3277)
　2020 Ed. (3275, 3276)
　2021 Ed. (3139, 3140)
IA NL Stock
　2003 Ed. (3591, 3592)
IAA, Inc.
　2021 Ed. (259)
IAA Trust (B), ILL.
　1989 Ed. (2159)
IAA Trust Co.
　1992 Ed. (2790, 2796)
IAAPA Attractions Expo
　2018 Ed. (4677)
IAC
　2014 Ed. (3383)
　2022 Ed. (3141)
IAC Advertising Group
　2000 Ed. (55)
IAC Group
　2013 Ed. (1856)
IAC/InterActiveCorp
　2007 Ed. (156, 851, 855, 858, 859, 860,
　　1528, 1530, 2314, 2315, 2716, 2720,
　　3217, 4181)
　2008 Ed. (816, 817, 1515, 2440, 2449,
　　2452, 3350)
　2009 Ed. (157, 1941, 2443, 2455, 3427,
　　3431)
　2011 Ed. (72, 2826, 2827, 3318)
　2012 Ed. (3601)
　2013 Ed. (3377, 3661)
　2014 Ed. (3598)
　2015 Ed. (54)
　2016 Ed. (2415, 3282)
　2017 Ed. (2258, 2263)
　2018 Ed. (2325)
　2019 Ed. (2317)
　2020 Ed. (2286, 2293)
IAC (IAC/InterActiveCorp.)
　2023 Ed. (2464)

IAC/InterActiveCorp.
　2019 Ed. (2977)
　2020 Ed. (3006)
　2021 Ed. (2867)
　2022 Ed. (2287)
IACI Retail
　2010 Ed. (843, 2366)
Iacobucci Organization
　1990 Ed. (1180)
　1991 Ed. (1066)
　2000 Ed. (1229)
Iacocca; Lee
　1990 Ed. (971, 974, 1716)
　1993 Ed. (939, 1693, 1698)
　1994 Ed. (948)
Iacocca; Lee A.
　1989 Ed. (1376, 1379)
　1991 Ed. (925, 927, 1623)
　1992 Ed. (1144)
　1995 Ed. (980, 981)
IAG
　2004 Ed. (3080)
　2018 Ed. (1795)
IAG Federal Credit Union
　1994 Ed. (1504)
　1996 Ed. (1498)
IAG (New Zealand) Holdings
　2015 Ed. (1926)
IAG (NZ) Holdings
　2015 Ed. (3332)
　2016 Ed. (2607)
　2017 Ed. (2539)
IAHomes
　2020 Ed. (1638)
IAI
　1994 Ed. (188)
IAI Bond
　1993 Ed. (2664)
　1994 Ed. (2600)
IAI Emerging Growth
　1996 Ed. (2803)
IAI Regional
　1990 Ed. (2391)
　1992 Ed. (3149)
IAI Reserve
　1996 Ed. (2793)
Iain Reid
　2000 Ed. (2129)
Iain Turner
　1999 Ed. (2335)
iAire LLC
　2020 Ed. (1615)
IAL
　1992 Ed. (193)
　1995 Ed. (109)
　1996 Ed. (124)
　1997 Ed. (128)
I.A.L. Investment Counsel Ltd.
　1993 Ed. (2345)
IAL Saatchi & Saatchi
　1999 Ed. (138)
　2000 Ed. (155)
　2001 Ed. (193)
　2002 Ed. (164)
　2003 Ed. (132)
Iam Community Credit Union
　2010 Ed. (2141)
IAM Consulting Corp.
　2005 Ed. (1144)
I.A.M. National
　1995 Ed. (2851)
　1997 Ed. (3016)
　1998 Ed. (2773)
　1999 Ed. (3733)
　2001 Ed. (3686)
I.A.M. National Union
　1996 Ed. (2927)
IAM Robotics
　2017 Ed. (4283, 4285)
IAMA
　2002 Ed. (4895)
IAMGold
　2023 Ed. (3732)
IamGold
　2014 Ed. (3656, 3657, 3665)
　2015 Ed. (3683)
Iamgold
　2013 Ed. (3687)
　2018 Ed. (3586)
　2019 Ed. (3579)
　2020 Ed. (3551, 3552)
IAMGOLD Corp.
　2001 Ed. (1656)
　2002 Ed. (3738)
　2006 Ed. (3486)
　2007 Ed. (1623)
　2008 Ed. (2825)
　2009 Ed. (2883)
　2010 Ed. (1567, 2820, 4599)
　2011 Ed. (4554, 4558)
　2012 Ed. (1395, 2739, 3643, 3668, 4561)
　2013 Ed. (1631, 3724)
　2014 Ed. (1464, 3659)
Iamgold Corp.
　2013 Ed. (2825, 3700, 4510)
　2014 Ed. (1294, 2864, 4573)
　2015 Ed. (1356, 2905)
　2016 Ed. (1287)

　2017 Ed. (1344)
　2018 Ed. (1468, 2853)
　2019 Ed. (2819)
　2022 Ed. (2880)
　2023 Ed. (2994, 3723)
Iamgold Purchasing Services Inc.
　2013 Ed. (3695)
　2014 Ed. (3629)
Iams
　1992 Ed. (3405)
　1994 Ed. (2828)
　1997 Ed. (3069)
　2000 Ed. (3513)
　2002 Ed. (1384, 3656)
　2003 Ed. (3801, 3802, 3803, 3804)
　2004 Ed. (3814, 3815)
　2008 Ed. (719, 3890)
　2009 Ed. (729)
　2010 Ed. (652)
The Iams Pet Food
　1998 Ed. (2813)
　1999 Ed. (3786)
Iams ProActive Health
　2022 Ed. (3820, 3821)
Iams Proactive Health
　2014 Ed. (3847, 3848)
　2015 Ed. (3872, 3873)
　2016 Ed. (3783, 3784)
　2017 Ed. (3738, 3739)
　2018 Ed. (3791)
　2020 Ed. (3827)
　2021 Ed. (3801)
　2023 Ed. (3918)
Iams Proactive Health Healthy Adlt
　2023 Ed. (3917)
Iams Proactive Hlth Indr Wt & Hrbl
　2023 Ed. (3917)
IAN
　2008 Ed. (117)
Ian C. Read
　2015 Ed. (967)
Ian Cumming
　2011 Ed. (850)
Ian Delaney
　1997 Ed. (980)
Ian Duncan
　2000 Ed. (1052)
Ian Graham
　1999 Ed. (2335)
　2000 Ed. (2122)
Ian J. McCarthy
　2007 Ed. (1025)
　2008 Ed. (947)
Ian & Richard Livingstone
　2023 Ed. (4868)
Ian Livingstone
　2013 Ed. (4922)
　2014 Ed. (4929)
　2017 Ed. (4884)
　2018 Ed. (4896)
　2019 Ed. (4888)
　2020 Ed. (4877)
Ian M. Cook
　2010 Ed. (898)
　2011 Ed. (836)
　2015 Ed. (964)
Ian M. Cumming
　1997 Ed. (982)
　1998 Ed. (1514, 2139)
　2004 Ed. (2490)
　2007 Ed. (1020)
　2009 Ed. (942)
Ian M. Rolland
　1992 Ed. (2713)
The Ian Martin Group
　2015 Ed. (2981)
　2016 Ed. (2916)
　2017 Ed. (2874)
　2018 Ed. (2941)
Ian MncLennan
　2000 Ed. (2062)
Ian Mosley
　1997 Ed. (2705)
Ian Norman
　2002 Ed. (872)
Ian & Richard Livingston
　2008 Ed. (4906)
Ian & Richard Livingstone
　2021 Ed. (4878)
　2022 Ed. (4874)
Ian Smith
　1999 Ed. (2343)
Ian Telfer
　2009 Ed. (2662)
Ian Wace
　2008 Ed. (4902)
I&M Holdings
　2023 Ed. (564)
Iannone; Stephanie
　2012 Ed. (4386)
Iansa
　1991 Ed. (2912)
　1992 Ed. (3765, 3766)
　1993 Ed. (3069)
　1997 Ed. (3377)
　1999 Ed. (4136)
Ianywhere Solutions Inc.
　2008 Ed. (2929)

iAnywhere Solutions, a Sybase Co.
　2005 Ed. (1146)
IAP Worldwide Services Inc.
　2013 Ed. (4790, 4797)
Iapetus Holdings LLC
　2023 Ed. (4759)
IAR Systems AB
　2015 Ed. (1106)
Iarnrod Eireann
　2022 Ed. (4696)
Iarnrod Eireann (Irish Rail)
　2022 Ed. (4696)
IAS (Barbados) Ltd.
　1999 Ed. (1028)
　2006 Ed. (785)
　2008 Ed. (856)
IAS Global Captive Group Ltd.
　2009 Ed. (862)
　2010 Ed. (809)
IAS Insurance Management
　1994 Ed. (865)
　1995 Ed. (907)
　1996 Ed. (880)
　1997 Ed. (901)
　1998 Ed. (640)
　1999 Ed. (1031)
　2000 Ed. (981)
IAS Ltd.
　1992 Ed. (2155)
　2000 Ed. (978)
IAS Marketing Communications
　2001 Ed. (234)
IASD Health Service
　1996 Ed. (2300)
　1999 Ed. (2930)
IASD Health Services
　1998 Ed. (2151)
iAsiaWorks Inc.
　2002 Ed. (4200)
Iasis Healthcare
　2002 Ed. (3291)
　2003 Ed. (2825, 3464)
　2004 Ed. (2927)
　2005 Ed. (2915)
　2006 Ed. (2925, 3586)
　2007 Ed. (2935)
　2009 Ed. (3125, 4166)
　2011 Ed. (4071)
　2012 Ed. (3730)
　2013 Ed. (3774)
　2014 Ed. (3707)
　2015 Ed. (2934)
　2016 Ed. (2026, 2869)
　2017 Ed. (1986, 2827)
　2018 Ed. (1940, 2899)
　2019 Ed. (1995, 2853)
Iasis Healthcare Corp.
　2015 Ed. (3721)
Iasis Healthcare LLC
　2010 Ed. (3057, 3082, 4100)
　2011 Ed. (3028, 4070)
　2012 Ed. (2953, 4063, 4104)
　2013 Ed. (2088, 2860)
　2014 Ed. (2022)
　2015 Ed. (2065)
　2016 Ed. (2032)
　2017 Ed. (1993)
　2018 Ed. (1947)
　2019 Ed. (2002)
Iasta
　2009 Ed. (1119)
　2011 Ed. (1033)
　2012 Ed. (966)
IAT
　2005 Ed. (88)
IAT Insurance Group
　2020 Ed. (3206)
　2023 Ed. (3287)
IAT (President)
　2009 Ed. (103)
　2010 Ed. (111)
Iatan
　1998 Ed. (3401)
Iatric Systems
　2012 Ed. (2795)
IAWS Food North America
　2009 Ed. (2838)
IAWS Group plc
　2006 Ed. (3226)
　2007 Ed. (1824)
　2008 Ed. (1859, 2747, 2755)
IAWS Lifestyle Food North America
　2008 Ed. (2780)
IB ehf.
　2018 Ed. (1592)
　2019 Ed. (1629)
Ibach; Shelly
　2015 Ed. (2638)
IBAH Inc.
　1996 Ed. (742)
iBanFirst
　2021 Ed. (1386)
Ibarra
　1998 Ed. (442)
Ibase Technology
　2009 Ed. (2457)

CUMULATIVE INDEX • 1989-2023

iBasis Inc.
  2002 Ed. (2520, 2527)
  2005 Ed. (1154)
  2006 Ed. (1143)
  2007 Ed. (1257)
  2008 Ed. (1156, 1913)
IBB Consulting Group
  2016 Ed. (1112)
IBC
  1996 Ed. (324)
  1997 Ed. (1418)
IBC Bank
  2022 Ed. (364)
  2023 Ed. (450, 455)
IBC Holdings
  1992 Ed. (2187, 2188)
IBC Hotels
  2015 Ed. (3155)
IBC Trucking
  2006 Ed. (4002)
  2007 Ed. (4037)
iBenzer
  2019 Ed. (1106, 1848)
Ibercaja
  2021 Ed. (663)
  2022 Ed. (477, 702)
Ibercaja (de Zaragoza, Aragon y Rioja)
  1994 Ed. (635)
Ibercaja de Zaragoza, Aragon & Rioja
  1993 Ed. (632)
Iberdola Ingenieria y Construccion
  2010 Ed. (1280)
  2011 Ed. (1233)
  2012 Ed. (1162)
  2013 Ed. (1300)
Iberdrola
  1994 Ed. (722, 723, 1448, 1449, 3256)
  1995 Ed. (1488, 1489)
  1996 Ed. (751, 752, 1445, 1446, 1447)
  1997 Ed. (683, 684, 1508, 1510, 1511, 3215)
  1999 Ed. (739, 740, 1733, 1734, 1735)
  2000 Ed. (752, 753, 1555, 1557)
  2005 Ed. (743)
  2006 Ed. (2020)
  2013 Ed. (675, 2447, 2458)
  2014 Ed. (702, 2389, 2572)
  2015 Ed. (748, 2450, 2459, 2898)
  2016 Ed. (675, 2405)
  2017 Ed. (719, 2253)
  2018 Ed. (667, 2279, 2303, 2306)
  2019 Ed. (680, 2267, 2288, 2293)
  2020 Ed. (673, 2376)
  2021 Ed. (665, 2218, 2229, 2230, 2237)
  2022 Ed. (703, 1905, 2256, 2270, 2271, 2272, 2274, 2276)
  2023 Ed. (888, 2018, 2019, 2439, 2451, 2453, 2455)
Iberdrola Renewables SA
  2011 Ed. (2430, 2433, 2434)
  2012 Ed. (2356, 2357)
Iberdrola Renovables
  2009 Ed. (4568)
  2010 Ed. (1996)
Iberdrola Renovables Magyarorszag Kft.
  2019 Ed. (1627)
Iberdrola Renovables SA
  2011 Ed. (2346)
  2012 Ed. (2256)
  2013 Ed. (2434, 2528)
Iberdrola SA
  2000 Ed. (1556)
  2001 Ed. (1852, 1853, 1854)
  2002 Ed. (721, 722, 1416, 1766, 1768, 4471, 4472, 4473, 4474, 4475)
  2003 Ed. (1826)
  2006 Ed. (2018, 2019, 2021, 4538)
  2007 Ed. (1987, 1988, 1990, 2300, 2302, 3989)
  2008 Ed. (2084, 2086, 2430)
  2009 Ed. (2057, 2433, 2436)
  2010 Ed. (1708, 1994, 1995, 1996, 2351, 2352, 2355, 2503)
  2011 Ed. (2056, 2058, 2346, 2347, 2348, 2349, 2351, 2434, 2800, 2801)
  2012 Ed. (1901, 1903, 2256, 2262, 2264, 2266, 2272, 2357)
  2013 Ed. (857, 2064, 2066, 2434, 2446, 2450, 2455, 2459)
  2014 Ed. (1997, 1999, 2369, 2381, 2384, 2387, 2390)
  2015 Ed. (2045, 2046, 2435, 2449, 2452, 2456, 2458, 2460)
  2016 Ed. (2008, 2010, 2382, 2395, 2397, 2402, 2404, 2406)
  2017 Ed. (1966, 1968, 2231, 2244, 2246, 2249, 2252, 2254)
  2018 Ed. (1916, 1919, 2296, 2298, 2302, 2305, 2363, 2472)
  2019 Ed. (1966, 1967, 1970, 2287, 2290, 2292, 2295, 2422)
  2020 Ed. (1898, 1900, 2273, 2275, 2278, 2280)
  2021 Ed. (1307, 1859, 1861, 2232, 2239)
  2022 Ed. (1317, 1904, 2277)
  2023 Ed. (1524, 2020, 2456, 2458, 2571)

Iberdrola, SA
  2022 Ed. (2408)
  2023 Ed. (2563, 2568)
Iberdrola SA (Spain)
  2021 Ed. (2239)
Iberdrola (Spain)
  2021 Ed. (2218)
  2022 Ed. (2256, 2276)
Iberdrola USA Inc.
  2013 Ed. (1826)
  2014 Ed. (1754)
  2015 Ed. (1799)
  2016 Ed. (1753)
Iberduero
  1990 Ed. (1420, 3476)
  1991 Ed. (1279, 1346, 1348)
  1992 Ed. (900, 901, 1691)
  1993 Ed. (712, 713, 1400, 3272)
Iberia
  1989 Ed. (241, 244)
  1990 Ed. (215, 219, 220, 222, 232, 233)
  1991 Ed. (202, 210, 212)
  1995 Ed. (181)
  1996 Ed. (187)
  1999 Ed. (230)
  2005 Ed. (743)
  2010 Ed. (717)
  2021 Ed. (129)
  2023 Ed. (206)
Iberia Airlines
  1993 Ed. (192, 1401)
Iberia Lineas Aereas de Espaetna SA
  2004 Ed. (209)
  2005 Ed. (221, 226)
  2006 Ed. (237, 238)
  2007 Ed. (239)
  2008 Ed. (218, 223)
  2009 Ed. (241, 242)
  2010 Ed. (225, 226)
  2011 Ed. (148, 149)
  2012 Ed. (161, 162)
  2013 Ed. (135)
Iberia Lineas Aereas de Espana, SA
  1989 Ed. (1162)
  1990 Ed. (1419)
  1994 Ed. (170, 171, 1450)
  1997 Ed. (207, 1508)
  2001 Ed. (306, 307, 308, 321)
  2002 Ed. (256)
Iberia Savings Bank
  1998 Ed. (3547)
IBERIABANK
  2020 Ed. (1684, 4623, 4624)
  2021 Ed. (332)
Iberiabank
  2021 Ed. (377)
IberiaBank Corp.
  2005 Ed. (1560)
  2011 Ed. (288)
  2013 Ed. (541)
  2019 Ed. (1740)
  2020 Ed. (1685)
Ibero American Investors Corp.
  2006 Ed. (3619)
Ibero Germana de Distribucion, S.L.
  2002 Ed. (4672)
IBEW-NECA
  1998 Ed. (2773)
IBEW Plus Credit Union
  2002 Ed. (1878)
  2003 Ed. (1932)
  2004 Ed. (1972)
  2005 Ed. (2114)
  2006 Ed. (2209)
  2007 Ed. (2130)
  2008 Ed. (2245)
IBEX
  2009 Ed. (3015)
Ibex
  2014 Ed. (2396)
IBEX 35
  2008 Ed. (4501)
Ibex Global Solutions
  2023 Ed. (1501)
IBF
  2012 Ed. (4036)
  2013 Ed. (4090)
  2015 Ed. (4076)
  2016 Ed. (3987, 3988)
IBF Group
  2010 Ed. (4032)
IBG Monforts GmbH & Co.
  2018 Ed. (1571)
IBG Nikoil Bank
  2005 Ed. (493, 502)
IBI Asia
  1990 Ed. (2047, 2049)
Ibi Fleming
  2015 Ed. (3044)
IBI Group
  2014 Ed. (184)
  2015 Ed. (214)
  2020 Ed. (2463)
  2021 Ed. (188)
  2022 Ed. (182, 191, 203)
  2023 Ed. (256, 280, 309)
IBI Group (Canada)
  2022 Ed. (203)

IBI Group Inc.
  2018 Ed. (2431)
  2022 Ed. (2498)
  2023 Ed. (2606, 2619)
IBI Income Fund
  2008 Ed. (1208)
  2009 Ed. (1188, 4562)
  2010 Ed. (777)
Ibiden
  2015 Ed. (4063)
Ibiden Co., Ltd.
  2005 Ed. (3884)
  2006 Ed. (3947)
  2007 Ed. (2349, 4004)
  2008 Ed. (4022)
  2009 Ed. (1824)
  2010 Ed. (3989)
  2011 Ed. (3994)
  2012 Ed. (3987)
  2013 Ed. (4053)
  2014 Ed. (3992)
  2015 Ed. (4040)
Ibill.com
  2002 Ed. (4878)
iBiquity Digital Corp.
  2008 Ed. (4647)
  2009 Ed. (3009)
Ibis
  2021 Ed. (2907, 2918)
  2022 Ed. (643)
  2023 Ed. (3149, 3152)
Ibis Budget
  2021 Ed. (2907)
IBIS Business Internet Solutions, Inc.
  2002 Ed. (2490)
Ibis Communications
  2006 Ed. (112)
IBIS Financial Group
  2012 Ed. (1485)
Ibis Hotels
  1991 Ed. (1942)
Ibis Styles
  2021 Ed. (2907)
Ibis Technology
  1996 Ed. (3304, 3778)
Ibis Tek LLC
  2016 Ed. (4779)
  2018 Ed. (4787)
  2019 Ed. (4794)
IBISKA
  2017 Ed. (2876)
Ibiza; SEAT
  2013 Ed. (276)
IBJ Asia
  1989 Ed. (1779)
IBJ Group
  1991 Ed. (1114, 1134, 1135, 2678)
IBJ International Ltd.
  1995 Ed. (507)
IBJ Ltd.
  1989 Ed. (2122)
  1990 Ed. (2773)
  1991 Ed. (2675)
  1992 Ed. (2026)
  1993 Ed. (1651, 1656, 1659, 1671, 1677)
  1996 Ed. (1648, 2474, 2476, 2477, 2478, 2479, 2485)
  1998 Ed. (2348, 2350, 2351, 2355)
IBJ Schroder Bank & Trust Co.
  1989 Ed. (562)
  1990 Ed. (466)
  1995 Ed. (361, 571)
IBJ Trust Blended Total Return
  2001 Ed. (3436)
IBJ Whitehall Bank & Trust
  2001 Ed. (578)
IBJ Whitehall Overseas Fund
  2003 Ed. (3129)
IBL Ltd.
  1995 Ed. (2168)
  1996 Ed. (2182)
  1997 Ed. (2297)
IBM
  1989 Ed. (280, 968, 974, 975, 976, 977, 979, 983, 1038, 1041, 1042, 1059, 1087, 1088, 1099, 1117, 1317, 1318, 1338, 1342, 1386, 1388, 1980, 1981, 1982, 1990, 2016, 2103, 2123, 2305, 2306, 2307, 2311, 2673, 2752, 2794, 2803, 2813)
  1990 Ed. (18, 171, 535, 1103, 1111, 1112, 1114, 1120, 1121, 1122, 1124, 1128, 1129, 1131, 1275, 1277, 1279, 1280, 1281, 1282, 1283, 1286, 1291, 1296, 1301, 1304, 1305, 1329, 1341, 1342, 1382, 1384, 1385, 1465, 1612, 1627, 1629, 1638, 1644, 1730, 1782, 2190, 2201, 2206, 2570, 2571, 2572, 2573, 2582, 2583, 2595, 2596, 2639, 2680, 2685, 2687, 2720, 2735, 2738, 2777, 2778, 2782, 2792, 2880, 2901, 2935, 2983, 2990, 2991, 2992, 2993, 2994, 3442, 3443, 3444, 3453, 3475, 3630, 3632, 3710, 3711)
  1991 Ed. (2271)
  1992 Ed. (234, 243, 923, 1094, 1287, 1299, 1300, 1307, 1309, 1310, 1311, 1316, 1317, 1319, 1320, 1321, 1322,

1325, 1337, 1338, 1340, 1342, 1343, 1344, 1345, 1346, 1347, 1503, 1504, 1507, 1508, 1510, 1511, 1512, 1513, 1534, 1538, 1539, 1542, 1562, 1563, 1565, 1638, 1648, 1650, 1832, 1919, 1921, 1929, 1931, 2069, 2105, 2236, 2631, 2633, 2636, 2818, 3065, 3069, 3103, 3133, 3228, 3229, 3231, 3232, 3260, 3345, 3354, 3489, 3666, 3671, 3679, 4049, 4057, 4061, 4063, 4151, 4153, 4201, 4312, 4365, 4366, 4414, 4491, 4492)
  1993 Ed. (154, 459, 733, 739, 743, 1034, 1047, 1048, 1051, 1054, 1056, 1058, 1060, 1061, 1062, 1063, 1064, 1217, 1219, 1229, 1230, 1231, 1243, 1247, 1268, 1270, 1333, 1334, 1335, 1336, 1337, 1338, 1347, 1349, 1377, 1490, 1500, 1572, 1574, 1583, 1584, 1710, 1904, 2013, 2166, 2177, 2561, 2562, 2565, 2566, 2567, 2589, 2611, 2711, 2716, 2717, 2719, 2720, 2772, 2779, 2945, 2947, 2997, 3002, 3009, 3377, 3379, 3381, 3383, 3458, 3475, 3592, 3646, 3739)
  1994 Ed. (20, 252, 745, 842, 843, 1065, 1073, 1077, 1080, 1081, 1084, 1085, 1086, 1087, 1088, 1096, 1242, 1246, 1247, 1257, 1268, 1269, 1270, 1283, 1285, 1313, 1389, 1390, 1393, 1394, 1395, 1399, 1430, 1611, 1613, 1617, 1726, 1920, 2186, 2201, 2202, 2203, 2204, 2205, 2206, 2207, 2208, 2404, 2510, 2511, 2514, 2515, 2516, 2517, 2578, 2579, 2661, 2664, 2713, 2746, 2749, 2754, 2768, 2896, 2984, 3043, 3050, 3438, 3449, 3555, 3676, 3677, 3678, 3679)
  1995 Ed. (20, 21, 154, 682, 695, 1084, 1087, 1088, 1090, 1092, 1093, 1096, 1111, 1116, 1263, 1280, 1293, 1294, 1305, 1309, 1313, 1420, 1421, 1423, 1424, 1435, 1466, 1567, 1655, 1663, 2240, 2251, 2252, 2253, 2254, 2255, 2256, 2257, 2258, 2259, 2260, 2261, 2503, 2569, 2570, 2573, 2575, 2763, 2771, 2845, 2846, 2850, 2853, 2854, 2862, 2863, 2938, 3045, 3092, 3437, 3439, 3447)
  1996 Ed. (757, 850, 1063, 1065, 1067, 1071, 1072, 1119, 1235, 1236, 1240, 1248, 1250, 1264, 1265, 1266, 1267, 1276, 1279, 1280, 1282, 1285, 1287, 1345, 1383, 1385, 1386, 1387, 1393, 1428, 1629, 1723, 1974, 2247, 2260, 2261, 2472, 2632, 2633, 2635, 2636, 2637, 2638, 2710, 2827, 2838, 2839, 2843, 2917, 2924, 2925, 2932, 2933, 2938, 3055, 3145, 3194, 3260, 3261, 3399, 3501, 3886)
  1997 Ed. (30, 168, 712, 1079, 1080, 1085, 1276, 1286, 1294, 1296, 1307, 1309, 1310, 1311, 1312, 1321, 1323, 1324, 1325, 1327, 1328, 1333, 1350, 1351, 1400, 1401, 1405, 1406, 1489, 1707, 1807, 2205, 2258, 2372, 2780, 2781, 2782, 2783, 2785, 2788, 2815, 2932, 2937, 2938, 2958, 2973, 3007, 3012, 3013, 3020, 3022, 3038, 3052, 3226, 3251, 3294, 3298, 3923)
  1998 Ed. (71, 75, 196, 489, 562, 563, 564, 567, 570, 571, 578, 687, 821, 823, 824, 825, 827, 830, 833, 837, 840, 841, 1012, 1070, 1080, 1083, 1085, 1086, 1087, 1088, 1111, 1112, 1113, 1116, 1117, 1133, 1149, 1159, 1162, 1164, 1181, 1289, 1399, 1402, 1538, 2320, 2429, 2435, 2492, 2493, 2494, 2531, 2555, 2556, 2557, 2671, 2675, 2676, 2700, 2703, 2705, 2752, 2757, 2758, 2760, 2768, 2769, 2770, 2884, 2930, 2978, 3043, 3119, 3279, 3280, 3362, 3364, 3407, 3770, 3771, 3774, 3777)
  1999 Ed. (178, 759, 776, 986, 987, 989, 991, 993, 994, 1073, 1256, 1257, 1258, 1259, 1261, 1265, 1267, 1269, 1271, 1272, 1273, 1275, 1277, 1278, 1280, 1283, 1286, 1289, 1488, 1516, 1517, 1541, 1543, 1545, 1547, 1548, 1549, 1600, 1624, 1625, 1660, 1661, 1666, 1671, 1714, 1864, 1965, 1966, 2505, 2506, 2726, 2874, 2875, 2876, 2877, 2878, 2879, 2880, 2881, 3298, 3404, 3405, 3468, 3470, 3601, 3605, 3606, 3608, 3609, 3641, 3643, 3646, 3647, 3648, 3714, 3716, 3719, 3721, 3726, 3728, 3729, 3730, 3856, 3974, 4043, 4044, 4270, 4274, 4275, 4276, 4277, 4389, 4391, 4392, 4750)
  2000 Ed. (204, 205, 308, 932, 933, 935, 937, 940, 942, 953, 1156, 1157, 1161, 1162, 1163, 1165, 1167, 1170, 1174, 1176, 1245, 1342, 1344, 1360, 1381, 1382, 1426, 1430, 1431, 1473, 1525, 1743, 1751, 2638, 2639, 2642, 2747, 2990, 3035, 3038, 3129, 3187, 3367, 3386, 3427, 3428, 3430, 3435, 3437, 3439, 3445, 3446, 3447, 3685, 3707,

1038   Business Rankings Annual • CUMULATIVE INDEX • 1989-2023 / Part 2

3757, 3758, 3993, 3997, 3998, 3999, 4000, 4092, 4378, 4441)
2001 Ed. (1347)
2002 Ed. (768, 1136)
2003 Ed. (752, 1125, 3796, 3797, 4686)
2004 Ed. (762, 1135)
2005 Ed. (739, 740, 742, 793, 817, 818, 831, 832, 836, 880, 1106, 1111, 1112, 1113, 1114, 1115, 1118, 1121, 1124, 1125, 1126, 1143, 1144, 1146, 1147, 1150, 1151, 1155, 1156, 1158, 1159, 1352, 1353, 1359, 1360, 1366, 1377, 1379, 1381, 1386, 1390, 1465, 1469, 1555, 1575, 1578, 1617, 1618, 1619, 1620, 1621, 1622, 1623, 1624, 1629, 1630, 1636, 1638, 1735, 1744, 1774, 1793, 1805, 1818, 1909, 1910, 1913, 2008, 2343, 2355, 2374, 2375, 2997, 2998, 3036, 3038, 3177, 3328, 3371, 3380, 3381, 3596, 3695, 3699, 3987, 4040, 4164, 4463, 4742, 4988, 4989)
2006 Ed. (163, 654, 692, 743, 744, 758, 759, 800, 1069, 1101, 1103, 1105, 1106, 1108, 1110, 1111, 1132, 1133, 1135, 1136, 1137, 1139, 1140, 1141, 1142, 1144, 1145, 1148, 1150, 1356, 1361, 1363, 1364, 1376, 1377, 1466, 1467, 1468, 1469, 1470, 1482, 1501, 1503, 1504, 1505, 1506, 1507, 1508, 1509, 1510, 1518, 1519, 1525, 1527, 1532, 1646, 1662, 1805, 1937, 1938, 1942, 2326, 2396, 2400, 2422, 2548, 2892, 3028, 3039, 3319, 3329, 3361, 3362, 3491, 3695, 3697, 3698, 3702, 4218, 4647, 4792, 4981, 4982)
2007 Ed. (154, 683, 691, 692, 696, 837, 838, 851, 852, 853, 854, 855, 856, 858, 860, 889, 1204, 1206, 1208, 1209, 1210, 1212, 1213, 1214, 1215, 1228, 1244, 1245, 1249, 1252, 1256, 1258, 1259, 1260, 1263, 1265, 1400, 1402, 1406, 1414, 1415, 1476, 1533, 1534, 1535, 1537, 1539, 1540, 1555, 1584, 1618, 1792, 1813, 1816, 1920, 1921, 1923, 2179, 2189, 2194, 2347, 2366, 2376, 2893, 2914, 3058, 3061, 3213, 3415, 3524, 3690, 3697, 3758, 3782, 3792, 3988, 3989, 4234, 4588, 4645, 4703, 4805, 4806, 4979, 4980)
2008 Ed. (641, 655, 656, 663, 805, 806, 816, 818, 866, 1042, 1046, 1049, 1111, 1112, 1113, 1115, 1117, 1119, 1143, 1144, 1145, 1147, 1149, 1153, 1155, 1157, 1158, 1159, 1347, 1355, 1358, 1371, 1406, 1433, 1470, 1517, 1518, 1519, 1521, 1524, 1536, 1827, 1852, 1922, 1987, 1988, 2295, 2301, 2311, 2319, 2320, 2321, 2361, 2475, 2486, 2493, 3013, 3196, 3544, 3834, 3861, 3866, 4262, 4268, 4632)
2009 Ed. (668, 669, 670, 674, 758, 760, 766, 829, 830, 842, 843, 872, 1090, 1091, 1096, 1098, 1122, 1123, 1124, 1126, 1130, 1131, 1134, 1136, 1137, 1138, 1139, 1351, 1358, 1361, 1371, 1775, 1792, 1880, 1940, 1941, 1943, 1945, 1960, 2072, 2292, 2293, 2302, 2308, 2309, 2312, 2491, 2493, 2587, 2588, 2589, 2594, 2595, 2598, 2599, 2939, 3055, 3099, 3255, 3267, 3272, 3611, 3632, 3633, 3889, 3920, 3924, 4251, 4366, 4372, 4622, 4669)
2010 Ed. (634, 635, 640, 703, 774, 775, 788, 789, 818, 1071, 1074, 1076, 1082, 1087, 1102, 1103, 1107, 1109, 1110, 1118, 1120, 1121, 1123, 1335, 1342, 1344, 1357, 1358, 1389, 1412, 1430, 1433, 1434, 1437, 1440, 1441, 1443, 1449, 1451, 1454, 1716, 1733, 1744, 1812, 1877, 1878, 1880, 1882, 2071, 2238, 2240, 2241, 2243, 2384, 2403, 2404, 2501, 2503, 2688, 3033, 3197, 3198, 3199, 3200, 3535, 3552, 3801, 3832, 3842, 4393, 4399, 4463, 4683, 4974)
2011 Ed. (198, 566, 567, 568, 569, 570, 572, 575, 634, 635, 702, 703, 715, 745, 929, 1010, 1015, 1021, 1027, 1041, 1042, 1046, 1048, 1049, 1057, 1059, 1060, 1137, 1318, 1327, 1329, 1331, 1345, 1380, 1401, 1431, 1434, 1435, 1438, 1442, 1443, 1451, 1728, 1731, 1733, 1756, 1758, 1840, 1907, 1908, 1910, 2126, 2252, 2300, 2403, 2404, 2529, 2677, 2855, 2857, 2909, 3004, 3024, 3150, 3160, 3162, 3163, 3164, 3534, 3552, 3554, 3678, 3679, 3680, 3798, 3830, 3832, 3834, 3844, 4338, 4344, 4397, 4633)
2012 Ed. (214, 548, 553, 554, 558, 638, 639, 660, 682, 931, 933, 940, 942, 945, 955, 970, 972, 976, 978, 984, 986, 987, 1186, 1193, 1195, 1197, 1210, 1240, 1268, 1271, 1274, 1277, 1278, 1284, 1286, 1291, 1321, 1580, 1608, 1698, 1764, 1765, 1767, 1768, 1772, 1968, 2163, 2164, 2165, 2453, 2464, 2606, 2788, 2845, 2931, 2951,

3116, 3120, 3524, 3545, 3546, 3688, 3814, 4250, 4635, 4636, 4821, 4973, 4974)
2013 Ed. (184, 640, 664, 667, 694, 696, 778, 779, 804, 812, 813, 891, 903, 1080, 1081, 1086, 1087, 1091, 1100, 1115, 1118, 1119, 1121, 1125, 1128, 1129, 1306, 1309, 1323, 1351, 1369, 1370, 1372, 1373, 1375, 1381, 1382, 1383, 1384, 1385, 1392, 1394, 1736, 1756, 1761, 1811, 1938, 1941, 1942, 1944, 1946, 2363, 2365, 2380, 2611, 2613, 2696, 2855, 2921, 3020, 3041, 3186, 3197, 3199, 3200, 3201, 3202, 3203, 3205, 3492, 3494, 3555, 3613, 3615, 3740, 3746, 3876, 4222, 4592, 4975)
2014 Ed. (653, 654, 684, 685, 691, 715, 716, 717, 800, 801, 809, 821, 822, 1042, 1043, 1044, 1049, 1050, 1060, 1076, 1077, 1080, 1089, 1090, 1239, 1243, 1245, 1257, 1296, 1312, 1315, 1318, 1323, 1325, 1330, 1332, 1682, 1690, 1694, 1699, 1700, 1876, 1880, 1881, 1883, 1885, 2297, 2538, 2546, 2559, 2565, 2680, 2882, 2884, 3030, 3055, 3137, 3209, 3216, 3217, 3218, 3544, 3674, 3679, 3812, 4259, 4464, 4650, 4971, 4973)
2015 Ed. (714, 735, 736, 739, 760, 763, 844, 845, 861, 1077, 1078, 1084, 1085, 1088, 1097, 1114, 1115, 1119, 1120, 1128, 1129, 1297, 1301, 1313, 1358, 1376, 1378, 1380, 1388, 1393, 1724, 1728, 1741, 1742, 1911, 1917, 1918, 1920, 1922, 2380, 2395, 2724, 2928, 3097, 3122, 3257, 3270, 3277, 3278, 3279, 3566, 3691, 3697, 3835, 4458, 4610, 4643, 5017, 5019)
2016 Ed. (655, 684, 685, 739, 740, 748, 749, 984, 985, 994, 995, 1006, 1026, 1027, 1031, 1032, 1038, 1040, 1041, 1212, 1229, 1289, 1303, 1305, 1307, 1309, 1314, 1323, 1875, 1882, 1883, 1885, 1895, 1897, 2048, 2325, 2647, 2858, 2981, 3045, 3109, 3117, 3118, 3119, 3741, 4322, 4531, 4683, 4932, 4937)
2017 Ed. (706, 711, 731, 734, 797, 799, 1021, 1022, 1029, 1030, 1035, 1040, 1060, 1072, 1075, 1076, 1261, 1346, 1358, 1360, 1369, 1835, 1841, 1842, 1843, 1846, 1848, 1859, 1861, 2119, 2166, 2584, 2818, 2853, 2879, 3057, 3059, 3060, 3061, 3391, 3543, 4117, 4325, 4526, 4566, 4567, 4928)
2018 Ed. (730, 732, 953, 954, 959, 960, 986, 992, 998, 1000, 1240, 1335, 1781, 1788, 1789, 1791, 1806, 1808, 3109, 3154, 3170, 3172, 3173, 4317, 4552, 4583, 4584, 4934, 4936)
2019 Ed. (749, 944, 945, 954, 955, 966, 985, 989, 999, 1002, 1343, 1360, 1372, 1839, 1845, 1851, 1860, 3088, 3090, 3104, 3105, 3108, 3109, 3404, 3418, 3583, 4345, 4595, 4934, 4936)
2020 Ed. (641, 741, 922, 936, 944, 952, 970, 985, 1313, 1328, 1339, 1786, 1790, 1793, 1800, 2346, 2915, 3120, 3134, 3136, 3137, 4574, 4932, 4934)
2021 Ed. (757, 928, 936, 943, 1055, 1056, 1057, 1058, 1059, 1060, 1062, 1063, 1064, 1065, 1066, 1067, 1068, 1069, 1073, 1075, 1076, 1077, 1078, 1079, 1080, 1081, 1333, 1760, 1767, 2784, 2995, 2996, 2998, 3000, 3002, 3003, 3582, 4558, 4936, 4937, 4938)
2022 Ed. (792, 948, 989, 1342, 1787, 1792, 1794, 1804, 2340, 3113, 3134, 3135, 3136, 3138, 3139, 3140, 3636, 4566, 4568, 4931, 4933, 4934)
2023 Ed. (1120, 1265, 1266, 1267, 1268, 1269, 1270, 1271, 1272, 1273, 1274, 1275, 1276, 1277, 1278, 1279, 1283, 1285, 1286, 1287, 1288, 1289, 1290, 1291, 1924, 3216, 3220, 3232, 4933)
IBM / Red Hat
 2023 Ed. (1160)
IBM APPC
 1993 Ed. (1065)
IBM Australia
 2002 Ed. (3225)
IBM Business Consulting Services
 2006 Ed. (2774)
IBM Canada
 1989 Ed. (923, 1589)
 1990 Ed. (1365, 1731, 1738, 2005)
 1991 Ed. (1903)
 1992 Ed. (1186, 2399)
 1993 Ed. (2036)
 1994 Ed. (986, 2048, 3554)
 1995 Ed. (1395, 2099)
 1996 Ed. (2107, 2108)
 1997 Ed. (1011, 1813, 2214, 3301)
 1999 Ed. (1626, 2668)
 2001 Ed. (1253, 1659, 2375)
 2003 Ed. (1115)
 2006 Ed. (1602, 1605, 2818)
 2007 Ed. (2819, 2820)

2008 Ed. (2932, 2945)
2009 Ed. (2990, 2992, 2995)
2010 Ed. (2930, 2933, 2935)
2011 Ed. (2899)
2012 Ed. (2832, 2834)
2013 Ed. (2917)
2014 Ed. (2931)
IBM Canada Ltd.
 2013 Ed. (2919)
 2014 Ed. (2933)
 2015 Ed. (2983)
 2016 Ed. (2906, 2918)
 2017 Ed. (2875, 3049)
 2018 Ed. (2943, 3161)
 2019 Ed. (3096)
 2020 Ed. (3128)
IBM Consulting
 2023 Ed. (3230, 3233)
IBM Corp.
 2019 Ed. (1289, 4690, 4935)
 2020 Ed. (4656, 4933)
 2021 Ed. (1250, 4937)
 2022 Ed. (969, 1255)
 2023 Ed. (1140)
IBM Credit Corp.
 1990 Ed. (1762)
 1991 Ed. (1666)
 1993 Ed. (845, 1763, 1766)
 1995 Ed. (1788, 1790)
 1996 Ed. (1767)
 1997 Ed. (1847)
 1998 Ed. (388)
IBM Deutschland Gesellschaft Mit Be-schraenkter Haftung
 1991 Ed. (2371)
 1992 Ed. (2954)
 1994 Ed. (3660)
IBM Deutschland GmbH
 1993 Ed. (2487)
 1996 Ed. (2558)
 1997 Ed. (2695)
 1999 Ed. (3286)
 2000 Ed. (3021)
 2002 Ed. (3224)
IBM Deutschland Informationssysteme GmbH
 2001 Ed. (3190)
IBM Direct
 1997 Ed. (914)
 1998 Ed. (653)
IBM DLC/NetBEUI
 1993 Ed. (1065)
IBM France
 1994 Ed. (3247)
 1996 Ed. (2558)
 1997 Ed. (2695)
IBM France (Compagnie)
 1991 Ed. (3107)
 1992 Ed. (3942)
 1993 Ed. (3253)
IBM, Gen. Products Div.
 1989 Ed. (272)
IBM Global Financing
 2006 Ed. (4820)
IBM Global Services
 2000 Ed. (904)
 2005 Ed. (4809)
 2006 Ed. (4872)
 2007 Ed. (1395, 4871)
 2008 Ed. (1348)
 2009 Ed. (4826)
 2010 Ed. (1189)
 2012 Ed. (1072)
 2013 Ed. (1084)
 2014 Ed. (1047)
 2015 Ed. (1082)
 2016 Ed. (992)
 2017 Ed. (1027)
 2018 Ed. (957)
 2019 Ed. (951)
 2020 Ed. (941)
 2021 Ed. (934)
 2022 Ed. (955)
 2023 Ed. (1128)
IBM Holdings BV
 2005 Ed. (1895)
IBM Hudson Valley Employees Federal Credit Union
 1994 Ed. (1504)
IBM Industries Inc.
 2010 Ed. (774)
 2011 Ed. (702)
IBM Interactive
 2009 Ed. (124, 3667)
 2010 Ed. (125)
 2011 Ed. (43)
 2012 Ed. (49)
 2014 Ed. (67, 68)
IBM Interactive Experience
 2015 Ed. (65, 70, 78, 79)
 2016 Ed. (69, 71, 78, 79, 3468)
IBM Internet Connection
 1999 Ed. (2999)
IBM Ireland Ltd.
 2006 Ed. (1816, 4300)
IBM/ISSC
 1997 Ed. (846, 1140)

IBM Italia
 1989 Ed. (1130)
IBM Italia SpA
 1991 Ed. (2371)
 1992 Ed. (2954)
 2004 Ed. (3331)
IBM Corp.'s IBM iX
 2023 Ed. (149)
IBM iX
 2018 Ed. (60, 62, 65, 74, 75)
 2019 Ed. (57, 61, 62, 66, 67, 3465, 3469)
 2023 Ed. (150, 154, 155)
IBM Japan
 1990 Ed. (1640)
 1991 Ed. (1537)
 1993 Ed. (1585, 2568)
 1994 Ed. (1367)
 1996 Ed. (2639)
IBM Lotus Domino
 2004 Ed. (2211)
IBM Medical/Dental Plan Trust
 1992 Ed. (3261)
IBM Micro
 2000 Ed. (307)
IBM Mid America Employees Credit Union
 2002 Ed. (1835, 1873)
 2003 Ed. (1927)
 2004 Ed. (1967)
IBM Mid America Employees Federal Credit Union
 1997 Ed. (1563)
IBM Network System
 1997 Ed. (2259)
IBM New Zealand
 2015 Ed. (1079)
IBM del Peru
 2010 Ed. (1783, 1952)
 2011 Ed. (1796, 2005)
 2012 Ed. (1854)
 2013 Ed. (2013)
 2014 Ed. (1945)
IBM Rational
 2007 Ed. (1253, 1254)
IBM and Red Hat
 2022 Ed. (989)
IBM/Red Hat
 2023 Ed. (1143, 1931)
IBM Research
 2012 Ed. (4236)
 2019 Ed. (743)
 2020 Ed. (736)
I.B.M. Rolm
 1990 Ed. (2906, 2907)
IBM/Sears; Prodigy Service Co.,
 1991 Ed. (3450)
IBM Semea
 1999 Ed. (3286)
IBM Semea SpA
 1995 Ed. (2494)
 1996 Ed. (2558)
 1997 Ed. (2695)
IBM Semea SRL
 1993 Ed. (2487)
IBM Slovenija d.o.o.
 2014 Ed. (3183)
IBM SNA
 1993 Ed. (1065)
IBM Southeast Employees Credit Union
 2002 Ed. (1839)
 2004 Ed. (1939)
 2006 Ed. (2174)
IBM/Toshiba
 1997 Ed. (1822)
IBM Tower
 1990 Ed. (2732)
IBM U.K.
 2013 Ed. (1104)
IBM UK Holdings Ltd.
 1999 Ed. (3286)
IBM United Kingdom Holdings Ltd.
 1991 Ed. (1639, 2371)
 1992 Ed. (2954)
 1994 Ed. (2422)
 1995 Ed. (1747, 2494)
 1996 Ed. (2558)
 1997 Ed. (2695)
 2000 Ed. (3021)
 2001 Ed. (3190)
 2002 Ed. (3224)
IBM United Kingdom Ltd.
 1992 Ed. (2954)
 1993 Ed. (2487)
 1994 Ed. (2422)
 1996 Ed. (2558)
 1997 Ed. (2695)
 2001 Ed. (3190)
 2002 Ed. (37, 3224)
 2004 Ed. (3331)
IBM (U.S.)
 2021 Ed. (2784, 3003)
 2022 Ed. (3113, 3140)
IBM Web Explorer
 1999 Ed. (4749)
IBM Websphere
 2004 Ed. (2223)

IBM World Trade Corp.
 2001 Ed. (3186)
 2003 Ed. (2894)
 2004 Ed. (3000, 3001)
 2005 Ed. (2997, 2998)
 2006 Ed. (2991, 2992)
 2007 Ed. (3025)
 2008 Ed. (3143, 3144)
 2009 Ed. (3228, 3229)
 2010 Ed. (3161, 3162)
 2011 Ed. (3126)
 2012 Ed. (3060)
 2013 Ed. (3149)
 2014 Ed. (3152)
 2015 Ed. (3212, 3213)
 2016 Ed. (3067, 3068)
IBM World Trade Europe/Middle/East/Africa Corp.
 2001 Ed. (3186, 3187)
 2006 Ed. (2991, 2992)
 2007 Ed. (3025)
 2008 Ed. (3143)
 2009 Ed. (3228)
IBML
 2013 Ed. (3510)
iboats.com
 2006 Ed. (1214)
iBooks
 2012 Ed. (3709)
Ibotta Inc.
 2020 Ed. (1486)
 2021 Ed. (1474)
IBP
 2022 Ed. (3552)
 2023 Ed. (3673)
IBP Foodservice LLC
 2003 Ed. (1823)
IBP, Inc.
 1989 Ed. (1937, 2882)
 1991 Ed. (1739, 1740, 1750)
 1992 Ed. (2186, 2189)
 1993 Ed. (1884, 2514, 2516, 2520, 2522, 2525, 2879, 2887, 2888, 2892, 2894, 2898)
 1994 Ed. (1261, 1424, 1862, 1867, 1870, 1872, 1875, 1882, 2451, 2453, 2456, 2457, 2459, 2903, 2905, 2906, 2909)
 1995 Ed. (146, 1426, 1886, 1888, 1891, 1895, 1898, 1905, 1909, 2519, 2521, 2524, 2525, 2526, 2959, 2961, 2964, 2965, 2967)
 1996 Ed. (1278, 1423, 1928, 1932, 1935, 1937, 1946, 1949, 2583, 2584, 2588, 2589, 2591, 3058, 3059, 3061, 3064)
 1997 Ed. (1483, 2025, 2029, 2034, 2037, 2046, 2048, 2732, 2733, 2737, 3134, 3140, 3144, 3145)
 1998 Ed. (1167, 1179, 1710, 1715, 1721, 1729, 1731, 1733, 2451, 2453, 2454, 2455, 2889)
 1999 Ed. (1551, 1709, 2456, 2459, 2461, 2463, 2470, 2473, 2475, 3319, 3323, 3864, 3867)
 2000 Ed. (1520, 1894, 2214, 2216, 2220, 2227, 2231, 2232, 3059, 3061, 3580, 3581)
 2001 Ed. (1802, 1803, 2458, 2465, 2474, 3853)
 2002 Ed. (1765, 2292, 2300, 2309, 3274, 3275, 3277, 4789)
 2003 Ed. (1822, 1823, 2504, 2511, 2515, 2516, 2522, 3328, 3337, 3338, 3339, 3340, 3341, 3342)
 2004 Ed. (1858, 1859, 2635)
IBP Inc. Fresh Meats
 2004 Ed. (1859)
IBP International Inc.
 2003 Ed. (1823)
 2004 Ed. (1858, 1859)
 2005 Ed. (1961)
 2006 Ed. (2013)
 2007 Ed. (1979)
 2008 Ed. (2077)
 2009 Ed. (2048)
 2010 Ed. (1981)
Ibragimov; Alijan
 2008 Ed. (4888)
 2009 Ed. (4908)
 2010 Ed. (4909)
 2011 Ed. (4896)
 2012 Ed. (4905)
 2013 Ed. (4884)
 2014 Ed. (4897)
 2015 Ed. (4936)
 2016 Ed. (4852)
 2017 Ed. (4857)
 2018 Ed. (4865)
 2019 Ed. (4859)
 2020 Ed. (4849)
Ibrahim Al Koni
 2013 Ed. (3480)
Ibrahim Dabdoub
 2013 Ed. (367, 3484)
Ibrahim; Dr. Ibrahim Al
 2013 Ed. (3485)
Ibrahim; Dr. Mo
 2007 Ed. (4934)
 2008 Ed. (4908)

Ibrahim Erdemoglu
 2022 Ed. (4871)
 2023 Ed. (4865)
Ibrahim Fibres
 2007 Ed. (1948)
Ibrahim; Mo
 2013 Ed. (3487)
Ibrahim; Walid Al
 2013 Ed. (3486, 3652)
Ibrahimovic; Zlatan
 2012 Ed. (217)
 2015 Ed. (224)
 2016 Ed. (220)
 2017 Ed. (218)
 2018 Ed. (205)
 2019 Ed. (199)
Ibrance
 2021 Ed. (2176)
IBRD
 1992 Ed. (2022)
iBridge Solutions
 2022 Ed. (2374)
IBS
 2001 Ed. (4424, 4425)
 2002 Ed. (1992)
 2008 Ed. (4577)
 2010 Ed. (4649)
 2011 Ed. (4598)
 2012 Ed. (4607)
 2013 Ed. (4557)
 2014 Ed. (4613)
IBS Electronics Inc.
 1998 Ed. (1414)
IBS Financial Corp.
 2000 Ed. (3856)
IBS Interactive Inc.
 2000 Ed. (2746)
IBT
 2021 Ed. (3939)
 2022 Ed. (3951)
 2023 Ed. (4036)
IBTC Chartered Bank
 2008 Ed. (484)
 2009 Ed. (511)
Ibuprofen
 1989 Ed. (257, 258)
 1990 Ed. (268, 270)
 1993 Ed. (1939)
 1997 Ed. (255)
 1998 Ed. (169)
 2000 Ed. (2325)
 2001 Ed. (2101)
 2004 Ed. (2152)
IBUSZ Bank
 1996 Ed. (530)
IBuyOfficeSupply.com
 2018 Ed. (2329)
iBwave Solutions Inc.
 2015 Ed. (1100, 1540)
IC Industries Inc.
 1989 Ed. (1259, 1260)
 1990 Ed. (1267)
IC Realtime
 2013 Ed. (4409)
 2014 Ed. (4440)
 2015 Ed. (4435)
 2016 Ed. (4328)
 2017 Ed. (4331)
 2018 Ed. (4324)
 2019 Ed. (4351)
 2020 Ed. (4347)
 2021 Ed. (4364)
 2022 Ed. (4371)
 2023 Ed. (4390)
I.C. System Inc.
 1997 Ed. (1047)
 2001 Ed. (1314)
I.C. Thomasson Associates Inc.
 2023 Ed. (2641)
I.C.4. Corp.
 1995 Ed. (1275, 2293)
ICA
 1989 Ed. (52)
 1992 Ed. (80)
 2001 Ed. (159)
 2002 Ed. (132)
 2003 Ed. (98, 1744)
 2009 Ed. (2063)
 2021 Ed. (669)
 2022 Ed. (705)
ICA AB
 1990 Ed. (49)
 1991 Ed. (49)
 1993 Ed. (52)
 1994 Ed. (45)
 2005 Ed. (82)
 2006 Ed. (91, 2024)
 2013 Ed. (4343)
 2014 Ed. (4394)
ICA AF/D
 2001 Ed. (81)
ICA Ahold
 2004 Ed. (69, 87)
ICA Group
 1990 Ed. (1833)
ICA Gruppen
 2015 Ed. (4158)

ICA Gruppen AB
 2016 Ed. (4279)
 2017 Ed. (4267)
ICA Handlarnas AB
 1996 Ed. (1450, 3411)
 1997 Ed. (1512)
 1999 Ed. (1738)
 2000 Ed. (1559)
 2001 Ed. (81, 1856)
 2003 Ed. (1827)
 2005 Ed. (1966)
ICA-Koncernen
 1989 Ed. (1163)
 1990 Ed. (1421)
 1993 Ed. (1405)
 1994 Ed. (1453)
 1995 Ed. (1493)
 1996 Ed. (1450)
ICA Mortgage Corp.
 1990 Ed. (2601)
iCAD Inc.
 2015 Ed. (1890)
 2016 Ed. (1850, 1854)
 2017 Ed. (1808, 1813)
 2018 Ed. (1758, 1762)
 2019 Ed. (1815)
 2021 Ed. (1732)
iCAD, Inc.
 2021 Ed. (1732)
Icade
 2011 Ed. (4164)
 2012 Ed. (4196, 4212)
 2013 Ed. (4199)
 2014 Ed. (4216)
 2015 Ed. (4175, 4199)
 2016 Ed. (4115)
 2017 Ed. (4094)
Icagen Inc.
 2002 Ed. (2530)
 2003 Ed. (2725)
 2008 Ed. (4541)
Icahn; Carl
 1990 Ed. (1238, 1243)
 1991 Ed. (1141, 1162, 2265, 2377)
 1992 Ed. (1474, 2143)
 1993 Ed. (1181, 1693)
 1994 Ed. (1221)
 1995 Ed. (1232, 1237)
 1996 Ed. (1208)
 1997 Ed. (1248)
 2005 Ed. (4844, 4847)
 2006 Ed. (4898)
 2007 Ed. (4893)
 2008 Ed. (4823)
 2009 Ed. (4846)
 2010 Ed. (4851)
 2011 Ed. (4818)
 2012 Ed. (4838)
 2013 Ed. (2891, 4832)
 2014 Ed. (2920, 4847)
 2015 Ed. (2968, 4884)
 2016 Ed. (4802)
 2017 Ed. (4814)
 2018 Ed. (4819)
 2019 Ed. (4822)
 2020 Ed. (4812)
 2021 Ed. (4813)
 2022 Ed. (4806)
 2023 Ed. (4799)
Icahn Enterprises
 2009 Ed. (1944)
 2013 Ed. (227)
 2014 Ed. (229)
 2015 Ed. (264, 1390)
 2017 Ed. (2540)
 2019 Ed. (1358, 2595)
 2020 Ed. (1327, 2602)
 2021 Ed. (2538)
 2022 Ed. (2653)
Icahn Enterprises Holdings LP
 2013 Ed. (4182)
 2014 Ed. (4199)
 2015 Ed. (4179)
 2016 Ed. (4096)
Icahn Enterprises LP
 2010 Ed. (1426)
 2011 Ed. (219, 1428)
 2012 Ed. (1262)
 2013 Ed. (1363)
 2014 Ed. (1307, 2979)
 2015 Ed. (1371, 3047)
 2016 Ed. (2939, 3880)
iCanvas
 2019 Ed. (1634)
ICAP
 2005 Ed. (2589)
 2006 Ed. (2592, 2605)
 2007 Ed. (2560, 2579)
Icap
 2016 Ed. (2653)
 2017 Ed. (2600)
ICAP Convertible Secs
 1989 Ed. (260)
ICAP Foreign Securities
 1990 Ed. (3664)
ICAP plc
 2008 Ed. (1456, 1458, 1461, 2700)
 2009 Ed. (1421, 1424, 1426, 1429, 2760)

2010 Ed. (2685)
 2011 Ed. (2674)
 2012 Ed. (1242, 2602, 3346)
 2013 Ed. (3414)
 2014 Ed. (3411)
 2015 Ed. (3445)
 2016 Ed. (3304)
 2017 Ed. (3266)
iCap Realty Advisors
 2003 Ed. (4057)
 2004 Ed. (4083)
 2005 Ed. (4016)
ICAP Select Equity
 2003 Ed. (3492)
 2006 Ed. (3634, 4556)
iCarbonX
 2018 Ed. (1477)
iCardiac Technologies Inc.
 2015 Ed. (1923)
Icare Industries
 2001 Ed. (3591, 3592)
 2006 Ed. (3751, 3752)
ICare Labs
 2007 Ed. (3750, 3751, 3752)
iCare Solutions Pty. Ltd.
 2009 Ed. (2983)
Icares Medicus
 2022 Ed. (1913)
iCarly
 2010 Ed. (2976)
 2012 Ed. (2869)
iCarly Movie: iDate a Bad Boy
 2011 Ed. (2938)
iCarly Movie: iQuit iCarly
 2012 Ed. (2869)
"iCarly Movie: Shelby Marx"
 2013 Ed. (2945)
iCarly Movie: Shelby Marx
 2012 Ed. (2869)
Icat Logistics
 2007 Ed. (4811)
Icaza; Miguel de
 2005 Ed. (786)
ICB Guinea
 2015 Ed. (396)
ICB Islamic Bank
 2014 Ed. (2649)
 2015 Ed. (2691)
 2016 Ed. (2613)
 2017 Ed. (2546)
ICB Senegal
 2015 Ed. (422)
ICBC
 1992 Ed. (4189)
 1993 Ed. (3502)
 1999 Ed. (1798, 4530)
 2008 Ed. (4537)
 2009 Ed. (658, 668, 2721)
 2010 Ed. (363, 626, 2643)
 2011 Ed. (380, 560, 2633)
 2012 Ed. (366, 373, 541, 2561)
 2013 Ed. (380, 646, 658, 660, 687, 2685)
 2014 Ed. (424, 500, 506, 510, 511, 661, 675)
 2015 Ed. (447, 481, 564, 571, 574, 575, 722, 731, 732)
 2016 Ed. (399, 402, 433, 510, 518, 520, 521, 522, 660)
 2017 Ed. (404, 409, 524, 531, 534, 537, 539, 540, 692, 701, 703)
 2018 Ed. (368, 375, 491, 500, 503, 505, 506, 508, 651, 677)
 2019 Ed. (372, 506, 515, 518, 520, 521, 523, 663, 691)
 2020 Ed. (367, 498, 500, 503, 505, 506, 508, 647, 659, 683)
 2021 Ed. (421, 509, 511, 633, 690)
 2022 Ed. (435, 522, 637, 727, 1475, 1626)
 2023 Ed. (589, 592, 593, 739, 745, 748, 750, 751, 753, 899, 1654, 1787)
ICBC Argentina
 2019 Ed. (526)
 2020 Ed. (513)
 2023 Ed. (758)
ICBC Asia
 2015 Ed. (448)
 2016 Ed. (403)
 2017 Ed. (410)
 2018 Ed. (376)
 2019 Ed. (380)
 2020 Ed. (374)
 2023 Ed. (594)
ICBC (China)
 2021 Ed. (511, 690)
 2022 Ed. (727)
ICBC Financial Leasing Co., Ltd.
 2017 Ed. (172)
 2021 Ed. (147)
 2022 Ed. (135)
 2023 Ed. (212)
ICBC Macau
 2015 Ed. (461)
 2016 Ed. (412)
 2017 Ed. (420)
 2018 Ed. (387)
 2019 Ed. (390)

2020 Ed. (383)
2023 Ed. (602)
ICBPI
　2019 Ed. (437, 498, 519)
ICC Chemical
　2013 Ed. (933, 934, 935, 936, 938)
　2014 Ed. (887, 888, 889, 890, 891, 892)
　2015 Ed. (915, 917, 920)
　2016 Ed. (820, 821)
　2017 Ed. (874, 876, 878, 879)
　2018 Ed. (807, 809)
　2020 Ed. (822, 824)
　2021 Ed. (841)
　2022 Ed. (883)
ICC Chemical Corp.
　2004 Ed. (955)
　2007 Ed. (938)
　2008 Ed. (916)
　2009 Ed. (924)
ICC Chemical Distribution
　2002 Ed. (1006)
　2003 Ed. (948)
ICC Industries Inc.
　2009 Ed. (941)
　2010 Ed. (882)
　2012 Ed. (788)
　2013 Ed. (924)
　2014 Ed. (877)
　2015 Ed. (906)
　2016 Ed. (808)
　2017 Ed. (867)
ICC Property Management
　2018 Ed. (4090)
ICC Property Management Ltd.
　2015 Ed. (4459)
ICC Solutions Ltd.
　2003 Ed. (2739)
Iccrea Banca
　2023 Ed. (657)
ICE
　2018 Ed. (4517)
　2019 Ed. (4511)
　2020 Ed. (4491)
　2021 Ed. (4470, 4471, 4474)
　2023 Ed. (4500, 4501)
Ice
　1989 Ed. (1103)
　1992 Ed. (44)
　2003 Ed. (3941, 3942)
Ice Age
　2004 Ed. (2160, 3517)
Ice Age 2: The Meltdown
　2008 Ed. (3754)
Ice Age: Dawn of the Dinosaurs
　2011 Ed. (3704)
Ice Age: The Meltdown
　2008 Ed. (2387, 3756)
Ice beer
　2001 Ed. (675)
Ice Box
　2001 Ed. (3116)
　2002 Ed. (3106)
　2003 Ed. (1030)
　2004 Ed. (1035)
Ice Breakers
　1999 Ed. (4767, 4768, 4769, 4770, 4771, 4796, 4799, 4800)
　2003 Ed. (951)
　2005 Ed. (963)
　2008 Ed. (931)
　2014 Ed. (831)
　2017 Ed. (741)
　2018 Ed. (681)
　2019 Ed. (694, 695, 869)
　2020 Ed. (685, 856)
　2021 Ed. (693, 871)
　2022 Ed. (730)
Ice Breakers Cool Blasts
　2017 Ed. (741)
Ice Breakers Duo
　2016 Ed. (688)
　2017 Ed. (741)
　2019 Ed. (694, 695)
Ice Breakers Frost
　2016 Ed. (688)
　2017 Ed. (741)
Ice Breakers Ice Cubes
　2018 Ed. (855)
　2019 Ed. (868, 870)
　2020 Ed. (855, 858)
　2021 Ed. (870, 873)
　2022 Ed. (904, 906)
Ice Breakers Mints
　2016 Ed. (688)
Ice Breakers Sours
　2016 Ed. (688)
Ice Breakers sugarless
　2023 Ed. (1073)
ICE Cable
　2020 Ed. (2937)
　2021 Ed. (2797, 4925)
　2022 Ed. (2964, 4918)
　2023 Ed. (3089, 4916)
Ice candy
　1992 Ed. (2563)
Ice cream cones
　2002 Ed. (1336)

Ice control
　2006 Ed. (4220)
　2007 Ed. (4236)
Ice cream
　1989 Ed. (1461)
　1992 Ed. (2198, 2563)
　1993 Ed. (1479, 2921)
　1994 Ed. (2940)
　1995 Ed. (2997)
　1996 Ed. (3097, 3615)
　1997 Ed. (2033)
　1998 Ed. (1768, 2927, 3445)
　1999 Ed. (2532, 3408)
　2000 Ed. (2596, 3135)
　2001 Ed. (1974, 1996, 2084, 3311, 4078, 4385)
　2002 Ed. (2715, 3489, 4718)
　2003 Ed. (2881, 3941, 3942, 4834)
　2005 Ed. (2757, 2758, 2760, 3479)
　2006 Ed. (4611)
　2007 Ed. (4598)
　2008 Ed. (2732)
Ice cream, chocolate fudge brownie
　1998 Ed. (986, 2068)
Ice cream, chocolate
　1998 Ed. (986, 2068)
Ice cream, cookies & cream
　1998 Ed. (986, 2068)
Ice cream, chocolate chip cookie dough
　1998 Ed. (986, 2068)
Ice Cream/Doughnut
　1991 Ed. (2875, 2876)
Ice cream, vanilla fudge
　1998 Ed. (986, 2068)
Ice cream, hard
　2002 Ed. (2720)
Ice cream/ice milk desserts
　2002 Ed. (2715)
Ice cream, lowfat
　2002 Ed. (2720)
Ice cream, neapolitan
　1998 Ed. (986, 2068)
Ice cream, nonfat
　1999 Ed. (2821)
　2002 Ed. (2720)
Ice cream, butter pecan
　1998 Ed. (986, 2068)
Ice cream, reduced, light, and low-fat
　1999 Ed. (2821)
Ice cream, regular
　1999 Ed. (2821)
Ice Cream/Sherbet
　2000 Ed. (3619, 4140)
Ice cream, soft
　1999 Ed. (2125)
Ice cream/sorbet
　2004 Ed. (2133)
Ice Cream Specialties Inc.
　2017 Ed. (2997)
　2018 Ed. (3116)
　2019 Ed. (3046, 3051)
Ice cream, strawberry
　1998 Ed. (986, 2068)
Ice cream, vanilla
　1998 Ed. (986, 2068)
Ice Cream/yogurt franchises
　1992 Ed. (2218)
Ice cream cones & cups
　2003 Ed. (1372)
Ice cream desserts
　2001 Ed. (1996)
Ice Draft
　1996 Ed. (781)
Ice Drops
　2000 Ed. (811)
ICE Futures U.S.
　2012 Ed. (884, 885)
　2013 Ed. (1043, 1044)
　2014 Ed. (1008)
　2015 Ed. (1044)
　2016 Ed. (953)
　2018 Ed. (929)
　2019 Ed. (916, 917)
　2020 Ed. (911, 912)
Ice milk
　1992 Ed. (2563)
　1993 Ed. (1479)
　2003 Ed. (2881)
Ice Miller
　2021 Ed. (3213, 3214)
Ice Miller Donadio & Ryan
　1991 Ed. (2925)
　1993 Ed. (2160, 3101)
　1995 Ed. (3188)
　1997 Ed. (3384)
　1998 Ed. (2577, 3158)
　2001 Ed. (812, 845)
Ice Miller Donadio & Ryan
　1996 Ed. (3287)
Ice Miller LLP
　2011 Ed. (1699)
　2012 Ed. (1552)
　2013 Ed. (1700)
　2023 Ed. (3424)
Ice Mountain
　2004 Ed. (754)
　2005 Ed. (734)
　2007 Ed. (673)

2009 Ed. (650)
2010 Ed. (619)
2011 Ed. (552)
2017 Ed. (676)
2018 Ed. (637, 638)
2019 Ed. (654)
2020 Ed. (635)
2021 Ed. (587)
Ice pop novelties
　2002 Ed. (2715)
Ice & heat packs
　2002 Ed. (2284)
Ice Palace
　2001 Ed. (4351)
　2002 Ed. (4343)
Ice Palace Arena
　1999 Ed. (1417)
Ice pops
　2001 Ed. (1996)
　2002 Ed. (4310)
Ice skates/hockey
　1994 Ed. (3369)
Ice skating
　1999 Ed. (4383)
Ice Stadium
　2001 Ed. (4359)
ICE (U.S.)
　2021 Ed. (4474)
Icebank Ltd.
　1993 Ed. (500)
　1994 Ed. (504)
　1995 Ed. (487)
　1996 Ed. (532)
　1997 Ed. (491)
　1999 Ed. (538)
　2000 Ed. (549)
Icebank Ltd. (Lanastofriun sparisjodanna h.f.)
　1992 Ed. (699)
Iceberg lettuce
　1997 Ed. (3832)
　1998 Ed. (3658)
Iceberg Networks
　2017 Ed. (1485)
　2019 Ed. (1492, 3095)
IceBorn
　2015 Ed. (4861)
Icebreakers
　2004 Ed. (875)
Ice.com
　2008 Ed. (2444)
　2013 Ed. (2474)
　2014 Ed. (2400)
ICED
　2014 Ed. (4106, 4107, 4108, 4109, 4110, 4111, 4112)
　2015 Ed. (4084, 4085, 4086, 4087, 4088, 4089, 4090)
　2016 Ed. (3995, 3996, 4000, 4001, 4002, 4003, 4004)
　2017 Ed. (3959, 3966, 3967, 3968, 3969, 3970, 3971)
　2018 Ed. (3983, 3984, 3985, 3986, 3987, 3988, 3989, 3990)
Iced tea
　1996 Ed. (2646)
　2002 Ed. (3488)
Icehouse
　1996 Ed. (781)
　1998 Ed. (2066)
　2007 Ed. (594)
　2009 Ed. (573)
　2010 Ed. (555)
　2015 Ed. (634)
　2016 Ed. (584)
　2017 Ed. (613)
Iceland
　1989 Ed. (2899)
　1991 Ed. (3465)
　1992 Ed. (2358, 4319)
　1993 Ed. (2950, 3681)
　1994 Ed. (1973, 2006, 2367, 3642, 3643)
　1995 Ed. (3718)
　1996 Ed. (3623)
　1997 Ed. (3924)
　2000 Ed. (1585, 2336, 4131)
　2001 Ed. (1141, 1342, 2448, 2449, 3387, 4920, 4921)
　2003 Ed. (2488, 2489, 3023, 3257, 3258)
　2004 Ed. (2620, 2621)
　2005 Ed. (2609, 2610, 2761)
　2006 Ed. (2331, 2332, 2335, 2608, 2609, 2716, 3552, 4083, 4502)
　2007 Ed. (2263, 2266, 2583, 2584)
　2008 Ed. (2399, 2720, 2721)
　2009 Ed. (2383, 2397, 2407, 2408, 2775, 2776, 2965, 3238, 4666)
　2010 Ed. (700, 2111, 2213, 2214, 2309, 2401, 2406, 2707, 2708, 2837, 3379, 3746, 3747, 3837, 4673, 4722)
　2011 Ed. (626, 685, 1642, 2230, 2231, 2237, 2307, 2407, 2693, 2694, 2819, 3327, 3747, 4680)
　2012 Ed. (364, 626, 1495, 2093, 2094, 2099, 2100, 2201, 3083, 3313, 3314, 3752, 4551, 4694)
　2013 Ed. (487, 767, 1626, 2279, 2280,

2288, 2291, 3166, 3385, 3386, 3824, 4656)
　2014 Ed. (120, 498, 1592, 2213, 2214, 2275, 3171, 3208, 3387, 3388, 3747, 4708)
　2015 Ed. (135, 1643, 2277, 2278, 2359, 3231, 3771, 4720)
　2016 Ed. (2248, 2249, 4622)
　2017 Ed. (2185)
　2019 Ed. (2219)
　2020 Ed. (2216)
　2021 Ed. (2188)
　2022 Ed. (720, 2218)
　2023 Ed. (2407)
Iceland Group plc
　2001 Ed. (262)
Iceland (including Bejam)
　1990 Ed. (3500)
Icelandair
　1989 Ed. (243)
　1990 Ed. (220, 228)
Icelandair hf
　2009 Ed. (1736)
　2011 Ed. (1696)
　2012 Ed. (1549)
　2013 Ed. (1695)
Icelandic Group hf
　2009 Ed. (1736)
　2011 Ed. (1696)
　2012 Ed. (1549)
　2013 Ed. (1695)
Icelandic kronur
　2009 Ed. (2260)
Icelandic USA
　2009 Ed. (4393)
Icertis
　2021 Ed. (4265)
ICESS
　2023 Ed. (169)
ICEX 15
　2006 Ed. (4502)
Iceye
　2020 Ed. (4454)
ICF
　2023 Ed. (2671, 2674, 2677)
ICF Communication Systems Inc.
　1999 Ed. (4561)
ICF Consulting
　2004 Ed. (1354)
ICF Consulting Group Inc.
　2005 Ed. (1370)
ICF International
　2009 Ed. (1361, 1362)
　2010 Ed. (4840)
　2012 Ed. (2476)
　2013 Ed. (2143)
　2016 Ed. (2541, 2543, 2544)
　2017 Ed. (780, 1267, 2431, 2433, 2434)
　2018 Ed. (2478, 2480, 2481)
　2019 Ed. (2502, 2505, 2508, 3454)
　2020 Ed. (2494, 2497, 2500, 3447)
　2021 Ed. (2414, 2417, 2420)
　2022 Ed. (2529, 2532, 2535)
ICF International, Inc.
　2014 Ed. (4228)
　2015 Ed. (1304, 4218)
　2018 Ed. (1246)
　2022 Ed. (1255)
ICF-Kaiser Engineers Group Inc.
　1990 Ed. (1181, 1182)
　1991 Ed. (1068, 1552, 1557)
　1992 Ed. (1958)
ICF Kaiser Engineers Inc.
　1992 Ed. (1952)
　1993 Ed. (1101, 1603, 1607)
　1994 Ed. (1123, 1635, 1639)
　1995 Ed. (1192, 1698)
　1998 Ed. (1444)
ICF Kaiser International Inc.
　1995 Ed. (1155, 1673, 1678)
　1996 Ed. (1123, 1128, 1165, 1656, 1661)
　1997 Ed. (1152, 1156, 1734, 1739, 3132)
　1998 Ed. (937, 938, 966, 1436, 1438, 1442, 1449, 1455, 1477, 1478, 1479, 1480, 1482, 1483, 1484, 1485, 1486, 1487, 1489)
　1999 Ed. (1342, 1359, 2021, 2026, 2058)
　2000 Ed. (1250, 1798, 1803, 1845, 1850, 1851, 1852, 1853, 1854, 1855, 1856, 1858)
　2001 Ed. (2244, 2288, 2290, 2295, 2296, 2297, 2298, 2299, 2301)
ICF Next
　2023 Ed. (121, 4121)
ICFA
　2023 Ed. (2791)
ICFA Ltd.
　2011 Ed. (2638)
ICG Commerce
　2004 Ed. (2212)
ICG Communications, Inc.
　2001 Ed. (1039)
　2002 Ed. (1124, 4568)
　2003 Ed. (1076)
ICG Group Inc.
　2016 Ed. (1015, 1018)
ICG Infora
　2011 Ed. (1491)

CUMULATIVE INDEX • 1989-2023

ICG Utilities
  1990 Ed. (1888, 2925)
  1991 Ed. (2778)
  1992 Ed. (2276)
ICGC Philip Morris USA Inc.
  2010 Ed. (4737, 4738)
I.C.H. Corp.
  1989 Ed. (1680, 1682, 2643)
  1990 Ed. (2234)
  1993 Ed. (222)
  1994 Ed. (208)
  1995 Ed. (210, 211)
I.C.H. Corporation
  1990 Ed. (257)
  1992 Ed. (326, 1520)
Ichin
  1989 Ed. (337)
Ichiro Suzuki
  2005 Ed. (267)
  2013 Ed. (187)
ICHN Ltd.
  2021 Ed. (2759)
ICHN Ltd. (DrDoctor)
  2021 Ed. (2759)
ICI
  1990 Ed. (952, 956, 1376, 2758, 3462)
  1991 Ed. (912, 1639, 2355)
  1992 Ed. (1101, 1102, 1117, 1118, 1121, 1840, 3326, 3908)
  1993 Ed. (161, 912, 918, 921)
  1994 Ed. (25, 929, 935, 1563, 2820)
  1995 Ed. (964, 966, 1406, 1747, 3098)
  1996 Ed. (938, 943, 1023)
  1997 Ed. (961, 963, 965, 1420, 2982, 2983)
  1998 Ed. (704, 707)
  1999 Ed. (1096, 1098, 1100, 1102, 1641, 2883)
  2000 Ed. (1029, 1031, 1038)
  2005 Ed. (950, 954, 1039, 1502)
  2006 Ed. (853, 854, 867, 1048)
  2007 Ed. (939, 940, 955, 956, 1137, 3421)
  2008 Ed. (917, 930, 1017)
  2009 Ed. (940, 1002)
  2022 Ed. (1147)
ICI Acrylics Inc.
  1999 Ed. (3847)
  2001 Ed. (3818)
ICI American Holdings Inc.
  2001 Ed. (1679)
ICI Americas
  1989 Ed. (177)
  1990 Ed. (1487)
  1998 Ed. (2874)
  2000 Ed. (1017)
ICI Artificial Lift Inc.
  2009 Ed. (2918)
  2010 Ed. (1463)
ICI Australia
  1999 Ed. (1088)
ICI Canada
  1994 Ed. (924)
  1996 Ed. (932)
  1997 Ed. (960)
  1999 Ed. (1091)
  2000 Ed. (1027)
ICI Homes
  2004 Ed. (1168)
  2005 Ed. (1196, 1199)
  2006 Ed. (1189, 1190)
  2011 Ed. (1113, 1118)
  2018 Ed. (1064)
  2019 Ed. (1075)
ICI Mutual Insurance Co.
  1990 Ed. (906)
  1991 Ed. (857)
  1992 Ed. (1061)
  1993 Ed. (852)
  1994 Ed. (866)
  1995 Ed. (908)
  1996 Ed. (881)
  1997 Ed. (904)
  1998 Ed. (641)
  1999 Ed. (1033)
  2000 Ed. (983)
ICI Paints
  2006 Ed. (3766)
  2007 Ed. (3763)
  2008 Ed. (3843)
  2009 Ed. (3899)
  2010 Ed. (3809)
ICI Paints North America
  2006 Ed. (3767)
  2007 Ed. (3764)
  2008 Ed. (3844)
  2009 Ed. (3900)
ICI Paints U.K. plc
  2002 Ed. (44)
ICI Pak
  2000 Ed. (2878)
ICI Pakistan Limited
  2000 Ed. (2879)
ICI Pakistan Ltd.
  1992 Ed. (69)
  1997 Ed. (2588)
  1999 Ed. (3132)

ICI PLC
  1994 Ed. (1196)
ICI Specialty Inks
  1994 Ed. (2934)
ICIC
  1997 Ed. (686)
ICICI
  2003 Ed. (4588)
  2011 Ed. (560, 2633)
ICICI Bank
  2013 Ed. (382, 3469)
  2014 Ed. (394, 510, 686)
  2015 Ed. (450)
  2016 Ed. (404, 405, 1657, 3193)
  2017 Ed. (412, 413, 707)
  2018 Ed. (378, 379, 1606)
  2019 Ed. (381, 382, 506, 1648)
  2020 Ed. (375, 376, 1605)
  2021 Ed. (422, 1587, 1591)
  2022 Ed. (436, 650, 1605)
  2023 Ed. (595, 596, 1770, 1772)
icici Bank
  2003 Ed. (528, 4588)
  2004 Ed. (506, 544, 551)
  2005 Ed. (525)
  2006 Ed. (455, 1765)
  2007 Ed. (466, 1581, 1772, 4806)
  2008 Ed. (432, 440, 1802)
  2009 Ed. (465, 754, 1748, 1750)
  2010 Ed. (436, 1694)
  2011 Ed. (361, 630, 635, 1706)
  2012 Ed. (361, 1562)
  2013 Ed. (384, 1717, 3494)
  2014 Ed. (395, 1664)
  2015 Ed. (451, 1708)
  2016 Ed. (1656)
  2017 Ed. (1627)
ICICI Bank Ltd.
  2017 Ed. (2405)
  2021 Ed. (481, 1585)
  2022 Ed. (495, 1606)
  2023 Ed. (720, 1771)
ICICI (Industrial Credit & Investment Corp. of India)
  1995 Ed. (1416)
ICICI Lombard General Insurance Co., Ltd.
  2014 Ed. (4759)
  2018 Ed. (4685)
  2019 Ed. (4690)
Icicle Seafoods
  1996 Ed. (1950)
  1997 Ed. (2049)
  1998 Ed. (1734)
  2003 Ed. (2523)
  2013 Ed. (4392)
  2015 Ed. (4410)
iCIMS
  2022 Ed. (4685)
ICIMS Inc.
  2006 Ed. (1130, 1131)
  2008 Ed. (1140, 1974, 2480)
  2009 Ed. (1113, 3012)
  2010 Ed. (1096)
iCIMS Inc.
  2018 Ed. (1764)
Icing sugar
  2001 Ed. (551)
ICL
  1990 Ed. (1130)
  1992 Ed. (1319)
  1993 Ed. (2177, 2178, 2179)
  1994 Ed. (2200, 2201, 2204, 2207, 3480)
  1995 Ed. (2574)
  2000 Ed. (3386)
ICL Group Ltd.
  2022 Ed. (2567)
ICL Industrial Products
  2010 Ed. (1755)
ICL Israel Chemicals
  2018 Ed. (3969)
ICL Israel Chemicals Ltd.
  1994 Ed. (3479)
ICL Personal Systems Oy
  1999 Ed. (1629)
ICL plc
  2000 Ed. (4007)
  2002 Ed. (3224)
iClick Inc.
  2001 Ed. (1870, 2850)
ICM
  2009 Ed. (4247)
ICM Asset
  1993 Ed. (2315)
  1995 Ed. (2369)
ICM Asset Management
  1991 Ed. (2224)
  1998 Ed. (2277)
ICM Opleidingen & trainingen
  2015 Ed. (1877)
ICM Partners
  2014 Ed. (101)
  2023 Ed. (185)
ICM Stellar Sports
  2022 Ed. (4472)
ICMA-RC
  2021 Ed. (2577)

ICMA Retirement Corp.
  1996 Ed. (2930)
  1997 Ed. (2512)
  1998 Ed. (2266)
  1999 Ed. (3044, 3055)
  2000 Ed. (2776)
  2002 Ed. (3005, 3006)
  2012 Ed. (3318)
Icme Ecab Bucuresti
  2002 Ed. (4460)
ICN Biomed
  1990 Ed. (248)
ICN Biomedicals Inc.
  1990 Ed. (254)
  1992 Ed. (893)
  1993 Ed. (702)
  1994 Ed. (712)
  1996 Ed. (1212)
ICN - Incheon International Airport
  2022 Ed. (148, 151)
ICN Pharmaceuticals Inc.
  1993 Ed. (2714, 3465)
  1996 Ed. (1212)
  2004 Ed. (2150, 2151)
ICO Global Communications
  2000 Ed. (3879)
  2001 Ed. (589)
ICO Global Communications Holdings
  2011 Ed. (986)
Ico/Prollantes Necsa
  1997 Ed. (3752)
iCode
  2022 Ed. (2228)
ICOM
  2005 Ed. (120)
  2008 Ed. (117)
Icom Productions Inc.
  2015 Ed. (2399)
Icom Telecom & Utilities
  2000 Ed. (3229)
Icomera
  2010 Ed. (2955)
ICON
  2018 Ed. (3894)
  2019 Ed. (3861)
Icon
  2008 Ed. (3635)
ICON Advisers
  2013 Ed. (3403)
Icon Advisers
  2007 Ed. (3283)
  2008 Ed. (3402)
  2009 Ed. (3461)
  2010 Ed. (3397)
  2012 Ed. (3330)
Icon Brand Navigation
  2002 Ed. (3257)
Icon Central Laboratories Inc.
  2015 Ed. (1910)
  2016 Ed. (1874)
Icon Clinical Research
  2000 Ed. (3378)
Icon Construction & Development
  2006 Ed. (1159)
Icon Credit Union
  2012 Ed. (2046)
  2013 Ed. (2228)
  2014 Ed. (2160)
  2015 Ed. (2224)
  2016 Ed. (2195)
  2018 Ed. (2092)
  2020 Ed. (2071)
  2021 Ed. (2061)
ICON Emerging Markets
  2020 Ed. (3697)
ICON Energy
  2004 Ed. (3568)
  2006 Ed. (3637, 3655, 3656)
  2010 Ed. (3729)
ICON Equity Income
  2021 Ed. (3706)
ICON Equity Income S
  2021 Ed. (3706)
Icon Estates
  2012 Ed. (1377)
Icon Films
  2011 Ed. (2617, 4672)
  2013 Ed. (2678)
  2015 Ed. (2675, 4714)
  2016 Ed. (4617)
  2017 Ed. (4636)
  2018 Ed. (4631)
  2019 Ed. (4647)
  2020 Ed. (4617)
  2021 Ed. (4628)
  2022 Ed. (4646)
  2023 Ed. (4641)
Icon Health
  2005 Ed. (4434)
Icon Health & Fitness
  2019 Ed. (3399)
Icon Health & Fitness Inc.
  2001 Ed. (1890, 2349)
  2003 Ed. (1840)
  2004 Ed. (1874)
  2005 Ed. (1990, 3379)
  2006 Ed. (2088, 3360)
  2007 Ed. (2046)

  2008 Ed. (2148)
  2009 Ed. (2131)
  2010 Ed. (2072, 3534)
  2011 Ed. (2129)
  2012 Ed. (1972)
  2013 Ed. (2131)
  2015 Ed. (2113)
  2016 Ed. (2094)
  2017 Ed. (3408)
Icon Healthcare
  2004 Ed. (3588)
Icon Information Consultants LP
  2007 Ed. (3604)
  2008 Ed. (3734, 4430, 4984)
  2018 Ed. (4955)
  2019 Ed. (4951)
  2020 Ed. (4953)
  2021 Ed. (4957)
Icon Information Technology
  2004 Ed. (2459, 3565)
ICON International
  2013 Ed. (1572)
Icon International
  2009 Ed. (138)
ICON International Inc.
  2014 Ed. (1543)
Icon Key
  2020 Ed. (1870)
ICON Leisure & Consumer Staples
  2007 Ed. (3680)
Icon Mechanical
  2022 Ed. (1152, 1160)
Icon Media Direct
  2010 Ed. (1523)
  2011 Ed. (1518)
Icon Medialab International
  2000 Ed. (176)
  2001 Ed. (215)
ICON Medical Network
  2022 Ed. (2382)
  2023 Ed. (2544)
ICON (Merchant Bankers)
  1995 Ed. (573)
  1996 Ed. (643)
Icon Outsourcing
  2020 Ed. (1899, 3894)
Icon Plc
  2023 Ed. (1800, 3039)
Icon plc
  2016 Ed. (1703)
  2017 Ed. (2833, 3874)
  2020 Ed. (2887, 3898)
  2021 Ed. (2762, 3859)
  2022 Ed. (3878)
  2023 Ed. (3974)
Icon Power
  2022 Ed. (4437)
  2023 Ed. (1208, 1210, 1567)
Icon Power LLC
  2022 Ed. (1369)
Icon Security
  2005 Ed. (4293)
Icon South Europe Region
  1999 Ed. (3567)
ICON Staffing Network
  2016 Ed. (1938)
Icon Trainlong Materials of Iowa Inc.
  2008 Ed. (3709)
ICONCO Inc.
  2001 Ed. (1473)
  2002 Ed. (1288)
Iconic Results
  2022 Ed. (70)
Iconix Brand Group
  2010 Ed. (1881, 2864)
  2011 Ed. (2850)
  2013 Ed. (1933, 2844, 3511, 3880)
  2014 Ed. (3485)
  2015 Ed. (1907, 3502)
  2016 Ed. (896, 1870, 3353)
  2017 Ed. (3318)
  2018 Ed. (3381)
  2019 Ed. (3363)
  2020 Ed. (3365)
  2021 Ed. (3298)
Iconix Pharmaceuticals Inc.
  2007 Ed. (3909)
Iconma LLC
  2013 Ed. (4983)
iCONN Systems
  2016 Ed. (3451)
Icont
  2018 Ed. (1647, 3132)
iContact
  2010 Ed. (121)
iCORE Global
  2015 Ed. (4168)
  2017 Ed. (4058)
  2018 Ed. (4085)
  2019 Ed. (4089)
Icore International
  2016 Ed. (3419)
  2017 Ed. (3379)
  2018 Ed. (3445)
iCore Networks
  2011 Ed. (4656)

ICOS Corp.
　2002 Ed. (2537)
　2003 Ed. (2744)
　2004 Ed. (4561)
　2006 Ed. (2084)
ICOS Corp. of America
　1991 Ed. (1082)
　1992 Ed. (1415)
　1993 Ed. (1128)
ICOS Vision Systems Corp.
　2008 Ed. (1579, 3207)
　2009 Ed. (1512, 3269)
ICP Corp.
　2005 Ed. (120)
　2006 Ed. (3530, 4369)
　2007 Ed. (3583, 3584, 4437)
ICR
　2011 Ed. (4102, 4108, 4117)
　2012 Ed. (4132, 4138, 4147, 4149)
　2013 Ed. (4125, 4128, 4130, 4133)
　2014 Ed. (4140, 4146, 4149, 4154, 4155)
　2015 Ed. (4122, 4127, 4129, 4132, 4137)
　2016 Ed. (4036, 4041, 4043, 4046, 4051)
　2017 Ed. (4009, 4012, 4014, 4017, 4022, 4024, 4030)
　2018 Ed. (4031, 4036, 4038, 4041, 4046, 4048, 4054)
　2019 Ed. (4024, 4029, 4031, 4034, 4041, 4044, 4047)
　2020 Ed. (4039, 4041, 4044, 4052, 4055, 4058)
　2021 Ed. (4006, 4008, 4013, 4016, 4021, 4027, 4030, 4033)
　2022 Ed. (4017, 4024, 4026, 4031, 4034, 4039, 4040, 4049, 4052)
　2023 Ed. (4103, 4131, 4136, 4139, 4144, 4145, 4154, 4157)
ICR LLC
　2020 Ed. (4051)
　2021 Ed. (4013, 4020)
iCracked
　2016 Ed. (1116)
　2017 Ed. (1158)
ICRAVE
　2019 Ed. (190)
ICRC
　2006 Ed. (3495, 3689, 4339)
　2007 Ed. (3531)
iCrossing
　2009 Ed. (2456)
　2010 Ed. (2377, 3584)
　2011 Ed. (2376, 3586)
　2012 Ed. (2303)
　2014 Ed. (2411)
　2015 Ed. (2486)
　2016 Ed. (2417)
iCrossing Hearst Corp.
　2018 Ed. (2326)
ICS
　1994 Ed. (3143)
　2011 Ed. (3137)
　2023 Ed. (3129)
ICS Courier
　2011 Ed. (4769)
ICS Creative Agency
　2016 Ed. (1467)
ICS FoodOne.com
　2001 Ed. (4755)
ICS Nett Inc.
　2012 Ed. (1202)
ICS/True Q Media Network
　2022 Ed. (3012)
ICSA
　2009 Ed. (1112, 1747)
ICSA (India) Ltd.
　2009 Ed. (3005)
ICSC Inc.
　1994 Ed. (1067)
ICSC Spring Convention, Leasing Mall & Trade Expo
　2004 Ed. (4752)
ICSN
　2010 Ed. (3531)
ICST
　2006 Ed. (3517, 4356)
　2007 Ed. (3562, 4424)
ICT Automatisering
　2002 Ed. (4292)
ICT Group Inc.
　1992 Ed. (4205)
　1993 Ed. (3512)
　1997 Ed. (3697)
　1999 Ed. (4556)
　2000 Ed. (4195)
　2001 Ed. (4466)
　2005 Ed. (4646, 4647, 4649, 4650)
Icthus Operations
　2023 Ed. (3781)
ICU Medical
　1997 Ed. (2953)
　2010 Ed. (4498, 4507, 4509)
ICU Medical Inc.
　2018 Ed. (1435)
　2019 Ed. (1441, 1471)
　2020 Ed. (1403, 1436)
　2021 Ed. (1400)
　2023 Ed. (1633)

ICU Technologies
　2022 Ed. (1230, 1231)
ICUEE
　2004 Ed. (4752)
　2008 Ed. (4720)
ICV Capital Partners LLC
　2003 Ed. (218)
　2004 Ed. (174)
　2005 Ed. (176)
　2006 Ed. (189)
　2007 Ed. (195)
　2008 Ed. (178)
　2009 Ed. (197)
　2010 Ed. (176)
　2011 Ed. (101)
　2012 Ed. (108)
　2013 Ed. (89)
　2015 Ed. (112)
　2016 Ed. (120)
ICV Partners
　2017 Ed. (111)
　2018 Ed. (122)
　2019 Ed. (108)
　2020 Ed. (103)
ICV Partners L.L.C.
　2021 Ed. (95)
　2022 Ed. (110)
ICW Group
　2016 Ed. (3255, 3264)
　2017 Ed. (3211)
　2019 Ed. (3246, 3259)
Icy
　1992 Ed. (4407, 4408, 4409, 4410)
　1993 Ed. (2448, 3679)
Icy Hot
　1999 Ed. (275)
　2001 Ed. (384)
　2002 Ed. (315, 316)
　2003 Ed. (280)
　2004 Ed. (245)
　2016 Ed. (200)
　2017 Ed. (186)
　2018 Ed. (174)
　2019 Ed. (176)
　2020 Ed. (177)
　2021 Ed. (176)
　2023 Ed. (234, 235)
Icy Hot Lidocaine Patches Plus Menthol Max Strength
　2019 Ed. (3749)
Icy Hot Smart Relief
　2017 Ed. (3480)
Icy Sparks
　2003 Ed. (723)
iCyt
　2008 Ed. (1797)
iD
　2002 Ed. (3265)
ID Analytics Inc.
　2010 Ed. (2925)
ID Biomedical Corp.
　2003 Ed. (1638)
ID Capital Group
　1992 Ed. (4389)
id Communications
　2002 Ed. (2991)
ID Enhancements Inc.
　2008 Ed. (3732, 4982)
ID Experts
　2011 Ed. (4388)
ID Finance
　2019 Ed. (1968, 1969, 2629)
　2020 Ed. (2641)
　2021 Ed. (2551)
ID Finance Investments
　2020 Ed. (1899)
　2021 Ed. (1860)
ID Group
　2012 Ed. (1502)
I.D. Images
　2023 Ed. (4054)
ID Images
　2013 Ed. (4070, 4084)
　2014 Ed. (4093)
I.D. Images LLC
　2020 Ed. (3990)
　2021 Ed. (3955)
　2022 Ed. (3967)
ID Label Inc.
　2009 Ed. (4097)
　2010 Ed. (4013, 4015, 4036, 4040)
　2019 Ed. (3969)
　2022 Ed. (3967)
　2023 Ed. (4054)
I'd Like to Buy the World a Coke
　2000 Ed. (780)
ID Media
　2011 Ed. (1913)
Id Software
　2003 Ed. (3348)
I.D. Systems Inc.
　2007 Ed. (2332)
ID Technology
　2016 Ed. (3446)
Ida Blum
　1994 Ed. (890)
Ida County State Bank
　1989 Ed. (209)

IDA Distrib de Los Andes
　1989 Ed. (1105)
IDA Forsikring-Idas Forsikringsgr
　2016 Ed. (1531)
IDA Ireland
　2010 Ed. (3485)
　2011 Ed. (3488)
　2012 Ed. (3492)
　2013 Ed. (3534)
　2014 Ed. (3511)
　2015 Ed. (3526)
Ida Plus DDB Skopje
　1999 Ed. (120)
Idabel, OK
　2002 Ed. (1058)
Idacorp
　2016 Ed. (2371)
Idacorp Inc.
　2003 Ed. (1558, 1693)
　2004 Ed. (1728)
　2005 Ed. (2313)
　2006 Ed. (2076)
　2008 Ed. (2141)
　2010 Ed. (2062)
　2011 Ed. (1698, 2117)
　2012 Ed. (1551, 1960)
　2013 Ed. (1699)
　2014 Ed. (1647, 2104)
　2015 Ed. (1689)
　2016 Ed. (1642)
Idaho
　1989 Ed. (1736, 2612)
　1990 Ed. (826, 2448, 2868, 2889, 3360, 3373, 3397, 3410, 3412, 3424, 3507)
　1991 Ed. (325, 2162, 2350, 2485, 3128, 3192, 3214, 3345, 3347)
　1992 Ed. (2334, 2574, 2810, 2914, 2924, 2928, 2929, 2930, 3090, 3106, 3977, 4090, 4128, 4129, 4130, 4428)
　1993 Ed. (363, 3320, 3399, 3691)
　1994 Ed. (2334, 2414, 2535, 3309, 3374, 3377)
　1995 Ed. (3450, 3755)
　1996 Ed. (2091, 3516, 3520, 3529, 3580)
　1997 Ed. (3571, 3622, 3785)
　1998 Ed. (179, 472, 2059, 2382, 3380, 3381, 3385, 3611)
　1999 Ed. (1077, 1848, 2812, 4402, 4403, 4430, 4445, 4454)
　2000 Ed. (3007)
　2001 Ed. (277, 2052, 2053, 2418, 2541, 2544, 2545, 2613, 2664, 2823, 2824, 3174, 3294, 3321, 3597, 3849, 4211, 4223, 4228, 4260, 4261, 4268, 4412, 4782)
　2002 Ed. (441, 446, 457, 465, 467, 470, 475, 476, 477, 495, 496, 668, 869, 1118, 1119, 2008, 2011, 2119, 2590, 3079, 3202, 3341, 3632, 3734, 4101, 4106, 4115, 4160, 4162, 4163, 4164, 4165, 4167, 4168, 4169, 4170, 4333, 4372, 4520, 4892)
　2003 Ed. (388, 389, 402, 412, 413, 414, 416, 417, 418, 786, 1064, 1066, 1067, 1068, 2145, 2146, 2147, 2148, 2678, 2829, 3700, 4233, 4247, 4250, 4253, 4254, 4255, 4256, 4286, 4294, 4299, 4400, 4418, 4419, 4424, 4896)
　2004 Ed. (359, 367, 368, 390, 391, 392, 395, 396, 397, 436, 775, 896, 1071, 1076, 1077, 1091, 2293, 2295, 2296, 2566, 2793, 2806, 2971, 3299, 3477, 3478, 3743, 3897, 3923, 4251, 4263, 4267, 4268, 4269, 4270, 4271, 4273, 4274, 4275, 4276, 4300, 4305, 4307, 4412, 4513, 4514, 4519, 4819, 4886, 4887, 4960, 4994)
　2005 Ed. (386, 387, 409, 411, 414, 415, 416, 442, 443, 1077, 1079, 1080, 1081, 2528, 2785, 2987, 3300, 3318, 3652, 3836, 3871, 3882, 4184, 4199, 4200, 4201, 4202, 4203, 4204, 4206, 4207, 4208, 4209, 4227, 4238, 4239, 4240, 4241, 4362, 4794, 4899, 4900, 4943, 4944)
　2006 Ed. (2358, 2754, 2755, 3750, 3934, 3943, 4305, 4476, 4932, 4933)
　2007 Ed. (2292, 2371, 2763, 3749, 3824, 3992, 4001, 4371, 4804, 4938, 4939)
　2008 Ed. (2424, 2437, 2641, 2642, 3004, 3278, 3830, 3885, 4009, 4326, 4915, 4916)
　2009 Ed. (2399, 2423, 2439, 2669, 3034, 3090, 3296, 3335, 3476, 3537, 3553, 3884, 3948, 4430, 4766, 4926, 4927)
　2010 Ed. (822, 1058, 1059, 2312, 2328, 2329, 2340, 2360, 2421, 2573, 2878, 2880, 3022, 3149, 3223, 3269, 3274, 3460, 3471, 3612, 3795, 4002, 4473, 4569, 4570, 4680, 4780, 4838, 4930, 4931)
　2011 Ed. (749, 996, 997, 2324, 2325, 2334, 2356, 2424, 2549, 2550, 2859, 2862, 2991, 3116, 3186, 3238, 3243, 3474, 3615, 3792, 4010, 4410, 4532, 4632, 4731, 4796, 4915, 4916)
　2012 Ed. (273, 910, 911, 920, 921, 2222, 2227, 2243, 2280, 2281, 2345, 2498, 2499, 2792, 2917, 3052, 3145, 3202,

3209, 3481, 3609, 4534)
　2013 Ed. (1065, 2422, 2835, 3134, 3222, 3270, 3721, 3828, 3840, 4040, 4491, 4572, 4574, 4586, 4997)
　2014 Ed. (276, 756, 3229, 3241, 3297, 4629, 4631, 4640)
　2015 Ed. (791, 884, 2543, 2544, 4625, 4986)
　2016 Ed. (713, 2342, 4543, 4903)
　2017 Ed. (312, 3004, 3094, 4532, 4536, 4538, 4547)
　2018 Ed. (2250, 2353, 3128, 4557, 4561, 4563, 4568, 4572)
　2019 Ed. (722, 3060, 3130, 4558, 4562, 4564, 4569, 4573)
　2020 Ed. (4911)
　2021 Ed. (2212, 3330, 3362, 3363, 4374)
　2022 Ed. (2248, 2351, 3394, 3412, 3413, 3742)
　2023 Ed. (2516, 3001, 3529, 3542, 3543)
State of Idaho
　2023 Ed. (2101)
Idaho Central Credit Union
　2002 Ed. (1862)
　2003 Ed. (1916)
　2004 Ed. (1956)
　2005 Ed. (2098)
　2006 Ed. (2193)
　2007 Ed. (2114)
　2008 Ed. (2212, 2229)
　2009 Ed. (2213)
　2010 Ed. (2167)
　2011 Ed. (2186)
　2012 Ed. (2046)
　2013 Ed. (2228)
　2014 Ed. (2160)
　2015 Ed. (2224)
　2016 Ed. (2195)
　2018 Ed. (2092)
　2020 Ed. (2071)
　2021 Ed. (2017, 2061)
　2022 Ed. (2053, 2096)
　2023 Ed. (2165, 2211)
Idaho; College of
　1995 Ed. (1065)
Idaho Emergency Physicians
　2012 Ed. (2797)
Idaho Falls, ID
　2005 Ed. (3467)
　2007 Ed. (2370, 3359, 3363, 3375)
　2008 Ed. (2490)
　2009 Ed. (2496)
　2017 Ed. (2105)
Idaho Falls-Pocatello, ID
　2005 Ed. (838)
　2006 Ed. (766)
　2007 Ed. (864)
　2008 Ed. (825)
　2009 Ed. (847)
　2010 Ed. (792)
　2011 Ed. (719)
Idaho First Bank
　2016 Ed. (508)
　2021 Ed. (371)
　2022 Ed. (384)
　2023 Ed. (502)
Idaho First National Bank
　1989 Ed. (203, 205)
Idaho Forest Group
　2019 Ed. (4436)
Idaho Housing & Finance Association
　2001 Ed. (804)
Idaho Independent Bank
　2009 Ed. (393)
　2016 Ed. (2120)
IDAHO Magazine
　2013 Ed. (4981)
Idaho National Lab
　2023 Ed. (2331, 2333)
Idaho National Laboratory
　2011 Ed. (4186, 4191, 4196)
　2012 Ed. (4238, 4241)
　2014 Ed. (4235)
　2015 Ed. (4231)
　2016 Ed. (4153)
　2017 Ed. (4115)
Idaho Pacific Lumber
　2016 Ed. (2864)
　2018 Ed. (2890)
　2019 Ed. (2840, 2844)
　2021 Ed. (2745, 2749)
Idaho Power Co.
　1991 Ed. (1505)
　1992 Ed. (1888, 1906)
　1995 Ed. (1645)
　2000 Ed. (3673)
　2001 Ed. (2145)
　2012 Ed. (1551)
　2013 Ed. (1699)
　2014 Ed. (1647)
　2016 Ed. (1642)
Idaho Power Co., Boise
　1991 Ed. (1489)
Idaho Power Co., Ontario, OR
　1991 Ed. (1489)
Idaho Public Employees
　2008 Ed. (2300, 2309)
　2009 Ed. (2299)

Idaho Small Business Development Center
  2016 Ed. (4945)
Idaho State University Credit Union
  2002 Ed. (1862)
  2007 Ed. (2114)
  2008 Ed. (2229)
  2012 Ed. (2029)
  2013 Ed. (2228, 2256)
  2014 Ed. (2160)
  2015 Ed. (2224)
  2016 Ed. (2195)
  2020 Ed. (2071)
  2021 Ed. (2061)
Idaho State University Federal Credit Union
  2018 Ed. (2092)
Idaho Timber LLC
  2015 Ed. (2807)
Idaho Trust Bank
  2021 Ed. (371)
  2022 Ed. (384)
  2023 Ed. (502)
Idahoan Steakhouse
  2018 Ed. (4464)
Idahy Credit Union
  2002 Ed. (1862)
  2003 Ed. (1916)
  2004 Ed. (1956)
  2005 Ed. (2098)
  2006 Ed. (2193)
  2007 Ed. (2114)
  2008 Ed. (2229)
  2009 Ed. (2213)
  2010 Ed. (2167)
  2011 Ed. (2186)
Idamar Enterprises
  2002 Ed. (2815)
Idan Ofer
  2013 Ed. (4881, 4918)
  2014 Ed. (4894)
  2015 Ed. (4933)
  2016 Ed. (4849)
  2017 Ed. (4854)
  2018 Ed. (4862)
  2019 Ed. (4856)
  2020 Ed. (4846)
  2021 Ed. (4847)
  2022 Ed. (4842)
  2023 Ed. (4837)
IData
  2012 Ed. (2213)
Idayo Investor
  2002 Ed. (4817)
IDB Communications Group Inc.
  1995 Ed. (884)
  1996 Ed. (1722, 2889)
IDB Development
  1991 Ed. (3274, 3275)
  1992 Ed. (4196, 4197)
  1993 Ed. (3506, 3507)
  1994 Ed. (3479, 3480)
  1996 Ed. (3634)
  1999 Ed. (4539)
  2000 Ed. (4184)
  2006 Ed. (4684)
IDB/FCB
  2001 Ed. (120)
IDB Holding
  2015 Ed. (3434)
IDB Holding Corp., Ltd.
  1996 Ed. (3635)
  2006 Ed. (1818)
  2007 Ed. (1825)
  2008 Ed. (1860)
  2009 Ed. (1815)
  2010 Ed. (1754)
  2011 Ed. (1768)
  2012 Ed. (1620, 3335)
  2013 Ed. (1778, 3401)
  2014 Ed. (1713, 3401)
  2015 Ed. (1756)
IDB Holdings
  1994 Ed. (3479)
  1997 Ed. (3685, 3686)
  1999 Ed. (4540)
  2000 Ed. (4184)
IDB-IIC
  2000 Ed. (1626)
IDB-IIC Credit Union
  1996 Ed. (1506)
  1998 Ed. (1219)
  2002 Ed. (1840, 1857)
  2003 Ed. (1900, 1954)
  2004 Ed. (1939, 1940, 1994)
  2005 Ed. (2064, 2080)
  2006 Ed. (2157, 2174, 2231)
  2007 Ed. (2152)
  2008 Ed. (2267)
  2009 Ed. (2254)
  2010 Ed. (2207)
  2011 Ed. (2225)
  2012 Ed. (2087)
  2013 Ed. (2222, 2256)
  2014 Ed. (2154)
  2015 Ed. (2208, 2218)
  2016 Ed. (2179, 2189)
IDB-IIC Federal Credit Union
  2018 Ed. (2128)
  2021 Ed. (2100)

2022 Ed. (2132)
2023 Ed. (2250)
IDBI
  2008 Ed. (432)
  2010 Ed. (436)
  2011 Ed. (361)
  2013 Ed. (382)
  2014 Ed. (394)
  2015 Ed. (450)
  2016 Ed. (404)
  2017 Ed. (412)
  2018 Ed. (378)
IDBI Bank
  2012 Ed. (361)
  2013 Ed. (384)
  2014 Ed. (395)
  2015 Ed. (451)
IDC Architects
  2006 Ed. (2453, 2455)
IDC Architecture
  2014 Ed. (187)
  2015 Ed. (215)
  2016 Ed. (213)
IDC COMPONENTES
  2022 Ed. (4559)
IDC Componentes
  2022 Ed. (1716)
Ide Hyundai; Dick
  1993 Ed. (271)
  1994 Ed. (270)
IDE Technologies
  2018 Ed. (1327)
Idea Buyer
  2019 Ed. (1106, 1897)
Idea Cellular
  2015 Ed. (1711, 4683)
  2016 Ed. (4594)
  2017 Ed. (4610, 4613)
  2018 Ed. (1603)
  2019 Ed. (1643)
  2021 Ed. (624, 4583, 4615)
  2022 Ed. (651)
Idea DOO
  2015 Ed. (1620)
  2016 Ed. (1546)
Idea Farmer
  2019 Ed. (52)
Idea Grove
  2015 Ed. (4146)
  2016 Ed. (4060)
  2017 Ed. (4031)
  2018 Ed. (4055)
  2019 Ed. (4048)
  2020 Ed. (4059)
  2021 Ed. (4031)
  2022 Ed. (4050)
  2023 Ed. (4155)
IDEA Lab Kids
  2022 Ed. (2228)
The Idea Marketing
  2015 Ed. (3002)
IDEA Plus DDB
  2001 Ed. (163)
  2002 Ed. (138)
Idea Plus DDB Belgrade
  1999 Ed. (171)
  2000 Ed. (192)
  2001 Ed. (242)
  2002 Ed. (212)
Idea Plus DDB Skopje
  2000 Ed. (126)
Idea Village
  2018 Ed. (4082)
Idea Village Copper Fit
  2023 Ed. (2830, 2831)
Idea Villagw
  2016 Ed. (4082)
  2017 Ed. (4057)
The Idea Works
  1999 Ed. (2838)
Ideal Basic Industries
  1990 Ed. (844, 921)
  1991 Ed. (876, 3228)
Ideal Credit Union
  2016 Ed. (2208)
  2018 Ed. (2103)
  2020 Ed. (2082)
  2022 Ed. (2107)
  2023 Ed. (2222)
Ideal Electrical Supply Corp.
  2006 Ed. (3547, 4385)
  2007 Ed. (3612, 4453)
  2008 Ed. (3739, 4437, 4985)
Ideal Group
  2015 Ed. (3011)
The Ideal Group Inc.
  2001 Ed. (2709)
  2002 Ed. (2538, 2555, 2556)
  2004 Ed. (2833)
  2005 Ed. (2843)
  2008 Ed. (2963)
  2009 Ed. (3041, 3043)
  2010 Ed. (2967)
  2011 Ed. (2930)
  2012 Ed. (2863)
  2013 Ed. (2932, 2933)
  2014 Ed. (2949)
  2015 Ed. (2997, 2998)

2016 Ed. (2923)
2017 Ed. (2881)
2018 Ed. (2947)
Ideal Home
  2000 Ed. (3498)
Ideal Home Solutions Inc.
  2010 Ed. (2969)
  2011 Ed. (2932)
Ideal Homes of Norman
  2005 Ed. (1220)
Ideal Homes of Norman LP
  2006 Ed. (1158)
  2013 Ed. (1977)
  2014 Ed. (1916)
  2015 Ed. (1960)
  2016 Ed. (1930)
Ideal Image Development Corp.
  2008 Ed. (3888)
Ideal Innovations Inc.
  2009 Ed. (1350, 3032)
  2010 Ed. (2958)
Ideal Search Group
  2022 Ed. (2386)
  2023 Ed. (2548)
Ideal Sipka ad
  2019 Ed. (2691)
Ideal Steel and Builders' Supplies Inc.
  1998 Ed. (1939)
  1999 Ed. (2685)
  2000 Ed. (2469)
  2001 Ed. (2710)
Ideal System Solutions Inc.
  2007 Ed. (3570)
  2008 Ed. (3716, 4406, 4968)
Ideal Village Copper Fit
  2018 Ed. (2683)
idealab Capital Partners
  2002 Ed. (4736)
Idealist.org
  2003 Ed. (3045)
  2011 Ed. (1915, 1969, 1970, 1973)
Ideals Basic Inds
  1989 Ed. (865)
IdealScripts
  2010 Ed. (5001)
Idearc Inc.
  2009 Ed. (4691)
  2010 Ed. (4135)
  2011 Ed. (4135)
IDEAS
  1993 Ed. (865)
  2007 Ed. (3412)
Ideas & Action
  2020 Ed. (3449)
IDEC Pharmaceuticals Corp.
  1993 Ed. (3113)
  1997 Ed. (2974)
  2002 Ed. (1494, 2046)
  2003 Ed. (683, 1714)
  2004 Ed. (953, 2150, 2772, 3307, 4561, 4567, 4568, 4569)
  2005 Ed. (1465, 1468)
ideeli
  2013 Ed. (4094, 4273)
Idees & Communication
  1995 Ed. (95)
  1999 Ed. (117)
Idei; Nobuyuki
  2005 Ed. (789, 2470)
  2006 Ed. (690)
Idelman Marketing/ITI Marketing Services Inc.
  1995 Ed. (3556)
Idelman Telemarketing Inc.
  1989 Ed. (2795)
  1991 Ed. (3282)
  1992 Ed. (4205, 4206)
  1997 Ed. (3697, 3699)
Idemitsu
  2013 Ed. (3988)
  2018 Ed. (2519, 2567)
Idemitsu Kosan
  1990 Ed. (2849)
  1992 Ed. (1643, 1644)
  1993 Ed. (1341, 1343)
  2002 Ed. (1076, 3695)
  2003 Ed. (3852)
  2006 Ed. (3991)
  2012 Ed. (3911)
  2013 Ed. (1753, 3961)
  2014 Ed. (3905)
  2015 Ed. (3933)
  2016 Ed. (3851, 3857)
  2017 Ed. (3814, 3819)
  2018 Ed. (3861)
  2019 Ed. (3830, 3849)
  2020 Ed. (2370, 3865)
  2021 Ed. (3824, 3838)
  2022 Ed. (3846, 3851, 3860)
  2023 Ed. (3945, 3957)
Idemitsu Kosan Co. Ltd.
  2023 Ed. (2712, 3961)
Idemitsu Kosan Co., Ltd.
  2014 Ed. (3931)
  2015 Ed. (3573)
  2020 Ed. (3880)
  2021 Ed. (2342, 2458)
  2022 Ed. (2414, 2569)

Idemitsu Petrochemical Co. Ltd.
  1993 Ed. (915)
  1996 Ed. (1406)
  2001 Ed. (3838)
Idenix Pharmaceuticals Inc.
  2005 Ed. (1467)
  2006 Ed. (4256)
  2009 Ed. (2981)
  2010 Ed. (4603)
Ident-A-Kid
  2008 Ed. (169)
Ident-A-Kid Franchise
  2016 Ed. (796)
Ident-A-Kid Franchise Corp.
  2013 Ed. (991)
  2015 Ed. (976)
Ident-A-Kid Services of America
  2004 Ed. (909)
  2005 Ed. (900, 904)
  2006 Ed. (1004)
  2007 Ed. (1095)
  2008 Ed. (971)
  2009 Ed. (964)
  2010 Ed. (923)
  2011 Ed. (860)
The Identica Partnership
  1999 Ed. (2836)
  2002 Ed. (1957)
Identified Talent Solutions
  2018 Ed. (1403)
  2019 Ed. (1446, 3041)
  2020 Ed. (1409)
Identikey Pty. Ltd.
  2004 Ed. (1544)
Identillect Technologies Corp.
  2019 Ed. (4509)
Identitech
  1998 Ed. (839, 1323)
Identity Group I Business Stationery
  2013 Ed. (4082)
  2014 Ed. (4098, 4099)
Identity theft
  2005 Ed. (2683)
Identiv
  2018 Ed. (4299, 4300)
  2019 Ed. (4325, 4327)
  2020 Ed. (4317, 4320)
  2021 Ed. (4334, 4336)
  2022 Ed. (4342, 4344)
  2023 Ed. (4372, 4376)
Identive Group Inc.
  2012 Ed. (1370)
  2013 Ed. (1462)
Identix Inc.
  2004 Ed. (1341)
Idento
  2021 Ed. (1082)
Ideo SP
  2013 Ed. (2901)
Ideon Media
  2014 Ed. (2875)
Ideon Packaging Ltd.
  2012 Ed. (1014, 3531)
Idera Pharmaceuticals
  2011 Ed. (1834, 1836, 1842)
  2012 Ed. (2766)
Idera Pharmaceuticals Inc.
  2019 Ed. (1764)
Ideria
  2020 Ed. (4167)
  2021 Ed. (4109)
iDesk plc
  2002 Ed. (2493)
Idetic
  2006 Ed. (2489)
Idex AEGON Income Plus
  2000 Ed. (3255)
IDEX Aggressive Growth
  2000 Ed. (3244)
Idex Alger Aggressive Growth
  2000 Ed. (3245)
  2001 Ed. (3425)
IDEX Balanced
  2000 Ed. (3226, 3227, 3248, 3252)
IDEX Corp.
  1992 Ed. (3149, 3190)
  1993 Ed. (2688)
  1997 Ed. (2896)
  1999 Ed. (2615, 2666)
  2004 Ed. (2790, 2791)
  2005 Ed. (2782, 2783)
  2006 Ed. (2279)
  2007 Ed. (2211)
  2018 Ed. (3416)
IDEX Fund
  1993 Ed. (2659)
IDEX Fund 3
  1997 Ed. (2896)
Idex Global A
  1998 Ed. (2596, 2609)
  1999 Ed. (3514, 3551)
IDEX Growth
  2000 Ed. (3241)
IDEX Growth Fund
  2000 Ed. (3268, 3273)
Idex Health & Science
  2012 Ed. (1364)
  2013 Ed. (1449)

CUMULATIVE INDEX • 1989-2023

IDEX II
  1991 Ed. (2556)
  1992 Ed. (3183)
  1993 Ed. (2659, 2688)
Idex Income Plus A
  2000 Ed. (766)
Idex Janus Capital Appreciation
  2004 Ed. (3606)
Idex JCC Balanced
  2000 Ed. (3251)
Idex JCC Global
  2000 Ed. (3291)
Idex LKCM Strategic Total Return
  2001 Ed. (3431)
IDEX Total Income Trust
  1994 Ed. (2619)
IDEXX Laboratories
  2020 Ed. (2879)
Idexx Laboratories Inc.
  2004 Ed. (682, 683)
  2005 Ed. (675, 676, 1852)
  2006 Ed. (1859, 3447)
  2007 Ed. (1863, 3466)
  2008 Ed. (1897)
  2009 Ed. (1860)
  2010 Ed. (1792)
  2011 Ed. (1817)
  2012 Ed. (1675)
  2013 Ed. (1826)
  2014 Ed. (1754, 1755)
  2015 Ed. (1799)
  2016 Ed. (1753)
  2017 Ed. (1725)
  2018 Ed. (1678)
  2019 Ed. (1744)
IDF Paris
  1996 Ed. (513)
idfive
  2023 Ed. (4102)
IDGC Holding
  2012 Ed. (2271)
  2013 Ed. (2445)
  2014 Ed. (2380)
  2015 Ed. (2448)
  2016 Ed. (2394)
  2017 Ed. (2243)
IDG.net
  2002 Ed. (4858)
IDHL Group
  2019 Ed. (3466)
IDI
  2003 Ed. (2888, 4063)
  2004 Ed. (2997)
  2005 Ed. (2995)
  2006 Ed. (2990)
  2007 Ed. (3021)
  2008 Ed. (3139)
  2009 Ed. (3223)
  2015 Ed. (3229)
IDI Gazeley
  2016 Ed. (3086)
The IDI Group Cos.
  2006 Ed. (1192)
  2007 Ed. (1299)
iDine Rewards Network Inc.
  2004 Ed. (235)
Idiom Technolgies Inc.
  2001 Ed. (2859)
iDirect
  2007 Ed. (4727)
iDirect Marketing
  2006 Ed. (106)
iDirect Technologies
  2006 Ed. (4705)
IDIS
  2021 Ed. (4332, 4335, 4339)
Idis
  2018 Ed. (4297, 4304)
  2019 Ed. (4323, 4331)
IDIS (S. Korea)
  2021 Ed. (4335)
IDL Inc.
  2006 Ed. (4375)
Idle; Eric
  2008 Ed. (2582)
Idle Hands
  2001 Ed. (4698)
Idle Wild Foods Inc.
  1992 Ed. (2995)
  1993 Ed. (2519, 2889)
  1994 Ed. (1882, 2451, 2457, 2903)
Idle Wild Foods Inc. (National)
  1995 Ed. (2959)
Idle Wilds Foods Inc. (National)
  1995 Ed. (2525)
IdleAire Technologies
  2010 Ed. (4791)
Idlewild Park
  1995 Ed. (216)
Idlewood Electric Supply Inc.
  1995 Ed. (3793)
The IDN Group
  1999 Ed. (2840)
Idnadarbanki Island HF (Industrial Bank of Iceland)
  1991 Ed. (541)
IDO Corp.
  2001 Ed. (3334)

Idol & Friends (Ammirati)
  1999 Ed. (171)
Idols & Friends
  2001 Ed. (242)
IDOM
  2020 Ed. (2468)
  2021 Ed. (2392)
  2022 Ed. (2503)
  2023 Ed. (2611)
Idom
  2023 Ed. (302)
IDP Computer Services
  2000 Ed. (903)
IDP Distribution
  2009 Ed. (3777)
IDP Education
  2003 Ed. (3954)
  2004 Ed. (1059)
IDR
  2022 Ed. (2365)
  2023 Ed. (2528)
Idrac; Anne-Marie
  2008 Ed. (4949)
  2009 Ed. (4972)
IDRC
  1999 Ed. (4555, 4556, 4558)
  2000 Ed. (4193, 4194, 4195)
Idris
  1996 Ed. (2448)
  1997 Ed. (2594)
Idris-Hydraulic
  1994 Ed. (2349)
IDrive Logistics
  2015 Ed. (3537)
IDS
  1994 Ed. (2612)
  2000 Ed. (3707)
IDS Bond
  1993 Ed. (2655, 2675)
  1994 Ed. (2608, 2619)
  1995 Ed. (2684, 2702, 2716)
  1996 Ed. (2784)
  1997 Ed. (2866, 2888)
IDS Bond A
  1997 Ed. (687)
  1998 Ed. (2641)
  1999 Ed. (745, 3537)
IDS Bond Fund
  1990 Ed. (2386)
IDS Borjomi International
  2020 Ed. (2723)
IDS Diversified Equity
  1995 Ed. (2681, 2712, 2720)
IDS Diversified Equity-Income
  1996 Ed. (2802)
IDS Extra Income
  1995 Ed. (2741)
IDS Extra Income A
  1997 Ed. (2903)
IDS Federal
  1996 Ed. (2767)
IDS Federal Income
  1996 Ed. (2779)
IDS Finance
  2002 Ed. (4865)
IDS Financial
  1993 Ed. (2295)
IDS Financial Services
  1994 Ed. (2307)
IDS Flexible Annuity Capital Resource
  1998 Ed. (3652)
IDS Flexible Annuity Managed
  1998 Ed. (3652)
IDS Global Balanced
  2000 Ed. (3284)
IDS Global Bond
  1992 Ed. (3185)
  1995 Ed. (2742)
  1996 Ed. (2809)
IDS Global Bond A
  1999 Ed. (3579)
IDS Growth Fund
  1992 Ed. (3179)
IDS High Yield Tax-Exempt
  1991 Ed. (2564)
  1993 Ed. (716)
IDS Holding Corp.
  2000 Ed. (3401)
IDS Income Fund
  1995 Ed. (2072)
IDS Institutional
  1995 Ed. (2355, 2367)
IDS Insured Tax-Exempt
  1992 Ed. (4192)
IDS Intelligent Detection Systems Inc.
  2001 Ed. (2863)
IDS Life
  1991 Ed. (245)
  1993 Ed. (3280, 3655)
  2000 Ed. (2714)
IDS Life Acct N Managed
  1989 Ed. (259)
IDS Life "F": CAPITAL RES
  1994 Ed. (3617)
IDS Life Flexible Annuity Life Accounts
  1996 Ed. (3771)

IDS Life Insurance Co.
  1994 Ed. (223, 2259, 3270)
  1995 Ed. (222, 2295, 2296, 2299, 3351)
  1996 Ed. (224, 2308, 2309, 2311, 2318)
  1997 Ed. (2438, 2441)
  1998 Ed. (2179, 2185, 2187, 2629, 2657, 3656)
  1999 Ed. (2949, 2955, 2957, 4700)
  2000 Ed. (2700)
  2001 Ed. (2934, 2936, 2938, 2943, 2950, 4666)
  2002 Ed. (2891, 2934)
  2007 Ed. (3125)
  2008 Ed. (3275, 3299)
  2009 Ed. (3383)
IDS Life Insurance Co.-Minnesota
  1998 Ed. (2167)
IDS Life Insurance Co. MN
  1992 Ed. (337, 4380)
IDS Life, Minnesota
  1993 Ed. (3652)
IDS Managed Retirement
  1991 Ed. (2559)
  1993 Ed. (2660, 2671)
  1994 Ed. (2606)
IDS Mutual
  1990 Ed. (2372, 2394)
  1996 Ed. (2771)
  1997 Ed. (2871)
  1998 Ed. (2614)
  1999 Ed. (3533)
IDS New Dimensions
  1991 Ed. (2556)
  1992 Ed. (3149, 3159)
  1993 Ed. (2646)
  1994 Ed. (2599)
  1995 Ed. (2691, 2713)
  1996 Ed. (2766)
IDS Precious-Metals
  1989 Ed. (1846, 1849)
  1990 Ed. (2373)
IDS Precious Metals A
  1997 Ed. (2879)
IDS Property Casualty Group
  2009 Ed. (3388)
IDS Selective
  1992 Ed. (3154)
  1993 Ed. (2655, 2664)
  1994 Ed. (2600, 2608)
  1997 Ed. (2866)
IDS Trust
  1995 Ed. (2071)
IDS Trust (A), Minn.
  1989 Ed. (2146)
IDS Utilities Income
  1995 Ed. (2729)
IDS Utilities Income A
  1997 Ed. (2878)
IDSC Holding Inc.
  2005 Ed. (2016)
  2006 Ed. (2119)
  2007 Ed. (2067)
  2008 Ed. (2175)
  2009 Ed. (2158)
IDSC Holding LLC
  2010 Ed. (2099)
IDSC Holdings LLC
  2011 Ed. (2152)
  2012 Ed. (2002)
  2013 Ed. (2191)
  2015 Ed. (2177)
  2016 Ed. (2152)
IDSecurityOnline.com
  2016 Ed. (4313)
IDT Corp.
  1997 Ed. (2788, 3253)
  1998 Ed. (3284)
  2000 Ed. (2407)
  2001 Ed. (3301, 4475)
  2002 Ed. (2523, 2809)
  2003 Ed. (2723)
  2004 Ed. (4663, 4664, 4668)
  2005 Ed. (4619, 4624, 4625)
  2006 Ed. (4686, 4689)
  2007 Ed. (2720, 4708)
  2008 Ed. (4637)
  2010 Ed. (2843)
  2011 Ed. (2826)
  2012 Ed. (4572)
IDT Entertainment Inc.
  2008 Ed. (3751)
  2009 Ed. (3775)
IDT Services
  2006 Ed. (4365)
  2007 Ed. (4433)
  2008 Ed. (4412)
IDV/Grand Metropolitan
  1993 Ed. (679)
  1994 Ed. (690)
  1995 Ed. (3739)
IDV (Grand Metropolitan PLC)
  1991 Ed. (2931)
IDV North America
  1998 Ed. (453)
  1999 Ed. (3210)
  2000 Ed. (2941, 3833, 4236, 4358)
IDV Wines
  2000 Ed. (4408)

idverde UK
  2019 Ed. (3343)
idX Corp.
  2001 Ed. (4768)
  2002 Ed. (4514)
  2005 Ed. (4528)
  2007 Ed. (4595)
  2008 Ed. (4546)
  2012 Ed. (4583)
  2013 Ed. (4528)
  2019 Ed. (2792)
  2020 Ed. (2817)
  2021 Ed. (2693)
  2023 Ed. (2967)
IDX Systems Corp.
  2000 Ed. (967, 2453)
  2001 Ed. (1893)
  2003 Ed. (1843)
  2004 Ed. (1878)
  2005 Ed. (1993)
  2006 Ed. (2092)
  2016 Ed. (2105)
Idyll Hounds Brewing Co.
  2019 Ed. (696)
IE Business School
  2013 Ed. (747, 748, 749)
  2014 Ed. (783, 796)
  2015 Ed. (806, 808, 825, 839)
  2016 Ed. (726, 734)
IE-Engine
  2006 Ed. (3176)
IEC
  1997 Ed. (1713, 3696)
IEC Electronics
  2012 Ed. (2758, 3544)
  2013 Ed. (1933, 2894, 4445)
  2014 Ed. (1872, 2413)
IEC Electronics Corp.
  2020 Ed. (1778, 1780, 1794)
  2021 Ed. (1761)
  2022 Ed. (1795)
IEC Express (Australia) Pty. Ltd.
  1997 Ed. (191)
IEE Review
  2002 Ed. (3634)
IEEE Spectrum
  1995 Ed. (247)
  1996 Ed. (240)
  1997 Ed. (271)
IEEE Spectrum Magazine
  2008 Ed. (4709)
  2009 Ed. (4754)
  2010 Ed. (4762)
  2011 Ed. (4716)
  2012 Ed. (4737)
IEH FM Holdings LLC
  2014 Ed. (3648)
  2015 Ed. (3658)
  2016 Ed. (3524)
Ielnet Hungary
  2003 Ed. (2713)
IEM
  2008 Ed. (3712, 4398, 4964)
iEmployee
  2005 Ed. (1140)
Ienova
  2016 Ed. (2811)
IES
  2018 Ed. (1956)
IES Combustors
  2021 Ed. (1467, 3418)
IES Commercial Inc.
  2012 Ed. (1142, 1174)
IES Holdings
  2019 Ed. (2006, 2010, 2414)
  2022 Ed. (1944)
  2023 Ed. (2055, 2573)
IES Holdings Inc.
  2021 Ed. (1130)
  2022 Ed. (1133)
  2023 Ed. (1365)
IES Holdings, Inc.
  2021 Ed. (1190)
  2022 Ed. (1191)
  2023 Ed. (1428)
IES Inc.
  2010 Ed. (1231, 1232, 1240)
  2012 Ed. (1170)
IES Industries
  1993 Ed. (1557)
  1994 Ed. (1596)
  1995 Ed. (1638)
  1996 Ed. (1615)
  1997 Ed. (1694)
  1998 Ed. (1387)
IES Utilities Inc.
  2001 Ed. (2146)
IESE
  2002 Ed. (910)
  2004 Ed. (839)
  2005 Ed. (802)
  2006 Ed. (726)
  2007 Ed. (812, 829)
  2008 Ed. (801)
  2009 Ed. (820)
  2010 Ed. (729, 767)
  2011 Ed. (682)

IESE Business School
 2013 Ed. (747, 749)
 2014 Ed. (780)
 2015 Ed. (806, 807, 808)
 2016 Ed. (724)
Iese Business School
 2003 Ed. (793)
 2011 Ed. (679, 680, 696)
 2012 Ed. (616, 619, 628)
 2013 Ed. (760, 764, 769)
 2014 Ed. (783, 789, 794)
 2015 Ed. (825, 832, 837)
 2016 Ed. (726, 732)
IESE Business School; University of Navarra
 2011 Ed. (688, 689, 694)
IESE International Graduate School of Management, University of Navarra
 1997 Ed. (865)
IESI-BFC Ltd.
 2011 Ed. (2523, 4814)
 2012 Ed. (4831)
Ietsugu; Hisashi
 2020 Ed. (861)
IEX
 2018 Ed. (2599)
iExplore
 2003 Ed. (3055)
If
 2021 Ed. (3079)
 2022 Ed. (706)
IF & I Securities
 2002 Ed. (1581)
If It Bleeds
 2022 Ed. (585)
 2023 Ed. (827)
IF Skadeforsakring Holding AB
 2006 Ed. (1430)
If You Give a Cat a Cupcake
 2010 Ed. (560)
If You Give a Dog a Donut
 2013 Ed. (562)
If You Take a Mouse to the Movies
 2003 Ed. (714)
If You Take a Mouse to School
 2004 Ed. (737)
IFA Insurance Co.
 1996 Ed. (2267)
IFAC
 1996 Ed. (15)
 1999 Ed. (13)
 2000 Ed. (10)
iFAST
 2022 Ed. (693)
IFC U.S. Operations
 2019 Ed. (3241)
IFCO Systems
 2018 Ed. (4014)
 2019 Ed. (4002)
 2020 Ed. (4019)
IFE
 2006 Ed. (68)
IFF Research
 2000 Ed. (3043)
IFFCO
 2022 Ed. (1291)
 2023 Ed. (1493)
IFFCO (India)
 2022 Ed. (1291)
IFG Cos.
 2010 Ed. (3261)
 2021 Ed. (3059)
IFG Network Securities
 1999 Ed. (843, 846)
 2000 Ed. (840, 844)
 2002 Ed. (788)
IFI
 1993 Ed. (2571)
Ifi SpA
 2007 Ed. (1828, 3423)
Ifil Finanziaria di Partecipazioni SpA
 2002 Ed. (1699)
iFinance Canada Inc.
 2015 Ed. (2715)
IFINT
 1992 Ed. (2948, 2949)
 1994 Ed. (2417)
 1996 Ed. (2556)
iFitness
 2011 Ed. (4960)
iFlytek 2
 2016 Ed. (1371)
IFM Investments
 2013 Ed. (4521)
IFPG
 2023 Ed. (936)
iFranchise Group
 2023 Ed. (1293)
IFS
 2003 Ed. (1117)
 2011 Ed. (2060)
 2013 Ed. (2068)
 2014 Ed. (2001)
 2015 Ed. (2047)
IFS Financial Corp.
 1998 Ed. (1695, 1937, 1939)
 1999 Ed. (2441, 2682)

 2000 Ed. (2198, 2466)
IFS Scandinavia
 2011 Ed. (1608)
IFT Naaldwijk BV
 2016 Ed. (1841)
IFT16: Where Science Feeds Innovation
 2018 Ed. (4678)
IFX Corp.
 2002 Ed. (1400)
IG AGF Canadian Growth
 2003 Ed. (3595)
 2004 Ed. (3628)
IG Beutel Goodman Canadian Equity
 2001 Ed. (3492, 3493)
 2002 Ed. (3465)
 2004 Ed. (3628)
IG Group
 2013 Ed. (2117)
 2015 Ed. (2100)
 2018 Ed. (1993)
IG Group Holdings plc
 2012 Ed. (1243, 1249, 2602)
 2013 Ed. (2681)
 2014 Ed. (2635)
 2015 Ed. (2678)
 2016 Ed. (2596)
 2017 Ed. (2524)
 2018 Ed. (2598)
IG/GWL Global Segregated Fund
 2010 Ed. (2556)
IGA
 1994 Ed. (3468)
 1995 Ed. (3538)
 2002 Ed. (4525, 4536)
 2005 Ed. (3906)
 2007 Ed. (4018)
 2021 Ed. (608)
IGA Canada
 1992 Ed. (4172)
IGA Federal Credit Union
 1990 Ed. (1462)
 1991 Ed. (1396)
 1993 Ed. (1454)
 1994 Ed. (1507)
 1996 Ed. (1515)
iGate
 2006 Ed. (288, 3536, 4375)
 2007 Ed. (1950, 1953)
 2009 Ed. (2006)
iGate Capital Corp.
 2005 Ed. (1942)
iGATE Corp.
 2014 Ed. (1066, 1068)
 2015 Ed. (1102)
Igate Mastech
 2008 Ed. (271, 3729, 4362, 4425)
Igatech Consulting
 2002 Ed. (1582)
Igel & Co. Inc.; George J.
 1990 Ed. (1204)
Igen
 1996 Ed. (3307, 3780)
IGEN Networks
 2018 Ed. (975, 976)
 2019 Ed. (976, 977)
 2020 Ed. (961)
Iger; Bob
 2016 Ed. (721)
Iger; Robert
 2008 Ed. (938)
 2010 Ed. (888)
 2016 Ed. (873)
Iger; Robert A.
 2008 Ed. (948)
 2009 Ed. (947)
 2010 Ed. (899, 907)
 2011 Ed. (821, 839)
 2012 Ed. (799)
 2014 Ed. (943, 944)
 2015 Ed. (958, 962, 965)
 2016 Ed. (868)
IGF Insurance
 2001 Ed. (4034)
IGG
 2019 Ed. (1950)
 2020 Ed. (1371, 1885)
 2021 Ed. (1364, 1366, 1846)
 2023 Ed. (1576, 1578, 2004)
Iggesund Paperboard (Workington)
 1999 Ed. (1348, 3683)
Iggy Azalea
 2016 Ed. (3640)
IGI
 1990 Ed. (2283)
 1991 Ed. (2157)
 1993 Ed. (2259)
 1994 Ed. (712)
 1995 Ed. (667, 2284)
 1997 Ed. (229)
IGI Earth Color
 2002 Ed. (3763)
Iginla; Jarome
 2014 Ed. (196)
Iglesias; Julio
 1993 Ed. (1634)
 1994 Ed. (1668)
 1995 Ed. (1715)

Iglo-Industria de Gelados
 1992 Ed. (72)
Iglo-Industrias de Gelados
 1997 Ed. (1500)
Igloo
 1993 Ed. (3367)
 1996 Ed. (3492)
 1998 Ed. (3351)
 1999 Ed. (4379)
Igloo Products Corp.
 2018 Ed. (1962)
 2020 Ed. (1944)
IGM Financial
 2006 Ed. (1622, 1627, 1628, 1629)
 2007 Ed. (1628, 1643, 1644, 1647, 2574, 4575)
 2008 Ed. (1628, 1650, 1651, 1652, 4531)
 2009 Ed. (3806)
 2010 Ed. (2699, 4592)
 2011 Ed. (2686, 4552)
 2012 Ed. (1395, 4559)
 2015 Ed. (2728)
IGM Financial Inc.
 2013 Ed. (4508)
 2014 Ed. (4569)
 2015 Ed. (4563)
 2019 Ed. (1482)
 2020 Ed. (1452)
 2021 Ed. (1296)
 2022 Ed. (1304, 3301)
 2023 Ed. (799, 1510)
IGN Entertainment
 2008 Ed. (3361)
Ignacia Moreno
 2011 Ed. (2949)
Ignacio Galan (Iberdrola)
 2021 Ed. (875)
Ignacio Gomez Montejo
 1999 Ed. (2428)
Ignacio Urbieta Jr.
 2011 Ed. (2924)
Ignagnl; Karen
 2010 Ed. (3624)
Ignify Inc.
 2010 Ed. (2948)
Ignite
 2011 Ed. (61)
 2013 Ed. (2336)
 2014 Ed. (2262, 2268)
 2015 Ed. (2346, 2352)
Ignite Graphics
 2020 Ed. (3985)
Ignite Medical Resorts
 2022 Ed. (1599, 2906)
Ignite Restaurant Group
 2016 Ed. (4161)
Ignite Social
 2023 Ed. (3657)
Ignite Social Media
 2019 Ed. (3481)
 2020 Ed. (3459)
 2021 Ed. (3479)
 2022 Ed. (3536)
Ignite Travel Group
 2020 Ed. (4707)
 2021 Ed. (4712)
 2022 Ed. (4714)
Ignite Visibility
 2018 Ed. (1400)
Ignition Marketing Group
 2000 Ed. (3845)
Ignition Partners
 2005 Ed. (4818)
 2006 Ed. (4880)
Ignition electrical parts
 2005 Ed. (309)
Ignition Parts, Mechanical & Electronic
 1989 Ed. (328)
 1990 Ed. (397)
Ignition System Parts
 1989 Ed. (329)
Ignition System Parts (all)
 1990 Ed. (398)
iGo Corp.
 2005 Ed. (1559)
Igor Bukhman
 2023 Ed. (4837)
Igor Olenicoff
 2012 Ed. (4846)
 2013 Ed. (4847)
 2018 Ed. (4832)
 2019 Ed. (4829)
 2021 Ed. (4820)
 2022 Ed. (4813)
 2023 Ed. (4806)
iGourmet.com
 2010 Ed. (2367)
iGov
 2006 Ed. (1380)
iGov Solutions LLC
 2020 Ed. (1529)
iGov Technologies Inc.
 2007 Ed. (1418)
IGS
 2022 Ed. (1839)
IGS Energy
 2017 Ed. (1895)
 2019 Ed. (1894)

 2023 Ed. (1965, 2714)
IGT
 1997 Ed. (2112)
 2001 Ed. (1809)
 2005 Ed. (1897, 3378, 3379)
 2006 Ed. (1924, 3359, 3360)
 2007 Ed. (4362)
igxglobal Inc.
 2007 Ed. (2824)
IH Mississippi Valley Credit Union
 2018 Ed. (2093)
 2023 Ed. (2212)
IH Services Inc.
 2005 Ed. (1761, 763, 764)
 2006 Ed. (666, 667)
IHA Health Services Corp.
 2018 Ed. (1713)
IHC Care
 1995 Ed. (2087, 2089)
IHC Construction Cos. LLC
 2010 Ed. (1273)
 2011 Ed. (1224)
IHC Group
 1995 Ed. (2086, 2088)
IHC Health Plans Inc.
 2006 Ed. (3111)
IHC Health Services Inc.
 2004 Ed. (1875)
 2006 Ed. (2089)
 2007 Ed. (2047)
 2010 Ed. (2073)
 2011 Ed. (2130)
 2012 Ed. (1973)
 2013 Ed. (2132)
IHC Hospitals
 1994 Ed. (2573)
 1995 Ed. (2628)
 1996 Ed. (2705)
iHealth
 2018 Ed. (3002)
iHeartDogs.com
 2019 Ed. (4261)
iHeartMedia
 2022 Ed. (4060)
 2023 Ed. (4164)
iHeartMedia Inc.
 2016 Ed. (2531)
 2017 Ed. (2389)
 2019 Ed. (2496)
 2020 Ed. (2488)
 2021 Ed. (1915, 2408)
 2022 Ed. (1958)
 2023 Ed. (2070)
iHeartMedia, Inc.
 2020 Ed. (327)
IHG
 2017 Ed. (2448)
IHG (InterContinental Hotels Group)
 2022 Ed. (3030, 3036, 3038, 3039, 3040, 3042)
 2023 Ed. (3158, 3159)
IHH Healthcare
 2015 Ed. (2953)
 2016 Ed. (1756, 2883)
 2017 Ed. (1730, 2838)
 2021 Ed. (1668)
IHI
 2010 Ed. (3510)
 2011 Ed. (3513)
 2012 Ed. (3075, 3511)
 2013 Ed. (3147)
 2014 Ed. (3150)
 2015 Ed. (3210)
 2016 Ed. (3065, 3072)
 2017 Ed. (93, 3014, 3019)
 2018 Ed. (3135)
 2019 Ed. (3071)
 2020 Ed. (3103)
IHI Corp.
 2013 Ed. (3552)
Ihiji
 2013 Ed. (2979)
 2015 Ed. (3061)
 2016 Ed. (2951)
 2017 Ed. (2911)
 2018 Ed. (2976)
 2019 Ed. (2920)
 2020 Ed. (2938)
 2021 Ed. (2798)
Ihlas Holding
 2000 Ed. (2869)
IHOP
 1996 Ed. (3213)
 1999 Ed. (4066, 4067, 4069)
 2000 Ed. (3784)
 2001 Ed. (4065)
 2003 Ed. (896, 4098)
 2009 Ed. (4267, 4280)
 2010 Ed. (844, 846, 4207, 4214, 4230, 4231, 4232, 4233, 4234, 4235)
 2011 Ed. (4213, 4235, 4236, 4237, 4238, 4239)
 2012 Ed. (4278, 4279, 4280, 4281, 4282)
 2018 Ed. (4207)
 2019 Ed. (4236)
 2020 Ed. (4234)
 2021 Ed. (4131, 4132, 4133, 4134, 4135, 4136, 4198)

2022 Ed. (4158, 4159, 4160, 4161, 4162, 4163, 4204, 4206)
2023 Ed. (4232)
IHOP at Home
  2015 Ed. (2827)
IHOP Restaurant
  2014 Ed. (4302)
IHOP Restaurants
  2013 Ed. (4246, 4247, 4248, 4249, 4250)
  2014 Ed. (4268, 4297, 4298, 4299, 4300, 4301)
  2015 Ed. (4249, 4287, 4288, 4289, 4290, 4291, 4292)
  2016 Ed. (4159, 4191, 4192, 4193, 4194, 4195, 4196)
  2017 Ed. (4132, 4169, 4170, 4171, 4172, 4173, 4174)
  2018 Ed. (4165, 4166, 4167, 4168, 4169, 4170)
  2019 Ed. (4180, 4181, 4182, 4183, 4184, 4185)
  2020 Ed. (4192, 4194, 4195, 4196, 4197)
Ihor Kolomoyskyy
  2008 Ed. (4877)
  2009 Ed. (4901)
  2010 Ed. (4901)
  2011 Ed. (4889)
  2012 Ed. (4897)
  2013 Ed. (4920)
  2014 Ed. (4927)
  2015 Ed. (4967)
  2016 Ed. (4884)
  2017 Ed. (4882)
  2018 Ed. (4894)
  2019 Ed. (4886)
  2020 Ed. (4875)
  2021 Ed. (4876)
  2022 Ed. (4872)
  2023 Ed. (4866)
IHS GlobalSpec
  2014 Ed. (820)
IHS Gold Card
  1992 Ed. (2230)
IHS Group
  2001 Ed. (1255)
  2003 Ed. (3961)
  2004 Ed. (3971)
IHS Inc.
  2007 Ed. (4025)
  2011 Ed. (2830)
  2012 Ed. (1428, 1431)
  2014 Ed. (3842)
  2015 Ed. (3867)
  2016 Ed. (1013, 3776)
  2017 Ed. (1046)
  2018 Ed. (2457)
IHS Markit
  2018 Ed. (4363)
  2019 Ed. (4392)
  2020 Ed. (4389)
  2021 Ed. (749, 1074, 2552)
  2022 Ed. (778)
  2023 Ed. (991)
IHS Software
  2011 Ed. (2538)
II
  1996 Ed. (3031)
II-VI
  2013 Ed. (1996, 2864)
II-VI Inc.
  2000 Ed. (3387)
  2005 Ed. (1947)
  2006 Ed. (1984, 1986)
  2007 Ed. (1954)
  2008 Ed. (2044, 2045)
  2009 Ed. (2001, 2006)
  2010 Ed. (1939, 1944, 1951)
  2011 Ed. (2000)
  2012 Ed. (1847)
  2018 Ed. (1859)
  2023 Ed. (3989)
IIB Bank plc
  2011 Ed. (386)
Iida Group Holdings
  2016 Ed. (4101)
  2017 Ed. (4077)
  2018 Ed. (1042)
  2019 Ed. (1053)
  2020 Ed. (1042)
IIdong Pharmaceutical
  1993 Ed. (40)
Iina Ba Inc.
  2021 Ed. (3591)
iiNet
  2021 Ed. (598)
  2022 Ed. (4579)
IIT
  1992 Ed. (1498, 2147, 3133)
IITC
  2005 Ed. (2541, 3494, 3913)
  2006 Ed. (3502, 3987)
iJET Intelligent Risk Systems
  2009 Ed. (3009)
iJET Travel Risk Management
  2005 Ed. (3281)
  2006 Ed. (4293)
IJIS Institute
  2007 Ed. (3211)

I.K. Hofmann GmbH
  2007 Ed. (1744)
  2008 Ed. (1771)
Ikano Communications
  2004 Ed. (3943)
  2005 Ed. (3023, 3902)
Ikanos
  2011 Ed. (1524)
Ikanos Communications Inc.
  2006 Ed. (3176)
  2009 Ed. (3018)
IKB Deutsche
  2010 Ed. (439)
  2012 Ed. (348)
  2013 Ed. (429)
  2014 Ed. (447)
  2015 Ed. (502)
  2016 Ed. (457)
IKB Deutsche Industriebank
  2017 Ed. (518)
Ike Enterprises Inc.
  2015 Ed. (2760)
Ike; Hurricane
  2010 Ed. (819, 3141)
  2011 Ed. (746, 3108, 3741)
  2012 Ed. (683, 688, 3044, 3749)
  2014 Ed. (851)
IKEA
  2013 Ed. (676, 4300, 4313)
  2014 Ed. (704, 4351, 4499, 4500)
  2015 Ed. (749, 4302, 4335, 4499, 4500)
  2016 Ed. (676, 4168, 4233, 4253, 4431, 4432, 4435)
  2017 Ed. (720, 2767, 4142, 4145, 4219, 4238, 4239, 4442, 4443)
  2018 Ed. (668, 2823, 4239, 4253, 4254, 4461, 4462)
  2019 Ed. (682, 4268)
  2020 Ed. (675, 2823, 2828, 4272, 4273, 4274)
  2021 Ed. (671, 2699, 4220, 4248, 4255, 4256)
  2022 Ed. (681, 707, 2863, 2979, 2980, 2985, 2991, 4224, 4249, 4267)
  2023 Ed. (890, 3109, 4266, 4289)
Ikea
  1992 Ed. (2525, 2526)
  1994 Ed. (1934, 1937, 1938, 3368)
  1995 Ed. (1963, 3427)
  1998 Ed. (1784, 1796, 3343)
  1999 Ed. (2561, 2564, 2702, 4373)
  2000 Ed. (2301, 2302)
  2003 Ed. (746)
  2004 Ed. (758, 761, 2890)
  2006 Ed. (2888)
  2007 Ed. (707, 728, 3382, 4203)
  2008 Ed. (648, 654, 700, 4238)
  2009 Ed. (664, 3515, 4333, 4337)
  2010 Ed. (630, 1646, 3443, 4349, 4353)
  2011 Ed. (565, 1386, 1395, 1396, 1397, 1398, 1399, 1401, 1402, 2701, 2783, 2981, 2982, 4302, 4605)
  2012 Ed. (550, 1477, 4355)
  2013 Ed. (896, 1607, 2792, 2793, 4314)
  2014 Ed. (705, 2821, 2827, 2828, 2829, 4352, 4353)
  2015 Ed. (733, 734, 2866, 2868, 2869, 4348, 4355, 4366, 4379)
  2016 Ed. (2800, 2801, 2802, 2964)
  2017 Ed. (2771, 2920, 2923, 4196, 4240)
  2018 Ed. (2827, 2828, 2831, 2835, 2986, 2988, 2999, 3085)
  2019 Ed. (2799, 2800, 2939, 2941, 3695)
  2020 Ed. (2290, 2827, 2964)
  2021 Ed. (2698, 2824)
  2022 Ed. (2859, 2864)
  2023 Ed. (2339, 2977, 2978)
IKEA AB
  2005 Ed. (3328)
  2008 Ed. (2088)
  2009 Ed. (2060)
  2018 Ed. (2063)
Ikea Canada Ltd.
  2023 Ed. (4487)
IKEA Canada LP
  2007 Ed. (4363)
  2008 Ed. (4319)
  2010 Ed. (4468)
  2011 Ed. (1946)
  2012 Ed. (1810)
  2013 Ed. (1525)
  2014 Ed. (1495)
  2015 Ed. (1552)
  2016 Ed. (1491)
IKEA Deutschland
  2010 Ed. (1660)
Ikea Deutschland Verkaufs GmbH
  1991 Ed. (3107)
IKEA Einrichtungs GmbH
  1994 Ed. (1931)
  1995 Ed. (1960)
  1996 Ed. (1991)
Ikea Einrichtungshaus Gmbh Sued
  1991 Ed. (1781)
IKEA Group
  2017 Ed. (2482)
  2018 Ed. (2537)
  2022 Ed. (2590, 4466)

The IKEA Group
  2013 Ed. (4343)
  2014 Ed. (4387)
  2016 Ed. (4248, 4272)
  2017 Ed. (4260)
IKEA Holding U.S.
  2017 Ed. (1923)
  2018 Ed. (1870)
IKEA Holding US
  2023 Ed. (1503)
IKEA Holding US Inc.
  2018 Ed. (3032)
  2019 Ed. (2974)
IKEA Holdings U.S.
  2015 Ed. (3075)
IKEA Iberica
  2010 Ed. (1991)
  2011 Ed. (2052)
Ikea Iberica
  2013 Ed. (2058)
  2014 Ed. (1992)
Ikea International
  2017 Ed. (2451)
  2018 Ed. (2497)
  2019 Ed. (2524)
  2020 Ed. (2515)
IKEA International A/S
  2001 Ed. (2743, 4115)
  2003 Ed. (1554, 1708, 4173)
  2004 Ed. (885, 2881, 3308)
  2006 Ed. (3351)
  2007 Ed. (1998)
IKEA NA
  1996 Ed. (1982, 1992, 3488, 3489)
  1997 Ed. (2109, 3554)
IKEA North America
  2004 Ed. (2668, 2712)
  2005 Ed. (2619, 2704)
  2006 Ed. (1978, 2615, 2680)
  2007 Ed. (2591, 2669, 2877, 2879, 2881)
  2008 Ed. (2728, 2800, 3001, 4585)
  2009 Ed. (2783, 2857, 3085, 4630)
  2010 Ed. (2716, 2796, 4658)
IKEA North America Services
  2018 Ed. (3001)
  2021 Ed. (2828)
Ikea North America Services
  2020 Ed. (4285)
  2021 Ed. (4261)
IKEA Restaurant
  2018 Ed. (4143)
Ikea Restaurant
  2020 Ed. (4168, 4169, 4171)
  2021 Ed. (4111)
Ikea Restaurant (Netherlands)
  2021 Ed. (4111)
IKEA (Sweden)
  2021 Ed. (4255, 4256)
IKEA Systems BV; Inter
  2009 Ed. (777, 1707, 2063, 2064, 2065)
  2010 Ed. (718, 2003)
Ikea U.S.
  2001 Ed. (2744)
  2005 Ed. (4127)
  2007 Ed. (2984)
  2008 Ed. (3104)
  2009 Ed. (3199)
Ikea.com
  2012 Ed. (2295)
  2014 Ed. (2320)
Ikebe Musical Instruments Store
  2013 Ed. (3798)
  2015 Ed. (3747)
  2016 Ed. (3655)
  2020 Ed. (3661)
  2021 Ed. (3666)
Ikemoto; Daniel O.
  1993 Ed. (2463)
Ike's Place
  2019 Ed. (4158)
IKIO LED Lighting
  2022 Ed. (2392, 2410)
  2023 Ed. (3200)
Ikivo
  2010 Ed. (2955)
Ikkuma Resources
  2017 Ed. (3794)
Ikkuma Resources Corp.
  2018 Ed. (4515)
Iklan Layanan Masyarakat (PSA)
  2001 Ed. (42)
Ikm Gruppen AS
  2008 Ed. (2000)
IKM Inc.
  2023 Ed. (275)
IKN USA Inc.
  2020 Ed. (1531)
Ikon Communications
  2013 Ed. (1429)
IKON Office Solutions Inc.
  1998 Ed. (1049, 1124, 1186, 1319, 2702, 3709)
  1999 Ed. (1440, 1886, 4757, 4762)
  2000 Ed. (1300, 1693, 3540)
  2001 Ed. (2039, 2041, 4816)
  2002 Ed. (4898)
  2003 Ed. (1582, 2086, 2087, 4926, 4927, 4928)

  2004 Ed. (1366, 1579, 3727, 3730, 3758, 3759, 4925, 4927, 4928)
  2005 Ed. (1082, 1384, 3673, 3674, 4506, 4908, 4910, 4911)
  2006 Ed. (1078, 4941, 4943, 4944)
  2007 Ed. (4947, 4950)
  2008 Ed. (1092, 4799, 4922, 4924)
  2009 Ed. (2005, 4938, 4941)
  2010 Ed. (4393, 4946)
  2011 Ed. (4338, 4929)
  2012 Ed. (4932)
  2013 Ed. (4928)
  2014 Ed. (4935)
Ikon.5 Architects
  2012 Ed. (199)
Ikor International
  2018 Ed. (123)
  2019 Ed. (109)
Ikos Group
  2013 Ed. (2905)
IKOS Systems Inc.
  1992 Ed. (3822)
Iktinos Hellas SA
  2001 Ed. (4381)
  2002 Ed. (4512)
Ikuo Matsuhashi
  1999 Ed. (2367)
Il Fiorello Olive Oil Co.
  2015 Ed. (3794)
  2018 Ed. (3719)
  2019 Ed. (3706)
  2020 Ed. (3750)
  2021 Ed. (3750)
  2022 Ed. (3771)
  2023 Ed. (3873)
Il Fornaio
  2000 Ed. (3787, 3798)
Il Vicino Wood Oven Pizza
  2005 Ed. (3844)
  2008 Ed. (3992)
  2009 Ed. (4063)
  2010 Ed. (3981)
  2011 Ed. (3985)
  2016 Ed. (3939)
  2017 Ed. (3910)
Ilaf Islamic Bank
  2010 Ed. (2660)
  2011 Ed. (2648)
  2012 Ed. (2575)
The Ilakai Hotel
  1990 Ed. (2064)
ILC Industries
  1990 Ed. (1035)
ILDC
  2021 Ed. (2835)
  2022 Ed. (3000)
  2023 Ed. (3116)
Ildong Pharmaceutical
  1994 Ed. (30)
Ile-de-France
  2010 Ed. (3487)
Ile-de-France-Paris, France
  2005 Ed. (3329)
Ile-de-France-Sud
  1993 Ed. (486)
Ile de France, Paris
  1994 Ed. (488)
iLearningEngines
  2020 Ed. (2913)
  2021 Ed. (2781)
Ilex Consumer Products Group
  2016 Ed. (203)
ILG
  2019 Ed. (1558, 3008)
Ilhan; John
  2005 Ed. (4862)
  2006 Ed. (4922)
ILI Technology Corp.
  2010 Ed. (2922)
Ilia Lekach
  2008 Ed. (2634)
Iliad
  2007 Ed. (1236)
  2011 Ed. (1031)
  2012 Ed. (938, 961)
  2013 Ed. (1077, 1105)
  2014 Ed. (1039, 1064)
  2015 Ed. (1074, 1101, 4683)
  2016 Ed. (981, 1012, 4591)
  2017 Ed. (1016, 1045)
  2018 Ed. (950)
  2019 Ed. (939)
Iliad Italia
  2023 Ed. (4603)
Iliad SA
  2021 Ed. (4616)
Iliad S.A.
  2022 Ed. (4633)
Ilicak; Erman
  2011 Ed. (4888)
  2014 Ed. (4926)
  2015 Ed. (4966)
  2016 Ed. (4883)
  2017 Ed. (4881)
  2018 Ed. (4893)
  2019 Ed. (4885)
  2020 Ed. (4874)
  2021 Ed. (4875)

2022 Ed. (4871)
2023 Ed. (4865)
Iliff Care Center
  2002 Ed. (3526)
iLight Technologies
  2008 Ed. (3541)
Iliotec Solar GmbH
  2008 Ed. (1771, 2429, 2504, 2814, 3679)
  2009 Ed. (2475)
Ilitch
  2018 Ed. (1705)
  2019 Ed. (1773, 4956)
  2020 Ed. (1715, 4958)
Ilitch Companies
  2013 Ed. (1856, 2651)
  2015 Ed. (2653)
  2017 Ed. (1755, 1760, 2478)
Ilitch companies
  2018 Ed. (1707, 2536)
Ilitch Cos.
  2010 Ed. (4068)
Ilitch Holdings Inc.
  2009 Ed. (2680, 4254)
  2010 Ed. (4191)
Ilitch; Marian
  1994 Ed. (3667)
  1995 Ed. (3788)
  1996 Ed. (3876)
  1997 Ed. (3916)
  2014 Ed. (4855)
  2016 Ed. (4810)
  2017 Ed. (4821)
  2018 Ed. (4826)
  2019 Ed. (4823)
  2023 Ed. (4931)
Ilitch; Michael
  2012 Ed. (430)
  2014 Ed. (4855)
  2016 Ed. (4810)
  2017 Ed. (4821)
Ilkka Herlin
  2015 Ed. (4922)
  2016 Ed. (4838)
  2017 Ed. (4846)
  2018 Ed. (4853)
  2019 Ed. (4848)
  2020 Ed. (4837)
  2021 Ed. (4838)
  2022 Ed. (4831)
  2023 Ed. (4826)
Ill Forks
  2007 Ed. (4123)
I'LL Inc.
  2023 Ed. (1810)
Illahe Vineyards
  2018 Ed. (4920)
Illan Nam
  1999 Ed. (2283)
Illegal horsebooks
  1990 Ed. (1873)
Illegal numbers
  1990 Ed. (1873)
Iller Bankasi
  1995 Ed. (624)
  1996 Ed. (700)
Illimois
  2000 Ed. (4025)
Illini Hi-Reach
  2019 Ed. (3349)
Illinois
  1989 Ed. (1, 206, 310, 318, 746, 869, 870, 1190, 1507, 1887, 1908, 1909, 1910, 1987, 2529, 2532, 2537, 2549, 2555, 2565, 2619, 2621, 2846, 2847, 2895, 2913, 2928, 2930, 2931, 2934)
  1990 Ed. (812)
  1991 Ed. (1, 186, 320, 322, 726, 790, 791, 792, 793, 794, 796, 797, 881, 882, 1155, 1157, 1398, 1652, 1811, 1853, 1994, 2163, 2314, 2360, 2361, 2363, 2364, 2365, 2396, 2397, 3177, 3185, 3188, 3190, 3191, 3263, 3337, 3346, 3460, 3481, 3486, 3487, 13991)
  1992 Ed. (1, 439, 441, 908, 933, 968, 969, 970, 972, 974, 975, 977, 978, 1079, 1080, 1468, 1481, 2098, 2099, 2279, 2286, 2339, 2340, 2414, 2857, 2862, 2866, 2875, 2878, 2930, 2942, 2943, 2945, 2946, 2947, 3118, 3360, 3483, 3484, 3750, 3812, 4014, 4075, 4082, 4086, 4091, 4092, 4093, 4094, 4096, 4100, 4101, 4102, 4103, 4106, 4108, 4110, 4111, 4112, 4115, 4116, 4117, 4118, 4120, 4121, 4122, 4123, 4124, 4125, 4126, 4129, 4180, 4263, 4344, 4386, 4406, 4428, 4435, 4436, 4442, 4444, 4448, 4451, 4454, 4455, 4481)
  1993 Ed. (315, 413, 724, 744, 870, 871, 1190, 1195, 1220, 1501, 1946, 2426, 2437, 2440, 2460, 2526, 2608, 3058, 3108, 3222, 3353, 3400, 3401, 3402, 3408, 3409, 3410, 3411, 3414, 3416, 3417, 3418, 3423, 3424, 3425, 3426, 3427, 3428, 3429, 3430, 3431, 3432, 3433, 3434, 3435, 3439, 3440, 3441, 3505, 3547, 3678, 3698, 3699, 3703, 3706, 3709, 3712, 3715, 3716, 3718)
  1994 Ed. (161, 749, 977, 1214, 1216, 1258, 1968, 2370, 2377, 2381, 2387, 2401, 2405, 2556, 2568, 3028, 3119, 3149, 3217, 3375, 3378, 3379, 3380, 3381, 3382, 3383, 3384, 3386, 3387, 3393, 3394, 3398, 3399, 3400, 3404, 3406, 3408, 3411, 3412, 3414, 3415, 3416, 3417, 3418, 3419, 3420, 3421, 3422, 3423, 3424, 3425, 3426, 3506, 3638)
  1995 Ed. (244, 918, 919, 977, 1230, 1231, 1281, 1993, 2114, 2204, 2449, 2458, 2462, 2468, 2479, 2481, 2623, 2799, 3171, 3192, 3299, 3448, 3451, 3452, 3453, 3454, 3455, 3456, 3458, 3459, 3462, 3465, 3469, 3470, 3471, 3475, 3477, 3479, 3482, 3483, 3485, 3486, 3487, 3488, 3489, 3491, 3493, 3494, 3495, 3498, 3501, 3502, 3540, 3591, 3665, 3712, 3732, 3733, 3741, 3743, 3748, 3749, 3751, 3752, 3801)
  1996 Ed. (898, 899, 1201, 1203, 1237, 1644, 1720, 1721, 1738, 2015, 2495, 2504, 2506, 2511, 2516, 2536, 2701, 3264, 3292, 3511, 3522, 3524, 3525, 3526, 3527, 3530, 3531, 3532, 3533, 3534, 3535, 3536, 3538, 3539, 3542, 3544, 3545, 3546, 3550, 3551, 3552, 3556, 3558, 3560, 3563, 3566, 3567, 3568, 3569, 3570, 3571, 3572, 3574, 3575, 3576, 3577, 3667, 3743, 3798, 3831, 3832, 3840, 3843, 3847, 3848, 3850, 3851)
  1997 Ed. (331, 929, 930, 1247, 1249, 1283, 1818, 1819, 2137, 2637, 2648, 2650, 2655, 2681, 3131, 3363, 3389, 3563, 3564, 3565, 3572, 3573, 3575, 3576, 3578, 3579, 3582, 3585, 3586, 3587, 3590, 3591, 3592, 3596, 3598, 3600, 3604, 3606, 3607, 3608, 3609, 3610, 3611, 3613, 3614, 3615, 3616, 3617, 3618, 3619, 3620, 3624, 3726, 3850, 3881, 3882, 3888, 3892, 3895, 3896, 3898, 3899, 3915)
  1998 Ed. (210, 466, 473, 481, 671, 673, 732, 1024, 1025, 1109, 1535, 1536, 1702, 1799, 1830, 1928, 1945, 2069, 2366, 2381, 2384, 2385, 2401, 2404, 2415, 2416, 2417, 2418, 2883, 3105, 3168, 3374, 3379, 3382, 3384, 3389, 3391, 3392, 3396, 3397, 3464, 3511, 3517, 3620, 3683, 3716, 3717, 3727, 3728, 3729, 3732, 3734, 3736, 3759)
  1999 Ed. (392, 738, 798, 799, 1058, 1060, 1145, 1209, 1211, 1457, 1458, 1535, 2587, 2681, 2834, 2911, 3140, 3196, 3217, 3219, 3221, 3223, 3224, 3225, 3226, 3267, 3268, 3269, 3270, 3892, 4121, 4152, 4405, 4406, 4407, 4413, 4414, 4415, 4416, 4417, 4419, 4422, 4423, 4426, 4427, 4428, 4431, 4432, 4433, 4434, 4435, 4436, 4437, 4438, 4441, 4442, 4443, 4444, 4446, 4450, 4452, 4455, 4456, 4457, 4458, 4459, 4462, 4464, 4467, 4535, 4582, 4664, 4726, 4764, 4765, 4775, 4776, 4777, 4780, 4782)
  2000 Ed. (803, 804, 1005, 1007, 1042, 1128, 1317, 1318, 1378, 1905, 1906, 2327, 2454, 2475, 2599, 2603, 2608, 2645, 2939, 2956, 2958, 2960, 2962, 2963, 2964, 2965, 3005, 3006, 3008, 3557, 3558, 3831, 3867, 4015, 4016, 4024, 4094, 4098, 4102, 4106, 4107, 4108, 4109, 4111, 4114, 4115, 4232, 4269, 4289, 4299, 4355, 4391, 4393, 4398, 4399, 4400, 4401, 4406, 4407)
  2001 Ed. (1, 2, 9, 10, 273, 274, 278, 284, 285, 370, 371, 396, 397, 401, 402, 410, 411, 412, 413, 414, 415, 428, 429, 547, 548, 549, 550, 661, 666, 667, 702, 703, 977, 978, 993, 998, 1006, 1007, 1014, 1015, 1030, 1031, 1050, 1051, 1084, 1085, 1086, 1087, 1109, 1110, 1123, 1124, 1157, 1158, 1159, 1201, 1202, 1245, 1268, 1269, 1284, 1287, 1288, 1289, 1290, 1293, 1294, 1295, 1304, 1305, 1372, 1373, 1375, 1376, 1396, 1397, 1400, 1411, 1415, 1416, 1417, 1418, 1419, 1421, 1423, 1424, 1425, 1426, 1427, 1428, 1429, 1430, 1431, 1432, 1433, 1434, 1435, 1436, 1437, 1438, 1439, 1440, 1441, 1491, 1492, 1507, 1941, 1942, 1965, 1966, 1967, 1968, 1976, 1979, 1980, 2048, 2049, 2051, 2052, 2053, 2056, 2111, 2112, 2129, 2130, 2131, 2132, 2149, 2151, 2219, 2234, 2235, 2260, 2261, 2287, 2308, 2357, 2368, 2381, 2388, 2396, 2397, 2398, 2399, 2415, 2417, 2452, 2453, 2459, 2460, 2466, 2467, 2471, 2472, 2520, 2521, 2522, 2523, 2538, 2541, 2542, 2544, 2556, 2557, 2563, 2564, 2567, 2572, 2573, 2576, 2577, 2580, 2581, 2593, 2594, 2597, 2604, 2606, 2607, 2617, 2618, 2619, 2620, 2623, 2624, 2625, 2630, 2659, 2660, 2662, 2663, 2682, 2683, 2684, 2685, 2689, 2690, 2705, 2723, 2738, 2739, 2758, 2805, 2806, 2807, 2828, 2829, 2840, 2963, 2964, 2999, 3000, 3026, 3027, 3028, 3029, 3032, 3033, 3034, 3035, 3043, 3046, 3047, 3048, 3049, 3071, 3072, 3082, 3083, 3090, 3091, 3093, 3094, 3095, 3096, 3097, 3098, 3099, 3103, 3122, 3170, 3172, 3173, 3204, 3205, 3225, 3226, 3235, 3236, 3263, 3287, 3288, 3307, 3308, 3314, 3327, 3328, 3354, 3355, 3356, 3357, 3383, 3384, 3385, 3386, 3396, 3397, 3401, 3413, 3414, 3416, 3417, 3418, 3419, 3523, 3525, 3536, 3537, 3538, 3539, 3545, 3567, 3568, 3570, 3571, 3577, 3583, 3584, 3590, 3606, 3607, 3615, 3618, 3633, 3637, 3642, 3643, 3652, 3653, 3660, 3661, 3663, 3707, 3708, 3716, 3717, 3730, 3731, 3732, 3733, 3735, 3736, 3748, 3768, 3769, 3770, 3771, 3782, 3785, 3786, 3787, 3788, 3789, 3790, 3791, 3792, 3795, 3796, 3805, 3807, 3808, 3810, 3815, 3816, 3827, 3828, 3840, 3841, 3871, 3872, 3878, 3879, 3880, 3881, 3883, 3888, 3889, 3892, 3893, 3895, 3896, 3897, 3898, 3899, 3904, 3906, 3907, 3914, 3915, 3916, 3963, 3964, 3965, 3966, 3968, 3969, 3993, 3994, 3999, 4000, 4005, 4006, 4011, 4012, 4026, 4144, 4157, 4158, 4165, 4174, 4198, 4199, 4224, 4230, 4247, 4248, 4256, 4257, 4271, 4272, 4287, 4294, 4295, 4305, 4311, 4327, 4328, 4331, 4332, 4335, 4336, 4360, 4362, 4363, 4407, 4408, 4415, 4429, 4430, 4442, 4443, 4444, 4445, 4448, 4459, 4460, 4479, 4480, 4481, 4482, 4488, 4489, 4515, 4536, 4570, 4571, 4580, 4581, 4582, 4583, 4584, 4594, 4595, 4599, 4600, 4614, 4615, 4633, 4634, 4637, 4642, 4643, 4646, 4653, 4654, 4658, 4659, 4660, 4682, 4683, 4684, 4709, 4718, 4726, 4727, 4728, 4730, 4734, 4737, 4741, 4742, 4782, 4794, 4796, 4798, 4799, 4808, 4809, 4810, 4811, 4812, 4813, 4814, 4815, 4820, 4821, 4822, 4823, 4824, 4825, 4826, 4827, 4832, 4833, 4837, 4838, 4839, 4862, 4863, 4864, 4866, 4868, 4912, 4913, 4917, 4918, 4930, 4932, 4935)
  2002 Ed. (273, 367, 368, 378, 379, 451, 453, 461, 463, 466, 473, 494, 497, 770, 771, 772, 773, 948, 950, 959, 960, 961, 1102, 1113, 1116, 1117, 1177, 1347, 1401, 1402, 1824, 1825, 1906, 1907, 2063, 2064, 2120, 2226, 2229, 2232, 2233, 2234, 2353, 2401, 2403, 2549, 2552, 2574, 2625, 2737, 2739, 2740, 2741, 2742, 2837, 2843, 2844, 2845, 2846, 2847, 2849, 2851, 2865, 2868, 2874, 2875, 2881, 2892, 2897, 2899, 2902, 2903, 2919, 2944, 2946, 2947, 2953, 2961, 2978, 2979, 2980, 3053, 3089, 3115, 3116, 3117, 3118, 3119, 3120, 3197, 3200, 3212, 3235, 3236, 3239, 3240, 3273, 3289, 3300, 3327, 3528, 3708, 3901, 4072, 4104, 4105, 4108, 4111, 4112, 4113, 4114, 4141, 4143, 4146, 4148, 4149, 4150, 4151, 4154, 4155, 4157, 4158, 4177, 4179, 4195, 4196, 4308, 4328, 4330, 4366, 4368, 4370, 4373, 4374, 4375, 4376, 4538, 4539, 4550, 4554, 4606, 4681, 4732, 4739, 4740, 4741, 4763, 4775, 4777, 4909, 4910, 4911, 4914, 4916, 4917, 4918, 4919, 4992)
  2003 Ed. (380, 381, 388, 389, 394, 396, 402, 404, 405, 406, 407, 408, 410, 419, 440, 441, 442, 445, 757, 758, 1081, 1384, 2270, 2424, 2433, 2434, 2435, 2436, 2612, 2751, 2839, 2885, 2960, 2961, 2962, 2963, 2964, 2982, 2984, 2988, 3003, 3221, 3237, 3243, 3244, 3248, 3249, 3250, 3252, 3255, 3256, 3261, 3263, 3293, 3294, 3355, 3360, 3459, 3897, 3898, 4209, 4238, 4239, 4242, 4243, 4244, 4247, 4257, 4287, 4288, 4289, 4291, 4292, 4293, 4300, 4308, 4408, 4414, 4415, 4467, 4482, 4494, 4551, 4646, 4666, 4680, 4723, 4852, 4853, 4867, 4896, 4908, 4909, 4910, 4944, 4954, 4955, 4956, 4988, 4992)
  2004 Ed. (186, 348, 359, 360, 367, 370, 372, 373, 375, 383, 384, 385, 386, 388, 389, 398, 415, 435, 767, 768, 775, 805, 921, 922, 1027, 1028, 1037, 1068, 1072, 1092, 1093, 1398, 1399, 2001, 2002, 2023, 2188, 2297, 2298, 2299, 2300, 2301, 2302, 2303, 2304, 2305, 2309, 2316, 2536, 2563, 2567, 2570, 2571, 2573, 2727, 2728, 2732, 2805, 2930, 2973, 2974, 2977, 2978, 2979, 2980, 2988, 2989, 2990, 2991, 2992, 2993, 2994, 3037, 3038, 3039, 3041, 3042, 3043, 3044, 3045, 3046, 3047, 3048, 3049, 3057, 3058, 3069, 3070, 3087, 3088, 3090, 3091, 3094, 3096, 3098, 3099, 3118, 3120, 3121, 3145, 3146, 3263, 3278, 3281, 3290, 3293, 3301, 3311, 3312, 3313, 3355, 3356, 3418, 3425, 3525, 3671, 3925, 3926, 4232, 4257, 4258, 4259, 4260, 4265, 4272, 4277, 4301, 4309, 4318, 4419, 4446, 4456, 4457, 4503, 4504, 4505, 4506, 4507, 4508, 4510, 4511, 4514, 4520, 4521, 4522, 4523, 4524, 4525, 4526, 4527, 4531, 4648, 4649, 4658, 4701, 4837, 4838, 4847, 4887, 4898, 4899, 4900, 4901, 4948, 4949, 4957, 4958, 4959, 4981, 4995, 4996)
  2005 Ed. (346, 371, 391, 392, 394, 395, 396, 397, 398, 399, 418, 422, 441, 912, 913, 1034, 1072, 1074, 1075, 1099, 1420, 2276, 2277, 2382, 2526, 2543, 2544, 2786, 2840, 2920, 2985, 2986, 3122, 3299, 3319, 3335, 3383, 3384, 3432, 3441, 3524, 3690, 3873, 3874, 4184, 4191, 4192, 4194, 4195, 4210, 4227, 4236, 4241, 4242, 4392, 4400, 4402, 4472, 4569, 4597, 4608, 4795, 4828, 4829, 4900, 4928, 4929, 4939, 4940, 4941, 4942)
  2006 Ed. (373, 383, 1043, 1094, 1405, 2344, 2345, 2428, 2550, 2551, 2707, 2790, 2834, 2982, 2984, 2987, 3059, 3069, 3070, 3080, 3084, 3097, 3098, 3103, 3112, 3115, 3117, 3130, 3132, 3136, 3137, 3155, 3156, 3257, 3259, 3301, 3307, 3323, 3367, 3368, 3443, 3450, 3584, 3730, 3783, 3936, 3937, 4158, 4410, 4417, 4419, 4475, 4650, 4673, 4865)
  2007 Ed. (333, 341, 356, 366, 1131, 1198, 1199, 1437, 1653, 2274, 2280, 2281, 2372, 2373, 2520, 2526, 2527, 2702, 3009, 3018, 3371, 3385, 3419, 3420, 3459, 3474, 3647, 3648, 3781, 3994, 3995, 4472, 4479, 4481, 4534, 4650, 4694, 4866, 4939)
  2008 Ed. (327, 343, 354, 1012, 1104, 1105, 1388, 1757, 2405, 2406, 2407, 2492, 2648, 2654, 2806, 2832, 2918, 2958, 3129, 3130, 3137, 3471, 3512, 3545, 3633, 3648, 3759, 3760, 3859, 4011, 4012, 4455, 4463, 4465, 4497, 4581, 4603, 4661, 4729, 4787, 4838, 4916, 4940)
  2009 Ed. (350, 997, 1082, 1083, 1391, 2400, 2498, 2499, 2676, 2682, 2888, 3038, 3214, 3215, 3221, 3551, 3554, 3578, 3712, 3782, 4083, 4084, 4350, 4455, 4494, 4497, 4498, 4527, 4624, 4651, 4703, 4765, 4927, 4961)
  2010 Ed. (326, 821, 961, 1055, 1056, 1376, 2357, 2358, 2412, 2413, 2418, 2578, 2593, 2594, 2827, 3154, 3469, 3472, 3496, 3613, 3630, 3710, 3995, 4537, 4539, 4540, 4567, 4568, 4652, 4679, 4717, 4779, 4931, 4969)
  2011 Ed. (253, 748, 887, 993, 994, 1369, 2353, 2354, 2415, 2416, 2421, 2553, 2575, 2576, 2811, 3120, 3473, 3496, 3502, 3616, 3631, 3707, 4003, 4031, 4475, 4483, 4485, 4531, 4600, 4617, 4631, 4675, 4730, 4916, 4958)
  2012 Ed. (274, 908, 909, 917, 918, 1412, 2278, 2336, 2337, 2505, 2522, 2523, 2526, 2735, 2743, 3055, 3208, 3479, 3483, 3485, 3500, 3526, 3610, 3631, 3728, 4061, 4164, 4377, 4490, 4533, 4611, 4631, 4812, 4952)
  2013 Ed. (739, 1064, 1158, 1387, 2284, 2518, 2519, 2523, 2655, 2656, 2658, 2834, 3044, 3130, 3133, 3528, 3537, 3545, 3720, 3830, 4153, 4434, 4490, 4569, 4570, 4573, 4585, 4974, 4995, 4996)
  2014 Ed. (277, 620, 621, 622, 2590, 2806, 3133, 3513, 3521, 4137, 4626, 4627, 4630, 4632, 4945, 4947)
  2015 Ed. (302, 691, 692, 2293, 2632, 3196, 3528, 3536, 3779, 4101, 4624, 4985)
  2016 Ed. (631, 2471, 2557, 2568, 3379, 3387, 4015, 4545, 4902)
  2017 Ed. (313, 3338, 3346, 4007, 4539, 4997)
  2018 Ed. (248, 624, 1316, 3401, 3406, 4029, 4558, 4564, 4915, 4996)
  2019 Ed. (2521, 3059, 3322, 3376, 3377, 3443, 4022, 4559, 4563, 4565, 4910, 4996)
  2020 Ed. (250, 618, 619, 820, 992, 2753, 3379, 3440, 3942, 4369, 4910)
  2021 Ed. (235, 577, 2967, 3163, 3185, 3329, 3354, 3356, 3357, 3377, 3378, 3458, 4905)
  2022 Ed. (256, 605, 2350, 2763, 2885, 2948, 3309, 3324, 3325, 3393, 3404, 3406, 3407, 3427, 3428, 3516, 3706, 4562, 4899, 4999)
  2023 Ed. (846, 2515, 3054, 3412, 3413, 3528, 3539, 3540, 3541, 3552, 3553, 4575, 4888)

Illinois Bell
  1991 Ed. (923)
  1992 Ed. (1135)
Illinois Central
  1992 Ed. (3609, 3611, 3923)
  1993 Ed. (2956, 2957, 2959)
  1994 Ed. (2990, 2991, 2992, 2994, 3223)
  1995 Ed. (2044, 3054, 3055, 3056, 3058)
  1996 Ed. (1202, 2259)
  1998 Ed. (2991, 2993, 2994)
  1999 Ed. (3986)
Illinois Central Gulf R.R.
  1990 Ed. (3250)
Illinois Central Railroad Co.
  1996 Ed. (3156, 3158, 3160)
  1997 Ed. (3243, 3245, 3246, 3248)
  2004 Ed. (4058)
Illinois Central School Bus Co.
  2018 Ed. (704)
Illinois at Chicago Medical Center; University of
  1996 Ed. (2153)
  1997 Ed. (2268)
Illinois-Chicago; University of
  1992 Ed. (1008)
  2006 Ed. (706)
  2008 Ed. (774, 3637)
  2009 Ed. (780, 3700)
  2010 Ed. (724, 1013, 3616, 3768)
  2011 Ed. (950, 3618, 3772)
  2012 Ed. (3612)
Illinois College
  1991 Ed. (888)
Illinois Dept. of Corrections
  2000 Ed. (3617)
Illinois Department of Natural Resources
  2005 Ed. (2613)
  2007 Ed. (2587)
  2008 Ed. (2724)
  2009 Ed. (2779)
  2010 Ed. (2711)
  2011 Ed. (2697)
  2012 Ed. (2627)
  2015 Ed. (2743, 3188)
  2016 Ed. (2673)
Illinois Development Finance Authority
  1991 Ed. (2016)
  1993 Ed. (2625)
  1996 Ed. (2730)
  1997 Ed. (2839, 2844)
  1999 Ed. (3471)
  2000 Ed. (3201)
  2001 Ed. (808, 846)
Illinois Educational Facilities Authority
  1996 Ed. (3286)
Illinois Facilities Fund
  1993 Ed. (892)
Illinois Health Facilities Authority
  1990 Ed. (2649)
  1991 Ed. (2525)
  1993 Ed. (2618, 2619)
  1995 Ed. (2648)
  1996 Ed. (2727)
  1997 Ed. (2842)
  1998 Ed. (2572)
  1999 Ed. (3483)
  2000 Ed. (3197)
  2001 Ed. (808, 846)
Illinois Housing Development Authority
  1993 Ed. (2116)
  1996 Ed. (2211)
  1997 Ed. (2340)
  1998 Ed. (2062)
Illinois Institute of Technology
  2011 Ed. (3419)
Illinois Insurance Exchange
  1992 Ed. (2648)
  1993 Ed. (2191)
  1994 Ed. (2240)
  1995 Ed. (2288)
  1996 Ed. (2293)
  1997 Ed. (2428)
  1998 Ed. (2145)
Illinois-Iowa Gas and Electric Co.
  1990 Ed. (1881)
Illinois Masonic Medical Centeer
  1999 Ed. (2746)
Illinois Masonic Medical Center
  1996 Ed. (2153)
  1997 Ed. (2268)
  1998 Ed. (1987)
  2001 Ed. (2770)
  2002 Ed. (2618)
Illinois Municipal
  2003 Ed. (1980)
  2004 Ed. (2028)
  2008 Ed. (2300)
  2009 Ed. (2291)
Illinois Municipal Retirement
  2001 Ed. (3677)
Illinois Municipal Retirement Fund
  1990 Ed. (2789)
  1992 Ed. (3361)
  1994 Ed. (2775)
  1996 Ed. (2946)
  1997 Ed. (3027)
Illinois Mutual Life
  1999 Ed. (2925)

Illinois National Insurance Co.
  2003 Ed. (4996)
Illinois Pork Corp.
  1992 Ed. (2991, 2992, 3485, 3486)
Illinois Power Co.
  1989 Ed. (1296, 1297, 2036, 2468, 2469)
  1990 Ed. (1600, 1601, 2671, 3247)
  1992 Ed. (1132)
Illinois Range Co.
  1990 Ed. (1839)
  1991 Ed. (1757)
  1992 Ed. (2206)
  1993 Ed. (1887)
Illinois Service/Federal S & L Association of Chicago
  1990 Ed. (3104)
  1991 Ed. (2922)
Illinois Service/Federal S&L Association of Chicago
  1992 Ed. (621)
Illinois/Service Federal Savings & Loan Association
  1994 Ed. (573)
  1995 Ed. (548)
Illinois Service/Federal Savings & Loan Association of Chicago
  1993 Ed. (437, 3098)
Illinois Sports Facilities Authority
  1991 Ed. (2527)
Illinois State Fair
  2001 Ed. (2355)
  2003 Ed. (2417)
Illinois State Med
  1990 Ed. (2250)
Illinois State Medical
  1989 Ed. (1710)
  1994 Ed. (2269)
  1995 Ed. (2317)
  1996 Ed. (2329)
  1998 Ed. (2196)
  1999 Ed. (2963)
Illinois State Medical Exchange
  1991 Ed. (2121, 2126)
  1992 Ed. (2678)
  1993 Ed. (2232, 2236)
  2000 Ed. (2715)
Illinois State Medical InterInsurance Exchange
  2000 Ed. (2683)
Illinois; State of
  1994 Ed. (945)
  1996 Ed. (957)
  1997 Ed. (978)
  2006 Ed. (1638)
Illinois State Scholarship Commission
  1991 Ed. (2924)
Illinois State Universities
  1997 Ed. (3014)
  1998 Ed. (2763)
  1999 Ed. (3722)
  2000 Ed. (3433)
  2001 Ed. (3668)
  2003 Ed. (3761)
  2004 Ed. (3787)
  2007 Ed. (3791)
  2008 Ed. (2296, 2300, 3865)
  2009 Ed. (2287, 3923)
  2010 Ed. (3841)
Illinois State University
  2006 Ed. (4203)
Illinois Student Assistance Commission
  1991 Ed. (2924)
Illinois Teachers
  1994 Ed. (2763, 2765)
  1995 Ed. (2863)
  1996 Ed. (2935, 2942)
  1997 Ed. (3023)
  1998 Ed. (2764)
  1999 Ed. (3725)
  2000 Ed. (3443)
  2001 Ed. (3669)
  2002 Ed. (3609)
  2007 Ed. (2185)
  2008 Ed. (2309)
  2009 Ed. (2301)
Illinois Teachers' Retirement System
  1991 Ed. (2691, 2693)
Illinois Tool Works
  2013 Ed. (1712)
  2014 Ed. (3673)
  2015 Ed. (3225)
  2016 Ed. (3081)
  2017 Ed. (3031)
  2018 Ed. (3145)
  2019 Ed. (3084, 3387)
  2020 Ed. (3114)
  2021 Ed. (2981)
  2022 Ed. (1596, 3107)
  2023 Ed. (3204, 3592)
Illinois Tool Works Inc.
  1989 Ed. (1651, 1654, 1928, 1945, 1947)
  1990 Ed. (2171, 2174, 2516, 2541, 2542)
  1991 Ed. (2018, 2021, 2381, 2419, 2421)
  1992 Ed. (2592, 2595, 2967, 3027, 3029, 3474)
  1993 Ed. (719, 2495, 2535, 2537)
  1994 Ed. (2181, 2433, 2479, 2481)
  1995 Ed. (2235, 2548, 3167)

  1996 Ed. (2243, 2609, 2610)
  1997 Ed. (2368, 2370, 2752, 2753)
  1998 Ed. (2090, 2091, 2434, 2468, 2469)
  1999 Ed. (2851, 3297, 3347)
  2000 Ed. (3034, 3084)
  2001 Ed. (11, 1550, 3188, 3189, 3218, 3286, 4131, 4132)
  2002 Ed. (940, 1460, 2728, 3309, 3316, 3317)
  2003 Ed. (342, 1481, 2893, 2897, 3269, 3270, 3296, 3380, 4196, 4197)
  2004 Ed. (1511, 3002, 3004, 3324, 3329, 3909, 3910, 4222, 4223)
  2005 Ed. (1527, 1806, 1808, 1809, 1810, 2999, 3000, 3001, 3002, 3003, 3349, 3354, 3855, 3856, 4150, 4151)
  2006 Ed. (2993, 2996, 2997, 2998, 2999, 3342, 3343, 4206, 4207)
  2007 Ed. (202, 211, 212, 875, 1793, 1797, 2905, 3027, 3028, 3030, 3032, 3033, 3036, 3399, 4216, 4217)
  2008 Ed. (189, 198, 846, 1406, 1829, 1831, 1834, 3027, 3145, 3146, 3148, 3150, 4253, 4254)
  2009 Ed. (207, 219, 1745, 3114, 3230, 3231, 3232, 3235, 3236, 3276, 3721, 4354, 4355, 4551)
  2010 Ed. (3048, 3163, 3164, 3166, 3168, 3201, 3639, 3643, 4379, 4380)
  2011 Ed. (3017, 3128, 3129, 3132, 3134, 3165, 3641, 3648, 4321, 4322)
  2012 Ed. (3063, 3064, 3066, 3071, 3072, 3074, 3121, 3638, 3649, 4382, 4383)
  2013 Ed. (3152, 3153, 3157, 3159, 3160, 3163, 3697, 3711, 4351, 4352)
  2014 Ed. (3155, 3157, 3162, 3165, 3168, 3631, 3644, 4400, 4401)
  2015 Ed. (3215, 3217, 3221, 3224, 3228, 3281, 3644, 3654, 4388, 4389)
  2016 Ed. (24, 3070, 3074, 3078, 3080, 3084, 3531, 3542, 4286, 4287)
  2017 Ed. (3017, 3023, 3026, 3027, 3030, 3035, 3498, 3512)
  2018 Ed. (3138, 3144, 3550, 3560)
  2019 Ed. (3074, 3078, 3079, 3083, 3543, 3552)
  2020 Ed. (3106, 3108, 3109, 3113)
  2021 Ed. (28, 2977, 2978)
  2022 Ed. (3104, 3105)
  2023 Ed. (70, 3205)
Illinois Union Insurance Co.
  2011 Ed. (3222, 3223)
  2012 Ed. (3191, 3192)
  2013 Ed. (3260, 3261)
  2014 Ed. (3288, 3289)
  2015 Ed. (3337)
  2016 Ed. (3197, 3198)
Illinois; University of
  1991 Ed. (2928)
  1992 Ed. (1280, 2216, 3663, 3803)
  1997 Ed. (1063)
  2011 Ed. (3626)
  2012 Ed. (3819)
Illinois at Urbana-Champaign; University of
  1992 Ed. (998, 1008, 1123, 1282, 1970, 1973, 1975, 1976, 1977, 1978, 1979, 1981)
  1993 Ed. (797, 1621, 1623, 1624, 1626, 1627, 1628, 1629, 1630, 1632)
  1994 Ed. (807, 1654, 1658, 1659, 1660, 1661, 1663, 1664, 1665, 1713, 1900)
  1995 Ed. (1701, 1705, 1706, 1707, 1708, 1710, 1711, 1712, 1713)
  1996 Ed. (838, 1683, 1687, 1688, 1689, 1690, 1692, 1693, 1694, 1695)
  1997 Ed. (851, 968, 1068, 1764, 1766, 1769, 1770, 1771, 1772, 1774, 1775, 1776, 2632)
Illinois-Urbana-Champaign; University of
  1991 Ed. (917)
  2005 Ed. (2440)
  2006 Ed. (714)
  2007 Ed. (818, 1163, 2447)
  2008 Ed. (789, 792, 1062, 2574, 2576)
  2009 Ed. (806, 809, 1038, 2585, 2602, 3520)
  2010 Ed. (729, 743, 755, 757, 758, 766, 1004, 1031, 2424, 2505, 3449, 3450)
  2011 Ed. (654, 666, 669, 2506, 3449, 3450)
  2012 Ed. (865, 871, 2427)
Illinois, Urbana; University of
  1991 Ed. (815, 916, 1004, 1006, 1565, 1567, 1568, 1570, 1571, 1572, 1573, 1574, 1577, 2833)
  1992 Ed. (1972)
Illinois Waterway
  1998 Ed. (3703)
Illinois Wesleyan
  1990 Ed. (1090)
Illinois Wesleyan University
  1992 Ed. (1271)
  1993 Ed. (1019)
  1994 Ed. (1046)
  1995 Ed. (1054)
Illinova Corp.
  1996 Ed. (1614)
  1998 Ed. (1386)
  1999 Ed. (1555)

illion
  2021 Ed. (2532)
  2022 Ed. (2646)
Illovo Sugar
  2009 Ed. (2811)
illuma
  2021 Ed. (2619)
  2023 Ed. (2869)
IllumiCare
  2023 Ed. (1561)
Illumina
  2015 Ed. (686, 688, 694, 4641)
  2016 Ed. (626, 628, 633)
  2017 Ed. (663, 665, 668, 1416, 3858)
  2018 Ed. (620, 622, 625, 626, 3894, 3895)
  2019 Ed. (633, 636, 640, 3862)
  2020 Ed. (614, 616, 620)
  2021 Ed. (2847)
  2023 Ed. (3700)
Illumina Inc.
  2008 Ed. (3635, 4609)
  2009 Ed. (2986)
  2010 Ed. (2925, 4682)
  2012 Ed. (2769, 2799, 4633)
  2013 Ed. (2867)
  2015 Ed. (695)
Illuminas
  2009 Ed. (4247)
illuminate Search & Consulting
  2018 Ed. (1372)
Illumination Entertainment
  2018 Ed. (2449)
Illuminations.com
  2007 Ed. (2318)
The Illusionist
  2009 Ed. (2366)
The Illusions of Entrepreneurship
  2010 Ed. (604)
Illusive Comics & Games LLC
  2021 Ed. (2893)
  2022 Ed. (3019)
  2023 Ed. (3135)
Illustrated Properties
  2023 Ed. (4172)
Illy Issimo
  2013 Ed. (1030)
  2014 Ed. (996, 997)
  2016 Ed. (940)
  2017 Ed. (977, 985)
Illycaff
  2015 Ed. (2774)
Illycaffe SpA
  2016 Ed. (2703)
  2017 Ed. (2658)
  2018 Ed. (2719)
  2019 Ed. (2704)
  2020 Ed. (2737)
  2021 Ed. (2624)
  2022 Ed. (2751)
illycaffè s.p.a.
  2023 Ed. (2885)
Illycaffe SpA (Italy)
  2021 Ed. (2624)
  2022 Ed. (2751)
Ilmarinen
  2013 Ed. (1607)
Ilmor
  2019 Ed. (647)
  2020 Ed. (628)
  2021 Ed. (584)
ILOG
  2001 Ed. (4425)
  2002 Ed. (1992, 4509)
  2011 Ed. (4598)
ILOG SA
  2006 Ed. (1134)
ILOKA Inc.
  2002 Ed. (3373)
Ilona Herlin
  2015 Ed. (4922)
  2016 Ed. (4838)
  2017 Ed. (4846)
  2018 Ed. (4853)
  2019 Ed. (4848)
  2020 Ed. (4837)
  2021 Ed. (4838)
  2022 Ed. (4831)
  2023 Ed. (4826)
ILORI
  2009 Ed. (4578)
iLoveKickboxing.com
  2015 Ed. (4018)
  2017 Ed. (857)
  2018 Ed. (792, 3933)
ILP market
  2021 Ed. (1659)
ILSMart.com
  2003 Ed. (2153)
  2004 Ed. (2203)
Ilsole
  2019 Ed. (1944)
Iluka Resources
  2002 Ed. (1587, 1589, 3368)
Iluka Resources Ltd.
  2013 Ed. (3686)
Ilumax
  2018 Ed. (4231)

CUMULATIVE INDEX • 1989–2023

Ilva
   1994 Ed. (3435)
Ilva Lamainati Piani SpA
   1999 Ed. (3345)
Ilva SpA
   1995 Ed. (2545, 3511)
   2002 Ed. (3308)
   2004 Ed. (3441)
ILWU - FSC Credit Union
   2014 Ed. (2150)
i.M. Branded
   2019 Ed. (4990)
IM Flash Technologies
   2008 Ed. (1116, 2471, 3506)
   2013 Ed. (2494)
I'm Gonna Like Me: Letting Off a Little Self-Esteem
   2004 Ed. (737)
IM Group
   2018 Ed. (1987)
   2019 Ed. (2044)
I.M. Pei & Partners
   1990 Ed. (278, 284)
IM & R
   1999 Ed. (843, 844, 845, 847, 848, 849, 850)
IM Tech
   2018 Ed. (1911)
"I'm Tired of Paying for TV"
   2015 Ed. (2328)
   2016 Ed. (2283)
IM=X Pilates Studio
   2010 Ed. (2909)
IMA of Colorado Inc.
   2009 Ed. (1636)
IMA Consulting
   2013 Ed. (2865)
   2014 Ed. (2896)
IMA Financial Group
   2022 Ed. (1660)
   2023 Ed. (1825)
The IMA Financial Group
   2007 Ed. (1683)
IMA Financial Group Inc.
   2023 Ed. (2484, 3250)
IMA Financial Group, Inc.
   2023 Ed. (1665)
IMA Holding
   1992 Ed. (1461)
IMA Pty
   1992 Ed. (205)
   1993 Ed. (136)
IMA World Health
   2011 Ed. (3762, 3764)
   2012 Ed. (3764, 3766)
IMA Worldhealth
   2010 Ed. (3758, 3760)
Imada Wong Communications Group
   2003 Ed. (32)
Imaflex Inc.
   2019 Ed. (4506)
Image 7
   2017 Ed. (1526, 1572)
Image Building Systems
   2019 Ed. (1037)
Image Bus Systems
   1996 Ed. (2887)
Image Business Systems
   1995 Ed. (3202)
Image Comics
   2017 Ed. (4044)
Image DDB Ukraine
   1999 Ed. (165)
   2000 Ed. (185)
Image Entertainment Inc.
   1993 Ed. (1636)
   2004 Ed. (3508, 3509)
   2005 Ed. (3513, 3514)
Image GGK
   2001 Ed. (229)
Image Homes
   2005 Ed. (1220)
Image Insight Inc.
   2014 Ed. (4253)
   2017 Ed. (4124)
Image One
   2020 Ed. (698)
   2021 Ed. (700)
   2022 Ed. (734)
   2023 Ed. (939)
Image Options
   2016 Ed. (3990)
   2019 Ed. (3977)
   2020 Ed. (3998)
Image Point Digital Ultrasystem
   1999 Ed. (3338)
Image Press
   1995 Ed. (2985)
Image Process Design
   2002 Ed. (4879)
Image Processing Systems Inc.
   2001 Ed. (2864)
Image Projections West Inc.
   2003 Ed. (3426)
   2006 Ed. (3503, 3504, 4343)
   2007 Ed. (3540, 3541, 4403)
   2008 Ed. (3700)

2009 Ed. (3759)
Image scanners
   1995 Ed. (1094)
Image Sense Systems
   2011 Ed. (4464)
Image Solutions, Inc.
   2002 Ed. (2523)
Image Studios
   2022 Ed. (2891)
Image Sun Tanning Centers
   2005 Ed. (4593)
   2007 Ed. (4678)
   2008 Ed. (4589)
   2009 Ed. (4633)
   2010 Ed. (4660)
   2011 Ed. (4608)
Image360
   2015 Ed. (4467)
   2016 Ed. (4369)
   2017 Ed. (4368)
   2018 Ed. (4368)
   2019 Ed. (4395)
   2020 Ed. (4394)
   2021 Ed. (3964, 4390)
   2022 Ed. (4395)
   2023 Ed. (4039, 4422)
ImageAmerica
   1995 Ed. (3161)
Imageflow Services Inc.
   2010 Ed. (4014, 4016)
ImageKing Visual Solutions
   2009 Ed. (4110)
ImageLinks, Inc.
   2003 Ed. (2715)
Imagem Global-Marketing
   2001 Ed. (181)
   2002 Ed. (153)
ImageMasters Precision Printing
   1997 Ed. (3166)
Imagen Publicid
   1995 Ed. (106)
   1997 Ed. (126)
Imagen Publicidad
   1996 Ed. (121)
   1999 Ed. (134)
   2001 Ed. (189)
   2002 Ed. (160)
   2003 Ed. (128)
Imagen Publicidad (Grey)
   2000 Ed. (152)
ImageNet Consulting
   2022 Ed. (4760)
   2023 Ed. (4749)
Images 4 Kids
   2008 Ed. (3981)
IMAGES USA
   2016 Ed. (112)
   2017 Ed. (103)
Images USA
   2003 Ed. (31)
   2004 Ed. (107)
   2005 Ed. (3950, 3959)
   2007 Ed. (101)
   2008 Ed. (111, 176)
   2009 Ed. (195)
   2010 Ed. (122, 174)
   2011 Ed. (40, 99)
   2012 Ed. (46, 106)
   2013 Ed. (81)
   2014 Ed. (62)
   2015 Ed. (74)
   2016 Ed. (74)
ImageTek
   1991 Ed. (810)
ImageWare Systems Inc.
   2010 Ed. (1122)
   2014 Ed. (1091)
   2015 Ed. (1130)
   2016 Ed. (1014, 1042)
   2017 Ed. (1077)
   2018 Ed. (1001)
   2019 Ed. (1003)
   2020 Ed. (986)
ImageX.com
   2001 Ed. (4451)
   2002 Ed. (2536)
   2003 Ed. (2704, 2744)
ImagiBrand
   2019 Ed. (3481)
   2020 Ed. (3459)
   2021 Ed. (3479)
Imagination
   1991 Ed. (2014)
   1992 Ed. (2588)
   1993 Ed. (2158)
   1994 Ed. (2175)
   1995 Ed. (2225, 2226, 2229)
   1996 Ed. (2232, 2234, 2235, 2236)
   1999 Ed. (2837, 2838, 2839, 2840)
   2011 Ed. (59)
   2015 Ed. (3408)
   2016 Ed. (3281)
   2017 Ed. (3240)
   2018 Ed. (3314)
   2020 Ed. (3454)
Imagination Group
   2002 Ed. (1952)
   2009 Ed. (142, 2654)

Imagination in meeting buyer needs
   1990 Ed. (3089)
Imagination Publishing
   2011 Ed. (3515)
Imagination Specialties Inc.
   2006 Ed. (3540)
   2007 Ed. (3601, 3602, 4447)
Imagination Technologies
   2006 Ed. (1114)
   2017 Ed. (2872)
Imagine Dragons
   2015 Ed. (3733, 3734)
   2016 Ed. (3642)
   2018 Ed. (3676)
Imagine Energy
   2020 Ed. (4435)
Imagine Films Entertainment Inc.
   1991 Ed. (3328)
   1992 Ed. (4245)
   1993 Ed. (1636)
Imagine Foods Inc.
   2018 Ed. (4469)
   2019 Ed. (4464)
   2020 Ed. (4452)
   2021 Ed. (4451)
Imagine Graphics Ltd.
   2002 Ed. (2493)
   2003 Ed. (2737)
Imagine! Print Solutions
   2015 Ed. (3583)
   2016 Ed. (2305)
   2017 Ed. (2145)
   2018 Ed. (2196)
Imagine Staffing Technology
   2016 Ed. (3044)
Imagine Staffing Technology Inc.
   2016 Ed. (4951)
   2017 Ed. (4942)
   2018 Ed. (4948)
Imagine That Toys
   2015 Ed. (2900)
Imaging
   2000 Ed. (30, 797)
Imaging Dynamics Co.
   2006 Ed. (1540)
   2007 Ed. (1570, 2738)
   2008 Ed. (2925, 2931, 2933)
   2009 Ed. (2918)
   2010 Ed. (2934)
   2011 Ed. (2900)
Imaging Wholesale Corp.
   2007 Ed. (3596)
   2008 Ed. (2056, 3730)
Imagio
   2002 Ed. (3851)
Imagio/JWT
   2003 Ed. (3980, 4017)
Imagio Technology Adv. & PR
   2000 Ed. (3668)
Imagistics International Inc.
   2005 Ed. (3351)
Imago QA Ltd.
   2002 Ed. (2494)
Imagyn Medical Technologies
   2000 Ed. (739)
Imaje
   2006 Ed. (1115)
Imam Button Industries Ltd.
   2002 Ed. (1970)
iManage, Inc.
   2003 Ed. (2731)
Imapala Platinum
   2020 Ed. (1346)
Imark Communications Inc.
   2001 Ed. (4612)
   2002 Ed. (4645)
   2003 Ed. (4777)
   2004 Ed. (4754)
IMARK Group Inc.
   2008 Ed. (1383)
   2009 Ed. (1386)
   2010 Ed. (1371)
   2011 Ed. (1364)
   2012 Ed. (1227)
   2015 Ed. (1342)
   2016 Ed. (1263)
ImaRx Therapeutics
   2009 Ed. (4398)
Imasco Enterprises
   1994 Ed. (986, 1847, 2064, 3256)
Imasco Financial
   1994 Ed. (986, 3606)
Imasco Holdings Inc.
   2001 Ed. (4059)
Imasco Ltd.
   1989 Ed. (729, 1154, 2845)
   1990 Ed. (1339, 1411, 1531)
   1991 Ed. (1462, 1463)
   1992 Ed. (1596, 1835, 2153, 2417)
   1993 Ed. (1504)
   1995 Ed. (1364, 1366, 1578)
   1996 Ed. (1308, 1309, 1311, 1318, 1564, 1918, 2123, 3148)
   1997 Ed. (1370, 1373, 1641)
   1999 Ed. (1888)
   2001 Ed. (1664)
   2005 Ed. (3372)

Imasco USA
   1990 Ed. (1836)
IMASD Energias
   2020 Ed. (1037)
Imation Corp.
   1999 Ed. (1268)
   2000 Ed. (1169, 3079)
   2001 Ed. (1357)
   2002 Ed. (1143, 1144)
   2003 Ed. (1102)
   2004 Ed. (1111)
   2008 Ed. (3014)
   2009 Ed. (3099)
   2012 Ed. (2927)
   2013 Ed. (3016)
   2014 Ed. (3026)
   2015 Ed. (3093)
   2018 Ed. (3019)
   2019 Ed. (2960)
IMAX
   2018 Ed. (670)
   2019 Ed. (4680)
IMAX Corp.
   2020 Ed. (175)
   2021 Ed. (174)
   2022 Ed. (167)
Imax Corp.
   2002 Ed. (2503)
   2003 Ed. (2930, 2940)
   2005 Ed. (2828, 2831)
   2007 Ed. (1622, 2457, 2812)
   2008 Ed. (2591, 2939)
   2010 Ed. (2522)
   2011 Ed. (1566)
   2015 Ed. (2608)
Imazethapyr
   1999 Ed. (2663)
IMB
   2004 Ed. (3952)
IMB Bank
   2020 Ed. (2587)
   2021 Ed. (2532)
   2022 Ed. (2646)
IMB Mlekara Bitola ad
   2019 Ed. (2691)
Imbursa
   2000 Ed. (612)
IMC-Agrico
   1996 Ed. (3718)
   1999 Ed. (3847)
IMC-Agrico MP Inc.
   2001 Ed. (3324, 3325)
IMC Companies
   2016 Ed. (4738, 4750)
   2017 Ed. (4762)
   2018 Ed. (4745, 4758)
   2019 Ed. (4747, 4761)
   2020 Ed. (4726, 4749)
   2021 Ed. (4727, 4747)
   2022 Ed. (4729, 4749)
   2023 Ed. (4733)
IMC Companies LLC
   2021 Ed. (2466)
   2023 Ed. (2719)
IMC Construction
   2017 Ed. (1215)
   2018 Ed. (1197)
   2019 Ed. (1221)
   2020 Ed. (1215)
   2021 Ed. (1100, 1185)
   2022 Ed. (1114, 1184)
   2023 Ed. (1421)
IMC Cos.
   2021 Ed. (4727)
   2022 Ed. (4729)
   2023 Ed. (4711)
IMC Fertilizer
   1989 Ed. (2643)
IMC Fertilizer Group
   1990 Ed. (1735)
   1991 Ed. (920, 1662)
   1992 Ed. (2128)
   1993 Ed. (1762)
   1994 Ed. (1753)
   1995 Ed. (1784)
IMC Global Inc.
   1997 Ed. (1814, 1816, 1844)
   1998 Ed. (699, 1523, 1553, 2878)
   1999 Ed. (1080, 1088, 3708)
   2000 Ed. (1914)
   2001 Ed. (1208)
   2002 Ed. (993, 1019)
   2003 Ed. (936, 3416, 3417)
   2004 Ed. (950, 2591, 2592)
   2005 Ed. (2569, 2570)
   2006 Ed. (1417)
IMC Holdings
   1993 Ed. (2057)
IMC Inc.
   1993 Ed. (3306)
   1996 Ed. (3428)
IMC-International Management Consultants Inc.
   1995 Ed. (3374)
IMC Manufacturing
   2000 Ed. (3392)

IMC Mortgage Co.
  1999 Ed. (2450)
  2000 Ed. (2206)
IMC Phosphates MP Inc.
  2004 Ed. (3483, 3484)
  2005 Ed. (3480, 3481)
IMC2
  2007 Ed. (3435)
  2008 Ed. (3601)
IMCD
  2012 Ed. (744, 745)
  2013 Ed. (933, 934)
  2019 Ed. (828)
  2020 Ed. (826)
  2021 Ed. (841, 845)
  2022 Ed. (881, 882, 885, 886)
  2023 Ed. (1060, 1061, 1063, 1064, 1065)
IMCD Group
  2013 Ed. (938)
  2014 Ed. (887, 888, 889, 892)
  2015 Ed. (915, 916, 917, 920)
  2016 Ed. (819, 821)
  2017 Ed. (874, 875, 876, 879)
  2018 Ed. (807, 808, 812)
  2019 Ed. (824, 825, 829)
  2020 Ed. (823, 827)
  2021 Ed. (842, 846)
Imcera
  1996 Ed. (2652)
Imcera Group
  1992 Ed. (1110, 1529, 2382)
  1993 Ed. (902, 2016, 3390)
  1994 Ed. (915, 1288, 2032)
ImClone Systems Inc.
  2004 Ed. (953)
  2006 Ed. (594, 4578, 4583)
  2007 Ed. (2725, 2727, 2729, 4696)
  2008 Ed. (571, 572, 2855, 2857, 2859)
  2009 Ed. (2911, 2927)
  2010 Ed. (1383, 2855)
IMCO General Construction
  2013 Ed. (2166)
  2014 Ed. (2095)
  2015 Ed. (2150)
  2018 Ed. (2035)
  2019 Ed. (2095)
IMCO General Construction Inc.
  2023 Ed. (2103)
IMCO Realty Services, Inc.
  1991 Ed. (1660)
Imco Recycling of Idaho Inc.
  2004 Ed. (1727)
  2005 Ed. (1786)
IMCO Recycling Inc.
  2001 Ed. (4733)
Imcor
  2002 Ed. (4811)
IMCOR Interstate Mechanical Corp.
  2016 Ed. (1170)
IMD
  1997 Ed. (865)
  1999 Ed. (985)
  2002 Ed. (908, 910)
  2003 Ed. (793, 799)
  2004 Ed. (839, 840)
  2005 Ed. (802, 804, 805, 808, 809, 812, 815)
  2007 Ed. (811, 827, 828, 834)
  2009 Ed. (822, 823)
  2011 Ed. (688, 689)
  2013 Ed. (747, 765)
  2014 Ed. (790)
  2015 Ed. (806, 808, 833)
IMD International
  2006 Ed. (726, 727)
  2008 Ed. (801)
  2009 Ed. (819)
  2010 Ed. (767)
  2011 Ed. (679, 681)
  2012 Ed. (616, 622)
  2013 Ed. (760)
  2014 Ed. (780, 783)
  2015 Ed. (825)
  2016 Ed. (724, 726)
IMDB.com
  2007 Ed. (3234)
  2008 Ed. (3363)
Imdex
  2015 Ed. (1453)
IME
  1994 Ed. (2522)
IMEC
  2010 Ed. (3833)
IMEG Corp.
  2019 Ed. (2426, 2427)
  2020 Ed. (2402, 2479)
  2021 Ed. (2403)
  2022 Ed. (2438, 2516)
  2023 Ed. (2626)
IMEG/KJWW/TTG
  2018 Ed. (2418)
  2019 Ed. (2492)
Imergent Inc.
  2006 Ed. (2388)
  2007 Ed. (2718, 2721, 2754)
  2008 Ed. (3643, 4608)

Imerys
  2006 Ed. (857)
  2014 Ed. (1141)
  2016 Ed. (3559)
  2017 Ed. (3535)
Imerys Pigments Inc.
  2003 Ed. (3416)
  2004 Ed. (3483)
  2005 Ed. (3480)
Imerys SA
  2012 Ed. (1052)
Imerys USA Inc.
  2010 Ed. (3679)
  2012 Ed. (3662)
  2013 Ed. (3727)
  2014 Ed. (3662, 3663)
  2015 Ed. (3680)
  2016 Ed. (3563)
Imeson International Industrial Park
  2000 Ed. (2625)
  2002 Ed. (2765)
Imetal
  1989 Ed. (2070)
  2001 Ed. (1235, 4025)
iMethods
  2016 Ed. (1560)
Imexsa
  2001 Ed. (4377)
IMF
  2009 Ed. (2293, 2300)
IMF Dubai
  2006 Ed. (100)
IMG
  2009 Ed. (4525)
  2013 Ed. (3510)
  2014 Ed. (3484)
  2015 Ed. (3501)
  2016 Ed. (3352)
  2017 Ed. (3317)
  2021 Ed. (3297)
  2022 Ed. (3382)
  2023 Ed. (3502)
IMG College
  2018 Ed. (3381)
IMG Enterprises Inc.
  2017 Ed. (2469)
IMG FMR Diversified Mid Cap
  2010 Ed. (3727)
IMG Live
  2020 Ed. (4475)
IMI
  1994 Ed. (3259)
  1995 Ed. (3338)
  1996 Ed. (3413)
  1997 Ed. (2578)
  1999 Ed. (3122, 3123)
  2000 Ed. (2870)
  2001 Ed. (4424)
  2006 Ed. (2480)
  2007 Ed. (2403)
  2015 Ed. (2594)
  2016 Ed. (2516, 2523)
  2017 Ed. (2373, 3022)
  2019 Ed. (2489)
IMI Capital Markets
  1998 Ed. (3214)
IMI Merchandising
  2009 Ed. (4079)
IMI Norgren Group Ltd.
  2002 Ed. (1654)
  2003 Ed. (1680)
  2004 Ed. (1717)
  2005 Ed. (1775)
  2006 Ed. (1720)
IMI plc
  2006 Ed. (1474, 1480, 1481, 2451)
  2007 Ed. (1460, 2402)
  2008 Ed. (2510)
  2009 Ed. (2520)
  2010 Ed. (2437)
  2011 Ed. (2443)
  2013 Ed. (2550)
  2014 Ed. (3163)
IMI Systems
  2000 Ed. (903)
  2020 Ed. (2145)
IMKB
  2014 Ed. (4549, 4552, 4553)
Immaculate Baking Co.
  2019 Ed. (1320)
  2021 Ed. (1276)
  2022 Ed. (1278, 2203)
IMMAG
  1991 Ed. (2368)
Immanuel Medical Center
  2014 Ed. (3078)
  2015 Ed. (3144)
Immediate-Care
  2008 Ed. (2887)
Immediate Media Co.
  2015 Ed. (2097)
  2016 Ed. (2074)
Immedion
  2014 Ed. (1979)
  2015 Ed. (2028)
Immelt; J. R.
  2005 Ed. (2478)

Immelt; Jeff
  2005 Ed. (788)
  2006 Ed. (689)
Immelt; Jeffrey
  2006 Ed. (885, 2515, 3262)
  2007 Ed. (976)
  2015 Ed. (962)
Immelt; Jeffrey R.
  2007 Ed. (1022, 1029)
  2008 Ed. (943, 951)
  2009 Ed. (759, 944, 950)
  2010 Ed. (896)
  2011 Ed. (848)
  2012 Ed. (598, 792)
  2015 Ed. (968)
Immersion
  2014 Ed. (1083)
Immersion Corp.
  2011 Ed. (2825, 2836, 2837)
Immersive Media Corp.
  2008 Ed. (2939)
Immigrant, Inc.
  2011 Ed. (532)
Immigration & Naturalization Service; U.S.
  2005 Ed. (1061)
Immix Scitex Co.
  2001 Ed. (16)
ImmixGroup
  2022 Ed. (1257)
immixGroup
  2016 Ed. (1228)
ImmixGroup Inc.
  2005 Ed. (1346)
  2007 Ed. (1412, 1418)
  2008 Ed. (1156, 1370, 1374)
  2009 Ed. (1375)
  2010 Ed. (1361)
  2011 Ed. (1344, 1349)
  2012 Ed. (1209, 1214)
  2013 Ed. (1322, 1325)
  2014 Ed. (1259)
  2015 Ed. (1315)
  2016 Ed. (1231)
  2017 Ed. (1280)
  2018 Ed. (1258)
  2019 Ed. (1291)
  2021 Ed. (1252)
Immo-Croissance
  2002 Ed. (3222)
Immo SR 1
  2018 Ed. (1555)
ImmoBauConsult
  2020 Ed. (1037)
Immobilien Leitner BAU Art GmbH
  2017 Ed. (1402)
Immoeast
  2011 Ed. (4160)
Immofinanz
  2006 Ed. (4883)
  2008 Ed. (1572)
  2009 Ed. (1504)
  2010 Ed. (1381)
  2012 Ed. (4195)
  2013 Ed. (1433, 4176)
  2014 Ed. (4193)
  2015 Ed. (4173)
  2016 Ed. (4089)
The Immortal Life of Henrietta Lacks
  2013 Ed. (559)
Immortals
  2020 Ed. (4791)
Immortals Gaming Club
  2021 Ed. (4788)
The Immortals No. 1: Evermore
  2011 Ed. (492)
The Immortals No. 2: Blue Moon
  2011 Ed. (492)
The Immortals No. 3: Shadowland
  2011 Ed. (490)
IMMSA
  1998 Ed. (3305)
Immucor Inc.
  1992 Ed. (893)
  1993 Ed. (702)
  1994 Ed. (712)
  1995 Ed. (667)
  1996 Ed. (741)
  2004 Ed. (4570)
  2007 Ed. (2726)
  2008 Ed. (2856, 4379)
  2009 Ed. (1695, 1698)
Immulogic Pharmaceutical Corp.
  1993 Ed. (1184)
Immuncor
  2008 Ed. (3635)
Immune Design Corp.
  2017 Ed. (2075)
  2018 Ed. (2034)
  2019 Ed. (2094)
Immune Resp.
  1993 Ed. (2748)
Immune Respons. Corp.
  2001 Ed. (1645)
Immunex Corp.
  1992 Ed. (1541)
  1993 Ed. (701, 1246, 1940, 2998)
  1994 Ed. (3044, 3045)
  1995 Ed. (665, 3093, 3094)

  1997 Ed. (674, 3299, 3300)
  1998 Ed. (465)
  1999 Ed. (728, 4484)
  2000 Ed. (738)
  2001 Ed. (706, 709, 1203, 1597)
  2002 Ed. (1573)
  2003 Ed. (1427, 1561, 2643, 4538)
  2004 Ed. (682, 683, 686, 2772, 4559, 4567)
Immunocore
  2017 Ed. (2862)
  2018 Ed. (2933)
ImmunoGen
  2010 Ed. (1803)
ImmunoGen Inc.
  2016 Ed. (1772)
Immunomedics Inc.
  2012 Ed. (2766, 2768)
  2013 Ed. (2848, 2850, 2851)
Imo
  2000 Ed. (1637, 4159)
  2001 Ed. (2017, 2018)
Imo Industries
  1993 Ed. (1563)
  1995 Ed. (1257)
  1997 Ed. (3642)
  1998 Ed. (1878, 1925)
  1999 Ed. (2615, 2666)
IMO Momentenlager GmbH
  2008 Ed. (3658)
IMO Precision Controls Ltd.
  1994 Ed. (993)
IMO Property Investment Sofia EAD
  2018 Ed. (1387)
Imodium
  1992 Ed. (1872)
  1993 Ed. (1532)
  1998 Ed. (174, 175)
  1999 Ed. (279)
  2018 Ed. (2227)
  2020 Ed. (2199)
  2021 Ed. (2175)
Imodium A-D
  1994 Ed. (1574)
  1996 Ed. (1593)
  1997 Ed. (257)
  2020 Ed. (2198)
Imodium AD
  1999 Ed. (1905)
  2000 Ed. (1703)
  2003 Ed. (283, 3774)
  2004 Ed. (251)
  2008 Ed. (2380)
  2018 Ed. (2227)
  2020 Ed. (2199)
  2021 Ed. (2175)
Imodium Advanced
  2003 Ed. (3774)
  2004 Ed. (249, 251)
  2008 Ed. (2380)
Imodium Diarrhea
  2019 Ed. (2203)
Imogene Powers Johnson
  2006 Ed. (4905)
  2007 Ed. (4901)
  2011 Ed. (4832)
  2012 Ed. (4844)
  2013 Ed. (4843)
  2014 Ed. (4859)
  2015 Ed. (4896)
  2017 Ed. (4825)
  2018 Ed. (4830)
  2019 Ed. (4827)
iMortgage Services
  2006 Ed. (4039)
Imo's
  2014 Ed. (871)
Imo's Pizza
  2007 Ed. (3969)
  2008 Ed. (3995)
  2016 Ed. (4973)
  2017 Ed. (4963)
  2019 Ed. (4965)
Imo's Provel
  2014 Ed. (871)
Imoya Brandy
  2002 Ed. (775, 777)
IMP
  1990 Ed. (3088)
  1996 Ed. (3277)
  2000 Ed. (1676, 3843)
IMP Aerospace & Defence
  2018 Ed. (2161)
IMP Face to Face/Field Marketing
  2002 Ed. (3264, 3265)
IMP Group
  1992 Ed. (3761)
  2001 Ed. (2025)
  2002 Ed. (4087)
IMP Group Ltd.
  2013 Ed. (1521)
  2014 Ed. (1489)
  2015 Ed. (1546)
  2016 Ed. (1484)
IMP London
  1997 Ed. (3374)
Impac Commercial Holdings Inc.
  2003 Ed. (1515)

Imuran
 1996 Ed. (1581)
IMVU
 2012 Ed. (3597)
IMX System
 1992 Ed. (3008)
IN
 2005 Ed. (120)
 2008 Ed. (117)
IN AUDITO
 2020 Ed. (3449)
In Cheap We Trust
 2011 Ed. (530)
In Cold Blood
 2008 Ed. (624)
In the Company of Owners
 2005 Ed. (722)
In Cycles - Montagem E Comercio De Bicicletas, LDA
 2016 Ed. (1967)
In a Dark, Dark Wood
 2018 Ed. (586)
In Defense of Food
 2010 Ed. (611)
In Defense of Globalization
 2006 Ed. (634)
In Fed We Trust
 2011 Ed. (536)
The In-Fisherman
 2003 Ed. (4524)
In-Flight Crew Connections
 2015 Ed. (4823)
 2016 Ed. (4726)
 2022 Ed. (2379)
 2023 Ed. (2541)
In-Flite Services
 1992 Ed. (1460)
In situ soil flushing
 1992 Ed. (2378)
In Focus Systems Inc.
 1997 Ed. (2167, 2212)
iN-FUSIO
 2007 Ed. (1735)
In the Garden of Beasts
 2013 Ed. (567)
In the Garden of the Beasts
 2013 Ed. (558)
In the Heart of the Sea: The Tragedy of the Whaleship Essex
 2006 Ed. (576)
In Home Health
 1999 Ed. (2706)
In Home Pet Services
 2017 Ed. (3854)
 2020 Ed. (3836)
 2021 Ed. (3808)
 2022 Ed. (3827)
In the Line of Fire
 1995 Ed. (2612)
 1996 Ed. (3790, 3791)
In-line skates
 1997 Ed. (3555)
In-line skating
 1997 Ed. (3561)
 1999 Ed. (4385)
IN Marketing Services
 2015 Ed. (81, 82)
 2016 Ed. (81, 82)
In the Meantime
 2000 Ed. (708)
In Motion Technology Inc.
 2012 Ed. (2828)
In-N-Out Burger
 1999 Ed. (2138, 2632)
 2000 Ed. (2413, 3778)
 2001 Ed. (2403, 4068, 4069)
 2002 Ed. (2239)
 2003 Ed. (2439)
 2005 Ed. (2558)
 2006 Ed. (2574)
 2007 Ed. (2545)
 2008 Ed. (2686, 4156)
 2009 Ed. (2710, 4264)
 2010 Ed. (4204, 4410, 4411, 4412)
 2011 Ed. (530, 4210, 4217, 4354)
 2012 Ed. (2529, 4393, 4394, 4395)
 2013 Ed. (4361, 4362, 4363)
 2014 Ed. (2881, 4273, 4415, 4416, 4418)
 2015 Ed. (2919, 2920, 2921, 2922, 2923, 4254)
 2016 Ed. (2850, 2851, 2852, 2853, 4160)
 2017 Ed. (2811, 2812, 2813, 2814, 2815, 4125, 4137)
 2018 Ed. (2879, 2881, 2882, 4138)
 2019 Ed. (2828, 2830, 2831, 4154)
 2020 Ed. (2864, 2865, 2866, 2867, 4164)
 2021 Ed. (2505, 2736, 2737, 2738, 2739)
 2022 Ed. (2622, 2892, 2893, 2894, 2895)
 2023 Ed. (4219, 4220)
In-N-Out Burger Inc.
 2020 Ed. (4983)
 2021 Ed. (4189, 4984)
 2022 Ed. (4984)
 2023 Ed. (4243, 4987)
In-N-Out Burgers Inc.
 2011 Ed. (4989)
 2012 Ed. (4985)
 2014 Ed. (4990)

 2016 Ed. (4988)
 2017 Ed. (4977)
 2018 Ed. (4985)
 2019 Ed. (4980)
In the Plex
 2013 Ed. (625)
In-Sink-Erator
 1990 Ed. (1874)
 1991 Ed. (1785)
 1992 Ed. (1830, 2258)
 1993 Ed. (1917)
 1994 Ed. (1940)
 1995 Ed. (1969)
 1997 Ed. (2114)
 1998 Ed. (1800)
 1999 Ed. (2567)
 2000 Ed. (2307)
 2002 Ed. (2388)
In Spite of the Gods
 2009 Ed. (630)
In-store bakeries
 2000 Ed. (2211)
In-store bakery
 2000 Ed. (4144)
In Style
 2000 Ed. (3477)
 2004 Ed. (139)
 2005 Ed. (130)
 2006 Ed. (133, 3346)
 2007 Ed. (127, 151)
 2015 Ed. (3552)
 2016 Ed. (3403)
In Style
 2017 Ed. (3699)
 2023 Ed. (3581)
In Touch Networks
 2019 Ed. (2302)
 2020 Ed. (2284)
 2021 Ed. (1495, 1935, 4548)
In Touch Networks (U.K.)
 2021 Ed. (1495)
In Touch Weekly
 2008 Ed. (150, 152, 3532)
 2009 Ed. (171, 173)
 2015 Ed. (3552)
 2016 Ed. (3403)
In Touch Weekly
 2023 Ed. (3578, 3580, 3582)
In an Uncertain World
 2005 Ed. (722)
In Zone
 2014 Ed. (2804)
INA
 1990 Ed. (1241)
 1991 Ed. (1361)
 1992 Ed. (1472)
 1993 Ed. (1179)
 1994 Ed. (1219)
 1997 Ed. (2578)
 1999 Ed. (3122, 3123)
 2000 Ed. (2870)
INA d.d.
 2014 Ed. (1565, 1572)
 2015 Ed. (1616, 1623, 1624)
 2016 Ed. (1542, 1549, 1550)
 2017 Ed. (1532, 1539, 1540)
 2018 Ed. (1513, 1519, 1520)
 2019 Ed. (1541, 1546, 1547)
 2020 Ed. (1514, 1519, 1520)
 2021 Ed. (1499, 1504, 1505)
 2022 Ed. (1513, 1518, 1519)
 2023 Ed. (1687, 1693)
INA d.d. (Croatia)
 2021 Ed. (1504, 1505)
 2022 Ed. (1518, 1519)
Ina Drew
 2013 Ed. (4967)
INA-Holding Schaeffler GmbH & Co. KG
 2023 Ed. (2707, 2753)
INA-Industrija Nafte d.d.
 2014 Ed. (1575)
 2015 Ed. (1627)
 2016 Ed. (1553)
 2017 Ed. (1542)
 2018 Ed. (1522)
Inacom Corp.
 1995 Ed. (3301, 3353)
 1998 Ed. (858, 1062, 1179, 1956, 1957)
 1999 Ed. (1709, 2694)
 2000 Ed. (1181, 1520)
 2001 Ed. (1803)
Inacomp Computer Centers
 1989 Ed. (984)
 1992 Ed. (1336)
Inadequate salary or benefits
 1990 Ed. (1655)
Inadequate control
 1990 Ed. (1141)
Inadequate leadership
 2005 Ed. (784)
Inageya
 1990 Ed. (3469)
Inalca JBS
 2012 Ed. (2668)
Inamed Corp.
 1995 Ed. (2497)
 2005 Ed. (1566)
 2006 Ed. (3447)

 2007 Ed. (3466, 4559)
 2008 Ed. (4668)
Inamori; Kazuo
 2010 Ed. (3961)
Inamoto & Co.
 2020 Ed. (57)
Inanlar Insaat Anonim Sirketi
 2018 Ed. (1983)
Inapa
 1993 Ed. (2452)
Inari Amertron
 2016 Ed. (1754)
 2017 Ed. (1728)
 2018 Ed. (1680)
Inari Medical Inc.
 2023 Ed. (1603, 1633)
Inavih
 2022 Ed. (2236)
 2023 Ed. (2423)
Inavih (Inversiones Avicolas de Honduras)
 2022 Ed. (2236)
INAX Corp.
 1990 Ed. (3593, 3594)
 2001 Ed. (3822)
INB Banking Co.
 1994 Ed. (3011)
INB Financial Corp.
 1991 Ed. (385)
 1993 Ed. (3260)
 1994 Ed. (340)
 2004 Ed. (541)
INB National Bank
 1992 Ed. (706)
 1993 Ed. (515)
 1994 Ed. (515)
INB National Bank (Indianapolis)
 1991 Ed. (546)
Inbank
 2021 Ed. (390)
 2022 Ed. (403)
 2023 Ed. (525)
InBev
 2006 Ed. (566, 1562)
 2007 Ed. (74, 609, 610, 1597, 1599, 2616, 4774)
 2008 Ed. (1576)
 2009 Ed. (590, 595, 2800, 4735)
 2014 Ed. (582)
 2015 Ed. (650)
 2017 Ed. (2044)
InBev NV/SA
 2008 Ed. (22, 70, 80, 97, 556, 562, 563, 565, 1575, 1577, 1578)
 2009 Ed. (89, 585, 591, 592, 594, 1508, 1510, 1511, 2801)
 2010 Ed. (568, 569, 576, 577, 580, 1504, 2732)
 2012 Ed. (1657)
InBev SA
 2008 Ed. (3549)
 2009 Ed. (3614)
InBev SA/NV
 2009 Ed. (1509)
 2011 Ed. (503, 1498, 2716, 4702)
InBev (U.K.)
 2013 Ed. (570)
InBev USA
 2008 Ed. (537)
InBody
 2018 Ed. (1911)
Inbound telemarketing
 2000 Ed. (3504)
Inbox Marketer Corp.
 2015 Ed. (3582)
Inbursa
 2000 Ed. (610, 611, 2671)
 2001 Ed. (635)
 2011 Ed. (1850)
 2021 Ed. (532)
 2022 Ed. (553)
 2023 Ed. (801)
Inbursa Financiero
 2006 Ed. (1876)
 2009 Ed. (1885)
Inbursa; Grupo
 2014 Ed. (1784)
 2015 Ed. (1826)
Inbursa, SAB de CV; Grupo Financiero
 2012 Ed. (390, 1702)
 2013 Ed. (540, 1853)
 2014 Ed. (555)
 2015 Ed. (619)
 2016 Ed. (565)
 2017 Ed. (593)
 2018 Ed. (556)
 2019 Ed. (575)
 2020 Ed. (558)
Inc
 2013 Ed. (2976)
Inc Ayala Land
 1994 Ed. (1321)
Inca
 2014 Ed. (2988)
 2015 Ed. (3058)
 2016 Ed. (2948)
 2017 Ed. (2908)
 2018 Ed. (2971)
 2019 Ed. (2915)

 2020 Ed. (2933)
 2021 Ed. (2793)
Inca Construction Co. Inc.
 1998 Ed. (960)
INCAE
 2007 Ed. (813)
Incalculavel, Unipessoal, LDA
 2018 Ed. (1883)
Incanto Group Srl
 2008 Ed. (1216)
Incat
 2020 Ed. (623, 1384)
 2021 Ed. (579, 1381)
 2022 Ed. (608)
Incat Australia
 2002 Ed. (3778)
 2003 Ed. (3958)
Incat Systems
 2002 Ed. (1138)
Inceed
 2022 Ed. (2381)
 2023 Ed. (2543)
Incenta Rewards LLC
 2020 Ed. (1820)
Incentive
 1998 Ed. (1340)
 1999 Ed. (1737)
Incentive Capital AG
 2005 Ed. (4675)
Incentive programs
 1993 Ed. (1456)
Incentive Today
 1995 Ed. (2894)
Incentives Inc.
 1990 Ed. (3080, 3081)
 2007 Ed. (3559)
Incentra Solutions Inc.
 2008 Ed. (4607)
 2009 Ed. (2999, 4823)
 2010 Ed. (2939)
Incentro
 2015 Ed. (1877)
Incept
 2016 Ed. (4606)
Incepta
 2003 Ed. (3994, 4005)
 2004 Ed. (4000, 4001, 4002, 4008, 4013, 4020)
Incepta Group
 2002 Ed. (3855, 3864)
Incepta Solutions
 2022 Ed. (3122)
Inception
 2012 Ed. (3724, 3725)
Incepture Inc.
 2013 Ed. (1614)
Inchape
 2018 Ed. (4472)
 2019 Ed. (4468)
Inchcape
 1996 Ed. (3437)
 1999 Ed. (4111)
 2006 Ed. (324)
 2007 Ed. (4205)
 2010 Ed. (4371)
 2013 Ed. (4463)
 2014 Ed. (4510)
 2015 Ed. (4510)
 2016 Ed. (4230, 4454)
 2017 Ed. (4216, 4461)
 2018 Ed. (4479)
 2019 Ed. (4477)
 2020 Ed. (4462)
Inchcape Bhd.
 1989 Ed. (1155, 1156)
 1990 Ed. (1414)
 1991 Ed. (1340)
 1992 Ed. (1685)
 1993 Ed. (1390)
 1994 Ed. (1443)
 1995 Ed. (1479)
Inchcape Fleet Solutions
 2018 Ed. (4737, 4739)
Inchcape Motors
 2002 Ed. (4896)
 2004 Ed. (4919)
Inchcape PLC
 1990 Ed. (2465)
 1991 Ed. (2339)
 1992 Ed. (2899)
 1993 Ed. (2457, 3473)
 1999 Ed. (1645)
Inchcape Testing Services
 1995 Ed. (1245)
Incheon
 2006 Ed. (249)
 2023 Ed. (3564)
Incheon International Airport
 2020 Ed. (155)
 2021 Ed. (156, 158)
 2022 Ed. (146, 148, 151)
 2023 Ed. (220, 222, 225)
Incheon International Airport (South Korea)
 2021 Ed. (156)
 2022 Ed. (146)
Incheon, South Korea
 2012 Ed. (182)
 2013 Ed. (162, 167)

CUMULATIVE INDEX • 1989-2023

2014 Ed. (127, 166, 171)
2015 Ed. (193, 197)
2016 Ed. (189)
2017 Ed. (139)
2019 Ed. (135, 164, 165)
2020 Ed. (130)
Incheon, South Korea; Seoul
  2009 Ed. (255, 261)
  2010 Ed. (247, 250)
  2011 Ed. (169)
Inchon
  1991 Ed. (2490)
Incident
  1992 Ed. (4251)
Incider
  1992 Ed. (3382)
Incineration
  1992 Ed. (3654)
Incipio Technologies
  2012 Ed. (4098)
Incisent Technologies
  2010 Ed. (1088)
Incitec
  2004 Ed. (1653)
Incitec Fertilizers Ltd.
  2006 Ed. (4482)
Incitec Pivot
  2010 Ed. (862)
  2012 Ed. (742)
  2016 Ed. (822)
Inco Alloys International Inc.
  2001 Ed. (1898)
Inco Ltd.
  1989 Ed. (2069)
  1990 Ed. (1731, 2586, 2588, 2716)
  1991 Ed. (1286, 2467, 2479, 2586, 2612, 3403)
  1992 Ed. (1590, 1591, 1592, 1641, 3085, 3102, 3253, 3254, 4313)
  1993 Ed. (1288, 2155, 2588, 2726, 2727, 3593)
  1994 Ed. (2526, 2546, 2672, 2674, 3556)
  1995 Ed. (2774, 2776)
  1996 Ed. (2649, 2852)
  1997 Ed. (2946)
  1998 Ed. (149, 1049, 2471, 2509)
  1999 Ed. (1558, 3360, 3364, 3365, 3415, 4619)
  2000 Ed. (3340, 4266)
  2001 Ed. (3277, 3289)
  2002 Ed. (3369, 4351)
  2003 Ed. (3374, 3376, 4538, 4575)
  2004 Ed. (3691, 3692)
  2005 Ed. (1727, 3485)
  2006 Ed. (1593, 3485, 4092)
  2007 Ed. (3517, 3518)
  2008 Ed. (1403, 1418, 3677)
Incognito Software Inc.
  2012 Ed. (3118)
Incombank
  1995 Ed. (595)
  2006 Ed. (542)
Income Fund of America
  1991 Ed. (2566)
  1993 Ed. (2663)
  1998 Ed. (2607)
  2005 Ed. (2465)
  2006 Ed. (2510)
  2007 Ed. (2482)
  2008 Ed. (2610, 2612, 4510)
Income Research & Management
  1992 Ed. (2767)
  1993 Ed. (2327, 2339)
  1997 Ed. (2529)
Income security
  2001 Ed. (2622)
Income tax, electronic filing
  1997 Ed. (1570)
Incomlac
  2006 Ed. (4521)
inContact Inc.
  2015 Ed. (1107)
Incontinence products
  1990 Ed. (1959)
  1991 Ed. (1864)
  1992 Ed. (2353, 3398)
  1994 Ed. (1993)
Incontinence products, adult
  2002 Ed. (2052)
Incontinence products, adults
  1997 Ed. (3172)
Incontinent products
  1992 Ed. (4176)
Inc.
  2016 Ed. (3399)
Inc.
  2023 Ed. (3579, 3580, 3581)
Inc.com
  2002 Ed. (4810)
"Incredible Machine"; National Geographic,
  1991 Ed. (677)
Incredible Supply & Logistics
  2016 Ed. (1210)
Incredible Universe
  1997 Ed. (2237)
  1998 Ed. (861, 1955)
  1999 Ed. (2696)

Incrediblebank
  2022 Ed. (422)
  2023 Ed. (546)
Incredibles
  2006 Ed. (3576)
  2007 Ed. (3641)
Incredibles 2
  2020 Ed. (3619, 3620, 3621)
Incredibley Edible Delites
  2008 Ed. (2829)
Incredibly Edible Delites Inc.
  2006 Ed. (4172)
  2007 Ed. (4194)
  2008 Ed. (170)
IncrediTek Inc.
  2020 Ed. (4764)
  2022 Ed. (4764)
Increo
  2014 Ed. (1899)
Incstar
  1992 Ed. (318)
  1999 Ed. (3337)
Incstar Assays/Techn./Options/Performance
  1999 Ed. (3336)
INCSTAR Corporation
  1990 Ed. (254)
IncstarCp
  1990 Ed. (248)
Inctec Inc.
  2006 Ed. (3046)
  2007 Ed. (3078)
  2008 Ed. (3219)
  2009 Ed. (3278)
  2010 Ed. (3203)
  2011 Ed. (3167)
Incubadora Santander
  2019 Ed. (2238)
  2020 Ed. (2235)
  2021 Ed. (2209)
  2022 Ed. (2242)
  2023 Ed. (2429)
Incyte
  2016 Ed. (1527)
  2017 Ed. (1518, 1666)
  2018 Ed. (622, 1498, 1634)
  2019 Ed. (1677)
  2020 Ed. (616, 1502, 1634)
Incyte Corp.
  2017 Ed. (664)
Incyte Genomics
  2004 Ed. (686)
Incyte Pharmaceuticals Inc.
  2001 Ed. (2589, 2590)
Ind Akron
  1989 Ed. (1103)
Ind. Alliance Insurance & Financial Services Inc.
  2008 Ed. (1644)
Ind. Bachoco
  2015 Ed. (1782)
IND DairyTech Ltd.
  2013 Ed. (1531)
Ind. Dev. Bank of India
  1989 Ed. (558)
Ind. Farm Bureau Coop.
  1990 Ed. (3244)
IND - Indianapolis International Airport
  2022 Ed. (147)
Ind Kft
  2009 Ed. (1734)
Indaba Coffee LLC
  2023 Ed. (2852)
Indag Rubber
  2014 Ed. (1663)
Indah Kiat
  1995 Ed. (1342)
  1996 Ed. (1381)
Indah Kiat Paper & Pulp
  1993 Ed. (2155, 2156)
  1996 Ed. (2436)
  2001 Ed. (1739)
Indah Kiat Pulp & Paper
  1994 Ed. (2337, 2338)
  1997 Ed. (2581)
  1999 Ed. (1656)
  2001 Ed. (1623, 1738)
  2002 Ed. (3031, 4479)
  2007 Ed. (1779)
  2021 Ed. (1602)
Indah Kiat Pulp & Paper Corp. Pt
  2000 Ed. (1465)
Indal Ltd.
  1994 Ed. (2482)
  1995 Ed. (999)
  1996 Ed. (2611)
Indap AB
  2008 Ed. (1411)
InDebted
  2023 Ed. (1581)
Indecent Exposure: A True Story of Hollywood & Wall Street
  2006 Ed. (584)
Indecent Proposal
  1995 Ed. (2612, 3703, 3708)
Indeck-Elwood LLC
  2005 Ed. (3331)

Indeck Energy Services
  1994 Ed. (985, 3330)
  1995 Ed. (998, 3392)
Indecon Builders Inc.
  2019 Ed. (1446)
  2020 Ed. (1409)
Indecon Solutions LLC
  2015 Ed. (5029)
Indeed
  2019 Ed. (3093)
  2020 Ed. (3125)
  2023 Ed. (974)
indeed
  2023 Ed. (997)
Indeed Inc.
  2019 Ed. (2977)
  2020 Ed. (3005)
  2021 Ed. (2866)
Indeed.com
  2021 Ed. (738)
  2022 Ed. (765)
  2023 Ed. (975)
InDemand Interpreting
  2014 Ed. (3683)
Indena
  2001 Ed. (994)
Indenet Inc.
  1999 Ed. (2624, 3265)
Indepak
  2005 Ed. (1936)
Independence
  2007 Ed. (249)
Independence Australia
  2021 Ed. (2755)
Independence Bancorp Inc.
  1992 Ed. (820)
  1993 Ed. (614)
  1994 Ed. (617)
  1995 Ed. (587)
Independence Bancshares
  2012 Ed. (355)
  2013 Ed. (482)
  2014 Ed. (339)
  2015 Ed. (379)
  2019 Ed. (502)
  2020 Ed. (486)
Independence Bank
  1990 Ed. (643)
  1992 Ed. (782)
  1995 Ed. (431)
  2008 Ed. (1880)
  2021 Ed. (385, 398)
  2022 Ed. (398, 411)
  2023 Ed. (520, 533)
Independence Bank of Chicago
  1990 Ed. (510)
  1991 Ed. (463)
  1992 Ed. (621)
  1993 Ed. (437, 438, 571, 3098)
  1994 Ed. (437, 573)
  1995 Ed. (430, 548)
  1996 Ed. (457)
Independence Bank of Kentucky
  2021 Ed. (376, 498)
  2022 Ed. (389)
  2023 Ed. (507)
Independence Bank of Kentucky (Owensboro, KY)
  2021 Ed. (498)
Independence Blue Cross
  1998 Ed. (2712, 2844)
  1999 Ed. (3650, 3819)
  2000 Ed. (3539)
  2005 Ed. (3366)
  2008 Ed. (3536)
  2012 Ed. (3197)
  2013 Ed. (2362, 3267)
  2014 Ed. (3295)
  2016 Ed. (3204, 3206, 3207, 3208)
  2019 Ed. (3146)
Independence Blue Cross Group
  2010 Ed. (3266)
  2011 Ed. (3235)
  2012 Ed. (3199)
Independence Brewing
  1999 Ed. (4169)
  2000 Ed. (722, 729)
Independence Community
  2003 Ed. (422, 423, 425)
  2006 Ed. (400)
Independence Community Bank
  1998 Ed. (3558)
  1999 Ed. (4600)
  2001 Ed. (4530)
  2002 Ed. (627)
  2004 Ed. (4290, 4291)
  2005 Ed. (355, 361, 4223, 4224)
  2007 Ed. (383)
Independence Community Bank Corp./Independence Savings Bank
  2000 Ed. (4250)
Independence Day
  1998 Ed. (2535, 2537, 3673)
  1999 Ed. (3448)
  2004 Ed. (3516)
Independence Excavating Inc.
  1992 Ed. (1415)
  1994 Ed. (1147)

Independence Federal Savings Bank
  1996 Ed. (1139)
  1997 Ed. (1165)
  2000 Ed. (1261)
  2001 Ed. (1475)
  2005 Ed. (1312)
  2006 Ed. (1282)
  2007 Ed. (1361)
  2008 Ed. (1258)
  2009 Ed. (1234)
  2016 Ed. (1177)
  2017 Ed. (1220, 1223)
  2018 Ed. (1200)
  2019 Ed. (1228, 1230)
  2020 Ed. (1222, 1224)
  2021 Ed. (1191)
  2022 Ed. (1190)
  2023 Ed. (1427)
Independence Federal Savings Bank
  1990 Ed. (3104)
  1991 Ed. (2922)
  1992 Ed. (621)
  1993 Ed. (437, 3098)
  1994 Ed. (437)
  1995 Ed. (430)
  1996 Ed. (457)
  1997 Ed. (419)
  1998 Ed. (339)
  1999 Ed. (479)
  2000 Ed. (471)
  2002 Ed. (713)
  2003 Ed. (455)
  2004 Ed. (442)
Independence Foundation
  1999 Ed. (2504)
Independence FSB
  2006 Ed. (4243)
Independence Funding Co. LLC
  1999 Ed. (4337)
Independence Harbor, Edgewater
  1990 Ed. (1178)
Independence Health
  2022 Ed. (3197)
Independence Health Group Inc.
  2017 Ed. (3160, 3162, 3163)
  2018 Ed. (3240)
  2019 Ed. (3182)
Independence Holding Co.
  2013 Ed. (3300)
Independence Investment
  1993 Ed. (2321)
  1998 Ed. (2261)
  2002 Ed. (3013)
Independence Investment Associates
  1992 Ed. (2753)
  1999 Ed. (3051)
Independence National Historical Park
  2023 Ed. (4662)
Independence One Captial
  1995 Ed. (2364)
Independence Realty Trust
  2023 Ed. (245, 246, 247)
Independence Savings Bank
  1996 Ed. (3691)
  1998 Ed. (3557)
Independent
  1992 Ed. (1877)
  1997 Ed. (2302, 2574)
  1998 Ed. (2027)
  1999 Ed. (3117)
Independent Agent
  2008 Ed. (4715)
  2009 Ed. (4757)
  2010 Ed. (4767)
Independent American Savings
  1989 Ed. (2360)
Independent Bank
  2021 Ed. (336, 381, 402)
  2022 Ed. (394, 415)
  2023 Ed. (515, 538)
Independent Bank Corp.
  2003 Ed. (545)
  2005 Ed. (364, 380)
  2006 Ed. (2294)
  2007 Ed. (2216)
  2008 Ed. (1918)
  2014 Ed. (341)
Independent Bank Group
  2020 Ed. (559)
  2021 Ed. (1892)
Independent Bank-South Michigan
  1989 Ed. (211)
Independent Bankshares
  1990 Ed. (3561)
Independent Bulgarian Energy Exchange EAD
  2023 Ed. (1593, 1684)
Independent Community Bancshares Inc.
  2002 Ed. (3555)
Independent Community Bankers of America
  2001 Ed. (3829)
Independent Community Bankshares
  2001 Ed. (571)
Independent Container Line
  2016 Ed. (2110)
Independent Dispatch Inc.
  2015 Ed. (1971)

Business Rankings Annual • CUMULATIVE INDEX • 1989-2023 / Part 2   1055

Independent Excavating Inc.
    2004 Ed. (1305)
Independent Eye Care Provider of Texas Inc.
    2007 Ed. (3603, 4448)
Independent Federal Credit Union
    2009 Ed. (2215)
Independent Finance Corp. of Thailand
    1996 Ed. (3303)
Independent Financial
    2022 Ed. (1941)
Independent Financial Group
    2017 Ed. (2580)
    2018 Ed. (2646)
    2020 Ed. (2656)
    2021 Ed. (2553, 2554)
    2022 Ed. (2671, 2678, 2684)
Independent Financial Partners
    2016 Ed. (1565)
Independent Forms Services Inc.
    2013 Ed. (4087)
Independent foundations
    2002 Ed. (2344, 2345, 2346, 2347)
Independent Freightway
    1991 Ed. (3430)
    1992 Ed. (4355)
    1993 Ed. (3636)
    1994 Ed. (3596)
    1995 Ed. (3675)
Independent Health
    2009 Ed. (1936)
    2010 Ed. (1872)
    2013 Ed. (1932)
    2023 Ed. (3290)
Independent Health Association
    2008 Ed. (2919, 3632)
    2009 Ed. (3696)
    2010 Ed. (3611)
Independent Insurance
    1996 Ed. (2285)
Independent Insurance Agents of America
    1995 Ed. (2954)
    2001 Ed. (3829)
Independent Insurance Agents & Brokers of America
    2009 Ed. (4080)
Independent jobbers
    1994 Ed. (2179)
Independent Life and Accident
    1989 Ed. (1689)
Independent Life & Accident Insurance
    1993 Ed. (2225)
    1995 Ed. (2309)
    1997 Ed. (2452)
    1998 Ed. (2162)
Independent Life and Accidental Insurance
    1991 Ed. (2107)
Independent Liquor Group Distribution
    2020 Ed. (4893)
    2021 Ed. (4888)
    2022 Ed. (4883)
Independent Liquor Group (Suppliers)
    2020 Ed. (4893)
    2021 Ed. (4888)
    2022 Ed. (4883)
Independent Management Group Ltd.
    1994 Ed. (859)
    1997 Ed. (898)
Independent Management Ltd.
    2006 Ed. (786)
Independent Mortgage
    2001 Ed. (3353)
Independent National Mortgage
    1997 Ed. (2810)
Independent News & Media
    2007 Ed. (3454)
    2009 Ed. (56)
    2017 Ed. (3458)
    2020 Ed. (3494)
    2021 Ed. (3515)
Independent News & Media (INM)
    2021 Ed. (3515)
Independent News & Media plc
    2006 Ed. (3226)
    2007 Ed. (1822)
Independent Newspaper
    2000 Ed. (2865)
Independent Newspapers Ltd.
    1991 Ed. (1476)
    1993 Ed. (2721)
    1994 Ed. (2670)
    1996 Ed. (2431, 2432)
    1997 Ed. (2575)
    1998 Ed. (2680)
    1999 Ed. (3118)
    2000 Ed. (2866, 3331)
    2002 Ed. (3497, 4617)
    2004 Ed. (3938)
    2006 Ed. (3703)
Independent Newspapers plc
    2002 Ed. (1696, 3029)
    2004 Ed. (1762)
    2005 Ed. (48)
Independent Newspapers (U.K.) Group
    2002 Ed. (3513)
Independent Order of Foresters
    1996 Ed. (1972)
    2008 Ed. (3308)
    2017 Ed. (3176)
    2018 Ed. (3259)
    2019 Ed. (3204)
    2020 Ed. (3225)
    2022 Ed. (3230)
    2023 Ed. (3319)
Independent Pharmacy Cooperative Inc.
    2009 Ed. (1386)
    2011 Ed. (1364)
    2012 Ed. (1227)
Independent Presbyterian Church
    1994 Ed. (895)
Independent Propane
    2000 Ed. (1316, 3622)
Independent Publishers Group
    2010 Ed. (598)
Independent Purchasing Cooperative
    2016 Ed. (3116)
Independent Resource Systems
    2002 Ed. (2173)
Independent Resources Systems
    2000 Ed. (1865)
Independent Sheet Metal Co., Inc.
    2002 Ed. (1297)
    2004 Ed. (1314)
    2005 Ed. (1320)
    2006 Ed. (1292)
Independent Sports & Entertainment
    2020 Ed. (4470)
    2021 Ed. (4463)
Independent Square
    1998 Ed. (2695)
    2000 Ed. (3364)
Independent drug stores
    1990 Ed. (1432)
Independent specialty stores
    1991 Ed. (2061)
Independent stores
    2002 Ed. (3747, 3756, 3757)
Independent toy stores
    2000 Ed. (4281)
Independent on Sunday
    2002 Ed. (3515)
Independent Technologies Inc.
    2006 Ed. (4364)
independents
    2022 Ed. (286)
    2023 Ed. (381)
Inderal
    1989 Ed. (2254, 2256)
    1990 Ed. (2900)
    1995 Ed. (1587)
Indes LLC
    2008 Ed. (3702)
Indesign
    2006 Ed. (3174)
    2007 Ed. (3208)
    2009 Ed. (3421)
    2010 Ed. (3359)
Indesign LLC
    2011 Ed. (1710)
    2012 Ed. (1567)
Indesit Co.
    1996 Ed. (1563)
    2006 Ed. (3388)
Indesit Co. SpA
    2012 Ed. (3023, 3036)
    2013 Ed. (3123)
    2014 Ed. (3109)
    2015 Ed. (3171)
Indev
    2020 Ed. (1997)
    2021 Ed. (1229, 1234)
Indevus Pharmaceuticals
    2010 Ed. (1803)
Index Corp.
    2006 Ed. (4511)
Index Exchange
    2020 Ed. (3448)
Index Global
    2000 Ed. (3232)
Index Holdings
    2007 Ed. (3452)
Index Promotions
    2019 Ed. (3477)
Index Technology Corp.
    1992 Ed. (1297)
India
    1989 Ed. (362, 1181, 1869, 2121)
    1990 Ed. (742, 1076, 1910, 1917, 1924, 1929, 1934, 2148, 3633, 3689)
    1991 Ed. (259, 1402, 1406, 1826, 1833, 1840, 1849, 2754, 3273)
    1992 Ed. (362, 906, 1759, 1775, 2075, 2302, 2309, 2316, 2326, 2332, 2854, 3742, 3973, 3974)
    1993 Ed. (721, 1067, 1464, 1465, 1959, 1960, 1966, 1973, 1980, 1986, 2367, 2373, 2412, 3357, 3558)
    1994 Ed. (200, 1530, 1974, 3308)
    1995 Ed. (3, 1043, 1244, 1544, 1745, 1746, 1785, 2000, 2009, 2016, 2021, 2022, 2028, 2035, 2039, 3626)
    1996 Ed. (170, 929, 941, 2025, 2470, 2471, 3633, 3662)
    1997 Ed. (305, 2569, 2786, 3249)
    1998 Ed. (123, 1848, 1850, 2929)
    1999 Ed. (182, 199, 212, 821, 1214, 2015, 3449, 3848, 4473, 4480)
    2000 Ed. (823, 1032, 1890, 2350, 2354, 2364, 2366, 2367, 2376, 2378, 3571, 4237)
    2001 Ed. (373, 400, 509, 510, 668, 1082, 1102, 1129, 1133, 1137, 1143, 1229, 1286, 1302, 1303, 1308, 1341, 1413, 1506, 1509, 1936, 1938, 1969, 2163, 2451, 2838, 3022, 3025, 3212, 3240, 3316, 3369, 3370, 3530, 3546, 3659, 3696, 3697, 3950, 3987, 4121, 4122, 4135, 4155, 4229, 4263, 4264, 4316, 4319, 4384, 4386, 4388, 4402, 4426, 4427, 4446, 4447, 4495, 4549, 4550, 4567, 4785, 4831)
    2002 Ed. (301, 303, 683, 738, 2423, 3074, 3723, 3724, 3725, 4379, 4998)
    2003 Ed. (266, 268, 654, 824, 868, 871, 873, 965, 1026, 1037, 1038, 1046, 1383, 1386, 1875, 1877, 2149, 2493, 3155, 3213, 3282, 3332, 3415, 3629, 3759, 3877, 4043, 4192, 4194, 4201, 4216, 4401, 4423, 4497, 4617, 4628, 4743, 4744, 4757, 4897, 4898)
    2004 Ed. (233, 237, 663, 863, 889, 890, 897, 900, 979, 1029, 1045, 1046, 1052, 1397, 1401, 1524, 1905, 1906, 1908, 2202, 2626, 3215, 3259, 3344, 3394, 3402, 3479, 3676, 3688, 3784, 3792, 3793, 3902, 4063, 4218, 4220, 4228, 4238, 4413, 4422, 4423, 4426, 4461, 4462, 4463, 4599, 4600, 4602, 4608, 4656, 4657, 4725, 4726, 4739, 4888)
    2005 Ed. (237, 240, 647, 837, 863, 864, 875, 876, 886, 890, 998, 1036, 1046, 1047, 1053, 1123, 1419, 1422, 1540, 2037, 2038, 2040, 2317, 2532, 2616, 2621, 2734, 2766, 2767, 3031, 3032, 3243, 3291, 3375, 3401, 3415, 3478, 3591, 3659, 3660, 3661, 3702, 3704, 3705, 3840, 3999, 4146, 4148, 4155, 4166, 4363, 4370, 4371, 4375, 4406, 4407, 4408, 4409, 4533, 4534, 4536, 4542, 4586, 4587, 4606, 4607, 4701, 4702, 4718, 4901)
    2006 Ed. (258, 260, 549, 763, 797, 798, 801, 804, 1008, 1028, 1045, 1056, 1057, 1064, 1404, 1407, 2133, 2134, 2136, 2148, 2372, 2614, 2617, 2640, 2701, 2718, 2721, 2810, 3228, 3285, 3353, 3410, 3425, 3479, 3551, 3691, 3770, 3791, 3793, 3794, 3909, 4034, 4194, 4196, 4211, 4221, 4306, 4318, 4319, 4324, 4423, 4424, 4425, 4426, 4614, 4615, 4617, 4652, 4653, 4671, 4672, 4756, 4757, 4771, 4934)
    2007 Ed. (265, 267, 583, 862, 886, 887, 890, 892, 1097, 1133, 1144, 1145, 1153, 1436, 1439, 2081, 2082, 2084, 2092, 2310, 2590, 2592, 2711, 2802, 3292, 3352, 3407, 3427, 3440, 3510, 3619, 3686, 3767, 3789, 3798, 3799, 3956, 4070, 4198, 4210, 4212, 4221, 4237, 4372, 4383, 4384, 4389, 4483, 4486, 4487, 4488, 4599, 4601, 4602, 4604, 4610, 4670, 4671, 4692, 4693, 4762, 4763, 4777, 4940)
    2008 Ed. (251, 533, 863, 864, 867, 868, 975, 1013, 1023, 1024, 1034, 1387, 1389, 1421, 1422, 2190, 2191, 2202, 2438, 2626, 2727, 2822, 2840, 2842, 2843, 3406, 3448, 3537, 3591, 3619, 3671, 3742, 3780, 3847, 4103, 4246, 4248, 4255, 4270, 4327, 4339, 4340, 4468, 4549, 4550, 4551, 4558, 4583, 4584, 4597, 4601, 4602, 4686, 4687, 4694, 4795, 4917)
    2009 Ed. (272, 568, 869, 870, 877, 879, 966, 998, 1008, 1009, 1017, 1390, 1392, 2166, 2167, 2378, 2385, 2440, 2653, 2782, 2880, 3466, 3523, 3603, 3661, 3687, 3737, 3762, 3815, 3903, 3922, 4214, 4250, 4345, 4347, 4356, 4374, 4431, 4444, 4445, 4501, 4502, 4582, 4583, 4589, 4626, 4627, 4649, 4650, 4726, 4727, 4736, 4928)
    2010 Ed. (259, 551, 791, 815, 816, 827, 830, 925, 962, 973, 974, 981, 983, 1066, 1375, 1379, 2108, 2109, 2361, 2558, 2583, 2584, 2714, 3402, 3452, 3521, 3600, 3602, 3673, 3743, 3813, 3840, 3970, 4149, 4189, 4375, 4377, 4382, 4401, 4474, 4485, 4486, 4488, 4543, 4544, 4616, 4617, 4623, 4655, 4656, 4677, 4678, 4735, 4736, 4742, 4932, 4933)
    2011 Ed. (179, 477, 717, 743, 744, 754, 757, 863, 889, 901, 902, 908, 911, 1004, 1368, 1371, 2161, 2162, 2357, 2543, 2566, 2700, 3390, 3453, 3525, 3602, 3659, 3743, 3755, 3809, 3843, 3849, 3850, 3977, 4148, 4311, 4313, 4327, 4346, 4411, 4418, 4419, 4423, 4490, 4491, 4570, 4572, 4573, 4579, 4602, 4603, 4629, 4630, 4694, 4695, 4704, 4917, 4918)
    2012 Ed. (2513, 4440, 4609)
    2013 Ed. (666, 2643, 2828, 3168, 3776)
    2014 Ed. (2466, 2601, 3709, 4979)
    2015 Ed. (2644, 2909, 4243, 5012)
    2016 Ed. (2302, 2830, 4931)
    2017 Ed. (280, 710, 2317)
    2018 Ed. (661)
    2019 Ed. (265, 671, 2399, 4907)
    2020 Ed. (663)
    2021 Ed. (638, 3182, 3183)
    2022 Ed. (673, 3313)
    2023 Ed. (877, 2999, 3645, 4458, 4570)
India; Bank of
    2005 Ed. (525)
    2006 Ed. (455)
    2007 Ed. (466)
India Cements
    2000 Ed. (1000)
India Department of Industrial Policy & Promotion
    2008 Ed. (3520)
India Department of Telecommunications
    2002 Ed. (1669)
India Fund Inc.
    1993 Ed. (2684)
    1996 Ed. (3312)
India; Government of
    2007 Ed. (43)
India Infoline.com
    2002 Ed. (4865)
India Institute of Management
    2005 Ed. (794)
India Tobacco Co.
    1994 Ed. (25)
Indiabulls Housing Finance
    2018 Ed. (2650)
    2019 Ed. (1644, 2635)
    2020 Ed. (2647)
    2021 Ed. (625)
Indiacom Directories Ltd.
    2002 Ed. (4425)
Indian
    1990 Ed. (228)
    2009 Ed. (3477)
    2019 Ed. (3443)
    2020 Ed. (3440)
    2021 Ed. (3458)
    2022 Ed. (3516)
Indian Affairs; Bureau of
    1992 Ed. (26, 28)
Indian Airlines
    1990 Ed. (199, 215)
    1991 Ed. (190)
Indian Aluminium
    1992 Ed. (903)
Indian Bank
    1992 Ed. (606, 705)
    1993 Ed. (514)
    1994 Ed. (513, 514)
    1995 Ed. (495, 496)
    1996 Ed. (547, 548)
    1997 Ed. (506, 507)
    2012 Ed. (360)
    2013 Ed. (383)
    2023 Ed. (738)
Indian Dyestuff Industries
    1996 Ed. (1600)
Indian Express
    1995 Ed. (2773)
Indian Eyes LLC
    2017 Ed. (3550)
    2023 Ed. (3782)
Indian Farm Bureau Insurance
    2016 Ed. (1667)
    2017 Ed. (1641)
    2018 Ed. (1620)
    2019 Ed. (1662)
    2020 Ed. (1621)
    2021 Ed. (1598)
    2022 Ed. (1616)
Indian Farmers Fertiliser Cooperative Ltd.
    2017 Ed. (3983)
Indian Farmers Fertilizer Cooperative
    2014 Ed. (885)
Indian Harbor Insurance Co.
    2017 Ed. (3152, 3155)
    2018 Ed. (3234)
    2019 Ed. (3177)
    2020 Ed. (3205)
    2021 Ed. (3058)
    2022 Ed. (3193)
    2023 Ed. (3286)
Indian Head Bank North
    1990 Ed. (649)
Indian Head Bank & Trust
    1990 Ed. (649)
Indian Head Banks Inc.
    1990 Ed. (453)
Indian Head National Bank
    1990 Ed. (1794)
Indian Health Service
    1990 Ed. (2631)
    1991 Ed. (2501)
Indian Health Services
    1992 Ed. (28)
Indian Institute of Management, Ahmedabad
    2012 Ed. (624, 629)
    2013 Ed. (762, 771)
    2014 Ed. (785, 796)

CUMULATIVE INDEX • 1989-2023

2015 Ed. (828)
Indian Institute of Management, Bangalore
　2015 Ed. (828)
Indian Ocean International Bank
　1991 Ed. (606)
　1997 Ed. (556)
　1999 Ed. (590)
　2000 Ed. (606)
　2002 Ed. (620)
　2004 Ed. (591)
　2011 Ed. (413)
Indian Oil
　2013 Ed. (651, 3959)
　2014 Ed. (668)
　2015 Ed. (726, 3931)
　2016 Ed. (664, 3849)
　2017 Ed. (3811)
　2018 Ed. (655, 3858)
　2019 Ed. (665, 3828)
　2020 Ed. (650)
　2021 Ed. (3823, 3831)
　2022 Ed. (651, 652, 3845)
　2023 Ed. (1770, 1774, 3944, 3956)
Indian Oil Corp.
　1999 Ed. (741)
　2000 Ed. (754)
　2001 Ed. (1732, 1733, 1734)
　2002 Ed. (1668, 4424)
　2005 Ed. (3778, 3780, 3782)
　2006 Ed. (1753, 1765, 1766, 3384, 4507)
　2007 Ed. (1772, 1774, 2386, 3874, 3891)
　2008 Ed. (1802, 1803, 2501, 3562, 3934)
　2009 Ed. (1748, 1749, 2508, 3629, 4009)
　2010 Ed. (1694, 1696, 2423, 3550, 3915)
　2011 Ed. (1706, 1707, 2427, 3550, 3934)
　2012 Ed. (1562, 1564, 3543, 3899, 3932)
　2013 Ed. (1717, 1718, 2534, 2548, 3571, 3958, 3988)
　2014 Ed. (1664, 1665, 2480, 3903, 3931)
　2015 Ed. (1708, 1710, 2554, 3930, 3967)
　2016 Ed. (1656, 1658, 2466, 3848, 3881)
　2017 Ed. (1623, 1625, 1627, 1630, 1633, 3810, 3847)
　2018 Ed. (1603, 1604, 1605, 1606, 1608, 1612, 2362, 3857, 3885)
　2019 Ed. (1643, 1645, 1647, 1648, 1650, 1653, 2401, 3827, 3848)
　2020 Ed. (1599, 1603, 1604, 1605, 1607, 1611, 2368, 2378, 3863, 3880)
　2021 Ed. (1583, 1584, 1586, 1587, 1589, 1592, 2335, 3837, 3842)
　2022 Ed. (1604, 1610, 2407, 3859)
　2023 Ed. (1499, 1769)
Indian Oil Corp. Ltd.
　2019 Ed. (1642, 2408)
　2022 Ed. (3864)
　2023 Ed. (2562, 2568, 3961)
Indian Oil Corp., Ltd.
　2015 Ed. (1707)
　2017 Ed. (1629)
　2018 Ed. (1607)
　2019 Ed. (1649)
　2020 Ed. (1606)
　2021 Ed. (1588)
　2022 Ed. (1606)
Indian Oil Corporation Ltd.
　2023 Ed. (1771)
Indian Ordnance Factories
　2023 Ed. (2297)
Indian Overseas Bank
　1989 Ed. (558)
　1992 Ed. (704)
　1993 Ed. (514)
　1994 Ed. (513, 514)
　1995 Ed. (495, 496)
　1996 Ed. (547, 548)
　1997 Ed. (507)
　1999 Ed. (542, 543)
　2000 Ed. (553)
　2008 Ed. (432)
Indian Railways
　2017 Ed. (2695)
Indian Rayon & Industries Ltd.
　1994 Ed. (725)
Indian River C-D
　1994 Ed. (1587)
Indian River Community College
　2002 Ed. (1105)
Indian River County, FL
　1996 Ed. (1472)
Indian River Transport Co.
　2020 Ed. (4554)
　2021 Ed. (4535)
　2023 Ed. (4554)
Indian Rocks Christian Schools
　2008 Ed. (4281)
　2010 Ed. (4438)
Indian rupee
　2007 Ed. (2158)
Indian School of Business
　2012 Ed. (624)
　2013 Ed. (762)
　2014 Ed. (785)
　2015 Ed. (828)
Indian Tobacco Co. Ltd.
　2002 Ed. (4424)
Indian Youth Institute
　1992 Ed. (1100)

Indiana
　1989 Ed. (1737, 2535, 2539, 2546, 2553, 2613, 2620)
　1990 Ed. (366, 824, 825, 832, 1746, 2430, 2513, 2868, 3345, 3364, 3365, 3395, 3403, 3405, 3407, 3410, 3426)
　1991 Ed. (186, 793, 795, 1398, 2351, 2476, 3179, 3201, 3202, 3263)
　1992 Ed. (972, 977, 2915, 2923, 2925, 2926, 2933, 3483, 4077, 4121, 4123, 4126, 4180)
　1993 Ed. (315, 1734, 2180, 2586, 3397, 3419, 3420, 3426, 3430, 3433)
　1994 Ed. (678, 977, 3384, 3394, 3409, 3410, 3418, 3420, 3422, 3425)
　1995 Ed. (1762, 1764, 3456, 3465, 3480, 3481, 3489, 3493, 3498, 3540)
　1996 Ed. (35, 1644, 1720, 3175, 3511, 3526, 3527, 3546, 3561, 3562, 3570, 3574, 3577, 3579)
　1997 Ed. (2351, 3131, 3456, 3586, 3601, 3602, 3609, 3613, 3616, 3624)
　1998 Ed. (210, 2069, 2883, 3379)
　1999 Ed. (3218, 4409, 4412, 4426, 4442, 4443, 4456)
　2000 Ed. (1128, 1791, 2599, 2957, 3557, 4096, 4102, 4114, 4115, 4289)
　2001 Ed. (277, 284, 285, 362, 370, 371, 428, 429, 547, 1007, 1126, 1127, 1131, 1201, 1245, 1284, 1287, 1288, 1289, 1290, 1294, 1361, 1417, 1424, 1427, 1441, 1507, 1967, 2048, 2131, 2143, 2149, 2151, 2218, 2219, 2234, 2235, 2265, 2308, 2360, 2361, 2398, 2471, 2520, 2521, 2522, 2523, 2537, 2538, 2556, 2564, 2566, 2576, 2577, 2607, 2629, 2630, 2662, 2663, 2689, 2723, 2824, 2828, 3026, 3027, 3028, 3029, 3046, 3069, 3070, 3071, 3072, 3094, 3095, 3122, 3170, 3172, 3204, 3213, 3214, 3236, 3262, 3287, 3383, 3385, 3397, 3401, 3567, 3640, 3653, 3660, 3785, 3796, 3804, 3805, 3807, 3808, 3809, 3840, 3903, 4018, 4026, 4140, 4141, 4224, 4230, 4243, 4256, 4257, 4286, 4294, 4304, 4531, 4532, 4552, 4581, 4594, 4642, 4643, 4720, 4721, 4735, 4737, 4738, 4795, 4832, 4931, 4932, 4934, 4935)
　2002 Ed. (446, 450, 453, 461, 463, 465, 466, 468, 495, 864, 1177, 1347, 2063, 2119, 2120, 2234, 2351, 2352, 2353, 2403, 2574, 2742, 2746, 2837, 2875, 2892, 2919, 3110, 3119, 3121, 3127, 3128, 3129, 3199, 3213, 3235, 3236, 3273, 3344, 3632, 4108, 4113, 4140, 4141, 4143, 4146, 4147, 4148, 4155, 4286, 4330, 4333, 4538, 4539, 4550, 4776, 4779)
　2003 Ed. (380, 388, 389, 393, 396, 405, 407, 408, 410, 440, 442, 1025, 1032, 1058, 1060, 1063, 1082, 1083, 1384, 2147, 2436, 2582, 3236, 3238, 3255, 3293, 3294, 4231, 4235, 4236, 4245, 4246, 4252, 4293, 4414, 4415, 4494, 4666, 4911)
　2004 Ed. (186, 372, 375, 376, 378, 381, 386, 414, 415, 1027, 1028, 1067, 1069, 1070, 1094, 1095, 1096, 1097, 1398, 1399, 2001, 2002, 2177, 2310, 2318, 2573, 2726, 3037, 3038, 3039, 3058, 3088, 3145, 3290, 3292, 3294, 3311, 3313, 3355, 3356, 3671, 3672, 4253, 4254, 4255, 4258, 4259, 4260, 4264, 4265, 4299, 4302, 4303, 4456, 4457, 4537, 4648, 4649, 4735, 4805, 4993)
　2005 Ed. (389, 391, 392, 394, 403, 405, 406, 408, 413, 443, 444, 445, 1034, 1071, 1073, 1100, 1101, 1420, 2527, 3300, 3301, 3335, 3383, 3384, 4186, 4187, 4188, 4190, 4192, 4193, 4197, 4198, 4226, 4232, 4235, 4236, 4402, 4569, 4597, 4712, 4722, 4776)
　2006 Ed. (383, 1043, 1095, 1096, 1405, 2358, 3059, 3098, 3131, 3367, 3368, 4332, 4419, 4650, 4666, 4764, 4791, 4996)
　2007 Ed. (1131, 1200, 1201, 1437, 2292, 2308, 3419, 3420, 4396, 4481, 4650, 4687, 4770, 4804, 4997)
　2008 Ed. (354, 1012, 1106, 1107, 1388, 2434, 2435, 2642, 2806, 2897, 3004, 3469, 3470, 3545, 4465, 4581, 4596, 4996)
　2009 Ed. (997, 1084, 1085, 1391, 1755, 2400, 2423, 2441, 2504, 2877, 3090, 3543, 3552, 3697, 4498, 4624, 4640, 4997)
　2010 Ed. (961, 1376, 1702, 2319, 2340, 2358, 2362, 2421, 2573, 2593, 3022, 3223, 3270, 3410, 3448, 3465, 3468, 3469, 3471, 3496, 4540, 4652, 4669, 5002)
　2011 Ed. (748, 887, 1369, 1713, 2315, 2326, 2354, 2358, 2424, 2550, 2575, 2991, 3186, 3239, 3448, 3468, 3472, 3496, 3502, 4485, 4600, 4618, 4999)
　2012 Ed. (687, 912, 2216, 2225, 2243, 2278, 2280, 2345, 2499, 2522, 2523, 2917, 3043, 3145, 3302, 3465, 3473, 3476, 3478, 3482, 3500, 3526, 4624, 4996)
　2013 Ed. (2284, 2654, 2655, 2656, 2704, 3222, 3522, 3526, 3527, 3567, 3721, 4569, 4570, 4580, 4998, 5000)
　2014 Ed. (230, 620, 621, 624, 755, 2462, 2590, 2806, 3230, 3496, 3499, 3500, 4626, 4627, 4633)
　2015 Ed. (265, 302, 691, 693, 790, 2631, 2632, 3280, 3514, 3517, 3518, 3519)
　2016 Ed. (259, 260, 632, 712, 1665, 2557, 3120, 3373, 3374, 4541)
　2017 Ed. (1639, 3332, 3333, 3335, 3346, 4371, 4533, 4540, 4990)
　2018 Ed. (248, 624, 708, 1316, 1618, 2250, 3174, 3396, 3399, 3400, 4380, 4558, 4565, 4997)
　2019 Ed. (245, 639, 721, 722, 1660, 3110, 3130, 3371, 3372, 3373, 3374, 3377, 3442, 4404, 4557, 4559, 4560, 4997)
　2020 Ed. (250, 619, 712, 820, 1619, 3377, 3439, 3942, 4557)
　2021 Ed. (235, 577, 720, 1596, 2433, 3312, 3329, 3335, 3356, 3357, 3377, 3378, 3457, 3458, 4538)
　2022 Ed. (256, 605, 746, 2350, 2547, 3392, 3393, 3399, 3406, 3407, 3427, 3428, 3515, 3516, 4544)
　2023 Ed. (357, 2515, 3527, 3528, 3534, 3536, 3537, 3540, 3541, 3552, 3553, 3639, 3640, 4558)
Indiana Botanic Gardens
　2013 Ed. (904)
Indiana Community Bancorp
　2012 Ed. (1575)
Indiana CPA Society
　2013 Ed. (1722)
Indiana Credit Union
　1996 Ed. (1509, 1510)
Indiana Development Finance Authority
　2001 Ed. (813)
Indiana Employees
　2000 Ed. (3434)
Indiana Enterprise Zones
　1994 Ed. (1904)
Indiana Farm Bureau Insurance
　2021 Ed. (1598)
Indiana Farm Bureau Insurance - Property/Casualty & Life
　2022 Ed. (1616)
　2023 Ed. (1780)
Indiana Federal Bank for Savings
　1998 Ed. (3544)
Indiana Fluid Power
　1994 Ed. (2178)
Indiana Health Facilities Finance Agency
　2001 Ed. (813, 846)
Indiana Health Facilities Financial Authority
　1995 Ed. (2648)
Indiana Health Facility Financing Authority
　1999 Ed. (3483)
　2000 Ed. (3197)
Indiana Heart Hospital
　2010 Ed. (3058)
Indiana Housing Finance Authority
　2001 Ed. (813)
Indiana Jones & the Kingdom of the Crystal Skull
　2010 Ed. (2291)
Indiana Jones and the Last Crusade
　1992 Ed. (4397)
Indiana Jones and the Lost Crusade
　1991 Ed. (2488, 2489)
Indiana Jones and the Temple of Doom
　1990 Ed. (2611)
　1991 Ed. (2489, 3449)
　1992 Ed. (4249)
　1993 Ed. (3536)
Indiana Members Credit Union
　2002 Ed. (1864)
　2003 Ed. (1918)
　2004 Ed. (1958)
　2005 Ed. (2100)
　2006 Ed. (2195)
　2007 Ed. (2116)
　2008 Ed. (2231)
　2009 Ed. (2215, 2216)
　2010 Ed. (2169, 2170)
　2011 Ed. (2188)
　2012 Ed. (2048)
　2013 Ed. (2230)
　2014 Ed. (2162)
　2015 Ed. (2226)
　2016 Ed. (2197)
　2018 Ed. (2094)
　2020 Ed. (2073)
　2021 Ed. (2019, 2063)
　2022 Ed. (2055, 2098)
　2023 Ed. (2167, 2213)
Indiana Michigan Power Co.
　2004 Ed. (1735)
Indiana National
　1989 Ed. (389)
　1990 Ed. (639)

Indiana National Bank
　1990 Ed. (640)
Indiana Pacers
　2005 Ed. (646)
Indiana Packers Corp.
　1998 Ed. (2449, 2450, 2891, 2892)
　2003 Ed. (3339)
　2008 Ed. (3614, 3618)
　2011 Ed. (3597)
　2012 Ed. (3584)
　2017 Ed. (3442, 3443, 3449)
　2018 Ed. (3505, 3506, 3511)
　2019 Ed. (3494, 3498)
　2021 Ed. (3497, 3500, 3501, 3504, 3506)
　2022 Ed. (3557, 3559, 3560, 3563, 3564)
Indiana Public Employees
　1998 Ed. (2766)
　2001 Ed. (3680)
　2003 Ed. (1979)
Indiana Regional Medical Center
　2008 Ed. (2033)
　2009 Ed. (1999)
　2010 Ed. (1937, 2884)
　2011 Ed. (1990, 2400, 4970)
Indiana Repertory Theatre
　1993 Ed. (891)
Indiana Rotomolding Inc.
　2013 Ed. (4054)
　2014 Ed. (3993)
Indiana Security Market for Educ. Loans
　1991 Ed. (2924)
Indiana State Justice Complex
　2002 Ed. (2419)
Indiana State Office Building Agency
　2001 Ed. (813)
Indiana State Symphony Society Inc.
　1995 Ed. (1930)
Indiana State Teachers
　2009 Ed. (2291)
Indiana State Teachers' Retirement Fund
　1991 Ed. (2693)
Indiana State University
　2006 Ed. (4203)
Indiana Teachers
　1994 Ed. (2767)
　2008 Ed. (2300, 2323)
Indiana Transport Inc.
　2020 Ed. (4722, 4741)
　2021 Ed. (4724, 4740)
Indiana University
　1994 Ed. (818, 896, 1057)
　1995 Ed. (937, 1066, 1069)
　1996 Ed. (848, 849)
　1997 Ed. (2632)
　2000 Ed. (926, 927)
　2002 Ed. (886, 891, 892, 895, 896, 899)
　2004 Ed. (813, 814, 816, 830)
　2006 Ed. (737)
　2009 Ed. (1755)
　2010 Ed. (1702)
　2011 Ed. (1713, 2311, 3626)
　2013 Ed. (1727)
　2015 Ed. (810)
　2016 Ed. (1665)
　2017 Ed. (1639)
　2018 Ed. (1618)
　2019 Ed. (1660)
　2020 Ed. (1619)
　2021 Ed. (1596)
Indiana University at Bloomington
　1999 Ed. (977, 979)
Indiana University-Bloomington
　2001 Ed. (1064)
　2002 Ed. (883)
　2004 Ed. (820, 821, 823)
　2006 Ed. (705, 716, 720, 725)
　2007 Ed. (802, 805)
　2008 Ed. (771, 782, 784)
　2009 Ed. (795, 796, 797, 800)
　2010 Ed. (738, 1014, 3450)
　2011 Ed. (951, 3450)
Indiana University-Bloomington, Kelley School of Business
　2005 Ed. (2853)
　2006 Ed. (708, 711, 2859)
　2007 Ed. (797, 823)
　2008 Ed. (790, 794)
　2009 Ed. (807)
　2010 Ed. (734, 735, 736, 739, 743, 745, 755, 756, 757, 760, 761, 763)
　2011 Ed. (652, 654, 656, 667)
　2012 Ed. (610)
Indiana University Center on Philanthropy
　1993 Ed. (1897)
Indiana University Credit Union
　2018 Ed. (2094)
Indiana University Employees Credit Union
　2002 Ed. (1864)
　2003 Ed. (1918)
　2004 Ed. (1958)
　2005 Ed. (2100)
　2006 Ed. (2195)
　2007 Ed. (2116)
　2008 Ed. (2231)
　2009 Ed. (2216)
　2010 Ed. (2170)
　2011 Ed. (2188)
　2012 Ed. (2048)

Business Rankings Annual • CUMULATIVE INDEX • 1989-2023 / Part 2   1057

2013 Ed. (2230)
2014 Ed. (2162)
2015 Ed. (2226)
2016 Ed. (2197)
Indiana University Health
2013 Ed. (1727)
2014 Ed. (3074)
2016 Ed. (1665)
2017 Ed. (1639)
2018 Ed. (1618)
2019 Ed. (1660, 3005)
2020 Ed. (1619)
2021 Ed. (1596)
Indiana University Health Inc.
2016 Ed. (1664)
2017 Ed. (3986)
Indiana University Health West Hospital Gift Shop
2015 Ed. (2900)
Indiana University at Indianapolis
1999 Ed. (3162)
Indiana University-Indianapolis
2000 Ed. (2906)
2001 Ed. (3063)
Indiana University of Pennsylvania
2011 Ed. (949)
2013 Ed. (3836)
Indiana University, School of Medicine
2006 Ed. (3903)
Indiana University Southeast
2009 Ed. (782)
2010 Ed. (735)
2011 Ed. (641, 645)
Indiana Wesleyan
2010 Ed. (998)
Indiana Wesleyan University
2008 Ed. (1505)
Indiana Youth Institute Inc.
1994 Ed. (1902)
1995 Ed. (1929)
Indianapolis-Carmel-Anderson, IN
2019 Ed. (638, 3871)
2021 Ed. (3355, 3358)
2022 Ed. (3405, 3408)
2023 Ed. (3052)
Indianapolis Colts
2010 Ed. (2758)
2013 Ed. (4480)
The Indianapolis Foundation
1994 Ed. (1907)
Indianapolis, IN
1990 Ed. (1004, 1149, 2134, 2608)
1992 Ed. (2544, 3038, 3698, 3699)
1993 Ed. (1598, 2465)
1994 Ed. (965, 967, 3065, 3325)
1995 Ed. (988, 1113, 2666, 3651, 3780, 3781, 3782, 3783, 3784)
1996 Ed. (2206, 2209, 2280, 3206)
1997 Ed. (1003, 2337, 2338, 2764, 3305, 3523)
1998 Ed. (2056, 3054)
1999 Ed. (1154, 1157, 1159, 1161, 1164, 1166, 1168, 1169, 4054)
2000 Ed. (1067, 1069, 1071, 1073, 1075, 1078, 1080, 1083, 1084, 3769, 4268)
2001 Ed. (2274, 2275, 2358)
2002 Ed. (373, 2043, 2296, 2379, 2393, 2442, 2632, 2633, 2743, 4046, 4047, 4287)
2003 Ed. (254, 2826, 3246)
2004 Ed. (797, 2720, 2811, 2861, 3737, 4192, 4193)
2005 Ed. (2030, 3333, 3336, 4381)
2006 Ed. (3309, 3313, 3324, 3741, 3743)
2007 Ed. (2995, 3362, 4013, 4094)
2008 Ed. (977, 3110, 3508, 4039, 4350)
2009 Ed. (258, 1755, 4351)
2010 Ed. (249, 3132, 3135, 4372)
2011 Ed. (168, 3099, 3503)
2012 Ed. (3496, 4373)
2013 Ed. (165)
2014 Ed. (125, 169, 2314, 2620, 3546)
2015 Ed. (196)
2017 Ed. (137, 667, 3330)
2018 Ed. (706, 1315, 4448)
2019 Ed. (133, 163)
2020 Ed. (2204, 4426)
2021 Ed. (3319)
2023 Ed. (4459)
Indianapolis International Airport
2022 Ed. (147)
2023 Ed. (221)
Indianapolis Local Pub. Imp. Bond Bank
1993 Ed. (1544)
Indianapolis-Marion County, IN
1990 Ed. (2910)
Indianapolis Motor Speedway
2005 Ed. (3281)
Indianapolis Motor Speedway/IndyCar
2023 Ed. (392)
Indianapolis Museum of Art
2002 Ed. (2348)
Indianapolis Neighborhood Housing Partnership
1994 Ed. (1902)
Indianapolis Power & Light Co.
2009 Ed. (4185)

Indianapolis Public Improvement Agency
2001 Ed. (813)
Indianapolis Public Transportation Corp.
1991 Ed. (1885)
Indianapolis Star
1998 Ed. (78, 79, 80, 84)
Indianapolis Symphony Orchestra
1993 Ed. (891)
Indianapolis Zoological Society Inc.
1994 Ed. (1905)
1995 Ed. (1932)
Indiantown Telephone System Inc.
1998 Ed. (3485)
Indicative Software
2008 Ed. (2886)
Indice Bursatil de Capitalizacion
2020 Ed. (4492)
Indie Campers
2021 Ed. (1833, 4709)
Indigenous Design Studio + Architecture
2019 Ed. (3589)
2020 Ed. (3562)
2022 Ed. (3642)
2023 Ed. (271, 3745)
The Indigio Group
2004 Ed. (3970)
IndiGo
1997 Ed. (2211, 3411)
2012 Ed. (164)
Indigo Ag
2020 Ed. (2738)
IndiGo Airlines
2013 Ed. (143, 144)
Indigo Books & Music
2007 Ed. (4363)
2008 Ed. (4319)
2011 Ed. (4291, 4555)
2015 Ed. (4331)
Indigo Girls
1995 Ed. (1118)
Indigo Industries Inc.
1998 Ed. (945)
Indigo Investment Systems
2002 Ed. (2491)
2003 Ed. (2715, 2732)
Indigo Joe's Sports Pub & Restaurant
2010 Ed. (4250)
Indigo Minerals LLC
2017 Ed. (2775)
2018 Ed. (2841)
2019 Ed. (2809)
IndigoPool.com
2001 Ed. (4753)
IndigoVision
2021 Ed. (4333)
Indigovision
2018 Ed. (4298)
Indio
2020 Ed. (568)
INDITEX
2014 Ed. (2570)
Inditex
2004 Ed. (4214)
2006 Ed. (2021, 4174, 4538)
2007 Ed. (1991, 4193, 4197)
2008 Ed. (1723, 4233)
2009 Ed. (756, 776, 4316, 4329, 4336)
2010 Ed. (717, 1996, 4303, 4345, 4354)
2011 Ed. (4292, 4296, 4300, 4303)
2012 Ed. (4341, 4354)
2013 Ed. (857, 4272, 4312)
2014 Ed. (4043, 4331, 4350)
2015 Ed. (4320, 4346, 4349)
2016 Ed. (4216, 4252)
2017 Ed. (2490, 4203, 4237)
2018 Ed. (1326, 1916, 2546, 4250)
2019 Ed. (1967, 4281)
2020 Ed. (1316, 1898, 4268)
2021 Ed. (907, 1859, 4252, 4527)
2022 Ed. (1904, 1905, 4264, 4531)
2023 Ed. (2019)
Inditex SA
2012 Ed. (4325, 4349)
2013 Ed. (1022, 2066, 4331, 4342)
2014 Ed. (987, 1999, 4382, 4393)
2015 Ed. (1022, 2046, 4384)
2016 Ed. (926, 927, 2010, 4267, 4278)
2017 Ed. (973, 1968, 4255, 4266)
2018 Ed. (905, 1919)
2019 Ed. (904, 1970)
2020 Ed. (894, 1900)
2021 Ed. (1861)
Individual Bank of Japan Ltd.
1996 Ed. (505)
Individual Group
2000 Ed. (4435)
2002 Ed. (4990)
2003 Ed. (4991)
2009 Ed. (4991)
2011 Ed. (4995)
2012 Ed. (4990)
Individual life insurance
1994 Ed. (2228)
Individual Investor
1998 Ed. (2785)
1999 Ed. (3754, 3765)
Individual and family services
1994 Ed. (3327)

Individual income tax
1999 Ed. (4534, 4538)
Individual income taxes
1998 Ed. (3463)
Individuals
2000 Ed. (1013)
Individuals, non-United States
2002 Ed. (3597, 3598)
Individuals, United States
2002 Ed. (3597, 3598)
Indivior
2017 Ed. (3877)
Indmar
2019 Ed. (647)
2020 Ed. (628)
2021 Ed. (584)
Indmark
1999 Ed. (3940)
Indo
1991 Ed. (2911)
Indo-Ad
2002 Ed. (118)
2003 Ed. (85)
Indo Ad; P. T.
1991 Ed. (109)
Indo Count
2022 Ed. (2975)
Indo Count Industries
2017 Ed. (1628)
Indo-European Foods Inc.
2018 Ed. (2762)
2019 Ed. (2745)
Indo Zambia Bank
2014 Ed. (376)
2015 Ed. (430)
Indo-Zambia Bank
1999 Ed. (683)
2000 Ed. (699)
2007 Ed. (574)
2008 Ed. (525)
Indocam Korea Fund
2003 Ed. (3142, 3143)
Indocement
1993 Ed. (2155)
1996 Ed. (1381)
Indocement Group
1995 Ed. (1419)
Indocement Tunggal Prakarsa
1996 Ed. (2435, 2436)
1997 Ed. (1431, 2580)
1999 Ed. (1656, 3124)
2001 Ed. (1739)
Indocement Tunggal Prakarsa Tbk
2002 Ed. (4480, 4481)
Indocement Tunggal Prakasa
1992 Ed. (1637)
Indochina Ceramic
1997 Ed. (2554)
Indochino
2018 Ed. (1445, 4227)
Indochino.com
2015 Ed. (2470)
inDocs inDexing Services
2014 Ed. (641)
Indofood
1996 Ed. (1380)
2000 Ed. (1466, 1467)
2012 Ed. (1577)
Indofood Sukses Makmar
2002 Ed. (3031)
Indofood Sukses Makmur
1997 Ed. (1432, 2580)
1999 Ed. (1579, 1656, 1657, 3124, 4494)
2000 Ed. (1465)
2001 Ed. (1739)
2002 Ed. (4479, 4480, 4481)
2021 Ed. (1602)
Indofood Sukses Makmur TBK PT
2013 Ed. (3588)
Indofood Sukses Makmur Tbk PT
2020 Ed. (2712)
Indomarco Prismatama
2012 Ed. (4347)
2013 Ed. (4284)
Indomie
2022 Ed. (653)
Indomie Noodles
2010 Ed. (84)
Indomobil Group
2005 Ed. (46)
Indomobil Sukses International Tbk
2002 Ed. (4480, 4481)
Indonesia
1989 Ed. (1869, 2121)
1990 Ed. (1076, 1830, 1911, 1918, 1925, 1935, 2759)
1991 Ed. (91, 164, 1834, 2754, 3273, 3390, 18411)
1992 Ed. (2075, 2250, 2310, 2317, 2327, 2333, 2360, 3454, 3742, 3957, 3973, 3974)
1993 Ed. (240, 1067, 1932, 1967, 1974, 1981, 1987, 2366, 3301, 3682)
1994 Ed. (1230, 1231, 1958, 2005, 3308)
1995 Ed. (1043, 1745, 1746, 1962, 2010, 2017, 2029, 2036, 2040)
1996 Ed. (157, 170, 929, 941, 2470, 2471, 3633, 3662)

1997 Ed. (204, 305, 915, 1556, 1791, 1812, 2107, 3513)
1998 Ed. (1791, 2363, 2749, 2929)
1999 Ed. (182, 821, 1133, 1146, 1212, 2005, 2443, 2553, 2606, 3192, 3698)
2000 Ed. (2295, 2349, 2357, 2358, 2363, 2379, 3571)
2001 Ed. (373, 509, 510, 1102, 1140, 1286, 1298, 1302, 1303, 1307, 1308, 1341, 1413, 1502, 1506, 1935, 1969, 2370, 2614, 2615, 2968, 3530, 3548, 3610, 3696, 3697, 4122, 4128, 4135, 4319, 4386, 4388, 4446, 4447, 4495, 4534, 4535, 4567)
2002 Ed. (683, 1346, 1815, 2415, 2423, 3521, 3724, 3725, 4427, 4624)
2003 Ed. (268, 1026, 1035, 1037, 1038, 1045, 1046, 1382, 1383, 1876, 1880, 2210, 2211, 2223, 2627, 3629, 3650, 3711, 3759, 4193, 4194, 4198, 4201, 4497, 4617, 4735, 4736, 4757)
2004 Ed. (237, 889, 1040, 1045, 1046, 1050, 1051, 1052, 1395, 1396, 1397, 1907, 2741, 2745, 3676, 3694, 3757, 3784, 3792, 3793, 3794, 4219, 4220, 4225, 4228, 4463, 4542, 4543, 4600, 4602, 4656, 4657, 4720, 4721, 4739)
2005 Ed. (240, 863, 864, 875, 1041, 1046, 1047, 1051, 1052, 1053, 1123, 1418, 1419, 2036, 2039, 2044, 2533, 2734, 2742, 2765, 2766, 2767, 3021, 3591, 3604, 3672, 3702, 3704, 3705, 3706, 4147, 4148, 4152, 4155, 4408, 4499, 4534, 4536, 4594, 4606, 4607, 4691, 4692, 4718)
2006 Ed. (260, 797, 1028, 1045, 1050, 1054, 1056, 1057, 1062, 1063, 1064, 1403, 1404, 2132, 2135, 2148, 2331, 2640, 2701, 2704, 3015, 3691, 3708, 3769, 3771, 3791, 3793, 3794, 3795, 4195, 4196, 4208, 4211, 4425, 4574, 4592, 4615, 4617, 4659, 4671, 4672, 4738, 4739, 4740, 4770, 4771)
2007 Ed. (267, 886, 1133, 1139, 1143, 1144, 1145, 1151, 1152, 1153, 1435, 1436, 2080, 2083, 2102, 2699, 3049, 3686, 3702, 3766, 3768, 3789, 3798, 3799, 3800, 4211, 4212, 4218, 4221, 4486, 4601, 4670, 4671, 4679, 4692, 4693, 4752, 4753, 4754, 4777)
2008 Ed. (251, 863, 1013, 1019, 1023, 1024, 1032, 1033, 1034, 1386, 1387, 2202, 2822, 2826, 3160, 3163, 3780, 3785, 3846, 3848, 3863, 4247, 4248, 4255, 4468, 4519, 4550, 4551, 4583, 4584, 4590, 4601, 4602, 4624, 4675, 4676, 4677, 4694)
2009 Ed. (272, 869, 998, 1004, 1008, 1009, 1015, 1016, 1017, 1389, 1390, 2378, 2880, 2884, 3238, 3815, 3826, 3902, 3904, 3922, 4346, 4347, 4356, 4501, 4549, 4582, 4583, 4626, 4627, 4634, 4649, 4650, 4660, 4715, 4716, 4717, 4736)
2010 Ed. (259, 815, 962, 969, 973, 974, 981, 982, 983, 1374, 1375, 2107, 2821, 3743, 3749, 3754, 3812, 3814, 3840, 4376, 4377, 4382, 4543, 4615, 4616, 4617, 4655, 4656, 4661, 4677, 4678, 4729, 4730, 4731, 4742)
2011 Ed. (179, 743, 889, 895, 901, 902, 908, 909, 911, 1367, 1368, 2160, 2807, 3743, 3749, 3756, 3808, 3810, 3843, 3849, 3850, 3851, 4312, 4313, 4324, 4327, 4490, 4571, 4572, 4573, 4602, 4603, 4609, 4629, 4630, 4688, 4689, 4690, 4704)
2012 Ed. (4551, 4819)
2014 Ed. (3709)
2022 Ed. (2212)
2023 Ed. (2401)
Indonesian Overseas Bank-Indover
1993 Ed. (586)
1996 Ed. (631)
1999 Ed. (606)
Indonesian Paradise Property
2022 Ed. (1380, 1620)
Indonesian rupiah
2007 Ed. (2158)
Indonesian Satellite
2002 Ed. (4479)
Indoor intrusion
1992 Ed. (3828)
Indorama
2018 Ed. (2550, 2574)
2021 Ed. (856)
Indorama Corp.
2023 Ed. (2746)
Indorama Synthetics
1994 Ed. (2338)
Indorama Ventures
2012 Ed. (785)
2013 Ed. (981)
2014 Ed. (2038)
2016 Ed. (2068)
2018 Ed. (852)
2019 Ed. (864)
2020 Ed. (851, 1962)
2021 Ed. (1923)

2023 Ed. (2077)
Indorama Ventures Co., Ltd.
  2015 Ed. (4724)
  2016 Ed. (4626)
  2017 Ed. (4642)
  2018 Ed. (4638)
  2019 Ed. (4653)
Indorama Ventures PCL
  2023 Ed. (3663)
Indorama Ventures Public Company Limited
  2022 Ed. (898)
Indorama Ventures Public Company Ltd.
  2021 Ed. (2493)
  2022 Ed. (2605)
Indorayon
  1996 Ed. (1381)
INDOS Financial
  2021 Ed. (2550)
Indosat
  1995 Ed. (1419, 3552)
  1996 Ed. (1380)
  1997 Ed. (1432, 2580, 2581)
  1999 Ed. (1566, 1569, 1657, 3124, 3125, 4549)
  2000 Ed. (1425, 1462, 1466, 1467, 4190)
  2001 Ed. (1739)
  2012 Ed. (1577)
  2015 Ed. (753)
Indosat Ooredoo
  2019 Ed. (685)
  2021 Ed. (4584)
  2022 Ed. (4597, 4632)
  2023 Ed. (867, 4601)
Indosat Tbk
  2000 Ed. (2873)
  2002 Ed. (3031)
  2006 Ed. (3231)
Indosiar Visual Mandiri
  2007 Ed. (44)
  2008 Ed. (48)
  2009 Ed. (55)
  2010 Ed. (65)
Indosuez
  1989 Ed. (535)
Indosuez Asia
  1991 Ed. (2411)
Indosuez Asset Management
  1995 Ed. (2397)
Indosuez Asset Management Asia
  1995 Ed. (2393, 2396, 2397)
Indosuez Niugini Bank Ltd.
  1994 Ed. (613)
  1995 Ed. (583)
  1996 Ed. (652)
  1997 Ed. (591)
  1999 Ed. (620)
Indosuez Singapore & Malaysia
  1996 Ed. (2817, 2818)
Indosuez WI Carr
  2000 Ed. (867, 868, 870, 871, 872, 873)
Indosuez W.I. Carr Securities
  1999 Ed. (866, 2278)
  2000 Ed. (2058)
Indotronix International Corp.
  2006 Ed. (3530, 4369)
  2007 Ed. (3583)
  2008 Ed. (3724, 4418)
Indovest
  1989 Ed. (1780)
  1994 Ed. (3186)
Indovest Securities
  1997 Ed. (3473)
Indra
  2010 Ed. (2503)
Indra K. Nooyi
  2009 Ed. (946)
  2010 Ed. (898)
  2011 Ed. (832)
  2014 Ed. (945)
  2015 Ed. (964)
Indra Nooyi
  2003 Ed. (4983)
  2004 Ed. (4983)
  2005 Ed. (4990)
  2006 Ed. (949, 4974)
  2007 Ed. (1044, 4974)
  2008 Ed. (964, 4948, 4950)
  2009 Ed. (4971, 4981, 4983)
  2010 Ed. (885, 4980, 4990, 4991)
  2011 Ed. (4966, 4969, 4979, 4987, 4988)
  2012 Ed. (598, 4958, 4959, 4968, 4976, 4984)
  2013 Ed. (4959, 4960, 4966, 4967, 4979)
  2014 Ed. (4968, 4976)
  2015 Ed. (5009, 5010, 5024, 5026, 5027)
  2016 Ed. (4926, 4941)
  2017 Ed. (4932)
  2019 Ed. (4937)
Indra Sistemas SA
  2012 Ed. (98)
Indra's Net Inc.
  2002 Ed. (2991)
Indrawati; Sri Mulyani
  2022 Ed. (4926)
  2023 Ed. (4924)
Indresco
  1995 Ed. (949, 2238)

Inds. Gessy Lever
  1992 Ed. (42)
Inducement Tunggal Prakarsa
  1994 Ed. (2337, 2338)
Inductive Automation
  2021 Ed. (944)
  2022 Ed. (970)
  2023 Ed. (1144)
Inductotherm Industries
  1990 Ed. (1043)
  1992 Ed. (1203)
  1998 Ed. (536, 758)
  1999 Ed. (955, 1189)
Indukern
  2013 Ed. (936)
  2014 Ed. (887, 890)
  2015 Ed. (918)
  2017 Ed. (877)
  2018 Ed. (810)
Indupa
  1991 Ed. (784, 785)
  1992 Ed. (965, 966, 1566)
  1993 Ed. (769, 770)
  1999 Ed. (950)
INDUS Corp.
  2006 Ed. (3545, 4383)
  2007 Ed. (292, 3608, 4451)
  2008 Ed. (271, 3737, 4433)
Indus Gas
  2016 Ed. (3859)
Indus Group
  1995 Ed. (998, 3392)
Indus Holding AG
  2006 Ed. (1736)
Indus International
  2005 Ed. (1350)
Indus Motor
  2009 Ed. (1996)
  2010 Ed. (1483, 1934)
Indus Motors
  2007 Ed. (1948)
Indus Technology Inc.
  2008 Ed. (3689)
Indusa/Indexa Inc.
  2017 Ed. (1935)
Indusa Technical Corp.
  1999 Ed. (3420)
IndusInd Bank
  2013 Ed. (373)
  2018 Ed. (366, 379, 1613)
  2019 Ed. (404, 1654)
  2020 Ed. (376)
  2021 Ed. (422, 512)
  2022 Ed. (436, 651)
  2023 Ed. (595, 596)
Indusind Bank
  2021 Ed. (503, 512)
Induslogic
  2008 Ed. (1126)
Industri-Matematik International
  2001 Ed. (4425)
  2003 Ed. (1123)
Industri-Plex
  1991 Ed. (1889)
Industria Automotriz SA de CV
  1995 Ed. (327)
Industria Colombiana del Cafe SAS
  2011 Ed. (1584)
Industria de Diseno Textil SA
  2006 Ed. (2021, 3401, 4174)
  2007 Ed. (1991, 4193, 4197)
  2008 Ed. (1723, 3581, 4233)
  2009 Ed. (756, 776, 1191, 3652, 4316, 4329, 4336)
  2010 Ed. (717, 941, 1996, 3570, 4303, 4345, 4354)
  2011 Ed. (873, 1145, 3573, 4292, 4296, 4300, 4303)
  2012 Ed. (829, 3566, 4341, 4354)
  2013 Ed. (857, 1006, 2066, 3602, 4272, 4312)
  2014 Ed. (971, 1999, 4043, 4331, 4350)
  2015 Ed. (1008, 2046, 4320, 4346)
  2016 Ed. (912, 2010, 4216, 4252)
  2017 Ed. (960, 1348, 1968, 2490, 4203, 4237)
  2018 Ed. (891, 1919, 2546)
  2019 Ed. (895, 1966, 1970)
  2020 Ed. (1900)
  2021 Ed. (1307, 1861)
  2022 Ed. (1317)
  2023 Ed. (1324, 1524, 2020, 2346, 2374)
Industria de Diseno Textil, S.A.
  2021 Ed. (2489)
  2022 Ed. (2601, 4466)
Industria de Diseno Textil SA (Inditex)
  2023 Ed. (2742)
Industria de Diseno Textil SA (Inditex SA)
  2021 Ed. (1861)
Industria e Investimentos
  1991 Ed. (2333, 2334)
Industria Lechera de Puerto Rico Inc.
  2004 Ed. (183)
  2005 Ed. (189)
  2006 Ed. (201)
Industria Nacional del Cemento SA
  2006 Ed. (4494)

Industria Quimica Anastacio
  2019 Ed. (827)
  2020 Ed. (825)
Industria de Turbo Propulsores
  2012 Ed. (92)
Industrial Alliance
  2021 Ed. (3071)
  2022 Ed. (3207)
  2023 Ed. (3301)
Industrial Alliance C Diversified
  2002 Ed. (3452)
Industrial-Alliance Financial
  1994 Ed. (3606)
Industrial Alliance Insurance
  2005 Ed. (1708)
  2006 Ed. (1610)
  2007 Ed. (3158)
  2021 Ed. (3050)
Industrial Alliance Insurance & Financial Service Inc.
  2008 Ed. (1623)
Industrial Alliance Insurance & Financial Services
  2008 Ed. (3308)
  2009 Ed. (3313, 3370, 3371)
  2010 Ed. (3308)
  2011 Ed. (3270)
  2012 Ed. (3243, 3244, 4566)
  2013 Ed. (3286, 3297)
  2014 Ed. (3311, 3323)
  2015 Ed. (3357, 3363)
  2016 Ed. (3218, 3219)
  2017 Ed. (3175, 3176)
  2018 Ed. (3258, 3259)
  2019 Ed. (3203, 3204)
  2020 Ed. (3224)
Industrial Alliance Insurance & Financial Services Inc.
  2013 Ed. (3295, 3296, 3298)
  2020 Ed. (3225)
Industrial-Alliance Life
  1992 Ed. (2672, 2673)
Industrial-Alliance Life Insurance Co.
  1993 Ed. (2228)
  1996 Ed. (2326)
  1997 Ed. (2455)
  1999 Ed. (2959)
Industrial Alliance P Stock
  2002 Ed. (3458)
Industrial Alliance Pacific Insurance & Financial Inc.
  2013 Ed. (2697)
  2014 Ed. (2681)
Industrial Alliance Pacific Insurance & Financial Services
  2013 Ed. (3295)
Industrial Alliance Pacific Insurance & Financial Services Inc.
  2010 Ed. (2698)
  2011 Ed. (2685)
Industrial-Alliance Pacific Life Insurance
  2005 Ed. (2585)
  2006 Ed. (2588)
Industrial Alliance S US Stock
  2002 Ed. (3450, 3451)
Industrial & farm equipment & machinery
  1990 Ed. (1233, 1257, 1258, 1261)
  1992 Ed. (1487, 1491)
  1996 Ed. (1215, 1216, 1219, 1225, 1231, 1251, 1254)
  1997 Ed. (1262)
  1999 Ed. (1467, 1468)
  2000 Ed. (1325)
  2002 Ed. (1480, 1488, 1490)
Industrial Bank
  1992 Ed. (2154)
  1995 Ed. (431)
  1997 Ed. (419, 1454)
  1999 Ed. (479)
  2008 Ed. (397)
  2009 Ed. (420)
  2010 Ed. (396)
  2011 Ed. (322, 323, 1579, 1582, 1583)
  2012 Ed. (337)
  2013 Ed. (390)
  2014 Ed. (403, 503)
  2015 Ed. (447, 460, 567)
  2016 Ed. (402, 411, 513, 522)
  2017 Ed. (406, 409, 448, 527, 540)
  2018 Ed. (117, 368, 372, 373, 375, 505)
  2019 Ed. (103, 372, 375, 376, 377, 418)
  2020 Ed. (98, 367, 370, 371, 409, 490, 1472)
  2021 Ed. (90, 367, 421, 436, 2536)
  2022 Ed. (103, 380, 435, 450, 2651)
  2023 Ed. (496, 592, 625, 2784)
Industrial Bank (China)
  2021 Ed. (436)
  2022 Ed. (450)
Industrial Bank China
  2005 Ed. (3938)
  2012 Ed. (336)
  2013 Ed. (379)
  2014 Ed. (391)
  2015 Ed. (446)
  2016 Ed. (401)
  2017 Ed. (408)

Industrial Bank Co., Ltd.
  2015 Ed. (4571)
Industrial Bank of Japan
  1989 Ed. (561)
  1990 Ed. (501, 502, 547, 594, 602, 603, 604, 609, 617, 1385, 1392, 1677, 1680, 1681, 1691, 1693, 1783, 1784, 1788, 1789)
  1991 Ed. (221, 448, 450, 508, 548, 549, 553, 557, 558, 562, 563, 575, 576, 577, 1305, 1309, 1318, 1584, 1593, 1598, 2307, 3235, 3400)
  1992 Ed. (603, 604, 665, 666, 667, 671, 672, 709, 716, 717, 721, 726, 728, 743, 744, 1638, 1650, 1660, 1992, 1997, 2000, 2004, 2015, 2017, 2020, 3340, 4151, 4310)
  1993 Ed. (424, 476, 477, 483, 484, 527, 529, 543, 544, 1333, 1349, 1358, 1652, 1859, 3475, 3587)
  1994 Ed. (479, 484, 485, 525, 526, 530, 544, 545, 1409, 1678, 1681, 1690, 1698, 1700, 1706, 3550)
  1995 Ed. (468, 469, 471, 505, 506, 509, 510, 519, 520, 1434, 2434, 2440, 2441, 3272, 3273)
  1996 Ed. (501, 502, 503, 504, 506, 507, 557, 558, 561, 573, 574, 1398, 1408, 1704, 3597, 3706)
  1997 Ed. (514, 1433, 1447, 1464, 1783, 3483, 3761)
  1998 Ed. (353, 354, 356, 357, 382, 383, 384, 1163, 1500, 3249)
  1999 Ed. (466, 518, 521, 523, 525, 554, 563, 564, 565, 953, 4614)
  2000 Ed. (462, 528, 530, 531, 533, 534, 574, 575, 576)
  2001 Ed. (603, 627, 628, 973, 1549)
  2002 Ed. (595, 597)
Industrial Bank of Japan Trust Co.
  1990 Ed. (2436)
  1991 Ed. (517, 2305, 2306, 3278)
  1992 Ed. (548, 670)
  1993 Ed. (377, 482, 597, 2415, 2417, 2419, 2420, 2422)
  1994 Ed. (365, 370, 487)
  1997 Ed. (472, 580)
  1998 Ed. (358)
Industrial Bank of Korea
  1991 Ed. (584)
  2002 Ed. (600, 601, 602, 603)
  2003 Ed. (611)
  2004 Ed. (512, 620)
  2005 Ed. (610)
  2006 Ed. (524)
  2007 Ed. (553)
  2008 Ed. (505)
  2009 Ed. (536)
  2010 Ed. (520)
  2011 Ed. (449, 2048)
  2012 Ed. (410)
  2013 Ed. (398)
  2014 Ed. (411, 412)
  2015 Ed. (468, 469)
  2016 Ed. (417, 418)
  2017 Ed. (405, 429, 430, 438, 449)
  2018 Ed. (369, 395, 396, 413)
  2019 Ed. (373, 397, 398, 419)
  2020 Ed. (368, 390, 391)
  2021 Ed. (420, 428, 437, 490)
  2022 Ed. (434, 442, 451, 504, 699)
  2023 Ed. (588, 609, 610, 626, 729)
Industrial Bank of Korea (South Korea)
  2021 Ed. (420, 437)
  2022 Ed. (434, 451)
Industrial Bank of Kuwait
  1996 Ed. (580)
  2014 Ed. (543)
  2015 Ed. (434)
  2016 Ed. (389)
  2017 Ed. (394)
  2018 Ed. (360)
  2020 Ed. (358)
Industrial Bank N. A.
  2000 Ed. (471)
Industrial Bank NA
  1998 Ed. (339)
  2002 Ed. (713)
  2003 Ed. (455)
  2004 Ed. (442)
  2005 Ed. (454)
  2006 Ed. (407)
  2007 Ed. (391)
  2008 Ed. (373)
  2009 Ed. (396)
  2010 Ed. (370)
  2011 Ed. (292)
  2012 Ed. (314)
  2013 Ed. (84)
  2015 Ed. (108)
  2016 Ed. (115)
  2017 Ed. (106)
Industrial Bank of Taiwan
  2004 Ed. (553)
  2005 Ed. (536)
  2006 Ed. (464)
  2019 Ed. (370, 519)
Industrial Bank of Tokyo Ltd.
  1997 Ed. (529)

Industrial Bank of Washington
　1990 Ed. (510)
　1991 Ed. (463)
　1992 Ed. (621)
　1993 Ed. (437, 438, 3098)
　1994 Ed. (437)
　1995 Ed. (430)
　1996 Ed. (457)
Industrial Building Corp.
　1994 Ed. (3480)
Industrial Buildings Corp. Ltd.
　1992 Ed. (4196)
　1993 Ed. (3507)
Industrial & Chemical Machinery, Computer Equipment
　1990 Ed. (1254)
Industrial & other chemicals
　2002 Ed. (3969)
Industrial chemicals
　2001 Ed. (1186)
Industrial inorganic chemicals
　1991 Ed. (1904)
Industrial organic chemicals
　1989 Ed. (1929)
　1990 Ed. (2515)
　1991 Ed. (2382)
　1993 Ed. (2496)
Industrial Chemicals Corp.
　2016 Ed. (1971)
Industrial coatings
　2001 Ed. (1210)
　2002 Ed. (1035)
Industrial Colombiano
　2000 Ed. (497, 498, 499, 500, 501, 502)
Industrial & Commercial Bank
　1989 Ed. (668)
　1991 Ed. (659)
　1999 Ed. (550)
　2014 Ed. (1696)
　2016 Ed. (1691)
　2017 Ed. (1668)
Industrial & Commercial Bank of China
　1990 Ed. (501)
　1991 Ed. (449, 450, 451, 551, 554)
　1992 Ed. (603, 710)
　1993 Ed. (424, 425, 426, 521)
　1994 Ed. (426, 453)
　1995 Ed. (422, 445)
　1996 Ed. (446, 474, 562)
　1997 Ed. (411, 438, 2392)
　1999 Ed. (466, 467, 496, 516, 517)
　2000 Ed. (495)
　2001 Ed. (603)
　2002 Ed. (520, 521, 522, 542, 552, 587, 1687)
　2003 Ed. (462, 475, 538, 1709)
　2004 Ed. (448, 465, 500, 554, 1751)
　2005 Ed. (460, 477, 529, 1817)
　2006 Ed. (413, 426, 458, 1644, 1804)
　2007 Ed. (398, 420, 1659)
　2008 Ed. (380, 397, 643, 1665, 1667, 1812, 2699)
　2009 Ed. (420, 468, 469, 474, 660, 1588, 1589, 1794, 1803)
　2010 Ed. (376, 396, 448, 449, 450, 457, 1577, 1578, 1579, 1735, 1736, 1747)
　2011 Ed. (299, 322, 323, 368, 369, 370, 377, 1576, 1577, 1579, 1723, 1749, 1752, 1757, 1759)
　2012 Ed. (320, 335, 337, 367, 372, 1324, 1416, 1418, 1420, 1600, 1602, 1606, 1607, 1609)
　2013 Ed. (378, 490, 497, 1541, 1542, 1756, 1757, 1763, 1764, 1765)
　2014 Ed. (390, 502, 508, 1508, 1509, 1690, 1697, 1698, 1700)
　2015 Ed. (445, 566, 572, 1566, 1567, 1734, 1740)
　2016 Ed. (400, 512, 519, 1499, 1500, 1684, 1685, 1692)
　2017 Ed. (407, 438, 523, 526, 532, 1493, 1495, 1660, 1662, 1669, 1671, 2541)
　2018 Ed. (373, 493, 494, 1473, 1475, 1630)
　2019 Ed. (376, 377, 418, 504, 508, 509, 1504, 1507, 1674)
　2020 Ed. (371, 409, 488, 492, 1472, 1473, 1631, 2592, 2603)
　2021 Ed. (436, 504, 1462, 1463, 1607, 2536)
　2022 Ed. (450, 513, 515, 521, 1479, 1627, 1632, 2651)
　2023 Ed. (625, 737, 740, 1657, 2784)
Industrial Commercial Bank of China
　2013 Ed. (390, 489, 495)
　2014 Ed. (403, 501)
　2015 Ed. (460, 565)
　2016 Ed. (411, 511)
　2017 Ed. (406, 525)
　2018 Ed. (372, 492)
　2019 Ed. (375, 507)
Industrial and Commercial Bank of China
　2020 Ed. (370, 491)
　2022 Ed. (514)
Industrial & Commercial Bank of China (Asia)
　2013 Ed. (381)

Industrial & Commercial Bank of China (Asia) Ltd.
　2004 Ed. (538)
　2005 Ed. (517)
　2006 Ed. (448, 4275)
　2007 Ed. (459)
　2008 Ed. (423)
　2010 Ed. (427)
　2011 Ed. (352)
Industrial & Commercial Bank of China (China)
　2021 Ed. (436)
　2022 Ed. (450, 513, 521)
Industrial & Commercial Bank of China (ICBC)
　2021 Ed. (1462, 1607)
Industrial and Commercial Bank of China (ICBC)
　2022 Ed. (514)
Industrial & Commercial Bank of China Ltd.
　2014 Ed. (424, 1675, 1688)
　2015 Ed. (481, 1721)
　2016 Ed. (433, 1672, 1682)
　2017 Ed. (448, 1647)
　2021 Ed. (476)
　2022 Ed. (490)
　2023 Ed. (714)
Industrial & Commercial Bank of Vietnam
　1999 Ed. (679)
　2000 Ed. (696)
　2002 Ed. (662)
　2003 Ed. (637)
　2008 Ed. (435, 523)
　2009 Ed. (459)
　2010 Ed. (440, 541)
Industrial & Commercial of China
　2008 Ed. (1425)
Industrial and Commercial Machinery, Computer Equipment
　1990 Ed. (1225, 1255, 1268)
The Industrial Co.
　1991 Ed. (1718, 1845)
　1992 Ed. (2321)
　1998 Ed. (1371, 2750)
　1999 Ed. (1180)
　2000 Ed. (3422, 3565)
　2001 Ed. (729, 2160, 3528, 4385, 4609)
　2002 Ed. (4282)
　2003 Ed. (2978)
　2005 Ed. (2315)
　2006 Ed. (2370, 2749)
　2007 Ed. (2755)
　2009 Ed. (1253)
Industrial Co. of Wyoming Inc.; TIC—The
　2006 Ed. (2123)
　2007 Ed. (2071)
　2008 Ed. (2179)
　2009 Ed. (2165)
　2010 Ed. (2105)
Industrial Components Inc.
　2002 Ed. (3375)
Industrial machinery and computers
　1992 Ed. (2091)
Industrial Contractors Inc.
　2004 Ed. (1294)
　2006 Ed. (1310)
　2008 Ed. (1296)
　2009 Ed. (1280)
　2010 Ed. (1274)
　2011 Ed. (1226)
Industrial Control Repair
　2015 Ed. (3011)
Industrial Control Repair Inc.
　2009 Ed. (3041)
　2013 Ed. (2933)
　2018 Ed. (2947)
Industrial accident costs
　1998 Ed. (2039)
Industrial Credit & Investment Co. Ltd.
　1996 Ed. (755)
　1999 Ed. (741, 2887)
Industrial Credit & Investment Co. Ltd. (ICICL)
　1994 Ed. (725)
Industrial Credit Union
　2003 Ed. (1896, 1898)
　2004 Ed. (1936, 1940, 1943)
　2005 Ed. (2064, 2076)
　2006 Ed. (2156, 2157, 2170)
　2008 Ed. (2208, 2209)
　2009 Ed. (2177, 2193, 3529)
　2010 Ed. (2124, 2143, 2147)
　2011 Ed. (2168)
　2012 Ed. (2020)
　2013 Ed. (2213)
　2014 Ed. (2144, 2192)
　2015 Ed. (2208, 2256)
　2016 Ed. (2179, 2227)
Industrial Dev Bank of India
　1991 Ed. (545)
Industrial Development Authority
　2001 Ed. (905)
Industrial Development Bank
　1991 Ed. (582)
　1992 Ed. (704)
　1993 Ed. (546)
　1994 Ed. (547)
　1999 Ed. (566)

Industrial Development Bank of India
　1992 Ed. (705)
　1993 Ed. (514)
　1994 Ed. (514)
　1995 Ed. (496)
　1996 Ed. (548)
　1997 Ed. (507)
　1998 Ed. (1503)
　1999 Ed. (542)
　2000 Ed. (553)
Industrial Development Bank of Israel
　1991 Ed. (3274)
Industrial Development Bank of Pakistan
　1992 Ed. (814)
Industrial Development Leasing Co.
　1999 Ed. (1841)
Industrial Developments International
　1992 Ed. (3621)
　1994 Ed. (3002)
　1995 Ed. (3063)
　1997 Ed. (3257)
　1998 Ed. (3003)
　2001 Ed. (4001)
　2013 Ed. (3164)
　2014 Ed. (3169)
Industrial distribution
　1989 Ed. (2646)
　1990 Ed. (2184)
Industrial Distribution Group Inc.
　2004 Ed. (4551)
　2015 Ed. (1939)
　2016 Ed. (1909)
Industrial, electroplating
　2001 Ed. (2610)
Industrial/energy
　2001 Ed. (4674)
Industrial engineer
　1989 Ed. (2093, 2094)
Industrial engines
　1995 Ed. (1738)
　1996 Ed. (1728)
Industrial and farm equipment
　1991 Ed. (1179, 1180, 2029, 2031, 2033, 2037, 2039, 2041, 2045, 2046, 2048, 2051)
　1992 Ed. (2600, 2602, 2604, 2609, 2611, 2615, 2616, 2618, 2621, 2622)
　1993 Ed. (1200, 1204, 1213, 1218, 1233, 1235, 1238)
　1994 Ed. (1228, 1232, 1239, 1275, 1277)
　1995 Ed. (1278, 1297, 1299)
　1997 Ed. (1297, 1305, 1440, 1443)
　1998 Ed. (1036, 1151)
　2002 Ed. (2788)
　2004 Ed. (3013)
　2005 Ed. (3010)
　2006 Ed. (3001, 3002, 3005)
　2007 Ed. (3044)
　2008 Ed. (3156)
Industrial and farm machinery and equipment
　1990 Ed. (1272)
Industrial and manufacturing equipment
　1996 Ed. (2468)
Industrial equipment
　1998 Ed. (1556)
　2008 Ed. (1821)
　2009 Ed. (1769)
Industrial machinery & equipment
　1997 Ed. (1613)
　1999 Ed. (2866)
　2010 Ed. (4939, 4940)
　2011 Ed. (4922, 4923)
Industrial Equipment Corp.
　2016 Ed. (1971)
Industrial Equipment News
　1992 Ed. (3374)
　1998 Ed. (1275)
　1999 Ed. (1850)
　2009 Ed. (4753, 4759)
　2010 Ed. (4769)
　2011 Ed. (4721)
Industrial Equity
　1991 Ed. (1253)
　1992 Ed. (1574)
Industrial Equity Fund Ltd.
　2001 Ed. (3496, 3497)
Industrial Equity (Pacific) Ltd.
　1991 Ed. (2595)
　1992 Ed. (3234)
　1993 Ed. (2722)
Industrial Estate Fos
　1994 Ed. (2189)
　1996 Ed. (2249)
　1997 Ed. (2375)
Industrial Fin Corp.
　1991 Ed. (678)
Industrial Finance Corp.
　1997 Ed. (3400)
Industrial Finance Corp. of Thailand
　1999 Ed. (2436)
　2000 Ed. (3876)
The Industrial Finance Corporation of Thailand
　2000 Ed. (2194)
Industrial Financial Corp.
　1992 Ed. (849)
　1993 Ed. (645)

Industrial Gas Sales Inc.
　1997 Ed. (2226, 2227)
Industrial gases
　2001 Ed. (1186)
Industrial, karat gold
　2001 Ed. (2610)
Industrial, gold-filled and other
　2001 Ed. (2610)
Industrial Growth
　2001 Ed. (3485)
Industrial Horizon
　2001 Ed. (3491)
Industrial Income Trust
　2016 Ed. (3085, 3086)
Industrial and instrumentation
　2001 Ed. (3876)
Industrial Inventory Solutions
　2006 Ed. (186)
Industrial Investments
　2002 Ed. (4437)
Industrial Life Insurance Co.
　1999 Ed. (2924)
Industrial Light & Magic
　2008 Ed. (3627)
Industrial Lighting Products
　2018 Ed. (3456)
Industrial logging
　1997 Ed. (1585)
Industrial Logistics Properties Trust
　2021 Ed. (1558)
Industrial Machine & Hydraulics Inc.
　2007 Ed. (4445)
Industrial machinery
　1993 Ed. (2867)
　1996 Ed. (1728)
　1997 Ed. (188, 867)
　2001 Ed. (3811)
　2005 Ed. (3018)
Industrial Machinery, Computer Equipment
　1990 Ed. (1224)
Industrial machinery, heavy
　1996 Ed. (1724)
Industrial machinery, light
　1996 Ed. (1724)
Industrial machines
　1995 Ed. (1738)
　2006 Ed. (2535)
　2007 Ed. (2518, 2521)
　2012 Ed. (2506, 2507)
Industrial machinery & equipment manufacturing
　2002 Ed. (2225)
Industrial Maseca, SA de CV; Grupo
　2005 Ed. (2649)
Industrial Piping Systems
　2006 Ed. (3536)
Industrial Power Systems
　2009 Ed. (4075)
　2021 Ed. (1164)
　2022 Ed. (1153, 1165)
Industrial Power Systems (IPS)
　2023 Ed. (1376, 1383, 1396)
Industrial Process Products & Technology
　2015 Ed. (804)
Industrial Product Bulletin
　1998 Ed. (1275)
　1999 Ed. (1850)
Industrial products
　1992 Ed. (4387)
　2003 Ed. (2913)
Industrial Project Innovation
　2023 Ed. (1210, 2010)
Industrial property
　1992 Ed. (3631)
Industrial psychologist
　1990 Ed. (3701)
Industrial machine repairer
　1989 Ed. (2091)
Industrial Resource Group
　2021 Ed. (2313)
　2022 Ed. (2360)
　2023 Ed. (2523)
Industrial Safety & Supply
　2007 Ed. (3542, 4404)
Industrial Saltillo, SA de CV; Grupo
　2005 Ed. (2218)
Industrial Securities
　2016 Ed. (3290)
　2017 Ed. (3251)
Industrial Service Group
　2011 Ed. (2039)
Industrial and office services
　1989 Ed. (1657)
　1990 Ed. (2185)
Industrial Services of America
　2013 Ed. (774)
　2016 Ed. (1729)
Industrial Services of America Inc.
　2007 Ed. (1849)
　2012 Ed. (1645, 4482)
Industrial Specialty Contractors LLC
　2006 Ed. (1326)
　2007 Ed. (1378)
　2008 Ed. (1311, 1338)
　2009 Ed. (1296, 1336)
　2010 Ed. (1288, 1291, 1319)
　2011 Ed. (1243, 1247, 1296)

Industrial Staffing Services Inc.
  2015 Ed. (5034)
  2016 Ed. (4986)
  2018 Ed. (4983)
  2019 Ed. (4978)
  2020 Ed. (4981)
  2021 Ed. (4982)
Industrial supplies
  2010 Ed. (4939, 4940)
  2011 Ed. (4922, 4923)
Industrial Supply Inc.
  2006 Ed. (3514, 3542)
Industrial Supply Solutions Inc.
  2020 Ed. (4785)
  2021 Ed. (4782)
  2022 Ed. (4786)
  2023 Ed. (4776)
Industrial Technology Institute
  1989 Ed. (1477)
  1992 Ed. (2216)
Industrial Technology Research Institute
  2011 Ed. (4190)
  2012 Ed. (4246)
  2014 Ed. (4239, 4240, 4241, 4249, 4255)
  2015 Ed. (4228, 4230, 4238)
  2016 Ed. (4142, 4144)
  2017 Ed. (4114, 4115, 4123)
Industrial Test Systems
  2016 Ed. (4147)
Industrial Tool Die & Engineering
  2019 Ed. (3444)
Industrial truck, tractor operators
  1989 Ed. (2078, 2079)
Industrial uses
  2007 Ed. (4598)
Industrial de Venezuela
  1990 Ed. (712)
  2000 Ed. (690, 692, 694)
  2001 Ed. (654, 655)
Industrial Video & Control
  2008 Ed. (4295)
Industrial zones
  1997 Ed. (2572)
Industrialbank
  2020 Ed. (428)
Industrialni Tehnologii OOD
  2018 Ed. (1387)
IndustrialVortex.com
  2001 Ed. (4757)
Industriaplex
  2009 Ed. (828)
  2010 Ed. (773)
Industrias Ales
  2002 Ed. (4408, 4409)
  2006 Ed. (4498)
Industrias Alimenticias San Nicolas
  2021 Ed. (2609, 2614)
Industrias y Alimentos Vierci
  2007 Ed. (65)
Industrias Avicolas de Puerto Rico Inc.
  2004 Ed. (183)
Industrias Bachoco
  2003 Ed. (2518)
  2019 Ed. (2236, 3953, 3956)
  2020 Ed. (2233, 3970, 3973)
  2021 Ed. (2207, 3935, 3938)
  2022 Ed. (2240, 3947, 3950)
  2023 Ed. (2427, 4031, 4034)
Industrias Bachoco (Mexico)
  2021 Ed. (3938)
  2022 Ed. (3950)
Industrias Bachoco, SA de CV
  2004 Ed. (2657)
  2005 Ed. (2649)
Industrias CH
  2003 Ed. (3306)
Industrias CH, SA de CV
  2005 Ed. (3395)
Industrias Gessy Lever Ltda.
  1995 Ed. (1906)
Industrias Lever Portugesa
  1992 Ed. (72)
Industrias Mavesa
  2005 Ed. (94)
Industrias Nacobre
  1991 Ed. (2451)
Industrias Penoles
  1991 Ed. (2450, 2451)
  2003 Ed. (3306)
  2004 Ed. (1773)
  2012 Ed. (3654, 3683)
  2014 Ed. (3634)
  2015 Ed. (3648)
  2016 Ed. (3533)
Industrias Penoles SA de CV
  2001 Ed. (4270)
  2004 Ed. (3363)
  2005 Ed. (3395)
  2009 Ed. (3641)
  2010 Ed. (3560)
  2011 Ed. (3563)
  2012 Ed. (3556)
  2013 Ed. (3595)
Industrias Penoles, SA de CV
  2014 Ed. (3647)
Industrias Penoles SAB de CV
  2017 Ed. (2481)

Industrias Penoles, SAB de CV
  2013 Ed. (1853, 3699)
  2014 Ed. (1784, 3633)
  2015 Ed. (3646)
  2018 Ed. (3552)
Industrias Vassallo Inc.
  2004 Ed. (3357)
  2005 Ed. (3389)
  2006 Ed. (3376)
Industrias Ventane
  2002 Ed. (1715)
Industrias Vitivinicolas Domecq
  1990 Ed. (39)
  1991 Ed. (36)
  1994 Ed. (33)
Industrial & Commercial Bank of China
  2000 Ed. (563)
Industrie Natuzzi SpA
  1999 Ed. (2552)
  2000 Ed. (2294)
  2002 Ed. (2383)
  2003 Ed. (4592)
  2004 Ed. (2708)
Industries Chimiques du Fluor SA
  2022 Ed. (4246)
Industries Chimiques du Fluor SA (Tunisia)
  2022 Ed. (4246)
Industries Mailhot Inc.; Les
  2007 Ed. (1965)
Industries Puerto Rico Credit Union
  2009 Ed. (2242)
  2010 Ed. (2196)
  2011 Ed. (2214)
  2012 Ed. (2075)
Industries Qatar
  2012 Ed. (773)
  2013 Ed. (683, 946)
  2014 Ed. (899, 3141)
  2015 Ed. (926, 3202)
  2016 Ed. (830, 3057)
  2017 Ed. (887, 2412, 3008)
  2018 Ed. (821)
  2019 Ed. (838)
  2021 Ed. (851, 1699)
  2022 Ed. (1883, 1884, 3110)
  2023 Ed. (1997)
Industries of Qatar
  2009 Ed. (2021)
  2010 Ed. (1959)
  2011 Ed. (2014)
  2012 Ed. (1863)
Industries Qatar QSC
  2013 Ed. (2023)
  2014 Ed. (1958, 3167)
  2015 Ed. (2004)
  2016 Ed. (1975)
  2017 Ed. (1940)
  2018 Ed. (1889)
  2019 Ed. (1935)
  2020 Ed. (1872)
  2021 Ed. (1835)
Industrija Mesa Nedeljkovic DOO Sasinci
  2018 Ed. (1523)
Industrious
  2022 Ed. (4100)
Industrivarden
  2012 Ed. (3343)
  2014 Ed. (2676, 3407)
  2015 Ed. (2720, 3442)
  2016 Ed. (3302)
  2017 Ed. (2576)
  2018 Ed. (3337)
  2019 Ed. (3314)
  2020 Ed. (3316)
Industry
  1992 Ed. (1943, 3435, 3664)
  1997 Ed. (2572)
  2001 Ed. (4042)
  2002 Ed. (3973, 3974, 3978, 3979)
  2009 Ed. (3598)
Industry Bancshares
  2014 Ed. (339)
  2015 Ed. (379)
Industry Canada
  2012 Ed. (1394)
Industry Fund of America
  1989 Ed. (1852)
Industry & Mine; Bank of
  2005 Ed. (539, 547)
  2006 Ed. (471)
  2007 Ed. (484)
Industry Products Co.
  2016 Ed. (4956)
  2017 Ed. (4947)
  2018 Ed. (4952)
  2019 Ed. (4949)
  2021 Ed. (4954)
  2023 Ed. (2715)
Industry/professional organizations
  1995 Ed. (1665)
Industry Standard
  2001 Ed. (256)
Industry Standard USA, LLC
  2019 Ed. (4780)
Industry Urban Development Agency
  1995 Ed. (1621, 2230)
Industry Urban Development Agency, CA
  2000 Ed. (2621)

Industry Week
  1990 Ed. (3626)
  1993 Ed. (2800)
  1997 Ed. (3044)
  1998 Ed. (1275)
  1999 Ed. (1850, 3757, 3758)
  2003 Ed. (809)
IndustryWeek
  2005 Ed. (830)
  2008 Ed. (815)
  2009 Ed. (4759)
  2010 Ed. (4769)
  2011 Ed. (4721)
  2012 Ed. (4742)
IndustryWeek.com
  2006 Ed. (753)
  2007 Ed. (846)
Indwell Woods Inc.
  2007 Ed. (4995)
The Indwelling
  2003 Ed. (723)
The Indwelling: The Beast Takes Possession
  2003 Ed. (706)
Indy Chamber
  2022 Ed. (2208)
Indy Connection
  2000 Ed. (3168)
Indy Connection Limo
  1992 Ed. (3114)
  1993 Ed. (2601)
Indy Johar (Draper & Kramer)
  2022 Ed. (3704)
Indy Mac
  1999 Ed. (3438)
Indy Partnership
  2008 Ed. (3472)
  2010 Ed. (3473)
  2012 Ed. (3484)
IndyCar
  2023 Ed. (392)
IndyMac Bancorp Inc.
  2005 Ed. (3178)
  2006 Ed. (4734)
  2007 Ed. (389, 3628, 4262)
  2008 Ed. (355, 2697)
  2009 Ed. (4566, 4573)
  2010 Ed. (348, 349, 350, 442, 443, 444, 3029)
  2011 Ed. (272)
  2012 Ed. (295)
  2013 Ed. (297)
  2015 Ed. (349)
  2016 Ed. (344)
  2017 Ed. (351)
IndyMac Bank
  2008 Ed. (3749)
  2009 Ed. (2718)
Indymac Bank, FSB
  2002 Ed. (4118, 4126, 4134)
  2003 Ed. (4261, 4270, 4271, 4280, 4281)
  2004 Ed. (4244, 4245, 4285, 4288, 4289)
  2005 Ed. (4177, 4178, 4218, 4222)
  2006 Ed. (4229, 4230, 4234, 4243, 4247)
  2007 Ed. (3629, 4243, 4244, 4257, 4259, 4261)
  2009 Ed. (4388, 4390)
  2010 Ed. (3702, 4428, 4430)
Indymac Federal Bank, FSB
  2010 Ed. (3000, 3703, 4416, 4417, 4420, 4421, 4431, 4433)
Indyne Inc.
  2009 Ed. (1359)
InecoBank
  2018 Ed. (415)
  2019 Ed. (420)
  2020 Ed. (410)
  2023 Ed. (627)
Ineedhits.com
  2004 Ed. (1635)
IneoQuest
  2009 Ed. (4675)
IneoQuest Technologies Inc.
  2009 Ed. (2981)
INEOS
  2021 Ed. (682, 857)
  2022 Ed. (719, 896)
  2023 Ed. (1068)
Ineos
  2013 Ed. (957, 967)
  2015 Ed. (2094)
  2016 Ed. (2072)
  2017 Ed. (2030)
  2018 Ed. (1986)
  2019 Ed. (2043)
  2020 Ed. (836, 1967)
  2021 Ed. (856)
  2023 Ed. (1072)
INEOS Group
  2016 Ed. (4008)
  2022 Ed. (898, 2610)
Ineos Group
  2018 Ed. (2548, 2560)
Ineos Group Holdings
  2014 Ed. (1749)
  2015 Ed. (1794)
INEOS Group Holdings S.A.
  2021 Ed. (2342)

Ineos Group Ltd.
  2008 Ed. (922)
  2009 Ed. (926, 930, 931, 937)
  2010 Ed. (866, 870, 871, 876, 878)
  2011 Ed. (793, 798, 799, 806, 813)
  2012 Ed. (750, 751, 758, 759, 768, 770, 3950)
  2013 Ed. (947, 948, 960, 961, 4011)
  2014 Ed. (900, 901, 913)
  2015 Ed. (927, 936)
  2016 Ed. (831, 832, 851)
  2017 Ed. (888, 889, 903, 911)
  2018 Ed. (822, 823, 836, 843)
  2019 Ed. (839, 840, 850, 857)
  2020 Ed. (838, 843)
  2021 Ed. (852, 862, 866)
  2022 Ed. (902)
Ineos Group Ltd. (Switzerland)
  2021 Ed. (866)
  2022 Ed. (902)
Ineos Holdings
  2014 Ed. (914)
  2016 Ed. (845)
  2017 Ed. (904)
  2018 Ed. (837)
  2019 Ed. (851)
Inergy Automotive Systems
  2003 Ed. (342, 343, 687)
  2008 Ed. (3546)
  2009 Ed. (1641)
Inergy Automotive Systems LLC
  2004 Ed. (690)
  2005 Ed. (686)
  2006 Ed. (601)
  2007 Ed. (630)
  2008 Ed. (578)
  2009 Ed. (607)
  2013 Ed. (611)
  2014 Ed. (631)
  2015 Ed. (696)
  2016 Ed. (634)
  2017 Ed. (670)
Inergy LP
  2003 Ed. (3970)
  2004 Ed. (3973)
  2005 Ed. (1831, 3944)
  2006 Ed. (1424, 1830, 4013)
  2007 Ed. (1844, 4045)
  2008 Ed. (4081)
  2009 Ed. (1826, 1833, 4194)
  2010 Ed. (4129)
  2011 Ed. (4094)
  2012 Ed. (1636, 1642, 4128)
  2013 Ed. (1792, 4121)
  2014 Ed. (4136)
Inernational Rescue Committee
  2000 Ed. (3349)
INET ECN
  2006 Ed. (4480)
Inet Technologies, Inc.
  2001 Ed. (4181)
  2002 Ed. (4288)
iNetworks Group Inc.
  2012 Ed. (1411)
Inex Pharmaceuticals
  2007 Ed. (4578)
Inexperienced management
  2005 Ed. (784)
Infant
  2005 Ed. (4728)
Infant care
  2001 Ed. (2106)
  2005 Ed. (3708)
Infant/child specialty store
  1998 Ed. (1797)
Infant/Toddler
  2000 Ed. (1120)
Infantino
  2017 Ed. (3042)
  2018 Ed. (3149)
Infants' Advil
  2018 Ed. (175)
  2020 Ed. (178)
  2021 Ed. (177)
Infants Motrin
  2003 Ed. (281)
  2004 Ed. (245)
Infants Tylenol
  2023 Ed. (236)
Infants' Tylenol
  2020 Ed. (178)
  2021 Ed. (177)
Infectious Media
  2015 Ed. (2974)
Infed
  2002 Ed. (2049)
InferMed Ltd.
  2003 Ed. (2734, 2740, 2741)
Inferno
  2015 Ed. (644, 645)
Inferno
  2023 Ed. (114)
INFICON
  2012 Ed. (4243)
  2016 Ed. (4147, 4154)
Inficorp
  2001 Ed. (569)

CUMULATIVE INDEX • 1989-2023

Infineon
 2023 Ed. (2339)
Infineon Technologies
 2022 Ed. (647, 4556)
Infineon Technologies AG
 2001 Ed. (4217)
 2002 Ed. (4194, 4258)
 2003 Ed. (1553, 2207, 2208, 4384, 4386, 4387, 4388, 4389, 4585)
 2004 Ed. (883, 884, 2185, 3778, 4404, 4405)
 2005 Ed. (1095, 3697, 4350, 4352)
 2006 Ed. (1687, 1689, 4287, 4288, 4290)
 2007 Ed. (2825, 4354, 4356)
 2009 Ed. (1095, 2476, 2588, 4420)
 2011 Ed. (2904)
 2012 Ed. (1293, 1472, 1710, 2839)
 2013 Ed. (830, 2897, 4430)
 2014 Ed. (2924)
 2015 Ed. (2972)
 2016 Ed. (2908)
 2017 Ed. (2177, 2866)
Infineon Technologies Corp.
 2001 Ed. (2133, 2158, 2962)
Infinera Corp.
 2009 Ed. (1544)
 2010 Ed. (1534, 1535)
 2011 Ed. (2915)
 2012 Ed. (2762)
InfiNet Payment Services
 1996 Ed. (1625)
 1997 Ed. (1703)
Infineum
 2001 Ed. (3171)
Infinex Financial Group
 2022 Ed. (2685)
Infinia Search
 2022 Ed. (1875, 3076)
Infinicept
 2022 Ed. (962, 1483)
Infinigy Engineering
 2008 Ed. (4647)
Infinis Energy
 2016 Ed. (2393)
 2017 Ed. (2242)
InfiniSys Electronic Architects
 2011 Ed. (595)
Infinite Black; Kenneth Cole
 2008 Ed. (2768)
Infinite Computer Solutions
 2007 Ed. (3563, 4425)
 2008 Ed. (271, 3713, 4401)
 2015 Ed. (1706)
Infinite Energy
 2016 Ed. (2456)
Infinite Energy Center
 2019 Ed. (1013)
Infinite Energy Construction
 2023 Ed. (3781)
Infinite Energy Construction Inc.
 2022 Ed. (3659)
Infinite Global
 2019 Ed. (4042, 4043)
 2020 Ed. (4054)
 2021 Ed. (4024)
 2022 Ed. (4043)
 2023 Ed. (4148)
Infinite Monkey Theorem
 2018 Ed. (4920)
Infinite Technology Group Ltd.
 1998 Ed. (748, 3310)
 2003 Ed. (2718)
Infiniti
 1992 Ed. (30, 93, 437)
 1993 Ed. (265, 304, 305, 306, 333)
 1994 Ed. (319, 320)
 1996 Ed. (309)
 1997 Ed. (290, 303)
 1998 Ed. (211, 212)
 1999 Ed. (354)
 2000 Ed. (337, 338, 339)
 2001 Ed. (438, 1009, 1010)
 2003 Ed. (358, 361)
 2004 Ed. (343)
 2005 Ed. (279, 343, 352)
 2006 Ed. (313, 357, 362)
 2007 Ed. (309, 343)
 2008 Ed. (330)
 2009 Ed. (354)
 2010 Ed. (331)
 2015 Ed. (268)
 2016 Ed. (263)
Infiniti of Broward
 1996 Ed. (295)
Infiniti Dealer Association
 1998 Ed. (206)
Infiniti Energy Services
 2020 Ed. (4432)
 2021 Ed. (4432)
Infiniti G20
 1993 Ed. (327)
 1996 Ed. (3764)
Infiniti I30
 1997 Ed. (311)
 2001 Ed. (489)
Infiniti J30
 1994 Ed. (318)
 1995 Ed. (318)

Infiniti of Lisle
 1995 Ed. (271)
 1996 Ed. (295)
Infiniti Media
 2006 Ed. (3919)
Infiniti Q45
 1992 Ed. (435)
 1993 Ed. (326)
 1994 Ed. (318)
 1995 Ed. (318)
 1997 Ed. (311)
Infiniti of Scottsdale
 1995 Ed. (271)
 1996 Ed. (295)
Infinitive
 2011 Ed. (1129, 1130, 1132)
 2012 Ed. (1076)
 2013 Ed. (1210)
 2016 Ed. (1112, 2110)
Infinitus
 2016 Ed. (2295, 2297)
 2017 Ed. (2140)
 2023 Ed. (2311, 2323)
Infinitus Co., Ltd.
 2018 Ed. (2188)
 2019 Ed. (2174)
 2020 Ed. (2168)
Infinity
 2017 Ed. (3084)
 2021 Ed. (1446)
Infinity Bank
 2023 Ed. (1608)
Infinity Broadcasting Corp.
 1990 Ed. (2938)
 1995 Ed. (2511)
 1996 Ed. (2576)
 1997 Ed. (3234, 3237, 3238)
 1998 Ed. (1042)
 1999 Ed. (1441)
 2000 Ed. (3324, 3963)
 2001 Ed. (3961, 3971, 3974, 3975, 3976, 3979)
 2002 Ed. (3894)
 2003 Ed. (4034)
 2004 Ed. (4054)
 2005 Ed. (3991)
Infinity Business Systems
 2011 Ed. (1635)
Infinity Credit Union
 2002 Ed. (1869)
 2003 Ed. (1923)
 2004 Ed. (1963)
 2005 Ed. (2105)
 2006 Ed. (2200)
 2007 Ed. (2121)
 2008 Ed. (2236)
 2009 Ed. (2222)
 2010 Ed. (2176)
 2011 Ed. (2194)
 2012 Ed. (2054)
 2013 Ed. (2235)
 2014 Ed. (2167)
 2015 Ed. (2231)
 2016 Ed. (2202)
Infinity Energy
 2020 Ed. (4443)
 2021 Ed. (4441)
Infinity Energy Resources Inc.
 2009 Ed. (1602)
Infinity Federal Credit Union
 2016 Ed. (1750)
 2018 Ed. (2099)
 2020 Ed. (2078)
 2021 Ed. (2068)
 2022 Ed. (2103)
Infinity Financial Tech.
 1998 Ed. (1880)
Infinity Inc.
 1992 Ed. (3602)
 1995 Ed. (3049)
 2006 Ed. (1832)
Infinity Insurance Co.
 2016 Ed. (4022)
 2017 Ed. (3994)
 2018 Ed. (4003)
Infinity Marketing
 2022 Ed. (3531)
Infinity Marketing Team
 2021 Ed. (3474)
 2023 Ed. (3652)
Infinity P & C Group
 2015 Ed. (3383)
Infinity Pharmaceuticals
 2006 Ed. (3872)
 2010 Ed. (1803, 1806, 1808)
 2012 Ed. (2766)
 2014 Ed. (4579)
Infinity Property & Casualty Corp.
 2004 Ed. (1617)
 2005 Ed. (4250, 4253)
 2015 Ed. (1407, 1408, 1414)
Infinity Roofing & Siding
 2017 Ed. (2978)
 2020 Ed. (3072)
Infinity Solar Systems
 2017 Ed. (4436)

Infinity Sports Inc.
 2007 Ed. (2588)
 2011 Ed. (2698)
 2016 Ed. (2674)
Infinity Systems Engineering
 2009 Ed. (1594, 1595)
Infinity Systems Engineering LLC
 2012 Ed. (1426)
 2014 Ed. (1521)
Infinity Technology Inc.
 2006 Ed. (3494)
Infinium Capital Corp.
 2008 Ed. (2867)
Infinium Group
 2021 Ed. (2957)
Infinium Group Inc.
 2010 Ed. (2858)
 2011 Ed. (2840)
Infinium HR
 2022 Ed. (3074)
Infinova
 2018 Ed. (4299, 4304)
 2019 Ed. (4325, 4331)
 2020 Ed. (4315, 4322)
 2021 Ed. (4332, 4339)
 2022 Ed. (4340, 4346)
 2023 Ed. (4373, 4378)
Infinova3
 2021 Ed. (4339)
Infinum
 2017 Ed. (1525)
Infinum d.o.o.
 2019 Ed. (1535)
 2020 Ed. (1508)
 2021 Ed. (1494)
Infirmary Health System Inc.
 1995 Ed. (2632)
 2001 Ed. (1606)
 2004 Ed. (1617)
 2005 Ed. (1643)
 2006 Ed. (1533)
 2007 Ed. (1563)
 2008 Ed. (1543)
 2009 Ed. (1471)
 2010 Ed. (1457)
 2011 Ed. (1458)
 2012 Ed. (1298)
 2013 Ed. (1403)
 2014 Ed. (1342)
 2015 Ed. (1419)
 2016 Ed. (1340)
Infirst Mylanta
 2023 Ed. (240, 241)
Infirst Mylicon
 2023 Ed. (240, 241)
Inflation
 1996 Ed. (3453)
Inflection Point
 2014 Ed. (1781)
Inflow
 2020 Ed. (1934)
Inflow Inc.
 2004 Ed. (3969)
 2006 Ed. (4296)
Influence Graphics
 2021 Ed. (3965)
 2022 Ed. (3977)
Influence: The Psychology of Persuasion
 2006 Ed. (584)
 2010 Ed. (600)
Influencer Marketing Factory
 2023 Ed. (3657)
Influenza
 1992 Ed. (1764, 1769)
Influenza and pneumonia
 1990 Ed. (1468, 1473)
Info-Drive Software Ltd.
 2018 Ed. (975)
INFO-LOOK
 1991 Ed. (3294)
Info Serviss Sia
 2009 Ed. (1846)
Info-Tech Research Group
 2005 Ed. (2776)
Info-Telecom Sh.p.k.
 2018 Ed. (1511)
 2020 Ed. (1512)
 2022 Ed. (1511)
 2023 Ed. (1685)
Info World
 1997 Ed. (3040, 3043, 3047)
Infocare ASA
 2006 Ed. (1951)
 2007 Ed. (1934)
Infocenter
 2023 Ed. (1928)
InfoCision Management Corp.
 2005 Ed. (4646)
 2008 Ed. (2002)
 2009 Ed. (1964)
 2013 Ed. (1973)
InfoComm International
 2018 Ed. (4677)
InfoCure
 2000 Ed. (278)
 2001 Ed. (4768)
InFocus Corp.
 2006 Ed. (2083)

InfoGation Corp.
 2002 Ed. (2480)
Infogilde Software
 2006 Ed. (1118)
InfoGin
 2011 Ed. (2911)
Infoglide Software
 2005 Ed. (1140)
 2006 Ed. (1131)
 2008 Ed. (1126)
InfoInterActive Corp.
 2002 Ed. (2484)
 2003 Ed. (2707, 2935)
INFOJINI Inc.
 2017 Ed. (1256, 1259)
InfoJobs
 2014 Ed. (1996)
Infojobs
 2013 Ed. (2062)
Infojobs.net
 2010 Ed. (1992)
 2011 Ed. (2053)
Infolink Technology Solutions
 2022 Ed. (3121)
Infologix Inc.
 2006 Ed. (809, 2757)
 2007 Ed. (896)
InfoLynx Services Inc.
 2006 Ed. (3505, 4344)
 2007 Ed. (3542, 4404)
InfoMart
 2016 Ed. (4315)
 2017 Ed. (4318)
 2018 Ed. (4309)
 2019 Ed. (4337)
InfoMech Internet Commerce
 2002 Ed. (2534)
Infomedia
 2022 Ed. (1388)
 2023 Ed. (1584)
infomercials
 1996 Ed. (2345)
Infomix
 1994 Ed. (2703)
InfoNautics, Inc.
 2002 Ed. (2533)
Infonavit
 2011 Ed. (1847)
 2013 Ed. (1850)
Infonet
 1992 Ed. (4365, 4366)
Infonet Services Corp.
 2005 Ed. (4249)
Infonxx
 2008 Ed. (4043)
Infopia
 2009 Ed. (2050, 3932)
 2010 Ed. (1984)
InfoPro Corp.
 2007 Ed. (3529, 4398)
 2008 Ed. (3692, 4365, 4951)
Infor
 2009 Ed. (1088, 4139)
 2010 Ed. (4648)
 2018 Ed. (3159)
 2019 Ed. (3094)
 2020 Ed. (3126)
 2021 Ed. (2986)
Infor Acquisition Corp.
 2018 Ed. (4296)
 2021 Ed. (4330)
Infor Global Solutions
 2015 Ed. (4610)
 2016 Ed. (4531)
 2017 Ed. (4526)
 2019 Ed. (4541)
 2020 Ed. (4548)
 2021 Ed. (4526)
 2022 Ed. (4530)
 2023 Ed. (4546)
Infor Global Solutions Inc.
 2008 Ed. (1135, 1139, 1400, 4577)
 2010 Ed. (1069, 4071, 4649)
 2011 Ed. (1007, 4043, 4598)
Infor Public Sector Inc.
 2021 Ed. (944)
InfoReady
 2015 Ed. (1449)
InfoReliance Corp.
 2007 Ed. (1394)
INFORM Applications Inc.
 2006 Ed. (4202)
Inform P. Lykos SA
 2006 Ed. (1740)
 2007 Ed. (1748)
Informa
 2007 Ed. (3458)
 2009 Ed. (3695)
 2023 Ed. (991)
Informa plc
 2016 Ed. (3493)
 2017 Ed. (3461)
 2020 Ed. (4073, 4075)
The Informant
 2006 Ed. (578)
Informatic Services IS SA
 2011 Ed. (1497)

Informatica
  2014 Ed. (1056)
  2016 Ed. (3101, 3116)
  2022 Ed. (990)
  2023 Ed. (1161)
Informatica Corp.
  2004 Ed. (1341)
  2008 Ed. (3171, 3179, 3180)
  2014 Ed. (1708)
Informatics Services
  2017 Ed. (1769, 4595)
  2018 Ed. (1723, 4604)
Information
  1993 Ed. (2725)
  2007 Ed. (3734, 3735)
  2009 Ed. (3868, 3869)
The Information
  2019 Ed. (3513)
Information technology administration/operations
  2005 Ed. (3666)
Information Age
  2005 Ed. (3543)
Information Age Fund
  2006 Ed. (3604)
Information Analysis Inc.
  2014 Ed. (1070)
  2020 Ed. (963)
Information Architects Co.
  2002 Ed. (2476)
Information Builders
  2020 Ed. (3125)
Information Builders Inc.
  2002 Ed. (1156, 1157)
Information-center manager
  1989 Ed. (2972)
Information clerks
  2007 Ed. (3729)
  2010 Ed. (3788)
Information & Computing Services Inc.
  2007 Ed. (2514)
  2012 Ed. (2501)
  2013 Ed. (2924)
  2016 Ed. (4775)
  2017 Ed. (4788)
  2018 Ed. (4780)
  2019 Ed. (4785)
  2020 Ed. (3578)
  2021 Ed. (3613)
  2022 Ed. (3665, 4772)
  2023 Ed. (4760)
Information Dimensions Inc.
  1998 Ed. (839, 1323)
Information technology documentation
  2005 Ed. (3666)
Information Handling Services
  2004 Ed. (3968)
Information Handling Services Group Inc.
  1994 Ed. (988)
Information Holdings Inc.
  2004 Ed. (4042)
Information technology project manager
  2011 Ed. (3783)
Information Network Systems Inc.
  1997 Ed. (3919)
  1998 Ed. (3766)
Information Planning
  2010 Ed. (1761)
Information Please
  2002 Ed. (4845)
Information Resources Inc.
  1990 Ed. (2980, 3000, 3001)
  1991 Ed. (2386, 2835)
  1992 Ed. (2976, 3662)
  1993 Ed. (932, 2503, 2995, 2996, 3240)
  1994 Ed. (2442, 3233)
  1995 Ed. (2508, 3089, 3090)
  1996 Ed. (2569, 3190, 3191)
  1997 Ed. (2710, 2715, 3295, 3296, 3649)
  1998 Ed. (2436, 3041, 3042)
  1999 Ed. (3304, 3305, 4041, 4042)
  2000 Ed. (3041, 3042, 3755, 3756)
  2001 Ed. (4046, 4047)
  2002 Ed. (3253, 3255, 3256, 3258, 3259)
  2003 Ed. (4069, 4077)
  2004 Ed. (4096, 4101)
  2005 Ed. (4037, 4041)
  2006 Ed. (4068, 4096)
  2007 Ed. (4114, 4117)
  2008 Ed. (4138, 4141)
  2009 Ed. (4253)
  2010 Ed. (4185, 4190)
  2011 Ed. (4183, 4201)
  2015 Ed. (4217, 4218)
  2016 Ed. (3462, 3463)
  2017 Ed. (3426, 3427)
  2018 Ed. (3484, 3485)
  2019 Ed. (3453, 3454)
  2020 Ed. (3447)
  2021 Ed. (2850)
Information Rules: A Strategic Guide to the Network Economy
  2006 Ed. (587)
Information retrieval services
  2002 Ed. (2948)
Information services
  1992 Ed. (3249)
  1995 Ed. (2203)
  1999 Ed. (2100, 4286)
Information technology services
  2008 Ed. (1632)
Information Services Corp. of Saskatchewan
  2011 Ed. (1549, 2027)
  2012 Ed. (1876)
  2013 Ed. (1522)
  2014 Ed. (1492)
  2015 Ed. (1549)
Information Services Group
  2021 Ed. (1068)
  2023 Ed. (1279)
Information Services Group Inc.
  2016 Ed. (3717)
Information Services Network Ltd.
  2006 Ed. (2259, 4484)
Information Storage Devices Inc.
  1996 Ed. (1722)
  1997 Ed. (2164, 3521)
Information technology telephone support
  2005 Ed. (3666)
Information Support Systems Inc.
  2008 Ed. (1399)
Information systems
  1996 Ed. (3873)
  1997 Ed. (844)
  2000 Ed. (2887)
  2002 Ed. (2598)
Information Systems & Networks Corp.
  2014 Ed. (1238)
Information Systems Support Inc.
  2003 Ed. (1347, 1348)
  2004 Ed. (4985)
  2006 Ed. (1371, 1372, 1374)
Information systems & technology
  1999 Ed. (2009)
Information technology
  1990 Ed. (535)
  1995 Ed. (857)
  2000 Ed. (1787)
  2001 Ed. (1964, 2175, 2176, 2177)
Information Technology Experts Inc.
  2005 Ed. (3493)
  2010 Ed. (3694)
Information Technology Strategies, LLC
  2018 Ed. (1239)
Information, Training
  2000 Ed. (4322)
Information Transport Solutions Inc.
  2007 Ed. (3529, 3530, 4398)
  2008 Ed. (4951)
Information Week
  1990 Ed. (1133)
  1992 Ed. (3372)
  1994 Ed. (2796)
  1997 Ed. (3044, 3047)
  2000 Ed. (3470, 3486, 3487)
  2002 Ed. (914)
Information.com
  2007 Ed. (3225)
InformationWeek
  1996 Ed. (2970)
  1998 Ed. (1275, 2792, 2795)
  1999 Ed. (1850, 3759, 3760, 3761, 3762)
  2000 Ed. (3488, 3489)
  2001 Ed. (253, 256)
  2003 Ed. (807, 810)
  2004 Ed. (145, 849, 852)
  2005 Ed. (143, 144, 826)
  2006 Ed. (752, 757, 4783)
  2007 Ed. (162, 163, 164, 165, 845, 1218, 4799)
  2008 Ed. (147, 149, 811, 1122, 4718)
  2009 Ed. (168, 170, 836, 841)
  2010 Ed. (155, 782, 785, 4766)
  2011 Ed. (709)
  2012 Ed. (653, 4740)
  2013 Ed. (797)
  2014 Ed. (814)
Informatique ProContact
  2019 Ed. (1494)
Informatix Inc.
  2002 Ed. (2539)
  2004 Ed. (2829)
Informed XP
  2023 Ed. (2092, 3217, 4577)
Informix
  1990 Ed. (1976)
  1991 Ed. (1034, 1520, 2571, 3148)
  1993 Ed. (828)
  1996 Ed. (1073)
  1997 Ed. (1086, 1107, 1279, 1282, 1452, 3294, 3640)
  1998 Ed. (844)
  1999 Ed. (1282, 4490, 4491, 4492)
  2000 Ed. (1176, 1755, 1756, 1757, 1758)
  2001 Ed. (1367, 1977)
  2003 Ed. (2946)
Informix Software Inc.
  1998 Ed. (855)
  2001 Ed. (1978)
InfoRocket.com
  2002 Ed. (2473)
Inforpress
  2014 Ed. (1996)
Inforte Corp.
  2002 Ed. (2501)
InfoScout
  2018 Ed. (720, 1401)
  2019 Ed. (736)
InfoSeal
  2014 Ed. (4095)
  2021 Ed. (3952)
  2022 Ed. (3962, 3964)
InfoSeal/New Jersey Business Forms
  2008 Ed. (4029)
  2009 Ed. (4102)
  2012 Ed. (4037)
InfoSeal/NJBF/Hampshire Label
  2021 Ed. (3952)
  2022 Ed. (3962, 3964)
Infoseek
  1997 Ed. (3926)
  1998 Ed. (3774, 3775, 3779, 3780)
  1999 Ed. (32, 3003)
  2000 Ed. (1340, 2747, 2749)
InfoSense Inc.
  2017 Ed. (1856)
InfoSoft Global
  2015 Ed. (1123)
  2016 Ed. (1035)
InfoSonics Corp.
  2006 Ed. (4260)
InfoSpace
  2014 Ed. (2111)
InfoSpace Inc.
  2001 Ed. (2866)
  2002 Ed. (2536)
  2003 Ed. (2704, 2744, 3020)
  2006 Ed. (2074, 2075, 2079, 2086)
  2007 Ed. (2045)
  2009 Ed. (2126)
  2012 Ed. (1952, 1955, 1957)
  2013 Ed. (2170, 2175)
  2014 Ed. (2102)
Infospace.com
  2000 Ed. (2640, 2641)
Infosys
  2013 Ed. (651, 2613, 3201, 4592)
  2014 Ed. (4005, 4021)
  2015 Ed. (1709)
  2016 Ed. (664, 1657, 3119)
  2017 Ed. (697, 1624, 1626, 1632, 3061)
  2018 Ed. (655, 960, 1605, 1610, 3173)
  2019 Ed. (665, 955, 1647, 1652, 3109)
  2020 Ed. (650, 944, 1600, 1604, 1607, 1609, 3137)
  2021 Ed. (626, 936, 1586, 1591, 1606, 2990, 3000, 3003, 4550)
  2022 Ed. (652, 1000, 1605, 1607, 2196, 3127, 3137, 3140, 4557)
  2023 Ed. (311, 866, 1772, 3225, 3233)
Infosys Bank
  2022 Ed. (652)
Infosys BPO
  2019 Ed. (4690)
Infosys Consulting
  2013 Ed. (1205)
  2021 Ed. (1058, 1059, 1060, 1069, 1074, 1075)
  2023 Ed. (1269, 1275, 1279, 1284)
Infosys Consulting Inc.
  2006 Ed. (3760)
Infosys (India)
  2021 Ed. (3003)
  2022 Ed. (1000, 3140)
Infosys International
  2000 Ed. (1179)
Infosys Ltd.
  2013 Ed. (2698)
  2014 Ed. (2565, 2682, 4245)
  2015 Ed. (2726)
  2016 Ed. (2649)
  2017 Ed. (2405, 2587)
  2019 Ed. (971, 1646)
  2021 Ed. (1585)
  2023 Ed. (1171)
Infosys Technologies
  2013 Ed. (812, 2380)
  2014 Ed. (1072)
  2015 Ed. (1109)
  2016 Ed. (1020)
  2017 Ed. (1054)
Infosys Technologies Ltd.
  1997 Ed. (1106)
  2000 Ed. (1177)
  2001 Ed. (1735, 2190)
  2002 Ed. (4424, 4509)
  2003 Ed. (2947)
  2006 Ed. (1753, 3041, 3351, 4507, 4595, 4676)
  2007 Ed. (1237, 1584, 1714, 1715, 1716, 1717, 1718, 1723, 1724, 1725, 1773, 4581)
  2008 Ed. (1138, 1142, 1746, 1747, 1802, 3834)
  2009 Ed. (754, 760, 1117, 1121, 1136, 1682, 1683, 1750, 2594, 3889, 4558, 4670, 4672)
  2010 Ed. (1098, 1101, 1120, 1638, 1639, 1695, 1697, 3801, 4687, 4691)
  2011 Ed. (630, 1025, 1040, 1059, 1060, 1648, 1708, 3798, 4637, 4643)
  2012 Ed. (939, 942, 967, 986, 987, 1563, 1565, 3788)
2013 Ed. (1078, 1087, 1128, 1129, 3469)
2014 Ed. (1040, 1050, 1089, 1090, 3785)
2015 Ed. (1075, 1085, 1128, 1129)
2016 Ed. (982, 995, 1041)
2017 Ed. (1017, 1076)
2018 Ed. (951, 1000)
2019 Ed. (940, 1002)
2020 Ed. (932, 985)
Infosystems
  1990 Ed. (1133)
InfoSystems Computer Center
  1994 Ed. (1098)
  1995 Ed. (1115)
Infosystems Technology, Inc.
  2002 Ed. (2529)
Infotec Development Inc.
  1990 Ed. (2003, 2010, 2011, 2012, 2014)
  1991 Ed. (1902, 1908, 1909)
  1992 Ed. (2404)
  1993 Ed. (2034, 2041)
  1994 Ed. (2047, 2054)
  1995 Ed. (2098, 2105, 3287)
  1996 Ed. (2106, 2113, 3400)
  1997 Ed. (2213, 2221, 3495)
  1998 Ed. (1927, 1941)
Infotech Enterprises
  2009 Ed. (1747)
Infotron
  1993 Ed. (2612)
INFOvine
  2013 Ed. (2053)
  2014 Ed. (1987)
  2015 Ed. (2036)
InfoVision Software
  2006 Ed. (3279)
InfoVision Technology
  2005 Ed. (3287)
Infowave Software Inc.
  2003 Ed. (1116)
  2006 Ed. (2821)
Infoway Software
  2012 Ed. (3090)
InfoWest
  2006 Ed. (3186)
InfoWorks Inc.
  2010 Ed. (2020)
  2011 Ed. (2077)
InfoWorld
  1995 Ed. (2892)
  1996 Ed. (2968, 2969, 2970)
  1998 Ed. (1275, 2792, 2795)
  1999 Ed. (1850, 3759, 3760, 3761, 3762)
  2000 Ed. (3470, 3487, 3489)
  2001 Ed. (253, 256)
  2004 Ed. (145)
  2005 Ed. (141, 143, 144)
  2006 Ed. (752, 4783)
  2007 Ed. (162, 163, 164, 165, 845, 1218)
  2008 Ed. (146, 147, 148, 149, 1122)
  2009 Ed. (167, 168, 169, 170)
InfoWorld.com
  2008 Ed. (812)
  2009 Ed. (837)
InfoZen Inc.
  2010 Ed. (2949)
Infracom Italia Societa per Azioni i Forma Abbreviata Infracom Sp
  2009 Ed. (1819)
Infradata
  2011 Ed. (2913)
Infraestructura Energitica Nova
  2017 Ed. (2781)
Infragistics Inc.
  2005 Ed. (1145)
  2006 Ed. (1134)
  2007 Ed. (1248)
  2008 Ed. (1146)
  2009 Ed. (1125)
  2010 Ed. (1105)
  2011 Ed. (1044)
  2012 Ed. (974)
  2013 Ed. (1117)
  2015 Ed. (1123)
  2016 Ed. (1035)
  2017 Ed. (1069)
  2018 Ed. (995)
  2019 Ed. (995)
  2020 Ed. (979)
InfraLAN/BICC
  1996 Ed. (2535)
Infranord Norge As
  2017 Ed. (1884)
Infrared Cameras
  2023 Ed. (3048)
Infrasat
  2016 Ed. (4300)
InfraSource Inc.
  2004 Ed. (1315, 1318)
  2005 Ed. (1311, 1321, 1323)
InfraSource Services Inc.
  2006 Ed. (1293, 1296)
  2007 Ed. (1369, 1371)
  2008 Ed. (1265, 1267)
  2009 Ed. (1233, 1241, 1243)
InfraSource Underground Services Inc.
  2008 Ed. (4064)

CUMULATIVE INDEX • 1989-2023

Infrastructure Consulting & Engineering PLLC
  2020 Ed. (2430)
  2022 Ed. (2463)
Infrastructure Development & Construction DOO
  2022 Ed. (1517)
Infrastructure Development Finance Co., Ltd.
  2013 Ed. (817, 833)
Infrastructure and Energy Alternatives
  2022 Ed. (1140)
Infrastructure & Energy Alternatives Inc.
  2022 Ed. (1617, 1619)
Infrastructure and Energy Alternatives Inc.
  2023 Ed. (1781)
Infrastructure and Energy Alternatives, Inc.
  2021 Ed. (1132)
Infrastrutture Wireless Italiane SpA
  2023 Ed. (2342, 2368)
InfrastruX Group
  2012 Ed. (4112)
Infratech Bau
  2021 Ed. (1012)
Infratest
  1990 Ed. (3000, 3001)
Infratest/Burke
  1999 Ed. (3305)
Infratest Burke AG
  2000 Ed. (3041)
Infratest Burke Group
  2000 Ed. (3044, 3046, 3049)
Infratil
  2015 Ed. (4203)
  2017 Ed. (1854)
  2018 Ed. (1799)
Infraware
  2009 Ed. (2050)
Infuse Medical
  2011 Ed. (2127)
  2012 Ed. (1970)
Infused oils
  1998 Ed. (1859)
INFUSEmedia
  2020 Ed. (58, 1708)
  2021 Ed. (1687)
Infusion 23
  2002 Ed. (2433)
Infusion Express
  2019 Ed. (1711, 1799, 2860)
Infusion Plus
  2019 Ed. (1790, 2860)
Infusion Software
  2009 Ed. (1118, 1119)
Infusionsoft
  2010 Ed. (1088, 1094)
Infusium 23
  1999 Ed. (2628)
  2001 Ed. (2632, 2633)
  2002 Ed. (2435)
  2003 Ed. (2648, 2650)
  2008 Ed. (2869)
Infuze Credit Union
  2018 Ed. (2105)
  2021 Ed. (2029)
  2022 Ed. (2064)
  2023 Ed. (2176)
ING
  1995 Ed. (2281)
  1997 Ed. (243, 458, 2420)
  1999 Ed. (2438, 2918)
  2000 Ed. (524)
  2004 Ed. (3080)
  2005 Ed. (4324, 4329, 4584, 4585)
  2006 Ed. (3658, 3671, 3949)
  2007 Ed. (695, 754, 3678)
  2008 Ed. (662, 3226)
  2009 Ed. (662, 1394, 3284, 3342)
  2010 Ed. (3213, 3281, 3847)
  2011 Ed. (578, 3250)
  2013 Ed. (671, 3277, 3283)
  2014 Ed. (696, 3307)
  2015 Ed. (742, 2731, 2741)
  2016 Ed. (450, 671, 2655, 2664)
  2017 Ed. (467, 468, 494, 713)
  2018 Ed. (430, 459, 662)
  2019 Ed. (438, 672)
  2020 Ed. (426, 666)
  2021 Ed. (455, 643)
  2022 Ed. (470, 677)
  2023 Ed. (644, 674, 675)
ING 5
  2003 Ed. (3620)
ING Advisors Network
  2007 Ed. (4274, 4276)
ING-Aetna
  2002 Ed. (3017)
ING America Insurance Holding Group
  2009 Ed. (3366)
  2010 Ed. (3302, 3303)
  2011 Ed. (3265, 3266)
ING America Insurance Holding Group Consolidated
  2009 Ed. (277)
ING America Insurance Holdings Inc.
  2003 Ed. (1683)
ING Americas
  2006 Ed. (3953, 3954)

ING Asian Private Banking
  2011 Ed. (1372)
ING Australia
  2004 Ed. (3081)
ING Bank
  1999 Ed. (606)
  2000 Ed. (558, 690, 691, 693)
  2003 Ed. (591)
  2004 Ed. (493, 502, 596)
  2005 Ed. (496, 508, 558, 560, 577, 585)
  2006 Ed. (438, 504)
  2007 Ed. (440, 526)
  2008 Ed. (481)
  2009 Ed. (435, 440, 509)
  2010 Ed. (410, 416, 491)
  2011 Ed. (340, 420)
  2013 Ed. (449)
  2014 Ed. (464, 507, 509)
  2015 Ed. (522, 573)
  2016 Ed. (476)
  2017 Ed. (493, 533)
  2018 Ed. (458)
  2019 Ed. (469)
  2020 Ed. (453)
ING Bank Australia
  2013 Ed. (477)
  2014 Ed. (490)
  2015 Ed. (551)
  2016 Ed. (425)
  2017 Ed. (439)
  2018 Ed. (403)
  2019 Ed. (407)
  2020 Ed. (399)
  2023 Ed. (618)
ING Bank Belgium
  2014 Ed. (429)
  2015 Ed. (486)
  2016 Ed. (438)
  2017 Ed. (454)
  2018 Ed. (419)
  2019 Ed. (425)
  2020 Ed. (415)
  2023 Ed. (632)
ING Bank of Canada
  2005 Ed. (3491)
  2007 Ed. (413)
  2008 Ed. (392)
  2009 Ed. (415, 416)
  2010 Ed. (392)
  2012 Ed. (331)
  2014 Ed. (558)
ING Bank (Eurasia)
  2010 Ed. (510)
ING Bank FSB
  2013 Ed. (4369, 4370, 4371)
ING Bank, FSB
  2004 Ed. (3502, 4279, 4281)
  2005 Ed. (3502, 4211, 4212, 4214, 4215)
  2006 Ed. (3569, 4236, 4237, 4240)
  2007 Ed. (3629, 4250, 4254)
  2009 Ed. (4388, 4389, 4390)
  2010 Ed. (3702, 3703, 4420, 4421, 4422, 4423, 4427, 4435, 4436, 4437)
  2011 Ed. (3697, 3698, 4365, 4366, 4367, 4368, 4372, 4375, 4376, 4377, 4378, 4379, 4380, 4381, 4382)
  2012 Ed. (3715, 3716, 4405, 4406, 4407, 4408, 4412, 4414, 4415, 4416, 4417, 4418, 4419, 4420, 4421, 4422)
  2013 Ed. (3762, 3763, 4378, 4379, 4380, 4381, 4383, 4385, 4386, 4387, 4388, 4389, 4390)
ING Bank Group
  2000 Ed. (629)
ING Bank Hungary
  2019 Ed. (450)
  2020 Ed. (436)
ING Bank Mexico
  2014 Ed. (530)
ING Bank N.V.
  2022 Ed. (468)
ING Bank NV
  2010 Ed. (2223)
ING Bank N.V. Amsterdam Branch Bucharest
  2023 Ed. (668)
ING Bank N.V. Amsterdam Branch Bucharest (Romania)
  2022 Ed. (468)
ING Bank Russia
  2020 Ed. (482)
ING Bank Skaski
  2017 Ed. (460)
  2019 Ed. (431)
  2020 Ed. (419)
  2021 Ed. (441)
  2022 Ed. (456)
ING Bank Slaski
  2004 Ed. (490, 608)
  2005 Ed. (598)
  2006 Ed. (514)
  2007 Ed. (542)
  2008 Ed. (493)
  2009 Ed. (521, 522)
  2010 Ed. (501, 502)
  2011 Ed. (431, 432)
  2013 Ed. (451)
  2014 Ed. (467)

  2015 Ed. (513, 525)
  2016 Ed. (467, 479)
  2017 Ed. (485, 496, 521)
  2018 Ed. (448, 461, 486)
  2019 Ed. (472)
  2020 Ed. (427, 455)
  2023 Ed. (636, 679)
ING Bank Slaski (Poland)
  2021 Ed. (441)
  2022 Ed. (456)
ING Bank Ukraine
  2018 Ed. (478)
ING Baring
  1999 Ed. (917, 3709)
ING Baring Furman Selz
  2000 Ed. (879, 880, 881)
ING Baring Furman Selz LLC
  2000 Ed. (829)
ING Barings
  1997 Ed. (1784, 1957)
  1998 Ed. (995, 1498)
  1999 Ed. (866, 877, 879, 880, 881, 884, 886, 887, 888, 889, 890, 891, 899, 900, 901, 902, 903, 905, 907, 908, 909, 915, 916, 918, 919, 921, 922, 923, 924, 925, 926, 927, 928, 929, 930, 936, 937, 938, 939, 940, 941, 942, 943, 944, 945, 2278, 2322, 2396, 3034, 4194, 4198, 4209)
  2000 Ed. (775, 777, 867, 870, 871, 872, 878, 884, 886, 889, 892, 2058, 2107, 3416, 3419, 3420, 3421)
  2001 Ed. (607, 2426)
  2002 Ed. (829, 831, 839, 1355, 2166, 4214, 4231, 4252)
  2003 Ed. (4367)
ING Barings Asset Management
  1999 Ed. (3588)
ING Baron Small Cap Growth
  2010 Ed. (3730)
ING Belgium
  2005 Ed. (465)
  2006 Ed. (419)
  2007 Ed. (403)
  2008 Ed. (385)
  2009 Ed. (407, 408)
  2010 Ed. (383, 384)
  2011 Ed. (308, 309)
  2013 Ed. (412)
ING Burns Harbor Inc.
  2005 Ed. (1794)
Ing. C. Olivetti & C. SpA
  1991 Ed. (2371)
  1995 Ed. (2494)
Ing. C. Olivetti & Co. SpA
  1989 Ed. (1130)
  1992 Ed. (4432)
  1993 Ed. (1355, 3695)
  1994 Ed. (20, 252, 1406, 2200, 2201, 2207, 2514, 3660)
  1999 Ed. (1612)
  2000 Ed. (1417)
  2001 Ed. (1692)
  2003 Ed. (1434)
  2005 Ed. (1475, 1483, 1562, 1830)
ING Canada
  1996 Ed. (2343)
  1997 Ed. (2468)
  1999 Ed. (2980)
  2007 Ed. (3179)
  2008 Ed. (3327)
  2009 Ed. (3313, 3396, 3397)
  2010 Ed. (3331)
ING Capital Markets
  1999 Ed. (3649)
Ing-Chou; Wei
  2011 Ed. (4863)
ING Clarion
  2005 Ed. (2995, 3637, 4023, 4024)
  2009 Ed. (2284, 3223, 3870, 4231, 4232)
  2010 Ed. (4166)
ING Clarion Partners
  2006 Ed. (4053, 4054)
  2007 Ed. (4104)
  2008 Ed. (4123, 4125)
  2009 Ed. (3162, 4234, 4235)
  2010 Ed. (3092, 4167, 4168)
  2011 Ed. (3061, 3784, 4168)
  2012 Ed. (3005, 3082)
  2013 Ed. (3095, 3165)
ING Corporate Leaders
  2007 Ed. (3670)
ING Corporate Leaders Trust
  2004 Ed. (3585)
  2009 Ed. (4539)
  2013 Ed. (4506)
ING DiBa
  2020 Ed. (432)
  2023 Ed. (649)
ING-DiBa AG
  2012 Ed. (1515)
ING-DiBa Direktbank Austria
  2014 Ed. (1395)
  2015 Ed. (1458)
ING Direct
  2001 Ed. (631)
  2008 Ed. (101, 2120)
  2013 Ed. (414, 716, 717, 2157)

  2014 Ed. (1993)
  2015 Ed. (2041)
ING Direct Australia
  2015 Ed. (2714)
ING Direct Canada
  2013 Ed. (1349)
ING Financial Markets
  2003 Ed. (3096)
ING Global Bond
  2009 Ed. (620)
ING Global Communications
  2003 Ed. (3602)
  2004 Ed. (3635)
ING Global Technology
  2004 Ed. (3635)
ING/Golden
  2001 Ed. (4667)
ING Groep
  2000 Ed. (1521)
  2018 Ed. (1324)
  2019 Ed. (470)
  2020 Ed. (2597)
  2021 Ed. (454)
ING Groep NV
  2001 Ed. (61, 1642, 1740, 1806, 1807, 2881, 3017, 3021)
  2002 Ed. (578, 625, 1483, 1492, 1735, 1736, 2819, 2939, 2941, 2942, 4216, 4490, 4491)
  2003 Ed. (1668, 1705, 1721, 1777, 2990, 2993, 3001, 3099, 3104, 3106, 3148, 4581)
  2004 Ed. (67, 1702, 1708, 1758, 3084, 3097, 3116, 3117, 3206, 3212, 4326)
  2005 Ed. (534, 1546, 1550, 1767, 3090, 3091, 3120, 3121, 3228)
  2006 Ed. (437, 1695, 1713, 1799, 1802, 1918, 1919, 1920, 1921, 3095, 3124, 3125, 3126, 3127, 3215, 3216, 3217, 3218, 3219, 3220, 3221, 3222)
  2007 Ed. (439, 447, 1687, 1691, 1707, 1708, 1806, 1899, 1900, 1903, 1904, 2558, 2577, 2642, 3159, 3161, 3162, 3284, 4331, 4668, 4669)
  2008 Ed. (409, 1717, 1721, 1736, 1737, 1844, 1848, 1964, 1965, 1966, 2698, 3310, 3311)
  2009 Ed. (508, 1659, 1678, 1793, 1795, 1797, 1919, 1920, 1921, 3317, 3373, 3375, 3376, 3377)
  2010 Ed. (453, 454, 490, 1402, 1615, 1634, 1737, 1740, 1853, 1854, 1856, 1857, 3312)
  2011 Ed. (373, 419, 1624, 1643, 1644, 1745, 1750, 1753, 1886, 1888, 3216, 3271, 3275)
  2012 Ed. (313, 1473, 1740, 1741, 1743, 3174, 3178, 3183, 3240, 3242, 3246, 3249)
  2013 Ed. (845, 1604, 1635, 1906, 1907, 1909, 3253, 3282, 3288, 3321, 3325)
  2014 Ed. (179, 1570, 1841, 1842, 3314, 3337, 3339, 3341)
  2015 Ed. (1879, 1880, 3359, 3373, 3376)
  2016 Ed. (205, 1840, 1842, 3221, 3240, 3245)
  2017 Ed. (1801, 1803)
  2018 Ed. (1751, 1754, 2466)
  2019 Ed. (1807, 1808, 1811, 2578)
  2020 Ed. (1753, 1755)
  2021 Ed. (1304, 1312, 1723, 1725)
  2022 Ed. (1313, 1756)
  2023 Ed. (1520)
ING Groep NV (Netherlands)
  2021 Ed. (1312)
ING Group
  1994 Ed. (1848)
  1995 Ed. (1876)
  1996 Ed. (1920)
  1997 Ed. (244, 1485, 2010)
  1998 Ed. (2136)
  1999 Ed. (266, 267, 278, 1710, 1712, 2962)
  2000 Ed. (1523)
  2003 Ed. (2992, 2996, 2997, 2998, 3013)
  2004 Ed. (3103, 3104, 3105, 3107, 3109, 3110, 3111, 3114)
  2005 Ed. (3106, 3107, 3108, 3110, 3112, 3114, 3119)
  2008 Ed. (2703)
  2021 Ed. (500)
  2022 Ed. (1757)
  2023 Ed. (1892, 1893)
ING Group Cert
  2000 Ed. (295)
ING Insurance Americas
  2007 Ed. (2563)
ING Insurance Co. of Canada
  2006 Ed. (3066)
  2007 Ed. (3094)
  2008 Ed. (3235)
  2009 Ed. (3295)
  2010 Ed. (3222)
ING International Growth
  2004 Ed. (3650)
ING International Small Cap
  2009 Ed. (4545)

ING International Small Cap Growth
  2004 Ed. (2477, 3640)
ING International Value
  2004 Ed. (3640)
  2006 Ed. (3677)
ING Investment
  2000 Ed. (3452, 3453)
ING Investment Management
  2000 Ed. (3900)
  2003 Ed. (3108)
  2005 Ed. (3224)
ING Investments
  2004 Ed. (3539)
  2005 Ed. (3562)
ING Janus Contrarian
  2010 Ed. (3724)
ING JPMorgan Emerging Markets Equity
  2011 Ed. (3722)
ING Life CAN-DAQ 100
  2001 Ed. (3474)
ING Life Insurance Co. of America
  2007 Ed. (3123, 3151)
  2008 Ed. (3273, 3274, 3301)
ING Luxembourg
  2005 Ed. (573)
  2006 Ed. (495)
  2007 Ed. (515)
  2008 Ed. (472)
  2009 Ed. (497)
  2010 Ed. (480)
  2011 Ed. (407)
  2015 Ed. (1793)
ING North America Insurance Corp.
  2008 Ed. (3024)
  2009 Ed. (3111)
  2010 Ed. (3044)
  2011 Ed. (3013)
  2012 Ed. (2940)
  2013 Ed. (3029)
  2014 Ed. (3042)
  2015 Ed. (3108)
ING Pilgrim
  2003 Ed. (3555)
ING RE
  2009 Ed. (4231, 4232)
  2010 Ed. (4166)
ING Reinsurance
  2002 Ed. (3952)
ING Russia
  2004 Ed. (3647, 3649)
  2005 Ed. (3559, 3561)
  2007 Ed. (3663)
  2008 Ed. (3770, 3771, 3772, 4511)
  2009 Ed. (3802, 3804)
ING Russia Fund
  2007 Ed. (4541)
ING Securities
  2006 Ed. (1720)
ING Security Life
  2002 Ed. (1654)
  2003 Ed. (1680)
  2004 Ed. (1717)
  2005 Ed. (1775)
ING Seguros Commercial America SA de CV
  2011 Ed. (1373)
ING Small Cap Value
  2006 Ed. (3654)
ING Solutions
  2013 Ed. (1214)
  2014 Ed. (1154)
ING U.S.
  2015 Ed. (2740)
ING U.S. Financial
  2004 Ed. (2042)
ING US
  2004 Ed. (2044)
ING US Financial Services
  2003 Ed. (1988, 3075, 3076)
ING USA Life Group
  2007 Ed. (3135, 3136, 3139, 3142, 3144, 3145, 3156, 3157)
  2008 Ed. (3288, 3289, 3290, 3292, 3294, 3295, 3306, 3307)
  2009 Ed. (3346, 3347, 3349, 3352, 3354, 3368, 3369)
  2010 Ed. (3285, 3288, 3289, 3291, 3292, 3293, 3294, 3306, 3307)
  2011 Ed. (3268, 3269)
  2012 Ed. (3222, 3225, 3226, 3228, 3229, 3230, 3231, 3241)
  2013 Ed. (3301, 3304, 3305, 3307, 3308, 3309, 3310, 3320)
  2014 Ed. (3327, 3328, 3330, 3331, 3332, 3333, 3336)
  2015 Ed. (3371)
ING Verzekeringen NV
  2013 Ed. (3251, 3252)
  2014 Ed. (3277, 3278)
ING Vida
  2007 Ed. (3110)
  2008 Ed. (3255)
  2010 Ed. (3244)
Ing-Wen; Tsai
  2018 Ed. (3367)
Ing-wen; Tsai
  2023 Ed. (4930)

Ingalls
  2000 Ed. (148)
Ingalls Advertising
  1999 Ed. (130)
Ingalls Employees Credit Union
  2002 Ed. (1874)
  2003 Ed. (1928)
  2004 Ed. (1968)
Ingalls Memorial Hospital
  1994 Ed. (2088)
  1995 Ed. (2141)
Ingalls, Quinn & Johnson
  1989 Ed. (140)
  1990 Ed. (131)
  1991 Ed. (67, 130)
  1992 Ed. (184)
  1994 Ed. (104)
  1995 Ed. (103)
  1996 Ed. (119)
  1997 Ed. (123)
  1998 Ed. (61)
Ingalls Shipbuilding Inc.
  2001 Ed. (1796, 1797)
  2003 Ed. (1765, 1766)
Ingbert Faust
  1999 Ed. (2304)
INGBSK
  2006 Ed. (4889)
Inge G. Thulin
  2015 Ed. (2633)
  2016 Ed. (2559)
  2017 Ed. (2447)
Inge Thulin
  2016 Ed. (869)
Ingelnook
  1990 Ed. (3693)
Ingelnook Vineyards
  1995 Ed. (3738)
InGenesis Diversified Healthcare Solutions
  2013 Ed. (2868, 4977)
InGenesis Inc.
  2013 Ed. (2925)
  2014 Ed. (2941, 2942)
  2015 Ed. (2990, 2991)
  2016 Ed. (3604, 4974)
  2017 Ed. (3570, 4972)
  2018 Ed. (3609, 3626, 4968, 4980)
  2019 Ed. (3603, 3620, 4963, 4975)
  2020 Ed. (4965)
Ingenhoven Architects
  2017 Ed. (209)
Ingenico
  2017 Ed. (2866)
Ingenicomm Inc.
  2017 Ed. (2071)
Ingenio
  2006 Ed. (3176)
Ingenio San Carlos
  2006 Ed. (4498)
Ingenium Group
  2008 Ed. (2540)
  2010 Ed. (2494)
Ingenium International Inc.
  2010 Ed. (2480)
InGenius Prep
  2021 Ed. (1482)
Ingenius Prep
  2021 Ed. (2195)
InGenius Software
  2020 Ed. (1462)
Ingenix Consulting
  2013 Ed. (30)
  2015 Ed. (25)
Ingenix Inc.
  2007 Ed. (2778)
  2008 Ed. (2885)
  2009 Ed. (2961)
Ingenix Management Services
  2001 Ed. (2768)
Ingersoll-Dresser Pumps
  2005 Ed. (1538)
Ingersoll Engineers Inc.
  1992 Ed. (994)
Ingersoll Milling
  1993 Ed. (2480)
Ingersoll Rand
  2015 Ed. (4427)
  2019 Ed. (3387)
  2020 Ed. (43, 3389)
  2021 Ed. (1773, 1774)
  2022 Ed. (621, 4005)
Ingersoll-Rand
  2014 Ed. (1711, 3166)
  2015 Ed. (3225)
  2016 Ed. (1704, 1898, 3081, 3431)
  2017 Ed. (1010, 1862, 3031, 3391)
  2018 Ed. (941, 1809, 3145)
  2019 Ed. (932, 1861, 3084)
  2020 Ed. (924, 3114)
  2021 Ed. (2981)
Ingersoll-Rand Canada
  1992 Ed. (1879)
Ingersoll-Rand Co.
  1989 Ed. (1651, 1652, 1653, 1916)
  1990 Ed. (2171, 2172, 2173, 2502)
  1991 Ed. (2018, 2019, 2020, 2370)
  1992 Ed. (2592, 2593, 2594, 2953)
  1993 Ed. (2163, 2164, 2165, 2486)
  1994 Ed. (2180, 2182, 2183, 2184, 2185, 2420, 2421)
  1995 Ed. (2234, 2236, 2237, 2238, 2493)
  1996 Ed. (2241, 2242, 2244)
  1997 Ed. (2366, 2367, 2369, 3725)
  1998 Ed. (1180, 2087, 2088, 2089, 2092, 2434)
  1999 Ed. (2849, 2850, 2852, 3295, 3297)
  2000 Ed. (1524, 2623, 3032, 3034)
  2001 Ed. (2843, 3188, 3189, 3218)
  2002 Ed. (1440, 1451, 1740, 2726, 2727, 2729)
  2003 Ed. (1460, 1471, 2894, 2896, 3289)
  2004 Ed. (1490, 1501, 3000, 3002, 3324, 3325, 3326, 3329, 4556)
  2005 Ed. (1506, 1517, 1538, 2999, 3003, 3349, 3354, 4503)
  2006 Ed. (1567, 2998, 2999, 3342, 3343)
  2007 Ed. (202, 1602, 2211, 3028, 3030, 3036, 4297)
  2008 Ed. (189, 1580, 3146, 3150, 3550, 4302)
  2009 Ed. (207, 857, 1513, 3235, 3615, 4408)
  2010 Ed. (804, 1505, 1867, 3166, 3525, 3539)
  2011 Ed. (1766, 3128, 3538)
  2012 Ed. (2459, 3064)
  2013 Ed. (3153)
  2014 Ed. (2545, 3157)
  2015 Ed. (3217)
  2016 Ed. (3074)
  2017 Ed. (3023)
  2019 Ed. (2980)
Ingersoll-Rand Irish Holdings
  2017 Ed. (787, 1112, 1153, 1683, 1686, 3417)
  2020 Ed. (729, 1043, 1646, 3445)
  2021 Ed. (3462)
Ingersoll-Rand PLC
  2018 Ed. (2457)
  2019 Ed. (3390)
Ingersoll-Rand plc
  2012 Ed. (1617, 2148, 3550)
  2013 Ed. (1775, 2351, 3590)
  2014 Ed. (1709, 2282)
  2015 Ed. (1751, 2367)
  2016 Ed. (1701, 2313)
  2017 Ed. (1679, 2153)
  2018 Ed. (1642, 2204)
  2019 Ed. (1694, 2182)
  2020 Ed. (1643, 2175)
Ingersoll Rand Security Technologies
  2010 Ed. (4451, 4452)
  2012 Ed. (4448)
Ingersoll Rand USA
  2016 Ed. (4026)
  2017 Ed. (3998)
  2018 Ed. (4020)
  2019 Ed. (4009)
  2020 Ed. (4025)
  2021 Ed. (3991)
  2023 Ed. (4089)
Ingham's
  2018 Ed. (2704)
  2019 Ed. (2680)
  2020 Ed. (2697)
  2021 Ed. (2610)
  2022 Ed. (2727)
Inghams
  2017 Ed. (2638)
Inghams Enterprises
  2002 Ed. (3771, 3775)
  2003 Ed. (3952, 3955)
  2004 Ed. (2652, 3965)
  2015 Ed. (2758)
Inghams Enterprises (NZ) Pty.
  2015 Ed. (2767)
Inghams Enterprises Pty. Ltd.
  2019 Ed. (3954)
  2020 Ed. (3971)
  2021 Ed. (3936)
  2022 Ed. (3948)
  2023 Ed. (4032)
Inghilterra Felice
  2020 Ed. (3660)
  2021 Ed. (3665)
Ingka Group
  2023 Ed. (1892, 4299)
INGKA Holding B.V.
  2021 Ed. (2478)
INGKA Holding BV
  2013 Ed. (4343)
  2014 Ed. (4387)
Inglefeld, Ogilvy & Mather
  2000 Ed. (181)
  2001 Ed. (225)
  2002 Ed. (198)
  2003 Ed. (158)
Inglenook
  1989 Ed. (2942)
  1992 Ed. (4447, 4458, 4460, 4465)
  1993 Ed. (3704)
  1994 Ed. (3663)
  1999 Ed. (4785)
  2000 Ed. (4409, 4412)
  2001 Ed. (4843, 4846, 4874)
  2002 Ed. (4923, 4926, 4938)
  2003 Ed. (4947, 4950)
  2004 Ed. (4951, 4952)
  2005 Ed. (4931, 4932)
Inglenook Vineyards
  1996 Ed. (3836)
  1998 Ed. (3730)
Inglenook Wines
  1991 Ed. (3496, 3499)
Ingles Markets
  2017 Ed. (1875, 1877, 1878, 4520)
  2022 Ed. (1822)
Ingles Markets Inc.
  1990 Ed. (2719, 3058)
  1991 Ed. (2621)
  1992 Ed. (490)
  2001 Ed. (4416, 4419, 4696)
  2003 Ed. (4645, 4659)
  2004 Ed. (4632, 4633)
  2005 Ed. (4560)
  2008 Ed. (2838)
  2009 Ed. (2895)
  2010 Ed. (2834, 4629, 4637)
Ingles Sin Barreras
  2006 Ed. (2854)
  2008 Ed. (2971)
Inglett & Stubbs
  2008 Ed. (1293, 1339)
Inglett & Stubbs LLC
  2006 Ed. (1307)
  2007 Ed. (4397, 4407)
  2009 Ed. (1276, 1337)
  2010 Ed. (1271, 1320)
  2011 Ed. (1222)
  2013 Ed. (1262)
  2014 Ed. (1196)
  2015 Ed. (1254)
  2016 Ed. (1165)
  2017 Ed. (1209)
  2018 Ed. (1164, 1182)
Inglewood, CA
  1994 Ed. (2244)
Inglis
  1990 Ed. (2039)
  1992 Ed. (2434)
Ingo Stockholm
  2018 Ed. (53)
Ingosstrakh
  1995 Ed. (2283)
  1999 Ed. (2924)
  2003 Ed. (2978)
  2010 Ed. (1382)
Ingraham; Laura
  2007 Ed. (4061)
Ingram
  1993 Ed. (674)
Ingram Barge
  2001 Ed. (4235)
The Ingram Company
  1990 Ed. (3088)
Ingram Content Group Inc.
  2019 Ed. (1989)
  2020 Ed. (1915)
  2021 Ed. (1876)
  2022 Ed. (1922)
  2023 Ed. (2038)
Ingram Industries
  2014 Ed. (2022, 2277)
  2015 Ed. (2065, 2362)
  2016 Ed. (2032, 2308)
  2017 Ed. (1993, 2148)
  2018 Ed. (1947, 2199)
  2019 Ed. (2002, 2178)
  2020 Ed. (1928, 2171)
  2021 Ed. (1888, 2160)
  2022 Ed. (1934, 2191)
  2023 Ed. (2051, 2328)
Ingram Industries Inc.
  1997 Ed. (1009)
  1998 Ed. (749)
  1999 Ed. (4808, 4809)
  2000 Ed. (4429)
  2002 Ed. (4984)
  2005 Ed. (2769)
  2006 Ed. (2725)
  2007 Ed. (2715)
  2009 Ed. (2336, 4166)
  2010 Ed. (2267, 4100, 4101)
  2011 Ed. (2274, 4070, 4071)
Ingram, Jr.; Edward W.
  1995 Ed. (936)
Ingram; Martha
  1997 Ed. (3916)
  2005 Ed. (4854)
  2006 Ed. (4913)
  2007 Ed. (4907)
  2008 Ed. (4836)
  2009 Ed. (4856)
  2011 Ed. (4823)
  2017 Ed. (4826)
Ingram Micro
  2013 Ed. (1366)
  2014 Ed. (4938)
  2015 Ed. (4979)
  2016 Ed. (4324, 4896)
  2017 Ed. (4327, 4891, 4894)
  2018 Ed. (4908)
  2019 Ed. (4349)
  2020 Ed. (212, 4338)

2021 Ed. (207, 2851, 4354)
2022 Ed. (215, 4360)
2023 Ed. (327)
Ingram Micro Consumer Electronics
  2013 Ed. (892)
Ingram Micro GmbH
  2012 Ed. (1338)
Ingram Micro Inc.
  1998 Ed. (1128, 3709)
  1999 Ed. (1591, 1964, 1966, 1982, 4757, 4759, 4762)
  2000 Ed. (961, 1396, 1741, 1743, 1763, 4384, 4385, 4389)
  2001 Ed. (1646, 2170, 2172, 2196, 2198, 4807, 4817)
  2002 Ed. (1567, 1602, 2080, 2109, 4893, 4898, 4903)
  2003 Ed. (1588, 1627, 1628, 2206, 2246, 2251, 2252, 4925, 4927, 4928, 4932)
  2004 Ed. (1106, 1614, 1659, 1660, 2244, 2262, 3153, 4926, 4927, 4928, 4937)
  2005 Ed. (1110, 1639, 1681, 1687, 4613, 4811, 4909, 4910, 4911)
  2006 Ed. (1149, 1586, 1590, 3050, 4942, 4943, 4944)
  2007 Ed. (1264, 1610, 1612, 3081, 4948, 4949, 4950, 4951)
  2008 Ed. (1510, 1598, 1610, 4923, 4924, 4925)
  2009 Ed. (1536, 1547, 4939, 4941, 4942, 4943)
  2010 Ed. (1452, 1530, 1536, 3180, 4681, 4947, 4949, 4950, 4951)
  2011 Ed. (1526, 4930, 4932, 4933, 4934)
  2012 Ed. (1372, 1379, 2311, 2316, 3099, 4933, 4935, 4936)
  2013 Ed. (1475, 2482, 2490, 3018, 4929, 4930, 4931)
  2014 Ed. (1426, 1437, 2414, 2420, 2551, 3028, 4936, 4937)
  2015 Ed. (1488, 2487, 2494, 3095, 4977, 4978)
  2016 Ed. (1444, 2419, 2426, 4894, 4895)
  2017 Ed. (1455, 1459, 2266, 2271, 4893)
  2018 Ed. (3020)
  2019 Ed. (2962)
Ingram Micro Mobility Inc.
  2016 Ed. (1663)
The Ingram White Castle Foundation
  1995 Ed. (936)
Ingrassia; William
  1997 Ed. (1927)
Ingredion
  2014 Ed. (1659, 2719, 2727)
  2015 Ed. (1697, 2773, 2782)
  2016 Ed. (2702)
  2017 Ed. (2625, 2657, 2667)
  2018 Ed. (2696, 2718, 2727)
  2019 Ed. (2671, 2703, 2711)
  2020 Ed. (2687, 2736)
  2021 Ed. (2623)
  2022 Ed. (1596, 2750)
  2023 Ed. (2860, 2884)
Ingredion Inc.
  2015 Ed. (2774)
  2016 Ed. (2684, 2703)
  2017 Ed. (2634, 2658)
  2018 Ed. (2699, 2719)
  2019 Ed. (2678, 2704)
  2020 Ed. (2694, 2737)
  2021 Ed. (2607, 2624)
  2022 Ed. (2723, 2751)
Ingredion Inc. (U.S.)
  2021 Ed. (2624)
  2022 Ed. (2751)
Ingres
  2010 Ed. (1107)
  2011 Ed. (1046)
  2012 Ed. (976)
  2013 Ed. (1118)
Ingrid Beckles
  2011 Ed. (4978)
Ingulli; Alfred F.
  2006 Ed. (2519)
Ingvar Kamprad
  2003 Ed. (4892)
  2004 Ed. (4877)
  2005 Ed. (4877, 4878)
  2006 Ed. (4924, 4927)
  2007 Ed. (4911, 4912, 4915, 4916)
  2008 Ed. (4864, 4865, 4873, 4881, 4882)
  2009 Ed. (4898, 4904)
  2010 Ed. (4895, 4897, 4899, 4905)
  2011 Ed. (4884, 4886)
  2012 Ed. (4893)
  2013 Ed. (4911)
  2014 Ed. (4921)
Inheritance
  2013 Ed. (555)
Inheritance Capital Group LLC
  2013 Ed. (89)
Inheritance Cycle No. 3: Brisingr
  2012 Ed. (451)
Inheritance Cycle No. 4: Inheritance
  2013 Ed. (560, 562)
Inhibitex Inc.
  2009 Ed. (1693, 1694)

InHouse Systems
  2021 Ed. (2801)
  2023 Ed. (3092)
INI
  1990 Ed. (1944)
  1996 Ed. (2289)
  1997 Ed. (1509, 2371)
Iniesta; Andres
  2023 Ed. (321)
Inigo & Mercedes Zobel
  2010 Ed. (4917)
Iniki; Hurricane
  2005 Ed. (2979)
Initial DSI Transports
  2001 Ed. (4441, 4645)
  2002 Ed. (4547)
  2003 Ed. (4790)
Initial public offerings
  2001 Ed. (707)
Initial Plant Services
  2000 Ed. (2916)
Initial Staffing Services
  2002 Ed. (4597)
Initial Tropical Plants
  2008 Ed. (3432)
  2009 Ed. (3506)
Initiative
  2008 Ed. (130)
  2010 Ed. (136)
  2011 Ed. (55)
  2012 Ed. (63)
  2015 Ed. (71)
Initiative at Finance
  1992 Ed. (2964)
Initiative Media
  2002 Ed. (3279)
  2006 Ed. (3432)
  2009 Ed. (144)
Initiative Media London
  2001 Ed. (235)
  2010 Ed. (140)
  2011 Ed. (63)
Initiative Media Worldwide
  2001 Ed. (165, 166, 171, 172, 173, 174, 175, 176, 178)
  2002 Ed. (142, 144, 145, 148, 174, 193, 194, 195, 196)
  2003 Ed. (108, 110, 111, 112, 115, 116, 117, 118, 119, 120)
  2004 Ed. (119, 121, 122)
  2005 Ed. (122, 123, 124)
  2006 Ed. (125, 126, 127)
  2007 Ed. (119, 120, 121)
  2008 Ed. (126, 127, 128)
  2009 Ed. (137, 139)
Initiatives Prince George
  2014 Ed. (3506)
Injection molding
  2000 Ed. (3570)
Injectronics Inc.
  2003 Ed. (2750)
  2007 Ed. (2514)
Injured Workers Pharmacy, LLC
  2018 Ed. (2900)
Injuries
  1995 Ed. (3799)
Injury Helpline
  1989 Ed. (1889)
Ink jet cartridges
  2003 Ed. (2769)
INK Inc.
  1994 Ed. (2934)
  1999 Ed. (3899)
  2001 Ed. (2878)
  2004 Ed. (4019)
Ink-jet ribbons
  1992 Ed. (3287)
Ink Publishing
  2011 Ed. (4140)
The Ink Well of America Inc.
  2003 Ed. (3932)
  2004 Ed. (3940)
Inka Corn
  2006 Ed. (3729)
  2007 Ed. (3712)
  2008 Ed. (3804)
Inkfish Call Centres
  2002 Ed. (4572)
  2010 Ed. (185)
Inkhouse
  2020 Ed. (4055)
  2021 Ed. (4009, 4025, 4026, 4027)
  2022 Ed. (4024, 4027, 4045, 4046, 4049)
  2023 Ed. (4104, 4112, 4129, 4132, 4133, 4150, 4151, 4155, 4158)
Inkhouse Media + Marketing
  2014 Ed. (4155)
  2015 Ed. (4127)
  2016 Ed. (4041)
  2017 Ed. (4012)
  2018 Ed. (4036)
  2019 Ed. (4029)
  2020 Ed. (4039)
  2021 Ed. (4006)
Inkjet printing
  2001 Ed. (3905)
Inkling
  2016 Ed. (1004)

Inkom Bank
  1996 Ed. (665, 666, 667)
  1997 Ed. (603, 604)
  1999 Ed. (628, 629)
Inkombank
  2000 Ed. (653)
Inkombank-Ukraina
  2000 Ed. (686)
Inkra Networks
  2003 Ed. (1093)
Inks
  2000 Ed. (4255)
  2006 Ed. (2749)
  2007 Ed. (2755)
Inktel Direct Corp.
  2011 Ed. (1633)
  2012 Ed. (1483)
Inktomi Corp.
  2000 Ed. (2640, 2641, 2643)
  2001 Ed. (2860)
  2003 Ed. (2731)
Inkwell Global Marketing
  2023 Ed. (4055)
Inland
  1993 Ed. (1417)
Inland Associates Inc.
  2007 Ed. (3556, 3557, 4421)
  2008 Ed. (3710, 4395, 4962)
Inland Bancorp
  2015 Ed. (379)
Inland Cold Storage
  2010 Ed. (4846)
Inland Concrete Constructors
  2010 Ed. (1208)
Inland Construction Co.
  1991 Ed. (3123)
Inland Container Corp.
  2003 Ed. (3729)
Inland Eastex
  2001 Ed. (3641)
Inland Empire Center for Entrepreneurship
  2008 Ed. (771)
Inland Fiber Group LLC
  2006 Ed. (2657)
Inland Homes
  2002 Ed. (2680)
  2003 Ed. (1165)
  2004 Ed. (1173)
  2005 Ed. (1201)
Inland marine insurance
  1995 Ed. (2323)
Inland Kenworth
  2016 Ed. (4227)
  2017 Ed. (4211)
  2022 Ed. (4239)
  2023 Ed. (4279)
Inland marine
  2002 Ed. (2833, 2954, 2964)
  2005 Ed. (3130)
Inland Mortgage Corp.
  1993 Ed. (1993, 2592)
Inland Natural Gas
  1990 Ed. (1888, 2925)
Inland Paperboard
  1998 Ed. (2748)
  1999 Ed. (1752)
  2000 Ed. (1584)
Inland Paperboard & Packaging Inc.
  2003 Ed. (3730)
  2007 Ed. (3770)
Inland Property Management Group Inc.
  1997 Ed. (3272)
  1998 Ed. (3017)
  2001 Ed. (4010)
Inland Real Estate Corp.
  2000 Ed. (4020)
The Inland Real Estate Group
  2006 Ed. (4312)
  2007 Ed. (4378)
The Inland Real Estate Group of Companies
  2014 Ed. (4472)
  2015 Ed. (4466)
The Inland Real Estate Group of Cos.
  2006 Ed. (4055)
  2007 Ed. (4106)
  2008 Ed. (4127, 4334)
  2009 Ed. (4237, 4438, 4579, 4580)
  2010 Ed. (4169, 4480, 4613, 4614)
  2011 Ed. (4170, 4568, 4569)
  2012 Ed. (4218, 4584, 4585)
  2013 Ed. (4204)
  2014 Ed. (4221)
  2015 Ed. (4206)
Inland Real Estate Investment Corp.
  2018 Ed. (2639)
Inland Region
  2001 Ed. (3176, 3177)
Inland region softwood
  2005 Ed. (3343)
  2006 Ed. (3334)
  2007 Ed. (3392)
  2011 Ed. (3506)
Inland Steel Co.
  1989 Ed. (1948)
  2000 Ed. (2619)

Inland Steel Industries Inc.
  1989 Ed. (1944, 2635, 2636)
  1990 Ed. (1325, 2539, 2544, 3434, 3436)
  1991 Ed. (242, 2418, 2422, 3216, 3217)
  1992 Ed. (1561, 2970, 3026, 3031, 4133, 4134, 4135)
  1993 Ed. (934, 2497, 2534, 2538, 3448, 3450, 3452)
  1994 Ed. (2436, 2475, 2485, 3430, 3431, 3432)
  1995 Ed. (2543, 2551, 3508, 3509)
  1996 Ed. (2605, 2614, 3585)
  1997 Ed. (2749, 2756, 3627, 3629)
  1998 Ed. (2466, 2470, 3402, 3404, 3406)
  1999 Ed. (3344, 3356, 3357, 3363, 3414)
  2000 Ed. (1314, 3091, 3100, 3101)
Inland Valley
  1994 Ed. (1923)
Inland Valley Group
  1989 Ed. (2046)
Inland water
  2001 Ed. (4234)
Inland Waters Pollution Control
  2001 Ed. (2304)
  2002 Ed. (2151)
INLEX
  1991 Ed. (2310, 2311)
  1994 Ed. (2522, 2523)
INLINE Commercial Construction
  2017 Ed. (3568)
  2018 Ed. (3622)
  2019 Ed. (3616)
  2022 Ed. (3666)
InLine Media Inc.
  2013 Ed. (3758)
Inline or ice skating
  1996 Ed. (3036)
Inline & wheel sports
  2001 Ed. (4334)
Inloop s.r.o.
  2019 Ed. (1528)
Inlow; Lawrence
  1997 Ed. (2611)
Inmac
  1990 Ed. (1626)
  1991 Ed. (1014, 1015)
Inmagic Inc.
  2004 Ed. (3257)
  2005 Ed. (3286)
  2006 Ed. (3024, 3280)
Inman; William J.
  2006 Ed. (2532)
Inmarko
  2011 Ed. (2730)
Inmarsat
  2009 Ed. (4686)
  2010 Ed. (4699)
  2016 Ed. (3613, 4565)
  2017 Ed. (3581, 4572, 4578)
  2018 Ed. (4589)
  2019 Ed. (4603)
Inmarsat plc
  2007 Ed. (4724)
  2011 Ed. (1408, 4646, 4655)
  2012 Ed. (1243, 4650, 4670)
  2013 Ed. (4598, 4603)
  2014 Ed. (4653)
  2015 Ed. (4646)
Inmet Mining
  2013 Ed. (3734)
  2014 Ed. (1294, 3668)
  2015 Ed. (3673, 3675, 3683)
Inmet Mining Corp.
  1997 Ed. (2794)
  2006 Ed. (1593)
  2007 Ed. (3518)
  2008 Ed. (3677)
  2009 Ed. (1557, 1558, 3745)
  2010 Ed. (3683)
  2011 Ed. (3667)
  2012 Ed. (1392, 3674, 4561)
  2013 Ed. (4512)
InMobi
  2017 Ed. (1635)
  2019 Ed. (1655)
InMotion Entertainment
  2014 Ed. (2438)
  2015 Ed. (2510)
  2016 Ed. (2443)
  2017 Ed. (2289)
  2021 Ed. (2270)
InMotion Pictures
  2006 Ed. (4144)
Inmunotek
  2018 Ed. (3904)
InMusic Brands
  2014 Ed. (3710)
  2015 Ed. (3722)
  2016 Ed. (3636)
  2017 Ed. (3610)
  2019 Ed. (3658)
  2020 Ed. (3625)
  2021 Ed. (3642)
Inn America
  1990 Ed. (2061)
Inn Development & Management
  1993 Ed. (2080)

Inn at Loretto
 2005 Ed. (2928)
Inn Maid
 2014 Ed. (3805)
 2015 Ed. (3828)
Inn at Palmetto Bluff
 2016 Ed. (3018)
Inn on the Park (London) Ltd.
 1995 Ed. (1015)
The Inn at Sawmill Farm
 1995 Ed. (2159)
Inn & Spa at Loretto
 2007 Ed. (2942)
The Inn at Weathersfield
 1994 Ed. (2106)
 1995 Ed. (2160)
Inner City Broadcasting Corp.
 1991 Ed. (2474)
 1992 Ed. (3092)
Inner City Drywall Corp.
 1990 Ed. (2006)
 1991 Ed. (1909, 2474)
Inner & Eastern Health
 2002 Ed. (1130)
Inner Mongolia Baotou Steel
 2013 Ed. (3421, 4494)
 2014 Ed. (3418, 4537)
 2015 Ed. (3451, 4536)
 2016 Ed. (4475)
 2017 Ed. (4483)
 2019 Ed. (4497)
 2020 Ed. (4481)
Inner Mongolia Baotou Steel Rare Earth
 2014 Ed. (3666)
 2015 Ed. (3685)
 2016 Ed. (3567)
 2017 Ed. (3538)
Inner Mongolia Baotou Steel Union
 2017 Ed. (3500)
Inner Mongolia Rare-Earth
 2014 Ed. (3622)
Inner Mongolia Ylli
 2013 Ed. (2746)
 2014 Ed. (2726)
 2015 Ed. (2781)
 2016 Ed. (2711)
 2017 Ed. (2666)
 2018 Ed. (2725)
 2019 Ed. (2709)
 2020 Ed. (1474, 2730, 2742)
 2021 Ed. (2617)
Inner Mongolia Ylli Industrial
 2015 Ed. (2765)
 2016 Ed. (2694)
 2017 Ed. (2645)
Inner Mongolia Ylli Industrial Group Co.
 2014 Ed. (53)
Inner Mongolia Ylli Industrial Group Co., Ltd.
 2020 Ed. (2704)
Inner Mongolia Yitai
 2012 Ed. (3644, 3675)
 2013 Ed. (3688)
 2014 Ed. (3622)
 2019 Ed. (3538)
Inner Mongolia Yitai Coal
 2020 Ed. (3521)
Inner Mongolia Yitai Coal Co., Ltd.
 2008 Ed. (1568)
 2011 Ed. (1583)
 2014 Ed. (989)
 2015 Ed. (1023, 2530)
 2016 Ed. (928)
 2017 Ed. (974)
 2020 Ed. (895)
 2021 Ed. (908)
 2022 Ed. (932)
Innergex Renewable Energy
 2013 Ed. (2918)
 2015 Ed. (2444, 2883)
Innergex Renewable Energy Inc.
 2009 Ed. (4400)
 2023 Ed. (4035)
Innerstave
 2018 Ed. (4925)
InnerWorkings Inc.
 2010 Ed. (4009, 4014, 4018, 4021)
 2011 Ed. (4017)
 2012 Ed. (2760, 4022, 4024)
 2013 Ed. (4074)
 2014 Ed. (4084)
 2015 Ed. (4068)
 2016 Ed. (3975)
 2017 Ed. (3964)
 2018 Ed. (3982)
 2019 Ed. (3970)
 2020 Ed. (3984, 3986, 3989, 3991, 4000)
 2021 Ed. (3949, 3951, 3954, 3956, 3966)
Innisfree
 2021 Ed. (1986, 1999)
 2022 Ed. (2031)
 2023 Ed. (2129)
Innkeepers Hospitality Management
 2007 Ed. (2936)
Innkeepers USA Trust
 1998 Ed. (1706)
 2004 Ed. (2940)

Innocent
 2008 Ed. (2747)
 2009 Ed. (732)
 2010 Ed. (655)
The Innocent Man
 2008 Ed. (554)
InnoChips Technology
 2014 Ed. (1987)
 2016 Ed. (2004)
Innodata Isogen Inc.
 2007 Ed. (3055)
 2009 Ed. (1135)
 2010 Ed. (1093, 1119)
 2011 Ed. (1058)
 2012 Ed. (985)
 2013 Ed. (1126)
Innofis
 2018 Ed. (2643)
INNOFREIGHT Speditions
 2019 Ed. (1425)
Innogy
 2019 Ed. (2267)
 2021 Ed. (2218, 2225)
Innogy (Germany)
 2021 Ed. (2218)
Innolect Inc.
 2007 Ed. (3599, 3600)
Innolux
 2015 Ed. (4660)
 2016 Ed. (2339)
Innolux; Chimei
 2014 Ed. (1045)
InnoLux Corp.
 2015 Ed. (1080, 1083)
 2016 Ed. (989, 993)
 2017 Ed. (1025, 1028)
 2018 Ed. (956)
Innolux Corp.
 2019 Ed. (947, 953)
 2020 Ed. (938)
InnoLux Corp.; Chimei
 2014 Ed. (1048)
Innolux Display Corp.
 2009 Ed. (1095, 2476)
InnoMark Communications
 2015 Ed. (3583)
Innomark Communications
 2016 Ed. (3990)
Innominds Software Inc.
 2009 Ed. (1113)
Innopac
 1992 Ed. (3323)
Innopak
 1992 Ed. (3473)
InnoPath Software
 2009 Ed. (4688)
Innophos Holdings
 2012 Ed. (2758, 2761, 2768)
Innosight
 2021 Ed. (1066)
Innospec
 2015 Ed. (907, 1575)
Innospec Inc.
 2020 Ed. (1478, 1481)
Innotec
 2017 Ed. (1764, 3366)
Innotion Enterprises
 2013 Ed. (4177)
 2014 Ed. (2943, 4194)
Innotion Enterprises Inc.
 2014 Ed. (1238, 2941)
 2015 Ed. (1296, 2990, 3022)
Innotrac Corp.
 2001 Ed. (4278)
 2009 Ed. (1694)
Innov-X Systems
 2009 Ed. (3607)
Innova Profesional Desarrollos
 2020 Ed. (1037, 1899)
InnovaMaxx
 2020 Ed. (3449)
 2021 Ed. (3469)
Innovar Group
 2007 Ed. (3538)
 2012 Ed. (3705, 3706, 4988)
 2019 Ed. (3590)
Innovasia Advertising
 2003 Ed. (32)
InnovAsian
 2023 Ed. (2928, 2939)
Innovasian Cuisine Enterprise
 2018 Ed. (2779)
 2021 Ed. (2663)
InnovAsian Cuisine Enterprises, Inc.
 2021 Ed. (2659)
 2022 Ed. (2796)
Innovasjon Norge
 2009 Ed. (774)
 2010 Ed. (715)
Innovatemap
 2020 Ed. (1615, 1616)
 2021 Ed. (1593)
Innovation Advertising
 2000 Ed. (83)
 2001 Ed. (125)
 2002 Ed. (96)
 2003 Ed. (63)

Innovation & Entrepreneurship Institute
 2008 Ed. (771, 774)
 2009 Ed. (790)
 2010 Ed. (727)
 2011 Ed. (638, 649)
Innovation First
 2016 Ed. (574)
The Innovation Group plc
 2003 Ed. (2712, 2736, 2740, 2741)
Innovation Nation
 2009 Ed. (630)
The Innovation Press
 2022 Ed. (4055)
Innovation Process Technology AG
 2013 Ed. (2075)
Innovation Roundtable
 2020 Ed. (1504)
Innovation: The Five Disciplines for Creating What Customers Want
 2008 Ed. (610, 621)
Innovation Vendors LLC
 2013 Ed. (592)
 2014 Ed. (604)
 2015 Ed. (674)
 2016 Ed. (615)
Innovation Ventures LLC
 2014 Ed. (1786)
 2017 Ed. (652)
Innovation Works Inc.
 2010 Ed. (4845)
Innovative
 1991 Ed. (2310, 2311)
Innovative Artists Talent & Literary Agency
 2011 Ed. (4606)
 2023 Ed. (185)
Innovative Artists Talent & Literary Agency Inc.
 2014 Ed. (101)
Innovative Bank
 2005 Ed. (4385)
Innovative Business Products LLC
 2010 Ed. (4025, 4032)
Innovative Business Solutions
 2013 Ed. (1456)
 2014 Ed. (1417)
Innovative Captive Strategies
 2021 Ed. (795)
 2022 Ed. (827)
Innovative Captive Strategies (Barbados) Ltd.
 2008 Ed. (856)
Innovative Captive Strategies/Global Captive Management
 2022 Ed. (827)
 2023 Ed. (1024)
Innovative Chemical Products Group
 2020 Ed. (3763)
 2022 Ed. (3785)
Innovative Clinical Solutions Ltd.
 2001 Ed. (1461)
Innovative Construction & Roofing
 2014 Ed. (1109)
Innovative Controls
 1989 Ed. (1635)
Innovative Dividend Performers
 2021 Ed. (3698)
Innovative Dividend Performers A
 2021 Ed. (3698)
Innovative Employee Solutions Inc.
 2009 Ed. (4984)
Innovative Foods
 2010 Ed. (2721)
 2011 Ed. (2703)
Innovative Healthcare Solutions
 2015 Ed. (2939)
Innovative Interfaces Inc.
 1994 Ed. (2522, 2523)
 2004 Ed. (3256)
 2005 Ed. (3287)
 2006 Ed. (3279)
Innovative Kids
 2008 Ed. (4947)
Innovative Lighting
 2005 Ed. (2333)
Innovative Logistics Group Inc.
 2007 Ed. (196, 3567)
Innovative Logistics Inc.
 2004 Ed. (170)
Innovative Management & Technology Services LLC
 2010 Ed. (1333)
Innovative Manufacturing Sol Corp.
 2017 Ed. (3987)
Innovative Manufacturing Solutions Corp.
 2015 Ed. (3659)
 2016 Ed. (3525, 4011)
 2017 Ed. (3984)
Innovative Manufacuring Solutions Corp.
 2016 Ed. (2839)
Innovative Marketing Solutions
 1998 Ed. (3480)
Innovative Mattress Solutions
 2013 Ed. (3634)
 2014 Ed. (3575)
 2015 Ed. (2863, 2864)
 2016 Ed. (3471)
 2020 Ed. (2822)

Innovative Merchant Solutions
 2003 Ed. (4441)
Innovative Office Solutions
 2019 Ed. (4957)
 2020 Ed. (4959)
 2021 Ed. (4962)
 2022 Ed. (4959)
 2023 Ed. (4978)
Innovative Pharmacy Services
 1993 Ed. (2069)
 1994 Ed. (2081)
Innovative Power Systems
 2019 Ed. (1784)
Innovative Print & Media Group Inc.
 2010 Ed. (4009, 4032, 4033, 4039, 4041)
 2012 Ed. (4016, 4018, 4030, 4035, 4036, 4042, 4044)
 2013 Ed. (4080, 4085, 4090)
 2014 Ed. (4090)
 2015 Ed. (4064, 4070, 4071, 4074, 4075)
 2016 Ed. (3985, 3986, 3999)
Innovative Reasoning LLC
 2016 Ed. (4773)
 2018 Ed. (4777)
 2022 Ed. (4767)
Innovative Residential
 2017 Ed. (1465)
 2018 Ed. (1466)
Innovative Residential Investment Inc.
 2013 Ed. (2839)
Innovative Residential Investments Inc.
 2015 Ed. (1160)
 2016 Ed. (1074)
 2017 Ed. (1104)
Innovative Resource Group
 2002 Ed. (2852)
Innovative Software Technologies Inc.
 2007 Ed. (1257)
Innovative Solar Systems
 2018 Ed. (4445, 4455)
 2019 Ed. (4445, 4458)
Innovative Solutions Consulting
 2007 Ed. (2173)
Innovative Solutions & Support Inc.
 2004 Ed. (4547)
 2008 Ed. (4424)
Innovative Sport Systems
 1992 Ed. (3744)
Innovative Staffing
 2006 Ed. (4012)
Innovative Surveillance Solutions
 2016 Ed. (4313)
Innovative Systems
 2005 Ed. (873)
 2008 Ed. (986)
Innovative Technical Solutions Inc.
 2008 Ed. (271, 3696, 4362, 4371)
Innovative Technology Application Inc.
 2005 Ed. (1994)
Innovative Technology Development
 2019 Ed. (2083)
Innovatix
 2003 Ed. (2110)
 2006 Ed. (2773)
 2008 Ed. (2893)
 2009 Ed. (2957)
 2010 Ed. (2894)
The Innovator's Dilemma
 2005 Ed. (715)
The Innovator's Solution
 2005 Ed. (722)
Innover Group
 2011 Ed. (3688)
Innovest
 1991 Ed. (2275)
Innovest Bhd.
 1994 Ed. (1417)
Innovest Portfolio Solutions LLC
 2012 Ed. (3330)
 2013 Ed. (3403)
 2014 Ed. (1519)
Innovex
 1998 Ed. (1883, 1885)
 2010 Ed. (1992)
 2011 Ed. (2054)
INNOVI Recherche
 2021 Ed. (3857)
Innovi Recherche
 2020 Ed. (3894)
 2021 Ed. (3857)
Innovien Solutions
 2023 Ed. (972, 1737, 3223, 4577)
Innovis Health LLC
 2012 Ed. (1785)
Innovise plc
 2012 Ed. (2855)
Innovisions Holdings
 1993 Ed. (2057)
Innoviva
 2021 Ed. (1396, 3846)
 2022 Ed. (3867)
Innoviva, Inc.
 2019 Ed. (635)
Innovo Group
 1993 Ed. (2010, 3335)
Innovolt
 2015 Ed. (843)

Innowave Marketing Group LLC
　2023 Ed. (3658)
Innowireless
　2014 Ed. (1987)
INNOX
　2016 Ed. (2004)
Innox Trading
　2018 Ed. (2308)
Innsbruck-Hall
　1992 Ed. (609)
Innscor
　2002 Ed. (4996, 4997)
　2006 Ed. (4999)
Innscor Africa Limited
　2022 Ed. (3465)
Innscor Africa Limited (Zimbabwe)
　2022 Ed. (3465)
InnSuites
　1998 Ed. (2025)
InnSuites Hospitality Trust
　2016 Ed. (3014)
　2017 Ed. (2957)
InnVest REIT
　2008 Ed. (3077, 4200)
　2009 Ed. (3167, 4297)
　2010 Ed. (3098, 4264, 4832)
Invision Design
　2013 Ed. (3105)
　2014 Ed. (3103)
INOC
　1992 Ed. (3447)
　1998 Ed. (1802)
Inogen
　2020 Ed. (1400, 3499)
　2021 Ed. (3524)
InOne
　2006 Ed. (2387)
Inoplast
　2006 Ed. (1727)
　2008 Ed. (300)
Inorek & Grey
　2001 Ed. (134)
　2002 Ed. (106, 134, 136)
　2003 Ed. (71, 100, 102)
Inorek Marketing
　1995 Ed. (72)
　1996 Ed. (85)
　1997 Ed. (86)
　1999 Ed. (86)
Inorek Marketing (Grey)
　2000 Ed. (92)
Inorganic chemicals
　1989 Ed. (1931)
Inotera Memories
　2015 Ed. (4452)
　2016 Ed. (4346, 4573)
　2017 Ed. (4348, 4587)
Inotera Memories Inc.
　2008 Ed. (1116, 2471)
Inotiv Inc.
　2023 Ed. (1782)
Inoue Saito Eiwa Audit
　1993 Ed. (9)
Inoue Saito Eiwa Audit Uno Tax Accountants
　1993 Ed. (10)
Inova/Autoimmune Disease Diagnostic
　2000 Ed. (3075)
Inova Diagnostics Inc.
　1995 Ed. (2532)
　1996 Ed. (2593)
　1997 Ed. (2743)
　1999 Ed. (3337)
　2000 Ed. (3076)
　2001 Ed. (3267)
　2002 Ed. (3298)
Inova Fair Oaks Hospital
　2015 Ed. (3142)
Inova Health System
　2003 Ed. (292)
　2005 Ed. (3155, 3922)
　2006 Ed. (289, 2105, 2785, 3996)
　2007 Ed. (4031)
　2008 Ed. (4059)
　2009 Ed. (1948, 2152)
　2010 Ed. (3764)
　2013 Ed. (2186)
　2014 Ed. (2117)
　2021 Ed. (1967)
　2022 Ed. (2013)
Inova LLC
　2018 Ed. (2809)
　2020 Ed. (4993)
Inova US
　2020 Ed. (58, 1536)
Inovateus Solar
　2019 Ed. (4458)
　2020 Ed. (4445)
　2023 Ed. (4463, 4478)
Inovefa
　2019 Ed. (4101)
Inoventures
　2018 Ed. (1235)
　2019 Ed. (2088)
Inpatient hospital services
　2001 Ed. (3271)

Inpex
　2007 Ed. (3878)
　2012 Ed. (3911)
　2013 Ed. (3961)
　2014 Ed. (3905)
　2015 Ed. (3933)
　2016 Ed. (3851, 3857)
　2017 Ed. (3814, 3819)
　2018 Ed. (3861)
　2019 Ed. (3830)
　2020 Ed. (3865)
　2021 Ed. (3824, 3830)
　2022 Ed. (3846)
　2023 Ed. (3945)
Inpex Corp.
　2014 Ed. (3918)
　2015 Ed. (3952)
　2016 Ed. (3869)
　2018 Ed. (3877)
　2022 Ed. (3856)
　2023 Ed. (3953)
Inpex Holdings Inc.
　2009 Ed. (2512)
　2010 Ed. (807, 1486, 2427, 2429, 3897)
　2011 Ed. (3915)
　2012 Ed. (3900)
　2013 Ed. (3975)
InPhase Technologies
　2007 Ed. (1205)
Inphi
　2017 Ed. (1458)
　2018 Ed. (1433)
Inphi Corp.
　2012 Ed. (4432)
　2019 Ed. (4366)
　2021 Ed. (4370)
InPhonic Inc.
　2006 Ed. (3972, 4680, 4705)
InPhonic.com
　2002 Ed. (4878)
InPhyNet Medical Management
　1997 Ed. (2251)
　1998 Ed. (1982)
　1999 Ed. (2721)
Inpro Inc.
　2006 Ed. (3517, 4356)
　2007 Ed. (3562, 4424)
Input/Output Inc.
　1997 Ed. (3639)
Inquest Marketing
　2014 Ed. (1721)
　2015 Ed. (1763)
Inrigo
　2020 Ed. (1816)
Inrix Inc.
　2016 Ed. (2122, 2123, 2424, 2425)
INS Inc.
　1989 Ed. (1103)
　1992 Ed. (2635)
　1994 Ed. (3672)
INSA Inc.
　2023 Ed. (2390, 2392)
Insala LLC
　2008 Ed. (1140)
Insanity
　2015 Ed. (2341)
Insas Bhd
　2002 Ed. (3052)
INSEAD
　1993 Ed. (806)
　1997 Ed. (865)
　1999 Ed. (985)
　2002 Ed. (908, 910)
　2003 Ed. (793)
　2004 Ed. (839, 840)
　2005 Ed. (802, 804, 805, 806, 807, 808, 809)
　2006 Ed. (726, 736)
　2007 Ed. (811, 813, 822, 827, 828)
　2008 Ed. (801)
　2009 Ed. (819, 822, 823)
　2010 Ed. (767)
　2011 Ed. (679, 681, 683, 688, 689, 695, 698)
　2012 Ed. (616, 617, 622, 628, 630)
　2013 Ed. (747, 749, 760, 761, 769, 770)
　2014 Ed. (780, 783, 784, 794, 795)
　2015 Ed. (806, 808, 825, 826, 837, 838)
　2016 Ed. (724, 726, 732, 733)
Insect first aid products
　2004 Ed. (2617)
Insect repellants
　2002 Ed. (2816)
　2003 Ed. (2954)
Insecticides
　1996 Ed. (2990)
Insecticides, house & garden
　2002 Ed. (2816)
Insero & Co.
　2015 Ed. (2)
　2016 Ed. (2)
Inserra Insurance Inc.
　2013 Ed. (1927)
Inserra Supermarkets Inc.
　1990 Ed. (1040)
　1992 Ed. (1203)
　2009 Ed. (4615)
　2013 Ed. (2652)

　2014 Ed. (1866, 2608)
　2015 Ed. (1902, 2654)
　2016 Ed. (1865, 2574)
　2018 Ed. (2525)
　2019 Ed. (2534)
　2020 Ed. (2526)
Inserso Corp.
　2018 Ed. (1236, 1238)
Insert cards
　2000 Ed. (3504)
InserTech LLC
　2017 Ed. (3407)
Inserts
　2002 Ed. (1983)
Inserts, free-standing
　2004 Ed. (1912)
Insgroup Inc.
　2020 Ed. (2318)
　2022 Ed. (2305)
Inside AdWords
　2014 Ed. (630)
Inside of a Dog
　2013 Ed. (559, 567)
"Inside Edition"
　1995 Ed. (3579)
Inside the House of Money: Top Hedge Fund Traders on Profiting in the Global Markets
　2008 Ed. (620)
Inside Japan Tours
　2021 Ed. (4664)
　2023 Ed. (4664)
Inside Man
　2008 Ed. (2386)
Inside Out
　2017 Ed. (3605)
Inside the SAT & ACT
　1998 Ed. (849)
Inside Secure SA
　2014 Ed. (4435)
InsideCounsel
　2009 Ed. (4758)
　2010 Ed. (4768)
　2011 Ed. (4720)
　2012 Ed. (4741)
Insider Tips on Selling a Business in Canada
　2014 Ed. (639)
An Insider's Guide to Refinancing Your Mortgage
　2010 Ed. (609)
InsideTrack
　2009 Ed. (2404)
Insight
　1992 Ed. (3372)
　2017 Ed. (1389)
　2018 Ed. (1365)
　2019 Ed. (1402)
　2020 Ed. (1363)
Insight Advertising
　1999 Ed. (92)
　2001 Ed. (139)
　2002 Ed. (112)
　2003 Ed. (77)
Insight Advertising (Grey)
　2000 Ed. (98)
Insight Associates
　2008 Ed. (3720, 4971)
Insight Branding
　2023 Ed. (4037)
Insight Capital Management
　1993 Ed. (2333, 2336)
Insight Communication
　2016 Ed. (3993)
Insight Communications Co.
　1991 Ed. (134)
　1992 Ed. (189, 1030)
　1993 Ed. (821)
　1995 Ed. (107)
　1999 Ed. (135)
　2002 Ed. (161, 923)
　2003 Ed. (129, 825)
　2004 Ed. (864, 865)
　2005 Ed. (839, 840, 842)
　2006 Ed. (769, 2264, 3554)
　2008 Ed. (828)
　2009 Ed. (848)
　2010 Ed. (796)
　2011 Ed. (723)
Insight Communications LLC
　2015 Ed. (4082)
Insight Credit Union
　2016 Ed. (2230)
Insight Direct USA Inc.
　2007 Ed. (1574)
　2008 Ed. (1557)
　2009 Ed. (1483)
　2010 Ed. (1473)
　2011 Ed. (1471)
　2012 Ed. (1311)
　2013 Ed. (1411)
　2014 Ed. (1362)
　2015 Ed. (1437)
Insight Distribution Network
　1994 Ed. (985, 3330)
Insight Electronics Inc.
　1996 Ed. (1631, 1632, 1635)
　1997 Ed. (1710, 1712)

　1998 Ed. (1409, 1413, 1414)
Insight Enterprises
　2020 Ed. (3134)
　2021 Ed. (2995)
　2022 Ed. (1367, 3134, 3139)
　2023 Ed. (1145, 3229)
Insight Enterprises Inc.
　1993 Ed. (1036)
　2001 Ed. (2169)
　2002 Ed. (4036)
　2004 Ed. (2225, 2226, 4928)
　2005 Ed. (1110, 1650, 2324, 2325, 2327, 4910, 4911)
　2006 Ed. (1545, 2373, 2375, 2376, 4943, 4944)
　2007 Ed. (1575, 2315)
　2008 Ed. (4803)
　2009 Ed. (1485, 4942)
　2010 Ed. (1474, 1476, 4949)
　2012 Ed. (1312, 1314, 4935)
　2013 Ed. (1084, 1412, 1413, 4930)
　2014 Ed. (1363, 1365, 4937)
　2015 Ed. (1438, 1439, 4978)
　2016 Ed. (1361, 1364, 4895)
　2017 Ed. (1280, 1392, 4893)
　2018 Ed. (1258, 3020)
　2019 Ed. (1292, 1403, 2962, 4898)
　2020 Ed. (984, 1365)
　2021 Ed. (1253, 1359)
　2022 Ed. (1258, 1371, 1373)
　2023 Ed. (1572)
Insight Equity
　2016 Ed. (2056)
　2017 Ed. (2015)
Insight Global
　2013 Ed. (4102)
　2022 Ed. (2365)
　2023 Ed. (2528)
InSight Health Services Holdings Corp.
　2009 Ed. (370)
Insight Investment
　1996 Ed. (2393, 2401)
　1999 Ed. (3087, 3090)
Insight Investment Management
　1998 Ed. (2290)
Insight Medical Research
　2002 Ed. (3261)
Insight Optical Manufacturing
　2012 Ed. (3783)
　2013 Ed. (3850)
　2014 Ed. (3776)
　2015 Ed. (3796)
　2016 Ed. (3709)
Insight Pharma
　2023 Ed. (2146)
Insight Pharmaceuticals
　2020 Ed. (2050)
Insight Photonic Solutions Inc.
　2017 Ed. (4119)
Insight Productions
　2011 Ed. (2616, 4670)
　2012 Ed. (2557, 4684)
　2013 Ed. (2676)
　2014 Ed. (2630, 4702)
　2015 Ed. (2673, 4712)
　2016 Ed. (4615)
　2017 Ed. (4634)
　2018 Ed. (4629)
　2019 Ed. (4645)
　2020 Ed. (4615)
　2021 Ed. (4626)
　2022 Ed. (4644)
Insight Productions (a Boat Rocker company)
　2023 Ed. (4639)
Insight Quality Services
　2023 Ed. (3131)
Insight Resource Group
　2012 Ed. (636)
Insight Robotics
　2017 Ed. (4276)
Insight Sourcing Group
　2015 Ed. (1657)
　2016 Ed. (1112, 1599)
Insight Technology Inc.
　2011 Ed. (1893)
Insight Technology Solutions, Inc.
　2019 Ed. (1272)
Insightcam/Intraoral
　1996 Ed. (1524)
Insightec
　2019 Ed. (1699)
Insightful
　2006 Ed. (2081)
　2010 Ed. (2064)
　2011 Ed. (2119)
Insights to Behavior
　2022 Ed. (1848, 2226)
InsightSquared
　2015 Ed. (1815)
Insigma Inc.
　2019 Ed. (2891)
Insignia
　1992 Ed. (3366)
　1994 Ed. (2779)
　1998 Ed. (3017, 3019)
　2019 Ed. (1882)
　2020 Ed. (1820)

CUMULATIVE INDEX • 1989-2023

Insignia Commercial Group
  1996 Ed. (3430, 3431)
  1998 Ed. (3023)
  1999 Ed. (4015)
  2000 Ed. (3720, 3732)
Insignia/Edward S. Gordon Co of LI
  2000 Ed. (3710)
Insignia/Edward S. Gordon Co.
  2000 Ed. (3712)
Insignia/ESG Inc.
  1999 Ed. (3663, 3993, 4011)
  2000 Ed. (3728, 3729)
  2001 Ed. (4010, 4013)
  2002 Ed. (3933, 3934)
  2003 Ed. (4049, 4062)
  2004 Ed. (4067, 4088)
  2005 Ed. (4000, 4021)
Insignia/ESG Jackson-Cross
  2000 Ed. (3730)
Insignia Financial Group Inc.
  1993 Ed. (239)
  1998 Ed. (177, 178, 3021)
  2004 Ed. (4073, 4075)
Insignia Management Group
  1993 Ed. (2980)
  1994 Ed. (3022, 3023)
  1995 Ed. (3075)
Insignia Residential Group Inc.
  1999 Ed. (4009, 4012)
  2001 Ed. (3998)
Insignia Residential Group LP
  2003 Ed. (4051)
Insignia Systems
  2004 Ed. (2852)
  2005 Ed. (4521)
Insignia Technology Services
  2012 Ed. (1185)
Insignia Technology Services LLC
  2013 Ed. (1305)
  2014 Ed. (2084)
Insilco
  1989 Ed. (877)
  1990 Ed. (1174)
  1994 Ed. (3117)
  1995 Ed. (1286, 1287, 1288, 3167, 3168)
InSilicon Corp.
  2001 Ed. (4216)
Insinooritoimisto Saanio & Riekkola Oy
  2011 Ed. (1628)
InSite Vision Inc.
  2004 Ed. (3744)
Insitu
  2017 Ed. (4277)
  2018 Ed. (4270)
The Insitu Group
  2008 Ed. (2288)
  2009 Ed. (1350)
Insitu Inc.
  2009 Ed. (3033)
Insituform Mid-America Inc.
  1997 Ed. (1257)
Insituform Technologies
  2013 Ed. (1888, 3145)
Insituform Technologies Inc.
  1997 Ed. (1257)
  1999 Ed. (1376, 1378)
  2000 Ed. (1270)
  2001 Ed. (1483)
  2005 Ed. (1889)
  2006 Ed. (1911)
  2007 Ed. (2476, 2477, 4889)
  2008 Ed. (1950)
  2010 Ed. (2536, 2537)
  2011 Ed. (2537)
  2012 Ed. (2475, 2482)
  2013 Ed. (2617, 2629, 2630)
Insmed Inc.
  2010 Ed. (2958)
  2013 Ed. (2850, 2851)
Inso
  1996 Ed. (2059, 3443, 3449)
Insoft Development & Consulting SRL
  2016 Ed. (1985)
Insoles
  2003 Ed. (2106)
Insolroll
  2019 Ed. (4915)
Insomnia
  2000 Ed. (2446)
Insomniac Games
  2016 Ed. (1296)
Insomniac Games Inc.
  2007 Ed. (4393)
  2008 Ed. (4346)
  2009 Ed. (1529, 4449)
  2010 Ed. (1523)
  2011 Ed. (1518, 1804)
InSource
  2006 Ed. (2409)
Inspec Tech Inc.
  2012 Ed. (4019, 4027)
Inspecs Group plc
  2008 Ed. (994, 2126, 4332, 4672)
Inspect-It 1st
  2009 Ed. (2368)
Inspect-It 1st LLC
  2011 Ed. (2290)

Inspect-It 1st Property Inspection
  2002 Ed. (2056)
  2003 Ed. (2120)
  2004 Ed. (2163)
  2005 Ed. (2261)
  2006 Ed. (2319)
Inspectorate International
  1990 Ed. (2199, 2210)
  1991 Ed. (2064)
Insperity
  2013 Ed. (1552)
  2014 Ed. (1521, 1648, 1855)
  2015 Ed. (1574, 1690, 2067)
  2016 Ed. (1557, 1855)
  2017 Ed. (1074)
  2018 Ed. (1956)
  2019 Ed. (1001, 2010)
  2020 Ed. (984)
Inspira
  2018 Ed. (1861)
  2022 Ed. (3531)
  2023 Ed. (3652)
Inspira Marketing Group
  2014 Ed. (59)
Inspiranza Designs
  2020 Ed. (1594)
  2021 Ed. (1578, 4225)
Inspiration Beverage Co.
  2018 Ed. (599)
  2019 Ed. (611)
  2020 Ed. (597)
Inspiration Resource
  1992 Ed. (1110)
Inspiration Resources
  1989 Ed. (883, 1991, 1992)
  1990 Ed. (2543, 2585)
  1991 Ed. (901)
  1993 Ed. (902, 1351)
Inspirations
  1995 Ed. (1946)
Inspirato
  2018 Ed. (1488)
Inspire
  2020 Ed. (2365)
Inspire Brands
  2021 Ed. (1549)
  2022 Ed. (1569)
Inspire Investing
  2020 Ed. (3298)
  2022 Ed. (2656, 2692)
  2023 Ed. (2822)
Inspire Medical Systems
  2018 Ed. (2906)
  2019 Ed. (1784, 2860)
  2021 Ed. (3533)
  2023 Ed. (3698)
Inspire Medical Systems Inc.
  2019 Ed. (1781)
Inspire PR Group
  2023 Ed. (4125)
INSPIRE11
  2023 Ed. (1763)
Inspire11
  2022 Ed. (762, 1600, 3979)
  2023 Ed. (973, 1766)
Inspired Homes
  2021 Ed. (1639)
Inspired People
  2017 Ed. (3615)
  2018 Ed. (3678)
Inspired Results
  2019 Ed. (3963, 3965)
Inspirus Credit Union
  2018 Ed. (2127)
Inst-Elscint
  1994 Ed. (2467)
Inst-Geneva Gen
  1991 Ed. (1473)
Inst-Kodak & Vorte
  1994 Ed. (2467)
Inst-Libco
  1992 Ed. (3303)
Inst-Mylan
  1990 Ed. (1566)
  1991 Ed. (1473)
  1992 Ed. (1868)
INST formation a la Sophrologie
  2020 Ed. (2951)
Instabox
  2023 Ed. (1683)
Instacart
  2016 Ed. (2836, 4251)
  2021 Ed. (2866)
  2022 Ed. (3981)
InStaff & Jobs
  2020 Ed. (726, 1568)
Instafuel
  2022 Ed. (2392, 2405, 2410)
  2023 Ed. (4689)
Instagram
  2014 Ed. (3385)
  2015 Ed. (3421)
  2017 Ed. (61)
  2018 Ed. (3686)
  2019 Ed. (4593)
  2021 Ed. (595, 687, 4558, 4560)
  2022 Ed. (3581, 3586, 4566)
  2023 Ed. (3688, 3689)

Instagram (U.S.)
  2022 Ed. (3586)
Instalaciones Pevafersa
  2009 Ed. (2058)
Installation
  2005 Ed. (3633, 3634)
  2007 Ed. (3736)
Installation maintenance technician
  2004 Ed. (2287)
InstallAware
  2014 Ed. (1081)
  2015 Ed. (1120)
Installed Building Products
  2020 Ed. (1821, 3059)
  2022 Ed. (1829, 3044)
Installed Building Products Inc.
  2016 Ed. (1918)
  2018 Ed. (1831)
  2019 Ed. (1884)
  2020 Ed. (1823)
Installment loans
  1990 Ed. (531)
Installs SIA
  2017 Ed. (1717)
InstallShield Software Corp.
  2002 Ed. (1153, 2501)
InstaMortgage
  2023 Ed. (2822)
InstaMortgage / DBA Arcus Lending
  2023 Ed. (1606)
Instana
  2021 Ed. (958)
  2022 Ed. (994)
  2023 Ed. (1166)
Instant
  2000 Ed. (3013)
Instant breakfast
  2002 Ed. (2293)
Instant Cash
  1996 Ed. (1624, 2554)
  1997 Ed. (1704)
  1998 Ed. (1396)
  1999 Ed. (1954)
  2000 Ed. (1732)
  2001 Ed. (2188)
Instant coffee
  1990 Ed. (1960, 1962)
  1992 Ed. (2355)
Instant Copy of Indiana
  1996 Ed. (3086)
  1997 Ed. (3164)
The Instant Economist
  2014 Ed. (646)
Instant Imprints
  2006 Ed. (4732)
  2007 Ed. (4748)
  2008 Ed. (4671)
  2009 Ed. (4712)
  2014 Ed. (963)
  2018 Ed. (884)
Instant meals
  2002 Ed. (4329)
Instant meals/soup
  2005 Ed. (2756)
Instant messengers
  2007 Ed. (3218)
  2008 Ed. (3352)
Instant Plumber
  2016 Ed. (894)
  2017 Ed. (941)
Instant Pot Miracle
  2020 Ed. (584)
Instant Potatoes
  2000 Ed. (4143)
Instant Power
  2016 Ed. (891)
  2017 Ed. (938)
  2018 Ed. (873)
Instant Tax Service
  2008 Ed. (881, 4592)
  2009 Ed. (882, 891, 4636)
  2010 Ed. (833, 837, 841, 4664)
  2011 Ed. (98, 2676, 4024, 4612)
Instant Web Cos.
  1999 Ed. (3895)
Instantiations
  2008 Ed. (1153)
  2009 Ed. (1132)
  2010 Ed. (1114)
  2011 Ed. (1053)
Instantor
  2019 Ed. (1972)
Instar Services Group
  2006 Ed. (669, 670, 671)
Instarea
  2020 Ed. (1888)
Instawares Holding Co., LLC
  2014 Ed. (2697, 2698)
Instead
  2002 Ed. (2254)
Instem LSS Ltd.
  2003 Ed. (2738)
Insti Clin Phar
  1992 Ed. (3311)
Instill
  2003 Ed. (2169)

Instillo
  2020 Ed. (3894)
Instinet
  1989 Ed. (981)
  2000 Ed. (879, 881)
  2004 Ed. (1449)
  2005 Ed. (3582, 3594)
Instinet Group Inc.
  2005 Ed. (2593, 2596)
  2006 Ed. (2595, 2597, 3686)
Institut Beneficencia del Tachira
  2004 Ed. (99)
Institut Francais du Petrole
  2010 Ed. (3829)
Institut Laue Langevin
  1999 Ed. (3633)
Institut Merieus SA
  1992 Ed. (1597)
Institut National du Credit Agricole
  1993 Ed. (434)
The Institute
  2021 Ed. (558)
Institute for Advanced Study
  1995 Ed. (937, 1069)
Institute of American Indian Arts
  2016 Ed. (3583)
Institute for Defense Analyses
  2010 Ed. (1353)
Institute of Electrical & Electronics Engineers
  2019 Ed. (729)
Institute for Entrepreneurial Studies
  2008 Ed. (774)
  2010 Ed. (724)
Institute for Healthcare Improvement
  2009 Ed. (292)
  2010 Ed. (275)
  2011 Ed. (199)
Institute for Human Services Education
  2013 Ed. (1487)
  2014 Ed. (1455)
Institute for Information Industry
  2014 Ed. (4235)
  2015 Ed. (4224, 4233)
  2017 Ed. (4124)
Institute for International Economics
  1994 Ed. (1904)
  1995 Ed. (1933)
Institute of International Education
  1997 Ed. (2951)
  1998 Ed. (2687)
  2000 Ed. (3352)
  2012 Ed. (3769)
Institute for Literacy Studies
  1994 Ed. (1904)
Institute of Management Resources
  2001 Ed. (1449)
Institute of Practitioners in Advertising
  2008 Ed. (101)
Institute for Rehabilitation & Research; Memorial Hermann TIRR, The
  2009 Ed. (3136)
  2010 Ed. (3067)
  2011 Ed. (3039)
  2012 Ed. (2977)
  2013 Ed. (3069)
  2014 Ed. (3071)
Institute for Rehabilitation & Research; TIRR, The
  2005 Ed. (2901)
  2006 Ed. (2908)
  2007 Ed. (2927)
  2008 Ed. (3050)
  2015 Ed. (3136)
  2016 Ed. (2999)
Institution for Savings
  2015 Ed. (1814)
  2016 Ed. (1773)
Institutional Capital
  1996 Ed. (2395, 2407)
  1997 Ed. (2525)
  1998 Ed. (2270)
  1999 Ed. (3069, 3070, 3071)
  2000 Ed. (2780, 2809)
  2004 Ed. (3194)
Institutional/corporate
  1991 Ed. (3310)
Institutional funds
  2002 Ed. (3978)
Institutional Index
  1990 Ed. (252)
  1992 Ed. (328)
  1993 Ed. (224)
  1994 Ed. (212, 2698)
Institutional International Foreign Equity
  1998 Ed. (2634)
Institutional Investor
  2000 Ed. (3465)
  2008 Ed. (4710)
Institutional Venture Partners
  1996 Ed. (3781)
  1998 Ed. (3665)
  1999 Ed. (1967, 4704)
Institutions
  2006 Ed. (4611)
Instituto de Banca y Comercio
  2005 Ed. (4357)
  2006 Ed. (4298)

Business Rankings Annual • CUMULATIVE INDEX • 1989-2023 / Part 2   1069

Instituto Bancario San Paolo di Torino
 2000 Ed. (571)
Instituto Costarricense de Acueductos y
  Alcantarillados
 2002 Ed. (1630)
 2004 Ed. (1692)
Instituto Costarricense de Electricidad
 2002 Ed. (1630)
 2004 Ed. (1692)
Instituto de Credito Oficial Espana
 2008 Ed. (2083)
 2009 Ed. (2055)
Instituto de Empresa
 2007 Ed. (811)
 2009 Ed. (819)
 2010 Ed. (729, 767)
 2011 Ed. (679, 680, 681, 683, 688, 690, 692, 693, 695, 698)
 2012 Ed. (616, 619, 622, 628, 630)
 2013 Ed. (760, 764, 769, 770)
 2014 Ed. (780, 789)
 2015 Ed. (832)
 2016 Ed. (724)
Instituto de Estudios Superiores de la
  Empresa
 2014 Ed. (780)
 2016 Ed. (724)
Instituto FONACOT
 2011 Ed. (1844)
Instituto Tecnologico y de Estudios Superiores de Monterrey
 2006 Ed. (740)
 2007 Ed. (826)
Instituto Valenciano de Infertillidad
 2010 Ed. (1990)
 2011 Ed. (2051)
Instore Bakery
 1990 Ed. (1961)
 1991 Ed. (1864, 1866)
 2000 Ed. (4165)
Instores bakery
 1992 Ed. (2349)
Instr. Thermo System
 1997 Ed. (228)
Instructional coordinators
 2007 Ed. (3727)
Instructure
 2017 Ed. (2195)
 2018 Ed. (2022)
Instructure Inc.
 2018 Ed. (979)
Instructure, Inc.
 2019 Ed. (2078)
 2020 Ed. (1986)
Instrumart
 2010 Ed. (2077)
 2013 Ed. (2137)
Instrument Systems
 1990 Ed. (2490)
 1992 Ed. (4274)
 1995 Ed. (1033, 1240, 2769)
 1996 Ed. (1018)
Instrumentarium Oyj
 2005 Ed. (1552, 4675)
Instrumentation
 1997 Ed. (1612)
 1998 Ed. (1371, 1556)
Instrumentation Laboratory
 1993 Ed. (1514)
Instruments
 1989 Ed. (1659, 1660)
 1990 Ed. (2182, 2184, 2186)
 1991 Ed. (2027, 2052, 3225)
 1996 Ed. (2253)
 2002 Ed. (3969, 3970)
 2010 Ed. (3529, 3530)
 2011 Ed. (3528, 3529)
Instruments, measuring & control
 2005 Ed. (3443)
Instruments & photographic equipment
 1990 Ed. (1233, 1257)
 1991 Ed. (1179, 1180, 1191)
 1993 Ed. (1200, 1204, 1214)
 2002 Ed. (1482, 1488)
Instruments & miscellaneous manufacturing
 1997 Ed. (1717)
Instruments, measuring/testing/control
 2007 Ed. (2518, 2519)
Instruments and related products
 1992 Ed. (2091)
Insty-Prints Printing Centers
 2002 Ed. (3765)
 2003 Ed. (3932)
Insty-Prints of St. Paul
 2012 Ed. (4009)
InStyle
 1997 Ed. (3037, 3042, 3046)
 1998 Ed. (2785, 2796, 2799)
 1999 Ed. (3746, 3763, 3765)
 2000 Ed. (3490, 3492)
 2001 Ed. (258, 259, 4887)
 2002 Ed. (3228)
 2004 Ed. (147)
 2005 Ed. (145)
 2006 Ed. (146, 147, 155, 157)
 2007 Ed. (138, 139, 147, 149, 168)
 2008 Ed. (151, 153)
 2009 Ed. (172)

2010 Ed. (156)
 2011 Ed. (78)
 2014 Ed. (3532)
 2015 Ed. (97, 3548)
Instyle Solar
 2021 Ed. (1371)
Insulair
 2006 Ed. (2621)
 2007 Ed. (2598)
Insular Investment & Trust Corp.
 1995 Ed. (3281)
 1997 Ed. (3487)
Insular Life Assurance Co.
 1999 Ed. (2892)
 2001 Ed. (2888)
Insulated Cups,6.4-Oz.,50-Count
 1990 Ed. (2130, 3041)
Insulation Specialities Inc.
 2004 Ed. (1245)
Insulations Inc.
 2006 Ed. (1326)
Insulectro
 1998 Ed. (1405, 1407)
Insulectro/Quintec
 1996 Ed. (1636)
 1997 Ed. (1712)
Insulet
 2019 Ed. (3531)
 2020 Ed. (3511)
 2021 Ed. (3530, 3532, 3533)
 2022 Ed. (3594)
 2023 Ed. (3698)
Insulet Corp.
 2009 Ed. (1882)
 2011 Ed. (1832)
 2012 Ed. (2852)
 2021 Ed. (3883)
 2022 Ed. (3895)
Insurance
 1989 Ed. (1866)
 1990 Ed. (1225, 1234, 1258, 1273, 2149, 2150, 2151, 2152, 2153, 2187)
 1991 Ed. (1150, 1152, 1186, 1190, 1409, 1995, 1997, 1998, 1999, 2053, 2059)
 1992 Ed. (91, 95, 1464, 1465, 1466, 1487, 1488, 1501, 1753, 2567, 2568, 2569, 2570, 2571, 2572)
 1993 Ed. (1185, 1186, 1187, 1200, 1201, 1210, 1213, 1864, 2130, 2132, 2133, 2134, 2135, 2136, 2137)
 1994 Ed. (1209, 1210, 1211, 1232, 1239, 2560, 2925)
 1995 Ed. (1226, 1227, 1250, 1260, 2203, 2207, 2208, 2209, 2210, 2211, 2212, 2446, 2980)
 1996 Ed. (1196, 1197, 1198, 1215, 1252, 1261, 2117, 2252, 3453, 3655)
 1997 Ed. (1242, 1243, 1244, 1263, 1442, 1445, 1717, 2018, 2379)
 1998 Ed. (1019, 1020, 1034, 1035, 1039, 2096)
 1999 Ed. (1447, 1453, 1454, 1466, 1467, 1468, 2863)
 2000 Ed. (210, 1307, 1312, 1313, 1325, 1326, 1327, 2631, 2633)
 2001 Ed. (1077, 1757, 1825, 1964, 3055)
 2002 Ed. (217, 225, 226, 234, 917, 1220, 1414, 1490, 1491, 1999, 2212, 2265, 2266, 2783, 3887, 3888, 4585, 4619, 4884)
 2003 Ed. (1425, 1426, 1436, 2910, 2913)
 2004 Ed. (178, 1456, 1541, 1572)
 2005 Ed. (1471, 1561, 1572, 1602)
 2006 Ed. (1425, 1426, 3258, 3294)
 2007 Ed. (1322, 1516)
 2008 Ed. (1408, 1417, 1432, 1498, 4216)
 2009 Ed. (179)
Insurance, accident
 1999 Ed. (4038)
Insurance, travel accident
 2003 Ed. (2260)
Insurance Accounting and Systems Association
 1999 Ed. (301)
Insurance agents
 2003 Ed. (4445, 4446, 4447)
Insurance carriers & agents
 1997 Ed. (1579, 1613)
Insurance Agents, Books and Services
 1990 Ed. (1657)
Insurance agents, brokers, & service
 2010 Ed. (2638, 2639, 3209, 3210, 4155, 4156)
 2011 Ed. (2619, 2620, 3173, 3174, 4153, 4154)
Insurance agents, career
 2002 Ed. (2836)
Insurance agents, independent general
 2002 Ed. (2836)
Insurance agents, brokers & services
 1989 Ed. (2475)
 1994 Ed. (3235)
 1995 Ed. (3314)
Insurance, annuities
 1997 Ed. (1570)
Insurance Australia Group
 2004 Ed. (3081)
 2005 Ed. (1660)

2012 Ed. (3266)
 2013 Ed. (3332)
 2014 Ed. (3349)
 2015 Ed. (3381, 3398)
 2016 Ed. (3251)
 2017 Ed. (3208)
 2018 Ed. (3291)
 2019 Ed. (3243)
 2020 Ed. (3252)
Insurance, automobile
 1999 Ed. (4038)
Insurance brokers
 2009 Ed. (3820)
Insurance Buyers' Council Inc.
 2006 Ed. (4199)
 2008 Ed. (4249)
 2011 Ed. (4316)
 2012 Ed. (4378)
Insurance Buyers' Service Agency Inc.
 2005 Ed. (359)
Insurance Care Direct
 2014 Ed. (3266)
Insurance carriers
 1992 Ed. (2902)
 1996 Ed. (2253)
Insurance, property & casualty
 1997 Ed. (1301, 1303)
 1998 Ed. (1078, 1152, 1153, 1156, 2097, 2099, 2100, 2101)
 1999 Ed. (1510, 1513, 1676, 1678, 1679, 1680, 2867, 2869, 2870, 2871)
 2000 Ed. (1354, 1356, 2631, 2633, 2635)
 2002 Ed. (2834, 2850)
 2004 Ed. (1746, 1749)
 2006 Ed. (3000, 3002, 3004, 3008)
 2007 Ed. (3039, 3046)
 2008 Ed. (1820, 1825, 3151, 3152, 3155)
 2009 Ed. (1768, 1769, 1773)
Insurance processing clerks
 2004 Ed. (2290)
Insurance Companies
 1993 Ed. (2926)
 1994 Ed. (2773)
 2000 Ed. (772)
Insurance companies, property & casualty
 1999 Ed. (2528)
Insurance companies, health
 1999 Ed. (2528)
Insurance company
 1991 Ed. (2261)
Insurance Company of North America
 1992 Ed. (2696)
Insurance Consulting Associates
 1991 Ed. (2899)
 1992 Ed. (3743)
 1993 Ed. (3052)
 1994 Ed. (3115)
Insurance Corp. of British Columbia
 1992 Ed. (2342, 2693, 2694)
 1993 Ed. (2242)
 1994 Ed. (1986, 2282)
 1995 Ed. (2325)
 1996 Ed. (2038, 2342, 2343)
 1997 Ed. (2156, 2468)
 2004 Ed. (2754)
 2005 Ed. (1666, 1667, 2585, 2747, 2749)
 2006 Ed. (1573, 2588, 2708, 2710)
 2007 Ed. (2705, 3179)
 2008 Ed. (2834, 3327)
 2009 Ed. (2892, 3313, 3396, 3397)
 2010 Ed. (2830, 3331)
 2011 Ed. (2814)
 2012 Ed. (2746)
 2013 Ed. (2827)
 2014 Ed. (2866)
 2016 Ed. (3253)
 2017 Ed. (1475, 3209)
 2018 Ed. (3292)
 2019 Ed. (3244)
 2020 Ed. (1454, 3253)
 2022 Ed. (1460, 3258)
 2023 Ed. (1645, 3349)
Insurance Corporation of British Columbia
 2001 Ed. (1662)
 2010 Ed. (1515, 4055)
 2011 Ed. (1508, 4034)
 2012 Ed. (1356, 4067)
 2013 Ed. (1513)
 2014 Ed. (1482)
 2015 Ed. (1537)
 2016 Ed. (1478, 2648)
 2017 Ed. (1479, 1969, 2585)
 2018 Ed. (1456)
 2019 Ed. (1485)
 2020 Ed. (1456)
 2021 Ed. (1449, 2556)
 2022 Ed. (1462, 2675)
 2023 Ed. (1647, 2813)
Insurance Corporation of British Columbia (ICBC)
 2021 Ed. (2556)
 2022 Ed. (2675)
Insurance Corp. of Ireland
 1992 Ed. (1618)
Insurance, dental
 2003 Ed. (2263)

Insurance, accidental death and dismemberment
 1997 Ed. (1570)
Insurance & real estate
 1989 Ed. (192)
 1990 Ed. (178)
 1992 Ed. (238)
 1995 Ed. (151)
 1997 Ed. (3233)
Insurance, fire, marine, & casualty
 2010 Ed. (2638, 2639, 3209, 3210, 4155, 4156)
 2011 Ed. (2619, 2620, 3173, 3174, 4153, 4154)
Insurance, life & health
 1997 Ed. (1298, 1301, 1303)
 1998 Ed. (1078, 1152, 1153, 1156, 2097, 2099, 2100)
 1999 Ed. (1506, 1513, 1676, 1678, 1679, 1680, 2867, 2869, 2870, 2871)
 2000 Ed. (1354, 1355, 1356)
 2002 Ed. (2834)
 2003 Ed. (1710)
 2004 Ed. (1746, 1749, 3007)
 2007 Ed. (3046)
 2008 Ed. (1820, 1821, 1824, 1825)
 2009 Ed. (1768, 1773)
Insurance, mental health
 2003 Ed. (2263)
Insurance, mutual life and health
 2000 Ed. (2631, 2634)
Insurance, stock life and health
 2000 Ed. (2634, 2635)
Insurance, individual health/disability
 2002 Ed. (2850)
Insurance, healthcare
 2008 Ed. (1824, 1825)
 2009 Ed. (1768, 1772, 1773)
Insurance, home
 2003 Ed. (2264)
Insurance and real estate industry
 1998 Ed. (89)
Insurance industry
 1991 Ed. (2054)
 1997 Ed. (3527)
Insurance Journal
 2008 Ed. (4715)
 2009 Ed. (4757)
Insurance, general liability
 1999 Ed. (4038)
Insurance, individual life
 2002 Ed. (2850)
Insurance, life
 1997 Ed. (1570)
 1999 Ed. (4038)
 2003 Ed. (2263)
Insurance: Life, Health (mutual)
 2002 Ed. (2792, 2793)
Insurance: Life, Health (stock)
 2002 Ed. (2787, 2789, 2792, 2793, 2794, 2796, 2797)
Insurance, commercial lines
 2002 Ed. (2850)
Insurance Management Services Ltd.
 1990 Ed. (904)
 1991 Ed. (854)
Insurance Marketers Inc.
 2002 Ed. (2557)
Insurance, transport (MAT)
 1999 Ed. (4038)
Insurance, multi-line
 2006 Ed. (3013)
Insurance, mutual
 1997 Ed. (2382, 2383, 2384, 2385)
Insurance Office of America
 2011 Ed. (3190)
Insurance, personal
 1997 Ed. (1142)
Insurance, private
 1995 Ed. (165)
Insurance, property
 1999 Ed. (4038)
Insurance providers, disability
 1999 Ed. (2528)
Insurance quotes
 2002 Ed. (545)
Insurance/Real estate
 1991 Ed. (174)
Insurance & Risk Management
 2005 Ed. (359)
Insurance Services International Ltd.
 1990 Ed. (904)
 1991 Ed. (854)
 1992 Ed. (1059)
Insurance Services Office
 1989 Ed. (275)
 1990 Ed. (2718)
Insurance, life and health (stock)
 2002 Ed. (2776, 2777)
 2003 Ed. (2904, 2908)
 2005 Ed. (3005, 3008)
Insurance, property and casualty (stock)
 2002 Ed. (2770, 2789, 2793, 2794, 2796, 2797)
 2003 Ed. (2908)
 2005 Ed. (3004, 3005, 3006)
Insurance, stock
 1997 Ed. (2382, 2383, 2384, 2385)

Insurance Strategies Consulting LLC
　2008 Ed. (16)
Insurance, vision
　1994 Ed. (2806)
　2003 Ed. (2263)
InsuranceAgents.com
　2011 Ed. (3211)
　2012 Ed. (3167)
Insurance.com
　2002 Ed. (4825)
InsuranCenter Corp. of Alpena
　2005 Ed. (359)
Insurans Islam TAIB Sdn. Bhd.
　2009 Ed. (2731)
　2011 Ed. (2641)
　2012 Ed. (2568)
Insure One Independent Insurance Agency Inc.
　1998 Ed. (2123)
　1999 Ed. (2908)
　2001 Ed. (2910, 2911)
　2002 Ed. (2862)
Insured Lloyds
　1992 Ed. (2680)
　1993 Ed. (2237)
InsureMe
　2008 Ed. (1708)
　2009 Ed. (4449)
　2010 Ed. (4492)
InsureMonkey
　2017 Ed. (1038)
InsureMyTrip.com
　2011 Ed. (2019)
　2012 Ed. (1867)
Insureon
　2016 Ed. (3167)
　2017 Ed. (3118)
Insurgent
　2014 Ed. (571, 573)
　2015 Ed. (639)
Insurgent Brands LLC
　2022 Ed. (4410)
　2023 Ed. (4439)
Insurica
　2012 Ed. (1803)
　2013 Ed. (1977)
　2014 Ed. (1915)
Insurity Inc.
　2006 Ed. (4202)
Insurors Financial
　2021 Ed. (3048)
Insurors Financial (Insurors Indemnity Companies)
　2021 Ed. (3048)
Insurors Group LLC
　2020 Ed. (3261)
InsWeb
　2002 Ed. (4849)
Insyde Software
　2012 Ed. (1914)
　2014 Ed. (2013)
Insync Interactive Communications Inc.
　2000 Ed. (4054)
Insync Media
　2003 Ed. (3933)
InSynergy Engineering Inc.
　2023 Ed. (2636)
Insynergy Products
　2017 Ed. (941)
INSYS Therapeutics
　2018 Ed. (1362, 2860, 3895)
Insys Therapeutics Inc.
　2018 Ed. (2225)
INT Media Group Inc.
　2003 Ed. (2710)
INT Media's Internet.com
　2003 Ed. (811)
Int-Nederlanden Groep
　1994 Ed. (217)
INT Technics SP. Z O.O.
　2017 Ed. (1931)
Int Thrgbrd
　1996 Ed. (207)
Intact Financial
　2011 Ed. (3288)
　2012 Ed. (3267, 4560, 4566)
　2013 Ed. (3333)
　2014 Ed. (3351)
　2015 Ed. (3382, 3388)
　2016 Ed. (3254)
　2017 Ed. (3210)
　2018 Ed. (3293)
　2019 Ed. (3245)
　2020 Ed. (3254)
　2021 Ed. (3050)
　2022 Ed. (3184)
　2023 Ed. (3277)
Intact Financial Corp.
　2015 Ed. (4564)
　2016 Ed. (1493, 3253)
　2017 Ed. (3209)
　2018 Ed. (3292, 4522)
　2019 Ed. (3244)
　2020 Ed. (3253)
　2022 Ed. (3258)
　2023 Ed. (3349)
Intact Group
　2018 Ed. (3294)

Intact Insurance
　2021 Ed. (3071)
　2022 Ed. (3207)
　2023 Ed. (3301)
Intact Insurance Co.
　2011 Ed. (3185)
　2012 Ed. (3144)
　2013 Ed. (3216)
　2014 Ed. (3235)
　2015 Ed. (3293)
　2016 Ed. (3145)
Intact US Ins Group
　2023 Ed. (3347)
INTAGE Holdings Inc.
　2016 Ed. (3462)
　2017 Ed. (3426)
　2018 Ed. (3484)
　2019 Ed. (3453)
INTAGE Inc.
　2011 Ed. (4201)
　2012 Ed. (4253)
　2013 Ed. (4213)
　2014 Ed. (4227)
　2015 Ed. (4217)
Intal
　1999 Ed. (1899)
Intalcable/ASST
　1992 Ed. (4204)
The Intangibles of Leadership
　2012 Ed. (519)
Intco
　2023 Ed. (4318)
Intco Touchflex
　2023 Ed. (4318)
Intcomex
　2016 Ed. (1577)
Intec Building Services Inc.
　2016 Ed. (3596)
　2017 Ed. (3564)
　2018 Ed. (3615)
　2019 Ed. (3609)
　2020 Ed. (3581)
　2022 Ed. (3661)
Intec Telecom Systems plc
　2008 Ed. (2126, 3208)
INTECH
　1992 Ed. (2758, 2762)
　1996 Ed. (2391, 2395)
　2008 Ed. (2291)
　2009 Ed. (2281)
Intech
　2013 Ed. (2985)
　2014 Ed. (2986, 2995)
　2015 Ed. (3054)
　2016 Ed. (2944, 2958)
　2017 Ed. (2904, 2916)
　2018 Ed. (2967)
　2019 Ed. (2911)
　2020 Ed. (2929)
INTECH Construction
　2023 Ed. (1421)
Intech Construction
　2017 Ed. (1215)
　2018 Ed. (1197)
　2022 Ed. (1184)
INTECH Construction Inc.
　1998 Ed. (974)
　1999 Ed. (1410)
　2009 Ed. (1323)
　2010 Ed. (1305)
　2011 Ed. (1263)
Intech Construction LLC
　2019 Ed. (1221)
　2020 Ed. (1215)
　2021 Ed. (1185)
Intech Contracting
　2022 Ed. (1156)
Intech Contracting LLC
　2021 Ed. (1148)
　2022 Ed. (1156)
INTECH, Large Cap Growth
　2003 Ed. (3126)
Intech Mechanical LLC
　2018 Ed. (3627)
　2019 Ed. (3621)
　2020 Ed. (3591)
　2021 Ed. (3619)
Intech Online Ltd.
　2006 Ed. (2259, 4484)
Intech Southwest
　2019 Ed. (3603, 3620)
　2020 Ed. (3590)
　2021 Ed. (3618, 4968)
inTechnology Distribution Pty. Ltd.
　2012 Ed. (2825)
Inteco Japan
　1995 Ed. (1245)
Intecom
　1992 Ed. (3544)
　1994 Ed. (2936)
　1995 Ed. (2990)
INTECON
　2006 Ed. (1290)
Integ. Res Amer.
　1990 Ed. (2967)
Integer Group
　1998 Ed. (1287)
　2000 Ed. (1675)

　2001 Ed. (3920)
　2002 Ed. (99)
　2003 Ed. (66)
　2004 Ed. (113)
　2005 Ed. (3406)
　2006 Ed. (3415, 3419)
　2007 Ed. (3433)
　2008 Ed. (3597, 3600, 4345)
　2009 Ed. (3666, 3668, 4448)
　2010 Ed. (130, 3580, 3585)
　2011 Ed. (3582, 3588, 4426)
　2012 Ed. (53, 3574, 3576)
　2013 Ed. (50)
　2014 Ed. (3571)
　2015 Ed. (82)
　2016 Ed. (82)
The Integer Group
　2013 Ed. (3621, 3623, 3627)
　2014 Ed. (3561, 3565)
The Integer Group Denver
　2007 Ed. (4392)
Integer Holdings Corp.
　2019 Ed. (2009)
Integic Corp.
　2004 Ed. (1362)
　2005 Ed. (1378)
Integon National Group
　2017 Ed. (3211)
Integra
　2013 Ed. (194, 195, 197)
　2014 Ed. (202, 203, 205)
　2015 Ed. (229, 230, 232)
　2016 Ed. (224, 225, 227)
　2017 Ed. (222, 223, 224)
　2018 Ed. (208, 209, 219)
　2019 Ed. (202, 203, 214)
　2020 Ed. (205, 206, 210)
　2021 Ed. (199, 200)
　2022 Ed. (211, 222)
　2023 Ed. (324)
Integra; Acura
　2009 Ed. (349)
　2010 Ed. (325)
　2011 Ed. (252)
　2012 Ed. (272)
　2014 Ed. (275)
　2017 Ed. (311)
Integra Bank Corp.
　1995 Ed. (585)
　1996 Ed. (559, 654)
　1997 Ed. (593)
　1998 Ed. (2355)
　2007 Ed. (472)
　2013 Ed. (296)
Integra Bank/North
　1995 Ed. (585)
　1996 Ed. (654)
Integra Bank/South
　1996 Ed. (654)
Integra Color
　2000 Ed. (3608)
Integra Financial Corp.
　1990 Ed. (707)
　1991 Ed. (396)
　1992 Ed. (522)
　1993 Ed. (653, 3288)
　1994 Ed. (340, 364, 654, 3032, 3036, 3037, 3038, 3279)
　1995 Ed. (3360)
　1996 Ed. (3182)
　1997 Ed. (332, 2011, 2217, 3286, 3290)
Integra Gold Corp.
　2018 Ed. (1469)
Integra Inc.
　1990 Ed. (2061)
　2002 Ed. (2852)
Integra LifeSciences
　2015 Ed. (3801)
　2016 Ed. (3714)
　2017 Ed. (3670)
　2018 Ed. (3726)
　2019 Ed. (3713)
　2021 Ed. (3755)
　2022 Ed. (3777)
　2023 Ed. (3877)
Integra LifeSciences Holdings
　2004 Ed. (682)
　2005 Ed. (675)
　2020 Ed. (1765, 3499)
Integra Lifesciences Holdings Corp.
　2021 Ed. (3883)
　2022 Ed. (3895)
Integra Logistics
　2009 Ed. (3583)
Integra Mission Critical
　2022 Ed. (2514)
　2023 Ed. (2624)
Integra National Bank
　1994 Ed. (615)
Integra National Bank/North
　1993 Ed. (382, 384)
Integra National Bank/Pittsburgh
　1993 Ed. (612)
Integra Staffing & Search
　2018 Ed. (4940)
Integra Staffing & Search LLC
　2016 Ed. (4953)
　2017 Ed. (4944)

Integra Telecommunications
　2006 Ed. (3330)
Integracare
　1995 Ed. (2059, 2064, 3380, 3386)
IntegraClick
　2011 Ed. (39, 4020)
　2015 Ed. (1630)
IntegraCore
　2013 Ed. (3547)
　2016 Ed. (2097)
Integral
　2007 Ed. (3112)
Integral Construction Corp.
　1996 Ed. (1120)
　1997 Ed. (1149)
　1998 Ed. (1938)
Integral Energy
　2002 Ed. (4708)
　2004 Ed. (1646)
Integral Products
　2023 Ed. (67)
Integral SA
　2002 Ed. (4409)
Integral Senior Living
　2022 Ed. (207)
Integral/Solstice Senior Living
　2023 Ed. (313)
Integral Systems
　2005 Ed. (2013, 2332)
　2008 Ed. (1901, 4606)
　2011 Ed. (4437, 4461)
IntegraMed America
　1999 Ed. (1455)
　2005 Ed. (4382)
　2006 Ed. (4335)
　2009 Ed. (4478)
　2010 Ed. (4497, 4507)
　2011 Ed. (4442, 4443)
Integrand Assurance Co.
　2004 Ed. (3083)
　2006 Ed. (3093)
Integrate Agency
　2022 Ed. (73)
Integrated Alarm Services Group
　2005 Ed. (4254)
　2006 Ed. (4268, 4272)
Integrated Archive Systems Inc.
　2007 Ed. (3535, 3536, 4402)
　2008 Ed. (3696, 4954)
　2016 Ed. (4975, 4976)
　2017 Ed. (4964)
　2018 Ed. (4971, 4972)
　2019 Ed. (4966, 4967)
　2020 Ed. (4968)
Integrated Behavior Health
　2006 Ed. (3082)
Integrated Behavioral Health
　2006 Ed. (2406)
　2010 Ed. (2394)
Integrated BioPharma Inc.
　2008 Ed. (249)
Integrated Brands
　2008 Ed. (3124)
Integrated Builders Group Inc.
　2017 Ed. (1417)
Integrated Circuit Systems Inc.
　1996 Ed. (1722, 2889)
　2007 Ed. (1442)
Integrated circuits, application-specific
　2005 Ed. (4815)
Integrated Cleaning Management
　2008 Ed. (2126, 4323)
　2009 Ed. (832)
Integrated Communications for Business Ltd.
　2003 Ed. (2734)
Integrated Communications Corp.
　1999 Ed. (55, 131)
　2000 Ed. (58, 149)
　2002 Ed. (158)
Integrated Control Systems Inc.
　2006 Ed. (3529, 4368)
　2008 Ed. (3723, 4416)
　2013 Ed. (2935)
　2014 Ed. (2954)
　2015 Ed. (3015)
Integrated Decisions & Systems, Inc.
　2003 Ed. (2721)
Integrated Defense Technologies Inc.
　2004 Ed. (4216)
Integrated Device
　2000 Ed. (3997)
Integrated Device Tech.
　1990 Ed. (409, 410, 412)
　2000 Ed. (4000)
Integrated Device Technology Inc.
　1990 Ed. (3229)
　1991 Ed. (358)
　1992 Ed. (3674)
　1993 Ed. (3005, 3006, 3213)
　1994 Ed. (3044, 3048)
　1996 Ed. (1628)
　1997 Ed. (1822)
　1999 Ed. (4275, 4277)
　2001 Ed. (2867)
　2004 Ed. (2230)
　2005 Ed. (1684)
　2007 Ed. (1442)

2008 Ed. (1604, 1606, 1607)
Integrated Diagnostics
  2013 Ed. (606)
Integrated Digital Strategies
  2023 Ed. (147)
Integrated DisAbility Resources
  2005 Ed. (3081)
Integrated Dynamic Electron Services
  2015 Ed. (4232)
Integrated Electrical Services Inc.
  2000 Ed. (1260, 1268)
  2001 Ed. (1403, 1404, 1409, 1469, 1474)
  2002 Ed. (1289, 1298, 1400)
  2003 Ed. (1140, 1146, 1239, 1240, 1301, 1315, 2289, 4560)
  2004 Ed. (1144, 1148, 1149, 1242, 1243, 1304, 1315, 2182, 2183)
  2005 Ed. (1167, 1170, 1292, 1293, 1311, 1321, 2283, 2284)
  2006 Ed. (1262, 1263, 1281, 1293)
  2007 Ed. (1353, 1354, 1360, 1369, 4591)
  2008 Ed. (353, 1251, 1257, 1265)
  2009 Ed. (1226, 1257)
  2010 Ed. (1251)
  2011 Ed. (1178, 1179, 1193, 1195, 1200, 1245, 1256, 1262, 1270, 1284, 1285, 1291, 1297, 1303, 1309)
  2012 Ed. (1126, 1127)
  2013 Ed. (1272, 1273)
  2014 Ed. (1205, 1206)
  2015 Ed. (1263)
Integrated Energy Services
  2002 Ed. (1294)
Integrated Environmental Restoration Services
  2010 Ed. (2529)
Integrated Equity-Aggressive
  1990 Ed. (2369)
Integrated Excellence
  2008 Ed. (4943)
Integrated Facility Services Inc.
  2018 Ed. (1172)
  2020 Ed. (1181)
  2021 Ed. (1154)
Integrated Facility Services, Inc.
  2023 Ed. (1387)
Integrated Facility Solutions
  2008 Ed. (1984, 4324)
Integrated Financial Group Inc.
  2016 Ed. (1599)
Integrated Financial Partners
  2015 Ed. (1815)
Integrated Health Care Services
  1999 Ed. (1497, 2705, 2706, 3636)
Integrated Health Services
  1995 Ed. (2801)
  1999 Ed. (1552, 2704)
  2000 Ed. (1512, 2490, 3361)
  2001 Ed. (1043)
  2003 Ed. (3653)
  2004 Ed. (2796, 3701)
  2005 Ed. (3612)
Integrated Healthcare Holdings
  2015 Ed. (3721)
Integrated HealthCare Services
  1992 Ed. (2450)
  1993 Ed. (2065, 2066)
Integrated Inc.
  2008 Ed. (2967)
  2009 Ed. (3047)
Integrated Information Technology Corp.
  2004 Ed. (3493, 3494, 3495)
  2005 Ed. (2541, 3494, 3495, 3913)
  2006 Ed. (3502, 3504, 3987)
Integrated Legacy Solutions
  2017 Ed. (1378)
Integrated Management Services
  2007 Ed. (1272)
  2008 Ed. (1207)
Integrated Manufacturing & Assembly LLC
  2009 Ed. (198)
Integrated Marketing
  2000 Ed. (3820)
Integrated Marketing Services
  2012 Ed. (3574)
  2013 Ed. (3621, 3627, 3628)
  2014 Ed. (3559, 3561, 3565, 3566)
Integrated Marketing Technologies, Inc.
  2018 Ed. (3993)
Integrated Media Solutions
  2013 Ed. (3657)
Integrated Medical Solutions
  2013 Ed. (1304)
Integrated Medical Systems Inc.
  1999 Ed. (2726)
IMS (Integrated Merchandising Solutions)
  2023 Ed. (4056)
Integrated Merchandising Systems
  2018 Ed. (2196)
Integrated Merchandising Systems LLC
  2017 Ed. (3963)
Integrated Packaging Group
  2004 Ed. (3960)
Integrated circuits & parts
  1999 Ed. (2110)
Integrated Point-of-Care Testing Data Management
  2001 Ed. (3268)

Integrated Print Solutions
  2012 Ed. (4036)
  2013 Ed. (4069)
Integrated Project Management
  2017 Ed. (781, 1616)
IPS-Integrated Project Services
  2023 Ed. (2625)
Integrated Project Services
  2012 Ed. (2392)
  2019 Ed. (2491)
  2021 Ed. (2402)
  2022 Ed. (2515)
IPS-Integrated Project Services LLC
  2023 Ed. (1418)
Integrated Project Services LLC
  2020 Ed. (1212)
Integrated Protection Services
  2020 Ed. (4334)
  2021 Ed. (4350)
  2022 Ed. (4356)
Integrated Research
  2022 Ed. (1388)
  2023 Ed. (1584)
Integrated Resources
  1989 Ed. (1427, 1809, 2293)
  1990 Ed. (784, 785, 786, 789, 2360)
Integrated Resources Equity Corp.
  1989 Ed. (819)
Integrated Resources Life
  1991 Ed. (2096, 2251, 2588, 2591)
  1992 Ed. (4380)
Integrated Resources Life - Capital Accumulation Program (VA)
  1991 Ed. (2150, 2155)
Integrated Resources Life Harvest (VA)
  1991 Ed. (2155)
Integrated Science Solutions
  2006 Ed. (2501)
Integrated Security Control Systems
  1999 Ed. (4204)
Integrated Security Holdings Group LLC
  2018 Ed. (4783)
Integrated Security Technologies
  2016 Ed. (1635)
  2020 Ed. (4345)
  2021 Ed. (4361)
Integrated Security Technologies Inc.
  2022 Ed. (4952)
  2023 Ed. (4956)
Integrated Service Management LLC
  2016 Ed. (1765)
Integrated Silicon Systems
  1995 Ed. (2796, 2797)
Integrated Solutions & Services
  2016 Ed. (4781)
  2017 Ed. (4795)
  2018 Ed. (4789)
Integrated Steel Inc.
  1996 Ed. (744, 3880)
  1997 Ed. (676, 3917)
  1998 Ed. (468, 3762)
Integrated systems
  1992 Ed. (3821)
  1996 Ed. (3310)
Integrated Systems Group
  2000 Ed. (903)
Integrated Systems Improvement Services Inc.
  2008 Ed. (3694, 4368, 4952)
Integrated Systems Technologies
  1998 Ed. (606)
Integrated Technologies Corp.
  2014 Ed. (4989)
Integrated Technologies Inc.
  2005 Ed. (1357)
Integrated Tire
  2005 Ed. (4695)
Integrated Tower Solutions
  2018 Ed. (1466)
Integrated Transportation
  2007 Ed. (3525)
  2008 Ed. (3689)
Integrated Waste
  1994 Ed. (1151)
Integrated Waste Services
  1992 Ed. (2367, 3991)
  1997 Ed. (1175)
  1999 Ed. (1367)
Integrated Water Technologies Inc.
  2013 Ed. (3540)
Integration Alpha
  2021 Ed. (1866)
Integration Specialist Inc.
  2006 Ed. (3529, 4368)
Integration Systems Inc.
  2008 Ed. (4607)
Integretel, Inc.
  1998 Ed. (3482)
IntegRhythm
  2021 Ed. (1085)
IntegRhythm (INRY)
  2021 Ed. (1085)
Integris Baptist Medical Center Inc.
  2001 Ed. (1829)
  2003 Ed. (1803)
  2005 Ed. (1922)
  2006 Ed. (1957)

2007 Ed. (1939)
2008 Ed. (2009)
2009 Ed. (1972)
2010 Ed. (1905)
2011 Ed. (1941)
2012 Ed. (1804)
2013 Ed. (1978)
2014 Ed. (1917)
2015 Ed. (1962)
2016 Ed. (1931)
Integris Credit Union
  2010 Ed. (1512)
  2011 Ed. (1505)
Integris Health Inc.
  2008 Ed. (2007)
  2011 Ed. (1939)
Integris Metals Inc.
  2003 Ed. (3381)
  2004 Ed. (3448)
  2005 Ed. (3462, 3463)
  2006 Ed. (3469, 3470)
Integris Southwest Medical Center
  2001 Ed. (1829)
  2003 Ed. (1803)
  2004 Ed. (1836)
  2005 Ed. (1922)
  2006 Ed. (1957)
  2007 Ed. (1939)
  2008 Ed. (2009)
  2009 Ed. (1972)
  2010 Ed. (1905)
IntegriServ Cleaning Systems
  2022 Ed. (735)
Integrity
  2017 Ed. (3612)
Integrity Applications Inc.
  2010 Ed. (4491)
  2011 Ed. (4426)
Integrity Asset Management
  2010 Ed. (2687)
Integrity Capital Partners
  2010 Ed. (3240)
Integrity Cargo Solutions
  2022 Ed. (3433)
Integrity Cargo Solutions Inc.
  2021 Ed. (1404)
Integrity Construction of Arkansas
  2022 Ed. (1029, 1375)
Integrity Custom Cabinetry LLC
  2019 Ed. (4993)
Integrity Express Logistics
  2014 Ed. (3522)
Integrity Funding
  2014 Ed. (2678)
  2015 Ed. (2722)
Integrity Health Plan of Mississippi
  2000 Ed. (2432)
Integrity IT
  2014 Ed. (1729)
  2016 Ed. (1728)
Integrity Life
  1991 Ed. (2096)
  1993 Ed. (2379)
Integrity Management Consulting
  2012 Ed. (4966)
  2013 Ed. (1304)
  2014 Ed. (1237, 2084)
Integrity Management Consulting Inc.
  2013 Ed. (1305)
  2014 Ed. (1238)
  2015 Ed. (2137)
Integrity Marketing
  2023 Ed. (2511)
Integrity Pinnacle Dreman Value
  1997 Ed. (3823)
Integrity Solutions
  2016 Ed. (1700)
Integrity Staffing Solutions
  2019 Ed. (2995)
  2022 Ed. (3010)
  2023 Ed. (3126)
Integrity Staffing Solutions Inc.
  2004 Ed. (3944)
  2012 Ed. (4062, 4064)
  2013 Ed. (4102)
  2015 Ed. (1602)
  2016 Ed. (1528, 1529, 2980)
Integrity Tool & Mold Inc.
  2013 Ed. (4055)
  2014 Ed. (3994)
  2015 Ed. (4042)
  2016 Ed. (3954)
  2017 Ed. (3929)
  2018 Ed. (3954)
  2019 Ed. (3930)
  2020 Ed. (3944)
  2021 Ed. (3912)
  2022 Ed. (3922)
Integrity Windows & Doors
  2005 Ed. (3461)
Integrity360
  2017 Ed. (1678)
  2018 Ed. (1641)
  2019 Ed. (1693)
Integro Building Systems
  2020 Ed. (2844)
  2021 Ed. (2718)

Integro Group Holdings LP
  2018 Ed. (3199, 3202)
  2019 Ed. (3134, 3251)
  2020 Ed. (3157, 3160)
Integro USA Inc.
  2017 Ed. (3100)
Integrys Energy Group Inc.
  2008 Ed. (2176)
  2009 Ed. (2159, 2418, 2505, 2867)
  2010 Ed. (1428, 1438, 1690, 1717, 1718, 1722, 1723, 2422, 2432)
  2011 Ed. (1703, 2153, 2341, 2425, 2436)
  2012 Ed. (2245, 2260)
  2015 Ed. (2417)
InTek Freight & Logistics Inc.
  2023 Ed. (1775)
Intekras Inc.
  2011 Ed. (1316)
Intel
  1989 Ed. (2302, 2312, 2456, 2457, 2458)
  1990 Ed. (1614, 2752, 2996, 3229, 3230, 3231, 3232, 3233, 3236, 3238)
  1991 Ed. (1021, 1514, 1516, 1526, 1529, 2077, 2651, 2654, 2655, 2656, 2659, 2660, 2854, 2909, 3080, 3081, 3082)
  1992 Ed. (488, 1299, 1919, 1922, 1929, 3312, 3313, 3317, 3318, 3319, 3683, 3910, 3911, 3912, 3915, 3916, 3918, 4061, 4147)
  1993 Ed. (224, 827, 1049, 1057, 1224, 1228, 1565, 1566, 1572, 1583, 1712, 2562, 2750, 2751, 2755, 2756, 2757, 3002, 3211, 3213, 3214, 3381, 3468, 3469)
  1994 Ed. (1079, 1083, 1085, 1262, 1267, 1337, 1397, 1611, 2186, 2705, 2707, 2708, 2712, 3200, 3201, 3202, 3203, 3204, 3205, 3445, 3458)
  1995 Ed. (21, 1086, 1091, 1093, 1266, 1284, 1286, 1287, 1311, 1314, 1363, 1427, 1432, 1651, 1763, 1765, 1766, 2253, 2812, 2821, 3178, 3286, 3437)
  1996 Ed. (774, 2105)
  1997 Ed. (240, 712, 1081, 1083, 1286, 1288, 1289, 1293, 1309, 1325, 1328, 1341, 1345, 1347, 1369, 1405, 1438, 1439, 1705, 1706, 1707, 1822, 1823, 1825, 1826, 2473, 2787, 2788, 2967, 2976, 2978, 2979, 3252, 3492, 3493, 3494, 3637)
  1998 Ed. (153, 489, 823, 829, 831, 1043, 1044, 1046, 1050, 1061, 1062, 1063, 1064, 1081, 1085, 1086, 1099, 1100, 1103, 1111, 1113, 1117, 1128, 1149, 1150, 1164, 1167, 1399, 1400, 1401, 1417, 1532, 1533, 1539, 1881, 2714, 2719, 2720, 2721, 2722, 2723, 3276, 3277, 3280, 3281, 3282, 3285, 3411, 3413, 3415, 3416)
  1999 Ed. (776, 967, 1073, 1258, 1262, 1269, 1476, 1478, 1488, 1490, 1496, 1516, 1526, 1527, 1528, 1529, 1530, 1533, 1534, 1538, 1540, 1542, 1545, 1546, 1547, 1550, 1554, 1591, 1600, 1620, 1624, 1625, 1661, 1663, 1671, 1672, 1673, 1681, 1682, 1958, 1959, 1962, 1965, 1966, 1970, 1994, 3406, 3470, 3669, 3670, 3671, 3672, 3673, 4043, 4044, 4267, 4268, 4269, 4270, 4274, 4275, 4279, 4280, 4281, 4282, 4387, 4389, 4391, 4488, 4489, 4496, 4498)
  2000 Ed. (282, 960, 961, 1162, 1163, 1165, 1332, 1335, 1339, 1342, 1360, 1370, 1377, 1380, 1396, 1426, 1430, 1431, 1470, 1478, 1479, 1480, 1737, 1738, 1739, 1740, 1743, 1746, 1751, 2642, 2990, 3381, 3388, 3389, 3390, 3757, 3758, 3990, 3991, 3992, 3993, 3995, 3997, 4002, 4003, 4092)
  2001 Ed. (24, 1040, 1041, 1347, 1568, 1574, 1581, 1585, 1588, 1590, 1591, 1599, 1601, 1647, 1648, 1649, 1653, 1741, 1742, 1748, 1749, 1867, 1868, 2159, 2170, 2172, 2192, 2193, 2194, 2196, 2198, 3300, 3301, 3534, 3535, 4043, 4210, 4213, 4214, 4215, 4217, 4218)
  2002 Ed. (33, 768, 1134, 1136, 1137, 1139, 1185, 1381, 1444, 1494, 1496, 1497, 1505, 1534, 1535, 1536, 1539, 1540, 1546, 1554, 1564, 1565, 1602, 1681, 1686, 1690, 1693, 2081, 2101, 2107, 2109, 3247, 3484, 3485, 3966, 4254, 4256, 4257, 4258, 4735, 4871)
  2003 Ed. (752, 920, 1095, 1124, 1125, 1524, 1528, 1529, 1530, 1533, 1544, 1545, 1550, 1553, 1570, 1583, 1584, 1587, 1591, 1594, 1627, 1628, 1702, 1705, 1706, 1707, 1712, 1716, 1720, 2190, 2191, 2198, 2241, 2251, 2252, 2253, 2254, 2926, 2943, 2944, 3753, 4073, 4376, 4378, 4379, 4380, 4384, 4385, 4386, 4387, 4388, 4389, 4559, 4566, 4567, 4686)
  2004 Ed. (762, 1162, 1134, 1135, 1136, 1553, 1560, 1659, 1660, 1752, 1753, 2041, 2230, 2231, 2233, 2234, 2262, 2903, 3016, 3020, 3154, 3662, 3778,

4398, 4399, 4400, 4401, 4403, 4404,
4405, 4554, 4557, 4575, 4581, 4582)
2005 Ed. (740, 742, 871, 1121, 1152,
1156, 1158, 1176, 1574, 1575, 1638,
1642, 1673, 1674, 1675, 1677, 1681,
1682, 1683, 1685, 1687, 1812, 1824,
1825, 2330, 2331, 2334, 2335, 2340,
2374, 3025, 3034, 3036, 3697, 4040,
4340, 4342, 4343, 4344, 4345, 4346,
4350, 4351, 4352, 4463, 4501, 4502,
4504, 4514)
2006 Ed. (163, 654, 781, 1113, 1144,
1148, 1173, 1455, 1458, 1501, 1519,
1531, 1578, 1579, 1581, 1583, 1586,
1587, 1588, 1589, 1590, 1783, 1784,
1785, 1807, 1961, 2389, 2390, 2395,
2396, 3688, 3695, 3697, 4280, 4281,
4282, 4283, 4284, 4287, 4288, 4291,
4292, 4576, 4577, 4589, 4602, 4607)
2007 Ed. (683, 691, 877, 1259, 1263,
1279, 1477, 1608, 1610, 1611, 1612,
1784, 1791, 1792, 1796, 1815, 2260,
2261, 2333, 2334, 2338, 2799, 2900,
3074, 3690, 3782, 4343, 4344, 4346,
4347, 4348, 4350, 4351, 4352, 4353,
4354, 4355, 4356, 4553, 4554, 4570,
4703)
2008 Ed. (641, 655, 1046, 1116, 1155,
1159, 1179, 1433, 1471, 1529, 1588,
1589, 1591, 1598, 1599, 1600, 1601,
1610, 1815, 1817, 2320, 2395, 2459,
2460, 2462, 2471, 3022, 3506, 3540,
3861, 4308, 4311, 4313, 4314, 4523,
4632)
2009 Ed. (670, 1028, 1029, 1090, 1095,
1134, 1139, 1155, 1401, 1403, 1520,
1521, 1523, 1524, 1526, 1536, 1537,
1540, 1541, 1542, 1546, 1547, 1676,
1792, 2393, 2458, 2459, 2462, 2474,
2594, 2595, 2596, 2599, 3006, 3109,
3920, 4252, 4413, 4414, 4416, 4418,
4419, 4420, 4421, 4669)
2010 Ed. (634, 1118, 1123, 1150, 1472,
1518, 1519, 1520, 1531, 1536, 1715,
2240, 2382, 2503, 2945, 3042, 3832,
4456, 4457, 4459, 4460, 4461)
2011 Ed. (568, 584, 1013, 1057, 1093,
1380, 1390, 1396, 1397, 1398, 1399,
1400, 1401, 1402, 1439, 1512, 1526,
1527, 1529, 1534, 1730, 1731, 1732,
1734, 1736, 1737, 2379, 2380, 2383,
2387, 2391, 2529, 2677, 2885, 2910,
3011, 3490, 3832, 3834, 4188, 4392,
4393, 4394, 4657)
2012 Ed. (548, 554, 931, 984, 1253,
1321, 1360, 1368, 1369, 1371, 1372,
1373, 1381, 1698, 2195, 2196, 2309,
2310, 2453, 2464, 2606, 2823, 2846,
2938, 3100, 3814, 4248, 4458, 4459,
4460, 4461, 4462, 4674, 4821)
2013 Ed. (694, 4428, 4431)
2014 Ed. (653, 715, 717, 4460, 4651)
2015 Ed. (760, 763, 4640, 4642)
2016 Ed. (4556, 4557)
2017 Ed. (4561, 4565, 4566)
2018 Ed. (4583)
2019 Ed. (4590)
2020 Ed. (2915, 4574)
2021 Ed. (1291, 1328, 2784, 2998, 4371,
4375, 4558)
2022 Ed. (1337, 3635, 3636, 4381, 4388,
4566, 4574, 4931)
2023 Ed. (1119, 1123, 1507, 1519, 1543,
1626, 1972, 1973, 3605, 3609, 3737,
4400, 4401, 4406, 4408, 4409, 4412,
4567, 4933)
Intel of Canada
2022 Ed. (1469)
Intel of Canada Ltd.
2020 Ed. (2911)
Intel Capital
2003 Ed. (4848)
2005 Ed. (4819)
2010 Ed. (4845)
Intel Corp.
2013 Ed. (1080, 1089, 1125, 1351, 1358,
1379, 1409, 1457, 1458, 1463, 1464,
1465, 1476, 1477, 1478, 1480, 1735,
2381, 2488, 2489, 2494, 2512, 2696,
2853, 2915, 2922, 3027, 3538, 3739,
3876, 4218, 4222, 4421, 4423, 4427,
4429, 4430, 4513, 4514, 4515, 4595,
4646)
2014 Ed. (1081, 1287, 1289, 1296, 1359,
1419, 1426, 1438, 1439, 1444, 1699,
2230, 2418, 2419, 2538, 2551, 2568,
2680, 2929, 2939, 3039, 3514, 3536,
3672, 3673, 4237, 4259, 4452, 4454,
4457, 4458, 4459, 4576)
2015 Ed. (1069, 1087, 1120, 1349, 1358,
1434, 1479, 1488, 1498, 1499, 1503,
2492, 2493, 2724, 2979, 2988, 3105,
3257, 3557, 3691, 4225, 4447, 4449,
4453, 4454, 4455, 4570, 4612)
2016 Ed. (766, 976, 984, 1032, 1042,
1268, 1269, 1273, 1274, 1275, 1276,
1277, 1278, 1279, 1280, 1289, 1355,
1404, 1418, 1431, 1440, 1444, 1942,
2339, 2424, 2425, 2914, 2922, 3045,

3440, 3442, 4337, 4339, 4341, 4342,
4348, 4350, 4351, 4436, 4533)
2017 Ed. (797, 1010, 1021, 1072, 1331,
1332, 1333, 1346, 1385, 1443, 1451,
1452, 1459, 1906, 2264, 2278, 2311,
2584, 2873, 2880, 2992, 3375, 3377,
3400, 3543, 4343, 4344, 4349, 4350,
4351, 4924)
2018 Ed. (730, 941, 943, 945, 953, 964,
998, 1314, 1317, 1318, 1322, 1360,
1423, 1431, 1432, 1853, 2216, 2330,
2337, 2352, 2458, 2469, 2742, 3031,
3439, 3442, 3466, 3469, 4336, 4337,
4340, 4345, 4346, 4347)
2019 Ed. (932, 944, 952, 954, 999, 1334,
1335, 1340, 1341, 1343, 1398, 1462,
1469, 1472, 1906, 2320, 2329, 2726,
2973, 3408, 3411, 3436, 3438, 4362,
4364, 4369, 4375, 4376, 4377, 4378,
4935)
2020 Ed. (924, 1308, 1309, 1310, 1313,
1358, 1398, 1428, 1437, 1845, 2308,
2512, 3001, 3411, 3414, 3434, 3435,
3555, 4358, 4360, 4363, 4368, 4370,
4371, 4372)
2021 Ed. (1289, 1290, 1292, 1328, 1427,
1435, 1809, 2253, 2862, 3426, 3431,
3451, 3453, 3581, 3582, 4373, 4376,
4377, 4378, 4527)
2022 Ed. (1298, 1299, 1301, 1337, 1433,
1439, 1443, 1853, 2253, 3483, 3484,
3490, 3499, 3510, 4383, 4385, 4387,
4531)
2023 Ed. (1499, 1500, 1505, 1506, 1555,
1631, 1904, 2473, 2571, 3234, 3606,
3615)
Intel Corporation
1990 Ed. (2751, 2754, 2755)
2000 Ed. (4126)
2023 Ed. (2399, 4411)
Intel Corp. (Aloha, OR)
1996 Ed. (1741)
Intel Corp. (Chandler, AZ)
1996 Ed. (1741)
Intel Corp. (Hillsboro, OR)
1996 Ed. (1741)
Intel Corp. (Santa Clara, CA)
1996 Ed. (1741)
Intel Corp. U.K. Ltd.
2002 Ed. (37)
Intel Corp. (U.S.)
2021 Ed. (4378)
2022 Ed. (4387)
Intel Ireland
2017 Ed. (1018, 1019)
2021 Ed. (930, 931)
2022 Ed. (950)
Intel Ireland Ltd.
2000 Ed. (1484)
2001 Ed. (1755)
2011 Ed. (1767)
Intel KK
2010 Ed. (1760)
Intel Security
2016 Ed. (1492)
Intel Technology India Pvt. Ltd.
2010 Ed. (1692)
2012 Ed. (1560)
2013 Ed. (1715)
2014 Ed. (1662)
2015 Ed. (1705)
Intel (U.S.)
2021 Ed. (2784)
Intelbras
2023 Ed. (4372, 4377)
IntelCom Group Inc.
1995 Ed. (203, 206)
Intelenet Global Services Private Ltd.
2008 Ed. (4418)
Intelerad Medical Systems
2012 Ed. (2835)
Inteli960
2001 Ed. (3302, 3303)
Intelig
2010 Ed. (1508)
Inteligo Bank
2019 Ed. (415)
Inteligo SAB
2013 Ed. (2014)
2014 Ed. (1946)
2015 Ed. (1992)
InteliStaf Healthcare
2006 Ed. (4456)
2008 Ed. (4494)
Intelisys Electronic Commerce LLC
2001 Ed. (1873, 2853)
Intelius
2009 Ed. (4403)
Intelivideo
2023 Ed. (1666)
Intellect Resources
2015 Ed. (2944)
The Intellekt Group
2022 Ed. (1232, 1236, 1943)
Intellext Inc.
2007 Ed. (3063)
Intellgent Systems
1989 Ed. (971)

Intellibright
2023 Ed. (3658)
Intellicall
1989 Ed. (2368)
Intellicast
1998 Ed. (3778)
Intellicell Corp.
1998 Ed. (754)
Intellicheck Mobilisa
2016 Ed. (991)
Intellicheck Mobilisa Inc.
2019 Ed. (1003)
Intelliclaim Inc.
2006 Ed. (2822)
Intellidyn Corp.
2007 Ed. (99)
IntelliDyne LLC
2007 Ed. (1394)
Intelligence analyst
2011 Ed. (3783)
Intelligence Data Systems Inc.
2006 Ed. (1353, 2094, 2249)
Intelligence Driven Advisers
2021 Ed. (3157)
Intelligencer
2008 Ed. (4036)
Intelligent Access Systems
2013 Ed. (4412)
Intelligent Audit
2015 Ed. (3537)
2016 Ed. (3388)
Intelligent Demand
2020 Ed. (3451)
2021 Ed. (3471)
2022 Ed. (3622)
2023 Ed. (3649)
Intelligent Electron
1998 Ed. (1957)
Intelligent Electronics
1989 Ed. (1569, 2496)
1992 Ed. (1561, 2220, 3285, 3919, 3925,
3929, 4034, 4035)
1993 Ed. (2740)
1994 Ed. (3219)
1995 Ed. (3289)
1998 Ed. (858, 1956)
1999 Ed. (2694)
Intelligent Electronics (Exton, PA)
1991 Ed. (1037)
Intelligent InSites
2011 Ed. (2864)
2012 Ed. (2796, 2797)
Intelligent Integration Systems
2013 Ed. (1097)
The Intelligent Investor
2005 Ed. (716)
2006 Ed. (638)
The Intelligent Investor: A Book of Practical
Counsel
2006 Ed. (580)
Intelligent Logistics
2010 Ed. (3504)
Intelligent Management Solutions Group
Inc.
2001 Ed. (3909)
Intelligent Office
2013 Ed. (784)
2014 Ed. (805)
The Intelligent Office
2006 Ed. (746)
2007 Ed. (840)
Intelligent Software Solutions Inc.
2007 Ed. (2173)
2008 Ed. (1346, 2288)
2009 Ed. (2999)
2010 Ed. (2939)
Intelligent Staffing
2018 Ed. (1398)
Intelligent Systems
1989 Ed. (970, 980)
1990 Ed. (1118, 1127, 2580)
2007 Ed. (2713, 2731)
2008 Ed. (2847, 2861)
2021 Ed. (2575)
Intelligent Systems Corp.
2019 Ed. (976)
Intelligent Systems Group
1994 Ed. (1098)
1995 Ed. (1115)
1996 Ed. (1091)
1997 Ed. (1111)
Intelligent Systems Technology Inc.
2001 Ed. (1870, 2850)
Intelligent Time Systems Ltd.
2009 Ed. (3027)
IntelligentsiaCoffee.com
2012 Ed. (2289)
Intelligrated
2012 Ed. (3577)
2014 Ed. (3572)
2016 Ed. (3469)
2017 Ed. (3432)
2018 Ed. (3492)
Intellimar
2006 Ed. (4263)
2007 Ed. (4291)

IntelliNet Technologies, Inc.
2002 Ed. (2489)
2003 Ed. (2714)
Intellipure
2023 Ed. (194)
IntelliQ Ltd.
2012 Ed. (966)
IntelliRisk Management Corp.
2001 Ed. (1312, 1313, 1314)
2005 Ed. (1055)
Intelliseek Inc.
2006 Ed. (3025)
2007 Ed. (3058)
Intellisol
2001 Ed. (1252)
Intelliswift
2017 Ed. (4948)
Intelliswift Software Inc.
2018 Ed. (3629, 3630)
2019 Ed. (3622)
2020 Ed. (3593)
2021 Ed. (3621)
2022 Ed. (3673)
2023 Ed. (3776, 3777)
Intellisync Corp.
2007 Ed. (1239)
Intellisys Technology Corp.
2001 Ed. (1355)
2003 Ed. (1356)
Intellitecs
2003 Ed. (3785)
Intellivoice Inc.
2017 Ed. (1732)
Intelliware Development
2015 Ed. (3707)
2016 Ed. (3614)
2017 Ed. (3582)
InTelMark
1997 Ed. (3704, 3705)
2000 Ed. (4197, 4198, 4199, 4200, 4201)
2001 Ed. (4470)
Intelogic Trace
1996 Ed. (2836)
Intelsat
2015 Ed. (1645)
2016 Ed. (1588)
2018 Ed. (1677)
2021 Ed. (4283)
2022 Ed. (328)
Intelsat Corp.
2013 Ed. (2185)
Intelsat Ltd.
2005 Ed. (2343)
2006 Ed. (1091)
2008 Ed. (1400)
2010 Ed. (2093)
2011 Ed. (987, 2148)
2012 Ed. (902, 1501, 1995, 3112)
2013 Ed. (1059)
2014 Ed. (1023)
2015 Ed. (1059)
2016 Ed. (966)
2017 Ed. (1003)
Intelsat (Luxembourg)
2021 Ed. (4283)
Intelsat SA
2016 Ed. (4301)
2017 Ed. (4306)
2018 Ed. (4287)
2019 Ed. (4315)
2020 Ed. (4306)
2021 Ed. (4284)
Intelsat SA (Luxembourg)
2021 Ed. (4284)
INTELUCK
2023 Ed. (1580)
IntelyCare
2022 Ed. (1704, 1711, 2912, 2919)
2023 Ed. (1853)
Intense Technologies Ltd.
2015 Ed. (1103)
2016 Ed. (1014)
2020 Ed. (963)
Intensity Resources
1997 Ed. (1375)
Intensive Care
1997 Ed. (711)
Intensive Care Lotion
1997 Ed. (3659)
Intensive Gardening Constructions LLC
2018 Ed. (1899)
InTENSO Sp. z o.o.
2017 Ed. (1931)
Intensus Engineering
2010 Ed. (1141)
Intent Media
2014 Ed. (1870)
Intentia
1999 Ed. (1099, 1285)
2003 Ed. (1117)
Intentia A. B.
2000 Ed. (1178)
Inteplast Group
2018 Ed. (1769)
2022 Ed. (3919)
Inteplast Group Ltd.
2008 Ed. (3996)
2009 Ed. (4068)

2010 Ed. (3986)
2011 Ed. (3992)
2012 Ed. (3985)
2013 Ed. (4050)
2014 Ed. (3989)
2015 Ed. (4038)
2016 Ed. (3949)
2017 Ed. (3924)
2018 Ed. (3949)
2019 Ed. (3926)
2020 Ed. (3941)
2021 Ed. (3909)
Inter
 1994 Ed. (16)
 2001 Ed. (88, 4301)
 2004 Ed. (96)
Inter Admark
 1995 Ed. (84)
 1996 Ed. (98)
 1997 Ed. (100)
 1999 Ed. (101)
 2001 Ed. (145)
 2002 Ed. (118)
 2003 Ed. (85)
Inter Admark (Dentsu)
 2000 Ed. (105)
Inter-American Development Bank
 1994 Ed. (519)
 1995 Ed. (1561)
 1998 Ed. (1268)
 2003 Ed. (3634)
Inter-American Products
 2010 Ed. (1900, 2722, 2723)
 2011 Ed. (2704)
Inter American University of Puerto Rico
 2004 Ed. (1672)
Inter American University of Puerto Rico Inc.
 2016 Ed. (1972, 1974)
 2017 Ed. (1936, 1938)
 2018 Ed. (1886, 1888)
Inter-Bora Savings and Loan Association
 1999 Ed. (4601)
Inter-City
 1992 Ed. (259, 260, 1885, 2242, 2243)
 1993 Ed. (164, 1908, 1909)
 1994 Ed. (148, 1925, 1926)
 1995 Ed. (167, 1949, 1950)
 1998 Ed. (106, 1779, 1780, 1922)
Inter-City Gas
 1990 Ed. (2925)
Inter-City Products
 1992 Ed. (1597)
 1994 Ed. (1066)
 1996 Ed. (1054)
 1997 Ed. (184, 1141, 2095, 2096)
Inter-Con Security Systems Inc.
 1992 Ed. (3825)
 1993 Ed. (3114)
 1994 Ed. (3161)
 1995 Ed. (3211)
 1997 Ed. (3413)
 1998 Ed. (3185)
 1999 Ed. (4175)
 2000 Ed. (3907)
Inter-Continental
 1990 Ed. (2075)
 1991 Ed. (53, 1941, 1955)
 1998 Ed. (2011, 2024)
 1999 Ed. (2778, 2785, 2792)
 2000 Ed. (2565, 2569)
 2005 Ed. (2931)
Inter-Continental Hotels
 1990 Ed. (2067)
 1992 Ed. (2498, 2508)
 1993 Ed. (2083, 2101)
 1994 Ed. (2095, 2113, 2121)
 1995 Ed. (2166, 2172)
 1996 Ed. (2160, 2176, 2181, 2187)
 1997 Ed. (2290, 2296, 2306)
 1998 Ed. (2020, 2031)
 2000 Ed. (2557)
 2004 Ed. (2944)
Inter-Continental Hotels Group Operating Corp.
 2005 Ed. (2922)
 2006 Ed. (2927)
 2007 Ed. (2938)
 2008 Ed. (3067)
 2009 Ed. (3155)
 2010 Ed. (3085)
Inter-Continental Hotels Group Resources Inc.
 2011 Ed. (3056)
Inter Contract Wbc s.r.o.
 2008 Ed. (994, 1700, 4332, 4672)
Inter Distribution Services Sh.p.k.
 2023 Ed. (1685)
Inter-Europa Bank
 1992 Ed. (698)
 1993 Ed. (499)
 1994 Ed. (502, 503)
 1996 Ed. (530, 531)
 1997 Ed. (489, 490, 826)
Inter-Europa Bank Rt.
 1995 Ed. (486)
Inter-Hotel
 1992 Ed. (2505)

Inter IKEA Systems BV
 2009 Ed. (777, 1707, 2063, 2064, 2065)
 2010 Ed. (718, 2003)
Inter Insurance Exchange Auto Club
 1991 Ed. (2126)
 1992 Ed. (2690)
Inter-Insurance Exchange of the Automobile Club
 2000 Ed. (2652)
Inter-Insurance Exchange of The Auto Club
 2002 Ed. (2970)
Inter Milan
 2011 Ed. (4473)
 2012 Ed. (4488)
Inter-Ocean Reinsurance Co.
 1993 Ed. (848)
 1994 Ed. (860)
 1995 Ed. (901)
Inter-Pacific
 1992 Ed. (2824)
Inter Pacific Financial Corporation
 1989 Ed. (1780)
Inter-Pacific Ind. Group Bhd
 1992 Ed. (1667)
Inter Pacific Motors Inc.
 2006 Ed. (1746)
 2007 Ed. (1755)
 2008 Ed. (1783)
 2009 Ed. (1724)
 2010 Ed. (1672)
 2011 Ed. (1681)
 2012 Ed. (1532)
 2013 Ed. (1678)
 2014 Ed. (1630)
 2017 Ed. (1597)
Inter Parfums
 2006 Ed. (4333)
Inter Pipeline
 2018 Ed. (1441)
Inter Pipeline Fund
 2007 Ed. (3885)
 2009 Ed. (2917)
 2010 Ed. (3976)
 2011 Ed. (3978, 3981)
 2015 Ed. (4022)
Inter Pipeline Ltd.
 2016 Ed. (4493)
 2018 Ed. (4525)
Inter Rao
 2013 Ed. (2445)
 2014 Ed. (2380)
 2015 Ed. (2448)
 2016 Ed. (2394)
 2017 Ed. (2243)
 2018 Ed. (2295)
 2019 Ed. (2286)
 2020 Ed. (1507, 2272)
 2021 Ed. (1493)
Inter Rao UES
 2014 Ed. (2369, 4035)
Inter RAO UES; JSC
 2013 Ed. (850, 880)
Inter RAO UES; Public JSC
 2018 Ed. (2357)
 2019 Ed. (2394)
Inter-Regies Publicite
 1996 Ed. (111)
Inter-Regional Financial
 1995 Ed. (756)
 1996 Ed. (798)
 1997 Ed. (740)
Inter-Roller Engineering
 2009 Ed. (2035)
Inter Savings Bank
 2005 Ed. (357)
Inter Savings Bank, FSB
 2006 Ed. (451)
 2011 Ed. (416)
Inter-Tel
 1990 Ed. (3522)
Interac Association
 1999 Ed. (1954)
 2000 Ed. (1732)
Interacciones
 2000 Ed. (610, 611, 612)
 2007 Ed. (765)
 2008 Ed. (741)
 2010 Ed. (684)
Interact Inc.
 2007 Ed. (3610, 3611, 4452)
Interaction Haute Normandie
 2019 Ed. (1587)
Interactions
 2021 Ed. (4563)
Interactive
 2019 Ed. (3502)
Interactive advertising
 2001 Ed. (2969)
The Interactive Agency
 2002 Ed. (1980)
Interactive Brand Development Inc.
 2006 Ed. (4606)
Interactive Brokers
 2005 Ed. (757)
 2019 Ed. (2801)
 2021 Ed. (699)
Interactive Brokers Group
 2020 Ed. (1495, 1497, 4310)

Interactive Brokers Group LLC
 2006 Ed. (663)
 2007 Ed. (762)
 2008 Ed. (738)
 2009 Ed. (737)
 2010 Ed. (677, 678, 680, 681)
 2011 Ed. (604, 605, 608, 611, 612)
 2012 Ed. (574, 575, 578, 582, 583)
 2013 Ed. (710, 711, 714, 718, 719)
 2014 Ed. (733, 734, 736, 737, 741, 742)
 2015 Ed. (779)
 2016 Ed. (700)
 2017 Ed. (750, 752, 755, 756, 759, 760)
 2018 Ed. (690, 691)
 2019 Ed. (704)
 2020 Ed. (691, 692, 693, 695)
 2021 Ed. (696, 697)
 2022 Ed. (733)
Interactive Business Systems Inc.
 1991 Ed. (811)
 1993 Ed. (1103)
 1994 Ed. (1126)
 1997 Ed. (846, 1140)
 1998 Ed. (543)
 1999 Ed. (959)
 2000 Ed. (902)
 2002 Ed. (1216)
Interactive Collections Technology
 2001 Ed. (1312)
InterActive Corp.
 2005 Ed. (1464)
Interactive Data Corp.
 2006 Ed. (4023)
 2007 Ed. (4054)
 2008 Ed. (1916)
Interactive Government Holdings
 2018 Ed. (1235)
 2019 Ed. (1268, 2088)
Interactive Graphics Inc.
 2000 Ed. (4383)
Interactive Group Technology Co., Ltd.
 2018 Ed. (2937)
Interactive Intelligence
 2013 Ed. (1095, 4445)
Interactive Intelligence Group Inc.
 2013 Ed. (1721)
Interactive Intelligence Inc.
 2003 Ed. (1550)
 2008 Ed. (1804)
 2009 Ed. (1751)
 2010 Ed. (4501, 4502, 4505, 4508)
 2011 Ed. (4437)
 2012 Ed. (1566, 1568)
Interactive Investments Technology Val.
 1998 Ed. (2593, 2603)
Interactive Marketing Services Inc.
 1998 Ed. (3482)
Interactive Media Services
 1997 Ed. (3702, 3703, 3705)
 2002 Ed. (4576, 4578)
Interactive Media Services ("Catch")
 1996 Ed. (3643, 3644)
Interactive Network System/JerseyNet
 2002 Ed. (2994)
Interactive Objects GmbH
 2005 Ed. (1150)
Interactive Search
 2002 Ed. (2479)
Interactive Search Holdings Inc.
 2006 Ed. (1421, 1427)
Interactive Strategies
 2020 Ed. (3033)
 2022 Ed. (3022)
Interactive Strategies LLC
 2023 Ed. (3138)
Interactive Tacking Systems Inc.
 2012 Ed. (1876)
Interactive Technology
 2000 Ed. (3820)
Interactive Technology Solutions
 2008 Ed. (3182)
Interactive TV
 1996 Ed. (2345)
Interactive Voices Inc.
 2015 Ed. (842)
Interactive Week
 1999 Ed. (3759, 3762)
 2000 Ed. (3486, 3488)
 2001 Ed. (254, 255, 256)
InterActiveCorp
 2005 Ed. (750, 1634, 2327, 2329, 2770, 3990, 4141)
 2006 Ed. (165, 759, 761, 2376, 2385, 2726, 4026, 4159)
Interactivo Tres Development
 2019 Ed. (3736)
InterAd Bozell
 1999 Ed. (139)
 2000 Ed. (156)
Interama
 1995 Ed. (219)
 1996 Ed. (218)
 1997 Ed. (250)
Interamerca's Fund Ltd.
 1999 Ed. (3685)
Interamerica Ammirati Puris Lintas
 1999 Ed. (81)
 2000 Ed. (87)

Interamerican Bank
 2008 Ed. (2962)
 2009 Ed. (3042)
 2010 Ed. (2966)
 2011 Ed. (2928)
 2021 Ed. (4291)
 2022 Ed. (4299)
Interamerican Bank, a FSB
 2021 Ed. (4291)
 2022 Ed. (4299)
 2023 Ed. (4329)
InterAmerican Development
 2000 Ed. (773)
InterAmerican Development Bank
 1999 Ed. (759)
Interamerican Federal S & L
 1990 Ed. (2006)
Interamerican Trading and Produce
 1990 Ed. (2009)
 1991 Ed. (1910)
Interamerican Trading & Products Corp.
 1992 Ed. (2403, 2405)
 1993 Ed. (2040)
Interamericana
 2008 Ed. (3255)
InterAmericano
 2000 Ed. (641, 644, 645)
Interamerica's Fund Ltd.
 2000 Ed. (3401)
Interandina de Publicidad
 1996 Ed. (127)
 1997 Ed. (131)
Interandina TBWA
 2000 Ed. (158)
 2001 Ed. (196)
InterAtlas Chemical Inc.
 2014 Ed. (2874)
 2015 Ed. (857)
Interauditor Neuner & Henzi
 2001 Ed. (4)
Interbanc
 1997 Ed. (2633)
 2001 Ed. (66)
Interbanco
 2007 Ed. (538)
Interbanco SA
 1992 Ed. (817)
 1993 Ed. (611)
 1994 Ed. (614)
 1995 Ed. (584)
 1996 Ed. (653)
 1997 Ed. (592)
 1999 Ed. (621)
Interbank
 2000 Ed. (640, 641, 643, 644, 645, 646, 689, 690, 691, 692, 693, 694)
 2001 Ed. (646, 647, 648, 654, 655)
 2007 Ed. (539)
 2010 Ed. (1952)
 2011 Ed. (2005)
 2013 Ed. (2012)
 2014 Ed. (533, 1944)
 2015 Ed. (598, 1990)
 2016 Ed. (543)
 2017 Ed. (563)
 2018 Ed. (530)
 2019 Ed. (549)
 2020 Ed. (535)
 2021 Ed. (395, 520)
 2022 Ed. (408, 533)
 2023 Ed. (530, 781, 782)
Interbank Burundi
 2014 Ed. (345)
 2015 Ed. (386)
Interbank FX
 2010 Ed. (2687)
 2011 Ed. (2676)
Interbanking
 2014 Ed. (1356)
 2015 Ed. (1432)
Interbauhaus AG
 2022 Ed. (517)
Interbeton BV
 1997 Ed. (1133)
Interbolsa
 2007 Ed. (756)
 2008 Ed. (735)
 2010 Ed. (675)
Interbond Corp. of America
 2007 Ed. (2873)
 2010 Ed. (144)
 2011 Ed. (68)
 2012 Ed. (70)
 2013 Ed. (66)
 2014 Ed. (85)
 2015 Ed. (87)
 2017 Ed. (65)
Interbrand
 1996 Ed. (2233, 2234, 2236)
 1999 Ed. (2836, 2837)
 2002 Ed. (1952, 1953, 1956, 1957, 1958)
 2010 Ed. (3584)
 2011 Ed. (59, 3586)
Interbren Italia
 1995 Ed. (1381)
Interbrew
 1993 Ed. (750)
 1995 Ed. (709)

1996 Ed. (785)
Interbrew Belgium SA
 1999 Ed. (1589)
Interbrew/Labatt
 1996 Ed. (788)
Interbrew NV
 2006 Ed. (1564)
Interbrew SA
 2001 Ed. (21, 679, 1027)
 2002 Ed. (704)
 2003 Ed. (671, 1623, 2428)
 2004 Ed. (33, 38, 676, 2562)
 2005 Ed. (665, 669, 1498, 3295)
 2006 Ed. (1438, 1563, 3372, 4090)
Intercall
 2005 Ed. (1464)
Intercare Therapy
 2022 Ed. (2905)
Intercassa Societa' di Intermediazione Mobil Corp.iare SpA
 1995 Ed. (2117)
Intercassa Societa di Intermediazione Mobilare SpA
 1996 Ed. (2124)
Intercede Group plc
 2003 Ed. (2738)
Intercentros Ballesol SA
 2008 Ed. (2087, 4323)
Intercept Pharmaceuticals
 2014 Ed. (4433)
Interchange Corp.
 2007 Ed. (2728)
 2008 Ed. (2858)
Interchem
 1992 Ed. (87)
Interchurch Medical Assistance
 1991 Ed. (898, 899, 2614)
 2009 Ed. (3833, 3835, 3837, 3839)
Interclick
 2013 Ed. (1931)
InterCloud Systems Inc.
 2017 Ed. (1051)
Interco Charitable Trust
 2002 Ed. (977)
Interco Inc.
 1989 Ed. (941, 942, 943, 944, 1601, 2486)
 1990 Ed. (1060, 1061, 1062, 1863, 1864, 2036, 3277)
 1991 Ed. (985, 1205, 1219, 1235, 1779, 1780, 1925, 1926, 3115)
 1992 Ed. (1528, 1535, 1537, 2247, 2248, 3954, 4058, 4060, 4072)
 1993 Ed. (367, 368, 369, 1261, 1370, 1910, 1911)
 1994 Ed. (1929, 1930, 2125)
 1995 Ed. (1953, 1955)
 1996 Ed. (1988, 1989)
 1997 Ed. (2101, 2103)
 2002 Ed. (1448)
 2003 Ed. (1468)
 2004 Ed. (1498)
 2005 Ed. (1514)
Intercoastal City, LA
 2000 Ed. (3573)
Intercoastal Pool & Spa Builders
 2019 Ed. (4549)
Intercom
 1990 Ed. (1333, 3456)
 1991 Ed. (729, 730, 1258, 1259, 1260)
 1992 Ed. (913, 914, 1579)
 1993 Ed. (730)
 1997 Ed. (131)
 1999 Ed. (141)
Intercom DDB
 2000 Ed. (158)
Intercom Packaging (USA) Inc.
 2007 Ed. (3592, 4442)
Intercon Environmental Inc.
 2017 Ed. (4938)
 2018 Ed. (4944)
 2020 Ed. (4943)
Interconex Inc.
 2006 Ed. (4380)
Interconexion Electrica
 2012 Ed. (1423, 2255)
 2013 Ed. (1546, 2433)
 2014 Ed. (1514)
 2018 Ed. (1478)
Interconexion Electrica SA
 2019 Ed. (2391, 2404)
Interconnect Devices Inc.
 2002 Ed. (4877)
Interconsult
 1992 Ed. (994)
InterContinental
 1992 Ed. (85)
 1997 Ed. (3928)
 2006 Ed. (2934)
 2007 Ed. (2945)
 2008 Ed. (3070)
 2009 Ed. (3159)
 2010 Ed. (3088)
Intercontinental
 2021 Ed. (682, 2914, 2927)
 2023 Ed. (3155, 3162, 3573)

Intercontinental Bank
 2005 Ed. (588)
 2007 Ed. (530, 555)
 2008 Ed. (484, 507)
 2009 Ed. (511, 539)
 2010 Ed. (1885)
Intercontinental Bank Ghana
 2013 Ed. (332)
Intercontinental Bank plc
 2009 Ed. (464)
 2010 Ed. (369, 492)
 2011 Ed. (291, 422)
Intercontinental Consultants & Technocrats Pvt.
 2008 Ed. (1308, 1309)
Intercontinental Energy
 1990 Ed. (3660)
InterContinental Exchange
 2004 Ed. (2218)
 2009 Ed. (1400, 2907, 2908)
 2010 Ed. (2799, 2851, 2852)
 2011 Ed. (970, 971)
Intercontinental Exchange
 2017 Ed. (4313)
 2018 Ed. (1561, 4294, 4527)
 2019 Ed. (1593, 2630, 4320)
 2020 Ed. (1323, 1332, 4311)
 2021 Ed. (4328)
 2022 Ed. (4337)
 2023 Ed. (4367)
Intercontinental Hotel Corp.
 1990 Ed. (1226, 1256)
InterContinental Hotel Group
 2006 Ed. (3275)
 2021 Ed. (4351)
 2022 Ed. (4357)
InterContinental Hotels
 1991 Ed. (1141)
 1992 Ed. (1497)
 2006 Ed. (1686, 2942)
 2007 Ed. (2961, 3348)
 2013 Ed. (2114)
 2014 Ed. (2050, 2051)
 2015 Ed. (2102)
 2017 Ed. (2959, 4744, 4748)
 2018 Ed. (3073)
 2019 Ed. (2056)
InterContinental Hotels Group
 2006 Ed. (2926, 2929)
 2007 Ed. (2953)
 2008 Ed. (3065, 3073, 3078)
 2009 Ed. (884, 3168)
 2010 Ed. (835, 3099)
 2012 Ed. (4749)
 2013 Ed. (1650, 2358)
 2015 Ed. (3164)
 2016 Ed. (3016)
 2017 Ed. (4742)
 2018 Ed. (1997, 2003, 2010, 4728)
 2020 Ed. (3040, 3050, 3051, 3052, 3054)
 2021 Ed. (2901, 2905, 2920, 2921, 2922, 2924)
 2022 Ed. (3030, 3036, 3038, 3039, 3040, 3042)
 2023 Ed. (1043)
Intercontinental Hotels Group
 2021 Ed. (4708)
 2022 Ed. (4710)
 2023 Ed. (3496, 4696)
InterContinental Hotels Group Americas
 2014 Ed. (3041)
 2018 Ed. (3033)
 2019 Ed. (2975)
 2020 Ed. (3003)
 2021 Ed. (2864)
InterContinental Hotels Group Operating Corp.
 2007 Ed. (2939)
 2008 Ed. (3068)
 2009 Ed. (3156)
InterContinental Hotels Group plc
 2005 Ed. (2932, 2933, 2939)
 2006 Ed. (2936, 2944, 4138)
 2007 Ed. (2947, 2956, 3346, 3349, 4159)
 2008 Ed. (3072, 3085, 3444)
 2009 Ed. (1428, 3161, 3165, 3174, 3519)
 2010 Ed. (1396, 3091, 3096, 3107, 3446)
 2011 Ed. (3066, 3067, 3077, 3139, 3442, 3446, 4757)
 2012 Ed. (113, 2952, 3007, 3010, 3011, 3018, 3104, 3113, 3463)
 2013 Ed. (1647, 3087, 3094, 3098, 3099, 3185, 3501)
 2014 Ed. (1605, 3085, 3093, 3096, 3097, 3098, 3101, 3477)
 2015 Ed. (1655, 3151, 3158, 3161, 3162)
 2016 Ed. (1597, 3013, 3014)
 2017 Ed. (1577, 2955, 2957)
 2018 Ed. (1560, 3063, 3069)
 2019 Ed. (3006)
Intercontinental Hotels Group Resources Inc.
 2013 Ed. (3088)
 2014 Ed. (3086)
 2015 Ed. (3153)
InterContinental Hotels & Resorts
 2017 Ed. (852)
 2019 Ed. (805, 806, 3014)

2020 Ed. (3045)
 2021 Ed. (828, 2910)
 2022 Ed. (3033)
 2023 Ed. (3146, 3151)
InterContinental Hotels & Resorts (England)
 2021 Ed. (2910)
InterContinental Hotels & Resorts (U.K.)
 2021 Ed. (828)
Intercontinental Metals Inc.
 1991 Ed. (1910)
 1992 Ed. (2405)
Intercontinental Packers Ltd.
 1992 Ed. (2998, 3513)
 1993 Ed. (2517, 2518, 2524, 2895, 2896, 2897)
 1994 Ed. (2460, 2912)
 1995 Ed. (2528, 2969)
 1996 Ed. (2592, 3067)
 1997 Ed. (2739, 3146)
 1998 Ed. (2447, 2448, 2893, 2894)
 1999 Ed. (3319, 3320, 3867, 3868)
Intercontinental Quimica SA
 2004 Ed. (4716)
Intercontinental Security & Integration
 2012 Ed. (4447)
InterContinental Singapore
 2018 Ed. (3077)
InterContinental Sydney
 2018 Ed. (3077)
Intercontinental (U.K.)
 2021 Ed. (2927)
InterContinental Vienna
 2017 Ed. (2963)
IntercontinentalExchange
 2014 Ed. (2878)
 2015 Ed. (3431)
 2016 Ed. (1601, 3291)
 2017 Ed. (1580, 3253, 3258)
 2018 Ed. (1563, 3329, 3332)
 2019 Ed. (3303, 3308)
 2020 Ed. (1563, 3305, 3310)
IntercontinentalExchange Inc.
 2003 Ed. (2166, 2177)
 2008 Ed. (4529)
 2009 Ed. (1694, 1695, 1697, 1698)
 2011 Ed. (2833, 2834, 2843, 3139)
 2012 Ed. (1509, 2764)
 2013 Ed. (1651, 2847)
 2014 Ed. (1610)
Intercor
 2006 Ed. (2544)
Intercosmos Media Group
 2006 Ed. (3976)
 2007 Ed. (4015)
Intercraft
 1998 Ed. (2854)
Intercultures
 2000 Ed. (3019)
Interdenominational Theological Center
 1994 Ed. (1899)
Interdental products
 1996 Ed. (3094)
Interdepartmental
 2001 Ed. (2160)
InterDigital
 2019 Ed. (3688)
InterDigital Communications Corp.
 1994 Ed. (2018)
 1996 Ed. (213)
 1997 Ed. (231, 232)
 1998 Ed. (154)
 2002 Ed. (306, 307)
 2008 Ed. (1127, 2039, 4608)
InterDigital Inc.
 2009 Ed. (2898, 2911, 2912)
 2010 Ed. (2842, 2855, 2856)
 2012 Ed. (4482)
 2013 Ed. (2844)
Intere Intermediaries Inc.
 1990 Ed. (2262)
 1991 Ed. (2830)
Intere Intermediaries Inc./RFC Intermediaries Inc.
 1992 Ed. (3659)
Interenergo d.o.o.
 2020 Ed. (1511, 1889)
Interest Rates
 1992 Ed. (993)
Interex Forest Products Ltd.
 2012 Ed. (2683)
Interface Construction Corp.
 2021 Ed. (3620)
Interface Creative Marketing Executions
 2002 Ed. (4086)
Interface Electronics Corp.
 1996 Ed. (1631)
 1997 Ed. (1709)
 1998 Ed. (1410)
 1999 Ed. (1984, 1989)
 2000 Ed. (1764, 1765, 1769)
 2001 Ed. (2206, 2210)
 2002 Ed. (4616)
Interface Engineering
 2019 Ed. (2441)
 2020 Ed. (2427)
 2021 Ed. (2357)
Interface Engineering Inc.
 2006 Ed. (2453)

Interface Fabric Inc.
 2007 Ed. (1863)
 2008 Ed. (1897)
 2009 Ed. (1860)
Interface Financial Corp.
 2002 Ed. (2262)
 2003 Ed. (2480)
 2004 Ed. (2613)
 2005 Ed. (2599)
 2006 Ed. (2599)
 2007 Ed. (2568)
 2008 Ed. (2705)
 2009 Ed. (2764)
 2010 Ed. (2693)
 2011 Ed. (2680)
 2012 Ed. (2610)
 2013 Ed. (2706)
 2014 Ed. (2689)
 2015 Ed. (2735)
The Interface Financial Group
 2020 Ed. (808)
Interface Flooring Systems
 1991 Ed. (3348)
 1992 Ed. (4275)
Interface Inc.
 1991 Ed. (3349, 3350)
 1992 Ed. (3286, 4270, 4271, 4276, 4277)
 1993 Ed. (1228, 1318, 2741, 3554)
 1994 Ed. (1374, 2693, 3516)
 1995 Ed. (3597)
 1997 Ed. (3735)
 1998 Ed. (3518, 3520)
 1999 Ed. (4589, 4590, 4591)
 2000 Ed. (4240, 4241)
 2001 Ed. (4506)
 2002 Ed. (4615)
 2003 Ed. (4730)
 2004 Ed. (2628, 2629, 4710)
 2005 Ed. (2617, 2618)
 2009 Ed. (1698)
 2010 Ed. (4725)
 2011 Ed. (4683)
 2012 Ed. (4697)
 2013 Ed. (4658, 4659)
 2014 Ed. (4710)
 2015 Ed. (4722)
 2016 Ed. (4624)
Interface Security Services
 2000 Ed. (3918)
Interface Security Systems
 2005 Ed. (4291)
 2006 Ed. (4271)
 2007 Ed. (4295)
 2008 Ed. (4296, 4297, 4299, 4300)
 2009 Ed. (4404)
Interface Security Systems Holdings Inc.
 2012 Ed. (4448)
 2013 Ed. (4412)
 2014 Ed. (4443)
 2015 Ed. (4438)
 2016 Ed. (4331)
 2017 Ed. (4329, 4334, 4335, 4337)
 2018 Ed. (4322, 4327, 4328, 4330, 4332)
 2019 Ed. (4356, 4358, 4360)
 2020 Ed. (4345, 4351, 4353, 4355)
 2021 Ed. (4366, 4368)
 2022 Ed. (4367, 4378)
Interface Security Systems L.L.C.
 2000 Ed. (3922)
Interface Software
 2003 Ed. (2708)
Interface Systems Inc.
 1998 Ed. (836)
Interfacial Solutions
 2012 Ed. (2428)
Interferon
 1998 Ed. (1327)
InterFirst
 1989 Ed. (575)
 1998 Ed. (2522, 2523, 2526)
 2002 Ed. (3384, 3385)
InterFirst Bank Austin
 1989 Ed. (695)
InterFirst Bank Dallas
 1989 Ed. (695)
InterFirst Bank Dallas NA
 1989 Ed. (563)
InterFirst Bankcorp Inc.
 1995 Ed. (1240, 1242)
 1997 Ed. (2808, 2809, 2810)
Interfirst Federal
 1990 Ed. (3132)
Interfirst; Republicbank/
 1991 Ed. (1146)
Interflow
 2020 Ed. (1033)
 2021 Ed. (1006)
 2022 Ed. (1048)
Interflow Communications
 1993 Ed. (125)
 1997 Ed. (128)
 1999 Ed. (138)
 2001 Ed. (193)
 2002 Ed. (164)
 2003 Ed. (132)
Interflow Communications (O & M)
 2000 Ed. (155)

Interfocus Network
  2000 Ed. (3843, 3844)
Interfondo de Capitales
  2005 Ed. (3580)
Interfor
  2018 Ed. (4438)
  2019 Ed. (4435, 4436)
Interfor Corp.
  2017 Ed. (2689, 3537)
  2018 Ed. (2750)
  2019 Ed. (2733)
  2020 Ed. (2763)
  2021 Ed. (3572)
  2022 Ed. (2764, 3631)
  2023 Ed. (2897, 3731)
Interfor Pacific Inc.
  2006 Ed. (2656, 2657)
  2007 Ed. (2639, 2640)
  2010 Ed. (2767, 2768)
  2011 Ed. (2751)
  2012 Ed. (2686)
  2013 Ed. (2772)
  2014 Ed. (2753, 2754)
  2015 Ed. (2807, 2808)
  2016 Ed. (2740, 2741)
Interform Solutions
  2000 Ed. (911)
Interfresh
  2000 Ed. (4446)
Intergamma
  2001 Ed. (2756)
Intergarden NV
  2002 Ed. (4900)
Interger Group
  2008 Ed. (3598)
  2009 Ed. (131)
  2010 Ed. (3582)
  2011 Ed. (3584)
InterGlobe Aviation
  2019 Ed. (1654)
  2020 Ed. (1612)
Interglobe Enterprises
  2017 Ed. (3983)
Intergraph Corp.
  1989 Ed. (969, 972, 974, 977, 978, 1325)
  1990 Ed. (1111, 1112, 1114, 1120, 1122, 1123, 1126, 1137, 1619, 2208, 3710)
  1991 Ed. (1019, 1023, 1027, 1030, 1035, 2074, 2846)
  1992 Ed. (1328, 3068, 4491, 4492, 4493)
  1993 Ed. (809, 1055, 1271, 3739)
  1994 Ed. (842, 843, 1082, 1315, 3678)
  1995 Ed. (1337, 2259)
  1996 Ed. (3886)
  1997 Ed. (3645)
  1998 Ed. (1120, 3359, 3424)
  1999 Ed. (4399, 4400)
  2001 Ed. (1606)
  2003 Ed. (1600)
  2004 Ed. (1590)
  2005 Ed. (1109, 1361, 1382, 1643, 4674)
  2006 Ed. (1365, 1533)
  2007 Ed. (1403, 1563)
  2009 Ed. (3530)
  2010 Ed. (3186)
  2021 Ed. (3414)
Intergraph/Dazix
  1993 Ed. (810)
InterGroup Corp.
  2014 Ed. (1441)
Intergroup Healthcare
  1994 Ed. (2706, 3328)
  1995 Ed. (2822, 3516)
  1996 Ed. (2095)
  1997 Ed. (2197)
InterGroup International
  2012 Ed. (3521)
Intergroup Realty
  2008 Ed. (3071)
InterGroup Services Corp.
  1993 Ed. (2907)
  2000 Ed. (3603)
Interhold EOOD
  2019 Ed. (1433)
Interhome Energy
  1990 Ed. (2854)
  1991 Ed. (2729)
  1992 Ed. (3455)
Interhyp AG
  2008 Ed. (2690, 2715)
Interim Health Care Business
  1999 Ed. (3293)
Interim HealthCare
  1996 Ed. (2131)
  1997 Ed. (2242)
  1999 Ed. (2704)
  2005 Ed. (4454)
  2011 Ed. (3769)
  2014 Ed. (4119)
  2019 Ed. (109)
  2020 Ed. (105, 2895, 3747)
  2021 Ed. (97, 2765, 3748)
  2022 Ed. (112, 3766)
  2023 Ed. (184, 3870)
Interim Healthcare
  2013 Ed. (91)
  2021 Ed. (1745)

Interim HealthCare of Central New Mexico
  2022 Ed. (1777)
Interim Personnel
  1997 Ed. (2079)
  1999 Ed. (2510)
Interim Physicians
  2014 Ed. (4533)
Interim Services Inc.
  1995 Ed. (1938)
  1997 Ed. (2083)
  1998 Ed. (1966, 3419, 3504, 3506)
  1999 Ed. (1433, 4572, 4573, 4574)
  2000 Ed. (4225, 4226, 4228, 4230)
  2001 Ed. (1067, 4501)
Interim Solutions for Government LLC
  2012 Ed. (1184)
Interim Technology
  1998 Ed. (543)
  1999 Ed. (959)
  2000 Ed. (902, 903)
Interins Exchange-Auto Club
  1994 Ed. (2218, 2274)
Interinsurance Exchange Auto Club
  1993 Ed. (2186, 2236)
  1995 Ed. (2324)
  1996 Ed. (2272, 2340)
  1997 Ed. (2412, 2466)
  1998 Ed. (2111, 2211)
Interinsurance Exchange-Auto Club of Southern California
  1998 Ed. (2206)
  1999 Ed. (2975)
Interinsurance Exchange of the Automobile Club
  2000 Ed. (2727)
Interinsurance Exchange-Automobile Club
  1999 Ed. (2899)
Interinvest Corp.
  1992 Ed. (2796, 2798)
  1997 Ed. (2539)
Interio AG
  1993 Ed. (1912)
Interior Architects
  2019 Ed. (188)
  2020 Ed. (189)
Interior Architects Inc.
  1998 Ed. (2218)
  1999 Ed. (2994)
  2000 Ed. (2741)
Interior Components Group Inc.
  2019 Ed. (4992)
Interior Construction Services Ltd.
  1995 Ed. (1169)
  1996 Ed. (1136)
  1997 Ed. (1173)
  1998 Ed. (958)
Interior Contractors Inc., LLC
  2020 Ed. (1167)
Interior Department
  1998 Ed. (2512)
Interior Design
  2015 Ed. (805)
Interior design
  2004 Ed. (144)
  2005 Ed. (4735)
  2006 Ed. (4786)
  2007 Ed. (159, 161)
  2008 Ed. (142, 143, 144, 4722)
  2009 Ed. (164, 840)
  2010 Ed. (154, 4774)
  2011 Ed. (4725)
Interior Design Services Inc.
  1998 Ed. (2706)
  2006 Ed. (4379)
Interior Design Society
  1999 Ed. (300)
Interior designer
  2004 Ed. (2275)
Interior Expressions by Design
  2016 Ed. (2820)
Interior Federal Credit Union
  2018 Ed. (2128)
  2021 Ed. (2100)
  2022 Ed. (2132)
  2023 Ed. (2250)
Interior HomeStore
  2015 Ed. (2900)
Interior Magic International
  2010 Ed. (333)
  2011 Ed. (257)
  2012 Ed. (279)
  2013 Ed. (273)
  2017 Ed. (316)
  2018 Ed. (293)
Interior Resource Group Inc.
  2017 Ed. (1732)
Interior Savings Credit Union
  2010 Ed. (2698)
  2012 Ed. (2614)
  2015 Ed. (2725)
Interior Space International
  1996 Ed. (2346)
  1997 Ed. (2474)
  1998 Ed. (2218)
  1999 Ed. (2994)
  2005 Ed. (3162)
  2006 Ed. (3173)
  2007 Ed. (3207)

Interior Space Management of Michigan Inc.
  1993 Ed. (3735)
Interior Specialists Inc.
  2009 Ed. (4125)
Interior Systems Inc.
  2006 Ed. (1350)
Interior; U.S. Department of the
  2005 Ed. (2745, 2750)
  2006 Ed. (2706, 2711)
  2007 Ed. (2701, 2707)
  2008 Ed. (2830, 2835)
  2009 Ed. (2886, 2893)
  2010 Ed. (2823, 2831)
  2011 Ed. (2809, 2815)
  2012 Ed. (2741)
Interiors by Decorating Den
  2004 Ed. (3148)
  2005 Ed. (3156)
  2006 Ed. (3157)
  2007 Ed. (3191)
  2008 Ed. (3333)
  2009 Ed. (3408)
  2010 Ed. (3345)
Interiors Fantasia Pattern
  2000 Ed. (4173)
Interjet
  2014 Ed. (148)
Interlake Corp.
  1989 Ed. (1916)
  1990 Ed. (3449)
  1992 Ed. (1524, 4058)
  1993 Ed. (3378, 3382, 3391)
  1994 Ed. (2184)
  1995 Ed. (3434, 3436)
  1999 Ed. (2851)
Interlake Macalux
  2012 Ed. (3577)
Interlake Mecalux (MECALUX)
  2023 Ed. (3659)
Interland Inc.
  2002 Ed. (4200)
Interleaf
  1990 Ed. (1977)
  1992 Ed. (1305)
  1998 Ed. (839, 1323)
Interlectric Corp.
  2007 Ed. (3594, 3595)
Interlex Communications
  2020 Ed. (2920)
Interline Brands
  2006 Ed. (208, 3926)
  2013 Ed. (897)
Interline Brands Inc.
  2019 Ed. (2837)
Interline Resources
  1998 Ed. (165)
Interline, Trgovina In Storitve, D.O.O.
  2017 Ed. (1956)
Interlink
  1991 Ed. (1511)
  1992 Ed. (1913)
  1995 Ed. (352, 1648)
  1996 Ed. (1624)
  1997 Ed. (1704)
  1998 Ed. (1396)
  1999 Ed. (1954)
  2000 Ed. (1732)
  2001 Ed. (584, 3826)
Interlink Access System
  1995 Ed. (2800)
Interlink Communication
  2017 Ed. (2025)
Interlink Express
  1993 Ed. (3474)
Interlink Group Inc.
  2002 Ed. (4987)
  2003 Ed. (3962)
Interlink Logistics Management LLC
  2006 Ed. (3515, 4354)
Interlock Resources, Inc.
  2002 Ed. (2517)
  2003 Ed. (2730)
Interlogix
  2014 Ed. (4441)
  2017 Ed. (4330, 4332)
  2019 Ed. (4350, 4352)
  2020 Ed. (4348)
  2021 Ed. (4363)
  2022 Ed. (4370)
Interm Plus Bond
  1994 Ed. (582)
  1996 Ed. (627)
Intermap Technologies Inc.
  2008 Ed. (2941)
  2011 Ed. (1650)
  2012 Ed. (1499)
  2013 Ed. (1633)
Intermarche
  1994 Ed. (1373)
  1995 Ed. (3155, 3157)
  1996 Ed. (3244)
  1997 Ed. (1409, 3679)
  1998 Ed. (987)
  1999 Ed. (4524)
  2000 Ed. (3815, 4171)
  2001 Ed. (4114)
  2002 Ed. (1076, 4060)

2016 Ed. (4265)
2017 Ed. (4253)
Intermarche Magasins
  1989 Ed. (30)
  1990 Ed. (27)
Intermarco-Farner
  1990 Ed. (153)
Intermarco/FCB
  1991 Ed. (153)
  1992 Ed. (211)
  1993 Ed. (138)
Intermarine
  2016 Ed. (1744)
  2019 Ed. (1741)
Intermark Group Inc.
  2023 Ed. (109)
Intermark, Inc.
  1989 Ed. (330)
  1990 Ed. (389)
  1991 Ed. (339, 340)
  1992 Ed. (472)
Intermark Saatchi & Saatchi
  1999 Ed. (126)
  2000 Ed. (144)
Intermarket Communications
  2005 Ed. (3952)
  2011 Ed. (4108)
  2012 Ed. (4138)
  2013 Ed. (4133)
  2014 Ed. (4149)
  2015 Ed. (4132)
  2016 Ed. (4046)
  2017 Ed. (4017)
  2018 Ed. (4041)
  2019 Ed. (4034)
Intermarket Corp.
  2010 Ed. (2575, 2576)
The Intermarket Group
  2013 Ed. (2941)
  2015 Ed. (3029)
Intermarketing
  2004 Ed. (37)
Intermarkets
  1990 Ed. (124)
  1991 Ed. (123)
Intermarkets Egypt
  1996 Ed. (83)
  1997 Ed. (83)
  1999 Ed. (84)
  2001 Ed. (132)
Intermarkets Gemini
  1996 Ed. (111)
  1997 Ed. (114)
Intermarkets Hague
  1996 Ed. (111)
  1997 Ed. (114)
Intermarkets Jordan
  1997 Ed. (109)
  1999 Ed. (112)
  2000 Ed. (117)
  2001 Ed. (155)
  2002 Ed. (128)
  2003 Ed. (95)
Intermarkets Kuwait
  1996 Ed. (110)
  1997 Ed. (112)
  1999 Ed. (115)
  2000 Ed. (121)
  2001 Ed. (159)
  2002 Ed. (132)
  2003 Ed. (98)
Intermarkets Lebanon
  1996 Ed. (111)
  1997 Ed. (114)
  1999 Ed. (117)
  2000 Ed. (123)
  2001 Ed. (161)
Intermarkets Saudi Arabia
  1996 Ed. (134)
  1997 Ed. (140)
  1999 Ed. (149)
  2000 Ed. (166)
  2001 Ed. (205)
  2002 Ed. (177)
  2003 Ed. (144)
Intermarkets Syria
  1999 Ed. (159)
  2000 Ed. (269)
  2001 Ed. (216)
  2002 Ed. (190)
  2003 Ed. (154)
Intermarkets Trust
  1996 Ed. (111)
Intermarkets UAE
  1996 Ed. (149)
  1997 Ed. (155)
  1999 Ed. (166)
  2000 Ed. (186)
  2001 Ed. (230)
Intermarkets United Arab Emirates
  2002 Ed. (203)
  2003 Ed. (163)
Intermax Hosting BV
  2014 Ed. (1840)
  2015 Ed. (1878)
Intermec
  2014 Ed. (2106)

Intermec Inc.
 1990 Ed. (1113)
 1991 Ed. (1020, 1024)
 1992 Ed. (1302, 1313, 1315, 3677)
 2007 Ed. (1264)
Intermec International Inc.
 2004 Ed. (1882)
Intermec Technologies Corp.
 2001 Ed. (659)
 2006 Ed. (1115)
 2007 Ed. (1220)
 2008 Ed. (1123)
 2009 Ed. (1101)
 2010 Ed. (1083)
 2011 Ed. (1022)
 2012 Ed. (948, 1962)
 2013 Ed. (1092)
 2014 Ed. (1052)
 2015 Ed. (1090)
InterMed PA
 2016 Ed. (1749)
Intermedia Communications, Inc.
 1998 Ed. (2410)
 2000 Ed. (2210)
 2001 Ed. (1039, 4472, 4475)
 2002 Ed. (2491)
 2003 Ed. (2732)
Intermedia Group, Inc.
 2003 Ed. (2724)
Intermedia Labs
 2019 Ed. (4680)
Intermediate
 2006 Ed. (622)
Intermediate Bond
 1996 Ed. (626)
Intermediate Capital
 2010 Ed. (2685)
Intermediate Duration Unhedged Preferred Total Return
 2003 Ed. (3123)
Intermediate Duration Unhedged Taxable Preferred
 2003 Ed. (3123)
Intermediates
 2001 Ed. (1194)
Intermedics
 1990 Ed. (2681)
Intermedix
 2019 Ed. (2851)
Intermet Corp.
 1992 Ed. (1479)
 1999 Ed. (4471)
 2002 Ed. (3305)
 2006 Ed. (3472)
 2007 Ed. (3496)
Intermex
 2021 Ed. (4710)
Intermountain Color
 2002 Ed. (3761)
Intermountain Community Bancorp
 2010 Ed. (1682)
 2015 Ed. (2159)
 2016 Ed. (2120, 2132)
Intermountain Electric Inc.
 2009 Ed. (1254)
 2011 Ed. (1200)
 2012 Ed. (1142)
Intermountain Health Care Health Services
 2016 Ed. (2094)
Intermountain Health Care Inc.
 1990 Ed. (2632)
 1991 Ed. (2502)
 1992 Ed. (3127)
 1997 Ed. (2830)
 1998 Ed. (2553)
 1999 Ed. (2990, 3467)
 2004 Ed. (1875)
 2005 Ed. (3155)
 2007 Ed. (2047, 2767, 3216)
 2008 Ed. (2149, 3194)
 2009 Ed. (2132)
 2010 Ed. (2073)
 2011 Ed. (2130)
 2012 Ed. (1973)
 2013 Ed. (2132)
 2014 Ed. (2066)
 2015 Ed. (2114)
 2016 Ed. (2095, 4012)
Intermountain Health Services Inc.
 2006 Ed. (2089)
Intermountain Healthcare
 2010 Ed. (3184, 3344)
 2011 Ed. (3302)
 2015 Ed. (3255, 3263, 4102)
 2016 Ed. (2099)
 2017 Ed. (2063)
 2019 Ed. (2080)
 2020 Ed. (1989)
Intermountain Nutrition
 2019 Ed. (2077)
Intermountain Power
 1990 Ed. (2640)
Intermountain Power Agency
 1989 Ed. (2028)
 1991 Ed. (1495, 3158)
 1992 Ed. (1894, 4029)
 1993 Ed. (1555, 1556, 3359)
 1994 Ed. (1592, 1593)
 1995 Ed. (1635, 1636)
 1996 Ed. (1611, 1612)
 1998 Ed. (1377, 1381, 1383)
 1999 Ed. (1943)
 2001 Ed. (3869)
Intermountain Power Agency, UT
 1990 Ed. (3504, 3505)
 1991 Ed. (1486)
Intermountain Rigging & Heavy Haul
 2022 Ed. (1017)
 2023 Ed. (1196)
InterMountain/RKH
 2002 Ed. (3816)
Intermountain Staffing Resources
 2006 Ed. (2429, 2430)
Intermountain Wind & Solar
 2017 Ed. (4440)
 2018 Ed. (4459)
 2019 Ed. (4448)
Intermune
 2005 Ed. (1678, 1679, 3817, 3828)
 2006 Ed. (3886, 3894)
 2007 Ed. (3917)
 2009 Ed. (2830)
 2012 Ed. (4556)
Intermune Pharmaceuticals
 2002 Ed. (2476)
Interna
 2021 Ed. (677)
Internacional
 1990 Ed. (634)
 2000 Ed. (493, 494, 513, 515)
Internacional de Ceramica
 2003 Ed. (1181)
 2004 Ed. (1187)
Internacional de Ceramica, SA de CV
 2005 Ed. (1213)
Internacional del Peru
 1990 Ed. (668)
Internal Actuary
 2009 Ed. (19, 20)
Internal analgesics
 1991 Ed. (1456, 1457)
 1997 Ed. (1674, 3053, 3054, 3174, 3175)
 2000 Ed. (1715, 3618)
 2001 Ed. (2083, 2085, 2107)
Internal combustion
 2001 Ed. (2161)
Internal combustion engines
 1992 Ed. (2084, 2085)
 1994 Ed. (1732, 1733)
Internal medicine
 2004 Ed. (3900)
Internal Revenue Service
 1991 Ed. (2769)
 2002 Ed. (4856)
 2003 Ed. (3043)
 2004 Ed. (3155)
 2007 Ed. (2801)
 2008 Ed. (2927)
 2009 Ed. (1027, 2940)
 2010 Ed. (993, 2876, 3367)
 2011 Ed. (2810, 2856)
 2012 Ed. (2787, 3691)
 2013 Ed. (2854, 3742)
 2014 Ed. (2883, 3675)
 2015 Ed. (2927, 3693)
 2016 Ed. (1734, 2857, 3576)
 2017 Ed. (1711, 2819)
 2018 Ed. (1669, 2886, 3596)
 2019 Ed. (1728, 2835, 3584)
 2020 Ed. (1674, 3557)
 2022 Ed. (3638)
Internal Revenue Service (IRS)
 2022 Ed. (3638)
Internal Revenue Service; U.S.
 2012 Ed. (2159)
Internap Network Services Corp.
 2001 Ed. (4185)
 2002 Ed. (2536)
 2008 Ed. (4520, 4538)
InterNap Network Systems
 2001 Ed. (4183)
Internatio-Muller NV
 2002 Ed. (1005)
International
 1989 Ed. (1845)
 1990 Ed. (2758)
 1991 Ed. (2356, 2568)
 1993 Ed. (3627)
 2001 Ed. (351)
 2006 Ed. (622)
International Advertising
 1989 Ed. (166)
 1991 Ed. (155)
 1992 Ed. (213)
 1993 Ed. (125)
International Advisory Services Ltd.
 1990 Ed. (903)
 1991 Ed. (853)
 1992 Ed. (1058)
 1993 Ed. (846)
 1994 Ed. (859)
 1995 Ed. (902)
 1996 Ed. (877)
 1997 Ed. (898)
 1999 Ed. (1029)
 2006 Ed. (784, 786)
 2007 Ed. (879, 881)
 2008 Ed. (852, 854, 857)
International affairs
 1997 Ed. (2157, 2158)
 2000 Ed. (1012)
 2004 Ed. (3889)
International Aircraft Services
 1997 Ed. (191)
International Airline Support
 2004 Ed. (201)
International Airlines
 2014 Ed. (153)
 2015 Ed. (176)
 2016 Ed. (175)
 2017 Ed. (162)
 2018 Ed. (151)
 2019 Ed. (149)
 2020 Ed. (142)
International Airlines Group
 2012 Ed. (3459, 4778)
 2013 Ed. (135, 156, 3502, 4739)
 2014 Ed. (145, 146, 156, 157, 158, 159, 160, 162, 1687, 3478, 4765, 4788)
 2015 Ed. (165, 166, 187, 189, 3495, 4785, 4822)
 2016 Ed. (167, 168, 176, 179, 180, 182, 184, 2077, 2083, 4688, 4725)
 2017 Ed. (154, 155, 167, 168, 169, 171, 1657, 4703, 4744)
 2018 Ed. (148, 150, 156, 157, 4695)
 2019 Ed. (147, 148, 154, 155, 156, 4701)
 2020 Ed. (141, 146, 147, 148, 149)
 2021 Ed. (137, 138, 139, 142, 143, 144, 145)
 2022 Ed. (132)
 2023 Ed. (210, 2083)
International Alliance Services Inc.
 1999 Ed. (1440)
International Aluminum Corp.
 2005 Ed. (774, 775)
 2010 Ed. (4964)
International Amco
 1990 Ed. (1669)
 1992 Ed. (1960)
International American Group
 2011 Ed. (1373)
International American Homes Inc.
 2002 Ed. (3561, 3562)
International Asbestos Removal Inc.
 2023 Ed. (1393)
International Assets Advisory
 2023 Ed. (2808)
International Assets Holding Corp.
 2008 Ed. (4520)
 2010 Ed. (1426, 1452, 1453, 1454, 1625, 1630, 2642)
 2011 Ed. (1428, 1429, 1454, 1455, 1456, 1640, 2632)
 2012 Ed. (1488, 1598, 2604, 2780)
 2013 Ed. (1618)
International Association of Machinists
 1998 Ed. (2322)
International Association of Machinists & Aerospace Workers
 1991 Ed. (3411)
International Association for Medical Assistance to Travellers
 1990 Ed. (288)
 1993 Ed. (250, 2729)
International Automotive Components
 2016 Ed. (1789)
 2017 Ed. (1756)
 2018 Ed. (1705)
 2019 Ed. (1773)
International Automotive Components Group
 2008 Ed. (3217)
International Automotive Components Group LLC
 2010 Ed. (3201)
 2011 Ed. (3165)
 2012 Ed. (3121)
 2013 Ed. (3206)
 2015 Ed. (3281)
 2016 Ed. (3121)
 2017 Ed. (3062)
 2018 Ed. (3175)
 2019 Ed. (3111)
 2020 Ed. (3138)
 2021 Ed. (3004)
International Automotive Components Group North America Inc.
 2014 Ed. (4400, 4401)
 2015 Ed. (992, 993)
 2016 Ed. (4286)
International Automotive Components Group North America LLC
 2009 Ed. (3276)
 2010 Ed. (310, 4081)
 2011 Ed. (233, 4054, 4321)
 2012 Ed. (250, 4086, 4382)
 2013 Ed. (1212, 1864, 4351)
International Banchares Corp.
 1991 Ed. (1905)
International Bancshares Corp.
 1992 Ed. (2400, 2402)
 1993 Ed. (2037)
 1994 Ed. (2050, 2053)
 1995 Ed. (1877, 2101, 2106)
 1996 Ed. (1921, 2110)
 1997 Ed. (2011, 2216)
 1998 Ed. (1695, 1937)
 1999 Ed. (2441, 2682)
 2000 Ed. (2198, 2466)
 2001 Ed. (2704, 2711)
 2002 Ed. (2544, 2557)
 2004 Ed. (644, 645)
 2005 Ed. (633, 634)
 2006 Ed. (2832, 2841)
 2007 Ed. (2837)
 2008 Ed. (2956, 2962)
 2009 Ed. (3037, 3042)
 2010 Ed. (2961, 2966)
 2011 Ed. (289, 2923, 2928)
 2012 Ed. (2859, 2862)
 2013 Ed. (2928, 2931)
 2014 Ed. (2945, 2948, 2955)
 2015 Ed. (2996, 3021)
International Bank
 1990 Ed. (587)
 2010 Ed. (431, 434)
 2011 Ed. (356, 359)
International Bank of Asia
 1991 Ed. (539)
 1992 Ed. (607)
International Bank of Azerbaijan
 2004 Ed. (468)
 2006 Ed. (26)
 2011 Ed. (372)
 2015 Ed. (514)
 2016 Ed. (442)
 2017 Ed. (458)
 2018 Ed. (417, 449)
 2023 Ed. (630, 665)
International Bank Chicago
 2008 Ed. (395)
 2015 Ed. (559)
International Bank of Chicago
 1995 Ed. (548)
International Bank of Commerce
 1990 Ed. (587)
 1992 Ed. (848)
 1993 Ed. (644)
 1994 Ed. (646)
 1995 Ed. (618)
 1996 Ed. (692)
 1997 Ed. (560, 627)
 1998 Ed. (397, 431)
 2021 Ed. (395, 402)
 2022 Ed. (408, 415)
 2023 Ed. (530)
International Bank of Japan
 1993 Ed. (2421)
International Bank of Qatar
 2008 Ed. (495)
 2009 Ed. (525)
 2010 Ed. (505)
 2011 Ed. (295, 436)
 2012 Ed. (401)
 2013 Ed. (370)
 2014 Ed. (384, 547)
 2015 Ed. (440)
 2016 Ed. (395)
 2017 Ed. (399)
 2018 Ed. (363)
 2019 Ed. (367)
 2020 Ed. (362)
International Bank for Reconstruction & Development
 1990 Ed. (1673)
 1991 Ed. (1582)
 1993 Ed. (1678)
 1994 Ed. (1699, 1705)
 1995 Ed. (682)
 1996 Ed. (757)
 1998 Ed. (1502)
 1999 Ed. (759)
 2001 Ed. (1686)
 2003 Ed. (1850)
 2004 Ed. (1885)
 2005 Ed. (2002)
 2006 Ed. (2103)
 2007 Ed. (2058)
 2008 Ed. (2167)
 2009 Ed. (2150)
 2010 Ed. (2090)
 2011 Ed. (2147)
 2012 Ed. (1994)
International Bank for Reconstruction & Development Inc.
 2013 Ed. (2184)
 2014 Ed. (2114)
 2015 Ed. (2169)
 2016 Ed. (2140)
International Bank of Singapore Ltd.
 1999 Ed. (521)
International Bank for Trade & Industry (Sierra Leone) Ltd.
 1993 Ed. (624)
 1994 Ed. (629)
 1997 Ed. (608)
International Bank for Trade & Industry (S. L.) Ltd.
 1991 Ed. (658)
 1992 Ed. (831)

CUMULATIVE INDEX • 1989-2023

1995 Ed. (602)
1996 Ed. (672)
International Bank for West Africa Ltd.
  1991 Ed. (633)
International Bank of Yemen YSC
  1989 Ed. (716)
  1991 Ed. (696)
  1992 Ed. (870)
  1993 Ed. (668)
  1999 Ed. (681)
  2000 Ed. (698)
International Bankers Inc.
  1993 Ed. (556)
International Banking Corp.
  2007 Ed. (401, 480)
  2008 Ed. (383, 445, 446)
  2009 Ed. (405, 461, 467)
International Barrier Technology
  2016 Ed. (1803)
International Bills Finance
  1999 Ed. (1565)
International Blimpie
  1991 Ed. (2910)
  1992 Ed. (3764)
International bond
  2004 Ed. (691)
International Bridge Corp.
  2003 Ed. (1361)
International Brotherhood of Electical Workers
  2001 Ed. (2915)
International Brotherhood of Electrical Workers
  1991 Ed. (3411)
  1995 Ed. (1262)
  1999 Ed. (3845)
  2003 Ed. (1835, 2972)
  2004 Ed. (3059)
  2005 Ed. (3070)
  2006 Ed. (2043, 3071)
  2007 Ed. (2013)
  2008 Ed. (2110)
  2009 Ed. (2094)
  2010 Ed. (2036)
  2011 Ed. (2093)
International Brotherhood of Firemen & Oilers
  1996 Ed. (3602)
International Brotherhood of Teamsters
  1995 Ed. (1262)
  1996 Ed. (3602)
  1998 Ed. (2322)
  2009 Ed. (3478)
  2011 Ed. (3393)
  2012 Ed. (3361)
  2013 Ed. (3432)
  2014 Ed. (3432)
International Budget Group
  1995 Ed. (1133)
International Builders & Consultants
  2019 Ed. (1710)
  2020 Ed. (1659)
International Building Group
  1995 Ed. (1132)
International Business Benefits Corp.
  2001 Ed. (1877)
International Business Center Corp.
  2012 Ed. (4365)
  2013 Ed. (4297)
International Business Machines
  2020 Ed. (3121)
  2021 Ed. (2983, 3001)
  2023 Ed. (1548, 3229, 3231)
International Business Machines Corp.
  1992 Ed. (904, 1306, 1640, 1809, 3222)
  2000 Ed. (773, 995, 1164, 1166, 1349, 1469, 1478, 3321, 3323, 3325, 3326, 3327, 3328, 3370)
  2005 Ed. (739, 740, 793, 817, 818, 831, 832, 836, 880, 1106, 1111, 1112, 1113, 1114, 1115, 1118, 1121, 1124, 1125, 1126, 1143, 1144, 1146, 1147, 1150, 1151, 1155, 1156, 1159, 1352, 1353, 1359, 1360, 1366, 1377, 1379, 1381, 1386, 1390, 1465, 1469, 1555, 1575, 1578, 1617, 1618, 1619, 1620, 1621, 1622, 1623, 1624, 1629, 1630, 1636, 1638, 1735, 1744, 1774, 1793, 1805, 1818, 1909, 1910, 1913, 2008, 2343, 2355, 2374, 2375, 2997, 2998, 3036, 3038, 3177, 3328, 3371, 3380, 3381, 3596, 3695, 3699, 3987, 4040, 4164, 4463, 4742, 4988, 4989)
  2006 Ed. (163, 692, 743, 744, 758, 759, 800, 1069, 1101, 1103, 1105, 1106, 1108, 1110, 1111, 1132, 1133, 1135, 1136, 1137, 1139, 1140, 1141, 1142, 1144, 1145, 1150, 1356, 1361, 1363, 1364, 1376, 1377, 1466, 1467, 1468, 1469, 1470, 1481, 1501, 1503, 1504, 1505, 1506, 1507, 1508, 1509, 1510, 1518, 1519, 1525, 1527, 1532, 1646, 1662, 1805, 1937, 1938, 1942, 2326, 2396, 2400, 2422, 2548, 2892, 3028, 3039, 3319, 3329, 3361, 3362, 3491, 3695, 3697, 3698, 3702, 4218, 4647, 4792, 4981, 4982)
  2007 Ed. (154, 837, 838, 851, 852, 853, 854, 855, 856, 858, 860, 889, 1204, 1206, 1208, 1209, 1210, 1212, 1213, 1214, 1215, 1228, 1244, 1245, 1249, 1252, 1256, 1258, 1259, 1260, 1265, 1400, 1402, 1406, 1414, 1415, 1476, 1533, 1534, 1535, 1537, 1539, 1540, 1555, 1584, 1618, 1792, 1813, 1816, 1920, 1921, 1923, 2347, 2366, 2376, 2893, 2914, 3058, 3061, 3213, 3415, 3524, 3690, 3697, 3758, 3782, 3988, 3989, 4234, 4588, 4645, 4805, 4806, 4979, 4980)
  2008 Ed. (805, 806, 816, 818, 866, 1042, 1046, 1049, 1111, 1112, 1113, 1115, 1117, 1119, 1143, 1144, 1145, 1147, 1149, 1153, 1155, 1157, 1158, 1347, 1355, 1358, 1371, 1406, 1433, 1470, 1517, 1518, 1519, 1521, 1524, 1536, 1827, 1852, 1922, 1987, 1988, 2361, 2475, 2486, 2493, 3013, 3196, 3544, 3834, 3861, 4262, 4268)
  2009 Ed. (758, 760, 766, 829, 830, 842, 843, 872, 1090, 1091, 1096, 1098, 1122, 1123, 1124, 1126, 1130, 1131, 1134, 1136, 1137, 1138, 1351, 1358, 1361, 1371, 1372, 1448, 1451, 1454, 1464, 1709, 1775, 1792, 1880, 1940, 1941, 1943, 1945, 1960, 2072, 2491, 2493, 2587, 2588, 2589, 2594, 2595, 2598, 2599, 2939, 3055, 3099, 3255, 3267, 3272, 3611, 3632, 3633, 3889, 3920, 4251, 4366, 4372, 4622)
  2010 Ed. (703, 774, 775, 788, 789, 818, 1071, 1074, 1076, 1082, 1087, 1102, 1103, 1107, 1109, 1118, 1120, 1121, 1335, 1342, 1344, 1357, 1358, 1389, 1412, 1430, 1433, 1434, 1437, 1440, 1441, 1443, 1449, 1451, 1455, 1716, 1733, 1744, 1812, 1877, 1878, 1880, 1882, 2071, 2384, 2403, 2404, 2501, 2503, 2684, 3033, 3197, 3198, 3199, 3200, 3535, 3552, 3801, 3832, 4393, 4399, 4463, 4683, 4974)
  2011 Ed. (198, 634, 635, 702, 703, 715, 745, 929, 1010, 1015, 1021, 1027, 1041, 1042, 1046, 1048, 1049, 1057, 1059, 1060, 1137, 1318, 1327, 1329, 1331, 1345, 1380, 1401, 1431, 1434, 1435, 1438, 1442, 1443, 1451, 1728, 1731, 1733, 1756, 1758, 1840, 1907, 1908, 1910, 2126, 2300, 2403, 2404, 2529, 2677, 2855, 2857, 3004, 3024, 3150, 3160, 3162, 3163, 3164, 3534, 3552, 3554, 3678, 3679, 3680, 3798, 3830, 3832, 3834, 4338, 4344, 4397, 4633)
  2012 Ed. (214, 638, 639, 660, 682, 931, 933, 940, 942, 945, 955, 970, 972, 976, 978, 984, 986, 987, 1186, 1193, 1195, 1197, 1210, 1240, 1268, 1271, 1274, 1277, 1278, 1284, 1286, 1291, 1321, 1580, 1608, 1698, 1764, 1765, 1767, 1768, 1772, 1968, 2163, 2164, 2165, 2453, 2464, 2606, 2788, 2931, 2951, 3116, 3120, 3524, 3545, 3546, 3688, 3814, 4250, 4635, 4636, 4821, 4973, 4974)
  2013 Ed. (184, 778, 779, 804, 812, 813, 891, 903, 1080, 1081, 1086, 1087, 1091, 1100, 1115, 1118, 1119, 1121, 1125, 1128, 1129, 1306, 1309, 1323, 1351, 1369, 1370, 1372, 1373, 1375, 1381, 1382, 1383, 1384, 1385, 1392, 1394, 1736, 1756, 1761, 1811, 1938, 1941, 1942, 1944, 1946, 2363, 2365, 2380, 2611, 2613, 2696, 2855, 3020, 3041, 3186, 3197, 3200, 3202, 3203, 3205, 3492, 3494, 3565, 3613, 3615, 3740, 3746, 3876, 4222, 4592, 4975)
  2014 Ed. (800, 801, 821, 822, 1042, 1043, 1044, 1049, 1050, 1060, 1076, 1077, 1080, 1089, 1090, 1239, 1243, 1245, 1257, 1296, 1312, 1315, 1318, 1323, 1325, 1330, 1332, 1682, 1690, 1694, 1699, 1700, 1876, 1880, 1881, 1883, 1885, 2297, 2538, 2546, 2559, 2565, 2680, 2882, 2884, 3030, 3055, 3137, 3209, 3216, 3218, 3544, 3674, 3679, 3812, 4259, 4464, 4971, 4973)
  2015 Ed. (70, 844, 845, 861, 1077, 1078, 1084, 1085, 1088, 1097, 1114, 1115, 1119, 1120, 1128, 1129, 1297, 1301, 1313, 1358, 1376, 1378, 1380, 1388, 1393, 1724, 1728, 1741, 1742, 1911, 1917, 1918, 1920, 1922, 2380, 2395, 2724, 2928, 3097, 3122, 3257, 3270, 3278, 3566, 3691, 3697, 3835, 4458, 4610, 5017, 5019)
  2016 Ed. (739, 740, 748, 749, 984, 985, 994, 995, 1006, 1026, 1027, 1031, 1032, 1038, 1040, 1041, 1229, 1289, 1303, 1305, 1307, 1309, 1314, 1323, 1875, 1882, 1883, 1885, 1895, 1897, 2048, 2325, 2647, 2858, 2981, 3045, 3109, 3118, 3468, 3741, 4322, 4531, 4683, 4932, 4937)
  2017 Ed. (797, 799, 1021, 1022, 1029, 1030, 1035, 1040, 1060, 1072, 1075, 1076, 1261, 1346, 1358, 1360, 1369, 1835, 1841, 1842, 1843, 1846, 1848, 1859, 1861, 2119, 2166, 2584, 2818, 2853, 2879, 3057, 3060, 3391, 3543, 4117, 4325, 4526, 4928)
  2018 Ed. (730, 732, 953, 954, 959, 960, 986, 992, 998, 1000, 1240, 1335, 1781, 1788, 1789, 1791, 1806, 1808, 3109, 3154, 3172, 4317, 4552, 4934, 4936)
  2019 Ed. (749, 944, 945, 954, 955, 966, 985, 999, 1002, 1343, 1360, 1372, 1839, 1845, 1851, 1860, 3088, 3090, 3104, 3108, 3404, 3418, 3583, 4345, 4934, 4936)
  2020 Ed. (741, 922, 936, 944, 952, 957, 970, 974, 985, 1313, 1328, 1339, 1786, 1790, 1793, 1800, 2352, 3120, 3134, 3136, 4932, 4934)
  2021 Ed. (757, 943, 1333, 1760, 1767, 2995, 3002, 3582, 4936, 4938)
  2022 Ed. (792, 1342, 1794, 2346, 3134)
International Business Machines Corp. (IBM)
  2001 Ed. (399, 1071, 1073, 1074, 1076, 1135, 1343, 1344, 1349, 1350, 1351, 1354, 1363, 1367, 1368, 1379, 1547, 1557, 1581, 1583, 1584, 1585, 1588, 1590, 1591, 1592, 1593, 1594, 1596, 1598, 1599, 1604, 1684, 1740, 1741, 1742, 1748, 1751, 1817, 1977, 1978, 2164, 2169, 2170, 2172, 2174, 2196, 2198, 2589, 2869, 3084, 3186, 3187, 3217, 3229, 3296, 3297, 3301, 3403, 3534, 3535, 3645, 3650, 3665, 3667, 3670, 3672, 3675, 3677, 3684, 3692, 3958, 4043, 4044, 4213)
  2002 Ed. (33, 227, 751, 868, 915, 916, 946, 1133, 1135, 1137, 1139, 1140, 1141, 1145, 1156, 1157, 1494, 1495, 1499, 1533, 1536, 1538, 1539, 1540, 1541, 1542, 1543, 1555, 1564, 1572, 1621, 1655, 1688, 1692, 1741, 2001, 2075, 2100, 2106, 2109, 2116, 2807, 2810, 2812, 2814, 3233, 3246, 3334, 3335, 3336, 3337, 3338, 3339, 3495, 3496, 3602, 3605, 3607, 3610, 3616, 3620, 3886, 3966, 4518, 4600, 4876, 4993, 4994)
  2003 Ed. (15, 20, 192, 815, 818, 836, 870, 1087, 1089, 1090, 1092, 1094, 1095, 1098, 1099, 1100, 1101, 1104, 1120, 1122, 1124, 1344, 1345, 1350, 1355, 1362, 1522, 1525, 1526, 1527, 1545, 1547, 1548, 1551, 1562, 1564, 1567, 1568, 1570, 1571, 1572, 1573, 1574, 1575, 1579, 1580, 1585, 1587, 1591, 1647, 1711, 1717, 1790, 1791, 1978, 1982, 1985, 1987, 2181, 2239, 2245, 2251, 2252, 2253, 2254, 2894, 2895, 2943, 2944, 2947, 2948, 3288, 3638, 3673, 3751, 3756, 3760, 4029, 4030, 4073, 4386, 4567)
  2004 Ed. (151, 843, 844, 857, 859, 894, 1102, 1107, 1108, 1110, 1111, 1114, 1116, 1117, 1118, 1119, 1131, 1132, 1133, 1134, 1136, 1350, 1351, 1363, 1560, 1570, 1592, 1593, 1594, 1595, 1597, 1599, 1600, 1601, 1602, 1611, 1613, 1654, 1677, 1686, 1741, 1754, 1757, 1824, 1825, 2026, 2027, 2031, 2039, 2041, 2208, 2224, 2243, 2256, 2262, 2306, 3000, 3001, 3022, 3024, 3154, 3351, 3679, 3776, 3780, 3785, 4048, 4099, 4557, 4575, 4581, 4582, 4655, 4982, 4984)
  2021 Ed. (757, 943, 1333, 1760, 1767, 2995, 3002, 3582, 4936, 4938)
  2022 Ed. (792, 1342, 1794, 3134)
International Business Machines (U.S.)
  2021 Ed. (2983)
International Business Systems (IBS)
  2003 Ed. (1117)
  2004 Ed. (3317)
International Call Centres (ICLP)
  2002 Ed. (4572)
International Cash Global
  1992 Ed. (3163)
International Cash-Global Portfolio
  1989 Ed. (1853)
  1992 Ed. (3180)
International Cash: Hard Currency
  1992 Ed. (3170)
International Cash: High Income Currency
  1992 Ed. (3170)
International Center for Research on Women
  2004 Ed. (933)
International Centre
  2001 Ed. (2352)
  2005 Ed. (2520)
International Centre, Toronto
  2003 Ed. (2414)
International CES
  2002 Ed. (4644)
  2003 Ed. (4774)
  2005 Ed. (4733)
  2010 Ed. (4772)
  2011 Ed. (4723)
  2013 Ed. (4700)
  2015 Ed. (4773)
  2016 Ed. (4678)
International Checkout
  2011 Ed. (3501, 4026, 4051, 4971)
  2012 Ed. (4054, 4082)
International Cheese Co.
  1994 Ed. (3623)
International Church of Scientology
  2018 Ed. (3978, 3979)
International City Bank Federal Savings Bank
  2021 Ed. (4287)
  2022 Ed. (4295)
International City Bank, F.S.B.
  2021 Ed. (4287)
  2022 Ed. (4295)
International City Bank, NA
  1996 Ed. (678, 2640)
  2008 Ed. (429)
International City Holdings
  1990 Ed. (3465)
International Clinical Laboratories
  1990 Ed. (1245, 2051, 2052)
International Coal Group Inc.
  2008 Ed. (1015)
  2009 Ed. (1000)
  2011 Ed. (891, 2150, 2151)
  2012 Ed. (847, 2001)
  2013 Ed. (2190)
  2015 Ed. (1024, 2176)
International Coffee & Tea
  2021 Ed. (819)
  2022 Ed. (851)
International Coffee & Tea LLC
  2013 Ed. (911)
  2014 Ed. (858)
  2015 Ed. (896)
  2016 Ed. (788)
  2017 Ed. (847)
International Columbia Resources Corp.
  2003 Ed. (1027)
  2004 Ed. (1030)
International Comfort Products
  1999 Ed. (203, 2539, 2540, 2659)
  2000 Ed. (226, 2286, 2442)
  2001 Ed. (286)
International Comm.
  1991 Ed. (672)
International Comm Bank
  1991 Ed. (673)
International Commercial Bank
  1989 Ed. (690)
  2001 Ed. (626)
International Commercial Bank of China
  1989 Ed. (562, 691)
  1990 Ed. (503, 695)
  1991 Ed. (449, 451, 513, 552, 554)
  1992 Ed. (845)
  1993 Ed. (478, 641)
  1994 Ed. (481, 644, 3472)
  1995 Ed. (470, 616)
  1996 Ed. (690, 3628, 3629)
  1997 Ed. (466, 624, 3682)
  1998 Ed. (350)
  1999 Ed. (519, 646)
  2000 Ed. (529, 671)
  2002 Ed. (654, 3194)
  2003 Ed. (618)
  2004 Ed. (526, 627)
  2005 Ed. (616)
  2006 Ed. (443, 529)
  2007 Ed. (449, 559)
  2008 Ed. (511)
International Commercial Bank (Ghana)
  2013 Ed. (332)
International Communications & Data
  1993 Ed. (1486)
International Communications Research
  2007 Ed. (4443)
International Co. of Finance & Investment
  1999 Ed. (628)
  2000 Ed. (653)
The International Company for Water & Power Projects / Air Products and Chemicals
  2023 Ed. (1499)
International Computer Solutions Inc.
  2002 Ed. (2512)
  2003 Ed. (2704, 2720)
  2006 Ed. (3518, 4357)
  2007 Ed. (3563, 4425)
International Computers Ltd.
  1991 Ed. (2371)
International Consolidated Airlines
  2017 Ed. (4748)
International Consolidated Airlines Group SA
  2012 Ed. (163)
  2013 Ed. (142, 868)
  2014 Ed. (152)
  2015 Ed. (175)
  2016 Ed. (174)
  2017 Ed. (161)
  2018 Ed. (149)
  2019 Ed. (146)
  2020 Ed. (140)

International Construction & Utility Equipment Exposition
 1989 Ed. (2861)
 1990 Ed. (3627)
 2013 Ed. (4700)
 2015 Ed. (4773)
 2019 Ed. (4682)
International Consumer Electronics Association Conference
 2012 Ed. (4744)
International Container Terminal Services
 1994 Ed. (2432)
 1996 Ed. (2564, 3029)
 2010 Ed. (1954)
 2016 Ed. (4701)
International Controls Corp.
 1989 Ed. (2871, 2872)
 1990 Ed. (1810)
International Corona
 1994 Ed. (1982)
International Corona Resources
 1990 Ed. (1936)
International Cosmetics
 1992 Ed. (1707)
 1993 Ed. (1412)
 1994 Ed. (1466)
 1995 Ed. (1501)
International Creative Management
 2011 Ed. (4606)
International Credit Bank Ltd.
 1996 Ed. (702)
 1997 Ed. (635)
 1999 Ed. (675)
International Crossroads, Mahwah
 1990 Ed. (1178)
International Cruise & Excursions Inc.
 2016 Ed. (1363, 4969)
 2017 Ed. (4960)
 2018 Ed. (4966)
 2019 Ed. (1401)
International Dairy Queen Inc.
 1989 Ed. (2503)
 1990 Ed. (1836)
 1991 Ed. (1655, 1657, 1658, 1659, 1769, 2859, 2866, 2879, 2885, 3147)
 1992 Ed. (2203, 2224, 3688)
 1993 Ed. (3011)
 1998 Ed. (1737)
 1999 Ed. (2478)
 2000 Ed. (2236)
 2008 Ed. (4172)
 2009 Ed. (4278)
 2011 Ed. (4230)
 2016 Ed. (795)
 2017 Ed. (854)
 2018 Ed. (789)
 2020 Ed. (792)
 2021 Ed. (822)
 2022 Ed. (853)
 2023 Ed. (1034)
International Data Group
 2016 Ed. (1779)
International Data Group Inc.
 1995 Ed. (2068)
 1996 Ed. (3143)
 1998 Ed. (2780)
 1999 Ed. (3743)
 2000 Ed. (3463)
 2001 Ed. (247, 3709, 3953, 4608)
 2002 Ed. (3282)
 2003 Ed. (3272)
 2004 Ed. (3332, 3413)
 2005 Ed. (3357)
 2006 Ed. (3180, 3345)
 2007 Ed. (3401)
 2008 Ed. (3531)
 2009 Ed. (3593, 3594, 4148, 4204)
 2010 Ed. (3511, 4080)
 2011 Ed. (3514, 4053)
 2012 Ed. (3512, 4085)
 2013 Ed. (1845, 3653)
 2014 Ed. (1775, 3591)
 2015 Ed. (1821, 3604)
 2016 Ed. (1783, 3485, 4066)
 2017 Ed. (1750, 3452)
 2018 Ed. (1701, 3515)
International Data Products Corp.
 1999 Ed. (2665, 2675, 2680, 3296)
 2000 Ed. (2468)
International Data Products Corp. IDP
 2000 Ed. (2449)
International Debranning Inc.
 2011 Ed. (2730)
International Delight
 2017 Ed. (983)
 2019 Ed. (905, 911)
 2020 Ed. (896, 903)
 2021 Ed. (909, 914)
 2022 Ed. (934, 939)
 2023 Ed. (1099, 2149)
International Dental Plans
 1998 Ed. (1255)
 1999 Ed. (1831)
 2000 Ed. (1657)
International Design Guild Inc.
 2004 Ed. (2881, 2890)
International Designer Transitions Inc.
 2009 Ed. (4994, 4995)

International Development Bank for Investment & Islamic Finance
 2018 Ed. (2618)
 2019 Ed. (2604)
 2020 Ed. (2613)
International Diesel of Alabama LLC
 2011 Ed. (1459)
International DisplayWorks
 2007 Ed. (2726)
 2008 Ed. (2856)
International Electrical Sales Corp.
 2016 Ed. (2437)
 2018 Ed. (2343)
 2019 Ed. (2343)
 2021 Ed. (2262)
 2022 Ed. (2301)
 2023 Ed. (2481)
International Electrical Sales Corp. (IESCO)
 2021 Ed. (2262)
 2022 Ed. (2301)
International Energy
 2006 Ed. (2697)
International Engineering & Construction
 1992 Ed. (1438)
 1994 Ed. (1176)
International Equity Global
 2003 Ed. (3149)
International Exposition Center
 1992 Ed. (1442, 3013)
 2001 Ed. (2350)
 2005 Ed. (2518)
 2018 Ed. (1277)
International Exposition (I-X) Center
 2003 Ed. (2412)
International Exterior Fabricators LLC
 2009 Ed. (1328)
International Family Entertainment
 1994 Ed. (2011, 3320)
 1995 Ed. (3580)
International Fancy Food & Confection Show
 1999 Ed. (4642)
International FCStone
 2014 Ed. (1686)
International FCStone Inc.
 2012 Ed. (1287, 1288, 1289, 1768, 2560)
International Finance & Consultants
 1989 Ed. (1785)
International Finance Corp.
 1997 Ed. (603)
International Finance Investment & Commerce Bank Ltd.
 1991 Ed. (458)
 1994 Ed. (432)
 1995 Ed. (427)
 1996 Ed. (453)
 1997 Ed. (415)
 1999 Ed. (475)
 2000 Ed. (467)
International Financial Co.
 1996 Ed. (665)
International Financial Systems
 2002 Ed. (2496)
International Fire Protection Inc.
 2008 Ed. (1270)
 2009 Ed. (1246)
International Fixed Income
 2003 Ed. (3147)
International Flavors
 1989 Ed. (2508)
International Flavors & Fragrance
 2000 Ed. (4071)
International Flavors & Fragrances
 2016 Ed. (855)
 2017 Ed. (915, 3763)
 2018 Ed. (3812)
 2019 Ed. (3786)
 2020 Ed. (2987, 3790)
 2021 Ed. (2870, 3780)
International Flavors & Fragrances Inc.
 1989 Ed. (895, 896, 897, 899, 900, 901, 2509)
 1990 Ed. (962, 963, 964, 966, 967, 968, 2810, 3311, 3312)
 1991 Ed. (919, 920, 921, 2711, 3150, 3151)
 1992 Ed. (1126, 1127, 3395, 4008)
 1993 Ed. (927, 2809, 3347, 3348)
 1994 Ed. (919, 940, 941, 3351, 3352)
 1995 Ed. (972, 973, 3323, 3410, 3411, 3435)
 1996 Ed. (950, 951, 3469, 3470, 3500)
 1997 Ed. (967, 972, 973, 974, 2013, 3535, 3536)
 1998 Ed. (698, 709, 714, 715, 716, 1053, 1698, 3327, 3329)
 1999 Ed. (1105, 1113, 2444, 4350, 4352)
 2000 Ed. (1022, 1033, 4068)
 2001 Ed. (1177, 1178, 1213)
 2002 Ed. (991, 993, 1017, 1019, 3639, 3965)
 2003 Ed. (932, 938, 941, 3771, 4070, 4536)
 2004 Ed. (940, 952, 1897, 1898, 3398)
 2005 Ed. (943, 2021, 2022)
 2006 Ed. (857, 858, 4077)
 2007 Ed. (943, 944, 957)
 2008 Ed. (911, 921)

 2009 Ed. (929)
 2010 Ed. (869)
 2011 Ed. (797)
 2012 Ed. (757)
 2013 Ed. (959)
 2014 Ed. (3187)
 2018 Ed. (2459, 3763)
International Flavours & Fragrances (Great Britain) Ltd.
 2019 Ed. (2862)
International Foodsource LLC
 2018 Ed. (4388, 4395)
International Foodstuffs Co.
 2008 Ed. (2755)
International Foreign Exchange Program
 2003 Ed. (3112)
International Forest Products
 2015 Ed. (2805)
 2017 Ed. (2450)
 2018 Ed. (2496)
 2019 Ed. (2522)
 2020 Ed. (2513)
 2021 Ed. (2434)
 2023 Ed. (2689)
International Forest Products Ltd.
 1990 Ed. (1362)
 2006 Ed. (1571)
 2010 Ed. (2762)
 2011 Ed. (2749, 4555)
 2012 Ed. (2683)
 2013 Ed. (2770)
 2014 Ed. (2751)
 2015 Ed. (2804)
 2016 Ed. (2733)
International Franchise Corp.
 2011 Ed. (4265)
 2014 Ed. (4285)
International Franchise Systems
 2018 Ed. (271)
 2019 Ed. (275)
International bond funds
 1993 Ed. (717)
International Furniture Fair
 2004 Ed. (4756, 4758)
International Furniture Fair Tokyo
 2004 Ed. (4758)
International Game
 1992 Ed. (3984)
International Game Technology
 2017 Ed. (1804)
 2021 Ed. (2702, 2703)
International Game Technology Inc.
 1993 Ed. (2495, 2714)
 1994 Ed. (1079, 2433)
 1995 Ed. (1086, 1432, 2058)
 1996 Ed. (1066, 1069)
 1997 Ed. (1083, 3643)
 1999 Ed. (4487)
 2001 Ed. (1809)
 2002 Ed. (2146)
 2003 Ed. (1714, 2336, 3286, 3292, 3296, 4540)
 2004 Ed. (1814, 2417, 2716, 2717, 3253, 3254, 3349, 3350, 4485, 4490, 4563)
 2005 Ed. (247, 1633, 2709, 2710, 3278, 3280, 3378, 4462)
 2006 Ed. (1522, 1924, 2685, 3269, 3271, 3360)
 2007 Ed. (1908, 2675, 3413, 3414)
 2008 Ed. (1969, 3066, 3074, 3082, 3439, 3440, 3443, 3543, 4142, 4145, 4202)
 2009 Ed. (1924, 3153, 3513, 3610, 3631, 4255)
 2010 Ed. (1859, 3533, 3534, 3828)
 2011 Ed. (1890, 3532, 3533)
 2012 Ed. (1746, 3523)
 2013 Ed. (1911, 3563)
 2014 Ed. (178)
 2015 Ed. (1882, 3562)
 2016 Ed. (1844, 3414)
International Game Technology plc
 2016 Ed. (1589)
 2017 Ed. (3376)
 2018 Ed. (3440)
 2021 Ed. (1539)
International Games System
 2012 Ed. (1914)
 2022 Ed. (1913)
International Gaming Technology
 2008 Ed. (4528)
International Gem & Jewelry Show Inc.
 2005 Ed. (4736)
 2006 Ed. (4787)
 2008 Ed. (4723)
 2010 Ed. (4775)
 2011 Ed. (4726)
International Gift & Home Furnishings Winter Market
 2004 Ed. (4755)
International Group
 2018 Ed. (1988)
The International Group
 2007 Ed. (320)
International Hardware Week
 2001 Ed. (4610)
International Harvester Credit Union
 2003 Ed. (1903)

International Heavy Duty
 1994 Ed. (3582)
International Holding Company
 2022 Ed. (1973)
 2023 Ed. (2080)
International Holdings Company
 2022 Ed. (3305, 3306)
International Home Foods Inc.
 2001 Ed. (1813, 2465)
 2003 Ed. (3688, 3690)
International Home Furnishing Market
 2004 Ed. (4756)
International Home & Garden Show
 2004 Ed. (4757)
 2005 Ed. (4737)
International Home Show
 2004 Ed. (4757)
 2005 Ed. (4737)
International Hospitals Construction Co.
 2015 Ed. (1179)
International Hotel Employees Restaurant Employees
 1998 Ed. (2322)
International Hotels Group
 2012 Ed. (3459, 4778)
 2013 Ed. (3502, 4739)
 2014 Ed. (3478, 4788)
 2015 Ed. (3495, 4822)
 2016 Ed. (4725)
International House of Pancakes
 1990 Ed. (3022)
 1991 Ed. (2881)
 1994 Ed. (3072, 3090)
 1995 Ed. (3117, 3140)
 1996 Ed. (3232)
 1997 Ed. (3314, 3335)
 1998 Ed. (3056, 3064)
 2002 Ed. (2362, 4015)
 2003 Ed. (4112, 4113, 4114, 4115, 4116, 4117, 4119, 4121)
 2004 Ed. (4119, 4132, 4137)
 2005 Ed. (4065, 4066, 4067, 4068, 4069, 4083)
 2006 Ed. (4117)
 2007 Ed. (4144, 4148)
 2008 Ed. (4159, 4175, 4176, 4181, 4182)
 2010 Ed. (4230, 4231, 4232, 4233, 4234)
 2011 Ed. (4235, 4236, 4237)
 2012 Ed. (4278, 4279, 4280, 4281, 4282)
 2013 Ed. (4246, 4247, 4248, 4249, 4250)
 2014 Ed. (4268, 4297, 4298, 4299, 4300, 4301)
 2015 Ed. (4249, 4287, 4288, 4289, 4290, 4291, 4292)
 2016 Ed. (4159, 4191, 4192, 4193, 4194, 4195, 4196)
 2017 Ed. (4132, 4169, 4170, 4171, 4172, 4173, 4174)
 2018 Ed. (4165, 4166, 4167, 4168, 4169, 4170)
 2019 Ed. (2562, 4180, 4181, 4182, 4183, 4184, 4185)
 2020 Ed. (2553, 4192, 4194, 4195, 4196, 4197)
 2021 Ed. (2516)
International House of Pancakes (IHOP)
 2002 Ed. (4002, 4014)
International House of Pancakes Restaurants
 1992 Ed. (3719)
 1993 Ed. (3033)
International House of Pancakes (U.S.)
 2021 Ed. (2516)
International Housewares Show
 2002 Ed. (4644)
 2003 Ed. (4774)
 2004 Ed. (4752, 4755, 4756)
International hybrid
 2004 Ed. (2449)
International Income A
 1995 Ed. (2712)
 1996 Ed. (2809)
International Industrial Bank
 2003 Ed. (604)
 2004 Ed. (612)
 2005 Ed. (499, 503, 602)
 2006 Ed. (457, 464, 467)
 2007 Ed. (443, 445, 469, 477, 546)
 2008 Ed. (442, 497)
 2009 Ed. (437, 438, 527)
 2010 Ed. (414, 415, 508, 509)
 2011 Ed. (439)
International Industrial Contracting Corp.
 2020 Ed. (1012)
 2021 Ed. (979)
 2022 Ed. (1017)
International Industrial Merchant Bank of Trinidad & Tobago Ltd.
 1991 Ed. (679)
 1992 Ed. (851)
 1993 Ed. (647)
 1994 Ed. (649)
 1995 Ed. (622)
International Innopac
 1994 Ed. (2718)
 1996 Ed. (2900)
International Inspirations
 2013 Ed. (1214)

International Institute for Management Development
  2007 Ed. (813)
  2011 Ed. (680, 696)
International INtegrated Solutions
  2006 Ed. (4871)
International Investment Trust Co.
  1999 Ed. (2894)
  2005 Ed. (3232)
International Investor
  2009 Ed. (2739)
  2010 Ed. (460)
The International Investor
  2017 Ed. (2553)
  2018 Ed. (2621)
  2019 Ed. (2607)
International Investors
  1991 Ed. (2569)
The International Islamic Union Bank
  2009 Ed. (2759)
  2010 Ed. (2681, 2684)
  2011 Ed. (2673)
  2012 Ed. (2601)
International King's Table
  1990 Ed. (1246)
  1991 Ed. (2880)
International Law Credit Union
  2014 Ed. (2171)
International Lawn, Garden & Power Equipment Expo
  1989 Ed. (2861)
  1990 Ed. (3627)
  1996 Ed. (3728)
  2002 Ed. (4644)
  2003 Ed. (4774)
  2004 Ed. (4752)
  2005 Ed. (4733)
International Lease Finance
  1990 Ed. (3640)
  1991 Ed. (3414)
  1993 Ed. (204)
  2000 Ed. (1916, 1918)
  2006 Ed. (4820)
International Lease Finance Co. (ILFC)
  2001 Ed. (345)
International Leasing & Investment Co.
  2009 Ed. (2727)
  2010 Ed. (2646, 2663)
  2011 Ed. (2651)
  2012 Ed. (2578)
International Legal Fraternity of Phi Delta Phi
  1999 Ed. (297)
International Life AEAZ
  2011 Ed. (1670)
International Lighting & Accessories Market
  2008 Ed. (4720)
International Machine Tool Show
  1989 Ed. (2861)
  1990 Ed. (3627)
International Mail Processing Inc.
  1999 Ed. (2674)
International Management Consultants Inc.
  1993 Ed. (3308)
  1997 Ed. (3515)
International Management Group
  2001 Ed. (1254)
International Manufacturing Technology Show
  2001 Ed. (4610)
  2003 Ed. (4774)
  2005 Ed. (4733)
  2010 Ed. (4772)
  2011 Ed. (4723)
  2012 Ed. (4744)
  2016 Ed. (4678)
  2018 Ed. (4679)
International Marine Carriers, Inc.
  1991 Ed. (963, 965)
International Marine Carries
  1990 Ed. (1036)
International Maritime Carriers
  1990 Ed. (2046)
International Marketing & Promotions Group
  1994 Ed. (3128)
International Marketing & Promotions (IMP Group)
  1993 Ed. (3065)
International Masters Publishers Continuity
  1999 Ed. (1854)
International Medical Corps
  2004 Ed. (933)
  2009 Ed. (3835, 3839)
International Medium Duty
  1994 Ed. (3582)
International Merchant Bank (Nigeria)
  1991 Ed. (633)
  1992 Ed. (806)
  1993 Ed. (599)
  1994 Ed. (602)
  1995 Ed. (573)
  1999 Ed. (613)
International Merchant Service Inc.
  2001 Ed. (436)
International Metals
  1990 Ed. (2009)

International Micro-Electronic Products
  1993 Ed. (3006)
International Microelectronics
  1994 Ed. (2285)
International Millennium Consultants Inc.
  2007 Ed. (3551, 3552, 4410)
International Minerals & Chemical
  1991 Ed. (1212)
International Minerals & Chemical Canada
  1996 Ed. (2650)
  1997 Ed. (2795)
International Minerals & Chemicals
  1990 Ed. (3660)
International Mining & Chemical
  1990 Ed. (932)
International Monetary Fund
  2001 Ed. (1686)
  2003 Ed. (1850, 2623)
  2006 Ed. (2103)
  2008 Ed. (2167)
  2009 Ed. (2150)
  2010 Ed. (2090)
  2011 Ed. (2147)
  2012 Ed. (1994)
  2013 Ed. (2184)
  2014 Ed. (2114)
  2017 Ed. (354)
  2018 Ed. (323)
International Moscow Bank
  1994 Ed. (456)
  1996 Ed. (667)
  2009 Ed. (464)
International Motor Co.
  1990 Ed. (23)
International Movie Group
  1992 Ed. (1984)
  1994 Ed. (1670)
International Multifoods Corp.
  1989 Ed. (1446, 1451, 1452)
  1990 Ed. (1813, 1818, 1819)
  1991 Ed. (1734, 2470)
  1992 Ed. (2988, 2993, 2996, 3505, 3508, 3510)
  1993 Ed. (1369, 2514, 2517, 2518, 2521, 2888, 2890, 2895, 2896)
  1994 Ed. (1422, 1561)
  1995 Ed. (1459, 2770)
  1998 Ed. (1725)
  2001 Ed. (2456, 2457)
  2002 Ed. (4901)
  2003 Ed. (2498, 2499, 4929, 4930)
  2004 Ed. (2658, 2659, 4933, 4934)
  2005 Ed. (2651, 2652, 4915)
International Multifoods, U.S. Foodservice Group
  1993 Ed. (2887)
International Murex Technologies
  1997 Ed. (1374)
International Nederlanden Group
  1995 Ed. (1462)
  1997 Ed. (1486)
International Network Services
  2000 Ed. (2404, 4048)
International Nickel Corp.
  1993 Ed. (2156)
International Olympic Committee
  1998 Ed. (3778)
International Paper
  2015 Ed. (2650)
  2016 Ed. (1124, 2569)
  2017 Ed. (1167, 2450, 3402)
  2018 Ed. (1100, 1632, 2496)
  2019 Ed. (1115, 2522)
  2020 Ed. (1103, 2513)
  2021 Ed. (1094, 2434)
  2022 Ed. (1110, 1935)
  2023 Ed. (1326, 1327, 2052, 2689, 2899, 3592)
International Paper Co.
  1989 Ed. (273, 1008, 1465, 1466, 2113, 2657)
  1990 Ed. (1188, 1842, 1843, 1846, 2763)
  1991 Ed. (258, 1053, 1071, 1170, 1761, 1763, 2669, 2672)
  1992 Ed. (361, 1236, 1384, 1385, 2209, 2211, 3328, 3329, 3330, 3331, 3333, 3338)
  1993 Ed. (1377, 1890, 1892, 1893, 1894, 2478, 2589, 2763, 2764)
  1994 Ed. (1252, 1430, 1891, 1893, 1895, 1896, 2722, 2723, 2724, 2725, 2726)
  1995 Ed. (1466, 1922, 1923, 1925, 2826, 2827, 2828, 2830, 2832, 2835, 2836)
  1996 Ed. (1958, 1959, 1961, 1962, 2901, 2903)
  1997 Ed. (1489, 1810, 2067, 2068, 2069, 2075, 2076, 2932, 2986, 2987, 2988, 2989, 2990, 2992, 2993)
  1998 Ed. (1068, 1750, 1751, 1752, 1753, 2424, 2736, 2738, 2739, 2740, 2741, 2746, 2747, 2748, 3647)
  1999 Ed. (1752, 2489, 2490, 2491, 2496, 2497, 3686, 3687, 3689, 3700)
  2000 Ed. (1584, 2241, 2254, 2256, 2257, 3405, 3407, 3411)
  2001 Ed. (1597, 1817, 3614, 3621, 3622, 3623, 3624, 3625, 3626, 3630, 3631, 3634, 3635, 3641, 4933)

  2002 Ed. (1435, 1459, 2319, 2321, 2322, 3578, 3579, 3580, 3581, 3582, 3583, 3584, 4603)
  2003 Ed. (1455, 1480, 1661, 1662, 1790, 2427, 2541, 2542, 3423, 3714, 3715, 3716, 3717, 3718, 3721, 3725, 3726, 3728, 3729, 3730, 3731, 3733)
  2004 Ed. (1485, 1510, 1689, 1690, 1691, 2561, 2678, 3435, 3758, 3759, 3760, 3761, 3762, 3765, 3766, 3770)
  2005 Ed. (1526, 1747, 1748, 1749, 2670, 3450, 3673, 3674, 3675, 3676, 3677, 3680, 3681, 3682, 3688, 4164)
  2006 Ed. (1666, 1667, 1668, 2654, 2655, 3773, 3774, 3775, 3776, 3777, 3778, 3781, 3782)
  2007 Ed. (1455, 1483, 1513, 1672, 1673, 1674, 2633, 2634, 2635, 2638, 2898, 3769, 3770, 3771, 3773, 3774, 3778, 3779, 3988)
  2008 Ed. (1431, 1833, 2105, 2106, 2295, 2763, 3020, 3603, 3838, 3849, 3850, 3851, 3852, 3855, 3856, 4073, 4667)
  2009 Ed. (1406, 1409, 2080, 2081, 2083, 2819, 2822, 3107, 3894, 3906, 3907, 3908, 3909, 3910, 3915, 3916, 4186)
  2010 Ed. (1438, 2023, 2024, 2026, 2528, 2760, 2764, 3040, 3807, 3816, 3817, 3818, 3819, 3822, 3823, 3824, 3825, 3826)
  2011 Ed. (1751, 2080, 2081, 2083, 2746, 3009, 3803, 3812, 3813, 3814, 3815, 3820, 3821, 3822, 3823, 3824)
  2012 Ed. (1924, 1925, 1927, 1928, 2452, 2682, 2936, 3796, 3797, 3798, 3799, 3800, 3804, 3805, 3806, 3807, 3808, 3809)
  2013 Ed. (2084, 2085, 2087, 2089, 2771, 3025, 3861, 3862, 3863, 3864, 3866, 3867, 3868, 3869, 3870, 3871, 3872)
  2014 Ed. (2018, 2019, 2021, 2023, 2752, 3036, 3793, 3794, 3795, 3796, 3797, 3798, 3799, 3800, 3801, 3802)
  2015 Ed. (2062, 2064, 2066, 2806, 3102, 3814, 3815, 3816, 3817, 3820, 3821, 3822, 3823, 3824, 3825)
  2016 Ed. (1122, 2022, 2028, 2031, 2033, 2739, 3726, 3727, 3728, 3729, 3730, 3731, 3732)
  2017 Ed. (1165, 1988, 1992, 1994, 2694, 3683, 3684, 3685, 3686, 3687, 3688)
  2018 Ed. (1942, 1944, 1946, 2751, 3028, 3738, 3740, 3741, 3742)
  2019 Ed. (1113, 1997, 1999, 2003, 2735, 2970, 3727, 3729, 3730)
  2020 Ed. (1101, 1922, 1924, 1927, 1929, 2765, 2999, 3771)
  2021 Ed. (1093, 1884, 1889, 2639, 2859)
  2022 Ed. (1108, 1930, 1932, 1936, 2766)
  2023 Ed. (2046)
International Paper Co. (U.S.)
  2021 Ed. (2639)
  2022 Ed. (2766)
The International Partnership Group Inc.
  1989 Ed. (267)
  1990 Ed. (282)
International Payment Services Inc.
  2001 Ed. (577)
International Petroleum Investment
  2014 Ed. (1687)
International Piping Systems Inc.
  2009 Ed. (4075)
International Plastics Inc.
  2006 Ed. (4377)
  2007 Ed. (4445)
  2008 Ed. (4427)
International Playtex
  2005 Ed. (1491)
International Potter Distilling
  1992 Ed. (886)
  1994 Ed. (692)
  1996 Ed. (724)
International Power
  2006 Ed. (2369)
  2007 Ed. (2307)
  2013 Ed. (2453)
  2014 Ed. (1282)
International Power plc
  2005 Ed. (2404)
  2008 Ed. (2126, 2429, 2433, 2504, 2505, 2814, 3679)
  2009 Ed. (2437, 2511, 2515)
  2010 Ed. (2356, 2426, 2429, 2430)
  2011 Ed. (2352, 2430)
  2012 Ed. (2353, 2724, 2730)
  2013 Ed. (2801, 2821, 4827)
  2014 Ed. (2838, 2859, 4841, 4843)
International Print & Packaging
  2016 Ed. (4949)
International Printing Solutions
  2022 Ed. (3966)
International Profit Associates
  1998 Ed. (748, 3310)
  1999 Ed. (1184, 4321)
International Property Management Inc.
  1992 Ed. (3909)
International Reagents
  1993 Ed. (1514)

International Rectifier Corp.
  1989 Ed. (1310)
  1992 Ed. (3226)
  1993 Ed. (1578, 3213)
  2004 Ed. (2182, 2183)
  2005 Ed. (2284, 4500)
  2006 Ed. (4285)
  2007 Ed. (2338)
  2008 Ed. (2462)
  2009 Ed. (2462)
International Rescue Committee Inc.
  1991 Ed. (897)
  1993 Ed. (896)
  1994 Ed. (905)
  1996 Ed. (913, 2853)
  1997 Ed. (2951)
  1999 Ed. (3628)
  2004 Ed. (933)
  2010 Ed. (3762, 3763)
  2012 Ed. (3769)
International Resistive Co. of Texas LP
  2015 Ed. (1649)
International Restaurant Distributors
  2014 Ed. (2698)
  2017 Ed. (2686)
International Restaurant Services Inc.
  2016 Ed. (4232)
  2017 Ed. (1936, 4218)
  2018 Ed. (4238)
International Risk Management (Bermuda) Ltd.
  1990 Ed. (903, 904)
  1991 Ed. (853)
  1992 Ed. (1058)
  1993 Ed. (846)
  1994 Ed. (859)
  1995 Ed. (902)
  1996 Ed. (877)
  1997 Ed. (899)
  1999 Ed. (1029)
International Risk Management (Cayman) Ltd.
  1991 Ed. (854)
  1992 Ed. (1059)
  1993 Ed. (849)
  1994 Ed. (862)
  1995 Ed. (904)
  1996 Ed. (878)
  1997 Ed. (899)
  1999 Ed. (1030)
  2001 Ed. (2921)
International Risk Management Ltd.
  2000 Ed. (979, 980)
  2001 Ed. (2920)
International Road Dynamics
  2007 Ed. (2813)
International Savings & Loan Association, Ltd.
  1998 Ed. (3542)
International Seafarers
  1998 Ed. (2322)
International Securities Co.
  1995 Ed. (1351)
International Securities Exchange
  2008 Ed. (4500)
  2009 Ed. (4531)
  2011 Ed. (972)
  2012 Ed. (886)
  2013 Ed. (1045)
  2014 Ed. (1009, 4555, 4563)
  2015 Ed. (4549, 4556)
  2019 Ed. (918)
  2020 Ed. (913)
International Securities Exchange Gemini
  2020 Ed. (913)
International Sematech
  2004 Ed. (2171)
International Semi-Tech Microelect
  1992 Ed. (1288)
International Semi-Tech Microelectronics Inc.
  1993 Ed. (1184)
International Service System A/S
  2008 Ed. (1704)
  2009 Ed. (1631, 1658)
International Service System A/S--ISS
  2001 Ed. (1578)
  2002 Ed. (1343, 1639)
International Services
  1995 Ed. (3211)
  1997 Ed. (3413)
  2000 Ed. (3907)
International Shared Services
  2002 Ed. (2591)
  2003 Ed. (2796)
International Shipholding Corp.
  1991 Ed. (3084)
  1993 Ed. (3275)
  1994 Ed. (3265, 3572)
  2015 Ed. (1411, 1412, 1413)
International Small Cap Equity
  2003 Ed. (3146)
International Solutions Group
  2009 Ed. (3241)
International Specialty Holdings Inc.
  2006 Ed. (1671)
  2007 Ed. (1675)
  2008 Ed. (1701)

2009 Ed. (1628)
2010 Ed. (1600)
2011 Ed. (1604, 1605)
2012 Ed. (1450, 1451)
2013 Ed. (1586, 1587)
International Specialty Products Inc.
   2000 Ed. (3423)
   2002 Ed. (3591)
   2005 Ed. (3936)
   2009 Ed. (941)
   2010 Ed. (882)
International Speedway Corp.
   2004 Ed. (240, 241)
   2005 Ed. (243, 244)
   2007 Ed. (4108)
   2009 Ed. (3254)
   2010 Ed. (263)
   2011 Ed. (184)
International Steel Group Inc.
   2005 Ed. (1462, 3330, 3445, 3453, 4144, 4251)
   2006 Ed. (1497, 2893, 3454, 3455, 3458, 3459, 3460, 3461, 3462, 3472)
International Stock Exchange
   2005 Ed. (4479)
   2006 Ed. (4481)
   2007 Ed. (4537)
International stocks, bonds
   1995 Ed. (2865, 2866)
International Strategy & Investment Group
   2006 Ed. (3204)
   2007 Ed. (3263, 3272)
   2008 Ed. (3391, 3394)
International Summer Consumer Electronics Show
   1989 Ed. (2861)
   1990 Ed. (3627)
International Surplus Lines Insurance Co.
   1991 Ed. (2087)
   1992 Ed. (2648)
International Systems of America Inc.
   2006 Ed. (3515)
   2007 Ed. (3558, 4422)
International Tech Services
   1998 Ed. (3765)
International Technology Corp.
   1992 Ed. (1408, 1958, 3479, 3480)
   1993 Ed. (1121, 1603, 2875, 2876)
   1994 Ed. (1132, 1137, 1635, 2892)
   1995 Ed. (1673, 1718)
   1996 Ed. (1656, 1662, 3879)
   1997 Ed. (1734, 1740, 1782, 3132)
   1998 Ed. (937, 1449, 1476, 1477, 1480, 1485, 1487, 1492)
   1999 Ed. (1359, 2021)
   2000 Ed. (1816, 1845, 1847, 1848, 1850, 1852, 1853, 1854, 1858)
International Telecharge
   1989 Ed. (2367)
   1990 Ed. (3561)
International Telecommunications Corp.
   1998 Ed. (2410)
International Telecommunications Satellite Organization
   2001 Ed. (1687)
International Telephone & Telegraph Corp.
   1990 Ed. (3515)
International Textile Group
   2019 Ed. (3399)
International Textile Group Inc.
   2006 Ed. (4727, 4728)
   2007 Ed. (4745, 4746)
International Textiles/Rug Barn
   1997 Ed. (1010, 3526)
International Thomson
   1989 Ed. (965, 2275)
   1990 Ed. (1107)
International Thomson Organisation
   1991 Ed. (1142, 1265)
   1992 Ed. (1599)
International Thoroughbred Breeders
   1990 Ed. (258)
   1991 Ed. (229)
International Tours
   1996 Ed. (3879)
International Tours & Cruises
   1998 Ed. (3761)
International Tours Travel Services
   1995 Ed. (3794)
International Tower Hill Mines Ltd.
   2010 Ed. (1548, 1568)
   2011 Ed. (1551)
   2012 Ed. (1396)
International Trade Center
   1992 Ed. (2597)
International Trade IMP LLC
   2018 Ed. (5000)
International Transport
   1991 Ed. (3432)
International Truck & Engine Corp.
   2003 Ed. (313, 2927)
   2004 Ed. (279)
   2005 Ed. (285)
   2008 Ed. (3183, 3202, 3540)
International Trust Company of Liberia
   1989 Ed. (606)
International Trust & Finance
   1994 Ed. (3158)

International Union of Electrical, Radio & Machine Workers
   1996 Ed. (3602)
International Union of Operating Engineers
   1995 Ed. (1262)
International Union, United Automobile, Aerospace & Agricultural Implement Workers of America
   2009 Ed. (3478)
International University of Japan
   2011 Ed. (684)
International Uranium
   2005 Ed. (1730)
   2006 Ed. (1603)
   2007 Ed. (4574)
International Value Equity
   2003 Ed. (3146)
International Value Fixed Income (Hedged)
   2003 Ed. (3147)
International style prepared vegetables
   1990 Ed. (1953)
International Verifact Inc.
   2000 Ed. (1315)
International Vision Expo East
   2005 Ed. (4732)
International WELL Building Institute
   2020 Ed. (2901)
International Westminster Bank PLC
   1991 Ed. (532)
International Westminster Bank
   1990 Ed. (582)
International Westminster Bank Plc.
   1990 Ed. (584)
International Wex Technologies Inc.
   2006 Ed. (4492)
International Winter Consumer Electronics Show
   1989 Ed. (2861)
   1990 Ed. (3627)
   1996 Ed. (3728)
International Women's Show
   1998 Ed. (3608)
International Woodworkers of America
   1996 Ed. (3602)
International Woodworking Fair
   2018 Ed. (4678)
International Woodworking Machinery & Furniture Supply Fair
   1996 Ed. (3728)
International Woodworking Machinery & Furniture Supply Fair USA
   2012 Ed. (4744)
International Youth Foundation
   1993 Ed. (895, 1897)
   1994 Ed. (1906)
   1995 Ed. (1933)
Internationale Arabe Tunisie
   1991 Ed. (442)
Internationale a Luxembourg
   1990 Ed. (630)
Internationale Nederland Bank
   1997 Ed. (572)
Internationale Nederland Group
   1995 Ed. (562)
Internationale Nederlanden Groep
   1995 Ed. (1463)
   1996 Ed. (214, 215, 631, 1424, 1425)
Internationale Nederlanden Groep NV
   2000 Ed. (1522)
   2001 Ed. (1805)
   2003 Ed. (1776, 4396)
Internationale Nederlanden Group
   1993 Ed. (1372)
   1994 Ed. (216, 593, 1425, 1426)
   1997 Ed. (1487)
   1999 Ed. (1711, 2922, 4287)
Internationale Nederlanden Group NV
   1997 Ed. (1484, 2015, 3501)
Internationale Nederlander Groep NV
   2000 Ed. (4006)
Internazionale
   2002 Ed. (4307)
   2005 Ed. (4391)
Internazionale Milan
   2006 Ed. (4398)
   2007 Ed. (4465)
   2008 Ed. (4454)
Internazionale Milano
   2013 Ed. (4457)
Internet
   1992 Ed. (1912, 1913)
   1996 Ed. (2345)
   2000 Ed. (3230, 3290, 3504)
   2001 Ed. (593, 2216, 2781, 3245, 3246, 4674)
   2002 Ed. (749, 918, 2212)
   2003 Ed. (817, 2602, 2758, 3480)
   2004 Ed. (861, 1912, 4992)
   2005 Ed. (134, 835, 852)
   2006 Ed. (138, 762)
   2007 Ed. (157, 2325)
   2008 Ed. (760, 761, 2451)
   2009 Ed. (3855)
Internet Access
   2001 Ed. (2720, 2969)
The Internet Archive
   2004 Ed. (3162)

Internet Auction
   2006 Ed. (4537)
Internet Brands
   2012 Ed. (2765)
Internet Capital Group
   2001 Ed. (2164, 4184)
   2002 Ed. (2532)
   2013 Ed. (2843)
Internet Capital Group LLC
   2003 Ed. (1512)
Internet CEO
   2000 Ed. (1789)
Internet Creations
   2016 Ed. (1857)
Internet Direct
   2000 Ed. (2744)
Internet directories
   1997 Ed. (3925)
Internet of Elephants
   2019 Ed. (1380)
Internet Gold--Golden Lines Ltd.
   2001 Ed. (4189)
Internet Info
   2003 Ed. (2713)
Internet Initiative Japan Inc.
   2001 Ed. (4189)
Internet Mall a.s.
   2009 Ed. (3002)
Internet Marketing from the Real Experts
   2012 Ed. (509)
Internet Movie Database
   2003 Ed. (3050)
   2004 Ed. (3158)
   2010 Ed. (3368)
Internet service providers
   2006 Ed. (104)
   2007 Ed. (98, 2325, 2329)
   2008 Ed. (109, 2451, 2454)
Internet Research Group
   2001 Ed. (1765)
Internet retailers
   2010 Ed. (567)
Internet services and retailing
   2007 Ed. (3040, 3041, 3043, 3045)
   2008 Ed. (3153)
Internet ScamBusters
   2002 Ed. (4844)
Internet Security Systems Inc.
   2002 Ed. (2528)
Internet service
   2010 Ed. (120)
   2011 Ed. (33)
Internet services
   2002 Ed. (4884)
   2006 Ed. (104)
   2007 Ed. (98)
   2008 Ed. (109)
Internet software & services
   2008 Ed. (1630)
Internet Shop SRO
   2013 Ed. (2901)
Internet strategy
   2001 Ed. (2167)
Internet Systems
   1993 Ed. (2033)
Internet Traffic Report
   2004 Ed. (3157)
Internet Travel
   2002 Ed. (1584, 1592)
Internet Travel Network
   2001 Ed. (2991)
Internet World
   1998 Ed. (2793, 2794)
   2000 Ed. (3468)
   2001 Ed. (255)
Internet.com
   2001 Ed. (4452)
   2003 Ed. (1512)
   2005 Ed. (827)
InternetConnect
   1999 Ed. (3000)
InternetLumber.com
   2010 Ed. (4998)
Internex
   2021 Ed. (4710)
Interni Italiani
   2020 Ed. (188)
Internicola Law Firm
   2023 Ed. (3464)
Internists, general
   2008 Ed. (3809)
InterNotes Strategy
   2008 Ed. (3721, 4413, 4972)
Internova Travel Group
   2022 Ed. (4715)
   2023 Ed. (4700)
Internships
   2001 Ed. (4020)
Intero Real Estate Services Inc.
   2007 Ed. (4071, 4072)
Interocean Management
   2004 Ed. (1360)
Interoceanica
   2007 Ed. (3112)
   2008 Ed. (3257)
   2010 Ed. (3247)

InterOil Corp.
   2006 Ed. (4492)
   2007 Ed. (1624, 3863)
   2008 Ed. (1430)
   2009 Ed. (1399)
   2011 Ed. (3906)
   2015 Ed. (3938)
Interojo
   2016 Ed. (2004)
   2019 Ed. (1960)
Interpane Float Glass SA
   2002 Ed. (1498)
Interparfums
   2012 Ed. (1503)
InterPark
   2013 Ed. (2053)
Interpark Co., Ltd.
   2022 Ed. (2284)
Interpartners
   2005 Ed. (120)
   2008 Ed. (117)
Interpersonal skills
   1993 Ed. (1595)
Interphase Corp.
   1996 Ed. (1762)
   2003 Ed. (2945)
Interplak
   1989 Ed. (2043)
Interplan Corp.
   2000 Ed. (3600)
Interplan Health Group PPO
   2005 Ed. (3883)
Interplastic
   1990 Ed. (1978)
Interport Resources Corp.
   1992 Ed. (2966)
   2002 Ed. (3704)
InterPow, LLC
   2000 Ed. (2746)
Interpretek
   2011 Ed. (1905)
Interpreters and Translators Inc.
   2023 Ed. (3762)
Interprise
   2012 Ed. (3287)
Interproteccion, Agente de Seguros y de Fianzas
   2013 Ed. (1851)
Interproteccion, Agente de Seguros y de Fianzas SA de CV
   2010 Ed. (1815, 1817)
   2011 Ed. (1848)
Interprovincial Cooperative
   2008 Ed. (1385)
   2009 Ed. (1388)
Interprovincial Pipe Line
   1994 Ed. (1955)
Interpublic
   2013 Ed. (58, 3664)
   2014 Ed. (76, 3600)
Interpublic Group
   1989 Ed. (1935)
   1990 Ed. (2521, 2905)
   1991 Ed. (2765)
   1993 Ed. (109, 110, 2504, 2916)
   1994 Ed. (96, 2443, 2930)
   1995 Ed. (85, 86, 2509, 3315)
   1997 Ed. (34, 55, 87, 101, 103)
   1998 Ed. (27, 50, 57, 58, 2975, 3290)
   1999 Ed. (31, 33, 34, 87, 103, 104, 3649, 4285)
   2000 Ed. (36, 4004)
   2005 Ed. (100)
   2017 Ed. (3450)
   2018 Ed. (3514)
   2023 Ed. (146)
Interpublic Group (IPG)
   2023 Ed. (3675, 3676)
Interpublic Group of Companies Inc.
   2019 Ed. (2951)
   2020 Ed. (2981)
   2021 Ed. (2841)
The Interpublic Group of Companies Inc.
   1989 Ed. (120)
   1990 Ed. (115)
   1992 Ed. (161, 163, 164, 3527)
   2000 Ed. (108)
   2002 Ed. (62, 66, 120, 121, 143, 171, 911, 3278, 3822)
   2003 Ed. (34, 86, 88, 109)
   2004 Ed. (102, 104, 110, 111, 118, 120, 1585)
   2005 Ed. (98, 99, 106, 118, 119, 121, 1576)
   2006 Ed. (108, 111, 115, 116, 123, 124, 3295, 4470)
   2007 Ed. (104, 105, 115, 117, 118, 2883, 4568, 4569)
   2008 Ed. (124, 125, 3005)
   2009 Ed. (125, 135, 136, 3091)
   2010 Ed. (126, 135, 3024)
   2011 Ed. (44, 53, 2993)
   2012 Ed. (45, 50, 58, 61, 66, 2919)
   2013 Ed. (51, 52, 53, 59, 61, 3008)
   2014 Ed. (60, 61, 69, 77, 79, 3071)
   2015 Ed. (61, 62, 64, 68, 70, 3084)
   2016 Ed. (64, 65, 68, 70, 3468)
   2017 Ed. (57, 58, 59, 60)

2018 Ed. (56, 57, 61, 65, 3010)
2019 Ed. (53, 56, 60, 61)
2020 Ed. (59, 60, 61, 64)
2021 Ed. (62)
2022 Ed. (74)
Interpublic Group of Cos.
　1990 Ed. (113)
　1991 Ed. (110, 112)
　1996 Ed. (32, 60, 99, 101)
　2000 Ed. (109, 139)
　2001 Ed. (96, 147, 170, 200, 4222)
　2005 Ed. (1467)
　2023 Ed. (149)
The Interpublic Group of Cos., Inc.
　2014 Ed. (2547)
Interpublic Health Care
　2007 Ed. (106)
Interpublic Healthcare
　2005 Ed. (107)
　2006 Ed. (117)
　2008 Ed. (114)
Interpublic Ltd.
　1996 Ed. (86)
　2000 Ed. (93)
　2001 Ed. (32)
　2002 Ed. (1982)
　2003 Ed. (72)
interQ
　2001 Ed. (1763, 1765)
InterQuarit Capital Advisors
　1991 Ed. (2220)
Interquest Detection Canines
　2002 Ed. (4203)
　2003 Ed. (4329)
　2004 Ed. (4350)
　2005 Ed. (4289)
　2006 Ed. (4267)
Interquisa/Societe
　2002 Ed. (2228)
Interra Credit Union
　2018 Ed. (2094)
　2020 Ed. (2073)
　2021 Ed. (2019, 2063)
　2022 Ed. (2055, 2098)
　2023 Ed. (2213)
Interrail
　2016 Ed. (4726)
InterRent REIT
　2015 Ed. (1968)
　2016 Ed. (1487)
　2017 Ed. (1487)
　2018 Ed. (1464)
　2019 Ed. (1493)
　2020 Ed. (1463)
Interros-Soglasiye
　2003 Ed. (2978)
Interrra Clearing
　2000 Ed. (1097)
Interscience
　1998 Ed. (2938)
Interscope
　2011 Ed. (3708)
　2012 Ed. (3731)
　2013 Ed. (3779)
　2015 Ed. (3724)
　2020 Ed. (3626)
Interscope Geffen A & M
　2010 Ed. (3712)
　2011 Ed. (3709)
　2012 Ed. (3732)
　2013 Ed. (3780)
　2014 Ed. (3713)
　2015 Ed. (3725)
　2016 Ed. (3637)
　2017 Ed. (3611)
　2018 Ed. (3674)
　2019 Ed. (3659)
Interscope Geffen A&M
　2017 Ed. (3614, 3619, 3620)
　2018 Ed. (3677, 3682, 3683)
　2019 Ed. (3662, 3667, 3668)
　2020 Ed. (3629, 3634, 3635)
　2023 Ed. (3804, 3807, 3809, 3810, 3811)
Interscope Media Cos.
　2005 Ed. (1680)
Intersec
　2013 Ed. (2905)
Intersect ENT
　2016 Ed. (1413, 1414)
　2017 Ed. (2869)
Intersect ENT, Inc.
　2019 Ed. (3528)
InterSecurities
　2000 Ed. (833, 834, 837, 838, 839, 849, 850, 862, 865, 866)
　2002 Ed. (790, 791, 792, 793, 794, 795)
Interseguro
　2007 Ed. (3116)
　2008 Ed. (3260)
　2010 Ed. (1952, 3253)
　2011 Ed. (2005)
　2012 Ed. (1854)
　2013 Ed. (1810, 2013)
　2014 Ed. (1945)
　2015 Ed. (1991)
Interserv 2000 Systems
　2000 Ed. (2505)

Intershop Communications AG
　2010 Ed. (1097)
　2012 Ed. (965)
Intersil Corp.
　2007 Ed. (4558)
Interskol-Alabuga Power Tools
　2019 Ed. (1538, 1947)
Intersnack Knabber-Geback GmbH & Co. KG
　2020 Ed. (2710)
Intersoft Solutions
　2010 Ed. (1105)
　2011 Ed. (1044)
　2012 Ed. (974)
　2013 Ed. (1117)
Interspar GmbH
　1996 Ed. (1298)
　1997 Ed. (1363)
Interstate 69
　2012 Ed. (503)
Interstate All Battery Center
　2010 Ed. (839)
　2011 Ed. (4287)
　2012 Ed. (4329)
　2013 Ed. (548)
　2014 Ed. (561)
　2015 Ed. (625)
　2016 Ed. (572)
　2017 Ed. (601)
　2018 Ed. (565)
Interstate Bakeries Corp.
　1989 Ed. (354, 355, 357, 361)
　1992 Ed. (491, 493, 495, 496, 497)
　1993 Ed. (1370)
　1994 Ed. (1874)
　1997 Ed. (330)
　1998 Ed. (256, 258, 259, 1062, 1082)
　1999 Ed. (2455)
　2003 Ed. (371, 372, 761, 853)
　2004 Ed. (1806, 2660, 2661, 4764)
　2005 Ed. (2653, 2654, 4164)
　2006 Ed. (382, 1836, 4002, 4218)
　2007 Ed. (4037, 4234)
　2008 Ed. (1874, 1875, 4065, 4069, 4071, 4266, 4268)
　2009 Ed. (1829, 4179, 4370, 4372)
　2010 Ed. (4114, 4118, 4397, 4399)
　2011 Ed. (4082, 4342, 4344)
Interstate Bakeries Group
　1997 Ed. (2038)
Interstate Bank
　2002 Ed. (540)
　2004 Ed. (543)
Interstate Bar-B-Que
　2022 Ed. (4139)
　2023 Ed. (4222)
Interstate Batteries
　2015 Ed. (4317, 4972)
　2020 Ed. (243)
Interstate Battery Systems of America
　2009 Ed. (331)
Interstate Battery Systems International
　2010 Ed. (310)
Interstate Brands Corp
　2000 Ed. (373)
Interstate Brands Corp.
　1995 Ed. (342)
　1997 Ed. (328)
　1998 Ed. (265)
　1999 Ed. (369)
　2008 Ed. (726)
Interstate telephone calls
　1989 Ed. (1663)
Interstate Chemical
　2013 Ed. (937)
Interstate Chemical Co., Inc.
　2004 Ed. (955)
Interstate Cigar
　1991 Ed. (964, 966)
Interstate Connecting Components Inc.
　2004 Ed. (2245)
Interstate Consolidation Inc.
　1998 Ed. (1755)
　1999 Ed. (2498)
　2000 Ed. (2258)
Interstate Construction and Interstate Transfer
　1993 Ed. (3619)
Interstate Distributor Co.
　1994 Ed. (3593)
　2003 Ed. (4795)
Interstate Federal Savings & Loan Association of McGregor
　2021 Ed. (4295)
　2022 Ed. (4303)
　2023 Ed. (4333)
Interstate Highway Construction
　2013 Ed. (1230)
Interstate Hotels Corp.
　1990 Ed. (2060, 2061, 2062)
　1992 Ed. (2465, 2466, 2470, 2471)
　1993 Ed. (2078, 2079)
　1994 Ed. (2093, 2094)
　1995 Ed. (2147, 2148, 2149, 2150)
　1996 Ed. (2158, 2159)
　1997 Ed. (2274, 2275, 2276, 2277)
　1998 Ed. (1998, 1999, 2000, 2001)
　1999 Ed. (2755, 2756)

　2002 Ed. (2626)
Interstate Hotels Management
　2000 Ed. (2534)
　2001 Ed. (2776, 2777)
Interstate Hotels & Resorts
　2005 Ed. (2921, 2926)
　2006 Ed. (2926, 2946)
　2007 Ed. (2936)
　2008 Ed. (3065)
　2009 Ed. (3165, 3166)
　2010 Ed. (3097)
　2011 Ed. (3065)
　2012 Ed. (2996, 3008)
　2013 Ed. (3083, 3085)
　2014 Ed. (3083)
　2015 Ed. (3149)
　2016 Ed. (3005)
Interstate Iron Works Corp.
　1990 Ed. (1207)
　1991 Ed. (1083)
　1992 Ed. (1416)
　1993 Ed. (1129)
　1994 Ed. (1146)
　1995 Ed. (1161)
　1996 Ed. (1140)
　1997 Ed. (1164)
　1998 Ed. (956)
　1999 Ed. (1377)
　2000 Ed. (1269)
　2001 Ed. (1482)
　2002 Ed. (1299)
　2004 Ed. (1317)
　2005 Ed. (1322)
Interstate/Johnson Lane Corp.
　1992 Ed. (3871, 3893)
　1993 Ed. (3178)
Interstate Maintenance Program
　1993 Ed. (3619)
Interstate Management Co.
　2015 Ed. (2132)
　2016 Ed. (2111)
Interstate Mechanical Corp.
　2015 Ed. (1255)
　2020 Ed. (1112)
　2022 Ed. (1145)
Interstate Mechanical Corp. (IMCOR)
　2022 Ed. (1145)
　2023 Ed. (1368)
Interstate Optical
　2006 Ed. (3752)
　2007 Ed. (3750, 3751, 3753)
Interstate Plastics
　2021 Ed. (3910)
　2022 Ed. (3920)
　2023 Ed. (4009)
Interstate Power Co.
　2001 Ed. (2146)
Interstate Power & Light Co.
　2006 Ed. (1812)
　2014 Ed. (1704)
　2015 Ed. (1746)
　2016 Ed. (1698)
Interstate Safety & Supply Inc.
　2006 Ed. (4365)
Interstate Securities Corp.
　1989 Ed. (1761)
　1990 Ed. (3212)
Interstate Transportation Center
　2005 Ed. (3332)
Interstate Unlimited Credit Union
　2010 Ed. (2145)
Interstate Warehousing
　2019 Ed. (4810)
　2020 Ed. (4799)
　2021 Ed. (4798)
Interstate Warehousing Inc.
　2001 Ed. (4724, 4725)
　2006 Ed. (4888)
　2008 Ed. (4815)
　2009 Ed. (4837)
　2010 Ed. (4846)
　2011 Ed. (4812)
　2012 Ed. (4828)
　2016 Ed. (4792)
　2017 Ed. (4807)
　2018 Ed. (4808)
　2023 Ed. (4790)
Interstate Warehousing, Inc.
　2018 Ed. (4812, 4813)
　2019 Ed. (4811)
　2020 Ed. (4800)
　2021 Ed. (4799, 4800, 4801)
　2022 Ed. (4795)
Interstellar
　2016 Ed. (3630)
Interstitials
　2001 Ed. (2972)
Interstore Group, S.R.O.
　2017 Ed. (1954)
Intersystem
　1997 Ed. (3294)
InterSystems
　2005 Ed. (1149)
　2008 Ed. (1147)
　2010 Ed. (1113)
　2011 Ed. (1052)
　2012 Ed. (979)
　2013 Ed. (1118)

　2014 Ed. (1080)
　2015 Ed. (1119)
　2016 Ed. (1031)
　2017 Ed. (1063)
　2018 Ed. (989)
Intertain Group
　2017 Ed. (1057, 2863, 3463)
　2018 Ed. (981, 982, 3521)
Intertain Group Ltd.
　2016 Ed. (1494)
Intertainment Media
　2012 Ed. (2826)
　2015 Ed. (4154)
InterTAN Canada
　1990 Ed. (3052)
　1991 Ed. (2894)
InterTan Inc.
　1990 Ed. (2038, 2104)
　2005 Ed. (2860, 2861)
Intertape Polymer Group
　2001 Ed. (1214)
　2007 Ed. (3762, 3776)
　2008 Ed. (3839, 3854)
　2009 Ed. (3895, 3914)
　2010 Ed. (1556, 2761, 3808, 3821)
　2011 Ed. (2747, 3804, 3817)
　2012 Ed. (1491)
　2013 Ed. (1621)
　2015 Ed. (3818)
　2016 Ed. (28)
　2017 Ed. (25)
　2018 Ed. (26)
　2019 Ed. (3450)
　2020 Ed. (3446)
Intertape Polymer Group Inc.
　2013 Ed. (1532)
　2014 Ed. (1502)
　2018 Ed. (1452, 3479)
　2022 Ed. (3520, 3522)
　2023 Ed. (3642, 3646)
Intertec Publishing
　2001 Ed. (4608)
Intertech
　2015 Ed. (1204, 1856)
Intertech Ci
　2017 Ed. (4334)
　2018 Ed. (4327)
　2019 Ed. (4355)
InterTech Group
　2023 Ed. (1055, 2011)
Intertech Group Inc.
　2015 Ed. (2030, 3561, 3562)
　2016 Ed. (1999, 3413, 3414)
The InterTech Group Inc.
　1992 Ed. (1205)
　2001 Ed. (1848)
　2003 Ed. (1821)
　2004 Ed. (1857)
　2005 Ed. (1960)
　2006 Ed. (2012)
　2007 Ed. (1978)
　2008 Ed. (2076)
　2009 Ed. (2047, 4081, 4165)
　2010 Ed. (1979, 4099, 4385)
　2011 Ed. (4069)
　2012 Ed. (4102, 4103)
　2013 Ed. (924, 2048)
　2014 Ed. (877, 1983, 1984)
　2015 Ed. (906, 2031, 2032)
　2016 Ed. (808, 2000, 2001)
　2017 Ed. (867, 1959, 1961)
　2018 Ed. (800, 1909, 1910)
　2019 Ed. (815, 1959)
　2020 Ed. (814, 1893)
　2021 Ed. (835, 1854)
　2022 Ed. (876, 1898)
Intertech Group, Inc. & Affiliates
　1990 Ed. (1044)
　1991 Ed. (971)
Intertech Security
　2013 Ed. (4412)
　2014 Ed. (4443)
　2016 Ed. (4331)
Intertek
　2006 Ed. (4303)
　2009 Ed. (4429)
　2013 Ed. (775)
　2014 Ed. (798)
　2015 Ed. (841, 2101, 4460)
　2016 Ed. (737)
　2017 Ed. (784, 4359)
　2018 Ed. (717)
　2019 Ed. (733)
　2023 Ed. (991)
Intertek Group
　2016 Ed. (4356)
Intertek Group plc
　2013 Ed. (868)
Intertek - PSI
　2017 Ed. (2339, 2343, 2344)
　2018 Ed. (2406, 2410, 2411, 2429)
　2019 Ed. (2452, 2456, 2457, 2478, 2487)
　2020 Ed. (2442, 2445, 2446, 2467, 2476)
　2021 Ed. (2364, 2368, 2369, 2391, 2400)
　2022 Ed. (2475, 2502, 2511)
Intertek-PSI
　2023 Ed. (2589, 2590, 2619)

Intertherm
  1993 Ed. (1908, 1909)
InterTrend Communications
  2003 Ed. (32)
  2004 Ed. (108)
  2005 Ed. (104)
  2006 Ed. (113)
  2007 Ed. (102)
  2008 Ed. (112)
  2009 Ed. (122)
  2010 Ed. (123)
  2011 Ed. (41)
  2012 Ed. (47)
  2014 Ed. (63)
  2015 Ed. (75)
  2016 Ed. (75)
  2018 Ed. (71)
Intertrust Technologies Corp.
  2004 Ed. (4578)
Interunfall
  1992 Ed. (4401)
  1993 Ed. (3672)
  1994 Ed. (3632)
Intereuropa
  2006 Ed. (3290)
Interval International
  1999 Ed. (3293)
Intervalores
  2008 Ed. (732)
  2010 Ed. (672)
Intervarn BV
  1997 Ed. (1133)
InterVarsity Press
  2008 Ed. (3622)
  2010 Ed. (4133)
  2011 Ed. (528)
  2012 Ed. (3598)
  2014 Ed. (3592)
Intervet
  2001 Ed. (4685)
Intervet (Ireland) Ltd.
  2005 Ed. (1829)
  2006 Ed. (1816)
  2007 Ed. (1823)
  2012 Ed. (1618)
  2013 Ed. (1776)
Intervet Laboratories Ltd.
  2001 Ed. (1755)
Intervideo Inc.
  2003 Ed. (3348)
  2005 Ed. (2860, 4254)
Interview with the Vampire
  1996 Ed. (2687)
interviewing
  2000 Ed. (3025)
Intervoice
  1992 Ed. (4039)
Interware
  2009 Ed. (1129)
Interware plc
  2008 Ed. (1790)
Interwave Technology, Inc.
  2002 Ed. (2532)
InterWay s.r.o.
  2010 Ed. (2943)
InterWest Bank
  1998 Ed. (3570)
Interwest Construction Inc.
  2006 Ed. (2099)
Interwest National Bank of Nevada
  1996 Ed. (540)
InterWest Ranch & Farm Management Inc.
  1989 Ed. (1410)
  1990 Ed. (1745)
  1991 Ed. (1646, 1647)
  1992 Ed. (2106, 2107)
  1993 Ed. (1744, 1745)
  1995 Ed. (1769, 1770)
  1996 Ed. (1747, 1750)
  1997 Ed. (1828, 1831)
InterWest Ranch Management Inc.
  1994 Ed. (1736, 1737)
InterWorks Inc.
  2013 Ed. (1977)
  2014 Ed. (1916)
  2015 Ed. (1960)
  2016 Ed. (1930)
Interworks Systems
  2000 Ed. (903, 1179)
Interworld Corp.
  2002 Ed. (1156, 2524)
Interwoven Inc.
  2002 Ed. (2482)
  2006 Ed. (3024)
  2007 Ed. (3057)
  2008 Ed. (1590, 1605, 1608)
  2009 Ed. (1114, 1543)
interxion
  2021 Ed. (642)
Intesa Bank Canada
  2005 Ed. (3491)
Intesa BCI
  2003 Ed. (1726)
Intesa Canarias ETT SL
  2019 Ed. (1965)
Intesa San Paolo
  2010 Ed. (463)
  2011 Ed. (390)

Intesa Sanpaolo
  2008 Ed. (1861)
  2013 Ed. (437, 4517)
  2014 Ed. (454)
  2015 Ed. (510)
  2016 Ed. (449, 465, 466)
  2017 Ed. (467, 482, 483)
  2018 Ed. (444, 445, 495, 658)
  2019 Ed. (454, 455, 456, 510, 668)
  2020 Ed. (440, 441, 493, 652, 2595)
  2021 Ed. (449, 450)
  2022 Ed. (464, 465, 660, 661, 1650)
  2023 Ed. (644, 657, 658, 659, 667, 869, 1807, 1809)
Intesa Sanpaolo Bank
  2013 Ed. (436)
Intesa Sanpaolo Bank Ireland
  2015 Ed. (509)
  2017 Ed. (480)
  2018 Ed. (442)
  2019 Ed. (452)
  2020 Ed. (438)
  2023 Ed. (655)
Intesa Sanpaolo Bank Luxembourg
  2020 Ed. (451)
  2023 Ed. (671)
Intesa SanPaolo Life
  2020 Ed. (1645, 2649)
  2021 Ed. (3052)
  2022 Ed. (3186)
  2023 Ed. (3279)
Intesa Sanpaolo SpA
  2009 Ed. (480, 1816, 1818)
  2010 Ed. (462, 1708, 1757, 1758, 1759)
  2011 Ed. (389, 1770, 1772)
  2012 Ed. (313, 376, 1622, 1624)
  2013 Ed. (438, 1781, 1783)
  2014 Ed. (455, 1714, 1715)
  2015 Ed. (511, 1757, 1758)
  2016 Ed. (1708, 1709)
  2017 Ed. (1691, 1692, 2408)
  2018 Ed. (1649, 1650)
  2019 Ed. (1700, 1703, 1704)
  2020 Ed. (1652, 1653)
  2021 Ed. (485, 1302, 1632, 1633)
  2022 Ed. (499, 1651)
  2023 Ed. (724, 1517, 2342, 2359)
IntesaBci
  2003 Ed. (550)
  2004 Ed. (564)
Intest
  1999 Ed. (2619, 4326)
Intetics Co.
  2012 Ed. (966)
  2014 Ed. (1070)
Inteva Products LLC
  2014 Ed. (1786)
  2015 Ed. (1827)
  2016 Ed. (1788)
  2018 Ed. (1705)
  2019 Ed. (1773)
Intevac Inc.
  2008 Ed. (1587, 1605, 1606)
  2009 Ed. (4561)
Inti Indorayon Utama
  1993 Ed. (2155)
  1994 Ed. (2337, 2338)
  1996 Ed. (2435, 2436)
  1997 Ed. (2580, 2581)
intico solar AG
  2010 Ed. (1074, 2384)
Intier Automotive Inc.
  2007 Ed. (4023)
  2008 Ed. (4049)
Intimate apparel
  2001 Ed. (1277)
  2005 Ed. (1005, 1009)
Intimate Brands Inc.
  1997 Ed. (3407)
  1998 Ed. (1160)
  1999 Ed. (1199)
  2001 Ed. (1271, 1272, 1827, 4323, 4324, 4325)
  2003 Ed. (649, 650, 651, 1010, 1011, 1018, 1020, 1021, 1022, 1800, 2550, 3767, 4185)
  2004 Ed. (1019, 4473)
Intimates
  2000 Ed. (1120)
Intime Department Store
  2009 Ed. (4317)
Intimex Group JSC
  2015 Ed. (2124)
Intito
  2021 Ed. (1508)
Int'l China Appletime Pattern
  2000 Ed. (4173)
INTL FCStone
  2013 Ed. (1362, 1363, 1365, 1390, 1395, 1396, 1397, 1946, 2684)
  2014 Ed. (1307, 1333, 1334, 1335, 1885, 2646)
  2015 Ed. (1396, 1397, 1398, 2688)
  2016 Ed. (1326, 1327, 1328, 2608)
  2017 Ed. (2540)
  2018 Ed. (332, 2610)
  2019 Ed. (334, 2595)
  2020 Ed. (338, 1342, 1344, 2602)

  2021 Ed. (1338, 2538, 2539)
  2022 Ed. (1347, 2653)
INTL FCstone
  2021 Ed. (1338)
  2022 Ed. (1347)
INTL FCStone Inc.
  2015 Ed. (1922)
  2019 Ed. (1358, 1376)
  2020 Ed. (1325, 1343)
  2021 Ed. (1319, 1337)
  2022 Ed. (1346)
Int'Le Nederlanden Group
  2000 Ed. (523)
Into the Storm
  2014 Ed. (636)
Into Thin Air
  1999 Ed. (693)
  2000 Ed. (709)
Into the Water
  2019 Ed. (598)
Into the Wild
  1999 Ed. (695)
  2000 Ed. (710)
Intouch Group
  2023 Ed. (145)
Intouch Group, LLC
  2023 Ed. (75)
InTouch Health
  2010 Ed. (2948)
Intouch Holdings
  2017 Ed. (4587)
Intouch Solutions
  2012 Ed. (1635)
  2013 Ed. (1791)
  2018 Ed. (31)
  2019 Ed. (27)
  2020 Ed. (31)
InTown Suites
  2009 Ed. (3154)
Intraco Corp.
  1989 Ed. (1155)
  1990 Ed. (1414)
  1991 Ed. (1340)
  1992 Ed. (1685)
  1993 Ed. (1390)
  1994 Ed. (1443)
  2009 Ed. (1644)
Intracoastal Waterway
  1993 Ed. (3690)
Intracom
  1993 Ed. (253, 254)
  1994 Ed. (242, 243)
  1997 Ed. (276)
  2000 Ed. (320, 321)
  2007 Ed. (1746)
Intracom SA
  1996 Ed. (247, 248)
  1997 Ed. (277)
  2005 Ed. (1782)
Intracorp
  1993 Ed. (3647)
  1994 Ed. (3608)
  1995 Ed. (3683)
  1996 Ed. (3767)
  1998 Ed. (3650)
  2004 Ed. (4095)
  2005 Ed. (4035)
  2006 Ed. (2410, 2411, 4066)
  2007 Ed. (2358, 2359, 4112)
  2008 Ed. (2481, 2482)
  2009 Ed. (2485, 2486)
  2010 Ed. (2398, 4177, 5001)
  2011 Ed. (4176)
  2012 Ed. (3129, 3130)
Intracto
  2019 Ed. (1428)
Intradagang
  1994 Ed. (3193)
InTradeLog
  2021 Ed. (923, 1569)
Intrado Inc.
  2005 Ed. (1734)
Intraforce
  2003 Ed. (2720)
Intrakom SA
  2002 Ed. (341)
IntraLinks
  2005 Ed. (1129)
Intralot de Peru
  2013 Ed. (2014)
Intralytix Inc.
  2016 Ed. (1757)
Intranets.com
  2003 Ed. (2159, 3037)
  2006 Ed. (3028)
Intraoptics
  1992 Ed. (3300)
Intrapac Projects
  2001 Ed. (1252)
Intrasphere Technologies Inc.
  2002 Ed. (1156)
Intrastate toll telephone calls
  1989 Ed. (1663)
Intrastate Distributors Inc.
  1999 Ed. (4336)
Intrav Inc.
  1998 Ed. (2724)

Intraware Inc.
  2001 Ed. (1873, 2853)
IntraWest Bank
  1989 Ed. (207)
Intrawest Corp.
  1996 Ed. (3440)
  1997 Ed. (3258)
  2005 Ed. (1666, 1668, 3178)
  2006 Ed. (1574, 1610)
  2007 Ed. (2952, 4158)
  2008 Ed. (3077, 4200)
  2009 Ed. (3167, 4297)
  2010 Ed. (3098, 4264)
Intrawest ULC
  2010 Ed. (4751)
  2011 Ed. (4711)
  2012 Ed. (4732)
IntraWorks
  2016 Ed. (4326)
Intrax Cultural Exchange
  2008 Ed. (2403, 3786)
Intren
  2021 Ed. (1178, 1186)
Intren Inc.
  2011 Ed. (1190)
  2014 Ed. (1215)
  2015 Ed. (1252, 1273)
  2016 Ed. (1188)
  2017 Ed. (1231)
  2018 Ed. (1166, 1171, 1210)
Intren L.L.C.
  2022 Ed. (1204)
Intren LLC
  2019 Ed. (1180, 1187, 1237)
  2020 Ed. (1171, 1174, 1178, 1181, 1189, 1202, 1231)
  2021 Ed. (1144, 1145, 1146, 1151, 1164, 1198)
  2022 Ed. (1152, 1153, 1154, 1155, 1158, 1160, 1165, 1174, 1177, 1185, 1199)
  2023 Ed. (1436)
Intrepid
  2001 Ed. (495, 3393)
  2002 Ed. (387)
Intrepid Credit Union
  2021 Ed. (2075)
  2022 Ed. (2110)
  2023 Ed. (2225)
Intrepid Group
  2020 Ed. (4706)
Intrepid Learning Solutions
  2009 Ed. (2484)
Intrepid Potash Inc.
  2010 Ed. (4445)
  2011 Ed. (1586)
  2012 Ed. (3663)
  2013 Ed. (3728)
  2014 Ed. (1525, 3663)
Intrepid Travel
  2021 Ed. (4712)
  2022 Ed. (4714)
Intrepid Travel U.S.
  2010 Ed. (1420)
Intres BV
  1997 Ed. (3737)
Intrex Financial
  1990 Ed. (1793)
  1991 Ed. (1723)
Intrexon Corp.
  2017 Ed. (2086)
  2018 Ed. (2042)
Intria Bhd
  2002 Ed. (3052)
IntriCon Corp.
  2010 Ed. (4502, 4508, 4525)
  2011 Ed. (4464)
Intriga
  2004 Ed. (99)
Intrigue
  2001 Ed. (487)
Intrigue Media Group
  2021 Ed. (3468)
Intrinsyc Software
  2006 Ed. (1575)
Intrinsyc Software International Inc.
  2010 Ed. (1122)
  2011 Ed. (1061)
Intron-A
  1996 Ed. (1581)
  2000 Ed. (1707)
Introspect Technology
  2021 Ed. (1451, 3461)
Intru Justitia
  2009 Ed. (1021)
Intrum
  2021 Ed. (670)
Intrusion Inc.
  2015 Ed. (1103)
Intrust
  1997 Ed. (2907)
Intrust Bank
  1997 Ed. (530)
  1998 Ed. (386)
  1999 Ed. (2124)
  2021 Ed. (375)
  2022 Ed. (388)
Intrust Bank Arena
  2018 Ed. (1010)

Intrust Bank, National Association
  2021 Ed. (375)
  2022 Ed. (388)
  2023 Ed. (506)
INTRUST Financial Corp
  2021 Ed. (498)
  2022 Ed. (511)
INTRUST Financial Corp. (Wichita, KS)
  2023 Ed. (736)
Intrust Financial Corp.
  2005 Ed. (365)
  2009 Ed. (388)
  2010 Ed. (365)
  2011 Ed. (287)
INTRUST Financial Corp. (Wichita, KS)
  2021 Ed. (498)
  2022 Ed. (511)
Intrvce
  1990 Ed. (2749)
INTTRA
  2009 Ed. (3012)
Intu Properties
  2015 Ed. (4199)
  2016 Ed. (4115, 4119)
  2017 Ed. (4094, 4097)
Intu Properties plc
  2015 Ed. (4191)
  2016 Ed. (4109)
  2017 Ed. (4086)
Intuit
  2013 Ed. (1359)
  2016 Ed. (748)
  2017 Ed. (1042, 3045)
  2018 Ed. (985, 3157, 3706)
  2019 Ed. (968, 969, 984, 3092)
  2020 Ed. (948, 954, 969)
  2021 Ed. (947)
  2022 Ed. (979, 1397, 3117)
  2023 Ed. (1154, 1170, 1594, 2464, 3218, 3220, 4932)
Intuit Canada Ltd.
  2006 Ed. (1605)
Intuit Corp.
  2013 Ed. (4794)
  2014 Ed. (2546)
  2015 Ed. (1364, 3272)
  2018 Ed. (1390)
Intuit Inc.
  1995 Ed. (1241)
  1998 Ed. (3421, 3777)
  2000 Ed. (2748, 4382)
  2002 Ed. (2075, 2101, 4355)
  2004 Ed. (858, 1123, 1125, 1126, 1127, 3016)
  2005 Ed. (1109, 1130, 1131, 1132, 1133, 1134, 3373, 4467)
  2006 Ed. (1119, 1120, 1122, 1123, 1127, 1129, 1584)
  2007 Ed. (1226, 1230, 1233, 1260, 2892, 3211)
  2008 Ed. (1125, 1128, 1131, 3015, 4612)
  2009 Ed. (1105, 1107, 1532, 3101)
  2010 Ed. (1116, 1526, 3034)
  2011 Ed. (1027, 1055, 1521, 3003)
  2012 Ed. (953, 955, 958, 969, 982, 1368, 2930)
  2013 Ed. (1096, 1098, 1100, 1114, 1123, 1457, 3019)
  2014 Ed. (1056, 1057, 1059, 1060, 1075, 1085, 1304, 1418, 3029, 3180)
  2015 Ed. (1094, 1096, 1097, 1113, 1124, 1366, 1478, 3096, 3241)
  2016 Ed. (1003, 1005, 1025, 1036, 3098)
  2017 Ed. (790, 1036, 1039, 1070, 1412)
  2018 Ed. (723, 966, 970, 996, 1389, 3021)
  2019 Ed. (740, 962, 967, 996, 1435, 2963, 3091)
  2020 Ed. (949, 953, 980, 1396, 2992, 3123)
  2021 Ed. (962, 1393, 2852, 2985)
  2022 Ed. (999)
Intuit QuickBooks
  2020 Ed. (955)
Intuit Quickbooks
  2023 Ed. (4415)
Intuit Technologies Services Pvt. Ltd.
  2014 Ed. (1662)
Intuit U.K.
  2015 Ed. (2092)
Intuit UK
  2014 Ed. (2045)
Intuition; Schick
  2008 Ed. (2875)
Intuitive Research & Technology
  2015 Ed. (1368)
  2016 Ed. (1228, 1295)
  2017 Ed. (1354)
  2018 Ed. (1333)
  2019 Ed. (1351)
Intuitive Research & Technology Corp.
  2006 Ed. (2249, 2829)
  2007 Ed. (2173)
  2012 Ed. (1202, 2858)
  2013 Ed. (2925)
  2014 Ed. (2941)
  2015 Ed. (1310, 4865)
  2016 Ed. (1225, 4772)

2017 Ed. (1277, 4783)
2018 Ed. (4774)
2020 Ed. (1320, 4765)
2021 Ed. (1315)
2022 Ed. (1324)
Intuitive Research & Technology Corporation
  2022 Ed. (1353, 2513)
Intuitive Signal
  2007 Ed. (4571)
Intuitive Surgical
  2013 Ed. (1478)
  2014 Ed. (1421, 1440, 1695, 2878, 2900)
  2015 Ed. (1500, 1738)
  2017 Ed. (1453, 1456, 3474, 4276)
  2018 Ed. (1433, 3531)
  2019 Ed. (3518, 3525)
  2020 Ed. (2879, 3500, 3506)
  2021 Ed. (3530, 3532, 3534)
  2022 Ed. (3587)
Intuitive Surgical Inc.
  2006 Ed. (1577, 1582)
  2007 Ed. (3461, 3465, 4532, 4562)
  2008 Ed. (1596, 1604, 3646)
  2009 Ed. (1522, 1525, 1545, 2903, 2916)
  2010 Ed. (2846, 2857)
  2011 Ed. (1522, 2834, 2839)
  2012 Ed. (2764, 2769, 2799, 3613, 3615, 4529)
  2013 Ed. (1762, 2847, 3671, 3672)
  2014 Ed. (2908, 2914, 3606, 3607)
  2015 Ed. (2954, 3618, 3619)
  2016 Ed. (3502)
  2017 Ed. (3471)
  2018 Ed. (3528, 3532)
  2019 Ed. (3515, 3519)
  2020 Ed. (3498)
  2021 Ed. (3883)
  2022 Ed. (3895)
  2023 Ed. (3695, 4308)
Intune AS
  2020 Ed. (3670)
  2021 Ed. (3676)
Inui; Makio
  1997 Ed. (1991)
Inula
  2018 Ed. (1382)
Invacare Corp.
  1999 Ed. (4578)
  2001 Ed. (2231)
  2006 Ed. (2769)
  2013 Ed. (1973)
Invaleon Solar Technologies
  2020 Ed. (4431)
  2021 Ed. (4431)
Invamed Inc.
  2001 Ed. (2061)
Invariant LLC
  2021 Ed. (3306)
  2022 Ed. (3391)
  2023 Ed. (3526)
Invenomic Investor
  2023 Ed. (3814, 3816)
InvenSense
  2015 Ed. (1474, 4446, 4471, 4634)
Invensys Australia
  2001 Ed. (1615, 1618, 1619, 1622, 1626, 1628)
  2002 Ed. (3225)
Invensys Inc.
  2004 Ed. (1650, 3028)
  2005 Ed. (3042)
Invensys Intelligent Automation
  2003 Ed. (1117)
Invensys Operations Management
  2012 Ed. (4126)
Invensys plc
  2001 Ed. (1887, 1889, 2213)
  2002 Ed. (1789, 2097, 2729, 2730, 4419, 4420)
  2003 Ed. (2899)
  2004 Ed. (3255)
  2005 Ed. (1462, 1538, 1573, 3003, 3373, 3937)
  2006 Ed. (1686, 1687, 1688, 1689, 2402, 2999, 4011)
  2007 Ed. (2350, 4044)
  2008 Ed. (4080)
  2009 Ed. (4192, 4193)
  2010 Ed. (4127, 4128)
  2011 Ed. (1031, 1062)
  2012 Ed. (961)
  2013 Ed. (1105)
  2015 Ed. (1101)
Invensys Software Systems
  2003 Ed. (1113)
Invent Management
  1989 Ed. (164)
Inventec
  2016 Ed. (993)
Inventec Corp.
  2000 Ed. (1568)
  2006 Ed. (3404)
  2007 Ed. (2344, 2348)
  2008 Ed. (2473)
  2009 Ed. (1199, 2478)
  2010 Ed. (3200, 3573)
  2011 Ed. (3164, 3576)

2012 Ed. (947, 3569)
2013 Ed. (1082)
2014 Ed. (1045)
2015 Ed. (1080)
2016 Ed. (989)
2017 Ed. (1025)
2018 Ed. (956)
2019 Ed. (947)
2020 Ed. (938)
InVentiv Communications
  2011 Ed. (45)
InVentiv Health
  2008 Ed. (1975, 3646)
  2009 Ed. (2926)
  2012 Ed. (51)
InVentiv Health Communications
  2014 Ed. (70)
  2015 Ed. (80)
  2016 Ed. (80)
  2018 Ed. (76)
Inventiva
  2018 Ed. (1952, 3904)
inventiva
  2019 Ed. (832)
Inventory control
  1999 Ed. (964)
Inventory Locator Service
  2001 Ed. (4748)
Inventory management
  1995 Ed. (857)
InVenture
  2016 Ed. (517)
  2017 Ed. (2525)
Inventure Foods
  2014 Ed. (2724)
  2015 Ed. (1436, 2779)
  2016 Ed. (1357, 2709)
Inventure Foods Inc.
  2018 Ed. (4393)
Inver House
  1998 Ed. (3164)
  2001 Ed. (4163)
  2002 Ed. (4173)
  2003 Ed. (4306)
  2004 Ed. (4316)
Invercap Mexico Mixto
  2002 Ed. (3481)
  2004 Ed. (3656)
Inveresk Research Group Inc.
  2004 Ed. (4216, 4337)
Invergordon
  1991 Ed. (2931)
Invergordon Distillers
  1990 Ed. (3463)
Invergordon Distillers Group PLC
  1993 Ed. (1177)
Invermusic GE SA
  2013 Ed. (3792)
  2015 Ed. (3741)
  2016 Ed. (3649)
Inverness
  1991 Ed. (1882)
Inverness Group
  2005 Ed. (1187)
Inverness Hotel & Golf Club
  1999 Ed. (2769)
Inverness Medical
  2003 Ed. (3922)
Inverness Medical Innovations Inc.
  2010 Ed. (3532)
  2011 Ed. (3531)
  2012 Ed. (3126)
  2013 Ed. (3211)
Inverse Medical Inc.
  2020 Ed. (1773)
  2021 Ed. (1744)
Inversion y Desarrollo
  2007 Ed. (764)
  2008 Ed. (740)
  2010 Ed. (683)
Inversiones Aledo
  1994 Ed. (868)
Inversiones Argos
  2012 Ed. (1423)
Inversiones Avicolas de Honduras
  2022 Ed. (2236)
Inversiones Bursatiles
  1997 Ed. (2985)
Inversiones Centenario
  2015 Ed. (1992)
Inversiones Frimetal
  2006 Ed. (1848, 1852, 1853)
Inversiones y Representaciones, SA (IRSA)
  2003 Ed. (4570)
Inversionistas de Colombia
  2007 Ed. (756)
  2008 Ed. (735)
Inversora Bursatil
  2007 Ed. (763)
  2008 Ed. (739)
  2010 Ed. (682)
Invertix
  2012 Ed. (2857, 4050)
InverUnion
  2007 Ed. (765)
  2008 Ed. (741)
  2010 Ed. (684)

Inverwoven
  2004 Ed. (2206)
Invesco
  1997 Ed. (2510, 2532, 2540)
  1998 Ed. (2282, 2286, 2657)
  2000 Ed. (2792, 2814, 2831, 2841)
  2001 Ed. (3687)
  2002 Ed. (729, 3007, 3008, 3009, 3013, 3014, 3908)
  2003 Ed. (3099, 3101, 3107, 3108)
  2005 Ed. (1087)
  2010 Ed. (1505)
  2011 Ed. (379, 1372, 1500)
  2012 Ed. (1348)
  2013 Ed. (1533, 2612)
  2014 Ed. (1503, 2557, 3740)
  2015 Ed. (1660, 3431, 3762)
  2016 Ed. (1601, 3291, 3671, 3672, 3673)
  2017 Ed. (671, 1580, 3253, 3635, 3636, 3641)
  2018 Ed. (3329, 3693, 3694)
  2019 Ed. (3303, 3679, 3683)
  2020 Ed. (2511, 3305)
Invesco Aim
  2010 Ed. (2553)
Invesco Asia Pacific Growth
  2020 Ed. (3706)
INVESCO Asset Management
  2001 Ed. (2881, 3011, 3017)
  2002 Ed. (2819)
  2003 Ed. (1988, 3068, 3069, 3071, 3072, 3073, 3078, 3081, 3087)
  2004 Ed. (2044, 3194)
Invesco Blue Chip
  1999 Ed. (3584)
INVESCO Capital
  1989 Ed. (2135)
  1991 Ed. (2217, 2221, 2229)
  1995 Ed. (2366)
INVESCO Capital Management
  1992 Ed. (2752, 2760)
Invesco Capital Mgmt.
  1990 Ed. (2337)
Invesco Convertible Securities
  2022 Ed. (3725, 3726, 3728)
Invesco Convertible Securities A
  2022 Ed. (3725, 3726, 3728)
Invesco Developing Markets
  2021 Ed. (3702)
Invesco Developing Markets A
  2021 Ed. (3702)
Invesco Discovery A
  2023 Ed. (4520)
Invesco Dynamics
  1995 Ed. (2733)
  1999 Ed. (3528)
INVESCO Dynamics Fund/Inv.
  2002 Ed. (2156)
INVESCO Dynamics/Inv.
  2002 Ed. (2155)
INVESCO Dynamics Investment
  2004 Ed. (3560)
Invesco Dynamics Retail
  2001 Ed. (3426)
Invesco Emerging Markets Select Equity
  2021 Ed. (3701, 3702, 3704)
Invesco Emerging Markets Select Equity A
  2021 Ed. (3701, 3702, 3704)
INVESCO Endeavor Investment
  2004 Ed. (3603, 3604)
Invesco Energy Inv
  2023 Ed. (3830)
INVESCO Enterprise
  2000 Ed. (3309)
Invesco Equity Income Ret.
  2001 Ed. (3432)
Invesco European
  1999 Ed. (3566)
  2000 Ed. (3231)
  2001 Ed. (3444, 3500)
INVESCO European Fund
  1998 Ed. (2635)
  2000 Ed. (3275, 3278)
INVESCO European Growth
  2000 Ed. (3307, 3308)
Invesco European Small Company
  2020 Ed. (3706)
  2021 Ed. (3711)
Invesco European Small Company A
  2021 Ed. (3711)
  2023 Ed. (3826)
INVESCO European Small Cos
  2000 Ed. (3307, 3308)
Invesco Field at Mile High
  2005 Ed. (4439)
INVESCO Financial Services Investment
  2004 Ed. (3587)
Invesco Financial Services Return
  2001 Ed. (3433)
Invesco Funds
  1996 Ed. (2786)
  2003 Ed. (703, 704, 3555)
INVESCO Funds Group
  1993 Ed. (2340, 2341)
  2002 Ed. (1654, 3021)
  2003 Ed. (1680, 4526)
  2004 Ed. (1717, 3600)

Invesco Global Focus
  2022 Ed. (4485, 4487)
Invesco Global Focus A
  2022 Ed. (4485, 4487)
Invesco Global Opports
  2022 Ed. (4484, 4486)
Invesco Global Opports A
  2022 Ed. (4484, 4486)
Invesco Growth Investment
  2004 Ed. (3604)
Invesco Health Science Investment
  2006 Ed. (3635)
INVESCO Health Sciences Investment
  2004 Ed. (3588)
Invesco Health Sciences Return
  2001 Ed. (3440)
Invesco High Yield
  1999 Ed. (754, 3535, 3538)
  2001 Ed. (3441)
INVESCO Hong Kong & China
  1996 Ed. (2815)
Invesco Income Advantage U.S. Fund Inv
  2023 Ed. (3815)
Invesco Income Select Income
  2000 Ed. (757)
INVESCO Industrial Income
  1995 Ed. (2681, 2736)
  1998 Ed. (2614)
INVESCO International European
  2000 Ed. (3238)
Invesco International Select Equity
  2021 Ed. (4481)
  2022 Ed. (4488)
Invesco International Select Equity A
  2021 Ed. (4481)
  2022 Ed. (4488)
Invesco International Small Company A
  2023 Ed. (4523)
Invesco International Small-Mid Com A
  2023 Ed. (4524)
Invesco International Small-Mid Com A*
  2023 Ed. (4522)
Invesco Intl Sml-Mid Com
  2022 Ed. (4506)
Invesco Intl Sml-Mid Com A*
  2022 Ed. (4506)
Invesco Japan Discovery
  1999 Ed. (3585)
INVESCO Japan Growth
  1997 Ed. (2912)
Invesco Latin American Technology & Telecommunications
  2002 Ed. (3478)
Invesco Leisure Investment
  2002 Ed. (3420)
  2004 Ed. (3565)
  2006 Ed. (3635)
Invesco Ltd.
  2017 Ed. (2418)
  2018 Ed. (2455)
INVESCO Managed Account
  1997 Ed. (2914)
INVESCO Management
  1996 Ed. (2411)
INVESCO MIM
  1992 Ed. (2737)
  1993 Ed. (2286, 2288, 2295, 2312)
INVESCO MIM International
  1993 Ed. (2306)
Invesco MSCI World SRI Index A
  2023 Ed. (4503)
Invesco Multi-Asset Allocation
  1999 Ed. (3570)
INVESCO Multi Balanced
  1997 Ed. (2899)
INVESCO North America
  1996 Ed. (2377)
Invesco Oppenheimer Developing Markets
  2021 Ed. (3703)
Invesco Oppenheimer Developing Markets A
  2021 Ed. (3703)
Invesco Oppenheimer Global Opports
  2021 Ed. (4476)
Invesco Oppenheimer Global Opportunities
  2021 Ed. (4478)
Invesco Oppenheimer Global Opportunities A
  2021 Ed. (4476, 4478)
Invesco Oppenheimer International Small-Mid Com
  2021 Ed. (4498)
Invesco Oppenheimer International Small-Mid Com A
  2021 Ed. (4496, 4498, 4499)
Invesco Oppenheimer International Sml-Mid Com
  2021 Ed. (4496, 4499)
INVESCO Real Estate
  2009 Ed. (4231)
INVESCO Realty
  1993 Ed. (2309, 2977)
  1995 Ed. (2376, 3073)
  1996 Ed. (2412, 3167, 3169)
  1997 Ed. (3269)
  1998 Ed. (3012)
  1999 Ed. (3082, 3086, 3097, 3098)

Invesco Realty Advisors Inc.
  1992 Ed. (3637)
  1994 Ed. (2299, 2307, 3017)
  1998 Ed. (3014)
  2000 Ed. (2837, 2840)
  2005 Ed. (3070)
Invesco Select Income
  1996 Ed. (2758, 2784)
  1997 Ed. (2866, 2888)
  1999 Ed. (745)
INVESCO Select Income Investment
  2004 Ed. (722)
Invesco Small Company Growth
  2001 Ed. (3447)
INVESCO South East Asia
  1994 Ed. (2648)
  1997 Ed. (2921)
InVESCO Spec. Latin American Growth
  1998 Ed. (2636)
Invesco Specialty Worldwide Comm.
  1997 Ed. (2898)
  1999 Ed. (3513, 3514)
INVESCO Specialty Worldwide Communications
  2000 Ed. (3233)
INVESCO Strat: Gold
  1999 Ed. (3582)
INVESCO Strategic-Energy
  1998 Ed. (2651)
INVESCO Strategic-Gold
  1998 Ed. (2651)
INVESCO Strategic Health
  1995 Ed. (2719)
  1997 Ed. (2895)
INVESCO Strategic Utilities
  1995 Ed. (2681, 2729)
  1997 Ed. (2878)
INVESCO Strategy Utilities
  2000 Ed. (3229)
INVESCO Technology
  2001 Ed. (3449)
  2003 Ed. (3513)
INVESCO Technology Fund/Inst.
  2002 Ed. (2156)
Invesco Telecommunications Investment
  2002 Ed. (4503)
INVESCO Total Return
  2000 Ed. (3249, 3250)
INVESCO Treasurer's MM Reserve
  1992 Ed. (3096)
INVESCO Treasurer's T-E Res
  1996 Ed. (2672)
INVESCO Treasurer's T-E Reserve
  1992 Ed. (3095, 3168)
INVESCO Trust/Denver
  1995 Ed. (2357, 2361, 2369)
INVESCO U.S. Government
  1999 Ed. (749)
INVESCO Value Intermediate Government
  1996 Ed. (2779)
Invesco Value Opportunities A
  2023 Ed. (4515)
Invesco Value Total Return
  1996 Ed. (2755, 2776, 2791)
  1999 Ed. (3526)
Invesco Worldwide Cap Goods
  1999 Ed. (3580)
Invesco Worldwide Communication
  1999 Ed. (3578)
Invesmart Inc.
  2005 Ed. (2368, 2679)
Invest in Argentina
  2012 Ed. (3503)
  2013 Ed. (3535)
  2014 Ed. (3512)
  2015 Ed. (3527)
Invest in Australia
  2011 Ed. (3483)
Invest Bank
  2013 Ed. (534)
Invest in Belgium
  2015 Ed. (3526)
Invest in Canada
  2008 Ed. (3520)
Invest & Capital Corp. of the Philippines
  1997 Ed. (3487)
Invest in Chile
  2010 Ed. (3502)
Invest in China
  2008 Ed. (3520)
  2014 Ed. (3509)
Invest Corp.
  1992 Ed. (1460)
Invest in Denmark
  2008 Ed. (3520)
INVEST Financial
  2017 Ed. (2595)
  2018 Ed. (2661)
Invest in Finland
  2014 Ed. (3511)
  2015 Ed. (3526)
Invest in France
  2008 Ed. (3520)
  2014 Ed. (3511)
  2015 Ed. (3526)

Invest in Germany
  2008 Ed. (3520)
  2010 Ed. (3485)
Invest Hong Kong
  2008 Ed. (3520)
Invest in Hungary
  2010 Ed. (3484)
Invest India
  2015 Ed. (3524)
Invest in Israel
  2010 Ed. (3386)
  2012 Ed. (3504)
  2014 Ed. (3508)
  2015 Ed. (3523)
Invest Korea
  2015 Ed. (3524)
Invest Lithuania
  2015 Ed. (3525)
Invest in Morocco
  2015 Ed. (3523)
Invest Philippines
  2015 Ed. (3525)
Invest in Poland
  2010 Ed. (3484)
  2011 Ed. (3487)
  2013 Ed. (3533)
  2014 Ed. (3510)
  2015 Ed. (3525)
Invest Quebec
  2019 Ed. (3375)
Invest in Spain
  2015 Ed. (3526)
Invest in Taiwan
  2012 Ed. (3487)
  2014 Ed. (3509)
  2015 Ed. (3524)
Invest Toronto
  2016 Ed. (3377)
  2017 Ed. (3336)
Invest in Tunisia
  2015 Ed. (3523)
Invest in Turkey
  2015 Ed. (3525)
Investabanka
  1991 Ed. (697)
  1992 Ed. (871)
Investacorp
  2000 Ed. (840)
  2018 Ed. (2667)
  2019 Ed. (2652)
  2020 Ed. (2657)
Investar Bank
  2021 Ed. (377)
  2022 Ed. (390)
Investar Bank, National Association
  2021 Ed. (377)
  2022 Ed. (390)
  2023 Ed. (510)
Investbank
  1991 Ed. (443)
  1992 Ed. (599)
Investbank for Trade & Investment
  1995 Ed. (628)
InvestBulgaria Agency
  2015 Ed. (3525)
Investcom
  2004 Ed. (89)
Investcorp
  1991 Ed. (427, 457)
  1992 Ed. (582, 613)
  1993 Ed. (431)
  1994 Ed. (410, 431)
  1995 Ed. (403, 426)
  1996 Ed. (430, 451, 452, 2487)
  1997 Ed. (395, 414)
  1999 Ed. (452, 474, 1433)
  2000 Ed. (444, 466)
  2002 Ed. (526, 582)
  2003 Ed. (465, 1445)
  2004 Ed. (1475)
  2005 Ed. (1491, 1514)
  2006 Ed. (4483)
Investcorp Bank
  1997 Ed. (2628)
  2002 Ed. (4382, 4383)
  2004 Ed. (451)
  2005 Ed. (463)
Investcorp Silverbeck Arbitrage
  2012 Ed. (2822)
Investcred
  2000 Ed. (475, 477)
Investec
  1991 Ed. (2416, 2417)
  2002 Ed. (578)
  2006 Ed. (1236, 2605, 4523)
  2007 Ed. (2579)
  2009 Ed. (2041)
  2010 Ed. (369, 519, 1973, 2051)
  2011 Ed. (291, 448, 2035, 2108)
  2012 Ed. (1231)
  2013 Ed. (333, 340)
  2014 Ed. (358)
  2015 Ed. (397, 2023)
  2016 Ed. (372, 681, 2653)
  2017 Ed. (377, 2600)
  2018 Ed. (340, 346)
  2019 Ed. (343, 344, 678)
  2020 Ed. (344)

  2021 Ed. (418)
  2022 Ed. (432, 626, 697)
  2023 Ed. (574, 856)
Investec Bank
  1993 Ed. (626, 2532, 2533)
  1994 Ed. (404, 631)
  1995 Ed. (397, 606)
  1996 Ed. (421, 679)
  1997 Ed. (388, 614)
  1999 Ed. (446, 638, 641)
  2017 Ed. (390)
  2020 Ed. (343)
  2021 Ed. (414)
  2022 Ed. (428)
  2023 Ed. (557)
Investec Bank Mauritius
  2013 Ed. (344)
  2015 Ed. (414)
  2016 Ed. (379)
  2017 Ed. (378)
  2018 Ed. (347)
  2019 Ed. (351)
  2023 Ed. (566)
Investec Bank (South Africa)
  2021 Ed. (414)
  2022 Ed. (428)
Investec GF Asian Smaller Cos
  2000 Ed. (3310)
Investec Group
  2000 Ed. (439, 664)
  2002 Ed. (509, 647, 650)
  2003 Ed. (610, 614)
  2004 Ed. (619, 623)
  2005 Ed. (609, 612)
  2006 Ed. (523)
  2007 Ed. (552, 555)
  2008 Ed. (504, 507)
  2009 Ed. (535, 539)
Investec Henderson Crosthwaite Securities
  2001 Ed. (4204)
Investec Ireland
  2011 Ed. (1765)
  2012 Ed. (1616)
Investec Merchant Bank
  2001 Ed. (1534)
Investec plc
  2012 Ed. (3346)
  2013 Ed. (3414)
  2014 Ed. (3411)
  2015 Ed. (3445)
  2016 Ed. (3304)
  2017 Ed. (3266)
  2018 Ed. (3339)
  2019 Ed. (3316)
  2020 Ed. (3318)
Investec Securities
  2001 Ed. (1536)
Investec South Africa
  2015 Ed. (408)
  2016 Ed. (369, 377, 385)
  2017 Ed. (384, 385)
  2018 Ed. (353)
  2019 Ed. (356)
  2020 Ed. (352)
  2023 Ed. (573)
Investec Wired Index
  2004 Ed. (3589)
Investech Mutual Fund Advisor
  1992 Ed. (2799)
  1993 Ed. (2360)
Investek Capital Management
  1999 Ed. (3078)
Investeringsselskabet A/S
  2006 Ed. (1676)
InvestHK
  2015 Ed. (3524)
Investicna a Rozvojova Banka
  1996 Ed. (674, 675)
  1997 Ed. (610, 611)
  1999 Ed. (636)
  2001 Ed. (649)
Investicni Banka
  1993 Ed. (458)
  1994 Ed. (462, 463)
Investicni Banka a.s.
  1995 Ed. (453)
Investicni a Postovni banka
  1996 Ed. (483, 484)
  1997 Ed. (433, 434, 447, 448)
  1999 Ed. (491, 500)
  2002 Ed. (549, 553)
Investicni a Postovni Banks
  2000 Ed. (508)
Investigations
  1992 Ed. (3829)
Investimentos Itau SA
  2007 Ed. (1603)
  2008 Ed. (1581, 1582)
  2009 Ed. (1514, 1515)
  2010 Ed. (1509, 1510, 1511)
  2011 Ed. (1502, 1503, 1719, 2692)
  2012 Ed. (1349, 1350, 2147, 2623)
  2013 Ed. (1442, 1443, 2357, 2713, 3282)
  2014 Ed. (1402, 1404, 2289, 2695)
  2015 Ed. (1464, 1465, 2742)
  2016 Ed. (1393)
  2017 Ed. (1408)
  2018 Ed. (1385)

CUMULATIVE INDEX • 1989-2023

2019 Ed. (1430)
2020 Ed. (1391)
2021 Ed. (1389)
Investimentos Itau SA (Itausa)
  2021 Ed. (1389)
Investimentos, Participacoes e Gestao
  1991 Ed. (2334)
InvestiNet LLC
  2016 Ed. (950)
Investing
  2000 Ed. (2750)
  2007 Ed. (2329)
  2008 Ed. (2454)
Investing in Bonds.com
  2002 Ed. (4797)
InvestingBonds.com
  2002 Ed. (4798)
Investis Global Income
  2004 Ed. (3654)
Investissement Quebec
  2003 Ed. (3245)
  2019 Ed. (1344)
investkredit
  2004 Ed. (450)
  2005 Ed. (462)
  2006 Ed. (415)
  2007 Ed. (400)
Investkredit Bank
  2006 Ed. (1558)
Investmant Banking & Trust Co.
  2000 Ed. (635)
  2002 Ed. (628)
Investment
  2006 Ed. (3294)
  2007 Ed. (2311)
Investment AB Kinnevik
  2013 Ed. (3410)
Investment Advisers
  1992 Ed. (2757, 2761, 3157)
  1993 Ed. (2312, 2316, 2320, 2324)
Investment Bank of Ireland (Isle of Man) Ltd.
  1991 Ed. (569)
Investment Bank of Latvia
  1997 Ed. (538)
Investment banking
  2006 Ed. (698, 699)
  2007 Ed. (791, 792)
  2008 Ed. (760, 761)
Investment Banking & Trust Co.
  1997 Ed. (583)
  1999 Ed. (613)
  2003 Ed. (592)
  2004 Ed. (600)
  2005 Ed. (588)
Investment brokers
  2001 Ed. (1093)
Investment Center
  1999 Ed. (853, 854, 855, 856, 857, 858, 859, 860)
  2000 Ed. (851, 852, 854, 855, 857, 858, 859, 861)
  2002 Ed. (802, 803, 804, 805, 806)
  2018 Ed. (2667)
  2019 Ed. (2652)
  2020 Ed. (2665)
The Investment Center
  2023 Ed. (2807)
Investment Centers of America
  2018 Ed. (2660)
  2019 Ed. (2645)
Investment Comp of America
  2000 Ed. (3222)
Investment Co. of America
  1990 Ed. (2392)
  1991 Ed. (2557)
  1992 Ed. (3150)
  1995 Ed. (2690)
  1998 Ed. (2607)
  2003 Ed. (2361, 3518, 3519)
  2004 Ed. (2464, 3658)
  2005 Ed. (2465)
  2006 Ed. (2510)
Investment Company of America
  2000 Ed. (3236)
  2001 Ed. (2524, 3452)
  2008 Ed. (2510, 4510)
Investment Company Institute
  2002 Ed. (4817)
  2009 Ed. (4080)
Investment Corp. of Virginia
  1991 Ed. (3053)
Investment Counsel Inc.
  1990 Ed. (2320)
  1991 Ed. (2205)
  1995 Ed. (2389)
  1996 Ed. (2421)
Investment Counselors Inc.
  1993 Ed. (2314, 2337)
Investment Dar
  2009 Ed. (478, 2739)
  2010 Ed. (460, 2646, 2663)
  2011 Ed. (2651)
  2012 Ed. (2578)
Investment Equity Corp.
  2000 Ed. (4433)
Investment Equity Realtors
  1998 Ed. (3763)

Investment Finance Bank Ltd.
  1991 Ed. (603)
  1992 Ed. (772)
  1993 Ed. (562)
  1994 Ed. (564)
  1995 Ed. (540)
  1996 Ed. (599)
  1997 Ed. (552)
Investment & commodity firms
  1995 Ed. (2445)
  1996 Ed. (2488, 2489)
  2002 Ed. (1398, 1399, 1420, 1489, 1491)
  2003 Ed. (1425, 1426, 1435, 1439, 1497, 1516, 1520)
  2004 Ed. (1455, 1456, 1464, 1465, 1469, 1527, 1546, 1558)
  2005 Ed. (1470, 1471, 1480, 1481, 1485, 1543, 1561, 1572)
  2006 Ed. (1425, 1426, 1436, 1437, 1440, 1444, 1447, 1454)
  2008 Ed. (1407, 1408, 1416, 1420, 1423, 1426, 1432)
Investment firms
  2002 Ed. (1407)
Investment planning & portfolio forecasting
  1998 Ed. (1947)
Investment Fund Razvite
  1997 Ed. (2012)
Investment Grade Fixed Income
  2003 Ed. (3113, 3123)
Investment-Grade Funds
  2000 Ed. (772)
Investment management
  2008 Ed. (760, 761)
Investment News
  2009 Ed. (163, 165)
  2010 Ed. (786)
  2011 Ed. (713)
  2012 Ed. (658)
Investment Properties Associates
  2002 Ed. (3562, 3563)
Investment Research
  1990 Ed. (2289, 2343, 2346)
  1991 Ed. (2231)
  1992 Ed. (2762)
  1993 Ed. (2322)
Investment-Retrievers Inc.
  2011 Ed. (915)
  2012 Ed. (852)
Investment Series
  1992 Ed. (3197)
Investment Systems Co.
  2001 Ed. (3424)
Investment Technology Group
  2004 Ed. (4322)
  2005 Ed. (3582, 4245)
  2006 Ed. (4480)
Investment Timing Services
  1992 Ed. (2790, 2796, 2798)
  1993 Ed. (2340)
Investment Trade Bank
  2005 Ed. (493, 502)
Investment trusts
  1992 Ed. (2640)
Investments
  1993 Ed. (2870)
Investments & Mortgages Bank
  2007 Ed. (493)
  2008 Ed. (457)
  2009 Ed. (486)
  2010 Ed. (468)
  2011 Ed. (395)
  2013 Ed. (338)
  2014 Ed. (357)
  2015 Ed. (406)
  2016 Ed. (376)
  2017 Ed. (376)
  2018 Ed. (345)
  2019 Ed. (350)
Investology Research
  2006 Ed. (3190)
Investopedia Inc.
  2006 Ed. (1540)
  2007 Ed. (1570)
  2008 Ed. (1549)
Investor
  1993 Ed. (3461)
  1994 Ed. (1206, 1227, 1452, 3439, 3440)
  1996 Ed. (1449, 3590)
  1997 Ed. (1515, 3635, 3636)
  1998 Ed. (1160)
  1999 Ed. (1609, 1737, 4482, 4483)
  2000 Ed. (1558)
  2002 Ed. (1775)
  2007 Ed. (1696, 1997, 2576)
  2008 Ed. (4243)
  2011 Ed. (2066, 2688)
  2012 Ed. (1909, 2616, 3343)
  2013 Ed. (1628, 2691)
  2014 Ed. (2676)
  2015 Ed. (2720)
  2016 Ed. (2641)
  2017 Ed. (2576)
Investor AB
  2000 Ed. (4123)
  2001 Ed. (1858)
  2008 Ed. (2091, 4536)
  2013 Ed. (860, 3410)

2014 Ed. (3407, 4046)
2015 Ed. (2051, 3442)
2016 Ed. (2013, 3302)
2017 Ed. (1973)
2018 Ed. (1924, 3337)
2019 Ed. (1974, 3314)
2020 Ed. (3316)
2021 Ed. (1863)
2022 Ed. (1906, 2602, 2694)
2023 Ed. (2023, 2743)
Investor BG
  2011 Ed. (2906)
  2012 Ed. (2841)
Investor Group Ltd.
  1997 Ed. (1235)
  2002 Ed. (4)
  2004 Ed. (4, 5)
  2005 Ed. (3, 357)
  2006 Ed. (5)
  2007 Ed. (3, 1443)
Investor Relations International
  2011 Ed. (4051)
Investor Resource Services
  1998 Ed. (2949)
Investorama
  2002 Ed. (4792)
Investors
  1990 Ed. (948)
  2001 Ed. (2153)
Investors Bancorp
  2014 Ed. (1858, 2677)
  2016 Ed. (566)
  2017 Ed. (538, 594)
Investors Bancorp MHC
  2008 Ed. (437)
Investors Bank
  1998 Ed. (2446)
  2021 Ed. (389)
  2022 Ed. (402)
  2023 Ed. (524)
Investors Bank, FSB
  1993 Ed. (3088)
  1997 Ed. (2729, 2730)
Investors Bank & Trust
  1999 Ed. (3315, 3316, 3317)
  2001 Ed. (3505, 3506, 3507, 3508, 3509, 3511)
Investors Business Daily
  1998 Ed. (2682)
  1999 Ed. (3620)
  2000 Ed. (3338)
  2002 Ed. (3512)
  2003 Ed. (812)
  2004 Ed. (854)
  2005 Ed. (828)
  2006 Ed. (754)
  2007 Ed. (847)
  2008 Ed. (813, 4710)
  2009 Ed. (838)
  2010 Ed. (4763)
  2011 Ed. (707, 4717)
Investors Canadian Enterprise
  2002 Ed. (3464)
  2003 Ed. (3593, 3594, 3595)
  2004 Ed. (3628)
Investors Canadian High Yield Income
  2006 Ed. (3665)
Investors Capital
  2000 Ed. (841)
Investors Capital Holdings Ltd.
  2003 Ed. (4322)
  2005 Ed. (1859)
Investors Capital Units
  2000 Ed. (3298)
Investors Daily
  1998 Ed. (72)
Investors Fiduciary Trust
  1995 Ed. (367)
Investors Financial Group
  2002 Ed. (799)
Investors Financial Services
  1999 Ed. (423)
  2000 Ed. (427)
  2002 Ed. (484, 486, 499, 500)
  2003 Ed. (423, 454)
  2004 Ed. (551, 2596, 2597)
  2005 Ed. (2574, 2575)
  2006 Ed. (400, 1875)
  2007 Ed. (389)
  2008 Ed. (426)
Investors Global Fund
  2010 Ed. (2556)
Investors Global Science & Technology
  2003 Ed. (3577, 3578, 3605)
Investors Group
  2010 Ed. (2699)
Investors Heritage Capital Corp.
  2014 Ed. (1730)
  2015 Ed. (1775)
Investors Life Cigna Aggressive Equity
  1994 Ed. (3610)
Investors Management
  1997 Ed. (2535)
Investors Management Corp.
  2016 Ed. (1900)
  2017 Ed. (1864)
  2018 Ed. (1814)

Investors Management Group
  1998 Ed. (2288)
Investors Preference
  1992 Ed. (3198)
Investors Research
  1993 Ed. (2332, 2334, 2336, 2341)
  1994 Ed. (2307, 2934)
Investors Savings Bank
  1998 Ed. (3556)
  2000 Ed. (3856)
  2002 Ed. (627)
Investors Savings Bank FSB
  1990 Ed. (2472, 3120)
Investors Summa
  2001 Ed. (3463, 3464, 3465)
  2002 Ed. (3434, 3435, 3436)
Investors Title Co.
  1998 Ed. (3417)
  1999 Ed. (2986)
  2000 Ed. (2739)
Investors Trading AB
  2004 Ed. (2607)
Investors Trust
  1995 Ed. (367)
Investors U.S. Large Cap Value
  2004 Ed. (2460, 2461)
Investors World Growth Portfolio
  2001 Ed. (3488)
InvestorsBancorp
  2007 Ed. (465)
Investrust Bank
  2015 Ed. (430)
Investship
  2008 Ed. (733)
Investship Corretora de Valores Mobiliarios; Unibanco—
  2008 Ed. (3400)
  2009 Ed. (3458)
  2010 Ed. (3395)
Invex
  2000 Ed. (610, 611, 612)
  2007 Ed. (763)
  2008 Ed. (739)
INVG Mortgage Sec.
  1990 Ed. (2964)
INVIA.CZ, s.r.o.
  2010 Ed. (2943)
Invibes Advertising
  2020 Ed. (1389)
  2021 Ed. (1386)
Invictus International Consulting
  2021 Ed. (1228, 1948)
  2022 Ed. (1259)
Invictus International Consulting LLC
  2021 Ed. (1966)
  2023 Ed. (4775)
Inviqa UK Ltd.
  2019 Ed. (3467)
Invisible
  2001 Ed. (2647)
The Invisible Close
  2014 Ed. (2334)
InVision
  2020 Ed. (3723)
Invision
  2021 Ed. (4566)
  2023 Ed. (3650)
InVision Communications
  2009 Ed. (2654)
In.vision Research Corp.
  2002 Ed. (2490)
Invision Security Group
  2016 Ed. (4313)
  2017 Ed. (4316)
InVision Technologies Inc.
  2005 Ed. (1607, 1616, 2330)
  2006 Ed. (2727, 2728, 2729, 2731)
Invision.com, Inc.
  2002 Ed. (2525)
  2003 Ed. (2718)
Invisors
  2023 Ed. (969, 972, 1737)
Invista Capital Management LLC
  2014 Ed. (1552)
  2015 Ed. (1602)
  2016 Ed. (1529)
Invista Inc.
  2005 Ed. (1750)
  2006 Ed. (1417, 1453, 1672, 2577)
  2007 Ed. (1676, 4672)
  2008 Ed. (1702)
  2009 Ed. (1629)
  2010 Ed. (1601)
Invista Sarl
  2014 Ed. (4709, 4710)
  2015 Ed. (1769)
  2016 Ed. (4623, 4624)
InVita
  2007 Ed. (3116)
  2008 Ed. (3260)
  2010 Ed. (3253)
InvitedHome
  2017 Ed. (4745)
Invitrogen Corp.
  2002 Ed. (998)
  2003 Ed. (1487)
  2004 Ed. (683, 1517)

2005 Ed. (675, 676, 1533)
2007 Ed. (3899)
2009 Ed. (1538, 4017)
Invitron
  1992 Ed. (3309, 3311)
Invivo Corp.
  2002 Ed. (1390)
Invivoo
  2011 Ed. (2908)
Invizage Technology
  2003 Ed. (1618)
Invizeon Corp.
  2006 Ed. (4363)
  2007 Ed. (4431)
Invmayaguez
  2002 Ed. (4396)
INVNT
  2020 Ed. (3452)
InVNT
  2016 Ed. (3464)
Invoca
  2022 Ed. (1398, 3119)
Involta
  2012 Ed. (3090)
Involys SA
  2022 Ed. (3132)
Involys SA (Morocco)
  2022 Ed. (3132)
InvsTch
  1990 Ed. (2750)
Invuity Medical Inc.
  2019 Ed. (3528)
Inway
  1993 Ed. (3641)
Inwestycje.pl SA
  2013 Ed. (2901)
Inwi
  2022 Ed. (672)
inwi
  2023 Ed. (876)
Inwood Credit Union
  1998 Ed. (1218)
INX International
  1999 Ed. (3899)
  2005 Ed. (3041)
  2022 Ed. (3142)
INX International Ink Co.
  2001 Ed. (2876, 2878)
  2006 Ed. (3044, 3045)
  2007 Ed. (3077)
  2008 Ed. (3218)
  2009 Ed. (3277)
  2010 Ed. (3202)
  2011 Ed. (3166)
  2012 Ed. (3122)
  2013 Ed. (3207)
  2014 Ed. (3219)
  2015 Ed. (3282)
  2016 Ed. (3122)
  2017 Ed. (3063)
  2018 Ed. (3176)
  2019 Ed. (3112)
  2020 Ed. (3139)
  2021 Ed. (3005)
Inx Prints
  2012 Ed. (823)
Inxight Software Inc.
  2006 Ed. (3025)
  2007 Ed. (3058)
inXile entertainment
  2015 Ed. (3774)
InXpress
  2014 Ed. (805)
  2015 Ed. (3807)
  2016 Ed. (3720)
  2020 Ed. (734, 3997)
  2021 Ed. (747, 3964)
  2022 Ed. (775, 777)
  2023 Ed. (988, 3881, 4419)
Inxpress
  2010 Ed. (3803)
  2011 Ed. (3800)
INXS
  1993 Ed. (1078, 1080)
  2005 Ed. (1161)
Inz. stavby Kosice
  2002 Ed. (784)
Inzinierske stavby a.s.
  2002 Ed. (4470)
Ioan Niculae
  2011 Ed. (4906)
  2016 Ed. (4869)
Ioannou G. Clinic S.A. "Anassa Geniki Kliniki"
  2019 Ed. (1608)
Ioannou; Sofia
  2013 Ed. (2961)
IOI Corp.
  2009 Ed. (1862)
  2010 Ed. (1794)
IOI Corp. Berhad
  2009 Ed. (3640)
  2010 Ed. (3559)
  2011 Ed. (3562)
  2012 Ed. (3555)
  2013 Ed. (3593)
IOI Corp. Bhd.
  2017 Ed. (2480)

IOI Group
  2012 Ed. (1677, 2662)
  2013 Ed. (1829, 2751)
  2014 Ed. (2713)
  2015 Ed. (2765)
  2016 Ed. (2694)
IOL Chemicals & Pharmaceuticals
  2022 Ed. (1603)
Iolab
  1995 Ed. (2811)
  1996 Ed. (2870)
Iolab Intrao.
  1990 Ed. (2741)
  1991 Ed. (2643)
  1994 Ed. (2696)
Iolab Pharm
  1990 Ed. (2741)
  1992 Ed. (3300)
Iolab Pharmaceuticals
  1994 Ed. (2696)
IOM Health System LP
  2011 Ed. (1711)
  2012 Ed. (1570)
Iomai Corp.
  2010 Ed. (2949)
Iomega Corp.
  1989 Ed. (971, 1311)
  1990 Ed. (1113, 1118)
  1991 Ed. (1020)
  1996 Ed. (2884)
  1997 Ed. (2974)
  1998 Ed. (153, 822, 1146, 2714, 3409)
  1999 Ed. (1262, 1268, 1276, 4485, 4486, 4487)
  2000 Ed. (282, 1165, 1169, 3381)
  2001 Ed. (1357, 1891)
  2002 Ed. (1143, 1144, 2078, 2098)
  2003 Ed. (1102, 2926)
  2007 Ed. (3692)
ION
  2005 Ed. (4509)
Ion Bank
  2021 Ed. (365)
  2022 Ed. (378)
  2023 Ed. (494)
Ion Global
  2002 Ed. (92)
ION Information Technologies Ltd.
  2002 Ed. (2493)
Ion Laser Technology Inc.
  1998 Ed. (158)
Ion Linac Systems Inc.
  2022 Ed. (1777)
ION Media Networks
  2009 Ed. (4700)
  2010 Ed. (4711)
  2011 Ed. (4668)
  2012 Ed. (4679)
  2017 Ed. (4633)
ION Solar
  2019 Ed. (2079, 2395, 4448, 4455)
  2021 Ed. (4452)
  2022 Ed. (4452, 4453)
  2023 Ed. (4461, 4475, 4476)
Ion Stoica
  2023 Ed. (4854)
Ion Television
  2015 Ed. (3036)
Ion Tiriac
  2009 Ed. (4896)
  2011 Ed. (4906)
  2016 Ed. (4869)
  2021 Ed. (4859, 4863)
  2022 Ed. (4860)
  2023 Ed. (4854)
iON United
  2018 Ed. (3160)
  2019 Ed. (1473, 1475, 3095)
  2020 Ed. (1440, 3127)
Iona
  1998 Ed. (3651)
  1999 Ed. (4696)
  2000 Ed. (4326)
  2002 Ed. (4713)
IONA Technologies plc
  2004 Ed. (2223)
Ionian Bank
  1993 Ed. (253, 254)
  1994 Ed. (242, 243)
  1996 Ed. (247)
  1997 Ed. (276)
  2000 Ed. (542)
Ionian & Popular Bank of Greece
  1993 Ed. (494)
  1994 Ed. (496)
  1995 Ed. (478)
  1996 Ed. (522)
  1997 Ed. (481)
  1999 Ed. (532)
  2000 Ed. (541)
Ionic Media
  2006 Ed. (809)
Ionica Group
  1999 Ed. (4165)
Ionics Inc.
  2000 Ed. (1846, 1848, 1857)
  2001 Ed. (4733)
  2004 Ed. (3327)

Ionics UK
  2000 Ed. (785)
IonIdea Inc.
  2011 Ed. (1035, 1038)
Ioniki Sfoliata SA
  2007 Ed. (1748)
  2008 Ed. (1774, 2747)
Iora Health
  2020 Ed. (2900)
IOS Capital
  2006 Ed. (1421)
iostudio
  2023 Ed. (115)
IOTA
  2019 Ed. (2131)
Iotum
  2017 Ed. (3048, 4579)
iotum
  2018 Ed. (3160)
Iotum Inc.
  2016 Ed. (3103)
IOU Financial
  2018 Ed. (1446, 1465)
  2019 Ed. (1476, 1495, 2627)
  2020 Ed. (2639)
IOU Financial Inc.
  2016 Ed. (1480, 2640)
  2017 Ed. (1482, 2575)
  2018 Ed. (2641)
  2019 Ed. (1489)
  2020 Ed. (1459)
Iovate Health Sciences USA Inc.
  2018 Ed. (4392)
Iowa
  1989 Ed. (201, 206, 1669, 2242, 2531, 2540, 2544, 2848)
  1990 Ed. (366, 996, 1746, 2448, 2575, 2868, 3355, 3364, 3365, 3393, 3394, 3403, 3404, 3405, 3414, 3424)
  1991 Ed. (186, 1398, 1399, 1645, 1652, 2350, 2353, 3175, 3185, 3263)
  1992 Ed. (436, 2574, 2914, 2917, 2918, 2921, 2928, 2930, 2934, 3090, 4082, 4117, 4118, 4119, 4120, 4129, 4180)
  1993 Ed. (363, 413, 3425, 3426, 3427, 3428, 3699)
  1994 Ed. (338, 678, 3417, 3418, 3419, 3420)
  1995 Ed. (3460, 3488, 3489, 3490, 3491, 3540)
  1996 Ed. (2090, 3513, 3520, 3526, 3540, 3569, 3570, 3571, 3572, 3580, 3582)
  1997 Ed. (2303, 3009, 3147, 3227, 3564, 3566, 3568, 3580, 3609, 3611)
  1998 Ed. (2028, 2452, 2883, 3378, 3379)
  1999 Ed. (3225, 4422, 4429, 4442, 4452, 4461)
  2000 Ed. (2964, 3688, 4095)
  2001 Ed. (278, 371, 992, 1007, 1131, 1424, 1439, 1440, 1507, 2143, 2144, 2152, 2360, 2361, 2415, 2417, 2459, 2466, 2467, 2471, 2520, 2604, 2619, 2629, 2664, 2723, 3071, 3072, 3095, 3236, 3288, 3314, 3557, 3597, 3731, 3871, 3915, 4026, 4228, 4256, 4257, 4532, 4637, 4658, 4729, 4730, 4830)
  2002 Ed. (273, 469, 470, 472, 950, 951, 952, 1177, 1347, 1907, 2226, 2229, 2231, 2232, 2233, 2234, 2447, 2574, 3201, 3213, 3273, 3344, 3524, 3528, 4101, 4106, 4107, 4161, 4286, 4330, 4377, 4532, 4538, 4539)
  2003 Ed. (411, 445, 1384, 2433, 2434, 2435, 2436, 2678, 2982, 3238, 3263, 3652, 3657, 4040, 4233, 4245, 4286, 4400, 4494, 4666, 4911)
  2004 Ed. (186, 389, 390, 413, 895, 1070, 1098, 1398, 1399, 2000, 2001, 2002, 2177, 2318, 2563, 2564, 2567, 2569, 2570, 2571, 2573, 2793, 3039, 3275, 3290, 3700, 3702, 3897, 4264, 4265, 4412, 4456, 4457, 4506, 4514, 4516, 4648, 4649, 4902, 4980)
  2005 Ed. (407, 409, 782, 1071, 1073, 1420, 2543, 2544, 2545, 2785, 3611, 3613, 3836, 3945, 4197, 4227, 4235, 4236, 4239, 4362, 4402, 4569, 4598, 4599, 4600)
  2006 Ed. (1405, 2550, 2551, 2552, 2754, 2756, 2980, 3059, 3256, 3726, 3730, 4305, 4419, 4650, 4996)
  2007 Ed. (1437, 2166, 2273, 2526, 2527, 2528, 2763, 3372, 3709, 3713, 4371, 4481, 4650, 4997)
  2008 Ed. (1388, 2434, 2436, 2654, 2655, 2656, 2806, 3278, 3279, 3800, 3806, 4326, 4465, 4581)
  2009 Ed. (1391, 2438, 2504, 2682, 2683, 2684, 3296, 3335, 3477, 3543, 3552, 3579, 3850, 4066, 4430, 4498, 4624, 4766)
  2010 Ed. (1376, 2318, 2340, 2359, 2419, 2421, 2593, 2594, 2597, 2775, 3139, 3223, 3269, 3270, 3271, 3274, 3448, 3497, 3769, 3984, 4183, 4473, 4540, 4652, 4780)
  2011 Ed. (1369, 2314, 2326, 2355, 2422, 2424, 2575, 2576, 2579, 2765, 2859,

3106, 3186, 3238, 3239, 3240, 3243, 3448, 3773, 3990, 4181, 4410, 4485, 4600, 4731)
  2012 Ed. (911, 2215, 2345, 2522, 2523, 2526, 2736, 2917, 3043, 3145, 3202, 3203, 3204, 4231, 4535, 4813)
  2013 Ed. (738, 2284, 2422, 2517, 2654, 2655, 2656, 2658, 2703, 2832, 3044, 3133, 3222, 3270, 3516, 3523, 3567, 3721, 3829, 4040, 4435, 4573, 4574, 4776, 4972)
  2014 Ed. (623, 2331, 2461, 2472, 2590, 3133, 3241, 3297, 3497, 4478, 4629, 4630, 4631, 4945, 4946)
  2015 Ed. (2397, 2529, 2543, 2544, 2631, 2632, 3196, 3520, 4473, 4624, 4625, 4985, 4986)
  2016 Ed. (2342, 2462, 2471, 2556, 2557, 3053, 4378, 4542, 4543, 4902, 4903)
  2017 Ed. (3003, 3094, 4372, 4532, 4536, 4537, 4538)
  2018 Ed. (3127, 4381, 4561, 4562, 4563, 4915)
  2019 Ed. (722, 2247, 2387, 3059, 3130, 3442, 4405, 4558, 4562, 4563, 4564, 4910, 4912)
  2020 Ed. (3439, 4910, 4911)
  2021 Ed. (3336, 3378, 3380, 3381, 3457, 4905, 4906)
  2022 Ed. (2357, 3400, 3430, 3431, 4899, 4901)
  2023 Ed. (2521, 3001, 3535, 3554, 3555, 3639, 3640, 4888, 4890)
Iowa City Community School District
  2019 Ed. (1688)
Iowa City, IA
  1995 Ed. (3778)
  2002 Ed. (31, 3329)
  2005 Ed. (1058, 2388, 3065, 3311)
  2006 Ed. (1066, 3300, 3311, 3312)
  2007 Ed. (1158, 1162, 4208)
  2008 Ed. (1051, 3462, 3464, 4092)
  2009 Ed. (1024, 3536, 4778)
  2010 Ed. (990, 3459)
  2011 Ed. (918, 3462)
  2014 Ed. (2459)
  2018 Ed. (2450, 3395)
  2019 Ed. (3370)
  2020 Ed. (3376)
Iowa Community Credit Union; University of
  2005 Ed. (2101)
  2006 Ed. (2196)
  2007 Ed. (2117)
  2009 Ed. (2217)
  2010 Ed. (2171)
  2011 Ed. (2189)
  2012 Ed. (2049)
  2013 Ed. (2231)
  2014 Ed. (2163)
  2015 Ed. (2227)
  2016 Ed. (2198)
Iowa Department of Administrative Services
  2008 Ed. (2831)
Iowa Fertilizer
  2014 Ed. (885)
Iowa Finance Authority
  2001 Ed. (817)
Iowa First Bancshares Corp.
  2004 Ed. (407)
Iowa Health System
  2000 Ed. (3182)
  2003 Ed. (1722)
  2004 Ed. (1759)
  2005 Ed. (1826, 1827)
  2006 Ed. (1811, 3589)
  2007 Ed. (1818, 1819)
  2008 Ed. (1855, 1856)
  2009 Ed. (1805, 1806)
  2010 Ed. (1749, 1750)
  2011 Ed. (1761, 1762)
  2012 Ed. (1612, 1613)
  2013 Ed. (1769)
  2014 Ed. (1703)
Iowa Higher Education Loan Agency
  2001 Ed. (817)
Iowa Hospital; University of
  1995 Ed. (2143)
Iowa Hospitals & Clinics; University of
  2005 Ed. (1826, 2899, 2907, 2908)
  2006 Ed. (1811, 2905, 2906, 2914)
  2007 Ed. (1818, 2924, 2925, 2933)
  2008 Ed. (3047, 3048, 3055)
  2009 Ed. (3133, 3141)
  2010 Ed. (3065, 3072)
  2011 Ed. (3036, 3037, 3044)
  2012 Ed. (2974, 2975, 2980)
  2013 Ed. (3065, 3071)
  2014 Ed. (3067, 3073)
  2015 Ed. (3132)
  2016 Ed. (2995)
Iowa-Illinois Gas & Electric Co.
  1989 Ed. (1297, 2036)
  1990 Ed. (2671)
  1991 Ed. (1498)
  1992 Ed. (1888)
  1994 Ed. (1948)
Iowa Methodist Medical Center
  2006 Ed. (2923)

Iowa Public Service Co.
  1992 Ed. (1888)
Iowa School Cash Anticipation Program
  1991 Ed. (2923)
Iowa School Corp.
  1993 Ed. (3099)
  1995 Ed. (3187)
Iowa Select Farms
  2001 Ed. (3851)
  2002 Ed. (3727)
  2003 Ed. (3899)
  2004 Ed. (3927)
  2005 Ed. (3875)
  2006 Ed. (3938)
  2007 Ed. (3996)
  2008 Ed. (4013)
  2009 Ed. (4085)
  2010 Ed. (3997)
  2011 Ed. (4005)
  2012 Ed. (4000)
  2013 Ed. (4064)
  2014 Ed. (4071)
  2015 Ed. (4051)
  2016 Ed. (3960)
  2017 Ed. (3938)
  2018 Ed. (3962)
  2019 Ed. (3937)
  2020 Ed. (3951)
  2021 Ed. (3918)
  2022 Ed. (3929)
  2023 Ed. (4014)
Iowa Southern Utilities
  1992 Ed. (1888)
Iowa State Bank & Trust Co.
  1993 Ed. (509)
Iowa State Board of Regents
  2001 Ed. (817)
Iowa State University
  1989 Ed. (841)
  1991 Ed. (2680)
  1994 Ed. (2743)
  2004 Ed. (824)
  2005 Ed. (799)
  2006 Ed. (1071, 3960)
  2007 Ed. (2446)
  2010 Ed. (997)
  2011 Ed. (4190)
Iowa State University Foundaiton
  2011 Ed. (3758)
Iowa Student Loan Agency
  2001 Ed. (817)
Iowa, Tippie College of Business; University of
  2010 Ed. (729)
Iowa, Tippie School of Management; University of
  2010 Ed. (733)
Iowa; University of
  1991 Ed. (888)
  1992 Ed. (1094)
  2005 Ed. (3439)
  2006 Ed. (725, 3960)
  2009 Ed. (778, 779)
  2010 Ed. (3626)
  2011 Ed. (3627)
IP
  1993 Ed. (1417)
  2000 Ed. (3404)
IP Consulting Inc.
  2019 Ed. (4774)
IP Consulting, Inc.
  2018 Ed. (1236, 1238)
  2019 Ed. (1269, 1271)
IP-Italiana Petroli SPA
  1989 Ed. (1130)
Ip; Kalina
  1997 Ed. (1966)
IP Law & Business
  2007 Ed. (4796)
IP Payments Pty. Ltd.
  2010 Ed. (2923)
IP telephony
  2001 Ed. (2969)
IP5280 Communications
  2012 Ed. (1426)
  2013 Ed. (1552)
IPA Management Inc.
  2005 Ed. (1618, 1770, 1897, 2442, 3908)
iPad
  2012 Ed. (3091, 3310)
  2022 Ed. (229)
IPADE
  2009 Ed. (820)
  2011 Ed. (682)
IPADE Business School
  2007 Ed. (812, 813, 815, 826)
Ipako
  1991 Ed. (785)
  1992 Ed. (965, 966, 1566)
  1993 Ed. (769, 770)
IPALCO Enterprises Inc.
  1989 Ed. (1296, 1297)
  1990 Ed. (1600, 1601)
  1991 Ed. (1497, 1498)
  1992 Ed. (1898, 1899)
  1993 Ed. (1557)
  1994 Ed. (1595, 1596)
  1995 Ed. (1232, 1638)

Ipari Fejlesztesi (Industry Development) Bank
  1994 Ed. (502)
iParty Corp.
  2005 Ed. (4136)
  2006 Ed. (4184)
iPass Inc.
  2005 Ed. (1089, 1678)
  2006 Ed. (4677, 4679)
iPayment Inc.
  2005 Ed. (4250, 4253)
IPB
  1999 Ed. (3869)
  2000 Ed. (3585)
  2002 Ed. (3736, 3737)
IPB Pojistovna
  2001 Ed. (2922)
IPC
  1996 Ed. (3439)
  1999 Ed. (4317)
IPC Advisors Sarl
  2005 Ed. (1560)
IPC Bates
  1997 Ed. (74)
  2003 Ed. (61)
IPC Bates Costa Rica
  1999 Ed. (75)
IPC Communications Inc.
  2005 Ed. (1505)
IPC Corporation
  2000 Ed. (4035)
IPC Holdings Ltd.
  1998 Ed. (2107, 3179)
  2006 Ed. (3148)
  2009 Ed. (4561)
IPC, the Hospitalist
  2010 Ed. (4444)
IPC, the Hospitalist Co.
  2015 Ed. (2938)
  2016 Ed. (2870)
IPC Information Systems Inc.
  2010 Ed. (2690)
IPC Lydon LLC
  2023 Ed. (1372)
IPC, The Hospitalist Co.
  2013 Ed. (2846)
IPCA Laboratories
  2009 Ed. (1747, 4018)
IPCRe Ltd.
  2005 Ed. (3150, 3151)
  2007 Ed. (3190)
IPCS
  2004 Ed. (1535)
  2010 Ed. (4971)
  2011 Ed. (4962)
IPD Printing & Distributing
  1993 Ed. (790)
IPDatatel
  2016 Ed. (4313)
  2017 Ed. (4316)
ipDatatel LLC
  2016 Ed. (2038)
  2017 Ed. (1998)
Ipex Inc.
  2006 Ed. (3914)
  2007 Ed. (3964)
  2008 Ed. (3990)
  2009 Ed. (4061)
  2010 Ed. (3979)
  2011 Ed. (3983)
  2012 Ed. (3980)
  2013 Ed. (4043)
  2014 Ed. (3979)
  2015 Ed. (4024)
  2016 Ed. (3938)
  2017 Ed. (3907)
Ipex USA LLC
  2018 Ed. (3938)
  2019 Ed. (3909)
  2020 Ed. (3925)
  2021 Ed. (3894)
IPF Digital As
  2019 Ed. (1533)
IPG
  2023 Ed. (68)
IPG Health Network
  2023 Ed. (156)
IPG Mediabrands
  2018 Ed. (66)
  2019 Ed. (63, 3500)
  2023 Ed. (151)
IPG Photonics
  2013 Ed. (1839, 4420, 4445)
  2014 Ed. (1010, 1769, 1770, 4645)
  2015 Ed. (1811, 1816, 2917, 4446, 4634, 4635)
  2016 Ed. (1770, 4338, 4376)
  2019 Ed. (4370)
  2020 Ed. (1701, 2302)
IPG Photonics Corp.
  2008 Ed. (2458, 3541)
  2009 Ed. (1883)
  2012 Ed. (1690, 1700)
  2013 Ed. (1848)
  2014 Ed. (1778)
IPH Ltd.
  2022 Ed. (1388)

iPhone
  2009 Ed. (689)
  2010 Ed. (3377)
  2011 Ed. (556, 3323)
  2012 Ed. (3310)
  2013 Ed. (635)
iPhone Millionaire
  2014 Ed. (645)
IPIC
  2017 Ed. (889)
  2018 Ed. (823)
  2019 Ed. (840)
IPICO
  2011 Ed. (2889)
Iping
  2003 Ed. (3044)
iPipeline
  2012 Ed. (2853)
  2013 Ed. (2906)
Ipiranga
  2006 Ed. (1781)
  2017 Ed. (702)
Ipiranga Refinaria
  2006 Ed. (4599)
IPivot Inc.
  2001 Ed. (2859)
IPL Inc.
  2002 Ed. (4400)
  2007 Ed. (3762, 3776)
  2008 Ed. (3839, 3854)
  2009 Ed. (1571, 3895, 3914)
  2010 Ed. (3808, 3821)
  2011 Ed. (3804, 3817)
iPLACE, Inc.
  2002 Ed. (2532)
IPMG
  2002 Ed. (3783, 4617)
  2004 Ed. (3938, 3939)
  2015 Ed. (1691)
IPO Central
  2002 Ed. (4823, 4867)
IPO Home
  2002 Ed. (4867)
IPO Monitor
  2002 Ed. (4839)
IPO Plus Aftermarket
  2004 Ed. (3608)
IPO Syndicate
  2002 Ed. (4867)
IPO.com
  2002 Ed. (4867)
iPod
  2008 Ed. (275, 637, 653, 2979)
  2009 Ed. (655, 685, 699, 706)
  2010 Ed. (3377)
  2013 Ed. (635)
iPoint
  2020 Ed. (954, 955)
  2021 Ed. (945, 946)
  2022 Ed. (977, 978)
  2023 Ed. (1153)
IPPA
  1990 Ed. (509)
  1991 Ed. (459)
IPPA Bank
  1993 Ed. (435)
  1994 Ed. (435)
  1995 Ed. (428)
  1996 Ed. (455)
  1997 Ed. (417)
  1999 Ed. (477)
  2000 Ed. (469)
Ippa Bank, Antwerp
  1992 Ed. (724)
IPPA Bank (Banque d'Epargne)
  1992 Ed. (617)
IPPMedia
  2007 Ed. (85)
iPrestige Car Center
  2021 Ed. (1508)
IPREX
  1995 Ed. (720)
IPrint.com
  2001 Ed. (4770)
  2002 Ed. (2075)
IPRO
  1998 Ed. (3650)
Iprocure
  2001 Ed. (4759)
IPROFS
  2010 Ed. (1852)
  2011 Ed. (1883)
iPROMOTEu
  2015 Ed. (4064, 4070)
  2016 Ed. (3971, 3978)
  2017 Ed. (3963, 3964)
  2018 Ed. (3982)
  2019 Ed. (3970)
  2020 Ed. (3991)
  2021 Ed. (3956)
  2022 Ed. (3968)
  2023 Ed. (4056)
IProspect
  2013 Ed. (3620)
iProspect
  2005 Ed. (96)
  2009 Ed. (2456)
  2010 Ed. (2377)

  2011 Ed. (2376)
  2012 Ed. (2303)
  2013 Ed. (1932, 2091)
  2014 Ed. (1648, 2025, 2411)
  2015 Ed. (2068, 2486)
  2016 Ed. (2417)
  2018 Ed. (2326)
IPS
  2012 Ed. (3997, 4837)
  2013 Ed. (4831)
  2015 Ed. (2985, 4883)
  2016 Ed. (3955)
  2018 Ed. (2442)
IPS Alpha Technology Ltd.
  2010 Ed. (1074, 2384)
IPS Europe
  2018 Ed. (4596)
IPS, Industrial Power Systems
  2022 Ed. (1153, 1165)
IPS Millenium
  2000 Ed. (3271)
  2001 Ed. (3436)
IPS Millenium Fund
  2000 Ed. (3270)
  2001 Ed. (2306)
IPS Millennium
  1999 Ed. (3556)
  2002 Ed. (3417)
  2006 Ed. (4406)
IPS Praha
  2002 Ed. (3737)
IPS Solar
  2019 Ed. (1781)
Ipsco Inc.
  1991 Ed. (3219)
  1992 Ed. (4137)
  1994 Ed. (3434)
  1996 Ed. (3587)
  2006 Ed. (1593, 1609, 1610, 1617, 1632)
  2007 Ed. (1622, 4535)
  2008 Ed. (1429, 1662, 4498)
  2009 Ed. (1569, 3618, 4529)
  2010 Ed. (4572)
IPSCO Steel
  1996 Ed. (1741)
Ipsen
  2020 Ed. (3895)
Ipsen S.A.
  2021 Ed. (3868)
  2022 Ed. (3881)
IPSOS
  2013 Ed. (60)
Ipsos
  1999 Ed. (3305)
  2005 Ed. (4037)
  2006 Ed. (4068)
  2007 Ed. (4114)
  2008 Ed. (4138)
  2010 Ed. (4185)
  2011 Ed. (4183)
  2012 Ed. (4233)
  2013 Ed. (4214)
  2014 Ed. (4228)
  2015 Ed. (4218)
  2016 Ed. (3463)
Ipsos Group SA
  2002 Ed. (3255)
  2003 Ed. (4077)
  2004 Ed. (4101)
  2005 Ed. (4041)
  2006 Ed. (4096)
  2007 Ed. (4117)
  2008 Ed. (4141)
  2009 Ed. (4253)
  2010 Ed. (4190)
  2011 Ed. (4201)
  2012 Ed. (4253)
  2013 Ed. (4213)
Ipsos MORI
  2009 Ed. (4247)
  2011 Ed. (3580)
Ipsos-RSL
  2000 Ed. (3045, 3046, 3047, 3049)
  2002 Ed. (3258, 3259, 3260, 3262)
Ipsos SA
  2014 Ed. (4227)
  2015 Ed. (4217)
  2016 Ed. (3462)
  2017 Ed. (3426, 3427)
  2018 Ed. (3484, 3485)
  2019 Ed. (3453, 3454)
  2020 Ed. (3447)
Ipsy
  2018 Ed. (1094)
Ipsy.com
  2018 Ed. (2329)
IPT Group Ltd.
  2000 Ed. (4243)
  2001 Ed. (4511)
Ipte NV
  2007 Ed. (1601)
  2008 Ed. (1579, 3207)
iPulse
  2020 Ed. (1969)
iQ Credit Union
  2022 Ed. (2082)
  2023 Ed. (2194)

IQ Formulations
  2016 Ed. (2875)
IQ Group
  2002 Ed. (2533)
IQ Home Entertainment
  2021 Ed. (2270)
IQ mobile Kommunikationsdienste
    Beratungs-, E.- u. V. GmbH
  2018 Ed. (1378)
IQ Management Corp.
  1999 Ed. (2676, 2677)
  2002 Ed. (2539)
IQ One Holdings
  2018 Ed. (2313)
IQE plc
  2002 Ed. (3565, 3566)
IQI Inc.
  1999 Ed. (4556, 4558)
  2000 Ed. (4194)
iQIYI
  2020 Ed. (959)
iQiyi
  2019 Ed. (4803)
  2020 Ed. (4790)
  2021 Ed. (3512, 3521)
  2023 Ed. (3680)
IQIYI, Inc.
  2020 Ed. (4314)
IQM
  2021 Ed. (61, 1757, 3466, 3480)
iQmetrix
  2015 Ed. (1110)
  2016 Ed. (1022)
  2017 Ed. (1056)
IQNavigator
  2009 Ed. (2999)
IQNavigator.com
  2009 Ed. (1636)
iQor
  2012 Ed. (4062)
  2013 Ed. (4102)
  2018 Ed. (1549)
iQor U.S. Inc.
  2015 Ed. (1910)
  2016 Ed. (1874)
IQPower
  2016 Ed. (4415)
  2017 Ed. (4426)
iQue Repair
  2018 Ed. (2021)
Iquique U.S. Inc.
  2016 Ed. (2673)
Iquique U.S. LLC
  2016 Ed. (2674)
Iquique US LLC
  2011 Ed. (2697, 2698)
  2012 Ed. (2628)
iqvc.com
  2001 Ed. (2977)
IQVIA
  2020 Ed. (1810, 3447)
  2023 Ed. (1948, 3061)
Iqvia
  2022 Ed. (1812)
  2023 Ed. (1939)
IQVIA Holdings
  2019 Ed. (3890)
  2020 Ed. (1812, 1813, 2891, 3906)
  2021 Ed. (1780, 1781, 2763, 3872)
  2022 Ed. (1818, 1821, 1823, 2925, 3885)
  2023 Ed. (1944, 3050, 3980)
Iqvia Holdings
  2020 Ed. (1324)
IQVIA Holdings Inc.
  2019 Ed. (3866)
  2020 Ed. (3888)
IQWired Inc.
  2012 Ed. (1462)
IR
  2005 Ed. (4294)
IR/Electronic Technologies Corp.
  2006 Ed. (4274)
IR Japan
  2022 Ed. (1652)
Ira B. Lampert
  2009 Ed. (2665)
Ira D. Hall
  1989 Ed. (736)
Ira G. Steffy & Son Inc.
  2020 Ed. (3407)
  2022 Ed. (3480)
  2023 Ed. (3602)
Ira Glackens
  1994 Ed. (898)
Ira Kaufman
  1990 Ed. (457)
Ira Rennert
  2011 Ed. (4818)
Ira Spilky & Associates
  1999 Ed. (958)
Ira Stephanian
  1996 Ed. (381)
Ira Thomas Assocs.
  1999 Ed. (3949)
Ira Walker
  2010 Ed. (3382)
  2011 Ed. (3331)

Ira Walker (UBS Private Wealth Mgmt.)
  2022 Ed. (3299)
Irad Ortiz Jr.
  2018 Ed. (3056)
Iran
  1989 Ed. (1869)
  1990 Ed. (228, 1878, 1909, 1916, 1923, 1933, 2829, 3503)
  1991 Ed. (1385, 1408, 1791, 1832, 1839, 1848)
  1992 Ed. (362, 1713, 1740, 2304, 2308, 2315, 2325, 2329, 2331, 3449, 3450, 3452, 3453)
  1993 Ed. (1465, 1921, 1961, 1965, 1972, 1979, 1985, 2848)
  1994 Ed. (1491, 1979, 1983, 2859, 2860)
  1995 Ed. (1523, 1545, 2008, 2015, 2023, 2027, 2034, 2038, 2925, 2926)
  1996 Ed. (3019, 3020, 3025)
  1997 Ed. (3104, 3105)
  1998 Ed. (1849, 2830)
  2000 Ed. (2351, 2365, 2370, 2371, 2377)
  2001 Ed. (521, 522, 1229, 1413, 1936, 2586, 3343, 3761, 3763, 3765, 4264, 4447)
  2003 Ed. (586, 965, 1875, 1881, 3431, 3826, 4193, 4971)
  2004 Ed. (979, 1906, 3499, 3855, 4219, 4423, 4598, 4599, 4657)
  2005 Ed. (581, 998, 2038, 2734, 3499, 3766, 4147, 4371, 4532, 4533, 4607)
  2006 Ed. (501, 1008, 2701, 2827, 3015, 3556, 3848, 4195, 4319, 4613, 4672)
  2007 Ed. (521, 1097, 2082, 2830, 3049, 3626, 3871, 4211, 4384, 4600, 4601, 4693)
  2008 Ed. (478, 528, 975, 2192, 2822, 3163, 3747, 3920, 4247, 4340, 4549, 4602, 4624, 4917)
  2009 Ed. (505, 563, 966, 2378, 2725, 2880, 3238, 3768, 3990, 4346, 4445, 4581, 4650, 4660, 4928)
  2010 Ed. (546, 925, 3701, 3896, 4376, 4486, 4615, 4678, 4933)
  2011 Ed. (474, 863, 3696, 3914, 4312, 4419, 4571, 4572, 4630, 4918)
  2012 Ed. (602, 1495, 2203, 2334, 2510, 2511, 2512, 2618, 2619, 4818)
  2013 Ed. (743, 1626, 2384, 2514, 2641, 2642, 2689, 3168, 4781)
  2014 Ed. (764, 1592, 2321, 2457, 2598, 2600, 2674, 3178, 4979)
  2015 Ed. (800, 1643, 2526, 2641, 2643, 2718, 2319, 4862, 5012)
  2016 Ed. (1586, 2461, 2565, 4931)
  2017 Ed. (2180)
  2021 Ed. (3178, 3179)
  2023 Ed. (2404)
Iran Air
  2001 Ed. (303)
  2005 Ed. (216)
  2006 Ed. (229, 230)
  2010 Ed. (220)
  2011 Ed. (143)
Iran Insurance Co.
  2009 Ed. (2736, 3318)
  2010 Ed. (3251)
  2014 Ed. (3283)
  2015 Ed. (3336)
Iran Khodro
  2002 Ed. (4428, 4429, 4430)
  2006 Ed. (4509)
Iran Khodro Diesel
  2002 Ed. (4429, 4430)
Iran Khodro plc
  2009 Ed. (1814)
Irani; Ray
  2005 Ed. (979)
  2006 Ed. (897)
  2011 Ed. (822)
Irani; Ray R.
  2005 Ed. (2496)
  2006 Ed. (937, 938, 939)
  2007 Ed. (1031, 1035)
  2008 Ed. (945, 953, 957)
  2009 Ed. (952)
  2010 Ed. (904, 907, 909)
  2011 Ed. (821, 840, 849)
  2012 Ed. (795, 798, 800)
Iranian rial
  2006 Ed. (2238)
  2007 Ed. (2158)
  2009 Ed. (2260)
Iraq
  1990 Ed. (1933, 2829, 3689)
  1991 Ed. (259, 1406, 1642, 1791, 1848, 2826)
  1992 Ed. (350, 362, 1775, 2331, 3449, 3450, 3452, 3453, 4195)
  1993 Ed. (1464, 1465, 1921, 1951, 1960, 1965, 1972, 1979, 1985, 2848)
  1994 Ed. (2859, 2860)
  1995 Ed. (2008, 2015, 2022, 2027, 2034, 2926)
  1996 Ed. (3019, 3025)
  1997 Ed. (3104)
  1998 Ed. (1848, 2830)
  2000 Ed. (2351, 2365, 2370, 2371, 2376)
  2001 Ed. (2369, 2586, 3761, 3765)

  2007 Ed. (2259)
Iraq National Oil Co.
  1991 Ed. (2717)
  1992 Ed. (3420, 3421)
  1993 Ed. (2825, 2826)
  1994 Ed. (2870)
  1995 Ed. (2933)
  1996 Ed. (3028)
  1997 Ed. (3110)
  1998 Ed. (2839)
  1999 Ed. (3818)
  2000 Ed. (3532)
  2002 Ed. (3679, 3680)
  2003 Ed. (3825, 3844, 3858)
  2004 Ed. (3854, 3861, 3871)
  2005 Ed. (3765, 3788, 3799)
  2006 Ed. (3854, 3866)
  2007 Ed. (3870, 3880, 3896)
  2008 Ed. (3929, 3939)
  2009 Ed. (1811, 1812, 4001, 4014)
  2010 Ed. (1456, 1826, 3895, 3908, 3920)
  2011 Ed. (3913, 3927, 3939)
  2012 Ed. (3898, 3914, 3936)
  2013 Ed. (3963, 3966, 3990)
  2014 Ed. (3906, 3909, 3933)
  2015 Ed. (3934, 3937, 3969)
  2016 Ed. (3853, 3856, 3883)
  2017 Ed. (3815, 3818, 3849)
Iraq Noor Islamic Bank for Investment & Finance
  2020 Ed. (2613)
Iraq, Syria & Jordan
  1990 Ed. (1909, 1916, 1923, 1928)
  1991 Ed. (1832, 1839)
  1992 Ed. (2303, 2308, 2315, 2325)
Iraqi Islamic Bank for Investment & Development
  2010 Ed. (2660)
  2011 Ed. (2648)
  2012 Ed. (2575)
  2014 Ed. (2653)
  2015 Ed. (2695)
  2016 Ed. (2617)
  2017 Ed. (2550)
  2018 Ed. (2618)
  2019 Ed. (2604)
  2020 Ed. (2613)
Irasema Coronado
  2012 Ed. (2883)
Irasia.com
  2002 Ed. (4865)
IRB
  1999 Ed. (805)
  2001 Ed. (2953, 2954, 2955, 2960)
Ireland
  1990 Ed. (413, 778, 984, 1260, 1728, 1901)
  1991 Ed. (930, 1819, 1820, 3267)
  1992 Ed. (498, 1040, 1485, 2046, 2082, 2293, 2566, 4184)
  1993 Ed. (1046, 1952, 1957, 1959, 1962, 1969, 1976)
  1994 Ed. (335, 836, 841, 854, 855, 927, 1230, 1533, 1974, 3436)
  1995 Ed. (345, 683, 899, 900, 2005, 2012, 2019, 2023, 2024, 2031, 3520)
  1996 Ed. (872, 874, 942, 2025, 2647, 3763)
  1997 Ed. (723, 896, 897, 1264, 1687, 2563, 2564, 3770)
  1998 Ed. (634, 635, 1031, 1033, 1838)
  1999 Ed. (1465, 2596, 3111, 4695)
  2000 Ed. (820, 1321, 1322, 1608, 2335)
  2001 Ed. (386, 670, 704, 1021, 1081, 1082, 1149, 1259, 1340, 1342, 1413, 1496, 1497, 1919, 2002, 2005, 2020, 2038, 2047, 2147, 2395, 2412, 2442, 2481, 2575, 2602, 2658, 2699, 2700, 2799, 2835, 3044, 3149, 3209, 3240, 3706, 3783, 3847, 3850, 3863, 3864, 4017, 4039, 4041, 4249, 4276, 4378, 4483, 4500, 4548, 4569, 4596, 4670, 4671, 4686, 4687, 4915)
  2002 Ed. (1477, 1810, 2409, 2423, 2509, 2751, 2752, 2754, 2755, 2756, 2757, 3099, 3101, 3183, 4378)
  2003 Ed. (824, 1433, 1495, 2053, 2221, 2224, 2233, 2234, 2483, 2616, 2617, 2620, 2641, 3232, 3257, 3258, 3259, 3332)
  2004 Ed. (863, 1525, 1911, 2096, 2737, 2767, 3287, 4751)
  2005 Ed. (837, 1477, 1541, 2200, 2269, 2536, 2537, 2538, 2735, 2763, 3022, 3031, 3032, 3337, 3659, 3660, 3661, 4130, 4799)
  2006 Ed. (763, 1213, 1432, 1433, 1443, 2262, 2332, 2335, 2702, 2716, 2717, 2824, 3017, 3325, 3553, 4176, 4574, 4770)
  2007 Ed. (862, 2200, 2263, 2266, 2524, 2827, 3050, 3379, 4412, 4413, 4415, 4417, 4418)
  2008 Ed. (823, 1422, 2334, 2398, 2399, 2823, 2841, 2844, 2949, 2950, 3164, 4387, 4388, 4391, 4392, 4519)
  2009 Ed. (845, 2321, 2380, 2381, 2396,

  2397, 2881, 3432, 3568, 4464, 4465, 4466, 4469, 4646)
  2010 Ed. (281, 1631, 2018, 2251, 2308, 2309, 2837, 3399, 3746, 4516, 4518)
  2011 Ed. (1641, 2259, 2306, 2307, 2819, 3136, 3293, 3746, 4452, 4458)
  2012 Ed. (364, 2201, 2204, 2206, 2516, 2752, 3088, 3274, 3501)
  2013 Ed. (487, 743, 2291, 2385, 2389, 2646, 3169, 3519, 3775, 3873)
  2014 Ed. (498, 764, 1591, 2326, 2604, 3179, 3493)
  2015 Ed. (562, 1642, 2396, 2647, 3511)
  2016 Ed. (1585, 2341, 3370)
  2017 Ed. (2181, 2185, 3231, 3329)
  2018 Ed. (1312, 2244, 2246, 3393)
  2019 Ed. (2217, 2219, 3319, 3368)
  2020 Ed. (2214, 2216)
  2021 Ed. (2186, 2188, 2311, 3172, 3173, 3186, 3187)
  2022 Ed. (2216, 2218, 3316, 3317, 3326, 3327)
  2023 Ed. (2405, 2407, 3401, 3402, 3406, 3414, 3415)
Ireland.
  2013 Ed. (2644)
Ireland Alloys (Holdings) Ltd.
  1991 Ed. (1338)
Ireland Bank
  2021 Ed. (371)
  2022 Ed. (384)
  2023 Ed. (502)
Ireland; Bank of
  2005 Ed. (548)
  2006 Ed. (472, 1814, 1815)
  2007 Ed. (485)
Ireland Blyth Ltd.
  2006 Ed. (4520)
Ireland; Government of
  2005 Ed. (48)
  2006 Ed. (55)
  2008 Ed. (49)
  2009 Ed. (56)
Ireland; Kathy
  2006 Ed. (2499)
  2010 Ed. (3004)
Ireland Mine
  1989 Ed. (1996)
Ireland plc; Bank of
  2007 Ed. (1821)
Ireland San Filippo & Co.
  1998 Ed. (20)
  1999 Ed. (25)
Ireland San Filippo LLP
  2003 Ed. (11)
Irell & Manella
  1990 Ed. (2421)
  1992 Ed. (2840, 2841)
  1993 Ed. (2399)
  1995 Ed. (2418)
  1996 Ed. (2454)
  1997 Ed. (2598)
  1998 Ed. (2330)
  1999 Ed. (3153)
Irell & Manella LLP
  2000 Ed. (2899)
  2001 Ed. (567)
  2002 Ed. (3059)
  2011 Ed. (3410)
Irene B. Rosenfeld
  2009 Ed. (959)
  2010 Ed. (911)
  2011 Ed. (832, 856)
  2012 Ed. (806)
Irene Britt
  2010 Ed. (2835)
Irene Diamond
  1995 Ed. (935)
Irene Dorner
  2013 Ed. (4961)
  2014 Ed. (4970)
  2015 Ed. (5016)
Irene; Hurricane
  2014 Ed. (852)
Irene M. Romero
  1994 Ed. (3666)
Irene Rosenfeld
  2008 Ed. (4948)
  2009 Ed. (946, 4971, 4981, 4983)
  2010 Ed. (2559, 4980, 4990, 4991)
  2011 Ed. (4966, 4969, 4979, 4987, 4988)
  2012 Ed. (4958, 4959, 4968, 4976, 4984)
  2013 Ed. (741, 4959, 4960, 4966, 4979)
  2014 Ed. (945, 4976)
  2015 Ed. (964, 5024, 5026, 5027)
  2016 Ed. (4929, 4941)
  2017 Ed. (4932)
Irene Walsh
  1998 Ed. (1595)
Irenee, Edward Du Pont & Family
  1990 Ed. (3687)
Iress Market Technology
  2012 Ed. (1333)
IREX Contracting Group
  2000 Ed. (1257)
  2001 Ed. (1471)
  2002 Ed. (1231)
  2006 Ed. (1265)

2007 Ed. (1356)
2008 Ed. (1254)
2009 Ed. (1229)
2010 Ed. (1228)
2011 Ed. (1175)
2012 Ed. (1123)
2013 Ed. (1267)
2014 Ed. (1200)
2015 Ed. (1257)
2016 Ed. (1171)
2018 Ed. (1198)
2019 Ed. (1226)
IREX Corp.
 2004 Ed. (4585)
 2005 Ed. (1296)
 2017 Ed. (1216)
IRG Technologies
 1995 Ed. (3202)
IRI
 1989 Ed. (1111)
 1990 Ed. (1363, 1382, 1944)
 1991 Ed. (1272, 1287, 1304, 1360)
 1992 Ed. (1606)
 1993 Ed. (1298, 1302, 1305, 1306, 1334, 1338, 1355)
 1994 Ed. (1350, 1390, 1395, 2478)
 1996 Ed. (1328, 1333, 1404, 2607)
 1998 Ed. (3477)
 1999 Ed. (1604, 4551, 4553)
 2000 Ed. (1475, 2624)
 2017 Ed. (779)
IRI Group
 1990 Ed. (1364, 1532)
IRI Infoscan
 2000 Ed. (3045)
IRI Instituto per la Ricostruzione Industriale
 1994 Ed. (1352)
IRI Istituto per la Ricostrazione Industriale
 1994 Ed. (1353, 1354, 1359, 1408)
IRI Istituto Ricostruzione Ind
 1990 Ed. (1388)
IRI Istituto per la Ricostruzione Industriale
 1995 Ed. (1137, 1375, 1376, 1377, 1382, 1420, 1421, 1440, 2546)
 1997 Ed. (1387, 1395, 2751)
Iridia Medical Inc.
 2015 Ed. (2399)
Iridian Asset Management
 1998 Ed. (2271)
Iridian Spectral Technologies
 2011 Ed. (2889)
Iridium Communications
 2015 Ed. (2131, 4635)
Iridium Communications Inc.
 2017 Ed. (1002)
 2018 Ed. (937)
 2019 Ed. (928)
 2020 Ed. (920)
 2021 Ed. (926)
Iridium World Communications Ltd.
 2001 Ed. (589)
Irina Busheva
 2006 Ed. (4984)
Iris
 2002 Ed. (1980)
 2003 Ed. (1230)
 2008 Ed. (3595)
 2009 Ed. (4363)
Iris and B. Gerald Cantor
 1992 Ed. (1096)
Iris Cleaning Services SA
 2006 Ed. (1566)
 2008 Ed. (1579)
Iris Data Services
 2013 Ed. (80)
Iris Fontbona
 2009 Ed. (4883)
 2010 Ed. (4884, 4902)
 2011 Ed. (4872, 4899)
 2012 Ed. (4854, 4880)
 2013 Ed. (4851, 4862)
 2014 Ed. (4876)
 2015 Ed. (4914)
 2016 Ed. (4830)
 2017 Ed. (4839)
 2018 Ed. (4845)
 2019 Ed. (4841)
 2021 Ed. (4830)
 2022 Ed. (4824)
Iris Fontbona & family
 2023 Ed. (4819)
Iris Industries Inc.
 2005 Ed. (2837)
 2006 Ed. (2829)
Iris Telehealth
 2022 Ed. (2922)
IRIS The Visual Group
 2021 Ed. (2756)
IRIS U.S. Equity
 2001 Ed. (3477)
Iris Van Herpen
 2017 Ed. (2502)
Iris Worldwide
 2009 Ed. (2325)
 2010 Ed. (2255)
 2013 Ed. (2325)
Irise
 2008 Ed. (1144)

Irish Bank Resolution Corp.
 2014 Ed. (453)
Irish Breeze
 2018 Ed. (3150)
Irish Cement (Sales) Ltd.
 2012 Ed. (1618)
 2013 Ed. (1776)
Irish Dairy Board
 2016 Ed. (751)
 2017 Ed. (801, 802)
 2018 Ed. (735)
Irish Dairy Board Co-operative Ltd.
 2000 Ed. (1484)
Irish Distillers
 1991 Ed. (1476, 1477)
Irish Distillers Group plc
 2009 Ed. (1809)
Irish International
 2017 Ed. (3458)
Irish International Group
 1999 Ed. (106)
 2001 Ed. (149)
 2002 Ed. (122)
 2003 Ed. (89)
Irish International Trading
 2017 Ed. (1685)
 2018 Ed. (1645)
Irish Life
 1994 Ed. (1578, 1579)
 1996 Ed. (2431, 2432)
 1997 Ed. (2574, 2575)
 1999 Ed. (3117, 3118)
 2000 Ed. (2865, 2866)
 2015 Ed. (1752)
 2016 Ed. (1702)
 2017 Ed. (1681, 2586)
 2020 Ed. (1645, 2649)
 2021 Ed. (1624, 2557, 3052)
 2022 Ed. (1644, 2676, 3186)
 2023 Ed. (1799, 2814, 3279)
Irish Life Assurance
 1992 Ed. (2155)
Irish Life Assurnace
 1990 Ed. (1790)
Irish Life Investment
 2000 Ed. (2825)
Irish Life & Permanent
 2002 Ed. (590, 3028)
 2003 Ed. (548)
 2004 Ed. (562)
 2005 Ed. (548)
 2006 Ed. (472, 1814)
 2007 Ed. (485)
 2008 Ed. (450)
 2009 Ed. (477)
 2010 Ed. (459)
 2011 Ed. (387)
 2013 Ed. (436)
 2014 Ed. (453, 488)
Irish Life & Permanent plc
 2002 Ed. (3029)
 2006 Ed. (3226)
 2007 Ed. (1821)
 2008 Ed. (1857)
 2009 Ed. (1808)
 2010 Ed. (1752)
 2011 Ed. (1766)
Irish Nationwide
 1994 Ed. (3143)
Irish Permanent
 1994 Ed. (3143)
 1997 Ed. (2575)
 1999 Ed. (3118)
 2000 Ed. (2866)
Irish Permanent Building Society
 1990 Ed. (1790)
 1992 Ed. (2155)
Irish Rail
 2022 Ed. (4696)
 2023 Ed. (4684)
Irish Republican Army, Britain
 2000 Ed. (4238)
Irish Sea
 2012 Ed. (2131)
 2019 Ed. (2175)
Irish Spring
 1990 Ed. (3549)
 1991 Ed. (3325)
 1997 Ed. (3537)
 1998 Ed. (3326, 3330)
 1999 Ed. (4351, 4354)
 2000 Ed. (4069, 4070, 4073)
 2001 Ed. (4296, 4297, 4298)
 2002 Ed. (4303, 4304)
 2003 Ed. (643, 645, 4462, 4463)
 2004 Ed. (658, 659, 4442)
 2005 Ed. (4390)
 2006 Ed. (4396)
 2007 Ed. (4463)
 2008 Ed. (4450, 4451)
 2009 Ed. (4491)
 2010 Ed. (4534)
 2018 Ed. (4425)
 2020 Ed. (4419)
 2022 Ed. (558)
Irish Spring Aloe
 2003 Ed. (4463)
 2009 Ed. (4491)

2010 Ed. (4534)
Irish Spring Icy Blast
 2018 Ed. (4425)
 2020 Ed. (4419)
Irish Spring Moisture Blast
 2018 Ed. (4425)
 2020 Ed. (4419)
Irish Spring Sport
 2003 Ed. (4463)
The Irish Times
 2017 Ed. (3458)
 2020 Ed. (3494)
 2021 Ed. (3515)
 2022 Ed. (3574)
 2023 Ed. (3683)
Irish Whiskey
 2001 Ed. (3150)
Iritecna
 1994 Ed. (3256)
IRITECNA SPA
 1995 Ed. (1189, 1191)
Iritel
 1995 Ed. (3555)
 1996 Ed. (1214)
Iriver
 2007 Ed. (2859)
Irkutskenergo
 1997 Ed. (1502)
 2002 Ed. (4463)
Irl Engelhardt
 2007 Ed. (995)
Irma
 2011 Ed. (1607, 1618)
 2012 Ed. (1453)
 2013 Ed. (1589)
 2014 Ed. (1554)
 2015 Ed. (1604)
Irma Elder
 1999 Ed. (2055)
Irman; Martine M.
 2005 Ed. (2473)
IRMG/American Risk Management Corp.
 1999 Ed. (1034)
 2000 Ed. (984)
Irmscher
 1998 Ed. (891)
 1999 Ed. (286)
 2005 Ed. (2815)
 2009 Ed. (2548)
Irn-Bru
 1992 Ed. (4020)
 1994 Ed. (3360)
 1996 Ed. (3480)
 1999 Ed. (4366)
 2001 Ed. (4310)
 2002 Ed. (4327)
 2008 Ed. (671)
IRO
 2021 Ed. (3188)
iRobot
 2013 Ed. (1213, 1839)
 2014 Ed. (1769, 3144)
 2015 Ed. (1811)
 2016 Ed. (1770, 3059)
 2018 Ed. (4269)
 2021 Ed. (1681, 2807)
iRobot Corp.
 2010 Ed. (4682)
 2012 Ed. (945, 1686, 1690, 1700, 2757)
 2014 Ed. (4330, 4932)
 2017 Ed. (4279, 4286)
 2023 Ed. (4309)
Iroko
 2018 Ed. (1342)
Iron
 1994 Ed. (3637)
 1999 Ed. (2759)
 2004 Ed. (2101)
The Iron Bed Co.
 2001 Ed. (1882)
Iron Bow Technologies
 2014 Ed. (1252, 1259)
 2015 Ed. (1315)
 2016 Ed. (1228, 1231)
 2017 Ed. (1277, 1280)
 2018 Ed. (1255, 1258)
 2019 Ed. (1288, 1292)
 2021 Ed. (1253)
Iron Bow Technologies LLC
 2022 Ed. (1258)
 2023 Ed. (1117)
Iron EagleX
 2023 Ed. (1705)
Iron Helix
 1995 Ed. (1106)
Iron Horse Inn
 2002 Ed. (1074)
Iron Horse Vineyards
 2019 Ed. (4920)
Iron Man
 2010 Ed. (2291)
Iron Man 2
 2012 Ed. (3724, 3725)
Iron Man 3
 2015 Ed. (3717, 3718)
Iron Mountain
 2014 Ed. (2548)
 2015 Ed. (3803)

2017 Ed. (3671)
2021 Ed. (3989)
Iron Mountain Inc.
 2005 Ed. (3664, 4355, 4360)
 2006 Ed. (1869, 2808, 3759, 3761, 4294, 4301)
 2007 Ed. (1872, 2800, 3756, 3757, 4360)
 2008 Ed. (803, 1912, 1914, 3833, 4614)
 2009 Ed. (827, 1871, 1879, 3247, 3888)
 2010 Ed. (1802, 1811, 2777, 2845, 3800)
 2011 Ed. (1839, 1842, 2767, 3142, 3796, 4400)
 2012 Ed. (1696, 2694, 2695, 3786)
 2013 Ed. (1846, 2776, 3854)
 2014 Ed. (2760)
 2015 Ed. (2810, 2811, 3249, 4421)
 2016 Ed. (2744, 4315)
Iron Mountain Information Management
 2021 Ed. (3991)
 2022 Ed. (4005)
Iron Mountain Information Management Inc.
 2013 Ed. (2776)
 2023 Ed. (4089)
Iron Mountain Information Management LLC
 2015 Ed. (2810)
Iron Mountain Resource Management
 2009 Ed. (4184)
Iron Ore Co. of Canada
 2008 Ed. (4498)
 2009 Ed. (4529)
 2010 Ed. (4572)
 2016 Ed. (3519)
 2018 Ed. (3580)
 2019 Ed. (3572)
 2022 Ed. (3625)
 2023 Ed. (3722)
Iron Pro
 2011 Ed. (3251)
Iron & steel mill products
 2007 Ed. (2515, 2516)
Iron & steel
 1992 Ed. (3646, 3647)
Iron Strategic Income Institutional
 2011 Ed. (524)
Iron Workers Local 25
 1999 Ed. (3139)
 2000 Ed. (2888)
 2001 Ed. (3041)
Ironman World Championship
 2016 Ed. (4463)
Ironmark
 2016 Ed. (3992)
 2017 Ed. (3974, 3976)
 2018 Ed. (3993)
 2019 Ed. (3979)
 2020 Ed. (3999)
Ironmax
 2003 Ed. (2173)
IronPlanet
 2001 Ed. (4757)
Ironshore Inc.
 2018 Ed. (3298)
Ironshore Insurance Ltd.
 2017 Ed. (3153)
Ironshore Specialty Insurance Co.
 2017 Ed. (3152, 3155)
 2018 Ed. (3234)
 2019 Ed. (3177)
The Ironside Group
 2016 Ed. (3116)
IronSource
 2017 Ed. (1689)
Ironstone Bank
 2007 Ed. (3636)
 2010 Ed. (3704)
 2011 Ed. (3699)
 2012 Ed. (3717)
Ironstone Product Development
 2022 Ed. (758)
Ironwood Capital Mgmt.
 2000 Ed. (2823)
Ironwood Heavy Highway LLC
 2015 Ed. (1923)
Iroquois Corp.
 1999 Ed. (1367)
Iroquois Federal Savings & Loan Association
 2021 Ed. (4293)
 2022 Ed. (4301)
 2023 Ed. (4331)
The Iroquois Group
 2022 Ed. (3265)
 2023 Ed. (3357)
Iroquois Group Inc.
 2020 Ed. (3261)
 2021 Ed. (3124)
Iroquois Memorial Hospital
 2006 Ed. (2920)
Iroquois Theater
 2005 Ed. (2204)
IRP MEDICAL, A Part Of Integrated Polymer Solutions
 2023 Ed. (3641)
IRPC
 2009 Ed. (2104)
Irpc Pcl
 2009 Ed. (2512)

IRPC Public Co., Ltd.
  2008 Ed. (3585)
  2009 Ed. (3656)
  2010 Ed. (3574)
  2011 Ed. (3577)
  2012 Ed. (3570)
  2013 Ed. (3605)
Irresistible Forces
  2001 Ed. (984)
IRS
  1992 Ed. (2635)
Irs Nova
  2020 Ed. (4271)
IRSA
  2002 Ed. (855)
Irsay Co.; The Robert
  1991 Ed. (1081)
  1992 Ed. (1414)
  1993 Ed. (1127)
  1994 Ed. (1149)
Irsay; James
  2011 Ed. (4826)
  2012 Ed. (4852)
  2013 Ed. (4849)
  2014 Ed. (4865)
  2015 Ed. (4902)
  2016 Ed. (4819)
  2017 Ed. (4829)
  2018 Ed. (4834)
  2019 Ed. (4831)
  2020 Ed. (4821)
  2021 Ed. (4822)
  2022 Ed. (4815)
IRSExtension.com LLC
  2018 Ed. (1534)
IRT Corp.
  1990 Ed. (410)
IRT Group
  2020 Ed. (2970)
  2021 Ed. (2831)
  2022 Ed. (2996)
IRT Technologies
  2018 Ed. (1450)
  2019 Ed. (1489, 1495, 3448)
  2020 Ed. (1459, 1464)
  2021 Ed. (1451, 3461)
  2022 Ed. (3122)
Irukka
  2020 Ed. (3669)
  2021 Ed. (3675)
Irvin H. Whitehouse & Sons Co.
  1992 Ed. (1422)
  1994 Ed. (1142)
  1995 Ed. (1168)
  1996 Ed. (1144)
  1997 Ed. (1172)
Irvin; Mr. & Mrs. William Buel
  1992 Ed. (1098)
Irvin; Tinsley H.
  1990 Ed. (2271)
Irvine, CA
  1992 Ed. (1154, 1156, 1158, 3134)
  1999 Ed. (1129, 1147, 1176)
Irvine Co.
  2011 Ed. (4065)
  2012 Ed. (4099)
  2013 Ed. (1469)
  2014 Ed. (1432)
  2016 Ed. (1427)
  2017 Ed. (1437)
  2018 Ed. (1418)
  2019 Ed. (1458)
  2020 Ed. (1422)
  2021 Ed. (1421)
  2022 Ed. (1428)
Irvine Company
  2023 Ed. (1621)
The Irvine Co.
  2018 Ed. (189)
  2019 Ed. (184)
  2020 Ed. (185)
  2021 Ed. (184)
  2022 Ed. (178)
The Irvine Company Apartment Communities
  2009 Ed. (1173)
Irvine Marriott
  2002 Ed. (2636)
Irvine Marriott Hotel
  1999 Ed. (2763)
Irvine Meadows Amphitheatre
  2018 Ed. (171)
Irvine Ranch Water District, CA
  1990 Ed. (3504)
Irvine Ranch Water Power
  1990 Ed. (2642)
Irvine Ranch Wtr Dist Jt Pwrs Agy
  1990 Ed. (2655)
Irvine Spectrum
  1996 Ed. (2250)
  1997 Ed. (2376)
Irvine Technology Corp.
  2014 Ed. (1416)
Irvine's Zimbabwe
  2022 Ed. (2234)
  2023 Ed. (2421)

Irving; Arthur
  2005 Ed. (4863, 4875, 4876)
  2006 Ed. (4923)
  2007 Ed. (4910)
  2008 Ed. (4855, 4856)
  2009 Ed. (4881, 4882)
  2010 Ed. (4882, 4883)
  2011 Ed. (4870, 4871)
  2012 Ed. (4878, 4879)
  2013 Ed. (4860, 4861)
  2014 Ed. (4874, 4875)
  2015 Ed. (4913)
  2016 Ed. (4829)
  2017 Ed. (4838)
  2018 Ed. (4844)
Irving; Arthur L.
  1997 Ed. (3871)
Irving B. Yoskowitz
  1996 Ed. (1228)
Irving Bank
  1989 Ed. (560)
  1990 Ed. (599)
Irving Berlin
  2006 Ed. (802)
  2007 Ed. (891)
Irving Brothers
  2002 Ed. (4788)
Irving City Employees Credit Union
  2009 Ed. (2196)
Irving E. Shottenstein
  1999 Ed. (1411)
Irving Family
  1993 Ed. (698)
  2003 Ed. (4891)
  2005 Ed. (4022)
Irving family
  2015 Ed. (4912)
  2016 Ed. (4828)
  2017 Ed. (4837)
  2018 Ed. (4843)
  2019 Ed. (4839)
Irving Gould
  1992 Ed. (2064)
  1993 Ed. (1706)
Irving; Herbert and Florence
  1991 Ed. (891)
Irving I. Moskowitz Foundation
  2002 Ed. (2330)
Irving; James
  2005 Ed. (4863, 4875, 4876)
  2006 Ed. (4923)
  2007 Ed. (4910)
  2008 Ed. (4855, 4856)
  2009 Ed. (4881, 4882)
  2010 Ed. (4882, 4883)
  2011 Ed. (4870, 4871)
  2012 Ed. (4878, 4879)
  2013 Ed. (4860, 4861)
  2014 Ed. (4874, 4875)
  2015 Ed. (4913)
  2016 Ed. (4829)
  2017 Ed. (4838)
  2018 Ed. (4844)
  2019 Ed. (4840)
  2020 Ed. (4829)
  2021 Ed. (4829)
Irving; James, Arthur, & John
  2005 Ed. (4881)
  2006 Ed. (4925)
  2007 Ed. (4913)
  2008 Ed. (4878)
Irving; James K.
  1997 Ed. (3871)
Irving; John
  2005 Ed. (4863, 4875, 4876)
  2006 Ed. (4923)
  2007 Ed. (4910)
  2008 Ed. (4855, 4856)
  2009 Ed. (4881, 4882)
  2010 Ed. (4882, 4883)
  2011 Ed. (4870, 4871)
  2012 Ed. (4878)
  2013 Ed. (4860)
  2014 Ed. (4874)
Irving; John E.
  1997 Ed. (3871)
Irving, Jr.; Samuel
  1989 Ed. (1986)
Irving; K. C.
  1991 Ed. (1617)
Irving; Kenneth Cole
  1990 Ed. (730)
Irving; Kenneth Colin
  1989 Ed. (732)
  1990 Ed. (731)
Irving; Kyrie
  2018 Ed. (200)
  2023 Ed. (318)
Irving Materials Inc.
  2006 Ed. (4000)
  2007 Ed. (4035)
  2013 Ed. (3191)
Irving Picard
  2013 Ed. (735)
Irving Savings
  1989 Ed. (2360)
Irving Savings Association
  1990 Ed. (3592)

Irving Shipbuilding
  2018 Ed. (2161)
Irving Sports
  1989 Ed. (2522)
Irving Tissue Converters
  2016 Ed. (3735)
  2017 Ed. (3691)
  2018 Ed. (3745)
Irving Trust Co.
  1989 Ed. (510, 512, 513, 640)
  1990 Ed. (429, 525, 526, 527, 528, 529, 653)
  1991 Ed. (369, 486, 487, 489)
Irving, TX
  1994 Ed. (970, 2584)
  2008 Ed. (1819)
  2023 Ed. (3538)
Irving Weiser
  2004 Ed. (2534)
Irving's Sport Shops
  1991 Ed. (3168)
Irvington, NJ
  1989 Ed. (343)
  1994 Ed. (333)
Irwan Junus
  2000 Ed. (2142)
Irwell Valley
  2008 Ed. (2128)
Irwin Automotive Group
  2015 Ed. (1889)
  2016 Ed. (1853)
  2017 Ed. (1812, 2484)
  2018 Ed. (1761, 2539)
  2019 Ed. (1818, 2544)
  2020 Ed. (1762)
Irwin Financial Corp.
  1995 Ed. (491)
  2000 Ed. (393, 395, 427)
  2004 Ed. (2116)
  2005 Ed. (2225, 2230)
  2006 Ed. (2283)
  2007 Ed. (2230)
  2008 Ed. (2370)
Irwin Jacobs
  1990 Ed. (1773)
  1991 Ed. (2265)
  1992 Ed. (2143)
  2005 Ed. (972)
  2011 Ed. (4841)
Irwin Keller
  1989 Ed. (1753)
Irwin & Leighton Inc.
  1990 Ed. (1212)
  1993 Ed. (1153)
Irwin M. Jacobs
  2003 Ed. (954, 956, 961)
  2004 Ed. (973, 2505, 4866)
  2005 Ed. (983, 2489)
  2006 Ed. (935, 2524)
Irwin Marine
  2021 Ed. (583)
Irwin Mark Jacobs
  2002 Ed. (1041, 2179)
  2005 Ed. (2476)
  2007 Ed. (2502)
Irwin Mitchell
  2009 Ed. (3497)
Irwin Mortgage
  2003 Ed. (3433)
Irwindale, CA
  1995 Ed. (2482)
Is Bankasi
  2010 Ed. (112)
  2014 Ed. (711)
  2015 Ed. (757)
  2018 Ed. (673)
  2019 Ed. (687)
  2020 Ed. (679)
  2021 Ed. (679)
  2023 Ed. (700, 894)
Is There Really a Human Race?
  2008 Ed. (549)
ISA
  2018 Ed. (2944)
I.S.A. (Holdings) Ltd.
  1995 Ed. (1016)
ISA Holdings Ltd.
  2015 Ed. (2027)
Isaac Agnew
  2005 Ed. (1983)
Isaac Construction Co.
  2007 Ed. (1381)
  2009 Ed. (1301)
  2010 Ed. (1294)
Isaac Mizrahi
  2010 Ed. (3004)
Isaac Operations
  2019 Ed. (734)
  2021 Ed. (1052)
Isaac Perlmutter
  2011 Ed. (4826)
Isaac Saba Raffoul
  2008 Ed. (4886)
  2009 Ed. (4906)
Isaacson Rosenbaum Woods & Levy PC
  2005 Ed. (3262)
Isabel Alexander
  2004 Ed. (4986)

Isabel Dos Santos
  2015 Ed. (4906)
  2016 Ed. (4821)
  2017 Ed. (4832)
  2018 Ed. (4837)
Isabel; Hurricane
  2009 Ed. (3812)
  2010 Ed. (3741)
  2011 Ed. (3741)
  2012 Ed. (3749)
Isabel Toledo
  2012 Ed. (2884)
Isabella Bank
  2021 Ed. (381)
  2022 Ed. (394)
  2023 Ed. (515)
Isabelle Ealet
  2014 Ed. (4975)
  2015 Ed. (5020, 5023)
  2016 Ed. (4938)
Isabelle Green
  2000 Ed. (2341)
Isabelle Hayen
  1999 Ed. (2320)
  2000 Ed. (2099)
Isabelle Kocher
  2021 Ed. (4928)
Isabelle Kocher (Engie)
  2021 Ed. (4939)
Isadore Sharp
  2005 Ed. (4873)
Isagen
  2012 Ed. (1655)
Isagenix
  2018 Ed. (2187, 2190)
Isagenix International LLC
  2019 Ed. (1401)
  2020 Ed. (1362)
Isak Andic
  2008 Ed. (4874)
  2009 Ed. (4897)
  2010 Ed. (4896)
  2011 Ed. (4883)
  2012 Ed. (4892)
  2013 Ed. (4910)
  2014 Ed. (4920)
  2015 Ed. (4960)
  2016 Ed. (4876)
  2017 Ed. (4876)
  2018 Ed. (4888)
Isak Andic & family
  2023 Ed. (4860)
Isaly Klondike Co.
  1993 Ed. (2124)
ISAM Systematic
  2019 Ed. (2886)
Isapre Cruz Blanca
  2015 Ed. (1562)
Isara Vongkusolkit
  2011 Ed. (4865)
  2012 Ed. (4870)
  2013 Ed. (4914)
Isaura Gaeta
  2015 Ed. (3044)
Isautler; Bernard F.
  2007 Ed. (2507)
ISB Budownictwo Sp. z o.o.
  2018 Ed. (1881)
Isbank
  2009 Ed. (1814)
  2012 Ed. (418)
  2013 Ed. (691)
  2021 Ed. (467, 501)
  2022 Ed. (481, 713, 715, 1971)
  2023 Ed. (2079)
Isbrandtsen; John
  2013 Ed. (2638)
ISC
  1990 Ed. (535, 1782)
  1991 Ed. (1717)
  2013 Ed. (1263)
  2014 Ed. (1198)
ISC/Bunker Ramo
  1992 Ed. (1310)
ISC Constructors LLC
  2012 Ed. (1171, 1180)
  2017 Ed. (1211)
  2018 Ed. (1168, 1185)
  2019 Ed. (1176)
  2020 Ed. (1176)
  2021 Ed. (1139, 1149)
  2022 Ed. (1681)
  2023 Ed. (1371, 1380, 1386)
ISC Systems
  1989 Ed. (969, 972, 978)
  1990 Ed. (1123, 1126)
Iscamco Inc.
  2019 Ed. (3804, 3805)
Iscar Ltd.
  2008 Ed. (1425)
Isco Inc.
  2006 Ed. (4364)
ISCO Industries Inc.
  2014 Ed. (1728)
  2016 Ed. (1727)
Iscor Ltd.
  1993 Ed. (1339, 1392, 1393, 1394, 1395)
  1995 Ed. (1484, 1485)

1996 Ed. (1744, 2443)
1997 Ed. (2596)
1999 Ed. (3131)
2002 Ed. (1764)
2004 Ed. (1855)
Isdell; E. Neville
2007 Ed. (966, 1025)
2008 Ed. (947)
2009 Ed. (946)
Ise Inc.
2019 Ed. (2231, 2239)
2020 Ed. (2228, 2236)
2021 Ed. (2202, 2210)
2022 Ed. (2235, 2245)
2023 Ed. (2422, 2431)
Ise Inc. (Japan)
2021 Ed. (2210)
2022 Ed. (2245)
ISE National 100 Index
2008 Ed. (4503)
ISEA Credit Union
2003 Ed. (1894)
iSeatz
2011 Ed. (1026)
2015 Ed. (1787)
ISEC Inc.
1992 Ed. (1413)
1995 Ed. (1174)
1996 Ed. (1149)
2005 Ed. (1294)
2006 Ed. (1177)
2007 Ed. (1283)
2008 Ed. (1183)
2009 Ed. (1244, 1248, 1256)
2010 Ed. (1246)
2011 Ed. (1195, 1256, 1276, 1291)
2012 Ed. (1139)
2013 Ed. (1151)
2014 Ed. (1193)
2016 Ed. (1162)
2018 Ed. (1169, 1191, 1194)
2019 Ed. (1172, 1196, 1198, 1208, 1211, 1243)
2020 Ed. (1188, 1201, 1206, 1237)
2021 Ed. (1163, 1178, 1203)
2022 Ed. (1146, 1202, 1204)
2023 Ed. (1370, 1395, 1409)
ISEC, Inc.
2018 Ed. (1176)
2019 Ed. (1193)
2023 Ed. (1398)
Isemoto Contracting Co.
2017 Ed. (1594)
Isemoto Contracting Co., Ltd.
2006 Ed. (1746)
2007 Ed. (1755)
2008 Ed. (1783)
2009 Ed. (1724)
2010 Ed. (1672)
2011 Ed. (1681)
2012 Ed. (1532)
2013 Ed. (1678)
2014 Ed. (1630)
2015 Ed. (1679)
2016 Ed. (1624)
2017 Ed. (1597)
Isenberg Bath
2021 Ed. (999)
Isenberg School of Management; University of Massachusetts
2009 Ed. (783)
2010 Ed. (731)
Isend
2015 Ed. (2722)
iServe
2020 Ed. (1987)
Isetan
1990 Ed. (1497)
2007 Ed. (4204)
2012 Ed. (4357)
Isetan Mitsukoshi
2016 Ed. (4229)
2017 Ed. (4215)
Isetan Mitsukoshi Holdings
2012 Ed. (2125, 2126, 4326, 4356)
2013 Ed. (2318, 2319, 4285)
2014 Ed. (2250, 2253)
2015 Ed. (2319)
2016 Ed. (2272, 2276)
2017 Ed. (2129)
2019 Ed. (2166)
Isetan Mitsukoshi Holdings Ltd.
2013 Ed. (4334)
2014 Ed. (4385)
2016 Ed. (926, 4270)
2017 Ed. (4258)
Isetan (Singapore)
2012 Ed. (4361)
2013 Ed. (4293)
ISG
2000 Ed. (1167)
ISG Burns Harbor LLC
2006 Ed. (1767)
2007 Ed. (1775)
ISG International Software Group
1998 Ed. (2725)
ISG Large Cap Equity
2000 Ed. (3239)

ISG Weirton Inc.
2006 Ed. (2116)
ISGM
2016 Ed. (1374)
iShares: Brazil
2005 Ed. (3579)
iShares Canadian Completion Index Fund
2010 Ed. (3733)
iShares Lehman TIPS
2009 Ed. (620)
iShares MSCI Australia Index
2007 Ed. (2483)
2008 Ed. (2613)
iShares MSCI Austria Index
2006 Ed. (2508)
iShares MSCI Emerging Markets
2013 Ed. (4514)
2014 Ed. (4575)
2015 Ed. (4569)
iShares MSCI-Japan
2002 Ed. (2170)
iShares MSCI Mexico Index
2009 Ed. (4544)
Ishares Russell 1000 Value
2004 Ed. (3172)
Ishares Russell 2000
2004 Ed. (3172)
iShares Russell 2000
2013 Ed. (4514)
2014 Ed. (4575)
Ishares Russell 2000 Value
2004 Ed. (3172)
iShares S & P 500
2004 Ed. (3172)
2005 Ed. (2466)
iShares S & P Global Energy Index
2009 Ed. (3793)
iShares S & P Global Healthcare Index
2009 Ed. (3787)
iShares: S & P Latin America 40
2005 Ed. (3579)
Ishares S & P Small Cap 600
2004 Ed. (3172)
iShares S&P 500 Index Fund
2002 Ed. (2170)
Ishibashi Music
2014 Ed. (3739)
Ishibashi Music Store Ltd.
2013 Ed. (3798)
2015 Ed. (3747)
2016 Ed. (3655)
2020 Ed. (3661)
2021 Ed. (3666)
Ishihara
1999 Ed. (4605)
Ishihara; Koichi
1997 Ed. (1977)
Ishihara Sangyo Kaisha
2007 Ed. (1832)
Ishii; Hirokazu
1996 Ed. (1882)
1997 Ed. (1988)
Ishikawajima-Harim
1989 Ed. (1918)
Ishikawajima-Harima
1998 Ed. (2093)
Ishikawajima-Harima Heavy Industries Co.
1989 Ed. (1656)
1990 Ed. (2175)
1991 Ed. (1405, 3401)
1992 Ed. (1681, 1772)
1993 Ed. (1461)
1995 Ed. (1543)
1997 Ed. (1581, 2371)
1999 Ed. (2853, 2854)
2005 Ed. (3003)
2006 Ed. (2999)
2007 Ed. (1805, 1838)
2008 Ed. (1424)
Ishikawajima-Harima Heavy Industry Co. Ltd.
1990 Ed. (1668)
Ishikawanma Harima
1990 Ed. (1478)
Iship
2013 Ed. (3749)
ISHPI
2014 Ed. (3682)
ISHPI Information Technologies
2015 Ed. (2028)
2016 Ed. (1997)
Ishrak; Omar
2014 Ed. (943)
Ishtar
1991 Ed. (2490)
ISI
2000 Ed. (2741)
ISI Cos. Inc.
1998 Ed. (1931)
ISI Emerging Markets
2002 Ed. (4866)
iSi Environmental
2016 Ed. (4982)
2017 Ed. (4970)
2018 Ed. (4978)
2019 Ed. (4972)

ISI Insurance Services
2004 Ed. (4349)
2005 Ed. (4288)
2006 Ed. (4265)
ISI Norgen Inc.
1999 Ed. (2669)
ISI Norgren Inc.
2000 Ed. (2459)
ISI Profesisonal Services LLC
2007 Ed. (3561)
ISI Security
2016 Ed. (4326)
ISI Total Return U.S. Treasury
1995 Ed. (2745)
1999 Ed. (3555)
Isidore; Tropical storm
2005 Ed. (885)
iSign Solutions Inc.
2018 Ed. (1001)
2019 Ed. (1003)
2020 Ed. (986)
ISIhr Inc.
2017 Ed. (4985)
2018 Ed. (4991)
Isilon Systems
2008 Ed. (2140)
2010 Ed. (2060)
2011 Ed. (2115)
Isinya Feeds Limited
2021 Ed. (2201)
2022 Ed. (2234)
2023 Ed. (2421)
iSirona
2014 Ed. (2901)
2015 Ed. (2936)
Isis Central Sugar Mill
2021 Ed. (4502)
Isis Pharmaceuticals
2013 Ed. (2850)
Isis Pharmaceuticals Inc.
2003 Ed. (3749)
Isis Research
2000 Ed. (3045, 3048)
Isis Telecommunications
2007 Ed. (2022)
iSite
2012 Ed. (2847)
2013 Ed. (2908)
iSite Design
2005 Ed. (3023)
ISK
1999 Ed. (2538)
2000 Ed. (810)
ISL - Ataturk International Airport
2022 Ed. (149)
ISL Digital Marketing
2016 Ed. (1452)
ISL Web Marketing & Development
2015 Ed. (1511)
Isla; Pablo
2017 Ed. (923)
2018 Ed. (859)
2019 Ed. (874)
2020 Ed. (861)
Islam Online
2007 Ed. (71)
Islami Bank Bangladesh
2013 Ed. (375)
2018 Ed. (2611)
2023 Ed. (590, 2793)
Islami Bank Bangladesh Ltd.
1995 Ed. (427)
1996 Ed. (453)
1997 Ed. (415)
1999 Ed. (475)
2000 Ed. (467)
2006 Ed. (417, 4484)
2009 Ed. (2730)
2010 Ed. (2653)
2011 Ed. (2640)
2012 Ed. (2567)
2014 Ed. (2649)
2015 Ed. (2691)
2016 Ed. (2613)
2017 Ed. (2546)
2018 Ed. (2614)
2019 Ed. (2600)
2020 Ed. (2608)
Islamic Arab Insurance Co.
2009 Ed. (2755, 3318)
2010 Ed. (2679, 3251)
2014 Ed. (3283)
2015 Ed. (2707, 3336)
2016 Ed. (3195)
2017 Ed. (3146)
2018 Ed. (3233)
2019 Ed. (3174)
2020 Ed. (3204)
Islamic Arab Insurance Company-Salama
2023 Ed. (3284)
Islamic Bank of Afghanistan
2023 Ed. (2789)
Islamic Bank of Asia
2009 Ed. (2748)
2010 Ed. (2671)
2011 Ed. (2660)
2012 Ed. (2588)

Islamic Bank of Britain
2009 Ed. (2756)
2010 Ed. (2680)
2011 Ed. (2669)
2012 Ed. (2597)
2014 Ed. (2667)
2015 Ed. (2708)
2016 Ed. (2632)
Islamic Bank of Brunei Berhad
2009 Ed. (2731)
2011 Ed. (2641)
2012 Ed. (2568)
Islamic Bank of Thailand
2009 Ed. (2753)
2010 Ed. (2677)
2011 Ed. (2666)
2012 Ed. (2594)
Islamic Bank of Yemen for Finance & Investment
2009 Ed. (2759)
2010 Ed. (2684)
2011 Ed. (2673)
2012 Ed. (2601)
2014 Ed. (2669)
2016 Ed. (2634)
Islamic Co-operative Development Bank
2009 Ed. (2750)
2010 Ed. (2674)
2011 Ed. (2663)
2012 Ed. (2591)
2014 Ed. (2663)
Islamic Co-operative Finance Australia
2012 Ed. (2565)
Islamic Development Bank
1996 Ed. (427, 566)
1998 Ed. (1268)
2009 Ed. (2746)
2010 Ed. (2669)
Islamic Development Bank of Brunei Berhad
2009 Ed. (2731)
2011 Ed. (2641)
2012 Ed. (2568)
Islamic extremists, Algeria
2000 Ed. (4238)
Islamic Finance House
1991 Ed. (568)
Islamic Financial Securities
2009 Ed. (2745)
2011 Ed. (2634)
Islamic Holding Group
2014 Ed. (2660)
2015 Ed. (2701)
2016 Ed. (2625)
2017 Ed. (2559)
2018 Ed. (2627)
2019 Ed. (2613)
Islamic Insurance Co.
2009 Ed. (2727, 2737)
2010 Ed. (2648)
The Islamic Insurance Co. plc
2011 Ed. (2649)
2012 Ed. (2576)
2014 Ed. (2654)
2015 Ed. (2696)
2016 Ed. (2618)
2017 Ed. (2551)
2018 Ed. (2619)
2019 Ed. (2605)
2020 Ed. (2614)
Islamic International Arab Bank
2009 Ed. (2737)
2010 Ed. (2661)
2011 Ed. (2649)
2012 Ed. (2576)
2014 Ed. (2654)
2015 Ed. (2696)
2016 Ed. (2618)
2017 Ed. (2551)
2018 Ed. (2619)
2019 Ed. (2605)
2020 Ed. (2614)
Islamic Investment Co. of the Gulf
1994 Ed. (3139)
Island
2017 Ed. (3620)
Island Abbey Food Science Ltd.
2015 Ed. (1526)
Island Abbey Foods Ltd.
2014 Ed. (1471)
Island Acura
1992 Ed. (420)
Island Architectural
2022 Ed. (4995)
Island Associates Real Estate
2000 Ed. (3710)
Island Auto Group
2020 Ed. (232)
2022 Ed. (244)
Island County, WA
2013 Ed. (2163)
Island Creations Construction
2018 Ed. (1576)
Island Creek Coal Company
1989 Ed. (952)
Island Creek Corp.
2003 Ed. (1027)
2004 Ed. (1030)

Island Custom Cabinetry Ltd.
  2012 Ed. (4993)
Island Def Jam Music Group
  2010 Ed. (3712)
  2011 Ed. (3709)
  2012 Ed. (3732)
  2013 Ed. (3780)
  2014 Ed. (3713)
  2015 Ed. (3725)
Island ECN Inc.
  2005 Ed. (1546, 3594)
Island Energy Services
  2021 Ed. (1564)
Island Energy Services, LLC
  2019 Ed. (1616)
  2020 Ed. (1577)
  2021 Ed. (1561)
  2022 Ed. (1580)
Island Ford Inc.
  2009 Ed. (191)
Island Hospitality Management
  2009 Ed. (3166)
  2010 Ed. (3097)
  2011 Ed. (3065)
  2013 Ed. (3085)
  2023 Ed. (3143)
Island Ink-Jet Systems Inc.
  2004 Ed. (846)
  2005 Ed. (3641)
  2006 Ed. (3740)
  2007 Ed. (3742)
  2008 Ed. (3824)
Island Inn
  1990 Ed. (2065)
  1991 Ed. (1948)
Island Insurance Co., Ltd.
  2009 Ed. (1714, 1715)
  2010 Ed. (1665)
  2011 Ed. (1673, 3210)
  2012 Ed. (1525, 1537, 1539)
  2013 Ed. (1686)
Island Insurance Group
  2003 Ed. (2987)
Island International
  2009 Ed. (1328)
Island Lincoln-Mercury
  1991 Ed. (269, 284)
  1992 Ed. (378, 379, 389, 415, 417)
  1993 Ed. (275, 299, 300, 301)
  1994 Ed. (254, 274, 289, 291, 292)
  1995 Ed. (293, 295, 296)
Island One, Inc.
  1991 Ed. (3389)
Island Savings Credit Union
  2007 Ed. (1606)
Island Shangri-La
  1997 Ed. (2289)
  1999 Ed. (2771, 2793)
  2000 Ed. (2546)
Island Telephone
  1990 Ed. (3519)
Islanders; New York
  2013 Ed. (4480)
Islands
  2006 Ed. (4110)
Islands of Adventure
  2002 Ed. (312)
  2003 Ed. (277)
  2004 Ed. (244)
  2005 Ed. (253)
  2006 Ed. (272)
  2007 Ed. (277)
  2016 Ed. (199)
Islandsbanki
  2002 Ed. (568)
  2003 Ed. (503)
  2004 Ed. (540)
  2005 Ed. (507, 519)
  2006 Ed. (450, 1755)
  2007 Ed. (461, 1763)
  2013 Ed. (435, 475)
  2014 Ed. (452)
  2015 Ed. (508)
  2016 Ed. (462)
  2017 Ed. (479)
  2018 Ed. (441)
  2019 Ed. (451)
  2020 Ed. (437)
  2023 Ed. (654)
Islandsbanki hf
  1993 Ed. (500)
  1994 Ed. (504)
  1995 Ed. (487)
  1996 Ed. (532)
  1997 Ed. (491)
  1999 Ed. (538)
  2000 Ed. (549)
  2006 Ed. (4506)
  2012 Ed. (1549)
  2013 Ed. (1695)
Isle of Capri Casinos Inc.
  2003 Ed. (2337, 2340)
  2004 Ed. (1802, 1803, 2716, 2717)
  2005 Ed. (242, 1874)
  2006 Ed. (263, 1894)
  2007 Ed. (1887)
  2009 Ed. (275)

Isle of Dogs
  2004 Ed. (743)
The Isle of the Lost
  2017 Ed. (625)
Isle of Man
  2006 Ed. (783)
  2008 Ed. (851)
  2011 Ed. (735, 2631)
  2014 Ed. (842, 2645)
  2015 Ed. (881, 2687)
  2016 Ed. (2604)
  2017 Ed. (827, 2535)
  2018 Ed. (758, 2607)
  2019 Ed. (2592)
  2020 Ed. (769, 2584)
  2021 Ed. (791)
  2022 Ed. (823)
  2023 Ed. (1020)
Isle of Man Bank Limited
  1989 Ed. (586)
Isle of Man Bank Ltd.
  1991 Ed. (569)
  1992 Ed. (737)
  1993 Ed. (536)
  1994 Ed. (538)
  1995 Ed. (514)
  1996 Ed. (567)
  1997 Ed. (524)
  1999 Ed. (558)
Isler CPA
  2011 Ed. (1949)
  2012 Ed. (1813)
Isler Northwest LLC
  2013 Ed. (1987)
Isleta Amphitheater
  2023 Ed. (1181)
Isleta Business Corp.
  2016 Ed. (3583)
  2017 Ed. (3551)
  2018 Ed. (3600)
Islip, NY
  1992 Ed. (1167, 1168)
ISM Canada
  2011 Ed. (2027)
  2012 Ed. (1876)
  2013 Ed. (1522, 2649)
  2014 Ed. (1492, 2607)
  2015 Ed. (1549, 2652)
  2016 Ed. (1488, 2571)
ISM eCompany
  2009 Ed. (3011)
ISM Information Systems Management
  1995 Ed. (2099)
Ismail Ahmed Ismail
  2013 Ed. (3487)
Ismail; Ismail Ahmed
  2013 Ed. (3487)
ISMIE Mutual Insurance Co.
  2005 Ed. (3123)
  2006 Ed. (3133)
  2007 Ed. (3168)
  2009 Ed. (3384)
  2010 Ed. (3320)
  2011 Ed. (3278)
  2012 Ed. (3255, 3256)
  2013 Ed. (3327, 3328)
  2014 Ed. (3343, 3345)
  2015 Ed. (3377)
  2016 Ed. (3246, 3247)
ISN; Grupo
  2008 Ed. (2087)
ISO Spaces
  2020 Ed. (1971)
ISO Spaces South West
  2021 Ed. (1012)
Isobar
  2007 Ed. (3434)
  2010 Ed. (3604)
  2013 Ed. (3625)
  2019 Ed. (4594)
Isochem/SNPE
  2001 Ed. (1211)
ISOCOR
  1997 Ed. (1014, 2168)
Isocyanates
  1999 Ed. (3624)
Isoetec Communications Inc.
  1990 Ed. (1977)
Isofoton
  2006 Ed. (4416)
iSOFT
  2005 Ed. (1157)
  2006 Ed. (1146)
  2007 Ed. (1262)
iSoft Group Ltd.
  2007 Ed. (2742)
  2011 Ed. (1034, 1038)
iSoft Group plc
  2005 Ed. (1139)
  2007 Ed. (1238, 1695)
  2008 Ed. (1135)
  2009 Ed. (2121)
  2012 Ed. (963)
Isola AG
  2004 Ed. (4224)
iSold It
  2007 Ed. (905)
  2008 Ed. (881, 4792)

Isolde Liebherr
  2016 Ed. (4878)
  2017 Ed. (4878)
  2018 Ed. (4890)
  2019 Ed. (4882)
iSolt It
  2007 Ed. (2313)
Isolux Corsan SA; Grupo
  2011 Ed. (1235)
  2012 Ed. (1151, 1162)
  2013 Ed. (1288, 1300)
Isomil
  1994 Ed. (2197)
  2001 Ed. (2847)
  2002 Ed. (2802)
  2003 Ed. (2914)
Isomorphic
  2016 Ed. (1028)
  2017 Ed. (1062)
  2018 Ed. (988)
  2023 Ed. (1165)
Isomorphic Software
  2019 Ed. (987)
Isonics Corp.
  2003 Ed. (1652)
Isoporc
  2003 Ed. (3900)
  2004 Ed. (3928)
  2005 Ed. (3876)
  2006 Ed. (3939)
Isosceles
  1991 Ed. (1168)
Isosceles PLC
  1993 Ed. (1389)
Isotechnika Inc.
  2005 Ed. (1688, 1690, 1691, 1692, 1693, 1694)
Isothermal Systems Research Inc.
  2009 Ed. (3530)
Isotonics
  2001 Ed. (700)
  2002 Ed. (699, 700, 701)
  2004 Ed. (888)
ISP
  2001 Ed. (1212, 2506)
ISP Chemicals Inc.
  2004 Ed. (3365)
Ispat Inland Holdings Inc.
  2008 Ed. (3651)
  2009 Ed. (3717)
Ispat Inland Inc.
  2001 Ed. (1736, 1737)
  2003 Ed. (1697, 1698)
  2004 Ed. (1734, 3435, 4536)
  2005 Ed. (1794, 1795)
  2006 Ed. (1767, 1768, 3455)
Ispat International NV
  2002 Ed. (1461)
iSpot.tv
  2019 Ed. (965, 2893)
ISPsoft Inc.
  2004 Ed. (1544)
iSqFt
  2006 Ed. (1160)
  2007 Ed. (1272)
ISR Solutions Inc.
  2003 Ed. (4330)
  2004 Ed. (4351)
Israel
  1990 Ed. (413, 1358, 1447, 1581, 1728, 1909, 1916, 1923, 1933)
  1991 Ed. (516, 1184, 1385, 1832, 1839, 1848)
  1992 Ed. (227, 305, 669, 1740, 2171, 2308, 2315, 2325, 2331, 4319, 4320)
  1993 Ed. (481, 1466, 1467, 1730, 1952, 1965, 1972, 1979, 1985, 2372, 2373)
  1994 Ed. (486, 1491, 1530, 2359)
  1995 Ed. (1247, 1249, 1523, 1545, 2008, 2015, 2027, 2034, 2038)
  1996 Ed. (1217, 1482)
  1997 Ed. (474, 941, 1267, 1547, 2147)
  1998 Ed. (352, 1031)
  1999 Ed. (1786, 2825, 3629, 4695)
  2000 Ed. (823, 1324, 1615, 1649, 2351, 2365, 2370, 2371, 3354)
  2001 Ed. (521, 522, 1688, 1952, 2278, 2419, 2699, 2700, 3859, 3865, 4312, 4371, 4471)
  2002 Ed. (742, 1698, 1821, 3229, 3595, 3723, 3725, 4972)
  2003 Ed. (586, 1974, 2224, 2467, 2617, 3257, 3258, 3918, 4699)
  2004 Ed. (1400, 1763, 1910, 1923, 2593, 2814, 3931, 4454)
  2005 Ed. (581, 1421, 2058, 2571, 2765, 3031, 3032, 3659, 3660, 3661, 3881, 4401)
  2006 Ed. (501, 1406, 1443, 2152, 2334, 2576, 2827, 3552, 3553, 3941, 4083, 4418)
  2007 Ed. (521, 1438, 1825, 2096, 2265, 2547, 2830, 3999, 4412, 4415, 4480)
  2008 Ed. (478, 1860, 1931, 2206, 2401, 2455, 2689, 2949, 2950, 3212, 3213, 4018, 4389, 4625, 4626, 4793, 4795)
  2009 Ed. (505, 1815, 2380, 2382, 2398, 2407, 2712, 2965, 3425, 3426, 3541,
    3542, 4089, 4464, 4467, 4471, 4661, 4662)
  2010 Ed. (1377, 1754, 2310, 2632, 3170, 3836, 4001, 4187, 4515, 4684, 4721, 4843)
  2011 Ed. (1370, 1720, 1721, 1768, 2308, 2615, 3385, 3839, 4009, 4199, 4452, 4455, 4484, 4634)
  2012 Ed. (365, 1620, 2207, 3335, 3820, 4819)
  2013 Ed. (2390, 3776, 3875, 4215, 4782)
  2014 Ed. (120, 2327, 3811, 4229, 4828)
  2015 Ed. (135, 3834, 4219, 4863)
  2017 Ed. (2186)
  2018 Ed. (2247)
  2019 Ed. (2220)
  2020 Ed. (2217)
  2021 Ed. (2189, 3178, 3179)
  2022 Ed. (2219, 3310, 3311)
  2023 Ed. (2408, 3395, 3396, 3411, 4570)
Israel Aerospace Industries
  2020 Ed. (2145)
  2021 Ed. (2141)
  2022 Ed. (2175)
Israel Aircraft Industries Ltd.
  2001 Ed. (342, 1986)
Israel Cable Association
  2007 Ed. (47)
Israel Cable Association; HOT -
  2008 Ed. (50)
The Israel Central Trade & Investment Co.
  1993 Ed. (3506)
Israel Chemical Ltd.
  2011 Ed. (808)
  2012 Ed. (773)
  2013 Ed. (946)
  2014 Ed. (899)
  2015 Ed. (926)
  2016 Ed. (830)
  2017 Ed. (887)
  2018 Ed. (821)
  2019 Ed. (838)
  2021 Ed. (851)
Israel Chemicals
  2013 Ed. (958)
Israel Chemicals Ltd.
  1996 Ed. (3634, 3635)
  1997 Ed. (3685, 3686)
  1999 Ed. (4539, 4540)
  2000 Ed. (4184, 4185)
  2002 Ed. (4558, 4559)
  2006 Ed. (3387, 4684)
  2008 Ed. (920, 3566)
  2009 Ed. (3636)
  2010 Ed. (867, 3555)
  2011 Ed. (796, 3558)
  2012 Ed. (756, 3551)
  2013 Ed. (3572)
  2018 Ed. (2517)
  2021 Ed. (2456)
Israel Corp.
  2013 Ed. (1778, 3401)
  2014 Ed. (1713, 3401)
  2015 Ed. (1756, 3434)
  2016 Ed. (1706, 3294)
  2017 Ed. (1688, 3256)
Israel Corporation Ltd.
  2017 Ed. (2466)
Israel & De Bianchi
  1990 Ed. (88)
  1991 Ed. (86)
  1992 Ed. (134)
  1993 Ed. (87)
  1994 Ed. (77)
Israel & De Bianchi NAZCA S & S
  1996 Ed. (70)
Israel Deaconess Medical Center Inc.
  2007 Ed. (1870)
Israel Discount Bank
  1989 Ed. (587, 588)
  1990 Ed. (614)
  1991 Ed. (29, 570)
  1992 Ed. (540, 738)
  1993 Ed. (36, 378, 537)
  1994 Ed. (27, 539)
  1995 Ed. (515)
  1996 Ed. (568)
  1997 Ed. (525)
  1999 Ed. (559)
  2002 Ed. (591, 622)
  2003 Ed. (549, 587)
  2004 Ed. (509, 563)
  2005 Ed. (549)
  2006 Ed. (473, 1818)
  2007 Ed. (486, 522, 1825, 4806)
  2008 Ed. (451, 1860)
  2009 Ed. (479, 1815)
  2010 Ed. (461, 1754)
  2011 Ed. (388, 1768)
  2012 Ed. (375, 1620)
  2013 Ed. (523, 525, 1778)
  2014 Ed. (539, 541, 1713)
  2015 Ed. (605, 607, 1756)
  2016 Ed. (551, 552, 1706)
  2017 Ed. (573, 574, 1688)
  2018 Ed. (538, 539, 1646)
  2019 Ed. (557, 558, 1698)
  2020 Ed. (540, 541, 1650)

2021 Ed. (521, 1630)
2022 Ed. (535, 1649)
2023 Ed. (785, 786, 1805)
Israel Discount Bank Ltd.
  2021 Ed. (484)
  2022 Ed. (498)
  2023 Ed. (723)
Israel Discount Bank of New York
  1991 Ed. (2813)
  2001 Ed. (644)
Israel Electric Corp., Ltd.
  2002 Ed. (1698)
  2004 Ed. (1763)
Israel Englander
  2019 Ed. (2885)
The Israel Land Development Co. Ltd.
  1993 Ed. (3507)
Israel/Palestine
  1991 Ed. (2826)
The Israel Telecommunication Corp. Ltd.--Bezeq
  2002 Ed. (4558, 4559)
Israeli Petrochemical Enterprises
  1992 Ed. (4197)
Isramco Inc.
  1996 Ed. (3635)
  1997 Ed. (3686)
  2002 Ed. (4559)
  2010 Ed. (2032)
Isramco Negev 2
  2017 Ed. (3831)
  2018 Ed. (3874)
Isreal Discount Bank
  2000 Ed. (570)
Isrel
  2006 Ed. (102)
ISS
  2006 Ed. (1674, 2249)
  2007 Ed. (1678)
  2009 Ed. (2962, 3187)
  2010 Ed. (3801)
  2015 Ed. (1606)
  2016 Ed. (1532)
  2017 Ed. (1522)
  2018 Ed. (1502)
  2020 Ed. (648)
  2021 Ed. (611, 613, 752)
  2023 Ed. (995)
ISS A/S
  2011 Ed. (1610, 3798)
  2012 Ed. (3788)
  2013 Ed. (1634)
  2014 Ed. (3785)
  2015 Ed. (3805)
  2017 Ed. (1659)
ISS Building Maintenance Inc.
  2001 Ed. (1712)
ISS Global A/S
  2012 Ed. (1457)
  2013 Ed. (1592)
ISS Grounds Control
  2011 Ed. (1303, 3423, 3429)
  2012 Ed. (3442)
  2013 Ed. (3457, 3458, 3462)
ISS Grounds Division
  2016 Ed. (3323, 3329)
ISS International B
  1994 Ed. (1195)
  1996 Ed. (1180)
  1997 Ed. (1219)
  1999 Ed. (1424)
ISS-International Service System
  1991 Ed. (1266)
ISS International Service System A/S
  1993 Ed. (1294)
  1996 Ed. (1324)
  1999 Ed. (1599)
ISS International Service System Aktieselskab
  2000 Ed. (1406)
ISS Suomi Oy
  1999 Ed. (1629)
Issa; Abdulrazak Al
  2013 Ed. (3482)
ISSA/INTERCLEAN North America
  2018 Ed. (4677)
Issa; Mohamed Al
  2010 Ed. (4912)
  2011 Ed. (4898)
  2012 Ed. (4908)
  2013 Ed. (4904)
  2014 Ed. (4915)
Issa; Mohammed Al
  2015 Ed. (4955)
  2016 Ed. (4871)
  2017 Ed. (4872)
  2018 Ed. (4884)
Issa; Zuber
  2010 Ed. (2527)
Issachar
  2020 Ed. (3701)
Issad Rebrab
  2013 Ed. (3473)
  2015 Ed. (4906)
  2016 Ed. (4821)
  2017 Ed. (4832)
  2018 Ed. (4837)

Issaquah, WA
  2010 Ed. (4373)
ISSQUARED Inc.
  2022 Ed. (1410)
Ista Pharmaceuticals Inc.
  2009 Ed. (2985)
  2010 Ed. (2924)
  2012 Ed. (1370)
  2013 Ed. (1462)
Istak hf
  2009 Ed. (1736)
  2011 Ed. (1105, 1696)
Istanbul Stock Exchange
  1995 Ed. (3512)
Istanbul, Turkey
  2013 Ed. (166)
  2014 Ed. (167)
  2015 Ed. (194)
  2016 Ed. (188)
  2023 Ed. (3405)
iStar Financial Inc.
  2004 Ed. (2771, 4084)
  2005 Ed. (4017)
  2006 Ed. (4045)
Istarska Kreditna Banka
  1997 Ed. (444)
IstarXchange
  2001 Ed. (4767)
ISteelAsia.com
  2003 Ed. (2176)
Isthmian Financial Services
  1997 Ed. (2985)
Istim Telekomunikasyon
  2004 Ed. (94)
  2005 Ed. (89)
Istituto Bancairio San Paolo Di Torino
  1992 Ed. (2021)
Istituto Bancario
  1991 Ed. (572)
Istituto Bancario San Paola di Torino
  2000 Ed. (557)
Istituto Bancario San Paolo
  1989 Ed. (589)
  1990 Ed. (615)
Istituto Bancario San Paolo di Torino
  1991 Ed. (571)
  1992 Ed. (740, 1992, 1996, 2002)
  1993 Ed. (539, 1661)
  1994 Ed. (541, 1407, 1682)
  1995 Ed. (516)
  1996 Ed. (2481)
  1997 Ed. (1460)
  1999 Ed. (560, 1687)
  2000 Ed. (1487)
Istituto Bancarlo San Paolo di Torino
  1990 Ed. (616)
Istituto Banzario San Paolo di Torino
  1996 Ed. (1403)
Istituto Finanziario Industriale SpA
  2007 Ed. (3023)
Istituto Mobil Corp.are Italiano
  1995 Ed. (516)
Istituto Mobiliare
  1990 Ed. (615)
  1991 Ed. (572)
Istituto Mobiliare Italiana
  2000 Ed. (571)
Istituto Mobiliare Italiano
  1990 Ed. (606, 608)
  1992 Ed. (740)
  1993 Ed. (539, 3268, 3272)
  1994 Ed. (541, 1682)
  1996 Ed. (570, 1403)
  1997 Ed. (526, 1460)
  1999 Ed. (560, 1687)
Istituto Mobiliare Italiano SpA (IMI)
  2002 Ed. (1992)
Istituto Nazionale Delle Assicurazioni
  1997 Ed. (1460)
  1999 Ed. (1687)
  2000 Ed. (1487)
Istituto per la Ricostruzione Industriale SpA (IRI)
  2002 Ed. (2730)
Istock; Verne G.
  1997 Ed. (981)
Istonish Holding Co.
  2005 Ed. (2541)
  2006 Ed. (2549)
Istonish Inc.
  2015 Ed. (3002)
Istra-Turist
  1997 Ed. (3928)
Istrabenz
  2000 Ed. (2986, 2987)
  2006 Ed. (3290)
Istrabenz Holdinska druzba dd
  2009 Ed. (2040)
Istrobanka
  1996 Ed. (674)
  1997 Ed. (610, 611)
  1999 Ed. (636)
  2001 Ed. (649)
  2002 Ed. (645)
  2006 Ed. (521)
Istrobanka as
  2009 Ed. (531)
  2010 Ed. (515)

2011 Ed. (444)
ISTS Worldwide Inc.
  2009 Ed. (3020, 3241)
ISU
  2022 Ed. (3265)
ISU Community Credit Union
  2002 Ed. (1865)
  2003 Ed. (1919)
  2004 Ed. (1959)
ISU Credit Union
  2012 Ed. (2029)
  2022 Ed. (2096)
ISU Insurance Agency Network
  2020 Ed. (3261)
  2021 Ed. (3124)
  2023 Ed. (3357)
ISU Insurance Group
  1996 Ed. (2277)
  1997 Ed. (2415)
  1998 Ed. (2125)
  1999 Ed. (2910)
iSun Energy
  2023 Ed. (4473)
Isuppli
  2001 Ed. (4751)
Isuzu
  1989 Ed. (308)
  1990 Ed. (359)
  1991 Ed. (3316, 3317, 3425)
  1992 Ed. (462, 463, 4348, 4349)
  1993 Ed. (320, 3366, 3627)
  1994 Ed. (307, 3582, 3585)
  1996 Ed. (3748, 3749)
  1998 Ed. (225)
  1999 Ed. (360)
  2003 Ed. (357)
  2013 Ed. (238)
  2015 Ed. (279)
  2018 Ed. (260)
  2019 Ed. (261)
  2021 Ed. (253, 666)
  2022 Ed. (274)
  2023 Ed. (372)
Isuzu Amigo
  1992 Ed. (2409)
Isuzu of Hillside
  1990 Ed. (328)
Isuzu I-Mark
  1992 Ed. (485)
Isuzu Kanto
  1997 Ed. (293)
Isuzu Motors
  2016 Ed. (2522)
  2017 Ed. (3020)
Isuzu Motors Ltd.
  1989 Ed. (1918)
  1990 Ed. (1668)
  1994 Ed. (316, 1322)
  1995 Ed. (1352)
  1997 Ed. (292)
  2001 Ed. (506, 3835)
  2002 Ed. (4896)
  2003 Ed. (323)
  2004 Ed. (291, 292)
  2012 Ed. (247)
  2013 Ed. (237)
  2014 Ed. (239)
  2015 Ed. (278)
  2016 Ed. (274)
  2017 Ed. (274)
  2018 Ed. (259)
  2019 Ed. (259)
  2020 Ed. (263)
ISX Corp.
  2008 Ed. (1399)
ISYS Search Software
  2007 Ed. (3063)
ISYS Technologies Inc.
  2010 Ed. (4994)
  2013 Ed. (4982)
It
  2019 Ed. (3653)
IT Authorities
  2011 Ed. (1635)
IT Corp.
  1991 Ed. (1068, 1552)
  1998 Ed. (1475)
  1999 Ed. (2057)
  2000 Ed. (1843)
  2002 Ed. (2153)
It Cosmetics
  2019 Ed. (3742)
  2020 Ed. (3787)
IT strategy development
  1998 Ed. (544)
IT Factory A/S
  2010 Ed. (2940, 2950)
IT Factory Inc.
  2001 Ed. (2858)
IT Federal Sales
  2019 Ed. (4801)
  2020 Ed. (4788)
IT Garden
  2015 Ed. (2048)
The IT Group Inc.
  2000 Ed. (1250, 1251, 1798, 1859)
  2001 Ed. (2288, 2290, 2291, 2292, 2294,

2295, 2296, 2297, 2298, 2299, 2300, 3834, 4733)
  2002 Ed. (1239, 1240, 1248, 1251, 1252, 1258, 1264, 1279, 1316, 2131)
  2003 Ed. (1248, 1251, 1253, 1263, 1268, 1273, 1289, 1290, 1330, 2311, 2314)
  2004 Ed. (1354)
IT Interactive Services Inc.
  2009 Ed. (1548)
IT Landes
  2022 Ed. (1185)
IT Minds
  2020 Ed. (1504)
IT/Net
  1997 Ed. (2973)
  2007 Ed. (3378)
IT Net PLC
  2000 Ed. (3879)
IT Partners
  2017 Ed. (1260)
IT Partners Inc.
  2019 Ed. (1271)
IT Resellers Group
  2018 Ed. (1381)
  2019 Ed. (1427)
IT Weapons
  2016 Ed. (2919)
It Works
  2019 Ed. (3718)
  2020 Ed. (3760)
It Works!
  2015 Ed. (2350)
  2016 Ed. (1563)
  2018 Ed. (2187)
IT Works Recruitment
  2020 Ed. (3080)
IT1Harvard Business ReviewIT2
  1992 Ed. (3385)
IT1Micro CornucopiaIT2
  1992 Ed. (3385)
IT4U
  2003 Ed. (2722)
ITA Group
  2022 Ed. (753)
ITA International
  2011 Ed. (1317)
Itabanco
  2000 Ed. (475)
ITAC Solutions
  2012 Ed. (1297)
  2013 Ed. (1402)
  2014 Ed. (1341)
  2015 Ed. (1418)
Itachu Corp.
  1995 Ed. (1349)
Italcable
  1996 Ed. (1214)
Italcementi
  1996 Ed. (1388)
Italcementi SpA
  2006 Ed. (3388)
  2008 Ed. (3567)
  2009 Ed. (3637)
  2010 Ed. (3556)
  2011 Ed. (3559)
  2012 Ed. (3552)
  2013 Ed. (3591)
Italcementi SpA Fabbriche Riunite Cemento
  2004 Ed. (4593)
Italconsult SpA
  1991 Ed. (1559)
Italenergia
  2003 Ed. (943, 1429)
Italfrutta Distribuzioni
  2020 Ed. (2707)
Italgas SpA
  2022 Ed. (2411)
Italgears SRL
  2017 Ed. (1690)
Italia
  2002 Ed. (4266, 4267)
  2004 Ed. (2541, 2542)
Italia/BBDO
  1989 Ed. (124)
  1990 Ed. (118)
  1991 Ed. (116)
  1993 Ed. (114)
  1994 Ed. (97)
  1995 Ed. (89)
Italia Line
  2003 Ed. (2418)
Italian
  2000 Ed. (2889, 4380)
Italian Ariete C1
  1992 Ed. (3078)
Italian food
  1998 Ed. (1743, 1745)
The Italian Franchise Co.
  2003 Ed. (4128)
Italian Lira
  1992 Ed. (2047)
Italian Oven
  1997 Ed. (3337)
  1998 Ed. (1761, 2726, 3065, 3071, 3412)
Italian Swiss Colony
  2001 Ed. (4842)
  2002 Ed. (4922)

Italian-Thai
  1991 Ed. (1067)
Italian-Thai Development
  1989 Ed. (1168)
  1996 Ed. (1457)
  1997 Ed. (1526)
  1999 Ed. (1748)
Italian Trade Commission
  2013 Ed. (3534)
Italiana Petroli SpA
  1990 Ed. (1388)
  1993 Ed. (1355)
  1996 Ed. (1404)
  1997 Ed. (1458, 3107)
  1999 Ed. (1686, 3811)
  2000 Ed. (1486)
  2001 Ed. (1759)
  2003 Ed. (1727)
Italianway
  2021 Ed. (4709)
Italimpianti SpA
  1991 Ed. (1092, 1096)
Italmelodie Inc.
  2013 Ed. (3789, 3790)
  2015 Ed. (3739)
  2016 Ed. (3647)
Italmobiliare SpA
  2006 Ed. (3388)
  2008 Ed. (3567)
  2009 Ed. (3637)
  2010 Ed. (3556)
  2011 Ed. (3559)
  2012 Ed. (3552)
  2013 Ed. (3591)
  2017 Ed. (2467)
Italo Venezolano
  1990 Ed. (712)
Italstrade
  1992 Ed. (1436)
Italtel
  1990 Ed. (3512)
  1997 Ed. (916)
Italtile
  2017 Ed. (4222)
Italtile Limited
  2022 Ed. (1352)
Italtile Limited (South Africa)
  2022 Ed. (1352)
Italy
  1989 Ed. (229, 230, 282, 349, 363, 565, 946, 1179, 1284, 1390, 1396, 1408, 2819, 2956, 2964, 2965)
  1990 Ed. (204, 205, 405, 414, 741, 960, 1253, 1259, 1263, 1264, 1450, 1729, 1736, 1906, 1913, 1920, 1928, 1929, 1930, 1965, 3235, 3276, 3471, 3508, 3611, 3612, 3617, 3619, 3694, 3699, 3700)
  1991 Ed. (165, 329, 352, 516, 849, 934, 1172, 1178, 1181, 1383, 1400, 1402, 1408, 1582, 1641, 1820, 1825, 1826, 1827, 1829, 1836, 1868, 2276, 2493, 2915, 3108, 3109, 3236, 3268, 3269, 3279, 3287, 3357, 3358, 3405, 3406, 3407, 3506, 3507, 3508)
  1992 Ed. (225, 228, 268, 269, 499, 669, 723, 891, 907, 911, 1040, 1087, 1088, 1120, 1234, 1485, 1489, 1493, 1496, 1736, 1759, 1776, 2046, 2072, 2081, 2083, 2171, 2251, 2293, 2297, 2301, 2302, 2303, 2305, 2312, 2322, 2566, 2806, 2853, 2854, 2950, 3348, 3685, 3957, 4139, 4140, 4141, 4152, 4185, 4186, 4203, 4238, 4239, 4320, 4321, 4322, 4474, 4475, 4495)
  1993 Ed. (146, 178, 179, 481, 700, 722, 727, 885, 917, 943, 956, 1067, 1202, 1203, 1206, 1299, 1422, 1463, 1535, 1596, 1717, 1719, 1720, 1722, 1723, 1724, 1731, 1732, 1743, 1958, 1959, 1960, 1962, 1969, 1976, 1992, 2000, 2028, 2103, 2167, 2372, 2373, 2378, 2387, 2411, 2412, 2481, 2482, 3053, 3301, 3302, 3357, 3455, 3456, 3476, 3510, 3595, 3596, 3597, 3722, 3724, 3725, 3726)
  1994 Ed. (311, 335, 486, 709, 731, 786, 857, 927, 934, 949, 1349, 1516, 1581, 1974, 1987, 2130, 2363, 2364, 2731, 2747, 3436, 3522, 3651, 7350)
  1995 Ed. (663, 683, 688, 876, 929, 967, 997, 1038, 1247, 1252, 1253, 1593, 1723, 1736, 1737, 1744, 1768, 1962, 2005, 2012, 2020, 2021, 2022, 2024, 2031, 3169, 3520, 3616, 3773, 3774, 3775)
  1996 Ed. (221, 510, 761, 908, 942, 944, 1217, 1222, 1226, 1495, 1963, 2344, 2449, 2470, 2471, 2551, 3189, 3715, 3716, 3717, 3763, 3870, 3871)
  1997 Ed. (287, 321, 474, 518, 824, 939, 941, 966, 1265, 1267, 1268, 1578, 1687, 1791, 2107, 2117, 2562, 2565, 2691, 2997, 2999, 3079, 3080, 3513, 3767, 3768, 3769, 3770, 3912)
  1998 Ed. (115, 123, 230, 352, 632, 633, 656, 683, 708, 785, 856, 1032, 1369, 1527, 1528, 1791, 1803, 1838, 1847, 1848, 1850, 1860, 2209, 2223, 2421, 2461, 2707, 2742, 2743, 2749, 2814, 3467, 3589, 3590, 3591, 3592, 3593)
  1999 Ed. (212, 332, 1069, 1104, 1207, 1213, 1464, 1796, 2090, 2091, 2106, 2553, 2596, 2611, 2612, 2613, 2825, 2826, 2884, 2936, 3111, 3113, 3273, 3283, 3284, 3342, 3449, 3629, 3695, 3696, 4368, 4473, 4594, 4623, 4624, 4625, 4626, 4695, 4803)
  2000 Ed. (1032, 1064, 1323, 1902, 2295, 2354, 2355, 2356, 2360, 2374, 2376, 2378, 3011, 3175, 3354, 3753, 4183, 4271, 4272, 4273, 4425)
  2001 Ed. (291, 358, 390, 395, 525, 526, 625, 670, 697, 989, 1002, 1019, 1097, 1141, 1143, 1152, 1171, 1174, 1190, 1191, 1242, 1283, 1285, 1301, 1311, 1338, 1353, 1414, 1496, 1509, 1688, 1917, 1918, 1919, 1982, 1984, 1985, 1992, 2002, 2008, 2036, 2042, 2046, 2104, 2134, 2135, 2147, 2278, 2355, 2362, 2370, 2371, 2372, 2379, 2395, 2412, 2443, 2444, 2469, 2481, 2489, 2552, 2553, 2562, 2574, 2611, 2681, 2693, 2694, 2695, 2696, 2697, 2734, 2800, 2814, 2821, 2825, 2970, 3020, 3036, 3045, 3075, 3149, 3160, 3227, 3241, 3298, 3305, 3367, 3370, 3410, 3502, 3529, 3578, 3580, 3581, 3596, 3602, 3629, 3638, 3644, 3691, 3706, 3760, 3823, 3824, 3825, 3847, 4017, 4028, 4039, 4041, 4112, 4113, 4119, 4246, 4249, 4263, 4267, 4276, 4277, 4315, 4370, 4372, 4373, 4387, 4393, 4471, 4483, 4494, 4495, 4500, 4548, 4565, 4566, 4567, 4569, 4590, 4597, 4601, 4632, 4651, 4652, 4677, 4705, 4831, 4905, 4906, 4907, 4908, 4909, 4910, 4915, 4943)
  2002 Ed. (280, 301, 559, 561, 681, 743, 744, 745, 746, 747, 780, 975, 1344, 1409, 1410, 1411, 1419, 1474, 1475, 1476, 1479, 1682, 2409, 2412, 2425, 2753, 2755, 2756, 2757, 2900, 2936, 3073, 3075, 3099, 3519, 3596, 3961, 3967, 4055, 4056, 4057, 4058, 4379, 4380, 4507, 4623, 4971, 4972, 4973, 4974, 4998, 4999)
  2003 Ed. (249, 266, 290, 493, 873, 930, 950, 1036, 1386, 1430, 1431, 1432, 1433, 1438, 2129, 2149, 2217, 2233, 2234, 2623, 2624, 2702, 3167, 3200, 3333, 3336, 3694, 3695, 3697, 3699, 3703, 3755, 4423, 4554, 4757, 4970, 4971, 4972)
  2004 Ed. (210, 231, 257, 900, 938, 1043, 1044, 1401, 1460, 1461, 1462, 1463, 1468, 1905, 2178, 2202, 2740, 2768, 2822, 2823, 3223, 3244, 3393, 3396, 3403, 3406, 3703, 3738, 3739, 3740, 3742, 3747, 3769, 3902, 3917, 3918, 3919, 4422, 4426, 4538, 4601, 4738, 4739, 4816, 4817)
  2005 Ed. (237, 259, 861, 890, 920, 930, 1044, 1045, 1422, 1476, 1477, 1478, 1479, 1484, 1540, 2037, 2278, 2317, 2536, 2537, 2738, 2764, 2822, 2823, 2824, 3022, 3101, 3252, 3269, 3400, 3403, 3416, 3419, 3646, 3647, 3648, 3650, 3658, 3686, 3840, 3863, 3864, 3865, 4370, 4375, 4405, 4478, 4535, 4602, 4603, 4717, 4718, 4790, 4791, 4824, 4969, 4970, 4971, 4977)
  2006 Ed. (258, 282, 441, 804, 839, 1010, 1029, 1053, 1055, 1407, 1432, 1434, 1435, 1439, 2133, 2346, 2372, 2537, 2538, 2539, 2703, 2718, 2719, 2720, 2803, 2804, 2805, 2806, 2967, 3017, 3116, 3239, 3261, 3336, 3409, 3412, 3426, 3429, 3552, 3553, 3744, 3745, 3746, 3748, 3756, 3780, 3909, 3927, 3928, 3929, 4318, 4324, 4478, 4616, 4669, 4769, 4771, 4777, 4861, 4862)
  2007 Ed. (265, 285, 446, 674, 748, 892, 1142, 2081, 2282, 2310, 2697, 2711, 2795, 2796, 2797, 2798, 3050, 3298, 3334, 3394, 3426, 3428, 3743, 3744, 3745, 3747, 3755, 3777, 3956, 3982, 3983, 3984, 4237, 4383, 4389, 4418, 4536, 4603, 4689, 4776, 4777)
  2008 Ed. (260, 414, 868, 1022, 1279, 1283, 1287, 1289, 1413, 1414, 1415, 1419, 1421, 2417, 2824, 2845, 2924, 3164, 3411, 3434, 3590, 3592, 3825, 3826, 3828, 3832, 4339, 4499, 4597, 4694)
  2009 Ed. (283, 439, 879, 1007, 1262, 1266, 1270, 2377, 2385, 2416, 2882, 2920, 3151, 3279, 3411, 3437, 3790, 3791, 3793, 3797, 4374, 4485, 4488, 4521, 4573, 4670, 4671, 4672, 4742)
  2010 Ed. (269, 830, 972, 1062, 1258, 1259, 1262, 1266, 1268, 1378, 2212, 2331, 2361, 2405, 2584, 2819, 2838, 2920, 3151, 3279, 3411, 3437, 3790, 3791, 3793, 3797, 4374, 4485, 4488, 4521, 4573, 4670, 4671, 4672, 4742)

2011 Ed. (728, 757, 896, 899, 900, 1000, 1208, 1209, 1212, 1216, 1218, 2232, 2327, 2357, 2406, 2805, 2820, 2883, 2884, 3248, 3382, 3383, 3388, 3395, 3435, 3508, 3787, 3788, 3790, 3793, 3819, 3977, 4001, 4309, 4418, 4423, 4458, 4486, 4535, 4619, 4620, 4704)
2012 Ed. (1144, 1148, 1152, 1154, 2092, 2201, 2205, 2753, 3214, 4376, 4625)
2013 Ed. (666, 2278, 2291, 2388, 2828, 3778, 4565, 4566)
2014 Ed. (1284, 2325, 2466, 2869, 3711, 4620, 4621)
2015 Ed. (800, 2909, 3723, 4619, 4620, 4862)
2016 Ed. (2830, 4539)
2017 Ed. (710, 2184, 2317, 3073)
2018 Ed. (661)
2019 Ed. (632, 671, 2218, 3320, 4907)
2020 Ed. (663, 2215)
2021 Ed. (638, 2187, 3186)
2022 Ed. (673, 2217)
2023 Ed. (845, 877, 2999, 3645, 4458)
Italy Stock Exchange
  1997 Ed. (3631)
  2001 Ed. (4379)
Itambe
  2023 Ed. (2865)
iTan Franchising
  2014 Ed. (3843)
  2016 Ed. (4536)
Itapua de Ahorro y Prestamo
  2002 Ed. (4456)
Itaú
  2023 Ed. (763, 777, 860, 872)
Itau
  1990 Ed. (511)
  2000 Ed. (473, 476, 478, 590)
  2003 Ed. (753)
  2007 Ed. (754)
  2008 Ed. (733)
  2010 Ed. (639, 673)
  2012 Ed. (366, 543, 557)
  2013 Ed. (505, 644)
  2014 Ed. (658, 677, 689)
  2015 Ed. (581, 719)
  2016 Ed. (528, 539, 658, 2168)
  2017 Ed. (549, 566, 691, 702)
  2018 Ed. (514, 533, 649)
  2019 Ed. (552, 661)
  2020 Ed. (538, 645, 654)
  2021 Ed. (516, 606)
  2022 Ed. (632, 668)
Itau BBA
  2013 Ed. (4398)
Itau BBA International plc
  2021 Ed. (496)
  2022 Ed. (510)
  2023 Ed. (734)
Itaù Corpbanca
  2023 Ed. (765)
Itau CorpBanca
  2021 Ed. (519)
  2022 Ed. (532)
  2023 Ed. (776)
Itau Corpbanca
  2020 Ed. (519)
  2021 Ed. (475)
  2022 Ed. (489)
  2023 Ed. (713)
Itau CorpBanca (Chile)
  2021 Ed. (519)
  2022 Ed. (532)
Itau Corretora de Valores
  2006 Ed. (3212)
  2007 Ed. (3280, 3281, 3289)
  2008 Ed. (3400)
  2009 Ed. (3458)
Itau Holding
  2006 Ed. (421)
  2007 Ed. (408, 409, 502, 503, 504, 505, 506, 507)
  2008 Ed. (388, 462, 463, 466, 467)
  2009 Ed. (410)
  2010 Ed. (387)
Itau Holding Financeira; Banco
  2006 Ed. (421, 485)
  2007 Ed. (408, 409, 501, 502, 503, 504, 505, 506, 507)
  2008 Ed. (388, 461, 462, 463, 464, 465, 466, 467)
  2009 Ed. (410, 489)
  2010 Ed. (387, 471)
Itau Institucional Onix FIA
  2002 Ed. (3479)
Itau SA; Banco
  2005 Ed. (470, 562, 564, 1842, 1843)
  2006 Ed. (483, 1569, 1851, 3211, 4489)
  2007 Ed. (499)
  2008 Ed. (459)
Itau Securities
  2010 Ed. (3395)
Itau Seguros
  2007 Ed. (3109)
  2008 Ed. (3254)
  2010 Ed. (3243)

Itau Unibanco
  2010 Ed. (457, 1510)
  2011 Ed. (1797)
  2012 Ed. (372)
  2013 Ed. (497)
  2016 Ed. (433)
  2017 Ed. (448)
  2019 Ed. (2379)
  2020 Ed. (2346)
  2022 Ed. (2340)
Itau Unibanco Banco Multiplo
  2011 Ed. (312, 397)
Itau Unibanco Banco Multiplo SA
  2017 Ed. (2455)
  2018 Ed. (2505, 2558)
Itaú Unibanco Holding
  2023 Ed. (1590)
Itaù Unibanco Holding
  2023 Ed. (761)
Itau Unibanco Holding
  2012 Ed. (385)
  2013 Ed. (502, 516, 817, 819)
  2014 Ed. (514, 529)
  2015 Ed. (578, 594)
  2016 Ed. (513, 526, 527, 538, 1394)
  2017 Ed. (527, 547, 548, 559, 1409)
  2018 Ed. (495, 512, 513, 526, 1391)
  2019 Ed. (510, 528, 529, 530, 542, 543, 1432)
  2020 Ed. (493, 515, 516, 529, 1393, 2588)
  2021 Ed. (515, 1390)
  2022 Ed. (527, 531, 1394, 1395)
  2023 Ed. (762, 775, 1592)
Itau Unibanco Holding (Brazil)
  2022 Ed. (531)
Itau Unibanco Holding S.A.
  2021 Ed. (505, 2443)
  2022 Ed. (516, 2553)
Itau Unibanco Holding SA
  2013 Ed. (490, 503, 1442)
  2014 Ed. (515, 1402)
  2015 Ed. (579, 1464)
  2016 Ed. (1393)
  2017 Ed. (1408, 2397)
  2018 Ed. (1385, 2466)
  2019 Ed. (1430, 1431)
  2020 Ed. (1391)
  2021 Ed. (1389)
Itau Unibanco S.A.
  2022 Ed. (487)
  2023 Ed. (711)
Itau Vida e Previdencia
  2007 Ed. (3109)
  2008 Ed. (3254)
  2010 Ed. (3243)
Itaubanco
  1994 Ed. (3134)
  1995 Ed. (3182)
  1999 Ed. (4137)
  2000 Ed. (3851)
  2001 Ed. (1778)
  2002 Ed. (4096)
Itausa
  1991 Ed. (2913, 2914)
  1992 Ed. (3767, 3768)
  1997 Ed. (1472)
  1999 Ed. (1669)
  2007 Ed. (1603)
  2008 Ed. (1581, 1582)
  2009 Ed. (1514, 1515)
  2010 Ed. (1509, 1510, 1511)
  2011 Ed. (1502, 1503, 1719, 2692)
  2012 Ed. (1349, 1350, 2147, 2623)
  2013 Ed. (1442, 1443, 2357, 2713, 3282)
  2014 Ed. (1402, 1404, 2289, 2684, 2695)
  2015 Ed. (1464, 1465, 2729, 2742)
  2016 Ed. (1393, 2651)
  2017 Ed. (1408, 2598)
  2018 Ed. (1385)
  2019 Ed. (1430)
  2020 Ed. (1391)
  2021 Ed. (1389)
  2022 Ed. (1394)
Itautec Philco SA
  2001 Ed. (3297)
Itauunibanco
  2014 Ed. (424)
  2015 Ed. (481)
Itazsa
  2006 Ed. (1568)
ITB Advertising
  2002 Ed. (202)
  2003 Ed. (162)
ITB Premium Income Portfolio
  1992 Ed. (3165)
iTBlueprint Solutions
  2016 Ed. (2905)
ITC
  1989 Ed. (34)
  1993 Ed. (33)
  1994 Ed. (724, 725)
  1996 Ed. (753, 754, 755, 1378)
  1997 Ed. (685, 686, 1429)
  1999 Ed. (742)
  2000 Ed. (754, 755, 1457, 1459)
  2001 Ed. (1732, 1734, 1735)
  2002 Ed. (4426)

2004 Ed. (1344, 1361, 1369)
2005 Ed. (1352, 1377, 1390)
2006 Ed. (4507)
2010 Ed. (1697)
2012 Ed. (1565, 4725)
2013 Ed. (39, 1720)
2014 Ed. (54, 668, 1666, 4730, 4739)
2015 Ed. (1709, 1711, 4749)
2016 Ed. (1657, 4652)
2017 Ed. (1626, 1632, 4663)
2018 Ed. (1605, 1610)
2019 Ed. (1647, 1652)
2020 Ed. (650, 1604)
2021 Ed. (1586, 4651)
ITC Construction Group
  2010 Ed. (1155, 4160)
  2011 Ed. (1100, 1198, 4158)
  2013 Ed. (1172, 4183)
  2014 Ed. (1125, 4200)
  2015 Ed. (1167, 1557, 4180)
ITC Deltacom
  2001 Ed. (2422)
ITC Group of Cos.
  2008 Ed. (1584)
ITC Holdings Corp.
  2009 Ed. (2905)
  2010 Ed. (1695, 2849, 4748)
  2011 Ed. (2831, 2847, 4710)
  2012 Ed. (2342, 2777, 4729)
  2013 Ed. (2844, 4694)
  2014 Ed. (4740)
  2015 Ed. (4761)
  2016 Ed. (4664)
  2017 Ed. (4674)
ITC Industries
  1995 Ed. (1417)
ITC Limited
  2020 Ed. (1609)
  2021 Ed. (1591)
ITC Ltd.
  2013 Ed. (4690)
  2014 Ed. (4573)
  2015 Ed. (4758)
  2016 Ed. (4662)
  2017 Ed. (2405, 4671)
  2018 Ed. (4660)
  2019 Ed. (1646, 4673)
  2020 Ed. (4638)
  2021 Ed. (1585)
ITD Hungary
  2011 Ed. (3487)
  2012 Ed. (3491)
  2013 Ed. (3533)
Itec Attractions Inc.
  2006 Ed. (1832)
iTech Consulting Partners
  2021 Ed. (2314)
Itech Media Solutions OU
  2018 Ed. (1503)
iTech Solutions Inc.
  2018 Ed. (4981)
  2019 Ed. (4976)
  2020 Ed. (4979)
  2022 Ed. (3656)
iTech US Inc.
  2009 Ed. (2981, 3241)
Itel
  1990 Ed. (2145)
  1991 Ed. (1993)
  1992 Ed. (1130, 1299, 2565)
  1993 Ed. (934, 2381)
  1994 Ed. (1755)
  1995 Ed. (1085)
  1996 Ed. (1065)
Itema
  2012 Ed. (1789)
Itera
  2014 Ed. (2003)
Itera Consulting
  2015 Ed. (1605)
Iterate
  2011 Ed. (1928)
  2012 Ed. (1789)
  2014 Ed. (1899)
  2015 Ed. (1944)
Iteration2
  2009 Ed. (4823)
Iterative Consulting LLC
  2020 Ed. (3023)
  2021 Ed. (2883)
Iteris Inc.
  2019 Ed. (1447)
  2020 Ed. (1405)
  2023 Ed. (1603)
Itero Group LLC
  2022 Ed. (1874)
iText Group NV
  2017 Ed. (1405)
ITF Management (Diversified)
  1996 Ed. (1055)
ITG
  2019 Ed. (2045)
ITG Posit
  2000 Ed. (881)
Ithaca College
  1993 Ed. (1017)
  1994 Ed. (1044)
  1995 Ed. (1052)

1997 Ed. (1053)
1998 Ed. (801)
1999 Ed. (1230)
2000 Ed. (1139)
2001 Ed. (1325)
2008 Ed. (769, 1086)
2009 Ed. (1060)
2010 Ed. (1028)
Ithaca Energy Inc.
  2014 Ed. (4573)
Ithaca Hummus
  2022 Ed. (2187)
Ithaca Industries Inc.
  1999 Ed. (387)
Ithaca, NY
  2005 Ed. (3467)
  2007 Ed. (1158, 1162, 3366, 3375)
  2008 Ed. (1051, 3464)
  2009 Ed. (1024)
  2010 Ed. (990)
  2011 Ed. (918)
  2012 Ed. (2554)
  2018 Ed. (3395)
  2019 Ed. (3370)
  2020 Ed. (3376)
  2021 Ed. (3311)
Ithmaar Bank
  2009 Ed. (2729)
  2010 Ed. (2652)
  2011 Ed. (2639)
  2012 Ed. (2566)
  2014 Ed. (2648)
  2015 Ed. (2690)
  2016 Ed. (2612)
  2017 Ed. (2545)
  2018 Ed. (2613)
  2019 Ed. (2599)
  2020 Ed. (355, 2607)
  2023 Ed. (2792)
Ithmaar Bank BSC
  2009 Ed. (478, 2722)
  2010 Ed. (460)
ITI Marketing Services Inc.
  1993 Ed. (3512)
  1994 Ed. (3486)
  1996 Ed. (3641, 3642)
  1998 Ed. (3478, 3483)
  1999 Ed. (4555, 4556, 4557, 4558)
  2000 Ed. (4193, 4194)
ITI McCann-Erickson
  1993 Ed. (129)
  1995 Ed. (115)
  1996 Ed. (129)
  1997 Ed. (133)
  1999 Ed. (144)
ITI McCann-Erickson Poland
  1994 Ed. (110)
  2000 Ed. (161)
  2001 Ed. (198)
  2002 Ed. (169)
  2003 Ed. (137)
ITI Technologies
  1997 Ed. (3358)
ITIBANK of Mongolia
  1999 Ed. (593)
ITility LLC
  2017 Ed. (1260, 2086)
Itissalat Al Maghrib
  2015 Ed. (1401)
  2016 Ed. (1331)
iTKO
  2006 Ed. (1140)
  2007 Ed. (1254)
  2008 Ed. (1152)
  2009 Ed. (1131)
  2010 Ed. (1110)
  2011 Ed. (1049)
ITLA Capital Corp.
  2002 Ed. (485)
ITM
  1995 Ed. (335, 2117)
ITM D
  2013 Ed. (4329)
  2014 Ed. (4380)
ITM Developement International
  2016 Ed. (4265)
  2017 Ed. (4253)
ITM Enterprises
  1994 Ed. (2065)
ITM Enterprises SA
  2002 Ed. (4534)
  2006 Ed. (3991)
ITM Entreprises SA
  2001 Ed. (4116)
  2006 Ed. (4187)
ITM (Intermarche)
  2010 Ed. (4323)
ITM Power
  2007 Ed. (2350)
ITM Trade OU
  2019 Ed. (1533)
ITMAGINATION
  2018 Ed. (1880)
  2019 Ed. (1930)
Itmagination SP. Z O.O.
  2016 Ed. (1965)

ITN Productions
  2018 Ed. (4631)
  2020 Ed. (4617)
  2021 Ed. (4628)
ITNT
  2017 Ed. (1945)
Ito En
  2007 Ed. (615)
  2016 Ed. (600)
  2017 Ed. (636)
Ito En Ltd.
  2020 Ed. (2714)
Ito Inc.
  2017 Ed. (4385)
Ito; Masatoshi
  2008 Ed. (4846)
  2009 Ed. (4867)
  2010 Ed. (4869)
  2014 Ed. (4896)
  2015 Ed. (4935)
  2016 Ed. (4851)
  2017 Ed. (4856)
  2018 Ed. (4864)
  2019 Ed. (4858)
  2020 Ed. (4848)
  2022 Ed. (4844)
  2023 Ed. (4839)
Ito; Naoko
  1996 Ed. (1874)
ITO Packing Co. Inc.
  1998 Ed. (1776)
Ito-Yocado Co. Ltd.
  2001 Ed. (4104)
Ito Yokado
  1989 Ed. (2333)
  1990 Ed. (3056)
  1993 Ed. (1274, 3498)
  1994 Ed. (1179, 1180, 1181, 1182, 1183, 1185, 1187, 1320, 3112, 3113, 3256)
  1995 Ed. (1350, 3152, 3156, 3158)
  1996 Ed. (3146, 3253)
  1997 Ed. (1357, 3231, 3352)
  1998 Ed. (2980, 3085, 3095)
  1999 Ed. (1580, 4107)
  2000 Ed. (3815, 3821, 3824)
  2002 Ed. (4533, 4534)
  2003 Ed. (4188, 4665)
  2004 Ed. (56, 1715, 4641)
  2005 Ed. (51, 4141, 4566)
  2006 Ed. (58, 1828, 4641, 4642)
  2012 Ed. (542)
Ito-Yokado
  2022 Ed. (4237)
Ito-Yokodo Co. Ltd.
  1998 Ed. (987)
Itochu
  2016 Ed. (741)
  2017 Ed. (788)
  2018 Ed. (4684)
  2019 Ed. (4689)
  2020 Ed. (4888)
  2021 Ed. (1638, 4672)
  2022 Ed. (1657, 4684)
  2023 Ed. (1811, 1815, 4671, 4672)
Itochu Australia
  2002 Ed. (4895)
  2004 Ed. (4918)
Itochu Canada
  1996 Ed. (3828)
Itochu Chemicals America Inc.
  2007 Ed. (938)
  2008 Ed. (916)
  2009 Ed. (924)
ITOCHU Corp.
  2017 Ed. (3415, 4642)
  2018 Ed. (4638)
  2019 Ed. (4653)
Itochu Corp.
  1995 Ed. (1389, 1429, 1430, 1441, 1443, 1543, 3334, 3342)
  1996 Ed. (1339, 1394, 1407, 3406, 3408)
  1997 Ed. (1356, 1399, 1434, 1450, 1461, 1463, 1581, 1584, 3784)
  1998 Ed. (1157, 1165, 3610)
  1999 Ed. (1574, 1581, 1619, 1662, 1674, 1689, 1692, 4645)
  2000 Ed. (1424, 1481, 1494, 1498, 4285, 4286)
  2001 Ed. (1624, 1704, 1705, 1747, 1767, 2173)
  2002 Ed. (1691, 1703, 4433, 4664)
  2003 Ed. (1678, 4780)
  2004 Ed. (1629, 1709, 1710, 4761)
  2007 Ed. (4368, 4802, 4803)
  2008 Ed. (4727)
  2009 Ed. (4764)
  2010 Ed. (4778)
  2011 Ed. (2730, 4729)
  2012 Ed. (4746, 4747)
  2013 Ed. (4703, 4705)
  2014 Ed. (4755, 4757)
  2015 Ed. (4776, 4778)
  2016 Ed. (4680, 4682)
  2017 Ed. (4693, 4695, 4891)
  2018 Ed. (4681, 4683)
  2019 Ed. (1706, 4685, 4686, 4688)
  2020 Ed. (4652, 4654)
  2021 Ed. (4671)

2022 Ed. (4682)
Itochu Enex Co., Ltd.
  2021 Ed. (2143)
Itochu Tech-Science
  2007 Ed. (1261)
Itochu Techno-Solutions
  2016 Ed. (986)
Itoh Audit Corp.
  1996 Ed. (16)
  1997 Ed. (15)
  1999 Ed. (8)
Itoh; C.
  1989 Ed. (2908)
Itoh (Canada); C.
  1990 Ed. (1337, 1383)
Itoh & Co. Ltd.; C.
  1989 Ed. (1131)
  1990 Ed. (1330, 1364, 1391, 3636)
  1991 Ed. (748, 1250, 1280, 1288, 1306, 1314, 1316, 1317)
  1992 Ed. (1568, 1612, 1647, 1656, 1657, 3441, 3738, 4434)
  1993 Ed. (1277, 1311, 1346, 1356, 3047, 3261, 3263, 3269)
  1994 Ed. (1319, 1363, 1400, 1410, 1411, 3106, 3255, 3659)
  1997 Ed. (1503)
Itoham Foods Inc.
  1990 Ed. (1826)
  1992 Ed. (2193)
  1993 Ed. (1880, 2525, 2898)
  1994 Ed. (1876)
  1995 Ed. (1901)
  1999 Ed. (2466)
  2002 Ed. (3274)
  2003 Ed. (3337)
Itoyama; Eitaro
  1990 Ed. (730)
  1991 Ed. (709)
  2005 Ed. (4861)
  2008 Ed. (4846)
  2009 Ed. (4866, 4867)
  2010 Ed. (4868, 4869)
  2011 Ed. (4856, 4857)
  2012 Ed. (4863)
  2013 Ed. (4883)
ITP
  2017 Ed. (93)
ITP Boston Inc.
  1992 Ed. (1342)
ITP Nord
  2021 Ed. (4548)
ITPartners
  2022 Ed. (1721)
ITpartners
  2022 Ed. (3125)
ITProTV
  2020 Ed. (2221)
iTrade
  2018 Ed. (3756)
iTRANS Consulting
  2008 Ed. (3488, 3494, 3495, 3496)
Itransition
  2017 Ed. (1050)
  2019 Ed. (979)
  2020 Ed. (965)
Itransition Software Development Co.
  2010 Ed. (1094, 1099)
iTravex
  2019 Ed. (1537, 1968, 4731)
  2020 Ed. (1509, 1899, 4704)
iTrendz
  2010 Ed. (3172)
iTrendz Murali Alam
  2010 Ed. (3697, 4047)
Itron
  2013 Ed. (4221)
  2014 Ed. (4258)
  2016 Ed. (3449)
Itron Inc.
  2003 Ed. (4568)
  2004 Ed. (1080)
  2008 Ed. (2147, 2163, 3644)
  2009 Ed. (2125, 2127, 2129)
  2011 Ed. (2828)
  2012 Ed. (1954)
  2021 Ed. (1952)
  2022 Ed. (1994)
  2023 Ed. (2095)
Itron Metering Solutions UK Ltd.
  2019 Ed. (1108)
Its a 10 Miracle
  2023 Ed. (3005, 3006)
It's A 10
  2017 Ed. (2806)
  2018 Ed. (2872)
It's A 10 Minute Miracle
  2018 Ed. (2867)
  2020 Ed. (2851)
  2021 Ed. (2726)
It's A 10 Minute Miracle Hair
  2016 Ed. (2842)
It's A 10 Miracle
  2016 Ed. (2843)
  2017 Ed. (2804)
  2018 Ed. (2866)

It's A Grind Coffee House
   2007 Ed. (1149)
   2008 Ed. (1030)
   2009 Ed. (1013)
   2017 Ed. (860)
It's All About Kids
   2010 Ed. (1667)
It's Bliss
   2000 Ed. (3501)
ITS Canada
   2016 Ed. (1011)
   2017 Ed. (4704)
It's a Grind
   2006 Ed. (1060)
   2008 Ed. (4165)
It's a Grind Coffee House
   2016 Ed. (800)
It's Just Lunch Franchise LLC
   2005 Ed. (3722)
   2006 Ed. (3812)
It's Just Lunch International LLC
   2007 Ed. (4366)
   2008 Ed. (4322)
ITS Logistics Hungary
   2019 Ed. (1627)
It's Not About You, It's About Bacon
   2015 Ed. (704)
It's Not Easy Being Mean
   2009 Ed. (580)
It's Not Supposed to be This Way
   2021 Ed. (560)
ITS Services Inc.
   2002 Ed. (710)
   2003 Ed. (214, 1347)
   2004 Ed. (1348, 4985)
   2005 Ed. (1382)
It's Tea Tyme Music
   2014 Ed. (3719)
It's Your Business
   2014 Ed. (637)
It's Your Time
   2011 Ed. (494)
ItsHot.com
   2012 Ed. (4307)
ITT
   2020 Ed. (3400)
ITT Automotive
   1992 Ed. (465)
   1997 Ed. (704)
   1998 Ed. (100)
   1999 Ed. (195, 280, 361)
ITT Canada
   1996 Ed. (318)
ITT Cannon
   1989 Ed. (1286)
   1996 Ed. (1606)
   1997 Ed. (1683)
ITT Corp.
   1989 Ed. (1259, 1260, 1312, 1315, 1320)
   1990 Ed. (1346, 1529, 1530, 1624, 1642, 1774, 3236, 3248)
   1991 Ed. (177, 902, 1189, 1445, 1539, 1546, 1713, 2085, 2508, 2583, 2584)
   1992 Ed. (243, 1105, 1500, 1834, 2144, 3222, 3223)
   1993 Ed. (154, 901, 1503, 1588, 2611, 2711, 2712, 3689)
   1994 Ed. (916, 1213, 1241, 1550, 1619, 1841, 1844, 2661, 2662, 3198, 3215)
   1995 Ed. (154, 952, 1261, 1873, 2763, 2765, 2867)
   1996 Ed. (1233, 1234, 1428, 1915, 2827, 2829)
   1997 Ed. (1237, 1238, 1239, 1272, 2007, 2010, 2281, 2282)
   1998 Ed. (2005, 2006, 2346)
   1999 Ed. (1459, 1489, 2478, 2760, 2762, 2786, 4693)
   2000 Ed. (1648)
   2001 Ed. (2787)
   2005 Ed. (1520)
   2008 Ed. (1162, 2285, 2353, 3146)
   2009 Ed. (219, 1142, 1401, 2273, 3230, 3231)
   2010 Ed. (1135, 1346, 1352, 1673, 2228, 2229, 2268, 3163)
   2011 Ed. (84, 1346, 1445, 2245, 2246, 2275, 2380, 4804, 4805, 4806)
   2012 Ed. (88, 1279, 2109, 2110, 2142, 2310, 2457, 2938, 3509)
   2013 Ed. (2294, 2489, 3027, 3141, 3549, 4806)
   2014 Ed. (3039)
   2015 Ed. (3105)
   2018 Ed. (103)
ITT Defense
   2004 Ed. (1879)
ITT Defense Electronics & Services
   2009 Ed. (4824)
ITT Educational
   2014 Ed. (2877)
ITT Educational Services
   2013 Ed. (2394, 2851)
ITT Educational Services Inc.
   2003 Ed. (2644)
   2006 Ed. (4295)
   2007 Ed. (4361)
   2008 Ed. (2863)

   2009 Ed. (2913)
   2012 Ed. (1568, 2768)
ITT Exelis
   2014 Ed. (2232)
ITT Federal Services Corp.
   2010 Ed. (1590)
   2011 Ed. (1173)
ITT Financial Corp.
   1990 Ed. (1761, 1763)
   1991 Ed. (1663, 1667)
   1992 Ed. (2131)
   1993 Ed. (1764, 1765, 1767, 1853, 1855)
   1994 Ed. (1754)
   1995 Ed. (1787, 1789, 1791)
ITT Fluid Technology Corp.
   2013 Ed. (3716)
ITT Goulds Pumps
   2019 Ed. (3404)
ITT Harford Insurance Group
   1998 Ed. (3769)
ITT Hartford F & C Group
   1992 Ed. (2687)
ITT Hartford Insurance Group
   1993 Ed. (2238)
   1994 Ed. (2219, 2220, 2246, 2247, 2278, 2280, 3675)
   1995 Ed. (2266, 2267, 2268, 2320, 2322, 2329, 2519, 3800)
   1996 Ed. (2301, 2303, 2331, 2333, 2334, 2335, 2337, 3885)
   1997 Ed. (1237, 1238, 1379, 2406, 2407, 2431, 2433, 2461, 2465, 2472, 2512, 2517, 3922)
   1998 Ed. (1130, 2115, 2116, 2153, 2198, 2200, 2203)
ITT Hartford Life & Annuity Insurance Co.
   1996 Ed. (224)
   1997 Ed. (2438)
   2000 Ed. (2700)
ITT Harvard Life & Annuity
   1999 Ed. (2949)
ITT Inc.
   2019 Ed. (3079)
   2021 Ed. (2978)
ITT Industries Corp.
   1997 Ed. (315, 953, 1290, 2822)
   1998 Ed. (240, 696, 1045, 1124, 1319, 2539, 2540)
   1999 Ed. (1886, 3456, 3457, 4545)
   2000 Ed. (336, 1021, 1334, 1336, 1341, 1348, 1359, 1734)
   2001 Ed. (1586, 2843, 3188, 3189)
   2002 Ed. (940, 1471, 2102, 2726, 2727, 2729, 3608, 4355)
   2003 Ed. (1492, 2729, 2896, 2897, 3269, 3270, 3296)
   2004 Ed. (882, 1368, 1522, 2009, 2012, 2028, 2029, 2230, 2231, 3002, 3004, 3324, 3329)
   2005 Ed. (868, 1389, 1538, 2150, 2151, 2330, 2331, 2334, 2836, 2999, 3000, 3001, 3349, 3354, 4039)
   2006 Ed. (1365, 1747, 2246, 2279, 2389, 2993, 2996, 2997, 3342, 3343, 4070)
   2007 Ed. (212, 1268, 1546, 1756, 2168, 2170, 2211, 3028, 3032, 3033, 3034, 3400)
   2008 Ed. (1784, 2283, 3027)
   2009 Ed. (1725, 2271, 3114)
   2010 Ed. (3042)
   2011 Ed. (3011)
   2012 Ed. (1119, 1435)
ITT Lyndon Life
   1989 Ed. (1685)
ITT Lyndon Life Insurance Co.
   1992 Ed. (2647)
   1993 Ed. (2223, 2225)
   1995 Ed. (2309)
   1997 Ed. (2450, 2452)
ITT Lyndon National Life
   1993 Ed. (2204)
ITT Sheraton
   1992 Ed. (2485, 2497, 2502, 2504)
   1993 Ed. (2098, 2099)
   1994 Ed. (2095, 2097, 2119)
   1995 Ed. (2166, 2167, 2168, 2169, 2170)
   1996 Ed. (2161, 2181, 2182, 2184)
   1997 Ed. (2278, 2279, 2280, 2296, 2297, 2300, 2306)
   1998 Ed. (2009, 2010, 2011, 2024, 2026, 2031, 2033)
   1999 Ed. (2764, 2765, 2766, 2781, 2783, 2785, 2792)
   2000 Ed. (2569)
ITT Systems Corp.
   2012 Ed. (1118)
ITT Textile Mfg. Co.,Ltd.
   1990 Ed. (1068)
ITU AbsorbTech
   2018 Ed. (4685)
ITU Ventures
   2005 Ed. (4818)
Itulip.com
   2002 Ed. (4833)
iTunes
   2007 Ed. (3235)
   2010 Ed. (264)
   2011 Ed. (185, 770, 3323)

   2012 Ed. (539)
   2013 Ed. (916, 2506)
   2014 Ed. (2448)
   2015 Ed. (900, 901, 2464, 2520)
   2016 Ed. (787, 2409)
   2018 Ed. (4265)
   2019 Ed. (2347)
   2020 Ed. (4285)
   2021 Ed. (2282, 4261)
iTunes Store
   2017 Ed. (2390)
ITunes.Apple.com
   2012 Ed. (2292)
iTunes.com
   2007 Ed. (2317)
   2008 Ed. (2442)
   2010 Ed. (2368)
Ituran Location & Control
   2018 Ed. (4604)
ITV
   2007 Ed. (740)
   2008 Ed. (688, 709)
   2009 Ed. (718)
   2011 Ed. (583)
   2016 Ed. (3487)
   2017 Ed. (3453, 3464)
   2018 Ed. (3516)
   2019 Ed. (3503)
   2021 Ed. (3517)
   2022 Ed. (3579, 3582)
   2023 Ed. (3686)
ITV - Anglia
   2002 Ed. (4592)
ITV - Carlton
   2002 Ed. (4592)
ITV - Central
   2002 Ed. (4592)
ITV - Granada
   2002 Ed. (4592)
ITV - London LWT
   2002 Ed. (4592)
ITV - Meridian
   2002 Ed. (4592)
ITV plc
   2006 Ed. (3442)
   2007 Ed. (3455, 3458)
   2012 Ed. (572)
   2014 Ed. (731)
   2015 Ed. (777, 3607)
   2016 Ed. (698, 3489, 3493)
   2017 Ed. (748, 3455, 3461)
   2018 Ed. (686)
   2019 Ed. (702)
ITV - Scotland
   2002 Ed. (4592)
ITV Studios
   2019 Ed. (4647)
ITV - Yorkshire
   2002 Ed. (4592)
ITV2
   2009 Ed. (673)
ITW
   1999 Ed. (3348)
   2000 Ed. (3085)
   2002 Ed. (1111)
ITW Foilmark Graphic Foils
   2004 Ed. (3443)
   2005 Ed. (1857, 3457, 3458)
   2006 Ed. (3466, 3467)
ITW International Holdings Inc.
   2008 Ed. (4254)
   2009 Ed. (4355)
   2010 Ed. (4380)
ITW Mima
   1996 Ed. (3051)
ITW New Zealand
   2018 Ed. (1796)
Itway SpA
   2006 Ed. (1824)
ITX Security
   2020 Ed. (4318)
ITXC Corp.
   2002 Ed. (2522, 2527)
IU Credit Union
   2023 Ed. (2213)
IU Health University Hospital
   2014 Ed. (3081)
IU International
   1989 Ed. (2479)
iUnits Canadian Bond Broad Market Index
   2006 Ed. (3665)
iUnits S & P/TSX Canadian Information Technology
   2004 Ed. (3635)
Iusacell SA de CV; Grupo
   2005 Ed. (4638)
   2009 Ed. (3271, 3273)
Iuvo Logistics
   2021 Ed. (1802)
   2022 Ed. (1844, 3445)
   2023 Ed. (1968, 3558, 3561)
IVA International
   2020 Ed. (4515)
Ivaco Inc.
   1989 Ed. (1154)
   1990 Ed. (2517, 3437)
   1991 Ed. (3219)
   1992 Ed. (4137)

   1993 Ed. (3453)
   1994 Ed. (3434)
   1996 Ed. (3587)
   2000 Ed. (3099)
Ivalo
   2022 Ed. (3386)
Ivan Chrenko
   2020 Ed. (4866)
   2021 Ed. (4867)
   2022 Ed. (4863)
   2023 Ed. (4857)
Ivan E. Crossland Jr.
   2011 Ed. (2924)
Ivan Fecan
   2001 Ed. (1219)
Ivan G. Seidenberg
   2011 Ed. (845)
Ivan G. Seldenberg
   2007 Ed. (1033)
   2008 Ed. (955)
   2009 Ed. (954)
   2010 Ed. (906)
   2012 Ed. (797)
Ivan Glasenberg
   2013 Ed. (4855, 4856)
   2014 Ed. (4869, 4870)
   2015 Ed. (4907, 4908)
   2016 Ed. (4823, 4878)
   2018 Ed. (4890)
   2019 Ed. (4882)
   2020 Ed. (4871)
   2022 Ed. (4868)
   2023 Ed. (4862)
Ivan; Hurricane
   2007 Ed. (3005)
   2009 Ed. (874, 875, 3209, 3812)
   2010 Ed. (819, 824, 3141, 3741)
   2011 Ed. (746, 751, 3108, 3741)
   2012 Ed. (683, 688, 3044, 3749)
   2014 Ed. (851)
Ivan Seidenberg
   2005 Ed. (972)
   2006 Ed. (923)
   2007 Ed. (1013)
Ivan Seidenbert
   2005 Ed. (2318)
Ivan Stux
   1996 Ed. (1841)
   1998 Ed. (1606)
   1999 Ed. (2191)
Ivan W. Gorr
   1994 Ed. (1716)
Ivan Weaver Construction
   2023 Ed. (1218)
Ivanhoe
   1992 Ed. (1588)
Ivanhoe Cambridge
   2007 Ed. (4088)
   2008 Ed. (4116)
   2009 Ed. (4224, 4225)
   2010 Ed. (4161)
   2015 Ed. (4205)
   2016 Ed. (3701, 4125)
   2019 Ed. (4137)
   2021 Ed. (609)
   2023 Ed. (1642, 4180)
Ivanhoe Cambridge Inc.
   2014 Ed. (1485)
   2016 Ed. (2571, 4086)
   2017 Ed. (4063)
   2020 Ed. (4109)
Ivanhoe Energy Inc.
   2003 Ed. (1641)
   2005 Ed. (1669)
   2006 Ed. (1452, 1575)
   2007 Ed. (1446)
   2011 Ed. (1507)
Ivanhoe-Huntley
   2003 Ed. (1160)
   2004 Ed. (1166)
   2005 Ed. (1194)
Ivanhoe Mines
   2017 Ed. (3491)
Ivanhoe Mines Ltd.
   2006 Ed. (1575, 3486)
   2011 Ed. (1565)
   2012 Ed. (1408, 3643, 3668)
   2018 Ed. (4526)
Ivanishvili; Bidzina
   2022 Ed. (4833)
   2023 Ed. (4828)
Ivanovic; Ana
   2010 Ed. (278)
Ivar Tollefsen
   2020 Ed. (4858)
   2021 Ed. (4858)
   2022 Ed. (4854)
   2023 Ed. (4849)
Ivari
   2018 Ed. (3259)
   2019 Ed. (3204)
   2022 Ed. (3230)
Ivari Holdings ULC
   2023 Ed. (3319)
Ivar's
   2017 Ed. (4447)
   2019 Ed. (4463)
   2023 Ed. (4484)

IVAX Corp.
 1989 Ed. (2668)
 1993 Ed. (214, 217, 218, 1191)
 1994 Ed. (204, 206, 213, 214, 1856)
 1995 Ed. (1386, 1580)
 1996 Ed. (212, 1567, 2084)
 1998 Ed. (152, 154, 160, 1340, 3421, 3422, 3423)
 1999 Ed. (261, 2454)
 2000 Ed. (288, 2210, 2323)
 2001 Ed. (2061, 2103)
 2002 Ed. (306, 1548)
 2004 Ed. (3420)
 2005 Ed. (3807)
 2006 Ed. (3876, 3878)
 2007 Ed. (3907, 3908, 4558)
 2008 Ed. (1424)
 2012 Ed. (2693)
IVAX Diagnostics
 2007 Ed. (2712, 2725)
 2008 Ed. (2846, 2855)
IvaxCp
 1989 Ed. (2663)
IVC Cabinet
 2019 Ed. (4993)
I've Been Thinking
 2020 Ed. (583)
I've Seen a Lot of Famous People Naked, & They've Got Nothing on You!
 2007 Ed. (660)
Iveagh; Earl of
 2012 Ed. (4902)
 2013 Ed. (4879)
Iveco
 1990 Ed. (3654)
 1992 Ed. (4347)
 1994 Ed. (3584)
 2021 Ed. (251)
 2022 Ed. (272)
 2023 Ed. (370)
Iveco BV
 1990 Ed. (1400)
Iveco SpA
 2011 Ed. (1771)
iVedha Inc.
 2016 Ed. (2919)
Ivens de Sa Dias Branco; Francisco
 2015 Ed. (4911)
 2016 Ed. (4827)
iVenture Solutions
 2014 Ed. (1581)
Ivers-Read; Gillian C.
 2007 Ed. (2510)
Ivesia Solutions Inc.
 2007 Ed. (3578, 4434)
 2008 Ed. (3721, 4413)
I'Vest
 1999 Ed. (3138)
IVEX Packaging Corp.
 1995 Ed. (2830)
 1996 Ed. (2903)
 2001 Ed. (4520)
 2003 Ed. (4734)
 2004 Ed. (3909)
Ivey Mechanical Co.
 2006 Ed. (1344)
 2008 Ed. (1313, 1324)
 2009 Ed. (1298, 1307, 1336)
 2010 Ed. (1291, 1307, 1319)
 2011 Ed. (1247, 1268)
 2012 Ed. (1170, 1172)
 2013 Ed. (1252)
 2014 Ed. (121)
 2016 Ed. (1155)
 2017 Ed. (133, 1204)
 2018 Ed. (1154)
 2019 Ed. (129, 1171, 1202)
 2020 Ed. (126, 1157, 1162, 1195)
 2021 Ed. (1153)
Ivey Mechanical Co. LLC
 2007 Ed. (1390)
 2008 Ed. (1337)
 2009 Ed. (1219, 1222, 1335)
 2010 Ed. (1222)
 2011 Ed. (1295)
 2023 Ed. (1386)
Ivey School of Business
 2014 Ed. (780, 781)
 2015 Ed. (823)
 2016 Ed. (724)
Ivey School of Business; University of Western Ontario
 2007 Ed. (813)
 2009 Ed. (822)
 2010 Ed. (767)
 2011 Ed. (694)
 2012 Ed. (615, 622)
 2013 Ed. (758)
Ivey; Susan
 2012 Ed. (4959)
 2013 Ed. (4967)
Ivey; Susan M.
 2009 Ed. (1086)
 2010 Ed. (898)
 2011 Ed. (832)
IVI
 1994 Ed. (3579)
 1996 Ed. (366)

IVI Business Travel
 1996 Ed. (3742, 3744)
IVI Travel
 1990 Ed. (3650, 3651, 3652)
 1993 Ed. (3626)
iVillage Inc.
 2001 Ed. (1258)
iVillage.com
 2003 Ed. (3051)
Ivis
 2008 Ed. (1153)
IVita
 2003 Ed. (2173)
Ivoclar North America
 1997 Ed. (1586)
 1999 Ed. (1825)
 2001 Ed. (1987)
Ivoclar North American
 2000 Ed. (1654)
Ivolatility.com
 2003 Ed. (3031)
Ivonyx Inc.
 2001 Ed. (2753)
 2002 Ed. (2589)
Ivory
 1990 Ed. (3549)
 1991 Ed. (2714, 3325)
 1992 Ed. (1173, 3400, 4011)
 1993 Ed. (740, 3349)
 1994 Ed. (3354)
 1995 Ed. (698, 3412)
 1996 Ed. (3471)
 1998 Ed. (745, 2804, 3330, 3331)
 1999 Ed. (4351, 4354)
 2000 Ed. (4069, 4073)
 2001 Ed. (4297, 4298)
 2002 Ed. (4304)
 2003 Ed. (643, 645, 647, 2078, 2079, 4466)
 2008 Ed. (4450, 4451, 4452)
 2016 Ed. (2303)
 2017 Ed. (2143)
 2018 Ed. (4430)
Ivory Coast
 1989 Ed. (1219)
 1990 Ed. (1075, 1446)
 1999 Ed. (1133)
 2001 Ed. (507, 1298, 1308, 3610, 4120)
 2002 Ed. (682)
 2003 Ed. (1035, 1036, 1046, 1880, 3711, 4191)
 2004 Ed. (1040, 1044, 1050, 1052, 3757, 4217)
 2005 Ed. (1041, 1045, 1051, 1053, 3672, 4145)
 2006 Ed. (1050, 1054, 1055, 1062, 3771, 4193)
 2007 Ed. (1139, 1143, 1151, 2259, 3768, 4209)
 2008 Ed. (1019, 3848)
 2009 Ed. (1004, 3904)
 2010 Ed. (969, 983, 3814)
 2011 Ed. (895, 911, 3810, 4310)
Ivory Ella LLC
 2019 Ed. (899)
Ivory Homes
 1998 Ed. (919)
 2000 Ed. (1234)
 2002 Ed. (1209)
 2003 Ed. (1209)
 2004 Ed. (1216)
 2005 Ed. (1240)
 2007 Ed. (1314)
 2008 Ed. (1196, 1197)
 2009 Ed. (1172)
 2017 Ed. (1132)
 2018 Ed. (1064)
 2019 Ed. (1075)
 2020 Ed. (1060, 1064)
 2021 Ed. (1028, 1032)
 2022 Ed. (1069, 1071)
Ivory & Sime
 1995 Ed. (2395, 2396)
Ivory & Sime Asia
 1992 Ed. (2791, 2792, 2793, 2794, 2795)
Ivory & Sime International
 1992 Ed. (2790, 2791, 2792, 2793, 2794, 2795)
 1993 Ed. (2307)
Ivory & Sime PLC
 1990 Ed. (1413)
 1991 Ed. (1338)
Ivory Snow
 2003 Ed. (2042)
Ivory Systems
 2003 Ed. (2723)
IVPNetworks
 2018 Ed. (2903)
Ivr 12414
 2007 Ed. (63)
IVRCL Infrastructure & Projects
 2011 Ed. (1479)
IVXpress Inc.
 2019 Ed. (1711)
Ivy Asset
 2004 Ed. (2818)

Ivy Asset Management Corp.
 2004 Ed. (2819)
 2005 Ed. (2819)
 2006 Ed. (2799)
 2007 Ed. (2793)
Ivy Asset Strategy
 2008 Ed. (2612)
Ivy Bond A
 1998 Ed. (2594, 2637)
 1999 Ed. (743, 745, 3537)
Ivy China Region A
 1998 Ed. (2646)
Ivy Cundill Global Value Advantage
 2007 Ed. (2493)
Ivy European Opportunities
 2004 Ed. (3649)
Ivy Exec
 2015 Ed. (3187)
Ivy Global Natural Resources
 2004 Ed. (3568)
 2007 Ed. (3674)
 2009 Ed. (4546)
Ivy Growth
 2004 Ed. (3597, 3598)
Ivy International
 1992 Ed. (3194)
 1993 Ed. (2661)
Ivy International A
 1997 Ed. (2875)
Ivy International Balanced
 2007 Ed. (4550)
Ivy International Core Equity
 2011 Ed. (3737)
Ivy Investment
 2009 Ed. (2646, 3791, 3792)
Ivy Investment Management
 2010 Ed. (3720, 3721)
 2011 Ed. (3729)
 2012 Ed. (497, 3741, 3742, 3743, 3746)
 2013 Ed. (613)
 2014 Ed. (3740)
 2015 Ed. (3762)
 2016 Ed. (3671, 3672, 3677)
 2017 Ed. (3635)
 2018 Ed. (3697)
 2019 Ed. (651)
Ivy Kids Systems
 2022 Ed. (908)
 2023 Ed. (1074)
Ivy Mortgage Corp.
 2001 Ed. (3353)
Ivy Schneider
 1997 Ed. (1860)
 1998 Ed. (1632)
 1999 Ed. (2218)
Ivy Services LLC
 2016 Ed. (4942)
Ivy at the Shore
 1999 Ed. (4088)
 2000 Ed. (3801)
Ivy Zelman
 2000 Ed. (1990)
 2006 Ed. (2578)
Ivy.ai
 2023 Ed. (1135, 1659)
Ivybrook Academy
 2023 Ed. (1074)
IW Group
 2004 Ed. (108)
 2005 Ed. (104)
 2006 Ed. (113)
 2007 Ed. (102)
 2008 Ed. (112)
 2009 Ed. (122)
 2010 Ed. (123)
 2011 Ed. (41, 4120)
 2012 Ed. (47)
 2014 Ed. (63)
 2015 Ed. (75)
 2016 Ed. (75)
 2018 Ed. (71)
IW Group, Inc.
 2019 Ed. (4032, 4039)
 2020 Ed. (4049, 4057)
 2021 Ed. (4018, 4029)
 2022 Ed. (4029, 4037)
 2023 Ed. (4134, 4142)
IW Industries Inc.
 1999 Ed. (4338)
Iwa
 1991 Ed. (2136)
Iwan Wirth
 2013 Ed. (180)
Iwano; Masahiro
 1996 Ed. (1879)
 1997 Ed. (1978)
Iwasaki; Fukuzo
 2005 Ed. (4861)
Iwasawa; Seiichiro
 1996 Ed. (1869)
 1997 Ed. (1976)
Iwata; Satoru
 2008 Ed. (943)
 2010 Ed. (2559)
Iwatani
 2016 Ed. (2812)
 2017 Ed. (2782)

Iwatsu
 1990 Ed. (3522)
iWay
 2010 Ed. (1113)
 2011 Ed. (1052)
 2012 Ed. (979)
IWC Media
 2010 Ed. (2634, 4714)
IWCO Direct
 2007 Ed. (4006)
 2008 Ed. (4025)
 2019 Ed. (3960)
 2020 Ed. (3979)
 2021 Ed. (3945)
 2022 Ed. (3956)
 2023 Ed. (4044)
Iwerks Enterprises
 1995 Ed. (3207)
IWG
 2019 Ed. (733)
iWin.com
 2008 Ed. (3360)
iWired
 2007 Ed. (4973)
 2008 Ed. (4943)
 2009 Ed. (3069, 4964)
 2014 Ed. (4442)
 2015 Ed. (4437)
 2016 Ed. (4330)
 2017 Ed. (4333)
 2018 Ed. (2979, 4326)
 2019 Ed. (4354)
 2020 Ed. (2942, 2947)
 2021 Ed. (2805)
 2022 Ed. (2972)
IWK Health Centre Foundation
 2012 Ed. (724)
IWL
 2003 Ed. (1618)
iwoca
 2020 Ed. (2641)
IX Power Clean Water Inc.
 2021 Ed. (2881)
Ixe
 2010 Ed. (682)
IXIA
 2015 Ed. (1481, 4635)
Ixia
 2002 Ed. (2428, 2430, 2431)
 2007 Ed. (3688)
IXIASOFT Inc.
 2006 Ed. (3024)
IXIS Asset Management
 2006 Ed. (611, 3216, 3218, 3220, 3221, 3592, 3600)
 2007 Ed. (3284, 3659, 3662)
 2008 Ed. (586, 3763, 3764, 3765, 3775)
IXIS Asset Management Advisers
 2006 Ed. (3601)
IXIS Corporate & Investment Bank SA
 2009 Ed. (443)
 2010 Ed. (419)
IXL/BoxTop
 1999 Ed. (102)
iXL Enterprises, Inc.
 2001 Ed. (4190)
IXL Inc.
 2000 Ed. (106)
 2001 Ed. (148, 245)
IXSPA 2000
 1993 Ed. (3376)
Ixtapa-Zihuatanejo
 2001 Ed. (350)
IXYS Corp.
 2008 Ed. (1609)
Iyer; Anand
 1996 Ed. (1840)
 1997 Ed. (1913)
Iyo Bank
 2002 Ed. (594)
 2015 Ed. (456)
iYogi Technical Services Pvt. Ltd.
 2012 Ed. (2844)
IZ Technologies
 2012 Ed. (1185)
iZettle
 2018 Ed. (1922, 2643)
 2019 Ed. (1972, 2629)
iZettle AB
 2017 Ed. (2868)
Izocam
 1992 Ed. (2811)
Izod
 1990 Ed. (3329, 3330, 3334, 3341, 3342)
 1991 Ed. (3169, 3172)
 1992 Ed. (4050, 4053)
Izod Center
 2010 Ed. (1129)
 2011 Ed. (1071)
Izod Lacoste
 1990 Ed. (3336)
 1992 Ed. (1228)
 1993 Ed. (995, 3373)
 1994 Ed. (1027)
Izon Global Media
 2015 Ed. (57)
Izon Global Media & Billboard Connection
 2014 Ed. (56)

Izosimov; Alexander
　2007 Ed. (785)
Izoterm Plama D.D.
　2008 Ed. (2071)
Izumi Corp. Industries
　1993 Ed. (1313)
　1994 Ed. (1368)
　1995 Ed. (1394)
　1998 Ed. (1140)
Izumi Kobayashi
　2007 Ed. (4975)
Izvestia
　1989 Ed. (2062)
Izzi
　2021 Ed. (4591)
　2022 Ed. (4606)
　2023 Ed. (4608)
Izzo; Ralph
　2009 Ed. (955)
　2010 Ed. (908)
　2015 Ed. (972)
Izzy's Pizza
　2009 Ed. (4067)
Izzy's Pizza Restaurant
　1998 Ed. (2869)

J

J
　2010 Ed. (3711)
J-14
　2005 Ed. (147)
J-17
　2000 Ed. (3501)
J. A. Croson LLC
　2011 Ed. (1174)
J & A Design Studio - Landscape Architecture
　2023 Ed. (273)
J. A. Edwardson
　2003 Ed. (2376)
　2004 Ed. (2497)
J. A. Grundhofer
　2003 Ed. (2372)
　2005 Ed. (2477)
J. A. Henckels
　2003 Ed. (3166)
　2005 Ed. (3250)
　2009 Ed. (2263)
　2011 Ed. (2239, 3392)
J. A. Jamitz
　2001 Ed. (2324)
J. A. Janitz
　2002 Ed. (2189)
J. A. Jones Construction
　1990 Ed. (1176, 1210)
　1994 Ed. (1135, 1154)
　1995 Ed. (1140, 1153, 1173)
　2002 Ed. (1230, 1326)
J. A. Jones Inc.
　1996 Ed. (1127)
　1998 Ed. (940)
　2001 Ed. (1401, 1468)
　2002 Ed. (1229, 1236, 1243, 1245, 1247, 1250, 1251, 1254, 1262, 1264, 1270, 1271, 1278, 1291)
　2003 Ed. (1138, 1249, 1255, 1256, 1258, 1267, 1269, 1277, 1279, 1283, 1285, 1288, 1303, 1308, 2630, 2745)
　2004 Ed. (1142, 1247, 1249, 1254, 1257, 1258, 1259, 1261, 1270, 1281, 1286, 1306, 2748, 2828)
　2005 Ed. (1165, 1279, 2418)
　2006 Ed. (1161)
　2007 Ed. (1273)
J. A. Kanas
　2004 Ed. (2492)
　2005 Ed. (2477)
J. A. & Kathryn Albertson Foundation
　2002 Ed. (2334)
J. A. Luke Jr.
　2003 Ed. (2385)
　2004 Ed. (2504)
　2005 Ed. (2488)
J & A Mechanical Inc.
　2003 Ed. (1339)
　2004 Ed. (1240)
　2007 Ed. (3978)
　2008 Ed. (4001)
　2009 Ed. (4075)
J & A Printing Inc.
　2009 Ed. (4103)
　2010 Ed. (4027, 4029, 4042)
J. A. Rich
　2005 Ed. (2497)
J. A. Thain
　2001 Ed. (2334)
　2002 Ed. (2200)
J. A. Tiberti Construction Co.
　2006 Ed. (1327)
　2007 Ed. (1380, 1391)
J. A. Versical & Associates Inc.
　1999 Ed. (2912)
J. Aglialoro
　1995 Ed. (1240)
J. Alexander Fine Woodworking
　2017 Ed. (4991)

J. Alexander's
　1999 Ed. (4058, 4059)
　2006 Ed. (4335)
　2021 Ed. (4179, 4180)
J. Allen Enterprises
　1996 Ed. (2662)
J. Aron & Co.
　1992 Ed. (3442)
J & B
　1989 Ed. (2363, 2364, 2365)
　1990 Ed. (2454, 2461, 3111, 3113, 3114, 3115)
　1991 Ed. (2326, 2932, 2935)
　1992 Ed. (2883, 2885, 3808, 3813)
　1993 Ed. (2433, 2448, 2449, 2450, 3104, 3109)
　1994 Ed. (2393, 3148, 3153)
　1995 Ed. (3193, 3197)
　1996 Ed. (3290, 3295, 3297, 3298)
　1997 Ed. (2663, 2665, 3387, 3392, 3393, 3394, 3395)
　1998 Ed. (2390, 2396, 3163, 3164, 3170, 3172, 3173)
　1999 Ed. (3241, 3242, 3244, 4149, 4154, 4156, 4157)
　2001 Ed. (3144, 4161, 4170)
　2002 Ed. (295, 3163, 4174, 4181, 4182, 4183, 4185)
　2003 Ed. (4304, 4311)
　2004 Ed. (4314, 4321)
J. B. & Asociados
　1995 Ed. (106)
　1997 Ed. (126)
　2001 Ed. (189)
J. B. Blystone
　2005 Ed. (2489)
J. B. Ferguson
　2005 Ed. (2487)
J. B. Foster
　2002 Ed. (2202)
J. B. Gottstein & Co. Inc.
　1995 Ed. (2051, 2055)
　1996 Ed. (2049)
J. B. Hess
　2001 Ed. (2333)
　2002 Ed. (2198)
　2004 Ed. (2512)
J. B. Hunt Corp.
　2005 Ed. (1652)
　2006 Ed. (1547, 1548)
　2007 Ed. (1577)
　2008 Ed. (1560, 1561)
　2009 Ed. (1486, 1487)
J. B. Hunt Dedicated Contract Services
　2006 Ed. (4795)
　2007 Ed. (3389, 4812)
　2008 Ed. (4739)
　2011 Ed. (4765)
　2012 Ed. (4786)
　2013 Ed. (4747)
　2014 Ed. (4797)
　2015 Ed. (4832)
J. B. Hunt Intermodal
　2006 Ed. (4801)
　2007 Ed. (4818)
　2008 Ed. (4745)
　2011 Ed. (4773)
　2012 Ed. (4789)
　2013 Ed. (4750)
　2014 Ed. (4800)
　2015 Ed. (4835)
　2016 Ed. (4738)
　2018 Ed. (4745)
　2019 Ed. (4747)
　2020 Ed. (4726)
　2021 Ed. (4727)
　2022 Ed. (4729)
J. B. Hunt Transport
　2014 Ed. (4818)
　2015 Ed. (4854)
　2016 Ed. (4761)
　2017 Ed. (4769)
　2018 Ed. (4764)
J. B. Hunt Transport Inc.
　1992 Ed. (4353, 4355, 4357)
　1993 Ed. (3245, 3629, 3630, 3635, 3636, 3641, 3644)
　1994 Ed. (3239, 3572, 3588, 3589, 3590, 3593, 3595, 3596, 3601, 3604)
　1995 Ed. (3319, 3669, 3670, 3675, 3678)
　1997 Ed. (3801, 3803, 3804, 3805, 3808)
　1998 Ed. (3627, 3628, 3629, 3634, 3635, 3642)
　1999 Ed. (4672, 4673, 4675, 4678, 4683, 4686, 4689)
　2004 Ed. (1626, 1627)
　2005 Ed. (1652, 1653, 2686)
　2006 Ed. (1547)
　2007 Ed. (1577)
　2008 Ed. (1560)
　2009 Ed. (1486)
　2010 Ed. (1477, 4822, 4823, 4824, 4825, 4826)
　2011 Ed. (1474, 4782, 4783, 4784, 4785, 4786)
　2012 Ed. (1316, 4803, 4804, 4805, 4806, 4807)

　2013 Ed. (1417, 1418, 2776, 4766, 4767, 4793)
　2014 Ed. (1376, 4809, 4817)
　2015 Ed. (1442, 4844, 4852)
　2016 Ed. (1366, 1367, 4748, 4756, 4757, 4758)
　2017 Ed. (4760, 4767)
　2018 Ed. (4756, 4763)
　2019 Ed. (4759, 4766, 4767)
　2020 Ed. (4747, 4754)
　2021 Ed. (4745, 4752)
　2022 Ed. (4747, 4754)
　2023 Ed. (4731, 4741)
J. B. Hunt Transport Services
　2017 Ed. (4729)
　2018 Ed. (4715)
　2019 Ed. (4769)
　2020 Ed. (4755)
　2022 Ed. (4753)
J. B. Hunt Transport Services inc.
　2013 Ed. (3188)
J. B. Hunt Transport Services Inc.
　1989 Ed. (2879)
　1990 Ed. (3658)
　1991 Ed. (3427, 3430)
　2001 Ed. (1130, 4237, 4640)
　2002 Ed. (4683, 4685, 4686, 4692, 4693, 4694)
　2003 Ed. (1610, 1611, 4781, 4795, 4816, 4817, 4818, 4819)
　2004 Ed. (194, 195, 1626, 1627, 4763, 4780, 4809, 4810)
　2005 Ed. (195, 196, 197, 1653, 2686, 2689, 4753, 4780, 4782)
　2006 Ed. (1548, 2665, 4799, 4800, 4802, 4807, 4811, 4814, 4830, 4831, 4850, 4851)
　2007 Ed. (1578, 2646, 4808, 4817, 4823, 4825, 4842, 4844, 4850, 4851, 4852, 4853, 4854)
　2008 Ed. (1561, 2773, 3173, 4743, 4744, 4750, 4764, 4766, 4773, 4775, 4776, 4777)
　2009 Ed. (1487, 1488, 2833, 4774, 4795, 4797, 4805, 4806, 4807, 4808, 4809)
　2010 Ed. (1478, 1479, 2777, 4792, 4813, 4827)
　2011 Ed. (1475, 1476, 2767, 3152, 4741, 4763, 4771, 4787)
　2012 Ed. (1317, 1318, 2695, 4785, 4793, 4808)
　2013 Ed. (1418, 2776, 4754, 4765)
　2014 Ed. (1375, 1377, 2760, 4804, 4816)
　2015 Ed. (1443, 2811, 4839, 4851)
　2016 Ed. (1367, 2744, 4743, 4755)
　2017 Ed. (4755, 4766)
　2018 Ed. (3037, 4750, 4762)
　2019 Ed. (4752, 4765)
　2020 Ed. (4731, 4753)
　2021 Ed. (4732, 4751)
　2022 Ed. (4734)
J. B. Hunt Transportation Services
　1996 Ed. (3751, 3753, 3754, 3755, 3758)
J. B. Lee, Jr.
　2001 Ed. (2320)
J & B Rare
　1993 Ed. (3110)
　1996 Ed. (2525)
　1999 Ed. (3249)
J & B Software Inc.
　1999 Ed. (3425)
J. B. Were
　1991 Ed. (775)
　1993 Ed. (1638)
　1995 Ed. (765, 766, 767, 768, 769)
　1997 Ed. (744, 745, 746, 747, 748)
　1999 Ed. (867, 868, 869, 870, 871, 910, 911, 912, 913, 2278)
J. B. Were & Son
　1996 Ed. (1851)
　2002 Ed. (3774)
　2003 Ed. (3096)
J. B. Wilson
　2001 Ed. (2335)
J. B./Y & R Nicaragua
　2002 Ed. (160)
　2003 Ed. (128)
J. Bainsbury Plc
　1995 Ed. (3650)
J. Baker Inc.
　1990 Ed. (3278)
　1991 Ed. (3147)
　1993 Ed. (988)
　1994 Ed. (1016, 3295)
　1996 Ed. (3426)
　1998 Ed. (1303)
　2002 Ed. (4273)
J. Banks Design Group
　2009 Ed. (3421)
J-Bar of North Florida Inc.
　1998 Ed. (3763)
　1999 Ed. (4813)
　2000 Ed. (4433)
　2002 Ed. (4989)
J. Barbour & Sons Ltd.
　2010 Ed. (945)
J. Barclay Collins
　2003 Ed. (1546)

J. Bavet
　1998 Ed. (493)
　1999 Ed. (796)
　2000 Ed. (801)
　2001 Ed. (1012)
　2002 Ed. (769)
　2003 Ed. (755)
　2004 Ed. (765)
J. Baxter Chapman
　2006 Ed. (348)
J. Bildner & Sons
　1989 Ed. (2672)
J. Brendan Barba
　2009 Ed. (4071)
J. Brett Harvey
　2007 Ed. (1021)
　2009 Ed. (942)
　2011 Ed. (838)
　2014 Ed. (2595)
　2015 Ed. (2637)
J. Brian Ferguson
　2007 Ed. (1024)
　2008 Ed. (946)
　2009 Ed. (2658)
　2010 Ed. (897)
J. Browne Construction (Holdings) Ltd.
　1992 Ed. (1196)
　1993 Ed. (975)
J. C. Adams Jr.
　2002 Ed. (2199)
　2003 Ed. (2376)
J. C. Barbakow
　2001 Ed. (2342)
　2002 Ed. (2207)
J. C. Bradford & Co.
　1991 Ed. (3040, 3041, 3044, 3058)
　1993 Ed. (1169, 3177, 3180)
　1999 Ed. (4230, 4241)
　2001 Ed. (856, 883)
J. C. Cannistraro
　2012 Ed. (3993)
　2013 Ed. (1239, 4057)
　2014 Ed. (3996, 3997)
　2015 Ed. (4044, 4046)
　2016 Ed. (2667)
J. C. Cannistraro LLC
　2015 Ed. (1243)
　2016 Ed. (1142, 1154, 2666)
　2017 Ed. (1191, 1203, 2613)
　2018 Ed. (1153, 2675)
　2019 Ed. (1165, 2658)
　2020 Ed. (1156, 2671)
　2021 Ed. (2581)
J. C. Day
　2001 Ed. (2337)
　2002 Ed. (2202)
　2004 Ed. (2514)
　2005 Ed. (2498)
J. C. Flicks
　1994 Ed. (3626)
J. C. Garet Inc.
　2003 Ed. (3169)
J. C. Horizon
　2003 Ed. (3724)
J. C. Kane
　2002 Ed. (2199)
J. C. Morgan
　2001 Ed. (2331)
　2002 Ed. (2194)
　2004 Ed. (2509)
　2005 Ed. (2493)
J. C. Penney
　2015 Ed. (4351, 4379)
　2016 Ed. (2964)
　2017 Ed. (2920)
　2022 Ed. (2987, 2990, 2993)
J. C. Penney Business Services Inc.
　1991 Ed. (1393)
　1992 Ed. (1751)
　1994 Ed. (1497)
　1995 Ed. (1530, 1649)
　1996 Ed. (1492)
　1997 Ed. (1554)
J. C. Penney Catalog
　2000 Ed. (1113)
　2004 Ed. (893)
　2005 Ed. (879)
J. C. Penney Co., Inc.
　1989 Ed. (271)
　1990 Ed. (910, 1491, 1492, 1494, 1495, 1653, 2023, 2026, 2116, 2120, 2121, 2122, 2132, 2507, 3027, 3031, 3042, 3044, 3045, 3049, 3057)
　1991 Ed. (3241)
　1992 Ed. (236, 1076, 1089, 1091, 1784, 1785, 1786, 1788, 1790, 1791, 1792, 1794, 1795, 1796, 1816, 1837, 2525, 2527, 2528, 2529, 2959, 3726, 3729, 3730, 3732, 3739, 3741)
　1993 Ed. (676, 863, 866, 1265, 1442, 1444, 1475, 1476, 1477, 1497, 2111, 2424, 2489, 2490, 3038, 3040, 3041, 3042, 3048, 3050, 3230, 3292, 3368)
　1994 Ed. (8, 131, 132, 677, 741, 873, 885, 886, 888, 1009, 1307, 1520, 1521, 1522, 1544, 1927, 2132, 2135, 2136, 2426, 2427, 2761, 3093, 3095,

3096, 3097, 3098, 3101, 3102, 3221,
3230, 3284)
1995 Ed. (17, 690, 911, 916, 931, 1021,
1550, 1551, 1553, 1554, 1958, 1967,
2123, 2517, 3143, 3144, 3146, 3147,
3154, 3309, 3337, 3363, 3644)
1996 Ed. (155, 162, 775, 885, 886, 893,
910, 1000, 1456, 1531, 1532, 1533,
1534, 1535, 1990, 3053, 3235, 3236,
3237, 3238, 3240, 3241, 3245, 3247,
3251, 3253, 3415, 3725)
1997 Ed. (162, 167, 350, 913, 914, 922,
924, 943, 1524, 1590, 1591, 1592,
1593, 2104, 2241, 2318, 2320, 2697,
2698, 2699, 3341, 3342, 3343, 3344,
3348, 3354, 3780)
1998 Ed. (68, 651, 652, 653, 664, 667,
685, 1189, 1258, 1260, 1261, 1262,
1286, 1786, 2425, 2426, 2427, 3078,
3079, 3082, 3083, 3096, 3495, 3606)
1999 Ed. (180, 1043, 1044, 1071, 1541,
1833, 1834, 1863, 2703, 3287, 3288,
3290, 4091, 4092, 4093, 4094, 4095,
4096, 4097, 4098, 4103, 4105, 4636)
2000 Ed. (993, 995, 1011, 1113)
2001 Ed. (70, 1134, 1135, 1260, 1604,
1878, 2743, 2745, 2746, 2749, 3202,
3203, 3208, 4091, 4092, 4094, 4095,
4096, 4097, 4098, 4104, 4105, 4107,
4108)
2002 Ed. (946, 1514, 1533, 1538, 1552,
1782, 1918, 1919, 2386, 2583, 2704,
4040, 4041, 4045, 4051, 4054, 4061,
4365, 4542)
2003 Ed. (870, 1012, 1567, 1582, 1585,
1836, 1837, 2009, 2010, 2011, 2597,
2784, 2870, 3049, 4145, 4146, 4163,
4164, 4165, 4166, 4168, 4169, 4170,
4178, 4186)
2004 Ed. (894, 917, 1870, 2051, 2055,
2056, 2631, 2869, 2884, 2885, 2886, 2888,
2893, 2955, 3258, 4052, 4157, 4158,
4161, 4179, 4180, 4184, 4187, 4188,
4194, 4205, 4556, 4651)
2005 Ed. (908, 1569, 1971, 1973, 1978,
2165, 2166, 2168, 2875, 2880, 2957,
3244, 3290, 3990, 4093, 4094, 4097,
4099, 4101, 4102, 4104, 4106, 4114,
4116, 4126, 4134, 4589, 4655)
2006 Ed. (161, 1445, 2041, 2047, 2253,
2890, 2952, 3282, 4145, 4146, 4149,
4153, 4155, 4159, 4160, 4161, 4162,
4163, 4169, 4180, 4181, 4448, 4471,
4654, 4886)
2007 Ed. (153, 1126, 1497, 2012, 2195,
2886, 2968, 2969, 2983, 3350, 4163,
4168, 4169, 4172, 4177, 4178, 4181,
4182, 4183, 4185, 4201, 4529, 4878,
4942)
2008 Ed. (886, 1008, 1491, 1510, 2114,
2116, 2328, 2848, 2991, 2995, 3000,
3092, 3093, 3103, 3446, 4209, 4210,
4213, 4215, 4217, 4220, 4225, 4236,
4483)
2009 Ed. (155, 899, 992, 2099, 2102,
2316, 3084, 3094, 3184, 3185, 3198,
3522, 4304, 4305, 4309, 4310, 4312,
4314, 4316, 4332, 4335)
2010 Ed. (146, 2040, 2041, 2245, 2246,
2261, 3016, 3027, 3116, 3451, 4282,
4283, 4287, 4289, 4290, 4294, 4303,
4348, 4352)
2011 Ed. (70, 2096, 2098, 2255, 2256,
2958, 2985, 3083, 3147, 3157, 4274,
4275, 4279, 4281, 4285, 4286, 4301,
4499, 4500, 4507, 4972)
2012 Ed. (72, 1935, 1936, 2119, 2120,
2121, 2122, 2123, 2124, 2463, 2887,
2911, 2948, 3102, 4309, 4310, 4315,
4320, 4321, 4322, 4352)
2013 Ed. (67, 894, 1020, 2099, 2317,
2320, 2321, 2964, 3183, 4280, 4281,
4302, 4315)
2014 Ed. (985, 2031, 2249, 2251, 2252,
2436, 2550, 3429, 4335, 4336, 4343,
4354)
2015 Ed. (1021, 2320, 2321, 2508, 4327,
4337, 4361, 4363)
2016 Ed. (924, 2273, 2274, 2441, 4223,
4224, 4236, 4254)
2017 Ed. (2127, 2257, 2287, 2919, 2921,
4223, 4241)
2018 Ed. (2171, 2172, 2173, 2316, 2986,
2987, 2996, 4255, 4933)
2019 Ed. (2163, 2164, 2305, 2939, 2940,
4270, 4284)
2020 Ed. (2160, 2161, 2287, 2960, 2963,
2966, 4259, 4275)
2021 Ed. (2268, 2820, 2823, 4237, 4257)
2022 Ed. (4247)
J. C. Penney Funding
  1990 Ed. (1762)
  1991 Ed. (1666)
  1993 Ed. (1766)
J. C. Penney Home
  2003 Ed. (2869)
  2005 Ed. (4686)

J. C. Penney Home Collection
  2007 Ed. (4747)
  2009 Ed. (3521, 4710)
  2011 Ed. (3082, 3451)
J. C. Penney Life Insurance Co.
  1997 Ed. (2457)
J. C. Penney National Bank
  1999 Ed. (373)
J. C. Penney Shopping Channel
  1991 Ed. (3289, 3290)
  1992 Ed. (4214)
J. C. Penney
  1999 Ed. (1746, 4112)
J. C. Plant
  2003 Ed. (2373)
J. C. Restoration Inc.
  2014 Ed. (2953)
J. C. White Architectural Interior Products
  2016 Ed. (4977)
J. C. White Office Furniture
  1998 Ed. (2706)
J. Carter
  1995 Ed. (1240)
J. Carter Bacot
  1996 Ed. (381)
  1998 Ed. (289)
  1999 Ed. (386, 2081)
  2000 Ed. (386)
J. Christopher Donahue
  2005 Ed. (2475)
J. Christopher Reyes
  2015 Ed. (4892)
  2016 Ed. (4810)
  2017 Ed. (4821)
  2021 Ed. (4814)
  2022 Ed. (4807)
  2023 Ed. (4800)
J. Clarence Morrison
  1993 Ed. (1812)
  1994 Ed. (1795)
  1995 Ed. (1796, 1833)
  1996 Ed. (1811, 1825)
  1997 Ed. (1885)
  1999 Ed. (2245)
  2000 Ed. (2027)
J. Clifford Hudson
  2004 Ed. (2488)
J. Cole
  2020 Ed. (3640)
J-CON Civil
  2019 Ed. (1043, 1487)
  2020 Ed. (1034, 1458, 1468)
J. Craig Hausman
  1994 Ed. (1712)
J. Crew
  1991 Ed. (3247)
  1996 Ed. (885)
  2001 Ed. (1273)
  2006 Ed. (1037)
  2010 Ed. (947)
  2014 Ed. (2396)
  2015 Ed. (1016)
J Crew Group
  2017 Ed. (943)
J. Crew Group
  2013 Ed. (898)
  2018 Ed. (878)
  2019 Ed. (881)
  2020 Ed. (893)
  2021 Ed. (906)
J. Crew Group Inc.
  2007 Ed. (1124)
  2008 Ed. (997, 1005)
  2009 Ed. (990)
  2010 Ed. (955)
  2011 Ed. (881)
J & D Beauty Products
  2017 Ed. (2803)
  2018 Ed. (2863)
J. D. Butler
  2008 Ed. (3120)
J. D. Byrider
  2011 Ed. (231)
  2012 Ed. (249)
  2013 Ed. (228)
  2014 Ed. (283)
  2015 Ed. (316)
  2016 Ed. (314)
  2017 Ed. (319)
  2018 Ed. (296)
  2019 Ed. (299)
J. D. Byrider Sales
  2002 Ed. (2361)
J. D. Byrider Systems Inc.
  2002 Ed. (363)
  2003 Ed. (334)
  2004 Ed. (309)
  2005 Ed. (305)
J. D. Clowers
  1991 Ed. (2547)
J. D. Edwards
  1999 Ed. (1099, 1186, 1285, 2048)
  2000 Ed. (1178)
J. D. Edwards & Co.
  2000 Ed. (3877)
  2001 Ed. (1369, 1673)
  2002 Ed. (1152, 1992)
  2003 Ed. (1113, 1117, 1643, 1655)

2004 Ed. (1684, 3317)
2005 Ed. (1742, 2343)
2006 Ed. (1660, 1662)
2007 Ed. (1668)
J. D. Edwards World Solutions Co.
  2001 Ed. (1673)
  2003 Ed. (1655)
  2004 Ed. (1684)
  2005 Ed. (1742)
  2006 Ed. (1660)
  2007 Ed. (1668)
J. D. Hair & Associates Inc.
  2012 Ed. (1007)
J. D. Heiskell & Co.
  2013 Ed. (1459)
  2014 Ed. (1420)
  2015 Ed. (1480)
  2016 Ed. (1405)
J. D. Long Masonry Inc.
  1998 Ed. (950)
  2001 Ed. (1477)
  2002 Ed. (1293)
  2003 Ed. (1306)
  2004 Ed. (1309)
  2005 Ed. (1283, 1286, 1316)
  2006 Ed. (1253, 1256, 1286)
  2007 Ed. (1363)
J. D. Power & Associates
  2012 Ed. (4233)
J. D. Sinegal
  2003 Ed. (2376)
J. D. Thompkins
  2002 Ed. (2195)
J. D. Tompkins
  2003 Ed. (2391)
J. D. Wetherspoon plc
  2006 Ed. (2944, 4138)
  2010 Ed. (1393, 1399, 4267)
  2011 Ed. (4268)
  2012 Ed. (4305)
  2013 Ed. (4228)
  2014 Ed. (4264)
  2015 Ed. (4246)
  2016 Ed. (4157)
J. D. Williams & Co. Ltd.
  2002 Ed. (47, 223)
J. D. Wren
  2001 Ed. (2342)
J. D. Zeglis
  2001 Ed. (2343)
  2002 Ed. (2208)
  2005 Ed. (2506)
J. Daniel's Tennesee Cooler
  1992 Ed. (2886)
J. Derenzo Co.
  2019 Ed. (1230)
  2020 Ed. (1224)
  2021 Ed. (1191)
  2022 Ed. (1192)
  2023 Ed. (1429)
J. Derenzo Cos.
  2016 Ed. (1180)
J. Dimon
  2003 Ed. (2372)
  2004 Ed. (2492)
J. Dorian McKelvy
  2009 Ed. (3444)
  2010 Ed. (3382, 3385)
  2011 Ed. (3378)
  2012 Ed. (3319)
  2013 Ed. (3392)
  2016 Ed. (3287)
J & D's
  2014 Ed. (4405)
J. E. Brenneman Co.
  1990 Ed. (1214)
J. E. Bryson
  2001 Ed. (2344)
J. E. de Castro
  2001 Ed. (2340)
J. E. Cayne
  2001 Ed. (2334)
  2002 Ed. (2200)
  2004 Ed. (2506)
  2005 Ed. (2490)
J. E. Dunn Construction
  2014 Ed. (1148, 1170)
  2015 Ed. (1198, 1223)
  2016 Ed. (1106)
  2017 Ed. (1151)
  2022 Ed. (1126)
J. E. Dunn Construction Co.
  1992 Ed. (1357)
  1993 Ed. (1085)
  1997 Ed. (1126)
  1998 Ed. (891)
  1999 Ed. (1321)
  2000 Ed. (1200)
  2001 Ed. (1398)
  2002 Ed. (1212, 1213)
  2003 Ed. (1254, 1258, 1264, 1285, 1303)
  2004 Ed. (1256, 1259, 1261, 1267, 1288)
  2005 Ed. (1172, 1279, 1305, 1313)
  2006 Ed. (1168, 1255, 1283, 2792)
  2007 Ed. (1341, 1350, 1352)
  2008 Ed. (1224, 1228, 1238, 1241, 1244, 1247, 2915)

2009 Ed. (1141, 1206, 1210, 2640, 2971, 4153)
2010 Ed. (1134, 1176, 1210, 1213, 1303, 2911, 4084)
2011 Ed. (1124, 1261, 1287, 4057)
2012 Ed. (1107, 1108, 1110, 1112, 1113, 2376)
2013 Ed. (1259)
2017 Ed. (1704)
2018 Ed. (1114, 1120, 1126, 1130, 1660)
2019 Ed. (1096, 1124, 1127, 1128, 1134, 1136, 1137, 1143, 1215, 1216, 1217, 1225, 1717)
2020 Ed. (1114, 1117, 1118, 1125, 1127, 1128, 1134, 1209, 1210, 1211, 1219)
2021 Ed. (1104, 1105, 1111, 1114, 1120, 1181, 1182, 1183)
2022 Ed. (1117, 1120, 1121, 1179, 1180, 1181)
J. E. Dunn Construction Group
  2013 Ed. (1235)
  2015 Ed. (1199, 1224)
  2016 Ed. (1143, 1150, 4411)
  2017 Ed. (1175, 1176, 1199, 4422)
  2018 Ed. (1111, 1112, 1149)
J. E. Dunn Group
  2003 Ed. (2290)
J. E. Hammer & Soehne GMBH & Co.
  1994 Ed. (2438)
  1995 Ed. (2506)
J. E. Pepper
  2001 Ed. (2339)
  2003 Ed. (2397)
J. E. Perella
  2001 Ed. (2331)
J. E. Richards Inc.
  2010 Ed. (1331)
  2011 Ed. (1245, 1313)
J. E. Robert Cos.
  1993 Ed. (3009)
  2010 Ed. (3092)
  2011 Ed. (3061)
J. E. Rogers
  2002 Ed. (2211)
  2003 Ed. (2407)
  2004 Ed. (2526)
  2005 Ed. (2509)
J. E. Scruggs
  2001 Ed. (2329)
J. E. Seagram
  1992 Ed. (882, 884, 1533)
  1997 Ed. (656)
  1998 Ed. (447)
J. E. Sverdrup
  2002 Ed. (2129)
J. E. Turner, Jr.
  2001 Ed. (2317)
J. F. Ahern Co.
  2003 Ed. (1232, 1241, 1337)
  2004 Ed. (1235, 1244, 1337)
  2005 Ed. (1281, 1295, 1342)
  2006 Ed. (1242, 1264, 1338, 1339)
  2007 Ed. (1364, 2580, 4888)
  2008 Ed. (1227, 1253, 1330, 2719, 4820)
  2009 Ed. (1209, 1227, 1317, 1318, 1319, 1347, 2772, 4845)
  2010 Ed. (1212, 1310)
  2011 Ed. (1275, 1315)
  2012 Ed. (1096, 1121, 1122, 1175, 3992, 3997, 4837)
  2013 Ed. (1239, 1250, 1260, 1266, 4057, 4831)
  2014 Ed. (1177, 1194, 1199, 3996, 4846)
  2015 Ed. (1231, 1242, 1252, 4044, 4883)
  2016 Ed. (1142, 1153, 1163, 1169, 1170, 2666, 2667, 4801)
  2017 Ed. (1191, 1202, 1213, 1228, 2613)
  2018 Ed. (1152, 1171, 1193, 2675)
  2019 Ed. (1164, 1187, 2658)
  2020 Ed. (1155, 1161, 1178, 1202, 2671)
  2021 Ed. (1151, 1175, 2581)
  2022 Ed. (1158, 1174, 2698)
  2023 Ed. (1410, 2826)
J. F. Antioco
  2004 Ed. (2495)
J. F. Brennan Co.
  2016 Ed. (1145)
J. F. Buchan
  1998 Ed. (921)
J. F. Cook Co., Inc.
  2006 Ed. (3549)
  2007 Ed. (3616)
  2008 Ed. (3741, 4990)
J. F. Duncan Industries
  2014 Ed. (2697)
  2016 Ed. (2729)
J. F. Gifford
  2003 Ed. (2386)
J. F. K. Center for the Performing Arts
  2005 Ed. (3605)
J. F. Kennedy
  1992 Ed. (306)
J. F. Kennedy International
  1992 Ed. (307, 308)
J. F. Lomma Inc.
  2023 Ed. (1193)

CUMULATIVE INDEX • 1989-2023

J. F. McDonald
  2003 Ed. (2402)
  2004 Ed. (2522)
J. F. Montalvo Cash & Carry Inc.
  2004 Ed. (4196)
  2005 Ed. (1954, 4117)
  2006 Ed. (2000, 4168)
  2007 Ed. (1963, 4189)
  2016 Ed. (4232)
  2017 Ed. (4218)
  2018 Ed. (4238)
J. F. Montgomery
  1991 Ed. (1618)
J & F Oldsmobile
  1993 Ed. (280)
J. F. Shea Co.
  2000 Ed. (1107)
  2002 Ed. (1078)
  2003 Ed. (3966)
  2009 Ed. (4146)
  2010 Ed. (1163)
J. F. Shea Therapeutic Riding Center
  2012 Ed. (1362)
J. F. Shepard
  2012 Ed. (801)
J. F. Smith, Jr.
  2001 Ed. (2319)
J. F. Tatar
  2003 Ed. (2385)
J. F. Walker Co.
  1993 Ed. (1154, 1155)
  1994 Ed. (1177)
  1995 Ed. (1195, 1200)
  1997 Ed. (1200)
  1998 Ed. (982)
J. F. Welch Jr.
  2001 Ed. (2324)
  2002 Ed. (2189)
  2003 Ed. (2373)
J. Fletcher Creamer & Son
  2013 Ed. (2652)
J. Fletcher Creamer & Son Inc.
  2001 Ed. (1470)
  2003 Ed. (1293)
  2010 Ed. (1295)
  2011 Ed. (1253)
  2014 Ed. (2608)
  2015 Ed. (2654)
  2016 Ed. (1174, 2574)
J Front Retailing
  2010 Ed. (4347)
  2012 Ed. (2125, 2126, 4356)
  2013 Ed. (2318, 2319, 4285)
  2014 Ed. (2250)
  2015 Ed. (2319)
  2016 Ed. (2272)
  2017 Ed. (4215)
J Front Retailing Co., Ltd.
  2013 Ed. (4334)
  2014 Ed. (4385)
  2016 Ed. (4270)
  2017 Ed. (4258)
J Fry Euro Utilities
  2000 Ed. (3302)
J Fry Utilities
  2000 Ed. (3302)
J. G. Drosdick
  2004 Ed. (2512)
  2005 Ed. (2496)
J. G. Finneran Jr.
  2003 Ed. (2387)
J. G. Fishman
  2002 Ed. (2191)
  2003 Ed. (2386)
  2004 Ed. (2505)
  2005 Ed. (2489)
J. G. Management Systems Inc.
  2015 Ed. (3706)
J. G. Wentworth
  2015 Ed. (2331)
J. G. Windows
  2015 Ed. (3760)
  2016 Ed. (3668)
J. Galli Jr.
  2001 Ed. (2335)
  2003 Ed. (2375)
  2005 Ed. (2480)
J. Grants Red Vodka
  2002 Ed. (3182)
J. Grant's Vodka
  2001 Ed. (3113)
J. Gromer
  2002 Ed. (2194)
J. H. Albert International
  1994 Ed. (3115)
  1995 Ed. (3163)
  1996 Ed. (3258)
  1997 Ed. (3360)
J. H. Albert International Insurance Advisors Inc.
  1991 Ed. (2899)
  1992 Ed. (3743)
  1993 Ed. (3052)
  1998 Ed. (3102)
  2001 Ed. (4123, 4124)
  2002 Ed. (4064, 4065)
  2006 Ed. (4199)
  2008 Ed. (4249)

  2009 Ed. (4348)
  2011 Ed. (4316)
  2012 Ed. (4378)
J. H. Baxter & Co.
  2007 Ed. (3536)
J & H (Bermuda) Ltd
  1990 Ed. (903)
J. H. Brotman
  2003 Ed. (2376)
J. H. Bryan
  2001 Ed. (2328)
  2002 Ed. (2192)
  2003 Ed. (2389)
J. H. Chemical Industries Ltd.
  2002 Ed. (1970, 1971)
J. H. Cohen LLP
  2011 Ed. (1904)
J. H. Cohn
  1998 Ed. (16)
  2000 Ed. (15)
  2010 Ed. (1594)
  2012 Ed. (23)
  2013 Ed. (18)
J. H. Cohn & Co.
  1992 Ed. (19)
  1993 Ed. (11)
  1994 Ed. (5)
  1997 Ed. (21)
  1999 Ed. (18, 20)
J. H. Cohn LLP
  2002 Ed. (17, 18, 21)
  2003 Ed. (7)
  2004 Ed. (13)
  2005 Ed. (9)
  2006 Ed. (14)
  2007 Ed. (10)
  2008 Ed. (8)
  2009 Ed. (11, 1928)
  2010 Ed. (13, 20, 1863)
  2011 Ed. (1, 8, 1518)
J. H. Curler
  2003 Ed. (2385)
J & H Diesel Service Inc.
  2008 Ed. (3717)
J. H. Findorff & Son Inc.
  2006 Ed. (1352)
  2008 Ed. (1345)
  2009 Ed. (1346)
  2010 Ed. (1332)
  2011 Ed. (1314)
J. H. Global
  2012 Ed. (1888)
J. H. Hammergren
  2003 Ed. (2376)
J. H. Hinz Co.
  2015 Ed. (4223)
J. H. Kelly Inc.
  1994 Ed. (1141)
  1996 Ed. (1135)
J. H. Keyes
  2001 Ed. (2332)
  2002 Ed. (2197)
  2003 Ed. (2375)
  2004 Ed. (2496)
J. H. M. Research & Development
  2003 Ed. (1346)
  2005 Ed. (1373)
J & H Marsh & McLellan Management
  1999 Ed. (1031)
J & H Marsh & McLennan Ltd.
  2000 Ed. (978)
J & H Marsh & McLennan Management (Barbados) Ltd.
  1999 Ed. (1028)
J & H Marsh & McLennan Management (Bermuda)
  1999 Ed. (1029)
J & H Marsh & McLennan Management (Cayman) Ltd.
  1999 Ed. (1030)
J & H Marsh & McLennan Management Ltd.
  1999 Ed. (1034)
  2000 Ed. (979, 981, 984)
J & H McLennan Management Ltd.
  2000 Ed. (980)
J. H. Miles & Co.
  2005 Ed. (2614)
  2008 Ed. (2725)
  2009 Ed. (2780)
  2010 Ed. (2712)
  2011 Ed. (2698)
  2012 Ed. (2628)
J. H. Roe
  2003 Ed. (2385)
J. H. Routh Packing Co.
  1995 Ed. (2522, 2968)
  2012 Ed. (3584, 3592)
  2013 Ed. (3639, 3646)
J. H. Snyder Co.
  1995 Ed. (3064)
  1997 Ed. (3260)
  1998 Ed. (3006)
  1999 Ed. (3996)
  2002 Ed. (3923)
J. H. Tyson
  2004 Ed. (2508)
  2005 Ed. (2492)

J. H. Whitney & Co.
  1990 Ed. (3668)
  1991 Ed. (1166, 3443)
  2009 Ed. (4293)
  2010 Ed. (4260)
  2016 Ed. (2725)
J. Hamilton Lambert
  1990 Ed. (2479)
  1991 Ed. (2343)
  1992 Ed. (2904)
J. Hancock
  2003 Ed. (703, 3556)
J. Hancock Classic Value
  2006 Ed. (3632, 3633)
  2007 Ed. (2486)
J. Hancock Fr. Global Rx
  1995 Ed. (2722)
J. Hancock Fr. Pacific Basin
  1995 Ed. (2728)
J. Hancock Global Technology A
  1997 Ed. (2877)
J. Hancock Greater China Opportunities
  2008 Ed. (4511)
J. Hancock Group
  2004 Ed. (3599)
J Hancock High-Yield
  2008 Ed. (583)
  2012 Ed. (500)
J. Hancock International
  2004 Ed. (3651)
J. Hancock Regional Bank
  2004 Ed. (3567)
J. Hancock US Global Leaders Growth
  2006 Ed. (3628)
J. Harold Chandler
  2002 Ed. (2873)
  2003 Ed. (955)
J. Hayward-Surry
  2002 Ed. (2189)
J. Henry Schoder Wagg
  1990 Ed. (2313)
J. Henry Schroder & Co.
  1997 Ed. (1231)
J. Henry Schroder Wagg
  1991 Ed. (1594)
  1992 Ed. (1484, 2011)
  1993 Ed. (1173, 1174, 1198, 1668)
J. Hilburn
  2014 Ed. (4333)
J. Houghton McLellan Jr.
  1993 Ed. (893)
J. Howard Pew Freedom Trust
  1992 Ed. (1097)
J. Hugh Liedtke
  1990 Ed. (976, 1713, 1726)
J. Hunt
  2005 Ed. (3289)
J. Hyatt Brown
  2011 Ed. (3196)
J. I. Case
  1992 Ed. (4331)
J-II Homes
  1998 Ed. (898)
  2003 Ed. (1154)
J & J
  1990 Ed. (1569)
  2001 Ed. (2438)
J. J. Abrams
  2009 Ed. (2609)
  2016 Ed. (2527)
J & J AMC
  1995 Ed. (2788, 2790)
J & J Clean & Clear
  2003 Ed. (12)
J. J. Curley
  2001 Ed. (2340)
  2002 Ed. (2205)
J. J. DeLuca Co.
  2009 Ed. (1320)
  2010 Ed. (1254)
J & J Diagnostics Group
  1998 Ed. (1337)
J. & J. Fee Ltd.
  1991 Ed. (960)
  1992 Ed. (1196)
J. J. Ferguson
  2006 Ed. (2521)
J. J. Gallagher Ltd.
  1994 Ed. (996)
  1995 Ed. (1009)
J. J. Gumberg Co.
  1990 Ed. (3287, 3290)
  1991 Ed. (3119, 3120, 3125)
  1993 Ed. (3305, 3312, 3315)
J. J. Haines & Co.
  1991 Ed. (1728)
  1995 Ed. (1879)
  1996 Ed. (1922)
  1999 Ed. (2447)
J & J Kling Sterile
  2001 Ed. (2438)
J. J. Mack
  2001 Ed. (2334)
J. J. Manta Inc.
  1995 Ed. (1168)
J. J. McDonough
  2002 Ed. (2197)

J & J Medical
  1997 Ed. (2953)
J. J. Mulva
  2002 Ed. (2198)
  2004 Ed. (2512)
  2005 Ed. (2496)
J. J. Nissan Baking Co.
  1992 Ed. (494)
J. J. Nissen Baking Co.
  1989 Ed. (358)
J & J Reach Whitening
  2003 Ed. (1990)
J. J. Richards & Sons
  2002 Ed. (3781)
J & J Snack Foods
  2016 Ed. (1856, 2709)
J & J Snack Foods Corp.
  1989 Ed. (355)
  2001 Ed. (2480)
  2005 Ed. (2651)
  2008 Ed. (2785, 3124)
  2011 Ed. (2773)
  2012 Ed. (2702)
  2014 Ed. (2764, 2785)
  2016 Ed. (2750, 2763)
  2017 Ed. (2703, 2736, 2997)
  2018 Ed. (2761, 2790)
  2019 Ed. (2744, 2767, 3051)
  2020 Ed. (2804, 3090)
  2021 Ed. (2676)
  2022 Ed. (2830)
  2023 Ed. (2946)
J. J. White Inc.
  1997 Ed. (1198)
  2013 Ed. (1251)
  2015 Ed. (1243)
  2016 Ed. (1154)
J. Jaramillo Insurance Inc.
  2016 Ed. (1971)
J. Jeffrey Cianci
  2000 Ed. (1993)
J. Jeffrey Cinaci
  1999 Ed. (2241)
J. Jill
  2013 Ed. (905)
The J. Jill Group Inc.
  2005 Ed. (4136)
  2006 Ed. (4184)
  2008 Ed. (884)
J. Joel Quadracel
  2015 Ed. (2635)
J. Joseph Burgess
  2011 Ed. (3995)
J. Joseph Ricketts
  2007 Ed. (4903)
J. K. J. Isuzu
  1991 Ed. (281)
J. K. Lasser
  1995 Ed. (1099)
J. K. Lasser's Your Income Tax
  2003 Ed. (721)
  2004 Ed. (744)
  2006 Ed. (638)
  2008 Ed. (547)
  2009 Ed. (576)
J. K. Rowling
  2002 Ed. (347)
  2003 Ed. (302)
  2004 Ed. (262)
  2005 Ed. (2443)
  2006 Ed. (2485, 2488)
  2007 Ed. (2450)
  2008 Ed. (280, 4883)
  2009 Ed. (302, 4918, 4919)
  2010 Ed. (4922, 4923)
  2012 Ed. (4923)
  2013 Ed. (4905)
  2014 Ed. (217)
  2015 Ed. (252)
  2016 Ed. (245)
J. K. Singhania
  1990 Ed. (1379)
J. K. Skilling
  2001 Ed. (2342)
  2002 Ed. (2207)
J. Keith Dunne
  2000 Ed. (2004)
J. Kimo Esplin
  2008 Ed. (2630)
J. L. Bleustein
  2001 Ed. (2330)
  2002 Ed. (2196)
  2003 Ed. (2374)
  2004 Ed. (2495)
  2005 Ed. (2479)
J. L. Broadhead
  2001 Ed. (2344)
  2002 Ed. (2211)
J. L. Davidson Co. Inc.
  1992 Ed. (1416)
  1993 Ed. (1129)
  1995 Ed. (1161)
  1996 Ed. (1140)
  1997 Ed. (1164)
  1998 Ed. (956)
  1999 Ed. (1377)
  2003 Ed. (1317)

J. L. Halsey Corp.
  2009 Ed. (1115, 1118)
J. L. Hambrick
  2006 Ed. (2519)
J. L. Kaplan Associates
  1999 Ed. (3089)
J. L. Lester & Son
  1993 Ed. (1156, 1157)
  1995 Ed. (1197, 1198, 1199)
  1998 Ed. (979, 981)
J. L. Lester & Sons
  1997 Ed. (1205, 1206)
J. L. Manta Inc.
  1992 Ed. (1422)
  1993 Ed. (1135)
  1994 Ed. (1142)
  1996 Ed. (1144)
  1997 Ed. (1172)
  1998 Ed. (952)
  1999 Ed. (1373)
  2001 Ed. (1479)
J. L. Messman
  2004 Ed. (2513)
J. L. Nichols
  2004 Ed. (2512)
J. L. Patterson & Associates
  2002 Ed. (2563)
  2010 Ed. (2971)
  2011 Ed. (2934)
  2012 Ed. (2867)
  2013 Ed. (2939)
J. L. Patterson & Associates Inc.
  2014 Ed. (2959)
  2015 Ed. (3027)
J. L. Roby
  2001 Ed. (2334)
J & L Specialty Steel
  1996 Ed. (3586)
  1997 Ed. (3630)
  1998 Ed. (3403)
J. L. Stahl
  2001 Ed. (2321)
  2002 Ed. (2186)
J. L. Steel Inc.
  1995 Ed. (2100)
  1996 Ed. (2064)
J & L Teamworks
  2013 Ed. (1034)
J. L. Wilson
  2001 Ed. (2323)
J. L. Ziemer
  2002 Ed. (2196)
J Landis Martin
  2004 Ed. (1099)
J. Larry Nichols
  2007 Ed. (2507)
  2011 Ed. (840)
J. Lauritzen Hldgs.
  1991 Ed. (1266)
J. Lawrence Wilson
  2000 Ed. (1887)
J. Lee Peeler & Co.
  1993 Ed. (3178)
J. Leinenkugel Brewing Co.
  2001 Ed. (1026)
J. Lienenkugel Brewing Co.
  2001 Ed. (1023)
J. M. Barth
  2001 Ed. (2332)
  2002 Ed. (2197)
  2003 Ed. (2375)
  2004 Ed. (2496)
  2005 Ed. (2480)
J. M. Bernhard Jr.
  2005 Ed. (982)
  2007 Ed. (960)
J. M. C. Creatividad Orientada Young St Rebicam
  1997 Ed. (157)
J. M. C. Holidays Ltd.
  2004 Ed. (4798)
J. M. C./Y & R Venezuela
  2002 Ed. (208)
  2003 Ed. (179)
J. M. Creatives Publicidad
  1995 Ed. (71)
J. M. Creativos & Asociados
  2001 Ed. (133)
  2003 Ed. (70)
J. M. Creativos & Grey Advertising
  2002 Ed. (105)
J. M. Creativos Publicidad
  1997 Ed. (84)
  1999 Ed. (85)
J M Family Enterprises Inc.
  2000 Ed. (1104)
J. M. Gregory
  2003 Ed. (2387)
J. M. Huber Corp.
  1991 Ed. (968)
  1992 Ed. (1203)
  1994 Ed. (1004, 2934)
  2003 Ed. (3416, 3417)
  2004 Ed. (3483, 3484)
  2005 Ed. (3480, 3481)
  2006 Ed. (3481, 3482)
  2007 Ed. (3511, 3512)
  2008 Ed. (3674, 3675)
  2009 Ed. (941, 3740, 3741, 4155)
  2010 Ed. (882, 3679, 3680, 4087)
  2011 Ed. (815, 3662, 3663, 4059)
  2012 Ed. (764, 788, 3662, 3663, 4091)
  2013 Ed. (3727, 3728)
  2014 Ed. (3662, 3663)
  2015 Ed. (3680, 3681)
  2016 Ed. (3563, 3564)
J. M. Larson
  2005 Ed. (2504)
J. M. Magliochetti
  2003 Ed. (2381)
  2004 Ed. (2500)
  2005 Ed. (2484)
J & M Manufacturing
  1993 Ed. (2866)
  2016 Ed. (3421)
  2017 Ed. (3381)
  2018 Ed. (3447)
  2019 Ed. (3417)
  2020 Ed. (3420)
  2021 Ed. (3435)
  2022 Ed. (3493)
J-M Manufacturing Co., Inc.
  2002 Ed. (3320)
  2005 Ed. (3843)
  2006 Ed. (3914)
  2007 Ed. (3964)
  2008 Ed. (3990)
J. M. Metals
  2005 Ed. (4149)
  2006 Ed. (4205)
J. M. Moffitt Construction
  2004 Ed. (1220)
J. M. Olson Corp.
  2004 Ed. (1316)
J. M. Pontiac
  1991 Ed. (291)
J. M. Products
  1999 Ed. (2062, 2630)
J & M Restaurants Inc.
  2007 Ed. (3602)
J. M. Ringler
  2001 Ed. (2331)
  2003 Ed. (2390)
J. M. Robinson
  1999 Ed. (1122, 4302)
J. M. Sassoon
  1993 Ed. (1645)
J. M. Scaminace
  2002 Ed. (2187)
J M Smith
  2023 Ed. (2011)
J. M. Smith
  2023 Ed. (3026)
J. M. Smith Corp.
  2010 Ed. (1979)
  2011 Ed. (2041)
  2012 Ed. (1890, 4102, 4931)
  2013 Ed. (2047, 2048)
  2014 Ed. (1981, 1983, 2891)
  2015 Ed. (2030, 2031, 2934)
  2016 Ed. (1999, 2000, 2869)
  2017 Ed. (1959, 2827)
  2018 Ed. (1909, 2899)
  2019 Ed. (1959, 2853)
  2020 Ed. (1893, 2880)
  2021 Ed. (1854, 2754)
  2022 Ed. (1898, 2904)
J. M. Smucker Co.
  2014 Ed. (999, 1000, 1001, 3771, 3772)
  2015 Ed. (1035, 1036, 1037, 2746, 2824, 3462, 3790, 3791, 3838)
  2016 Ed. (615, 941, 942, 2676, 2764, 3311, 3704, 3705, 3744)
  2017 Ed. (986, 987, 2623, 2670, 2714, 3270, 3696)
  2018 Ed. (917, 918, 1287, 2730, 2771, 2857, 3343, 3750, 4395)
  2019 Ed. (2677, 2714)
  2020 Ed. (2747)
The J. M. Smucker Co.
  1998 Ed. (2928)
  2003 Ed. (865, 3158, 3159)
  2004 Ed. (1575, 2660, 2661, 2663)
  2005 Ed. (1606, 2653, 2654)
  2006 Ed. (1489, 1491, 1952, 2421, 2632)
  2007 Ed. (1519, 1521, 2609)
  2008 Ed. (2731)
  2009 Ed. (1969)
  2011 Ed. (1418, 1937)
  2012 Ed. (1796, 4554, 4558)
  2013 Ed. (592)
J & M Steel Solutions Inc.
  2015 Ed. (1195, 1196)
J. M. Talbert
  2004 Ed. (2514)
J. M. Tucci
  2005 Ed. (2497)
J. M. Wechter & Associates Inc.
  2006 Ed. (3505)
J. Manning PLC
  1991 Ed. (959)
  1992 Ed. (1194)
J-MAR Trucking
  2003 Ed. (4804)
J. Mario Molina
  2011 Ed. (2924)
J. Michael Lawrie
  2015 Ed. (970, 975)
  2016 Ed. (872)
J. Michael Pearson
  2016 Ed. (865)
J. Michael Schlotman
  2006 Ed. (998)
  2007 Ed. (1090)
J. Michel Guite
  1993 Ed. (1835)
J. Morrissey & Co.
  2021 Ed. (2314)
  2022 Ed. (2362)
J. Morrissey & Company
  2023 Ed. (2526)
J. Morton Davis
  1989 Ed. (1422)
J. N. Leoussis
  1994 Ed. (91)
J. N. Leoussis Advertising
  1989 Ed. (111)
J. N. Petroleum Marketing Inc.
  2001 Ed. (1801)
J. N. Seitz
  2004 Ed. (2512)
J. Neubauer
  2003 Ed. (2388)
  2004 Ed. (2507)
  2005 Ed. (2491)
J. O. Patterson & Co.
  1994 Ed. (2308)
J. O. Stone Buick
  1995 Ed. (265)
J. P. Bolduc
  1994 Ed. (1722)
J. P. Cullen & Sons Inc.
  2006 Ed. (1352)
  2008 Ed. (1345)
  2009 Ed. (1318, 1319, 1346, 1347)
  2010 Ed. (1332)
  2011 Ed. (1314)
J. P. Jones III
  2002 Ed. (2188)
  2003 Ed. (2384)
  2004 Ed. (2503)
  2005 Ed. (2487)
J. P. Kelly
  2003 Ed. (2406)
J. P. Mackey
  2004 Ed. (2494)
J. P. McConnell
  2004 Ed. (2521)
J. P. Morgan
  1989 Ed. (374, 375, 376, 377, 420, 421, 422, 426, 571, 579, 1049, 1197, 1810, 1812, 1813, 2127, 2128, 2131, 2132, 2136)
  1990 Ed. (464, 902, 3222, 3223)
  1992 Ed. (516, 537, 544, 648, 713, 714, 720, 804, 808, 852, 853, 1054, 1055, 1454, 1455, 1989, 1990, 1991, 1992, 2023, 2024, 2028, 2029, 2030, 2031, 2033, 2035, 2040, 2041, 2042, 2044, 2141, 2639, 2719, 2720, 2721, 2722, 2723, 2724, 2728, 2735, 2738, 2739, 2740, 2776, 2777, 2779, 2780, 2782, 2786, 2788, 2789, 2984, 2986, 3339, 3341, 3342, 3343, 3823, 3842, 3847, 3856, 3857, 3868, 3874, 3899, 3901, 3904, 3906)
  1993 Ed. (356, 357, 372, 373, 374, 375, 376, 377, 386, 387, 411, 412, 521, 525, 526, 597, 601, 648, 649, 652, 841, 1164, 1171, 1174, 1650, 1651, 1652, 1653, 1654, 1655, 1658, 1660, 1669, 1670, 1673, 1675, 1677, 1679, 1681, 1683, 1684, 1685, 1686, 1687, 1689, 1690, 1851, 1889, 2272, 2273, 2274, 2277, 2279, 2280, 2284, 2289, 2290, 2292, 2294, 2304, 2316, 2324, 2347, 2349, 2350, 2351, 2356, 2357, 2511, 2512, 2713, 2767, 2769, 2977, 3118, 3122, 3123, 3129, 3134, 3136, 3137, 3144, 3150, 3153, 3154, 3156, 3159, 3206, 3224, 3229, 3284, 3470)
  1994 Ed. (350, 351, 352, 362, 363, 364, 365, 366, 367, 374, 375, 376, 377, 402, 520, 521, 522, 523, 604, 650, 651, 653, 728, 780, 1201, 1202, 1290, 1295, 1309, 1630, 1631, 1672, 1674, 1675, 1676, 1677, 1678, 1679, 1680, 1689, 1691, 1692, 1693, 1694, 1696, 1697, 1698, 1700, 1701, 1702, 1703, 1704, 1706, 1707, 1709, 1756, 1850, 2286, 2287, 2288, 2291, 2293, 2296, 2297, 2300, 2303, 2304, 2320, 2321, 2322, 2323, 2329, 2330, 2331, 2332, 2448, 2449, 2663, 2736, 2737, 2740, 3017, 3164, 3165, 3169, 3174, 3187, 3189, 3191, 3220, 3274)
  1995 Ed. (355, 357, 358, 421, 1216, 1218, 1720, 1721, 2341, 2342, 2343, 2344, 2345, 2346, 2348, 2350, 2351, 2352, 3215, 3224, 3228, 3231, 3235, 3236, 3237, 3238, 3239, 3271, 3273, 3274, 3276, 3277)
  1996 Ed. (2427)
  1997 Ed. (303, 340, 341, 344, 346, 347, 348, 358, 362, 386, 387, 511, 512, 567, 580, 1223, 1224, 1227, 1228, 1229, 1231, 1232, 1295, 1309, 1326, 1353, 1597, 1728, 1729, 1730, 1783, 1786, 1787, 1788, 1789, 1790, 2015, 2487, 2488, 2489, 2490, 2491, 2493, 2494, 2495, 2496, 2497, 2498, 2500, 2501, 2502, 2503, 2507, 2508, 2511, 2516, 2519, 2520, 2524, 2528, 2532, 2536, 2540, 2548, 2549, 2550, 2551, 2552, 3002, 3003, 3004, 3267, 3269, 3270, 3287, 3288, 3289, 3417, 3421, 3426, 3427, 3428, 3429, 3430, 3431, 3432, 3436, 3438, 3444, 3446, 3471, 3474, 3475, 3476, 3477, 3478, 3479, 3480, 3481, 3483)
  2000 Ed. (610, 611, 612, 777, 1919, 1920, 1921, 2457, 3880, 3915)
  2003 Ed. (558, 566, 567)
  2004 Ed. (579, 1644)
  2006 Ed. (479, 487)
  2010 Ed. (891)
  2013 Ed. (326)
  2014 Ed. (507, 509, 2696, 4214)
  2015 Ed. (383, 573, 4197)
  2016 Ed. (368, 2554, 3671)
  2017 Ed. (367, 533, 3635)
  2018 Ed. (339)
  2021 Ed. (413)
  2022 Ed. (426)
J. P. Morgan Asset Management
  2007 Ed. (3252, 3254)
  2008 Ed. (3380)
  2009 Ed. (3446, 3448)
  2010 Ed. (3387, 3388)
J. P. Morgan Capital Corp.
  1994 Ed. (3622)
J. P. Morgan Chase
  2002 Ed. (2264)
  2003 Ed. (2479)
  2004 Ed. (2612)
  2005 Ed. (490, 2597)
  2006 Ed. (480, 481, 2598)
  2007 Ed. (510, 511, 2567)
  2013 Ed. (1740, 1942)
  2014 Ed. (1682, 1881)
  2015 Ed. (1918)
  2017 Ed. (1843)
  2018 Ed. (1789)
  2022 Ed. (513, 1349, 1626, 1627, 1632, 1792, 3307)
J. P. Morgan Chase Bank
  2003 Ed. (379, 384, 386, 428, 430, 431, 432, 433, 434, 435, 436, 1056, 2771, 2887)
  2004 Ed. (358, 363, 365, 422, 424, 425, 427, 428, 429, 430, 578, 1065, 2996)
  2005 Ed. (369, 382, 384, 385, 425, 428, 430, 431, 432, 434, 435, 436, 1069, 2994)
  2006 Ed. (372, 376, 378, 379, 385, 386, 388, 389, 390, 392, 393, 394, 481, 487, 489, 1077, 2873, 3559, 3563)
  2007 Ed. (498, 509, 510)
  2012 Ed. (382)
  2013 Ed. (307)
  2014 Ed. (320)
  2015 Ed. (361)
J. P. Morgan Chase Bank NA
  2007 Ed. (209, 210, 353, 355, 358, 359, 360, 361, 362, 368, 369, 371, 372, 373, 374, 375, 376, 377, 1184, 1185, 2867, 3020)
  2008 Ed. (196, 197, 340, 342, 347, 348, 349, 350, 356, 357, 359, 360, 361, 362, 363, 364, 365, 399, 1090, 1091, 2987, 3138)
  2009 Ed. (217, 218, 360, 362, 365, 366, 367, 368, 372, 373, 375, 376, 377, 378, 379, 380, 381, 422, 1072, 1073, 3070, 3222)
  2010 Ed. (198, 338, 339, 340, 342, 343, 344, 345, 346, 353, 354, 356, 357, 358, 359, 360, 361, 362, 1041, 1042, 3001, 3156)
  2011 Ed. (262, 264, 266, 267, 268, 269, 275, 276, 278, 279, 280, 281, 282, 283, 284, 968, 969, 2968, 3122)
  2012 Ed. (284, 286, 287, 288, 289, 290, 291, 297, 299, 300, 301, 302, 303, 304, 305, 306, 882, 883, 2905, 3057)
  2013 Ed. (286, 288, 289, 290, 291, 292, 293, 294, 306, 309, 310, 311, 312, 313, 314, 315, 1041, 1042, 2989, 3138)
  2014 Ed. (302, 304, 305, 306, 307, 308, 309, 310, 319, 323, 324, 325, 326, 327, 328, 329, 1006, 1007, 2997, 3138)
  2015 Ed. (128, 338, 340, 341, 342, 343, 344, 345, 346, 360, 363, 364, 365, 366, 367, 368, 369, 1042, 1043, 3069, 3198)
  2016 Ed. (333, 335, 336, 337, 338, 339, 340, 341, 350, 351, 352, 353, 354, 355, 356, 357, 951, 2961, 3055)
J. P. Morgan Chase & Co.
  2002 Ed. (498, 579, 1348, 1349, 1350, 1351, 1352, 1353, 1362, 1363, 1365,

1366, 1367, 1368, 1369, 1370, 1371, 1372, 1375, 1421, 1532, 1537, 1555, 1741, 1743, 3011, 3012, 3015, 3016, 3042, 3189, 3190, 3191, 3192, 3193, 3194, 3196, 3203, 3204, 3205, 3206, 3207, 3208, 3407, 3409, 3410, 3411, 3412, 3793, 3794, 3795, 3796, 4198, 4201, 4206, 4208, 4209, 4210, 4211, 4212, 4213, 4214, 4215, 4218, 4219, 4220, 4222, 4223, 4224, 4225, 4226, 4227, 4228, 4229, 4230, 4232, 4233, 4236, 4239, 4241, 4242, 4243, 4244, 4246, 4247, 4248, 4249, 4250, 4251, 4601, 4602)
2003 Ed. (429, 438, 446, 451, 452, 453, 536, 538, 539, 542, 543, 594, 627, 628, 1397, 1398, 1399, 1402, 1403, 1404, 1405, 1406, 1409, 1410, 1411, 1416, 1417, 1418, 1547, 1552, 1559, 1569, 1721, 1791, 2012, 2014, 2015, 2016, 2017, 2018, 2019, 2020, 2022, 2023, 2024, 2028, 2031, 2032, 2034, 2035, 2474, 2761, 3059, 4323, 4332, 4333, 4334, 4335, 4336, 4337, 4338, 4339, 4340, 4341, 4342, 4343, 4344, 4345, 4346, 4347, 4348, 4349, 4351, 4352, 4353, 4355, 4356, 4357, 4358, 4359, 4360, 4361, 4362, 4364, 4365, 4366, 4367, 4368, 4369, 4370, 4371, 4372, 4373, 4375)
2004 Ed. (419, 420, 421, 423, 431, 432, 440, 552, 554, 555, 559, 560, 573, 579, 601, 858, 1402, 1403, 1404, 1405, 1406, 1407, 1410, 1411, 1412, 1413, 1414, 1415, 1424, 1426, 1429, 1430, 1434, 1435, 1436, 1439, 1442, 1443, 1445, 1570, 1596, 1612, 1825, 2007, 2008, 2057, 2058, 2062, 2063, 2065, 2066, 2068, 2072, 2073, 2075, 2076, 2077, 2079, 2080, 2081, 2090, 2091, 2118, 2600, 2603, 2903, 3153, 3180, 3184, 3186, 3187, 3189, 3190, 3204, 3500, 4326, 4352, 4353, 4354, 4355, 4356, 4357, 4358, 4359, 4360, 4361, 4362, 4363, 4364, 4365, 4366, 4367, 4368, 4370, 4371, 4372, 4374, 4376, 4377, 4378, 4379, 4381, 4382, 4383, 4384, 4385, 4386, 4387, 4388, 4389, 4390, 4392, 4393, 4394, 4395, 4396, 4661, 4695)
2005 Ed. (299, 321, 360, 363, 365, 366, 373, 376, 377, 424, 426, 427, 429, 437, 438, 447, 449, 534, 535, 537, 538, 541, 542, 544, 561, 566, 590, 706, 707, 708, 790, 848, 867, 869, 870, 1002, 1003, 1064, 1258, 1259, 1423, 1424, 1425, 1426, 1429, 1430, 1431, 1434, 1435, 1441, 1446, 1447, 1448, 1451, 1452, 1453, 1459, 1460, 1555, 1811, 1910, 2046, 2048, 2145, 2147, 2169, 2170, 2172, 2173, 2176, 2178, 2179, 2181, 2182, 2183, 2185, 2186, 2187, 2188, 2192, 2194, 2195, 2223, 2298, 2580, 2583, 2588, 2643, 2806, 2866, 3013, 3054, 3220, 3221, 3233, 3236, 3249, 3386, 3455, 3504, 3508, 3534, 3716, 3943, 4019, 4110, 4111, 4131, 4259, 4260, 4261, 4262, 4263, 4264, 4265, 4266, 4267, 4268, 4269, 4270, 4271, 4272, 4273, 4274, 4275, 4276, 4277, 4279, 4280, 4281, 4295, 4296, 4297, 4298, 4299, 4300, 4301, 4302, 4303, 4304, 4306, 4307, 4308, 4309, 4310, 4311, 4312, 4314, 4316, 4317, 4318, 4319, 4320, 4321, 4322, 4323, 4324, 4325, 4326, 4327, 4328, 4329, 4330, 4331, 4332, 4333, 4334, 4335, 4336, 4337, 4338, 4348, 4356, 4571, 4572, 4573, 4574, 4575, 4576, 4578, 4579, 4580, 4581, 4582, 4583, 4584, 4585, 4642, 4670, 4672, 4771, 4988)
2006 Ed. (385, 387, 395, 396, 402, 465, 466, 469, 470, 507, 761, 835, 1408, 1409, 1410, 1411, 1414, 1415, 1416, 1419, 1422, 1423, 1424, 1448, 1500, 1526, 1532, 1799, 1938, 2242, 2590, 2595, 2597, 2600, 2892, 3212, 3224, 3236, 3263, 3698, 4261, 4276, 4277, 4278, 4279, 4724, 4981, 4982)
2007 Ed. (368, 370, 382, 387, 475, 476, 478, 479, 482, 483, 532, 649, 650, 651, 854, 857, 1440, 1480, 1556, 1561, 1675, 1806, 1809, 1921, 2162, 2558, 2569, 2888, 2914, 3250, 3280, 3281, 3285, 3286, 3287, 3295, 3630, 3631, 3634, 3986, 3990, 4268, 4283, 4286, 4288, 4289, 4298, 4299, 4301, 4302, 4303, 4304, 4305, 4306, 4307, 4308, 4309, 4310, 4311, 4312, 4313, 4314, 4315, 4316, 4317, 4318, 4320, 4321, 4322, 4323, 4324, 4325, 4326, 4327, 4328, 4329, 4330, 4331, 4332, 4333, 4334, 4335, 4336, 4337, 4338, 4339, 4340, 4342, 4652, 4653, 4654, 4655, 4656, 4657, 4660, 4661, 4662, 4663, 4664, 4665, 4666, 4667, 4668, 4669, 4979)
2008 Ed. (356, 358, 443, 444, 447, 448,
486, 1390, 1391, 1392, 1393, 1396, 1397, 1398, 1404, 1527, 1529, 1537, 1542, 1701, 1818, 1848, 1988, 2198, 2281, 2292, 2294, 2487, 2698, 2706, 2712, 3010, 3036, 3400, 3403, 3410, 4292, 4303, 4304, 4305, 4306, 4542, 4617, 4665, 4666)
2009 Ed. (371, 372, 374, 382, 387, 468, 469, 472, 473, 474, 513, 775, 776, 843, 907, 1393, 1457, 1458, 1465, 1470, 1628, 1797, 1943, 1945, 2118, 2172, 2175, 2268, 2282, 2284, 2285, 2939, 2946, 3121, 3462, 3464, 3471, 3750, 3751, 4401, 4409, 4410, 4411, 4412)
2010 Ed. (352, 353, 355, 364, 368, 439, 448, 449, 450, 454, 457, 493, 720, 1380, 1442, 1450, 1455, 1600, 1709, 1734, 1743, 1880, 1882, 2038, 2117, 2118, 2223, 2224, 2404, 2881, 2918, 3282, 3395, 3407, 3686, 3687, 4447, 4453, 4454, 4601, 4654)
2011 Ed. (68, 275, 277, 285, 286, 366, 368, 369, 374, 377, 423, 715, 931, 1437, 1444, 1452, 1453, 1457, 1470, 1604, 1748, 1752, 1908, 1910, 2166, 2404, 2860, 3332, 3381, 3673, 3676, 3677)
2012 Ed. (297, 298, 307, 309, 310, 367, 369, 372, 394, 1229, 1270, 1277, 1278, 1285, 1286, 1290, 1310, 1450, 2613, 2790, 3323, 3360, 3687, 3698, 3815, 4441, 4455, 4456, 4569, 4613)
2013 Ed. (75, 306, 316, 318, 319, 322, 325, 489, 490, 492, 495, 497, 542, 1346, 1374, 1376, 1382, 1383, 1384, 1393, 1409, 1586, 1757, 1941, 1944, 1946, 2293, 2859, 3415, 3431, 4161, 4402, 4417, 4418, 4561, 4806)
2014 Ed. (93, 319, 330, 332, 333, 336, 342, 501, 502, 504, 508, 557, 1281, 1317, 1319, 1323, 1324, 1331, 1359, 1551, 1661, 1801, 1883, 1885, 2231, 2888, 3137, 3412, 3431, 3740, 4432, 4448, 4449, 4616)
2015 Ed. (99, 360, 370, 372, 373, 376, 382, 565, 566, 568, 572, 621, 1345, 1382, 1394, 1395, 1434, 1601, 1728, 1734, 1917, 1920, 1922, 2295, 2376, 2932, 3446, 3464, 4414, 4443, 4444, 4615, 4865)
2016 Ed. (350, 358, 360, 361, 365, 367, 511, 512, 514, 519, 567, 1310, 1314, 1317, 1318, 1324, 1528, 1685, 1882, 1883, 1885, 1922, 2049, 2867, 3305, 4772)
2017 Ed. (357, 359, 360, 365, 366, 523, 525, 526, 528, 532, 595, 1325, 1326, 1361, 1365, 1366, 1368, 1660, 1662, 1669, 1841, 1846, 1848, 1892, 2006, 2106, 3267, 4092)
2018 Ed. (39, 328, 331, 338, 492, 493, 494, 496, 558, 1302, 1303, 1337, 1360, 1630, 1791, 1834, 1969, 2073, 3340, 4120)
2019 Ed. (331, 333, 337, 341, 504, 507, 508, 509, 511, 577, 1362, 1364, 1367, 1373, 1374, 1398, 1674, 1676, 1845, 1851, 1888, 2025, 2122, 2317, 3317, 3583, 4131)
2020 Ed. (335, 337, 341, 342, 488, 491, 492, 494, 560, 1330, 1334, 1340, 1341, 1631, 1633, 1790, 1793, 1827, 1950, 2052, 3320, 4133)
2021 Ed. (411, 412, 504, 506, 1324, 1328, 1334, 1335, 1607, 1610, 1760, 1794, 1910, 2004, 3162)
2022 Ed. (425, 514, 515, 518, 521, 1337, 1343, 1344, 1630, 1794, 1833, 2041)
2023 Ed. (1959)
J. P. Morgan Chase & Co. (U.S.)
2021 Ed. (1610, 3162)
2022 Ed. (514, 521, 1630)
The J. P. Morgan Chase Foundation
2005 Ed. (2676)
2012 Ed. (2691)
J. P. Morgan Chase (U.S.)
2022 Ed. (513, 3307)
J. P. Morgan & Co
2000 Ed. (1338)
J. P. Morgan & Co., Inc.
1989 Ed. (378, 401, 415, 416, 560)
1990 Ed. (598, 599, 1289)
1991 Ed. (372, 373, 383, 393, 403, 404, 407, 408, 411, 413, 494, 495, 511, 555, 556, 560, 635, 850, 851, 852, 1111, 1112, 1113, 1116, 1117, 1118, 1122, 1125, 1130, 1133, 1196, 1231, 1581, 1587, 1588, 1589, 1590, 1591, 1593, 1595, 1600, 1601, 1602, 1603, 1604, 1606, 1608, 1609, 1610, 1612, 2178, 2197, 2198, 2199, 2200, 2201, 2206, 2213, 2216, 2221, 2225, 2229, 2233, 2237, 2249, 2252, 2253, 2256, 2585, 2673, 2676, 2677, 2732, 2956, 2965, 3066, 3067, 3068, 3069, 3072, 3077, 3078, 3099, 3262)
1992 Ed. (536, 572)
1995 Ed. (354, 364, 370, 396, 462, 501, 503, 504, 571, 574, 734, 736, 737, 738, 739, 740, 741, 742, 743, 744, 745, 746, 747, 748, 1213, 1315, 1327, 1331, 1333, 1540, 1541, 1556, 2354, 2362, 2366, 2370, 2378, 2380, 2381, 2383, 2384, 2386, 2388, 2516, 2837, 2842, 2843, 3073, 3209, 3225, 3226, 3252, 3302, 3308, 3355)
1996 Ed. (369, 370, 372, 373, 374, 377, 379, 388, 393, 394, 395, 396, 552, 554, 556, 618, 641, 697, 698, 927, 1181, 1183, 1185, 1188, 1189, 1190, 1539, 1647, 1648, 1649, 1650, 1651, 1653, 1699, 1702, 1703, 1704, 1705, 1706, 1892, 2028, 2029, 2030, 2360, 2361, 2363, 2364, 2365, 2366, 2367, 2369, 2370, 2371, 2373, 2374, 2375, 2378, 2382, 2383, 2386, 2389, 2390, 2394, 2398, 2402, 2406, 2410, 2424, 2425, 2428, 2830, 2910, 3165, 3167, 3168, 3184, 3313, 3320, 3322, 3323, 3324, 3325, 3326, 3327, 3328, 3329, 3330, 3336, 3347, 3348, 3349, 3375, 3378, 3379, 3380, 3381, 3382, 3383, 3385, 3388, 3389, 3599)
1998 Ed. (192, 275, 276, 277, 278, 279, 281, 284, 317, 319, 321, 325, 326, 327, 328, 349, 379, 380, 419, 995, 998, 999, 1000, 1001, 1002, 1003, 1004, 1005, 1084, 1110, 1264, 1265, 1494, 1495, 1496, 1497, 1499, 1501, 2241, 2242, 2243, 2244, 2245, 2246, 2247, 2248, 2250, 2251, 2253, 2254, 2258, 2265, 2285, 2295, 2298, 2299, 2300, 2302, 2303, 2308, 2670, 3014, 3015, 3192, 3196, 3197, 3206, 3207, 3209, 3213, 3215, 3216, 3217, 3218, 3219, 3220, 3221, 3222, 3224, 3225, 3226, 3228, 3229, 3231, 3242, 3243, 3245, 3246, 3248, 3249, 3262, 3263, 3265, 3267, 3269, 3270, 3271, 3272, 3273, 3414)
1999 Ed. (382, 383, 400, 425, 426, 435, 443, 445, 548, 549, 554, 610, 615, 651, 652, 665, 884, 967, 1089, 1426, 1427, 1428, 1429, 1430, 1432, 1435, 1436, 1437, 1438, 1439, 1533, 1537, 1544, 2011, 2012, 2013, 2014, 2063, 2064, 2065, 2066, 2069, 2143, 2324, 2396, 2636, 3022, 3023, 3024, 3025, 3026, 3027, 3028, 3029, 3030, 3031, 3032, 3033, 3034, 3035, 3036, 3037, 3038, 3039, 3040, 3046, 3064, 3094, 3706, 3707, 3709, 4023, 4024, 4025, 4177, 4180, 4183, 4192, 4193, 4194, 4198, 4199, 4206, 4207, 4209, 4210, 4211, 4215, 4217, 4218, 4219, 4220, 4222, 4223, 4224, 4225, 4226, 4228, 4239, 4252, 4253, 4254, 4255, 4258, 4259, 4260, 4261, 4262, 4263, 4264, 4265)
2000 Ed. (636, 676, 677, 678, 3417)
2001 Ed. (585, 586, 587, 592, 597, 621, 622, 638, 753, 756, 766, 868, 961, 962, 963, 964, 966, 967, 968, 969, 970, 971, 972, 973, 974, 1195, 1196, 1197, 1517, 1520, 1521, 1522, 1524, 1525, 1526, 1527, 1528, 1529, 1531, 1533, 1538, 1816, 2424, 2427, 2428, 2429, 2430, 3009, 3154, 3155, 3992, 4207, 4208)
2002 Ed. (338, 432, 437, 439, 444, 488, 490, 580, 629, 727, 730, 731, 732, 733, 734, 735, 736, 999, 1354, 1358, 1360, 1364, 1376, 1377, 1395, 1404, 1405, 1561, 1922, 1923, 1924, 1942, 1943, 1944, 1945, 1948, 1949, 1950, 2157, 2167, 2168, 2270, 2271, 2272, 2273, 2274, 2275, 3001, 3043, 3209, 3621, 3622, 3623, 3624, 3625, 3626, 3627, 3629, 3931, 3936, 3938, 3940, 3941, 4197, 4556, 4557, 4647, 4657, 4661, 4662, 4663)
2003 Ed. (1387, 1388, 1389, 1390, 1391, 1392, 1395, 1396, 1414, 1513, 2362, 2368, 2599, 3090, 3091, 3092, 3093, 3095, 3098, 4325, 4719)
2004 Ed. (1444, 3197, 3198, 3199, 3200, 3201, 3202, 3205, 3207)
2005 Ed. (1497, 3222, 3238)
2006 Ed. (3223)
J. P. Morgan Delaware
1993 Ed. (460)
1994 Ed. (370, 391, 465)
1995 Ed. (454)
J. P. Morgan Emerging Markets Debt
2001 Ed. (725)
J. P. Morgan/Fleming
2005 Ed. (705)
J. P. Morgan Fleming Asset Management
2002 Ed. (3008, 3013, 3014, 3018, 3019, 3020, 3023, 3024, 3908)
2003 Ed. (3062, 3063, 3064, 3065, 3067, 3068, 3070, 3072, 3076, 3079, 3082, 3085, 3087, 3089, 3111)
2004 Ed. (2034, 2035, 2036, 2037, 3174, 3178, 3208, 3209, 3210, 3786, 4086)
2005 Ed. (3207, 3211, 3212, 3228)
2006 Ed. (3197, 3213)
J. P. Morgan Fleming European
2004 Ed. (3646)
J. P. Morgan Fleming Intrepid European
2006 Ed. (3612)
J. P. Morgan French Franc Bond Fund
1991 Ed. (2368)
J. P. Morgan French Franc Liquid Fund
1991 Ed. (2368)
J. P. Morgan Futures Inc.
2000 Ed. (826)
2002 Ed. (4500)
2004 Ed. (2714)
2005 Ed. (2707)
2006 Ed. (2682)
2007 Ed. (2672)
2008 Ed. (2803)
2009 Ed. (2860)
2010 Ed. (2798)
2011 Ed. (2785)
2012 Ed. (2715)
J. P. Morgan Institutional Global Strategy Income
2001 Ed. (725)
J. P. Morgan Investment
1989 Ed. (2133)
1992 Ed. (2772, 3351, 3637)
J. P. Morgan Investment Management
1989 Ed. (1800, 2141)
1991 Ed. (2244, 2821)
1994 Ed. (2316)
1996 Ed. (2347, 2414)
1998 Ed. (2225, 2263, 2267, 2284, 2286, 2304, 3016)
1999 Ed. (3048, 3057, 3060, 3061, 3067, 3081, 3082, 3083, 3085, 3086, 3093, 3095, 3096, 3097, 3098, 3105, 3107, 3109, 3588)
2000 Ed. (2839)
2001 Ed. (2879, 3688, 4014)
2002 Ed. (3027)
J. P. Morgan Investment Mgmt.
1990 Ed. (2334)
J. P. Morgan Mid Cap Value
2004 Ed. (2454)
J. P. Morgan Partners
2002 Ed. (4735)
2004 Ed. (4831)
J. P. Morgan Partners LLC; Quetzal/
2005 Ed. (176)
2006 Ed. (189)
2007 Ed. (195)
J. P. Morgan Securities Asia
1997 Ed. (3472)
2000 Ed. (2194)
2003 Ed. (3097)
J. P. Morgan Securities Inc.
1989 Ed. (1350, 1351, 1353, 1354, 1355, 1358, 1361, 1362, 2382)
1990 Ed. (3220)
1991 Ed. (2979, 2984, 3039, 3065)
1993 Ed. (793, 1688, 3130, 3165, 3166, 3171, 3172, 3174, 3176, 3183)
1994 Ed. (2583, 3181)
1995 Ed. (2633, 2636, 2637, 2639, 2640, 2641, 3263)
1996 Ed. (806, 2712, 2713, 2714, 2716, 2718, 2719, 2720, 2721, 3353, 3354, 3358, 3360, 3362, 3366, 3369, 3370, 3371, 3373)
1997 Ed. (742, 1922, 2832, 2833, 2834, 2835, 2836, 2837, 2838, 3450, 3451, 3452, 3453, 3455, 3458, 3459, 3460, 3465, 3468, 3469)
1998 Ed. (518, 2566, 2567, 2568, 2569, 2570, 2571, 2578, 3234, 3239, 3250, 3252, 3253, 3255, 3256, 3257, 3258, 3260, 3261)
1999 Ed. (835, 2278, 3478, 3479, 3480, 3481, 3482, 3485, 4229, 4230, 4231, 4233, 4234, 4235, 4236, 4238, 4240, 4241, 4242, 4244, 4245, 4246, 4247, 4248, 4249, 4251)
2000 Ed. (829)
2001 Ed. (552, 553, 556, 560, 746, 747, 749, 757, 758, 810, 831, 2423, 2425)
2002 Ed. (2165, 2166, 2169)
2003 Ed. (3060, 3066, 3096, 3473, 3474, 3475, 3477, 3478)
2004 Ed. (1441, 3171, 3203, 3527, 3528, 3529, 3530, 3531, 3532, 4330, 4342)
2005 Ed. (162, 293, 662, 680, 849, 961, 1458, 2287, 2342, 2450, 2451, 2464, 2577, 2816, 3206, 3219, 3223, 3356, 3436, 3466, 3512, 3526, 3527, 3529, 3530, 3531, 3590, 3811, 3812, 4112, 4564, 4982)
2006 Ed. (3191, 3208, 3209, 3687)
2007 Ed. (3276, 3278, 3650, 3651, 3652, 3653, 3654, 3655)
2008 Ed. (339, 2882, 3398)
2009 Ed. (3454, 3455)
2010 Ed. (3394, 3398)
J. P. Morgan Securities Japan
2009 Ed. (3463)

CUMULATIVE INDEX • 1989-2023

J. P. Morgan Securities LLC
  2013 Ed. (2795)
  2014 Ed. (2831)
  2015 Ed. (2871)
  2016 Ed. (2804)
  2017 Ed. (2772)
  2018 Ed. (2837)
  2019 Ed. (2801)
J. P. Morgan (U.S.)
  2021 Ed. (510)
J. P. Morgan U.S. Dollar Liquidity
  2007 Ed. (752)
J. P. Noonan Transportation Inc.
  2023 Ed. (4729)
J. P. Patti Co. Inc.
  1990 Ed. (1205)
  1991 Ed. (1084)
  1992 Ed. (1417)
  1993 Ed. (1130)
  1994 Ed. (1148)
  1995 Ed. (1164)
  1996 Ed. (1138)
  1997 Ed. (1168)
  1998 Ed. (953)
  1999 Ed. (1374)
J. P. Reinhard
  2003 Ed. (2384)
  2006 Ed. (954, 2519, 2522)
  2007 Ed. (2501)
  2008 Ed. (2631)
J & P Richardson
  2020 Ed. (1032)
  2021 Ed. (1005)
  2022 Ed. (1049)
J. P. Stevens
  1989 Ed. (1600, 2814, 2815, 2816, 2817)
  1990 Ed. (3270)
  1994 Ed. (2131)
  1995 Ed. (2182)
  1996 Ed. (2196, 2197)
  1997 Ed. (2316, 2317)
J. P. Stevens & Co.
  1990 Ed. (2720)
  2002 Ed. (1466)
  2005 Ed. (4682)
J. Patrick Gallagher Jr.
  2011 Ed. (3196)
J. Paul Getty Center
  2000 Ed. (3733)
J. Paul Getty Trust
  1989 Ed. (1470, 1471, 1476, 2165)
  1990 Ed. (1847, 1848, 2786)
  1991 Ed. (2689)
  1992 Ed. (2214, 3358)
  1993 Ed. (1895, 2783)
  1994 Ed. (1897, 2772)
  1999 Ed. (2499, 2503)
  2000 Ed. (2259)
  2001 Ed. (2517)
  2002 Ed. (2335, 2338, 2339)
  2004 Ed. (2681)
  2005 Ed. (2677)
  2008 Ed. (2766)
  2010 Ed. (2770)
  2011 Ed. (2756)
  2012 Ed. (2690)
J. Pedro Reinhard
  2005 Ed. (986)
  2007 Ed. (1050)
J. Peter Grace
  1994 Ed. (1722)
  1995 Ed. (980)
J. Peter Wagner
  2005 Ed. (4817)
  2006 Ed. (4879)
J. Phillip Fund
  1997 Ed. (2201)
J-Phone
  2001 Ed. (3334)
J. Pica & Cia Inc.
  2016 Ed. (4232)
  2017 Ed. (4218)
  2018 Ed. (4238)
J. Pica & Cia. Inc.
  2005 Ed. (4117)
  2006 Ed. (4168)
  2007 Ed. (4189)
J. Polep Distribution
  1998 Ed. (977)
J. Polep Distribution Services
  1995 Ed. (1196)
J Powell & Associates
  2021 Ed. (2313)
J. P.Stevens
  1999 Ed. (2806)
J Public Relations
  2015 Ed. (4147)
  2016 Ed. (4051, 4061)
  2017 Ed. (4032)
  2018 Ed. (4056)
  2019 Ed. (4049)
  2020 Ed. (4060)
  2021 Ed. (4032)
  2022 Ed. (4051)
  2023 Ed. (4104, 4156)
J. R. Alm
  2002 Ed. (2186)
  2005 Ed. (2485)

J. R. Evans
  1991 Ed. (3211)
J. R. Futee Jr.
  1995 Ed. (3504)
J. R. Horne
  2003 Ed. (2381)
J. R. Immelt
  2003 Ed. (2373)
  2004 Ed. (2493)
  2005 Ed. (2478)
J. R. Lee
  2002 Ed. (1040)
  2003 Ed. (2388)
  2004 Ed. (2507)
  2005 Ed. (2491)
J. R. Moffett
  2003 Ed. (2392)
  2005 Ed. (2495)
J & R Music & Computer World
  2009 Ed. (4992)
  2012 Ed. (4991)
  2013 Ed. (4986)
  2014 Ed. (4991)
  2015 Ed. (2519)
J & R Music/Computer World
  2006 Ed. (799)
J & R Music World
  2000 Ed. (2481)
  2001 Ed. (2217, 4925)
  2014 Ed. (2447)
J. R. Nelson
  2001 Ed. (2329)
  2003 Ed. (2391)
J. R. R. Tolkien
  2006 Ed. (802)
  2007 Ed. (891)
  2011 Ed. (755)
  2012 Ed. (691)
J. R. Roberts Enterprises Inc.
  2002 Ed. (1235)
J & R Schugel Trucking
  2003 Ed. (4789)
J & R Schugel Trucking Inc.
  2021 Ed. (4104)
  2022 Ed. (4131)
  2023 Ed. (4214)
J. R. Shaw
  2005 Ed. (4870)
J R Simplot & Operating Companies
  2023 Ed. (4089)
J. R. Simplot
  2013 Ed. (108)
  2014 Ed. (115, 2737)
  2015 Ed. (130)
J. R. Simplot A Grade
  1994 Ed. (1923)
J. R. Simplot Co.
  1997 Ed. (2039)
  2001 Ed. (1729)
  2005 Ed. (1787)
  2006 Ed. (1758)
  2010 Ed. (201, 4072)
  2011 Ed. (123, 124, 4044)
  2012 Ed. (130, 2702, 4078)
  2013 Ed. (1696, 1697, 2650, 2715)
  2014 Ed. (1645, 1647, 2777, 2783, 2785)
  2015 Ed. (1687, 1689, 2829, 2831, 3506)
  2016 Ed. (1640, 1642, 1643, 2761, 2763, 3365)
  2017 Ed. (1609, 1610, 2724, 2738)
  2018 Ed. (1593, 1594, 2768, 2781, 2792)
  2019 Ed. (1631, 1632, 2747, 2757, 2769)
  2020 Ed. (1588, 1589, 2786, 2793, 2806)
  2021 Ed. (1572, 1573, 2657, 2666, 2677)
  2022 Ed. (1591, 1592, 2795, 2809, 2831)
J. R. Stafford
  2002 Ed. (2190)
  2003 Ed. (2398)
J. R. United
  2007 Ed. (581)
  2009 Ed. (3180)
  2010 Ed. (3112)
J. Ranck Electric
  2018 Ed. (4443)
J. Randall Evans
  1993 Ed. (3445)
J Ray McDermott SA
  2006 Ed. (1855)
  2007 Ed. (1858)
J Ray McDermott SA
  2001 Ed. (1408, 1780)
  2006 Ed. (1188)
  2007 Ed. (1296)
J. Raymond Elliott
  2006 Ed. (904)
  2007 Ed. (994)
  2012 Ed. (794, 798)
J. Richard Fredericks
  1991 Ed. (1673, 1674)
  1992 Ed. (2135, 2137)
  1993 Ed. (1780)
  1994 Ed. (1763)
  1995 Ed. (1805)
J. Richard Smith Advertising
  1992 Ed. (108)
  1993 Ed. (65)
  1994 Ed. (56)
  1996 Ed. (46)

J. Ricky Arriola
  2012 Ed. (2882)
J. Robert Chambers
  1998 Ed. (1589)
  1999 Ed. (2177)
  2000 Ed. (1948)
J. Robert Newman
  1992 Ed. (531)
J. Roget
  1989 Ed. (868)
  1993 Ed. (869)
  1997 Ed. (3886)
  2001 Ed. (1150)
  2002 Ed. (962)
  2003 Ed. (899)
  2004 Ed. (918)
  2005 Ed. (909)
  2006 Ed. (827)
J. Romero & Associates
  1992 Ed. (198)
J. Rothschild Holdings
  1992 Ed. (711, 729)
  1993 Ed. (520)
J. Russell DeLeon
  2007 Ed. (4899)
J. S. Alberici Construction Co. Inc.
  1991 Ed. (1075)
  1993 Ed. (1116)
  1994 Ed. (1157)
  1995 Ed. (1146, 1176)
  1996 Ed. (1153)
  1997 Ed. (1182, 1189)
  1998 Ed. (961)
  1999 Ed. (1385, 1388)
  2000 Ed. (2417)
  2001 Ed. (1465, 1485, 2671)
  2002 Ed. (1230, 1233, 1236, 1259, 1303)
  2003 Ed. (1246, 1249, 1269, 1299, 1332)
J. S. C.
  2008 Ed. (2261)
  2009 Ed. (2247)
  2010 Ed. (2201)
  2011 Ed. (2219)
J. S. Chalsty
  2001 Ed. (2334)
J. & S. Franklin (Holdings & Management Services) Ltd.
  1994 Ed. (996, 997)
J. S. Hovnanian & Sons
  2005 Ed. (1222)
J. S. Lorberbaum
  2004 Ed. (2523)
J & S Mechanical Contractors Inc.
  2012 Ed. (1122)
J. S. Pathology
  1990 Ed. (3465)
J & S Recovery Inc.
  2006 Ed. (4363)
  2007 Ed. (4431)
J. S. Robinson Construction
  2004 Ed. (1183)
  2005 Ed. (1209)
J & S Service & Investment Ltd.
  2012 Ed. (1448)
  2013 Ed. (1583)
J. S. Tisch
  2001 Ed. (2337)
J. S. Were
  1995 Ed. (806, 807, 808, 809, 810)
  1997 Ed. (788, 789, 791, 792)
J. Safra Sarasin
  2022 Ed. (480)
  2023 Ed. (697)
J Safra Sarasin Holding
  2015 Ed. (541)
  2016 Ed. (494)
  2017 Ed. (509)
  2019 Ed. (486)
  2020 Ed. (469)
  2023 Ed. (695)
J. Safra Sarawin
  2021 Ed. (466)
J Sainsbury
  2017 Ed. (4523)
J. Sainsbury
  1990 Ed. (1372, 3053, 3499, 3500)
  1992 Ed. (4178)
  1993 Ed. (742, 3049, 3498, 3609)
  1997 Ed. (1419, 1420, 1421, 3353, 3679, 3783)
  2000 Ed. (1444)
  2014 Ed. (4610)
  2015 Ed. (4606)
  2019 Ed. (4522)
  2020 Ed. (4528)
  2021 Ed. (1932, 4507)
  2022 Ed. (4515)
  2023 Ed. (4528)
J Sainsbury plc
  1990 Ed. (3265, 3635)
  1991 Ed. (1296, 2897, 3110)
  1992 Ed. (1625, 3740)
  1994 Ed. (3109, 3111, 3565)
  1996 Ed. (1361, 1367, 1370, 3244, 3252, 3730)
  1998 Ed. (3085)
  1999 Ed. (1640, 1641, 1643, 4100, 4110, 4644)

  2000 Ed. (1441, 1443, 4387)
  2001 Ed. (262, 1718, 1887, 1889, 2727, 4613)
  2002 Ed. (1789, 1790, 2575, 4506, 4533)
  2003 Ed. (4665)
  2004 Ed. (4641)
  2005 Ed. (1981, 1986, 4122, 4566, 4568, 4912)
  2006 Ed. (1453, 2057, 2059, 4641, 4642, 4645, 4945)
  2007 Ed. (2240, 2241, 4631, 4632, 4635, 4643, 4644)
  2008 Ed. (101, 2124, 4240, 4575)
  2009 Ed. (112, 1429, 1760, 2117, 4341, 4609)
  2010 Ed. (2052, 4369, 4641)
  2011 Ed. (937, 1405, 1414, 2276, 4305, 4590, 4593)
  2012 Ed. (1948, 2167, 2751, 4342, 4366, 4599)
  2013 Ed. (2113, 4292, 4347, 4533, 4535, 4552)
  2014 Ed. (2049, 2058, 4396, 4591, 4593, 4609)
  2015 Ed. (4588, 4590, 4605)
  2016 Ed. (4282, 4508, 4510, 4520, 4527)
  2017 Ed. (2048, 4270, 4506, 4509, 4516, 4521)
  2018 Ed. (2009, 4538, 4548)
  2019 Ed. (2066, 4523, 4537)
  2020 Ed. (4544)
J. Sanchez Asociados
  1991 Ed. (88)
  1992 Ed. (136)
J Schwan
  2023 Ed. (1309)
J. Shelby Stastny
  1995 Ed. (3504)
J. Smith Lanier & Co.
  2011 Ed. (3201)
  2012 Ed. (3158)
  2013 Ed. (3234)
  2014 Ed. (1606, 3248)
  2015 Ed. (1656)
J. Sourdis Bros. OE
  2001 Ed. (1282)
  2002 Ed. (1087)
J-Squared General Contractors Inc.
  2017 Ed. (1427)
  2018 Ed. (1396)
  2019 Ed. (1442)
  2020 Ed. (1404)
  2021 Ed. (1401)
J. Straus
  2003 Ed. (2386)
J. Stuart Francis
  2003 Ed. (3061)
J. T. Battenberg III
  2001 Ed. (1220, 2319)
  2003 Ed. (2381)
  2004 Ed. (975, 2500)
  2005 Ed. (984, 2484)
J. T. Cahill
  2002 Ed. (2186)
  2003 Ed. (2382)
  2004 Ed. (2501)
  2005 Ed. (2485)
J. T. Davenport & Sons Inc.
  1993 Ed. (1155)
  1995 Ed. (1199)
  1997 Ed. (1202, 1205, 1206)
  1998 Ed. (977, 979, 981)
  2005 Ed. (3919)
  2006 Ed. (3993)
  2011 Ed. (1352, 1357, 1358, 1359, 4062)
  2012 Ed. (1218, 1221, 1222, 1223, 4095)
  2013 Ed. (1334, 1337, 1338, 1339, 1958)
  2014 Ed. (1264, 1267, 1894)
J. T. Dillon
  2002 Ed. (2203)
  2003 Ed. (2396)
  2004 Ed. (2515)
J. T. Ford
  2004 Ed. (2522)
J. T. Gorman
  1992 Ed. (2058)
  2001 Ed. (2324)
  2002 Ed. (2189)
J. T. Hackett
  2005 Ed. (2496)
J. T. Hartley
  1992 Ed. (2060)
J. T. Lanni
  2003 Ed. (2374)
J. T. Parrish
  1990 Ed. (3466)
J. T. Schuessler
  2003 Ed. (2388)
  2005 Ed. (2491)
J. T. Slocomb Co.
  1990 Ed. (2003, 2014)
  1991 Ed. (1902, 1908)
  1993 Ed. (2034, 2041)
  1994 Ed. (2047, 2054)
J. Terrence Lanni
  1998 Ed. (1513)
  2006 Ed. (890)
  2007 Ed. (980)

J. Terrence Murray
   1996 Ed. (381)
J. Thomas Bentley
   2003 Ed. (3061)
J. Thomas Bouchard
   1996 Ed. (2989)
   1997 Ed. (3068)
J. Timothy Howard
   2005 Ed. (985)
   2006 Ed. (978)
J. Toldos Reciclajes Manchegos
   2021 Ed. (4804)
J. Tortorella Custom Gunite Pools
   2017 Ed. (4528)
   2019 Ed. (4544, 4547)
   2023 Ed. (4548)
J. Tortorella Swimming Pools
   2016 Ed. (4534)
J. Troy Earhart
   1991 Ed. (3212)
J. Tylee Wilson
   1989 Ed. (1377)
J-U-B Engineers Inc.
   2011 Ed. (2473, 2474)
   2022 Ed. (2469)
   2023 Ed. (2584)
J. V. Manufacturing Inc.
   2006 Ed. (4341)
J & V Resguardo
   2012 Ed. (1854)
   2013 Ed. (1810, 2012)
J Vineyard & Winery
   2015 Ed. (4992)
J. W. Bateson Co.
   1992 Ed. (1409)
J. W. Brown
   2004 Ed. (2517)
J. W. Cameron & Co. Ltd.
   1994 Ed. (1356)
   1995 Ed. (1380)
J. W. Greenberg
   2004 Ed. (2506)
   2005 Ed. (2490)
J. W. Johnson
   2001 Ed. (2328)
J. W. Leonard
   2001 Ed. (2344)
   2003 Ed. (2407)
   2004 Ed. (2526)
   2005 Ed. (2509)
J. W. Madigan
   2001 Ed. (2340)
   2002 Ed. (2205)
   2003 Ed. (2399)
J. W. Marriot
   2013 Ed. (1441)
J. W. Marriott
   2015 Ed. (1991)
J. W. Marriott Corp.
   1989 Ed. (2902)
   1990 Ed. (3683)
   1991 Ed. (3472)
   1992 Ed. (4422)
J. W. Marriott Jr.
   1996 Ed. (958)
   1998 Ed. (721)
   2001 Ed. (2327)
   2003 Ed. (2388)
   2004 Ed. (2507)
   2005 Ed. (2491)
   2008 Ed. (948)
   2009 Ed. (947)
J. W. Mashburn
   2005 Ed. (1220)
J. W. McConnell Family Foundation
   2009 Ed. (909)
   2010 Ed. (852)
   2011 Ed. (2759)
J. W. O'Connor & Co.,Inc.
   1989 Ed. (1803, 2139)
   1990 Ed. (3290)
J-W Operating Co.
   2017 Ed. (2775)
J. W. Pepper
   1994 Ed. (2592)
   1995 Ed. (2673)
   1996 Ed. (2746)
   1997 Ed. (2861)
   2001 Ed. (3415)
   2013 Ed. (3799, 3800, 3801, 3804)
   2014 Ed. (3735, 3738)
   2015 Ed. (3748, 3751)
   2016 Ed. (3656, 3659)
   2017 Ed. (3631)
   2018 Ed. (3692)
   2019 Ed. (3678)
   2020 Ed. (3665)
   2021 Ed. (3667, 3671)
J. W. Rowe
   2002 Ed. (2211)
   2003 Ed. (2407)
   2004 Ed. (2520, 2526)
   2005 Ed. (2504, 2509)
J & W Seligman Co.
   1992 Ed. (2753, 2757, 2761)
   1993 Ed. (2313, 2321)
   1999 Ed. (3070)
   2004 Ed. (724, 3600)

2008 Ed. (3377)
2010 Ed. (1381)
J & W Seligman & Co. Inc., Emerging Growth
   2003 Ed. (3130)
J. W. Snow
   2001 Ed. (2341)
   2002 Ed. (2206)
   2003 Ed. (2400)
   2004 Ed. (2519)
J. W. Stewart
   2001 Ed. (2337)
   2002 Ed. (2202)
   2003 Ed. (2395)
   2004 Ed. (2514)
   2005 Ed. (2498)
   2010 Ed. (904)
J. W. Suominen
   1992 Ed. (3272)
   1995 Ed. (2789)
J. W. Tumbles, A Children's Gym
   2008 Ed. (2913)
J. W. Williams Inc.
   2011 Ed. (2158)
   2012 Ed. (2009)
   2013 Ed. (2198)
J. W. Yonce & Sons Farms Inc.
   1998 Ed. (1776)
J. W. Zander GmbH & Co.
   1994 Ed. (1352)
J. Waddington
   1996 Ed. (1358)
J. Walter Thompson Asuncion
   1999 Ed. (140)
   2000 Ed. (157)
J. Walter Thompson Bangkok
   1999 Ed. (162)
   2000 Ed. (180)
J. Walter Thompson Bogota
   1999 Ed. (74)
   2000 Ed. (80)
J. Walter Thompson Buenos Aires
   1999 Ed. (56)
   2000 Ed. (59)
J. Walter Thompson Caracas
   1999 Ed. (168)
   2000 Ed. (189)
J. Walter Thompson Chicago
   1995 Ed. (56)
   1996 Ed. (115)
J. Walter Thompson Chilena
   1989 Ed. (93)
   1990 Ed. (88)
   1991 Ed. (86)
   1992 Ed. (134)
   1993 Ed. (87)
   1994 Ed. (77)
   1996 Ed. (70)
J. Walter Thompson CO.
   2000 Ed. (47)
J. Walter Thompson Co.
   1989 Ed. (58, 80, 87, 98, 110, 119, 121, 136)
   1990 Ed. (58, 59, 60, 61, 62, 63, 64, 66, 68, 69, 72, 85, 86, 105, 109, 112, 148, 151, 156)
   1991 Ed. (58, 59, 60, 64, 65, 67, 70, 72, 78, 82, 101, 102, 107, 111, 113, 127, 143, 151, 156, 840)
   1992 Ed. (187)
   1993 Ed. (59, 62, 64, 66, 68, 69, 70, 71, 72, 75, 76, 78, 85, 86, 93, 97, 100, 101, 102, 105, 111, 117, 118, 128, 136, 137, 140, 141, 142)
   1994 Ed. (50, 51, 52, 53, 54, 55, 57, 59, 60, 65, 66, 67, 74, 89, 90, 92, 100, 102, 105, 109, 114, 115, 118, 122)
   1995 Ed. (25, 26, 27, 28, 29, 30, 32, 34, 37, 38, 39, 40, 41, 42, 44, 55, 99)
   1996 Ed. (59, 100)
   1997 Ed. (37, 38, 39, 40, 42, 44, 46, 47, 48, 49, 50, 53, 54, 59, 81, 85, 90, 92, 96, 102, 118, 132, 139, 141, 147, 152)
   1998 Ed. (30, 31, 32, 33, 34, 35, 36, 39, 40, 42, 43, 44, 46, 48, 49, 51, 52, 54, 56, 60, 597, 3493, 3494)
   1999 Ed. (35, 36, 37, 38, 39, 40, 41, 44, 45, 46, 49, 51, 53, 54, 80, 82, 105, 124, 147, 154)
   2000 Ed. (43, 44, 45, 46, 48, 49, 50, 51, 52, 53, 56, 60, 71, 77, 78, 79, 86, 88, 110, 142, 172)
   2001 Ed. (97, 98, 99, 100, 101, 102, 103, 104, 115, 120, 121, 122, 128, 129, 138, 146, 151, 154, 164, 179, 188, 195, 196, 197, 199, 202, 209, 210, 218, 220, 221, 222, 224, 231, 232, 239)
   2002 Ed. (63, 65, 70, 71, 72, 73, 74, 76, 77, 87, 91, 92, 93, 101, 102, 111, 119, 124, 149, 150, 151, 166, 167, 168, 170, 181, 183, 186, 191, 197, 204, 205, 208)
   2003 Ed. (28, 29, 36, 37, 38, 39, 40, 42, 43, 54, 58, 59, 60, 76, 87, 91, 121, 134, 135, 136, 138, 139, 148, 149, 150, 155, 157, 164, 165, 166, 168, 171, 172, 179)

2004 Ed. (103, 105, 112, 113, 117, 123, 124, 126, 130)
2005 Ed. (97, 101, 110, 116, 117)
2011 Ed. (48)
2015 Ed. (63, 67, 69)
2016 Ed. (66, 67)
2018 Ed. (58)
2019 Ed. (54)
J. Walter Thompson Co. Argentina
   1989 Ed. (82)
   1990 Ed. (76)
   1991 Ed. (73)
   1992 Ed. (119)
   1993 Ed. (79)
   1994 Ed. (69)
   1996 Ed. (61)
   1997 Ed. (58)
J. Walter Thompson Co. Australia
   1994 Ed. (70)
   1996 Ed. (62)
   1997 Ed. (60)
J. Walter Thompson Co. Chile
   1997 Ed. (71)
J. Walter Thompson Co. China
   1994 Ed. (78)
   1996 Ed. (71)
   1997 Ed. (72)
J. Walter Thompson Co. Detroit
   1996 Ed. (115)
   1998 Ed. (53)
J. Walter Thompson Co. Ho Chi Minh City
   1999 Ed. (169)
J. Walter Thompson Co. Hong Kong
   1999 Ed. (98)
J. Walter Thompson Co. Italiana
   1992 Ed. (168)
   1997 Ed. (106)
J. Walter Thompson Co. Korea
   1993 Ed. (116)
   1994 Ed. (99)
J. Walter Thompson Co. Kuala Lumpur
   1999 Ed. (122)
J. Walter Thompson Co. Mexico
   1999 Ed. (123)
J. Walter Thompson Co. de Mexico
   1989 Ed. (134)
   1990 Ed. (127)
   1991 Ed. (126)
   1992 Ed. (179)
   1993 Ed. (119)
   1994 Ed. (101)
   1996 Ed. (114)
   1997 Ed. (117)
J. Walter Thompson Co. Paraguay
   1996 Ed. (126)
   1997 Ed. (130)
J. Walter Thompson Co. Peruana
   1989 Ed. (150)
   1990 Ed. (141)
   1991 Ed. (141)
   1992 Ed. (196)
   1996 Ed. (127)
   1997 Ed. (131)
J. Walter Thompson Co. Publicidade
   1989 Ed. (89, 153)
   1990 Ed. (83, 144)
   1991 Ed. (80, 144)
   1992 Ed. (200)
   1993 Ed. (84, 130)
   1994 Ed. (73, 111)
   1996 Ed. (130)
   1997 Ed. (67, 134)
J. Walter Thompson Co. Santiago
   1999 Ed. (72)
J. Walter Thompson Co. Sao Paulo
   1999 Ed. (67)
J. Walter Thompson Co. Singapore
   1991 Ed. (147)
   1992 Ed. (204)
   1993 Ed. (135)
   1996 Ed. (135)
   1999 Ed. (150)
J. Walter Thompson Co. Sydney
   1999 Ed. (57)
J. Walter Thompson Co. Taiwan
   1991 Ed. (155)
   1994 Ed. (121)
   1996 Ed. (145)
   1997 Ed. (151)
J. Walter Thompson Co./West
   1989 Ed. (173, 174)
   1990 Ed. (162)
   1991 Ed. (161)
   1992 Ed. (220)
   1994 Ed. (126)
   1995 Ed. (138)
   1996 Ed. (152)
   1997 Ed. (159)
   1998 Ed. (67)
   1999 Ed. (170)
J. Walter Thompson Frankfurt
   1999 Ed. (91)
   2000 Ed. (97)
J. Walter Thompson Group
   2001 Ed. (233)
J. Walter Thompson International
   1997 Ed. (125)

J. Walter Thompson International NZ
   1996 Ed. (120)
J. Walter Thompson Italia
   1989 Ed. (124)
   1990 Ed. (118)
   1991 Ed. (116)
   1993 Ed. (114)
   1994 Ed. (97)
   1996 Ed. (104)
J. Walter Thompson Lima
   1999 Ed. (141)
   2000 Ed. (158)
J. Walter Thompson Lisbon
   1999 Ed. (145)
   2000 Ed. (162)
J. Walter Thompson London
   1999 Ed. (93)
   2000 Ed. (99)
J. Walter Thompson Madrid
   1999 Ed. (156)
   2000 Ed. (174)
J. Walter Thompson Manchester
   2001 Ed. (236)
J. Walter Thompson Manila
   1999 Ed. (143)
   2000 Ed. (160)
J. Walter Thompson Mexico City
   2000 Ed. (141)
J. Walter Thompson Milan
   1999 Ed. (108)
   2000 Ed. (113)
J. Walter Thompson New Zealand
   1991 Ed. (133)
   1993 Ed. (123)
J. Walter Thompson-Parintex
   1996 Ed. (129)
   1997 Ed. (133)
   1999 Ed. (144)
   2000 Ed. (161)
   2001 Ed. (198)
   2002 Ed. (169)
   2003 Ed. (137)
J. Walter Thompson Publicadade
   1996 Ed. (68)
J. Walter Thompson S.A.
   1989 Ed. (162)
   1996 Ed. (141)
J. Walter Thompson South Africa
   1989 Ed. (157)
   1991 Ed. (148)
J. Walter Thompson Taipei
   1999 Ed. (161)
   2000 Ed. (178)
J. Walter Thompson USA
   1990 Ed. (94)
   1991 Ed. (85, 92)
   1992 Ed. (133, 141)
   1994 Ed. (68, 76, 83)
   1995 Ed. (65)
   1996 Ed. (79)
   1997 Ed. (56, 79)
   1998 Ed. (62)
   2000 Ed. (42)
   2004 Ed. (114)
   2005 Ed. (113)
J. Walter Thompson USA/Backer Spielvogel Bates
   1990 Ed. (13)
J. Walter Thompson de Venezuela
   1989 Ed. (172)
   1990 Ed. (161)
   1991 Ed. (160)
   1992 Ed. (219)
   1993 Ed. (145)
   1994 Ed. (125)
J. Walter Thomspon
   2004 Ed. (125)
J. Wayne Leonard
   2005 Ed. (968)
   2006 Ed. (924)
   2007 Ed. (1014, 1034)
   2008 Ed. (956)
   2009 Ed. (955)
   2011 Ed. (847)
J. Wilkes
   2021 Ed. (4916)
J. Willard Marriott Jr.
   2011 Ed. (835)
J. William Gurley
   1997 Ed. (1873)
   1998 Ed. (1661)
J. Wood Group
   2005 Ed. (3790)
J. Wray Connolly
   1995 Ed. (1728)
J. Y. Legner Associates Inc.
   2006 Ed. (3515)
   2007 Ed. (3558, 3559)
j2
   2002 Ed. (4806)
J2 Engineering Inc.
   2009 Ed. (3035)
   2010 Ed. (2960)
   2011 Ed. (2922)
   2012 Ed. (2860)
   2013 Ed. (2929)
j2 Global
   2016 Ed. (1401)

CUMULATIVE INDEX • 1989-2023

j2 Global Communications
  2013 Ed. (1453, 4643)
  2014 Ed. (1034, 1414)
  2015 Ed. (1068)
  2016 Ed. (975)
J2 Global Communications Inc.
  2014 Ed. (1441)
j2 Global Communications Inc.
  2003 Ed. (2719)
  2004 Ed. (3663)
  2006 Ed. (2740, 4676, 4677)
  2007 Ed. (2726, 2737, 4394, 4696)
  2008 Ed. (2856, 4352, 4370, 4634)
  2009 Ed. (4458, 4653)
J2T Recruiting Consultants Inc.
  2007 Ed. (2495)
  2008 Ed. (1709, 2627)
JA Group
  2020 Ed. (2714)
J.A. Jones Inc.
  2000 Ed. (1249)
J.A. Riggs Tractor Co.
  2014 Ed. (1367)
J.A Saude Animal
  2022 Ed. (3871)
JA Saude Animal
  2022 Ed. (3873)
  2023 Ed. (1589)
J.A Saúde Animal Industria e Comercio de Produtos Veterinários
  2021 Ed. (1388)
J.A Saude Animal Industria e Comercio de Produtos Veterinarios
  2021 Ed. (3851)
JA-SIG Collaborative
  2005 Ed. (2273)
JA Solar Holdings
  2009 Ed. (4397)
Ja Twan Publishing Music
  2014 Ed. (3719)
Jaakko Poyry Group
  1994 Ed. (1646, 1648, 1649, 1652)
  1995 Ed. (1687, 1688, 1690, 1691, 1696)
  1996 Ed. (1669, 1670, 1672, 1673, 1678)
  1997 Ed. (1749, 1750, 1754, 1759)
  1998 Ed. (1451)
  2000 Ed. (1810, 1811, 1812, 1817, 1819, 1823)
  2001 Ed. (2246)
  2003 Ed. (2312, 2318)
  2004 Ed. (2393, 2399)
  2005 Ed. (2425, 2431)
  2006 Ed. (2465, 2471)
  2007 Ed. (2430, 2436)
Jaakko Poyry Group Oyj
  2008 Ed. (2557, 2561, 2563, 2564)
  2009 Ed. (2565, 2569, 2571)
  2010 Ed. (2481, 2485, 2487, 2488)
  2011 Ed. (2489, 2493, 2495, 2496)
Jaakko Poyry Oy
  1990 Ed. (1671)
  1991 Ed. (1558, 1559, 1562)
  1993 Ed. (1615, 1616, 1617, 1620)
JAB Holding
  2021 Ed. (764, 2169)
  2022 Ed. (802, 2198)
JAB Holding Co.
  2018 Ed. (2740)
  2019 Ed. (2724)
  2020 Ed. (310, 314, 2191, 2757)
  2021 Ed. (297, 2170)
  2022 Ed. (310, 2199)
JAB Holding Co./Joh. A. Benckiser
  2021 Ed. (297, 2170)
  2022 Ed. (310, 2199)
JAB Holding/Joh. A Benckiser
  2021 Ed. (764, 2169)
  2022 Ed. (802, 2198)
  2023 Ed. (2379)
Jabal Omar
  2021 Ed. (653)
  2022 Ed. (689, 4097, 4102)
Jabal Omar Development
  2014 Ed. (4204)
  2015 Ed. (4184)
  2016 Ed. (4102)
  2017 Ed. (4078)
Jabba the Hutt
  2010 Ed. (624)
Jabber Inc.
  2006 Ed. (3021)
  2007 Ed. (3054)
Jaber; Hessa Al
  2013 Ed. (4614)
Jaber; Mohamed Al
  2013 Ed. (3486)
Jaber; Mohamed Bin Issa Al
  2009 Ed. (4911)
  2010 Ed. (4912, 4913)
  2011 Ed. (4898, 4900)
  2012 Ed. (4908, 4909)
  2013 Ed. (4904, 4918)
  2014 Ed. (4915)
Jabez Construction
  2020 Ed. (3561)
Jabian Consulting
  2011 Ed. (1128, 1129, 1131, 1132, 1133, 1141)

  2013 Ed. (1210)
Jabil
  2022 Ed. (1554, 4383)
  2023 Ed. (3624, 4406, 4409)
Jabil Circuit
  2013 Ed. (1623)
  2014 Ed. (1589)
  2017 Ed. (4351)
  2018 Ed. (1542, 4347)
  2019 Ed. (932, 1570)
  2020 Ed. (1539)
  2023 Ed. (1712)
Jabil Circuit inc.
  2017 Ed. (2278)
Jabil Circuit Inc.
  1993 Ed. (1112)
  1995 Ed. (1145, 1654)
  1996 Ed. (1119)
  1998 Ed. (933)
  1999 Ed. (1352, 2117)
  2000 Ed. (1245, 2397)
  2001 Ed. (1458, 1459, 1460, 4215, 4449)
  2002 Ed. (1134, 1226, 1227, 1524, 1562, 1770, 4256)
  2003 Ed. (1124, 1677, 2247, 4376, 4378, 4379, 4380)
  2004 Ed. (1104, 1706, 2235, 2238, 2239, 2241, 2259, 2260, 4398, 4401)
  2005 Ed. (1108, 1159, 1278, 1634, 2336, 2339, 2356, 3047, 4340, 4344)
  2006 Ed. (1151, 1227, 1229, 1230, 1231, 1232, 1498, 1523, 1707, 1710, 2349, 2391, 2394, 2401, 4280, 4283, 4583)
  2007 Ed. (1551, 2284, 2336, 2337, 2344, 2348, 3081, 4348, 4516, 4701)
  2008 Ed. (1730, 2473, 4540, 4610)
  2009 Ed. (1199, 1669, 1674, 2478, 2901, 4416)
  2010 Ed. (1628, 1630, 2379, 2380, 2387, 4459)
  2011 Ed. (732, 1638, 1640, 2380, 4393)
  2012 Ed. (931, 1487, 1490, 1493, 2308, 2309, 2310, 2311, 2459, 4460)
  2013 Ed. (1080, 1616, 1620, 1624, 2484, 2488, 2489, 2490, 4427, 4430)
  2014 Ed. (1583, 1585, 1587, 1590, 2416, 2418, 2419, 2420, 4457, 4459)
  2015 Ed. (1637, 1639, 1641, 2490, 2492, 2493, 2494, 4453)
  2016 Ed. (984, 1569, 1571, 1579, 1580, 1583, 1584, 2422, 2424, 2425, 2426, 3445, 4348)
  2017 Ed. (1021, 1569, 1570, 2269, 2271, 3403, 4349)
  2018 Ed. (953, 1541, 2332, 2334, 3470)
  2019 Ed. (944, 1584, 2323, 2326, 4375)
  2020 Ed. (1553, 2303, 2305, 4368)
  2021 Ed. (1521, 1537, 4373)
  2022 Ed. (1537)
Jabil Circuit Poland Sp.
  2019 Ed. (1930)
Jabil Healthcare
  2022 Ed. (3141)
Jabil Inc.
  2019 Ed. (1582, 3439)
  2020 Ed. (3436)
  2021 Ed. (1535, 3454)
  2022 Ed. (1536, 1551, 3512)
  2023 Ed. (1711, 1727, 3635)
Jablansky; Paul
  1997 Ed. (1950)
Jaboneria/Favorita
  1992 Ed. (47)
JABRA Corp.
  2002 Ed. (2481)
JAC Motors
  2021 Ed. (244)
  2022 Ed. (266)
Jac Recruitment
  2021 Ed. (1635)
Jacada Ltd.
  2016 Ed. (1015, 1016)
Jacada Travel
  2021 Ed. (4664)
  2022 Ed. (4672)
Jaccs
  1990 Ed. (1778)
  1991 Ed. (1715)
  1992 Ed. (2149)
  1993 Ed. (1857)
  1994 Ed. (1846)
  1995 Ed. (1874)
  2012 Ed. (2624)
  2013 Ed. (2694)
  2014 Ed. (2679)
  2015 Ed. (2723)
Jaccs Co., Ltd.
  2017 Ed. (2583)
  2018 Ed. (2651)
  2019 Ed. (2636)
  2020 Ed. (2648)
Jack
  2003 Ed. (717)
Jack A. Fusco
  2010 Ed. (907, 908)
Jack A. Sweeney
  2009 Ed. (385)

Jack & Annie's
  2023 Ed. (2940)
Jack B. Henderson Construction
  2007 Ed. (1382, 1383)
  2008 Ed. (1319, 1320)
  2009 Ed. (1303, 1304)
  2010 Ed. (1298)
  2011 Ed. (1256)
  2012 Ed. (3993)
Jack B. Henderson Construction Co.
  2015 Ed. (1255)
Jack B. Kelley Inc.
  1994 Ed. (3602)
  2003 Ed. (4786)
Jack Bendat
  2002 Ed. (872)
Jack Blackstock
  2000 Ed. (2024)
Jack Bovender Jr.
  2005 Ed. (969)
  2006 Ed. (892)
  2007 Ed. (982)
  2009 Ed. (3706)
  2010 Ed. (3623)
Jack in the Box
  1990 Ed. (1982, 1983)
  1991 Ed. (1884)
  1992 Ed. (2121, 2372, 2373, 4229)
  1993 Ed. (2012)
  1994 Ed. (2022, 2023)
  1995 Ed. (2074, 2075, 2076)
  1996 Ed. (2072, 2073)
  1997 Ed. (2172, 2173)
  1998 Ed. (1898)
  1999 Ed. (2633)
  2000 Ed. (2413, 2414, 3778)
  2001 Ed. (2402, 2403, 2404)
  2002 Ed. (2236, 2238, 2239, 2243, 2294, 3993)
  2003 Ed. (2438, 2453, 2497, 2525, 2532, 2534, 4105, 4221, 4223, 4224, 4225, 4226)
  2004 Ed. (2581, 2582, 2632, 2664, 2667, 4107, 4108, 4129)
  2005 Ed. (2550, 2562, 2658, 2666, 4046, 4054, 4171, 4172, 4174, 4175)
  2006 Ed. (266, 2557, 2566, 2649, 2652)
  2007 Ed. (2537, 2630)
  2008 Ed. (2660, 2665, 2675, 2676, 3066, 3074, 3439, 3440, 4142, 4145, 4156, 4171, 4191)
  2009 Ed. (1538, 2690, 2700, 3153, 3513, 4255, 4264, 4277)
  2010 Ed. (2599, 2602, 2605, 2607, 2620, 3084, 3442, 4192, 4204, 4229, 4251, 4263, 4410, 4411, 4412, 4413, 4414)
  2011 Ed. (2583, 2584, 2587, 2589, 2600, 2603, 2742, 4205, 4210, 4229, 4251, 4263, 4354, 4355, 4356)
  2012 Ed. (2532, 3104, 4290, 4394, 4395, 4396, 4397)
  2013 Ed. (1745, 2660, 4258, 4363, 4364, 4365)
  2014 Ed. (2611, 4306, 4314, 4418, 4419, 4420)
  2015 Ed. (2657, 2920, 2921, 2922, 2923, 2924, 2925, 4430)
  2016 Ed. (783, 791, 2580, 2588, 2852, 2853, 2854, 2855)
  2017 Ed. (2504, 2512, 2815, 2816, 2817, 4193)
  2018 Ed. (2579, 2586, 2588, 2879, 2880, 2882, 2883, 2884)
  2019 Ed. (2553, 2560, 2563, 2828, 2829, 2831, 2832, 2833)
  2020 Ed. (787, 2542, 2544, 2551, 2554, 2865, 2867, 2868, 2869)
  2021 Ed. (2507, 2514, 2740, 2741)
  2022 Ed. (2617, 2895, 2896, 2897, 4201, 4212)
  2023 Ed. (2757, 2767, 4220, 4252)
Jack; Bradley H.
  2005 Ed. (2512)
The Jack Bull
  2001 Ed. (4698)
Jack Cooper Holdings
  2022 Ed. (4732)
  2023 Ed. (4714)
Jack Cooper Holdings Corp.
  2019 Ed. (4750)
  2020 Ed. (4729)
  2021 Ed. (4730)
Jack Cooper Transport
  1993 Ed. (3638)
  2002 Ed. (4689)
  2003 Ed. (4787)
  2006 Ed. (4797, 4847, 4848)
  2007 Ed. (4814, 4843)
  2008 Ed. (4741, 4770)
  2009 Ed. (4802)
  2010 Ed. (4819)
  2011 Ed. (4778)
  2012 Ed. (4791, 4800)
  2013 Ed. (4752)
  2014 Ed. (4802)
  2015 Ed. (4837)
  2016 Ed. (4741)
  2018 Ed. (4748)

Jack Cooper Transport Co.
  2020 Ed. (4744)
  2021 Ed. (4742)
  2022 Ed. (4744)
Jack Cooper Transport Co. Inc.
  2023 Ed. (4728)
Jack Cooper Transport Co., Inc.
  2013 Ed. (4762)
  2014 Ed. (4813)
  2015 Ed. (4848)
  2016 Ed. (4752)
  2017 Ed. (4763)
  2018 Ed. (4759)
  2019 Ed. (4762)
  2020 Ed. (4750)
  2021 Ed. (4748)
  2022 Ed. (4750)
  2023 Ed. (4734)
Jack Crawford Taylor
  2005 Ed. (4854)
  2006 Ed. (4908)
  2007 Ed. (4903)
  2008 Ed. (4832)
  2009 Ed. (4852)
  2010 Ed. (4854)
  2011 Ed. (4842)
Jack Daniel
  1990 Ed. (2445)
Jack Daniel Black Label
  1990 Ed. (2451, 2458)
  1991 Ed. (2315, 2316, 2317, 2320)
Jack Daniel's
  1989 Ed. (748, 751, 752, 1895)
  1991 Ed. (2313)
  1992 Ed. (2874)
  1995 Ed. (2454)
  1997 Ed. (2668)
  1999 Ed. (3240, 3241, 3242, 3243, 3244, 3245, 3246, 3247, 3249)
  2000 Ed. (2969, 2973, 2974, 2975, 2976, 2977, 2978, 2979, 2980)
  2001 Ed. (355, 3132, 3134, 3135, 3138, 3139, 3140, 3141, 3142, 3143, 3144, 3145, 3146, 3147, 4803, 4804, 4805, 4806)
  2002 Ed. (286, 3107, 3130, 3131, 3134, 3156, 3158, 3159, 3160, 3161, 3162, 3164, 3166)
  2003 Ed. (263, 3225, 3226, 3230, 4902, 4919)
  2004 Ed. (229, 3279, 3284, 4892, 4908)
  2005 Ed. (235)
  2006 Ed. (252, 254, 255)
  2007 Ed. (262)
  2008 Ed. (241, 242, 243)
  2009 Ed. (265, 267)
  2010 Ed. (252)
  2011 Ed. (172, 175, 177)
  2012 Ed. (186, 188)
  2013 Ed. (3513)
  2014 Ed. (174, 3487)
  2016 Ed. (191)
  2017 Ed. (178, 179, 4887)
  2019 Ed. (168, 4892)
  2020 Ed. (4882)
  2021 Ed. (167, 170)
  2022 Ed. (162)
  2023 Ed. (231)
Jack Daniels
  2013 Ed. (169)
  2018 Ed. (166)
  2019 Ed. (631)
  2020 Ed. (170, 613)
  2021 Ed. (173, 575)
  2022 Ed. (166)
Jack Daniel's American
  2019 Ed. (169)
  2020 Ed. (165)
  2021 Ed. (168)
Jack Daniels American
  2023 Ed. (230)
Jack Daniel's Black
  1992 Ed. (2867, 2868, 2869, 2872, 2883, 2885)
  1993 Ed. (2433, 2436, 2445, 2446, 2447, 2448, 2449, 2450)
  1994 Ed. (2374, 2375, 2389, 2390, 2391, 2393)
  1995 Ed. (2455, 2456, 2470, 2471, 2472, 2474)
  1996 Ed. (2505, 2519, 2520, 2521, 2522, 2524)
  1997 Ed. (2646, 2658, 2659, 2660, 2661, 2663)
  1998 Ed. (2376, 2377, 2387, 2388, 2389, 2390, 2393, 2394, 2395, 2396, 2397)
  1999 Ed. (3206, 3208, 3228, 3229, 3231, 3233, 3235, 3236, 3237, 3238)
  2000 Ed. (2946, 2948, 2949, 2967, 2970)
  2002 Ed. (278, 279, 3150, 3172, 3173, 3174, 3175, 3178)
Jack Daniel's Black/Green
  2001 Ed. (3115, 3118, 4788)
Jack Daniel's Black Label
  2014 Ed. (172)
  2015 Ed. (202)
  2016 Ed. (193)

Jack Daniels Black Label
  1991 Ed. (727)
  2015 Ed. (201)
Jack Daniel's Black Label Tennessee
    Whiskey
  2018 Ed. (164)
Jack Daniels Brewing Co.
  1998 Ed. (2487)
Jack Daniel's Country
  2002 Ed. (286)
Jack Daniel's Country Cocktail
  2000 Ed. (2971)
Jack Daniel's Country Cocktails
  1994 Ed. (2392)
  1995 Ed. (3734)
  1996 Ed. (2522, 2523, 3833)
  1997 Ed. (2663, 3884)
  1998 Ed. (2391, 3715)
  1999 Ed. (3207, 3234, 4763)
  2000 Ed. (4390)
  2001 Ed. (3136, 4835)
  2002 Ed. (3104, 3157, 4908)
  2003 Ed. (4942)
  2004 Ed. (1034, 3285, 4945)
  2005 Ed. (4925)
  2006 Ed. (4958)
Jack Daniel's Country Cooler
  2000 Ed. (2947)
Jack Daniels Motors
  1990 Ed. (315, 335)
  1991 Ed. (292, 302)
  1992 Ed. (407)
  1993 Ed. (292)
  1994 Ed. (261)
  1995 Ed. (260)
  1996 Ed. (264)
Jack Daniel's Single Barrel
  2001 Ed. (4803, 4804)
  2003 Ed. (4919)
  2004 Ed. (4908)
Jack Daniel's Tennesse
  2016 Ed. (192)
Jack Daniel's Tennessee Whiskey
  2011 Ed. (173)
  2012 Ed. (185)
  2013 Ed. (168)
Jack Daniels (U.S.)
  2021 Ed. (173)
  2022 Ed. (166)
Jack Daniel's whiskey
  2021 Ed. (167)
Jack Daniels Whiskey
  2009 Ed. (266)
  2010 Ed. (253)
  2011 Ed. (174)
Jack and Dollie Galter
  1994 Ed. (890)
Jack Dorsey
  2013 Ed. (740)
  2014 Ed. (761)
  2015 Ed. (797)
Jack Dunn
  2013 Ed. (1211)
Jack Eckerd Corp.
  1989 Ed. (1266, 1267)
  1990 Ed. (1029, 1030)
  1991 Ed. (954, 955, 1463)
  1993 Ed. (964, 1527, 1528, 3255)
  1995 Ed. (1003)
Jack F. Reichert
  1991 Ed. (1628)
Jack G. Clarke
  1989 Ed. (1376)
Jack Geraghty
  1991 Ed. (1678)
Jack Grubman
  1991 Ed. (1684)
  1993 Ed. (1827)
  1994 Ed. (1810)
  1995 Ed. (1848)
  1996 Ed. (1826, 1904)
  1997 Ed. (1900)
  1998 Ed. (1679)
  2000 Ed. (2056)
  2002 Ed. (2258)
Jack Hall
  1995 Ed. (1726)
  1996 Ed. (2989)
Jack Hammontree
  1991 Ed. (3211)
Jack Henry
  1990 Ed. (535)
Jack Henry & Associates
  2015 Ed. (3274, 3275)
  2018 Ed. (3157)
  2019 Ed. (3092)
Jack Henry & Associates Inc.
  2003 Ed. (2646)
  2004 Ed. (2124)
  2006 Ed. (1126)
  2014 Ed. (1726)
  2015 Ed. (1764, 1770)
  2016 Ed. (1337)
  2023 Ed. (1142)
Jack Homestead
  1989 Ed. (1753)
  1990 Ed. (2285)

Jack Horner Communications
  2003 Ed. (4013)
  2004 Ed. (4023)
Jack Hunt Coin Broker
  2016 Ed. (1879)
Jack In The Box
  2023 Ed. (2756)
Jack Kashani
  2011 Ed. (2972)
Jack Kelly
  1991 Ed. (1693, 1709)
  1993 Ed. (1837, 3642)
  1994 Ed. (1817)
  1995 Ed. (1859)
  1996 Ed. (1836)
  1997 Ed. (1909)
  1998 Ed. (1653)
  1999 Ed. (2242, 2254)
  2000 Ed. (2024, 2035)
Jack Kirnan
  1996 Ed. (1777)
  1997 Ed. (1852)
  1998 Ed. (1627)
  1999 Ed. (2210)
Jack Krinan
  2000 Ed. (1982)
Jack Link's
  2013 Ed. (4453)
  2014 Ed. (4490)
  2015 Ed. (4487)
  2016 Ed. (4385, 4393, 4398)
  2017 Ed. (4405, 4410)
  2018 Ed. (4416, 4417, 4423)
  2019 Ed. (4426, 4431)
  2021 Ed. (3492, 4418, 4420)
  2022 Ed. (4420, 4422)
  2023 Ed. (4448, 4449)
Jack Links
  1998 Ed. (3324)
  2001 Ed. (3234)
  2002 Ed. (2009, 2010)
  2008 Ed. (4447)
  2009 Ed. (2342, 2343)
Jack Link's Cold Crafted
  2021 Ed. (3725)
Jack Link's Matador
  2013 Ed. (4453)
  2014 Ed. (4490)
  2015 Ed. (4487)
  2016 Ed. (4385)
Jack Link's Small Batch
  2017 Ed. (1289)
  2018 Ed. (3704)
Jack Link's Wild
  2021 Ed. (4418)
  2022 Ed. (4420)
Jack M. Greenberg
  2004 Ed. (2487, 2491, 2530, 2531, 2532)
Jack M. Greenburg
  2002 Ed. (1040)
Jack Ma
  2015 Ed. (4915, 4916)
  2016 Ed. (721, 4831, 4832)
  2017 Ed. (4840)
  2018 Ed. (3367, 4846, 4847)
  2019 Ed. (4842)
  2020 Ed. (4830, 4831)
  2021 Ed. (4831, 4832)
  2022 Ed. (4825)
  2023 Ed. (4820)
Jack Mack
  2011 Ed. (852)
Jack Malvey
  1998 Ed. (1565, 1610)
  1999 Ed. (2276)
  2000 Ed. (1954, 1959)
Jack Maxton Chevrolet
  2013 Ed. (218, 219, 220)
Jack McGrory
  1993 Ed. (2638)
Jack Miller Chrysler-Plymouth
  1993 Ed. (297)
Jack Modzelewski
  1996 Ed. (1836)
  1997 Ed. (1909)
  2000 Ed. (1980, 2024)
Jack Morton
  2023 Ed. (3652)
Jack Morton Worldwide
  2002 Ed. (1955, 1956)
  2005 Ed. (3406)
  2006 Ed. (3415)
  2007 Ed. (3433)
  2008 Ed. (3600)
  2009 Ed. (2654, 3668)
  2010 Ed. (3585)
  2011 Ed. (3587, 3588)
  2012 Ed. (3575, 3576)
  2013 Ed. (3624)
  2014 Ed. (3562, 3570, 3571)
  2015 Ed. (81)
  2016 Ed. (81)
  2022 Ed. (3531)
  2023 Ed. (157)
Jack Moseley
  1992 Ed. (2713)

Jack Nadel Inc.
  2006 Ed. (4347)
  2008 Ed. (4380)
Jack Nicklaus
  1996 Ed. (250)
  1997 Ed. (278)
  1998 Ed. (197)
  1999 Ed. (2607)
  2008 Ed. (2827)
Jack O. Bovender Jr.
  1994 Ed. (1715)
Jack O. Peiffer
  1994 Ed. (1712)
Jack Parker
  1990 Ed. (2577)
Jack Petchey
  2007 Ed. (4928)
Jack Poust
  2004 Ed. (4974)
  2005 Ed. (4975)
Jack R. Dodge
  1991 Ed. (2345)
  1992 Ed. (2906)
  1995 Ed. (2486)
Jack Richards & Son
  2018 Ed. (4706)
  2020 Ed. (4683)
Jack Rowe
  2006 Ed. (2515)
Jack Salzman
  1991 Ed. (1683, 1701, 1707)
  1993 Ed. (1789, 1802)
  1994 Ed. (1772, 1785)
  1995 Ed. (1813, 1824)
  1996 Ed. (1787, 1797)
Jack Scott
  1989 Ed. (2944)
Jack Slevin
  1998 Ed. (1516)
Jack Spade
  2017 Ed. (944)
  2018 Ed. (879)
Jack: Straight from the Gut
  2009 Ed. (629)
Jack Straw
  2012 Ed. (598)
Jack Sweeney
  2007 Ed. (384)
  2008 Ed. (369)
Jack Taylor
  2003 Ed. (4885)
  2004 Ed. (4869)
  2012 Ed. (4851)
  2013 Ed. (4848)
  2014 Ed. (4864)
  2016 Ed. (4818)
  2017 Ed. (4828)
Jack Thompson Oldsmobile
  1995 Ed. (282)
  1996 Ed. (282)
Jack Utsick Presents
  2001 Ed. (3917)
  2003 Ed. (1126)
  2006 Ed. (1152)
  2007 Ed. (1266)
Jack Valenti
  1999 Ed. (3254)
Jack Valvey
  1999 Ed. (2193)
Jack Welch
  1990 Ed. (971)
  2000 Ed. (796, 1044)
  2002 Ed. (1042)
  2003 Ed. (787, 2334)
  2004 Ed. (2414)
  2006 Ed. (1450, 3262)
  2009 Ed. (2612)
Jack White
  1999 Ed. (1867, 4476)
  2000 Ed. (1682)
Jack White Value Advantage Plus Alliance
    Premier Gr
  2000 Ed. (4337)
Jack White Value Advantage Plus Safeco
    Growth
  2000 Ed. (4335)
The Jackal
  2001 Ed. (2125)
Jackalope Brewing Co.
  2023 Ed. (912)
JackBe
  2008 Ed. (1154)
  2010 Ed. (1108)
  2011 Ed. (1047)
  2013 Ed. (1122)
Jacked Factory
  2020 Ed. (1451)
  2022 Ed. (4225)
Jackie Chan
  2017 Ed. (2378)
  2020 Ed. (2481)
"Jackie Collins' Lucky/Chances"
  1993 Ed. (3537)
Jackie Cooper Public Relations
  1999 Ed. (3933)
  2000 Ed. (3650)
  2002 Ed. (3869)

Jackie Kevill
  2004 Ed. (4986)
Jackie Mason, Dennis Blair
  1991 Ed. (1042)
Jackman; Duncan N. R.
  2012 Ed. (802)
Jackman; Henry
  2005 Ed. (4865)
Jackman; Hugh
  2015 Ed. (2599)
  2016 Ed. (2524)
Jackman; Worthing
  2007 Ed. (1057)
Jackmont Hospitality Inc.
  2015 Ed. (104)
  2016 Ed. (110)
  2021 Ed. (85)
Jackpot Junction Casino Hotel
  2012 Ed. (677)
  2013 Ed. (885)
  2014 Ed. (847)
Jack's
  1994 Ed. (2886)
  1995 Ed. (1945, 2951)
  1998 Ed. (1769, 3447)
  2003 Ed. (2559)
  2017 Ed. (2725)
  2018 Ed. (2782, 2783)
  2019 Ed. (2758)
  2020 Ed. (2795)
  2021 Ed. (2667, 2736, 2738, 2739)
  2022 Ed. (2814, 2816, 2892, 2894, 2895)
Jacks
  2016 Ed. (2765)
Jack's Abby Brewing
  2023 Ed. (910)
Jacks Apple Chips
  2022 Ed. (4402)
Jacks Link X Stick
  2009 Ed. (2342)
Jack's Mechanical Solutions Inc.
  2018 Ed. (4784)
  2019 Ed. (4791)
Jack's Original
  2012 Ed. (2703)
  2014 Ed. (2790, 2791)
  2015 Ed. (2833)
  2016 Ed. (2766)
Jacks Original
  2014 Ed. (2789)
  2015 Ed. (2832)
  2016 Ed. (2765)
Jack's Tropical Gardens
  2023 Ed. (3851)
Jacksepticeye
  2020 Ed. (3286)
Jackson
  2022 Ed. (622, 3221)
Jackson; Alan
  1993 Ed. (1079)
  1994 Ed. (1100)
  1996 Ed. (1094)
  1997 Ed. (1113)
Jackson Automotive Group
  2021 Ed. (89)
  2022 Ed. (102)
Jackson Automotive Group L.L.C.
  2021 Ed. (89)
  2022 Ed. (102)
Jackson; Bo
  1995 Ed. (250, 1671)
Jackson Citizen Patriot
  1989 Ed. (2053)
  1990 Ed. (2695, 2699)
  1991 Ed. (2608)
  1992 Ed. (3245)
Jackson City Patriot
  1991 Ed. (2599)
Jackson & Coker
  1990 Ed. (1710)
The Jackson Cos.
  1995 Ed. (1952)
  1997 Ed. (2099, 2100)
  2008 Ed. (2073)
Jackson Cosmetics; Victoria
  1997 Ed. (2390)
Jackson County, MO
  1996 Ed. (2538)
Jackson County Physical Therapy
  2014 Ed. (1926)
Jackson-Cross Co - Oncor International
  2000 Ed. (3715)
Jackson-Cross Co.
  1989 Ed. (2285)
  1990 Ed. (2955)
  1991 Ed. (2806, 2807)
  1992 Ed. (3615)
  1998 Ed. (3000, 3020)
  1999 Ed. (3995, 4013)
Jackson; Curtis "50 Cent"
  2014 Ed. (3733)
  2016 Ed. (3643)
Jackson; Darren
  2006 Ed. (963)
  2007 Ed. (1060)
Jackson Design and Remodeling
  2023 Ed. (3179)

Jackson Energy
  2022 Ed. (1592)
  2023 Ed. (1762)
Jackson Family Wines
  2008 Ed. (4935)
  2009 Ed. (4956)
  2010 Ed. (4965)
  2011 Ed. (4949)
  2012 Ed. (4948)
  2013 Ed. (4942)
  2014 Ed. (4953)
  2015 Ed. (1497, 4993)
  2016 Ed. (1433, 4909)
  2017 Ed. (1445, 4903, 4904)
  2018 Ed. (1424, 4923, 4924)
  2019 Ed. (1463, 2539, 4921, 4922)
  2020 Ed. (1429, 4922)
  2021 Ed. (1428, 4919)
  2022 Ed. (1434, 4912)
  2023 Ed. (1627, 4901)
Jackson Federal Bank
  2006 Ed. (4231)
Jackson Food
  2022 Ed. (1592)
Jackson Food/Jackson Energy
  2022 Ed. (1592)
The Jackson Group
  2009 Ed. (4990)
  2010 Ed. (4997)
Jackson Health System
  2012 Ed. (2992)
  2014 Ed. (3081)
  2017 Ed. (1561)
  2018 Ed. (1543)
  2019 Ed. (1572)
  2021 Ed. (2767)
  2023 Ed. (1718)
Jackson Healthcare
  2011 Ed. (3771)
  2013 Ed. (3835)
  2014 Ed. (3756)
  2015 Ed. (3780)
  2016 Ed. (3693)
  2017 Ed. (3651)
Jackson Hedden
  2022 Ed. (768)
Jackson Hewitt
  2019 Ed. (4554)
  2023 Ed. (4555)
Jackson Hewitt Inc.
  2004 Ed. (3)
  2005 Ed. (2)
Jackson Hewitt Tax Service
  1991 Ed. (1771)
  1992 Ed. (2221)
  1998 Ed. (1759)
  1999 Ed. (2509, 3674)
  2000 Ed. (2267, 2270)
  2001 Ed. (2529, 2531)
  2002 Ed. (2, 4549)
  2003 Ed. (2, 881, 885, 4674)
  2004 Ed. (905, 908, 4653)
  2005 Ed. (895, 899, 4596)
  2006 Ed. (1, 3, 808, 811, 814, 4662)
  2007 Ed. (2, 895, 898, 902, 4681)
  2008 Ed. (1, 872, 874, 877, 4592)
  2009 Ed. (882, 887, 4636)
  2010 Ed. (4663)
  2011 Ed. (4611)
  2012 Ed. (4617)
  2020 Ed. (4556)
  2021 Ed. (4537)
  2022 Ed. (4543)
  2023 Ed. (4557)
Jackson Hewitt Tax Services
  2009 Ed. (2926)
Jackson Hole Mountain Resort
  2016 Ed. (4373)
Jackson Hunter Morris & Knight
  2014 Ed. (2678)
Jackson-Jackson & Associates Inc.
  2005 Ed. (262)
Jackson; Janet
  1992 Ed. (1348)
Jackson; Jess
  2007 Ed. (4900)
  2008 Ed. (4827)
Jackson; Jess Stonestreet
  2005 Ed. (4857)
  2006 Ed. (4903)
Jackson; Jesse
  1990 Ed. (2504)
Jackson; Kate
  1997 Ed. (1726)
Jackson Kelly
  2001 Ed. (945)
  2012 Ed. (3386)
  2021 Ed. (3261, 3262)
Jackson Laboratory
  2003 Ed. (1749)
  2008 Ed. (1896)
  2009 Ed. (1859)
  2010 Ed. (1791)
  2011 Ed. (1816)
  2012 Ed. (1674, 1675)
  2013 Ed. (1825)
  2014 Ed. (1753)
  2015 Ed. (1798)

  2016 Ed. (1752)
The Jackson Laboratory
  2013 Ed. (2381)
  2023 Ed. (842)
Jackson; LaToya
  1991 Ed. (844)
Jackson Lewis LLP
  2012 Ed. (3373, 3383, 3409)
  2013 Ed. (3446)
  2014 Ed. (3446)
Jackson Lewis PC
  2021 Ed. (3199, 3200)
Jackson; Mark
  2006 Ed. (982)
Jackson; Maynard
  1992 Ed. (2987)
  1993 Ed. (2513)
Jackson Memorial Hospital
  1998 Ed. (1990)
  2000 Ed. (2528)
  2002 Ed. (2621)
Jackson Memorial Hospsital
  1999 Ed. (2748)
Jackson, MI
  1992 Ed. (2541, 3034)
  1994 Ed. (974, 2496)
  2005 Ed. (2977)
  2008 Ed. (2491)
  2009 Ed. (2497, 3576)
  2010 Ed. (2410, 3494)
  2011 Ed. (2413, 3480, 3495)
  2012 Ed. (3499)
  2014 Ed. (3520)
Jackson; Michael
  1989 Ed. (1347)
  1990 Ed. (1672)
  1991 Ed. (1578)
  1992 Ed. (1982)
  1993 Ed. (1633)
  1994 Ed. (1667)
  1995 Ed. (1119)
  1997 Ed. (1777)
  2011 Ed. (755)
  2012 Ed. (691, 3733)
  2013 Ed. (907)
  2014 Ed. (853, 1098, 1099)
  2015 Ed. (889, 1135)
  2016 Ed. (774)
  2017 Ed. (2386)
  2018 Ed. (2445)
  2019 Ed. (2494)
  2020 Ed. (2486)
  2022 Ed. (2519)
Jackson; Michael J.
  2009 Ed. (2664)
  2010 Ed. (2565)
  2011 Ed. (854)
Jackson; Mike
  2007 Ed. (1030)
  2008 Ed. (952, 2271, 2638)
  2009 Ed. (2258)
  2010 Ed. (2215)
  2011 Ed. (2233)
  2013 Ed. (2281)
  2014 Ed. (2215)
  2015 Ed. (2279)
Jackson-Moore; Will
  2023 Ed. (1308)
Jackson, MS
  1990 Ed. (1467)
  1992 Ed. (1163)
  1993 Ed. (2115)
  1994 Ed. (952)
  1995 Ed. (331, 875, 2807)
  1997 Ed. (3525)
  2000 Ed. (1092, 2995)
  2002 Ed. (407)
  2005 Ed. (2974)
  2006 Ed. (3974)
  2021 Ed. (3327)
Jackson National
  2010 Ed. (3304)
  2011 Ed. (3267)
Jackson National Consolidated
  2009 Ed. (278)
Jackson National Group
  2019 Ed. (3232)
  2020 Ed. (3245)
  2021 Ed. (3111)
  2022 Ed. (3252)
Jackson National Life
  2017 Ed. (3115)
  2018 Ed. (3210)
Jackson National Life Group
  2016 Ed. (204)
Jackson National Life Insurance
  2022 Ed. (3146)
Jackson National Life Insurance Co.
  1991 Ed. (245, 2101)
  1992 Ed. (337, 2658, 2669)
  1993 Ed. (2204, 2226, 2380, 3279)
  1994 Ed. (223, 2257, 2260, 3269)
  1995 Ed. (222, 2297, 3350)
  1996 Ed. (224, 2311, 2313)
  1997 Ed. (2446)
  1998 Ed. (170, 2173, 2179, 2194)
  1999 Ed. (2949)
  2000 Ed. (2700)

  2001 Ed. (2938)
  2002 Ed. (2921, 2926)
  2007 Ed. (3149)
  2008 Ed. (3299)
  2009 Ed. (3359)
  2010 Ed. (3297)
  2011 Ed. (3258)
  2012 Ed. (3236, 3240, 3242)
  2013 Ed. (3313, 3315, 3319, 3321)
  2014 Ed. (179, 180, 3337)
  2016 Ed. (205, 206, 3240)
  2017 Ed. (191, 192, 193, 3196)
  2018 Ed. (1715)
  2019 Ed. (179, 180, 3233)
Jackson Natl Group
  2023 Ed. (3341)
Jackson Oil Co.
  2016 Ed. (1643)
  2017 Ed. (1610)
Jackson & Perkins
  2013 Ed. (900)
Jackson; Peter
  2008 Ed. (2582)
  2015 Ed. (2603)
  2016 Ed. (2527)
  2023 Ed. (2663, 4847)
Jackson Purchase Medical Center
  2011 Ed. (3048)
  2012 Ed. (2985)
Jackson; Rev. Jesse
  2013 Ed. (3468)
Jackson Securities Inc.
  1998 Ed. (471)
  1999 Ed. (732)
  2000 Ed. (745)
  2002 Ed. (718)
  2003 Ed. (219)
  2004 Ed. (177)
  2005 Ed. (178)
Jackson Securities LLC
  2006 Ed. (192)
  2007 Ed. (198)
  2008 Ed. (185)
  2009 Ed. (202)
  2010 Ed. (181, 182)
  2011 Ed. (104, 105)
  2012 Ed. (111)
Jackson & Sons Construction; W
  1993 Ed. (1132)
  1994 Ed. (1153)
Jackson & Sons; W.
  1991 Ed. (1086)
  1992 Ed. (1419)
Jackson Spalding
  2000 Ed. (3643)
  2004 Ed. (3999)
  2005 Ed. (3959)
  2011 Ed. (4106, 4130)
  2012 Ed. (4146, 4159)
  2013 Ed. (4131, 4145)
  2014 Ed. (4147, 4162)
  2015 Ed. (4130, 4143, 4144)
  2016 Ed. (4044, 4050, 4055, 4057, 4058)
  2017 Ed. (4015, 4026, 4028, 4029)
  2018 Ed. (4039, 4050, 4052, 4053)
  2019 Ed. (4036, 4043, 4045, 4046)
  2020 Ed. (4037, 4042, 4048, 4054, 4056, 4057)
  2021 Ed. (4004, 4009, 4015, 4024, 4025, 4028, 4032)
  2022 Ed. (4022, 4041, 4043, 4044, 4047)
  2023 Ed. (4126, 4127, 4132, 4138, 4148, 4149, 4152)
Jackson Spalding Inc.
  2015 Ed. (1657)
  2016 Ed. (1599)
  2023 Ed. (4101)
Jackson Spalding Ledlie
  1997 Ed. (3188)
  1998 Ed. (2941)
  1999 Ed. (3926)
Jackson Square SMID-Cap Growth Inv
  2022 Ed. (4498)
Jackson Square SMID-Cap Growth Investment
  2020 Ed. (4508)
  2021 Ed. (4490)
Jackson (Tenn) Health & Ed.
  1990 Ed. (2646)
Jackson Thornton
  2012 Ed. (1296)
Jackson Thornton & Co.
  2011 Ed. (20)
  2012 Ed. (25)
  2013 Ed. (17)
  2014 Ed. (13)
  2015 Ed. (14)
  2016 Ed. (13)
  2017 Ed. (9)
  2018 Ed. (8)
  2019 Ed. (9)
  2020 Ed. (11)
  2021 Ed. (13)
  2022 Ed. (14)
  2023 Ed. (54)
Jackson, TN
  1996 Ed. (977)
  1997 Ed. (3305)

  1998 Ed. (2484)
  2000 Ed. (3769)
  2002 Ed. (2459)
  2003 Ed. (2699)
  2008 Ed. (3481)
  2009 Ed. (2392)
  2011 Ed. (4202)
  2012 Ed. (4254)
  2014 Ed. (3520)
  2016 Ed. (3386)
  2021 Ed. (3370)
Jackson Tumble Finish
  2019 Ed. (3444)
  2020 Ed. (3441)
Jackson USDA Credit Union
  2002 Ed. (1874)
Jackson VA Federal Credit Union
  2002 Ed. (1874)
  2003 Ed. (1928)
  2004 Ed. (1968)
  2005 Ed. (2110)
Jackson; Vincent
  2015 Ed. (222)
Jackson & Walker
  1993 Ed. (2396)
Jackson Walker
  2012 Ed. (3389)
  2014 Ed. (3444)
  2021 Ed. (3253, 3254)
  2023 Ed. (3445)
Jackson Walker LLP
  2022 Ed. (3343)
  2023 Ed. (3426, 3453)
Jackson, WY
  2010 Ed. (3654, 3662)
  2011 Ed. (3657)
Jackson XC
  2014 Ed. (4476)
  2015 Ed. (4470)
  2016 Ed. (4375)
  2018 Ed. (4376)
  2019 Ed. (4399)
  2020 Ed. (4398)
  2021 Ed. (4398)
Jacksons/Jackson Energy
  2023 Ed. (1762)
Jacksons Food Stores
  2016 Ed. (1643)
  2017 Ed. (1610)
Jacksons Food Stores Inc.
  2018 Ed. (1594)
  2019 Ed. (1632)
  2020 Ed. (1589)
  2021 Ed. (1573)
Jacksons Food Stores Inc. and subsidiaries
  2021 Ed. (1573)
Jacksonville-Brunswick, FL
  2003 Ed. (872)
Jacksonville Chamber
  1999 Ed. (1057)
  2000 Ed. (1004)
Jacksonville Chamber of Commerce
  1998 Ed. (670)
  2002 Ed. (958)
Jacksonville Electric Authority
  1993 Ed. (1554, 1556)
  1994 Ed. (1591, 1592)
  1995 Ed. (1634, 1636)
  1996 Ed. (1610, 1611)
  1998 Ed. (1377, 1382, 1383, 2965)
  1999 Ed. (3965)
  2000 Ed. (3675)
  2020 Ed. (2244)
Jacksonville Electric Authority, FL
  2000 Ed. (1727)
Jacksonville, FL
  1990 Ed. (2884)
  1992 Ed. (1162, 2913, 3140, 4190)
  1994 Ed. (972, 2585)
  1995 Ed. (989, 2667)
  1996 Ed. (973)
  1997 Ed. (2338, 2765)
  1998 Ed. (143, 176, 733)
  1999 Ed. (1159, 3367)
  2000 Ed. (1067, 1073, 1078)
  2001 Ed. (2834, 4021, 4024)
  2002 Ed. (373, 927, 2393, 2442, 2633, 2743, 3726)
  2003 Ed. (3246, 3260, 3262)
  2004 Ed. (1162, 2720, 3303, 3523, 3736)
  2005 Ed. (2385, 3321, 3323, 3642, 3644, 3645, 4143, 4834)
  2006 Ed. (2973, 3299, 3309, 3742, 4050, 4189)
  2007 Ed. (2997, 3004, 3374, 3386, 3388)
  2008 Ed. (977)
  2010 Ed. (2408)
  2011 Ed. (2745, 4308)
  2012 Ed. (2503, 4373)
  2015 Ed. (4053)
  2017 Ed. (4560)
  2019 Ed. (2386)
  2020 Ed. (2356, 3952)
  2021 Ed. (3316)
  2022 Ed. (3930)
Jacksonville, FL, Electric Authority
  1991 Ed. (1486, 1494, 1496)
  1992 Ed. (1893, 1894, 1895)

Jacksonville, Fla., Electric Authority
  1990 Ed. (1595, 1597)
Jacksonville International Airport
  1998 Ed. (145)
  1999 Ed. (248)
  2000 Ed. (273)
  2002 Ed. (275)
Jacksonville International Tradeport
  1997 Ed. (2374)
Jacksonville Jaguars
  1998 Ed. (1749)
  2001 Ed. (4346)
Jacksonville Medical Center
  2013 Ed. (2862)
Jacksonville Naval Air Station
  1993 Ed. (2884)
Jacksonville, NC
  1993 Ed. (2555)
  1994 Ed. (2245)
  2000 Ed. (1076, 4365)
  2002 Ed. (2118)
  2008 Ed. (3468)
  2009 Ed. (3547)
  2010 Ed. (3467)
  2011 Ed. (3470)
  2019 Ed. (720)
  2020 Ed. (711)
Jacksonville State University
  1990 Ed. (1084)
  2009 Ed. (793)
  2010 Ed. (731)
Jacksonville University
  2002 Ed. (867)
  2009 Ed. (753)
Jackthreads
  2015 Ed. (2474)
Jacky Xu
  2018 Ed. (4883)
  2019 Ed. (4876)
Jaclyn Smith
  1989 Ed. (945)
  1992 Ed. (1210)
  1993 Ed. (987, 994)
  1994 Ed. (1014, 1026)
  1995 Ed. (1035)
  1996 Ed. (1019)
  1997 Ed. (1026, 1027, 1726)
  1998 Ed. (765, 766)
  1999 Ed. (1195, 1196)
  2000 Ed. (1116)
Jaco Electronics Inc.
  1996 Ed. (1634)
  1998 Ed. (1410, 1416)
  2000 Ed. (3000)
  2001 Ed. (2202, 2205, 2206, 2208)
  2002 Ed. (1501, 2086, 2088, 2092, 2093)
  2004 Ed. (2248, 2251, 4546)
  2005 Ed. (2345, 2347, 2348, 2351)
  2008 Ed. (2466, 2467)
  2009 Ed. (2469)
JACO General Contractors
  2014 Ed. (2946)
Jacob Bonscha
  1999 Ed. (2418)
Jacob Deegan
  2017 Ed. (3601)
Jacob Discovery Fd Inv
  2022 Ed. (4501, 4503)
Jacob Discovery Fund Inv
  2023 Ed. (4518, 4521)
Jacob Estares
  2012 Ed. (4386)
Jacob Internet
  2006 Ed. (3639)
Jacob Internet Fund
  2006 Ed. (3608, 3612)
Jacob Internet Inv
  2022 Ed. (3733, 3734, 3736)
  2023 Ed. (3829, 3832)
Jacob Javits Convention Center, New York City
  1991 Ed. (1104)
Jacob K. Javits Convention Center
  1992 Ed. (1442, 3013)
Jacob Leinenkugel
  1989 Ed. (757)
  1990 Ed. (752)
Jacob Leinenkugel Brewing Co.
  1998 Ed. (2491)
Jacob Micro Cap Growth Investment
  2020 Ed. (4511)
  2021 Ed. (4493, 4495)
Jacob; Richard J.
  1989 Ed. (1377)
Jacob Sanchez
  2011 Ed. (4336)
Jacob Small Cap Growth Investment
  2020 Ed. (4511)
Jacob Stolt-Nielsen
  2015 Ed. (4947)
Jacob Suchard
  1992 Ed. (1046)
Jacobo Llanza
  1996 Ed. (1905)
Jacoboski; Bryan
  1989 Ed. (1419)
  1990 Ed. (1768, 1769)
  1991 Ed. (1697, 1708)

  1993 Ed. (1813, 1815)
  1994 Ed. (1796, 1798)
  1995 Ed. (1834, 1836)
Jacobs
  1993 Ed. (1879)
  2005 Ed. (3160, 3162, 3165, 3169, 3170)
  2007 Ed. (1154)
  2008 Ed. (1035)
  2009 Ed. (1018, 3411)
  2010 Ed. (2443, 3348, 3353, 3358)
  2011 Ed. (912, 2449, 3305, 3310, 3314)
  2012 Ed. (2369)
  2014 Ed. (187, 2487, 2499, 3372, 3374)
  2015 Ed. (215, 2549)
  2016 Ed. (213, 1106)
  2019 Ed. (3279, 3285)
  2020 Ed. (1740, 3283)
  2021 Ed. (4425)
  2022 Ed. (192, 1033, 1087, 1088, 2475, 2477, 2478, 2479, 2480, 2481, 2482, 2483, 2484, 2485, 2486, 2488, 2494, 2495, 2497, 2498, 2499, 2500, 2501, 2502, 2504, 2505, 2508, 2509, 2510, 2511, 2529, 2537, 2540, 2541, 3283, 3284, 3287, 3292)
  2023 Ed. (274, 286, 290, 297, 1205, 1206, 1217, 1260, 1261, 1262, 2585, 2587, 2588, 2589, 2590, 2591, 2592, 2593, 2594, 2595, 2596, 2601, 2602, 2605, 2606, 2607, 2609, 2610, 2612, 2613, 2615, 2616, 2617, 2618, 2619, 2621, 2625, 2628, 2631, 2633, 2634, 2642, 2643, 2644, 2647, 2649, 2651, 2652, 2654, 2660, 2671, 2672, 2673, 2674, 2675, 2676, 2677, 2678, 2679, 2680, 2681, 2682, 2683, 2684, 2685, 2686)
Jacobs.
  2023 Ed. (1258)
Jacobs Asset Management
  1998 Ed. (2291)
  1999 Ed. (3087, 3091)
  2000 Ed. (2819)
Jacobs & Associates Inc.; Thomas L.
  1990 Ed. (1650)
Jacobs; Brad
  2023 Ed. (4803)
Jacobs; Bradley
  2020 Ed. (4816)
  2021 Ed. (4817)
  2022 Ed. (4810)
Jacobs Canada Inc.
  2011 Ed. (4403)
  2019 Ed. (1044)
Jacobs Carter Burgess
  2009 Ed. (4321)
Jacob's Creek
  2001 Ed. (359, 4911)
  2002 Ed. (4975)
  2005 Ed. (4964)
  2009 Ed. (270)
  2010 Ed. (257)
Jacobs Douwe Egberts
  2020 Ed. (2718)
Jacobs Engineering
  1995 Ed. (1127)
  1996 Ed. (1108)
  2019 Ed. (1277)
  2020 Ed. (1026, 1266)
  2021 Ed. (1237)
Jacobs Engineering Canada
  2007 Ed. (1284)
  2008 Ed. (1184)
  2009 Ed. (1160)
  2010 Ed. (1156)
  2012 Ed. (1016)
Jacobs (Jacobs Engineering Group)
  2023 Ed. (1233, 2055, 2573)
Jacobs Engineering Group
  2017 Ed. (1096, 1274)
  2018 Ed. (1024, 1252)
  2019 Ed. (1032)
  2020 Ed. (1024)
  2021 Ed. (992)
  2022 Ed. (1966)
  2023 Ed. (2575, 2661, 3372, 3373, 3377, 3380, 3383)
Jacobs Engineering Group Inc.
  1991 Ed. (1069, 1073)
  1992 Ed. (1355, 1359, 1401, 1402, 1403, 1405, 1408, 3480, 4145)
  1993 Ed. (1084, 1087, 1100, 1114, 1115, 1116, 1117, 1118, 1121, 1151, 1605, 3462, 3466)
  1994 Ed. (1108, 1110, 1124, 1130, 1131, 1132, 1133, 1134, 1137, 1167, 1172, 1174, 1633, 1635, 1637, 2892)
  1995 Ed. (1139, 1148, 1149, 1150, 1151, 1152, 1154, 1155, 1187, 1193, 1672, 1673, 1676, 1679, 1693, 1718)
  1996 Ed. (1121, 1123, 1124, 1125, 1128, 1129, 1154, 1165, 1655, 1656, 1659, 1675, 1678)
  1997 Ed. (1129, 1136, 1137, 1138, 1150, 1152, 1153, 1156, 1157, 1158, 1194, 1197, 1732, 1733, 1734, 1737, 1756, 1763, 1782)
  1998 Ed. (881, 884, 934, 935, 937, 938,

939, 942, 966, 973, 1435, 1436, 1438, 1439, 1447, 1449, 1451, 1456, 1479, 1480, 1483, 1485, 1487, 1488, 1490, 1492)
  1999 Ed. (1313, 1315, 1399, 2018, 2034, 2060)
  2000 Ed. (1196, 1794, 1861)
  2001 Ed. (1204, 1395, 1403, 1404, 1407, 1408)
  2002 Ed. (331, 1175, 1176, 1214, 1229, 1238, 1239, 1249, 1252, 1257, 1264, 1266, 1267, 1268, 1269, 1270, 1275, 1316, 2130, 2132, 2133, 2137, 2139, 2152)
  2003 Ed. (1135, 1140, 1145, 1146, 1186, 1187, 1245, 1251, 1252, 1261, 1263, 1267, 1273, 1275, 1276, 1277, 1278, 1283, 1284, 1299, 1330, 2289, 2291, 2292, 2293, 2294, 2295, 2296, 2297, 2298, 2300, 2302, 2304, 2307, 2308, 2312, 2313, 2315, 2316, 2317, 2323)
  2004 Ed. (1137, 1144, 1148, 1149, 1191, 1192, 1248, 1249, 1253, 1254, 1264, 1266, 1270, 1276, 1278, 1279, 1280, 1281, 1282, 1286, 1287, 1322, 1329, 1330, 2323, 2324, 2325, 2326, 2329, 2330, 2331, 2332, 2335, 2339, 2343, 2345, 2346, 2347, 2349, 2352, 2354, 2356, 2362, 2363, 2364, 2365, 2369, 2370, 2374, 2375, 2381, 2382, 2385, 2386, 2389, 2392, 2393, 2396, 2397, 2398, 2404, 2432, 2437, 2439, 2441, 2442)
  2005 Ed. (1167, 1169, 1170, 1171, 1173, 1217, 1218, 1250, 1279, 1299, 1301, 1303, 1328, 1334, 2150, 2415, 2416, 2417, 2418, 2419, 2420, 2424, 2425, 2426, 2427, 2428, 2430, 2436, 2437)
  2006 Ed. (1163, 1165, 1166, 1167, 1169, 1187, 1188, 1209, 1239, 1244, 1245, 1247, 1248, 1268, 1270, 1271, 1292, 1301, 1313, 1314, 1354, 2246, 2450, 2458, 2459, 2461, 2464, 2465, 2466, 2468, 2470, 2476, 2477, 2502, 2792, 3162, 3165, 3166, 3172, 3173)
  2007 Ed. (1275, 1277, 1278, 1295, 1296, 1316, 1342, 1343, 1344, 1345, 1346, 1403, 1404, 2399, 2411, 2412, 2413, 2415, 2416, 2417, 2418, 2421, 2422, 2423, 2426, 2429, 2430, 2431, 2435, 2439, 2441, 2442, 2443, 2471, 3200)
  2008 Ed. (1163, 1169, 1171, 1175, 1177, 1178, 1188, 1193, 1194, 1206, 1224, 1226, 1229, 1230, 1231, 1232, 1233, 1237, 1240, 1247, 1282, 1299, 1352, 1360, 2285, 2531, 2533, 2534, 2538, 2540, 2542, 2543, 2544, 2545, 2548, 2549, 2550, 2553, 2556, 2557, 2562, 2566, 2568, 2569, 2570, 2600, 2880, 2915, 3340, 3342)
  2009 Ed. (1143, 1150, 1152, 1162, 1168, 1169, 1183, 1206, 1208, 1211, 1212, 1213, 1214, 1215, 1218, 1265, 1284, 1285, 1314, 1355, 1361, 1461, 1462, 2273, 2519, 2549, 2550, 2551, 2552, 2555, 2556, 2557, 2561, 2564, 2565, 2566, 2570, 2574, 2576, 2577, 2578, 2581, 2628, 2634, 2636, 2944, 3410, 3415, 3420, 3474)
  2010 Ed. (1136, 1144, 1145, 1146, 1157, 1159, 1161, 1162, 1175, 1177, 1178, 1179, 1210, 1211, 1214, 1215, 1216, 1217, 1218, 1221, 1261, 1277, 1339, 1346, 2228, 2436, 2465, 2466, 2467, 2468, 2470, 2471, 2472, 2473, 2475, 2477, 2480, 2481, 2482, 2484, 2486, 2490, 2492, 2493, 2494, 2531, 2537, 2539, 2540, 2541, 2911, 3037)
  2011 Ed. (1087, 1088, 1089, 1108, 1110, 1111, 1123, 1125, 1126, 1127, 1158, 1161, 1162, 1163, 1164, 1165, 1211, 1230, 1324, 2245, 2440, 2481, 2482, 2485, 2488, 2489, 2490, 2491, 2492, 2494, 2498, 2500, 2501, 2502, 2532, 2533, 2534, 2536, 3006)
  2012 Ed. (1008, 1009, 1010, 1011, 1012, 1026, 1032, 1033, 1057, 1059, 1060, 1061, 1094, 1098, 1099, 1100, 1101, 1102, 1103, 1115, 1116, 1147, 1190, 2109, 2365, 2368, 2378, 2380, 2384, 2385, 2386, 2389, 2391, 2392, 2395, 2396, 2397, 2399, 2404, 2407, 2408, 2409, 2411, 2417, 2419, 2420, 2422, 2457, 2933, 3288, 3293, 3298, 3299)
  2013 Ed. (1147, 1152, 1153, 1154, 1178, 1182, 1183, 1195, 1196, 1197, 1241, 1242, 1243, 1245, 1286, 1310, 2294, 2551, 2552, 2553, 2554, 2555, 2556, 2557, 2560, 2562, 2563, 2566, 2567, 2568, 2572, 2573, 2576, 2577, 2580, 2584, 2585, 2589, 2592, 3022, 3362, 3367, 3371, 3372)
  2014 Ed. (6, 1108, 1112, 1114, 1115, 1116, 1118, 1131, 1148, 1179, 1180, 1181, 1182, 1183, 1219, 2232, 2482, 2489, 2491, 2492, 2495, 2496, 2497, 2498, 2501, 2502, 2505, 2506, 2509, 2513, 2514, 2518, 2522, 2523, 2525, 3033, 3373, 3377, 3381)

  2015 Ed. (5, 6, 1148, 1152, 1153, 1154, 1156, 1157, 1178, 1200, 1201, 1202, 1233, 1234, 1235, 1236, 1237, 1240, 2297, 2557, 2563, 2564, 2565, 2566, 2567, 2569, 2570, 2571, 2572, 2575, 2576, 2579, 2580, 2583, 2585, 2587, 2588, 2591, 2592, 2595, 2596, 2597, 3099, 3407, 3409, 3413, 3417)
  2016 Ed. (1061, 1064, 1067, 1069, 1090, 1108, 1109, 1110, 1144, 1145, 1146, 1147, 1148, 1151, 1192, 1219, 2265, 2473, 2484, 2485, 2486, 2487, 2488, 2489, 2491, 2492, 2493, 2494, 2495, 2497, 2498, 2500, 2501, 2502, 2503, 2505, 2506, 2507, 2509, 2510, 2511, 2512, 2513, 2514, 2519, 2520)
  2017 Ed. (1093, 1097, 1124, 1151, 1184, 1193, 1194, 1195, 1197, 1237, 1267, 2329, 2340, 2341, 2342, 2343, 2344, 2345, 2347, 2348, 2349, 2350, 2352, 2354, 2355, 2357, 2358, 2359, 2361, 2362, 2364, 2366, 2369, 2371, 2375, 3239)
  2018 Ed. (754, 1021, 1025, 1056, 1086, 1143, 1144, 1145, 1147, 1217, 2407, 2408, 2409, 2410, 2411, 2414, 2415, 2416, 2417, 2419, 2421, 2424, 2425, 2426, 2427, 2428, 2429, 2431, 2433, 2436, 2437, 2438, 2442, 3025, 3313, 4310)
  2019 Ed. (189, 1033, 1035, 1066, 1096, 1098, 1099, 1100, 1155, 1156, 1157, 1260, 2416, 2453, 2454, 2455, 2456, 2457, 2459, 2460, 2461, 2462, 2463, 2465, 2470, 2471, 2473, 2474, 2475, 2476, 2478, 2480, 2482, 2484, 2485, 2486, 2487, 2967, 3275, 3277, 3280)
  2020 Ed. (1025, 1027, 1054, 1084, 1085, 1086, 1087, 1139, 1146, 1147, 1148, 2389, 2443, 2444, 2445, 2446, 2448, 2449, 2450, 2451, 2452, 2454, 2459, 2460, 2462, 2463, 2464, 2465, 2466, 2467, 2468, 2469, 2470, 2471, 2473, 2474, 2475, 2476, 2478, 2495, 2496, 2497, 2498, 2500, 2501, 2502, 2503, 2504, 2506, 2507, 2508, 2509, 2996, 3275, 3276, 3278)
  2021 Ed. (996, 1023, 1047, 1049, 1050, 1051, 1125, 1238, 2346, 2364, 2365, 2366, 2367, 2368, 2369, 2371, 2372, 2373, 2374, 2375, 2377, 2383, 2384, 2386, 2387, 2388, 2389, 2390, 2391, 2392, 2393, 2394, 2395, 2397, 2398, 2399, 2400, 2402, 2415, 2416, 2417, 2418, 2419, 2420, 2421, 2422, 2423, 2424, 2426, 2427, 2428, 2429, 2856, 3139, 3140, 3143)
  2022 Ed. (1041, 1061, 1084, 1086, 1087, 1242, 2423, 2488, 2500, 2508, 2509, 2515, 2530, 2531, 2532, 2533, 2534, 2535, 2536, 2538, 2539, 2542, 2543, 2544)
Jacobs Engineering Group Inc..
  2021 Ed. (1049)
  2022 Ed. (1086)
Jacobs Engineering Group Inc. (U.S.)
  2021 Ed. (2383, 2384)
Jacobs Facilities
  2002 Ed. (1213)
Jacobs Family Card
  2002 Ed. (1737)
  2004 Ed. (1812)
Jacobs Field
  2005 Ed. (4438)
Jacobs Group; The Richard & David
  1993 Ed. (3303, 3310, 3316)
  1994 Ed. (3021, 3296, 3301)
  1995 Ed. (3372)
Jacobs Group; The Richard E.
  1996 Ed. (3430)
  1997 Ed. (3514)
Jacobs Inc.; Jay
  1996 Ed. (384)
Jacobs; Irwin
  1991 Ed. (2265)
  1992 Ed. (2143)
  2005 Ed. (972)
  2011 Ed. (4841)
Jacobs; Irwin M.
  2005 Ed. (983, 2489)
  2006 Ed. (935, 2524)
Jacobs; Irwin Mark
  2005 Ed. (2476)
  2007 Ed. (2502)
Jacobs; Jeremy
  2012 Ed. (4851)
Jacobs; Joey
  2009 Ed. (3707)
  2010 Ed. (3625)
Jacobs Kling Stubbins
  2014 Ed. (3373)
Jacobs Levy
  1996 Ed. (2395)
  2002 Ed. (3013)
Jacobs Levy Equity
  1993 Ed. (2318, 2322)
  2003 Ed. (3080)

Jacobs Levy Equity Management
  1992 Ed. (2763)
  1997 Ed. (2525)
  2005 Ed. (3583)
Jacobs; Michael
  2011 Ed. (3366)
Jacobs; Paul
  2010 Ed. (890)
Jacobs; Paul E.
  2007 Ed. (2502)
  2008 Ed. (954)
  2009 Ed. (953)
  2010 Ed. (905)
  2011 Ed. (844)
  2015 Ed. (970)
Jacobs & Prosek Public Relations
  2002 Ed. (3814)
  2003 Ed. (4000)
  2004 Ed. (4006)
  2005 Ed. (3962)
Jacobs Ranch
  2002 Ed. (3365)
Jacobs Ranch, WY
  2000 Ed. (1126)
Jacobs Sr.; Jeremy
  2015 Ed. (4901)
  2016 Ed. (4818)
  2017 Ed. (4828)
  2018 Ed. (4833)
  2019 Ed. (4830)
  2020 Ed. (4820)
  2021 Ed. (4821)
Jacobs-Sigel-Triad Member of Jacobs Engineering Group Inc.
  1996 Ed. (1682)
Jacobs Suchard AG
  1990 Ed. (3714)
  1993 Ed. (1208, 1879)
  1994 Ed. (1236)
  1995 Ed. (1243, 1255)
  1996 Ed. (1224)
Jacobs Suchard Group
  1990 Ed. (1831)
Jacobs Suchard Inc.
  1989 Ed. (15)
  1990 Ed. (22, 28, 891, 1423, 1829, 3478)
  1991 Ed. (16, 23, 1352, 1747, 3517, 3518)
  1992 Ed. (1458, 1459, 1461, 1483, 1495, 1694)
  1997 Ed. (1270)
  2003 Ed. (964)
Jacobs Suchard Inh
  1989 Ed. (1459)
Jacobs Suchard Management & Consulting AG
  1994 Ed. (3247)
Jacobs Suchard-Pavlides Chocolate Ind S.A.
  2000 Ed. (1418)
Jacobs Sverdrup
  2000 Ed. (1239, 1240, 1246, 1250, 1252, 1796, 1797, 1799, 1803)
  2001 Ed. (1463, 1464, 1466, 2237, 2238, 2239, 2241, 2244, 2245, 2290, 2295, 2298)
Jacobs (U.S.)
  2022 Ed. (2494, 2495)
Jacobs Vehicle Systems
  2018 Ed. (3443)
  2020 Ed. (3415)
  2022 Ed. (3488)
Jacobs, Visconsi & Jacobs Co.
  1989 Ed. (2490, 2491)
  1990 Ed. (3283, 3288)
  1991 Ed. (3117, 3118, 3124)
  1992 Ed. (3958, 3965, 3966)
Jacobs Well
  1999 Ed. (3235, 3236, 3238)
  2001 Ed. (4805)
Jacobsen Construction Co.
  2002 Ed. (1255)
  2003 Ed. (1285)
  2004 Ed. (1288)
  2008 Ed. (1341, 1344)
  2009 Ed. (1339, 1342)
  2010 Ed. (1272, 1322, 1325)
  2011 Ed. (1223, 1300, 1305)
  2013 Ed. (1236)
  2014 Ed. (1175)
  2015 Ed. (1228)
  2016 Ed. (1139)
  2017 Ed. (1177, 1186, 1187)
  2018 Ed. (1115, 1135, 1137)
  2019 Ed. (1150)
  2020 Ed. (1141)
  2021 Ed. (1127)
  2022 Ed. (1131)
  2023 Ed. (1362)
Jacobsen Homes
  2007 Ed. (3409)
Jacobsen Manufacturing
  2010 Ed. (3523)
JacobsEye Marketing
  2022 Ed. (1560)
Jacobs;Irwin
  1990 Ed. (1773)

Jacobson Buffalo Magnuson Anderson & Hogen
  2012 Ed. (3388)
Jacobson Cos.
  2009 Ed. (4836, 4838, 4839)
  2010 Ed. (4847)
  2011 Ed. (4813)
  2012 Ed. (3472, 4829)
  2013 Ed. (3518, 4820)
  2014 Ed. (4834)
  2015 Ed. (4431, 4870, 4871)
  2016 Ed. (2747, 4324, 4793, 4794)
  2017 Ed. (4327)
  2018 Ed. (4321)
Jacobson, Goldfarb & Tanzman Co., LLC
  1999 Ed. (3993)
  2002 Ed. (3914)
Jacobson Group
  2021 Ed. (2317)
  2023 Ed. (2529)
Jacobson-Westergard & Associates Inc.
  2008 Ed. (4394)
Jacobsons
  1991 Ed. (1968)
  2003 Ed. (2008)
  2004 Ed. (2054)
Jacoby & Meyers
  1989 Ed. (1889)
Jacor
  2000 Ed. (3694)
Jacor Broadcasting of Colorado Inc.
  2006 Ed. (1661)
  2007 Ed. (1669)
  2011 Ed. (1593)
  2012 Ed. (1436)
  2013 Ed. (1567)
Jacor Communications
  1991 Ed. (2795)
  1997 Ed. (3237, 3238)
  1998 Ed. (2981, 2982)
  1999 Ed. (3978, 3980)
  2000 Ed. (3693)
  2001 Ed. (1542, 1545)
Jacqueline Desmarais
  2015 Ed. (4913)
Jacqueline Mars
  2002 Ed. (3353)
  2003 Ed. (4880)
  2004 Ed. (4862)
  2005 Ed. (4848)
  2006 Ed. (4903)
  2007 Ed. (4898)
  2008 Ed. (4827)
  2009 Ed. (4852)
  2010 Ed. (4854)
  2011 Ed. (4828)
  2012 Ed. (4841)
  2013 Ed. (4839)
  2014 Ed. (4855)
  2015 Ed. (4892)
  2016 Ed. (4810)
  2017 Ed. (4821)
  2018 Ed. (4826)
  2019 Ed. (4823)
  2020 Ed. (4813)
  2021 Ed. (4814)
  2022 Ed. (4807)
  2023 Ed. (4800)
Jacqueline Mars Vogel
  1989 Ed. (1989)
  1990 Ed. (731, 2578, 3688)
  1991 Ed. (710, 2462, 3477)
  1992 Ed. (890, 3079)
  1993 Ed. (699)
  1994 Ed. (708)
  1995 Ed. (2580)
Jacqueline Shan
  2010 Ed. (4992)
Jacqueline Wilens
  2011 Ed. (3330)
Jacqueline Willens
  2012 Ed. (3317)
Jacquelyn Barretta
  2011 Ed. (859)
Jacques Aschenbroich
  2018 Ed. (859)
  2019 Ed. (874)
  2020 Ed. (861)
Jacques Bonet
  1989 Ed. (868)
  1999 Ed. (796)
Jacques Cardin
  2002 Ed. (297)
  2004 Ed. (771)
Jacques Chirac
  2005 Ed. (4879)
Jacques Dessange
  2001 Ed. (2641, 2643, 2644, 2645, 2646, 2647)
Jacques-Franck Dossin
  2000 Ed. (2085)
Jacques Lamarre
  2004 Ed. (971, 1667)
Jacques Nasser
  2000 Ed. (1885)
Jacques Rogge
  2010 Ed. (4564)

Jacques Villeneuve
  2003 Ed. (294)
  2004 Ed. (260)
Jacques Whitford Ltd.
  2008 Ed. (1102, 4320)
  2010 Ed. (4469)
Jacqui MacNeill
  2004 Ed. (4986)
Jacquie Lawson
  2014 Ed. (2404)
Jacquie Walker
  2009 Ed. (1187)
Jacquin
  1989 Ed. (2898)
  1990 Ed. (2443)
  1991 Ed. (3464)
  1992 Ed. (3748, 4409, 4410)
  1993 Ed. (3056, 3679)
  1996 Ed. (3805, 3806)
Jacquin; Charles
  1991 Ed. (2905)
Jacquin et Cie. Inc.; Charles
  2005 Ed. (4975)
Jacquin Cordials
  1999 Ed. (3194)
  2000 Ed. (2937)
  2001 Ed. (3100)
  2002 Ed. (288, 3085)
  2003 Ed. (3218)
  2004 Ed. (3261)
Jacquin Line
  1991 Ed. (2312)
Jacquin Royal
  2002 Ed. (288)
JACUR SAS
  2022 Ed. (1055)
Jacur SAS
  2022 Ed. (1046, 1480)
Jacuzzi Brands Inc.
  2005 Ed. (2871, 2872)
  2006 Ed. (677, 680, 2875, 2876)
  2007 Ed. (778)
Jaclyn Smith
  2011 Ed. (2971)
Jade
  1998 Ed. (3676)
  2001 Ed. (1921, 1922, 1923, 1924)
Jade 320 Ltd.
  2018 Ed. (2007)
  2019 Ed. (2064, 4264)
Jade Mills
  2019 Ed. (4118)
Jade Systems
  2000 Ed. (1098, 4043)
Jaded Pixel Technologies Inc.
  2012 Ed. (2771)
Jademan Holdings
  1995 Ed. (2126)
Jaden Smith
  2012 Ed. (2444)
Jadestone Energy Inc.
  2018 Ed. (4515)
Jadot; Louis
  1997 Ed. (3907)
Jadran-McCann-Erickson
  1992 Ed. (221)
Jadran-Turist
  1997 Ed. (3928)
Jadranska Banka
  1997 Ed. (444)
  1999 Ed. (498)
Jadransko Brodogradiliste AD
  2016 Ed. (1545)
JAE
  1997 Ed. (1683)
  2005 Ed. (2279)
JAE Electronics, Inc.
  2001 Ed. (2137)
Jae-in; Moon
  2019 Ed. (3345)
Jaeger Inc.
  2004 Ed. (1788)
Jaeger-LeCoultre
  2021 Ed. (673, 3402, 3406)
  2022 Ed. (3457)
  2023 Ed. (3572)
Jaegers; Donna
  2008 Ed. (2692)
Jaeil Investment & Finance Corp.
  1994 Ed. (1846)
Jafer Construction Corp.
  2016 Ed. (1971)
Jaffe, Raiti, Heuer & Weiss
  1994 Ed. (2353)
Jaffe, Raitt, Heuer &Weiss
  1998 Ed. (2328)
Jaffe, Raitt, Heuer & Weiss
  1993 Ed. (2397)
  1995 Ed. (2417)
  1996 Ed. (2453)
  1999 Ed. (3149)
Jaffe, Raitt, Heuer & Weiss PC
  2004 Ed. (3234)
  2005 Ed. (3264)
  2008 Ed. (3423)
  2009 Ed. (3490)

Jaffe, Snider, Raitt & Heuer
  1991 Ed. (2285)
  1992 Ed. (2834)
Jaffe's
  1991 Ed. (2633)
Jaffray; Dr. David A.
  2005 Ed. (2473)
Jafra Cosmetics
  2007 Ed. (4232)
  2008 Ed. (4263)
  2009 Ed. (4367)
  2010 Ed. (4394)
Jafra Cosmetics International Inc.
  2011 Ed. (4339)
Jafza, United Arab Emirates
  2011 Ed. (3499)
JAG
  2004 Ed. (3883)
JAG Companies Inc.
  2023 Ed. (3768)
Jagdeep Singh
  2005 Ed. (2453)
Jägermeister
  2017 Ed. (176)
Jagermeister
  1993 Ed. (2425, 2431)
  1994 Ed. (2369)
  1995 Ed. (2448)
  1996 Ed. (2494, 2503)
  1997 Ed. (2636)
  1998 Ed. (2364)
  2001 Ed. (3110)
  2002 Ed. (297, 3086)
  2003 Ed. (3219)
  2004 Ed. (3269, 3274)
  2011 Ed. (174)
  2012 Ed. (185)
  2013 Ed. (168)
  2014 Ed. (172, 3487)
  2016 Ed. (192)
Jaggaer
  2021 Ed. (4526)
  2022 Ed. (4530)
  2023 Ed. (4546)
Jagged Little Pill
  1998 Ed. (3025)
Jagged Peak
  2003 Ed. (2715)
Jagged Peak Inc.
  2015 Ed. (1106)
  2016 Ed. (1017)
  2017 Ed. (1051)
Jagger; Sir Mick
  2005 Ed. (4894)
  2007 Ed. (4932)
Jagoda Associates; Don
  1990 Ed. (3078, 3087)
Jagtiani; Micky
  2015 Ed. (4929)
Jagtiani; Mukesh
  2012 Ed. (2496)
Jagtiani; Renuka
  2022 Ed. (4927)
  2023 Ed. (4927)
Jaguar
  1989 Ed. (345)
  1992 Ed. (1458, 3319)
  1993 Ed. (304, 333)
  1994 Ed. (320)
  1995 Ed. (2095)
  1997 Ed. (292)
  1998 Ed. (225)
  1999 Ed. (338, 360)
  2000 Ed. (337, 338)
  2001 Ed. (438, 1010)
  2002 Ed. (417)
  2003 Ed. (358, 361)
  2004 Ed. (343)
  2005 Ed. (283, 343, 352)
  2006 Ed. (357, 362)
  2007 Ed. (735)
  2008 Ed. (705)
  2012 Ed. (233)
  2014 Ed. (232)
  2015 Ed. (268)
  2016 Ed. (263)
  2017 Ed. (265, 2177)
  2018 Ed. (251)
  2019 Ed. (248)
  2020 Ed. (252)
  2021 Ed. (239, 257)
  2022 Ed. (260, 278)
  2023 Ed. (361, 376)
Jaguar Advanced Graphics
  1999 Ed. (4338)
Jaguar Cars Ltd.
  1993 Ed. (1729)
  2010 Ed. (2218)
The Jaguar Collection
  1990 Ed. (329)
  1991 Ed. (282)
  1992 Ed. (387)
  1993 Ed. (273)
  1994 Ed. (272)
  1995 Ed. (276)
  1996 Ed. (275)
Jaguar Daimler
  1996 Ed. (324)

Jaguar Fund
　1996 Ed. (2098)
Jaguar Land Rover
　2014 Ed. (4785)
Jaguar Mining
　2007 Ed. (1624)
　2014 Ed. (4580)
Jaguar Network
　2012 Ed. (2843)
Jaguar of Novi
　2005 Ed. (169)
Jaguar plc
　1990 Ed. (2754, 3459)
　1991 Ed. (318, 1168, 1183, 2651, 2657, 2658, 3233)
　2002 Ed. (1429)
　2003 Ed. (1449)
　2004 Ed. (1479)
　2005 Ed. (1495)
Jaguar S-Type
　2004 Ed. (344)
Jaguar Thousand Oaks
　1996 Ed. (275)
Jaguar of Troy
　1996 Ed. (275)
Jaguar X-Type
　2004 Ed. (345)
Jaguar XJS
　1993 Ed. (328)
Jaguar XK8XJS
　2001 Ed. (493)
Jaharis; Michael
　2009 Ed. (4850)
　2010 Ed. (4856)
　2011 Ed. (4835)
　2012 Ed. (4842)
　2013 Ed. (4841)
　2014 Ed. (4857)
　2015 Ed. (4894)
Jahn GmbH
　2008 Ed. (3658)
Jahnel Group
　2019 Ed. (1833)
　2020 Ed. (1775)
Jahshan; Tonia
　2016 Ed. (4991)
　2017 Ed. (4983)
Jai alai
　1995 Ed. (1968)
Jaidah; Salah
　2012 Ed. (790)
Jaime Gilinski Bacal
　2014 Ed. (4879)
　2015 Ed. (4917)
　2016 Ed. (4833)
　2017 Ed. (4841)
　2018 Ed. (4848)
　2019 Ed. (4843)
　2020 Ed. (4832)
　2021 Ed. (4833)
　2022 Ed. (4826)
　2023 Ed. (4821)
Jaime Torres
　2011 Ed. (2951)
Jaime Uribe & Acociados
　1989 Ed. (94)
Jaime Uribe & Asociados
　1990 Ed. (90)
　1991 Ed. (88)
　1996 Ed. (73)
　2000 Ed. (80)
　2001 Ed. (122)
　2002 Ed. (93)
　2003 Ed. (60)
Jaime Zobel de Ayala
　2006 Ed. (4921)
　2008 Ed. (4849)
　2010 Ed. (4917)
　2011 Ed. (4903)
　2012 Ed. (4914)
　2013 Ed. (4897)
　2014 Ed. (4909)
　2015 Ed. (4950)
　2016 Ed. (4865)
Jaimer's Floral
　2021 Ed. (2886)
Jaine Mehring
　1997 Ed. (1862)
　1998 Ed. (1673)
　1999 Ed. (2265)
Jaingxi Copper
　2017 Ed. (3500)
Jaiprakash Associates
　2014 Ed. (4068)
Jaiprakash Associates Ltd.
　2013 Ed. (834, 1169)
　2014 Ed. (4022)
Jaiprakash Industries Ltd.
　1996 Ed. (755)
　1997 Ed. (686)
Jaipur Homme by Boucheron
　2008 Ed. (2768)
Jaisons Intl. Associates
　1991 Ed. (108)
Jaiz Bank
　2023 Ed. (2788)
Jajah
　2007 Ed. (1225)

Jaka Investments Corp.
　1989 Ed. (1782)
　1990 Ed. (2316)
　1992 Ed. (3024)
　1997 Ed. (1358)
　1999 Ed. (1570)
Jakait Group
　2015 Ed. (4786)
Jakart, Indonesia
　2019 Ed. (2588)
Jakarta
　1990 Ed. (1011)
　2000 Ed. (3376)
Jakarta, Indonesia
　1989 Ed. (2245)
　1995 Ed. (991)
　2015 Ed. (192)
　2016 Ed. (187)
Jakarta International Hotel
　1989 Ed. (1127)
　1991 Ed. (1303, 2012, 2013)
　1994 Ed. (2337)
　1997 Ed. (2581)
　1999 Ed. (1579, 4494)
Jakarta International Hotel & Development
　1996 Ed. (2435)
Jakarta International Hotels
　1996 Ed. (1381)
Jakarta Int'l Hotel
　1990 Ed. (1381)
Jakarta Stock Price Index
　2008 Ed. (4502)
Jake Foley
　1998 Ed. (1580)
Jake Garn
　1992 Ed. (1038)
Jake Investments Corp.
　1991 Ed. (2414)
Jake Paul
　2019 Ed. (3290)
　2020 Ed. (3286)
Jake Plummer
　2003 Ed. (297)
Jake Sutherlin Nissan Inc.
　1994 Ed. (278)
Jake's Creative Woodworks Inc.
　2010 Ed. (4998)
Jake's Hip & Thigh Machine
　1997 Ed. (2390)
Jake's Over The Top
　2007 Ed. (2541)
Jake's Wayback Burgers
　2014 Ed. (4278)
Jakks Pacific Inc.
　1999 Ed. (2621, 4328)
　2001 Ed. (1577, 4278)
　2002 Ed. (1551)
　2010 Ed. (3534)
　2011 Ed. (3533)
　2012 Ed. (3523)
　2013 Ed. (4698)
　2014 Ed. (4752)
Jakor, S.R.O.
　2017 Ed. (1954)
Jakosa; Stephen
　2017 Ed. (3248)
Jakosa; Stephen Anthony
　2012 Ed. (3319)
Jakubzak, CTA; Kenneth M.
　1994 Ed. (1069)
JAL
　1990 Ed. (227, 229, 230)
　1991 Ed. (210, 211, 213)
　1992 Ed. (292)
　1995 Ed. (184)
　1996 Ed. (189)
　1997 Ed. (192, 210, 217)
JAL Group
　2006 Ed. (231, 232, 241, 244, 245, 246)
　2007 Ed. (235, 246, 247, 248)
　2008 Ed. (215, 225, 226, 227)
　2013 Ed. (133, 155, 156)
　2014 Ed. (143, 158, 159)
　2015 Ed. (161, 181, 186)
　2016 Ed. (165, 180, 181)
　2017 Ed. (152, 167, 168)
　2018 Ed. (156)
　2019 Ed. (154)
　2020 Ed. (146)
　2021 Ed. (137, 142, 143)
JAL System
　2005 Ed. (217)
Jala Group Co.
　2019 Ed. (3750)
Jalapeno
　1990 Ed. (2887)
Jalate
　1996 Ed. (2058, 3448)
Jalen Ramsey
　2023 Ed. (319)
Jalex Trading (Futures)
　2008 Ed. (1096)
Jalisco, Mexico
　2011 Ed. (3497)
Jalpak International Hawaii Inc.
　2006 Ed. (1749)
　2007 Ed. (1759)
　2008 Ed. (1786)

2009 Ed. (1728)
2010 Ed. (1676)
2011 Ed. (1685)
2012 Ed. (1536)
2013 Ed. (1683)
2014 Ed. (1635)
Jalt
　2019 Ed. (1810)
JAM
　2020 Ed. (1754)
Jam
　2003 Ed. (3160, 3161)
JAM Industries
　2018 Ed. (3685)
Jam Industries
　2013 Ed. (3777)
　2014 Ed. (3710)
　2015 Ed. (3722)
　2016 Ed. (3636)
　2017 Ed. (3610)
　2019 Ed. (3658)
　2020 Ed. (3625)
　2021 Ed. (3642)
Jam Prods./Tinley Park
　2000 Ed. (3621)
Jam Productions
　1992 Ed. (3553)
　1994 Ed. (2942)
　1999 Ed. (3905)
　2002 Ed. (3798)
　2003 Ed. (1126)
　2006 Ed. (1152)
　2007 Ed. (1266)
　2010 Ed. (1125)
　2011 Ed. (1064)
　2018 Ed. (1005)
Jam Productions/MAJ Concerts/Tinley Park
　2001 Ed. (3917, 3919)
Jam Productions/Maj Concerts/Tinley Park Jam Corp.
　1997 Ed. (3179)
Jam Productions/Major Concerts/Tinley Park Jam Corp.
　1996 Ed. (3101)
Jam Productions/Tinley Park Jam Corp.
　1993 Ed. (2924)
Jam Productions/Tinley Park Jam Corp./ MAJ Concerts
　1995 Ed. (3000)
Jam Productions/Tinley Park/Maj
　1998 Ed. (2931)
Jam Stockholm
　2013 Ed. (3810)
　2015 Ed. (3758)
　2016 Ed. (3666)
　2020 Ed. (3681)
　2021 Ed. (3687)
Jam3
　2022 Ed. (3534)
　2023 Ed. (3655)
JAMA
　1990 Ed. (2538, 3626)
　1991 Ed. (2410)
　1992 Ed. (3012)
　1995 Ed. (247)
　1997 Ed. (271)
　1999 Ed. (292)
　2004 Ed. (143)
　2005 Ed. (137)
　2007 Ed. (159)
　2008 Ed. (143)
　2009 Ed. (164)
　2010 Ed. (154)
Jama Enterprises Inc.
　2019 Ed. (3599)
　2020 Ed. (3571)
　2021 Ed. (3601)
　2022 Ed. (3652)
Jama Enterprises Inc., dba Strategic Consulting Partners
　2021 Ed. (3601)
　2022 Ed. (3652)
　2023 Ed. (3758)
Jama Software
　2016 Ed. (1936)
　2021 Ed. (955)
JAMA: The Journal of the American Medical Association
　2007 Ed. (4798)
Jamahiriya Bank
　1989 Ed. (451, 461)
　1991 Ed. (434)
　1992 Ed. (760)
　1999 Ed. (458)
　2000 Ed. (449)
Jamaica
　1989 Ed. (229)
　1990 Ed. (203, 204, 241, 2148, 3074, 3611, 3612, 3613, 3615, 3616, 3618)
　1991 Ed. (3406)
　1992 Ed. (268, 3755, 4319, 4321)
　1993 Ed. (178, 3062, 3595)
　1994 Ed. (1508, 1983, 3126)
　1995 Ed. (3176)
　1996 Ed. (3274)
　1997 Ed. (3372)
　1998 Ed. (3114)
　1999 Ed. (1146, 4131)

2000 Ed. (3841)
2001 Ed. (668, 2838, 4148, 4585, 4586)
2002 Ed. (3099, 4080)
2003 Ed. (654, 1880)
2004 Ed. (663, 2765, 4217)
2005 Ed. (647, 4145)
2006 Ed. (549, 4193, 4508)
2007 Ed. (583, 2264, 4209)
2008 Ed. (533, 2397)
2009 Ed. (568, 2395)
2010 Ed. (551, 2211, 2212, 2307)
2011 Ed. (477, 2229, 2232, 3135, 4310)
2012 Ed. (2091, 2092)
2013 Ed. (2277, 2278, 3168)
2014 Ed. (2211, 2212, 2324)
2015 Ed. (2275, 2276)
2016 Ed. (2246, 2247)
2017 Ed. (2183)
2018 Ed. (2242)
2019 Ed. (2215)
2020 Ed. (2212)
2021 Ed. (2184, 3166, 3167)
2022 Ed. (2214)
2023 Ed. (2403)
Jamaica Broilers
　1999 Ed. (3127)
Jamaica Broilers Group Ltd.
　2019 Ed. (3950)
　2020 Ed. (3967)
　2021 Ed. (3932)
　2022 Ed. (3944)
　2023 Ed. (4028)
Jamaica Brothers
　2002 Ed. (3035)
Jamaica Citizens Bank Ltd.
　1991 Ed. (574)
　1992 Ed. (742)
　1993 Ed. (541)
　1994 Ed. (543)
　1995 Ed. (518)
Jamaica Flour Mills
　1999 Ed. (3127)
　2000 Ed. (2874, 2875)
Jamaica Inn
　2016 Ed. (3018)
Jamaica Producers Group
　1994 Ed. (2340)
　1996 Ed. (2437, 2438)
　1997 Ed. (2582, 2583)
　1999 Ed. (3126, 3127)
　2002 Ed. (3034, 3035)
Jamaica Savings Bank
　1993 Ed. (3568)
　1994 Ed. (3532)
Jamail; Joe
　1995 Ed. (932, 1068)
Jamail; Joseph
　1997 Ed. (2612)
　2011 Ed. (4822)
Jamail; Joseph Dahr
　1991 Ed. (2296)
Jamal; Asad
　2009 Ed. (4828)
JaMarcus Russell
　2010 Ed. (277)
Jamayco
　1993 Ed. (39)
Jamba
　2021 Ed. (4191, 4211)
　2022 Ed. (2810)
　2023 Ed. (2932, 3417)
Jamba Inc.
　2009 Ed. (4293)
　2010 Ed. (4260, 4404)
Jamba Juice
　2004 Ed. (4121)
　2006 Ed. (1061, 4110)
　2007 Ed. (1150, 2531, 2532, 2533)
　2008 Ed. (2372, 2373, 3126, 3127, 4160)
　2009 Ed. (2689, 2698, 3213, 4268, 4289, 4290)
　2010 Ed. (2604, 2614, 2615, 2616, 2617, 2618, 2619, 4208, 4252, 4253, 4254)
　2011 Ed. (2596, 2597, 2598, 2599, 3111, 4214, 4217)
　2012 Ed. (2539)
　2014 Ed. (4314, 4479, 4480, 4481, 4482, 4483, 4484)
　2015 Ed. (2663, 4474, 4475, 4476, 4477, 4478, 4479, 4480)
　2016 Ed. (785, 2586, 4172, 4173, 4174, 4175, 4176, 4177, 4200)
　2017 Ed. (2510, 4126, 4129, 4150, 4151, 4152, 4153, 4154, 4155)
　2018 Ed. (2584, 4146, 4147, 4148, 4149, 4150, 4151, 4184, 4217)
　2019 Ed. (2558, 4155, 4162, 4163, 4164, 4165, 4166, 4167, 4246)
　2020 Ed. (3325, 4174, 4175, 4176, 4177, 4178, 4179)
　2021 Ed. (3190, 4113, 4114, 4116, 4117, 4118)
　2022 Ed. (4142, 4143, 4144, 4145)
JAMCO
　2017 Ed. (90)
　2018 Ed. (103)
JAMDAT Mobile Inc.
　2006 Ed. (4257)

Jameco Electronics
 2005 Ed. (2349)
Jameel Cheaib
 2013 Ed. (4298)
Jameel; Mohammed
 2005 Ed. (4886)
 2013 Ed. (4298)
James
 2013 Ed. (203)
 2014 Ed. (211)
James A. Algie
 1990 Ed. (2660)
James A. Bell
 2010 Ed. (2564)
 2011 Ed. (2547)
James A. C. Kennedy
 2011 Ed. (830)
James A. Cedema
 2006 Ed. (2521)
James A. Courter
 2007 Ed. (1033)
 2008 Ed. (955)
James A. Fyock & Associates
 1998 Ed. (1961, 2960)
James A. Haley Veterans' Hospital
 2015 Ed. (3147)
James A. Jobling & Co. Ltd.
 1991 Ed. (960)
James A. Karman
 2006 Ed. (2521)
James A. and Mari Sabusawa Michener
 1995 Ed. (932, 1068)
James A. McIntyre
 1994 Ed. (2237)
 1998 Ed. (720, 2138)
 1999 Ed. (2080)
 2000 Ed. (1886)
James A. Pattison
 1997 Ed. (3871)
James A. Skinner
 2011 Ed. (835, 856)
James A. Unruh
 1995 Ed. (1732)
 1999 Ed. (2085)
James A.C. Kennedy
 2016 Ed. (2558)
James Advantage Market Neutral
 2004 Ed. (3546)
James Advantage Small Cap
 2006 Ed. (3653)
 2008 Ed. (2622)
James Alexandre
 1993 Ed. (1829)
 1994 Ed. (1761, 1812)
 1995 Ed. (1803, 1850)
James Algie
 1993 Ed. (2639)
 1995 Ed. (2669)
James Aliber
 1990 Ed. (974)
James; Alvin
 1991 Ed. (2548)
James, Arthur, & John Irving
 2005 Ed. (4881)
 2006 Ed. (4925)
 2007 Ed. (4913)
 2008 Ed. (4878)
James Asselstine
 1993 Ed. (1841)
 1997 Ed. (1926)
 1998 Ed. (1573)
James & Associates Inc.; Raymond
 1993 Ed. (759, 2262, 2266)
 1995 Ed. (2330)
 1997 Ed. (734, 1642)
James B. Adamson
 1998 Ed. (721)
James B. Beam Distilling Co.
 1990 Ed. (2459)
James B. Oswald Co.
 2001 Ed. (2912)
James B. Williams
 1992 Ed. (1137)
James Balsillie
 2005 Ed. (4874)
 2009 Ed. (2662, 4881, 4882)
James Barlage
 1991 Ed. (1678)
 1993 Ed. (1794)
 1994 Ed. (1777)
 1995 Ed. (1817)
 1996 Ed. (1802)
 1997 Ed. (1875)
 1998 Ed. (1671)
 1999 Ed. (2262)
 2000 Ed. (2006)
James Bausch
 1993 Ed. (1701)
James Bell
 2010 Ed. (915)
James Bianco
 2006 Ed. (2523)
James Blake
 2010 Ed. (278)
James Bond 007
 1999 Ed. (3450)

James Brown Contracting
 2005 Ed. (2690)
James Brudnick & Co.
 1998 Ed. (978, 980, 981, 982)
James Brudnick Co.
 1993 Ed. (1156, 1157)
 1995 Ed. (1196, 1197, 1199, 1201, 1204)
 1997 Ed. (1202, 1204, 1206, 1207)
James Buckee
 2008 Ed. (2637)
James Buckman
 2003 Ed. (1546)
James Burke
 1989 Ed. (1383)
 1990 Ed. (971, 1724)
 2005 Ed. (974)
James C. Diggs
 2011 Ed. (1374)
James C. Dowdle
 1996 Ed. (1716)
 1997 Ed. (1804)
James C. France
 2002 Ed. (3347)
James C. Gaither
 2003 Ed. (4847)
James C. Goss
 2011 Ed. (3343)
James C. Hankla
 1990 Ed. (2657)
James C. Kennedy
 2009 Ed. (4848)
 2010 Ed. (4855)
 2011 Ed. (4833)
 2012 Ed. (4845)
 2013 Ed. (4844)
 2014 Ed. (4860)
 2015 Ed. (4897)
 2016 Ed. (4815)
James C. Morgan
 2003 Ed. (3295)
James C. Mullen
 2011 Ed. (831)
James C. Walton
 1994 Ed. (708)
James Cameron
 2000 Ed. (1838)
 2012 Ed. (2433, 2435, 2443)
 2013 Ed. (2601)
James Campbell
 1993 Ed. (893)
 2011 Ed. (2973)
James Capel
 1989 Ed. (815, 816)
 1990 Ed. (815, 816, 1771, 1772)
 1991 Ed. (776, 778, 781, 782, 1599, 1712)
 1994 Ed. (1756, 1838, 1839, 2648)
 1995 Ed. (811, 815, 832, 835, 836)
James Capel Asia
 1996 Ed. (1851)
James Capel & Co.
 1989 Ed. (1421)
 1992 Ed. (2139, 2158, 2785)
 1993 Ed. (1640, 1641, 1642, 1644, 1646, 1647, 1846, 1847, 1848, 1849, 1850)
 1996 Ed. (1859, 1860, 1861, 1862, 1863)
 1997 Ed. (745, 746, 750, 751, 754, 755, 758, 772, 773, 774, 775, 776, 777, 779, 780, 781, 783, 798, 799, 801, 802, 813, 817, 1967, 1968, 1969, 1971)
 1999 Ed. (873, 875, 877, 878, 879, 881, 882, 884, 885, 886, 894, 895, 897, 898, 899, 900, 901, 902, 903, 905, 907, 908, 909, 922, 929, 930)
James Capel Pacific
 1996 Ed. (1868)
 1997 Ed. (1975)
James Cargill
 2007 Ed. (4898)
James Carlson
 2010 Ed. (3246)
James Carpenter Design Associates Inc.
 2005 Ed. (262)
James Carroll
 1993 Ed. (1816)
 1994 Ed. (1799)
 1995 Ed. (1837)
 1996 Ed. (1815)
 1997 Ed. (1889)
James Castle
 2010 Ed. (3624)
James Cayne
 1996 Ed. (959, 1709, 1712)
 1997 Ed. (1799)
 1999 Ed. (1126)
 2005 Ed. (979)
 2010 Ed. (2561)
James Chambers
 2018 Ed. (4831)
 2019 Ed. (4828)
 2020 Ed. (4818)
 2021 Ed. (4819)
James Chanos
 2010 Ed. (2640)
James Clark
 1996 Ed. (1812)
 1997 Ed. (1886, 1888)

1998 Ed. (1635, 1646)
 1999 Ed. (2222, 2236)
 2000 Ed. (1999, 2019)
James Coffee
 2016 Ed. (3287)
 2017 Ed. (3248)
James Co.
 2005 Ed. (1193)
James & Co.; Fred S.
 1990 Ed. (2266)
 1991 Ed. (2139)
James & Co. Inc.; T. L.
 1993 Ed. (1120)
 1996 Ed. (1127)
James Construction Group LLC
 2006 Ed. (1324, 1325)
 2007 Ed. (1377)
 2008 Ed. (1310, 1335)
 2009 Ed. (1295)
 2010 Ed. (1317)
 2011 Ed. (1242, 1292)
James Cook Seatrade BV
 2016 Ed. (1841)
James Cracchiolo
 2010 Ed. (2567)
 2011 Ed. (820)
 2014 Ed. (941)
 2015 Ed. (959)
 2016 Ed. (869)
James Craft & Son Inc.
 2011 Ed. (1170)
 2019 Ed. (2529)
James Craig Furnishings
 2019 Ed. (2992)
 2020 Ed. (3021)
James Crandell
 1993 Ed. (1816)
James Crean
 1992 Ed. (1877, 1878)
James Crean PLC
 1993 Ed. (1533)
James Crowe
 1998 Ed. (1515)
 1999 Ed. (2081)
 2002 Ed. (2177)
James Culverwell
 1999 Ed. (2343)
 2000 Ed. (2131)
James D. & Alice Baker
 1992 Ed. (1098)
James D. Delameter
 1992 Ed. (534, 1139)
James D. Lamb FSA MAAA
 2008 Ed. (16)
James D. Morrissey
 1990 Ed. (1214)
James D. Robinson III
 1990 Ed. (1716)
James D. Sinegal
 1992 Ed. (2052)
 1993 Ed. (1697)
 2003 Ed. (954)
James D. Taiclet Jr.
 2011 Ed. (816, 845)
 2012 Ed. (789)
James D. Wolfensohn
 1993 Ed. (1171)
 1994 Ed. (1201, 1202)
 1997 Ed. (1220, 1221, 1224, 1226, 1227, 1228)
James D. Wolfensonn
 1993 Ed. (1166)
James Day
 2005 Ed. (968)
 2006 Ed. (910)
 2007 Ed. (1000)
James Dimon
 1999 Ed. (2081)
 2000 Ed. (1880)
 2002 Ed. (2213)
 2008 Ed. (949)
 2010 Ed. (892, 900)
 2011 Ed. (824)
 2015 Ed. (966)
James Dobson
 1997 Ed. (1904)
 2007 Ed. (2497)
James Donald
 1996 Ed. (959, 1709)
 1997 Ed. (1796)
James; Donald
 2015 Ed. (954)
James; Donald M.
 2006 Ed. (2522)
 2007 Ed. (2501)
 2008 Ed. (2631, 2633)
James Dougherty
 1994 Ed. (1759)
 1995 Ed. (1800)
 1996 Ed. (1775)
James Drury
 1997 Ed. (1925)
 1998 Ed. (1566, 1568, 1572)
 1999 Ed. (2156, 2157)
 2000 Ed. (1925, 1929)
James Dyson
 2005 Ed. (4888)
 2011 Ed. (2973)

2013 Ed. (4922)
 2014 Ed. (4929)
 2016 Ed. (4886)
 2019 Ed. (4888)
 2020 Ed. (4877)
 2021 Ed. (4878)
 2022 Ed. (4874)
 2023 Ed. (4868)
James E. Allchin
 2005 Ed. (2476)
James E. Burke
 1991 Ed. (1630)
James E. Cashman III
 2005 Ed. (977)
James E. Cayne
 1994 Ed. (1715)
 1995 Ed. (1728)
 1996 Ed. (964, 966)
 1998 Ed. (724)
 2003 Ed. (3061)
 2005 Ed. (981, 2474, 2475)
 2007 Ed. (1027)
 2008 Ed. (949)
James E. Colley
 1992 Ed. (3139)
James E. Copeland Jr.
 2003 Ed. (805)
James E. Hadaway
 1992 Ed. (3139)
James E. Hanson Inc.
 1998 Ed. (2999)
 1999 Ed. (3993)
James; E. L.
 2015 Ed. (252)
James E. O'Connor
 2011 Ed. (825)
James E. Rogers
 2009 Ed. (1086)
James E. Rogers College of Law; University of Arizona
 2007 Ed. (3329)
 2008 Ed. (3430)
 2009 Ed. (3504)
 2010 Ed. (3434)
James E. Rohr
 2010 Ed. (900)
 2011 Ed. (824)
 2015 Ed. (2637)
James E. Sweetnam
 2010 Ed. (178)
James E. Virtue
 1999 Ed. (386)
James Edwardes-Jones
 2000 Ed. (2133)
James Edwards Jones
 1999 Ed. (2345)
James; E.L.
 2018 Ed. (230)
 2019 Ed. (225)
 2020 Ed. (228)
James; Elizabeth
 2006 Ed. (4980)
James Equity
 2007 Ed. (3670)
James Erskine
 2001 Ed. (2270)
James F. Albaugh
 2012 Ed. (2493)
James F. Edwards
 1995 Ed. (939)
James F. Flaherty III
 2011 Ed. (830)
James F. Gibson
 1992 Ed. (533)
James F. Lakretz
 1995 Ed. (933)
James F. McDonald
 2005 Ed. (983)
James F. Montgomery
 1994 Ed. (1720)
James F. Mooney
 2005 Ed. (2517)
James F. Ronstadt
 1992 Ed. (3139)
James Feltman
 2016 Ed. (1113)
James Ferrara & Sons
 1996 Ed. (2049)
James Ferrera & Sons
 1995 Ed. (2053)
 1998 Ed. (1868)
James Fisher
 2007 Ed. (4838)
James Fisher & Sons
 2016 Ed. (4703)
 2017 Ed. (4716)
James Flaws
 2007 Ed. (1053)
James Fralick
 1998 Ed. (1685)
James France
 2007 Ed. (4904)
 2015 Ed. (4902)
 2016 Ed. (4819)
James Francis Electric Inc.
 2003 Ed. (1240)

James; Fred S.
 1990 Ed. (2255)
James Fyock & Assocs.
 2000 Ed. (3669)
James G. Davis Construction Corp.
 2008 Ed. (1244)
 2009 Ed. (1325, 2640)
 2010 Ed. (1312, 1330)
 2011 Ed. (1279, 1312)
 2016 Ed. (1138)
 2017 Ed. (1185, 1214, 1233)
 2018 Ed. (1134, 1195, 1212, 1213)
 2019 Ed. (1149, 1240, 1242)
 2020 Ed. (1140, 1234, 1236)
 2021 Ed. (1200, 1202)
 2022 Ed. (1130, 1176, 1203)
 2023 Ed. (1361, 1412, 1439, 1440)
James G. Davis Contracting Corp.
 2009 Ed. (1324, 1326)
James G. Martin
 1990 Ed. (1946)
 1991 Ed. (1857)
 1992 Ed. (2344, 2345)
 1993 Ed. (1994)
James G. Stewart
 2000 Ed. (1050)
James Gaither
 2002 Ed. (4730)
James Gallegos
 2010 Ed. (2560)
 2016 Ed. (3335)
James Gallogly
 2012 Ed. (765)
 2013 Ed. (966, 2636)
 2014 Ed. (2591)
 2015 Ed. (2633)
 2017 Ed. (2447)
James Geisler
 2007 Ed. (1039)
James Gelly
 2007 Ed. (1054)
 2008 Ed. (963)
James George Scripps
 1995 Ed. (938)
James Gibbons
 1997 Ed. (1927)
 1998 Ed. (1574)
James Gilbert
 2014 Ed. (3467)
James Gober
 2015 Ed. (954)
James Golob
 1999 Ed. (2318)
 2000 Ed. (2106)
James Goodnight
 2002 Ed. (3351)
 2003 Ed. (4886)
 2004 Ed. (4870)
 2005 Ed. (4856)
 2006 Ed. (4910)
 2007 Ed. (4905)
 2008 Ed. (4834)
 2009 Ed. (4854)
 2010 Ed. (4859)
 2011 Ed. (4840)
 2012 Ed. (4847)
 2013 Ed. (4850)
James Gouin
 2008 Ed. (2629)
James Griffith
 2010 Ed. (903)
James Grosfeld
 1991 Ed. (927)
 1992 Ed. (1144)
James Group International Inc.
 2015 Ed. (104)
 2018 Ed. (112)
James H. DeGraffenreidt Jr.
 2010 Ed. (179)
James H. Herbert II
 1994 Ed. (1720)
James H. Jones
 2009 Ed. (1075)
James H. Mullen
 1993 Ed. (2462)
James Hackett
 2011 Ed. (822)
James Hall
 2003 Ed. (805)
James Halpin
 2000 Ed. (1876)
James Halstead
 2016 Ed. (1066)
 2017 Ed. (1116)
James Hambrick
 2009 Ed. (2658)
 2011 Ed. (2545)
James Hanbury
 1994 Ed. (1780)
 1998 Ed. (1631)
 1999 Ed. (2217)
 2000 Ed. (1989)
James Hankla
 1991 Ed. (2546)
 1992 Ed. (3136)
 1993 Ed. (2638)
 1995 Ed. (2668)

James Hansberger
 2020 Ed. (3295)
 2023 Ed. (3388)
James Hansberger (Morgan Stanley)
 2021 Ed. (3155)
James Harden
 2017 Ed. (215)
 2018 Ed. (200)
 2019 Ed. (194, 198)
 2020 Ed. (198)
 2023 Ed. (315, 318)
James Harden (Brooklyn Nets)
 2022 Ed. (209)
James Hardie Industries
 2002 Ed. (861)
 2004 Ed. (798)
 2014 Ed. (1142)
 2016 Ed. (704)
James Hascall
 1999 Ed. (1120)
James Hawkins
 2011 Ed. (4441)
James Higgins
 1997 Ed. (1895)
 1998 Ed. (1666)
 2000 Ed. (2037)
James Hogan
 2012 Ed. (2496)
James Hoggins
 1999 Ed. (2256)
James Houghton
 1997 Ed. (1801)
James Hutton-Mills
 2000 Ed. (2122)
James Investment
 1995 Ed. (2365)
James Investment Research
 1996 Ed. (2392, 2408)
James Irsay
 2011 Ed. (4826)
 2012 Ed. (4852)
 2013 Ed. (4849)
 2014 Ed. (4865)
 2015 Ed. (4902)
 2016 Ed. (4819)
 2017 Ed. (4829)
 2018 Ed. (4834)
 2019 Ed. (4831)
 2020 Ed. (4821)
 2021 Ed. (4822)
 2022 Ed. (4815)
James Irving
 2003 Ed. (4893)
 2004 Ed. (4879)
 2005 Ed. (4863, 4875, 4876)
 2006 Ed. (4923)
 2007 Ed. (4910)
 2008 Ed. (4855, 4856)
 2009 Ed. (4881, 4882)
 2010 Ed. (4882, 4883)
 2011 Ed. (4870, 4871)
 2012 Ed. (4878, 4879)
 2013 Ed. (4860, 4861)
 2014 Ed. (4874, 4875)
 2015 Ed. (4913)
 2016 Ed. (4829)
 2017 Ed. (4838)
 2018 Ed. (4844)
 2019 Ed. (4840)
 2020 Ed. (4829)
 2021 Ed. (4829)
James J. Blanchard
 1990 Ed. (1946)
 1991 Ed. (1857)
 1992 Ed. (2345)
James J. Cunnane
 1996 Ed. (967)
James J. Floria
 1995 Ed. (2043)
James J. Maguire
 2000 Ed. (1887)
James J. Mulva
 2008 Ed. (953)
 2011 Ed. (840)
James J. Murren
 2011 Ed. (835)
James J. O'Brien
 2008 Ed. (2631)
James J. O'Connor
 1992 Ed. (2055)
James J. Schiro
 2003 Ed. (805)
James Jannard
 2004 Ed. (4860)
 2005 Ed. (4846)
 2006 Ed. (4902)
 2007 Ed. (4891)
 2008 Ed. (4826)
 2009 Ed. (4849)
 2010 Ed. (4853)
 2011 Ed. (4820)
James; Jason
 1997 Ed. (1995)
James, Jr. and Louise H. Keelty
 1995 Ed. (933)
James K. Irving
 1997 Ed. (3871)

James Kaufman
 2015 Ed. (3426)
James Kedersha
 1997 Ed. (1907)
 1999 Ed. (2273)
James Keeney
 1990 Ed. (1767, 1768)
James Kemball
 2020 Ed. (4687)
James Kilts
 2006 Ed. (883)
James Kim
 2002 Ed. (3346, 3350)
 2003 Ed. (4886)
 2005 Ed. (4856)
James Kissane
 1997 Ed. (1872)
 1998 Ed. (1634)
 2000 Ed. (1991, 1996)
James Korenchen Public Relations
 2023 Ed. (135)
James L. Balsillie
 2009 Ed. (943)
 2010 Ed. (894)
 2011 Ed. (818)
James L. Dolan
 2011 Ed. (839)
James L. Donald
 2007 Ed. (1026)
 2008 Ed. (948)
 2009 Ed. (947)
James L. Hambrick
 2011 Ed. (827)
James L. Ketelsen
 1990 Ed. (1718)
James L. Knight
 1990 Ed. (2577)
James L. Massey
 1993 Ed. (1696)
James L. Robo
 2015 Ed. (972)
James L. Sorenson
 2004 Ed. (4863)
 2005 Ed. (4849)
 2006 Ed. (4904)
James L. Will Insurance Agency
 2005 Ed. (359)
James Lang LaSalle Inc.
 2001 Ed. (4015)
James; LeBron
 2008 Ed. (272)
 2009 Ed. (295, 296)
 2010 Ed. (276)
 2011 Ed. (200)
 2012 Ed. (215, 216)
 2013 Ed. (185, 186, 188, 2599)
 2014 Ed. (192, 194)
 2015 Ed. (219, 221)
 2016 Ed. (215, 218, 2526)
 2017 Ed. (211, 212, 215)
 2018 Ed. (197, 200)
 2019 Ed. (191, 194, 198, 2493)
 2020 Ed. (196, 198, 201)
 2021 Ed. (195)
 2022 Ed. (209, 2518)
 2023 Ed. (315, 316, 318)
James; Lebron
 2015 Ed. (225)
 2016 Ed. (221)
 2017 Ed. (220)
 2018 Ed. (204)
James Lee
 2006 Ed. (2579)
James Leprino
 2011 Ed. (4828)
 2012 Ed. (4841)
 2013 Ed. (4839)
 2014 Ed. (4855)
James LeVoy Sorenson
 1992 Ed. (1093)
James Lewis Corp.
 1991 Ed. (1066)
James-Lewis Corp. Group
 1990 Ed. (1180)
James Lisinski
 2012 Ed. (3448)
James Loudspeaker
 2015 Ed. (242)
 2016 Ed. (237)
 2017 Ed. (235)
 2018 Ed. (221)
 2019 Ed. (217)
 2020 Ed. (220, 221)
 2021 Ed. (203, 206, 211, 214, 215)
 2022 Ed. (214, 218, 223, 226, 227)
 2023 Ed. (326, 331, 336, 339, 341)
James M. Cornelius
 2009 Ed. (949)
 2010 Ed. (901)
 2011 Ed. (831)
James M. Cox Dayton International Airport
 1991 Ed. (216)
James M. Coxdayton Municipal Airport
 1994 Ed. (152)
James M. Cracchiolo
 2009 Ed. (948)
 2011 Ed. (830)
 2015 Ed. (966)

James M. Denny
 1997 Ed. (1804)
James M. Kemper Jr.
 1990 Ed. (457, 3686)
James M. Montgomery Consulting Engineers Inc.
 1992 Ed. (358, 3480)
 1993 Ed. (1604, 2876)
James M. Montgomery Consuting Engineers Inc.
 1992 Ed. (1949)
James M. Ringler
 1997 Ed. (1804)
James M. Schneider
 2006 Ed. (2524)
James Madison University
 1996 Ed. (1038)
 1997 Ed. (1054)
 1998 Ed. (802)
 1999 Ed. (1231)
 2001 Ed. (1326)
 2008 Ed. (1087)
 2009 Ed. (1061)
 2010 Ed. (1029)
James and Mari Michener
 1992 Ed. (1093, 1096)
James McAuliffe
 1997 Ed. (1927)
 1998 Ed. (1574)
 1999 Ed. (2161)
 2005 Ed. (4885)
James McCann
 1990 Ed. (1769)
 1997 Ed. (1883)
James McCullagh Co.
 2003 Ed. (1241)
 2004 Ed. (1244)
 2005 Ed. (1295, 1343)
 2006 Ed. (1264)
 2007 Ed. (4888)
 2008 Ed. (4820)
 2009 Ed. (4845)
James McDonald
 2003 Ed. (958)
James McElya
 2014 Ed. (940)
James McFadden
 1997 Ed. (1904)
James McHugh Construction Co.
 1992 Ed. (1371, 1434)
 1993 Ed. (1098, 1149)
 1999 Ed. (1326, 1383)
 2004 Ed. (1311)
 2006 Ed. (1308, 1337)
 2007 Ed. (1386)
 2008 Ed. (1295, 1329)
 2009 Ed. (1278)
 2010 Ed. (1273, 1309)
 2011 Ed. (1224, 1272)
 2018 Ed. (1116, 1166)
 2019 Ed. (1125)
 2020 Ed. (1115)
James McKean
 2000 Ed. (2095, 2101)
James McManus II
 2015 Ed. (954)
James McNerney
 2005 Ed. (2469)
James Mellor
 1999 Ed. (1120)
James Moffett
 1998 Ed. (722, 1512)
James Montgomery
 1990 Ed. (1712, 1723)
James Moran
 2005 Ed. (4853)
 2008 Ed. (4832)
 2017 Ed. (3600)
James Mullen
 1992 Ed. (2904)
James Mulva
 2006 Ed. (897)
 2007 Ed. (987)
James Murchie
 1995 Ed. (1834)
 1996 Ed. (1812, 1813)
James Murdoch
 2011 Ed. (629)
 2012 Ed. (599)
James Murray
 2007 Ed. (2465)
James Murren
 1995 Ed. (1866)
 1996 Ed. (1847)
 1997 Ed. (1919)
 1998 Ed. (1641)
 1999 Ed. (2229)
 2005 Ed. (988)
 2006 Ed. (962)
 2007 Ed. (1059)
James N. Gray Co.
 2002 Ed. (1244)
 2003 Ed. (1257)
 2004 Ed. (1252, 1260)
James Nicol
 2005 Ed. (3857)

James Northcutt Associates
    1996 Ed. (2346)
    1997 Ed. (2474)
James O'Brien
    2006 Ed. (2531)
    2007 Ed. (2512)
    2008 Ed. (2640)
    2009 Ed. (2666)
    2012 Ed. (2494)
    2013 Ed. (2637)
    2014 Ed. (2592)
    2015 Ed. (2634)
James O'Connor
    2006 Ed. (888)
    2007 Ed. (978)
    2008 Ed. (934)
    2010 Ed. (884)
James Owens
    2008 Ed. (934)
James Packer
    2008 Ed. (4842)
    2009 Ed. (4860, 4876)
    2010 Ed. (4862, 4878)
    2011 Ed. (4867, 4868)
    2012 Ed. (4873, 4874)
    2013 Ed. (4855, 4856)
    2014 Ed. (4869, 4870)
    2015 Ed. (4907, 4908)
    2016 Ed. (4823, 4824)
    2017 Ed. (4834)
    2018 Ed. (4839)
    2019 Ed. (4835)
    2020 Ed. (4825)
James Pappas
    1996 Ed. (2409)
James Parker
    2005 Ed. (967)
    2008 Ed. (2691)
James Parmalee
    1999 Ed. (2273)
James Parmelee
    2000 Ed. (2051)
James Pate
    1996 Ed. (1714)
James Patterson
    2008 Ed. (280)
    2012 Ed. (220)
    2013 Ed. (211, 2607)
    2014 Ed. (217)
    2015 Ed. (252, 2607)
    2016 Ed. (245)
    2017 Ed. (243, 2380)
    2018 Ed. (230, 2444)
    2019 Ed. (225, 2493)
    2020 Ed. (228)
James Pattison
    1991 Ed. (1617)
    2003 Ed. (4891)
    2005 Ed. (4863, 4875, 4876)
    2006 Ed. (4923)
    2007 Ed. (4910)
    2008 Ed. (4855)
    2009 Ed. (4881)
    2010 Ed. (4882)
    2011 Ed. (4870)
    2012 Ed. (4878)
    2013 Ed. (4860)
    2014 Ed. (4874)
    2015 Ed. (4912)
    2016 Ed. (4828)
    2017 Ed. (4837)
    2018 Ed. (4843)
    2019 Ed. (4839)
James Peattie
    1999 Ed. (2359)
James Perry
    2010 Ed. (4844)
James Preston
    1996 Ed. (1713)
    1997 Ed. (1800)
    1998 Ed. (1510)
James Prokopanko
    2017 Ed. (2447)
James Q. Crowe
    2005 Ed. (1103)
    2006 Ed. (1097, 1098)
    2014 Ed. (939)
    2015 Ed. (955)
James Q. Ledbetter
    1995 Ed. (3503)
James R. Cantalupo
    2002 Ed. (2214)
James R. Cargill II
    2011 Ed. (4819)
James R. Eiszner
    1991 Ed. (1631)
James R. Ellinghausen
    2008 Ed. (2635, 3120)
James R. Elsesser
    2000 Ed. (1051)
James R. Gary & Co. Ltd.
    1996 Ed. (3882)
    1997 Ed. (3918)
    1998 Ed. (3764)
James R. Gibbs
    2009 Ed. (952)
    2010 Ed. (904)

James R. Harvey
    1990 Ed. (2282)
    1992 Ed. (2713)
James R. Harvey (Transamerica Corp.)
    1991 Ed. (2156)
James R. Klauser
    1993 Ed. (3444)
James R. Mellor
    1994 Ed. (1715)
    1996 Ed. (963, 964)
James R. Tennant
    2007 Ed. (3974)
James R. Thompson
    1992 Ed. (2344, 2345)
James R. Thompson, Jr.
    1991 Ed. (1857)
James R. Tobin
    2009 Ed. (944)
    2010 Ed. (896)
James R. Vannoy & Sons Construction Co.
    2018 Ed. (1126, 1129)
    2019 Ed. (1219)
    2020 Ed. (1213)
    2022 Ed. (1182, 1186)
    2023 Ed. (1419)
James R. Young
    2011 Ed. (846)
James Ratcliffe
    2007 Ed. (2462)
    2017 Ed. (4884)
    2018 Ed. (4896)
    2019 Ed. (4888)
    2020 Ed. (4877)
    2021 Ed. (4878)
    2022 Ed. (4874)
    2023 Ed. (4868)
James; Raymond
    1996 Ed. (797, 799)
James Redman
    1990 Ed. (976, 1726)
James Riady
    2010 Ed. (3960)
James Richardson
    2004 Ed. (3959)
James Richardson & Sons
    1992 Ed. (1185, 4431)
    1994 Ed. (3659)
    1995 Ed. (1578)
    1996 Ed. (1564, 3828)
    1997 Ed. (1641)
    2007 Ed. (4945)
    2010 Ed. (4943)
James Richardson & Sons Ltd.
    2018 Ed. (2609)
    2019 Ed. (2594)
    2020 Ed. (2590)
    2022 Ed. (2649)
    2023 Ed. (2783)
James River Coal Co.
    2008 Ed. (4530)
    2016 Ed. (343)
James River Corp.
    1989 Ed. (2114)
    1990 Ed. (1842)
    1991 Ed. (1761, 1763, 2577, 2620, 2672)
    1992 Ed. (3216, 3328)
    1993 Ed. (1413, 1890, 1892, 1893, 2491, 2705, 2763, 2764)
    1994 Ed. (1467, 1891, 1893, 2722, 2724, 2725)
    1995 Ed. (1504, 1922, 1923, 2826, 2832, 2835)
    1996 Ed. (1959)
    1997 Ed. (1528, 2067, 2069, 2328, 2986, 2989, 2990, 2993)
    1999 Ed. (1505, 3686, 3702, 4694)
    2002 Ed. (1468)
    2003 Ed. (1489)
    2004 Ed. (1457, 1519)
    2005 Ed. (1535)
James River Corp., Northeast Comm.
    1990 Ed. (2675)
James River Corp. Packaging
    1998 Ed. (2874)
James River Corp. VA
    1990 Ed. (1189, 2762)
James River Corp. of Virginia
    1990 Ed. (1843)
James River Corp. of Virginia
    1989 Ed. (1009, 1465, 1466, 2113)
    1990 Ed. (2763)
    1991 Ed. (2669, 2670)
    1992 Ed. (3331)
    1996 Ed. (1459, 1958)
    1998 Ed. (1121, 1191, 1750, 1751, 1752, 2052, 2738, 2740, 2741)
James River/Fort James
    2000 Ed. (3402)
James River Grounds Management
    2012 Ed. (3437)
    2013 Ed. (3455, 3461)
    2014 Ed. (3456)
James River GT2
    1994 Ed. (1587)
James River Insurance Co.
    2014 Ed. (3291)
    2016 Ed. (3200)
    2020 Ed. (3206)

2022 Ed. (3193)
James Robbins
    1998 Ed. (1511)
    1999 Ed. (2077)
    2006 Ed. (880)
James Robin
    2006 Ed. (904)
James Rodriguez
    2016 Ed. (220)
    2017 Ed. (218)
    2018 Ed. (205)
James Roemer
    2004 Ed. (975)
James Rogers
    2014 Ed. (2591)
James Rohr
    2011 Ed. (820)
James; Ron
    1989 Ed. (736)
James Ryan
    2013 Ed. (3392)
James S. Boshart
    2002 Ed. (2214)
James Sammons, M.D.
    1991 Ed. (2406)
James Savage
    2000 Ed. (2004)
James Sawyer
    2005 Ed. (986)
    2007 Ed. (1084)
    2008 Ed. (962)
    2010 Ed. (914)
James Schneider
    2005 Ed. (992)
    2006 Ed. (968)
    2007 Ed. (1064)
    2008 Ed. (968)
James Schwartz
    2013 Ed. (3468)
    2014 Ed. (3467)
James Sedgwick Inc.
    2007 Ed. (3096)
    2008 Ed. (3238)
    2009 Ed. (3300)
    2010 Ed. (3227)
    2011 Ed. (3193)
    2012 Ed. (3149)
    2013 Ed. (3227)
    2014 Ed. (3247)
    2015 Ed. (3301)
    2016 Ed. (3153)
James Shelton
    2006 Ed. (892)
    2007 Ed. (982)
James Simons
    2006 Ed. (2798, 4899)
    2007 Ed. (4894)
    2009 Ed. (2715, 4846)
    2010 Ed. (2640, 4851)
    2011 Ed. (4818)
    2012 Ed. (4838)
    2013 Ed. (2891, 4832)
    2014 Ed. (2920, 4847)
    2015 Ed. (2968, 4884)
    2016 Ed. (2902, 4802)
    2017 Ed. (4814)
    2018 Ed. (4819)
    2019 Ed. (2885, 4822)
    2020 Ed. (4812)
    2021 Ed. (4813)
James Sinegal
    1999 Ed. (2075, 2076)
    2000 Ed. (1871)
    2002 Ed. (2180)
    2004 Ed. (2529)
James Skaggs
    1999 Ed. (1120)
James Skinner
    2010 Ed. (885)
    2013 Ed. (741)
The James Skinner Baking Co.
    2018 Ed. (740)
    2021 Ed. (764)
    2022 Ed. (802)
    2023 Ed. (1008)
James Solloway
    1990 Ed. (2285)
    1991 Ed. (2160)
James Sorenson
    2002 Ed. (3354)
    2003 Ed. (4881)
    2007 Ed. (4892)
    2008 Ed. (4829)
    2009 Ed. (4850)
James Spence
    1996 Ed. (1866)
    1997 Ed. (1974)
James Spencer
    1993 Ed. (1787)
    1994 Ed. (1770)
    1995 Ed. (1811)
    1996 Ed. (1786)
James Stanard
    2006 Ed. (908)
James Steel Inc.
    2010 Ed. (1147)
James Stengel
    2009 Ed. (21)

James Stewart
    2000 Ed. (1878, 2425)
James Stowers
    2004 Ed. (3890)
    2006 Ed. (3898)
James Stowers Jr.
    2002 Ed. (3356)
James T. Breedlove
    2008 Ed. (2630)
    2011 Ed. (1374)
James T. Cavanaugh & Associates
    1993 Ed. (2270)
    1995 Ed. (2339)
    2000 Ed. (2757)
James T. Hackett
    2008 Ed. (953)
    2010 Ed. (904, 907)
    2011 Ed. (840)
    2012 Ed. (795)
James T. Lynn
    1990 Ed. (2282)
James T. Lynn (Aetna life & Casualty Co.)
    1991 Ed. (2156)
James T. Matheny
    2002 Ed. (2177)
James Taylor
    2012 Ed. (994)
James Titus
    1999 Ed. (2198)
    2000 Ed. (1970)
James Travel Points
    2002 Ed. (4677)
James Travel Points International Inc.
    2008 Ed. (4992)
James Twyman
    1999 Ed. (2344)
James V. Manning
    1993 Ed. (1696)
    1994 Ed. (1723)
James V. Mazzo
    2011 Ed. (2547)
    2012 Ed. (2493)
James V. O'Donnell
    2007 Ed. (2505)
    2009 Ed. (2660)
James Valentine
    1998 Ed. (1666, 1676)
    1999 Ed. (2256, 2269)
    2000 Ed. (2037, 2054)
James & Virginia Stowers
    2005 Ed. (3832)
    2007 Ed. (3949)
James Volker
    2016 Ed. (866)
James W. Bagley
    2007 Ed. (2502)
James W. Buckee
    2007 Ed. (2507)
James W. Large Jr.
    1998 Ed. (724)
James W. Near
    1996 Ed. (958)
James W. Owens
    2009 Ed. (959)
    2010 Ed. (911)
    2011 Ed. (826)
    2012 Ed. (806)
James W. Wetzler
    1993 Ed. (3443)
    1995 Ed. (3505)
James Wahner
    1990 Ed. (2482)
James Walker
    1996 Ed. (1856)
James Wallace
    2017 Ed. (3248)
James Walton
    2016 Ed. (4888)
James Watkins
    1989 Ed. (2341)
James Wetta
    2012 Ed. (598)
James Winder
    2000 Ed. (2061)
James Wood
    1989 Ed. (1383)
    1990 Ed. (972, 1724)
    1991 Ed. (924, 1630, 1632)
    1992 Ed. (1141, 1145, 2061, 2063)
    1993 Ed. (940, 1705)
James Wood Motors
    1994 Ed. (257, 291)
    1995 Ed. (268)
    1996 Ed. (299)
James Ziemer
    2006 Ed. (971)
James Zimmer Family Partnership Ltd.
    2012 Ed. (1933, 4189)
JamesAllen.com
    2012 Ed. (2294)
Jameson
    1990 Ed. (1801, 2464)
    1991 Ed. (1727)
    1992 Ed. (2163, 2887, 2891)
    1993 Ed. (1862)
    1994 Ed. (1851)
    1997 Ed. (2645)

1998 Ed. (2375)
2002 Ed. (3105)
2003 Ed. (4901)
2004 Ed. (4891)
2017 Ed. (4887)
2018 Ed. (657)
2019 Ed. (667, 4892)
2020 Ed. (651, 4882)
2021 Ed. (629)
2022 Ed. (156, 656, 658)
2023 Ed. (868)
Jameson/1780
  2001 Ed. (4787)
  2002 Ed. (284)
Jameson Irish
  2020 Ed. (165)
  2021 Ed. (168)
Jameson Publishing
  2010 Ed. (3512)
  2011 Ed. (3515)
Jamestown, NY
  2004 Ed. (4221)
  2005 Ed. (2389)
Jamesway
  1989 Ed. (1248)
  1990 Ed. (912, 1518)
  1991 Ed. (1423, 1424)
  1992 Ed. (1813)
  1993 Ed. (1494)
  1994 Ed. (1541)
  1995 Ed. (2768)
  1997 Ed. (355, 357)
Jamf
  2023 Ed. (1871)
Jamf Holding Corp.
  2023 Ed. (1147)
Jami Rubin
  1999 Ed. (2253)
  2000 Ed. (2017)
Jamie B. Coulter
  2006 Ed. (2530)
Jamie Benn
  2019 Ed. (196)
  2020 Ed. (200)
Jamie Dimon
  2010 Ed. (894, 2559)
  2011 Ed. (818, 850, 852)
  2012 Ed. (791)
  2013 Ed. (984)
  2014 Ed. (936)
  2015 Ed. (953)
  2016 Ed. (864)
  2017 Ed. (922)
Jamie Dimon (JP Morgan Chase)
  2021 Ed. (724)
Jamie Foxx
  2009 Ed. (201)
  2011 Ed. (3714)
Jamie Friedman
  2011 Ed. (3373)
Jamie Kiggen
  1999 Ed. (2237)
  2000 Ed. (2020)
Jamie Lawson
  2020 Ed. (995)
Jamie Oliver
  2009 Ed. (701)
Jamie Scott
  2016 Ed. (1048)
Jamieson
  1998 Ed. (1272, 1352)
Jamieson Wellness Inc.
  2020 Ed. (4313)
  2023 Ed. (838)
Jamison, Eaton & Wood
  1992 Ed. (2755, 2767)
  1993 Ed. (2315, 2319, 2323)
Jamison Herefords
  2021 Ed. (800)
  2022 Ed. (832)
JamisonMoneyFarmer PC
  2016 Ed. (1338)
Jamna Auto Industries
  2021 Ed. (1582)
Jamont Holdings NV
  1996 Ed. (2905)
Jampro Trade & Investment Jamaica
  2015 Ed. (3527)
Jams
  2002 Ed. (3036)
  2008 Ed. (2732)
Jamster International
  2008 Ed. (186)
Jan Bell
  1990 Ed. (248)
Jan Bell Marketing
  1990 Ed. (254)
  2000 Ed. (278)
The Jan Cos.
  2018 Ed. (2532)
  2022 Ed. (2585)
Jan Dillow
  1997 Ed. (1925, 1931)
  1998 Ed. (1570, 1572, 1578)
  1999 Ed. (2159, 2166)
  2000 Ed. (1927, 1929, 1936)
Jan Hammer
  2023 Ed. (4751)

Jan Hammer (Index Ventures)
  2021 Ed. (4761)
  2022 Ed. (4763)
Jan Hart
  1993 Ed. (2638)
  1995 Ed. (2668)
Jan Koum
  2016 Ed. (720)
Jan Kulczyk
  2011 Ed. (4904)
  2012 Ed. (4915)
  2013 Ed. (4899)
  2014 Ed. (4911)
  2015 Ed. (4952)
  2016 Ed. (4867)
Jan Leschly
  1991 Ed. (1621)
Jan Loeys
  1998 Ed. (1684)
  1999 Ed. (2300)
Jan de Nul Group
  2011 Ed. (1217)
Jan-Pro
  2019 Ed. (705, 791)
  2020 Ed. (698, 705)
  2021 Ed. (708)
  2023 Ed. (937, 3078)
Jan-Pro Cleaning & Disinfecting
  2023 Ed. (940, 1031)
JAN-PRO Cleaning Systems
  2019 Ed. (708)
  2020 Ed. (700)
  2021 Ed. (703)
Jan-Pro Cleaning Systems
  2016 Ed. (1564)
  2023 Ed. (943)
JAN-PRO Cleaning Systems (U.S.)
  2021 Ed. (703)
Jan-Pro Franchising International
  2014 Ed. (856)
  2015 Ed. (895, 898, 4866)
  2016 Ed. (794)
  2017 Ed. (845, 853)
  2018 Ed. (779, 788)
  2019 Ed. (793, 808)
  2020 Ed. (787)
  2021 Ed. (816)
  2022 Ed. (849)
Jan-Pro Franchising International Inc.
  2001 Ed. (2532)
  2002 Ed. (856, 2359, 2576)
  2003 Ed. (769, 889)
  2004 Ed. (779, 903)
  2005 Ed. (765, 893, 898, 899)
  2006 Ed. (672, 808, 813, 814)
  2007 Ed. (768, 895, 901, 902)
  2008 Ed. (744, 872, 876, 877)
  2009 Ed. (738, 882, 886, 887)
  2010 Ed. (685, 833, 836, 837)
  2011 Ed. (613, 758, 762)
  2012 Ed. (584, 696, 700)
  2013 Ed. (2972)
  2014 Ed. (743, 2983)
  2015 Ed. (780, 3051)
  2016 Ed. (701, 2942)
  2017 Ed. (761, 2901)
  2018 Ed. (692)
  2019 Ed. (707)
  2020 Ed. (699)
  2021 Ed. (701)
  2022 Ed. (735)
Jan-Pro of Phoenix
  2018 Ed. (3624)
  2019 Ed. (3618)
  2020 Ed. (3588)
  2021 Ed. (3616)
  2022 Ed. (3668)
  2023 Ed. (3771)
Jan Van Geet
  2022 Ed. (4821)
  2023 Ed. (4815)
Jan Wejchert
  2008 Ed. (4872)
  2009 Ed. (4894)
Jan Yoke Lan
  1997 Ed. (1997)
Jana Novotna
  1998 Ed. (198, 3757)
Janaco Porsche
  1992 Ed. (397)
  1993 Ed. (282)
Janaki Foundation
  2002 Ed. (2341)
Janara Bank
  1989 Ed. (487)
Janashakthi Life
  2021 Ed. (666)
Janata Bank
  1990 Ed. (508)
  1992 Ed. (615)
  1993 Ed. (432)
  1996 Ed. (453)
  1997 Ed. (415)
  2002 Ed. (528)
  2003 Ed. (466)
  2004 Ed. (452)
  2013 Ed. (375)

Janavalo Oy
  2008 Ed. (1728)
Jancor Cos., Inc.
  2005 Ed. (3843)
  2006 Ed. (3914)
Jand Inc.
  2014 Ed. (2398)
J&B
  2000 Ed. (2968, 2973, 2974, 2980, 3864, 3870, 3871)
  2021 Ed. (169)
  2022 Ed. (161, 163)
J&B Software Inc.
  2000 Ed. (3151, 4436)
J&B Solar
  2018 Ed. (4443, 4452)
  2019 Ed. (4440, 4460)
  2020 Ed. (4430, 4447)
  2021 Ed. (4430, 4433, 4445)
  2023 Ed. (4462, 4466, 4468, 4480)
J&E Consulting
  2018 Ed. (1860)
J&E Cos.
  2019 Ed. (1232)
  2020 Ed. (1226)
  2021 Ed. (1193)
  2022 Ed. (1194)
  2023 Ed. (1431)
J&H Marsh & McLennan Co.
  2000 Ed. (2665)
J&H Marsh & McLennan Cos. Inc.
  2000 Ed. (2663)
J&H Marsh & McLennan of Michigan
  2000 Ed. (2666)
J&J Snack Foods
  2022 Ed. (2827)
  2023 Ed. (2943)
J&J Snack Foods Auntie Anne's
  2022 Ed. (2827)
J&J Snack Foods Corp.
  2018 Ed. (2146, 3116)
  2019 Ed. (2144, 3046)
  2020 Ed. (2129, 3085)
  2021 Ed. (2122)
  2022 Ed. (2154, 3085)
  2023 Ed. (2273)
J&M Group
  2018 Ed. (2934)
  2021 Ed. (2987)
J&M Mfg.
  2023 Ed. (3619)
J&M Pool Company
  2023 Ed. (4548)
J&R Schugel Trucking, Inc.
  2022 Ed. (4132)
  2023 Ed. (4215)
J&S Building Maintenance
  2023 Ed. (2669)
J&T Banka
  2019 Ed. (434, 439)
  2020 Ed. (422)
  2023 Ed. (639)
J&W Seligman
  2000 Ed. (2804, 2805)
Jane
  1999 Ed. (1759, 2112, 2113, 2114, 3189, 3190)
  2000 Ed. (1589, 1590, 1903, 1904, 2936, 3313)
  2001 Ed. (258, 259, 1913, 2384)
  2002 Ed. (3227)
Jane
  2017 Ed. (2056)
  2018 Ed. (2021)
Jane B. Engelhard
  1990 Ed. (2578)
  1991 Ed. (2462)
  1995 Ed. (2580)
Jane B. Englebard
  1992 Ed. (3079)
Jane Bidmead
  2000 Ed. (2136)
Jane C. Hickok
  1992 Ed. (1139)
Jane Cavanagh
  2007 Ed. (2463)
Jane Fonda's Low Impact Aerobic Workout
  1992 Ed. (4396)
Jane Fonda's New Workout
  1992 Ed. (4396)
Jane Fraser
  2023 Ed. (2780, 4929, 4938)
Jane Fraser (Citigroup)
  2023 Ed. (4935)
Jane Fraser (Citi)
  2022 Ed. (4927)
Jane Harman
  1994 Ed. (845)
  2003 Ed. (3206)
Jane Jie Sun
  2021 Ed. (4927)
Jane Shaw
  1995 Ed. (3786)
Jane T. Elfers
  2015 Ed. (960)
Jane Williams
  2016 Ed. (3285)

Janeane Garofalo
  2001 Ed. (7)
Jane.com
  2017 Ed. (4206)
  2018 Ed. (2022)
  2019 Ed. (2078)
Janedis; John
  2011 Ed. (3343)
Janes Capital Partners
  2015 Ed. (2722)
Janesville-Beloit, WI
  1998 Ed. (2484)
  2017 Ed. (3345)
  2018 Ed. (3405)
  2022 Ed. (3420)
Janesville, WI
  1989 Ed. (1612)
Janet Brashear
  2011 Ed. (3356)
Janet Dryson
  1999 Ed. (2313)
Janet Dyson
  2000 Ed. (2095, 2101)
Janet Evanovich
  2014 Ed. (217)
  2017 Ed. (243)
Janet Hughes & Associates
  2006 Ed. (3506)
Janet Jackson
  1992 Ed. (1348)
  2000 Ed. (1182)
  2003 Ed. (1127)
Janet Khang
  2015 Ed. (5037)
  2016 Ed. (4991)
Janet Napolitano
  2014 Ed. (4968, 4969)
  2015 Ed. (5010)
Janet Showers
  1998 Ed. (1565)
  2000 Ed. (1958)
Janet Stimpson
  2015 Ed. (5037)
  2016 Ed. (4991)
Janet Wang
  2019 Ed. (4120)
Janet Yellen
  2015 Ed. (5009)
  2016 Ed. (3336, 4926, 4927)
  2017 Ed. (3297, 4922, 4923)
  2018 Ed. (3368)
Jang Dah Nylon Industrial Corp.
  1994 Ed. (1460, 1461, 1462)
Jang Group
  2008 Ed. (68)
  2009 Ed. (77)
  2010 Ed. (87)
JangoMall
  2010 Ed. (1119)
  2011 Ed. (1058)
Jani-King
  1992 Ed. (2219, 2220)
  1994 Ed. (1913, 1914, 1915)
  1995 Ed. (1937)
  1997 Ed. (2078, 2079)
  1998 Ed. (1757, 1759, 1762)
  1999 Ed. (2509, 2510, 2520)
  2000 Ed. (2267, 2270)
  2001 Ed. (2532)
  2002 Ed. (856, 2357, 2358, 2359, 2576)
  2003 Ed. (769, 881, 885, 889)
  2004 Ed. (779, 903, 905, 908)
  2005 Ed. (765, 893, 895, 898, 899)
  2006 Ed. (672, 808, 811, 813, 814)
  2007 Ed. (768, 895, 898, 901, 902)
  2008 Ed. (744, 872, 876, 877)
  2009 Ed. (738, 882, 886, 887)
  2010 Ed. (685, 836, 837)
  2011 Ed. (613, 760, 762, 763)
  2019 Ed. (731)
  2020 Ed. (697, 705)
  2021 Ed. (708)
  2023 Ed. (937)
Jani-King Commercial Cleaning Services
  2019 Ed. (708)
  2020 Ed. (700)
Jani-King International
  1992 Ed. (2226)
Jani-Pro Cleaning Systems
  2012 Ed. (2185)
Janice Bryant-Howroyd
  2011 Ed. (4978)
Janice M. Roberts
  2002 Ed. (4980)
Janice McNair
  2021 Ed. (4822)
  2022 Ed. (4815)
  2023 Ed. (4808)
Janice Meyer
  1997 Ed. (1882)
  1998 Ed. (1667)
  2000 Ed. (2038)
Janice Roberts
  1999 Ed. (4805)
Janicki Bioenergy
  2017 Ed. (2326)
Janicki Machines
  2013 Ed. (2164)

Janimals
  2016 Ed. (2288)
Janis Grantham
  2004 Ed. (4987)
  2005 Ed. (4992)
  2006 Ed. (4988)
  2007 Ed. (4985)
  2008 Ed. (4991)
  2009 Ed. (4985)
  2010 Ed. (4992)
Janitor
  1989 Ed. (2091)
Janitorial
  1992 Ed. (1171)
Janitorial service
  1996 Ed. (2881)
Janitorial Services Inc.
  2019 Ed. (3601)
Janitors
  2002 Ed. (3531)
  2005 Ed. (3628, 3629, 3631)
  2007 Ed. (3723, 3728, 3729)
  2009 Ed. (3858, 3863, 3864)
  2010 Ed. (3773, 3787)
  2011 Ed. (3777)
  2012 Ed. (3778)
  2013 Ed. (3843)
  2014 Ed. (3764)
  2017 Ed. (3664)
  2019 Ed. (3705)
  2022 Ed. (3769)
Janitors and cleaners, except maids and housekeeping cleaners
  2022 Ed. (3769)
Janitors, cleaners, housekeepers
  1989 Ed. (2077)
Janitors, cleaners & housekeepers
  1993 Ed. (2738)
JANKA Radotin
  2001 Ed. (289)
Jankel
  2015 Ed. (3569)
Janna Systems Inc.
  2001 Ed. (2863)
Jannard; James
  2005 Ed. (4846)
  2006 Ed. (4902)
  2007 Ed. (4891)
  2008 Ed. (4826)
  2009 Ed. (4849)
  2010 Ed. (4853)
  2011 Ed. (4820)
Janney Montgomery
  1990 Ed. (2293)
Janney Montgomery Scott Inc.
  1989 Ed. (820)
  1990 Ed. (819)
  1991 Ed. (783)
  1992 Ed. (962)
  1993 Ed. (768)
  1994 Ed. (784)
  1995 Ed. (816)
  1996 Ed. (810)
  1998 Ed. (530)
  1999 Ed. (920)
Janney Montgomery Scott LLC
  2015 Ed. (2714)
Jannie Mouton
  2018 Ed. (4886)
Jannock Imaging
  1991 Ed. (3163)
  1992 Ed. (3540, 4033)
  1993 Ed. (3363)
  1995 Ed. (3422)
Jannock Ltd.
  2001 Ed. (1654)
  2002 Ed. (3231)
Jannotta Bray & Associates
  1991 Ed. (2650)
  1993 Ed. (2747)
Janome Sewing Machine Co. Ltd.
  1995 Ed. (1352)
Jansergroup of Puerto Rico
  2006 Ed. (3537)
Janson Green Holdings Ltd.
  1993 Ed. (967, 2454, 2455, 2458)
Janson Green Management Ltd.
  1992 Ed. (2896, 2900)
Janson Green Management Ltd.; 932,
  1991 Ed. (2337)
Janson Green Management Ltd.; Marine 932,
  1991 Ed. (2336)
Janson Payne Management Ltd.
  1992 Ed. (2897)
Janson Payne Management Ltd.; 386,
  1991 Ed. (2338)
JanSport
  2001 Ed. (1108)
Janssen
  1993 Ed. (1518)
  2013 Ed. (2059)
  2014 Ed. (1993)
Janssen-Cilag
  2011 Ed. (1769, 2010)
Janssen-Cilag AG
  2014 Ed. (2008)
  2015 Ed. (2053)

Janssen Cilag Farmaceutica
  2015 Ed. (1999)
Janssen-Cilag Pharma GmbH
  2015 Ed. (1458)
Janssen Cilag SA
  2010 Ed. (1581)
  2011 Ed. (1584)
Janssen Ortho Patient Assistance Foundation
  2002 Ed. (2339)
Janssen Pharmaceutical Ltd.
  1996 Ed. (1577)
  1997 Ed. (1655, 2740)
  1999 Ed. (1919)
  2009 Ed. (1809)
  2011 Ed. (1767)
Janssen Pharmaceuticals
  1998 Ed. (1348)
  2000 Ed. (1711)
  2007 Ed. (1598)
Janssen Research & Development LLC
  2016 Ed. (4149)
Jantize America
  2012 Ed. (584)
  2016 Ed. (701)
  2018 Ed. (692)
  2019 Ed. (707)
  2022 Ed. (735)
  2023 Ed. (940)
Jantzen
  1990 Ed. (3336)
January
  2001 Ed. (4681, 4857)
January 4, 1988
  1989 Ed. (2746)
January 8, 1988
  1989 Ed. (2747)
  1991 Ed. (3237)
  1999 Ed. (4396)
January 9, 1996
  1999 Ed. (4398)
January 10, 1996
  1999 Ed. (4398)
January 11-August 22, 1973
  1989 Ed. (2749)
January 15, 1987
  1989 Ed. (2045)
January 17, 1991
  1999 Ed. (4395)
January 23, 1987
  1989 Ed. (2045)
  1990 Ed. (2753)
January Associate
  1993 Ed. (1044)
Janus
  1991 Ed. (2556)
  1992 Ed. (3149, 3183, 3190)
  1994 Ed. (2599)
  1995 Ed. (2690)
  2000 Ed. (3280)
  2003 Ed. (3517, 3519)
  2008 Ed. (2609, 3763, 3765, 3775)
  2010 Ed. (3723)
Janus Adviser Balanced
  2004 Ed. (2448)
Janus Adviser Capital Appreciation
  2004 Ed. (2451)
Janus Adviser Core Equity
  2004 Ed. (2450)
Janus Adviser Forty
  2008 Ed. (2615)
Janus Adviser International Growth
  2009 Ed. (3807)
Janus Adviser Mid Cap Value
  2010 Ed. (3728)
Janus American Equity
  2002 Ed. (3449, 3450, 3451)
  2003 Ed. (3582)
  2004 Ed. (2462)
Janus Aspen Capital Appreciation Institutional
  2004 Ed. (2451)
Janus Aspen Core Equity International
  2004 Ed. (2450)
Janus Aspen International Growth Institutional
  2003 Ed. (3610)
Janus Aspen Mid Cap Value Institutional
  2010 Ed. (3728)
Janus Balanced
  2000 Ed. (3226, 3227, 3251)
  2003 Ed. (3486)
  2004 Ed. (2448)
Janus Balanced Fund
  2000 Ed. (3248, 3252)
  2003 Ed. (2366)
  2004 Ed. (3540)
Janus Capital
  1993 Ed. (2318, 2322, 2330, 2668, 2688)
  1997 Ed. (2525, 2533, 2537)
  1998 Ed. (2269, 2271, 2273, 2304, 2618, 2647)
  1999 Ed. (3064, 3527)
  2001 Ed. (3001, 3004, 3005, 3687, 3690)
  2002 Ed. (3007, 3010, 3021, 3419, 3626, 3628)
  2003 Ed. (703, 3069, 3109, 3502, 3555)
  2004 Ed. (2043, 2045, 2046, 3193)

  2005 Ed. (3562, 3574)
  2007 Ed. (3661)
  2009 Ed. (625, 2646, 2647, 3790, 3791, 3792)
Janus Capital Group Inc.
  2005 Ed. (870, 923, 1736, 3207, 4455, 4456)
  2006 Ed. (1645, 1648)
  2007 Ed. (1664, 3251)
  2010 Ed. (4781)
  2012 Ed. (1921)
Janus Capital Management
  2004 Ed. (3639)
Janus Contrarian
  2008 Ed. (598)
  2009 Ed. (3798)
  2010 Ed. (3724)
Janus Core Equity
  2003 Ed. (3491)
  2004 Ed. (2450)
Janus Enterprise
  1996 Ed. (2788)
  2002 Ed. (2155, 2156)
  2004 Ed. (3606)
  2009 Ed. (3799)
Janus Enterprise Fund
  2000 Ed. (3281)
  2010 Ed. (4574)
Janus Equity Income
  2000 Ed. (3229, 3262)
  2001 Ed. (3431)
Janus Equity Income Fund
  2000 Ed. (3261)
Janus Fd Inc-Special Situations
  1999 Ed. (3559)
Janus Fd Inc.-Growth & Income
  2000 Ed. (3272)
Janus Fd Inc.-Twenty
  2000 Ed. (3256)
Janus Flexible Income
  1995 Ed. (2694)
  1996 Ed. (2784)
  1997 Ed. (687, 2866)
  1998 Ed. (2641)
  1999 Ed. (747)
  2000 Ed. (760)
  2002 Ed. (3414)
Janus Fund
  1995 Ed. (2713)
  2000 Ed. (3260)
  2001 Ed. (3452)
  2004 Ed. (3579, 3586)
  2005 Ed. (3553)
  2006 Ed. (3607)
Janus Fund Income-Twenty
  1998 Ed. (2619)
Janus Global Equity
  2002 Ed. (3439)
  2003 Ed. (3575)
  2004 Ed. (2480)
Janus Global Life Sciences
  2009 Ed. (3787)
Janus Global Operations
  2019 Ed. (2372)
  2020 Ed. (2340)
  2021 Ed. (2305)
Janus Global Technology
  2009 Ed. (3796)
  2012 Ed. (3740)
Janus Group Inc.
  2005 Ed. (1754)
Janus Growth & Income
  1999 Ed. (3556)
  2000 Ed. (3234, 3235, 3271)
  2003 Ed. (3491)
  2004 Ed. (2451)
  2006 Ed. (3626)
Janus Henderson Balanced
  2020 Ed. (3700, 3701)
  2021 Ed. (3708)
Janus Henderson Balanced T
  2021 Ed. (3708)
Janus Henderson Contrarian
  2021 Ed. (4489)
Janus Henderson Contrarian T
  2021 Ed. (4489)
Janus Henderson Emerging Markets Managed Volatility
  2020 Ed. (3697)
Janus Henderson Enterprise
  2020 Ed. (4508, 4509)
  2021 Ed. (4490)
Janus Henderson Enterprise T
  2020 Ed. (4506)
  2021 Ed. (4488, 4490)
Janus Henderson European Focus T
  2023 Ed. (3828)
Janus Henderson Glb Tech and Innovt
  2022 Ed. (3733)
Janus Henderson Glb Tech and Innovt T
  2022 Ed. (3733)
Janus Henderson Glbl Eq Inc
  2022 Ed. (4483)
Janus Henderson Global Technology
  2020 Ed. (3711)
  2021 Ed. (3713, 3716)
Janus Henderson Global Technology T
  2021 Ed. (3713, 3716)

Janus Henderson Investors
  2021 Ed. (2577)
Janus Henderson Triton
  2020 Ed. (4512)
Janus Henderson Venture
  2020 Ed. (4512)
Janus High-Yield
  1998 Ed. (2599)
  2004 Ed. (696)
  2005 Ed. (703)
  2006 Ed. (3235)
Janus High-Yield Fund
  2003 Ed. (3530)
Janus Hotels & Resorts
  2001 Ed. (2777)
  2006 Ed. (2926)
  2007 Ed. (2936)
  2008 Ed. (3065)
  2009 Ed. (3166)
Janus Mercury
  2000 Ed. (3274)
  2002 Ed. (2155)
Janus Mercury Fund
  2000 Ed. (3223)
Janus Mid Cap Value Investor
  2010 Ed. (3728)
Janus Olympus
  1999 Ed. (3528)
  2000 Ed. (3241, 3245)
Janus Orion
  2009 Ed. (3799)
Janus Overseas
  1999 Ed. (3517)
  2000 Ed. (3311)
  2006 Ed. (3674)
  2009 Ed. (3807)
Janus Overseas Fund
  2009 Ed. (4540)
Janus Retirement Advantage Worldwide Growth
  1997 Ed. (3825)
Janus Small Cap Value Institutional
  2010 Ed. (4579)
Janus Small Cap Value Investor
  2006 Ed. (3651)
Janus Special Equity
  2006 Ed. (3634)
Janus Twenty
  1993 Ed. (2659, 2670, 2688)
  1994 Ed. (2599, 2631, 2634)
  1995 Ed. (2691, 2713)
  1998 Ed. (2623)
  1999 Ed. (3505)
  2000 Ed. (3223, 3259, 3260, 3263, 3268, 3273, 3274)
  2001 Ed. (3452)
  2002 Ed. (2155)
  2006 Ed. (3626)
Janus Twenty Fund
  2003 Ed. (3514)
Janus Venture
  1992 Ed. (3148, 3193)
  1994 Ed. (2599)
  1995 Ed. (2691)
  1996 Ed. (2764)
  2000 Ed. (3288)
  2008 Ed. (598)
Janus Worldwide
  1994 Ed. (2616)
  1997 Ed. (2876)
  1998 Ed. (2596, 2609)
  1999 Ed. (3514, 3551, 3565)
  2000 Ed. (3232, 3276, 3277, 3291)
  2003 Ed. (3519)
Janus Worldwide Fund
  2004 Ed. (3579)
  2006 Ed. (3607)
Januvia
  2018 Ed. (2229)
  2023 Ed. (2394)
The Janz
  2019 Ed. (1897)
Janzen, Johnston & Rockwell Emergence Management Services
  2002 Ed. (2594)
Janzen, Johnston & Rockwell Emergency Medicine Management Services
  2000 Ed. (2498)
Japan
  1989 Ed. (363, 565, 982, 1178, 1181, 1182, 1284, 1389, 1390, 1397, 1398, 1399, 1400, 1405, 1406, 1407, 1408, 1517, 1518, 1864, 1865, 2121, 2638, 2641, 2819, 2899, 2900)
  1990 Ed. (203, 204, 205, 405, 414, 741, 742, 746, 960, 1252, 1259, 1260, 1445, 1448, 1582, 1709, 1729, 1732, 1734, 1736, 1900, 1928, 1929, 1930, 1931, 1964, 1965, 2403, 2497, 3076, 3439, 3471, 3503, 3508, 3610, 3611, 3612, 3613, 3615, 3616, 3617, 3618, 3619, 3624, 3633, 3694)
  1991 Ed. (164, 165, 222, 329, 352, 516, 728, 934, 1171, 1177, 1178, 1184, 1379, 1381, 1401, 1402, 1408, 1479, 1641, 1650, 1818, 1820, 1821, 1824, 1825, 1826, 1827, 1834, 1841, 1844, 1850, 1868, 2111, 2263, 2276, 2493,

2754, 2915, 3108, 3109, 3236, 3267, 3268, 3269, 3270, 3279, 3287, 3357, 3358, 3405, 3406, 3407, 3465, 3506)
1992 Ed. (225, 228, 229, 268, 269, 299, 316, 499, 669, 723, 891, 906, 907, 912, 1049, 1068, 1152, 1234, 1296, 1373, 1390, 1489, 1490, 1496, 1639, 1713, 1727, 1728, 1732, 1733, 1759, 1760, 1775, 1776, 1880, 2068, 2070, 2072, 2075, 2078, 2079, 2080, 2081, 2083, 2090, 2129, 2171, 2250, 2252, 2292, 2296, 2297, 2300, 2301, 2302, 2303, 2310, 2317, 2320, 2327, 2333, 2360, 2806, 2807, 2808, 2853, 2936, 2937, 2950, 2999, 3141, 3276, 3348, 3514, 3552, 3555, 3599, 3600, 3724, 3742, 4021, 4139, 4140, 4141, 4152, 4184, 4185, 4186, 4187, 4194, 4203, 4238, 4239, 4321, 4322, 4324, 4412, 4413, 4472, 4495)
1993 Ed. (171, 178, 179, 201, 212, 213, 240, 345, 479, 481, 700, 721, 722, 728, 857, 920, 943, 956, 1035, 1046, 1067, 1113, 1202, 1203, 1209, 1269, 1345, 1464, 1465, 1582, 1596, 1717, 1719, 1720, 1722, 1723, 1724, 1730, 1743, 1951, 1957, 1958, 1959, 1960, 1961, 1967, 1974, 1981, 1987, 2000, 2028, 2052, 2103, 2167, 2229, 2368, 2374, 2387, 2411, 2476, 2481, 2482, 2483, 2950, 3053, 3302, 3455, 3456, 3476, 3510, 3558, 3559, 3595, 3596, 3597, 3680, 3682, 3692, 3722)
1994 Ed. (156, 181, 182, 184, 253, 486, 709, 730, 731, 736, 786, 857, 949, 956, 1230, 1231, 1484, 1486, 1489, 1516, 1581, 1728, 1932, 1973, 1979, 1983, 1987, 2005, 2006, 2264, 2344, 2363, 2367, 2465, 2513, 2747, 3450, 3522, 3656)
1995 Ed. (3, 170, 185, 187, 191, 310, 345, 663, 689, 713, 967, 997, 1247, 1252, 1518, 1521, 1544, 1593, 1657, 1658, 1734, 1736, 1737, 1739, 1741, 1742, 1743, 1744, 1745, 1746, 1751, 1752, 1753, 1768, 1961, 1999, 2010, 2017, 2019, 2020, 2021, 2022, 2029, 2036, 2872, 3169, 3177, 3605, 3616, 3634, 11785)
1996 Ed. (157, 510, 762, 929, 936, 941, 944, 1217, 1221, 1222, 1226, 1477, 1480, 1645, 1719, 1726, 1729, 2344, 2449, 2551, 2948, 3189, 3435, 3662, 3692, 3715, 3762, 3814, 3821)
1997 Ed. (288, 474, 518, 693, 699, 725, 823, 824, 915, 917, 939, 966, 1008, 1264, 1265, 1542, 1545, 1556, 1557, 1578, 1682, 1808, 1809, 1812, 1815, 2108, 2146, 2555, 2557, 2558, 2560, 2561, 2562, 2564, 2566, 2567, 2568, 2569, 2570, 2571, 2573, 2691, 2786, 2997, 2998, 2999, 3000, 3249, 3292, 3491, 3509, 3739, 3769, 3770, 3924)
1998 Ed. (115, 123, 230, 352, 484, 632, 633, 708, 785, 856, 1031, 1033, 1324, 1367, 1369, 1418, 1419, 1522, 1524, 1525, 1526, 1527, 1528, 1530, 1554, 1732, 1792, 1803, 1805, 1839, 1846, 1847, 1850, 1860, 2192, 2209, 2223, 2312, 2421, 2735, 2742, 2743, 2744, 2745, 2814, 2815, 2898, 3593, 3692)
1999 Ed. (182, 190, 191, 212, 256, 770, 803, 804, 821, 1104, 1139, 1213, 1353, 1463, 1781, 1784, 1913, 1937, 2005, 2087, 2091, 2092, 2094, 2097, 2098, 2101, 2103, 2105, 2106, 2108, 2488, 2554, 2583, 2597, 2611, 2612, 2613, 2884, 2936, 3113, 3114, 3115, 3193, 3203, 3273, 3282, 3283, 3284, 3289, 3342, 3449, 3629, 3630, 3632, 3695, 3696, 3697, 3698, 3842, 3848, 4039, 4118, 4329, 4348, 4368, 4473, 4479, 4480, 4481, 4594, 4626, 4735, 4801, 4802, 4804)
2000 Ed. (787, 808, 1032, 1321, 1322, 1323, 1610, 1613, 1650, 1889, 1891, 1899, 1902, 2336, 2349, 2354, 2357, 2358, 2363, 2374, 2375, 2376, 2378, 2861, 2862, 2863, 2943, 2981, 2983, 3011, 3175, 3354, 3355, 3357, 3548, 3571, 3840, 4040, 4183, 4273, 4361)
2001 Ed. (373, 395, 400, 509, 510, 625, 671, 710, 711, 1004, 1005, 1020, 1101, 1128, 1143, 1190, 1191, 1192, 1193, 1297, 1299, 1300, 1301, 1353, 1414, 1935, 1947, 1950, 1969, 1992, 2005, 2023, 2126, 2127, 2128, 2134, 2163, 2232, 2264, 2278, 2305, 2362, 2364, 2365, 2366, 2367, 2371, 2372, 2379, 2448, 2449, 2454, 2489, 2603, 2611, 2693, 2695, 2697, 2968, 2970, 3022, 3075, 3112, 3157, 3181, 3200, 3241, 3367, 3368, 3369, 3370, 3410, 3502, 3546, 3581, 3609, 3694, 3821, 3950, 3967, 4039, 4041, 4122, 4134, 4136, 4137, 4149, 4262, 4263, 4264, 4265, 4267, 4312, 4315, 4318, 4369, 4370, 4372, 4373, 4383, 4390, 4426, 4427, 4428, 4447, 4495, 4535, 4566,

4597, 4598, 4648, 4655, 4690, 4716, 4904, 4914, 4943)
2002 Ed. (301, 559, 561, 683, 737, 738, 740, 741, 743, 745, 746, 758, 781, 1022, 1344, 1345, 1419, 1474, 1475, 1476, 1477, 1478, 1479, 1486, 1651, 1682, 1812, 2026, 2412, 2425, 2426, 2509, 2900, 3073, 3075, 3100, 3181, 3519, 3520, 3595, 3596, 3723, 3724, 3961, 3967, 4055, 4056, 4057, 4058, 4379, 4380, 4427, 4507, 4623, 4774, 4998, 4999)
2003 Ed. (249, 266, 290, 461, 544, 851, 873, 949, 950, 1029, 1096, 1097, 1385, 1438, 1494, 1495, 1876, 1973, 1974, 2053, 2129, 2149, 2210, 2211, 2216, 2217, 2218, 2219, 2220, 2221, 2222, 2223, 2224, 2225, 2226, 2227, 2228, 2229, 2488, 2489, 2623, 2624, 3023, 3200, 3213, 3333, 3695, 3710, 3755, 3877, 3892, 4176, 4194, 4199, 4200, 4202, 4423, 4496, 4554, 4556, 4618, 4698, 4699, 4735, 4825, 4897, 5000)
2004 Ed. (210, 231, 237, 257, 687, 689, 733, 873, 874, 900, 1033, 1041, 1042, 1043, 1400, 1468, 1524, 1525, 1905, 1907, 1910, 1919, 2096, 2178, 2202, 2620, 2621, 2740, 2767, 2768, 2822, 2905, 3243, 3244, 3259, 3393, 3394, 3403, 3688, 3739, 3756, 3902, 3915, 4203, 4220, 4226, 4227, 4229, 4421, 4422, 4423, 4426, 4454, 4459, 4460, 4462, 4538, 4543, 4603, 4657, 4720, 4738, 4751, 4814, 4999)
2005 Ed. (237, 259, 459, 684, 685, 747, 853, 861, 862, 890, 1040, 1042, 1043, 1044, 1421, 1484, 1540, 1541, 2037, 2039, 2041, 2043, 2054, 2200, 2278, 2317, 2530, 2531, 2532, 2533, 2538, 2609, 2610, 2621, 2738, 2763, 2764, 2822, 2883, 3101, 3269, 3291, 3400, 3401, 3416, 3603, 3610, 3647, 3671, 3840, 3860, 4130, 4148, 4153, 4154, 4156, 4369, 4370, 4371, 4373, 4375, 4401, 4404, 4405, 4407, 4478, 4537, 4586, 4587, 4595, 4603, 4607, 4691, 4717, 4788, 5000)
2006 Ed. (258, 260, 282, 412, 597, 598, 656, 773, 804, 931, 1010, 1011, 1049, 1051, 1052, 1053, 1213, 1406, 1439, 1442, 1443, 2133, 2135, 2137, 2147, 2262, 2327, 2328, 2346, 2372, 2537, 2538, 2539, 2540, 2608, 2609, 2617, 2703, 2717, 2718, 2719, 2720, 2803, 2804, 2805, 2810, 2895, 2985, 3116, 3261, 3285, 3350, 3409, 3410, 3426, 3705, 3745, 3768, 3909, 3923, 4083, 4176, 4196, 4209, 4210, 4212, 4317, 4318, 4319, 4321, 4324, 4418, 4421, 4422, 4424, 4478, 4573, 4592, 4618, 4652, 4653, 4660, 4669, 4672, 4739, 4769, 4859, 4873, 5000)
2007 Ed. (265, 285, 397, 626, 627, 748, 869, 892, 1138, 1140, 1141, 1142, 1143, 1438, 2081, 2083, 2085, 2091, 2200, 2262, 2282, 2310, 2524, 2583, 2584, 2592, 2697, 2711, 2795, 2796, 2797, 2802, 2917, 3334, 3352, 3406, 3426, 3427, 3441, 3700, 3744, 3765, 3956, 3976, 4212, 4219, 4220, 4222, 4228, 4382, 4383, 4384, 4386, 4389, 4480, 4482, 4485, 4488, 4536, 4551, 4605, 4670, 4671, 4680, 4693, 4753, 4776, 4862, 4872, 5000)
2008 Ed. (260, 379, 576, 577, 831, 868, 1018, 1020, 1021, 1022, 1109, 1280, 1289, 1291, 1419, 1422, 2201, 2334, 2396, 2417, 2438, 2720, 2721, 2824, 2842, 3038, 3434, 3448, 3486, 3590, 3591, 3826, 3845, 3999, 4248, 4256, 4338, 4339, 4340, 4388, 4467, 4469, 4499, 4552, 4583, 4584, 4591, 4602, 4676, 4795, 5000)
2009 Ed. (283, 401, 605, 606, 853, 879, 1003, 1005, 1006, 1007, 1087, 1263, 1272, 1274, 2321, 2377, 2379, 2382, 2383, 2385, 2394, 2416, 2440, 2679, 2774, 2775, 2776, 2882, 3123, 3275, 3340, 3374, 3508, 3523, 3558, 3660, 3661, 3880, 3901, 4073, 4250, 4347, 4357, 4443, 4444, 4445, 4466, 4500, 4502, 4530, 4584, 4626, 4627, 4635, 4641, 4646, 4650, 4716, 5001)
2010 Ed. (259, 269, 589, 791, 800, 830, 970, 971, 972, 1066, 1068, 1258, 1259, 1266, 1268, 1270, 1377, 1378, 2107, 2110, 2219, 2251, 2306, 2331, 2361, 2401, 2579, 2581, 2584, 2707, 2708, 2819, 2838, 3056, 3170, 3279, 3380, 3437, 3452, 3601, 3791, 3811, 3836, 3970, 3992, 4187, 4189, 4377, 4383, 4484, 4485, 4486, 4488, 4517, 4522, 4542, 4544, 4573, 4581, 4615, 4618, 4653, 4655, 4656, 4662, 4678, 4684, 4730, 4932, 5005)
2011 Ed. (179, 189, 514, 728, 757, 894, 897, 898, 899, 900, 1004, 1006, 1209, 1218, 1220, 1370, 2160, 2163, 2237,

2259, 2302, 2327, 2357, 2401, 2556, 2557, 2561, 2563, 2565, 2566, 2693, 2694, 2805, 2820, 2883, 3027, 3136, 3248, 3383, 3435, 3453, 3603, 3755, 3788, 3807, 3839, 3977, 3997, 4001, 4199, 4313, 4325, 4326, 4328, 4333, 4417, 4418, 4419, 4420, 4423, 4484, 4486, 4489, 4491, 4535, 4571, 4574, 4601, 4602, 4603, 4610, 4630, 4634, 4689, 4791, 4800, 4917, 5001)
2012 Ed. (925, 926, 928, 1145, 2099, 2100, 2198, 2333, 2508, 2510, 2513, 2753, 3083, 3088, 3214, 3820, 4251, 4440, 4609)
2013 Ed. (666, 1069, 1070, 1072, 2288, 2291, 2383, 2513, 2640, 2643, 2828, 3166, 3169, 3778, 3875, 4215)
2014 Ed. (1029, 1031, 1032, 2221, 2320, 2456, 2466, 2598, 2601, 2869, 3171, 3711, 3811, 4229)
2015 Ed. (94, 1063, 1064, 1066, 2285, 2525, 2640, 2641, 2644, 2909, 3231, 3723, 3832, 3834, 4219, 4243)
2016 Ed. (58, 716, 971, 972, 974, 2257, 2460, 2830, 3739)
2017 Ed. (280, 710, 1008, 1009, 2179, 2317, 3073)
2018 Ed. (661, 2240)
2019 Ed. (265, 671, 930, 2213, 2399, 4909)
2020 Ed. (663, 921, 2210, 4909)
2021 Ed. (638, 2182, 3172, 3176, 3177)
2022 Ed. (56, 673, 2212, 3313, 3314)
2023 Ed. (845, 877, 2401, 2999, 3645, 4458, 4570, 4571, 4886)
Japan Agricultural Cooperatives
2020 Ed. (2714)
Japan Air Lines
1989 Ed. (241, 243, 2874)
1990 Ed. (3641, 3645)
1991 Ed. (189, 190, 191, 192, 193, 194)
1992 Ed. (264, 265, 282, 286, 289, 290, 294, 296, 297, 298, 300, 301, 4337)
Japan Air System
1990 Ed. (215)
1999 Ed. (225)
2000 Ed. (248)
Japan Airlines
2013 Ed. (127)
2014 Ed. (137, 140, 153, 4026, 4434, 4577)
2015 Ed. (154, 157, 176)
2016 Ed. (159, 162, 175, 4727)
2017 Ed. (149, 162, 4746)
2018 Ed. (147, 151)
2019 Ed. (145, 149)
2020 Ed. (138, 139, 142)
2021 Ed. (127, 130, 135, 139)
2022 Ed. (131, 662)
2023 Ed. (204, 207)
Japan Airlines Co. Ltd.
2000 Ed. (4293)
Japan Airlines Corp.
1992 Ed. (291)
1993 Ed. (170, 172, 173, 174, 175, 181, 194, 197, 199, 200, 3613)
1994 Ed. (154, 155, 157, 158, 159, 160, 177, 178, 3570, 3578)
1995 Ed. (188, 3654)
1996 Ed. (174, 175, 177, 178, 3738)
1997 Ed. (209, 214, 216, 3788)
1998 Ed. (112, 113, 118, 119, 120, 121, 138, 139)
1999 Ed. (208, 209, 210, 211, 223, 225, 232, 233, 234, 235, 236, 237, 238, 239, 242, 243, 1565, 4653)
2000 Ed. (228, 231, 232, 233, 234, 246, 247, 248, 255, 256, 257, 258, 260, 265, 266)
2001 Ed. (271, 297, 298, 301, 304, 305, 313, 319, 322, 326, 330, 331, 332, 1622)
2002 Ed. (267)
2003 Ed. (251, 252)
2004 Ed. (213, 214)
2009 Ed. (237, 238, 249, 250, 251)
2010 Ed. (221, 222, 240, 241)
2011 Ed. (144, 145, 150, 163, 164, 1739, 1742, 1743, 1744, 1746, 1747)
2012 Ed. (150, 151, 176, 177)
2013 Ed. (134)
2014 Ed. (144)
2015 Ed. (162)
2016 Ed. (166)
2017 Ed. (153)
Japan Airlines International
2007 Ed. (1759)
2008 Ed. (1786)
2009 Ed. (1728)
2010 Ed. (1676)
2012 Ed. (153, 1536)
Japan Airlines International Co.
2013 Ed. (1683)
Japan Airlines Systems Corp.
2004 Ed. (217, 220, 222)
2005 Ed. (223, 225, 228, 230, 1772)
2006 Ed. (239, 1717)
2007 Ed. (240, 241, 4836)
2008 Ed. (219, 220)

2009 Ed. (243, 244)
2010 Ed. (227)
Japan Airport Terminal
2016 Ed. (4702)
2017 Ed. (4715)
Japan Alpha Fund
1998 Ed. (2656)
Japan Broadcasting
1996 Ed. (792)
Japan Camera Centre
1989 Ed. (1487)
Japan Camera Centre 1 Hour Photo
1991 Ed. (1773)
Japan Culture and Welfare Federation of Agricultural Cooperatives
2023 Ed. (1494)
Japan Development Bank
1991 Ed. (575, 577)
1994 Ed. (519)
1995 Ed. (1561)
1998 Ed. (1268)
Japan Earthquake Re
2001 Ed. (2959)
Japan Energy Corp.
1996 Ed. (1388)
1997 Ed. (959)
1999 Ed. (1090)
2000 Ed. (1026)
Japan ERI
2015 Ed. (1759)
Japan Exchange Group
2015 Ed. (3435, 4548, 4553, 4559, 4560)
2016 Ed. (2652, 3295)
2017 Ed. (2599, 3257)
2018 Ed. (3331)
2019 Ed. (3306)
2020 Ed. (3308)
2021 Ed. (3161)
Japan External Trade Organization
2008 Ed. (3520)
Japan Fiber Coating
2000 Ed. (3028)
Japan Fine Coating
2002 Ed. (3320)
Japan Fund
1996 Ed. (2790)
2001 Ed. (3503)
Japan JWP Business Land
1995 Ed. (1245)
Japan Line Ltd.
1992 Ed. (1571)
1993 Ed. (1276)
Japan Material
2018 Ed. (1651)
2021 Ed. (1635)
Japan Petroleum Exploration
2016 Ed. (3857)
2017 Ed. (3819)
Japan Petroleum Exploration Co., Ltd.
2003 Ed. (3821)
2005 Ed. (3762)
2007 Ed. (3861, 3878)
2008 Ed. (3914)
2009 Ed. (3981)
2012 Ed. (3884)
2018 Ed. (3839)
Japan Polychem Corp.
2001 Ed. (3838)
Japan Post
2006 Ed. (4309)
2007 Ed. (1801, 4374, 4376)
2008 Ed. (4329, 4331)
2009 Ed. (4434)
2010 Ed. (3804)
2022 Ed. (3441)
Japan Post Bank
2019 Ed. (504)
Japan Post Holdings
2015 Ed. (3808)
2016 Ed. (3721)
2017 Ed. (1662, 1694, 2541, 3181, 3198, 3675)
2018 Ed. (1652, 3263, 3281, 3283)
2019 Ed. (3211, 3213, 3237)
2020 Ed. (1655, 2596, 3229, 3247)
2021 Ed. (1636, 3096, 3114)
2022 Ed. (1627, 1653, 3237, 3254)
2023 Ed. (1815, 3326, 3343)
Japan Post Holdings Co., Ltd.
2011 Ed. (1478, 1719, 1721, 1722, 1777, 3219, 3273, 3276)
2012 Ed. (1320, 1603, 1631, 3181, 3250)
2013 Ed. (1420, 1759, 1788, 3258, 3326)
2014 Ed. (1384, 1718, 3286, 3342)
2015 Ed. (1761)
2016 Ed. (1713, 3194)
2017 Ed. (1697, 3145)
2018 Ed. (1653)
2019 Ed. (1708, 3173)
2020 Ed. (1657)
2021 Ed. (1638)
2022 Ed. (1657)
Japan Post Insurance
2016 Ed. (3132)
2017 Ed. (3071)
2021 Ed. (3009, 3078)

Japan Post Insurance Co., Ltd.
  2011 Ed. (3216)
  2012 Ed. (3215, 3216)
  2013 Ed. (3347, 3348)
  2015 Ed. (3399, 3400)
  2018 Ed. (3251)
  2019 Ed. (3194)
  2020 Ed. (3215)
  2021 Ed. (3081)
  2022 Ed. (3223)
  2023 Ed. (3313)
Japan Post Insurance Co., Ltd. (Japan)
  2021 Ed. (3081)
  2022 Ed. (3223)
Japan Post Service
  2013 Ed. (4438)
Japan Postal Service
  1997 Ed. (1448, 3136)
  1998 Ed. (1166, 2888)
  1999 Ed. (1675, 3681, 3861)
  2000 Ed. (1482, 3576)
  2002 Ed. (3573, 4265)
  2003 Ed. (3709)
  2004 Ed. (3753)
Japan Power
  2000 Ed. (2878)
Japan Prime Realty Investment
  2016 Ed. (4117)
  2017 Ed. (4096)
Japan Pure Chemical
  2010 Ed. (1761)
Japan Railways
  2019 Ed. (3384)
  2021 Ed. (3395)
Japan Real Estate Investment
  2016 Ed. (4117)
  2017 Ed. (4096)
Japan Research Reactor III
  1999 Ed. (3633)
Japan Retail Fund Investment
  2016 Ed. (4117)
  2017 Ed. (4096)
Japan Retail Fund Investment Corp.
  2007 Ed. (4091)
Japan Securities Finance Co., Ltd.
  1990 Ed. (1778)
  1991 Ed. (1715)
  1992 Ed. (2149)
  1993 Ed. (1857)
  1994 Ed. (1846)
  1995 Ed. (1874)
  2012 Ed. (3337)
  2013 Ed. (3402)
  2014 Ed. (3402)
  2015 Ed. (3435)
  2016 Ed. (3295)
  2017 Ed. (3257)
  2018 Ed. (3331)
  2019 Ed. (3306)
  2020 Ed. (3308)
Japan Smaller Companies
  2008 Ed. (4518)
Japan Steel Corp.
  1993 Ed. (1461)
Japan Steel Works
  1990 Ed. (1478)
  1991 Ed. (1405)
  1992 Ed. (1772)
Japan Systems
  1995 Ed. (1245)
Japan Telecom
  1997 Ed. (3694)
  2003 Ed. (1704)
  2005 Ed. (3284)
Japan Telecom Holdings Co.
  2005 Ed. (1552, 1571)
Japan Tobacco
  2021 Ed. (4651)
Japan Tobacco Inc.
  1990 Ed. (1576)
  1992 Ed. (55)
  1993 Ed. (32, 3584)
  1994 Ed. (3548)
  1995 Ed. (1425, 3627)
  1996 Ed. (3704)
  1997 Ed. (3760)
  1998 Ed. (3581)
  1999 Ed. (2465, 4613)
  2000 Ed. (2223, 4260)
  2001 Ed. (18)
  2002 Ed. (1427, 2000, 3251, 4632)
  2003 Ed. (1447, 3305, 4758)
  2004 Ed. (62, 65, 1477, 3362, 4740)
  2005 Ed. (60, 1493, 3393)
  2006 Ed. (3389)
  2007 Ed. (4779)
  2008 Ed. (4696)
  2009 Ed. (1194, 3638, 4730, 4738, 4739)
  2010 Ed. (1198, 1764, 3557, 4744, 4745, 4746, 4747, 4748)
  2011 Ed. (1147, 3560, 4706, 4707, 4708, 4710)
  2012 Ed. (1081, 1632, 3553, 4725, 4726, 4727, 4728, 4729)
  2013 Ed. (1218, 3592, 4689, 4690, 4691, 4694)
  2014 Ed. (1720, 3550, 4735, 4736, 4737, 4740)
  2015 Ed. (1762, 4571, 4757, 4758, 4759, 4761)
  2016 Ed. (1712, 4662, 4663, 4664)
  2017 Ed. (1696, 4671, 4672, 4674)
  2018 Ed. (4660, 4661)
  2019 Ed. (4673, 4674)
  2020 Ed. (4638)
Japan Tobacco International
  1991 Ed. (27)
  2014 Ed. (1994)
  2015 Ed. (2041)
Japan Travel Bureau
  2000 Ed. (4302)
Japan Travel Bureau International
  1996 Ed. (3744)
  1998 Ed. (3622, 3624)
  1999 Ed. (4666, 4667)
Japan Vilene Co., Ltd.
  1992 Ed. (3274)
  1993 Ed. (2734)
  1994 Ed. (2682)
  1995 Ed. (2790, 2791)
  1996 Ed. (2854)
  1997 Ed. (2952)
  1998 Ed. (2689)
  1999 Ed. (3631)
  2000 Ed. (3356)
  2001 Ed. (3551)
  2004 Ed. (3699)
  2005 Ed. (3609)
  2006 Ed. (3725)
  2007 Ed. (3708)
Japanese
  1990 Ed. (351)
  1994 Ed. (310)
  2000 Ed. (2889, 2890, 4380)
Japanese brands
  1991 Ed. (332)
Japanese equity
  2001 Ed. (3456)
Japanese Equity Funds
  1990 Ed. (2396)
Japanese Food Express
  2022 Ed. (4419)
  2023 Ed. (4446)
Japanese Food Express Inc.
  2017 Ed. (4385)
Japanese Type 90
  1992 Ed. (3078)
Japanese yen
  1990 Ed. (1871, 2742)
  1993 Ed. (2744)
  1994 Ed. (2699)
  2006 Ed. (2239)
  2007 Ed. (2158)
  2008 Ed. (2273)
Japantex
  2004 Ed. (4758)
Japdeva
  1989 Ed. (1103)
JAPFA
  1994 Ed. (2338)
  1996 Ed. (2436)
Japfa
  2021 Ed. (1602)
Japfa Comfeed Indonesia
  1997 Ed. (1431, 2581)
Japfa Ltd.
  2019 Ed. (3949)
  2020 Ed. (3966)
  2021 Ed. (3930)
  2022 Ed. (3942)
Japhet Enterprises
  2002 Ed. (2693)
Japhet Homes
  2005 Ed. (1241)
Japonica Partners
  1991 Ed. (3333)
Japs-Olson Co.
  2021 Ed. (3945)
Jaran Chiaravanont
  2017 Ed. (4880)
  2018 Ed. (4892)
  2019 Ed. (4884)
  2020 Ed. (4873)
  2021 Ed. (4874)
  2022 Ed. (4870)
  2023 Ed. (4864)
Jarc; Frank R.
  1997 Ed. (1804)
Jarden
  2014 Ed. (1306)
  2015 Ed. (2855, 2861)
  2016 Ed. (1302, 2790, 2796, 3039)
  2017 Ed. (2926, 2985)
Jarden Consumer Solutions
  2009 Ed. (3248)
  2011 Ed. (3143)
  2012 Ed. (3098)
  2014 Ed. (3190)
Jarden Corp.
  2004 Ed. (3681, 4555, 4570, 4578)
  2005 Ed. (3459)
  2007 Ed. (1332, 2868, 2870, 4216)
  2008 Ed. (1214, 3097, 3189, 4253, 4254)
  2009 Ed. (3072, 3075, 4354, 4355)
  2010 Ed. (3007, 4379, 4380)
  2011 Ed. (1148, 1426, 2976, 2977, 4321, 4322)
  2012 Ed. (1261, 2906, 2907, 3525, 4382, 4383)
  2013 Ed. (2992, 2993, 3123, 3566, 4351, 4352)
  2014 Ed. (2539, 2999, 3000, 3109, 4400, 4401)
  2015 Ed. (3070, 3171, 3567, 4388, 4389)
  2016 Ed. (2966, 3423, 4286, 4287)
  2017 Ed. (1842, 2922, 3383, 3422)
  2018 Ed. (3449)
Jarden Home Brands
  2016 Ed. (2669, 3358)
  2017 Ed. (2615, 3323)
  2018 Ed. (2677)
Jardiance
  2023 Ed. (2394)
Jardin
  2010 Ed. (3119)
Jardine California Motors Ltd.
  2006 Ed. (348)
Jardine Cycle & Carriage
  2022 Ed. (692)
Jardine Davies Inc.
  1993 Ed. (2493)
Jardine Emmett & Chandler Inc.
  1990 Ed. (2266)
Jardine Fleming
  1989 Ed. (816)
  1990 Ed. (816, 2319)
  1991 Ed. (779)
  1992 Ed. (3020, 3021)
  1993 Ed. (1639, 1640, 1641, 1642, 1643, 1644, 1646, 1647)
  1994 Ed. (781, 3186)
  1995 Ed. (421, 764, 770, 771, 772, 773, 774, 775, 776, 778, 779, 780, 781, 782, 783, 784, 785, 786, 788, 789, 790, 791, 792, 793, 794, 795, 796, 797, 798, 799, 801, 811, 812, 813, 814, 815, 817, 818, 819, 820, 821, 827, 828, 829, 830, 831, 832, 833, 834, 836, 837, 838, 839, 840, 841, 2393, 2396)
  1997 Ed. (743, 750, 751, 752, 753, 754, 755, 756, 757, 758, 759, 760, 761, 762, 763, 764, 765, 766, 767, 768, 769, 772, 773, 774, 775, 776, 777, 778, 779, 780, 781, 783, 784, 785, 787, 793, 794, 795, 796, 797, 798, 799, 800, 801, 802, 803, 804, 807, 808, 809, 810, 811, 812, 813, 814, 815, 816, 817, 818, 819, 820, 821, 822, 3490)
  1999 Ed. (866, 872, 873, 874, 875, 876, 877, 878, 879, 880, 881, 882, 883, 884, 885, 886, 887, 888, 889, 890, 891, 898, 899, 900, 901, 902, 903, 905, 906, 907, 908, 909, 915, 916, 917, 918, 919, 921, 922, 923, 924, 925, 926, 927, 928, 929, 930, 931, 933, 935, 936, 937, 938, 939, 940, 941, 942, 943, 945, 2363, 3099)
  2000 Ed. (867, 869, 870, 871, 872, 875, 876, 877, 878, 883, 884, 886, 888, 889, 890, 891)
Jardine Fleming Asset Management
  2002 Ed. (3027)
Jardine Fleming Holdings
  1989 Ed. (1779)
  1990 Ed. (2314)
  1991 Ed. (2411)
Jardine Fleming Investment Management Hong Kong
  1997 Ed. (2544)
Jardine Fleming Nusantara
  1996 Ed. (3377)
Jardine Fleming Securities
  1996 Ed. (1851)
  1997 Ed. (1957, 1975)
  1999 Ed. (2278)
  2000 Ed. (2058)
  2001 Ed. (2426)
Jardine Insurance Brokers Group
  1991 Ed. (2138)
Jardine Insurance Brokers Inc.
  1990 Ed. (2270)
  1991 Ed. (2137)
  1993 Ed. (2247, 2248, 2249)
  1994 Ed. (2225, 2226)
  1995 Ed. (2270)
  1996 Ed. (2277)
Jardine International Motor Holdings Ltd.
  1999 Ed. (1648)
Jardine International Motors
  2001 Ed. (1723)
Jardine Lloyd Thompson
  1999 Ed. (1644, 2909)
  2016 Ed. (3186)
  2017 Ed. (3136)
Jardine Lloyd Thompson Group PLC
  2018 Ed. (3202)
  2020 Ed. (3153, 3160)
Jardine Lloyd Thompson Group plc
  1999 Ed. (2906)
  2000 Ed. (2664)
  2002 Ed. (2859, 2860, 2861, 2863)
  2004 Ed. (3066, 3068)
  2005 Ed. (3074, 3078, 3092)
  2006 Ed. (3075, 3079, 3096, 3128)
  2007 Ed. (3117, 3186)
  2008 Ed. (3240, 3241, 3242, 3243, 3331)
  2009 Ed. (3301, 3305, 3403, 3406)
  2010 Ed. (3228, 3229, 3339, 3341)
  2011 Ed. (3197, 3198, 3200, 3202, 3295, 3296, 3300)
  2012 Ed. (3153, 3155, 3159, 3277, 3283)
  2013 Ed. (3226, 3232, 3235)
  2014 Ed. (3246, 3254, 3256)
  2015 Ed. (3300, 3307)
  2016 Ed. (3152, 3160, 3162)
  2017 Ed. (3098, 3099, 3105, 3107)
  2018 Ed. (3197, 3198, 3205)
  2019 Ed. (3132, 3133, 3139, 3141)
  2020 Ed. (3154, 3155, 3161, 3166)
  2021 Ed. (3026)
Jardine Lloyd Thompson Reinsurance Holdings Ltd.
  2000 Ed. (3751)
Jardine Matheson
  1992 Ed. (1632, 1634, 2439, 2442, 2899)
  1996 Ed. (2138, 3407)
  2000 Ed. (1452, 4034)
  2020 Ed. (256)
  2021 Ed. (243, 1458, 2161)
  2022 Ed. (265, 1471)
  2023 Ed. (364, 1650)
Jardine, Matheson & Co., Inc.
  1990 Ed. (2465)
Jardine Matheson Holdings
  2017 Ed. (4233)
  2018 Ed. (4250)
Jardine Matheson Holdings Limited
  2022 Ed. (2192, 2563)
Jardine Matheson Holdings Ltd.
  1989 Ed. (1125)
  1991 Ed. (1300, 2339)
  1993 Ed. (1328, 2058, 2457, 3265)
  1994 Ed. (1384, 1385)
  1995 Ed. (1411, 1412)
  1996 Ed. (1372, 1375, 2137, 2141)
  1997 Ed. (1425, 1505)
  1998 Ed. (2558, 2559)
  1999 Ed. (1650, 1731, 3469)
  2001 Ed. (1621, 1723)
  2002 Ed. (1599)
  2004 Ed. (49)
  2005 Ed. (43)
  2006 Ed. (50, 1567, 4326)
  2007 Ed. (41, 75, 1761)
  2008 Ed. (45, 81, 1788)
  2009 Ed. (307, 1495, 1730)
  2010 Ed. (288, 1678, 1680, 1748)
  2011 Ed. (1692, 1760, 4501)
  2012 Ed. (1544, 1610, 2145, 2147)
  2013 Ed. (852, 880, 1692, 2350, 2357, 3162)
  2014 Ed. (1642, 2281, 2289, 3167, 4038)
  2015 Ed. (1684, 2366, 2373, 3227)
  2016 Ed. (1636, 2312, 2319, 3083)
  2017 Ed. (1605, 2152, 2159, 3033)
  2018 Ed. (1587, 2203, 2209)
  2019 Ed. (1623, 2624, 2181, 2188)
  2020 Ed. (1583, 2174, 2180)
  2023 Ed. (2708)
Jardine Matheson Holdings Limited (incl. Astra International, etc.)
  2022 Ed. (2192, 2563)
Jardine Risk Management Inc.
  1994 Ed. (865)
  1995 Ed. (907)
Jardine Strategic
  2006 Ed. (4326)
Jardine Strategic Holdings Ltd.
  1992 Ed. (1613)
  1999 Ed. (1731)
  2011 Ed. (1760)
  2012 Ed. (1610)
  2013 Ed. (852, 880, 3162)
  2014 Ed. (3167, 4038)
  2015 Ed. (3227)
  2016 Ed. (3083)
  2017 Ed. (2404, 3033)
  2019 Ed. (1623)
  2021 Ed. (2162, 2442)
Jardines
  2013 Ed. (650, 2970)
  2014 Ed. (667, 2981)
  2015 Ed. (3049)
  2016 Ed. (2940)
  2017 Ed. (2899)
Jardon & Howard Technologies Inc.
  2006 Ed. (1370, 3507, 4346)
  2007 Ed. (2833)
Jared
  2015 Ed. (4357)
Jaren Ahlmann
  2017 Ed. (3601)
  2018 Ed. (3661)
  2019 Ed. (3650)
Jaret
  2001 Ed. (1115)
Jaric Developers
  1990 Ed. (2962)

Jarir Bookstore
  2022 Ed. (689)
Jarir Marketing
  2017 Ed. (4224)
  2018 Ed. (4241)
  2022 Ed. (4238, 4244)
Jarislowsky, Fraser
  1989 Ed. (2143)
  1990 Ed. (2362)
Jarislowsky & Fraser Co. Ltd.
  1989 Ed. (1786)
  1992 Ed. (2783, 2784)
  1993 Ed. (2345)
  1994 Ed. (2325)
  1996 Ed. (2420)
Jarislowsky & Fraser Co. Ltd,
  1991 Ed. (2254, 2255)
Jarislowsky, Fraser Limited
  2000 Ed. (2844)
Jarislowsky; Stephen
  2005 Ed. (4865)
Jarit
  1994 Ed. (3470)
Jarome Iginla
  2014 Ed. (196)
Jaromir Jagr
  2003 Ed. (298)
Jaros, Baum & Bolles
  2019 Ed. (2435)
Jaroslav Hascak
  2020 Ed. (4866)
  2021 Ed. (4867)
  2022 Ed. (4863)
Jaroslav Hascak & family
  2023 Ed. (4857)
Jarrard Philips Cate & Hancock
  2023 Ed. (4114)
Jarrard Phillips Cate & Hancock
  2013 Ed. (4145)
  2014 Ed. (4162)
  2018 Ed. (4044, 4052)
  2019 Ed. (4037, 4045)
  2020 Ed. (4047, 4056)
  2021 Ed. (4028)
Jarrell Mechanical Contractors
  2018 Ed. (1172)
Jarrett Carson
  2016 Ed. (3335)
Jarrett Industries Inc.
  2006 Ed. (3518)
  2007 Ed. (3563, 3564, 4425)
Jarrett Logistics Systems
  2007 Ed. (4811)
  2008 Ed. (4738)
Jarrettsville Federal Savings & Loan Association
  2021 Ed. (4300)
  2022 Ed. (4308)
  2023 Ed. (4338)
Jarritos
  2023 Ed. (851)
Jaruzelski; Barry
  2014 Ed. (1152)
Jarvie Plant Group
  2020 Ed. (1981)
Jarvinen
  1991 Ed. (3134)
  1992 Ed. (3983)
  1993 Ed. (3327)
Jarvis
  1992 Ed. (2963)
Jarvis Hotels Ltd.
  1995 Ed. (1005)
JAS Worldwide SL
  2016 Ed. (2009)
Jasa Transit
  2007 Ed. (4811)
Jasco
  2016 Ed. (3354)
  2023 Ed. (3504)
JASCO Construction Co., Inc.
  2008 Ed. (2955)
  2009 Ed. (3035)
Jasco Industries
  2005 Ed. (4528)
Jasco Products Co.
  2016 Ed. (3355)
  2017 Ed. (3320)
  2018 Ed. (3383)
Jasculca Terman & Associates
  1995 Ed. (3011)
  1996 Ed. (3112)
  1997 Ed. (3191)
  1998 Ed. (2945)
  1999 Ed. (3929)
  2002 Ed. (3813)
  2004 Ed. (4005)
  2005 Ed. (3961)
  2012 Ed. (4148)
  2013 Ed. (4129)
Jases Invest
  2019 Ed. (1954)
Jashanmal; Tony
  2012 Ed. (2496)
Jasminal; Group
  2005 Ed. (88)
  2006 Ed. (97)
  2007 Ed. (87)
  2008 Ed. (94)
Jasminder Singh
  2005 Ed. (4893)
Jasmine
  1997 Ed. (3696)
Jason Ader
  1997 Ed. (1919)
  1998 Ed. (1641)
  2000 Ed. (2011, 2022)
Jason Adler
  1999 Ed. (2229)
Jason Aldean
  2013 Ed. (3784)
  2014 Ed. (3730)
  2017 Ed. (3625)
  2018 Ed. (3687)
  2019 Ed. (3672)
  2020 Ed. (3639)
Jason Bannister
  2017 Ed. (2393)
Jason Bazinet
  2008 Ed. (2692)
Jason Berman
  1999 Ed. (3254)
Jason Billings
  1999 Ed. (2288)
Jason Bomers
  2018 Ed. (1090)
Jason Buss
  2012 Ed. (2166)
Jason Calacanis
  2010 Ed. (829)
Jason Caulfield
  2023 Ed. (1311)
Jason Chang
  2015 Ed. (4957)
  2016 Ed. (4873)
  2017 Ed. (4873)
  2018 Ed. (4885)
  2019 Ed. (4877)
  2020 Ed. (4865)
  2021 Ed. (4866)
  2022 Ed. (4862)
  2023 Ed. (4856)
Jason Consultants
  2012 Ed. (1007)
Jason Derulo
  2012 Ed. (3735)
  2016 Ed. (3641)
Jason Furniture
  2020 Ed. (1370)
Jason Giambi
  2005 Ed. (267)
  2010 Ed. (277)
Jason Gosser
  2019 Ed. (3643)
Jason Helfstein
  2011 Ed. (3334)
Jason Industries Inc.
  2020 Ed. (2031)
Jason International Optical Inc.
  1991 Ed. (1911)
  1992 Ed. (2406)
Jason James
  1997 Ed. (1995)
Jason Kantor
  2011 Ed. (3368)
Jason Karadus
  2018 Ed. (4110)
Jason Kenney
  2016 Ed. (719)
Jason Kidd
  2010 Ed. (277)
Jason Kilar
  2011 Ed. (629)
Jason Mitchell Real Estate
  2022 Ed. (4075)
Jason Moreland
  2017 Ed. (3600)
  2018 Ed. (3660)
  2019 Ed. (3649)
Jason Mraz
  2011 Ed. (3714)
Jason Sehorn
  2003 Ed. (297)
Jason Shannon
  2020 Ed. (3615)
Jason Wee
  1999 Ed. (2426)
  2000 Ed. (2186)
Jason Wiley
  2019 Ed. (3647)
Jason's Deli
  2006 Ed. (2560, 2574)
  2007 Ed. (2534, 2545)
  2008 Ed. (2662, 2667, 2671, 4274, 4275)
  2009 Ed. (2696, 2710, 4375, 4379)
  2010 Ed. (2604, 4403, 4405, 4409)
  2011 Ed. (4251, 4252, 4348, 4349, 4353, 4354)
  2012 Ed. (2534, 4291, 4294, 4389, 4393, 4394, 4395)
  2013 Ed. (4358, 4361, 4362, 4363)
  2014 Ed. (4410, 4411, 4415, 4416, 4418)
  2015 Ed. (4396, 4397, 4400, 4401, 4402, 4403, 4404, 4405)
  2016 Ed. (4290, 4293, 4294, 4295, 4296, 4297, 4298)
  2017 Ed. (4294, 4295, 4298, 4299, 4300, 4301, 4302, 4303)
  2018 Ed. (4208, 4214, 4274, 4277, 4278, 4279, 4280, 4281, 4282)
  2019 Ed. (4154, 4216, 4243, 4302, 4306, 4307, 4308, 4309, 4310, 4311)
  2020 Ed. (4164, 4242, 4293, 4298, 4299, 4300, 4301)
  2021 Ed. (4208, 4271, 4275, 4276, 4277, 4278, 4279)
  2022 Ed. (2622, 4280, 4284, 4285, 4286)
  2023 Ed. (4230)
Jason's Deli of Colorado
  2018 Ed. (780)
Jaspan, Schlesinger, Silverman & Hoffman
  1999 Ed. (3152)
Jaspan, Schlesinger, Silverman, & Hoffman LLP
  2000 Ed. (2898)
Jasper Economic Development Corp.
  1996 Ed. (2239)
Jasper Engines & Transmissions
  2019 Ed. (237, 2357)
  2020 Ed. (243, 2325)
  2021 Ed. (2291)
  2022 Ed. (2323)
  2023 Ed. (2499)
Jasper, IN
  2014 Ed. (4262)
Jasper Jeep-Eagle
  1990 Ed. (330)
  1992 Ed. (388)
  1996 Ed. (276)
Jasper Jeep-Eagle Sales
  1995 Ed. (277)
Jasper Jeep Sales
  1991 Ed. (283)
  1993 Ed. (274)
  1994 Ed. (273)
Jasper Park Lodge
  1993 Ed. (2094)
Jasper; Thomas F.
  2009 Ed. (386)
Jasper Wyman & Son
  1998 Ed. (1772)
  2017 Ed. (2723)
  2021 Ed. (2665)
Jassim Al-Kharafi
  2013 Ed. (4885)
  2014 Ed. (4898)
  2015 Ed. (4937)
  2016 Ed. (4853)
Jastech
  2020 Ed. (1894)
Jastrow II; K. M.
  2005 Ed. (2488)
Jasuindo Tiga Perkasa
  2013 Ed. (1732)
  2014 Ed. (1673)
  2022 Ed. (1620)
JAT
  1990 Ed. (219, 220)
  1991 Ed. (202)
Jatania brothers
  2008 Ed. (4896)
Jauda-Koks SIA
  2019 Ed. (1734)
Jaunt
  2017 Ed. (4564)
Java Capital (Pty.)
  2013 Ed. (4395)
Java Community Process
  2005 Ed. (1153)
  2010 Ed. (1118)
  2011 Ed. (1057)
Java Monster
  2010 Ed. (4561)
  2011 Ed. (4520, 4523)
  2012 Ed. (4522)
  2013 Ed. (595, 4484)
  2014 Ed. (608, 4529)
  2015 Ed. (676, 680, 4529)
  2016 Ed. (616, 617, 4467)
  2017 Ed. (653, 654, 981, 985)
  2018 Ed. (611, 612, 613, 915)
  2019 Ed. (622, 623, 624, 4487)
  2020 Ed. (901, 902)
  2021 Ed. (913)
  2022 Ed. (938)
  2023 Ed. (1100)
Java Monster Cappuccino
  2018 Ed. (914)
Java Pelletizing Factory
  1993 Ed. (2156)
Javelin Systems, Inc.
  2001 Ed. (1644, 1650)
Javier Avitia
  2011 Ed. (2949)
Javier Castellano
  2018 Ed. (3056)
Javier Echanove
  2000 Ed. (2188)
Javier de la Rosa
  1996 Ed. (1227)
Javitch, Block, Eisen & Rathbone
  2001 Ed. (1315)
Javitch, Block & Rathbone
  2009 Ed. (1020)
Javits Convention Center, Jacob K.
  1992 Ed. (1442, 3013)
Javits Convention Center, New York City; Jacob
  1991 Ed. (1104)
Jawbone
  2015 Ed. (1088)
Jaws
  1990 Ed. (2611)
  1998 Ed. (2536)
  1999 Ed. (3446)
Jawz Inc.
  2002 Ed. (2508)
Jax Bargain Cabinet & Flooring
  2019 Ed. (1562)
Jax Kar Wash
  2007 Ed. (348)
Jax Navy Credit Union
  2002 Ed. (1858)
  2003 Ed. (1912)
Jax Navy FCU
  1999 Ed. (1805)
Jax Navy Federal Credit Union
  1993 Ed. (1448)
  1994 Ed. (1503)
  1996 Ed. (1499, 1502)
  1997 Ed. (1559, 1563, 1564)
  1998 Ed. (1232)
  2000 Ed. (1631)
Jaxon Communications
  2023 Ed. (3783)
Jaxport
  2023 Ed. (4015)
Jay A. Fishman Ltd.
  2000 Ed. (2846)
  2001 Ed. (3018)
  2002 Ed. (3022)
Jay A. Pritzker
  1998 Ed. (686)
Jay Arthur Pritzker
  1989 Ed. (1986)
Jay Arthur Pritzker, Robert Alan Pritzker
  1991 Ed. (2461)
Jay Benet
  2010 Ed. (2568)
Jay Bray
  2015 Ed. (956)
Jay Burkett
  2012 Ed. (1077)
Jay Chiat
  2000 Ed. (37)
Jay Cohen
  2000 Ed. (2028)
Jay Deahna
  1999 Ed. (2261)
  2000 Ed. (2005)
Jay Freedman
  1991 Ed. (1683)
  1992 Ed. (2136, 2137, 2138)
  1993 Ed. (1772, 1773, 1789, 1802)
Jay Gellert
  2009 Ed. (3314)
  2010 Ed. (3246)
Jay Gould
  2006 Ed. (4914)
  2008 Ed. (4837)
  2010 Ed. (895)
Jay Grinney
  2009 Ed. (3707)
  2010 Ed. (3625)
  2015 Ed. (954)
Jay Grossman
  2003 Ed. (224, 228)
Jay Group
  2022 Ed. (4978)
The Jay Group Inc.
  2007 Ed. (3594, 3595, 4443)
  2008 Ed. (3729, 4425, 4980)
  2019 Ed. (4974)
Jay H. Harris
  1990 Ed. (1722)
Jay Hair
  1993 Ed. (1701)
Jay Hoag
  2003 Ed. (4846)
Jay-Hyun; Lee
  2016 Ed. (4875)
  2017 Ed. (4875)
Jay Jacobs Inc.
  1996 Ed. (384)
Jay Kaplan Inc.
  1989 Ed. (2258)
Jay & Kay MFG LLC
  2021 Ed. (3459)
Jay L. Johnson
  2011 Ed. (823)
  2015 Ed. (975)
Jay Laabs
  2017 Ed. (1155)
Jay Leno
  2001 Ed. (4439)
  2002 Ed. (4546)
  2003 Ed. (2335)
  2004 Ed. (2415)
  2008 Ed. (2585)

CUMULATIVE INDEX • 1989-2023

2010 Ed. (3698)
2011 Ed. (3692)
2012 Ed. (2439)
Jay M. Gellert
  2008 Ed. (950)
Jay M. Meier
  2006 Ed. (2579)
Jay-Mar
  2012 Ed. (132)
Jay-Mar Inc.
  2013 Ed. (109)
  2014 Ed. (2628)
  2015 Ed. (2671)
  2016 Ed. (2594)
  2017 Ed. (2523)
  2018 Ed. (2596)
  2019 Ed. (2574)
  2020 Ed. (2568)
  2021 Ed. (2529)
Jay-Mar, Inc.
  2021 Ed. (2529)
Jay Meltzer
  1991 Ed. (1685)
  1996 Ed. (1827)
Jay Mobil Corp.e Home Additions
  1995 Ed. (2978, 2979)
Jay Rockefeller
  2001 Ed. (3318)
  2003 Ed. (3206)
Jay S. Fishman
  2009 Ed. (948)
  2010 Ed. (900)
  2011 Ed. (821, 837)
  2015 Ed. (966)
Jay Severin
  2013 Ed. (3468)
Jay Stevens
  1994 Ed. (1787)
  1995 Ed. (1825)
Jay Sugarman
  2006 Ed. (928)
Jay Van Andel
  2006 Ed. (4908)
Jay Weintraub
  1997 Ed. (1923)
  1998 Ed. (1579)
  1999 Ed. (2167)
  2000 Ed. (1937)
Jay Y. Lee
  2013 Ed. (4909)
  2014 Ed. (4919)
  2015 Ed. (4959)
  2016 Ed. (4875)
  2017 Ed. (4875)
  2018 Ed. (4887)
  2019 Ed. (4879)
  2020 Ed. (4868)
  2021 Ed. (4869)
  2022 Ed. (4865)
  2023 Ed. (4859)
Jay. Y. Lee
  2009 Ed. (4873)
  2011 Ed. (4862)
  2012 Ed. (4868)
Jay-Yong; Lee
  2008 Ed. (4851)
Jay Z
  2015 Ed. (1136, 3732)
  2016 Ed. (1047)
  2017 Ed. (3626)
  2018 Ed. (3688)
  2019 Ed. (3677)
Jay-Z
  2009 Ed. (2607, 2611, 2613)
  2010 Ed. (2513)
  2011 Ed. (2515, 3712, 3718, 3719)
  2012 Ed. (2437)
  2013 Ed. (2602)
  2014 Ed. (1098, 3727)
  2016 Ed. (2526, 3639, 3643)
  2020 Ed. (994, 2484, 3640)
  2021 Ed. (3645)
  2023 Ed. (2663)
Jay-Z Diddy
  2021 Ed. (3645)
Jaya Agra Wattie
  2014 Ed. (1673)
Jaya Ancol Dreamland
  1995 Ed. (218)
  1996 Ed. (217, 220)
Jaya Holdings
  2007 Ed. (1972)
  2008 Ed. (2068)
Jayakas Inc.
  2022 Ed. (4992)
Jaybird LLC
  2017 Ed. (2059)
JayBirdGear.com
  2013 Ed. (2473)
Jayco
  1992 Ed. (3644)
  1993 Ed. (2986)
  1994 Ed. (2923)
  1996 Ed. (3172)
  1998 Ed. (3029)
Jayco Corp.
  2017 Ed. (1640)
  2018 Ed. (1619)

2019 Ed. (3447)
Jayco Corporation
  2020 Ed. (4695)
  2021 Ed. (4702)
  2022 Ed. (4705)
Jayco International
  2009 Ed. (1350)
Jayger Construction Group
  2021 Ed. (1639)
Jayman Master Builder Inc.
  2006 Ed. (1539)
Jayman MasterBuilt Inc.
  2007 Ed. (1568)
  2011 Ed. (4157)
Jaynes Corp.
  2006 Ed. (1329)
  2007 Ed. (1382)
  2008 Ed. (1319)
  2012 Ed. (1760)
  2013 Ed. (1930)
  2014 Ed. (1869)
  2023 Ed. (1353, 1906)
Jaynes Cos.
  2015 Ed. (1261)
The Jaynes Cos.
  2009 Ed. (1303)
  2010 Ed. (1297)
  2011 Ed. (1255, 1299)
  2018 Ed. (1124)
  2019 Ed. (1831)
  2020 Ed. (1774)
  2021 Ed. (1742)
  2022 Ed. (1774)
Jay's
  1999 Ed. (3863)
  2000 Ed. (3577, 3578)
  2001 Ed. (3861)
  2002 Ed. (3733)
  2003 Ed. (3919)
Jay's Food LLC
  2003 Ed. (3920, 4458)
Jay's Landscaping
  2020 Ed. (3575)
  2021 Ed. (3605)
  2022 Ed. (3656)
  2023 Ed. (3762)
Jay's O-Ke-Doke
  1996 Ed. (3054)
  2013 Ed. (4063)
  2014 Ed. (4070)
  2015 Ed. (4050)
  2016 Ed. (3959)
Jays Oke Doke
  2009 Ed. (4082, 4486)
Jayson Noland
  2011 Ed. (3347)
Jaywing PLC
  2019 Ed. (3458, 3466)
Jazeera Airways
  2018 Ed. (4710)
Jazeera Airways Co.
  2011 Ed. (152)
Jazing
  2001 Ed. (2656)
Jazz
  1989 Ed. (2527)
  1992 Ed. (3366)
  1994 Ed. (2779)
  1996 Ed. (2954)
  1999 Ed. (3740)
  2001 Ed. (3405)
  2006 Ed. (4289)
Jazz Air Income Fund
  2010 Ed. (4832)
  2012 Ed. (4759)
Jazz Air LP
  2010 Ed. (4796)
Jazz Aviation
  2014 Ed. (4776)
  2021 Ed. (4689)
  2023 Ed. (4681)
Jazz Aviation LP
  2013 Ed. (1521)
  2014 Ed. (1489)
  2015 Ed. (1534, 1546)
  2016 Ed. (1476, 1484)
Jazz Casino Co.
  2006 Ed. (1854)
  2007 Ed. (1857)
  2008 Ed. (1889)
  2009 Ed. (1852)
Jazz Casino Co. LLC
  2003 Ed. (1747)
Jazz Diet Pepsi
  2009 Ed. (3821)
Jazz Pharmaceuticals
  2015 Ed. (2917, 2943)
  2017 Ed. (3872)
  2018 Ed. (3906)
  2019 Ed. (1690, 3863)
Jazz Pharmaceuticals Inc.
  2006 Ed. (4878)
  2011 Ed. (1531, 1532, 1533)
Jazz Pharmaceuticals plc
  2017 Ed. (3874)
  2020 Ed. (3898)
  2021 Ed. (3859)
  2022 Ed. (3878)

2023 Ed. (3974)
Jazzercise
  2014 Ed. (856)
  2015 Ed. (898)
  2016 Ed. (794)
  2017 Ed. (845, 853)
  2019 Ed. (793)
  2023 Ed. (3993)
Jazzercise Inc.
  1990 Ed. (1852)
  1991 Ed. (1770, 1772)
  1992 Ed. (2219, 2220, 2222, 2226)
  1994 Ed. (1915)
  1996 Ed. (1964)
  1999 Ed. (2509)
  2001 Ed. (2532)
  2002 Ed. (2359, 2454)
  2003 Ed. (889, 2697)
  2004 Ed. (2817)
  2005 Ed. (893, 898, 2813)
  2006 Ed. (813, 2789)
  2007 Ed. (901, 902, 2789)
  2008 Ed. (872, 876, 2914)
  2009 Ed. (886, 2969, 4984)
  2010 Ed. (833, 836, 837, 2909)
  2011 Ed. (762, 763, 2879)
  2012 Ed. (700, 2819)
  2013 Ed. (2972, 4038)
  2014 Ed. (2983, 3975)
  2015 Ed. (3051, 4018)
  2016 Ed. (2942, 3931)
  2017 Ed. (3900)
  2018 Ed. (3933)
  2019 Ed. (3904)
  2020 Ed. (3919)
  2021 Ed. (3887)
Jazztel plc
  2002 Ed. (3547, 3565)
JazzyBooks (Group)
  2000 Ed. (3501)
JazzyBooks (Secondary School)
  2000 Ed. (3501)
J.B. & Asociados
  1996 Ed. (121)
  1999 Ed. (134)
J.B. & Asociados (Y & R)
  2000 Ed. (152)
J.B. Crowell
  1992 Ed. (532)
JB Cutting Inc.
  2019 Ed. (4991)
  2020 Ed. (4993)
  2023 Ed. (4995)
JB Financial Group
  2016 Ed. (418)
  2017 Ed. (430)
  2018 Ed. (396)
  2019 Ed. (398)
  2020 Ed. (391)
J.B. Gottstein
  2000 Ed. (2386, 2387)
JB Groh
  2011 Ed. (3335)
J.B. Henderson Construction Co.
  2020 Ed. (1194)
  2021 Ed. (1136, 1157, 1160, 1168)
  2022 Ed. (1145, 1163, 1168)
  2023 Ed. (1368, 1392, 1402)
JB Henderson Construction Co.
  2006 Ed. (1329, 1330, 1349)
  2018 Ed. (1176)
JB Hi-Fi
  2012 Ed. (4328)
  2013 Ed. (4278)
  2014 Ed. (676)
J.B. Hunt
  2000 Ed. (4314)
  2018 Ed. (3409)
  2019 Ed. (3383, 4743)
  2020 Ed. (3383, 4716, 4720, 4721, 4740)
  2021 Ed. (1098, 3393, 4721, 4722, 4723, 4739)
  2022 Ed. (1111, 1112, 4723, 4724, 4725, 4741)
  2023 Ed. (4704, 4706, 4707, 4725)
J.B. Hunt (JBI, DCS & ICS)
  2023 Ed. (1330)
JB Hunt
  2021 Ed. (4673)
J.B. Hunt Dedicated Contract Services
  2009 Ed. (2269)
  2015 Ed. (2296)
  2016 Ed. (2264)
  2017 Ed. (2120)
  2018 Ed. (2158)
  2019 Ed. (2158)
  2020 Ed. (2140)
  2021 Ed. (2134)
  2022 Ed. (2168)
  2023 Ed. (2287)
J.B. Hunt Integrated Capacity Solutions
  2017 Ed. (2698)
  2020 Ed. (2774)
  2021 Ed. (2646)
  2022 Ed. (2774)
  2023 Ed. (2902)
J.B. Hunt Intermodal
  2023 Ed. (4711)

J.B. Hunt (JBI, DCS & ICS)
  2022 Ed. (1111, 1112)
J.B. Hunt Transport
  1998 Ed. (3630)
  1999 Ed. (4688)
  2000 Ed. (4308, 4316, 4319)
  2018 Ed. (1367, 4753)
  2020 Ed. (4719)
  2023 Ed. (4737)
JB Hunt Transport
  2014 Ed. (1374)
  2015 Ed. (1440)
  2016 Ed. (1365)
  2017 Ed. (1393)
J.B. Hunt Transport, Inc.
  2019 Ed. (4738, 4768)
  2020 Ed. (4714)
  2021 Ed. (4719)
  2022 Ed. (4721)
  2023 Ed. (4703)
JB Hunt Transport, Inc.
  2021 Ed. (4354)
J.B. Hunt Transport Services
  2000 Ed. (4306, 4309, 4317)
  2014 Ed. (1383)
  2015 Ed. (4809)
  2019 Ed. (4755)
  2020 Ed. (1367, 2779, 4692, 4734)
  2021 Ed. (2651, 4701)
  2022 Ed. (2777)
  2023 Ed. (1574, 3560, 4691, 4716, 4717, 4719, 4730)
J.B. Hunt Transport Services Inc.
  2014 Ed. (4772, 4808)
  2015 Ed. (1444, 3538, 4799, 4843, 4853)
  2016 Ed. (1127, 1368, 3389, 4704, 4744, 4747, 4760)
  2017 Ed. (1171, 1394, 3348, 4717, 4756, 4759, 4768)
  2018 Ed. (1105, 3408, 4751, 4752)
  2019 Ed. (1116, 1406, 3381, 4753, 4754, 4758)
  2020 Ed. (1106, 1368, 3382, 4732, 4733, 4746)
  2021 Ed. (1097, 1360, 3389, 4733, 4744, 4753)
  2022 Ed. (1376, 3444, 4735, 4746)
JB Hunt Transport Services Inc.
  2016 Ed. (2743)
JB Hunt Transport Services, Inc.
  2022 Ed. (4360)
JB James Construction LLC
  2022 Ed. (1681)
JB Music
  2020 Ed. (3671)
  2021 Ed. (3677)
JB Oxford & Co.
  2001 Ed. (2973)
JB Oxford Holdings Inc.
  2001 Ed. (1651)
  2005 Ed. (2206)
JB Were Ltd.
  1999 Ed. (914)
  2000 Ed. (874)
  2004 Ed. (1424, 4374)
JB Were & Son
  1990 Ed. (810)
  2000 Ed. (879)
  2002 Ed. (810, 811, 812)
JBA Software Products Ltd.
  2000 Ed. (1178)
JBAR Enterprises LLC
  2014 Ed. (2947)
  2015 Ed. (3004)
JBBS
  2015 Ed. (2395)
JBCStyle
  2010 Ed. (2397)
  2011 Ed. (2394)
The JBG Companies
  2017 Ed. (197)
The JBG Cos.
  2014 Ed. (3766)
JBG Smith Properties
  2020 Ed. (4137)
  2021 Ed. (4090)
JBHM Architects
  2008 Ed. (2519)
  2009 Ed. (2532)
  2010 Ed. (2448)
  2011 Ed. (2457)
  2012 Ed. (207)
JBL Electric
  2014 Ed. (1857)
  2015 Ed. (1893)
JBL Professional
  1994 Ed. (2588)
JBL Synthesis
  2014 Ed. (202)
JBM
  2013 Ed. (2142)
JBoss
  2006 Ed. (1138)
  2007 Ed. (1245, 1247)
  2008 Ed. (1145, 1404)
  2009 Ed. (1124)

JBoss Group LLC
  2005 Ed. (1147)
  2006 Ed. (1136)
JBR Capital
  2021 Ed. (2550)
JBR McCann
  2000 Ed. (154)
  2001 Ed. (191)
  2002 Ed. (162)
  2003 Ed. (130)
JBR/McCann AS
  1997 Ed. (127)
  1999 Ed. (136)
JBS
  2010 Ed. (1784)
  2011 Ed. (1502)
  2012 Ed. (2643)
  2013 Ed. (1754, 2744)
  2014 Ed. (1402, 1403, 2713, 2725)
  2015 Ed. (1464, 1782, 2765, 2780)
  2016 Ed. (1393, 2694, 2710, 2723)
  2017 Ed. (1408, 2645, 2654, 2664, 2679, 3938)
  2018 Ed. (1385, 1386, 2716, 2724, 3962)
  2019 Ed. (1430, 1432, 2701, 2708, 3937)
  2020 Ed. (1391, 1393, 2734, 3951)
  2021 Ed. (1389, 1390, 2621, 3918)
  2022 Ed. (1394, 1395, 1624, 2727, 2748, 2754, 3929)
  2023 Ed. (1590, 1592, 2882, 2887, 4014)
JBS Australia
  2015 Ed. (2758)
  2016 Ed. (2687, 2688)
  2017 Ed. (2638)
  2018 Ed. (2704)
  2019 Ed. (2680)
  2020 Ed. (2697)
  2021 Ed. (2610)
JBS Carriers
  2019 Ed. (3993)
  2020 Ed. (4010)
  2021 Ed. (3976)
  2022 Ed. (3990)
  2023 Ed. (4074)
JBS Carriers, Inc.
  2023 Ed. (4740)
JBS International Inc.
  2016 Ed. (4981)
JBS S.A.
  2019 Ed. (3955, 3956)
  2020 Ed. (3972, 3973)
  2021 Ed. (2443, 3937, 3938, 4250)
  2022 Ed. (2553, 2746, 3949, 3950)
  2023 Ed. (4033, 4034)
JBS SA
  2012 Ed. (1350, 1656, 2653)
  2013 Ed. (1443, 2735, 2742)
  2014 Ed. (1404, 1740, 2716, 2722)
  2015 Ed. (1465, 1784, 2770, 2777)
  2016 Ed. (1118, 1394, 1738, 2707)
  2017 Ed. (1159, 1715, 2455, 2653, 2662)
  2018 Ed. (1095, 2505, 2559, 2722)
  2019 Ed. (1111, 1431, 2706)
  2020 Ed. (1097, 2740)
  2021 Ed. (1091, 2626)
  2022 Ed. (2753)
  2023 Ed. (2700, 2888)
JBS S.A. (Brazil)
  2021 Ed. (3938)
  2022 Ed. (3950)
JBS Swift & Co.
  2010 Ed. (3594)
JBS United Inc.
  2016 Ed. (1667)
JBS USA
  2010 Ed. (2783)
  2012 Ed. (2667)
  2013 Ed. (2743)
  2014 Ed. (2723, 3577)
  2015 Ed. (2778, 2830, 3589)
  2016 Ed. (2708, 2762, 3481, 3482)
  2017 Ed. (2663, 2720, 3446, 3447)
  2018 Ed. (2723, 2777, 3504)
  2019 Ed. (2522, 2707, 2753, 3493)
  2020 Ed. (2741, 2791, 3479)
  2021 Ed. (2627, 2662, 3499)
  2022 Ed. (1495, 2754, 2755, 2798, 3555, 3556, 3558, 3559, 3564)
  2023 Ed. (2889, 2921)
JBS USA Food Co.
  2018 Ed. (3509)
  2019 Ed. (3496)
  2020 Ed. (3485)
  2021 Ed. (3505)
JBS USA Holdings Inc.
  2011 Ed. (2772, 3596)
  2012 Ed. (2669, 2701, 3583)
  2013 Ed. (2749, 3638)
  2014 Ed. (1536, 2703, 2729, 2776, 2784, 3581)
  2015 Ed. (1587, 2749, 2784, 3590, 3591, 3594, 3595, 3597, 3601)
  2016 Ed. (1514, 2679, 2714, 3477)
  2017 Ed. (2669, 3441)
  2018 Ed. (2729, 3503)
  2019 Ed. (2713, 3492)
  2020 Ed. (2746, 3478)
  2021 Ed. (2628, 3498)

JBWere
  2003 Ed. (4355)
  2004 Ed. (3953)
JC
  1994 Ed. (839)
J.C. Bamford Excavators Limited
  2022 Ed. (2610)
JC Bradford
  1990 Ed. (2293)
J.C. Bradford & Co.
  2000 Ed. (3976)
J.C. Cannistraro
  2017 Ed. (1208)
J.C. Cannistraro LLC
  2019 Ed. (1191, 1213)
J.C. Cannistraro, LLC
  2019 Ed. (129, 3931)
JC Cellars
  2013 Ed. (4941)
JC Decaux
  2013 Ed. (60)
JC Decaux SA
  2014 Ed. (3594)
JC Jones & Associates LLC
  2009 Ed. (2771)
JC Newman Cigar Co.
  2003 Ed. (967)
J.C. Penney
  1990 Ed. (45)
  1992 Ed. (1838)
  2000 Ed. (706)
  2020 Ed. (2955, 2968, 4261)
  2021 Ed. (2812, 2813, 2827, 2935)
  2022 Ed. (2979, 2980, 2995)
JC Penney
  1990 Ed. (45)
  1992 Ed. (1838)
  1998 Ed. (1964, 3089, 3094, 3602)
  2000 Ed. (206, 1572, 1621, 1660, 2266, 2290, 2291, 2300, 2488, 3022, 3023, 3024, 3803, 3806, 3810, 3812, 3813, 3815, 3816, 3818, 3823, 4282)
  2001 Ed. (4090)
  2005 Ed. (2851)
  2006 Ed. (2854)
J.C. Penney-catalog
  2000 Ed. (3803)
J.C. Penney Co., Inc.
  2019 Ed. (903, 2032)
  2020 Ed. (892)
  2021 Ed. (905)
J.C. Penney Uniforms Catalog
  2000 Ed. (3359)
J.C. Potter
  2022 Ed. (3545)
  2023 Ed. (3667)
J.C. Potter Sausage Co.
  2017 Ed. (3436)
  2020 Ed. (3472)
JC Rose & Associates
  2008 Ed. (4427)
JC Sales
  2012 Ed. (3707)
JC Tec Industries Inc.
  2007 Ed. (3559)
J.C. White Architectural Interior Products
  2019 Ed. (4968)
  2020 Ed. (4970)
  2021 Ed. (4973)
JcaP
  2000 Ed. (810)
JCB
  1996 Ed. (2245)
  2015 Ed. (2097)
  2017 Ed. (1089)
  2019 Ed. (1026)
  2020 Ed. (1017)
JCB Partners
  2008 Ed. (1207)
J.C.B. Service
  2017 Ed. (2498)
  2018 Ed. (2555)
  2023 Ed. (2751)
JCC Holding Co.
  2003 Ed. (1747)
JCDecaux SA
  2012 Ed. (3605)
  2013 Ed. (3656)
JCG Corp.
  1992 Ed. (1431)
JCI
  1990 Ed. (2590)
  1991 Ed. (2468)
  1993 Ed. (2577)
  1996 Ed. (2034)
  1998 Ed. (1855)
JCI Distributors
  1994 Ed. (2055)
JCI Environmental Services
  1991 Ed. (1907)
JCJ Architecture
  2010 Ed. (2444)
  2011 Ed. (2450)
  2021 Ed. (3145)
  2023 Ed. (3379)
JCM Group Inc.
  1995 Ed. (1141)

JCOR Mechanical Inc.
  2009 Ed. (1255)
JCP.com
  2008 Ed. (2447)
  2013 Ed. (2470)
  2018 Ed. (2320)
JCPenney
  2023 Ed. (3105)
JCPenney Telemarketing, Inc.
  2001 Ed. (4464, 4467)
JCPenney.com
  2001 Ed. (2977, 2982, 2983, 4780)
  2005 Ed. (2326)
  2007 Ed. (2321)
  2009 Ed. (2442, 2452)
  2010 Ed. (2364)
  2011 Ed. (2360)
  2012 Ed. (2284)
  2013 Ed. (2462)
  2015 Ed. (2466)
  2016 Ed. (2411)
J.Crew Group
  2021 Ed. (906)
jcrew.com
  2001 Ed. (2975, 2980, 2983)
JC's
  2019 Ed. (2673)
JC's United Building Maintenance Inc.
  1997 Ed. (2225)
JCW Investments
  1991 Ed. (2223, 2227, 2239)
JCW Search
  2023 Ed. (3187, 3188)
JCWhitney.com
  2008 Ed. (2448)
JCY International
  2015 Ed. (1448)
JD
  2021 Ed. (4244)
JD Bank
  2022 Ed. (390)
  2023 Ed. (510)
J.D. Byrider
  2009 Ed. (326)
  2010 Ed. (307)
  2020 Ed. (304)
  2021 Ed. (289)
JD Edwards
  2000 Ed. (967, 2453)
J.D. Edwards & Co.
  2000 Ed. (1749)
JD Finance Group
  2018 Ed. (2670)
  2019 Ed. (2655)
JD Group Ltd.
  2006 Ed. (4523)
  2015 Ed. (2027)
JD Heiskell & Co.
  2010 Ed. (201)
  2011 Ed. (123)
  2021 Ed. (2598)
  2022 Ed. (2711)
  2023 Ed. (2845)
J.D. Hudgins
  2021 Ed. (810)
  2022 Ed. (842)
JD Long Masonry
  2019 Ed. (1017)
  2021 Ed. (969)
  2022 Ed. (1007)
  2023 Ed. (1184)
J.D. Long Masonry Inc.
  2000 Ed. (1263)
J.D. Power & Associates
  2017 Ed. (3427)
  2018 Ed. (3485)
JD Sports
  2022 Ed. (4255)
  2023 Ed. (4294)
J.D. Store Equipment Co.
  2000 Ed. (4135)
JD Weatherspoon
  2009 Ed. (4300)
JD Wetherspoon
  2005 Ed. (4091)
  2006 Ed. (4139)
  2015 Ed. (4302, 4304, 4312, 4313)
  2016 Ed. (2078, 4168)
  2017 Ed. (4145)
  2018 Ed. (4140, 4143)
  2019 Ed. (4156, 4159)
  2020 Ed. (4168, 4171)
  2021 Ed. (4111)
JD Wetherspoon (England)
  2021 Ed. (4111)
JD Wetherspoon plc
  2015 Ed. (4259, 4272)
  2016 Ed. (4169)
  2017 Ed. (4146)
JD Williams & Co.
  2011 Ed. (2260)
  2012 Ed. (2128)
  2013 Ed. (2324)
JDA Professional Services
  2021 Ed. (2321)
JDA Software Group Inc.
  1999 Ed. (4331)
  2008 Ed. (4577)

  2010 Ed. (4649)
  2011 Ed. (4598)
  2012 Ed. (4607)
  2013 Ed. (1110, 4557)
  2014 Ed. (4613)
  2015 Ed. (4610)
  2016 Ed. (4531)
  2017 Ed. (4526)
  2018 Ed. (4552)
  2019 Ed. (4541)
  2020 Ed. (4548)
  2021 Ed. (4526)
JDA Worldwide
  2019 Ed. (1657)
  2020 Ed. (1615)
JDavis
  2023 Ed. (263)
JDB Group
  2020 Ed. (2704)
JDC
  2012 Ed. (1326)
JDC Demolition Co.
  2019 Ed. (1213)
JDC Demolition Co. Inc.
  2023 Ed. (1427)
JDC Demolition Co., Inc.
  2022 Ed. (1190)
JDC Demolition Inc.
  2017 Ed. (1220)
  2018 Ed. (1200)
  2019 Ed. (1228)
  2020 Ed. (1222)
  2021 Ed. (1189)
JD.com
  2016 Ed. (2414, 4310, 4551)
  2017 Ed. (730, 2259, 4554)
  2018 Ed. (2322, 2508, 3317)
  2019 Ed. (2301, 2306, 2314, 3287, 3289, 4581)
  2020 Ed. (659, 1679, 2283, 2292, 2293, 4272, 4274, 4564)
  2021 Ed. (633, 1658, 3149, 3151, 4223, 4256, 4547)
  2022 Ed. (1476, 2285, 2342, 3293, 3295, 4230, 4249, 4260, 4268, 4553, 4569)
  2023 Ed. (1655, 2462, 3384, 3385, 3386, 4270, 4302)
JD.com (China)
  2021 Ed. (4256)
  2022 Ed. (4268)
JD.com Inc.
  2016 Ed. (4262)
  2017 Ed. (2261, 4249, 4251)
  2018 Ed. (2324, 4264)
  2020 Ed. (4284)
JDI Financial
  2009 Ed. (2763)
JDL
  2022 Ed. (2955)
JDL (SoundWaves Custom Home Integration)
  2022 Ed. (2955)
JDM Infrastructure LLC
  2008 Ed. (4384)
JDog Junk Removal & Hauling
  2020 Ed. (3624, 4779)
J.D.'s Country Cocktails
  1995 Ed. (2474)
JDS Fitel Inc.
  2001 Ed. (1555)
  2005 Ed. (1482, 1518)
JDS Professional Group LLC
  2010 Ed. (11)
  2012 Ed. (10)
  2013 Ed. (8)
JDS Uniphas Canada
  2001 Ed. (1664)
JDS Uniphase
  2015 Ed. (4222)
JDS Uniphase Canada Ltd.
  2006 Ed. (1615)
JDS Uniphase Corp.
  2001 Ed. (2866)
  2002 Ed. (2470, 4353, 4356, 4359, 4360, 4363)
  2003 Ed. (1069, 1423, 1464, 1472, 1496, 1552, 1558, 1576, 1592, 2240, 3304, 3754, 4378, 4539, 4541, 4542, 4544, 4545, 4720)
  2004 Ed. (1494, 1502, 2257, 2489, 3662, 3678, 3779, 4491, 4492, 4493, 4495, 4497, 4559)
  2005 Ed. (1510, 1518, 1568, 1671, 1673, 1684, 2340, 2828, 2833, 3698, 4464, 4466, 4469, 4470)
  2006 Ed. (1452, 2817, 4469, 4471, 4472, 4585)
  2007 Ed. (4525, 4565)
  2011 Ed. (1533)
  2016 Ed. (3419)
JDSAT
  2022 Ed. (782)
JE Berkowitz LP
  2014 Ed. (2860)
  2015 Ed. (2901)
  2016 Ed. (2821)
Je Corette
  1998 Ed. (3401)

J.E. Dunn
 2023 Ed. (1340, 1349, 1415)
JE Dunn
 2023 Ed. (1416, 1417, 2488, 2505)
JE Dunn Construction
 2021 Ed. (1047)
 2022 Ed. (1084, 1661)
 2023 Ed. (1347, 1353, 1819)
J.E. Dunn Construction Co.
 2020 Ed. (1152)
 2021 Ed. (1121)
JE Dunn Construction Co.
 2009 Ed. (1253)
 2010 Ed. (1250)
 2021 Ed. (1645)
 2022 Ed. (1665)
 2023 Ed. (1824)
J.E. Dunn Construction Group
 2013 Ed. (1240)
 2020 Ed. (1132)
JE Dunn Construction Group
 2014 Ed. (1826)
 2015 Ed. (1866)
 2016 Ed. (1829)
 2017 Ed. (1794)
 2018 Ed. (1747)
 2019 Ed. (1800)
 2020 Ed. (1746)
 2021 Ed. (994, 1717)
 2022 Ed. (1037, 1746)
 2023 Ed. (1215, 1336, 1355, 1356, 1359, 1363, 1886)
Je Il Investment Trust Co.
 1997 Ed. (2397)
J.E. Wood Clinic
 2000 Ed. (3545)
JEA
 2008 Ed. (2420, 2810)
 2009 Ed. (2419, 2868)
 2014 Ed. (3193)
JEA/Jacksonville Electric Authority
 2002 Ed. (3881)
JEA Senior Living
 2020 Ed. (195)
 2021 Ed. (194)
 2022 Ed. (208)
 2023 Ed. (314)
Jean-Air
 1991 Ed. (3242)
Jean Bell
 1990 Ed. (3330)
Jean Brennan
 2007 Ed. (4919)
Jean-Claude Decaux
 2008 Ed. (4866)
 2009 Ed. (4887)
 2010 Ed. (4888)
 2011 Ed. (4877)
 2012 Ed. (4886)
 2013 Ed. (4870)
 2014 Ed. (4884)
 2017 Ed. (4847)
Jean-Claude Gandur
 2009 Ed. (4899)
 2010 Ed. (4898)
 2011 Ed. (4885)
 2012 Ed. (4894)
 2013 Ed. (4912)
 2014 Ed. (4922)
Jean-Claude Trichet
 2005 Ed. (3203)
 2010 Ed. (702)
 2012 Ed. (292)
Jean Couto Group
 1997 Ed. (1595, 1673)
Jean Coutu
 1996 Ed. (1592)
 2000 Ed. (1721, 1722)
 2001 Ed. (2092, 2093)
 2005 Ed. (4872, 4875, 4876)
 2014 Ed. (2301)
 2015 Ed. (2384)
Jean Coutu Group
 1991 Ed. (2894)
 1994 Ed. (1523)
 1995 Ed. (1617)
 1998 Ed. (1361, 1362)
 1999 Ed. (1926, 1927, 4109)
 2003 Ed. (2103, 2104, 2105)
 2006 Ed. (1445, 1616, 1622, 1626)
 2007 Ed. (4188, 4196, 4573)
 2008 Ed. (4226, 4232)
 2009 Ed. (4320, 4328)
 2012 Ed. (4333)
 2013 Ed. (686, 4301)
 2014 Ed. (708)
 2015 Ed. (751, 4331)
Jean Coutu Group Inc.
 2013 Ed. (1349)
 2014 Ed. (1156, 1285)
 2015 Ed. (1211)
 2016 Ed. (2829)
 2017 Ed. (4507)
 2018 Ed. (4539)
 2019 Ed. (4525)
 2020 Ed. (4529)

Jean Coutu Group PJC Inc.
 2002 Ed. (2040, 2041, 2042)
 2012 Ed. (1410)
 2013 Ed. (1529)
The Jean Coutu Group (PJC) Inc.
 2014 Ed. (2304, 2305)
 2015 Ed. (2387, 2388, 4376)
Jean Coutu Group PJC USA Inc.
 2006 Ed. (2002)
 2007 Ed. (1967)
 2008 Ed. (2062)
 2009 Ed. (2028)
Jean Coutu Group USA Inc.
 2005 Ed. (1956)
Jean; Emilio Azcarraga
 2008 Ed. (4886)
 2009 Ed. (4906)
 2010 Ed. (4907)
 2011 Ed. (4894)
 2012 Ed. (4903)
 2013 Ed. (4888)
 2014 Ed. (4901)
 2015 Ed. (4941)
 2016 Ed. (4856)
 2017 Ed. (4860)
 2018 Ed. (4869)
Jean-Georges Steakhouse
 2021 Ed. (4149, 4150)
Jean-Georges Vongerichten
 2001 Ed. (1175)
Jean (Gigi) Pritzker
 2023 Ed. (4807)
Jean H. Tuthill
 1991 Ed. (2345)
Jean Halloran
 2010 Ed. (3140)
Jean-Jacques Bienaime
 2006 Ed. (2519)
 2012 Ed. (2495)
 2013 Ed. (2638)
 2014 Ed. (2594)
 2015 Ed. (2636)
 2016 Ed. (2561)
Jean Louis David
 2001 Ed. (2640, 2643, 2644, 2645, 2646)
Jean-Louis Morisot
 1999 Ed. (2279)
 2000 Ed. (2059)
Jean Madar
 2006 Ed. (2527)
Jean-Marc Eustache
 1999 Ed. (1124)
Jean Monty
 2004 Ed. (2534)
 2005 Ed. (2514)
Jean Nate
 1994 Ed. (676)
 2003 Ed. (2549)
 2004 Ed. (2684)
 2007 Ed. (2644)
Jean Paul Gaultier
 1997 Ed. (3030)
Jean Paul Villain
 2012 Ed. (2496)
Jean Phillipe Fragrances
 1995 Ed. (2058)
Jean-Pierre Blais
 2016 Ed. (719)
Jean Pritzker
 2020 Ed. (4820)
Jean R. Hale
 2015 Ed. (2634)
Jean Salata
 2019 Ed. (4841)
 2021 Ed. (4830)
 2022 Ed. (4824)
 2023 Ed. (4819)
Jean Sievert
 1997 Ed. (1928)
 1999 Ed. (2155, 2162)
 2000 Ed. (1924, 1932)
Jean Simpson Personnel Services Inc.
 2006 Ed. (3516, 4355)
 2008 Ed. (3712, 4398, 4964)
Jean Smith
 2016 Ed. (4991)
Jeanett; Storm
 2005 Ed. (885)
Jeanette Colegrove
 2018 Ed. (4110)
Jeanette Garretty
 2012 Ed. (3317)
 2013 Ed. (3389)
 2014 Ed. (3391)
Jeanie
 1992 Ed. (1910, 1912)
 1993 Ed. (263)
 1995 Ed. (352)
 1996 Ed. (259)
 2001 Ed. (2185, 2186, 2188)
Jeanne D'Arc Credit Union
 2018 Ed. (2101)
 2021 Ed. (2026)
 2022 Ed. (2061)
 2023 Ed. (2173)
Jeanne d'Arc Credit Union
 2002 Ed. (1871)
 2003 Ed. (1925)

 2004 Ed. (1965)
 2005 Ed. (2107)
 2006 Ed. (2202)
 2007 Ed. (2123)
 2008 Ed. (2238)
 2009 Ed. (2224)
 2010 Ed. (2178)
 2011 Ed. (2196)
 2012 Ed. (2056)
 2013 Ed. (2237)
 2014 Ed. (2169)
 2015 Ed. (2233)
 2016 Ed. (2204)
 2020 Ed. (2080)
 2021 Ed. (2070)
 2022 Ed. (2105)
 2023 Ed. (2220)
Jeanne Feldhusen
 1996 Ed. (1893)
Jeanne Gallagher Terrik
 1995 Ed. (1819)
Jeanne Gallagher Terrile
 1991 Ed. (1679)
 1993 Ed. (1796)
 1994 Ed. (1779)
 1996 Ed. (1793)
 1997 Ed. (1867)
 1998 Ed. (1638)
 1999 Ed. (2225)
 2000 Ed. (2007)
Jeanne; Hurricane
 2009 Ed. (3209)
 2010 Ed. (3141)
 2011 Ed. (3108)
 2012 Ed. (3044)
Jeanne Jugan Residence
 2012 Ed. (3775)
Jeannette P. Meier
 1999 Ed. (4805)
Jean's Kingdom Inc.
 1994 Ed. (1463)
Jear Logistics
 2016 Ed. (3388)
 2017 Ed. (3347)
Jear Logistics, LLC
 2017 Ed. (1958)
JEB-PHI Inc.
 2015 Ed. (4080)
Jebel Ali
 1992 Ed. (1393)
Jebel Ali, Dubai, UAE
 2021 Ed. (3922)
Jebel Ali, Port Rashid
 2001 Ed. (3858)
Jebsen & Jessen
 2020 Ed. (825)
Jebsen & Jessen Group
 2015 Ed. (915, 918, 920)
 2016 Ed. (821)
 2017 Ed. (874, 877, 879)
 2018 Ed. (810)
 2019 Ed. (824)
 2020 Ed. (822)
Jed Clampett
 2007 Ed. (682)
 2008 Ed. (640)
 2009 Ed. (657)
 2011 Ed. (559)
 2012 Ed. (540)
 2013 Ed. (4853)
JED Oil Inc.
 2006 Ed. (4255)
Jed Rakoff
 2013 Ed. (735)
Jeddah
 1992 Ed. (1393)
Jeddah Islamic Port
 2001 Ed. (3858)
Jeddah, Saudi Arabia
 2009 Ed. (259)
 2014 Ed. (170)
Jeep
 1990 Ed. (359)
 1996 Ed. (309, 3748)
 1997 Ed. (292, 299, 2229)
 1999 Ed. (326)
 2000 Ed. (25, 344, 795)
 2001 Ed. (483, 535)
 2002 Ed. (413, 4703)
 2003 Ed. (303, 359)
 2005 Ed. (341)
 2006 Ed. (355, 4855)
 2009 Ed. (569)
 2010 Ed. (328)
 2011 Ed. (256)
 2012 Ed. (277)
 2013 Ed. (272)
 2014 Ed. (279)
 2016 Ed. (308)
 2017 Ed. (263, 264, 315)
 2018 Ed. (292, 4485)
 2019 Ed. (292)
 2020 Ed. (294)
 2021 Ed. (237, 261, 280, 595)
 2022 Ed. (258, 296)
 2023 Ed. (359, 396)

Jeep Cherokee
 1992 Ed. (3087)
 1999 Ed. (357, 4375, 4376)
 2011 Ed. (252)
Jeep/Eagle
 1990 Ed. (344)
 2001 Ed. (457, 458, 459, 462)
Jeep Eagle Dealer Association
 1998 Ed. (206)
Jeep-Eagle of Schaumburg Inc.
 1995 Ed. (277)
Jeep Grand Cherokee
 1994 Ed. (306)
 1996 Ed. (2492)
 1998 Ed. (234)
 1999 Ed. (341, 3418, 4375, 4376, 4670)
 2000 Ed. (360, 4087)
 2003 Ed. (4820)
 2004 Ed. (4477, 4806, 4812)
 2005 Ed. (4427, 4777, 4786)
 2006 Ed. (3577, 4829, 4856)
 2007 Ed. (4858)
 2008 Ed. (4765)
 2011 Ed. (252)
Jeep Liberty
 2005 Ed. (304, 4777)
 2006 Ed. (323)
 2008 Ed. (304)
Jeep Wrangler
 1996 Ed. (3765)
 1998 Ed. (3600)
Jeeves & Co.
 2014 Ed. (4305)
Jeff Austin
 2003 Ed. (222)
Jeff Bahrenburg
 1996 Ed. (1867)
Jeff Bewkes
 2015 Ed. (798)
Jeff Bezos
 2000 Ed. (1881, 2448)
 2002 Ed. (3355, 4787)
 2022 Ed. (748, 4801, 4816, 4817)
 2023 Ed. (4793, 4809, 4811, 4871)
Jeff Bezos (U.S.)
 2022 Ed. (4876)
Jeff Biby
 1999 Ed. (2196)
Jeff Blaeser
 2011 Ed. (3361)
Jeff Bonner Research & Development
 2022 Ed. (3505)
Jeff Borris
 2003 Ed. (225)
Jeff Davis
 2008 Ed. (2691)
Jeff Dunham
 2010 Ed. (2511)
 2011 Ed. (2513)
 2012 Ed. (2434)
 2013 Ed. (2600)
 2014 Ed. (2529)
Jeff Elliott
 2011 Ed. (3341)
Jeff Erdmann
 2011 Ed. (3331)
 2018 Ed. (3319)
 2019 Ed. (3294)
 2020 Ed. (3295)
 2023 Ed. (3388)
Jeff Erdmann (Merrill Lynch)
 2021 Ed. (3155)
Jeff Erdmann (Merrill Private Wealth Mgmt.)
 2022 Ed. (3299)
Jeff F. Antioco
 2009 Ed. (961)
Jeff Fettig
 2004 Ed. (2527)
 2011 Ed. (2973)
Jeff Foxworthy
 1997 Ed. (1113)
 2009 Ed. (2608)
Jeff George
 2013 Ed. (740)
Jeff Gold
 2015 Ed. (1205)
Jeff Gordon
 2001 Ed. (419)
 2003 Ed. (294)
 2004 Ed. (260)
 2009 Ed. (295, 296)
 2010 Ed. (315)
 2011 Ed. (239)
 2012 Ed. (260)
 2013 Ed. (267)
 2014 Ed. (269)
 2015 Ed. (226, 309)
 2016 Ed. (217)
 2017 Ed. (214)
Jeff Greene
 2023 Ed. (4806)
Jeff Howard
 2019 Ed. (3650)
Jeff Hull
 2005 Ed. (3284)
Jeff Immelt
 2005 Ed. (788)
 2006 Ed. (689)

Jeff Jones
  2010 Ed. (3964)
Jeff Kinney
  2017 Ed. (243)
  2018 Ed. (230, 231)
  2019 Ed. (225)
  2020 Ed. (228)
Jeff M. Fettig
  2011 Ed. (829)
  2015 Ed. (964)
Jeff Moorad
  2003 Ed. (221, 225)
Jeff Morris Subaru
  1992 Ed. (401)
Jeff Perry
  2018 Ed. (4108)
Jeff Portman
  2011 Ed. (2972)
Jeff Reid
  2006 Ed. (703)
Jeff Schwartz
  2021 Ed. (4462)
  2022 Ed. (4471)
Jeff Skoll
  2002 Ed. (4787, 4788)
  2003 Ed. (4888, 4891)
  2005 Ed. (4859, 4874, 4875)
  2006 Ed. (4912, 4923)
  2007 Ed. (4910)
Jeff Stein
  2011 Ed. (3342)
Jeff Sutton
  2020 Ed. (4819)
Jeff Timmons
  2005 Ed. (796)
  2006 Ed. (703)
Jeff Wyler Automotive Family
  2014 Ed. (218)
  2019 Ed. (1893)
  2020 Ed. (1832)
  2021 Ed. (1799)
  2022 Ed. (246, 1838)
  2023 Ed. (1964)
Jeff Wyler Automotive Family Inc.
  2016 Ed. (1924)
  2017 Ed. (1894)
Jeff Zucker
  2005 Ed. (785)
JeffBanks Inc.
  1999 Ed. (622)
  2000 Ed. (647)
Jeffboat
  2016 Ed. (3436)
  2017 Ed. (3396)
Jeffco Painting & Contracting Inc.
  1991 Ed. (1089)
  1992 Ed. (1422)
JeffCo Public Schools
  2007 Ed. (2268)
Jeffer, Mangels, Butler & Marmaro
  1999 Ed. (3153)
Jeffer Mangels Butler & Mitchell LLP
  2013 Ed. (1448)
  2014 Ed. (1409)
  2015 Ed. (1469)
  2016 Ed. (1398)
Jefferies
  1990 Ed. (793)
Jefferies & Co.
  1989 Ed. (804)
  1995 Ed. (2349)
  1997 Ed. (3423)
  2000 Ed. (879)
  2005 Ed. (3582)
  2006 Ed. (3686, 3687, 3700, 3701)
Jefferies Financial
  2020 Ed. (2176)
Jefferies Financial Group
  2021 Ed. (1322)
  2023 Ed. (1911, 2805)
Jefferies Group Inc.
  1996 Ed. (809)
  1997 Ed. (3433, 3434)
  2000 Ed. (885)
  2004 Ed. (2594, 2595, 4330)
  2005 Ed. (2572, 2573)
  2006 Ed. (3210)
  2007 Ed. (2550, 3277, 4272)
  2008 Ed. (2695)
  2009 Ed. (2716)
  2012 Ed. (3340, 4427)
  2013 Ed. (3407)
Jefferies LLC
  2017 Ed. (1325, 1326)
  2018 Ed. (1302, 1303)
Jeffers
  2013 Ed. (899)
Jefferson, AL
  1993 Ed. (2982)
Jefferson Bank
  1995 Ed. (1239)
  2005 Ed. (521)
  2007 Ed. (464)
  2013 Ed. (485)
Jefferson Bank & Trust Inc.
  1992 Ed. (791)
  1993 Ed. (582)
  1994 Ed. (589)

1995 Ed. (559)
Jefferson City, MO
  2008 Ed. (3468)
  2009 Ed. (3547)
  2010 Ed. (3467)
  2013 Ed. (4788)
Jefferson County, AL
  2000 Ed. (3680)
Jefferson County Bank
  2019 Ed. (121)
  2020 Ed. (116)
Jefferson County, CO
  2012 Ed. (2341)
  2013 Ed. (2516)
  2014 Ed. (2458)
Jefferson County Public Schools
  2002 Ed. (2418)
  2003 Ed. (2276)
  2004 Ed. (2307)
  2005 Ed. (2391)
  2006 Ed. (2432)
  2007 Ed. (2377)
  2008 Ed. (2494)
  2009 Ed. (2501)
  2010 Ed. (2416)
  2011 Ed. (2419)
  2015 Ed. (2528)
  2019 Ed. (1727)
  2020 Ed. (1673)
  2021 Ed. (1652)
  2022 Ed. (1675)
Jefferson County, WA
  1996 Ed. (1475)
Jefferson Davis County, MS
  2002 Ed. (1806)
Jefferson Financial Credit Union
  2010 Ed. (2175)
  2011 Ed. (2193)
  2012 Ed. (2053)
  2013 Ed. (2234)
  2014 Ed. (2166)
  2015 Ed. (2230)
  2016 Ed. (2201)
  2018 Ed. (2098)
Jefferson Financial Federal Credit Union
  2020 Ed. (2077)
  2021 Ed. (2067)
  2022 Ed. (2102)
  2023 Ed. (2217)
Jefferson, GA
  2021 Ed. (3359)
  2022 Ed. (3409)
The Jefferson Group
  1994 Ed. (2946, 2948, 2972)
  1995 Ed. (3032)
  1996 Ed. (3135)
Jefferson Health
  2022 Ed. (3029)
  2023 Ed. (2349)
Jefferson Health System
  1998 Ed. (1996)
  1999 Ed. (2753)
  2000 Ed. (2533)
  2002 Ed. (3295)
  2006 Ed. (3591)
Jefferson Home Care Network
  1999 Ed. (2708)
Jefferson Hospital Association Inc.
  2001 Ed. (1612)
  2003 Ed. (1610)
  2014 Ed. (1369, 1381)
The Jefferson Hotel
  2005 Ed. (2928)
  2006 Ed. (2931)
Jefferson, KY
  1993 Ed. (2982)
Jefferson, LA
  1993 Ed. (2982)
Jefferson Lines
  1989 Ed. (829)
Jefferson Medical College; Thomas Jefferson University
  2011 Ed. (3626)
Jefferson National Bank
  1991 Ed. (687)
  1992 Ed. (862)
  1993 Ed. (662)
  1994 Ed. (663)
  1995 Ed. (632)
  1996 Ed. (708)
  1997 Ed. (643)
  1998 Ed. (433)
Jefferson National Expansion Memorial (Arch)
  1998 Ed. (3594)
Jefferson National Life
  1992 Ed. (2662)
Jefferson Parish School Board Credit Union
  2002 Ed. (1868)
  2003 Ed. (1922)
Jefferson Parish School Board Employees Credit Union
  2004 Ed. (1962)
  2005 Ed. (2104)
  2006 Ed. (2199)
  2007 Ed. (2120)
  2008 Ed. (2235)
  2009 Ed. (2221)

Jefferson-Pilot Alphaflex MFS Utilities
  2000 Ed. (4334)
Jefferson-Pilot Corp.
  1989 Ed. (1680)
  1990 Ed. (2232)
  1992 Ed. (2665, 2978, 3275)
  1993 Ed. (2219, 2735)
  1994 Ed. (2250, 2254, 2683)
  1995 Ed. (2293, 2793, 2794, 2798)
  1996 Ed. (2319, 2855)
  1997 Ed. (1317, 2435, 3234)
  1998 Ed. (1047, 2175, 2176, 3417)
  1999 Ed. (2944)
  2002 Ed. (2870, 2933)
  2003 Ed. (2973, 2995)
  2004 Ed. (3034, 3036, 3074, 3113)
  2005 Ed. (1914, 3048, 3116)
  2006 Ed. (1943, 3119, 3121, 4217)
  2007 Ed. (1926, 3132, 3136, 3137, 3141, 4233)
  2008 Ed. (1402, 4265)
Jefferson-Pilot Financial
  2005 Ed. (4163)
Jefferson-Pilot Life
  1991 Ed. (2097, 2098, 2100)
Jefferson Pilot Securities
  2002 Ed. (789, 801)
Jefferson Regional Medical Center
  2006 Ed. (3724)
Jefferson Riverport International
  1996 Ed. (2248)
Jefferson Savings & Loan Association
  1998 Ed. (3553)
Jefferson-Smurfit/CCA
  1992 Ed. (3338)
  1995 Ed. (1437, 1460, 2832)
  1997 Ed. (2993)
  1998 Ed. (2740)
Jefferson Smurfit Corp.
  1989 Ed. (1008, 1009, 1050, 2111, 2114)
  1990 Ed. (1188, 1189, 2760, 3448)
  1991 Ed. (1142, 1211, 1476, 1477)
  1992 Ed. (1877, 1878)
  1997 Ed. (1315, 1482)
  1999 Ed. (1752)
  2000 Ed. (1584, 3402, 3404)
  2001 Ed. (3624)
  2006 Ed. (3775)
Jefferson Smurfit Corp. (US)
  2004 Ed. (3762)
Jefferson Smurfit Group
  1990 Ed. (1386)
  1992 Ed. (1651, 1652)
  1998 Ed. (928, 1178, 2739, 2748)
  1999 Ed. (1346, 1684, 2495, 3686, 3687, 3700)
  2007 Ed. (1387)
Jefferson Smurfit Group plc
  1990 Ed. (1387)
  1993 Ed. (1352, 1370, 1533, 1534)
  1994 Ed. (1405, 1423, 1578)
  1996 Ed. (1117, 1401, 1422, 2905)
  1997 Ed. (1144, 1457)
  1999 Ed. (3694)
  2000 Ed. (1484, 3409)
  2001 Ed. (1755)
  2002 Ed. (1696, 3028, 3029, 3577)
  2003 Ed. (4590)
  2004 Ed. (1762)
  2005 Ed. (1525)
Jefferson Transportation Corp.
  1990 Ed. (846)
Jefferson University Hospital; Thomas
  2015 Ed. (3133)
  2016 Ed. (2996)
Jefferson University Physicians
  2000 Ed. (3545)
Jefferson University; Thomas
  1990 Ed. (2059)
  1991 Ed. (1936)
Jefferson Vineyards
  2014 Ed. (4951)
Jefferson Wells International
  2002 Ed. (10)
  2003 Ed. (3950)
  2004 Ed. (9)
  2005 Ed. (5)
Jefferson's Ferry Lifecare Community
  2011 Ed. (1904)
Jeffery A. Smisek
  2011 Ed. (846)
Jeffery Bezos
  2000 Ed. (1873)
Jeffery H. Boyd
  2013 Ed. (989)
Jeffery Hildebrand
  2017 Ed. (4819)
Jeffery R. Gardner
  2011 Ed. (845)
Jeffery W. Yabuki
  2011 Ed. (843)
Jeffree Star
  2020 Ed. (3286)
Jeffrey
  2008 Ed. (1001)
  2010 Ed. (951)
Jeffrey A. Joerres
  2011 Ed. (825)

Jeffrey A. Rein
  2009 Ed. (947)
  2010 Ed. (899)
Jeffrey A. Schreiner
  2011 Ed. (3372)
Jeffrey Applegate
  2000 Ed. (1975)
Jeffrey Atlanta
  2006 Ed. (1038)
Jeffrey B. Kindler
  2009 Ed. (949)
  2010 Ed. (901)
Jeffrey B. Swartz
  2009 Ed. (2659)
Jeffrey Barbakow
  2003 Ed. (959)
Jeffrey Beers International
  2019 Ed. (3283)
Jeffrey Bewkes
  2015 Ed. (962)
Jeffrey Bezos
  2007 Ed. (4905)
  2008 Ed. (4834)
  2009 Ed. (4854)
  2010 Ed. (4859)
  2011 Ed. (2975)
  2013 Ed. (741)
  2014 Ed. (762)
  2015 Ed. (798)
  2017 Ed. (922, 4815, 4831, 4886)
  2018 Ed. (3367, 4820, 4836, 4899)
  2019 Ed. (4816, 4833, 4891)
  2020 Ed. (4806, 4823, 4880)
  2021 Ed. (4807, 4824)
Jeffrey Bezos (U.S.)
  2021 Ed. (4880)
Jeffrey Biby
  2000 Ed. (1968, 1969)
Jeffrey Boromisa
  2007 Ed. (1058)
  2008 Ed. (964)
Jeffrey Boyd
  2013 Ed. (984)
Jeffrey C. Barbakow
  2003 Ed. (2371)
  2004 Ed. (970, 973, 2520)
Jeffrey Camp
  1997 Ed. (1964, 1991)
  1999 Ed. (2288)
Jeffrey Campbell
  2008 Ed. (966)
  2010 Ed. (918)
Jeffrey Casdin
  1995 Ed. (1807)
Jeffrey Cheah
  2010 Ed. (3962)
Jeffrey Edelman
  1991 Ed. (1690)
Jeffrey Edwards
  2010 Ed. (918)
Jeffrey Ettinger
  2017 Ed. (922)
Jeffrey Feiner
  1991 Ed. (1690)
  1995 Ed. (1844)
  1996 Ed. (1822)
  1997 Ed. (1896)
  1998 Ed. (1668)
  1999 Ed. (2216)
  2000 Ed. (2041)
Jeffrey Fettig
  2011 Ed. (820)
Jeffrey Freedman
  1996 Ed. (1815)
  1997 Ed. (1889)
Jeffrey Gardner
  2007 Ed. (1087)
Jeffrey Gitterman
  2006 Ed. (2514)
Jeffrey Group
  2015 Ed. (4133)
The Jeffrey Group
  2003 Ed. (4002)
  2004 Ed. (4009)
  2005 Ed. (3963)
  2012 Ed. (4150)
Jeffrey H. Boyd
  2011 Ed. (816, 825)
  2012 Ed. (789)
Jeffrey H. Brotman
  1994 Ed. (1715)
Jeffrey H. Curler
  2004 Ed. (3911)
  2005 Ed. (3857)
  2006 Ed. (3920)
  2007 Ed. (3974)
  2008 Ed. (3997)
  2009 Ed. (4071)
  2010 Ed. (3990)
Jeffrey H. Schwartz
  2011 Ed. (857)
Jeffrey Harlib
  1998 Ed. (1584, 1592)
  1999 Ed. (2181)
  2000 Ed. (1940)
Jeffrey Henley
  2002 Ed. (1043)
  2003 Ed. (2409)

2005 Ed. (992)
Jeffrey Hildebrand
  2013 Ed. (4837)
  2014 Ed. (4852)
  2015 Ed. (4889)
Jeffrey Hines
  1999 Ed. (2272)
Jeffrey Homes
  2007 Ed. (1271)
Jeffrey Immelt
  2006 Ed. (885, 2515, 3262)
  2007 Ed. (976)
  2015 Ed. (962)
Jeffrey Joerres
  2005 Ed. (966)
  2006 Ed. (879)
  2007 Ed. (970)
  2008 Ed. (934)
  2010 Ed. (884)
  2016 Ed. (2560)
Jeffrey Johnson
  2016 Ed. (2562)
Jeffrey K. Skilling
  2002 Ed. (2182)
Jeffrey Katzenberg
  2006 Ed. (2515)
Jeffrey Kauffman
  2000 Ed. (1981, 2054)
Jeffrey Klein
  1989 Ed. (1416, 1417)
  1991 Ed. (1688)
Jeffrey L. Bewkes
  2003 Ed. (2371)
  2011 Ed. (839)
  2015 Ed. (965)
Jeffrey L. Bleustein
  2005 Ed. (973)
  2006 Ed. (899, 937)
Jeffrey L. Turner
  2011 Ed. (858)
  2014 Ed. (946)
Jeffrey Lindsay
  2011 Ed. (3359)
Jeffrey Lipton
  2007 Ed. (2501)
  2008 Ed. (2633)
  2010 Ed. (910)
Jeffrey Lurie
  2011 Ed. (4826)
Jeffrey M. Brown Associates Inc.
  1996 Ed. (1168)
  1999 Ed. (1410)
  2003 Ed. (1310, 1311)
Jeffrey Mallett
  2001 Ed. (2345)
Jeffrey McWaters
  2009 Ed. (3314)
Jeffrey Misner
  2006 Ed. (946)
  2007 Ed. (1041)
Jeffrey New York
  2006 Ed. (1038)
Jeffrey O. Henley
  1999 Ed. (1127)
  2000 Ed. (1051)
  2005 Ed. (2476)
Jeffrey O. Palmer
  2013 Ed. (4051)
Jeffrey P. Bezos
  2003 Ed. (3021, 4888)
  2004 Ed. (968, 4870, 4873)
  2005 Ed. (787, 973, 2319, 4856, 4859)
  2006 Ed. (940, 4896)
  2008 Ed. (942)
  2009 Ed. (942)
  2010 Ed. (891, 893, 894)
  2011 Ed. (816, 817, 818, 852)
  2012 Ed. (600, 789, 791, 4847)
  2013 Ed. (983, 984, 4850)
  2014 Ed. (936, 937, 4866)
  2015 Ed. (953, 4903)
  2016 Ed. (865)
  2017 Ed. (4830)
  2018 Ed. (4835)
  2019 Ed. (4832)
  2020 Ed. (4822)
  2021 Ed. (4823)
Jeffrey Peek
  2007 Ed. (1010)
Jeffrey R. Immelt
  2007 Ed. (1022, 1029)
  2008 Ed. (943, 951)
  2009 Ed. (759, 944, 950)
  2010 Ed. (896)
  2011 Ed. (848)
  2012 Ed. (598, 792)
  2015 Ed. (968)
Jeffrey Raikes
  2002 Ed. (1043)
  2003 Ed. (2409)
Jeffrey Rich
  2006 Ed. (882, 3931)
Jeffrey Rogers PLC
  1992 Ed. (1198)
Jeffrey S. Green
  1996 Ed. (3740)
  1998 Ed. (3617)
  1999 Ed. (4659)

Jeffrey S. Green, Esq.
  2000 Ed. (4298)
Jeffrey S. Lorberbaum
  2008 Ed. (942)
Jeffrey S. Raikes
  2006 Ed. (2524)
Jeffrey S. Silverman
  1996 Ed. (966)
Jeffrey Skilling
  2001 Ed. (2345)
Jeffrey Skoll
  2004 Ed. (3891, 4873, 4879)
  2005 Ed. (4876, 4881)
  2006 Ed. (4925)
  2007 Ed. (4913)
  2008 Ed. (4855, 4856)
  2009 Ed. (4881, 4882)
  2010 Ed. (4882)
  2011 Ed. (775, 4870, 4871)
  2012 Ed. (719, 4878, 4879)
  2013 Ed. (4860)
  2014 Ed. (4874)
  2015 Ed. (4912)
  2016 Ed. (4828)
Jeffrey Sprague
  1999 Ed. (2223)
  2000 Ed. (2002)
Jeffrey Sprecher
  2003 Ed. (2347)
Jeffrey Stafeil
  2014 Ed. (2596)
Jeffrey Stewart
  2000 Ed. (1945)
Jeffrey Sudikoff
  1995 Ed. (1717)
Jeffrey T. Mezger
  2009 Ed. (946)
Jeffrey Toder
  1997 Ed. (2002)
  1999 Ed. (2430)
  2000 Ed. (2190)
Jeffrey Weingarten
  1998 Ed. (1683)
JeffreyGroup
  2018 Ed. (4042)
  2019 Ed. (4035, 4045)
  2020 Ed. (4045, 4056)
  2021 Ed. (4014, 4028)
  2022 Ed. (4032, 4047)
  2023 Ed. (4137, 4152)
Jeffreys Henry International
  1996 Ed. (17)
Jefries & Co.
  1994 Ed. (770)
Jefries Group
  2002 Ed. (501)
Jefries; Michael
  2007 Ed. (1019)
Jefries; Michael S.
  2007 Ed. (2505)
  2008 Ed. (957)
  2009 Ed. (2660)
Jefry M. and Barbara Picower
  1994 Ed. (890)
Jefry N. Quinn
  2006 Ed. (869)
  2007 Ed. (959)
JEI Inc.
  2007 Ed. (4214, 4215)
  2008 Ed. (4251, 4252)
JEI Learning Centers
  2015 Ed. (2402)
  2016 Ed. (2345)
  2017 Ed. (2193)
  2018 Ed. (2254)
  2019 Ed. (2227)
  2020 Ed. (2223)
  2021 Ed. (2197)
JEI Self-Learning Centers
  2009 Ed. (2412)
JEI Self-Learning Systems Inc.
  2008 Ed. (2412)
Jeil Feed
  2018 Ed. (3784)
  2019 Ed. (3771)
  2020 Ed. (3822)
Jeil Investment Trust Co.
  2002 Ed. (2824)
Jel Sert
  2023 Ed. (3195)
Jelas Ulung
  2012 Ed. (1233)
Jeld-Wen
  2016 Ed. (1946)
  2017 Ed. (1909)
JELD-WEN Holding Inc.
  2019 Ed. (2788, 2796)
Jeld-Wen Inc.
  2001 Ed. (2500, 2501)
  2003 Ed. (3265, 3266)
  2004 Ed. (3318, 3319)
  2005 Ed. (3341, 3342)
  2006 Ed. (2676, 3332, 3333, 4956)
  2007 Ed. (2661, 3390, 3391, 4965)
  2008 Ed. (2797, 3527, 3528, 4934)
  2009 Ed. (742, 2849, 3586, 3587, 4162, 4955)
  2010 Ed. (688, 3505, 3506, 4095, 4964)

  2011 Ed. (617, 3504, 4948)
  2012 Ed. (588, 3506, 4947)
  2013 Ed. (4940, 4989)
  2014 Ed. (1928, 2809, 4950, 4994, 4995)
  2015 Ed. (2851, 4989)
  2016 Ed. (2786, 4906, 4993)
  2017 Ed. (2756, 4900)
  2018 Ed. (2813, 4918)
  2019 Ed. (2790, 4916, 4917)
  2020 Ed. (2815, 4914, 4916)
  2021 Ed. (2691, 4911)
  2022 Ed. (2853)
  2023 Ed. (2965, 4895)
Jelec USA
  2005 Ed. (2333)
Jelinek; W. Craig
  2021 Ed. (724)
Jell-O
  2001 Ed. (1997)
  2003 Ed. (2036, 4998)
  2022 Ed. (2872)
Jell-o
  2023 Ed. (2986)
Jell-O Berry Blue
  1995 Ed. (1893)
Jell-O Free
  2001 Ed. (1997, 1998)
  2003 Ed. (2036)
Jell-O Gelatin Snacks
  2001 Ed. (1997, 1998)
Jell-O Pudding
  2001 Ed. (1998)
Jell-O refrigerated puddings
  1992 Ed. (3219)
Jelley Brown
  2017 Ed. (3531)
Jelley Crown
  2018 Ed. (5000)
Jellison; Brian
  2016 Ed. (873)
Jello
  2004 Ed. (2642)
Jello Pudding Pop Variety
  1990 Ed. (2143)
Jelly
  2002 Ed. (3036)
  2003 Ed. (3160, 3161)
Jelly Belly
  2005 Ed. (859)
  2008 Ed. (838)
Jelly Belly Candy Co.
  2012 Ed. (1378)
Jellyfish
  1993 Ed. (1078)
  2021 Ed. (1671)
  2023 Ed. (104)
Jelmar
  2003 Ed. (995)
  2016 Ed. (3361)
  2017 Ed. (3326)
  2018 Ed. (3389)
Jem
  1989 Ed. (2228)
JEM Group LLC
  2023 Ed. (1978)
Jem Group LLC
  2019 Ed. (4974)
  2020 Ed. (4977)
  2022 Ed. (4978)
Jemm Wholesale Meat Co.
  2009 Ed. (4384)
Jen-Coat Inc.
  2009 Ed. (3893)
Jen; Denis
  2008 Ed. (4850)
  2009 Ed. (4871)
Jen-Hsun Huang
  2003 Ed. (4383)
  2011 Ed. (842, 849)
  2018 Ed. (859)
Jena-Optronik GmbH
  2013 Ed. (93)
JenCap Group LLC
  2023 Ed. (3241, 3285, 3355)
JenCap Holdings L.L.C.
  2020 Ed. (3258)
  2021 Ed. (3013, 3122)
  2022 Ed. (3148, 3263)
JenCap Holdings LLC
  2020 Ed. (3156)
JenCap LLC
  2022 Ed. (3192)
Jeneil Biotech Inc.
  2007 Ed. (4455)
Jeneric/Pentron Inc.
  1995 Ed. (1547)
  2000 Ed. (1654)
  2001 Ed. (1987)
Jenifer Thoma
  2010 Ed. (2835)
Jeni's Splendid Ice Creams
  2021 Ed. (2608)
  2022 Ed. (2724)
  2023 Ed. (2861)
Jenkens & Gilchrist
  1990 Ed. (2418)
  1991 Ed. (2284)
  1992 Ed. (2833)

  1993 Ed. (2396)
  2001 Ed. (566)
Jenkens & Gilchrist PC
  2005 Ed. (1437)
Jenkins
  2014 Ed. (1081)
  2015 Ed. (1120)
  2016 Ed. (1032)
Jenkins Family
  2002 Ed. (3363)
Jenkins Group; Dudley
  1993 Ed. (1486)
Jenkins Jr.; Charles
  2005 Ed. (982)
Jenkins Living Center Inc.
  2013 Ed. (2050)
Jenn-Air
  1990 Ed. (3481)
  1992 Ed. (4154)
  2001 Ed. (3600, 3601)
  2008 Ed. (3835, 4548)
Jennaration Boutique
  2020 Ed. (1348)
Jenner & Block
  1990 Ed. (2417)
  1991 Ed. (2283)
  1992 Ed. (2832)
  1993 Ed. (2395)
  1994 Ed. (2352)
  1995 Ed. (2416)
  1996 Ed. (2452)
  1997 Ed. (2597)
  1998 Ed. (2327)
  1999 Ed. (3148)
  2000 Ed. (2894)
  2001 Ed. (3052, 3054)
  2002 Ed. (3056)
  2003 Ed. (3179)
  2005 Ed. (3259)
  2007 Ed. (2904)
  2010 Ed. (3416)
  2012 Ed. (3379)
Jenner & Block LLP
  2006 Ed. (3249)
  2008 Ed. (3025, 3420)
  2010 Ed. (3418, 3419)
  2011 Ed. (3401, 3402)
  2012 Ed. (3415, 3421)
  2013 Ed. (3449)
  2014 Ed. (3449)
  2021 Ed. (3212)
Jenner; Kendall
  2018 Ed. (3645)
  2019 Ed. (3634)
  2020 Ed. (3606)
Jenner; Kylie
  2020 Ed. (2482, 2485)
  2021 Ed. (2406)
  2022 Ed. (2518)
Jennie-O
  2009 Ed. (2826, 4381)
  2022 Ed. (2823)
  2023 Ed. (4024)
Jennie-O All Natural
  2022 Ed. (2823)
Jennie-O Turkey Store
  2009 Ed. (2828, 4384)
  2013 Ed. (4367, 4368)
  2014 Ed. (4422, 4423, 4424)
  2015 Ed. (4407)
  2016 Ed. (4303)
  2018 Ed. (3976)
  2019 Ed. (3947)
  2020 Ed. (3964)
  2021 Ed. (3928)
  2022 Ed. (3940)
  2023 Ed. (4023)
Jennifer Aniston
  2005 Ed. (2444)
  2008 Ed. (2579)
  2009 Ed. (2606)
  2010 Ed. (2509, 2510)
  2011 Ed. (2511, 2512)
  2012 Ed. (2432)
  2013 Ed. (2598)
  2014 Ed. (2527)
  2015 Ed. (2600)
  2016 Ed. (2525)
Jennifer Anniston
  2002 Ed. (2142)
  2003 Ed. (2329)
  2004 Ed. (2409)
Jennifer Capriati
  2003 Ed. (293)
  2004 Ed. (259)
Jennifer Cole
  1997 Ed. (1883)
Jennifer Convertibles Inc.
  1999 Ed. (2564)
  2000 Ed. (2302)
  2008 Ed. (885)
  2009 Ed. (894)
Jennifer Corrou
  1999 Ed. (2412)
Jennifer Coury
  1991 Ed. (1675, 1709)
  1994 Ed. (1764)

CUMULATIVE INDEX • 1989-2023

Jennifer Fritzsche
  2008 Ed. (2692)
Jennifer Lawrence
  2015 Ed. (2600)
  2016 Ed. (2525)
  2017 Ed. (2379)
Jennifer Li
  2014 Ed. (4962)
  2015 Ed. (5003)
  2016 Ed. (4920)
Jennifer Lopez
  2002 Ed. (2142)
  2003 Ed. (2329)
  2004 Ed. (2409)
  2005 Ed. (2444)
  2014 Ed. (2528, 2531)
  2015 Ed. (3730)
Jennifer Love Hewitt
  2010 Ed. (2514)
  2011 Ed. (2516)
  2012 Ed. (2442)
Jennifer MacLeod
  2010 Ed. (2835)
Jennifer McCarter
  1993 Ed. (1079)
Jennifer Murphy
  2000 Ed. (2002, 2024)
Jennifer Nashmi
  2013 Ed. (4987)
  2014 Ed. (4992)
  2016 Ed. (4991)
Jennifer Oliver Martin
  1999 Ed. (430, 2145)
Jennifer Osborne
  2016 Ed. (4991)
Jennifer Piepszak
  2023 Ed. (2780)
Jennifer Piepszak (JPMorgan Chase)
  2023 Ed. (4935)
Jennifer Pinnick
  2008 Ed. (2692)
Jennifer Pokrzywinski
  1997 Ed. (1865)
  1998 Ed. (1636, 1653)
  1999 Ed. (2223)
Jennifer Salke
  2023 Ed. (3674)
Jennifer Smith
  2000 Ed. (2050)
Jennifer Tsang (Better.com)
  2021 Ed. (3636)
Jenniges Enterprises Inc.
  2013 Ed. (3909)
  2015 Ed. (3867)
Jennings/Bryco
  1993 Ed. (1863)
Jennings; Francis & Shamus
  2009 Ed. (4916)
Jennings; Michael E.
  2015 Ed. (956)
Jennings; Shamus
  2010 Ed. (4920)
  2012 Ed. (4920)
Jennings; Stephen
  2008 Ed. (4848)
  2009 Ed. (4869, 4913)
Jennings; Waylon
  1994 Ed. (1100)
Jennison
  1993 Ed. (2280)
  1996 Ed. (2386)
Jennison 20/20 Focus
  2007 Ed. (2484)
Jennison Associates
  1992 Ed. (2728, 2730)
  1994 Ed. (2293)
  2001 Ed. (3001, 3003, 3004)
Jennison Associates Capital
  1989 Ed. (1804)
  1990 Ed. (2352)
  1991 Ed. (2244)
  1992 Ed. (2760)
Jennison Associates LLC, Active Balanced
  2003 Ed. (3114)
Jennison Associates LLC, Small Cap Equity
  2003 Ed. (3135)
Jennison Dryden
  2007 Ed. (2480, 3661)
  2009 Ed. (3792, 3811)
Jennison Natural Resources
  2007 Ed. (3664)
  2009 Ed. (4546)
Jennison Small Company
  2006 Ed. (3640)
Jennison Utility
  2007 Ed. (3677)
JennisonDryden Funds
  2011 Ed. (2540, 3729)
JennisonDryden Natural Resources
  2007 Ed. (3674, 3675)
Jenny Barker
  1999 Ed. (2305)
Jenny Bird
  2018 Ed. (4227)
  2019 Ed. (3448)

Jenny Craig
  1993 Ed. (3240, 3731)
  1994 Ed. (3667)
  1995 Ed. (3788)
  1996 Ed. (3486)
  2001 Ed. (1650)
  2006 Ed. (4930)
  2007 Ed. (4936)
  2008 Ed. (4912)
  2009 Ed. (4924)
  2010 Ed. (2899)
Jenny Craig International Inc.
  1992 Ed. (4480)
  2003 Ed. (896)
Jenny Craig Weight Loss Centres
  1990 Ed. (1020, 3304)
"Jenny Jones"
  2001 Ed. (4486, 4499)
Jenny Lee
  2016 Ed. (4771)
  2017 Ed. (4918)
  2021 Ed. (4932)
Jenny McCarthy
  2000 Ed. (2743)
Jenny Ming
  2005 Ed. (2513)
Jenoptik AG
  2000 Ed. (2648)
  2001 Ed. (2897)
  2002 Ed. (2832)
Jenoptik Optics LLC
  2015 Ed. (4222)
Jeno's
  1994 Ed. (2886)
  1995 Ed. (1945, 2951)
Jenrette; Richard H.
  1995 Ed. (982)
  1996 Ed. (966)
  1997 Ed. (1802)
Jensen; Bent
  2014 Ed. (4882)
  2015 Ed. (4920)
  2019 Ed. (4846)
  2023 Ed. (4824)
Jensen Corporate Holdings
  2011 Ed. (3394, 3423, 3430)
Jensen Corp.
  2003 Ed. (3491)
  2004 Ed. (2451)
  2005 Ed. (4489)
  2006 Ed. (4564)
  2012 Ed. (3435, 3443)
  2013 Ed. (3463)
  2014 Ed. (3463)
  2016 Ed. (3313)
  2017 Ed. (3284, 3293)
Jensen Education
  2010 Ed. (1999)
Jensen/Fey Architecture & Planning
  2005 Ed. (262)
Jensen Fund
  2003 Ed. (3490)
  2004 Ed. (3577)
Jensen; Greg
  2013 Ed. (740)
  2014 Ed. (761)
Jensen Grey
  1990 Ed. (137)
Jensen Huang
  2019 Ed. (874)
  2020 Ed. (716, 861)
  2022 Ed. (748)
Jensen Huang (Nvidia)
  2021 Ed. (875)
Jensen Hughes
  2017 Ed. (2376)
  2018 Ed. (2443)
  2019 Ed. (2492)
  2020 Ed. (2446, 2479)
  2021 Ed. (2403)
  2022 Ed. (2516)
  2023 Ed. (2626)
Jensen; Joshua
  2017 Ed. (3601)
Jensen Landscape Services
  2018 Ed. (3352, 3361)
Jensen Meat Co.
  2014 Ed. (2787)
  2017 Ed. (2719)
  2018 Ed. (2776)
  2019 Ed. (3489)
  2021 Ed. (3494, 3495, 3502)
The Jensen Portfolio
  1995 Ed. (2719)
  2003 Ed. (3533)
  2006 Ed. (3626, 3627, 3628)
  2011 Ed. (3725)
Jensen; Tony
  2011 Ed. (4441)
Jenson Button
  2005 Ed. (4895)
  2015 Ed. (226)
Jenson; Warren
  2006 Ed. (990)
  2007 Ed. (1083)
Jenssen & Borkenhagen
  1989 Ed. (146)
  1990 Ed. (137)

Jenssen & Borkenhagen/BBDO
  1991 Ed. (137)
  1992 Ed. (192)
  1994 Ed. (107)
JEOL USA
  2012 Ed. (4242)
Jeong-Eun; Hyun
  2010 Ed. (4987)
"Jeopardy!"
  1992 Ed. (4244)
  1993 Ed. (3532)
  1995 Ed. (3579)
Jepsen; Carly Rae
  2014 Ed. (3729)
Jepson Corp.
  1990 Ed. (2145)
Jepson, Jr.; Robert S.
  1990 Ed. (1720)
  1992 Ed. (1093)
Jer
  2013 Ed. (4338)
  2014 Ed. (4389)
JER Partners
  2010 Ed. (2902)
  2012 Ed. (3005)
  2013 Ed. (3095)
Jerald G. Fishman
  2003 Ed. (4383)
  2006 Ed. (2524)
  2011 Ed. (842)
Jerald L. Maurer
  2005 Ed. (2511)
  2007 Ed. (2504)
Jerde Partnership
  1994 Ed. (236)
  1995 Ed. (239)
  1996 Ed. (235)
  1997 Ed. (267)
  1999 Ed. (290)
  2008 Ed. (3349)
The Jerde Partnership International Inc.
  2000 Ed. (315)
  2002 Ed. (334)
Jeremiah's Italian Ice
  2023 Ed. (2919)
Jeremy Durkin
  2020 Ed. (3614)
Jeremy Eakin
  2012 Ed. (2450)
Jeremy Elden
  1999 Ed. (2311, 2342)
Jeremy Fletcher
  1999 Ed. (2315)
  2000 Ed. (2103)
Jeremy Grantham
  2004 Ed. (3168)
  2005 Ed. (3205)
Jeremy Hu
  2019 Ed. (4117)
Jeremy Jacobs
  2012 Ed. (4851)
Jeremy Jacobs Sr.
  2015 Ed. (4901)
  2016 Ed. (4818)
  2017 Ed. (4828)
  2018 Ed. (4833)
  2019 Ed. (4830)
  2020 Ed. (4820)
  2021 Ed. (4821)
Jeremy King
  1999 Ed. (2289)
Jeremy Levine
  2013 Ed. (4783)
  2014 Ed. (4829)
Jeremy Reid
  2009 Ed. (4877)
Jeremy Strathmeyer
  2023 Ed. (1301)
Jergens
  1996 Ed. (2549)
  1998 Ed. (2803, 2808, 3331)
  1999 Ed. (687, 4354)
  2000 Ed. (4038, 4073, 4074)
  2001 Ed. (3167, 3168, 4298, 4299, 4300)
  2003 Ed. (646, 647, 3264, 4426, 4466)
  2006 Ed. (3331)
  2008 Ed. (4343, 4452)
  2018 Ed. (3411)
  2019 Ed. (3385)
  2020 Ed. (3386)
  2021 Ed. (3396)
  2023 Ed. (3565, 3566)
Jergens Extra Dry
  1996 Ed. (2550)
Jergens Natural Glow
  2018 Ed. (3411)
  2019 Ed. (3385)
  2020 Ed. (3386)
  2021 Ed. (3396)
  2023 Ed. (3565)
Jergens Ultra
  2001 Ed. (3168)
Jergens Ultra Healing
  2000 Ed. (4038)
  2018 Ed. (3411)
  2019 Ed. (3385)

  2020 Ed. (3386)
  2021 Ed. (3396)
  2023 Ed. (3566)
Jericho Boats
  1991 Ed. (718)
Jerky Treats
  1989 Ed. (2195)
  1990 Ed. (2820)
  1992 Ed. (3410)
  1993 Ed. (2817)
  1994 Ed. (2824, 2832)
  1996 Ed. (2994)
  1997 Ed. (3073)
  1999 Ed. (3783)
  2002 Ed. (3650)
Jermaine O'Neal
  2010 Ed. (277)
Jerman Personnel Services Inc.
  2006 Ed. (3539)
Jermyn Street International Equity
  1994 Ed. (2627)
Jernigan Capital Inc.
  2018 Ed. (1944)
  2020 Ed. (1924)
Jerol Sweden
  2011 Ed. (2918)
Jerome A. Peribere
  2016 Ed. (3950)
  2017 Ed. (3925)
Jerome Baron
  1989 Ed. (1419)
Jerome Brimeyer
  1995 Ed. (1857)
  1996 Ed. (1773, 1789)
  1997 Ed. (1864)
  1998 Ed. (1663)
  1999 Ed. (2253)
Jerome Duncan Ford
  1995 Ed. (3795)
  1996 Ed. (3880)
  1997 Ed. (3917)
  1998 Ed. (208, 3762)
  2002 Ed. (354, 355, 357, 358, 369, 4988)
  2004 Ed. (272, 273, 275, 4803, 4804, 4990)
  2005 Ed. (276, 278, 4995)
  2006 Ed. (298)
Jerome-Duncan Inc.
  1994 Ed. (3670)
  1999 Ed. (4812)
  2000 Ed. (4432)
  2001 Ed. (4924)
Jerome Group
  2000 Ed. (910)
Jerome Group LLC
  2006 Ed. (4362)
Jerome H. Stone
  1994 Ed. (892)
Jerome Kohlberg
  1989 Ed. (1422)
  1999 Ed. (2434)
Jerome O'Regan
  1999 Ed. (2427)
  2000 Ed. (2187)
Jerome Swartz
  1996 Ed. (966)
Jerome's
  2017 Ed. (2766, 2768)
  2018 Ed. (2821, 2822, 2824, 2834)
  2019 Ed. (2798)
  2020 Ed. (2826)
  2022 Ed. (2862)
Jeronimo Arango
  2003 Ed. (4893)
  2004 Ed. (4879)
  2005 Ed. (4881)
  2007 Ed. (4913)
  2008 Ed. (4886)
  2009 Ed. (4906)
  2010 Ed. (4907)
  2011 Ed. (4894)
  2012 Ed. (4903)
  2013 Ed. (4888)
  2014 Ed. (4901)
  2015 Ed. (4941)
  2016 Ed. (4856)
  2017 Ed. (4860)
  2018 Ed. (4869)
  2019 Ed. (4863)
  2020 Ed. (4852)
  2021 Ed. (4853)
Jeronimo Martins
  1993 Ed. (2452)
  2000 Ed. (2985)
  2009 Ed. (2019)
  2012 Ed. (4604)
  2013 Ed. (4546)
  2015 Ed. (754, 4600)
  2022 Ed. (1882)
  2023 Ed. (1996)
Jeronimo Martins Dystrybucja SA
  2011 Ed. (2008)
  2012 Ed. (1858)
  2013 Ed. (2018)
Jeronimo Martins Polska
  2016 Ed. (1539, 1547)
  2017 Ed. (1529, 1537)

2018 Ed. (1510, 1518)
Jeronimo Martins-SGPS
　2002 Ed. (3186)
Jeronimo Martins SGPS SA
　2007 Ed. (1958)
　2008 Ed. (2053)
　2009 Ed. (2018, 3647)
　2010 Ed. (1958, 3565, 4640)
　2011 Ed. (2011, 2013, 2276, 3568, 4590, 4592)
　2012 Ed. (1861, 1862, 2167, 3561, 4599)
　2013 Ed. (2020, 2021, 3598, 4535)
　2014 Ed. (1955, 4593)
　2015 Ed. (2001, 4590)
　2016 Ed. (1968, 4510)
　2017 Ed. (1934, 2486, 4509)
　2018 Ed. (1884, 2542)
　2019 Ed. (1934)
　2020 Ed. (1871)
　2021 Ed. (1834)
　2023 Ed. (2738)
Jeronimo Martins, SGPS SA
　2016 Ed. (4274)
　2017 Ed. (4262)
Jeronimo Martins, SGPS, S.A.
　2021 Ed. (2484)
　2022 Ed. (2596)
Jerr Boschee
　2007 Ed. (3704)
　2008 Ed. (3789)
Jerre L. Stead
　2010 Ed. (912)
　2012 Ed. (807)
Jerri Redding
　1990 Ed. (2809)
　1991 Ed. (2713)
　1993 Ed. (2813)
　1999 Ed. (3775)
Jerrico
　1989 Ed. (2643)
　1990 Ed. (3018)
　1991 Ed. (2859)
　1992 Ed. (1460)
Jerrold N. Fine
　1990 Ed. (2318)
Jerrold Perenchio
　1998 Ed. (3707)
　1999 Ed. (4748)
Jerry Bruckheimer
　2002 Ed. (3398)
　2003 Ed. (2333)
　2004 Ed. (2413)
　2007 Ed. (2450)
　2008 Ed. (2582, 2586)
　2009 Ed. (2609, 2613)
　2010 Ed. (2512, 2515)
　2011 Ed. (2514, 2517)
　2012 Ed. (2435, 2443)
　2013 Ed. (2601, 2607)
　2014 Ed. (2530)
　2015 Ed. (2603)
Jerry Butler Builder
　2000 Ed. (1224)
Jerry D. Campbell
　1996 Ed. (965)
Jerry D. Horn
　1990 Ed. (1719)
Jerry Doctrow
　2011 Ed. (3369)
Jerry Durant Auto Group
　2016 Ed. (2056)
　2017 Ed. (2015)
Jerry Friedman
　2014 Ed. (1152)
Jerry Garcia
　1993 Ed. (1634)
　1995 Ed. (1715)
Jerry Gitt
　1991 Ed. (1692)
　1992 Ed. (2137)
　1993 Ed. (1825)
　1994 Ed. (1808, 1833)
　1995 Ed. (1846)
　1996 Ed. (1824)
　1997 Ed. (1898)
　1998 Ed. (1621)
　1999 Ed. (2206)
　2000 Ed. (2045)
Jerry Howard
　2006 Ed. (1201)
Jerry J. Moore Investments
　1990 Ed. (3285, 3287)
　1991 Ed. (3120)
　1992 Ed. (3961, 3968, 3971)
　1993 Ed. (3312, 3313, 3315)
　1994 Ed. (3303, 3304)
Jerry Jones
　2010 Ed. (4557)
　2012 Ed. (2680, 4852)
　2013 Ed. (2768, 4849)
　2014 Ed. (4865)
　2015 Ed. (4902)
　2016 Ed. (4819)
　2017 Ed. (4829)
　2018 Ed. (4834)
　2019 Ed. (4831)
　2020 Ed. (4821)
　2021 Ed. (4822)

2022 Ed. (4473, 4815)
　2023 Ed. (4808)
Jerry Junkins
　1989 Ed. (2340)
Jerry L. Johnson
　1989 Ed. (736)
Jerry L. Starkey
　2008 Ed. (2638, 2639)
　2009 Ed. (2664)
Jerry Labowitz
　1991 Ed. (1706, 1707)
　1992 Ed. (2135, 2137)
　1993 Ed. (1773, 1795)
　1994 Ed. (1778)
　1995 Ed. (1818)
　1996 Ed. (1792)
　1997 Ed. (1866)
　1998 Ed. (1637)
　1999 Ed. (2224)
　2000 Ed. (2003, 2004)
Jerry Maguire
　1999 Ed. (3447, 3448, 4717, 4719)
Jerry Ng
　2022 Ed. (4840)
　2023 Ed. (4835)
Jerry O. Williams
　1989 Ed. (737)
Jerry R. Herman
　2006 Ed. (2578)
Jerry R. Junkins
　1993 Ed. (1700)
Jerry Revich
　2011 Ed. (3354)
Jerry Roth Chevrolet
　2002 Ed. (1072)
Jerry Seinfeld
　1997 Ed. (1726)
　1999 Ed. (2049)
　2000 Ed. (996, 1838)
　2008 Ed. (2581, 2586)
　2009 Ed. (2608)
　2010 Ed. (2511, 2515)
　2011 Ed. (2513, 2517)
　2012 Ed. (2434)
　2013 Ed. (2600)
　2014 Ed. (2529)
　2015 Ed. (2602)
　2017 Ed. (2381)
　2020 Ed. (2483)
Jerry Speyer
　2015 Ed. (4900)
　2016 Ed. (4816)
　2017 Ed. (4827)
　2018 Ed. (4832)
Jerry Thompson & Sons
　2022 Ed. (1196)
Jerry Thompson & Sons Painting Inc.
　2001 Ed. (1479)
　2002 Ed. (1295)
　2003 Ed. (1309)
　2018 Ed. (1207)
　2019 Ed. (1234)
　2020 Ed. (1228)
　2021 Ed. (1195)
Jerry Watkins Cadillac-GMC Truck Inc.
　1991 Ed. (712)
Jerry Yang
　2002 Ed. (3355, 4787)
　2003 Ed. (4888)
　2004 Ed. (4873)
　2005 Ed. (4859)
　2006 Ed. (4896, 4912)
　2010 Ed. (2561)
　2011 Ed. (4845)
Jerry's Enterprises
　2014 Ed. (4607)
Jerry's Enterprises Inc.
　2009 Ed. (4613)
　2010 Ed. (4644)
Jerry's Famous Deli, Marina del Rey
　1999 Ed. (4088)
Jerry's Famous Deli, Studio City
　1999 Ed. (4088)
　2000 Ed. (3801)
Jerry's Famous Deli, West Hollywood
　2000 Ed. (3801)
Jerry's Inc.
　1998 Ed. (1707)
Jerry's Subs & Pizza
　2005 Ed. (4176)
　2006 Ed. (4226)
Jersey
　2011 Ed. (735, 2631)
　2014 Ed. (2645)
　2015 Ed. (2687)
　2016 Ed. (2604)
　2017 Ed. (2535)
　2018 Ed. (2607)
　2019 Ed. (2592)
　2020 Ed. (2584)
Jersey Capital Markets
　1989 Ed. (2373)
Jersey Central P & L
　2001 Ed. (3869)
Jersey City Medical Center
　1992 Ed. (2461)
　1993 Ed. (2075)
　1994 Ed. (2091)

Jersey City, NJ
　1989 Ed. (225, 828)
　1991 Ed. (2434, 3288)
　1992 Ed. (2540, 3033)
　1994 Ed. (2503)
　1996 Ed. (2625)
　1997 Ed. (2770)
　1999 Ed. (356, 1172, 3374, 4040)
　2000 Ed. (1070, 4364)
　2002 Ed. (407)
　2004 Ed. (4787)
　2005 Ed. (3471, 3472)
　2006 Ed. (2449)
　2017 Ed. (3097)
　2019 Ed. (2208)
Jersey; Earl of
　2007 Ed. (4925)
Jersey Journal
　1997 Ed. (2945)
　1998 Ed. (2683)
　1999 Ed. (3621)
　2000 Ed. (3339)
Jersey Mike's
　2002 Ed. (4017, 4021)
　2014 Ed. (4410)
　2015 Ed. (4396)
　2016 Ed. (4161)
　2019 Ed. (790)
　2022 Ed. (2616, 2758, 4280)
　2023 Ed. (4251, 4314)
Jersey Mike's Franchise Systems Inc.
　2017 Ed. (4200)
Jersey Mike's Submarines & Salads
　2002 Ed. (4091)
　2003 Ed. (4227)
　2005 Ed. (4176)
Jersey Mike's Subs
　2010 Ed. (4415)
　2011 Ed. (4358)
　2013 Ed. (4366)
　2014 Ed. (4421)
　2015 Ed. (4406)
　2016 Ed. (4200, 4201, 4202, 4293, 4294, 4295, 4296, 4297, 4298, 4299)
　2017 Ed. (4177, 4178, 4179, 4294, 4295, 4298, 4299, 4300, 4301, 4302, 4303)
　2018 Ed. (779, 2577, 4184, 4185, 4186, 4208, 4214, 4274, 4277, 4278, 4279, 4280, 4281, 4282, 4283)
　2019 Ed. (4200, 4201, 4202, 4237, 4243, 4301, 4302, 4306, 4307, 4308, 4309, 4310, 4311, 4312)
　2020 Ed. (797, 4235, 4242, 4293, 4297, 4298, 4299, 4300, 4301, 4302, 4303)
　2021 Ed. (826, 2505, 4184, 4199, 4206, 4208, 4271, 4275, 4276, 4277, 4278, 4279, 4280, 4281)
　2022 Ed. (855, 4282, 4283, 4284, 4285, 4286, 4287, 4288)
　2023 Ed. (1037, 4313, 4317)
Jersey Shore
　2011 Ed. (2521)
Jersey Shore Medical Center
　2002 Ed. (2457)
Jersey Trades Credit Union
　2009 Ed. (2184)
　2010 Ed. (2135)
　2012 Ed. (2027)
　2013 Ed. (2239)
　2014 Ed. (2171)
Jersey's
　1999 Ed. (1194)
Jerusalem Cigarette
　2006 Ed. (4528)
　2009 Ed. (4537)
Jerusalem Countdown
　2009 Ed. (584)
Jerusalem Pharmaceutical
　2009 Ed. (4537)
Jerusalem Real Estate Investment
　2009 Ed. (4536)
Jervis B. Webb Co.
　1989 Ed. (925, 928)
　2003 Ed. (3320)
　2009 Ed. (1643)
Jerzy Starak
　2019 Ed. (4873)
　2020 Ed. (4862)
　2021 Ed. (4862)
　2022 Ed. (4857)
　2023 Ed. (4852)
Jesco Inc.
　1993 Ed. (1137)
　1998 Ed. (944)
　2009 Ed. (1153, 1154)
Jeskell
　2006 Ed. (4871)
Jess Diaz Trucking Inc.
　2001 Ed. (2715)
　2002 Ed. (2563)
　2012 Ed. (2867)
　2013 Ed. (2939)
Jess Jackson
　2007 Ed. (4900)
　2008 Ed. (4827)
Jess Stonestreet Jackson
　2003 Ed. (4880)
　2004 Ed. (4862)

2005 Ed. (4857)
　2006 Ed. (4903)
Jesse A. Coles, Jr.
　1991 Ed. (3209)
Jesse Cohn
　2016 Ed. (720)
Jesse Fence & Construction Co.
　1994 Ed. (2056)
Jesse Garant Metrology Center
　2018 Ed. (4351)
　2019 Ed. (4382)
Jesse Jackson
　1990 Ed. (2504)
Jesse James Garrett
　2007 Ed. (1256)
Jesse R. Huff
　1991 Ed. (3209)
Jessica Alba
　2009 Ed. (2606)
Jessica Kosmowski
　2014 Ed. (1152)
Jessica Reif
　1995 Ed. (1808)
　1996 Ed. (1770, 1783, 1805, 1807)
　1997 Ed. (1859, 1878, 1881)
　1998 Ed. (1601, 1639)
Jessica Reif Cohen
　1999 Ed. (2215, 2219, 2226)
　2000 Ed. (1987, 1988, 2008)
Jessica Simpson
　2008 Ed. (2584)
　2009 Ed. (3765)
Jessica Tan
　2021 Ed. (4927)
　2022 Ed. (4921)
　2023 Ed. (4937)
Jessica Tan (Ping An)
　2021 Ed. (4939)
　2022 Ed. (4935)
Jessie Ball duPont Fund
　1998 Ed. (1756)
　1999 Ed. (2502)
　2000 Ed. (2262)
Jessie Lord
　2017 Ed. (3902)
Jessie Lord Bakery LLC
　2017 Ed. (3904)
　2018 Ed. (3935)
　2019 Ed. (3905)
　2020 Ed. (3922)
　2021 Ed. (3890)
　2022 Ed. (3904)
　2023 Ed. (3998)
Jesuit Volunteer Corps Northwest
　2012 Ed. (1775)
Jesup Group, Inc.
　1991 Ed. (2684)
　1992 Ed. (3352)
Jesus Always
　2019 Ed. (600)
Jesus Christ
　2006 Ed. (1450)
Jesus Christ Superstar-The Concert
　1994 Ed. (1099)
Jesus Jones
　1993 Ed. (1078)
Jesus of Nazareth
　1992 Ed. (4250)
Jesus de Polanco
　2008 Ed. (4874)
Jet
　1992 Ed. (3445)
　2000 Ed. (746)
Jet Airways
　2019 Ed. (147)
Jet Airways (India) Limited
　2022 Ed. (133)
Jet Airways Ltd.
　2020 Ed. (135)
Jet Aviation
　1995 Ed. (193)
Jet-Black
　2022 Ed. (3791)
Jet-Black/Yellow Dawg Striping
　2023 Ed. (3893, 4779)
Jet-Black Franchise Group
　2015 Ed. (781)
　2016 Ed. (702)
　2017 Ed. (762)
　2018 Ed. (693)
　2019 Ed. (709)
Jet-Black International
　2013 Ed. (720)
　2014 Ed. (744)
Jet-Black International Inc.
　2002 Ed. (3599)
　2003 Ed. (770)
　2004 Ed. (780)
　2005 Ed. (766)
　2006 Ed. (1179)
　2008 Ed. (745)
Jet-Black/Yellow Dawg Striping
　2020 Ed. (702)
　2021 Ed. (705)
　2022 Ed. (3791)
JET Concrete Services
　2019 Ed. (1030, 1737)

Jet Delivery Inc.
  1998 Ed. (2465)
  1999 Ed. (3343)
  2000 Ed. (3080)
Jet-Dry
  2002 Ed. (1989)
  2003 Ed. (2076, 2078)
Jet Express
  2005 Ed. (2690)
Jet Fuel
  1992 Ed. (3435)
  2001 Ed. (3750)
Jet Health Inc.
  2020 Ed. (1404)
Jet Pizza
  2011 Ed. (2610)
Jet Propulsion Lab
  1990 Ed. (1097, 2998)
  1991 Ed. (1005, 2834)
  1992 Ed. (1284, 3670)
  1993 Ed. (3001)
  1994 Ed. (1059, 3047)
  1996 Ed. (1049, 3193)
Jet Propulsion Laboratory
  1991 Ed. (915)
  1995 Ed. (1074, 3096)
  2014 Ed. (94)
  2015 Ed. (100, 3694)
  2016 Ed. (90)
  2019 Ed. (78, 87)
  2020 Ed. (76)
  2022 Ed. (3640)
Jet-Set
  2001 Ed. (3514, 3515)
Jet Stream
  2011 Ed. (2913)
Jet and gas turbines
  1991 Ed. (1636)
Jet2
  2012 Ed. (164)
  2013 Ed. (143)
Jet2 plc
  2022 Ed. (133)
Jet2.com
  2021 Ed. (132, 136)
  2023 Ed. (209)
JetAudio
  2005 Ed. (3188)
Jetbest Corp.
  2016 Ed. (2017)
Jetblack
  2020 Ed. (2290)
JetBlue
  2003 Ed. (754)
  2004 Ed. (764)
  2008 Ed. (211)
  2009 Ed. (232)
  2010 Ed. (216)
  2018 Ed. (139)
JetBlue Airways
  2013 Ed. (124, 144)
  2014 Ed. (133, 134, 150)
  2015 Ed. (146, 147, 173, 3256)
  2016 Ed. (151, 152, 172, 1320)
  2017 Ed. (141, 142, 143, 159, 1352, 4699)
  2018 Ed. (140, 4690)
  2019 Ed. (137, 139, 1353, 4695)
  2020 Ed. (133, 134, 141, 4661)
  2021 Ed. (120, 121, 122)
  2022 Ed. (129, 130)
  2023 Ed. (199, 4679)
Jetblue Airways
  2020 Ed. (1326)
  2023 Ed. (200)
JetBlue Airways Corp.
  2004 Ed. (199, 4337)
  2005 Ed. (201, 202, 203, 207, 213, 2774, 3178)
  2006 Ed. (217, 225, 226, 248)
  2007 Ed. (225, 227, 230, 249, 250, 251, 252, 253, 254, 255)
  2008 Ed. (210, 212, 228, 229, 231, 232, 233, 234)
  2009 Ed. (231, 1941, 2262, 3093)
  2010 Ed. (228, 230, 231, 232, 233, 234, 3026)
  2011 Ed. (151, 153, 154, 155, 156, 157, 167, 2995, 4735)
  2012 Ed. (144, 166, 167, 168, 169, 170, 180, 2921, 4752)
  2013 Ed. (120, 141, 145, 146, 147, 148, 149, 3010)
  2014 Ed. (130, 151, 3019)
  2015 Ed. (144, 174, 3086)
  2016 Ed. (148, 149, 173)
  2017 Ed. (140, 160, 2947)
  2018 Ed. (138, 3012)
  2019 Ed. (136, 2953)
  2020 Ed. (2983)
  2021 Ed. (2843)
JetBrains
  2005 Ed. (1152)
  2006 Ed. (1141)
  2009 Ed. (1128)
  2017 Ed. (1066)
  2018 Ed. (987)
  2019 Ed. (986)

2020 Ed. (974)
2021 Ed. (955)
2022 Ed. (991)
2023 Ed. (1162)
Jetcom Inc.
  2008 Ed. (1658)
Jeter; Derek
  2005 Ed. (267)
  2006 Ed. (291)
  2010 Ed. (277)
  2013 Ed. (187)
  2014 Ed. (193)
Jetion Holdings Ltd.
  2010 Ed. (2922)
Jetpa Holdings
  2000 Ed. (3029)
Jets Manufacturing Co.
  2013 Ed. (183)
Jets; New York
  2009 Ed. (2817)
  2010 Ed. (2758)
  2011 Ed. (2744)
  2012 Ed. (2681, 4483, 4521)
  2013 Ed. (2767)
  2014 Ed. (2749)
  2015 Ed. (2802)
  2016 Ed. (2732)
  2017 Ed. (2688)
  2018 Ed. (2749)
  2019 Ed. (2732)
  2020 Ed. (2762)
  2021 Ed. (2637)
  2022 Ed. (2762)
Jet's Pizza
  2003 Ed. (2454)
  2004 Ed. (2588)
  2008 Ed. (2685)
  2009 Ed. (2708)
  2012 Ed. (2553)
  2013 Ed. (4048)
  2014 Ed. (3987)
  2015 Ed. (4026, 4037)
  2016 Ed. (3948)
  2017 Ed. (844, 3909, 3923)
  2018 Ed. (778, 3948)
  2019 Ed. (3925)
  2020 Ed. (3940)
  2021 Ed. (3908)
  2022 Ed. (3918)
JetSet Travelworld
  2010 Ed. (1491)
Jetshop
  2011 Ed. (2918)
Jetson TV & Appliance Centers
  2015 Ed. (2517)
  2016 Ed. (2451)
  2017 Ed. (2299)
  2018 Ed. (4257)
  2021 Ed. (2279, 4258)
  2022 Ed. (4270)
Jetstar
  2013 Ed. (145, 146)
  2023 Ed. (201)
JetStar Inc.
  2010 Ed. (234)
  2011 Ed. (152, 155, 156, 157)
  2012 Ed. (168, 170)
  2013 Ed. (147, 149)
Jetstream 31
  1994 Ed. (187)
Jetstream J31/J32
  1996 Ed. (192)
  1999 Ed. (246)
Jetstream J41
  1999 Ed. (246)
Jetstream Software, Inc.
  2002 Ed. (2537)
Jetta
  1996 Ed. (329)
  2001 Ed. (485)
  2002 Ed. (416)
Jetta; Volkswagen
  2005 Ed. (303)
  2006 Ed. (322)
  2008 Ed. (298, 303)
  2013 Ed. (276)
Jettar
  2003 Ed. (2057)
Jeugia
  2013 Ed. (3798)
  2015 Ed. (3747)
  2016 Ed. (3655)
  2020 Ed. (3661)
  2021 Ed. (3666)
Jeunesse
  2017 Ed. (2139)
  2018 Ed. (2186, 2189)
Jeunesse Global
  2014 Ed. (2266)
  2015 Ed. (2350)
Jevic Transportation
  1998 Ed. (536)
  1999 Ed. (955, 4687)
  2000 Ed. (4230)
JEVS Human Services
  2011 Ed. (1990)
Jewel
  2004 Ed. (2141, 4636)

Jewel Companies Inc.
  2001 Ed. (1891)
Jewel Cos., Inc.
  2003 Ed. (1841, 4634)
  2004 Ed. (1728, 4614, 4615)
  2005 Ed. (1787, 4547)
  2006 Ed. (1758, 4626)
  2007 Ed. (1766, 4611)
  2008 Ed. (1794)
  2009 Ed. (1739)
  2010 Ed. (1685)
  2012 Ed. (4587)
  2013 Ed. (4541)
  2014 Ed. (4598)
Jewel Food Stores Inc.
  1991 Ed. (923)
  1992 Ed. (1135)
  1994 Ed. (945)
  1995 Ed. (977)
  1996 Ed. (957, 3238, 3242)
  1997 Ed. (978, 3341)
  1998 Ed. (719)
  2004 Ed. (1727)
  2005 Ed. (1786)
  2006 Ed. (1757)
  2007 Ed. (1765, 1766)
  2008 Ed. (1793, 1794)
  2009 Ed. (1738, 1739)
  2010 Ed. (1684, 1685)
  2011 Ed. (1697)
  2012 Ed. (1550)
  2013 Ed. (1698)
  2014 Ed. (1646)
  2015 Ed. (1688)
Jewel Food Stores/Osco
  1991 Ed. (3259, 3260)
Jewel-Osco
  1994 Ed. (3467)
  1995 Ed. (3535)
  2000 Ed. (1042)
  2002 Ed. (1612)
  2006 Ed. (1638)
  2007 Ed. (1653)
  2013 Ed. (1714)
  2014 Ed. (1661)
Jewel Plummer Cobb
  1995 Ed. (1256)
Jewelcor
  1989 Ed. (860)
  1990 Ed. (915)
Jewelers Mutual Insurance
  2012 Ed. (3128)
Jewelery
  1993 Ed. (2870)
JewelPop Inc.
  2015 Ed. (1207)
Jewelpop Inc.
  2012 Ed. (1400)
  2014 Ed. (1471, 2874)
Jewelry
  1989 Ed. (1921)
  1999 Ed. (1933, 2605, 3301, 4314, 4315)
  2001 Ed. (2088)
  2002 Ed. (2414, 4282)
  2003 Ed. (4421)
  2004 Ed. (4424)
  2005 Ed. (2961, 4372)
  2006 Ed. (4320, 4786)
  2007 Ed. (4385)
  2008 Ed. (2643)
Jewelry & arts
  1991 Ed. (1845)
  1992 Ed. (2321)
  1993 Ed. (1983)
Jewelry and decorative
  2001 Ed. (3820)
Jewelry, electroplating
  2001 Ed. (2610)
Jewelry, karat gold
  2001 Ed. (2610)
Jewelry, gold-filled and other
  2001 Ed. (2610)
Jewelry and precious metals
  2000 Ed. (4245)
Jewelry stores
  1993 Ed. (955)
  1998 Ed. (3295)
Jewelry stores, independent
  1998 Ed. (2317)
Jewelry Television
  2014 Ed. (2400)
Jewelry and watches
  1998 Ed. (927)
Jewels of the Sun
  2001 Ed. (986)
Jewett-Cameron
  2005 Ed. (4380)
Jewett-Cameron Trading
  2015 Ed. (2160)
  2016 Ed. (2738)
Jewett-Cameron Trading Co., Ltd.
  2006 Ed. (2083, 4333, 4336)
  2008 Ed. (2137, 2139)
  2009 Ed. (2123)
  2010 Ed. (2057, 2059)
  2011 Ed. (2112, 2114)
  2012 Ed. (1952)
  2013 Ed. (2170)

Jewett Construction
  2020 Ed. (1760, 2533)
  2023 Ed. (2734)
Jewett; Josh
  2007 Ed. (4161)
Jewimstrs
  1989 Ed. (2664)
Jewish Association for Services to the Aged
  1996 Ed. (243)
  1997 Ed. (274)
Jewish Board of Family & Children's Services Inc.
  1997 Ed. (2951)
Jewish Child Care Association of New York
  1991 Ed. (896, 897)
Jewish Communal Fund
  2009 Ed. (3844)
  2010 Ed. (3762, 3763)
Jewish Community Centers
  1995 Ed. (941, 2780)
Jewish Community Centers Association of North America
  1992 Ed. (3267)
Jewish Community Federation of Cleveland
  1992 Ed. (3269)
  1993 Ed. (2732)
  2000 Ed. (3341)
  2001 Ed. (3549)
Jewish Community Federation of San Francisco
  1992 Ed. (3269)
  1993 Ed. (2732)
  2012 Ed. (3765)
Jewish Community Foundation
  1999 Ed. (2503)
Jewish Community Foundation of the Jewish Federation Council
  1994 Ed. (899)
Jewish Community Foundation of Jewish Federation of Greater LA
  1994 Ed. (899)
Jewish Community Foundation of Montreal
  2009 Ed. (909)
  2010 Ed. (852)
  2011 Ed. (2759)
  2012 Ed. (722)
Jewish Exponent
  1992 Ed. (3246)
Jewish Federation Council of Greater Los Angeles
  1992 Ed. (3269)
  1993 Ed. (2732)
Jewish Federation of Metro Chicago
  1992 Ed. (3269)
  1993 Ed. (2732)
Jewish Federation of Metro Detroit
  2000 Ed. (3341)
Jewish Federation of Metropolitan Detroit
  2010 Ed. (3759)
  2011 Ed. (3763)
  2012 Ed. (3765)
Jewish Foundation of Greater Vancouver
  2011 Ed. (776)
Jewish Guild for the Blind
  1991 Ed. (896, 897)
  1994 Ed. (903, 904)
Jewish Healthcare Foundation of Pittsburgh
  2002 Ed. (2343)
Jewish Home Lifecare
  2015 Ed. (4214)
  2016 Ed. (4133)
Jewish Home Lifecare Bronx
  2017 Ed. (4110)
Jewish Hospital
  2005 Ed. (2804)
  2006 Ed. (2922)
Jewish Hospital Healthcare Services Inc.
  1994 Ed. (2577)
  1995 Ed. (2632)
  1996 Ed. (2709)
  1997 Ed. (2829)
  1998 Ed. (2548)
  1999 Ed. (3462)
  2001 Ed. (1772)
  2003 Ed. (1732)
  2004 Ed. (1769)
  2005 Ed. (1835)
  2006 Ed. (1840)
  2007 Ed. (1845)
Jewish Hospital & St. Mary's Healthcare Inc.
  2008 Ed. (1881)
  2009 Ed. (1836)
  2010 Ed. (1777)
  2011 Ed. (1790)
  2012 Ed. (1647)
  2013 Ed. (1805)
  2014 Ed. (1732)
  2015 Ed. (1777)
  2016 Ed. (1731)
Jewish Hospitals Healthcare Services
  2000 Ed. (3180)
Jewish Naitonal Fund
  1994 Ed. (907)
Jewish New Year
  1990 Ed. (1948)

Jewish Welfare Federation of Detroit
  1992 Ed. (3269)
  1993 Ed. (2732)
Jeyes Holdings Ltd.
  2019 Ed. (1108)
J.F. Ahern Co.
  2019 Ed. (1182, 1188)
  2020 Ed. (1173, 1179, 1183)
  2021 Ed. (1146, 1152, 1156)
  2022 Ed. (1154, 1159, 1161, 1197)
  2023 Ed. (1377, 1384, 1385, 1388)
J.F. Brennan Co.
  2020 Ed. (1147)
J.F. Duncan
  2021 Ed. (2634)
JF Hong Kong Trust
  1990 Ed. (2399)
JF Indian
  1997 Ed. (2908)
JF Japan Technology Trust
  1990 Ed. (2400)
JF Japan Trust
  1990 Ed. (2400)
J.F. Kennedy Center for the Performing Arts
  2000 Ed. (3343)
J.F. Kiely Service Co.
  2015 Ed. (1894)
J.F. Lomma Inc.
  2018 Ed. (1016)
  2019 Ed. (1021)
  2020 Ed. (1009, 1011)
  2021 Ed. (975, 978)
  2022 Ed. (1012, 1016)
  2023 Ed. (1190, 1195)
JF Malaysia Trust
  1996 Ed. (2817, 2818)
JF Nomura Asia Trust
  1990 Ed. (2397)
JF Pacific Income Trust
  1990 Ed. (2397)
JF Pacific Securities Trust
  1990 Ed. (2397)
JF Pakistan Trust
  1997 Ed. (2908)
JF Shea
  2009 Ed. (1170)
JFax.com Inc.
  2003 Ed. (1510)
JFC International Inc.
  2003 Ed. (3745)
JFC Staffing Companies
  2022 Ed. (2383)
  2023 Ed. (2545)
JFC Staffing Cos.
  2019 Ed. (1918, 4974)
  2020 Ed. (4977)
  2021 Ed. (1820)
  2022 Ed. (1866, 4978)
JFE
  2021 Ed. (3570, 3577)
  2023 Ed. (3728)
JFE Holdings
  2015 Ed. (3656)
  2016 Ed. (3534, 3544)
  2017 Ed. (3501, 3514)
  2019 Ed. (3541, 3553)
  2020 Ed. (3464)
  2021 Ed. (3541)
  2022 Ed. (3601)
  2023 Ed. (3707)
JFE Holdings Inc.
  2005 Ed. (3456)
  2006 Ed. (1772, 3464, 3465)
  2007 Ed. (3487, 3488, 3489, 3490)
  2008 Ed. (3660)
  2009 Ed. (3728, 3729, 3730)
  2010 Ed. (1764, 3643, 3645, 3647, 3649)
  2011 Ed. (1776, 1778, 3648, 3650, 3652)
  2012 Ed. (1632, 3353, 3358, 3649, 3651, 4541, 4542)
  2013 Ed. (3423, 3428, 3711, 4496, 4501)
  2014 Ed. (3420, 3426, 3644, 4539, 4545)
  2015 Ed. (3453, 3458, 3654, 4538, 4543)
  2016 Ed. (3542, 4477, 4482)
  2017 Ed. (3512, 4485, 4489)
  2018 Ed. (3560, 4506, 4511)
  2019 Ed. (3552, 4499, 4504)
  2020 Ed. (4483, 4488)
JFE Shoji Holdings
  2012 Ed. (4747)
JFE Steel Corp.
  2012 Ed. (3647)
  2015 Ed. (4238)
  2016 Ed. (4150)
JFE Techno-Research Corp.
  2017 Ed. (4116)
JFJ Bronco
  1998 Ed. (3722)
  2000 Ed. (4396)
JFJ Bronco Winery
  1991 Ed. (3491)
  1993 Ed. (3705)
  1994 Ed. (3664)
  1999 Ed. (4772)
JFK
  1993 Ed. (2599)
JFK Airport
  2006 Ed. (249)

JFK Health System Inc.
  2015 Ed. (1895)
  2016 Ed. (1859)
JFK Health Systems
  1999 Ed. (2750)
JFK International Airport
  1996 Ed. (193, 197, 199, 200, 201, 202)
  1997 Ed. (186, 219, 220, 224)
  1998 Ed. (147)
  1999 Ed. (250, 252)
  2001 Ed. (2374)
JFK - John F. Kennedy International Airport
  2022 Ed. (147)
JFK Johnson Rehabilitation Institute
  2007 Ed. (1913)
  2010 Ed. (1865)
  2011 Ed. (1897)
  2012 Ed. (1753)
  2013 Ed. (1920)
  2014 Ed. (1859)
  2015 Ed. (1895)
  2016 Ed. (1859)
JFK Medical Center
  1994 Ed. (2091)
  2007 Ed. (4980)
  2009 Ed. (3126)
  2011 Ed. (3029)
  2012 Ed. (2989)
JFPR
  1994 Ed. (2963)
  1995 Ed. (3021)
JFQ Lending
  2022 Ed. (3680)
  2023 Ed. (3789)
JFrog
  2017 Ed. (1061)
  2018 Ed. (987)
  2019 Ed. (986)
  2020 Ed. (975)
  2021 Ed. (956)
  2022 Ed. (992)
  2023 Ed. (1163)
JFrog Ltd.
  2020 Ed. (1408)
JG Industries
  1998 Ed. (1299, 1300)
  1999 Ed. (1873)
JG Johnson Architects
  2008 Ed. (3084)
JG Management Systems Inc.
  2012 Ed. (1426, 2424)
  2014 Ed. (1521)
  2015 Ed. (1574)
JG Summit
  1996 Ed. (3029)
  1997 Ed. (3114)
  2017 Ed. (2645)
JG Summit Holdings
  2016 Ed. (2316)
  2017 Ed. (2156)
  2018 Ed. (2207)
  2021 Ed. (1829)
JG Summit Holdings Inc.
  2002 Ed. (1754)
  2004 Ed. (1845)
  2016 Ed. (1964)
  2017 Ed. (1929, 2485)
  2018 Ed. (1879)
  2019 Ed. (1928)
  2020 Ed. (1867)
  2021 Ed. (1830)
JG Summit Holdings, Inc.
  2019 Ed. (2185)
  2020 Ed. (2178)
  2021 Ed. (2482)
  2022 Ed. (2594)
  2023 Ed. (2737)
The J.G. Wentworth Co.
  2019 Ed. (324)
JGA
  2000 Ed. (313)
  2005 Ed. (3169)
  2009 Ed. (3420)
  2011 Ed. (3314)
  2012 Ed. (3298)
  2013 Ed. (3371)
JGA Architects-Engineers-Planners PC
  2006 Ed. (3171)
  2007 Ed. (3205)
JGA-Jon Greenberg & Associates
  1996 Ed. (231)
JGB Enterprises
  2021 Ed. (2899)
  2022 Ed. (3026)
  2023 Ed. (3141)
JGB Enterprises Inc.
  2007 Ed. (4437)
JGC
  1991 Ed. (1091)
  1992 Ed. (1427, 1433)
  1993 Ed. (1142)
  1995 Ed. (1178)
  1996 Ed. (1151, 1152, 1163)
  1997 Ed. (1181, 1192, 1746)
  1998 Ed. (967)
  1999 Ed. (1386, 1399, 1400)
  2000 Ed. (1275, 1276, 1280, 1287)
  2001 Ed. (2246)

  2002 Ed. (1304, 1309, 1317)
  2003 Ed. (1325, 1331, 2309, 2310, 2315, 2320)
  2004 Ed. (1320, 1330, 2390)
  2005 Ed. (1326, 1327, 1335)
  2006 Ed. (1299, 1300, 1314, 2462)
  2007 Ed. (2427, 2433, 2438)
  2008 Ed. (1288, 1300, 2560, 2565)
  2009 Ed. (1271, 1285, 2568, 2573)
  2010 Ed. (1267, 1278, 2489)
  2011 Ed. (2497)
  2012 Ed. (1028, 2412)
  2013 Ed. (1170)
  2014 Ed. (1124)
  2015 Ed. (1166)
  2016 Ed. (1081, 2522)
JGC Corp.
  2013 Ed. (1289, 1299, 2583, 2584)
  2014 Ed. (1232, 2512)
  2015 Ed. (1290, 2586)
  2016 Ed. (1191, 1204)
  2017 Ed. (1236, 1249)
  2018 Ed. (1216, 1229)
  2019 Ed. (1262)
  2020 Ed. (1256)
  2021 Ed. (1222)
JGC Holdings Corp.
  2022 Ed. (1211, 1224)
  2023 Ed. (1447, 1459)
JGL Investments
  2002 Ed. (3774)
  2003 Ed. (3959)
  2004 Ed. (1647, 3952, 3966)
  2005 Ed. (3909)
JGR & Associates Inc.
  1998 Ed. (2949)
J.H. Albert International
  2000 Ed. (3826)
J.H. Albert International Insurance Advisors Inc.
  1990 Ed. (3062)
JH Cohn
  2000 Ed. (17)
JH Concrete Construction
  2006 Ed. (1237)
J.H. Findorff & Son Inc.
  2018 Ed. (1139)
JH & H Architects/Interiors/Planners
  2012 Ed. (207)
JH & H Architects, Planners, Interiors PA
  2008 Ed. (2519)
  2009 Ed. (2532)
  2011 Ed. (2457)
JH Kelly
  2014 Ed. (3998, 4846)
  2015 Ed. (4046, 4883)
  2016 Ed. (3937, 4801)
  2017 Ed. (1226)
JH Kelly Holdings LLC
  2013 Ed. (1254)
JH Kelly LLC
  2003 Ed. (1235, 1340)
  2004 Ed. (1234, 1238, 1310, 1340)
  2005 Ed. (1280, 1345)
  2006 Ed. (1258, 1334, 1347, 1348, 1351)
  2007 Ed. (1392)
  2008 Ed. (1245, 1342, 4002)
  2009 Ed. (1220, 1221, 1222, 1237, 1310, 1331, 1340, 1345)
  2010 Ed. (1224, 1225, 1236, 1304, 1316, 1329)
  2011 Ed. (1262, 1290, 1291, 1301, 1311, 3999)
  2012 Ed. (1181, 3996)
  2014 Ed. (1199)
  2015 Ed. (1246, 1247)
  2016 Ed. (1157, 1169)
  2017 Ed. (1206)
  2018 Ed. (1156)
  2019 Ed. (1168)
J.H. Snyder Co.
  1990 Ed. (2962)
  2000 Ed. (3720)
Jha; Dr. Sanjay K.
  2010 Ed. (905, 907)
Jha; Sanjay K.
  2010 Ed. (911)
JHancock International Dynamic Gr
  2022 Ed. (4489)
JHancock International Dynamic Gr A
  2022 Ed. (4489)
  2023 Ed. (4507)
JHancock International Growth
  2020 Ed. (4498)
  2021 Ed. (4482)
  2022 Ed. (4490)
JHancock International Growth A
  2021 Ed. (4482)
  2022 Ed. (4490)
JHE Production Group
  2013 Ed. (3630)
Jheri-Redding
  1992 Ed. (3402)
  1994 Ed. (2815)
  1995 Ed. (2902)
  1996 Ed. (2986)
  1997 Ed. (3060)
  1998 Ed. (2806)

JHFunds2 High Income NAV
  2012 Ed. (500)
JHFunds2 High Yield NAV
  2018 Ed. (633)
JHM Capital
  1995 Ed. (2363)
JHM Capital Management
  1998 Ed. (2272)
JHM Research & Development Inc.
  2007 Ed. (1412)
  2008 Ed. (1365)
JHT Financial Services Trust Service
  2009 Ed. (3800)
JHT Health Sciences Trust Service
  2009 Ed. (3800)
JHT Holdings
  2006 Ed. (4797)
  2007 Ed. (4814)
  2008 Ed. (4741, 4770)
  2011 Ed. (4738)
  2012 Ed. (4800)
  2013 Ed. (4762)
  2014 Ed. (4813)
JHT Holdings Inc.
  2015 Ed. (4848)
  2016 Ed. (4752)
  2017 Ed. (4763)
  2018 Ed. (4759)
  2019 Ed. (4762)
  2020 Ed. (4744, 4750)
  2021 Ed. (4742, 4748)
  2022 Ed. (4744, 4750)
  2023 Ed. (4728, 4734)
JHT Inc.
  2016 Ed. (3588, 4773)
  2017 Ed. (4785)
  2018 Ed. (3606, 4777)
  2019 Ed. (3597, 4781)
JHT Lifestyle Aggressive
  2010 Ed. (3724)
JI Hotel
  2023 Ed. (3144)
JI Specialty Services Inc.
  2010 Ed. (3233)
Jia.com
  2015 Ed. (2484)
Jiak See Ng
  2023 Ed. (1303)
Jian; Zhong Sheng
  2009 Ed. (4871, 4872)
  2010 Ed. (4872)
  2011 Ed. (4860, 4861)
  2012 Ed. (4866, 4867)
  2013 Ed. (4907)
  2014 Ed. (4917)
Jiang & Associate
  2019 Ed. (3284, 3285)
Jiang & Associates Design Co., Ltd.
  2020 Ed. (3282, 3283)
Jiang Jiemin
  2012 Ed. (3824)
Jiang; Zhao Yu
  1996 Ed. (1857)
  1997 Ed. (1966)
Jiangsu
  2001 Ed. (2262)
Jiangsu Canlon Building Materials
  2022 Ed. (1474)
Jiangsu Expressway
  2014 Ed. (4771)
  2016 Ed. (4701)
  2017 Ed. (4714)
  2018 Ed. (4698)
Jiangsu Expressway Co.
  1999 Ed. (1594, 4495)
  2006 Ed. (4304)
Jiangsu Gaochun Ceramics
  2011 Ed. (4409)
Jiangsu Hengrui Medicine
  2012 Ed. (1323)
  2014 Ed. (3953)
  2015 Ed. (1445, 1446, 1448, 3995)
  2016 Ed. (3908)
  2017 Ed. (3869, 3876)
  2018 Ed. (3903)
  2019 Ed. (3874)
  2020 Ed. (3892, 3900)
Jiangsu Hongtu
  2022 Ed. (635)
Jiangsu International Trust & Investment Co.
  1999 Ed. (2885)
Jiangsu Jinpeng Industry Co.
  2019 Ed. (1337, 2210)
Jiangsu Lihua Animal Husbandry
  2022 Ed. (3942)
Jiangsu Sanfangxiang
  2007 Ed. (4672)
Jiangsu Sanfangxiang Industrial Group
  2009 Ed. (919)
Jiangsu Shagang Group
  2017 Ed. (3981)
  2018 Ed. (3561)
  2019 Ed. (3539)
  2020 Ed. (3462)
  2021 Ed. (3540, 3544)
  2022 Ed. (3600)
  2023 Ed. (3704)

CUMULATIVE INDEX • 1989-2023

Jiangsu Skyray Instrument
  2013 Ed. (4405)
Jiangsu Supply & Marketing Co-op (Group) General Corp.
  2001 Ed. (1621, 1669)
Jiangsu Xiao Xiang Group Co., Ltd.
  2002 Ed. (1616)
  2004 Ed. (1674)
Jiangsu Yanghe Brewery
  2012 Ed. (464)
  2013 Ed. (571)
  2014 Ed. (583, 590)
  2015 Ed. (651, 659)
  2016 Ed. (591, 599)
  2017 Ed. (628, 635)
  2018 Ed. (592)
  2019 Ed. (604)
  2020 Ed. (591)
Jiangsu Yanghe Brewery Joint-Stock Co., Ltd.
  2011 Ed. (1583)
Jiangxi Bank
  2018 Ed. (504)
Jiangxi Chelan Network Co.
  2019 Ed. (2210)
Jiangxi Chelian Network Co.
  2019 Ed. (1336)
Jiangxi Copper
  2013 Ed. (3688)
  2014 Ed. (3622)
  2015 Ed. (3635, 3648)
  2016 Ed. (3520)
  2017 Ed. (3493)
  2018 Ed. (3547, 3587, 3592)
  2019 Ed. (3538, 3576, 3581)
  2020 Ed. (3521)
  2021 Ed. (3540)
  2022 Ed. (3600)
  2023 Ed. (3704, 3710)
Jiangxi Copper Co., Ltd.
  2010 Ed. (3543)
  2011 Ed. (3542)
  2012 Ed. (3535, 3644, 3675)
  2014 Ed. (3547)
  2015 Ed. (3570, 3655)
  2016 Ed. (3543)
  2017 Ed. (3412, 3513)
  2018 Ed. (3562)
  2019 Ed. (3554)
Jianhong; Li
  2014 Ed. (932)
Jianjun; Wei
  2014 Ed. (4878)
  2015 Ed. (4915, 4916)
  2016 Ed. (4832)
Jianlin; Wang
  2011 Ed. (4850)
  2012 Ed. (4858)
  2014 Ed. (4877, 4878)
  2015 Ed. (4915, 4916)
  2016 Ed. (4831, 4832)
  2017 Ed. (4840)
  2018 Ed. (4846, 4847)
  2019 Ed. (4842)
  2020 Ed. (4830, 4831)
Jianshe Motorcycles
  1999 Ed. (4298)
Jiante Biology Investment Holding Co.
  2005 Ed. (29)
Jiaravanon; Sumet
  2017 Ed. (4880)
  2018 Ed. (4892)
  2019 Ed. (4884)
  2020 Ed. (4873)
  2021 Ed. (4874)
  2022 Ed. (4870)
  2023 Ed. (4864)
Jiaravanont; Montri
  2017 Ed. (4880)
  2018 Ed. (4892)
  2019 Ed. (4884)
  2020 Ed. (4873)
  2021 Ed. (4874)
  2022 Ed. (4870)
  2023 Ed. (4864)
Jiaxiang; Li
  2014 Ed. (932)
Jiaxing Mbaobao Network Technology Co., Ltd.
  2013 Ed. (2898, 2902)
JIB Group Plc
  1994 Ed. (2227)
  1995 Ed. (2271, 2272, 2273)
  1996 Ed. (2274, 2275, 2276)
  1997 Ed. (2414)
  1998 Ed. (2121, 2124)
Jibe Consulting
  2011 Ed. (1968)
  2013 Ed. (1986)
Jibo
  2017 Ed. (4276)
Jiddu; Ghassan Bin
  2013 Ed. (906, 3479)
Jiefang
  2023 Ed. (365)
Jiemin; Jiang
  2012 Ed. (3824)

Jif
  1992 Ed. (1177)
  1994 Ed. (983, 2748)
  1996 Ed. (983)
  1999 Ed. (1183)
  2002 Ed. (2709)
  2003 Ed. (3157)
  2015 Ed. (3837)
  2016 Ed. (3743)
  2017 Ed. (3695)
  2018 Ed. (3749)
Jif to Go
  2015 Ed. (3837)
  2016 Ed. (3743)
  2017 Ed. (3695)
  2018 Ed. (3749)
Jif Natural
  2018 Ed. (3749)
Jiffy Foil
  2023 Ed. (1483)
Jiffy Lube
  1990 Ed. (406)
  2001 Ed. (531, 532)
  2002 Ed. (418)
  2003 Ed. (364)
  2005 Ed. (349)
  2006 Ed. (361)
  2007 Ed. (346)
  2008 Ed. (333)
  2014 Ed. (859)
  2020 Ed. (304)
  2021 Ed. (289)
  2023 Ed. (393, 405)
Jiffy Lube International
  2013 Ed. (4706)
  2014 Ed. (4762)
Jiffy Lube International Inc.
  2001 Ed. (2531)
  2002 Ed. (404, 2357, 2358)
  2003 Ed. (355)
  2004 Ed. (339)
  2005 Ed. (335)
  2006 Ed. (350, 351)
  2007 Ed. (335, 336)
  2008 Ed. (322, 323, 874)
  2009 Ed. (343, 344)
  2010 Ed. (322)
  2011 Ed. (246)
  2012 Ed. (267)
  2013 Ed. (270)
  2014 Ed. (273)
  2015 Ed. (311, 4783)
  2016 Ed. (316, 4686)
  2017 Ed. (321, 4698)
  2018 Ed. (298)
  2019 Ed. (301)
  2020 Ed. (303)
  2021 Ed. (288)
  2022 Ed. (303)
Jiffy Lube Live
  2012 Ed. (190)
  2016 Ed. (196)
  2018 Ed. (171)
  2019 Ed. (173)
  2020 Ed. (174)
Jiffy Pop
  2017 Ed. (3932)
Jigsaw
  2019 Ed. (4592)
JigSaw Marketing Solutions
  2017 Ed. (4934)
Jigsaw Research
  2008 Ed. (129)
Jih Sun International Bank
  2008 Ed. (437, 438, 439)
  2009 Ed. (461, 462, 463)
  2010 Ed. (442, 443)
Jih-Sun Securities
  1990 Ed. (821)
  1994 Ed. (3196)
Jilin Chemical
  2007 Ed. (944)
Jilin Chemical Industrial Co. Ltd.
  1995 Ed. (960)
  2002 Ed. (4263)
Jill Abramson
  2013 Ed. (4959)
  2014 Ed. (4969)
Jill Barad
  1992 Ed. (4496)
  1995 Ed. (3786)
  1996 Ed. (3875)
  1999 Ed. (4805)
Jill Denham
  2006 Ed. (4980)
Jill E. Barad
  1993 Ed. (3730)
Jill Krutick
  1999 Ed. (2226)
  2000 Ed. (2008)
Jill S. Schwartz & Associates PA
  2016 Ed. (1560)
Jill Tanenbaum Graphic Design & Advertising Inc.
  2008 Ed. (4965)
Jillian's Billiard Club & Café
  2004 Ed. (4123)

The Jills
  2017 Ed. (4083)
Jilu Petrochemical
  1995 Ed. (960)
The Jim Allen Group
  2019 Ed. (4121)
Jim Armetta
  2013 Ed. (1211)
Jim Arnold
  2019 Ed. (1103)
Jim Balsillie
  2010 Ed. (704)
  2011 Ed. (633)
Jim Barna Log Systems
  2003 Ed. (1201)
  2004 Ed. (1208)
Jim Beam
  1989 Ed. (748, 752)
  1990 Ed. (2457)
  1991 Ed. (727, 1809, 2313, 2316, 2317, 2320, 2324, 3458)
  1992 Ed. (2284, 2869, 2872, 2874, 2881)
  1993 Ed. (1944, 2428, 2436, 2445, 2446, 2447, 2449, 3676)
  1994 Ed. (2374, 2375, 2389, 2391, 2393, 3123)
  1995 Ed. (2454, 2455, 2456, 2470, 2472, 2474)
  1996 Ed. (2505, 2519, 2521, 2522, 2524)
  1997 Ed. (2640, 2659, 2660, 2664, 2665, 2666, 2668)
  1998 Ed. (1833, 2376, 2377, 2387, 2388, 2390, 2392, 2394, 2397)
  1999 Ed. (3206, 3208, 3228, 3229, 3233, 3235, 3236, 3238, 3239, 3241, 3242, 3243, 3249)
  2000 Ed. (2946, 2948, 2949, 2967, 2970, 2973, 2974, 2975)
  2001 Ed. (355, 3115, 3118, 3132, 3135, 3138, 3139, 3141, 3147, 4788, 4803, 4804, 4805, 4806)
  2002 Ed. (278, 279, 291, 3107, 3130, 3131, 3134, 3150, 3158, 3159, 3160, 3161, 3162, 3171, 3173, 3175, 3177)
  2003 Ed. (263, 3225, 3226, 3230, 4902, 4919)
  2004 Ed. (229, 3279, 3284, 4892, 4908)
  2005 Ed. (235)
  2006 Ed. (252, 254, 255)
  2007 Ed. (262)
  2008 Ed. (241, 242)
  2009 Ed. (265)
  2010 Ed. (252)
  2014 Ed. (172)
  2015 Ed. (202)
  2016 Ed. (192, 193)
  2017 Ed. (179, 4887)
  2018 Ed. (164)
  2019 Ed. (169, 4892)
  2020 Ed. (165, 4882)
  2021 Ed. (167, 168)
Jim Beam Bourbon
  2008 Ed. (243)
  2011 Ed. (173, 174)
  2012 Ed. (185)
  2013 Ed. (168)
Jim Beam Brands Co.
  1991 Ed. (2323, 2325)
  1992 Ed. (2882, 4404)
  1996 Ed. (2498, 3268, 3801)
  1997 Ed. (2141, 2640, 3367, 3854)
  1998 Ed. (2368, 3107, 3686)
  1999 Ed. (2591, 3198, 3209, 3210, 4123, 4729)
  2000 Ed. (2941, 3833, 4358)
  2001 Ed. (3119, 3126, 3127, 3128, 3129)
  2002 Ed. (3109, 3152)
  2003 Ed. (2614, 3223, 3227, 3229, 3231, 4211, 4869, 4915, 4916, 4917)
  2004 Ed. (2734, 3265, 3283, 3286, 4234, 4849, 4906)
Jim Beam Classic Cocktails
  1996 Ed. (2523)
  2000 Ed. (4390)
  2001 Ed. (4835)
  2002 Ed. (4908)
  2004 Ed. (4945)
  2005 Ed. (4925)
  2006 Ed. (4958)
Jim Beam Cocktails
  1992 Ed. (2886)
Jim Beam Whiskey
  2009 Ed. (266)
  2010 Ed. (253)
Jim Beam whiskey
  2021 Ed. (167)
Jim Beam's 8 Star
  1996 Ed. (2514)
Jim Bean
  1989 Ed. (751, 1895)
Jim Bean Brands
  2000 Ed. (2331)
Jim Benton of Houston
  2021 Ed. (2887)
Jim Bradley Pontiac Cadillac
  1990 Ed. (737)
  1991 Ed. (714)

Jim Bramblet
  2018 Ed. (1090)
Jim Breyer
  2012 Ed. (4820)
  2013 Ed. (4783)
  2014 Ed. (4829)
  2015 Ed. (4864)
Jim Bunning
  2003 Ed. (3894)
Jim C. Walton
  2013 Ed. (4852)
  2019 Ed. (4821)
  2020 Ed. (4811)
  2021 Ed. (4812)
Jim. C. Walton
  1999 Ed. (726, 4746)
  2000 Ed. (734)
  2001 Ed. (4745)
  2002 Ed. (706, 3361, 3362)
  2003 Ed. (4887, 4889, 4894)
  2004 Ed. (4872, 4874, 4882)
  2005 Ed. (4858, 4860, 4883)
  2006 Ed. (4911, 4915)
  2007 Ed. (4906, 4908)
  2008 Ed. (4835, 4839)
  2009 Ed. (4852, 4858)
  2010 Ed. (4860, 4861)
  2011 Ed. (4837, 4846, 4847)
  2012 Ed. (4840, 4853, 4855)
  2013 Ed. (4833, 4838)
  2014 Ed. (4848, 4853)
  2015 Ed. (4885, 4890)
  2016 Ed. (4803, 4808)
  2017 Ed. (4815, 4820)
  2018 Ed. (4825)
Jim Canales
  2011 Ed. (2949)
Jim Carrey
  1998 Ed. (1470)
  2001 Ed. (8)
  2006 Ed. (2485)
  2008 Ed. (2590)
  2010 Ed. (2508, 2521)
  2011 Ed. (2510)
Jim Causley Pontiac
  1995 Ed. (283)
  1996 Ed. (283)
Jim Causley Pontiac-GMC Truck Inc.
  1990 Ed. (314, 346)
  1992 Ed. (419)
Jim Corridore
  2011 Ed. (3336)
Jim Courier
  1995 Ed. (251)
Jim Cramer's Mad Money: Watch TV, Get Rich
  2008 Ed. (620)
Jim Cramer's Real Money: Sane Investing in an Insane World
  2007 Ed. (656)
Jim Dandy Tender Chunks
  1994 Ed. (2831)
  1996 Ed. (2993)
  1997 Ed. (3072)
  2002 Ed. (3655)
Jim Dandy Tender Moist Chunks
  1989 Ed. (2197)
  1990 Ed. (2821)
  1992 Ed. (3412)
  1993 Ed. (2819)
  1999 Ed. (3789)
Jim Davis
  2007 Ed. (4897)
  2008 Ed. (4826)
  2009 Ed. (4849)
  2010 Ed. (4853)
  2011 Ed. (4820)
  2012 Ed. (4844)
  2013 Ed. (4843)
  2015 Ed. (4896)
  2016 Ed. (4814)
  2017 Ed. (4825)
  2018 Ed. (4830)
  2019 Ed. (4827)
  2020 Ed. (4817)
  2021 Ed. (4818)
  2022 Ed. (4811, 4814)
  2023 Ed. (4807)
Jim Davis & family
  2023 Ed. (4804)
Jim DeLoach
  2012 Ed. (1077)
Jim Ellis Atlanta
  1990 Ed. (315, 335)
  1991 Ed. (292)
  1995 Ed. (284)
  1996 Ed. (284)
  2014 Ed. (221)
  2015 Ed. (256)
  2016 Ed. (249)
Jim Ellis Mazda
  1991 Ed. (285)
  1994 Ed. (275)
  1995 Ed. (275)
  1996 Ed. (278)
Jim Ellis Volkswagen
  1990 Ed. (323)
  1991 Ed. (298)

CUMULATIVE INDEX • 1989-2023

1992 Ed. (403)
1993 Ed. (288)
1994 Ed. (287)
1995 Ed. (291)
1996 Ed. (291)
Jim Falk Automotive Group
  2010 Ed. (1668, 1674)
  2011 Ed. (1683)
  2013 Ed. (1680)
  2014 Ed. (1632)
  2015 Ed. (1681)
  2016 Ed. (1626)
  2017 Ed. (1599)
Jim Family Enterprises Inc.
  1993 Ed. (964)
Jim Farley
  2010 Ed. (30)
  2011 Ed. (26)
Jim Folds
  2014 Ed. (1152)
Jim Fresard Pontiac
  1995 Ed. (283)
  1996 Ed. (283)
Jim Friedland
  2011 Ed. (3374)
Jim Gipson
  2004 Ed. (3170)
Jim Goetz
  2014 Ed. (4829)
  2015 Ed. (4864)
  2016 Ed. (4771)
  2017 Ed. (4781)
  2020 Ed. (4763)
Jim Goodnight
  2003 Ed. (4684)
The Jim Henson Co.
  2003 Ed. (1502)
Jim Henson's Muppet-Vision 3-D (Disney/MGM Studios)
  1993 Ed. (3594)
Jim Hudson Mitsubishi
  1991 Ed. (287)
  1992 Ed. (392)
Jim Johnson-Chevrolet
  1989 Ed. (283)
Jim Justice
  2013 Ed. (4845)
  2014 Ed. (4861)
Jim Justice II
  2015 Ed. (4898)
Jim Kelleher
  2011 Ed. (3349)
Jim Kennedy
  2018 Ed. (4831)
  2019 Ed. (4828)
  2020 Ed. (4818)
  2021 Ed. (4819)
  2022 Ed. (4812)
  2023 Ed. (4805)
Jim Kirkley
  2005 Ed. (994)
Jim Konstanty, 1951
  1991 Ed. (702)
Jim Koons Automotive Cos.
  2018 Ed. (235, 238)
  2019 Ed. (232, 235)
  2020 Ed. (237, 240)
Jim Koons Automotive Group
  2022 Ed. (250)
Jim Koons - Tyson's GM/Chrysler
  2015 Ed. (256)
  2016 Ed. (249)
  2017 Ed. (246)
  2018 Ed. (233)
  2019 Ed. (229)
  2021 Ed. (228)
Jim Koons - Tysons GM/Chrysler
  2018 Ed. (234)
  2019 Ed. (230)
  2020 Ed. (234)
  2021 Ed. (227, 229)
  2022 Ed. (252)
  2023 Ed. (349)
Jim Koons - Tyson's Toyota
  2014 Ed. (221)
  2015 Ed. (256, 257)
  2016 Ed. (249)
  2017 Ed. (246)
  2018 Ed. (233)
  2019 Ed. (229)
  2020 Ed. (234)
  2021 Ed. (227, 228)
Jim Koons - White Marsh
  2021 Ed. (228)
Jim Lentz
  2009 Ed. (21)
  2010 Ed. (30)
Jim Lupient
  1990 Ed. (312)
Jim Lupient Oldsmobile
  1991 Ed. (289)
  1994 Ed. (279)
  1995 Ed. (282)
  1996 Ed. (282)
Jim Manzi
  1990 Ed. (1711)

Jim McColl
  2008 Ed. (4900)
  2009 Ed. (4919)
  2012 Ed. (4923)
  2013 Ed. (4905)
Jim McMahon
  1989 Ed. (278)
Jim Mellon
  2001 Ed. (3319)
Jim Mitchell Auto Group
  2003 Ed. (211, 212)
Jim Mizgalski
  1993 Ed. (790)
Jim Morrison
  2007 Ed. (4934)
Jim P. Manzi
  1989 Ed. (1376, 1379)
  1991 Ed. (925, 1619)
Jim Parker
  2004 Ed. (3166)
Jim Parker Building Co.
  2011 Ed. (1192)
Jim Parrish
  2018 Ed. (3652)
Jim Pattison
  2005 Ed. (4881)
  2006 Ed. (4925)
  2008 Ed. (4856)
  2009 Ed. (4882)
  2010 Ed. (4883)
  2011 Ed. (4871)
  2012 Ed. (4879)
  2013 Ed. (4861)
  2014 Ed. (4875)
  2015 Ed. (4913)
  2016 Ed. (290, 4829)
  2017 Ed. (4838)
  2018 Ed. (4844)
  2019 Ed. (4840)
  2020 Ed. (4829)
  2021 Ed. (4829)
  2022 Ed. (4823)
  2023 Ed. (4818)
Jim Pattison Group
  1990 Ed. (1337, 1531)
  1991 Ed. (748)
  1992 Ed. (1835)
  1993 Ed. (1504)
  1994 Ed. (2064)
  1995 Ed. (1578)
  1996 Ed. (2123)
  1997 Ed. (1641)
  1999 Ed. (1888)
  2005 Ed. (1666, 1667)
  2006 Ed. (1573)
  2007 Ed. (2853)
  2008 Ed. (2975)
  2009 Ed. (3058)
  2010 Ed. (1515, 2992, 4055)
  2011 Ed. (1508, 4034)
  2012 Ed. (1356, 2890, 4067)
  2013 Ed. (1513, 2969, 4323)
  2014 Ed. (1482, 2980)
  2015 Ed. (1537)
  2016 Ed. (1478)
  2017 Ed. (1479, 3457)
  2018 Ed. (1456)
  2019 Ed. (1485)
  2020 Ed. (1456)
  2021 Ed. (1449, 4230)
  2022 Ed. (1462, 4239)
  2023 Ed. (1647, 4279)
Jim Pattison Group Inc.
  2017 Ed. (2456)
  2018 Ed. (2200, 2506)
  2023 Ed. (2701)
Jim Pattison Lease
  2017 Ed. (292)
  2019 Ed. (272)
Jim Prods.
  1991 Ed. (2771)
Jim Prokopanko
  2014 Ed. (941)
Jim Ramo
  2005 Ed. (2321)
Jim Ratcliffe
  2008 Ed. (4901)
  2012 Ed. (765)
  2013 Ed. (966)
Jim Rice
  1989 Ed. (719)
Jim Riehl's Friendly Automotive Group Inc.
  2019 Ed. (226)
  2021 Ed. (224, 225)
Jim Riehl's Roseville Chrysler-Plymouth
  1999 Ed. (319)
Jim Rollyson
  2011 Ed. (3364)
Jim Ryan
  2012 Ed. (3319)
Jim Schroer
  2002 Ed. (3263)
Jim Shaw
  2007 Ed. (2507)
  2011 Ed. (855)
  2012 Ed. (803)

Jim Simons
  2004 Ed. (3170)
  2022 Ed. (4806)
  2023 Ed. (4799)
Jim Sinegal
  2010 Ed. (2559)
Jim Skippen
  2016 Ed. (2562)
Jim Slemons Imports
  1990 Ed. (333)
  1991 Ed. (272, 273, 286)
  1992 Ed. (391)
Jim Slemons Imports Inc,
  1990 Ed. (303)
Jim Steiner
  2003 Ed. (223, 227)
Jim Sullivan
  2003 Ed. (3057)
Jim Trenary Automotive Group
  2022 Ed. (1739)
  2023 Ed. (1879)
Jim & Virginia Stowers
  2008 Ed. (895)
Jim Walker
  1996 Ed. (1852)
  1997 Ed. (1958)
  1999 Ed. (2281)
  2000 Ed. (2061)
Jim Walter Corp.
  1989 Ed. (823, 1516)
  1990 Ed. (837)
  1991 Ed. (954)
  2005 Ed. (1501)
Jim Walter Homes
  1989 Ed. (1003)
  1990 Ed. (1155)
  1991 Ed. (1047, 1988)
  1992 Ed. (1353, 1363, 2555)
  1993 Ed. (1083)
  1994 Ed. (1105)
  1995 Ed. (1122)
  1996 Ed. (1102, 1103)
  2000 Ed. (1187)
  2002 Ed. (2663)
  2006 Ed. (1190, 1191)
Jim Walton
  2014 Ed. (4867)
  2015 Ed. (4904)
  2016 Ed. (4820)
  2021 Ed. (4807, 4824)
  2022 Ed. (4805)
  2023 Ed. (4798)
Jim Walton (U.S.)
  2021 Ed. (4880)
Jim Wilson & Associates Inc.
  1992 Ed. (3969)
Jimang
  2002 Ed. (3782)
Jimenes; E. Leon
  1992 Ed. (46)
Jimenez
  1993 Ed. (128)
  1999 Ed. (143)
  2000 Ed. (160)
Jimenez, Blanco & Quiros
  1994 Ed. (80)
  1997 Ed. (74)
  1999 Ed. (75)
  2001 Ed. (123)
  2002 Ed. (94)
  2003 Ed. (61)
Jimenez, Blanco & Quiros (Grey)
  2000 Ed. (81)
Jimenez/D'Arcy
  2002 Ed. (168)
  2003 Ed. (136)
Jimenez/D'Arcy Masius Benton & Bowles
  1997 Ed. (132)
Jimenez; David
  2011 Ed. (2950)
Jimenez/DMB & B
  1994 Ed. (109)
  2001 Ed. (197)
Jimenez & Fernandez Sucrs Inc.
  2004 Ed. (3357)
Jimi Hendrix
  2013 Ed. (907)
Jiminez, Blanco & Ouiros
  1995 Ed. (60)
Jiminez, Blanco & Quiros
  1996 Ed. (74)
Jiminez/DMB & B
  1995 Ed. (114)
  1996 Ed. (128)
Jimmie Johnson
  2010 Ed. (315)
  2011 Ed. (239)
  2012 Ed. (260)
  2013 Ed. (267)
  2014 Ed. (269)
  2015 Ed. (226, 309)
  2016 Ed. (217)
  2017 Ed. (214)
  2018 Ed. (199)
  2019 Ed. (193)
Jimmy
  2001 Ed. (478)

Jimmy Alexander
  2019 Ed. (3650)
Jimmy Buffett
  1993 Ed. (1078)
  1998 Ed. (866)
  1999 Ed. (1292)
  2001 Ed. (1380)
  2007 Ed. (1267)
Jimmy Buffett & The Coral Reefer Band
  1995 Ed. (1117, 1118)
Jimmy Cayne
  2010 Ed. (895)
Jimmy Choo
  2017 Ed. (3711)
Jimmy Connors
  1995 Ed. (250, 1671)
Jimmy Cordy
  2018 Ed. (1090)
Jimmy Dean
  1995 Ed. (1889)
  2002 Ed. (1329, 4098)
  2003 Ed. (3322)
  2008 Ed. (3606, 4278)
  2009 Ed. (4381, 4382, 4383)
  2011 Ed. (4359)
  2012 Ed. (4399)
  2013 Ed. (4367)
  2014 Ed. (2781, 4422, 4424)
  2015 Ed. (2827, 4407)
  2016 Ed. (3472, 4303)
  2018 Ed. (4289, 4290)
  2019 Ed. (2754)
  2020 Ed. (3469)
  2021 Ed. (292)
  2022 Ed. (305, 306, 2799, 2800, 2803, 3545, 4291, 4293)
  2023 Ed. (407, 2922, 2923, 2926, 3667, 4321, 4323)
Jimmy Dean Breakfast Bowl
  2022 Ed. (2799)
Jimmy Dean Delights
  2014 Ed. (2781)
  2015 Ed. (2827)
  2022 Ed. (2800, 2803)
Jimmy Dean Delights Breakfast Bowl
  2022 Ed. (2799)
Jimmy Dean Dlights
  2014 Ed. (2781)
Jimmy Dean Foods
  1999 Ed. (4139)
  2003 Ed. (3324, 3331)
Jimmy Dean Fresh Taste Fast
  2008 Ed. (4278)
Jimmy Dean Simple Scrambles
  2022 Ed. (3545)
  2023 Ed. (3667)
Jimmy Dean Skillets
  2022 Ed. (2799)
Jimmy Dean Tastefuls
  2001 Ed. (3182)
Jimmy Fallon
  2016 Ed. (2528)
Jimmy Garoppolo
  2020 Ed. (199)
Jimmy Haslam
  2016 Ed. (4817)
Jimmy Jazz
  2011 Ed. (4514)
Jimmy John's
  2006 Ed. (4111)
  2013 Ed. (4229, 4258, 4259, 4260, 4261, 4361, 4362)
  2014 Ed. (4277, 4314, 4315, 4316, 4317, 4410, 4415, 4416)
  2015 Ed. (4258)
  2016 Ed. (785, 4161)
  2017 Ed. (844, 4195)
  2018 Ed. (778, 2577)
  2020 Ed. (785)
  2022 Ed. (4280)
  2023 Ed. (4313, 4314)
Jimmy John's Gourmet Sandwich Shop
  2012 Ed. (2530, 4267)
  2013 Ed. (4230)
  2014 Ed. (4417)
Jimmy John's Gourmet Sandwich Shops
  2002 Ed. (4089)
  2003 Ed. (4219)
  2004 Ed. (4124, 4240)
  2005 Ed. (4169)
  2006 Ed. (4223)
  2007 Ed. (4238)
  2008 Ed. (4272)
  2009 Ed. (4376)
  2010 Ed. (4406)
  2011 Ed. (4350)
  2012 Ed. (4390)
  2013 Ed. (4359)
  2014 Ed. (856, 4412)
  2015 Ed. (895, 4398)
  2016 Ed. (786, 4291)
  2017 Ed. (845, 4296)
  2018 Ed. (779, 4275)
Jimmy John's Gourmet Sandwiches
  2009 Ed. (4379)
  2010 Ed. (2604, 4403, 4405, 4409)
  2011 Ed. (2586, 4348, 4349, 4353, 4357)
  2012 Ed. (2529, 4389)

2013 Ed. (908, 4358)
2014 Ed. (4411)
2015 Ed. (897, 4295, 4296, 4396, 4397, 4400, 4401, 4402, 4403, 4404, 4405)
2016 Ed. (791, 4200, 4201, 4202, 4290, 4293, 4294, 4295, 4296, 4297, 4298)
2017 Ed. (850, 4177, 4178, 4179, 4295, 4298, 4299, 4300, 4301, 4302, 4303)
2018 Ed. (785, 4185, 4208, 4214, 4274, 4277, 4278, 4279, 4280, 4281, 4282)
2019 Ed. (807, 4201, 4237, 4243, 4302, 4304, 4306, 4307, 4308, 4309, 4310, 4311)
2020 Ed. (801, 4235, 4242, 4293, 4295, 4299, 4300, 4301, 4302)
2021 Ed. (4199, 4208, 4271, 4273, 4275, 4276, 4277, 4278, 4279, 4280)
2022 Ed. (4281, 4282, 4284, 4285, 4286, 4287)
2023 Ed. (4315)
Jimmy Kimmel Live
 2012 Ed. (2448)
Jimmy Page
 1997 Ed. (1114)
Jimmy Sanders Inc.
 2010 Ed. (200, 2217, 4455)
 2011 Ed. (122, 2235, 4391)
 2012 Ed. (129, 132, 2097, 4457)
 2013 Ed. (108, 4419)
 2014 Ed. (115, 4450)
 2015 Ed. (130, 4445)
Jimmy Timmy Powerhour
 2008 Ed. (826)
Jimmy Walker Auto Group
 2002 Ed. (708)
Jimmy'z
 1990 Ed. (3332)
Jin Co.
 2016 Ed. (1710)
Jin; Gan Tee
 1996 Ed. (1911)
Jin Jiang International Holdings Co. Ltd.
 2022 Ed. (3036)
 2023 Ed. (3158, 3159)
Jin Jiang International Holdings Co., Ltd.
 2021 Ed. (2920, 2921, 2922, 2924)
 2022 Ed. (3038, 3039, 3040, 3042)
Jin Jiang International Hotel Group Co.
 2021 Ed. (2921)
 2022 Ed. (3039)
Jin Mao Building
 1997 Ed. (839)
Jin Sook
 2014 Ed. (4853)
Jinan Brewery
 1995 Ed. (708)
Jinan Qingqi Motorcycle
 2000 Ed. (4010, 4011)
Jinchuan Group
 2021 Ed. (3540)
 2022 Ed. (3600)
 2023 Ed. (3704)
Jindal; Savitri
 2011 Ed. (4887, 4891, 4892)
 2012 Ed. (4872, 4899, 4900)
 2013 Ed. (4875, 4876, 4916)
 2014 Ed. (4889, 4890)
 2015 Ed. (4929)
 2023 Ed. (4834)
Jindal Steel & Power
 2011 Ed. (733, 1708)
 2012 Ed. (1565, 3352, 4540)
 2013 Ed. (3422, 4495)
 2014 Ed. (3419, 4538)
 2015 Ed. (3452, 4537)
Jindong; Zhang
 2009 Ed. (4861, 4862)
 2010 Ed. (4863, 4864)
 2011 Ed. (4850, 4851)
 2012 Ed. (4857, 4858)
 2013 Ed. (4863, 4864)
Jing Jong Pan
 2002 Ed. (3346)
Jing Long Engineering Machinery Co., Ltd.
 2011 Ed. (734, 3512)
Jing Ulrich
 1999 Ed. (2294)
 2000 Ed. (2071)
 2010 Ed. (4983)
Jingoli - DCO
 2016 Ed. (1174)
Jingoli - DCO Energy
 2014 Ed. (1202)
 2015 Ed. (1260)
Jingye Group
 2023 Ed. (3704)
Jining Petrochemical
 1995 Ed. (960)
Jinjiang
 2021 Ed. (2906)
 2023 Ed. (3144)
JinkoSolar Holding
 2018 Ed. (1474)
 2019 Ed. (1505, 4367)
Jinma Advertising Co.
 1996 Ed. (72)
Jinmao
 2022 Ed. (4111)

Jinneng Holding Group
 2023 Ed. (3725, 3735)
Jinpan International
 2001 Ed. (2138)
 2009 Ed. (3233)
Jinping; Xi
 2014 Ed. (3469)
 2015 Ed. (3486)
 2016 Ed. (3336)
 2017 Ed. (3297)
 2018 Ed. (3368)
Jinshan Gold Mines
 2011 Ed. (1566)
 2012 Ed. (3669)
Jintao; Hu
 2012 Ed. (3825)
 2013 Ed. (3493)
Jinya Ramen Bar
 2019 Ed. (4158)
 2020 Ed. (4225)
 2022 Ed. (2628)
 2023 Ed. (2764)
Jio
 2021 Ed. (4583)
 2022 Ed. (4596, 4632)
 2023 Ed. (866, 4600)
JioSaavn
 2020 Ed. (1613)
Jipson Carter State Bank
 1989 Ed. (211)
JIT Sequence Center
 2007 Ed. (4830)
Jitse Groen
 2021 Ed. (4855)
Jitterbit
 2020 Ed. (971)
 2021 Ed. (952)
 2022 Ed. (988)
 2023 Ed. (1159)
Jiugui Jiu
 2022 Ed. (153)
Jiugui Liquor
 2014 Ed. (1386)
Jiujiang
 2001 Ed. (3856)
Jiutian Chemical
 2009 Ed. (921)
Jiuxin Group Daily Chemical Co.
 2006 Ed. (36)
Jive
 2010 Ed. (3711)
 2011 Ed. (3708)
 2013 Ed. (3779)
Jive Label Group
 2011 Ed. (3709)
 2012 Ed. (3732)
Jive Software
 2014 Ed. (1924)
Jive Software Inc.
 2014 Ed. (1071, 1091)
Jiwei; Lou
 2010 Ed. (702)
Jizhong Energy Group
 2013 Ed. (1754)
 2018 Ed. (3592)
 2019 Ed. (3576, 3581)
 2021 Ed. (3567)
 2022 Ed. (3628)
Jizhong Energy Resources
 2013 Ed. (3688)
 2014 Ed. (3622)
J.J. Haines & Co., Inc.
 1998 Ed. (1699)
 2000 Ed. (2202)
J.J. Hannes & Co.
 1992 Ed. (2166)
JJ Rhatigan & Co.
 2020 Ed. (1241)
 2021 Ed. (1207)
 2022 Ed. (1208)
JJ Rhatigan & Company
 2020 Ed. (4119)
 2021 Ed. (4074)
 2022 Ed. (4098)
 2023 Ed. (4188)
J.J. Richards & Sons
 2019 Ed. (2269)
 2022 Ed. (4797)
JJ Sales & Logistics
 2004 Ed. (843, 1712, 1818, 3947)
JJ Taylor
 2003 Ed. (659)
JJ Taylor Companies Inc.
 2001 Ed. (680)
JJ Taylor Cos., Inc.
 2004 Ed. (666)
 2005 Ed. (653)
 2006 Ed. (553)
 2007 Ed. (593)
 2008 Ed. (538)
 2009 Ed. (572)
 2010 Ed. (554)
 2011 Ed. (481)
 2012 Ed. (437)
 2013 Ed. (551)
J.J. Watt
 2017 Ed. (216)

JJB Hilliard
 2001 Ed. (822)
JJB Sports
 2000 Ed. (4132)
 2010 Ed. (4371)
JJB Sports plc
 2009 Ed. (2111)
JJJ Floor Covering
 1999 Ed. (2674, 4090)
JJS
 1995 Ed. (2939)
 2000 Ed. (369)
JK Architecture Engineering
 2023 Ed. (273)
JK Design
 2019 Ed. (3472)
 2022 Ed. (3527)
 2023 Ed. (3648)
JK International
 2002 Ed. (3788)
 2003 Ed. (3956)
 2004 Ed. (4923)
J.K. Lasser's Small Business Taxes
 2013 Ed. (619)
 2014 Ed. (635)
JK Moving Services
 2018 Ed. (2044)
 2019 Ed. (4746)
J.K. Rowling
 2013 Ed. (4952)
 2014 Ed. (4967)
 2017 Ed. (243)
 2018 Ed. (230, 231)
 2019 Ed. (225, 2493)
 2020 Ed. (228)
JK Spruce I
 1994 Ed. (1587)
JK Trucking
 2005 Ed. (1690, 1691, 1692)
JK Tyre
 2018 Ed. (4651)
JK2 Scenic
 2022 Ed. (3501)
JKC Marketing
 1990 Ed. (3087)
JKG Group
 2005 Ed. (3900)
JKJ Chevrolet Geo
 1992 Ed. (411)
JKL Rosenberger
 2019 Ed. (223)
JKN Global Media
 2022 Ed. (1968)
JL Audio
 2017 Ed. (1559)
 2018 Ed. (628)
 2019 Ed. (643)
 2020 Ed. (624)
 2021 Ed. (580)
 2022 Ed. (609)
 2023 Ed. (848)
J.L. Construction
 1992 Ed. (1367)
JL Contruction
 1992 Ed. (1364)
J.L. Davidson Co. Inc.
 2000 Ed. (1269)
J.L French Automotive Coatings
 2002 Ed. (1418)
JL Halsey
 2007 Ed. (2353)
 2008 Ed. (2477)
J.L. Manta Inc.
 2000 Ed. (1265, 1271)
J.L. Media
 2000 Ed. (135)
JLC Professional Plumbing & Heating
 2022 Ed. (100)
 2023 Ed. (174, 4764)
JLC SA
 2014 Ed. (1567)
 2015 Ed. (1618)
 2016 Ed. (1544)
 2017 Ed. (1534)
JLG Architects
 2021 Ed. (2352)
JLG Industries
 2019 Ed. (3080)
 2020 Ed. (3110)
JLG Industries Inc.
 2002 Ed. (940)
 2004 Ed. (3328)
 2006 Ed. (1502, 1979, 1984, 1985)
 2007 Ed. (874, 1950, 1953, 1954, 3031, 3400, 4533, 4562)
JLL
 2016 Ed. (1106)
 2017 Ed. (1151)
 2018 Ed. (1086)
 2019 Ed. (726)
 2020 Ed. (2354)
 2022 Ed. (1087, 1088, 2348)
 2023 Ed. (959, 1258, 1260, 1261, 1262, 4200)
JLM Industries Inc.
 2002 Ed. (1006)
 2003 Ed. (948)
 2004 Ed. (955)

2007 Ed. (938)
2008 Ed. (916)
2009 Ed. (924)
JLM Marketing
 1999 Ed. (1094)
JLS Custom Homes
 2005 Ed. (1224)
JLT Insurance Management
 2012 Ed. (675)
 2015 Ed. (883)
 2017 Ed. (830)
 2018 Ed. (762)
 2020 Ed. (773)
JLT Mobile Computers
 2006 Ed. (1100)
 2007 Ed. (1203, 1205)
 2008 Ed. (1110)
JLT Reinsurance Brokers Ltd.
 2009 Ed. (3404)
 2012 Ed. (3278)
 2013 Ed. (3352, 3357)
 2014 Ed. (3370)
 2015 Ed. (3403)
 2016 Ed. (3276, 3278)
 2017 Ed. (3233, 3235)
 2019 Ed. (3273)
 2020 Ed. (3271)
JLT Risk Solutions
 2001 Ed. (4037)
 2002 Ed. (3960)
 2005 Ed. (3152)
 2006 Ed. (784, 3149)
JLT Risk Solutions (Cayman) Ltd.
 2006 Ed. (787)
JLT Risk Solutions (Guernsey) Ltd.
 2006 Ed. (788)
 2008 Ed. (3381)
JLT Risk Solutions Management
 2008 Ed. (855)
 2009 Ed. (864)
JLT Risk Solutions Management (Bermuda) Ltd.
 2006 Ed. (786)
 2008 Ed. (857)
JM
 2022 Ed. (894)
JM Bullion
 2018 Ed. (2648)
J.M. Creativos (Grey)
 2000 Ed. (91)
J.M. Creativos Publicidad
 1996 Ed. (84)
JM Eagle
 2009 Ed. (4061)
 2010 Ed. (3979)
 2011 Ed. (3983)
 2012 Ed. (3980)
 2013 Ed. (4043)
 2014 Ed. (3979)
 2015 Ed. (4024)
 2016 Ed. (3938)
 2017 Ed. (3907)
 2018 Ed. (3938)
 2019 Ed. (3909)
 2020 Ed. (3925)
 2021 Ed. (1420, 3894)
 2023 Ed. (1619)
JM Family Enterprises
 2016 Ed. (1577)
 2017 Ed. (1566)
 2018 Ed. (1548)
 2019 Ed. (1578)
 2020 Ed. (1547)
 2021 Ed. (1530)
 2022 Ed. (1530, 1547, 3474)
 2023 Ed. (1312, 1707, 1709, 1710, 1722, 3593)
JM Family Enterprises Inc.
 1990 Ed. (1029)
 1991 Ed. (954)
 1995 Ed. (1003)
 1996 Ed. (990)
 1998 Ed. (753)
 1999 Ed. (328, 4809)
 2000 Ed. (4429)
 2002 Ed. (1075, 4984, 4989)
 2005 Ed. (3917)
 2006 Ed. (1491, 1706, 3034, 3990)
 2007 Ed. (4028)
 2008 Ed. (3183, 3202, 4055)
 2009 Ed. (311, 1436, 1668, 4136, 4137, 4138)
 2010 Ed. (292, 1624, 3173, 4069, 4070)
 2011 Ed. (214, 1420, 1636, 3138, 4042)
 2012 Ed. (225, 1258, 1486, 3089, 4075, 4076)
 2013 Ed. (1212, 1359, 1615, 1617, 1622)
 2014 Ed. (1153, 1582, 1584, 1588, 3536)
 2015 Ed. (1206, 1634, 1636, 1640, 3246, 3557)
 2016 Ed. (1115, 1568, 1574, 3408)
 2017 Ed. (1157, 1353, 1556, 1563, 4197)
 2018 Ed. (1093, 1332, 1537, 1540, 1545, 4224)
 2019 Ed. (1105, 1566, 1569, 1574, 3398, 4251)
 2020 Ed. (1092, 1535, 1538, 1544, 3399, 4248)

CUMULATIVE INDEX • 1989-2023

2021 Ed. (1087, 1518, 1520, 1527, 3415)
2022 Ed. (1094, 1535, 1544)
JM Family Enterprises, Inc.
  2022 Ed. (4466)
J.M. Huber Corp.
  1990 Ed. (1039)
  2019 Ed. (1828)
  2020 Ed. (1771)
  2021 Ed. (1739)
  2022 Ed. (1771)
  2023 Ed. (1903)
JM Lexus
  1994 Ed. (258)
  1995 Ed. (273)
  1996 Ed. (294)
  2002 Ed. (352, 353, 356, 359)
  2004 Ed. (275)
  2005 Ed. (277, 278)
  2006 Ed. (299, 300, 4868)
  2008 Ed. (284, 285, 286)
J.M. Magliochetti
  2001 Ed. (2319)
JM Olson Corp.
  2001 Ed. (1485)
  2002 Ed. (1303)
  2009 Ed. (2645)
J.M. Pontiac Inc.
  1990 Ed. (314)
  1992 Ed. (377, 379, 396, 415, 418)
  1993 Ed. (281)
  1994 Ed. (280)
JM Smith Corp.
  2009 Ed. (4165, 4937)
  2010 Ed. (4099, 4945)
  2011 Ed. (4069, 4928)
  2012 Ed. (4103)
  2014 Ed. (1984)
  2015 Ed. (2032)
  2016 Ed. (2001)
  2017 Ed. (1961)
  2018 Ed. (1910)
J.M. Smucker
  2019 Ed. (3773, 3774)
  2020 Ed. (3825, 3832)
JM Smucker
  2023 Ed. (2842)
J.M. Smucker Co.
  2019 Ed. (2719)
  2020 Ed. (2751)
The J.M. Smucker Co.
  2018 Ed. (913)
  2019 Ed. (908, 2770)
  2020 Ed. (900, 2192, 2807, 3932)
  2021 Ed. (912, 2678)
  2022 Ed. (937, 2832)
The JM Smucker Co.
  2021 Ed. (2722)
  2022 Ed. (2884)
J.M. Smucker Dunkin
  2023 Ed. (1104)
JMA Architecture Studios
  2007 Ed. (2405)
  2008 Ed. (2520)
  2009 Ed. (2533)
  2010 Ed. (2449)
  2011 Ed. (2458)
  2012 Ed. (2402)
JMA Information Technology Inc.
  2016 Ed. (3594)
  2017 Ed. (3562)
  2018 Ed. (3613)
JMA Solutions
  2013 Ed. (80, 1304, 4977)
  2014 Ed. (98, 1237)
JMB
  1989 Ed. (2293)
  1992 Ed. (2781)
JMB Institutional
  1989 Ed. (2129)
  1990 Ed. (2332, 2970)
JMB Institutional Realty Corp.
  1989 Ed. (1809)
  1990 Ed. (2360, 2968)
  1991 Ed. (2211, 2238, 2241, 2247, 2251, 2817, 2819)
  1992 Ed. (2733, 2775, 3634, 3635, 3639)
  1993 Ed. (2285, 2973, 2974, 2975, 2979)
  1994 Ed. (3014)
  1995 Ed. (3070, 3071, 3072)
  1996 Ed. (2417, 3166)
JMB Insurance Agency Inc.
  2005 Ed. (3077)
  2006 Ed. (3078)
JMB Partners
  2003 Ed. (1161)
  2004 Ed. (1169)
JMB Properties Co.
  1992 Ed. (3965, 3966, 3968)
  1994 Ed. (3022)
  1995 Ed. (3075)
JMB Property Management Co.
  1990 Ed. (3288)
JMB Realty Corp.
  1989 Ed. (1020)
  1990 Ed. (1226, 1266)
  1995 Ed. (3070, 3372)
  2002 Ed. (1463)
  2003 Ed. (1484)

2004 Ed. (1514)
2005 Ed. (1530)
JMB Realty Corp. & Affiliates
  1992 Ed. (3629)
JMB Reatly Trust
  1990 Ed. (2964)
JMB Retail Properties Co.
  1993 Ed. (3303, 3310, 3316)
  1994 Ed. (3021, 3022, 3296, 3301, 3303)
JMB Urban Development Co.
  1991 Ed. (2809, 3117, 3124, 3126)
  1992 Ed. (3958)
  1994 Ed. (3006)
JMC Auto Group
  2002 Ed. (709)
  2010 Ed. (171)
  2011 Ed. (95)
JMC Capital Management
  1993 Ed. (2296)
JMC Capital Mgmt.
  1990 Ed. (2339, 2343, 2346)
J.M.C. Creatividad Orientada/Y & R
  1995 Ed. (137)
  1996 Ed. (151)
  2000 Ed. (189)
  2001 Ed. (239)
JMC Creatividad Orientada/Y&R
  1989 Ed. (172)
J.M.C. Creatividad Orientada/Young & Rubicam
  1993 Ed. (145)
  1994 Ed. (125)
  1999 Ed. (168)
JMC Creatividad/Young & Rubicam
  1991 Ed. (160)
JMC Equipment
  2023 Ed. (358)
JMC Group
  2016 Ed. (1383)
JMC Homes
  2002 Ed. (2674)
  2003 Ed. (1207)
  2004 Ed. (1214)
  2005 Ed. (1238)
JMC Steel
  2015 Ed. (3587)
  2016 Ed. (3470)
  2017 Ed. (3433)
  2018 Ed. (3494)
JMC/Y & R Group
  1990 Ed. (161)
jmc.it
  2006 Ed. (2052)
JMEG LLC
  2023 Ed. (1404)
JMFT Aggressive Annuity Program
  2003 Ed. (3114, 3138)
J.M.K. Auto Sales
  1992 Ed. (400)
  1993 Ed. (285)
  1994 Ed. (283)
J.M.K. Saab
  1995 Ed. (289)
  1996 Ed. (287)
JMPR
  2005 Ed. (3966)
J.N. Leoussis Advertising
  1990 Ed. (106)
JNBridge
  2014 Ed. (1078)
  2015 Ed. (1116)
  2016 Ed. (1028)
  2020 Ed. (974)
JNCO
  2001 Ed. (1264, 1265)
JNI Corp.
  2003 Ed. (2726)
  2004 Ed. (4547)
JNR Resources Inc.
  2008 Ed. (1617)
Jo-Ann Fabric & Craft Stores
  2011 Ed. (4496, 4497, 4498)
  2012 Ed. (4500, 4501, 4502)
  2013 Ed. (4466)
Jo-Ann Stores
  2014 Ed. (1910)
  2015 Ed. (1954)
  2016 Ed. (1927)
  2017 Ed. (1899)
  2018 Ed. (1846)
  2019 Ed. (1898)
  2020 Ed. (1838)
  2021 Ed. (1803, 4234, 4459)
  2022 Ed. (1845, 4242)
Jo-Ann Stores Inc.
  2001 Ed. (1943, 2750)
  2004 Ed. (2869, 3681)
  2007 Ed. (1554)
  2008 Ed. (4473)
  2009 Ed. (2171)
  2010 Ed. (2114)
  2011 Ed. (2164)
JO Hambro Magan
  1993 Ed. (1173)
Jo-Kell Inc.
  2023 Ed. (2481)
Jo Malone
  2020 Ed. (3775)

Jo San
  2022 Ed. (2848)
  2023 Ed. (2958)
Joachim Fels
  2000 Ed. (2074)
Joan B. Kroc
  2008 Ed. (895)
Joan Fabrics
  1995 Ed. (1954, 3607)
  2000 Ed. (4244)
Joan Kroc
  1995 Ed. (934)
  2002 Ed. (3364)
  2003 Ed. (4880)
  2004 Ed. (4862)
  2005 Ed. (4848)
Joan Miquel Llompart Construccions
  2018 Ed. (1036)
Joan Raymond
  1990 Ed. (2658)
Joan Sebastian
  2002 Ed. (1160)
Joan Smalls
  2017 Ed. (3584)
  2020 Ed. (3606)
Joan Solotar
  1997 Ed. (1908)
  1998 Ed. (1631)
  1999 Ed. (2217)
  2000 Ed. (1989)
Joan Zeif
  1999 Ed. (2238)
Joan Zief
  1994 Ed. (1826)
  1995 Ed. (1867)
  1996 Ed. (1848)
  1997 Ed. (1920)
  1998 Ed. (1648)
  2000 Ed. (2021)
Joann Fabrics
  1996 Ed. (3682)
JoAnn Fabrics & Crafts Buyers
  1999 Ed. (1856)
Joanne Hill
  1999 Ed. (2191)
  2000 Ed. (1967)
Joanne & John Roche
  2008 Ed. (4884)
Joanne K. Rowling
  2005 Ed. (4891)
  2007 Ed. (4924, 4926, 4929)
  2008 Ed. (4900, 4905)
Joanne Nemerovski
  2018 Ed. (4109)
Joanne Roche
  2007 Ed. (4920)
Joanne Rowling
  2013 Ed. (4952)
  2014 Ed. (4967)
Joanneum University of Applied Sciences; F. H.
  2008 Ed. (802)
Joannou & Paraskevaides Groups of Cos.
  2014 Ed. (1229)
  2015 Ed. (1287)
Joannou & Paraskevaides Ltd.
  1991 Ed. (1096)
Joannou & Paraskevaides (Overseas) Ltd.
  1996 Ed. (1159)
  2000 Ed. (1280)
  2002 Ed. (1309)
  2003 Ed. (1325)
  2004 Ed. (1325, 1328)
  2005 Ed. (1331)
  2009 Ed. (1624)
  2011 Ed. (1602)
Joao Morais
  1999 Ed. (2423)
Joao Moreira Salles
  2020 Ed. (4828)
Joao Roberto Marinho
  2014 Ed. (4873)
  2015 Ed. (4911)
  2016 Ed. (4827)
  2018 Ed. (4842)
Joaquin Almunia
  2012 Ed. (598)
  2013 Ed. (735)
Joaquin Alvarado
  2013 Ed. (2961)
Joaquin G. Avino
  1990 Ed. (2478)
  1991 Ed. (2342)
  1992 Ed. (2903)
  1993 Ed. (2461)
Joaquin Guzman Loera
  2010 Ed. (4907)
  2011 Ed. (4894)
  2012 Ed. (4903)
  2013 Ed. (4888)
Job AG Personaldienstleistungen AG
  2009 Ed. (832, 1710)
Job listings
  2007 Ed. (2323)
Job recruitment
  2007 Ed. (2323)
Job Responsibilities
  2000 Ed. (1782)

Job security
  1991 Ed. (2025)
Job sharing
  1997 Ed. (2014)
The Job Shoppe
  2017 Ed. (2990)
  2019 Ed. (3040)
  2020 Ed. (3079)
  2021 Ed. (2956)
The Job Shoppe Inc.
  2015 Ed. (3186)
Job Squad
  2003 Ed. (3735)
Job Store Inc.
  2007 Ed. (4989)
  2008 Ed. (3699, 4373, 4955)
Job Strategies, Inc.
  2003 Ed. (3950)
jobandtalent
  2022 Ed. (1509)
jobandtalent (Spain)
  2022 Ed. (1509)
Jobber
  2021 Ed. (949, 1439, 1448)
  2022 Ed. (984, 1444)
Job.com
  2007 Ed. (3228)
  2008 Ed. (3358)
JobFinders Employment Services
  2022 Ed. (2374)
  2023 Ed. (2536)
Jobfox
  2013 Ed. (3126)
Jobing.com
  2008 Ed. (2480)
Jobling & Co. Ltd.; James A.
  1991 Ed. (960)
Jobs; Laurene Powell
  2014 Ed. (4866)
  2017 Ed. (4830)
  2018 Ed. (4835)
  2021 Ed. (4823)
Jobs for Maine's Graduates
  2012 Ed. (1673)
Jobs for Progress Inc.
  2005 Ed. (2845)
Jobs for Progress National Inc.; SER
  2006 Ed. (2843)
  2007 Ed. (2841)
Jobs; Steve
  2014 Ed. (937)
Jobs; Steven
  2007 Ed. (986)
Jobs; Steven P.
  2005 Ed. (980, 983, 2497)
  2007 Ed. (1022)
Jobs; Steven Paul
  2005 Ed. (2320, 2469, 4856)
  2006 Ed. (887, 896, 940, 3262, 4910)
  2007 Ed. (960, 4905)
  2008 Ed. (957, 4834)
  2009 Ed. (759, 3073, 4854)
  2010 Ed. (891, 3005, 4859)
  2011 Ed. (817, 4824)
  2012 Ed. (600, 791)
Jobs & Talent
  2021 Ed. (735, 1860)
Jobs2Careers
  2016 Ed. (3044)
Jobserve
  2001 Ed. (1881)
JobsInTheUS
  2008 Ed. (1895)
Jobst
  2017 Ed. (2618)
  2018 Ed. (2683)
JobStreet
  2009 Ed. (1861)
  2010 Ed. (1793)
Jobtrak
  2002 Ed. (4819)
Jocalio Group
  2023 Ed. (4282)
Jocelyn Cunningham
  2009 Ed. (1187)
  2010 Ed. (1194)
Jockey
  1989 Ed. (2096)
  1990 Ed. (3336)
  1992 Ed. (1209)
  1994 Ed. (1012)
  1996 Ed. (1004)
  1997 Ed. (1024)
  1998 Ed. (764)
  2000 Ed. (1114)
  2006 Ed. (1016, 3284)
  2007 Ed. (1101, 1103, 3351)
  2008 Ed. (984, 3447)
  2012 Ed. (3466)
Jockey International, Inc.
  1989 Ed. (2973)
  1990 Ed. (3704)
  1991 Ed. (3512)
  1992 Ed. (4480)
  2020 Ed. (46)
  2021 Ed. (50)
  2022 Ed. (36)
  2023 Ed. (92)

Jodee Rich
 2002 Ed. (2477)
Jodrey family
 2005 Ed. (4863)
Jody Cervenak
 2023 Ed. (1302)
Jody Cordeiro
 2023 Ed. (1295)
Jody Feragen
 2015 Ed. (2638)
 2016 Ed. (4928)
Joe Aceves
 1991 Ed. (2549)
Joe Aragona
 2003 Ed. (4846)
Joe Berdardino
 2004 Ed. (2487)
Joe Bick
 2003 Ed. (221, 225)
Joe Boxer
 2009 Ed. (4710)
Joe Caltabiano
 2017 Ed. (3591, 3593)
 2018 Ed. (3651)
 2019 Ed. (3642)
Joe Davis
 2012 Ed. (1077)
Joe Decilveo Jr.
 2017 Ed. (1155)
Joe Diffie
 1994 Ed. (1100)
Joe Diffle
 1993 Ed. (1079)
Joe Doyle, 1910
 1991 Ed. (702)
Joe E. Harris Sr.
 1992 Ed. (534)
Joe Ettore
 2004 Ed. (2528)
Joe F. Flack
 1992 Ed. (2905)
 1993 Ed. (2463)
Joe Fedele
 2005 Ed. (2321)
Joe Flacco
 2015 Ed. (222)
 2018 Ed. (201)
Joe Fortes & Goldfish Restaurants
 2013 Ed. (1486, 3042)
Joe Fortes Seafood & Chop House Ltd.
 2014 Ed. (1454)
Joe Fortes Seafood & Chophouse
 2007 Ed. (1606)
Joe Frank Harris
 1991 Ed. (1857)
Joe G. Maloof & Co.
 2003 Ed. (1788)
 2004 Ed. (1822)
 2005 Ed. (1906)
Joe Galli
 2005 Ed. (2470)
Joe Gebbia
 2015 Ed. (797)
Joe Gibbs Racing
 2007 Ed. (327)
 2009 Ed. (336)
 2010 Ed. (316)
 2011 Ed. (240)
 2012 Ed. (261)
 2013 Ed. (268)
 2014 Ed. (271)
 2015 Ed. (310)
 2016 Ed. (307)
 2017 Ed. (310)
 2018 Ed. (291)
 2019 Ed. (291)
Joe Haden
 2016 Ed. (219)
Joe Jack Mills
 1993 Ed. (2463)
Joe Jamail
 1995 Ed. (932, 1068)
Joe L. Albritton
 1992 Ed. (531, 1138)
Joe L. Barton
 1999 Ed. (3843, 3959)
Joe Lewis
 2007 Ed. (4928)
 2008 Ed. (4904)
 2009 Ed. (4920)
 2010 Ed. (4921, 4924)
 2020 Ed. (4877)
Joe Liemandt
 2005 Ed. (2453)
Joe Louis Arena
 1989 Ed. (992)
Joe Mansueto
 2015 Ed. (4891)
 2016 Ed. (4809)
Joe Mauer
 2012 Ed. (432)
 2013 Ed. (187)
 2014 Ed. (193)
 2015 Ed. (220)
Joe Meyers Mitsubishi
 1994 Ed. (277)

Joe Miller Homes
 1998 Ed. (911)
Joe Miller Homes/D. R. Horton
 2000 Ed. (1223)
Joe Moglia
 2006 Ed. (3185)
 2007 Ed. (3223)
Joe Montana
 1995 Ed. (250, 251, 1671)
 1997 Ed. (1724)
Joe Morgan Yugo
 1990 Ed. (325)
Joe Myers Mitsubishi
 1992 Ed. (392)
 1993 Ed. (278)
 1995 Ed. (280)
Joe Myers Toyota
 2013 Ed. (220)
Joe Namath
 1995 Ed. (250, 1671)
Joe Public Relations
 2002 Ed. (3854)
Joe R. Lee
 2004 Ed. (2491, 2530, 2531)
Joe Rizza Auto Group
 1991 Ed. (308)
Joe Roby
 1998 Ed. (1515)
Joe Rogan
 2021 Ed. (2405)
Joe Rothchild Realty
 2018 Ed. (4111)
Joe Sacik
 1999 Ed. (306)
Joe Sakic
 2003 Ed. (298)
Joe Sloan
 2013 Ed. (4894)
Joe Van Horn Chevrolet Inc.
 2015 Ed. (5030)
 2018 Ed. (4945)
 2019 Ed. (4942)
 2020 Ed. (4944)
 2021 Ed. (4947)
 2022 Ed. (4943)
 2023 Ed. (4947)
Joel B. Alvord
 1992 Ed. (531)
 1998 Ed. (289, 1515)
 1999 Ed. (386)
Joel; Billy
 1989 Ed. (989)
 1992 Ed. (1348, 1350)
 1993 Ed. (1078, 1080)
 1995 Ed. (1118)
 1996 Ed. (1093, 1095)
 2005 Ed. (1160)
 2011 Ed. (1065, 1066)
 2016 Ed. (1048)
 2017 Ed. (1082, 1083, 3624)
 2018 Ed. (1006, 1007)
 2019 Ed. (1010)
Joel F. Gemunder
 2011 Ed. (834)
Joel Gemunder
 2006 Ed. (2531)
 2007 Ed. (2512)
 2008 Ed. (2640)
 2009 Ed. (2666)
 2012 Ed. (2494)
Joel Gross
 1991 Ed. (1684)
 1993 Ed. (1827)
 1994 Ed. (1810)
Joel Isaacson & Co.
 2015 Ed. (7)
 2019 Ed. (2)
 2021 Ed. (5)
 2022 Ed. (6)
 2023 Ed. (44)
Joel Jankowsky
 2002 Ed. (3211)
Joel Kimbrough
 2006 Ed. (965)
Joel Price
 1992 Ed. (2135)
 1993 Ed. (1788, 1822)
 1994 Ed. (1771, 1805, 1834)
 1995 Ed. (1812, 1843)
Joel Rassman
 2006 Ed. (966)
 2007 Ed. (1062)
 2008 Ed. (964)
 2010 Ed. (916)
Joel Ronning
 2010 Ed. (2567)
Joel Tiss
 1998 Ed. (1659)
 1999 Ed. (2249)
 2000 Ed. (2031)
Joel Wolfe
 2021 Ed. (4462)
 2022 Ed. (4471)
Joella's Hot Chicken
 2022 Ed. (4138)
Joeris General Contractors Ltd.
 2018 Ed. (1968)

Joerres; Jeffrey
 2005 Ed. (966)
 2006 Ed. (879)
 2007 Ed. (970)
 2008 Ed. (934)
 2010 Ed. (884)
 2016 Ed. (257)
Joerres; Jeffrey A.
 2011 Ed. (825)
Joe's Crab Shack
 2000 Ed. (3762, 3773, 3774, 3873)
 2001 Ed. (4060, 4061)
 2002 Ed. (4028)
 2003 Ed. (4101)
 2004 Ed. (4146)
 2005 Ed. (4060, 4061, 4063)
 2006 Ed. (4135)
 2007 Ed. (4155)
 2008 Ed. (4163, 4195, 4196)
 2009 Ed. (4271, 4294)
 2010 Ed. (4212, 4261)
 2011 Ed. (4259, 4260)
 2014 Ed. (4427)
 2015 Ed. (4275, 4276, 4277, 4278, 4409)
 2016 Ed. (4179, 4180, 4181, 4182)
 2017 Ed. (4309)
 2018 Ed. (4215)
 2019 Ed. (4244)
 2020 Ed. (4243)
 2021 Ed. (4119, 4209)
Joe's Jeans
 2013 Ed. (2841)
Joe's Plastics Inc.
 2013 Ed. (4209)
 2017 Ed. (4108)
 2018 Ed. (4133)
 2019 Ed. (4149)
 2020 Ed. (4153)
 2021 Ed. (4102)
Joe's Seafood
 2016 Ed. (4198)
Joe's Seafood, Prime Steak & Stone Crab
 2007 Ed. (4123)
 2010 Ed. (4201)
 2018 Ed. (4174, 4177, 4180, 4182)
 2019 Ed. (4189, 4192, 4198)
 2020 Ed. (4201, 4203, 4210)
 2021 Ed. (4143, 4144, 4149, 4150, 4163, 4166, 4167)
 2022 Ed. (4170, 4171, 4176, 4177, 4189, 4190)
Joe's Seafood, Prime Steak & Stone Crab (Chicago, IL)
 2021 Ed. (4163)
Joe's Stone Crab
 1994 Ed. (3053)
 1997 Ed. (3302)
 1998 Ed. (3049)
 1999 Ed. (4056)
 2000 Ed. (3772)
 2001 Ed. (4053)
 2002 Ed. (3994)
 2003 Ed. (4087)
 2005 Ed. (4047)
 2006 Ed. (4105)
 2007 Ed. (4131)
 2008 Ed. (4149)
 2010 Ed. (4201)
 2011 Ed. (4207)
 2016 Ed. (4198)
 2017 Ed. (4175)
 2018 Ed. (4172, 4180)
 2019 Ed. (4187, 4195)
 2020 Ed. (4199, 4208)
 2021 Ed. (4139, 4140, 4165)
Joe's Stone Crab House
 2014 Ed. (4305)
Joe's Stone Crab (Miami Beach, FL)
 2021 Ed. (4165)
Joester Loria Group
 2022 Ed. (3382)
 2023 Ed. (3502)
The Joester Loria Group
 2013 Ed. (3510)
 2014 Ed. (3484)
 2015 Ed. (3501)
 2016 Ed. (3352)
 2017 Ed. (3317)
 2018 Ed. (3380)
 2021 Ed. (3297)
Joey Bosa
 2023 Ed. (319)
Joey Delovino
 2023 Ed. (1311)
Joey Jacobs
 2009 Ed. (3707)
 2010 Ed. (3625)
Joey Logano
 2018 Ed. (199)
 2019 Ed. (193)
Joey Votto
 2019 Ed. (192)
Joey Wat
 2022 Ed. (4921)
 2023 Ed. (4919)
Joey's Only Seafood Restaurant
 2002 Ed. (4024)
 2003 Ed. (4129)

2006 Ed. (4124)
Joggin' in a Jug
 1994 Ed. (687)
Jogging/running
 2001 Ed. (422)
Jogging/running shoes
 1993 Ed. (257)
Joh. A Benckiser
 2021 Ed. (764, 2169)
 2022 Ed. (802, 2198)
Joh. A. Benckiser
 2020 Ed. (310, 314, 2191)
 2021 Ed. (297, 2170)
 2022 Ed. (310, 2199)
Joh. A. Benckiser GmbH
 2017 Ed. (2681)
Johan Aurik
 2014 Ed. (1152)
Johan Eliasch
 2007 Ed. (917)
 2008 Ed. (897, 4007)
Johan Johannson
 2015 Ed. (4947)
 2016 Ed. (4862)
 2017 Ed. (4866)
 2018 Ed. (4875)
 2019 Ed. (4869)
 2022 Ed. (4854)
 2023 Ed. (4849)
Johan Santana
 2012 Ed. (432)
 2013 Ed. (187)
 2014 Ed. (193)
Johan Thijs
 2019 Ed. (874)
 2020 Ed. (861)
Johan Thijs (KBC)
 2021 Ed. (875)
Johann A. Benckiser
 2001 Ed. (18, 28, 40, 68, 72, 77, 86)
Johann Graf
 2012 Ed. (4875)
 2013 Ed. (4857)
 2014 Ed. (4871)
 2015 Ed. (4909)
 2016 Ed. (4825)
 2017 Ed. (4835)
 2018 Ed. (4840)
 2019 Ed. (4836)
 2020 Ed. (4826)
 2021 Ed. (4827)
 2022 Ed. (4820)
 2023 Ed. (4814)
Johann Hay GmbH
 2011 Ed. (3512)
Johann Rupert
 2008 Ed. (4895)
 2009 Ed. (4915)
 2010 Ed. (4919)
 2011 Ed. (4909)
 2012 Ed. (4919)
 2013 Ed. (4908, 4918)
 2014 Ed. (4918)
 2015 Ed. (4906, 4958)
 2016 Ed. (4821, 4874)
 2017 Ed. (4832, 4874)
 2018 Ed. (4837, 4886)
 2019 Ed. (4878)
 2020 Ed. (4867)
 2021 Ed. (4868)
 2022 Ed. (4864)
Johann Rupert & family
 2023 Ed. (4858)
Johanna Foods Inc.
 2008 Ed. (4998)
 2017 Ed. (3386, 3667)
 2018 Ed. (2146)
 2019 Ed. (2144)
 2020 Ed. (2129)
 2021 Ed. (2122)
 2022 Ed. (2154)
 2023 Ed. (2273)
Johanna Foods, Inc.
 2019 Ed. (3712)
Johanna Ortiz
 2022 Ed. (2613)
Johanna Quandt
 1992 Ed. (888)
 2003 Ed. (4892)
 2005 Ed. (4878, 4882)
 2007 Ed. (4911)
 2008 Ed. (4864, 4867)
 2010 Ed. (4895)
 2011 Ed. (4878)
 2012 Ed. (4887)
 2013 Ed. (4871)
 2014 Ed. (4885)
 2015 Ed. (4924)
 2016 Ed. (4840)
 2017 Ed. (4848)
Johanna Walters
 2021 Ed. (3159)
 2023 Ed. (3391)
Johanna Walters (Merrill Lynch Wealth Management)
 2021 Ed. (3159)
 2022 Ed. (3303)

CUMULATIVE INDEX • 1989-2023

Johanna Walton
 2000 Ed. (2101)
Johannes Leonardo
 2019 Ed. (51)
Johannesburg
 2000 Ed. (3376)
Johannesburg Consolidated
 1993 Ed. (1397)
 1994 Ed. (1446)
Johannesburg Consolidated Investment
 1996 Ed. (1442, 1443)
 1997 Ed. (2585)
Johannesburg, South Africa
 2009 Ed. (254)
 2011 Ed. (3499)
 2012 Ed. (913)
 2013 Ed. (166)
 2014 Ed. (170)
 2019 Ed. (2589)
Johannesburg Stock Exchange
 2014 Ed. (4553)
 2015 Ed. (4547)
 2016 Ed. (4483, 4485, 4486)
 2019 Ed. (4510)
 2020 Ed. (4490)
 2021 Ed. (4473)
Johannson; Johan
 2015 Ed. (4947)
 2016 Ed. (4862)
 2017 Ed. (4866)
 2018 Ed. (4875)
 2019 Ed. (4869)
 2022 Ed. (4854)
 2023 Ed. (4849)
Johanson Manufacturing Corp.
 1992 Ed. (4487)
Johanson & Yau Accountancy Corp.
 2014 Ed. (3)
 2015 Ed. (3)
 2016 Ed. (3)
Johansson; Scarlett
 2009 Ed. (2606)
 2016 Ed. (2525)
 2017 Ed. (2379)
Johar; Indy
 2022 Ed. (3704)
Johas & Associates Inc.
 1994 Ed. (1737)
 1995 Ed. (1769, 1770)
 1996 Ed. (1750)
 1998 Ed. (1543)
Johathan Adler
 2010 Ed. (3005)
Jonathan McRoberts
 2007 Ed. (2549)
JOHCM Global Select Advisor
 2023 Ed. (4503)
JOHCM International Select
 2022 Ed. (4490)
JOHCM International Select I
 2022 Ed. (4490)
JOHCM International Select Investor
 2023 Ed. (4508)
John A. Allison IV
 2007 Ed. (1202)
 2008 Ed. (1108)
 2009 Ed. (1086)
John A. Baugh
 2011 Ed. (3355)
John A. Bogardus
 1989 Ed. (1741)
John A. Clerico
 1999 Ed. (1127)
John A. Edwardson
 1996 Ed. (1716)
John A. Feenan
 2007 Ed. (2498)
John A. Garcia
 2009 Ed. (2656)
John A. Hayes
 2014 Ed. (939)
John A. Kanas
 1992 Ed. (1138)
John A. Levin
 2002 Ed. (2467)
John A. Shirley
 1992 Ed. (2051)
John A. Sobrato
 2005 Ed. (4852)
 2006 Ed. (4906)
 2007 Ed. (4902)
 2008 Ed. (4830)
 2009 Ed. (4851)
 2010 Ed. (4857)
 2011 Ed. (4836)
 2012 Ed. (4846)
 2013 Ed. (4847)
 2014 Ed. (4863)
 2015 Ed. (4900)
 2016 Ed. (4816)
 2017 Ed. (4827)
 2018 Ed. (4832)
 2019 Ed. (4829)
 2020 Ed. (4819)
 2021 Ed. (4820)
 2022 Ed. (4813)
John A. Sobrato & family
 2023 Ed. (4806)

John A. Thain
 2009 Ed. (4032)
John A. Wood Ltd.
 2007 Ed. (1287)
John A. Young
 1991 Ed. (1627)
 1992 Ed. (2053, 2057)
 1993 Ed. (1702)
John Aaroe & Associates
 2000 Ed. (3713)
John Adam Kerns Jr.
 2007 Ed. (1676, 1711, 3338, 4020)
John Adams
 2002 Ed. (2180)
 2003 Ed. (717, 719)
 2004 Ed. (742)
John Akers
 1990 Ed. (971)
 2010 Ed. (895)
John, Alan & Bruce Wilson
 2022 Ed. (4819)
John Albert Sobrato
 2002 Ed. (3360)
John Alchin
 2005 Ed. (991)
 2007 Ed. (1049)
 2008 Ed. (967)
John Alden Financial Corp
 1995 Ed. (1003)
John Alden Financial Corp.
 1991 Ed. (954)
 1993 Ed. (964)
 1997 Ed. (2442)
 1998 Ed. (2176)
 1999 Ed. (2453)
John Alden Life Insurance Co.
 2000 Ed. (2682)
John Apthrop
 2008 Ed. (4909)
John Armitage
 2020 Ed. (4845)
 2021 Ed. (4846)
 2022 Ed. (4841)
 2023 Ed. (4836)
John Arnold
 2009 Ed. (2715)
 2010 Ed. (2640)
 2011 Ed. (629)
 2012 Ed. (599)
 2013 Ed. (740, 2891)
John Arnold ExecuTrak Systems Inc.
 1992 Ed. (994)
John Arquilla
 2005 Ed. (2322)
John Arrillaga
 1994 Ed. (2059, 2521, 3655)
 1995 Ed. (2112, 2579, 3726)
 1998 Ed. (1944, 2504, 3705)
 2002 Ed. (3360)
 2003 Ed. (4883)
 2004 Ed. (2843, 4867)
John Asprey
 2007 Ed. (4931)
John Atkins
 1999 Ed. (2330)
John Avila Jr.
 2010 Ed. (2963)
John B. Blystone
 2005 Ed. (1104)
 2006 Ed. (1099)
John B. Breaux
 1994 Ed. (2890)
John B. Canuso Inc.
 1990 Ed. (1180)
 1991 Ed. (1066)
John B. Collins Associates Inc.
 2002 Ed. (3960)
 2005 Ed. (3152)
 2008 Ed. (3331)
 2009 Ed. (3403, 3406)
 2010 Ed. (3339, 3341)
John B. Dicus
 2006 Ed. (2530)
John B. Fairfax
 2001 Ed. (3317)
John B. Hess
 2007 Ed. (1031)
 2008 Ed. (953)
 2009 Ed. (952)
 2010 Ed. (904, 909)
 2011 Ed. (840)
 2015 Ed. (969)
John B. McCoy
 1994 Ed. (357)
 2000 Ed. (386)
 2001 Ed. (2315)
John B. Sanfilippo & Son
 2015 Ed. (1692, 2779)
 2016 Ed. (1644, 2709)
 2021 Ed. (4412)
 2022 Ed. (4411)
 2023 Ed. (4440)
John B. Sanfilippo & Son Inc.
 2004 Ed. (2756, 2757)
 2005 Ed. (2751, 2752)
John B. Schulze
 2008 Ed. (3997)

John Bailey & Associates
 2004 Ed. (4032)
 2005 Ed. (3975)
John Barr
 2000 Ed. (2050)
John Barret
 2007 Ed. (2758)
John Barth
 2005 Ed. (967)
 2006 Ed. (874, 936)
 2007 Ed. (965, 1030)
 2008 Ed. (935, 952)
 2009 Ed. (951)
John Bauer III
 1996 Ed. (1798)
John Bean Technologies
 2020 Ed. (1592)
John Bensche
 1999 Ed. (2272)
 2000 Ed. (2044, 2055)
John Bibler
 2013 Ed. (3468)
John Bogle
 2004 Ed. (3213)
 2011 Ed. (628)
John Branca
 1991 Ed. (2297)
 1997 Ed. (2611)
 2002 Ed. (3070)
John Brennan
 2002 Ed. (3026)
 2003 Ed. (3058)
John Brincat
 1993 Ed. (938)
John Brock
 2011 Ed. (820)
John Brown
 2009 Ed. (141)
 2010 Ed. (4140)
 2019 Ed. (4825)
 2020 Ed. (4815)
 2021 Ed. (4816)
 2022 Ed. (4809)
 2023 Ed. (4802)
John Brown/Davy
 1994 Ed. (1158, 1159, 1160, 1161, 1162, 1163, 1164, 1165, 1168, 1170, 1644, 1646, 1647, 1648, 1649, 1650, 1651, 1652)
 1995 Ed. (1177, 1178, 1179, 1180, 1181, 1182, 1183, 1185, 1188, 1190, 1684, 1685, 1686, 1687, 1688, 1689, 1690, 1691, 1696)
 1996 Ed. (1111, 1121, 1124, 1125, 1129, 1151, 1152, 1153, 1154, 1155, 1156, 1157, 1158, 1159, 1160, 1161, 1163, 1165, 1666, 1667, 1668, 1669, 1670, 1671, 1672, 1673, 1678)
John Brown E & C
 1994 Ed. (1123, 1124, 1134, 1633, 1637, 1640)
 1995 Ed. (1138, 1148, 1151, 1152, 1157, 1672, 1676, 1679)
 1996 Ed. (1655, 1659)
John Brown Engineers & Constructors Ltd.
 1991 Ed. (1097)
 1992 Ed. (1427, 1429, 1961, 1963, 1964, 1967, 1968)
 1993 Ed. (1100, 1118, 1141, 1144, 1146, 1147, 1148, 1601, 1605, 1608, 1614, 1615, 1616, 1618, 1619, 1620)
John Brown Media Group
 2011 Ed. (4140)
John Brown University
 1996 Ed. (1042)
 1997 Ed. (1058)
 1998 Ed. (796)
 1999 Ed. (1225)
 2008 Ed. (1063)
 2009 Ed. (1039)
 2010 Ed. (1005)
John Browne
 2003 Ed. (787, 2371)
 2005 Ed. (789)
 2006 Ed. (691, 932)
 2007 Ed. (1022)
John Bryan
 1999 Ed. (2077)
John Bryant
 2005 Ed. (988)
 2010 Ed. (916)
John Buchanan
 2000 Ed. (1052)
John Buck Co.
 1998 Ed. (3017)
 2000 Ed. (3728)
John Bucksbaum
 2007 Ed. (1021)
 2008 Ed. (942)
 2009 Ed. (942)
John Burger
 2017 Ed. (4083)
 2018 Ed. (4109)
John Burgess
 2013 Ed. (3468)
John Burke
 2012 Ed. (810)

John Byerly
 2009 Ed. (3713)
John Byrnes
 2009 Ed. (3707)
 2010 Ed. (3625)
John C. Chenoweth
 1990 Ed. (2662)
John C. Crean
 1999 Ed. (1411)
John C. Farrell
 1990 Ed. (2660)
John C. Hart
 1996 Ed. (967)
John C. Lechleiter
 2010 Ed. (901)
John C. Malone
 1993 Ed. (937, 1695)
John C. Martin
 2006 Ed. (930)
 2007 Ed. (1021)
 2010 Ed. (901)
 2011 Ed. (817, 831, 849)
 2012 Ed. (800)
 2013 Ed. (989)
 2014 Ed. (937)
 2016 Ed. (721, 865)
John C. Plant
 2011 Ed. (829)
 2015 Ed. (964)
John C. Pope
 1991 Ed. (1620)
 1992 Ed. (2051)
John C. Shortell
 1992 Ed. (534)
John C. Sites Jr.
 1995 Ed. (1728)
John Canada
 1995 Ed. (2485)
John Carlo Inc.
 2004 Ed. (1290)
John Carlson
 2020 Ed. (200)
John Carrig
 2006 Ed. (969)
 2007 Ed. (1065)
John Carroll University
 1992 Ed. (1271)
 1993 Ed. (1019)
 1994 Ed. (1046)
 1995 Ed. (1054)
 1996 Ed. (1039)
 1997 Ed. (1055)
 1998 Ed. (800)
 1999 Ed. (1229)
 2000 Ed. (1138)
 2001 Ed. (1324)
 2008 Ed. (1085)
 2009 Ed. (1059)
 2010 Ed. (1027)
John Carter
 2014 Ed. (3700, 3702)
John Casablancas Modeling/Career Centers
 2002 Ed. (3378)
John Casesa
 1994 Ed. (1761)
 1995 Ed. (1803)
 1996 Ed. (1777, 1828)
 1999 Ed. (2211)
 2000 Ed. (1982, 1983)
John Catsimatidis
 2011 Ed. (4825)
John Caudwell
 2005 Ed. (4888)
 2006 Ed. (2500)
 2007 Ed. (4934)
 2008 Ed. (4908)
John Cena
 2017 Ed. (219)
 2018 Ed. (203)
 2019 Ed. (197)
John Chambers
 1992 Ed. (2905)
 1996 Ed. (1710)
 2000 Ed. (796, 1044)
 2001 Ed. (1217, 1218)
 2002 Ed. (1041, 1042, 3026)
 2003 Ed. (960, 961)
 2005 Ed. (972, 979)
 2006 Ed. (884)
 2007 Ed. (975)
 2008 Ed. (940)
 2009 Ed. (943)
 2010 Ed. (890, 894)
 2011 Ed. (817, 818)
 2012 Ed. (800)
John Chapple
 2006 Ed. (922)
 2007 Ed. (1012)
John Charles Haas
 2002 Ed. (3357)
John Chen
 2016 Ed. (719)
John Chezik Suzuki
 1990 Ed. (321)
 1992 Ed. (413)

John Christner Trucking
  2003 Ed. (4804)
  2012 Ed. (4225)
  2013 Ed. (4210)
  2014 Ed. (4224)
  2015 Ed. (4212)
  2016 Ed. (4131)
  2018 Ed. (4134)
  2019 Ed. (4150)
  2021 Ed. (4103)
  2022 Ed. (4130)
  2023 Ed. (4212)
John Christner Trucking LLC
  2009 Ed. (4242)
  2010 Ed. (4173)
  2011 Ed. (4175)
  2012 Ed. (4226)
  2014 Ed. (4225)
  2015 Ed. (4213)
  2016 Ed. (4132)
  2017 Ed. (4109)
  2018 Ed. (4135)
  2019 Ed. (4151)
  2020 Ed. (4156, 4157)
  2021 Ed. (4104, 4105)
  2022 Ed. (4131, 4132)
  2023 Ed. (4214, 4215)
John Chrysikopoulos
  1994 Ed. (1801)
  1995 Ed. (1839)
  1996 Ed. (1817)
  1997 Ed. (1891)
The John Clark Motor Group
  2017 Ed. (2031)
John Coates
  2017 Ed. (2393)
John Collison
  2018 Ed. (4861)
  2019 Ed. (4855)
  2020 Ed. (4845)
  2021 Ed. (4846)
  2022 Ed. (4841)
  2023 Ed. (4836)
John Conlee
  1994 Ed. (1100)
  1997 Ed. (1113)
John Connors
  2006 Ed. (990)
John Conroy
  1999 Ed. (2360)
  2000 Ed. (2143)
John Cook School of Business
  2015 Ed. (815)
John Coombe
  2000 Ed. (1052)
John Corzine
  2003 Ed. (3206)
John Cotton (Mirfield) Ltd.
  1993 Ed. (971)
John Cougar Mellencamp
  1990 Ed. (1144)
John Coulter
  2007 Ed. (4931)
John Craig Eaton
  1997 Ed. (3871)
John Crowther Group PLC
  1991 Ed. (3356)
John Cunningham
  2004 Ed. (410)
John Curley
  1991 Ed. (2406)
John D. Ambler
  1994 Ed. (1712)
John D. Butler
  2005 Ed. (2511)
  2007 Ed. (2504)
  2008 Ed. (2635)
  2009 Ed. (2661, 3208)
  2010 Ed. (3140)
John D. & Catherine T. MacArthur Foundation
  1989 Ed. (1470, 1471, 2165)
  1990 Ed. (2786)
  1991 Ed. (895, 1765, 2689, 2693)
  1992 Ed. (1096, 2214, 2215, 3358)
  1993 Ed. (1895, 1896, 2783)
  1994 Ed. (1897, 1898, 1906, 2772)
  1995 Ed. (1931, 1932)
  1999 Ed. (2499, 2501)
  2000 Ed. (2259, 2260)
  2001 Ed. (2517, 2518, 3780)
  2002 Ed. (2328, 2329, 2332, 2333, 2335, 2337, 2340, 2342)
  2004 Ed. (2681)
  2005 Ed. (2677, 2678)
  2008 Ed. (2766)
  2010 Ed. (2770)
  2011 Ed. (2756)
  2012 Ed. (2690)
John D. Dingell
  1999 Ed. (3843, 3959)
John D. Finnegan
  2008 Ed. (949)
  2010 Ed. (900)
  2011 Ed. (837)
  2015 Ed. (960)
  2016 Ed. (870)

John D. Fornengo
  1995 Ed. (1079)
John D. Hashagen Jr.
  1992 Ed. (532)
John D. Marcella Appliances
  2014 Ed. (4364)
John D. Martin
  1990 Ed. (1714)
John D. Ong
  1990 Ed. (1717)
John D. Page
  1992 Ed. (534)
John D. Rice
  2010 Ed. (2564)
John D. Rockefeller
  2006 Ed. (4914)
  2008 Ed. (4837)
  2010 Ed. (891)
John D. Waihee III
  1992 Ed. (2345)
John D. Wren
  2011 Ed. (839)
John D. Wright
  2011 Ed. (855)
John Daane
  2003 Ed. (4383)
John Daly
  2011 Ed. (2970)
The John David Group plc
  2009 Ed. (2111)
John Dean
  2000 Ed. (2004)
John Deere
  1990 Ed. (15)
  1992 Ed. (1185)
  1998 Ed. (2545)
  2002 Ed. (3062, 3064, 3066, 3223)
  2003 Ed. (3271)
  2011 Ed. (3512)
  2013 Ed. (3551, 3553)
  2014 Ed. (2290, 3529)
  2015 Ed. (1145, 3543)
  2016 Ed. (1055, 3395)
  2017 Ed. (1089, 3034, 3357)
  2018 Ed. (1018, 3424)
  2019 Ed. (1026, 1038)
  2020 Ed. (1017)
  2021 Ed. (984, 1000, 1020)
  2022 Ed. (1022, 3108, 3109)
  2023 Ed. (1201, 1221)
John Deere Canada ULC
  2016 Ed. (4889)
  2017 Ed. (4888)
  2018 Ed. (4904)
  2019 Ed. (4895)
  2020 Ed. (4885)
  2022 Ed. (4879)
  2023 Ed. (4873)
John Deere Capital Corp.
  1993 Ed. (845, 1766)
  1995 Ed. (1788)
John Deere Community Credit Union
  2002 Ed. (1865)
  2003 Ed. (1919)
  2004 Ed. (1959)
  2005 Ed. (2101)
  2006 Ed. (2154, 2196)
John Deere & Co.
  2004 Ed. (3330)
  2017 Ed. (3364)
John Deere Credit
  1990 Ed. (1762)
  1991 Ed. (1666)
  1998 Ed. (388)
  2006 Ed. (4820)
John Deere Financial
  2015 Ed. (1793)
  2017 Ed. (126)
  2018 Ed. (126)
  2019 Ed. (122)
  2020 Ed. (117)
  2021 Ed. (109, 4325)
  2022 Ed. (4332)
John Deere Financial, F.S.B.
  2021 Ed. (4325)
  2022 Ed. (114, 4332)
  2023 Ed. (188, 4362)
John Deere Financial, FSB
  2013 Ed. (4373, 4374, 4377)
  2014 Ed. (112)
  2015 Ed. (127)
  2016 Ed. (133)
John Deere Financial (Madison, WI)
  2021 Ed. (109)
John Deere Health Care
  1997 Ed. (2198)
  1999 Ed. (2653)
John Deere Insurance Co.
  2014 Ed. (3228)
  2016 Ed. (3140)
John Deere Mexico
  2015 Ed. (1823)
John Deere (U.S.)
  2021 Ed. (984)
  2022 Ed. (1022, 3108)
John Derian
  2010 Ed. (3004)

John Devine
  2005 Ed. (988)
  2006 Ed. (948)
  2007 Ed. (1043)
John Distefano
  2013 Ed. (1211)
John Doddridge
  1997 Ed. (980)
John Doerr
  2003 Ed. (4846, 4847)
John Donahoe
  2011 Ed. (2975)
  2014 Ed. (762)
John Dorrance
  2007 Ed. (4918)
  2012 Ed. (4902)
  2013 Ed. (4879)
John Dorrance III
  2008 Ed. (4885)
  2009 Ed. (4890)
  2010 Ed. (4890)
  2011 Ed. (4879)
  2012 Ed. (4888)
  2013 Ed. (4880)
  2014 Ed. (4893)
  2015 Ed. (4932)
  2016 Ed. (4848)
  2017 Ed. (4853)
  2018 Ed. (4861)
  2019 Ed. (4855)
  2020 Ed. (4845)
  2021 Ed. (4846)
  2022 Ed. (4841)
John Dorrance, III
  2023 Ed. (4836)
John Dorrance, Jr. & Family
  1990 Ed. (3687)
John Doyle
  2007 Ed. (4920)
  2008 Ed. (4884)
John Drzik
  2011 Ed. (1142)
John E. Abele
  2002 Ed. (3354)
  2004 Ed. (4863)
  2005 Ed. (4849)
  2006 Ed. (4904)
  2007 Ed. (4892)
  2008 Ed. (4829)
  2011 Ed. (4829)
John E. Andrus Memorial
  2002 Ed. (2339)
John E. Bryson
  2007 Ed. (1034)
  2008 Ed. (956)
  2009 Ed. (955)
John E. Conlin
  2003 Ed. (3061)
John E. Green Co.
  2003 Ed. (1241, 1337)
  2004 Ed. (1235, 1244, 1337)
  2005 Ed. (1281, 1342)
  2006 Ed. (1242, 1338, 3924)
  2007 Ed. (1387, 2580, 3977, 3978, 4888)
  2008 Ed. (1227, 1253, 1261, 1330, 2719, 4000, 4001, 4820)
  2009 Ed. (1317, 2772, 4074, 4075, 4845)
  2010 Ed. (1212, 1236, 3993)
  2011 Ed. (1274, 3998)
  2012 Ed. (1096, 1175, 3991, 3992, 3994)
  2013 Ed. (1250, 1266, 1277, 4056, 4057, 4059, 4060, 4061)
  2014 Ed. (121, 1199, 1210, 3995, 3997, 3999, 4846)
  2015 Ed. (1229, 1242, 1247, 4047, 4883)
  2016 Ed. (1153, 1169, 2666, 3937, 4801)
  2017 Ed. (1202, 1213, 2613)
  2019 Ed. (1164, 2658)
  2020 Ed. (1155)
John E. Irving
  1997 Ed. (3871)
John E. Little
  2002 Ed. (3351)
John E. Lobbia
  1993 Ed. (1699)
John E. Lyons
  1992 Ed. (2051)
John E. McCaw Jr.
  2004 Ed. (4866)
John E. McGlade
  2011 Ed. (2545)
  2012 Ed. (2491)
  2013 Ed. (2636)
  2014 Ed. (2591)
  2015 Ed. (2633)
John E. Stewart
  1992 Ed. (533)
John E. Stuart
  1999 Ed. (2085)
John Eastman
  1991 Ed. (2297)
  1997 Ed. (2611)
John Echeveste
  2012 Ed. (2882)
John Eddie Williams Jr.
  2002 Ed. (3072)
John Elkann
  2015 Ed. (797)

John; Elton
  1990 Ed. (1142)
  1991 Ed. (1041)
  1994 Ed. (1099, 1101)
  1996 Ed. (1093, 1095)
  1997 Ed. (1114)
  2005 Ed. (1160)
  2007 Ed. (1267, 2451)
  2008 Ed. (2583)
  2009 Ed. (2607, 2611)
  2011 Ed. (1065, 1066)
  2013 Ed. (2599, 2603, 2607)
  2014 Ed. (3728)
John Elway Dealerships
  2018 Ed. (235, 238)
  2019 Ed. (235)
  2020 Ed. (240)
John Engle
  1996 Ed. (1911)
John Engler
  1993 Ed. (1994)
John Ensign
  2003 Ed. (3894)
John Erdmann
  2009 Ed. (3441)
John F. Akers
  1991 Ed. (1627)
  1993 Ed. (1702)
John F. Antioco
  2006 Ed. (941)
John F. Chambers
  1993 Ed. (2463)
John F. Connelly
  1989 Ed. (1378, 1380)
John F. Coyne
  2011 Ed. (844)
John F. Gifford
  2003 Ed. (4383)
John F. Hunt
  2018 Ed. (1037)
John F. Johnson
  1991 Ed. (1614)
John F. Kennedy
  1991 Ed. (214)
John F. Kennedy Airport
  2001 Ed. (349)
John F. Kennedy Center
  1999 Ed. (1295)
John F. Kennedy Center for the Performing Arts
  2004 Ed. (929)
  2005 Ed. (3281)
John F. Kennedy International Airport
  1993 Ed. (168, 206, 209)
  1994 Ed. (152, 191, 192, 194)
  1995 Ed. (169, 195, 199)
  2008 Ed. (236)
  2021 Ed. (155)
  2022 Ed. (143, 147)
  2023 Ed. (219, 221)
John F. Kennedy Medical Center
  1990 Ed. (2054)
John F. Kennedy School of Government of Harvard University
  1991 Ed. (891, 1003)
John F. Kennedy Stadium
  1989 Ed. (986)
John F. Maher
  1990 Ed. (1712)
  1994 Ed. (1720)
John F. Mars
  1989 Ed. (732)
  1990 Ed. (731, 3688)
  1991 Ed. (710, 3477)
  1992 Ed. (890)
  2009 Ed. (4852)
John F. McDonnell
  1994 Ed. (1718)
John F. McGillicuddy
  1989 Ed. (1381)
  1990 Ed. (458, 459)
  1991 Ed. (402, 1625)
  1994 Ed. (357)
John F. Remondi
  2006 Ed. (2532)
John F. Savage Hall
  1999 Ed. (1296)
John F. Smith
  1997 Ed. (981)
John F. Smith Jr.
  1996 Ed. (965)
  1998 Ed. (723)
  1999 Ed. (1125)
John F. Welch Jr.
  1989 Ed. (1376, 1379)
  1993 Ed. (936)
  1995 Ed. (980)
  2002 Ed. (2183)
John Fairfax Holdings Ltd.
  2002 Ed. (4617)
  2004 Ed. (3938)
  2005 Ed. (1660)
John Figueroa
  2013 Ed. (2637)
John Finney McDonnell
  1996 Ed. (961, 963)

John Fisher
    2006 Ed. (4902)
    2008 Ed. (4831)
    2009 Ed. (4849)
    2010 Ed. (4853)
    2012 Ed. (430)
John Fleming
    2010 Ed. (3006)
John Fluke
    1989 Ed. (1326)
    1990 Ed. (2989)
John Force Racing Inc.
    2023 Ed. (392)
John Forrey
    1998 Ed. (1575)
    1999 Ed. (2162)
    2000 Ed. (1926, 1932)
John Forsyth Co.
    1990 Ed. (3569)
John Forsyth Company
    1992 Ed. (4279)
John Foster
    2009 Ed. (3713)
John Franklyn Mars
    2010 Ed. (4854)
    2011 Ed. (4828)
    2012 Ed. (4841)
    2013 Ed. (4839)
    2014 Ed. (4855)
    2015 Ed. (4892)
    2016 Ed. (4810)
    2017 Ed. (4821)
    2018 Ed. (4826)
    2019 Ed. (4823)
    2020 Ed. (4813)
    2021 Ed. (4814)
John Fredriksen
    2008 Ed. (4901)
John Fredriksen
    2005 Ed. (4888)
    2007 Ed. (4923)
    2008 Ed. (4862)
    2009 Ed. (4886, 4917)
    2010 Ed. (4921)
    2012 Ed. (4882, 4921)
    2013 Ed. (4866, 4901)
    2014 Ed. (4880, 4913)
    2015 Ed. (4918)
    2016 Ed. (4834)
    2017 Ed. (4842)
    2018 Ed. (4849)
    2019 Ed. (4844)
    2020 Ed. (4833)
    2021 Ed. (4834)
    2022 Ed. (4827)
    2023 Ed. (4822)
John Frieda
    2016 Ed. (2845, 2846, 2848)
John Frieda Frizz-Ease
    2008 Ed. (2870)
John Frieda Professional Hair Care Inc.
    2005 Ed. (1546)
John Fuller
    1990 Ed. (2662)
John Fusek
    1999 Ed. (2172)
John G. Drosdick
    2007 Ed. (960, 1031)
    2008 Ed. (953)
    2009 Ed. (952)
John G. Hofland Ltd.
    2007 Ed. (3378)
John G. Kinnard & Co. Inc.
    2001 Ed. (888)
John G. Russell (Transport)
    2017 Ed. (4710)
    2019 Ed. (4708)
    2020 Ed. (4682)
John G. Shedd Aquarium
    1991 Ed. (894)
John G. Stumpf
    2011 Ed. (821, 824)
    2015 Ed. (966)
John Gandel
    2008 Ed. (4842)
    2009 Ed. (4860, 4876)
    2010 Ed. (4862, 4878)
    2011 Ed. (4867, 4868)
    2012 Ed. (4873, 4874)
    2013 Ed. (4855, 4856)
    2014 Ed. (4869, 4870)
    2015 Ed. (4907, 4908)
    2016 Ed. (4823, 4824)
    2017 Ed. (4834)
    2018 Ed. (4839)
    2019 Ed. (4835)
    2020 Ed. (4825)
    2021 Ed. (4826)
    2022 Ed. (4819)
John Geraghty
    1993 Ed. (1794)
    1994 Ed. (1777)
    1995 Ed. (1817, 1818)
    1996 Ed. (1792, 1802)
John Gifford
    2006 Ed. (917)
    2007 Ed. (1007)

John Glotzbach
    2013 Ed. (3392)
    2014 Ed. (3394)
John Gokongwei
    2011 Ed. (4903)
John Gokongwei Jr.
    2006 Ed. (4921)
    2010 Ed. (4917)
    2012 Ed. (4914)
    2013 Ed. (4897)
    2014 Ed. (4909)
    2015 Ed. (4950)
    2016 Ed. (4865)
John Gokongwei, Jr.
    2015 Ed. (4951)
    2016 Ed. (4866)
    2017 Ed. (4868)
    2018 Ed. (4878)
    2019 Ed. (4872)
    2020 Ed. (4861)
John Govett
    1995 Ed. (2396)
John Govett & Co.
    1993 Ed. (2356)
John Graham
    1999 Ed. (2427)
    2009 Ed. (3713)
    2018 Ed. (2004)
John Graham Holdings Ltd.
    2019 Ed. (2069)
    2020 Ed. (1979)
    2021 Ed. (1933)
John Grayken
    2017 Ed. (4853)
    2018 Ed. (4861)
    2019 Ed. (4855)
    2020 Ed. (4845)
    2021 Ed. (4846)
    2022 Ed. (4841)
    2023 Ed. (4836)
John Green
    2016 Ed. (245)
    2017 Ed. (243)
    2018 Ed. (230)
John Greene
    1996 Ed. (1905)
John Grisham
    2001 Ed. (430)
    2002 Ed. (347)
    2008 Ed. (280)
    2009 Ed. (302)
    2014 Ed. (217)
    2017 Ed. (243)
    2018 Ed. (230)
    2019 Ed. (225)
    2020 Ed. (228)
John Groce & Co. Inc.
    1991 Ed. (1081)
John Grose Group Ltd.
    2019 Ed. (4264)
John Grubman
    1999 Ed. (2274)
John H. Bryan
    1992 Ed. (1143, 2059)
    1994 Ed. (1721)
    1998 Ed. (1516)
    2000 Ed. (1884)
    2002 Ed. (2214)
John H. Bryan, Jr.
    1990 Ed. (973, 1720)
    1991 Ed. (926, 1628)
John H. Clark Co.
    1992 Ed. (3964)
John H. Gutfreund
    1990 Ed. (975, 1716)
John H. Hammergren
    2011 Ed. (831)
    2012 Ed. (798)
    2013 Ed. (989)
    2015 Ed. (965)
John H. Harland Co.
    1989 Ed. (2102)
    1990 Ed. (2736, 2903)
    1991 Ed. (1446, 2636, 2766)
    1992 Ed. (3285)
    1993 Ed. (1506, 2740, 2918)
    1995 Ed. (2806)
    1996 Ed. (2862)
    1997 Ed. (2957, 3170)
    1998 Ed. (2701)
    1999 Ed. (1558)
    2004 Ed. (3934, 3935)
    2005 Ed. (3892, 3893)
John H. Johnson
    2012 Ed. (110)
John H. Krehbiel Jr.
    2002 Ed. (3357)
John H. Lynch
    2000 Ed. (1887)
John H. Pinkerton
    2010 Ed. (893)
John H. Roe
    2004 Ed. (3911)
John H. Schmatter
    2004 Ed. (2531)
John H. Stanford
    1993 Ed. (2461)

John Hadley
    1995 Ed. (935)
John Halewood
    2008 Ed. (4909)
John Hallacy
    1998 Ed. (1564, 1595)
John Hammergren
    2007 Ed. (983)
    2010 Ed. (887)
    2016 Ed. (873)
John Hancock
    1989 Ed. (1692)
    1990 Ed. (1792, 1799, 2235)
    1991 Ed. (243, 1722)
    1992 Ed. (2370, 2664, 2671, 2729, 2732, 2734, 2736, 2748, 3549)
    1993 Ed. (2011, 2258, 2281, 2284, 2286, 2308, 2922)
    1994 Ed. (2294, 2298, 3160)
    1998 Ed. (2255, 2258, 2654)
    1999 Ed. (4171, 4172, 4173)
    2000 Ed. (2714, 3882, 3885, 3900)
    2006 Ed. (610)
    2007 Ed. (3659)
    2010 Ed. (3303)
    2011 Ed. (3730)
    2012 Ed. (3741)
    2020 Ed. (632, 2511, 3688)
John Hancock Accommodator 2000 Global
    1994 Ed. (3613)
John Hancock - Accommodator 2000 (VA)
    1991 Ed. (2151, 2154)
John Hancock Classic Value
    2008 Ed. (2616)
John Hancock Consolidated
    2009 Ed. (277)
John Hancock Corporate Tax Credit Fund I LP
    2010 Ed. (1800)
    2013 Ed. (1841)
    2014 Ed. (1771)
    2015 Ed. (1817)
    2016 Ed. (1776)
John Hancock Distributors
    1999 Ed. (839, 841, 842, 851, 861, 865)
    2000 Ed. (833, 834, 837, 838, 839, 849, 862, 865)
John Hancock Financial
    2017 Ed. (353)
    2018 Ed. (322)
    2019 Ed. (325)
John Hancock Financial Inc.
    1989 Ed. (1809, 2134, 2137)
    1990 Ed. (2324, 2325, 2329)
    1994 Ed. (2318)
    2007 Ed. (2903)
John Hancock Financial Network
    2009 Ed. (1718, 1719)
    2010 Ed. (1667)
    2011 Ed. (1675)
    2012 Ed. (1524)
John Hancock Financial Services Inc.
    1989 Ed. (1806)
    1990 Ed. (2354)
    1991 Ed. (2246)
    1992 Ed. (2769, 2774)
    1994 Ed. (2303, 2306)
    1997 Ed. (2540)
    1998 Ed. (2264, 2286)
    1999 Ed. (3047, 3086)
    2002 Ed. (1526, 1723, 2933, 4194)
    2003 Ed. (1756, 2958, 2959, 2995, 2996)
    2004 Ed. (1793, 3033, 3034, 3035, 3036, 3102, 3113)
    2005 Ed. (1562, 1861, 1862, 1863, 1864, 3048, 3049, 3086, 3105, 3116, 3118)
    2006 Ed. (1419, 1423, 1441, 1445, 3123, 3949, 3951, 3960)
    2007 Ed. (1489, 3165, 3166, 3167)
    2008 Ed. (1483)
    2012 Ed. (2940)
John Hancock - Flex V (VL)
    1991 Ed. (2151, 2153, 2154)
John Hancock Freedom Regular Bank B
    1994 Ed. (2613)
John Hancock Funds
    2000 Ed. (2806)
John Hancock Global Rx A
    1997 Ed. (2899)
John Hancock Global Tech. B
    1997 Ed. (2898)
John Hancock Greater China Opportunities
    2008 Ed. (3771)
John Hancock Group
    2009 Ed. (3366)
    2010 Ed. (3302)
    2011 Ed. (2539, 3265, 3266)
    2014 Ed. (3740)
    2016 Ed. (3671)
John Hancock Growth & Income A
    1999 Ed. (3515, 3557)
John Hancock Healthplan of PA Inc
    1989 Ed. (1587)
John Hancock Healthplan of Pa. Inc.
    1990 Ed. (2000)
John Hancock High Yield
    2008 Ed. (593, 596, 599)
    2011 Ed. (523)

    2014 Ed. (633)
John Hancock High Yield A
    1998 Ed. (2633)
John Hancock High Yield Bold
    2005 Ed. (699)
John Hancock High Yield Bond A
    1999 Ed. (754, 3538)
John Hancock High Yield Bond B
    1999 Ed. (3538)
John Hancock International
    1996 Ed. (2770)
John Hancock Life Assurance
    2002 Ed. (2909)
John Hancock Life Insurance Co.
    2002 Ed. (2869)
    2003 Ed. (1754)
    2007 Ed. (1758, 3123, 3152)
    2008 Ed. (1779, 3302)
    2009 Ed. (1727, 3330, 3356, 3362, 3364, 3383)
    2010 Ed. (1675, 3295, 3299, 3300, 3301, 3317, 3319)
    2011 Ed. (1684, 3231)
    2012 Ed. (1535, 3230, 3235, 3236)
    2013 Ed. (3311, 3314)
John Hancock Life Insurance Group
    2016 Ed. (3239)
    2017 Ed. (3195)
    2018 Ed. (3279)
    2019 Ed. (3232)
    2020 Ed. (3245)
    2021 Ed. (3111)
    2022 Ed. (3252)
    2023 Ed. (3341)
John Hancock, Mass.
    1989 Ed. (2157)
John Hancock Mil Life Insurance Co.
    2000 Ed. (2702)
John Hancock Mutual
    1989 Ed. (1681)
    1990 Ed. (2243)
    2000 Ed. (2698, 2793, 2836)
John Hancock Mutual Life
    1989 Ed. (1679, 1686, 1687, 1688)
    1990 Ed. (2231, 2233, 2239, 2240)
    1991 Ed. (246, 2112, 2113, 2207, 2210, 2212, 2214)
    1992 Ed. (338, 2385, 2660, 2661, 2663, 2666, 2674, 2675, 2711, 4381, 4382)
    1993 Ed. (2205, 2206, 2207, 2208, 2210, 2212, 2213, 2215, 2217, 2218, 2220, 2221, 2222, 2287, 3278, 3653, 3654)
    1994 Ed. (224, 2249, 2251, 2255, 2256, 2261, 2262, 2266, 3268)
    1995 Ed. (223, 2292, 2294, 2301, 2306, 2314, 2374, 3349)
    1997 Ed. (1477, 2430, 2448, 2453, 2456, 2509, 2517, 3412)
    1998 Ed. (171, 1175, 2155, 2156, 2158, 2171, 2177, 2178, 2180, 2181, 2183, 2185, 2186, 2189, 2193)
    1999 Ed. (1704, 2943, 2945, 2947, 2948, 2950, 2951, 2953, 2955, 2956, 2958)
    2000 Ed. (1513, 2686, 2695, 2697)
John Hancock Mutual Life Ins.
    1990 Ed. (1791)
John Hancock Mutual Life Insurance
    1991 Ed. (244, 1721, 2095, 2099, 2104, 2109)
    1996 Ed. (1418, 1974, 2070, 2305, 2306, 2307, 2312, 2314, 2315, 2316, 2317, 2320, 2323, 2324, 2328, 2376, 2387)
    2000 Ed. (2706, 2707, 2709)
    2001 Ed. (1788, 2933, 2934, 2940, 2943, 2944, 2946, 2949, 2950)
    2002 Ed. (2923, 2926, 2927, 2929)
John Hancock Regional Bank
    1994 Ed. (2624, 2629)
    2003 Ed. (3522)
John Hancock Regional Bank A
    1999 Ed. (3507)
John Hancock Regional Bank B
    1999 Ed. (3574)
John Hancock Small Cap Equity Fund
    2003 Ed. (3540)
John Hancock Sovereign Bond
    1996 Ed. (2784)
John Hancock Sovereign Inv.
    1994 Ed. (2635)
John Hancock Special Equities
    1993 Ed. (2669, 2679)
    1994 Ed. (2602, 2617)
John Hancock Strategic Income A
    1999 Ed. (747)
John Hancock - The Accommodator (VA)
    1991 Ed. (2152)
John Hancock Variable
    1999 Ed. (2938, 2941, 2942)
John Hancock Variable Life
    2002 Ed. (2904, 2934)
John Hancock Venture Capital Mgt.
    1990 Ed. (3667)
John x Hannes
    2020 Ed. (57)
John Hargreaves
    2005 Ed. (4890)
    2007 Ed. (4927)
    2008 Ed. (4903)

John Hartzell
　1996 Ed. (1891)
John Harvey
　1997 Ed. (1888)
John Heaton
　2006 Ed. (2514)
John Hebb (Motor Engineering) Ltd.
　1993 Ed. (975)
John Hebb (Motor Engineers) Ltd.
　1994 Ed. (1003)
　1995 Ed. (1016)
John Hecht
　2011 Ed. (3339, 3348)
John Heie
　2008 Ed. (2629)
John Heinbochel
　1994 Ed. (1822)
John Heinbockel
　1995 Ed. (1864)
　1996 Ed. (1845)
　1997 Ed. (1918)
　1998 Ed. (1619)
　1999 Ed. (2259)
　2000 Ed. (2039)
John Heinmiller
　2006 Ed. (976)
　2007 Ed. (1071)
　2010 Ed. (2568)
John Henderson
　2005 Ed. (1984)
John Henderson (Holdings)
　2016 Ed. (2090)
　2017 Ed. (2052)
　2018 Ed. (2012)
　2019 Ed. (2069)
　2020 Ed. (1979)
　2021 Ed. (1933)
John Henderson Holdings
　2017 Ed. (2048)
　2018 Ed. (2009)
　2019 Ed. (2066)
　2020 Ed. (1976)
John Henderson (Holdings) Ltd.
　2021 Ed. (1933)
John Henry
　1992 Ed. (3532)
　1994 Ed. (1840)
　2006 Ed. (2515)
　2014 Ed. (4865)
　2015 Ed. (4902)
　2017 Ed. (4829)
　2018 Ed. (4834)
　2019 Ed. (4831)
　2023 Ed. (4808)
John Herma
　2004 Ed. (4868)
John Herrlin
　1997 Ed. (1887)
John Herrlin, Jr.
　1996 Ed. (1814)
　1998 Ed. (1657)
　1999 Ed. (2247)
　2000 Ed. (2029)
John Hervey
　1998 Ed. (1635)
　1999 Ed. (2222)
John Hickenlooper
　2007 Ed. (2497)
　2009 Ed. (4857)
John Higginbotham
　2011 Ed. (4441)
John Hindelong
　1992 Ed. (2135)
　1993 Ed. (1800)
　1994 Ed. (1783)
　1995 Ed. (1823)
　1996 Ed. (1796)
　1998 Ed. (1609, 1642)
　1999 Ed. (2233)
　2000 Ed. (2013)
John Hine Pontiac Mazda
　1991 Ed. (273)
John Hobson
　1999 Ed. (2280)
John Hodulik
　2008 Ed. (2691)
John Hogg
　2007 Ed. (2033)
John Holmes
　1993 Ed. (2638)
John Hopkins University
　2001 Ed. (1319)
　2006 Ed. (3785)
John Hudson
　1999 Ed. (2180)
　2000 Ed. (1951)
John Hughes Group
　2016 Ed. (1385)
　2020 Ed. (253)
　2021 Ed. (241)
　2022 Ed. (262)
John Hunkin
　2008 Ed. (2637)
John Ilhan
　2005 Ed. (4862)
　2006 Ed. (4922)

John Irish
　1998 Ed. (1584)
　1999 Ed. (2175)
John Irving
　2005 Ed. (4863, 4875, 4876)
　2006 Ed. (4923)
　2007 Ed. (4910)
　2008 Ed. (4855, 4856)
　2009 Ed. (4881, 4882)
　2010 Ed. (4882, 4883)
　2011 Ed. (4870, 4871)
　2012 Ed. (4878)
　2013 Ed. (4860)
　2014 Ed. (4874)
John Isbrandtsen
　2013 Ed. (2638)
John J. Brincat
　1994 Ed. (1721)
John J. Byrne (Fireman's Fund Corp.)
　1991 Ed. (2156)
John J. Campbell Co.
　2010 Ed. (1291, 1307)
John J. Curley
　2000 Ed. (1879)
John J. Donahoe
　2010 Ed. (899, 907)
　2014 Ed. (943)
John J. Dooner Jr.
　2003 Ed. (2410)
John J. Gallagher
　2010 Ed. (2562)
John J. Harris
　2010 Ed. (178)
John J. Kassner & Co.
　1991 Ed. (1563)
　1994 Ed. (1653)
John J. Kirlin Inc.
　2003 Ed. (1338)
　2005 Ed. (1280, 1343)
　2006 Ed. (1240, 1264, 1340)
　2007 Ed. (1388)
　2008 Ed. (1332)
　2016 Ed. (1154)
John J. Kirlin LLC
　2009 Ed. (1327)
John J. Lee
　2004 Ed. (3911)
John J. Mack
　2007 Ed. (1027)
　2008 Ed. (949)
John J. McQuade Co.
　1993 Ed. (1153)
John J. Pomerantz
　1992 Ed. (1145)
　1993 Ed. (940)
John J. Shea
　1990 Ed. (1719)
John J. Smith Masonry Co.
　1995 Ed. (1162)
　1996 Ed. (1147)
　1997 Ed. (1166)
　1999 Ed. (1371)
　2000 Ed. (1263)
　2001 Ed. (1477)
　2002 Ed. (1293)
　2006 Ed. (1286)
　2014 Ed. (1209)
　2015 Ed. (1267)
　2016 Ed. (1182)
　2017 Ed. (1225)
John J. Tucker
　1994 Ed. (1712)
John Jacob Astor
　2006 Ed. (4914)
　2008 Ed. (4837)
John Janedis
　2011 Ed. (3343)
John & Jere Thompson
　1990 Ed. (1905)
　1991 Ed. (1823)
　1992 Ed. (2299)
　1993 Ed. (1956)
　1995 Ed. (2004)
　1998 Ed. (1845)
　2000 Ed. (2347)
　2002 Ed. (3791)
John Johns
　2015 Ed. (954)
John Jones
　1998 Ed. (1672)
　1999 Ed. (2263)
　2000 Ed. (2046)
John Jones III
　2007 Ed. (1009)
John Kanas
　2005 Ed. (964)
　2006 Ed. (927)
　2007 Ed. (1017)
John Kapoor
　2016 Ed. (4812)
　2017 Ed. (4823)
John & Kate Plus 8
　2011 Ed. (2938)
John Kavanagh Co.
　2002 Ed. (2686)
　2003 Ed. (1168)
　2004 Ed. (1176)
　2005 Ed. (1203)

John Keefe
　1991 Ed. (1680)
John Keeler & Co. Inc.
　2003 Ed. (2747)
John Keells
　2010 Ed. (1997)
John Keells Holding
　1999 Ed. (933, 934, 935)
　2000 Ed. (1149)
John Keells Holdings
　1994 Ed. (1061)
　1997 Ed. (809, 810, 812, 1070)
　1999 Ed. (931, 1240, 1241)
　2000 Ed. (1150)
　2007 Ed. (1993)
John Keels
　1995 Ed. (828, 831)
John Keels Holdings
　1996 Ed. (1052)
　2002 Ed. (4476, 4477)
　2006 Ed. (1073)
John Kellenyi
　1989 Ed. (1417)
　1990 Ed. (1766, 1768)
　1991 Ed. (1686, 1706)
John Kerry
　2001 Ed. (3318)
　2003 Ed. (3206)
John Kessel
　2012 Ed. (3448)
John King
　2012 Ed. (4920)
　2013 Ed. (4894)
John Kispert
　2005 Ed. (992)
　2006 Ed. (988)
　2007 Ed. (1081)
John Kluge
　1999 Ed. (4746)
　2000 Ed. (4375)
　2002 Ed. (3358)
　2003 Ed. (4882)
　2004 Ed. (4865)
　2005 Ed. (4851)
　2006 Ed. (4901)
　2007 Ed. (4896)
　2008 Ed. (4825)
　2011 Ed. (4833)
John Kollar
　1999 Ed. (2166)
　2000 Ed. (1923, 1936)
John Kucharski
　1995 Ed. (979)
John Kuryak
　2012 Ed. (3448)
John Kyees
　2007 Ed. (1094)
John L. Maltby
　1991 Ed. (2342)
　1992 Ed. (2903)
　1993 Ed. (2461)
John L. Scott Real Estate
　2005 Ed. (4001, 4002)
　2006 Ed. (4036, 4037)
　2007 Ed. (4076)
　2008 Ed. (4109, 4110)
　2009 Ed. (4216, 4217)
　2010 Ed. (4150)
　2021 Ed. (4064)
　2022 Ed. (4080)
John L. Sims
　1989 Ed. (737)
John L. Sullivan
　2006 Ed. (333)
John L. Sullivan Automotive Group
　2018 Ed. (2529)
John L. Sullivan Chevrolet
　2002 Ed. (360, 361)
　2004 Ed. (4822, 4823)
　2005 Ed. (4806)
　2013 Ed. (219)
John L. Wortham & Son LP
　2011 Ed. (3201)
　2012 Ed. (3158)
　2013 Ed. (3234)
　2014 Ed. (3248)
John Labatt Centre
　2006 Ed. (1156)
　2010 Ed. (1130)
　2011 Ed. (1073, 1074)
　2012 Ed. (998)
John Labatt Ltd.
　1989 Ed. (26)
　1990 Ed. (25)
　1991 Ed. (20)
　1992 Ed. (43, 74, 1590, 2417)
　1993 Ed. (26, 749, 1288)
　1994 Ed. (695, 696, 700, 701, 2064)
　1995 Ed. (651, 660, 662)
　1996 Ed. (30, 728, 730, 737, 738, 1315, 2123, 3148)
　1997 Ed. (661)
　2006 Ed. (1438)
John Laing
　1999 Ed. (1395)
John Laing Homes
　1992 Ed. (1361)
　2002 Ed. (1197, 1209, 2672, 3924)

　2003 Ed. (1189, 1209)
　2004 Ed. (1185, 1194)
　2005 Ed. (1211)
　2006 Ed. (1158)
　2007 Ed. (1297, 1298, 1306)
John Laing plc
　1991 Ed. (1065)
　2001 Ed. (1412)
John Lancaster
　2005 Ed. (926, 927)
John Larkin
　1997 Ed. (1903)
John Lau
　2010 Ed. (910)
　2011 Ed. (855)
John Laws
　2001 Ed. (2270)
John Lawson
　2000 Ed. (2077)
John Lazlo
　1996 Ed. (1772, 1802)
　1997 Ed. (1875)
　1998 Ed. (1671)
John LeClair
　2003 Ed. (298)
John Lederer
　2009 Ed. (2662)
John Legend
　2015 Ed. (1136)
　2016 Ed. (3641)
John Lelliot Group PLC
　1993 Ed. (973)
John Lennon
　2006 Ed. (802)
　2007 Ed. (891)
　2009 Ed. (878)
　2010 Ed. (828)
　2011 Ed. (755)
　2012 Ed. (691)
　2013 Ed. (907)
　2014 Ed. (853)
　2015 Ed. (889)
　2016 Ed. (774)
　2017 Ed. (2386)
　2018 Ed. (2445)
　2019 Ed. (2494)
　2020 Ed. (2486)
　2022 Ed. (2519)
John Leonard Employment Services Inc.
　2007 Ed. (3566)
John Leonis
　1996 Ed. (963)
　1999 Ed. (1120)
John Levinson
　1992 Ed. (2135)
　1993 Ed. (1805)
　1994 Ed. (1823)
John Lewis
　1999 Ed. (4100)
　2001 Ed. (4115)
　2007 Ed. (728)
　2008 Ed. (679, 698, 700)
　2009 Ed. (707)
　2011 Ed. (937)
John Lewis Group (incl. Waitrose)
　1990 Ed. (3055)
John Lewis Partnership
　1990 Ed. (3499)
　2013 Ed. (2111)
　2014 Ed. (2054)
　2015 Ed. (2099, 2100, 2106, 2110)
　2016 Ed. (2079, 2081, 2084, 2087)
　2018 Ed. (1994)
　2019 Ed. (2051)
　2020 Ed. (1967)
John Lewis Partnership plc
　2011 Ed. (1413, 1415)
　2012 Ed. (1244, 1245, 1247, 4366)
　2013 Ed. (2116, 4322, 4347)
　2014 Ed. (2052, 4373, 4396)
　2015 Ed. (2104, 4382)
　2016 Ed. (2082, 4259, 4282)
　2017 Ed. (2041, 4246, 4270)
　2018 Ed. (4263)
　2019 Ed. (4292)
John Lewis PLC
　2018 Ed. (2314)
John Lewis plc
　2015 Ed. (2094, 2467)
　2016 Ed. (2072)
　2017 Ed. (2030)
　2018 Ed. (1986)
　2019 Ed. (2043)
John Lipsky
　1998 Ed. (1611)
John Lockwood
　1990 Ed. (2657)
　1991 Ed. (2546)
　1992 Ed. (3136)
John Lovoi
　1999 Ed. (2248)
　2000 Ed. (2030)
John Lummis
　2006 Ed. (980)
John M. Barth
　2008 Ed. (947)
　2009 Ed. (946)

John M. Bridgeland
  2011 Ed. (3761)
  2012 Ed. (3763)
John M. Harland
  1994 Ed. (2692)
John M. Holtrust
  2008 Ed. (2635)
John M. LaFata Ltd.
  1995 Ed. (1130)
John M. Murabito
  2010 Ed. (2563, 3140)
John M. Nadel
  2011 Ed. (3362)
John M. Olin Foundation
  1991 Ed. (1003, 1767)
  2002 Ed. (2332)
John M. Olin School of Business
  2014 Ed. (795)
  2015 Ed. (838)
  2016 Ed. (733)
John M. Olson Co.
  1992 Ed. (1435)
  1993 Ed. (1150)
  1995 Ed. (1176)
  1996 Ed. (1150)
  1997 Ed. (1179)
  1998 Ed. (961)
  1999 Ed. (1385)
John M. Richman
  1991 Ed. (1621)
John M. Zrno
  1996 Ed. (965)
  1997 Ed. (981)
John Mackey
  1995 Ed. (1717)
  2006 Ed. (925, 2627)
  2007 Ed. (1015)
John Mackin
  1993 Ed. (1810)
  1997 Ed. (1883)
John Madden
  2002 Ed. (4546)
  2003 Ed. (2335)
  2004 Ed. (2415)
John Madden NFL '94
  1995 Ed. (3636, 3637)
John Madejski
  2005 Ed. (4893)
John Magnier
  2007 Ed. (4918)
  2012 Ed. (4902)
John Mahedy
  1996 Ed. (1815)
  1997 Ed. (1889)
John Maher
  1990 Ed. (1723)
John Malone
  2009 Ed. (4857)
  2013 Ed. (4844)
  2014 Ed. (4860)
  2015 Ed. (4897)
  2016 Ed. (4815)
  2018 Ed. (4831)
  2019 Ed. (4828)
  2020 Ed. (4818)
  2021 Ed. (4819)
  2022 Ed. (4812)
  2023 Ed. (4805)
John Manley Jr.
  1998 Ed. (1616)
John Manville
  2000 Ed. (2337)
John Mara
  2012 Ed. (2679)
John Marchetti
  2011 Ed. (3375)
John Marren
  1998 Ed. (1671)
  1999 Ed. (2262)
John Mars
  1993 Ed. (699)
  1994 Ed. (708)
  2002 Ed. (3353)
  2003 Ed. (4880)
  2004 Ed. (4862)
  2005 Ed. (4848)
  2006 Ed. (4903)
  2007 Ed. (4898)
  2008 Ed. (4827)
  2022 Ed. (4807)
  2023 Ed. (4800)
John Marshall Law School
  1996 Ed. (2462)
  1997 Ed. (2606)
  1998 Ed. (2337)
  1999 Ed. (3163)
  2001 Ed. (3064)
John Martin
  2006 Ed. (876)
  2007 Ed. (967)
  2010 Ed. (887)
John Mather
  1997 Ed. (2705)
John Mathes & Associates Inc.
  1990 Ed. (3062)
John Matouk & Co.
  2018 Ed. (1891)

John Maxwell Jr.
  1995 Ed. (1851)
John Mayer
  2015 Ed. (1136)
John McCain
  1992 Ed. (1038)
  2010 Ed. (2897)
  2018 Ed. (3367)
John McCartney
  1996 Ed. (1716)
  1997 Ed. (1797, 1804)
  2000 Ed. (1880, 1882)
John McCaw Jr.
  2002 Ed. (3349)
John McColgan
  2005 Ed. (4884)
John McDonnell
  1992 Ed. (2058)
John McGinty
  1993 Ed. (1810)
  1994 Ed. (1793)
  1995 Ed. (1819, 1831)
  1996 Ed. (1793, 1809)
  1997 Ed. (1867, 1883)
  1998 Ed. (1650)
  1999 Ed. (2225, 2240)
  2000 Ed. (2007, 2023)
John McGrath Ford
  2021 Ed. (1370)
John McGrory
  1995 Ed. (2668)
John McMillin
  1991 Ed. (1681, 1709)
  1993 Ed. (1798)
  1994 Ed. (1781)
  1995 Ed. (1821)
  1996 Ed. (1794)
  1997 Ed. (1868)
  1998 Ed. (1640)
  1999 Ed. (2228)
  2000 Ed. (2010)
John McShain Charities Inc.
  1990 Ed. (1849)
John McStay Investment Counsel, Equity-Midcap Product
  2003 Ed. (3130)
John Mellencamp
  1992 Ed. (1351)
  1994 Ed. (1100)
  1995 Ed. (1118, 1120)
  1997 Ed. (1113)
John Menard
  2008 Ed. (4831)
  2009 Ed. (4852)
  2011 Ed. (4837)
  2012 Ed. (4840)
  2013 Ed. (4838)
John Menard Jr.
  2007 Ed. (4903)
  2014 Ed. (4853)
  2015 Ed. (4890)
  2016 Ed. (4808)
  2017 Ed. (4820)
  2018 Ed. (4825)
  2019 Ed. (4821)
  2020 Ed. (4811)
  2021 Ed. (4812)
  2022 Ed. (4805)
John Menard, Jr.
  2023 Ed. (4798)
John Menzies PLC
  1990 Ed. (1412)
  1991 Ed. (1337)
  1993 Ed. (1389)
John Menzies plc
  2018 Ed. (2015)
John Merrigan
  2002 Ed. (3211)
John Michael Associates
  2008 Ed. (4375)
John Michael Montgomery
  1999 Ed. (1294)
John Middlebrook
  2002 Ed. (3263)
John Middleton Black & Mild Natural Wrap
  2020 Ed. (3722)
John Middleton Inc.
  1999 Ed. (1144)
  2003 Ed. (967, 4753)
John Milligan
  2006 Ed. (950)
  2007 Ed. (1045)
  2008 Ed. (966)
John Mills Electric
  2021 Ed. (4433)
  2023 Ed. (4465, 4479)
John Milner Associates Inc.
  1996 Ed. (237)
John de Mol
  2008 Ed. (4870)
  2009 Ed. (4892)
  2010 Ed. (4892)
  2011 Ed. (4881)
  2012 Ed. (4890)
  2013 Ed. (4891)
  2014 Ed. (4904)
  2015 Ed. (4944)
  2016 Ed. (4859)

2017 Ed. (4863)
  2018 Ed. (4872)
  2019 Ed. (4866)
  2020 Ed. (4855)
  2021 Ed. (4855)
  2022 Ed. (4851)
  2023 Ed. (4846)
John Morgridge
  1996 Ed. (1711, 1713)
  2002 Ed. (3358)
  2005 Ed. (4856)
  2006 Ed. (4910)
  2011 Ed. (4831)
John Morphy
  2006 Ed. (955)
  2007 Ed. (1051)
John Morrell
  1998 Ed. (2455)
  2008 Ed. (2770, 4277)
  2009 Ed. (2827)
  2023 Ed. (2901)
John Morrell & Co.
  1991 Ed. (1750)
  1992 Ed. (2199, 2988, 2993, 2996, 3505, 3508, 3510)
  1993 Ed. (1884, 2514, 2521, 2879, 2887, 2888, 2890)
  1994 Ed. (2451, 2458, 2750, 2903, 2907)
  1995 Ed. (1909, 2519, 2527, 2959, 2964, 2966)
  1996 Ed. (1949, 2583, 2586, 2587, 2590, 3058, 3062, 3065, 3066)
  1997 Ed. (2734, 2735, 3142)
  1998 Ed. (2454)
  1999 Ed. (2527, 4140)
  2007 Ed. (2627)
  2009 Ed. (2829, 4385, 4386)
  2013 Ed. (2051)
John Morrell Nathan's Famous
  2022 Ed. (2768)
John Morris
  2000 Ed. (2187)
  2016 Ed. (4817)
John Mowlem & Co. plc
  2001 Ed. (1412)
John Muir Health
  2019 Ed. (2873)
  2021 Ed. (1409)
  2022 Ed. (1415)
  2023 Ed. (1609)
John Murphy
  1991 Ed. (928)
  2009 Ed. (4905)
  2010 Ed. (4906)
John Murray
  2018 Ed. (4111)
  2019 Ed. (4121)
John N. Brincat
  1997 Ed. (1803)
John N. Hatsopoulos
  1999 Ed. (1127)
John Nelson
  1996 Ed. (1912)
John Nieves
  2016 Ed. (3335)
John Nils Hanson
  2007 Ed. (960)
John Nuveen & Co.
  1990 Ed. (3164, 3207, 3211, 3216)
  1991 Ed. (2944, 2983, 2986, 3036, 3038, 3062)
  1993 Ed. (762, 3138, 3175)
  1995 Ed. (758, 3258, 3259)
  1996 Ed. (3361)
  1997 Ed. (737)
  1998 Ed. (524, 2306, 3253)
  1999 Ed. (3100, 3583)
  2000 Ed. (3969)
The John Nuveen Co.
  1989 Ed. (2382)
  1990 Ed. (2645, 2647, 3150)
  1992 Ed. (3857, 3858, 3860)
  1996 Ed. (801)
  2000 Ed. (2845)
  2004 Ed. (1560, 4322)
John Oliver Partnership
  2001 Ed. (2661)
John Olsen
  2000 Ed. (2026)
John Olson
  1993 Ed. (1811)
  1994 Ed. (1794)
  1995 Ed. (1832)
  1997 Ed. (1884)
  1999 Ed. (2244)
John O'Quinn
  1991 Ed. (2296)
  1997 Ed. (2612)
  2002 Ed. (3072)
John Orin Edson
  2002 Ed. (3357)
John Owen
  2006 Ed. (946)
  2007 Ed. (1041)
John P. Daane
  2011 Ed. (842)

John P. Jones III
  2006 Ed. (2522)
  2007 Ed. (1024, 2501)
  2008 Ed. (946, 2633)
  2009 Ed. (945, 2657)
  2010 Ed. (897, 2562)
John P. Kelly
  2009 Ed. (942)
John P. Mackey
  2011 Ed. (833)
John P. Morgridge
  1995 Ed. (1729, 1731)
  1996 Ed. (961)
John P. Picone
  1993 Ed. (1152)
John P. Spooner
  2006 Ed. (2520)
John P. Surma
  2008 Ed. (946)
  2009 Ed. (945)
  2010 Ed. (908)
  2014 Ed. (2595)
  2015 Ed. (2637)
John P. Wiehoff
  2010 Ed. (893)
  2011 Ed. (846)
  2012 Ed. (789)
John P. Woods Co. Inc.
  1992 Ed. (3659)
  1993 Ed. (2993)
  1994 Ed. (3041)
  1995 Ed. (3086)
  1996 Ed. (3187)
  1997 Ed. (3291)
  1998 Ed. (3036)
  2000 Ed. (3751)
  2001 Ed. (4037)
  2002 Ed. (3960)
John Patterson
  2010 Ed. (895)
John Paul Construction
  2019 Ed. (1247)
  2020 Ed. (1241)
  2021 Ed. (1207)
  2022 Ed. (1208)
John Paul Construction Ltd.
  2021 Ed. (1207)
  2022 Ed. (1208)
  2023 Ed. (1443)
John Paul DeJoria
  2012 Ed. (4840)
  2013 Ed. (4838)
John Paul Mitchell Systems
  2023 Ed. (2128)
John-Paul Smith
  2000 Ed. (2184)
John Paulsen
  1997 Ed. (1932)
  1998 Ed. (1571)
  2000 Ed. (1928)
John Paulson
  2009 Ed. (2715)
  2010 Ed. (2640)
  2011 Ed. (4818)
  2012 Ed. (4838)
  2013 Ed. (4832)
  2014 Ed. (4847)
  2015 Ed. (2968, 4884)
John Pellegrini
  2016 Ed. (3335)
John Phizackerley
  1993 Ed. (1799)
  1994 Ed. (1782, 1832)
John Plant
  2007 Ed. (1030)
  2008 Ed. (952)
  2009 Ed. (951)
  2010 Ed. (903)
  2014 Ed. (940)
  2015 Ed. (957)
John Player Superkings
  1996 Ed. (972)
  1997 Ed. (991)
John Poe Architects
  2023 Ed. (267)
John Pomp Studios
  2016 Ed. (2835)
John Power
  2001 Ed. (4787)
  2002 Ed. (284, 3105)
  2003 Ed. (4901)
  2004 Ed. (4891)
John Purcell
  1996 Ed. (1893)
John Q Hammons
  2014 Ed. (3083)
John Q. Hammons
  1990 Ed. (2060)
  1993 Ed. (2078, 2079)
  1994 Ed. (2094)
John Q. Hammons Hotels
  2015 Ed. (3159)
John Q Hammons Hotels Inc.
  1992 Ed. (2465, 2466, 2469, 2470)
  1995 Ed. (2149)
  1997 Ed. (2275, 2276, 2277)
  2001 Ed. (2777)
  2002 Ed. (2626)

2004 Ed. (2940)
2005 Ed. (2921, 2926)
2006 Ed. (1832, 2926)
2007 Ed. (1888)
John Q. Hammons Hotels & Resorts
   2009 Ed. (3162)
John Q. Hammons Hotels & Resorts LLC
   2007 Ed. (2936)
   2008 Ed. (3065)
   2009 Ed. (3166)
John R. Alm
   1999 Ed. (1127)
John R. Cochran III
   2005 Ed. (2512)
John R. Kennedy
   1991 Ed. (1630, 1631)
   1992 Ed. (2061)
   1993 Ed. (1705)
   1994 Ed. (1723)
John R. Landon
   2007 Ed. (1036)
John R. McKernan Jr.
   1992 Ed. (2344)
John R. Menard Jr.
   2004 Ed. (4868)
   2005 Ed. (4853)
   2006 Ed. (4907)
John R. Short
   1991 Ed. (2548)
   1992 Ed. (3138)
John R. Strangfeld
   2010 Ed. (900)
   2011 Ed. (837)
John R. Strangfeld, Jr.
   2015 Ed. (960)
   2016 Ed. (870)
John R. Walter
   1993 Ed. (938)
   1997 Ed. (1803)
John R. Wood Inc.
   2007 Ed. (4071, 4073)
   2008 Ed. (4106)
John Randle
   2003 Ed. (297)
John Rasweiler
   2010 Ed. (3385)
   2011 Ed. (3378)
John Raymond
   1998 Ed. (1575)
   1999 Ed. (2163)
   2000 Ed. (1933)
John Raymond Transport
   2015 Ed. (4801)
John and Rebecca Moores
   1994 Ed. (889, 1055, 1056)
John Redstone
   2011 Ed. (3364)
John Reece
   2019 Ed. (4888)
John Reed
   1990 Ed. (971)
   2005 Ed. (3204)
John Reidy
   1991 Ed. (1689, 1699)
   1993 Ed. (1783)
   1994 Ed. (1767)
   1995 Ed. (1808)
   1997 Ed. (1859)
John Remondi
   2006 Ed. (991)
John Riccitiello
   2005 Ed. (2476)
John Richard Simplot
   2002 Ed. (3353)
   2003 Ed. (4880)
   2004 Ed. (4862)
   2005 Ed. (4848)
   2006 Ed. (4903)
   2007 Ed. (4898)
   2008 Ed. (4827)
John Richards
   1999 Ed. (2346)
John Rigas
   2004 Ed. (972)
John Risley
   2005 Ed. (4866)
The John Ritzenthaler Co.
   2007 Ed. (3296)
   2009 Ed. (3472)
   2010 Ed. (3408)
John Roach
   1998 Ed. (1511)
John Roberts
   1999 Ed. (2241)
   2000 Ed. (1993)
   2002 Ed. (871, 872)
   2016 Ed. (2533)
John Roberts BMW
   1993 Ed. (293)
   1994 Ed. (262)
   1996 Ed. (265)
John Rodgers
   2017 Ed. (3593)
John Rogers
   2004 Ed. (3170)
John Rohs
   1991 Ed. (1696)
   1993 Ed. (1809)

1994 Ed. (1792, 1825)
1995 Ed. (1792, 1866)
1996 Ed. (1808, 1847)
1997 Ed. (1882, 1919)
1998 Ed. (1649, 1667)
1999 Ed. (2239)
2000 Ed. (2022)
John Rosenfeld
   2003 Ed. (2150)
John Rowan
   2011 Ed. (3348)
John Rowe
   2002 Ed. (2213)
   2006 Ed. (903, 924)
   2007 Ed. (993, 1014)
   2010 Ed. (886)
John Rudd
   2008 Ed. (4909)
John Ruffolo
   2016 Ed. (719)
   2017 Ed. (775)
John Ryan Performance Inc.
   2006 Ed. (4360)
John S. Chalsty
   1998 Ed. (724)
John S. Clark Co.
   1991 Ed. (3123)
   1993 Ed. (3308)
   2006 Ed. (1332)
   2008 Ed. (1323)
John S. Clark Construction Co. Inc.
   1994 Ed. (3298)
John S. Herold
   2007 Ed. (3269)
John S. & James L. Knight Foundation
   1998 Ed. (1756)
   1999 Ed. (2502)
   2000 Ed. (2262)
John S. McQuade Co.
   1990 Ed. (1212)
John S. Reed
   1990 Ed. (458, 459)
   1991 Ed. (402)
   1996 Ed. (381, 964)
   1998 Ed. (289, 722, 724, 1512)
   2001 Ed. (2314, 2315)
   2002 Ed. (1042, 2873)
John S. Riley & Associates
   1989 Ed. (1889)
John S. Swift Co.
   2009 Ed. (4097, 4103)
   2012 Ed. (4029)
   2014 Ed. (4085)
John S. Watson
   2015 Ed. (969)
John Sall
   2002 Ed. (3351)
   2003 Ed. (4886)
   2004 Ed. (4870)
   2006 Ed. (4910)
   2009 Ed. (4854)
   2011 Ed. (4840)
John Sanfilippo & Son Inc.
   2003 Ed. (3655)
John Sarnese
   2009 Ed. (1187)
John Schnatter
   2014 Ed. (2592)
   2015 Ed. (2634)
John Sculley
   1991 Ed. (1627)
   1992 Ed. (1142, 2050, 2057)
   1993 Ed. (1702)
John Seymour
   1994 Ed. (2890)
John Shea
   1991 Ed. (1626)
John Shevillo
   1999 Ed. (2084)
   2001 Ed. (2346)
John Sicard
   2016 Ed. (2562)
John Singleton Advertising
   1999 Ed. (57)
John; Sir Elton
   2005 Ed. (926, 927, 4894)
   2006 Ed. (836)
   2007 Ed. (917, 3658, 4932)
   2008 Ed. (897)
John Sisk & Son
   2023 Ed. (1443)
John Sisk & Son Ltd.
   2019 Ed. (1247)
   2020 Ed. (1241)
   2021 Ed. (1207)
   2022 Ed. (1208)
John Smith Jr.
   2000 Ed. (1045)
   2001 Ed. (1220)
John Smith Masonry
   2020 Ed. (1226)
   2021 Ed. (1193)
   2022 Ed. (1194)
   2023 Ed. (1431)
John Smith's
   2010 Ed. (255)
John Smith's Extra Smooth
   2009 Ed. (268)

John Snow Inc.
   2014 Ed. (1249)
   2015 Ed. (1307)
   2016 Ed. (1222)
   2017 Ed. (1270)
   2018 Ed. (1249)
John So
   1997 Ed. (1962)
   1999 Ed. (2285)
   2000 Ed. (2066)
John Sobrato
   2003 Ed. (4883)
   2004 Ed. (4867)
John Soules
   2021 Ed. (3491)
John Soules Foods
   2014 Ed. (2787)
   2016 Ed. (3475)
   2017 Ed. (3437, 3439)
   2022 Ed. (2822, 3546, 3549)
   2023 Ed. (2939, 3668)
John Soules Foods Inc.
   2012 Ed. (3581, 3589)
   2013 Ed. (3643)
   2014 Ed. (3579, 3583)
   2015 Ed. (3600)
   2018 Ed. (3502, 3507)
   2019 Ed. (3491)
   2020 Ed. (3474, 3476, 3477)
   2021 Ed. (3494, 3495, 3496, 3497, 3502)
   2022 Ed. (3554, 3556, 3557)
John Sperling
   2007 Ed. (4891)
   2011 Ed. (4822)
   2012 Ed. (2490)
John Spicer
   1999 Ed. (2332)
   2000 Ed. (2117, 2118)
John Stafford
   2002 Ed. (2181)
John Stanton
   2006 Ed. (922)
The John Stewart Company
   2023 Ed. (251)
John Stratton
   2009 Ed. (21)
   2010 Ed. (30)
   2011 Ed. (26)
John Stumpf
   2009 Ed. (385)
   2011 Ed. (820)
John Sullivan Chevrolet
   2008 Ed. (4791)
John Sunley
   2005 Ed. (927)
John Surma
   2011 Ed. (819, 853)
John Swartz
   2019 Ed. (4119)
John Swire & Sons Limited
   2022 Ed. (2610)
John Swire & Sons Ltd.
   1990 Ed. (1032, 1033)
   1991 Ed. (958)
   1992 Ed. (1191, 1192, 1193, 1195, 1199)
   1993 Ed. (965, 966, 967)
   1994 Ed. (991, 992, 995, 999, 1001)
   1995 Ed. (1004, 1005, 1012, 1014)
   1996 Ed. (3737)
   1997 Ed. (3793)
   1999 Ed. (1220, 4657)
   2001 Ed. (4622)
John T. Chambers
   1995 Ed. (1728)
   1999 Ed. (2083)
   2002 Ed. (2182, 2183)
   2003 Ed. (4695)
   2006 Ed. (935, 2524)
   2008 Ed. (954)
   2014 Ed. (937)
   2015 Ed. (970)
   2016 Ed. (865, 873)
   2017 Ed. (923)
John T. Dickson
   2003 Ed. (4383)
John T. Schuessler
   2004 Ed. (2491, 2507, 2530, 2531, 2532)
John T. Walton
   1994 Ed. (708)
   2000 Ed. (734)
   2001 Ed. (4745)
   2002 Ed. (706, 3361, 3362)
   2003 Ed. (4887, 4889, 4894)
   2004 Ed. (4872, 4874, 4882)
   2005 Ed. (4858, 4860, 4883)
   2006 Ed. (4911, 4915)
John Tavares
   2020 Ed. (200)
John Terry
   2008 Ed. (4453)
   2009 Ed. (4492)
   2013 Ed. (190)
John Thain
   2007 Ed. (3223)
John Thompson
   2005 Ed. (2318)
   2007 Ed. (1008)

John Travolta
   2001 Ed. (8)
John Tu
   2011 Ed. (4838)
John Tucker
   1995 Ed. (1726)
John Tumazos
   1991 Ed. (1682, 1706, 1708)
   1993 Ed. (1799, 1812, 1826)
   1994 Ed. (1782, 1795, 1809)
   1995 Ed. (1798, 1822, 1833, 1847)
   1996 Ed. (1795, 1811, 1825)
   1997 Ed. (1885, 1899)
   1998 Ed. (1655, 1674)
   2000 Ed. (2027)
John Turturro
   2001 Ed. (6)
John Tyson
   2006 Ed. (2627)
John V. Faraci
   2011 Ed. (838)
   2015 Ed. (963)
John V. Guthrie
   1995 Ed. (2669)
John V. Scaduto
   1990 Ed. (2480)
   1991 Ed. (2345)
   1992 Ed. (2906)
   1993 Ed. (2464)
John Vanden Bosch
   1990 Ed. (2659)
   1991 Ed. (2549)
John Velazquez
   2018 Ed. (3056)
John Volk Advertising
   1994 Ed. (63)
John Volk Co.
   1993 Ed. (73)
John W. Berry
   1995 Ed. (932, 1068)
   1997 Ed. (1113)
John W. Brown
   1993 Ed. (1697)
   2003 Ed. (954)
John W. Chidsey
   2009 Ed. (2665)
   2010 Ed. (2565)
John W. Conway
   2007 Ed. (1029)
   2011 Ed. (838)
John W. Danforth Co.
   2003 Ed. (1237)
   2005 Ed. (1290, 1295, 1343)
   2006 Ed. (1260, 1264, 1340)
   2007 Ed. (1388, 3978, 4888)
   2008 Ed. (1248, 1253, 1332, 4001, 4820)
   2009 Ed. (1223, 1227, 1327, 1328, 4075, 4845)
   2010 Ed. (1300, 1313)
   2011 Ed. (1258, 1281, 1282)
   2012 Ed. (1121, 1176, 1177, 3993, 3997, 4837)
   2013 Ed. (1239, 1251, 4058, 4831)
   2014 Ed. (3998, 4846)
   2015 Ed. (4045, 4883)
   2016 Ed. (3955, 4801)
John W. Danforth Group Inc.
   2016 Ed. (1154)
   2017 Ed. (1203)
   2018 Ed. (1153, 1158)
   2019 Ed. (1165, 1170)
   2020 Ed. (1156, 1161)
John W. Danforth Group, Inc.
   2019 Ed. (1169)
   2020 Ed. (1160)
John W. Danforth Inc.
   2015 Ed. (1243)
John W. Galbreath & Co.
   1990 Ed. (2959)
   1991 Ed. (1051, 2809, 2810)
John W. Gleim Jr., Inc.
   2019 Ed. (2529)
John W. Henry & Co.
   1992 Ed. (2743)
   1993 Ed. (1036, 1038)
   1994 Ed. (1069, 1070)
   1999 Ed. (1246, 1251)
   2006 Ed. (1081)
John W. Kluge
   1993 Ed. (699, 888, 1028)
John W. Madigan
   1996 Ed. (1716)
   1998 Ed. (1516)
   2000 Ed. (1879, 1884)
   2002 Ed. (2213)
John W. McDougall Co., Inc.
   2019 Ed. (1235)
   2020 Ed. (1229)
John W. Rafal
   2009 Ed. (3440)
   2012 Ed. (3316)
   2015 Ed. (3422)
   2016 Ed. (3283)
   2017 Ed. (3242)
John W. Rogers Jr.
   2011 Ed. (103)
John W. Rooker & Associates Inc.
   2008 Ed. (4251, 4252)

John W. Rowe
  2007 Ed. (1028, 1034)
  2008 Ed. (956)
  2009 Ed. (955, 958)
  2010 Ed. (908)
  2011 Ed. (847)
John W. Seiple Jr.
  2007 Ed. (2509)
John W. Smith Masonry Co.
  2004 Ed. (1309)
John W. Thompson
  2006 Ed. (918, 935)
  2007 Ed. (1035)
  2010 Ed. (179)
John Waddington
  1997 Ed. (1417)
John Wakely
  1999 Ed. (2303)
  2000 Ed. (2079)
John Waldron
  2009 Ed. (3440)
John Wanamaker
  2000 Ed. (37)
John Watson
  2006 Ed. (969)
  2013 Ed. (741)
John Welch
  1998 Ed. (1508)
  2000 Ed. (1047, 1870, 1875)
  2001 Ed. (1218)
John Welch Jr.
  1997 Ed. (1796)
John Werner Kluge
  1989 Ed. (1986)
  1990 Ed. (731, 2576)
  1991 Ed. (2461)
  1992 Ed. (890)
  1994 Ed. (708, 1055)
  1999 Ed. (726)
John West
  1994 Ed. (858)
  1996 Ed. (876)
  2009 Ed. (856)
  2010 Ed. (803)
John West Salmon
  1992 Ed. (1047)
  1999 Ed. (1027)
  2002 Ed. (939)
John West Tuna
  1992 Ed. (1047)
  1999 Ed. (1027)
  2002 Ed. (939)
John White
  2008 Ed. (2629)
John Wieland Homes
  1998 Ed. (893)
  1999 Ed. (1325)
John Wieland Homes & Neighborhoods
  2000 Ed. (1186)
  2002 Ed. (1178)
  2003 Ed. (1149)
  2004 Ed. (1151)
  2005 Ed. (1180)
John Wiesner Inc.
  1994 Ed. (257)
  1995 Ed. (268, 272)
John Wilder
  2006 Ed. (939)
John Wiley & Sons Inc.
  2004 Ed. (4039, 4042)
  2005 Ed. (3981)
  2006 Ed. (1928, 4023)
  2007 Ed. (4054)
  2008 Ed. (3623)
  2009 Ed. (3689)
  2010 Ed. (598, 3605)
  2015 Ed. (4153)
  2016 Ed. (4068)
  2017 Ed. (4037)
  2018 Ed. (4061)
  2019 Ed. (4056)
  2020 Ed. (3013)
  2021 Ed. (2874)
John Willis
  2000 Ed. (2099)
John Wills
  1999 Ed. (2320)
John, Alan & Bruce Wilson
  2023 Ed. (4813)
John Wood
  2006 Ed. (3856)
  2007 Ed. (3883)
  2012 Ed. (719)
John Wood Group
  2015 Ed. (3888)
  2016 Ed. (3801)
  2017 Ed. (3755)
John Wood Group PLC
  2021 Ed. (1214, 1216, 2332, 2378, 2383, 2384, 2387, 2388, 2390, 2391, 2392, 2393, 2395, 2396, 2399)
John Wood Group plc
  2013 Ed. (3922)
  2018 Ed. (2015)
John Wood Group PLC (U.K.)
  2021 Ed. (2383, 2384)

John Wood Porsche
  1993 Ed. (282)
  1994 Ed. (281)
John Woodhull
  1996 Ed. (963)
John Woods
  2000 Ed. (2063, 2064)
John Works
  1999 Ed. (2399)
John Wren
  2000 Ed. (1874)
  2007 Ed. (1003)
  2008 Ed. (938)
  2010 Ed. (888)
John Young
  1990 Ed. (971)
John Zeglis
  2006 Ed. (2523)
John Zink Co.
  2011 Ed. (1605)
Johnathan Cohen
  1998 Ed. (1647)
Johnathan Gray
  1998 Ed. (1608)
Johnathan Litt
  1998 Ed. (1617)
Johnathan Ross
  1999 Ed. (2430)
Johnathan Sheehan
  1999 Ed. (2339)
Johnelle Hunt
  2012 Ed. (4843)
  2013 Ed. (4842)
  2014 Ed. (4858)
  2015 Ed. (4895)
  2016 Ed. (4813)
  2017 Ed. (4824)
  2018 Ed. (4829)
  2019 Ed. (4826)
  2020 Ed. (4816)
  2021 Ed. (4817)
  2022 Ed. (4810)
  2023 Ed. (4803, 4931)
Johnnie B. Booker
  2012 Ed. (2158)
Johnnie Walker
  1992 Ed. (83)
  2009 Ed. (267)
  2010 Ed. (632)
  2011 Ed. (177)
  2012 Ed. (188)
  2013 Ed. (169, 3513)
  2014 Ed. (174, 609, 712, 3487)
  2015 Ed. (681, 682)
  2016 Ed. (622, 623)
  2017 Ed. (659, 660)
  2018 Ed. (166, 618)
  2019 Ed. (630)
  2020 Ed. (170, 612)
  2021 Ed. (169, 173)
  2022 Ed. (161, 163, 166, 719)
  2023 Ed. (231)
Johnnie Walker Black
  1989 Ed. (2365)
  1993 Ed. (3104, 3109, 3110)
  1994 Ed. (3148, 3153)
  1995 Ed. (3193, 3197)
  1996 Ed. (726, 2524, 3290, 3295, 3296, 3297, 3298)
  1997 Ed. (2662, 3387, 3392, 3393, 3395)
  1998 Ed. (449, 490, 2389, 3163, 3164, 3170, 3171, 3172, 3173)
  1999 Ed. (3245, 4149, 4154, 4155, 4156, 4157)
  2000 Ed. (3864, 3869, 3870, 3871, 3872)
  2001 Ed. (4161, 4167, 4168, 4169, 4170)
  2002 Ed. (295, 3163, 4174, 4181, 4182, 4183, 4184, 4185)
  2003 Ed. (4304, 4311)
  2004 Ed. (4314, 4321)
Johnnie Walker Black Label
  1989 Ed. (2363)
  1990 Ed. (3111, 3114, 3115)
  1991 Ed. (2322, 2330, 2932, 2935)
  1992 Ed. (2887, 3808, 3813)
Johnnie Walker Blue & Gold
  1999 Ed. (4154)
  2000 Ed. (3869, 3872)
Johnnie Walker General Promotions
  1991 Ed. (2935)
Johnnie Walker Red
  1989 Ed. (2365)
  1990 Ed. (2461, 2462)
  1993 Ed. (3104, 3109, 3110)
  1994 Ed. (3148, 3153)
  1995 Ed. (648, 697, 2474, 3193, 3197)
  1996 Ed. (726, 2522, 2524, 2525, 3290, 3295, 3296, 3297, 3298)
  1997 Ed. (2663, 3387, 3392, 3393, 3394, 3395)
  1998 Ed. (449, 490, 2396, 3163, 3164)
  1999 Ed. (3245, 3249, 4149, 4154, 4155, 4156, 4157)
  2000 Ed. (3864, 3869, 3871, 3872)
  2001 Ed. (3133, 3134, 3140, 3145, 4161, 4167, 4169, 4170)
  2002 Ed. (295, 3178, 4174, 4185)
  2003 Ed. (4304, 4311)

  2004 Ed. (4314)
Johnnie Walker Red Label
  1989 Ed. (2363, 2364)
  1990 Ed. (3111, 3113, 3114, 3115)
  1991 Ed. (2322, 2326, 2330, 2331, 2932, 2935)
  1992 Ed. (2883, 2885, 3808, 3813)
Johnnie Walker (U.K.)
  2021 Ed. (173)
  2022 Ed. (166)
Johnnies
  1995 Ed. (2585)
Johnny Appleseed
  2016 Ed. (884)
  2017 Ed. (934)
Johnny Bootlegger
  2016 Ed. (190)
  2017 Ed. (177)
Johnny Carino's
  2004 Ed. (4120, 4124)
  2005 Ed. (4050, 4051)
  2006 Ed. (4111, 4112)
  2018 Ed. (4210)
Johnny Carino's Country Italian
  2006 Ed. (4122)
  2007 Ed. (4149)
  2008 Ed. (4161, 4183, 4184)
  2009 Ed. (4285)
Johnny Carino's Italian
  2007 Ed. (4137)
  2014 Ed. (3980)
  2015 Ed. (4025)
  2017 Ed. (3908)
Johnny Carson
  1989 Ed. (1347)
  1993 Ed. (1633)
  1994 Ed. (1667)
Johnny Cash
  1994 Ed. (1100)
  2007 Ed. (891)
Johnny Cider
  2016 Ed. (883)
  2017 Ed. (933)
Johnny Depp
  2006 Ed. (2488)
  2007 Ed. (2451)
  2008 Ed. (2579)
  2009 Ed. (2605, 2607, 2613)
  2012 Ed. (2431, 2433, 2436)
  2013 Ed. (2597)
  2014 Ed. (2526)
Johnny Gill
  1993 Ed. (1076, 1077)
Johnny Janosik
  2018 Ed. (2832)
Johnny Rockets
  1998 Ed. (3060, 3062)
  2002 Ed. (4020)
  2006 Ed. (4110)
  2008 Ed. (4156)
  2009 Ed. (4264)
  2010 Ed. (4204)
  2014 Ed. (4268)
  2015 Ed. (4249)
  2016 Ed. (4159, 4199)
  2017 Ed. (4132, 4176)
  2019 Ed. (4239)
  2020 Ed. (4238)
  2021 Ed. (4202)
Johnny Rockets Group Inc.
  2004 Ed. (4135)
  2005 Ed. (4072)
  2006 Ed. (4120)
  2007 Ed. (4146)
Johnny Rockets (U.S.)
  2021 Ed. (4202)
Johnny's County Motor Sales Inc.
  1992 Ed. (412)
Johns & Associates Inc.
  1997 Ed. (1831)
John's Best
  1989 Ed. (2234)
Johns Hopkins Applied Physics Laboratory
  2017 Ed. (2853)
  2019 Ed. (4467)
Johns Hopkins Bayview Medical Center Inc.
  2001 Ed. (1786)
  2003 Ed. (1751)
  2004 Ed. (1788)
  2005 Ed. (1853)
  2007 Ed. (1867, 2767)
  2008 Ed. (1902)
  2009 Ed. (1865)
  2010 Ed. (1795)
  2011 Ed. (1822)
  2012 Ed. (1681)
  2013 Ed. (1833)
  2014 Ed. (1762)
  2015 Ed. (1805)
  2016 Ed. (1765)
Johns Hopkins Children's Center
  2011 Ed. (3038)
  2012 Ed. (2956, 2957, 2960, 2961, 2965)
  2013 Ed. (3048, 3050, 3052, 3054)
Johns Hopkins Health System
  2016 Ed. (1763)
  2017 Ed. (1737)

  2018 Ed. (1688)
  2019 Ed. (1753)
  2020 Ed. (1695)
  2021 Ed. (1676)
  2022 Ed. (1694)
  2023 Ed. (1843)
Johns Hopkins Hospital
  1999 Ed. (2728, 2729, 2730, 2731, 2732, 2733, 2734, 2735, 2737, 2738, 2739, 2740, 2741, 2743, 2744, 2745)
  2000 Ed. (2508, 2509, 2510, 2511, 2512, 2513, 2514, 2515, 2516, 2517, 2518, 2519, 2520, 2522, 2523, 2524)
  2001 Ed. (1786)
  2002 Ed. (2600, 2601, 2602, 2603, 2604, 2605, 2606, 2608, 2609, 2610, 2611, 2612, 2613, 2614, 2615, 2616, 3801)
  2003 Ed. (1751, 2805, 2806, 2807, 2808, 2809, 2810, 2812, 2813, 2814, 2815, 2816, 2817, 2818, 2819, 2820, 2821, 2822, 2823, 3971)
  2004 Ed. (1788, 2908, 2909, 2910, 2911, 2912, 2913, 2914, 2916, 2917, 2918, 2919, 2920, 2921, 2922, 2923, 2924, 3974)
  2005 Ed. (1853, 2894, 2895, 2896, 2897, 2898, 2899, 2900, 2902, 2903, 2904, 2905, 2906, 2907, 2908, 2909, 2910, 3947)
  2006 Ed. (1862, 2900, 2901, 2902, 2903, 2904, 2905, 2906, 2907, 2909, 2910, 2911, 2912, 2913, 2914, 2915, 2916, 4016)
  2007 Ed. (2919, 2920, 2921, 2922, 2923, 2924, 2925, 2926, 2928, 2929, 2930, 2931, 2932, 2933, 2934, 4048)
  2008 Ed. (3042, 3043, 3044, 3045, 3046, 3047, 3048, 3049, 3051, 3052, 3053, 3054, 3055, 3056, 3057, 4084)
  2009 Ed. (3127, 3128, 3129, 3130, 3131, 3132, 3133, 3134, 3135, 3137, 3138, 3139, 3140, 3141, 3142, 4197)
  2010 Ed. (3059, 3060, 3061, 3062, 3063, 3064, 3065, 3066, 3068, 3069, 3070, 3071, 3072, 3073, 4132)
  2011 Ed. (2876, 3030, 3031, 3032, 3033, 3034, 3035, 3036, 3037, 3040, 3041, 3042, 3043, 3044, 3045, 4097)
  2012 Ed. (2967, 2968, 2969, 2970, 2971, 2972, 2973, 2974, 2975, 2976, 2978, 2979, 2980, 2981, 2982, 4131)
  2013 Ed. (3057, 3058, 3059, 3060, 3061, 3062, 3063, 3064, 3065, 3066, 3067, 3068, 3070, 3071, 3072, 4124)
  2014 Ed. (3059, 3060, 3061, 3062, 3063, 3064, 3065, 3066, 3067, 3068, 3069, 3070, 3072, 3073, 3074, 4139)
  2015 Ed. (3124, 3125, 3126, 3127, 3128, 3129, 3130, 3131, 3132, 3133, 3134, 3135, 3137, 3138, 3139, 4121)
  2016 Ed. (2987, 2989, 2990, 2991, 2993, 2994, 2995, 2997, 3000, 3001, 3002, 4035)
  2017 Ed. (2826)
Johns Hopkins Hospital (Wilmer Eye Institute)
  1999 Ed. (2736)
Johns Hopkins Medicine International
  2019 Ed. (2873)
Johns Hopkins Medicine International LLC
  2007 Ed. (1867)
  2008 Ed. (1902)
  2009 Ed. (1865)
  2010 Ed. (1795)
  2011 Ed. (1822)
  2012 Ed. (1681)
  2013 Ed. (1833)
  2014 Ed. (1762)
  2015 Ed. (1805)
  2016 Ed. (1765)
Johns Hopkins University
  1989 Ed. (839)
  1990 Ed. (1092, 1095, 1096, 2999)
  1991 Ed. (916, 1004, 1569, 2402, 2680, 2833)
  1992 Ed. (1281, 1974, 3669)
  1993 Ed. (926, 1029, 1625, 3000)
  1994 Ed. (939, 1055, 1060, 1656, 2743, 3046)
  1995 Ed. (971, 1073, 1703, 3091, 3095)
  1996 Ed. (948, 949, 1048, 1685, 3192)
  1997 Ed. (863, 971, 1051, 1067, 1767, 2791, 3297)
  1998 Ed. (711, 810, 1460, 3046)
  1999 Ed. (1108, 1237, 2036, 2042, 3327, 3328, 3329, 3331, 3332, 3333, 3335, 4046)
  2000 Ed. (1037, 1146, 1827, 1833, 3065, 3066, 3067, 3069, 3070, 3071, 3074, 3759)
  2001 Ed. (1330, 2249, 2254, 3252, 3253, 3254, 3256, 3258, 3259, 3260, 3261)
  2002 Ed. (1029, 1030, 1033, 2349, 3980, 3981, 3982, 3983, 3984, 3985)
  2003 Ed. (1965, 4074)
  2004 Ed. (3424)
  2005 Ed. (3440)
  2006 Ed. (1359)
  2007 Ed. (1164, 1398, 3462, 3468)

2008 Ed. (1352, 3640)
2009 Ed. (1065, 3700, 3709)
2010 Ed. (1033, 3627, 3768)
2011 Ed. (964, 965, 3628, 3772)
2012 Ed. (2756)
2013 Ed. (2836)
2014 Ed. (773)
2016 Ed. (1763)
2017 Ed. (1737)
2018 Ed. (1688)
2019 Ed. (1753)
2020 Ed. (1695)
2021 Ed. (1676)
2022 Ed. (1694)
2023 Ed. (1843)
Johns Hopkins University School of Arts and Sciences
1995 Ed. (1070, 1928)
Johns Hopkins University, School of Medicine
2005 Ed. (3835)
2006 Ed. (3903)
2007 Ed. (3953)
2008 Ed. (3983)
2009 Ed. (4054)
Johns Hospital University
2011 Ed. (3975)
Johns; John
2015 Ed. (954)
Johns Manville
2022 Ed. (3744)
2023 Ed. (3845)
Johns Manville Corp.
1999 Ed. (951, 952, 1314, 1503)
2000 Ed. (897, 898)
2001 Ed. (1047, 1048, 1049, 1144, 1145, 2463, 3551)
2002 Ed. (859, 3630)
2003 Ed. (1656, 4612, 4613)
2004 Ed. (3699, 4590)
2005 Ed. (1532, 3609, 4523)
2006 Ed. (3725, 4608)
2007 Ed. (3708)
2008 Ed. (3799)
2009 Ed. (3845)
2010 Ed. (3765)
2011 Ed. (3767)
2012 Ed. (3770)
2013 Ed. (3834)
2014 Ed. (3755)
2015 Ed. (3778)
2016 Ed. (3692)
2017 Ed. (3650)
2018 Ed. (3709)
2019 Ed. (3696)
2020 Ed. (3724)
2021 Ed. (3726)
Johns Manville/Hoechst
2000 Ed. (3356)
Johns Manville International Group Inc.
2001 Ed. (1144, 1145, 1673)
2002 Ed. (2116)
Johns Manville International Inc.
2003 Ed. (1655)
JohnsByrne
2008 Ed. (4025)
Johnson; Abby
2006 Ed. (689)
Johnson; Abigail
2005 Ed. (3202, 4847)
2010 Ed. (4851)
2011 Ed. (4827)
2012 Ed. (4838)
2013 Ed. (4832)
2014 Ed. (4976)
2015 Ed. (5024)
2016 Ed. (4802, 4941)
2017 Ed. (4814, 4932)
2018 Ed. (4819)
2019 Ed. (4822, 4937)
2020 Ed. (4812, 4935)
2021 Ed. (4813, 4934, 4935, 4940)
2022 Ed. (4806, 4929, 4930, 4936)
2023 Ed. (2780, 4799, 4929, 4930, 4938)
Johnson; Abigail P.
2006 Ed. (4913, 4976, 4983)
2007 Ed. (4907, 4976, 4981)
2008 Ed. (4836)
2009 Ed. (4856)
2010 Ed. (4975, 4979)
2011 Ed. (4977)
2012 Ed. (4975)
2013 Ed. (4965)
2014 Ed. (4975)
2015 Ed. (5023)
2016 Ed. (4938)
2017 Ed. (4929)
Johnson; Antonia
2008 Ed. (4873)
2009 Ed. (4898)
2010 Ed. (4897)
2011 Ed. (4884)
2012 Ed. (4893)
2013 Ed. (4911)
2014 Ed. (4921)
2015 Ed. (4961)
2016 Ed. (4877)
2017 Ed. (4877)

2018 Ed. (4889)
2019 Ed. (4881)
Johnson; Antonia Ax:son
2020 Ed. (4870)
2021 Ed. (4871)
2022 Ed. (4867)
2023 Ed. (4861)
Johnson; Antonia Axson
1993 Ed. (3731)
1994 Ed. (3667)
1995 Ed. (3788)
1996 Ed. (3876)
1997 Ed. (3916)
Johnson Asset
1996 Ed. (2409)
Johnson Auto Plaza Inc.
2009 Ed. (310)
Johnson; Axel
1992 Ed. (3442)
Johnson Bank
2021 Ed. (409)
2022 Ed. (422)
2023 Ed. (546)
Johnson; Barbara (Basia) Piasecka
2008 Ed. (4829)
2009 Ed. (4850)
2010 Ed. (4856)
2011 Ed. (4829)
2012 Ed. (4842)
2013 Ed. (4841)
2014 Ed. (4857)
Johnson; Barbara Piasecka
1990 Ed. (2578)
1991 Ed. (2462)
1992 Ed. (3079)
1995 Ed. (2580)
2005 Ed. (4849)
2006 Ed. (4904)
2007 Ed. (4892)
Johnson Brothers Liquor
2022 Ed. (1731, 2717)
2023 Ed. (1873, 2854)
Johnson Brothers Liquor Co.
2020 Ed. (4923)
2021 Ed. (4920)
2022 Ed. (4913)
Johnson Brothers Liquor Company
2023 Ed. (4902)
Johnson; Bruce A.
2006 Ed. (2525)
Johnson Bryce Inc.
2007 Ed. (3601, 4447)
2008 Ed. (3733, 4428)
Johnson C. Smith University
2009 Ed. (200)
Johnson Cadillac-Saab-Avanit; Al
1992 Ed. (3091)
Johnson Cadillac Saab Avanti Inc.; Al
1995 Ed. (2589)
Johnson Cadillac-Saab Inc.; Al
1990 Ed. (2592)
1991 Ed. (2473)
1993 Ed. (2582)
1994 Ed. (2531)
Johnson; Calvin
2015 Ed. (222)
Johnson Capital Group
1999 Ed. (4006, 4306)
2000 Ed. (3723, 3724, 4017)
2002 Ed. (4277)
2003 Ed. (447)
Johnson Center for Entrepreneurship & Innovation
2008 Ed. (771)
Johnson; Charles
2006 Ed. (4899)
2007 Ed. (4894)
2008 Ed. (4823)
2009 Ed. (4846)
2011 Ed. (4827)
2014 Ed. (195)
Johnson; Charles B.
1994 Ed. (1716)
Johnson-Chevrolet; Jim
1989 Ed. (283)
Johnson City Chemical
2016 Ed. (2594)
Johnson City-Kingsport-Bristol, TN-VA
2003 Ed. (2084)
2004 Ed. (3222)
2005 Ed. (2028)
Johnson City, TN
1998 Ed. (579)
2006 Ed. (2971)
2007 Ed. (2999, 3364)
2008 Ed. (3462)
2009 Ed. (3576)
2010 Ed. (4372)
2011 Ed. (3470)
Johnson Co.; George P.
2006 Ed. (3419)
2007 Ed. (3433)
2008 Ed. (3600)
2009 Ed. (3668)
2010 Ed. (3585)
2011 Ed. (3587, 3588)
2012 Ed. (3575, 3576)

Johnson Control
2013 Ed. (266)
2014 Ed. (268)
Johnson Control, Inc.
2001 Ed. (272, 3218)
Johnson Controls
2013 Ed. (262, 1256)
2014 Ed. (264, 2573)
2015 Ed. (304, 308, 1833, 4112)
2016 Ed. (306, 3417, 4026)
2017 Ed. (3364, 3374, 3994, 3998)
2018 Ed. (272, 3438, 3441, 3479, 4020)
2019 Ed. (3085, 3403, 3410, 3450, 4009, 4325, 4328, 4330)
2020 Ed. (1644, 3115, 3446, 4373)
2021 Ed. (1625, 1626, 1629, 2982, 3428)
2022 Ed. (1642, 1645, 1646, 3108, 3487, 4370)
2023 Ed. (1797, 1800, 1801, 3208, 3612)
Johnson Controls Automotive Sys. Grp.
1999 Ed. (195, 361)
Johnson Controls Automotive Systems Group Inc.
1998 Ed. (100)
2005 Ed. (1757)
Johnson Controls Battery Group Inc.
2006 Ed. (4004)
2007 Ed. (4038)
Johnson Controls Building Efficiency Division
2009 Ed. (1207, 1219, 1220, 1221, 1224, 1317)
Johnson Controls (Canada)
2007 Ed. (3024)
Johnson Controls/DSC
2022 Ed. (4370)
2023 Ed. (3172, 4391)
Johnson Controls Inc.
1989 Ed. (334, 337, 879, 1667, 2479)
1990 Ed. (386, 2217, 3065, 3259)
1991 Ed. (335, 902, 1779, 2079, 2904)
1992 Ed. (466, 1105, 2247, 2248, 2641, 3321, 3473)
1993 Ed. (901, 1416, 1910, 1911, 2181, 2865)
1994 Ed. (326, 916, 1469, 1930, 2212, 3147, 3243)
1995 Ed. (324, 952, 1506, 2263, 3191)
1996 Ed. (338, 342, 352, 1461, 2263, 2698)
1997 Ed. (315, 953, 1530, 2822, 2823)
1998 Ed. (224, 240, 244, 696, 1193, 1246, 2320, 2539, 2540)
1999 Ed. (350, 353, 1751, 1973, 2727, 3456, 3457)
2000 Ed. (219, 357, 1583, 3032, 3034, 3170, 3171)
2001 Ed. (529, 537, 1586, 1901, 2230, 2569, 2570, 2768, 3220, 3221, 3395)
2002 Ed. (397, 399, 405, 1469, 1797, 3401)
2003 Ed. (313, 315, 338, 344, 1490, 1855, 1856, 2119, 2584, 2585, 3287, 3292, 3296)
2004 Ed. (281, 284, 312, 317, 318, 320, 325, 1520, 1891, 1892, 2697, 2700)
2005 Ed. (289, 292, 310, 316, 317, 318, 322, 323, 328, 1321, 1536, 1614, 2017, 2018, 2696, 2699, 4353, 4354)
2006 Ed. (305, 308, 310, 312, 328, 330, 331, 332, 335, 336, 340, 342, 1293, 2120, 2121, 2674, 2675, 3357, 4274, 4647)
2007 Ed. (303, 304, 305, 307, 321, 322, 323, 324, 325, 326, 1369, 2068, 2069, 2659, 2660, 2972, 4297, 4806)
2008 Ed. (292, 308, 309, 312, 314, 1213, 1265, 1882, 2176, 2177, 2460, 2795, 2796, 3097, 4302)
2009 Ed. (315, 332, 333, 334, 1193, 1837, 2159, 2160, 2161, 2162, 2279, 2459, 2847, 2848, 3189)
2010 Ed. (297, 304, 311, 312, 313, 314, 1222, 1223, 2100, 2101, 2102, 2790, 2791, 3119, 3159, 4452)
2011 Ed. (135, 217, 219, 228, 229, 234, 235, 236, 238, 1169, 1170, 1274, 2153, 2154, 2155, 2777, 2778, 4390, 4803, 4806)
2012 Ed. (137, 228, 230, 244, 251, 252, 254, 255, 256, 259, 1111, 1175, 1240, 2003, 2004, 2005, 2007, 2454, 2707, 2708, 3788, 4452, 4453, 4823)
2013 Ed. (113, 224, 227, 246, 256, 257, 260, 263, 264, 265, 1250, 1253, 1351, 2192, 2193, 2194, 2195, 2782, 2783, 4408, 4789, 4791, 4796, 4814)
2014 Ed. (121, 227, 229, 256, 257, 260, 261, 262, 265, 266, 267, 1188, 1190, 2123, 2124, 2125, 2126, 2556, 2810, 2811, 2935, 3785, 4438, 4439)
2015 Ed. (136, 262, 264, 298, 299, 305, 306, 307, 1229, 1242, 1245, 1248, 2178, 2180, 2181, 2183, 2852, 2853, 3226, 3565, 4432, 4433)
2016 Ed. (255, 258, 297, 298, 301, 303, 304, 305, 1140, 1153, 1156, 1159, 2153, 2156, 2157, 2158, 2787, 2788, 3082, 3420, 4325)

2017 Ed. (259, 262, 299, 300, 302, 303, 304, 306, 307, 308, 2093, 2094, 2097, 2415, 3032, 3369, 3380, 4328, 4329, 4334, 4337)
2018 Ed. (279, 283, 284, 285, 288, 289, 2049, 2452, 2463, 3446, 4322, 4327, 4328, 4330, 4331, 4332)
2019 Ed. (4359, 4360)
2020 Ed. (4025)
2021 Ed. (3991)
2022 Ed. (3988, 4005)
2023 Ed. (4089)
Johnson Controls, Inc.
2019 Ed. (3989, 4008)
2022 Ed. (3988)
2023 Ed. (4072)
Johnson Controls International
2018 Ed. (1642, 3141, 4356, 4364)
2019 Ed. (1694, 1696, 3082, 3416, 4386, 4393)
2020 Ed. (1643, 1648, 3419, 4380, 4391)
2021 Ed. (1622, 1627, 2980)
2022 Ed. (1640, 1647, 3106)
2023 Ed. (1795, 1796, 3207)
Johnson Controls International PLC
2019 Ed. (1691)
2022 Ed. (1310)
2023 Ed. (1798, 3201)
Johnson Controls (Ireland)
2022 Ed. (3108)
Johnson Controls/Qolsys
2022 Ed. (4370)
2023 Ed. (4391)
Johnson Controls, Security Solutions
2005 Ed. (4294)
Johnson Controls (U.S.)
2021 Ed. (2982)
Johnson County Community College
2008 Ed. (3175)
Johnson County, IA
2002 Ed. (1805)
Johnson County, KS
2008 Ed. (3478)
2009 Ed. (2391)
Johnson; David
2005 Ed. (985)
2006 Ed. (972)
2007 Ed. (1067)
Johnson; David Lee
2017 Ed. (3601)
Johnson-Davis Inc.
2006 Ed. (1296)
Johnson Development
1997 Ed. (1159)
1998 Ed. (949)
2002 Ed. (2456)
2006 Ed. (2499, 2794)
Johnson Diversey
2006 Ed. (3798)
Johnson Diversey Hellas
2010 Ed. (1663)
Johnson; Dustin
2023 Ed. (320)
Johnson; Dwayne
2014 Ed. (2526)
2015 Ed. (2599)
2016 Ed. (2524)
2022 Ed. (2518)
Johnson; Dwayne "The Rock"
2020 Ed. (2481, 2482)
2023 Ed. (2663)
Johnson; Earvin "Magic"
1995 Ed. (250, 1671)
2011 Ed. (103)
Johnson; Edward
2012 Ed. (4838)
Johnson Electric
2021 Ed. (1566)
Johnson Endeavor Foundation; Christian A.
1993 Ed. (1897)
Johnson Enterprises Inc.
2021 Ed. (4958)
2022 Ed. (4954)
2023 Ed. (4958)
Johnson; F. Ross
1990 Ed. (1713, 1714)
Johnson Fain Partners
2000 Ed. (315)
Johnson Financial Group Inc.
2009 Ed. (2163)
2010 Ed. (2103)
2011 Ed. (1421, 2156, 2399)
2012 Ed. (2006, 2331)
Johnson Foot Care
1999 Ed. (305)
Johnson Ford
1998 Ed. (754)
Johnson Foundation; Robert Wood
1989 Ed. (1470, 1471, 2165)
1990 Ed. (1847)
1991 Ed. (894, 1765, 2689)
1992 Ed. (1095, 1100, 2214, 2215, 2216, 3358)
1993 Ed. (895, 1895, 1896, 2783)
1994 Ed. (1897, 1898, 1901, 1902, 2772)
1995 Ed. (1926, 1929, 1930)
2005 Ed. (2677, 2678)
2008 Ed. (2766)

2010 Ed. (2770, 2772)
2011 Ed. (2754, 2756, 2758)
2012 Ed. (2688, 2690, 2692)
Johnson Fry 2nd Utilities
　1999 Ed. (3584)
Johnson Fry European Utilities
　1999 Ed. (3584)
　2000 Ed. (3305)
Johnson Fry Utilities
　1999 Ed. (3584)
　2000 Ed. (3305)
Johnson & Galyon Inc.
　2008 Ed. (1327, 3733, 4428, 4983)
　2011 Ed. (1267)
Johnson; George P.
　2013 Ed. (3624)
Johnson & Gibbs
　1991 Ed. (2284)
　1992 Ed. (2833)
　1993 Ed. (2396)
Johnson Graduate School of Management; Cornell University
　2009 Ed. (803)
Johnson Graduate School of Management; S. C.
　2015 Ed. (821)
Johnson Graduate School of Management; Samual Curtis
　2014 Ed. (769)
　2015 Ed. (811)
Johnson Graduate School of Management; S.C.
　2014 Ed. (768)
Johnson; Gregory E.
　2011 Ed. (830)
The Johnson Group
　2004 Ed. (1168)
　2005 Ed. (1196)
Johnson; H. Fisk
　2006 Ed. (4905)
　2007 Ed. (4901)
　2011 Ed. (4832)
　2012 Ed. (4844)
　2013 Ed. (4843)
　2014 Ed. (4859)
　2015 Ed. (4896)
　2016 Ed. (4814)
　2017 Ed. (4825)
　2018 Ed. (4830)
　2019 Ed. (4827)
　2020 Ed. (4817)
　2021 Ed. (4818)
　2022 Ed. (4811)
　2023 Ed. (4804)
Johnson & Higgins
　1990 Ed. (2266, 2270)
　1991 Ed. (2137, 2138)
　1992 Ed. (2699, 2700, 2701, 2702)
　1993 Ed. (15, 853, 2247, 2248, 2249)
　1994 Ed. (2224, 2225, 2227)
　1995 Ed. (2270, 2271, 2272, 2273, 2274)
　1996 Ed. (2273, 2274, 2275, 2276, 2277)
　1997 Ed. (2414, 2415)
　1998 Ed. (2120, 2121, 2123, 2124, 2125)
　1999 Ed. (2908, 2910)
Johnson & Higgins (Bermuda) Ltd.
　1991 Ed. (853)
　1992 Ed. (1058)
　1993 Ed. (846)
　1994 Ed. (859)
　1995 Ed. (902)
　1996 Ed. (877)
　1997 Ed. (898)
Johnson & Higgins (Cayman Islands) Ltd.
　1994 Ed. (862)
　1995 Ed. (904)
　1996 Ed. (878)
　1997 Ed. (899)
Johnson & Higgins (Cayman) Ltd.
　1990 Ed. (904)
　1991 Ed. (854)
　1992 Ed. (1059)
　1993 Ed. (849)
Johnson & Higgins of Colorado Inc.
　1990 Ed. (905)
　1992 Ed. (1060)
　1993 Ed. (850)
　1994 Ed. (863)
　1995 Ed. (905)
Johnson & Higgins of Michigan Inc.
　1998 Ed. (2127)
Johnson & Higgins Services Inc.
　1990 Ed. (907)
　1991 Ed. (856)
　1994 Ed. (865, 867)
　1995 Ed. (907)
　1996 Ed. (880)
　1997 Ed. (900, 901, 903)
　1998 Ed. (638, 640, 642)
Johnson & Higgins Services Inc. (Colorado)
　1996 Ed. (879)
Johnson & Higgins Services Inc. (Vermont)
　1995 Ed. (909)
　1996 Ed. (882)
Johnson III; Edward
　2006 Ed. (4899)
　2007 Ed. (4894)
　2008 Ed. (4823)

2009 Ed. (4846)
2010 Ed. (4851)
Johnson III; Edward C.
　2011 Ed. (4827)
Johnson III; Edward Crosby
　2005 Ed. (4847)
Johnson; Imogene Powers
　2006 Ed. (4905)
　2007 Ed. (4901)
　2011 Ed. (4832)
　2012 Ed. (4844)
　2013 Ed. (4843)
　2014 Ed. (4859)
　2015 Ed. (4896)
　2017 Ed. (4825)
　2018 Ed. (4830)
　2019 Ed. (4827)
Johnson Inc.
　1996 Ed. (3490)
　1998 Ed. (1894, 2040)
　1999 Ed. (2486)
　2009 Ed. (659)
　2011 Ed. (1549, 2683)
　2013 Ed. (2649)
　2014 Ed. (2607)
Johnson Inns; Howard
　1993 Ed. (2096)
Johnson Jacobson Wilcox
　2011 Ed. (3)
　2012 Ed. (3)
　2013 Ed. (3)
　2014 Ed. (3)
　2015 Ed. (3)
　2016 Ed. (3)
Johnson; Jay L.
　2011 Ed. (823)
　2015 Ed. (975)
Johnson; Jeffrey
　2016 Ed. (2562)
Johnson & Jennings General Contracting
　2009 Ed. (4984)
Johnson; Jerry L.
　1989 Ed. (736)
Johnson; Jimmie
　2010 Ed. (315)
　2011 Ed. (239)
　2012 Ed. (260)
　2013 Ed. (267)
　2014 Ed. (269)
　2015 Ed. (226, 309)
　2016 Ed. (217)
　2017 Ed. (214)
　2018 Ed. (199)
　2019 Ed. (193)
Johnson; John F.
　1991 Ed. (1614)
Johnson; John H.
　2012 Ed. (110)
Johnson & Johnson
　1989 Ed. (46, 720, 1272, 1276, 1629, 1942, 2039, 2188, 2781)
　1990 Ed. (16, 43, 271, 1313, 1488, 1558, 1560, 1561, 1567, 1568, 1990, 1992, 2018, 2128, 2528, 2536, 2676, 2807, 2808, 3294, 3442, 3531, 3533, 3538)
　1991 Ed. (9, 55, 1241, 1449, 1464, 1466, 1469, 1470, 1474, 1891, 1913, 1976, 2578, 2643, 2645, 2712, 2714, 3303, 3305, 3309, 3311)
　1992 Ed. (31, 54, 71, 87, 1507, 1546, 1548, 1778, 1840, 1842, 1843, 1862, 1864, 1865, 1869, 2382, 2385, 2537, 3217, 3397, 3403, 4179, 4227)
　1993 Ed. (56, 1229, 1251, 1253, 1376, 1509, 1511, 1515, 1516, 1904, 2016, 2529, 2706, 2707, 2810, 2814, 3527, 3528, 3529, 3561)
　1994 Ed. (39, 47, 129, 747, 924, 1429, 1551, 1553, 1555, 1558, 1561, 1562, 1920, 2032, 2034, 2468, 2469, 2656, 2668, 2810, 2812, 2814, 3500, 3502)
　1995 Ed. (148, 1323, 1465, 1579, 1581, 1584, 1592, 1595, 1663, 2073, 2084, 2536, 2727, 2757, 2758, 2772, 2814, 2897, 2901, 2934, 3572, 3573, 3574, 3575)
　1996 Ed. (158, 1288, 1427, 1467, 1567, 1573, 1582, 2600, 2601, 2824, 2839, 2980, 2985, 3657, 3659)
　1997 Ed. (29, 31, 166, 651, 706, 875, 1259, 1294, 1311, 1321, 1323, 1331, 1337, 1341, 1350, 1439, 1488, 1535, 1643, 1646, 1649, 1651, 1658, 1659, 1663, 2178, 2747, 2815, 2928, 2937, 3056, 3298, 3714, 3725)
　1998 Ed. (22, 28, 73, 486, 687, 1081, 1085, 1099, 1100, 1111, 1118, 1133, 1167, 1180, 1328, 1329, 1330, 1333, 1338, 1342, 1344, 1345, 1347, 1348, 1697, 1906, 2457, 2458, 2531, 2667, 2675, 2786, 2807, 3043, 3362, 3490)
　1999 Ed. (177, 1001, 1073, 1526, 1536, 1539, 1540, 1545, 1554, 1672, 1713, 1827, 1830, 1897, 1901, 1902, 1903, 1912, 1914, 1915, 1916, 1917, 1918, 1919, 2642, 3340, 3596, 3605, 3606, 3659, 3768, 3773, 3776, 3777, 4043, 4044, 4566, 4568)

2000 Ed. (31, 202, 798, 946, 957, 1524, 1695, 1697, 1698, 1700, 1701, 1709, 1710, 1711, 2250, 2421, 3318, 3326, 3757, 4208, 4211)
2001 Ed. (56, 67, 73, 85, 92, 1038, 1165, 1813, 1925, 1932, 1937, 2054, 2058, 2069, 2070, 2071, 2072, 2074, 2075, 2077, 2100, 2493, 2674, 2719, 2895, 2896, 3265, 3266, 3593, 4391)
2002 Ed. (38, 50, 218, 219, 925, 980, 994, 1557, 1739, 1740, 2012, 2014, 2015, 2016, 2018, 2021, 2024, 2025, 2027, 2278, 2282, 2318, 2449, 2801, 4587, 4589)
2003 Ed. (19, 188, 189, 750, 833, 840, 942, 1544, 1570, 1587, 1591, 1716, 1720, 1784, 1786, 2484, 2690, 2695, 2918, 2920, 2955, 2956, 3358, 3359, 3640, 3766, 3780, 3783, 3865, 3867, 3868, 3869, 3870, 3871, 3872, 4073, 4549, 4558, 4567, 4710, 4711)
2004 Ed. (21, 22, 23, 142, 871, 1225, 1491, 1526, 1553, 1567, 1569, 1597, 1605, 1613, 1753, 1757, 1819, 1820, 2616, 3028, 3679, 3806, 3874, 3876, 3877, 3878, 3879, 3880, 3881, 3882, 3884, 3885, 3886, 3888, 4498, 4554, 4557, 4582, 4680, 4682, 4920)
2005 Ed. (14, 15, 16, 47, 93, 133, 135, 739, 850, 851, 944, 1255, 1507, 1578, 1597, 1628, 1630, 1801, 1803, 1804, 1807, 1808, 1809, 1818, 1820, 1903, 1904, 2224, 2226, 2244, 2245, 2849, 3042, 3043, 3371, 3433, 3434, 3596, 3802, 3804, 3805, 3806, 3809, 3810, 3814, 3816, 3820, 3822, 3823, 3824, 3825, 3826, 3829, 3830, 4038, 4463, 4501, 4502, 4504, 4515, 4656, 4658, 4659)
2006 Ed. (20, 21, 22, 54, 102, 105, 135, 140, 144, 164, 168, 193, 694, 696, 772, 833, 835, 847, 1173, 1215, 1422, 1448, 1457, 1482, 1483, 1515, 1527, 1531, 1775, 1800, 1805, 1808, 1930, 1931, 2287, 2781, 2849, 2851, 2852, 3047, 3048, 3357, 3369, 3702, 3798, 3869, 3871, 3873, 3874, 3876, 3877, 3878, 3879, 3883, 3884, 3885, 3888, 3889, 3890, 3891, 3892, 3895, 4026, 4576, 4577, 4589, 4600, 4603, 4647, 4708, 4710, 4714, 4982)
2007 Ed. (15, 16, 25, 29, 45, 67, 84, 95, 126, 133, 137, 155, 199, 787, 789, 916, 929, 1279, 1448, 1494, 1544, 1545, 1547, 1557, 1784, 1794, 1812, 1815, 1914, 1915, 2217, 2219, 2226, 2842, 2844, 2846, 2907, 2974, 3079, 3080, 3463, 3697, 3698, 3804, 3899, 3900, 3901, 3904, 3905, 3907, 3908, 3913, 3914, 3918, 3920, 3921, 3922, 3923, 3924, 3925, 3926, 3927, 3928, 3931, 3932, 3933, 3934, 3935, 3936, 3937, 3938, 3939, 3940, 3941, 3943, 3945, 3946, 3988, 4553, 4554, 4570, 4586)
2008 Ed. (19, 20, 45, 47, 72, 105, 131, 140, 141, 186, 762, 763, 830, 910, 1041, 1043, 1048, 1049, 1050, 1179, 1403, 1405, 1434, 1488, 1529, 1815, 1851, 1854, 1977, 1978, 2357, 2359, 2366, 2895, 2969, 2970, 3030, 3099, 3220, 3221, 3840, 3842, 3873, 3942, 3943, 3945, 3946, 3947, 3948, 3950, 3953, 3954, 3957, 3958, 3959, 3960, 3964, 3967, 3968, 3969, 3970, 3971, 3972, 3973, 3975, 3976, 3977, 4140, 4267, 4526, 4586, 4651, 4653, 4656)
2009 Ed. (22, 23, 35, 81, 100, 115, 151, 152, 154, 161, 162, 603, 656, 721, 755, 769, 852, 907, 918, 1155, 1402, 1459, 1466, 1792, 1800, 1931, 1932, 1933, 3049, 3051, 3116, 3190, 3279, 3280, 3631, 3632, 3705, 3896, 3898, 3934, 3937, 3941, 4017, 4019, 4020, 4021, 4026, 4027, 4030, 4031, 4032, 4033, 4034, 4035, 4036, 4037, 4038, 4041, 4042, 4043, 4044, 4045, 4046, 4048, 4050, 4051, 4249, 4371, 4551, 4557, 4693, 4695, 4697)
2010 Ed. (31, 33, 45, 78, 90, 108, 117, 142, 143, 145, 152, 153, 183, 622, 798, 861, 1150, 1441, 1443, 1444, 1451, 1736, 1742, 1746, 1747, 1866, 1867, 1869, 1977, 2284, 2973, 2975, 3050, 3120, 3204, 3205, 3621, 3830, 3831, 3850, 3854, 3924, 3925, 3927, 3929, 3931, 3932, 3933, 3934, 3936, 3938, 3939, 3940, 3941, 3942, 3944, 3945, 3946, 3947, 3948, 3949, 3950, 3951, 3953, 3954, 4398, 4583, 4705, 4707, 4710, 4974)
2011 Ed. (27, 28, 66, 67, 69, 76, 77, 198, 558, 726, 784, 1093, 1383, 1385, 1387, 1388, 1389, 1390, 1391, 1392, 1393, 1394, 1395, 1400, 1442, 1443, 1444, 1446, 1755, 1758, 1898, 1899, 1901, 2038, 2286, 2529, 2855, 2936, 2937, 3019, 3024, 3087, 3168, 3169, 3553, 3554, 3623, 3677, 3678, 3831,

3854, 3859, 3860, 3942, 3943, 3944, 3947, 3951, 3953, 3954, 3955, 3956, 3958, 3960, 3963, 3965, 3968, 3969, 3970, 4343, 4427, 4546, 4660, 4662, 4666, 4972)
2012 Ed. (30, 31, 68, 78, 79, 214, 537, 664, 1253, 1277, 1291, 1321, 1754, 1755, 1757, 1758, 1887, 2162, 2163, 2180, 2453, 2462, 2946, 3028, 3546, 3615, 3618, 3621, 3625, 3689, 3796, 3797, 3828, 3833, 3834, 3940, 3941, 3942, 3944, 3946, 3951, 3952, 3954, 3957, 3958, 3959, 3960, 3962, 3965, 3966, 3967, 4555, 4961, 4967)
2013 Ed. (35, 71, 73, 184, 637, 643, 806, 1352, 1383, 1921, 1924, 1926, 1928, 2363, 2364, 2611, 2881, 2885, 3035, 3614, 3615, 3672, 3675, 3678, 3682, 3861, 3862, 3889, 3898, 3899, 4000, 4004, 4006, 4014, 4016, 4017, 4018, 4020, 4021, 4023, 4025, 4026, 4032, 4033, 4035, 4223, 4515, 4978)
2014 Ed. (42, 82, 91, 657, 826, 1160, 1332, 1860, 1861, 1863, 1865, 1867, 1946, 2543, 2562, 2915, 3049, 3607, 3610, 3612, 3617, 3793, 3794, 3822, 3831, 3838, 3944, 3945, 3949, 3950, 3955, 3957, 3959, 3960, 3963, 3964, 3965, 3969, 3970, 4237, 4260, 4499, 4576, 4697, 4971, 4983)
2015 Ed. (45, 83, 96, 718, 1349, 1388, 1395, 1730, 1896, 1898, 1901, 1903, 2378, 2809, 2962, 3115, 3619, 3622, 3624, 3626, 3629, 3814, 3815, 3847, 3856, 3980, 3981, 3985, 3986, 3998, 4000, 4001, 4003, 4004, 4006, 4007, 4012, 4014, 4225, 4499, 4570, 4708, 5015)
2016 Ed. (87, 208, 947, 1268, 1273, 1317, 1318, 1325, 1684, 1693, 1694, 1860, 1861, 1864, 1866, 2323, 2324, 2325, 2672, 2891, 2896, 3096, 3507, 3509, 3513, 3634, 3726, 3727, 3753, 3767, 3773, 3893, 3894, 3898, 3899, 3900, 3912, 3915, 3916, 3919, 3920, 3927, 4321, 4431, 4434, 4612, 4770, 4932)
2017 Ed. (41, 62, 70, 195, 872, 993, 1332, 1335, 1336, 1366, 1370, 1670, 1671, 1819, 1823, 1825, 2163, 2165, 2166, 2419, 2619, 2850, 3043, 3474, 3479, 3482, 3484, 3544, 3608, 3673, 3708, 3720, 3729, 3855, 3860, 3862, 3863, 3867, 3868, 3880, 3884, 3885, 3886, 3889, 3890, 3892, 3894, 3895, 3896, 3897, 3898, 3995, 4324, 4442, 4924)
2018 Ed. (79, 80, 87, 183, 626, 805, 928, 1324, 1766, 2213, 2215, 2352, 2456, 2467, 2685, 2918, 2925, 3041, 3055, 3150, 3531, 3536, 3537, 3538, 3595, 3672, 3761, 3771, 3777, 3892, 3893, 3897, 3899, 3910, 3913, 3914, 3915, 3916, 3919, 3923, 3925, 3926, 3927, 3928, 3929, 4316, 4625, 4627, 4934, 4936)
2019 Ed. (70, 76, 820, 1341, 1347, 1359, 1367, 1374, 1679, 1684, 1685, 1824, 1827, 1829, 2192, 2193, 2194, 2376, 2861, 2874, 2879, 2983, 3518, 3521, 3523, 3525, 3530, 3535, 3741, 3751, 3758, 3759, 3762, 3860, 3861, 3865, 3867, 3870, 3883, 3886, 3887, 3888, 3889, 3891, 3895, 3896, 3898, 3899, 3900, 3901, 4936)
2020 Ed. (67, 68, 73, 818, 1341, 1636, 1768, 1772, 2186, 2187, 2344, 2352, 2673, 2897, 3012, 3500, 3503, 3505, 3506, 3509, 3510, 3512, 3516, 3785, 3795, 3802, 3806, 3811, 3882, 3883, 3887, 3890, 3901, 3904, 3905, 3908, 3911, 3914, 3915, 4931, 4932, 4934)
2021 Ed. (67, 837, 1319, 1335, 1612, 1617, 1740, 2166, 3526, 3527, 3531, 3534, 3761, 3775, 3781, 3787, 3847, 3848, 3850, 3862, 3866, 3869, 3870, 3871, 3873, 3874, 3875, 3876, 3878, 3879, 3880, 3881, 3882, 4527, 4936, 4938)
2022 Ed. (79, 877, 1344, 1770, 1772, 2346, 2952, 3589, 3593, 3595, 3783, 3799, 3804, 3868, 3869, 3880, 3882, 3883, 3884, 3887, 3889, 3891, 3892, 3893, 3894, 4531, 4934)
2023 Ed. (160, 1057, 1550, 1902, 2373, 3057, 3692, 3885, 3898, 3903, 3964, 3965, 3967, 3968, 3976, 3977, 3978, 3979, 3982, 3983, 3985, 3986, 3987, 3988, 4636)
Johnson & Johnson (medical device segment)
　2023 Ed. (3697, 3699)
Johnson & Johnson Advanced Materials Co.
　1994 Ed. (2682)
Johnson & Johnson AMC
　1996 Ed. (2854)
Johnson & Johnson Clean & Clear
　2004 Ed. (4429)

Johnson & Johnson Clean & Clear Deep
     Action
   2019 Ed. (2526)
Johnson & Johnson Clinical Diagnostic
   1997 Ed. (2743)
Johnson & Johnson Clinical Diagnostics
   1999 Ed. (3337)
Johnson & Johnson Coach
   2003 Ed. (2485)
   2017 Ed. (2618)
   2023 Ed. (2831)
Johnson & Johnson Consumer
   2017 Ed. (3882)
Johnson & Johnson Consumer Cos., Inc.
   2007 Ed. (1914, 3079, 3080)
   2008 Ed. (3220, 3221)
   2009 Ed. (3279, 3280)
   2010 Ed. (3204, 3205)
Johnson & Johnson Consumer Products
     Inc.
   2003 Ed. (650, 1873, 1996, 1998, 2923,
     3462, 3720, 3788, 3789, 4399, 4434,
     4435, 4436, 4765)
Johnson & Johnson Convenience Kits
   2003 Ed. (2917)
Johnson & Johnson Dentotape
   1999 Ed. (1827)
Johnson & Johnson Easy Glide
   1999 Ed. (1827)
Johnson & Johnson Family of Companies
     Contribution Fund
   2010 Ed. (2771)
Johnson & Johnson Hurt Free
   2002 Ed. (2282)
   2003 Ed. (2484)
Johnson & Johnson Inc.
   2020 Ed. (3144)
   2021 Ed. (3015, 3016)
   2022 Ed. (3150, 3151)
   2023 Ed. (3243)
Johnson & Johnson Kling Sterile
   1998 Ed. (1697)
   2002 Ed. (2282)
   2003 Ed. (2484)
Johnson & Johnson Medical Division
   2000 Ed. (3358)
   2001 Ed. (3554)
Johnson & Johnson-Merck Consumer Phar-
     maceuticals Co.
   2003 Ed. (284, 2109)
Johnson & Johnson Patient Assistance
     Foundation Inc.
   2012 Ed. (2692)
Johnson & Johnson Pharmaceutical Re-
     search & Development
   2009 Ed. (2949)
Johnson & Johnson Pure Cotton Balls
   2003 Ed. (1872)
Johnson & Johnson Rd Crs Bnd Aid
   2023 Ed. (2829)
Johnson & Johnson Reach
   2018 Ed. (2165)
Johnson & Johnson Red Cross
   2016 Ed. (2671)
   2017 Ed. (2617)
   2018 Ed. (2680, 2681)
   2019 Ed. (2659)
   2020 Ed. (2675)
   2021 Ed. (2584)
   2023 Ed. (2829)
Johnson & Johnson Red Cross Band Aid
   2018 Ed. (2681)
   2019 Ed. (2659)
   2020 Ed. (2675)
   2021 Ed. (2584)
Johnson & Johnson Red Cross Band-Aid
   2017 Ed. (2617)
   2018 Ed. (2680)
Johnson & Johnson Red Cross First Aid to
     Go!
   2020 Ed. (2673)
Johnson & Johnson Red Cross Hurt-Free
   2016 Ed. (2671)
Johnson & Johnson Red Cross Kling
   2016 Ed. (2671)
Johnson & Johnson Red Cross Quick
   2016 Ed. (2671)
Johnson & Johnson Red Cross Safe Travel
   2020 Ed. (2673)
Johnson & Johnson (U.S.)
   2021 Ed. (1612)
Johnson & Johnson Vision Care
   2022 Ed. (3506)
Johnson & Johnson Vision Care (Vistakon)
   2022 Ed. (3506)
   2023 Ed. (3630)
Johnson & Johnson's
   2000 Ed. (4009)
Johnson & Jordan Inc.
   2020 Ed. (2328)
Johnson; Julie
   2019 Ed. (3641)
Johnson Jr.; Earvin "Magic"
   2008 Ed. (183)
Johnson King
   2002 Ed. (3854)

Johnson Lambert
   2014 Ed. (11)
   2015 Ed. (12)
   2016 Ed. (11)
   2017 Ed. (7)
   2018 Ed. (6)
   2019 Ed. (7)
   2023 Ed. (346, 347)
Johnson Lambert & Co.
   2008 Ed. (277)
   2011 Ed. (207)
Johnson Lambert & Co., LLP
   2013 Ed. (210)
   2015 Ed. (250, 251)
   2016 Ed. (243, 244)
   2017 Ed. (241, 242)
   2018 Ed. (228, 229)
   2019 Ed. (223, 224)
   2020 Ed. (226, 227)
   2021 Ed. (221, 222)
   2022 Ed. (233, 234)
Johnson-Lancaster & Associates Inc.
   2014 Ed. (2697, 2698)
   2016 Ed. (2729, 2730)
   2017 Ed. (2685, 2686)
   2021 Ed. (2634, 2635)
Johnson-Lancaster and Associates Inc.
   2023 Ed. (2895)
Johnson-Laux Construction
   2016 Ed. (4952)
   2017 Ed. (4943)
Johnson-Leipold; Helen
   2006 Ed. (4905)
   2007 Ed. (4901)
   2011 Ed. (4832)
   2012 Ed. (4844)
   2013 Ed. (4843)
   2014 Ed. (4859)
   2015 Ed. (4896)
   2016 Ed. (4814)
   2017 Ed. (4825)
   2018 Ed. (4830)
   2019 Ed. (4827)
   2020 Ed. (4817)
   2021 Ed. (4818)
   2022 Ed. (4811)
   2023 Ed. (4804)
Johnson; Lloyd P.
   1989 Ed. (417)
   1994 Ed. (357)
Johnson; Magic
   1997 Ed. (1724, 1725)
   2006 Ed. (2499)
Johnson-Marquart; Winnie
   2006 Ed. (4905)
   2007 Ed. (4901)
   2008 Ed. (4911)
   2009 Ed. (4859)
   2010 Ed. (4928)
   2011 Ed. (4832, 4913)
   2012 Ed. (4844)
   2013 Ed. (4843)
   2014 Ed. (4859)
   2015 Ed. (4896)
   2016 Ed. (4814)
   2018 Ed. (4830)
   2019 Ed. (4827)
   2020 Ed. (4817)
   2021 Ed. (4818)
Johnson Matthey
   1999 Ed. (1115)
   2005 Ed. (959)
   2006 Ed. (866)
   2007 Ed. (955)
   2014 Ed. (900, 2047, 2048, 2049, 2051,
     2052, 2060)
   2015 Ed. (2099, 2100, 2101, 2103, 2105,
     2110)
   2016 Ed. (831, 838, 2077, 2078, 2079,
     2081, 2082, 2083, 2087)
   2017 Ed. (895, 2036, 2037, 2038, 2040,
     2041, 2043, 2044, 2049)
   2018 Ed. (822, 833, 1992, 1996, 1997,
     1999, 2002, 2010)
   2019 Ed. (839, 847)
   2020 Ed. (837)
   2021 Ed. (852, 857)
Johnson Matthey Commodities Ltd
   1990 Ed. (1374, 3265, 3635)
Johnson Matthey DOOEL
   2014 Ed. (1566)
   2015 Ed. (1617)
   2016 Ed. (1543)
   2017 Ed. (1533, 1540)
   2018 Ed. (1514, 1520)
   2019 Ed. (1542, 1547)
   2020 Ed. (1515, 1520)
   2021 Ed. (1500, 1505)
   2022 Ed. (1516, 1519)
   2023 Ed. (1690, 1693)
Johnson Matthey DOOEL (Macedonia)
   2021 Ed. (1505)
Johnson Matthey DOOEL (N. Macedonia)
   2022 Ed. (1519)
Johnson Matthey Investments Inc.
   1998 Ed. (717, 1843)
   2000 Ed. (1039)

Johnson Matthey plc
   2001 Ed. (1189)
   2004 Ed. (956)
   2006 Ed. (867)
   2007 Ed. (956)
   2008 Ed. (919, 920, 930, 1452, 1453,
     1455, 1457, 1461)
   2009 Ed. (940, 1421, 1425, 1429)
   2010 Ed. (881, 1391, 1392, 1393, 1394,
     1395, 1396, 1397, 1400)
   2011 Ed. (811, 1403, 1404, 1405, 1406,
     1407, 1408, 1409, 1411, 1412)
   2012 Ed. (786, 1242, 1244, 3657, 3686)
   2013 Ed. (940)
   2014 Ed. (893)
   2015 Ed. (921)
   2016 Ed. (823)
   2017 Ed. (880)
   2018 Ed. (813)
   2019 Ed. (830)
Johnson Mechanical Contractors Inc.
   2008 Ed. (1272)
Johnson Miller & Co.
   2015 Ed. (20)
Johnson, Miller & Co.
   1999 Ed. (24)
   2011 Ed. (21)
Johnson, Mirmiran & Thompson Inc.
   2016 Ed. (2481)
   2017 Ed. (2337)
   2018 Ed. (2403)
   2019 Ed. (2446, 2467)
   2020 Ed. (2435, 2440, 2441)
   2021 Ed. (2359, 2362, 2363)
   2022 Ed. (2468, 2473, 2474)
   2023 Ed. (2622)
Johnson, Mirmiran & Thompson, Inc.
   2019 Ed. (2361)
   2020 Ed. (2329)
   2021 Ed. (2294)
   2022 Ed. (2326)
Johnson, Mirmiran & Thompson, Inc. (JMT)
   2021 Ed. (2294)
   2022 Ed. (2326)
   2023 Ed. (2502)
Johnson; Ned
   2006 Ed. (689)
Johnson Odor Eaters
   1998 Ed. (1748)
   1999 Ed. (305, 2487)
   2000 Ed. (2247)
   2004 Ed. (2671)
Johnson Outdoors Inc.
   2005 Ed. (4028, 4029)
   2018 Ed. (2055)
   2019 Ed. (2115)
Johnson; Owen C.
   2005 Ed. (2511)
   2007 Ed. (2504)
Johnson & Perrott
   2017 Ed. (1685)
   2018 Ed. (1645)
   2019 Ed. (1697)
   2020 Ed. (1649)
   2021 Ed. (1628)
Johnson Printing
   1999 Ed. (3888)
   2002 Ed. (3761)
Johnson Products
   1990 Ed. (2592)
   1991 Ed. (2473)
   1992 Ed. (3091)
   1993 Ed. (2582)
   1994 Ed. (2531)
   1999 Ed. (2062, 2630)
   2003 Ed. (2665)
Johnson Publishing Co.
   1989 Ed. (734)
   1990 Ed. (2592)
   1991 Ed. (713, 2473)
   1992 Ed. (895, 3091)
   1993 Ed. (706, 2582)
   1994 Ed. (714, 715, 2531)
   1995 Ed. (671, 672, 2589)
   1996 Ed. (745, 746, 2659)
   1997 Ed. (677)
   1998 Ed. (469, 470)
   1999 Ed. (731)
   2000 Ed. (743, 3143, 3144)
   2001 Ed. (714)
   2002 Ed. (715, 716)
   2003 Ed. (213, 217)
   2004 Ed. (20, 173)
   2005 Ed. (14, 175)
   2006 Ed. (188, 193, 3499, 3500)
   2007 Ed. (194, 199, 3537)
   2008 Ed. (177, 186)
   2009 Ed. (203, 3757)
   2010 Ed. (3692)
   2011 Ed. (3687, 4990)
   2012 Ed. (3704)
Johnson; R. Milton
   2007 Ed. (1061)
Johnson; Randy
   2005 Ed. (267)
Johnson; Richard
   2008 Ed. (370)

Johnson; Robert L.
   2008 Ed. (183)
   2012 Ed. (110)
Johnson; Ron
   2011 Ed. (2971)
Johnson; Rupert
   2006 Ed. (4899)
   2007 Ed. (4894)
   2011 Ed. (4827)
Johnson; S. C.
   1995 Ed. (1245)
Johnson; S. Curtis
   2006 Ed. (4905)
   2007 Ed. (4901)
   2011 Ed. (4832)
   2012 Ed. (4844)
   2013 Ed. (4843)
   2014 Ed. (4859)
   2015 Ed. (4896)
   2016 Ed. (4814)
   2017 Ed. (4825)
   2018 Ed. (4830)
   2019 Ed. (4827)
   2020 Ed. (4817)
   2021 Ed. (4818)
   2022 Ed. (4811)
   2023 Ed. (4804)
Johnson; Samuel C.
   2005 Ed. (4850)
Johnson School of Business; Cornell
     University
   2009 Ed. (818)
   2010 Ed. (728)
   2011 Ed. (653, 678)
   2012 Ed. (608)
Johnson School; Cornell University
   2008 Ed. (182)
Johnson School of Management; Cornell
     University
   2006 Ed. (702, 707, 708, 709, 711, 712,
     718, 2859)
   2007 Ed. (795, 798, 2849)
Johnson; Sheila Crump
   2008 Ed. (4911)
   2009 Ed. (4859)
   2010 Ed. (4928)
   2011 Ed. (4913)
Johnson Smith & Kinisely Inc.
   1993 Ed. (1692)
Johnson Smith & Knisely
   1991 Ed. (1616)
   2000 Ed. (1867)
Johnson Smith & Knisely Accord
   1994 Ed. (1711)
   1995 Ed. (1724)
Johnson & Son Inc.; S. C.
   1989 Ed. (15, 47)
   1991 Ed. (14, 943)
   2005 Ed. (31, 1000, 1255, 3710, 4989)
   2006 Ed. (38, 105, 143, 1013, 1489,
     1491, 2118, 2420, 2421, 2423, 3798,
     4982)
   2007 Ed. (17, 29, 95, 1519, 1521, 2024,
     2909, 2974, 3804, 4980)
   2008 Ed. (22, 27, 31, 34, 105, 979,
     1496, 1501, 1503, 2129, 3032, 3099,
     3189, 3873)
   2009 Ed. (25, 32, 36, 115, 205, 1436,
     2160, 2163, 3118, 3190, 3930, 3934,
     4173, 4689)
   2010 Ed. (35, 42, 46, 89, 186, 929,
     1201, 1815, 1816, 2103, 3052, 3120,
     3848, 3850, 4108, 4707)
   2011 Ed. (108, 864, 1149, 1847, 2156,
     2400, 2857, 3086, 3087, 3853, 3854,
     4076, 4657, 4662)
   2012 Ed. (813, 2006, 2332, 2788, 3026,
     3028, 3826, 3828, 4107, 4674)
Johnson & Son; S.C.
   1990 Ed. (44)
Johnson & Son de Venezuela CA; S. C.
   2011 Ed. (2131)
   2012 Ed. (1975)
Johnson & Son de Venezuela SCA; S. C.
   2013 Ed. (2135)
Johnson & Sons; S. C.
   1989 Ed. (720)
   1994 Ed. (1205, 2817)
Johnson Space Center
   2017 Ed. (2007)
   2021 Ed. (1904)
Johnson; Spencer
   2010 Ed. (3624)
Johnson Storage & Moving Co.
   2020 Ed. (2535)
   2021 Ed. (2494)
   2022 Ed. (2607)
Johnson Storage & Moving Co. Holdings
     LLC
   2006 Ed. (2549)
   2010 Ed. (2591)
   2012 Ed. (2520)
   2015 Ed. (2655)
   2016 Ed. (2579)
Johnson Storage & Moving Co. LLC
   2017 Ed. (2496)
   2018 Ed. (2552)

CUMULATIVE INDEX • 1989-2023

Johnson; Suzanne
  2007 Ed. (2506)
Johnson; Suzanne Nora
  2008 Ed. (2636)
Johnson & Swanson
  1990 Ed. (2418)
Johnson; T. Stephen
  1994 Ed. (1200)
Johnson Theatres; Magic
  1997 Ed. (2820)
Johnson; Theodore R.
  1994 Ed. (891)
Johnson Tiles Ltd.; H & R
  1990 Ed. (3593, 3594)
Johnson & Towers Inc.
  1993 Ed. (1728)
Johnson & Wales University
  2014 Ed. (777)
  2015 Ed. (819)
  2016 Ed. (731)
Johnson Wax Professional
  2004 Ed. (1447)
Johnson; William R.
  2011 Ed. (832)
  2014 Ed. (2595)
Johnson Worldwide Associates Inc.
  1996 Ed. (1229)
Johnson Worldwide; Cato
  1993 Ed. (3063)
JohnsonDiversey Inc.
  2006 Ed. (1524)
  2007 Ed. (1553, 2974, 3804)
  2009 Ed. (967, 3190, 3934, 4173)
  2010 Ed. (930, 3120, 3850, 4108)
  2011 Ed. (865, 3087, 3854, 4076)
Johnson's
  1998 Ed. (1747)
  1999 Ed. (686, 4290, 4291, 4292)
  2000 Ed. (366)
  2001 Ed. (544, 1937, 4396, 4574)
  2003 Ed. (1989, 2917, 2918, 2919, 2920)
  2008 Ed. (4586)
  2010 Ed. (644)
  2015 Ed. (2193, 2194, 3855)
  2016 Ed. (3766)
  2017 Ed. (2104, 3719)
  2018 Ed. (2066, 2067, 2068, 2069)
  2019 Ed. (2118, 2119, 2120)
  2020 Ed. (2046, 2049, 3118, 3385)
  2021 Ed. (1998)
  2022 Ed. (2035, 2037)
  2023 Ed. (2143)
Johnsons
  2023 Ed. (3210)
Johnson's Baby
  2001 Ed. (544)
  2003 Ed. (2916, 2919, 2920, 3783)
  2008 Ed. (3162, 4586)
  2020 Ed. (3118)
Johnsons Baby
  2023 Ed. (3210)
Johnson's Baby Shampoo
  1992 Ed. (4236)
  1993 Ed. (3297)
  1997 Ed. (3503)
Johnson's Baby Skincare
  1999 Ed. (2872)
Johnson's Baby Skincare Wipes
  2001 Ed. (543)
Johnsons Baby Wipes
  2002 Ed. (2803)
Johnson's Bedtime
  2020 Ed. (3385)
Johnsons Bedtime
  2023 Ed. (3210)
Johnson's Bedtime Bath
  2020 Ed. (3118)
Johnson's Bedtime Lotion
  2003 Ed. (2917)
  2020 Ed. (3385)
Johnson's Clean & Clear
  2002 Ed. (29)
  2003 Ed. (2431)
Johnson's Clean & Clear Advantage
  2017 Ed. (17)
  2018 Ed. (18)
Johnson's Clean & Clear Morning Burst
  2018 Ed. (2499)
Johnson's Controls
  2000 Ed. (1021)
Johnsons Cottontouch
  2023 Ed. (3210)
Johnson's Gentle Treatment
  2003 Ed. (2652)
Johnson's Head-To-Toe
  2020 Ed. (3118)
Johnson's Kids Foam Blaster
  2003 Ed. (4464)
Johnsons News Group Ltd.
  1992 Ed. (1194)
  1995 Ed. (1007)
Johnson's Odor Eaters
  1998 Ed. (1747)
  1999 Ed. (2486)
  2001 Ed. (2491, 2492)
  2002 Ed. (2317)
  2003 Ed. (2537)

Johnson's Pure Cotton
  2001 Ed. (1937)
Johnson's Space Center
  2019 Ed. (2015)
  2020 Ed. (1943)
Johnson's Ultra Sensitive
  2000 Ed. (366)
Johnson's Wax Espanola
  2014 Ed. (1995)
Johnson's Wax de Portugal
  2015 Ed. (2000)
Johnsonville
  2000 Ed. (3853)
  2002 Ed. (4098)
  2008 Ed. (4277, 4278)
  2009 Ed. (4381, 4382, 4383)
  2011 Ed. (4359, 4360)
  2012 Ed. (4399, 4400)
  2013 Ed. (4367, 4368)
  2014 Ed. (4422, 4423, 4424)
  2015 Ed. (4407)
  2016 Ed. (4303, 4304)
  2018 Ed. (4290, 4291)
  2019 Ed. (2671)
  2022 Ed. (4291, 4292, 4293)
  2023 Ed. (4321, 4322)
Johnsonville Beddar with Cheddar
  2008 Ed. (4277)
  2009 Ed. (4385)
Johnsonville Beddar With Cheddar
  2022 Ed. (4292)
  2023 Ed. (4322)
Johnsonville Foods Inc.
  1999 Ed. (4139, 4140)
  2003 Ed. (3331)
  2009 Ed. (4384, 4385, 4386)
Johnsonville Sausage
  2014 Ed. (4425)
  2016 Ed. (3101, 3116)
Johnsonville Sausage LLC
  2018 Ed. (2776)
  2019 Ed. (2752)
Johnston Associates Inc.
  1992 Ed. (4388)
Johnston Carmichael
  2018 Ed. (16)
  2019 Ed. (17)
  2020 Ed. (20)
  2021 Ed. (22)
Johnston Coca-Cola
  1992 Ed. (2187, 2188)
Johnston; G. E.
  2005 Ed. (2500)
Johnston Industries
  1991 Ed. (3349, 3350)
  1992 Ed. (4276, 4277)
  2000 Ed. (4244)
Johnston; Lawrence
  2006 Ed. (2523)
Johnston McLamb
  2008 Ed. (4346)
Johnston & Murphy
  1993 Ed. (259)
  2001 Ed. (4244)
  2009 Ed. (871)
  2018 Ed. (4261)
  2019 Ed. (4290)
Johnston Wells Public Relations
  2002 Ed. (3816, 3874)
  2003 Ed. (4020)
  2005 Ed. (112)
Johnstone International; Murray
  1992 Ed. (2747)
  1997 Ed. (2523)
Johnstone Supply
  2008 Ed. (1383)
  2009 Ed. (1386)
  2010 Ed. (1371)
  2011 Ed. (1364)
  2021 Ed. (116)
  2022 Ed. (125)
JohnstonWells Public Relations
  2009 Ed. (1638)
  2010 Ed. (1610)
Johnstown-Altoona, PA
  1998 Ed. (591)
  2002 Ed. (922)
  2003 Ed. (845)
  2004 Ed. (872)
Johnstown America
  1995 Ed. (3162)
Johnstown America Industries Inc.
  2002 Ed. (3231)
Johnstown, PA
  1992 Ed. (3037)
  1993 Ed. (2548)
  1994 Ed. (2493)
  1995 Ed. (3779)
  2003 Ed. (1871)
  2005 Ed. (1059, 2991)
  2006 Ed. (1067)
  2012 Ed. (4375)
  2013 Ed. (3544)
Johnvince Foods Ltd.
  2018 Ed. (4388)
Johore Tin
  2022 Ed. (1687)

Johst; David P.
  2008 Ed. (3120)
JOI-Design Interior Architects
  2010 Ed. (3359)
Joii Sushi
  2019 Ed. (2683)
Join Business MC
  2000 Ed. (366)
  2019 Ed. (1101)
Join Contract
  2019 Ed. (735)
Joiner Fire Sprinkler Co.
  2016 Ed. (3587)
  2017 Ed. (3555)
  2020 Ed. (3568)
The Joinery
  2011 Ed. (1949)
The Joint
  2014 Ed. (2901, 2911)
  2015 Ed. (1137, 2944, 2957)
  2016 Ed. (2875, 2889)
  2017 Ed. (2845)
  2018 Ed. (2915)
  2019 Ed. (2871)
  2020 Ed. (2894)
  2022 Ed. (2924, 3813)
  2023 Ed. (3911)
Joint Base Lewis-McChord
  2017 Ed. (2085)
  2018 Ed. (2041)
  2020 Ed. (2012)
  2021 Ed. (1964)
  2022 Ed. (2009)
  2023 Ed. (2108)
Joint Base Lewis-McChord (military installation)
  2021 Ed. (1964)
Joint Center for Political Studies
  1992 Ed. (1097)
The Joint Chiropractic
  2023 Ed. (3049)
Joint Commission
  2009 Ed. (292)
  2010 Ed. (275)
  2011 Ed. (199)
Joint Commission on Accreditation of Healthcare Organizations
  1999 Ed. (2726)
Joint Commission on Accreditation of Healthcare Organizations
  2008 Ed. (2894)
Joint Corp.
  2023 Ed. (1570, 3002, 3033)
Joint disorders
  1995 Ed. (3799)
The Joint at the Hard Rock Hotel
  2011 Ed. (1070)
  2012 Ed. (996)
Joint IDA of Wythe County
  2004 Ed. (3302)
Joint Industry Board of the Electrical Industry
  1990 Ed. (2783, 3628)
Joint Juice
  2016 Ed. (4786)
  2017 Ed. (4800)
  2018 Ed. (4795, 4796)
Joint Meeting of Essex & Union Counties
  2000 Ed. (3678)
Joint Purchasing Corp.
  2004 Ed. (2928)
Joint Ritis
  2002 Ed. (315)
  2003 Ed. (280)
Joint Stock Commercial Bank for Foreign Trade of Vietnam
  2016 Ed. (424, 2106)
  2017 Ed. (437, 2067)
  2018 Ed. (402, 2027)
  2019 Ed. (406, 2084)
  2020 Ed. (398, 1993)
  2021 Ed. (1945)
  2022 Ed. (1985)
  2023 Ed. (2089)
Joint Stock Company EFG Asset Management
  2019 Ed. (1947)
Joint Stock Company Siberian Coal Energy Co.
  2021 Ed. (2485)
Joint Stock Company Spetsremont
  2018 Ed. (1899)
Joint Strategic Technologies
  2023 Ed. (1466)
Joint Venture Vietsovpetro
  2015 Ed. (2125)
Jointflex
  2004 Ed. (245)
Jointown Pharmaceutical
  2023 Ed. (3031)
Jojo Gonzales
  1996 Ed. (1910)
  1997 Ed. (2000)
JOJO's Chocolate
  2023 Ed. (2863)
Jokey Plastik GmbH
  2008 Ed. (1216)

Jokic-Invest
  2019 Ed. (1534)
Jolen
  2020 Ed. (2033)
Jolie; Angelina
  2008 Ed. (2579)
  2009 Ed. (2606)
  2010 Ed. (2509, 2510)
  2011 Ed. (2511, 2512)
  2012 Ed. (2432)
  2013 Ed. (2598)
  2014 Ed. (2527)
  2015 Ed. (2600)
  2016 Ed. (2525)
Joliet, WI
  2011 Ed. (3503)
Jolley & Co.; Lex
  1993 Ed. (2264)
Jollibee
  2000 Ed. (3822)
  2015 Ed. (4302, 4303)
  2016 Ed. (4162)
  2017 Ed. (4141, 4142)
  2018 Ed. (4143)
  2019 Ed. (4159)
  2020 Ed. (2553, 4168, 4169, 4171)
  2021 Ed. (2516, 4111)
  2022 Ed. (4200)
  2023 Ed. (4248)
Jollibee Food Corp.
  2001 Ed. (67)
Jollibee Foods
  1995 Ed. (1476)
  1996 Ed. (1436)
  1997 Ed. (1499)
  1999 Ed. (1566, 1568, 1569, 1572, 1576, 1725, 4108)
  2000 Ed. (1536, 1537, 1539, 1541, 1542)
  2015 Ed. (1994)
  2017 Ed. (1930)
  2021 Ed. (1829)
Jollibee Foods Corp.
  2015 Ed. (4259)
  2016 Ed. (4164, 4169)
  2017 Ed. (4143, 4146)
Jollibee (Philippines)
  2021 Ed. (2516, 4111)
Jolly Rancher
  1993 Ed. (835)
  1995 Ed. (892, 896, 897)
  1999 Ed. (1018)
  2000 Ed. (969)
  2001 Ed. (1115, 1116, 1118, 1119)
  2002 Ed. (935)
  2003 Ed. (1132)
  2006 Ed. (774)
  2008 Ed. (836, 839)
  2014 Ed. (828, 831)
  2015 Ed. (868, 870)
  2016 Ed. (756, 757, 759)
  2017 Ed. (813, 814, 816)
  2018 Ed. (745)
  2019 Ed. (761)
  2020 Ed. (749)
  2021 Ed. (768, 776)
Jolly Rancher Crunch 'N Chew
  2014 Ed. (828)
  2015 Ed. (868)
Jolly Rancher Kisses
  1990 Ed. (896)
Jolly Ranchers
  1994 Ed. (847, 851)
Jolly Time
  2017 Ed. (3932)
Jolson; Joseph
  1991 Ed. (1692)
Jolt Endurance Shot
  2011 Ed. (4521)
Joly; Hubert
  2016 Ed. (869)
Jolyon Petch
  1999 Ed. (2353)
Joma Bowling Co.
  2016 Ed. (4982)
Jomar Management
  1999 Ed. (3702)
JoMei Chang
  2002 Ed. (3346)
Jon Caforio
  2013 Ed. (1211)
Jon D. Walton
  2008 Ed. (2635)
  2010 Ed. (2563)
  2011 Ed. (2546)
Jon Donaire
  2019 Ed. (2756)
  2022 Ed. (2782, 3082)
  2023 Ed. (2907)
Jon Douglas Co.
  1994 Ed. (2999)
  1995 Ed. (3061)
Jon Fredrik Baksaas
  2017 Ed. (923)
Jon Goldstein
  2006 Ed. (3189)
  2007 Ed. (3248, 3249)
  2014 Ed. (3390)
  2016 Ed. (3283)

2017 Ed. (3242)
2020 Ed. (3294)
2023 Ed. (3387)
Jon Goldstein (First Republic)
  2022 Ed. (3298)
Jon Greenberg & Associates Inc.
  1997 Ed. (262, 266)
  1998 Ed. (184, 185)
  1999 Ed. (287, 288)
Jon Hamm
  2016 Ed. (2529)
Jon Kinney
  2005 Ed. (987)
  2006 Ed. (973)
Jon Krupnick
  1997 Ed. (2612)
Jon L. Stryker
  2005 Ed. (4849)
  2006 Ed. (4904)
Jon Leibowitz
  2012 Ed. (598)
Jon Lester
  2016 Ed. (216)
Jon M. Huntsman
  1995 Ed. (934)
  2004 Ed. (4864)
  2005 Ed. (4850)
  2006 Ed. (4905)
  2007 Ed. (4901)
Jon Meade Huntsman
  2003 Ed. (4881)
Jon Peters
  2013 Ed. (3468)
Jon R. Andersen
  2011 Ed. (3357)
Jon Ramon Aboitiz
  2010 Ed. (3967)
Jon Rice
  1995 Ed. (3503)
Jon Stewart
  2016 Ed. (2528)
Jon Stryker
  2007 Ed. (4892)
  2009 Ed. (4850)
  2010 Ed. (4856)
  2011 Ed. (4829)
  2020 Ed. (4815)
  2021 Ed. (4816)
  2022 Ed. (4809)
Jon Swisher & Sons
  1989 Ed. (2844)
Jon Tobias
  2017 Ed. (3594)
  2019 Ed. (3645)
Jon Walton
  2008 Ed. (3120)
  2009 Ed. (3208)
  2010 Ed. (3140)
  2011 Ed. (3107)
Jon Wright
  2010 Ed. (2527)
Jon Yarbrough
  2018 Ed. (4827)
  2019 Ed. (4824)
  2020 Ed. (4814)
  2021 Ed. (4815)
  2022 Ed. (4808)
  2023 Ed. (4801)
Jonah Bank of Wyoming
  2022 Ed. (423)
  2023 Ed. (547)
Jonah Energy LLC
  2018 Ed. (2841, 3814)
  2019 Ed. (2809, 3791)
Jonah Hex
  2012 Ed. (3723)
Jonas Brothers
  2010 Ed. (3714, 3717)
  2012 Ed. (2440)
  2023 Ed. (1177)
Jonas Paul Eyewear
  2021 Ed. (1696)
Jonathan Avila
  2011 Ed. (2949)
Jonathan Barnett
  2021 Ed. (4462)
  2022 Ed. (4471)
Jonathan Cohen
  1999 Ed. (2237)
  2000 Ed. (2020)
Jonathan Dorsheimer
  2011 Ed. (3337)
Jonathan Fitzgarrald
  2023 Ed. (1301)
Jonathan Goldfarb
  1993 Ed. (1784)
  1994 Ed. (1768)
  1996 Ed. (1784)
  1997 Ed. (1860)
  1998 Ed. (1632)
Jonathan Gray
  1991 Ed. (1692)
  1992 Ed. (2138)
  1993 Ed. (1825)
  1994 Ed. (1808, 1821, 1834)
  1995 Ed. (1797, 1798, 1846, 1863)
  1996 Ed. (1772, 1824, 1844)
  1997 Ed. (1898, 1917)

1998 Ed. (1621)
1999 Ed. (431, 2146, 2206)
2000 Ed. (2045)
2011 Ed. (629)
2016 Ed. (4809)
Jonathan Grayer
  2005 Ed. (2469)
Jonathan Harmsworth
  2004 Ed. (4875)
Jonathan Klein
  2006 Ed. (2523)
Jonathan Litt
  1997 Ed. (1877)
  1999 Ed. (2257)
  2000 Ed. (1995, 2025, 2040)
Jonathan Morris
  1996 Ed. (1855)
Jonathan N. Zakin
  1996 Ed. (1716)
  1997 Ed. (1804)
Jonathan Nehmer + Associates
  2007 Ed. (2955, 2960)
  2008 Ed. (3084)
  2009 Ed. (3173)
Jonathan Osgood
  1995 Ed. (1868)
Jonathan P. Ward
  1997 Ed. (1804)
Jonathan Raleigh
  1999 Ed. (2270)
  2000 Ed. (2001)
Jonathan Rosenzweig
  1999 Ed. (2254)
  2000 Ed. (2035)
Jonathan Ross
  1997 Ed. (2002)
  2000 Ed. (2190)
Jonathan Rowland
  2007 Ed. (4925)
Jonathan Rubinstein
  2006 Ed. (2524)
Jonathan Ruffer
  2016 Ed. (2533)
  2017 Ed. (2393)
Jonathan Sheehan
  2000 Ed. (2126)
Jonathan Toews
  2017 Ed. (217)
  2018 Ed. (202)
  2019 Ed. (196)
  2020 Ed. (200)
Jonathan Wheeler
  2008 Ed. (3120)
Jonathan Wright
  2000 Ed. (2129)
Jonathan Ziegler
  1999 Ed. (2259)
Jonathan's Grille
  2023 Ed. (4224)
Jonathon Goldfarb
  1995 Ed. (1809)
Jonathon Ziegler
  1997 Ed. (1918)
Jonel
  2003 Ed. (3623)
Jones
  1990 Ed. (751)
  1992 Ed. (1021)
  1998 Ed. (918)
  2000 Ed. (1186, 1233)
  2002 Ed. (1201, 1208)
  2003 Ed. (1185, 1208)
  2004 Ed. (1215)
  2005 Ed. (1239)
  2009 Ed. (4381)
  2023 Ed. (4323)
Jones; Ann
  2007 Ed. (4931)
Jones Apparel Group Holdings Inc.
  2010 Ed. (935)
Jones Apparel Group Inc.
  1993 Ed. (991)
  1994 Ed. (1023, 1029, 1030)
  1995 Ed. (1033, 1036, 2766)
  1996 Ed. (1018)
  1997 Ed. (1025, 1038)
  1998 Ed. (776, 777, 780)
  1999 Ed. (1201, 1202, 1205, 4303)
  2000 Ed. (1121, 1124)
  2001 Ed. (1275, 1279, 1280, 1281)
  2002 Ed. (1081, 1083, 1428, 2705, 4501)
  2003 Ed. (1002, 1003, 1004, 1006, 1007, 1009, 1448, 2871)
  2004 Ed. (992, 993, 997, 998, 1002, 1005, 1225, 1226, 1478, 2956, 4711, 4712)
  2005 Ed. (1010, 1011, 1012, 1013, 1016, 1017, 1018, 1020, 1494)
  2006 Ed. (1020, 1021, 1022, 1024, 1025, 1026)
  2007 Ed. (1106, 1107, 1108, 1111, 1113, 1114)
  2008 Ed. (988, 989, 992)
  2009 Ed. (970, 971, 980, 4437)
  2010 Ed. (934, 935, 942, 2843, 3179, 4479)
  2011 Ed. (866, 867, 874, 2996, 4414)
  2012 Ed. (819, 820, 830, 2922, 4477)

2013 Ed. (3011)
Jones & Associates
  2005 Ed. (3594)
Jones & Babson
  1998 Ed. (2590, 2627)
Jones Beach Theatre
  1999 Ed. (1291)
  2001 Ed. (374)
  2002 Ed. (4342)
  2003 Ed. (269)
Jones; Blaine M.
  1995 Ed. (983)
Jones Brewing Co.
  1989 Ed. (757)
  1990 Ed. (752)
  2000 Ed. (3127)
Jones Bros. Inc.
  2002 Ed. (1254)
  2003 Ed. (2745)
  2004 Ed. (774, 2828)
Jones; C. M.
  2005 Ed. (2482)
Jones Cable
  1993 Ed. (821)
Jones Cable Group
  1992 Ed. (1030)
Jones; Clayton M.
  2011 Ed. (823)
Jones Commodities Inc.
  1992 Ed. (1289)
  1993 Ed. (1036)
Jones & Co.; Edward D.
  1990 Ed. (784)
  1993 Ed. (763, 765, 766)
  1995 Ed. (759, 761, 762)
  1996 Ed. (802, 804, 805)
  1997 Ed. (737, 738, 740, 741)
The Jones Co. of Tennessee
  2005 Ed. (1216)
  2012 Ed. (1039)
Jones Construction Co.; J. A.
  1990 Ed. (1176, 1210)
  1994 Ed. (1135, 1154)
  1995 Ed. (1140, 1153, 1173)
Jones Custom Homes
  2004 Ed. (1190)
Jones Dairy Farm
  2003 Ed. (3331)
  2009 Ed. (4384)
  2018 Ed. (4289)
  2023 Ed. (3670)
Jones; David
  1995 Ed. (1354)
  1996 Ed. (253, 1294, 3242)
  2007 Ed. (18)
Jones; David A.
  1996 Ed. (962)
Jones Day
  2006 Ed. (1412, 1413, 3246, 3251, 3265)
  2007 Ed. (1506, 1507, 3301, 3303, 3305, 3317, 3325, 3337)
  2008 Ed. (1394, 1395, 3414, 3428, 3437)
  2009 Ed. (826, 3485, 3493, 3495, 3511, 4160)
  2010 Ed. (3417, 3423, 3424, 3440, 4093)
  2011 Ed. (3400, 3407, 3409, 3438)
  2012 Ed. (3365, 3367, 3374, 3383, 3395, 3404, 3406, 3407, 3418, 3420, 3426, 3455)
  2013 Ed. (3439, 3443, 3446, 3447, 3450, 3499)
  2014 Ed. (3438, 3443, 3450, 3451, 3475)
  2015 Ed. (1350, 1351)
  2016 Ed. (1281, 1282, 3319)
  2017 Ed. (1327, 1328, 1338, 1339, 3275)
  2018 Ed. (1304, 1305, 1323, 3347)
  2019 Ed. (1898, 3763)
  2020 Ed. (1312)
  2021 Ed. (1803, 3205, 3206, 3218, 3219, 3220, 3788)
  2022 Ed. (1845, 3809)
  2023 Ed. (1969, 3907)
Jones Day Ltd.
  2015 Ed. (3493)
Jones Day LP
  2015 Ed. (3494)
  2016 Ed. (3343, 3344)
Jones, Day, Reavis & Pogue
  1990 Ed. (2412, 2418, 2428)
  1991 Ed. (2277, 2278, 2284, 2294)
  1992 Ed. (2825, 2826, 2827, 2828, 2838, 2839, 2847)
  1993 Ed. (2388, 2390, 2391, 2396, 2406)
  1994 Ed. (2351)
  1995 Ed. (14, 2412, 2414, 2430)
  1996 Ed. (2450)
  1997 Ed. (2595, 2849)
  1998 Ed. (2324, 2565)
  1999 Ed. (3141, 3487)
  2000 Ed. (2891, 2897, 3196)
  2001 Ed. (807, 845, 917, 3051, 3085)
  2002 Ed. (1356, 1357, 1373, 1374)
  2003 Ed. (1393, 1394, 1401, 1408, 1413, 1415, 3170, 3173, 3174, 3178, 3190, 3194, 3204)
  2004 Ed. (1408, 1409, 1416, 1437, 3224, 3226, 3238, 3250)

2005 Ed. (1427, 1428, 1440, 1455, 3254, 3255, 3256, 3274)
2006 Ed. (3243, 3245)
Jones, Day, Reavis & Pogue National
  2003 Ed. (3183, 3184)
  2004 Ed. (3235)
  2005 Ed. (3265)
Jones; Derek
  1997 Ed. (1936)
Jones; Edward D.
  1990 Ed. (2299, 2302, 3174, 3196)
  1991 Ed. (2177, 2179, 2189, 3020)
Jones; Emma Eccles
  1994 Ed. (896, 1057)
Jones Engineering
  2023 Ed. (1443)
Jones Engineering Group
  2019 Ed. (1247)
  2020 Ed. (1241)
  2021 Ed. (1207)
  2022 Ed. (1208)
Jones Engineering Limited
  2020 Ed. (1043)
Jones Financial
  2013 Ed. (1894)
  2014 Ed. (1827, 1828)
  2019 Ed. (4321)
  2020 Ed. (4312)
  2021 Ed. (4329)
  2022 Ed. (1743, 2655, 4338)
Jones Financial (Edward Jones)
  2023 Ed. (4367)
Jones Financial Cos.
  2004 Ed. (1804)
  2005 Ed. (1875)
  2006 Ed. (1896)
  2015 Ed. (1867)
  2016 Ed. (1830)
  2017 Ed. (1795)
  2019 Ed. (1801)
  2020 Ed. (1747)
  2021 Ed. (1718)
  2022 Ed. (1748)
The Jones Financial Cos.
  2014 Ed. (4430)
  2015 Ed. (4412)
  2016 Ed. (4308)
  2017 Ed. (4313)
  2019 Ed. (4320)
  2020 Ed. (4311)
  2021 Ed. (4328)
  2022 Ed. (4337)
Jones Financial Cos. LLLP
  2004 Ed. (4344)
  2005 Ed. (4283)
  2006 Ed. (4262)
  2007 Ed. (4290)
  2011 Ed. (4387)
  2012 Ed. (4445)
  2013 Ed. (4394, 4406)
  2014 Ed. (4431, 4436)
  2015 Ed. (4418)
  2016 Ed. (4312)
Jones Financial Cos. LLP
  2008 Ed. (4294)
  2009 Ed. (4402)
  2010 Ed. (4448)
Jones Financial (Edward Jones)
  2022 Ed. (1743, 1748, 2655)
Jones Ford of Tulsa; Fred
  1990 Ed. (303)
  1991 Ed. (272)
Jones Garrard
  1999 Ed. (2842)
Jones Givins Gotcher Bogan Hilborne
  1991 Ed. (3423)
Jones Golden Brown
  2009 Ed. (4381)
  2018 Ed. (4289)
Jones Graduate School of Business
  2014 Ed. (773)
  2015 Ed. (809, 815)
Jones Graduate School of Business; Rice University
  2010 Ed. (733)
  2011 Ed. (644, 645)
  2013 Ed. (750)
Jones-Greenwald & Associates
  1994 Ed. (108)
The Jones Group
  2013 Ed. (3179)
  2015 Ed. (4431)
The Jones Group inc.
  2013 Ed. (1995)
Jones Group Inc.
  1989 Ed. (1010)
  1990 Ed. (1196, 1199)
  1991 Ed. (1074, 1075)
  1992 Ed. (1402, 1406, 1424)
  1993 Ed. (1115, 1116, 1138)
  2013 Ed. (995)
  2014 Ed. (957)
  2015 Ed. (3254)
The Jones Group Inc.
  2014 Ed. (3020, 3190)
  2015 Ed. (3087)

Jones Hall
  2000 Ed. (2620)
  2001 Ed. (776, 949)
Jones Hall Hill & White
  1991 Ed. (2015)
  1993 Ed. (2160, 2617, 2623)
  1995 Ed. (2231, 2651)
  1996 Ed. (2238, 2726)
  1997 Ed. (2364)
  1998 Ed. (2084, 2565, 2576)
  1999 Ed. (2843, 3488)
Jones Heward American
  2001 Ed. (3478)
Jones II; Paul Tudor
  1991 Ed. (2265)
  1992 Ed. (2143)
  1994 Ed. (1840)
  1995 Ed. (1870)
  1997 Ed. (2004)
  2006 Ed. (2798)
  2011 Ed. (775)
  2012 Ed. (719)
Jones III; J. P.
  2005 Ed. (2487)
Jones III; John
  2007 Ed. (1009)
Jones III; John P.
  2006 Ed. (2522)
  2007 Ed. (1024, 2501)
  2008 Ed. (946, 2633)
  2009 Ed. (945, 2657)
  2010 Ed. (897, 2562)
Jones Inc; J. A.
  1996 Ed. (1127)
  2005 Ed. (1165)
  2006 Ed. (1161)
  2007 Ed. (1273)
Jones Intercable
  1990 Ed. (877)
  1991 Ed. (837, 2390)
  1993 Ed. (813, 817)
  1996 Ed. (855)
  1998 Ed. (155, 588, 590)
Jones Intercable/Spacelink
  1991 Ed. (834)
  1992 Ed. (1019)
  1993 Ed. (814)
  1994 Ed. (832)
  1996 Ed. (858)
  1997 Ed. (874)
Jones International Ministries; Larry
  1991 Ed. (2615)
  1995 Ed. (943, 2782)
Jones Investments Ltd.; Robert
  1991 Ed. (2594, 2595)
  1992 Ed. (3233, 3234)
  1993 Ed. (2721, 2722)
Jones Isuzu; Fletcher
  1990 Ed. (328)
  1991 Ed. (281)
Jones; Jeff
  2010 Ed. (3964)
Jones; Jerry
  2010 Ed. (4557)
  2012 Ed. (2680, 4852)
  2013 Ed. (2768, 4849)
  2014 Ed. (4865)
  2015 Ed. (4902)
  2016 Ed. (4819)
  2017 Ed. (4829)
  2018 Ed. (4834)
  2019 Ed. (4831)
  2020 Ed. (4821)
  2021 Ed. (4822)
  2022 Ed. (4473, 4815)
  2023 Ed. (4808)
Jones; Jesus
  1993 Ed. (1078)
Jones; Judy
  2006 Ed. (4040)
Jones Jr.; Fletcher
  2006 Ed. (334, 348)
Jones Jr.; R. T.
  2008 Ed. (2827)
Jones Knowles Ritchie
  1996 Ed. (2233)
  1999 Ed. (2841)
  2002 Ed. (1957)
  2009 Ed. (142)
  2011 Ed. (59)
  2015 Ed. (3408)
  2016 Ed. (3281)
  2017 Ed. (3240)
  2018 Ed. (3314)
  2019 Ed. (3276)
  2020 Ed. (3457)
  2021 Ed. (3477)
  2022 Ed. (3534)
  2023 Ed. (3655)
Jones and Lamberti Builders Inc.
  2023 Ed. (1599)
Jones Lang LaSalle
  2014 Ed. (1148, 1708, 3024)
  2015 Ed. (1198, 1750, 3091)
  2016 Ed. (4106, 4111, 4495)
  2017 Ed. (3548, 4082)
  2018 Ed. (3017, 4086, 4117)
  2019 Ed. (2958, 4091, 4106, 4114, 4128, 4136)
  2020 Ed. (2988, 4104, 4117, 4124, 4130)
  2021 Ed. (1318, 1320, 2848, 4076, 4086)
  2022 Ed. (4104, 4115, 4116)
  2023 Ed. (4191)
Jones Lang LaSalle (JLL)
  2023 Ed. (4199)
Jones Lang Lasalle
  2019 Ed. (4124, 4934)
  2020 Ed. (4932)
  2021 Ed. (4936)
  2022 Ed. (1331)
Jones Lang LaSalle Americas
  2011 Ed. (4568)
  2012 Ed. (4584)
Jones Lang LaSalle Americas (Colorado) LP
  2002 Ed. (3935)
Jones Lang LaSalle Americas Inc.
  2014 Ed. (4472)
  2015 Ed. (4466)
  2016 Ed. (4124)
Jones Lang LaSalle Inc.
  2000 Ed. (3729)
  2001 Ed. (4010, 4013, 4255)
  2002 Ed. (3920, 3934)
  2003 Ed. (4049, 4061, 4062, 4410)
  2004 Ed. (4075, 4076, 4078, 4088)
  2005 Ed. (4000, 4005, 4007, 4021)
  2006 Ed. (4035, 4040, 4041, 4052)
  2007 Ed. (2550, 4075, 4082, 4103)
  2008 Ed. (2035, 2693, 4108, 4114, 4123)
  2009 Ed. (1745, 2923, 2972, 4215, 4221, 4222, 4234)
  2010 Ed. (1177, 1690, 2860, 2912, 4158, 4162)
  2011 Ed. (1125, 1765, 4149, 4156, 4163, 4168)
  2012 Ed. (1363, 1460, 1558, 1661, 4183, 4189, 4200, 4201, 4210, 4216)
  2013 Ed. (4169, 4182, 4195, 4198, 4202)
  2014 Ed. (4187, 4199, 4215, 4219)
  2015 Ed. (1200, 1201, 4168, 4179, 4194, 4198, 4204, 4222)
  2016 Ed. (1108, 1109, 4094, 4096, 4112, 4316)
  2017 Ed. (4058, 4070, 4089, 4093, 4319)
  2018 Ed. (4085, 4118, 4121, 4125, 4310)
  2019 Ed. (1096, 1098, 1099, 4089, 4104, 4129, 4132, 4135, 4338)
  2020 Ed. (1084, 1085, 1086, 4102, 4131, 4140, 4342)
  2021 Ed. (1047, 1049, 1050, 4087, 4358)
  2022 Ed. (1084, 1086, 1087, 4364)
Jones Lang LaSalle Inc. (U.S.)
  2021 Ed. (4087)
  2022 Ed. (4116)
Jones Lang LaSalle Ireland
  2013 Ed. (1600)
Jones Lang LaSalle (Ireland) Ltd.
  2012 Ed. (1616)
  2013 Ed. (1773)
Jones Lang LaSalle Retail
  2002 Ed. (4278)
  2006 Ed. (4314)
  2007 Ed. (4380)
  2008 Ed. (4336)
  2009 Ed. (4440)
  2010 Ed. (4482)
  2011 Ed. (4415)
Jones Lang Wootton
  1993 Ed. (2978)
Jones Lang Wootton Realty Advisors
  1996 Ed. (2417)
  1998 Ed. (2274, 2294)
Jones Lumber
  1996 Ed. (822)
Jones; Marion
  2005 Ed. (266)
Jones Ministries/Feed the Children; Larry
  1994 Ed. (905)
Jones Motor Cars Inc.; Fletcher
  1995 Ed. (279)
Jones Motorcars; Fletcher
  1996 Ed. (279)
Jones; Nathan
  2006 Ed. (973)
  2007 Ed. (1068)
Jones New York
  1998 Ed. (774)
  1999 Ed. (1203)
  2000 Ed. (1122)
  2001 Ed. (1276)
  2002 Ed. (1082)
  2003 Ed. (1008)
  2004 Ed. (1003)
  2006 Ed. (1023)
  2007 Ed. (1112)
  2008 Ed. (991)
  2009 Ed. (974)
  2010 Ed. (937)
Jones Packaging Inc.
  2011 Ed. (3803)
Jones; Paul
  2015 Ed. (2635)
Jones; Peter
  2006 Ed. (2500)
  2008 Ed. (4908)
Jones Pharma Inc.
  2002 Ed. (1520, 2004)
Jones Plastic & Engineering Corp.
  1998 Ed. (2320)
Jones Reavis & Pogue
  2001 Ed. (3086)
Jones; Richard
  1996 Ed. (1896)
  1997 Ed. (1997)
  2009 Ed. (3444)
Jones; Robert
  1991 Ed. (2160)
Jones SBC Stadium
  2005 Ed. (4444)
Jones, Schiller & Co., LLP
  2012 Ed. (11)
Jones School of Business; Texas Southern University
  2010 Ed. (721, 730)
Jones & Shipman
  1990 Ed. (1362)
Jones; Sir Tom
  2007 Ed. (4932, 4935)
  2009 Ed. (4922)
  2010 Ed. (4926)
Jones, Skelton & Hochuli PLC
  2022 Ed. (3345)
  2023 Ed. (3461)
Jones Soda
  2008 Ed. (2139, 2144)
  2010 Ed. (2059, 2066, 4496, 4532)
  2011 Ed. (2114, 2121)
Jones Spacelink
  1992 Ed. (1024)
Jones Stephens Corp.
  2016 Ed. (894)
  2017 Ed. (941)
  2018 Ed. (876)
The Jones Store Co.
  1995 Ed. (1552)
Jones; Thomas
  1992 Ed. (2058)
  2005 Ed. (3200)
Jones; Tom
  2005 Ed. (4896)
Jones Truck Line
  1993 Ed. (3640)
Jones Vargas
  2001 Ed. (865)
Jones Waldo
  2023 Ed. (3466)
Jones, Waldo, Holbrook & McDonough PC
  2006 Ed. (3252)
Jones Walker
  2001 Ed. (824)
  2021 Ed. (3221, 3222)
Jones Walker LLP
  2016 Ed. (1337)
Jones, Ware & Grenard
  1995 Ed. (673, 2413)
  1999 Ed. (3488)
Jonesboro, AR
  2005 Ed. (3473)
  2017 Ed. (2105)
  2020 Ed. (2047)
Jong-Yong; Yun
  2006 Ed. (690)
  2011 Ed. (817)
  2014 Ed. (937)
Joni & Friends
  2008 Ed. (4135)
  2010 Ed. (4179)
  2011 Ed. (4178)
  2012 Ed. (4229)
Jonkman Construction
  2011 Ed. (1781)
Jonluca Enterprises
  2020 Ed. (4884)
  2021 Ed. (4883)
  2022 Ed. (4878)
Jonna Realty Ventures Inc.
  2000 Ed. (3717)
Jonnie Walker Black
  2000 Ed. (2967)
Jonnie Walker Red
  2000 Ed. (2969, 2978)
Jonny Cat
  2023 Ed. (3922)
Joo; Kim Sung
  2006 Ed. (4977)
Joomla! 1.7 - Beginner's Guide
  2013 Ed. (624)
Joomla! Development
  2013 Ed. (624)
Joong-Keun; Lee
  2015 Ed. (4959)
  2017 Ed. (4875)
  2018 Ed. (4887)
Joop van den Ende
  2008 Ed. (4870)
  2009 Ed. (4892)
  2011 Ed. (4881)
  2012 Ed. (4890)
  2013 Ed. (4891)
  2014 Ed. (4904)
  2015 Ed. (4944)
  2016 Ed. (4859)
  2017 Ed. (4863)
  2023 Ed. (4846)
Joop Van Den Ende
  2021 Ed. (4855)
Joose
  2015 Ed. (200)
  2016 Ed. (190)
Joost-Level OU
  2018 Ed. (1503)
Joplin Metro Credit Union
  2010 Ed. (2128)
  2014 Ed. (2150)
  2015 Ed. (2214)
  2016 Ed. (2185)
Joplin, MO
  1998 Ed. (3648)
  2005 Ed. (2028, 2031, 2388)
  2020 Ed. (2206)
  2023 Ed. (952)
Joplin-Pittsburg, KS
  2009 Ed. (847)
  2010 Ed. (792)
  2011 Ed. (719)
Jordache
  1994 Ed. (1026)
  1995 Ed. (2398)
Jordan
  1990 Ed. (413, 1447, 1728, 1933)
  1991 Ed. (1385, 1642, 1848)
  1993 Ed. (844, 1960, 1965, 1972, 1979, 1985, 3692)
  1995 Ed. (2008, 2015, 2022, 2027, 2034, 2038, 3628)
  1996 Ed. (1482)
  1997 Ed. (1547)
  1999 Ed. (1786)
  2000 Ed. (1615)
  2001 Ed. (522, 1952, 2419, 3578, 3859)
  2002 Ed. (328, 329, 1821)
  2003 Ed. (2467, 3699, 3918)
  2004 Ed. (1923, 2593, 3742, 3931)
  2005 Ed. (1123, 2058, 2571, 3650, 3881, 4798)
  2006 Ed. (2334, 2576, 2640, 3748, 3941, 4591, 4770)
  2007 Ed. (2265, 2547, 2830, 3747, 3999)
  2008 Ed. (2401, 2689, 3828, 4018, 4393)
  2009 Ed. (2398, 2712, 2881, 3882, 4089)
  2010 Ed. (2214, 2310, 2588, 2632, 3793, 4001, 4522)
  2011 Ed. (202, 2230, 2308, 2570, 2615, 3790, 4009, 4459, 4526)
  2012 Ed. (2094, 2202, 2207, 2517, 3088, 4511, 4963)
  2013 Ed. (2390, 4970)
  2014 Ed. (2327, 4979)
  2015 Ed. (135, 5012)
  2016 Ed. (4931)
  2017 Ed. (2186)
  2018 Ed. (2247)
  2019 Ed. (2220)
  2020 Ed. (2217)
  2021 Ed. (2189, 3178, 3179)
  2022 Ed. (2219)
  2023 Ed. (2408)
Jordan Ahli Bank
  2009 Ed. (484)
  2010 Ed. (466)
  2011 Ed. (393)
  2012 Ed. (381)
  2013 Ed. (526)
  2014 Ed. (542)
  2023 Ed. (581)
Jordan Associates
  2003 Ed. (173)
Jordan Auto Mall
  1991 Ed. (268, 269, 274)
Jordan Automotive
  1999 Ed. (328)
Jordan Automotive Group
  2001 Ed. (442)
Jordan; Bank of
  2005 Ed. (52)
  2006 Ed. (59, 4512)
  2007 Ed. (50)
  2008 Ed. (53)
The Jordan Cement Factories
  1997 Ed. (241, 242)
  1999 Ed. (264, 265)
  2000 Ed. (293, 294)
  2002 Ed. (4381)
  2006 Ed. (4512)
Jordan; Claude
  2016 Ed. (869)
Jordan Commercial Bank
  2011 Ed. (393)
  2012 Ed. (381)
Jordan Cooper & Associates Inc.
  1999 Ed. (4008, 4010)
Jordan Dubai Islamic Bank
  2011 Ed. (2649)
  2012 Ed. (2576)
  2014 Ed. (2654)
  2015 Ed. (2696)
  2016 Ed. (2618)

CUMULATIVE INDEX • 1989-2023

2017 Ed. (2551)
2018 Ed. (2619)
Jordan Electric Power
  1997 Ed. (242)
  1999 Ed. (265)
  2000 Ed. (294)
  2006 Ed. (4512)
Jordan Ford
  1990 Ed. (307, 308, 342)
  1993 Ed. (269, 299, 300, 301)
  1994 Ed. (254, 255, 268, 289, 290, 291, 292)
  1995 Ed. (267, 293, 294, 295, 296)
  1996 Ed. (298, 299)
Jordan Ford Auto Mall
  1992 Ed. (377, 379, 383, 415, 418)
Jordan; Frank
  1995 Ed. (2518)
Jordan Gulf Bank
  1999 Ed. (265)
Jordan-Gulf Bank SA
  1991 Ed. (578)
Jordan Hotel & Tourism
  1999 Ed. (265)
Jordan Industrial Resources
  1999 Ed. (265)
Jordan Investment & Finance Bank
  1999 Ed. (566)
  2000 Ed. (577)
Jordan Islamic Bank
  1990 Ed. (613)
  1993 Ed. (39)
  1997 Ed. (241, 399)
  1999 Ed. (264, 265, 456, 566)
  2001 Ed. (48)
  2013 Ed. (360, 526)
  2018 Ed. (359)
  2019 Ed. (362)
  2020 Ed. (357)
  2023 Ed. (581)
Jordan Islamic Bank for Finance & Investment
  1991 Ed. (568, 578)
  1996 Ed. (434)
  2000 Ed. (577)
  2004 Ed. (568)
  2009 Ed. (484, 2737)
  2010 Ed. (466, 2661)
  2011 Ed. (393, 2649)
  2012 Ed. (381, 2576)
  2014 Ed. (2654)
  2015 Ed. (2696)
  2016 Ed. (2618)
  2017 Ed. (2551)
  2018 Ed. (2619)
  2019 Ed. (2605)
  2020 Ed. (2614)
Jordan, Jones & Goulding Inc.
  2006 Ed. (2452)
  2008 Ed. (2517, 2528)
  2009 Ed. (2528, 2544)
  2011 Ed. (2453)
Jordan Kitt's Music
  1993 Ed. (2640, 2644)
  1994 Ed. (2592, 2597)
  1995 Ed. (2673)
  1996 Ed. (2746)
Jordan Kuwait Bank
  1990 Ed. (481)
  1991 Ed. (578)
  1999 Ed. (566)
  2000 Ed. (294, 577)
  2004 Ed. (568)
  2006 Ed. (476, 4512)
  2007 Ed. (491)
  2008 Ed. (455)
  2009 Ed. (484)
  2010 Ed. (466)
  2011 Ed. (393)
  2013 Ed. (526)
  2014 Ed. (542)
  2015 Ed. (433)
  2016 Ed. (388)
  2017 Ed. (393)
  2018 Ed. (359)
  2019 Ed. (362)
  2020 Ed. (357)
  2023 Ed. (581)
Jordan Lincoln-Mercury
  1993 Ed. (275)
  1994 Ed. (274)
  1995 Ed. (293, 296)
  1996 Ed. (298, 299)
Jordan, McGrath, Case & Partners
  1999 Ed. (51)
Jordan McGrath Case & Partners Euro RSCG
  2002 Ed. (64)
Jordan, McGrath, Case & Taylor
  1990 Ed. (71, 73)
  1991 Ed. (61, 62, 69)
  1992 Ed. (104)
  1993 Ed. (61)
  1994 Ed. (62)
  1995 Ed. (41, 68)
  1996 Ed. (52)
  1997 Ed. (49)
  1998 Ed. (46)

Jordan Media City
  2016 Ed. (4300)
  2017 Ed. (4305)
  2021 Ed. (4285)
Jordan Media City (Jordan)
  2021 Ed. (4285)
Jordan; Michael
  1989 Ed. (278)
  1995 Ed. (250, 251, 1671)
  1996 Ed. (250)
  1997 Ed. (278, 1724, 1725)
  2006 Ed. (292, 2488)
  2007 Ed. (294)
  2008 Ed. (272)
  2009 Ed. (294)
  2010 Ed. (276, 4558)
  2011 Ed. (200)
  2012 Ed. (215)
Jordan; Michael H.
  2006 Ed. (941, 3931)
  2008 Ed. (954, 959)
  2009 Ed. (961)
Jordan Motors, Inc.
  1991 Ed. (276, 278)
Jordan National
  2009 Ed. (60)
  2010 Ed. (70)
Jordan National Bank
  1990 Ed. (481)
  1992 Ed. (587)
  1994 Ed. (414)
  1996 Ed. (434)
  1997 Ed. (241, 242, 399)
  1999 Ed. (264, 566)
  2000 Ed. (294, 446, 577)
  2002 Ed. (4381)
  2004 Ed. (568)
  2006 Ed. (476)
  2007 Ed. (491)
  2008 Ed. (455)
Jordan National Bank SA
  1991 Ed. (432, 578)
Jordan Petroleum Refinery
  1997 Ed. (241)
  1999 Ed. (264)
  2000 Ed. (293)
  2002 Ed. (4381)
Jordan Phosphate Mines
  1997 Ed. (241)
  1999 Ed. (264)
  2000 Ed. (293, 294)
  2002 Ed. (4381)
  2006 Ed. (4512)
Jordan School District
  2007 Ed. (1314)
Jordan Schrader Ramis PC
  2009 Ed. (1984, 1990)
  2010 Ed. (1917, 1921, 1923)
  2011 Ed. (1963, 1968)
Jordan Services Inc.
  2006 Ed. (4066)
Jordan Spieth
  2018 Ed. (204)
Jordan Telecom
  2006 Ed. (4512)
  2007 Ed. (50)
  2008 Ed. (53)
  2009 Ed. (60)
Jordan Tourism
  2006 Ed. (59)
Jordan Vineyard & Winery
  2015 Ed. (4992)
  2017 Ed. (4902)
  2018 Ed. (4922)
  2019 Ed. (3706, 4920)
  2020 Ed. (3750, 4921)
  2021 Ed. (3750, 4918)
  2022 Ed. (3771)
  2023 Ed. (3873)
Jordanian Duty Free Shops
  2018 Ed. (1723, 4241)
Jordano; Rosemary
  2005 Ed. (2468)
Jordan's Furniture
  1999 Ed. (2562)
  2000 Ed. (2296, 2305)
Jordan's Meats
  1994 Ed. (2452, 2904)
  1995 Ed. (2520, 2960)
Jordin Sparks
  2010 Ed. (3715, 3717)
Jordon National Bank
  2000 Ed. (293)
Jordon's Cabinets
  2014 Ed. (4997)
Jordy Construction
  2021 Ed. (2881)
  2022 Ed. (3007)
  2023 Ed. (3123)
Jore Corp.
  2001 Ed. (1800)
Jorge A. Bermudez
  2008 Ed. (2628)
  2009 Ed. (2656)
Jorge A. Gomez Rebollo
  2018 Ed. (4141)
  2019 Ed. (4157)

Jorge Benitez
  2015 Ed. (3044)
Jorge De Cespedes
  2004 Ed. (2843)
Jorge Figueredo
  2010 Ed. (2560)
Jorge Horacio Brito
  2018 Ed. (4838)
  2019 Ed. (4834)
Jorge L. Benitez
  2012 Ed. (2489)
Jorge L. Figueredo
  2012 Ed. (2882)
Jorge L. Mas
  1998 Ed. (1944, 2504, 3705)
Jorge M. Perez
  2011 Ed. (2924)
Jorge Mas Canosa
  1998 Ed. (1944, 2504, 3705)
Jorge Mendes
  2021 Ed. (4462)
  2022 Ed. (4471)
Jorge Moll Filho & family
  2022 Ed. (4822)
  2023 Ed. (4816)
Jorge Paulo Lemann
  2008 Ed. (4854)
  2009 Ed. (4880)
  2010 Ed. (4881, 4902)
  2011 Ed. (4869, 4899)
  2012 Ed. (4854, 4877)
  2013 Ed. (4859)
  2014 Ed. (4873)
  2015 Ed. (4911)
  2016 Ed. (4827)
  2018 Ed. (4842)
  2019 Ed. (4838)
  2020 Ed. (4828)
  2021 Ed. (4828)
  2022 Ed. (4822)
Jorge Paulo Lemann & family
  2023 Ed. (4816)
Jorge Rodriguez Rodriguez
  2014 Ed. (4908)
  2015 Ed. (4949)
  2016 Ed. (4864)
  2019 Ed. (4871)
  2020 Ed. (4860)
  2022 Ed. (4855)
Jorgen Philip-Sorensen
  2009 Ed. (4898)
Jorgensen; Debbie
  2011 Ed. (3330)
  2012 Ed. (3317)
  2015 Ed. (3425)
Jorgensen; Earle M.
  1989 Ed. (2637)
  1990 Ed. (3435)
  1991 Ed. (3218)
Jorgensen Land & Cattle
  2019 Ed. (783)
  2020 Ed. (789)
  2021 Ed. (801, 809)
  2022 Ed. (833, 841)
Jorgensen; Neils
  2017 Ed. (3601)
Jorgensen's; Keith
  1994 Ed. (2597)
Jorgenson Co.; Earle M.
  2005 Ed. (3462)
  2006 Ed. (3469)
  2007 Ed. (3493)
Joris Ide Group
  2009 Ed. (1512, 3591)
Jorma Ollila
  2003 Ed. (4695)
  2005 Ed. (789, 2320)
  2006 Ed. (691)
Jorn Rausing
  2014 Ed. (4921)
  2015 Ed. (4961)
  2016 Ed. (4877)
  2017 Ed. (4877)
  2018 Ed. (4889)
  2019 Ed. (4881)
  2020 Ed. (4870)
  2021 Ed. (4871)
  2022 Ed. (4867)
  2023 Ed. (4861)
Jorudan
  2010 Ed. (1761)
Jos. A. Bank
  2003 Ed. (2186)
  2010 Ed. (947)
Jos. A. Bank Clothiers
  2013 Ed. (1831, 4271)
Jos. A. Bank Clothiers Inc.
  2004 Ed. (4555)
  2005 Ed. (1022)
  2006 Ed. (2107, 4157)
  2007 Ed. (912)
  2008 Ed. (887, 2169)
  2011 Ed. (872)
  2012 Ed. (825, 4503, 4504)
  2013 Ed. (1001, 4467)
  2014 Ed. (965, 983)
Jos. E. Seagram & Sons
  1998 Ed. (452)

Jos. H. Stomel & Sons
  1997 Ed. (1200, 1201, 1204, 1206, 1207)
  1998 Ed. (976, 980, 981, 982)
Jos. Huber Brewing Co.
  1989 Ed. (757)
Jos. L. Muscarelle Inc.
  1990 Ed. (1179)
Jose Alvarez
  2012 Ed. (1236)
  2013 Ed. (2957)
  2014 Ed. (2974)
  2015 Ed. (3043)
Jose Amario
  2006 Ed. (2516)
Jose Antonio Fernandez
  2014 Ed. (935)
Jose Armanio
  2013 Ed. (2962)
Jose Berardo
  2009 Ed. (4895)
  2010 Ed. (4894)
Jose Carlos (Zeca) Mendonca
  1999 Ed. (2292)
Jose Cortez
  1992 Ed. (4266)
Jose Cuervo
  1989 Ed. (2808, 2809)
  1990 Ed. (3558, 3559)
  1991 Ed. (3336, 3340, 3341, 3342, 3343)
  1992 Ed. (4262, 4266, 4267, 4268)
  1993 Ed. (2448, 3546, 3551)
  1994 Ed. (2390, 3505, 3510)
  1995 Ed. (3590, 3594, 3595)
  1996 Ed. (2520, 3670, 3671, 3672, 3673, 3674)
  1997 Ed. (2646, 2659, 2665, 2666, 2668, 3729, 3731, 3732, 3733)
  1998 Ed. (2377, 2387, 2393, 2397, 3508, 3514, 3515, 3516)
  1999 Ed. (3206, 3228, 3231, 3240, 3242, 3243, 3246, 4579, 4584, 4585, 4586, 4587, 4588)
  2000 Ed. (2946, 2974, 2975, 2976, 2979, 2980)
  2001 Ed. (3138, 3139, 3140, 3142, 3143, 3146)
  2002 Ed. (3134, 3150, 3172, 3173, 3176, 3179, 4609)
  2003 Ed. (263, 3226)
  2004 Ed. (229)
  2005 Ed. (235, 4676)
  2006 Ed. (252, 254, 255)
  2007 Ed. (262)
  2008 Ed. (241, 242)
  2009 Ed. (265, 267)
  2010 Ed. (252)
  2011 Ed. (177)
  2012 Ed. (188)
  2015 Ed. (198)
  2016 Ed. (192)
  2017 Ed. (179, 4640)
  2019 Ed. (166, 4651)
  2020 Ed. (160, 4620)
  2021 Ed. (163)
  2022 Ed. (157)
Jose Cuervo/1800
  1998 Ed. (3509)
  2000 Ed. (2949, 4233)
  2001 Ed. (355, 3115, 3118, 3132, 3134, 3135, 4503)
  2002 Ed. (299, 3130, 3131, 3165, 3166, 4604, 4610, 4611, 4612, 4613, 4614)
  2003 Ed. (3225, 4721, 4726)
  2004 Ed. (3279, 4699, 4704)
Jose Cuervo Authentic
  1999 Ed. (3207, 4763)
Jose Cuervo Authentic Margarita
  2000 Ed. (2947)
  2001 Ed. (3116)
Jose Cuervo Authentic Margaritas
  2002 Ed. (3106)
  2003 Ed. (1030)
  2004 Ed. (1035)
  2006 Ed. (4958)
Jose Cuervo Especial
  2014 Ed. (172)
  2015 Ed. (202)
  2016 Ed. (193)
  2018 Ed. (164)
  2019 Ed. (169)
Jose Cuervo Margaritas
  1995 Ed. (3734)
  1996 Ed. (3833)
  1997 Ed. (3894)
  1998 Ed. (3715)
  1999 Ed. (3207, 4763)
Jose Cuervo Tequila
  2008 Ed. (243)
  2009 Ed. (266)
  2010 Ed. (253)
  2011 Ed. (173, 174)
  2012 Ed. (185)
  2013 Ed. (168)
Jose E. Cil
  2011 Ed. (2953)
Jose Eber
  2007 Ed. (2758)

CUMULATIVE INDEX • 1989-2023

Jose Garcia-Cantera
  1996 Ed. (1897)
  1999 Ed. (2403)
Jose Gonzales
  1999 Ed. (2433)
Jose Joao Abdalla Filho
  2020 Ed. (4828)
Jose (Joey) Salceda
  1996 Ed. (1910)
  1997 Ed. (2000)
Jose Jose Calderon Rojas
  2014 Ed. (4901)
  2019 Ed. (4863)
  2020 Ed. (4852)
Jose Lazares
  2011 Ed. (2952)
Jose Li
  2006 Ed. (4140)
Jose Linares
  1999 Ed. (2409)
Jose Luis Daza
  1999 Ed. (2400)
  2000 Ed. (1957)
Jose Maria Alapont
  2009 Ed. (1397)
  2014 Ed. (940)
Jose Maria Aristrain
  2009 Ed. (4897)
  2010 Ed. (4896)
  2011 Ed. (4883)
  2012 Ed. (4892)
Jose Mas
  2011 Ed. (2924)
Jose Milton
  1994 Ed. (2059, 2521, 3655)
  1995 Ed. (2112, 2579, 3726)
Jose Neves
  2022 Ed. (4858)
José Olé
  2023 Ed. (2924, 2942)
Jose Ole
  2008 Ed. (2790)
  2014 Ed. (2780)
  2015 Ed. (2826)
  2016 Ed. (2758)
  2017 Ed. (2709)
  2018 Ed. (2765)
  2019 Ed. (2764)
  2020 Ed. (2802)
  2021 Ed. (2674)
  2022 Ed. (2802, 2825, 2826)
Jose Roberto Marinho
  2014 Ed. (4873)
  2015 Ed. (4911)
  2016 Ed. (4827)
  2018 Ed. (4842)
Jose Sanchez
  2011 Ed. (2951)
Jose Santiago Inc.
  2004 Ed. (4924)
  2018 Ed. (4905)
Jose Sergio Gabrielli
  2010 Ed. (894)
  2011 Ed. (818)
Jose Tillan
  2013 Ed. (2961)
Jose Yordan
  1996 Ed. (1900)
  1999 Ed. (2406)
  2011 Ed. (3340)
Josef Ackermann
  2005 Ed. (789)
  2006 Ed. (691)
Josef Feuerstein GmbH
  2016 Ed. (1387)
Josef Holler
  2019 Ed. (4157)
Josefsen; Turi
  1993 Ed. (1696)
  1994 Ed. (1715)
  1995 Ed. (3786)
Joseph A. Cardenas
  2011 Ed. (2952)
Joseph A. Carrabba
  2011 Ed. (838)
Joseph A. Corazzi
  2000 Ed. (1877)
Joseph A. Natoli Construction Corp.
  1990 Ed. (1179)
Joseph A. Sullivan
  2016 Ed. (2558)
Joseph A. Unanue
  1994 Ed. (2059, 2521, 3655)
  1998 Ed. (1944, 2504, 3705)
  2004 Ed. (2843)
Joseph A. Unanue & family
  1995 Ed. (2112, 2579, 2580, 3726)
Joseph Abboud Manufacturing Corp.
  2023 Ed. (3607)
Joseph Abidaoud
  2011 Ed. (859)
Joseph Airport Toyota, Scion
  2017 Ed. (1886)
Joseph Alvarado
  2015 Ed. (3044)
Joseph Amato
  1993 Ed. (1842)
  1998 Ed. (1586)

Joseph Ambler Inn
  1992 Ed. (2483)
  1993 Ed. (2091)
Joseph Angileri
  2014 Ed. (2596)
Joseph Antonini
  1990 Ed. (974)
  1992 Ed. (1144)
  1993 Ed. (939)
  1994 Ed. (948)
  1995 Ed. (981)
Joseph B. Costello
  2001 Ed. (2316)
Joseph B. Fay Co.
  2023 Ed. (2291)
Joseph B. Whitehead Foundation
  1994 Ed. (1907)
Joseph Bellace
  1993 Ed. (1835)
  1994 Ed. (1827)
  1995 Ed. (1856)
  1996 Ed. (1834)
  1997 Ed. (1907)
  1998 Ed. (1603, 1677)
  1999 Ed. (2189, 2273)
  2000 Ed. (1998, 2051)
Joseph & Bessie Feinberg Foundation
  1991 Ed. (1003, 1767)
Joseph Biernat
  1999 Ed. (2299)
Joseph Blatter
  2010 Ed. (4564)
Joseph Burnett
  2005 Ed. (4871)
Joseph C. and Lillian Duke
  1994 Ed. (901)
Joseph Campbell Co.
  1999 Ed. (2208)
  2000 Ed. (1980)
  2004 Ed. (1998, 1999, 3165)
  2005 Ed. (2140, 2141)
  2006 Ed. (2235, 2236)
Joseph Carson
  1999 Ed. (2195)
Joseph Castillo
  2012 Ed. (2885)
Joseph Chiarelli
  1997 Ed. (1938)
  2000 Ed. (2013)
Joseph Coccimiglio
  2000 Ed. (2011)
Joseph Co.; David J.
  2005 Ed. (4031)
Joseph Costello
  1999 Ed. (1121, 2078)
Joseph D. Williams
  1991 Ed. (1630)
  1992 Ed. (1142, 2050)
Joseph Dahr Jamail
  1991 Ed. (2296)
Joseph David Advertising LLC
  2020 Ed. (1615)
Joseph Davis Inc.
  2003 Ed. (1237, 1338)
  2005 Ed. (1343)
  2006 Ed. (1340)
Joseph Decosimo & Co.
  1998 Ed. (18)
  2000 Ed. (19)
  2011 Ed. (19)
  2012 Ed. (24)
  2013 Ed. (22)
  2014 Ed. (18)
  2015 Ed. (19)
Joseph Decosinio & Co.
  1999 Ed. (23)
Joseph Dominguez
  2012 Ed. (2881)
Joseph Doyle
  1991 Ed. (1675, 1696)
  1993 Ed. (1809)
  1995 Ed. (1792)
  1998 Ed. (1649)
Joseph Duwan
  1999 Ed. (433, 2148)
Joseph E. LaPlume
  1992 Ed. (532)
Joseph E. Lay
  1991 Ed. (2172)
Joseph E. Seagram
  1990 Ed. (725)
Joseph E. Seagram & Sons
  1989 Ed. (726, 1058)
  1990 Ed. (726, 1325)
  1991 Ed. (707, 2664, 2665)
  1999 Ed. (701)
  2000 Ed. (714)
Joseph Ellis
  1991 Ed. (1690, 1691, 1707)
  1992 Ed. (2138)
  1993 Ed. (1773, 1774, 1823, 1824)
  1994 Ed. (1806, 1807)
  1995 Ed. (1797, 1798, 1844, 1845)
  1996 Ed. (1822)
Joseph Enterprises
  2016 Ed. (2669)
  2017 Ed. (2615)
  2018 Ed. (2677)

Joseph Entertainment Group/Stardate Production
  1992 Ed. (3553)
Joseph Euteneuer
  2007 Ed. (1079)
Joseph Eve
  2011 Ed. (22)
Joseph Eve & Co.
  2003 Ed. (10)
  2004 Ed. (16)
Joseph Eve LLC
  2008 Ed. (11)
  2009 Ed. (14)
  2010 Ed. (26)
Joseph F. Rice
  2002 Ed. (3072)
Joseph Farms
  2022 Ed. (2143)
  2023 Ed. (2261)
Joseph Fernandez
  1990 Ed. (2658)
Joseph Ficalora
  2012 Ed. (789)
Joseph Flannery
  2019 Ed. (3643)
Joseph Flom
  1991 Ed. (2297)
Joseph France
  1992 Ed. (2136)
  1993 Ed. (1801)
  1994 Ed. (1784, 1828)
Joseph; Fred
  2010 Ed. (895)
Joseph G. Temple
  1991 Ed. (1621)
Joseph Galli Jr.
  2004 Ed. (2496, 2527, 3911)
  2007 Ed. (3974)
  2008 Ed. (3997)
Joseph Gallo Farms
  2015 Ed. (2288)
  2018 Ed. (2137)
  2019 Ed. (2134)
  2020 Ed. (2119)
  2021 Ed. (2112)
Joseph; George
  2012 Ed. (4843)
  2014 Ed. (4854)
  2015 Ed. (4891)
Joseph Ghossoub
  2013 Ed. (3479, 3652)
Joseph Granville, The Granville Market Letter
  1990 Ed. (2366)
Joseph, Greenwald & Laake
  2003 Ed. (3185)
Joseph Gulia
  1990 Ed. (2480)
  1992 Ed. (2906)
Joseph H. Novotny
  1992 Ed. (2905)
Joseph Haulage Canada
  2020 Ed. (4668)
Joseph Held Co. Inc.
  2002 Ed. (2857)
Joseph Huber
  1990 Ed. (751)
Joseph J. Albanese Inc.
  2023 Ed. (2727)
Joseph J. Atick
  2003 Ed. (2347)
Joseph J. Kroger
  1990 Ed. (1725)
Joseph J. Pietrafesa Co. Inc.
  1992 Ed. (2973)
Joseph J. Pinola
  1989 Ed. (1381)
  1990 Ed. (1718)
Joseph J. Plumeri
  2011 Ed. (3196)
Joseph Jamail
  1997 Ed. (2612)
  2011 Ed. (4822)
Joseph Jamail Jr.
  2002 Ed. (3071)
Joseph Jingoli & Son Inc.
  2006 Ed. (1186)
  2008 Ed. (1317)
  2009 Ed. (1302)
  2010 Ed. (1295, 1311)
  2011 Ed. (1253)
Joseph Jolson
  1991 Ed. (1692)
Joseph Kozloff
  1989 Ed. (1416, 1419)
  1991 Ed. (1683, 1701)
  1993 Ed. (1771, 1772, 1789, 1802)
  1994 Ed. (1772, 1785)
  1995 Ed. (1813, 1824)
  1996 Ed. (1787, 1797)
Joseph Lau
  2009 Ed. (4863, 4864)
  2010 Ed. (4865)
  2011 Ed. (4852, 4853)
  2012 Ed. (4859, 4860)
  2013 Ed. (4873, 4874)
  2014 Ed. (4887, 4888)

  2015 Ed. (4926, 4927)
  2016 Ed. (4842, 4843)
  2017 Ed. (4850)
  2018 Ed. (4857)
  2019 Ed. (4852)
  2020 Ed. (4841)
  2021 Ed. (4842)
  2023 Ed. (4831)
Joseph Lewis
  2005 Ed. (4892)
  2009 Ed. (4921)
  2010 Ed. (4925)
  2011 Ed. (4911)
  2012 Ed. (4924)
  2013 Ed. (4922)
  2014 Ed. (4929)
  2015 Ed. (4969)
  2016 Ed. (4886)
  2017 Ed. (4884)
  2018 Ed. (4896)
Joseph Lewis Allbritton
  1990 Ed. (457, 3686)
Joseph Liemandt
  2002 Ed. (3351)
Joseph M. Gregory
  2005 Ed. (2512)
Joseph M. Segel
  1992 Ed. (2056)
Joseph M. Tucci
  2007 Ed. (1032)
  2008 Ed. (944)
  2010 Ed. (905)
  2011 Ed. (844)
  2015 Ed. (970)
Joseph Macnow
  2007 Ed. (1093)
Joseph Mezrich
  2000 Ed. (1967)
Joseph & Moise Safra
  2005 Ed. (4881)
  2006 Ed. (4925)
  2007 Ed. (4913)
Joseph Moise Safra
  2003 Ed. (4893)
Joseph Nacchio
  2001 Ed. (1217)
Joseph Nathan
  1999 Ed. (2084)
  2001 Ed. (2346)
Joseph NeCastro
  2006 Ed. (985)
  2007 Ed. (1078)
Joseph P. Clayton
  2014 Ed. (939)
Joseph P. Gulia
  1991 Ed. (2345)
  1993 Ed. (2464)
Joseph P. Mangione Inc.
  2017 Ed. (2495)
  2018 Ed. (2551)
  2019 Ed. (2545)
Joseph P. Nacchio
  2002 Ed. (2177, 2182)
  2003 Ed. (957, 4695)
  2004 Ed. (2490)
Joseph; Pamela
  2008 Ed. (4945)
  2009 Ed. (4967)
  2010 Ed. (4975, 4976)
  2011 Ed. (4973)
  2012 Ed. (4970)
  2013 Ed. (4961)
  2014 Ed. (4970)
  2015 Ed. (5016)
  2016 Ed. (4928, 4934)
Joseph Phelan
  1995 Ed. (2485)
Joseph Phillippi
  1999 Ed. (2211)
Joseph R. Canion
  1989 Ed. (1378)
  1991 Ed. (1627)
  1992 Ed. (2057)
  1993 Ed. (1702)
Joseph R. Caputo
  1991 Ed. (2344)
  1992 Ed. (2905)
  1993 Ed. (2463)
Joseph R. Ficalora
  2004 Ed. (968)
  2005 Ed. (973)
  2006 Ed. (930)
  2007 Ed. (1021)
Joseph R. Gromek
  2009 Ed. (2659)
Joseph R. Hyde III
  1995 Ed. (978, 1727)
Joseph R. Tomkinson
  2007 Ed. (1021)
Joseph Ricardo
  1998 Ed. (1663)
Joseph Riccardo
  1997 Ed. (1864)
  1999 Ed. (2253)
  2000 Ed. (2017)
Joseph Ricketts
  2002 Ed. (3355)

CUMULATIVE INDEX • 1989-2023

Joseph S. Colson, Jr.
  1989 Ed. (735)
Joseph Safra
  2004 Ed. (4879)
  2008 Ed. (4854, 4878)
  2009 Ed. (4880)
  2010 Ed. (4881, 4902)
  2011 Ed. (4869, 4899)
  2012 Ed. (4854, 4877)
  2013 Ed. (4851, 4859)
  2014 Ed. (4873)
  2015 Ed. (4911)
  2016 Ed. (4827)
  2018 Ed. (4842)
  2019 Ed. (4838)
  2020 Ed. (4828)
  2021 Ed. (4828)
Joseph Saunders
  2006 Ed. (920)
Joseph Schor
  1997 Ed. (1797)
Joseph Schuchert
  1998 Ed. (1689)
Joseph Schwartz
  2011 Ed. (3341)
Joseph Sheairs Associates
  2005 Ed. (4743)
Joseph Spruit
  1989 Ed. (2341)
Joseph Summers
  2017 Ed. (3598, 3599)
Joseph T. Ryerson
  1995 Ed. (2232)
Joseph Taylor
  1997 Ed. (45193)
  2000 Ed. (1928)
Joseph Tsai
  2015 Ed. (4913)
  2016 Ed. (4829, 4842)
  2017 Ed. (4837, 4838)
  2018 Ed. (4843, 4844)
  2019 Ed. (4839, 4840)
  2020 Ed. (4829)
  2021 Ed. (4829)
  2022 Ed. (4823)
  2023 Ed. (4818)
Joseph Tucci
  2006 Ed. (896, 2515)
  2007 Ed. (986)
Joseph V. Taranto
  1998 Ed. (1514, 2139)
Joseph Volpe
  2004 Ed. (974)
Joseph Vumbacco
  2009 Ed. (3706)
Joseph W. Luter III
  2007 Ed. (1020, 1025)
Joseph W. McGrath
  2007 Ed. (959)
Joseph W. Montgomery
  2009 Ed. (3444)
  2013 Ed. (3392)
  2014 Ed. (3394)
Joseph W. Saunders
  2010 Ed. (900)
Joseph Zubretsky
  2010 Ed. (918)
Josephine Esquivel
  1993 Ed. (1828)
  1994 Ed. (1811)
  1995 Ed. (1849)
  1996 Ed. (1827)
  1997 Ed. (1901)
  1998 Ed. (1623)
  1999 Ed. (2267)
  2000 Ed. (2052)
Joseph's
  2022 Ed. (2187)
Joseph's Fine Foods Inc.
  2020 Ed. (2167)
Josey Clack
  2023 Ed. (1297)
Josh Cellars
  2021 Ed. (4922)
  2022 Ed. (4916)
  2023 Ed. (4901, 4915)
Josh Flagg
  2018 Ed. (4109)
Josh Groban
  2010 Ed. (3714, 3716)
Josh Hamilton
  2017 Ed. (213)
Josh Jewett
  2007 Ed. (4161)
Josh Kopelman
  2013 Ed. (4783)
  2016 Ed. (4771)
  2017 Ed. (4781)
Josh Levin
  2011 Ed. (3355)
Josh Norman
  2019 Ed. (195)
Josh Richards
  2022 Ed. (844)
Josh S. Weston
  1991 Ed. (1632)
  1992 Ed. (2063)

Josh.ai
  2021 Ed. (2799)
  2022 Ed. (2966)
  2023 Ed. (3091)
Josh.al
  2020 Ed. (2939)
Joshi
  1996 Ed. (1092)
Joshua
  2000 Ed. (1676)
  2002 Ed. (4087)
Joshua Agency
  2002 Ed. (1981)
Joshua Fost
  2005 Ed. (994)
Joshua G2
  2009 Ed. (2325)
Joshua Homes
  2003 Ed. (1156)
  2004 Ed. (1161)
  2005 Ed. (1189)
Joshua Jensen
  2017 Ed. (3601)
Joshua Tree National Park
  1999 Ed. (3705)
Joshua Zaret
  2011 Ed. (3352)
Joshua's Catering
  2017 Ed. (2939)
Joslin Diabetes Center
  1991 Ed. (2619)
  1993 Ed. (1701)
  1995 Ed. (1926)
  2007 Ed. (20)
Joslins
  1995 Ed. (1552)
Josquin A. Talleda
  1999 Ed. (3484)
Joss Group
  2022 Ed. (1383)
Joss Whedon
  2015 Ed. (2603)
  2016 Ed. (2527)
Jossco Australia
  2004 Ed. (4921)
Jostens Holding Corp.
  2006 Ed. (3359, 3969)
Jostens Inc.
  1989 Ed. (1870, 1871, 1928, 2268, 2321)
  1990 Ed. (1295, 1297, 2407, 2408, 2516, 2932)
  1991 Ed. (2268, 2381, 2470)
  1992 Ed. (2967, 4034, 4035)
  1993 Ed. (2371, 3364)
  1994 Ed. (3365)
  1995 Ed. (3423)
  1998 Ed. (3341)
  2003 Ed. (3285)
  2004 Ed. (3349, 4589)
  2005 Ed. (1491, 1549, 3378, 3379)
  2006 Ed. (3359)
  2007 Ed. (3413)
  2008 Ed. (3542)
  2009 Ed. (3609)
  2010 Ed. (3533)
  2011 Ed. (3532)
  2012 Ed. (3522)
  2013 Ed. (3562)
Jotabequ-Grey
  2000 Ed. (101)
  2001 Ed. (141)
  2002 Ed. (114)
  2003 Ed. (79)
JOTO PR Disruptors
  2023 Ed. (4120)
Jotul North America
  2008 Ed. (1895)
  2010 Ed. (1790)
Jotun
  1997 Ed. (2982)
  2011 Ed. (3805)
  2012 Ed. (3793)
  2013 Ed. (3859)
  2020 Ed. (3765)
  2021 Ed. (3764, 3765)
  2022 Ed. (3787)
  2023 Ed. (3889)
The Jotun Group
  2015 Ed. (3811)
Jotun (Norway)
  2021 Ed. (3764)
Jouahri; Abdelatif
  2013 Ed. (3481)
Joule Energy
  2022 Ed. (4444, 4456, 4458)
Joule Industrial Contractors
  2003 Ed. (1338)
  2004 Ed. (1338)
  2005 Ed. (1290)
  2006 Ed. (1260, 1340)
  2007 Ed. (1388)
  2008 Ed. (1245, 4820)
  2009 Ed. (1327, 4076)
  2010 Ed. (1224)
  2012 Ed. (1114)
  2013 Ed. (1255)
  2014 Ed. (1189, 3997)
  2017 Ed. (1203, 1207)

2018 Ed. (1157)
Joule Unlimited
  2012 Ed. (2360)
Jount Purchasing Corp.
  1999 Ed. (2754)
Jourdan Dunn
  2016 Ed. (3617)
Journal of Accountancy
  1999 Ed. (3748)
  2000 Ed. (3467, 3482)
  2001 Ed. (1053)
  2008 Ed. (142)
  2010 Ed. (4763)
  2011 Ed. (4717)
Journal of the AMA
  1998 Ed. (2788, 2789, 2791)
  1999 Ed. (3748, 3755, 3758)
  2000 Ed. (3467, 3485)
  2001 Ed. (252, 1053)
Journal of the American Dietetic Association
  2009 Ed. (4755)
  2010 Ed. (4764)
Journal of the American Medical Association
  1994 Ed. (2470)
  1995 Ed. (2538)
  1996 Ed. (240, 2602)
Journal of Business
  1993 Ed. (792)
Journal Communications Inc.
  1990 Ed. (2522)
  2000 Ed. (1785)
  2002 Ed. (1069)
  2005 Ed. (3981)
Journal Co.
  1995 Ed. (1664)
Journal Employees Credit Union
  1996 Ed. (1504)
Journal of Finance
  1993 Ed. (792)
Journal of Financial Economics
  1993 Ed. (792)
Journal of Financial Education
  1993 Ed. (792)
Journal of Financial and Quantitative Analysis
  1993 Ed. (792)
Journal of Financial Research
  1993 Ed. (792)
The Journal News
  2001 Ed. (3543)
Journal of Portfolio Management
  1993 Ed. (792)
Journal Register Co.
  2003 Ed. (3350)
  2004 Ed. (3683, 3684)
  2005 Ed. (3598, 3599)
  2006 Ed. (3439)
  2007 Ed. (3451)
Journal Storage
  2003 Ed. (3035)
Journalists
  1999 Ed. (3903)
Journey
  1998 Ed. (3677)
  2003 Ed. (706)
Journey
  2020 Ed. (994)
Journey 2: The Mysterious Island
  2014 Ed. (3700, 3701, 3702, 3704)
Journey; Dodge
  2013 Ed. (4770, 4771)
Journey Energy Inc.
  2017 Ed. (4315)
Journeycraft Inc.
  1992 Ed. (4345)
Journeyman Construction Inc.
  2016 Ed. (3586)
  2017 Ed. (3554)
  2018 Ed. (3604)
  2019 Ed. (3594)
Journeyman Construction LLC
  2020 Ed. (3567)
  2021 Ed. (3593)
  2022 Ed. (3645)
Journeyman Group
  2023 Ed. (3750)
Journeys
  2011 Ed. (4509, 4515, 4516)
  2012 Ed. (4516)
  2018 Ed. (4261)
  2019 Ed. (4290)
  2020 Ed. (4282)
Journey's End Corp.
  1990 Ed. (2083)
  1992 Ed. (2487)
  1994 Ed. (2110)
  1998 Ed. (1998)
Journey's End Motel
  1990 Ed. (2084)
Journeys Within, a Wild Frontiers Company
  2020 Ed. (4649)
Journeys.com
  2010 Ed. (2375)

Jovan
  1995 Ed. (2876)
  1996 Ed. (2951)
  1997 Ed. (3032, 3033)
  1998 Ed. (1353, 2777, 2778, 2779)
  1999 Ed. (3736)
Jovan Musk
  1990 Ed. (2793)
  1994 Ed. (2777)
  1999 Ed. (3737)
  2001 Ed. (3702, 3704)
Jovan Musk for Women
  1999 Ed. (3738)
  2000 Ed. (3456)
  2001 Ed. (3698, 3699)
Jovan White Musk
  1999 Ed. (3738)
  2000 Ed. (3456)
Jovanovich; William
  1989 Ed. (1382)
  1990 Ed. (1721)
  1991 Ed. (1629)
  1993 Ed. (1703)
Jove
  2000 Ed. (3303)
  2003 Ed. (728)
  2004 Ed. (750)
  2005 Ed. (731)
  2006 Ed. (643)
  2007 Ed. (668)
  2008 Ed. (627)
  2009 Ed. (647)
  2010 Ed. (615)
  2011 Ed. (547)
  2012 Ed. (527)
  2016 Ed. (645)
  2017 Ed. (4042)
  2018 Ed. (4066)
Jove Cap
  2000 Ed. (3306)
Jove Gap
  2000 Ed. (3305)
Jove; Manuel
  2008 Ed. (4874)
  2009 Ed. (4897)
  2010 Ed. (4896)
  2011 Ed. (4883)
  2012 Ed. (4892)
  2013 Ed. (4910)
  2014 Ed. (4920)
  2015 Ed. (4960)
  2021 Ed. (4870)
Joven Babaan
  2000 Ed. (2182)
Joven White Musk
  2001 Ed. (3698, 3699)
Jovia Financial Credit Union
  2021 Ed. (2035, 2081)
  2022 Ed. (2070, 2116)
  2023 Ed. (2231)
Jovia Groves
  2019 Ed. (3706)
  2021 Ed. (3750)
  2022 Ed. (3771)
Jovian Capital
  2015 Ed. (2728)
Joy
  2003 Ed. (2078, 2079)
Joy of Chicken
  1992 Ed. (3220)
Joy Global
  2013 Ed. (2011)
  2014 Ed. (1328, 4574)
  2015 Ed. (1374)
  2017 Ed. (3353)
  2018 Ed. (1873)
Joy Global Inc.
  2005 Ed. (1943, 3350, 3351, 3355)
  2006 Ed. (1980)
  2007 Ed. (3030, 3400, 4532)
  2008 Ed. (847)
  2009 Ed. (2935)
  2011 Ed. (731)
  2012 Ed. (2007, 3062, 3064, 3079)
  2013 Ed. (2195, 3151, 3153)
  2014 Ed. (114, 1138, 2125, 2126, 3154)
  2015 Ed. (129, 1189, 2178, 2180, 2181, 2182, 2183, 3214, 3222)
  2018 Ed. (2055)
Joy of Sex
  1998 Ed. (479, 2358)
Joy/Swing; Chevrolet
  2005 Ed. (303)
  2006 Ed. (322)
  2008 Ed. (303)
Joy Technologies
  1989 Ed. (1057)
Joy; Vance
  2017 Ed. (1083)
Joyce Albers
  1993 Ed. (1800)
  1994 Ed. (1783)
  1995 Ed. (1823)
Joyce Boutique Holdings
  1995 Ed. (2127)
Joyce C. Phillips
  2010 Ed. (4979)

Joyce Chang
 1999 Ed. (2400)
 2000 Ed. (1957)
Joyce; Dr. William H.
 2010 Ed. (2562)
Joyce Raley Teel
 1994 Ed. (3667)
 1995 Ed. (3788)
 1996 Ed. (3876)
 1997 Ed. (3916)
 2006 Ed. (4913)
Joyce; Ron
 2005 Ed. (4866)
Joyce Smith
 2018 Ed. (3660)
Joyce; W. H.
 2006 Ed. (2520)
Joyce White
 1997 Ed. (1945)
 1998 Ed. (1587)
 1999 Ed. (2172)
Joyce; William H.
 2007 Ed. (2498)
Joyeria Fina SI
 2006 Ed. (2018)
Joyeria Tous
 2008 Ed. (2087, 4230)
JoyMain
 2016 Ed. (2295, 2297)
JoyMain Int.
 2023 Ed. (2311)
Joymongers Brewing Co.
 2023 Ed. (921)
Joyo Bank
 2002 Ed. (596)
 2012 Ed. (379)
 2013 Ed. (389)
 2014 Ed. (400)
 2015 Ed. (456)
Joyson Electronic
 2023 Ed. (385)
Joyson Electronics
 2019 Ed. (290)
 2020 Ed. (291)
 2021 Ed. (278)
Joyus.com
 2014 Ed. (2399)
Joyva
 2017 Ed. (4397)
Joyva Corp.
 2017 Ed. (4379)
 2018 Ed. (4392)
 2019 Ed. (4412)
 2022 Ed. (4408)
 2023 Ed. (4437)
Jozef Straus
 2002 Ed. (1041)
 2003 Ed. (957, 958, 961, 4695)
 2005 Ed. (983)
Jozy Altidore
 2018 Ed. (198)
JP & Associates REALTORS
 2019 Ed. (4084)
 2022 Ed. (4064, 4065, 4066, 4070)
JP & Associates Realtors
 2021 Ed. (4049, 4051, 4055)
 2022 Ed. (4064)
JP Bank
 2021 Ed. (424)
 2022 Ed. (438)
 2023 Ed. (600)
JP Boden & Co.
 2014 Ed. (2396)
JP Chenet
 2008 Ed. (247)
J.P. Copoulos, Architect
 2023 Ed. (273)
JP Elektroprivreda BiH d.d.
 2014 Ed. (1564)
 2015 Ed. (1615)
 2016 Ed. (1541)
 2017 Ed. (1531)
 2018 Ed. (1512)
 2019 Ed. (1540)
 2020 Ed. (1513)
 2021 Ed. (1498)
 2022 Ed. (1512)
 2023 Ed. (1686)
JP Elektroprivreda HZ Herceg Bosne d.d.
 2014 Ed. (1564)
JP Elektroprivreda Srbije
 2014 Ed. (1569)
 2015 Ed. (1620)
 2016 Ed. (1546)
 2017 Ed. (1536)
 2018 Ed. (1517)
 2019 Ed. (1545, 1546)
 2020 Ed. (1518, 1519)
 2021 Ed. (1503, 1504)
 2022 Ed. (1517, 1518)
 2023 Ed. (1691, 1692)
JP Elektroprivreda Srbije (Serbia)
 2021 Ed. (1504)
 2022 Ed. (1518)
JP-Finance Oy
 1992 Ed. (1963, 1964, 1965)
J.P. Fitzgerald
 2017 Ed. (2795)

JP Foodservice Inc.
 1993 Ed. (1888)
 1996 Ed. (1955)
 1997 Ed. (3875)
 1998 Ed. (3713)
 1999 Ed. (4758)
J.P. Gan
 2020 Ed. (4763)
JP Henderson Construction Co.
 2020 Ed. (1185)
JP Hotels
 1992 Ed. (2467)
JP Income
 1991 Ed. (2561)
 1992 Ed. (3154)
J.P. Industries
 1990 Ed. (1307)
JP Metal America Inc.
 2005 Ed. (4528)
 2007 Ed. (4595)
 2008 Ed. (4546)
J.P. Morgan
 2017 Ed. (2611)
 2018 Ed. (2674)
 2020 Ed. (499, 2670)
 2021 Ed. (510, 1614)
 2022 Ed. (2697)
JP Morgan
 1990 Ed. (659, 2323, 2325, 2326, 2328, 2363, 2645, 2769)
 1992 Ed. (1993, 1994, 1995, 1999, 2005, 2010, 2014, 2017, 2018, 2020, 2021, 2036)
 2000 Ed. (775, 1025, 2768, 2778, 2795, 2833, 2857, 3190, 3191, 3192, 3193, 3194, 3413, 3414, 3415, 3881, 3883, 3886, 3887, 3888, 3889, 3890, 3891, 3892, 3893, 3894, 3896, 3897, 3898, 3899, 3902, 3903, 3904, 3908, 3911, 3927, 3928, 3930, 3931, 3935, 3936, 3937, 3940, 3942, 3943, 3945, 3947, 3949, 3950, 3951, 3952, 3986, 3987, 3988)
 2008 Ed. (3405)
 2011 Ed. (578)
 2019 Ed. (515)
 2021 Ed. (509)
 2022 Ed. (522)
 2023 Ed. (555, 745)
J.P. Morgan Administration Services
 2017 Ed. (484, 1681, 2586)
 2021 Ed. (452)
 2022 Ed. (467)
 2023 Ed. (663)
JP Morgan Administration Services
 2021 Ed. (1624, 2557)
 2022 Ed. (1644, 2676)
 2023 Ed. (1799, 2814)
J.P. Morgan Asset Management
 2020 Ed. (3689)
J.P. Morgan Asset & Wealth Management
 2021 Ed. (2577)
JP Morgan Bank
 2005 Ed. (577)
J.P. Morgan Chase
 2013 Ed. (1755)
 2014 Ed. (1688)
 2016 Ed. (1682)
 2019 Ed. (1347)
 2023 Ed. (3394)
JP Morgan Chase
 2007 Ed. (2176, 2184)
 2008 Ed. (2300, 2308)
 2009 Ed. (2298, 2308)
 2013 Ed. (1353)
JP Morgan Chase Bank
 2005 Ed. (475, 561, 567)
JP Morgan Chase Bank (Canada)
 2007 Ed. (413)
JP Morgan Chase Bank Mexico
 2015 Ed. (595)
JP Morgan Chase Bank NA
 2008 Ed. (4397)
JP Morgan Chase Bankcard Services
 2021 Ed. (1536)
J.P. Morgan Chase & Co.
 2014 Ed. (821)
 2020 Ed. (1636, 4134)
J.P. Morgan & Co. Inc.
 1990 Ed. (436, 437, 438, 441, 600, 701, 702, 706)
 1999 Ed. (3045)
 2000 Ed. (382, 394, 396, 420, 421, 425, 436, 438, 2239, 3418, 3420, 3421, 3741, 3938, 3939, 3941, 3953, 3954, 3955, 3957, 3960, 3985)
JP Morgan Grupo Financiero
 2013 Ed. (517)
J.P. Morgan Investment
 1990 Ed. (2969)
 2000 Ed. (2780, 2796, 2798, 2800, 2802, 2810, 2814, 2828, 2837)
J.P. Morgan Investment Management Inc.
 1990 Ed. (2352)
 2000 Ed. (2767, 2770, 2771, 2775, 2782, 2797, 2831)
J.P. Morgan Investment Mgmt.
 2000 Ed. (2853, 2854, 2855)

J.P. Morgan Investments
 2000 Ed. (2809)
JP Morgan Mortgage-Backed Securities Select
 2008 Ed. (600)
J.P. Morgan Russia
 2011 Ed. (3735)
J.P. Morgan Securities
 1990 Ed. (1674, 1675, 1677, 1680, 1684, 1693, 1704)
 1998 Ed. (3240)
 1999 Ed. (3477)
 2000 Ed. (376, 378, 3933, 3964, 3966, 3967, 3968, 3970, 3972, 3973, 3974, 3976, 3977, 3978, 3982, 3983, 3984)
JP Morgan Select High Yield
 2008 Ed. (596)
JP Morgan's ADR.com
 2002 Ed. (4866)
JP Post
 2022 Ed. (3450)
JP Special King Size
 1996 Ed. (972)
JP Srbijagas
 2014 Ed. (1569)
 2015 Ed. (1620)
 2016 Ed. (1546)
 2017 Ed. (1536)
 2018 Ed. (1517)
 2019 Ed. (1545)
 2020 Ed. (1518, 1521)
 2021 Ed. (1503)
 2022 Ed. (1517)
 2023 Ed. (1691)
J.P. Thomas & Co. Inc.
 2023 Ed. (4976)
J.P. Thomas & Co., Inc.
 2018 Ed. (4975)
 2020 Ed. (4972)
 2021 Ed. (4975)
 2022 Ed. (4973)
J.P. Turner
 2017 Ed. (2579)
JPA Health
 2022 Ed. (4018, 4052)
 2023 Ed. (4157)
JPA Health Communications
 2016 Ed. (4062)
 2018 Ed. (4057)
 2019 Ed. (4050)
 2020 Ed. (4061)
 2021 Ed. (4033)
 2022 Ed. (4052)
JPAR - Real Estate
 2023 Ed. (2069)
JPAR Real Estate
 2022 Ed. (4106)
JPI
 1996 Ed. (1096)
 2000 Ed. (1194)
 2002 Ed. (2655, 2662, 2667)
 2003 Ed. (286)
 2007 Ed. (1299, 1306, 1352)
 2019 Ed. (182)
 2020 Ed. (183, 1078)
JPI Construction
 1997 Ed. (1120)
 1998 Ed. (876, 880)
 1999 Ed. (1307, 1308, 1312)
JPI Investment Co.
 2004 Ed. (254)
JPK Instruments AG
 2010 Ed. (2944)
JPL
 2016 Ed. (1950)
JPMorgan
 2010 Ed. (3721)
 2011 Ed. (379, 384, 3728, 3729)
 2012 Ed. (3741, 3743)
 2016 Ed. (523, 568)
 2017 Ed. (541, 542, 597)
 2018 Ed. (507, 508, 560)
 2019 Ed. (518, 523, 579)
 2020 Ed. (507, 508, 562)
 2023 Ed. (748, 750, 752, 753, 803)
JPMorgan Asset Management
 2009 Ed. (2979, 4231, 4232)
 2010 Ed. (2919, 4166)
JPMorgan Chase
 2020 Ed. (329, 490)
 2022 Ed. (1301, 1333)
 2023 Ed. (417, 500, 554, 737, 739, 740, 742, 1539, 1543, 1549, 1550, 1556, 1787, 1789, 1924)
JPMorgan Chase Bank
 2021 Ed. (394, 403)
 2022 Ed. (407, 416)
 2023 Ed. (482)
JPMorgan Chase Bank N.A.
 2023 Ed. (487)
JPMorgan Chase Bank NA
 2020 Ed. (1941)
 2021 Ed. (1901)
 2022 Ed. (1947)
 2023 Ed. (468)

JPMorgan Chase Bank, National Association
 2021 Ed. (394)
 2022 Ed. (407)
 2023 Ed. (529)
JPMorgan Chase Bk NA
 2023 Ed. (540)
JPMorgan Chase & Co.
 2015 Ed. (55)
 2019 Ed. (48, 1824, 2384)
 2020 Ed. (2354, 2870, 3556)
 2021 Ed. (56, 2742, 3583)
 2022 Ed. (53, 2348, 2898, 3637)
 2023 Ed. (475, 484, 516, 539, 2152, 3019, 3739)
The JPMorgan Chase Foundation
 2010 Ed. (2771)
 2011 Ed. (2757)
JPMorgan Emerging Markets Equity
 2011 Ed. (3721)
 2021 Ed. (3701, 3702, 3704)
 2022 Ed. (3721, 3723)
JPMorgan Emerging Markets Equity A
 2021 Ed. (3701, 3702, 3704)
 2022 Ed. (3721, 3723)
JPMorgan Germany
 2023 Ed. (649, 741)
JPMorgan Hedged Equity
 2020 Ed. (3692, 3695)
 2021 Ed. (3697)
 2022 Ed. (3717)
JPMorgan Hedged Equity A
 2021 Ed. (3697)
 2022 Ed. (3717)
JPMorgan Mid Cap Growth A
 2023 Ed. (4516)
JPMorgan Opportunistic Equity L/S
 2022 Ed. (3718)
JPMorgan Opportunistic Equity L/S A
 2022 Ed. (3718)
JPMorgan Small Cap Growth
 2021 Ed. (4494, 4495)
 2022 Ed. (4500, 4502)
JPMorgan Small Cap Growth A
 2021 Ed. (4494, 4495)
 2022 Ed. (4500, 4502)
JPS Furnace & Air Conditioning
 2022 Ed. (1051, 1444)
JPS Health Network
 2016 Ed. (2052)
 2018 Ed. (1964)
 2019 Ed. (2018)
 2020 Ed. (1945)
 2021 Ed. (1905)
JPS Industries Inc.
 2005 Ed. (4679, 4680)
Jps Loteria Instantanea
 1992 Ed. (44)
JPS Products
 2023 Ed. (1900)
JPS Textile Group Inc.
 1991 Ed. (971, 3351)
 1992 Ed. (1205)
 1993 Ed. (1261, 1398, 3552, 3554)
 1994 Ed. (1447, 3512, 3514, 3516)
 1995 Ed. (1487, 3597, 3598, 3601)
 1996 Ed. (3677, 3678)
 1997 Ed. (837)
 2000 Ed. (387, 388, 389)
JPStevens
 1998 Ed. (2048, 2049)
JR
 2018 Ed. (3410, 4718)
 2021 Ed. (3388)
 2022 Ed. (3441, 3452)
JR-Central
 2013 Ed. (4732)
 2014 Ed. (2571, 4781)
 2016 Ed. (4714)
 2017 Ed. (4732)
JR Cole Industries Inc.
 2020 Ed. (4785)
 2021 Ed. (4782)
 2022 Ed. (4786)
 2023 Ed. (4776)
JR & Co. Inc.
 2023 Ed. (4761)
JR & Co., Inc.
 2021 Ed. (4772)
 2022 Ed. (4773)
JR Custom Metal Products Inc.
 2016 Ed. (4982)
 2017 Ed. (4970)
 2018 Ed. (3637, 4978)
 2019 Ed. (3630, 4972)
 2020 Ed. (3602, 4975)
 2021 Ed. (3628, 4977)
 2022 Ed. (3678, 4976)
 2023 Ed. (3780, 4980)
JR-East
 2013 Ed. (4732)
 2014 Ed. (2571)
JR Engineering
 2009 Ed. (2581)
JR Engineering LLC
 2012 Ed. (2424)
JR Ramon & Sons Inc
 2023 Ed. (4758)

JR Ramon & Sons Inc.
    2023 Ed. (3773)
JR Simplot
    2009 Ed. (220, 4140)
    2018 Ed. (2697)
    2023 Ed. (1761, 2843)
J.R. Simplot Co.
    2017 Ed. (2732)
    2021 Ed. (2672)
    2023 Ed. (2918, 2931, 2947)
J.R. Simplot Company
    2023 Ed. (1762)
JR Simplot Co.
    2015 Ed. (3507)
    2016 Ed. (3366)
J.R. Watkins
    2021 Ed. (4422)
J.R. Watkins Apothecary
    2018 Ed. (922)
JRB Foods Inc.
    2015 Ed. (3876)
JRC Mechanical
    2023 Ed. (1406)
JRC Transportation Inc.
    2021 Ed. (4677)
JR.com
    2008 Ed. (2443)
JRH Electronics LLC
    2005 Ed. (2345, 2347)
    2008 Ed. (2465)
JRK Waste Management, S.R.O.
    2017 Ed. (1954)
JRM Construction Management
    2023 Ed. (1354)
JRS Architect
    2005 Ed. (3159)
    2009 Ed. (3410)
JRuby
    2009 Ed. (1132)
    2010 Ed. (1114)
    2011 Ed. (1053)
    2013 Ed. (1122)
J.S. Alberici Construction Co. Inc.
    1996 Ed. (1150)
    2000 Ed. (1274, 1277, 1288)
JS Cheng & Partners Inc.
    2008 Ed. (17)
JS Group
    2007 Ed. (1294)
    2010 Ed. (3643)
    2011 Ed. (3648)
    2012 Ed. (1053, 3649)
    2013 Ed. (1192)
JS Group Corp.
    2014 Ed. (3644)
JS Products Inc.
    2014 Ed. (2949)
JS USA Holdings Inc.
    2008 Ed. (1908, 4560, 4561)
    2009 Ed. (1870, 4590, 4591)
    2010 Ed. (1801, 4624, 4625)
JSB Financial
    1994 Ed. (3536)
    1995 Ed. (3612)
JSB Software Technologies plc
    2002 Ed. (3565, 3566)
JSC Belomortrans
    2017 Ed. (1947)
JSC Dixy Group
    2021 Ed. (2485)
JSC Dzintars
    2008 Ed. (1887)
JSC Federal Credit Union
    2012 Ed. (2080)
    2013 Ed. (2266)
    2014 Ed. (2200)
    2015 Ed. (2264)
    2016 Ed. (2235)
    2018 Ed. (2123)
    2020 Ed. (2103)
    2021 Ed. (2043, 2093)
    2022 Ed. (2127)
    2023 Ed. (2243)
JSC Federal Credit Union (JSC FCU)
    2021 Ed. (2043)
JSC Inter RAO UES
    2013 Ed. (850, 880)
JSC Intermodal Container Service
    2021 Ed. (1661)
JSC it-partner
    2015 Ed. (2049)
JSC IT-Partner AB
    2013 Ed. (2070)
JSC KazMunaiGas Exploration Production
    2018 Ed. (2371, 3877)
JSC Medium Group
    2021 Ed. (1661, 4692)
JSC NOVATEK
    2018 Ed. (2357, 2365, 3877)
    2019 Ed. (2394)
JSC Salinta
    2008 Ed. (918, 1888)
JSC Severstal
    2007 Ed. (1970, 4581)
JSC Transneft
    2017 Ed. (3837)

JSCE Inc.
    2001 Ed. (3624)
    2003 Ed. (3716)
JSFC Sistema
    2012 Ed. (1597, 1874, 4650)
    2013 Ed. (2035, 2539, 4603)
    2014 Ed. (1970, 4656)
    2015 Ed. (2015, 4651)
    2016 Ed. (1986, 3459, 4565)
    2017 Ed. (999)
JSI Store Fixtures
    2019 Ed. (2792)
    2020 Ed. (2817)
    2021 Ed. (2693)
JSI Store Fixtures Inc.
    2007 Ed. (4995)
JSL Foods Inc.
    2017 Ed. (3435)
The JSO Group Inc.
    2007 Ed. (3604)
JSO Wood Products
    2015 Ed. (5043)
JSOC Bashneft
    2014 Ed. (3918)
    2015 Ed. (2533)
    2020 Ed. (3872)
JSR
    2007 Ed. (953)
    2011 Ed. (814)
    2012 Ed. (757, 787)
    2013 Ed. (959)
JSR Corp.
    2016 Ed. (837)
JSR-Mitsubishi Chemical
    2001 Ed. (4138)
JST
    1997 Ed. (1683)
    2001 Ed. (2136, 2137)
    2005 Ed. (2279)
JST Manufacturing Inc.
    2006 Ed. (3510, 4349)
    2007 Ed. (3549, 3550, 4409)
    2008 Ed. (3706, 4382, 4959)
JSTI Group
    2019 Ed. (2484)
    2020 Ed. (2473)
JSW
    2013 Ed. (826)
    2021 Ed. (3569, 3578)
JSW Group
    2013 Ed. (2019, 3702)
JSW SA
    2013 Ed. (4404)
JSW Steel
    2012 Ed. (3352, 4540)
    2013 Ed. (3422, 4495)
    2015 Ed. (3452, 4537)
    2016 Ed. (4476)
    2017 Ed. (1623, 4484)
    2018 Ed. (4505)
    2019 Ed. (1643, 2210, 4498)
    2020 Ed. (1599, 1600, 4482)
    2021 Ed. (1583, 1589)
    2022 Ed. (1604)
    2023 Ed. (3727)
JSW Steel Limited
    2022 Ed. (2564, 3605)
JSW Steel Ltd.
    2017 Ed. (2464)
    2018 Ed. (2515, 2566)
    2021 Ed. (2454)
    2022 Ed. (2564)
    2023 Ed. (2709)
JSX Corp.
    2021 Ed. (2879)
JT Group Ltd.
    1994 Ed. (999)
JT International SA
    2008 Ed. (2093)
    2009 Ed. (2068, 4944)
    2011 Ed. (2068, 4935)
J.T. Magen & Co.
    2020 Ed. (1133)
    2021 Ed. (1119)
    2023 Ed. (1354)
J.T. Walsh
    2001 Ed. (6)
JT Wimsatt Contracting
    2013 Ed. (1229)
JTB
    1990 Ed. (3653)
JTB Hawaii Inc.
    2006 Ed. (1749)
    2007 Ed. (1759)
    2008 Ed. (1786)
    2009 Ed. (1728)
    2010 Ed. (1676)
    2011 Ed. (1685)
    2012 Ed. (1536)
    2013 Ed. (1683)
    2014 Ed. (1635)
    2022 Ed. (1584)
JTC
    2004 Ed. (57)
JTC Telephone Co.
    2005 Ed. (52)
    2006 Ed. (59)

JTEKT Corp.
    2010 Ed. (3643)
    2011 Ed. (3648)
    2012 Ed. (257, 3649)
    2013 Ed. (254)
    2014 Ed. (254)
    2015 Ed. (296)
    2016 Ed. (295)
    2017 Ed. (297)
    2018 Ed. (276, 3560)
    2019 Ed. (279, 3552)
    2020 Ed. (283)
JTF Management Associates Ltd.
    1999 Ed. (4008, 4010)
JTI
    2000 Ed. (4261)
    2015 Ed. (1670)
JTI Ireland Ltd.
    2014 Ed. (1707)
    2015 Ed. (1749)
JTI-Macdonald Corp.
    2005 Ed. (2372, 2373)
JTL Corp.
    2005 Ed. (1498)
J.T.M. Food Group
    2018 Ed. (307)
JTM Food Group
    2010 Ed. (3596)
    2014 Ed. (3584)
    2019 Ed. (3495)
    2021 Ed. (3494, 3495, 3497, 3504)
JTM Foods Inc.
    2018 Ed. (4386)
    2020 Ed. (310)
    2021 Ed. (297, 4405)
    2022 Ed. (310, 4403)
    2023 Ed. (409, 4433)
JTM Foods, Inc.
    2019 Ed. (306)
    2020 Ed. (308)
    2021 Ed. (295)
    2022 Ed. (308)
JTM Provision Inc.
    2017 Ed. (3445)
JTS Communities
    2003 Ed. (1207)
    2004 Ed. (1214)
JTS Corp.
    1998 Ed. (1011)
    1999 Ed. (261, 262)
    2000 Ed. (283, 288, 290)
J.T.S. Hire Ltd.
    1992 Ed. (1197)
JTS/SG Enterprises
    2006 Ed. (3533)
    2007 Ed. (3589, 4440)
JTV.com
    2009 Ed. (2449)
    2018 Ed. (2321)
JTVWatches.com
    2010 Ed. (2370)
Ju Teng International
    2011 Ed. (1479)
Ju-yung; Chung
    1997 Ed. (673)
Juan Abello
    2013 Ed. (4910)
    2014 Ed. (4920)
    2015 Ed. (4960)
    2017 Ed. (4876)
    2019 Ed. (4880)
    2020 Ed. (4869)
    2021 Ed. (4870)
    2022 Ed. (4866)
    2023 Ed. (4860)
Juan Andrade
    2011 Ed. (2953)
Juan Bertran
    1999 Ed. (2428)
Juan Carlos Escotet
    2014 Ed. (4930)
    2015 Ed. (4970)
    2016 Ed. (4887)
    2017 Ed. (4885)
    2018 Ed. (4897)
    2019 Ed. (4889)
    2020 Ed. (4878)
Juan Cuneo Solari
    2014 Ed. (4876)
Juan Domingo Beckmann Legorreta & family
    2023 Ed. (4843)
Juan Fernando Belmont Anderson
    2014 Ed. (4908)
    2015 Ed. (4949)
Juan Francisco Beckmann Vidal
    2018 Ed. (4869)
    2019 Ed. (4863)
    2020 Ed. (4852)
    2021 Ed. (4853)
    2022 Ed. (4848)
Juan Gabriel
    2002 Ed. (1160)
Juan Garcia III
    2013 Ed. (2963)

Juan J. Dominguez, A Professional Law Corp.
    2004 Ed. (3251)
    2005 Ed. (3275)
Juan Luis Perez
    2000 Ed. (2188)
Juan Magot y Asociados
    2010 Ed. (683)
Juan Maria Riberas Mera
    2015 Ed. (4960)
Juan Mesa
    1996 Ed. (1850, 1906)
Juan-Miguel Villar Mir
    2014 Ed. (4920)
    2015 Ed. (4960)
    2016 Ed. (4876)
    2017 Ed. (4876)
    2018 Ed. (4888)
    2019 Ed. (4880)
Juan N. Cento
    2006 Ed. (2516)
Juan Pablo Bayona
    1996 Ed. (1909)
Juan Pablo Montoya
    2010 Ed. (315)
Juan Roig
    2012 Ed. (4892)
    2013 Ed. (4910)
    2014 Ed. (4920)
    2015 Ed. (4960)
    2016 Ed. (4876)
    2017 Ed. (4876)
    2018 Ed. (4888)
    2019 Ed. (4880)
    2020 Ed. (4869)
    2021 Ed. (4870)
    2022 Ed. (4866)
    2023 Ed. (4860)
Juan Sebastian Veron
    2003 Ed. (299)
Juan Veron
    2005 Ed. (4895)
Juanita's
    2014 Ed. (1279)
    2015 Ed. (1343)
    2016 Ed. (1264)
    2017 Ed. (1323)
Juanita's Foods
    2014 Ed. (1280)
    2015 Ed. (1344)
    2016 Ed. (1265)
    2017 Ed. (1324)
Juarez
    1989 Ed. (2808)
    1990 Ed. (3559)
    1991 Ed. (3336)
    1992 Ed. (4262)
    1993 Ed. (3546)
    1994 Ed. (3505)
    1995 Ed. (3590, 3594)
    1996 Ed. (3670, 3671)
    1997 Ed. (3729, 3732, 3733)
    1998 Ed. (3508, 3509)
    1999 Ed. (4579)
    2000 Ed. (4233)
    2001 Ed. (4503)
    2002 Ed. (289, 4604)
    2003 Ed. (4721)
    2004 Ed. (4699)
JUB Engineers Inc.
    2009 Ed. (2582, 2583)
Jubail, Saudi Arabia
    2010 Ed. (3503)
Jubanka
    2004 Ed. (615, 652)
    2005 Ed. (605)
    2006 Ed. (519)
Jubilaeum
    1994 Ed. (3641)
    1996 Ed. (2501)
Jubilant FoodWorks
    2015 Ed. (1706)
    2019 Ed. (1655)
    2021 Ed. (1582)
Jubilant FoodWorks Ltd.
    2012 Ed. (4442)
Jubilant HollisterStier
    2016 Ed. (3450)
Jubilant Organosys
    2012 Ed. (1325)
Jubilee
    1994 Ed. (2720)
Jubilee Enterprise
    2022 Ed. (1968)
Jubilee Mines
    2009 Ed. (1498, 3747)
Judah Kraushaar
    1994 Ed. (1762, 1832)
    1996 Ed. (1778)
    1997 Ed. (1853)
    1998 Ed. (1628)
    1999 Ed. (2212)
    2000 Ed. (1984)
    2002 Ed. (2258)
Judah Kraushaare
    1995 Ed. (1804)

Judd & Black Appliance
    2014 Ed. (4364)
    2015 Ed. (4373)
Judd Farms
    2007 Ed. (2022)
Judd Farris Property Recruitment
    2009 Ed. (2108)
Judd Product Aid International; David
    1995 Ed. (2228)
Judd Ranch Inc.
    2021 Ed. (800)
    2022 Ed. (832)
The Judds
    1993 Ed. (1076, 1077, 1079)
    2002 Ed. (1159)
Jude Reyes
    2015 Ed. (4892)
    2016 Ed. (4810)
    2017 Ed. (4821)
    2021 Ed. (4814)
    2023 Ed. (4800)
Judge Business School
    2014 Ed. (791)
    2015 Ed. (834)
Judge Business School; Cambridge University
    2009 Ed. (819)
    2010 Ed. (729)
    2011 Ed. (681)
    2012 Ed. (620)
Judge Business School; University of Cambridge
    2011 Ed. (680)
    2012 Ed. (622)
    2013 Ed. (766)
Judge & Jury
    2009 Ed. (582)
Judge Public Relations, LLC
    2021 Ed. (4014)
Judge School of Business; Cambridge University
    2005 Ed. (802)
Judge Technical Services Inc.
    2006 Ed. (4375)
Judis; Hilary
    1997 Ed. (1963)
Judith A. Hemberger
    2007 Ed. (2510)
Judith Bollinger
    1993 Ed. (1776)
    1994 Ed. (1760)
Judith Canales
    2012 Ed. (2885)
Judith Comeau
    1991 Ed. (1671, 1702)
Judith Donovan Associates
    1991 Ed. (1419)
Judith Lewent
    2006 Ed. (974)
    2007 Ed. (1069)
Judith McKenna
    2022 Ed. (4928)
    2023 Ed. (4928, 4939)
Judith McKenna (Walmart)
    2022 Ed. (4936)
Judith Rodin
    2004 Ed. (974)
Judith Scott
    2000 Ed. (1991)
Judith Shoulak
    2015 Ed. (2638)
The Judlau Cos.
    2010 Ed. (1299)
Judo Bank
    2022 Ed. (1386)
Judson College
    2010 Ed. (1012)
Judy Blackburn
    2000 Ed. (3160, 4428)
Judy Estrin
    2002 Ed. (2150)
Judy Faulkner
    2014 Ed. (4857)
    2015 Ed. (4894)
    2023 Ed. (4931)
Judy Graymer
    2007 Ed. (2462)
    2008 Ed. (2595)
Judy Hong
    2011 Ed. (3340)
Judy Jones
    2006 Ed. (4040)
Judy Love
    2016 Ed. (4817)
    2019 Ed. (4821)
    2023 Ed. (4931)
Judy McGrath
    2007 Ed. (4981)
Judy Naake
    2007 Ed. (2463)
Judy Sheindlin
    2017 Ed. (2384)
    2020 Ed. (2482, 2485)
Jue; Pamela S.
    1993 Ed. (2117)
    1995 Ed. (2653)
    1996 Ed. (2732)

    1997 Ed. (2341)
Jue; Panela S.
    1996 Ed. (2212)
Juffali family
    2009 Ed. (4920)
Jugobanka
    1989 Ed. (717)
    1990 Ed. (719)
    1991 Ed. (697)
    1992 Ed. (871)
Jugobanka AD Beograd
    2003 Ed. (638)
Jugobanka DD
    1993 Ed. (669)
Jugobanka DD Beograd
    1994 Ed. (670)
    1995 Ed. (638)
    1997 Ed. (607)
    1999 Ed. (632)
    2000 Ed. (658)
    2002 Ed. (664)
Jugopetrol AD
    2014 Ed. (1568)
    2015 Ed. (1619)
    2016 Ed. (1545)
    2017 Ed. (1535)
    2018 Ed. (1516)
    2019 Ed. (1544)
    2020 Ed. (1517)
    2021 Ed. (1502)
    2022 Ed. (1515)
    2023 Ed. (1689)
Jugos del Valle
    2003 Ed. (672, 1738)
    2004 Ed. (678)
Jugos del Valle, SA de CV
    2005 Ed. (671)
Jugotex
    2018 Ed. (1523)
Juhl Sorenson
    2020 Ed. (3651)
    2021 Ed. (3656)
Juhl Sorenson A/S
    2021 Ed. (3656)
Juhler Holding A/S
    2007 Ed. (1681)
JUICE
    2023 Ed. (106, 141)
Juice
    1993 Ed. (680)
    1996 Ed. (721, 1561, 3611)
    1998 Ed. (1727, 1728, 1768)
    1999 Ed. (699, 700)
    2000 Ed. (4141)
    2001 Ed. (701, 2551)
    2002 Ed. (687, 688, 689, 697, 698, 699, 700, 701, 2421, 2799, 3488)
Juice, apple
    1998 Ed. (446)
    1999 Ed. (2535, 2537)
Juice Bar
    2001 Ed. (3699)
Juice, bottled
    1997 Ed. (3171)
    1998 Ed. (3445)
    2002 Ed. (2422)
    2004 Ed. (888)
Juice, canned
    2003 Ed. (4838)
Juice and cider
    2001 Ed. (394)
Juice Communications
    2008 Ed. (121)
    2009 Ed. (1638)
    2010 Ed. (132, 133, 1610)
Juice, liquid concentrate
    1999 Ed. (4509)
Juice, cranberry
    1998 Ed. (446)
    1999 Ed. (2537)
Juice/drinks
    1998 Ed. (1237)
    1999 Ed. (3408)
Juice/drinks, canned/bottled
    1998 Ed. (2498, 2499)
Juice/drinks, chilled
    1998 Ed. (2498)
Juice drinks/cocktail drinks
    1999 Ed. (2535)
Juice drinks, frozen
    1999 Ed. (2532)
Juice, frozen
    1993 Ed. (2921)
    1994 Ed. (2940)
    1998 Ed. (3445)
    2007 Ed. (2518)
Juice, blended fruit
    1998 Ed. (446)
Juice, grape
    1998 Ed. (446)
    1999 Ed. (2535, 2537)
Juice, grapefruit
    1998 Ed. (446)
    1999 Ed. (2535, 2537)
Juice It Up!
    2004 Ed. (3220)
    2005 Ed. (3247)
    2006 Ed. (3233)

    2007 Ed. (3293)
    2008 Ed. (171, 3408)
    2009 Ed. (3468, 4273)
    2010 Ed. (3406, 4216)
    2011 Ed. (3391)
    2018 Ed. (3344, 4775)
    2019 Ed. (3324)
    2021 Ed. (3190)
Juice/juice drink concentrates
    1990 Ed. (1952)
Juice, lemon/lime
    1999 Ed. (2537)
Juice, orange
    1998 Ed. (446)
    1999 Ed. (2535)
Juice, pineapple
    1998 Ed. (446)
Juice, prune/fig
    1999 Ed. (2537)
Juice, refrigerated
    1993 Ed. (2921)
Juice, shelf-stable
    1994 Ed. (2940)
Juice, shelved
    1993 Ed. (2921)
Juice, tomato/vegetable
    1999 Ed. (2537)
Juice, vegetable/fruit
    1999 Ed. (2535)
Juice WRLD
    2022 Ed. (2519)
Juiceman
    1997 Ed. (2389)
Juices
    1989 Ed. (731, 1463)
    1996 Ed. (3615)
    2000 Ed. (711, 712, 4146, 4164)
    2001 Ed. (687, 688)
Juices, aseptic
    2001 Ed. (700)
Juices, bottled
    1998 Ed. (2927)
    2001 Ed. (700)
    2002 Ed. (1222, 3768, 4527)
Juices, canned
    2001 Ed. (700)
    2002 Ed. (699)
Juices/drinks
    2003 Ed. (1962, 3937, 3938, 3939, 3940, 3941, 3942)
Juices and drinks, refrigerated
    1994 Ed. (3463)
    1996 Ed. (3091, 3092, 3093)
Juices/drinks, refrigerated
    1995 Ed. (2049, 3721)
    2004 Ed. (888, 2133)
Juices/drinks, self stable
    1996 Ed. (3092)
Juices/drinks, shelf stable
    1995 Ed. (2049, 3721)
    1996 Ed. (3091, 3093)
Juices, frozen
    1995 Ed. (2997)
    1998 Ed. (2927)
Juices, refrigerated
    1996 Ed. (3097)
    2001 Ed. (700)
Juices, shelf-stable
    1996 Ed. (2044, 3096)
Juicy Couture
    2009 Ed. (974)
    2010 Ed. (937)
Juicy Drop Pop
    2016 Ed. (761)
    2017 Ed. (818)
    2019 Ed. (773)
    2020 Ed. (752, 763)
    2022 Ed. (816)
Juicy Fruit
    1993 Ed. (930)
    1994 Ed. (943)
    1995 Ed. (975)
    1996 Ed. (954)
    2017 Ed. (921)
    2019 Ed. (867)
    2020 Ed. (854)
    2021 Ed. (869)
Juicy Fruit Gum Plen-T-Pak
    1990 Ed. (894)
Juicy Fruit Plen-T-Pak
    1989 Ed. (856, 857)
Juicy Fruit Starburst
    2017 Ed. (1289)
    2018 Ed. (3704)
Juicy Juice
    2002 Ed. (2375)
    2006 Ed. (572)
    2007 Ed. (618)
    2012 Ed. (478)
    2017 Ed. (204)
    2018 Ed. (191, 2802)
    2019 Ed. (2780)
    2020 Ed. (2809)
    2021 Ed. (2684)
Juicy Juice; Nestle
    2011 Ed. (2775)

Juilliard Group
    2002 Ed. (3786)
    2020 Ed. (4138)
    2021 Ed. (4091)
    2022 Ed. (4121)
Juilliard School
    1993 Ed. (1025)
    1994 Ed. (1052)
    1995 Ed. (935, 1060)
    1996 Ed. (1045)
    1997 Ed. (1061)
Jujo Paper Co. Ltd.
    1990 Ed. (2764)
    1991 Ed. (2671)
    1992 Ed. (3334)
    1993 Ed. (2766)
    1994 Ed. (2728)
    1995 Ed. (2833)
Juju Paper
    1989 Ed. (1467)
Juken New Zealand
    2015 Ed. (2767)
Jules & Associates Inc.
    2008 Ed. (2962)
    2009 Ed. (3042)
    2010 Ed. (2966)
    2011 Ed. (2928)
    2012 Ed. (2862)
    2013 Ed. (2931)
    2014 Ed. (2948, 2951)
    2015 Ed. (2996, 3001)
Jules Buenabenta
    2010 Ed. (2963)
Jules & James Boutique
    2022 Ed. (1564, 4231)
Jules Stein Eye Institute
    2005 Ed. (2908)
    2006 Ed. (2905)
    2007 Ed. (2924)
    2008 Ed. (3047)
    2009 Ed. (3133)
    2010 Ed. (3065)
    2011 Ed. (3036)
    2012 Ed. (2974)
    2013 Ed. (3065)
    2014 Ed. (3067)
    2015 Ed. (3132)
Julfar; Ahmad
    2013 Ed. (4614)
Julia B. Fee Real Estate
    2007 Ed. (4073)
Julia Baeva
    2000 Ed. (2184)
Julia Brown
    2011 Ed. (4978)
Julia Dawson
    1999 Ed. (2424)
Julia Gillard
    2012 Ed. (4978)
    2013 Ed. (4953)
    2014 Ed. (4960)
    2023 Ed. (4918)
Julia Gouw
    2007 Ed. (385)
Julia Koch
    2021 Ed. (4810)
    2022 Ed. (4803)
Julia Koch & family
    2023 Ed. (4796)
Julia Roberts
    2001 Ed. (8, 1138)
    2002 Ed. (2142)
    2003 Ed. (2329)
    2004 Ed. (2409)
    2009 Ed. (2606)
    2012 Ed. (2432)
    2013 Ed. (2598)
    2014 Ed. (2527)
Julia Ross Recruitment
    2003 Ed. (1621)
Julia S. Gouw
    2007 Ed. (4978)
    2008 Ed. (4945)
Julian C. Day
    2008 Ed. (959)
Julian Callow
    1999 Ed. (2297)
Julian Castro
    2012 Ed. (2885)
Julian Coy
    2019 Ed. (1103)
Julian Dunkerton
    2012 Ed. (2450)
    2016 Ed. (2533)
Julian Easthope
    1999 Ed. (2340)
    2000 Ed. (2127)
Julian Edwards
    1999 Ed. (2298)
    2000 Ed. (2075)
Julian Hodge Bank
    2002 Ed. (582)
    2003 Ed. (537)
    2010 Ed. (411, 412)
Julian Pie Co.
    2018 Ed. (3935)
    2019 Ed. (3905)
    2021 Ed. (3890)

CUMULATIVE INDEX • 1989-2023

2022 Ed. (3904)
2023 Ed. (3998)
Julian R. Geiger
  2007 Ed. (2505)
Julian Robertson
  1994 Ed. (1840)
  1996 Ed. (1914)
  1998 Ed. (1689)
  1999 Ed. (2434)
Julian Robertson Jr.
  1995 Ed. (1870)
  2002 Ed. (3356)
  2005 Ed. (4857)
  2007 Ed. (4900)
Julian Toft & Downey Inc.
  1995 Ed. (3068)
Juliana Mining Co., Inc.
  1989 Ed. (1997)
Julianna Balicka
  2011 Ed. (3339)
Julianne Moore
  2001 Ed. (7)
Juliano's Pools
  2019 Ed. (4544)
Julian's Recipe
  2018 Ed. (2760)
Julibox
  2015 Ed. (2471)
Julie Booth
  2015 Ed. (1205)
Julie Dickson
  2015 Ed. (796)
Julie Diehl
  2011 Ed. (1142)
Julie Hamilton
  2010 Ed. (2835)
Julie Johnson
  2019 Ed. (3641)
Julie Long
  2017 Ed. (3591, 3596, 3598)
  2018 Ed. (3651, 3656, 3658, 3659)
  2019 Ed. (3640, 3642, 3645, 3647)
Julie M. Wright
  1993 Ed. (3445)
Julie Monaco
  2011 Ed. (4973)
  2012 Ed. (4970)
  2014 Ed. (4970)
Julie Monaco (Citigroup)
  2023 Ed. (4936)
Julie St. John
  2004 Ed. (976)
Julie Siff
  2018 Ed. (4110)
Julie Sweet
  2021 Ed. (4934)
  2022 Ed. (4929)
  2023 Ed. (4929, 4930, 4938, 4939)
Julie Sweet (Accenture)
  2021 Ed. (4940)
  2022 Ed. (4936)
Julien Courbe
  2020 Ed. (1090)
Julien J. Studley Inc.
  1990 Ed. (2954)
  1992 Ed. (3614)
  1994 Ed. (2998)
  1995 Ed. (3060)
  1997 Ed. (3256)
  1998 Ed. (2998)
Julien; Robert
  2005 Ed. (4871)
Juliet and Her Nurse, by Turner
  1989 Ed. (2110)
Julio A. de Quesada
  2008 Ed. (2628)
Julio Bozano
  2008 Ed. (4854)
Julio Iglesias
  1993 Ed. (1634)
  1994 Ed. (1668)
  1995 Ed. (1715)
  2002 Ed. (1160)
Julio M. Santo Domingo
  2007 Ed. (4913)
  2008 Ed. (4878)
Julio Mario Santo Domingo
  2008 Ed. (4858)
  2009 Ed. (4884)
  2010 Ed. (4885)
  2011 Ed. (4873)
  2012 Ed. (4881)
Julio Patricio Supervielle
  2019 Ed. (4834)
Julio Ponce
  2015 Ed. (4914)
  2016 Ed. (4830)
  2017 Ed. (4839)
Julio Ponce Lerou
  2018 Ed. (4845)
  2019 Ed. (4841)
  2021 Ed. (4830)
  2022 Ed. (4824)
  2023 Ed. (4819)
Julio Zamora
  1999 Ed. (2413)

Julius Baer
  1991 Ed. (2219)
  1995 Ed. (2371)
  1996 Ed. (2391, 2403)
  1997 Ed. (2537)
  1999 Ed. (645, 3073)
  2021 Ed. (466, 672)
  2022 Ed. (480, 709)
  2023 Ed. (697)
Julius Baer Group
  2000 Ed. (670)
  2002 Ed. (653)
  2003 Ed. (617)
  2004 Ed. (626)
  2005 Ed. (615)
  2006 Ed. (528)
  2007 Ed. (558, 2576)
  2008 Ed. (2923)
  2009 Ed. (544)
  2010 Ed. (452, 527)
  2013 Ed. (466)
  2014 Ed. (481, 3408)
  2015 Ed. (541, 3443)
  2016 Ed. (494, 495)
  2017 Ed. (509, 510)
  2018 Ed. (473)
  2019 Ed. (486, 489)
  2020 Ed. (469, 471)
  2023 Ed. (695)
Julius Baer Holding Ltd.
  2009 Ed. (543)
  2010 Ed. (526)
  2011 Ed. (455)
Julius Baer International Equity
  2002 Ed. (3476)
  2004 Ed. (2477, 3640, 3643, 3657)
  2005 Ed. (3581, 4490)
  2006 Ed. (3674, 3675, 3684, 4563, 4566)
  2008 Ed. (4514)
  2009 Ed. (3809)
Julius Baer International Equity Fund
  2003 Ed. (3529, 3610)
Julius Baer Investment Management
  1998 Ed. (2273)
Julius Baer Total Return Bond
  2008 Ed. (597)
Julius Bar
  2012 Ed. (560)
  2018 Ed. (507)
Julius Maldutis
  1996 Ed. (1781)
  1997 Ed. (1856)
Julius Meinl AG
  1999 Ed. (201)
Julius Peppers
  2016 Ed. (219)
Julliard School
  1992 Ed. (1277)
Juls Design Inc.
  2008 Ed. (3709, 4394)
July
  2001 Ed. (1156, 4681, 4858, 4859)
  2002 Ed. (415, 4704)
July 1, 1987
  1990 Ed. (2753)
July 5, 1996
  1999 Ed. (4396, 4398)
July 11, 1996
  1999 Ed. (3668, 4398)
July 12-October 22, 1957
  1989 Ed. (2749)
July 15, 1996
  1999 Ed. (4396, 4398)
July 16, 1996
  1999 Ed. (3668)
July 17, 1996
  1999 Ed. (3668)
July 18, 1996
  1999 Ed. (4397)
July 19, 1995
  1998 Ed. (2718)
July 20, 1933
  1999 Ed. (4393)
July 21, 1933
  1991 Ed. (3238)
  1999 Ed. (4393, 4497)
July 21, 1986
  1989 Ed. (2748)
July August Productions
  2020 Ed. (4616)
Juma Al Majid Group
  2020 Ed. (1964)
  2021 Ed. (1927)
Juma Technology Corp.
  2009 Ed. (3014)
Jumanji
  1998 Ed. (3673)
Jumanji: Welcome to the Jungle
  2020 Ed. (3620)
Jumbo!
  1998 Ed. (3776)
Jumbo Groep Holding B.V.
  2022 Ed. (2590)
  2023 Ed. (2733)
Jumbo Groep Holding BV
  2015 Ed. (4383)
  2016 Ed. (4272)
  2017 Ed. (2482, 4251, 4260)

2018 Ed. (2537)
Jumbo Interactive
  2022 Ed. (1388)
Jumbo Supermarkten BV
  2012 Ed. (1476)
  2013 Ed. (4327, 4336)
  2014 Ed. (4387)
Jumbo Video
  2002 Ed. (4753)
  2004 Ed. (4842)
JumboSports
  1999 Ed. (3611, 4381)
  2000 Ed. (2210)
  2001 Ed. (4337)
Jumbuck Entertainment
  2009 Ed. (1498)
  2010 Ed. (1491)
Jumby Bay
  1994 Ed. (3052)
  1995 Ed. (2173)
Jumex
  1998 Ed. (1777)
  2014 Ed. (606)
  2015 Ed. (2841)
  2016 Ed. (2772)
  2017 Ed. (2745)
  2018 Ed. (2797)
  2019 Ed. (2775)
  2021 Ed. (2681)
  2023 Ed. (2961)
Jumia
  2017 Ed. (1373)
Jump
  2019 Ed. (4053)
Jump!
  2020 Ed. (4063)
JUMP soft
  2018 Ed. (1905)
JumpBunch
  2016 Ed. (3930)
  2020 Ed. (863)
  2021 Ed. (877)
JumpBunch Inc.
  2007 Ed. (2788)
  2008 Ed. (2913)
  2009 Ed. (2968)
  2010 Ed. (2908)
  2011 Ed. (2878)
  2012 Ed. (2818)
Jumpfactor
  2021 Ed. (3473)
  2022 Ed. (3530)
JumpFly
  2022 Ed. (60, 1599)
Jumpking Inc.
  2006 Ed. (3360)
  2007 Ed. (3414)
  2008 Ed. (3543)
  2009 Ed. (3610)
JumpPoint
  2011 Ed. (2889)
Jumpstart First Grade
  1998 Ed. (849)
Jumpstart Kindergarten
  1998 Ed. (849)
Jumpstart Preschool
  1998 Ed. (849)
JumpTV Inc.
  2008 Ed. (2942)
  2011 Ed. (602)
Jun He Law Offices
  2012 Ed. (3412, 4439)
Jun Konomi
  1996 Ed. (1881)
  1997 Ed. (1987)
  1999 Ed. (2372)
Jun; Lei
  2016 Ed. (4831, 4832)
  2017 Ed. (776, 4840)
Jun Wang
  2015 Ed. (797)
Junan Securities Co.
  1999 Ed. (2885)
Junckers F Industrier AS
  1997 Ed. (1381)
Jundt Associates
  1993 Ed. (2296)
Jundt Opportunity
  2001 Ed. (3425)
  2004 Ed. (3603)
  2005 Ed. (3554)
Jundt U.S. Emerging Growth
  2000 Ed. (3288)
  2001 Ed. (3447)
June
  2001 Ed. (1156, 4681, 4857, 4858, 4859)
  2002 Ed. (415, 4704)
June Jam
  1989 Ed. (991)
June Jam XI
  1994 Ed. (1100)
June & January
  2020 Ed. (1931)
Juneau, AK
  1990 Ed. (2159)
  2001 Ed. (2822, 3206)
  2003 Ed. (845, 3315)
  2004 Ed. (3377, 3378, 3382, 3388)

2006 Ed. (3475)
2007 Ed. (3500, 3506)
2010 Ed. (3661)
Juneau Construction Co.
  2017 Ed. (4933)
  2018 Ed. (4937)
  2019 Ed. (4938)
  2020 Ed. (4936)
  2021 Ed. (4941)
  2022 Ed. (1117, 4937)
  2023 Ed. (4940)
Junex Inc.
  2011 Ed. (1562)
  2018 Ed. (4515)
Juneyao Airlines
  2021 Ed. (126)
  2023 Ed. (203)
Jung; A.
  2005 Ed. (2500)
Jung; Andrea
  2005 Ed. (2513, 4990)
  2006 Ed. (4975, 4983)
  2007 Ed. (974, 2506, 4975, 4981)
  2008 Ed. (2636, 4948)
  2009 Ed. (4971)
  2010 Ed. (4980)
  2011 Ed. (836, 853, 4966, 4969, 4979)
  2012 Ed. (4968, 4976, 4983)
  2013 Ed. (4966, 4979)
Jung-Jin; Seo
  2019 Ed. (4879)
  2020 Ed. (4868)
  2021 Ed. (4869)
  2022 Ed. (4865)
  2023 Ed. (4859)
Jung-Ju; Kim
  2012 Ed. (4868)
  2013 Ed. (4909)
  2017 Ed. (4875)
  2018 Ed. (4887)
  2019 Ed. (4879)
  2020 Ed. (4868)
  2021 Ed. (4869)
  2022 Ed. (4865)
Jung Seed Co.
  2013 Ed. (900)
Jungbunzlauer
  1992 Ed. (4400)
Jungheinrich
  2001 Ed. (4639)
  2006 Ed. (4852)
  2007 Ed. (4855)
  2008 Ed. (4778)
  2009 Ed. (4810)
Jungheinrich AG
  2002 Ed. (2323)
  2003 Ed. (4815)
  2004 Ed. (4802)
  2014 Ed. (4819)
  2015 Ed. (4855)
  2016 Ed. (4762)
  2017 Ed. (4770)
  2018 Ed. (4765)
  2019 Ed. (4770)
  2020 Ed. (4756)
  2021 Ed. (4754)
  2022 Ed. (4755)
  2023 Ed. (4742)
Jungheinrich Group
  2023 Ed. (2900)
The Jungheinrich Group
  2020 Ed. (2766)
  2021 Ed. (2640)
  2022 Ed. (2767)
Jungheinrich Life Truck Corp.
  2010 Ed. (4828)
Jungheinrich Lift Truck Corp.
  2011 Ed. (4788)
  2012 Ed. (4809)
  2013 Ed. (4769)
Jungle 2 Jungle
  1999 Ed. (4718, 4719)
Jungle Book
  1994 Ed. (3630)
  1998 Ed. (2536)
The Jungle Book
  2018 Ed. (3666, 3667, 3668)
Jungle Creations
  2020 Ed. (1982, 3492)
  2021 Ed. (1935, 3513)
Junichi Shimoto
  1999 Ed. (2387)
Junichi Shiomoto
  1997 Ed. (1987)
  2000 Ed. (2170)
Junichiro Koizumi
  2005 Ed. (4879)
Junie B., First Grader: Boss of Lunch
  2004 Ed. (737)
Junie B., First Grader: Toothless Wonder
  2004 Ed. (737)
Junie B., First Grader: Turkeys We Have Loved and Eaten (and Other Thankful Stuff)
  2014 Ed. (573)
Junie B. Jones Is a Graduation Girl
  2004 Ed. (736)

CUMULATIVE INDEX • 1989-2023

Juniks DOO
  2019 Ed. (1549)
Junior Achievement of Arizona Inc.
  2011 Ed. (3758)
Junior Achievement Inc.
  1994 Ed. (908)
  1996 Ed. (916)
  2000 Ed. (3344)
Junior Mints
  2019 Ed. (762)
JuniorNet
  2001 Ed. (4672)
Junior's
  1999 Ed. (4088)
  2000 Ed. (3801)
  2001 Ed. (4052)
  2002 Ed. (4035)
  2007 Ed. (4130)
  2008 Ed. (4148)
  2009 Ed. (4261)
  2018 Ed. (4175, 4179)
  2019 Ed. (4190, 4194)
  2020 Ed. (4205, 4207)
  2021 Ed. (762, 4153, 4154, 4164, 4165)
  2022 Ed. (4180, 4181, 4187)
Juniors
  2021 Ed. (765)
  2022 Ed. (803)
Junior's (49th Street)
  2022 Ed. (4180, 4181)
Junior's (Brooklyn)
  2021 Ed. (4153)
  2022 Ed. (4180)
Junior's Little Fella
  2021 Ed. (762)
Junior's (Manhattan)
  2021 Ed. (4153)
Junior's (New York, NY)
  2021 Ed. (4165)
Junior's Restaurant
  2020 Ed. (4207)
  2021 Ed. (4164)
  2022 Ed. (4187)
Junior's Restaurant (49th Street, New York)
  2021 Ed. (4164)
  2022 Ed. (4187)
Junior's (Times Square)
  2021 Ed. (4153, 4154)
  2022 Ed. (4180, 4181)
Junior's (Times Square, NY)
  2021 Ed. (4164)
  2022 Ed. (4187)
Juniper
  2021 Ed. (4621)
  2022 Ed. (3350, 3355, 3359)
  2023 Ed. (4634)
Juniper Landscaping
  2017 Ed. (3281, 3286)
  2018 Ed. (3349, 3352, 3358)
  2019 Ed. (3328, 3331, 3333, 3337)
  2020 Ed. (3333, 3339)
  2021 Ed. (3265, 3269, 3271, 3275)
  2023 Ed. (3470, 3476, 3478)
Juniper Networks
  2013 Ed. (1429)
  2015 Ed. (1050)
  2017 Ed. (995, 997, 998, 1006)
  2018 Ed. (932, 934, 940)
  2019 Ed. (931)
  2020 Ed. (915, 916, 918, 923)
  2023 Ed. (3843)
Juniper Networks Inc.
  2001 Ed. (4181, 4182, 4185, 4452)
  2002 Ed. (2471, 2808)
  2003 Ed. (1071, 1593, 2703)
  2004 Ed. (2772, 2774, 2775)
  2005 Ed. (1092, 1686)
  2006 Ed. (1083, 1084, 1085, 1143, 3693, 3694, 4685)
  2007 Ed. (1191, 1237, 3693)
  2008 Ed. (1138, 4634)
  2009 Ed. (1135, 1520, 1541, 3817)
  2010 Ed. (1077, 1119, 1526, 1527, 1533, 3186, 3745, 4681, 4686)
  2011 Ed. (1058, 3745, 4636)
  2012 Ed. (888, 890, 2823, 3750, 4656)
  2013 Ed. (1046, 1048, 2915, 3822, 4636)
  2014 Ed. (1011, 1012, 3745)
  2015 Ed. (1046, 1047, 3769, 4675)
  2016 Ed. (3684, 4322)
  2017 Ed. (994, 2421, 3645)
  2018 Ed. (931, 999, 3141, 3702)
  2019 Ed. (3689)
  2020 Ed. (3721)
  2021 Ed. (3724)
  2023 Ed. (4385)
Juniper Networks, Inc.
  2023 Ed. (77)
Juniper Partners Acquisition
  2007 Ed. (4287)
Juniper Partners LLC
  2016 Ed. (4986)
  2018 Ed. (4983)
  2022 Ed. (4982)
Junk King
  2019 Ed. (3657)
  2022 Ed. (3710)
  2023 Ed. (3801)

Junkermier, Clark, Campanella, Stevens
  2011 Ed. (22)
  2012 Ed. (27)
  2013 Ed. (20)
  2015 Ed. (17)
  2016 Ed. (16)
Junkermier, Clark, Campanella, Stevens PC
  2002 Ed. (15)
  2003 Ed. (10)
  2004 Ed. (16)
  2005 Ed. (12)
  2006 Ed. (17)
  2007 Ed. (13)
  2008 Ed. (11)
  2009 Ed. (14)
  2010 Ed. (26)
Junkermier, Clark, Campanella, Stevens, P.C.
  2020 Ed. (14)
  2021 Ed. (16)
  2022 Ed. (17)
  2023 Ed. (57)
Junkins; Jerry
  1989 Ed. (2340)
Junkins; Jerry R.
  1993 Ed. (1700)
The Junkluggers
  2020 Ed. (3624)
  2023 Ed. (3802)
Junkudo
  2012 Ed. (530)
  2013 Ed. (3651)
Junkyard Golf Club
  2021 Ed. (1930)
Juno
  2010 Ed. (2290)
Juno Lighting Inc.
  1992 Ed. (1134)
Juno Online Services Inc.
  2002 Ed. (2993)
Junonia.com
  2007 Ed. (2320)
Junta de Beneficencia
  1992 Ed. (47)
Jupiter
  1999 Ed. (153)
  2000 Ed. (171)
  2003 Ed. (3616)
Jupiter Asset Management
  2009 Ed. (1394)
  2012 Ed. (1231)
Jupiter Ecology
  2000 Ed. (3299)
Jupiter Financial Opportunity
  2000 Ed. (3307, 3308)
Jupiter Geared Inc.
  2000 Ed. (3303)
Jupiter Group
  2018 Ed. (1488)
Jupiter I LLC
  2010 Ed. (4063)
  2015 Ed. (1588)
Jupiter Island, FL
  1998 Ed. (737, 3704)
  1999 Ed. (1155, 4747)
  2000 Ed. (1068, 4376)
  2001 Ed. (2817)
  2002 Ed. (2712)
  2003 Ed. (974)
Jupiter National Inc.
  1994 Ed. (205)
Jupiter Split Capital
  2000 Ed. (3305)
Jupiter Telecommunications
  2007 Ed. (3452)
  2014 Ed. (726)
Jupiter UK Growth
  2000 Ed. (3308)
Jupitermedia
  2004 Ed. (2826)
  2005 Ed. (2834)
  2006 Ed. (753, 4601)
  2009 Ed. (4460)
Jupiters
  2004 Ed. (1645)
Jurassic Park
  1995 Ed. (2612, 3696)
  1996 Ed. (2490, 3790, 3791)
  1998 Ed. (2537)
  2004 Ed. (3513, 3516)
Jurassic Park Dinosaurs
  1995 Ed. (3645)
Jurassic Park III
  2003 Ed. (3453)
Jurassic World
  2017 Ed. (3605)
Jurassic World: Fallen Kingdom
  2020 Ed. (3619, 3620, 3621)
Jure Sola
  2005 Ed. (982)
  2006 Ed. (886)
  2007 Ed. (959)
Jurgen Schrempp
  2005 Ed. (789, 2470)
Jurika & Voyles
  1992 Ed. (2755)
  1997 Ed. (2533)

1998 Ed. (2270)
1999 Ed. (3070)
Juris Digital
  2022 Ed. (4687)
Jurong Energy Corp.
  2009 Ed. (919)
Jurong, Singapore
  2010 Ed. (3475)
Juroszek; Zbigniew
  2022 Ed. (4857)
  2023 Ed. (4852)
Jurvetson; Steve
  2005 Ed. (785)
Jury duty
  1995 Ed. (3389)
Jurys Inn
  2017 Ed. (4687)
JUSCO
  1990 Ed. (3050, 3054)
  1994 Ed. (3113)
  1995 Ed. (3158)
  1997 Ed. (3352)
  1998 Ed. (3085)
  2000 Ed. (3824)
  2003 Ed. (4665)
Just
  2022 Ed. (2244)
Just-A-Buck
  2006 Ed. (4874)
Just American Desserts
  2023 Ed. (2852)
Just Bare
  2022 Ed. (2821)
  2023 Ed. (2937)
Just Between Friends
  2016 Ed. (784)
  2017 Ed. (843)
  2020 Ed. (4262)
  2021 Ed. (4239)
Just Between Friends Franchise System
  2022 Ed. (4252)
Just Between Friends Franchise Systems
  2013 Ed. (993)
  2014 Ed. (955)
  2015 Ed. (991)
  2016 Ed. (895)
  2017 Ed. (942)
  2018 Ed. (877)
  2022 Ed. (4273)
Just Born Inc.
  2014 Ed. (951)
  2015 Ed. (981)
  2016 Ed. (881)
  2018 Ed. (752)
  2019 Ed. (774)
  2020 Ed. (764)
  2021 Ed. (785)
  2022 Ed. (814, 817)
Just Born Peeps
  2002 Ed. (934)
Just Cause
  1997 Ed. (3845)
Just Closets
  1992 Ed. (4037)
Just Cuts
  2020 Ed. (3815)
  2021 Ed. (3789)
  2022 Ed. (3810)
Just Dance
  2012 Ed. (4825)
Just Dance 2
  2012 Ed. (4825)
Just Dance 2
  2013 Ed. (4817)
Just Dance 3
  2013 Ed. (4817, 4818)
Just Dial
  2022 Ed. (1603)
Just Dial Ltd.
  2015 Ed. (4415)
Just Dogs! Gourmet
  2009 Ed. (3954)
Just Eat
  2017 Ed. (4216)
  2018 Ed. (1993)
  2021 Ed. (682)
Just Energy Group
  2014 Ed. (2382, 2847)
Just Energy Group Inc.
  2013 Ed. (2444, 2806)
  2014 Ed. (2377, 2843)
  2015 Ed. (2445, 2884)
  2017 Ed. (2228)
  2018 Ed. (2284)
  2019 Ed. (2273)
  2020 Ed. (1443, 2263)
  2022 Ed. (2259)
Just For Feet Inc.
  1999 Ed. (307, 308, 4304, 4305)
  2002 Ed. (4274)
Just For Men
  1994 Ed. (2021)
  1996 Ed. (2981)
  1999 Ed. (2627)
  2000 Ed. (2409)
  2001 Ed. (2634, 2654, 2655, 2656, 2657)
  2003 Ed. (2655, 2671, 3777)
  2004 Ed. (2783, 2784, 2788)

2005 Ed. (2779)
2006 Ed. (2751)
2007 Ed. (2757)
2008 Ed. (2874, 3876)
2009 Ed. (2937)
2010 Ed. (2873)
2020 Ed. (2852, 2858)
2021 Ed. (2730)
Just For Men AutoStop
  2020 Ed. (2858)
  2021 Ed. (2730)
Just For Men Control GX
  2020 Ed. (2858)
  2021 Ed. (2730)
Just For Men Original Formula
  2020 Ed. (2858)
  2021 Ed. (2730)
Just For Men Touch of Gray
  2020 Ed. (2858)
  2021 Ed. (2730)
Just Grandma & Me
  1995 Ed. (1105)
  1996 Ed. (1084)
  1997 Ed. (1089)
Just International
  2023 Ed. (2318)
Just Jeans
  2004 Ed. (1652, 3959)
Just for the Kids
  2004 Ed. (930)
Just Like Sugar
  2010 Ed. (2721, 4044)
Just Marketing
  2007 Ed. (99)
Just Marketing International
  2010 Ed. (3583)
  2011 Ed. (3585)
Just for Me
  2001 Ed. (2635)
  2003 Ed. (2652)
Just Music GmbH
  2013 Ed. (3795)
  2015 Ed. (3743)
  2016 Ed. (3651)
  2020 Ed. (3655)
  2021 Ed. (3660)
Just Music GmbH PPC Music GmbH
  2021 Ed. (3660)
Just My Size
  1992 Ed. (2445)
  2007 Ed. (3351)
  2008 Ed. (3447)
  2012 Ed. (3466)
Just One Touch
  2007 Ed. (2865)
  2009 Ed. (3068)
  2010 Ed. (2999)
  2013 Ed. (2983)
  2014 Ed. (2986, 2994)
  2015 Ed. (3054, 3065, 3066)
  2016 Ed. (2953, 2955, 2956)
  2017 Ed. (2914)
  2018 Ed. (2980)
Just One Touch/Video & Audio
  2017 Ed. (2915)
Just One Touch / Video & Audio Center
  2019 Ed. (2911, 2924, 2925, 2926, 2927)
  2020 Ed. (2929, 2942, 2943, 2944, 2945)
  2021 Ed. (2789, 2802, 2803, 2805)
  2022 Ed. (2955, 2969, 2970)
  2023 Ed. (3079, 3093, 3094)
Just One Touch/Video & Audio Center
  2008 Ed. (2983, 2985)
  2009 Ed. (3065, 3067)
  2010 Ed. (2998)
  2011 Ed. (2966)
  2012 Ed. (2897, 2899)
  2013 Ed. (2982)
  2014 Ed. (2993)
  2017 Ed. (2904)
  2018 Ed. (2967, 2981, 2982)
Just for Pets
  1996 Ed. (3001)
Just Planning
  2010 Ed. (1761)
Just Quality International Foods
  2018 Ed. (1446, 1850, 4903)
Just Quality International Inc.
  2015 Ed. (2916)
Just Retirement
  2016 Ed. (3227)
  2017 Ed. (3185)
Just the Right Stuff
  2010 Ed. (4016)
Just Say No International
  1996 Ed. (918)
Just Shoot Me
  2001 Ed. (4487)
  2002 Ed. (4583)
  2003 Ed. (4715, 4716)
Just Toys
  1994 Ed. (2009, 2013, 2015, 3317, 3319, 3323)
Just2Trade
  2011 Ed. (611)
  2012 Ed. (582, 583, 2132)
  2014 Ed. (741, 742)
  2017 Ed. (759, 760)

2018 Ed. (691)
JustFab
　2014 Ed. (2396)
Justica Eleitoral
　2009 Ed. (33)
Justice Department
　1998 Ed. (2512)
Justice Dept. Asset Forfeiture Program
　1992 Ed. (2635)
Justice; Department of
　1992 Ed. (29)
Justice II; Jim
　2015 Ed. (4898)
Justice; Jim
　2013 Ed. (4845)
　2014 Ed. (4861)
Justice Technology
　2000 Ed. (1098, 1106, 2406, 4043)
Justice; U.S. Department of
　2005 Ed. (2745, 2750)
　2006 Ed. (2706, 2711)
　2007 Ed. (2701, 2707)
　2008 Ed. (2830, 2835)
　2009 Ed. (2886, 2887, 2893)
　2010 Ed. (2823, 2831)
　2011 Ed. (2809, 2815)
　2012 Ed. (2741, 2787)
　2014 Ed. (3675)
　2019 Ed. (3584)
　2021 Ed. (3584)
Justin
　1990 Ed. (3273)
Justin Arter
　2000 Ed. (2070)
Justin Bieber
　2011 Ed. (2521)
　2012 Ed. (3733, 3735, 3736)
　2013 Ed. (2599, 2603, 3782, 3784)
　2014 Ed. (2528, 3728, 3730, 3731)
　2015 Ed. (2601, 3730, 3732)
　2016 Ed. (3641)
　2017 Ed. (3628)
　2018 Ed. (1006, 3690)
　2019 Ed. (1009, 3674, 3675)
Justin Bieber: First Step 2 Forever
　2012 Ed. (449)
Justin Industries, Inc.
　1992 Ed. (4258)
　1994 Ed. (1023)
　1996 Ed. (1018)
　2001 Ed. (1235)
Justin Mamis
　1990 Ed. (1767)
　1991 Ed. (1706)
　1993 Ed. (1836)
　1996 Ed. (1842)
　1997 Ed. (1915)
　1998 Ed. (1622)
Justin Manis
　1995 Ed. (1858)
Justin Murdock
　2012 Ed. (3448)
Justin North
　2023 Ed. (1308)
Justin Oliver
　2017 Ed. (3594)
Justin Timberlake
　2015 Ed. (3732, 3733)
　2016 Ed. (1047, 3641)
　2017 Ed. (2383)
　2020 Ed. (994)
Justin Trudeau
　2017 Ed. (775)
Justin Verlander
　2016 Ed. (216)
　2017 Ed. (213)
　2019 Ed. (192)
　2020 Ed. (197)
Justin Zylstra, Builder
　2002 Ed. (2683)
　2003 Ed. (1167)
Justine Henin
　2010 Ed. (278)
Justine Timberlake
　2009 Ed. (2611)
Justworks
　2020 Ed. (2913)
Jutha Maritime
　1997 Ed. (3511)
Jutta Product
　2021 Ed. (2501)
Juul
　2018 Ed. (869)
　2019 Ed. (877)
Juulchin
　2002 Ed. (4445)
Juvenile Diabetes Foundation
　1991 Ed. (898, 2616)
　1995 Ed. (933)
　1999 Ed. (293)
Juvenile Diabetes Research Foundation Canada
　2012 Ed. (723)
Juventus
　2001 Ed. (4301)
　2002 Ed. (4307)
　2003 Ed. (747)
　2005 Ed. (4391, 4449)

2006 Ed. (4398)
2007 Ed. (4465)
2008 Ed. (4454)
2009 Ed. (4493)
2010 Ed. (4535)
2011 Ed. (4473)
2012 Ed. (4488)
2013 Ed. (4457, 4458)
2014 Ed. (4494)
2015 Ed. (4492)
2016 Ed. (4405)
2017 Ed. (4415)
2018 Ed. (4434)
2019 Ed. (4434)
2020 Ed. (4423)
Juventus FC
　2022 Ed. (4425)
Juwan Howard
　2003 Ed. (296)
juwi
　2018 Ed. (4451)
　2019 Ed. (4439)
JV Communications Ltd.
　2018 Ed. (1641)
JV Recruitment
　2019 Ed. (1411)
JVC
　1990 Ed. (890, 1109)
　1991 Ed. (3447)
　1992 Ed. (1036, 1285, 2429, 4395)
　1993 Ed. (829, 2049, 3667)
　1994 Ed. (844, 2069, 3629)
　1995 Ed. (885, 3702)
　1996 Ed. (3783)
　1997 Ed. (681, 880, 1359, 3844)
　1998 Ed. (476, 608, 1952, 3672)
　1999 Ed. (1009, 2693, 3824, 4714)
　2000 Ed. (749, 963, 964, 2479, 4121, 4223, 4347)
　2006 Ed. (3900)
　2007 Ed. (870, 2862)
　2008 Ed. (274, 832, 2385, 2979, 4649, 4807)
　2013 Ed. (200)
　2014 Ed. (208)
　2015 Ed. (235)
　2016 Ed. (230)
　2017 Ed. (229)
　2018 Ed. (216)
　2019 Ed. (212)
　2020 Ed. (215)
　2021 Ed. (210)
　2022 Ed. (221)
　2023 Ed. (333)
JVC Pro
　2017 Ed. (229)
JVC (Victor Co. of Japan Ltd.)
　1995 Ed. (1352)
JVM
　2009 Ed. (3592)
　2016 Ed. (2004)
JVYS
　2011 Ed. (1319, 1320)
　2015 Ed. (1300)
J.W. Burns
　2000 Ed. (2822)
JW Catering
　2020 Ed. (3031)
　2021 Ed. (2893)
　2022 Ed. (3019)
　2023 Ed. (3135)
J.W. Cole Financial
　2017 Ed. (2579, 2580)
　2019 Ed. (2632, 2645, 2652)
　2020 Ed. (2656, 2657)
JW Danworth Co.
　2017 Ed. (1208)
JW Genesis Financial Services
　2002 Ed. (799)
JW Harris Co.
　2003 Ed. (3271)
J.W. Logistics
　2017 Ed. (3347)
　2018 Ed. (3407)
　2021 Ed. (4686, 4697)
J.W. Logistics LLC
　2018 Ed. (1953)
JW Marriott
　2006 Ed. (2940)
JW Marriott Austin
　2018 Ed. (3079)
JW Marriott Cuidad de Mexico
　2010 Ed. (1816)
　2011 Ed. (1847)
JW Marriott Hotel Lima
　2012 Ed. (1854)
JW Marriott Lima
　2010 Ed. (1783, 1952)
　2011 Ed. (1796, 2005)
　2013 Ed. (2013)
JW Marriott Mexico City
　2010 Ed. (1815)
J.W. Pepper
　2000 Ed. (3218)
JWA Camping
　2001 Ed. (1108)

JWE Corp.
　2005 Ed. (2859)
　2007 Ed. (4973)
JWG Advertising
　2003 Ed. (125)
JWH Global Strategies (G)
　1995 Ed. (1080)
JWH Global Strategies (H)
　1995 Ed. (1080)
JWH Global Strategies Ltd. (L)
　1996 Ed. (1060)
JWH Group
　2020 Ed. (1056)
　2021 Ed. (1026)
　2022 Ed. (1063)
JWH Worldwide Fund Ltd.
　1995 Ed. (1080)
JWI
　1992 Ed. (4279)
JWP Inc.
　1990 Ed. (1307, 3259, 3261)
　1991 Ed. (3084, 3100, 3102)
　1992 Ed. (1425, 1514, 3919, 3935, 3937, 3939)
　1993 Ed. (1123, 1139, 3227, 3240)
　1994 Ed. (1139, 1140, 1141, 1149, 1155, 2020, 2667, 3231)
　1995 Ed. (1158, 1159, 1160, 1257, 2070, 3434, 3436, 3447)
　1996 Ed. (1133, 1134, 1135)
JWP Inc. Electric Group
　1991 Ed. (1077, 1078)
　1992 Ed. (1410, 1411)
　1993 Ed. (1124)
JWP Inc. Mechanical Group
　1991 Ed. (1077, 1079)
　1992 Ed. (1410, 1412, 1414)
　1993 Ed. (1125, 1140)
JWP Inc. Sheet Metal Group
　1993 Ed. (1127)
JWT
　1995 Ed. (111)
　2006 Ed. (107, 109, 120, 122)
　2007 Ed. (109, 114, 116)
　2008 Ed. (119, 123)
　2009 Ed. (128, 129, 134)
　2010 Ed. (129, 134)
　2011 Ed. (47, 48, 50, 51, 52)
　2012 Ed. (52, 57, 59, 2130)
　2014 Ed. (66, 74)
JWT Adforce
　1996 Ed. (98)
JWT Argentina
　1995 Ed. (45)
JWT Australia
　1995 Ed. (46)
JWT Canada
　1995 Ed. (53)
JWT Chilena
　1995 Ed. (57)
JWT China
　1995 Ed. (58)
JWT Germany
　1995 Ed. (76)
JWT Hong Kong
　1995 Ed. (81)
JWT Italia
　1995 Ed. (89)
JWT London
　2009 Ed. (140)
　2010 Ed. (137)
　2011 Ed. (58)
JWT Malaysia
　1995 Ed. (97)
　1997 Ed. (116)
JWT Mexico
　1995 Ed. (98)
JWT New Zealand
　1995 Ed. (105)
JWT Peruana
　1995 Ed. (112)
JWT Philippines
　1995 Ed. (114)
JWT Publicidade
　1995 Ed. (52, 116)
JWT SA
　1989 Ed. (149)
　1990 Ed. (140)
　1991 Ed. (140)
JWT Singapore
　1995 Ed. (121)
JWT South Africa
　1995 Ed. (124)
JWT Spain
　1995 Ed. (127)
JWT Taiwan
　1995 Ed. (131, 132)
JWT U.K.
　1995 Ed. (77)
JWT Venezuela
　1996 Ed. (151)
　1997 Ed. (157)
JWT de Venezuela
　1995 Ed. (137)
JX Holdings
　2013 Ed. (1754, 1788)
　2014 Ed. (1384, 1718)
　2015 Ed. (1761)

2016 Ed. (1713, 3857)
2017 Ed. (1697, 3819)
JX Holdings Inc.
　2012 Ed. (3911, 3932)
　2013 Ed. (2534, 3961, 3988)
　2014 Ed. (2468, 3550, 3905, 3931)
　2015 Ed. (2539, 3573, 3933, 3967)
　2016 Ed. (3851, 3881)
　2017 Ed. (3415, 3814)
JXTG Energy
　2021 Ed. (2143)
JXTG Holdings
　2018 Ed. (3861)
　2019 Ed. (3830, 3849)
　2020 Ed. (1657, 2370, 3865)
　2021 Ed. (1638, 3838)
JXTG Holdings, Inc.
　2019 Ed. (2401)
　2020 Ed. (2378, 3880)
　2021 Ed. (2335, 3842)
Jye; Luo
　2011 Ed. (4863)
　2012 Ed. (4869)
　2013 Ed. (4913)
　2014 Ed. (4923)
　2015 Ed. (4963)
　2016 Ed. (4879)
　2017 Ed. (4879)
　2018 Ed. (4891)
　2019 Ed. (4883)
　2020 Ed. (4872)
JYP Entertainment
　2021 Ed. (1856)
Jysk A/S
　2022 Ed. (1297)
JYSK Group
　2017 Ed. (4250)
JYSK Holding A/S
　2021 Ed. (2447)
　2022 Ed. (2557)
Jysk Holding A/S
　2009 Ed. (1635)
　2018 Ed. (2510)
Jyske
　1989 Ed. (518)
　1990 Ed. (538)
Jyske Bank
　1991 Ed. (497)
　1992 Ed. (650)
　1993 Ed. (462)
　1994 Ed. (466, 467)
　1995 Ed. (455)
　1996 Ed. (487)
　1997 Ed. (450)
　1999 Ed. (501)
　2000 Ed. (509)
　2002 Ed. (550)
　2003 Ed. (483)
　2004 Ed. (479)
　2005 Ed. (486)
　2006 Ed. (432, 1674)
　2007 Ed. (430, 1677)
　2008 Ed. (404, 1703)
　2009 Ed. (428, 429, 1630)
　2010 Ed. (404, 405, 1603)
　2011 Ed. (331, 332, 1609)
　2012 Ed. (339, 1456)
　2013 Ed. (419, 420, 1591)
　2014 Ed. (438, 439, 1557)
　2015 Ed. (492, 493, 1606)
　2016 Ed. (446, 447, 1532)
　2017 Ed. (464, 465, 518, 1522)
　2018 Ed. (427, 1502)
　2019 Ed. (435, 1532)
　2020 Ed. (423, 1505)
　2021 Ed. (443, 456, 1490)
　2022 Ed. (458, 1507)
　2023 Ed. (641, 642, 676, 1681)
Jyske Bank (Gibraltar), Ltd.
　1991 Ed. (531)
JZ Capital Partners
　2016 Ed. (3284)
JZ Equity Partners
　2006 Ed. (4881)
JZ - Trans spol.s r.o.
　2018 Ed. (1905)

K

K 25 Credit Union
　2002 Ed. (1893)
　2003 Ed. (1947)
　2004 Ed. (1987)
　2005 Ed. (2129)
　2006 Ed. (2224)
　2007 Ed. (2145)
K & A Lumber
　1996 Ed. (822)
K. A. Steel Chemicals
　2012 Ed. (748)
K. Aufhauser
　1993 Ed. (1491)
K. B. Chandrasekhar
　2002 Ed. (2150)
K-B Offset Printing
　1998 Ed. (2918)

CUMULATIVE INDEX • 1989-2023

K & B Transportation Inc.
  2020 Ed. (4156)
  2021 Ed. (4104)
K-Belle
  2016 Ed. (4987)
K-Best Technology Inc.
  2015 Ed. (4224)
K-Bob's Steakhouse
  2002 Ed. (4018)
K-Bro Linen Systems
  2018 Ed. (4237)
K. C. Irving
  1991 Ed. (1617)
K mart Canada
  1990 Ed. (1496, 3060)
K Chill
  2018 Ed. (614, 615)
  2019 Ed. (626)
K Cider
  2005 Ed. (999)
  2006 Ed. (1009)
K-Citymarket Oy
  2010 Ed. (1617)
  2011 Ed. (1627)
K-Coe Isom
  2016 Ed. (15)
  2017 Ed. (11)
  2018 Ed. (11)
  2019 Ed. (12)
  2020 Ed. (14)
  2021 Ed. (16)
  2022 Ed. (17)
  2023 Ed. (57)
K-Coe Isom LLP
  2023 Ed. (39)
The K Company Realty
  2017 Ed. (4067)
  2018 Ed. (4095)
K. D. Brooksher
  2005 Ed. (2504)
K. D. Marketing
  2003 Ed. (2713)
K. Dane Brooksher
  2004 Ed. (1099)
  2005 Ed. (1103)
  2006 Ed. (1097, 1098)
K-Designers
  2005 Ed. (2959)
  2006 Ed. (2955)
  2007 Ed. (2971)
  2008 Ed. (3003, 3096)
  2009 Ed. (3089, 3188)
  2010 Ed. (3021, 3118)
  2011 Ed. (2990, 3085)
  2012 Ed. (2916)
K. E. Goodman
  2003 Ed. (2398)
K. Eicher Bauunternehmung AG
  2006 Ed. (2033)
K. F. Handel AB
  1993 Ed. (3696)
K. Fletcher
  1991 Ed. (1618)
K-Force Inc.
  2003 Ed. (1675)
K & G Homebuilders
  2005 Ed. (1236)
K & H Bank
  2005 Ed. (518)
  2006 Ed. (449)
  2007 Ed. (460)
  2008 Ed. (424)
  2009 Ed. (450)
  2010 Ed. (428, 429)
  2011 Ed. (353, 354)
K & H (Commercial & Credit) Bank
  1994 Ed. (502)
K-H Corp.
  1991 Ed. (316, 1237, 2492)
K H Liquor Inc.
  2001 Ed. (4284)
K. H. S. Musical Co., Ltd.
  2013 Ed. (3811)
  2015 Ed. (3759)
  2016 Ed. (3667)
  2020 Ed. (3682)
  2021 Ed. (3689)
K. Hovnanian Cos.
  2000 Ed. (1229)
K. Hovnanian Cos. of Florida Inc.
  1998 Ed. (3005)
K. Hovnanian Enterprises
  1996 Ed. (1097)
  1999 Ed. (1310)
  2001 Ed. (1387, 1390, 1393)
K. I. Chenault
  2003 Ed. (2387)
K-III
  1999 Ed. (3743)
K. J. Krapek
  2001 Ed. (2317)
  2002 Ed. (2184)
  2003 Ed. (2378)
K-J Vintners Reserve
  2008 Ed. (4936, 4938)
  2009 Ed. (4958)
  2011 Ed. (4953)

K par K
  2014 Ed. (2260)
K & K Aircraft Inc.
  2003 Ed. (236)
K & K Cable
  1996 Ed. (863)
K. K. Chow & Partners
  1997 Ed. (19)
K & K Insurance Group Inc.
  1994 Ed. (2241)
  2002 Ed. (2855)
  2004 Ed. (3065)
  2005 Ed. (3076)
  2006 Ed. (3077)
  2008 Ed. (3227, 3228)
  2011 Ed. (3177)
  2012 Ed. (3134)
  2015 Ed. (3385)
  2016 Ed. (3257)
  2017 Ed. (3081)
  2018 Ed. (3188)
  2020 Ed. (3144)
  2021 Ed. (3015)
  2022 Ed. (3150)
  2023 Ed. (3243)
K. K. Killinger
  2004 Ed. (2506)
K & K Toys
  1989 Ed. (2860)
  1992 Ed. (4330)
  1994 Ed. (3563)
K. Kresa
  2003 Ed. (2378)
  2004 Ed. (2498)
K. L. Breeden & Sons LLC
  2020 Ed. (4156)
  2021 Ed. (4104)
  2022 Ed. (4131)
  2023 Ed. (4214)
K & L Gates
  2009 Ed. (3483, 4219)
  2010 Ed. (4096)
  2011 Ed. (4066)
K & L Gates LLP
  2010 Ed. (4777)
  2011 Ed. (3399, 4728)
  2012 Ed. (3365, 3371, 3387, 3391, 3395, 3404, 3406, 3408, 3414, 3470, 4100, 4438, 4745)
  2013 Ed. (2001, 3443)
  2014 Ed. (3443, 3490, 4753)
  2015 Ed. (1469, 3508, 4774)
  2016 Ed. (3319, 3367)
K. L. Kepong
  1991 Ed. (3129)
K. L. Lay
  2001 Ed. (2342)
  2002 Ed. (2207)
K. L. Schroeder
  2001 Ed. (2329)
  2002 Ed. (2195)
  2003 Ed. (2391)
  2004 Ed. (2510)
  2005 Ed. (2494)
K. L. Wolfe
  2003 Ed. (2389)
K. Levy
  2001 Ed. (2329)
"K" Line
  2016 Ed. (4722)
  2017 Ed. (4739)
  2018 Ed. (4724, 4725)
  2019 Ed. (4727)
K" Line
  1992 Ed. (3951)
  1998 Ed. (3293)
  1999 Ed. (4299)
  2003 Ed. (2418, 2425, 2426)
  2004 Ed. (2558, 2560)
"K" Line America Inc.
  1993 Ed. (3298)
K M C Credit Union
  2005 Ed. (2074)
K & M Engineering & Consulting Corp.
  1999 Ed. (2678)
  2003 Ed. (2420)
K. M. Jastrow II
  2003 Ed. (2385)
  2004 Ed. (2504)
  2005 Ed. (2488)
K-Mart
  1989 Ed. (14)
  1990 Ed. (910, 911, 1281, 1282, 1508, 1509, 1510, 1511, 1512, 1513, 1514, 1515, 1516, 1517, 1518, 1519, 1520, 1521, 1522, 1523, 1524, 1525, 1526, 2023, 2029, 2032, 2033, 2116, 2121, 2122, 2132, 3027, 3028, 3029, 3031, 3042, 3044, 3049)
  1991 Ed. (1450, 3241)
  1992 Ed. (38, 235, 236, 920, 922, 1076, 1508, 1792, 1793, 1801, 1811, 1812, 1813, 1814, 1815, 1816, 1818, 1819, 1820, 1821, 1822, 1823, 1827, 1829, 1844, 1859, 1860, 2105, 2422, 2423, 2527, 2528, 2530, 2539, 3595, 3726, 3729, 3730, 3732, 3733, 3741, 4364)
  1995 Ed. (1767, 3144, 3145, 3644)

  1996 Ed. (3725)
  2000 Ed. (3823, 4282, 4348)
K Mobile
  2006 Ed. (60)
K N Energy Inc.
  1991 Ed. (1792)
K & N Kenanga
  1997 Ed. (784)
K. Neal International Trucks Inc.
  2016 Ed. (111)
K. Neal Truck & Bus Center
  2020 Ed. (3600)
K. Nishimura
  2004 Ed. (2505)
K. O. O. Construction Inc.
  2007 Ed. (3525)
  2008 Ed. (3689)
K. P. Bennett
  2001 Ed. (865)
K Power Global Logistics
  2021 Ed. (2466)
  2022 Ed. (2577)
  2023 Ed. (2719)
K. R. Dubuque
  2003 Ed. (2385)
K. R. Swerdfeger Construction Inc.
  1998 Ed. (3761)
  1999 Ed. (4811)
  2010 Ed. (1242)
K. Rupert Murdoch
  1999 Ed. (727)
  2007 Ed. (977, 1033)
  2008 Ed. (948)
  2011 Ed. (839)
  2015 Ed. (965)
K + S
  2011 Ed. (791)
  2012 Ed. (749)
  2013 Ed. (941)
K + S AG
  2012 Ed. (754)
  2013 Ed. (942)
  2014 Ed. (895)
  2015 Ed. (923)
  2016 Ed. (826)
  2017 Ed. (883)
K + S Potash Canada GP
  2015 Ed. (1549)
  2016 Ed. (1488)
K Shot
  2021 Ed. (4790)
K-Supply Group
  2021 Ed. (1465, 2609, 2614)
K-Swiss
  1992 Ed. (3955)
  1994 Ed. (3294)
  1995 Ed. (252)
  1996 Ed. (251)
  2000 Ed. (323)
  2001 Ed. (423, 425, 1651)
  2002 Ed. (4275)
  2003 Ed. (300, 301)
  2004 Ed. (261, 4416, 4417, 4433)
  2005 Ed. (269, 270, 4366, 4367)
  2006 Ed. (293)
  2007 Ed. (295)
K. T. Derr
  2001 Ed. (2333)
K T Kitchens Inc.
  2000 Ed. (4435)
K. T. Oslin
  1993 Ed. (1079)
K Tech Building Maintenance Co.
  2006 Ed. (667, 668)
K-Tel International
  1995 Ed. (2059, 2063, 2064, 3380, 3384, 3386)
  1997 Ed. (2702)
K-Tron International
  2008 Ed. (4414)
  2009 Ed. (4477)
  2010 Ed. (2863)
K. T.'s Kitchens Inc.
  1996 Ed. (3882)
  1997 Ed. (3918)
K. V. Mart Co.
  2012 Ed. (3707)
  2014 Ed. (3686)
K-V Pharmaceutical B
  1993 Ed. (214)
K-VA-T Food Stores
  1992 Ed. (4174)
  2008 Ed. (4058)
  2009 Ed. (4170, 4171)
  2010 Ed. (4106)
  2014 Ed. (2086)
  2015 Ed. (2139)
  2016 Ed. (2117)
  2017 Ed. (2073)
  2018 Ed. (2032)
  2019 Ed. (2089)
  2020 Ed. (1999)
  2021 Ed. (1949)
  2022 Ed. (1992)
  2023 Ed. (2093)
K-VA-T Food Stores Inc.
  2020 Ed. (2000)
  2021 Ed. (1950)

K-Va-T Food Stores Inc.
  2014 Ed. (2087)
  2015 Ed. (2140)
  2016 Ed. (2118)
K & W
  1990 Ed. (3017)
K & W Cafeterias
  1991 Ed. (2880)
  1992 Ed. (3716)
  1993 Ed. (3032)
  1994 Ed. (3091)
  1996 Ed. (3233)
  1997 Ed. (3336)
  1999 Ed. (4062)
  2002 Ed. (4010)
  2008 Ed. (4167, 4168)
  2009 Ed. (4275)
K. W. Freeman
  2002 Ed. (2207)
  2003 Ed. (2377)
K. W. Lowe
  2003 Ed. (2399)
  2004 Ed. (2518)
  2005 Ed. (2502)
K. W. Sharer
  2003 Ed. (2398)
  2004 Ed. (2517)
  2005 Ed. (2501)
K1 Ventures
  2019 Ed. (1950)
K2
  2020 Ed. (976)
  2021 Ed. (957)
K2 Energy Solutions
  2013 Ed. (2529)
K2 Inc.
  1991 Ed. (3133)
  1992 Ed. (3982)
  1993 Ed. (3326)
  1998 Ed. (3027)
  1999 Ed. (4018)
  2001 Ed. (4329)
  2002 Ed. (1397)
  2005 Ed. (4434)
  2007 Ed. (3414)
  2008 Ed. (3543)
  2009 Ed. (3610)
  2010 Ed. (3533)
  2014 Ed. (3540)
K2 Industrial Services Inc.
  2007 Ed. (1365)
  2008 Ed. (1262)
  2009 Ed. (1238)
  2010 Ed. (1237)
  2011 Ed. (1185)
  2012 Ed. (1132)
  2013 Ed. (1278)
  2014 Ed. (1211)
  2015 Ed. (1269)
  2017 Ed. (1227)
  2019 Ed. (1234)
  2020 Ed. (1220, 1228)
K2Share LLC
  2009 Ed. (1349)
K9 Natural Food
  2012 Ed. (2851)
K9 Natural Foods
  2018 Ed. (3784)
K11
  2019 Ed. (1509)
k12itc
  2018 Ed. (1654)
k12itc Inc.
  2016 Ed. (1717)
Ka
  2002 Ed. (385)
Ka; Ford
  2005 Ed. (296)
K.A. Hamilton & Associates
  2022 Ed. (2383)
  2023 Ed. (2545)
Ka-Shing Group; Li
  1997 Ed. (673)
Ka-Shing; Li
  2005 Ed. (789, 4861)
  2006 Ed. (4860)
  2007 Ed. (4909, 4916)
  2008 Ed. (4841, 4844, 4882)
  2009 Ed. (4863, 4864)
  2010 Ed. (3958, 4865, 4877)
  2011 Ed. (4852, 4853, 4887)
  2012 Ed. (4859, 4860, 4872)
  2013 Ed. (4873, 4874)
  2014 Ed. (4887, 4888)
  2015 Ed. (4926, 4927)
  2016 Ed. (4842, 4843)
  2017 Ed. (4850)
  2018 Ed. (4857)
  2019 Ed. (4852)
  2020 Ed. (4841)
  2021 Ed. (4842)
  2022 Ed. (4836)
  2023 Ed. (4831)
Ka-shing; Li
  2013 Ed. (4916, 4924)
  2014 Ed. (4931)

Ka Wah Bank
　1989 Ed. (553)
　2000 Ed. (548)
Kaal
　2004 Ed. (3439)
Kaala Systems Technology Corp.
　2019 Ed. (1611)
Kaanapali Beach Hotel
　2020 Ed. (3576)
Kabam Inc.
　2016 Ed. (2911)
Kabana Inc.
　2018 Ed. (3442)
Kabat; Kevin
　2011 Ed. (820)
Kabat; Kevin T.
　2011 Ed. (824)
Kabat, Schertzer, De La Torre, Taraboulos & Co. (KSDT)
　2023 Ed. (32)
Kabbage
　2017 Ed. (2581)
Kabbage, Inc.
　2019 Ed. (2655)
KABC-AM
　1994 Ed. (2988)
　1995 Ed. (3052)
　1996 Ed. (3153)
KABC-AM(790)
　1992 Ed. (3606)
　1993 Ed. (2954)
Kabeer; Prince Sultan bin Mohammed bin Saud Al
　2014 Ed. (4915)
　2015 Ed. (4955)
　2016 Ed. (4871)
　2018 Ed. (4884)
Kabeer; Sultan bin Mohammed bin Saud Al
　2017 Ed. (4872)
Kabel Deutschland
　2013 Ed. (830)
　2015 Ed. (3607)
　2016 Ed. (3489)
Kabel Deutschland Holdings
　2014 Ed. (4018)
Kabel Invest
　1996 Ed. (863)
Kabel Plus
　1996 Ed. (863)
Kabi Pharmaceuticals
　1994 Ed. (2696)
Kabi Pharmacia
　1995 Ed. (2811)
Kabigting; Caroline
　1996 Ed. (1910)
Kable Public Relations
　1996 Ed. (3116)
　1997 Ed. (3203)
KaBloom
　2005 Ed. (2620)
　2006 Ed. (2616)
Kablua
　1991 Ed. (2312, 2315, 2324, 2326, 2331)
Kaboose Inc.
　2009 Ed. (2918)
　2010 Ed. (1549, 2858)
　2011 Ed. (2840)
Kabul Bank
　2010 Ed. (2649)
　2011 Ed. (2636)
　2012 Ed. (2563)
Kachina Cadillac
　1993 Ed. (295)
Kachwa Food Group
　2017 Ed. (2136)
　2018 Ed. (2182)
　2019 Ed. (2170)
　2020 Ed. (2165)
　2021 Ed. (2156)
Kack Kirnan
　1999 Ed. (2211)
Kadant
　2013 Ed. (1848)
　2022 Ed. (1703, 3102)
Kadant Inc.
　2005 Ed. (3394)
　2006 Ed. (3391)
　2008 Ed. (1905, 1910)
Kadarauch; David
　1996 Ed. (1865)
　1997 Ed. (1973)
Kaddas Enterprises
　2019 Ed. (4987)
The Kades Corp.
　2021 Ed. (4186)
Kadix Systems
　2009 Ed. (828)
Kadoorie; Michael
　2008 Ed. (4844)
　2009 Ed. (4863, 4864)
　2010 Ed. (4865)
　2011 Ed. (4852, 4853)
　2012 Ed. (4859, 4860)
　2013 Ed. (4873, 4874)
　2014 Ed. (4887, 4888)
　2015 Ed. (4926, 4927)
　2016 Ed. (4842, 4843)
　2018 Ed. (4857)
　2020 Ed. (4841)
Kaerntner
　1992 Ed. (609)
Kaeser & Blair Inc.
　2017 Ed. (3964)
　2018 Ed. (3982)
　2019 Ed. (3970)
　2020 Ed. (3991)
　2021 Ed. (3956)
　2022 Ed. (3968)
Kaf; Khalid Al
　2013 Ed. (4614)
Kafoury, Armstrong & Co.
　1998 Ed. (20)
　1999 Ed. (25)
Kafri; Raz
　1997 Ed. (1936, 1937)
Kaga Electronics Co., Ltd.
　2003 Ed. (2246)
Kagan Publishing & Professional Development
　2014 Ed. (1412)
　2016 Ed. (1400)
Kagemasa Kozuki
　2010 Ed. (3961)
Kagermann; Henning
　2006 Ed. (2515)
Kaggle
　2015 Ed. (1088)
Kago-Kamine-Kachelofen GmbH
　2008 Ed. (1216)
Kagome
　2016 Ed. (600)
　2017 Ed. (636)
Kagoshima Bank
　2002 Ed. (594, 596)
Kahaki Foods
　2019 Ed. (2748)
Kahala Hilton
　1990 Ed. (2073)
Kahala Mandarin Oriental
　2006 Ed. (1741)
Kahala Mandarin Oriental, Hawaii
　2007 Ed. (1759)
Kahala Nui
　2016 Ed. (1634)
Kahler Slater
　2007 Ed. (4393)
　2010 Ed. (4492)
　2023 Ed. (295)
Kahlig Auto Group
　2016 Ed. (3604)
　2018 Ed. (1968)
　2019 Ed. (2024)
　2022 Ed. (248)
Kahlua
　1990 Ed. (2443, 2444, 2454, 2462)
　1992 Ed. (2861, 2867, 2883, 2885)
　1993 Ed. (2425, 2429, 2430, 2431, 2432, 2433, 2445)
　1994 Ed. (2369, 2373, 2374, 2389, 2390)
　1995 Ed. (2448, 2452, 2471, 2473, 2474)
　1996 Ed. (2494, 2499, 2501, 2502, 2503, 2520)
　1997 Ed. (2636, 2641, 2643, 2644, 2659, 2663, 2664, 2668)
　1998 Ed. (2364, 2369, 2370, 2372, 2392, 2393, 2395, 2397)
　1999 Ed. (3199, 3200, 3202, 3239, 3243, 3246)
　2000 Ed. (2972, 2977, 2979)
　2001 Ed. (3106, 3109, 3110, 3137, 3138, 3142)
　2002 Ed. (283, 3086, 3093, 3095, 3097, 3150, 3164, 3171, 3172, 3176, 3177)
　2003 Ed. (3219, 3224, 3230)
　2004 Ed. (3266, 3268, 3269, 3284)
　2006 Ed. (1058)
　2007 Ed. (1146, 1148)
　2008 Ed. (1025, 1026)
　2017 Ed. (176)
Kahlua Cocktails
　1992 Ed. (2886)
　1996 Ed. (2523)
Kahlua Combos
　1998 Ed. (2391)
　1999 Ed. (3207)
　2002 Ed. (3157, 3163)
Kahlua Drinks to Go
　1999 Ed. (3234)
　2000 Ed. (2947, 2971)
　2001 Ed. (3116, 3131, 3136)
　2004 Ed. (1035, 3285, 4945)
　2005 Ed. (4925)
　2006 Ed. (4958)
Kahlua Drinks to Go/Ready to Drink
　2002 Ed. (3106)
　2003 Ed. (1030)
Kahlua Ready to Drink
　2001 Ed. (3116)
Kahlua Royale Cream
　1998 Ed. (2369, 2370)
　2000 Ed. (2942)
Kahn
　2000 Ed. (2275)
　2002 Ed. (3271)
Kahn; Chip
　2010 Ed. (3624)
Kahn, Litwin, Renza & Co.
　2007 Ed. (8)
　2008 Ed. (2060)
　2009 Ed. (2025)
　2011 Ed. (17, 2018)
　2012 Ed. (21, 1866)
　2013 Ed. (21, 2025)
　2014 Ed. (17, 1960)
　2015 Ed. (18)
　2016 Ed. (17, 1978)
　2017 Ed. (13)
　2018 Ed. (12)
　2019 Ed. (13)
　2020 Ed. (15)
　2021 Ed. (17)
　2022 Ed. (18)
　2023 Ed. (58)
Kahn; Morris
　2008 Ed. (4887)
　2009 Ed. (4907)
　2010 Ed. (4908)
　2011 Ed. (4895)
Kahn; Oliver
　2006 Ed. (4397)
　2007 Ed. (4464)
Kahne; Kasey
　2010 Ed. (315)
　2011 Ed. (239)
　2012 Ed. (260)
　2013 Ed. (267)
　2014 Ed. (269)
　2015 Ed. (309)
　2016 Ed. (217)
　2019 Ed. (193)
Kahneman; Daniel
　2005 Ed. (3201)
Kahn's
　1995 Ed. (1940)
Kahului, HI
　2010 Ed. (4272)
　2017 Ed. (772)
　2018 Ed. (707)
　2021 Ed. (718)
Kahului-Wailuku, HI
　2011 Ed. (4203)
　2013 Ed. (4226)
Kahului-Wailuku-Lahaina, HI
　2016 Ed. (4155)
　2017 Ed. (4127)
KAI
　2021 Ed. (77)
KAI Design & Build
　2018 Ed. (3628)
　2020 Ed. (3592)
KAI Enterprises
　2022 Ed. (3671)
　2023 Ed. (3775)
KAI Innovations
　2019 Ed. (1481)
Kai Tak Airport
　1996 Ed. (194)
Kaiima Bio-Agritech
　2015 Ed. (695)
Kailay Engineering Co. Ltd.
　1992 Ed. (1438)
　1994 Ed. (1176)
Kainos
　2019 Ed. (3467)
Kaiperm Credit Union
　2009 Ed. (2195)
　2010 Ed. (2137)
Kaiser
　1995 Ed. (2090)
　1996 Ed. (2087)
　2001 Ed. (369)
　2009 Ed. (2291)
Kaiser Aluminum
　2023 Ed. (165)
Kaiser Aluminum & Chemical
　1989 Ed. (1948)
Kaiser Aluminum Corp.
　1993 Ed. (211)
　2001 Ed. (669, 3322, 3323)
　2002 Ed. (3305)
　2003 Ed. (3366, 3367, 3375, 4560)
　2004 Ed. (3432, 3433)
　2005 Ed. (3447)
　2006 Ed. (3457)
　2007 Ed. (3480)
　2011 Ed. (3645)
　2016 Ed. (3450)
Kaiser Associates
　2021 Ed. (1057, 1065, 1071, 1075, 1076, 1078)
　2023 Ed. (1267, 1268, 1274, 1275, 1276, 1281, 1288)
Kaiser Chiefs
　2011 Ed. (1067, 1068)
Kaiser Engineers Inc.; ICF
　1992 Ed. (1952)
Kaiser Family Foundation; The Henry J.
　1993 Ed. (1897)
　1994 Ed. (1901)
　1995 Ed. (1929)
Kaiser Feinberg & Associates Inc.
　1994 Ed. (108)
Kaiser Foundation
　2008 Ed. (3536)
Kaiser Foundation Group
　2010 Ed. (3266)
　2011 Ed. (3235)
　2012 Ed. (3197, 3199)
Kaiser Foundation Group of Health Plans
　2018 Ed. (3252)
　2019 Ed. (3195)
　2020 Ed. (3216)
　2021 Ed. (3082)
　2022 Ed. (3224)
　2023 Ed. (3314)
Kaiser Foundation Group of Health Plans (U.S.)
　2021 Ed. (3082)
　2022 Ed. (3224)
Kaiser Foundation Health Plan
　2019 Ed. (1614)
Kaiser Foundation Health Plan Colorado
　2000 Ed. (2430)
Kaiser Foundation Health Plan of Colorado
　1996 Ed. (2094)
　1997 Ed. (2196)
　2002 Ed. (2461)
　2003 Ed. (2700)
　2007 Ed. (2792)
　2008 Ed. (2920)
　2009 Ed. (2975, 2976)
　2010 Ed. (2915, 2916, 3629)
　2011 Ed. (3630)
　2012 Ed. (2340, 2821)
　2013 Ed. (2515, 2890)
　2015 Ed. (1590)
　2016 Ed. (1517)
　2017 Ed. (1510)
　2018 Ed. (1490)
　2019 Ed. (1522)
Kaiser Foundation Health Plan of Georgia Inc.
　2023 Ed. (3323)
Kaiser Foundation Health Plan of Hawaii
　2008 Ed. (3632)
　2009 Ed. (3696)
　2010 Ed. (3611)
　2011 Ed. (3614)
Kaiser Foundation Health Plan Inc.
　1995 Ed. (2091, 2092)
　1998 Ed. (1914)
　2000 Ed. (2427, 2428, 2430, 2431)
　2001 Ed. (1652, 2916)
　2003 Ed. (1626, 2974)
　2004 Ed. (1712, 3075, 3947)
　2005 Ed. (1769, 3082, 3905, 3906, 3907)
　2006 Ed. (3979)
　2007 Ed. (4018)
　2008 Ed. (4045)
　2009 Ed. (4115)
　2010 Ed. (4052)
　2013 Ed. (3267)
　2014 Ed. (3295)
　2016 Ed. (3204)
　2017 Ed. (3160)
　2018 Ed. (3238, 3240, 3241)
　2019 Ed. (3182)
Kaiser Foundation Health Plan of the Mid-Atlantic
　1996 Ed. (2094)
　1997 Ed. (2196)
Kaiser Foundation Health Plan Mid-Atlantic States
　2000 Ed. (2430)
Kaiser Foundation Health Plan of the Mid-Atlantic States
　2009 Ed. (3711)
Kaiser Foundation Health Plan-Northern California Region
　1993 Ed. (2019)
　1996 Ed. (2092, 2094)
　1997 Ed. (2190, 2194, 2196)
Kaiser Foundation Health Plan of the Northwest
　1996 Ed. (2094)
　1997 Ed. (2196)
　2008 Ed. (3647)
　2009 Ed. (3711)
　2011 Ed. (3630)
Kaiser Foundation Health Plan-Oakland
　1999 Ed. (2651)
Kaiser Foundation Health Plan, Oakland, CA
　2000 Ed. (2429)
Kaiser Foundation Health Plan of Ohio
　1996 Ed. (2094)
　1997 Ed. (2196)
Kaiser Foundation Health Plan of Southern California
　2008 Ed. (3647)
　2009 Ed. (3711)
　2010 Ed. (3629)
　2011 Ed. (3630)
Kaiser Foundation Health Plan-Southern California Region
　1993 Ed. (2019)
　1996 Ed. (2092, 2094)
　1997 Ed. (2190, 2194, 2196)

CUMULATIVE INDEX • 1989-2023

Kaiser Foundation Health Plans Inc.
  1992 Ed. (2386)
  1993 Ed. (2020)
  2003 Ed. (3277, 3278, 3354)
  2004 Ed. (3340)
  2005 Ed. (3366, 3368)
Kaiser Foundation Hospital
  1995 Ed. (2145)
  2016 Ed. (2839)
Kaiser Foundation Hospital & Health Plans
  1990 Ed. (1167)
  1991 Ed. (1057)
Kaiser Foundation Hospital Inc.
  2016 Ed. (2838, 4011)
Kaiser Foundation Hospital-Los Angeles
  1992 Ed. (2460)
  1993 Ed. (2074)
Kaiser Foundation Hospitals Inc.
  1990 Ed. (2632, 2635, 2636)
  1991 Ed. (2498, 2502)
  1992 Ed. (3122, 3123, 3127)
  2001 Ed. (2677)
  2003 Ed. (2681)
  2004 Ed. (2796)
  2005 Ed. (2789, 2790)
  2006 Ed. (2759, 2760)
  2007 Ed. (2769, 2770)
  2008 Ed. (2888, 2889, 2890)
  2009 Ed. (2951, 2952, 2953)
  2010 Ed. (2889, 2890)
  2014 Ed. (2903)
  2016 Ed. (1418, 1591, 1592, 2877, 2878)
  2017 Ed. (3984, 3985, 3987)
Kaiser; George
  2007 Ed. (3949)
  2012 Ed. (4839)
  2013 Ed. (4837)
  2014 Ed. (4852)
  2015 Ed. (4889)
  2016 Ed. (4807)
  2017 Ed. (4819)
  2018 Ed. (4824)
  2019 Ed. (4820)
  2020 Ed. (4810)
  2021 Ed. (4811)
  2022 Ed. (4804)
  2023 Ed. (4797)
Kaiser; George B.
  2005 Ed. (4845)
  2006 Ed. (4900)
  2007 Ed. (4895)
  2008 Ed. (4824)
  2009 Ed. (4847)
  2010 Ed. (3955, 4852)
  2011 Ed. (4834)
Kaiser Group International
  2002 Ed. (1252)
Kaiser Health & Hospital
  1992 Ed. (3258)
Kaiser-Hill Co.
  2006 Ed. (1360)
Kaiser Hill Co. LLC
  2003 Ed. (1353)
  2004 Ed. (1353)
Kaiser-Honolulu
  1999 Ed. (2651)
Kaiser-Los Angeles
  1999 Ed. (2651)
Kaiser Oakland Hospital
  2008 Ed. (2917)
Kaiser Pemanente Medical Care Program
  1990 Ed. (1997)
Kaiser Permanente
  1990 Ed. (1994, 2491)
  1991 Ed. (2646)
  1992 Ed. (2385)
  1993 Ed. (2023)
  1995 Ed. (2627, 2628)
  1996 Ed. (2085, 2086, 2088, 2704, 2705)
  1997 Ed. (2163, 2179, 2188, 2191, 2257, 2830, 2924)
  1998 Ed. (1915, 1918, 2216, 2550, 2552, 2553)
  1999 Ed. (2656, 3463, 3465, 3467)
  2000 Ed. (2436, 3004)
  2002 Ed. (2463, 3917)
  2003 Ed. (1745)
  2005 Ed. (3365)
  2007 Ed. (857, 1486, 2899, 3213, 4017, 4018)
  2008 Ed. (1480, 3021, 4044, 4045)
  2009 Ed. (1849, 3108, 4118)
  2010 Ed. (1522, 3041, 3687, 4051, 4052)
  2011 Ed. (1807, 2857, 2958, 3010, 3678, 3682, 4029, 4030, 4972)
  2012 Ed. (1374, 1376, 1378, 1664, 2162, 2163, 2887, 2937, 3200, 3698, 4058, 4059, 4967)
  2013 Ed. (90, 184, 1466, 1470, 1471, 1473, 1474, 2363, 2364, 2855, 2964, 3026, 4099, 4100, 4978)
  2014 Ed. (99, 191, 1408, 1409, 1427, 1433, 1436, 2295, 2296, 2977, 3037, 3215, 4983)
  2015 Ed. (113, 217, 1489, 1494, 1497, 2378, 2379, 2928, 3045, 3103, 5015)
  2016 Ed. (1419, 1420, 1422, 1428, 1431, 1433, 2323, 2324, 4434)
  2017 Ed. (1429, 1431, 1439, 1442, 1443, 1445, 2163, 2165, 2167, 2828)
  2018 Ed. (1406, 1407, 1410, 1420, 1422, 1423, 1424, 2213, 2214, 2215, 2218, 2900, 2923, 3029, 3055, 3997, 4790)
  2019 Ed. (1332, 1449, 1450, 1451, 1452, 1453, 1460, 1461, 1462, 1463, 2193, 2194, 2836, 2873)
  2020 Ed. (1412, 1413, 1414, 1415, 1416, 1426, 1427, 1428, 1429, 1845, 2187, 2899, 2900, 3000, 3516, 4931)
  2021 Ed. (1409, 1411, 1412, 1413, 1415, 1426, 1427, 1428, 2166, 2771)
  2022 Ed. (1415, 1417, 1418, 1419, 1420, 1421, 1422, 1430, 1432, 1433, 1434, 1853, 2196, 2197, 2935, 3197, 3598)
  2023 Ed. (1609, 1610, 1611, 1612, 1613, 1614, 1623, 1626, 3060)
Kaiser Permanente Hawaii
  2009 Ed. (1723)
  2010 Ed. (1671)
  2011 Ed. (1680)
  2012 Ed. (1531)
  2013 Ed. (1681)
  2014 Ed. (1633)
  2015 Ed. (1682)
  2016 Ed. (1627)
  2017 Ed. (1600)
  2018 Ed. (1580)
  2019 Ed. (1616)
  2020 Ed. (1577)
  2021 Ed. (1561)
  2023 Ed. (1752)
Kaiser Permanente Marin-Sonoma
  2022 Ed. (1434)
Kaiser Permanente Medical Care Program
  1997 Ed. (2177)
  2006 Ed. (1745)
  2007 Ed. (1754)
  2008 Ed. (1782)
Kaiser Permanente Medical Center-L.A.
  1994 Ed. (2090, 2572, 2573)
  1998 Ed. (1993)
Kaiser Permanente Medical Center-Los Angeles
  1996 Ed. (2156)
  1997 Ed. (2271)
  2000 Ed. (2530)
Kaiser Permanente Medical Group
  1990 Ed. (3092)
Kaiser Permanente of the Mid-Atlantic States
  2016 Ed. (2143)
Kaiser Permanente - Napa
  2022 Ed. (1432)
  2023 Ed. (1625)
Kaiser Permanente Northern California
  2016 Ed. (1423)
  2018 Ed. (1411)
  2023 Ed. (1627)
Kaiser Permanente-Northern California
  1999 Ed. (2991, 2992)
Kaiser Permanente Northwest
  2005 Ed. (1925, 1928, 1931)
  2017 Ed. (1906)
  2018 Ed. (1853)
Kaiser Permanente Oakland
  2007 Ed. (3953)
Kaiser Permanente Oakland Medical Center
  2008 Ed. (3983)
  2009 Ed. (4054)
Kaiser Permanente San Diego Medical Center
  2007 Ed. (3953)
  2008 Ed. (3983)
  2009 Ed. (4054)
Kaiser Permanente San Rafael Medical Center
  2014 Ed. (1434)
  2015 Ed. (1495)
  2016 Ed. (1429)
  2017 Ed. (1440)
  2020 Ed. (1425)
  2021 Ed. (1424)
  2022 Ed. (1431)
  2023 Ed. (1624)
Kaiser Permanente, San Rafael Medical Center
  2022 Ed. (1431)
Kaiser Permanente Southern California
  2020 Ed. (1424)
  2021 Ed. (1423)
Kaiser Permanente-Southern California
  1999 Ed. (2991, 2992)
Kaiser Permanente (U.S.)
  2021 Ed. (2771)
  2022 Ed. (2935)
Kaiser Permanente Vacaville Medical Center
  2016 Ed. (1432)
  2017 Ed. (1444)
Kaiser Permanente Vallejo Medical Center
  2014 Ed. (1435)
  2016 Ed. (1432)
  2017 Ed. (1444)
Kaiser Permanents Medical Center L.A.
  1999 Ed. (2749)
Kaiser San Leandra Medical Center
  2008 Ed. (2917)
Kaiser Steel
  1997 Ed. (3009)
Kaiser Tech
  1989 Ed. (2069)
  1990 Ed. (2544)
Kaiser Ventures LLC
  2004 Ed. (1539)
Kaiser/WFS
  2001 Ed. (959)
KaiserTech
  1989 Ed. (1944, 2068)
  1990 Ed. (1309)
Kaizen
  2010 Ed. (1507)
Kaizen Technologies Inc.
  2009 Ed. (1929)
  2010 Ed. (1864)
  2011 Ed. (1896)
Kaizen Technology Partners
  2019 Ed. (3097)
Kaizo
  2000 Ed. (3654)
Kaizo (The Argyll Consultancies)
  2002 Ed. (3853)
Kajima
  1989 Ed. (1006)
  1990 Ed. (1175, 1177)
  1991 Ed. (1064, 1097)
  1992 Ed. (1370, 1374, 1375, 1432, 3665)
  1993 Ed. (1097, 1147, 1150)
  1994 Ed. (1121, 1164, 1167, 1173, 1320)
  1995 Ed. (1135, 1183, 1187, 1350)
  1996 Ed. (1157, 1159, 1160, 1162, 1165)
  1997 Ed. (1131, 1135, 1186, 1189, 1196, 1437, 1753)
  1998 Ed. (535, 907, 962, 965, 966, 968, 1445, 1446, 1448, 1450)
  1999 Ed. (1323, 1387, 1392, 1396, 1398, 1401, 1407, 1409, 2032, 2033)
  2000 Ed. (1203, 1281, 1284, 1288, 1818, 1824)
  2001 Ed. (1486, 1625)
  2002 Ed. (1194, 1195, 1310, 1313, 1318, 1324)
  2003 Ed. (1174, 1326, 1327, 1332)
  2004 Ed. (1182, 1326, 1327, 1328, 2398)
  2005 Ed. (1208, 1328, 1333, 1336)
  2006 Ed. (1184, 1185, 1305, 1311, 1315)
  2007 Ed. (1291, 1293, 1294)
  2008 Ed. (1189, 1191, 1281, 1290, 1297, 1301, 1869)
  2009 Ed. (1163, 1165, 1273, 1286)
  2010 Ed. (1269, 1279)
  2011 Ed. (1219, 1232)
  2012 Ed. (1028, 1161)
  2013 Ed. (1170)
  2014 Ed. (1124)
  2015 Ed. (1166)
  2016 Ed. (1065, 1081)
  2017 Ed. (1111, 1115)
  2018 Ed. (1042)
  2019 Ed. (1053)
  2020 Ed. (1042)
Kajima Building & Design Group Inc.
  2022 Ed. (1122)
Kajima Construction Services Inc.
  2000 Ed. (1225)
  2002 Ed. (1282, 1326)
  2003 Ed. (1257, 1294)
  2004 Ed. (1252, 1259, 1260, 1262, 1295)
Kajima Corp.
  2013 Ed. (1290, 1298)
  2014 Ed. (1223, 1231, 2511)
  2015 Ed. (1281, 1289)
  2016 Ed. (1203)
  2017 Ed. (1241, 1248)
  2018 Ed. (1221, 1226, 1228)
  2019 Ed. (1254, 1259, 1261)
  2020 Ed. (1248, 1253, 1255, 1259)
  2021 Ed. (1214, 1219, 1221)
  2022 Ed. (1215, 1216, 1217, 1221, 1223)
  2023 Ed. (1446, 1451, 1456, 1458, 1462)
Kajima Engineering & Construction
  1997 Ed. (1197)
  1998 Ed. (973)
  1999 Ed. (1409)
Kajima International Inc.
  1990 Ed. (1179)
  1992 Ed. (1365)
  1993 Ed. (1093)
Kajima USA Inc.
  2015 Ed. (1150)
  2016 Ed. (1129)
Kaka
  2009 Ed. (4492)
  2013 Ed. (190)
  2014 Ed. (197)
Kaka; Ricardo
  2012 Ed. (217)
  2018 Ed. (198)
Kakaku.com
  2015 Ed. (1446, 1759)
  2016 Ed. (4229)
Kakao
  2021 Ed. (1855)
  2022 Ed. (3577, 3583)
  2023 Ed. (898, 3685)
Kakao Bank
  2019 Ed. (2579)
KakaoBank
  2023 Ed. (749)
Kal Kan
  1989 Ed. (2196, 2198)
  1990 Ed. (2824)
  1992 Ed. (3405)
  2000 Ed. (3513)
Kal Kan Foods Inc.
  1994 Ed. (2828)
  1997 Ed. (3069)
  1998 Ed. (2813)
  1999 Ed. (3786)
  2002 Ed. (3656)
  2003 Ed. (3803, 3804)
Kal Kan Pedigree
  1990 Ed. (2822)
  1992 Ed. (3411)
  1993 Ed. (2818)
  1994 Ed. (2830)
  1996 Ed. (2992)
  1997 Ed. (3071)
  1999 Ed. (3781)
  2002 Ed. (3648)
  2003 Ed. (3802)
Kal Kan Whiskas
  1990 Ed. (2814, 2815)
  1994 Ed. (2825)
Kal Kan Whiskas Savory Nuggets
  2004 Ed. (3814)
Kal Tire
  2001 Ed. (4539, 4543, 4546)
  2005 Ed. (4697)
  2006 Ed. (4753)
  2007 Ed. (4759)
  2016 Ed. (4227)
  2017 Ed. (4211)
  2023 Ed. (3644)
Kalaeloa Partners LP
  2011 Ed. (1676)
  2012 Ed. (1541)
Kalaka Nui Inc.
  2007 Ed. (3548, 4408)
Kalam Export Co. LLC
  2004 Ed. (1350)
Kalamazoo-Battle Creek, MI
  1998 Ed. (3054)
  1999 Ed. (4054)
Kalamazoo Brewing Co.
  1997 Ed. (714)
  1998 Ed. (2489)
Kalamazoo, MI
  1992 Ed. (2543, 2548)
  1994 Ed. (3064)
  2002 Ed. (1061)
  2009 Ed. (3237, 3876, 4228, 4248)
  2010 Ed. (2408)
  2011 Ed. (2409, 2411)
  2020 Ed. (2047)
  2021 Ed. (3325)
Kalamazoo-Portage, MI
  2019 Ed. (638)
Kalani Packaging Inc.
  2017 Ed. (3575)
  2018 Ed. (3599)
Kalanick; Travis
  2016 Ed. (720)
  2017 Ed. (776)
Kalbe Farma
  1994 Ed. (2337, 2338)
  1996 Ed. (2435)
  1997 Ed. (2580)
  2008 Ed. (1809)
  2015 Ed. (3995)
  2016 Ed. (3908)
  2021 Ed. (1602)
KALC-FM
  2002 Ed. (3897)
Kale Seramik
  2022 Ed. (713)
Kaled Management
  1998 Ed. (3018)
Kaleida Health
  2018 Ed. (1793)
  2019 Ed. (1850)
  2020 Ed. (1792)
  2021 Ed. (1759)
  2023 Ed. (1925)
Kaleidescape
  2013 Ed. (196, 202)
  2014 Ed. (204, 210)
  2015 Ed. (231, 240)
  2016 Ed. (226, 235)
  2017 Ed. (233)
  2018 Ed. (220)
  2019 Ed. (203, 215)
  2020 Ed. (207, 218)
  2021 Ed. (201, 212)
  2022 Ed. (212, 224)
  2023 Ed. (325, 337)
Kalev
  2006 Ed. (4501)

Kaleva Travel Oy
  2010 Ed. (1618)
Kalevision
  1990 Ed. (883)
Kaley Cuoco
  2016 Ed. (2530)
Kaley Cuoco-Sweeting
  2017 Ed. (2385)
KALI (AM)
  1990 Ed. (2591, 2940)
  1991 Ed. (2472, 2796)
Kalia; Suraj
  2011 Ed. (3363)
Kalian Cos.
  2005 Ed. (1212)
Kaliber
  1991 Ed. (703)
  1992 Ed. (880)
  1993 Ed. (677)
  1994 Ed. (679)
  1995 Ed. (643)
  1996 Ed. (717)
  1997 Ed. (654)
Kaliber Global
  2019 Ed. (2100)
Kaliber Global LLC
  2019 Ed. (3588)
Kaliber Non-Alcohol
  2002 Ed. (685)
  2004 Ed. (669)
Kalido
  2008 Ed. (1136)
Kalikow; Peter S.
  1991 Ed. (891, 893)
Kalil & Co.
  2001 Ed. (1516)
Kalim Aziz
  1997 Ed. (1999)
KALIM-PROFIL Tesanj
  2019 Ed. (1534)
Kalina Ip
  1997 Ed. (1966)
  1999 Ed. (2294)
  2000 Ed. (2071)
Kalispel Tribal Economic Authority
  2021 Ed. (1957)
Kalispel Tribal Economic Authority/Northern
  Quest Resort & Casino
  2021 Ed. (1957)
  2023 Ed. (2102)
Kalispell, MT
  2009 Ed. (3877, 3878)
Kalitta Air
  2012 Ed. (157)
  2018 Ed. (143, 4747)
  2021 Ed. (4729)
  2022 Ed. (4731)
  2023 Ed. (4713)
Kalitta Air L.L.C.
  2020 Ed. (135)
Kalitta Air LLC
  2005 Ed. (214)
  2006 Ed. (227)
  2016 Ed. (3966)
Kalitta Air, LLC
  2021 Ed. (3924)
Kalkor Construction Co.
  2010 Ed. (1667)
  2011 Ed. (1675, 1689, 1690)
Kalkreuth Roofing & Sheet Metal
  2023 Ed. (4310)
Kalkreuth Roofing & Sheet Metal Inc.
  2010 Ed. (1238)
  2011 Ed. (1186)
  2012 Ed. (4381)
  2013 Ed. (4350)
  2014 Ed. (4399)
  2015 Ed. (4387)
  2016 Ed. (4285)
  2017 Ed. (4288)
  2018 Ed. (4271)
  2019 Ed. (4298)
  2020 Ed. (4291)
  2021 Ed. (4266)
  2022 Ed. (4278)
Kallco Development GmbH
  2017 Ed. (1402)
Kallehave Stal & Montage
  2020 Ed. (1504)
Kallestad Diagnostics
  1993 Ed. (1514)
Kalliar, Philips, Ross
  1991 Ed. (2398)
Kallir, Philips, Ross
  1989 Ed. (60)
  1990 Ed. (57, 67, 74, 135)
  1992 Ed. (110, 117, 1806)
  1993 Ed. (67)
  1994 Ed. (58)
  1996 Ed. (48)
  1997 Ed. (45, 57)
Kallir, Phillips, Ross
  1998 Ed. (38)
Kalmon Dolgin Affiliates
  1992 Ed. (3613)
KaloBios Pharmaceuticals Inc.
  2015 Ed. (4417)

Kalpa
  2018 Ed. (1647)
Kaltura
  2017 Ed. (4797)
Kalush "Khlorvinil" Production Association
  1993 Ed. (910)
Kalvin-Miller Consulting Group Inc.
  1994 Ed. (1624)
Kalvin-Miller International Inc.
  1995 Ed. (2274)
Kalyon Group
  2022 Ed. (2210)
Kam DOO
  2023 Ed. (1690)
Kam DOOEL
  2022 Ed. (1516)
Kam-Ming Wong
  1997 Ed. (1972)
  1999 Ed. (2353)
Kam Shing Commercial
  1992 Ed. (2440)
Kam-Way Transportation Inc.
  2023 Ed. (2103)
Kama Corp.
  2001 Ed. (3818)
Kama Sutra
  2016 Ed. (1125)
Kamada
  2022 Ed. (3867)
Kamakura Shinsho
  2022 Ed. (1652)
Kamal; Riad
  2013 Ed. (1173, 3484)
Kamala Harris
  2022 Ed. (4929)
  2023 Ed. (4929, 4930)
Kamala Harris (U.S.)
  2022 Ed. (4930)
Kamala Sukosol
  2010 Ed. (3966)
Kaman Aerosystems
  2018 Ed. (3463)
Kaman Corp.
  1989 Ed. (1654)
  1990 Ed. (2174)
  1991 Ed. (1899)
  2004 Ed. (159, 160)
  2005 Ed. (157)
  2007 Ed. (3417)
  2017 Ed. (3378)
  2018 Ed. (3443)
  2019 Ed. (3412)
  2020 Ed. (3415)
  2021 Ed. (3429)
  2022 Ed. (3488)
  2023 Ed. (3613)
Kaman Distribution Group
  2023 Ed. (2839, 4036)
Kaman Industrial Technologies
  2021 Ed. (2594, 3939)
  2022 Ed. (2707, 3951)
Kaman Industrial Technologies Corp.
  1992 Ed. (2590)
  1993 Ed. (2161)
  1994 Ed. (2176)
  1995 Ed. (2233)
Kaman Music Corp.
  1992 Ed. (3142)
  1994 Ed. (2588, 2589, 2590)
  1995 Ed. (2671)
  1996 Ed. (2749, 2750)
  1998 Ed. (2589)
  2000 Ed. (3221)
  2001 Ed. (3409)
Kaman Piano Division
  1992 Ed. (3144)
Kamani; Mahmud
  2016 Ed. (2533)
The Kamber Group
  1990 Ed. (2918)
  1992 Ed. (3557, 3561, 3581)
  1993 Ed. (2927, 2933)
  1994 Ed. (2946, 2972)
  1995 Ed. (3032)
  1996 Ed. (3103, 3105, 3135)
  1998 Ed. (2938, 2939, 2961)
  1999 Ed. (3924, 3956)
  2000 Ed. (3630, 3634, 3640)
  2002 Ed. (3830, 3834)
  2004 Ed. (3976, 3982, 3983, 3986, 3995, 4012, 4038)
  2005 Ed. (3950, 3951, 3957, 3978)
Kambli; Renuka
  2023 Ed. (1300)
Kamchatka
  1989 Ed. (2892, 2896, 2898)
  1990 Ed. (3676)
  1991 Ed. (3455, 3456, 3464)
  1992 Ed. (4402)
  1993 Ed. (3674)
  1994 Ed. (3640)
  1995 Ed. (3711, 3714)
  1996 Ed. (3800)
  1997 Ed. (3852)
  1998 Ed. (3682)
  1999 Ed. (4724)
  2001 Ed. (4706)
  2002 Ed. (291, 4760)

2003 Ed. (4864)
  2004 Ed. (4845)
Kamehameha Schools
  2006 Ed. (1742, 1745)
  2007 Ed. (1751, 1754)
  2008 Ed. (1782, 4128)
  2009 Ed. (1723)
  2010 Ed. (1671)
  2018 Ed. (1581)
  2019 Ed. (1617)
  2020 Ed. (1578)
  2021 Ed. (1559, 1562)
  2022 Ed. (1578, 1581)
  2023 Ed. (1750, 1753)
Kamehameha Schools Hawaii
  2019 Ed. (1610)
  2020 Ed. (1572)
  2021 Ed. (1556)
  2022 Ed. (1576)
  2023 Ed. (1749)
Kamel; Saleh
  2007 Ed. (4921)
  2008 Ed. (4891)
  2009 Ed. (4911)
  2010 Ed. (4912)
  2011 Ed. (4898)
  2012 Ed. (4908)
  2013 Ed. (4904)
  2014 Ed. (4915)
  2015 Ed. (4955)
  2016 Ed. (4871)
  2017 Ed. (4872)
  2018 Ed. (4884)
Kameleoon
  2019 Ed. (1587)
Kamen Rider
  2021 Ed. (4665, 4668)
  2022 Ed. (4673, 4676)
  2023 Ed. (4666)
Kamenitza
  2009 Ed. (34)
Kamenstein Inc.; M.
  1993 Ed. (1184)
Kamer-Singer
  2000 Ed. (3640)
Kamer-Singer & Associates
  1995 Ed. (3031)
  1998 Ed. (2959)
Kamer Singer Schlesinger
  1996 Ed. (3134)
Kamer/Singer Schlesinger & Associates
  1997 Ed. (3211)
Kamerkrant Landelijk
  2000 Ed. (915)
Kamerschen; Robert
  1992 Ed. (2056)
Kamigumi
  2007 Ed. (4835)
  2016 Ed. (4702)
  2017 Ed. (4715)
Kamil Yazici
  2010 Ed. (4900)
Kamlet Shepherd & Reichert LLP
  2008 Ed. (1708)
  2009 Ed. (1637)
Kammac
  2016 Ed. (4705)
Kamoku Contracting
  2023 Ed. (1748)
Kamoo
  1994 Ed. (2044)
Kamora
  1994 Ed. (2373)
  1995 Ed. (2452)
  1996 Ed. (2501)
  1999 Ed. (3194, 3199, 3200)
  2004 Ed. (3268)
Kamori Kanko Co.
  1996 Ed. (3440)
KAMP-FM
  2015 Ed. (3037)
  2016 Ed. (2933)
  2017 Ed. (2892)
  2018 Ed. (2958)
  2020 Ed. (2922)
Kampel; Daniel S.
  1992 Ed. (2754)
Kampgrounds of America
  2019 Ed. (4140)
  2020 Ed. (4143, 4151)
  2021 Ed. (4095)
  2022 Ed. (4124, 4127)
Kampgrounds of America (KOA)
  2023 Ed. (4207)
Kampgrounds of America Inc.
  2002 Ed. (931)
  2003 Ed. (882)
  2005 Ed. (3281, 4026)
  2006 Ed. (4056)
  2007 Ed. (4107)
Kampo
  1994 Ed. (2327)
  1995 Ed. (2391)
  1996 Ed. (2423)
  1997 Ed. (1559, 2547)
  1999 Ed. (2889, 3104, 3106)
  2000 Ed. (2849, 2856)
  2001 Ed. (2885, 3019)

2002 Ed. (3025, 4216)
  2004 Ed. (3208, 3211)
  2005 Ed. (3227)
Kampo (Postal Life Insurance Bureau)
  2002 Ed. (2823)
Kamprad; Ingvar
  2005 Ed. (4877, 4878)
  2006 Ed. (4924, 4927)
  2007 Ed. (4911, 4912, 4915, 4916)
  2008 Ed. (4864, 4865, 4873, 4881, 4882)
  2009 Ed. (4898, 4904)
  2010 Ed. (4895, 4897, 4899, 4905)
  2011 Ed. (4884, 4886)
  2012 Ed. (4893)
  2013 Ed. (4911)
  2014 Ed. (4921)
Kamtek
  2022 Ed. (3500)
  2023 Ed. (3601)
Kamuntig
  1992 Ed. (2824)
Kamus + Keller Interiors/Architecture
  2016 Ed. (1402)
Kan Build Inc.
  1998 Ed. (2899, 2900)
  1999 Ed. (3871, 3872)
Kan Corp.
  1997 Ed. (1536, 3538)
Kana Communications Inc.
  2001 Ed. (1872, 2852, 4187)
Kanaak Corp.
  2008 Ed. (3693, 4366)
Kanagawa Bank
  2003 Ed. (531)
Kanai; Takao
  1996 Ed. (1870)
  1997 Ed. (1977)
Kanal 2
  2004 Ed. (43)
  2005 Ed. (37)
Kanaloa Octopus Farm
  2022 Ed. (1575)
Kanalstein, Timber, Danton, Johns
  1990 Ed. (283)
Kanamoto
  2017 Ed. (3304, 3306)
  2018 Ed. (3375)
  2019 Ed. (3358)
  2020 Ed. (3359)
  2021 Ed. (3292)
  2022 Ed. (3376, 3377)
  2023 Ed. (3495)
Kanamoto Co.
  2018 Ed. (3373)
  2019 Ed. (3357)
  2020 Ed. (3358)
  2021 Ed. (3291)
Kanamoto (Japan)
  2021 Ed. (3292)
  2022 Ed. (3377)
Kanas; J. A.
  2005 Ed. (2477)
Kanas; John
  2005 Ed. (964)
  2006 Ed. (927)
  2007 Ed. (1017)
Kanasa
  1997 Ed. (3568)
Kanawha
  1989 Ed. (1998)
Kanawha Capital
  1991 Ed. (2224)
Kanawha River
  1998 Ed. (3703)
Kanbay International Inc.
  2006 Ed. (2745, 4254, 4255, 4257, 4259)
  2007 Ed. (1238, 1652)
  2008 Ed. (1662)
K&A Engineering Consulting
  2023 Ed. (2624)
K&B Transportation Inc.
  2023 Ed. (4214)
K&Company LLC
  2006 Ed. (1830)
Kanders; Warren B.
  2008 Ed. (2638, 2639)
K&H Bank
  2023 Ed. (653)
K&K Insurance Group Inc.
  2017 Ed. (3080)
  2018 Ed. (3187)
  2020 Ed. (3143)
  2021 Ed. (3014)
  2022 Ed. (3149)
  2023 Ed. (3242, 3244)
K&L Gates
  2021 Ed. (3306)
K&L Gates LLP
  2021 Ed. (3220, 3248)
  2022 Ed. (3340, 3346)
  2023 Ed. (3448)
Kandos
  1992 Ed. (79)
Kane
  2017 Ed. (219)
Kane Beef Processing Inc.; Sam
  1996 Ed. (2585, 3060)

Kane Beef Processors Inc.; Sam
  1993 Ed. (2520)
  1995 Ed. (2522, 2523, 2963, 2968)
Kane Carpet
  1991 Ed. (1728)
Kane; Charles Foster
  2013 Ed. (4853)
  2015 Ed. (4905)
The Kane Chronicles No. 1: The Red Pyramid
  2012 Ed. (449)
Kane Chronicles No. 2: The Throne of Fire
  2013 Ed. (560)
The Kane Chronicles No. 2: The Throne of Fire
  2013 Ed. (562)
Kane Chronicles No. 3: The Serpent's Shadow
  2014 Ed. (571)
The Kane Chronicles No. 3: The Serpent's Shadow
  2014 Ed. (573)
Kane Constructions
  2020 Ed. (1031)
  2021 Ed. (1004)
  2022 Ed. (1047, 1387)
Kane County, IL
  1996 Ed. (2538)
  2009 Ed. (2887)
Kane Group Ltd.
  2014 Ed. (844)
  2015 Ed. (883)
  2017 Ed. (830)
Kane Insurance, LLC
  2020 Ed. (4787)
Kane, McKenna & Associates
  1993 Ed. (2267)
Kane; Patrick
  2017 Ed. (217)
  2018 Ed. (202)
  2019 Ed. (196)
  2020 Ed. (200)
Kaneb Pipe Line Partners LP
  2005 Ed. (3841)
  2007 Ed. (3960)
  2008 Ed. (3987)
  2009 Ed. (4058)
Kaneb Pipe Operating Partners LP
  1998 Ed. (2862)
Kaneb Services LLC
  2005 Ed. (3841, 3842)
  2006 Ed. (3910, 3911)
Kanebo
  2015 Ed. (2190)
Kanebo, Ltd.
  1989 Ed. (2820)
  1991 Ed. (3359)
  1992 Ed. (1644)
  1993 Ed. (1343, 3560)
  1994 Ed. (3521)
  1995 Ed. (3606)
  1996 Ed. (3681)
  2000 Ed. (4041)
  2003 Ed. (3794)
  2004 Ed. (3810)
Kaneka
  1992 Ed. (4022)
  2002 Ed. (1003, 4432)
  2006 Ed. (862)
  2007 Ed. (950)
  2008 Ed. (927)
  2011 Ed. (804)
  2012 Ed. (766)
  2013 Ed. (967)
Kanematsu
  2013 Ed. (4703)
  2014 Ed. (4755)
Kanematsu Corp.
  1993 Ed. (3261, 3269, 3270)
  1997 Ed. (3352, 3784)
  1998 Ed. (3610)
  1999 Ed. (4107)
  2000 Ed. (3821)
Kanematsu Electronics Ltd.
  1992 Ed. (1478)
Kanematsu-Gosho Ltd.
  1990 Ed. (3636)
  1992 Ed. (3738)
  1993 Ed. (3047)
  1994 Ed. (3106)
  1995 Ed. (3152)
Kane's Furniture
  2018 Ed. (2833)
Kang; Alvin
  2008 Ed. (370)
Kang & Lee
  2001 Ed. (213)
  2003 Ed. (32)
  2004 Ed. (108)
  2005 Ed. (104)
  2006 Ed. (113)
  2007 Ed. (102)
  2008 Ed. (112)
  2009 Ed. (122)
Kang & Lee Advertising
  2010 Ed. (123)
  2011 Ed. (41)
  2012 Ed. (47)

  2014 Ed. (63)
Kangaroo Brands Inc.
  2019 Ed. (2750)
  2020 Ed. (2789)
Kangaroo Express
  2016 Ed. (1234)
Kangaroo Holdings Inc.
  2010 Ed. (4196)
Kangmei Pharmaceutical
  2014 Ed. (1386, 3953)
  2015 Ed. (3995)
  2016 Ed. (3901)
  2017 Ed. (3869, 3876)
  2018 Ed. (3903)
  2019 Ed. (3874, 3882)
  2020 Ed. (3892)
Kangoo; Renault
  2005 Ed. (295)
Kangshifu
  2012 Ed. (483)
Kangwon Land
  2017 Ed. (834)
Kanjanapas; Keeree
  2014 Ed. (4925)
  2015 Ed. (4965)
  2016 Ed. (4882)
Kank A
  1996 Ed. (2103)
  2003 Ed. (3214)
  2019 Ed. (2162)
Kank-A
  2020 Ed. (2157)
Kank A Softbrush
  2019 Ed. (2162)
Kank-A Softbrush
  2020 Ed. (2157)
Kankakee, IL
  1991 Ed. (2429)
  2000 Ed. (3769)
  2005 Ed. (2977, 3475)
  2019 Ed. (720)
  2020 Ed. (711)
  2021 Ed. (719)
Kankakee Journal
  1989 Ed. (2053)
  1990 Ed. (2699)
  1991 Ed. (2599)
Kankaku Capital
  1993 Ed. (2307)
Kankaku Securities Co. Ltd.
  1993 Ed. (1656)
  1995 Ed. (1352)
  1997 Ed. (1359, 2008)
  1999 Ed. (1565)
Kann; P. R.
  2005 Ed. (2502)
Kann Rusmussen Industri A/S; V.
  1996 Ed. (2555)
Kanne, Paris & Hoban
  1993 Ed. (2337)
  1998 Ed. (2290)
Kano
  2019 Ed. (2042)
  2020 Ed. (2949)
Kanon; Lotfi Double
  2013 Ed. (3473)
Kanoo; Yusuf Bin Ahmed
  1994 Ed. (3140)
KanPak U.S.
  2020 Ed. (2125)
  2021 Ed. (2118)
  2022 Ed. (2150)
  2023 Ed. (2261, 2268)
Kansai
  1990 Ed. (2758)
  1992 Ed. (3326)
  1996 Ed. (1023)
  2021 Ed. (2227, 2236)
  2022 Ed. (2267)
  2023 Ed. (2449)
Kansai Electric Power
  2013 Ed. (2443)
  2016 Ed. (2392)
  2017 Ed. (2241)
  2019 Ed. (2285)
  2020 Ed. (2370)
  2021 Ed. (2226)
  2022 Ed. (2254, 2266)
  2023 Ed. (2448)
The Kansai Electric Power Co., Inc.
  1989 Ed. (1131, 2263)
  1990 Ed. (2927)
  1991 Ed. (1315)
  1993 Ed. (2937)
  1994 Ed. (2976)
  1995 Ed. (3035)
  1996 Ed. (3137)
  1997 Ed. (3216)
  1998 Ed. (2967)
  1999 Ed. (3966)
  2000 Ed. (3676, 3677)
  2001 Ed. (1620)
  2002 Ed. (3880)
  2003 Ed. (2143)
  2005 Ed. (2302, 2306)
  2007 Ed. (2304, 2305, 2689)
  2010 Ed. (2355)
  2012 Ed. (2264, 2268)

  2013 Ed. (2442, 2455)
  2014 Ed. (2376)
  2015 Ed. (2443)
  2016 Ed. (2390)
  2017 Ed. (2239)
  2018 Ed. (2294)
  2019 Ed. (2284)
  2020 Ed. (2271)
Kansai International Airport
  2001 Ed. (352)
Kansai Paint
  2016 Ed. (837)
  2017 Ed. (894)
  2023 Ed. (3888)
Kansai Paint Co.
  2006 Ed. (3766)
  2007 Ed. (3763)
  2008 Ed. (3843)
  2010 Ed. (967)
  2011 Ed. (893, 3805)
  2012 Ed. (848, 3793)
  2013 Ed. (1028)
  2014 Ed. (992)
  2015 Ed. (1026)
  2016 Ed. (931)
  2017 Ed. (3680)
Kansai Paint Co. Ltd.
  2023 Ed. (3889)
Kansai Paint Co., Ltd.
  2013 Ed. (3859)
  2014 Ed. (3789)
  2015 Ed. (3811)
  2016 Ed. (3724)
  2017 Ed. (3681)
  2018 Ed. (3734)
  2019 Ed. (3721, 3722)
  2020 Ed. (3764, 3765)
  2021 Ed. (3764, 3765)
  2022 Ed. (3786, 3787)
Kansai Paint Co., Ltd. (Japan)
  2021 Ed. (3764)
  2022 Ed. (3786)
Kansallis Banking Group
  1993 Ed. (2029)
  1996 Ed. (2100)
Kansallis-Osake
  1991 Ed. (506)
Kansallis-Osake-Pankki
  1989 Ed. (528, 529)
  1990 Ed. (544, 1361)
  1991 Ed. (1278, 1900, 1901, 2300)
  1992 Ed. (662, 2007, 2395, 2396)
  1993 Ed. (474, 519)
  1994 Ed. (476)
  1995 Ed. (466)
  1996 Ed. (498)
  1997 Ed. (461, 2203)
Kansas
  1989 Ed. (206, 1987, 2848)
  1990 Ed. (760, 1746, 2448, 3360, 3403, 3404, 3405, 3406, 3424)
  1991 Ed. (186, 1399, 1652, 2353, 2354, 2900, 2916)
  1992 Ed. (1066, 2810, 4023, 4118, 4119, 4120, 4128, 4180, 4428, 4429)
  1993 Ed. (2151, 3395, 3426, 3428, 3442, 3691, 3732)
  1994 Ed. (678, 2334, 3374, 3418, 3420)
  1995 Ed. (3489, 3491, 3540)
  1996 Ed. (3175, 3513, 3518, 3520, 3526, 3570, 3571, 3572, 3579, 3581)
  1997 Ed. (3147, 3564, 3609, 3610, 3611)
  1998 Ed. (2452, 3378)
  1999 Ed. (4403, 4422, 4442)
  2001 Ed. (277, 278, 340, 341, 666, 1079, 1371, 1427, 1439, 1507, 2467, 2471, 2576, 2580, 2581, 2604, 2723, 3069, 3070, 3095, 3524, 3526, 3527, 3574, 3738, 3747, 3748, 3768, 3769, 3770, 3878, 3892, 3894, 4256, 4257, 4311, 4735, 4782, 4830)
  2002 Ed. (496, 869, 950, 951, 952, 1177, 1347, 1907, 2226, 2231, 2234, 2447, 2837, 2895, 3202, 3273, 4101, 4102, 4103, 4156, 4159, 4162, 4163, 4164, 4166, 4328, 4522, 4523, 4539, 4892)
  2003 Ed. (786, 1384, 2433, 2434, 2436, 2688, 3236, 3248, 3256, 3628, 4232, 4248, 4249, 4250, 4290, 4292, 4293, 4414, 4415, 4482, 4666, 4896, 4945)
  2004 Ed. (186, 895, 1398, 1399, 2000, 2001, 2002, 2563, 2564, 2569, 2573, 3038, 3039, 3675, 3837, 4267, 4268, 4269, 4270, 4271, 4272, 4298, 4301, 4453, 4456, 4506, 4512, 4648, 4649, 4884, 4887, 4949, 4979, 4980)
  2005 Ed. (405, 407, 408, 1420, 2543, 2786, 2917, 3300, 3318, 3589, 4201, 4202, 4203, 4204, 4231, 4236, 4400, 4569, 4900, 4929)
  2006 Ed. (1405, 2550, 2756, 3059, 3109, 3690, 4417, 4650, 4933)
  2007 Ed. (1437, 2165, 2166, 2526, 3685, 4479, 4650, 4939, 4997)
  2008 Ed. (1107, 1388, 2434, 2654, 2655, 2896, 3271, 3279, 3779, 4463, 4581, 4916)
  2009 Ed. (1085, 1391, 2400, 2682, 3034,

  3296, 3543, 3814, 4243, 4497, 4624, 4766, 4927)
  2010 Ed. (821, 1376, 2313, 2358, 2593, 2959, 3223, 3448, 3742, 4175, 4539, 4652, 4780, 4931)
  2011 Ed. (748, 1369, 2354, 2575, 2921, 3186, 3448, 3468, 3742, 4483, 4600, 4731, 4916)
  2012 Ed. (911, 2522, 2523, 2856, 3043, 3145, 3210, 3465, 3474, 3476, 4163)
  2013 Ed. (738, 2284, 2517, 2655, 2832, 3044, 3222, 3516, 3567, 3721, 4152, 4587, 4776, 4972, 4998)
  2014 Ed. (95, 623, 2472, 3241, 3505, 4632, 4947)
  2015 Ed. (101, 2631, 2632, 4986)
  2016 Ed. (94, 1721, 2471, 4902, 4903)
  2017 Ed. (1703, 3094)
  2018 Ed. (4564, 4915, 4997)
  2019 Ed. (4910, 4912, 4997)
  2020 Ed. (82, 1664, 4289, 4910, 4911)
  2021 Ed. (70, 3336, 3380, 3381, 4264, 4905, 4906)
  2022 Ed. (83, 2357, 3400, 3428, 3430, 3431, 4276, 4899, 4901)
  2023 Ed. (168, 2521, 3535, 3553, 3554, 3555, 4888, 4890)
State of Kansas
  2023 Ed. (4047)
Kansas City Area Development Council
  2011 Ed. (3478)
  2013 Ed. (3530)
Kansas City Art Institute
  1993 Ed. (891)
  1997 Ed. (1061)
Kansas City Board of Trade
  1993 Ed. (1039, 1040)
  1994 Ed. (1071, 1072)
  1996 Ed. (1057)
  1998 Ed. (815, 816)
  1999 Ed. (1247)
  2001 Ed. (1333, 1334)
  2003 Ed. (2598, 2600)
  2004 Ed. (2713)
  2005 Ed. (2706, 2708)
  2006 Ed. (2683, 2684)
  2007 Ed. (2673, 2674)
  2008 Ed. (2804, 2805)
  2009 Ed. (2861, 2862)
  2010 Ed. (2799)
  2011 Ed. (970, 971)
  2012 Ed. (884, 885)
  2013 Ed. (1043, 1044)
  2014 Ed. (1008)
  2015 Ed. (1044)
  2016 Ed. (953)
Kansas City Business Supply Inc.
  2009 Ed. (1825)
Kansas City Cardiology
  2021 Ed. (3608)
Kansas City Downtown, KS
  1996 Ed. (1603)
Kansas City, KS
  1990 Ed. (2134)
  1993 Ed. (948, 2939)
  1997 Ed. (2333, 3523)
  2011 Ed. (3099, 3102)
  2014 Ed. (2738)
Kansas City Life Insurance Co.
  2006 Ed. (1831)
Kansas City Light Rail System
  2002 Ed. (2419)
Kansas City, MA
  1990 Ed. (1157)
Kansas City Metropolitan Credit Union
  2003 Ed. (1894)
Kansas City, MO
  1990 Ed. (296, 1010, 1077, 1151, 1438, 3702)
  1991 Ed. (2348, 2550, 3116)
  1992 Ed. (2550, 3293)
  1994 Ed. (972, 1104, 2585)
  1995 Ed. (989, 2188, 2667, 3651)
  1996 Ed. (2206, 2209, 2278, 2279, 2280)
  1997 Ed. (1003, 2233, 2338, 3523)
  1998 Ed. (738, 2056, 2482, 2693)
  1999 Ed. (1148, 2810, 3257)
  2002 Ed. (2744)
  2007 Ed. (2995, 3388)
  2008 Ed. (978, 3524, 4100)
  2011 Ed. (4308)
  2012 Ed. (4373, 4814)
  2014 Ed. (3517)
  2015 Ed. (3532)
  2016 Ed. (3383)
  2017 Ed. (745, 3342)
  2018 Ed. (2235)
  2019 Ed. (3691)
  2021 Ed. (3328, 3379)
  2022 Ed. (3429)
  2023 Ed. (4569)
Kansas City, MO-KS
  1993 Ed. (710, 2115)
  1994 Ed. (974, 2496)
  2003 Ed. (2350, 4448)
  2004 Ed. (2427, 3303, 3304)
  2005 Ed. (2458, 3321, 3643, 4381, 4835)
  2006 Ed. (3309, 3312, 3313)

2008 Ed. (4089, 4350)
2009 Ed. (3534, 4351)
2021 Ed. (3379)
2022 Ed. (3429)
Kansas City (MO) School District Building Corp.
1991 Ed. (2774)
Kansas City Municipal Assistance Corp.
1993 Ed. (2622)
Kansas City P & L
1994 Ed. (1595)
Kansas City Power & Light Co.
1989 Ed. (1296)
1990 Ed. (1600)
1991 Ed. (1497)
1992 Ed. (1469, 1898, 4259)
1995 Ed. (1633, 1637)
1997 Ed. (1693)
2008 Ed. (3192)
2009 Ed. (3251)
2013 Ed. (3182)
2014 Ed. (3193)
2017 Ed. (2220)
Kansas City School District
1993 Ed. (3099)
Kansas City Southern
1989 Ed. (2283)
1990 Ed. (2945)
1992 Ed. (3609, 3611)
1995 Ed. (2044, 3054, 3055, 3056, 3058, 3289)
1997 Ed. (3243, 3244, 3245, 3246, 3248)
1998 Ed. (2991, 2993, 2994)
1999 Ed. (3986, 3987)
2004 Ed. (4055, 4056)
2005 Ed. (3993, 3994)
2006 Ed. (1831)
2007 Ed. (1844, 4065)
2008 Ed. (1878, 4099)
2009 Ed. (1827, 1828, 4210, 4771)
2010 Ed. (1769, 4145, 4784)
2011 Ed. (1782, 4145)
2012 Ed. (1636, 1642, 4177)
2013 Ed. (1792, 1793, 1799, 4165, 4166)
2014 Ed. (1726, 1825, 4183, 4184, 4772)
2015 Ed. (1764, 1765, 1770, 1865, 4164, 4165, 4799)
2016 Ed. (1828, 4077, 4078, 4704)
2017 Ed. (1793, 4051, 4052, 4717, 4723)
2018 Ed. (1746, 4075)
2019 Ed. (4070)
2020 Ed. (1745, 4080, 4686, 4688)
2022 Ed. (4700)
2023 Ed. (1828)
Kansas City Southern Industries Inc.
1989 Ed. (2282)
1990 Ed. (2946)
1991 Ed. (2799, 2800)
1993 Ed. (2956, 2957, 2959)
1994 Ed. (2991, 2992, 2994)
1996 Ed. (1202, 3155, 3157, 3158)
2000 Ed. (3699, 3700)
2001 Ed. (2433, 3981)
2002 Ed. (1626, 3899)
2003 Ed. (4037)
Kansas City Southern Lines Inc.
1996 Ed. (3160)
2007 Ed. (4065)
Kansas City Southern Railway Co.
2008 Ed. (4099)
2009 Ed. (4210)
Kansas City Star Times
1990 Ed. (2691, 2700, 2705)
1991 Ed. (2600)
1992 Ed. (3242)
Kansas City Star Tribune
1989 Ed. (2054)
1991 Ed. (2605)
Kansas City, MO
1999 Ed. (2757)
Kansas Corporate Credit Union
2015 Ed. (2198)
Kansas Department of Transportation
2007 Ed. (3358, 4824)
2008 Ed. (3455)
2009 Ed. (3533)
2010 Ed. (3457)
2011 Ed. (3459)
2013 Ed. (3518)
Kansas Division of Printing
2006 Ed. (3950)
Kansas Gas & Electric Co.
1989 Ed. (1048, 1296)
1990 Ed. (1600)
1992 Ed. (1469, 4259)
Kansas Health Foundation
2002 Ed. (2343)
Kansas Hospital Authority; University of
2005 Ed. (1832)
2006 Ed. (1837)
2007 Ed. (1842)
2008 Ed. (1876)
2009 Ed. (1830)
2010 Ed. (1771)
2011 Ed. (1783)
2012 Ed. (1639)
2013 Ed. (1796)

Kansas Hospital; University of
2012 Ed. (2988)
2013 Ed. (3078)
Kansas Medical Center; University of
2012 Ed. (611)
Kansas Natural Gas Inc.
2005 Ed. (378)
Kansas Packing Co.
1993 Ed. (1728)
Kansas Personnel Services Inc.
2006 Ed. (3514)
2008 Ed. (3710, 4395, 4962)
Kansas Power & Light
1989 Ed. (1297, 2033, 2036)
1990 Ed. (1601, 2668, 2671)
1991 Ed. (2572, 2575)
1992 Ed. (3211, 3214)
1993 Ed. (2702)
Kansas State University
2006 Ed. (1071)
2011 Ed. (4196)
2016 Ed. (4136)
Kansas Super Chief Credit Union
2004 Ed. (1928, 1960)
2005 Ed. (2102)
2006 Ed. (2197)
2007 Ed. (2118)
2008 Ed. (2233)
2009 Ed. (2218)
2010 Ed. (2172)
2011 Ed. (2190)
Kansas University Hospital
2003 Ed. (1729)
Kansas University of Medicine
2003 Ed. (1729)
2004 Ed. (1766)
Kansas; University of
1993 Ed. (889)
2007 Ed. (3462)
2010 Ed. (1014)
2011 Ed. (951)
Kantar Consulting
2023 Ed. (1268)
The Kantar Group
1997 Ed. (2710)
1998 Ed. (2436)
1999 Ed. (3304, 3305)
2000 Ed. (3041, 3042)
2001 Ed. (4046, 4047)
2002 Ed. (3253, 3255)
2003 Ed. (4069, 4077)
2004 Ed. (4096)
2005 Ed. (4037, 4041)
2006 Ed. (4068, 4096)
2007 Ed. (4114, 4117)
2008 Ed. (4138, 4141)
2009 Ed. (4253)
2010 Ed. (4185, 4190)
2011 Ed. (4183, 4201)
2012 Ed. (4233, 4253)
2013 Ed. (4213, 4214)
2014 Ed. (4227, 4228)
2015 Ed. (4217, 4218)
2016 Ed. (3462, 3463)
2017 Ed. (3426, 3427)
2018 Ed. (3484, 3485)
2019 Ed. (3453, 3454)
2020 Ed. (3447)
Kantar Vermeer
2018 Ed. (1089)
Kantega
2010 Ed. (1896)
2011 Ed. (1927)
2012 Ed. (1788)
2014 Ed. (1898)
Kanto Bank
2004 Ed. (551)
Kanto Tsukuba Bank
2008 Ed. (438)
Kantonalbank
2012 Ed. (560)
Kantonalbank von Bern
1989 Ed. (686)
Kantor; Jason
2011 Ed. (3368)
Kantor; Neil
2018 Ed. (3654)
2023 Ed. (3795)
Kantor, Warren
1995 Ed. (983)
Kantox
2019 Ed. (2629)
2020 Ed. (2641)
Kanvi Homes
2018 Ed. (1032)
Kanvi Homes Inc.
2015 Ed. (1160, 1524)
2016 Ed. (1074, 1465)
2017 Ed. (1473)
2018 Ed. (1483)
Kanye West
2010 Ed. (3716)
2011 Ed. (3711, 3714, 3715)
2013 Ed. (2602, 3784)
2014 Ed. (1098, 3727)
2018 Ed. (3690)
2020 Ed. (3640)
2021 Ed. (2406, 3645)

2022 Ed. (2518)
2023 Ed. (2663)
Kao
2013 Ed. (653)
2016 Ed. (3755)
2017 Ed. (3709)
2022 Ed. (3798)
2023 Ed. (3897)
Kao Brands Co.
2013 Ed. (32)
Kao Corp.
1989 Ed. (39)
1990 Ed. (34, 36, 51, 1576)
1991 Ed. (28, 31, 51, 1364)
1992 Ed. (55, 60)
1993 Ed. (32, 38, 54, 1423)
1994 Ed. (24, 29, 46, 47, 1869)
1995 Ed. (1894)
1996 Ed. (940)
1999 Ed. (3777)
2001 Ed. (13, 47, 83, 85, 92, 1925, 3719)
2002 Ed. (1001, 1002, 1003, 4305, 4434)
2003 Ed. (3794)
2004 Ed. (56, 90, 3810)
2005 Ed. (51, 85, 87, 873, 1546, 3717, 3718)
2006 Ed. (58, 94, 103, 164, 855, 3805, 3806, 3807, 4091)
2007 Ed. (49, 84, 155, 942, 1834, 2986, 2989, 3815, 3818, 3820, 3821)
2008 Ed. (52, 919, 3105, 3108, 3883)
2009 Ed. (59, 100, 927, 1196, 3200, 3941)
2010 Ed. (69, 1200, 1201, 3125, 3854, 3860)
2011 Ed. (1148, 1149, 3093, 3859)
2012 Ed. (37, 555, 1082, 1083, 3034, 3035, 3038, 3833, 3841, 3845)
2013 Ed. (1219, 1220, 3120, 3886, 3898, 3900)
2014 Ed. (1159, 3820, 3821, 3831, 3833, 3838)
2015 Ed. (1213, 1214, 3845, 3846, 3856, 3858)
2016 Ed. (1120, 3751, 3752, 3767)
2017 Ed. (1160, 1695, 3705, 3706, 3720, 3722, 3725)
2018 Ed. (3758, 3759, 3771, 3772, 3775)
2019 Ed. (3738, 3739, 3751)
2020 Ed. (1656, 3782, 3783, 3796, 3799, 3813)
2021 Ed. (1303, 1637, 3774, 3781, 3784)
2022 Ed. (1655, 3804, 3808)
2023 Ed. (1813)
Kao Corporation
2023 Ed. (3906)
Kao Corp. (Japan)
2021 Ed. (3784)
2022 Ed. (3808)
Kao; Min
2008 Ed. (4828)
2009 Ed. (4854)
2013 Ed. (4843)
2014 Ed. (4859)
2016 Ed. (4814)
Kao; Min H.
2005 Ed. (4850)
Kao; Tzu-chun
2023 Ed. (3795)
Kao USA
2016 Ed. (2271)
2017 Ed. (2126, 2809)
2018 Ed. (2170, 2876)
Kao USA Inc.
2014 Ed. (35)
2015 Ed. (38)
2016 Ed. (37)
2017 Ed. (34)
2018 Ed. (28, 35)
2019 Ed. (31)
2020 Ed. (35)
2021 Ed. (38)
2022 Ed. (29, 36)
2023 Ed. (72, 79)
Kaodene
1992 Ed. (1872)
Kaohsiung
1992 Ed. (1391, 1395)
1997 Ed. (3135)
Kaohsiung, Taiwan
1998 Ed. (2887)
2002 Ed. (3731)
2003 Ed. (3915)
2004 Ed. (3929)
2008 Ed. (1221)
Kaolin
1991 Ed. (942)
Kaopectate
1992 Ed. (1872)
1993 Ed. (1532)
1996 Ed. (1593)
2003 Ed. (3774)
2020 Ed. (2198)
Kaopectate Extra
2020 Ed. (2198)

Kapa Oil Kenya
2008 Ed. (54)
2010 Ed. (72)
Kapa Oil Refineries
2006 Ed. (61)
2007 Ed. (52)
Kapaa, HI
2016 Ed. (4155)
2017 Ed. (4127)
Kapadia & Co.; G. M.
1997 Ed. (10)
Kapal Api Group
2020 Ed. (2712)
Kapalua Bay Hotel and Villas
1993 Ed. (2090)
Kapalua, HI
1998 Ed. (737, 3704)
Kapiolani Medical Center for Women & Children
2001 Ed. (1721)
2012 Ed. (1530)
Kapital Bank
2015 Ed. (514)
2018 Ed. (417)
2019 Ed. (423)
2020 Ed. (413)
2023 Ed. (630)
Kapital Holding
2002 Ed. (1342)
Kapiti Ltd.
1993 Ed. (969)
Kaplan; Allan
1996 Ed. (1780)
Kaplan Associates
1994 Ed. (1200)
1995 Ed. (1215)
Kaplan & Associates; Gary
1994 Ed. (1710)
Kaplan; Barbara J.
1991 Ed. (2548)
1992 Ed. (3138)
Kaplan; Barry
1991 Ed. (1699)
1993 Ed. (1783, 1785)
1994 Ed. (1767, 1786)
1996 Ed. (1783, 1798, 1805, 1902)
1997 Ed. (1871)
Kaplan Building Systems Inc.
1991 Ed. (2758, 2759)
1992 Ed. (3516, 3517)
1993 Ed. (2900, 2901)
1994 Ed. (2920, 2921)
Kaplan Construction
2022 Ed. (4957)
Kaplan GRE/GMAT/LSAT
1998 Ed. (848)
Kaplan Inc.; Jay
1989 Ed. (2258)
Kaplan Lumber
1994 Ed. (797)
Kaplan McLaughlin Diaz
1990 Ed. (278)
1991 Ed. (251)
1992 Ed. (351)
1993 Ed. (244)
1994 Ed. (233)
1995 Ed. (235)
1996 Ed. (232)
1997 Ed. (263)
1999 Ed. (284)
2006 Ed. (283)
2007 Ed. (286, 288, 2409)
2008 Ed. (264)
Kaplan McLaughlin & Diaz Inc.
2004 Ed. (2335)
Kaplan Organization
1990 Ed. (2960)
Kaplan; Ronald W.
2011 Ed. (3995)
Kaplan, Strangis & Kaplan
2001 Ed. (563)
Kaplan; Susan
2011 Ed. (3330)
2012 Ed. (3317)
2013 Ed. (3389)
2014 Ed. (3391)
2015 Ed. (3425)
2016 Ed. (3285)
2017 Ed. (3245)
2019 Ed. (3297)
2020 Ed. (3300)
2021 Ed. (3159)
2022 Ed. (3303)
2023 Ed. (3391)
Kaplan; Susan C.
2009 Ed. (3442)
Kaplan Thaler Group
2003 Ed. (165)
2004 Ed. (106)
2011 Ed. (48)
Kaplan Trucking Co.
2012 Ed. (4799)
2013 Ed. (4760)
2014 Ed. (4811)
2015 Ed. (4846)
2016 Ed. (4750)
2017 Ed. (4762)
2018 Ed. (4758)

2019 Ed. (4761)
2020 Ed. (4749)
2021 Ed. (4747)
2022 Ed. (4742, 4749)
2023 Ed. (4726)
Kaplan Trucking Co./Horizon Freight System Inc.
2021 Ed. (4747)
2022 Ed. (4749)
2023 Ed. (4733)
Kaplow
2011 Ed. (4105)
2012 Ed. (4135)
2013 Ed. (4127)
2014 Ed. (4144)
2015 Ed. (4126)
Kaplow Communications
2005 Ed. (3956)
2011 Ed. (4106, 4111, 4124)
2012 Ed. (4141)
2013 Ed. (4137)
2014 Ed. (4153)
2015 Ed. (4136)
Kaplowitz; Andy
2011 Ed. (3354)
Kapnick Insurance Group
2021 Ed. (3034)
Kapnopolis S.A.
2017 Ed. (1590)
Kapok Tree
1990 Ed. (3002)
1992 Ed. (3687, 3689)
Kapok Tree Restaurant
1991 Ed. (2858)
Kapok Tree Restaurants
1991 Ed. (2860)
Kapoor; John
2016 Ed. (4812)
2017 Ed. (4823)
Kapp Ahl
1989 Ed. (52)
Kapp AHL AB
1990 Ed. (49)
KAPP ehf.
2019 Ed. (1629)
Kappa Epsilon Fraternity
1999 Ed. (296)
Kappa Networks
1990 Ed. (251)
Kappa Omicron Nu National Honor Society
1999 Ed. (296)
Kappa Search
2023 Ed. (2529)
Kappa Securities S.A.
2018 Ed. (1574)
Kapscomoto
2016 Ed. (4214)
Kapson Senior Quarters Corp.
2003 Ed. (1732, 4051)
2004 Ed. (1769)
KapStone Paper & Packaging
2013 Ed. (1701, 3633, 4445)
2017 Ed. (1163, 1615)
KapStone Paper & Packaging Corp.
2012 Ed. (2759, 2773, 3085)
2013 Ed. (1706, 3145)
2017 Ed. (3683)
2018 Ed. (3738)
2019 Ed. (3727, 3728)
Kapur & Associates
2022 Ed. (2472)
Kapur & Associates Inc.
2019 Ed. (2449)
2020 Ed. (2439)
2022 Ed. (2472)
KAR Auction Services
2018 Ed. (4226)
KAR Auction Services Inc.
2017 Ed. (1642)
2018 Ed. (1621)
2019 Ed. (1663)
2020 Ed. (1622)
2021 Ed. (1599)
KAR Global
2022 Ed. (1617)
2023 Ed. (1781)
Kar Holdings Inc.
2009 Ed. (4142)
2010 Ed. (1701, 4074)
Kar-Tel
2009 Ed. (61)
Kara Askey
2018 Ed. (3655)
2019 Ed. (3644)
Kara Homes Inc.
2004 Ed. (1141)
2005 Ed. (1163)
2006 Ed. (1159, 3977, 4039)
2007 Ed. (4016)
Karachi
1990 Ed. (1011)
Karachi Electric
2000 Ed. (2878)
Karachi Electric Supply Corp. Ltd.
2002 Ed. (3045)
Karachi, Pakistan
1995 Ed. (991)

Karadus; Jason
2018 Ed. (4110)
Karafarin Bank
2013 Ed. (522)
2014 Ed. (547)
2016 Ed. (550)
2017 Ed. (572)
Karafarin Insurance Co.
2009 Ed. (2727)
2010 Ed. (2648)
Karakas, Van Sickle, Ouellette
1998 Ed. (2937, 2962)
1999 Ed. (3912, 3928, 3957)
Karakas, VanSickle Ouellette
2000 Ed. (3671)
Karamehmet; Mehmet
2008 Ed. (4876)
Karamehmet; Mehmet Emin
2009 Ed. (4900)
2010 Ed. (4900)
2011 Ed. (4888)
2012 Ed. (4896)
2013 Ed. (4919)
Karan Bilimoria
2007 Ed. (2464)
Karan; Donna
1995 Ed. (3788)
1996 Ed. (3876)
1997 Ed. (1025)
2010 Ed. (3004)
Karaoke products
1994 Ed. (2591)
Karas & Karas Glass Co.
1996 Ed. (1143)
1997 Ed. (2149)
1998 Ed. (948)
1999 Ed. (1370)
2001 Ed. (1476)
2003 Ed. (1304)
2004 Ed. (1307)
2005 Ed. (1314, 2733)
2006 Ed. (1284)
2007 Ed. (1362, 2696)
2008 Ed. (1259, 2821)
2009 Ed. (1235)
2010 Ed. (1234)
2012 Ed. (2738)
2013 Ed. (2824)
2014 Ed. (2863)
2015 Ed. (2904)
2016 Ed. (2823, 2824)
2017 Ed. (2793, 2794)
2018 Ed. (2852)
2019 Ed. (2817, 2818)
2020 Ed. (2844)
2021 Ed. (2719)
Karastan
2003 Ed. (4206, 4732)
2005 Ed. (4157)
2007 Ed. (4225)
2009 Ed. (4360)
2011 Ed. (4330)
The Karate Kid
2012 Ed. (3725)
Karatz; Bruce
2005 Ed. (979)
2006 Ed. (937, 1201)
2007 Ed. (1025, 1035)
Karavan Publisher
2007 Ed. (51)
Karbach Brewing
2023 Ed. (928)
Karcher, Carl
1991 Ed. (2874)
1992 Ed. (3715)
1993 Ed. (3031)
1994 Ed. (3085)
1995 Ed. (3131)
Kardan Technology Ventures
1999 Ed. (4705)
Kardashian; Kim
2014 Ed. (2528, 2531)
2017 Ed. (2384)
Kardashian West; Kim
2020 Ed. (2485)
Kardex AG
2006 Ed. (3421)
2007 Ed. (3436)
2008 Ed. (3602)
2009 Ed. (3669)
2010 Ed. (3586)
2011 Ed. (3589)
2013 Ed. (3631)
2014 Ed. (3572)
Kardex Remstar AG
2012 Ed. (3577)
Kardium Inc.
2012 Ed. (1352, 1353)
2013 Ed. (1488)
2014 Ed. (1456)
Karel Komarek
2014 Ed. (4881)
2015 Ed. (4919)
2016 Ed. (4835)
2017 Ed. (4843)
2018 Ed. (4850)
2019 Ed. (4845)
2020 Ed. (4834)

2021 Ed. (4835)
2022 Ed. (4828)
2023 Ed. (4823)
Karelab
2017 Ed. (1482, 3048)
Karelia Tobacco Co.
1999 Ed. (1137)
Karelias
1997 Ed. (992)
Karen A. McDonald
2013 Ed. (3392)
2014 Ed. (3394)
2015 Ed. (3426)
2016 Ed. (3287)
2017 Ed. (3248)
Karen Agustiawan
2015 Ed. (5022)
Karen Anderegg
1992 Ed. (4496)
1993 Ed. (3730)
Karen Briggs
2023 Ed. (1310)
Karen Coffey Coaching
2022 Ed. (1933)
2023 Ed. (985, 2050)
Karen Curtis
2020 Ed. (1090)
Karen Danczak-Lyons
1993 Ed. (2639)
Karen Dykstra
2007 Ed. (1051)
Karen Elson
2008 Ed. (4898)
Karen Heyman
2019 Ed. (4118)
Karen Hoguet
2006 Ed. (951)
2007 Ed. (1046)
Karen Ignagnl
2010 Ed. (3624)
Karen Katen
2003 Ed. (4983)
2004 Ed. (4983)
2005 Ed. (2513, 4990)
2006 Ed. (4974, 4983)
2007 Ed. (4974, 4981)
Karen Kemp
2018 Ed. (4107)
Karen Kilgariff and Georgia Hardstark
2021 Ed. (2405)
Karen Lynch
2023 Ed. (4929, 4938, 4939)
Karen McDonald
2011 Ed. (3330)
2013 Ed. (3389)
2014 Ed. (3391)
2015 Ed. (3425)
2016 Ed. (3285)
2017 Ed. (3245)
2019 Ed. (3297)
2020 Ed. (3300)
2021 Ed. (3159)
2023 Ed. (3391)
Karen McDonald (Morgan Stanley Wealth Mgmt.)
2021 Ed. (3159)
2022 Ed. (3303)
Karen Meyer
2010 Ed. (2569)
Karen Nielson
2018 Ed. (3660)
Karen Olson (loanDepot Wholesale)
2021 Ed. (3638)
2022 Ed. (3705)
Karen Osar
2008 Ed. (2632)
Karen Peetz
2010 Ed. (4976)
2011 Ed. (4973)
2012 Ed. (4970)
2013 Ed. (4961)
2014 Ed. (4970)
2016 Ed. (4934)
Karen Pritzker
2014 Ed. (4864)
2015 Ed. (4901)
2016 Ed. (4818)
2017 Ed. (4828)
2018 Ed. (4833)
2019 Ed. (4830)
2020 Ed. (4820)
2021 Ed. (4821)
2022 Ed. (4814)
Karen Ubelhart
1999 Ed. (2240)
2000 Ed. (2023)
Karen Virginia Beckmann Legoretta
2023 Ed. (4843)
Kareo Inc.
2019 Ed. (966)
2020 Ed. (952)
2021 Ed. (943)
2022 Ed. (969)
2023 Ed. (1140)
Karew
2019 Ed. (3663)
Karex
2018 Ed. (1680)

Karhu
1991 Ed. (3134)
1992 Ed. (3983)
1993 Ed. (3327)
Kari Stefansson
2003 Ed. (681)
Karibe Foods LLC
2019 Ed. (312)
Karim Abdel-Motaal
1999 Ed. (2404)
Karim Aga Khan
2009 Ed. (2889)
Karim; Bachtiar
2015 Ed. (4931)
2016 Ed. (4847)
2017 Ed. (4852)
Karim Rashid
2008 Ed. (2990)
Karim Ziani
2013 Ed. (3473)
Karin Dorrepaal
2006 Ed. (4984)
Karisberger and Associates
1989 Ed. (266)
Kark & Theo Albrecht
2007 Ed. (4911, 4915)
2008 Ed. (4864, 4881)
Karkosik; Roman
2008 Ed. (4872)
2009 Ed. (4894)
Karl Albrecht
2003 Ed. (4892, 4894)
2004 Ed. (4877, 4882)
2005 Ed. (4877, 4883)
2006 Ed. (4924, 4927)
2007 Ed. (4912)
2008 Ed. (4865, 4867)
2009 Ed. (4888, 4904)
2010 Ed. (4889, 4895, 4899, 4905)
2011 Ed. (4878, 4886, 4893)
2012 Ed. (4887, 4895)
2013 Ed. (4871, 4917, 4924)
2014 Ed. (4885)
2015 Ed. (4924)
Karl Albrecht Jr.
2019 Ed. (4850)
2020 Ed. (4839)
Karl Albrecht, Jr.
2016 Ed. (4840)
2017 Ed. (4848)
Karl Erivan Haub
1992 Ed. (888)
Karl; Frederick B.
1993 Ed. (2461)
Karl-Heinz Kipp
2010 Ed. (4889)
2011 Ed. (4878)
Karl-Johan Persson
2005 Ed. (4890)
2007 Ed. (4927)
2008 Ed. (4903)
Karl Keirstead
2011 Ed. (3373)
Karl Koch Erecting Co.
1994 Ed. (1146)
1995 Ed. (1161)
1996 Ed. (1140)
Karl Malone
2001 Ed. (420)
2003 Ed. (296)
Karl & Theo Albrecht
2005 Ed. (4878, 4882)
Karl Vesper
2004 Ed. (819)
Karl Wlaschek
2008 Ed. (4860)
2009 Ed. (4878)
2010 Ed. (4879)
2011 Ed. (4848)
2012 Ed. (4875)
2013 Ed. (4857)
2014 Ed. (4871)
2015 Ed. (4909)
2016 Ed. (4825)
Karlberger Cos.
2005 Ed. (3159)
Karlgaard; David
2006 Ed. (2527)
Karlie Kloss
2016 Ed. (3617)
2017 Ed. (3584)
2018 Ed. (3645)
2019 Ed. (3634)
2020 Ed. (3606)
Karlovacka Banka
1997 Ed. (444)
1999 Ed. (498)
Karlovacka Pivovara
1997 Ed. (3928)
Karlovarske Mineralni Vody
2006 Ed. (40)
Karl's Sales & Service
2014 Ed. (4362)
2015 Ed. (4371)
2018 Ed. (4257)
2021 Ed. (4258)
2022 Ed. (4270)

Karl's Toys
    1989 Ed. (2860)
    1992 Ed. (4330)
Karl's TV & Appliance
    2018 Ed. (4257)
    2021 Ed. (4258)
    2022 Ed. (4270)
Karlsberger
    2009 Ed. (3416)
Karlsberger & Associates Architects
    1990 Ed. (277)
Karlsberger Cos.
    2005 Ed. (3166)
    2006 Ed. (3167)
Karlsruhe, Germany
    2019 Ed. (3103)
Karlsruher Versicherung AG
    2003 Ed. (2977)
Karma by Erwin Gomez Beauty Lounge
    2020 Ed. (3033)
Karman; James A.
    2006 Ed. (2521)
Karman; Tawakkul
    2013 Ed. (3472, 3491)
Karmann USA Inc.
    2008 Ed. (313)
Karmanos Jr.; Peter
    1995 Ed. (981)
    2005 Ed. (984)
Karmazin; Mel
    2012 Ed. (809)
    2013 Ed. (985)
Karmoy Seismic AS
    2010 Ed. (2953)
Karna Fitness
    2014 Ed. (3975)
Karnad; Renu Sud
    2010 Ed. (4979)
Karnasuta; Chaijudh
    2006 Ed. (4920)
Karnataka Bank
    2019 Ed. (370)
Karnes Music
    1993 Ed. (2645)
Karns Prime & Fancy Food Ltd.
    2019 Ed. (2529, 4974)
    2020 Ed. (4977)
    2022 Ed. (4978)
    2023 Ed. (1984)
Karntner Sparkasse
    1993 Ed. (428)
    1996 Ed. (448)
Karntner Strasse
    1992 Ed. (1166)
Karo Design
    2008 Ed. (3488, 3494, 3495, 3496, 3497, 3498)
Karo Grundstucks
    2007 Ed. (4090)
Karo Trading OOD
    2017 Ed. (1410)
Karol-Fernandez Meat Ltd.
    2019 Ed. (2689)
Karolina Kurkova
    2009 Ed. (3766)
Karolina Pliskova
    2021 Ed. (196)
Karos Health Inc.
    2014 Ed. (1496)
Karos; Paul
    1993 Ed. (1777)
    1994 Ed. (1765)
    1995 Ed. (1802)
    1996 Ed. (1781)
    1997 Ed. (1856)
Karoub Associates
    2000 Ed. (2991)
    2001 Ed. (3156)
Karp Volvo
    1990 Ed. (324)
    1991 Ed. (299)
    1992 Ed. (404)
    1993 Ed. (289)
    1994 Ed. (288)
    1995 Ed. (292)
    1996 Ed. (292)
Karpus Investment Management
    1993 Ed. (2343)
    1999 Ed. (3087, 3090, 3091)
Karpus Investment Mgmt.
    1990 Ed. (2336)
Karr Barth Associates Inc.
    1998 Ed. (1427)
    1999 Ed. (2001)
    2000 Ed. (1779)
Karrenbauer; Raymond
    2005 Ed. (994)
karriere.at
    2015 Ed. (1458)
Karrington Health
    1998 Ed. (3178)
Karro Food
    2020 Ed. (1968)
Kars
    2017 Ed. (4400)

Kars Nut
    2017 Ed. (4382)
    2018 Ed. (4395)
    2019 Ed. (4416)
    2020 Ed. (4411)
    2021 Ed. (4412)
    2022 Ed. (4411)
    2023 Ed. (4440)
Karsh; Bruce
    2016 Ed. (868)
Karsh Hagan
    2014 Ed. (4993)
    2015 Ed. (5038)
    2017 Ed. (4984)
    2023 Ed. (136)
Karsh & Hagan Communications
    2002 Ed. (99)
    2003 Ed. (66)
    2004 Ed. (113)
    2008 Ed. (120)
    2009 Ed. (130, 131)
    2010 Ed. (130)
    2012 Ed. (53)
    2013 Ed. (50)
Karstadt
    1989 Ed. (31, 2333)
    1990 Ed. (3053)
    1991 Ed. (3261)
    1995 Ed. (3155, 3157)
    1998 Ed. (3096)
    2000 Ed. (3823)
Karstadt AG
    1990 Ed. (28)
    1996 Ed. (3252)
    1997 Ed. (3353, 3354, 3783)
    1999 Ed. (4110, 4112)
    2000 Ed. (4387)
Karstadt Aktiengesellschaft
    1994 Ed. (3109, 3110)
Karstadt Aktiengesellschaft (Konzern)
    1992 Ed. (3740)
    1993 Ed. (3049)
Karstadt Group
    1990 Ed. (3054)
Karstadt/Hertie
    2001 Ed. (4102)
Karstadt Quelle AG
    2004 Ed. (4205)
    2005 Ed. (4134)
    2006 Ed. (1484, 1797, 4175, 4181)
    2007 Ed. (1781, 1784, 4201, 4952)
    2008 Ed. (4236)
KarstadtQuelle
    2009 Ed. (4316)
Karsten
    1991 Ed. (1855)
    1992 Ed. (2338)
    1993 Ed. (1991)
    1996 Ed. (29, 2035, 3490)
    1997 Ed. (2154)
Karsten/Hutman Margolf
    1995 Ed. (1141)
Karsten Realty
    1992 Ed. (2770, 3636)
Karsten Realty Advisors
    1991 Ed. (2239)
    1992 Ed. (2750, 2758)
Karsun Solutions
    2022 Ed. (3643)
    2023 Ed. (3748)
Kart it
    2023 Ed. (2461)
Kartanokylpyla Kaisankoti
    2013 Ed. (1609)
Kartonsan
    1992 Ed. (2812)
Kartzman; Lisa A.
    2010 Ed. (2835)
Karwoski & Courage
    1999 Ed. (3946)
    2000 Ed. (3660)
Karya Property Management
    2020 Ed. (1957, 4113)
Karyopharm Therapeutics Inc.
    2021 Ed. (1685)
    2022 Ed. (1707, 2945)
Kas-Associate
    1991 Ed. (619)
Kas-Associatie
    1992 Ed. (795)
    1993 Ed. (586)
Kas Bank
    2007 Ed. (471)
Kas Direct
    2017 Ed. (3043)
    2018 Ed. (3150)
KAS Placement
    2021 Ed. (2320)
    2022 Ed. (2378)
    2023 Ed. (2540)
KASA Solutions
    2020 Ed. (1638)
Kasa Supply
    2018 Ed. (4903)
Kasai North America Inc.
    2019 Ed. (3111)
    2020 Ed. (3138)
    2021 Ed. (3004)

Kasan Electronics
    2002 Ed. (4435)
Kasapa Telecom
    2008 Ed. (43)
    2009 Ed. (49)
    2010 Ed. (59)
Kasapis Bros. Inc.
    2000 Ed. (3775)
Kasapreko Co.
    2010 Ed. (59)
KASB
    1997 Ed. (794, 795, 797)
Kasco Inc.
    2009 Ed. (1644)
Kasemchai Farm Group
    2020 Ed. (2228)
    2021 Ed. (2202)
Kasey Kahne
    2010 Ed. (315)
    2011 Ed. (239)
    2012 Ed. (260)
    2013 Ed. (267)
    2014 Ed. (269)
    2015 Ed. (309)
    2016 Ed. (217)
    2019 Ed. (193)
Kash n' Karry
    1998 Ed. (1707)
    2000 Ed. (2205)
Kash N' Karry Food Stores
    1991 Ed. (954, 955)
    1993 Ed. (964)
    1995 Ed. (1003)
    1996 Ed. (994)
Kash N'Karry Food Stores
    1996 Ed. (385, 386)
Kashani; Jack
    2011 Ed. (2972)
Kashi
    2006 Ed. (805)
    2015 Ed. (2907, 4484)
    2016 Ed. (2825, 2826, 4381)
    2017 Ed. (2796)
    2018 Ed. (2854, 2855)
    2022 Ed. (2789, 2882)
    2023 Ed. (2913)
Kashi Co.
    2014 Ed. (2868)
    2015 Ed. (2908)
    2016 Ed. (2828)
    2017 Ed. (2722, 2798, 2799)
    2018 Ed. (772)
    2019 Ed. (786, 2743)
    2020 Ed. (781, 2783)
    2021 Ed. (813, 2654, 2722, 4406)
    2022 Ed. (846, 2790, 2884, 4404)
    2023 Ed. (2914, 2997, 4434)
Kashi GoLean
    2008 Ed. (4913)
Kashi TLC
    2014 Ed. (2867, 4488)
    2015 Ed. (2906, 4485)
Kashima
    2001 Ed. (1226)
Kashiyama & Co. Ltd.
    1990 Ed. (3568)
    1991 Ed. (3355)
    1993 Ed. (3556)
    1994 Ed. (3519)
    1995 Ed. (3603)
Kashiyama and Co. Lts.
    1992 Ed. (4278)
Kasia Starega
    1997 Ed. (1973)
Kasian
    2014 Ed. (3380)
Kasia's
    2022 Ed. (3790)
Kasikombank
    2012 Ed. (1942)
    2013 Ed. (372)
Kasikornbank
    2005 Ed. (617)
    2006 Ed. (530, 2048, 4541)
    2007 Ed. (561)
    2008 Ed. (513)
    2009 Ed. (547)
    2010 Ed. (530)
    2011 Ed. (459)
    2013 Ed. (402, 865)
    2014 Ed. (416, 4052)
    2015 Ed. (473)
    2016 Ed. (422)
    2017 Ed. (434, 435)
    2018 Ed. (386, 399, 400)
    2019 Ed. (389, 402, 403)
    2020 Ed. (382, 395, 396)
    2021 Ed. (429, 501, 1923)
    2022 Ed. (443, 1969)
    2023 Ed. (601, 613, 614, 2077)
Kasikornbank PCL
    2012 Ed. (319)
    2014 Ed. (402)
Kasikornbank Public Co., Ltd.
    2007 Ed. (2019)
    2008 Ed. (2118)
    2009 Ed. (2104)
    2010 Ed. (2045)

2011 Ed. (2102)
2012 Ed. (1941)
2013 Ed. (2105)
2014 Ed. (2037)
2015 Ed. (2086)
2016 Ed. (2067)
2017 Ed. (2026)
2018 Ed. (1982)
2019 Ed. (2038)
2020 Ed. (1962)
2021 Ed. (1925)
Kasisto
    2021 Ed. (4563)
Kasita
    2017 Ed. (209)
Kaskade
    2017 Ed. (3621)
    2018 Ed. (3684)
    2020 Ed. (3636)
Kasle Steel Corp.
    1989 Ed. (927, 2332)
Kasper Rorsted
    2020 Ed. (716)
Kaspi Bank
    2011 Ed. (394)
    2013 Ed. (440)
    2014 Ed. (401)
    2015 Ed. (458)
    2017 Ed. (419, 458)
    2018 Ed. (446)
    2019 Ed. (457, 460)
    2020 Ed. (442, 445)
Kaspien Holdings Inc.
    2022 Ed. (1994)
    2023 Ed. (2095)
Kaspi.kz JSC
    2023 Ed. (1829)
Kasprzak; Andre
    2020 Ed. (4835)
Kasprzak; Anna
    2020 Ed. (4835)
    2022 Ed. (4829)
Kasprzak; Hanni Toosbuy
    2014 Ed. (4882)
    2015 Ed. (4920)
    2016 Ed. (4836)
    2017 Ed. (4844)
    2018 Ed. (4851)
    2019 Ed. (4846)
Kass Hodges PA
    2001 Ed. (1315)
Kassan; Alan
    1991 Ed. (1695, 1706)
    1993 Ed. (1808)
    1994 Ed. (1791)
Kasselman Electric Co.
    2018 Ed. (4979)
    2019 Ed. (4973)
    2020 Ed. (4976)
    2021 Ed. (4978)
    2022 Ed. (4977)
    2023 Ed. (4981)
Kasselman Solar
    2018 Ed. (4442, 4454)
    2019 Ed. (4444)
Kassner & Co.; John J.
    1991 Ed. (1563)
    1994 Ed. (1653)
Kast Construction Co.
    2019 Ed. (1123)
    2020 Ed. (1113)
    2022 Ed. (1116)
    2023 Ed. (1335)
KAST Construction Company, LLC
    2022 Ed. (1027, 1531)
Kasten; Bob
    1994 Ed. (2890)
Kasten Chase Applied Research Ltd.
    2003 Ed. (2931, 2936)
Kastle
    1991 Ed. (3133)
    1992 Ed. (3982)
    1993 Ed. (3326)
Kastle Systems
    1992 Ed. (3826)
    1998 Ed. (1421)
    2000 Ed. (3922)
    2002 Ed. (4541)
Kastle Systems Internationa
    2018 Ed. (4331)
    2019 Ed. (4359)
    2020 Ed. (4354)
Kastle Systems International
    2003 Ed. (4330)
    2004 Ed. (4351)
    2005 Ed. (4294)
    2020 Ed. (4355)
    2021 Ed. (4367)
    2022 Ed. (4367, 4373, 4376, 4377)
Kastle Systems LLC
    1999 Ed. (4204)
Kastner & Orhler
    1989 Ed. (23)
Kastpetrl Sh.a.
    2014 Ed. (1563)
Kastrati Group Sh.a.
    2023 Ed. (1685)

Kastrati Sh.a.
    2014 Ed. (1563)
    2015 Ed. (1614)
    2016 Ed. (1540)
    2017 Ed. (1530)
    2018 Ed. (1511)
    2019 Ed. (1539)
    2020 Ed. (1512)
    2021 Ed. (1497)
    2022 Ed. (1511)
Kastrati Sh.p.k.
    2021 Ed. (1497)
    2022 Ed. (1511)
    2023 Ed. (1685)
Kastrup Airport
    1993 Ed. (208)
    1996 Ed. (198)
    1997 Ed. (225)
    1999 Ed. (249)
Katakura Industries
    1991 Ed. (3233)
Katalin Dani
    1999 Ed. (2354)
    2000 Ed. (2140)
Katalin Tischhauser
    1999 Ed. (2359)
Katanga Mining
    2015 Ed. (4567)
Katayama; Eiichi
    1996 Ed. (1870)
Katayama; Shunji
    1997 Ed. (1986)
Katcher, Vaughn & Bailey
    1999 Ed. (3955)
    2005 Ed. (3976)
Kate Barker
    2006 Ed. (4978)
Kate Fickle
    2011 Ed. (1142)
Kate Hudson
    2012 Ed. (2432)
Kate Jackson
    1997 Ed. (1726)
Kate McShane
    2011 Ed. (3374)
Kate Moss
    2008 Ed. (3745)
    2009 Ed. (3765, 3766)
    2011 Ed. (3693)
    2012 Ed. (3711)
    2013 Ed. (3761)
    2014 Ed. (3692)
    2015 Ed. (3711)
    2016 Ed. (3616, 3617)
Kate Quinn (U.S. Bancorp)
    2023 Ed. (4935)
Kate Quinn Organics
    2023 Ed. (2107)
Kate Spade
    2016 Ed. (902)
    2017 Ed. (944, 949, 950, 954)
    2018 Ed. (879)
    2019 Ed. (887)
Kate Spade & Co.
    2016 Ed. (4217)
    2018 Ed. (4256)
    2019 Ed. (882)
    2020 Ed. (869)
Kate Swann
    2006 Ed. (4985)
Kate Upton
    2016 Ed. (3616, 3617)
Katell Properties
    1995 Ed. (3064)
    1997 Ed. (3260)
    1998 Ed. (3006)
Katen; Karen
    2005 Ed. (2513, 4990)
    2006 Ed. (4974, 4983)
    2007 Ed. (4974, 4981)
Katerra, Inc.
    2021 Ed. (1045)
Katharina Andresen
    2017 Ed. (4866)
    2020 Ed. (4858)
    2022 Ed. (4854)
    2023 Ed. (4849)
Katharine Graham
    1991 Ed. (3512)
    2005 Ed. (974)
Katharine Plourde
    1993 Ed. (1787)
    1994 Ed. (1770)
    1995 Ed. (1811)
    1996 Ed. (1786)
    1998 Ed. (1673)
Katharine Rayner
    2018 Ed. (4831)
    2019 Ed. (4828)
    2020 Ed. (4818)
    2021 Ed. (4819)
Katharine Viner
    2017 Ed. (4921)
    2021 Ed. (4933)
Katherine Aguilar Perez
    2011 Ed. (2954)
Katherine Gauthier Team
    2019 Ed. (4120)

Katherine Heigl
    2010 Ed. (2514)
    2011 Ed. (2516)
    2012 Ed. (2442)
    2013 Ed. (2598)
Katherine Hensel
    1991 Ed. (1674)
    1992 Ed. (2136)
    1993 Ed. (1780)
    1994 Ed. (1763)
    1995 Ed. (1805)
Katherine M. Hudson
    2002 Ed. (4979)
Katherine Oakley
    1997 Ed. (1924, 1929)
    1998 Ed. (1566, 1568, 1569)
    1999 Ed. (2153, 2157)
    2000 Ed. (1923, 1925)
Katherine Plourde
    1997 Ed. (1862)
    1999 Ed. (2265)
Katherine Stafford
    2007 Ed. (4920)
    2008 Ed. (4884)
Katherine Tuck Fund
    1994 Ed. (1907)
Katherine Way Collections
    2018 Ed. (1534)
Katheryn From
    2004 Ed. (4986)
Kathie Lee
    1998 Ed. (765, 766)
    1999 Ed. (1196)
Kathie Lee Gifford
    1997 Ed. (1726)
Kathleen Archuleta
    2014 Ed. (2976)
Kathleen Benning
    2015 Ed. (2638)
Kathleen Brown
    1993 Ed. (3443)
Kathleen Connell
    2004 Ed. (3169)
Kathleen Cooper
    1989 Ed. (1753)
Kathleen L. Brown
    1995 Ed. (3505)
Kathleen Lamb
    1997 Ed. (1938)
    1998 Ed. (1582)
    1999 Ed. (2169)
    2000 Ed. (1941)
Kathleen M. Sloane
    2018 Ed. (4107)
Kathleen Murphy
    2011 Ed. (4977)
Kathleen Price and Joseph M. Bryant Family Foundation
    1994 Ed. (1899)
Kathleen Quirk
    2010 Ed. (914)
    2011 Ed. (4965)
Kathleen Sebelius
    2013 Ed. (4959)
Kathmandu Holdings
    2015 Ed. (4334)
    2022 Ed. (1796)
Kathmandu Ltd.; Bank of
    2006 Ed. (4524)
Kathryn Albertson
    1999 Ed. (1072)
Kathryn Collins
    2012 Ed. (2166)
Kathryn Hayley
    2009 Ed. (1187)
Kathryn J. Whitmire
    1990 Ed. (2525)
    1991 Ed. (2395)
    1992 Ed. (2987)
    1993 Ed. (2513)
Kathryn Tesija
    2015 Ed. (2638)
    2016 Ed. (4928)
Kathwari; Farooq
    2011 Ed. (2974)
Kathy Bates
    2001 Ed. (7)
Kathy Clements
    2012 Ed. (2166)
Kathy Cloninger
    2010 Ed. (3757)
Kathy Ireland
    2006 Ed. (2499)
    2009 Ed. (3521)
    2010 Ed. (3004)
    2011 Ed. (3451, 4330)
Kathy Ireland Worldwide
    2006 Ed. (2499)
Kathy Matsui
    1996 Ed. (1867)
    1997 Ed. (1995)
    1999 Ed. (2368)
    2000 Ed. (2147)
Kathy Mattea
    1992 Ed. (1351)
Kathy Motlach
    2000 Ed. (3160)

Kathy Xu
    2020 Ed. (4763)
Katie Bayne
    2011 Ed. (2818)
Katie Couric
    2003 Ed. (2335)
    2004 Ed. (2415)
    2008 Ed. (2585)
Katie Dahler
    2019 Ed. (1103)
Katie Price
    2008 Ed. (4898)
Katilac Coatings Inc.
    2015 Ed. (857)
Katine & Nechman LLP
    2019 Ed. (2992)
    2020 Ed. (3021)
    2021 Ed. (2887)
Katine Nechman McLaurin LLP
    2022 Ed. (3008)
    2023 Ed. (3124)
Kativo
    1989 Ed. (1103)
Katkins
    1999 Ed. (3791)
Katkins Cat Food
    1994 Ed. (2838)
Katmai National Park
    1990 Ed. (2667)
Kato Cable LLC
    2015 Ed. (3569)
Kato (Hong Kong) Holdings
    2022 Ed. (1587)
Kato; Susumu
    1996 Ed. (1889)
Kato; Tomoyasu
    1996 Ed. (1886)
    1997 Ed. (1992)
Kato Works
    2019 Ed. (1023)
Katoen Natie USA
    2015 Ed. (3531)
KaTom Restaurant Supply Inc.
    2015 Ed. (2800)
    2018 Ed. (2746, 2747)
    2021 Ed. (2634, 2635, 2636)
    2022 Ed. (2761)
    2023 Ed. (2895)
Katona; Kerry
    2009 Ed. (680, 687)
Katrina; Hurricane
    2009 Ed. (874, 875, 3209, 3812)
    2010 Ed. (819, 824, 3141, 3741)
    2011 Ed. (746, 751, 3108, 3741)
    2012 Ed. (683, 688, 3044, 3749)
    2014 Ed. (851)
Katrina Roth
    2011 Ed. (4336)
Katsuaki Watanabe
    2009 Ed. (759)
Katsuhiko Sugiyama
    1996 Ed. (1872)
Katsumi Tada
    2012 Ed. (4863)
Katsushi Saito
    1999 Ed. (2385)
    2000 Ed. (2168)
Katten Muchin Rosenman LLP
    2008 Ed. (3420)
    2010 Ed. (3418, 3419)
    2011 Ed. (3402)
    2015 Ed. (3494)
    2021 Ed. (3211, 3212)
Katten Muchin & Zavis
    1990 Ed. (2417)
    1991 Ed. (2283)
    1992 Ed. (2832)
    1993 Ed. (2395)
    1995 Ed. (2416)
    1996 Ed. (2452, 3740)
    1997 Ed. (2597, 3795)
    1998 Ed. (2327)
    1999 Ed. (3148)
    2000 Ed. (2620, 2894)
    2001 Ed. (3052, 3054)
Katten Muchin Zavis
    2002 Ed. (3056)
Katten Muchin Zavis Rosenman
    2004 Ed. (3238)
    2006 Ed. (3249)
Kattomeat cat food
    1992 Ed. (3417)
Katuari; Eddy William
    2010 Ed. (4866)
Katy Independent School District
    2017 Ed. (2008)
    2018 Ed. (1962)
    2019 Ed. (2016)
    2020 Ed. (1944)
Katy Industries Inc.
    1992 Ed. (1130)
    1995 Ed. (1232)
Katy ISD
    2019 Ed. (2020)
Katy Motlatch
    2000 Ed. (4428)

Katy Perry
    2010 Ed. (3715)
    2011 Ed. (3713)
    2012 Ed. (3734)
    2013 Ed. (2603, 3782, 3783)
    2014 Ed. (2528, 3728, 3729, 3731)
    2015 Ed. (3730, 3731)
    2016 Ed. (1047, 2526, 3639, 3640)
    2017 Ed. (1083, 2380, 2383, 3627)
    2019 Ed. (3673)
    2020 Ed. (2484)
Katz; Carolyn
    1997 Ed. (1930)
Katz Communications
    1995 Ed. (2509)
Katz; Daryl
    2005 Ed. (4872)
    2015 Ed. (4913)
Katz Enterprises Inc.
    2000 Ed. (1722)
    2001 Ed. (2093)
    2002 Ed. (2042)
KATZ Farm
    2021 Ed. (3750)
Katz Gluten Free
    2022 Ed. (2788)
Katz Group
    2002 Ed. (2040)
    2003 Ed. (2103, 2104, 2105)
    2004 Ed. (3967)
    2005 Ed. (1648, 3911)
    2006 Ed. (1542, 3984)
    2007 Ed. (1572, 4188, 4196)
    2008 Ed. (4050, 4226, 4232)
    2009 Ed. (4320)
    2010 Ed. (4059, 4316)
    2011 Ed. (4037, 4290)
    2012 Ed. (1303, 4070, 4333)
    2015 Ed. (1507)
    2016 Ed. (1448)
Katz Group Canada Ltd.
    2014 Ed. (4374)
Katz Group Inc.
    2013 Ed. (4323)
Katz Hispanic Radio
    1990 Ed. (2939)
    1991 Ed. (2794)
Katz Hollis Coren & Assoc. Inc.
    1991 Ed. (2170)
Katz, Hollis, Coren & Associates Inc.
    1995 Ed. (2336)
    1996 Ed. (2348, 2355)
Katz; Lillian
    1990 Ed. (1719)
Katz; Lillian Vernon
    1991 Ed. (1626)
Katz Media Group
    1997 Ed. (2628)
Katz; Raymond
    1997 Ed. (1878)
Katz; Sanford
    2009 Ed. (3441)
Katz, Sapper & Miller
    2008 Ed. (1805)
    2010 Ed. (1698)
    2014 Ed. (12)
    2015 Ed. (13)
    2016 Ed. (12)
    2017 Ed. (8)
    2018 Ed. (7)
    2019 Ed. (8)
    2020 Ed. (10)
    2021 Ed. (12)
    2022 Ed. (13)
KatzAbosch
    2012 Ed. (2)
Katzenberg; Jeffrey
    2006 Ed. (2515)
Ka'U Agribusiness Co. Inc.
    1998 Ed. (1775)
Kau; Melanie
    2005 Ed. (4992)
Kauai Community Credit Union
    2002 Ed. (1861)
    2003 Ed. (1915)
    2004 Ed. (1955)
    2005 Ed. (2097)
    2006 Ed. (2192)
    2007 Ed. (2113)
    2008 Ed. (2228)
    2009 Ed. (2212)
    2010 Ed. (2166)
    2011 Ed. (2185)
    2012 Ed. (2045)
    2013 Ed. (2227)
    2014 Ed. (2159)
    2015 Ed. (2223)
    2016 Ed. (2194)
Kauai Community Federal Credit Union
    2013 Ed. (1679)
    2014 Ed. (1631)
    2015 Ed. (1680)
    2016 Ed. (1625)
    2017 Ed. (1598)
    2018 Ed. (2091)
    2020 Ed. (2070)
    2021 Ed. (2060)
    2022 Ed. (2095)

2023 Ed. (2210)
Kauai Electric Co.
  1991 Ed. (1488)
Kauai Environmental Inc.
  2007 Ed. (4408)
Kauai Island Utility Cooperative
  2007 Ed. (1756)
  2008 Ed. (1784)
  2009 Ed. (1725)
  2010 Ed. (1673)
  2011 Ed. (1682)
  2012 Ed. (1533)
  2013 Ed. (1679)
  2014 Ed. (1631)
  2015 Ed. (1680)
  2016 Ed. (1625)
  2017 Ed. (1598)
Kauai Nursery & Landscaping
  2016 Ed. (4774)
Kauai Veterans Memorial Hospital
  2021 Ed. (1560)
  2022 Ed. (1579)
  2023 Ed. (1751)
Kauchuk
  2001 Ed. (4138)
Kaucuk Works
  1994 Ed. (925)
Kaufel Group
  1992 Ed. (1588, 1589)
Kaufer Miller Communications
  1999 Ed. (3957)
Kauffman; Ewing
  1989 Ed. (2751, 2905)
Kauffman; Robert
  2008 Ed. (4902)
Kaufhof
  1990 Ed. (3056)
Kaufhof Holding AG
  1996 Ed. (3252)
  1997 Ed. (3353, 3354)
Kaufhof Holding Aktiengesellschaft
  1994 Ed. (3109, 3110)
Kaufingerstrasse
  2006 Ed. (4182)
Kaufingerstrasse/Hohestrasse
  1992 Ed. (1166)
Kaufland
  2012 Ed. (547)
  2013 Ed. (663)
  2014 Ed. (683)
  2022 Ed. (4234)
  2023 Ed. (4275)
Kaufland Bulgaria EOOD & Co. KD
  2015 Ed. (1466)
  2016 Ed. (1396)
  2017 Ed. (1411)
  2018 Ed. (1388)
  2019 Ed. (1434)
  2020 Ed. (1395)
  2021 Ed. (1392)
  2022 Ed. (1396)
  2023 Ed. (1593)
Kaufland Hrvatska k.d.
  2019 Ed. (1541)
Kaufland Romania SCS
  2014 Ed. (1969)
  2015 Ed. (2014)
  2016 Ed. (1984)
  2017 Ed. (1944)
  2018 Ed. (1519, 1895)
  2019 Ed. (1546, 1942)
  2020 Ed. (1880)
  2021 Ed. (1839)
  2022 Ed. (1518, 1887)
  2023 Ed. (1692, 2000)
Kaufland Romania SCS (Romania)
  2022 Ed. (1518)
Kaufman
  1992 Ed. (3189)
Kaufman Borgeest & Ryan
  2021 Ed. (3237)
Kaufman & Broad
  1989 Ed. (1001, 1680, 2287)
  1990 Ed. (1159, 2594)
  1991 Ed. (1049, 1058, 1063)
Kaufman & Broad Colorado
  2002 Ed. (2676)
Kaufman & Broad Home Corp.
  1990 Ed. (1170, 1171)
  1991 Ed. (1988, 2808)
  1992 Ed. (1358, 1360, 1362, 1363, 1366, 2555, 3616, 3929)
  1993 Ed. (1083, 1086, 1089, 1095, 1096, 2961, 2963)
  1994 Ed. (1105, 1111, 1113, 1119, 3000, 3001, 3007)
  1995 Ed. (1122, 1126, 1129, 1134, 3065)
  1996 Ed. (1097, 1099, 1101, 1102, 1103, 1107)
  1997 Ed. (1119, 1120, 1123, 1128, 3259)
  1998 Ed. (876, 877, 879, 885, 886, 887, 888, 889, 890, 892, 900, 909, 919, 920, 1122, 1435, 2060, 3007, 3371)
  1999 Ed. (1308, 1309, 1311, 1313, 1317, 1318, 1319, 1320, 1322, 1329, 1334, 1337, 2028, 2816, 3997, 4399)
  2000 Ed. (1190, 1191, 1193, 1196, 1197, 1198, 1199, 1201, 1202, 1211, 1218, 1220, 1230, 1234, 1235, 1805, 2590, 3721)
  2001 Ed. (1388, 1389, 1391, 1392, 1394, 1395, 1402, 1405, 1406, 2803, 2815)
  2002 Ed. (1171, 1174, 3924)
Kaufman and Broad Home Systems, Inc.
  1989 Ed. (1999)
Kaufman & Broad Mortgage
  2003 Ed. (3433, 3443)
Kaufman & Canoles
  2008 Ed. (3429)
  2009 Ed. (3502)
Kaufman Construction Co.
  1990 Ed. (1214)
Kaufman Financial Group
  2009 Ed. (2680)
Kaufman Financial Group, H. W.
  1995 Ed. (202)
  1996 Ed. (205)
Kaufman Financial; H.W.
  1992 Ed. (317)
Kaufman Foundation; Ewing Marion
  1995 Ed. (1931)
Kaufman Fund
  1989 Ed. (1847)
Kaufman Hall
  2007 Ed. (3656)
Kaufman Hall & Associates Inc.
  1991 Ed. (2166)
  1993 Ed. (2265)
  1995 Ed. (2334)
  1996 Ed. (2353)
  1997 Ed. (2486)
  1998 Ed. (2230)
  1999 Ed. (3015)
  2001 Ed. (737, 814, 3210)
Kaufman Hall & Associates Inc.
  2000 Ed. (2763)
Kaufman; Ira
  1990 Ed. (457)
Kaufman; James
  2015 Ed. (3426)
Kaufman and Roberts
  1990 Ed. (2010, 2011, 2012, 2016)
Kaufman Rossin
  2023 Ed. (32)
Kaufman, Rossin & Co.
  1998 Ed. (2, 5, 18)
  1999 Ed. (23)
  2000 Ed. (19)
  2002 Ed. (11, 23)
  2010 Ed. (1)
  2011 Ed. (2, 20)
  2012 Ed. (1, 25, 1484)
  2013 Ed. (1, 17)
  2014 Ed. (1, 13)
  2015 Ed. (1, 14)
  2016 Ed. (1, 13)
  2017 Ed. (9)
  2018 Ed. (8)
  2019 Ed. (9)
  2020 Ed. (11)
  2021 Ed. (13)
  2022 Ed. (14)
  2023 Ed. (54)
Kaufman, Rossin & Co. PA
  2002 Ed. (22)
  2003 Ed. (8)
  2004 Ed. (14)
  2005 Ed. (10)
  2006 Ed. (15)
  2007 Ed. (11)
  2008 Ed. (9)
  2009 Ed. (12)
  2010 Ed. (22, 23)
Kaufman Rossin Group
  2013 Ed. (5)
Kaufmann
  1989 Ed. (1851)
  1990 Ed. (2369)
  1993 Ed. (2647, 2687)
  1995 Ed. (2733)
  1996 Ed. (2799)
  1999 Ed. (3530)
Kaufmann Fund
  1993 Ed. (2658)
  1994 Ed. (2631, 2633)
Kaufman's
  1992 Ed. (2526)
Kaulin Manufacturing Co. Ltd.
  1994 Ed. (2425)
Kauppamainos Bozell
  1995 Ed. (74)
  1996 Ed. (87)
  1997 Ed. (88)
  1999 Ed. (88)
  2000 Ed. (94)
Kaupthing Bank
  2005 Ed. (507, 519)
  2006 Ed. (450, 1755)
  2007 Ed. (461, 1763)
  2008 Ed. (425, 1791)
  2009 Ed. (1735)
  2010 Ed. (430)
  2011 Ed. (355)
Kaupthing Bunadarbanki hf.
  2006 Ed. (4506)
Kautex, A Textron Co.
  2005 Ed. (3397)
Kautex Corp.
  1997 Ed. (2804)
Kautex Textron GmbH
  2008 Ed. (578)
  2009 Ed. (607)
  2010 Ed. (590)
  2011 Ed. (515)
  2012 Ed. (496)
  2013 Ed. (611)
  2014 Ed. (631)
  2015 Ed. (696)
  2016 Ed. (634)
  2017 Ed. (670)
  2018 Ed. (627)
  2019 Ed. (642)
  2020 Ed. (622)
  2021 Ed. (578)
  2022 Ed. (607)
Kautex Textron Inc.
  2004 Ed. (690)
  2005 Ed. (686)
  2006 Ed. (601)
  2007 Ed. (630)
Kav
  1992 Ed. (2811)
Kava kava
  2000 Ed. (2445)
  2001 Ed. (2012)
Kavaliro
  2014 Ed. (1580)
  2016 Ed. (1560)
  2018 Ed. (4940, 4941, 4949)
Kavanewsky; Kory
  2017 Ed. (3595)
  2022 Ed. (3703)
Kavel Zahav
  2006 Ed. (56)
Kavel Zahav International Calls
  2005 Ed. (49)
Kaveri Seed
  2017 Ed. (1622)
  2022 Ed. (1603)
Kavoo
  2013 Ed. (3547)
Kawahara; Minoru
  1997 Ed. (1989)
Kawahara Nurseries
  2020 Ed. (3725)
  2021 Ed. (3727)
  2022 Ed. (3745)
  2023 Ed. (3848)
Kawai America Corporation
  1992 Ed. (3142)
Kawai Musical Instrument Ltd.
  2000 Ed. (3176)
  2001 Ed. (3411)
Kawai Musical Instruments Manufacturing Co., Ltd.
  2013 Ed. (3781)
  2014 Ed. (3726)
  2015 Ed. (3729)
  2016 Ed. (3638)
  2017 Ed. (3622)
  2018 Ed. (3685)
  2019 Ed. (3670)
  2020 Ed. (3637)
  2021 Ed. (3644)
Kawailoa Development Co., LP
  2006 Ed. (1747)
  2007 Ed. (1756)
  2008 Ed. (1784)
Kawailoa Development LLP
  2009 Ed. (1725)
  2010 Ed. (1673)
  2011 Ed. (1682)
  2012 Ed. (1533)
  2013 Ed. (1679)
  2014 Ed. (1631)
  2015 Ed. (1680)
  2016 Ed. (1625)
  2017 Ed. (1598)
Kawann Short
  2019 Ed. (195)
Kawasaka Heavy Industry
  2007 Ed. (2401)
Kawasaki
  1991 Ed. (2902)
  1992 Ed. (3119)
  1993 Ed. (2609)
  1994 Ed. (2569)
  1995 Ed. (2624)
  1996 Ed. (2702)
  1998 Ed. (2541)
  2000 Ed. (3172, 3173, 3174)
Kawasaki; Guy
  2010 Ed. (829)
  2011 Ed. (756)
Kawasaki Heavy
  1989 Ed. (1918)
  1990 Ed. (2177, 3469)
Kawasaki Heavy Industries
  2020 Ed. (2147)
  2021 Ed. (2143)
Kawasaki Heavy Industries Ltd.
  1990 Ed. (1478, 3064)
  1991 Ed. (1308, 1405)
  1992 Ed. (1679, 1772, 4309)
  1993 Ed. (1461, 3617)
  1995 Ed. (1543)
  1997 Ed. (1581)
  2001 Ed. (3398, 3399)
  2002 Ed. (2730)
  2005 Ed. (3002, 3003)
  2006 Ed. (2998, 2999)
  2008 Ed. (189, 3150)
  2010 Ed. (4802)
  2011 Ed. (4749)
  2012 Ed. (3075, 4765)
  2013 Ed. (3147, 4737)
  2014 Ed. (3150, 4786)
  2015 Ed. (3210, 4817)
  2016 Ed. (3065, 4720)
  2017 Ed. (3014, 4737)
  2018 Ed. (3135, 4723)
  2019 Ed. (3071, 4725)
  2020 Ed. (3103)
Kawasaki Heavy Industry
  2017 Ed. (3020)
Kawasaki Kisen
  2007 Ed. (4835)
Kawasaki Kisen Kaisha
  1990 Ed. (3641)
  1991 Ed. (3416)
  1992 Ed. (4337)
  1993 Ed. (3613)
  1995 Ed. (3654)
  2012 Ed. (4773)
  2013 Ed. (4715)
  2014 Ed. (4768)
  2015 Ed. (4791)
  2016 Ed. (4695, 4702)
  2017 Ed. (4709, 4715)
Kawasaki Kisen Kaisha Ltd.
  2020 Ed. (2773)
  2021 Ed. (2645)
  2022 Ed. (2773)
Kawasaki Kisen Kaisha, Ltd.
  2016 Ed. (4722)
  2017 Ed. (4739)
  2018 Ed. (4724, 4725)
  2019 Ed. (4727)
Kawasaki Kisen Kaisha Ltd. (K Line)
  2022 Ed. (2773)
Kawasaki Ninja ATV
  1998 Ed. (3600)
Kawasaki Steel Corp.
  1989 Ed. (2639)
  1990 Ed. (2545)
  1991 Ed. (2423, 3401)
  1992 Ed. (1681, 3032, 4309)
  1993 Ed. (2539)
  1994 Ed. (2476, 2486)
  1995 Ed. (2544, 2552)
  1997 Ed. (2757)
  1998 Ed. (2467)
  1999 Ed. (3358)
  2000 Ed. (3093)
  2001 Ed. (1625)
  2002 Ed. (3311, 4433)
  2003 Ed. (3377)
Kawasan Industri Jababeka
  2008 Ed. (1809)
Kawasho
  1990 Ed. (3050)
  1993 Ed. (3270)
Kaweah Construction Co.
  2008 Ed. (1593)
  2009 Ed. (1531)
  2010 Ed. (1525)
  2011 Ed. (1520)
Kawneer Co.
  2015 Ed. (3661)
  2016 Ed. (3548)
  2017 Ed. (3517)
Kawo Reinigungs AG
  2006 Ed. (2033)
Kaxim
  2021 Ed. (2203)
  2022 Ed. (2236)
  2023 Ed. (2423)
Kay
  1989 Ed. (960, 2471)
Kay Bailey Hutchinson
  1999 Ed. (3844, 3960)
Kay-Bee
  1989 Ed. (1252, 1257, 2860)
  1990 Ed. (1514)
  1991 Ed. (1434, 3164)
  1992 Ed. (1821, 4330)
  1993 Ed. (867)
  1994 Ed. (3563)
  1995 Ed. (3144, 3644, 3646)
  1997 Ed. (3344, 3780, 3781)
  1998 Ed. (3094, 3460, 3602)
  1999 Ed. (4096, 4097, 4636, 4638)
Kay-Bee Toys
  1996 Ed. (3236, 3725, 3727)
Kay Construction
  2006 Ed. (3528)
  2007 Ed. (3580, 4435, 4992)
Kay Elizabeth Inc.
  1995 Ed. (145)
  1996 Ed. (159)

Kay Home Products
 2022 Ed. (556)
 2023 Ed. (805)
Kay Jewelers
 1995 Ed. (1246)
 2007 Ed. (4596)
 2015 Ed. (4357)
Kay Krill
 2008 Ed. (2636)
Kay L. Gray
 1991 Ed. (2547)
Kay R. Shirley
 2009 Ed. (3442)
Kay, Scholer, Fierman, Hays & Handler
 1996 Ed. (2866, 2867)
Kay Thai
 1991 Ed. (1067)
Kay Toledo Tag Inc.
 2008 Ed. (4032)
 2009 Ed. (4105)
 2010 Ed. (4031)
 2012 Ed. (4034)
 2014 Ed. (4085)
Kayaking
 1999 Ed. (4382, 4816)
Kaycan
 1990 Ed. (1669)
Kaydon Corp.
 2000 Ed. (2401, 4045)
 2004 Ed. (2323)
 2005 Ed. (2415)
Kaydon Group
 2011 Ed. (1082)
Kaye Associates Inc.; Walter
 1991 Ed. (2139)
 1992 Ed. (2702)
Kaye/Bassman International Corp.
 2008 Ed. (2107)
 2009 Ed. (2085)
 2010 Ed. (2029)
Kaye Insurance Associates LP
 1995 Ed. (2274)
Kaye Personnel Inc.
 2000 Ed. (4229)
Kaye Scholer
 2012 Ed. (3396)
Kaye, Scholer, Fierman, Hays & Handler
 1990 Ed. (2424)
 1995 Ed. (14, 2430)
Kaye Trucking
 2006 Ed. (3541, 3689, 4380)
Kayem
 2023 Ed. (2901)
Kayi Insaat San. ve Tic. AS
 2011 Ed. (1232)
 2012 Ed. (1161)
Kaylu Realty Corp.
 2000 Ed. (4057)
Kaynar Technologies
 2000 Ed. (4042)
Kayne Anderson Energy Development Co.
 2011 Ed. (2089)
Kayne, Anderson Investment
 1996 Ed. (2396, 2408)
Kayo Energy
 2023 Ed. (1567, 2554)
Kaypro
 1989 Ed. (973)
Kayser-Roth
 1998 Ed. (1976)
 2003 Ed. (1001)
Kayser-Roth Corp.
 2016 Ed. (2984, 2985)
 2017 Ed. (2945, 2946)
 2018 Ed. (3059, 3060)
Kayser Yugo
 1990 Ed. (325)
Kaz
 2000 Ed. (2594)
 2002 Ed. (2714)
Kaz Honeywell
 2018 Ed. (3110)
Kaz SmartTemp
 2020 Ed. (2676)
Kaz Vicks
 2018 Ed. (3110)
Kaz Vicks VapoPads
 2018 Ed. (3699)
 2020 Ed. (3715)
 2021 Ed. (3720)
Kaz Vicks Vapopads
 2023 Ed. (3838)
Kazagroprombank
 2001 Ed. (632)
Kazakh Corporate Bank
 1999 Ed. (567)
Kazakhmys
 2007 Ed. (3520, 3521)
 2011 Ed. (3668)
 2012 Ed. (3657, 3676, 3686)
 2013 Ed. (3709, 3722)
Kazakhstan
 1991 Ed. (3157)
 1997 Ed. (2567)
 1999 Ed. (1212, 1214)
 2001 Ed. (711, 1101, 1229, 1286, 2454, 4936, 4943)

 2002 Ed. (3229, 4705, 4999)
 2003 Ed. (851, 965, 1026, 2212, 4425, 4897, 5000)
 2004 Ed. (688, 689, 873, 979, 1029, 1396, 3499, 4427, 4750, 4991, 4999)
 2005 Ed. (685, 853, 998, 1036, 2534, 2621, 4376, 4997, 5000)
 2006 Ed. (598, 1008, 1045, 2617, 2640, 2715, 4325, 4995, 5000)
 2007 Ed. (627, 869, 1097, 1133, 2592, 4229, 4390, 4940, 4996, 5000)
 2008 Ed. (528, 577, 831, 975, 1013, 2396, 3537, 4258, 4341, 4624, 4804, 4917, 4995, 5000)
 2009 Ed. (563, 606, 853, 966, 998, 2378, 4362, 4446, 4660, 4827, 4928, 4996, 5001)
 2010 Ed. (546, 589, 800, 925, 962, 2406, 4389, 4489, 4841, 4932, 5000, 5005)
 2011 Ed. (474, 514, 728, 863, 889, 4334, 4424, 4800, 4917, 4998, 5001)
 2012 Ed. (364)
 2021 Ed. (688, 2182, 3170, 3171)
 2022 Ed. (2212)
 2023 Ed. (2401)
Kazakhstan Cellular
 2009 Ed. (61)
 2010 Ed. (71)
Kazakhstan Postbank
 1996 Ed. (575)
Kazakstan
 2004 Ed. (1911)
 2009 Ed. (3603)
 2010 Ed. (3521)
 2011 Ed. (3525)
Kazarian; Paul
 1996 Ed. (1914)
Kazbegi
 2005 Ed. (40)
 2006 Ed. (47)
 2007 Ed. (38)
Kazcommertzbank Kyrgyzstan
 2006 Ed. (4514)
Kazdorbank
 1997 Ed. (531)
Kazenergo Bank
 1996 Ed. (575)
Kazeto s.r.o.
 2009 Ed. (1626)
Kazi Farms Group
 2019 Ed. (2231)
 2020 Ed. (2228, 2236)
 2021 Ed. (2202)
 2022 Ed. (2235)
 2023 Ed. (2422)
Kazim Al Saher
 2013 Ed. (3476)
Kazkommerts Ziraat International
 2000 Ed. (579)
Kazkommertsbank
 1996 Ed. (575)
 1999 Ed. (567)
 2000 Ed. (579)
 2001 Ed. (632)
 2003 Ed. (555)
 2004 Ed. (58, 470, 569)
 2005 Ed. (53, 555)
 2006 Ed. (60, 477)
 2007 Ed. (51, 492)
 2008 Ed. (456)
 2009 Ed. (464, 485)
 2010 Ed. (467)
 2011 Ed. (394, 1787)
 2013 Ed. (440)
 2014 Ed. (401, 434)
 2015 Ed. (458)
 2016 Ed. (410)
 2017 Ed. (419)
 2018 Ed. (446, 449)
 2019 Ed. (457, 460)
Kazmin; Andrei
 2007 Ed. (785)
KazMunaiGas Exploration
 2011 Ed. (1787)
 2013 Ed. (1800)
 2014 Ed. (1727)
 2015 Ed. (1771)
KazMunaiGas Exploration Production
 2012 Ed. (3900)
KazMunaiGas Exploration Production; JSC
 2018 Ed. (2371, 3877)
Kazoozles
 2016 Ed. (760)
Kazu Construction LLC
 2016 Ed. (1618)
Kazuhide Uekusa
 2000 Ed. (2146)
Kazuo Inamori
 2010 Ed. (3961)
K.B. & Co. (Fancy Goods) Ltd.
 1995 Ed. (1011)
KB Financial Group
 2010 Ed. (1986)
 2011 Ed. (2048)
 2012 Ed. (1897, 3341)
 2013 Ed. (374, 398, 2056, 3409)
 2014 Ed. (387, 411, 1990, 2694, 3406)

 2015 Ed. (442, 468, 2038, 2733, 2741, 3441)
 2016 Ed. (398, 417, 418, 674, 2006, 2168, 2657, 2664)
 2017 Ed. (403, 429, 430, 1964, 2109, 2603, 2610)
 2018 Ed. (367, 395, 396, 666, 1913, 2076, 2665, 2673)
 2019 Ed. (371, 397, 398, 679, 1963, 2125)
 2020 Ed. (366, 390, 391, 672, 1896, 2056, 2598)
 2021 Ed. (428, 660, 662, 1858)
 2022 Ed. (433, 442, 700, 1901, 1902)
 2023 Ed. (609, 610, 887, 2015, 2016, 2156)
KB Financial Group Co., Ltd.
 2013 Ed. (3416)
 2014 Ed. (3413)
KB Financial Group (S. Korea)
 2022 Ed. (433)
KB Group
 2007 Ed. (4004)
KB Home
 2002 Ed. (1187, 1192, 1196, 1197, 1205, 1210, 2656, 2657, 2661, 2665, 2667, 2668, 2669, 2670, 2672, 2673, 2674, 2675, 2691, 2692, 2693)
 2003 Ed. (1135, 1139, 1141, 1145, 1147, 1150, 1158, 1159, 1163, 1171, 1173, 1177, 1178, 1188, 1189, 1192, 1199, 1200, 1202, 1203, 1204, 1206, 1207, 1210, 1211, 1213, 2874)
 2004 Ed. (1137, 1143, 1150, 1152, 1164, 1165, 1171, 1179, 1181, 1184, 1185, 1193, 1194, 1197, 1204, 1205, 1206, 1207, 1209, 1210, 1211, 1213, 1214, 1217, 1218, 1226, 2946, 2957, 2959)
 2005 Ed. (1166, 1179, 1180, 1181, 1183, 1185, 1191, 1192, 1193, 1199, 1206, 1210, 1211, 1219, 1221, 1223, 1225, 1229, 1230, 1231, 1232, 1233, 1234, 1235, 1237, 1238, 1241, 1242, 1244, 1257, 2948, 2962, 2964)
 2006 Ed. (1162, 1191, 1196, 1197, 1199, 1200, 1202, 1217, 2947, 2957, 2959, 4190)
 2007 Ed. (1269, 1274, 1304, 1307, 1308, 1309, 1310, 1311, 1324, 1682, 2895, 2963, 2964, 2977)
 2008 Ed. (1167, 1200, 1201, 1202, 3017, 3087)
 2009 Ed. (1148, 1174, 1177, 1178, 1179, 1180, 1539, 3104, 3175)
 2010 Ed. (1143, 1167, 1169, 1170, 1532, 2843, 3037, 3108)
 2011 Ed. (1114, 1116, 1117, 1528, 2826, 2827, 3006, 3078)
 2012 Ed. (1036, 1037, 1038, 1380, 2933, 3020)
 2013 Ed. (1184, 1185, 3022)
 2014 Ed. (1136, 1137, 3033)
 2015 Ed. (1184, 1186, 1187, 1188, 3099)
 2016 Ed. (1061, 1064, 1097, 1099)
 2017 Ed. (1128, 1130, 1133, 1135, 1136, 1138, 1139, 1143, 1144, 2966)
 2018 Ed. (1059, 1061, 1063, 1065, 1066, 1067, 1068, 1070, 1071, 1075, 1076, 3025, 3080)
 2019 Ed. (1070, 1072, 1074, 1076, 1077, 1078, 1079, 1081, 1082, 1086, 1087, 1089, 2967, 3023)
 2020 Ed. (1059, 1061, 1063, 1065, 1066, 1067, 1068, 1070, 1071, 1075, 1076, 1077)
 2021 Ed. (1027, 1029, 1031, 1033, 1035, 1036, 1038, 1039, 1042, 1043, 1044)
 2022 Ed. (1064, 1066, 1068, 1070, 1072, 1073, 1075, 1076, 1079, 1080)
 2023 Ed. (1237, 1239, 1241, 1244, 1246, 1247, 1249, 1250, 1253, 1254, 1255, 3166)
KB Home Greater Los Angeles Inc.
 2008 Ed. (1167)
 2009 Ed. (1148)
 2010 Ed. (1143)
KB Insurance
 2018 Ed. (3302)
KB Kookmin Bank
 2017 Ed. (718)
KB Luxembourg (Monaco)
 2000 Ed. (614)
KB PCB Group
 2008 Ed. (4022)
KB Toys Inc.
 2005 Ed. (4727)
 2007 Ed. (4788)
 2008 Ed. (4706)
 2009 Ed. (4750, 4751, 4752)
 2011 Ed. (4712)
KB Triglav
 1997 Ed. (2676)
KBB.com
 2001 Ed. (4773)
 2008 Ed. (3356)
KBC
 2010 Ed. (1502)
 2011 Ed. (1496)
 2012 Ed. (1344)

 2015 Ed. (717)
 2019 Ed. (660)
 2020 Ed. (644)
 2021 Ed. (439, 602, 603)
 2022 Ed. (453)
 2023 Ed. (633)
KBC Ancora
 2019 Ed. (1429)
KBC Asset Management
 2006 Ed. (3213)
KBC Bancassurance Holding
 2006 Ed. (1563)
KBC Bank
 2003 Ed. (467)
 2004 Ed. (455, 493, 497)
 2005 Ed. (465)
 2006 Ed. (415)
 2007 Ed. (403, 1598)
 2008 Ed. (385)
 2009 Ed. (407, 408)
 2010 Ed. (383, 384)
 2011 Ed. (308, 309)
KBC Bank Insurance
 2003 Ed. (1623)
KBC Bank & Insurance Holding Co. NV
 2002 Ed. (529, 759, 760, 1596, 1597)
KBC Bank & Insurance Holdings
 2006 Ed. (1448)
KBC Bank Ireland
 2013 Ed. (436)
 2015 Ed. (509)
 2016 Ed. (463)
 2017 Ed. (480)
 2018 Ed. (442)
 2019 Ed. (452)
 2020 Ed. (438)
 2023 Ed. (655)
KBC Bank NV
 2002 Ed. (1598)
 2004 Ed. (1656)
 2021 Ed. (472)
 2022 Ed. (486)
 2023 Ed. (710)
KBC Bankassurance Holding SA
 2001 Ed. (1640, 1641)
KBC Global Services
 2014 Ed. (1398)
KBC Groep
 2013 Ed. (1436)
KBC Group
 2007 Ed. (1597)
 2010 Ed. (413)
 2013 Ed. (412)
 2014 Ed. (429)
 2015 Ed. (486)
 2016 Ed. (438, 439)
 2017 Ed. (454, 455)
 2018 Ed. (419)
 2019 Ed. (425)
 2020 Ed. (415)
 2022 Ed. (1392)
 2023 Ed. (632, 1587)
KBC Group NV
 2008 Ed. (1575, 1577)
 2009 Ed. (1508, 1510)
 2010 Ed. (1500, 1504)
 2011 Ed. (1495, 1499)
 2012 Ed. (1343, 1346, 1347)
 2013 Ed. (413, 1435, 1438, 1439)
 2014 Ed. (430, 1397, 1400)
 2015 Ed. (1461)
 2016 Ed. (1391)
 2017 Ed. (1406)
 2018 Ed. (1383)
 2019 Ed. (1429)
 2020 Ed. (1390)
 2021 Ed. (1387)
KBC Group SA/NV
 2009 Ed. (407)
 2010 Ed. (383)
 2011 Ed. (308)
KBC Groupe SA
 2009 Ed. (475)
KBCO-FM
 2002 Ed. (3897)
KBE Building Corp.
 2010 Ed. (1252)
 2011 Ed. (1201)
 2014 Ed. (1113)
 2016 Ed. (1173)
 2019 Ed. (1119)
 2020 Ed. (1109)
 2023 Ed. (1333)
KBFM-FM
 1992 Ed. (3605)
KBH Homes
 2003 Ed. (1167)
 2004 Ed. (1175)
KBI Staffing Solutions LLC
 2023 Ed. (175)
KBIG-FM
 1994 Ed. (2988)
 1995 Ed. (3052)
 1996 Ed. (3153)
 2015 Ed. (3037)
 2016 Ed. (2933)
 2017 Ed. (2892)
 2018 Ed. (2958)

2019 Ed. (2903)
2020 Ed. (2922)
KBIG-FM (104.3)
　1993 Ed. (2954)
KBIG-FM(104.3)
　1992 Ed. (3606)
KBJ Architects Inc.
　1998 Ed. (186)
　1999 Ed. (289)
　2000 Ed. (314)
　2002 Ed. (333)
KBL Environmental Ltd.
　2016 Ed. (4355)
KBL European Bankers
　2014 Ed. (462)
KBL European Bankers SA
　2015 Ed. (520)
　2016 Ed. (473)
　2017 Ed. (491)
　2018 Ed. (456)
　2019 Ed. (467)
　2020 Ed. (451)
KBL European Private Bankers
　2012 Ed. (1231)
KBL-TV
　1992 Ed. (1034)
KBLCOM
　1995 Ed. (878)
KBP Foods
　2020 Ed. (4228)
KBP Foods LLC
　2019 Ed. (2724)
KBP Investments
　2021 Ed. (4192)
　2022 Ed. (4210)
　2023 Ed. (4245)
KBPI-FM
　2002 Ed. (3897)
KBR
　2013 Ed. (1241, 1243, 1244, 1245, 1248, 1284, 1286, 1289, 2562, 2568, 2589)
　2014 Ed. (1118, 1149, 1172, 1179, 1181, 1182, 1183, 1186, 1217, 1222, 2491, 2497, 2518, 2545)
　2015 Ed. (1225)
　2022 Ed. (1061, 1966)
　2023 Ed. (1233, 2575)
KBR Holdings LLC
　2008 Ed. (1193, 1194)
　2009 Ed. (1168, 1169)
　2010 Ed. (1161, 1162)
　2011 Ed. (1110)
　2012 Ed. (1032)
　2013 Ed. (1182)
　2014 Ed. (1134)
　2015 Ed. (1182)
　2016 Ed. (1094, 1095)
KBR Inc.
　2008 Ed. (1193, 1194, 1361, 1367, 1368, 2286)
　2009 Ed. (1168, 1169, 1360, 1363, 1367, 1368, 1374, 1676, 2271, 2274, 2375, 2519)
　2010 Ed. (1161, 1162, 1345, 1346, 1347, 1351, 1352, 1360, 2226, 2229, 2230, 2436)
　2011 Ed. (1110, 1111, 1333, 1340, 1341, 1348, 2243, 2246, 2247, 2440)
　2012 Ed. (1009, 1011, 1032, 1033, 1045, 1199, 1205, 1206, 2107, 2110, 2365)
　2013 Ed. (1153, 1159, 1182, 1183, 1196, 1197, 1311, 1313, 1319, 1320, 2295, 2551, 2573, 2574, 2575, 2583, 2584)
　2014 Ed. (1134, 1135, 1253, 2482, 2502, 2503, 2504, 2513)
　2015 Ed. (1156, 1157, 1182, 1183, 1199, 1233, 1235, 1237, 1240, 1310, 2557, 2565, 2571, 2577, 2578, 2587, 2592)
　2016 Ed. (1069, 1094, 1095, 1135, 1144, 1146, 1148, 1217, 1225, 2049, 2473, 2484, 2487, 2499, 2505, 2509, 2514)
　2017 Ed. (1193, 1197, 2329, 2340, 2343, 2356, 2357, 2366, 2371)
　2018 Ed. (1143, 1147, 2407, 2410, 2416, 2433, 2438)
　2019 Ed. (1155, 1159, 1285, 2453, 2456, 2462, 2481, 2484, 2486, 2487)
　2020 Ed. (1087, 1146, 1150, 2445, 2446, 2449, 2451, 2470, 2471, 2476)
　2021 Ed. (1051, 1244, 1901, 2365, 2368, 2369, 2372, 2374, 2375, 2385, 2386, 2393, 2394, 2395, 2397, 2400)
　2022 Ed. (1088, 1249, 1947, 2496, 2497, 2504, 2506)
Kbrew
　2004 Ed. (91)
　2005 Ed. (86)
KBRG-FM
　1996 Ed. (2653, 3151)
　1998 Ed. (2511, 2986)
　1999 Ed. (3419, 3979)
KBRG-FM/KLOK-AM
　1992 Ed. (3088)
KBS Capital Advisors
　2015 Ed. (4205)
　2016 Ed. (4125)
　2019 Ed. (4137)

KBS Inc.
　2010 Ed. (1326)
　2011 Ed. (1308)
　2023 Ed. (1439)
KBS Realty Advisors
　2014 Ed. (4220)
　2015 Ed. (4205)
　2016 Ed. (4125)
　2019 Ed. (4137)
KBUA-FM
　2005 Ed. (4412)
KBUE-FM
　1997 Ed. (2800, 3236)
　2002 Ed. (3898)
　2004 Ed. (4464)
　2005 Ed. (4412)
　2006 Ed. (4430)
　2008 Ed. (4470)
　2009 Ed. (4503)
　2012 Ed. (2876)
　2013 Ed. (2952)
　2014 Ed. (2969)
KBW Financial Staffing & Recruiting
　2011 Ed. (2394)
　2022 Ed. (2376)
KC Cattle Co.
　2023 Ed. (1817)
KC Confectionery Ltd.
　1996 Ed. (1413)
KC Green Energy
　2018 Ed. (4456)
　2019 Ed. (4446)
KC Group
　2009 Ed. (1645)
KC Masterpiece
　1999 Ed. (4345)
KC Masterpiece BBQ potato chips
　1999 Ed. (4703)
KC Projects PR
　2023 Ed. (4110)
KCB Group
　2019 Ed. (342)
　2022 Ed. (4685)
　2023 Ed. (564, 1528)
KCB Group Limited
　2020 Ed. (347)
KCCT
　2023 Ed. (3377)
KCCT Architecture
　2022 Ed. (3287)
KCD Public Relations Inc.
　2016 Ed. (4063)
KCI-Konecranes Oy
　1999 Ed. (1629)
KCI Technologies
　2023 Ed. (2490, 2502)
KCI Technologies Inc.
　2007 Ed. (2421)
　2008 Ed. (2548)
　2009 Ed. (2535, 2555)
　2010 Ed. (2453, 2471)
　2011 Ed. (2462)
　2012 Ed. (208, 2395)
　2014 Ed. (2495)
　2015 Ed. (2569)
　2016 Ed. (2481, 2491)
　2017 Ed. (2347)
　2018 Ed. (2414)
　2019 Ed. (1032, 2418, 2424, 2438, 2446, 2450, 2460)
　2020 Ed. (1024, 2391, 2423, 2430, 2440, 2449)
　2021 Ed. (2348, 2362)
　2022 Ed. (2425, 2435, 2463, 2473, 2483)
KCI Technologies, Inc.
　2022 Ed. (1033)
KCM 2000 SA
　2011 Ed. (1511)
KCM AD
　2012 Ed. (1359)
　2013 Ed. (1445)
Kcom Group
　2016 Ed. (4574)
　2017 Ed. (4588)
KCOR-AM
　1996 Ed. (2653, 3151)
　1997 Ed. (2800, 3236)
　1998 Ed. (2511, 2986)
　1999 Ed. (3979)
　2001 Ed. (3970)
　2002 Ed. (3895)
　2003 Ed. (4498)
KCOR-AM, KROM-FM, KXTN AM & FM
　1999 Ed. (3419)
KCOR-AM, KROM-FM, KXTN-FM
　2000 Ed. (3695)
KCOR-FM
　2000 Ed. (3142)
KCP Income Fund
　2007 Ed. (936)
　2008 Ed. (1215)
　2009 Ed. (1190, 3618)
　2010 Ed. (1196)
KCPQ-TV
　2001 Ed. (1546)
KCS & A Public Relations
　1996 Ed. (3106, 3108)

KCS Applications
　2002 Ed. (3599)
KCS Energy Inc.
　1994 Ed. (2703)
　1995 Ed. (3515)
　1996 Ed. (2841)
　1997 Ed. (2936)
　2002 Ed. (1549)
　2006 Ed. (3835, 3836, 3837)
　2007 Ed. (3839, 3852, 3853, 3854)
　2008 Ed. (1400, 3907)
KCSA Public Relations
　1997 Ed. (3187)
　1999 Ed. (3912)
KCSA Public Relations Worldwide
　2003 Ed. (3987)
　2004 Ed. (3985, 4021)
　2005 Ed. (3952, 3970)
KDB Bank
　2004 Ed. (512)
KDB Financial Group
　2014 Ed. (387, 411)
　2015 Ed. (442, 468)
　2016 Ed. (398, 417)
KDB Group
　2021 Ed. (428, 502)
　2022 Ed. (442)
　2023 Ed. (610)
KDD
　1992 Ed. (4204)
　1993 Ed. (3511)
　1997 Ed. (3694)
KDDI
　2013 Ed. (1789)
　2015 Ed. (4680)
　2016 Ed. (1712, 3612, 4589)
　2017 Ed. (1696, 3580, 4603, 4606, 4608)
　2018 Ed. (4600, 4609, 4622)
　2019 Ed. (4615, 4626, 4639)
　2020 Ed. (4589, 4609)
　2021 Ed. (1636, 4586, 4587)
　2022 Ed. (1653, 4600, 4601, 4632)
　2023 Ed. (4604, 4605, 4630)
KDDI Corp.
　2004 Ed. (56)
　2005 Ed. (51, 4633)
　2006 Ed. (58, 4698)
　2007 Ed. (49, 3622, 4720)
　2008 Ed. (4643)
　2009 Ed. (59, 4683, 4685)
　2010 Ed. (69, 4698)
　2011 Ed. (1776)
　2012 Ed. (37, 4661)
　2013 Ed. (4609, 4635)
　2014 Ed. (4677)
　2015 Ed. (4688)
　2016 Ed. (4595)
　2017 Ed. (4614)
　2018 Ed. (1652, 4615)
　2019 Ed. (4624, 4632)
　2020 Ed. (4603)
KDH Solar
　2016 Ed. (4410)
　2017 Ed. (4420, 4421)
　2018 Ed. (4442)
　2019 Ed. (4456)
KDM Enterprises
　2016 Ed. (3979)
　2019 Ed. (3966)
　2020 Ed. (3987)
　2021 Ed. (3952)
　2022 Ed. (3964)
KDM Enterprises LLC
　2013 Ed. (4086)
　2014 Ed. (4095)
　2016 Ed. (3982)
KDM Products
　2023 Ed. (4052, 4054)
KDON-FM
　1992 Ed. (3605)
KDOS-FM
　2005 Ed. (4412)
KDVO Meter Inspection Headquarters
　2010 Ed. (1983)
KDXT-FM
　2005 Ed. (4412)
KDXX-AM
　2005 Ed. (4412)
KDXX-FM
　2003 Ed. (4498)
　2004 Ed. (4464)
KE Holdings, Inc.
　2022 Ed. (4339)
Kean College of New Jersey
　1998 Ed. (808)
　1999 Ed. (1236)
Kean Miller
　2021 Ed. (3221, 3222)
Kean University
　2000 Ed. (1145)
　2002 Ed. (1108)
Keane; Bryan C.
　2011 Ed. (3344)
Keane Canada Inc.
　2008 Ed. (2929)
　2011 Ed. (1931)
Keane Group
　2021 Ed. (3987)

Keane Inc.
　1991 Ed. (224, 227)
　1994 Ed. (215)
　1997 Ed. (846, 1140)
　1998 Ed. (158)
　1999 Ed. (2671, 4487)
　2000 Ed. (280, 281, 284)
　2002 Ed. (307, 1626)
　2005 Ed. (1860, 4360)
　2006 Ed. (4301)
　2007 Ed. (2894)
　2008 Ed. (1114, 1911, 3013, 4800)
　2009 Ed. (3099)
　2010 Ed. (3032)
　2011 Ed. (3001)
　2012 Ed. (2928)
　2013 Ed. (3017)
　2014 Ed. (3027)
Keane; Margaret
　2011 Ed. (4977)
　2014 Ed. (4975)
　2015 Ed. (5023)
　2016 Ed. (4938)
　2017 Ed. (4929)
　2021 Ed. (724)
Keane, an NTT Data Co.
　2013 Ed. (2880)
Keane; Robbie
　2005 Ed. (4885)
Keane; Roy
　2005 Ed. (268)
Keang Nam Enterprises Ltd.
　1996 Ed. (1166)
Keanu Reeves
　2002 Ed. (2141)
　2003 Ed. (2328)
　2004 Ed. (2408)
　2008 Ed. (2590)
　2010 Ed. (2521)
Keap
　2023 Ed. (1148)
Kearfott Corp.
　2018 Ed. (3452)
　2022 Ed. (3495)
Kearney; Christopher
　2008 Ed. (952)
　2009 Ed. (951)
Kearney & Co.
　2011 Ed. (1, 19)
　2012 Ed. (1, 22)
　2013 Ed. (1, 15, 2141)
　2014 Ed. (1, 11)
　2015 Ed. (12)
　2016 Ed. (11)
　2017 Ed. (7)
　2018 Ed. (6)
　2019 Ed. (7)
　2020 Ed. (9)
　2021 Ed. (11)
　2022 Ed. (12)
　2023 Ed. (52)
The Kearney Cos.
　2008 Ed. (1277, 1339)
　2009 Ed. (1260, 1337)
　2010 Ed. (1256)
　2011 Ed. (1206)
Kearney County, NE
　1997 Ed. (1681)
Kearney Development Co.
　1999 Ed. (1378)
　2000 Ed. (1270)
　2001 Ed. (1483)
　2002 Ed. (1300)
　2003 Ed. (1318)
　2004 Ed. (1318)
　2005 Ed. (1323)
　2006 Ed. (1183, 1345)
　2007 Ed. (1371)
Kearney Electric Inc.
　2006 Ed. (4340)
Kearney Inc.
　1998 Ed. (1506)
Kearney Inc.; A. T.
　1990 Ed. (853)
　1993 Ed. (1691)
　1994 Ed. (1126)
　1996 Ed. (834, 1707)
　1997 Ed. (1795)
　2010 Ed. (707, 1183, 1191, 1192, 4972)
　2011 Ed. (1138)
　2012 Ed. (1062, 1065, 1073)
　2013 Ed. (1207)
Kearney Inc.: Executive Search Division; A. T.
　1991 Ed. (811, 1615)
Kearny Bank
　2021 Ed. (389)
　2022 Ed. (354, 402)
　2023 Ed. (524, 548)
Kearny Federal Savings
　2000 Ed. (3856)
Kearny Federal Savings Bank
　2002 Ed. (627)
Kearny Federal Savings & Loan Association
　1994 Ed. (3532)

CUMULATIVE INDEX • 1989-2023

Kearny Financial
  2021 Ed. (1734)
  2022 Ed. (370, 1765)
Kears; David
  1990 Ed. (2482)
Keating Auto Group
  2022 Ed. (248)
Keating Building Co.
  1995 Ed. (1194)
  1996 Ed. (1168)
  1997 Ed. (1198)
  1998 Ed. (974)
  1999 Ed. (1410)
  2009 Ed. (1323)
  2010 Ed. (1305)
  2011 Ed. (1263)
Keating Co.; Daniel J.
  1990 Ed. (1212)
Keating Construction Co.; Daniel J.
  1991 Ed. (1100)
  1993 Ed. (1153)
  1994 Ed. (1175)
Keating Muething & Klekamp PLL
  2023 Ed. (3432)
Keating; Niamh
  2007 Ed. (4920)
Keating; Niamh & Stephen
  2005 Ed. (4885)
Keating; Ronan
  2005 Ed. (4885)
Keating; Stephen
  2007 Ed. (4920)
Keating; Val Soranno
  2013 Ed. (4965)
Keauhou Kona Construction Corp.
  2006 Ed. (1746)
Kebede; Liya
  2009 Ed. (3766)
KECH
  2023 Ed. (1830)
Kechian; Baret
  2017 Ed. (3592, 3597)
  2018 Ed. (3651)
  2019 Ed. (3640, 3646)
  2020 Ed. (3614, 3615, 3616)
  2021 Ed. (3637)
  2022 Ed. (3704)
Kechlan; Baret
  2018 Ed. (3653)
Keck Foundation; W. M.
  1991 Ed. (894)
Keck Foundation; W.M.
  1990 Ed. (1848)
Keck Mahin & Cate
  1991 Ed. (2283)
  1992 Ed. (2832)
  1993 Ed. (2395)
  1995 Ed. (2416)
Keck Medical Center
  2016 Ed. (2995)
Ke.com (Beijing)Technology Co., Ltd.
  2020 Ed. (2912)
Kedacom
  2020 Ed. (4318, 4322)
  2021 Ed. (4332, 4339)
  2022 Ed. (4346)
  2023 Ed. (4378)
Kedah Wafer Emas
  2008 Ed. (2395)
Kedem Food Products
  2022 Ed. (1275)
Kedem Kosher
  1989 Ed. (2943)
Kedem Kosher Wine
  1995 Ed. (3757)
  1997 Ed. (3902)
Kedem Kosher Wines
  1996 Ed. (3856)
Kedersha; James
  1997 Ed. (1907)
Keds
  1990 Ed. (289)
  1991 Ed. (262)
  1992 Ed. (366)
  1993 Ed. (256, 258)
  1994 Ed. (244, 246)
  1995 Ed. (252)
  1996 Ed. (251)
  1997 Ed. (280, 281)
  1998 Ed. (200)
  1999 Ed. (309)
  2000 Ed. (323, 324)
  2001 Ed. (423, 425, 4245)
  2002 Ed. (4275)
  2003 Ed. (301)
  2005 Ed. (4431)
  2012 Ed. (4512)
Kee; Lee Shau
  2005 Ed. (4861)
  2007 Ed. (4909)
  2008 Ed. (4841, 4844)
  2009 Ed. (4863, 4864)
  2010 Ed. (4865, 4877)
  2011 Ed. (4852, 4853, 4872)
  2012 Ed. (4859, 4860, 4872)
  2013 Ed. (4873, 4874, 4916)
  2014 Ed. (4887, 4888)
  2015 Ed. (4926, 4927)
  2016 Ed. (4842, 4843)
  2017 Ed. (4850)
  2018 Ed. (4857)
  2019 Ed. (4852)
  2020 Ed. (4841)
  2021 Ed. (4842)
  2022 Ed. (4836)
  2023 Ed. (4831)
Keebler
  1989 Ed. (354, 355, 357, 358, 359, 360)
  1992 Ed. (491, 493, 494, 495, 496, 4004)
  1993 Ed. (3345)
  1994 Ed. (1191, 2901, 3344, 3345)
  1995 Ed. (342, 3397)
  1996 Ed. (3057, 3463)
  1997 Ed. (328, 1212, 1213, 3530, 3533, 3664)
  1998 Ed. (265, 990, 3319)
  1999 Ed. (369)
  2000 Ed. (373)
  2006 Ed. (4389)
  2008 Ed. (1380)
  2012 Ed. (4486)
  2016 Ed. (1252, 1254)
  2017 Ed. (1301, 1304, 1305, 1306)
  2018 Ed. (1280, 1282)
  2019 Ed. (1313)
  2020 Ed. (1285, 1287)
  2021 Ed. (1268, 1270)
  2022 Ed. (1268, 1270, 1271, 1272)
  2023 Ed. (1479, 1480)
Keebler Chacho's
  1995 Ed. (2761)
Keebler Chips Deluxe
  1995 Ed. (1205)
  1997 Ed. (1215)
  1998 Ed. (989, 991)
  2002 Ed. (1337)
  2005 Ed. (1397)
Keebler Club
  2002 Ed. (1339)
  2013 Ed. (1341)
  2014 Ed. (1270, 1271)
  2015 Ed. (1331, 1332)
  2016 Ed. (1250, 1251)
  2017 Ed. (1300)
  2018 Ed. (1279, 1291)
  2019 Ed. (1323)
  2020 Ed. (1297)
  2021 Ed. (1278)
  2022 Ed. (1280)
Keebler Co.
  2014 Ed. (1274, 1275)
Keebler Foods Co.
  2003 Ed. (371, 1371, 4452)
Keebler Fudge Shoppe
  1995 Ed. (1205)
  1997 Ed. (1215)
  1998 Ed. (989)
  2002 Ed. (1337)
  2005 Ed. (1397)
Keebler Graham Selects
  1995 Ed. (2761)
Keebler Munch 'Ems
  1995 Ed. (1206, 1207)
Keebler O'Boisies
  1994 Ed. (2902)
  1997 Ed. (3138)
Keebler Ripplin's
  1994 Ed. (2902)
Keebler Sandies
  1997 Ed. (1215)
  1998 Ed. (989)
Keebler Scooby Doo
  2017 Ed. (1303)
Keebler Toasteds
  1995 Ed. (1206)
Keebler Town House
  2002 Ed. (1339)
  2018 Ed. (1291)
  2019 Ed. (1323)
  2020 Ed. (1297)
  2021 Ed. (1278)
Keebler Townhouse
  2013 Ed. (1341)
  2015 Ed. (1331, 1332)
  2016 Ed. (1250, 1251)
  2017 Ed. (1300)
  2018 Ed. (1279)
Keebler Wheatables
  1995 Ed. (1206)
Keebler Zesta
  1995 Ed. (1208)
Keeco
  2007 Ed. (587)
Keeco LLC
  2022 Ed. (2975)
Keef Bruyette & Woods
  2011 Ed. (3332)
Keefe
  2000 Ed. (377)
Keefe, Bruy & Woods
  1992 Ed. (1451, 1452)
Keefe, Bruyette & Woods Inc.
  1990 Ed. (1222, 2310)
  1993 Ed. (1165, 1168)
  1994 Ed. (1198, 1199, 3173)
  1995 Ed. (1213, 1214, 1215, 3254)
  1997 Ed. (1220, 1221, 1222, 3447)
  1998 Ed. (340, 996)
  2000 Ed. (376, 378, 3985)
  2001 Ed. (552, 553, 554, 555, 556, 557, 558, 559, 560)
  2002 Ed. (1404, 1405, 1406)
  2004 Ed. (1420, 1421, 1423)
  2005 Ed. (1432, 1433, 1456, 3582)
  2006 Ed. (1415)
  2007 Ed. (3261)
  2008 Ed. (339, 3385)
Keefe Construction Services
  2011 Ed. (1091)
Keefe; John
  1991 Ed. (1680)
Keefer Dodge
  1996 Ed. (270)
Keegan; Dennis
  1997 Ed. (2004)
Keegan Management Co.
  1992 Ed. (1479)
Keegan; Robert
  2007 Ed. (1030)
  2008 Ed. (952)
  2009 Ed. (951)
  2010 Ed. (903)
Keegan; Robert J.
  2009 Ed. (946)
  2010 Ed. (898)
  2011 Ed. (829)
Keegan; Thomas J.
  2009 Ed. (3444)
  2011 Ed. (3378)
Keek Inc.
  2018 Ed. (4516)
Keeler & Associates Inc.; V.
  2006 Ed. (3516)
Keeler Dilbeck Realtors
  1995 Ed. (3061)
Keeley Asset
  1997 Ed. (2527)
Keeley Asset Management
  1998 Ed. (2289)
Keeley Group Holdings
  1993 Ed. (2579)
Keeley Small Cap Value
  2002 Ed. (3425)
  2006 Ed. (3651)
  2007 Ed. (3673)
Keeley Small Cap Value Fund
  2006 Ed. (3605)
  2007 Ed. (3665)
Keelin; Christopher
  2023 Ed. (3795)
Keells
  2021 Ed. (668)
  2022 Ed. (704)
  2023 Ed. (889)
Keells Holdings Ltd.; John
  1994 Ed. (1061)
  1997 Ed. (809, 810, 812, 1070)
Keels Holdings Ltd.; John
  1996 Ed. (1052)
Keels; John
  1995 Ed. (828, 831)
Keelty; James, Jr. and Louise H.
  1995 Ed. (933)
Keelung
  1992 Ed. (1391, 1395)
Keely SCpV
  2006 Ed. (4570)
Keen
  2011 Ed. (202)
Keen Technical Solutions
  2014 Ed. (2464)
Keen Technology Consulting Inc.
  2011 Ed. (2841)
  2015 Ed. (3244)
Keen Transport
  2002 Ed. (4688)
  2003 Ed. (4783)
Keenan & Associates
  1996 Ed. (2277)
  1997 Ed. (2415)
  1999 Ed. (2910)
  2000 Ed. (2665)
  2002 Ed. (2864)
  2006 Ed. (3081, 3082, 4200)
  2010 Ed. (3233)
  2011 Ed. (3201)
  2014 Ed. (3248)
  2016 Ed. (3154)
Keenan, Hopkins, Schmidt & Stowell Contracting Inc.
  1998 Ed. (958)
Keenan, Hopkins, Schmidt & Stowell Contractors
  1999 Ed. (1379)
Keenan; Peter
  1996 Ed. (1907)
Keenan Staffing Inc.
  2006 Ed. (1854)
KeenanSuggs Insurance
  2011 Ed. (2038)
Keene Center
  2014 Ed. (1850)
  2015 Ed. (1886)
Keene Communications
  1995 Ed. (3021)
Keene Construction Co.
  1997 Ed. (3515)
  2000 Ed. (4027)
  2003 Ed. (1312)
Keene Industries Inc.
  2001 Ed. (2502)
  2003 Ed. (2543, 2544)
Keene; William B.
  1991 Ed. (3212)
Keener's Inc.
  1994 Ed. (2454, 2455, 2910, 2911)
  1995 Ed. (2520, 2960)
Keeney; James
  1990 Ed. (1767, 1768)
Keens Steakhouse
  2021 Ed. (4163)
Keens Steakhouse (New York, NY)
  2021 Ed. (4163)
Keep America Beautiful Inc.
  2011 Ed. (3759)
Keep 'em Uppy
  2008 Ed. (4812)
Keep Indianapolis Beautiful
  2011 Ed. (3759)
Keep Trusting Comercio Produtos Farmaceuticos, LDA
  2016 Ed. (1967)
Keeper Co.
  1992 Ed. (352)
  1993 Ed. (242)
  1994 Ed. (232)
  1995 Ed. (234)
  1996 Ed. (1131)
  1997 Ed. (261)
Keeping Current Matters
  2018 Ed. (1334)
  2022 Ed. (1990, 4087)
Keepos
  2022 Ed. (3902)
  2023 Ed. (3675)
Keeree Kanjanapas
  2014 Ed. (4925)
  2015 Ed. (4965)
  2016 Ed. (4882)
Kees Dee Guitars
  2020 Ed. (3667)
  2021 Ed. (3673)
Keesal, Young & Logan
  2005 Ed. (4355)
Keesler Air Force Base
  1998 Ed. (2500)
  2017 Ed. (1784)
  2018 Ed. (1737)
  2020 Ed. (1735)
  2021 Ed. (1709)
  2022 Ed. (1736)
  2023 Ed. (1877)
Keesler Credit Union
  2002 Ed. (1874)
  2003 Ed. (1928)
  2004 Ed. (1968)
  2007 Ed. (2126)
  2008 Ed. (2241)
  2009 Ed. (2227)
  2010 Ed. (2181)
  2011 Ed. (2199)
  2012 Ed. (2060)
  2013 Ed. (2242)
  2014 Ed. (2174)
  2015 Ed. (2238)
  2016 Ed. (2209)
Keesler Federal Credit Union
  2005 Ed. (2110)
  2006 Ed. (2205)
  2018 Ed. (2104)
  2020 Ed. (2083)
  2021 Ed. (2073)
  2022 Ed. (2108)
  2023 Ed. (2223)
Keeter; Landon
  2022 Ed. (3703)
Keevey; Richard
  1993 Ed. (3444)
Keevey; Richard F.
  1995 Ed. (3504)
Keffer Dodge Inc.
  1995 Ed. (263)
Keflex
  1989 Ed. (2255)
Kefral
  1992 Ed. (1841)
Keg Restaurants Ltd.
  2001 Ed. (4085)
  2003 Ed. (4141)
  2004 Ed. (4149)
  2005 Ed. (4089)
  2008 Ed. (4201)
  2009 Ed. (4298)
  2011 Ed. (4264)
  2014 Ed. (4284)
The Keg Royalties Income Fund
  2010 Ed. (1517)
  2011 Ed. (1510)
  2014 Ed. (1488)

Keg Steakhouse & Bar
  2021 Ed. (4108)
  2022 Ed. (4136)
  2023 Ed. (4221)
Ke$ha
  2012 Ed. (3734, 3736)
  2013 Ed. (3783)
KeHE Distributors
  2019 Ed. (2356)
  2020 Ed. (2324)
  2021 Ed. (2290)
  2022 Ed. (2322)
  2023 Ed. (2498)
Kehe Distributors
  2021 Ed. (1579, 2600)
  2022 Ed. (1601, 2713)
  2023 Ed. (1767, 2849)
Kei Nishikori
  2021 Ed. (197)
Keifer Recaro GmbH & Co.
  1997 Ed. (2106)
Keiffer; Gene
  1995 Ed. (979)
  1996 Ed. (963)
Keihin Indiana Precision
  2005 Ed. (327)
Keiichi Nakabayashi
  2000 Ed. (2172)
Keiichiro Takahara
  2013 Ed. (4883)
  2014 Ed. (4896)
  2015 Ed. (4935)
  2016 Ed. (4851)
  2017 Ed. (4856)
  2018 Ed. (4864)
  2019 Ed. (4858)
Keiko Ohtsuki
  1996 Ed. (1881)
  1997 Ed. (1979, 1987)
Keiko Otsuki
  1999 Ed. (2382, 2387)
  2000 Ed. (2170)
Keiler Advertising
  1989 Ed. (139)
  1990 Ed. (131)
  1992 Ed. (184)
Keiler & Co.
  1994 Ed. (104)
  1995 Ed. (103)
  1996 Ed. (119)
  1997 Ed. (123)
Keim Lumber
  1997 Ed. (833)
Keinath; Pauline MacMillan
  2010 Ed. (4854)
  2012 Ed. (4841)
  2013 Ed. (4839)
  2014 Ed. (4855)
  2015 Ed. (4892)
  2016 Ed. (4810)
  2017 Ed. (4821)
  2018 Ed. (4826)
  2019 Ed. (4823)
  2020 Ed. (4813)
  2021 Ed. (4814)
  2023 Ed. (4800)
Keiper GmbH & Co.
  2000 Ed. (2294)
Keiper Recaro GmbH & Co.
  1992 Ed. (2249)
  1993 Ed. (1912)
  1994 Ed. (1931)
  1995 Ed. (1960)
  1999 Ed. (2552)
Keira Knightley
  2009 Ed. (2606)
Keirstead; Karl
  2011 Ed. (3373)
Keisei Electric Railway
  1990 Ed. (3469)
  1993 Ed. (1350)
Keiser & Waser AG
  2016 Ed. (2015)
  2017 Ed. (1975)
Keitel; William
  2005 Ed. (993)
  2006 Ed. (994)
  2007 Ed. (1086)
  2008 Ed. (969)
  2010 Ed. (921)
Keiter
  2016 Ed. (11)
  2018 Ed. (6)
  2019 Ed. (7)
  2020 Ed. (9)
  2021 Ed. (11)
  2022 Ed. (12)
  2023 Ed. (52)
Keiter, Stephens, Hurst, Gary & Shreavest
  2013 Ed. (15)
Keith A. Hutton
  2011 Ed. (840, 849)
Keith A. Tucker
  2005 Ed. (2516)
  2006 Ed. (2530)
Keith A. Wilcox
  2017 Ed. (3600)

Keith Baum
  1999 Ed. (2353)
Keith Beers; Ben E.
  2005 Ed. (653)
  2006 Ed. (553)
  2007 Ed. (593)
  2008 Ed. (538)
Keith Benjamin
  2000 Ed. (2020)
Keith Beverages; Ben E.
  2009 Ed. (572)
  2010 Ed. (554)
  2011 Ed. (481)
  2012 Ed. (437)
Keith Comrie
  1990 Ed. (2657)
  1991 Ed. (2546)
  1992 Ed. (3136)
  1993 Ed. (2638)
  1995 Ed. (2668)
Keith Cos., Inc.
  2004 Ed. (2323)
Keith E. Busse
  2009 Ed. (942)
Keith E. Wandell
  2011 Ed. (829)
Keith Gonzales
  2006 Ed. (953)
Keith Hall Franchising
  2001 Ed. (2661)
Keith Hayes
  1999 Ed. (2301)
  2000 Ed. (2077)
Keith Huber Inc.
  2006 Ed. (4361)
Keith Irving
  1999 Ed. (2280)
  2000 Ed. (2060)
Keith J. Krach
  2002 Ed. (3351)
Keith Jorgensen's
  1994 Ed. (2597)
Keith McCaw
  2002 Ed. (3349)
Keith McKay
  2018 Ed. (3661)
  2019 Ed. (3650)
Keith Miller
  2007 Ed. (4926)
  2008 Ed. (4900)
  2009 Ed. (4919)
Keith Mullins
  1991 Ed. (1694)
Keith Nosbusch
  2015 Ed. (2635)
Keith O. Rattie
  2011 Ed. (816)
Keith Rabois
  2023 Ed. (4752)
Keith Rattie
  2006 Ed. (907)
  2007 Ed. (997)
  2008 Ed. (936)
Keith Reinhard
  2000 Ed. (1874)
Keith Rupert Murdoch
  1989 Ed. (1986)
  1999 Ed. (4748)
Keith Schwab
  2005 Ed. (786)
Keith Sherin
  2007 Ed. (1054)
Keith Sweat
  1993 Ed. (1076, 1077)
Keith; Toby
  1997 Ed. (1113)
  2006 Ed. (1157)
  2011 Ed. (3712)
  2017 Ed. (3625)
  2018 Ed. (3687)
  2019 Ed. (3672)
  2020 Ed. (3639)
Keith Urban
  2018 Ed. (3687)
  2019 Ed. (3672)
Keith Urban's Player Guitar
  2016 Ed. (2286)
Keith W. McCaw
  2004 Ed. (4866)
Keith Wandell
  2015 Ed. (2635)
  2016 Ed. (2560)
Keith Washington
  2016 Ed. (3335)
Keith Weiss
  2011 Ed. (3373)
Keith Wills
  1999 Ed. (2314)
  2000 Ed. (2102)
Keith Zars Pools
  2015 Ed. (4613)
  2016 Ed. (4534)
  2017 Ed. (4528)
  2018 Ed. (4553)
  2019 Ed. (4542, 4546, 4548, 4550)
  2020 Ed. (4549, 4550, 4551)
  2021 Ed. (4528, 4529, 4530, 4531, 4533)

  2022 Ed. (4532, 4533, 4534, 4537, 4538, 4539)
  2023 Ed. (4547, 4549, 4551)
Keith Zars Pools Ltd.
  2012 Ed. (4612)
  2013 Ed. (4560)
Keithley Instruments
  2015 Ed. (4229)
Keithley Instruments Inc.
  1991 Ed. (1517, 1521)
  2004 Ed. (3029)
Keiwit Corp.
  2006 Ed. (1246)
Keizer Electric Inc.
  2009 Ed. (1248)
Kel & Partners
  2017 Ed. (2937)
Kelani Tyres
  1997 Ed. (1071)
Kelco Industries
  2022 Ed. (3517)
Kelcy Warren
  2011 Ed. (4825)
  2016 Ed. (4807)
  2017 Ed. (4819)
Kelda
  2006 Ed. (2697)
  2007 Ed. (2306)
Kelda Group
  2007 Ed. (2691)
Kelda Group plc
  2008 Ed. (2433)
  2009 Ed. (2437)
Kelkoo
  2007 Ed. (711)
Kellars Butter
  2003 Ed. (820)
Kellars Creamery
  2003 Ed. (823)
Kelleher; Jim
  2011 Ed. (3349)
Kellenyi; John
  1989 Ed. (1417)
  1990 Ed. (1766)
  1991 Ed. (1686, 1706)
Keller
  2016 Ed. (1066)
  2017 Ed. (1116)
Keller Advertising
  1991 Ed. (130)
Keller Associates
  2006 Ed. (2479)
Keller Construction Co. Ltd.
  1993 Ed. (1151)
  1994 Ed. (1174)
  1995 Ed. (1193)
  1996 Ed. (1167)
  1997 Ed. (1197)
  1998 Ed. (973)
  1999 Ed. (1409)
Keller Crescent Co.
  2008 Ed. (3838)
Keller Estate
  2016 Ed. (4907)
Keller Foundations
  2021 Ed. (1191)
Keller Geister Table, White
  1990 Ed. (3697)
Keller Graduate School of Management
  1997 Ed. (863)
  2000 Ed. (930)
  2003 Ed. (800)
  2009 Ed. (804, 825)
Keller Graduate School of Management; DeVry University
  2012 Ed. (631)
Keller Group
  2010 Ed. (1172)
  2011 Ed. (1120)
  2012 Ed. (1047)
  2013 Ed. (1161)
  2015 Ed. (1158)
  2016 Ed. (1072)
  2017 Ed. (1102)
  2019 Ed. (1041)
Keller Group plc
  1999 Ed. (1395)
  2002 Ed. (1328)
  2011 Ed. (1219)
Keller & Heckman
  2012 Ed. (3364)
Keller Inc.
  2005 Ed. (1175)
  2006 Ed. (1172)
  2007 Ed. (1313)
  2010 Ed. (1148)
  2011 Ed. (1090, 1091)
  2014 Ed. (1145, 1146)
  2015 Ed. (1195, 1196)
  2016 Ed. (1070, 1071)
  2017 Ed. (1100, 1101)
  2018 Ed. (1027, 1028)
  2019 Ed. (1036, 1037)
  2020 Ed. (1028, 1029)
  2021 Ed. (997, 998)
  2022 Ed. (1042, 1043)
  2023 Ed. (1218, 1219)

Keller Industries Inc.
  1990 Ed. (1030)
  1991 Ed. (955)
Keller International; Helen
  1995 Ed. (1933)
Keller; Irwin
  1989 Ed. (1753)
Keller Mortgage LLC
  2022 Ed. (3687)
Keller North America
  2021 Ed. (1171)
  2022 Ed. (1192)
  2023 Ed. (1429)
Keller Williams
  2008 Ed. (4117)
  2019 Ed. (789, 4076)
  2020 Ed. (798, 4126)
  2021 Ed. (4050)
  2022 Ed. (4106)
  2023 Ed. (4195)
Keller Williams Arizona Realty
  2022 Ed. (4067)
Keller Williams Capital Properties
  2018 Ed. (3635)
Keller Williams - Cunningham Group
  2019 Ed. (4090)
  2020 Ed. (4103)
  2021 Ed. (4065)
  2022 Ed. (4081)
Keller Williams E to P Management
  2020 Ed. (4088, 4092)
  2021 Ed. (4051)
Keller Williams Federal Way
  2019 Ed. (4080)
  2020 Ed. (4092)
Keller Williams Honolulu
  2022 Ed. (4952)
  2023 Ed. (4956)
Keller Williams Kansas City North
  2019 Ed. (1710)
Keller Williams Kansas City - Northland
  2019 Ed. (4079, 4083)
  2020 Ed. (4092)
Keller Williams (Lafayette, LA)
  2021 Ed. (4056)
Keller Williams Legacy Group Realty, LLC
  2021 Ed. (4051, 4055)
  2022 Ed. (4066, 4067, 4070, 4071)
Keller Williams Memorial
  2019 Ed. (4077, 4078, 4079, 4083)
  2020 Ed. (4086, 4088, 4092)
  2021 Ed. (4049, 4051, 4055)
Keller Williams Ottawa Realty
  2008 Ed. (3498)
  2010 Ed. (1538)
  2011 Ed. (1537)
Keller Williams Plaza Partners
  2022 Ed. (1659)
Keller Williams Portland Central
  2021 Ed. (4052)
Keller Williams Raleigh
  2020 Ed. (4093)
  2021 Ed. (4051, 4055)
Keller Williams Realty
  2002 Ed. (3926)
  2003 Ed. (4050)
  2004 Ed. (4072)
  2005 Ed. (4003)
  2006 Ed. (4038)
  2007 Ed. (4072, 4078)
  2008 Ed. (4105, 4111)
  2009 Ed. (4218)
  2010 Ed. (4152)
  2011 Ed. (4152)
  2012 Ed. (4186)
  2013 Ed. (1973, 4170)
  2014 Ed. (1912, 4209)
  2015 Ed. (1956, 4189)
  2016 Ed. (4107)
  2017 Ed. (4084)
  2018 Ed. (711, 4106)
  2019 Ed. (726, 4077, 4078, 4079, 4080, 4081, 4083, 4084, 4086, 4088, 4116)
  2020 Ed. (717, 1777, 3078, 4086, 4087, 4088, 4089, 4090, 4091, 4092, 4093, 4098, 4101, 4127)
  2021 Ed. (730, 2955, 4049, 4051, 4052, 4054, 4055, 4056, 4063, 4079)
  2022 Ed. (756, 4066, 4067, 4070, 4079, 4105, 4107)
  2023 Ed. (958, 959, 4185, 4192)
Keller Williams Realty Abilene
  2022 Ed. (4066, 4070)
Keller Williams Realty Atlantic Shore
  2021 Ed. (4051, 4055)
Keller Williams Realty Birmingham
  2021 Ed. (4051, 4055)
Keller Williams Realty Boise
  2013 Ed. (4981)
Keller Williams Realty Caleb Hayes Enterprises
  2022 Ed. (4071)
Keller Williams Realty (Charlotte)
  2021 Ed. (4055)
Keller Williams Realty (Charlotte, NC)
  2021 Ed. (4051)

Keller Williams Realty, GO Management Offices
  2019 Ed. (4077)
  2021 Ed. (4063)
Keller Williams Realty, GO Network Offices
  2022 Ed. (4079)
Keller Williams Realty Greater Northwest
  2022 Ed. (4066, 4070)
Keller Williams Realty Inc.
  2015 Ed. (4783)
  2016 Ed. (2055, 4686)
  2017 Ed. (4698)
  2018 Ed. (4688)
Keller Williams Realty Indy Metro NE/Louisville East
  2021 Ed. (4052, 4056)
Keller Williams Realty International
  2019 Ed. (2026)
Keller Williams Realty Jupiter/PBG/Treasure Coast/PSL/Vero Beach
  2023 Ed. (4173)
Keller Williams Realty (Kennett Square, PA)
  2022 Ed. (4070)
Keller Williams Realty (Mooresville, NC)
  2022 Ed. (4070)
Keller Williams Realty New Bern
  2022 Ed. (4071)
Keller Williams Realty North Texas/New Mexico
  2004 Ed. (4066)
Keller Williams Realty Partners
  2021 Ed. (4050, 4052, 4056)
Keller Williams Realty Partners Inc.
  2005 Ed. (1831)
Keller Williams Realty Pinnacle Partners Group
  2019 Ed. (4077, 4078)
  2021 Ed. (4049)
Keller Williams Realty Platinum
  2021 Ed. (4051, 4055)
Keller Williams Realty Professionals
  2021 Ed. (4052, 4056)
Keller Williams Realty Spring Hill
  2021 Ed. (4052, 4056)
Keller Williams Realty Sunset Corridor/Eugene
  2021 Ed. (4050, 4052, 4054, 4056)
Keller Williams Realty The Waxman Group
  2022 Ed. (4070)
Keller Williams Realty West Monmouth
  2019 Ed. (4084)
  2022 Ed. (4070)
Keller Williams Realty (Wilmington, NC)
  2021 Ed. (4051)
Kellermeyer Building Services Inc.
  2003 Ed. (1800)
Keller's
  2000 Ed. (1634, 1636, 4158)
  2001 Ed. (1080)
  2008 Ed. (820, 821)
  2014 Ed. (823)
  2015 Ed. (862)
  2016 Ed. (750)
  2017 Ed. (800)
  2018 Ed. (734)
  2022 Ed. (794, 795)
Kellers
  2018 Ed. (733)
Keller's Creamery
  2017 Ed. (801)
  2019 Ed. (750)
Kellers Creamery
  2014 Ed. (824)
  2015 Ed. (863)
  2016 Ed. (751)
  2017 Ed. (802)
  2018 Ed. (735)
Keller's Creamery LP
  2008 Ed. (822)
Kelley; Austin
  1997 Ed. (59)
Kelley Blue Book
  2007 Ed. (3226)
  2010 Ed. (3364)
Kelley; Brad
  2011 Ed. (4819)
Kelley Cawthorne
  2001 Ed. (3156)
Kelley Drye
  2005 Ed. (3259)
Kelley Drye & Warren
  2012 Ed. (3364)
Kelley Inc.; Jack B.
  1994 Ed. (3602)
Kelley; Ryan
  2017 Ed. (3594, 3596)
Kelley School of Business
  2015 Ed. (810)
Kelley School of Business; Indiana University-Bloomington
  2005 Ed. (2853)
  2006 Ed. (708, 711, 2859)
  2007 Ed. (797, 823)
  2008 Ed. (790, 794)
  2009 Ed. (807)
  2010 Ed. (734, 735, 736, 739, 743, 745, 755, 756, 757, 760, 761, 763)
  2011 Ed. (652, 654, 656, 667)
  2012 Ed. (610)
Kelley; Thomas B.
  1989 Ed. (1377)
Kelley & Wallwork
  1989 Ed. (139)
Kelling Northcross
  2001 Ed. (737)
Kelling Northcross & Nobriga
  1991 Ed. (2171)
  1993 Ed. (2267)
  1995 Ed. (2336)
  1996 Ed. (2356)
  1997 Ed. (2477)
  1999 Ed. (3011)
  2007 Ed. (3656)
Kellner; Petr
  2011 Ed. (4874)
  2012 Ed. (4883)
  2013 Ed. (4867)
  2014 Ed. (4881)
  2015 Ed. (4919)
  2016 Ed. (4835)
  2017 Ed. (4843)
  2018 Ed. (4850)
  2019 Ed. (4845)
  2020 Ed. (4834)
  2021 Ed. (4835)
  2022 Ed. (4828)
Kellnerova; Renata
  2023 Ed. (4823)
Kellogg
  2013 Ed. (637, 770, 1352, 2725, 2740)
  2014 Ed. (709, 795, 2720)
  2015 Ed. (838, 2757, 2775)
  2016 Ed. (733, 2686, 2705)
  2019 Ed. (2722)
  2020 Ed. (2685, 2754)
  2021 Ed. (2617, 2622)
  2022 Ed. (1723, 2714, 2749)
  2023 Ed. (1867, 2841, 2842, 2850, 2859, 2883)
Kellogg & Andelson A/C
  1994 Ed. (4)
Kellogg & Andelson Accountancy
  1995 Ed. (11)
  1996 Ed. (18)
  1997 Ed. (18)
Kellogg Brown & Root Inc.
  2000 Ed. (1238, 1239, 1240, 1246, 1247, 1248, 1250, 1252, 1796, 1799)
  2001 Ed. (1407, 1462, 1463, 1464, 1466, 1487, 2237, 2239, 2241, 2245, 2246, 2291)
  2002 Ed. (331, 1175, 1176, 1212, 1214, 1228, 1229, 1238, 1251, 1257, 1265, 1266, 1267, 1268, 1269, 1275, 1280, 1291, 1304, 1305, 1306, 1307, 1314, 1315, 1317, 2132)
  2003 Ed. (1186, 1187, 1244, 1245, 1252, 1274, 1275, 1276, 1278, 1283, 1284, 1320, 1322, 1323, 1324, 1329, 1331, 2309, 2310, 2311, 2312, 2315, 2323, 2630)
  2004 Ed. (1191, 1247, 1248, 1254, 1277, 1278, 1279, 1287, 2327, 2332, 2360, 2362, 2386, 2748)
  2005 Ed. (1217, 1218, 1298, 1299, 1303, 1326, 1328, 1329, 1330, 1335, 1341, 2419, 2422, 2425, 2428, 2429, 2432)
  2006 Ed. (1169, 1170, 1187, 1188, 1244, 1246, 1248, 1267, 1272, 1299, 1301, 1303, 1304, 1314, 1321, 2459, 2461, 2462, 2464, 2465, 2468, 2473, 2476)
  2007 Ed. (1295, 1296, 1342, 1344, 1346, 2417, 2422, 2426, 2427, 2428, 2429, 2430, 2433, 2434, 2441, 2442)
  2008 Ed. (1229, 1231, 1233, 1236, 1282, 1288, 1307, 2544, 2549, 2553, 2554, 2555, 2556, 2557, 2558, 2560, 2567, 2568, 2569)
  2009 Ed. (1211, 1213, 1215, 1261, 1271, 1292, 2551, 2556, 2562, 2565, 2568, 2576, 2577)
  2010 Ed. (1145, 1146, 1178, 1179, 1214, 1216, 1218, 1257, 1267, 2467, 2472, 2475, 2478, 2481, 2484, 2489, 2492, 2493)
  2011 Ed. (1089, 1126, 1127, 1161, 1162, 1163, 1165, 1166, 1167, 1207, 1217, 2481, 2482, 2486, 2487, 2492, 2497, 2500, 2501)
  2012 Ed. (1060, 1061, 1098, 1099, 1100, 1102, 1103, 1104, 1106, 1143, 1147, 1153, 1159, 1160, 1163, 1164, 2391, 2396, 2399, 2405, 2406, 2411, 2416, 2419, 2420)
Kellogg Brown & Root LLC
  2008 Ed. (1193, 1194)
  2009 Ed. (1168, 1169)
  2010 Ed. (1161, 1162)
  2011 Ed. (1110)
  2012 Ed. (1032)
  2013 Ed. (1182)
Kellogg Brown & Root Services International Inc.
  2008 Ed. (2158)
  2009 Ed. (2138)
Kellogg Canada Inc.
  1997 Ed. (32)
  2009 Ed. (2811)
Kellogg Co.
  1989 Ed. (1447, 1448, 1453)
  1991 Ed. (1741)
  1992 Ed. (31, 33, 35, 40, 45, 51, 53, 73, 85, 918, 1073, 2174, 2177, 2181, 2184, 2191, 4224, 4226, 4227)
  1993 Ed. (738, 741, 861)
  1994 Ed. (8, 741, 880, 881)
  1999 Ed. (1706)
  2000 Ed. (34, 945, 946, 956, 1516, 4211)
  2001 Ed. (44, 1042, 1092, 1148, 1408, 1792, 2473, 2474, 2478)
  2002 Ed. (1566, 1727, 2291, 2297, 2299, 2302, 2308, 4332, 4352, 4589)
  2003 Ed. (371, 372, 761, 875, 877, 1761, 2500, 2505, 2507, 2510, 2512, 2519, 2521, 2556, 2562, 4459, 4558)
  2004 Ed. (1604, 1798, 2114, 2122, 2637, 2638, 2640, 2644, 2647, 2650, 2658, 2659, 4487, 4563)
  2005 Ed. (2628, 2629, 2631, 2635, 2637, 2641, 2646, 2647, 2651, 2652)
  2006 Ed. (142, 805, 1456, 2624, 2625, 2628, 2630, 2632, 2633, 2635, 2638, 2641)
  2007 Ed. (135, 2596, 2602, 2604, 2605, 2608, 2609, 2610, 2621, 2851)
  2008 Ed. (723, 869, 1532, 2731, 2736, 2739, 2743, 2751, 2777, 4653, 4658)
  2009 Ed. (110, 113, 733, 1889, 2786, 2791, 2793, 2794, 2803, 2807, 2810, 2841, 3658, 4695)
  2010 Ed. (66, 622, 656, 1824, 1825, 1992, 2725, 2726, 2729, 2734, 2738, 2740, 2741, 2745, 2750, 4590, 4707)
  2011 Ed. (558, 580, 1387, 1852, 1854, 1855, 2053, 2707, 2708, 2709, 2712, 2713, 2719, 2723, 2725, 2726, 2729, 2731, 2732, 4662)
  2012 Ed. (40, 537, 630, 692, 693, 694, 1616, 1704, 1706, 1707, 1708, 2634, 2635, 2636, 2637, 2641, 2642, 2653, 2654, 2656, 2659, 2670, 2935)
  2013 Ed. (1599, 1860, 1863, 1865, 1866, 2719, 2720, 2721, 2722, 2735, 2737, 2739, 2741, 2750, 2756, 2757, 3024)
  2014 Ed. (82, 88, 1275, 1292, 1789, 1795, 1797, 1798, 2704, 2706, 2707, 2715, 2716, 2718, 2721, 2723, 2730, 2736, 2741, 2786, 2868, 3035, 4485)
  2015 Ed. (83, 1334, 1354, 1831, 1836, 1838, 2750, 2752, 2753, 2769, 2770, 2772, 2774, 2776, 2785, 2791, 2793, 2821, 2908, 3101, 4481)
  2016 Ed. (1255, 1285, 1792, 1797, 1800, 2681, 2682, 2683, 2699, 2703, 2706, 2715, 2755, 4399)
  2017 Ed. (1315, 1342, 1765, 1767, 2630, 2631, 2633, 2652, 2658, 2670, 4386)
  2018 Ed. (85)
  2019 Ed. (1779, 2677)
  2020 Ed. (1722, 2690, 2693, 2733, 2755)
  2021 Ed. (67, 1698, 2606, 2624, 4344, 4407, 4411)
  2022 Ed. (1724, 2722, 2751, 4350, 4405, 4409)
  2023 Ed. (1014, 1481, 1482, 2858, 2885, 2914, 2929, 4020, 4434, 4435, 4437, 4442)
Kellogg Company
  2020 Ed. (2695)
  2023 Ed. (2353, 3076)
The Kellogg Co.
  2014 Ed. (855)
  2015 Ed. (894, 2825, 4062)
  2016 Ed. (780, 1272, 1799, 3970, 4314, 4392)
  2017 Ed. (839, 1307, 1308, 1309, 1311, 1312, 1314, 2624, 2632, 2676, 2705, 2710, 2716, 2717, 2722, 3950, 3952, 4317, 4375, 4378, 4381)
  2018 Ed. (770, 772, 774, 1284, 1285, 1286, 1287, 1289, 1290, 1292, 1293, 1294, 1321, 1325, 1328, 1718, 1721, 2453, 2701, 2702, 2717, 2719, 2730, 2735, 2760, 2768, 2774, 2778, 2780, 2857, 3438, 3464, 3971, 3974, 4308, 4387, 4390, 4391, 4392, 4393, 4394, 4398, 4399, 4669, 4933)
  2019 Ed. (766, 786, 1312, 1314, 1315, 1316, 1319, 1321, 1324, 2675, 2676, 2704, 2714, 2743, 2747, 2750, 2755, 3944, 4336, 4408, 4412, 4419)
  2020 Ed. (759, 781, 1288, 1289, 1290, 1291, 1294, 1296, 1298, 1299, 1719, 2692, 2747, 2783, 2786, 2789, 2792, 3960, 4328, 4414)
  2021 Ed. (780, 813, 1271, 1272, 1273, 1274, 1275, 1277, 1279, 1280, 2605, 2654, 2657, 2660, 2664, 3925, 4406, 4415)
  2022 Ed. (810, 846, 1273, 1274, 1277, 1279, 1281, 1282, 2721, 2790, 2795, 2807, 3936, 4404, 4414)
Kellogg Co. of Great Britain
  2002 Ed. (41, 49, 4591)
  2010 Ed. (115)
  2011 Ed. (32)
  2012 Ed. (39)
Kellogg Co.; The M. W.
  1991 Ed. (1069, 1073, 1076, 1091, 1092, 1093, 1094, 1095, 1096, 1098)
  1992 Ed. (1374, 1375, 1401, 1404, 1405, 1408, 1426, 1427, 1429, 1430, 1431, 1433, 1963, 1968)
  1993 Ed. (1101, 1114, 1117, 1118, 1141, 1142, 1144, 1146, 1148, 1614, 1615, 1616, 1617, 1618, 1620)
  1994 Ed. (1123, 1124, 1130, 1133, 1134, 1158, 1159, 1161, 1162, 1163, 1165, 1167, 1170, 1637, 1640)
  1995 Ed. (913, 1138, 1139, 1148, 1151, 1152, 1157, 1177, 1178, 1180, 1181, 1182, 1184, 1185, 1187, 1190, 1458, 1684, 1687, 1691, 1696, 1699, 1885, 1890, 1900, 1904, 3572, 3573, 3574, 3575)
  1996 Ed. (27, 768, 777, 862, 890, 1124, 1125, 1129, 1151, 1152, 1154, 1155, 1158, 1160, 1163, 1243, 1420, 1666, 1669, 1931, 1933, 3657, 3659, 3661)
  1997 Ed. (919, 1136, 1153, 1158, 1184, 1480, 2028, 2030, 3714, 3715)
Kellogg Co. (U.S.)
  2021 Ed. (2624)
  2022 Ed. (2751)
Kellogg Espana
  2013 Ed. (2062)
  2015 Ed. (2044)
Kellogg Foundation; W. K.
  1989 Ed. (1469, 1470, 1471, 1478, 2165)
  1991 Ed. (1003, 1765, 1767, 2689)
  1992 Ed. (1100, 2214, 2215, 2216, 3358)
  1993 Ed. (890, 895, 1895, 1896, 1897, 2783)
  1994 Ed. (1058, 1897, 1898, 1900, 1906, 2772)
  1995 Ed. (1070, 1928, 1931, 1933)
  2005 Ed. (2677)
  2008 Ed. (2766)
  2010 Ed. (2770)
  2011 Ed. (2754, 2756)
  2012 Ed. (2688, 2690)
Kellogg Graduate School of Management, Northwestern University
  1993 Ed. (794)
  1997 Ed. (865)
Kellogg, Huber, Hansen, Todd, Evans & Figel PLLC
  2012 Ed. (3369)
Kellogg Inc.; M.W.
  1992 Ed. (1950)
Kellogg Ireland
  2013 Ed. (1772)
  2017 Ed. (3417)
  2023 Ed. (2875, 3643)
Kellogg Marketing & Sales Co. (UK) Ltd.
  2009 Ed. (2111)
Kellogg; Northwestern University,
  1991 Ed. (814)
Kellogg; Peter
  2010 Ed. (918)
Kellogg School of Business
  2014 Ed. (768, 778)
  2016 Ed. (725)
Kellogg School of Business; Northwestern University
  2005 Ed. (803, 804, 806, 807, 809, 810, 813, 815)
  2006 Ed. (702, 707, 708, 709, 710, 711, 712, 718, 728)
  2007 Ed. (796, 798, 810, 814, 817, 823, 825, 827, 828, 829, 830, 834)
  2008 Ed. (182, 770, 780, 788)
  2010 Ed. (723)
  2012 Ed. (607)
  2013 Ed. (756)
Kellogg School of Management
  2015 Ed. (807, 821)
Kellogg School of Management; Northwestern University
  2009 Ed. (803, 805, 818, 824)
  2010 Ed. (722, 728, 739, 742, 744, 746, 749, 750, 751, 752, 753, 754)
  2011 Ed. (639, 652, 655, 657, 660, 661, 662, 663, 664, 665, 678, 687, 690)
  2012 Ed. (608)
  2013 Ed. (748)
Kellogg Snacks
  2018 Ed. (4006)
  2019 Ed. (3993)
Kellogg Supply Services (Europe) Ltd.
  2004 Ed. (4797)
Kellogg USA Inc.
  2001 Ed. (1791)
Kellogg; William
  2006 Ed. (4902)
  2008 Ed. (4826)
  2009 Ed. (4849)
Kellogg; William S.
  2005 Ed. (4853)

Kellogg's
 1992 Ed. (924)
 1995 Ed. (17, 690)
 1997 Ed. (875)
 1998 Ed. (24, 488, 489, 599, 1716, 3495, 3496, 3497)
 1999 Ed. (2457, 2458)
 2000 Ed. (2215)
 2006 Ed. (2713)
 2007 Ed. (2612)
 2008 Ed. (2741)
 2012 Ed. (2639)
 2014 Ed. (854, 1160, 4488)
 2015 Ed. (892, 4485)
 2016 Ed. (4381)
 2017 Ed. (1162, 2637, 2660, 4391, 4399)
 2018 Ed. (1097, 2703, 2721)
 2019 Ed. (2679)
 2020 Ed. (1099, 2739)
 2021 Ed. (2625)
 2022 Ed. (2725, 2752)
 2023 Ed. (2862, 2886, 2913, 2918, 2922, 2923, 2926, 4443, 4445)
Kellogg's Bran Flakes
 1992 Ed. (1075)
 1999 Ed. (1051)
Kellogg's cereals
 1991 Ed. (737)
Kellogg's Coco Pops
 1999 Ed. (1051)
 2002 Ed. (956)
 2008 Ed. (718)
 2009 Ed. (728)
 2010 Ed. (646)
Kellogg's Corn Flakes
 1991 Ed. (1743, 3322)
 1992 Ed. (1075, 2192, 4232)
 1995 Ed. (914)
 1996 Ed. (891, 892)
 1997 Ed. (920)
 1998 Ed. (659, 661)
 1999 Ed. (786, 787, 788, 1050, 1051)
 2002 Ed. (954, 956)
 2003 Ed. (874)
 2008 Ed. (718)
 2009 Ed. (728)
 2010 Ed. (646)
Kellogg's Corn Pops
 1997 Ed. (920)
 1998 Ed. (661)
Kellogg's Crunchy Nut
 2008 Ed. (718)
 2009 Ed. (728)
 2010 Ed. (646)
Kellogg's Crunchy Nut Corn Flakes
 1999 Ed. (1051)
 2002 Ed. (956)
Kellogg's Eggo
 2022 Ed. (2789, 2799, 2803)
Kellogg's Eggo Disney Mickey Mouse
 2022 Ed. (2789)
Kellogg's Eggo French Toaster Sticks
 2022 Ed. (2800)
Kellogg's Eggo Minis
 2022 Ed. (2799)
Kellogg's Eggo Nutri Grain
 2022 Ed. (2789)
Kellogg's Eggo Thick & Fluffy
 2022 Ed. (2789, 2803)
Kellogg's Fiber Plus
 2014 Ed. (2867)
 2015 Ed. (2906, 2907)
 2016 Ed. (2825)
Kellogg's FiberPlus
 2011 Ed. (3750)
Kellogg's breakfast foods
 1992 Ed. (923)
Kellogg's Froot Loops
 1997 Ed. (920)
Kellogg's Frosted Flakes
 1992 Ed. (4232)
 1997 Ed. (920)
 1999 Ed. (1050)
 2002 Ed. (954)
 2003 Ed. (874)
Kellogg's Frosted Mini Wheats
 1999 Ed. (1050)
 2002 Ed. (954)
Kellogg's Frosties
 1999 Ed. (1051)
Kellogg's Fruit Loops
 1999 Ed. (1050)
Kellogg's Fruit n' Fibre
 1992 Ed. (2192)
 1999 Ed. (1051)
Kellogg's Healthwise
 2002 Ed. (956)
Kellogg's Healthy Choice
 2003 Ed. (874)
Kellogg's Mini Wheats
 2003 Ed. (874)
Kellogg's Nut & Honey
 1992 Ed. (4232)
Kellogg's Nutri-Grain
 2000 Ed. (4065)
 2003 Ed. (4456)
 2008 Ed. (870, 4444)
 2009 Ed. (722, 880)

 2010 Ed. (831)
Kellogg's Nutri-Grain Bars
 2000 Ed. (2383)
 2015 Ed. (4484)
 2016 Ed. (4380)
 2017 Ed. (4392)
 2022 Ed. (4416)
Kellogg's Nutri Grain Harvest
 2016 Ed. (4380)
Kellogg's Pop Tarts
 2008 Ed. (338)
Kellogg's Raisin Bran
 1992 Ed. (4232)
 1995 Ed. (914)
 1996 Ed. (891)
 1997 Ed. (920)
 1998 Ed. (659, 661)
 1999 Ed. (1050)
 2002 Ed. (954)
 2003 Ed. (874)
Kellogg's Raisin Split
 1991 Ed. (1743)
Kellogg's Rice Krispie Treats
 1998 Ed. (3659)
Kellogg's Rice Krispies
 1997 Ed. (920)
 1999 Ed. (1050, 1051)
 2002 Ed. (954, 956)
 2003 Ed. (4456)
 2008 Ed. (718, 4444)
 2009 Ed. (728)
 2010 Ed. (646)
 2014 Ed. (4488)
Kellogg's Rice Krispies Treats
 2000 Ed. (2383, 4065)
 2015 Ed. (4484)
 2016 Ed. (4380)
 2017 Ed. (4392)
 2022 Ed. (4416)
Kellogg's Rice Krispies Treats Blasted
 2017 Ed. (4392)
Kellogg's Rice Krispies Treats Dunk'd
 2022 Ed. (4416)
Kellogg's Rice Krispies Treats Snap Crackle Poppers
 2022 Ed. (4416)
Kellogg's Special K
 1992 Ed. (4232)
 1997 Ed. (920)
 1998 Ed. (659, 661)
 1999 Ed. (1050, 1051)
 2002 Ed. (956)
 2007 Ed. (893)
 2008 Ed. (718, 870)
 2009 Ed. (728, 880)
 2010 Ed. (646, 831)
 2014 Ed. (1270, 2781, 4488)
 2015 Ed. (2325, 2827)
 2018 Ed. (4415)
Kellogg's Special K Bar
 2015 Ed. (4484)
 2016 Ed. (4380)
 2017 Ed. (4392)
Kellogg's Special K Cracker Chips
 2013 Ed. (3831)
Kellogg's Special K Flatbread Breakfast Sandwiches
 2015 Ed. (3775)
 2016 Ed. (3690)
Kellogg's Special K Fruit Crisps
 2014 Ed. (4488)
Kellogg's Special K Party Crisps
 2015 Ed. (4484)
 2016 Ed. (4380)
Kellogg's Special K Pastry Crisps
 2014 Ed. (4488)
 2015 Ed. (3775, 3776)
 2016 Ed. (3690)
 2017 Ed. (4392)
 2020 Ed. (4415)
 2021 Ed. (4416)
Kellogg's Special K Protein
 2018 Ed. (4408)
 2020 Ed. (4417)
 2021 Ed. (4417)
 2022 Ed. (4418)
Kellogg's Toppas
 1991 Ed. (1743)
Kellogg's (U.S.)
 2021 Ed. (2625)
 2022 Ed. (2752)
Kellstadt Graduate Entrepreneurship Program
 2009 Ed. (780)
Kellstadt Graduate School of Business; DePaul University
 2010 Ed. (742)
Kellton Tech Solutions
 2019 Ed. (1641)
 2021 Ed. (1582)
Kellwood Co., Inc.
 1989 Ed. (942, 944, 1056)
 1991 Ed. (981, 983, 984, 985, 1223)
 1992 Ed. (1220, 1222, 1223, 1224, 1225, 1531)
 1993 Ed. (990, 992, 996, 1370)
 1994 Ed. (1022, 1024, 1028)
 1995 Ed. (1031, 1032, 3323)

 1996 Ed. (1014, 1015, 1016, 1020)
 1997 Ed. (1034, 1035, 1037)
 1998 Ed. (775, 776, 777, 778)
 1999 Ed. (1201, 1204, 1205)
 2000 Ed. (1121, 1124)
 2001 Ed. (1275, 1278, 1279, 1280, 1281)
 2002 Ed. (1081, 1083)
 2003 Ed. (1002, 1003, 1004, 1006, 1007, 1009, 2871)
 2004 Ed. (992, 993, 997, 998, 1002, 1005, 1225, 4711, 4712)
 2005 Ed. (1010, 1011, 1012, 1013, 1016, 1018, 1019, 4683, 4684)
 2006 Ed. (1020, 1021, 1022, 1025, 1905, 4729, 4730)
 2007 Ed. (1106, 1107, 1114)
 2008 Ed. (987, 988, 989, 992, 1946, 1953)
 2009 Ed. (970, 971)
 2010 Ed. (934, 935, 4723)
 2011 Ed. (4945)
Kellwood Cor.
 2005 Ed. (1881)
Kelly
 1992 Ed. (4298)
 2001 Ed. (4542)
 2006 Ed. (4742, 4743, 4744)
 2022 Ed. (2372, 2387)
 2023 Ed. (2534, 2549)
Kelly Broadcasting Co.
 2001 Ed. (1546)
Kelly Browning
 2008 Ed. (3789)
 2010 Ed. (3757)
 2011 Ed. (3761)
Kelly Clarkson
 2011 Ed. (3713)
 2014 Ed. (3729)
Kelly Coffey (City National Bank)
 2023 Ed. (4935)
Kelly; Gail
 2010 Ed. (4981, 4982)
 2011 Ed. (4981)
 2012 Ed. (4977, 4978, 4984)
 2013 Ed. (4953, 4964)
 2014 Ed. (4960, 4974)
 2015 Ed. (5001, 5022, 5027)
 2016 Ed. (4918, 4939)
Kelly; Gary
 2005 Ed. (988)
 2007 Ed. (963)
 2008 Ed. (935)
 2010 Ed. (885)
 2011 Ed. (850)
Kelly; George
 1994 Ed. (1827)
 1995 Ed. (1856)
Kelly Group LLC
 2004 Ed. (1286)
Kelly Hart & Hallman
 2021 Ed. (3253, 3254)
Kelly Inc.; J. H.
 1994 Ed. (1141)
 1996 Ed. (1135)
Kelly; Jack
 1991 Ed. (1693, 1709)
 1993 Ed. (1837, 3642)
 1994 Ed. (1817)
 1995 Ed. (1859)
 1996 Ed. (1836)
 1997 Ed. (1909)
Kelly; John P.
 2009 Ed. (942)
Kelly; Maureen
 2006 Ed. (2518)
Kelly Mitchell Group Inc.
 2006 Ed. (3523)
 2007 Ed. (3572, 3573, 4430)
 2008 Ed. (3718, 4409, 4969)
Kelly-Moore
 1992 Ed. (3728)
 1996 Ed. (2132)
Kelly-Moore Paint Co.
 2013 Ed. (3858)
 2016 Ed. (3722)
 2020 Ed. (3763)
 2021 Ed. (3763)
 2022 Ed. (3785)
Kelly-Moore Paint Co. Inc.
 1998 Ed. (1968)
Kelly-Moore Paints
 2019 Ed. (2354)
Kelly Outsourcing & Consulting Group
 2015 Ed. (3805)
Kelly; Peter
 2016 Ed. (2533)
 2017 Ed. (2393)
Kelly; Richard C.
 2011 Ed. (847)
Kelly; Robert
 2005 Ed. (985)
 2006 Ed. (999)
 2007 Ed. (385, 1091)
Kelly; Robert P.
 2008 Ed. (369)
 2009 Ed. (385, 948)
 2010 Ed. (900)
 2011 Ed. (824)

Kelly Santini LLP
 2015 Ed. (3475)
 2016 Ed. (3320)
 2018 Ed. (3348)
 2019 Ed. (3327)
Kelly Scientific Resources
 2016 Ed. (1719)
Kelly Services
 2020 Ed. (719)
 2021 Ed. (2319, 2322)
Kelly Services of Denmark Inc.
 2004 Ed. (4411)
Kelly Services Inc.
 1989 Ed. (2101, 2477, 2480, 2813)
 1991 Ed. (2646, 3101, 3102, 3104)
 1992 Ed. (3936, 3937)
 1993 Ed. (1481, 3240)
 1994 Ed. (1527, 3233)
 1995 Ed. (1560, 3315)
 1996 Ed. (1543, 3402, 3665)
 1997 Ed. (3497, 3724)
 1998 Ed. (1703, 3288, 3504, 3506)
 1999 Ed. (1706, 1840, 4572, 4573, 4574, 4575, 4576, 4577)
 2000 Ed. (1664, 4225, 4226, 4227, 4228, 4230)
 2001 Ed. (1067, 1589, 1790, 4501, 4502)
 2002 Ed. (4595, 4596, 4598)
 2003 Ed. (802, 1563, 1567, 1745, 4390, 4717, 4718)
 2004 Ed. (843, 1078, 1592, 1594, 1614, 4693, 4694)
 2005 Ed. (817, 1082, 1617, 1619, 1624, 4354, 4668, 4669)
 2006 Ed. (743, 1078, 1503, 1506, 1511, 4720, 4721)
 2007 Ed. (837, 1532, 1536, 1540, 4743)
 2008 Ed. (805, 1516, 1520, 1524)
 2009 Ed. (829, 1447, 1450, 1454, 2680, 4705)
 2010 Ed. (774, 1429, 1433, 1437, 4718)
 2011 Ed. (702, 1431, 1434, 1438, 4676)
 2012 Ed. (1268, 4528, 4691)
 2013 Ed. (1375, 2651, 4653)
 2014 Ed. (1318, 1689, 4706)
 2015 Ed. (2653, 4717)
 2016 Ed. (1309, 1683, 4620)
 2017 Ed. (1360, 1659, 2478, 4639)
 2018 Ed. (1244, 2536)
 2019 Ed. (2542, 4649)
Kelly Services, Inc.
 2021 Ed. (754)
 2022 Ed. (785)
Kelly Temporary Services
 2006 Ed. (2430)
Kelly Tractor
 2019 Ed. (274)
Kelly Zhang
 2022 Ed. (4921)
Kelly's Roast Beef
 2001 Ed. (4051)
Kelmoore Strategy Eagle
 2007 Ed. (3667)
Kelmoore Strategy Eagle Fund
 2006 Ed. (3612)
Kelmoore Strategy Fund
 2006 Ed. (3612)
Kelowana Software Ltd.
 2005 Ed. (3288)
Kelowna-Central Okanagan, British Columbia
 2006 Ed. (3316)
Kelowna Flightcraft Air Charter
 2012 Ed. (157)
Kelpi Industries
 1992 Ed. (2104)
Kelsenbisca A/S
 2006 Ed. (1676)
Kelsey; David
 2006 Ed. (983)
Kelsey-Hayes
 1997 Ed. (704)
 1999 Ed. (280)
Kelsey Ramsden
 2014 Ed. (4992)
 2015 Ed. (5037)
Kelsey-Seybold Clinic
 2016 Ed. (2057)
Kelsey's International Inc.
 2003 Ed. (4141)
 2004 Ed. (4149)
 2005 Ed. (4089)
 2008 Ed. (4201)
 2009 Ed. (4298)
 2011 Ed. (4264)
Kelso-Burnett
 2023 Ed. (1375, 1383, 1385, 1410)
Kelso-Burnett Co.
 2006 Ed. (1309)
 2011 Ed. (1225)
 2018 Ed. (1166)
 2019 Ed. (1180)
 2020 Ed. (1171)
 2021 Ed. (1144)
Kelso & Co.
 1995 Ed. (2443)
 1997 Ed. (2628)
 2005 Ed. (3936)

CUMULATIVE INDEX • 1989-2023

Kelso Co., Inc.; W. R.
  2005 Ed. (1319)
Kelso Technologies Inc.
  2015 Ed. (857, 1521, 1559, 1560)
  2016 Ed. (1455, 1495, 3453)
  2017 Ed. (1465, 1488, 3410)
Kelson; Richard
  2005 Ed. (986)
  2006 Ed. (977)
Kelt Exploration
  2017 Ed. (3794)
Keltbray
  2018 Ed. (1037, 1055)
  2019 Ed. (1049, 1065)
  2020 Ed. (1039, 1053)
Kelter-Thorner Inc.
  2000 Ed. (2666)
  2001 Ed. (2913)
  2002 Ed. (2857)
Kelvin Taketa
  2014 Ed. (2593)
Kelvyn Press
  2021 Ed. (3965)
KEMA
  2009 Ed. (1185)
  2012 Ed. (1067, 1068, 1072)
Kemayan
  1992 Ed. (2824)
Kemba Charleston Credit Union
  2013 Ed. (2256)
Kemba Cincinnati Credit Union
  2002 Ed. (1885)
Kemba Credit Union
  2003 Ed. (1939)
  2004 Ed. (1979)
  2005 Ed. (2121)
  2006 Ed. (2216)
  2007 Ed. (2137)
  2008 Ed. (2252)
  2009 Ed. (2238)
  2010 Ed. (2192)
  2011 Ed. (2210)
  2012 Ed. (2071)
  2013 Ed. (2253)
  2014 Ed. (2185)
  2015 Ed. (2249)
  2016 Ed. (2220)
  2018 Ed. (2115)
  2020 Ed. (2094)
  2021 Ed. (2037, 2084)
  2022 Ed. (2119)
  2023 Ed. (2184, 2234)
KEMBA Financial Credit Union
  2018 Ed. (2115)
Kemba Financial Credit Union
  2006 Ed. (2154)
  2007 Ed. (2137)
  2008 Ed. (2252)
  2009 Ed. (2238)
  2010 Ed. (2192)
  2011 Ed. (2210)
  2012 Ed. (2071)
  2013 Ed. (2253)
  2014 Ed. (2185)
  2015 Ed. (2249)
  2016 Ed. (2220)
  2020 Ed. (2094)
  2021 Ed. (2084)
  2022 Ed. (2119)
  2023 Ed. (2234)
Kemba Indianapolis Credit Union
  2009 Ed. (2215)
Kemble Water Ltd.
  2008 Ed. (1418)
Kemerovo Gorodskaya Bolnichnaya Kassa
  1995 Ed. (2283)
KEMET Corp.
  1989 Ed. (1285)
  1998 Ed. (1930)
  2000 Ed. (1759)
  2001 Ed. (2867)
  2002 Ed. (2809)
  2004 Ed. (2230)
Kemet Electronics Corp.
  1999 Ed. (1963, 1981)
  2004 Ed. (1857)
Kemira
  1999 Ed. (1615, 2661, 4605)
  2009 Ed. (927)
Kemira Konserni
  1994 Ed. (1361)
Kemira Oy
  1989 Ed. (1114)
  1993 Ed. (1309)
  1995 Ed. (1385)
  1996 Ed. (1335)
  1997 Ed. (1396)
Kemmink & Joosten Aannemers B.V.
  2017 Ed. (1802)
Kemofarmacija d.d.
  2015 Ed. (3993)
Kemp, Burdick, CPAs & Advisors
  2006 Ed. (19)
Kemp & Co.; S. S.
  1996 Ed. (1956)
Kemp & Denning
  2016 Ed. (1383)

Kemp; Karen
  2018 Ed. (4107)
Kempen
  1991 Ed. (782)
Kemper
  1991 Ed. (2140, 3090)
  1992 Ed. (2705)
  1993 Ed. (932, 3216, 3259)
  1994 Ed. (2231, 2612, 2623, 3253)
  1995 Ed. (557, 755, 2702)
  1996 Ed. (797, 799)
  1997 Ed. (565)
  2000 Ed. (4410)
  2002 Ed. (4816)
  2017 Ed. (3084)
  2022 Ed. (1595, 2887, 3259)
  2023 Ed. (3002)
Kemper Advantage III Equity
  1994 Ed. (3611)
Kemper Aggressive Growth A
  1999 Ed. (3528)
Kemper Asset Management
  1992 Ed. (2765)
  1996 Ed. (2399)
Kemper Blue Chip
  1992 Ed. (3160)
  1993 Ed. (2660, 2671)
Kemper; David W.
  2006 Ed. (2530)
  2008 Ed. (958)
Kemper Diversified A
  1996 Ed. (2765)
  1997 Ed. (2867)
Kemper Diversified Income
  1993 Ed. (2674)
  1994 Ed. (2641)
  1995 Ed. (2741)
Kemper Diversified Income A
  1997 Ed. (691)
  1998 Ed. (2626)
  1999 Ed. (747)
Kemper-Dreman High Return
  1997 Ed. (2897)
  1999 Ed. (3542, 3543)
Kemper Dreman High Return A
  1998 Ed. (2598, 2631)
Kemper Dreman Small Cap A
  1998 Ed. (2608)
Kemper-Dremen High Return Equity A
  1999 Ed. (3558)
Kemper Financial
  1989 Ed. (1811, 2132)
  1991 Ed. (2250)
Kemper Financial Services Inc.
  1989 Ed. (1801, 2140)
  1992 Ed. (2778)
  1993 Ed. (762)
  1995 Ed. (758)
  1996 Ed. (801)
  1997 Ed. (737)
  1998 Ed. (2629, 2658)
Kemper Global Income
  1992 Ed. (3163, 3170, 3173)
Kemper Global Income A
  1999 Ed. (3579)
Kemper Group
  1989 Ed. (2975)
Kemper Growth
  1993 Ed. (2650, 2659, 2670)
Kemper High-Yield
  1989 Ed. (1853)
  1991 Ed. (2563)
  1992 Ed. (3155)
  1993 Ed. (2666)
  1994 Ed. (2610)
  1995 Ed. (2692, 2694, 2700, 2715)
  1999 Ed. (3548)
Kemper High-Yield A
  1996 Ed. (2761, 2765)
  1997 Ed. (2867)
  1998 Ed. (2625, 2626)
Kemper Income & Capital Preserv. A
  1996 Ed. (2784)
Kemper Income & Capital Preservation
  1997 Ed. (2866)
Kemper Insurance Companies
  2000 Ed. (4438)
Kemper Insurance Cos.
  2000 Ed. (1101)
  2002 Ed. (1071, 4991)
  2003 Ed. (4994, 4996)
  2004 Ed. (4997)
  2005 Ed. (4998)
Kemper International
  1992 Ed. (3184)
Kemper Investment Portfolio
  1993 Ed. (2693)
Kemper Investment Portfolio Diversified Inc.
  1995 Ed. (2741)
Kemper Investment Portfolio Dividend Income
  1993 Ed. (2674)
Kemper Investment Portfolio Total Return
  1993 Ed. (2662, 2673)
  1994 Ed. (2639)
  1995 Ed. (2739)
Kemper Investment Portfolios-Government I
  1993 Ed. (716)

Kemper Investors
  1993 Ed. (2379, 2380)
Kemper Investors Life
  1991 Ed. (2096)
Kemper Investors Life Insurance Co.
  2000 Ed. (2687, 2693, 2701, 2711)
  2001 Ed. (2939)
  2002 Ed. (2922, 2938)
Kemper Jr.; R. Crosby
  1993 Ed. (891)
Kemper Lesnik Communications
  2000 Ed. (3629, 3646)
  2002 Ed. (3813)
Kemper MMF/Govt Securities Portfolio
  1996 Ed. (2667)
Kemper MMF/Money Market Port
  1996 Ed. (2671)
Kemper MMF/Money Market Portfolio
  1994 Ed. (2543)
Kemper Money Market Fund
  1992 Ed. (3096, 3100)
Kemper Money Market Government Port
  1992 Ed. (3094)
Kemper Muni Bond
  1991 Ed. (2564)
Kemper Municipal Bond
  1989 Ed. (1855)
  1992 Ed. (3156)
  1993 Ed. (2667)
Kemper Municipal Bond A
  1997 Ed. (692, 2893)
Kemper National Companies
  2000 Ed. (4440)
Kemper National Insurance Cos.
  1993 Ed. (3740)
  1994 Ed. (3675)
  1995 Ed. (3800)
  1996 Ed. (3885)
  1997 Ed. (1012, 3922)
  1998 Ed. (750, 3769)
  1999 Ed. (4822)
Kemper National Services Inc.
  1996 Ed. (3080)
  1997 Ed. (3160)
Kemper New Europe
  2001 Ed. (3500)
Kemper Passport Small Cap Growth
  2000 Ed. (4335)
Kemper Reinsurance Co.
  1992 Ed. (3658)
  1993 Ed. (2992)
  1994 Ed. (3040)
  1999 Ed. (2905)
  2000 Ed. (2660)
  2001 Ed. (2956)
Kemper Retirement II
  1993 Ed. (2673)
Kemper Securities Group Inc.
  1992 Ed. (2727, 3867, 3869)
  1993 Ed. (762, 763, 765, 766, 1169, 3137, 3169, 3170, 3182, 3184, 3186)
Kemper Securities Inc.
  1992 Ed. (3855, 3856, 3863)
  1994 Ed. (2292)
  1995 Ed. (758, 759, 762, 800, 2353, 2638, 2641, 3258)
  1996 Ed. (801, 2372, 2717, 3357)
  1997 Ed. (737, 741, 2505, 3449, 3450, 3457)
Kemper Total Return
  1993 Ed. (2662, 2673, 2693)
  1994 Ed. (2639)
  1996 Ed. (2771)
Kemper Total Return Fund
  1992 Ed. (3162, 3177)
Kemper U.S. Government
  1991 Ed. (2562)
Kemper U.S. Government Securities
  1993 Ed. (716, 2665)
Kemper "VA" Adv 3: Eq NQ
  1994 Ed. (3617)
Kemper "VA" Adv 3: HY NQ
  1994 Ed. (3616)
Kemper Value
  2000 Ed. (3282)
Kempinski
  2000 Ed. (2565)
Kempinski Hotels
  2000 Ed. (2557)
Kempinski Hybernska
  2011 Ed. (3073)
Kemple; Carol L.
  2011 Ed. (3369)
Kemp's
  2014 Ed. (2796, 2797, 3127, 3130)
  2015 Ed. (2838, 2839, 3191, 3193)
  2016 Ed. (2768, 2770, 3047)
  2017 Ed. (2740, 2743, 2994)
  2018 Ed. (2794, 2795)
Kemps
  1993 Ed. (1907, 2121)
  1995 Ed. (1946)
  1996 Ed. (1977, 2215)
  1997 Ed. (2092, 2093)
  1998 Ed. (1770, 2074, 2075)
  2000 Ed. (1015, 2281, 2597, 3133, 4150)
  2001 Ed. (1168, 2547, 2833, 3309, 3310)
  2003 Ed. (3410, 3411)

  2005 Ed. (3477)
  2006 Ed. (2014)
  2007 Ed. (1980)
  2008 Ed. (2078)
  2009 Ed. (2049)
  2017 Ed. (3000)
  2019 Ed. (4465)
  2021 Ed. (4452)
  2022 Ed. (2164, 2847, 3081, 4462, 4463)
  2023 Ed. (2284, 2957, 3191, 3716, 4485, 4486)
Kemps LLC
  2014 Ed. (3128)
  2017 Ed. (2117, 2742, 3526)
Kemps Moo Jr.'s
  1995 Ed. (2578)
Kemps Select
  2017 Ed. (3525)
  2018 Ed. (3574)
  2022 Ed. (3619)
  2023 Ed. (3719)
Kempston-Darkes; Maureen
  2008 Ed. (2629)
Kempsville Building Materials
  1994 Ed. (797)
Kempton Park, South Africa
  2011 Ed. (3499)
Kemron Environmental Services Inc.
  2015 Ed. (3022)
Ken Bates
  2005 Ed. (268)
Ken Cacciatore
  2011 Ed. (3368)
Ken Chenault
  2004 Ed. (176)
Ken Clark International
  2005 Ed. (4030)
  2006 Ed. (4058)
Ken Garff Automotive Group
  2017 Ed. (245, 249, 250, 252, 2063)
  2018 Ed. (237)
  2019 Ed. (234, 2080)
  2020 Ed. (233, 239, 1989)
  2021 Ed. (226)
  2022 Ed. (247, 249)
  2023 Ed. (348)
Ken Griffey Jr.
  2003 Ed. (295)
Ken Griffin
  2004 Ed. (3170)
  2005 Ed. (4859)
  2006 Ed. (4912)
  2021 Ed. (4813)
  2022 Ed. (4806)
  2023 Ed. (4799)
Ken Grody Ford
  2002 Ed. (357)
Ken Hicks
  2016 Ed. (721)
Ken Kresa
  1995 Ed. (979)
Ken Kulji
  2002 Ed. (2258)
Ken Kutaragi
  2004 Ed. (2486)
  2005 Ed. (2322)
Ken-L Burger with Egg
  1989 Ed. (2194)
Ken-L Burger 'n Liver
  1989 Ed. (2194)
Ken-L Burgers
  1989 Ed. (2194)
  1994 Ed. (2833)
  1996 Ed. (2995)
  1997 Ed. (3074)
Ken-L-Ration
  1989 Ed. (2194)
  1992 Ed. (3411)
  1993 Ed. (2818)
  1994 Ed. (2821, 2830)
  1996 Ed. (2992)
  1997 Ed. (3071)
  1999 Ed. (3781)
Ken-L Ration Burgers
  1992 Ed. (3409)
  1993 Ed. (2816)
Ken-L-Ration Cheeseburger
  1989 Ed. (2194)
  1993 Ed. (2816)
  1994 Ed. (2833)
  1996 Ed. (2995)
  1997 Ed. (3074)
  1999 Ed. (3788)
  2002 Ed. (3654)
Ken L Ration Kibbles N Bits
  2004 Ed. (3815)
Ken-L Ration Moist 'N Beefy
  1994 Ed. (2823)
Ken-L Ration Pup-Peroni
  1994 Ed. (2823)
Ken-L Ration Pupperoni Lean
  1995 Ed. (2904)
Ken-L-Ration Special Cuts
  1989 Ed. (2194)
  1992 Ed. (3409)
  1993 Ed. (2816)
  1994 Ed. (2823, 2833)
  1996 Ed. (2995)

1997 Ed. (3074)
1999 Ed. (3788)
2002 Ed. (3654)
Ken-L Ration Tender Chops
　1994 Ed. (2823)
Ken Lewis
　2007 Ed. (384)
　2008 Ed. (369)
Ken Lowe
　2011 Ed. (2971)
Ken Maruyama
　1996 Ed. (1878)
　1997 Ed. (1985)
　1999 Ed. (2385)
Ken Morehead Dodge-Yugo Inc.
　1993 Ed. (268)
Ken and Myra Monfort
　1994 Ed. (890)
Ken N. MacKenzie
　2017 Ed. (3925)
Ken R. Humke Co.
　2006 Ed. (4374)
Ken R. Lucas
　2003 Ed. (3893)
Ken Salazar
　2007 Ed. (2497)
　2009 Ed. (4857)
Ken Seaton
　2013 Ed. (3468)
Ken Super Lights
　1997 Ed. (988)
Ken Thompson
　2005 Ed. (2469)
　2007 Ed. (384)
Kenan Advantage Group
　2006 Ed. (4657, 4809)
　2007 Ed. (4677, 4849)
　2008 Ed. (4588, 4772)
　2009 Ed. (4632, 4804)
　2010 Ed. (4821)
　2011 Ed. (4770, 4780)
　2012 Ed. (4615, 4802)
　2013 Ed. (4562, 4764)
　2014 Ed. (4617, 4815)
　2015 Ed. (4616, 4850)
　2016 Ed. (4535, 4754)
　2017 Ed. (4765)
　2018 Ed. (4761)
　2019 Ed. (4735, 4764)
　2020 Ed. (4554, 4711, 4752)
　2021 Ed. (4535, 4716, 4750)
　2022 Ed. (4541, 4718, 4752)
　2023 Ed. (4552, 4553, 4554, 4736, 4738)
Kenan Advantage Group Inc.
　2018 Ed. (4554)
　2019 Ed. (4553)
　2020 Ed. (4553)
　2021 Ed. (4534)
　2022 Ed. (4540)
Kenan-Flagler Business School
　2015 Ed. (810)
Kenan-Flagler School of Business
　2009 Ed. (780)
　2010 Ed. (724)
Kenan-Flagler School of Business; University of North Carolina-Chapel Hill
　2005 Ed. (800, 803, 810, 813, 814, 815)
　2006 Ed. (724)
　2007 Ed. (795, 814, 833, 834)
　2008 Ed. (772, 794, 795)
　2009 Ed. (788, 811, 812, 824)
　2010 Ed. (725, 732, 736, 739, 756, 757, 760, 761, 763)
　2011 Ed. (639, 647, 651, 654, 655, 671, 672, 692)
　2012 Ed. (608, 610)
Kenan, Jr. Charitable Trust; The William R.
　1995 Ed. (1070, 1928)
Kenan Transport Co.
　2001 Ed. (4441, 4645)
　2002 Ed. (4547)
　2003 Ed. (4790)
　2004 Ed. (4775)
　2005 Ed. (4592)
　2006 Ed. (4845)
Kenan Transport LLC
　2021 Ed. (4679)
KenCell Communications
　2004 Ed. (59)
　2005 Ed. (54)
Kenco
　1992 Ed. (887)
　1994 Ed. (693)
　1996 Ed. (725)
　1999 Ed. (710)
　2002 Ed. (703)
　2009 Ed. (601)
　2010 Ed. (585)
Kenco Construction
　1998 Ed. (911)
Kenco Group
　2017 Ed. (4809)
Kenco Homes
　2003 Ed. (1183)
Kenco Logistic Services
　2009 Ed. (4836, 4839)
　2010 Ed. (4847)
　2011 Ed. (4813)

2012 Ed. (4829)
2013 Ed. (4820)
2014 Ed. (4834)
2015 Ed. (4870)
2016 Ed. (4793)
2017 Ed. (4808)
2018 Ed. (4810)
2019 Ed. (4808)
2022 Ed. (4792)
2023 Ed. (4787)
Kenco Logistic Services LLC
　2020 Ed. (4797)
　2021 Ed. (4795)
Kenco Logistics
　2006 Ed. (4887)
　2007 Ed. (4879)
　2008 Ed. (4814)
Kenco Logistics Services
　2009 Ed. (4838)
　2015 Ed. (4871)
　2016 Ed. (4794)
　2018 Ed. (4814)
　2019 Ed. (4809)
　2020 Ed. (4798)
　2021 Ed. (4797)
　2022 Ed. (4793)
　2023 Ed. (4788)
KENDA Systems Inc.
　1999 Ed. (2671)
Kendal; Robert
　1995 Ed. (2485)
Kendall Confab
　2003 Ed. (3785)
Kendall County, TX
　2008 Ed. (3480)
Kendall Dealership Holdings LLC
　2016 Ed. (1643)
　2017 Ed. (1610)
　2018 Ed. (1594)
　2019 Ed. (1632)
　2020 Ed. (1589)
　2021 Ed. (1573)
　2022 Ed. (1592)
Kendall Dealership Holdings, LLC
　2023 Ed. (1762)
Kendall/Heaton Associates
　2005 Ed. (262)
Kendall International
　1994 Ed. (1262, 1263)
Kendall-Jackson
　1998 Ed. (3439, 3723)
　2003 Ed. (4961)
　2005 Ed. (4954)
　2006 Ed. (4959)
　2007 Ed. (4966)
Kendall Jackson Vintners Reserve
　2013 Ed. (4943)
　2014 Ed. (4956)
　2015 Ed. (4995, 4996)
　2016 Ed. (4911)
　2017 Ed. (4906)
　2018 Ed. (4926)
　2019 Ed. (4925)
　2020 Ed. (4925)
　2021 Ed. (4922)
Kendall-Jackson Vintners Reserve
　2010 Ed. (4967)
　2011 Ed. (4954)
　2012 Ed. (4949)
Kendall-Jackson Wine Estates
　2013 Ed. (1474)
　2014 Ed. (1436)
Kendall-Jackson Wine Estates Ltd.
　2004 Ed. (4962, 4963)
　2005 Ed. (4946, 4947)
　2006 Ed. (4963)
Kendall-Jackson Winery
　2020 Ed. (1429)
Kendall Jenner
　2018 Ed. (3645)
　2019 Ed. (3634)
　2020 Ed. (3606)
Kendall, Koenig & Oelsner PC
　2010 Ed. (1610)
　2011 Ed. (1614)
　2012 Ed. (1462)
　2013 Ed. (1554)
Kendall Medical Center
　2000 Ed. (2527)
　2002 Ed. (2620)
Kendall Powell
　2014 Ed. (941)
　2016 Ed. (869)
Kendall Regional Medical Center
　2009 Ed. (3143)
　2014 Ed. (3075)
　2015 Ed. (3140)
Kendall Toyota
　1991 Ed. (297)
　1992 Ed. (377, 402, 418)
　1993 Ed. (287)
　1994 Ed. (286, 290)
　1995 Ed. (287, 294, 295)
　1996 Ed. (290, 298)
Kendell
　1989 Ed. (242)
Kender; Michael
　1997 Ed. (1939, 1940)

Kendle International
　1999 Ed. (2614, 2621, 4322, 4328)
　2001 Ed. (1461)
　2010 Ed. (2865)
Kendra Scott Design Inc.
　2016 Ed. (4949)
　2017 Ed. (4940)
　2018 Ed. (4946)
Kendrick; Claire
　1997 Ed. (1934)
Kendrick Lamar
　2015 Ed. (1136)
　2018 Ed. (3688)
　2019 Ed. (3674, 3675)
　2020 Ed. (3640)
　2021 Ed. (3645)
Keneb Services
　1995 Ed. (2067)
Kenect
　2023 Ed. (1156, 2087)
Kenetech Corp.
　1995 Ed. (3205, 3206, 3693, 3694)
　1997 Ed. (2975)
　1998 Ed. (478)
Kenexa
　2010 Ed. (4682)
Kenfil
　1995 Ed. (3202)
Kenia SAIC
　1989 Ed. (15)
　1992 Ed. (39)
Kenichiro Yoshida
　1996 Ed. (1886)
　1997 Ed. (1992)
　1999 Ed. (2378, 2393)
　2000 Ed. (2158, 2176)
The Kenific Group
　2019 Ed. (1272)
Kenilworth, IL
　2012 Ed. (3047)
Kenjya-Trusant Group LLC
　2019 Ed. (4776)
　2022 Ed. (4764)
Kenkichi Nakajima
　1993 Ed. (698)
Kenmar Performance Part BVI
　1995 Ed. (1080)
Kenmark Industrial
　2007 Ed. (1864)
Kenmark Lenses
　1996 Ed. (2874)
Kenmore
　1991 Ed. (187, 1441, 2457, 2825, 3242, 3243, 3471)
　1992 Ed. (258, 1830, 2522, 3071, 3649, 4154, 4155, 4420)
　1999 Ed. (780, 2701)
　2001 Ed. (287, 288, 2037, 3304, 3600, 3601, 4027, 4731)
　2003 Ed. (744, 2865)
　2005 Ed. (2953, 2967)
　2006 Ed. (2948)
　2007 Ed. (2965, 2966, 2975, 4869)
　2008 Ed. (2348, 2988, 3088, 3089, 3668, 3835, 4548, 4796)
　2009 Ed. (3176, 3193, 4821)
　2010 Ed. (3121)
　2011 Ed. (2969, 4798)
Kenna Security
　2021 Ed. (4342)
Kennametal
　2013 Ed. (2000)
　2017 Ed. (1011)
Kennametal Inc.
　1992 Ed. (2952, 3253)
　1993 Ed. (2726)
　1997 Ed. (2946)
　1998 Ed. (149)
　2000 Ed. (3340)
　2001 Ed. (3183, 3184, 3277)
　2003 Ed. (3267, 3268)
　2004 Ed. (3445, 3446)
　2005 Ed. (3460)
　2006 Ed. (1984, 2279, 3344, 3366)
　2007 Ed. (2211)
　2008 Ed. (2043, 2047)
　2012 Ed. (1846, 1848)
　2013 Ed. (2006, 3161)
　2015 Ed. (3226)
　2016 Ed. (3390, 3411)
　2017 Ed. (3351, 3369)
　2018 Ed. (1873)
　2019 Ed. (3386)
Kennan & Associates
　1998 Ed. (2125)
Kennan; Peter
　1997 Ed. (998)
Kennards Hire
　2019 Ed. (4092)
　2020 Ed. (3348)
　2021 Ed. (3283)
　2022 Ed. (3367)
Kennards Self Storage
　2019 Ed. (4700)
Kennebec County, ME
　1996 Ed. (1473)
Kennebec Federal Savings
　2016 Ed. (1751)

Kennebec Federal Savings & Loan Association of Waterville
　2021 Ed. (4299)
　2022 Ed. (4307)
Kennebec Pharmacy & Home Care
　2009 Ed. (1858)
Kennebec Savings
　2023 Ed. (437)
Kennebec Savings Bank
　2009 Ed. (1858)
　2012 Ed. (1673)
　2021 Ed. (333, 378)
　2022 Ed. (345, 391)
　2023 Ed. (511)
Kennebunk, ME
　2008 Ed. (4245)
Kennebunk Savings Bank
　2010 Ed. (1789)
　2011 Ed. (1814)
　2012 Ed. (1672)
　2021 Ed. (378)
　2022 Ed. (391)
　2023 Ed. (511)
Kennecott Corp.
　1999 Ed. (1208, 3360)
　2000 Ed. (3099)
　2008 Ed. (3653)
　2009 Ed. (3719)
　2010 Ed. (2072, 3637)
　2011 Ed. (2129, 3639)
　2012 Ed. (1972, 3635)
　2013 Ed. (2131, 3694)
　2014 Ed. (3628)
　2015 Ed. (2113, 3641)
　2016 Ed. (2094, 3528)
Kennecott Energy & Coal Co.
　2004 Ed. (1894)
Kennecott Energy Co.
　1998 Ed. (782)
　2000 Ed. (1127, 1129)
　2001 Ed. (1903)
　2003 Ed. (1858)
　2004 Ed. (1894)
　2005 Ed. (2020)
　2006 Ed. (2123)
　2007 Ed. (2071)
Kennecott Holding Corp.
　2003 Ed. (1840, 3366)
　2004 Ed. (1874)
　2005 Ed. (1990, 3447, 3448)
　2006 Ed. (2088, 3456)
　2007 Ed. (2046, 3479)
　2008 Ed. (2148)
　2009 Ed. (2131)
Kennecott Holdings Corp.
　2001 Ed. (3322)
Kennecott; Sohio/
　1991 Ed. (1146)
Kennecott Utah Copper LLC
　2015 Ed. (2113)
　2016 Ed. (2094)
Kennedy
　1992 Ed. (313)
　2001 Ed. (351, 353)
Kennedy Associates
　1999 Ed. (3093)
　2000 Ed. (2808)
　2002 Ed. (3938)
Kennedy; Brian
　2010 Ed. (4923)
　2020 Ed. (1090)
Kennedy Cabot
　1993 Ed. (1491)
Kennedy Cabot & Co.
　1995 Ed. (800)
　1996 Ed. (809)
　1997 Ed. (782)
　1998 Ed. (529)
　1999 Ed. (904)
Kennedy Capital Management
　1993 Ed. (2333, 2335)
Kennedy Capital Management, Select
　2003 Ed. (3120, 3135)
Kennedy Capital Management, Small Cap Growth
　2003 Ed. (3121, 3136)
Kennedy Center for the Performing Arts; John F.
　2005 Ed. (3281)
Kennedy; Chris
　2011 Ed. (2972)
Kennedy & Christopher PC
　2005 Ed. (3262)
Kennedy & Coe
　1998 Ed. (12)
　1999 Ed. (16)
　2002 Ed. (13, 14)
　2011 Ed. (16)
　2012 Ed. (20)
　2013 Ed. (19)
　2014 Ed. (15)
　2015 Ed. (16)
Kennedy & Coe LLC
　2003 Ed. (4)
　2004 Ed. (10)
　2005 Ed. (6)
　2006 Ed. (11)
　2007 Ed. (7)

CUMULATIVE INDEX • 1989-2023

2008 Ed. (5)
2009 Ed. (8)
2010 Ed. (15)
Kennedy & Co.
  2000 Ed. (13)
Kennedy Co.; A. J.
  1993 Ed. (790)
Kennedy & Co.; Grace
  1994 Ed. (2339, 2340)
  1996 Ed. (2437, 2438)
Kennedy Covington Lobdell & Hickman LLP
  2007 Ed. (1505)
Kennedy; Edward
  2010 Ed. (2897)
Kennedy; George D.
  1992 Ed. (1143, 2059)
  1993 Ed. (938)
Kennedy Health System
  1999 Ed. (1011, 2602)
  2000 Ed. (965, 2345)
The Kennedy Health System-Washington Township Division
  1998 Ed. (1843)
Kennedy Homes
  2008 Ed. (1195)
Kennedy Institute
  1994 Ed. (890)
Kennedy International Airport; John F.
  1993 Ed. (168, 206, 209)
  1994 Ed. (152, 191, 194)
  1995 Ed. (195, 199)
Kennedy International Airport, New York
  1991 Ed. (218)
Kennedy International; J. F.
  1992 Ed. (307, 308)
Kennedy; J. F.
  1992 Ed. (306)
Kennedy; James A. C.
  2011 Ed. (830)
Kennedy; James A.C.
  2016 Ed. (2558)
Kennedy; James C.
  2009 Ed. (4848)
  2010 Ed. (4855)
  2011 Ed. (4833)
  2012 Ed. (4845)
  2013 Ed. (4844)
  2014 Ed. (4860)
  2015 Ed. (4897)
  2016 Ed. (4815)
Kennedy/Jenks Consultants
  2006 Ed. (2457, 4365)
Kennedy/Jenks Consultants Inc.
  2018 Ed. (2380)
  2020 Ed. (2401)
Kennedy; Jim
  2018 Ed. (4831)
  2019 Ed. (4828)
  2020 Ed. (4818)
  2021 Ed. (4819)
  2022 Ed. (4812)
  2023 Ed. (4805)
Kennedy, John F.
  1991 Ed. (214)
Kennedy; John R.
  1991 Ed. (1630, 1631)
  1992 Ed. (2061)
  1993 Ed. (1705)
  1994 Ed. (1723)
Kennedy; Lee A.
  2009 Ed. (2665)
Kennedy Memorial Hospital/University Medical Center
  1992 Ed. (2461)
Kennedy, New York
  1991 Ed. (215, 216)
Kennedy, NY; New York
  2009 Ed. (258)
  2010 Ed. (249)
  2011 Ed. (168)
Kennedy; Ray
  1993 Ed. (1079)
Kennedy School of Government of Harvard University, John F.
  1991 Ed. (1003)
Kennedy Space Center
  1999 Ed. (4622)
Kennedy Stadium; John F.
  1989 Ed. (986)
The Kennedys of Massachusetts
  1992 Ed. (4250)
Kenner
  1991 Ed. (3410)
  1995 Ed. (3639)
  1997 Ed. (3775)
  1999 Ed. (4629)
Kenner & Co.
  2005 Ed. (3284)
Kenner Parker
  1989 Ed. (2665)
Kenner Parker Toys
  1989 Ed. (2856)
Kennstone Regional Health Care System
  1992 Ed. (3126)
Kenneth Abramowitz
  1989 Ed. (1418)
  1991 Ed. (1708)

1992 Ed. (2136, 2137, 2138)
1993 Ed. (1774, 1800, 1801)
1994 Ed. (1783, 1784, 1828, 1833, 1834)
1995 Ed. (1823, 1868)
1996 Ed. (1773, 1796, 1849)
1997 Ed. (1869, 1921)
1998 Ed. (1609, 1642, 1643, 1652)
1999 Ed. (2233, 2234)
2000 Ed. (2015)
Kenneth Adams
  2012 Ed. (4852)
Kenneth Asbury
  2016 Ed. (872)
Kenneth B. Goldman
  2011 Ed. (3351)
Kenneth Balfour Ltd.
  1995 Ed. (1007)
Kenneth Bann
  1997 Ed. (1939)
  1998 Ed. (1583)
  1999 Ed. (2170)
Kenneth Berg
  1998 Ed. (721)
Kenneth C. Frazier
  2015 Ed. (960)
  2016 Ed. (870)
Kenneth C. Smith
  1997 Ed. (138)
Kenneth Charles
  2012 Ed. (2158)
Kenneth Chenault
  2005 Ed. (964)
  2007 Ed. (1010, 3617)
  2010 Ed. (892)
  2012 Ed. (110)
Kenneth Cole
  2001 Ed. (4244)
Kenneth Cole Infinite Black
  2008 Ed. (2768)
Kenneth Cole Productions Inc.
  1997 Ed. (2936)
  2005 Ed. (1010, 3273)
  2006 Ed. (3264)
  2007 Ed. (3336)
  2008 Ed. (3436, 4221)
  2009 Ed. (3510)
  2010 Ed. (3027, 3439)
  2011 Ed. (2996, 3437)
  2012 Ed. (2922, 3454)
  2013 Ed. (3011, 3497, 3498)
  2014 Ed. (3020, 3474)
  2015 Ed. (3087)
Kenneth Colin Irving
  1989 Ed. (732)
Kenneth D. Cole
  2009 Ed. (2659)
Kenneth D. Lewis
  2004 Ed. (411, 2492)
  2005 Ed. (1104)
  2006 Ed. (926, 1099)
  2007 Ed. (1027, 1202)
  2008 Ed. (949, 957, 1108)
  2009 Ed. (1086)
  2010 Ed. (896)
Kenneth F. Gorman
  1989 Ed. (1377)
Kenneth Frazier
  2019 Ed. (3345)
Kenneth Goldberg
  1997 Ed. (1945)
  1998 Ed. (1587)
  1999 Ed. (2168, 2172)
  2000 Ed. (1939, 1943)
Kenneth Griffin
  2006 Ed. (4896)
  2009 Ed. (2715)
  2013 Ed. (2891)
  2014 Ed. (2920)
  2015 Ed. (2968)
  2016 Ed. (2902)
  2019 Ed. (2885)
Kenneth Griffon
  2006 Ed. (2798)
Kenneth H. Olsen
  1992 Ed. (2053)
  1993 Ed. (1700)
  1994 Ed. (1719)
Kenneth Hendricks
  2007 Ed. (4901)
  2008 Ed. (4828)
Kenneth Ho
  2000 Ed. (2071)
Kenneth I. Chenault
  1989 Ed. (735)
  2006 Ed. (920, 932)
  2007 Ed. (1022, 1027)
  2008 Ed. (943, 949)
  2009 Ed. (943, 948)
  2010 Ed. (900, 907)
  2011 Ed. (103, 830)
  2012 Ed. (792)
  2015 Ed. (966)
Kenneth J. Chenault
  2010 Ed. (179)
Kenneth J. Gerbino
  1993 Ed. (2297)
Kenneth J. Gerbino & Co.
  1994 Ed. (2309)

Kenneth J. Thygerson
  1991 Ed. (1621)
Kenneth L. Gibson
  1991 Ed. (3211)
Kenneth L. Lay
  1992 Ed. (1141)
Kenneth Lay
  2002 Ed. (1043)
  2010 Ed. (895)
Kenneth Leon
  1993 Ed. (1785)
  1994 Ed. (1786)
Kenneth Leung
  1991 Ed. (1688)
  1993 Ed. (1820)
  1994 Ed. (1803)
Kenneth Leventhal & Co.
  1994 Ed. (1, 4)
  1995 Ed. (4, 5, 6, 11)
  1996 Ed. (18)
  1997 Ed. (18)
Kenneth Lewis
  2007 Ed. (1016)
  2011 Ed. (819)
Kenneth Lowe
  2006 Ed. (913)
  2007 Ed. (1003)
Kenneth M. Jakubzak, CTA
  1994 Ed. (1069)
Kenneth Macias
  2011 Ed. (2953)
Kenneth Martin
  2007 Ed. (1069)
  2008 Ed. (966)
Kenneth Mayland
  1989 Ed. (1753)
  1991 Ed. (2160)
Kenneth Miller
  1991 Ed. (1707)
  1994 Ed. (1799)
  1995 Ed. (1837)
Kenneth N. Pontikes
  1991 Ed. (926)
  1992 Ed. (1143, 2059)
Kenneth Neumann/Joel Smith & Associates Inc.
  1991 Ed. (252)
  1992 Ed. (357)
Kenneth Oder
  2002 Ed. (1043)
Kenneth P. Manning
  2007 Ed. (2500)
  2008 Ed. (2632)
  2010 Ed. (2562)
Kenneth P. Pucker
  2009 Ed. (2659)
Kenneth Quickel
  1993 Ed. (1701)
Kenneth R. Thomson
  1989 Ed. (732)
  1997 Ed. (673, 3871)
  1998 Ed. (464)
Kenneth Raske
  2010 Ed. (3624)
Kenneth Roy Thomson
  1991 Ed. (709, 710, 1617, 3477)
  1993 Ed. (698, 699)
Kenneth Rumph
  1999 Ed. (2304)
Kenneth Schroeder
  2006 Ed. (916)
  2007 Ed. (1006)
Kenneth Silver
  1998 Ed. (1591)
  1999 Ed. (2180)
  2000 Ed. (1951)
Kenneth Taylor
  2009 Ed. (386)
Kenneth Thomson
  2002 Ed. (4788)
  2003 Ed. (4891, 4893)
  2004 Ed. (4875, 4879)
  2005 Ed. (4874, 4876, 4881)
  2006 Ed. (4923, 4925)
  2007 Ed. (4910, 4913, 4916)
Kenneth Thomson and family
  2005 Ed. (4875)
Kenneth Topping
  1991 Ed. (2548)
  1992 Ed. (3138)
Kenneth Tuchman
  2023 Ed. (4807)
Kenneth Way
  1999 Ed. (1125)
  2000 Ed. (1045)
Kenneth Whipple
  2000 Ed. (1885)
  2001 Ed. (2346)
Kenneth Ziffren
  1991 Ed. (2297)
  1997 Ed. (2611)
Kennewick-Richland-Pasco, WA
  2007 Ed. (2375, 3375)
  2008 Ed. (3476)
  2009 Ed. (4349)
Kennewick, WA
  2021 Ed. (3352)

Kenney; Jason
  2016 Ed. (719)
Kenney's
  1995 Ed. (2182)
  1998 Ed. (2049)
Kenny A. Troutt
  2004 Ed. (4866)
Kenny Chesney
  2006 Ed. (1157)
  2007 Ed. (1267)
  2010 Ed. (1126, 2513)
  2011 Ed. (1065, 2515, 3712)
  2013 Ed. (1137)
  2014 Ed. (1098)
  2015 Ed. (1135)
  2017 Ed. (1082, 3624, 3625)
  2018 Ed. (3687)
  2019 Ed. (3672)
  2020 Ed. (994, 3639)
Kenny & Christmas: Kenny Rogers, The Forester Sisters
  1991 Ed. (1040)
Kenny Construction Co.
  1992 Ed. (1371, 1434)
  1993 Ed. (1098, 1149)
  1994 Ed. (1156)
  1995 Ed. (1136, 1175)
  1999 Ed. (1326, 1383)
  2002 Ed. (1182)
  2004 Ed. (1292)
  2008 Ed. (1295)
  2009 Ed. (1346)
Kenny; Gregory
  2006 Ed. (2531)
  2007 Ed. (2512)
  2009 Ed. (2666)
  2013 Ed. (2637)
  2014 Ed. (2592)
  2015 Ed. (2634)
Kenny Industrial Services
  2003 Ed. (1309)
  2004 Ed. (1312)
Kenny Kingston's Psychic Line
  1997 Ed. (2390)
Kenny-Manta Industrial Services
  2002 Ed. (1295)
Kenny Pipe & Supply Inc.
  2023 Ed. (2720)
Kenny Rogers
  1989 Ed. (991)
  1992 Ed. (1351)
  1993 Ed. (1079)
  1994 Ed. (1100)
  1995 Ed. (1120)
  1996 Ed. (1094)
  1997 Ed. (1113)
  2002 Ed. (1159)
Kenny Rogers/Dolly Parton
  1991 Ed. (1040)
Kenny Rogers, Lorrie Morgan
  1991 Ed. (1040)
Kenny Rogers Roasters
  1996 Ed. (1760)
  1997 Ed. (1841, 3311, 3312, 3316, 3328, 3331, 3332)
  1998 Ed. (1549, 1879, 3059, 3062)
  1999 Ed. (2128, 2130, 2133, 2135, 4063)
Kenny Rogers, The Forester Sisters; Kenny & Christmas:
  1991 Ed. (1040)
Kenny Troutt
  2005 Ed. (4843)
  2011 Ed. (4841)
Kenny Wayne Shepherd
  1998 Ed. (867)
Kenny's
  2022 Ed. (800)
Kenny's Genuine Island Style
  2023 Ed. (3997)
Kenny's Great Pies Inc.
  2019 Ed. (3906)
Keno
  2000 Ed. (3013)
Kenosha Beef International
  2013 Ed. (3635)
  2015 Ed. (3599)
  2018 Ed. (3508)
Kenosha Beef International Ltd.
  2008 Ed. (3609)
  2009 Ed. (3676)
  2010 Ed. (3591, 3598)
  2014 Ed. (3578)
  2015 Ed. (3590)
  2016 Ed. (3474)
  2017 Ed. (3438)
  2018 Ed. (3501)
  2019 Ed. (3490)
  2020 Ed. (3475, 3477, 3481)
Kenosha County, WI
  2012 Ed. (4372)
Kenosha News
  1989 Ed. (2053)
  1991 Ed. (2599, 2608)
Kenosha, WI
  1992 Ed. (370)
  2001 Ed. (2359)
  2002 Ed. (2744)

Kenover Marketing
  2018 Ed. (4385)
Kenover Marketing Corp.
  2022 Ed. (4408)
Kenover Mktg Corp.
  2023 Ed. (4437)
Ken's Foods
  2014 Ed. (4406)
  2015 Ed. (4393)
Ken's Foods, Inc.
  2021 Ed. (4268)
Ken's Steak House
  2014 Ed. (4404)
  2015 Ed. (4392)
  2021 Ed. (4267)
Ken's Steak House Simply Vinaigrette
  2021 Ed. (4267)
Kenseal Construction
  2016 Ed. (2864)
Kenseth; Matt
  2010 Ed. (315)
  2011 Ed. (239)
  2012 Ed. (260)
  2013 Ed. (267)
  2017 Ed. (214)
  2018 Ed. (199)
Kensey Nash Corp.
  2003 Ed. (2728)
Kenshoo
  2013 Ed. (2909)
Kensington
  2008 Ed. (626, 628)
  2010 Ed. (614, 616)
  2011 Ed. (546, 548)
  2012 Ed. (526, 528)
  2013 Ed. (627, 629)
  2016 Ed. (644, 646)
Kensington Communications
  2012 Ed. (2557, 4684)
  2015 Ed. (2673, 4712)
Kensington Community Church
  2010 Ed. (4178)
Kensington Electronics Inc.
  2001 Ed. (2205)
  2004 Ed. (2245)
Kensington Frost
  2000 Ed. (2341)
Kensington Gold
  2000 Ed. (2341)
Kensington International Inc.
  2001 Ed. (2311)
Kensington Management Group Ltd.
  2006 Ed. (787, 3052)
  2008 Ed. (858)
Kensington Realty
  1993 Ed. (2310, 2318)
  1996 Ed. (2393, 2413)
  1999 Ed. (3080)
Kensington Realty Advisors
  2000 Ed. (2820)
Kensington Resources Ltd.
  2006 Ed. (1631)
Kensington Tours
  2017 Ed. (4690)
Kent
  2017 Ed. (4669, 4673)
Kent 1
  1999 Ed. (1138)
  2000 Ed. (1063)
Kent Blair
  1991 Ed. (1703)
  1992 Ed. (2137)
  1993 Ed. (1791)
  1995 Ed. (1857)
Kent Building Materials
  2021 Ed. (2835)
  2022 Ed. (3000)
  2023 Ed. (3116)
The Kent Center for Human & Organizational Development
  2008 Ed. (2059)
Kent cigarettes
  1992 Ed. (55)
Kent Conrad
  1999 Ed. (3844, 3960)
Kent Construction Co., Inc.
  2006 Ed. (4205)
  2007 Ed. (4214, 4215)
  2008 Ed. (4251, 4252)
  2011 Ed. (4319)
Kent Construction & Roofing Inc.
  2011 Ed. (4320)
Kent Cos.
  2006 Ed. (1290)
  2013 Ed. (1265)
  2019 Ed. (1186)
  2020 Ed. (1177)
  2021 Ed. (1188)
  2022 Ed. (1157, 1189)
Kent Cos. Inc.
  2023 Ed. (1426)
Kent County, MD
  1991 Ed. (2525)
Kent County Memorial Hospital
  1997 Ed. (2267)
  2001 Ed. (1840)
  2003 Ed. (1813)
  2004 Ed. (1847)

2005 Ed. (1955)
2006 Ed. (2001)
2007 Ed. (1966)
2008 Ed. (2061)
2009 Ed. (2027)
2010 Ed. (1960)
2011 Ed. (2020)
2012 Ed. (1868)
2013 Ed. (2027)
2014 Ed. (1962)
2015 Ed. (2009)
2016 Ed. (1980)
Kent Electronics Corp.
  1996 Ed. (1636)
  1997 Ed. (1711, 1823, 1824)
  1998 Ed. (1406, 1407, 1408, 1411, 1412, 1416)
  1999 Ed. (1938, 1982, 1985, 1986, 1987, 1991)
  2000 Ed. (1761, 1762, 1765, 1766, 1767, 1771)
  2001 Ed. (2183, 2203, 2204, 2205, 2206, 2207, 2208, 2209, 2211)
  2002 Ed. (2077, 2087, 2088, 2089, 2090, 2091, 2093, 2095)
  2003 Ed. (2188, 2206)
Kent Fds-Income Institutional
  1999 Ed. (603)
Kent FDS-MI Municipal Ltd. Mat. Inst.
  2001 Ed. (726)
Kent Funds-International Equity Institutional
  1996 Ed. (620)
Kent General Hospital Inc.
  2011 Ed. (1605)
Kent Intermediate Bond Institutional
  1996 Ed. (611)
Kent J. Thiry
  2011 Ed. (834)
  2012 Ed. (807)
  2013 Ed. (986)
  2014 Ed. (939, 943)
  2015 Ed. (955, 967)
  2016 Ed. (866)
Kent Kresa
  1996 Ed. (963)
  1999 Ed. (1120)
Kent Messenger Weekly Newspaper Group
  2002 Ed. (3517)
Kent Mild KS
  1997 Ed. (988)
Kent Milds King Size Box
  1999 Ed. (1138)
  2000 Ed. (1063)
Kent; Muhtar
  2010 Ed. (898)
  2011 Ed. (832)
  2013 Ed. (741)
  2015 Ed. (964)
Kent Regional Newspapers Ltd.
  2002 Ed. (3517)
Kent Security
  2016 Ed. (4977)
  2017 Ed. (4965)
  2018 Ed. (4973)
  2021 Ed. (4973)
  2022 Ed. (4971)
  2023 Ed. (4974)
Kent Short-Term Bond Institute
  1996 Ed. (2767)
Kent & Spiegel Direct
  1995 Ed. (3796)
  1996 Ed. (3882)
  1997 Ed. (3918)
  1998 Ed. (3764)
Kent State University
  2010 Ed. (3767)
  2011 Ed. (2311)
  2012 Ed. (3771)
  2013 Ed. (3836)
Kent Thiry
  2009 Ed. (3707)
  2010 Ed. (3625)
Kent Wilson
  1999 Ed. (2289)
Kentech Consulting
  2015 Ed. (4419)
Kentfield Rehabilitation & Specialty Hospital
  2015 Ed. (1495)
Kentico software s.r.o.
  2012 Ed. (2841)
Kentlands Construction
  2010 Ed. (1254)
Kentlands Construction LLC
  2009 Ed. (1320)
Kentor AB
  2006 Ed. (2029)
Kentron Inc.
  1992 Ed. (4370, 4371)
  1995 Ed. (3687)
Kent's Bromeliad Nursery
  2023 Ed. (3851)
Kentuckiana Nursing Service
  2018 Ed. (4958)
  2021 Ed. (4960)
Kentucky
  1989 Ed. (1898, 2533)
  1991 Ed. (787, 788, 2485)
  1992 Ed. (977, 2922, 2931, 3106, 3542,

4014, 4117, 4126, 4130)
  1993 Ed. (315, 1734, 1735, 2180, 2585, 3353, 3395, 3396, 3411, 3425, 3433, 3440)
  1994 Ed. (2381, 2382, 3384, 3388, 3401, 3407, 3417, 3421)
  1995 Ed. (1762, 2462, 2463, 3456, 3460, 3472, 3488)
  1996 Ed. (35, 1737, 1738, 2090, 2504, 2511, 2512, 3516, 3536, 3540, 3553, 3569, 3580)
  1997 Ed. (2051, 2650, 3148, 3228, 3567, 3569, 3580, 3593, 3603, 3608, 3619)
  1998 Ed. (210, 1535, 2385, 2386, 2883, 2971, 3375, 3376, 3379, 3611)
  1999 Ed. (1209, 1211, 3226, 3227, 3272, 4429, 4431, 4447, 4452, 4461, 4466, 4536)
  2000 Ed. (276, 1128, 1140, 1791, 2965, 2966, 3007, 3587, 4096, 4102, 4104, 4112, 4115, 4289)
  2001 Ed. (9, 362, 370, 371, 428, 998, 1284, 1287, 1288, 1289, 1290, 1420, 1424, 1491, 1941, 2130, 2132, 2143, 2356, 2357, 2360, 2361, 2522, 2576, 2626, 2806, 3026, 3094, 3095, 3175, 3295, 3328, 3338, 3339, 3385, 3400, 3523, 3525, 3577, 3606, 3620, 3653, 3809, 3840, 4026, 4140, 4223, 4256, 4257, 4286, 4532, 4552, 4594, 4730, 4741, 4742, 4799, 4800, 4930)
  2002 Ed. (379, 456, 463, 468, 951, 2119, 2232, 2233, 2447, 2736, 2738, 2739, 2837, 2875, 2977, 3114, 3120, 3126, 3202, 3344, 3804, 4102, 4103, 4140, 4145, 4152, 4153, 4159, 4366, 4377, 4627, 4682)
  2003 Ed. (1025, 2145, 2146, 2147, 2148, 2435, 2582, 2606, 2688, 2828, 3244, 3248, 3249, 3250, 3252, 3255, 3256, 3261, 3263, 4040, 4250, 4252, 4284, 4414, 4415, 4494, 4755, 4914)
  2004 Ed. (348, 372, 389, 394, 1028, 1070, 1096, 2297, 2310, 2567, 2570, 2571, 2572, 3038, 3088, 3293, 3299, 3311, 3312, 4263, 4294, 4308, 4457, 4735, 4805, 4901, 4905)
  2005 Ed. (346, 391, 413, 1034, 1077, 1101, 2544, 2545, 3335, 4205, 4402, 4597, 4712, 4776)
  2006 Ed. (1043, 2358, 2552, 3059, 3098, 3906, 4014, 4664, 4764, 4791)
  2007 Ed. (1131, 1846, 2292, 2308, 2528, 3016, 3337, 3338, 4046, 4770, 4804)
  2008 Ed. (1012, 2424, 2435, 2655, 2656, 2896, 3135, 3469, 3470, 4082, 4465, 4594, 4690, 4733, 4787)
  2009 Ed. (997, 2400, 2423, 2441, 2668, 2669, 2683, 2684, 3218, 3477, 3543, 3548, 3549, 3578, 4195, 4498, 4638, 4732, 4768, 4819)
  2010 Ed. (961, 2313, 2319, 2320, 2340, 2362, 2421, 2597, 2775, 2959, 3139, 3148, 3150, 3361, 3410, 3447, 3465, 3496, 4130, 4183, 4666, 4740, 4837)
  2011 Ed. (736, 748, 887, 2315, 2316, 2334, 2358, 2424, 2550, 2579, 2765, 2921, 3106, 3115, 3116, 3117, 3316, 3447, 3472, 4095, 4181, 4700, 4795)
  2012 Ed. (685, 912, 2216, 2217, 2222, 2243, 2280, 2345, 2526, 3043, 3051, 3052, 3053, 3209, 3302, 3303, 3464, 3480, 3482, 4129, 4231, 4620)
  2013 Ed. (738, 1157, 2422, 2520, 2658, 2835, 3131, 3545, 3567, 3721, 3732, 4123, 4575, 4586, 4723, 4774, 4973)
  2014 Ed. (41, 230, 623, 756, 2316, 2462, 3230, 3504, 3521, 3750, 4138)
  2015 Ed. (44, 265, 302, 791, 845, 882, 1778, 3516, 3518, 3520)
  2016 Ed. (43, 259, 260, 713, 3374, 3376, 3387)
  2017 Ed. (40, 3335, 3346, 4008)
  2018 Ed. (248, 1316, 3406, 4030)
  2019 Ed. (133, 245, 722, 2247, 3374, 3377, 3442, 4023)
  2020 Ed. (41, 250, 3439)
  2021 Ed. (44, 235, 2212, 2967, 3334, 3335, 3375, 3376, 3377, 3378, 3457)
  2022 Ed. (256, 2248, 2355, 2547, 2763, 3398, 3399, 3425, 3426, 3427, 3428, 3515)
  2023 Ed. (357, 2520, 3533, 3534, 3537, 3550, 3551, 3553, 3639, 3640)
Kentucky Asset/Liability Agency
  2001 Ed. (821, 922)
Kentucky Bancshares
  2015 Ed. (1775)
Kentucky Bank
  2016 Ed. (1727)
Kentucky Cabinet for Economic Development
  2003 Ed. (3245)
Kentucky Central
  1991 Ed. (2115, 2116)
Kentucky Central Life
  1992 Ed. (2668)

Kentucky Counseling Center
  2021 Ed. (1651)
Kentucky Credit Union; University of
  2005 Ed. (2103)
  2006 Ed. (2198)
  2007 Ed. (2119)
  2008 Ed. (2234)
  2009 Ed. (2219)
  2010 Ed. (2173)
  2011 Ed. (2191)
  2012 Ed. (2051)
  2013 Ed. (2233)
  2014 Ed. (2165)
  2015 Ed. (2229)
  2016 Ed. (2200)
Kentucky Delux
  1998 Ed. (2373)
Kentucky Deluxe
  1999 Ed. (3204)
  2000 Ed. (2944)
  2001 Ed. (4786)
  2002 Ed. (290, 3102)
  2003 Ed. (4899)
  2004 Ed. (4889)
Kentucky Derby
  2009 Ed. (4512)
  2013 Ed. (4475)
Kentucky Development Finance Agency
  1991 Ed. (1478)
Kentucky Development Finance Authority
  1991 Ed. (2523)
Kentucky Economic Development Finance Agency
  2001 Ed. (821)
Kentucky Employers Mutual Insurance
  2009 Ed. (3388)
Kentucky Exposition Center
  2018 Ed. (1277)
Kentucky Fair & Exposition Center
  2001 Ed. (2350)
  2003 Ed. (2412)
  2005 Ed. (2518)
Kentucky Fair & Exposition Center, Louisville
  1991 Ed. (1104)
Kentucky Farmers Bank
  1991 Ed. (544)
  1992 Ed. (702)
  1993 Ed. (371)
  1994 Ed. (507, 509)
  2000 Ed. (550)
Kentucky Farms Bank
  1989 Ed. (557)
Kentucky Fried Chicken
  1989 Ed. (753)
  1991 Ed. (1655, 1656, 1658, 1659, 1756, 1774, 2866, 2867, 2872, 2879, 2886, 3319)
  1992 Ed. (38, 922, 2112, 2123, 2124, 2203, 2205, 2219, 2224, 2228, 2230, 3704, 3705, 3712, 3720, 3721, 3722, 3723, 4229)
  1993 Ed. (1757, 1758, 1886, 1900, 1901, 3013, 3020, 3037)
  1998 Ed. (3077)
  1999 Ed. (2129, 2134, 2135, 2140, 2477, 2507, 2522, 2523, 4050, 4063, 4083, 4084, 4085)
  2000 Ed. (198, 1910, 1911, 1912, 2246, 2267, 2270)
Kentucky Fried Chicken (Bermuda) Ltd.
  2002 Ed. (4386)
Kentucky Fried Chicken Food Service
  1991 Ed. (13, 738)
Kentucky Fried Chicken Japan Ltd.
  1997 Ed. (2298)
  1999 Ed. (2772)
The Kentucky Headhunters
  1992 Ed. (1351)
  1993 Ed. (1079)
  1994 Ed. (1100)
Kentucky Hospital Auxiliary Inc.; University of
  2010 Ed. (1777)
  2011 Ed. (1790)
Kentucky Hospital; University of
  2005 Ed. (1835)
  2006 Ed. (1840)
  2007 Ed. (1845)
  2008 Ed. (1881)
  2009 Ed. (1836)
Kentucky Housing Corp.
  1996 Ed. (2211)
  2001 Ed. (821)
Kentucky Orthopedic Rehab Team
  2009 Ed. (1835)
Kentucky Power
  2001 Ed. (3869)
Kentucky Retirement
  2000 Ed. (3445)
  2001 Ed. (3672)
  2002 Ed. (3612, 3615)
  2003 Ed. (1979)
  2004 Ed. (2027)
Kentucky River Medical Center
  2008 Ed. (3061)
Kentucky State Property & Building Agency
  2001 Ed. (821)

CUMULATIVE INDEX • 1989-2023

Kentucky State Property & Building Commission
   1998 Ed. (2563)
Kentucky State Property & Building Community
   1996 Ed. (2729)
Kentucky Tavern
   1989 Ed. (749)
Kentucky Telco Credit Union
   2002 Ed. (1867)
   2003 Ed. (1921)
   2004 Ed. (1961)
   2005 Ed. (2103)
   2006 Ed. (2198)
   2007 Ed. (2119)
   2008 Ed. (2234)
   2009 Ed. (2219)
   2010 Ed. (2173)
   2011 Ed. (2191)
   2012 Ed. (2051)
   2013 Ed. (2233)
   2014 Ed. (2165)
   2015 Ed. (2229)
   2016 Ed. (2200)
   2018 Ed. (2097)
Kentucky Turnpike Authority
   1993 Ed. (3621)
Kentucky; University of
   2009 Ed. (3144)
   2010 Ed. (1013)
   2011 Ed. (950)
Kentucky Utilities
   1989 Ed. (1300, 1301)
   1991 Ed. (1489, 1501, 1502)
   1992 Ed. (1902, 1903)
   1993 Ed. (1559)
   2014 Ed. (2361)
Kentucky Utilities Employees Federal Credit Union
   2014 Ed. (2152)
   2015 Ed. (2216)
The Kentwood Co.
   1989 Ed. (747)
   2002 Ed. (3910)
Kentwood Real Estate
   2023 Ed. (1670)
Kentz Corp.
   2016 Ed. (3801)
Kentz Engineering & Construction Group
   2016 Ed. (1197, 1198)
Kenwake Ltd.
   2002 Ed. (4673)
Kenwood
   1998 Ed. (1952)
   1999 Ed. (2693)
   2000 Ed. (2479, 4121)
   2002 Ed. (1131)
   2008 Ed. (274, 699)
Kenwood Group
   1996 Ed. (2409)
   1998 Ed. (2289)
Kenworth
   1992 Ed. (4350)
   1993 Ed. (3627, 3628)
   1994 Ed. (3582, 3583)
   1998 Ed. (3625, 3646)
   2000 Ed. (4304)
Kenworth Sales Co., Inc.
   2006 Ed. (4381)
Kenya
   1989 Ed. (1219)
   1991 Ed. (1380, 3273)
   1992 Ed. (1729)
   1994 Ed. (1485)
   1996 Ed. (3633)
   1997 Ed. (1541, 3633)
   2000 Ed. (824)
   2001 Ed. (507, 508, 4446, 4447)
   2002 Ed. (682)
   2004 Ed. (4656, 4657)
   2005 Ed. (216, 2734, 4606, 4607)
   2006 Ed. (4671, 4672)
   2007 Ed. (234, 2090, 4692, 4693)
   2008 Ed. (1032, 2200, 2402, 2822, 4601, 4602)
   2009 Ed. (1015, 2401, 4649, 4650)
   2010 Ed. (2211, 2314, 4677, 4678, 4721)
   2011 Ed. (4629, 4630, 4679)
   2012 Ed. (4693)
   2013 Ed. (4655)
   2014 Ed. (4707)
   2015 Ed. (4719)
   2016 Ed. (4621)
   2021 Ed. (3164, 3165)
   2023 Ed. (3411)
Kenya Air
   2008 Ed. (214)
Kenya Airways
   2013 Ed. (688)
   2014 Ed. (142)
   2022 Ed. (665)
   2023 Ed. (871)
Kenya Airways Ltd.
   1999 Ed. (3591)
   2000 Ed. (3314, 3315)
   2002 Ed. (3482, 3483)
   2006 Ed. (4543)
   2009 Ed. (235)

2010 Ed. (219)
2011 Ed. (142)
2012 Ed. (148)
2013 Ed. (131)
2014 Ed. (141)
2015 Ed. (159)
2016 Ed. (163)
Kenya Auto Enterprises
   2004 Ed. (167)
Kenya Ayton/Y & R
   2003 Ed. (97)
Kenya Breweries
   1999 Ed. (3591)
   2000 Ed. (3314, 3315)
   2004 Ed. (59)
Kenya Commercial
   2022 Ed. (665)
Kenya Commercial Bank
   1989 Ed. (594)
   1991 Ed. (416, 582)
   1992 Ed. (748)
   1993 Ed. (546)
   1994 Ed. (547)
   1995 Ed. (522)
   1996 Ed. (577)
   1997 Ed. (533)
   1999 Ed. (446, 568, 3590, 3591)
   2000 Ed. (439, 580, 3314, 3315)
   2001 Ed. (50)
   2002 Ed. (509, 599, 3483)
   2003 Ed. (556)
   2004 Ed. (570)
   2005 Ed. (556)
   2006 Ed. (3685)
   2007 Ed. (493)
   2008 Ed. (457)
   2009 Ed. (486, 2738)
   2010 Ed. (468, 2662)
   2011 Ed. (395, 2650)
   2012 Ed. (2577)
   2013 Ed. (338, 688)
   2014 Ed. (357)
   2015 Ed. (406, 1400)
   2016 Ed. (371, 376, 1330)
   2017 Ed. (373, 376)
   2018 Ed. (345)
   2019 Ed. (350)
   2023 Ed. (565, 871)
Kenya Electricity Generating
   2017 Ed. (2786)
Kenya Power
   2013 Ed. (688)
Kenya Power & Lighting
   1999 Ed. (3590, 3591)
   2000 Ed. (3314, 3315)
   2002 Ed. (3482, 3483)
   2006 Ed. (3685)
   2017 Ed. (2786)
Kenyon & Eckhardt/Caribbean
   1989 Ed. (169)
Kenyon & Kenyon
   2003 Ed. (3171, 3172)
Kenzer Corp.
   1998 Ed. (1507)
   2000 Ed. (1867)
Kenzie & Co.
   2007 Ed. (3542, 3543, 4404)
Kenzo
   2018 Ed. (53)
   2022 Ed. (644)
KEO
   1992 Ed. (45)
   2006 Ed. (39)
KEO Films
   2013 Ed. (2678)
   2015 Ed. (2675, 4714)
   2016 Ed. (4617)
   2017 Ed. (4636)
   2018 Ed. (4631)
   2019 Ed. (4647)
   2020 Ed. (4617)
   2022 Ed. (4646)
   2023 Ed. (4641)
Keo Films
   2012 Ed. (2558, 4686)
KEO International Consultants
   2010 Ed. (1286)
   2011 Ed. (1239)
   2012 Ed. (1168)
   2013 Ed. (1291)
   2014 Ed. (1224)
   2017 Ed. (1243)
   2018 Ed. (1223)
   2019 Ed. (1256)
   2020 Ed. (1250)
   2022 Ed. (189)
   2023 Ed. (262)
KEO Marketing Inc.
   2020 Ed. (3029)
   2021 Ed. (2891)
   2022 Ed. (3017)
   2023 Ed. (3133)
Keogh; Hugh D.
   1993 Ed. (3445)
Keong; Chen Lip
   2014 Ed. (4900)
   2015 Ed. (4940)
   2018 Ed. (4868)

2019 Ed. (4862)
2020 Ed. (4851)
2021 Ed. (4852)
2022 Ed. (4847)
2023 Ed. (4842)
Keong; Koon Poh
   2019 Ed. (4862)
   2020 Ed. (4851)
   2021 Ed. (4852)
   2022 Ed. (4847)
   2023 Ed. (4842)
Keough; Donald R.
   1991 Ed. (1620)
   1992 Ed. (2051)
   1994 Ed. (1715)
Kepak
   2020 Ed. (123)
   2021 Ed. (114)
   2022 Ed. (121)
   2023 Ed. (190)
KEPCO
   1992 Ed. (1569, 1665)
   1996 Ed. (2444, 2445)
   2000 Ed. (1505)
   2012 Ed. (2195)
   2014 Ed. (2858)
   2018 Ed. (2279)
   2019 Ed. (2267)
   2021 Ed. (661, 2218, 2228)
   2022 Ed. (2254, 2256, 2269)
   2023 Ed. (887, 2439, 2450)
Kepco
   2020 Ed. (672)
   2021 Ed. (662)
   2022 Ed. (700)
KEPCO-Korea Electric Power Co.
   1991 Ed. (1251, 1319)
   1994 Ed. (1414, 1415, 2345, 2346)
   1995 Ed. (1447)
   1997 Ed. (2591, 2592)
KEPCO (South Korea)
   2021 Ed. (2218)
   2022 Ed. (2256)
Kepez Elektrik
   1999 Ed. (3121)
Kephart Trucking
   2005 Ed. (4781)
Kepler Communications
   2019 Ed. (4467)
Kepler Weber Industria
   2005 Ed. (1841)
Kepong; K. L.
   1991 Ed. (3129)
Keppel
   2013 Ed. (690, 2354)
   2014 Ed. (710)
   2018 Ed. (665)
   2019 Ed. (2186)
   2021 Ed. (2161)
   2023 Ed. (2006)
Keppel Bank of Singapore
   1995 Ed. (603, 1481, 3282)
   1996 Ed. (673)
   1997 Ed. (609, 1505, 3488)
   1999 Ed. (635)
   2000 Ed. (661)
Keppel Corp.
   2013 Ed. (4737)
   2014 Ed. (4786)
   2015 Ed. (4817)
   2016 Ed. (4720)
   2017 Ed. (4737)
   2018 Ed. (4723)
Keppel Corporation
   1989 Ed. (1156)
   2000 Ed. (4035)
Keppel Corp., Ltd.
   1991 Ed. (1340)
   1992 Ed. (1685, 1686, 3978)
   1993 Ed. (1390, 3322)
   1994 Ed. (630, 1443, 1444, 3195, 3310, 3311)
   1995 Ed. (1479)
   1996 Ed. (1439, 1440, 3437, 3438)
   1997 Ed. (3519)
   1999 Ed. (1324, 1729, 4316)
   2000 Ed. (230, 1550, 4013)
   2006 Ed. (2007, 3398)
   2007 Ed. (1974)
   2008 Ed. (2070, 2353, 3578)
   2009 Ed. (2037, 2338, 3649)
   2010 Ed. (1971, 3567, 4802)
   2011 Ed. (2032, 3570, 4749)
   2012 Ed. (1881, 2150, 3563, 4765)
   2013 Ed. (851, 2041, 2543, 3610)
   2014 Ed. (1976, 2475)
   2015 Ed. (2020, 2549)
   2016 Ed. (1992)
   2017 Ed. (1952)
   2018 Ed. (1904)
   2019 Ed. (1953)
   2020 Ed. (1887)
   2021 Ed. (1848)
Keppel Investment Management
   2001 Ed. (2889)
Keppel Investment Warrants 1991
   1991 Ed. (3130)
   1992 Ed. (3979)

Keppel Land
   2016 Ed. (1293)
Keppel Shipyard Ltd.
   1989 Ed. (1155)
Keppel Tatlee Bank
   2002 Ed. (515, 644)
   2003 Ed. (607)
Kepware Technologies
   2013 Ed. (1824)
   2015 Ed. (1797)
   2016 Ed. (1750)
Ker & Downey
   2013 Ed. (4697)
   2014 Ed. (4750)
   2015 Ed. (4770)
   2017 Ed. (4689)
   2022 Ed. (4672)
Keramik Holding AG Laufen
   2001 Ed. (1235)
Keran; Michael
   1989 Ed. (1753)
Keranique
   2016 Ed. (2285)
Keranis
   1997 Ed. (992)
   1999 Ed. (1137)
Keravision
   2001 Ed. (4452)
Kerber; Angelique
   2021 Ed. (196, 197)
Kerberos International, Inc.
   2021 Ed. (1232)
Keremet Bank
   2023 Ed. (662)
Keres Consulting Inc.
   2016 Ed. (3583)
   2018 Ed. (3600)
   2019 Ed. (3589)
Keres Group
   2021 Ed. (3591)
   2022 Ed. (3642)
   2023 Ed. (3745)
Kereskedelmi Bank Commercial and Credit Bank
   1992 Ed. (653)
Kereskedelmi Bank Rt.
   1993 Ed. (499)
   1994 Ed. (503)
   1995 Ed. (486)
   1996 Ed. (531)
   1997 Ed. (489, 490)
   1999 Ed. (537)
Kereskedelmi & Hitelbank
   1993 Ed. (469)
Kereskedelmi es Hitelbank Bank
   2004 Ed. (485, 486)
   2005 Ed. (518)
   2006 Ed. (449)
   2007 Ed. (460)
   2008 Ed. (424)
   2009 Ed. (450)
   2010 Ed. (428, 429)
   2011 Ed. (353, 354)
   2013 Ed. (434)
   2014 Ed. (451)
   2015 Ed. (507)
   2016 Ed. (461)
   2017 Ed. (478)
   2018 Ed. (440)
   2019 Ed. (450)
   2020 Ed. (436)
Keri
   2000 Ed. (4038)
   2001 Ed. (3167)
Keri Hilson
   2011 Ed. (3713)
Keri Lotion
   1993 Ed. (3325)
Kerimov; Suleiman
   2008 Ed. (4865, 4894)
   2009 Ed. (4914)
   2022 Ed. (4861)
Kering
   2015 Ed. (1002, 1007)
   2016 Ed. (909, 911, 2535, 4216)
   2017 Ed. (956, 958, 4203)
   2018 Ed. (887, 889, 892)
   2019 Ed. (890, 893, 896, 2381, 2384)
   2020 Ed. (54, 877, 879, 881)
   2021 Ed. (899)
   2022 Ed. (927, 1556)
   2023 Ed. (1080, 1093, 1730)
Kering Americas Inc.
   2021 Ed. (2844)
Kering SA
   2016 Ed. (4265)
   2017 Ed. (961, 2460, 4253)
   2018 Ed. (897, 2511, 2574)
   2020 Ed. (1315)
   2021 Ed. (1300, 2450)
   2022 Ed. (926, 1308, 1321, 2560)
   2023 Ed. (1324, 1514, 1732, 2340, 2357, 2374)
Kering SA (ex PPR SA)
   2023 Ed. (2706)
Kering SA (France)
   2022 Ed. (1321)

Kerjaya Prospek Group
    2019 Ed. (1746)
Kerkorian; Kirk
    2005 Ed. (4844, 4847)
    2006 Ed. (4898)
    2007 Ed. (4899)
    2008 Ed. (4823)
    2009 Ed. (4855)
    2011 Ed. (628)
    2012 Ed. (4850)
    2013 Ed. (4840)
    2014 Ed. (4856)
    2015 Ed. (4893)
    2016 Ed. (4811)
Kerlick, Switzer & Johnson Advertising
    1989 Ed. (65)
Kerlink
    2019 Ed. (4610)
Kerman State Bank
    1998 Ed. (102)
Kern
    2019 Ed. (3473)
    2020 Ed. (3451)
    2021 Ed. (3471)
    2022 Ed. (3528)
    2023 Ed. (3649)
Kern, CA
    1991 Ed. (1371, 1374)
Kern Capital Management
    1999 Ed. (3075, 3077)
Kern Capital Mgmt.
    2000 Ed. (2818)
Kern County, CA
    1992 Ed. (1721)
    1998 Ed. (2564)
    2002 Ed. (2061)
    2005 Ed. (2268)
    2009 Ed. (2376)
    2010 Ed. (2300)
Kern/Mathai Direct Mail Advertising
    1991 Ed. (69)
Kern Schools Credit Union
    2011 Ed. (2169)
Kern Technology Group
    2022 Ed. (1259)
    2023 Ed. (1467)
Kern Technology Group LLC
    2022 Ed. (1235)
Kerna
    2011 Ed. (1137)
Kernan Orthopaedics & Rehabilitation
    2014 Ed. (4226)
Kernel Seasons Gourmet Popcorn Co.
    2018 Ed. (3957)
Kerns
    1998 Ed. (1777)
Kern's Aguas Frescas
    2008 Ed. (3672)
    2009 Ed. (3738)
    2010 Ed. (3674)
    2011 Ed. (3660)
    2013 Ed. (3719)
    2014 Ed. (3655)
Kern's & Assoc. Bakeries
    1989 Ed. (359)
Kerns Jr.; John Adam
    2007 Ed. (1676, 1711, 3338, 4020)
Kernutt Stokes Brandt & Co.
    2008 Ed. (278)
KEROC
    2021 Ed. (1784)
Kerosene
    2001 Ed. (3750)
Kerr
    1992 Ed. (1388)
    2023 Ed. (3418)
Kerr Addison Mines
    1992 Ed. (2335)
    1996 Ed. (2650)
Kerr Drug
    2000 Ed. (1717)
    2002 Ed. (2031, 2034)
    2006 Ed. (2308)
Kerr Drug Healthcare Center
    2007 Ed. (4596)
Kerr Drug Stores Inc.
    2003 Ed. (2099, 2100)
Kerr Glass
    1992 Ed. (1383, 2295)
Kerr Glass Manufacturing
    1991 Ed. (1071)
    1993 Ed. (1110, 1953)
Kerr Group
    1998 Ed. (2678)
Kerr Manufacturing Co.
    1995 Ed. (1547)
    1999 Ed. (1825)
    2000 Ed. (1654)
    2001 Ed. (1987)
Kerr-McGee Coal Corp.
    1993 Ed. (1003, 1383, 2830)
    2000 Ed. (1127)
Kerr-McGee Coal Corp., Jacobs Ranch
    1989 Ed. (950)
Kerr-McGee Coal Group
    1998 Ed. (782)

Kerr-McGee Corp.
    1989 Ed. (2205)
    1991 Ed. (1548)
    1994 Ed. (1437)
    1995 Ed. (1471)
    1996 Ed. (1433, 1646, 2821)
    1997 Ed. (1495)
    1998 Ed. (1124, 1434)
    1999 Ed. (1208, 1559, 4605)
    2001 Ed. (1830)
    2002 Ed. (1526, 1750, 3664, 3669, 4358)
    2003 Ed. (1804, 1805, 3813, 3817, 3819,
        3834, 3840, 3842)
    2004 Ed. (1837, 1838, 3835, 3838, 3839,
        3840, 3847, 3849, 3869, 3870, 3872,
        3873)
    2005 Ed. (1923, 1924, 3737, 3743, 3745,
        3752, 3758, 3760, 3773, 3777, 3798)
    2006 Ed. (1958, 1959, 3825, 3827, 3840,
        3842, 3865)
    2007 Ed. (1528, 1541, 1940, 1941, 2676,
        3839, 3844, 3857, 3858, 3859, 3894)
    2008 Ed. (1402, 2807, 3904, 3905, 3906,
        3907, 3910, 3912, 3921, 3937)
Kerr-McGee Oil & Gas Onshore LP
    2009 Ed. (2864, 3965)
    2020 Ed. (3719, 3849)
    2021 Ed. (3722, 3815)
    2023 Ed. (3842, 3933)
Kerr; Miranda
    2011 Ed. (3693)
    2015 Ed. (3710, 3711)
    2016 Ed. (3617)
    2017 Ed. (3584)
    2018 Ed. (3645)
Kerr Neilson
    2009 Ed. (4860, 4876)
    2010 Ed. (4862, 4878)
    2011 Ed. (4867, 4868)
    2012 Ed. (4873, 4874)
    2013 Ed. (4855, 4856)
    2014 Ed. (4869, 4870)
    2015 Ed. (4907, 4908)
    2016 Ed. (4823, 4824)
Kerrville Bus Co. Inc.
    1989 Ed. (829)
    1992 Ed. (988)
    1994 Ed. (800)
Kerry
    1991 Ed. (1477)
    1996 Ed. (2431)
Kerry C. Martin
    1999 Ed. (1127)
Kerry Group
    1992 Ed. (1878)
    1994 Ed. (1579)
    1999 Ed. (1684, 3117)
    2000 Ed. (2865)
    2002 Ed. (1642, 3028)
    2005 Ed. (1988)
    2006 Ed. (1814)
    2016 Ed. (2085)
    2017 Ed. (130, 1679, 2644)
    2019 Ed. (2050, 2060)
    2020 Ed. (123, 2715)
    2021 Ed. (114, 628, 2616)
    2022 Ed. (121, 1640, 1645, 2737)
    2023 Ed. (190, 1800, 2875)
Kerry Group plc
    1997 Ed. (1457, 2574)
    2000 Ed. (1484)
    2004 Ed. (2653)
    2006 Ed. (2061, 2067, 3226, 3386)
    2007 Ed. (1821, 1822, 2039, 2617)
    2008 Ed. (1857, 1858, 3565)
    2009 Ed. (1808, 1809, 3635)
    2010 Ed. (1752, 3554)
    2011 Ed. (2715, 3557)
    2012 Ed. (2648, 2666, 3550)
    2013 Ed. (2727, 2728, 3590)
    2014 Ed. (1712, 2711, 2712)
    2015 Ed. (1753, 2759, 2761)
    2016 Ed. (1703, 2689, 2691)
    2017 Ed. (1682, 2639, 2641)
    2018 Ed. (2705)
    2019 Ed. (2681)
    2020 Ed. (1646)
    2021 Ed. (1625)
    2022 Ed. (1645)
Kerry Katona
    2009 Ed. (680, 687)
Kerry Killinger
    2006 Ed. (2523)
    2010 Ed. (2561)
Kerry Logistics
    2022 Ed. (2779)
    2023 Ed. (2903, 2905)
Kerry Logistics Network
    2018 Ed. (2758)
    2019 Ed. (2740)
    2020 Ed. (2781)
    2021 Ed. (1566, 2653)
Kerry McHugh
    1996 Ed. (1898)
    1999 Ed. (2397)
Kerry Packer
    2001 Ed. (3317)
    2002 Ed. (871)

    2004 Ed. (4875)
Kerry Properties
    2018 Ed. (1041)
Kerry Securities
    1997 Ed. (821)
Kerry Stokes
    2008 Ed. (4842)
    2010 Ed. (4862, 4878)
    2012 Ed. (4873, 4874)
    2013 Ed. (4856)
    2014 Ed. (4870)
    2022 Ed. (4819)
Kerry Washington
    2016 Ed. (2530)
Kerrygold
    2015 Ed. (862)
    2016 Ed. (750)
    2017 Ed. (800)
    2018 Ed. (733, 734)
    2019 Ed. (750)
    2020 Ed. (742)
    2021 Ed. (758)
    2022 Ed. (794)
Ker's WingHouse Bar & Grill
    2009 Ed. (4273)
Kerschner; Edward
    1993 Ed. (1838)
    1995 Ed. (1860)
    1997 Ed. (1910)
Kerschner; Senie
    1992 Ed. (2817)
Kershaw; Clayton
    2016 Ed. (216)
    2017 Ed. (213)
    2019 Ed. (192)
    2020 Ed. (197)
Kershaw Knives
    2015 Ed. (2475)
Kerur Holdings
    2018 Ed. (2712)
Keryx Biopharmaceuticals
    2013 Ed. (2849)
Kerzner International Ltd.
    2008 Ed. (4079)
Kesa Electricals
    2006 Ed. (4186)
    2007 Ed. (4205)
    2009 Ed. (4342)
    2010 Ed. (4370)
    2011 Ed. (4306)
Kesa Electricals plc
    2013 Ed. (4347)
KESC
    1997 Ed. (2589)
Keselowski; Brad
    2014 Ed. (269)
    2019 Ed. (193)
Keshavarzi; Bank
    2005 Ed. (547)
    2006 Ed. (471)
    2007 Ed. (484)
    2008 Ed. (449)
Kesher-Barel & Associates
    1992 Ed. (167)
    1996 Ed. (103)
    1997 Ed. (105)
    1999 Ed. (107)
    2001 Ed. (150)
    2002 Ed. (123)
    2003 Ed. (90)
Kesher-Barel & Associates (McCann)
    2000 Ed. (112)
Keshun Waterproof Technology
    2023 Ed. (1576)
Keski-Suomen
    1992 Ed. (661)
Keski-Suomen Saastopankki
    1993 Ed. (473)
Keski-Suomi
    1994 Ed. (475)
Keskinainen Elakevakuutusyhtio Ilmarinen
    2012 Ed. (1477)
Keskinoglu
    2019 Ed. (2235, 3952)
    2020 Ed. (2232, 3969)
    2021 Ed. (2206, 3934)
    2022 Ed. (2239, 3946)
    2023 Ed. (2426, 4030)
Kesko
    2015 Ed. (4349)
    2016 Ed. (1293, 1556)
    2018 Ed. (1527)
    2019 Ed. (1555)
    2020 Ed. (1524)
    2021 Ed. (615, 616, 1509)
    2022 Ed. (642, 1521)
    2023 Ed. (864, 1695)
Kesko Corp.
    2013 Ed. (4328)
    2014 Ed. (4379)
    2016 Ed. (4247, 4264)
    2017 Ed. (4252)
    2021 Ed. (1299)
    2022 Ed. (1307)
Kesko Group
    1991 Ed. (1276, 1277, 1901)
    1995 Ed. (1384)
    1996 Ed. (1334)

    1997 Ed. (1397)
    2000 Ed. (1422)
    2006 Ed. (1701)
    2007 Ed. (1697)
    2008 Ed. (1724)
    2009 Ed. (1662, 4331)
    2010 Ed. (4347)
Kesko Ltd.
    1989 Ed. (29, 2908)
    1992 Ed. (48, 1610, 2396)
    2001 Ed. (1700)
Kesko Oy
    1989 Ed. (1114)
    1992 Ed. (2395)
    1993 Ed. (28, 1309, 2029, 3609)
    1994 Ed. (1360, 1361, 2045)
    1995 Ed. (1385)
    1996 Ed. (1335)
    1997 Ed. (1396)
    1999 Ed. (1615, 1616, 2662)
    2000 Ed. (1419)
Kesko Oyj
    2001 Ed. (1698)
    2002 Ed. (1646)
    2003 Ed. (1674)
    2005 Ed. (1760)
    2006 Ed. (1703)
    2007 Ed. (1698)
    2008 Ed. (1725)
    2009 Ed. (1663)
    2011 Ed. (1630)
    2012 Ed. (1481, 4602)
    2013 Ed. (1611, 4555)
    2023 Ed. (1513)
Kesko S
    1994 Ed. (2046)
Kesler; Grant S.
    1992 Ed. (1478)
KESS-AM
    2005 Ed. (4412)
Kessel Feinstein
    1997 Ed. (26, 27)
    1999 Ed. (22)
Kessel; John
    2012 Ed. (3448)
Kesselman; Michael
    2007 Ed. (4161)
Kessinger; Kevin
    2007 Ed. (3223)
Kessler
    1991 Ed. (2318)
    1992 Ed. (2870)
    1993 Ed. (2434)
    1994 Ed. (2384)
    1995 Ed. (2465)
    1996 Ed. (2514)
    1997 Ed. (2653, 2666)
    1998 Ed. (2373)
    1999 Ed. (3204, 3232)
    2000 Ed. (2944)
    2001 Ed. (4786)
    2002 Ed. (291, 3102)
    2003 Ed. (4899)
    2004 Ed. (4889)
Kessler; Andrew
    1993 Ed. (1794)
    1994 Ed. (1777)
Kessler & Associates Inc.; Sandra A.
    1997 Ed. (2415)
Kessler Creative LLC
    2023 Ed. (128)
Kessler; Fred
    2010 Ed. (4391)
Kessler Institute for Rehabilitation
    1999 Ed. (2742)
    2000 Ed. (2521)
    2002 Ed. (2607)
    2003 Ed. (2811, 4067)
    2004 Ed. (2915)
    2005 Ed. (2901)
    2006 Ed. (2908)
    2007 Ed. (2927)
    2008 Ed. (3050)
    2009 Ed. (3136)
    2010 Ed. (3067)
    2011 Ed. (3039)
    2012 Ed. (2977)
    2013 Ed. (3069)
    2014 Ed. (3071)
    2015 Ed. (3136)
    2016 Ed. (2999)
Kessler Rehabilitation Center
    2011 Ed. (1895)
Kessler's Inc.
    2022 Ed. (2715)
Kessler's Inc., dba Kessler's Foods
    2022 Ed. (2715)
Kessner; Adam
    2019 Ed. (4117)
Kestra Financial
    2018 Ed. (2646, 2647, 2653, 2661, 3321)
    2019 Ed. (2631, 2638)
    2020 Ed. (2650, 2651, 2654, 2655)
    2021 Ed. (2559, 2561, 2562, 2563)
    2022 Ed. (2678, 2680, 2682)
    2023 Ed. (2815, 2816)
Kestrel Aircraft Co.
    2012 Ed. (87)

Kestrel Associates Inc.
  2003 Ed. (1364)
Kestrel Communications
  1997 Ed. (3201)
Keswick; Simon
  2008 Ed. (4904)
  2010 Ed. (4924)
Ketchikan, AK
  1997 Ed. (2072)
Ketchikan General Hospital Foundation
  2012 Ed. (1300)
  2013 Ed. (1405)
  2014 Ed. (1352)
  2015 Ed. (1429)
  2016 Ed. (1352)
Ketchikan Pulp Co.
  1993 Ed. (960)
Ketchikan Pulp Mill
  1991 Ed. (219)
Ketchum
  2000 Ed. (3625, 3626, 3627, 3634, 3635, 3636, 3637, 3638, 3640, 3641, 3642, 3643, 3645, 3646, 3647, 3649, 3650, 3651, 3653, 3656, 3662, 3665, 3667, 3670)
  2001 Ed. (3924, 3925, 3926, 3927, 3929, 3931, 3932, 3934, 3935, 3937, 3938, 3940, 3942)
  2002 Ed. (3806, 3807, 3808, 3813, 3815, 3817, 3824, 3825, 3829, 3831, 3838, 3844, 3850, 3857, 3859, 3861, 3863, 3867, 3869)
  2003 Ed. (3994, 3995, 3998, 3999, 4001, 4005, 4008, 4010, 4013, 4016, 4021)
  2004 Ed. (3978, 3979, 3980, 3981, 3984, 3987, 3992, 3993, 3996, 3998, 4002, 4004, 4007, 4013, 4014, 4020, 4024, 4026, 4037)
  2011 Ed. (4103, 4119)
  2012 Ed. (4133, 4151)
  2014 Ed. (4141, 4142)
  2015 Ed. (4123, 4124)
  2016 Ed. (4037, 4038)
  2018 Ed. (4032, 4033)
  2019 Ed. (4025, 4026)
  2023 Ed. (4111, 4123, 4124)
Ketchum Advertising
  1989 Ed. (67, 151, 174)
  1991 Ed. (161)
  1996 Ed. (152, 2246)
  1997 Ed. (41, 44, 52, 139, 159)
  1998 Ed. (47)
Ketchum Advertising/Washington
  1989 Ed. (158)
Ketchum Communications Inc.
  1991 Ed. (67, 68, 142)
  1992 Ed. (101, 105, 109, 197)
  1993 Ed. (62, 66, 74, 127)
  1994 Ed. (57, 64, 66, 108)
  1995 Ed. (24, 32, 36, 38, 42)
  1996 Ed. (39, 44, 47, 55, 57)
  2002 Ed. (3843)
Ketchum Directory Advertising
  1999 Ed. (52)
  2000 Ed. (54)
  2003 Ed. (181)
  2004 Ed. (135)
  2010 Ed. (2254)
Ketchum Directory Services
  2001 Ed. (241)
Ketchum Inc.
  2015 Ed. (3249)
  2019 Ed. (29)
Ketchum, Inc.
  2023 Ed. (75)
Ketchum Los Angeles
  1996 Ed. (112)
  1997 Ed. (115)
  1998 Ed. (59)
Ketchum; Mark D.
  2009 Ed. (4071)
  2010 Ed. (3990)
  2011 Ed. (3995)
  2012 Ed. (3988)
  2013 Ed. (4051)
Ketchum Pleon
  2013 Ed. (2110)
Ketchum Public Relation
  1992 Ed. (3556, 3558, 3559, 3560, 3563, 3569, 3570, 3574, 3576, 3577, 3578, 3581)
Ketchum Public Relations
  1991 Ed. (2775)
  1993 Ed. (2928, 2929, 2930, 2931, 2932, 2933)
  1994 Ed. (2945, 2947, 2950, 2952, 2968, 2970, 2971, 2972)
  1995 Ed. (3002, 3006, 3008, 3009, 3012, 3027, 3028, 3031, 3032)
  1996 Ed. (3104, 3107, 3109, 3111, 3112, 3113, 3131, 3134, 3135)
  1997 Ed. (3181, 3183, 3184, 3185, 3188, 3191, 3192, 3207, 3208, 3211, 3212)
  1998 Ed. (444, 1474, 1712, 1902, 2936, 2941, 2945, 2946, 2954, 2957, 2959, 2961)
  1999 Ed. (3908, 3909, 3910, 3913, 3919, 3920, 3921, 3923, 3924, 3926, 3929, 3930, 3932, 3943, 3948, 3951, 3953, 3956)
Ketchum Public Relations, Miami
  1998 Ed. (2948)
Ketchum Public Relations Worldwide
  1998 Ed. (2934, 2935, 2940, 3353, 3618)
Ketchup
  1991 Ed. (733)
Ketel One
  1999 Ed. (4736)
  2000 Ed. (4362)
  2003 Ed. (4865)
  2005 Ed. (4833)
Ketel One Citroen
  2003 Ed. (4865)
Ketel One Vodka
  2001 Ed. (4707)
  2002 Ed. (4761)
  2004 Ed. (4851)
Ketels Contract Training
  2008 Ed. (3709)
Ketera
  2007 Ed. (1225)
Ketera Technologies Inc.
  2008 Ed. (1126)
  2009 Ed. (1115, 3020)
Ketra
  2020 Ed. (3367)
  2021 Ed. (3299)
  2022 Ed. (3386)
Kettell; Russell
  2006 Ed. (978)
  2007 Ed. (1072)
Kettering Foundation; Charles F.
  1989 Ed. (1476)
Kettering Health
  2022 Ed. (1831)
  2023 Ed. (1957, 1961)
Kettering Health Network
  2016 Ed. (1923)
  2017 Ed. (1893)
  2018 Ed. (1837)
  2019 Ed. (1890)
  2020 Ed. (1829)
  2021 Ed. (1796, 1801, 2752)
  2022 Ed. (1835)
Kettering Medical Center
  2013 Ed. (3078)
  2014 Ed. (3078)
  2015 Ed. (3144)
Kettering Medical Center Network
  2003 Ed. (3468)
Kettle
  2013 Ed. (4068)
  2014 Ed. (4076, 4077)
  2015 Ed. (4060, 4061)
  2016 Ed. (3967, 3968)
  2017 Ed. (3948)
  2018 Ed. (3970, 3972)
Kettle Chips
  1994 Ed. (2901)
  2009 Ed. (731)
Kettle Cuisine
  2003 Ed. (4484, 4488)
Kettle Foods
  2010 Ed. (654)
Kettle Foods Inc.
  2022 Ed. (3936)
Kettler
  2012 Ed. (1035)
Keung; Yeung Kwok
  2010 Ed. (3957)
Keunmo Lee
  1996 Ed. (1890)
  1999 Ed. (2395)
Keunmont Lee
  1997 Ed. (1996)
Keurig
  2005 Ed. (1254)
Keurig Café Escapes
  2017 Ed. (4548)
  2018 Ed. (4573)
Keurig Canada
  2021 Ed. (2612)
  2022 Ed. (2729)
Keurig Caribou Coffee
  2014 Ed. (995)
  2015 Ed. (1029)
Keurig Celestial Seasonings
  2015 Ed. (4628)
  2016 Ed. (4546)
Keurig Donut Shop
  2019 Ed. (912)
  2020 Ed. (904)
  2021 Ed. (915)
Keurig Dr Pepper
  2020 Ed. (593, 600, 4011)
  2021 Ed. (562, 565, 1330, 2629)
  2022 Ed. (589, 593, 595, 1329, 1713, 2714)
  2023 Ed. (829, 831, 832, 1858, 2850)
Keurig Dr Pepper Inc.
  2023 Ed. (2858)
Keurig Eight O'Clock
  2017 Ed. (984)

Keurig Green Mountain
  2016 Ed. (593, 610, 934, 943, 2682)
  2017 Ed. (640, 649, 978, 984, 988, 2631)
  2018 Ed. (911, 916, 919)
  2019 Ed. (912)
  2020 Ed. (904)
  2021 Ed. (915)
  2022 Ed. (940)
  2023 Ed. (1104)
Keurig Green Mountain Inc.
  2016 Ed. (2105)
  2017 Ed. (2416)
  2018 Ed. (2453)
  2019 Ed. (4287)
Keven Shepard
  1995 Ed. (2669)
Keven W. Sharer
  2007 Ed. (1028)
  2008 Ed. (950)
Kevin Adams
  1999 Ed. (2300)
Kevin Anderson
  2005 Ed. (4884)
Kevin B. Rollins
  2006 Ed. (2524)
Kevin Bennett
  1996 Ed. (1907)
  1997 Ed. (1998)
  1999 Ed. (2419)
Kevin Benson
  2005 Ed. (982)
Kevin Brady
  1999 Ed. (3843, 3959)
Kevin Brown
  2001 Ed. (420)
  2003 Ed. (295)
Kevin Cammack
  2000 Ed. (2119)
Kevin Carver (Caliber Home Loans)
  2022 Ed. (3705)
Kevin Christ
  2015 Ed. (1205)
Kevin Clark
  2015 Ed. (2639)
Kevin Costner
  1993 Ed. (1633)
  1994 Ed. (1667)
  1995 Ed. (1714)
Kevin Durant
  2013 Ed. (188)
  2014 Ed. (194)
  2015 Ed. (221)
  2016 Ed. (215, 218)
  2017 Ed. (211, 212, 215, 220)
  2018 Ed. (197, 200, 204)
  2019 Ed. (194, 198)
  2020 Ed. (198)
  2021 Ed. (195)
  2023 Ed. (315, 316, 318)
Kevin Durant (Brooklyn Nets)
  2022 Ed. (209)
Kevin Efrusy
  2012 Ed. (4820)
  2013 Ed. (4783)
Kevin and Eleanor Smith Foundation
  1994 Ed. (1058, 1900)
Kevin Eng
  1997 Ed. (1940)
  1998 Ed. (1583, 1584)
  1999 Ed. (2168, 2170, 2175)
  2000 Ed. (1938, 1939, 1940, 1946)
Kevin F. Donoghue & Associates
  2006 Ed. (4199)
  2008 Ed. (4249)
  2009 Ed. (4348)
  2011 Ed. (4316)
  2012 Ed. (4378)
Kevin F. Donoghue Insurance Advisors Inc.
  2001 Ed. (4124)
  2002 Ed. (4065)
Kevin Flowers
  2011 Ed. (859)
Kevin Fong
  2003 Ed. (4846)
Kevin Gardiner
  2000 Ed. (2114)
Kevin Garnett
  2001 Ed. (420)
  2002 Ed. (344)
  2003 Ed. (294, 296)
  2004 Ed. (260)
  2006 Ed. (292)
  2010 Ed. (277)
  2013 Ed. (188)
Kevin Gruneich
  1989 Ed. (1416)
  1991 Ed. (1689)
  1993 Ed. (1821)
  1994 Ed. (1804)
  1995 Ed. (1842)
  1996 Ed. (1820)
  1997 Ed. (1894)
  1998 Ed. (1665)
  1999 Ed. (2255)
  2000 Ed. (2036)

Kevin Hart
  2015 Ed. (2602)
  2017 Ed. (2381)
  2018 Ed. (2444)
  2020 Ed. (2483)
Kevin Harvick
  2010 Ed. (315)
  2011 Ed. (239)
  2012 Ed. (260)
  2013 Ed. (267)
  2014 Ed. (269)
  2015 Ed. (309)
  2016 Ed. (217)
  2017 Ed. (214)
  2018 Ed. (199)
  2019 Ed. (193)
Kevin Kabat
  2011 Ed. (820)
Kevin Kalkhoven
  2002 Ed. (1041, 1042)
Kevin Kessinger
  2007 Ed. (3223)
Kevin Knight
  2007 Ed. (962)
Kevin Koegh
  1995 Ed. (2669)
Kevin L. Cornwell
  2006 Ed. (3920)
Kevin Lagan
  2012 Ed. (4920)
  2013 Ed. (4894)
Kevin Leech
  2001 Ed. (3319)
Kevin Lewis
  2012 Ed. (4386)
Kevin M. McMullen
  2008 Ed. (2630)
Kevin Mansell
  2015 Ed. (2635)
Kevin March
  2010 Ed. (920)
Kevin Maxwell
  1993 Ed. (1693)
Kevin McCarthy
  2000 Ed. (2050)
  2006 Ed. (2579)
Kevin & Michael Lagan
  2009 Ed. (4916)
  2010 Ed. (4920)
Kevin Modany
  2012 Ed. (2492)
Kevin Morley
  1997 Ed. (1929)
  1998 Ed. (1568, 1569)
  1999 Ed. (2157)
  2000 Ed. (1925)
Kevin Murphy
  1997 Ed. (1850)
  1998 Ed. (1625)
  1999 Ed. (2209)
  2000 Ed. (1981)
Kevin O'Donnell
  2006 Ed. (4140)
Kevin Owens
  2019 Ed. (197)
Kevin Roach
  1997 Ed. (1926)
  2000 Ed. (1930)
Kevin Rose
  2010 Ed. (829)
  2011 Ed. (756)
Kevin Scotcher
  1999 Ed. (2343)
Kevin Sharer
  2005 Ed. (969)
  2006 Ed. (876)
  2007 Ed. (967)
Kevin Simpson
  1994 Ed. (1799)
  1996 Ed. (1815)
  1997 Ed. (1889)
  1998 Ed. (1658)
  1999 Ed. (2248)
  2000 Ed. (2030)
Kevin Spacey
  2016 Ed. (2529)
Kevin Systrom
  2016 Ed. (720)
Kevin T. Kabat
  2011 Ed. (824)
Kevin Trudeau's Free Money
  2016 Ed. (2286)
Kevin Vasconi
  2004 Ed. (976)
Kevin W. Sharer
  2008 Ed. (944)
  2009 Ed. (944)
  2010 Ed. (901)
Kevin Warren
  2010 Ed. (178)
Kevin Wendle
  2002 Ed. (2150)
Kevin's Fine Outdoor Gear & Apparel
  2009 Ed. (871)
KeVita
  2019 Ed. (4576)

CUMULATIVE INDEX • 1989-2023

Kevita
  2016 Ed. (2773)
  2022 Ed. (2849, 4545)
  2023 Ed. (2959, 4560)
Kevita Sparkling Probiotic Drinks
  2016 Ed. (2678)
Kevork Hovnanian
  1991 Ed. (1631)
Kew Media Group Inc.
  2019 Ed. (4322)
Kewaunee County, WI
  1997 Ed. (1681)
Kewaunee Scientific
  2015 Ed. (2857)
  2016 Ed. (4997)
Kewill Systems
  2013 Ed. (4557)
  2014 Ed. (4613)
  2015 Ed. (4610)
  2016 Ed. (4531)
Kewit Peter Sons DE Corp.
  1991 Ed. (947)
Kewpie
  2017 Ed. (2646)
Key 103 FM
  2001 Ed. (3980)
  2002 Ed. (3896)
Key Asset
  1999 Ed. (3059)
  2002 Ed. (3009)
Key Asset Advisors
  2000 Ed. (2846)
Key Asset Management
  2001 Ed. (3018)
Key Asset Mgmt.
  2000 Ed. (2814)
Key Bank
  1998 Ed. (306, 347, 421, 1958, 2307, 2351, 3315, 3316)
  2001 Ed. (432)
Key Bank of Eastern N.Y. NA
  1992 Ed. (543)
Key Bank of Idaho
  1996 Ed. (533)
  1998 Ed. (310, 362)
Key Bank-Idaho
  1994 Ed. (392)
Key Bank of Maine
  1992 Ed. (767)
  1993 Ed. (559)
  1994 Ed. (561)
  1995 Ed. (537)
  1996 Ed. (595)
  1997 Ed. (549)
  1998 Ed. (392)
Key Bank of Maine (Augusta)
  1991 Ed. (599)
Key Bank NA
  2003 Ed. (477)
  2005 Ed. (480, 1754)
  2006 Ed. (539)
  2008 Ed. (399)
  2009 Ed. (422)
  2010 Ed. (398)
Key Bank National Association
  2002 Ed. (1121)
Key Bank of New York
  1994 Ed. (396, 527, 600)
  1995 Ed. (391, 570)
  1996 Ed. (403, 3460)
  1997 Ed. (579, 3529)
  1998 Ed. (310, 418)
  2000 Ed. (4058)
Key Bank of New York NA
  1993 Ed. (382, 384, 2422)
Key Bank of Oregon
  1991 Ed. (641)
  1992 Ed. (813)
  1993 Ed. (607)
  1994 Ed. (610)
  1995 Ed. (580)
  1996 Ed. (650)
  1997 Ed. (589)
  1998 Ed. (423)
Key Bank of Puget Sound
  1992 Ed. (864)
Key Bank/Society National Bank
  2000 Ed. (2926)
Key Bank & Trust
  1999 Ed. (1793)
Key Bank of Vermont
  1997 Ed. (642)
  1998 Ed. (3568)
Key Bank of Washington
  1993 Ed. (664)
  1994 Ed. (369, 664)
  1995 Ed. (387, 633)
  1996 Ed. (410, 709)
  1997 Ed. (179, 377, 644)
  1998 Ed. (103, 296, 434)
Key Bank of Western N.Y. NA
  1992 Ed. (543)
Key Bank of Wyoming
  1998 Ed. (310)
Key Biscayne Bank & Trust Co.
  1989 Ed. (557)
  1991 Ed. (544)

Key Buick GMC Hyundai
  2018 Ed. (4956)
Key Cad
  1995 Ed. (1098)
Key Centurion Bancshares
  1994 Ed. (340)
Key Commercial Real Estate
  2003 Ed. (448)
Key Communications
  1994 Ed. (2958)
  1995 Ed. (3018, 3022)
  1996 Ed. (3125)
  2000 Ed. (3655)
  2002 Ed. (3856, 3860, 3861, 3865, 3868, 3871, 3872)
Key Components LLC
  2006 Ed. (3365)
Key Construction
  2002 Ed. (2658, 2659)
Key Construction Inc.
  2018 Ed. (1661)
  2023 Ed. (1825)
Key Consultants
  1992 Ed. (2160)
Key Court
  1991 Ed. (1043)
Key Digital
  2013 Ed. (206)
  2016 Ed. (233)
  2018 Ed. (217)
KEY Education
  2022 Ed. (758)
Key Energy Group
  1999 Ed. (259)
Key Energy Services
  2004 Ed. (3834)
  2007 Ed. (2378)
  2008 Ed. (4074)
  2009 Ed. (4181)
  2020 Ed. (4021)
Key Equipment Finance
  2003 Ed. (570, 571, 572)
Key Food
  2004 Ed. (4644)
Key Food Store Co-op
  1995 Ed. (2051, 2054, 2057)
  1996 Ed. (2050, 2051)
Key Food Store Coop
  1993 Ed. (3491)
Key Food Store Cooperative
  1994 Ed. (2003)
Key Food Stores
  2000 Ed. (2388)
Key Hedge Fund, Inc.
  2003 Ed. (3151)
Key Human Resources Management Inc.
  2001 Ed. (3909)
Key-Land Homes
  1998 Ed. (911)
  2003 Ed. (1183)
  2004 Ed. (1189)
Key Learning Consultants
  2021 Ed. (3601)
Key Market Newspaper Group
  1991 Ed. (2596)
Key Mega Clip Art
  1996 Ed. (1085)
Key Music
  2015 Ed. (3737)
  2016 Ed. (3656, 3661)
  2020 Ed. (3644)
  2021 Ed. (3649)
Key Music/KeyMusic.com
  2021 Ed. (3649)
Key Oldsmobile
  1996 Ed. (282)
Key Plastics LLC
  2006 Ed. (339)
Key Production Co., Inc.
  2002 Ed. (2123, 3662)
  2003 Ed. (1646)
  2004 Ed. (3832, 4432)
Key Risk Insurance Co.
  2011 Ed. (3209)
Key Risk Management Services LLC
  2011 Ed. (1917)
Key Safety Systems
  2005 Ed. (324, 325)
  2009 Ed. (331)
Key Savings Bank
  1997 Ed. (3743)
Key Solutions
  2015 Ed. (1610)
Key Solutions AB
  2014 Ed. (2002)
  2015 Ed. (2048)
Key Span Energy
  2005 Ed. (2721)
Key-Systems GmbH
  2010 Ed. (2944)
Key Tech Ltd.
  2002 Ed. (4385, 4386)
Key Technology
  2015 Ed. (2158, 2159)
  2016 Ed. (2132)

Key Technology Inc.
  2009 Ed. (2128)
  2010 Ed. (2064, 2070, 4532)
  2011 Ed. (2119, 2125, 4434)
  2012 Ed. (1962)
Key Tower
  2022 Ed. (4592)
Key Tower LLC
  2022 Ed. (4578, 4628)
Key Tronic
  2014 Ed. (2106)
  2015 Ed. (2146)
  2016 Ed. (3449)
Key Tronic Corp.
  1994 Ed. (2703)
  2006 Ed. (2085)
  2008 Ed. (2139, 2145, 2147)
  2009 Ed. (2126)
  2010 Ed. (2059, 2067)
  2011 Ed. (2114, 2122)
  2016 Ed. (2120)
  2021 Ed. (1952)
  2022 Ed. (1994)
  2023 Ed. (2095)
Key Trust Co., N.Y.
  1989 Ed. (2160)
Key West Conch Tour Trains
  1997 Ed. (248)
Key West, FL
  1997 Ed. (1075)
  2000 Ed. (1090, 2200, 3817)
  2010 Ed. (3662)
  2013 Ed. (4226)
Key-Wi Music
  2020 Ed. (3643)
  2021 Ed. (3648)
KeyBanc Capital Markets
  2007 Ed. (3259)
  2011 Ed. (2860, 3332)
KeyBank
  1999 Ed. (398, 399, 401, 403, 404, 411, 412, 413, 415, 416, 418, 419, 421, 3101, 3180, 3432, 3434, 4007, 4308, 4334, 4339)
  2000 Ed. (220, 398, 401, 402, 408, 409, 410, 412, 413, 415, 416, 417, 419)
  2001 Ed. (588, 4002)
  2002 Ed. (4276)
  2004 Ed. (184, 185, 362, 365, 1065, 2863, 2996)
  2005 Ed. (366)
  2019 Ed. (2653)
  2020 Ed. (2872)
  2021 Ed. (2744)
  2022 Ed. (2196)
  2023 Ed. (551)
Keybank
  2021 Ed. (394)
  2022 Ed. (407)
Keybank Capital Markets
  2007 Ed. (4652)
KeyBank N.A.
  2020 Ed. (3163)
  2023 Ed. (472)
Keybank NA
  2002 Ed. (248, 249, 478, 480, 482, 483, 2578, 2725)
  2003 Ed. (229, 230, 383, 385, 386, 387, 436, 1056, 2771, 2887)
  2005 Ed. (190, 191, 381, 1069, 2868, 2994)
  2006 Ed. (202, 203, 375)
  2007 Ed. (209, 358, 369, 467, 1185, 1936, 2867, 3020)
  2008 Ed. (346, 2004)
  2009 Ed. (364, 1966)
  2010 Ed. (1042, 1899)
  2011 Ed. (119, 969)
  2012 Ed. (126, 127, 883)
  2013 Ed. (105, 106)
  2014 Ed. (113)
Keybank National Assn.
  2000 Ed. (3725)
Keybank National Association
  2000 Ed. (4021)
  2001 Ed. (4003, 4088)
  2003 Ed. (1800)
  2004 Ed. (1833)
  2005 Ed. (1919)
  2006 Ed. (1953)
  2021 Ed. (394)
  2022 Ed. (407)
  2023 Ed. (529)
KeyBank Real Estate Capital
  2005 Ed. (4015)
  2006 Ed. (4051)
  2007 Ed. (4101)
  2008 Ed. (4120)
  2009 Ed. (4229)
  2011 Ed. (4162)
  2012 Ed. (4209)
  2014 Ed. (4214)
  2015 Ed. (4197)
  2017 Ed. (4092)
  2018 Ed. (4121)
  2019 Ed. (4132)
  2020 Ed. (4133, 4134)

Keybank USA
  2003 Ed. (3434)
KeyBank of Washington
  1999 Ed. (198)
Keyboard Concepts
  2000 Ed. (3219)
KeyBridge Medical Revenue Management
  2011 Ed. (915)
  2013 Ed. (1034)
  2014 Ed. (1005)
  2015 Ed. (1041)
  2016 Ed. (950)
KeyCorp
  1989 Ed. (395, 430, 635)
  1992 Ed. (525)
  1993 Ed. (652)
  1994 Ed. (340, 604, 653, 1226, 1850, 3034, 3035)
  1995 Ed. (492, 1229, 1235, 3085, 3518)
  1996 Ed. (258, 359, 368, 369, 370, 371, 618, 1191, 1206, 1239, 3178, 3179, 3180)
  1997 Ed. (285, 286, 343, 516, 567, 1252, 3282, 3290)
  1998 Ed. (203, 280, 282, 406, 1018, 2605)
  1999 Ed. (313, 373, 381, 422, 597, 667, 1452, 2698, 4022, 4333, 4335)
  2000 Ed. (327, 621, 1311, 2484, 3743, 4053)
  2001 Ed. (431, 433, 636, 637, 640, 1672, 1827, 4281)
  2002 Ed. (488, 498, 1394, 3947)
  2003 Ed. (429, 439, 452, 453, 629, 4557)
  2004 Ed. (433, 639, 1579, 2115)
  2005 Ed. (360, 363, 364, 439, 440, 627, 628, 1002, 2232, 3306)
  2006 Ed. (384, 397, 399, 401)
  2008 Ed. (371)
  2009 Ed. (391)
  2010 Ed. (3282)
  2012 Ed. (308, 397)
  2013 Ed. (317, 320, 2362, 2366)
  2014 Ed. (331, 334, 2294, 2298)
  2015 Ed. (371, 375, 2377, 2381)
  2016 Ed. (358, 2326)
  2017 Ed. (357, 2162, 2164)
  2018 Ed. (328, 335, 1843, 1845, 2217)
  2019 Ed. (331, 338)
  2020 Ed. (335, 1837)
KeyCorp Leasing Ltd.
  1998 Ed. (389)
KeyCorp Mortgage
  1996 Ed. (2681)
KeyCorp.
  2000 Ed. (385, 3741, 3742)
KeyCurve Inc.
  2004 Ed. (2781, 2782)
Keye/Donna/Pearlstein
  1989 Ed. (57)
Keyence
  2007 Ed. (2349)
  2010 Ed. (2390)
  2012 Ed. (2323, 4242)
  2013 Ed. (2485)
  2014 Ed. (2417)
  2015 Ed. (2491)
  2016 Ed. (2357, 2423, 2428)
  2017 Ed. (2206, 2270, 2273)
  2018 Ed. (2333, 2339)
  2019 Ed. (2324, 2331)
  2020 Ed. (2304, 2310)
  2021 Ed. (1367, 1634)
Keyence Corp.
  2016 Ed. (4145)
  2017 Ed. (4116)
  2022 Ed. (1656)
Keyera Facilities Income Fund
  2007 Ed. (3865)
Keyes Automotive Group
  2017 Ed. (248, 251)
  2018 Ed. (235, 238)
  2019 Ed. (232, 235)
  2020 Ed. (240)
  2022 Ed. (236)
Keyes Co.
  1998 Ed. (3002)
  2000 Ed. (3709)
The Keyes Company/Illustrated Properties
  2020 Ed. (4096)
  2021 Ed. (4058)
  2022 Ed. (4074)
  2023 Ed. (4172)
Keyes Martin
  1991 Ed. (131)
  1992 Ed. (185)
  1993 Ed. (121)
Keyes Martin Gaby Linett
  1989 Ed. (141)
Keyes Martin Gaby Unett
  1989 Ed. (2258)
Keyfile
  1998 Ed. (839, 1323)
KeyFonts
  1995 Ed. (1098)
Keyland Court Condos II
  1991 Ed. (1044)

CUMULATIVE INDEX • 1989-2023

Keylent
  2023 Ed. (1678)
Keylife Agg Stk Tr
  1989 Ed. (261)
Keylife Cash Income TR
  1989 Ed. (262)
KeyMusic.com
  2015 Ed. (3737)
  2016 Ed. (3661)
  2020 Ed. (3644)
  2021 Ed. (3649)
Keymusic.com
  2016 Ed. (3656)
Keynes: The Return of the Master
  2011 Ed. (529)
Keynote Systems
  2014 Ed. (1034)
Keynote Systems Inc.
  2004 Ed. (4697)
Keypath Education
  2022 Ed. (1594)
Keypath Education Holdings
  2021 Ed. (2195)
Keypoint Credit Union
  2006 Ed. (2164)
Keypoint Government Solutions
  2019 Ed. (1288)
Keyport
  1997 Ed. (256, 361)
  1998 Ed. (2372)
  2000 Ed. (303, 3932)
Keyport Life
  1993 Ed. (3278)
  1994 Ed. (3268)
  1995 Ed. (3349)
  1996 Ed. (2311)
  1998 Ed. (2173)
  1999 Ed. (2949)
Keyport Life Keyflex-Flex I: Capital Appreciation
  1995 Ed. (3689)
Keyport Preferred Advisor Colonial-Keyport Utilities
  1997 Ed. (3827)
Keyrenter Property Management
  2018 Ed. (4124)
Keys; Alicia
  2010 Ed. (3714, 3715, 3717)
  2011 Ed. (3717, 3719)
  2012 Ed. (3734)
  2015 Ed. (1136, 3731)
Keys Fitness
  2001 Ed. (2349)
Keys Fitness Products LP
  2006 Ed. (2046)
  2007 Ed. (2016)
  2008 Ed. (2113)
Keys; Scott
  2007 Ed. (385)
Keyser
  2023 Ed. (4193)
Keyser Marston Associates Inc.
  1995 Ed. (2336)
Keyser; Richard L.
  2010 Ed. (2564)
Keysight Technologies
  2016 Ed. (1433)
  2017 Ed. (1010, 1435, 1445, 4308)
  2018 Ed. (1415, 1424)
  2019 Ed. (1457, 1463, 3064)
  2020 Ed. (1420, 1429, 2300, 2305, 3098)
  2021 Ed. (1418, 1428)
  2022 Ed. (1425, 1434)
  2023 Ed. (1618, 1627)
KeySpan Business Solutions
  2005 Ed. (1317, 3861)
  2006 Ed. (1287, 3924)
  2007 Ed. (3977, 3979, 3980)
Keyspan Corp.
  2001 Ed. (3946, 3947)
  2003 Ed. (3811, 3814)
  2004 Ed. (2321, 2723, 2724, 3669, 3670)
  2005 Ed. (2713, 2714, 2726, 2727, 2728, 2729, 2731, 3587, 3588, 3768, 3769, 3770, 3772)
  2006 Ed. (2691, 2692)
  2007 Ed. (2679, 2913)
  2008 Ed. (3035)
  2009 Ed. (3103)
Keyspan Energy Co.
  1999 Ed. (3593)
  2000 Ed. (1345, 2461)
  2005 Ed. (2717, 2718, 2719, 2723, 2724, 2725)
KeySpan Energy Services
  2004 Ed. (1237)
  2005 Ed. (1280, 1290, 1291)
  2006 Ed. (1240, 1261)
KeySpan Park
  2005 Ed. (4442, 4443)
Keyspire
  2018 Ed. (1850, 4350)
  2019 Ed. (4381)
  2020 Ed. (4375)
  2022 Ed. (4390)
Keystone
  1991 Ed. (2684)
  1994 Ed. (1102)
  1995 Ed. (701, 707)
  1996 Ed. (781)
  2008 Ed. (534)
  2019 Ed. (591)
  2021 Ed. (546)
  2022 Ed. (572)
  2023 Ed. (821, 4091)
Keystone America Equity Income
  1992 Ed. (3192)
  1993 Ed. (2690)
Keystone America Strategic Inc. A
  1996 Ed. (2808)
Keystone American Glb. Opportunity A
  1996 Ed. (2805)
Keystone American Global Opp.
  1994 Ed. (2605, 2616)
Keystone American Strategic A
  1995 Ed. (2710)
Keystone B-4
  1995 Ed. (2694, 2710, 2715)
Keystone Builders
  2003 Ed. (1205)
  2004 Ed. (1212)
  2005 Ed. (1236)
Keystone, CO
  1993 Ed. (3324)
Keystone Concrete
  2007 Ed. (1338)
  2010 Ed. (1206)
  2011 Ed. (1157)
  2020 Ed. (1166, 1221)
  2021 Ed. (1188)
  2022 Ed. (1189)
  2023 Ed. (1426)
Keystone Concrete Placement
  2004 Ed. (1246)
  2005 Ed. (1297)
  2006 Ed. (1266, 1289, 1295)
  2007 Ed. (1357, 1366)
  2008 Ed. (1223, 1255)
  2009 Ed. (1204, 1230, 1257)
  2010 Ed. (1208, 1229, 1251)
  2011 Ed. (1154, 1155, 1156, 1270)
  2012 Ed. (1093, 1124, 1174)
  2013 Ed. (1229, 1230, 1265)
  2014 Ed. (1168)
  2015 Ed. (1256)
  2016 Ed. (1167)
  2017 Ed. (1211)
  2018 Ed. (1184, 1185, 1199)
  2019 Ed. (1176, 1203)
  2020 Ed. (1196)
  2021 Ed. (1139, 1170)
Keystone Consolidated
  1994 Ed. (2750)
Keystone Consolidated Industries Inc.
  1995 Ed. (2847, 2869)
Keystone Construction Co.
  2018 Ed. (1740)
Keystone Custodian S-4
  1995 Ed. (2733)
  1996 Ed. (2766, 2799)
Keystone Electrical Manufacturing Co.
  2006 Ed. (3513, 4352)
  2007 Ed. (3555, 4420)
  2008 Ed. (3709, 4394)
Keystone Engineering Inc.
  2009 Ed. (2531)
  2010 Ed. (2447)
  2011 Ed. (2456)
  2012 Ed. (206)
Keystone camera equipment
  1994 Ed. (2874)
Keystone Experts & Engineers
  2022 Ed. (2514)
Keystone Financial Inc.
  1998 Ed. (425)
  1999 Ed. (622, 668)
  2000 Ed. (647)
  2002 Ed. (433, 434)
Keystone snack food
  1994 Ed. (3342)
Keystone Food Products Inc.
  2003 Ed. (1566, 1810, 2504)
  2004 Ed. (1842, 2636)
Keystone Foods
  2015 Ed. (3591)
Keystone Foods Corp.
  1997 Ed. (2039)
  1998 Ed. (758, 1713)
  1999 Ed. (1189, 2472)
  2000 Ed. (1110, 2230)
Keystone Foods LLC
  2002 Ed. (2290)
  2005 Ed. (3420)
  2008 Ed. (2784)
  2009 Ed. (3675, 4163)
  2010 Ed. (2783, 3590, 4097)
  2011 Ed. (2772, 3592, 3596, 4067)
  2012 Ed. (2701, 3579, 3583, 4101)
  2013 Ed. (3638)
  2014 Ed. (3581)
  2015 Ed. (2830)
  2016 Ed. (2762)
  2017 Ed. (2720, 3954)
  2018 Ed. (3975)
  2019 Ed. (3946)
Keystone Freight
  2004 Ed. (4789, 4790)
Keystone Funding
  2023 Ed. (1678)
Keystone Global Opportunites A
  1997 Ed. (2876)
Keystone Glopal Opportunity
  1997 Ed. (2883)
Keystone Group
  2021 Ed. (1055, 1068)
  2023 Ed. (1265, 1268, 1276, 1278, 1283, 1285, 1291)
Keystone Health Plan East Inc.
  1989 Ed. (1587)
  1991 Ed. (1896)
  1992 Ed. (2393)
  1993 Ed. (2025)
  1996 Ed. (2092)
  1998 Ed. (1914, 1920)
  1999 Ed. (2657)
  2000 Ed. (2431, 2440)
Keystone Health Plan West Inc.
  2000 Ed. (2431)
Keystone Holdings
  1993 Ed. (3563)
  1998 Ed. (269)
Keystone Homehealth Management
  1997 Ed. (2242)
Keystone Homes
  2004 Ed. (1176)
  2005 Ed. (1203)
Keystone Human Services
  2021 Ed. (1820)
Keystone Ice
  1998 Ed. (2066)
Keystone Insurers
  2019 Ed. (3148)
Keystone Insurers Group
  2020 Ed. (735, 3261)
  2021 Ed. (748, 3124)
  2022 Ed. (3265)
  2023 Ed. (3270)
Keystone Insurers Group Inc.
  2023 Ed. (3357)
Keystone International Inc.
  1992 Ed. (2967)
  2005 Ed. (1512)
  2018 Ed. (4784)
  2019 Ed. (4791)
  2020 Ed. (4778)
  2021 Ed. (4776)
  2022 Ed. (4777)
Keystone Investments Inc.
  1998 Ed. (267)
Keystone IT
  2017 Ed. (1787)
Keystone, JCK Jewelers' Circular
  2009 Ed. (163, 165)
Keystone K-1
  1993 Ed. (2662)
Keystone K-100 Ast NQ
  1989 Ed. (261)
Keystone Light
  1992 Ed. (932)
  1995 Ed. (701)
  1996 Ed. (781)
  1997 Ed. (715, 3665)
  2000 Ed. (813)
  2003 Ed. (664)
  2008 Ed. (542, 546)
  2012 Ed. (436, 438)
  2013 Ed. (552)
  2014 Ed. (565)
  2015 Ed. (634)
  2016 Ed. (578, 584)
  2017 Ed. (606, 613)
  2018 Ed. (576)
Keystone Management
  1998 Ed. (2654)
  2020 Ed. (4788)
Keystone Mercy Health Plan
  2000 Ed. (3378)
  2005 Ed. (2817)
Keystone North America
  2011 Ed. (1561)
Keystone Park
  1991 Ed. (2024)
  1992 Ed. (2598)
  1994 Ed. (2190)
  1995 Ed. (2242)
  1996 Ed. (2251)
The Keystone Plus Construction Corp.
  2009 Ed. (3036)
Keystone Precious Metals
  1995 Ed. (2718, 2721)
  1997 Ed. (2879)
Keystone Precious Metals Hold.
  1989 Ed. (1849)
Keystone Property Trust
  2001 Ed. (4008)
  2006 Ed. (2990, 4053)
Keystone Provident - Key Life (SPVL)
  1991 Ed. (2151)
Keystone Provident Life
  1991 Ed. (245)
  1992 Ed. (337)
Keystone Resort
  2002 Ed. (4284)
  2004 Ed. (4428)
  2005 Ed. (4377)
  2006 Ed. (4327)
  2007 Ed. (4391)
  2008 Ed. (4342)
  2009 Ed. (4447)
  2010 Ed. (4490)
  2011 Ed. (4425)
  2012 Ed. (4479)
  2013 Ed. (4443, 4444)
  2014 Ed. (4474)
  2015 Ed. (4468)
  2016 Ed. (4370)
  2019 Ed. (4397)
  2020 Ed. (4396)
  2021 Ed. (4396)
  2022 Ed. (4400)
  2023 Ed. (4428)
Keystone RV
  2002 Ed. (1067)
Keystone S-4
  1991 Ed. (2567)
Keystone Small Capital Growth
  1997 Ed. (2865)
Keystone Sports Construction
  2023 Ed. (1210, 1990)
Keystone Strategy
  2021 Ed. (1071, 1078)
  2023 Ed. (1281, 1288)
Keystone Total Return A
  1998 Ed. (2595, 2631)
Keytech Ltd.
  2006 Ed. (4486)
Keytel Hotels
  2020 Ed. (3053)
  2021 Ed. (2923)
  2022 Ed. (3041)
  2023 Ed. (3160)
KeyTronic
  2014 Ed. (1033)
  2015 Ed. (1067)
Keytronic EMS
  2005 Ed. (1273)
Keytruda
  2020 Ed. (2200)
  2021 Ed. (2176)
  2023 Ed. (2394)
The KEYW Holding Co.
  2018 Ed. (977)
Kezos & Dunlavy
  2023 Ed. (50)
KF
  1992 Ed. (80)
KF Gruppen
  2013 Ed. (4343)
  2014 Ed. (4394)
  2016 Ed. (4279)
KF Industri
  1992 Ed. (1692)
KF Invest AB
  2006 Ed. (2024)
KFC
  1994 Ed. (1748, 1749, 1884, 1885, 1909, 1910, 1917, 3069, 3074)
  1995 Ed. (1781, 1782, 1911, 1914, 1939, 3114, 3119)
  1996 Ed. (1759, 1760, 1969, 3210, 3215, 3229)
  1997 Ed. (1832, 1841, 2052, 2058, 2080, 2081, 2082, 2085, 3310, 3316)
  1998 Ed. (1549, 1551, 1762, 1764, 1765, 3050, 3073, 3074, 3492)
  1999 Ed. (775, 778, 4564)
  2000 Ed. (27, 29, 3764, 3780, 3799, 3800)
  2001 Ed. (2404, 2406, 2407, 2490, 2529, 4080, 4082, 4083)
  2002 Ed. (2237, 2240, 2244, 2245, 2253, 4027, 4031, 4033, 4034)
  2003 Ed. (881, 2437, 2442, 2443, 2444, 2445, 2446, 2447, 2448, 2449, 2458, 4096, 4130, 4134, 4137, 4138, 4142, 4143)
  2004 Ed. (903, 2575, 2577, 2578, 2589, 4130, 4142, 4143, 4144, 4154)
  2005 Ed. (2546, 2551, 2554, 2560, 2564, 4055, 4056, 4057, 4058, 4059, 4080, 4086, 4087)
  2006 Ed. (2553, 2558, 2561, 2571, 4116, 4131, 4132, 4133, 4134)
  2007 Ed. (895, 2529, 2530, 2535, 2542, 4143, 4150, 4154)
  2008 Ed. (2657, 2658, 2661, 2666, 2668, 2681, 4152, 4153, 4158, 4173, 4174, 4185, 4192, 4193, 4194)
  2009 Ed. (691, 712, 884, 2685, 2686, 2691, 2692, 2693, 2706, 4266, 4279, 4291, 4292)
  2010 Ed. (2598, 2602, 2603, 2606, 2607, 2608, 2609, 2610, 2621, 2626, 4206, 4225, 4226, 4227, 4228, 4255, 4257, 4258)
  2011 Ed. (586, 2580, 2581, 2588, 2589, 2591, 2592, 2601, 2608, 2611, 4212, 4228, 4231, 4232, 4233, 4255, 4257, 4258)

2012 Ed. (2527, 2528, 2533, 2535, 2545, 2551, 4257, 4258, 4274, 4275, 4276, 4277, 4295, 4296, 4298, 4299, 4303)
2013 Ed. (2659, 2661, 2662, 2663, 4241, 4242, 4243, 4244, 4245, 4262, 4264)
2014 Ed. (2610, 2612, 2613, 2626, 4271, 4291, 4292, 4293, 4294, 4295, 4296, 4318, 4319, 4326)
2015 Ed. (2656, 2658, 2659, 4252, 4281, 4282, 4283, 4284, 4285, 4286, 4298, 4310, 4311)
2016 Ed. (793, 2581, 2582, 2592, 4185, 4186, 4187, 4188, 4189, 4190, 4205)
2017 Ed. (852, 2503, 2505, 4163, 4164, 4165, 4166, 4167, 4168, 4189, 4194)
2018 Ed. (787, 2580, 4159, 4160, 4161, 4162, 4163, 4164, 4196, 4205)
2019 Ed. (791, 802, 805, 2554, 4174, 4175, 4176, 4177, 4178, 4179, 4210, 4212, 4234)
2020 Ed. (800, 806, 2539, 2545, 4186, 4187, 4188, 4190, 4191, 4221, 4222, 4232)
2021 Ed. (828, 831, 2502, 2508, 2515, 4125, 4126, 4127, 4129, 4130, 4196)
2022 Ed. (858, 859, 2618, 2629, 2758, 4152, 4153, 4154, 4156, 4157, 4199, 4200, 4202, 4203)
2023 Ed. (1031, 1041, 1042, 1046, 2758, 2765, 4227, 4228, 4249, 4251)
KFC Corp.
2013 Ed. (2672)
2014 Ed. (2623)
2015 Ed. (2667)
2016 Ed. (2590)
2017 Ed. (2514)
KFC Restaurant
2000 Ed. (4220)
KFC (U.S.)
2021 Ed. (828, 2502)
2022 Ed. (4203)
KFC U.S.
2018 Ed. (2587)
2019 Ed. (2561)
2020 Ed. (2552)
KFI-AM
1996 Ed. (3153)
1998 Ed. (2985, 2987)
2000 Ed. (3696)
2002 Ed. (3898)
Kforce
2021 Ed. (2315, 2322)
2022 Ed. (2364, 2387)
2023 Ed. (2527)
Kforce Inc.
2002 Ed. (2173)
2008 Ed. (4494)
2010 Ed. (772, 1609)
2012 Ed. (1363, 1441, 1462, 1867)
2013 Ed. (1448, 1570, 2026)
2014 Ed. (1409, 1541, 1961)
2015 Ed. (2008)
Kforce Professional Staffing
2011 Ed. (2019)
KForce.com
2006 Ed. (2429)
Kfoury Construction Group Inc.
1995 Ed. (1147)
1996 Ed. (1120)
1997 Ed. (1149)
1998 Ed. (960)
2000 Ed. (1272)
2001 Ed. (2709)
2002 Ed. (2555)
2006 Ed. (3545)
KFTCIC
1991 Ed. (433)
1992 Ed. (588, 752)
KfW
2017 Ed. (520, 535)
2018 Ed. (429, 501)
2019 Ed. (500, 516)
2020 Ed. (481, 501)
2021 Ed. (469, 513)
2022 Ed. (483, 523)
2023 Ed. (705, 746)
KfW Bankengruppe
2009 Ed. (446)
2010 Ed. (422, 1706, 1708)
2011 Ed. (347)
KFW Engineers & Surveying
2021 Ed. (3604)
KFW Engineers + Surveying
2023 Ed. (2652)
KfW (Germany)
2021 Ed. (469, 513)
2022 Ed. (483, 523)
KFWB-AM(980)
1992 Ed. (3606)
KG Foods Portokalidi Bros. Ltd.
2018 Ed. (1574)
KG Land
1992 Ed. (3619)
KG Ranch
2021 Ed. (804)
2022 Ed. (836)
KG Technologies
2013 Ed. (3561)
KG Telecom
2001 Ed. (3336)
KGBTexas Communications
2023 Ed. (118, 4119)
KGD Process
2016 Ed. (2076)
KGHM
1998 Ed. (3305)
2000 Ed. (4370, 4371)
2001 Ed. (1504, 4270)
2002 Ed. (4780)
2006 Ed. (4889)
2007 Ed. (3486)
2011 Ed. (3647)
2012 Ed. (3645)
2013 Ed. (826, 3689)
2014 Ed. (3623)
2015 Ed. (1612, 3636, 3648)
2016 Ed. (1538, 3521, 3533)
2017 Ed. (3494)
2018 Ed. (2359)
KGHM International
2014 Ed. (3656)
KGHM Polska Miedz
2022 Ed. (1881)
2023 Ed. (1995)
KGHM Polska Miedz SA
2007 Ed. (1690)
2008 Ed. (3576)
2009 Ed. (2016, 3646)
2010 Ed. (3564)
2011 Ed. (2008, 3567)
2012 Ed. (3560)
2013 Ed. (3597)
KGI Bank
2018 Ed. (366, 504)
KGI Securities One
2002 Ed. (4488, 4489)
KGI Wireless
2005 Ed. (4984)
KGMH Polska Miedz
2007 Ed. (1957)
2008 Ed. (2051)
2009 Ed. (2017)
2010 Ed. (1956)
2011 Ed. (2009)
2012 Ed. (1859)
2013 Ed. (2019, 3702)
2014 Ed. (1953)
2015 Ed. (1997)
2016 Ed. (1966)
KGO-AM
1992 Ed. (3604)
1998 Ed. (2985)
KGP Telecommunications Inc.
2006 Ed. (3521, 4360)
2008 Ed. (3716, 4968)
KGro
1999 Ed. (3168)
Khaadi
2021 Ed. (4247)
Khadeja Al Sallami
2013 Ed. (3491)
Khadem Al-Qubaisi
2013 Ed. (966)
Khadija Ben Ganna
2013 Ed. (3473)
Khalaf Al Habtoor
2008 Ed. (4893)
2009 Ed. (4912)
2010 Ed. (4914)
Khaldoon Al Mubarak
2013 Ed. (367, 3490)
Khaldoun Tabari
2013 Ed. (3477)
Khaled; Ghayda Al
2013 Ed. (3478)
Khaled; Ghosson Al
2013 Ed. (3478)
Khaled Mattawa
2013 Ed. (3480)
Khaled Sabawi
2013 Ed. (3484)
Khaled Samawi
2013 Ed. (906, 3488)
Khaleej Finance & Investment Co.
2009 Ed. (2729)
Khaleeji Commercial Bank
2009 Ed. (405)
2010 Ed. (381)
2011 Ed. (306, 367, 371, 2639)
2012 Ed. (327, 2566)
2013 Ed. (521)
2014 Ed. (537, 2648)
2015 Ed. (2690)
2016 Ed. (2612)
2017 Ed. (2545)
2018 Ed. (2613)
2019 Ed. (2599)
2020 Ed. (2607)
2023 Ed. (2792)
Khalid Al Falih
2013 Ed. (1173, 3483, 3486)
2014 Ed. (3468)
Khalid Al-Falih
2013 Ed. (966)
Khalid Al Kaf
2013 Ed. (4614)
Khalid Bin Mahfouz
2004 Ed. (4883)
2005 Ed. (4886)
2008 Ed. (4891)
2010 Ed. (4912)
Khalifa Bin Butti Al Muhairi
2019 Ed. (4887)
2020 Ed. (4876)
Khalifa Juma Al Nabooda Group
2020 Ed. (1964)
2021 Ed. (1927)
Khalifa; Wiz
2013 Ed. (3784)
2018 Ed. (3688)
Khalil Mack
2020 Ed. (199)
Khalili; David
2008 Ed. (4901)
Khan; German
2009 Ed. (4914)
2010 Ed. (4918)
2015 Ed. (4954)
2017 Ed. (4871)
Khan; Karim Aga
2009 Ed. (2889)
Khan; Salman
2017 Ed. (2378)
2020 Ed. (2481)
Khan; Shahid
2014 Ed. (4849)
2015 Ed. (4886)
2016 Ed. (4804)
2017 Ed. (4816)
2018 Ed. (4821)
2019 Ed. (4817)
2020 Ed. (4807)
2021 Ed. (4808)
2022 Ed. (4802)
2023 Ed. (4794)
Khan; The Aga
2007 Ed. (4930)
Khanfar; Wadah
2013 Ed. (3484)
Khang Dien House Trading & Investment
2023 Ed. (2088)
Khan's Supermarket Group
2020 Ed. (4527)
2021 Ed. (4506)
2022 Ed. (4514)
Kharafi; Badr Al
2013 Ed. (3478, 4298)
Kharafi; Nasser Al
2005 Ed. (4886)
2006 Ed. (4928)
2007 Ed. (4921)
2008 Ed. (4892)
Kharafi National KSCC
2013 Ed. (1301)
Khareef Salalah
2010 Ed. (86)
Khartoum; Bank of
2007 Ed. (556)
Khatib & Alami
2003 Ed. (2320)
2005 Ed. (2433)
2011 Ed. (2497)
2012 Ed. (2416)
2015 Ed. (2586)
2016 Ed. (2508)
2017 Ed. (2365)
2018 Ed. (2432)
2019 Ed. (2481)
2020 Ed. (2470)
2021 Ed. (2394)
2022 Ed. (2505)
2023 Ed. (2613)
Khatib & Alami Consolidated Engineering Co.
1995 Ed. (1689)
1996 Ed. (1671)
1997 Ed. (1751)
Khawla Al Kuraya
2013 Ed. (3483, 3486)
Khazanah Nasional
1997 Ed. (2398)
2001 Ed. (2887)
KHB Music
2020 Ed. (3657)
2021 Ed. (3662)
KHCK-AM/FM
2005 Ed. (4412)
Kheder & Associates Inc.
2000 Ed. (2991)
2001 Ed. (3156)
Kheeran
2019 Ed. (1473, 4382)
Kheeran Inspection Services
2017 Ed. (1462)
Kheng; Low Siew
1997 Ed. (2001)
Kherson Oil Refinery
2002 Ed. (4495)
KHEY-FM
1992 Ed. (3605)
KHF Holdings
2014 Ed. (2824)
Khimetrics
2006 Ed. (1118)
2007 Ed. (1224)
Khimzi Kunverji/Mehra Goel/Subramanian
1997 Ed. (10)
KHJ-AM
2005 Ed. (4412)
KHK Needham
1989 Ed. (133)
Khlibniy Dar
2013 Ed. (3513)
2014 Ed. (3487)
Khmer General Service Ad
1997 Ed. (69)
Khodorkovsky; Mikhail
2005 Ed. (4877, 4878)
2006 Ed. (4929)
Kholoud Faqih
2013 Ed. (3484)
KHON-TV
2001 Ed. (1546)
Khoo family
2008 Ed. (4850)
2009 Ed. (4871)
2010 Ed. (4872)
2011 Ed. (4860)
2012 Ed. (4866)
2013 Ed. (4906)
2014 Ed. (4916)
2015 Ed. (4956)
2016 Ed. (4872)
Khoon Group
2022 Ed. (1892)
Khoon Hong Kuok
2016 Ed. (4873)
2017 Ed. (4873)
2018 Ed. (4885)
Khor Fakkan
1992 Ed. (1393)
Khorasan Steel Complex
2017 Ed. (3508)
Khorfakkan, Mina Khalid
2001 Ed. (3858)
Khoshaba; Daniel
1996 Ed. (1771, 1816)
1997 Ed. (1890)
Khosla; Sanjay
2011 Ed. (2547)
Khosla Ventures
2009 Ed. (4829)
Khosla; Vinod
2005 Ed. (4817)
2006 Ed. (4879)
Khosrowshahi; Dara
2006 Ed. (970)
2011 Ed. (825)
Khouri; Elie
2013 Ed. (3479, 3652)
Khoury; Amin J.
2007 Ed. (3974)
2009 Ed. (2665)
2010 Ed. (2565, 2566)
Khoury Construction Group Inc.
1999 Ed. (1382)
Khoury; Said
2009 Ed. (4910)
2013 Ed. (3484)
KHS Ltd.
2015 Ed. (3729)
KHS/Musix Co., Ltd.
2013 Ed. (3781)
2014 Ed. (3726)
KHS & S Contractors
2001 Ed. (1484)
2002 Ed. (1301)
2003 Ed. (1319)
2004 Ed. (1319)
2005 Ed. (1324)
2006 Ed. (1177, 1183, 1237, 1297, 1328, 1345)
2007 Ed. (1283, 1372, 1381, 1393)
2008 Ed. (1268, 1316, 1343)
2009 Ed. (1159, 1244, 1301, 1341)
2010 Ed. (1243, 1294, 1323)
2011 Ed. (1191, 1252, 1291, 1302, 1303)
2012 Ed. (1137)
2013 Ed. (1151, 1283)
2014 Ed. (1193, 1216)
2015 Ed. (1274)
2016 Ed. (1189)
2017 Ed. (1232)
2018 Ed. (1211)
2019 Ed. (1196, 1208, 1238)
2020 Ed. (1188, 1201, 1232)
2021 Ed. (1199)
2022 Ed. (1200)
2023 Ed. (1437)
KHS&S Contractors
2020 Ed. (1168)
2021 Ed. (1141)
2022 Ed. (1148)
2023 Ed. (1373)
Khurana; Anil
2023 Ed. (1309)
KI
2007 Ed. (2662)
2009 Ed. (2850)
2012 Ed. (2711)

CUMULATIVE INDEX • 1989-2023

2013 Ed. (2785)
2019 Ed. (2789)
2020 Ed. (2814)
2021 Ed. (2690)
KIA
  2022 Ed. (1902)
  2023 Ed. (2016)
Kia
  1998 Ed. (225)
  2003 Ed. (306, 358)
  2006 Ed. (317)
  2007 Ed. (313)
  2012 Ed. (277)
  2013 Ed. (241, 272, 674)
  2014 Ed. (279, 700, 701)
  2016 Ed. (308)
  2017 Ed. (315, 718)
  2018 Ed. (292)
  2019 Ed. (292)
  2020 Ed. (294)
  2021 Ed. (255, 261, 280, 660)
  2022 Ed. (276, 296, 699, 700)
  2023 Ed. (373, 374, 396, 887, 2015)
Kia Corp.
  2023 Ed. (354)
KIA Motors
  2019 Ed. (236)
  2020 Ed. (242)
  2021 Ed. (1858)
Kia Motors
  2014 Ed. (1988, 4041)
  2015 Ed. (284, 747)
  2016 Ed. (279, 674, 2005)
  2017 Ed. (279, 717, 1963)
  2018 Ed. (262, 666, 1912)
  2019 Ed. (263, 264, 679, 1962)
  2020 Ed. (266, 672, 1895)
  2021 Ed. (254, 1857)
  2022 Ed. (275, 1901)
Kia Motors Corp.
  1991 Ed. (1320)
  1992 Ed. (1661, 1662, 1663)
  1995 Ed. (1345, 1448)
  1996 Ed. (2444)
  1997 Ed. (290, 1467)
  1998 Ed. (1538)
  1999 Ed. (340, 1695)
  2001 Ed. (1625, 1776)
  2002 Ed. (349, 365, 393)
  2003 Ed. (304, 319, 320, 325, 328)
  2004 Ed. (85, 287)
  2005 Ed. (80, 294, 3523)
  2006 Ed. (72, 89, 314, 3400, 4818)
  2007 Ed. (63, 71, 79)
  2008 Ed. (76, 85, 287, 293, 2394, 3505, 3507, 3580, 4755)
  2009 Ed. (94, 308, 314, 3651)
  2010 Ed. (77, 290, 296, 3569)
  2011 Ed. (212, 218, 255, 3572)
  2012 Ed. (229, 276, 1898, 3565)
  2013 Ed. (225, 240, 2056, 3601)
  2014 Ed. (233, 241, 1990)
  2015 Ed. (54, 269, 283, 2038)
  2016 Ed. (256, 278, 2006)
  2017 Ed. (260, 278, 1964, 3419)
  2018 Ed. (246, 261, 1913)
  2019 Ed. (242, 262, 1961)
  2020 Ed. (247, 265)
  2021 Ed. (232)
  2022 Ed. (253)
Kia Motors Slovakia
  2015 Ed. (3574)
  2016 Ed. (3455)
  2017 Ed. (3416)
  2018 Ed. (3478)
Kia Motors Slovakia SRO
  2012 Ed. (1883)
  2013 Ed. (2042)
Kian Egan
  2005 Ed. (4885)
  2008 Ed. (4884)
Kiantone Pipeline Corp.
  2004 Ed. (3904)
  2005 Ed. (3842)
  2006 Ed. (3911)
Kiappa; Gale
  2015 Ed. (2635)
Kiara Bijoux
  2020 Ed. (3532)
Kiatnakin Bank
  2013 Ed. (402)
  2014 Ed. (416)
  2023 Ed. (613)
Kiatnakin Finance
  2002 Ed. (4488)
Kibar; Osman
  2020 Ed. (4815)
  2022 Ed. (4809)
Kibble & Prentice Holding Co.
  2014 Ed. (3393)
Kibbles & Chunks
  1989 Ed. (2193)
  1992 Ed. (3408)
  1993 Ed. (2815)
  1994 Ed. (2829)
  1996 Ed. (2991)
  1997 Ed. (3070)
  1999 Ed. (3785)

2002 Ed. (3652)
Kibbles 'N Bits
  1996 Ed. (2993)
  2003 Ed. (3802)
Kibbles 'n Bits
  2014 Ed. (3848)
  2015 Ed. (3873)
  2016 Ed. (3784)
  2017 Ed. (3739)
  2018 Ed. (3791)
  2020 Ed. (3827)
  2021 Ed. (3801)
  2022 Ed. (3821)
Kibbles 'N Bits Bacon & Cheese
  1997 Ed. (3072)
Kibbles 'N Bits Jerky
  1997 Ed. (3072)
Kibbles 'N Bits Lean
  1995 Ed. (2904)
  1997 Ed. (3072)
Kibbles 'N Bits 'N Bits 'N Bits
  1989 Ed. (2197)
  1992 Ed. (3412)
  1993 Ed. (2819)
  1994 Ed. (2822, 2831)
  1996 Ed. (2993)
  1997 Ed. (3072)
  1999 Ed. (3789)
  2002 Ed. (3655)
Kibo Breweries
  2004 Ed. (91)
Kibsgaard; Paal
  2015 Ed. (969)
Kick Energy Corp.
  2006 Ed. (1633)
Kickboxing
  2001 Ed. (4340)
Kicking Cow
  2020 Ed. (3455)
Kicking Horse Energy
  2017 Ed. (3794)
Kickstarter
  2015 Ed. (3420)
Kid Fresh
  2002 Ed. (3379)
Kid to Kid
  2005 Ed. (900)
  2006 Ed. (815)
  2007 Ed. (903)
  2008 Ed. (878)
  2009 Ed. (888)
  2010 Ed. (838)
  2011 Ed. (764)
  2012 Ed. (702)
  2013 Ed. (993)
  2014 Ed. (955)
  2015 Ed. (991)
  2016 Ed. (895)
  2017 Ed. (942)
  2018 Ed. (877)
  2019 Ed. (880)
  2020 Ed. (867)
  2023 Ed. (1096, 4305)
A Kid in King Arthur's Court
  1998 Ed. (3674)
Kid Pix
  1995 Ed. (1105)
Kid Pix 2
  1996 Ed. (1084)
Kid Pix Studio
  1996 Ed. (1084)
Kid Rock
  2010 Ed. (3714)
  2012 Ed. (995)
Kidcreate Studio
  2022 Ed. (205)
Kidd; Jason
  2010 Ed. (277)
Kidd Roofing
  2018 Ed. (4946)
  2019 Ed. (4943)
  2020 Ed. (4945)
  2021 Ed. (4948)
  2022 Ed. (4944)
  2023 Ed. (4948)
Kidde
  2006 Ed. (2451, 2480)
  2007 Ed. (2402)
Kidder; C. Robert
  1995 Ed. (978, 1727)
Kidder Equity Income
  1993 Ed. (2663, 2674)
Kidder Mathews
  2012 Ed. (1820)
  2013 Ed. (1986)
  2015 Ed. (2143)
Kidder Peabody
  1989 Ed. (791, 795, 796, 798, 803, 804, 805, 806, 807, 808, 1013, 1413, 1415, 1754, 1757, 1758, 1762, 1773, 1778, 2376, 2377, 2381, 2383, 2387, 2388, 2391, 2392, 2393, 2394, 2395, 2396, 2397, 2398, 2399, 2400, 2401, 2402, 2404, 2405, 2406, 2407, 2408, 2409, 2410, 2411, 2412, 2413, 2414, 2415, 2417, 2421, 2436, 2437, 2438, 2439, 2442, 2443, 2444, 2445, 2454)
  1992 Ed. (955, 956, 1050, 1051, 1052,

2133, 2134, 2720, 3550, 3834, 3835, 3837, 3839, 3840, 3845, 3846, 3850, 3857, 3860, 3870, 3872, 3873, 3876, 3878, 3879, 3881, 3882, 3883, 3885, 3887, 3889, 3890, 3891, 3894, 3895, 3902, 3903, 3905, 3907)
  1993 Ed. (757, 759, 793, 839, 840, 841, 1172, 1770, 2273, 2275, 2276, 2278, 3116, 3118, 3119, 3122, 3126, 3127, 3128, 3130, 3132, 3138, 3141, 3145, 3148, 3149, 3150, 3151, 3152, 3154, 3155, 3156, 3157, 3158, 3159, 3162, 3163, 3164, 3175, 3176, 3177, 3181, 3184, 3186, 3188, 3190, 3196, 3199, 3207, 3208)
  1994 Ed. (727, 728, 780, 1675, 1676, 1688, 1689, 1692, 1697, 1757, 1758, 1829, 1830, 2286, 2289, 2292, 3163, 3164, 3165, 3166, 3167, 3169, 3172, 3173, 3174, 3175, 3176, 3184, 3189, 3190)
  1995 Ed. (726, 727, 730, 735, 737, 739, 742, 743, 745, 746, 749, 753, 755, 1216, 1218, 1722, 1794, 2341, 2342, 2343, 2347, 2348, 2349, 2634, 2638, 2640, 2642, 3204, 3213, 3215, 3216, 3217, 3218, 3221, 3222, 3225, 3226, 3227, 3228, 3229, 3230, 3233, 3234, 3235, 3236, 3237, 3238, 3239, 3241, 3243, 3246, 3248, 3249, 3250, 3252, 3256, 3266, 3269, 3270, 3276)
Kidder, Peabody & Co. Inc.
  1991 Ed. (1683, 1688, 3027)
  1995 Ed. (2353)
  1996 Ed. (799, 805, 1774, 2372, 3100, 3351, 3355, 3358, 3363, 3367, 3368, 3369, 3370, 3374)
Kidder Peabody Equity Income
  1993 Ed. (2690)
  1994 Ed. (2636)
Kiddicare
  2014 Ed. (2401)
Kiddie Academy
  2019 Ed. (875, 2224)
  2020 Ed. (862)
  2021 Ed. (876)
  2022 Ed. (908, 910)
  2023 Ed. (1074, 1076, 2412)
Kiddie Academy Child Care Learning Centers
  2004 Ed. (977)
  2005 Ed. (995)
  2006 Ed. (1005)
  2007 Ed. (1096)
  2008 Ed. (972)
  2009 Ed. (965)
  2010 Ed. (924)
  2011 Ed. (861)
  2012 Ed. (811)
  2013 Ed. (992)
  2014 Ed. (947)
  2015 Ed. (977)
  2016 Ed. (874)
  2017 Ed. (924)
  2018 Ed. (860)
Kiddie Inc.
  1993 Ed. (1728)
Kiddy's Class
  2022 Ed. (701)
Kideney Architects PC
  2023 Ed. (264)
Kidfresh
  2000 Ed. (367)
  2001 Ed. (3342)
  2023 Ed. (2913, 2914)
Kidman; Nicole
  2005 Ed. (4862)
  2006 Ed. (4922)
  2008 Ed. (2579)
  2009 Ed. (701, 2606, 4877)
  2010 Ed. (2509)
  2011 Ed. (2511)
Kidney
  1999 Ed. (4650)
Kidney Foundation of Canada
  2012 Ed. (723)
Kids Behavioral Health of Montana
  2012 Ed. (1732)
  2014 Ed. (1829)
Kids Can Free the Children
  2012 Ed. (726)
Kids Can Save
  2002 Ed. (4829)
Kids Central Live!
  2009 Ed. (90)
Kids Choice
  2008 Ed. (826)
  2009 Ed. (849)
  2010 Ed. (795)
  2011 Ed. (722)
Kids & Co.
  2007 Ed. (2739)
  2009 Ed. (2918)
Kids in Distressed Situations
  2009 Ed. (3833, 3835, 3837, 3839)
  2011 Ed. (3762, 3764)
  2012 Ed. (3764)

The Kids Foods Co., Ltd.
  2018 Ed. (4385)
Kid's Kitchen
  1995 Ed. (1887)
Kids Mac Pak
  1998 Ed. (848)
Kids 'N Clay
  2008 Ed. (169)
Kids Port USA (Health-Tex)
  1991 Ed. (2649)
Kids "R" Kids Learning Academies
  2020 Ed. (862)
  2021 Ed. (876)
  2022 Ed. (908)
Kids 'R' Kids Learning Academies
  2023 Ed. (1074)
Kids "R" Us
  1991 Ed. (978, 979, 1438)
  1992 Ed. (1216)
  1994 Ed. (1009, 1018, 1537, 3093)
  1995 Ed. (1021, 1028)
  1996 Ed. (1000, 1007, 3235)
  1998 Ed. (768)
  1999 Ed. (1197)
  2000 Ed. (1113, 1119, 3803)
  2001 Ed. (1270)
Kidsmania
  2023 Ed. (1012)
KidsPark
  2020 Ed. (863)
  2021 Ed. (877)
Kidville
  2012 Ed. (2220)
  2013 Ed. (2398)
Kidz Dream
  2011 Ed. (4628)
  2012 Ed. (2704)
KidzArt
  2006 Ed. (2341)
  2007 Ed. (2277)
  2008 Ed. (2410)
  2009 Ed. (2410)
  2015 Ed. (2401)
  2016 Ed. (2344)
Kiece
  2019 Ed. (735)
Kiefer Sutherland
  2008 Ed. (2590)
  2010 Ed. (2521)
  2012 Ed. (2441)
Kiefer UNO Lakefront Arena
  1999 Ed. (1296)
  2001 Ed. (4352)
  2002 Ed. (4344)
  2003 Ed. (4528)
Kiehl for Men
  2003 Ed. (4430)
Kiehl's
  2019 Ed. (3743)
  2020 Ed. (3788)
Kiehl's Since 1851 Inc.
  2003 Ed. (4437)
Kiekert AG
  2004 Ed. (3447)
Kiely; Leo
  2011 Ed. (857)
Kien Hung Shipping
  2004 Ed. (2539)
Kienzle
  1996 Ed. (2562)
Kier Group
  2007 Ed. (1313)
  2008 Ed. (1203)
  2009 Ed. (1181)
  2010 Ed. (1172)
  2011 Ed. (1120)
  2012 Ed. (1047)
  2013 Ed. (1161)
  2014 Ed. (1119)
  2015 Ed. (1158)
  2016 Ed. (1066, 1072, 2077, 2078, 2079, 2081, 2087)
  2017 Ed. (1102, 1116, 2038)
  2018 Ed. (1030)
  2019 Ed. (1041)
Kier MGIS Ltd.
  2020 Ed. (1974)
Kier Services
  2019 Ed. (4711)
Kiera Chaplin
  2007 Ed. (4917, 4920)
  2008 Ed. (4884, 4898)
Kieran Label Corp.
  2005 Ed. (3891)
Kieran Mahon
  1999 Ed. (2307)
  2000 Ed. (2083, 2090)
KieranTimberlake
  2021 Ed. (190)
Kiesner; Fred
  2005 Ed. (796)
Kieu Hoang
  2017 Ed. (4823)
  2018 Ed. (4828)
  2019 Ed. (4825)
Kievstar GSM
  2004 Ed. (96)
  2005 Ed. (90)

Kiewit
 2023 Ed. (1205, 1207, 1223, 1890)
Kiewit Building Group Inc.
 2010 Ed. (1668)
 2011 Ed. (1676)
Kiewit Companies
 2006 Ed. (4001)
 2007 Ed. (4036)
Kiewit Construction Co.
 2003 Ed. (1773)
 2004 Ed. (1810)
 2005 Ed. (1165, 1893)
 2006 Ed. (1161, 1915)
 2007 Ed. (1273, 1897)
 2008 Ed. (1166)
 2009 Ed. (1147)
 2010 Ed. (1142)
 2011 Ed. (1083)
 2012 Ed. (1004)
Kiewit Construction Group Inc.
 1991 Ed. (1075, 1093)
 1992 Ed. (1403, 1406, 1407, 1428)
 1993 Ed. (1116, 1120, 1143)
 1994 Ed. (1132, 1136, 1160)
 1995 Ed. (1150, 1154, 1156, 1179)
 1996 Ed. (1121, 1123, 1126, 1127, 1153)
 1997 Ed. (1136, 1150, 1152, 1155, 1182)
 1998 Ed. (935, 938, 941)
 1999 Ed. (1354, 1355, 1360, 1364, 1388)
 2000 Ed. (1277)
 2001 Ed. (1401, 1402, 1803)
 2003 Ed. (1138, 1139, 1773)
 2004 Ed. (1142, 1143, 1810)
 2005 Ed. (1165, 1893)
 2006 Ed. (1161, 1915)
 2007 Ed. (1273, 1897)
Allan Myers Inc.
 2023 Ed. (1439)
Kiewit Corp.
 2006 Ed. (1176, 1241, 1251)
 2007 Ed. (1340, 1342, 1343, 1344, 1349, 1382)
 2008 Ed. (1166, 1182, 1226, 1229, 1231, 1234, 1236, 1319, 1961, 2605)
 2009 Ed. (1147, 1208, 1211, 1212, 1213, 1216, 1218, 1915, 2633, 2634, 4183)
 2010 Ed. (1142, 1145, 1146, 1151, 1153, 1211, 1214, 1216, 1218, 1219, 1221, 1245, 1261, 1273, 1297, 1308, 1315, 1321, 1328, 1848, 2532, 2536, 2537, 4117)
 2011 Ed. (1079, 1083, 1089, 1094, 1096, 1097, 1159, 1161, 1162, 1163, 1165, 1166, 1168, 1194, 1196, 1199, 1211, 1223, 1241, 1242, 1248, 1250, 1255, 1257, 1261, 1269, 1273, 1278, 1280, 1286, 1287, 1292, 1299, 1300, 2537, 4058)
 2012 Ed. (1002, 1004, 1061, 1095, 1098, 1099, 1100, 1102, 1103, 1104, 1106, 1147, 1459, 2377, 2399, 2473, 2475, 2482, 2483, 4090, 4116)
 2013 Ed. (1144, 1148, 1149, 1231, 1234, 1236, 1238, 1241, 1242, 1243, 1244, 1245, 1246, 1248, 1249, 1259, 1270, 1286, 1901, 1904, 2617, 2622, 2628, 2629, 2630, 2631)
 2014 Ed. (1106, 1110, 1111, 1118, 1169, 1170, 1173, 1175, 1179, 1182, 1183, 1184, 1186, 1187, 1203, 1219, 1833, 1836, 2576, 2581, 2587, 2588, 2589)
 2015 Ed. (1146, 1147, 1150, 1151, 1156, 1157, 1222, 1223, 1226, 1228, 1230, 1233, 1236, 1237, 1238, 1240, 1241, 1261, 1277, 1872, 1874, 2616, 2628, 4108)
 2016 Ed. (1058, 1069, 1129, 1130, 1131, 1132, 1136, 1138, 1141, 1144, 1148, 1149, 1151, 1152, 1174, 1176, 1192, 1836, 1838, 2484, 2540, 2553, 4020)
 2017 Ed. (1091, 1095, 1174, 1175, 1176, 1178, 1182, 1183, 1185, 1188, 1190, 1193, 1196, 1197, 1198, 1200, 1201, 1214, 1219, 1237, 1594, 1798, 2340, 2345, 2430, 2435, 2443)
 2018 Ed. (1020, 1023, 1108, 1109, 1110, 1111, 1112, 1123, 1125, 1131, 1132, 1134, 1136, 1138, 1141, 1143, 1144, 1146, 1147, 1148, 1150, 1151, 1195, 1212, 1217, 1577, 1750, 2407, 2412, 2477, 2482, 2490)
 2019 Ed. (1029, 1031, 1035, 1126, 1129, 1130, 1132, 1133, 1134, 1135, 1136, 1138, 1140, 1143, 1147, 1149, 1152, 1153, 1155, 1158, 1159, 1160, 1162, 1163, 1210, 1215, 1217, 1225, 1240, 1250, 1805, 2453, 2458, 2504, 2517)
 2020 Ed. (1021, 1023, 1027, 1116, 1120, 1122, 1123, 1124, 1125, 1129, 1131, 1135, 1137, 1138, 1140, 1143, 1144, 1146, 1149, 1150, 1151, 1153, 1154, 1205, 1209, 1211, 1215, 1219, 1244, 1751, 2447, 2496, 2507, 2509)
 2021 Ed. (988, 991, 996, 1104, 1108, 1109, 1110, 1111, 1112, 1116, 1117, 1124, 1126, 1131, 1132, 1133, 1134, 1180, 1183, 1185, 1210, 1721, 2365, 2370, 2416, 2427, 2429, 3973)
 2022 Ed. (1026, 1032, 1041, 1113, 1116, 1124, 1125, 1128, 1130, 1132, 1135, 1138, 1139, 1140, 1142, 1143, 1178, 1181, 1183, 1184, 1187, 1201, 1211, 1753, 2476, 2479, 2481, 2531, 2536, 2542, 2543, 2544, 3986)
 2023 Ed. (1212, 1217, 1335, 1337, 1341, 1342, 1343, 1344, 1346, 1347, 1348, 1349, 1353, 1358, 1359, 1363, 1364, 1414, 1417, 1420, 1447, 2586, 2589, 2591, 2673, 2684, 2685, 2686)
Kiewit Corporation
 2020 Ed. (3845)
Kiewit Corp. and Operating Companies
 2022 Ed. (3986)
Kiewit Engineering
 2020 Ed. (1660)
Kiewit Engineering Group
 2023 Ed. (2638)
Kiewit Foundation; Peter
 1989 Ed. (1478)
Kiewit Infrastructure
 2014 Ed. (1624)
Kiewit Infrastructure Co.
 2013 Ed. (1148, 1901)
 2014 Ed. (1110)
 2015 Ed. (1150)
 2016 Ed. (1129)
Kiewit Infrastructure Group
 2014 Ed. (1636)
Kiewit Infrastructure West Co.
 2013 Ed. (1688, 1690)
Kiewit Materials Co.
 2005 Ed. (1546)
Kiewit-Murdock Investment Co.
 2002 Ed. (1458)
 2003 Ed. (1479)
 2004 Ed. (1509)
 2005 Ed. (1525)
Kiewit Offshore Services Ltd.
 2010 Ed. (1847)
 2011 Ed. (1878)
 2012 Ed. (1735)
 2013 Ed. (1900)
 2014 Ed. (1832)
 2015 Ed. (1871)
Kiewit Pacific Co.
 2009 Ed. (1158)
 2011 Ed. (1676)
Kiewit Power Constructors
 2020 Ed. (1660)
Kiewit Son Inc.
 2003 Ed. (1772, 1773)
Kiewit Sons Inc.; Peter
 2013 Ed. (1183)
Kiewit Sons' Inc.; Peter
 1992 Ed. (1469, 3027)
 1993 Ed. (2537, 3282)
 1996 Ed. (1423, 1654)
 1997 Ed. (1127, 1732)
 2005 Ed. (1169, 1217, 1218, 1298, 1299, 1300, 1304, 1306, 1307, 1308, 1309, 1328, 1893, 1894, 2417, 2419)
 2006 Ed. (1165, 1187, 1188, 1267, 1269, 1273, 1275, 1276, 1277, 1278, 1301, 1915, 2450, 2507, 4001)
 2007 Ed. (1275, 1295, 1296, 1897, 1898, 2399, 4036, 4890)
 2008 Ed. (1177, 1184, 1193, 1194, 1282, 1541, 1961, 1962, 4064, 4068, 4070)
 2009 Ed. (1141, 1152, 1160, 1168, 1169, 1251, 1265, 1915, 1916, 1917, 2519, 4154)
 2010 Ed. (1134, 1156, 1161, 1162, 1848, 1850, 2436, 4085, 4113)
 2011 Ed. (1110, 1111, 1879, 1881, 2440, 4081)
 2012 Ed. (1011, 1032, 1739, 2365, 4112)
 2013 Ed. (1182, 1901, 1905, 2551)
 2014 Ed. (1837, 2482)
Kiferbaum Construction Corp.
 2004 Ed. (1262)
Kihei, Hi
 1997 Ed. (999)
KIIC
 1992 Ed. (588, 752)
Kiinteistokehitys Naistinki OY
 2016 Ed. (1555)
KIIS-FM
 1994 Ed. (2988)
 1995 Ed. (3052)
 1996 Ed. (3153)
 1998 Ed. (2985, 2987)
 2000 Ed. (3696)
 2002 Ed. (3898)
 2015 Ed. (3037)
 2016 Ed. (2933)
 2017 Ed. (2892)
 2018 Ed. (2958)
 2019 Ed. (2903)
 2020 Ed. (2922)
KIIS-FM(102.7)
 1992 Ed. (3606)
 1993 Ed. (2954)
Kik Textil Sp. z o.o.
 2018 Ed. (1881)
KIK Textilien Und Non-Food D.O.O.
 2017 Ed. (1525)

Kika Furniture
 2004 Ed. (26)
 2005 Ed. (19)
Kika Moebel
 2007 Ed. (19)
Kika Moebelhandel
 1989 Ed. (23)
The Kiker Group
 2021 Ed. (4782)
 2022 Ed. (4786)
Kiki Barki
 2012 Ed. (4862)
 2013 Ed. (4878)
KIKK-FM
 1992 Ed. (3604)
Kikka
 2003 Ed. (3322, 3324)
Kikkoman
 2016 Ed. (2695)
 2017 Ed. (2646)
 2022 Ed. (663, 2736, 2745)
 2023 Ed. (2874)
Kikkoman Corp.
 1995 Ed. (3183)
 2005 Ed. (2656)
 2007 Ed. (2624)
 2010 Ed. (1760)
Kilar; Jason
 2011 Ed. (629)
Kilaru; Risha
 2017 Ed. (3591, 3595)
 2019 Ed. (3640, 3641, 3646, 3648)
 2020 Ed. (3616)
 2021 Ed. (3637)
Kilbeggan
 1997 Ed. (2645)
 1998 Ed. (3175)
Kilbeggan Irish Whiskey
 2001 Ed. (4787)
 2002 Ed. (3105)
 2003 Ed. (4901)
 2004 Ed. (4891)
Kilbourne & Associates
 2009 Ed. (19)
The Kilbourne Co.
 2017 Ed. (18)
Kilduff; Brian
 1992 Ed. (2062)
Kiler 2
 2001 Ed. (3378)
Kiley; Michael James
 2017 Ed. (3594)
Kilgariff; Karen
 2021 Ed. (2405)
Kilgore Contracting
 2021 Ed. (3979)
 2022 Ed. (3993)
Kilgore Cos.
 2023 Ed. (4077)
Kilgore FS & LA
 1993 Ed. (3085)
Kilico Money Market NQ
 1989 Ed. (262, 263)
Kilico Money Market Q
 1989 Ed. (262)
Kilico Total Return NQ
 1989 Ed. (259)
Kilico Total Return Q
 1989 Ed. (259)
Kilimanjaro Re
 2017 Ed. (3147)
Kilimanjaro Re Ltd.
 2019 Ed. (3175)
Kill Alex Cross
 2013 Ed. (566)
Kill Blowout
 2021 Ed. (1993)
Kill Cliff
 2017 Ed. (2628)
Kill Devil Hills, NC
 2010 Ed. (4272)
 2013 Ed. (4226)
 2014 Ed. (4262)
The Killam Group
 2002 Ed. (2153)
Killam Properties
 2011 Ed. (1561)
Killam Properties Inc.
 2013 Ed. (4509)
Killarney Advisors Inc.
 2000 Ed. (2763)
 2001 Ed. (737, 835)
Killeen-Temple-Fort Hood, TX
 2012 Ed. (4371, 4372)
Killeen-Temple, TX
 1993 Ed. (2555)
 1997 Ed. (2767)
Killeen, TX
 2013 Ed. (4785)
 2021 Ed. (3349)
The Killer Angels
 2006 Ed. (576)
Killer Concepts Inc.
 2020 Ed. (1409)
Killers of the Flower Moon
 2019 Ed. (600)

Killian's
 2007 Ed. (596)
 2008 Ed. (541)
Killing Jesus
 2015 Ed. (646)
Killing Kennedy
 2014 Ed. (578)
Killing Lincoln
 2013 Ed. (567)
 2014 Ed. (578)
Killing Patton
 2017 Ed. (622)
Killing Reagan
 2018 Ed. (585)
Killing the Rising Sun
 2018 Ed. (588)
Killinger; Kerry
 2006 Ed. (2523)
 2010 Ed. (2561)
Killinghall
 1989 Ed. (1139)
Killinghall (Malaysia) BHD
 1992 Ed. (1570)
Killington, VT
 1993 Ed. (3324)
The Kills
 2019 Ed. (1010)
Killultagh Holdings
 2020 Ed. (1978)
Kiln & Co. Ltd.; R. J.
 1992 Ed. (2895, 2897)
 1993 Ed. (2453, 2455)
Kilo Health
 2023 Ed. (1683)
Kilotou
 2017 Ed. (3305)
 2018 Ed. (3374)
Kiloutou
 2019 Ed. (3348, 3355)
 2020 Ed. (3350)
 2021 Ed. (3284)
 2022 Ed. (3369)
 2023 Ed. (3487)
Kiloutou SAS
 2020 Ed. (3353, 3356)
 2021 Ed. (3286, 3289)
 2022 Ed. (3374)
 2023 Ed. (3492)
Kilpatrick (CIGNA Corp.); Robert D.
 1991 Ed. (2156)
Kilpatrick & Cody
 1991 Ed. (2279)
 1992 Ed. (2828)
 1993 Ed. (2391)
Kilpatrick, Robert D.
 1991 Ed. (1633)
Kilpatrick & Stockton
 2001 Ed. (796, 921)
Kilpatrick Stockton
 2005 Ed. (3260)
 2012 Ed. (3378, 3396)
Kilpatrick Stockton LLP
 2007 Ed. (3307)
Kilpatrick Townsend
 2014 Ed. (3447)
Kilpatrick Townsend & Stockton
 2012 Ed. (3818, 4745)
 2013 Ed. (3445, 3877, 4701)
 2014 Ed. (3445, 3813, 4753)
 2015 Ed. (3836)
 2016 Ed. (3742)
Kilpatrick Townsend & Stockton LLP
 2021 Ed. (3210)
 2023 Ed. (3420, 3456)
Kilroy Industries
 1994 Ed. (3006)
 1995 Ed. (3064)
 1997 Ed. (3260)
 1998 Ed. (3006)
 1999 Ed. (3996)
Kilroy Realty
 2016 Ed. (3701)
Kilroy Realty Corp.
 2000 Ed. (3720)
 2002 Ed. (3923)
Kiltearn Partners LLP
 2018 Ed. (2018)
Kilts; James
 2006 Ed. (883)
Kilwin's Chocolates Franchise
 2002 Ed. (937)
 2003 Ed. (858)
 2008 Ed. (842)
 2009 Ed. (854)
 2010 Ed. (801)
 2011 Ed. (729)
 2012 Ed. (668)
 2013 Ed. (807)
 2014 Ed. (832)
 2018 Ed. (747)
 2019 Ed. (767)
 2020 Ed. (760)
 2021 Ed. (781)
Kilwins Chocolates Franchise
 2017 Ed. (856)
 2023 Ed. (1015)
Kilwin's Chocolates Franchise Inc.
 2018 Ed. (749)

Kilwins - Chocolates/Fudge/Ice Cream
 2020 Ed. (3026)
Kilwins Milwaukee-Bayshore
 2022 Ed. (3011)
Kily, Owen & McGovern Inc.
 2000 Ed. (1868)
Kim
 1998 Ed. (2040)
Kim Adams
 2012 Ed. (2166)
Kim B. Edwards
 2001 Ed. (2316)
Kim Beom-Su
 2019 Ed. (4879)
 2021 Ed. (4869)
 2022 Ed. (4865)
Kim Beom-su
 2023 Ed. (4859)
Kim Bum-Soo
 2016 Ed. (4875)
Kim Clarke
 2023 Ed. (1295)
Kim Clijsters
 2013 Ed. (191)
Kim Eng
 1993 Ed. (1643, 1645)
 1994 Ed. (781)
 1995 Ed. (770, 778, 801, 802, 803, 804, 805, 822, 823, 824, 825, 826)
 1997 Ed. (752, 753, 754, 783, 784, 785, 787, 803)
 1999 Ed. (873, 927, 928, 4317)
Kim-Hankey Hyundai
 1991 Ed. (280)
 1992 Ed. (385)
 1993 Ed. (271)
Kim; James
 2005 Ed. (4856)
Kim Jung-Ju
 2012 Ed. (4868)
 2013 Ed. (4909)
 2017 Ed. (4875)
 2018 Ed. (4887)
 2019 Ed. (4879)
 2020 Ed. (4868)
 2021 Ed. (4869)
 2022 Ed. (4865)
Kim Kardashian
 2014 Ed. (2528, 2531)
 2017 Ed. (2384)
Kim Kardashian West
 2020 Ed. (2485)
Kim; Ming Jung
 2008 Ed. (369)
Kim; Peter Bahnsuk
 2012 Ed. (765)
Kim Steinsholt AS
 2018 Ed. (1824)
 2019 Ed. (1878)
Kim Sung Joo
 2006 Ed. (4977)
Kim Taek-Jin
 2021 Ed. (4869)
Kim; Vladimir
 2008 Ed. (4880, 4888)
 2009 Ed. (4908)
 2011 Ed. (4896, 4910)
 2012 Ed. (4905)
 2013 Ed. (4884)
 2014 Ed. (4897)
 2015 Ed. (4936)
 2016 Ed. (4852)
 2017 Ed. (4857)
 2018 Ed. (4865)
 2019 Ed. (4859)
 2020 Ed. (4849)
 2021 Ed. (4850)
 2022 Ed. (4845)
 2023 Ed. (4840)
Kim; Vladmir
 2008 Ed. (4901)
Kim; Vyacheslav
 2022 Ed. (4845)
 2023 Ed. (4840)
Kimball Art Foundation
 2002 Ed. (2338)
Kimball; Darren
 1997 Ed. (1857)
Kimball Electronics
 1996 Ed. (1119)
Kimball Electronics Group
 2004 Ed. (2240, 2859)
 2005 Ed. (1270, 1273, 1275)
 2006 Ed. (1228, 1232)
Kimball Electronics Inc.
 2018 Ed. (1622)
Kimball Hill
 1992 Ed. (1361)
 2009 Ed. (1170)
Kimball Hill Homes
 1998 Ed. (897, 905)
 1999 Ed. (1327, 1333)
 2000 Ed. (1208)
 2002 Ed. (1183, 1192, 1206, 2675, 2679, 2692)
 2003 Ed. (1153, 1164)
 2004 Ed. (1160, 1179)
 2005 Ed. (1183, 1188)

 2007 Ed. (1306)
Kimball Industries
 2000 Ed. (3371)
Kimball International Inc.
 1989 Ed. (1601, 1622)
 1991 Ed. (1779, 1780, 1926, 1959)
 1992 Ed. (2247, 2248, 2433, 2516)
 1993 Ed. (1332, 1910, 1911, 2054, 2104)
 1994 Ed. (1387, 1929, 1930, 2074, 2125)
 1995 Ed. (1418, 1953, 1955, 2122)
 1996 Ed. (1988, 1989, 2129)
 1997 Ed. (2101, 2103, 2239)
 1998 Ed. (1785, 1963)
 1999 Ed. (2700)
 2005 Ed. (2698)
 2007 Ed. (2662)
 2009 Ed. (2850)
 2012 Ed. (2709, 2711)
 2013 Ed. (2784, 2785)
 2014 Ed. (2813)
 2015 Ed. (2857)
 2016 Ed. (2791, 2792)
 2017 Ed. (2758, 2759)
 2018 Ed. (1622)
 2019 Ed. (2789)
 2020 Ed. (2814)
 2021 Ed. (1601, 2690)
Kimball International Manufacturing Inc.
 2003 Ed. (1360, 2589)
 2004 Ed. (1365, 2699, 2703, 2705)
 2005 Ed. (1383, 2700)
Kimball Letter
 1991 Ed. (2257, 2258)
Kimball Medical Center
 1997 Ed. (2260)
Kimball Midwest
 2023 Ed. (2714)
Kimball; Miles
 1991 Ed. (868)
Kimball Piano
 1994 Ed. (2589, 2590)
Kimball Piano Division
 1992 Ed. (3143, 3144)
Kimbel Mechanical Systems
 2019 Ed. (1174)
 2020 Ed. (1164)
 2021 Ed. (1137)
Kimbel Mechanical Systems Inc.
 2021 Ed. (1153, 1165)
Kimber
 1993 Ed. (2559, 2560)
 1994 Ed. (2507)
 1996 Ed. (2628)
 1999 Ed. (3397, 3398)
 2000 Ed. (3124, 3125)
Kimber A
 1997 Ed. (2779)
Kimberlee Orth
 2016 Ed. (3285)
 2017 Ed. (3245)
 2019 Ed. (3297)
 2020 Ed. (3300)
 2021 Ed. (3154, 3159)
 2023 Ed. (3387, 3391)
Kimberlee Orth (Ameriprise Financial)
 2021 Ed. (3154, 3159)
 2022 Ed. (3298, 3303)
Kimberly
 1992 Ed. (1670)
Kimberly A. Casiano
 2010 Ed. (1388)
 2011 Ed. (1378)
Kimberly-Bolivia SA
 2010 Ed. (1506)
Kimberly-Clark
 2019 Ed. (3733)
 2020 Ed. (1098, 1333, 3777)
 2021 Ed. (1092)
 2022 Ed. (1106, 3744)
 2023 Ed. (1323, 1542, 3845, 3900)
Kimberly-Clark Argentina
 2010 Ed. (1471)
 2014 Ed. (1354)
Kimberly Clark Bolivia
 2011 Ed. (1501)
Kimberly-Clark Bolivia
 2013 Ed. (1440)
 2014 Ed. (1401)
 2015 Ed. (1463)
Kimberly-Clark Brasil
 2013 Ed. (1441)
Kimberly-Clark Canada
 1994 Ed. (2729)
Kimberly-Clark of Canada
 2009 Ed. (3895, 3914)
 2010 Ed. (3808, 3821)
Kimberly-Clark Chile
 2013 Ed. (1538)
Kimberly-Clark Corp.
 1989 Ed. (1465, 1466, 1629, 2113, 2114, 2188)
 1991 Ed. (1761, 1763, 1976, 2620, 2669, 2672, 2712)
 1992 Ed. (2209, 2211, 2537, 3247, 3271, 3273, 3330, 3331, 3397)
 1993 Ed. (42, 1411, 1890, 1892, 1893, 2733, 2734, 2763, 2764, 2810)
 1994 Ed. (15, 33, 1465, 1532, 1891,

 1893, 1895, 2436, 2682, 2722, 2725, 2810)
 1995 Ed. (1500, 1922, 1923, 1925, 2084, 2788, 2790, 2826, 2835, 2897)
 1996 Ed. (1390, 1733, 1958, 1959, 1961, 2200, 2854, 2980)
 1997 Ed. (1236, 1237, 1238, 1239, 1246, 1285, 1524, 2067, 2069, 2328, 2614, 2952, 2986, 2990, 3056)
 1998 Ed. (1045, 1060, 1114, 1147, 1189, 1253, 1750, 1751, 1752, 1753, 2052, 2689, 2738, 2741, 2746)
 1999 Ed. (1345, 1553, 1668, 1672, 1746, 2489, 2490, 2491, 2496, 2726, 3631, 3689, 3702)
 2000 Ed. (1243, 2212, 2241, 2254, 2256, 2257, 3356, 3405, 3407)
 2001 Ed. (1044, 2487, 3551, 3614, 3621, 3622, 3623, 3624, 3625, 3626, 3628)
 2002 Ed. (44, 50, 1459, 1524, 2319, 2321, 2322, 2705, 3575, 3579, 3582, 3583, 3643, 4093)
 2003 Ed. (1217, 2057, 2058, 2465, 2638, 2871, 2872, 2924, 3714, 3716, 3717, 3720, 3722, 3725, 3736, 3766, 3768, 3772, 3785, 3793, 4669, 4742, 4761)
 2004 Ed. (66, 2956, 2958, 2960, 2961, 2963, 3699, 3758, 3759, 3761, 3762, 3767, 3768, 3801, 3807, 3809)
 2005 Ed. (1526, 1971, 2963, 2965, 2966, 2968, 2970, 3609, 3673, 3674, 3676, 3677, 3683, 3711, 3715, 3717, 3718)
 2006 Ed. (95, 103, 143, 164, 1215, 1218, 2041, 2958, 2960, 2962, 2963, 2966, 3725, 3774, 3775, 3779, 3799, 3803, 3804, 3806, 3807, 4076)
 2007 Ed. (45, 136, 155, 1483, 1530, 2012, 2909, 2973, 2979, 2980, 2987, 2988, 2989, 3708, 3769, 3770, 3775, 3803, 3806, 3809, 3810, 3813, 3816, 3817, 3818, 3820)
 2008 Ed. (1487, 2114, 2116, 3100, 3101, 3107, 3108, 3189, 3799, 3849, 3850, 3853, 3874, 3875, 3882, 3883)
 2009 Ed. (1196, 2086, 2099, 3195, 3202, 3248, 3263, 3845, 3906, 3907, 3908, 3911, 3916, 3935, 3938, 3944, 3945, 3947)
 2010 Ed. (1200, 1389, 1569, 2040, 2041, 3052, 3123, 3127, 3179, 3765, 3816, 3817, 3818, 3820, 3823, 3851, 3858, 3859, 3860, 4590)
 2011 Ed. (1148, 1380, 2096, 2098, 3021, 3090, 3095, 3767, 3812, 3813, 3814, 3816, 3820, 3822, 3855, 3856, 3860, 3865, 3868)
 2012 Ed. (68, 1082, 1240, 1936, 1938, 2448, 2454, 3027, 3030, 3035, 3770, 3796, 3797, 3799, 3805, 3807, 3827, 3829, 3830, 3834, 3841, 3844)
 2013 Ed. (63, 1219, 1220, 1536, 1811, 2099, 3834, 3861, 3862, 3863, 3867, 3870, 3890, 3891, 3893, 3895, 3900, 3901, 3904)
 2014 Ed. (954, 1157, 1159, 1676, 1737, 2031, 2539, 3190, 3755, 3793, 3794, 3795, 3798, 3801, 3804, 3823, 3825, 3828, 3833, 3834, 3836, 3838, 4742)
 2015 Ed. (83, 1213, 1214, 1722, 1781, 2080, 3778, 3814, 3815, 3816, 3821, 3827, 3848, 3850, 3853, 3858, 3859, 3862, 4764)
 2016 Ed. (893, 1316, 2062, 3096, 3382, 3692, 3726, 3727, 3728, 3729, 3732, 3735, 3736, 3738, 3754, 3758, 3763, 3768, 3769, 3771, 3773, 4667)
 2017 Ed. (940, 1160, 2022, 3043, 3650, 3676, 3683, 3684, 3685, 3688, 3691, 3692, 3694, 3707, 3712, 3715, 3722, 3724, 3727, 4676)
 2018 Ed. (875, 1977, 1979, 3150, 3709, 3729, 3738, 3739, 3740, 3741, 3745, 3746, 3748, 3753, 3760, 3772, 3777, 4664)
 2019 Ed. (879, 2032, 3696, 3718, 3727, 3728, 3742, 3740, 3747, 3753, 3755)
 2020 Ed. (866, 1955, 3724, 3760, 3770, 3784, 3793, 3796, 3798, 3804, 3811)
 2021 Ed. (880, 3581, 3726, 3777, 3783, 3787)
 2022 Ed. (3800, 3807)
Kimberly-Clark Corporation
 2000 Ed. (2504)
 2023 Ed. (1325)
Kimberly-Clark Costa Rica
 2013 Ed. (1535, 1582)
Kimberly-Clark Ecuador SA
 2010 Ed. (1611)
 2011 Ed. (1615)
 2012 Ed. (1463)
 2013 Ed. (1595)
 2014 Ed. (1558)
 2015 Ed. (1607)
Kimberly Clark El Salvador
 2011 Ed. (1796)
Kimberly-Clark El Salvador
 2013 Ed. (1537, 1596)
Kimberly-Clark Guatemala
 2013 Ed. (1537, 1669)

Kimberly-Clark Holding Ltd.
 2001 Ed. (3628)
Kimberly-Clark Honduras
 2013 Ed. (1537, 1691)
Kimberly-Clark de Mexico
 1991 Ed. (2450)
 2003 Ed. (3306)
 2014 Ed. (3824)
 2015 Ed. (3849)
 2016 Ed. (3756)
 2017 Ed. (3710)
Kimberly-Clark de Mexico, SA de CV
 1993 Ed. (2559)
 2004 Ed. (3363)
 2005 Ed. (3395)
Kimberly-Clark de Mexico, SAB de CV
 2011 Ed. (3094, 3864)
Kimberly-Clark Nicaragua
 2013 Ed. (1537, 1948)
Kimberly-Clark Nordic
 2006 Ed. (4946)
Kimberly-Clark Panama
 2013 Ed. (1537, 1993)
Kimberly Clark Peru
 2010 Ed. (1952)
 2011 Ed. (2005)
 2012 Ed. (1854)
Kimberly-Clark Peru
 2013 Ed. (2012)
 2014 Ed. (1944)
 2015 Ed. (1990)
Kimberly-Clark Puerto Rico
 2013 Ed. (2022)
Kimberly-Clark Puerto Rico y Jamaica
 2013 Ed. (1534)
Kimberly-Clark Republica Dominicana
 2013 Ed. (1534, 1594)
Kimberly-Clark SAS
 2011 Ed. (1652)
 2012 Ed. (1503)
Kimberly-Clark (U.S.)
 2021 Ed. (1092)
 2022 Ed. (1106)
Kimberly Dickerson
 2016 Ed. (1113)
Kimberly Kriel (CMG Financial)
 2021 Ed. (3638)
Kimberly-Lloyd Developments
 2007 Ed. (1935)
Kimberly N. Ellison-Taylor
 2005 Ed. (994)
Kimberly Nelson
 2016 Ed. (4928)
Kimberly Purvis
 1997 Ed. (1869)
 1998 Ed. (1643)
Kimberly Ritrievi
 1997 Ed. (1892)
 1998 Ed. (1664, 1673)
 1999 Ed. (2265)
 2000 Ed. (1994)
The Kimberly Suite Hotel
 1996 Ed. (2170)
Kimberton
 1992 Ed. (4050)
Kimbley Construction Inc.
 2019 Ed. (2529)
KIMBO Design
 2019 Ed. (1499, 3455)
Kimbrough; Joel
 2006 Ed. (965)
Kimby Co.
 2006 Ed. (66)
Kimbyr Investments
 2015 Ed. (1924)
Kimco Corp.
 2005 Ed. (760, 761, 762)
 2006 Ed. (666)
Kimco Development Corp.
 1991 Ed. (3120, 3126)
 1992 Ed. (3961, 3968)
 1993 Ed. (3313)
Kimco Hotel Management
 1992 Ed. (2467)
Kimco Realty
 2016 Ed. (4103)
 2017 Ed. (4079)
Kimco Realty Corp.
 1994 Ed. (3304)
 1995 Ed. (3069, 3372, 3373, 3378)
 1996 Ed. (3427, 3431)
 1997 Ed. (3514)
 1998 Ed. (3297, 3298, 3300, 3301)
 1999 Ed. (4307, 4311)
 2000 Ed. (4018, 4019, 4020, 4031)
 2001 Ed. (4250, 4255)
 2002 Ed. (4278, 4279)
 2003 Ed. (4065, 4410, 4411)
 2004 Ed. (4084, 4091)
 2005 Ed. (4017, 4025)
 2006 Ed. (4055, 4312, 4315)
 2007 Ed. (4084, 4102, 4106, 4378, 4379)
 2008 Ed. (4127, 4334, 4335)
 2009 Ed. (4237, 4439, 4579, 4580)
 2010 Ed. (4164, 4169, 4613, 4614)
 2011 Ed. (4170, 4568, 4569)
 2012 Ed. (4205, 4218, 4584, 4585)
 2013 Ed. (4188, 4204)

CUMULATIVE INDEX • 1989-2023

    2014 Ed. (4206, 4221, 4472)
    2015 Ed. (4206, 4466)
    2016 Ed. (4124, 4126)
    2018 Ed. (4244)
    2019 Ed. (4136, 4138)
    2020 Ed. (4141)
Kimco Staffing Services Inc.
    2013 Ed. (1451)
    2014 Ed. (1412)
Kimi Raikkonen
    2010 Ed. (276)
    2011 Ed. (200)
Kimia Farma
    2022 Ed. (654)
Kimihide Takano
    2000 Ed. (2166)
Kimihide Takono
    1999 Ed. (2367)
Kimko Reality Corp.
    2000 Ed. (3000)
Kimley-Horn
    2016 Ed. (2478, 2479)
    2017 Ed. (1351, 2334, 2335, 2348)
    2018 Ed. (2375, 2378, 2379, 2391, 2396, 2399, 2400, 2401, 2402, 2406, 2415)
    2019 Ed. (1348, 2377, 2423, 2424, 2438, 2443, 2444, 2452, 2461)
    2020 Ed. (2394, 2400, 2416, 2423, 2431, 2432, 2433, 2434, 2442, 2450)
    2021 Ed. (2310, 2358, 2364, 2373, 2403)
    2022 Ed. (2428, 2431, 2434, 2435, 2445, 2446, 2447, 2450, 2457, 2464, 2465, 2466, 2467, 2475, 2477, 2484, 2490, 2515)
    2023 Ed. (2577, 2579, 2582, 2583, 2585, 2587, 2593, 2594, 2595, 2626, 2649, 2652)
Kimley-Horn & Associates
    2015 Ed. (1935)
    2016 Ed. (4352)
    2017 Ed. (1869)
    2018 Ed. (1817)
    2019 Ed. (729)
    2020 Ed. (720)
    2022 Ed. (1814, 4389)
    2023 Ed. (1941, 2643, 4413)
Kimley-Horn and Associates
    2023 Ed. (2653)
Kimley-Horn & Associates Inc.
    1998 Ed. (1444)
    1999 Ed. (2031)
    2000 Ed. (1807)
    2002 Ed. (2129)
    2004 Ed. (2349, 2357, 2372, 2379)
    2006 Ed. (1939, 2452, 2456, 2659, 3108)
    2007 Ed. (1522, 2404, 2407)
    2008 Ed. (1504, 2485, 2513, 2516, 2517, 2524, 2528, 2529, 2541, 2542)
    2009 Ed. (1638, 1953, 2524, 2527, 2535, 2544, 2545, 2549)
    2010 Ed. (1889, 2441, 2445, 2446, 2449, 2453, 2458, 2460, 2461)
    2011 Ed. (1921, 2447, 2452, 2458, 2462, 2471, 2472, 2479, 2483)
    2018 Ed. (1822, 2388, 2408)
    2019 Ed. (2431, 2432, 2445, 2454, 2467)
    2020 Ed. (2397, 2411, 2412, 2443, 2456)
    2021 Ed. (2351, 2366, 2379)
    2023 Ed. (2632)
Kimley-Horn & Associates, Inc.
    2019 Ed. (1869, 4380)
    2020 Ed. (1808, 4374)
    2021 Ed. (1775, 4379)
Kimley-Horn and Associates Inc.
    2023 Ed. (2645)
Kimmel Mechanical Inc.
    2009 Ed. (1255, 1256)
Kimmerle; D.
    2006 Ed. (334)
Kimmins Contracting Corp.
    1998 Ed. (957)
    1999 Ed. (1378)
    2000 Ed. (1270)
    2001 Ed. (1473)
    2003 Ed. (1300)
    2005 Ed. (1323)
    2006 Ed. (1296)
    2007 Ed. (1371)
Kimmins Environmental Service Corp.
    1991 Ed. (1088, 1090)
    1992 Ed. (1421)
    1993 Ed. (1134)
    1994 Ed. (1151)
    1995 Ed. (1171)
    1997 Ed. (1171)
Kimmins Environmental Services Corp.
    1996 Ed. (1142, 1146)
Kimo Constructors Inc.
    2017 Ed. (4791)
    2021 Ed. (3591)
    2022 Ed. (3642)
    2023 Ed. (3745)
Kimpo
    2001 Ed. (353)
Kimpo, Airport
    1996 Ed. (194, 201, 202)
Kimpo International Airport
    1999 Ed. (252)

Kimpton
    2021 Ed. (2914)
    2023 Ed. (3155)
Kimpton Hotel & Restaurant Group Inc.
    2006 Ed. (4106)
    2007 Ed. (2902, 4132)
    2008 Ed. (3023, 4150, 4151)
    2009 Ed. (3110, 4262)
    2010 Ed. (1526, 1873, 3043)
    2011 Ed. (3012)
    2013 Ed. (3028)
    2014 Ed. (3041)
    2015 Ed. (3107)
Kimpton Hotel & Restaurant Group LLC
    2011 Ed. (1911, 1949, 1952, 1956)
    2012 Ed. (1368, 1769, 1813, 1814, 2154, 2939, 3017, 3104)
    2013 Ed. (1984, 1985, 2358, 3101, 3185, 3506)
    2014 Ed. (3195)
    2018 Ed. (3033)
    2019 Ed. (2975)
    2020 Ed. (3003)
    2021 Ed. (2864)
Kimpton Hotels & Restaurants
    2010 Ed. (1874, 1912, 1914, 1915, 1916)
    2013 Ed. (1359, 2509, 2511)
    2014 Ed. (1418, 1870, 3056)
    2015 Ed. (1366, 1478, 3123)
    2016 Ed. (2986, 3100, 3113)
    2017 Ed. (1412)
    2018 Ed. (1389)
    2019 Ed. (1348, 1435, 3002, 4729)
    2020 Ed. (1317, 1396, 3037)
    2021 Ed. (1314, 1393, 2900)
    2022 Ed. (1397, 3027)
    2023 Ed. (1594, 3142)
Kimtech
    2006 Ed. (2545)
Kin Son Electronic
    1993 Ed. (2056)
    1995 Ed. (2127)
Kinapharma
    2008 Ed. (43)
    2010 Ed. (59)
Kinark
    1994 Ed. (215)
Kinas; John A:
    1992 Ed. (1138)
Kinaxia
    2020 Ed. (4687)
    2021 Ed. (4696)
Kinaxis
    2017 Ed. (1056)
Kinaxis Corp.
    2016 Ed. (1487)
    2017 Ed. (1487)
    2018 Ed. (1464)
    2019 Ed. (1493)
    2020 Ed. (1463)
Kinaxis Inc.
    2017 Ed. (4315)
Kincaid Furniture
    2018 Ed. (4014)
Kincheng Banking Corp.
    1989 Ed. (505)
    1991 Ed. (480, 481)
    1993 Ed. (452)
    1994 Ed. (500)
    1995 Ed. (484)
    1996 Ed. (528)
    1997 Ed. (487)
    1999 Ed. (536)
    2000 Ed. (548)
    2002 Ed. (566)
Kinco Realty Corp.
    1999 Ed. (4004)
Kind
    2016 Ed. (4395)
    2017 Ed. (3430)
    2018 Ed. (2858, 4399, 4403, 4412)
    2022 Ed. (4418)
    2023 Ed. (4443, 4445)
Kind Breakfast
    2022 Ed. (4415)
Kind Breakfast Protein
    2022 Ed. (4415)
Kind Frozen
    2022 Ed. (2810)
Kind Fruit & Nut
    2017 Ed. (4396)
Kind Fruit and Nut
    2022 Ed. (4416)
Kind Healthy Grains
    2016 Ed. (2826)
    2017 Ed. (2796)
    2018 Ed. (2854, 2855)
    2022 Ed. (2882)
KIND Healthy Snacks
    2021 Ed. (780)
    2022 Ed. (810)
Kind Healthy Snacks
    2018 Ed. (742)
    2020 Ed. (759)
    2021 Ed. (780)
KIND LLC
    2021 Ed. (813)
    2022 Ed. (846)

Kind LLC
    2016 Ed. (4392)
    2017 Ed. (4378, 4381)
    2018 Ed. (772, 2857, 4387, 4391, 4394)
    2019 Ed. (786, 2821, 4408, 4414, 4415)
    2020 Ed. (781)
    2021 Ed. (2722, 4406, 4411)
    2022 Ed. (2884, 4404, 4410)
    2023 Ed. (2997, 4434, 4437, 4439)
Kind Minis
    2022 Ed. (4415)
Kind Nuts & Spices
    2018 Ed. (4406, 4408, 4419)
    2019 Ed. (4421)
    2020 Ed. (4417)
    2021 Ed. (4417)
Kind Plus
    2017 Ed. (4396)
    2018 Ed. (4406)
    2019 Ed. (4421)
    2020 Ed. (4417)
Kinden
    2017 Ed. (1115)
Kinden Corp.
    2016 Ed. (1207)
    2019 Ed. (1265)
    2020 Ed. (1259)
    2021 Ed. (1225)
Kinder
    1993 Ed. (741)
    2022 Ed. (659, 2735)
    2023 Ed. (1013, 1077, 2873)
Kinder Care
    1989 Ed. (2477)
Kinder-Care Learning Centers
    1991 Ed. (929)
    1994 Ed. (361)
Kinder Joy
    2019 Ed. (760)
    2021 Ed. (771)
Kinder Morgan
    2013 Ed. (4404)
    2015 Ed. (1373, 1375, 2082, 4023, 4113)
    2016 Ed. (1302, 2063, 4027)
    2017 Ed. (1997)
    2018 Ed. (1979, 3811)
    2019 Ed. (2010, 4010)
    2020 Ed. (1958)
    2021 Ed. (1319)
    2023 Ed. (3999)
Kinder Morgan Canada Inc.
    2011 Ed. (3978)
Kinder Morgan Canada Ltd.
    2020 Ed. (4313)
Kinder Morgan CO2 Co. LP
    2011 Ed. (3893, 3894)
    2012 Ed. (3873, 3874, 3875)
    2013 Ed. (3938)
    2014 Ed. (3884)
    2015 Ed. (3909)
    2016 Ed. (3819)
    2017 Ed. (3777)
    2018 Ed. (3826)
    2020 Ed. (3719)
    2021 Ed. (3722)
    2023 Ed. (3842)
Kinder Morgan Energy LP
    2005 Ed. (2728, 2729, 2730, 2731, 3769, 3770, 3771, 3772)
    2008 Ed. (3923)
    2009 Ed. (3993)
    2010 Ed. (3899)
    2011 Ed. (3917)
    2012 Ed. (3902)
    2013 Ed. (2545)
    2014 Ed. (2477)
    2015 Ed. (2551)
Kinder Morgan Energy Partners
    2015 Ed. (2074)
    2016 Ed. (2043)
Kinder Morgan Energy Partners LP
    2001 Ed. (3802)
    2003 Ed. (3878, 3879)
    2004 Ed. (3903, 3904)
    2005 Ed. (3791, 3841, 3842)
    2006 Ed. (1458, 1459, 1460, 1461, 1462, 1463, 1464, 1465, 3857, 3910, 3911, 3912)
    2007 Ed. (1551, 3884, 3960, 3961, 3962)
    2008 Ed. (3987, 3988, 3989)
    2009 Ed. (4058, 4059)
    2010 Ed. (2031, 2035, 3974, 3975)
    2011 Ed. (2090, 3979, 3980)
    2012 Ed. (3978, 3979)
    2013 Ed. (4041, 4042)
    2014 Ed. (3977, 3978)
    2015 Ed. (4020, 4021)
    2016 Ed. (3933, 3934)
    2022 Ed. (4355)
Kinder Morgan Fleet Operations
    2021 Ed. (3992)
    2022 Ed. (4006)
    2023 Ed. (4090)
Kinder Morgan Inc.
    2001 Ed. (3767, 3946, 3947)
    2002 Ed. (1563, 1618, 3677, 3711, 3712)
    2003 Ed. (1644, 3814, 4543, 4546)
    2004 Ed. (2723, 2724, 3667, 4483, 4496)

    2005 Ed. (2713, 2714, 2727, 2728, 3585, 3768, 3769, 4455)
    2006 Ed. (3913, 4458)
    2007 Ed. (3684, 3835, 3884, 3963)
    2008 Ed. (1439, 1442, 1511, 1513, 3923, 3989, 4068, 4070, 4293)
    2009 Ed. (2513, 2514)
    2011 Ed. (1426, 3929, 4072)
    2012 Ed. (1262, 3864, 3868, 3927, 4431)
    2013 Ed. (3917, 3920, 3923, 3977, 3984)
    2014 Ed. (3048, 3862, 3863, 3865, 3868, 3869, 3927)
    2015 Ed. (2074, 2075, 3889, 3890, 3892, 3895, 3896, 3954, 3963)
    2016 Ed. (2042, 2049, 3800, 3802, 3804, 3806, 3807, 3870, 3935)
    2017 Ed. (2006, 3753, 3756, 3758, 3760, 3761, 3837, 3906)
    2018 Ed. (1954, 1959, 3804, 3806, 3808, 3878)
    2019 Ed. (2013, 3780, 3782, 3784, 3846, 3907)
    2020 Ed. (1941, 2253, 3839, 3841, 3843, 3873, 3924)
    2021 Ed. (3828, 3891)
    2022 Ed. (3857, 3905)
Kinder Morgan, Inc.
    2018 Ed. (2355)
    2021 Ed. (3828)
    2022 Ed. (3857)
    2023 Ed. (3954)
Kinder Morgan Management
    2015 Ed. (3890)
Kinder Morgan Material Services Inc.
    2007 Ed. (4064)
Kinder Morgan Materials Services LLC
    2016 Ed. (4077)
Kinder Morgan Ship Channel
    2005 Ed. (2722)
Kinder Morgan Tejas Pipeline
    2005 Ed. (2720, 2722)
Kinder Morgan Texas Pipeline
    2005 Ed. (2720, 2722, 2725)
Kinder; Richard
    2005 Ed. (982)
    2006 Ed. (907, 940)
    2007 Ed. (997, 4895)
    2009 Ed. (4847)
    2010 Ed. (4852)
    2011 Ed. (4834)
    2012 Ed. (4839)
    2013 Ed. (989, 4837)
    2014 Ed. (4852)
    2015 Ed. (4889)
    2016 Ed. (4807)
    2017 Ed. (4819)
    2018 Ed. (4824)
    2019 Ed. (4820)
    2020 Ed. (4810)
    2021 Ed. (4811)
    2022 Ed. (4804)
    2023 Ed. (4797)
Kinder; Richard D.
    2007 Ed. (1021)
KinderCare Education
    2018 Ed. (1856)
    2019 Ed. (1910)
    2020 Ed. (1846)
    2021 Ed. (1810)
    2022 Ed. (1854)
KinderCare Learning Centers Inc.
    2002 Ed. (3564)
    2004 Ed. (4589)
Kinderdance International
    2018 Ed. (3932)
    2020 Ed. (3918)
    2021 Ed. (3886)
Kinderdance International Inc.
    2002 Ed. (3707)
    2003 Ed. (2696)
    2004 Ed. (2816)
    2005 Ed. (2812)
    2006 Ed. (2788)
    2007 Ed. (2788)
    2008 Ed. (2913)
    2009 Ed. (2968)
    2010 Ed. (2908)
    2011 Ed. (763, 2878)
    2012 Ed. (2818, 4471)
    2013 Ed. (4037)
    2014 Ed. (3974)
Kindergarden
    2015 Ed. (1876)
Kindergarten Cop
    1993 Ed. (3668)
Kinderpflegedienst.com Karlsruhe
    2019 Ed. (2857)
Kindle Shortcuts
    2012 Ed. (511)
Kindler; Jeffrey B.
    2009 Ed. (949)
    2010 Ed. (901)
Kindred Agency Ltd.
    2015 Ed. (2093)
Kindred Bravely
    2021 Ed. (1089, 1394)

Kindred Healthcare
 2013 Ed. (1803, 2889, 3774)
 2014 Ed. (2918, 4226)
 2015 Ed. (1775, 2965, 2966, 3104, 4214)
 2016 Ed. (1729, 2899, 2900, 4133)
 2017 Ed. (2858, 2859, 2860, 4110)
 2018 Ed. (2928, 2929, 4136)
 2019 Ed. (2883, 2884)
 2020 Ed. (1344, 2905)
Kindred Healthcare Inc.
 2003 Ed. (1578, 1734, 2683)
 2004 Ed. (1770, 1771, 2796, 3701)
 2005 Ed. (1836, 1837, 2789, 2793, 2800, 2914, 3612)
 2006 Ed. (1841, 1842, 1843, 1844, 2759, 2776, 2795, 3727)
 2007 Ed. (1846, 1847, 1848, 2769, 2776, 2791, 3710)
 2008 Ed. (1882, 1883, 1884, 1885, 2888, 2901, 2902, 3194, 3801)
 2009 Ed. (1834, 1837, 1838, 1841, 2951, 2959, 3253, 3846)
 2010 Ed. (1775, 1778, 1779, 1780, 2888, 2898, 3184, 3615)
 2011 Ed. (1791, 1792, 1793, 1794, 2867, 2869, 2871, 2880, 3617, 3770)
 2012 Ed. (1648, 1649, 2801, 2805, 3611, 3773)
 2013 Ed. (1806, 1807, 1808, 2869, 2872, 3670, 3841)
 2014 Ed. (1733, 1734, 1735, 2902, 2904, 2919, 3759)
 2015 Ed. (1778, 1779, 2946, 2949, 2967, 3782)
 2016 Ed. (1732, 1735, 1736, 2880, 3695)
 2017 Ed. (1712, 1713, 2828, 2835, 3653)
 2018 Ed. (1670, 2909, 3030, 3712)
 2019 Ed. (1730, 1731, 2864, 2972, 3699)
 2020 Ed. (1677)
 2021 Ed. (2861)
 2022 Ed. (2918)
Kindred Healthcare LLC
 2021 Ed. (1654)
 2022 Ed. (1677)
Kinect; Microsoft's
 2012 Ed. (2305)
Kinect Solar
 2021 Ed. (2329)
 2022 Ed. (1964, 2398, 2405)
Kinecta Credit Union
 2003 Ed. (1901, 1908)
 2004 Ed. (1941, 1948)
 2005 Ed. (2089)
 2006 Ed. (2184)
 2007 Ed. (2105)
 2008 Ed. (2220)
 2009 Ed. (2203, 3772)
 2010 Ed. (2131, 2157)
 2011 Ed. (2178)
 2012 Ed. (2022, 2025, 2038)
 2013 Ed. (2216, 2223)
 2014 Ed. (2147, 2155)
 2015 Ed. (2211, 2219)
 2016 Ed. (2182, 2190)
Kinecta Federal Credit Union
 2009 Ed. (2220)
 2010 Ed. (2174)
 2011 Ed. (2192)
 2012 Ed. (2052)
 2013 Ed. (2205)
 2014 Ed. (2137)
 2015 Ed. (2201)
 2018 Ed. (2085)
 2020 Ed. (2063)
 2021 Ed. (2053)
 2022 Ed. (2089)
 2023 Ed. (2203)
Kinepolis
 2023 Ed. (3796)
Kinero Cellars
 2017 Ed. (4901)
KINESYS Software
 2003 Ed. (2722)
Kinetic Biomedical Services
 2001 Ed. (2762)
 2002 Ed. (2591)
 2003 Ed. (2796)
 2005 Ed. (2884, 3438)
 2006 Ed. (3449)
Kinetic Concepts Inc.
 2006 Ed. (3444, 4254, 4255, 4259)
 2007 Ed. (2727, 3417, 4566, 4590)
 2008 Ed. (2857)
 2009 Ed. (2948)
 2011 Ed. (2778)
 2012 Ed. (2708)
 2013 Ed. (2783)
Kinetic Credit Union
 2016 Ed. (2192)
 2020 Ed. (2068)
 2021 Ed. (2058)
 2022 Ed. (2094)
 2023 Ed. (2208)
Kinetic Federal Credit Union
 2018 Ed. (2090)
Kinetic Holdings GmbH
 2015 Ed. (1270)

Kinetic IT
 2022 Ed. (1003)
Kinetic Systems
 2013 Ed. (4059, 4831)
 2015 Ed. (1229)
 2017 Ed. (1207, 3930)
Kinetic Systems Inc.
 2005 Ed. (1287, 1288, 1317, 1321, 1345, 3861)
 2006 Ed. (1257, 1258, 1287, 1334, 1347, 3924)
 2007 Ed. (1351, 1364, 1392, 3977, 3979)
 2008 Ed. (1243, 1245, 1261, 1342, 4000, 4002)
 2009 Ed. (1219, 1220, 1221, 1237, 1304, 1335, 4074, 4076)
 2010 Ed. (1224, 1236, 3993)
 2011 Ed. (1170, 1184, 1291)
 2013 Ed. (1256)
 2014 Ed. (1210, 1212)
 2018 Ed. (1156, 1157)
Kinetica
 2020 Ed. (972)
 2021 Ed. (953)
 2022 Ed. (987)
Kineticom
 2007 Ed. (4727)
Kinetics
 2012 Ed. (1133)
 2013 Ed. (192, 1279)
 2014 Ed. (200)
 2015 Ed. (227)
 2016 Ed. (222)
Kinetics Funds Paradigm
 2008 Ed. (4515)
Kinetics Global No Load
 2020 Ed. (4497)
Kinetics Group
 1999 Ed. (1372, 1376)
 2000 Ed. (1264, 1268)
 2001 Ed. (1410, 1469, 1478)
 2002 Ed. (1294, 1298)
 2003 Ed. (1234, 1235, 1238, 1307, 1314, 1315, 1340)
 2004 Ed. (1237, 1238, 1310, 1314, 1315, 1340)
 2011 Ed. (3998)
 2012 Ed. (3991, 3995)
 2013 Ed. (4056)
Kinetics Internet
 2002 Ed. (4505)
 2003 Ed. (3511, 3549, 3552)
 2004 Ed. (2459, 3593)
Kinetics-Internet Fund
 2004 Ed. (3565)
 2009 Ed. (4543)
Kinetics Internet No Load
 2022 Ed. (3725, 3726, 3727)
Kinetics Market Opportunities No Load
 2020 Ed. (4509)
Kinetics Noise Control
 2017 Ed. (221)
 2018 Ed. (206)
 2019 Ed. (200)
 2020 Ed. (203)
 2021 Ed. (198)
 2022 Ed. (210)
 2023 Ed. (329)
Kinetics Paradigm
 2007 Ed. (3671)
 2008 Ed. (2611)
 2009 Ed. (3808)
Kinetics Paradigm No Load
 2020 Ed. (4509)
 2023 Ed. (4515)
Kinetics Small Cap Opportunities No Load
 2020 Ed. (4513)
 2023 Ed. (4519)
Kinetics Spin-Off and Corp Rest No Load
 2023 Ed. (4515)
Kinetics Systems
 2014 Ed. (3997)
 2015 Ed. (4046)
 2016 Ed. (3937)
Kinetics Systems Inc.
 2008 Ed. (1246, 1249)
 2009 Ed. (1222, 1224)
 2012 Ed. (1181, 3996)
 2013 Ed. (1254)
 2015 Ed. (1246)
 2016 Ed. (1157)
 2017 Ed. (1206)
Kinetics Technology International
 1994 Ed. (2892)
 1995 Ed. (1718)
 1997 Ed. (1782)
 1998 Ed. (1492)
 1999 Ed. (2060)
Kinettix Inc.
 2022 Ed. (1827)
Kinexus Bioinformatics Corp.
 2006 Ed. (592)
King
 2005 Ed. (3821)
 2014 Ed. (1995)
 2015 Ed. (2044, 2047)

King Arthur Flour
 2015 Ed. (2745)
 2016 Ed. (2675)
 2017 Ed. (2622)
King Arthur Flour Co.
 2015 Ed. (2471, 2746)
 2016 Ed. (2676)
 2017 Ed. (2623)
The King Arthur Flour Co.
 1999 Ed. (2626)
 2008 Ed. (2151)
 2009 Ed. (2134)
 2010 Ed. (2076)
 2011 Ed. (2134)
 2012 Ed. (1977)
 2013 Ed. (2136)
 2014 Ed. (2070)
 2015 Ed. (2119)
 2016 Ed. (2102)
King Arthur Flour Co., Inc.
 2022 Ed. (327)
King Auto Center Inc.
 2006 Ed. (1747)
 2007 Ed. (1751, 1756)
 2008 Ed. (1784)
 2009 Ed. (1716, 1717, 1725)
 2010 Ed. (1673)
 2011 Ed. (1682)
 2012 Ed. (1533)
 2013 Ed. (1679)
 2014 Ed. (1631)
King Benevolent Association
 2006 Ed. (3713, 3715)
 2007 Ed. (3705, 3706, 3707)
 2008 Ed. (3790, 3791, 3792)
King Broadcasting Co.
 1995 Ed. (2443)
King Business Interiors Inc.
 2021 Ed. (4952)
 2022 Ed. (4948)
King of Capital
 2012 Ed. (517)
King Car Co.
 1993 Ed. (54)
 1994 Ed. (46)
King Car Drink Enterprise
 2001 Ed. (83)
King Car Food Co.
 1992 Ed. (82)
King; Carole
 2012 Ed. (994)
King, Chapman, Broussard & Gallagher
 1991 Ed. (2650)
 1993 Ed. (2747)
King; Christopher
 2008 Ed. (2691)
King of the Club: Richard Grasso and the Survival of the New York Stock Exchange
 2009 Ed. (637)
King Cobra
 1996 Ed. (780)
 1998 Ed. (498, 3440)
 2015 Ed. (3553)
 2016 Ed. (3404)
 2017 Ed. (3359)
King & Co.; D. F.
 1994 Ed. (2967)
 1995 Ed. (3027)
 1997 Ed. (3207)
King County Department of Transportation
 2010 Ed. (696)
 2011 Ed. (624)
King County Department of Transportation/Metro Transit
 2014 Ed. (751)
 2015 Ed. (789)
 2016 Ed. (709)
 2017 Ed. (770)
 2018 Ed. (703)
 2019 Ed. (717)
 2020 Ed. (708)
 2021 Ed. (714)
King County Department of Transportation/Metro Transit (Seattle, WA)
 2021 Ed. (714)
King County DOT/Metro Transit
 2006 Ed. (687)
 2008 Ed. (756)
King County Hospital Center
 1999 Ed. (2751)
King County Medical Society Credit Union
 2004 Ed. (1934)
King County Metro
 1998 Ed. (538)
 1999 Ed. (956)
 2000 Ed. (900)
King County Metro Transit
 2012 Ed. (594)
 2013 Ed. (729)
King County Prosecuting Attorney's Office
 2006 Ed. (3241)
King County Public Hospital
 2010 Ed. (2085)
 2013 Ed. (2161)
King County Public Hospital District 2
 2012 Ed. (1987)

King County, WA
 1992 Ed. (1718)
 1994 Ed. (1483)
 1995 Ed. (1515)
 1996 Ed. (1470, 1471)
 1997 Ed. (1539, 2352, 3559)
 1999 Ed. (1766, 1768, 1770, 1771, 1775, 2830)
 2002 Ed. (1085, 2294, 2298, 2443, 3992)
 2003 Ed. (3438, 3440)
 2004 Ed. (794, 2643, 2704, 2718, 4183)
 2008 Ed. (2831)
 2010 Ed. (2824)
 2012 Ed. (2742)
 2023 Ed. (1116)
King Digital Entertainment
 2016 Ed. (4311)
King; Dr. John
 2009 Ed. (4916)
 2010 Ed. (4920)
King Edward
 1998 Ed. (731, 3438)
 2003 Ed. (966)
King Edward Diamonds Extra
 2001 Ed. (2116)
King Edward Imperial
 2001 Ed. (2114)
King Edward Invincibles
 2001 Ed. (2114)
King Edward Special
 2001 Ed. (2113)
King Estate Winery
 2023 Ed. (4907)
King Fahd
 1989 Ed. (732)
 2005 Ed. (4882)
King Fahd Bin Abdul-Aziz Al Saud
 1991 Ed. (710, 3477)
 1992 Ed. (890)
 1993 Ed. (699)
 1994 Ed. (708)
King Fahd Bin Abdul Aziz Alsaud
 2004 Ed. (4878)
 2005 Ed. (4880)
King Family
 1991 Ed. (2462)
 1992 Ed. (3079)
King Family heirs
 2005 Ed. (4022)
King of Fans
 1997 Ed. (2200)
 1998 Ed. (1921)
 1999 Ed. (2658)
King Features Syndicate
 1989 Ed. (2047)
King of the Hill
 2005 Ed. (4664)
King Holding Corp.
 2014 Ed. (1425)
 2015 Ed. (1487)
 2016 Ed. (1417)
The King & I
 2018 Ed. (4639)
King Infiniti Inc.
 1995 Ed. (271)
King Isuzu
 1996 Ed. (274)
King; John
 2012 Ed. (4920)
 2013 Ed. (4894)
King Koil
 1997 Ed. (652)
 2003 Ed. (3321)
 2005 Ed. (3410)
 2009 Ed. (3670)
 2011 Ed. (3590)
 2016 Ed. (575)
 2017 Ed. (604)
 2018 Ed. (568)
King Kong
 2008 Ed. (2386, 2387)
King Kullen
 1992 Ed. (2939)
 1993 Ed. (2471)
 2004 Ed. (4644)
King Kullen Grocery Co.
 2002 Ed. (3564)
 2004 Ed. (4589)
 2009 Ed. (4615)
 2013 Ed. (4550)
 2014 Ed. (4607)
King Kuts
 1992 Ed. (3411)
 1993 Ed. (2818)
 1994 Ed. (2830)
King Limousine Service
 1999 Ed. (3454)
 2000 Ed. (3169)
King Limousine & Transportation Service
 2020 Ed. (3369)
The King-Lindquist Partnership Inc.
 1991 Ed. (254)
 1992 Ed. (360)
King Long
 2018 Ed. (1917, 4699)
The King of Madison Avenue
 2011 Ed. (529)

King; Mattie
　1994 Ed. (897)
King Memory
　2018 Ed. (949)
King; Mervyn A.
　2012 Ed. (292)
King; Michael
　1991 Ed. (1631)
　1992 Ed. (2061, 2062)
　1993 Ed. (1705)
　1994 Ed. (1723)
King; Michael Gordon
　1995 Ed. (982)
King Mitsubishi; Bob
　1991 Ed. (287)
　1994 Ed. (277)
King Mohammed VI
　2009 Ed. (2889)
　2017 Ed. (4832)
King Ocean
　2003 Ed. (1225, 2422, 2423)
　2004 Ed. (2541)
King; Peter T.
　1991 Ed. (2344)
　1992 Ed. (2905)
　1993 Ed. (2463)
King Pharmaceuticals Benevolent Fund
　2002 Ed. (2339)
King Pharmaceuticals Inc.
　2002 Ed. (1548, 1551, 4356)
　2003 Ed. (2645, 4533, 4540)
　2004 Ed. (2150, 2151, 3880)
　2005 Ed. (1467, 2246, 2247)
　2006 Ed. (2781, 3878, 4469, 4472, 4588)
　2007 Ed. (3899)
　2008 Ed. (2771, 3948)
　2010 Ed. (2027)
　2011 Ed. (3961)
　2012 Ed. (3964)
King Power
　1999 Ed. (247)
King Power International Group
　2017 Ed. (173)
　2018 Ed. (160)
　2019 Ed. (160)
　2020 Ed. (152)
　2021 Ed. (149)
　2022 Ed. (136, 2605)
King Power International Group (Thailand)
　2021 Ed. (149)
　2022 Ed. (136)
　2023 Ed. (213)
King Printing Co., Inc.
　2007 Ed. (3565, 4426)
　2008 Ed. (3714, 4403)
King of Prussia Business Park
　1991 Ed. (2024)
　1992 Ed. (2598)
　1994 Ed. (2190)
　1995 Ed. (2242)
　1996 Ed. (2251)
　2000 Ed. (2626)
King of Prussia Plaza
　2003 Ed. (4407)
　2006 Ed. (4311)
King Ranch Inc.
　2015 Ed. (3507)
　2016 Ed. (3366)
King Realty
　1995 Ed. (3061)
King Retail Solutions
　2008 Ed. (4227)
King; Richard K.
　1993 Ed. (2462)
King; Roger
　1991 Ed. (1631)
　1992 Ed. (2061, 2062)
　1993 Ed. (1705)
　1997 Ed. (1941)
King; Sarah
　2005 Ed. (4884)
King Slide Works
　2009 Ed. (1094)
　2011 Ed. (2072)
King Soopers, City Markets
　1991 Ed. (1010)
King Soopers Inc.
　1991 Ed. (1422)
　1992 Ed. (1287, 1828)
　1993 Ed. (1034, 1492)
　1994 Ed. (1065)
　1995 Ed. (1077)
　1999 Ed. (1244)
　2002 Ed. (1623)
　2003 Ed. (2275)
　2004 Ed. (2306)
　2005 Ed. (2390)
　2006 Ed. (2431)
　2007 Ed. (2376)
　2008 Ed. (2493)
　2009 Ed. (2500)
　2010 Ed. (2415)
　2011 Ed. (2418)
　2012 Ed. (2340)
　2014 Ed. (1538)
　2016 Ed. (1517)
　2017 Ed. (1510)
　2018 Ed. (1490)

King Southern Bank
　2006 Ed. (453)
King & Spalding
　1991 Ed. (2279)
　1992 Ed. (2828)
　1993 Ed. (2391)
　1995 Ed. (2652)
　1996 Ed. (2731)
　1997 Ed. (2840)
　1998 Ed. (2084, 2575)
　2000 Ed. (3199)
　2001 Ed. (796, 921)
　2009 Ed. (3483, 3484, 3492, 4219)
　2010 Ed. (3415, 3422)
　2011 Ed. (3398, 3406)
　2012 Ed. (3374, 3377, 3382, 3393)
　2015 Ed. (3469)
　2016 Ed. (3316)
　2017 Ed. (3275)
　2022 Ed. (3334)
King & Spalding LLP
　2007 Ed. (3307)
　2008 Ed. (3415)
　2021 Ed. (3209, 3210)
　2023 Ed. (3420)
King; Stephen
　2012 Ed. (220)
　2013 Ed. (211)
　2014 Ed. (217)
　2015 Ed. (252)
　2016 Ed. (245)
　2017 Ed. (243)
　2018 Ed. (230)
　2019 Ed. (225)
　2020 Ed. (228)
King Suzuki
　1996 Ed. (289)
King Taco Restaurant Inc.
　1996 Ed. (3234)
　1998 Ed. (3081)
　2000 Ed. (3805)
　2001 Ed. (2713)
　2002 Ed. (2560)
King Taco Restaurants Inc.
　1995 Ed. (3142)
　1997 Ed. (3339)
　1999 Ed. (4090)
King TeleServices
　1997 Ed. (3700)
　1998 Ed. (3479)
King Tester
　2022 Ed. (3095, 3100)
King; Tiong Hiew
　2006 Ed. (4917)
　2008 Ed. (4847)
　2009 Ed. (4868)
　2011 Ed. (4858)
　2012 Ed. (4864)
　2013 Ed. (4887)
　2014 Ed. (4900)
　2015 Ed. (4940)
　2016 Ed. (4855)
　2017 Ed. (4859)
　2018 Ed. (4868)
The King of Torts
　2005 Ed. (723, 725)
　2006 Ed. (639)
The King of Vodka
　2011 Ed. (529)
King, WA
　1991 Ed. (1375, 1376)
　1992 Ed. (1723)
　2000 Ed. (1594, 1596, 1598, 1599, 1604, 2611)
King; Wendy
　2023 Ed. (1295)
King & Wood Mallesons
　2019 Ed. (732)
　2020 Ed. (3326)
　2021 Ed. (3197)
　2022 Ed. (3332)
King World Productions
　1989 Ed. (2503, 2645)
　1991 Ed. (1579, 2390, 3328, 3330)
　1992 Ed. (1983, 2978, 3108, 3225, 4245)
　1993 Ed. (753, 1635, 3533)
　1994 Ed. (758, 760, 1669, 2665, 3503)
　1995 Ed. (716, 717, 3580)
　1996 Ed. (790)
　1997 Ed. (727, 728)
　1998 Ed. (510, 511, 2346)
　1999 Ed. (822, 3174)
　2000 Ed. (2920)
KingArthurFlour.com
　2010 Ed. (2367)
　2013 Ed. (2467)
　2018 Ed. (2328)
Kingboard Chemical Holdings Ltd.
　2007 Ed. (1760)
　2010 Ed. (3549)
　2011 Ed. (3549)
　2012 Ed. (3533)
　2013 Ed. (3594)
Kingboard Holdings
　2021 Ed. (1566)
Kingdee International Software
　2009 Ed. (1729, 3433)

Kingdom
　2002 Ed. (4997)
Kingdom Bank
　2014 Ed. (377)
　2015 Ed. (431)
Kingdom of Belgium
　1992 Ed. (1057)
　1993 Ed. (1678)
Kingdom of Denmark
　1992 Ed. (2022)
Kingdom Hearts II
　2008 Ed. (4811)
Kingdom Holding
　2015 Ed. (3440)
　2016 Ed. (3300)
　2017 Ed. (3262)
　2022 Ed. (3305)
Kingdom of Sweden
　1992 Ed. (1056, 1057)
Kingdon Capital Management
　1996 Ed. (2099)
Kingfisher
　1991 Ed. (25, 26)
　1992 Ed. (51, 53)
　1995 Ed. (1243)
　2014 Ed. (2047, 2053)
　2017 Ed. (4246)
　2022 Ed. (582)
Kingfisher Bank & Trust Co.
　1989 Ed. (216)
Kingfisher Holdings
　1994 Ed. (3306)
Kingfisher Oceanside Resort & Spa
　2008 Ed. (3495)
Kingfisher plc
　1999 Ed. (4100)
　2001 Ed. (90, 4818)
　2002 Ed. (1642, 1789, 1790, 1792, 4044, 4899)
　2003 Ed. (4506)
　2004 Ed. (1458, 4475, 4574)
　2005 Ed. (4142)
　2006 Ed. (4186, 4188)
　2007 Ed. (4193, 4205, 4207)
　2008 Ed. (4241, 4477)
　2009 Ed. (2117, 3515, 4333, 4510, 4511)
　2010 Ed. (3443, 4349, 4370, 4550)
　2011 Ed. (4292, 4306)
　2012 Ed. (2915, 4341, 4367)
　2013 Ed. (872, 3003, 3004, 4272, 4322, 4347)
　2014 Ed. (2567, 3012, 3013, 4331, 4373, 4396)
　2015 Ed. (3080, 3081, 4320, 4382)
　2016 Ed. (2976, 2977, 4216, 4230, 4248, 4282)
　2017 Ed. (2932, 2933, 4203, 4216, 4270)
　2018 Ed. (3006)
　2019 Ed. (2947)
　2020 Ed. (2976)
Kingfly Spirits
　2023 Ed. (3518)
Kinghorn; Ron
　2017 Ed. (1155)
Kingpin
　2023 Ed. (3649)
Kingpin Communications
　2020 Ed. (3451)
　2021 Ed. (3471)
　2022 Ed. (3528)
King's College
　1996 Ed. (1041)
　1997 Ed. (1057)
　1998 Ed. (795)
　1999 Ed. (1224)
　2001 Ed. (1321)
King's College London
　2010 Ed. (1025)
Kings County, CA
　1996 Ed. (1475)
Kings County Hospital
　1989 Ed. (1609)
Kings County Hospital Center
　1991 Ed. (1935)
　1992 Ed. (2462)
　1993 Ed. (2076)
　1995 Ed. (2146)
　1996 Ed. (2157)
　1997 Ed. (2273)
　1998 Ed. (1995)
　2000 Ed. (2532)
Kings County, NY
　1992 Ed. (1714, 1715, 1716, 2579)
　1993 Ed. (1426, 1427, 1432, 2141)
　1994 Ed. (1475, 1476, 2166)
　1995 Ed. (1510, 1511, 2217)
　1996 Ed. (1468, 1469, 2226)
　1997 Ed. (1537)
　1999 Ed. (1776, 1778, 4630)
　2002 Ed. (1804, 1807)
　2004 Ed. (2982)
　2008 Ed. (4732)
Kings Credit Union
　2012 Ed. (2019)
　2013 Ed. (2212)

King's Daughters' Hospital & Health Services
　2009 Ed. (3146)
　2010 Ed. (3077)
King's Daughters Medical Center
　2008 Ed. (3058)
　2009 Ed. (1834, 2492, 3143)
　2010 Ed. (1775, 2884, 3074)
　2011 Ed. (862)
Kings Daughters Medical Center Ohio
　2016 Ed. (1916)
Kings Eastside Pharmacy
　1999 Ed. (1929)
Kings Entertainment Co.
　1991 Ed. (970)
King's Great Buys Plus
　2014 Ed. (4357)
　2015 Ed. (4366)
Kings Group
　2020 Ed. (4666)
　2021 Ed. (4688)
　2022 Ed. (4691)
Kings Hawaiian
　2014 Ed. (291)
　2015 Ed. (326)
　2016 Ed. (323)
　2017 Ed. (329)
King's Hawaiian Bakery West Inc.
　2018 Ed. (310, 311)
　2019 Ed. (309)
　2020 Ed. (311)
　2021 Ed. (299)
　2022 Ed. (312)
　2023 Ed. (410)
King's Hawaiian Bakery West, Inc.
　2018 Ed. (308, 315)
　2019 Ed. (307, 314)
　2020 Ed. (309, 316)
　2021 Ed. (296, 304)
　2022 Ed. (309, 317)
Kings Hawaiian Bakery West Inc.
　2021 Ed. (300)
　2022 Ed. (313)
　2023 Ed. (411)
King's Hawaiian Holding Co.
　2017 Ed. (334)
Kings Highway
　2016 Ed. (708)
King's Highway Hospital Center
　1997 Ed. (2266)
Kings Island
　1991 Ed. (239)
　1992 Ed. (331)
　2019 Ed. (1891)
　2020 Ed. (1830)
　2021 Ed. (1797)
　2022 Ed. (1836)
Kings of Leon
　2011 Ed. (3716)
Kings; Los Angeles
　2006 Ed. (2862)
　2009 Ed. (3056)
　2013 Ed. (2965)
　2014 Ed. (2978)
　2015 Ed. (3046)
　2016 Ed. (2938)
　2017 Ed. (2898)
　2018 Ed. (2964)
　2019 Ed. (2907)
　2020 Ed. (2926)
　2021 Ed. (2787)
　2022 Ed. (2953)
Kings, NY
　1989 Ed. (1175, 1177)
　1991 Ed. (1369, 2005)
　2000 Ed. (1605, 1607, 2437)
King's Quest VI
　1995 Ed. (1106)
King's Quest VII
　1996 Ed. (1080)
King's Quest VII (MPC)
　1996 Ed. (1083)
Kings; Sacramento
　2006 Ed. (548)
The King's Speech
　2012 Ed. (2448)
Kings Supermarkets
　1992 Ed. (1616)
King's Table
　1992 Ed. (3710, 3716)
　1997 Ed. (3336)
Kings Table Buffets
　1993 Ed. (3019, 3032)
　1994 Ed. (3091)
　1996 Ed. (3233)
Kingsboro Medical Group
　2000 Ed. (2393)
Kingsbrook Lifecare Center
　2010 Ed. (1776)
Kingsbury Inc.
　1991 Ed. (703)
　1992 Ed. (879, 880)
　1993 Ed. (677)
　1994 Ed. (679, 3672)
　1995 Ed. (643, 3797)
　1996 Ed. (717)
　1997 Ed. (3919)
　1998 Ed. (3766)

1999 Ed. (4815)
2000 Ed. (4436)
Kingsbury NA
  2001 Ed. (684)
Kingsbury Non-alcohol
  2002 Ed. (685)
Kingsdown
  2003 Ed. (3321)
  2014 Ed. (562)
Kingsford
  2022 Ed. (556)
  2023 Ed. (805, 806)
Kingsford BBQ Bag
  2022 Ed. (556)
  2023 Ed. (805)
Kingsford Match Light
  2022 Ed. (556)
  2023 Ed. (805, 806)
Kingsgate Consolidated
  2015 Ed. (1453)
Kingsgate Logistics Inc.
  2022 Ed. (4950)
  2023 Ed. (4953, 4954)
Kingsgate Logistics LLC
  2020 Ed. (4950)
  2021 Ed. (4953, 4954)
  2022 Ed. (4949)
Kingsland Lloyd Petersen/RSCG
  1992 Ed. (151)
Kingsley Management
  1999 Ed. (3426)
Kingsmill
  2008 Ed. (710)
  2009 Ed. (720)
Kingsmore; H. D.
  1992 Ed. (2060)
Kingspan
  2017 Ed. (1112, 4072)
  2018 Ed. (657, 1080, 1994, 2000)
  2019 Ed. (667)
  2020 Ed. (651, 1043, 4119)
  2021 Ed. (1017, 4074)
  2022 Ed. (657, 658, 1057, 4098)
  2023 Ed. (868, 1229, 4188)
Kingspan Energy
  2017 Ed. (4433)
Kingspan Group PLC
  2023 Ed. (1798)
Kingspan Group plc
  2001 Ed. (4279)
  2006 Ed. (1817, 3364)
  2010 Ed. (694, 1392, 1393, 1396, 1398, 1400)
  2011 Ed. (622)
  2012 Ed. (592)
Kingsport-Bristol, TN-VA
  2006 Ed. (2971)
  2007 Ed. (2999)
Kingsport, TN
  2008 Ed. (3466)
  2009 Ed. (3540)
  2010 Ed. (3464)
  2011 Ed. (3467)
  2021 Ed. (3348)
Kingston
  1992 Ed. (1392)
Kingston Communications
  2006 Ed. (4703)
  2007 Ed. (4723)
  2010 Ed. (4699)
Kingston, Jamaica
  2003 Ed. (3916)
Kingston, NY
  2009 Ed. (3576)
  2012 Ed. (2554)
Kingston, ON
  2019 Ed. (3321)
Kingston, Ontario
  2011 Ed. (3484)
Kingston Smith
  2006 Ed. (7)
  2011 Ed. (10)
  2012 Ed. (12, 13)
Kingston Technology
  2023 Ed. (1596, 3067)
Kingston Technology Co.
  1994 Ed. (985, 3330)
  1998 Ed. (1930)
  1999 Ed. (1475)
  2002 Ed. (2083, 2813)
  2003 Ed. (2951, 3284)
  2004 Ed. (1872)
  2009 Ed. (4123, 4415)
  2010 Ed. (4056, 4458)
  2011 Ed. (4035, 4065)
  2012 Ed. (3703, 4055, 4068, 4099)
  2013 Ed. (1459, 1469, 3755, 4096, 4588)
  2014 Ed. (1420, 1432, 3688, 4644)
  2015 Ed. (1480, 4632)
  2016 Ed. (1405, 1427, 2904)
  2017 Ed. (1415, 1437, 2861)
  2018 Ed. (1391, 1418, 2932, 3621)
  2019 Ed. (1437, 1458, 2887, 3615)
  2020 Ed. (1399, 1422, 2909)
  2021 Ed. (1395, 1421, 2778, 2779)
  2022 Ed. (1401, 1428, 2941, 2942)
  2023 Ed. (1621)

Kingston Technology Company
  2021 Ed. (2779)
  2022 Ed. (2942)
Kingston Technology Co., Inc.
  2018 Ed. (2572)
  2021 Ed. (4561)
Kingston Technology Corp.
  2022 Ed. (957)
Kingston Technology International Ltd.
  2017 Ed. (1018, 1019, 4583)
  2020 Ed. (4591)
  2021 Ed. (930, 931, 4589)
  2022 Ed. (950, 951, 4604)
  2023 Ed. (1122, 1124, 4566)
Kingston Wharves
  2000 Ed. (2875)
  2002 Ed. (3034, 3035)
Kingston's Psychic Line; Kenny
  1997 Ed. (2390)
Kingstree Federal Savings & Loan Association
  2021 Ed. (4319)
  2022 Ed. (4326)
  2023 Ed. (4356)
KingStubbins
  2013 Ed. (177)
Kingsview Asset Management
  2020 Ed. (3298)
Kingsville, TX
  2010 Ed. (4272)
  2013 Ed. (4226)
Kingsway America Group
  2004 Ed. (3040)
Kingsway Charities
  2009 Ed. (3833, 3834, 3835, 3837, 3838, 3839)
  2010 Ed. (3758, 3759, 3760)
  2012 Ed. (3764, 3766)
Kingsway Financial Services
  2005 Ed. (1708)
  2006 Ed. (1610)
  2007 Ed. (3179)
  2008 Ed. (3327)
  2009 Ed. (3313, 3396, 3397)
  2010 Ed. (3331)
  2011 Ed. (3288)
  2015 Ed. (3388)
Kingsway General Insurance Co.
  2007 Ed. (3094)
  2008 Ed. (3235)
Kingswood Advertising Inc.
  1998 Ed. (63)
  1999 Ed. (142)
  2000 Ed. (159)
Kingswood Interactive
  2000 Ed. (4383)
KingView Mead
  2023 Ed. (4908)
KingVision/SET
  1995 Ed. (881)
  1996 Ed. (867)
Kingwest Avenue Portfolio
  2001 Ed. (3464)
Kinik
  2009 Ed. (3233)
Kinki Nippon Rail
  1989 Ed. (2874)
Kinki Nippon Railway Co. Ltd.
  1991 Ed. (3416)
  1992 Ed. (3612, 4337)
  1993 Ed. (3613)
  1994 Ed. (3570)
  1995 Ed. (3654)
  1997 Ed. (3250, 3788)
  1998 Ed. (2995)
  1999 Ed. (4653)
  2000 Ed. (4293)
  2002 Ed. (3903)
  2003 Ed. (4042)
Kinko's Inc.
  2003 Ed. (4499)
  2005 Ed. (3180, 3921)
Kinmont; Alexander
  1996 Ed. (1867)
  1997 Ed. (1995)
Kinnetic Laboratories Inc.
  2006 Ed. (3509, 4348)
Kinnevik
  2012 Ed. (3343)
  2014 Ed. (2676)
  2015 Ed. (2720, 3442)
  2016 Ed. (2641, 3302)
  2017 Ed. (2576)
  2019 Ed. (3314)
Kinnevik; Investment AB
  2013 Ed. (3410)
Kinney Canada
  1992 Ed. (4036)
  1994 Ed. (3366)
  1996 Ed. (3243, 3483)
Kinney Drug
  2002 Ed. (2030)
  2023 Ed. (2382)
Kinney Drugs
  2001 Ed. (2090, 2091)
  2006 Ed. (2308)
  2013 Ed. (2368)

Kinney Drugs Inc.
  2015 Ed. (2779)
Kinney/Footlocker
  1993 Ed. (3365)
Kinney; Jeff
  2017 Ed. (243)
  2018 Ed. (230, 231)
  2019 Ed. (225)
  2020 Ed. (228)
Kinney; Jon
  2005 Ed. (987)
  2006 Ed. (973)
Kinney Shoe
  1992 Ed. (4038)
Kinnikinnick Foods
  2014 Ed. (2763, 2767)
  2015 Ed. (2816, 2818)
  2016 Ed. (2749, 2751)
  2017 Ed. (2701, 2706, 2727)
Kinnikinnick Foods Inc.
  2017 Ed. (2705, 2729)
  2018 Ed. (1289, 2786)
  2021 Ed. (2670)
  2022 Ed. (1277, 2819)
Kinny Systems of Atlantic City Inc.
  2003 Ed. (1832)
Kino-52
  2001 Ed. (54)
Kino Indonesia
  2022 Ed. (1620)
Kinokuniya
  2012 Ed. (530)
  2013 Ed. (3651)
Kinova
  2018 Ed. (1465, 3475)
Kinova Inc.
  2016 Ed. (1480)
  2017 Ed. (1482)
Kinpo Electronics
  2021 Ed. (1922)
Kinray Inc.
  1998 Ed. (1331, 1332)
  1999 Ed. (1896)
  2001 Ed. (2062)
  2009 Ed. (4937)
  2010 Ed. (4088, 4945)
  2011 Ed. (4060, 4928)
  2012 Ed. (4092, 4093, 4931)
Kinrise
  2021 Ed. (2611)
  2022 Ed. (2728)
Kinross
  1995 Ed. (2041)
Kinross Gold
  2002 Ed. (3738)
  2003 Ed. (2626)
  2004 Ed. (234)
  2005 Ed. (1719)
  2007 Ed. (2698)
  2008 Ed. (1657, 2825)
  2009 Ed. (1580, 2883)
  2010 Ed. (2820)
  2012 Ed. (2739, 3643, 3668, 3671, 3673, 4564)
  2013 Ed. (1627, 2825, 3687, 3725, 3726, 3730)
  2014 Ed. (2864, 3621, 3660, 3661)
  2015 Ed. (3678, 3679)
  2016 Ed. (3561, 3562)
  2017 Ed. (3533, 3536)
  2022 Ed. (3633)
  2023 Ed. (3729, 3732)
Kinross Gold Corp.
  2014 Ed. (1294, 4571)
  2016 Ed. (3519)
  2017 Ed. (1344, 3492)
  2018 Ed. (1468, 2853, 3584, 3586)
  2019 Ed. (2819, 3578, 3580)
  2020 Ed. (3547, 3550, 3551, 3553)
  2021 Ed. (3571, 3574)
  2022 Ed. (2880, 3629)
  2023 Ed. (2994)
Kinsa
  2022 Ed. (2167)
Kinsale Capital Group
  2022 Ed. (1986, 2887, 3259)
  2023 Ed. (2090, 3351)
Kinsale Insurance
  2016 Ed. (2108)
Kinsale Insurance Co.
  2013 Ed. (2144)
KinsBrae Packaging
  2022 Ed. (3519)
Kinsel Industries Inc.
  2002 Ed. (1277)
Kinsella Landscape
  2012 Ed. (3435)
Kinsella Weitzman Iser Kump & Aldisert
  2012 Ed. (3375)
Kinseth Hospitality Companies
  2023 Ed. (3154)
Kinseth Hospitality Corp.
  2022 Ed. (3035)
Kinsey Interests Inc.
  2011 Ed. (2698)
Kinsight LLC
  2015 Ed. (1418)

Kinsley Construction
  2010 Ed. (1305)
  2011 Ed. (1263)
Kinsley Construction Inc.
  2015 Ed. (1986)
  2016 Ed. (1956)
  2017 Ed. (1214, 1215, 1919)
  2018 Ed. (1195, 1197, 1866)
  2019 Ed. (1221, 1919)
  2020 Ed. (1205, 1215, 1238, 1856)
  2021 Ed. (1177, 1185, 1821)
  2022 Ed. (1867)
  2023 Ed. (1984)
Kinsman Co.
  2008 Ed. (865)
Kinsmen Group
  2021 Ed. (1825)
Kinsus Interconnect Technology
  2009 Ed. (2457)
Kintera Inc.
  2005 Ed. (4250)
  2009 Ed. (2986)
Kintetsu
  2007 Ed. (4836)
  2012 Ed. (4182)
  2013 Ed. (840, 4163)
  2014 Ed. (4181)
  2015 Ed. (4162)
  2016 Ed. (4075, 4727)
  2017 Ed. (4050)
  2018 Ed. (4074)
  2019 Ed. (4069)
  2020 Ed. (4079)
Kintetsu Department Store Co.
  2007 Ed. (4196)
  2008 Ed. (4232)
Kintetsu World Express
  2020 Ed. (2780)
  2021 Ed. (2652)
Kintetsu World Express Inc.
  1997 Ed. (2077)
  2013 Ed. (2778)
  2014 Ed. (2762)
Kintetsu World Express (North America)
  2023 Ed. (2904)
Kintisheff; Tsvetan
  2011 Ed. (3349)
Kintone
  2020 Ed. (976)
  2021 Ed. (957)
  2023 Ed. (1165)
KINX
  2014 Ed. (1987)
Kinze Manufacturing Inc.
  2018 Ed. (3462)
KION Group
  2018 Ed. (4765)
  2019 Ed. (4770)
  2023 Ed. (2900)
Kion Group
  2008 Ed. (1431)
  2009 Ed. (4810)
  2010 Ed. (4828)
  2011 Ed. (4788)
  2012 Ed. (4809)
  2013 Ed. (4769)
  2014 Ed. (4819)
  2015 Ed. (4855)
  2016 Ed. (4762)
  2017 Ed. (4770)
The KION Group
  2020 Ed. (2766)
  2021 Ed. (2640)
  2022 Ed. (2767)
KION Group AG
  2020 Ed. (4756)
  2021 Ed. (4754)
  2022 Ed. (4755)
  2023 Ed. (4742)
Kiosk
  2015 Ed. (1477)
Kiosk Information Systems Inc.
  2002 Ed. (4877)
Kiosks
  1996 Ed. (2345)
Kioson
  2022 Ed. (1382)
Kioson (Indonesia)
  2022 Ed. (1382)
Kip McGrath Education Centres
  2022 Ed. (1388)
The Kiplinger Washington Editors Inc.
  2010 Ed. (2526, 3608)
Kiplinger's Personal Finance
  2000 Ed. (915, 3465)
Kiplinger's Personal Finance Magazine
  1994 Ed. (2791)
KIPP Foundation
  2004 Ed. (930)
Kipp; Karl-Heinz
  2010 Ed. (4889)
  2011 Ed. (4878)
Kipper; Barbara Levy
  1991 Ed. (3512)
  1993 Ed. (3731)
Kippered Beef
  1998 Ed. (3323)

Kips Bay Medical Inc.
 2012 Ed. (4429, 4431)
KIRA Inc.
 2007 Ed. (3545, 4406)
 2008 Ed. (3703, 4378)
 2015 Ed. (3002)
Kirac; Suna
 2009 Ed. (4900)
 2012 Ed. (4896)
 2013 Ed. (4919)
 2014 Ed. (4926)
 2015 Ed. (4966)
 2016 Ed. (4883)
 2017 Ed. (4881)
 2018 Ed. (4893)
 2019 Ed. (4885)
 2020 Ed. (4874)
Kiran Mazumdar-Shaw
 2010 Ed. (4985)
 2011 Ed. (4983)
 2013 Ed. (4957)
 2014 Ed. (4964)
 2015 Ed. (5005)
 2016 Ed. (4922)
 2017 Ed. (4915)
 2021 Ed. (4931)
 2022 Ed. (4925)
 2023 Ed. (4923)
Kiran Patel
 2006 Ed. (959)
Kirawira Luxury Tented Camp
 2013 Ed. (3104)
Kirby
 2017 Ed. (1367)
Kirby Corp.
 1991 Ed. (3437)
 1992 Ed. (4363)
 1993 Ed. (3648)
 1994 Ed. (3609)
 1995 Ed. (214, 3684)
 1997 Ed. (3812)
 1998 Ed. (3651)
 1999 Ed. (4696)
 2000 Ed. (4326)
 2001 Ed. (4235)
 2002 Ed. (4713)
 2004 Ed. (2689, 2690)
 2005 Ed. (2687, 2688)
 2006 Ed. (4895)
 2008 Ed. (4819)
 2009 Ed. (4844)
 2010 Ed. (4784, 4850)
 2011 Ed. (4798, 4817)
 2012 Ed. (4836)
 2013 Ed. (4830)
 2014 Ed. (4845)
 2015 Ed. (4882)
 2016 Ed. (4800)
Kirby Foundation Inc.; F. M.
 1995 Ed. (1926)
Kirby Group Engineering
 2022 Ed. (4098)
 2023 Ed. (4188)
Kirby Restaurant Supply
 2007 Ed. (2594)
Kirby; Tom
 1997 Ed. (2705)
Kirchner
 2005 Ed. (3385)
Kirgizia
 1991 Ed. (3157)
Kiribati
 2006 Ed. (2139)
 2007 Ed. (2092)
 2008 Ed. (2202)
 2012 Ed. (2197)
 2013 Ed. (2382)
 2014 Ed. (2319)
 2017 Ed. (2178)
 2018 Ed. (2239)
 2019 Ed. (2212)
 2020 Ed. (2209)
 2021 Ed. (2181, 2185)
 2022 Ed. (2211, 2215)
Kiril Domuschiev
 2023 Ed. (4817)
Kirill Suzuki
 1992 Ed. (413)
 1993 Ed. (302)
 1994 Ed. (285)
 1995 Ed. (286)
 1996 Ed. (289)
Kirin
 1998 Ed. (449, 490)
 2012 Ed. (555)
 2013 Ed. (653)
 2016 Ed. (666)
 2018 Ed. (580)
 2020 Ed. (579)
 2021 Ed. (540, 554, 555)
 2022 Ed. (564, 582, 583)
 2023 Ed. (826)
Kirin Brewery of America
 2021 Ed. (1538)
Kirin Brewery of America LLC
 2011 Ed. (1806)
 2014 Ed. (1594)

Kirin Brewery Co.
 1989 Ed. (729, 2845)
 1991 Ed. (1744)
 1992 Ed. (941, 1680, 2193, 2200)
 1993 Ed. (697, 1880)
 1994 Ed. (694, 1876)
 1995 Ed. (650, 652, 655, 712, 714, 1901)
 1996 Ed. (727, 729, 730, 732, 734, 735, 788)
 1997 Ed. (660, 662, 663, 664, 665, 667, 668, 672, 2040)
 1998 Ed. (454, 457, 460, 509)
 1999 Ed. (713, 716, 718, 720, 723, 724, 2465, 2484)
 2000 Ed. (726, 728, 731, 2223, 2224)
 2002 Ed. (2307)
 2004 Ed. (56)
 2005 Ed. (51, 668, 669, 3295)
 2006 Ed. (58, 567)
 2007 Ed. (614, 615)
 2008 Ed. (52, 556, 565, 1835, 1836, 1837, 1839, 1840, 1841)
 2009 Ed. (585, 1785)
Kirin Brwery Co.
 1999 Ed. (2466)
Kirin Dry
 1993 Ed. (745)
Kirin Holdings
 2014 Ed. (595, 598)
 2015 Ed. (665, 668, 1732)
 2016 Ed. (600, 609)
 2017 Ed. (636)
 2018 Ed. (601)
 2019 Ed. (613)
Kirin Holdings Co., Ltd.
 2009 Ed. (2801)
 2010 Ed. (569, 576, 578, 581, 2732)
 2011 Ed. (497, 504, 505, 506, 2717)
 2012 Ed. (444, 457, 469, 470, 475, 1588, 1589, 1590, 1591, 1592, 1593, 1594, 1595, 1596, 2652)
 2013 Ed. (575, 584, 586, 2734)
 2014 Ed. (173, 581, 586, 596, 597)
 2015 Ed. (203, 649, 654, 666, 667, 1887)
 2016 Ed. (589, 595, 608, 1849)
 2017 Ed. (626, 631, 644, 645, 1807)
 2018 Ed. (589, 593, 603, 1757)
 2019 Ed. (602, 605, 615, 1814)
 2020 Ed. (159, 168, 590, 592, 1759, 2714)
 2021 Ed. (1728)
Kirin (Japan)
 2021 Ed. (555)
 2022 Ed. (583)
Kirk & Blum
 1998 Ed. (954)
 1999 Ed. (1375)
 2000 Ed. (1267)
 2001 Ed. (1481)
 2002 Ed. (1297)
 2003 Ed. (1238, 1314)
 2004 Ed. (1241, 1314)
 2005 Ed. (1291, 1320)
 2006 Ed. (1261, 1292)
 2007 Ed. (1368)
 2008 Ed. (1249, 1264)
 2009 Ed. (1224, 1240)
 2010 Ed. (1239)
 2011 Ed. (1187)
 2012 Ed. (1133)
The Kirk & Blum Manufacturing Co.
 1991 Ed. (1081)
 1992 Ed. (1414)
 1993 Ed. (1127)
 1994 Ed. (1149)
 1996 Ed. (1137)
 1997 Ed. (1169)
The Kirk & Blum Mfg. Co.
 1995 Ed. (1165)
Kirk Communications.com
 2017 Ed. (2483)
Kirk Corp.
 2002 Ed. (1183)
Kirk Cousins
 2019 Ed. (195)
 2020 Ed. (199)
Kirk Homes
 2004 Ed. (1158)
Kirk Kerkorian
 1999 Ed. (1442, 1450)
 2002 Ed. (3345)
 2003 Ed. (4879)
 2004 Ed. (4871)
 2005 Ed. (4844, 4847)
 2006 Ed. (4898)
 2007 Ed. (4899)
 2008 Ed. (4823)
 2009 Ed. (4855)
 2011 Ed. (628)
 2012 Ed. (4850)
 2013 Ed. (4840)
 2014 Ed. (4856)
 2015 Ed. (4893)
 2016 Ed. (4811)

Kirk Kristiansen; Agnete
 2019 Ed. (4846)
 2020 Ed. (4835)
Kirk Kristiansen; Sofie
 2019 Ed. (4846)
 2020 Ed. (4835)
Kirk Kristiansen; Thomas
 2019 Ed. (4846)
 2020 Ed. (4835)
Kirk Pond
 2003 Ed. (4383)
Kirk; Randal J.
 2008 Ed. (4911)
 2009 Ed. (4859)
 2010 Ed. (4928)
 2011 Ed. (4835, 4913)
 2012 Ed. (4842)
 2013 Ed. (4841)
 2014 Ed. (4857)
 2015 Ed. (4894)
 2016 Ed. (4812)
 2017 Ed. (4823)
 2018 Ed. (4828)
 2019 Ed. (4825)
 2020 Ed. (4815)
 2021 Ed. (4816)
Kirk S. Hachigian
 2009 Ed. (950)
Kirkham; Graham
 1996 Ed. (1717)
Kirkhofer; Lynn
 1993 Ed. (2464)
Kirkland Chrysler Jeep
 2007 Ed. (189)
Kirkland & Ellis
 1991 Ed. (2283)
 1992 Ed. (2832)
 1993 Ed. (2389, 2395)
 1995 Ed. (2416)
 1996 Ed. (2452)
 1997 Ed. (2597)
 1998 Ed. (2327)
 1999 Ed. (3148)
 2000 Ed. (2894)
 2001 Ed. (3054, 3086)
 2002 Ed. (3056)
 2003 Ed. (3171, 3172, 3173, 3174, 3175, 3176, 3205)
 2004 Ed. (3251)
 2005 Ed. (3255, 3275)
 2006 Ed. (1413, 3244, 3246, 3247)
 2014 Ed. (3445)
 2016 Ed. (3774)
 2017 Ed. (1327, 1328, 3731)
 2018 Ed. (1304, 1305, 3779)
 2019 Ed. (3763)
 2020 Ed. (1596, 3814)
 2021 Ed. (1579, 3788, 3790)
 2022 Ed. (1601, 3809, 3811)
 2023 Ed. (1767, 3907, 3909)
Kirkland & Ellis LLP
 2006 Ed. (3249, 3266)
 2007 Ed. (3302, 3303, 3304, 3305, 3306, 3310, 3338)
 2008 Ed. (1395, 3414, 3420, 3425)
 2009 Ed. (3494)
 2010 Ed. (3417, 3418, 3419)
 2011 Ed. (3400, 3402, 3408, 3797)
 2012 Ed. (3367, 3371, 3379, 3385, 3390, 3395, 3417, 3418, 3421, 3425, 3426, 3787)
 2013 Ed. (3451, 3452, 3453)
 2014 Ed. (3450, 3452, 3453, 3454, 3784)
 2015 Ed. (1350, 3804)
 2016 Ed. (3717)
 2018 Ed. (1323)
 2020 Ed. (1312)
 2021 Ed. (3211, 3212, 3218, 3219, 3220)
 2022 Ed. (3349)
 2023 Ed. (3423)
Kirkland Lake Gold
 2019 Ed. (3575)
 2020 Ed. (3548, 3552, 3553)
 2021 Ed. (3564, 3565, 3573, 3574)
 2022 Ed. (3627, 3633)
 2023 Ed. (3724, 3729, 3732)
Kirkland Lake Gold Inc.
 2018 Ed. (1468)
Kirkland Lake Gold Ltd.
 2022 Ed. (2880)
 2023 Ed. (2994)
Kirkland Signature
 2022 Ed. (3071)
 2023 Ed. (3185)
Kirkland's Inc.
 2004 Ed. (4216)
 2008 Ed. (884)
Kirkley; Jim
 2005 Ed. (994)
Kirkman
 2005 Ed. (1935)
Kirkpatrick & Lockhart
 2006 Ed. (3267)
Kirkpatrick & Lockhart Nicholson Graham LLP
 2007 Ed. (1509)

Kirkpatrick & Lockhart Preston Gates & Ellis
 2008 Ed. (4725)
Kirkpatrick & Lockhart Preston Gates & Ellis LLP
 2009 Ed. (4763)
Kirkpatrick Pettis
 2001 Ed. (863, 864, 920)
 2005 Ed. (3532)
Kirksey Architecture
 2019 Ed. (186)
 2023 Ed. (284)
Kirland; Robert A.
 2006 Ed. (348)
Kirlin Group
 2019 Ed. (2658)
 2020 Ed. (1157, 2671)
Kirnan; Jack
 1996 Ed. (1777)
 1997 Ed. (1852)
Kirov Tire Plant
 2001 Ed. (4545)
Kirovsk Apatite Production Association
 1993 Ed. (910)
Kirr Marbach & Co. LLC, Balanced Accounts
 2003 Ed. (3114)
Kirsberry Cherry Speciality
 1991 Ed. (3497)
Kirsch
 1994 Ed. (2131)
 1995 Ed. (2182)
 1997 Ed. (2316)
Kirshenbaum & Bond
 1994 Ed. (85)
 1995 Ed. (43, 68)
 1996 Ed. (58)
Kirshenbaum Bond & Partners
 2002 Ed. (64)
Kirson Medical
 1991 Ed. (1928)
Kirsten & Jorn Rausing
 2005 Ed. (4888, 4897)
 2009 Ed. (4918)
 2010 Ed. (4921, 4922)
 2011 Ed. (4910)
Kirsten Nyroop
 1993 Ed. (3445)
Kirsten Rausing
 2003 Ed. (4892)
 2007 Ed. (4924)
 2012 Ed. (4922)
 2013 Ed. (4902)
 2014 Ed. (4921)
 2015 Ed. (4961)
 2016 Ed. (4877)
 2017 Ed. (4877)
 2018 Ed. (4889)
 2019 Ed. (4881)
 2020 Ed. (4870)
 2021 Ed. (4871)
 2022 Ed. (4867)
 2023 Ed. (4861)
Kirsty Bertarelli
 2012 Ed. (4922)
 2013 Ed. (4901, 4902)
 2014 Ed. (4913)
Kirtland Credit Union
 2002 Ed. (1881)
 2003 Ed. (1935)
 2004 Ed. (1926, 1975)
 2005 Ed. (2117)
 2006 Ed. (2212)
 2007 Ed. (2133)
 2008 Ed. (2248)
 2009 Ed. (2234)
 2010 Ed. (2188)
 2011 Ed. (2206)
 2012 Ed. (2067)
 2013 Ed. (2249)
 2014 Ed. (2181)
 2015 Ed. (2245)
 2016 Ed. (2216)
Kirtland Federal Credit Union
 2018 Ed. (2111)
 2020 Ed. (2090)
 2021 Ed. (2080)
 2022 Ed. (2115)
 2023 Ed. (2181, 2230)
Kirton McConkie
 2021 Ed. (3255, 3256)
 2022 Ed. (3348)
Kirton & McConkle
 2006 Ed. (3252)
Kiruna Wagon AB
 2016 Ed. (1536, 2012)
 2017 Ed. (1972)
Kisco Senior Living
 2022 Ed. (4275)
Kishin RK
 2015 Ed. (4957)
 2016 Ed. (4873)
 2017 Ed. (4873)
 2018 Ed. (4885)
 2019 Ed. (4877)
 2020 Ed. (4865)
Kisi
 2022 Ed. (4083, 4109)

CUMULATIVE INDEX • 1989-2023

Kisi Security
  2020 Ed. (4326)
  2021 Ed. (4342)
Kisinger Campo & Associates Corp.
  2022 Ed. (3674)
  2023 Ed. (2654, 3778)
Kispert; John
  2005 Ed. (992)
  2006 Ed. (988)
  2007 Ed. (1081)
Kiss
  1998 Ed. (866, 867)
  2002 Ed. (1162, 1163, 3413)
  2003 Ed. (716, 3623)
  2004 Ed. (743, 3660)
  2005 Ed. (1160)
  2020 Ed. (2039)
  2021 Ed. (1993)
Kiss 1 Easy Step
  2004 Ed. (3659)
Kiss Blowout
  2021 Ed. (1993)
Kiss, Bow, or Shake Hands: The Bestselling Guide to Doing Business in More Than 60 Countries
  2008 Ed. (618)
Kiss Electric
  2020 Ed. (4436)
  2021 Ed. (4432)
Kiss Everez Lashes
  2021 Ed. (1993)
Kiss Everezlashes
  2020 Ed. (2039)
Kiss the Girls
  2000 Ed. (4349)
Kiss Lash Couture
  2020 Ed. (2039)
  2021 Ed. (1993)
Kiss Looks So Natural
  2020 Ed. (2039)
  2021 Ed. (1993)
Kiss Me
  2001 Ed. (3406)
Kiss Prods Inc.
  2023 Ed. (3833, 3834)
Kissam; Luther
  2015 Ed. (974)
Kissane; James
  1997 Ed. (1872)
Kissimmee Nissan
  1994 Ed. (278)
Kissimmee River
  1993 Ed. (3690)
Kistler-Tiffany Cos.
  1998 Ed. (1427)
  1999 Ed. (2001)
  2000 Ed. (1779)
Kit
  1998 Ed. (3029)
Kit & Ace
  2017 Ed. (4236)
KIT Consulting Group
  2017 Ed. (1397)
Kit-e-Kat
  1999 Ed. (3791)
  2002 Ed. (3658)
  2008 Ed. (719)
  2009 Ed. (729)
  2010 Ed. (652)
Kit E Kat canned cat food
  1992 Ed. (3417)
Kit Kat
  1991 Ed. (847)
  1992 Ed. (1042, 1045)
  1993 Ed. (832, 833)
  1994 Ed. (846, 848, 850, 856, 2838)
  1995 Ed. (889, 890, 894, 895)
  1996 Ed. (873)
  1997 Ed. (890, 891, 892, 983)
  1998 Ed. (615, 616, 617, 618, 619, 620, 624, 625, 626, 627, 628, 629, 630, 631)
  1999 Ed. (785, 789, 1025, 1026, 1130, 1132)
  2000 Ed. (971, 972, 1054, 1055)
  2001 Ed. (1121)
  2002 Ed. (1049, 1167)
  2004 Ed. (978)
  2005 Ed. (996)
  2008 Ed. (712)
  2009 Ed. (703, 722)
  2010 Ed. (645)
  2014 Ed. (949)
  2015 Ed. (979)
  2016 Ed. (876, 877)
  2017 Ed. (926, 927)
  2018 Ed. (862, 863)
  2020 Ed. (753, 756, 757, 758)
  2021 Ed. (773, 778, 779)
  2022 Ed. (808, 809)
  2023 Ed. (1011, 1013)
Kit Kat Big Kat
  2019 Ed. (3692)
Kit Konolige
  1996 Ed. (1831)
  1997 Ed. (1904)
  1998 Ed. (1680)
  1999 Ed. (2270)

2000 Ed. (2001)
Kit Konoligi
  1995 Ed. (1853)
Kit Manufacturing Co.
  1992 Ed. (3644)
  1993 Ed. (2986)
  1994 Ed. (2923)
  1996 Ed. (3172)
  2004 Ed. (3496, 3497)
Kit Personalizacion Sport SL
  2017 Ed. (1967)
Kitagawa; Allan
  2014 Ed. (2593)
Kitagawa & Co., Ltd.; I.
  2006 Ed. (1746)
  2007 Ed. (1755)
  2008 Ed. (1783)
  2009 Ed. (1724)
  2010 Ed. (1672)
  2011 Ed. (1681)
  2012 Ed. (1532)
  2013 Ed. (1678)
  2014 Ed. (1630)
  2015 Ed. (1679)
  2016 Ed. (1624)
  2017 Ed. (1597)
Kitahata & Co.
  1999 Ed. (3011)
  2000 Ed. (2765)
Kitanotatsujin
  2016 Ed. (1710)
  2022 Ed. (1652)
Kitao; Toshitaka
  2010 Ed. (3961)
Kitaro Watanabe
  1993 Ed. (698)
Kitayama Brothers
  2023 Ed. (3848)
Kitcat & Aitken
  1989 Ed. (1421)
  1991 Ed. (1712)
Kitch, Drutchas, Wagner, DeNardis & Valitutti
  2004 Ed. (3234)
  2005 Ed. (3264)
Kitch, Drutchas, Wagner, DeNardis & Valitutti PC
  2001 Ed. (3056)
Kitch, Drutchas, Wagner & Kenney
  1996 Ed. (2453)
  1998 Ed. (2328)
Kitch, Drutchas, Wagner & Kenney P.C.
  2000 Ed. (2895)
Kitch Drutchas Wagner Valitutti & Sherbrook
  2008 Ed. (3423)
  2009 Ed. (3490)
Kitch, Saubier, Drutchas, Wagner & Kenney
  1991 Ed. (2285)
Kitch, Saubler, Drutchas, Wagner & Kenney
  1995 Ed. (2417)
Kitch, Saunbier, Drutchas, Wagner & Kenney
  1999 Ed. (3149)
Kitch, Saurbier, Drutchas, Wagner & Kenney
  1989 Ed. (1879)
  1992 Ed. (2834)
  1993 Ed. (2397)
  1994 Ed. (2353)
Kitchell
  2013 Ed. (1270)
  2014 Ed. (1203)
  2021 Ed. (1356)
  2023 Ed. (1571)
Kitchell Contractors
  1989 Ed. (1000)
  1992 Ed. (1357)
  1997 Ed. (1126)
  1998 Ed. (891)
  2008 Ed. (1170, 1238)
Kitchell Corp.
  1993 Ed. (1102)
  2004 Ed. (1262)
  2006 Ed. (1174, 1346)
  2007 Ed. (1280, 1391)
  2008 Ed. (1180, 1340)
  2009 Ed. (1156, 1338, 2971)
  2010 Ed. (1151, 1321)
  2011 Ed. (1094, 1299)
  2015 Ed. (1261)
  2016 Ed. (1176)
  2017 Ed. (1219)
  2018 Ed. (1109, 1131)
  2019 Ed. (1131, 1146)
  2020 Ed. (1121, 1137)
  2021 Ed. (1107, 1123)
  2023 Ed. (1343, 1358)
The Kitchen
  2017 Ed. (2659)
  2022 Ed. (3012)
Kitchen accessories
  2002 Ed. (3046)
  2003 Ed. (3165)
Kitchen tools & accessories
  2000 Ed. (2588)
Kitchen Aid
  1999 Ed. (2476, 2803)

Kitchen and bath
  1992 Ed. (986)
Kitchen/Bath Industry Show & Conference
  2004 Ed. (4755)
Kitchen furniture
  2001 Ed. (2568)
Kitchen gadgets
  2003 Ed. (3943, 3944)
Kitchen utensils & gadgets
  2002 Ed. (3046)
Kitchen & bath products
  1991 Ed. (805)
  1993 Ed. (779)
Kitchen Resource Direct LLC
  2017 Ed. (1550)
  2019 Ed. (2837)
Kitchen Solvers
  2020 Ed. (2978)
  2021 Ed. (2838)
  2023 Ed. (3184)
Kitchen Solvers, Inc.
  2002 Ed. (2060)
  2003 Ed. (2122)
  2004 Ed. (2168)
  2005 Ed. (2266, 2960)
  2006 Ed. (2324)
  2007 Ed. (2255)
  2008 Ed. (2392)
Kitchen Solvers LLC
  2012 Ed. (2191)
Kitchen storage
  2004 Ed. (4190)
Kitchen textiles
  2005 Ed. (2870)
Kitchen; Thomas
  2015 Ed. (974)
Kitchen tools
  1997 Ed. (2329)
Kitchen towels
  2001 Ed. (3039)
Kitchen Tune Up
  2023 Ed. (3118)
Kitchen Tune-Up
  2001 Ed. (2530)
  2002 Ed. (2060)
  2003 Ed. (2122)
  2004 Ed. (2168)
  2005 Ed. (2266)
  2006 Ed. (2324, 2956)
  2007 Ed. (2255)
  2008 Ed. (2392)
  2009 Ed. (2373)
  2010 Ed. (2297)
  2011 Ed. (2295)
  2012 Ed. (2191)
  2013 Ed. (3116)
  2014 Ed. (3117)
  2015 Ed. (3179)
  2016 Ed. (3034)
  2018 Ed. (3104)
  2019 Ed. (3038)
  2020 Ed. (3076)
  2021 Ed. (2953)
  2022 Ed. (3070)
  2023 Ed. (3184)
Kitchen utensils
  1993 Ed. (2109)
  2003 Ed. (3165)
Kitchen Works
  2007 Ed. (2971)
  2009 Ed. (3089, 3188)
KitchenAid
  1991 Ed. (1441, 1751)
  1992 Ed. (1830, 2201)
  1993 Ed. (1885)
  1994 Ed. (1883, 1940, 2127)
  1995 Ed. (2178)
  1997 Ed. (2050, 2114, 2312)
  1998 Ed. (1735, 2044)
  2000 Ed. (2233, 2579)
  2001 Ed. (2037, 3600, 4027, 4731)
  2003 Ed. (1374, 2865, 2867, 3166)
  2005 Ed. (1401, 2953, 2955, 3250)
  2007 Ed. (1425, 2965, 2975)
  2008 Ed. (2348, 3089, 3835, 4548)
  2009 Ed. (1384, 2263, 3176, 3177, 3193)
  2010 Ed. (3010, 3011, 3121)
  2011 Ed. (1362, 2239, 3079, 3088, 3392)
Kitchener, Ontario
  2009 Ed. (3560, 3562)
  2010 Ed. (3477, 3479, 3481)
  2011 Ed. (1947)
Kitchener-Waterloo, Ontario
  2008 Ed. (3489)
Kitchens & Closets by DEA
  2021 Ed. (4996)
  2022 Ed. (4994)
  2023 Ed. (4997)
Kitchens of Sara Lee
  1989 Ed. (354, 357, 359, 360)
Kitchenware and accessories
  1991 Ed. (1977)
Kite Hill
  2022 Ed. (2040)
  2023 Ed. (2150)
Kite Painting Co. Inc.
  1993 Ed. (1135)
  1994 Ed. (1142)

Kite Pharmaceuticals
  2016 Ed. (4496)
The Kite Runner
  2007 Ed. (665)
  2008 Ed. (555, 624)
  2009 Ed. (584, 644)
  2010 Ed. (612)
Kitekat
  1996 Ed. (3000)
Kitex Garments
  2017 Ed. (1622)
Kith Holdings
  2007 Ed. (1760)
Kith Kitchens
  2020 Ed. (4992)
  2022 Ed. (796)
Kitimat Clean Ltd.
  2015 Ed. (878, 879)
KitKat
  2003 Ed. (963, 1131)
  2013 Ed. (677, 2732)
  2014 Ed. (706)
Kitman Labs
  2020 Ed. (4469)
Kiton
  2006 Ed. (1030)
Kitsap Bank
  2017 Ed. (4978)
  2021 Ed. (4985)
Kitsap Community Credit Union
  2002 Ed. (1899)
  2003 Ed. (1953)
  2004 Ed. (1993)
  2005 Ed. (2135)
  2006 Ed. (2230)
  2007 Ed. (2151)
  2008 Ed. (2266)
  2009 Ed. (2253)
  2010 Ed. (2206)
  2011 Ed. (2224)
  2012 Ed. (2085)
  2013 Ed. (2273)
  2014 Ed. (2207)
  2015 Ed. (2271)
Kitsap County, WA
  2023 Ed. (1116)
Kitsap Credit Union
  2022 Ed. (2082)
Kitsch
  2023 Ed. (1314)
Kitsy Lane
  2015 Ed. (2478)
Kitten Chow
  1989 Ed. (2199)
  1992 Ed. (3414)
  1994 Ed. (2835)
  1997 Ed. (3076)
  1999 Ed. (3784)
Kittensoft Kitchen
  2002 Ed. (3585)
Kittensoft Toilet Tissue
  2002 Ed. (3585)
Kittie Hook
  2012 Ed. (4386)
Kittle's
  1999 Ed. (2556)
Kittle's Furniture
  2018 Ed. (2829)
Kittling Ridge Estate Wines & Spirits
  2014 Ed. (4952)
Kittredge Equipment Co.
  2007 Ed. (2594)
  2016 Ed. (2730)
Kitt's Music; Jordan
  1994 Ed. (2597)
  1996 Ed. (2746)
Kitt's Transfer & Storage Inc.
  2006 Ed. (3513)
  2007 Ed. (3555, 4420)
Kitty Goodman
  2008 Ed. (4899)
Kitty Hawk
  2007 Ed. (233)
Kitu Life Super Coffee
  2022 Ed. (1790, 2712, 2718)
Kiva Systems
  2011 Ed. (3501, 4020)
Kivi Channel 6
  2005 Ed. (1786)
Kivi-Tex A/S
  2009 Ed. (1635)
Kivvit
  2019 Ed. (4030, 4040, 4050)
  2020 Ed. (4040, 4044, 4045, 4050, 4061)
  2021 Ed. (4004, 4007, 4009, 4010, 4011, 4014, 4019, 4022, 4025, 4026, 4033)
  2022 Ed. (4022, 4025, 4027, 4028, 4029, 4032, 4036, 4038, 4041, 4044, 4045)
  2023 Ed. (4127, 4130, 4132, 4133, 4135, 4141, 4143, 4145, 4146, 4149, 4150, 4153)
Kiwi
  2003 Ed. (984, 985)
Kiwi Airlines
  1998 Ed. (137, 818)
Kiwi Brands Inc.
  2003 Ed. (990, 991, 993, 994, 996)

Kiwi Income Property Trust
 2015 Ed. (4203)
Kiwi International
 2000 Ed. (253)
Kiwi Property Group
 2018 Ed. (1799)
Kiwibank
 2015 Ed. (555, 556, 1926)
 2016 Ed. (505, 2607)
 2017 Ed. (443, 522, 2539)
 2018 Ed. (407, 487, 1795)
 2019 Ed. (411, 501)
 2020 Ed. (403, 484)
 2021 Ed. (434)
 2022 Ed. (448)
 2023 Ed. (617, 706)
Kiwibank (New Zealand)
 2021 Ed. (434)
 2022 Ed. (448)
Kiwi.com
 2019 Ed. (2892)
 2021 Ed. (1486, 4709)
Kiwirail Holdings
 2015 Ed. (4800)
Kiyo Bank
 2004 Ed. (549)
Kiyohisa Hirano
 1996 Ed. (1884)
 1997 Ed. (1990)
 1999 Ed. (2372)
 2000 Ed. (2152)
Kiyohisa Ota
 1996 Ed. (1873, 1885)
 1997 Ed. (1991)
 1999 Ed. (2391)
 2000 Ed. (2174)
Kiyotaka Teranishi
 1996 Ed. (1872)
 1997 Ed. (1980)
 1999 Ed. (2365)
 2000 Ed. (2164)
Kizuna Re II Ltd.
 2019 Ed. (3175)
Kjaer Group A/S
 2007 Ed. (1681)
Kjeld Kirk Kristiansen
 2008 Ed. (4863)
 2010 Ed. (4887)
 2011 Ed. (4875)
 2012 Ed. (4884)
 2013 Ed. (4868)
 2014 Ed. (4882)
 2015 Ed. (4920)
 2016 Ed. (4836)
 2017 Ed. (4844)
 2018 Ed. (4851)
 2019 Ed. (4846)
 2020 Ed. (4835)
 2021 Ed. (4836)
 2022 Ed. (4829)
 2023 Ed. (4824)
Kjell Inge Rokke
 2008 Ed. (4871)
 2009 Ed. (4893)
 2010 Ed. (4893)
 2011 Ed. (4882)
 2012 Ed. (4891)
 2013 Ed. (4895)
 2014 Ed. (4907)
 2015 Ed. (4947)
 2016 Ed. (4862)
 2017 Ed. (4866)
 2018 Ed. (4875)
 2019 Ed. (4869)
 2020 Ed. (4858)
 2021 Ed. (4858)
 2022 Ed. (4854)
 2023 Ed. (4849)
Kjellberg; Felix
 2019 Ed. (3290)
 2021 Ed. (4787)
Kjos; Caroline Hagen
 2017 Ed. (4866)
 2018 Ed. (4875)
 2019 Ed. (4869)
 2020 Ed. (4858)
 2021 Ed. (4858)
 2022 Ed. (4854)
 2023 Ed. (4849)
KJWW Engineering Consultants
 2009 Ed. (2529)
 2011 Ed. (2454, 2468, 2503)
 2015 Ed. (2598)
KJWW/TTG
 2018 Ed. (2443)
KK Assuran
 2014 Ed. (2259)
KK & M
 1991 Ed. (130)
KK Mechanical
 2006 Ed. (1350)
 2011 Ed. (1304, 1307)
KK Series (SPVL)
 1991 Ed. (3439)
KK Series (VA)
 1991 Ed. (3438)

KKB Engineering
 2012 Ed. (1676)
 2013 Ed. (1828)
KKBT-FM
 1994 Ed. (2988)
 1995 Ed. (3052)
 1996 Ed. (3153)
 1998 Ed. (2987)
 2000 Ed. (3696)
 2002 Ed. (3898)
KKBT-FM(92.3)
 1992 Ed. (3606)
 1993 Ed. (2954)
KKE Architects Inc.
 2005 Ed. (262)
KKHJ-AM
 1994 Ed. (2530, 2987)
 1995 Ed. (2588, 3050)
 1996 Ed. (2653, 3151)
 1997 Ed. (2800, 3236)
 1998 Ed. (2511, 2986)
 1999 Ed. (3419, 3979)
 2000 Ed. (3142)
 2001 Ed. (3970)
 2002 Ed. (3895)
KKHJ-AM, KBUE-FM, KWIZ-AM
 2000 Ed. (3695)
KKHK-FM
 2002 Ed. (3897)
KKPC-Korea Kumho
 2006 Ed. (4597)
KKR
 1993 Ed. (823)
 2005 Ed. (1490, 1501, 1513, 1517, 1525, 2737, 3284, 3372)
 2006 Ed. (1446, 3276, 4010)
 2007 Ed. (1442)
 2014 Ed. (1308, 1309, 1334)
 2020 Ed. (1325, 4311)
 2022 Ed. (1329, 4337)
 2023 Ed. (1552, 4367)
KKR 2006 Fund Private Investors
 2009 Ed. (2648)
KKR & Co.
 2011 Ed. (1372)
 2014 Ed. (4430)
 2015 Ed. (4412)
 2016 Ed. (4308)
 2017 Ed. (4313)
KKR & Co. LLP
 2012 Ed. (1288, 4426)
KKR Financial Corp.
 2007 Ed. (4281)
 2008 Ed. (1587)
 2009 Ed. (1522)
KKR Group
 2001 Ed. (2616)
KKR Holdings LP
 2011 Ed. (2960)
 2012 Ed. (2889)
KKR Private Equity Investors
 2008 Ed. (4537)
 2011 Ed. (1372)
KKR/Storer
 1997 Ed. (876)
KKW Fragrance
 2020 Ed. (3775)
KL & A Inc.
 2009 Ed. (2518)
 2010 Ed. (2435)
KL Buses SL
 2018 Ed. (1918)
KL Kepong
 1999 Ed. (1702)
KLA
 2023 Ed. (4403, 4410)
KLA Corp.
 2023 Ed. (3989)
KLA Instruments
 1991 Ed. (1517, 1521)
 1992 Ed. (3673)
 1999 Ed. (1960, 1974)
KLA Schools
 2018 Ed. (860)
 2022 Ed. (908)
KLA-Tencor
 2015 Ed. (1481)
 2018 Ed. (4340)
 2019 Ed. (4362)
 2020 Ed. (4363)
Kla-Tencor
 2023 Ed. (4408)
KLA-Tencor Corp.
 1999 Ed. (1477, 1970)
 2000 Ed. (1736, 1750)
 2001 Ed. (2893, 2894, 4219)
 2002 Ed. (2099)
 2003 Ed. (1124, 2131, 2133, 2197, 4377, 4538, 4549)
 2004 Ed. (3029, 3030, 4400, 4660)
 2005 Ed. (1671, 2542, 3044, 3045, 4343, 4742)
 2006 Ed. (4282, 4284, 4286, 4792)
 2007 Ed. (4343, 4345, 4349, 4805)
 2008 Ed. (4610)
 2009 Ed. (3109, 4413)
 2012 Ed. (4461)
 2013 Ed. (4421, 4423)

2014 Ed. (4452, 4454)
 2015 Ed. (3559, 4242, 4447, 4449)
 2016 Ed. (4339)
 2017 Ed. (4340)
 2018 Ed. (4337)
 2019 Ed. (4364)
 2020 Ed. (4360)
Klabin
 1992 Ed. (1580, 3767)
 1994 Ed. (2998)
 1995 Ed. (3060)
 2004 Ed. (1780)
 2005 Ed. (1840)
 2006 Ed. (4599)
 2014 Ed. (1163)
Klabin S/A
 2022 Ed. (1292)
Klaipedos Nafta
 2002 Ed. (4440)
Klaipedos Nfta
 2006 Ed. (4516)
Klamath First Federal Savings & Loan Association
 1998 Ed. (3563)
Klamath National Forest
 2007 Ed. (2639)
Klangfarbe
 2020 Ed. (3643)
 2021 Ed. (3648)
Klappa; Gale E.
 2007 Ed. (1034)
 2008 Ed. (956)
Klar Organization
 2000 Ed. (1219)
Klaris Group
 2022 Ed. (3331, 3347)
Klarna
 2013 Ed. (2068)
 2022 Ed. (478, 3981)
Klarna Bank
 2023 Ed. (693)
KLAT-AM
 2000 Ed. (3142)
 2001 Ed. (3970)
 2002 Ed. (3895)
 2003 Ed. (4498)
KLAT-AM/FM
 2004 Ed. (4464)
 2005 Ed. (4412)
KLAT-AM, KLTO-FM, KOVE-FM, KRTX-FM
 2000 Ed. (3695)
Klatten; Susanne
 2008 Ed. (4867)
 2009 Ed. (4888)
 2010 Ed. (4889, 4899)
 2011 Ed. (4878)
 2012 Ed. (4887)
 2013 Ed. (4871)
 2014 Ed. (4885)
 2015 Ed. (4924)
 2016 Ed. (4840)
 2017 Ed. (4848)
 2018 Ed. (4855)
 2019 Ed. (4850)
 2020 Ed. (4839)
 2021 Ed. (4840)
 2022 Ed. (4834)
 2023 Ed. (4829)
Klatzkin; Lawrence
 1997 Ed. (1937)
Klaus
 2012 Ed. (689)
Klaus Hommels
 2023 Ed. (4751)
Klaus Hommels (Lakestar)
 2021 Ed. (4761)
 2022 Ed. (4763)
Klaus Kleinfeld
 2010 Ed. (897)
 2011 Ed. (838)
 2015 Ed. (963)
Klaus-Michael Kuehne
 2020 Ed. (4839)
 2021 Ed. (4840)
 2022 Ed. (4834)
 2023 Ed. (4829)
Klaus-Michael Kuhne
 2010 Ed. (4889)
 2011 Ed. (4878)
 2012 Ed. (4887)
 2013 Ed. (4871)
 2014 Ed. (4885)
 2015 Ed. (4924)
 2016 Ed. (4840)
 2017 Ed. (4848)
 2018 Ed. (4855)
 2019 Ed. (4850)
Klaus Steilmann GmbH & Co. KG
 2000 Ed. (1125)
Klaus Steilmann GmbH & Co. Kommandi- gesellschaft
 1999 Ed. (1206)
Klaus Steilmann GmbH & Co. Kommandit- gesellschaft
 1991 Ed. (986)
 1992 Ed. (1229)
 1993 Ed. (999)
 1994 Ed. (1031)

1995 Ed. (1037)
 1996 Ed. (1021)
 1997 Ed. (1040)
Klauser, James R.
 1993 Ed. (3444)
Klaussner Corp.
 1992 Ed. (2244, 2245, 2246)
 1996 Ed. (1987)
 2000 Ed. (2287)
 2001 Ed. (1821)
Klaussner Furniture Industries
 1991 Ed. (970)
 1993 Ed. (980)
 1994 Ed. (1006, 1928, 1933)
 1995 Ed. (1018, 1951, 1952)
 1997 Ed. (1016, 2098, 2099, 2100)
 1998 Ed. (757, 1783)
 1999 Ed. (2544, 2545)
 2001 Ed. (1821)
 2005 Ed. (2881, 3919)
 2006 Ed. (3993)
 2007 Ed. (2663)
 2009 Ed. (2851, 2852, 4159)
 2012 Ed. (2712)
 2013 Ed. (2786)
 2014 Ed. (2807, 2808)
 2015 Ed. (2854)
 2016 Ed. (2789)
 2017 Ed. (2757)
 2019 Ed. (2791)
 2020 Ed. (2816)
 2021 Ed. (2692)
KLAX-FM
 1994 Ed. (2530)
 1995 Ed. (3052)
 1996 Ed. (2653, 3151, 3153)
 1997 Ed. (2800, 3236)
 1998 Ed. (2511, 2986, 2987)
 1999 Ed. (3419, 3979)
 2000 Ed. (3142)
 2001 Ed. (3970)
 2002 Ed. (3895)
 2003 Ed. (4498)
 2004 Ed. (4464, 4465)
 2005 Ed. (4412, 4413)
 2006 Ed. (4430)
 2008 Ed. (4470)
 2009 Ed. (4503)
 2010 Ed. (2984)
 2011 Ed. (2945)
 2012 Ed. (2876)
 2013 Ed. (2952)
 2014 Ed. (2969)
 2016 Ed. (2933)
KLAX-FM, KXED-AM
 2000 Ed. (3695)
Klay Thompson
 2023 Ed. (318)
Klayman & Korman
 2002 Ed. (8)
Klee, Tuchin, Bogdanoff & Stern
 2012 Ed. (3367)
Kleen Brite Laboratories Inc.
 2002 Ed. (1967)
Kleen Guard
 2003 Ed. (980)
 2008 Ed. (980)
Kleen-Tech Services Corp.
 2003 Ed. (4990)
 2006 Ed. (4991, 4992)
 2007 Ed. (4987)
 2009 Ed. (4987)
 2010 Ed. (4994, 4995)
Kleenex
 1992 Ed. (4300)
 1993 Ed. (3579)
 1994 Ed. (3539)
 1995 Ed. (3617)
 1996 Ed. (3694, 3695, 3705)
 1997 Ed. (3754)
 1998 Ed. (3573)
 1999 Ed. (3772, 4603)
 2000 Ed. (4254)
 2001 Ed. (3342, 4547)
 2002 Ed. (4626)
 2003 Ed. (2921, 3719, 4740, 4741)
 2005 Ed. (4700, 4720)
 2006 Ed. (4755)
 2007 Ed. (4761)
 2008 Ed. (4684, 4685)
 2009 Ed. (3194, 4725)
 2010 Ed. (4734)
 2014 Ed. (4741)
 2016 Ed. (3733, 3734)
 2017 Ed. (3689, 3690)
 2018 Ed. (3743, 3744)
Kleenex Anti-Viral
 2016 Ed. (3733)
 2017 Ed. (3689)
 2018 Ed. (3743)
Kleenex Boutique
 1996 Ed. (3695)
Kleenex Casuals
 1996 Ed. (3695)
Kleenex Cool Touch
 2016 Ed. (3733)
 2017 Ed. (3689)
 2018 Ed. (3743)

Kleenex Cottonelle
  2002 Ed. (3379)
  2003 Ed. (3430, 4759)
  2008 Ed. (4697)
  2020 Ed. (3607)
Kleenex Cottonelle Clean Care
  2015 Ed. (4762)
  2016 Ed. (4665)
  2017 Ed. (4675)
  2018 Ed. (4663)
Kleenex Cottonelle Fresh Care
  2020 Ed. (3607)
Kleenex Cottonelle Ultra Comfort Care
  2016 Ed. (4665)
  2017 Ed. (4675)
  2018 Ed. (4663)
Kleenex Cottonelle Wipes
  2008 Ed. (4697)
Kleenex Expressions
  2016 Ed. (3733)
Kleenex Facial
  2002 Ed. (3585)
Kleenex Facial Tissue
  1999 Ed. (4604)
Kleenex Huggies
  2001 Ed. (543)
Kleenex Just for Me
  2003 Ed. (3430)
Kleenex Kitchen Towels
  1999 Ed. (4604)
Kleenex Softique
  1996 Ed. (3695)
Kleenex Toilet Tissue
  1999 Ed. (4604)
Kleenex Ultra
  1996 Ed. (3695)
  2016 Ed. (3733)
  2017 Ed. (3689)
  2018 Ed. (3743)
Kleenex Viva
  2014 Ed. (3803)
  2015 Ed. (3826)
Kleenex Viva Choose A Size
  2016 Ed. (3737)
  2017 Ed. (3693)
  2018 Ed. (3747)
Kleer-Vu Industries
  1998 Ed. (165)
Klefer; Allen E.
  1992 Ed. (1137)
Kleider-Bauer
  1989 Ed. (23)
Klein
  2019 Ed. (2914)
  2023 Ed. (3082)
Klein; Bruce
  1997 Ed. (1943)
Klein Buendel Inc.
  2012 Ed. (53)
Klein; Calvin
  1989 Ed. (55)
  1993 Ed. (18)
  2010 Ed. (3004)
Klein & Eversoil
  2000 Ed. (1219)
Klein; Jeffrey
  1989 Ed. (1416, 1417)
  1991 Ed. (1688)
Klein; Jonathan
  2006 Ed. (2523)
Klein; Maeda
  1993 Ed. (1842)
  1997 Ed. (1940)
Klein; Robin
  2021 Ed. (4761)
Klein Steel Service
  2013 Ed. (3612)
Klein Steel Service Inc.
  2007 Ed. (1918)
  2008 Ed. (4930)
  2009 Ed. (4952)
Klein Tools
  2018 Ed. (2970)
  2020 Ed. (2932)
  2021 Ed. (2792)
  2022 Ed. (2958)
Klein; Ward M.
  2011 Ed. (836)
Klein Wholesale Distributors
  2003 Ed. (4937, 4938)
KleinBank
  2011 Ed. (416)
  2012 Ed. (391)
  2013 Ed. (304)
  2014 Ed. (318)
  2015 Ed. (359)
Kleine Riesen Nord
  2019 Ed. (2223)
  2020 Ed. (2220)
  2021 Ed. (2194)
Kleiner Perkins Caufield & Byers
  1996 Ed. (3781)
  1998 Ed. (3663, 3664, 3665)
  2000 Ed. (967, 2453)
  2002 Ed. (4738)
  2008 Ed. (4805)
  2010 Ed. (4845)
  2013 Ed. (4784)

  2014 Ed. (4830)
Kleines Arschloch
  1999 Ed. (3450)
Kleinfeld; Klaus
  2010 Ed. (897)
  2011 Ed. (838)
  2015 Ed. (963)
Kleinfelder
  2006 Ed. (2481)
  2009 Ed. (287)
  2010 Ed. (2443)
  2017 Ed. (2331)
  2019 Ed. (1032, 2354)
  2020 Ed. (2322)
  2021 Ed. (2288)
  2022 Ed. (2312, 2320)
  2023 Ed. (2490, 2496)
Kleinfelder Group Inc.
  2009 Ed. (4125)
Kleinoeder, Howard L.
  1993 Ed. (893)
Kleinsleep
  1993 Ed. (676, 3038)
Kleinwort
  1989 Ed. (545, 574)
Kleinwort Benson
  1991 Ed. (533, 776, 777, 778, 1112, 1121, 1126, 1127, 1130, 1133)
  1992 Ed. (1484, 2140)
  1993 Ed. (1173, 1324, 1641, 3120)
  1995 Ed. (728, 790, 791, 792, 793, 794, 3277)
  1996 Ed. (1190)
  1997 Ed. (772, 773, 1232, 1233)
  1998 Ed. (1006)
  1999 Ed. (872, 874, 876, 896, 897)
Kleinwort Benson Group
  1992 Ed. (1627)
Kleinwort Benson International
  1991 Ed. (2220)
  1996 Ed. (1868)
  1997 Ed. (1975)
Kleinwort Benson Securities
  1991 Ed. (1712)
  1992 Ed. (2139, 2785)
  1993 Ed. (1846, 1847, 1849, 1850)
  1994 Ed. (773, 1203, 1839, 2474)
  1996 Ed. (1859)
  1997 Ed. (1967, 1969, 1971)
Kleinworth Benson International Equity
  1992 Ed. (3184)
Klem Euro RSCG
  1995 Ed. (100)
  1996 Ed. (116)
  1997 Ed. (120)
  1999 Ed. (125)
  2000 Ed. (143)
Klem RSCG
  1992 Ed. (181)
Kleman; Charles
  2006 Ed. (1002)
  2007 Ed. (1094)
Klemen Transport , Prevoz Blaga, Klemen Piskur S.P.
  2017 Ed. (1956)
Klement
  2002 Ed. (3271)
Klemtner
  1991 Ed. (2398)
  1992 Ed. (117)
  1993 Ed. (67, 77)
Klemtner Advertising
  1989 Ed. (60)
  1992 Ed. (110)
  1994 Ed. (58)
  1995 Ed. (33)
  1996 Ed. (48)
  1997 Ed. (45, 57)
  1998 Ed. (38)
  1999 Ed. (43, 55)
  2001 Ed. (212)
  2002 Ed. (67)
  2003 Ed. (35)
Klepierre
  2007 Ed. (4079)
  2011 Ed. (4164)
  2012 Ed. (4212)
  2013 Ed. (4199)
  2014 Ed. (4216)
  2015 Ed. (4199)
  2016 Ed. (4115)
  2017 Ed. (4094)
  2018 Ed. (4097)
  2019 Ed. (4103)
  2020 Ed. (4115)
Klerck & Barrett
  1993 Ed. (136)
Klerck & McCormac
  1989 Ed. (157)
  1991 Ed. (148)
Klerck & White
  1992 Ed. (205)
Klesse; William
  2011 Ed. (820)
  2013 Ed. (985)
Klesse; William R.
  2008 Ed. (953)
  2009 Ed. (952)

  2015 Ed. (969)
Klett Lieber
  2001 Ed. (901)
The Klett Organization
  1992 Ed. (360)
Kley Zemer Music
  2021 Ed. (3664)
Klez
  2006 Ed. (1147)
KLF Media
  2021 Ed. (733)
KLG Corp.
  2007 Ed. (4988)
KLH Engineers
  2012 Ed. (205)
Klick
  2014 Ed. (2934)
  2015 Ed. (2984)
  2016 Ed. (3111)
  2017 Ed. (3058)
  2018 Ed. (981)
Klick Communications
  2009 Ed. (2994)
  2010 Ed. (2934)
Klick Health
  2016 Ed. (80)
Kligerman; Andrew
  2011 Ed. (3362)
Klih
  1997 Ed. (2594)
  2000 Ed. (2885)
Klikkicom Oy
  2012 Ed. (2842)
  2013 Ed. (2904)
Klil Industries
  2018 Ed. (3556)
Klimer Platforms, Inc.
  2019 Ed. (1017)
  2020 Ed. (1003)
  2021 Ed. (969)
  2022 Ed. (1007)
  2023 Ed. (1184)
Klin & Co. Ltd.; 510, R. J.
  1991 Ed. (2338)
Klin & Co. Ltd.; Non-marine 510, R. J.
  1991 Ed. (2336)
Kline Bros. Landscaping
  2023 Ed. (3475)
Kline Hawkes & Co.
  2002 Ed. (4736)
Kline; L. F.
  2005 Ed. (2485)
Kline & Specter
  2012 Ed. (3384)
Kling
  2005 Ed. (3161)
  2006 Ed. (3163)
  2008 Ed. (3339)
Kling Lindquist
  1998 Ed. (189)
  1999 Ed. (291)
  2000 Ed. (316)
The Kling-Lindquist Partnership
  1989 Ed. (269)
  1993 Ed. (245, 249, 1609)
  1994 Ed. (234, 238, 1642)
  1995 Ed. (241)
  1996 Ed. (237)
  1997 Ed. (269)
Kling Tite Naturalamb
  2002 Ed. (1166)
  2003 Ed. (1130)
Kling Tite Naturlamb
  1999 Ed. (1303)
Kling Title Naturalamb
  1998 Ed. (932)
Klinger Constructors LLC
  2018 Ed. (1124)
  2019 Ed. (1141)
  2020 Ed. (1132)
  2021 Ed. (1118)
  2023 Ed. (1353)
Klinger Cos.
  2021 Ed. (1104, 1105, 1183)
  2022 Ed. (1120, 1179, 1181)
  2023 Ed. (1339, 1417)
Klinger Cos. Inc.
  2002 Ed. (1249)
  2003 Ed. (1261)
  2004 Ed. (1264)
Klinger Finland Oy
  2018 Ed. (1526)
Klinger Holdings PLC
  1996 Ed. (934)
Klinger Lake Marina
  1991 Ed. (718)
Klingman; Gerard A.
  2009 Ed. (3442)
KlingStubbins
  2009 Ed. (3412)
  2010 Ed. (3350)
  2011 Ed. (3307)
  2012 Ed. (3290)
  2013 Ed. (3363)
klipp
  2009 Ed. (288)
  2010 Ed. (272, 273)
  2012 Ed. (203)

  2013 Ed. (178)
Klipp Colussy Jenks DuBois Architects P.C.
  2002 Ed. (332)
Klipsch
  2013 Ed. (193, 199, 203)
  2014 Ed. (201, 207)
  2015 Ed. (228, 234, 236, 242, 244)
  2016 Ed. (223, 229, 231, 237, 239)
  2017 Ed. (226, 227, 232, 235, 237)
  2018 Ed. (207, 211, 221, 223)
  2019 Ed. (201, 205, 206, 208, 217)
  2020 Ed. (204, 211, 217, 220)
  2021 Ed. (203, 204, 206, 211, 214)
  2022 Ed. (214, 216)
  2023 Ed. (326, 328, 331)
Klipsch Music Center
  2014 Ed. (176)
  2015 Ed. (205)
  2017 Ed. (183)
  2018 Ed. (171)
KLK
  2000 Ed. (2884)
KLLM
  2023 Ed. (4213)
KLLM Inc.
  1991 Ed. (2824)
  1992 Ed. (3648)
  1993 Ed. (2987)
  1994 Ed. (3029)
  1995 Ed. (3081)
  1998 Ed. (3031)
  1999 Ed. (4019)
  2000 Ed. (3734)
  2002 Ed. (3944)
  2004 Ed. (4773)
  2005 Ed. (4033)
  2006 Ed. (4061)
  2007 Ed. (4110)
  2008 Ed. (4133)
  2011 Ed. (4174)
  2012 Ed. (4225)
  2013 Ed. (4210)
  2014 Ed. (4224)
  2015 Ed. (4212)
  2016 Ed. (4131)
KLLM Transport Services
  2018 Ed. (4134)
  2019 Ed. (4150)
  2020 Ed. (4154)
  2021 Ed. (4103)
  2022 Ed. (4130)
  2023 Ed. (4212)
KLLM Transport Services Inc.
  2013 Ed. (4211)
  2014 Ed. (4225)
  2015 Ed. (4213)
KLLM Transport Services LLC
  2014 Ed. (1821)
  2015 Ed. (1861)
  2016 Ed. (1820, 4132)
  2017 Ed. (4109)
  2018 Ed. (4135)
  2019 Ed. (4151)
  2020 Ed. (4111)
  2021 Ed. (4105)
  2022 Ed. (4132)
  2023 Ed. (4215)
KLLM Transport Services, LLC
  2018 Ed. (1738)
KLM
  1989 Ed. (241)
  1991 Ed. (191, 192, 193, 202, 205, 237, 238, 1325)
  1993 Ed. (172, 174, 175, 192, 198)
  1994 Ed. (157, 159, 160, 170, 171, 176, 178, 179, 180, 183, 190)
  1996 Ed. (176, 177, 178, 187)
  1997 Ed. (192, 207, 212, 214, 217, 244, 3792)
  1999 Ed. (208, 209, 210, 211, 227, 229, 230, 233, 234, 235, 238)
  2000 Ed. (231, 251, 255, 256, 257, 260, 261)
  2019 Ed. (153)
KLM Airlines
  1992 Ed. (286)
KLM Royal Dutch
  1993 Ed. (194)
  1995 Ed. (177, 180, 181)
  1996 Ed. (190)
KLM Royal Dutch Airlines
  1992 Ed. (264, 265, 292, 296, 300, 330)
  1997 Ed. (206)
  1998 Ed. (113, 118, 119, 120, 121, 136, 139)
  2001 Ed. (306, 307, 308, 313, 326, 332)
  2002 Ed. (266)
  2004 Ed. (217)
  2005 Ed. (221)
  2006 Ed. (237, 238)
  2007 Ed. (1905)
  2009 Ed. (768, 2591)
  2012 Ed. (155)
  2015 Ed. (151)
  2016 Ed. (156)
KLM Royal Dutch Airlines NV
  2008 Ed. (1963)

KLNO-FM
  2004 Ed. (4465)
  2005 Ed. (4412, 4413)
  2013 Ed. (2952)
Klockner
  1996 Ed. (933)
  1999 Ed. (1092, 1093)
Klockner Desma Elastomertechnik GmbH
  2001 Ed. (2875)
Klockner-Humboldt-Deutz
  1992 Ed. (2961)
Klockner-Namasco Corp.
  1999 Ed. (3353)
Klockner-Pentaplast of America Inc.
  2004 Ed. (3908)
Klockner-Werke
  1989 Ed. (2639)
Klocwork Inc.
  2006 Ed. (1140)
  2007 Ed. (1254)
  2008 Ed. (1150)
  2009 Ed. (1131)
  2010 Ed. (1112)
  2011 Ed. (1051)
  2012 Ed. (978)
  2013 Ed. (1121)
  2014 Ed. (1084)
  2015 Ed. (1122)
Klode Auto/Salvage Distribution Center Inc.
  2009 Ed. (310)
Kloeckner
  1993 Ed. (3454)
Kloeckner & Co. AG
  1997 Ed. (3878)
  1999 Ed. (4761)
  2000 Ed. (4388)
  2004 Ed. (4411)
Kloeckner & Co. Aktiengesellschaft
  1991 Ed. (2385)
  1992 Ed. (4432)
  1994 Ed. (3435, 3660)
  1995 Ed. (2494, 3730)
Kloeckner & Co. Aktiensesellschaft
  1996 Ed. (3829)
Kloeckner-Humboldt-Deutz AG
  1999 Ed. (1612)
  2000 Ed. (1417)
Kloeckner Metals
  2013 Ed. (3718)
Kloeckner Metals Corp.
  2014 Ed. (3650)
  2015 Ed. (3660)
  2016 Ed. (3547)
  2017 Ed. (3516)
  2018 Ed. (3565)
  2019 Ed. (3557)
  2020 Ed. (3531)
  2021 Ed. (3547)
  2022 Ed. (3609)
  2023 Ed. (3713)
KLOK-AM
  1996 Ed. (2653, 3151)
Klonatex ICST & T SA
  1997 Ed. (277)
Klonatex SA
  1996 Ed. (248)
Klondike
  1996 Ed. (1976)
  1997 Ed. (2346)
  1998 Ed. (985, 2067, 2070, 2071)
  1999 Ed. (2822, 2823)
  2000 Ed. (2600, 2601, 4152)
  2001 Ed. (2830)
  2003 Ed. (2876)
  2008 Ed. (3121)
  2017 Ed. (2995)
  2018 Ed. (3111, 3112, 3115, 3117)
  2019 Ed. (3043, 3045, 3047)
  2020 Ed. (3082, 3084)
  2021 Ed. (2958)
  2022 Ed. (3079, 3080)
  2023 Ed. (3189, 3190)
Klondike Advertising Inc.
  2006 Ed. (4339)
Klondike Bar
  1997 Ed. (1199, 2348)
Klondike Big Bear Sandwich
  1997 Ed. (2349, 2931)
Klondike Carb Smart
  2008 Ed. (3121)
Klondike Slim-A-Bear
  2008 Ed. (3121)
Kloner; Craig
  1993 Ed. (1831)
  1994 Ed. (1805, 1814, 1832)
  1995 Ed. (1843, 1852)
  1996 Ed. (1821, 1830)
  1997 Ed. (1903)
Kloof
  1991 Ed. (1852)
  1993 Ed. (1989)
  1995 Ed. (2041)
Kloof Gold Mining Co. Ltd.
  1989 Ed. (2645)
  1996 Ed. (2443)
Kloosterboer
  2016 Ed. (4792)
  2017 Ed. (4807)

2018 Ed. (4808, 4809, 4813)
2019 Ed. (4811)
2020 Ed. (4801)
2021 Ed. (4794, 4801)
Kloppers; Marius
  2012 Ed. (791)
Klores Associates; Dan
  1996 Ed. (3106, 3108)
  1997 Ed. (3187)
KLOS-FM
  1994 Ed. (2988)
  1995 Ed. (3052)
  1996 Ed. (3153)
KLOS-FM(95.5)
  1992 Ed. (3606)
  1993 Ed. (2954)
Kloss; Karlie
  2016 Ed. (3617)
  2017 Ed. (3584)
  2018 Ed. (3645)
  2019 Ed. (3634)
  2020 Ed. (3606)
Kloster
  1989 Ed. (2097)
  1992 Ed. (1758)
Klosterman Banking Co.
  1992 Ed. (492)
Kloud Solutions
  2016 Ed. (1374)
KLP
  1992 Ed. (3761)
KLP Euro RSCG
  2000 Ed. (1676, 3843)
  2002 Ed. (1981, 4087)
KLP Group
  1989 Ed. (1120)
  1993 Ed. (3065)
KLP Marketing
  1996 Ed. (3277)
  1997 Ed. (3374)
KLSX-FM
  1995 Ed. (3052)
  1996 Ed. (3153)
KLT Lufttechnik
  2001 Ed. (289)
KLTN-FM
  2004 Ed. (4465)
  2005 Ed. (4412, 4413)
  2006 Ed. (4430)
  2008 Ed. (4470)
  2009 Ed. (4503)
  2014 Ed. (2969)
KLTO-FM
  2005 Ed. (4412)
Kluener Food Distributing Co.
  1997 Ed. (2736, 3141)
Kluge; John
  2005 Ed. (4851)
  2006 Ed. (4901)
  2007 Ed. (4896)
  2008 Ed. (4825)
  2011 Ed. (4833)
Kluge; John W.
  1993 Ed. (699, 888, 1028)
Kluge; John Werner
  1989 Ed. (1986)
  1991 Ed. (2461)
  1994 Ed. (708, 1055)
Kluge; Patricia
  2008 Ed. (4909)
Klum; Heidi
  2008 Ed. (3745)
  2009 Ed. (3765, 3766)
  2011 Ed. (3693)
  2012 Ed. (3711)
  2013 Ed. (3761)
Klummer Printing
  2015 Ed. (4082)
KLVE-FM
  1994 Ed. (2530, 2988)
  1996 Ed. (2653, 3151)
  1997 Ed. (2800, 3236)
  1998 Ed. (2511, 2986, 2987)
  1999 Ed. (3419, 3979)
  2000 Ed. (3142, 3696)
  2001 Ed. (3970)
  2002 Ed. (3895, 3898)
  2003 Ed. (4498)
  2004 Ed. (4464, 4465)
  2005 Ed. (4412, 4413)
  2006 Ed. (4430)
  2008 Ed. (4470)
  2009 Ed. (4503)
  2010 Ed. (2984)
  2011 Ed. (2945)
  2012 Ed. (2876)
  2013 Ed. (2952)
  2014 Ed. (2969)
  2015 Ed. (3037)
  2016 Ed. (2933)
  2017 Ed. (2892)
  2018 Ed. (2958)
  2019 Ed. (2903)
  2020 Ed. (2922)
KLVE-FM/KTNQ-AM
  1991 Ed. (2472, 2796)
  1992 Ed. (3088)

KLVE-FM, KTNQ-AM, KSCA-FM
  2000 Ed. (3695)
KLVE-FM(107.5)
  1992 Ed. (3606)
  1993 Ed. (2954)
KLWines.com
  2009 Ed. (2445)
KLX Energy Services
  2020 Ed. (3856)
KLYY-FM
  2012 Ed. (2876)
  2013 Ed. (2952)
  2014 Ed. (2969)
  2017 Ed. (2892)
  2018 Ed. (2958)
KM
  2023 Ed. (2014)
KM Extra Group
  2002 Ed. (3513)
KM Group, S.R.O.
  2016 Ed. (1994)
Kmart
  2013 Ed. (4304)
  2014 Ed. (676)
  2015 Ed. (4358, 4375, 4379)
  2016 Ed. (2964, 2967)
  2017 Ed. (2920)
  2018 Ed. (2998)
  2020 Ed. (2962)
  2021 Ed. (599)
Kmart Canada
  1994 Ed. (1523)
  1995 Ed. (3153)
  1996 Ed. (1536, 3243)
  1997 Ed. (1595)
Kmart Corp.
  1993 Ed. (19, 781, 863, 864, 866, 1481,
    1493, 1494, 1495, 1496, 1497, 1498,
    2111, 2424, 2909, 3040, 3041, 3042,
    3048, 3050, 3230, 3279, 3368, 3649)
  1994 Ed. (131, 746)
  1995 Ed. (149, 916, 1021, 1320, 1560,
    1570, 1571, 1572, 1573, 1574, 1575,
    1957, 1967, 2119, 2123, 2186, 3047,
    3048, 3143, 3146, 3147, 3156, 3297,
    3309, 3340, 3350)
  1996 Ed. (162, 893, 1000, 1090, 1250,
    1284, 1286, 1420, 1543, 1555, 1557,
    1558, 1559, 1560, 1584, 2203, 2562,
    3146, 3235, 3236, 3237, 3238, 3239,
    3240, 3241, 3245, 3247, 3251, 3253,
    3415)
  1997 Ed. (167, 350, 922, 924, 1296,
    1306, 1332, 1336, 1338, 1340, 1342,
    1344, 1346, 1348, 1449, 1480, 1594,
    1601, 1622, 1623, 1624, 1625, 1627,
    1628, 1629, 1630, 1631, 1632, 1639,
    1665, 1811, 2241, 2318, 2321, 2332,
    2614, 3025, 3231, 3341, 3342, 3343,
    3344, 3345, 3348, 3354, 3642, 3643,
    3780)
  1998 Ed. (74, 667, 668, 669, 1054, 1089,
    1090, 1093, 1095, 1096, 1097, 1112,
    1134, 1176, 1263, 1267, 1293, 1294,
    1295, 1296, 1297, 1302, 1305, 1306,
    1307, 1308, 1309, 1310, 1311, 1312,
    1314, 1359, 1703, 1964, 2054, 2314,
    2315, 2676, 2775, 3078, 3079, 3082,
    3083, 3089, 3090, 3094, 3095, 3096,
    3360, 3423, 3602, 3606)
  1999 Ed. (180, 1056, 1489, 1505, 1541,
    1706, 1835, 1864, 1868, 1869, 1870,
    1871, 1876, 1879, 1880, 1882, 1928,
    2703, 3734, 3977, 4091, 4092, 4094,
    4095, 4096, 4097, 4098, 4099, 4103,
    4105, 4112, 4492, 4636, 4693, 4694)
  2000 Ed. (206, 1113, 1381, 1516, 1661,
    1664, 1683, 1684, 1685, 1686, 1687,
    1688, 1690, 2483, 2488, 3412, 3547,
    3803, 3804, 3806, 3807, 3809, 3810,
    3811, 3812, 3813, 3814, 3815, 3816,
    3818)
  2001 Ed. (1260, 1598, 1604, 1790, 1791,
    1792, 2028, 2030, 2031, 2032, 2033,
    2086, 2087, 2227, 2230, 2741, 2745,
    2746, 2747, 2749, 3693, 4090, 4091,
    4092, 4093, 4097, 4098, 4103, 4104,
    4105, 4107, 4108, 4116)
  2002 Ed. (1517, 1544, 1727, 1987, 1988,
    2055, 2583, 2586, 2704, 2706, 4037,
    4039, 4040, 4041, 4042, 4043, 4045,
    4051, 4054, 4060, 4061, 4542, 4714,
    4747, 4750)
  2003 Ed. (897, 898, 1012, 1759, 1760,
    1761, 2068, 2069, 2071, 2072, 2074,
    2075, 2428, 2767, 2784, 2870, 2873,
    3049, 4145, 4146, 4163, 4164, 4165,
    4166, 4168, 4169, 4170, 4171, 4172,
    4173, 4177, 4178, 4183, 4186, 4187,
    4647, 4671, 4824, 4873)
  2004 Ed. (412, 915, 916, 917, 1008,
    1555, 1616, 1699, 1796, 1797, 1798,
    2104, 2105, 2106, 2140, 2162, 2668,
    2857, 2885, 2886, 2888, 2893, 2895,
    2955, 2962, 3258, 3920, 4157, 4158,
    4161, 4163, 4179, 4184, 4187, 4191,
    4195, 4198, 4204, 4205, 4571, 4636,
    4651, 4824)
  2005 Ed. (906, 907, 1866, 1867, 2209,

2243, 2875, 2880, 2957, 2969, 3244,
    3290, 4093, 4094, 4100, 4106, 4107,
    4114, 4115, 4124, 4126, 4589, 4807)
  2006 Ed. (824, 825, 1422, 2272, 2881,
    2882, 2887, 2890, 2952, 2964, 4145,
    4146, 4153, 4162, 4170, 4654, 4870,
    4886)
  2007 Ed. (1879, 2208, 2969, 2981, 4168,
    4185, 4870, 4878)
  2008 Ed. (2345, 2849, 4210, 4220, 4559)
  2009 Ed. (2334, 3184, 4305, 4312, 4750)
  2010 Ed. (2262, 4289, 4759)
  2011 Ed. (2269, 4712)
  2014 Ed. (2443, 4359)
  2015 Ed. (2515, 4368)
  2016 Ed. (2448, 2984)
  2017 Ed. (2294)
  2018 Ed. (3087)
Kmart Holding Corp.
  2005 Ed. (1639, 1756, 1866, 1867, 1868,
    2208, 4093, 4094, 4097, 4104)
  2006 Ed. (1484, 1521, 1791, 1793, 1794,
    1795, 1797, 1881, 1882, 4145, 4146,
    4149, 4155, 4157, 4160, 4582, 4590,
    4601)
  2007 Ed. (339, 1126, 1879, 2760, 2983,
    4168, 4172, 4201, 4788)
  2008 Ed. (4210)
  2009 Ed. (4305)
  2010 Ed. (4283)
  2015 Ed. (1700)
Kmart Management Corp.
  2007 Ed. (2448)
Kmart Specialty
  1996 Ed. (3487)
Kmart Supercenters
  2004 Ed. (4610)
  2005 Ed. (4545)
Kmart.com
  2005 Ed. (2326)
KMB Management Inc.
  2009 Ed. (4621)
KMC Group
  2000 Ed. (3671)
KMC (Kuei Meng) International
  2020 Ed. (1908)
KMG Chemicals
  2009 Ed. (4482)
  2011 Ed. (4443, 4470)
  2013 Ed. (925, 2092)
  2014 Ed. (878, 2026)
KMG Main Hurdman
  1989 Ed. (12)
KMH
  2019 Ed. (1960)
  2023 Ed. (43)
KMH LLP
  2010 Ed. (1666)
KMJ Capital Management
  1997 Ed. (1073)
KMJ Capital Management (Diversified)
  1996 Ed. (1056)
KML Corp.
  1993 Ed. (1458)
KMM
  2017 Ed. (4975)
KMM Telecommunications
  2007 Ed. (3580, 4984, 4992)
KMPG Peat Marwick
  1993 Ed. (1051)
KMR Livestock Europe Ltd.
  2018 Ed. (1503)
KMS Financial Services
  2017 Ed. (2579, 2593)
  2018 Ed. (2658, 2667)
  2019 Ed. (2632, 2643)
  2020 Ed. (2651, 2655)
  2021 Ed. (2564, 2565)
KMX
  2005 Ed. (4447)
  2006 Ed. (4453)
KN Energy
  1989 Ed. (2037)
  1991 Ed. (2576)
  1992 Ed. (2267, 3215)
  1993 Ed. (1927, 2703)
  1994 Ed. (1946, 1954, 2654)
  1995 Ed. (1973, 1981, 2756)
  1996 Ed. (2823)
  1997 Ed. (2927, 3118)
  1998 Ed. (2665, 2856, 2861)
  1999 Ed. (1243, 3594, 3833)
  2000 Ed. (1337, 1402, 1403, 3549, 3550)
KNA Design
  2011 Ed. (3304)
  2012 Ed. (3296)
  2013 Ed. (3366)
  2014 Ed. (3380)
  2017 Ed. (3238)
Knall; David W.
  2006 Ed. (658)
Knape & Vogt Manufacturing Co.
  2004 Ed. (2790)
  2005 Ed. (2782)
Knapp AG
  2015 Ed. (3586)
  2020 Ed. (3460)
  2021 Ed. (3481)

2022 Ed. (3538)
2023 Ed. (3659)
Knapp AG (Austria)
 2021 Ed. (3481)
Knapp Logistik
 2010 Ed. (4648)
Knapp Video
 1998 Ed. (3669)
Knapp's; Bill
 1992 Ed. (3709)
Knaster; Alexander
 2008 Ed. (4880)
Knauf
 1996 Ed. (3813)
Knauf Gips KG
 2022 Ed. (1083)
Knauf Insulation
 2006 Ed. (3919)
Knauf Insulation GmbH
 2021 Ed. (3423)
 2023 Ed. (3603)
KNDS
 2020 Ed. (2142)
 2021 Ed. (2138)
KNEAD Hospitality + Design
 2020 Ed. (3033)
 2021 Ed. (2895)
 2022 Ed. (3022)
 2023 Ed. (3138)
Kneaders Bakery & Cafe
 2015 Ed. (4260)
Knecht Inc.
 1993 Ed. (1127)
 1995 Ed. (1165)
Knechtel; Gerald A.
 1994 Ed. (1712)
 1995 Ed. (1726)
 1996 Ed. (2989)
 1997 Ed. (3068)
Knee Brace
 2016 Ed. (2293)
Knee Deep Brewing Co.
 2023 Ed. (917)
Kneissl
 1993 Ed. (3327)
Knesko Skin
 2022 Ed. (2026, 2034)
Knewton
 2017 Ed. (2195)
K'nex
 1999 Ed. (4639)
KNF & T Staffing Resources
 2007 Ed. (3565, 3566)
 2008 Ed. (3714, 4403, 4966)
Knicks; New York
 2005 Ed. (646)
 2006 Ed. (548)
 2007 Ed. (579)
 2008 Ed. (530)
 2009 Ed. (565)
 2010 Ed. (548)
 2011 Ed. (476)
 2012 Ed. (433)
 2013 Ed. (546)
 2014 Ed. (560)
 2015 Ed. (623)
 2016 Ed. (570)
 2017 Ed. (599, 4473, 4474)
 2018 Ed. (563, 4492, 4493)
 2019 Ed. (582, 4485, 4486)
 2020 Ed. (565)
 2022 Ed. (557, 4474)
Knife River Corp.
 2001 Ed. (1824)
 2003 Ed. (1797, 3417)
 2004 Ed. (1832, 3484)
 2005 Ed. (1917, 3480, 3481, 4527)
 2006 Ed. (3481)
 2010 Ed. (4610)
 2011 Ed. (4566)
 2013 Ed. (4524)
 2014 Ed. (4584)
 2015 Ed. (4578)
Knife sets
 1993 Ed. (2109)
Knife & Son Cos.; L.
 2011 Ed. (481)
 2012 Ed. (437)
Knife & Son; L.
 2009 Ed. (572)
 2010 Ed. (554)
Knifewear
 2018 Ed. (1442)
Knight; Ann
 1991 Ed. (1672)
 1993 Ed. (1778)
Knight & Associates Inc.; Lester B.
 1991 Ed. (1558)
 1992 Ed. (356)
 1996 Ed. (1675)
 1997 Ed. (1756)
Knight, Bain, Seath
 1991 Ed. (2254)
 1992 Ed. (2783)
 1993 Ed. (2344)

Knight, Bain, Seath & Holbrook Capital Management, Inc.
 1993 Ed. (2345)
 2000 Ed. (2844)
Knight Foundation
 1989 Ed. (1478)
Knight Frank & Rutley
 2002 Ed. (51)
The Knight Group
 1998 Ed. (2232)
 2000 Ed. (2758)
Knight Inc.
 2009 Ed. (1405, 1407, 1410, 1442, 2088, 4003, 4060)
 2010 Ed. (1424, 3910, 3978, 4102)
Knight Inn Fort Bragg
 2006 Ed. (2939)
Knight Jr.; Richard
 1992 Ed. (3136)
Knight; Kevin
 2007 Ed. (962)
Knight, Manzi, Nussbaum & LaPlaca
 2003 Ed. (3185)
 2007 Ed. (3319)
Knight; P. H.
 2005 Ed. (2507)
Knight; Peter
 2005 Ed. (3183)
 2006 Ed. (3185)
 2007 Ed. (3223)
Knight; Phil
 2009 Ed. (4519)
 2010 Ed. (4558)
 2012 Ed. (4840)
 2013 Ed. (4838)
 2014 Ed. (4853)
 2015 Ed. (4890)
 2016 Ed. (4808)
 2017 Ed. (4820)
 2018 Ed. (4825)
 2019 Ed. (4821)
 2020 Ed. (4811)
 2021 Ed. (4812)
 2022 Ed. (4805)
 2023 Ed. (4798)
Knight; Philip
 1989 Ed. (1984)
 2006 Ed. (873)
Knight; Philip H.
 1992 Ed. (2052, 2054)
 1993 Ed. (1697, 1699)
 2005 Ed. (4846)
 2006 Ed. (4902)
 2007 Ed. (4897)
 2008 Ed. (4826)
Knight Piesold & Partners
 1994 Ed. (1644)
 1997 Ed. (1762)
Knight Point Systems LLC
 2013 Ed. (2144)
 2014 Ed. (2078)
 2015 Ed. (2128)
 2016 Ed. (2108)
 2017 Ed. (4794)
 2019 Ed. (4797)
 2020 Ed. (4784)
Knight; Richard
 1991 Ed. (2546)
Knight-Ridder Inc.
 1989 Ed. (2265, 2266, 2267)
 1991 Ed. (241, 1188, 1729, 1730, 2389, 2392, 2783, 2784, 2785, 2786)
 1992 Ed. (1027, 2168, 2169, 3585, 3586, 3587, 3588)
 1993 Ed. (1310, 1869, 1870, 2743, 2941, 2942, 2943, 2944)
 1994 Ed. (1362, 1854, 1855, 1856, 2444, 2977, 2978, 2979, 2981, 2982)
 1995 Ed. (877, 1386, 1882, 2510, 3039, 3040, 3042)
 1996 Ed. (1336, 1924, 1925, 1927, 2846, 3139, 3141, 3142)
 1997 Ed. (1398, 2019, 2717, 2942, 3219, 3220, 3221)
 1998 Ed. (512, 1137, 2679, 2972, 2973, 2975, 2976)
 1999 Ed. (824, 2452, 3307, 3612, 3968, 3969, 3971, 3972)
 2000 Ed. (825, 3333, 3681, 3682, 3683, 4427)
 2001 Ed. (1033, 2848, 3247, 3248, 3540, 3886, 3887, 3952)
 2002 Ed. (2146, 3283, 3883, 3884, 3885, 4978)
 2003 Ed. (3345, 3351, 3641, 4022, 4023, 4024, 4025, 4026, 4027)
 2004 Ed. (2417, 3409, 3410, 3411, 3415, 3683, 3684, 3685, 4045, 4046)
 2005 Ed. (264, 3422, 3423, 3424, 3598, 3599, 3600, 3983, 3984)
 2006 Ed. (3180, 3434, 3435, 3438, 3704, 4021, 4022)
 2007 Ed. (2908, 3699, 4050, 4053)
 2012 Ed. (1232)
Knight-Ridder Newspapers
 1989 Ed. (1934)
Knight Securities
 2005 Ed. (3582)

Knight; Susan
 2010 Ed. (2569)
Knight-Swift Holdings
 2023 Ed. (4731, 4741)
Knight-Swift Transportation
 2019 Ed. (2158)
 2020 Ed. (2140, 2779, 4732)
 2021 Ed. (2134, 2651, 4733, 4751, 4753)
 2022 Ed. (2168, 2777, 4735, 4753)
 2023 Ed. (2287, 4717, 4719, 4737)
Knight-Swift Transportation Holdings
 2020 Ed. (4715, 4731, 4754)
 2021 Ed. (4720, 4732, 4752)
 2022 Ed. (1368, 4722, 4734, 4754)
 2023 Ed. (4704, 4706, 4707, 4716, 4725)
Knight-Swift Transportation Holdings Inc.
 2020 Ed. (4716, 4720, 4721, 4740, 4747)
 2021 Ed. (4721, 4722, 4723, 4739, 4745)
 2022 Ed. (4702, 4723, 4724, 4725, 4741, 4747)
Knight Trading Group Inc.
 2004 Ed. (4323)
 2005 Ed. (4246)
Knight Transportation
 2017 Ed. (4756, 4766)
 2019 Ed. (4754, 4765)
 2020 Ed. (4719)
Knight Transportation Inc.
 2004 Ed. (2689, 4789, 4790, 4791)
 2005 Ed. (2687, 2689, 4761, 4762, 4763)
 2006 Ed. (4808, 4832, 4833, 4849)
 2008 Ed. (4527)
 2009 Ed. (4795)
 2010 Ed. (3188)
 2011 Ed. (4763, 4772, 4782)
 2012 Ed. (4785, 4794)
 2013 Ed. (3188, 4755)
 2014 Ed. (4805)
 2015 Ed. (4840)
 2016 Ed. (4744)
 2021 Ed. (4673)
Knight Transportation, Inc.
 2019 Ed. (4739)
Knight/Trimark Group, Inc.
 2001 Ed. (1595)
Knight Vale & Gregory Inc.
 2002 Ed. (26)
Knight Vale & Gregory PLLC
 2002 Ed. (27)
Knight Vinke Institutional Partners International
 2019 Ed. (2886)
Knightley; Keira
 2009 Ed. (2606)
Knights of Columbus
 1992 Ed. (3261)
 1996 Ed. (1972)
 1998 Ed. (172)
 2003 Ed. (2994)
 2004 Ed. (3112)
 2005 Ed. (3115)
 2006 Ed. (3120)
 2014 Ed. (4115)
 2015 Ed. (3375)
 2016 Ed. (3244, 4011)
 2017 Ed. (3189, 3200, 3984)
 2018 Ed. (3285)
 2019 Ed. (3239)
Knights Franchise Systems
 2001 Ed. (2790)
Knights Inn
 1995 Ed. (2163)
 1997 Ed. (2295)
 1998 Ed. (2015)
 1999 Ed. (2774, 2782)
 2000 Ed. (2551)
 2012 Ed. (3011)
 2013 Ed. (3094)
 2014 Ed. (3093)
 2015 Ed. (3158)
 2016 Ed. (3013)
 2017 Ed. (2955)
Knights Inn Shenandoah
 2002 Ed. (2636)
Knights Insolvency Administration
 2002 Ed. (4, 6)
 2004 Ed. (4, 7)
Knights of Old
 2015 Ed. (4796)
 2016 Ed. (4708)
Knightsbridge
 1999 Ed. (367)
Knightsbridge Foreign Exchange
 2021 Ed. (2542, 2549)
Knightsbridge Solutions LLC
 2002 Ed. (2501)
KnightsbridgeFX.com
 2019 Ed. (2639)
 2020 Ed. (2639)
 2021 Ed. (2547)
 2022 Ed. (2664, 2666)
Knightscope
 2017 Ed. (4286)
 2019 Ed. (4296)
Knightswood Financial
 2007 Ed. (4574)
Knipe Land Co., Inc.
 2013 Ed. (2650)

Knit Picks
 2008 Ed. (865)
Knjaz Milos
 2006 Ed. (84)
Knob Creek
 1999 Ed. (3235, 3236)
 2001 Ed. (3133, 4803, 4804, 4805)
 2002 Ed. (3159, 3160, 3162, 3165)
 2003 Ed. (4919)
 2004 Ed. (4908)
Knobbe Martens Olson & Bear
 2008 Ed. (4725)
Knobbe Martens Olson & Bear LLP
 2013 Ed. (4701)
 2014 Ed. (4753)
 2015 Ed. (4774)
Knobbe, Martens, Olson & Bear LLP
 2011 Ed. (3836, 4728)
 2012 Ed. (3420, 3817, 4745)
 2013 Ed. (3439, 3877)
 2014 Ed. (3438, 3813)
 2015 Ed. (3836)
 2016 Ed. (3742)
Knobelsdorff Electric
 2020 Ed. (4446)
 2021 Ed. (4444)
Knock
 2023 Ed. (2107)
Knock-Out Specialties Inc.
 2023 Ed. (4037)
Knockando
 1991 Ed. (2934)
 1992 Ed. (3810)
 1993 Ed. (3106)
 1994 Ed. (3152)
 1995 Ed. (3196)
 1996 Ed. (3294)
 1997 Ed. (3391)
Knockin' on Heaven's Door
 1999 Ed. (3450)
Kno.com
 2014 Ed. (2402)
Knoll
 2018 Ed. (4260)
 2019 Ed. (4289)
Knoll; Catherine Baker
 1991 Ed. (3210)
 1995 Ed. (3505)
The Knoll Group
 2007 Ed. (2662)
 2009 Ed. (2850)
Knoll Group Office Furniture Co.
 2005 Ed. (1514)
Knoll Inc.
 2000 Ed. (3371)
 2003 Ed. (1360, 2586)
 2004 Ed. (1365)
 2005 Ed. (1371, 1383)
 2010 Ed. (3119)
 2012 Ed. (2711)
 2013 Ed. (2785)
 2015 Ed. (2857)
 2016 Ed. (2786, 2792)
 2017 Ed. (2756, 2759)
 2018 Ed. (2813)
 2019 Ed. (2789)
 2020 Ed. (2814)
 2021 Ed. (2690)
 2023 Ed. (2964)
Knoll International Holdings
 1989 Ed. (1057, 2349)
Knoll Lumber
 1996 Ed. (823)
Knoll Pharmaceutical Co.
 1999 Ed. (1911)
Knology Inc.
 2009 Ed. (1693)
knona; Swedish
 2008 Ed. (2275)
knone; Danish
 2008 Ed. (2275)
Knopf
 2003 Ed. (726)
 2004 Ed. (748)
 2006 Ed. (641)
 2007 Ed. (666)
 2008 Ed. (625)
 2010 Ed. (613)
 2011 Ed. (545)
 2012 Ed. (525)
 2013 Ed. (626, 628)
 2016 Ed. (643)
 2017 Ed. (4039)
 2018 Ed. (4063)
 2019 Ed. (4058)
 2020 Ed. (4067)
Knor Plast Inc.
 2008 Ed. (2866)
Knorr
 2003 Ed. (4485, 4486)
 2010 Ed. (2743)
 2014 Ed. (4405, 4502)
 2015 Ed. (4502)
 2016 Ed. (4438)
 2017 Ed. (4445)
 2018 Ed. (4464)
 2021 Ed. (2619)
 2023 Ed. (2871)

Knorr Bernaise Sauce
1992 Ed. (3769)
Knorr-Bremse AG
2022 Ed. (3467)
Knorr Brown Gravy
1992 Ed. (3769)
Knorr Hollandaise Sauce
1992 Ed. (3769)
Knorr Portuguesa
1989 Ed. (47)
Knorr TasteBreaks
2008 Ed. (4464)
Knorr; Walter
1991 Ed. (2547)
1992 Ed. (3137)
Knorr; Walter K.
1995 Ed. (2669)
The Knot Inc.
2009 Ed. (2907, 2927, 4456, 4478)
2010 Ed. (2851, 4527)
Knot Standard
2017 Ed. (4206)
The Knot Worldwide
2021 Ed. (2867)
Knots Landing
1991 Ed. (3245)
KnotStandard.com
2018 Ed. (2318)
2019 Ed. (2307)
Knott County, KY
1998 Ed. (783, 2319)
Knott; Francis X.
1992 Ed. (2060)
Knott's Berry Farm
1989 Ed. (2518)
1991 Ed. (239, 3156)
1992 Ed. (331, 4026)
1993 Ed. (228)
1994 Ed. (218)
1995 Ed. (215, 1916)
1996 Ed. (219)
1997 Ed. (245, 246)
1999 Ed. (268, 272)
2003 Ed. (3156, 3157)
Knous; Pamela
2010 Ed. (2569)
Knova Software Inc.
2008 Ed. (1136)
Knovel Corp.
2006 Ed. (3023)
2007 Ed. (3056)
KnowBe4
2018 Ed. (4307)
2019 Ed. (4334)
2020 Ed. (951, 1536, 4326)
2021 Ed. (1519, 4342)
2022 Ed. (965, 4348)
KnowBe4 Inc.
2018 Ed. (1531, 1533, 1536, 1538)
2019 Ed. (1561, 1563, 1564, 1567)
2020 Ed. (1527, 1530, 1532, 1533)
2021 Ed. (1516)
2023 Ed. (1145)
KnowBe4, Inc.
2020 Ed. (1320)
2021 Ed. (1315)
2022 Ed. (1531, 3119)
KNOWiNK
2022 Ed. (1738)
Knowlagent Inc.
2002 Ed. (4882)
2005 Ed. (1140)
Knowland Group Inc.
2012 Ed. (2853, 4779)
2013 Ed. (2906)
Knowlan's Super Markets Inc.
2009 Ed. (4613)
2010 Ed. (4644)
Knowledge Builders Inc.
2020 Ed. (4976)
2022 Ed. (4977)
Knowledge Cube
2011 Ed. (1608)
2012 Ed. (1455)
Knowledge House Inc.
2003 Ed. (2707, 2935)
Knowledge Information Solutions Inc.
2013 Ed. (2936)
2014 Ed. (2956)
2015 Ed. (3022)
Knowledge Learning Corp.
2009 Ed. (2409, 4162)
2010 Ed. (2321, 4095)
Knowledge Services
2011 Ed. (4994)
2015 Ed. (5029)
2016 Ed. (4947)
2017 Ed. (1636, 4937)
2018 Ed. (4943)
2019 Ed. (4941)
2020 Ed. (4942)
2021 Ed. (4946)
2022 Ed. (4942)
2023 Ed. (4946)
Knowledge Universe
2016 Ed. (1943, 1946)
2017 Ed. (1907, 1909)

Knowledge & the Wealth of Nations: A Story of Economic Discovery
2008 Ed. (619)
Knowledgeable employees
1992 Ed. (571)
KnowledgeBase Marketing
2008 Ed. (4315)
KnowledgeStorm
2008 Ed. (812)
Knowledgeware
1992 Ed. (1297, 2364, 2367, 3990, 3991)
1995 Ed. (3093)
Knowles; Beyoncé
2023 Ed. (3674)
Knowles; Beyonce
2006 Ed. (2486)
2010 Ed. (2510, 2513, 2515)
2011 Ed. (2512, 2515, 2517)
2012 Ed. (2433, 2438, 4958, 4984)
2013 Ed. (2603)
2014 Ed. (3728)
2015 Ed. (2601, 2607, 3730)
2016 Ed. (2526, 3639)
Knowles Electronics Inc.
2002 Ed. (1418)
Knowles (Transport)
2015 Ed. (4796)
Knowlton; Warren D.
2012 Ed. (3988)
KnowX.com
2002 Ed. (4804)
Knox Area Rescue Ministries
2012 Ed. (4229)
Knox County Health, Education & Housing Agency
2001 Ed. (926)
Knox County, Maine
1992 Ed. (369)
Knox Natrajoint
2002 Ed. (1974)
Knox Nursery
2020 Ed. (3727)
2021 Ed. (3729)
2022 Ed. (3747)
2023 Ed. (3851)
Knox, Wall & Co.
1999 Ed. (3013)
Knoxville Chamber
2017 Ed. (3337)
Knoxville, TN
1994 Ed. (2924, 2944)
1995 Ed. (875)
1997 Ed. (2303)
1998 Ed. (2028)
2003 Ed. (2084)
2004 Ed. (3222)
2005 Ed. (4793)
2006 Ed. (3974)
2007 Ed. (3362, 3374)
2008 Ed. (3460, 4349)
2009 Ed. (3534, 3535, 3575, 4778)
2014 Ed. (2315)
2019 Ed. (2523)
2020 Ed. (2047)
2021 Ed. (3348)
Knoxville TVA Employees Credit Union
2002 Ed. (1893)
2003 Ed. (1947)
2004 Ed. (1987)
2005 Ed. (2129)
2006 Ed. (2224)
2007 Ed. (2145)
2008 Ed. (2260)
2009 Ed. (2246)
2010 Ed. (2200)
2011 Ed. (2218)
2012 Ed. (2079)
2013 Ed. (2265)
2014 Ed. (2199)
2015 Ed. (2263)
2016 Ed. (2234)
2018 Ed. (2122)
2020 Ed. (2102)
2021 Ed. (2042, 2092)
2022 Ed. (2077, 2126)
2023 Ed. (2189, 2242)
KNP
1991 Ed. (238)
KNP BT
1995 Ed. (1462, 2835)
1999 Ed. (2495, 3694)
KNP BT Nederland BV
1996 Ed. (2905)
1997 Ed. (2071, 2074, 2996)
KNP BT Solid Board Division BV
1997 Ed. (2996)
KNR & G Saatchi & Saatchi
2001 Ed. (180, 226)
2002 Ed. (152, 199)
KNRG Saatchi & Saatchi
2000 Ed. (182)
KNS Financial
2014 Ed. (629)
Knudsen
2000 Ed. (1015, 4150)
2001 Ed. (1168)
2003 Ed. (923, 4493)
2022 Ed. (864, 2164, 4462, 4463)

2023 Ed. (2282, 4485, 4486)
Knudsen Corp.; Morrison
1996 Ed. (1098)
Knudsen Free
2000 Ed. (1015, 4150)
Knudsen Hampshire
2000 Ed. (4162)
2001 Ed. (4313)
2003 Ed. (1882)
2019 Ed. (4465)
2021 Ed. (4452)
Knudsen Nice 'N' Light
2003 Ed. (1882)
Knudsen Nice N'Light
2000 Ed. (1638, 4162)
2001 Ed. (4313)
Knudson
2000 Ed. (1638)
Knuettel; Frank
1993 Ed. (1813, 1815)
1994 Ed. (1796, 1798)
1995 Ed. (1834)
1996 Ed. (1812, 1813)
1997 Ed. (1886, 1989)
Knutsford Group
2001 Ed. (1886)
Knutson Flynn
2001 Ed. (849)
Knutson; Robert
2012 Ed. (2490)
Ko Advertising
1991 Ed. (147)
KO KD
2022 Ed. (1510)
Ko Lin Electric
1991 Ed. (51)
KOA-AM
2002 Ed. (3897)
The Koa Fire & Marine Insurance Co. Ltd.
1991 Ed. (2143)
1993 Ed. (2252)
1994 Ed. (2232)
1995 Ed. (2279)
1999 Ed. (2915)
Koa Properties, Land & Homes LLC
2012 Ed. (1527, 1533)
2013 Ed. (1679)
Koala Insulation
2023 Ed. (1044, 3237)
Koala Paintings D.O.O. Tesanj
2017 Ed. (1524)
Koala Springs
1993 Ed. (685)
1994 Ed. (688)
Kobalt
2018 Ed. (3686)
2019 Ed. (3671)
Kobalt Music
2014 Ed. (3721, 3723, 3725)
2015 Ed. (3727)
2017 Ed. (3618)
2018 Ed. (3681)
2019 Ed. (3666)
2020 Ed. (3633, 3638)
Kobalt Music Publishing America
2017 Ed. (3617)
2018 Ed. (3680)
Kobalt Music Publishing America Inc.
2014 Ed. (3722)
Kobalt Songs Music Publishing LLC
2019 Ed. (3665)
2020 Ed. (3632)
Kobayashi; Izumi
2007 Ed. (4975)
Kobayashi Sugita & Goda
2023 Ed. (3435)
Kobayashi; Yoshimitsu
2012 Ed. (765)
2013 Ed. (966)
Kobe
1992 Ed. (1395)
1997 Ed. (3135)
Kobe Bryant
2006 Ed. (292)
2007 Ed. (294)
2008 Ed. (272)
2009 Ed. (294, 295)
2010 Ed. (276, 277, 2510)
2011 Ed. (200, 2512)
2012 Ed. (215, 216)
2013 Ed. (185, 186, 188)
2014 Ed. (192, 194)
2015 Ed. (219, 221, 225)
2016 Ed. (215, 218, 221)
2017 Ed. (212, 215, 220)
2018 Ed. (204)
2022 Ed. (2519)
Kobe Steel
1989 Ed. (2639)
1991 Ed. (2423, 3401)
1992 Ed. (1391, 1681, 3032, 4309)
1993 Ed. (2035, 2539)
1994 Ed. (2476, 2478, 2486)
1995 Ed. (2544, 2552)
1997 Ed. (2751, 2757)
1998 Ed. (2467)
1999 Ed. (3346, 3351, 3358)
2000 Ed. (3083, 3093)

2001 Ed. (4130)
2002 Ed. (3311, 4433)
2003 Ed. (3377)
2005 Ed. (3456, 3461)
2006 Ed. (3464, 3465)
2007 Ed. (1581, 3489, 3490, 3497)
2008 Ed. (3661)
2010 Ed. (3645)
2012 Ed. (3353, 3650, 4542)
2013 Ed. (3423, 4496)
2014 Ed. (3420, 4539)
2015 Ed. (3453, 4538)
2016 Ed. (3534, 4477)
2017 Ed. (3501, 4485)
2018 Ed. (3563, 4506)
2019 Ed. (4499)
2020 Ed. (4483)
Kobe Steel Ltd.
2013 Ed. (3712)
2014 Ed. (3645)
2015 Ed. (3655)
Kobelco
1996 Ed. (2245)
2021 Ed. (3570, 3577)
2023 Ed. (3728)
Kobenhavns Amts Sygehus I Glostrup
2002 Ed. (1635)
2004 Ed. (1697)
Kobenhavns Lufthavne
1999 Ed. (1424)
Kobie Marketing Inc.
2018 Ed. (4974)
2019 Ed. (4969)
2020 Ed. (4971)
2021 Ed. (4974)
Kobo360
2021 Ed. (1342)
Kobolyev; Andriy
2016 Ed. (720)
Kobrand
1989 Ed. (2940)
2001 Ed. (3127, 3130, 4891)
2002 Ed. (4958, 4962, 4963, 4964)
2005 Ed. (922)
2006 Ed. (830)
Kobrand USA
2004 Ed. (4974)
2005 Ed. (4975)
Kobrick Emerging Growth
2000 Ed. (3288)
Kobs & Brady Advertising
1989 Ed. (56, 68)
Kobs & Draft
1991 Ed. (1420)
1992 Ed. (1805)
1996 Ed. (1550)
Kobs & Draft Advertising
1992 Ed. (1807, 1808)
1993 Ed. (1488, 1489)
1995 Ed. (1564)
1997 Ed. (1016, 1617, 1619)
Kobs & Draft Worldwide
1995 Ed. (1565, 1566)
1996 Ed. (1552, 1554)
KOBT-FM
2005 Ed. (4412)
Koc Group
2006 Ed. (2050)
2007 Ed. (2020)
2008 Ed. (2119)
2009 Ed. (2105)
2010 Ed. (2046)
Koç Holding
2021 Ed. (2161)
Koc Holding
1991 Ed. (2266)
1992 Ed. (2811)
1993 Ed. (2369, 2370)
1994 Ed. (2335)
1996 Ed. (1392, 2433)
1997 Ed. (1439, 2576)
1999 Ed. (3120, 3121)
2000 Ed. (2868)
2002 Ed. (1784, 3030)
2006 Ed. (3229)
2013 Ed. (1737, 1738, 1740, 1741, 1743)
2014 Ed. (2684)
2015 Ed. (2729)
2016 Ed. (2651)
2018 Ed. (2366)
2021 Ed. (2341)
2022 Ed. (1971, 2412)
2023 Ed. (2079)
Koc Holding A.S.
2004 Ed. (88)
2005 Ed. (83)
2007 Ed. (88)
2008 Ed. (95)
2009 Ed. (104, 1683, 1761, 1784, 1811, 1814, 4329)
2010 Ed. (112, 1456, 1639, 1707, 1826)
2011 Ed. (1649, 2103, 2435, 2688)
2012 Ed. (1943, 2153, 2616)
2013 Ed. (2539, 2691)
2014 Ed. (2473, 2676)
2015 Ed. (2546, 2720)
2016 Ed. (2641)
2021 Ed. (2495)

2022 Ed. (2608)
Koc Holding AS
 2013 Ed. (2107, 2356, 2357)
 2014 Ed. (2039, 2288)
 2015 Ed. (2088, 2372)
 2016 Ed. (2070, 2318)
 2017 Ed. (2028, 2158, 2497)
 2018 Ed. (1984, 2208, 2553, 2567)
 2019 Ed. (2040, 2187)
 2020 Ed. (1963, 2179)
 2021 Ed. (1926)
 2023 Ed. (2749)
Koc; Mustafa Rahmi
 2012 Ed. (4896)
 2013 Ed. (4919)
 2014 Ed. (4926)
 2015 Ed. (4966)
 2016 Ed. (4883)
 2017 Ed. (4881)
 2018 Ed. (4893)
 2019 Ed. (4885)
 2020 Ed. (4874)
 2022 Ed. (4871)
Koc; Rahmi
 2006 Ed. (4928)
 2008 Ed. (4876)
 2009 Ed. (4900)
 2011 Ed. (4888)
Kocbank
 2002 Ed. (585, 586, 657)
 2003 Ed. (623)
 2008 Ed. (410, 516)
Koch Cabinets
 2018 Ed. (2807)
Koch, Charles
 2013 Ed. (4836)
 2014 Ed. (4851)
 2015 Ed. (4888)
 2016 Ed. (4806)
 2017 Ed. (4818)
 2018 Ed. (4823)
 2019 Ed. (4819)
 2020 Ed. (4809)
 2021 Ed. (4810)
 2022 Ed. (4803)
 2023 Ed. (4796)
Koch; Charles
 2005 Ed. (4845)
 2006 Ed. (4900)
 2007 Ed. (4895)
 2008 Ed. (4824)
 2009 Ed. (4855)
 2010 Ed. (4860, 4861)
 2011 Ed. (4832, 4846, 4847)
 2012 Ed. (4839, 4853, 4855)
 2013 Ed. (4833, 4852)
 2014 Ed. (4848, 4867, 4931)
 2015 Ed. (4885, 4904, 4971)
 2016 Ed. (4803, 4820, 4888)
 2017 Ed. (4815, 4831, 4886)
 2018 Ed. (4820, 4836, 4899)
 2019 Ed. (4816, 4833, 4891)
 2020 Ed. (4806, 4823)
Koch; Charles & David
 2007 Ed. (4915)
Koch, David
 2013 Ed. (4836)
 2014 Ed. (4851)
 2015 Ed. (4888)
 2016 Ed. (4806)
 2017 Ed. (4818)
 2018 Ed. (4823)
 2019 Ed. (4819)
 2020 Ed. (4809)
Koch; David
 2005 Ed. (4845)
 2006 Ed. (4900)
 2007 Ed. (4895)
 2008 Ed. (4824)
 2009 Ed. (4855)
 2010 Ed. (4860, 4861)
 2011 Ed. (4832, 4846)
 2012 Ed. (4839, 4853, 4855)
 2013 Ed. (4833, 4852)
 2014 Ed. (4848, 4867, 4931)
 2015 Ed. (4885, 4904, 4971)
 2016 Ed. (4803, 4820, 4888)
 2017 Ed. (4815, 4831, 4886)
 2018 Ed. (4820, 4836, 4899)
 2019 Ed. (4816, 4833, 4891)
 2020 Ed. (4806, 4823)
Koch; Edward I.
 1991 Ed. (2395)
Koch Energy Trading
 1999 Ed. (3962)
Koch Enterprises Inc.
 2014 Ed. (1670)
 2015 Ed. (1717)
 2017 Ed. (1640)
 2018 Ed. (1619)
 2019 Ed. (1661)
 2020 Ed. (1620)
Koch Erecting Co.; Karl
 1994 Ed. (1146)
 1995 Ed. (1161)
 1996 Ed. (1140)

Koch Eye Associates
 2012 Ed. (1864)
 2013 Ed. (2025)
Koch Foods
 2015 Ed. (2821, 2831)
 2016 Ed. (1649, 2755, 2763)
 2017 Ed. (1618, 2710, 2738)
 2018 Ed. (1599, 2768, 2792, 3450)
 2019 Ed. (1638, 2747, 2769)
 2020 Ed. (1596, 2786, 2806)
 2021 Ed. (1579, 2600)
 2022 Ed. (1601, 2713)
 2023 Ed. (1767, 2849)
Koch Foods Inc.
 2009 Ed. (3675)
 2010 Ed. (3590)
 2012 Ed. (3579)
 2017 Ed. (3954)
 2018 Ed. (3975)
 2019 Ed. (3946, 3953, 3956)
 2020 Ed. (3963, 3970, 3973)
 2021 Ed. (3927, 3935, 3938)
 2022 Ed. (3939, 3947, 3950)
 2023 Ed. (4022, 4031, 4034)
Koch Foods Inc. (U.S.)
 2021 Ed. (3938)
 2022 Ed. (3950)
Koch Foods LLC
 2014 Ed. (2784)
 2015 Ed. (2830)
 2016 Ed. (2762)
 2017 Ed. (2720)
 2018 Ed. (2777)
 2019 Ed. (2753)
 2020 Ed. (2791)
 2021 Ed. (2662)
Koch Foundation
 1998 Ed. (1756)
 1999 Ed. (2502)
 2000 Ed. (2262)
 2002 Ed. (2330)
Koch Gateway Pipeline Co.
 1997 Ed. (2120)
 1998 Ed. (1812)
 1999 Ed. (2572)
 2000 Ed. (2310)
 2003 Ed. (3880)
Koch Inds
 1989 Ed. (920)
Koch Industries
 2014 Ed. (954)
 2015 Ed. (2650)
 2016 Ed. (893, 2308, 2569)
 2017 Ed. (940, 2148, 2450)
 2018 Ed. (875, 2199, 2496, 3996, 3997)
 2019 Ed. (879, 2522, 3982)
 2020 Ed. (866, 2513, 4002)
 2021 Ed. (880, 2434, 3968)
 2022 Ed. (2210, 3980)
 2023 Ed. (1821, 2328, 2689, 4065)
Koch Industries Inc.
 1991 Ed. (949)
 1992 Ed. (1183, 3440)
 1993 Ed. (957, 958)
 1994 Ed. (984)
 1996 Ed. (985)
 1997 Ed. (1009)
 1998 Ed. (749)
 1999 Ed. (1185)
 2000 Ed. (1100)
 2001 Ed. (1246, 1770, 1771)
 2002 Ed. (1066, 1466)
 2003 Ed. (1487, 1730, 3847, 3951)
 2004 Ed. (1517, 1766, 1767, 3946)
 2005 Ed. (1533, 1832, 1833, 3901, 3906)
 2006 Ed. (1417, 1716, 1837, 1838, 3858, 3859, 3973, 3979, 3981)
 2007 Ed. (954, 1711, 1842, 1843, 3886, 3887, 4012, 4018, 4020)
 2008 Ed. (929, 1740, 1876, 1877, 2850, 3931, 3932, 4038, 4045, 4047)
 2009 Ed. (938, 939, 1681, 1830, 1831, 2901, 4005, 4006, 4112, 4115, 4117, 4118, 4144)
 2010 Ed. (1637, 1772, 3912, 3913, 4045, 4050, 4052, 4076)
 2011 Ed. (3931, 4021, 4030, 4050)
 2012 Ed. (1639, 3929, 4048, 4059, 4081)
 2013 Ed. (1795, 2347, 3985, 4095, 4100)
 2014 Ed. (1722, 1723, 1724, 2277, 3928, 3929)
 2015 Ed. (1649, 1767, 1769, 2362, 3964, 3965, 4095)
 2016 Ed. (1592, 1718, 1719, 1720, 2578, 3878, 3879, 4006, 4007)
 2017 Ed. (1702, 2499, 2501, 3979, 3980)
 2018 Ed. (1658, 1661, 2556, 2567, 2571, 3995)
 2019 Ed. (1715, 1718)
 2020 Ed. (1663)
 2021 Ed. (1643, 1646)
 2022 Ed. (1663, 1666)
 2023 Ed. (1825, 2752, 2754)
Koch Industries, Inc.
 2019 Ed. (2178)
 2020 Ed. (2171, 2536)
 2021 Ed. (2160, 2162, 2498, 2499)
 2022 Ed. (2191, 2192, 2611)

Koch Industries, Inc. (U.S.)
 2021 Ed. (2499)
Koch Industries/SASA Polyester
 2022 Ed. (2210)
Koch International Luxembourg Sarl
 2001 Ed. (3282)
Koch; Julia
 2021 Ed. (4810)
 2022 Ed. (4803)
 2023 Ed. (4796)
Koch Petroleum Group
 2001 Ed. (1184)
Koch Pipelines Canada LP
 2003 Ed. (3846)
Koch Pipelines Inc.
 1995 Ed. (2945)
 1998 Ed. (2864)
 2000 Ed. (2311, 2315)
 2001 Ed. (3799, 3800)
 2003 Ed. (3882)
Koch Resources LLC
 2010 Ed. (1772, 3912, 3913)
 2012 Ed. (3929)
 2014 Ed. (3928)
Koch Service
 1991 Ed. (3433)
 1993 Ed. (3503, 3631, 3632)
 1994 Ed. (3474, 3591, 3592)
 1995 Ed. (3541, 3680)
 1997 Ed. (3809)
 1998 Ed. (3639)
 1999 Ed. (4681)
Koch Services
 1996 Ed. (3630, 3759)
Koch; William
 2012 Ed. (4839)
 2013 Ed. (4837)
Kocher; Isabelle
 2021 Ed. (4928, 4939)
Kochhar; Chanda
 2011 Ed. (4983)
 2012 Ed. (4981, 4983)
 2013 Ed. (4957)
 2014 Ed. (4964)
 2015 Ed. (5005)
 2016 Ed. (4922)
 2017 Ed. (4915)
Kochhar; Chandra
 2012 Ed. (4977)
 2013 Ed. (4964)
 2014 Ed. (4974)
 2015 Ed. (5022)
 2016 Ed. (4939)
 2017 Ed. (4930)
Kochi Refineries Ltd.
 2008 Ed. (3562)
Kochis Fitz Quintile Investment Advisors LLC
 2009 Ed. (3443)
Kochis; Tim
 2009 Ed. (3440)
Kocian; Craig
 1995 Ed. (2668)
KOCOM
 2020 Ed. (4318)
Kocom
 2018 Ed. (4297, 4303)
 2019 Ed. (4330)
 2020 Ed. (4320)
 2021 Ed. (4336)
Koctas
 2021 Ed. (678)
 2022 Ed. (713)
KodA
 2013 Ed. (2912)
Koda
 2008 Ed. (2068)
Koda Capital
 2023 Ed. (1314)
KODA Distribution Group
 2014 Ed. (891)
 2015 Ed. (919)
 2016 Ed. (820)
 2017 Ed. (878)
KODA Technologies
 2023 Ed. (1465, 1557)
Koda Technologies
 2023 Ed. (1466)
Kodacolor
 2001 Ed. (3793)
Kodacolor Gold
 2001 Ed. (3793)
Kodak
 1989 Ed. (721, 2229)
 1991 Ed. (846, 3316)
 1992 Ed. (876, 923, 924, 1037, 3460, 3461)
 1993 Ed. (733, 734, 739, 740, 743, 2853)
 1994 Ed. (745, 746, 747, 2069, 2873, 2874)
 1995 Ed. (19, 679, 694, 1390, 1650, 2138, 2532, 2534, 2937, 2938)
 1996 Ed. (749, 750, 774, 777, 868, 1340, 1341, 2105, 2126, 2151, 2593, 2596, 2917, 3034, 3035)
 1997 Ed. (680, 681, 709, 712, 1400, 1401, 2235, 2258, 3115, 3116)

 1998 Ed. (475, 476, 489, 610, 611, 1949, 2848, 2849, 2851, 2852)
 1999 Ed. (735, 736, 776, 786, 787, 788, 795, 1012, 1013, 1621, 1624, 2690, 3339, 3824, 3825, 3826, 4117)
 2000 Ed. (749, 966, 2478, 2504, 3078, 3543, 3829)
 2001 Ed. (1105, 2897, 3793)
 2002 Ed. (2832, 3705)
 2004 Ed. (1650, 3032)
 2006 Ed. (652, 3900, 3902)
 2007 Ed. (870, 3952)
 2008 Ed. (833, 834, 3982)
 2009 Ed. (665)
 2012 Ed. (666, 3977)
Kodak Advantix
 2002 Ed. (930)
 2004 Ed. (3896)
Kodak Advantix Switchable
 2002 Ed. (930)
Kodak AG
 2000 Ed. (2648)
Kodak Avantix
 2002 Ed. (3705)
Kodak CA135-24 VGR100 Color Print Film
 1989 Ed. (2323)
Kodak Color VRG-100
 1996 Ed. (3033)
Kodak Color VRG-200
 1996 Ed. (3033)
Kodak Color VRG-400
 1996 Ed. (3033)
Kodak DS Digital Science Media Imaging System
 2000 Ed. (3077)
Kodak EasyShare Gallery
 2007 Ed. (4186)
Kodak Fun Saver
 2002 Ed. (930)
 2004 Ed. (3895, 3896)
 2023 Ed. (1009)
Kodak Funsaver
 1996 Ed. (3033)
Kodak Gold
 1993 Ed. (1524)
 1999 Ed. (3826)
 2001 Ed. (3793)
 2002 Ed. (3705)
 2004 Ed. (3896)
Kodak Gold 100
 1993 Ed. (1523, 1524)
Kodak Gold 100 GA135-24
 1992 Ed. (1848, 1849)
Kodak Gold 200
 1993 Ed. (1523, 1524)
Kodak Gold 200 GB110-24
 1992 Ed. (1848, 1849)
Kodak Gold 200 GB135-24
 1992 Ed. (1848, 1849)
Kodak Gold 200 GB135-24 3 pack
 1992 Ed. (1849)
Kodak Gold 400
 1993 Ed. (1523)
Kodak Gold Max
 2001 Ed. (3793)
 2002 Ed. (3705)
 2004 Ed. (3896)
Kodak Gold Plus
 1995 Ed. (3525)
 1999 Ed. (3826)
Kodak HR disc 2 pk
 1991 Ed. (1454)
Kodak Kodacolor
 1999 Ed. (3826)
Kodak Kodacolor Gold
 2002 Ed. (3705)
Kodak Max
 2001 Ed. (1105)
 2002 Ed. (930)
 2004 Ed. (661, 3895, 3896)
Kodak Max Flash
 2002 Ed. (930)
 2004 Ed. (3896)
Kodak Max HQ
 2004 Ed. (3895, 3896)
Kodak Max Sport
 2023 Ed. (1009)
Kodak Max Zoom
 2004 Ed. (3895)
Kodak de Mexico, Single-Use Camera Division
 2003 Ed. (3308, 3309)
Kodak Pathe
 1995 Ed. (962)
Kodak Photolife
 2002 Ed. (672)
Kodak Power Flash
 2023 Ed. (1009)
Kodak Royal Gold
 1999 Ed. (3826)
Kodak Select Black & White
 2004 Ed. (3895)
Kodak VRG 100 carded 3 pk/135
 1991 Ed. (1454)
Kodak VRG 100 135-24
 1991 Ed. (1453)

Kodak VRG 100 print film 135-24
 1991 Ed. (1454)
Kodak VRG 200 135-24
 1991 Ed. (1454)
Kodak VRG 200 SP 135-24
 1991 Ed. (1453)
Kodak VRG 400 carded 135-24
 1991 Ed. (1454)
Kodak VRG100 Color Print Film
 1989 Ed. (2325)
Kodama; Alan
 2007 Ed. (2549)
Koders
 2007 Ed. (1255)
Kodiak
 1994 Ed. (3545)
 1995 Ed. (3620, 3623)
 1996 Ed. (3700)
 1998 Ed. (3580)
 1999 Ed. (4609)
 2015 Ed. (4752)
 2016 Ed. (4655)
 2017 Ed. (4666)
 2023 Ed. (2913, 2922)
Kodiak, AK
 2000 Ed. (2200, 3573)
Kodiak Building Partners
 2016 Ed. (2862, 2863)
 2019 Ed. (2839, 2843)
 2020 Ed. (1492)
 2021 Ed. (1474, 1479, 2745, 2747)
 2022 Ed. (1489, 1496)
 2023 Ed. (947, 1670, 3117)
Kodiak Cakes
 2021 Ed. (1940)
Kodiak Cakes Energy Waffles
 2022 Ed. (2789)
Kodiak Cakes Power Waffles
 2022 Ed. (2789)
Kodiak Exploration
 2009 Ed. (1583)
 2010 Ed. (1563)
Kodiak Oil & Gas
 2016 Ed. (2837, 3560)
Kodiak Oil & Gas Corp.
 2009 Ed. (1601)
 2016 Ed. (1504)
Kodiak Publishing co.
 2005 Ed. (1646)
Kodiak Publishing Co.
 2006 Ed. (1537)
 2007 Ed. (1566)
Kodiak Regular Wintergreen
 2003 Ed. (4449)
Kodiak Reporting & Transcription
 2006 Ed. (4339)
Kodiak Roofing & Waterproofing Co.
 2006 Ed. (4205)
Kodiak Venture Partners
 2004 Ed. (4831)
Kodiak Wintergreen
 2000 Ed. (4258)
Kodumajatehase AS
 2016 Ed. (1533)
Koegh; Kevin
 1995 Ed. (2669)
Koehler; Michael F.
 2011 Ed. (843)
Koei
 2001 Ed. (2508)
Koeneman Capital Management
 1993 Ed. (2338, 2353, 2358, 2359)
 1995 Ed. (2397)
Koenig & Partners Publicidad
 2002 Ed. (103)
 2003 Ed. (68)
Koerber; Kristine
 2011 Ed. (3374)
Koetter Woodworking Inc.
 2019 Ed. (4994)
 2020 Ed. (4996)
 2021 Ed. (4997)
Kofax plc
 2013 Ed. (1107, 1110)
Koffee Kup Bakery Inc.
 2018 Ed. (2221)
 2020 Ed. (2191)
Koffel; Martin M.
 2011 Ed. (828)
Kofikom Produkt
 2007 Ed. (22)
Koflach
 1992 Ed. (3981)
Kofola Group
 2009 Ed. (1626)
 2012 Ed. (1476)
Kogan Page Inc.
 2023 Ed. (4159)
KOGAS
 2021 Ed. (2228)
 2022 Ed. (2269)
 2023 Ed. (2450)
Koger Properties
 1991 Ed. (2808)
Koger Property
 1993 Ed. (2715)

Kogi BBQ
 2012 Ed. (4259)
Kognitive Marketing Partnership
 2016 Ed. (1455, 1468, 3465)
Kogod Family
 2008 Ed. (4911)
 2009 Ed. (4859)
 2010 Ed. (4928)
 2011 Ed. (4913)
Kogod School of Business; American University
 2010 Ed. (733)
Kogun Hf
 2007 Ed. (1764)
 2008 Ed. (1722, 1792, 2868, 3208)
 2009 Ed. (1737)
Koh Wee Meng
 2014 Ed. (4917)
Koh Young Technology
 2013 Ed. (2053)
 2017 Ed. (1962)
Kohana Coffee
 2016 Ed. (2678)
 2017 Ed. (2628)
Kohat Cement
 2017 Ed. (1911)
Kohl Medical AG
 2004 Ed. (1701)
Kohl, Secrest, Wardle, Lynch, Clark & Hampton
 1989 Ed. (1879)
 1994 Ed. (2353)
Kohlberg & Co.
 1994 Ed. (1215)
 2011 Ed. (2960)
 2012 Ed. (2889)
 2013 Ed. (2968)
 2014 Ed. (2979)
 2016 Ed. (2939)
Kohlberg & Co. LLC
 2013 Ed. (2759)
Kohlberg; Jerome
 1989 Ed. (1422)
Kohlberg Kravis Robert & Co.
 1998 Ed. (2430)
Kohlberg Kravis Roberts
 2002 Ed. (3080)
 2014 Ed. (3414)
Kohlberg Kravis Roberts & Co.
 1991 Ed. (1136, 1143, 1147, 1153, 1158, 1159, 1163, 1188, 1823, 2376, 3301, 3303, 3331)
 1992 Ed. (1457, 1467, 1470, 1471, 1475, 1480, 1503, 2299, 2962)
 1993 Ed. (1178, 1182, 1188, 1196, 1215, 1956, 2492)
 1994 Ed. (1205, 1206, 1207, 1212, 1217, 1218, 1222, 1241, 2429)
 1995 Ed. (153, 1221, 1222, 1228, 1233, 1234, 1238, 1261, 2004, 2443, 2444, 2498, 3214)
 1996 Ed. (1192, 1199, 1204, 1209, 2486)
 1997 Ed. (1245, 1250, 1251, 2629, 2703)
 1998 Ed. (1009, 1016, 1017, 1042, 1845, 2105)
 1999 Ed. (1443, 1449, 1451, 1472, 2604, 3185, 3294)
 2000 Ed. (2347, 3027)
 2001 Ed. (1541)
 2003 Ed. (3279)
 2005 Ed. (1490, 1501, 1513, 1517, 1525, 2737, 3284, 3372)
 2006 Ed. (1446, 3276, 4010)
 2008 Ed. (1405, 1425, 3399, 3445, 4079, 4293)
 2009 Ed. (1396, 3453)
 2017 Ed. (26, 38)
Kohlberg Kravis Roberts & Co. (KKR)
 2002 Ed. (998, 1435, 1447, 1458, 1461, 1473, 3230, 3791)
 2003 Ed. (1444, 1455, 1467, 1479, 2622)
 2004 Ed. (1474, 1485, 1497, 1509, 2739, 3341)
Kohlberg Kravis Roberts & Co. L.P.
 2019 Ed. (24)
 2021 Ed. (31)
 2022 Ed. (29, 40)
 2023 Ed. (71, 74, 83)
Kohlberg Kravis Roberts & Co. LP
 2018 Ed. (28, 30, 39)
 2019 Ed. (35)
Kohlberg Roberts & Co.
 1991 Ed. (1192)
Kohler
 2021 Ed. (1001)
 2022 Ed. (1045)
 2023 Ed. (1207, 1222, 2121)
Kohler Co.
 1989 Ed. (2882)
 2001 Ed. (1900, 3278, 3822)
 2003 Ed. (1419, 1854, 3378)
 2004 Ed. (1890, 3443)
 2005 Ed. (2016, 3457)
 2006 Ed. (3466)
 2007 Ed. (3491)
 2009 Ed. (742, 4173)
 2010 Ed. (688, 4108)
 2011 Ed. (617, 3654, 4076)

 2012 Ed. (588, 3658, 4107)
 2013 Ed. (2196, 3716)
 2014 Ed. (2127, 3648, 3649)
 2015 Ed. (2184, 3658, 3659, 4103)
 2016 Ed. (2159, 2160, 3524, 3525)
 2017 Ed. (2098, 2099)
 2018 Ed. (2053, 2054)
 2019 Ed. (2113, 2114)
 2020 Ed. (2029, 2030, 3982)
 2021 Ed. (988, 1978, 1979)
 2022 Ed. (1026, 2023, 2024)
 2023 Ed. (2120)
Kohler Co., Inc.
 2022 Ed. (745)
Kohler Cos.
 2013 Ed. (1144)
 2014 Ed. (1106)
 2015 Ed. (1147)
 2016 Ed. (1058)
 2017 Ed. (1091)
 2018 Ed. (1020)
 2019 Ed. (1029)
 2020 Ed. (1021)
 2021 Ed. (988)
 2022 Ed. (1026)
Kohler; Herbert
 2006 Ed. (4905)
 2007 Ed. (4901)
 2008 Ed. (4828)
 2013 Ed. (4843)
Kohler Jr.; Herbert
 2005 Ed. (4843)
 2014 Ed. (4859)
 2015 Ed. (4896)
 2016 Ed. (4814)
 2017 Ed. (4825)
 2018 Ed. (4830)
 2019 Ed. (4827)
 2020 Ed. (4817)
 2021 Ed. (4818)
 2022 Ed. (4811)
 2023 Ed. (4804)
Kohler Jr.; Herbert V.
 2011 Ed. (4832)
 2012 Ed. (4844)
Kohler Mill Division
 1998 Ed. (3647)
Kohli; Virat
 2019 Ed. (191)
Kohl's
 2013 Ed. (1014, 1020, 2460)
 2014 Ed. (2391)
 2015 Ed. (4351, 4379)
 2016 Ed. (2964)
 2017 Ed. (2257, 2920)
 2020 Ed. (2968)
 2021 Ed. (2827, 4248)
 2022 Ed. (2985, 2986, 2987, 2990, 2993, 2995)
 2023 Ed. (3105, 3108, 3111, 4287, 4301)
Kohl's Corp.
 1991 Ed. (1969)
 1992 Ed. (2526)
 1994 Ed. (2134, 2138)
 1995 Ed. (1029, 3424)
 1997 Ed. (1590, 1591, 2322)
 1998 Ed. (1258, 1260, 1261)
 1999 Ed. (1751, 1834, 4390)
 2000 Ed. (1118, 1583, 1689, 3547, 3809)
 2001 Ed. (1901, 1994, 2027, 2033, 4094)
 2002 Ed. (1562, 1797, 2580, 2704, 4051, 4714)
 2003 Ed. (1016, 1581, 1855, 1856, 2009, 2011, 2870, 4163, 4164, 4167, 4184, 4188, 4671, 4824)
 2004 Ed. (1581, 1609, 1891, 1892, 2050, 2051, 2055, 2056, 2877, 2881, 2882, 2895, 2955, 4161, 4179, 4180, 4184, 4188, 4189, 4214, 4651, 4824)
 2005 Ed. (2017, 2018, 2165, 2166, 2168, 2957, 3244, 4097, 4101, 4102, 4104, 4128, 4134, 4515, 4519, 4589, 4807)
 2006 Ed. (821, 822, 2120, 2121, 2253, 2881, 2952, 4149, 4153, 4155, 4160, 4161, 4180, 4181, 4447, 4450, 4654, 4870)
 2007 Ed. (909, 2068, 2069, 2205, 2206, 2591, 2969, 4182, 4183, 4184, 4675, 4870)
 2008 Ed. (637, 890, 987, 2176, 2177, 2327, 2342, 2343, 2728, 3093, 3102, 4210, 4217, 4219, 4221, 4225, 4585, 4797)
 2009 Ed. (901, 2159, 2160, 2161, 2162, 2315, 2331, 2332, 2783, 3184, 3185, 3197, 4301, 4305, 4309, 4310, 4311, 4314, 4316, 4332, 4335, 4336, 4630, 4746, 4747, 4748, 4822)
 2010 Ed. (847, 849, 2100, 2101, 2102, 2246, 2259, 2260, 2261, 2716, 3110, 3116, 3124, 4282, 4283, 4287, 4288, 4290, 4294, 4303, 4352, 4658, 4755, 4756, 4757)
 2011 Ed. (771, 773, 2153, 2154, 2155, 2256, 2266, 2267, 2268, 2701, 3080, 3083, 3091, 4274, 4275, 4279, 4280, 4281, 4285, 4286, 4301, 4507, 4605)
 2012 Ed. (80, 710, 712, 714, 837, 2003, 2004, 2005, 2007, 2119, 2120, 2121,

 2122, 2123, 2124, 2463, 4309, 4310, 4314, 4315, 4320, 4321, 4322, 4352)
 2013 Ed. (915, 917, 919, 1037, 2192, 2193, 2194, 2195, 2317, 2320, 2321, 2323, 4280, 4281, 4299, 4302, 4310, 4315)
 2014 Ed. (864, 985, 2123, 2124, 2125, 2126, 2249, 2251, 2252, 2253, 2436, 2550, 3515, 4335, 4336, 4343, 4349, 4354)
 2015 Ed. (87, 1021, 2178, 2179, 2180, 2181, 2183, 2320, 2321, 2322, 2508, 4092, 4093, 4327, 4328, 4337, 4361, 4363)
 2016 Ed. (924, 926, 2153, 2155, 2156, 2157, 2158, 2273, 2274, 2276, 2441, 4223, 4224, 4236, 4254, 4431, 4432, 4435)
 2017 Ed. (65, 972, 2093, 2094, 2097, 2127, 2129, 2287, 2919, 2921, 2986, 4223, 4226, 4241, 4442, 4443)
 2018 Ed. (82, 88, 903, 2048, 2049, 2052, 2171, 2172, 2173, 2175, 2316, 2986, 2987, 2996, 3105, 4251, 4255, 4461, 4462)
 2019 Ed. (72, 903, 2108, 2109, 2110, 2163, 2164, 2166, 2305, 2939, 2940, 3039, 4270, 4273, 4282, 4284)
 2020 Ed. (69, 74, 892, 2024, 2025, 2028, 2031, 2160, 2161, 2163, 2287, 2960, 2963, 2966, 3077, 4259, 4269, 4270, 4275)
 2021 Ed. (50, 905, 1975, 1976, 2268, 2820, 2823, 2954, 4237, 4253, 4254, 4257)
 2022 Ed. (47, 2020, 2021, 4247, 4251, 4266, 4269)
 2023 Ed. (2118, 4291, 4303)
Kohl's Corporation
 2020 Ed. (46)
Kohl's Corp. (U.S.)
 2021 Ed. (4254)
 2022 Ed. (4266)
Kohl's Department Stores
 2014 Ed. (4499, 4500)
 2015 Ed. (4499, 4500)
Kohl's Department Stores Inc.
 2002 Ed. (1918, 1919)
 2003 Ed. (1855, 2010)
 2004 Ed. (1891)
 2005 Ed. (2017)
 2006 Ed. (2120)
 2007 Ed. (2068)
 2011 Ed. (4274)
 2012 Ed. (4309)
 2013 Ed. (4280)
 2014 Ed. (2123, 4335, 4336)
 2015 Ed. (2178, 4327, 4328)
 2016 Ed. (2153, 4223, 4224)
Kohl's Inc.
 2022 Ed. (47)
Kohls.com
 2009 Ed. (2442)
 2010 Ed. (2364)
 2011 Ed. (2360, 2373)
 2012 Ed. (2284)
 2013 Ed. (2462, 2469)
 2015 Ed. (2466)
 2016 Ed. (2411)
Kohn Law Firm SC
 2009 Ed. (1020)
Kohn Pedersen Fox
 2023 Ed. (279)
Kohn Pedersen Fox Associates
 1992 Ed. (353, 359)
 1993 Ed. (244)
 1994 Ed. (233)
 1995 Ed. (235)
 1996 Ed. (232)
 1997 Ed. (263, 268)
 1998 Ed. (188)
 2005 Ed. (260)
 2006 Ed. (283)
 2007 Ed. (286, 2408, 2413)
 2008 Ed. (262, 2537, 2540)
 2009 Ed. (285)
 2011 Ed. (190, 2477)
 2012 Ed. (196, 2386)
 2013 Ed. (176)
 2014 Ed. (183)
 2015 Ed. (213)
 2016 Ed. (211)
 2017 Ed. (207)
 2018 Ed. (194)
 2019 Ed. (188)
 2020 Ed. (189)
 2021 Ed. (188)
 2022 Ed. (190)
Kohn Pedersen Fox Associates KPF Interior Architects
 1996 Ed. (236)
Kohn Pedersen Fox Associates PC
 2004 Ed. (2341, 2350, 2371)
 2012 Ed. (1031)
Kohn & Young PC
 2001 Ed. (4284)
Kohner, Mann & Kailas SC
 2019 Ed. (4798)

Kohnstamm Communications
  2011 Ed. (4122)
  2012 Ed. (4153)
  2013 Ed. (4139)
  2014 Ed. (4156)
  2015 Ed. (4138)
Kohr Bros. Frozen Custard
  2002 Ed. (2722)
Koia
  2021 Ed. (2599)
  2022 Ed. (2710, 2712)
Koichi Hariya
  1999 Ed. (2379)
Koichi Ishihara
  1997 Ed. (1977)
  1999 Ed. (2376)
Koichi Nishimura
  2003 Ed. (3295)
Koichi Sugimoto
  2000 Ed. (2155)
Koike; Yuriko
  2023 Ed. (4925)
Koinklijke Emballage Industrie Van Leer BV
  1995 Ed. (2549)
Koito
  2023 Ed. (388)
Koito Manufacturing
  2017 Ed. (297)
  2018 Ed. (276)
  2019 Ed. (279)
  2020 Ed. (283)
Koito Manufacturing Co.
  1991 Ed. (1141, 1170)
Koizumi; Junichiro
  2005 Ed. (4879)
Kojamo Oyj
  2021 Ed. (1509)
Koji Endo
  1997 Ed. (1976)
  1999 Ed. (2374, 2375)
  2000 Ed. (2154, 2155)
Kojima
  2006 Ed. (4175)
  2012 Ed. (2900)
The Kokes Organization
  2002 Ed. (2685)
  2003 Ed. (1184)
Koko FitClub
  2013 Ed. (4038)
Kokomo, IN
  1991 Ed. (2429)
  1992 Ed. (2541, 3034)
  1993 Ed. (2548)
  1998 Ed. (2484)
  2000 Ed. (1070, 4364)
  2004 Ed. (3304)
  2005 Ed. (2381, 3322)
  2006 Ed. (2426, 3315)
  2007 Ed. (2369)
  2008 Ed. (2491)
  2009 Ed. (2497)
  2017 Ed. (2449, 3406)
Kokomo Tribune
  1992 Ed. (3245)
Kokosing
  2022 Ed. (1839, 4948)
Kokosing group of companies
  2022 Ed. (1839, 2572, 4948)
  2023 Ed. (1441, 2714, 4952)
Kokosing Construction Co. Inc.
  2003 Ed. (1297)
  2004 Ed. (1285, 1290, 1294)
The Kokosing Group
  2014 Ed. (1171)
  2015 Ed. (1224)
  2016 Ed. (1133)
  2017 Ed. (1179)
  2018 Ed. (1119)
Kokosing Group of Companies
  2023 Ed. (1341, 1349, 1420)
The Kokosing Group of Companies
  2022 Ed. (1122, 1183)
The Kokosing Group of Cos.
  2022 Ed. (1126, 1205)
Kokosing Group Inc.
  2016 Ed. (4955)
Kokosing Inc.
  2017 Ed. (1234, 2470, 4946)
  2018 Ed. (1127, 1214, 2521, 4951)
  2019 Ed. (1136, 1220, 1244, 2528, 4948)
  2020 Ed. (1127, 1214, 1238, 2522, 4949)
  2021 Ed. (1114, 1184, 1204, 2461, 4952)
  2022 Ed. (2572)
Kokusai
  1999 Ed. (895, 896)
  2008 Ed. (1866)
Kokusai Kogyo Co., Ltd.
  2008 Ed. (4128)
Kokusai Securities
  1998 Ed. (1500)
  2003 Ed. (4374)
Kokuyo
  1993 Ed. (2766)
  1994 Ed. (2728)
  1995 Ed. (2833)
  1997 Ed. (2994)
  1999 Ed. (3690)
  2003 Ed. (3408)

2007 Ed. (2991)
Kolache Factory
  2012 Ed. (282)
  2018 Ed. (314)
  2019 Ed. (313)
  2020 Ed. (315)
  2021 Ed. (303)
  2022 Ed. (316)
  2023 Ed. (4238)
KOLAS
  2023 Ed. (2385)
Kolb; Erik B.
  2011 Ed. (3343)
Kolbe & Kolbe Millwork
  2019 Ed. (4917)
Kolbe & Kolbe Millwork Co.
  2020 Ed. (4916)
  2021 Ed. (4911)
Kolcheff; Nick
  2021 Ed. (4787)
Kolga
  2018 Ed. (1570, 2308)
Kolibri Games
  2022 Ed. (1509)
Kolibri Games (Germany)
  2022 Ed. (1509)
Kolin Construction & Development Co., Ltd.
  1992 Ed. (3625)
Kolin Electric
  1993 Ed. (54)
Kolinpharma
  2020 Ed. (1651, 3894)
  2021 Ed. (3857)
Kolinska
  1999 Ed. (3252, 3253)
  2000 Ed. (2987)
Kolizei
  2018 Ed. (1899)
Kolkata Knight Riders
  2023 Ed. (4452)
Koll
  1991 Ed. (1051)
  1998 Ed. (2280, 3017, 3021, 3023)
  1999 Ed. (4015)
Koll Bren Schreiber
  2002 Ed. (3936)
Koll Company
  1992 Ed. (3621)
Koll Construction Co.
  1993 Ed. (1138)
Koll Development Co.
  2001 Ed. (4001)
  2002 Ed. (3921)
  2009 Ed. (3870)
Koll Investment
  1996 Ed. (2392, 2412)
  1997 Ed. (2541)
Koll Management Services
  1993 Ed. (3337)
  1994 Ed. (3328)
  1997 Ed. (3272, 3274)
Kollmorgen Corp.
  1989 Ed. (2303)
  1999 Ed. (4578)
Kollmorgen Electro-Optical
  2013 Ed. (3564)
Kollsman Inc.
  2019 Ed. (1718)
Kolmar Group
  2022 Ed. (881, 883, 885, 886)
  2023 Ed. (1060, 1061, 1062, 1064, 1065)
Kolmar Korea
  2023 Ed. (1576)
Koln-Bonn Airport
  2022 Ed. (149)
  2023 Ed. (223)
Kolomensky
  2000 Ed. (1320)
Kolomoyskyy; Ihor
  2008 Ed. (4877)
  2009 Ed. (4901)
  2010 Ed. (4901)
  2011 Ed. (4889)
  2012 Ed. (4897)
  2013 Ed. (4920)
  2014 Ed. (4927)
  2015 Ed. (4967)
  2016 Ed. (4884)
  2017 Ed. (4882)
  2018 Ed. (4894)
  2019 Ed. (4886)
  2020 Ed. (4875)
  2021 Ed. (4876)
  2022 Ed. (4872)
  2023 Ed. (4866)
Kolon Corp.
  2012 Ed. (4699)
  2013 Ed. (4660)
  2016 Ed. (4626)
  2018 Ed. (4638)
  2019 Ed. (4653)
Kolon Industries Inc.
  2010 Ed. (4726)
  2011 Ed. (4685)
  2015 Ed. (4040)
  2016 Ed. (3952)
  2017 Ed. (3927)
  2018 Ed. (3952)

2019 Ed. (3928)
Kolos
  2019 Ed. (1337)
The Kolter Group
  2019 Ed. (1071, 1075)
Kolter Signature Homes
  2005 Ed. (1198)
Komag Inc.
  1992 Ed. (1304, 1914)
  2007 Ed. (3069, 4533)
Komar Anchor Plumbing
  2022 Ed. (1038, 1844)
Komar Anchor Plumbing & Drain Service
  2022 Ed. (1029)
Komarek; Karel
  2014 Ed. (4881)
  2015 Ed. (4919)
  2016 Ed. (4835)
  2017 Ed. (4843)
  2018 Ed. (4850)
  2019 Ed. (4845)
  2020 Ed. (4834)
  2021 Ed. (4835)
  2022 Ed. (4828)
  2023 Ed. (4823)
Komatsu
  2013 Ed. (654, 1189, 1789)
  2014 Ed. (1139, 2564, 4025)
  2015 Ed. (1144, 1145, 1190)
  2016 Ed. (1055, 2522)
  2017 Ed. (1089, 1090, 3020, 3304)
  2018 Ed. (1018, 1019)
  2019 Ed. (1026, 1027)
  2020 Ed. (1017, 1019)
  2021 Ed. (984, 986)
  2022 Ed. (1022)
  2023 Ed. (1201, 1203, 1812, 2900)
Komatsu America International Co.
  1998 Ed. (1138, 2093, 2708)
Komatsu American International Co.
  1999 Ed. (1627)
Komatsu (Japan)
  2021 Ed. (984)
  2022 Ed. (1022)
Komatsu Ltd.
  1989 Ed. (1656)
  1991 Ed. (1405)
  1992 Ed. (1772)
  1993 Ed. (1082, 1461, 2484)
  1994 Ed. (2421)
  1995 Ed. (2493)
  1996 Ed. (2245)
  1997 Ed. (1437, 2371)
  1999 Ed. (2853, 2854)
  2000 Ed. (2624)
  2001 Ed. (4639)
  2002 Ed. (2323, 2729, 4872)
  2003 Ed. (4815)
  2004 Ed. (4802)
  2005 Ed. (3002, 3003)
  2006 Ed. (2998, 2999, 4852)
  2007 Ed. (202, 875, 1581, 2401, 3035, 3036, 3037, 4855)
  2008 Ed. (189, 847, 3149, 3150, 4778)
  2009 Ed. (207, 858, 1823, 3234, 3235, 3236, 4810)
  2010 Ed. (3165, 3166, 3168, 3510)
  2011 Ed. (1780, 3134, 3513)
  2012 Ed. (3070, 3074, 3075, 3511)
  2013 Ed. (3147, 3158, 3160, 3163, 3552)
  2014 Ed. (3150, 3164, 3168, 3528)
  2015 Ed. (3210, 3223, 3228, 3542)
  2016 Ed. (3065, 3079, 4762)
  2017 Ed. (3014, 3028, 4770)
  2018 Ed. (3135, 3142, 3422, 4765)
  2019 Ed. (3071, 3081, 3390)
  2020 Ed. (2147, 2766, 3103, 3111)
  2021 Ed. (2640)
  2022 Ed. (2767)
Komatsu Mining Corp.
  2021 Ed. (2871)
Komatsu Utility Co.
  2010 Ed. (4828)
  2011 Ed. (4788)
  2012 Ed. (4809)
  2013 Ed. (4769)
  2014 Ed. (4819)
  2015 Ed. (4855)
Komax Holding AG
  2009 Ed. (2074)
Kombinat Aluminijuma Podgorica AD
  2014 Ed. (1568)
  2015 Ed. (1619)
Komdat GmbH
  2008 Ed. (2951, 2952)
komdat.com GmbH
  2009 Ed. (3004)
  2010 Ed. (2944)
Komeetta Saatchi & Saatchi
  2000 Ed. (94)
Komercialna Banka
  1997 Ed. (546)
  2002 Ed. (614)
  2003 Ed. (57)
Komercijaina Bank AD Skopje
  1995 Ed. (534)
Komercijaina Banka
  2006 Ed. (496)

Komercijaina Banka a.d. Beograd
  2009 Ed. (369)
  2010 Ed. (347)
Komercijalna Bank AD Skopje
  1996 Ed. (592)
  1997 Ed. (547)
Komercijalna Banka
  2004 Ed. (586, 615)
  2005 Ed. (506, 605)
  2006 Ed. (519)
  2008 Ed. (500)
Komercijalna Banka a.d. Beograd
  2010 Ed. (513)
  2011 Ed. (442)
Komercijalna Banka Beograd
  2013 Ed. (457)
  2014 Ed. (473)
  2015 Ed. (532)
  2016 Ed. (485)
  2020 Ed. (461)
  2023 Ed. (687)
KomercijaInIna Bank AD Skopje
  1999 Ed. (583)
  2000 Ed. (599)
Komerní banka
  2023 Ed. (640)
Komercni banka
  1993 Ed. (458, 469)
  1994 Ed. (462, 463)
  1996 Ed. (470, 483)
  1997 Ed. (433, 434, 447, 448)
  1999 Ed. (491, 500, 3869, 3870)
  2000 Ed. (484, 508, 3585, 3586)
  2002 Ed. (538, 549, 553, 3736, 3737)
  2003 Ed. (482, 489, 492)
  2004 Ed. (478, 490)
  2005 Ed. (485)
  2006 Ed. (431, 436, 440, 3946)
  2007 Ed. (429, 444)
  2008 Ed. (403, 413)
  2009 Ed. (426, 427)
  2010 Ed. (402, 403)
  2011 Ed. (329, 330)
  2013 Ed. (418)
  2014 Ed. (437)
  2015 Ed. (491, 513, 1612)
  2016 Ed. (467, 1538)
  2017 Ed. (460, 463, 485, 521, 1528)
  2018 Ed. (426, 448, 486, 1509)
  2019 Ed. (431, 434, 459)
  2020 Ed. (419, 422, 444)
  2021 Ed. (441, 442)
  2022 Ed. (456, 457)
  2023 Ed. (636, 639, 664)
Komerci Banka AS
  1995 Ed. (453, 459)
  1996 Ed. (484)
Komercni banka (Czech Republic)
  2021 Ed. (441)
  2022 Ed. (456)
Komercni banka IF
  2002 Ed. (3736, 3737)
Komex
  2005 Ed. (1689, 1703)
Komex International Ltd.
  2006 Ed. (1625, 4297)
  2007 Ed. (1197, 4364)
Kommer Damen
  2016 Ed. (4859)
  2017 Ed. (4863)
  2018 Ed. (4872)
  2019 Ed. (4866)
  2020 Ed. (4855)
  2021 Ed. (4855)
  2022 Ed. (4851)
  2023 Ed. (4846)
Kommerling USA
  2020 Ed. (4914)
Kommunalbanken
  2020 Ed. (481, 501)
  2021 Ed. (469, 513)
  2022 Ed. (483, 523)
  2023 Ed. (705, 746)
Kommunalbanken AS
  2009 Ed. (515)
  2010 Ed. (494)
  2011 Ed. (424)
Kommunalbanken (Norway)
  2021 Ed. (469, 513)
  2022 Ed. (483, 523)
Kommunalkredit Austria AG
  2009 Ed. (403)
  2010 Ed. (379)
  2011 Ed. (304)
Kommuninvest Ek foereningen
  2009 Ed. (541)
  2010 Ed. (524)
  2011 Ed. (453)
Komodo
  2019 Ed. (4187)
  2020 Ed. (4199)
  2021 Ed. (4139, 4140)
  2022 Ed. (4166, 4167)
Kompania Kosovare per Distribuim dhe Furnizim me Energji Elektrike Sh.a.
  2014 Ed. (1571)
  2015 Ed. (1621)
  2016 Ed. (1548)

2017 Ed. (1538)
Kompania Weglowa SA
　2009 Ed. (2016)
　2012 Ed. (1858)
　2013 Ed. (2018)
Kompan.pl SP
　2011 Ed. (2906)
　2012 Ed. (2841)
　2013 Ed. (2901)
Komplex IT
　2011 Ed. (1608)
　2012 Ed. (1455)
Komsomolskaya
　2001 Ed. (3544)
Komunik Corp.
　2009 Ed. (2918)
Kon Nederlandsche Hoogovens En Staal-fabrieken NV
　1993 Ed. (1373)
　1994 Ed. (1427)
　1995 Ed. (1464)
Kon-strux Developments
　2018 Ed. (1032)
Kona
　2017 Ed. (610)
Kona Brewing Hawaii
　2023 Ed. (907)
Kona Grill
　2009 Ed. (4274)
　2020 Ed. (4230)
Kona Ice
　2014 Ed. (3132)
　2015 Ed. (2835)
　2016 Ed. (2759)
　2017 Ed. (2715)
　2018 Ed. (3126)
　2019 Ed. (3054, 3056, 4227)
　2020 Ed. (798, 3094, 4237)
　2021 Ed. (2965, 4201)
　2022 Ed. (856, 3091, 4211)
　2023 Ed. (1038, 2919, 3078, 4250)
Kona Ice (U.S.)
　2021 Ed. (2965)
Kona Pacific Farmers Cooperative
　2007 Ed. (3548, 4408)
Kona Village Investors LLC
　2010 Ed. (1672)
Kona Village Resort
　1991 Ed. (1947)
　1992 Ed. (2482)
　1993 Ed. (2090)
　2000 Ed. (2543)
　2002 Ed. (3990)
　2005 Ed. (4042)
Konami Co.
　2001 Ed. (4688)
　2002 Ed. (1710)
　2003 Ed. (2603)
Konami/Ultra
　1995 Ed. (3642)
KonaRed Corp.
　2019 Ed. (1447)
Konarka Technologies
　2006 Ed. (2436)
Koncernas Achemos Grupe; UAB
　2011 Ed. (1802)
Konda Group
　1999 Ed. (4297)
Kone
　2021 Ed. (615, 616)
　2022 Ed. (640, 642, 1521)
　2023 Ed. (864, 1695)
Kone B
　1992 Ed. (2396)
　1994 Ed. (2046)
KONE Corp.
　1991 Ed. (1276)
　1992 Ed. (1938)
　1994 Ed. (2045)
　2006 Ed. (1701)
　2008 Ed. (3557)
　2009 Ed. (1665, 1666, 3624)
　2010 Ed. (712, 778, 1620, 2502, 3545)
　2011 Ed. (1629, 3131, 3545)
　2012 Ed. (1480, 3538)
　2013 Ed. (1610)
　2014 Ed. (1577)
　2015 Ed. (1628)
　2016 Ed. (1556)
　2017 Ed. (1545)
　2018 Ed. (1527)
　2019 Ed. (1555)
　2020 Ed. (1524)
　2021 Ed. (1509)
Kone Corp.
　2013 Ed. (3583)
Kone Elevator AS
　1997 Ed. (1381)
Kone Oy
　1995 Ed. (1385)
　1996 Ed. (1335)
KONE Oyj
　2021 Ed. (2449, 3465)
　2022 Ed. (2559, 3467)
　2023 Ed. (2705)
Kone Oyj
　2004 Ed. (3331)
　2006 Ed. (2801, 3379)

2014 Ed. (3147)
2015 Ed. (3207)
2016 Ed. (3062)
2017 Ed. (3012)
2021 Ed. (1299)
2023 Ed. (1696)
Kone S B
　1993 Ed. (2030)
Konecranes
　2019 Ed. (1023)
　2020 Ed. (1018)
　2021 Ed. (985)
　2022 Ed. (1023)
　2023 Ed. (1202)
Konecranes ABP
　2009 Ed. (1667)
Konfida Ambalaj Tekstil Sanayi VE Ticaret Ltd. STI
　2016 Ed. (2069)
Konfio
　2021 Ed. (1691, 2542, 2569)
Konfio / Red Amigo DAL
　2021 Ed. (1691, 2542)
Konfio / Red Amigo DAL
　2021 Ed. (2569)
Kong
　2022 Ed. (988)
　2023 Ed. (1159)
Kong Holdings; Cheung
　1992 Ed. (1632)
Kong Inc.
　2021 Ed. (952)
Kong Life Insurance Co. Ltd.; Shin
　1992 Ed. (3945)
Kongsberg
　2020 Ed. (2148)
　2021 Ed. (2144)
　2022 Ed. (2177)
Kongsberg Gruppen
　2009 Ed. (1960)
Koni; Ibrahim Al
　2013 Ed. (3480)
Konlag Services Inc.
　2011 Ed. (1316)
Konica Corp.
　1991 Ed. (2407)
　1992 Ed. (3009, 3461)
　1993 Ed. (1163)
　1994 Ed. (1320)
　1995 Ed. (1350)
　2002 Ed. (3534)
　2003 Ed. (1346, 1361)
　2004 Ed. (1369, 3895)
　2005 Ed. (1355, 1384)
Konica Graphic Imaging International
　2000 Ed. (1433)
Konica (Konishiroku)
　1989 Ed. (2297)
Konica Minolta
　2016 Ed. (987, 2959)
　2017 Ed. (1010, 1023, 2918)
Konica Minolta Business Solutions
　2018 Ed. (2966, 2985)
　2020 Ed. (2928, 2948)
Konica Minolta Business Solutions USA
　2009 Ed. (4302, 4931)
Konica Minolta Business Solutions USA Inc.
　2017 Ed. (1821)
　2018 Ed. (1767)
Konica Minolta Holdings Inc.
　2007 Ed. (2460, 2992)
　2012 Ed. (2901, 2903)
　2013 Ed. (2974, 2986)
　2014 Ed. (2985)
　2015 Ed. (3053)
　2016 Ed. (2943)
　2017 Ed. (2902)
Konica Minolta Inc.
　2021 Ed. (1303)
　2022 Ed. (1311)
　2023 Ed. (1518, 1814)
Konica USA
　1996 Ed. (869)
Königskinder Immobilien
　2020 Ed. (4112)
　2021 Ed. (4071)
Konikowski; Edward F.
　1991 Ed. (1631)
Konimex
　2004 Ed. (52)
　2005 Ed. (46)
Koning; David
　2011 Ed. (3344)
Koninklijke Ahold NV
　1995 Ed. (1464)
Koninklijke Ahold
　2000 Ed. (1521)
Koninklijke Ahold Delhaize N.V.
　2019 Ed. (1807, 1808, 4538)
　2020 Ed. (1753, 4545)
　2021 Ed. (1723, 4524)
Koninklijke Ahold Delhaize N.V. (Royal Ahold Delhaize N.V.)
　2021 Ed. (1723, 4524)
Koninklijke Ahold NV
　1991 Ed. (3480)
　1992 Ed. (3740)

1993 Ed. (1373, 3049)
1994 Ed. (1427, 3109)
1996 Ed. (1426, 3252, 3414, 3730)
1997 Ed. (1235, 1484, 1485, 3353, 3783)
1998 Ed. (1141)
1999 Ed. (1710, 1711, 4110, 4644)
2000 Ed. (1522, 4284)
2001 Ed. (1805)
2002 Ed. (4603)
2003 Ed. (1776, 1777, 3148, 4177, 4179, 4187, 4396, 4581, 4656, 4665)
2004 Ed. (67, 1523, 1701, 1711, 2764, 3212, 4204, 4206, 4213, 4641)
2005 Ed. (62, 1539, 1768, 1895, 4122, 4132, 4133, 4140, 4513, 4515, 4567, 4912)
2006 Ed. (69, 1689, 1692, 1918, 1919, 1921, 4178, 4179, 4187, 4643, 4945)
2007 Ed. (60, 81, 1899, 1900, 1903, 2241, 4200, 4206, 4631, 4632, 4633)
2008 Ed. (39, 63, 66, 88, 1964, 4573)
2009 Ed. (44, 75, 97, 1760, 1918, 1919, 1921, 4324, 4326, 4607)
2010 Ed. (82, 85, 105, 1710, 1853, 1856, 1857, 2273, 4639, 4642)
2011 Ed. (1885, 1886, 1888, 2276, 4293, 4590)
2012 Ed. (1741, 1743, 2167, 2751, 4342, 4599)
2013 Ed. (845, 1907, 1909, 2614, 4292, 4336, 4535, 4553)
2014 Ed. (1841, 1842, 4029, 4387, 4429, 4593, 4610)
2015 Ed. (1879, 1880, 4590, 4606)
2016 Ed. (1840, 1842, 4272, 4510, 4528, 4529)
2017 Ed. (1801, 1803, 4260, 4509, 4523)
2018 Ed. (1751)
Koninklijke BAM Groep NV
　2012 Ed. (1029)
Koninklijke Boskalis Westminster NV
　2012 Ed. (1029)
　2015 Ed. (1171)
　2016 Ed. (1084)
Koninklijke Distilleerderijen Erven Lucas Bols
　1995 Ed. (1243)
Koninklijke DSM NV
　2008 Ed. (3572)
　2009 Ed. (3642)
　2010 Ed. (3561)
　2011 Ed. (3564)
　2012 Ed. (776, 3557)
　2013 Ed. (845, 952, 3582)
　2014 Ed. (906, 2935)
　2015 Ed. (932)
　2016 Ed. (839)
　2017 Ed. (896)
　2018 Ed. (827, 1324)
　2021 Ed. (1304)
Koninklijke Emballage Industrie Van Leer BV
　1991 Ed. (2385)
　1996 Ed. (2612)
　1997 Ed. (2754)
Koninklijke Hoogovens NV
　1997 Ed. (2750)
　1999 Ed. (3345)
Koninklijke KPN NV
　2000 Ed. (1522)
　2001 Ed. (1642, 1807)
　2002 Ed. (1126, 1735, 1736, 2000, 4490, 4491)
　2003 Ed. (1518, 1777)
　2004 Ed. (67, 1738)
　2005 Ed. (62, 1570, 4282, 4513)
　2006 Ed. (29, 69, 1920, 1921)
　2007 Ed. (60, 1904, 4714)
　2008 Ed. (63)
　2009 Ed. (1921)
　2010 Ed. (1856, 1857, 4697)
　2011 Ed. (1886, 1888, 4645, 4647, 4653)
　2012 Ed. (1743, 4649, 4651, 4658, 4662)
　2013 Ed. (844, 878, 1909, 4602, 4611, 4618, 4638)
　2014 Ed. (4655, 4679)
　2015 Ed. (4571, 4690)
　2016 Ed. (4597)
　2017 Ed. (4616)
　2018 Ed. (4617)
　2019 Ed. (4634)
　2020 Ed. (4605)
　2021 Ed. (1304)
　2022 Ed. (1313)
　2023 Ed. (1115, 1520, 1895)
Koninklijke Luchtvaart Maatschappij NV
　1997 Ed. (3793)
　2000 Ed. (4296)
　2001 Ed. (4620)
　2002 Ed. (1762)
　2004 Ed. (1853)
Koninklijke Luchtvaart Maatschappij Nv
　1995 Ed. (3661)
Koninklijke Nederland Petr. My.
　2002 Ed. (4491)
Koninklijke Nederlandsche Petroleum Maatschappij
　2006 Ed. (1691)

Koninklijke Nederlandsche Petroleum Mij Nv
　1993 Ed. (1302, 1303, 1306, 1373)
KoninkLijke Nederlansche Petroleum MIJ NV
　1989 Ed. (1106, 1107, 1110, 1144)
Koninklijke Nedlloyd NV
　2002 Ed. (4672)
Koninklijke Numico NV
　2006 Ed. (1686, 1688)
Koninklijke Philips Electronics NV
　2001 Ed. (24, 1146, 1642, 1689, 1693, 1805, 1806, 1807, 2191, 2214, 2869, 2892, 2962, 3649, 4218, 4916)
　2002 Ed. (304, 1496, 1639, 1643, 1735, 1736, 2096, 2105, 2107, 2575, 4490, 4491)
　2003 Ed. (1669, 1705, 1706, 1707, 1712, 1776, 1777, 2207, 2208, 2209, 2235, 2236, 2237, 2244, 2245, 3307, 3752, 4384, 4388, 4396, 4526, 4581)
　2004 Ed. (1708, 2253, 2254, 2255, 3364, 3777, 4404, 4562)
　2005 Ed. (1347, 1895, 2329, 2344, 2353, 2354, 2865, 3396, 3696)
　2006 Ed. (1918, 1919, 1920, 1921, 2398, 2399, 3393, 4287, 4288)
　2007 Ed. (1899, 1900, 1903, 1904, 1905, 2213, 2342, 2343, 2345, 2346, 3422, 4354)
　2008 Ed. (1963, 1964, 1965, 1966, 2472, 2474, 3572)
　2009 Ed. (184, 768, 1142, 1679, 1918, 1919, 1920, 1921, 2461, 2474, 2477, 2479, 2591, 3517, 3631, 3632, 3642, 4563)
　2010 Ed. (1635, 1853, 1854, 1856, 1857, 2385, 2388, 2389, 3444, 3561, 3828, 4600, 4683)
　2011 Ed. (1885, 1886, 1888, 2388, 3444, 3564, 3625, 4561, 4613)
　2012 Ed. (91, 1741, 1742, 1743, 2147, 2318, 2320, 3461, 3557, 3628, 3813)
　2013 Ed. (76, 844, 1907, 1908, 2008, 2487, 2497, 2613, 3508, 3582, 3685)
　2014 Ed. (1301, 1841, 2427, 2559, 2564, 3482, 4029)
　2015 Ed. (1355, 1879, 2500, 3206, 3227)
　2016 Ed. (1286, 1840, 2435, 3061, 3083)
　2017 Ed. (1329, 1343, 1801, 2281, 3011)
　2018 Ed. (1751, 1875, 2341, 2468)
　2019 Ed. (1808)
　2020 Ed. (1753)
Koninklijke Philips NV
　2015 Ed. (1880, 2373)
　2016 Ed. (1842, 2319)
　2017 Ed. (1803, 2159)
　2018 Ed. (1324, 1754, 2209)
　2019 Ed. (1673, 1807, 1811, 2188, 2874)
　2020 Ed. (1755, 2180)
　2021 Ed. (1725)
　2023 Ed. (1520, 1895, 3062)
Koninklijke Philips NV (Royal Philips NV)
　2021 Ed. (1725)
Koninklijke PTT Nederland
　2000 Ed. (1521)
Koninklijke PTT Nederland NV
　1996 Ed. (1426, 3405)
　1997 Ed. (1484, 1487, 3501)
　1999 Ed. (1710, 1711, 4287)
Koninklijke Ten Cate NV
　1997 Ed. (3737)
　1999 Ed. (4593)
Koninklijke Vendex KBB NV
　2006 Ed. (69)
Koninklijke Volker Wessels Stevin N.V.
　2021 Ed. (1022)
Koninklijke VolkerWessels N.V.
　2023 Ed. (2733)
Koninklijke Wessanen
　1995 Ed. (1243)
Konishi
　1992 Ed. (24)
　1993 Ed. (16)
Konka
　1994 Ed. (3291, 3292)
Konka Group
　2001 Ed. (1670)
　2019 Ed. (2909, 2930)
Konnect Agency
　2018 Ed. (4046, 4053)
　2019 Ed. (4039, 4046)
　2020 Ed. (4049, 4057)
　2021 Ed. (4018, 4029)
Konnect Public Relations
　2015 Ed. (1475, 4137)
　2016 Ed. (4051)
　2017 Ed. (4022, 4029)
Konnected
　2018 Ed. (54)
Kono; Eiko
　2005 Ed. (4991)
Konolige; Kit
　1996 Ed. (1831)
　1997 Ed. (1904)
Konoligi; Kit
　1995 Ed. (1853)

Konomi; Jun
 1996 Ed. (1881)
 1997 Ed. (1987)
Kono's Family of Restaurants
 2021 Ed. (1557)
Konover & Associates Inc.
 1996 Ed. (3427)
 1998 Ed. (3297, 3301)
Konover Construction Corp.
 2003 Ed. (1311, 1312)
 2006 Ed. (1298)
 2008 Ed. (1274)
 2009 Ed. (1258)
Konsolidacna Banka Bratislava
 1997 Ed. (610)
Konsolidacni Banka Bratislava
 1996 Ed. (674)
Konsolidacni Banka Praha
 1995 Ed. (441)
 1996 Ed. (470, 483)
 1997 Ed. (434, 447)
Konsortiet S.A.S.
 1996 Ed. (1324)
Konstantinou
 1997 Ed. (992)
Konstanty, 1951; Jim
 1991 Ed. (702)
Konsultgruppen
 1989 Ed. (164)
Konsum Oesterreich
 1991 Ed. (16)
 1993 Ed. (24, 1282)
Konsum Oesterreich Reg GmbH
 1994 Ed. (14, 1327)
 1995 Ed. (1358)
 1996 Ed. (1298)
Konsuma de Venezuela
 2005 Ed. (94)
 2008 Ed. (106)
Konsyl
 2003 Ed. (3197)
 2018 Ed. (3365)
 2020 Ed. (3346)
 2021 Ed. (3282)
 2023 Ed. (3484)
Kontec Mecanica M&L SRL
 2016 Ed. (1985)
Kontera
 2012 Ed. (2848)
Kontoor Brands
 2023 Ed. (1949)
Kontoor Brands Inc.
 2022 Ed. (1813)
 2023 Ed. (1940)
Kontos Foods Inc.
 2023 Ed. (903)
Kontrol Energy
 2020 Ed. (1451)
Kontuur Leo Burnett
 1999 Ed. (86)
 2000 Ed. (92)
 2001 Ed. (134)
 2002 Ed. (106)
 2003 Ed. (71)
Kony
 2015 Ed. (1095)
 2018 Ed. (995)
 2019 Ed. (995)
 2020 Ed. (976)
 2021 Ed. (957)
Konya Cimento
 1994 Ed. (2336)
Konzum d.d.
 2014 Ed. (1565)
 2015 Ed. (1616)
 2016 Ed. (1542, 1550)
 2017 Ed. (1532)
 2018 Ed. (1513, 1519, 1520)
 2020 Ed. (1514)
 2021 Ed. (1499)
 2022 Ed. (1513)
Konzum DOO
 2014 Ed. (1564)
 2015 Ed. (1615)
 2020 Ed. (1513)
Konzum d.o.o.
 2016 Ed. (1541)
 2017 Ed. (1531)
 2018 Ed. (1512)
 2019 Ed. (1540)
Konzum Plus d.d.
 2023 Ed. (1687)
Koo Bon-Moo
 2009 Ed. (4873)
 2011 Ed. (4862)
 2013 Ed. (4909)
Koo Koo Roo Inc.
 1995 Ed. (3134)
 1999 Ed. (4058)
Koo, Larrabee & Lau-Kee
 2003 Ed. (3187)
Koo, Larrabee & Lau-Kee LLP
 2004 Ed. (3237)
Koo; Richard
 1996 Ed. (1889)
 1997 Ed. (1994)
Koo, Sr.; Andre
 2022 Ed. (4869)

Kook Soon Dang
 2006 Ed. (4537)
Kookje Electric Korea
 2014 Ed. (1987)
Kookmin Bank
 1997 Ed. (534)
 1999 Ed. (468, 469, 547, 569)
 2000 Ed. (581, 1503, 2883)
 2001 Ed. (1777, 2886)
 2002 Ed. (522, 600, 601, 602, 603, 3049, 3050, 3193)
 2003 Ed. (611, 1824)
 2004 Ed. (448, 512, 620)
 2005 Ed. (460, 610, 3231)
 2006 Ed. (413, 462, 524, 2015, 2016, 2017, 3237)
 2007 Ed. (398, 553, 1985)
 2008 Ed. (380, 505, 1812, 2080, 2082)
 2009 Ed. (536, 2051, 2053)
 2010 Ed. (376, 520)
 2011 Ed. (449)
 2012 Ed. (321)
 2015 Ed. (1928)
 2017 Ed. (438)
 2021 Ed. (437, 490)
 2022 Ed. (451, 504)
 2023 Ed. (626, 729)
Kookmin Bank (Korea)
 2021 Ed. (437)
Kookmin Bank (South Korea)
 2022 Ed. (451)
Kool
 1989 Ed. (907)
 1991 Ed. (932)
 1992 Ed. (1151)
 1993 Ed. (941)
 1994 Ed. (953, 955)
 1995 Ed. (986)
 1996 Ed. (971)
 1997 Ed. (985)
 1998 Ed. (727, 728, 729, 730)
 2000 Ed. (1061)
 2001 Ed. (1230)
 2002 Ed. (4629)
 2003 Ed. (970, 971, 4751, 4756)
 2004 Ed. (4736)
 2005 Ed. (4713)
 2006 Ed. (4765)
 2007 Ed. (4771)
 2008 Ed. (976, 4691)
 2009 Ed. (4733)
 2010 Ed. (4741)
 2015 Ed. (988)
 2016 Ed. (889)
 2017 Ed. (937)
 2018 Ed. (871)
Kool-Aid
 1993 Ed. (696)
 2000 Ed. (2283)
 2007 Ed. (677)
 2017 Ed. (2746)
 2019 Ed. (2776)
Kool Aid Bursts
 2013 Ed. (2780)
 2014 Ed. (2798, 2799)
 2015 Ed. (2840)
 2016 Ed. (2771)
 2018 Ed. (2798)
Kool-Aid Bursts
 2000 Ed. (2282)
Kool-Aid Great Bluedini
 1995 Ed. (1893)
Kool-Aid Island Twists
 2000 Ed. (2283)
Kool Aid Jammers
 2007 Ed. (2655)
 2014 Ed. (606)
 2023 Ed. (2961)
Kool-Aid Jammers
 2017 Ed. (2746)
Kool-Aid Kool Bursts Great Bluedini
 1995 Ed. (1893)
Kool-Aid Mega Mountain Twists
 2000 Ed. (2283)
Kool-Aid Mix
 1992 Ed. (2241)
 1995 Ed. (1948)
 1996 Ed. (1981)
Kool Menthol
 1989 Ed. (904, 905)
Koon Poh Keong
 2019 Ed. (4862)
 2020 Ed. (4851)
 2021 Ed. (4852)
 2022 Ed. (4847)
 2023 Ed. (4842)
Koong; Chua Sock
 2012 Ed. (4982)
 2014 Ed. (4966)
 2015 Ed. (5007, 5025)
 2016 Ed. (4924, 4939)
 2017 Ed. (4930)
Koons Tysons Toyota
 2013 Ed. (217)
Koontz Electric Co.
 2008 Ed. (1272)
 2009 Ed. (1250)
 2010 Ed. (1247)

 2011 Ed. (1197)
Kooperativa Detaljhandelsgruppen AB
 1995 Ed. (2987)
Kooperativa Foerbundel KF
 1995 Ed. (1493)
Kooperativa Foerbundet
 1993 Ed. (52, 1405)
Kooperativa Foerbundet KF
 1989 Ed. (1163)
 1994 Ed. (45, 1453)
 1996 Ed. (1450)
Kooperativa Forbundet
 1989 Ed. (52)
 1991 Ed. (49)
Kooperativa Forbundet EK FOR
 1996 Ed. (3830)
Kooperativa pojistovna
 2015 Ed. (3328)
 2016 Ed. (3182)
 2017 Ed. (3132)
 2018 Ed. (3226)
Kooperative Forbundet
 2008 Ed. (88)
Koopman Holding BV
 2006 Ed. (1922)
 2007 Ed. (1906)
Koopman Lumber
 2021 Ed. (2746)
Koor
 1996 Ed. (3634, 3635)
 1997 Ed. (3686, 3695)
 1999 Ed. (4539, 4540)
Koor Industries Ltd.
 2000 Ed. (4184, 4185)
 2002 Ed. (4558, 4559)
 2003 Ed. (4591)
Koorsen Fire & Security
 2019 Ed. (4358)
 2020 Ed. (4353)
 2021 Ed. (4368)
Koorsen Fire & Security Inc.
 2010 Ed. (4451)
Koos Bekker
 2015 Ed. (4958)
 2016 Ed. (4874)
 2017 Ed. (4874)
 2018 Ed. (4886)
 2019 Ed. (4878)
 2020 Ed. (4867)
 2021 Ed. (4868)
 2022 Ed. (4864)
 2023 Ed. (4858)
Koos Manufacturing Inc.
 2000 Ed. (3149)
 2003 Ed. (3427)
 2011 Ed. (4995)
 2012 Ed. (4990)
Kootenai County
 2023 Ed. (2101)
Kootenai County, WA
 2016 Ed. (2124)
 2021 Ed. (1956)
 2022 Ed. (2000)
Kootenai Health
 2013 Ed. (2861)
 2016 Ed. (2124)
 2021 Ed. (1956)
 2022 Ed. (2000)
 2023 Ed. (2101)
Kootenai Hospital District
 2001 Ed. (1728)
 2003 Ed. (1691)
 2008 Ed. (1793)
 2009 Ed. (1738)
 2010 Ed. (1684)
 2011 Ed. (1697)
 2012 Ed. (1550)
 2013 Ed. (1698)
 2014 Ed. (1646)
 2015 Ed. (1688)
 2016 Ed. (1641)
Kootenai Medical Center Foundation Inc.
 2007 Ed. (1765)
Kootenai Medical District
 2004 Ed. (1727)
 2005 Ed. (1786)
 2006 Ed. (1757)
Koozai
 2014 Ed. (630)
Koozie Group
 2022 Ed. (3512)
 2023 Ed. (4058)
Koozie Group (fka BIC Graphic North America)
 2022 Ed. (3512)
KOP
 1997 Ed. (2204)
Kopar Administration Ltd.
 2016 Ed. (4354)
Kopari Beauty
 2020 Ed. (2298)
KOPEC
 2010 Ed. (1983)
Kopelman; Josh
 2013 Ed. (4783)
 2016 Ed. (4771)
 2017 Ed. (4781)

Kopernik Global All-Cap
 2020 Ed. (4515, 4517)
 2022 Ed. (4504, 4505)
Kopernik Global All-Cap A
 2022 Ed. (4504, 4505)
Kopf Builders
 2002 Ed. (2688)
Kopiko
 2022 Ed. (654)
Kopin Corp.
 2002 Ed. (1502)
 2004 Ed. (2775)
Kopis Mobile
 2019 Ed. (938, 1790)
Kopitar; Anze
 2018 Ed. (202)
 2019 Ed. (196)
 2020 Ed. (200)
Koplowitz; Alicia
 2008 Ed. (4874)
 2009 Ed. (4897)
 2010 Ed. (4896)
 2011 Ed. (4883)
 2012 Ed. (4892)
 2013 Ed. (4910)
 2014 Ed. (4920)
 2016 Ed. (4876)
 2017 Ed. (4876)
 2018 Ed. (4888)
 2019 Ed. (4880)
 2020 Ed. (4869)
 2021 Ed. (4870)
 2022 Ed. (4866)
 2023 Ed. (4860)
Koplowitz; Esther
 2008 Ed. (4874)
 2009 Ed. (4897)
 2010 Ed. (4896)
 2011 Ed. (4883)
 2012 Ed. (4892)
 2013 Ed. (4910)
Kopp Emerging Growth
 2004 Ed. (3607)
Kopp Investment Advisors
 1993 Ed. (2332, 2335, 2336)
 1994 Ed. (2308)
Koppel; Michael
 2007 Ed. (1046)
Koppers
 2018 Ed. (1859, 1865, 1873, 1877)
Koppers Holdings Inc.
 2008 Ed. (2045)
 2009 Ed. (2001, 2006, 2008)
 2010 Ed. (1944)
 2011 Ed. (1992, 2004)
 2012 Ed. (1843, 1846, 1853, 4969)
 2013 Ed. (2011)
Koppers Inc.
 1989 Ed. (822, 1991)
 2005 Ed. (1505, 3920)
 2006 Ed. (3994)
KOPS Inc.
 2016 Ed. (3596)
 2017 Ed. (3564, 4952)
 2018 Ed. (3615)
 2019 Ed. (3609, 4954)
 2020 Ed. (3581, 4956)
 2021 Ed. (4960)
 2022 Ed. (3661)
Kor Standard Bank
 2018 Ed. (451)
Korad
 1989 Ed. (129)
 1995 Ed. (94)
 1996 Ed. (109)
Korad Ogilvy & Mather
 1991 Ed. (121)
 1992 Ed. (174)
 1993 Ed. (116)
 1994 Ed. (99)
 1997 Ed. (111)
 1999 Ed. (114)
Korakuen
 1995 Ed. (220)
KorAm
 1992 Ed. (750)
KorAm Bank
 2002 Ed. (601)
 2006 Ed. (524, 1446, 4726)
KoramBank
 2002 Ed. (603)
 2004 Ed. (512, 620)
 2005 Ed. (610)
Korbel
 1989 Ed. (755, 868)
 1991 Ed. (741)
 1992 Ed. (1082, 1083, 1084, 4460)
 1995 Ed. (921, 923, 924, 3769, 3770)
 1996 Ed. (778, 900, 901, 906, 3839, 3866, 3868)
 1997 Ed. (931, 934, 935, 937, 938, 3896)
 1998 Ed. (493, 674, 678, 680, 681, 3442, 3724, 3750, 3752)
 1999 Ed. (796, 800, 802, 1061, 1064, 1066, 1067, 4796, 4799, 4800)
 2000 Ed. (801, 806, 807, 1008, 4421, 4424, 4426)

2001 Ed. (1012, 1016, 1018, 1150, 1160, 1161, 4888, 4894)
2002 Ed. (286, 769, 779, 962, 967, 970, 972, 973, 974, 4955, 4961)
2003 Ed. (755, 899, 908)
2004 Ed. (765, 918, 924)
2005 Ed. (909, 915, 4958)
2006 Ed. (827)
2014 Ed. (4954)
2015 Ed. (4994)
2016 Ed. (4910, 4913)
2017 Ed. (4904, 4905, 4908)
2018 Ed. (4924)
2019 Ed. (4923, 4927)
2020 Ed. (4927)
2023 Ed. (4903)
Korbel Brandy
　2003 Ed. (760)
Korbel & Bros./Heck Cirs.; F.
　1994 Ed. (3664)
Korbel California
　1993 Ed. (869, 873, 874, 879, 881, 882)
Korbel California Champagne
　1991 Ed. (884, 3499)
Korcett
　2010 Ed. (664)
Korcett Holdings
　2011 Ed. (596)
Kordsa
　1991 Ed. (2267)
Kore Federal
　2015 Ed. (2137)
KORE Telematics
　2010 Ed. (2958)
Korea
　1989 Ed. (230, 946, 1181, 1284, 1396)
　1991 Ed. (1401, 1402, 1479, 3268, 3269)
　1992 Ed. (269, 1234, 1759, 1760, 2296, 4185, 4186, 4322)
　1993 Ed. (179, 2481, 3301, 3596, 3692)
　1994 Ed. (1515, 1516, 3656)
　1995 Ed. (1749)
　1996 Ed. (510, 1719, 2470, 2471, 3821)
　1997 Ed. (204, 474, 1556, 3634)
　1998 Ed. (352, 1526, 1554)
　1999 Ed. (2108, 2583, 3193, 3695, 3696, 4478, 4480)
　2000 Ed. (2982, 3175)
　2001 Ed. (400, 1413, 1414, 2364, 2366, 2838, 3410, 4372)
　2005 Ed. (3401)
　2006 Ed. (2537, 3410, 4592)
　2007 Ed. (3427)
　2008 Ed. (3091, 3591)
　2009 Ed. (1262, 1272, 2378, 3661)
　2010 Ed. (1268)
　2013 Ed. (3778)
　2014 Ed. (2221, 3711, 4229)
Korea Aerospace Industries
　2013 Ed. (4403)
　2018 Ed. (103)
　2020 Ed. (2150)
　2021 Ed. (2146)
　2022 Ed. (2179)
Korea Air Lines Co. Ltd.
　1989 Ed. (1133)
Korea Asset In Trust
　2019 Ed. (1960)
The Korea Central Daily
　2002 Ed. (3512)
Korea Changgwang Credit Bank Corp.
　1993 Ed. (547)
Korea Daesong Bank
　1989 Ed. (595)
　1991 Ed. (583)
Korea Development Bank
　1989 Ed. (481, 574, 596)
　1991 Ed. (452, 584)
　1992 Ed. (605, 751)
　1993 Ed. (426, 548)
　1994 Ed. (519, 548)
　1995 Ed. (523, 1561)
　1996 Ed. (446, 578)
　1997 Ed. (534, 3484)
　1998 Ed. (381, 1268)
　1999 Ed. (468, 547)
　2002 Ed. (600, 601, 602, 3193, 3795)
　2005 Ed. (3938, 3941)
　2017 Ed. (402, 403, 405, 429, 438, 449)
　2018 Ed. (367, 369, 395, 413)
　2019 Ed. (371, 373, 397, 419)
　2020 Ed. (366, 368, 390)
　2021 Ed. (420, 437, 490)
　2022 Ed. (433, 434, 451, 504)
　2023 Ed. (588, 609, 626, 729)
Korea Development Bank (S. Korea)
　2022 Ed. (433)
Korea Development Bank (South Korea)
　2021 Ed. (420, 437)
　2022 Ed. (434, 451)
Korea Development Securities
　1996 Ed. (3390)
Korea Electric
　2013 Ed. (2458)
　2014 Ed. (2389)
　2015 Ed. (2459)
　2016 Ed. (2405)
　2017 Ed. (2253)

2018 Ed. (2306)
Korea Electric Power
　2013 Ed. (674)
　2014 Ed. (700)
　2015 Ed. (747)
　2016 Ed. (674, 2005, 2006, 2402)
　2017 Ed. (717, 1657, 1963, 1964, 2249, 2254)
　2018 Ed. (666, 1912, 1913, 2302, 2303)
　2019 Ed. (679, 1962, 1963, 2293)
　2020 Ed. (1895, 2375)
　2021 Ed. (1857, 2237)
　2022 Ed. (1901, 1902, 2274)
　2023 Ed. (2015, 2453)
Korea Electric Power Co.
　1992 Ed. (1662, 1663, 2821)
　1993 Ed. (2383)
　1995 Ed. (1342, 1350, 1447, 1449)
　1996 Ed. (1399, 1412)
　1997 Ed. (1357, 1455, 1467, 1468, 1469, 1470, 3216)
　1998 Ed. (1161, 2967)
　1999 Ed. (761, 1567, 1575, 1578, 1665, 1695, 1697, 3135, 3136, 3966)
　2000 Ed. (1503, 1505, 1508, 2882, 2883, 3676, 3677)
　2002 Ed. (1713, 3048, 3049)
　2003 Ed. (1824, 2143, 4594)
　2005 Ed. (2302, 2304, 2306, 2409)
　2006 Ed. (2015, 2016, 2017, 3237)
　2007 Ed. (1719, 1983, 1985, 2302, 2303, 2386, 2688)
　2008 Ed. (2080, 2082, 2430, 2432, 2818)
　2009 Ed. (2051, 2053, 2435, 2875)
　2010 Ed. (1985, 1986, 1987, 2353, 2815)
　2011 Ed. (2046, 2048, 2349, 2801)
　2012 Ed. (1895)
　2013 Ed. (2054)
　2014 Ed. (1988)
Korea Electric Power Corp.
　2017 Ed. (2246)
　2018 Ed. (2267, 2298, 2362, 2368, 2370)
　2019 Ed. (1961, 2266, 2290, 2401, 2408, 2410)
　2020 Ed. (2258)
　2023 Ed. (2456)
Korea Electric Power Corp. (KEPCO)
　2001 Ed. (1622, 1746, 1774, 1775, 1776)
　2002 Ed. (1683)
Korea Exchange
　2014 Ed. (4553, 4556, 4559, 4560, 4561, 4562, 4565)
　2015 Ed. (4547, 4550, 4553, 4554, 4555, 4558, 4559)
Korea Exchange Bank
　1989 Ed. (481)
　1991 Ed. (452, 584)
　1992 Ed. (751)
　1993 Ed. (548)
　1994 Ed. (548)
　1995 Ed. (523)
　1996 Ed. (578)
　1997 Ed. (534)
　1999 Ed. (468, 569, 2890, 3135)
　2000 Ed. (581)
　2002 Ed. (560, 600, 602, 603, 3050)
　2003 Ed. (611)
　2004 Ed. (512, 620)
　2005 Ed. (610)
　2006 Ed. (460, 461, 462, 524)
　2007 Ed. (553)
　2008 Ed. (505)
　2009 Ed. (536)
　2010 Ed. (520)
　2011 Ed. (449)
　2013 Ed. (398)
　2014 Ed. (411)
Korea Explosives
　1992 Ed. (1661)
　1993 Ed. (977)
Korea First Advertising
　1989 Ed. (129)
Korea First Bank
　1989 Ed. (596)
　1991 Ed. (584, 2272, 2273)
　1992 Ed. (605, 751, 1665, 2821, 2822)
　1993 Ed. (478, 548)
　1994 Ed. (481, 548, 2345)
　1995 Ed. (523)
　1996 Ed. (578, 2444)
　1997 Ed. (466, 534)
　1998 Ed. (350)
　1999 Ed. (569, 2890)
　2002 Ed. (600)
　2004 Ed. (620)
　2005 Ed. (610)
　2006 Ed. (524)
　2007 Ed. (553)
Korea; Foreign Trade Bank of the Democratic People's Republic of
　1991 Ed. (583)
Korea Fund Inc.
　2006 Ed. (4725)
Korea Gas
　2013 Ed. (674, 2819)
　2014 Ed. (2857)
　2015 Ed. (747, 2897)
　2016 Ed. (766, 2818)

Korea Gas Corp.
　2007 Ed. (2687)
　2008 Ed. (2816)
　2010 Ed. (2814)
　2011 Ed. (2047, 2431, 2435, 2436, 2799)
　2012 Ed. (1896, 2358, 2726)
　2013 Ed. (2812, 2817)
　2014 Ed. (2850, 2855)
　2015 Ed. (2890, 2895)
　2016 Ed. (2816, 2817)
　2017 Ed. (2787, 2788)
　2018 Ed. (2847, 2848)
　2019 Ed. (2814)
　2020 Ed. (2837)
　2021 Ed. (2711)
Korea Housing Bank
　1989 Ed. (596)
Korea Industry Co., Ltd.
　2002 Ed. (1714)
　2004 Ed. (1860)
Korea International Exhibition Center
　2018 Ed. (1276)
Korea International Merchant Bank
　1992 Ed. (3020, 3022)
Korea Investment Holdings
　2017 Ed. (3263)
　2018 Ed. (3336)
　2019 Ed. (3313)
　2020 Ed. (3315)
Korea Investment Trust Co.
　1997 Ed. (2397)
　1999 Ed. (2890)
　2001 Ed. (2886)
　2002 Ed. (2824)
Korea Investment Trust Management Co.
　2005 Ed. (3231)
Korea Kolmar
　2019 Ed. (1960)
Korea Kumho Petrochemical Co., Ltd.
　2001 Ed. (4138)
　2003 Ed. (3304)
　2006 Ed. (3400)
　2008 Ed. (3580)
　2010 Ed. (4384)
　2011 Ed. (4329)
　2012 Ed. (4385)
　2013 Ed. (4354)
　2014 Ed. (4403)
　2015 Ed. (4391)
Korea Life Insurance
　1997 Ed. (2397)
　2005 Ed. (3231)
　2012 Ed. (3252)
Korea Life Insurance Co., Ltd.
　2013 Ed. (3293)
　2014 Ed. (3321)
Korea Long-Term Credit Bank
　1992 Ed. (751)
　1993 Ed. (548)
　1994 Ed. (548, 1846)
　1995 Ed. (523, 1874)
　1996 Ed. (578)
　1997 Ed. (534, 2008)
　1999 Ed. (569)
　2000 Ed. (581)
Korea Long-Term Credit Ltd.
　2000 Ed. (2194)
Korea Merchant Banking Corp.
　1992 Ed. (3022)
Korea Mobile Telecom
　1996 Ed. (2444)
　1997 Ed. (2591)
　1999 Ed. (3135, 3136)
Korea Power Engineering Co. Ltd.
　2000 Ed. (1810)
Korea Rental Corp.
　2022 Ed. (3376)
Korea Shipbuilding & Engineering Corp.
　1992 Ed. (1571)
Korea Telecom
　1997 Ed. (3694, 3695)
　1999 Ed. (1696)
　2000 Ed. (1506)
　2001 Ed. (1627, 1746, 1774, 1775, 1776)
　2002 Ed. (305, 1683, 1713, 3048, 3049)
　2003 Ed. (1824, 4594)
　2006 Ed. (3237)
Korea Telecom Free-tel
　2001 Ed. (51)
Korea Telecommunication Authority
　2002 Ed. (1714)
　2004 Ed. (1860)
Korea Telecoms
　1995 Ed. (1448)
Korea Thrunet Co., Ltd.
　2001 Ed. (4189)
Korea Trade Investment Promotion Agency
　2013 Ed. (3532)
Korea United Pharmaceutical
　2012 Ed. (1894)
Korea University
　2014 Ed. (788)
Korea Yakult Co. Ltd.
　2003 Ed. (3744)
Korea Zinc
　2013 Ed. (1426, 3705)
　2014 Ed. (3638, 4042)
　2016 Ed. (3538)

2017 Ed. (3505)
2018 Ed. (3554)
2019 Ed. (3547)
Korean
　1992 Ed. (286, 290)
Korean Air
　1991 Ed. (190, 191, 192, 193, 194)
　1995 Ed. (177, 189)
　2000 Ed. (1507)
　2002 Ed. (270)
　2013 Ed. (126, 128, 139, 155)
　2014 Ed. (136, 138, 149, 1594)
　2015 Ed. (153, 155, 171, 186)
　2016 Ed. (158, 160, 166, 171)
　2017 Ed. (146, 158)
　2018 Ed. (144)
　2019 Ed. (142)
　2020 Ed. (136, 141, 2775)
　2021 Ed. (124, 128, 130, 137, 1538, 2647)
　2023 Ed. (205, 207)
Korean Air Lines Co., Ltd.
　1993 Ed. (172, 173, 181, 198)
　1994 Ed. (157, 158, 159, 160, 176, 178)
　1996 Ed. (174, 176, 177, 178, 1411)
　1997 Ed. (192, 211, 214, 1468)
　1998 Ed. (113, 118, 119, 120, 121)
　1999 Ed. (208, 209, 210, 211, 235, 1574)
　2000 Ed. (232, 234)
　2001 Ed. (301, 304, 305, 313, 319, 326, 331, 332)
　2004 Ed. (217)
　2005 Ed. (217, 225)
　2006 Ed. (231, 232, 241, 243)
　2007 Ed. (235, 243, 244)
　2008 Ed. (215, 222)
　2009 Ed. (237, 246)
　2010 Ed. (221, 222, 237)
　2011 Ed. (144, 145, 160, 1806)
　2012 Ed. (150, 151, 153, 173)
　2013 Ed. (133, 134, 153)
　2014 Ed. (143, 157)
　2015 Ed. (150, 161, 180)
　2016 Ed. (155, 165, 179)
　2017 Ed. (152, 166)
　2018 Ed. (155)
　2019 Ed. (153)
　2020 Ed. (145)
　2021 Ed. (141)
Korean Airlines
　1991 Ed. (205, 209, 1320)
　1992 Ed. (264, 296, 1662)
　2000 Ed. (228, 246, 256, 260)
Korean Re
　2011 Ed. (3298)
　2012 Ed. (3280)
Korean Reinsurance
　2001 Ed. (1777)
　2012 Ed. (3284)
　2013 Ed. (3358)
　2014 Ed. (3371)
Korean Reinsurance Co.
　2013 Ed. (3354)
　2014 Ed. (3369)
　2015 Ed. (3402, 3404)
　2016 Ed. (3275, 3277, 3279)
　2017 Ed. (3236)
　2019 Ed. (3272)
　2020 Ed. (3272, 3273)
　2021 Ed. (3136, 3137)
　2023 Ed. (3368, 3371)
Korean Reinsurance Company
　2023 Ed. (3370)
Korean Stock Exchange
　1997 Ed. (3632)
Korean won
　2006 Ed. (2238)
　2007 Ed. (2159)
　2008 Ed. (2274)
Korman Commercial Properties Inc.
　1998 Ed. (3020)
Korn Ferry
　2021 Ed. (2313, 2322)
　2022 Ed. (2360, 2387, 2391)
　2023 Ed. (1275, 2524, 2549)
Korn/Ferry Carre/Orban
　1997 Ed. (1793)
Korn/Ferry International
　1991 Ed. (1615, 1616)
　1993 Ed. (1691, 1692)
　1994 Ed. (1710, 1711)
　1995 Ed. (1724)
　1996 Ed. (1707, 1708)
　1997 Ed. (1792, 1795)
　1998 Ed. (1504, 1506, 1507)
　1999 Ed. (2071, 2073)
　2000 Ed. (1863, 1864, 1867)
　2001 Ed. (2310, 2312, 2313)
　2002 Ed. (2172, 2174, 2176)
　2005 Ed. (4030)
　2006 Ed. (4058, 4293)
　2008 Ed. (4131)
　2009 Ed. (4240)
　2010 Ed. (4171)
　2011 Ed. (4172)
　2012 Ed. (4223)
　2015 Ed. (4211)

Korn-Og Foderstofkomp
 1991 Ed. (1266)
Kornit Digital
 2023 Ed. (1804)
Kornwasser & Friedman
 1992 Ed. (3959)
Kornwasser & Friedman S.C. Prop.
 1991 Ed. (3119)
Kornwasser & Friedman Shopping Center Properties
 1992 Ed. (3960, 3967, 3970)
 1993 Ed. (3304, 3305, 3311, 3314)
 1994 Ed. (3004, 3297, 3302, 3303)
 1995 Ed. (3373)
KoRo RIW
 2018 Ed. (3132)
Koroberi
 2019 Ed. (3473)
 2020 Ed. (3451)
Korosa
 1991 Ed. (2266)
Korpivaara
 1989 Ed. (29)
 1992 Ed. (48)
 1993 Ed. (28)
Korporata Elektroenergjitike Shqiptare Sh.a.
 2015 Ed. (1614)
 2016 Ed. (1540)
 2018 Ed. (1511)
 2019 Ed. (1539)
 2021 Ed. (1497)
Korporata Elektroenergjitike Shqiptare Sh.a. (KESH)
 2021 Ed. (1497)
Korporata Energjetike e Kosoves
 2016 Ed. (1548)
 2017 Ed. (1538)
Korres SA
 2008 Ed. (1216, 1774)
 2009 Ed. (1192)
Kors; Michael
 2010 Ed. (3004)
Korshak; Stanley
 2006 Ed. (1038)
Kort Builders Inc.
 2015 Ed. (1712)
KORTA Payments
 2017 Ed. (1608)
The Korte Co.
 2004 Ed. (1260)
 2010 Ed. (2549)
 2020 Ed. (1135)
 2023 Ed. (2292)
Korte Construction Co.
 1992 Ed. (1409)
Kortec
 2005 Ed. (3377)
Kortx
 2021 Ed. (1696)
Korus; David
 1993 Ed. (1804)
 1994 Ed. (1788)
 1995 Ed. (1827)
 1996 Ed. (1770, 1772, 1773, 1800, 1803)
Korvis Automation
 2009 Ed. (3607)
Kory Kavanewsky
 2017 Ed. (3595)
Kory Kavanewsky (CMG Mortgage)
 2022 Ed. (3703)
Kos Pharmaceuticals Inc.
 2004 Ed. (2148, 2149)
 2007 Ed. (2717, 2721, 2749)
 2008 Ed. (4668)
Kosaka
 2001 Ed. (1500, 1501)
Koschitzky family
 2005 Ed. (4869)
Kosciusko Community Hospital
 2013 Ed. (3076)
Kosciusko County, IN
 1998 Ed. (2081, 2082)
Kosé
 2023 Ed. (2127)
Kose
 2015 Ed. (2190)
 2016 Ed. (3755)
 2017 Ed. (3709)
 2021 Ed. (1985)
 2022 Ed. (2030, 2036)
KOSE Corp.
 2007 Ed. (3821)
 2012 Ed. (3840)
 2013 Ed. (3899)
 2014 Ed. (3832)
 2015 Ed. (3857)
 2022 Ed. (3805)
Kosé Corp.
 2019 Ed. (3757, 3760)
KOSI-FM
 2002 Ed. (3897)
Kosiuk; Yuriy
 2012 Ed. (4897)
 2013 Ed. (4920)
 2014 Ed. (4927)
 2015 Ed. (4967)
 2016 Ed. (4884)
 2017 Ed. (4882)

 2018 Ed. (4894)
 2019 Ed. (4886)
 2020 Ed. (4875)
 2021 Ed. (4876)
Kosmic Electronic
 2013 Ed. (3787)
 2015 Ed. (3736)
 2016 Ed. (3645)
 2020 Ed. (3642)
Kosmos
 1991 Ed. (1333, 2648)
Kosmos Energy Ltd.
 2020 Ed. (1935)
Kosmowski; Jessica
 2014 Ed. (1152)
Kosovo
 2017 Ed. (2184)
 2023 Ed. (2406)
Kosovo Energy Corp.
 2014 Ed. (1571)
 2015 Ed. (1621)
Koss Corp.
 2004 Ed. (2852)
 2005 Ed. (2860)
 2020 Ed. (2031)
Kossan Rubber Industries
 2022 Ed. (1378, 1687)
Kossick; Robert M.
 1992 Ed. (2062)
KOST-FM
 1992 Ed. (3604)
 1994 Ed. (2988)
 1995 Ed. (3052)
 1996 Ed. (3153)
 1998 Ed. (2987)
 2000 Ed. (3696)
 2002 Ed. (3898)
 2015 Ed. (3037)
 2016 Ed. (2933)
 2017 Ed. (2892)
 2018 Ed. (2958)
 2020 Ed. (2922)
KOST-FM(103.5)
 1992 Ed. (3606)
 1993 Ed. (2954)
Koster Marshall-Clarke
 1994 Ed. (3128)
Kostin, Ruffkess & Co.
 1999 Ed. (17)
 2000 Ed. (14)
 2011 Ed. (17)
 2012 Ed. (21)
Kostin Ruffkess & Co. LLC
 2002 Ed. (16)
 2003 Ed. (5)
 2004 Ed. (11)
 2005 Ed. (7)
 2006 Ed. (12)
 2007 Ed. (8)
 2008 Ed. (6)
 2009 Ed. (9)
Kostin Rullkess & Co.
 1998 Ed. (13)
Kostyantin Zhevago
 2008 Ed. (4877)
 2009 Ed. (4901)
 2011 Ed. (4889)
 2012 Ed. (4897)
 2013 Ed. (4920)
 2014 Ed. (4927)
 2015 Ed. (4967)
 2018 Ed. (4894)
 2019 Ed. (4886)
 2020 Ed. (4875)
 2021 Ed. (4876)
 2022 Ed. (4872)
 2023 Ed. (4866)
Kot Addu Power
 2009 Ed. (1495)
Kota Nakako
 2000 Ed. (2161)
Kotak Mahindra
 2023 Ed. (596)
Kotak Mahindra Asset Management Co.
 2009 Ed. (2734)
 2011 Ed. (2645)
 2012 Ed. (2572)
Kotak Mahindra Bank
 2012 Ed. (361)
 2013 Ed. (384, 1720, 3469)
 2014 Ed. (395, 1666)
 2015 Ed. (451)
 2016 Ed. (405, 2651)
 2017 Ed. (412, 413, 707, 1624)
 2018 Ed. (366, 378, 379)
 2019 Ed. (381, 382)
 2020 Ed. (375, 376)
 2021 Ed. (422, 1591)
 2022 Ed. (436, 1605)
 2023 Ed. (595, 1772)
Kotak Mahindra Bank Limited
 2022 Ed. (516)
Kotak Mahindra Bank Ltd.
 2021 Ed. (505, 1585)
Kotak; Uday
 2016 Ed. (4845)
 2017 Ed. (4851)
 2018 Ed. (4859)

 2019 Ed. (4853)
 2020 Ed. (4853)
 2021 Ed. (4843, 4844)
 2022 Ed. (4839)
 2023 Ed. (4834)
The Kotchen Group
 2002 Ed. (3814)
 2003 Ed. (4000)
 2004 Ed. (3990, 4006)
 2005 Ed. (3962)
 2011 Ed. (4117)
 2012 Ed. (4149)
Kotex
 1992 Ed. (2125, 2126)
 1993 Ed. (1760)
 1994 Ed. (1751)
 2001 Ed. (2411, 2413)
 2002 Ed. (2254)
 2003 Ed. (2462, 2463)
 2008 Ed. (2688)
Kotex Freedom
 2003 Ed. (2463)
Kotex Lightdays
 2001 Ed. (2411)
 2003 Ed. (2463)
Kotex Lightdays Longs
 2001 Ed. (2411)
 2003 Ed. (2463)
Kotex Natural Balance
 2018 Ed. (2593)
Kotex Natural Balance Security
 2017 Ed. (2522)
 2018 Ed. (2594)
 2020 Ed. (2566)
Kotex Night-Time
 2001 Ed. (2413)
Kotex Overnites
 2001 Ed. (2411)
 2003 Ed. (2463)
Kotex Security
 2003 Ed. (2462, 2464)
Kotex Ultra
 2001 Ed. (2413)
Kotick; Robert A.
 2015 Ed. (958)
Kotowski; Chris
 1997 Ed. (1854)
KOTRA
 2010 Ed. (1983)
Kott Auto Center; Don
 1996 Ed. (301, 3882)
Kott Ford; Don
 1991 Ed. (268)
Kott Lincoln-Mercury; Don
 1993 Ed. (275)
 1994 Ed. (274)
Kottke Associates
 2005 Ed. (1088)
 2006 Ed. (1081)
Kotzebue Electric Association Inc.
 2003 Ed. (2134)
Koum; Jan
 2016 Ed. (720)
Kountable
 2022 Ed. (961)
Kountry Wood Products
 2022 Ed. (796)
Kournikova; Anna
 2005 Ed. (266)
Kouros
 1992 Ed. (3366)
 1994 Ed. (2779)
 1996 Ed. (2954)
 1999 Ed. (3740)
Kousa; Bassam
 2013 Ed. (906, 3488)
Koushik; Srinivas
 2005 Ed. (994)
Kouzbari; Anas
 2013 Ed. (1173, 3488)
Kovacevich; Richard
 2005 Ed. (964)
 2006 Ed. (926)
 2007 Ed. (384, 1016)
 2008 Ed. (369, 941)
Kovacevich; Richard M.
 1996 Ed. (381)
 2005 Ed. (980, 981, 2474, 2477)
 2007 Ed. (1027)
Kovacevich; Robert M.
 2006 Ed. (937)
Kovach Building Enclosures
 2017 Ed. (2793)
 2018 Ed. (1159)
 2021 Ed. (1196)
Kovach Inc.
 2013 Ed. (1279)
 2014 Ed. (1212)
 2016 Ed. (2824)
Kovach LLC
 2020 Ed. (2842)
Kovack Securities
 2017 Ed. (2594)
 2018 Ed. (2646, 2647, 2659, 2660, 2667)
 2019 Ed. (2631, 2644, 2645, 2652)
 2021 Ed. (2564, 2565)
 2022 Ed. (2683, 2684)

Kovair
 2010 Ed. (1103)
 2011 Ed. (1042)
 2014 Ed. (1077)
 2015 Ed. (1115)
 2016 Ed. (1027)
Kovalsky-Carr Electric Supply Co.
 2009 Ed. (4952)
Kovarus Inc.
 2015 Ed. (4857)
KOVE-FM
 2005 Ed. (4412)
Kovels' Antiques and Collectibles Price List 2000
 2001 Ed. (987)
Kovner; Bruce
 1991 Ed. (2265)
 1992 Ed. (2143)
 1994 Ed. (1840)
 1995 Ed. (1870)
 1996 Ed. (1914)
 2006 Ed. (2798, 4899)
 2007 Ed. (4894)
 2010 Ed. (2640)
 2011 Ed. (4827)
 2013 Ed. (2891)
Kowalski Construction
 2017 Ed. (2978)
 2020 Ed. (3072)
Kowalski's Market Inc.
 2010 Ed. (4644)
Kowloon
 2001 Ed. (4052)
 2007 Ed. (4123, 4124, 4130)
 2008 Ed. (4148)
Kowloon-Canton Railway Corp.
 2000 Ed. (1449)
 2003 Ed. (3634)
Koyo Corp. of USA
 2008 Ed. (313)
Koyo USA Corp.
 2011 Ed. (1681)
Kozeluzne Bosany
 2002 Ed. (785)
Kozloff; Joseph
 1989 Ed. (1416, 1419)
 1991 Ed. (1683, 1701)
 1993 Ed. (1771, 1772, 1789, 1802)
 1994 Ed. (1772, 1785)
 1995 Ed. (1813, 1824)
 1996 Ed. (1787, 1797)
Kozmo.com Inc.
 2001 Ed. (4196)
 2002 Ed. (4749)
Kozuki; Kagemasa
 2010 Ed. (3961)
Kozy Kitten
 1992 Ed. (3413, 3414)
 1993 Ed. (2820, 2821)
 1994 Ed. (2826, 2827, 2834, 2835)
 1996 Ed. (2996, 2997)
 1997 Ed. (3075, 3076)
 1999 Ed. (3780, 3784)
Kozy Shack
 2001 Ed. (1997, 1998)
 2003 Ed. (2036, 2037)
 2022 Ed. (2872)
 2023 Ed. (2986)
Kozy Shack Simply Well
 2022 Ed. (2872)
KP Crisps
 1992 Ed. (4006)
KP Hula Hoops
 2010 Ed. (654)
KP McCoy's Crisps
 2010 Ed. (654)
KP Nuts
 2002 Ed. (4301)
KP Peanuts
 1992 Ed. (4006)
 1994 Ed. (3349)
 1996 Ed. (3468)
KP Public Affairs
 2023 Ed. (4108)
KP Singh
 2009 Ed. (4903, 4904)
KP Tissue Inc.
 2023 Ed. (1325)
KP&T
 1992 Ed. (61)
KPaul
 2012 Ed. (1185, 3700, 4047, 4053)
 2013 Ed. (182)
KPC
 1992 Ed. (3447)
 2023 Ed. (892)
KPD Insurance
 2005 Ed. (1932, 1934, 1937)
KPFF
 2023 Ed. (2647)
KPFF Consulting Engineers
 2004 Ed. (2341)
 2005 Ed. (2438)
 2006 Ed. (2457, 2478)
 2007 Ed. (2444)
 2008 Ed. (2571)
 2009 Ed. (2579)
 2010 Ed. (2495)

CUMULATIVE INDEX • 1989-2023

2011 Ed. (2503)
2012 Ed. (2423)
2013 Ed. (2593)
2014 Ed. (2487, 2524)
2015 Ed. (2598)
2016 Ed. (2521)
2017 Ed. (2376)
2020 Ed. (2478, 2479)
2021 Ed. (2403)
2022 Ed. (2516)
2023 Ed. (2626, 2648)
KPH Healthcare Services, Inc.
2019 Ed. (2367)
2020 Ed. (2335)
2021 Ed. (2300)
2022 Ed. (2331)
2023 Ed. (2506)
KPI Ninja
2023 Ed. (1889)
KPIT Cummins Infosystems
2015 Ed. (1706)
KPIT Technologies
2016 Ed. (1655)
KPL Gas Service
1994 Ed. (1962)
KPLT Holdings Inc.
2013 Ed. (2968)
2016 Ed. (1874)
KPMG
1991 Ed. (5)
1992 Ed. (16)
1996 Ed. (6, 8, 9, 11, 12, 19, 835)
1997 Ed. (6, 7, 8, 9, 12, 17, 26, 27)
2000 Ed. (2, 4, 5, 7, 10, 18, 3826)
2009 Ed. (764, 770, 1186, 2041)
2013 Ed. (671, 692, 781, 790)
2014 Ed. (696, 808, 2889)
2015 Ed. (742, 847, 856, 1919, 2926, 2948)
2016 Ed. (671, 745, 1380, 1936, 2102, 2326, 2879, 4315)
2017 Ed. (2, 713, 787, 789, 794, 1153, 1845, 4928)
2018 Ed. (16, 17, 662, 712, 727, 1790, 2218, 2352, 2908, 3109, 4933, 4934)
2019 Ed. (17, 18, 672, 727, 732, 738, 745, 746, 1418, 1847, 2192, 2376, 4380)
2020 Ed. (20, 21, 666, 724, 729, 1381, 1788, 2185, 2344, 2870, 4374, 4933)
2021 Ed. (3, 22, 23, 643, 729, 731, 738, 741, 756, 1056, 1057, 1060, 1062, 1063, 1067, 1068, 1069, 1070, 1071, 1072, 1076, 1077, 1079, 1080, 1081, 1083, 1378, 1756, 4379, 4936, 4938)
2022 Ed. (3, 5, 23, 677, 752, 767, 789, 1090, 1787, 2196, 2900, 3024, 4389)
2023 Ed. (6, 20, 22, 27, 35, 64, 66, 345, 346, 347, 960, 979, 996, 998, 999, 1266, 1267, 1268, 1269, 1270, 1272, 1273, 1274, 1275, 1276, 1277, 1278, 1279, 1280, 1281, 1282, 1284, 1285, 1286, 1287, 1288, 1289, 1290, 1291, 1292, 1921, 3140, 3703)
KPMG Australia
2005 Ed. (3)
2006 Ed. (5)
2007 Ed. (3)
2009 Ed. (3)
2019 Ed. (2378)
2022 Ed. (2339)
KPMG Burlington
2015 Ed. (2119)
KPMG Canada
2019 Ed. (2380)
2022 Ed. (756, 2341)
2023 Ed. (966)
KPMG Consulting Inc.
2001 Ed. (1442, 1443)
2003 Ed. (3705, 4318, 4390)
KPMG Consulting LLC
2002 Ed. (866)
KPMG Cooley
2021 Ed. (4379)
KPMG Corporate Finance
1997 Ed. (1233)
KPMG Ernst & Young
1999 Ed. (1, 10)
KPMG India
2019 Ed. (2383)
KPMG International
2001 Ed. (3, 4, 1246, 1450, 1519, 1524, 1526, 1528, 1532, 1537, 4123, 4179)
2002 Ed. (25, 1066, 4781)
2003 Ed. (3951)
KPMG Japan
1997 Ed. (14, 15)
KPMG LLP
1997 Ed. (4, 5)
1999 Ed. (3, 4, 7, 8, 9, 11, 12, 13, 14, 22)
2001 Ed. (1069)
2002 Ed. (1, 3, 5, 6, 7, 9, 10, 11, 17, 865, 3784, 4064)
2003 Ed. (1, 3, 2324)
2004 Ed. (2, 5, 7, 8, 9, 3961, 3965)
2005 Ed. (1, 5, 1060, 1378)
2006 Ed. (1, 2, 6, 8, 9, 10, 19, 1068,
1601, 1602, 1606, 2051, 3932, 4297)
2007 Ed. (1, 5, 6, 1160, 1457, 2021, 2894)
2008 Ed. (1, 4, 13, 14, 15, 276, 277, 1053, 1054, 1102, 1805, 2921, 3016, 3169, 4320, 4734)
2009 Ed. (1, 4, 6, 7, 16, 17, 18, 20, 298, 299, 300, 301, 1026, 1028, 1354, 1835, 1942, 2025, 2107, 4769)
2010 Ed. (1, 4, 5, 6, 7, 8, 9, 10, 12, 14, 28, 29, 283, 284, 716, 718, 992, 994, 995, 1186, 1193, 1863, 1879, 2404, 3035, 4663, 4782)
2011 Ed. (4, 5, 6, 7, 9, 10, 11, 12, 13, 14, 15, 24, 25, 206, 207, 920, 926, 928, 930, 1134, 1549, 1909, 2404, 2857, 3004, 3024, 3797, 4402, 4611, 4733, 4980)
2012 Ed. (4, 5, 6, 8, 9, 16, 17, 18, 853, 854, 855, 1062, 1069, 1766, 2164, 2430, 2788, 2931, 2951, 3787, 4617, 4973, 4974)
2013 Ed. (4, 6, 7, 11, 12, 13, 25, 26, 27, 28, 29, 30, 210, 1035, 1036, 1037, 1943, 2365, 2855, 3020, 3041, 4563, 4963)
2014 Ed. (4, 7, 8, 9, 21, 22, 23, 24, 25, 2607, 2884, 3030, 3055, 3784, 4618, 4971, 4973)
2015 Ed. (4, 8, 9, 10, 22, 23, 24, 27, 249, 250, 251, 1299, 2652, 2928, 3097, 3122, 4617, 5017, 5019)
2016 Ed. (4, 5, 6, 7, 8, 9, 21, 22, 23, 36, 242, 243, 244, 1214, 2571, 2981, 4537)
2017 Ed. (1, 3, 4, 5, 6, 18, 19, 20, 33, 240, 241, 242, 1262, 2164, 2166, 2942, 3489, 4529)
2018 Ed. (1, 2, 3, 4, 5, 19, 20, 21, 34, 227, 228, 229, 1241, 2214, 3055, 3544, 4555)
2019 Ed. (1, 3, 4, 5, 6, 19, 20, 21, 30, 222, 223, 224, 1276, 2193, 3535, 4555)
2020 Ed. (1, 4, 5, 6, 7, 8, 25, 225, 226, 227, 1265, 2186, 4555)
2021 Ed. (1, 4, 6, 7, 8, 9, 10, 27, 220, 221, 222, 1236, 2166, 4536)
2022 Ed. (1, 4, 7, 8, 9, 10, 11, 25, 28, 31, 35, 232, 233, 234, 1241, 4542)
2023 Ed. (1, 4, 7, 10, 11, 12, 14, 15, 16, 18, 23, 25, 26, 28, 29, 30, 31, 33, 34, 36, 37, 40, 41, 45, 46, 47, 48, 49, 50, 51, 71, 74, 78, 4556)
KPMG Management Consulting
1996 Ed. (2879)
KPMG Peat Marwick
1989 Ed. (7)
1991 Ed. (3, 6, 7, 812, 1544, 1616, 2899)
1992 Ed. (2, 3, 4, 5, 6, 10, 19, 21, 22, 995, 996, 1377, 1941, 3743)
1993 Ed. (1, 2, 4, 6, 11, 12, 13, 1589, 1590, 3728, 3952)
1994 Ed. (1, 2, 3, 4, 5, 6, 7, 3115)
1995 Ed. (4, 5, 6, 7, 8, 9, 10, 11, 12, 13, 854, 3163)
1996 Ed. (4, 5, 7, 13, 18, 20, 23, 836, 1114, 3258)
1997 Ed. (21, 22, 25, 945, 947, 1230)
1998 Ed. (2, 3, 4, 5, 6, 7, 8, 9, 10, 11, 14, 15, 17, 541, 542, 545, 546, 922, 1423, 3102)
1999 Ed. (1, 2, 5, 6, 10, 15, 18, 19, 21, 26, 959, 960, 1185, 2119, 4113)
2000 Ed. (1, 3, 6, 8, 9, 11, 12, 15, 16, 901, 902, 904, 1100, 1776)
KPMG Peat Marwick/KPMG Desa Megat
1997 Ed. (20)
KPMG Peat Marwick LLP
1996 Ed. (10, 21)
1997 Ed. (18, 23, 1716, 3360)
KPMG Peat Marwick McLintock
1993 Ed. (5)
KPMG San Tong & Co.
1997 Ed. (16)
KPMG Stokes Kennedy Crowley
1993 Ed. (7, 8)
1996 Ed. (14, 15)
KPMG (U.S.)
2021 Ed. (756)
2022 Ed. (789)
KPN
1997 Ed. (243, 244)
1999 Ed. (266, 267)
2000 Ed. (295)
2013 Ed. (671)
2014 Ed. (2569)
2015 Ed. (742)
2016 Ed. (671, 4564)
2017 Ed. (713, 4577)
2020 Ed. (666)
2021 Ed. (4592)
2022 Ed. (4607)
kpn
2023 Ed. (4609)
KPN Autolease BV
1997 Ed. (3500)
1999 Ed. (4288)
KPN Holding Den Haag
2001 Ed. (61)
KPN Koninklijke PTT
1997 Ed. (3691)
KPN NV; Koninklijke
2005 Ed. (62, 4282, 4513)
2006 Ed. (29, 69, 1920, 1921)
2007 Ed. (60, 1904, 4714)
2008 Ed. (63)
2009 Ed. (1921)
2010 Ed. (1856, 1857, 4697)
2011 Ed. (1886, 1888, 4645, 4647, 4653)
2012 Ed. (1743, 4649, 4651, 4658, 4662)
2013 Ed. (844, 878, 1909, 4602, 4611, 4618, 4638)
2014 Ed. (4655, 4679)
2015 Ed. (4571, 4690)
2016 Ed. (4597)
2017 Ed. (4616)
2018 Ed. (4617)
2019 Ed. (4634)
2020 Ed. (4605)
2021 Ed. (1304)
2022 Ed. (1313)
KPN NV; Royal
2012 Ed. (1743, 4649, 4651, 4658, 4662)
2013 Ed. (844, 878, 1909, 4602, 4611, 4618, 4638)
2014 Ed. (4655, 4679)
2015 Ed. (4571, 4690)
2016 Ed. (4597)
2017 Ed. (4616)
2018 Ed. (4617)
2019 Ed. (4634)
2020 Ed. (4605)
KPN-Royal PTT
1999 Ed. (1712)
KPN S'Gravenhage
2009 Ed. (72)
KPost Co.
2017 Ed. (4288)
2018 Ed. (4271)
2020 Ed. (4291)
2021 Ed. (4266)
KPost Roofing & Waterproofing
2022 Ed. (4278)
KPR
1999 Ed. (43)
2000 Ed. (57, 58)
KPR Sports International
1997 Ed. (1010, 3526)
KPRS Construction Services Inc.
2022 Ed. (1125)
KPS
2018 Ed. (1088)
KPS Alarms
2023 Ed. (3096)
KPS Electric Inc.
2006 Ed. (3502)
KPS Group Inc.
2008 Ed. (2512)
2009 Ed. (2522)
2010 Ed. (2439)
2011 Ed. (2445)
2012 Ed. (200)
KPS3
2023 Ed. (4986)
KPTY-FM
2005 Ed. (4412)
KPWR-FM
1994 Ed. (2988)
1995 Ed. (3052)
1996 Ed. (3153)
1998 Ed. (2987)
2000 Ed. (3696)
2002 Ed. (3898)
2015 Ed. (3037)
2016 Ed. (2933)
2017 Ed. (2892)
2018 Ed. (2958)
2019 Ed. (2903)
2020 Ed. (2922)
KPWR-FM(105.9)
1992 Ed. (3606)
1993 Ed. (2954)
KQBU-FM
2005 Ed. (4412)
KQKS-FM
2002 Ed. (3897)
KQQK-FM
2000 Ed. (3142)
2001 Ed. (3970)
2003 Ed. (3895)
KQQK-FM, KXTJ-FM, KEYH-AM
2000 Ed. (3695)
KRA
2010 Ed. (1983)
Kraamzorg Nederland
2006 Ed. (1699, 1922, 2748)
Kradfetbank
1995 Ed. (1360)
Kraemer Brothers LLC
2006 Ed. (1352)
2008 Ed. (1345)
2010 Ed. (1332)
2011 Ed. (1314)
2018 Ed. (1139)
Kraemer North America LLC
2019 Ed. (1132)
2020 Ed. (1209)
2021 Ed. (1181)
2022 Ed. (1179)
2023 Ed. (1415)
Kraft
1989 Ed. (1444, 1447, 1448, 1450)
1990 Ed. (16, 929, 1216, 1230, 1232, 1235, 1236, 1239, 1240, 1241, 1244, 1267, 3553)
1991 Ed. (1741)
1992 Ed. (920)
1993 Ed. (1178, 1179, 1182, 1188, 1192, 1196, 1878, 1887, 1888, 2572)
1994 Ed. (1868)
1995 Ed. (695, 696, 946, 1221, 1222, 1228, 1233, 1234, 1238, 1538, 1892, 1919, 1941, 2824)
1996 Ed. (920, 921, 1936)
1997 Ed. (1245, 1250, 1251)
1998 Ed. (253, 690, 691, 1716, 3435, 3782)
1999 Ed. (1813, 1814)
2000 Ed. (1014, 1016, 1637, 4147, 4157, 4159)
2001 Ed. (1166, 1169, 1170, 1945, 2017, 2018, 4152)
2003 Ed. (922, 1467, 3156, 3157)
2004 Ed. (1497)
2005 Ed. (1513)
2006 Ed. (2713)
2007 Ed. (679)
2008 Ed. (899, 900, 2338)
2009 Ed. (656, 2810, 2829)
2013 Ed. (2725)
2014 Ed. (709, 868, 869, 870, 871, 2311, 4404)
2015 Ed. (904, 4392)
2016 Ed. (803, 804)
2017 Ed. (861, 862, 1162)
2018 Ed. (796, 1097, 2703, 2721)
2019 Ed. (812, 2679)
2020 Ed. (810, 811, 812, 1000, 1099, 2739, 5000)
2021 Ed. (832, 833, 2003, 2618, 2625, 4267)
2022 Ed. (863, 867, 868, 869, 871, 873, 2040, 2725, 2744)
2023 Ed. (1048, 1049, 1050, 1052, 1053, 1054, 2150, 2862, 2928, 2986)
Kraft Big Slice
2014 Ed. (869)
2016 Ed. (803)
Kraft Breakstone
1999 Ed. (1075)
Kraft Carb Well
2007 Ed. (3695)
Kraft Cheese
1998 Ed. (1714)
2001 Ed. (1167)
Kraft Cheese & Crackers
1997 Ed. (1216)
Kraft Cheese & Dairy
2010 Ed. (2780)
2011 Ed. (2769)
2012 Ed. (2698)
Kraft Cheese Division
2002 Ed. (1910)
Kraft Classic Melts
2003 Ed. (925)
2008 Ed. (899)
Kraft Construction Co.
2003 Ed. (1308)
2005 Ed. (3904)
2006 Ed. (1182, 1343)
2008 Ed. (1276, 1336)
2009 Ed. (1259)
Kraft Cracker Barrel
2001 Ed. (1169)
2003 Ed. (924)
2018 Ed. (796)
Kraft Cracker Barrel Cracker Cuts
2008 Ed. (900)
Kraft Cracker Cuts
2008 Ed. (900)
Kraft Deli Deluxe
2008 Ed. (900)
2022 Ed. (874)
Kraft Deli Thin
2008 Ed. (900)
Kraft Deluxe
2000 Ed. (1014, 4147)
2001 Ed. (1166)
2014 Ed. (2311)
Kraft Easy Mac
2008 Ed. (2730)
2014 Ed. (2311)
Kraft Employees Credit Union
1994 Ed. (1505)
Kraft Explosion
2014 Ed. (2311)
Kraft Family
2022 Ed. (4473)
Kraft Foods
2013 Ed. (1352, 4224)
2014 Ed. (82, 83, 84, 99, 598, 2773)

Kraft Foods Global Inc.
  2006 Ed. (2622, 2623)
  2007 Ed. (1769, 2599, 2600)
  2010 Ed. (4118)
  2013 Ed. (2290)
  2015 Ed. (2290, 2291, 4420)
  2016 Ed. (2261, 2262, 2263, 4314)
  2017 Ed. (2116, 4317)
  2018 Ed. (4308)
Kraft Foods Group
  2014 Ed. (2228, 2230, 2739, 2777)
  2015 Ed. (2292, 2792)
  2016 Ed. (87, 2722)
  2017 Ed. (70)
Kraft Foods Group Inc.
  2014 Ed. (289, 835, 872, 873, 875, 999, 1000, 1001, 1274, 1275, 2312, 2313, 2707, 2730, 2757, 3586, 3762, 4406, 4407)
  2015 Ed. (321, 905, 1035, 1036, 1037, 2379, 2750, 2751, 2752, 2753, 2770, 2776, 2778, 2782, 2784, 2785, 2793, 3101, 3692, 3786, 3838, 4393, 5013, 5015)
  2016 Ed. (320, 615, 806, 807, 941, 942, 943, 2680, 2681, 2682, 2683, 2706, 2712, 2715, 2721, 2723, 2778, 3575, 3700)
  2017 Ed. (324, 652, 863, 864, 986, 987, 988, 2117, 2136, 2630, 2631, 2653, 2661, 3448, 3657, 3659, 4382)
  2018 Ed. (797, 798, 2778, 3713, 4395, 4673)
Kraft Foods Inc.
  2000 Ed. (1635, 1641, 3131, 4443)
  2001 Ed. (1731, 1973, 2464, 2465, 2476, 2478, 2480, 2719)
  2003 Ed. (371, 680, 823, 875, 926, 927, 1043, 1695, 1883, 1960, 2037, 2038, 2094, 2501, 2503, 2504, 2509, 2511, 2515, 2519, 2520, 2521, 2560, 2561, 2562, 2579, 2636, 2637, 3158, 3159, 3325, 3330, 3331, 3742, 4190, 4228, 4318, 4493, 4999)
  2004 Ed. (676, 1731, 2635, 2636, 2637, 2640, 2655, 2658, 2659, 2662)
  2005 Ed. (860, 865, 866, 1732, 1791, 2626, 2627, 2628, 2631, 2633, 2644, 2647, 2651, 2652, 2655, 2657, 4515, 4519)
  2006 Ed. (776, 1639, 1762, 2622, 2623, 2624, 2628, 2630, 2642, 2648)
  2007 Ed. (873, 1654, 1769, 2599, 2600, 2604, 2605, 2607, 2628, 2897, 4282)
  2008 Ed. (141, 556, 562, 830, 869, 901, 1160, 1663, 1799, 2278, 2734, 2735, 2739, 2740, 2743, 2753, 2754, 2756, 2776, 2777, 2779, 2783, 3019, 3613)
  2009 Ed. (86, 106, 162, 852, 855, 1194, 1585, 1744, 1746, 2788, 2789, 2790, 2791, 2793, 2794, 2803, 2809, 2812, 2839, 2841, 2843, 3106, 3680)
  2010 Ed. (51, 80, 99, 142, 153, 802, 1198, 1572, 1689, 1691, 2720, 2722, 2723, 2724, 2725, 2726, 2729, 2733, 2734, 2736, 2741, 2745, 2746, 2750, 2782, 3594)
  2011 Ed. (29, 77, 730, 1147, 1387, 1388, 1389, 1391, 1393, 1394, 1571, 1702, 1704, 2704, 2705, 2706, 2707, 2708, 2709, 2712, 2713, 2718, 2719, 2721, 2723, 2726, 2727, 2729, 2731, 2732, 4476)
  2012 Ed. (30, 78, 79, 462, 473, 474, 669, 692, 1081, 1413, 1555, 1557, 1559, 2104, 2456, 2632, 2633, 2634, 2635, 2636, 2637, 2641, 2642, 2651, 2653, 2654, 2655, 2656, 2659, 2660, 2667, 2669, 2670, 3583)
  2013 Ed. (39, 71, 73, 589, 590, 591, 592, 808, 1218, 1705, 1707, 1710, 1713, 2363, 2718, 2719, 2720, 2721, 2722, 2735, 2736, 2737, 2741, 2742, 2743, 2747, 2749, 2750, 2756, 2757, 3024, 3638, 4978)
  2014 Ed. (54, 191, 581, 601, 602, 604, 1158, 1657, 2225, 2226, 2295, 2542, 2703, 2704, 2705, 2706, 2716, 2717, 2718, 2721, 2722, 2723, 2727, 2729, 2741, 3035, 4983)
  2016 Ed. (2714)
  2017 Ed. (2669)
Kraft Foods International
  2001 Ed. (4828)
Kraft Foods (Milka)
  2007 Ed. (1594)
Kraft Foods North America Inc.
  2003 Ed. (1961, 2524)
  2004 Ed. (1731, 2005, 2635, 2636)
  2005 Ed. (2142, 2626)
  2006 Ed. (2240)
  2007 Ed. (2160)
  2008 Ed. (2279)
  2009 Ed. (2265)
  2010 Ed. (2222)
  2011 Ed. (2241)
  2012 Ed. (2103)
Kraft Foods-Oscar Mayer Foods Div.
  1996 Ed. (1949)
Kraft Foods USA
  2010 Ed. (3369)
Kraft Foodservice Group
  1990 Ed. (1837)
  1991 Ed. (1757, 1758)
Kraft Foodservice Inc.
  1992 Ed. (2206)
  1996 Ed. (1955)
Kraft Free
  1994 Ed. (1858)
  2000 Ed. (1014, 1016, 4147, 4157)
  2001 Ed. (1166, 1170)
  2008 Ed. (899)
  2014 Ed. (4404)
Kraft Freshmade Creations
  2004 Ed. (1371)
Kraft General Foods
  1992 Ed. (2191)
  1995 Ed. (2197, 2824)
  1998 Ed. (660, 1240, 2501, 3325)
Kraft General Foods Canada
  1992 Ed. (2194)
  1996 Ed. (1942)
Kraft General Foods Group
  1992 Ed. (43)
  1997 Ed. (32)
The Kraft Group
  2009 Ed. (3905, 4148)
  2010 Ed. (3815)
  2014 Ed. (1775, 3573)
  2015 Ed. (1821, 3587)
  2016 Ed. (1783, 3470)
  2017 Ed. (1745, 1750, 2471, 3433)
  2018 Ed. (1696, 1701, 2523, 3494)
  2019 Ed. (1762, 1767, 2532, 3483)
  2020 Ed. (1703, 1710, 2524, 3461)
  2021 Ed. (1683, 1688, 2465, 3482)
  2022 Ed. (1712, 2576, 3539)
  2023 Ed. (1851, 1857, 2718, 3660)
Kraft Healthy Favorites
  1995 Ed. (946)
  1996 Ed. (920, 921)
Kraft Heinz
  2020 Ed. (1332)
  2022 Ed. (867)
  2023 Ed. (2859, 2881)
Other Kraft Heinz
  2023 Ed. (1049, 1050, 2150)
Kraft Heinz Canada ULC
  2020 Ed. (2701)
  2022 Ed. (2731)
  2023 Ed. (2867)
Kraft Heinz Co.
  2017 Ed. (865, 866, 1466, 1922, 1926, 2118, 2624, 2633, 2665, 2676, 2678, 2679, 2710, 2738, 3401)
  2018 Ed. (87, 303, 304, 606, 644, 913, 917, 918, 919, 1598, 1865, 1869, 1874, 1875, 1876, 2141, 2149, 2152, 2156, 2695, 2702, 2723, 2727, 2729, 2730, 2735, 2737, 2738, 2768, 2792, 3467, 3510, 3976, 4398)
  2019 Ed. (76, 813, 908, 1680, 1922, 1926, 2146, 2148, 2149, 2151, 2155, 2675, 2676, 2677, 2699, 2700, 2706, 2707, 2711, 2713, 2714, 2721, 2722, 2747, 2769, 3437, 3497, 3702, 3918, 3947, 4336, 4416, 4419, 4425)
  2020 Ed. (73, 748, 813, 900, 1001, 1860, 1865, 2131, 2133, 2138, 2165, 2692, 2693, 2695, 2733, 2741, 2744, 2746, 2747, 2752, 2754, 2786, 2788, 2800, 2805, 2806, 3472, 3486, 3748, 3933, 3962, 3964, 4328, 4411, 4414)
  2021 Ed. (67, 293, 765, 834, 912, 1823, 1827, 2116, 2124, 2126, 2128, 2133, 2156, 2601, 2605, 2606, 2617, 2620, 2626, 2628, 2630, 2657, 2658, 2659, 2663, 2675, 2677, 3452, 3749, 3928, 4268, 4344, 4412, 4415, 4659)
  2022 Ed. (79, 803, 875, 937, 1871, 2148, 2156, 2158, 2721, 2722, 2755, 2795, 2796, 2807, 2829, 2831, 3511, 3768, 3940, 4350, 4405, 4411, 4414, 4667)
  2023 Ed. (160, 1988, 2266, 2275, 2277, 2889, 2929, 2945, 3634, 3871, 4440, 4442)
Kraft Heinz Company
  2023 Ed. (2866, 4023)
The Kraft Heinz Co.
  2023 Ed. (2858, 2918, 2947)
Kraft Heinz Hershey's
  2022 Ed. (2872)
Kraft Heinz T.G.I. Friday's
  2022 Ed. (2185, 2806, 2821, 2825)
  2023 Ed. (2306, 2937, 2942)
Kraft Jacobs Suchard Ltd.
  1996 Ed. (1945)
  2002 Ed. (41)
Kraft Knutson
  1999 Ed. (1075)
Kraft Light 'n Lively
  1999 Ed. (1075)
Kraft Light Naturals
  1995 Ed. (946)
  1996 Ed. (920, 921)
Kraft Macaroni & Cheese
  2003 Ed. (3323)
  2008 Ed. (2730)
Kraft Malerwerkstatten GmbH
  2008 Ed. (1187)
Kraft & McManimon
  1991 Ed. (2531)
  1993 Ed. (2626)
  1995 Ed. (2652)
Kraft Miracle Whip
  2020 Ed. (1000)
Kraft Miracle Whip Free
  1994 Ed. (1858)
Kraft Music
  2016 Ed. (3657)
Kraft/Nabisco
  2006 Ed. (1007)
Kraft Natural
  2003 Ed. (924, 925)
Kraft North American Grocery
  2010 Ed. (2784)
  2011 Ed. (2773)
Kraft Philadelphia
  2001 Ed. (1945)
  2014 Ed. (870)
Kraft Philly Flavors
  2001 Ed. (1945)
Kraft; Robert
  2012 Ed. (4852)
  2013 Ed. (4849)
  2014 Ed. (4865)
  2015 Ed. (4902)
  2016 Ed. (4819)
  2017 Ed. (4829)
  2018 Ed. (4834)
  2019 Ed. (4831)
  2020 Ed. (4821)
  2021 Ed. (4822)
  2022 Ed. (4815)
  2023 Ed. (4808)
Kraft Salad Dressing
  1994 Ed. (1868)
Kraft Singles
  1995 Ed. (1892)
  2000 Ed. (1014, 4147)
  2001 Ed. (1166)
  2020 Ed. (812)
  2021 Ed. (833)
  2022 Ed. (874)
Kraft SpongeBob SquarePants
  2014 Ed. (2311)
Kraft Stove Top Oven Classics
  2003 Ed. (3923)
Kraft Touch of Butter Spread
  1995 Ed. (2507)
Kraft (U.S.)
  2021 Ed. (2625)
Kraft USA
  1997 Ed. (947, 948, 949, 1575)
Kraft Velveeta
  2000 Ed. (1014, 4147)
  2001 Ed. (1166)
  2003 Ed. (922)
  2014 Ed. (871, 2311)
  2022 Ed. (872, 874)
Kraft Velveeta Cheesy Skillets
  2014 Ed. (2310)
Kraft Velveeta Light
  2000 Ed. (1014, 4147)
  2001 Ed. (1166)
KraftCPAs
  2012 Ed. (2)
  2023 Ed. (20)
KraftCPAs PLLC
  2010 Ed. (2)
Kraftmaid Cabinetry
  1992 Ed. (2819)
  2001 Ed. (3215)
  2007 Ed. (3380)
Kraftman Credit Union
  2004 Ed. (1962)
  2005 Ed. (2104)
Krafts Jacobs Suchard AG
  1999 Ed. (1741)
  2000 Ed. (1562)
Kragenfurt
  1994 Ed. (428)
Krajewski; Paul
  2005 Ed. (786)
Kraken Robotics
  2022 Ed. (1448, 4552)
Krall; David A.
  2005 Ed. (976)
Kramds Bank
  1996 Ed. (575)
Kramer & Frank
  2009 Ed. (1020)
Kramer Labs
  2023 Ed. (2148)
Kramer Landfill; Helen
  1991 Ed. (1889)
Kramer Levin Naftalis & Frankel LLP
  2012 Ed. (3364, 3367, 3387)
Kramer Motors
  1990 Ed. (324)
  1991 Ed. (299)
Kramer Rayson LLP
  2010 Ed. (2020)
Kramer; Robert O.
  1997 Ed. (3068)
Kramer; Ronald J.
  2013 Ed. (4051)
  2014 Ed. (3990)
  2016 Ed. (3950)
Kramer Volvo
  1992 Ed. (404)
Kramont Realty Trust
  2005 Ed. (4380, 4383)
Krannert School of Business; Purdue University
  2006 Ed. (740)
  2007 Ed. (824, 826)
Krannert School of Business; Purdue University-West Lafayette
  2008 Ed. (797, 798)
  2009 Ed. (814, 815)
  2010 Ed. (752, 753, 763, 764, 765)
  2011 Ed. (663, 674, 675)
Kransco
  1995 Ed. (3643)
krantcents
  2014 Ed. (629)
Krapf School Bus
  2020 Ed. (709)
  2021 Ed. (715)
Kras Ammerzoden
  2010 Ed. (82)
Kras dd
  2019 Ed. (2690)
Krasdale
  2000 Ed. (2389)
Krasdale Foods
  1993 Ed. (3489, 3492)
  1994 Ed. (2001, 2002)
  1995 Ed. (2051, 2055)
  1998 Ed. (1874)
Krasik; Scott
  2011 Ed. (3342, 3346)
Krasnoff; E.
  2005 Ed. (2478)
Krasnow; Shelly
  1994 Ed. (896, 1057)
Krasnoyarsk Aluminium
  1997 Ed. (1502)
Krasny; Michael
  2005 Ed. (4853)
  2006 Ed. (4907)
  2008 Ed. (4831)
  2011 Ed. (4824)
Krasselt Public Relations; Cramer
  1997 Ed. (3206)
Krathing Daeng
  1992 Ed. (83)
Kratingdaeng
  1993 Ed. (55)
Kratom Kaps
  2021 Ed. (4793)
  2022 Ed. (4791)
  2023 Ed. (4786)
Kraton Corp.
  2019 Ed. (2010)
Kraton Performance Polymers Inc.
  2012 Ed. (3986)
  2013 Ed. (4052)
  2016 Ed. (3951)
  2019 Ed. (3927)
Kraton Polymers
  2011 Ed. (804)
Kratos Public Safety & Security Solutions Inc.
  2015 Ed. (4432, 4433)
  2016 Ed. (4325, 4326)
  2017 Ed. (4328)
  2018 Ed. (4331, 4332)
  2019 Ed. (4359, 4360)
Kratos Unmanned Aerial Systems
  2022 Ed. (3484)
Kratz & Co.
  1998 Ed. (1961)
  1999 Ed. (3912)
Kratz & Jensen
  2000 Ed. (3629)
  2002 Ed. (3828, 3830)
Kraus-Anderson
  2019 Ed. (1096, 1215, 1246)
  2020 Ed. (1209, 1246)
Kraus-Anderson Construction
  2002 Ed. (1246)
  2003 Ed. (1259)
  2008 Ed. (1242)
Kraus-Anderson Construction Co.
  2021 Ed. (1181, 1206)
  2022 Ed. (1179)
  2023 Ed. (1415)
Kraus Hi-Tech Home Automation
  2022 Ed. (2955)
Krause Holdings Inc.
  2013 Ed. (1770)
Krause's Custom Crafted Furniture
  1999 Ed. (2564)
  2000 Ed. (2302)
Krause's Furniture Inc.
  1996 Ed. (2061, 3451)
  2003 Ed. (785)

Kraushaar; Judah
 1994 Ed. (1762, 1832)
 1996 Ed. (1778)
 1997 Ed. (1853)
Kraushaare; Judah
 1995 Ed. (1804)
Krauss; Alison
 1996 Ed. (1094)
Krauss Maffei
 1992 Ed. (3078)
Krauss-Maffei Wegmann
 2023 Ed. (2296)
Krauze; Ryszard
 2009 Ed. (4894)
Kravco Co.
 1990 Ed. (3285, 3286, 3288, 3290)
 1991 Ed. (1066, 3124)
 1992 Ed. (3970)
 1994 Ed. (3302)
 1998 Ed. (3003, 3020)
 1999 Ed. (4013)
 2000 Ed. (3730)
Krave
 2021 Ed. (3492)
Krave Pure Foods
 2016 Ed. (2678)
Kravis; Henry
 1989 Ed. (1422)
 1990 Ed. (1773)
 1994 Ed. (1840)
 1995 Ed. (1870)
 2007 Ed. (4894)
 2009 Ed. (4846)
 2010 Ed. (4851)
 2011 Ed. (4827)
 2014 Ed. (3392)
Kravis; Henry R.
 1991 Ed. (891, 893)
 2015 Ed. (961)
 2016 Ed. (871)
Krawcheck; Sallie
 2005 Ed. (785)
 2006 Ed. (2526, 4983)
 2007 Ed. (1091, 4974, 4981, 4983)
 2008 Ed. (370, 4944, 4945, 4948, 4950)
 2010 Ed. (4975, 4976)
 2012 Ed. (4970)
Krayden
 2021 Ed. (29)
 2023 Ed. (67)
Krazy Glue
 2016 Ed. (25)
 2017 Ed. (22)
 2018 Ed. (23)
 2022 Ed. (2879)
 2023 Ed. (2993)
KRB Lawyers
 2022 Ed. (758, 1467)
KRC Holdings Inc.
 2003 Ed. (1797)
 2004 Ed. (1832)
 2005 Ed. (1917, 4167, 4526)
KRC Resources Inc.
 1993 Ed. (2263, 2265)
KRCD-FM
 2005 Ed. (4412)
 2012 Ed. (2876)
 2013 Ed. (2952)
 2014 Ed. (2969)
KRCV-FM
 2005 Ed. (4412)
KREAB
 1991 Ed. (153)
 1993 Ed. (138)
KREAB Gruppen
 1989 Ed. (164)
Kreager Bros. Excavating
 2009 Ed. (1281)
Kreasindo Advertising & Marketing
 1996 Ed. (98)
 1997 Ed. (100)
 1999 Ed. (101)
Kreber
 2022 Ed. (69)
 2023 Ed. (137, 144)
Kreber Graphics
 2003 Ed. (3933)
Krebs Ranch
 2021 Ed. (805)
 2022 Ed. (837)
Krebs; Robert D.
 1993 Ed. (938)
 1996 Ed. (1715)
Kredietbank
 1989 Ed. (488)
 1990 Ed. (509, 560, 563)
 1991 Ed. (459, 1586)
 1992 Ed. (617, 2003, 2006, 2008)
 1993 Ed. (435, 720, 1662, 1666)
 1994 Ed. (435, 729, 737, 1328, 1329)
 1995 Ed. (428, 1359)
 1996 Ed. (455, 763, 764, 1299, 1300)
 1997 Ed. (417, 700, 701, 1366, 1367)
 1999 Ed. (477, 771, 772, 1587, 1588, 3175, 3179)
 2000 Ed. (469, 788, 789, 1392, 1394)

Kredietbank Luxembourgeoise
 1990 Ed. (630)
 1991 Ed. (596)
 1993 Ed. (556, 2479)
 1995 Ed. (532)
 1996 Ed. (589, 590, 2556, 2557)
 2000 Ed. (598)
KredietBank N.V.
 1991 Ed. (1259)
 1992 Ed. (1578)
 1995 Ed. (2436)
 2000 Ed. (2922, 2924, 2925, 2928)
Kredietbank SA
 1995 Ed. (3272)
Kredietbank SA Luxembourg
 1999 Ed. (582, 3280, 3281)
 2000 Ed. (3018, 3019)
Kredietbank SA Luxembourgeoise
 1989 Ed. (609)
 1992 Ed. (763, 2948, 2949)
 1994 Ed. (558, 1684, 2417, 2418)
 1997 Ed. (545, 2693, 2694)
 2002 Ed. (612, 3219, 3221)
 2003 Ed. (577)
 2004 Ed. (514, 584)
 2005 Ed. (573)
 2006 Ed. (495, 3340)
 2007 Ed. (515)
 2008 Ed. (472)
 2009 Ed. (497)
 2010 Ed. (480)
 2011 Ed. (406, 407)
Kredit W'aufbau
 1991 Ed. (529)
Kredit fur Wiederaufbau
 1990 Ed. (580)
Kreditanst. fur Wiederaufbau
 1989 Ed. (542)
Kreditanstalt fur Wiederaufbau
 1993 Ed. (491)
 1994 Ed. (493, 1705)
 1995 Ed. (475)
 1996 Ed. (517)
 1997 Ed. (478)
 1999 Ed. (528, 529)
 2000 Ed. (538)
 2004 Ed. (2006)
Kreditanstalt fur Wiederaulbau
 1992 Ed. (683)
Kreditech
 2018 Ed. (2670)
 2019 Ed. (2655)
Kreditech Holding SSL
 2019 Ed. (2629)
Kreditna Banka AD Skopje
 1997 Ed. (547)
 1999 Ed. (583)
 2000 Ed. (599)
Kreditna Banka Maribor dd
 1996 Ed. (677)
Kreditna Banka Skopje
 2002 Ed. (4442)
Kreditni a prumyslova Banka
 1996 Ed. (483)
KredoBank
 2018 Ed. (417)
Kredyt Bank
 2001 Ed. (606)
 2002 Ed. (636)
 2003 Ed. (600)
 2004 Ed. (608)
 2005 Ed. (598)
 2008 Ed. (493)
 2009 Ed. (521, 522)
 2010 Ed. (501, 502)
 2011 Ed. (431, 432)
 2013 Ed. (451)
Kreglinger
 2004 Ed. (4715)
Kreinces Rollins & Shanker LLC
 2010 Ed. (3)
 2011 Ed. (3)
 2014 Ed. (1857)
 2016 Ed. (1857)
Kreis. Koln
 1992 Ed. (682)
Kreis; Melanie
 2021 Ed. (4929)
 2022 Ed. (4923)
 2023 Ed. (4921)
Kreisler & Associates; Evie
 1997 Ed. (1794)
Kreisler Manufacturing
 2010 Ed. (4505, 4526)
Kreisler Manufactuting
 2010 Ed. (4500)
Kreissparkasse Biberach
 2013 Ed. (475)
Kreissparkasse Koln
 1993 Ed. (490)
 1994 Ed. (492)
 1996 Ed. (516)
Krell; David
 2005 Ed. (3183)
 2006 Ed. (3185)
Krellenstein; Gary
 1993 Ed. (1844)
 1997 Ed. (1949)

Krema
 2008 Ed. (3804)
 2009 Ed. (3849)
Kremer; Michael
 2005 Ed. (786)
Kremikovtzi AD
 2009 Ed. (1519)
 2011 Ed. (1511)
 2012 Ed. (1359)
 2013 Ed. (1445)
Kremlyovskaya
 1998 Ed. (3687, 3689)
 1999 Ed. (3231, 4730, 4733)
Krep Bank
 2010 Ed. (2662)
 2011 Ed. (2650)
 2012 Ed. (2577)
Kresa; Ken
 1995 Ed. (979)
Kresa; Kent
 1996 Ed. (963)
Kresge Foundation
 1989 Ed. (1469, 1470)
 1990 Ed. (1847)
 1991 Ed. (1765)
 1992 Ed. (2214, 2215)
 1993 Ed. (1895)
 1994 Ed. (1898, 1905, 1907)
 2000 Ed. (2261)
 2001 Ed. (2519)
 2002 Ed. (2331, 2354)
Kresky Signs
 2019 Ed. (3417)
Kresna Graha Investama
 2021 Ed. (1603)
Kress Stores of Puerto Rico Inc.
 2006 Ed. (4168)
 2007 Ed. (4189)
Kresser Craig
 1991 Ed. (71)
Krest
 1996 Ed. (3478)
Kresta Holdings
 2005 Ed. (4509)
Krestin
 1992 Ed. (1841)
Kretek cigarettes
 1989 Ed. (1931)
Kretinsky; Daniel
 2018 Ed. (4850)
 2019 Ed. (4845)
 2020 Ed. (4834)
 2021 Ed. (4835)
 2022 Ed. (4828)
 2023 Ed. (4823)
Kretschmar & Smith Inc.
 1993 Ed. (1137)
Kreusch Bernkasteler
 1990 Ed. (3697)
Kreusch Liebfraumilch
 1990 Ed. (3697)
Kreusch P. Michelsberg
 1990 Ed. (3697)
Kreusch Schwartze Katz
 1990 Ed. (3697)
Kreuz Holdings
 2014 Ed. (1973)
Krez & Flores
 2013 Ed. (3441)
 2014 Ed. (3441)
 2015 Ed. (3472)
 2017 Ed. (3278)
KRFX-FM
 2002 Ed. (3897)
Kri-Kri, Milk Industry
 2013 Ed. (1666)
Krieff Advertising
 1989 Ed. (106)
Krieg DeVault LLP
 2010 Ed. (1699)
 2023 Ed. (3424)
Krieger Fund Inc.; Zanvyl and Isabelle
 1994 Ed. (890, 1055)
 1995 Ed. (1070, 1928)
Kriel; Kimberly
 2021 Ed. (3638)
Kriens; Scott
 2006 Ed. (884)
 2007 Ed. (975)
Krigsner; Miguel
 2021 Ed. (4828)
Krill; Kay
 2008 Ed. (2636)
Krilogy Financial
 2016 Ed. (1822)
Krimelte
 2009 Ed. (861)
Kris Chellam
 2006 Ed. (989)
Kris Grimm
 2000 Ed. (1926)
Kris Gutierrez
 2011 Ed. (2950)
Kris Kristofferson
 1994 Ed. (1100)
Krisda Mahanakorn
 1994 Ed. (3158)

Krishna Memani
 2000 Ed. (1954, 1959)
Krishnan; Ananda
 2006 Ed. (4917, 4919)
 2008 Ed. (4847)
 2009 Ed. (4868)
 2010 Ed. (4870, 4877)
 2011 Ed. (4858)
 2012 Ed. (4864)
 2013 Ed. (4887)
 2014 Ed. (4900)
 2015 Ed. (4940)
 2016 Ed. (4855)
 2017 Ed. (4859)
 2018 Ed. (4868)
 2019 Ed. (4862)
 2020 Ed. (4851)
 2021 Ed. (4852)
 2022 Ed. (4847)
 2023 Ed. (4842)
Kriska Transportation
 2020 Ed. (4737)
 2021 Ed. (4736)
 2022 Ed. (4738)
Krispy
 2017 Ed. (1304)
Krispy Kreme
 1995 Ed. (339, 2939)
 1996 Ed. (358)
 1998 Ed. (260, 261)
 2000 Ed. (368)
 2003 Ed. (754)
 2004 Ed. (764, 4121, 4122)
 2006 Ed. (1061, 2555, 2556, 2565)
 2008 Ed. (338)
 2012 Ed. (4257, 4258)
 2014 Ed. (2299, 2617)
 2015 Ed. (2382, 2663)
 2016 Ed. (2328, 2329, 2586)
 2017 Ed. (2168, 2169, 2510)
 2018 Ed. (2219, 2584, 4217, 4220)
 2019 Ed. (322, 792, 2196, 4246)
 2020 Ed. (325)
 2021 Ed. (314, 4211)
 2023 Ed. (2762)
Krispy Kreme Doughnut
 2016 Ed. (325)
 2017 Ed. (338)
 2018 Ed. (2220)
Krispy Kreme Doughnut Co.
 2014 Ed. (2300)
 2015 Ed. (2383)
 2016 Ed. (2330)
 2017 Ed. (2170)
 2018 Ed. (2221)
 2019 Ed. (2197)
Krispy Kreme Doughnut Corp.
 2020 Ed. (2190)
Krispy Kreme Doughnuts
 2000 Ed. (1913, 3783)
 2001 Ed. (4064)
 2002 Ed. (426, 4012)
 2003 Ed. (2091, 2531, 4094, 4131, 4132, 4133, 4135)
 2004 Ed. (1049, 4124)
 2005 Ed. (2547, 2548, 2549, 2559, 2660, 3178, 4050, 4081, 4082, 4084)
 2007 Ed. (1150)
 2008 Ed. (1028, 2372, 2373, 3126, 3127)
 2009 Ed. (1012, 1014, 3211)
 2010 Ed. (978, 980, 2615, 2616, 2617, 2618, 2619, 3143, 4252)
 2011 Ed. (905, 907, 2597, 2598, 2599, 3109)
 2012 Ed. (2540, 2541, 2542, 2543, 2544)
 2013 Ed. (4448, 4449, 4450, 4451, 4452)
 2014 Ed. (4273, 4316, 4479, 4480, 4481, 4482, 4483, 4484)
 2015 Ed. (4254, 4474, 4475, 4476, 4477, 4478, 4479, 4480)
 2016 Ed. (4172, 4173, 4174, 4175, 4176, 4177, 4200)
 2017 Ed. (1875, 1879, 4129, 4137, 4150, 4151, 4152, 4153, 4154, 4155)
 2018 Ed. (4146, 4147, 4148, 4149, 4150, 4151)
 2019 Ed. (4162, 4163, 4164, 4165, 4166, 4167)
 2020 Ed. (4165, 4174, 4176, 4177, 4178)
 2021 Ed. (4113, 4114, 4115, 4116, 4117)
 2022 Ed. (4140, 4141, 4142, 4143, 4144)
Krispy Kreme (U.S.)
 2021 Ed. (314)
Kriss Cloninger III
 2005 Ed. (985)
 2006 Ed. (972)
 2007 Ed. (1067)
Krist; Ronald D.
 1991 Ed. (2296)
Kristall
 2020 Ed. (1510)
Kristen Stewart
 2012 Ed. (2440)
 2013 Ed. (2598)
 2014 Ed. (2527)
 2015 Ed. (2600)
Kristi Nielsen Drew
 2018 Ed. (1090)

Kristiansen; Agnete Kirk
  2021 Ed. (4836)
  2022 Ed. (4829)
  2023 Ed. (4824)
Kristiansen; Kjeld Kirk
  2008 Ed. (4863)
  2010 Ed. (4887)
  2011 Ed. (4875)
  2012 Ed. (4884)
  2013 Ed. (4868)
  2014 Ed. (4882)
  2015 Ed. (4920)
  2016 Ed. (4836)
  2017 Ed. (4844)
  2018 Ed. (4851)
  2019 Ed. (4846)
  2020 Ed. (4835)
  2021 Ed. (4836)
  2022 Ed. (4829)
  2023 Ed. (4824)
Kristiansen; Sofie Kirk
  2021 Ed. (4836)
  2022 Ed. (4829)
  2023 Ed. (4824)
Kristiansen; Thomas Kirk
  2021 Ed. (4836)
  2022 Ed. (4829)
  2023 Ed. (4824)
Kristine Koerber
  2011 Ed. (3374)
Kristine Rappe
  2015 Ed. (2635)
Kristofferson; Kris
  1994 Ed. (1100)
Kristy's Big Day
  2020 Ed. (588)
Krit Ratanarak
  2011 Ed. (4865)
  2012 Ed. (4870)
  2013 Ed. (4914, 4915)
  2014 Ed. (4924, 4925)
  2015 Ed. (4964, 4965)
  2016 Ed. (4881, 4882)
  2017 Ed. (4880)
  2018 Ed. (4892)
Kriter
  1995 Ed. (3758)
Krka
  2000 Ed. (2986, 2987)
  2002 Ed. (3187)
  2006 Ed. (3290)
Krka d.d.
  2014 Ed. (1573, 1575, 1977)
  2015 Ed. (1624, 1625, 1627, 2021, 3992)
  2016 Ed. (1550, 1552, 1553, 1995)
  2017 Ed. (1540, 1542, 1955)
  2018 Ed. (1520, 1521, 1522, 1906)
  2019 Ed. (1547, 1955)
  2020 Ed. (1520, 1889)
  2021 Ed. (1505, 1506, 1850)
  2022 Ed. (1519, 1520, 1896)
  2023 Ed. (1693, 1694, 2008)
Krka d.d. (Slovenia)
  2021 Ed. (1505, 1506)
  2022 Ed. (1519, 1520)
Krka Group
  2017 Ed. (2834)
Krka dd Novo mesto
  2009 Ed. (2040)
  2011 Ed. (2034)
  2012 Ed. (1884)
  2013 Ed. (2043)
Kroc; Joan
  1995 Ed. (934)
  2005 Ed. (4848)
Kroc; Joan B.
  2008 Ed. (895)
Kroch & Brentano's
  1994 Ed. (733)
Kroenke; Ann Walton
  2005 Ed. (4855)
  2006 Ed. (4909)
  2007 Ed. (4904)
  2008 Ed. (4833)
  2009 Ed. (4853)
  2010 Ed. (4858)
  2011 Ed. (4837)
  2014 Ed. (4853)
  2018 Ed. (4825)
  2022 Ed. (4805)
  2023 Ed. (4798)
Kroenke; E. Stanley
  2005 Ed. (4855)
  2006 Ed. (4909)
  2007 Ed. (4904)
  2008 Ed. (4833)
  2010 Ed. (4858)
  2011 Ed. (4837)
  2012 Ed. (4852)
  2013 Ed. (4849)
  2014 Ed. (4865)
  2015 Ed. (4902)
  2016 Ed. (4819)
  2017 Ed. (4829)
  2018 Ed. (4834)
  2019 Ed. (4831)
  2020 Ed. (4821)
  2021 Ed. (4822)

Kroenke Sports Enterprises LLC
  2006 Ed. (1651)
Kroenke Sports & Entertainment
  2022 Ed. (4473)
Kroenke; Stan
  2013 Ed. (2966)
  2014 Ed. (4493)
Kroenke; Stanley
  2012 Ed. (2680)
  2013 Ed. (547, 2768)
  2022 Ed. (4815)
  2023 Ed. (4808)
Kroes; Doutzen
  2011 Ed. (3693)
  2016 Ed. (3617)
  2017 Ed. (3584)
  2020 Ed. (3606)
Kroes; Neelie
  2009 Ed. (4978)
  2010 Ed. (4988)
  2011 Ed. (4985)
Kroeschell Operations Inc.
  2016 Ed. (1140, 1169)
Kroft; Holly Newman
  2016 Ed. (3285)
  2017 Ed. (3245)
  2019 Ed. (3297)
  2020 Ed. (3300)
  2023 Ed. (3387, 3391)
Kroger
  2013 Ed. (2725, 4536)
  2014 Ed. (2225, 3005, 4594)
  2015 Ed. (2757, 3584, 4354)
  2016 Ed. (2686, 2705, 4530)
  2017 Ed. (4525)
  2018 Ed. (2703)
  2019 Ed. (2679, 4527)
  2020 Ed. (1316, 4532)
  2021 Ed. (2812, 2813, 4510, 4523)
  2022 Ed. (1330, 1846)
  2023 Ed. (1548, 1970, 4534, 4541, 4542, 4543, 4544, 4545)
Kroger Central Region & Corporate Offices
  2007 Ed. (1843)
Kroger Co.
  2014 Ed. (4113)
  2015 Ed. (1319, 1378, 2290, 4092, 4093, 4375, 4376)
  2016 Ed. (1234, 1305, 2261, 2262)
  2017 Ed. (1358, 1893)
  2018 Ed. (1262, 1837)
  2019 Ed. (1296, 1890)
  2020 Ed. (1275, 1829)
  2021 Ed. (1796, 3444)
  2022 Ed. (1676, 1835, 3503)
  2023 Ed. (1832, 1961, 3627, 4303)
The Kroger Co.
  1989 Ed. (866, 867, 1556, 2320, 2327, 2463, 2775, 2777)
  1990 Ed. (1162, 1238, 3059, 3496, 3497)
  1991 Ed. (3241)
  1992 Ed. (1814, 4170)
  1993 Ed. (866, 1492, 1495, 1997, 2381, 3040, 3041, 3042, 3050, 3230, 3493, 3494, 3495, 3496, 3497, 3498)
  1994 Ed. (886, 1539, 1542, 1990, 2939, 3095, 3096, 3101, 3102, 3112, 3230, 3464, 3465, 3466, 3467, 3468, 3624)
  1995 Ed. (343, 916, 1569, 1572, 3143, 3146, 3156, 3309, 3531, 3532, 3533, 3535, 3538)
  1996 Ed. (1432, 1556, 1559, 1560, 1929, 3238, 3240, 3241, 3253, 3612, 3614, 3619, 3620, 3621, 3622)
  1997 Ed. (329, 921, 922, 924, 1494, 1625, 1626, 2026, 2790, 3077, 3176, 3341, 3343, 3668, 3670, 3671, 3672, 3673, 3674, 3675, 3676, 3678, 3679)
  1998 Ed. (264, 664, 665, 667, 987, 1183, 1296, 1297, 1711, 1724, 3079, 3082, 3089, 3443, 3444, 3449, 3450, 3451, 3452, 3453, 3454, 3455, 3456, 3457)
  1999 Ed. (368, 1414, 1720, 1813, 1870, 1921, 1928, 2462, 2464, 2703, 4091, 4092, 4094, 4515, 4518, 4519, 4520, 4521, 4522, 4523)
  2000 Ed. (372, 1531, 1635, 1686, 1687, 1714, 2219, 2221, 2266, 2489, 3810, 3812, 4163, 4166, 4167, 4168, 4169, 4170, 4171)
  2001 Ed. (1828, 2086, 2087, 2476, 4090, 4093, 4095, 4097, 4098, 4104, 4116, 4404, 4417, 4418, 4420, 4421, 4422, 4423, 4696)
  2002 Ed. (1464, 1533, 1538, 1621, 1749, 1910, 4041, 4042, 4043, 4054, 4060, 4524, 4525, 4526, 4529, 4530, 4531, 4532, 4533, 4534, 4535, 4536)
  2003 Ed. (897, 898, 1485, 1585, 1647, 1658, 1801, 1802, 1961, 2497, 2510, 4168, 4169, 4170, 4177, 4183, 4184, 4186, 4187, 4629, 4630, 4632, 4633, 4634, 4635, 4640, 4645, 4647, 4648, 4649, 4650, 4651, 4653, 4655, 4656, 4657, 4658, 4660, 4661, 4662, 4663, 4664, 4665)
  2004 Ed. (917, 1515, 1594, 1611, 1677, 1834, 1835, 2005, 2134, 2140, 2142, 2143, 2632, 2662, 2764, 2877, 2886,
2964, 4194, 4195, 4197, 4204, 4206, 4213, 4613, 4614, 4615, 4620, 4621, 4630, 4631, 4634, 4637, 4638, 4640, 4641, 4647)
  2005 Ed. (908, 1531, 1617, 1619, 1636, 1735, 1920, 1921, 2142, 2237, 2238, 2243, 3929, 4099, 4114, 4115, 4124, 4132, 4133, 4147, 4546, 4547, 4548, 4549, 4550, 4552, 4553, 4554, 4556, 4557, 4558, 4559, 4562, 4565, 4566, 4567)
  2006 Ed. (821, 826, 1646, 1954, 1955, 2240, 2299, 2300, 2422, 2714, 2885, 4003, 4151, 4152, 4166, 4167, 4178, 4179, 4187, 4625, 4626, 4627, 4628, 4629, 4631, 4632, 4633, 4634, 4635, 4636, 4637, 4638, 4640, 4641, 4642, 4643)
  2007 Ed. (911, 913, 914, 915, 1937, 1938, 2160, 2232, 2234, 2710, 4173, 4184, 4187, 4200, 4206, 4611, 4612, 4613, 4614, 4615, 4616, 4617, 4619, 4623, 4624, 4625, 4626, 4630, 4633, 4635)
  2008 Ed. (892, 894, 1451, 2005, 2006, 2278, 2279, 2781, 2998, 3612, 4214, 4219, 4223, 4235, 4560, 4561, 4562, 4563, 4564, 4566, 4568, 4569, 4570, 4571, 4573, 4574, 4575, 4813)
  2009 Ed. (901, 903, 904, 1195, 1376, 1464, 1482, 1755, 1777, 1779, 1781, 1782, 1849, 1967, 1968, 1970, 2087, 2265, 2347, 2348, 2491, 2839, 3679, 4308, 4311, 4313, 4330, 4340, 4590, 4591, 4592, 4593, 4594, 4596, 4597, 4599, 4600, 4601, 4602, 4603, 4605, 4607, 4608, 4609, 4610, 4611, 4612, 4614, 4616, 4617, 4618, 4620, 4621)
  2010 Ed. (847, 849, 851, 1199, 1362, 1449, 1472, 1900, 1901, 1903, 2222, 2272, 2273, 2403, 2780, 2834, 4141, 4286, 4288, 4292, 4346, 4350, 4361, 4624, 4625, 4626, 4627, 4628, 4630, 4631, 4632, 4634, 4637, 4638, 4639, 4640, 4641, 4642, 4643, 4645, 4647)
  2011 Ed. (771, 773, 774, 1451, 1470, 1807, 1935, 1936, 1938, 2095, 2241, 2277, 2278, 2403, 2769, 2981, 3601, 4141, 4280, 4283, 4297, 4299, 4580, 4581, 4582, 4583, 4584, 4585, 4586, 4587, 4589, 4591, 4593, 4596)
  2012 Ed. (712, 714, 716, 1215, 1263, 1271, 1284, 1310, 1794, 1795, 1797, 1798, 2103, 2169, 2170, 2750, 2751, 4110, 4317, 4319, 4350, 4351, 4587, 4588, 4589, 4590, 4594, 4595, 4596, 4597, 4598, 4601)
  2013 Ed. (919, 921, 1329, 1372, 1375, 1392, 1409, 1753, 1967, 1968, 1970, 1972, 2367, 2370, 2371, 2374, 4305, 4309, 4345, 4348, 4530, 4537, 4541, 4542, 4543, 4544, 4545, 4549, 4551, 4553, 4554)
  2014 Ed. (864, 866, 1315, 1318, 1330, 1359, 1905, 1907, 1909, 1911, 2303, 2782, 4345, 4348, 4397, 4588, 4595, 4598, 4599, 4600, 4602, 4603, 4606, 4608, 4610, 4611)
  2015 Ed. (902, 903, 1318, 1380, 1393, 1434, 1950, 1953, 1955, 2073, 2386, 2828, 3266, 4339, 4343, 4385, 4586, 4594, 4595, 4596, 4598, 4599, 4603, 4604, 4606, 4607)
  2016 Ed. (1119, 1297, 1307, 1309, 1323, 1355, 1665, 1734, 1921, 1923, 1926, 1928, 2027, 2041, 2332, 2760, 4222, 4240, 4241, 4242, 4281, 4283, 4323, 4505, 4515, 4516, 4517, 4521, 4522, 4525, 4526, 4528, 4529)
  2017 Ed. (1283, 1360, 1369, 1385, 1639, 1711, 1890, 1896, 1898, 1900, 1987, 2000, 2172, 2718, 2986, 3392, 4200, 4210, 4224, 4227, 4228, 4229, 4269, 4271, 4326, 4503, 4513, 4517, 4520, 4522, 4523, 4524)
  2018 Ed. (1261, 1335, 1360, 1618, 1669, 1832, 1842, 1845, 1941, 2149, 2150, 2151, 2775, 2885, 3105, 3458, 3595, 4012, 4245, 4246, 4267, 4536, 4544, 4547, 4549, 4550, 4551)
  2019 Ed. (1360, 1372, 1398, 1660, 1728, 1885, 1888, 1895, 1899, 1996, 2148, 2150, 2200, 2744, 2751, 3039, 3429, 3999, 4275, 4276, 4284, 4287, 4295, 4520, 4531, 4534, 4536, 4538, 4539, 4540)
  2020 Ed. (1328, 1339, 1358, 1619, 1674, 1824, 1834, 1837, 1839, 1936, 2131, 2132, 2784, 2790, 3077, 3429, 4016, 4265, 4266, 4275, 4287, 4524, 4537, 4538, 4541, 4543, 4545, 4546, 4547)
  2021 Ed. (1333, 1596, 1791, 1800, 1804, 1883, 2126, 2127, 2655, 2661, 2954, 3444, 3970, 3982, 4242, 4243, 4257, 4515, 4517, 4520, 4522, 4524, 4525)
  2022 Ed. (1342, 1841, 1847, 1929, 2157, 2797, 3503, 3983, 3996, 4253, 4254, 4269, 4524, 4527, 4528, 4529)

2023 Ed. (2045, 2276, 2383, 2920, 4067, 4080, 4293, 4533, 4538)
Kroger Co. Health & Welfare Trust for Collectively Bar Employees
  2014 Ed. (1192)
  2015 Ed. (1250)
Kroger Dairy Division
  2000 Ed. (1641)
Kroger Foods
  2001 Ed. (1973)
Kroger; Joseph J.
  1990 Ed. (1725)
Kroger Little Clinic
  2017 Ed. (2843)
Kroger Supermarkets
  2005 Ed. (4555)
  2007 Ed. (4620)
  2008 Ed. (4567)
Krokidas & Bluestein
  2000 Ed. (4298)
  2001 Ed. (837)
Kroko Proizvodnja I Razvoj D.O.O.
  2018 Ed. (1505)
Kroll Inc.
  2006 Ed. (4204)
Kroll-O'Gara
  2000 Ed. (4050)
KROM-FM
  1996 Ed. (2653, 3151)
  1997 Ed. (2800, 3236)
Krombacher Brauerei Bhd Schadeberg GmbH & Co. KG
  2020 Ed. (158)
Kromberg & Schubert
  2015 Ed. (879, 2394)
Kromberg & Schubert Holding GmbH
  2018 Ed. (1378)
Kromberg & Schubert Macedonia DOOEL
  2020 Ed. (1515)
  2021 Ed. (1500)
  2022 Ed. (1516)
  2023 Ed. (1690)
Kron Real, S.R.O.
  2016 Ed. (1994)
Kronberg Kravis Roberts & Co.
  1996 Ed. (1205)
krone; Norwegian
  2008 Ed. (2275)
Krone Scanbalt A/S
  2016 Ed. (1531)
Kronenbourg
  1992 Ed. (940)
Kronenbourg 1664
  2001 Ed. (685)
  2002 Ed. (686)
  2007 Ed. (601)
  2008 Ed. (245)
  2009 Ed. (268)
  2010 Ed. (255, 632)
  2011 Ed. (487)
kroner; Danish
  2008 Ed. (2273)
  2009 Ed. (2261)
kroner; Norwegian
  2008 Ed. (2273)
kroner; Slovakian
  2008 Ed. (2273)
  2009 Ed. (2261)
Kronos
  1999 Ed. (4605)
  2003 Ed. (2949)
  2005 Ed. (2835)
  2015 Ed. (1812)
  2017 Ed. (3046)
  2019 Ed. (1765, 3093)
  2020 Ed. (1707)
  2021 Ed. (1686)
Kronos Group
  2018 Ed. (1382)
Kronos Group SPRL
  2019 Ed. (1427)
  2020 Ed. (1389)
Kronos Inc.
  2016 Ed. (1771)
Kronos Worldwide Inc.
  2006 Ed. (2042)
Kronospan
  2001 Ed. (2512)
kronur; Icelandic
  2009 Ed. (2260)
Kropp Holdings Inc.
  2006 Ed. (3518, 4357)
  2007 Ed. (3563, 3564, 4425)
KROQ-FM
  1995 Ed. (3052)
  1996 Ed. (3153)
  1998 Ed. (2987)
  2000 Ed. (3696)
  2002 Ed. (3898)
Kroshka-Kartoshka
  2015 Ed. (4264, 4265)
Kross; Robert
  2014 Ed. (2594)
Krost
  2022 Ed. (2)
Krost Associates; Lee
  1990 Ed. (3087)

Kroton
  2016 Ed. (4228)
KRRL-FM
  2020 Ed. (2922)
KRS
  2012 Ed. (1752)
KRTH-FM
  1994 Ed. (2988)
  1995 Ed. (3052)
  1996 Ed. (3153)
  1998 Ed. (2985, 2987)
  2000 Ed. (3696)
  2018 Ed. (2958)
  2020 Ed. (2922)
KRTH-FM(101.1)
  1993 Ed. (2954)
KRTX-AM
  2005 Ed. (4412)
Krud Kutter, the Must for Rust
  2018 Ed. (3388)
Krueger International
  2003 Ed. (1360)
  2004 Ed. (1365)
  2005 Ed. (1383)
Krueger International Inc.
  2013 Ed. (3189)
Krueger International, Inc.
  2019 Ed. (2375)
  2020 Ed. (2343)
  2021 Ed. (2308)
  2022 Ed. (2337)
  2023 Ed. (2513)
Krug Champagne
  1991 Ed. (3498)
  2005 Ed. (915)
Krug; George
  1994 Ed. (1824)
Krug Lincoln-Mercury
  1995 Ed. (274)
  1996 Ed. (277)
Kruger Brown Holdings LLC
  2018 Ed. (4640)
  2019 Ed. (4654)
  2020 Ed. (4622)
  2021 Ed. (4634)
  2022 Ed. (4653)
Kruger family
  2005 Ed. (4867)
Kruger Forest Products
  2003 Ed. (3732)
Kruger Inc.
  1990 Ed. (2714)
  1992 Ed. (1185)
  1993 Ed. (961)
  1994 Ed. (1894)
  1995 Ed. (999, 2829, 2831)
  1997 Ed. (2070, 2987)
  1998 Ed. (2747)
  1999 Ed. (3692, 3702)
  2000 Ed. (3410)
  2002 Ed. (3518, 4093)
  2007 Ed. (2636)
  2008 Ed. (2762)
  2009 Ed. (2821)
  2010 Ed. (2763)
Kruger Products
  2021 Ed. (1447, 3761)
  2022 Ed. (3783)
Kruger Products LP
  2018 Ed. (3476)
  2023 Ed. (2898)
Krugle.net
  2008 Ed. (1153)
  2009 Ed. (1132)
Krunchers
  1996 Ed. (773, 1934)
Krunchkie Low Fat Vanilla
  1997 Ed. (1214)
  1998 Ed. (992, 993, 3659, 3660)
Krung Thai Bank
  1989 Ed. (696)
  1990 Ed. (699)
  1991 Ed. (678)
  1992 Ed. (849)
  1993 Ed. (645)
  1994 Ed. (647, 3157, 3158)
  1995 Ed. (619)
  1996 Ed. (693, 3302, 3303)
  1997 Ed. (628, 2403, 3399, 3400)
  1999 Ed. (647, 4161, 4162)
  2000 Ed. (673, 1575)
  2001 Ed. (1880)
  2002 Ed. (515, 575, 576, 577, 655, 4487, 4488, 4489)
  2003 Ed. (533, 535, 619)
  2004 Ed. (527, 628)
  2005 Ed. (617)
  2006 Ed. (530, 2048, 4541)
  2007 Ed. (561, 2019)
  2008 Ed. (513, 2118)
  2009 Ed. (547, 2104)
  2010 Ed. (530, 2045)
  2011 Ed. (459, 2102)
  2012 Ed. (319, 416, 1941)
  2013 Ed. (372, 402, 2103)
  2014 Ed. (416, 417, 2037, 4052)
  2015 Ed. (459, 473, 474, 2086)
  2016 Ed. (422, 2067)
  2017 Ed. (434, 435, 2026)
  2018 Ed. (399, 400, 1982)
  2019 Ed. (402, 403, 2038)
  2020 Ed. (395, 396, 1962)
  2021 Ed. (429, 1925)
  2022 Ed. (443, 1969)
  2023 Ed. (613, 614, 2077)
Krung Thai Bank FB
  2001 Ed. (1880)
Krung Thai Bank PCL
  2021 Ed. (495)
  2022 Ed. (509)
Krungdhep Warehouse Co. Ltd.
  1995 Ed. (1351)
  1997 Ed. (1358)
Krungsri
  2021 Ed. (429)
  2022 Ed. (443)
  2023 Ed. (614)
Krupnick; Jon
  1997 Ed. (2612)
Krupp
  1989 Ed. (2293)
  2000 Ed. (3083)
Krupp AG Hoesch-Krupp; Fried.
  1996 Ed. (2558)
Krupp Aktiengesellschaft; Fried
  1994 Ed. (2422)
Krupp Elastomertechnik GmbH
  2001 Ed. (4130)
Krupp; Friedrich
  1994 Ed. (1227)
Krupp Gesellschaft mit Beschraenkter Haftung; Fried
  1991 Ed. (2371)
Krupp GmbH; Fried.
  1992 Ed. (2954)
Krupp GmbH; Friedrich
  1993 Ed. (2487, 3454)
Krupp-Koppers GmbH
  2005 Ed. (2587)
Krupp Seeschiffahrt GmbH
  2003 Ed. (4811)
Krupp Stahl
  1995 Ed. (3511)
Krupp-Thyssen
  1998 Ed. (3405)
Krupps
  2002 Ed. (1092)
Krups
  1990 Ed. (1080)
  1991 Ed. (1962)
  1992 Ed. (1242, 2518)
  1993 Ed. (1005)
  1994 Ed. (1035, 2127)
  1995 Ed. (1044, 2178)
  1997 Ed. (1041)
  1998 Ed. (786)
  1999 Ed. (1216)
  2000 Ed. (1130)
  2001 Ed. (2811)
  2002 Ed. (2074)
KRUT Sociala Tjänster
  2019 Ed. (1972)
Kruza Sia
  2009 Ed. (1846)
Kruze Consulting
  2021 Ed. (2541, 2574)
Krylon
  1992 Ed. (1238)
Krysos
  2021 Ed. (3548)
Krysos (Oregold)
  2021 Ed. (3548)
Krystal
  1991 Ed. (1884)
  1992 Ed. (2372, 2373)
  1993 Ed. (2012)
  1994 Ed. (1916)
  1995 Ed. (1938, 3133)
  1997 Ed. (357, 2172)
  2002 Ed. (2243)
  2003 Ed. (2439, 4131, 4223, 4224, 4226)
  2005 Ed. (4174)
  2008 Ed. (2659, 2660, 2661)
  2009 Ed. (2687, 2689)
  2010 Ed. (2599, 2600, 2601, 2602)
  2011 Ed. (2582, 2584, 2585)
  2017 Ed. (2814)
  2019 Ed. (2828, 2829, 2830)
  2021 Ed. (2737)
  2022 Ed. (4685)
Krystal Restaurants
  2004 Ed. (2583)
  2005 Ed. (2563)
  2006 Ed. (2569)
  2007 Ed. (2540)
Kryton International Inc.
  2010 Ed. (1513)
  2011 Ed. (1504)
  2012 Ed. (1014, 1352, 1353, 3531)
  2013 Ed. (1160, 1488, 3570)
KS Bauchemie
  2021 Ed. (848)
KS Capital Partners L.P.
  1995 Ed. (2096)
KS Energy Services
  2008 Ed. (2068)
  2009 Ed. (1490)
KS Engineers P.C.
  2023 Ed. (3768)
KS Engineers PC
  2018 Ed. (3619)
K's Holdings Corp.
  2012 Ed. (2900)
  2013 Ed. (2502, 2503, 2507, 4334)
  2014 Ed. (2432, 2450)
KS Marketing Inc.
  2011 Ed. (2127)
  2012 Ed. (1970, 1971)
K's Merchandise
  1989 Ed. (860)
  1990 Ed. (915)
  1991 Ed. (866, 867)
  1992 Ed. (1065)
  1994 Ed. (872)
  1999 Ed. (1055)
KS StateBank
  2021 Ed. (498)
KS StateBank (Manhattan, KS)
  2023 Ed. (736)
KS Statebank
  2021 Ed. (375)
  2022 Ed. (388)
  2023 Ed. (506)
KS StateBank (Manhattan, KS)
  2021 Ed. (498)
KSBJ
  2012 Ed. (3598)
  2014 Ed. (3592)
KSCA-FM
  2000 Ed. (3696)
  2002 Ed. (3898)
  2004 Ed. (4465)
  2005 Ed. (4412, 4413)
  2006 Ed. (4430)
  2008 Ed. (4470)
  2009 Ed. (4503)
  2010 Ed. (2984)
  2011 Ed. (2945)
  2012 Ed. (2876)
  2013 Ed. (2952)
  2014 Ed. (2969)
  2015 Ed. (3037)
  2016 Ed. (2933)
  2017 Ed. (2892)
KSCS-FM
  2013 Ed. (3604)
Kshitij Sharma
  2023 Ed. (1308)
KSI International
  2002 Ed. (2519)
KSK Power Ventur
  2016 Ed. (2393)
KSKQ (AM)
  1990 Ed. (2591, 2940)
  1991 Ed. (2472, 2796)
KSKQ (AM-FM)
  1992 Ed. (3088)
KSL Capital Partners
  2009 Ed. (4293, 4831)
  2010 Ed. (4260)
KSL Grand Wailea Resort & Spa Inc.
  2003 Ed. (1688)
  2004 Ed. (1725)
  2007 Ed. (1752)
KSL Recreation Corp.
  2006 Ed. (1417, 1418)
KSL Recreation Management Operations LLC
  2013 Ed. (1463)
KSL Services Joint Venture
  2007 Ed. (1917)
  2008 Ed. (1979)
  2009 Ed. (1934)
  2010 Ed. (1870)
  2011 Ed. (1902)
  2012 Ed. (1759)
  2013 Ed. (1929)
  2014 Ed. (1868)
  2015 Ed. (1904)
KSL Services JV
  2010 Ed. (1871)
KSS Architects
  2002 Ed. (335)
KSSE-FM
  2008 Ed. (4470)
KSW Inc.
  2008 Ed. (1225)
KSW Mechanical LLC
  2019 Ed. (129, 1165)
  2020 Ed. (126, 1156)
KSW Mechanical Services
  2015 Ed. (4047)
  2016 Ed. (3956)
  2018 Ed. (132, 1153)
KSW Mechanical Services Inc.
  2008 Ed. (1322, 1333)
  2010 Ed. (1300)
KT
  2013 Ed. (43, 674)
  2014 Ed. (700)
  2015 Ed. (747, 4666)
  2016 Ed. (674, 4578)
  2017 Ed. (717, 4591)
  2018 Ed. (666, 4601)
  2019 Ed. (679, 4618)
  2020 Ed. (672)
  2021 Ed. (660, 662, 4600)
  2022 Ed. (700, 4616)
  2023 Ed. (4617)
KT America
  2019 Ed. (1585)
  2020 Ed. (1554)
  2021 Ed. (1538)
KT Amsterdam
  1993 Ed. (819)
KT Communications
  2010 Ed. (666)
  2011 Ed. (598)
KT Corp.
  2004 Ed. (85)
  2005 Ed. (80)
  2006 Ed. (89, 2015, 2016, 2017)
  2007 Ed. (79, 1983, 1985)
  2008 Ed. (85, 2080, 2082)
  2009 Ed. (94, 2051, 2053)
  2010 Ed. (102, 1986)
  2012 Ed. (4665)
  2013 Ed. (4622)
  2014 Ed. (4683)
  2015 Ed. (4693)
  2016 Ed. (4599)
  2017 Ed. (4618)
  2018 Ed. (4618)
  2019 Ed. (4635)
  2020 Ed. (4606)
KT Freetel
  2003 Ed. (2942, 2950)
KT & G Corp.
  2012 Ed. (4725, 4727)
  2013 Ed. (4690, 4691)
  2014 Ed. (4736, 4737)
  2015 Ed. (4758, 4759)
  2016 Ed. (4662)
  2017 Ed. (4671)
  2018 Ed. (4660)
  2019 Ed. (4673)
  2020 Ed. (4638)
KT Havrivov
  1996 Ed. (863)
KT Kitchen's Inc.
  2017 Ed. (4292)
KT Ostrava
  1996 Ed. (863)
KT Pipeline Services
  2001 Ed. (1252)
KT Tape
  2023 Ed. (2831)
KT Tape Pro
  2023 Ed. (2830)
KTA Super Stores
  2017 Ed. (1592)
  2018 Ed. (1581, 3611)
  2019 Ed. (1610, 3605)
  2020 Ed. (1572, 3576)
  2021 Ed. (1556, 3606)
  2022 Ed. (1576, 3657)
  2023 Ed. (1749, 3763)
KT&G Corp.
  2018 Ed. (4661)
  2019 Ed. (4674)
KT&GC
  2000 Ed. (4261)
KTF
  2006 Ed. (89, 4537)
  2007 Ed. (79)
  2010 Ed. (102)
KTGY Group Inc.
  2008 Ed. (264)
  2009 Ed. (287)
  2010 Ed. (2443)
KTI Corp.
  1999 Ed. (1455)
  2000 Ed. (1277, 1810)
KTK
  2018 Ed. (1899)
The KTL Group Inc.
  2015 Ed. (1547)
  2016 Ed. (1485)
  2017 Ed. (1485)
KTM
  2001 Ed. (3398, 3399)
KTM Capital
  2003 Ed. (4355)
KTNQ-AM
  1994 Ed. (2530, 2987)
  1996 Ed. (2653, 3151)
  1997 Ed. (2800, 3236)
  2005 Ed. (4412)
KTNQ-AM/KLVE-FM
  1995 Ed. (2588, 3050)
KTS Holdings Sdn. Bhd.
  2002 Ed. (1721)
  2004 Ed. (1787)
K.T.'s Kitchens Inc.
  1994 Ed. (3671)
  1995 Ed. (3796)
KTVT-TV
  2001 Ed. (1546)

KTWV-FM
    1998 Ed. (2987)
    2000 Ed. (3696)
    2002 Ed. (3898)
KU Energy
    1994 Ed. (1599, 1600)
    1995 Ed. (1642)
    1996 Ed. (1619)
    2015 Ed. (2427)
    2016 Ed. (2373)
    2022 Ed. (2252)
KU Resources
    2011 Ed. (1991)
Kuaile Shidai
    2017 Ed. (2525)
Kuaishou
    2021 Ed. (1464, 1609)
    2023 Ed. (4371)
Kuakini Health System
    2001 Ed. (1721)
    2003 Ed. (1688)
    2004 Ed. (1725)
    2005 Ed. (1783)
    2006 Ed. (1743)
    2008 Ed. (2907)
    2009 Ed. (1720)
Kuakini Medical Center
    2001 Ed. (1721)
    2005 Ed. (1783)
    2006 Ed. (1743)
    2007 Ed. (1752)
    2008 Ed. (1780)
    2009 Ed. (1721)
    2010 Ed. (1669)
Kuala Lampur Mutual Fund
    1999 Ed. (2891)
Kuala Lumpur
    1997 Ed. (193)
    2000 Ed. (3376)
Kuala Lumpur Kepong
    1989 Ed. (1139)
    1990 Ed. (1397)
    2012 Ed. (2662)
    2013 Ed. (2751)
    2014 Ed. (2713)
    2021 Ed. (1668)
Kuala Lumpur Kepong Berhad
    2021 Ed. (2475)
    2022 Ed. (2587)
    2023 Ed. (2731)
Kuala Lumpur Kepong Bhd.
    1991 Ed. (2274)
    2017 Ed. (2480)
    2018 Ed. (2534)
Kuala Lumpur, Malaysia
    2014 Ed. (2637)
    2015 Ed. (2680)
    2017 Ed. (175)
    2019 Ed. (2588)
    2020 Ed. (2580)
Kuala Lumpur Mutual Fund
    1997 Ed. (2398)
    2001 Ed. (2887)
    2002 Ed. (2825)
Kuala Lumpur - Singapore
    1996 Ed. (179)
The Kuala Lumpur Stock Exchange
    1995 Ed. (3512)
Kuala Lumpur Tin Fields Bhd.
    1991 Ed. (1252)
    1992 Ed. (1570)
    1993 Ed. (1275)
    1994 Ed. (1321)
Kualoa Ranch Hawaii Inc.
    2018 Ed. (1586)
    2019 Ed. (1621)
    2020 Ed. (1582)
    2021 Ed. (1565)
    2022 Ed. (1586)
    2023 Ed. (1757)
Kuan Kam Hon
    2017 Ed. (4859)
    2019 Ed. (4862)
    2020 Ed. (4851)
    2021 Ed. (4852)
    2022 Ed. (4847)
Kuan Kam Hon & family
    2023 Ed. (4842)
Kuang Ho Construction & Development Co.
    1990 Ed. (2963)
    1992 Ed. (3625)
Kuang Hong Arts Management
    2022 Ed. (1913)
Kubasik; Christopher
    2005 Ed. (987)
    2006 Ed. (944)
    2007 Ed. (1039)
    2008 Ed. (963)
Kube-Pak
    2020 Ed. (3734)
    2021 Ed. (3736)
    2022 Ed. (3754)
    2023 Ed. (3859)
Kubernetes
    2017 Ed. (1064)
    2018 Ed. (990)
Kubi Springer
    2023 Ed. (1310)

Kubota
    2016 Ed. (2522)
    2017 Ed. (3020)
    2021 Ed. (2979)
Kubota America Corp.
    2003 Ed. (4925)
Kubota Corp.
    1989 Ed. (1918)
    1992 Ed. (4331)
    1993 Ed. (3605)
    1997 Ed. (2371)
    1998 Ed. (2093)
    1999 Ed. (2853, 2854)
    2002 Ed. (4432, 4433)
    2006 Ed. (2998)
    2007 Ed. (202, 875, 2401, 3036)
    2008 Ed. (189, 3150)
    2012 Ed. (3070, 3075)
    2013 Ed. (3147, 3158)
    2014 Ed. (3150, 3164)
    2015 Ed. (3210, 3223)
    2016 Ed. (3065, 3079)
    2017 Ed. (3014, 3028)
    2018 Ed. (3135, 3142)
    2019 Ed. (3071, 3081, 3390)
    2020 Ed. (3103)
Kubrick Group
    2022 Ed. (1974)
Kucera; Eduard
    2022 Ed. (4828)
    2023 Ed. (4823)
Kuchai Development Bhd.
    1994 Ed. (1321)
Kuchar; Matt
    2014 Ed. (198)
Kucharski; John
    1995 Ed. (979)
Kuchua Inc.
    1996 Ed. (145)
    1997 Ed. (151)
Kucuk; Mustafa
    2017 Ed. (4881)
    2018 Ed. (4893)
    2019 Ed. (4885)
    2021 Ed. (4875)
    2022 Ed. (4871)
Kudelski SA
    2007 Ed. (2005)
Kudlow; Lawrence
    1994 Ed. (1815, 1837)
    1995 Ed. (1855)
Kudos
    1995 Ed. (3399)
    2000 Ed. (2383, 4065)
Kudos Research
    2002 Ed. (3257)
KUE Credit Union
    2003 Ed. (1889)
    2011 Ed. (2170)
    2016 Ed. (2187)
Kuehne; Klaus-Michael
    2020 Ed. (4839)
    2021 Ed. (4834)
    2022 Ed. (4834)
    2023 Ed. (4829)
Kuehne & Nagel
    2007 Ed. (4833)
Kuehne + Nagel
    2015 Ed. (1749, 4795)
    2016 Ed. (4699, 4708)
    2017 Ed. (4712)
    2018 Ed. (3409, 4705)
    2019 Ed. (3383, 4709, 4710, 4716)
    2020 Ed. (3383, 4673, 4681)
    2021 Ed. (3393, 4694)
    2022 Ed. (709, 1111, 1112, 2776, 2778, 2779, 3451)
    2023 Ed. (1331, 2903, 2904, 2905, 3563, 4690)
Kuehne & Nagel AG
    1997 Ed. (2077)
Kuehne + Nagel (Americas)
    2023 Ed. (1330)
Kuehne + Nagel Americas
    2021 Ed. (3389)
    2022 Ed. (3444)
    2023 Ed. (3560)
Kuehne & Nagel (Australia) Pty. Ltd.
    1997 Ed. (191)
Kuehne + Nagel Inc.
    2007 Ed. (1334)
    2008 Ed. (3525)
    2009 Ed. (2834, 3584)
    2011 Ed. (1151, 4740)
    2012 Ed. (1089, 1090, 2696)
    2013 Ed. (1225, 1226, 2777, 2778)
    2014 Ed. (1165, 1166, 2761, 2762)
    2015 Ed. (1219, 1220, 2813)
    2016 Ed. (1127, 1128, 2746, 2748)
    2017 Ed. (1171, 1172, 2696, 2697, 2699)
    2018 Ed. (1105, 1106, 2755, 2756, 2758)
    2019 Ed. (1116, 1117, 2738, 2739, 2740)
    2020 Ed. (1106, 1107, 2778, 2780, 2781)
    2021 Ed. (1097, 1098, 2650, 2652, 2653)
Kuehne + Nagel Inc. (Americas)
    2022 Ed. (1111)
Kuehne + Nagel Inc. (The Americas)
    2021 Ed. (1097)

Kuehne & Nagel International
    1992 Ed. (1185)
    1993 Ed. (961)
    1996 Ed. (3732)
Kuehne + Nagel International
    2015 Ed. (2815)
Kuehne & Nagel International AG
    2009 Ed. (3514, 4786)
    2011 Ed. (3443, 4751)
    2012 Ed. (4769)
    2013 Ed. (4727)
    2014 Ed. (4778)
    2015 Ed. (4807)
    2016 Ed. (4710)
    2017 Ed. (4726)
    2018 Ed. (4713)
    2019 Ed. (4718)
    2020 Ed. (4689)
Kuehne + Nagel International AG
    2015 Ed. (4808)
    2016 Ed. (4711)
    2017 Ed. (2492, 4728)
    2018 Ed. (2548, 4714)
    2019 Ed. (4719)
    2020 Ed. (4691)
    2021 Ed. (2491, 4700)
    2022 Ed. (2603, 4800)
    2023 Ed. (2744)
Kuehne und Nagel International AG
    2007 Ed. (4832)
Kuehne + Nagel (U.K.)
    2013 Ed. (4712)
Kuehoe + Nagel International
    2007 Ed. (2648)
Kugele; Rich
    2011 Ed. (3347)
Kuhio Auto Group
    2013 Ed. (1674, 1679)
    2014 Ed. (1631)
    2015 Ed. (1680)
    2016 Ed. (1625)
    2017 Ed. (1598)
Kuhio Motors Inc.
    2006 Ed. (1747)
    2007 Ed. (1756)
    2008 Ed. (1784)
    2010 Ed. (1673)
    2011 Ed. (1682)
Kuhlman Corp.
    1990 Ed. (3450)
Kuhmon Aa-Puu OY
    2016 Ed. (1555)
    2017 Ed. (1544)
Kuhne; Klaus-Michael
    2010 Ed. (4889)
    2011 Ed. (4878)
    2012 Ed. (4887)
    2013 Ed. (4871)
    2014 Ed. (4885)
    2015 Ed. (4924)
    2016 Ed. (4840)
    2017 Ed. (4848)
    2018 Ed. (4855)
    2019 Ed. (4850)
Kuhne + Nagel International
    2011 Ed. (4750)
    2012 Ed. (4766)
    2013 Ed. (4714)
    2014 Ed. (4767)
    2015 Ed. (4788)
    2016 Ed. (4692)
    2017 Ed. (4707)
Kuhns & Associates; R. V.
    2008 Ed. (2020)
Kuijian Corp.
    1991 Ed. (1564)
Kuiken Brothers
    2019 Ed. (2840)
Kuin; Lim Oon
    2014 Ed. (4917)
The Kuiper Law Firm PLLC
    2022 Ed. (4771)
Kujawa Enterprises
    2014 Ed. (3456)
Kujawa Enterprises Inc.
    2011 Ed. (4472)
KUK/BRS Global
    2005 Ed. (1375)
Kuka Welding Systems & Robot
    1990 Ed. (3064)
Kukje MIDI
    2020 Ed. (3679)
    2021 Ed. (3685)
Kukui
    2017 Ed. (1038)
Kukuiula Development Co.
    2009 Ed. (1717)
Kukui'ula Development Co. (Hawaii) LLC
    2009 Ed. (1716)
Kula Community Credit Union
    2006 Ed. (2168)
    2010 Ed. (2135)
Kula Yag ve Emek Yem Sanayi Tic.
    2019 Ed. (2235)
Kulani Prison Complex
    2002 Ed. (2419)

Kulczyk; Dominika
    2017 Ed. (4869)
    2018 Ed. (4879)
    2019 Ed. (4873)
    2020 Ed. (4862)
    2021 Ed. (4862)
    2022 Ed. (4857)
    2023 Ed. (4852)
Kulczyk; Jan
    2011 Ed. (4904)
    2012 Ed. (4915)
    2013 Ed. (4899)
    2014 Ed. (4911)
    2015 Ed. (4952)
    2016 Ed. (4867)
Kulczyk; Sebastian
    2017 Ed. (4869)
    2018 Ed. (4879)
    2019 Ed. (4873)
    2020 Ed. (4862)
    2021 Ed. (4862)
    2022 Ed. (4857)
    2023 Ed. (4852)
Kulibaev; Dinara
    2011 Ed. (4896)
    2012 Ed. (4905)
Kulibaev; Timur
    2008 Ed. (4888)
    2009 Ed. (4908)
    2011 Ed. (4896)
    2012 Ed. (4905)
    2014 Ed. (4897)
    2015 Ed. (4936)
    2016 Ed. (4852)
    2017 Ed. (4857)
    2018 Ed. (4865)
    2019 Ed. (4859)
    2020 Ed. (4849)
    2021 Ed. (4850)
    2022 Ed. (4845)
    2023 Ed. (4840)
Kulibaeva; Dinara
    2008 Ed. (4888)
    2009 Ed. (4908)
    2014 Ed. (4897)
    2015 Ed. (4936)
    2016 Ed. (4852)
    2017 Ed. (4857)
    2018 Ed. (4865)
    2019 Ed. (4859)
    2020 Ed. (4849)
    2021 Ed. (4850)
    2022 Ed. (4845)
    2023 Ed. (4840)
Kulicke & Soffa
    1990 Ed. (1615)
    1991 Ed. (1517)
Kulicke & Soffa Industries Inc.
    2006 Ed. (1502, 2741)
Kuliza Technologies Pvt. Ltd.
    2012 Ed. (2844)
Kulla – Exim Sh.p.k.
    2015 Ed. (1621)
Kullman; Ellen
    2011 Ed. (4979, 4987, 4988)
    2012 Ed. (600, 4968, 4976)
    2013 Ed. (966, 4966, 4979)
    2014 Ed. (4976)
    2015 Ed. (5024, 5026, 5027)
    2016 Ed. (4929, 4941)
    2017 Ed. (4932)
Kullman; Ellen J.
    2011 Ed. (827)
    2012 Ed. (2491)
    2013 Ed. (2636)
    2014 Ed. (2591)
    2015 Ed. (963, 2633)
    2016 Ed. (2559)
    2017 Ed. (2447)
Kullman Industries Inc.
    2005 Ed. (1375)
Kulska Banka
    2004 Ed. (615)
    2005 Ed. (605)
    2006 Ed. (519)
Kultgen; David
    2012 Ed. (2496)
KultureCity
    2020 Ed. (2512)
Kulzer
    1990 Ed. (1488)
Kum & Go
    2009 Ed. (4143)
    2021 Ed. (2712)
    2023 Ed. (1472, 1794)
Kum & Go LC
    2010 Ed. (4075)
    2011 Ed. (4049)
    2013 Ed. (269, 1326, 1768)
    2014 Ed. (272, 1260, 1702)
    2015 Ed. (1316, 1744)
    2016 Ed. (1232, 1696)
    2017 Ed. (1281, 1674)
    2018 Ed. (1259, 1637)
    2019 Ed. (1293, 1687)
    2020 Ed. (1273, 1640)
    2021 Ed. (1254, 1620)
    2022 Ed. (1260, 1637)

Kum & Go LLC
  2019 Ed. (1300)
Kumagai; Goro
  1996 Ed. (1875)
  1997 Ed. (1982)
Kumagai Gumi Co., Ltd.
  1989 Ed. (1005)
  1990 Ed. (1846)
  1991 Ed. (1092)
  1992 Ed. (1370, 1374, 1375, 3665)
  1993 Ed. (1097)
  1994 Ed. (1121)
  1995 Ed. (1135, 1342)
  1997 Ed. (1131, 1181, 1196, 1753)
  1998 Ed. (965, 1446)
  1999 Ed. (1323, 1407, 2032, 2033)
  2000 Ed. (1203, 1824)
  2001 Ed. (1486, 1622)
  2005 Ed. (1327, 1340)
Kumala
  2008 Ed. (247)
  2009 Ed. (270)
  2010 Ed. (257)
Kumamoto Family Bank
  2003 Ed. (533)
  2007 Ed. (472, 473)
  2010 Ed. (442, 443)
Kuman Math & Reading Centers
  2001 Ed. (2529, 2532)
Kuman; Mayawati
  2010 Ed. (4985)
Kumar; Akshay
  2017 Ed. (2378)
  2020 Ed. (2481)
Kumar Birla
  2008 Ed. (4841)
  2009 Ed. (4903)
  2010 Ed. (4904)
  2011 Ed. (4892)
  2012 Ed. (4900)
  2013 Ed. (4875, 4876)
  2014 Ed. (4889, 4890)
  2015 Ed. (4928, 4929)
  2016 Ed. (4844, 4845)
  2017 Ed. (4851)
  2018 Ed. (4858, 4859)
  2019 Ed. (4853)
  2020 Ed. (4843)
  2021 Ed. (4843, 4844)
  2022 Ed. (4839)
  2023 Ed. (4834)
Kumar; Harsh
  2011 Ed. (3372)
Kumar Mangalam Birla
  2006 Ed. (4926)
  2007 Ed. (4914)
  2008 Ed. (4879)
  2009 Ed. (4902)
  2010 Ed. (4903)
  2011 Ed. (4891)
  2012 Ed. (4899)
Kumar; Raj
  2015 Ed. (4957)
  2016 Ed. (4873)
  2017 Ed. (4873)
  2018 Ed. (4885)
  2019 Ed. (4877)
  2020 Ed. (4865)
  2021 Ed. (4866)
Kumba Iron Ore
  2014 Ed. (3634, 3647, 4039)
  2015 Ed. (1399, 2022, 2025, 3648)
  2016 Ed. (3533)
  2017 Ed. (3506)
Kumba Iron Ore Ltd.
  2015 Ed. (2027)
Kumbo
  2001 Ed. (4542)
Kume Sekkei
  2022 Ed. (188)
  2023 Ed. (261)
Kume Sekkei Co. Ltd.
  1998 Ed. (1448)
Kumho
  1993 Ed. (977)
  1996 Ed. (3693)
  1999 Ed. (1889, 4602)
  2006 Ed. (4741, 4742, 4744)
  2007 Ed. (4757)
  2008 Ed. (4680)
  2009 Ed. (4720)
  2012 Ed. (4709)
  2013 Ed. (4674)
  2014 Ed. (4721)
  2020 Ed. (4626)
  2021 Ed. (4639)
  2022 Ed. (4657)
Kumho & Co.
  2001 Ed. (4540)
Kumho Industrial Co., Ltd.
  2013 Ed. (1174)
Kumho Petro Chemical
  2013 Ed. (954)
Kumho Petrochemical Co., Ltd.
  2016 Ed. (4289)
  2017 Ed. (2489, 4290)
Kumho Tire
  2018 Ed. (4653)

Kumho Tire Co.
  2006 Ed. (4749)
  2007 Ed. (4756)
  2008 Ed. (4678)
  2009 Ed. (4721)
Kumho Tire Co., Ltd.
  2015 Ed. (4741)
Kumho Tire U.S.A. Inc.
  2006 Ed. (4752)
  2007 Ed. (4758)
  2008 Ed. (4681)
  2009 Ed. (4722)
  2012 Ed. (4713)
  2013 Ed. (4665)
  2014 Ed. (4717)
  2015 Ed. (4729)
  2016 Ed. (4631)
Kumho Tire USA Inc.
  2018 Ed. (4643)
Kumho Tires
  2007 Ed. (878, 3973)
Kumon
  2019 Ed. (806, 2228)
  2020 Ed. (2225)
  2021 Ed. (2199)
  2022 Ed. (2230)
  2023 Ed. (1037, 2418, 2419)
Kumon (Japan)
  2021 Ed. (2199)
Kumon Math & Reading Centers
  2002 Ed. (2066, 2359)
  2005 Ed. (893, 899, 2275)
  2006 Ed. (814, 2343)
  2007 Ed. (902, 2279)
  2008 Ed. (877, 2412)
  2009 Ed. (887, 2412)
  2010 Ed. (837, 2323)
  2011 Ed. (2319)
  2012 Ed. (2221)
  2013 Ed. (2399)
  2014 Ed. (2336)
  2015 Ed. (2402)
  2016 Ed. (2345)
  2017 Ed. (2193)
  2018 Ed. (2254)
  2019 Ed. (808, 2227)
  2020 Ed. (802, 2223)
  2021 Ed. (2197)
  2022 Ed. (855, 858, 2231)
  2023 Ed. (1041)
Kumon North America Inc.
  2003 Ed. (881, 889, 2126)
  2004 Ed. (908, 2174)
Kumpulan Fima
  2011 Ed. (1818)
Kumpulan Guthrie
  1993 Ed. (2385)
Kumpulan Guthrie Bhd
  1991 Ed. (1324)
  1992 Ed. (1667)
Kumpulan Wang Amanah
  2001 Ed. (2887)
Kumpulan Wang Amanah Pencen
  2002 Ed. (2825)
Kumsheen River Rafting
  2011 Ed. (1504)
Kun-Hee Lee
  2007 Ed. (4909)
  2008 Ed. (4851)
  2009 Ed. (4873)
  2010 Ed. (4874)
  2011 Ed. (4862)
  2012 Ed. (3824, 4868)
Kun-Hee; Lee
  2013 Ed. (4909)
  2014 Ed. (4919)
  2015 Ed. (4959)
  2016 Ed. (4875)
  2017 Ed. (4875)
  2018 Ed. (4887)
  2019 Ed. (4879)
  2020 Ed. (4868)
  2021 Ed. (4869)
Kun; Lau Cho
  2017 Ed. (4859)
  2018 Ed. (4868)
  2019 Ed. (4862)
  2020 Ed. (4851)
  2021 Ed. (4852)
  2023 Ed. (4842)
Kunert AG
  1998 Ed. (1976)
Kung Ching Textile Co., Ltd.
  1990 Ed. (3573)
  1992 Ed. (1701, 1702, 1703, 4284)
Kung Fu Panda
  2010 Ed. (2291)
Kung Fu Tea
  2019 Ed. (4158)
Kungsleden
  2011 Ed. (2061)
  2013 Ed. (2069)
  2014 Ed. (1562)
Kunihiko Shiohara
  2000 Ed. (2155)
Kunihiko Shiohrar
  1999 Ed. (2375)

Kunin Wines
  2014 Ed. (4951)
Kunio Busujima
  2008 Ed. (4846)
  2009 Ed. (4866, 4867)
  2010 Ed. (4868, 4869)
  2011 Ed. (4856, 4857)
  2012 Ed. (4863)
  2013 Ed. (4883)
  2014 Ed. (4896)
  2015 Ed. (4935)
  2016 Ed. (4851)
  2017 Ed. (4856)
Kunis; Mila
  2015 Ed. (2600)
Kunishige; Nozomu
  1996 Ed. (1886)
  1997 Ed. (1992)
Kunlun Bank
  2013 Ed. (499)
Kunlun Energy Co. Ltd.
  2022 Ed. (2871)
  2023 Ed. (2985)
Kunlun Energy Co., Ltd.
  2015 Ed. (2530, 2545)
  2019 Ed. (2392, 2404)
  2020 Ed. (2382, 3873)
  2021 Ed. (3828)
Kunnan Enterprise Ltd.
  1990 Ed. (2520)
  1992 Ed. (2974)
Kunshan, China
  2012 Ed. (3486)
Kunwon
  2022 Ed. (197)
  2023 Ed. (301)
Kunz Holding GmbH & Co. KG
  1996 Ed. (2555)
  1997 Ed. (2692)
Kuo Chan Development & Construction Co.
    Ltd.
  1990 Ed. (2963)
  1992 Ed. (3625)
Kuo Feng Corp.
  1994 Ed. (1459)
Kuo Hua
  2001 Ed. (218)
Kuo Hua Inc. (Dentsu)
  2000 Ed. (178)
Kuo Hua Life Insurance Co. Ltd.
  1990 Ed. (2246, 3268)
  1992 Ed. (2677, 3945)
  1994 Ed. (2268, 3282)
  1999 Ed. (161, 2894)
Kuo Hua Securities Co., Ltd.
  1992 Ed. (3945)
Kuo Lien Chemical Industry
  1991 Ed. (51)
  1993 Ed. (54)
KUOG
  2023 Ed. (1466)
KUOG Corporation
  2023 Ed. (1465, 1557)
Kuohua
  2002 Ed. (191)
Kuok Khoon Hong
  2009 Ed. (4871, 4872)
  2010 Ed. (4872)
  2011 Ed. (4860, 4861)
  2012 Ed. (4866, 4867)
  2013 Ed. (4906, 4907)
  2014 Ed. (4916, 4917)
  2015 Ed. (4956, 4957)
  2016 Ed. (4872)
  2019 Ed. (4877)
  2023 Ed. (4856)
Kuok; Khoon Hong
  2016 Ed. (4873)
  2017 Ed. (4873)
  2018 Ed. (4885)
Kuok Oils & Grains
  2001 Ed. (1842)
Kuok Philippine Properties Inc.
  1993 Ed. (2494)
Kuok Philippines Properties, Inc.
  1999 Ed. (1324)
  2000 Ed. (1204)
Kuok; Robert
  1997 Ed. (949)
  2006 Ed. (4917, 4919)
  2008 Ed. (4847)
  2009 Ed. (4868)
  2010 Ed. (4870, 4877)
  2011 Ed. (4858, 4887)
  2012 Ed. (4864, 4872)
  2013 Ed. (4887, 4916)
  2014 Ed. (4900)
  2015 Ed. (4940)
  2016 Ed. (4855)
  2017 Ed. (4859)
  2018 Ed. (4868)
  2019 Ed. (4862)
  2020 Ed. (4851)
  2021 Ed. (4852)
  2022 Ed. (4847)
  2023 Ed. (4842)
Kuomintang
  1997 Ed. (2402)

Kuoni
  2000 Ed. (35, 3396)
  2007 Ed. (734)
Kuoni Holdings
  2001 Ed. (4589)
Kuozui Motors Ltd.
  1994 Ed. (2439)
Kuparak Transportation Co.
  1992 Ed. (3463)
  1993 Ed. (2855)
Kuparuk River, AK
  2012 Ed. (3862)
Kupat Holim Clalit
  2002 Ed. (1698)
  2004 Ed. (1763)
KUPELA
  2020 Ed. (1555, 2707)
Kuppenheimer Men's Clothiers
  1991 Ed. (2649)
Kura Sushi USA Inc.
  2021 Ed. (1408)
  2022 Ed. (1414)
Kurabo Industries Co. Ltd.
  1990 Ed. (3568)
  1991 Ed. (3355)
  1992 Ed. (4278)
  1993 Ed. (3556)
  1997 Ed. (3736)
  1999 Ed. (4592)
  2001 Ed. (4514)
Kurani
  2022 Ed. (204)
Kuraray
  2016 Ed. (837)
  2017 Ed. (894)
Kuraray Co., Ltd.
  1992 Ed. (3274)
  1995 Ed. (2791, 3606)
  1996 Ed. (3681)
  2001 Ed. (4514)
  2002 Ed. (1002)
  2006 Ed. (855)
  2007 Ed. (942)
  2013 Ed. (973)
  2014 Ed. (912)
Kurashiki Tivoli Park
  2000 Ed. (301)
  2001 Ed. (382)
  2002 Ed. (313)
Kuratko; Don
  2005 Ed. (796)
  2006 Ed. (703)
Kuraya; Khawla Al
  2013 Ed. (3483, 3486)
Kuraya Sanseido
  2005 Ed. (4919)
  2006 Ed. (4951, 4952)
Kurdistan International Bank for Investment
    & Development
  2010 Ed. (2660)
  2011 Ed. (2648)
  2012 Ed. (2575)
  2014 Ed. (2653)
  2015 Ed. (2689, 2695)
  2016 Ed. (2617)
  2017 Ed. (2550)
  2018 Ed. (2618)
  2019 Ed. (2604)
  2020 Ed. (2613)
Kuriak; Thomas
  1991 Ed. (1678)
Kuriyama; Hitoshi
  1997 Ed. (1980)
Kuriyama; Stanley
  2014 Ed. (2593)
Kurkova; Karolina
  2009 Ed. (3766)
Kurlak; Thomas
  1989 Ed. (1417)
  1991 Ed. (1706)
  1993 Ed. (1794)
  1994 Ed. (1777)
  1995 Ed. (1817)
  1996 Ed. (1802)
  1997 Ed. (1875)
Kurt Bock
  2012 Ed. (765)
Kurt Darrow
  2011 Ed. (2974)
Kurt Feuerman
  1991 Ed. (1706)
  1993 Ed. (1771, 1773, 1798, 1830)
  1994 Ed. (1813, 1820)
  1995 Ed. (1862, 1866)
Kurt Feurman
  1992 Ed. (2135)
Kurt Hamersma, Builder
  2002 Ed. (2683)
Kurt Hellstrum
  2003 Ed. (4695)
Kurt van Kuller
  1997 Ed. (1948)
  1998 Ed. (1594)
  1999 Ed. (2182)
Kurt S. Adler Inc.
  2002 Ed. (4888)

Kurt Salmon
 2014 Ed. (1150)
 2015 Ed. (1203)
 2016 Ed. (1111)
Kurt Salmon & Associates
 2009 Ed. (1184)
 2010 Ed. (1184, 1190, 1192)
 2011 Ed. (1138)
Kurt Salmon Associates
 2010 Ed. (2895)
 2012 Ed. (1065, 1073)
 2013 Ed. (1199, 1207)
Kurt Weiss Greenhouses
 2018 Ed. (3710)
 2019 Ed. (3697)
 2020 Ed. (3730, 3735)
 2021 Ed. (3732, 3737)
 2022 Ed. (3750, 3755)
 2023 Ed. (3855, 3860)
Kurt Wulff
 1989 Ed. (1417)
Kurtiss Exercise Equipment
 1994 Ed. (1724)
Kurtiss Real Estate
 2000 Ed. (3716)
Kurtter, Robert
 1993 Ed. (2464)
Kurtz Consulting Engineers; Flack
 1994 Ed. (1641)
Kurtzig; Sandra
 1995 Ed. (3786)
Kurtzman Carson Consultants
 2008 Ed. (1207)
Kurum International Sh.a.
 2014 Ed. (1563)
 2015 Ed. (1614)
 2016 Ed. (1540)
 2017 Ed. (1530)
 2018 Ed. (1511)
 2019 Ed. (1539)
 2020 Ed. (1512)
 2021 Ed. (1497)
 2022 Ed. (1511)
 2023 Ed. (1685)
Kuryak; John
 2012 Ed. (3448)
Kurz; Peter
 1997 Ed. (2002)
Kurzner; Greg
 2018 Ed. (4108)
Kush Bottles Inc.
 2017 Ed. (1427)
Kushal Pal Singh
 2007 Ed. (4914)
 2008 Ed. (4841, 4879)
 2009 Ed. (4902)
 2010 Ed. (4903, 4904)
 2011 Ed. (4891, 4892)
 2012 Ed. (4899, 4900)
 2013 Ed. (4876)
 2014 Ed. (4890)
KushCo Holdings Inc.
 2020 Ed. (1410)
KushCo Holdings, Inc.
 2020 Ed. (2197)
Kushmart
 2019 Ed. (2198)
The Kushner Locke Co.
 2001 Ed. (1651)
Kussy Inc.
 2008 Ed. (2179)
 2009 Ed. (2165)
 2010 Ed. (2105)
 2011 Ed. (2158)
 2012 Ed. (2009)
 2013 Ed. (2198)
Kutak Rock
 1995 Ed. (2193, 2645, 2647, 3188)
 1996 Ed. (2212, 2724, 2726, 2732)
 1997 Ed. (2341, 2843, 2949, 3394)
 1998 Ed. (2061, 2565, 2574, 2576)
 1999 Ed. (2817, 2843, 3476, 3485, 4143)
 2000 Ed. (2593, 3200, 3858, 4298)
 2001 Ed. (724, 744, 745, 820, 828, 849, 853, 861, 869, 909, 917, 933, 949, 957, 4206)
 2002 Ed. (3057)
 2003 Ed. (3182)
 2004 Ed. (3233)
 2005 Ed. (3263)
 2006 Ed. (3250)
 2007 Ed. (3313)
 2008 Ed. (3422)
 2009 Ed. (3489)
 2010 Ed. (3420, 3421)
 2011 Ed. (3403)
 2012 Ed. (3422)
 2013 Ed. (3434)
Kutak Rock & Campbell
 1990 Ed. (2292)
 1991 Ed. (1987, 2524, 2534, 2536, 2782, 3423)
 1993 Ed. (2117, 2615, 2620, 2940)
Kutak Rock LLP
 2005 Ed. (3262, 3525)
 2007 Ed. (3649, 3657)
 2012 Ed. (3423)
 2013 Ed. (3435)

2015 Ed. (3468)
Kutaragi; Ken
 2005 Ed. (2322)
Kutayba Alghanim
 2008 Ed. (4889)
 2009 Ed. (4909)
 2010 Ed. (4910)
 2012 Ed. (4906)
 2013 Ed. (4885)
 2014 Ed. (4898)
 2015 Ed. (4937)
 2016 Ed. (4853)
 2018 Ed. (4866)
 2019 Ed. (4860)
Kutcher; Ashton
 2014 Ed. (2532)
 2015 Ed. (2605)
 2016 Ed. (2529)
Kutchins, Robbins & Diamond Ltd.
 2015 Ed. (1693)
Kutsher's Country Club
 1999 Ed. (4048)
Kutxabank
 2015 Ed. (535)
 2016 Ed. (488)
 2017 Ed. (504)
 2018 Ed. (468)
 2019 Ed. (480)
 2020 Ed. (464)
 2021 Ed. (463)
 2022 Ed. (477)
 2023 Ed. (690, 692)
Kuubix Energy
 2022 Ed. (2398)
Kuus Inc.
 2015 Ed. (1207)
Kuutospalvelu OY
 2016 Ed. (1555)
Kuveyt Turk Katilim Bankasi
 2014 Ed. (2665)
 2015 Ed. (2706)
 2016 Ed. (2630)
 2017 Ed. (2564)
 2018 Ed. (2633)
 2019 Ed. (2618)
 2020 Ed. (2629)
Kuwait
 1990 Ed. (1447, 1909, 1916, 1923, 1928, 1933, 2829)
 1991 Ed. (1385, 1827, 1832, 1839, 1848)
 1992 Ed. (350, 1490, 1740, 2303, 2308, 2315, 2325, 2331, 3449, 3452, 3453)
 1993 Ed. (1965, 1972, 1979, 1985, 2848)
 1994 Ed. (1491, 1932, 2008, 2739, 2859)
 1995 Ed. (310, 1523, 1961, 2008, 2015, 2027, 2034, 2038, 2926)
 1996 Ed. (426, 1482, 3019, 3025)
 1997 Ed. (1547, 2108, 3104)
 1998 Ed. (1792, 2363, 2830)
 1999 Ed. (1786, 2554)
 2000 Ed. (1615, 1650, 2351, 2365, 2370, 2371)
 2001 Ed. (522, 1952, 2586, 3763, 3765)
 2002 Ed. (328, 329, 1821)
 2003 Ed. (586, 3826)
 2004 Ed. (1923, 3855)
 2005 Ed. (216, 581, 2044, 2058)
 2006 Ed. (501, 1029, 1213, 2139, 2152, 2334, 2715, 2967, 3848)
 2007 Ed. (521, 2096, 2265, 3871, 4416)
 2008 Ed. (478, 2206, 2401, 3920, 4390)
 2009 Ed. (505, 2384, 2398, 2725, 3990, 4468)
 2010 Ed. (1632, 2301, 2310, 3896, 4673, 4674)
 2011 Ed. (1642, 2308, 3914, 4621, 4622)
 2012 Ed. (1495, 2093, 2201, 2207, 4627, 4628)
 2013 Ed. (1348, 1626, 2390, 4567, 4568)
 2014 Ed. (1592, 2327, 4622, 4623)
 2015 Ed. (1643, 4621, 4622)
 2016 Ed. (1586, 4540)
 2017 Ed. (2186)
 2018 Ed. (2247)
 2019 Ed. (2220)
 2020 Ed. (2217)
 2021 Ed. (2189)
 2022 Ed. (2219)
 2023 Ed. (2408)
Kuwait Air
 2006 Ed. (229)
 2007 Ed. (234)
 2008 Ed. (214)
Kuwait Airways
 1994 Ed. (31)
 2001 Ed. (52, 303, 310)
 2009 Ed. (235)
 2010 Ed. (219)
Kuwait Asia Bank
 1989 Ed. (450, 454)
 1991 Ed. (427)
 1992 Ed. (582)
Kuwait & Bahrain Bank
 2004 Ed. (28)
Kuwait Finance
 2006 Ed. (62)
Kuwait Finance Bank
 2016 Ed. (555)

Kuwait Finance House
 1989 Ed. (445, 447, 448, 459)
 1990 Ed. (473, 474, 482, 613)
 1991 Ed. (568)
 1992 Ed. (588, 752)
 1995 Ed. (408)
 1996 Ed. (435, 566, 579, 580)
 1997 Ed. (400, 535)
 1999 Ed. (457, 570)
 2000 Ed. (447, 582)
 2002 Ed. (604, 4436)
 2003 Ed. (557)
 2004 Ed. (571)
 2005 Ed. (557)
 2006 Ed. (478, 4513)
 2007 Ed. (494)
 2008 Ed. (458)
 2009 Ed. (29, 63, 399, 487, 1842, 2723, 2726, 2729, 2739)
 2010 Ed. (73, 373, 469, 1782, 2645, 2646, 2647, 2652, 2663)
 2011 Ed. (296, 297, 415, 1795, 2635, 2651)
 2012 Ed. (317, 383, 384, 1651, 2562, 2578)
 2013 Ed. (361, 527, 528, 681, 1809)
 2014 Ed. (512, 537, 543, 544, 1736, 2647, 2655)
 2015 Ed. (432, 434, 576, 609, 1780, 2697, 2710, 2711)
 2016 Ed. (387, 389, 390, 524, 553, 1737, 2620, 2635, 2636)
 2017 Ed. (391, 394, 543, 544, 575, 1714, 2553, 2569, 2570)
 2018 Ed. (360, 509, 510, 540, 544, 1671, 2621, 2638)
 2019 Ed. (363, 524, 525, 559, 561, 564, 1732, 2607, 2623)
 2020 Ed. (358, 510, 511, 512, 542, 544, 547, 1678, 2617, 2634)
 2021 Ed. (514, 522, 1657)
 2022 Ed. (525, 536, 537, 538, 539, 1679, 1680)
 2023 Ed. (582, 755, 756, 757, 787, 788, 789, 1833, 2796, 2802)
Kuwait Finance House Bahrain
 2018 Ed. (357, 358)
 2019 Ed. (360)
 2023 Ed. (579, 2792)
Kuwait Finance House (Bahrain) BSC
 2011 Ed. (2639)
 2012 Ed. (2566)
 2014 Ed. (2648)
 2015 Ed. (2690)
 2016 Ed. (2612)
 2017 Ed. (2545)
 2018 Ed. (2613)
 2019 Ed. (2599)
 2020 Ed. (2607)
Kuwait Finance House (Kuwait)
 2021 Ed. (514)
 2022 Ed. (525, 539)
Kuwait Finance House (Malaysia) Berhad
 2009 Ed. (2722)
 2011 Ed. (2653)
 2012 Ed. (2580)
Kuwait Financial Centre
 2002 Ed. (4436, 4437)
Kuwait Food Co.
 2021 Ed. (2459)
Kuwait Food Company (Americana) K.S.C.P.
 2021 Ed. (2459)
 2022 Ed. (2609, 3028)
Kuwait Foreign Petroleum Exploration
 2013 Ed. (811)
Kuwait Foreign Trading
 1989 Ed. (459)
Kuwait Gulf Links
 2008 Ed. (850)
Kuwait Int Investment Co.
 1989 Ed. (450)
Kuwait International Bank
 2009 Ed. (2739)
 2010 Ed. (469, 2663)
 2011 Ed. (2651)
 2012 Ed. (383, 2578)
 2013 Ed. (527)
 2014 Ed. (543, 2655)
 2015 Ed. (434, 2697)
 2016 Ed. (389, 2620)
 2017 Ed. (394, 2553)
 2018 Ed. (360, 2621)
 2019 Ed. (363, 2607)
 2020 Ed. (358, 2617)
 2023 Ed. (582, 2796)
Kuwait Investment Co.
 1989 Ed. (459, 582)
 1990 Ed. (482)
 1991 Ed. (433)
 1992 Ed. (588, 752)
Kuwait Investment Office
 1993 Ed. (1879)
Kuwait Investment Project
 2002 Ed. (4436, 4437)
Kuwait Investment Projects
 2010 Ed. (1782)
 2011 Ed. (1795)

Kuwait & Middle East Bank
 2006 Ed. (4513)
Kuwait & the Middle East; Bank of
 2005 Ed. (557)
 2006 Ed. (478)
 2007 Ed. (494)
Kuwait National Cinema
 2017 Ed. (2956)
 2018 Ed. (3071)
Kuwait National Petroleum Co.
 2003 Ed. (1972)
 2004 Ed. (2013)
 2009 Ed. (860)
Kuwait Oil Co.
 1991 Ed. (2717)
Kuwait Petroleum Corp.
 1991 Ed. (2735)
 1992 Ed. (3420, 3421)
 1993 Ed. (2826)
 1994 Ed. (2870)
 1995 Ed. (2933)
 1996 Ed. (3027, 3028)
 1997 Ed. (3110, 3111)
 1998 Ed. (2838, 2839)
 1999 Ed. (3817, 3818)
 2000 Ed. (3531, 3532)
 2002 Ed. (3680)
 2003 Ed. (3844, 3858)
 2004 Ed. (3854, 3861, 3871)
 2005 Ed. (3765, 3788, 3799)
 2006 Ed. (3847, 3854, 3866)
 2007 Ed. (3870, 3880, 3896)
 2008 Ed. (3919, 3929, 3939)
 2009 Ed. (1811, 1812, 3989, 4001, 4014)
 2010 Ed. (1456, 1826, 3895, 3908, 3920)
 2011 Ed. (3913, 3927, 3939)
 2012 Ed. (3914, 3936)
 2013 Ed. (3966, 3990)
 2014 Ed. (3906, 3909, 3933)
 2015 Ed. (3934, 3937, 3969)
 2016 Ed. (3853, 3856, 3883)
 2017 Ed. (3815, 3818, 3849)
 2018 Ed. (3864)
Kuwait Petroleum Italia SpA
 2004 Ed. (4930)
Kuwait Projects
 2014 Ed. (1736)
 2015 Ed. (1780)
 2016 Ed. (1737)
 2017 Ed. (1714)
 2018 Ed. (1671)
 2019 Ed. (1732)
 2020 Ed. (1678)
Kuwait Real Estate
 2002 Ed. (4436, 4437)
Kuwait Real Estate Bank
 1989 Ed. (582)
Kuwait Stock Exchange Index
 2008 Ed. (4503)
Kuwait Turket Evcaf Finance House
 2009 Ed. (2758)
 2010 Ed. (2683)
 2011 Ed. (2672)
 2012 Ed. (2600)
Kuwaiti-French Bank
 1989 Ed. (456)
 1990 Ed. (478)
 1991 Ed. (429)
Kuwaiti Petrochemical Industries Co./Union Carbide
 1995 Ed. (1765)
Kux; Barbara
 2011 Ed. (4981)
 2012 Ed. (4977)
 2013 Ed. (4964)
 2014 Ed. (4974)
Kuyera Facilities Income Fund
 2009 Ed. (2506)
Kuykendall Solar
 2018 Ed. (4446)
 2019 Ed. (4459)
Kuzbass Insurance Co.
 1999 Ed. (2924)
Kuzbassocbank
 1995 Ed. (596)
Kuzlik; C. B.
 2007 Ed. (4161)
Kuzma& Creative
 2023 Ed. (3653)
KV Capital
 2017 Ed. (1473, 2575)
 2018 Ed. (2641)
 2019 Ed. (1483, 2627)
 2020 Ed. (1453)
 2022 Ed. (1444, 2664)
K.V. Mart Co.
 2000 Ed. (3149)
KV Pharmaceutical Co.
 2000 Ed. (2396)
 2005 Ed. (1883)
 2009 Ed. (1909)
Kvadrat
 2014 Ed. (1555)
Kvaemer AS
 1996 Ed. (1431)
Kvaerner
 1990 Ed. (3474)
 1994 Ed. (1435, 2700, 2701)

CUMULATIVE INDEX • 1989-2023

1997 Ed. (1745, 2970)
2000 Ed. (1530, 3382)
Kvaerner A
  1997 Ed. (2971)
  2000 Ed. (3383)
Kvaerner A/S
  1993 Ed. (1381)
  2001 Ed. (1826)
  2003 Ed. (1798)
Kvaerner AS
  1995 Ed. (1469, 3660)
  1996 Ed. (2876, 2877, 3736)
  1997 Ed. (1492)
  1999 Ed. (1331, 1717, 1719, 2023, 3661, 3662)
  2000 Ed. (1528)
Kvaerner ASA
  2005 Ed. (1918)
Kvaerner B
  1997 Ed. (2971)
Kvaerner Construction
  1998 Ed. (904)
Kvaerner F
  1997 Ed. (2971)
The Kvaerner Group
  1998 Ed. (939, 1439)
  1999 Ed. (1342, 1361, 1386, 1387, 1388, 1389, 1390, 1392, 1395, 1397, 1398, 1400, 1402, 1404)
  2000 Ed. (1276, 1277, 1278, 1279, 1280, 1281, 1284, 1285, 1286, 1287, 1288, 1809, 1810, 1811, 1814, 1817, 1818, 1823)
  2003 Ed. (2297)
  2004 Ed. (1254, 1270, 1280, 1282, 1294, 2332, 2352, 2363)
Kvaerner Industrier
  1991 Ed. (1333, 2647, 2648)
Kvaerner Masa-Yardds Oy
  1999 Ed. (1629)
Kvaerner plc
  2000 Ed. (1214, 1846)
  2001 Ed. (1412)
  2002 Ed. (1190, 1238, 1257, 1265, 1275, 1281, 1305, 1306, 1307, 1310, 1313, 1315, 1317, 1320, 1321, 1322, 1328, 1748)
Kvaerner Shipping
  1993 Ed. (2745)
Kvarner Philadelphia Shipyard
  2002 Ed. (2734)
Kverner
  1992 Ed. (3305, 3306)
Kvetko; Colleen
  2006 Ed. (4979, 4980)
KVIL-FM
  1998 Ed. (2985)
KVO Public Relations
  2002 Ed. (3874)
KVR Inc.
  2008 Ed. (1167)
  2009 Ed. (1148)
kW Mission Critical Engineering
  2021 Ed. (1746)
  2022 Ed. (1779)
  2023 Ed. (1910, 2627)
KW Plastics
  2001 Ed. (3819)
  2004 Ed. (3914)
  2005 Ed. (3859)
  2007 Ed. (4109)
  2008 Ed. (4132)
KW Plastics Recycling
  2009 Ed. (4241)
  2010 Ed. (4172)
  2011 Ed. (4173)
  2012 Ed. (4224)
  2013 Ed. (4209)
  2017 Ed. (4108)
  2018 Ed. (4133)
  2019 Ed. (4149)
  2020 Ed. (4153)
  2021 Ed. (4102)
  2022 Ed. (4129)
Kwai
  1994 Ed. (3634)
Kwalick; Donald S.
  1990 Ed. (2482)
Kwan; Michelle
  2005 Ed. (266)
Kwang Hua Securities Investment & Trust Co.
  1997 Ed. (2402)
  1999 Ed. (2894)
  2001 Ed. (2890)
Kwangtung Prov.
  1991 Ed. (480)
Kwangtung Provincial Bank
  1992 Ed. (638)
  1993 Ed. (452)
  1994 Ed. (500)
  1995 Ed. (484)
  1996 Ed. (528)
  1997 Ed. (487)
  1999 Ed. (536)
  2000 Ed. (548)
  2002 Ed. (566)

Kwangyang, South Korea
  2003 Ed. (3914)
Kwantung Provincial Bank
  1989 Ed. (505)
  1990 Ed. (522)
Kwanza Bottlers
  2005 Ed. (86)
  2006 Ed. (95)
Kwanza Cocke
  2008 Ed. (92)
Kwasha Lipton
  1990 Ed. (1651)
  1991 Ed. (1545)
  1993 Ed. (1592)
  1994 Ed. (1624)
  1998 Ed. (1426)
  1999 Ed. (3065, 3066)
KwashaLipton
  1995 Ed. (1142)
Kwatinetz; Michael
  1996 Ed. (1800, 1801)
  1997 Ed. (1873, 1874)
Kwee Brothers
  2021 Ed. (4866)
  2022 Ed. (4862)
Kwee brothers
  2011 Ed. (4860)
  2012 Ed. (4866)
  2013 Ed. (4906)
  2014 Ed. (4916, 4917)
  2015 Ed. (4956, 4957)
  2016 Ed. (4872, 4873)
  2017 Ed. (4873)
  2018 Ed. (4885)
  2021 Ed. (4866)
  2022 Ed. (4862)
  2023 Ed. (4856)
Kwee Family
  2010 Ed. (3963)
Kwee family
  2019 Ed. (4877)
  2020 Ed. (4865)
Kweichow Moutai
  2011 Ed. (1581, 1583)
  2012 Ed. (464)
  2013 Ed. (571)
  2014 Ed. (583, 590)
  2015 Ed. (651, 659)
  2016 Ed. (591, 599)
  2017 Ed. (628, 635, 643)
  2018 Ed. (592)
  2019 Ed. (604, 613)
  2020 Ed. (591, 599)
  2021 Ed. (563)
  2022 Ed. (1477)
Kweichow Moutai Co., Ltd.
  2017 Ed. (2399)
Kweichow Moutal
  2010 Ed. (581)
  2011 Ed. (509)
  2012 Ed. (472)
  2013 Ed. (588)
  2014 Ed. (600)
  2015 Ed. (670)
  2016 Ed. (611)
  2017 Ed. (648)
Kwek Leng Beng
  2006 Ed. (4918, 4919)
  2008 Ed. (4850)
  2009 Ed. (4871)
  2010 Ed. (4872)
  2011 Ed. (4860)
  2012 Ed. (4866)
  2013 Ed. (4906)
  2014 Ed. (4916)
  2015 Ed. (4956, 4957)
  2016 Ed. (4872)
  2017 Ed. (4873)
  2018 Ed. (4885)
  2019 Ed. (4877)
  2020 Ed. (4865)
  2021 Ed. (4866)
Kwek; Leng Beng
  2016 Ed. (4873)
Kwencher
  2000 Ed. (782)
KWG Property
  2010 Ed. (1484)
KWG Property Holding
  2016 Ed. (2645)
  2017 Ed. (2582)
  2018 Ed. (2649)
  2019 Ed. (2634)
  2020 Ed. (2646)
Kwik Inn
  2004 Ed. (3493)
Kwik International
  1991 Ed. (3163)
Kwik International Color Ltd.
  1993 Ed. (3363)
  1995 Ed. (3422)
  1996 Ed. (3482)
Kwik Kar
  2001 Ed. (531)
  2002 Ed. (418)
  2003 Ed. (364)
  2005 Ed. (349)
  2006 Ed. (350, 361)

2007 Ed. (335, 346)
2008 Ed. (322, 333)
2009 Ed. (343)
Kwik Kopy Business Centers Inc.
  2005 Ed. (3896)
  2006 Ed. (3963)
  2011 Ed. (4015)
  2012 Ed. (4008)
Kwik Kopy Corp.
  1997 Ed. (2079)
  2002 Ed. (3765)
  2003 Ed. (3932)
Kwik Kopy Printing
  2004 Ed. (3940)
  2005 Ed. (3896)
Kwik-Pit
  1989 Ed. (321)
Kwik Save
  1990 Ed. (3500)
  1992 Ed. (4178)
  1996 Ed. (3623)
  1999 Ed. (1644, 4100)
  2007 Ed. (718)
  2008 Ed. (687)
  2009 Ed. (696)
Kwik Serv
  2020 Ed. (2840)
Kwik Set
  1999 Ed. (2635)
  2000 Ed. (2415)
Kwik Shop
  2017 Ed. (1284)
Kwik Star
  2017 Ed. (4196)
  2018 Ed. (4223)
  2019 Ed. (4250)
Kwik Stop
  2011 Ed. (1350)
Kwik Trip
  2017 Ed. (4196)
  2018 Ed. (4223)
  2019 Ed. (4250)
  2023 Ed. (2120)
Kwik Trip Inc.
  2015 Ed. (4103)
  2016 Ed. (2159)
  2017 Ed. (2098)
  2018 Ed. (1260, 2053)
  2019 Ed. (1294, 2113)
  2020 Ed. (2029)
  2021 Ed. (1255, 1978)
  2022 Ed. (1261, 2023)
  2023 Ed. (1474)
Kwik Trip/Kwik Star
  2023 Ed. (4258)
Kwikset
  2019 Ed. (3378, 4350)
  2020 Ed. (3380, 4346)
  2021 Ed. (3382, 4362)
  2022 Ed. (3432, 4369)
KWIZ-AM
  1997 Ed. (2800, 3236)
KWIZ-FM
  2005 Ed. (4412)
KWKW-AM
  1990 Ed. (2591, 2940)
  1991 Ed. (2472, 2796)
  1992 Ed. (3088)
  1994 Ed. (2530, 2987, 2988)
  1995 Ed. (2588, 3050)
  1998 Ed. (2511, 2986)
  1999 Ed. (3419, 3979)
KWKW-AM(1330)
  1992 Ed. (3606)
  1993 Ed. (2954)
Kwok family
  2011 Ed. (4852, 4853, 4887)
  2012 Ed. (4859)
  2013 Ed. (4873)
Kwok; R T & W
  2007 Ed. (4909)
  2008 Ed. (4841)
Kwok; Raymond
  2009 Ed. (4863, 4864)
  2010 Ed. (4865, 4877)
  2012 Ed. (4860, 4872)
  2013 Ed. (4874, 4916)
  2014 Ed. (4887, 4888)
  2015 Ed. (4926, 4927)
  2016 Ed. (4842, 4843)
  2017 Ed. (4850)
  2018 Ed. (4857)
  2019 Ed. (4852)
Kwok; Raymond, Thomas & Walter
  2008 Ed. (4844)
Kwok; Thomas
  2009 Ed. (4863, 4864)
  2010 Ed. (4865, 4877)
  2012 Ed. (4860, 4872)
  2013 Ed. (4874, 4916)
  2014 Ed. (4887, 4888)
  2015 Ed. (4926, 4927)
  2016 Ed. (4842, 4843)
  2017 Ed. (4850)
  2018 Ed. (4857)
  2019 Ed. (4852)

Kwok; Walter
  2009 Ed. (4863, 4864)
  2010 Ed. (4865, 4877)
  2016 Ed. (4842, 4843)
  2017 Ed. (4850)
  2018 Ed. (4857)
  2019 Ed. (4852)
Kwok; Walter, Thomas, & Raymond
  2005 Ed. (4861)
Kwon Hyuk-Bin
  2017 Ed. (4875)
  2018 Ed. (4887)
  2019 Ed. (4879)
  2020 Ed. (4868)
  2021 Ed. (4869)
  2022 Ed. (4865)
Kwon Hyuk-bin
  2023 Ed. (4859)
Kwon; Oh-Hyun
  2014 Ed. (762)
Kwong Fong Industries Corp.
  1990 Ed. (3571)
  1992 Ed. (4188, 4282)
Kwong Fong Industry Corp.
  1994 Ed. (3473)
Kwong; Low Truck
  2012 Ed. (4861)
  2013 Ed. (4877)
Kwong; Low Tuck
  2011 Ed. (4855)
  2012 Ed. (4862)
  2013 Ed. (4878)
  2014 Ed. (4892)
  2020 Ed. (4844)
  2023 Ed. (4835)
Kwong Lung Feather Mills Co.,Ltd.
  1990 Ed. (2520)
Kwong Siu-hing
  2020 Ed. (4841)
  2021 Ed. (4842)
  2022 Ed. (4836)
  2023 Ed. (4831)
Kwong Yik Bank
  1991 Ed. (601)
  1992 Ed. (769)
KWS
  1992 Ed. (3908)
KWS Kleinwanzilebener Saatzucht AG Vorm
  2000 Ed. (224)
KWS Saat AG
  2004 Ed. (191)
KWU
  1990 Ed. (3433)
KWV Wines
  1995 Ed. (3758)
KX International, Inc.
  2002 Ed. (2488)
KXED-AM
  1994 Ed. (2530, 2987)
  1996 Ed. (2653, 3151)
  1997 Ed. (2800, 3236)
KXED-AM/KLAX-FM
  1995 Ed. (2588, 3050)
KXKL-FM
  2002 Ed. (3897)
KXOL-FM
  2005 Ed. (4412)
KXOS-FM
  2012 Ed. (2876)
KXTJ-FM
  1998 Ed. (2511, 2986)
KXTN-AM
  1997 Ed. (2800)
KXTN-AM & FM
  1996 Ed. (2653, 3151)
  1997 Ed. (3236)
KXTN AM & FM/KCOR-AM
  1995 Ed. (2588, 3050)
KY
  2002 Ed. (2255)
  2003 Ed. (2461)
  2018 Ed. (3766)
KY LiquiBeads
  2018 Ed. (2595)
  2020 Ed. (2567)
  2021 Ed. (2528)
KY Love
  2018 Ed. (3766)
KY Ultragel
  2018 Ed. (3766)
KY Warming
  2018 Ed. (3766)
KYE (mouse systems/Genius)
  1992 Ed. (3120)
Kyecera
  1992 Ed. (1613)
Kyees; John
  2007 Ed. (1094)
KYGO-FM
  2002 Ed. (3897)
Kyivenergo
  2002 Ed. (4495)
  2006 Ed. (4544)
Kyivoblenergo
  2006 Ed. (4544)

CUMULATIVE INDEX • 1989-2023

Kyivstar GSM
  2009 Ed. (106)
Kyle Busch
  2010 Ed. (315)
  2011 Ed. (239)
  2012 Ed. (260)
  2013 Ed. (267)
  2014 Ed. (269)
  2015 Ed. (309)
  2016 Ed. (217)
  2017 Ed. (214)
  2018 Ed. (199)
  2019 Ed. (193)
Kyle Larson
  2019 Ed. (193)
Kylian Mbappe
  2023 Ed. (321, 323)
Kylie Cosmetics
  2020 Ed. (3787)
Kylie Jenner
  2020 Ed. (2482, 2485)
  2021 Ed. (2406)
  2022 Ed. (2518)
Kylvstar
  2016 Ed. (2912)
Kymagai Gumi
  1997 Ed. (1135)
Kymeta
  2018 Ed. (4471)
Kymmene Corp.
  1990 Ed. (1361, 3458)
  1991 Ed. (1276, 1278, 1285, 1900, 1901)
  1992 Ed. (2395, 2396)
  1993 Ed. (2029)
  1994 Ed. (1361, 2045)
Kymmene Free
  1989 Ed. (1467)
Kymmene Oy
  1993 Ed. (1309)
  1995 Ed. (1385)
  1996 Ed. (1335, 2100)
  1997 Ed. (1396, 2203, 2204)
  1999 Ed. (1615, 2662)
  2000 Ed. (1419)
  2001 Ed. (1698)
Kymmene S
  1994 Ed. (2046)
Kymmene S 1
  1993 Ed. (2030)
Kymmene-Stroemberg Oy
  1989 Ed. (1114)
  1990 Ed. (1360)
Kymmene V
  1994 Ed. (2046)
Kymmene V 1
  1993 Ed. (2030)
Kymppiremontit OY
  2017 Ed. (1544)
KYNE
  2019 Ed. (4037)
Kynetic
  2023 Ed. (1710, 4273)
Kynikos Associates
  1996 Ed. (2099)
Kyo-ya Co., Ltd.
  2001 Ed. (1721, 1722)
  2003 Ed. (1688, 1689)
  2004 Ed. (1725, 1726)
  2005 Ed. (1783, 1784)
  2006 Ed. (1743, 1744, 1749)
  2007 Ed. (1752, 1753, 1759)
  2008 Ed. (1786)
  2009 Ed. (1728)
  2010 Ed. (1676)
  2011 Ed. (1685)
  2012 Ed. (1536)
  2013 Ed. (1683)
  2014 Ed. (1635)
Kyo-ya Hotels & Resorts
  2020 Ed. (1575)
Kyo-Ya Hotels & Resorts LP
  2008 Ed. (1780, 1781)
  2009 Ed. (1721, 1722)
  2010 Ed. (1669, 1670)
  2011 Ed. (1678, 1679)
  2012 Ed. (1529)
  2013 Ed. (1676)
  2014 Ed. (1628)
  2015 Ed. (1677)
  2016 Ed. (1622)
Kyo Yo Hotels
  1997 Ed. (2177)
Kyobo Book Centre
  2012 Ed. (530)
Kyobo Life
  2021 Ed. (3075)
  2022 Ed. (3216)
  2023 Ed. (3309)
Kyobo Life Insurance Co.
  1997 Ed. (2397)
  1999 Ed. (2890)
  2001 Ed. (2886)
  2005 Ed. (3231)
Kyocera
  2013 Ed. (2486, 2500)
  2014 Ed. (2429)
  2015 Ed. (4637)
  2016 Ed. (2428)

  2017 Ed. (2273)
  2021 Ed. (2256)
  2023 Ed. (2469)
Kyocera Corp.
  1990 Ed. (1134)
  1992 Ed. (1925, 4022)
  1993 Ed. (2035, 3586)
  1995 Ed. (1442)
  1998 Ed. (1141)
  1999 Ed. (1690, 4282)
  2000 Ed. (1489, 1495)
  2001 Ed. (1146)
  2003 Ed. (3428, 4593)
  2005 Ed. (887)
  2006 Ed. (4416)
  2007 Ed. (841, 2349, 3623)
  2008 Ed. (3744)
  2009 Ed. (3617)
  2010 Ed. (1992, 2390)
  2011 Ed. (2392)
  2012 Ed. (2319, 2322, 2323)
  2013 Ed. (2410, 2485, 2496, 2499)
  2014 Ed. (2417, 2426)
  2015 Ed. (890, 2491, 2499)
  2016 Ed. (775, 2423, 2434)
  2017 Ed. (835, 2270, 2280)
  2018 Ed. (766, 2333, 2339)
  2019 Ed. (784, 2324, 2331)
  2020 Ed. (779, 2304, 2310)
Kyocera International Inc.
  2002 Ed. (4431)
Kyocera Unimerco
  2013 Ed. (1590)
Kyodo Nyugyo
  1997 Ed. (1577)
Kyoei
  2000 Ed. (2713)
Kyoei Life
  1998 Ed. (2136)
Kyokuyo Co. Ltd.
  1992 Ed. (256)
  1993 Ed. (162)
  1994 Ed. (146)
  1995 Ed. (164)
  1997 Ed. (182)
  1999 Ed. (200)
  2000 Ed. (223)
Kyongnam Bank
  2002 Ed. (601)
  2003 Ed. (533, 534)
  2005 Ed. (529)
  2006 Ed. (458)
Kyostila; Heikki
  2017 Ed. (4846)
  2018 Ed. (4853)
  2019 Ed. (4848)
  2020 Ed. (4837)
  2021 Ed. (4838)
  2022 Ed. (4831)
  2023 Ed. (4826)
Kyosuke Kinoshita
  2003 Ed. (4890)
Kyotaru Co. Inc.
  1990 Ed. (3025)
  1992 Ed. (1460)
Kyoto, Japan
  1992 Ed. (3015)
Kyoto University
  2010 Ed. (1036)
Kyowa Bank
  1993 Ed. (1176)
Kyowa Hakko Kirin
  2017 Ed. (3875)
Kyowa Saitama Bank
  1993 Ed. (542)
Kyowakogyosyo
  2009 Ed. (317, 1820)
Kyoyuk
  1995 Ed. (2313)
Kyphon
  2004 Ed. (4340, 4830)
  2006 Ed. (2735)
  2007 Ed. (4392)
  2009 Ed. (3887)
  2011 Ed. (2763)
Kyran Research Associates Inc.
  2006 Ed. (3538)
  2007 Ed. (3597, 3598, 4444)
Kyrgyz Chemical Metallurgical Plant
  2006 Ed. (4514)
Kyrgyz Investment & Credit Bank
  2018 Ed. (447)
  2019 Ed. (458)
  2020 Ed. (443)
Kyrgyz Investment and Credit Bank
  2023 Ed. (662)
Kyrgyz Republic
  2010 Ed. (701, 2582, 3400)
  2011 Ed. (205, 627, 2570, 3135, 3388, 3746, 3841, 4200)
  2012 Ed. (364, 597, 923, 924, 2101, 2511, 2517, 3348, 3751, 3822, 4252, 4546, 4818)
  2013 Ed. (209, 734, 743, 768, 1626, 2647, 2688, 2689, 3418, 3823, 3874, 4216, 4503, 4781)
  2014 Ed. (760, 764, 793, 1026, 2673,

    2674, 3178, 3416, 3746, 3810, 4230, 4621, 4827)
  2015 Ed. (836, 1061, 2648, 3770, 3833, 4220, 4620)
  2016 Ed. (3685)
Kyrgyzpromstroybank
  2006 Ed. (4514)
Kyrgyzstan
  2001 Ed. (3275, 4264)
  2002 Ed. (3302)
  2003 Ed. (1880, 3362)
  2004 Ed. (253, 3428, 4423)
  2005 Ed. (256, 3444, 4371)
  2006 Ed. (276, 3453, 4319)
  2007 Ed. (281, 3476, 4384)
  2008 Ed. (3650)
  2009 Ed. (2168, 3715)
  2010 Ed. (3633)
  2011 Ed. (186, 3635)
  2021 Ed. (3170, 3171)
Kyrgyztelekom
  2006 Ed. (4514)
Kyrie Irving
  2018 Ed. (200)
  2023 Ed. (318)
Kyrill
  2010 Ed. (825)
Kysor Industrial Corp.
  1989 Ed. (331)
  1990 Ed. (390)
  1991 Ed. (343, 344)
Kysor Industries Corp.
  1990 Ed. (392)
Kytary.cz
  2020 Ed. (3650)
  2021 Ed. (3655)
Kytary.cz (Audio Partners)
  2021 Ed. (3655)
Kyuk-ko; Shin
  1990 Ed. (730)
Kyung-Bae; Suh
  2008 Ed. (4851)
  2014 Ed. (4919)
  2015 Ed. (4959)
  2016 Ed. (4875)
  2017 Ed. (4875)
  2018 Ed. (4887)
  2019 Ed. (4879)
  2020 Ed. (4868)
  2021 Ed. (4869)
  2022 Ed. (4865)
Kyushu Bank
  2002 Ed. (574)
  2003 Ed. (531)
  2004 Ed. (547)
  2005 Ed. (529)
Kyushu Electric Power
  1989 Ed. (2263)
  1997 Ed. (3216)
  1998 Ed. (2967)
  2007 Ed. (2305)
  2012 Ed. (2268)
  2013 Ed. (2442)
  2014 Ed. (2376)
  2015 Ed. (2443)
  2016 Ed. (2390, 2392)
  2017 Ed. (2239, 2241)
  2018 Ed. (2294)
  2019 Ed. (2284)
  2020 Ed. (2271)
  2021 Ed. (2227)
  2022 Ed. (2267, 2272)
Kyushu Financial Group
  2017 Ed. (417)
  2019 Ed. (388)
Kyushu Power
  1999 Ed. (3966)
Kyushu Railway
  2001 Ed. (1625)
KYW
  1990 Ed. (2943)
KYW News Radio-AM 1060
  2000 Ed. (3698)
KZAB-FM
  2005 Ed. (4412)
KZCO Inc.
  2008 Ed. (4410)
KZF Design
  2011 Ed. (3310)
  2023 Ed. (266, 2633)

L

L
  2023 Ed. (2772, 2774, 2775)
L-1 Identity Solutions Inc.
  2008 Ed. (1399)
L-3 Communication Warrior Systems
  2016 Ed. (3424)
  2017 Ed. (3385)
  2018 Ed. (3451)
L-3 Communications
  2014 Ed. (2536)
  2017 Ed. (92, 2122, 2123, 2124)
  2018 Ed. (104, 2162, 2163)
  2019 Ed. (2161)
  2020 Ed. (88)

  2021 Ed. (79)
L-3 Communications Corp.
  2006 Ed. (1366, 1367)
  2007 Ed. (2333)
  2008 Ed. (2459, 2460)
  2009 Ed. (2458, 2459)
  2010 Ed. (2379, 2380)
  2011 Ed. (2379, 2380)
  2012 Ed. (2309)
  2013 Ed. (1313, 1320, 2295, 2488)
  2014 Ed. (1240, 2233, 2246, 2418)
  2015 Ed. (1298, 1305, 1311, 2298, 2314, 3284)
  2016 Ed. (1229, 3125)
  2017 Ed. (1278)
L-3 Communications Holdings
  2014 Ed. (3018)
  2015 Ed. (2315)
L-3 Communications Holdings Inc.
  2000 Ed. (1749, 3877)
  2001 Ed. (2195, 2197, 4192)
  2003 Ed. (197, 204, 208, 1965, 1971, 2192, 2195, 2240, 2243, 2950, 2957, 4302)
  2004 Ed. (157, 158, 162, 163, 1454, 2011, 2020, 2021, 3019)
  2005 Ed. (155, 158, 159, 160, 161, 1095, 1351, 2149, 2153, 2160, 2161, 4503)
  2006 Ed. (171, 172, 174, 175, 176, 177, 1358, 2243, 2389)
  2007 Ed. (173, 176, 177, 179, 182, 1397, 1404, 1405, 1411, 1442, 1527, 2167, 2171, 2172, 2333)
  2008 Ed. (160, 1350, 1360, 1361, 1368, 1373, 1511, 1985, 2282, 2283, 2284, 2286, 2287, 2459, 2460, 4606, 4802)
  2009 Ed. (180, 183, 185, 1348, 1353, 1358, 1360, 1363, 1368, 1372, 1374, 2270, 2271, 2274, 2275, 2458, 2459)
  2010 Ed. (162, 163, 166, 1044, 1046, 1337, 1342, 1347, 1352, 1360, 1428, 2225, 2226, 2229, 2230, 2379, 2380)
  2011 Ed. (83, 84, 87, 974, 976, 1322, 1327, 1333, 1341, 1346, 1348, 1430, 2242, 2243, 2246, 2247, 2248, 2379, 2380, 4804)
  2012 Ed. (84, 86, 88, 96, 891, 895, 1188, 1193, 1199, 1206, 1211, 1213, 1266, 2106, 2110, 2111, 2113, 2309, 2310)
  2013 Ed. (77, 1049, 1052, 2300, 2302, 2303, 2488, 2489)
  2014 Ed. (96, 1013, 1016, 2238, 2241, 2418, 2419)
  2015 Ed. (1048, 1051, 2304, 2307, 2492, 2493)
  2016 Ed. (93, 100, 956, 959, 2425)
  2017 Ed. (77, 81, 996, 999)
  2018 Ed. (933, 935)
  2019 Ed. (925)
L-3 Communications Integrated Systems
  2006 Ed. (173)
L-3 Communications Systems-East
  2000 Ed. (965)
L-3 Technologies Canada
  2018 Ed. (2161)
L-3 Technologies Inc.
  2019 Ed. (922)
L-3 Titan Group
  2008 Ed. (1348)
L-3 WESCAM
  2014 Ed. (1495)
L. A. Area Land Co.
  2003 Ed. (1553)
L. A. Arena Co.
  2003 Ed. (4522)
  2005 Ed. (4437)
L. A. Bossidy
  2001 Ed. (2324)
  2003 Ed. (2373)
  2004 Ed. (2493)
L. A. Care Health Plan
  2002 Ed. (2463)
L. A. Cellular
  1991 Ed. (873)
L. A. Computer Center
  1998 Ed. (862)
L. A. County Harbor
  2002 Ed. (2622)
L. A. County-USC Medical Center
  2000 Ed. (2530)
  2002 Ed. (2622)
L. A. Darling Co.
  1999 Ed. (4499)
  2012 Ed. (4583)
  2013 Ed. (4528)
L. A. Fitness
  2012 Ed. (2817)
  2015 Ed. (2964)
  2016 Ed. (2898)
  2017 Ed. (2857)
  2018 Ed. (2927)
  2019 Ed. (2881)
  2020 Ed. (2903)
  2021 Ed. (2772)
  2022 Ed. (2937)
L. A. Fitness International
  2013 Ed. (2888)
  2014 Ed. (2917)

L. A. Gear
    1989 Ed. (1566, 2500)
    1991 Ed. (262, 264, 982, 2587, 2589)
    1998 Ed. (200)
L. A. Lauder
    2001 Ed. (2339)
    2002 Ed. (2204)
    2003 Ed. (2397)
L. A. Music
    2013 Ed. (3789, 3790)
L. A. Silver Associates Inc.
    1992 Ed. (2048)
L. A. Weinbach
    2004 Ed. (2513)
L. A. Weinback
    2001 Ed. (2336)
L. B. Campbell
    2001 Ed. (2324)
    2002 Ed. (2189)
    2003 Ed. (2373)
    2004 Ed. (2493)
    2005 Ed. (2478)
L & B Estate Counsel
    1999 Ed. (3074)
L. B. Foster Co.
    1990 Ed. (1153)
    1991 Ed. (2021)
    2004 Ed. (2791)
    2005 Ed. (2783)
    2007 Ed. (1950, 1953)
    2008 Ed. (2038, 2043, 2045)
    2009 Ed. (2001, 2004, 2006, 2007, 2008, 2013, 2913)
    2011 Ed. (2825)
    2012 Ed. (4969)
    2013 Ed. (3612)
    2018 Ed. (43)
L. B. Foster Rail Technologies Corp.
    2016 Ed. (3457)
L & B Real Estate
    1995 Ed. (2375)
    1996 Ed. (2411)
    1997 Ed. (2541)
L & B Realty
    2002 Ed. (3938)
L/B/W Insurance & Financial Services Inc.
    2010 Ed. (1524)
L-Bank
    1997 Ed. (2015)
    2017 Ed. (520, 535)
    2018 Ed. (429, 501)
    2019 Ed. (500, 516)
    2020 Ed. (481, 501)
    2021 Ed. (469, 513)
    2022 Ed. (483, 523)
    2023 Ed. (705, 746)
L-Bank (Germany)
    2021 Ed. (469, 513)
    2022 Ed. (483, 523)
L. Batley Holdings Ltd.
    1994 Ed. (1001)
    1995 Ed. (1014)
L Brands
    2014 Ed. (1326)
    2015 Ed. (4520)
    2016 Ed. (901, 902, 1316, 1319, 1328, 4457)
    2017 Ed. (948, 949, 950, 954, 4217, 4464)
    2018 Ed. (885, 899, 4482)
    2019 Ed. (887)
    2020 Ed. (4343)
    2021 Ed. (906, 4359)
    2022 Ed. (3799, 4365)
    2023 Ed. (3898, 3903, 4490)
L Brands Inc.
    2014 Ed. (982, 987, 4517)
    2015 Ed. (1017, 1018, 1019, 1022, 1949, 4516)
    2016 Ed. (919, 920, 921, 925, 927, 1920, 4452)
    2017 Ed. (969, 973, 1898, 4459)
    2018 Ed. (900, 905, 3761, 4319)
    2019 Ed. (901, 904, 3741, 3752, 4347, 4475, 4480)
    2020 Ed. (888, 893, 894, 3785, 4460, 4465)
    2021 Ed. (906, 3775, 4359, 4455, 4457)
    2022 Ed. (1840, 4365, 4464)
    2023 Ed. (1966)
L. C. Camilleri
    2004 Ed. (2525)
    2005 Ed. (2508)
L. C. Glasscock
    2004 Ed. (2520)
L & C Income
    1995 Ed. (2749, 2751)
L. C. Williams
    2003 Ed. (3991)
L. C. Williams & Associates
    1998 Ed. (1961)
    2002 Ed. (3833)
    2004 Ed. (3983, 3990, 4005)
    2005 Ed. (3951, 3956, 3961)
    2011 Ed. (4111, 4116)
    2012 Ed. (4141, 4148)
    2013 Ed. (4129, 4137)
    2014 Ed. (4145, 4153)
    2015 Ed. (4128, 4136)
    2016 Ed. (4042, 4050)
    2017 Ed. (4013, 4021)
    2018 Ed. (4037, 4045)
    2019 Ed. (4030, 4038)
    2020 Ed. (4040, 4048)
    2021 Ed. (4007, 4017)
    2022 Ed. (4025, 4035)
L. C. Williams & Assocs.
    1999 Ed. (3922)
L. D. Brinkman
    1993 Ed. (1866)
L. D. DeSimone
    2001 Ed. (2332)
L. D. Jorndt
    2001 Ed. (2335)
    2002 Ed. (2199)
    2003 Ed. (2376)
    2004 Ed. (2497)
L. D. Kozlowski
    2001 Ed. (2331)
L. D. Schaeffer
    2001 Ed. (2342)
    2004 Ed. (2520)
L. D. Stone
    2001 Ed. (2335)
L. Dennis Kozlowksi
    2000 Ed. (1875)
L. Dennis Kozlowski
    2000 Ed. (1047)
    2001 Ed. (1218)
    2002 Ed. (1042, 2194)
    2003 Ed. (960, 2373)
    2004 Ed. (972, 1549, 2493)
L. Donald Speer II
    2005 Ed. (1544)
L. Douglas Wilder
    1992 Ed. (2345)
    1993 Ed. (1994)
L. E. Burns
    2003 Ed. (2390)
L E Lundbergforetagen AB
    2022 Ed. (2602)
The L. E. Myers Co.
    1992 Ed. (3226)
    1994 Ed. (1140)
    1995 Ed. (1159)
L. E. Myers Co. Group
    1993 Ed. (933)
    1996 Ed. (1134)
    1997 Ed. (1161, 1162)
L. E. Platt
    2001 Ed. (2336)
L. Edward Shaw Jr.
    1996 Ed. (1228)
L. F. Drescoll Co.
    1997 Ed. (1198)
L. F. Driscoll Co.
    1991 Ed. (1100)
    1993 Ed. (1153)
    1994 Ed. (1175)
    1995 Ed. (1194)
    1996 Ed. (1168)
    1998 Ed. (974)
    1999 Ed. (1410)
    2002 Ed. (1255)
    2003 Ed. (1285)
    2004 Ed. (1288)
    2008 Ed. (1170)
    2009 Ed. (1323, 1324, 2638)
    2010 Ed. (1305, 1312, 2546)
    2011 Ed. (1123)
L & F Household Products
    2005 Ed. (1516)
L. F. Jennings
    1997 Ed. (3515)
    2003 Ed. (1312)
    2009 Ed. (1343)
L. F. Kline
    2004 Ed. (2501)
    2005 Ed. (2485)
L. F. Mullin
    2003 Ed. (2379)
L & F Products Group
    1997 Ed. (2628)
L. F. Rothschild
    1989 Ed. (1046, 1859, 2370, 2382, 2383)
    1991 Ed. (2957)
L. Feinstein
    2003 Ed. (2380)
L. G. H. Bryan Medical Center
    2003 Ed. (1772)
    2004 Ed. (1809)
    2005 Ed. (1892)
    2006 Ed. (1914)
    2007 Ed. (1896)
    2008 Ed. (1960)
    2009 Ed. (1914)
L. G. Securities
    1997 Ed. (779)
L & H Packing
    1998 Ed. (2447, 2893)
    2010 Ed. (3591)
    2011 Ed. (3598)
    2012 Ed. (3580)
L & H Packing Cos.
    1995 Ed. (2522, 2523, 2963, 2968)
    1999 Ed. (3319, 3320, 3867, 3868)
L. H. Roberts
    2001 Ed. (2318)
L. H. Sowles Co.
    1990 Ed. (1207)
    1998 Ed. (956)
    1999 Ed. (1377)
L. Hay III
    2005 Ed. (2509)
L. I. D. Ltd.
    2004 Ed. (3358)
L. I. Jewish Medical Center
    1999 Ed. (2752)
L International
    2018 Ed. (1104)
    2020 Ed. (1105)
    2021 Ed. (1096)
L. J. Beasley
    2003 Ed. (2405)
L & J Carwashes Inc.
    2006 Ed. (363, 364, 365)
L. J. Ellison
    2001 Ed. (2336)
L. & J. G. Stickley, Inc.
    2021 Ed. (3422)
L. J. Giuliano
    2003 Ed. (2390)
    2004 Ed. (2509)
    2005 Ed. (2493)
L. J. Lasser
    2001 Ed. (2334)
    2002 Ed. (2200)
    2003 Ed. (2387)
L. J. Melody
    1991 Ed. (2820)
    1993 Ed. (2976, 2977)
    1994 Ed. (3018)
    1995 Ed. (3068)
    1997 Ed. (3263, 3269)
    1998 Ed. (3009, 3011, 3014, 3015)
    1999 Ed. (3095, 4006, 4306)
L. J. Melody & Co.
    1995 Ed. (3074)
    2001 Ed. (3353)
    2002 Ed. (4277)
    2003 Ed. (447, 4057)
    2004 Ed. (4083)
    2005 Ed. (4016)
L. J. Mosner
    2004 Ed. (2513)
L. J. Thalmann Co.
    2021 Ed. (3272)
L. J. Thalmann Co./Chalet
    2023 Ed. (3473)
L. J. de Vink
    2001 Ed. (2325)
L. John Doerr
    2002 Ed. (4730)
    2004 Ed. (4828)
    2005 Ed. (4817)
    2006 Ed. (4879)
    2007 Ed. (4874)
    2009 Ed. (4828)
    2010 Ed. (4844)
L. K. Carroll
    2002 Ed. (2202)
L. K. Comstock & Co.
    1990 Ed. (1202)
    1991 Ed. (1077, 1078)
    1992 Ed. (1410, 1411)
    1993 Ed. (1123, 1124)
    1994 Ed. (1139, 1140)
    1995 Ed. (1158, 1159)
    1996 Ed. (1133, 1134)
    1997 Ed. (1162)
    1998 Ed. (946)
    1999 Ed. (1368)
    2007 Ed. (1364)
    2008 Ed. (1322, 1333, 1334)
    2010 Ed. (1300)
L. Keith Mullins
    1993 Ed. (1772, 1840)
    1994 Ed. (1820)
    1995 Ed. (1862)
    1996 Ed. (1839)
    1997 Ed. (1912)
    1998 Ed. (1597)
    1999 Ed. (2183)
    2000 Ed. (1977)
L. Knife & Son
    2009 Ed. (572)
    2010 Ed. (554)
L. Knife & Son Cos.
    2011 Ed. (481)
    2012 Ed. (437)
L. L. Bean
    1990 Ed. (2508)
    1991 Ed. (868, 869, 3247)
    1993 Ed. (3369)
    1995 Ed. (911)
    1996 Ed. (885, 886)
    1997 Ed. (914, 2324)
    1998 Ed. (648, 652, 653)
    1999 Ed. (1852)
    2001 Ed. (1783, 4338)
    2006 Ed. (4448)
    2007 Ed. (4504)
    2008 Ed. (3008, 3168, 4483)
    2009 Ed. (2262, 3094)
    2010 Ed. (4554)
    2011 Ed. (557, 2236, 2996, 4511)
    2012 Ed. (536, 2922)
    2013 Ed. (639, 894, 2460)
    2016 Ed. (4211)
L. L. Bean Inc.
    2013 Ed. (1823, 3011)
    2014 Ed. (1753, 1756, 3020)
    2015 Ed. (1796, 1798, 3087)
    2016 Ed. (1752)
    2017 Ed. (1726)
L. L. Bean: The Making of an American Icon
    2008 Ed. (616)
L. L. Bradford & Co.
    2012 Ed. (1744)
L & L Franchise Inc.
    2006 Ed. (2572)
    2007 Ed. (2543)
    2008 Ed. (2684)
    2009 Ed. (2707)
    2012 Ed. (2552)
L & L Hawaiian Barbecue
    2013 Ed. (2673)
    2014 Ed. (2624)
    2015 Ed. (2668)
    2016 Ed. (2591)
    2017 Ed. (2515)
L & L/Jiroch
    1995 Ed. (1199, 1204)
L & L/Jiroch Distributing
    1997 Ed. (1201, 1204, 1205)
    1998 Ed. (979, 982)
L. L. Mays
    2001 Ed. (2340)
    2002 Ed. (2205)
    2004 Ed. (2518)
    2005 Ed. (2502)
L & L Temporaries Inc.
    2007 Ed. (3566)
L & L Woodworks
    2009 Ed. (4994, 4995)
L. Levine
    2002 Ed. (2199)
L. Londell McMillan PC
    2003 Ed. (3187)
    2004 Ed. (3237)
L. Lowry Mays
    2003 Ed. (2410)
    2005 Ed. (970)
    2006 Ed. (914)
L. Luria
    1989 Ed. (860)
L. Luria & Son
    1991 Ed. (865, 866, 867)
    1992 Ed. (1065)
    1994 Ed. (872)
    1999 Ed. (1055)
L. Luria & Sons
    1990 Ed. (914, 915)
L & M
    1997 Ed. (995)
    2015 Ed. (986)
    2016 Ed. (887)
    2017 Ed. (935)
    2018 Ed. (870)
L. M. Ericsson
    1991 Ed. (1349, 1350, 1351, 3222, 3280, 3281, 3286)
    1992 Ed. (1649, 1692, 1693, 3314, 3315, 4142, 4143)
    1994 Ed. (1451, 1452, 2709, 2710, 3483)
    1995 Ed. (1491, 1492, 3551)
    1996 Ed. (1390, 1448, 1449, 3589, 3590, 3640)
    1997 Ed. (916, 1513, 1514, 1515, 1584, 3635, 3636, 3708)
    1998 Ed. (3477)
    1999 Ed. (1739, 3676, 3677, 4551, 4553)
    2000 Ed. (1558)
L. M. Ericsson; Telefonaktiebolaget
    2018 Ed. (938)
    2019 Ed. (929)
L. M. Ericsson Telephone Co.
    1991 Ed. (2658)
    1996 Ed. (2895, 2896)
L & M Full Flavour
    1997 Ed. (989)
L & M Lights
    1997 Ed. (989)
L. M. Muma
    2005 Ed. (2497)
L & M Steel Supply & Fabrication
    2007 Ed. (3570)
L & M Technologies Inc.
    2013 Ed. (2935)
    2014 Ed. (2954, 4989)
    2015 Ed. (3015)
L & M Technologies, Inc.
    1991 Ed. (1907)
L. Malone Derek Enterprises
    2001 Ed. (281)
L & N Credit Union
    2002 Ed. (1867)
    2003 Ed. (1921)
    2004 Ed. (1961)
    2005 Ed. (2103)
    2006 Ed. (2198)

2007 Ed. (2119)
2008 Ed. (2234)
2009 Ed. (2219)
2010 Ed. (2173)
2011 Ed. (2191)
2012 Ed. (2051)
2013 Ed. (2233)
2014 Ed. (2165)
2015 Ed. (2229)
2016 Ed. (2200)
L & N Federal Credit Union
  2018 Ed. (2097)
  2020 Ed. (2076)
  2021 Ed. (2066)
  2022 Ed. (2101)
  2023 Ed. (2216)
L & N Housing Corp.
  1990 Ed. (2965)
L & N Seafood
  1994 Ed. (3156)
  1995 Ed. (3200)
  1996 Ed. (3301)
L & N Seafood Grill
  1992 Ed. (3817)
  1993 Ed. (3014, 3015, 3112)
L. P. C. & D. Inc.
  2006 Ed. (1178, 1634)
  2007 Ed. (1285)
L & P Consumer Products
  2014 Ed. (2807, 2808)
L. P. Evans Motors
  1993 Ed. (277)
  1994 Ed. (276)
  1995 Ed. (279)
  1996 Ed. (279)
L. P. R. Construction Co.
  2012 Ed. (1135)
  2013 Ed. (1281)
L. P. Thebault Co.
  1998 Ed. (2924)
  2002 Ed. (3767)
  2006 Ed. (4367)
L. Patrick Hassey
  2007 Ed. (1024)
  2009 Ed. (945)
  2010 Ed. (897)
L. R. Corbett
  2003 Ed. (2393)
  2005 Ed. (2496)
L. R. Dickerson
  2001 Ed. (2337)
L. R. Hugges
  1998 Ed. (1517)
L. R. Raymond
  2006 Ed. (941)
  2007 Ed. (1036)
L. Robert Kimball & Associates
  2008 Ed. (2033)
L. Ross Love
  1989 Ed. (736)
L. S. Given
  2001 Ed. (774)
L. S. Skaggs
  1998 Ed. (686)
L. S. Starrett Co.
  2004 Ed. (2790, 2791)
  2005 Ed. (1260, 2783)
  2006 Ed. (1219)
L. T. C. B.
  1991 Ed. (1720)
L. Tow
  2003 Ed. (2402)
L. V. Gerstner Jr.
  2001 Ed. (2336)
  2002 Ed. (2201)
  2004 Ed. (2513)
L. V. Lomas
  2013 Ed. (937)
L. V. Lomas Ltd.
  2011 Ed. (1537)
L & W Supply
  2016 Ed. (2861)
  2017 Ed. (2821)
  2018 Ed. (2888)
L Warsemann Auto 41
  2016 Ed. (1593)
L. Washington & Associates Inc.
  1995 Ed. (2592)
  1996 Ed. (2662)
  1998 Ed. (2517)
  1999 Ed. (3425)
  2000 Ed. (3151)
L. Wayne Hood
  1999 Ed. (2216)
L; Western S
  1990 Ed. (2684)
L. White Matthews
  1997 Ed. (979)
L. William Crotty Center for Entrepreneurial Leadership
  2008 Ed. (774)
  2009 Ed. (790)
  2010 Ed. (727)
  2011 Ed. (649)
L2 Defense
  2021 Ed. (1678)
L2 Defense Inc.
  2020 Ed. (1692)

L2 OU
  2016 Ed. (1533)
L2F
  2018 Ed. (2441)
L2F Inc.
  2018 Ed. (1398, 1402)
L3 Advertising
  2015 Ed. (75)
L3 Communications
  2016 Ed. (92)
L3 Harris
  2022 Ed. (85)
L3 Harris Technologies
  2021 Ed. (2842)
L3 Technologies
  2018 Ed. (95)
  2019 Ed. (81, 83, 1275, 3435)
  2020 Ed. (79, 80, 1264, 2153)
  2021 Ed. (69, 2149)
L3 Technologies Inc.
  2019 Ed. (925)
L3 Technologies, Inc.
  2021 Ed. (2136)
L3Harris
  2022 Ed. (94)
  2023 Ed. (1712)
L3Harris Technologies
  2021 Ed. (1532, 3450)
  2022 Ed. (82, 97, 1329, 1330, 1530, 1538, 1554, 2182, 2183, 3635)
  2023 Ed. (167, 173, 1533, 1713, 2299, 2300)
L3Harris Technologies Inc.
  2021 Ed. (1749, 1751)
  2022 Ed. (1522, 1783)
  2023 Ed. (1698, 1711, 1724, 3608)
L3Harris Technologies, Inc.
  2022 Ed. (1244, 1250, 2169, 2170)
  2023 Ed. (1470, 3738)
L3Harris Technologies (U.S.)
  2022 Ed. (2183)
L3KEO
  2014 Ed. (3543)
L4 Digital
  2018 Ed. (1089)
La Abuela
  2017 Ed. (4684)
La Abuela Mexican Foods
  2015 Ed. (4768)
  2016 Ed. (4672)
  2017 Ed. (4686)
  2018 Ed. (4674)
  2019 Ed. (4679)
  2020 Ed. (4646)
  2021 Ed. (4660)
  2022 Ed. (4668)
  2023 Ed. (4657)
La Agencia de Orci & Asociados
  2000 Ed. (55)
  2001 Ed. (213)
  2003 Ed. (33, 81)
  2004 Ed. (109)
  2005 Ed. (105, 114)
  2006 Ed. (114, 121)
  2007 Ed. (103)
La Baguetterie Paris
  2013 Ed. (3794)
  2015 Ed. (3742)
  2016 Ed. (3650)
  2020 Ed. (3654)
  2021 Ed. (3659)
La Balcheta Reciclaje
  2019 Ed. (4812)
La Banderita
  1999 Ed. (4620)
  2014 Ed. (4747)
  2017 Ed. (4683)
La Banque Postale
  2021 Ed. (445)
  2022 Ed. (460)
  2023 Ed. (648)
La Beriso
  2018 Ed. (1007)
La Bodega Ltd.
  2013 Ed. (2934)
La Boheme
  2001 Ed. (3586)
LA Boxing Franchise Corp.
  2011 Ed. (2879)
La Brea Bakery
  2014 Ed. (718)
La Caixa
  1991 Ed. (664)
  1992 Ed. (837)
  1993 Ed. (3574, 3575)
  1994 Ed. (636, 3537)
  1995 Ed. (3613)
  1996 Ed. (2289, 3690)
  2001 Ed. (3512)
  2005 Ed. (743)
  2009 Ed. (537, 676)
  2010 Ed. (521, 717)
  2012 Ed. (450)
La Caixa, Caja de Ahorros & Pen. de Barcelona
  1993 Ed. (633)

La Caixa Group
  2017 Ed. (504)
  2018 Ed. (468)
  2019 Ed. (480)
La Cakerie
  2016 Ed. (1759)
La Canasta Mexican Foods Inc.
  2023 Ed. (4657)
La Capitale
  2021 Ed. (3050)
La Capitale Civil Service Mutual
  2016 Ed. (3219)
  2017 Ed. (3176)
  2018 Ed. (3259)
  2019 Ed. (3204)
  2020 Ed. (3225)
  2022 Ed. (3230)
La Capitale Groupe Financier Inc.
  2013 Ed. (1484)
La Capitale mutuelle de l'administration publique
  2009 Ed. (3370)
LA Capitol Credit Union
  2002 Ed. (1868)
  2003 Ed. (1922)
  2004 Ed. (1962)
  2005 Ed. (2104)
  2006 Ed. (2199)
  2007 Ed. (2120)
  2008 Ed. (2235)
  2009 Ed. (2221)
  2010 Ed. (2175)
  2011 Ed. (2193)
  2012 Ed. (2016, 2053)
  2013 Ed. (2234)
  2014 Ed. (2166)
  2015 Ed. (2230)
  2016 Ed. (2201)
La Capitol Federal Credit Union
  2018 Ed. (2098)
  2020 Ed. (2077)
  2021 Ed. (2067)
  2022 Ed. (2058, 2102)
  2023 Ed. (2170, 2217)
L.A. Care Health Plan
  2000 Ed. (2436)
La Cemento Nacional
  2002 Ed. (4406, 4407, 4409)
  2006 Ed. (4497, 4498)
La Cena Fine Foods Ltd.
  1993 Ed. (2584)
  1994 Ed. (2532)
La Chertosa
  2016 Ed. (4907)
La Chona
  2022 Ed. (866)
La Choy
  1995 Ed. (3183)
La Cite Collegiale
  2015 Ed. (830)
  2016 Ed. (728)
LA City
  2016 Ed. (1390)
La Ciudad de Los Nino
  2006 Ed. (271)
La Ciudad de Los Ninos
  2007 Ed. (276)
La Clinica de la Raza
  2007 Ed. (2841)
  2008 Ed. (2964)
  2009 Ed. (3044)
  2010 Ed. (2968)
  2011 Ed. (2929, 2931)
  2012 Ed. (2864)
  2013 Ed. (2942)
La Colombe
  2022 Ed. (934)
  2023 Ed. (1099, 1101)
L.A. Colors
  2020 Ed. (2037, 3371)
La Comer
  2020 Ed. (4257)
La Compagnie
  2021 Ed. (130)
  2022 Ed. (131)
  2023 Ed. (207)
La Compagnie/BBDO
  1999 Ed. (90)
L.A. Computer Center
  1992 Ed. (1336)
  1994 Ed. (1098)
  1996 Ed. (1091)
  1997 Ed. (1111)
La Comunidad
  2014 Ed. (58)
  2016 Ed. (61)
la comunidad
  2007 Ed. (113)
  2008 Ed. (122)
La Congolaise de Banque
  2014 Ed. (353)
  2015 Ed. (401)
La Coop Federee
  2016 Ed. (136)
  2017 Ed. (129)
  2018 Ed. (129)
  2019 Ed. (126)
  2020 Ed. (122)

La Coop federee
  2007 Ed. (213, 1434)
  2008 Ed. (199, 1385)
  2009 Ed. (222, 1388)
  2014 Ed. (885)
La Coop Federee de Quebec
  2013 Ed. (1344)
  2014 Ed. (1277)
La Coop federee de Quebec
  2010 Ed. (206, 1373)
  2011 Ed. (1366)
La Cote Basque
  1994 Ed. (3092)
L.A. County-Harbor-UCLA Medical Center
  1999 Ed. (2749)
L.A. County-Rancho Los Amigos Medical Center
  1992 Ed. (2460)
  1993 Ed. (2074)
  1994 Ed. (2090)
  1995 Ed. (2145)
  1996 Ed. (2156)
  1997 Ed. (2271)
  1998 Ed. (1993)
  1999 Ed. (2742)
L.A. County Small Business Development
  1996 Ed. (3459)
  1997 Ed. (3528)
L.A. County & University of Southern California Medical Center
  1998 Ed. (1993)
L.A. County University of Southern California Medical Center
  1997 Ed. (2271)
L.A. County & USC Medical Center
  1995 Ed. (2145)
  1999 Ed. (2749)
L.A. County USC Medical Center
  1992 Ed. (2460)
  1993 Ed. (2074)
  1994 Ed. (2090)
  1996 Ed. (2156)
La Croix
  1995 Ed. (686)
  1998 Ed. (482)
  2003 Ed. (734, 735)
  2005 Ed. (737)
  2011 Ed. (551)
  2013 Ed. (632)
  2014 Ed. (649)
  2015 Ed. (712)
  2016 Ed. (652, 654)
  2017 Ed. (677, 678, 683, 685)
  2018 Ed. (639, 643)
  2019 Ed. (657)
  2020 Ed. (639)
  2021 Ed. (591)
  2022 Ed. (619)
  2023 Ed. (854)
La Croix Curate
  2018 Ed. (639)
La Crosse, WI
  1994 Ed. (2245)
  1996 Ed. (3205)
  1999 Ed. (2088, 2089, 3368, 3369)
  2008 Ed. (4092)
  2012 Ed. (4375)
  2013 Ed. (4788)
La Cuina Sana
  2018 Ed. (4141)
La Cumbre Brewing Co.
  2023 Ed. (929)
La Curacao
  2014 Ed. (4364)
  2015 Ed. (4373)
La Dalia
  1994 Ed. (962)
L.A. Darling
  2000 Ed. (4134)
L.A. Darling Co.
  2019 Ed. (2792)
  2020 Ed. (2817)
  2021 Ed. (2693)
  2023 Ed. (2967)
La confederation des caises populaires Desjardins du Quebec
  1990 Ed. (1780)
L.A. Electrical Workers Credit Union
  1996 Ed. (1507)
La Estrella En Casa
  2018 Ed. (3708)
L.A. Express/NICA
  2000 Ed. (3080)
La Familia Pawn & Jewelry
  2017 Ed. (1565)
La Famous
  1995 Ed. (3396)
  1996 Ed. (3466)
La Farge State Bank
  1997 Ed. (498)
La Favorita
  2002 Ed. (4406, 4409)
La Fe
  2022 Ed. (2202)
  2023 Ed. (2952, 2953)
La Fe Foods
  2020 Ed. (2794)
  2021 Ed. (2665, 2679)

La Fe Foods Inc.
 2014 Ed. (2795)
La Feria de Chapultepec
 2006 Ed. (271)
 2007 Ed. (276)
L.A. Fitness
 2021 Ed. (2772)
 2022 Ed. (2937)
LA Fitness International LLC
 2012 Ed. (4099)
 2013 Ed. (1469)
LA Fitness plc
 2006 Ed. (1699, 2069, 2748)
La Fondation Marcelle et Jean Coutu
 2009 Ed. (909)
 2010 Ed. (852)
 2011 Ed. (2759)
La Fondiaria
 1990 Ed. (1389, 3472)
 1991 Ed. (1313, 2458)
 1992 Ed. (1654, 3073)
La Fonte Telecom
 2012 Ed. (1655)
La Francaise des Jeux
 1993 Ed. (2474)
 1995 Ed. (2490)
 1996 Ed. (2552)
 1997 Ed. (2689, 3502)
 2000 Ed. (3014)
LA Galaxy
 2018 Ed. (4432)
 2019 Ed. (4432)
La Garonnaise d'Habitation
 2001 Ed. (2432)
LA Gear
 1990 Ed. (289)
 1992 Ed. (366, 367, 368, 1035, 1223, 3954, 3955, 3956, 4043, 4145)
 1993 Ed. (256)
 1994 Ed. (244, 246, 1025, 3294, 3295)
 1995 Ed. (252)
 1996 Ed. (251)
 1997 Ed. (279, 280, 281)
 1999 Ed. (309, 3611)
 2005 Ed. (4429, 4431)
 2006 Ed. (4445)
 2007 Ed. (4502)
 2008 Ed. (4479)
La Gloria
 1992 Ed. (44)
La Grande Dame
 1997 Ed. (3911)
 2003 Ed. (908)
 2005 Ed. (915)
La Grande Dame Champagne
 1997 Ed. (934)
La Grande Passion
 1990 Ed. (2461, 2463)
La Guardia
 2001 Ed. (351)
La Guardia Marriott
 1997 Ed. (221, 2287)
La Guardia, New York
 1991 Ed. (218)
La Guardia, NY
 1990 Ed. (245)
La Habra Local Development Co. Inc.
 1992 Ed. (3996)
La Hacienda Brands Inc.
 2013 Ed. (2934)
La India
 2002 Ed. (3728)
La Jolla Bancorp
 1992 Ed. (502)
La Jolla Bank
 2009 Ed. (388)
 2010 Ed. (365)
La Jolla Bank, FSB
 2010 Ed. (4416, 4417, 4418)
 2011 Ed. (967, 4361, 4362, 4363, 4365, 4366, 4376)
La Jolla Bank Group Inc.
 2005 Ed. (451)
La Jolla Pharmaceuticals
 1996 Ed. (3304, 3778)
L.A. Law
 1991 Ed. (3245)
LA. Lighter Eagle Torch
 2018 Ed. (3705)
La Loma Credit Union
 2016 Ed. (2222)
LA Looks
 1998 Ed. (1893)
 1999 Ed. (2629)
 2002 Ed. (2434)
 2003 Ed. (2654)
 2008 Ed. (2870)
La Macchia Enterprises Inc.
 2018 Ed. (2047)
 2019 Ed. (2107)
La Madeleine
 2023 Ed. (4230)
la Madeleine
 2003 Ed. (4120)
 2019 Ed. (4199)
 2023 Ed. (4254)

La Madeleine Country French Café
 2018 Ed. (316)
 2019 Ed. (319)
 2020 Ed. (321)
 2021 Ed. (305, 306, 307, 308, 309, 310, 311)
 2022 Ed. (318, 319, 320, 321, 322, 323)
la Madeleine French Bakery & Café
 2021 Ed. (312)
la Madeleine French Bakery & Cafe
 2022 Ed. (4191)
La Marca
 2017 Ed. (4908)
 2019 Ed. (4927)
 2020 Ed. (4927)
LA Mas
 2022 Ed. (204)
La Mer
 2019 Ed. (3742)
 2020 Ed. (3788)
La Meridional
 2007 Ed. (3108)
 2008 Ed. (3253)
 2010 Ed. (3242)
La Mesa RV Center Inc.
 2009 Ed. (4125)
LA Metro
 2022 Ed. (2194)
La Mision
 2014 Ed. (1932)
La Mode
 1990 Ed. (3329, 3330, 3341, 3342)
 1991 Ed. (3169, 3172)
 1992 Ed. (4050, 4053)
 1993 Ed. (3373)
La Mode du Golfe
 1990 Ed. (3334)
La Moderna Edilizia
 2018 Ed. (1036, 1647)
La Morenita
 2022 Ed. (865)
 2023 Ed. (1051)
La Moyne College
 1996 Ed. (1041)
La Nacion SA
 2006 Ed. (4494)
La Nova
 2011 Ed. (3985)
LA/Ontario International Airport
 2023 Ed. (221)
La Opala RG
 2015 Ed. (1706)
La Opinion
 1998 Ed. (2682)
 1999 Ed. (3620)
 2000 Ed. (3338)
 2002 Ed. (3512)
 2009 Ed. (3825)
 2010 Ed. (2981)
 2011 Ed. (2943)
 2012 Ed. (2873)
 2013 Ed. (2949)
 2014 Ed. (2967)
La Opinion de la Bahia
 2018 Ed. (3708)
La Opinion Digital.com
 2009 Ed. (3435)
 2010 Ed. (2983)
La Opinion (Los Angeles)
 1992 Ed. (4028)
La Parisienne Assurances
 2021 Ed. (3051)
La Pasta
 2022 Ed. (3790)
La Paz
 1992 Ed. (4266, 4269)
La Paz, Baja California, Mexico
 2004 Ed. (4215)
La Paz Cherie
 2001 Ed. (2116)
La Paz Regional Hospital
 2009 Ed. (3146)
La Paz Wild Cigarillo
 1994 Ed. (961)
La Paz Wilde Cigarillo Havana
 2001 Ed. (2113)
La Paz Wilde Havana
 2001 Ed. (2114)
La Pizza Loca Inc.
 1994 Ed. (2051)
 1995 Ed. (2102, 3142)
 1996 Ed. (2065, 2111, 3234)
 1997 Ed. (2217, 3339)
 1998 Ed. (3081)
 1999 Ed. (4090)
 2000 Ed. (3805)
 2001 Ed. (2713)
La Playa Beach & Golf Resort
 2006 Ed. (4097)
 2007 Ed. (4118)
 2009 Ed. (3164)
 2010 Ed. (3095)
 2011 Ed. (3064)
La Polar
 2015 Ed. (1782, 1783)
La Porte County, IN
 1998 Ed. (2082)

La Positiva
 2007 Ed. (3116)
 2008 Ed. (3260)
 2010 Ed. (3253)
La Positiva Vida
 2010 Ed. (3253)
La Post
 2004 Ed. (1720)
La Poste
 1992 Ed. (2343)
 1996 Ed. (1329, 3403)
 1997 Ed. (3502)
 1998 Ed. (2888)
 1999 Ed. (3681, 3861, 4287)
 2000 Ed. (3576)
 2001 Ed. (1689, 1695, 1957)
 2002 Ed. (1643, 1657, 3573, 4265)
 2003 Ed. (3709)
 2004 Ed. (3753)
 2005 Ed. (4365)
 2006 Ed. (1772, 4309)
 2007 Ed. (1689, 1802, 4374, 4376)
 2008 Ed. (1719, 4329, 4331)
 2009 Ed. (4434)
 2010 Ed. (4477)
 2011 Ed. (1622, 4412)
 2013 Ed. (3857)
 2014 Ed. (1604, 3787)
 2017 Ed. (3675, 4732)
 2018 Ed. (3410, 3425, 4718)
 2019 Ed. (3392)
 2020 Ed. (3759, 4676)
 2021 Ed. (618, 3392, 3395, 3412, 3760)
 2022 Ed. (1556, 3470, 3782)
 2023 Ed. (1730, 3589, 3882)
La Poste Enterprise Publique Autonome ets Util. Pub.
 2002 Ed. (1598)
 2004 Ed. (1656)
La Presse
 2002 Ed. (3506, 3507)
La Previsora
 2007 Ed. (3111, 3118)
 2008 Ed. (3256, 3261)
 2010 Ed. (3245, 3254)
"La Que No Podia Amar"
 2014 Ed. (2972)
La Quinta Corp.
 2003 Ed. (2847)
 2004 Ed. (2938)
 2007 Ed. (2946, 2948)
La Quinta Franchising LLC
 2009 Ed. (3168)
 2010 Ed. (3099)
La Quinta Inn & Suites
 2023 Ed. (3147)
La Quinta Inns
 1996 Ed. (2178, 2183)
 1997 Ed. (2298)
 1998 Ed. (2016)
 2000 Ed. (2556, 2559)
 2001 Ed. (2791)
 2002 Ed. (2637)
 2006 Ed. (2941)
La Quinta Inns/Inn & Suites
 2006 Ed. (2943)
 2007 Ed. (2954)
 2008 Ed. (3079)
 2009 Ed. (3169)
 2010 Ed. (3100)
 2011 Ed. (3068)
La Quinta Inns & Suites
 2014 Ed. (3088)
 2015 Ed. (3256)
 2016 Ed. (3010)
La Quinta Motor Inns
 1990 Ed. (2076, 2086, 2088)
 1991 Ed. (1951, 1954)
 1993 Ed. (2095)
 1994 Ed. (2111, 2115)
La Quinta Mtr.
 1990 Ed. (2967)
La Raza
 2009 Ed. (3825)
 2010 Ed. (2981)
 2011 Ed. (2943)
 2012 Ed. (2873)
 2013 Ed. (2949)
 2014 Ed. (2967)
La Raza Newspaper
 2018 Ed. (3708)
La Raza Pizza Inc.
 2014 Ed. (2957)
 2015 Ed. (3007, 3024)
La Red
 2020 Ed. (3631)
La Reina Cos.
 1993 Ed. (2583)
 1995 Ed. (2590)
La Reina Inc.
 1996 Ed. (2660)
 1997 Ed. (2706, 2801)
 1998 Ed. (2515)
La Relna
 1994 Ed. (2505)
La Rinascente
 1990 Ed. (3056)

L.A. Rising
 2013 Ed. (1142)
La Roche-Posay
 2022 Ed. (2037)
 2023 Ed. (2125)
La Roche Posay Effaclar
 2023 Ed. (62)
La Rosa Del Monte Express Inc.
 1995 Ed. (3652)
 1996 Ed. (3731)
 1997 Ed. (3787)
 1998 Ed. (3613)
 1999 Ed. (4651)
 2000 Ed. (4291)
 2001 Ed. (2715)
 2002 Ed. (2563)
 2006 Ed. (2846)
 2008 Ed. (2967)
 2009 Ed. (3047)
 2010 Ed. (2971)
 2011 Ed. (2934)
 2012 Ed. (2867)
 2013 Ed. (2939)
 2014 Ed. (2959)
 2015 Ed. (3027)
"La Rosa de Guadalupe"
 2015 Ed. (3040)
 2016 Ed. (2935)
La Rosa del Monte Express Inc.
 2015 Ed. (3016)
La Salle County, IL
 1996 Ed. (1473)
La Salle National Bank
 1996 Ed. (417)
 1997 Ed. (384)
 1998 Ed. (298)
 1999 Ed. (402)
 2000 Ed. (400)
La Salle National Corp.
 1999 Ed. (657)
La Salle Partners
 1994 Ed. (3022)
 1998 Ed. (3021)
La Salle University
 1995 Ed. (1052)
 1996 Ed. (1037)
 2000 Ed. (931)
La Salsa
 2016 Ed. (800)
La Salsa Fresh Mexican Grill
 2004 Ed. (2585)
La Salsa Inc.
 1999 Ed. (2512, 2517)
 2002 Ed. (3333)
 2003 Ed. (2456)
La Saponaria
 2020 Ed. (2032)
La Segunda Coop.
 2007 Ed. (3108)
 2008 Ed. (3253)
 2010 Ed. (3242)
La Sibarita
 2006 Ed. (102)
LA Solar Group
 2018 Ed. (2358)
La Sommelier
 1990 Ed. (3696)
La Spezia
 1992 Ed. (1398)
La Tabacalera Mexicana
 1996 Ed. (1733)
L.A.-Tel Corp.
 1999 Ed. (4561)
La Tercera
 1989 Ed. (27)
La Terra Fina
 2022 Ed. (2186)
 2023 Ed. (2307)
La Tortilla Factory
 1999 Ed. (3420)
 2012 Ed. (1364)
 2015 Ed. (1467)
 2018 Ed. (4673)
 2021 Ed. (4659)
 2022 Ed. (4667)
 2023 Ed. (2851, 4656)
La Tortilla Factory Inc.
 2013 Ed. (2932)
La Tortilla Factory Smart & Delicious
 2014 Ed. (4747)
La Traviata
 2001 Ed. (3586)
La Valencia Hotel
 2000 Ed. (2539)
La-Van Hawkins Food & Entertainment Group LLC
 2005 Ed. (172)
The La-Van Hawkins Food Group
 2003 Ed. (213)
 2004 Ed. (169)
La-Van Hawkins Food Group LLC
 2000 Ed. (3145)
 2001 Ed. (713)
 2002 Ed. (717)
La-Van Hawkins Inner City Foods
 1995 Ed. (672)
 1996 Ed. (746)

La-Van Hawkins Urban City Foods LLC
  1998 Ed. (469)
La Vaquita
  2022 Ed. (2039)
La Verne; University of
  2014 Ed. (771)
La Victoria
  1994 Ed. (3136)
  1998 Ed. (3126)
L.A. Video
  1995 Ed. (3699, 3700)
La Vie Catholique
  1992 Ed. (3369)
La Voz de Houston
  2018 Ed. (3708)
L.A. Walker
  2015 Ed. (2638)
  2016 Ed. (4928)
LA Weight Loss Centers Inc.
  2003 Ed. (891, 893)
  2004 Ed. (910)
  2006 Ed. (4930)
  2007 Ed. (4936)
  2008 Ed. (4912)
  2009 Ed. (4924)
La-Z-Boy
  2014 Ed. (2807, 2808, 3552)
  2015 Ed. (2849, 2854)
  2016 Ed. (2784, 2789)
  2017 Ed. (2754, 2757)
  2018 Ed. (2811, 2812, 2814)
  2019 Ed. (2785, 2787)
  2020 Ed. (2811, 2812, 2813)
  2021 Ed. (2687, 2688, 2689)
La-Z-Boy Canada
  1997 Ed. (2105)
  1999 Ed. (2551)
La-Z-Boy Chair
  1990 Ed. (2037)
  1991 Ed. (1779, 1926, 1959)
  1992 Ed. (2244, 2245, 2247, 2248, 2433, 2516)
  1993 Ed. (868, 1910, 1911, 2054, 2104)
  1994 Ed. (1928, 1929, 1930, 1933, 1934, 1937, 1938, 2074)
  1996 Ed. (1987, 1988, 1989, 2129)
  1997 Ed. (2098, 2099, 2100, 2103, 2239)
La-Z-Boy Furniture Galleries
  2013 Ed. (2791, 2792)
  2014 Ed. (2820, 2821, 2823, 2826, 2827, 2828)
  2015 Ed. (2867, 2868, 2869)
  2016 Ed. (2799, 2800)
  2017 Ed. (2769)
  2018 Ed. (2826, 2827, 2831)
La-Z-Boy Greensboro Inc.
  2007 Ed. (1924)
  2008 Ed. (1990)
  2009 Ed. (1950)
  2010 Ed. (1886)
La-Z-Boy Inc.
  1995 Ed. (1951, 1952, 1953, 1955, 1967, 2122)
  1998 Ed. (1783, 1787, 1963)
  1999 Ed. (780, 2544, 2545, 2548, 2549, 2563, 2700, 2701)
  2000 Ed. (2287, 2292, 2296, 2299, 2303, 2304)
  2001 Ed. (2569, 2736)
  2002 Ed. (1221, 2378, 2381)
  2003 Ed. (744, 2119, 2584, 2585, 2586, 2588, 2589, 2591, 2597, 2772, 2774)
  2004 Ed. (2120, 2697, 2698, 2699, 2700, 2701, 2703, 2705, 2712, 2870)
  2005 Ed. (2696, 2697, 2698, 2699, 2700, 2701, 2702, 2704, 2967)
  2006 Ed. (2674, 2675, 2676, 2677, 2678, 2680, 2878)
  2007 Ed. (2659, 2660, 2661, 2663, 2666, 2667, 2669, 2872, 2975)
  2008 Ed. (2795, 2796, 2797, 2800)
  2009 Ed. (2847, 2848, 2849, 2851, 2852, 2855, 3076, 3193)
  2010 Ed. (2790, 2792, 2796, 3008, 3121)
  2011 Ed. (2777, 2779, 2781, 2783, 3088)
  2012 Ed. (661, 2706, 2707, 2709, 2712, 2907)
  2013 Ed. (2781, 2782, 2784, 2786, 2993)
  2014 Ed. (2809, 2810, 2814, 3000)
  2015 Ed. (2851, 2858)
  2016 Ed. (2786, 2788, 2791, 2793)
  2017 Ed. (2756, 2758, 2760)
  2018 Ed. (2813, 2815)
  2019 Ed. (2788, 2790, 2791)
  2020 Ed. (2816)
  2021 Ed. (2692, 3985)
  2022 Ed. (3999)
  2023 Ed. (2966)
La-Z-Boy Logistics
  2018 Ed. (4014)
La-Z-Boy Showcase
  1992 Ed. (2253)
La-Z-Boy Vancouver
  2013 Ed. (4270)
Laabs; Jay
  2017 Ed. (1155)
LAACO Ltd.
  2004 Ed. (4586, 4587)

Laakirchen
  1991 Ed. (3451)
Lab Alley
  2023 Ed. (986)
Lab Genomma
  2010 Ed. (79)
LAB Research
  2011 Ed. (3948)
Lab Series by Aramis
  2003 Ed. (4430)
Lab technician
  2011 Ed. (3781)
Labadie
  1992 Ed. (1896)
Labaki; Nadine
  2013 Ed. (906, 3472, 3479)
LaBarge Inc.
  1996 Ed. (211)
  2004 Ed. (2232, 2240, 3003)
  2005 Ed. (1276, 1881, 1883)
  2006 Ed. (1235, 1902, 1904, 1908)
  2007 Ed. (1892)
  2008 Ed. (4408)
Labarre Associates Inc.
  2022 Ed. (1681)
Labat Africa
  2015 Ed. (2025)
Labatec Pharma
  2018 Ed. (3904)
Labatt
  1989 Ed. (780)
  1990 Ed. (766, 767)
  1991 Ed. (746)
  1997 Ed. (724)
  1998 Ed. (507, 508)
  1999 Ed. (808, 817, 818, 819)
  2000 Ed. (821, 822)
  2019 Ed. (594)
  2020 Ed. (576)
  2021 Ed. (549)
  2022 Ed. (575)
  2023 Ed. (823)
Labatt Blue
  2000 Ed. (812)
  2001 Ed. (1024)
  2002 Ed. (281)
  2004 Ed. (668)
  2005 Ed. (654)
  2006 Ed. (556, 557)
  2007 Ed. (599)
  2008 Ed. (540, 543)
  2012 Ed. (442)
  2013 Ed. (554)
  2015 Ed. (636)
  2016 Ed. (586, 587)
  2017 Ed. (615, 618)
Labatt Blue Light
  2012 Ed. (439, 442)
  2013 Ed. (554)
  2015 Ed. (636)
  2016 Ed. (586, 587)
  2017 Ed. (615, 618)
Labatt Blue Light Lime Lager
  2012 Ed. (440, 3516)
Labatt Brewing Co.
  2020 Ed. (2701)
Labatt Brewing Co. Ltd.
  2023 Ed. (828)
Labatt Brewing Co., Ltd.
  2022 Ed. (588)
Labatt Centre; John
  2006 Ed. (1156)
Labatt Ice
  1998 Ed. (2066)
Labatt; John
  1989 Ed. (26)
  1990 Ed. (25)
  1991 Ed. (20)
  1992 Ed. (43, 74, 1590, 2417)
  1993 Ed. (26, 749, 1288)
  1994 Ed. (695, 696, 700, 701, 704, 2064)
  1995 Ed. (651, 660, 662)
  1996 Ed. (30, 728, 730, 737, 738, 1315, 2123, 3148)
  1997 Ed. (661)
Labatt USA
  2002 Ed. (678)
  2003 Ed. (658, 662)
  2005 Ed. (652)
  2009 Ed. (571)
  2010 Ed. (553)
  2011 Ed. (480)
  2012 Ed. (443)
Labatt USA/Inbev USA
  2006 Ed. (552)
Labatt's
  2001 Ed. (682)
Labatt's Blue
  1992 Ed. (937)
  1993 Ed. (751)
  1994 Ed. (753)
  1995 Ed. (704, 711)
  1996 Ed. (783, 786)
  1997 Ed. (721)
  1998 Ed. (497)
  2005 Ed. (655)
  2006 Ed. (558)

  2007 Ed. (600)
  2008 Ed. (544)
  2009 Ed. (574)
  2010 Ed. (556)
Labatt's Blue Light
  1992 Ed. (939)
Labatt's Dry
  1993 Ed. (745)
L'Abbate, Balkan, Colavita & Contini
  1999 Ed. (3152)
L'Abbate, Balkan, Colavita & Contini LLP
  2000 Ed. (2898)
Labchile
  2000 Ed. (3850)
Labcon N.A.
  2016 Ed. (3419)
  2017 Ed. (3379)
  2018 Ed. (3445)
  2019 Ed. (3415)
  2020 Ed. (3418)
  2021 Ed. (3433)
  2022 Ed. (3491)
  2023 Ed. (3617)
Labconco Corp.
  2023 Ed. (4959)
Labconco Corporation
  2023 Ed. (4989)
LabCorp
  2014 Ed. (1890)
  2015 Ed. (1936)
  2016 Ed. (1904)
  2017 Ed. (1870)
  2018 Ed. (1818, 2912)
  2020 Ed. (1810)
  2022 Ed. (1813)
  2023 Ed. (1940)
Labcorp
  2018 Ed. (2907)
  2019 Ed. (2863)
  2020 Ed. (2886)
  2021 Ed. (2761)
  2022 Ed. (2915, 3885)
  2023 Ed. (3038)
Label Art
  2013 Ed. (4075)
  2014 Ed. (4088, 4093)
Label Art Inc.
  2000 Ed. (914)
  2005 Ed. (3251, 3890)
  2008 Ed. (4032)
  2009 Ed. (4105)
  2010 Ed. (4031)
  2012 Ed. (4034)
The Label Co.
  2008 Ed. (4032)
Label Dynamics Inc.
  2006 Ed. (4345)
Label Habitat
  2017 Ed. (1572)
Label Impressions, Inc.
  2020 Ed. (3999)
The Label Printers
  2019 Ed. (3969)
  2020 Ed. (3990)
  2021 Ed. (3955)
  2022 Ed. (3967)
  2023 Ed. (4054)
Label Source
  2021 Ed. (1457)
Label Works
  2020 Ed. (3990)
LABEL1
  2022 Ed. (4646)
Label1
  2019 Ed. (4647)
  2020 Ed. (4617)
LaBella Associates
  2022 Ed. (1788, 2513)
  2023 Ed. (2627, 4465, 4480)
LaBelle Winery
  2017 Ed. (2483, 4981)
Labels West
  2005 Ed. (3891)
  2008 Ed. (4032)
  2020 Ed. (3983)
Labels West Inc.
  2013 Ed. (4084)
  2016 Ed. (3981)
  2020 Ed. (3983)
LaBeouf; Shia
  2012 Ed. (2444)
Labinal SA
  2001 Ed. (2267)
LabMedicine
  2010 Ed. (4770)
labo.art
  2019 Ed. (2547)
LaBonte; Steven P.
  1994 Ed. (1666)
Labopharm Inc.
  2011 Ed. (1562)
Labor and agriculture
  1997 Ed. (3684)
Labor costs
  1992 Ed. (993)
  1996 Ed. (3453)
Labor Department
  1995 Ed. (1666)

Labor; Department of
  1992 Ed. (29)
Labor Finders
  2006 Ed. (4457)
  2007 Ed. (4515)
  2008 Ed. (4495)
  2009 Ed. (4526)
  2010 Ed. (4566)
  2011 Ed. (4529)
  2012 Ed. (4527)
  2013 Ed. (4488)
  2014 Ed. (4534)
  2015 Ed. (4534)
  2016 Ed. (4472)
  2017 Ed. (4480)
  2018 Ed. (4499)
  2019 Ed. (4493)
  2020 Ed. (735, 4477)
  2021 Ed. (748, 2315, 4467)
  2022 Ed. (2364, 4480)
  2023 Ed. (2527, 4497)
Labor Finders International Inc.
  1998 Ed. (3506)
  1999 Ed. (4576)
  2000 Ed. (4228)
  2004 Ed. (4482)
  2005 Ed. (4454)
Labor-management cooperation/non-adversarial relationships
  1991 Ed. (2026)
Labor On Demand Inc.
  2020 Ed. (3574)
  2021 Ed. (3604)
  2022 Ed. (3655, 4979)
Labor On Demand Inc. dba LOD Resource Group
  2023 Ed. (3761, 4982)
Labor On Demand Inc., dba LOD Resource Group
  2021 Ed. (3604)
  2022 Ed. (3655, 4979)
Labor quality
  1996 Ed. (3453)
Labor Ready Inc.
  2001 Ed. (1067, 1577, 1589)
  2006 Ed. (743, 1503, 1506)
  2007 Ed. (835, 837, 1532, 1536)
  2008 Ed. (805, 1516, 1520)
  2009 Ed. (827, 829, 1447, 1450)
Labor Saving Devices
  2019 Ed. (2914)
  2020 Ed. (2932)
  2021 Ed. (2792)
  2022 Ed. (2958)
  2023 Ed. (3082)
Labor Shortage
  1992 Ed. (993)
Labor-sponsored venture capital
  2001 Ed. (3456)
Labor Systems Job Center
  2022 Ed. (2361)
  2023 Ed. (2525)
Labor training
  1992 Ed. (2909)
Labor; U.S. Department of
  2009 Ed. (2940)
  2010 Ed. (2876)
  2011 Ed. (2856)
  2012 Ed. (3691)
  2013 Ed. (3742, 3744)
  2015 Ed. (3695)
  2019 Ed. (3584)
  2021 Ed. (3586)
Labor World
  1998 Ed. (3505)
  1999 Ed. (4576)
Labor World of Iowa
  2007 Ed. (4420)
Laboratoire Leon Brillouin
  1999 Ed. (3633)
Laboratoires de Biologie Vegetale Yves Rocher sa
  2022 Ed. (3805)
Laboratoires Pierre Fabre
  2004 Ed. (957)
Laboratoires Sauter SA
  1995 Ed. (962)
Laboratoires Servier
  2004 Ed. (957)
Laboratories, medical and dental
  1994 Ed. (3329)
Laboratories Jasminal
  2004 Ed. (93)
Laboratorio Maver
  2001 Ed. (23)
Laboratorio Roche
  2012 Ed. (1969)
Laboratorio Sabin
  2010 Ed. (1507)
  2013 Ed. (1441, 1810)
Laboratorios Licon
  2014 Ed. (1781)
Laboratorios Lilly
  2012 Ed. (1975)
Laboratorios Maver
  2004 Ed. (35)
  2005 Ed. (28)

Laboratorios Servier SA
  2014 Ed. (2069)
Laboratorium Kosmetyczne Dr. Irena Eris
  2014 Ed. (1952)
Laboratory Corp. of America
  1997 Ed. (2184)
  2002 Ed. (1531)
  2011 Ed. (1429, 3945)
  2012 Ed. (3943)
  2013 Ed. (2878)
  2014 Ed. (2910)
  2015 Ed. (2956)
  2016 Ed. (1903, 2888)
  2017 Ed. (1876, 1882, 2844)
  2018 Ed. (1821)
  2019 Ed. (1873, 1875, 2869, 3890)
  2020 Ed. (1812, 1813, 2891, 3906)
  2021 Ed. (1780, 1781, 2763)
  2022 Ed. (1818, 1821, 1823, 2925, 3885)
  2023 Ed. (1944, 3050, 3051, 3980)
Laboratory Corp. of America Holdings
  2018 Ed. (2914)
  2019 Ed. (2870)
  2020 Ed. (2892)
  2021 Ed. (2764)
Laboratory Corporation of America Holdings
  2015 Ed. (1936)
  2016 Ed. (1904)
  2017 Ed. (1870)
  2018 Ed. (1818, 2912)
  2020 Ed. (1810)
  2023 Ed. (1948)
Laboratory Corp. of America Holdings Inc.
  2002 Ed. (2451)
  2003 Ed. (2683, 2692)
  2004 Ed. (2800, 3420, 3421, 4569)
  2005 Ed. (1914, 2801, 3433)
  2006 Ed. (1943, 2775, 3875)
  2007 Ed. (1926, 2776, 3906)
  2008 Ed. (1992, 2899)
  2009 Ed. (2959)
  2010 Ed. (1888, 1890, 1891, 2883, 2898, 2904)
  2011 Ed. (1922, 2871)
  2012 Ed. (1781, 2806, 2812, 3945)
  2013 Ed. (2873, 2883)
  2014 Ed. (2905, 2913)
  2015 Ed. (2950, 2959)
  2016 Ed. (2881, 2893)
  2017 Ed. (2836, 2851)
  2018 Ed. (2910, 2920)
  2019 Ed. (2865, 2875)
  2020 Ed. (2888, 2898)
Laboratory Corp. of America (Labcorp)
  2022 Ed. (1818, 3885)
Laboratory Equipment
  2010 Ed. (4770)
Laboratory Medicine
  2009 Ed. (4760)
Laborer
  2001 Ed. (2994)
Laborers
  1994 Ed. (2587)
  2007 Ed. (3728, 3729)
  2009 Ed. (3863)
  2010 Ed. (3773, 3787)
  2011 Ed. (3777)
  2012 Ed. (3778)
  2013 Ed. (3843)
  2014 Ed. (3764)
  2017 Ed. (3664)
  2019 Ed. (3705)
  2022 Ed. (3769)
Laborers, construction
  2002 Ed. (3531)
Laborers, except construction
  1989 Ed. (2082)
Laborers and freight, stock, and material movers
  2022 Ed. (3769)
Laborers International Union of North America
  1998 Ed. (2322)
Laborers Local 310
  2001 Ed. (3040)
Laborers, nonconstruction
  2002 Ed. (3531)
Laborers Union
  1999 Ed. (3845)
Laborforce of Minnesota
  2007 Ed. (4439)
LaborLawCenter
  2010 Ed. (4048, 4973)
LaborMAX Staffing
  2022 Ed. (2374)
  2023 Ed. (2536)
LaBounty Site
  1991 Ed. (1889)
Labowitz; Jerry
  1991 Ed. (1706, 1707)
  1992 Ed. (2135, 2137)
  1993 Ed. (1773, 1795)
  1994 Ed. (1778)
  1995 Ed. (1818)
  1996 Ed. (1792)
  1997 Ed. (1866)
Laboy; Carlos
  1996 Ed. (1900, 1901)

Labrador
  2006 Ed. (1750)
Labrador Iron Mines Holdings Ltd.
  2011 Ed. (1568)
Labrador Iron Ore Royalty
  2011 Ed. (2686)
  2014 Ed. (1475)
  2015 Ed. (2728)
Labrador Iron Ore Royalty Income Fund
  2009 Ed. (1582)
  2010 Ed. (1564)
LaBranche
  2005 Ed. (3597)
LaBranche & Co.
  2004 Ed. (4322)
  2005 Ed. (4245, 4246, 4508)
  2009 Ed. (2898)
  2010 Ed. (2842)
Labrecque; Thomas G.
  1996 Ed. (381)
Labrot & Graham Bourbon
  2004 Ed. (4908)
Labroy Marine
  2008 Ed. (2068)
Labry III; Edward A.
  2007 Ed. (2509, 2511)
Labs, diagnostic
  1994 Ed. (1041)
LABS Inc.
  2006 Ed. (212)
  2012 Ed. (4989)
Labtec Inc.
  2002 Ed. (3559)
Labtech Software
  2015 Ed. (1095)
Labuan
  2023 Ed. (1019)
Labuan, Malaysia
  2017 Ed. (826)
  2018 Ed. (757)
  2020 Ed. (768)
  2021 Ed. (790)
  2022 Ed. (822)
Labyrinth Ltd.
  2003 Ed. (2716)
Labyrintti Media Oy
  2011 Ed. (2907)
LAC Minerals
  1990 Ed. (1936, 2586)
  1991 Ed. (1846)
  1992 Ed. (2335)
  1994 Ed. (1982)
  1996 Ed. (2033, 2034)
LAC Minerals Ltd
  1992 Ed. (4148)
Laca Trade
  2020 Ed. (2032)
  2021 Ed. (1982)
Lace Foodservice Corp.
  2018 Ed. (2747)
Lacefield Music
  2014 Ed. (3734)
The Lacek Group
  2023 Ed. (121)
Lacey Mills
  1991 Ed. (861)
Lacey; Susan K.
  1995 Ed. (2484)
Lachlan Murdoch
  2005 Ed. (785)
Lachman; Prem
  1996 Ed. (1789)
  1997 Ed. (1864)
Lachner y Saenz
  1989 Ed. (1103)
Lack of strategic direction
  1990 Ed. (2678)
Lack of persistence (pay out)
  1990 Ed. (2678)
Lack of recognition
  1990 Ed. (1655)
Lack of promotion support
  1990 Ed. (2678)
Lack of trade support
  1990 Ed. (2678)
Lackland Storage
  2014 Ed. (4500)
Lacks Enterprises Inc.
  2016 Ed. (3121)
  2017 Ed. (3062)
  2018 Ed. (3175)
Laclede Gas
  1989 Ed. (2036)
  1990 Ed. (2671)
  1991 Ed. (2575)
  1992 Ed. (3214)
  1994 Ed. (2653)
  1995 Ed. (2755)
  1996 Ed. (2822)
  1997 Ed. (2926)
  1998 Ed. (2664)
  1999 Ed. (3593)
Laclede Group Inc.
  2004 Ed. (2723, 2724)
  2005 Ed. (1881, 1882, 1884, 1887, 2713, 2714)
  2006 Ed. (1905, 2688, 2689, 2692)
  2008 Ed. (1953, 2419, 2809, 2812)

  2016 Ed. (1831)
Laclede Inc.
  2023 Ed. (3567)
Laclede Steel
  1994 Ed. (2750)
  1995 Ed. (2847, 2869)
Laco AS
  2022 Ed. (2593, 4800)
  2023 Ed. (2736)
LaCorona
  2001 Ed. (1999)
LaCosta Facility Support Services
  2008 Ed. (3707, 4384)
Lacquer Craft
  2015 Ed. (2854)
  2016 Ed. (2789)
  2017 Ed. (2757)
Lacri-Lube
  1995 Ed. (1599, 1757)
LaCroix
  2002 Ed. (754)
LaCross
  2003 Ed. (3623)
  2004 Ed. (3659, 3660)
LaCrosse
  2005 Ed. (272)
LaCrosse Footwear / Danner Boots
  2023 Ed. (4421)
LaCrosse Footwear Inc.
  2006 Ed. (2086)
LaCrosse Lumber
  1997 Ed. (835)
Lacroze; Maria Ines de Lafuente
  2013 Ed. (4854)
  2014 Ed. (4868)
  2016 Ed. (4822)
Lacsa
  1989 Ed. (1103)
  1992 Ed. (44)
Lactaid
  1994 Ed. (2350)
  2003 Ed. (3411)
  2015 Ed. (3668)
Lactaid 100
  2000 Ed. (3133)
  2001 Ed. (3310)
  2005 Ed. (3477)
  2008 Ed. (3670)
Lactaid Fast Act
  2022 Ed. (170)
  2023 Ed. (242, 243)
Lactalis
  2014 Ed. (2227)
  2016 Ed. (2708)
  2018 Ed. (2723)
  2019 Ed. (2707)
  2020 Ed. (2741)
Lactalis American Group
  2016 Ed. (2260, 2263)
  2019 Ed. (2145, 2146, 2148)
Lactalis American Group, Inc.
  2020 Ed. (2130)
Lactalis (Besnier)
  2001 Ed. (1970)
Lactalis Canada
  2022 Ed. (2729)
  2023 Ed. (2866)
Lactalis Group
  2022 Ed. (2144, 2155)
Lactalis Group, North American operations
  2022 Ed. (2144, 2155)
  2023 Ed. (2274)
Lactalis Laval
  2017 Ed. (2663)
Lactalis USA
  2008 Ed. (901)
  2014 Ed. (872)
  2015 Ed. (905, 2289, 2291)
Lacto-ice
  1992 Ed. (2563)
Lactofree
  2001 Ed. (2847)
  2002 Ed. (2802)
Lactogal
  2004 Ed. (74)
  2006 Ed. (78)
  2007 Ed. (69)
  2008 Ed. (74)
Lactogest
  1994 Ed. (2350)
Lactona SAIC
  1992 Ed. (39)
L'Actualite
  2015 Ed. (3545)
Lacy; A. J.
  2005 Ed. (2481)
Lacy; Alan J.
  2009 Ed. (2660)
Lad 'N' Lassie Pre-School
  1999 Ed. (1128)
Ladas & Parry LLP
  2012 Ed. (4745)
  2013 Ed. (4701)
  2014 Ed. (4753)
LADbible Group
  2019 Ed. (2888)

Ladbroke
  2001 Ed. (1132)
Ladbroke Group
  1989 Ed. (2297)
  1995 Ed. (1405)
Ladbroke Group PLC
  1990 Ed. (3266)
  1991 Ed. (3107, 3111)
  1992 Ed. (3942)
  1993 Ed. (3253, 3254, 3264)
  1994 Ed. (3248)
  1996 Ed. (1355, 3405, 3411)
  2000 Ed. (4007)
Ladbroke Hotels, Plc
  1990 Ed. (2089)
Ladbroke Hotels USA Corp.
  2001 Ed. (2786)
  2003 Ed. (2840)
  2006 Ed. (2927)
  2007 Ed. (2938)
  2008 Ed. (3067)
  2009 Ed. (3155)
  2010 Ed. (3085)
  2011 Ed. (3056)
Ladbrokers plc
  2008 Ed. (1425, 1431)
Ladbrokes
  2007 Ed. (731)
  2015 Ed. (2109)
  2021 Ed. (2701)
Ladbrokes Coral
  2019 Ed. (2802)
Ladbrokes plc
  2007 Ed. (2957, 2958, 3346, 3347, 3349)
  2008 Ed. (3083)
  2009 Ed. (3174, 3519)
  2010 Ed. (3107, 3446)
Ladd
  1992 Ed. (2244, 2245, 2246, 2433)
  1994 Ed. (1933)
  1995 Ed. (1951)
  1996 Ed. (1987)
  1997 Ed. (2098, 2100)
  1998 Ed. (1783)
  1999 Ed. (2544, 2549)
  2000 Ed. (2287)
LADD Furniture
  1990 Ed. (1863)
  1993 Ed. (2054)
Ladder
  2019 Ed. (2579)
Ladder Financial Inc.
  2022 Ed. (1399, 2643)
Ladder Now
  2019 Ed. (1725, 3149)
Ladenburg, Thalmann & Co.
  1996 Ed. (797, 2935)
Ladenburg Thalmann Financial
  2004 Ed. (2769)
Ladies' Home Journal
  1991 Ed. (2704, 2705)
  1992 Ed. (3379, 3380, 3381)
  1994 Ed. (2783, 2787, 2788)
  1995 Ed. (2884, 2887)
  1996 Ed. (2963, 2972)
  1997 Ed. (3050)
  1998 Ed. (1278, 1343, 2801)
  1999 Ed. (1857, 3771)
  2000 Ed. (3462, 3480)
  2001 Ed. (3198)
  2002 Ed. (3226)
  2003 Ed. (3274)
  2005 Ed. (3362)
  2006 Ed. (150, 152)
  2007 Ed. (142, 144, 3404, 4994)
  2009 Ed. (3596)
  2010 Ed. (3516)
  2011 Ed. (3518)
Ladin; Bakr Bin
  2013 Ed. (1173)
Ladish
  2009 Ed. (2935)
  2010 Ed. (2871)
  2012 Ed. (4556, 4572)
LaDriere & LaDiere
  2008 Ed. (4438)
LaDriere & LaDriere
  2006 Ed. (4386)
Ladupontsa
  2008 Ed. (736)
Lady
  2006 Ed. (2951)
  2007 Ed. (2968)
Lady of America
  2002 Ed. (2454)
  2003 Ed. (2697)
Lady of America Franchise Corp.
  2005 Ed. (2811)
  2006 Ed. (2787)
Lady Annabel Goldsmith
  2009 Ed. (4918)
Lady Anne
  2000 Ed. (2338, 2342)
Lady Antebellum
  2012 Ed. (3733, 3736, 3737)
  2013 Ed. (3785)
  2014 Ed. (3732)

Lady Baltimore Foods Inc.
  2000 Ed. (2244)
Lady Forgets
  1992 Ed. (4251)
Lady Gaga
  2011 Ed. (3711, 3713, 3715)
  2012 Ed. (994, 2433, 2436, 2438, 3733, 3734, 3736, 4958, 4984)
  2013 Ed. (1137, 2599, 2603, 2607, 3782, 3783, 4959)
  2014 Ed. (1098, 1099, 2528, 3728, 3729)
  2015 Ed. (2601, 3730, 3731)
  2016 Ed. (1047, 3639, 3640)
  2017 Ed. (2383)
  2019 Ed. (3673)
Lady Grantchester
  2007 Ed. (4924)
  2009 Ed. (4918)
Lady Green
  2012 Ed. (4922)
  2013 Ed. (4902)
Lady Hodge
  2006 Ed. (836)
Lady Mennen
  2000 Ed. (1658, 1659)
  2003 Ed. (2001)
Lady O'Reilly
  2008 Ed. (4899)
Lady Pepperell
  1997 Ed. (2316, 2317)
Lady de Rothschild
  2007 Ed. (4924)
Lady Speed Stick
  1997 Ed. (1589)
Lady Stetson
  1990 Ed. (2793, 2794)
  1994 Ed. (2777)
  1995 Ed. (2876)
  1996 Ed. (2951)
  1997 Ed. (3032)
  1998 Ed. (2779)
  1999 Ed. (3737, 3738)
Lady and the Tramp
  1991 Ed. (3448, 3449)
LadyBoss
  2021 Ed. (1089, 1743, 3967)
Ladysmith Federal Savings & Loan Association
  2023 Ed. (4362)
Lae
  1992 Ed. (1399)
Laem Thong Bank
  1992 Ed. (607)
Laface
  2012 Ed. (3731)
Lafang Group
  2008 Ed. (32)
Lafarge
  2015 Ed. (784, 787)
  2016 Ed. (705, 707, 1092)
  2018 Ed. (1080)
Lafarge Africa
  2016 Ed. (1333)
Lafarge Braas GmbH
  2002 Ed. (3307)
Lafarge Canada
  1990 Ed. (922, 1669)
  1992 Ed. (1071)
  1994 Ed. (1580)
  1996 Ed. (1595)
  2013 Ed. (931)
Lafarge Canada Inc.
  2016 Ed. (3454)
  2017 Ed. (3411)
  2018 Ed. (3476)
  2019 Ed. (3449)
  2020 Ed. (3444)
  2022 Ed. (3520)
  2023 Ed. (3642)
Lafarge Ciment SA
  2018 Ed. (1515)
Lafarge Ciments
  2002 Ed. (944)
  2004 Ed. (4593)
  2006 Ed. (796)
Lafarge Climents
  2000 Ed. (990)
Lafarge Coppee
  1989 Ed. (825, 826)
  1990 Ed. (1903, 2176)
  1992 Ed. (2972)
  1993 Ed. (732, 783, 2499)
  1994 Ed. (799, 2437)
  1996 Ed. (829, 3813)
Lafarge Corp.
  1989 Ed. (823, 864, 865)
  1990 Ed. (836, 837, 844, 920, 921)
  1991 Ed. (799, 800, 875, 876)
  1992 Ed. (980, 981, 1069, 1070)
  1993 Ed. (771, 772, 774, 859, 1413, 2497)
  1994 Ed. (790, 791, 792, 879, 1467)
  1995 Ed. (843, 844, 850, 912, 1504, 2505)
  1996 Ed. (828, 889)
  1997 Ed. (918, 1132, 2707)
  1998 Ed. (535, 657, 658, 907, 1139)
  1999 Ed. (1048, 1049, 1433, 1434)
  2001 Ed. (1048, 1049, 1144, 1145)
  2002 Ed. (4088, 4510, 4511)
  2003 Ed. (1135, 4612, 4613)
Lafarge N.A., Inc.
  2023 Ed. (1212)
Lafarge North America
  2017 Ed. (3990)
  2018 Ed. (3999)
  2019 Ed. (3986)
  2020 Ed. (4006)
  2021 Ed. (3972)
Lafarge North America Inc.
  2003 Ed. (773, 779, 4217, 4614, 4615)
  2004 Ed. (898, 899, 1137, 1222, 1223, 4590, 4591, 4592, 4594)
  2005 Ed. (888, 889, 1249, 3926, 4167, 4507, 4523, 4524, 4525, 4526, 4527)
  2006 Ed. (681, 1206, 1207, 1208, 3408, 4000, 4610)
  2007 Ed. (777, 1276, 1315, 1525, 3425, 4035, 4592, 4593, 4594)
  2008 Ed. (4063, 4543, 4544, 4545, 4668)
  2009 Ed. (4177, 4183, 4574, 4575, 4576)
  2010 Ed. (2093, 4112, 4609, 4610)
  2011 Ed. (4080, 4563, 4565, 4566, 4567)
  2012 Ed. (4111, 4387, 4576, 4578, 4580, 4581, 4582)
  2013 Ed. (4107, 4356, 4522, 4524, 4526)
  2014 Ed. (4123, 4408, 4581, 4582, 4584, 4585)
  2015 Ed. (4574, 4575, 4576, 4578, 4579)
  2016 Ed. (4497, 4498)
  2017 Ed. (4496)
Lafarge North America, Inc.
  2017 Ed. (1095)
  2018 Ed. (1023)
  2019 Ed. (1031)
  2020 Ed. (1023)
  2021 Ed. (991)
  2022 Ed. (1032)
Lafarge SA
  2001 Ed. (1235, 4025)
  2002 Ed. (862)
  2003 Ed. (781, 1175, 1428)
  2004 Ed. (799)
  2007 Ed. (780, 1288, 1290, 2261, 3987)
  2008 Ed. (752, 3556, 3558, 4668)
  2009 Ed. (748, 1162, 1166, 3623, 3625)
  2010 Ed. (691, 692, 3546)
  2011 Ed. (620, 621, 1104, 1109, 3544, 3546)
  2012 Ed. (591, 1020, 1052, 1056)
  2013 Ed. (726, 827, 1165, 1191, 1194)
  2014 Ed. (748, 1122, 1141, 1147)
  2015 Ed. (786, 1163, 1192, 1197)
  2016 Ed. (706, 1078, 1102, 1105)
  2017 Ed. (768, 1108)
  2018 Ed. (700)
  2019 Ed. (715)
LafargeHolcim
  2017 Ed. (1149, 1150)
  2018 Ed. (699, 1084, 1085, 1929)
  2019 Ed. (714, 1094, 1095)
  2020 Ed. (1082, 1083, 1907)
  2021 Ed. (713, 1867)
  2022 Ed. (744, 1909)
  2023 Ed. (4069)
LafargeHolcim Ltd.
  2017 Ed. (768)
  2018 Ed. (700)
  2019 Ed. (715)
LafargeHolcim Maroc
  2022 Ed. (1750, 3110)
LaFata Ltd.; John M.
  1995 Ed. (1130)
LaFave's Construction Co.
  2013 Ed. (4349)
  2015 Ed. (4386)
LaFave's Construction Co., Inc.
  2011 Ed. (4319, 4320)
Lafayette American Bank & Trust Co.
  1995 Ed. (3067)
  1998 Ed. (416)
Lafayette Credit Union
  2016 Ed. (2178)
Lafayette Federal Credit Union
  2021 Ed. (2069)
  2022 Ed. (2104)
  2023 Ed. (2219)
Lafayette, IN
  1992 Ed. (1016, 3699)
  1994 Ed. (3065)
  1996 Ed. (3206)
  1998 Ed. (3054)
  2000 Ed. (3769)
  2001 Ed. (2359)
  2008 Ed. (3481)
  2010 Ed. (3459)
  2012 Ed. (3146)
  2013 Ed. (3223)
  2015 Ed. (3513)
  2016 Ed. (3372)
  2017 Ed. (3331)
  2018 Ed. (3395)
  2019 Ed. (3370)
  2020 Ed. (3376)
Lafayette & Kumagai
  2014 Ed. (3446)
Lafayette, LA
  1989 Ed. (1904)
  1990 Ed. (1004, 1149)
  2003 Ed. (3418, 3419)
  2004 Ed. (3487)
  2005 Ed. (2977)
  2010 Ed. (4193)
  2014 Ed. (2315, 2460)
  2017 Ed. (2312)
  2019 Ed. (3321)
  2021 Ed. (3322)
Lafayette-West Lafayette, IN
  1993 Ed. (2555)
  2017 Ed. (2449)
  2019 Ed. (638)
Laffy Taffy Pieces
  1990 Ed. (896)
Lafley; A. G.
  2005 Ed. (2500)
Lafley; Alan
  2006 Ed. (883)
  2007 Ed. (974)
  2008 Ed. (935)
  2010 Ed. (885)
Lafley; Alan G.
  2008 Ed. (947)
  2009 Ed. (759)
LaFontaine Automotive Group
  2019 Ed. (227)
  2020 Ed. (230, 231)
  2021 Ed. (225)
  2022 Ed. (241)
LaForce & Stevens
  1999 Ed. (3916)
  2000 Ed. (3632)
  2002 Ed. (3827)
  2003 Ed. (3984, 3985, 3988, 3991)
Lafore,Inc.; E.T.
  1990 Ed. (2006)
Lafrance Hospitality
  2023 Ed. (4762)
Lafrance Hospitality Co.
  2018 Ed. (4782)
  2019 Ed. (4787)
  2021 Ed. (4773)
  2022 Ed. (4774)
Lagan Construction Group
  2017 Ed. (4072)
  2020 Ed. (4119)
  2021 Ed. (4074)
Lagan Group
  2007 Ed. (2037, 2039)
  2009 Ed. (2112, 2120)
Lagan Holdings
  2005 Ed. (1983)
  2006 Ed. (2062, 2067)
Lagan; Kevin
  2012 Ed. (4920)
  2013 Ed. (4894)
Lagan; Kevin & Michael
  2009 Ed. (4916)
  2010 Ed. (4920)
Lagan; Michael
  2012 Ed. (4920)
  2013 Ed. (4894)
Lagan Technologies
  2009 Ed. (3024)
Lagarde; Christine
  2009 Ed. (4974)
  2010 Ed. (4984)
  2011 Ed. (4982)
  2012 Ed. (4980)
  2013 Ed. (4956, 4960)
  2014 Ed. (4969)
  2015 Ed. (5010)
  2016 Ed. (4927)
  2017 Ed. (4923)
  2021 Ed. (4928, 4935)
  2022 Ed. (4922, 4930)
  2023 Ed. (4920, 4930)
LaGardere Groupe
  1996 Ed. (3404)
  1997 Ed. (3169, 3225)
  1998 Ed. (1244, 1251, 2922, 2977)
  1999 Ed. (192, 1821, 1822, 3897, 3973)
  2000 Ed. (3611, 3612)
  2003 Ed. (4028)
Lagardere Groupe SCA
  2005 Ed. (167)
  2014 Ed. (4178)
  2015 Ed. (4159)
  2016 Ed. (4073)
  2017 Ed. (4047)
  2018 Ed. (4071)
  2019 Ed. (4066)
Lagardere SCA
  2001 Ed. (1986, 4320)
  2002 Ed. (3766)
  2004 Ed. (4047)
  2005 Ed. (1773)
  2007 Ed. (2460, 3455, 4056)
  2008 Ed. (1847)
  2009 Ed. (1796)
  2012 Ed. (54, 95, 3606, 4170)
  2013 Ed. (55, 3658, 4160)
  2014 Ed. (4177)
  2015 Ed. (4158)
Lagardere Services Travel Retail
  2013 Ed. (159)
  2014 Ed. (163)
  2015 Ed. (190)
  2016 Ed. (185)
  2017 Ed. (173)
Lagardere Sports
  2020 Ed. (4475)
Lagardere Travel Retail
  2018 Ed. (160)
  2019 Ed. (160)
  2020 Ed. (152)
  2021 Ed. (149)
  2022 Ed. (136)
  2023 Ed. (213)
Lagasse; Emeril
  2008 Ed. (904)
  2009 Ed. (912)
Lagavulin
  1995 Ed. (3196)
  1996 Ed. (3294)
  1997 Ed. (3391)
  1998 Ed. (3165, 3169)
  1999 Ed. (4153)
  2000 Ed. (3868)
  2001 Ed. (4162)
  2002 Ed. (295, 4175)
  2003 Ed. (4305)
  2004 Ed. (4315)
Lagicam
  2018 Ed. (2595)
  2020 Ed. (2567)
  2021 Ed. (2528)
Lago Mar
  1997 Ed. (3130)
Lago Mar, FL
  1998 Ed. (2871)
Lagos
  1990 Ed. (867)
Lagos/Apapa
  1992 Ed. (1394)
Lagos Business School
  2013 Ed. (1949)
Lagos, Nigeria
  1992 Ed. (2281)
  2009 Ed. (254)
  2011 Ed. (3499)
  2013 Ed. (3536)
  2022 Ed. (3312)
LaGrance Dame Champagne
  1997 Ed. (938)
LaGrange College
  2008 Ed. (1063)
  2009 Ed. (1039)
  2010 Ed. (1005)
LaGrange, GA
  2016 Ed. (3384)
LAgraphico
  2009 Ed. (4109)
  2010 Ed. (1523)
LaGuardia
  1989 Ed. (245)
  1992 Ed. (306, 307)
Laguardia Marriott Hotel
  1999 Ed. (2763)
Laguardia, NY
  1991 Ed. (214, 215)
Laguna Development Corp.
  2008 Ed. (1979)
  2009 Ed. (1934)
  2010 Ed. (1870)
  2016 Ed. (1867)
  2021 Ed. (1742, 3591)
  2022 Ed. (3642)
Laguna Development Corp./Route 66 Casino Hotel & Travel Center
  2021 Ed. (1742, 3591)
  2022 Ed. (3642)
Laguna Honda Hospital
  2002 Ed. (2455)
Laguna Niguel, CA
  1991 Ed. (3272)
  1996 Ed. (3631)
Laguna Porec
  1997 Ed. (3928)
Laguna Seca Raceway
  1989 Ed. (987)
Laguna Wildland Fire
  2002 Ed. (2880)
Lagunitas
  2015 Ed. (630)
  2016 Ed. (580, 581)
  2017 Ed. (608, 609, 610)
  2018 Ed. (572)
  2019 Ed. (585, 586)
  2020 Ed. (570, 571)
  2021 Ed. (543)
  2022 Ed. (571)
  2023 Ed. (820)
Lagunitas Brewing Co.
  2000 Ed. (3126)
  2013 Ed. (697)
  2014 Ed. (720, 721)
  2015 Ed. (768, 769)
  2016 Ed. (690, 692)
  2017 Ed. (742, 743)
  2018 Ed. (682)

Lahey Clinic
  2013 Ed. (3078)
Lahey Clinic Foundation Inc.
  2008 Ed. (1907)
  2009 Ed. (1869)
  2010 Ed. (1800)
  2011 Ed. (1828)
  2013 Ed. (1841)
Lahey Clinic Hospital
  2004 Ed. (2907)
  2005 Ed. (2911)
Lahey Clinic Hospital Inc.
  2015 Ed. (1817)
  2016 Ed. (1776)
Lahey Clinic Inc.
  2012 Ed. (1687)
Lahey Clinic Medical Center
  2008 Ed. (3063)
  2010 Ed. (3079)
Lahey Hitchcock Clinic
  2003 Ed. (2822)
Lahmeyer International
  2003 Ed. (2309, 2318)
  2004 Ed. (2390, 2395)
  2005 Ed. (2431)
Lahmeyer International GmbH
  1991 Ed. (1560)
  1992 Ed. (1965, 1966)
  1995 Ed. (1694)
  1996 Ed. (1676)
  1997 Ed. (1757)
  2006 Ed. (2471)
  2007 Ed. (2436)
  2008 Ed. (2563)
  2009 Ed. (2571)
  2010 Ed. (2487)
  2011 Ed. (2495)
Lahte Ehituse AS
  2016 Ed. (1533)
LAI
  2000 Ed. (1863, 1864)
LAI Ward Howell
  2000 Ed. (1867)
LAI Worldwide
  2001 Ed. (2310, 2313)
Laidlaw Class B
  1993 Ed. (2588, 3593)
Laidlaw Environmental
  1998 Ed. (1476, 1481, 1483, 1485, 1487, 1488, 1490)
Laidlaw Environmental Services Inc.
  1999 Ed. (4578)
Laidlaw Global Corp.
  2002 Ed. (3563)
Laidlaw Inc.
  1991 Ed. (3417)
  1992 Ed. (4148)
  1993 Ed. (3614)
  1994 Ed. (2064)
  1995 Ed. (3655)
  1996 Ed. (1313, 1315, 3733)
  1997 Ed. (1373, 1781, 3132, 3789)
  1998 Ed. (1477)
  1999 Ed. (4652, 4654)
  2000 Ed. (1859, 4292)
  2001 Ed. (1658, 3834)
  2002 Ed. (1608, 1610)
  2003 Ed. (4805)
  2004 Ed. (1664)
Laidlaw Industries
  1989 Ed. (2479)
Laidlaw International Inc.
  2005 Ed. (3308, 3309, 4749, 4756, 4757)
  2006 Ed. (2994, 3296, 3297, 4802, 4810, 4811)
  2007 Ed. (3357, 3358, 4822, 4823)
  2008 Ed. (3455, 4750)
  2009 Ed. (3533)
  2010 Ed. (3456)
  2011 Ed. (3458)
  2014 Ed. (3491, 3492)
  2015 Ed. (3509, 3510)
  2016 Ed. (3368, 3369)
Laidlaw; Lord
  2007 Ed. (4926)
  2008 Ed. (4007, 4900)
  2009 Ed. (4919)
  2010 Ed. (4923)
  2012 Ed. (4923)
  2013 Ed. (4905)
Laidlaw & Mead Inc.
  1993 Ed. (2271)
Laidlaw Transit Inc.
  2001 Ed. (3158)
  2003 Ed. (2273, 3239, 3240)
  2005 Ed. (3308, 3309)
  2006 Ed. (3296, 3297)
  2007 Ed. (3357, 3358)
  2008 Ed. (3454)
  2009 Ed. (3532)
  2010 Ed. (3456)
Laidlaw Transit Services
  1997 Ed. (841)
  1998 Ed. (539)
  1999 Ed. (957)
  2000 Ed. (989)
  2001 Ed. (3159)
  2002 Ed. (863)

2006 Ed. (4017)
Laidlaw Transportation
  1990 Ed. (3642, 3646)
  1991 Ed. (2657, 2658, 2659)
  1992 Ed. (1599, 2417, 3102, 3318, 4313, 4338)
Laidlaw Transportation Class B
  1991 Ed. (2656)
Laidlaw Transportation Class B NV
  1991 Ed. (3403)
Laidlaw Transportation Limited Class B
  1991 Ed. (2479)
Laidlaw Waste Systems Inc.
  1997 Ed. (1780)
  1998 Ed. (1491)
Laiki
  2001 Ed. (27)
Laiki Bank
  2005 Ed. (32)
  2006 Ed. (39)
  2009 Ed. (40)
  2010 Ed. (50)
Laiki Group
  2003 Ed. (481)
  2004 Ed. (477)
  2005 Ed. (484)
  2006 Ed. (430)
  2007 Ed. (428)
  2008 Ed. (402)
  2009 Ed. (424)
  2010 Ed. (400)
Laing
  1994 Ed. (1380)
Laing & Cruickshank
  1992 Ed. (2139, 2785)
Laing Homes; John
  1992 Ed. (1361)
Laing O'Rourke
  2015 Ed. (1158, 2094)
  2016 Ed. (2072)
  2017 Ed. (1102, 2030)
  2018 Ed. (1030, 1986)
Laing O'Rourke Corporation Ltd.
  2023 Ed. (2751)
Laing Properties
  1989 Ed. (2288)
L'Air Group
  1991 Ed. (1790)
L'Air Liquide
  2014 Ed. (1604)
L'Air Liquide Canada
  2009 Ed. (3226)
  2010 Ed. (3159)
L'Air Liquide Group
  1991 Ed. (1788)
L'Air Liquide SA
  2013 Ed. (941, 947, 948, 964, 968, 982)
  2014 Ed. (894, 900, 901, 917, 918, 931)
  2015 Ed. (922, 927, 941, 952)
  2016 Ed. (825, 831, 832, 850, 862)
  2017 Ed. (882, 888, 889, 910, 920)
  2018 Ed. (822, 823, 853)
  2019 Ed. (839, 840, 865)
  2020 Ed. (852)
L'Air Liquide Societe Anonyme pour l'Etude et l'Exploitation des Procedes Georges Claude SA
  2023 Ed. (1732, 3663)
L'Air du Temps
  1990 Ed. (2794)
  1995 Ed. (2875)
Laird
  2006 Ed. (2402)
  2017 Ed. (2872)
Laird Family
  2019 Ed. (4922)
Laird Group
  2007 Ed. (2350)
  2008 Ed. (2476)
The Laird Group Plc
  1999 Ed. (3349)
  2000 Ed. (3086)
Laird Norton Co.
  2010 Ed. (689)
  2011 Ed. (618, 619)
  2012 Ed. (589)
  2013 Ed. (723, 2856)
  2014 Ed. (746, 2885)
  2015 Ed. (2929, 2930)
  2016 Ed. (2859, 2860)
L'Aire Liquide
  1994 Ed. (1370)
L'Aire Liquide Group
  1990 Ed. (1889)
Laithwaite; Tony
  2008 Ed. (4909)
Laitram
  2016 Ed. (1744)
  2019 Ed. (1741)
Laiwa; Chan
  2013 Ed. (4955)
  2015 Ed. (4916)
Lajoie, 1933; Napolean
  1991 Ed. (702)
Lajuana Bradford
  2012 Ed. (2157)
Lakarya
  2021 Ed. (2984)

Lakbroke Hotels Plc
  1990 Ed. (2090)
Lake Ann Camp
  2013 Ed. (4205)
Lake Apopka Natural Gas District
  2000 Ed. (2318)
Lake Austin Spa Resort
  2015 Ed. (3166)
Lake Book Manufacturing, Inc.
  1992 Ed. (3533)
Lake Buena Vista Village
  1992 Ed. (332)
Lake Champlain Chocolates
  2014 Ed. (2397)
Lake Charles Cogeneration LLC
  2009 Ed. (919)
Lake Charles, LA
  1989 Ed. (1612)
  1990 Ed. (1004, 1149)
  1992 Ed. (3491, 3493)
  1995 Ed. (3112)
  1996 Ed. (3207, 3208)
  1997 Ed. (3304)
  2002 Ed. (1061)
  2003 Ed. (3910)
  2012 Ed. (3499)
  2013 Ed. (3544)
  2017 Ed. (2449)
  2020 Ed. (2357)
Lake Charles Methanol
  2019 Ed. (1334)
Lake Charleston
  1997 Ed. (3130)
Lake Charleston, FL
  1998 Ed. (2871)
Lake City Bank
  2021 Ed. (373)
  2022 Ed. (386)
  2023 Ed. (504)
Lake City Federal Bank
  2022 Ed. (4311)
  2023 Ed. (4341)
Lake Clark National Park
  1990 Ed. (2667)
Lake Co. Forest Preserve District, IL
  1991 Ed. (2527)
Lake Compounce Amusement Park
  1995 Ed. (216)
Lake Consulting
  2020 Ed. (23)
  2021 Ed. (25)
  2022 Ed. (23)
  2023 Ed. (64)
Lake Consulting Inc.
  2008 Ed. (16)
  2009 Ed. (19)
  2015 Ed. (25)
Lake County Convention & Visitors Bureau
  2008 Ed. (1805)
  2009 Ed. (1752)
Lake County Forest Preserve District
  2008 Ed. (2765)
  2009 Ed. (2824)
  2010 Ed. (2768)
  2011 Ed. (2752)
  2012 Ed. (2687)
  2013 Ed. (2773)
  2014 Ed. (2754)
  2015 Ed. (2808)
  2016 Ed. (2741)
Lake County Government
  2020 Ed. (1540)
  2021 Ed. (1522)
Lake County, IL
  1989 Ed. (1643)
  1990 Ed. (2155, 2164, 2167)
  1992 Ed. (2582, 3735)
  1993 Ed. (2147, 2150)
  1994 Ed. (2171, 2173)
  2012 Ed. (4372)
  2021 Ed. (3318)
Lake County, IN
  1998 Ed. (2081, 2082, 2083)
Lake County Press Inc.
  2007 Ed. (4010)
Lake County Schools
  2019 Ed. (1571)
  2021 Ed. (1522)
  2022 Ed. (1539)
  2023 Ed. (1714)
Lake Erie
  2004 Ed. (4537)
Lake Erie Electric Cos.
  2019 Ed. (1186)
  2020 Ed. (1177, 1189)
  2021 Ed. (1150, 1164)
  2022 Ed. (1157, 1165)
Lake Flato Architects
  2021 Ed. (186)
Lake Forest Bank & Trust Co.
  2010 Ed. (394)
  2011 Ed. (319)
  2020 Ed. (334)
  2021 Ed. (372)
  2022 Ed. (385)

Lake Forest Bank & Trust Co., National Association
  2021 Ed. (372)
  2022 Ed. (385)
Lake Forest Bank & Trust Company, National Association
  2023 Ed. (503)
Lake Forest Chrysler-Plymouth Inc.
  1990 Ed. (340)
  1991 Ed. (307)
  1992 Ed. (412)
  1993 Ed. (297)
  1994 Ed. (266)
Lake Havasu City, AZ
  2011 Ed. (919)
Lake Havasu City-Kingman, AZ
  2022 Ed. (3411)
Lake Isle Press
  2005 Ed. (733)
  2006 Ed. (645)
Lake to Lake
  1996 Ed. (920)
  2001 Ed. (1169)
Lake; Marianne
  2016 Ed. (4934)
  2021 Ed. (4933)
  2022 Ed. (4928)
  2023 Ed. (2780, 4935)
Lake Mead National Recreation Area
  1990 Ed. (2665, 2666)
Lake Michigan Credit Union
  2004 Ed. (1930)
  2005 Ed. (2070)
  2006 Ed. (2164, 2203)
  2007 Ed. (2124)
  2008 Ed. (2239)
  2009 Ed. (2225)
  2010 Ed. (2179)
  2011 Ed. (2197)
  2012 Ed. (2057)
  2013 Ed. (2240)
  2014 Ed. (2172)
  2015 Ed. (2219, 2236)
  2016 Ed. (2190, 2207)
  2018 Ed. (2102)
  2020 Ed. (2081)
  2021 Ed. (2027, 2071)
  2022 Ed. (2062, 2106)
  2023 Ed. (2174, 2221)
Lake Michigan University Credit Union
  2004 Ed. (1966)
  2005 Ed. (2108)
Lake Niagara
  1992 Ed. (4438, 4439, 4440)
Lake Norman Realty Inc.
  2021 Ed. (4943)
Lake Norman Transportation
  2007 Ed. (3586)
  2008 Ed. (4976)
Lake Ontario Cement
  1990 Ed. (922)
Lake Orion, MI
  1993 Ed. (336)
Lake Perris State Recreation Area
  1999 Ed. (3704)
Lake Region Credit Union
  1996 Ed. (1511)
  2000 Ed. (221)
  2002 Ed. (1884)
Lake Region CU
  2000 Ed. (1629)
Lake Region Lutheran Home Inc.
  2013 Ed. (1960)
  2015 Ed. (1941)
Lake Shore National Bank
  1990 Ed. (520)
  1991 Ed. (478)
Lake Shore National, IL
  1989 Ed. (2151)
Lake Shore Savings Bank
  2021 Ed. (4312)
  2022 Ed. (4319)
  2023 Ed. (4349)
Lake Sonoma Winery
  2015 Ed. (4990)
Lake-Sumter, FL
  1998 Ed. (2871)
Lake Superior Paper
  1995 Ed. (2831)
Lake Tobias Wildlife Park
  2019 Ed. (2529)
Lake Trust Credit Union
  2012 Ed. (2057)
  2013 Ed. (2240)
  2014 Ed. (2172)
  2015 Ed. (2236)
  2016 Ed. (2207)
  2018 Ed. (2102)
  2020 Ed. (2081)
  2021 Ed. (2071)
  2022 Ed. (2106)
  2023 Ed. (2174, 2221)
Lake | Flato
  2017 Ed. (209)
LakeChamplainChocolates.com
  2009 Ed. (2445)

CUMULATIVE INDEX • 1989-2023

Lakefront Brewery Inc.
 2018 Ed. (579)
 2019 Ed. (596)
 2020 Ed. (578)
Lakehead Pipe Line Co.
 1989 Ed. (2233)
 1991 Ed. (2743, 2744, 2745, 2746)
 1993 Ed. (2855, 2856, 2857, 2858, 2859, 2861)
 1994 Ed. (2876, 2879, 2880, 2882, 2883)
 1997 Ed. (3120, 3121, 3122, 3125)
 1998 Ed. (2857, 2858, 2862, 2863, 2865, 2866)
 1999 Ed. (3828, 3829, 3835)
Lakehead Pipe Line Co. L.P.
 1995 Ed. (2942, 2943, 2944, 2945, 2946, 2949)
 1996 Ed. (3040, 3042, 3043, 3044)
 2000 Ed. (2313, 2315)
 2001 Ed. (3799, 3801, 3803)
Lakehead Pipe Line Partners LP
 2003 Ed. (3879)
Lakehead Pipeline Co. Inc.
 1992 Ed. (3464, 3465, 3466)
Lakehead University
 2008 Ed. (1084)
 2009 Ed. (1057, 1069)
Lakeland Area Chamber
 2000 Ed. (1004)
Lakeland Area Chamber of Commerce
 2002 Ed. (958)
Lakeland Bank
 2021 Ed. (342, 389)
 2022 Ed. (354, 402)
 2023 Ed. (446, 524)
The Lakeland Center
 1999 Ed. (1417)
 2002 Ed. (1334)
Lakeland Christian School
 2010 Ed. (4438)
Lakeland Electric
 2000 Ed. (3675)
Lakeland Electric & Water
 1998 Ed. (2965)
 1999 Ed. (3965)
Lakeland Financial Corp.
 2013 Ed. (1731)
 2018 Ed. (337)
 2019 Ed. (340)
Lakeland First Financial Group Inc.
 1991 Ed. (1166)
Lakeland, FL
 1991 Ed. (2781)
 1998 Ed. (2472)
 2007 Ed. (3361)
 2008 Ed. (3459)
Lakeland Industrial Condos
 1991 Ed. (1044)
Lakeland Joint School District
 2016 Ed. (2124)
 2021 Ed. (1956)
 2022 Ed. (2000)
Lakeland Joint School District No. 272
 2023 Ed. (2101)
Lakeland Joint School District, No. 272
 2021 Ed. (1956)
Lakeland Office Condos
 1990 Ed. (1145)
 1991 Ed. (1043)
Lakeland Regional Medical Center
 1998 Ed. (1990)
 2000 Ed. (2528)
 2002 Ed. (2621)
 2005 Ed. (2893)
 2014 Ed. (3075)
 2015 Ed. (3140)
Lakeland Regiopnal Medical Center
 1999 Ed. (2748)
Lakeland Savings Bank, Savings & Loan Association
 1990 Ed. (3580)
Lakeland State
 1990 Ed. (650)
Lakeland-Winter Haven, FL
 1994 Ed. (2536)
 2002 Ed. (2713)
 2003 Ed. (232)
 2004 Ed. (190, 4762)
 2020 Ed. (2357)
Lakemont Homes
 2005 Ed. (1226, 1227)
Lakeport Brewing Income Fund
 2008 Ed. (560)
Lakeridge
 1998 Ed. (3745, 3753)
 1999 Ed. (4791)
Lakers; Los Angeles
 2005 Ed. (646)
 2006 Ed. (548)
 2007 Ed. (579)
 2008 Ed. (530)
 2009 Ed. (565)
 2010 Ed. (548)
 2011 Ed. (476)
 2012 Ed. (433)
 2013 Ed. (546)
 2014 Ed. (560)
 2015 Ed. (623)
 2016 Ed. (570)
 2017 Ed. (599, 4473, 4474)
 2018 Ed. (563, 4492, 4493)
 2019 Ed. (582, 4485, 4486)
 2020 Ed. (565)
 2022 Ed. (557, 4474)
Lakes Credit Union
 2002 Ed. (1826)
Lakes Gaming Inc.
 2004 Ed. (2716)
Lakes Gas Co.
 2021 Ed. (4000)
Lakes Leasing
 2018 Ed. (2641)
Lakes, Sun Valley, Jackson Hole Sotheby's International Realty
 2021 Ed. (4054, 4056, 4065)
 2022 Ed. (4081)
Lakeshore
 2007 Ed. (2495)
 2008 Ed. (2627)
 2009 Ed. (2655)
Lakeshore Community Hospital Inc.
 2014 Ed. (1789, 2903)
Lakeshore Learning Materials
 2015 Ed. (2480)
Lakeshore Staffing
 2002 Ed. (1067)
Lakeshore TolTest Corp.
 2013 Ed. (1855)
 2014 Ed. (1786)
LakeshoreLearning.com
 2011 Ed. (2371)
Lakeside Bancorp
 2015 Ed. (380)
Lakeside Bank
 2002 Ed. (540)
 2008 Ed. (430)
 2010 Ed. (434)
 2011 Ed. (359)
 2012 Ed. (358)
Lakeside Bank of Salina
 1999 Ed. (442)
 2000 Ed. (435)
Lakeside Book Co.
 2023 Ed. (4042, 4045)
Lakeside Building Maintenance Inc.
 2005 Ed. (1790)
 2006 Ed. (1761)
Lakeside Cabinets & Woodworking
 2015 Ed. (5043)
Lakeside-Centennial Corp.
 1992 Ed. (2998, 3513)
Lakeside Farm Industries Ltd.
 1993 Ed. (2517, 2518, 2524, 2895, 2896, 2897)
 1996 Ed. (2584, 2585, 2592, 3059, 3060, 3067)
 1997 Ed. (2739, 3146)
Lakeside Foods Inc.
 2008 Ed. (2782)
 2009 Ed. (2840)
 2010 Ed. (2781)
 2011 Ed. (2770)
 2012 Ed. (2699)
 2014 Ed. (2774, 2783)
 2015 Ed. (2829)
 2016 Ed. (2761)
 2017 Ed. (2724)
 2018 Ed. (2781)
 2019 Ed. (2757)
Lakeside Mall
 2000 Ed. (4028)
 2001 Ed. (4252)
 2002 Ed. (4280)
Lakeside Packers
 1994 Ed. (2460, 2912)
 1995 Ed. (2520, 2521, 2528, 2960, 2961, 2969)
Lakeside Re II Ltd.
 2012 Ed. (3213)
Lakeside Steel
 2011 Ed. (4534)
Lakeview Farms
 2023 Ed. (2986)
Lakeview Farms Inc.
 2018 Ed. (741)
 2020 Ed. (2165)
Lakeview Hospital
 2015 Ed. (3142)
Lakewood
 1990 Ed. (2001)
 1992 Ed. (2394)
 1993 Ed. (2026)
 1994 Ed. (2043)
 1998 Ed. (1921)
 1999 Ed. (2658)
 2000 Ed. (2441)
 2002 Ed. (2466)
Lakewood Amphitheatre
 2001 Ed. (374)
Lakewood Center Mall
 1994 Ed. (3300)
 1995 Ed. (3377)
 1999 Ed. (4310)
 2000 Ed. (4030)
 2003 Ed. (4407)

Lakewood, CO
 2006 Ed. (3241)
 2012 Ed. (1461)
Lakewood College
 2015 Ed. (1947)
Lakewood Group
 1992 Ed. (3125)
Lakewood Homes
 1998 Ed. (872, 873, 897)
 1999 Ed. (1327)
 2000 Ed. (1186, 1187, 1208)
 2002 Ed. (1183)
 2003 Ed. (1153)
 2004 Ed. (1158, 1200, 1201)
 2005 Ed. (1186)
Lakewood Industrial Park
 1992 Ed. (2597)
Lakewood University
 2022 Ed. (2224)
LakelFlato Architects
 2015 Ed. (212)
 2017 Ed. (206)
Lakhbir Hayre
 1998 Ed. (1612)
 1999 Ed. (2201)
 2000 Ed. (1974)
Lakin General Corp.
 2005 Ed. (4695)
Lakis Athanasiou
 1999 Ed. (2351)
Lakota Express Inc.
 2007 Ed. (1981)
Lakota Local School District
 2022 Ed. (1832)
Lakota Resources Inc.
 2004 Ed. (1665)
Lakretz; James F.
 1995 Ed. (933)
Lakshmi Mittal
 2005 Ed. (4861, 4888, 4897)
 2006 Ed. (4926, 4927)
 2007 Ed. (4909, 4911, 4914, 4915, 4916, 4923)
 2008 Ed. (4841, 4864, 4879, 4881, 4882, 4896, 4901)
 2009 Ed. (4902, 4903, 4904, 4917)
 2010 Ed. (4877, 4895, 4903, 4904, 4905, 4921)
 2011 Ed. (4887, 4891, 4892, 4893, 4910)
 2012 Ed. (4872, 4899, 4900, 4901, 4921)
 2013 Ed. (4875, 4876, 4901, 4916)
 2014 Ed. (4889, 4890, 4913)
 2015 Ed. (4928, 4929)
 2016 Ed. (4844, 4845)
 2017 Ed. (4851)
 2018 Ed. (4858, 4859)
 2019 Ed. (4853)
 2020 Ed. (4843)
 2021 Ed. (4843, 4844)
 2022 Ed. (4839)
 2023 Ed. (4834)
Lakshmi Raj
 2012 Ed. (4986)
Lakson Tobacco
 2001 Ed. (65)
Laksono Widodo
 2000 Ed. (2142)
LALA
 2023 Ed. (4485)
Lala
 2020 Ed. (2717, 3539)
 2022 Ed. (3617)
 2023 Ed. (4486)
Other LALA brands
 2023 Ed. (3715)
Lala Group
 2021 Ed. (2124, 2126)
 2023 Ed. (2270)
Lala USA
 2012 Ed. (2103)
Laleham Health & Beauty Solutions Ltd.
 2012 Ed. (750, 3950)
 2013 Ed. (4011)
Lalia Pence
 2015 Ed. (3425)
 2016 Ed. (3285)
 2017 Ed. (3245)
 2019 Ed. (3297)
Laliberte; Guy
 2005 Ed. (4873)
 2010 Ed. (4883)
 2011 Ed. (4871)
 2012 Ed. (4879)
LaLiga
 2021 Ed. (664)
 2022 Ed. (4429)
Lalin Property
 2023 Ed. (2076)
Lalita Gupta
 2000 Ed. (2157)
Lalji family
 2005 Ed. (4871)
Lallo's Pizza
 1996 Ed. (3045)
 1997 Ed. (3126)
Lally, McFarland & Pantello
 1997 Ed. (45)

Lally McFarland & Pantello Euro RSCG
 2003 Ed. (35)
Lalo Cavos Construction
 2004 Ed. (1220)
LaLoren, Inc.
 2000 Ed. (2250)
 2001 Ed. (2493)
Lalvani; Gulu
 2008 Ed. (4896)
Lam; B. Y.
 1995 Ed. (935)
Lam; Barry
 2008 Ed. (4852)
 2009 Ed. (4874)
 2010 Ed. (4875)
 2011 Ed. (4863, 4864)
 2012 Ed. (4869)
 2013 Ed. (4913)
 2014 Ed. (4923)
 2015 Ed. (4963)
 2016 Ed. (4879)
 2017 Ed. (4870)
 2018 Ed. (4891)
 2019 Ed. (4883)
 2020 Ed. (4872)
 2021 Ed. (4873)
 2022 Ed. (4869)
 2023 Ed. (4863)
Lam Fong Ngo
 2015 Ed. (4939)
Lam Research
 2016 Ed. (4339, 4342)
 2017 Ed. (1010, 4340, 4341, 4344, 4349, 4351)
 2018 Ed. (942, 1392, 4337, 4338, 4340)
 2019 Ed. (4364, 4367, 4369, 4375, 4378)
 2020 Ed. (925, 4360, 4361, 4363, 4368, 4371)
 2021 Ed. (1317, 1396, 4372, 4373, 4377)
 2022 Ed. (1331, 1338, 1339, 4374, 4386)
 2023 Ed. (1119, 1544, 3605, 4406, 4408, 4410)
Lam Research Corp.
 1992 Ed. (3913)
 1995 Ed. (3285)
 1996 Ed. (3397)
 1997 Ed. (1083)
 1998 Ed. (831, 3275)
 1999 Ed. (1446, 1973)
 2000 Ed. (3992)
 2001 Ed. (4219)
 2002 Ed. (2099, 2470)
 2004 Ed. (2230)
 2006 Ed. (3037)
 2007 Ed. (4343, 4349, 4350)
 2008 Ed. (1534, 1596, 1602, 1604, 1607, 1609, 3644, 4307, 4309, 4608, 4613, 4614)
 2009 Ed. (2916, 3270, 3608)
 2012 Ed. (4459, 4461)
 2017 Ed. (3388)
 2018 Ed. (1428, 3455)
 2019 Ed. (3426)
 2020 Ed. (3426)
 2021 Ed. (1432, 2862, 3441)
 2022 Ed. (1438, 3499)
 2023 Ed. (1123, 1973, 3624)
LAM Services
 2019 Ed. (1958)
Lam Son Sugar
 2014 Ed. (2073)
Lam Soon Edible Oils Sdn. Bhd.
 2013 Ed. (93)
Lam Wai Ying
 2021 Ed. (4930)
Lam Wai-ying
 2022 Ed. (4924)
Lama SK, s.r.o.
 2018 Ed. (1905)
Lama Sulaiman
 2013 Ed. (3472)
Lamagna Cheese Co.
 2022 Ed. (870)
Lamalie Amrop International
 1996 Ed. (1707, 1708)
 1997 Ed. (1792)
 1998 Ed. (1504)
Lamalie Associates
 1993 Ed. (1691)
Lamalie; Robert E.
 1991 Ed. (1614)
Lamar
 2000 Ed. (212)
Lamar Advertising Co.
 2001 Ed. (1544, 3251)
 2002 Ed. (1425, 3284)
 2004 Ed. (102)
 2005 Ed. (99)
 2006 Ed. (115, 170)
 2007 Ed. (104, 172)
 2009 Ed. (177, 4184)
 2012 Ed. (81)
 2014 Ed. (3200)
 2015 Ed. (1791)
 2017 Ed. (1722)
 2019 Ed. (1740)
 2020 Ed. (1685)

Lamar Consolidated Independent School
District
  2016 Ed. (2050)
  2018 Ed. (1960)
  2019 Ed. (2014)
  2020 Ed. (1942)
  2021 Ed. (1902)
Lamar Construction Co.
  2006 Ed. (1172)
Lamar Johnson Collaborative
  2023 Ed. (290)
Lamar; Kendrick
  2015 Ed. (1136)
  2018 Ed. (3688)
  2019 Ed. (3674, 3675)
  2020 Ed. (3640)
  2021 Ed. (3645)
Lamar Media Corp.
  2003 Ed. (196)
Lamar Outdoor Advertising
  1998 Ed. (91)
Lamar Savings Association
  1989 Ed. (2823)
Lamar Sp. z o.o.
  2018 Ed. (1881)
Lamar University
  2008 Ed. (3627)
LaMarque Justice Center
  2002 Ed. (2419)
Lamasil AT
  2004 Ed. (2671, 2672)
Lamaze Parents' Magazine
  1989 Ed. (277)
  1990 Ed. (287)
Lamb
  1997 Ed. (2669, 2672)
  2001 Ed. (3237, 3238, 3239, 3242, 3243)
  2003 Ed. (3327, 3334, 3335, 3343)
  2004 Ed. (3404, 3405)
  2005 Ed. (3417, 3418)
  2006 Ed. (3427, 3428)
  2007 Ed. (3442, 3443)
Lamb FSA MAAA; James D.
  2008 Ed. (16)
Lamb; Kathleen
  1997 Ed. (1938)
Lamb Nissan
  1993 Ed. (279)
Lamb Weston
  2023 Ed. (2935)
Lamb Weston Alexia
  2022 Ed. (2820, 2841)
  2023 Ed. (2935, 2936, 2954)
Lamb Weston Arby's
  2022 Ed. (2820)
Lamb Weston Checkers/Rally's Fms Fries
  2022 Ed. (2820)
Lamb Weston Holdings
  2019 Ed. (2719)
Lamb Weston Holdings Inc.
  2020 Ed. (2793, 2806)
  2021 Ed. (2666, 2677)
  2022 Ed. (2809)
Lamb Weston Holdings. Inc.
  2023 Ed. (2931)
Lamb-Weston Inc.
  2001 Ed. (2477)
  2017 Ed. (2732)
  2021 Ed. (2672)
Lamb Weston Nathan's Famous
  2022 Ed. (2841)
  2023 Ed. (2954)
Lamb Weston Red Robin
  2022 Ed. (2841)
  2023 Ed. (2954)
Lambda EMI Inc.
  2003 Ed. (1566, 1784, 2191)
Lambeau Field
  2020 Ed. (4344)
  2021 Ed. (4360)
  2022 Ed. (4366)
Lambeau Field (Green Bay, WI)
  2021 Ed. (4360)
  2022 Ed. (4366)
Lambert
  2020 Ed. (4044)
  2021 Ed. (4004, 4009, 4013)
  2022 Ed. (4018, 4022, 4027, 4031, 4038, 4044)
  2023 Ed. (4104, 4127, 4132, 4143)
Lambert Airport
  1997 Ed. (220)
Lambert; Alexa
  2019 Ed. (4118)
Lambert; Allen J.
  2008 Ed. (278)
Lambert & Bulter King Size
  1996 Ed. (972)
Lambert & Butler
  1997 Ed. (991)
  2001 Ed. (1233)
Lambert & Co.
  2020 Ed. (4043, 4050)
  2021 Ed. (4019)
Lambert, Edwards
  2011 Ed. (4129)
  2012 Ed. (4158)

Lambert, Edwards & Associates
  2013 Ed. (4139)
  2018 Ed. (4040)
  2019 Ed. (4033, 4040)
Lambert, Edwards + Associates
  2015 Ed. (4138)
  2016 Ed. (4052)
  2017 Ed. (4023)
  2018 Ed. (4047)
Lambert Fenchurch Group, PLC
  1999 Ed. (2909)
  2000 Ed. (2664, 3751)
  2001 Ed. (4037)
Lambert; J. Hamilton
  1990 Ed. (2479)
  1991 Ed. (2343)
  1992 Ed. (2904)
Lambert Landscape Co.
  2011 Ed. (3421)
  2012 Ed. (3442)
Lambert; Miranda
  2017 Ed. (3625)
Lambert Riviere
  1996 Ed. (933)
Lambert-St. Louis Municipal
  2000 Ed. (271)
Lambert Somec
  1991 Ed. (1554)
Lambert; Ted
  2006 Ed. (3506, 4345)
Lamberto Andreotti
  2015 Ed. (967)
LambertsBRS
  2004 Ed. (4)
Lambertsson Sverige AB
  2019 Ed. (3353)
Lambesis
  1997 Ed. (138)
Lambie Custom Homes
  2016 Ed. (1716)
  2017 Ed. (1698)
Lambie-Geer Homes
  2002 Ed. (2684)
  2003 Ed. (1176)
  2004 Ed. (1183)
  2005 Ed. (1209)
Lambie Nairn/Tutssels
  1999 Ed. (2836)
Lamborghini
  2021 Ed. (251, 3399, 3406)
  2022 Ed. (272, 3455)
  2023 Ed. (370, 3570)
Lamborghini Countach
  1991 Ed. (354)
  1992 Ed. (483)
Lambrakis Press
  2002 Ed. (341)
Lamb's Navy
  1991 Ed. (2907)
  1992 Ed. (2891, 3753)
Lamers Bus Lines
  2018 Ed. (704)
  2019 Ed. (718)
Lamesa National Bank
  1989 Ed. (218)
Lamia
  2020 Ed. (1523)
Lamictal Chewable Dispersible
  2001 Ed. (2099)
Laminadora do Sul
  2005 Ed. (1563)
Laminados Siderurgicos de Orense SA
  2003 Ed. (1825)
Laminate U.S.
  2008 Ed. (1165)
Lamino Group
  1999 Ed. (1629)
Lamisil
  2001 Ed. (2495)
  2003 Ed. (4429)
  2007 Ed. (3910)
Lamisil AT
  2001 Ed. (2491, 2492)
  2002 Ed. (2317)
  2003 Ed. (2537, 3773)
Lammer; Dr. Peter
  2005 Ed. (2463)
  2006 Ed. (2500)
Lammie's Western Wear & Tack
  2007 Ed. (1568)
Lamond; George
  1993 Ed. (1078)
Lamont Financial Services
  1991 Ed. (2164, 2172)
  1993 Ed. (2269, 2270, 2271)
  1995 Ed. (2331, 2338, 2339)
  1996 Ed. (2358, 2359)
  1997 Ed. (2480, 2481)
  1998 Ed. (2229, 2235, 2236)
  1999 Ed. (3014, 3020)
  2000 Ed. (2757)
  2001 Ed. (735, 738, 782, 839, 891)
  2005 Ed. (3532)
  2007 Ed. (3656)
Lamont Smith
  2003 Ed. (227)
Lamosa, SA de CV; Grupo
  2005 Ed. (1213)

Lamp; Evan
  1997 Ed. (1955)
Lamp and Shade Centers
  1990 Ed. (2441)
Lampard; Frank
  2007 Ed. (4464)
  2012 Ed. (217)
  2013 Ed. (190)
  2018 Ed. (198)
Lampert; Edward
  2006 Ed. (2798, 4899)
  2007 Ed. (4894)
Lampert; Ira B.
  2009 Ed. (2665)
Lamprell
  2016 Ed. (3801)
  2017 Ed. (3755)
Lampropoulos; Fred P.
  2006 Ed. (3920)
Lamps
  1999 Ed. (2541, 2542)
Lamps, incandescent
  1996 Ed. (3610)
Lamps Plus
  2013 Ed. (896)
Lamps Plus Inc.
  1990 Ed. (2441)
  2004 Ed. (3258)
  2005 Ed. (3290)
  2006 Ed. (3282)
  2007 Ed. (3350)
  2008 Ed. (3446)
  2009 Ed. (3522)
  2010 Ed. (3451)
  2014 Ed. (2400)
  2022 Ed. (4981)
  2023 Ed. (4984)
Lamps.com
  2018 Ed. (2859)
  2019 Ed. (2822)
Lamps.com Inc.
  2017 Ed. (1914)
Lampson International
  2018 Ed. (1014, 1015, 1016)
  2019 Ed. (1016, 1020, 1021, 1024)
  2020 Ed. (1005, 1007, 1010, 1011)
  2021 Ed. (971, 973, 974, 976, 977, 978, 981)
  2022 Ed. (1008, 1010, 1011, 1013, 1015, 1016)
  2023 Ed. (1186, 1188, 1189, 1191, 1194, 1195)
Lampson International (U.S.)
  2021 Ed. (971)
  2022 Ed. (1008)
Lampton Welding Supply Co.
  2012 Ed. (1498, 1640, 4057, 4933)
The Lamson & Sessions Co.
  1989 Ed. (330)
  1990 Ed. (389)
  1991 Ed. (339, 340)
  1992 Ed. (473, 476, 477)
  2004 Ed. (1112)
L'Amy Inc.
  1991 Ed. (2645)
  1992 Ed. (3302)
L'Amy Lunettes
  1992 Ed. (3303)
LAN
  2014 Ed. (1506)
Lan
  2014 Ed. (4790)
  2015 Ed. (3496, 4824)
  2016 Ed. (4728)
LAN Airlines
  2007 Ed. (237)
  2008 Ed. (216)
  2009 Ed. (239, 240, 1586)
  2010 Ed. (223, 224, 1574, 1784)
  2011 Ed. (146, 147, 161, 162, 1574)
  2015 Ed. (149)
  2016 Ed. (154)
LAN Airlines SA
  2012 Ed. (158, 159, 174, 175, 1414, 4573)
  2013 Ed. (137, 138, 1539)
  2014 Ed. (147, 148)
  2015 Ed. (169, 182)
LAN cards
  1995 Ed. (1094)
Lan Chile
  1989 Ed. (243)
  2003 Ed. (753)
  2004 Ed. (763)
Lan Chile SA
  2005 Ed. (219)
  2006 Ed. (235, 236)
LAN Communications Ltd.
  2003 Ed. (2716)
Lan; Jan Yoke
  1997 Ed. (1997)
LAN Peru
  2010 Ed. (224)
  2011 Ed. (147)
  2012 Ed. (159)
  2013 Ed. (138)
Lan; R. A.
  2012 Ed. (802)

Lan & Spar Bank
  1994 Ed. (466)
LAN Systems
  2001 Ed. (1252)
  2002 Ed. (1582)
LAN Times
  1992 Ed. (3372)
Lan Yang
  2014 Ed. (4962)
Lana Jane Lewis-Brent
  1991 Ed. (3512)
Lanacaine
  1993 Ed. (231)
Lanacane
  1992 Ed. (336)
  2003 Ed. (3773)
Lanard & Axilbund Colliers International
  1998 Ed. (3000, 3020)
  1999 Ed. (4013)
Lancashire Holdings
  2007 Ed. (3117)
  2016 Ed. (3186)
  2017 Ed. (3136)
LANCAST
  1999 Ed. (2671)
Lancaster Bible College
  2012 Ed. (859)
Lancaster; Biss
  1997 Ed. (3195, 3196, 3197, 3199)
Lancaster, CA
  2010 Ed. (1522)
Lancaster Cabinet Co.
  2018 Ed. (2809)
Lancaster Colony Corp.
  1992 Ed. (2294)
  1993 Ed. (1953)
  1994 Ed. (1975)
  1995 Ed. (949, 1898)
  1996 Ed. (1933, 1938, 1940)
  1997 Ed. (2030, 2148)
  1998 Ed. (1720, 1840)
  1999 Ed. (2459)
  2000 Ed. (2337)
  2002 Ed. (1558, 2295)
  2004 Ed. (2109, 2121)
  2005 Ed. (2213)
  2006 Ed. (2291)
  2012 Ed. (2697)
  2015 Ed. (2817)
  2016 Ed. (2750, 3430)
  2017 Ed. (2703)
  2018 Ed. (3457)
  2019 Ed. (3401)
  2020 Ed. (3402)
Lancaster Co. Solid Waste Management Authority, Pa.
  1990 Ed. (2876)
Lancaster County Hospital Authority, PA
  1991 Ed. (2525)
Lancaster General
  2005 Ed. (2804)
Lancaster General Health/Penn Medicine
  2019 Ed. (1918)
  2021 Ed. (1820)
  2022 Ed. (1866)
Lancaster Group
  2003 Ed. (2550)
Lancaster; John
  2005 Ed. (926, 927)
Lancaster Laboratories
  1999 Ed. (2119)
Lancaster Mold Inc.
  2023 Ed. (3602)
Lancaster Mortgage Services Co.
  2005 Ed. (362)
Lancaster National
  1993 Ed. (592)
Lancaster, PA
  2011 Ed. (3494)
  2014 Ed. (3519)
  2021 Ed. (3346)
Lancaster, SC
  2012 Ed. (3497)
Lancaster State Bank
  1989 Ed. (219)
Lancaster Suzuki
  1992 Ed. (413)
Lancaster University
  2011 Ed. (681)
  2014 Ed. (791)
  2015 Ed. (834)
Lancaster University Management School
  2012 Ed. (620)
  2013 Ed. (766)
Lancaster-York, PA
  2017 Ed. (2677)
Lance
  1989 Ed. (359, 360)
  1991 Ed. (1738)
  1992 Ed. (495, 496, 3275)
  1995 Ed. (2795)
  2004 Ed. (2660, 2661)
  2005 Ed. (2653, 2654)
  2009 Ed. (2342, 2344)
  2013 Ed. (3842, 4063)
  2014 Ed. (3761, 4070)
  2015 Ed. (3785)
  2020 Ed. (754, 1285)

CUMULATIVE INDEX • 1989-2023

2021 Ed. (1268)
2022 Ed. (1268)
Lance Armstrong
  2007 Ed. (294)
Lance Armstrong Foundaiton
  2011 Ed. (3758)
Lance Armstrong Foundation
  2008 Ed. (2884)
Lance Bennett
  2017 Ed. (2795)
Lance Captain's Wafers
  2020 Ed. (1285)
  2021 Ed. (1268)
  2022 Ed. (1268)
Lance Fresh
  2015 Ed. (4050)
  2021 Ed. (774)
Lance; Howard L.
  2011 Ed. (844)
Lance; Ryan M.
  2015 Ed. (969)
Lance Schwimmer
  2006 Ed. (4140)
Lance Toast Chee
  2017 Ed. (1301, 1306)
  2019 Ed. (1313)
Lance ToastChee
  2020 Ed. (1285)
  2021 Ed. (1268)
  2022 Ed. (1268)
Lance Toasty
  2020 Ed. (1285)
  2021 Ed. (1268)
  2022 Ed. (1268)
Lancer Corp.
  1999 Ed. (259)
  2004 Ed. (4826, 4827)
  2005 Ed. (4813, 4814)
Lancer International
  1999 Ed. (3659)
Lancer Label
  2005 Ed. (3251)
  2012 Ed. (4034)
  2016 Ed. (3981)
Lancera
  2018 Ed. (968)
Lancers
  1992 Ed. (4458, 4464)
  2005 Ed. (4955)
Lancesoft Inc.
  2007 Ed. (3064)
  2008 Ed. (3182)
  2009 Ed. (3032)
LanChile
  2001 Ed. (316, 317)
  2005 Ed. (1838)
Lancia Y10
  1990 Ed. (374)
Lanco Paints & Coatings
  2022 Ed. (3785)
Lanco Paints & Coatings (Blanco Group)
  2022 Ed. (3785)
Lancôme
  2022 Ed. (3453)
  2023 Ed. (2125, 2144, 3569)
Lancome
  1990 Ed. (1435, 1740, 1741)
  1991 Ed. (3135)
  1993 Ed. (1420)
  2001 Ed. (1915, 1916, 1926, 1927, 1928, 4275)
  2003 Ed. (1859, 1861, 1864, 3215, 3625, 4427, 4428, 4432, 4620, 4621)
  2006 Ed. (2125)
  2007 Ed. (3819)
  2008 Ed. (2182, 2183, 2184, 2187, 2652, 3450, 3777, 3884, 4344)
  2009 Ed. (3946)
  2011 Ed. (3867)
  2012 Ed. (3843)
  2013 Ed. (2199, 3883, 3903)
  2014 Ed. (2129, 3818, 3835)
  2015 Ed. (2188, 2194, 2195, 3843, 3861)
  2016 Ed. (2164, 3749)
  2017 Ed. (3726)
  2018 Ed. (1097)
  2019 Ed. (3743)
  2020 Ed. (1099, 3786)
  2021 Ed. (1983, 3397)
  2022 Ed. (1107, 2028, 3453)
Lancome-USA.com
  2009 Ed. (2445)
Land
  2001 Ed. (4625)
Land Architects Inc.
  2005 Ed. (263)
Land Bank Philippines
  1992 Ed. (821)
  1993 Ed. (615)
  1995 Ed. (588)
  1996 Ed. (657)
  1997 Ed. (595)
  1999 Ed. (623)
  2000 Ed. (648)
  2002 Ed. (635)
  2003 Ed. (599)
  2004 Ed. (607)
  2005 Ed. (597)

2006 Ed. (513)
2007 Ed. (541)
2008 Ed. (492)
2009 Ed. (520)
2010 Ed. (500)
2011 Ed. (430)
2013 Ed. (394)
2015 Ed. (464)
2017 Ed. (424)
2018 Ed. (390)
2019 Ed. (393)
2020 Ed. (373, 386)
Land Bank of Philippines
  1990 Ed. (670)
Land Bank of the Philippines
  1989 Ed. (655)
  1991 Ed. (649)
Land Bank of Taiwan
  1989 Ed. (690, 691)
  1990 Ed. (503, 695, 1796)
  1991 Ed. (672, 673)
  1992 Ed. (845, 2157)
  1993 Ed. (641)
  1994 Ed. (644, 1849)
  1995 Ed. (616)
  1996 Ed. (690)
  1997 Ed. (624)
  1999 Ed. (646)
  2000 Ed. (671)
  2002 Ed. (654)
  2003 Ed. (618)
  2004 Ed. (627)
  2005 Ed. (616)
  2006 Ed. (529)
  2007 Ed. (559)
  2008 Ed. (511)
  2009 Ed. (545)
  2010 Ed. (528)
  2011 Ed. (457)
  2013 Ed. (400)
  2014 Ed. (414)
  2015 Ed. (471)
  2017 Ed. (432)
  2018 Ed. (397)
  2019 Ed. (400)
  2020 Ed. (393)
  2023 Ed. (612)
Land Bank of Taiwan Co., Ltd.
  2021 Ed. (494)
  2022 Ed. (508)
  2023 Ed. (733)
Land Before Time
  1991 Ed. (3448)
Land Coast
  2008 Ed. (1311)
Land Gorilla
  2018 Ed. (1022)
Land-Grant Brewing Co.
  2023 Ed. (927)
Land & House
  1994 Ed. (3157)
  1996 Ed. (3302)
  1997 Ed. (1358)
  2021 Ed. (1923)
Land & House Bank
  2020 Ed. (365, 504)
Land & Houses
  2006 Ed. (4541)
  2012 Ed. (1942)
Land & Houses Bank
  2020 Ed. (373)
Land improvements
  2002 Ed. (2711)
Land Info Worldwide Mapping
  2021 Ed. (1475)
  2022 Ed. (1493)
Land Joy International Forwarders Inc.
  1995 Ed. (3652)
  1996 Ed. (3731)
Land- und Kommunaldienst Suschetz GmbH
  2018 Ed. (1378)
Land manager
  2004 Ed. (2276)
Land Mark Printing
  2000 Ed. (908)
Land Michener Lash Johnson
  1991 Ed. (2293)
Land 'N' Sea Distributing
  2018 Ed. (628)
  2020 Ed. (624)
  2021 Ed. (580)
  2022 Ed. (609)
  2023 Ed. (848, 849)
Land O' Frost
  2008 Ed. (3608)
  2012 Ed. (3591)
  2013 Ed. (3645)
Land O Frost Inc.
  2017 Ed. (3448)
Land O Frost Premium
  2002 Ed. (3272)
  2008 Ed. (3608)
Land O' Lakes
  1994 Ed. (1422, 1873, 2441)
  1995 Ed. (1459, 2507)
  1997 Ed. (177, 948)

Land O Lakes Four Quart
  1996 Ed. (920)
Land O' Lakes Light
  2003 Ed. (1882)
Land-O-Sun Dairies
  2008 Ed. (3669)
Land O'Frost
  2014 Ed. (3586)
Land O'Frost Inc.
  2003 Ed. (2509, 3330)
  2013 Ed. (3641)
  2016 Ed. (3478, 3480)
  2017 Ed. (3445)
  2018 Ed. (3510)
  2019 Ed. (3497)
  2020 Ed. (3486)
Land O'Frost Premium
  2009 Ed. (3685)
  2014 Ed. (3576)
  2018 Ed. (3499)
  2020 Ed. (3471)
  2021 Ed. (3490)
  2022 Ed. (3550, 3551)
  2023 Ed. (3672)
Land O'Lakes
  2022 Ed. (793)
  2023 Ed. (1001)
Land O'Lakes
  2014 Ed. (823, 2338, 3557, 3651, 3652)
  2015 Ed. (862, 2404, 3580, 3668, 3669)
  2016 Ed. (750, 2347, 3555)
  2017 Ed. (800, 861, 2197, 3423)
  2018 Ed. (733, 734, 796, 3482)
  2019 Ed. (750, 1789, 2670, 2702)
  2020 Ed. (742, 812, 2686)
  2021 Ed. (758, 833, 1708)
  2022 Ed. (794, 795, 874, 1735, 2243)
  2023 Ed. (1000, 1002, 1054, 1491, 2284, 2430, 2859, 3647)
Land O'Lakes.
  2017 Ed. (801)
Land O'Lakes Cocoa Classics
  1995 Ed. (1041)
  1998 Ed. (442)
Land O'Lakes Inc.
  1991 Ed. (2470)
  1992 Ed. (3264)
  1993 Ed. (1369, 1457)
  1998 Ed. (690, 1240)
  1999 Ed. (197, 1813)
  2000 Ed. (1014, 1634, 1635, 1636, 1638, 1641, 2230, 3039, 3040, 3133, 4147, 4158, 4162)
  2001 Ed. (1080, 1166, 1973, 2476, 3310, 4313)
  2002 Ed. (1341, 1910)
  2003 Ed. (819, 820, 821, 823, 922, 926, 1375, 1376, 1882, 1883, 1960, 1961, 3311, 3312, 3411, 3412, 3688, 3689, 4493)
  2004 Ed. (1381, 1382, 1384, 2005, 2644)
  2005 Ed. (1402, 1403, 1405, 2142, 2635)
  2006 Ed. (1388, 1389, 1391, 2240, 2633, 3369)
  2007 Ed. (1426, 1427, 2160, 2610)
  2008 Ed. (820, 821, 822, 901, 1382, 2278, 2279, 2781, 3589)
  2009 Ed. (1385, 2265, 2794, 2839)
  2010 Ed. (1370, 1836, 2222, 2726, 2780)
  2011 Ed. (1363, 1867, 2241, 2709, 2719, 2769)
  2012 Ed. (1226, 1723, 2103, 2637, 2698, 2935)
  2013 Ed. (95, 1345, 1882, 2290, 2722)
  2014 Ed. (102, 824, 1278, 1814, 2223, 2226, 2228, 2707, 2773, 3558)
  2015 Ed. (116, 863, 1335, 1336, 1842, 1854, 2287, 2291, 2292, 2753, 3101, 3581)
  2016 Ed. (122, 751, 1256, 1257, 1805, 1807, 1816, 2259, 2262, 2263, 2683, 3461)
  2017 Ed. (114, 128, 802, 864, 1317, 1772, 2116, 2118, 2633, 3424)
  2018 Ed. (124, 735, 798, 1296, 1726, 2135, 2145, 2150, 2156, 4308)
  2019 Ed. (110, 128, 1327, 1783, 2132, 2143, 2146, 2149, 2677, 3413, 4336)
  2020 Ed. (1302, 1731, 2128, 2131, 2693, 4328)
  2021 Ed. (1282, 1283, 1705, 2110, 2121, 2124, 2606, 3430)
  2022 Ed. (1285, 1732, 2153, 2156, 2722)
  2023 Ed. (1486, 1874, 2272, 2275, 3614)
Land O'Lakes Light
  2000 Ed. (1634, 1636, 1638, 4158, 4162)
  2001 Ed. (1080, 4313)
  2003 Ed. (820)
Land Pro, Inc.
  2021 Ed. (4765)
Land of Promise Wines
  2021 Ed. (4916)
Land, raw
  2002 Ed. (2711)
Land releases
  2000 Ed. (3564)

Land Rover
  1996 Ed. (324)
  1998 Ed. (3645)
  2000 Ed. (337)
  2001 Ed. (438, 1010)
  2002 Ed. (417)
  2003 Ed. (358)
  2005 Ed. (1495)
  2016 Ed. (263, 280)
  2017 Ed. (281, 291, 729)
  2018 Ed. (263, 4485)
  2019 Ed. (689)
  2020 Ed. (680)
  2021 Ed. (257, 683)
  2022 Ed. (278, 721)
  2023 Ed. (376, 896)
Land Rover Metro West
  1996 Ed. (285)
Land Rover Paramus
  1996 Ed. (285)
Land Rover of Southampton
  1996 Ed. (285)
Land Securities
  1989 Ed. (2288)
  1996 Ed. (1360, 1363)
  2005 Ed. (3946)
  2006 Ed. (4015, 4048)
  2007 Ed. (4047)
  2011 Ed. (4164)
  2012 Ed. (4212)
  2013 Ed. (2113, 4199)
  2014 Ed. (2049, 4216)
  2015 Ed. (4199)
  2016 Ed. (4115, 4119)
  2017 Ed. (2038, 4061, 4094, 4097)
  2018 Ed. (1994, 4088)
  2019 Ed. (2051, 2053, 4094)
Land Securities Group plc
  2007 Ed. (4079, 4092)
  2008 Ed. (4083)
  2009 Ed. (1422, 4196, 4226)
  2010 Ed. (4131)
  2012 Ed. (4208)
  2013 Ed. (4192)
  2014 Ed. (4210)
  2015 Ed. (4191)
  2016 Ed. (4109)
  2017 Ed. (4086)
  2018 Ed. (4114)
  2019 Ed. (4123)
  2020 Ed. (4128)
Land Securities plc
  2013 Ed. (4172)
  2014 Ed. (4189)
  2015 Ed. (4170)
Land-Tech Enterprises
  2012 Ed. (3437)
"Land of the Tiger"; National Geographic,
  1991 Ed. (2772)
Land Transport Safety Authority
  2001 Ed. (62)
Land View Fertilizer
  2010 Ed. (205)
Landair Corp.
  2004 Ed. (4807)
Landair Transport
  1990 Ed. (3657)
  1991 Ed. (3429)
  2004 Ed. (4790)
LandAirSea Systems
  2010 Ed. (1070)
LandAmerica Financial Group Inc.
  2001 Ed. (3344)
  2002 Ed. (3380)
  2003 Ed. (2975)
  2004 Ed. (3060, 3061, 3074)
  2005 Ed. (1469, 3071, 3072, 3085, 3500, 4506)
  2006 Ed. (1424, 2109, 3557, 4049)
  2007 Ed. (1480, 3627, 4555)
  2008 Ed. (1493, 2171, 3748, 4522)
  2009 Ed. (2142, 3769)
Landan; Amnon
  2006 Ed. (918)
Landau Apartments LP
  2014 Ed. (1980)
  2015 Ed. (2029)
  2016 Ed. (1998)
Landau & Heyman Inc.
  1990 Ed. (3285, 3287)
  1992 Ed. (3961, 3968, 3971)
Landauer
  2014 Ed. (1649, 3605)
Landauer Inc.
  1992 Ed. (317)
  1993 Ed. (3337)
  1994 Ed. (201, 3328)
  1995 Ed. (202)
  1996 Ed. (205)
  1998 Ed. (155)
  1999 Ed. (281)
  2000 Ed. (2403, 4047)
  2011 Ed. (4428, 4451)
Landauer Metropolitan
  2004 Ed. (2896)
Landauer Real Estate Counselors
  1998 Ed. (181)

Landbay Partners
  2021 Ed. (2551)
Landbouwbank NV
  1994 Ed. (639)
Landbouwkrediet
  2006 Ed. (419)
  2007 Ed. (403)
  2008 Ed. (385)
  2009 Ed. (408)
  2010 Ed. (384)
  2011 Ed. (309)
  2013 Ed. (412)
Landbouwkrediet; Credit Agricole SA/
  2005 Ed. (465)
LandCare
  2017 Ed. (3294)
  2018 Ed. (3350, 3351, 3356, 3362)
  2019 Ed. (3329, 3330, 3341)
  2020 Ed. (3331, 3332, 3337, 3339, 3340, 3342, 3343)
  2021 Ed. (3267, 3268, 3276, 3278, 3279)
  2022 Ed. (3351, 3352, 3360, 3362, 3363)
  2023 Ed. (3468, 3469, 3477, 3479)
LandCare Innovations
  2017 Ed. (3281)
LandCare South Inc.
  2006 Ed. (3539)
  2007 Ed. (3599, 3600)
  2008 Ed. (3732, 4427, 4982)
LandCoast Insulation Inc.
  2009 Ed. (1296)
Landec
  2015 Ed. (907)
  2016 Ed. (809)
Landec Corp.
  2008 Ed. (1590, 1605, 1608)
  2009 Ed. (1543)
Lander
  1999 Ed. (686)
  2000 Ed. (705)
  2001 Ed. (665)
  2002 Ed. (669)
  2003 Ed. (642, 644, 649, 2918)
  2008 Ed. (531)
Lander Valley Medical Center
  2007 Ed. (2071)
Landerbank
  1989 Ed. (483)
  1990 Ed. (506)
Landers Auto Sales
  2014 Ed. (1372)
Landers Dodge-C-P Jeep
  2004 Ed. (4823)
  2005 Ed. (4806)
  2006 Ed. (298)
Landers Dodge Chrysler-Plymouth-Jeep
  2002 Ed. (360)
Landers Jeep-Eagle
  1996 Ed. (276)
Lander's Music
  2015 Ed. (3736)
Landes; Faye
  1997 Ed. (1901)
Landes-Hypothekenbank Tirol
  2000 Ed. (465)
Landes-Hypothekenbank Tirol AG
  2001 Ed. (2432)
Landes. Rhein-Pfalz Giroz
  2003 Ed. (532)
Landesbank
  1990 Ed. (628)
Landesbank Baden Wurttemberg
  2021 Ed. (447)
  2022 Ed. (462)
  2023 Ed. (651)
Landesbank Baden-Württemberg
  2023 Ed. (649)
Landesbank Baden-Württemberg
  2002 Ed. (563, 573)
  2003 Ed. (498)
  2004 Ed. (533)
  2005 Ed. (512)
  2006 Ed. (446)
  2007 Ed. (452)
  2008 Ed. (418)
  2009 Ed. (446, 447)
  2010 Ed. (422, 423)
  2011 Ed. (347, 348)
  2013 Ed. (427)
  2014 Ed. (445, 1687)
  2015 Ed. (500, 1732)
  2016 Ed. (456)
  2017 Ed. (474)
  2018 Ed. (436)
  2019 Ed. (445)
  2020 Ed. (432)
  2021 Ed. (479)
  2022 Ed. (493)
  2023 Ed. (718)
Landesbank Berlin
  2012 Ed. (347)
  2013 Ed. (428)
Landesbank hessen-Thuringen
  1998 Ed. (2348, 2355)
  1999 Ed. (3176)
  2000 Ed. (2926)

Landesbank Hessen-Thüringen Girozentrale
  2021 Ed. (479)
  2022 Ed. (493)
  2023 Ed. (718)
Landesbank Rheinland-Pfalz
  2001 Ed. (608)
Landesbank S-H Girozentrale
  1992 Ed. (725)
Landesbank Schleswig-Holstein
  2001 Ed. (608)
Landesbank Schleswig-Holstein Girozentrale
  2003 Ed. (498)
Landesbank Schleswig-Holstein International
  2005 Ed. (573)
Landesbeteiligungen Baden-Wuerttemberg GMbH
  2000 Ed. (2477)
Landesgirokasse Stuttgart
  1992 Ed. (682)
  1993 Ed. (490)
  1994 Ed. (492)
LANDesk Group
  2008 Ed. (1404)
Landfills
  1992 Ed. (3654)
L&H Packing Co.
  2000 Ed. (3057, 3058, 3583, 3584)
Landis Architects/Builders
  2023 Ed. (3179)
Landis Communications
  2022 Ed. (4020)
Landis Construction
  2014 Ed. (1742)
Landis & Gyr
  1997 Ed. (2258, 2259)
Landis + Gyr
  2012 Ed. (3544)
Landis Homes
  2011 Ed. (1990)
L&L Hawaiian Barbecue
  2018 Ed. (2585)
  2019 Ed. (2559)
  2020 Ed. (2550)
  2021 Ed. (2513, 4191)
  2022 Ed. (2628)
  2023 Ed. (2764, 4231)
L&L Mechanical Inc.
  2020 Ed. (1170)
  2021 Ed. (1143)
Landleisure
  1990 Ed. (3463)
Landlocked Aviation
  2019 Ed. (1737)
Landlord Improvements
  1989 Ed. (1486)
L&M
  1999 Ed. (1140)
  2017 Ed. (4670, 4673)
  2018 Ed. (4659, 4662)
  2019 Ed. (4672)
  2020 Ed. (4639)
  2021 Ed. (4650, 4652, 4655)
L&M Foodservice
  2021 Ed. (2635)
Landmark
  1996 Ed. (2448)
Landmark American Insurance Co.
  2008 Ed. (3262, 3263)
  2009 Ed. (3322)
  2010 Ed. (3258, 3259, 3260, 3262)
  2011 Ed. (3222, 3223)
  2012 Ed. (3191, 3192, 3194)
  2013 Ed. (3260, 3261, 3263)
  2014 Ed. (3288, 3289, 3291)
  2015 Ed. (3337, 3339)
  2016 Ed. (3197, 3198, 3200)
Landmark Bank
  1992 Ed. (533)
  2021 Ed. (339, 384)
Landmark Builders
  2018 Ed. (1813)
Landmark Builders Inc.
  2020 Ed. (1804)
  2022 Ed. (1808)
  2023 Ed. (1935)
Landmark Chevrolet; Bill Heard
  2005 Ed. (276, 277, 278, 319, 320, 4805)
Landmark Chevrolet Ltd.
  1989 Ed. (283)
  1995 Ed. (261, 294)
  1996 Ed. (268, 297)
  2002 Ed. (355, 356, 358, 359, 362)
  2004 Ed. (272, 273, 4803, 4822)
  2006 Ed. (298, 299, 4867)
  2008 Ed. (310, 311, 4790)
Landmark Cinemas
  2018 Ed. (3663)
Landmark Cinemas of Canada
  2022 Ed. (3707)
Landmark/Comm
  1992 Ed. (3311)

Landmark Communications Inc.
  2008 Ed. (4058)
  2009 Ed. (3822, 4170, 4171)
Landmark Construction Co.
  2018 Ed. (1129)
  2019 Ed. (1199)
  2020 Ed. (1192)
  2021 Ed. (1166)
  2022 Ed. (1166)
  2023 Ed. (1400)
Landmark Credit Union
  2002 Ed. (1835, 1901)
  2003 Ed. (1956)
  2004 Ed. (1996)
  2005 Ed. (2138)
  2006 Ed. (2233)
  2007 Ed. (2154)
  2008 Ed. (2269)
  2009 Ed. (2256, 3773)
  2010 Ed. (2209)
  2011 Ed. (2227)
  2012 Ed. (2089)
  2013 Ed. (2275)
  2014 Ed. (2209)
  2015 Ed. (2273)
  2016 Ed. (2244)
  2018 Ed. (2130)
  2020 Ed. (2111)
  2021 Ed. (2102)
  2022 Ed. (2134)
  2023 Ed. (2252)
Landmark Emerging Asia Market; A
  1999 Ed. (3582)
Landmark Ford of Niles
  2000 Ed. (3144)
Landmark Fund I
  1995 Ed. (1081)
Landmark Group
  2014 Ed. (4347)
  2020 Ed. (1964)
  2021 Ed. (1927)
Landmark Healthcare Facilities
  2006 Ed. (2797)
  2008 Ed. (2916)
  2009 Ed. (2972)
  2010 Ed. (2912)
Landmark Industries Inc.
  2011 Ed. (1350)
Landmark Infrastructure Partners
  2022 Ed. (1440)
Landmark Institution Liquid Res.
  1996 Ed. (2669)
Landmark International Equity
  1996 Ed. (616)
Landmark Land Co. Inc.
  1990 Ed. (3242, 3248)
  1991 Ed. (3096)
  1992 Ed. (3920)
  1993 Ed. (215, 368)
Landmark Landscapes
  2017 Ed. (2938)
Landmark Media Group
  2010 Ed. (3751, 4106)
Landmark Medical Center
  1997 Ed. (2264, 2266)
Landmark National Bank
  2022 Ed. (388)
  2023 Ed. (434, 506)
Landmark Network
  2014 Ed. (4194)
  2015 Ed. (4174)
Landmark NY Tax-Free Reserves
  1993 Ed. (2686)
Landmark Print
  2012 Ed. (4013)
  2013 Ed. (4093)
  2014 Ed. (4103, 4105)
  2015 Ed. (4083)
  2016 Ed. (3994)
Landmark Properties
  2022 Ed. (171, 172)
Landmark Protection
  2005 Ed. (4284)
  2006 Ed. (4263)
Landmark Retail
  2013 Ed. (1146)
  2014 Ed. (1109)
  2015 Ed. (1149)
Landmark Savings Association
  1991 Ed. (3383)
Landmark Services Cooperative
  2016 Ed. (139)
  2019 Ed. (4017)
Landmark Small Cap Equity A
  1998 Ed. (407)
Landmark Square
  1990 Ed. (2730)
Landmark Stationers East
  1991 Ed. (2638)
Landmark Theatres
  2016 Ed. (3627)
Landmarks Holdings
  1992 Ed. (3979)
L&N Federal Credit Union
  2021 Ed. (2022)
LandofNod.com
  2010 Ed. (2371)

Landoll Inc.
  1999 Ed. (3894)
Landoll's
  1999 Ed. (3970)
  2001 Ed. (3955)
Landon; Allan R.
  2009 Ed. (385)
Landon H. Rowland
  2003 Ed. (957)
Landon Homes
  2013 Ed. (1186, 1187)
  2018 Ed. (1078)
Landon; John R.
  2007 Ed. (1036)
Landon Keeter (Better Mortgage)
  2022 Ed. (3703)
LandOpt
  2018 Ed. (3352, 3357)
  2019 Ed. (3331, 3333, 3336)
  2020 Ed. (3333, 3335)
  2021 Ed. (3269, 3270, 3271, 3274)
  2022 Ed. (3353, 3354, 3355, 3357, 3358, 3364)
  2023 Ed. (3470, 3472, 3475)
Landor
  2020 Ed. (3457)
  2021 Ed. (3477)
  2022 Ed. (3534)
  2023 Ed. (3655)
Landor Associates
  1990 Ed. (1670, 2170)
  1992 Ed. (2589)
  1995 Ed. (2225, 2226, 2227, 2228)
  2002 Ed. (1952, 1953, 1958)
  2010 Ed. (3584)
  2011 Ed. (3586)
Landor Associates (Europe)
  1994 Ed. (2175)
  1996 Ed. (2232, 2233, 2234, 2235, 2236)
  1999 Ed. (2836, 2839)
L&P Fashion Bed Group
  2017 Ed. (2754, 2755)
  2018 Ed. (2811, 2812)
  2019 Ed. (2785, 2786, 2787)
  2020 Ed. (2811, 2812, 2813)
  2021 Ed. (2689)
Landr Audio
  2020 Ed. (3638)
Landrum Co.
  2014 Ed. (339)
  2015 Ed. (379)
  2018 Ed. (488)
Landrum Human Resource Cos.
  2007 Ed. (4393)
  2010 Ed. (4492)
Landrum Professional Employer Services Inc.
  2010 Ed. (1627)
  2011 Ed. (1637)
  2012 Ed. (1489)
  2013 Ed. (1619)
  2014 Ed. (1586)
Landry; Brenda Lee
  1997 Ed. (1892)
Landry/French Construction
  2023 Ed. (1411)
Landry & Kling Meetings at Sea
  2008 Ed. (4957)
Landry & Lewis Architects PA
  2010 Ed. (2448)
  2011 Ed. (2457)
  2012 Ed. (207)
Landry's
  1998 Ed. (3060)
  2000 Ed. (3798)
  2014 Ed. (3084, 4261)
  2015 Ed. (3150, 4096, 4244)
  2016 Ed. (4009)
  2017 Ed. (2001)
  2018 Ed. (1955)
  2020 Ed. (1937)
  2021 Ed. (1896)
Landry's Inc.
  2017 Ed. (2016)
  2018 Ed. (1971)
  2019 Ed. (2027)
Landry's Inc.
  2019 Ed. (2015, 2019)
  2020 Ed. (1943)
  2021 Ed. (1913)
Landry's LLC
  2022 Ed. (1956)
Landry's Restaurants Inc.
  2016 Ed. (2057)
Landry's Restaurants Inc.
  2005 Ed. (2660)
  2009 Ed. (4262)
Landry's Seafood House
  1998 Ed. (3047, 3048, 3174)
  2000 Ed. (3873)
  2004 Ed. (4146)
  2006 Ed. (4135)
  2007 Ed. (4155)
  2008 Ed. (4195, 4196)
  2009 Ed. (894)
Landry's Seafood Restaurants Inc.
  1995 Ed. (3135)
  1996 Ed. (3301, 3454)

1997 Ed. (3311, 3312, 3331, 3332, 3397)
1999 Ed. (4158)
2002 Ed. (4028)
2003 Ed. (2531)
Lands' End
 2018 Ed. (879)
 2019 Ed. (882)
 2020 Ed. (869)
 2023 Ed. (1080)
Lands' End Inc.
 1990 Ed. (2114)
 1991 Ed. (869, 3247)
 1992 Ed. (4035)
 1995 Ed. (911)
 1996 Ed. (885, 886, 3432)
 1997 Ed. (913, 914, 2698, 3518)
 1998 Ed. (652, 653, 3303)
 1999 Ed. (1044, 4313)
 2001 Ed. (1900)
 2002 Ed. (2995)
 2003 Ed. (869, 2184, 3052)
 2004 Ed. (893, 1019, 4469)
 2005 Ed. (4417)
 2006 Ed. (4154, 4937)
 2007 Ed. (4163, 4942)
 2009 Ed. (2262)
 2010 Ed. (3122)
Landsbank Schleswig-Holstein Girozentrale
 2000 Ed. (558)
Landsbanki Islands
 1989 Ed. (555)
 1993 Ed. (500)
 1994 Ed. (504)
 1995 Ed. (487)
 1996 Ed. (532)
 1997 Ed. (491)
 1999 Ed. (538)
 2000 Ed. (549)
 2002 Ed. (568)
 2003 Ed. (503)
 2004 Ed. (540)
 2005 Ed. (519)
 2006 Ed. (450, 1755)
 2007 Ed. (461, 1763)
 2008 Ed. (425, 1791)
 2009 Ed. (1735)
 2010 Ed. (430)
 2011 Ed. (355)
Landsbanki Islands hf.
 2006 Ed. (4506)
Landsbanki Islands (National Bank of Iceland)
 1991 Ed. (541)
 1992 Ed. (699)
Landsbankinn
 2013 Ed. (435)
 2014 Ed. (452)
 2015 Ed. (508)
 2016 Ed. (462)
 2017 Ed. (479)
 2018 Ed. (441)
 2019 Ed. (451)
 2020 Ed. (437)
 2023 Ed. (654)
Landscape
 2003 Ed. (4776)
Landscape architect
 2004 Ed. (2275)
 2011 Ed. (3778)
Landscape Concepts Management
 2011 Ed. (3426)
 2012 Ed. (3439)
 2013 Ed. (3459)
 2017 Ed. (3287)
 2019 Ed. (3334)
 2020 Ed. (3336)
 2021 Ed. (3272)
Landscape Design Concepts
 2021 Ed. (3266)
Landscape Development
 2018 Ed. (3352, 3361)
 2020 Ed. (3330, 3342)
 2022 Ed. (3351, 3353, 3354)
Landscape Development Inc.
 2020 Ed. (3333)
Landscape counseling & planning
 2010 Ed. (202, 203)
 2011 Ed. (125, 126)
Landscape with Rising Sun, by Van Gogh
 1989 Ed. (2110)
Landscape & garden supplies
 2002 Ed. (4643)
 2005 Ed. (4735)
 2006 Ed. (4786)
 2008 Ed. (4722)
 2010 Ed. (4774)
 2011 Ed. (4725)
Landscape Workshop
 2021 Ed. (3275)
 2022 Ed. (3359)
Landscape Workshop Inc.
 2008 Ed. (1270)
Landscapes
 1995 Ed. (2989)
Landscaping
 2005 Ed. (3632)

Landscaping workers
 2007 Ed. (2461)
 2009 Ed. (2622)
Landsea Homes
 2023 Ed. (1238, 1242, 1243)
LandsEnd.com
 2001 Ed. (2975, 2980, 2983)
 2006 Ed. (2382)
 2007 Ed. (2320)
LandShark
 2019 Ed. (593)
Landshark
 2019 Ed. (592)
 2020 Ed. (575)
 2021 Ed. (547)
Landshire
 2016 Ed. (3472, 3473)
 2019 Ed. (3488)
Landshypotek Bank
 2016 Ed. (491)
 2017 Ed. (507)
 2019 Ed. (484)
 2020 Ed. (467)
 2023 Ed. (693)
LandSouth Construction
 2016 Ed. (1562, 1566)
 2023 Ed. (1720)
LandSouth Construction LLC
 2012 Ed. (1485)
LandSouth Construction, LLC
 2018 Ed. (1077)
Landssimi Islands hf.
 2006 Ed. (4506)
Landstar
 2019 Ed. (1025, 4743)
 2020 Ed. (1006)
 2021 Ed. (972)
 2022 Ed. (1009)
 2023 Ed. (1187)
Landstar Carrier Group
 2007 Ed. (4850)
 2008 Ed. (4773)
 2009 Ed. (4805)
 2010 Ed. (4822)
Landstar Development Corp.
 1999 Ed. (1335)
 2000 Ed. (1186, 1187)
 2003 Ed. (1190)
Landstar Express America
 2013 Ed. (115)
 2014 Ed. (123)
 2015 Ed. (139)
 2016 Ed. (144)
Landstar Express America Inc.
 2011 Ed. (4740)
Landstar Gemini
 2003 Ed. (4804)
 2005 Ed. (2690)
Landstar Global Logistics
 2009 Ed. (2836)
Landstar Homes
 1996 Ed. (993)
 1997 Ed. (1134)
 1998 Ed. (903)
 2002 Ed. (1203)
 2005 Ed. (1227)
Landstar Inway Inc.
 1997 Ed. (3808)
 1998 Ed. (3634, 3635)
 1999 Ed. (4688, 4689)
 2000 Ed. (4319)
 2002 Ed. (4694)
 2003 Ed. (4795)
 2004 Ed. (4780)
 2005 Ed. (2689, 4753)
 2021 Ed. (4677)
Landstar Logistics
 2007 Ed. (2647)
Landstar Ranger
 1997 Ed. (3808)
 1998 Ed. (3634, 3635)
 1999 Ed. (4688, 4689)
 2000 Ed. (4319)
 2002 Ed. (4694)
 2003 Ed. (4795)
 2004 Ed. (4780)
 2005 Ed. (4753)
Landstar Ranger Inc.
 2021 Ed. (4673, 4677)
Landstar System
 2013 Ed. (4754, 4765)
 2014 Ed. (4800, 4804, 4816)
 2015 Ed. (2814, 4839, 4851, 4853)
 2016 Ed. (2747, 4743, 4755, 4760)
 2017 Ed. (2698, 4700, 4755, 4756, 4759, 4766, 4768)
 2018 Ed. (134, 2757, 4691, 4750, 4752, 4762)
 2019 Ed. (131, 2736, 4696, 4752, 4754, 4765)
 2020 Ed. (2774, 4662, 4719, 4731, 4733, 4740, 4753)
 2021 Ed. (118, 2646, 4721, 4722, 4732, 4739, 4751, 4753)
 2022 Ed. (127, 2774, 4734, 4741, 4753)
 2023 Ed. (197, 2902, 4704, 4706, 4709, 4716, 4718, 4719, 4725, 4737)

Landstar System Holdings Inc.
 2010 Ed. (2777)
 2011 Ed. (2767)
 2012 Ed. (2695)
 2013 Ed. (2776)
 2014 Ed. (2760)
Landstar System Inc.
 1992 Ed. (3921, 3923, 3931)
 1995 Ed. (3669, 3670)
 1996 Ed. (3751)
 1997 Ed. (3801, 3803, 3804)
 1998 Ed. (3627, 3629, 3630)
 1999 Ed. (4673, 4675)
 2000 Ed. (4306, 4309, 4317)
 2001 Ed. (4236, 4237, 4640)
 2002 Ed. (4665, 4686, 4693)
 2003 Ed. (4781, 4816, 4818)
 2004 Ed. (4763, 4774, 4785, 4807, 4808, 4810)
 2005 Ed. (3178, 4749, 4756, 4758, 4778, 4779, 4780, 4782)
 2006 Ed. (4800, 4811, 4814, 4830, 4831)
 2007 Ed. (4808, 4817, 4823, 4825, 4842, 4844)
 2008 Ed. (3198, 4736, 4744, 4750, 4764, 4766)
 2009 Ed. (1673, 3257, 4797, 4809)
 2010 Ed. (1629, 3188, 4784, 4823, 4824, 4826, 4827)
 2011 Ed. (1639, 2767, 4765, 4772, 4773, 4782, 4783, 4784, 4786, 4787)
 2012 Ed. (2695, 4787, 4794, 4803, 4804, 4805, 4806, 4807)
 2013 Ed. (4748, 4755, 4766, 4767)
 2014 Ed. (4798, 4805, 4809, 4817)
 2015 Ed. (2811, 4833, 4840, 4844, 4852)
 2016 Ed. (1581, 4736, 4744, 4748, 4756, 4758, 4759)
 2017 Ed. (4760, 4767)
 2018 Ed. (1550, 4743, 4751, 4756, 4763)
 2019 Ed. (1580, 4745, 4753, 4759, 4766, 4768)
 2020 Ed. (1550, 4724, 4732, 4747, 4754)
 2021 Ed. (1533, 4725, 4733, 4745, 4752)
 2022 Ed. (1549, 4727, 4735, 4747, 4754)
 2023 Ed. (4731, 4741)
Landstar System, Inc.
 2019 Ed. (4738)
 2020 Ed. (4714)
 2021 Ed. (4719)
 2022 Ed. (4721)
 2023 Ed. (4703)
Landstar Systems
 2023 Ed. (4717)
Landstar T.L.C.
 1999 Ed. (1335)
Landstar Transportation Logistics
 2020 Ed. (1015)
 2021 Ed. (982)
 2022 Ed. (1020)
 2023 Ed. (1193, 1199)
Landstar (U.S.)
 2021 Ed. (972)
 2022 Ed. (1009)
L&T Infotech
 2020 Ed. (1610)
 2021 Ed. (2990)
L&T Technology Services
 2020 Ed. (1610)
Landtech Contractors
 2021 Ed. (3271)
Landus Cooperative
 2022 Ed. (2881)
 2023 Ed. (2995)
Landuyt; William M.
 2006 Ed. (2521)
L&W Supply
 2017 Ed. (767)
 2018 Ed. (698)
Landwärme
 2018 Ed. (1506, 1570, 2251, 2354)
Landwirtschaftliche Rentenbank
 2004 Ed. (548)
 2005 Ed. (530)
 2017 Ed. (520, 535)
 2018 Ed. (429, 501)
 2019 Ed. (500, 516)
 2020 Ed. (481, 501)
 2021 Ed. (469, 513)
 2022 Ed. (483, 523)
 2023 Ed. (705, 746)
Landwirtschaftliche Rentenbank (Germany)
 2021 Ed. (469, 513)
 2022 Ed. (483, 523)
LANE
 2015 Ed. (4148)
 2016 Ed. (4063)
 2017 Ed. (4034)
Lane
 2001 Ed. (1894, 2569)
 2003 Ed. (968, 2591, 4753)
 2005 Ed. (1514, 2702)
 2007 Ed. (1305, 2666)
 2009 Ed. (2855)
 2011 Ed. (2781)
Lane Arbitrage Ltd.
 2003 Ed. (3119, 3133)

Lane Bryant
 1998 Ed. (1277)
 1999 Ed. (1852)
 2020 Ed. (4261, 4276)
Lane Bryant Cacique
 2008 Ed. (4547)
Lane Chrysler-Plymouth; Harry
 1995 Ed. (262)
Lane Construction Corp.
 2015 Ed. (1183, 1225)
 2019 Ed. (3996)
 2020 Ed. (4013)
The Lane Construction Corp.
 1997 Ed. (1155)
 1998 Ed. (941)
 1999 Ed. (1364)
 2000 Ed. (1255)
 2001 Ed. (1467)
 2002 Ed. (1254, 1261)
 2004 Ed. (1299, 2828)
 2005 Ed. (1307)
 2006 Ed. (1241, 1251, 1276, 1332, 1335)
 2007 Ed. (1340, 1349)
 2008 Ed. (1226, 1236, 1323, 1326)
 2009 Ed. (1208, 1218)
 2010 Ed. (1211, 1221)
 2011 Ed. (1159, 1168, 1265, 1308)
 2012 Ed. (1095, 1106)
 2013 Ed. (1238, 1249)
 2014 Ed. (1176, 1187)
 2023 Ed. (1440)
Lane Crawford International
 2012 Ed. (4345)
 2013 Ed. (4282)
Lane Gorman Trubitt
 1998 Ed. (19)
 2000 Ed. (20)
 2011 Ed. (21)
 2012 Ed. (26)
 2013 Ed. (23)
 2014 Ed. (19)
 2018 Ed. (14)
Lane Gorman Trubitt LLP
 1999 Ed. (24)
 2002 Ed. (24)
 2003 Ed. (9)
 2004 Ed. (15)
 2005 Ed. (11)
 2006 Ed. (16)
 2007 Ed. (12)
 2008 Ed. (10)
 2009 Ed. (13)
 2010 Ed. (24)
Lane Home Furnishings
 2005 Ed. (3332)
Lane Hospitality
 1996 Ed. (2158)
 1997 Ed. (2274)
 2000 Ed. (2535)
 2004 Ed. (2906)
Lane Industries Inc.
 2015 Ed. (1230, 1241)
 2016 Ed. (1095, 1141, 1152)
 2017 Ed. (1185, 1190, 1201, 1215, 1234)
 2018 Ed. (1141, 1151, 1212, 1214)
 2019 Ed. (1153, 1163, 1240)
 2020 Ed. (1144, 1154, 1218, 1234)
 2021 Ed. (1200)
 2022 Ed. (1203)
Lane Jr.; Hugh G.
 1992 Ed. (532)
Lane Packing Co.
 1998 Ed. (1776)
Lane Powell
 2021 Ed. (3259, 3260)
Lane Powell PC
 2007 Ed. (1511)
 2011 Ed. (1951)
 2012 Ed. (1814)
 2022 Ed. (3340)
 2023 Ed. (3448)
Lane Public Relations
 2011 Ed. (4132)
 2012 Ed. (4161)
 2013 Ed. (4149, 4151)
Lane; R. W.
 2005 Ed. (2493)
Lane; Robert
 2007 Ed. (991)
 2010 Ed. (884)
Lane; Robert W.
 2008 Ed. (951)
 2009 Ed. (950, 959)
 2010 Ed. (902, 909, 911)
Lane Supply Co., Inc.
 2006 Ed. (4356)
Lane Systems & Supply
 2006 Ed. (4356)
Lane4 Management Group
 2009 Ed. (2108)
Laneco
 1994 Ed. (2154)
 1996 Ed. (2214)
 1997 Ed. (2343)
 1998 Ed. (2065)
 1999 Ed. (2820)
Laneco Credit Union
 2003 Ed. (1893)

LaneCor Associates
  1992 Ed. (3960)
Laner Electric Supply
  2022 Ed. (3018)
Lanesborough
  1997 Ed. (2305)
  1999 Ed. (2789)
  2000 Ed. (2564, 2570)
LaneTerralever
  2022 Ed. (70)
  2023 Ed. (139)
Laneve; Mark
  2009 Ed. (21)
  2010 Ed. (30)
LanExpress
  2006 Ed. (236)
  2009 Ed. (240)
  2010 Ed. (224)
  2011 Ed. (147)
  2014 Ed. (148)
Lang
  1990 Ed. (2744, 3483)
Lang Corp.; The George
  1990 Ed. (1840)
  1992 Ed. (2207)
Lang Michener
  1995 Ed. (2415)
  1996 Ed. (2451)
Lang Michener Lash Johnson
  1990 Ed. (2416, 2427)
Lang, Michener, Lawrence & Shaw
  1991 Ed. (2282)
  1992 Ed. (2831, 2846)
  1993 Ed. (2394, 2405)
  1994 Ed. (2357)
Langan
  2016 Ed. (2477)
  2017 Ed. (2333)
  2018 Ed. (2392, 2394, 2395)
  2019 Ed. (2435, 2437)
  2020 Ed. (2419)
  2022 Ed. (2453, 2456, 2516)
  2023 Ed. (2581, 2626)
Langan Engineering & Environmental Services
  2008 Ed. (2511, 2521)
  2009 Ed. (2521)
  2010 Ed. (2438, 2450)
  2011 Ed. (2459)
Langan Volkswagen; Gene
  1996 Ed. (291)
Langchao
  1995 Ed. (2572)
Langdon Group
  2016 Ed. (4696)
  2019 Ed. (4706, 4716)
Langdon Industries
  2015 Ed. (4792)
Langdon Ingredients
  2020 Ed. (4904)
Langdon Wilson Architecture Planning
  1992 Ed. (358)
Langdon-Wilson Architecture Planning Interiors
  2000 Ed. (315)
  2002 Ed. (334)
Lange
  1991 Ed. (3132)
  1992 Ed. (3981)
Lange; Liz
  2005 Ed. (2453)
Lange Trucking
  2016 Ed. (4740)
Langer Juice Co.
  2018 Ed. (2806)
Langer Juice Co., Inc.
  2020 Ed. (2794)
Langer; Robert
  2023 Ed. (4802)
Langer's
  2014 Ed. (2803)
Langers
  1997 Ed. (2094)
  2018 Ed. (2803)
Langes-Swarovski; Gernot
  2015 Ed. (4909)
LangeTwins Family Winery & Vineyards
  2015 Ed. (4990)
Langford Herefords & Hybrids
  2021 Ed. (807)
  2022 Ed. (839)
Langham
  2006 Ed. (3512, 4351)
  2007 Ed. (3553, 3554, 4411)
  2008 Ed. (4961)
The Langham
  2016 Ed. (3019)
Langham; Anthony
  1995 Ed. (1856)
  1996 Ed. (1770, 1772, 1834)
  1997 Ed. (1907)
Langham-Hill
  1990 Ed. (1891)
Langham Logistics
  2022 Ed. (4942)
  2023 Ed. (4946)

Langham Logistics Inc.
  2008 Ed. (3708, 4385, 4961)
  2015 Ed. (5029)
  2016 Ed. (4947)
  2017 Ed. (4937)
  2018 Ed. (4943)
  2019 Ed. (4941)
  2020 Ed. (4942)
  2021 Ed. (4946)
  2022 Ed. (4942)
Langhammer; F. H.
  2005 Ed. (2500)
Langhorne, PA
  1995 Ed. (2216)
  1996 Ed. (2225)
Langille; Bradley
  2009 Ed. (2662)
Langis
  2022 Ed. (1760)
Langley; Anthony
  2008 Ed. (2595)
Langley & Banack Inc.
  2022 Ed. (3343)
  2023 Ed. (3453)
Langley Credit Union
  2002 Ed. (1898)
  2003 Ed. (1952)
  2004 Ed. (1992)
  2005 Ed. (2134)
  2006 Ed. (2229)
  2007 Ed. (2150)
  2008 Ed. (2265)
  2009 Ed. (2195, 2252)
  2010 Ed. (2127, 2205)
  2011 Ed. (2223)
  2012 Ed. (2023, 2084)
  2013 Ed. (2272)
  2014 Ed. (2206)
  2015 Ed. (2270)
  2016 Ed. (2241)
Langley; Donna
  2017 Ed. (4921)
  2021 Ed. (4933)
  2022 Ed. (4928)
  2023 Ed. (3674, 4928)
Langley Federal Credit Union
  1994 Ed. (1504)
  1997 Ed. (1563)
  2009 Ed. (2251)
  2018 Ed. (2126)
  2020 Ed. (2108)
  2021 Ed. (2046, 2098)
  2022 Ed. (2081, 2130)
  2023 Ed. (2193, 2248)
Langone Medical Center
  2013 Ed. (3066, 3069, 3078)
  2014 Ed. (3063, 3066, 3068, 3071, 3072)
  2015 Ed. (3128, 3131, 3136)
  2016 Ed. (2991, 2994, 2996, 2999, 3000)
  2017 Ed. (2826)
Langone Medical Center; New York University
  2012 Ed. (2973, 2978)
  2013 Ed. (3070)
Langset Engineering As
  2017 Ed. (1884)
Langton Syndicate Management Ltd.
  1993 Ed. (2456)
Langton Underwriting Agents Ltd.
  1992 Ed. (2898)
Language Learning Enterprises Inc.
  2008 Ed. (3739, 4437, 4985)
Language Services Associates
  2003 Ed. (2747)
LanguageLine Solutions
  2020 Ed. (736)
Languedoc Roussillon
  1994 Ed. (488)
  1996 Ed. (513)
Lanham Brothers General Contractors Inc.
  2006 Ed. (4354)
Lanham, MD
  2000 Ed. (1066, 2610)
Lanham-Seabrook, MD
  2002 Ed. (1060)
  2004 Ed. (2986)
Lanier; Robert
  1995 Ed. (2518)
Lanier Worldwide Inc.
  2003 Ed. (804)
  2005 Ed. (819)
Lanigan, Ryan, Malcolm & Doyle PC
  2010 Ed. (2)
  2011 Ed. (2)
Lanitis Bros. Ltd.
  2006 Ed. (4496)
Lank Oil Co.
  2007 Ed. (4406)
Lanka Bell
  2008 Ed. (87)
  2009 Ed. (96)
Lanka Ceramic
  2002 Ed. (4477, 4478)
Lanka Milk Foods (CWE) Ltd.
  1994 Ed. (1061, 1062)
  1996 Ed. (1053)
  1997 Ed. (1071)

Lankenau Medical Center
  2014 Ed. (3078)
  2015 Ed. (3144)
Lankford & Associates
  1997 Ed. (261)
Lankhorst
  1999 Ed. (4166)
Lanman Companies
  1992 Ed. (4033)
  1993 Ed. (3363)
Lanman Cos.
  1995 Ed. (3422)
  1996 Ed. (3482)
Lanna Resources
  2008 Ed. (2117)
  2014 Ed. (2036)
Lannen & Oliver
  1998 Ed. (3617)
Lannet Data Communications Ltd.
  1994 Ed. (2709, 2710)
Lannett
  2006 Ed. (4331)
  2015 Ed. (4573)
  2016 Ed. (1949, 3890, 4376)
  2017 Ed. (1913, 2801, 3858)
Lanni; J. Terrence
  2006 Ed. (890)
  2007 Ed. (980)
Lannister; Tywin
  2015 Ed. (4905)
Lanny Breuer
  2012 Ed. (598)
  2013 Ed. (735)
Lanoga Corp.
  1992 Ed. (985)
  1994 Ed. (795)
  1995 Ed. (847)
  1996 Ed. (815, 819)
  1997 Ed. (832)
  2003 Ed. (2790)
LaNova Pizza
  2007 Ed. (3965, 3966)
LaNova Pizzeria
  2005 Ed. (3844)
  2006 Ed. (3915)
Lanoxin
  1989 Ed. (2254, 2255, 2256)
  1990 Ed. (2898, 2899, 2900)
  1991 Ed. (2761, 2762, 2763)
  1992 Ed. (3524, 3526)
  1993 Ed. (2912, 2914)
  1994 Ed. (2927, 2929)
  1995 Ed. (1582, 2982, 2984)
  1996 Ed. (1570, 3082, 3084)
  1997 Ed. (1647, 1653, 1654, 3161, 3163)
  1998 Ed. (2913, 2915)
  1999 Ed. (1893, 1898, 3884, 3886)
  2000 Ed. (1699, 3606)
Lanoxin tabs 0.25 mg
  1990 Ed. (1572)
Lanoxin tabs 0.125 mg
  1990 Ed. (1572, 1574)
Lanphere Construction & Development
  2016 Ed. (1937)
Lanscot-Arlen Fabrics Inc.
  1995 Ed. (3596)
  1996 Ed. (3675)
  2000 Ed. (4239)
Lansdowne Insurance Co., Ltd.
  2006 Ed. (3055)
  2007 Ed. (3085)
  2008 Ed. (3225)
  2010 Ed. (3212)
  2011 Ed. (3176)
  2012 Ed. (3133)
Lansforsakringar Bank
  2006 Ed. (527)
  2007 Ed. (557)
  2008 Ed. (509)
  2009 Ed. (542)
  2010 Ed. (525)
  2011 Ed. (454)
  2018 Ed. (484)
  2019 Ed. (505)
  2021 Ed. (464, 670)
  2022 Ed. (478, 705)
  2023 Ed. (693, 694)
Lansforsakringar Bank AB
  2013 Ed. (464)
  2014 Ed. (479)
  2015 Ed. (539)
  2016 Ed. (491)
  2017 Ed. (507)
  2019 Ed. (484)
  2020 Ed. (467)
Lansi-Uudenmaan Saastopankki
  1996 Ed. (497)
Lansing Automakers Credit Union
  2003 Ed. (1926)
  2004 Ed. (1966)
Lansing Automotive Credit Union
  2002 Ed. (1872)
Lansing Building Products
  2019 Ed. (2839)
  2021 Ed. (2745)
Lansing Community College
  2013 Ed. (3836)

Lansing-East Lansing, MI
  1993 Ed. (2115)
  1994 Ed. (974, 2496)
  1995 Ed. (3110)
  1996 Ed. (3205)
  1998 Ed. (2483)
  2005 Ed. (3469)
  2011 Ed. (3494)
  2012 Ed. (4371)
Lansing Economic Area Partnership
  2022 Ed. (2208)
Lansing Economic Area Partnership (LEAP)
  2022 Ed. (2208)
Lansing, MI
  1989 Ed. (827)
  1995 Ed. (988, 2666, 3112)
  1996 Ed. (3206)
  2007 Ed. (3013)
  2009 Ed. (2495)
  2010 Ed. (2408)
  2011 Ed. (2409)
  2021 Ed. (3325)
Lansing; Sherry
  1995 Ed. (3786)
  1996 Ed. (3875)
Lansing Trade Group
  2014 Ed. (797, 1722)
  2015 Ed. (840, 1767)
  2016 Ed. (735, 1316, 1326, 1327, 1328, 1718, 1724, 4891)
  2017 Ed. (782, 1702, 1704, 1707, 2450)
  2018 Ed. (715, 1658, 1660)
  2019 Ed. (1715, 1717)
  2020 Ed. (1663, 1665)
Lansing Trade Group LLC
  2011 Ed. (1784)
  2012 Ed. (1640)
  2013 Ed. (1797)
  2017 Ed. (1700)
  2019 Ed. (1713)
  2020 Ed. (1662)
Lansing Trade Group, LLC
  2019 Ed. (730)
  2020 Ed. (721)
Lansinoh
  2023 Ed. (3215)
Lanson
  1997 Ed. (927)
Lansons
  2023 Ed. (4104)
Lansons Communications
  1996 Ed. (3120)
  1997 Ed. (3197)
  1999 Ed. (3935)
  2000 Ed. (3652)
  2002 Ed. (3862, 3866)
  2008 Ed. (2129, 2130, 2134)
  2010 Ed. (2048)
  2014 Ed. (2044)
Lansoprazole
  2001 Ed. (3778)
Lantana
  2022 Ed. (2187)
Lantana Foods
  2020 Ed. (2167)
Lante Corp.
  2005 Ed. (1554)
Lanterman; A. Kirk
  1994 Ed. (1722)
Lanterman State Hospital & Developmental Center
  2000 Ed. (2530)
  2002 Ed. (2622)
Lantor Group
  1992 Ed. (3272)
  1995 Ed. (2789)
Lantrax Logistics
  2019 Ed. (4702)
Lantrax North America Logistics
  2018 Ed. (4696)
Lantronix Inc.
  2022 Ed. (1414)
  2023 Ed. (1608)
Lantus SoloStar
  2018 Ed. (2229)
Lantz Boggin Architects PC
  2005 Ed. (263)
Lanxess
  2012 Ed. (754)
  2013 Ed. (942, 2000, 2006, 2011)
  2014 Ed. (895)
  2015 Ed. (923)
  2016 Ed. (826)
  2018 Ed. (817)
  2019 Ed. (833)
  2020 Ed. (831)
Lanza; F. C.
  2005 Ed. (2489)
Lanza; Frank
  2006 Ed. (870)
  2007 Ed. (961)
Lanza; Frank C.
  1993 Ed. (1702)
  2005 Ed. (973, 976)
  2006 Ed. (930)
LanzaTech
  2013 Ed. (2540)
  2020 Ed. (2384)

CUMULATIVE INDEX • 1989-2023

Lao
  2015 Ed. (3773)
  2016 Ed. (3688, 4930)
Lao Feng Xiang
  2017 Ed. (1497)
  2022 Ed. (918)
  2023 Ed. (1085)
Laos
  1993 Ed. (1967, 1974, 1987)
  1994 Ed. (2007)
  1995 Ed. (2010, 2017, 2029)
  2013 Ed. (2382)
  2014 Ed. (2319)
  2017 Ed. (2178)
  2019 Ed. (2212)
  2022 Ed. (2211)
  2023 Ed. (2400)
Lapeer County Press
  2002 Ed. (3503)
Lapelle
  2018 Ed. (3132)
  2019 Ed. (1701, 3065)
  2020 Ed. (3099)
  2021 Ed. (2973)
Lapels
  2006 Ed. (2318)
  2017 Ed. (2174)
  2018 Ed. (2231)
  2019 Ed. (2206)
  2021 Ed. (2177)
LaPenta; Robert
  2006 Ed. (944)
Laperriere & Verreault
  1992 Ed. (1589)
Laperriere & Verreault; Groupe
  2007 Ed. (3024)
  2008 Ed. (3142)
  2009 Ed. (3226)
LaPeyre
  2002 Ed. (3218)
  2004 Ed. (3320)
Lapeyre Menuiserie
  1994 Ed. (2415)
  1995 Ed. (2492)
Lapeyre Menulserie
  1997 Ed. (2692)
Laphen; Michael W.
  2011 Ed. (843)
Laphroaig
  1991 Ed. (2934)
  1992 Ed. (3810)
  1993 Ed. (3106)
  1994 Ed. (3152)
  1995 Ed. (3196)
  1996 Ed. (3294)
  1997 Ed. (3391)
  1998 Ed. (3165, 3169)
  2001 Ed. (2115, 4168, 4169)
  2002 Ed. (4183, 4184)
Laphroaig/Glendronach/Scapa
  2002 Ed. (4175)
  2003 Ed. (4305)
  2004 Ed. (4315)
Lapiz
  2003 Ed. (33, 81, 167)
  2004 Ed. (109, 115)
  2005 Ed. (114)
  2006 Ed. (114)
  2007 Ed. (103)
Lapiz Integrated Hispanic Marketing
  2005 Ed. (105)
LaPlume; Joseph E.
  1992 Ed. (532)
Lapointe; Eric
  1997 Ed. (1112)
LaPorte
  2015 Ed. (14)
  2016 Ed. (13)
  2017 Ed. (9)
  2018 Ed. (8)
  2019 Ed. (9)
Laporte
  1999 Ed. (1645)
LaPorte Bancorp Inc.
  2012 Ed. (1575)
Laporte plc
  2001 Ed. (1211)
  2002 Ed. (1010)
LaPorte Sehrt Romig Hand
  2010 Ed. (24)
  2011 Ed. (20)
  2012 Ed. (25)
  2013 Ed. (17)
  2014 Ed. (13)
Lapp Insulators LLC
  2009 Ed. (3643)
Laptop computers
  1989 Ed. (2344)
Laptop PC
  2001 Ed. (2720)
LaQuinta Motor Inns
  1992 Ed. (2495)
  1995 Ed. (2164)
Lar Cooperativa Agroindustrial
  2021 Ed. (3937)
  2022 Ed. (3949)
Lara
  2000 Ed. (691, 692, 694)

Lara Stone
  2017 Ed. (3584)
Larabar
  2014 Ed. (4488)
  2015 Ed. (4484, 4485)
  2016 Ed. (4380, 4381)
  2017 Ed. (4392)
  2018 Ed. (4403, 4412)
  2022 Ed. (4415)
Laralev Inc.
  2001 Ed. (496)
  2003 Ed. (307, 1844)
Larami
  1995 Ed. (3643)
Laramide Resources Ltd.
  2007 Ed. (1620, 1650)
  2008 Ed. (1617)
Laramie Plains Community Credit Union
  2009 Ed. (2195, 3528)
Laramie River
  1998 Ed. (3401)
L'arche Green NV
  2015 Ed. (674)
Larche Green NV
  2017 Ed. (652)
L'arche Holding SA
  2014 Ed. (604)
Lard
  1990 Ed. (1960)
  1991 Ed. (1865)
  1992 Ed. (2354, 3298, 3299)
  1994 Ed. (1994)
Lard Oil Co.
  2015 Ed. (4099)
Lard Oil Company Group
  2019 Ed. (3796)
  2021 Ed. (1664)
Larden Inc.
  1995 Ed. (2147)
Laredo National Bank
  1991 Ed. (676)
  1995 Ed. (618)
  1996 Ed. (692)
  1997 Ed. (627)
Laredo State University, TX
  1993 Ed. (795)
Laredo Taco
  2004 Ed. (1377)
Laredo, TX
  1990 Ed. (3046)
  1991 Ed. (830, 2891)
  1992 Ed. (1016)
  1993 Ed. (815, 2555)
  1995 Ed. (1667)
  1997 Ed. (2767, 3349)
  1999 Ed. (1173, 1174, 2672, 2673, 3259, 3260, 3370, 3851)
  2000 Ed. (1076, 4365)
  2002 Ed. (3330)
  2003 Ed. (2084, 4154)
  2004 Ed. (3222, 4151, 4169)
  2005 Ed. (2380, 2387, 2991, 3475, 3878, 3879)
  2006 Ed. (2427, 2857)
  2007 Ed. (2370)
  2008 Ed. (2490, 3461, 4353, 4749)
  2009 Ed. (1151, 4778)
  2010 Ed. (327, 2409)
  2011 Ed. (254, 2559)
  2012 Ed. (275, 4002)
  2014 Ed. (2627)
  2019 Ed. (719, 2523)
  2020 Ed. (710, 2514)
  2021 Ed. (717)
LARGAN Precision
  2014 Ed. (1385, 2013)
  2015 Ed. (1445, 1446, 2057)
  2016 Ed. (1369, 1370, 1371)
  2018 Ed. (1933, 2261)
  2019 Ed. (2246)
  2020 Ed. (2241)
Largan Precision
  2016 Ed. (3348)
  2017 Ed. (3310)
LargaVista Companies
  2015 Ed. (3016)
Large (4-9 ounces)
  1990 Ed. (2888)
Large Cap Concentrated Value Equity
  2003 Ed. (3124)
Large Medium
  2002 Ed. (188)
Large pickup
  2001 Ed. (502)
Large plant
  2000 Ed. (2211)
Large Single Serve (2-3.9 ounces)
  1990 Ed. (2888)
Larger Than Life
  1999 Ed. (4718)
Largo
  2016 Ed. (4658)
Largo Concrete
  2003 Ed. (1243)
  2007 Ed. (1366)
  2009 Ed. (1202)
  2010 Ed. (1206)
  2011 Ed. (1154)

2015 Ed. (1259)
Largo Concrete Inc.
  2015 Ed. (1251, 1258)
  2016 Ed. (1162, 1172)
  2017 Ed. (1217)
  2018 Ed. (1160, 1199)
  2019 Ed. (1175, 1227)
  2020 Ed. (1165, 1221)
  2021 Ed. (1138, 1188)
  2022 Ed. (1146, 1189, 1405)
  2023 Ed. (1426)
Largo, FL
  2004 Ed. (4215)
Largo Medical Center
  2008 Ed. (3058)
Larissa L. Herda
  2004 Ed. (1099)
  2009 Ed. (956)
  2010 Ed. (912)
  2013 Ed. (986)
  2014 Ed. (939)
  2015 Ed. (955)
  2016 Ed. (866)
Larizza Ind
  1996 Ed. (207)
Larizza Industries Inc.
  1989 Ed. (331)
  1990 Ed. (390, 391, 392)
  1991 Ed. (343, 344)
  1995 Ed. (203, 206)
Lark
  2017 Ed. (2448)
Lark KS
  1997 Ed. (988)
Lark Milds
  1997 Ed. (988)
Lark Milds Box
  1997 Ed. (993)
  1999 Ed. (1138, 1141)
  2000 Ed. (1062, 1063)
Lark Productions
  2015 Ed. (2673, 4712)
Larken Inc.
  1990 Ed. (2060, 2061)
  1991 Ed. (1937)
  1992 Ed. (2464, 2465, 2466, 2469, 2470, 2471)
  1993 Ed. (2077, 2078, 2079, 2081)
  1994 Ed. (2092, 2093, 2094)
  1995 Ed. (2149, 2150)
Larkin Enterprises
  2004 Ed. (3944)
Larkin, Hoffman, Daly & Lindgren
  1990 Ed. (2422)
  1991 Ed. (2288)
Larkin; John
  1997 Ed. (1903)
Larkin, Meeder & Schweidel
  1995 Ed. (126)
  1997 Ed. (77, 146)
  1998 Ed. (66)
Laro Service Systems
  1991 Ed. (963, 965)
  2005 Ed. (761, 762, 763)
LaRocca Capital Management
  1992 Ed. (2742)
LaRoche Industries Inc.
  2001 Ed. (1224, 1225)
LaRonde
  1994 Ed. (1981)
  1996 Ed. (2032)
LaRosa's Inc.
  2016 Ed. (4222)
LaRosa's Pizzeria
  2019 Ed. (3915)
  2020 Ed. (3930, 4237)
  2021 Ed. (3899, 4201)
  2022 Ed. (3910)
  2023 Ed. (4004, 4007, 4008)
Larose Industries
  2016 Ed. (27)
  2017 Ed. (24)
  2018 Ed. (25)
Larox Oyj
  2009 Ed. (3591)
Laroy Group
  2018 Ed. (3785, 3800)
Larr; Austin
  2018 Ed. (3654)
  2019 Ed. (3643, 3645)
Larrain Vial
  2010 Ed. (674)
Larrain Vial Depositos International
  2003 Ed. (3617)
LarrainVial Corredora de Bolsa
  2008 Ed. (3405)
  2009 Ed. (3464)
Larranaga 2004
  2007 Ed. (95)
Larrea; German
  2012 Ed. (4854)
Larree M. Renda
  2006 Ed. (2525)
Larry A. Gates
  1996 Ed. (2989)
  1997 Ed. (3068)
Larry A. Lawson
  2015 Ed. (973)

Larry A. Mizel
  1999 Ed. (1411)
  2004 Ed. (1099)
  2005 Ed. (1103)
  2006 Ed. (1097, 1098)
  2007 Ed. (2509, 2511)
  2009 Ed. (956)
  2010 Ed. (912)
  2011 Ed. (857)
  2012 Ed. (807)
  2013 Ed. (986)
Larry Biagini
  2004 Ed. (976)
Larry Bird
  1995 Ed. (250, 1671)
  1997 Ed. (1724)
Larry Brady
  2006 Ed. (2523)
Larry Brown
  1992 Ed. (2903)
Larry C. Beck
  1993 Ed. (1037)
Larry the Cable Guy
  2008 Ed. (2581)
  2009 Ed. (2608)
  2013 Ed. (2600)
  2014 Ed. (2529)
Larry & Carol Levy Institute for Entrepreneurship
  2008 Ed. (771)
Larry Culp Jr.
  2005 Ed. (979)
Larry; Cyclone
  2009 Ed. (876)
Larry D. Hunter
  2011 Ed. (3107)
Larry David
  2000 Ed. (1838)
  2010 Ed. (2514)
  2011 Ed. (2516)
Larry Ellison
  1999 Ed. (2082, 2664)
  2000 Ed. (796, 1044, 1881, 2448)
  2022 Ed. (4801, 4816, 4817)
  2023 Ed. (4793, 4809, 4811, 4871)
Larry Ellison (U.S.)
  2022 Ed. (4876)
Larry Faul Oldsmobile
  1991 Ed. (289)
Larry Faul Oldsmobile-GMC
  1990 Ed. (312)
Larry Faul Oldsmobile-GMC-Peugeot
  1990 Ed. (345)
Larry Faul Oldsmobile-GMC Truck Inc.
  1993 Ed. (280)
  1994 Ed. (279)
Larry Faul Pontiac
  1991 Ed. (291)
  1992 Ed. (396)
  1993 Ed. (281)
Larry Fink
  2008 Ed. (943)
  2009 Ed. (943)
  2010 Ed. (894)
  2011 Ed. (818)
  2012 Ed. (791)
  2013 Ed. (984)
  2019 Ed. (3345)
Larry Fitzgerald
  2014 Ed. (195)
Larry Franklin
  2000 Ed. (1879)
Larry Gagosian
  2013 Ed. (180)
Larry Glasscock
  2005 Ed. (979)
  2007 Ed. (993)
  2009 Ed. (3314)
Larry H. Miller Automotive Group
  2015 Ed. (253)
  2016 Ed. (246)
  2017 Ed. (245)
Larry H. Miller Dealerships
  2017 Ed. (249, 250, 252)
  2018 Ed. (236, 237)
  2019 Ed. (233, 234)
  2020 Ed. (233, 238, 239)
  2021 Ed. (226, 230)
  2022 Ed. (247, 249)
  2023 Ed. (348)
Larry H. Miller Group
  1996 Ed. (3766)
  2001 Ed. (444, 446, 448, 449)
  2002 Ed. (350, 351)
  2005 Ed. (4161)
  2006 Ed. (4215)
  2007 Ed. (4231)
  2008 Ed. (290, 4260)
  2009 Ed. (4364)
  2010 Ed. (4390)
  2011 Ed. (4335)
  2015 Ed. (4102)
  2016 Ed. (2099)
Larry H. Miller Group of Companies
  2017 Ed. (2063)
  2019 Ed. (2080)
  2020 Ed. (1989)

Larry H. Miller Group of Cos.
 2009 Ed. (309)
 2010 Ed. (291)
 2011 Ed. (213)
 2012 Ed. (224)
 2013 Ed. (214)
 2014 Ed. (223)
 2015 Ed. (258)
 2016 Ed. (251)
Larry H. Parker Law Office
 1989 Ed. (1889)
Larry Jones International Ministries
 1991 Ed. (2615)
 1995 Ed. (943, 2782)
 2000 Ed. (3347)
Larry Jones Ministries/Feed the Children
 1994 Ed. (905)
Larry Kelly
 2003 Ed. (224, 228)
"Larry King Special Report"
 2015 Ed. (2328)
 2016 Ed. (2283)
Larry Lasch
 2018 Ed. (3655)
 2019 Ed. (3644)
Larry Magguilli
 2019 Ed. (4119)
Larry Merculieff
 1991 Ed. (3211)
Larry Mizel
 2007 Ed. (2497)
 2009 Ed. (4857)
 2016 Ed. (866)
Larry Montgomery
 2004 Ed. (2529)
Larry Page
 2005 Ed. (787, 4859)
 2006 Ed. (4896, 4912)
 2007 Ed. (4905)
 2008 Ed. (4834, 4839)
 2009 Ed. (759, 4855, 4858)
 2010 Ed. (4859)
 2011 Ed. (629, 4845)
 2012 Ed. (599, 4847)
 2013 Ed. (740, 4850)
 2014 Ed. (761, 762, 4866)
 2015 Ed. (798, 4903)
 2016 Ed. (721, 3336)
 2017 Ed. (3297, 4815, 4830)
 2018 Ed. (3368, 4820, 4835)
 2019 Ed. (4816, 4832)
 2020 Ed. (4806, 4822, 4880)
 2021 Ed. (4807, 4823)
 2022 Ed. (4801, 4816, 4817)
 2023 Ed. (4793, 4809, 4811, 4871)
Larry Page (U.S.)
 2022 Ed. (4876)
Larry Parrish
 1990 Ed. (2478)
 1991 Ed. (2342)
Larry Powers
 2006 Ed. (2531)
 2007 Ed. (2512)
Larry R. Ammons
 1992 Ed. (1139)
Larry Robbins
 2015 Ed. (2968)
 2016 Ed. (2902, 4809)
Larry Rong Zhijian
 2004 Ed. (2535)
 2005 Ed. (2515)
 2006 Ed. (2529)
 2007 Ed. (2508)
 2008 Ed. (4843)
Larry W. Sonsini
 2002 Ed. (3068)
 2003 Ed. (805, 4847)
Larry Wachowski
 2005 Ed. (786)
Larry Yost
 2004 Ed. (975)
Larry Yung
 2009 Ed. (4861)
Larry Yung Chikin
 2003 Ed. (2411)
Larry's
 1994 Ed. (1924)
Larry's Giant Subs
 1999 Ed. (2512, 2518)
 2003 Ed. (4227)
 2004 Ed. (4243)
 2011 Ed. (4358)
Larry's Hi Lo Bakery
 2017 Ed. (337)
 2019 Ed. (312)
Lars Engman
 2008 Ed. (2990)
 2009 Ed. (3073)
 2010 Ed. (3006)
Lars Larsen
 2012 Ed. (4884)
 2013 Ed. (4868)
 2014 Ed. (4882)
 2015 Ed. (4920)
 2016 Ed. (4836)
 2017 Ed. (4844)
 2018 Ed. (4851)
 2019 Ed. (4846)

2020 Ed. (4835)
Lars Rebien Sorensen
 2014 Ed. (933)
 2016 Ed. (865)
 2017 Ed. (923)
 2018 Ed. (859)
Larsen; Lars
 2012 Ed. (4884)
 2013 Ed. (4868)
 2014 Ed. (4882)
 2015 Ed. (4920)
 2016 Ed. (4836)
 2017 Ed. (4844)
 2018 Ed. (4851)
 2019 Ed. (4846)
 2020 Ed. (4835)
Larsen; M. O.
 2005 Ed. (2482)
Larsen; Marshall O.
 2007 Ed. (1202)
 2009 Ed. (1086)
 2011 Ed. (823)
Larsen Memorial 8
 1994 Ed. (1587)
Larsen; Ralph S.
 1992 Ed. (2063)
Larsen & Son Inc.; Thorleif
 1994 Ed. (1144)
 1995 Ed. (1162)
 1996 Ed. (1147)
 1997 Ed. (1166)
Larsen & Toubro
 2014 Ed. (1126, 1695, 2564)
 2015 Ed. (1170, 1708)
 2016 Ed. (664, 1083, 1093)
 2017 Ed. (697, 1114, 1123, 1126, 1127, 1625)
 2018 Ed. (655, 1054, 1604, 1608)
 2019 Ed. (665, 1064, 1645, 1648, 1650)
 2020 Ed. (1052, 1603, 1605, 1607)
 2021 Ed. (1584, 1587, 1589)
 2022 Ed. (1605)
 2023 Ed. (1769)
Larsen & Toubro Infotech
 2020 Ed. (957)
Larsen & Toubro Infotech Ltd.
 2008 Ed. (1976)
 2009 Ed. (1930)
 2010 Ed. (1865)
 2011 Ed. (1897)
Larsen & Toubro Ltd.
 1990 Ed. (1379)
 1991 Ed. (721)
 1992 Ed. (1636)
 1994 Ed. (724)
 1995 Ed. (1416, 1417)
 1996 Ed. (753, 754, 755, 1378)
 1997 Ed. (686, 1429)
 1999 Ed. (742, 1654)
 2000 Ed. (755, 1000, 1455, 1457, 1459)
 2001 Ed. (1733)
 2002 Ed. (4426)
 2009 Ed. (1750)
 2010 Ed. (805, 1697)
 2011 Ed. (1106, 1109, 1704, 1706, 1708)
 2012 Ed. (1025, 1027, 1562, 1563)
 2013 Ed. (833, 1169, 1177, 1180, 2582)
 2014 Ed. (1130, 4021)
 2015 Ed. (1177, 1280, 2574, 2585)
 2016 Ed. (1195, 2507)
 2017 Ed. (1240, 2364)
 2018 Ed. (1220, 1230, 2431)
 2019 Ed. (1253, 1263, 2466, 2480)
 2020 Ed. (1247, 1257, 2455, 2467, 2469)
 2021 Ed. (1213, 1223, 2378, 2391, 2393)
 2022 Ed. (1214, 1225, 2489, 2504)
 2023 Ed. (1450, 1460, 2612)
Larsen & Toubro Technology Services Limited
 2023 Ed. (4673)
Larson, Allen, Weinshair & Co. LLP
 2003 Ed. (4)
Larson Allen Weishair & Co.
 1998 Ed. (12)
 1999 Ed. (16)
 2000 Ed. (13)
 2006 Ed. (4)
 2008 Ed. (278)
Larson, Allen, Weishair & Co., LLP
 2002 Ed. (13, 14)
Larson; Deborah S.
 1992 Ed. (3137)
Larson; Eric
 1991 Ed. (1681)
 1993 Ed. (1798)
 1996 Ed. (1794)
 1997 Ed. (1868)
Larson; Estate of Richard H.
 1991 Ed. (888)
Larson Financial
 2012 Ed. (1460)
 2017 Ed. (2579, 2594)
Larson Financial Inc.
 2014 Ed. (1517)
Larson; J. M.
 2005 Ed. (2504)

Larson-Juhl Inc.
 2013 Ed. (1648)
 2014 Ed. (1606)
Larson Jr.; Aleron H.
 2007 Ed. (2509, 2511)
Larson; Kyle
 2019 Ed. (193)
Larson Manufacturing Co. of South Dakota Inc.
 2001 Ed. (1849)
 2003 Ed. (1822)
 2004 Ed. (1858)
 2005 Ed. (1961)
 2007 Ed. (1979)
 2008 Ed. (2077)
 2009 Ed. (2048)
 2010 Ed. (1981)
 2011 Ed. (2043)
 2012 Ed. (1892)
 2013 Ed. (2049)
 2014 Ed. (1985)
 2015 Ed. (2033)
 2016 Ed. (2002)
Larson; Patricia A.
 1995 Ed. (2484)
Larson; Peter N.
 1997 Ed. (1803)
Larson & Toubro
 2000 Ed. (1456, 1460)
LarsonAllen
 2004 Ed. (10)
 2005 Ed. (6)
 2006 Ed. (11)
 2007 Ed. (7)
 2008 Ed. (5)
 2009 Ed. (8)
 2010 Ed. (15, 17)
 2011 Ed. (16)
 2012 Ed. (20)
LarsonAllen LLP
 2012 Ed. (7)
 2013 Ed. (14)
Larsson; Stieg
 2012 Ed. (691)
 2013 Ed. (907)
Larwin Co.
 1998 Ed. (3007)
 1999 Ed. (3997)
Larylgan
 1991 Ed. (3386)
 1992 Ed. (1249)
Las Brisas
 1995 Ed. (2173)
Las Colinas
 1994 Ed. (2187, 2189)
 1996 Ed. (2249, 2250)
 1997 Ed. (2375, 2376)
Las Cruces, NM
 1992 Ed. (3052)
 1998 Ed. (176, 733)
 2002 Ed. (2118, 3330)
 2003 Ed. (4189, 4195)
 2005 Ed. (2380, 2991)
 2006 Ed. (2427, 3300, 3306)
 2007 Ed. (3364, 3370, 4208)
 2008 Ed. (3461, 3462, 4353)
 2009 Ed. (2392)
 2010 Ed. (2409)
 2011 Ed. (2412)
 2012 Ed. (2554)
 2022 Ed. (3411)
Las Delicias
 2019 Ed. (2232)
 2020 Ed. (2229)
 2021 Ed. (2203)
 2022 Ed. (2236)
 2023 Ed. (2423)
LAS North American Equity
 1992 Ed. (3210)
Las Noticias por Adela
 2011 Ed. (2947)
 2012 Ed. (2878)
Las Pelotas
 1997 Ed. (1112)
Las Vegas
 2000 Ed. (1085, 2536, 2537, 2589, 2938)
Las Vegas Airport
 1996 Ed. (195)
Las Vegas Convention Board
 2001 Ed. (866)
Las Vegas Convention Center
 1991 Ed. (1104)
 1992 Ed. (1442, 3013)
 1996 Ed. (1173)
 1999 Ed. (1418)
 2001 Ed. (2350)
 2003 Ed. (2412)
 2005 Ed. (2518)
 2018 Ed. (1277)
Las Vegas Discount Golf & Tennis Inc.
 1992 Ed. (2225)
Las Vegas Downtown, NV
 1996 Ed. (1603)
Las Vegas-Henderson, NV
 2020 Ed. (2204)
Las Vegas-Henderson-Paradise, NV
 2016 Ed. (4155)
 2017 Ed. (4127)

2020 Ed. (2356)
 2021 Ed. (3361)
 2022 Ed. (3411)
Las Vegas Hilton Corp.
 2001 Ed. (1808)
 2003 Ed. (1778)
Las Vegas Hilton Hotel
 2000 Ed. (2538)
 2001 Ed. (2351)
 2003 Ed. (2413)
Las Vegas/Jean/Indian Sprigs, NV
 1992 Ed. (3291)
Las Vegas Market
 2012 Ed. (4744)
 2013 Ed. (4700)
Las Vegas, NV
 1989 Ed. (913, 993, 1611)
 1990 Ed. (1008, 1009, 1148, 1150, 1156, 2485, 3648)
 1991 Ed. (1982, 1983, 1984, 2347, 3272, 3288)
 1992 Ed. (347, 1158, 2542, 2548, 3035, 3036, 3134, 3692, 3697)
 1993 Ed. (947, 951, 2547, 3606)
 1994 Ed. (970, 2372, 2472, 2495, 2584, 2924, 3066, 3067)
 1995 Ed. (2191, 2451, 2539, 3111, 3112, 3593, 3633)
 1996 Ed. (973, 1061, 2208, 2497, 3208, 3631, 3669)
 1997 Ed. (1075, 2336, 2763, 2765, 2767, 3304, 3356, 3524, 3728)
 1998 Ed. (743, 1857, 2057, 2365, 2475, 2485, 3513, 3586)
 1999 Ed. (1148, 1158, 1173, 1174, 2758, 3195, 3257, 3370, 3372, 3851, 4580)
 2000 Ed. (1065, 1069, 1072, 1082, 1088, 1091, 1790, 2637, 2993, 2996, 3104, 3106, 3687, 4234, 4268, 4270)
 2001 Ed. (2276, 2277, 2280, 2282, 3102, 4504, 4611)
 2002 Ed. (236, 927, 2629, 3092, 3136, 4289, 4608, 4646)
 2003 Ed. (255, 1148, 2124, 2348, 2354, 3220, 3241, 4722, 4775)
 2004 Ed. (223, 3262, 4700, 4753)
 2005 Ed. (232, 748, 2378, 2383, 2385, 2456, 2462, 3323, 4143, 4734, 4825)
 2006 Ed. (250, 748, 2424, 2970, 4099, 4100, 4189, 4785)
 2007 Ed. (259, 2367, 3360, 3386, 4230)
 2008 Ed. (237, 238, 767, 2488, 2806, 3456, 3474, 3517, 4259, 4348, 4357, 4358, 4721)
 2009 Ed. (262, 2388, 2494, 3770)
 2010 Ed. (2801, 4773)
 2011 Ed. (170, 2411, 2786, 4206, 4438, 4724)
 2012 Ed. (183, 3729)
 2013 Ed. (160, 2670, 3225)
 2014 Ed. (164, 2621)
 2015 Ed. (191)
 2016 Ed. (186)
 2017 Ed. (4428)
 2018 Ed. (161, 4448)
 2019 Ed. (161, 2386, 3690)
 2020 Ed. (4426)
 2021 Ed. (3338)
 2023 Ed. (4459, 4472)
Las Vegas, NV-AZ
 2002 Ed. (407, 1062, 2731, 2758, 2759, 2761)
 2004 Ed. (2172, 2425)
 2005 Ed. (338, 2387, 3064, 3470)
Las Vegas-Paradise, NV
 2006 Ed. (3324)
 2007 Ed. (3359)
 2008 Ed. (3457)
 2009 Ed. (351, 4778)
 2010 Ed. (327, 4193)
 2011 Ed. (254, 4202)
 2012 Ed. (275, 4254)
Las Vegas Paving Corp.
 2008 Ed. (1316, 1343)
 2013 Ed. (1270)
 2014 Ed. (1203)
 2016 Ed. (1176)
 2017 Ed. (1219)
 2018 Ed. (1122, 1131)
 2020 Ed. (1129, 1137)
 2021 Ed. (1116, 1123)
Las Vegas-Reno, NV
 2019 Ed. (2157)
Las Vegas Review-Journal Sun
 1992 Ed. (3240, 3244)
Las Vegas Sands
 2014 Ed. (1846, 2544, 2563, 3099)
 2015 Ed. (1389, 3164)
 2016 Ed. (1302, 3006, 3016)
 2018 Ed. (3074)
 2019 Ed. (3018)
 2020 Ed. (3056)
 2021 Ed. (2925)
 2022 Ed. (1761, 3043)
 2023 Ed. (1898, 3161)
Las Vegas Sands Corp.
 2007 Ed. (1907, 1908, 2675, 2943, 3342)
 2008 Ed. (1968, 1969, 3068, 3069, 3074, 3440, 4145, 4539)

CUMULATIVE INDEX • 1989-2023

2009 Ed. (275, 1155, 1923, 1924, 3156, 3518, 4791)
2010 Ed. (263, 1150, 1858, 1859, 3086, 4605)
2011 Ed. (184, 742, 1093, 1743, 1744, 1746, 1889, 1890, 1892, 3057, 3058, 3441, 4758)
2012 Ed. (678, 679, 680, 681, 1262, 1281, 1745, 1746, 1747, 1748, 3000, 3002, 3458, 3462, 4556, 4573, 4780, 4781)
2013 Ed. (886, 887, 888, 889, 1363, 1910, 1911, 1912, 1913, 3089, 3091, 3505, 3509, 4741, 4742)
2014 Ed. (848, 849, 850, 1845, 1847, 1848, 3087, 3090, 3195, 3480, 3483, 4791, 4792)
2015 Ed. (886, 887, 888, 1882, 1883, 1884, 3154, 3157, 3498, 3500, 4825, 4826)
2016 Ed. (771, 772, 773, 1844, 1846, 3009, 3012, 4729, 4731)
2017 Ed. (832, 833, 834, 1804, 1805, 1806, 2415, 2954, 4749, 4751)
2018 Ed. (763, 764, 765, 1755, 1756, 2452, 2463)
2019 Ed. (780, 781, 782, 1107, 1813, 3013)
2020 Ed. (775, 776, 777, 1757, 1758, 3044)
2021 Ed. (1727, 2902, 2909, 4097)
2022 Ed. (1762, 3028, 3032)
Las Vegas Sands Inc.
2014 Ed. (1844)
2015 Ed. (1881, 4426)
2016 Ed. (1843, 4320)
2017 Ed. (4323)
2018 Ed. (4315)
Las Vegas Wash
1993 Ed. (3690)
Lasagna
1996 Ed. (2913)
LaSalle
2009 Ed. (2284)
LaSalle Advertisers Ltd.
1997 Ed. (3268)
LaSalle Advisors
1989 Ed. (1807)
1990 Ed. (2332, 2347, 2970)
1991 Ed. (2211, 2241, 2817, 2819)
1992 Ed. (2733, 2749, 3634, 3635)
1993 Ed. (2285, 2309, 2974, 2975)
1994 Ed. (3015, 3016, 3017)
1995 Ed. (2375, 3071, 3072, 3073)
1996 Ed. (2384, 2411, 2417, 3165, 3167, 3169)
1997 Ed. (3267, 3269, 3271)
1998 Ed. (2294, 3012, 3013, 3014, 3016)
1999 Ed. (3093, 3096, 3097, 3098)
LaSalle Advisors Capital
2000 Ed. (2808, 2828, 2837, 2838, 2840)
LaSalle Advisors Capital Management, Inc.
2000 Ed. (2829, 2839)
LaSalle Bank
1999 Ed. (402, 4598)
2000 Ed. (486)
2001 Ed. (612, 641)
2007 Ed. (4101)
2008 Ed. (4121)
2009 Ed. (4229)
LaSalle Bank FSB
2000 Ed. (4248)
2001 Ed. (4524, 4527)
LaSalle Bank Midwest NA
2007 Ed. (362)
LaSalle Bank NA
2002 Ed. (442, 539, 4293)
2003 Ed. (378)
2006 Ed. (424)
2007 Ed. (416)
2008 Ed. (394)
2009 Ed. (417)
LaSalle Bank North America
2001 Ed. (609)
LaSalle Cragin Bank FSB
1996 Ed. (3284)
1997 Ed. (3381)
1998 Ed. (3154)
LaSalle Hotel Properties
2006 Ed. (2946)
2007 Ed. (2962)
2008 Ed. (3086)
LaSalle Income Plus Fund
1995 Ed. (2072)
LaSalle Investment
2002 Ed. (3937, 3942)
2009 Ed. (4232)
LaSalle Investment Management
2001 Ed. (3992, 4014)
2002 Ed. (3625, 3929)
2003 Ed. (4058)
2004 Ed. (2036)
2005 Ed. (4023, 4024)
2006 Ed. (4053)
2007 Ed. (4104)
2008 Ed. (4125, 4126)
2009 Ed. (4235, 4236)
2010 Ed. (4167, 4168)

2011 Ed. (3784, 4169)
2012 Ed. (3081, 3082, 4217)
2013 Ed. (3165, 4203)
2014 Ed. (3170, 4220)
2019 Ed. (3086)
2020 Ed. (3116)
LaSalle National Bank
1990 Ed. (520)
1991 Ed. (478)
1992 Ed. (539, 636, 701)
1993 Ed. (450, 482, 502)
1994 Ed. (451, 487, 506)
1995 Ed. (394, 443, 489, 2071)
1996 Ed. (472, 508, 534)
1997 Ed. (436, 472, 493, 2623)
1998 Ed. (343, 358, 363, 2351, 2709, 3137, 3152, 3522, 3530, 3543)
1999 Ed. (493, 525)
2000 Ed. (486)
2001 Ed. (610, 612)
LaSalle National Bank (Chicago)
1991 Ed. (543)
LaSalle National Corp.
1996 Ed. (372, 3182)
1997 Ed. (344, 3284, 3285)
1998 Ed. (276)
1999 Ed. (4027, 4029)
2000 Ed. (3744, 3746)
LaSalle Network
2015 Ed. (1693)
The LaSalle Network
2022 Ed. (2366)
LaSalle Northwest National Bank
1999 Ed. (493)
Lasalle Partners Inc.
1995 Ed. (3075)
1997 Ed. (3272, 3274)
1998 Ed. (3017, 3019, 3022)
1999 Ed. (4014)
2000 Ed. (3728, 3731, 3732)
LaSalle Partners Management Services Inc.
2000 Ed. (3715)
LaSalle Re Holdings
1997 Ed. (3408)
LaSalle St. Securities
2022 Ed. (2684)
LaSalle Talman Bank
1994 Ed. (3142)
LaSalle Talman Bank FSB
1995 Ed. (3184)
1996 Ed. (3284)
1997 Ed. (3381)
1998 Ed. (3154)
Lascelles
1999 Ed. (3126, 3127)
2000 Ed. (2874, 2875)
Lascelles DeMercado
1994 Ed. (2339, 2340)
1996 Ed. (2437, 2438)
1997 Ed. (2583)
Lascelles de Mercado
2002 Ed. (3033, 3034)
Lasch; Larry
2018 Ed. (3655)
2019 Ed. (3644)
Lascher; Stephen
2018 Ed. (3657, 3659)
Lasco Enterprises LLC
2022 Ed. (4771)
LASE Solar
2020 Ed. (4436, 4447)
Lasem Group
2004 Ed. (885)
Laser
2006 Ed. (93)
Laser Bearbeitungsund Beratungszentrum NRW
2021 Ed. (245)
Laser Chem
2002 Ed. (856)
Laser Chem Commercial Cleaning
2005 Ed. (765)
Laser/copier toner and cartridges
1995 Ed. (3079)
Laser Focus World
2004 Ed. (144)
2007 Ed. (4792)
2008 Ed. (4709)
2009 Ed. (4754)
2010 Ed. (4762)
2011 Ed. (4716)
2012 Ed. (4737)
Laser Mortgage Management Co.
1999 Ed. (4170)
Laser-Pacific Media Corp.
2000 Ed. (3003)
Laser Spine Institute
2016 Ed. (1929)
Laser technology
1989 Ed. (2343)
Laser Wire Solutions
2020 Ed. (4565)
LaserBond
2014 Ed. (1389)
2022 Ed. (1388)
LaserCycle, Inc.
2002 Ed. (2511)

LaserMaster Tech
1994 Ed. (2018)
Laserscope
1992 Ed. (2363, 3308, 3989)
2006 Ed. (2742, 2745)
2007 Ed. (2717, 2718, 2721, 2724, 2737, 4394, 4395)
2008 Ed. (2854, 4347, 4359, 4370)
LaserShip
2016 Ed. (4742)
2018 Ed. (4749)
2019 Ed. (4751)
LaserShip Inc.
2020 Ed. (4730)
2021 Ed. (4731)
2022 Ed. (4733)
2023 Ed. (4715)
LaserSight Inc.
1997 Ed. (2020)
Lasertec
2009 Ed. (1820, 4417)
Lasertechnik Laimer GmbH
2016 Ed. (1387)
The Lash Lounge
2023 Ed. (3912)
The Lash Lounge Franchise
2021 Ed. (3793)
2022 Ed. (3814)
LASIK M.D.
2009 Ed. (2023)
Lasix
1989 Ed. (2256)
Lasko
1990 Ed. (2001, 2141)
1991 Ed. (1990)
1992 Ed. (2394, 2557)
1993 Ed. (2026, 2119)
1994 Ed. (2043, 2152)
2000 Ed. (2594)
2002 Ed. (2714)
LASMO
1992 Ed. (1627)
2000 Ed. (4132)
Lasmo (TNS) Ltd.
1991 Ed. (1337)
1993 Ed. (1304)
Lason Inc.
1999 Ed. (1270)
2001 Ed. (1352)
2002 Ed. (1138)
LaSorda; Tom
2008 Ed. (2629)
Lassen County FCU
2000 Ed. (1622)
Lassen Land Co.
1998 Ed. (1775)
Lassen Volcanic National Park
1999 Ed. (3705)
Lasser; J. K.
1995 Ed. (1099)
Lasser; Lawrence
1996 Ed. (1710)
Lasser's Your Income Tax; J. K.
2006 Ed. (638)
Lassila & Tikanoja Oyj
2004 Ed. (1010)
2009 Ed. (1667)
Lassonde
2011 Ed. (4559)
Lassonde Industries
1992 Ed. (1589)
2011 Ed. (2714)
2014 Ed. (2714)
Lassonde Industries Inc.
2018 Ed. (2706)
2019 Ed. (2682)
2022 Ed. (2731)
2023 Ed. (2867)
Lassonde Pappas & Co.
2018 Ed. (3452)
The Last Boy Scout
1993 Ed. (2599)
The Last Juror
2006 Ed. (636)
2007 Ed. (664)
The Last Lecture
2010 Ed. (565, 611)
2011 Ed. (494, 542)
The Last Lone Inventor: A Tale of Genius, Deceit, & the Birth of Television
2006 Ed. (588)
The Last Man
2014 Ed. (577)
The Last Mile
2018 Ed. (583)
Last of the Mohicans
1995 Ed. (3703)
The Last Original Idea
2012 Ed. (508, 509)
The Last Precinct
2003 Ed. (706, 720)
The Last Song
2012 Ed. (452, 455, 456, 523)
Last Stand at Saber River
1999 Ed. (4721)
The Last Time They Met
2004 Ed. (745, 747)

The Last Tycoons: The Secret History of Lazard Freres & Co.
2009 Ed. (638)
Last2Ticket
2020 Ed. (1870)
Lastminute.com
2007 Ed. (713, 734)
2008 Ed. (704)
2011 Ed. (585)
Lastminute.com plc
2004 Ed. (3663)
2006 Ed. (2069)
Lastra
2020 Ed. (3677)
LaSuerte Cigar & Cigarette
1991 Ed. (42)
Lasy Panstwowe Gospodarstwo
2004 Ed. (1846)
Lasy Panstwowe Gospodarstwo Lesne
2002 Ed. (1755)
Laszlo Systems
2007 Ed. (1251)
Latainer, Gary
1993 Ed. (1845)
Latam Airlines
2014 Ed. (1505)
2015 Ed. (1563)
2016 Ed. (1497)
2017 Ed. (1491)
2018 Ed. (1471)
2019 Ed. (1502)
2020 Ed. (1470)
2021 Ed. (1459)
2022 Ed. (328)
LATAM Airlines Group
2015 Ed. (167, 168)
2016 Ed. (169, 170)
2017 Ed. (156, 157)
2019 Ed. (157)
Latchford
1992 Ed. (2295)
LatCo Inc.
2005 Ed. (4673)
Latdanga SIA
2017 Ed. (1717)
Late/Browne Group
1997 Ed. (3543)
Lateef Focused Growth
2021 Ed. (4485)
Lateef Focused Growth A
2021 Ed. (4485)
Lateetud
2022 Ed. (981, 1991, 3114)
Latens Systems Ltd.
2012 Ed. (2847)
Latexx Partners
2012 Ed. (1676)
2013 Ed. (1828)
The Latham Group Inc.
2023 Ed. (1920)
Latham Motors
1994 Ed. (285)
Latham & Watkins
1990 Ed. (2421)
1991 Ed. (2277, 2278)
1992 Ed. (2825, 2827, 2840, 2841)
1993 Ed. (2388, 2390, 2399)
1995 Ed. (2418)
1996 Ed. (2454)
1997 Ed. (2595, 2598)
1998 Ed. (2324, 2330)
1999 Ed. (1431, 3141, 3145, 3146, 3153, 4257)
2000 Ed. (2891, 2899)
2001 Ed. (3051, 3086)
2002 Ed. (1356, 1357, 3059, 3797)
2003 Ed. (1393, 1394, 3170, 3174, 3178, 3184, 3190, 3194, 3204)
2004 Ed. (1408, 1409, 3224, 3225, 3226, 3232, 3235, 3238, 3250)
2005 Ed. (1427, 1428, 1439, 1454, 3254, 3255, 3256, 3261, 3265, 3274)
2006 Ed. (1412, 1413, 3242, 3243, 3244, 3245, 3246, 3248, 3251)
2009 Ed. (826)
2010 Ed. (771)
2014 Ed. (3840)
2015 Ed. (3865)
2016 Ed. (3319, 3774)
2017 Ed. (1327, 1328, 3731)
2018 Ed. (1304, 1305, 3779)
2019 Ed. (3763)
2020 Ed. (3814)
2021 Ed. (3788, 3791)
2022 Ed. (3809, 3812)
2023 Ed. (3523, 3907, 3910)
Latham & Watkins LLP
2007 Ed. (1502, 3299, 3301, 3303, 3305, 3309, 3317, 3318, 3323, 3325)
2008 Ed. (1394, 1395, 3414, 3416, 3418, 3419, 3428)
2009 Ed. (3482, 3485, 3486, 3493, 3495, 3503)
2010 Ed. (3413, 3417, 3423, 3424, 3426, 3431, 3440)
2011 Ed. (3397, 3400, 3401, 3407, 3409, 3410, 3411, 3438)
2012 Ed. (1228, 3366, 3374, 3385, 3390,

3393, 3395, 3406, 3411, 3414, 3415,
3418, 3419, 3420, 3426, 3427, 4438)
2013 Ed. (3433, 3436, 3438, 3439, 3443,
3450, 3452, 3499)
2014 Ed. (3435, 3436, 3437, 3438, 3443,
3450, 3453, 3475)
2015 Ed. (1350, 1351, 3470, 3493, 3494)
2016 Ed. (1281, 1282, 3317, 3343, 3344)
2017 Ed. (1338, 1339)
2018 Ed. (1323)
2020 Ed. (27, 30, 34, 1312)
2021 Ed. (30, 37, 3218, 3219, 3238)
2022 Ed. (3344, 3349)
2023 Ed. (3458)
The Lathrop Co.
1992 Ed. (3962)
Lathrop & Gage
2015 Ed. (3468)
2021 Ed. (3234)
Lathrop GPM
2023 Ed. (3438, 3464)
Lathrop GPM LLP
2023 Ed. (3437)
Laticinios Bela Vista Ltda.
2020 Ed. (2700)
Laticinios Tirolez Ltda.
2020 Ed. (2700)
Latimer & Buck
1989 Ed. (1807, 2127)
1990 Ed. (2355, 2969, 2971)
1992 Ed. (3636, 3637)
1993 Ed. (2309, 2976, 2977)
1994 Ed. (3017, 3018)
Latimer & Buck Real Estate
1991 Ed. (2238, 2820, 2821)
Latin Ad Inc.
1992 Ed. (118)
Latin America
1990 Ed. (2146, 2759, 3439)
1991 Ed. (1799)
1992 Ed. (3014, 3294, 3295, 3446, 3555)
1993 Ed. (1721, 1928, 2243, 2845)
1994 Ed. (1728, 3657)
1995 Ed. (1785)
1996 Ed. (325, 1466)
1997 Ed. (2113, 3739)
1998 Ed. (857, 1241, 2312, 2735, 2877)
1999 Ed. (189, 1820, 1913, 2488, 4039, 4550)
2000 Ed. (3094, 3830, 4343)
2001 Ed. (368, 728, 1098, 1192, 1193, 3371, 3372, 3857)
2002 Ed. (4323, 4324)
2003 Ed. (544, 3500)
2006 Ed. (2509, 3551, 4683)
2007 Ed. (3619)
2008 Ed. (728, 3742)
2009 Ed. (3762)
Latin American Civic Association
2002 Ed. (2559)
2003 Ed. (2755)
2004 Ed. (2837)
Latin American Discovery
1994 Ed. (2649)
Latin American Equity
1994 Ed. (2649)
Latin American Export & Import, Inc.
2004 Ed. (2835)
Latin American Fund
1993 Ed. (2683)
Latin American Investment
1994 Ed. (2649)
Latin Chamber of Commerce of USA
2002 Ed. (958)
Latin Node Inc.
2006 Ed. (2829)
2008 Ed. (2968)
Latina
2000 Ed. (4086)
2002 Ed. (3227)
2005 Ed. (3360)
2006 Ed. (3348)
2007 Ed. (3116)
2008 Ed. (3260)
2009 Ed. (3597)
2010 Ed. (2979)
2011 Ed. (2941)
2012 Ed. (2872)
2013 Ed. (2948)
2014 Ed. (2966)
2015 Ed. (3035)
2016 Ed. (2931)
2017 Ed. (2890)
Latino
1990 Ed. (712)
2000 Ed. (640, 643, 646)
2001 Ed. (646, 647, 648)
Latino Community Credit Union
2004 Ed. (1931)
2008 Ed. (2212, 2213)
2009 Ed. (2187, 3527, 3528)
2010 Ed. (2132, 2133)
2021 Ed. (2082)
2022 Ed. (2117)
2023 Ed. (2232)
Latinoamericana de Seguros
1996 Ed. (2290)

Latinoamericano de Exportaciones
1990 Ed. (664)
LatinoAOL.com
2010 Ed. (2983)
LatinoCare Management Corp.
2003 Ed. (2748)
LatiNode Inc.
2007 Ed. (2836, 4015, 4727)
2008 Ed. (2954)
Latintrade.com
2009 Ed. (3435)
LatinVest Fund L.P.
1995 Ed. (2096)
LatInvest Securities
1996 Ed. (1892)
LatinWorks
2013 Ed. (2943, 2944)
2014 Ed. (64, 2961)
2015 Ed. (59, 76, 3030, 3031)
2016 Ed. (76, 2926, 2927)
2017 Ed. (2885)
2018 Ed. (2952)
2019 Ed. (2900)
2020 Ed. (2919, 3567)
Latinworks
2003 Ed. (173)
2007 Ed. (113)
2009 Ed. (123)
2010 Ed. (124)
2011 Ed. (42)
2012 Ed. (43, 48, 55)
LatinWorks Marketing LLC
2016 Ed. (3586)
2017 Ed. (3554)
2018 Ed. (3604)
2019 Ed. (3594)
LatinWorks Media
2017 Ed. (2886)
2019 Ed. (2901)
2020 Ed. (2920)
Latite Roofing LLC
2019 Ed. (4298)
2020 Ed. (4291)
2021 Ed. (4266)
2022 Ed. (4278)
2023 Ed. (4310)
Latite Roofing & Sheet Metal Co.
2016 Ed. (4285)
2017 Ed. (4288)
2018 Ed. (4271)
Latite Roofing & Sheet Metal Co., Inc.
2002 Ed. (1296)
2003 Ed. (1313)
2004 Ed. (1313)
2005 Ed. (1319)
2006 Ed. (1291)
2007 Ed. (1367)
2008 Ed. (1263, 1277)
2009 Ed. (1239, 1260, 1337, 4352)
2010 Ed. (1238, 1256)
2011 Ed. (1186)
2012 Ed. (4381)
2013 Ed. (4350)
2014 Ed. (4399)
Latitude 45
2022 Ed. (4336)
2023 Ed. (4366)
Latitude Digital Marketing
2019 Ed. (3461)
Latitude Group Ltd.
2009 Ed. (3023, 3031)
Lativi
2007 Ed. (44)
2009 Ed. (55)
LaTorra, Paul & McCann
2013 Ed. (97, 100)
LaTorra, Paul + McCann
2013 Ed. (101)
Latorra, Paul & McCann
2005 Ed. (186)
2006 Ed. (198)
2007 Ed. (206)
2008 Ed. (191, 193)
2009 Ed. (213)
2010 Ed. (193)
LaToya Jackson
1991 Ed. (844)
Latrace-Henderson; Betty Anne
2012 Ed. (4986)
Latrobe
1990 Ed. (751, 753)
1992 Ed. (931)
2001 Ed. (674)
Latrobe Brewing Co.
1989 Ed. (759)
1990 Ed. (756)
1992 Ed. (934)
1994 Ed. (691)
1997 Ed. (713, 716, 718)
1998 Ed. (501, 503, 2491)
1999 Ed. (812)
2000 Ed. (816, 817, 818, 3127)
2001 Ed. (1023, 1026)
2003 Ed. (764)
Latrobe Health Services
2021 Ed. (2544)
2022 Ed. (2659)

Latsha Lumber
1996 Ed. (822)
Latshaw Drilling & Exploration
2010 Ed. (2417)
2011 Ed. (2420)
Latshaw Enterprises Inc.
2005 Ed. (4673)
Latsis; Spiro
2011 Ed. (4890)
2012 Ed. (4898)
2013 Ed. (4872)
2014 Ed. (4886)
2015 Ed. (4925)
2016 Ed. (4841)
2017 Ed. (4849)
2018 Ed. (4856)
2019 Ed. (4851)
2020 Ed. (4840)
Latte Consulting
2017 Ed. (1593)
2018 Ed. (1576)
Lattelekom
2004 Ed. (61)
2005 Ed. (56)
2006 Ed. (63)
Latter & Blum Companies
2019 Ed. (4109)
2021 Ed. (4064)
2022 Ed. (4080)
Latter Day Products
2013 Ed. (2130)
Lattice
2022 Ed. (961, 964, 1400)
2023 Ed. (1134)
Lattice Engines
2012 Ed. (952)
Lattice Inc.
1998 Ed. (3283)
2010 Ed. (2954, 4840)
2011 Ed. (2917)
Lattice Power
2012 Ed. (4638)
Lattice Power Corp.
2013 Ed. (2902)
Lattice Semiconductor
2014 Ed. (2107)
2016 Ed. (4349)
Lattice Semiconductor Corp.
1999 Ed. (4278)
2000 Ed. (4001)
2001 Ed. (3910, 3911)
2004 Ed. (4559)
2022 Ed. (1857)
Lattimore Black Morgan & Cain
2014 Ed. (1)
Lattimore Black Morgan and Cain (LBMC)
2022 Ed. (2)
Lattimore Black Morgan & Cain PC
2002 Ed. (22, 23)
2003 Ed. (8)
2004 Ed. (14)
2005 Ed. (10)
2006 Ed. (15)
2007 Ed. (11)
2008 Ed. (9)
2009 Ed. (12)
2010 Ed. (22, 23)
2011 Ed. (19)
2012 Ed. (24)
2013 Ed. (22)
2014 Ed. (18)
2015 Ed. (19)
2016 Ed. (18)
2017 Ed. (14)
2018 Ed. (13)
2019 Ed. (14)
2020 Ed. (16)
2021 Ed. (18)
2022 Ed. (19)
2023 Ed. (59)
Latuda
2018 Ed. (2230)
Latus Capital Advisors Inc.
2020 Ed. (4977)
2022 Ed. (4978)
Latus Capital Advisors Inc., dba Latus Commercial Realty/SVN Latus
2022 Ed. (4978)
Latus Commercial Realty/SVN Latus
2020 Ed. (4977)
2022 Ed. (4978)
Latvenergo; A/S
2009 Ed. (1847)
2011 Ed. (1800)
2012 Ed. (1658)
2013 Ed. (1812)
Latvia
1994 Ed. (1487)
1995 Ed. (1519, 3718)
1996 Ed. (1478, 2024, 3808)
1997 Ed. (1543, 3859)
1998 Ed. (3692)
1999 Ed. (1782, 4735)
2000 Ed. (1611)
2001 Ed. (1948)
2002 Ed. (1813)
2003 Ed. (3257)
2004 Ed. (1920, 4750)

2005 Ed. (2055)
2006 Ed. (1029, 2149, 2823, 3335, 4502, 4770)
2007 Ed. (2093, 2826, 3393, 4198)
2008 Ed. (2203, 4620)
2009 Ed. (3238)
2011 Ed. (3507)
2013 Ed. (3169)
2021 Ed. (3175)
Latvian Cleveland Credit Union
2016 Ed. (2227)
Latvian Creditbank
1996 Ed. (582)
Latvian Deposit Bank
1997 Ed. (538)
Latvian Savings Bank
1997 Ed. (538)
Latvian Trade Bank
1997 Ed. (538)
Latvija Statoil Sia
2012 Ed. (1658)
2013 Ed. (1812)
Latvijas balzams
2002 Ed. (4439)
2006 Ed. (4515)
Latvijas Banka
2000 Ed. (591)
2009 Ed. (490)
2010 Ed. (472)
Latvijas Biznesa Banka
2011 Ed. (398)
Latvijas Dzelcels; A/S
2009 Ed. (1847)
2011 Ed. (1800)
Latvijas Ekonomiska komercbanka
2005 Ed. (498)
Latvijas finieris; A/S
2009 Ed. (1847)
Latvijas Gaze
2002 Ed. (4438, 4439)
2006 Ed. (4515)
Latvijas Gaze; A/S
2009 Ed. (1847)
2011 Ed. (1800)
2012 Ed. (1658)
2013 Ed. (1812)
Latvijas Kapital-Banka
2000 Ed. (591)
Latvijas Krajbanka
2000 Ed. (591)
2005 Ed. (498)
2009 Ed. (490)
2010 Ed. (472)
2011 Ed. (398)
Latvijas kugnieciba
2006 Ed. (4515)
Latvijas Kugnieciba; A/S
2011 Ed. (1800)
Latvijas Metals; A/S
2009 Ed. (1847)
Latvijas Metalurgs; A/S
2011 Ed. (1800)
Latvijas Mobilais Telefons Sia
2009 Ed. (1847)
2011 Ed. (1800)
Latvijas Tirdzniecibas Banka
2011 Ed. (398)
Latvijas Unibanka
1999 Ed. (574)
2002 Ed. (527, 607)
2003 Ed. (568)
2005 Ed. (569)
2006 Ed. (490)
Latvijas Universala Banka
1997 Ed. (537)
Latvijas Zemes Banka
2000 Ed. (591)
Lau Cho Kun
2017 Ed. (4859)
2018 Ed. (4868)
2019 Ed. (4862)
2020 Ed. (4851)
2021 Ed. (4852)
2023 Ed. (4842)
Lau; Constance
2014 Ed. (2593)
Lau Industries
1990 Ed. (2140)
1991 Ed. (1989)
1992 Ed. (2556)
1993 Ed. (2118)
1994 Ed. (2151)
Lau; John
2010 Ed. (910)
2011 Ed. (855)
Lau; Joseph
2009 Ed. (4863, 4864)
2010 Ed. (4865)
2011 Ed. (4852, 4853)
2012 Ed. (4859, 4860)
2013 Ed. (4873, 4874)
2014 Ed. (4887, 4888)
2015 Ed. (4926, 4927)
2016 Ed. (4842, 4843)
2017 Ed. (4850)
2018 Ed. (4857)
2019 Ed. (4852)
2020 Ed. (4841)

2021 Ed. (4842)
2023 Ed. (4831)
Lau; Lee Ka
 2005 Ed. (4874)
Laub & Co. Inc.; Kenneth D.
 1990 Ed. (2950)
Lauchlan
 2023 Ed. (4991)
Laudaco
 2020 Ed. (1888, 2951)
Laudan Properties
 2018 Ed. (1828)
Lauder
 2003 Ed. (2917)
Lauder; Aerin
 2005 Ed. (785)
Lauder Cos.; Estee
 1996 Ed. (1054, 1462, 1467)
Lauder Cosmetics; Estee
 1990 Ed. (1024)
 1992 Ed. (4480)
 1994 Ed. (1066)
Lauder; Estee
 1990 Ed. (3704)
 1991 Ed. (1364, 3512)
 1992 Ed. (1288)
 1993 Ed. (1421, 1423)
 1997 Ed. (3407, 3535)
Lauder; Leonard
 2005 Ed. (4846)
 2006 Ed. (4902)
 2007 Ed. (4897)
 2008 Ed. (4826)
 2011 Ed. (4820)
 2012 Ed. (4851)
 2013 Ed. (4848)
 2014 Ed. (4864)
 2015 Ed. (4901)
 2016 Ed. (4818)
 2017 Ed. (4820)
 2018 Ed. (4825)
 2019 Ed. (4821)
 2020 Ed. (4811)
 2021 Ed. (4812)
 2022 Ed. (4805)
 2023 Ed. (4798)
Lauder; Ronald
 2005 Ed. (4857)
 2006 Ed. (4902)
 2007 Ed. (4897)
 2008 Ed. (4826)
 2011 Ed. (4820)
Lauder; William P.
 2010 Ed. (898)
Lauderdale BMW of Ft. Lauderdale
 2020 Ed. (235, 295)
 2021 Ed. (229)
 2022 Ed. (252)
 2023 Ed. (349)
Lauderdale Imports
 1990 Ed. (317)
 1991 Ed. (294)
 1992 Ed. (399)
 1993 Ed. (284)
 1994 Ed. (282)
 1995 Ed. (288)
 1996 Ed. (286)
Lauderhill Leasing
 1990 Ed. (385)
Lauder's
 2001 Ed. (4163)
 2002 Ed. (4173)
 2003 Ed. (4306)
 2004 Ed. (4316)
Laudus Rosenberg International Small Cap
 2006 Ed. (3683)
Laudus Rosenberg International Small Cap Investment
 2006 Ed. (3679, 3680)
 2007 Ed. (2483)
 2008 Ed. (2613)
Laudus Rosenberg U.S. Discovery Investment
 2008 Ed. (2620)
Lauer; Michael
 1995 Ed. (1814)
Laufer; Henry
 2010 Ed. (2640)
"Laugh-In's 25th Anniversary"
 1995 Ed. (3583)
Laughing Cow Mini Babybel
 2014 Ed. (868)
 2015 Ed. (904)
The Laughing Cow Mini Babybel
 2023 Ed. (1050)
Laughlin/Constable
 2004 Ed. (3976)
Laughlin Constable Inc.
 2023 Ed. (138)
Laughlin/Constable PR
 2000 Ed. (3659)
Laughlin/Constable Public Relations
 1997 Ed. (3206)
 1998 Ed. (2952)
 1999 Ed. (3945)
 2004 Ed. (4032)
 2005 Ed. (3975)

Launch Digital Marketing
 2019 Ed. (1634)
Launch Federal Credit Union
 2022 Ed. (2050)
Launch Group
 2008 Ed. (129)
LAUNCH Media, Inc.
 2002 Ed. (2479)
 2003 Ed. (2719)
Launch Potato
 2022 Ed. (60, 1532)
 2023 Ed. (1701)
Launch Trampoline Park
 2019 Ed. (4142)
 2020 Ed. (4145)
 2021 Ed. (4094)
 2022 Ed. (4123)
LaunchDarkly
 2021 Ed. (955)
 2022 Ed. (991)
 2023 Ed. (1162)
Launchfire
 2019 Ed. (3477)
LaunchPoint Ventures LLC
 2018 Ed. (1595)
LaunchSquad
 2011 Ed. (4126)
 2013 Ed. (4128, 4144)
 2014 Ed. (4161)
 2015 Ed. (4142)
 2016 Ed. (4040, 4041, 4044, 4056)
 2019 Ed. (4028, 4032, 4044, 4047, 4051)
 2020 Ed. (4038, 4055, 4058, 4062)
 2021 Ed. (4004, 4005, 4010, 4011, 4025, 4026, 4027, 4034)
 2022 Ed. (4022, 4023, 4029, 4044, 4045, 4046, 4053)
 2023 Ed. (4128, 4132, 4134, 4135, 4146, 4150, 4151, 4158)
LaunchTech
 2023 Ed. (1922)
Launchtech
 2023 Ed. (3223)
Laundry
 2000 Ed. (2503)
 2001 Ed. (2766, 3556)
 2002 Ed. (2599, 3525)
 2005 Ed. (2890, 2891)
 2006 Ed. (2897)
 2008 Ed. (3039)
Laundry & ironing accessories
 2002 Ed. (3054)
Laundry and dry cleaning
 1992 Ed. (1171)
 1995 Ed. (1935)
Laundry detergent
 1991 Ed. (733)
 1995 Ed. (3528)
 1996 Ed. (2042)
 2002 Ed. (1222, 4038)
Laundry detergent, heavy-duty
 1998 Ed. (2499)
Laundry detergents
 1992 Ed. (1170)
Laundry/linen
 2001 Ed. (2760)
Laundry products
 1990 Ed. (3534)
 1991 Ed. (1428)
 1992 Ed. (1817)
Laundry Service
 2019 Ed. (51)
Laundry services
 1999 Ed. (3666)
Laundry Soil & Stain Removers
 2000 Ed. (4155)
Laundry supplies
 2003 Ed. (3947, 3948)
Laundryheap
 2021 Ed. (735)
Launer; Curt
 1993 Ed. (1811)
 1994 Ed. (1794)
 1995 Ed. (1832)
 1996 Ed. (1810)
 1997 Ed. (1884)
Laura Alber
 2008 Ed. (2990)
 2009 Ed. (3074)
 2010 Ed. (3006)
 2011 Ed. (2975)
 2013 Ed. (4967)
Laura Araneda
 2017 Ed. (4983)
Laura Ashley
 1999 Ed. (3658)
 2003 Ed. (2869)
 2004 Ed. (1010)
 2005 Ed. (4686)
 2011 Ed. (3082)
 2022 Ed. (3384)
Laura Ashley Holdings PLC
 1992 Ed. (1229, 1628)
 1993 Ed. (999)
 2000 Ed. (1125)
Laura Bush
 2006 Ed. (4986)

Laura C. Harris
 1994 Ed. (896, 1057)
Laura Cha
 2023 Ed. (4922)
Laura Conigliaro
 1993 Ed. (1805)
 1994 Ed. (1823)
 1995 Ed. (1796, 1826)
 1996 Ed. (1803)
 1997 Ed. (1876)
 1998 Ed. (1672)
 1999 Ed. (2263)
 2000 Ed. (2046, 2050)
 2008 Ed. (2691)
Laura Forte
 1996 Ed. (1903)
Laura Gomez
 2013 Ed. (2960)
Laura Hamilton
 2010 Ed. (2569)
Laura Ingraham
 2007 Ed. (4061)
Laura Leonhard
 2017 Ed. (3600)
 2019 Ed. (3649)
Laura Scudder's
 1996 Ed. (3054)
Laura Sen
 2012 Ed. (4983)
Laura Stafford
 2007 Ed. (4920)
 2008 Ed. (4884)
Laura Wright
 2007 Ed. (1041, 4974)
 2008 Ed. (964)
 2010 Ed. (916)
Lauralee E. Martin
 2009 Ed. (2663)
Laurance Rockefeller
 2002 Ed. (3359)
 2003 Ed. (4878)
 2004 Ed. (4859)
Laurance S. Rockefeller
 1993 Ed. (888, 1028)
 2001 Ed. (3779)
Laura's Lean Beef
 2022 Ed. (3552)
 2023 Ed. (3673)
Laureate Education Inc.
 2006 Ed. (2107, 4295)
 2007 Ed. (4361)
 2008 Ed. (2169)
 2009 Ed. (2409, 4147)
 2010 Ed. (2321, 4079)
 2016 Ed. (1761)
 2017 Ed. (1735)
 2018 Ed. (1686)
 2019 Ed. (1752)
 2021 Ed. (1675)
Laurel Capital Advisors
 2003 Ed. (3081)
Laurel Corporate Center
 1998 Ed. (2696)
Laurel Credit Union
 2002 Ed. (1876)
 2003 Ed. (1930)
 2004 Ed. (1970)
 2005 Ed. (2112)
Laurel Healthcare Providers LLC
 2012 Ed. (1759)
Laurel Hollow, NY
 1989 Ed. (1634, 2773)
Laurel Pipe Line Co.
 1995 Ed. (2944)
Laurel Prime MM I Portfolio
 1992 Ed. (3096)
Laurel School
 2013 Ed. (1974)
Laurel Stock Portfolio
 1993 Ed. (2660)
Laurel Supply Corp.
 1994 Ed. (2178)
Lauren
 1992 Ed. (3366)
Lauren Chung
 2023 Ed. (1303)
Lauren Cooks Levitan
 2002 Ed. (2258)
Lauren Corp.; Polo/Ralph
 1996 Ed. (1015)
Lauren Dahl & Associates
 1995 Ed. (853)
 1996 Ed. (833)
 1997 Ed. (843)
 1998 Ed. (540)
 1999 Ed. (958)
Lauren Film International Production
 2001 Ed. (3380)
Lauren Fine
 1995 Ed. (1800)
 1997 Ed. (1894)
 1998 Ed. (1665)
 1999 Ed. (2255)
Lauren James Enterprises
 2019 Ed. (1404, 4261)
Lauren Lieberman
 2011 Ed. (3357)

Lauren Manufacturing Co.
 2007 Ed. (2905)
Lauren Maxwell
 2018 Ed. (3660)
 2019 Ed. (3643, 3649)
Lauren; Ralph
 2005 Ed. (4846)
 2006 Ed. (4902)
 2007 Ed. (1102, 4897)
 2008 Ed. (4826)
 2009 Ed. (969, 2659, 3073, 4849)
 2010 Ed. (932, 3004, 4853)
 2011 Ed. (836, 2974, 4820)
 2012 Ed. (798, 4840)
 2013 Ed. (989, 4838)
 2014 Ed. (4853)
 2015 Ed. (961, 4890)
 2016 Ed. (4808)
 2020 Ed. (4811)
Lauren Rich Fine
 2000 Ed. (1979, 2036)
Lauren Torres
 2011 Ed. (3340)
Lauren Zalaznick
 2010 Ed. (2520)
Laurence A. Baiada Center for Entrepreneurship in Technology
 2010 Ed. (727)
 2011 Ed. (649)
Laurence A. and Preston R. Tisch
 1991 Ed. (894)
Laurence A. Tisch
 1993 Ed. (1700)
 2004 Ed. (4871)
Laurence A. Tisch Family
 1992 Ed. (1093, 1280)
Laurence Adelman
 1995 Ed. (1806)
Laurence, Charles, Free & Lawson
 1989 Ed. (63, 65)
 1990 Ed. (65)
 1991 Ed. (66)
 1992 Ed. (108)
 1993 Ed. (65, 76)
Laurence D. Fink
 2011 Ed. (830)
 2015 Ed. (966)
Laurence E. Hirsch
 2006 Ed. (941)
Laurence Eckenfelder
 1995 Ed. (1820)
Laurence Fink
 2015 Ed. (953)
 2016 Ed. (864)
 2017 Ed. (922)
Laurence Fishburne
 2009 Ed. (201)
Laurence Graff
 2007 Ed. (4931)
 2009 Ed. (2623)
 2010 Ed. (2527)
 2014 Ed. (4929)
 2015 Ed. (4969)
 2016 Ed. (4886)
 2017 Ed. (4884)
 2018 Ed. (4896)
 2019 Ed. (4888)
 2020 Ed. (4877)
 2021 Ed. (4878)
Laurence Grant
 2006 Ed. (1003)
Laurence Hirschhorn
 1989 Ed. (1417)
 1990 Ed. (1766)
Laurence Lytton
 1991 Ed. (1693, 1706, 1707)
Laurence Sellyn
 2006 Ed. (2518)
Laurence Tisch
 1996 Ed. (1713)
 2000 Ed. (1883)
Laurene Gandolfo
 2012 Ed. (2489)
Laurene Powell Jobs
 2014 Ed. (4866)
 2017 Ed. (4830)
 2018 Ed. (4835)
 2021 Ed. (4823)
Laurens County Health Care System
 2011 Ed. (1647, 2041, 2868, 4028)
 2012 Ed. (1498, 1890, 2802, 4057)
Laurent Attal
 2009 Ed. (21)
Laurent Beaudoin
 2006 Ed. (2528)
Laurent Dassault
 2020 Ed. (4838)
 2023 Ed. (4827)
Laurent Del Grande
 2000 Ed. (2175)
Laurent Dufourg
 2007 Ed. (2758)
Laurent Guerard
 2019 Ed. (1103)
Laurent Lemaire
 2005 Ed. (4867)

Laurent-Perrier
  1997 Ed. (927)
  2004 Ed. (924)
Laurent Venture Capital Corp.
  2010 Ed. (1566)
Laurent; Yves Saint
  2011 Ed. (755)
Laurentian Bank
  1990 Ed. (517)
  2005 Ed. (1706)
  2016 Ed. (563)
  2017 Ed. (590)
  2018 Ed. (553)
  2019 Ed. (573)
  2020 Ed. (556)
  2021 Ed. (531)
Laurentian Bank of Canada
  1992 Ed. (630, 631, 632)
  1993 Ed. (447)
  1994 Ed. (447, 448)
  1995 Ed. (439, 440)
  1996 Ed. (466, 467, 468)
  1997 Ed. (429, 430, 431)
  1999 Ed. (487, 488)
  2000 Ed. (482)
  2002 Ed. (535)
  2003 Ed. (473)
  2004 Ed. (460)
  2005 Ed. (473)
  2006 Ed. (423)
  2007 Ed. (412, 414)
  2008 Ed. (391, 392)
  2009 Ed. (414, 415, 416)
  2010 Ed. (391, 392)
  2011 Ed. (315, 316)
  2012 Ed. (331)
  2013 Ed. (537, 543)
  2014 Ed. (553, 558, 1285, 4570)
  2015 Ed. (616, 620, 4564, 4567)
  2016 Ed. (560, 561, 4491, 4494)
  2017 Ed. (587, 588)
  2018 Ed. (550, 551, 4523)
  2019 Ed. (569, 570)
  2020 Ed. (552, 553)
  2021 Ed. (529)
  2022 Ed. (549)
  2023 Ed. (795, 796)
Laurentian Capital
  1997 Ed. (229)
Laurentian General Insurance Co.
  1990 Ed. (2256)
  1991 Ed. (2131)
Laurentian Group
  1992 Ed. (2153)
Laurentian University
  2008 Ed. (1083, 1084)
  2009 Ed. (1049, 1057, 1069)
Laurentide Controls Ltd.
  2008 Ed. (2929)
Lauriat's
  1994 Ed. (733)
Laurie Besikoff Lapidus & Co. LLP
  2006 Ed. (11)
Laurie Burns
  2011 Ed. (2972)
Laurie Curtis
  2012 Ed. (2158)
Laurie Goldberger
  1993 Ed. (1775)
Laurie Goodman
  1997 Ed. (1953)
  1998 Ed. (1613)
  1999 Ed. (2196, 2197, 2200, 2202)
  2000 Ed. (1961, 1968, 1969, 1971, 1972, 1973)
Laurie; Hugh
  2010 Ed. (2514)
  2011 Ed. (2516)
  2013 Ed. (2605)
  2014 Ed. (2532)
Laurie; Nancy Walton
  2005 Ed. (4853)
  2006 Ed. (4913)
Laurie Vree
  2000 Ed. (3160, 4428)
Laurinburg, NC
  2014 Ed. (4262)
Lauritzen Corp.
  2005 Ed. (378)
Lauritzen Gruppen
  1989 Ed. (1104)
  1990 Ed. (1344)
  1993 Ed. (1294)
  1994 Ed. (1346)
Lauritzen Hldgs.; J.
  1991 Ed. (1266)
Laurus
  2006 Ed. (69)
  2008 Ed. (63)
Laurus Capital Management LLC, Convertible Security
  2003 Ed. (3121, 3136)
Laurus Labs
  2023 Ed. (1576)
Laurus NV
  2005 Ed. (1758)

Laurus Strategies
  2008 Ed. (1797)
  2009 Ed. (1742)
  2010 Ed. (1687)
  2011 Ed. (1700)
  2012 Ed. (1553)
  2013 Ed. (1702)
  2014 Ed. (1650)
  2015 Ed. (1691)
Laury; Veronique
  2017 Ed. (4931)
Lausell Inc.
  2004 Ed. (3357)
  2005 Ed. (3389)
  2006 Ed. (3376)
Laut; Steve
  2010 Ed. (910)
Lauth Group
  2008 Ed. (1804)
  2010 Ed. (2912)
  2012 Ed. (3081)
Lauth Group Inc.
  2019 Ed. (1657)
Lauth Property Group LLC
  2008 Ed. (1296)
  2009 Ed. (1280)
Lautner; Taylor
  2012 Ed. (2444)
  2014 Ed. (2526)
Lautrec Ltd.
  1991 Ed. (2477)
  1992 Ed. (3093)
  1993 Ed. (2587)
  1994 Ed. (2534)
  1996 Ed. (2664)
  1997 Ed. (2803)
  1998 Ed. (2518)
  1999 Ed. (3426)
  2000 Ed. (3152)
Lautrec NAZCA S & S
  1996 Ed. (61)
Lautrec NAZCA Saatchi & Saatchi
  1997 Ed. (58)
  1999 Ed. (56)
  2000 Ed. (59)
Lautrec Publicidad
  1989 Ed. (82)
Lautrec/Saatchi & Saatchi
  1990 Ed. (76)
  1991 Ed. (73)
  1992 Ed. (119)
Lautrec/SSA
  1993 Ed. (79)
  1994 Ed. (69)
Lautree Ltd.
  1995 Ed. (2593)
Lauvergeon; Anne
  2005 Ed. (4991)
  2006 Ed. (4985)
  2007 Ed. (4975, 4982)
  2008 Ed. (4949, 4950)
  2009 Ed. (4972, 4974)
  2010 Ed. (4981, 4984, 4991)
  2011 Ed. (4981, 4982, 4988)
  2012 Ed. (4980, 4983)
Lava Cap Winery
  2023 Ed. (4910)
Lava; Leslie M.
  1995 Ed. (2652)
  1996 Ed. (2238, 2732)
  1997 Ed. (2841, 2847)
Lava Trading
  2006 Ed. (4480)
Laval, Quebec
  2008 Ed. (3487, 3489, 3490)
  2009 Ed. (3559)
  2010 Ed. (3480)
Laval University
  2004 Ed. (837)
  2009 Ed. (1053)
  2022 Ed. (1446)
Laval; University of
  2007 Ed. (1169, 1179, 3469, 3473)
  2008 Ed. (1073, 1078, 1079, 3636, 3641, 3642, 4279)
  2009 Ed. (1054, 1068, 4391)
  2010 Ed. (1021, 1023, 3432)
  2011 Ed. (958, 959, 3416)
  2012 Ed. (876, 878, 3430, 3432, 3630)
Lavalin Inc.
  1990 Ed. (1671)
  1991 Ed. (1555, 1556, 1558, 1559, 1561, 1562)
  1993 Ed. (1145)
Lavalin Ltee
  1992 Ed. (1430, 1961, 1962, 1965, 1968)
Lavar
  2012 Ed. (3306)
Lavazza
  2011 Ed. (2730)
  2020 Ed. (898)
  2021 Ed. (4425)
  2022 Ed. (4435)
  2023 Ed. (4453)
Lavazza SpA
  2020 Ed. (2713)

LaVecchia; William F.
  1992 Ed. (2903)
  1993 Ed. (2461)
Laventhol & Horwath
  1989 Ed. (8, 11)
  1990 Ed. (6, 11, 12)
  1991 Ed. (3, 6, 7)
Laventhol & Howath
  1992 Ed. (996)
LaVerne; University of
  2009 Ed. (825)
Laverock Von Schoultz Ltd.
  2002 Ed. (2494)
Lavesta AS
  2012 Ed. (1465)
  2013 Ed. (1597)
Lavey/Wolff/Swift
  1989 Ed. (60, 62)
  1990 Ed. (57, 67, 73)
  1991 Ed. (2398)
  1992 Ed. (110, 117)
  1993 Ed. (67)
  1994 Ed. (58)
  1995 Ed. (33)
Lavey/Woolff/Swift
  1990 Ed. (3079)
LaVida Massage
  2013 Ed. (4317)
  2014 Ed. (4367)
  2015 Ed. (4378)
  2016 Ed. (3777)
  2017 Ed. (3732)
Lavidge
  2023 Ed. (4134)
Lavigne; Avril
  2008 Ed. (2590)
LaVigne Inc.
  2006 Ed. (3964, 3965)
Lavigne Jr.; Louis
  2006 Ed. (950)
Lavigne Oil Co.
  2019 Ed. (3796)
Lavo Italian Restaurant
  2016 Ed. (4198)
  2018 Ed. (4177)
Lavo Italian Restaurant & Lounge
  2020 Ed. (4203)
  2021 Ed. (4149, 4150, 4163)
  2022 Ed. (4176, 4177)
Lavo Italian Restaurant & Lounge (Las Vegas, NV)
  2021 Ed. (4163)
Lavo Italian Restaurant & Nightclub
  2011 Ed. (4207)
  2020 Ed. (4205, 4208)
  2021 Ed. (4154, 4163, 4165)
  2022 Ed. (4181, 4188)
Lavo Italian Restaurant & Nightclub (New York, NY)
  2021 Ed. (4163, 4165)
  2022 Ed. (4188)
Lavo Las Vegas
  2019 Ed. (4192)
Lavo New York
  2017 Ed. (4175)
  2018 Ed. (4179, 4180)
  2019 Ed. (4194, 4195)
LaVoie Group
  2013 Ed. (4128)
LaVoie Health Science
  2022 Ed. (4019, 4024)
  2023 Ed. (4129)
LaVoieHealthScience
  2016 Ed. (4041)
  2017 Ed. (4012)
  2018 Ed. (4036)
Lavoptik
  1995 Ed. (1602, 1760)
Law
  1993 Ed. (3729)
  1995 Ed. (2203)
Law; Carolyn Wiess
  1994 Ed. (890)
Law Cos.
  1991 Ed. (1551)
Law Cos. Group Inc.
  1994 Ed. (1636, 1648)
  2003 Ed. (2298)
  2004 Ed. (2354)
Law Cos. Group Inc./Sir Alexander Gibb
  1993 Ed. (1602)
  1995 Ed. (1675)
  1996 Ed. (1658, 1662, 1680)
  1997 Ed. (1761)
Law Enforcement
  2000 Ed. (1806)
Law & Engineering Environmental Services
  2000 Ed. (1806)
LAW Engineering & Environmental Services Inc.
  1997 Ed. (1736, 1740)
  1998 Ed. (1443)
  1999 Ed. (2027, 2029)
  2000 Ed. (1797, 1800, 1804, 1807, 1808)
  2001 Ed. (2238, 2240)
  2002 Ed. (2129)
  2003 Ed. (2357)

Law Engineering Inc.
  1992 Ed. (1956)
  1993 Ed. (1611)
Law Firm Inc.
  2007 Ed. (4796)
The Law Firm of Ravi Batra
  2013 Ed. (3441)
Law Kingdon
  2009 Ed. (3173)
Law Logix Group Inc.
  2014 Ed. (2950)
Law Office of Bruce R. Greene & Associates
  2012 Ed. (3388)
The Law Office of Kevin Z. Shine PLLC
  2014 Ed. (1005)
  2015 Ed. (1041)
Law Offices of David J. Hernandez & Associates
  2013 Ed. (3441)
Law Offices of Frederick K. Brewington
  2014 Ed. (3441)
  2015 Ed. (3472)
Law Offices of Jill S. Schwartz & Associates
  2013 Ed. (1614)
  2014 Ed. (1581)
  2015 Ed. (1632)
Law Offices of Michael J. Pluze
  2004 Ed. (3227)
Law Offices of Ross Gelfand LLC
  2009 Ed. (1020)
Law & Order
  2001 Ed. (1100)
  2003 Ed. (4715, 4716)
  2004 Ed. (4687, 4692)
  2005 Ed. (4666)
"Law and Order: SVU"
  2017 Ed. (2888)
Law & Order: SVU
  2006 Ed. (2855)
  2007 Ed. (2845)
Law partner
  2004 Ed. (2281)
Law Practice
  2012 Ed. (4741)
Law Society of Upper Canada
  2006 Ed. (1595, 1624)
  2007 Ed. (1615)
Law Technology News
  2007 Ed. (4796)
  2009 Ed. (4758)
  2010 Ed. (4768)
  2011 Ed. (4720)
  2012 Ed. (4741)
LawDepot.com
  2019 Ed. (1473, 1483)
  2020 Ed. (1453)
  2021 Ed. (1448)
  2022 Ed. (1444)
LawGibb Group
  2002 Ed. (2133, 2140)
LawKingdom Architecture
  2014 Ed. (186)
Lawler Foods Inc.
  2017 Ed. (812, 2702)
  2018 Ed. (2759)
  2019 Ed. (2756)
Lawler, Metzger, Keeney & Logan
  2012 Ed. (3369)
Lawler Partners
  2004 Ed. (6)
Lawler; Robert D.
  2015 Ed. (969)
Lawler's
  2017 Ed. (2700)
Lawless Commodities Inc.
  1992 Ed. (2742)
  1995 Ed. (1079)
Lawless Communications
  2007 Ed. (1188)
Lawless Homes
  2002 Ed. (1208)
  2003 Ed. (1208)
  2004 Ed. (1215)
  2005 Ed. (1239)
Lawn
  2005 Ed. (2781)
Lawn Dawg
  2015 Ed. (3480)
Lawn Doctor
  2013 Ed. (3460)
  2015 Ed. (3480)
  2016 Ed. (3324)
  2017 Ed. (3289, 3292)
  2018 Ed. (3357, 3360)
  2019 Ed. (3336, 3339)
  2020 Ed. (3338, 3341)
  2021 Ed. (3274, 3277)
  2022 Ed. (3358, 3359, 3361, 3364)
  2023 Ed. (3171, 3475, 3476, 3478, 3481, 3482)
Lawn Doctor Inc.
  2002 Ed. (2361, 3065)
  2003 Ed. (3196)
  2004 Ed. (3242)
  2005 Ed. (3267, 3268)
  2006 Ed. (3253, 3254)

CUMULATIVE INDEX • 1989-2023

2007 Ed. (3331, 3332)
2008 Ed. (3432, 3433)
2009 Ed. (3506, 3507)
2010 Ed. (3436)
2011 Ed. (3424, 3431, 3433)
2012 Ed. (3445, 3446)
2013 Ed. (3465, 3466)
2014 Ed. (3465, 3466)
2015 Ed. (3483, 3484)
2016 Ed. (3332, 3333)
2017 Ed. (3295, 3296)
2018 Ed. (3363, 3364)
2019 Ed. (3342, 3344)
2020 Ed. (3344, 3345)
2021 Ed. (3280, 3281)
2022 Ed. (3365)
Lawn Doctors
  2008 Ed. (173)
Lawn & garden
  1990 Ed. (842)
  1992 Ed. (986)
Lawn & garden products
  1991 Ed. (805)
  1993 Ed. (779)
Lawn & garden services
  2010 Ed. (202, 203)
  2011 Ed. (125, 126)
Lawner Reingold Britton & Partners
  1992 Ed. (184)
Lawphone
  1993 Ed. (2911)
Lawrence A. Bossidy
  1993 Ed. (936)
Lawrence A. Hough
  1995 Ed. (1731)
Lawrence A. Lehmkuhl
  1992 Ed. (2052)
Lawrence A. Weinbach
  2000 Ed. (1887)
  2006 Ed. (933)
Lawrence Adelman
  1997 Ed. (1855, 1902)
  1998 Ed. (1675)
Lawrence B. Costello
  2010 Ed. (3140)
Lawrence B. Wohl Inc.
  1993 Ed. (1135)
Lawrence Berkeley Lab
  1990 Ed. (1097, 2998)
  1991 Ed. (1005, 2834)
  1992 Ed. (1284, 3670)
  1993 Ed. (3001)
  1994 Ed. (1059, 3047)
  1996 Ed. (1049, 3193)
Lawrence Berkeley Laboratories
  2007 Ed. (3215)
Lawrence Berkeley Laboratory
  1991 Ed. (915)
  1995 Ed. (1074, 3096)
Lawrence Berkeley National Laboratory
  2011 Ed. (4190, 4195, 4198)
  2012 Ed. (4244, 4246, 4250)
  2014 Ed. (4231, 4232)
  2015 Ed. (4221, 4230, 4231, 4232, 4237, 4241)
  2016 Ed. (4149)
  2017 Ed. (4112, 4115)
Lawrence Bossidy
  1996 Ed. (959, 1709)
Lawrence Brainard
  1996 Ed. (1893)
  1999 Ed. (2400)
  2000 Ed. (1957)
Lawrence; C. J.
  1991 Ed. (706, 1708)
Lawrence Cohn
  1997 Ed. (1853)
Lawrence College; Sarah
  1990 Ed. (1087)
Lawrence Construction Co.
  1991 Ed. (1085)
Lawrence Coss
  1997 Ed. (1796, 1799)
  1998 Ed. (722, 1508, 1512)
  1999 Ed. (2074)
Lawrence Eckenfelder
  1989 Ed. (1418, 1419)
  1991 Ed. (1680)
  1993 Ed. (1797)
  1994 Ed. (1780)
Lawrence Ellison
  1999 Ed. (726, 4746)
  2007 Ed. (1008)
  2008 Ed. (939)
  2010 Ed. (889)
  2011 Ed. (818)
  2012 Ed. (791)
  2013 Ed. (984)
  2014 Ed. (936)
Lawrence Fish
  1990 Ed. (1723)
Lawrence Flinn Jr.
  2002 Ed. (3349)
Lawrence Goodman
  1996 Ed. (1895)
Lawrence Graff
  2010 Ed. (4925)
  2011 Ed. (4911)

Lawrence Group
  2005 Ed. (3168)
  2007 Ed. (3204)
  2009 Ed. (3410, 3419)
  2017 Ed. (3238)
  2018 Ed. (2389)
Lawrence Headliners
  2002 Ed. (3505)
Lawrence Higby
  2009 Ed. (3707)
  2010 Ed. (3625)
Lawrence Horan
  1993 Ed. (1784)
  1995 Ed. (1809)
  1996 Ed. (1784)
  1997 Ed. (1860)
Lawrence Inlow
  1997 Ed. (2611)
Lawrence J. Ellison
  1989 Ed. (1984)
  1991 Ed. (1622, 1627)
  1992 Ed. (2057)
  1993 Ed. (1702)
  2003 Ed. (957, 958, 960, 961, 2394, 4684, 4894)
  2004 Ed. (4874, 4882)
  2005 Ed. (980, 981, 983, 2476, 2497, 4860)
  2006 Ed. (935, 937, 2524, 4915, 4927)
  2007 Ed. (1020, 1032, 1035, 4908)
  2008 Ed. (945, 954, 4839)
  2009 Ed. (957, 4858)
  2010 Ed. (909, 4861, 4905)
  2011 Ed. (843, 849, 4847, 4893)
  2012 Ed. (600, 796, 798, 4855, 4901)
  2013 Ed. (4852, 4924)
  2014 Ed. (943, 4867, 4931)
  2015 Ed. (962, 970, 4904, 4971)
  2016 Ed. (4820, 4888)
  2017 Ed. (4831, 4886)
  2018 Ed. (4836, 4899)
  2019 Ed. (4833, 4891)
  2020 Ed. (4823, 4880)
  2021 Ed. (4824)
Lawrence J. Ellison (U.S.)
  2021 Ed. (4880)
Lawrence; Jennifer
  2015 Ed. (2600)
  2016 Ed. (2525)
  2017 Ed. (2379)
Lawrence Johnston
  2006 Ed. (2523)
Lawrence Joseph Ellison
  2002 Ed. (706, 1041, 2806, 3361)
  2003 Ed. (4887, 4889)
  2004 Ed. (4872)
  2005 Ed. (4858)
  2006 Ed. (4911)
  2007 Ed. (4906)
  2008 Ed. (4835)
  2009 Ed. (4855)
  2010 Ed. (2559, 4860)
  2011 Ed. (4840, 4846)
  2012 Ed. (4847, 4853)
  2013 Ed. (4833, 4850)
  2014 Ed. (4848, 4866)
  2015 Ed. (4885, 4903)
  2016 Ed. (4803)
  2017 Ed. (4815, 4830)
  2018 Ed. (4820, 4835)
  2019 Ed. (4816, 4832)
  2020 Ed. (4806, 4822)
  2021 Ed. (4807, 4823)
Lawrence Journal World
  1990 Ed. (2695)
  1992 Ed. (3245)
Lawrence K. Fish
  1990 Ed. (1712)
Lawrence Keusch
  2000 Ed. (2016)
Lawrence Klatzkin
  1997 Ed. (1937)
  1998 Ed. (1590)
  1999 Ed. (2178)
Lawrence, KS
  1993 Ed. (2555)
  1998 Ed. (743, 2057)
  2001 Ed. (2359)
  2002 Ed. (31, 2118, 3329)
  2005 Ed. (1058, 3311)
  2006 Ed. (1066)
  2007 Ed. (1158, 1162)
  2008 Ed. (1051)
  2009 Ed. (1024, 4344, 4835)
  2010 Ed. (990)
  2011 Ed. (918)
  2012 Ed. (4375)
  2017 Ed. (3331)
  2019 Ed. (3370)
Lawrence Kudlow
  1994 Ed. (1815, 1837)
  1995 Ed. (1855)
Lawrence Lasser
  1996 Ed. (1710)
  1999 Ed. (2081)
Lawrence Limited Editions; Martin
  1991 Ed. (3148)

Lawrence Ltd. Editions; Martin
  1991 Ed. (2571)
Lawrence Livermore Lab
  1990 Ed. (1097)
  1991 Ed. (1005, 2834)
  1992 Ed. (1284, 3670)
Lawrence Livermore Laboratory
  1991 Ed. (915)
Lawrence Livermore National Lab
  1993 Ed. (3001)
  1994 Ed. (1059, 3047)
  1996 Ed. (1049, 3193)
Lawrence Livermore National Laboratory
  1995 Ed. (1074, 3096)
  2011 Ed. (4184, 4185, 4188, 4192, 4194, 4197)
  2012 Ed. (4235, 4244, 4245, 4246, 4250)
  2014 Ed. (4232, 4241, 4247, 4255)
  2015 Ed. (4231, 4232, 4235)
  2016 Ed. (4135, 4147, 4148)
  2017 Ed. (3546, 4119)
Lawrence, MA
  1992 Ed. (3043, 3044, 3045, 3046)
  1994 Ed. (333)
Lawrence (MA) Headliners
  2003 Ed. (3646)
Lawrence, MA-NH
  2005 Ed. (3475)
Lawrence Marshall Chevrolet
  1991 Ed. (268)
  1995 Ed. (261)
  1996 Ed. (268)
Lawrence Marshall Chevrolet-Oldsmobile Inc.
  1992 Ed. (376, 411, 416)
Lawrence; Martin
  2009 Ed. (201)
Lawrence; Mary Wells
  1991 Ed. (3512)
Lawrence Metal Products
  1999 Ed. (4500)
Lawrence, Morgan Grenfell; C. J.
  1991 Ed. (1697)
Lawrence N. Bangs
  2002 Ed. (2214)
Lawrence N. Field Center for Entrepreneurship
  2011 Ed. (649)
Lawrence Page
  2017 Ed. (4831)
  2018 Ed. (4836)
  2019 Ed. (4833)
  2020 Ed. (4823)
  2021 Ed. (4824)
Lawrence & Partners; 362, Murray
  1991 Ed. (2338)
Lawrence & Partners Ltd.; Murray
  1992 Ed. (2900)
  1993 Ed. (2453, 2455, 2458)
Lawrence & Partners; Non-marine 362, Murray
  1991 Ed. (2336)
Lawrence & Partnets; Murray
  1992 Ed. (2897)
Lawrence Perlman
  1995 Ed. (979)
Lawrence R. Ricciardi
  1996 Ed. (1228)
  2000 Ed. (1050)
Lawrence Rader
  1991 Ed. (1694)
Lawrence Raiman
  1997 Ed. (1877)
  1998 Ed. (1617)
  2000 Ed. (1995)
Lawrence Saper
  1991 Ed. (1631)
  1995 Ed. (982)
Lawrence Savings Bank
  2003 Ed. (520)
Lawrence Smith
  2005 Ed. (991)
  2007 Ed. (1049)
  2008 Ed. (967)
Lawrence Sonsini
  2002 Ed. (4730)
  2004 Ed. (4828)
  2005 Ed. (4817)
  2006 Ed. (4879)
  2007 Ed. (4874)
  2009 Ed. (4828)
Lawrence Stroll
  2005 Ed. (4872, 4890)
  2007 Ed. (4931)
Lawrence Summers
  2010 Ed. (702)
Lawrence Tanenbaum
  2005 Ed. (4873)
Lawrence Taylor
  1999 Ed. (2166)
  2000 Ed. (1936)
Lawrence Weissberg
  1992 Ed. (533)
Lawrence Welk Vacation Villas
  1991 Ed. (3389)
Lawrenceville/Roswell, GA
  1990 Ed. (2484)

Lawrie Group plc
  2001 Ed. (283)
Lawrie; J. Michael
  2015 Ed. (970, 975)
  2016 Ed. (872)
Lawry's
  1995 Ed. (3183)
  1999 Ed. (4088)
Lawry's Foods
  2018 Ed. (4484)
Lawry's, The Prime Rib
  2000 Ed. (3801)
  2002 Ed. (4035)
The Laws of Subtraction
  2014 Ed. (635)
Lawson
  2007 Ed. (4636)
  2012 Ed. (1225, 4326, 4356)
  2013 Ed. (1328)
  2014 Ed. (687)
  2015 Ed. (730, 4302, 4303, 4304, 4305, 4306)
  2016 Ed. (4162, 4163, 4168, 4519)
  2017 Ed. (4142, 4145, 4515)
  2018 Ed. (4143)
  2019 Ed. (4159)
  2020 Ed. (4168, 4169, 4171)
  2021 Ed. (4111)
  2022 Ed. (662, 4237)
Lawson-Fisher Associates PC
  2012 Ed. (1567)
  2013 Ed. (1722)
Lawson Inc.
  2013 Ed. (4277, 4285, 4539)
  2014 Ed. (4597)
  2015 Ed. (4259, 4263, 4267, 4593)
  2016 Ed. (4164, 4169)
  2017 Ed. (4146)
Lawson; Jamie
  2020 Ed. (995)
Lawson (Japan)
  2021 Ed. (4111)
Lawson; Larry A.
  2015 Ed. (973)
Lawson Mardon
  1990 Ed. (2903, 2904)
  1991 Ed. (2766, 2767)
  1992 Ed. (3323, 3536, 3537, 3540)
  1993 Ed. (2918, 2919, 2920)
  1995 Ed. (2988)
  1999 Ed. (1348, 3683)
Lawson Mardon Group
  1994 Ed. (2718, 2932)
  1996 Ed. (2900)
Lawson Mardon Group/Graphics Group, N. America
  1992 Ed. (3538)
Lawson Mardon Packaging
  1996 Ed. (3089)
  1997 Ed. (3170)
  2002 Ed. (3720)
Lawson Mechanical Contractors
  2006 Ed. (1260)
Lawson Products
  1991 Ed. (2017)
  1992 Ed. (2591)
Lawson Roofing Co. Inc.
  2001 Ed. (1410)
Lawson Software
  2013 Ed. (4557)
Lawson Software Company Ad
  2000 Ed. (2505)
Lawson Software Inc.
  2000 Ed. (1178)
  2010 Ed. (1095)
Lawter International Inc.
  1989 Ed. (896, 897)
  1990 Ed. (963, 964, 966)
  1992 Ed. (1134)
Lawton Chiles
  1993 Ed. (1994)
Lawton Connect
  2021 Ed. (3442, 4951)
  2022 Ed. (3501)
Lawton, OK
  1992 Ed. (2541, 3034)
  2005 Ed. (3317)
  2006 Ed. (2971, 3306)
  2007 Ed. (3370)
  2008 Ed. (4730)
  2013 Ed. (4788)
  2019 Ed. (720)
  2020 Ed. (711)
  2021 Ed. (719)
Lawton's Drug Stores
  1995 Ed. (1617)
Lawyers
  1991 Ed. (813, 2628, 2629, 2630)
  2005 Ed. (3626, 3632)
  2006 Ed. (3734)
  2007 Ed. (3727)
  2009 Ed. (3862)
  2010 Ed. (3786)
Lawyers Co-Operative Publishing
  1991 Ed. (1142)
Lawyers & judges
  1993 Ed. (2739)

Lawyers Title Co.
 2000 Ed. (2739)
Lawyers Title Insurance Co.
 1998 Ed. (2214)
 1999 Ed. (2985)
 2000 Ed. (2738)
 2002 Ed. (2982)
Lawyers Title Insurance Corp.
 2014 Ed. (3476)
Lawyers Weekly USA
 2007 Ed. (4796)
lawyers.com
 2002 Ed. (4835)
LAX - Los Angeles International Airport
 2022 Ed. (147)
Laxatives
 1996 Ed. (2979, 3090, 3095)
 1997 Ed. (1674, 3172, 3174)
 2000 Ed. (1715, 3618)
 2001 Ed. (2083, 2107)
 2002 Ed. (2052, 3769)
 2003 Ed. (2106)
 2004 Ed. (252)
Laxatives/stool softeners
 1990 Ed. (1956)
Lay Hong Bhd.
 2019 Ed. (2231)
 2020 Ed. (2228)
 2021 Ed. (2202)
 2022 Ed. (2235)
Lay; Joseph E.
 1991 Ed. (2172)
Lay; Kenneth
 2010 Ed. (895)
Lay; Kenneth L.
 1990 Ed. (976, 1726)
 1992 Ed. (1141)
Lay Management Corp. of Georgia
 2012 Ed. (1511, 2430)
Lay Packing Co. Inc.
 1993 Ed. (2517, 2518, 2895, 2896)
Lay; Phillip
 2011 Ed. (4336)
Lay; Yeoh Tiong
 2008 Ed. (4847)
 2009 Ed. (4868)
 2010 Ed. (4870)
 2011 Ed. (4858)
 2012 Ed. (4864)
 2013 Ed. (4887)
 2014 Ed. (4900)
 2015 Ed. (4940)
 2016 Ed. (4855)
 2017 Ed. (4859)
 2018 Ed. (4868)
Layan United Industries
 1989 Ed. (1139)
Layer Cake Mixes
 2000 Ed. (4154)
Layher Scaffolding
 2017 Ed. (765)
 2018 Ed. (697)
 2019 Ed. (1018)
Layne Christensen
 2020 Ed. (2495)
Layne Christensen Co.
 1998 Ed. (947)
 2006 Ed. (1831, 1832)
 2008 Ed. (1871, 1878, 2605)
 2009 Ed. (1833, 2633, 2634)
 2010 Ed. (2537)
 2012 Ed. (1095, 1642, 2475, 2482, 2483)
 2013 Ed. (2617, 2630, 2631)
 2014 Ed. (1192, 2589)
 2015 Ed. (1250, 2616, 2629)
 2016 Ed. (1161, 2540, 2552)
 2017 Ed. (2430, 2442)
 2018 Ed. (2477, 2489)
Layne Christensen Inc.
 2014 Ed. (2576, 2587)
Layne Christiansen Co.
 2010 Ed. (3874)
Layne & Partners
 2010 Ed. (3430)
Lay's
 2013 Ed. (4068)
 2014 Ed. (4076, 4077)
 2015 Ed. (4060, 4061)
 2016 Ed. (3967, 3968, 3969)
 2017 Ed. (3948, 3949, 3951)
 2018 Ed. (2181, 2721, 3970, 3972, 3973)
 2019 Ed. (3945)
 2020 Ed. (3959, 3961)
 2021 Ed. (2619, 2625, 3926)
 2022 Ed. (2725, 2752, 3937)
 2023 Ed. (2862, 2886, 4021)
Lays
 1993 Ed. (3345)
 1994 Ed. (2902)
 1996 Ed. (3057)
 1997 Ed. (3137, 3138)
 1999 Ed. (3862, 3863, 4344, 4345, 4703)
 2000 Ed. (3577, 3578, 4064)
 2001 Ed. (3860, 3861, 4290)
 2002 Ed. (3733, 4299)
 2003 Ed. (3919, 4454, 4455)
 2004 Ed. (3932, 4437, 4438, 4439)
 2005 Ed. (4387)

 2006 Ed. (3942, 4389, 4393)
 2007 Ed. (4000, 4460, 4462)
 2008 Ed. (4019, 4021, 4443, 4448)
 2009 Ed. (4090, 4489)
 2010 Ed. (4533)
 2012 Ed. (4486)
Lay's KC Masterpiece
 1997 Ed. (3137)
Lay's Kettle Cooked
 2013 Ed. (4068)
 2014 Ed. (4077)
 2015 Ed. (4060, 4061)
 2016 Ed. (3967, 3968, 3969)
 2017 Ed. (3948, 3951)
 2018 Ed. (3970, 3972, 3973)
 2019 Ed. (3945)
 2020 Ed. (3961)
 2021 Ed. (3926)
 2022 Ed. (3937)
Lays Kettle Cooked
 2008 Ed. (4021)
 2009 Ed. (4090)
Lay's Natural
 2013 Ed. (4068)
 2014 Ed. (4076)
Lays Oven Baked
 2020 Ed. (3959)
Lay's Potato Chips
 1992 Ed. (921, 2190)
 2015 Ed. (2757)
 2016 Ed. (2686)
 2018 Ed. (2703)
Lays Stax
 2008 Ed. (4021)
 2009 Ed. (4090)
Lay's (U.S.)
 2021 Ed. (2625)
 2022 Ed. (2752)
Lay's Wavy
 1997 Ed. (3137)
 2000 Ed. (3577)
Lay's WOW
 2000 Ed. (3578)
 2001 Ed. (3860, 3861)
 2002 Ed. (3733)
 2003 Ed. (3919)
Layton Construction
 2018 Ed. (1108, 1128)
 2023 Ed. (1343, 1351, 1358, 1362, 1424)
Layton Construction / Abbott Construction
 2023 Ed. (1342)
Layton Construction Co.
 2002 Ed. (1240)
 2007 Ed. (1280)
 2013 Ed. (1236)
 2014 Ed. (1175)
 2015 Ed. (1228)
 2016 Ed. (1139)
 2017 Ed. (1177, 1186, 1187)
 2018 Ed. (1115, 1135, 1137, 1140)
 2019 Ed. (1130, 1144, 1150)
 2020 Ed. (1108, 1120, 1132, 1135, 1141)
 2021 Ed. (1112, 1116, 1118, 1123, 1127)
 2022 Ed. (1125, 1128, 1131, 1187)
The Layton Cos.
 2003 Ed. (1253, 1285)
 2008 Ed. (1341, 1344)
 2009 Ed. (1339, 1342)
 2010 Ed. (1272, 1322, 1325)
 2011 Ed. (1223, 1300, 1305)
LAZ Parking Ltd.
 2016 Ed. (1417)
Lazaran; Frank
 2006 Ed. (933)
Lazard
 1999 Ed. (1438, 3036)
 2015 Ed. (1345)
 2017 Ed. (1326, 1490)
 2018 Ed. (1302)
Lazard Asset Management
 2003 Ed. (2701, 3080)
Lazard Asset Mgmt.
 2000 Ed. (2812)
Lazard Brothers
 1990 Ed. (2313)
 1992 Ed. (2140)
 1994 Ed. (1203, 2474)
 1997 Ed. (1232, 1233)
 1998 Ed. (1006)
 2002 Ed. (1377)
 2003 Ed. (532, 541)
Lazard & Co. Holdings
 2004 Ed. (553, 557)
Lazard & Co.; W. R.
 1991 Ed. (2173, 3045, 3051)
 1993 Ed. (708, 1851, 2265, 2271)
 1995 Ed. (2340)
 1996 Ed. (2418, 2655, 2656, 2657, 2658, 2711, 3352, 3877)
 1997 Ed. (2476, 2480, 2481, 2484)
Lazard & Co.; WR
 1990 Ed. (2350)
Lazard Emerging Market
 1998 Ed. (2630)
Lazard Emerging Markets
 1998 Ed. (2622)
 2009 Ed. (3785)

 Lazard Emerging Markets Equity
 2011 Ed. (3721)
Lazard Emerging Markets Equity Open
 2010 Ed. (3722)
 2011 Ed. (3722, 4537, 4539)
Lazard Emerging Markets Open
 2007 Ed. (3672, 3676)
Lazard-Freres
 1989 Ed. (1013, 1359, 2371, 2392, 2412, 2438, 2439)
 1990 Ed. (1687, 2295, 2647, 3148)
 1992 Ed. (1453, 1454, 1455, 2011)
 2000 Ed. (1025, 2768)
Lazard Freres Asset Management
 1989 Ed. (2141)
 1992 Ed. (2797, 2798)
 1993 Ed. (2355)
Lazard Freres & Cie
 1989 Ed. (2447)
Lazard Freres & Co.
 1990 Ed. (2137, 3164, 3207, 3208, 3214, 3216, 3217)
 1993 Ed. (1660, 2261, 2264, 2270, 2271, 2295, 3172, 3182, 3185, 3190)
 1994 Ed. (2580, 2581, 2582, 3162, 3177, 3179, 3183)
 1995 Ed. (734, 2333, 2334, 2336, 2339, 2340, 3255, 3262, 3264)
 1996 Ed. (1181, 1182, 1183, 2350, 2352, 2358, 2359)
 1997 Ed. (1220, 1221, 2480, 3455, 3470)
 1998 Ed. (2228, 2235, 3234, 3252)
 1999 Ed. (3018, 3019)
 2000 Ed. (2756)
 2002 Ed. (999, 1348, 1349, 1350, 1352, 1353, 1358, 1404, 1405, 1421, 4601, 4602)
Lazard Freres & Co. LLC
 2000 Ed. (376, 378)
 2001 Ed. (734, 863, 1521, 1538)
Lazard Freres & Co.; W. R.
 1991 Ed. (1111, 1115, 1120, 1121, 1122, 1126, 1132, 1596, 2167, 2169, 2172, 2175, 2180, 2201, 2208, 2509, 2522, 2977, 2981, 2982, 2989, 2994, 3005, 3032, 3033, 3048)
Lazard Freres Real Estate
 2000 Ed. (2827)
 2002 Ed. (3937, 3939, 3942)
Lazard Freres Real Estate Investors LLC
 2002 Ed. (3929)
 2003 Ed. (4058)
Lazard Group
 1993 Ed. (1174)
Lazard Houses
 1992 Ed. (1484)
 1993 Ed. (1164, 1170, 1171, 1172, 1198, 3127, 3162)
 1994 Ed. (1197, 1201, 1202, 2288, 2290)
 1995 Ed. (1218, 1219)
 1996 Ed. (1184, 1185, 1186, 1187, 1188, 1189, 1190)
 1997 Ed. (1223, 1224, 1225, 1226, 1227, 1228, 1229, 1230, 1231, 3480)
 1998 Ed. (999, 1000, 1001, 1002, 1003, 1004, 1005, 3206)
 1999 Ed. (1087, 1089, 1426, 1427, 1428, 1429, 1430, 1432, 1435, 1436, 1439)
 2000 Ed. (2451, 2455, 3934)
 2001 Ed. (1510, 1511, 1512, 1513, 1516, 1520, 1524, 1525, 1527)
Lazard International Small Cap-Open
 2004 Ed. (3641)
 2006 Ed. (3679, 3680)
 2007 Ed. (4542)
 2008 Ed. (4506)
Lazard LLC
 2002 Ed. (439, 1360, 1362, 1365, 1366, 1367, 1368, 1369, 1371, 1372, 3623)
 2003 Ed. (1387, 1389, 1391, 1392, 1395, 1403, 1404, 1410, 3059, 4719)
 2004 Ed. (1403, 1404, 1405, 1412, 1413, 1415, 1429, 1431, 1434, 1436, 1439, 1442, 1445, 2038)
 2005 Ed. (1424, 1425, 1426, 1435, 1436, 1446, 1447, 1448, 1451, 1452, 1453, 1456, 4672)
 2006 Ed. (1410, 1411, 1415, 1416)
 2007 Ed. (1440, 4281)
 2008 Ed. (1392, 1397, 1398)
 2010 Ed. (1380)
 2012 Ed. (1229)
 2013 Ed. (1346)
Lazard UK Income
 1995 Ed. (2750)
Lazard U.S. Equity Concentrated Institutional
 2006 Ed. (4488)
Lazard U.S. Small-Mid Cap Equity
 2011 Ed. (3731)
Lazard; W.R.
 1990 Ed. (2331, 2337)
Lazards Freres & Co.; W. R.
 1991 Ed. (1127)
Lazare Kaplan International Inc.
 2004 Ed. (3217, 3218)
 2005 Ed. (3245)

 Lazares; Jose
 2011 Ed. (2952)
Lazaridis; Michael
 2009 Ed. (943, 2662, 4881)
 2010 Ed. (894)
 2011 Ed. (818)
Lazaridis; Mike
 2005 Ed. (4874)
 2009 Ed. (4882)
 2017 Ed. (775)
Lazaro Cardenas, Mexico
 2017 Ed. (3940)
Lazarus
 1990 Ed. (912, 1493)
 1991 Ed. (1413)
 1992 Ed. (1787)
 2002 Ed. (2690)
 2005 Ed. (1204)
Lazarus; Arlie G.
 1993 Ed. (1705)
Lazarus; Charles
 1989 Ed. (1383)
 1990 Ed. (975, 1724)
 1991 Ed. (925, 928, 1630, 1631)
 1992 Ed. (1145, 2061, 2062)
 1994 Ed. (947, 950, 1714, 1717, 1723)
Lazarus; Charles P.
 1993 Ed. (940, 1705)
 1995 Ed. (1730)
 1996 Ed. (960)
Lazer Lamps
 2021 Ed. (245)
Lazerquick
 2002 Ed. (3765)
 2005 Ed. (3900)
 2006 Ed. (3970)
Lazio
 2002 Ed. (4307)
Lazlo; John
 1996 Ed. (1772, 1802)
 1997 Ed. (1875)
Lazor Lite
 1995 Ed. (335)
Lazraq; Alami
 2013 Ed. (3481)
Lazy Dog
 2021 Ed. (4179, 4180)
Lazy Dog Cage
 2013 Ed. (4231)
Lazy Dog Restaurant & Bar
 2021 Ed. (4119, 4120, 4121, 4170, 4181, 4183, 4206)
 2022 Ed. (4147, 4148, 4192, 4193)
Lazy Dog Restaurants LLC
 2023 Ed. (4243)
LB/Back Bay
 2003 Ed. (730)
 2004 Ed. (752)
 2005 Ed. (733)
 2006 Ed. (645)
 2007 Ed. (670)
LB Finance
 2021 Ed. (667)
LB Foster
 1989 Ed. (994)
L.B. Foster Threaded Products
 2018 Ed. (3479)
LB & M Associates Inc.
 1997 Ed. (2224, 2225)
LB Transportation Group
 2008 Ed. (2967)
 2009 Ed. (3047)
LB Transportation Group & Omni Warehouse
 2012 Ed. (2867)
 2013 Ed. (2939)
LB Transportation & Omni Warehouse
 2015 Ed. (3027)
LB Vorzug
 1991 Ed. (3451)
 1992 Ed. (4400)
LBC
 1995 Ed. (3648)
LBC 1152 AM
 2001 Ed. (3980)
 2002 Ed. (3896)
LBC Studios
 2021 Ed. (1446)
LBi
 2009 Ed. (143)
LBI International AB
 2009 Ed. (2067)
LBi Media Holdings
 2016 Ed. (84)
LBi UK
 2010 Ed. (138)
 2011 Ed. (60)
LBJ-S Broadcasting LP
 2001 Ed. (3971)
LBL SkySystems Corp.
 2000 Ed. (2343)
LBM
 2010 Ed. (4702)
LBMC
 2022 Ed. (2)
 2023 Ed. (20)

CUMULATIVE INDEX • 1989-2023

LBO France
  1992 Ed. (2964)
LBO Holdings Inc.
  1996 Ed. (3440)
LBS
  1991 Ed. (3330)
LBS Capital
  1997 Ed. (2527)
LBW/MCA
  2000 Ed. (3403)
LBYD Engineers
  2023 Ed. (2629)
LBYD Inc.
  2009 Ed. (2522)
  2010 Ed. (2439)
  2011 Ed. (2445)
  2012 Ed. (200)
LC Acquisition Corp.
  2004 Ed. (1539)
L.C. Insulations Inc.
  2022 Ed. (4769)
  2023 Ed. (4757)
L.C. Williams & Associates
  2023 Ed. (4130, 4140)
L.C. Williams & Assocs.
  2000 Ed. (3639)
LCA Architects
  2008 Ed. (266, 267)
  2009 Ed. (290, 291)
  2010 Ed. (274)
LCA Small/Mid Capitalization Equity
  2003 Ed. (3129)
LCA-Vision Inc.
  2007 Ed. (2735)
  2008 Ed. (2852, 4347, 4359, 4360, 4364, 4420)
LCBO
  1999 Ed. (4109)
LCC Group Ltd.
  2019 Ed. (2069)
  2020 Ed. (1979)
  2021 Ed. (1933)
LCC International Inc.
  2005 Ed. (2013)
  2006 Ed. (2114)
LCE
  2018 Ed. (3132)
LCF & L
  1994 Ed. (56)
  1995 Ed. (31)
  1996 Ed. (46)
LCG Pence Construction LLC
  2009 Ed. (1309)
  2010 Ed. (1303)
LCGC-North America
  2008 Ed. (4717)
LCI Group Inc.
  2003 Ed. (1675)
  2004 Ed. (1704)
LCI Holdings Inc.
  2003 Ed. (1011)
  2006 Ed. (1032)
LCI Industries
  2019 Ed. (238, 1656)
  2020 Ed. (244, 1614)
  2021 Ed. (1601)
LCI Industries Inc.
  2020 Ed. (3402)
  2021 Ed. (3417)
LCI International
  1995 Ed. (3205, 3206, 3693, 3694)
  1997 Ed. (1234, 2206)
  1999 Ed. (4543, 4545)
LCL
  2021 Ed. (445)
  2022 Ed. (460)
  2023 Ed. (648)
LCM Conversions
  1995 Ed. (3686)
LCMC Health
  2019 Ed. (1741)
LCNB
  2018 Ed. (1826)
  2019 Ed. (1880)
  2020 Ed. (1818)
  2021 Ed. (1786)
  2022 Ed. (1826)
  2023 Ed. (1952)
LCP National
  1993 Ed. (2866)
LCP Transportation LLC
  2017 Ed. (3553)
  2018 Ed. (3602)
  2023 Ed. (3752)
LCS
  2016 Ed. (214)
  2017 Ed. (210)
  2018 Ed. (196)
  2023 Ed. (312, 313, 314, 3868, 3869, 4307)
LCS Industries
  1990 Ed. (1248)
LCS Technologies
  2013 Ed. (3171)
LCT Transportation Services
  2005 Ed. (4034)

LD Brinkman
  1998 Ed. (1699)
  1999 Ed. (2447)
  2000 Ed. (2202)
L.D. Brinkman & Co.
  1991 Ed. (1728)
  1992 Ed. (2166)
LDB Ammirati Puris Lintas Sri Lanka
  1997 Ed. (148)
LDB Lintas
  1996 Ed. (142)
  1999 Ed. (157)
  2000 Ed. (175)
  2001 Ed. (214)
  2002 Ed. (187)
LDB Plastics Inc.
  2015 Ed. (3569)
LDB Plastics, Inc.
  2019 Ed. (3444)
LDBrinkman
  1995 Ed. (1879)
  1996 Ed. (1922)
LDC
  2019 Ed. (3951)
  2020 Ed. (3968)
  2021 Ed. (3933)
  2022 Ed. (3945)
  2023 Ed. (4029)
LDC Group
  2020 Ed. (2709)
LDDS Communications
  1994 Ed. (1253)
  1995 Ed. (3548)
  1996 Ed. (1239, 1268, 3639)
  1998 Ed. (2410)
LDDSMetromedia
  1995 Ed. (2487)
LDF Companies Inc.
  2021 Ed. (1646)
  2022 Ed. (1666)
LDI Ltd.
  2016 Ed. (1666, 1667)
  2017 Ed. (1640, 1641)
  2018 Ed. (1619, 1620)
  2019 Ed. (1661, 1662)
  2020 Ed. (1620, 1621)
  2021 Ed. (1598)
  2022 Ed. (1616)
LDI Ltd. LLC
  2013 Ed. (1728)
  2022 Ed. (1616)
  2023 Ed. (1780)
LDlTest/SI
  1996 Ed. (2594)
Ldltest/Si/Idl Cholesterol Test
  1999 Ed. (3336)
LDM Technologies Inc.
  2001 Ed. (2874)
LDWW
  2023 Ed. (4115)
Le Bec Fin
  1992 Ed. (3706)
Le Bernardin
  1992 Ed. (3706)
  1994 Ed. (3092)
  2001 Ed. (4054)
Le Bristol
  1991 Ed. (1956)
  1992 Ed. (2509, 2510)
  1993 Ed. (2102)
  1994 Ed. (2122)
  1995 Ed. (2174)
  1996 Ed. (2185)
  1997 Ed. (2305)
Le Chateau
  2011 Ed. (1561)
Le Cirque
  1992 Ed. (3706)
  1994 Ed. (3092)
Le Club International
  2002 Ed. (4753)
  2004 Ed. (4842)
L.E. Cooke Co.
  2018 Ed. (4919)
  2020 Ed. (4919)
  2021 Ed. (4915)
L.E. Coppersmith Inc.
  2000 Ed. (2258)
Le Coq Sportif
  1990 Ed. (3336)
  1993 Ed. (3376)
Le Croissant Shop
  2002 Ed. (427)
Le petit dejeuner
  1994 Ed. (2720)
Le Diplomate
  2018 Ed. (4182)
  2019 Ed. (4198)
  2020 Ed. (4210)
  2021 Ed. (4166, 4167)
  2022 Ed. (4189, 4190)
Le Famous
  1998 Ed. (3320)
Le Fevre Communications
  2002 Ed. (3867)
Le Gaga Holdings Ltd.
  2012 Ed. (4435)

Le Gouessant
  2020 Ed. (2230)
  2021 Ed. (2204)
  2022 Ed. (2237)
Le Gourmet Gift Basket Inc.
  2002 Ed. (1072)
  2003 Ed. (3963)
Le Grand Curl
  2001 Ed. (2382)
Le Groupe Beaucage
  2007 Ed. (1965)
Le Groupe SCI Inc.
  2011 Ed. (2015)
  2012 Ed. (1864)
Le Groupe Thomson
  1989 Ed. (1289)
  1990 Ed. (1588)
Le Groupe Videotron ltee
  1996 Ed. (2579)
Le Groupe Videotron Ltee.
  1997 Ed. (2724)
  1999 Ed. (3311)
  2002 Ed. (3269)
Le Havre
  1992 Ed. (1397)
Le Jardin Academy
  2020 Ed. (1582)
  2022 Ed. (1586)
  2023 Ed. (1757)
Le Jardinet
  1990 Ed. (3696)
Le Journal
  2002 Ed. (3506, 3507)
LE Lundbergforetagen AB
  2017 Ed. (2491)
Le Macaron French Pastries
  2018 Ed. (314)
Le Menu Healthy
  1993 Ed. (1906)
Le Menu Light Style
  1993 Ed. (1906)
Le Meridien
  2005 Ed. (2928)
Le Meridien Boston
  1995 Ed. (2157)
Le Meridien Hotel
  1992 Ed. (2479)
Le Mesurier; Adam
  1997 Ed. (1958)
Le Metropole
  2002 Ed. (4796)
Le; Michael
  2022 Ed. (844)
Le Mouvement des Caisses Desjardins
  1999 Ed. (2437)
Le Moyne College
  1990 Ed. (1090)
  1997 Ed. (1057)
  1998 Ed. (795)
  1999 Ed. (1224)
  2001 Ed. (1321)
Le Orient
  1992 Ed. (3220)
Le Pages
  2016 Ed. (28)
  2017 Ed. (25)
  2018 Ed. (26)
Le Pain Quotidien
  2008 Ed. (4165)
  2018 Ed. (316, 4220)
  2019 Ed. (319)
  2020 Ed. (317, 318, 319, 320, 321, 322, 323)
  2021 Ed. (305, 306, 307, 308, 309, 310, 311)
  2022 Ed. (318, 319, 320, 321, 322, 323)
Le Panier
  2021 Ed. (2501)
Le Papillon
  1989 Ed. (2946)
Le Pari Mutuel Hors des Hippodromes
  2009 Ed. (1191)
Le cinquieme reve (Paris)
  2021 Ed. (4627)
Le Parker Meridien
  1993 Ed. (2089)
Le Petit Vapoteur
  2018 Ed. (1507, 1555)
Le Piat D'Or
  1996 Ed. (3855)
  2001 Ed. (4911)
  2002 Ed. (4975)
Le cinquieme reve
  2021 Ed. (4627)
Le Richemond
  1995 Ed. (2175)
  1997 Ed. (2305)
Le Roux; Michiel
  2020 Ed. (4867)
  2022 Ed. (4864)
  2023 Ed. (4858)
Le Semaine
  2015 Ed. (3546)
  2016 Ed. (3398)
Le Site Inc.
  2016 Ed. (1480, 3465)
  2017 Ed. (3428)

Le Slip Francais
  2018 Ed. (1554, 2575)
  2019 Ed. (2547)
  2020 Ed. (2537)
  2021 Ed. (2501)
Le Sponge
  2018 Ed. (564)
Le Sueur
  2014 Ed. (4824)
Le Superclub Videotron
  2004 Ed. (4842)
Le Superclub Videotron Ltee.
  2002 Ed. (4753)
Le Tourneau University
  1996 Ed. (1044)
Le-Vel
  2018 Ed. (2189)
Lea Associates Inc.
  1996 Ed. (228)
Lea County State Bank
  2022 Ed. (403)
  2023 Ed. (525)
Lea Lea Enterprise Co. Ltd.
  1994 Ed. (3525)
Lea & Perrins
  1993 Ed. (1879)
Lea Ronal
  1990 Ed. (966)
Leach Ltd.; Hubert C.
  1992 Ed. (1193)
Leach; Orin T.
  1994 Ed. (896, 1057)
Leach; Rice C.
  1995 Ed. (3503)
Leach; William
  1991 Ed. (1681, 1708)
  1993 Ed. (1798)
  1994 Ed. (1781)
  1995 Ed. (1821)
  1996 Ed. (1794)
  1997 Ed. (1868)
Leachman of Colorado
  2019 Ed. (783)
  2020 Ed. (778)
  2021 Ed. (797, 801)
  2022 Ed. (829, 833)
Lead
  1992 Ed. (3647)
  2006 Ed. (275)
  2007 Ed. (280)
  2008 Ed. (1093)
The Lead Agency
  2020 Ed. (3449)
Lead, antimonial
  2001 Ed. (391)
Lead Bank
  2023 Ed. (1816)
Lead, calking
  2006 Ed. (3260)
  2007 Ed. (3333)
LEAD Consult
  2021 Ed. (1391)
Lead Engineering Contractors
  2022 Ed. (1525)
Lead Genesis
  2018 Ed. (2358)
Lead Research Group
  2012 Ed. (44)
  2013 Ed. (49)
Lead, sheet
  2006 Ed. (3260)
  2007 Ed. (3333)
LEAD Technologies
  2015 Ed. (1123)
  2016 Ed. (1035)
  2017 Ed. (1069)
  2018 Ed. (995)
  2019 Ed. (987)
  2020 Ed. (971)
  2021 Ed. (952)
Lead time
  1995 Ed. (857)
Lead tracking
  1995 Ed. (2567)
Lead8
  2022 Ed. (183)
  2023 Ed. (257)
LeadCrunch
  2022 Ed. (62, 1400, 2662)
LeadDog Marketing Group
  2005 Ed. (3404)
  2006 Ed. (3413)
  2008 Ed. (3595)
Leader Bank (Arlington, MA)
  2023 Ed. (736)
Leader Bank NA
  2013 Ed. (482)
Leader Bank, N.A.
  2022 Ed. (3684)
Leader Communications Inc.
  2006 Ed. (3534, 4373)
  2007 Ed. (3525, 3590, 4441)
  2008 Ed. (3689, 3727, 4422)
Leader Environmental Technologies
  2013 Ed. (2038)
Leader Federal
  1990 Ed. (2470)

Leader Financial Corp.
  1995 Ed. (3362)
  1998 Ed. (3153)
Leader Promotions Inc., dba Leaderpromos.com
  2023 Ed. (4952)
Leader Textile & Fibre Industries Ltd.
  1990 Ed. (3572)
  1992 Ed. (4283)
  1994 Ed. (3524)
Leaderpromos.com
  2023 Ed. (4952)
Leader's Casual Furniture
  1998 Ed. (1793)
  1999 Ed. (2559)
  2000 Ed. (2298)
  2002 Ed. (2385)
  2003 Ed. (2594)
Leaders Eat Last
  2016 Ed. (642)
The Leaders Group
  2023 Ed. (2808, 2809)
Leadership
  2004 Ed. (740)
  2014 Ed. (636)
Leadership Circle
  2022 Ed. (762, 781, 1983)
Leadership Management
  2018 Ed. (4686)
  2019 Ed. (4691)
  2020 Ed. (4657)
Leadership Management Inc.
  2002 Ed. (3232)
  2003 Ed. (3281)
  2004 Ed. (3343)
  2005 Ed. (3374)
  2006 Ed. (3352)
  2007 Ed. (4807)
  2008 Ed. (4735)
  2009 Ed. (4770)
  2010 Ed. (4783)
  2011 Ed. (4734)
  2012 Ed. (4751)
  2013 Ed. (4707)
Leadership Management International
  2021 Ed. (4682)
  2022 Ed. (4686)
  2023 Ed. (4675)
Leadership & the Sexes: Using Gender Science to Create Success in Business
  2010 Ed. (602)
LeadersOnline
  2002 Ed. (4794)
Leading Edge
  1995 Ed. (2574)
Leading Edge Credit Union Ltd.
  2015 Ed. (1511)
Leading Edge Products
  1990 Ed. (2579)
  1992 Ed. (1925)
Leading Edge Technology Inc.
  2008 Ed. (1549)
Leading Hotels of the World
  1999 Ed. (2778)
The Leading Hotels of the World
  2020 Ed. (3053)
  2021 Ed. (2920, 2923)
  2022 Ed. (3041)
  2023 Ed. (3160)
The Leading Niche
  2018 Ed. (2859)
  2019 Ed. (2822)
Leading Quietly: An Unorthodox Guide to Doing the Right Thing
  2006 Ed. (578)
Leading Real Estate Companies of the World
  2017 Ed. (4698)
  2018 Ed. (4688)
  2019 Ed. (4693)
  2020 Ed. (4659)
Leading Spirit Electric
  2002 Ed. (4423)
Leading Spirit High-Tech
  2002 Ed. (4423)
LeadingAge New York
  2016 Ed. (1871)
Leadis Technology Inc.
  2007 Ed. (2725)
  2008 Ed. (1604, 1607, 2855)
LeadIt Marketing
  2021 Ed. (3473)
  2022 Ed. (3530)
  2023 Ed. (3651)
LeadMD
  2022 Ed. (3530)
Leadnomics
  2013 Ed. (49)
  2014 Ed. (59)
Leadpages
  2019 Ed. (1784)
Leadpoint Business Service
  2008 Ed. (3694, 4368)
LeadPoint U.K
  2013 Ed. (2903)
LeadPoint UK
  2013 Ed. (2913)

Leads360 Inc.
  2014 Ed. (1411)
Leadtread Technology
  2012 Ed. (1914)
Leadville
  1990 Ed. (2750)
Leadwell-CNC Machines Manufacturing Corp.
  1994 Ed. (2425)
Leadwell-CNC Machines Mfg. Corp.
  1990 Ed. (2503)
  1992 Ed. (2956)
Leaf
  1990 Ed. (891)
  1992 Ed. (1041)
  1993 Ed. (830, 831)
  2018 Ed. (217)
Leaf Baseball
  1995 Ed. (3649)
Leaf Communication Consulting Inc.
  2020 Ed. (1404)
Leaf Communication Consulting LLC
  2018 Ed. (1403)
  2019 Ed. (1446)
Leaf Consultancy Ltd.
  2012 Ed. (2847)
Leaf Home
  2023 Ed. (3181, 3183)
Leaf North America
  1997 Ed. (893)
Leaf Pay Day
  2002 Ed. (935)
Leaf Rain-Blo
  1997 Ed. (976)
Leaf Software Solutions Inc.
  2013 Ed. (33)
  2014 Ed. (28)
Leaf Super Bubble
  1997 Ed. (976)
LeafFilter Gutter Protection
  2019 Ed. (3037)
  2020 Ed. (2977, 3074, 3075)
  2021 Ed. (2837, 2951, 2952)
  2022 Ed. (3002, 3068, 3069)
LeafFilter North
  2016 Ed. (1098)
  2017 Ed. (2980)
  2018 Ed. (3103)
LeafFilter North Inc.
  2017 Ed. (2934, 2979)
  2018 Ed. (3007, 3102)
  2019 Ed. (2948, 3036)
Leaffilter North Inc.
  2016 Ed. (3031)
LeafHouse Financial Advisors
  2019 Ed. (3295)
LeafLink
  2019 Ed. (1000)
  2023 Ed. (1151)
Leafly
  2018 Ed. (1094)
Leagold Mining
  2021 Ed. (3564, 3566)
  2022 Ed. (3627)
League Assets Corp.
  2010 Ed. (2859)
League of Conservation Voters
  1989 Ed. (2236, 2237)
  1990 Ed. (2873, 2874)
League Financial Partners Inc.
  2015 Ed. (2715)
League of Mutual Taxi Owners
  2000 Ed. (1626)
League Mutual Taxi Owners Credit Union
  1998 Ed. (1219)
League of Mutual Taxi Owners Credit Union
  1996 Ed. (1506)
  2002 Ed. (1840)
  2003 Ed. (1900)
  2004 Ed. (1940)
  2005 Ed. (2063, 2064)
  2006 Ed. (2156)
  2008 Ed. (2208)
  2009 Ed. (2177)
  2010 Ed. (2124)
  2011 Ed. (2168)
  2012 Ed. (2020)
  2013 Ed. (2213)
  2014 Ed. (2144)
A League of Their Own
  1995 Ed. (2614, 3703, 3708)
Leaguestar PLC
  1994 Ed. (994)
  1995 Ed. (1007)
Leahman Brothers
  1992 Ed. (2722)
Leahy; Sir Terry
  2006 Ed. (2533)
Leaks
  2001 Ed. (4743)
Leaman; Max
  2017 Ed. (3593, 3596, 3597, 3599)
  2018 Ed. (3651, 3653, 3656, 3657, 3659)
  2019 Ed. (3642, 3645, 3646, 3648)
  2020 Ed. (3614, 3615, 3616)
  2021 Ed. (3636, 3637)
  2022 Ed. (3703)

Lean Cuisine
  1990 Ed. (1856)
  1992 Ed. (2238, 3219)
  1993 Ed. (1905, 1906)
  1995 Ed. (1941, 1942, 1943)
  1996 Ed. (1975)
  1997 Ed. (2091)
  1999 Ed. (2531)
  2000 Ed. (2278)
  2001 Ed. (2539)
  2002 Ed. (2366)
  2004 Ed. (2691)
  2005 Ed. (2691)
  2006 Ed. (2666)
  2008 Ed. (2774, 2775)
  2009 Ed. (2837)
  2010 Ed. (2778)
  2017 Ed. (2725, 2734)
Lean Cuisine Cafe
  2007 Ed. (2649)
Lean Cuisine Cafe Classics
  2003 Ed. (2558)
  2004 Ed. (2691)
  2005 Ed. (2691)
  2006 Ed. (2666)
Lean Cuisine Comfort
  2020 Ed. (2785)
  2021 Ed. (2656)
  2022 Ed. (2793, 2794)
Lean Cuisine Culinary Collection
  2014 Ed. (2769)
  2015 Ed. (2820)
  2016 Ed. (2753)
  2017 Ed. (2708)
  2018 Ed. (2764, 2766)
  2019 Ed. (2746)
Lean Cuisine Everyday Favorites
  2003 Ed. (2558)
  2007 Ed. (2649)
  2008 Ed. (2775)
Lean Cuisine Favorites
  2020 Ed. (2785)
  2021 Ed. (2656)
  2022 Ed. (2793, 2794)
Lean Cuisine Market Creations
  2013 Ed. (3831)
Lean Cuisine Marketplace
  2019 Ed. (2746)
  2020 Ed. (2785)
  2021 Ed. (2656)
  2022 Ed. (2793, 2794)
Lean Cuisine Simple Favorites
  2014 Ed. (2769)
  2015 Ed. (2820)
  2016 Ed. (2753)
  2017 Ed. (2708)
  2018 Ed. (2764, 2766)
  2019 Ed. (2746)
Lean Cuisine; Stouffer's
  2014 Ed. (2789)
Lean In
  2015 Ed. (646, 707)
Lean Mean Thirteen
  2009 Ed. (581)
Lean Pockets
  2008 Ed. (2775, 2786)
  2014 Ed. (2780)
  2015 Ed. (2826, 2827)
  2016 Ed. (2758)
  2017 Ed. (2709)
  2018 Ed. (2765)
  2019 Ed. (2764)
  2020 Ed. (2802)
  2021 Ed. (2674)
Lean Staffing Solutions
  2021 Ed. (2957)
  2022 Ed. (3076)
  2023 Ed. (970)
Leandro Rizzuto
  2013 Ed. (4843)
  2016 Ed. (4814)
  2017 Ed. (4825)
  2018 Ed. (4830)
  2019 Ed. (4827)
LeanKit
  2016 Ed. (1032)
LeAnn Rimes/Bryan White
  2000 Ed. (1184)
Leanne Baker
  1995 Ed. (1822)
  1996 Ed. (1795)
  2000 Ed. (2027)
Leap
  2021 Ed. (3725)
Leap of Faith: Memoirs of an Unexpected Life
  2005 Ed. (726)
Leap Frog
  2007 Ed. (4789)
Leap Group
  1999 Ed. (1118, 2622)
  2000 Ed. (77, 1043)
Leap Wireless International
  2017 Ed. (4569)
Leap Wireless International Inc.
  2003 Ed. (2703, 4980)
  2004 Ed. (2774, 2775, 3664)
  2005 Ed. (1098, 4979)

  2007 Ed. (3618)
  2008 Ed. (4942)
  2009 Ed. (1538, 4963)
  2010 Ed. (4971)
  2011 Ed. (986, 4961, 4962)
Leap Wireless International Inc.
  2009 Ed. (4959)
LeapAnalysis
  2022 Ed. (2167)
Leapfactor
  2019 Ed. (1565)
LeapFrog
  2014 Ed. (4332)
Leapfrog
  2006 Ed. (4782)
LeapFrog Enterprises Inc.
  2004 Ed. (1571, 4337)
  2005 Ed. (1678, 1679)
  2012 Ed. (4735)
  2013 Ed. (4698)
  2014 Ed. (4752)
Leapfrog Investments
  2019 Ed. (1347)
Leapnet Inc.
  2001 Ed. (1666)
Leapp Group International B.V.
  2017 Ed. (1802)
  2018 Ed. (1753)
Leapp Group International BV
  2017 Ed. (1526)
Lear
  2014 Ed. (1795)
  2018 Ed. (289)
  2022 Ed. (1723)
  2023 Ed. (356, 390, 1867)
Lear Canada
  2007 Ed. (310)
  2008 Ed. (297)
  2009 Ed. (319)
  2010 Ed. (301)
  2012 Ed. (235)
  2013 Ed. (242)
  2014 Ed. (242)
Lear Corp.
  1998 Ed. (224, 240, 241, 244, 2539)
  1999 Ed. (188, 350, 353, 361, 1706, 1840, 3457)
  2000 Ed. (217, 357, 1516, 1664, 3171, 3846)
  2001 Ed. (529, 537, 717, 1279, 1790, 1792, 2569, 2874, 3395)
  2002 Ed. (397, 399, 405, 1529, 1727, 3401)
  2003 Ed. (315, 337, 338, 339, 340, 344, 1560, 1760, 1761, 2584, 2585)
  2004 Ed. (281, 312, 315, 316, 317, 318, 320, 323, 325, 1699, 1797, 1798, 2697, 2700, 3027, 4556)
  2005 Ed. (289, 310, 314, 315, 316, 317, 318, 322, 323, 328, 1611, 1756, 1867, 1868, 2696, 2699, 3040)
  2006 Ed. (308, 310, 328, 330, 331, 332, 335, 336, 338, 342, 1772, 1881, 1882, 2674, 2675, 3043)
  2007 Ed. (305, 307, 321, 324, 325, 326, 1524, 1880, 1881, 2659, 2660, 3076, 4566)
  2008 Ed. (308, 309, 314, 1541, 1811, 1929, 1930, 2795, 2796)
  2009 Ed. (315, 332, 334, 1759, 1887, 1890, 2847, 2848)
  2010 Ed. (297, 311, 312, 313, 314, 1454, 1822, 1824, 1825, 2790, 2791)
  2011 Ed. (219, 234, 235, 238, 1852, 1855, 2777, 2778)
  2012 Ed. (230, 251, 252, 255, 258, 259, 1706, 1708, 2707)
  2013 Ed. (227, 256, 257, 258, 260, 264, 1857, 1860, 1866, 2782, 2783)
  2014 Ed. (229, 256, 258, 262, 266, 1789, 1798, 2556, 4782)
  2015 Ed. (264, 298, 299, 300, 306, 1831, 1834, 1838, 4814, 4815)
  2016 Ed. (258, 297, 298, 299, 301, 304, 1792, 1797, 1800, 4716, 4717)
  2017 Ed. (262, 299, 300, 301, 302, 303, 304, 307, 1762, 1765, 1767)
  2018 Ed. (272, 278, 279, 280, 283, 284, 285, 288, 1309, 1716, 1718, 3014, 3438)
  2019 Ed. (244, 280, 281, 282, 283, 284, 285, 288, 289, 1774, 1779, 2955)
  2020 Ed. (249, 284, 285, 286, 287, 288, 290, 1719, 1722, 2985, 3402)
  2021 Ed. (234, 273, 274, 275, 277, 1698, 2845)
  2022 Ed. (255, 289, 290, 291, 293, 1724)
  2023 Ed. (389, 391)
Lear Corporation
  2020 Ed. (3442)
Lear Corp. Sweden AB
  2002 Ed. (2383)
  2004 Ed. (2708)
Lear Holdings
  1994 Ed. (1930)

Lear Seating Corp.
 1992 Ed. (2248)
 1993 Ed. (963, 1911)
 1994 Ed. (989)
 1995 Ed. (1002)
 1996 Ed. (331, 338, 352, 2698)
 1997 Ed. (315, 316, 1480, 1601)
 1998 Ed. (1176, 1267)
Lear Siegler Holdings Corp.
 1990 Ed. (1041)
Lear Siegler Seating Corp.
 1990 Ed. (1027, 1652)
 1991 Ed. (953, 1224, 1779)
 1992 Ed. (1189, 1532, 2247)
Learbury Clothes
 1992 Ed. (2973)
Learjet 31A
 1998 Ed. (144)
Learjet Inc.
 1989 Ed. (272)
 1991 Ed. (256)
 1994 Ed. (188)
 2001 Ed. (1770)
 2003 Ed. (1729)
 2004 Ed. (1766)
 2005 Ed. (1832)
The Learning Annex
 2008 Ed. (2404)
 2009 Ed. (2404)
Learning Channel
 1992 Ed. (1032)
Learning Co.
 1997 Ed. (1256)
Learning Company Inc.
 2000 Ed. (1173)
The Learning Experience
 2012 Ed. (811)
 2013 Ed. (992)
 2014 Ed. (947)
 2015 Ed. (977)
 2017 Ed. (842)
 2018 Ed. (776)
 2019 Ed. (2224)
 2020 Ed. (2224)
 2021 Ed. (2198)
 2022 Ed. (2229)
 2023 Ed. (2412, 2417)
The Learning Experience Academy of Early Education
 2016 Ed. (874)
 2017 Ed. (924)
 2018 Ed. (860)
 2019 Ed. (875)
 2020 Ed. (862)
 2021 Ed. (876)
 2022 Ed. (908)
 2023 Ed. (1074)
Learning Express
 2002 Ed. (1045)
 2003 Ed. (884)
 2004 Ed. (909)
 2005 Ed. (900)
 2007 Ed. (903)
 2009 Ed. (888)
 2010 Ed. (838)
 2011 Ed. (764)
 2012 Ed. (702)
 2013 Ed. (993)
 2020 Ed. (4262)
 2021 Ed. (4239)
Learning Express Toys
 2018 Ed. (877)
 2019 Ed. (880)
 2020 Ed. (867)
 2021 Ed. (881)
Learning Express Toys & Gifts
 2022 Ed. (4273)
Learning Pool
 2013 Ed. (2908)
Learning Tree
 1999 Ed. (1128)
 2010 Ed. (4493, 4505, 4531)
LearningRx
 2009 Ed. (2411)
 2010 Ed. (2322)
 2011 Ed. (2318)
 2012 Ed. (2220)
 2013 Ed. (2398)
 2014 Ed. (2335)
 2015 Ed. (2401)
 2016 Ed. (2344)
 2017 Ed. (2192)
 2020 Ed. (2224)
 2022 Ed. (2229)
 2023 Ed. (2417)
LeaRonal
 1989 Ed. (899)
Lear's
 1991 Ed. (2703, 2708)
 1992 Ed. (3382, 3385)
Lease Crutcher Lewis
 2009 Ed. (1330, 1344)
 2010 Ed. (1315, 1328)
 2011 Ed. (1261, 1286, 1289, 1310)
 2021 Ed. (1121, 1128, 1129)
Lease Group Resources Inc.
 2004 Ed. (1369)

Lease Plan International
 1993 Ed. (2604)
 1994 Ed. (2565)
 1995 Ed. (2620)
 1996 Ed. (2696, 2697)
 1997 Ed. (2821)
 1999 Ed. (3455)
Lease Plan U.S.A.
 1990 Ed. (2617)
 1993 Ed. (2602)
Leased automobile
 2000 Ed. (3505)
LeasePlan Canada
 2019 Ed. (272)
LeasePlan Corp. NV
 2016 Ed. (288, 289)
LeasePlan UK
 2018 Ed. (4739, 4740)
LeasePlan USA
 2013 Ed. (1648)
 2014 Ed. (1606)
 2015 Ed. (1656)
 2016 Ed. (291)
 2017 Ed. (293)
 2019 Ed. (273)
 2021 Ed. (268)
 2022 Ed. (285)
LeaseQuery
 2022 Ed. (964, 966, 1564)
 2023 Ed. (1139)
LeaseQuery LLC
 2020 Ed. (1559)
 2022 Ed. (1560)
Leasetec Corp. International
 2004 Ed. (4411)
Leaseway Motorcar Transport Co.
 1998 Ed. (3632, 3643)
 2000 Ed. (4310)
 2002 Ed. (4689)
 2003 Ed. (4787)
 2004 Ed. (4771)
 2005 Ed. (4747)
 2006 Ed. (4847)
 2007 Ed. (4843)
Leaseway Trans.
 1989 Ed. (2467)
Leaseway Transportation
 1994 Ed. (361)
 1999 Ed. (4679)
Leasing associates
 1993 Ed. (2602)
Leasing Bancolombia SA
 2010 Ed. (1581, 1783)
Leasing Companies
 1989 Ed. (1486)
Leasing deals
 1996 Ed. (3456)
Leasing Solutions
 1993 Ed. (1050)
 1995 Ed. (2059, 3380)
Least Bell's vireo
 1996 Ed. (1643)
Leathal Weapon
 1992 Ed. (4249)
Leather
 1992 Ed. (3646)
Leather Center
 1999 Ed. (2555, 2556)
Leather Factory Inc.
 2004 Ed. (4912)
 2005 Ed. (4903, 4904)
Leather tanning & finishing
 1996 Ed. (2566)
Leather goods
 1999 Ed. (1933, 1934)
Leather travel goods
 1994 Ed. (1729)
Leather goods (handbags, belts, etc.)
 1990 Ed. (1578)
Leather Imports Inc.
 1997 Ed. (2224)
Leather Loft Stores
 2002 Ed. (3076)
 2003 Ed. (3203)
Leather & leather goods manufacturing
 2002 Ed. (2781)
Leather & leather product manufacturing
 2002 Ed. (2785)
Leather Medic
 2009 Ed. (2856)
Leatherby Center for Entrepreneurship & Business Ethics
 2010 Ed. (724, 727)
Leatherdale; Douglas W.
 1994 Ed. (2237)
Leavey Foundation; Thomas and Dorothy
 1990 Ed. (1848)
 1994 Ed. (1058, 1900)
Leavey School of Business; Santa Clara University
 2010 Ed. (742)
Leaving Microsoft to Change the World: An Entrepreneur's Odyssey to Educate the World's Children
 2008 Ed. (615)

Leavitt Cranes Inc.
 2021 Ed. (975, 983)
 2022 Ed. (1012, 1021)
 2023 Ed. (1190, 1200)
Leavitt Group
 2011 Ed. (3201)
 2012 Ed. (3158)
 2013 Ed. (3234)
 2014 Ed. (3248)
 2016 Ed. (3154, 3262)
 2017 Ed. (3100, 3218)
Leavitt Group Enterprises
 2018 Ed. (3199)
Leavitt Machinery
 2019 Ed. (1019)
 2020 Ed. (1004)
 2021 Ed. (970)
 2023 Ed. (1185)
Leavitt; Russell
 1993 Ed. (1792)
 1994 Ed. (1775, 1831)
 1995 Ed. (1815)
 1996 Ed. (1790, 1791)
 1997 Ed. (1865)
Leavy Investment Management
 1994 Ed. (2309)
Lebanese
 1990 Ed. (3295)
Lebanese Canadian Bank
 2012 Ed. (386)
 2013 Ed. (363)
Lebanese Islamic Bank
 2010 Ed. (2664)
 2011 Ed. (2652)
 2012 Ed. (2579)
 2014 Ed. (2656)
 2015 Ed. (2698)
 2016 Ed. (2621)
 2017 Ed. (2554)
 2018 Ed. (2622)
 2019 Ed. (2608)
 2020 Ed. (2618)
Lebanon
 1989 Ed. (362)
 1990 Ed. (1909, 1916, 1923)
 1991 Ed. (1832, 1839, 1848)
 1992 Ed. (2308, 2315, 2325, 2331, 4240)
 1993 Ed. (1965, 1972, 1979, 1985)
 1994 Ed. (956)
 1995 Ed. (2008, 2015, 2027, 2034, 2038)
 2000 Ed. (2351, 2365, 2370, 2371)
 2001 Ed. (4471)
 2004 Ed. (1910)
 2006 Ed. (2334, 4591)
 2007 Ed. (674, 2265)
 2008 Ed. (2401, 4390, 4795)
 2009 Ed. (2168, 2398, 2725)
 2010 Ed. (2310, 4519)
 2011 Ed. (2308, 4456)
 2012 Ed. (365, 2207, 4693, 4963)
 2013 Ed. (488, 2390, 2647, 4655, 4970)
 2014 Ed. (2327, 4707, 4979)
 2015 Ed. (4719, 5012)
 2016 Ed. (717, 3740, 4621, 4931)
 2017 Ed. (2186)
 2021 Ed. (3178, 3179)
Lebanon, PA
 2011 Ed. (3495)
 2012 Ed. (4375)
 2013 Ed. (4788)
Lebanon Valley College
 1996 Ed. (1041)
 1999 Ed. (1224)
 2001 Ed. (1321)
 2009 Ed. (1036)
 2010 Ed. (1002)
Lebed; Hartzel E.
 1990 Ed. (1725)
Lebenthal Asset Management Inc., Discretionary Managed Accounts
 2003 Ed. (3132, 3139)
Lebenthal Taxable Municipal Bond
 1999 Ed. (3536, 3573)
Lebepur
 2019 Ed. (2683)
Leblanc
 1991 Ed. (2552)
LeBlanc Nadeau Bujold
 2008 Ed. (278)
LeBoeuf Lamb Greene & MacRae
 1997 Ed. (2841)
 2004 Ed. (1427)
 2005 Ed. (1444, 1445)
LeBoeuf, Lamb, Greene & MacRae LLP
 2003 Ed. (3191)
 2004 Ed. (3239)
Leboeuf, Lamb, Leiby & MacRae
 1993 Ed. (2617, 2626)
 1995 Ed. (2649)
 1996 Ed. (2212)
LeBoeuf; R. W.
 2005 Ed. (2486)
 2006 Ed. (2422)
 2007 Ed. (2498)
LeBoeuf; Raymond
 2006 Ed. (936)

Leboncoin.fr
 2013 Ed. (1642)
 2014 Ed. (1601)
Lebonfante International Investors
 2006 Ed. (3619)
LeBootCamp
 2011 Ed. (1423)
LeBow; Bennett S.
 2008 Ed. (2638, 2639)
 2009 Ed. (2664)
 2010 Ed. (2565)
Lebow; Bennett Stephen
 1990 Ed. (2578)
LeBow College of Business
 2008 Ed. (774)
 2009 Ed. (780, 790)
LeBow College of Business; Drexel University
 2009 Ed. (780, 786)
 2011 Ed. (640, 645)
LeBow College of Business Entrepreneurship
 2010 Ed. (724)
 2011 Ed. (638)
Lebow Inc.; B. S.
 1991 Ed. (1142)
Lebowa Platinum Mines
 1993 Ed. (2579)
Lebowa Plats
 1991 Ed. (2469)
Leboz Trading Co.
 1994 Ed. (1069)
LeBron James
 2008 Ed. (272)
 2009 Ed. (295, 296)
 2010 Ed. (276)
 2011 Ed. (200)
 2012 Ed. (215, 216)
 2013 Ed. (185, 186, 188, 2599)
 2014 Ed. (192, 194)
 2015 Ed. (219, 221)
 2016 Ed. (215, 218, 2526)
 2017 Ed. (211, 212, 215)
 2018 Ed. (197, 200)
 2019 Ed. (191, 194, 198, 2493)
 2020 Ed. (196, 198, 201)
 2022 Ed. (2518)
 2023 Ed. (315, 316, 318)
Lebron James
 2015 Ed. (225)
 2016 Ed. (221)
 2017 Ed. (220)
 2018 Ed. (204)
 2021 Ed. (195)
LeBron James (Los Angeles Lakers)
 2022 Ed. (209)
Leburic Komerc D.O.O.
 2017 Ed. (1524)
 2018 Ed. (1504)
Lecangs
 2023 Ed. (1504)
Lecavalier; Vincent
 2014 Ed. (196)
 2015 Ed. (223)
LeCesse Corp.
 1993 Ed. (1094)
 1999 Ed. (1306)
LeCesse Development Corp.
 2002 Ed. (2662)
 2008 Ed. (1195)
LECG Corp.
 2005 Ed. (4144)
LeChase Construction Services
 2009 Ed. (1305)
 2016 Ed. (1134)
LeChase Construction Services LLC
 2004 Ed. (1262)
 2006 Ed. (1331)
 2008 Ed. (1192)
 2009 Ed. (1167)
 2010 Ed. (1299)
 2011 Ed. (1257, 1277)
 2012 Ed. (1030)
 2013 Ed. (1269)
 2014 Ed. (1202)
 2015 Ed. (1260)
 2016 Ed. (1175)
 2017 Ed. (1218)
 2019 Ed. (1833)
LeChase Construction Services, LLC
 2019 Ed. (1142)
 2020 Ed. (1133)
 2021 Ed. (1119)
 2023 Ed. (1354)
Leche Pascual
 1994 Ed. (44)
Lechleiter; John C.
 2010 Ed. (901)
Lechmere
 1990 Ed. (1521, 1646, 2031, 3327)
 1991 Ed. (1541)
 1992 Ed. (348, 1936, 2426)
 1994 Ed. (229)
 1995 Ed. (229)
 1999 Ed. (1055)
Lechner Construction Inc.
 2007 Ed. (3532, 3533)

Lechters Inc.
 1994 Ed. (3368)
 1995 Ed. (3427)
 1996 Ed. (3488, 3489)
 1997 Ed. (3554)
 1998 Ed. (3343)
 1999 Ed. (4373)
 2001 Ed. (2744, 2749)
 2002 Ed. (4542)
 2003 Ed. (785)
Lechwerke AG
 2005 Ed. (2303, 2305, 2408)
Lecico Egypt SAE
 2022 Ed. (4511)
Lecico Egypt SAE (Egypt)
 2022 Ed. (4511)
LeClair; Ernest
 2016 Ed. (3335)
LeClair Ryan
 2008 Ed. (3429)
 2009 Ed. (3502)
LeClairRyan
 2021 Ed. (3257, 3258)
Leclerc
 1990 Ed. (1220, 1368)
 1994 Ed. (1373)
 1995 Ed. (3155, 3157)
 1996 Ed. (3244)
 1997 Ed. (1409)
 1998 Ed. (987)
 1999 Ed. (4524)
 2001 Ed. (4512)
Leclerc; Association des Centres Distributeurs E.
 2005 Ed. (39)
Leclerc; E.
 1993 Ed. (3050)
 1995 Ed. (3156)
Leclerc Groupement d'Achats Edward
 1995 Ed. (3731)
Leclerc; Groupements d'Achats des Centres E.
 2009 Ed. (4326)
 2010 Ed. (4323)
LeCreuset.com
 2018 Ed. (2319)
LecTec Corp.
 2013 Ed. (2841, 2849, 2851)
Lectures
 1993 Ed. (1594)
LED Direct
 2021 Ed. (1640)
 2022 Ed. (1658)
LED Smart
 2020 Ed. (1453)
 2021 Ed. (1448)
LED Source
 2018 Ed. (4242)
LED Supply
 2016 Ed. (738)
LED Supply Co.
 2017 Ed. (786)
Leda
 2002 Ed. (3784)
 2019 Ed. (4092)
 2020 Ed. (4138)
 2021 Ed. (4091)
 2022 Ed. (4121)
Ledbetter; James Q.
 1995 Ed. (3503)
Ledcor Construction Hawaii LLC
 2014 Ed. (1626)
Ledcor Group of Companies
 2007 Ed. (1284)
 2014 Ed. (1451)
 2016 Ed. (1075)
 2017 Ed. (1105)
 2018 Ed. (1033)
 2019 Ed. (1044)
 2020 Ed. (1035)
Ledcor Group of Cos.
 2010 Ed. (1155, 1156, 4160)
 2011 Ed. (1100, 4158)
 2012 Ed. (1015, 1016, 4193)
 2013 Ed. (1172, 4183)
 2014 Ed. (1125, 4200)
 2015 Ed. (1167, 4180)
 2016 Ed. (4097)
 2017 Ed. (4073)
 2021 Ed. (4075)
 2022 Ed. (4099)
 2023 Ed. (4189)
Ledcor - U.S. Pacific Construction LLC
 2008 Ed. (1779)
 2009 Ed. (1720)
Leddy Group
 2017 Ed. (4981, 4982)
 2018 Ed. (2538, 4989)
 2019 Ed. (4985)
Leddy; Peter M.
 2011 Ed. (2546)
Lede Brothers
 2002 Ed. (4788)
Lede; Cliff
 2005 Ed. (4873)
Lede; Dave
 2005 Ed. (4873)

Leder & Schuh AG
 1996 Ed. (2469)
 1997 Ed. (2616)
Leder & Schuh Aktiengesellschaft
 1994 Ed. (2362)
 1995 Ed. (2432)
Lederer; John
 2009 Ed. (2662)
Lederle
 1990 Ed. (275, 1565)
 1991 Ed. (1472)
 1992 Ed. (1867, 3001)
 1994 Ed. (1559, 2461)
Lederle Laboratories
 1993 Ed. (889, 890)
 1995 Ed. (1589)
 1996 Ed. (1577, 2151, 2597)
 1997 Ed. (1655)
Ledesma
 1991 Ed. (784, 785)
 1992 Ed. (965, 966, 1566)
 1993 Ed. (769, 770)
Ledge Light Credit Union
 2005 Ed. (2092)
 2006 Ed. (2187)
 2007 Ed. (2108)
 2009 Ed. (2206)
 2010 Ed. (2160)
 2011 Ed. (2180)
 2012 Ed. (2040)
 2013 Ed. (2218)
 2014 Ed. (2149)
Ledge Rock Hill Winery
 2023 Ed. (4905)
Ledger; Heath
 2010 Ed. (828)
LedgerPlus
 2000 Ed. (2272)
LeDioyt Land Co.
 1989 Ed. (1411)
 1991 Ed. (1649)
 1992 Ed. (2109)
The Ledlie Group
 2004 Ed. (3999)
 2005 Ed. (3959)
Ledo Pizza
 2018 Ed. (3948)
Ledo Pizza System Inc.
 2003 Ed. (4128)
 2004 Ed. (4136)
 2005 Ed. (2567)
 2006 Ed. (2573)
 2007 Ed. (2544)
 2008 Ed. (2685)
 2011 Ed. (2610)
 2012 Ed. (2553)
 2013 Ed. (4048)
 2014 Ed. (3987)
Ledo Pizza/Urban Bar-B-Que Co.
 2023 Ed. (4229)
LeDoux; Chris
 1993 Ed. (1079)
Ledyard National Bank
 1996 Ed. (543)
 1997 Ed. (502)
 1998 Ed. (372)
 2021 Ed. (405)
 2022 Ed. (418)
 2023 Ed. (542)
Lee A. Iacocca
 1989 Ed. (1376, 1379)
 1991 Ed. (925, 927, 1623)
 1992 Ed. (1144)
 1995 Ed. (980, 981)
Lee A. Kennedy
 2009 Ed. (2665)
Lee Anav Chung White & Kim
 2017 Ed. (3278)
Lee Apparel Co.
 2008 Ed. (988)
 2009 Ed. (970)
 2010 Ed. (934)
 2011 Ed. (866)
 2012 Ed. (819)
 2013 Ed. (994)
Lee & Associates
 1997 Ed. (3256)
 1998 Ed. (2998)
 2002 Ed. (3912)
Lee & Associates; Ng
 1996 Ed. (22, 23)
Lee Bass
 1995 Ed. (664)
 2002 Ed. (3359)
 2003 Ed. (4878)
 2008 Ed. (4824)
 2009 Ed. (4847)
 2011 Ed. (4834)
Lee; Becky
 2019 Ed. (4117)
Lee Boo-Jin
 2016 Ed. (4875)
 2017 Ed. (4919)
Lee Boo-jin
 2023 Ed. (4859)
Lee; Bruce
 2016 Ed. (774)

Lee Burkhart Liu Inc.
 1994 Ed. (236)
 1995 Ed. (239)
 1996 Ed. (235)
 1997 Ed. (267)
 1998 Ed. (187)
Lee Burnett USA
 2000 Ed. (42)
Lee Chang Yung Chemical Industry
 2007 Ed. (2006)
Lee-Chem Laboratories
 2003 Ed. (2674)
Lee; Chi H.
 2011 Ed. (3346)
Lee-Chin; Michael
 2005 Ed. (4865)
 2012 Ed. (110)
Lee; Cliff
 2013 Ed. (187)
 2015 Ed. (220)
 2016 Ed. (216)
Lee Co.
 1989 Ed. (945)
 1990 Ed. (1805, 1806, 2405, 2406)
 1992 Ed. (1209, 1210)
 1993 Ed. (984, 985, 986, 987, 994, 995)
 1994 Ed. (1010, 1011, 1012, 1013, 1014, 1026, 1027)
 1995 Ed. (1022, 1023, 1034, 1035, 2398)
 1996 Ed. (1001, 1002, 1004, 1005, 1019, 2439)
 1997 Ed. (1020, 1021, 1023, 1024, 1026, 1027, 1039)
 1998 Ed. (760, 761, 763, 764, 765, 766, 774, 2040)
 1999 Ed. (791, 1191, 1192, 1193, 1194, 1195, 1196, 1203, 3128)
 2000 Ed. (1114, 1116, 1122)
 2001 Ed. (1276)
 2002 Ed. (1082)
 2004 Ed. (1240, 1339)
 2005 Ed. (1017, 1290, 1344)
 2006 Ed. (1016, 1017, 1023, 1260)
 2007 Ed. (1100, 1103, 1104, 1112)
 2008 Ed. (983, 985, 991)
 2009 Ed. (974)
 2010 Ed. (933, 937)
 2011 Ed. (1268, 1296)
 2012 Ed. (1170)
 2016 Ed. (1155)
 2017 Ed. (133, 1204)
 2019 Ed. (1166, 1170)
 2020 Ed. (1157, 1161)
Lee Cooper
 1990 Ed. (2406)
Lee Corp.; Sara
 1992 Ed. (493, 497, 1129, 1133, 1224, 1225, 3505, 3508, 3510, 3512)
 1993 Ed. (43, 931, 935, 996, 1191, 1331, 1873, 1875, 1876, 1882, 2514, 2516, 2521, 2522, 2879, 2887, 2888, 2890, 2892, 2894)
 1994 Ed. (34, 944, 1028, 1386, 1561, 1862, 1864, 1865, 1870, 1880, 1882, 2451, 2458, 2459, 2903, 2907, 2909)
 1995 Ed. (976, 1294, 1415, 1886, 1888, 1897, 1904, 1905, 2519, 2526, 2527, 2959, 2964, 2966, 2967)
 1996 Ed. (956, 1014, 1015, 1020, 1271, 1377, 1928, 1932, 1935, 1937, 1946, 2583, 3058)
 1997 Ed. (328, 330, 977, 1034, 1428, 2025, 2029, 2034, 2046, 2734, 2930)
Lee County, AL
 2008 Ed. (3480)
Lee County Electric Cooperative Inc.
 1998 Ed. (2965)
 1999 Ed. (3965)
 2000 Ed. (3675)
 2002 Ed. (3881)
Lee County, FL
 1992 Ed. (1719)
 1993 Ed. (2624)
 1998 Ed. (1201, 1701)
 2008 Ed. (3473)
 2009 Ed. (2391)
Lee; Daniel Hae-Dong
 2017 Ed. (1155)
Lee Data
 1989 Ed. (971)
Lee E. Fisher
 1993 Ed. (3443)
Lee Eiseman
 2010 Ed. (3005)
Lee Enterprises Inc.
 1989 Ed. (1933)
 1990 Ed. (2522)
 1991 Ed. (2388, 3327)
 1992 Ed. (2978, 4241)
 1994 Ed. (2445)
 1998 Ed. (2440)
 2002 Ed. (3288)
 2003 Ed. (3350)
 2004 Ed. (1449, 3683, 3684)
 2005 Ed. (3598, 3599)
 2006 Ed. (4023)
 2007 Ed. (3699)
 2008 Ed. (3783)

 2009 Ed. (3823)
 2011 Ed. (3752)
 2012 Ed. (3757)
 2013 Ed. (3832)
Lee Equity Partners LLC
 2020 Ed. (2757)
Lee Fentress
 2003 Ed. (226)
Lee Gifford; Kathie
 1997 Ed. (1726)
Lee; Grant W.
 2010 Ed. (3385)
Lee; Gregory A.
 2011 Ed. (2546)
Lee & Hayes PLLC
 2011 Ed. (3836)
 2012 Ed. (3817)
Lee Hecht Harrison
 1991 Ed. (2650)
 1993 Ed. (2747)
 1996 Ed. (2879)
Lee; Hilary
 2023 Ed. (1295)
Lee Hill Inc.
 1990 Ed. (3082, 3085)
Lee Hyundai
 1990 Ed. (327)
 1991 Ed. (280)
 1994 Ed. (270)
 1995 Ed. (270)
 1996 Ed. (273)
Lee Iacocca
 1990 Ed. (971, 974, 1716)
 1993 Ed. (939, 1693, 1698)
 1994 Ed. (948)
Lee Insurance Co.; Connie
 1995 Ed. (2655, 2657, 2664)
 1996 Ed. (2734, 2736, 2742)
 1997 Ed. (2851, 2857, 2859)
Lee; J. R.
 2005 Ed. (2491)
Lee; James
 2006 Ed. (2579)
Lee-Jay
 1992 Ed. (2532)
Lee Jay Bed & Bath
 1994 Ed. (2139)
 1997 Ed. (2323)
Lee Jay-Hyun
 2016 Ed. (4875)
 2017 Ed. (4875)
Lee; Jay Y.
 2013 Ed. (4909)
 2014 Ed. (4919)
 2015 Ed. (4959)
 2016 Ed. (4875)
 2017 Ed. (4875)
 2018 Ed. (4887)
 2019 Ed. (4879)
 2020 Ed. (4868)
 2021 Ed. (4869)
 2022 Ed. (4865)
 2023 Ed. (4859)
Lee; Jay. Y.
 2009 Ed. (4873)
 2011 Ed. (4862)
 2012 Ed. (4868)
Lee Jay-Yong
 2008 Ed. (4851)
Lee; Jenny
 2016 Ed. (4771)
 2017 Ed. (4918)
 2021 Ed. (4932)
Lee Joong-Keun
 2015 Ed. (4959)
 2017 Ed. (4875)
 2018 Ed. (4887)
Lee Ka Lau
 2005 Ed. (4874)
Lee Kennedy Co.
 2023 Ed. (1413)
Lee Kennedy Inc.
 2019 Ed. (1212)
 2020 Ed. (1207)
Lee; Keunmo
 1996 Ed. (1890)
Lee; Keunmont
 1997 Ed. (1996)
Lee Kitson Builders
 2004 Ed. (1175)
Lee Krost Associates
 1990 Ed. (3087)
Lee Kun-Hee
 2013 Ed. (4909)
 2014 Ed. (4919)
 2015 Ed. (4959)
 2016 Ed. (4875)
 2017 Ed. (4875)
 2018 Ed. (4887)
 2019 Ed. (4879)
 2020 Ed. (4868)
 2021 Ed. (4869)
Lee; Kun-Hee
 2007 Ed. (4909)
 2008 Ed. (4851)
 2009 Ed. (4873)
 2010 Ed. (4874)
 2011 Ed. (4862)

CUMULATIVE INDEX • 1989-2023

2012 Ed. (3824, 4868)
Lee Lewis Construction Inc.
  1993 Ed. (1122)
  1994 Ed. (1138)
  1995 Ed. (1146)
  2009 Ed. (1314)
Lee M. Bass
  1993 Ed. (888)
  1994 Ed. (889, 1056)
Lee & Man Chemical
  2021 Ed. (1567)
Lee & Man Paper Manufacturing
  2009 Ed. (1494, 3912)
  2021 Ed. (1566)
Lee & Man Paper Manufacturing Ltd.
  2021 Ed. (2638)
  2022 Ed. (2765)
Lee Man Tat
  2019 Ed. (4852)
  2020 Ed. (4841)
  2021 Ed. (4842)
  2022 Ed. (4836)
Lee Meat Group; Sara
  1993 Ed. (1884, 2525, 2898)
  1995 Ed. (1909)
  1996 Ed. (1949)
Lee Meat Groups; Sara
  1997 Ed. (2048)
Lee Memorial Health System
  1997 Ed. (2828)
  1999 Ed. (3466)
  2006 Ed. (2899, 2917, 3590)
  2007 Ed. (201)
  2008 Ed. (188)
  2009 Ed. (205)
  2010 Ed. (186)
  2018 Ed. (2896)
Lee Memorial Hospital
  2012 Ed. (2992)
Lee Music; Bryan
  1993 Ed. (2641)
  1994 Ed. (2593, 2597)
  1995 Ed. (2674)
  1996 Ed. (2747)
Lee Myles Transmissions
  2002 Ed. (401)
  2003 Ed. (349)
  2004 Ed. (330)
  2005 Ed. (332)
  2006 Ed. (346)
Lee Myles Transmissions & AutoCare
  2007 Ed. (331)
  2008 Ed. (318)
Lee Myung-Hee
  2008 Ed. (4851)
  2009 Ed. (4873)
  2010 Ed. (4874, 4987)
  2011 Ed. (4862)
  2015 Ed. (4959)
Lee, Nolan & Koroghlian LLC
  2012 Ed. (1752)
Lee Packaged Meats; Sara
  1996 Ed. (2584, 2590, 2591, 3059, 3062, 3064)
  1997 Ed. (2732, 3144, 3145)
Lee; Paul Xiaoming
  2023 Ed. (4804)
Lee R. Raymond
  2006 Ed. (897, 934)
Lee Raymond
  2005 Ed. (788, 968)
  2007 Ed. (987)
Lee; Robert
  2011 Ed. (3360)
Lee; Robin
  1993 Ed. (1079)
Lee Roy Parnell
  1995 Ed. (1120)
Lee Scott
  2003 Ed. (2408)
  2004 Ed. (2528, 2529)
  2005 Ed. (788)
  2006 Ed. (689)
Lee Seidler
  1989 Ed. (1418)
  1991 Ed. (1687)
Lee Seng Wee
  2006 Ed. (4918, 4919)
  2008 Ed. (4850)
  2009 Ed. (4871)
  2010 Ed. (4872)
  2011 Ed. (4860)
  2012 Ed. (4866)
  2013 Ed. (4906)
Lee Seo-hyun
  2023 Ed. (4859)
Lee Shau Kee
  1997 Ed. (673)
  1998 Ed. (464)
  2003 Ed. (4890)
  2004 Ed. (4876)
  2005 Ed. (4861)
  2007 Ed. (4909)
  2008 Ed. (4841, 4844)
  2009 Ed. (4863, 4864)
  2010 Ed. (4865, 4877)
  2011 Ed. (4852, 4853, 4887)
  2012 Ed. (4859, 4860, 4872)

2013 Ed. (4873, 4874, 4916)
2014 Ed. (4887, 4888)
2015 Ed. (4926, 4927)
2016 Ed. (4842, 4843)
2017 Ed. (4850)
2018 Ed. (4857)
2019 Ed. (4852)
2020 Ed. (4841)
2021 Ed. (4842)
2022 Ed. (4836)
2023 Ed. (4831)
Lee Shin Cheng
  2006 Ed. (4917)
  2008 Ed. (4847)
  2009 Ed. (4868)
  2010 Ed. (4870)
  2011 Ed. (4858)
  2012 Ed. (4864)
  2013 Ed. (4887)
  2014 Ed. (4900)
  2015 Ed. (4940)
  2016 Ed. (4855)
  2017 Ed. (4859)
  2018 Ed. (4868)
  2019 Ed. (4862)
  2020 Ed. (4851)
Lee; Thai
  2023 Ed. (4931)
Lee; Thomas
  1997 Ed. (2004)
Lee; Thomas H.
  2008 Ed. (4293)
Lee; Timothy
  2014 Ed. (2596)
Lee Westwood
  2014 Ed. (198)
Lee Wetherington Homes
  2002 Ed. (2679)
  2003 Ed. (1164)
  2004 Ed. (1172)
  2005 Ed. (1200)
Lee; Yeow Chor
  2023 Ed. (4842)
Lee Yeow Chor & Yeow Seng
  2021 Ed. (4852)
  2022 Ed. (4847)
Lee; Yeow Seng
  2023 Ed. (4842)
Leeann Chin
  1999 Ed. (4060)
  2000 Ed. (3776)
  2002 Ed. (4008)
  2006 Ed. (4113)
  2007 Ed. (4140)
  2008 Ed. (2679)
Leeann Chin Chinese Cuisine
  2004 Ed. (4125)
Leeb, Indicator Digest; Stephen
  1990 Ed. (2366)
Leech Tishman Fuscaldo & Lampl LLC
  2008 Ed. (2037)
LeEco
  2017 Ed. (1497)
Leedex Group
  1997 Ed. (3202)
Leedex Public Relations
  1996 Ed. (3121)
Leedo Manufacturing
  2021 Ed. (759)
Leeds
  1992 Ed. (1031)
  2008 Ed. (676)
Leeds/Bradford Airport
  1995 Ed. (197)
Leeds Building Products
  1996 Ed. (824)
Leeds & Holbeck
  2000 Ed. (3855)
Leeds Permanent
  1990 Ed. (3103)
  1995 Ed. (3185)
Leeds Permanent Building Society
  1990 Ed. (1786)
  1991 Ed. (1719)
Leedsay
  2022 Ed. (1393, 3871, 3873)
  2023 Ed. (1589)
Leedy Corp.
  1991 Ed. (3063)
Leefung-Asco Printers Holdings
  1996 Ed. (2140)
Leegte; Wim Van Der
  2016 Ed. (4859)
  2017 Ed. (4863)
  2018 Ed. (4872)
  2019 Ed. (4866)
  2020 Ed. (4855)
  2021 Ed. (4855)
  2022 Ed. (4851)
  2023 Ed. (4846)
Leejay Bed & Bath
  1990 Ed. (2115)
Leela's Body Cocktails
  2021 Ed. (87)
Leeman Architectural
  2022 Ed. (4995)
Leeman Architectural Woodwork
  2022 Ed. (4991)

Leeming Appliances; Noel
  1993 Ed. (44)
LEENO Industrial
  2009 Ed. (2457)
LEEP Forward
  2018 Ed. (2859)
Leer; Steven F.
  2010 Ed. (2570)
Leerink Swann & Co.
  2007 Ed. (3262)
  2008 Ed. (3386)
Leers Weinzapfel Associates
  2017 Ed. (206)
Lee's
  2013 Ed. (4454)
Lee's Country Chicken
  1993 Ed. (1758)
Lees; David
  2016 Ed. (3283)
  2018 Ed. (3318)
  2019 Ed. (3293)
  2020 Ed. (3294)
Lee's Famous Recipe
  1993 Ed. (3020)
Lee's Famous Recipe Chicken
  1990 Ed. (1751)
  1991 Ed. (1656)
  1992 Ed. (2112)
  1994 Ed. (1749)
  1995 Ed. (1782)
  1996 Ed. (1760)
  1997 Ed. (1841)
  1998 Ed. (1549)
  1999 Ed. (2135)
  2000 Ed. (1910)
  2002 Ed. (2244)
  2004 Ed. (4130)
  2006 Ed. (4116)
  2007 Ed. (4143)
  2011 Ed. (4234)
  2020 Ed. (4186, 4187, 4188, 4189)
  2021 Ed. (4127, 4128)
  2022 Ed. (4152, 4153, 4154, 4155)
Lee's Famous Recipes
  2023 Ed. (4235)
Lees Foods
  2020 Ed. (1981)
  2021 Ed. (1934)
Lees for Living
  2003 Ed. (4732)
Lee's Long Term Care Facility Inc.
  2008 Ed. (2889)
  2009 Ed. (2952)
Leesa
  2018 Ed. (3498)
  2019 Ed. (3487)
  2020 Ed. (3468)
  2021 Ed. (3488)
Leesa Sleep LLC
  2018 Ed. (2309)
  2019 Ed. (2938)
Leesburg Regional Medical Center
  1997 Ed. (2260)
  2006 Ed. (2899)
  2008 Ed. (188)
  2009 Ed. (205)
  2020 Ed. (1540)
Lefkovitch; Dr. Barry
  2013 Ed. (3468)
Lefrak Organization Inc.
  1991 Ed. (247)
  1993 Ed. (238)
  1994 Ed. (1005)
  1995 Ed. (1017)
  1998 Ed. (178, 756)
  1999 Ed. (1188)
  2000 Ed. (306, 1108)
  2002 Ed. (323)
  2003 Ed. (289)
  2004 Ed. (256)
  2005 Ed. (257, 258)
  2006 Ed. (278, 281)
LeFrak; Richard
  2009 Ed. (4851)
  2010 Ed. (4857)
  2011 Ed. (4836)
  2012 Ed. (4846)
  2013 Ed. (4847)
  2014 Ed. (4863)
  2015 Ed. (4900)
  2016 Ed. (4816)
  2017 Ed. (4827)
  2018 Ed. (4832)
  2019 Ed. (4829)
  2020 Ed. (4819)
LeFrak; Samuel Jayson
  1990 Ed. (2576)
Lefranc Charles Cellars
  1989 Ed. (2940)
Left Behind
  2003 Ed. (722, 723)
Left Behind: The Kids 1 The Vanishings
  2001 Ed. (982)
  2003 Ed. (709)
Left Behind: The Kids #2: Second Chance
  2001 Ed. (982)

Left Behind: The Kids #3: Through the Flames
  2001 Ed. (982)
Left Behind: The Kids #4: Facing the Future
  2001 Ed. (982)
Left Behind: The Kids 7 Busted
  2003 Ed. (715)
Left Behind: The Kids 8 Death Strike
  2003 Ed. (715)
Left Behind: The Kids 9 The Search
  2003 Ed. (715)
Left Behind: The Kids 10 On the Run
  2003 Ed. (715)
Left Coast Naturals
  2015 Ed. (2760)
Left Hand Brewing Co.
  2023 Ed. (905)
Left Lane Associates
  2022 Ed. (4693)
Left Turn Distilling
  2023 Ed. (3522)
Leftfield Pictures
  2012 Ed. (2559, 4685)
Lefton Co. Inc.; Al Paul
  1989 Ed. (59)
  1990 Ed. (142)
  1991 Ed. (142)
  1992 Ed. (197)
  1993 Ed. (73, 127)
  1994 Ed. (108)
Leftwich & Douglas
  1995 Ed. (673, 2413)
Legacy
  1996 Ed. (2250)
  1997 Ed. (2376)
  1998 Ed. (899)
  2001 Ed. (534)
  2019 Ed. (3663, 3668)
  2020 Ed. (3627, 3628, 3630, 3635)
  2023 Ed. (3804, 3806, 3808, 3811)
Legacy Automotive
  2010 Ed. (171)
  2011 Ed. (95)
Legacy Automotive Group
  2004 Ed. (168)
  2005 Ed. (170)
  2006 Ed. (184)
  2007 Ed. (190)
Legacy Community Federal Credit Union
  2014 Ed. (1340)
Legacy Converting
  2013 Ed. (3561)
Legacy DCS LLC
  2020 Ed. (4945)
Legacy Electronics Inc.
  1998 Ed. (1415)
  1999 Ed. (1990)
Legacy-Emanual Hospital & Health Center
  2001 Ed. (1831)
  2003 Ed. (1806)
  2004 Ed. (1839)
  2005 Ed. (1939)
  2006 Ed. (1974)
Legacy-Emanuel Hospital & Health Center
  2008 Ed. (2027)
  2009 Ed. (1991)
  2010 Ed. (1931)
  2011 Ed. (1986)
  2012 Ed. (1832)
  2013 Ed. (1988)
  2014 Ed. (1927)
  2015 Ed. (1973)
  2016 Ed. (1940)
LEGACY Global Sports
  2020 Ed. (1760)
The Legacy Group
  2013 Ed. (2157)
Legacy Health
  2019 Ed. (1906)
  2021 Ed. (1809)
  2022 Ed. (1853)
  2023 Ed. (1972)
LEGACY Holding Co.
  2017 Ed. (1809, 1814)
Legacy Homes
  1999 Ed. (1328)
  2002 Ed. (2682, 2692)
  2003 Ed. (1157, 1158, 1188)
  2004 Ed. (1163, 1164)
  2005 Ed. (1181, 1192)
Legacy Hotels REIT
  2008 Ed. (3077, 4200)
  2009 Ed. (3167, 4297)
  2010 Ed. (3098, 4201)
Legacy Marketing of Boston
  2015 Ed. (1815)
  2016 Ed. (1773)
Legacy Mutual Mortgage
  2022 Ed. (1952)
  2023 Ed. (2066)
Legacy Parkway Team
  2007 Ed. (1314)
Legacy Partners
  2002 Ed. (3921, 3935)
Legacy Partners Commercial Inc.
  2002 Ed. (3923)

Legacy/phaco emulsification aspirator
  1995 Ed. (2810)
Legacy Reserves LP
  2011 Ed. (3893, 3894, 3895)
  2012 Ed. (2758, 2767)
Legacy Resource Consulting Corp.
  2008 Ed. (4983)
LeGacy Resource Corp.
  2010 Ed. (1334, 3697, 4047, 4048, 4973)
Legacy Software Inc.
  1999 Ed. (2624, 3265)
Legacy Vulcan Corp.
  2012 Ed. (3662)
  2013 Ed. (3727)
  2014 Ed. (3662, 3663)
  2015 Ed. (3680, 3681)
  2016 Ed. (3563, 3564)
Legacy Vulcan LLC
  2021 Ed. (1344)
Legacy Vulcan LLC (suby of Vulcan Materials Co.)
  2023 Ed. (1558)
LegacyScapes
  2015 Ed. (3476)
LegacyTexas
  2021 Ed. (352)
LegacyTexas Financial Group
  2019 Ed. (328, 2006)
  2020 Ed. (332, 1932)
LegacyTexas Group
  2018 Ed. (504, 557)
Legal
  1993 Ed. (1864)
  2005 Ed. (3635, 3636, 3662)
Legal Aid Society
  1991 Ed. (896, 897, 899)
Legal Aid of Western Missouri
  2023 Ed. (3438)
Legal assistant
  2004 Ed. (2281)
Legal assistants
  2007 Ed. (3725)
  2009 Ed. (3860)
Legal bookmaking
  1995 Ed. (1968)
Legal department
  1996 Ed. (3873)
Legal/financial woes
  1992 Ed. (1939)
Legal & Gen America Group
  2023 Ed. (3337, 3338)
Legal & General
  2005 Ed. (3092)
  2006 Ed. (3128)
  2021 Ed. (682, 3077)
  2022 Ed. (3219, 3220)
  2023 Ed. (3312)
Legal & General America Group
  2010 Ed. (3292)
  2013 Ed. (3308)
  2014 Ed. (3328, 3331)
  2018 Ed. (3275)
  2019 Ed. (3227)
  2020 Ed. (3239, 3242)
  2021 Ed. (3105, 3107, 3108)
  2022 Ed. (3246, 3248, 3249)
Legal & General America Inc.
  2004 Ed. (3108)
  2005 Ed. (3111)
  2007 Ed. (3143)
Legal & General Assurance (Pensions Management) Ltd.
  2003 Ed. (2977)
Legal & General Assurance Society Ltd.
  1991 Ed. (2145)
Legal & General Group
  1990 Ed. (2242)
  1996 Ed. (1397)
  1999 Ed. (1645)
  2015 Ed. (1733, 2108)
  2016 Ed. (2086, 2092)
  2017 Ed. (1658, 3145)
  2018 Ed. (2019, 3281)
  2019 Ed. (2065, 2075, 3201, 3235, 3237)
  2020 Ed. (1975, 2589)
  2021 Ed. (1936)
  2022 Ed. (1975, 1976, 3229, 3254)
  2023 Ed. (2081, 3318, 3343)
Legal & General Group PLC
  2019 Ed. (2061)
Legal & General Group Plc
  2023 Ed. (3213)
Legal & General Group plc
  1990 Ed. (2276, 2280)
  1991 Ed. (2145)
  1993 Ed. (2254)
  1994 Ed. (2234)
  1995 Ed. (2282)
  2000 Ed. (4006)
  2001 Ed. (1718, 1884)
  2002 Ed. (1786)
  2006 Ed. (1684, 3129)
  2007 Ed. (3159, 3163, 3164)
  2008 Ed. (1813, 2122, 3310, 3312)
  2009 Ed. (1783, 1784, 3373, 3379)
  2010 Ed. (3310, 3315)
  2011 Ed. (3271)
  2012 Ed. (1947, 3215, 3246, 3247, 3250, 3253, 3254)
  2013 Ed. (2122, 3251, 3285, 3288, 3322, 3323, 3326, 3347)
  2014 Ed. (3277, 3310, 3314, 3338, 3339)
  2015 Ed. (3356, 3359, 3372, 3373, 3399)
  2016 Ed. (3217, 3221, 3241, 3242)
  2017 Ed. (2047, 3174, 3178, 3197)
  2018 Ed. (3251, 3257, 3280)
  2019 Ed. (3194, 3202, 3234)
  2020 Ed. (3215, 3246)
  2021 Ed. (3081)
  2022 Ed. (3223)
Legal & General Group plc (U.K.)
  2021 Ed. (3081)
  2022 Ed. (3223)
Legal & General Investment Management
  2001 Ed. (3015)
  2003 Ed. (3102)
  2006 Ed. (3215)
Legal & General plc
  2016 Ed. (3227)
  2017 Ed. (3185)
Legal & General Properties
  2001 Ed. (3922)
Legal & General Ventures
  1995 Ed. (2499, 2500)
Legal & General Worldwide
  1997 Ed. (2919)
Legal Network
  2005 Ed. (816)
  2006 Ed. (742)
Legal/Paralegal service
  1992 Ed. (3535)
Legal Research Center Inc.
  2004 Ed. (4546, 4548)
Legal Sea Foods
  1990 Ed. (3002)
  1991 Ed. (2860, 2939)
  1992 Ed. (3817)
  1993 Ed. (3112)
  1994 Ed. (3156)
  1995 Ed. (3200)
  1996 Ed. (3301)
  1997 Ed. (3397)
  1998 Ed. (3174)
  1999 Ed. (4158)
  2000 Ed. (3873)
  2002 Ed. (4028)
  2004 Ed. (4146)
  2006 Ed. (4135)
  2007 Ed. (4155)
  2008 Ed. (4195, 4196)
  2009 Ed. (4294)
  2010 Ed. (4261)
  2011 Ed. (4260)
  2018 Ed. (4215)
  2019 Ed. (4213, 4214, 4244)
  2020 Ed. (4243)
  2021 Ed. (4209)
  2022 Ed. (4146, 4149, 4195)
  2023 Ed. (4484)
Legal Sea Foods Inc.
  2017 Ed. (4447)
Legal Seafoods
  2003 Ed. (4484, 4488)
Legal Seafoods Inc.
  2019 Ed. (4463)
Legal & accounting services
  2002 Ed. (2223, 2779, 2783)
Legal Services Corp.
  1990 Ed. (1657)
  1992 Ed. (3255)
  1994 Ed. (3235)
  1995 Ed. (3314)
  2006 Ed. (3762)
  2009 Ed. (3820)
  2012 Ed. (1776)
Legally Blonde
  2003 Ed. (3454)
Legat Architects Inc.
  2001 Ed. (407, 408)
Legato Systems Inc.
  2000 Ed. (1742)
  2005 Ed. (2343)
Legault Homes
  2016 Ed. (4090)
Legend
  1995 Ed. (2572)
Legend Autorama Ltd.
  1993 Ed. (282)
Legend of the Candy Cane
  2001 Ed. (980)
Legend Classic Homes
  2022 Ed. (1065, 1069)
Legend Classic Homes / Princeton Classic Homes / Bella Vista Homes
  2022 Ed. (1065, 1069)
Legend Holding
  2017 Ed. (1013, 1028)
  2018 Ed. (947, 958)
  2019 Ed. (936, 953)
  2020 Ed. (928, 943)
Legend Holdings Ltd.
  2001 Ed. (2867, 2871)
  2002 Ed. (3337, 4509)
  2009 Ed. (2464)
Legend Home Corp.
  2008 Ed. (1196)
Legend Homes Corp.
  2002 Ed. (1206)
  2003 Ed. (1193)
  2004 Ed. (1198)
  2005 Ed. (1224)
Legend; John
  2015 Ed. (1136)
  2016 Ed. (3641)
Legend Senior Living
  2019 Ed. (1712)
Legend Solar
  2017 Ed. (4440)
  2018 Ed. (2358, 4459)
  2019 Ed. (2079, 2395, 4448)
Legend of Zelda: The Ocarina of Time
  2000 Ed. (4345)
Legendary Entertainment
  2021 Ed. (1538)
Legends of the Fall
  1997 Ed. (3845)
Legends Global Merchandise
  2023 Ed. (392)
Legends Hospitality
  2019 Ed. (2723)
  2020 Ed. (2756)
  2021 Ed. (2631)
The Legends of Real Estate
  2021 Ed. (1515)
Legends Resort
  2002 Ed. (1335)
Legent
  1993 Ed. (1074)
  1995 Ed. (1110)
  1996 Ed. (1087)
Legg Mason
  1992 Ed. (962)
  1994 Ed. (784)
  1995 Ed. (758, 816)
  1996 Ed. (801, 1565, 2396, 2400)
  1997 Ed. (737)
  1998 Ed. (524, 530)
  1999 Ed. (863, 920, 3110)
  2000 Ed. (863, 2787, 2796, 2860)
  2001 Ed. (791, 3002)
  2002 Ed. (499, 4214)
  2003 Ed. (1421, 2475, 3070, 3074, 3078, 3080, 3441)
  2004 Ed. (2609, 3194, 3196, 4322, 4323, 4325, 4335)
  2005 Ed. (2580, 2598, 4245, 4246, 4248)
  2006 Ed. (2107, 2290, 2294, 2582, 3193, 3210, 4253)
  2007 Ed. (2060, 2550, 2552, 3252, 3256, 3259, 3277, 4267, 4277)
  2008 Ed. (585, 586, 2169, 2693, 3378, 3379, 3380, 4285)
  2009 Ed. (612, 626, 1867, 2716, 3447, 3448, 3452, 4394)
  2010 Ed. (596, 1798, 2553, 3388, 4441)
  2011 Ed. (521, 3730)
  2012 Ed. (498, 501, 2485, 3742)
  2013 Ed. (612)
  2016 Ed. (636, 3673)
  2017 Ed. (1742)
  2019 Ed. (649)
  2020 Ed. (3688)
Legg Mason American Leading Companies
  2004 Ed. (3580, 3590)
Legg Mason Canada Holding Ltd.
  2008 Ed. (1644)
Legg Mason Canada Holdings Ltd.
  2005 Ed. (4512)
Legg Mason Cap Managing Opportunity
  2014 Ed. (4567)
Legg Mason Capital
  1997 Ed. (2530, 2534)
  1999 Ed. (3075, 3076, 3077, 3078)
Legg Mason Capital Management
  2001 Ed. (3690)
  2005 Ed. (3595)
Legg Mason Capital Mgmt.
  2000 Ed. (2805)
Legg Mason Diversified
  2006 Ed. (3662)
Legg Mason Emerging Markets Prim
  2003 Ed. (3521)
Legg Mason Equity Trust Value Prim
  2003 Ed. (3488)
Legg Mason Growth Trust
  2006 Ed. (3623, 3624)
Legg Mason Growth Trust Primary
  2007 Ed. (2485)
  2008 Ed. (2615)
Legg Mason High Yield
  2000 Ed. (3255)
  2008 Ed. (596)
Legg Mason Income High Yield
  1999 Ed. (753)
Legg Mason Income Investment Grade Primary
  2008 Ed. (597)
Legg Mason Inc.
  2014 Ed. (1759)
  2015 Ed. (1802)
  2016 Ed. (1762)
  2018 Ed. (756)
  2019 Ed. (777)
Legg Mason Institutional Western Asset Management Core
  2004 Ed. (692)
Legg Mason Investment Counsel & Trust Co.
  2022 Ed. (392)
Legg Mason Investment Counsel & Trust Company, National Association
  2022 Ed. (392)
  2023 Ed. (512)
Legg Mason Investment Grade Income
  1999 Ed. (3537)
  2004 Ed. (722)
Legg Mason Opportunity Primary
  2005 Ed. (4496)
  2006 Ed. (4572)
  2007 Ed. (4548)
  2008 Ed. (4516)
  2009 Ed. (3808)
Legg Mason Opportunity Tr. Primary
  2007 Ed. (2488)
Legg Mason Opportunity Trust Primary
  2008 Ed. (2618)
Legg Mason Partners AZ Municipals
  2008 Ed. (583)
Legg Mason Partners Lifestyle Income
  2008 Ed. (604)
Legg Mason Real Estate
  1996 Ed. (3167, 3168)
  1997 Ed. (3263, 3269, 3270)
  1998 Ed. (3014)
  1999 Ed. (3093, 4006, 4306)
  2000 Ed. (2817, 2820, 3723)
Legg Mason Real Estate Services
  2002 Ed. (4277)
  2003 Ed. (447, 4057)
  2004 Ed. (4083)
  2005 Ed. (4016)
Legg Mason Special Investment Primary
  2007 Ed. (2487)
Legg Mason Total Return
  1993 Ed. (2673)
Legg Mason Total Return Navig
  1999 Ed. (3557)
Legg Mason Total Return Prim
  1998 Ed. (2632)
Legg Mason Total Return Primary
  1998 Ed. (2598)
  1999 Ed. (3515, 3557)
Legg Mason Total Return Trust
  1995 Ed. (2735)
Legg Mason Value
  2006 Ed. (4556)
Legg Mason Value Navigator
  1998 Ed. (2601)
Legg Mason Value Primary
  2004 Ed. (3553, 3555)
  2006 Ed. (3620, 3621)
Legg Mason Value Trust
  1999 Ed. (3561)
  2002 Ed. (3418)
  2004 Ed. (2450, 3657)
  2005 Ed. (3581, 4480)
  2006 Ed. (3684)
Legg Mason Value Trust Navig
  2000 Ed. (3256)
Legg Mason Value Trust Primary
  1998 Ed. (2632)
Legg Mason WA Intermediate-Term Muni
  2011 Ed. (517)
Legg Mason/Western
  2007 Ed. (3681)
Legg Mason/Western Asset
  2003 Ed. (3485, 3502, 3503)
Legg Mason/Western Asset Management
  2004 Ed. (3541, 3561, 3563)
  2005 Ed. (3540, 3546, 3548, 3572)
  2006 Ed. (3600, 3601)
  2007 Ed. (3661, 3662)
Legg Mason/Western High Yield
  2008 Ed. (593)
Legg Mason Wood Walker
  1989 Ed. (820)
  1990 Ed. (819)
  1991 Ed. (783, 2189, 2948, 2961, 2971, 3040, 3041)
  1993 Ed. (3178)
  1995 Ed. (3245)
Legg Masson Capital Management
  2000 Ed. (2804)
Leggett
  2018 Ed. (4094)
Leggett & Platt
  2014 Ed. (1827, 3000, 3002)
  2015 Ed. (2858, 3071)
  2016 Ed. (2793, 2970)
  2017 Ed. (2760, 2922)
  2018 Ed. (2991)
  2019 Ed. (2936)
  2020 Ed. (2954)
  2021 Ed. (2811)
  2022 Ed. (1747, 2978)
Leggett & Platt Display Group
  2008 Ed. (4005)
  2009 Ed. (4079)

Leggett & Platt Fixtures Group
2007 Ed. (4595)
2008 Ed. (4546)

Leggett & Platt Inc.
1989 Ed. (1490, 1601, 1622)
1990 Ed. (1864, 1865, 2037, 2038, 2104)
1991 Ed. (1779, 1780, 1926, 1959)
1992 Ed. (2245, 2246, 2247, 2248, 2433, 2516)
1993 Ed. (1370, 1910, 1911, 2054, 2104)
1994 Ed. (1929, 1930, 2074, 2125)
1995 Ed. (1953, 1955, 2122)
1996 Ed. (1988, 1989, 2129, 2130)
1997 Ed. (2101, 2103, 2239, 2240)
1998 Ed. (1782, 1785, 1962, 1963)
1999 Ed. (2546, 2547, 2700)
2000 Ed. (2255, 2288)
2001 Ed. (2565, 2569, 2570, 2736, 2737)
2002 Ed. (1221, 1732, 2378, 2381, 4514)
2003 Ed. (1769, 2119, 2584, 2585, 2588, 2589, 2772, 2774)
2004 Ed. (1806, 2697, 2698, 2699, 2700, 2701, 2703, 2705)
2005 Ed. (1888, 2696, 2697, 2698, 2699, 2700, 2701)
2006 Ed. (1216, 1833, 1834, 1835, 1836, 1910, 2674, 2675, 2677, 2678, 2877, 2957)
2007 Ed. (1578, 1840, 1841, 1893, 2659, 2660, 2665, 2667, 2871, 3478)
2008 Ed. (1214, 1872, 1873, 1874, 1875, 1878, 1957, 2795, 2796, 2798)
2009 Ed. (1463, 1827, 1829, 1907, 1910, 2847, 2848, 2853, 2854)
2010 Ed. (1768, 1770, 1774, 1842, 1843, 2790, 2791, 2793, 2794, 2795, 3007)
2011 Ed. (1782, 2777, 2778, 2780, 2782)
2012 Ed. (1636, 1638, 1642, 1730, 2707, 2708, 2709, 2710, 2908, 4583)
2013 Ed. (1792, 1794, 1799, 2782, 2783, 2784, 2789, 4528)
2014 Ed. (1726, 2810, 2811, 2812, 2818)
2015 Ed. (1764, 1766, 2852, 2853, 2856, 2862)
2016 Ed. (2787, 2788, 2791, 2797)
2017 Ed. (2758, 2764)
2018 Ed. (2815, 2819)
2019 Ed. (2788, 2796, 4002)

Leggett & Platt Store Fixtures Group
2005 Ed. (4528)

L'eggs
1989 Ed. (945, 1461, 1463, 1663)
1990 Ed. (916)
1991 Ed. (1867)
1992 Ed. (1210, 1228, 2445)
1993 Ed. (987, 995)
1994 Ed. (1014, 1027)
1995 Ed. (1035)
1997 Ed. (1027, 1039)
1998 Ed. (766)
1999 Ed. (1195, 4507, 4508)
2000 Ed. (3619)
2002 Ed. (3492)
2003 Ed. (1001, 1962, 3937, 3938)
2005 Ed. (1017)
2006 Ed. (1017, 1023, 3284)
2007 Ed. (1112)
2008 Ed. (991)
2012 Ed. (817, 3466)

L'eggs Everyday
2016 Ed. (2982)
2017 Ed. (2943)
2018 Ed. (3057)

Leggs Everyday
2023 Ed. (3510, 3511)

L'Eggs Products
1996 Ed. (3607)

L'eggs Sheer Energy
1995 Ed. (3525)
2016 Ed. (2982)
2017 Ed. (2943)
2018 Ed. (3057)

Leggs Sheer Energy
2023 Ed. (3510, 3511)

L'eggs Silken Mist
2016 Ed. (2982)
2017 Ed. (2943)
2018 Ed. (3057)

Leggs Silken Mist
2023 Ed. (3510, 3511)

Leghorn
1992 Ed. (1398)

Legiant
2011 Ed. (2087)

Legion
1994 Ed. (3487)

Legion Health
2004 Ed. (1809)

Legion Insurance Co.
2002 Ed. (3957)
2003 Ed. (4993)
2004 Ed. (3136)

Legion Insurance Group
2002 Ed. (2952)

Legion Logistics
2016 Ed. (3388)

Legner Associates Inc.; J. Y.
2006 Ed. (3515)
2007 Ed. (3558, 3559)

LEGO
2017 Ed. (2176, 3315)
2018 Ed. (3378)
2020 Ed. (3362)
2022 Ed. (3381)

Lego
1991 Ed. (3410)
1992 Ed. (4327, 4328)
1993 Ed. (734, 3601, 3603)
1994 Ed. (3560, 3561)
1995 Ed. (3638, 3639, 3642, 3643, 3647)
1996 Ed. (3722, 3723)
1997 Ed. (3775, 3776, 3778, 3779)
1998 Ed. (3596, 3599, 3603, 3604)
1999 Ed. (786, 788, 4628, 4629, 4632, 4637)
2000 Ed. (4277)
2001 Ed. (4606, 4607)
2006 Ed. (4782)
2007 Ed. (4789)
2008 Ed. (4707)
2009 Ed. (767, 1633, 1634)
2010 Ed. (710, 1606, 1607)
2012 Ed. (4734)
2016 Ed. (661, 4677)
2017 Ed. (693, 4691)
2018 Ed. (652, 4676)
2019 Ed. (2931, 4681)
2020 Ed. (648)
2021 Ed. (611, 613, 4667, 4669)
2022 Ed. (638, 681, 4675, 4679)
2023 Ed. (4668)

LEGO A/S
1993 Ed. (2498)
2021 Ed. (2447)
2022 Ed. (2557, 3380)

Lego A/S
2017 Ed. (2459)
2018 Ed. (2510)
2023 Ed. (2703)

Lego A/S (Koncern)
1996 Ed. (2568)

Lego (Denmark)
2021 Ed. (4669)
2022 Ed. (4679)

Lego Freestyle Set
1997 Ed. (3771)

LEGO GmbH
2013 Ed. (1660)

LEGO Group
2007 Ed. (3214)
2010 Ed. (4760)
2011 Ed. (4713)
2022 Ed. (1300)
2023 Ed. (1507)

Lego Group
2015 Ed. (879)
2017 Ed. (3676)
2018 Ed. (3730)
2019 Ed. (3719)
2020 Ed. (3761)

The Lego Group
2016 Ed. (59, 1270, 1272, 1273, 1275, 1276, 1278, 1279, 1280)
2017 Ed. (1334, 1336, 1337)
2018 Ed. (1318, 1319, 1320, 1321, 1322)
2019 Ed. (1342)
2020 Ed. (1311, 1314)
2021 Ed. (1291)

The Lego Movie
2016 Ed. (3629)

Lego System A/S
1992 Ed. (2971)
1993 Ed. (2498)
1994 Ed. (2438)
1995 Ed. (2506)
1996 Ed. (2568)
1997 Ed. (2708)
1999 Ed. (3299)
2001 Ed. (3216)
2002 Ed. (3234)
2004 Ed. (3358)

Lego Systems
2018 Ed. (1311)

Lego.com
2001 Ed. (4775)
2006 Ed. (2384)
2013 Ed. (2477)

Legoland Parks
2007 Ed. (274)

Legoland Town
1992 Ed. (4329)
1994 Ed. (3562)

Legoretta; Karen Virginia Beckmann
2023 Ed. (4843)

Legorreta; Juan Francisco Beckmann
2023 Ed. (4843)

Legrand
2013 Ed. (2980, 4951)
2017 Ed. (4630, 4912)
2018 Ed. (4623, 4930)
2019 Ed. (958, 3412, 4640, 4930)
2020 Ed. (3415, 4610, 4930)
2021 Ed. (3429, 4622, 4926)
2022 Ed. (2956, 2959, 2962, 3387, 3488, 4919)
2023 Ed. (3613)

Legrand/AV/Chief
2022 Ed. (2956, 2959, 2962)

Legrand/AV/Sanus
2022 Ed. (2956, 2962)

Legrand/Chief
2023 Ed. (3080, 3083, 3086)

Legrand Holding SA
2011 Ed. (2385)
2012 Ed. (2231, 2233, 2317)
2013 Ed. (2401, 2408, 2483)
2014 Ed. (2340, 2346, 2415)
2015 Ed. (2406, 2412, 2489)
2016 Ed. (2351, 2356, 2421)
2017 Ed. (2200, 2205, 2268)
2018 Ed. (2256, 2261)
2019 Ed. (2241, 2246)
2020 Ed. (2238, 2241)

Legrand/Luxul
2023 Ed. (1131)

Legrand/Middle Atlantic
2022 Ed. (4919)
2023 Ed. (3085, 3086, 4917)

Legrand/On-Q
2023 Ed. (4917)

Legrand/OnQ
2022 Ed. (4919)

Legrand/Qmotion
2023 Ed. (4892)

Legrand SA
2005 Ed. (1558)
2023 Ed. (1514, 1732)

Legrand/Sanus
2023 Ed. (3080, 3086)

Legris Industries
2010 Ed. (3586)
2011 Ed. (3589)

Legum Chevrolet-Nissan
1990 Ed. (339)

Legumex Walker Inc.
2016 Ed. (136)
2017 Ed. (129)

Lehi Valley Trading Co.
2019 Ed. (4425)

Lehigh Cement Co.
2006 Ed. (4610)

Lehigh Class Reunion Funds Gifts
1992 Ed. (2216)

Lehigh Gas Partners LP
2015 Ed. (3586)

Lehigh Group Inc.
1997 Ed. (1257)

Lehigh Hanson
2018 Ed. (1023)

Lehigh Hanson Inc.
2010 Ed. (4610, 4611)
2011 Ed. (4347, 4566)
2012 Ed. (3662, 4387, 4388, 4581)
2013 Ed. (3727, 4356, 4357, 4526)
2014 Ed. (3662, 4408, 4409, 4584, 4585)
2015 Ed. (3680, 3681, 4394, 4395, 4578, 4579)
2016 Ed. (3411, 3563, 3564)
2017 Ed. (4496)

Lehigh Hanson, Inc.
2020 Ed. (1023)
2021 Ed. (991)
2022 Ed. (1032)

The Lehigh Press
1998 Ed. (2924)
1999 Ed. (3898)
2000 Ed. (3614, 3615)
2002 Ed. (3767)

Lehigh University
1992 Ed. (2216)
1994 Ed. (896, 1057)
2009 Ed. (781, 786)
2011 Ed. (640)

Lehigh Valley
2000 Ed. (3134)
2001 Ed. (3312)

Lehigh Valley Health Network
2014 Ed. (3181)
2015 Ed. (3255)

Lehigh Valley Hospital & Health Network
2009 Ed. (2492)

Lehman Ark
1991 Ed. (2208, 2215)

Lehman Bros./Municipal MMF/CIA
1996 Ed. (2668)

Lehman Brothers/American Express
1994 Ed. (1706, 1707, 1708, 1709)

Lehman Brothers Bank, FSB
2002 Ed. (4116)
2003 Ed. (4229, 4259, 4277, 4278)
2004 Ed. (3506, 3507, 4248, 4249, 4250, 4279, 4284)
2005 Ed. (3510, 3511, 4181, 4182, 4183, 4212, 4217)
2006 Ed. (3570, 3571, 4233, 4234, 4235, 4237, 4241, 4242, 4247)
2007 Ed. (3635, 3636, 4247, 4248, 4249, 4251, 4254, 4255, 4256, 4261)
2010 Ed. (1040, 4424, 4428, 4430, 4434)

Lehman Brothers Holding Inc.
1998 Ed. (515)

Lehman Brothers Holdings Inc.
1995 Ed. (1556)
1996 Ed. (795, 798, 808, 1538)
1997 Ed. (733, 734, 736, 739, 742, 770)
1998 Ed. (514, 516, 518, 522, 525, 527, 528)
2000 Ed. (827, 835, 864, 882)
2001 Ed. (746, 748, 749, 751, 752, 753, 754, 756, 757, 767, 771, 783, 791, 806, 811, 827, 840, 848, 852, 856, 864, 868, 880, 892, 896, 908, 924, 932, 940, 944, 952, 1517, 1518, 1522, 1528, 1531, 2423, 2424, 2425, 2427, 2428, 3009, 4003, 4088, 4177, 4193, 4194, 4207)
2002 Ed. (502, 503, 504, 579, 727, 730, 733, 734, 735, 736, 999, 1348, 1349, 1350, 1351, 1352, 1353, 1358, 1362, 1363, 1364, 1366, 1367, 1370, 1375, 1376, 1404, 1406, 1455, 2157, 2161, 2162, 2165, 2167, 2168, 2271, 2817, 3001, 3011, 3012, 3015, 3016, 3042, 3043, 3209, 3407, 3408, 3409, 3410, 3411, 3412, 4189, 4190, 4191, 4197, 4198, 4201, 4206, 4208, 4209, 4210, 4211, 4212, 4213, 4214, 4215, 4217, 4218, 4219, 4220, 4221, 4222, 4223, 4224, 4225, 4226, 4227, 4228, 4229, 4230, 4231, 4232, 4233, 4234, 4235, 4238, 4241, 4244, 4245, 4246, 4247, 4248, 4249, 4250, 4251, 4252, 4556, 4557, 4601, 4648, 4649, 4650, 4651, 4653, 4654, 4655, 4656, 4657, 4658, 4659, 4660, 4663)
2003 Ed. (1387, 1388, 1389, 1390, 1391, 1395, 1397, 1398, 1399, 1409, 1410, 1414, 1475, 1708, 2016, 2029, 2031, 2032, 2362, 2368, 2476, 2478, 3066, 3090, 3091, 3093, 3094, 3095, 3098, 3473, 3474, 3475, 3476, 3477, 3478, 4055, 4057, 4315, 4316, 4317, 4323, 4325, 4332, 4333, 4334, 4335, 4336, 4337, 4338, 4339, 4340, 4341, 4342, 4343, 4344, 4345, 4346, 4347, 4348, 4349, 4350, 4351, 4352, 4353, 4356, 4357, 4359, 4360, 4361, 4362, 4364, 4365, 4366, 4368, 4369, 4370, 4371, 4372, 4373)
2004 Ed. (1402, 1403, 1404, 1405, 1410, 1411, 1413, 1414, 1415, 1421, 1430, 1434, 1435, 1436, 1439, 1441, 1442, 2007, 2008, 2068, 2069, 2072, 2075, 2600, 3181, 3184, 3185, 3186, 3187, 3188, 3190, 3193, 3197, 3198, 3200, 3201, 3202, 3203, 3205, 3207, 3500, 3503, 3504, 3505, 3527, 3528, 3529, 3530, 3531, 3532, 4082, 4083, 4322, 4323, 4324, 4325, 4333, 4336, 4339, 4341, 4342, 4343, 4353, 4354, 4355, 4356, 4357, 4358, 4359, 4360, 4361, 4362, 4363, 4364, 4365, 4366, 4367, 4368, 4369, 4370, 4372, 4376, 4377, 4380, 4381, 4383, 4384, 4385, 4386, 4387, 4388, 4389, 4391, 4393, 4394, 4395, 4396, 4695)
2005 Ed. (162, 215, 293, 545, 546, 662, 706, 707, 708, 752, 756, 822, 869, 870, 949, 1021, 1137, 1142, 1259, 1423, 1424, 1425, 1426, 1429, 1430, 1431, 1433, 1434, 1435, 1436, 1451, 1452, 1458, 1459, 1465, 2147, 2169, 2178, 2287, 2297, 2298, 2299, 2342, 2448, 2449, 2451, 2464, 2576, 2577, 2580, 2638, 2639, 2805, 2807, 2816, 2983, 3029, 3054, 3117, 3217, 3219, 3222, 3223, 3238, 3249, 3369, 3386, 3466, 3503, 3504, 3505, 3506, 3507, 3508, 3512, 3526, 3527, 3528, 3529, 3530, 3531, 3535, 3590, 3668, 3714, 3732, 3749, 3767, 3811, 3812, 3819, 3943, 4015, 4019, 4020, 4048, 4110, 4111, 4113, 4245, 4246, 4247, 4248, 4252, 4256, 4257, 4258, 4259, 4260, 4261, 4262, 4263, 4264, 4265, 4266, 4267, 4268, 4269, 4270, 4271, 4272, 4273, 4274, 4275, 4276, 4277, 4278, 4279, 4281, 4295, 4296, 4297, 4298, 4299, 4300, 4301, 4302, 4303, 4304, 4305, 4306, 4307, 4308, 4309, 4310, 4311, 4312, 4313, 4316, 4317, 4318, 4319, 4320, 4321, 4322, 4323, 4325, 4326, 4327, 4328, 4330, 4331, 4332, 4333, 4334, 4336, 4337, 4338, 4341, 4347, 4348, 4356, 4423, 4564, 4572, 4573, 4575, 4614, 4616, 4617, 4618, 4631, 4643, 4644)
2006 Ed. (695, 778, 779, 1408, 1409, 1410, 1411, 1414, 1415, 1416, 2242, 2582, 2586, 3208, 3209, 3210, 3223, 3236, 3686, 3687, 3700, 3701, 4051, 4251, 4252, 4253, 4261, 4276, 4277, 4278, 4279, 4722, 4723)
2007 Ed. (649, 650, 651, 788, 1440, 1488, 2162, 2550, 2566, 2572, 2672, 2888, 3256, 3276, 3277, 3285, 3295, 3630, 3631, 3632, 3633, 3634, 3650, 3651, 3652, 3653, 3654, 3655, 4101, 4266, 4267, 4268, 4271, 4272, 4275, 4278, 4283, 4286, 4288, 4289,

4298, 4300, 4301, 4302, 4303, 4304, 4305, 4306, 4307, 4308, 4309, 4310, 4311, 4312, 4313, 4314, 4315, 4316, 4319, 4320, 4321, 4323, 4324, 4325, 4327, 4328, 4329, 4330, 4331, 4332, 4333, 4334, 4335, 4336, 4337, 4338, 4339, 4340, 4560, 4653, 4654, 4656)
2008 Ed. (339, 764, 1390, 1391, 1392, 1393, 1396, 1397, 1398, 1482, 2281, 2292, 2694, 2882, 2922, 3398, 3410, 4120, 4285, 4286, 4292, 4304, 4305, 4306, 4542, 4617, 4665)
2009 Ed. (1393, 1943, 2267, 2268, 2282, 2770, 3243, 3454, 3455, 3462, 3471, 4394, 4395, 4396, 4401, 4409, 4410, 4411, 4412)
2010 Ed. (348, 349, 350, 4442)
2011 Ed. (270, 272, 4387)
2012 Ed. (293, 295)
2013 Ed. (295, 297)
2014 Ed. (312)
2015 Ed. (347, 349)
2016 Ed. (342, 344)
2017 Ed. (349, 351)
2018 Ed. (318)
Lehman Brothers Inc.
1992 Ed. (1050, 1051, 1052, 1053, 1290, 1450, 1452, 1453, 1454, 1455, 2021, 2040, 2041, 2718, 2719, 2720, 2721, 2724, 2725, 2726, 2727, 3105, 3823, 3832, 3834, 3835, 3836, 3837, 3839, 3841, 3842, 3845, 3846, 3847, 3848, 3849, 3850, 3851, 3852, 3853, 3854, 3855, 3856, 3857, 3858, 3859, 3860, 3861, 3862, 3863, 3864, 3865, 3866, 3867, 3868, 3869, 3870, 3872, 3873, 3874, 3876, 3877, 3878, 3879, 3881, 3882, 3883, 3885, 3886, 3887, 3888, 3890, 3891, 3892, 3894, 3895, 3896, 3900, 3902, 3903, 3904, 3905, 3907)
1993 Ed. (793, 839, 840, 841, 842, 1014, 1164, 1166, 1167, 1168, 1169, 1170, 1172, 1198, 1668, 1685, 1686, 1768, 1769, 1770, 1851, 2265, 2266, 2270, 2273, 2274, 2275, 2276, 2279, 2591, 2981, 3116, 3118, 3119, 3120, 3121, 3122, 3123, 3124, 3125, 3126, 3127, 3128, 3129, 3130, 3131, 3132, 3133, 3134, 3135, 3136, 3137, 3138, 3139, 3142, 3143, 3144, 3145, 3146, 3147, 3148, 3149, 3150, 3151, 3152, 3153, 3154, 3155, 3156, 3157, 3158, 3159, 3160, 3161, 3163, 3164, 3165, 3166, 3167, 3168, 3169, 3170, 3171, 3172, 3173, 3174, 3175, 3176, 3177, 3179, 3180, 3181, 3182, 3183, 3184, 3185, 3186, 3190, 3191, 3193, 3194, 3195, 3197, 3199, 3200, 3205, 3207, 3208)
1994 Ed. (727, 728, 780, 1040, 1197, 1198, 1199, 1200, 1675, 1676, 1686, 1687, 1689, 1690, 1691, 1696, 1703, 1757, 1758, 1829, 1830, 1835, 1838, 2286, 2287, 2288, 2289, 2291, 2555, 2580, 2581, 2582, 2583, 3024, 3162, 3163, 3164, 3165, 3166, 3167, 3168, 3169, 3170, 3171, 3172, 3174, 3175, 3176, 3177, 3178, 3179, 3180, 3181, 3182, 3183, 3184, 3187, 3188, 3189, 3190)
1995 Ed. (722, 723, 724, 725, 726, 727, 729, 730, 731, 732, 733, 734, 735, 736, 737, 738, 739, 741, 742, 743, 744, 745, 747, 748, 749, 750, 751, 752, 753, 754, 755, 1216, 1218, 1719, 1720, 1721, 1722, 1793, 1794, 1799, 2335, 2340, 2341, 2342, 2343, 2344, 2345, 2346, 2347, 2348, 2350, 2351, 2352, 2633, 2634, 2635, 2636, 2637, 2638, 2639, 2640, 2641, 2642, 3204, 3209, 3213, 3215, 3216, 3217, 3218, 3219, 3220, 3221, 3223, 3224, 3225, 3226, 3227, 3228, 3229, 3230, 3231, 3232, 3233, 3234, 3235, 3236, 3237, 3238, 3239, 3240, 3242, 3243, 3244, 3245, 3246, 3247, 3248, 3249, 3250, 3251, 3252, 3253, 3254, 3255, 3256, 3257, 3258, 3259, 3260, 3261, 3262, 3263, 3264, 3265, 3266, 3269, 3270, 3271, 3273, 3274, 3275, 3276)
1996 Ed. (396, 794, 796, 797, 800, 803, 806, 1034, 1181, 1182, 1184, 1185, 1186, 1187, 1188, 1189, 1190, 1699, 1702, 1704, 1705, 1706, 1768, 1769, 2350, 2354, 2359, 2360, 2361, 2362, 2363, 2364, 2365, 2366, 2367, 2369, 2370, 2371, 2373, 2712, 2713, 2714, 2715, 2716, 2717, 2718, 2719, 2720, 2721, 3100, 3170, 3311, 3313, 3314, 3316, 3317, 3318, 3319, 3320, 3322, 3323, 3324, 3325, 3326, 3327, 3328, 3329, 3330, 3331, 3332, 3333, 3334, 3335, 3336, 3337, 3338, 3339, 3340, 3341, 3342, 3343, 3344, 3346, 3347, 3348, 3349, 3350, 3351, 3353, 3354, 3355, 3356, 3357, 3358, 3359, 3360, 3361, 3362, 3364, 3365, 3366, 3367, 3368, 3369, 3370, 3371, 3372, 3373, 3374, 3375, 3378, 3379, 3380, 3381, 3382, 3385, 3386, 3387, 3388)

1997 Ed. (732, 771, 1222, 1223, 1224, 1225, 1226, 1228, 1229, 1787, 1788, 1789, 1790, 1922, 2476, 2487, 2488, 2489, 2490, 2491, 2492, 2493, 2494, 2495, 2496, 2497, 2498, 2499, 2501, 2506, 2812, 2832, 2833, 2834, 2835, 2836, 2837, 2838, 3417, 3419, 3420, 3421, 3422, 3424, 3426, 3427, 3428, 3429, 3430, 3431, 3432, 3433, 3435, 3436, 3437, 3438, 3439, 3440, 3441, 3442, 3444, 3446, 3449, 3450, 3451, 3452, 3453, 3454, 3455, 3456, 3457, 3458, 3459, 3460, 3461, 3462, 3464, 3465, 3466, 3467, 3468, 3469, 3470, 3471, 3474, 3475, 3476, 3477, 3478, 3479, 3480, 3481, 3483)
1998 Ed. (342, 995, 997, 998, 999, 1000, 1001, 1002, 1003, 1004, 1005, 1495, 1497, 1498, 1499, 1501, 1501, 2238, 2239, 2240, 2241, 2242, 2243, 2244, 2245, 2246, 2247, 2248, 2249, 2250, 2251, 2253, 2566, 2567, 2568, 2569, 2570, 2571, 2578, 3181, 3186, 3187, 3189, 3190, 3191, 3192, 3193, 3194, 3195, 3196, 3197, 3198, 3199, 3200, 3206, 3207, 3209, 3211, 3212, 3213, 3214, 3215, 3217, 3218, 3219, 3220, 3221, 3222, 3223, 3226, 3227, 3228, 3229, 3230, 3231, 3232, 3233, 3234, 3235, 3236, 3237, 3238, 3239, 3240, 3241, 3242, 3243, 3244, 3245, 3246, 3247, 3248, 3249, 3250, 3251, 3252, 3253, 3254, 3255, 3256, 3257, 3258, 3259, 3260, 3261, 3262, 3263, 3264, 3265, 3266, 3267, 3268, 3269, 3270, 3271, 3272, 3273)
1999 Ed. (828, 832, 833, 840, 864, 892, 893, 931, 932, 934, 935, 1425, 1426, 1427, 1428, 1429, 1430, 1432, 1435, 1439, 2063, 2064, 2143, 2151, 2152, 2440, 2442, 2022, 3023, 3024, 3025, 3026, 3027, 3028, 3029, 3030, 3031, 3032, 3033, 3034, 3035, 3037, 3477, 3478, 3479, 3480, 3481, 3482, 4007, 4177, 4178, 4179, 4180, 4181, 4182, 4183, 4184, 4185, 4186, 4187, 4188, 4189, 4190, 4191, 4195, 4196, 4197, 4199, 4205, 4206, 4207, 4208, 4210, 4211, 4212, 4213, 4214, 4215, 4217, 4218, 4219, 4220, 4221, 4222, 4225, 4226, 4227, 4228, 4230, 4231, 4232, 4233, 4234, 4235, 4236, 4237, 4238, 4239, 4240, 4241, 4242, 4243, 4244, 4245, 4246, 4247, 4248, 4249, 4250, 4251, 4252, 4253, 4254, 4255, 4256, 4258, 4259, 4260, 4261, 4262, 4263, 4264, 4265, 4308)
2000 Ed. (376, 377, 378, 776, 777, 880, 881, 1919, 1921, 1922, 2455, 2456, 2457, 2768, 3190, 3191, 3192, 3193, 3194, 3195, 3414, 3725, 3878, 3884, 3886, 3887, 3888, 3890, 3891, 3892, 3893, 3894, 3895, 3896, 3897, 3898, 3899, 3900, 3901, 3902, 3903, 3904, 3908, 3910, 3911, 3912, 3913, 3914, 3915, 3916, 3917, 3923, 3924, 3925, 3926, 3929, 3933, 3935, 3936, 3937, 3938, 3939, 3940, 3941, 3942, 3943, 3944, 3945, 3946, 3947, 3948, 3949, 3952, 3953, 3954, 3955, 3956, 3957, 3958, 3959, 3960, 3961, 3962, 3964, 3965, 3966, 3967, 3969, 3970, 3971, 3972, 3973, 3975, 3976, 3977, 3978, 3979, 3980, 3981, 3982, 3984, 3985, 3987, 3988, 4021)
2001 Ed. (747, 758, 810, 831, 961, 964, 966, 967, 968, 969, 972, 974, 975, 1510, 1512, 2434, 2435, 3038, 3155, 4178, 4382)
2005 Ed. (2598)
2008 Ed. (2803)
2009 Ed. (2860)
Lehman Brothers International
1992 Ed. (2141)
1993 Ed. (1174, 1687, 1688, 1689, 1690, 3201, 3202)
Lehman Brothers/Prime Val MME/CIA
1996 Ed. (2669)
Lehman Brothers; Shearson
1997 Ed. (1248)
Lehman Buick; William
1990 Ed. (337)
1991 Ed. (304)
1992 Ed. (409)
Lehman Loeb; Frances
1993 Ed. (891)
Lehman Management
1989 Ed. (2135)
Lehman Mgmt.
1989 Ed. (2125)
1990 Ed. (2327, 2331)
Lehman Mitsubishi; William
1994 Ed. (277)
1995 Ed. (280)
1996 Ed. (280)
Lehman/Provident: FedFund
1994 Ed. (2543)
Lehman/Provident: Municipal Cash
1994 Ed. (2540, 2544)

Lehman/Provident: TempCash
1994 Ed. (2542)
Lehman/Provident: TempFund
1994 Ed. (2541, 2542, 2543)
Lehman; Richard H.
1992 Ed. (1039)
LehmanMillet
2007 Ed. (107)
2008 Ed. (115)
Lehmkuhl; Lawrence A.
1992 Ed. (2052)
Lehndorff & Babson
1992 Ed. (3638)
1993 Ed. (2310, 2978)
Lehndorff & Babson Real Estate
1992 Ed. (2750)
Lehndorff & Babson Real Estate Counsel
1990 Ed. (2340)
1991 Ed. (2238, 2241)
Lehrer McGovern Bovis Inc.
1990 Ed. (1183)
1991 Ed. (1068, 1074)
1992 Ed. (1376, 3964)
1993 Ed. (1102, 3308)
1994 Ed. (1125)
1995 Ed. (1124, 1140, 1141)
1996 Ed. (1105, 1113)
1997 Ed. (1139, 1198)
LEI Companies Inc.
2015 Ed. (3706)
LEI Cos., Inc.
2016 Ed. (3584)
2017 Ed. (3552)
2018 Ed. (3601)
2019 Ed. (3590)
Lei Jun
2016 Ed. (4831, 4832)
2017 Ed. (776, 4840)
Lei Shing Hong
1996 Ed. (2139)
Lei; William Ding
2005 Ed. (2515)
2006 Ed. (2529)
2007 Ed. (2508)
Leibbrand Group
1991 Ed. (3261)
Leiberts Royal Green Appliance Center
2014 Ed. (4364)
2015 Ed. (4373)
Leibman; Paul
1991 Ed. (1708)
Leibowitz; Dennis
1990 Ed. (1766)
1991 Ed. (1699, 1706)
1993 Ed. (1783, 1785)
1994 Ed. (1767, 1786)
1995 Ed. (1795, 1808)
1996 Ed. (1783, 1798, 1805)
1997 Ed. (1859, 1871, 1878)
Leibowitz; Jon
2012 Ed. (598)
Leica Camera AG
2015 Ed. (4222)
Leica Microsystems
2016 Ed. (4145)
2019 Ed. (2851)
2020 Ed. (2879)
Leica Microsystems CMS GmbH
2014 Ed. (4244)
Leicester City
2022 Ed. (4427)
Leicester Mercury
2002 Ed. (3516)
Leicester; University of
2011 Ed. (691)
Leichtung Workshops
2008 Ed. (865)
Leidenfrost/Horowitz & Associates
1998 Ed. (187)
1999 Ed. (290)
2000 Ed. (315)
Leidos
2015 Ed. (2172)
2016 Ed. (1108, 1109, 2147, 2545)
2017 Ed. (2375, 2545)
2018 Ed. (98, 999, 2409)
2019 Ed. (81, 86, 975, 2455, 2502, 2509, 2512, 2872, 3090)
2020 Ed. (83, 960, 2153, 2442, 2444, 2447, 2893, 3121, 4789)
2021 Ed. (934, 2149, 2364, 2367, 2370, 2983, 4786)
2022 Ed. (85, 955, 2182, 2478, 2480, 2481, 3113)
2023 Ed. (1128, 2299, 2588, 2590, 2591, 2672, 2678, 2681)
Leidos Biomedical Research Inc.
2016 Ed. (1765)
Leidos Holding Inc.
2023 Ed. (3216)
Leidos Holdings
2015 Ed. (3270)
2017 Ed. (3057)
2019 Ed. (2952, 3104, 3108)
2020 Ed. (2982, 3134)
2021 Ed. (2995, 3002)
2022 Ed. (1993, 3134, 3139)
2023 Ed. (3229)

Leidos Holdings Inc.
2019 Ed. (3099)
2021 Ed. (1235)
2022 Ed. (1237)
2023 Ed. (1468)
Leidos Inc.
2016 Ed. (1220, 1226, 1229, 2112, 2266, 2519)
2017 Ed. (1278)
2018 Ed. (1245, 1256)
2019 Ed. (1278, 1280, 1286, 1289, 2160)
2020 Ed. (1267, 2494, 2501, 2504)
2021 Ed. (1238, 1239, 1245, 1250, 2136, 2419, 2421, 2424)
2022 Ed. (1243, 1244, 1250, 1255, 2170, 2534, 2536, 2539)
2023 Ed. (1470)
Leidos (U.S.)
2021 Ed. (2983)
2022 Ed. (3113)
Leif Hoegh
1994 Ed. (2700)
Leif Johnson Ford
2018 Ed. (1970)
Leifer Capital
1995 Ed. (2339)
1996 Ed. (2349)
1997 Ed. (2482)
1998 Ed. (2234)
Leigh Himel
2017 Ed. (4983)
Leigh & Orange
2022 Ed. (183)
Leigh Steinberg
2003 Ed. (223, 227)
Leight; Adam
1997 Ed. (1927, 1935)
Leighton; Charles
1992 Ed. (2056)
Leighton; Charles M.
1990 Ed. (1719)
1991 Ed. (1626)
Leighton Holdings Ltd.
2002 Ed. (1179)
2004 Ed. (1153, 1321)
2005 Ed. (1331)
2006 Ed. (1300, 1318)
2009 Ed. (1264, 1503)
2010 Ed. (1260)
2012 Ed. (1146)
2013 Ed. (1285, 1292, 1296)
2014 Ed. (1218, 1229)
2015 Ed. (1276, 1287, 1292)
2016 Ed. (1191)
Leighton Holdings Ply. Ltd.
1997 Ed. (1195)
Leighton Holdings Pty. Ltd.
1995 Ed. (1184)
Leighton Interactive
2021 Ed. (3479)
Leila Aboulela
2013 Ed. (3487)
Leila El Solh
2013 Ed. (3472, 3479)
Leinenkugel
2008 Ed. (541)
Leinenkugel Brewing
2003 Ed. (764)
Leinenkugel; Jacob
1989 Ed. (757)
1990 Ed. (752)
Leinenkugel Specialty
2018 Ed. (573)
2019 Ed. (585, 587)
2020 Ed. (570)
2021 Ed. (543)
2022 Ed. (571)
Leiner Health Products Inc.
2003 Ed. (282)
Leiner/Kika
1994 Ed. (14)
Leipzig Fairgrounds
1992 Ed. (1443)
1997 Ed. (3782)
Leipzig, Germany
2013 Ed. (163)
2014 Ed. (167)
2015 Ed. (194)
Leis Co., Inc.; Dorvin D.
2006 Ed. (1748)
2007 Ed. (1757)
2008 Ed. (1785)
2009 Ed. (1726)
2010 Ed. (1674)
2011 Ed. (1683)
Leisenring; Carol
1991 Ed. (2160)
Leiserv
1994 Ed. (1887)
1995 Ed. (1916)
Leisure
2001 Ed. (1142)
2007 Ed. (3732, 3733, 3734, 3735)
2009 Ed. (3866, 3867, 3868, 3869)
Leisure & Allied Industries
2002 Ed. (3778)

Leisure Care
  2003 Ed. (291)
  2004 Ed. (258)
  2005 Ed. (265)
  2015 Ed. (218)
  2017 Ed. (210)
  2018 Ed. (196)
  2020 Ed. (194)
Leisure Care, LLC
  2021 Ed. (193)
  2022 Ed. (207)
  2023 Ed. (313)
Leisure & entertainment
  1990 Ed. (1234, 1262)
  1991 Ed. (1151, 1152, 1175, 1176)
  1992 Ed. (1465, 1466, 1487, 1488)
  1993 Ed. (1200)
  1994 Ed. (1209)
  1995 Ed. (1225, 1226, 1227, 1260)
  1996 Ed. (1197)
  1997 Ed. (1242, 1262)
  1998 Ed. (1014, 1019, 1020, 1034, 1036, 1039)
  1999 Ed. (1447, 1453, 1454, 1466)
  2000 Ed. (1307, 1313, 1325)
  2002 Ed. (1480)
  2003 Ed. (1500)
Leisure equipment
  1993 Ed. (58)
Leisure & Hospitality Group Ltd.
  2006 Ed. (1420)
Leisure industries
  1993 Ed. (3729)
Leisure (miscellaneous)
  1992 Ed. (2628)
Leisure products
  2006 Ed. (3010)
Leisure Real Estate Advisors
  2008 Ed. (3071)
Leisure Real Estate Advisors LLC
  2009 Ed. (3160)
Leisure Suit Larry VI
  1995 Ed. (1100, 1102)
Leisure Technologies
  1992 Ed. (3227)
Leisure Technology Inc.
  1990 Ed. (1180)
Leisure time
  1989 Ed. (1658)
Leisure and tourism
  1995 Ed. (2243)
Leisure Travel Alliance
  2018 Ed. (4733)
Leisure Video
  1992 Ed. (4394)
  1994 Ed. (3628)
  1995 Ed. (3700)
Leisure Village
  1990 Ed. (1146)
  1991 Ed. (1045)
Leitch Technology
  2002 Ed. (4594)
  2007 Ed. (2812)
Leith
  2014 Ed. (75)
The Leith Agency
  2001 Ed. (236)
Leith Wheeler Canadian Equity Fund
  2010 Ed. (2555, 3734)
Leith Wheeler U.S. Equity
  2001 Ed. (3498, 3499)
Leitner; Wolfgang
  2014 Ed. (4871)
  2015 Ed. (4909)
  2016 Ed. (4825)
  2017 Ed. (4835)
  2018 Ed. (4840)
  2019 Ed. (4836)
  2020 Ed. (4826)
  2021 Ed. (4827)
  2022 Ed. (4820)
  2023 Ed. (4814)
LEJ - Flughafen Leipzig/Halle
  2022 Ed. (149)
Lejuez; Paul
  2011 Ed. (3342)
Lek
  1999 Ed. (3252, 3253)
  2000 Ed. (2986, 2987)
  2002 Ed. (3187)
LEK dd
  2011 Ed. (2034)
  2012 Ed. (1884)
  2013 Ed. (2043)
Lek d.d.
  2015 Ed. (2021, 3992)
  2016 Ed. (1995)
  2017 Ed. (1955)
  2018 Ed. (1520, 1521, 1906)
  2019 Ed. (1547, 1955)
  2020 Ed. (1520, 1889)
  2021 Ed. (1505, 1850)
  2022 Ed. (1519, 1896)
  2023 Ed. (1693, 1694, 2008)
Lek d.d. (Slovenia)
  2021 Ed. (1505)
  2022 Ed. (1519)

Lek Group
  2017 Ed. (2834)
Lekach; Ilia
  2008 Ed. (2634)
Leland Crabbe
  1998 Ed. (1610)
  1999 Ed. (2193)
Leland Faust
  2009 Ed. (3440)
Leland Hyundai
  1993 Ed. (271)
  1994 Ed. (270)
  1995 Ed. (270)
Leland O'Brien Rubinstein
  1993 Ed. (2294)
Leland Saylor Associates
  2021 Ed. (4780)
  2022 Ed. (4783)
Leland Thomson Reuters Venture Cap Index
  2020 Ed. (4505)
  2021 Ed. (4487)
Leland Thomson Reuters Venture Cap Index A
  2021 Ed. (4487)
Leland Thomson Reuters Venture Capital Index
  2021 Ed. (4484, 4485)
Leland Thomson Reuters Venture Capital Index A
  2021 Ed. (4484, 4485)
Lelliot Group PLC; John
  1993 Ed. (973)
Lelo
  2020 Ed. (1105)
  2021 Ed. (1096)
  2023 Ed. (1329)
Lemaire
  2017 Ed. (2502)
  2018 Ed. (2575)
Lemaire; Alain
  2005 Ed. (4867)
Lemaire; Bernard
  2005 Ed. (4867)
Lemaire; Laurent
  2005 Ed. (4867)
Lemaitre; Daniel
  1989 Ed. (1416)
  1991 Ed. (1708)
  1992 Ed. (2138)
  1993 Ed. (1801)
  1994 Ed. (1784, 1828, 1834)
  1995 Ed. (1798, 1868)
  1996 Ed. (1849)
  1997 Ed. (1921)
Lemann; Jorge Paulo
  2008 Ed. (4854)
  2009 Ed. (4880)
  2010 Ed. (4881, 4902)
  2011 Ed. (4869, 4899)
  2012 Ed. (4854, 4877)
  2013 Ed. (4859)
  2014 Ed. (4873)
  2015 Ed. (4911)
  2016 Ed. (4827)
  2018 Ed. (4842)
  2019 Ed. (4838)
  2020 Ed. (4828)
  2021 Ed. (4828)
  2022 Ed. (4822)
  2023 Ed. (4816)
Lemar Corp.
  2000 Ed. (1235)
LeMaster & Daniels
  1998 Ed. (20)
  1999 Ed. (25)
  2000 Ed. (21)
  2011 Ed. (23)
LeMaster & Daniels PLLC
  2002 Ed. (26, 27)
  2003 Ed. (11)
  2004 Ed. (17)
  2005 Ed. (13)
  2006 Ed. (18)
  2007 Ed. (14)
  2008 Ed. (12)
Lemay
  2022 Ed. (182)
  2023 Ed. (256)
Lembaga Tabung Angkatan
  1999 Ed. (2891)
Lembaga Tabung Angkatan Tentera
  1997 Ed. (2398)
  2001 Ed. (2887)
Lembaga Tabung Haji
  1999 Ed. (2891)
  2001 Ed. (2887)
  2002 Ed. (2825)
  2005 Ed. (3229)
Lembaga Urusan & Tabung Haji
  1997 Ed. (2398)
Leme; Paulo
  1996 Ed. (1893, 1895)
Lemelson Center
  2003 Ed. (3039)
Lemmon Co.
  1997 Ed. (2134)

LEMO
  2018 Ed. (3445)
  2019 Ed. (3415)
LEMO USA
  2015 Ed. (1470)
LEMO USA, Inc.
  2020 Ed. (3418)
  2021 Ed. (3433)
The Lemoine Co.
  2006 Ed. (1325, 2796)
  2017 Ed. (1178)
  2019 Ed. (1034, 1135)
  2020 Ed. (1126)
  2021 Ed. (1113)
The Lemoine Co. LLC
  2006 Ed. (1324)
  2023 Ed. (1348)
Lemon
  2000 Ed. (720)
  2011 Ed. (4625)
  2012 Ed. (4629)
Lemon/lime
  1994 Ed. (3358)
  2002 Ed. (943, 2374)
  2003 Ed. (4478, 4479)
Lemon/lime, diet
  2003 Ed. (4478, 4479)
Lemon/lime juice
  2003 Ed. (2581)
Lemon/lime soda
  2005 Ed. (2758)
Lemon/lime soda, diet
  2005 Ed. (2758)
The Lemon Tree
  2000 Ed. (4434)
  2002 Ed. (2432)
  2004 Ed. (2789)
  2005 Ed. (2780)
Lemon Way
  2019 Ed. (2629)
  2020 Ed. (2641)
Lemonade
  1993 Ed. (680)
  1998 Ed. (446)
  1999 Ed. (2537)
  2000 Ed. (4142)
  2001 Ed. (2560)
  2008 Ed. (2793)
  2012 Ed. (4629)
  2021 Ed. (4265)
Lemonade/limeade
  1999 Ed. (2535)
Lemonade/limeade concentrate
  2001 Ed. (2559)
The Lemonade Stand
  2013 Ed. (618)
Lemonaid Health
  2021 Ed. (2753, 2766)
  2022 Ed. (2903, 2927)
Lemonlight
  2020 Ed. (3493)
Lemons
  2001 Ed. (2548, 2549)
  2003 Ed. (2575)
  2004 Ed. (2693, 2695)
  2005 Ed. (2693, 2695)
  2006 Ed. (2668, 2670)
  2007 Ed. (2651, 2653)
  2008 Ed. (2792)
  2009 Ed. (2845)
  2010 Ed. (2786)
  2011 Ed. (2774)
Lemonway
  2018 Ed. (1554, 2643)
Lemony Snicket: The Unauthorized Autobiography
  2004 Ed. (737)
Lemony Snicket's A Series of Unfortunate Events
  2007 Ed. (3641)
Lemos; Costas Michael
  1992 Ed. (888)
Lemsip
  1992 Ed. (1875)
  1994 Ed. (1577)
  1996 Ed. (1594)
  2001 Ed. (2108)
  2002 Ed. (2053)
  2010 Ed. (2907)
Lemsip Cold Treatments
  1999 Ed. (1932)
Lemusimun Publicidad
  1995 Ed. (71)
  1996 Ed. (84)
  1997 Ed. (84)
  1999 Ed. (85)
  2001 Ed. (133)
Lemusimun Publicidade (Y & R)
  2000 Ed. (91)
Lemusimun/Y & R San Salvador
  2002 Ed. (105)
  2003 Ed. (70)
Len Ainsworth
  2002 Ed. (871, 872)
Len Blavatnik
  2011 Ed. (4834)
  2012 Ed. (4839)
  2013 Ed. (4837)

  2014 Ed. (4852)
  2015 Ed. (4807)
  2016 Ed. (4807)
  2017 Ed. (4818)
  2018 Ed. (4823)
  2019 Ed. (4819)
  2020 Ed. (4809)
  2021 Ed. (4810)
  2022 Ed. (4803)
  2023 Ed. (4796)
Len Bogner
  1991 Ed. (1700)
Len-Co Lumber
  1996 Ed. (826)
Len McComb
  1993 Ed. (3444)
Lena Dunham
  2016 Ed. (2530)
Lena Pope Home
  1994 Ed. (891)
Lenard's
  2004 Ed. (3954)
Lenati LLC
  2011 Ed. (1130)
Lenawee Bancorp
  2003 Ed. (527)
Lenawee Christian School
  2011 Ed. (4383)
Lenawee Stamping Corp.
  2003 Ed. (1553, 4809)
Lenbrook/Bluesound
  2023 Ed. (344)
Lenco Marine
  2005 Ed. (4743)
Lend Lease
  2013 Ed. (1195, 4171)
  2014 Ed. (4188)
  2015 Ed. (1224, 4169)
  2016 Ed. (1133, 1137, 1619, 4083)
  2017 Ed. (1184, 4060)
  2018 Ed. (4087)
Lend Lease Americas Inc.
  2018 Ed. (3017)
  2019 Ed. (2958)
Lend Lease Cars Inc.
  1991 Ed. (1141, 1142)
Lend Lease Corp.
  2014 Ed. (1178)
  2015 Ed. (1232)
  2016 Ed. (1134, 1143, 1175)
  2017 Ed. (1173, 1192, 1218)
  2018 Ed. (1125)
  2019 Ed. (1142)
  2020 Ed. (1133, 1249, 1253)
  2021 Ed. (1119, 1215, 1219)
  2022 Ed. (1221)
Lend Lease Corp., Ltd.
  1990 Ed. (2617)
  1999 Ed. (1582)
  2000 Ed. (1386, 1387)
  2001 Ed. (1635, 2880, 3992)
  2002 Ed. (1589, 1591, 2818, 3390, 3625, 3800)
  2003 Ed. (1616)
  2004 Ed. (1654)
  2005 Ed. (362)
  2006 Ed. (2602)
  2012 Ed. (1097, 4191)
Lend Lease Group
  2013 Ed. (1290, 1291, 1292, 1295)
  2014 Ed. (1223, 1224, 1225)
  2015 Ed. (1281, 1282, 1283, 1286)
  2016 Ed. (1196, 1197, 1198, 1201, 1207)
  2017 Ed. (1241, 1242, 1243, 1246)
Lend Lease Hyperion Capital
  2000 Ed. (2821, 2824)
Lend Lease Inc.
  2013 Ed. (1269)
  2014 Ed. (1202)
  2015 Ed. (1260)
Lend Lease Investment Management
  1997 Ed. (2391, 2399)
  2000 Ed. (2839)
Lend Lease Properties Trust
  2003 Ed. (289)
  2004 Ed. (256)
Lend Lease Real Estate
  2000 Ed. (2799)
  2002 Ed. (3908, 3931, 3936, 3937, 3940, 3941, 3942)
Lend Lease Real Estate Investments
  2001 Ed. (4014)
  2002 Ed. (323, 3920)
  2003 Ed. (3087)
  2004 Ed. (2036, 4086)
  2005 Ed. (258, 3224)
Lend and Lease Real Estate Investments
  2000 Ed. (2829)
Lend Lease Rosen
  2002 Ed. (3929)
Lend Lease Rosen Real Estate
  2000 Ed. (2814, 2828, 2837, 2838, 2841)
Lend Lease Rosen Real Estate Securities
  2000 Ed. (2815, 2818)
LenddoEFL
  2019 Ed. (2579)

Lender Processing Services
  2011 Ed. (2678)
  2012 Ed. (2607)
  2013 Ed. (2698)
Lender's
  1997 Ed. (330)
  2001 Ed. (546)
Lenders
  2022 Ed. (2781)
Lender's Bagel Shop
  2001 Ed. (545)
Lender's Bake at Home
  2001 Ed. (546)
Lender's Bake Shop
  2001 Ed. (545)
Lender's Big N Crusty
  2001 Ed. (546)
Lending Club
  2015 Ed. (2914)
  2016 Ed. (4311)
Lendingarch Financial
  2022 Ed. (1457)
LendingClub
  2016 Ed. (1442)
  2017 Ed. (1457, 1458)
LendingOne
  2021 Ed. (1519, 2555)
LendingPoint
  2019 Ed. (1592)
  2021 Ed. (1545, 2555, 2781)
LendingTree
  2017 Ed. (1875, 1877, 1878)
  2018 Ed. (1801, 2644, 2860)
  2019 Ed. (47, 1855, 1874, 2630, 2823)
  2020 Ed. (51, 2296)
  2021 Ed. (2248)
  2022 Ed. (52, 1820, 2287)
  2023 Ed. (2463, 2464)
LendInvest
  2020 Ed. (2641)
Lendio
  2023 Ed. (2819)
Lendio Franchising
  2019 Ed. (811, 2650)
  2020 Ed. (805, 2662)
  2021 Ed. (830, 2570)
  2022 Ed. (2689)
LendLease
  2020 Ed. (1116, 1117, 1211)
  2021 Ed. (1102)
  2023 Ed. (1451, 1456)
Lendlease
  2019 Ed. (2378)
  2020 Ed. (1225, 2345)
  2021 Ed. (1192)
  2022 Ed. (1203, 1216, 1217, 1227, 2339)
  2023 Ed. (1337, 1354, 1452, 1453)
Lendlease Americas Inc.
  2020 Ed. (2988)
  2021 Ed. (2848)
LendLease Corp.
  2020 Ed. (1248, 1250)
  2021 Ed. (1214, 1216)
  2022 Ed. (1215)
Lendlease Corp.
  2018 Ed. (1087, 1107, 1116, 1221, 1222, 1223, 1226, 1232)
  2019 Ed. (1096, 1125, 1154)
  2020 Ed. (1145)
Lendlease Group
  2019 Ed. (4093)
  2020 Ed. (4106)
LendUp
  2019 Ed. (2579)
LendUS LLC
  2022 Ed. (3681, 3697)
Lenenergo
  2004 Ed. (1850)
Leneti
  2013 Ed. (1210)
Lenfest Communications Inc.
  2002 Ed. (1384)
  2005 Ed. (1487)
Leng Beng Kwek
  2016 Ed. (4873)
Leng Chan; Quek
  1997 Ed. (849)
Lenham Storage
  2015 Ed. (4796)
  2019 Ed. (4712)
Lenham Storage Group
  2020 Ed. (4683)
Leningrad, U.S.S.R.
  1991 Ed. (3249)
LENNAR
  2023 Ed. (1221)
Lennar
  2014 Ed. (1115, 1583)
  2015 Ed. (1153, 1635)
  2016 Ed. (3022)
  2017 Ed. (2967, 2985)
  2018 Ed. (3081)
  2019 Ed. (1353)
  2021 Ed. (1000, 1320)
  2022 Ed. (1073, 1331, 1524, 1538, 3044)
  2023 Ed. (1247, 1536, 1537, 1700, 1712, 1713, 3163, 3164, 3166)

Lennar Corp.
  1992 Ed. (1358, 1363)
  1993 Ed. (1086, 2961)
  1994 Ed. (1105, 1111, 3000)
  1995 Ed. (1122, 1126)
  1996 Ed. (1097, 1099, 1101, 1103, 1107, 1132)
  1997 Ed. (1119, 1124, 1128, 1134)
  1998 Ed. (876, 877, 879, 885, 887, 888, 889, 890, 899)
  1999 Ed. (1306, 1307, 1308, 1309, 1310, 1311, 1317, 1318, 1319, 1320)
  2000 Ed. (1190, 1191, 1193, 1197, 1198, 1199, 1210, 1222, 1805)
  2001 Ed. (1391, 1392, 1394, 1395, 1401, 1405, 1406, 2803)
  2002 Ed. (1171, 1172, 1174, 1191, 1199, 1648, 2652, 2653, 2656, 2657, 2660, 2661, 2665, 2666, 2667, 2668, 2669, 2677, 2681, 4501)
  2003 Ed. (1135, 1138, 1139, 1141, 1142, 1145, 1147, 1150, 1158, 1161, 1166, 1182, 1198, 1199, 1200, 1202, 1203, 1204, 1677)
  2004 Ed. (1137, 1142, 1143, 1152, 1164, 1174, 1188, 1203, 1204, 1205, 1206, 1207, 1209, 1210, 1211, 1705, 1706, 2946, 2957, 2959, 4545)
  2005 Ed. (1165, 1166, 1168, 1181, 1182, 1186, 1191, 1192, 1193, 1197, 1200, 1201, 1202, 1204, 1206, 1211, 1214, 1215, 1219, 1221, 1223, 1225, 1228, 1229, 1230, 1231, 1232, 1233, 1234, 1235, 1237, 1238, 1242, 1244, 1246, 1554, 1761, 1764, 2948, 2962, 2964)
  2006 Ed. (1161, 1162, 1164, 1191, 1194, 1195, 1196, 1197, 1199, 1200, 1202, 1203, 1499, 1520, 1523, 1707, 1709, 1710, 2947, 2957, 2959, 4190)
  2007 Ed. (1273, 1274, 1299, 1300, 1301, 1302, 1303, 1304, 1307, 1308, 1309, 1310, 1311, 1531, 1702, 1704, 1705, 2963, 2977)
  2008 Ed. (1166, 1167, 1190, 1198, 1199, 1200, 1201, 1202, 1515, 1730, 1731, 1733, 1734, 3087)
  2009 Ed. (1147, 1148, 1164, 1174, 1175, 1176, 1177, 1178, 1179, 1180, 1527, 1669, 1670, 1672, 1674, 4572)
  2010 Ed. (1142, 1143, 1164, 1165, 1166, 1167, 1169, 1170, 1628)
  2011 Ed. (1084, 1112, 1113, 1114, 1116, 1117, 2827)
  2012 Ed. (1034, 1035, 1036, 1037, 1038, 1589)
  2013 Ed. (1184, 1185)
  2014 Ed. (1111, 1136, 1137)
  2015 Ed. (1151, 1184, 1185, 1186, 1187, 1188, 1373, 3168, 3521)
  2016 Ed. (1064, 1097, 1099, 1130, 1567, 3021)
  2017 Ed. (1097, 1128, 1130, 1133, 1134, 1135, 1136, 1138, 1139, 1140, 1141, 1143, 1144, 1548, 1555, 2965, 2966)
  2018 Ed. (1025, 1059, 1061, 1063, 1065, 1066, 1067, 1068, 1070, 1071, 1072, 1073, 1075, 1076, 1539)
  2019 Ed. (1033, 1070, 1072, 1074, 1076, 1077, 1078, 1079, 1081, 1082, 1083, 1084, 1086, 1087, 1584, 3022, 3023)
  2020 Ed. (1025, 1058, 1059, 1061, 1063, 1065, 1066, 1067, 1068, 1070, 1071, 1072, 1073, 1075, 1076, 1077, 1537, 1539, 1551, 1553, 3060, 3061)
  2021 Ed. (1027, 1028, 1029, 1033, 1034, 1035, 1036, 1038, 1039, 1040, 1041, 1042, 1043, 1044, 1521, 1534, 1537, 2929, 2930)
  2022 Ed. (1064, 1066, 1068, 1070, 1071, 1072, 1075, 1076, 1077, 1078, 1079, 1080, 1536, 1537, 1550, 1554, 3045, 3046, 3073)
  2023 Ed. (1237, 1239, 1241, 1242, 1244, 1245, 1246, 1249, 1250, 1251, 1252, 1253, 1254, 1255, 1711, 1726)
Lennar Homes
  1999 Ed. (1328, 1333, 1335)
  2000 Ed. (3721)
  2002 Ed. (3924)
Lennar Multifamily Communities
  2017 Ed. (201)
Lennel Systems International Inc.
  2006 Ed. (1935)
Lenner Corp.
  1998 Ed. (903)
Lennert J. Leader
  1999 Ed. (1127)
  2000 Ed. (1051)
Lennon; John
  2006 Ed. (802)
  2007 Ed. (891)
  2009 Ed. (878)
  2010 Ed. (828)
  2011 Ed. (755)
  2012 Ed. (691)
  2013 Ed. (907)
  2014 Ed. (853)
  2015 Ed. (889)
  2016 Ed. (774)

2017 Ed. (2386)
2018 Ed. (2445)
2019 Ed. (2494)
2020 Ed. (2486)
2022 Ed. (2519)
Lennox Inc.
  1990 Ed. (195, 196, 1589, 1861, 1862)
  1991 Ed. (1484, 1777, 1778, 1989)
  1992 Ed. (259, 260, 1885, 2242, 2243, 2556)
  1993 Ed. (164, 1908, 1909, 2118)
  1994 Ed. (148, 1925, 1926, 2151)
  1995 Ed. (167, 1949, 1950)
  1997 Ed. (184, 2090, 2095)
  1998 Ed. (106, 1779, 1780, 1922)
  1999 Ed. (203, 2539, 2540, 2659)
  2000 Ed. (226, 2286, 2442)
  2009 Ed. (1219, 1220, 1335)
  2010 Ed. (1222, 1223)
  2011 Ed. (135, 1169, 1295)
  2012 Ed. (137, 1111, 1179)
Lennox International
  2017 Ed. (3026)
Lennox International Inc.
  2001 Ed. (286)
  2002 Ed. (252, 2376, 2377, 2465, 2701)
  2003 Ed. (773)
  2004 Ed. (783, 793, 4544)
  2005 Ed. (769, 777, 778)
  2006 Ed. (682)
  2007 Ed. (777, 778)
  2008 Ed. (751)
  2012 Ed. (2229)
  2013 Ed. (2404)
  2016 Ed. (2353)
  2017 Ed. (2202)
  2018 Ed. (2258)
  2019 Ed. (2243, 3079)
Lennox Lewis
  1995 Ed. (251)
  2001 Ed. (419)
  2002 Ed. (344)
  2003 Ed. (294, 299)
  2004 Ed. (260)
  2005 Ed. (268)
Lennox Retail Inc.
  2003 Ed. (1231, 1233, 1234, 1238, 1339)
  2004 Ed. (1236, 1237, 1339)
  2005 Ed. (1282, 1287, 1344)
  2006 Ed. (1252, 1257, 1344)
  2007 Ed. (1351, 1390)
  2008 Ed. (1239, 1243, 1337)
Lenny
  2018 Ed. (3525)
Lenny & Larry's
  2021 Ed. (1272)
  2022 Ed. (1272)
  2023 Ed. (1479)
Lenny & Larry's The Complete Cookie
  2020 Ed. (1287)
  2021 Ed. (1270)
  2022 Ed. (1270)
Lenny; Richard
  2006 Ed. (889, 2627)
  2007 Ed. (979)
  2008 Ed. (935)
Lennys Grill & Subs
  2019 Ed. (4229)
  2020 Ed. (4227)
  2021 Ed. (4187)
  2022 Ed. (4208)
  2023 Ed. (4241)
Lenny's Sub Shop
  2009 Ed. (4380)
  2010 Ed. (4415)
  2011 Ed. (4358)
  2012 Ed. (4398)
  2014 Ed. (4421)
  2015 Ed. (4406)
  2020 Ed. (4237)
Lennys Subs
  2018 Ed. (4200)
Leno; Jay
  2008 Ed. (2585)
  2010 Ed. (3698)
  2011 Ed. (3692)
  2012 Ed. (2439)
Leno; Sam
  2007 Ed. (1071)
Lenoir City, TN
  1994 Ed. (2406)
Lenoir-Rhyne College
  1992 Ed. (1274)
Lenor
  1994 Ed. (1525)
  1996 Ed. (1541)
  1999 Ed. (1839)
  2002 Ed. (2227)
  2008 Ed. (717)
  2009 Ed. (727)
  2010 Ed. (651)
Lenor Fabric Conditioner
  1992 Ed. (1799)
Lenora Systems
  2019 Ed. (2100, 3097)
Lenovo
  2007 Ed. (1263)
  2008 Ed. (647, 1159)

2012 Ed. (552)
2014 Ed. (1096, 3839)
2015 Ed. (3864)
2016 Ed. (1501, 1899, 2440, 2647)
2017 Ed. (1863, 2286, 2584)
2018 Ed. (1810, 2978)
2019 Ed. (1862, 2923)
2020 Ed. (1801, 2941)
2021 Ed. (938, 1768, 2267)
2022 Ed. (1805)
2023 Ed. (1130, 1655, 1932, 2467)
Lenovo Group
  2014 Ed. (1051, 1510, 4005)
  2015 Ed. (1086)
  2016 Ed. (996)
  2017 Ed. (1013, 1031)
  2018 Ed. (961)
  2019 Ed. (956)
  2020 Ed. (942, 945, 4564)
  2021 Ed. (935, 937)
  2022 Ed. (956, 1588)
  2023 Ed. (1129, 1758)
Lenovo Group Ltd.
  2006 Ed. (3383)
  2007 Ed. (1657, 3825)
  2008 Ed. (1666, 3561)
  2009 Ed. (1590, 3628)
  2010 Ed. (1580, 3549)
  2011 Ed. (3549)
  2012 Ed. (941, 1417, 1421, 3542)
  2013 Ed. (831, 1085, 3587)
  2014 Ed. (1048, 3547, 4019)
  2015 Ed. (1083)
  2016 Ed. (993)
  2017 Ed. (1028)
  2018 Ed. (958)
  2019 Ed. (953, 1506)
  2020 Ed. (943)
  2021 Ed. (1297)
  2022 Ed. (1305)
  2023 Ed. (1511, 1759)
Lenovo (United States) Inc.
  2007 Ed. (2874)
  2018 Ed. (3020)
  2019 Ed. (2961)
  2020 Ed. (2990)
  2021 Ed. (2850)
Lenovo.com
  2018 Ed. (2321)
Lenovys
  2018 Ed. (1088)
Lenox
  1993 Ed. (734)
  1997 Ed. (1050)
  2003 Ed. (4670)
  2005 Ed. (4588)
  2007 Ed. (4674)
  2009 Ed. (4629)
  2011 Ed. (4604)
Lenox Group Inc.
  2008 Ed. (2989)
  2009 Ed. (3072)
Lenox Hill Hospital
  1997 Ed. (2266)
Lenox Homes
  2002 Ed. (1198)
  2005 Ed. (1212)
Lenox Industrial Tools
  2013 Ed. (3564)
  2014 Ed. (3543)
  2021 Ed. (3427)
Lenoxx Sound
  2008 Ed. (275)
Lens Technology
  2016 Ed. (2420)
LensCrafters Inc.
  2002 Ed. (3540)
  2003 Ed. (3271, 3701)
  2005 Ed. (3655)
Lenta
  2021 Ed. (651)
  2022 Ed. (686)
Lenta Group
  2016 Ed. (4275)
  2017 Ed. (4263)
  2020 Ed. (4284)
Lenta PLC
  2021 Ed. (2485)
  2022 Ed. (2597)
Lentek International, Inc.
  2002 Ed. (2489)
  2003 Ed. (2714, 2715)
Lentz; Jim
  2009 Ed. (21)
  2010 Ed. (30)
Lentz U.S.A. Service Centers
  2003 Ed. (348)
Lentz United StatesA. Service Centers
  2002 Ed. (402)
Lenworth Building Services
  2020 Ed. (4376)
Lenz; Mary Lynn
  2007 Ed. (4978)
Lenze Bachofen AG
  2014 Ed. (2009)
Lenzing
  1991 Ed. (3451)
  1992 Ed. (4400)

1993 Ed. (3671)
1994 Ed. (3631)
1996 Ed. (3792)
1999 Ed. (3847)
2012 Ed. (670)
Lenzmeier; Allen U.
  1995 Ed. (983)
LenzottiStrumenti Musicali
  2020 Ed. (3660)
Leo A Daly
  2023 Ed. (305, 3377)
Leo A. Daly
  2019 Ed. (3278, 3283)
  2020 Ed. (3281)
Leo A. Daly/Burns & McConnell JV
  2012 Ed. (1735)
  2013 Ed. (1900)
Leo A. Daly Co.
  1990 Ed. (279, 1665)
  1992 Ed. (354, 1954)
  1993 Ed. (245, 1609)
  1994 Ed. (234, 1642)
  1995 Ed. (236, 1681)
  1996 Ed. (233, 1664)
  1997 Ed. (264, 1742)
  1999 Ed. (282, 2016)
  2003 Ed. (2855)
  2004 Ed. (2339, 2341, 2943)
  2005 Ed. (261, 3160, 3161, 3162, 3163, 3165, 3167)
  2006 Ed. (284, 3160, 3162, 3163, 3164, 3165, 3166, 3173)
  2007 Ed. (287, 3195, 3197, 3198, 3199, 3200, 3203, 3207)
  2008 Ed. (263, 2534, 3337, 3341, 3342, 3344, 3345, 3348)
  2009 Ed. (3411, 3414, 3415, 3417, 3418)
  2010 Ed. (271, 3348, 3351, 3353, 3355)
  2011 Ed. (191, 3305, 3308, 3309, 3310, 3312)
  2012 Ed. (197, 198, 2385, 3287, 3288, 3291, 3292, 3293, 3294, 3295, 3299)
  2013 Ed. (177, 3362, 3365, 3367, 3368, 3369, 3372)
  2014 Ed. (184, 3103, 3373, 3377, 3378, 3379, 3382)
  2015 Ed. (3407, 3413, 3414, 3415, 3418)
  2019 Ed. (3280, 3281, 3282)
  2020 Ed. (3278, 3279, 3280)
  2021 Ed. (3143)
Leo-Arthur Kelmenson
  2000 Ed. (1874)
Leo & Burnett
  1989 Ed. (133)
Leo Burnett
  1989 Ed. (80)
  1990 Ed. (59, 62, 63, 64, 69, 70, 71, 74, 75, 76, 87, 95, 126, 155, 157)
  1991 Ed. (58, 59, 60, 61, 62, 65, 72, 73, 85, 93, 102, 103, 111, 112, 113, 125, 126, 145, 155, 3317)
  1992 Ed. (101, 102, 103, 104, 107, 113, 116, 133, 142, 175, 178, 179, 201, 213, 4228)
  1993 Ed. (59, 60, 61, 64, 71, 72, 76, 78, 85, 86, 94, 102, 103, 105, 117, 118, 119, 131, 135, 141, 142)
  1994 Ed. (50, 52, 55, 60, 61, 62, 66, 74, 76, 78, 79, 91, 100, 101, 102, 110, 112, 114, 121, 122)
  1995 Ed. (25, 27, 30, 37, 38, 39, 40, 41, 44, 53, 56, 66, 78, 98, 99, 117, 121)
  1996 Ed. (59, 115)
  1997 Ed. (37, 38, 39, 40, 42, 47, 48, 49, 53, 54, 58, 70, 72, 80, 93, 96, 101, 118, 127, 135, 141, 151)
  1998 Ed. (30, 31, 32, 33, 35, 36, 39, 40, 42, 46, 48, 49, 52, 56, 58, 60, 64, 597, 3493)
  1999 Ed. (35, 36, 37, 38, 40, 41, 44, 45, 47, 51, 53, 56, 68, 70, 71, 73, 78, 81, 94, 98, 103, 104, 105, 108, 122, 123, 124, 150, 153, 161, 162)
  2000 Ed. (37, 43, 44, 45, 46, 48, 49, 53, 56, 77, 79, 87, 100, 109, 113, 128, 139, 141, 142, 168, 178, 185)
  2001 Ed. (97, 119, 130, 179, 198, 206, 218, 224)
  2002 Ed. (71, 100, 125, 149, 169, 178, 191, 197)
  2003 Ed. (43, 67, 91, 92, 121, 122, 137, 145, 152, 155, 157)
  2004 Ed. (103, 126)
  2005 Ed. (97, 101)
  2013 Ed. (56)
  2014 Ed. (73, 3559, 3561, 3565)
  2015 Ed. (66)
  2016 Ed. (63)
  2017 Ed. (56)
  2018 Ed. (55)
Leo Burnett A/S
  1996 Ed. (123)
Leo Burnett Advertising
  1995 Ed. (97)
  1996 Ed. (113)
  1997 Ed. (116)
  2000 Ed. (72, 84)
  2001 Ed. (126, 168)
  2002 Ed. (97, 140)

2003 Ed. (64, 106)
Leo Burnett & Arc Worldwide USA
  2014 Ed. (31)
  2015 Ed. (34)
Leo Burnett/Athens
  2001 Ed. (140)
  2002 Ed. (113)
  2003 Ed. (78)
Leo Burnett-Belgium
  1993 Ed. (83)
Leo Burnett Budapest
  1997 Ed. (98)
  1999 Ed. (99)
  2000 Ed. (103)
  2001 Ed. (143)
  2002 Ed. (116)
  2003 Ed. (83)
Leo Burnett/Buenos Aires
  2003 Ed. (42)
Leo Burnett Chile
  1989 Ed. (93)
  1990 Ed. (88)
  1991 Ed. (86)
  1992 Ed. (134)
  1993 Ed. (87)
  1994 Ed. (77)
  1995 Ed. (57)
  1996 Ed. (70)
  1997 Ed. (71)
  1999 Ed. (72)
Leo Burnett CO.
  2000 Ed. (47)
Leo Burnett Colombia
  1989 Ed. (94)
  1990 Ed. (90)
  1991 Ed. (88)
  1992 Ed. (136)
  1993 Ed. (89)
  1995 Ed. (59)
  1996 Ed. (73)
  1997 Ed. (73)
  1999 Ed. (74)
  2000 Ed. (80)
  2001 Ed. (122)
  2002 Ed. (93)
  2003 Ed. (60)
Leo Burnett Co.
  1989 Ed. (120)
  1990 Ed. (115, 145)
  1991 Ed. (58, 59, 60, 61, 62, 65, 72, 73, 85, 93, 102, 103, 111, 112, 113, 125, 126, 145, 155, 3317)
  1992 Ed. (101, 102, 103, 104, 107, 113, 116, 133, 142, 175, 178, 179, 201, 213, 4228)
  1993 Ed. (59, 60, 61, 64, 71, 72, 76, 78, 85, 86, 94, 102, 103, 115, 117, 118, 119, 131, 135, 141, 142)
  1994 Ed. (50, 52, 55, 60, 66, 74, 76, 78, 79, 91, 100, 101, 102, 110, 112, 114, 121, 122)
  1995 Ed. (25, 27, 30, 37, 38, 39, 40, 41, 44, 56, 66, 78, 98, 99, 117, 121)
  1996 Ed. (40, 41, 42, 45, 50, 51, 52, 54, 57, 61, 69, 99)
  1997 Ed. (37, 38, 39, 40, 42, 47, 48, 49, 53, 54, 59, 70, 72, 80, 93, 96, 101, 118, 127, 135, 141, 151)
  2000 Ed. (108, 110)
Leo Burnett Co., Inc.
  2014 Ed. (3017)
  2015 Ed. (3084)
  2018 Ed. (3010)
  2019 Ed. (2951)
  2021 Ed. (2841)
Leo Burnett Company Inc.
  2020 Ed. (2981)
  2021 Ed. (2841)
Leo Burnett-Comunica
  1996 Ed. (93)
  1997 Ed. (94)
  1999 Ed. (96)
  2000 Ed. (101)
  2001 Ed. (141)
  2002 Ed. (114)
  2003 Ed. (79)
Leo Burnett Connaghan & May
  1993 Ed. (81)
  1996 Ed. (62)
  1997 Ed. (60)
  1999 Ed. (57)
  2000 Ed. (60)
  2001 Ed. (104)
  2002 Ed. (77)
Leo Burnett/Copenhagen
  2001 Ed. (127)
  2002 Ed. (98)
  2003 Ed. (65)
Leo Burnett de Costa Rica
  2000 Ed. (81)
  2001 Ed. (123)
  2002 Ed. (94)
  2003 Ed. (61)
Leo Burnett-Costa Rica
  1996 Ed. (74)
  1997 Ed. (74)
  1999 Ed. (75)

Leo Burnett Denmark
  1992 Ed. (140)
  1994 Ed. (82)
  2006 Ed. (1676)
  2007 Ed. (112)
Leo Burnett Group
  1989 Ed. (165)
  1990 Ed. (154)
  2003 Ed. (148)
  2016 Ed. (33)
Leo Burnett Gruppen
  2001 Ed. (191)
  2002 Ed. (162)
  2003 Ed. (130)
Leo Burnett India
  2003 Ed. (84)
Leo Burnett Kreasindo Indonesia
  2002 Ed. (118)
  2003 Ed. (85)
Leo Burnett Limited
  2000 Ed. (180)
Leo Burnett/M & T Vietnam
  2001 Ed. (240)
  2002 Ed. (209)
  2003 Ed. (180)
Leo Burnett Moradpour
  2000 Ed. (165)
  2001 Ed. (204)
  2002 Ed. (176)
  2003 Ed. (143)
Leo Burnett/Oslo
  1999 Ed. (136)
  2000 Ed. (154)
Leo Burnett Panama
  1996 Ed. (125)
  1997 Ed. (129)
  1999 Ed. (139)
  2000 Ed. (156)
  2001 Ed. (194)
  2002 Ed. (165)
  2003 Ed. (133)
Leo Burnett del Peru
  2002 Ed. (167)
  2003 Ed. (135)
Leo Burnett Prague
  1995 Ed. (63)
  1996 Ed. (77)
  1997 Ed. (76)
Leo Burnett Pte.
  1992 Ed. (204)
  1996 Ed. (135)
Leo Burnett Pty.
  1994 Ed. (70)
Leo Burnett Publicidade
  1990 Ed. (83)
  2001 Ed. (199)
  2003 Ed. (54)
Leo & Burnett SA
  1989 Ed. (134)
Leo Burnett SA
  1990 Ed. (127)
  1992 Ed. (154)
  1996 Ed. (92, 114)
  1997 Ed. (117)
Leo Burnett/Santiago
  2000 Ed. (78)
  2001 Ed. (120)
  2002 Ed. (91)
  2003 Ed. (58)
Leo Burnett/Sofia
  2001 Ed. (116)
  2002 Ed. (88)
  2003 Ed. (55)
Leo Burnett Solutions
  2001 Ed. (214)
  2002 Ed. (187)
  2003 Ed. (151)
Leo Burnett Sonyon
  1995 Ed. (94)
Leo Burnett Sp.
  1996 Ed. (129)
Leo Burnett & Target Advertising
  2000 Ed. (164)
  2002 Ed. (175)
  2003 Ed. (142)
Leo Burnett Technology Group
  2002 Ed. (157)
Leo Burnett Thailand
  1996 Ed. (146)
  1997 Ed. (152)
Leo Burnett (Ukraine)
  2001 Ed. (229)
  2002 Ed. (202)
  2003 Ed. (162)
Leo Burnett USA
  1989 Ed. (135, 136)
  1990 Ed. (13, 128)
  1991 Ed. (127)
  1992 Ed. (180, 1136)
  1994 Ed. (68)
  1997 Ed. (56, 85)
  2001 Ed. (98, 99, 164, 202, 220, 221, 222, 223)
Leo Burnett Venezuela
  1989 Ed. (172)
  1990 Ed. (161)
  1991 Ed. (160)
  1992 Ed. (219)

1993 Ed. (145)
1994 Ed. (125)
1995 Ed. (137)
1996 Ed. (151)
1997 Ed. (157)
1999 Ed. (168)
2000 Ed. (185)
2001 Ed. (239)
2002 Ed. (208)
2003 Ed. (179)
Leo Burnett Warsaw
  1995 Ed. (115)
  1999 Ed. (144)
  2000 Ed. (161)
Leo Burnett Worldwide
  1997 Ed. (102, 103)
  1999 Ed. (169)
  2000 Ed. (190)
  2001 Ed. (102)
  2002 Ed. (63, 65, 70, 119, 150, 151, 156)
  2003 Ed. (28, 29, 36, 37, 39, 87, 168)
  2004 Ed. (112, 117)
  2005 Ed. (110, 116, 1790)
  2006 Ed. (107, 109, 120, 122, 1761)
  2007 Ed. (109, 116, 1768)
  2008 Ed. (119, 123, 1798)
  2009 Ed. (1743)
  2011 Ed. (50, 51)
  2012 Ed. (52, 57, 59, 60)
  2014 Ed. (66, 68, 71)
  2015 Ed. (63, 65, 79)
  2016 Ed. (66, 69)
Leo Burnett/Yangon
  2000 Ed. (145)
  2001 Ed. (182)
Leo Denault
  2007 Ed. (1089)
  2010 Ed. (917)
  2015 Ed. (974)
Leo Eisenberg Co.
  1990 Ed. (3284, 3285, 3286, 3287, 3289)
  1991 Ed. (1052, 3117, 3119, 3120, 3125)
  1992 Ed. (3620, 3622, 3958, 3960, 3965, 3967)
Leo Eisenberg & Co. Inc.
  1993 Ed. (3305, 3313, 3314, 3315)
Leo F. Mullin
  1996 Ed. (1716)
Leo J. Taylor
  2006 Ed. (2525)
Leo Kelser
  1998 Ed. (1573)
  1999 Ed. (2160)
  2000 Ed. (1930)
Leo Kiely
  2011 Ed. (857)
Leo Noe
  2007 Ed. (917)
Leo Pharma
  2009 Ed. (1634)
Leo Ward
  2005 Ed. (4884)
Leominster
  1993 Ed. (2297)
Leon
  2021 Ed. (215)
Leon A. Farley
  1991 Ed. (1614)
Leon C. Hirsch
  1992 Ed. (1142, 2050)
  1993 Ed. (937, 1695)
  1994 Ed. (890, 947, 1714)
  1996 Ed. (960, 962)
Leon Constantin & Co.
  1998 Ed. (15)
  1999 Ed. (2)
Leon Cooperman
  1996 Ed. (1914)
  2006 Ed. (2798)
  2014 Ed. (2920)
  2015 Ed. (2968)
Leon D. DeMatteis Corp.
  1991 Ed. (963, 965)
Leon family
  2005 Ed. (4872)
Leon Hess
  1989 Ed. (1989)
  1990 Ed. (2578)
  1991 Ed. (2462)
  1992 Ed. (3079)
  1995 Ed. (1732, 2580)
Leon Hess Business School
  2014 Ed. (775)
  2015 Ed. (817)
Leon; Kenneth
  1993 Ed. (1785)
  1994 Ed. (1786)
Leon Levin
  1990 Ed. (3330)
  1992 Ed. (4053)
  1993 Ed. (3373)
Leon Levine
  2005 Ed. (4853)
  2006 Ed. (4907)
Leon/Media Decor
  2023 Ed. (3083)
Leon, Mexico
  1993 Ed. (2557)

Leon Rapp
  1996 Ed. (1886)
Leon; Russell de
  2007 Ed. (4933)
  2008 Ed. (4897, 4907)
Leon Shaffer Golnick Advertising Inc.
  1998 Ed. (55)
Leon Speakers
  2015 Ed. (244)
  2016 Ed. (239)
  2017 Ed. (237)
  2018 Ed. (223)
  2019 Ed. (205, 218)
  2020 Ed. (217, 221)
  2022 Ed. (227)
  2023 Ed. (341)
Leona Helmsley
  2002 Ed. (3364)
  2003 Ed. (4883)
  2004 Ed. (4867)
  2005 Ed. (4852)
Leona Lewis
  2010 Ed. (3715, 3717)
Leona Mindy Rosenthal Helmsley
  2006 Ed. (4913)
  2007 Ed. (4907)
  2008 Ed. (4836)
Leonard Abramson
  1992 Ed. (2064)
  1993 Ed. (1706)
  1996 Ed. (962)
  1999 Ed. (1072)
Leonard Bell
  2011 Ed. (816)
  2013 Ed. (983)
Leonard Bernstein
  1994 Ed. (899)
Leonard Blavatnik
  2006 Ed. (4898)
  2007 Ed. (4895, 4923)
  2008 Ed. (4824)
  2009 Ed. (4847)
  2010 Ed. (4852)
  2012 Ed. (4921)
  2013 Ed. (4901)
  2014 Ed. (4913)
Leonard Britton
  1990 Ed. (2658)
Leonard Cohen
  1992 Ed. (2051)
  1993 Ed. (1696)
Leonard Gray Herring
  1996 Ed. (961)
Leonard Green & Partners
  1997 Ed. (2628)
  2005 Ed. (3936)
  2016 Ed. (4010)
Leonard; J. W.
  2005 Ed. (2509)
Leonard; J. Wayne
  2005 Ed. (968)
  2006 Ed. (924)
  2007 Ed. (1014, 1034)
  2008 Ed. (956)
  2009 Ed. (955)
  2011 Ed. (847)
Leonard Kreusch
  1995 Ed. (3772)
  2005 Ed. (4967)
Leonard Lauder
  2002 Ed. (3348)
  2003 Ed. (4881)
  2004 Ed. (4860)
  2005 Ed. (4846)
  2006 Ed. (4902)
  2007 Ed. (4897)
  2008 Ed. (4826)
  2011 Ed. (4820)
  2012 Ed. (4851)
  2013 Ed. (4848)
  2014 Ed. (4864)
  2015 Ed. (4901)
  2016 Ed. (4818)
  2017 Ed. (4820)
  2018 Ed. (4825)
  2019 Ed. (4821)
  2020 Ed. (4811)
  2021 Ed. (4812)
  2022 Ed. (4805)
  2023 Ed. (4798)
Leonard Lieberman
  1989 Ed. (1377)
Leonard M. Miller School of Medicine; University of Miami
  2008 Ed. (3637)
  2009 Ed. (3700)
  2010 Ed. (3616)
  2011 Ed. (3618)
  2012 Ed. (3612)
The Leonard Management Group, Balanced Accounts
  2003 Ed. (3114, 3138)
Leonard Masonry Inc.
  1995 Ed. (1162)
  1996 Ed. (1147)
  1997 Ed. (1166)
  1998 Ed. (950)
  1999 Ed. (1371)
  2000 Ed. (1263)
  2001 Ed. (1477)
  2002 Ed. (1293)
  2003 Ed. (1306)
  2005 Ed. (1283, 1286, 1316)
  2006 Ed. (1253, 1256, 1286)
Leonard Monahan Lubars & Kelly
  1994 Ed. (104)
Leonard Monahan Lubars & Partners
  1992 Ed. (184)
Leonard Monahan Saabye Lubars
  1989 Ed. (139)
Leonard N. Stern
  1991 Ed. (891, 1003)
  2011 Ed. (4836)
  2012 Ed. (4846)
  2013 Ed. (4847)
  2014 Ed. (4863)
  2015 Ed. (4900)
  2016 Ed. (4816)
  2017 Ed. (4827)
  2018 Ed. (4832)
  2019 Ed. (4829)
  2020 Ed. (4819)
  2021 Ed. (4820)
Leonard N. Stern School of Business
  1992 Ed. (1008)
  2015 Ed. (816)
  2016 Ed. (730)
Leonard N. Stern School of Business; New York University
  2005 Ed. (2853)
Leonard Schaeffer
  2006 Ed. (903)
Leonard Schleifer
  2022 Ed. (4809)
Leonard Schliefer
  2022 Ed. (748)
The Leonard Steinberg Team
  2018 Ed. (4112)
  2019 Ed. (4122)
Leonard Stern
  2003 Ed. (4883)
  2004 Ed. (4867)
  2005 Ed. (4852)
  2006 Ed. (4906)
  2007 Ed. (4902)
  2008 Ed. (4830)
  2022 Ed. (4813)
  2023 Ed. (4806)
Leonard Street & Deinard
  1992 Ed. (2842)
  1993 Ed. (2400)
Leonard Tow
  1995 Ed. (980)
Leonard; W.
  2005 Ed. (2491)
Leonardo
  2003 Ed. (3923)
  2020 Ed. (88, 2146)
  2021 Ed. (79, 81, 1632, 2142)
  2022 Ed. (93, 2176)
Leonardo Del Vecchio
  2008 Ed. (4869)
  2009 Ed. (4891)
  2010 Ed. (4891)
  2011 Ed. (4880)
  2012 Ed. (4889)
  2013 Ed. (4882)
  2014 Ed. (4895)
  2015 Ed. (4934)
  2016 Ed. (4850)
  2017 Ed. (4855)
  2018 Ed. (4863)
  2019 Ed. (4857)
  2020 Ed. (4847)
  2021 Ed. (4848)
  2022 Ed. (4843)
Leonardo Del Vecchio & family
  2023 Ed. (4838)
Leonardo DiCaprio
  2000 Ed. (996)
  2012 Ed. (2431, 2436)
  2013 Ed. (2597)
  2014 Ed. (2526)
  2015 Ed. (2599)
  2016 Ed. (2524)
Leonardo DRS
  2020 Ed. (1266)
  2021 Ed. (1237)
  2022 Ed. (1242)
Leonardo DRS - Land Systems
  2023 Ed. (2292)
Leonardo SpA
  2018 Ed. (106, 2163)
  2019 Ed. (94, 97, 2161)
  2020 Ed. (2154)
Leone; Doug
  2017 Ed. (4781)
Leone; Douglas
  2014 Ed. (4829)
  2015 Ed. (4864)
  2016 Ed. (4771)
Leone Young
  1998 Ed. (1605)
Leonetti & Associates
  1996 Ed. (2409)
  1997 Ed. (2535)
  1998 Ed. (2288)
Leonetti Balanced
  2000 Ed. (3251)
Leonetti & Asssociates
  2000 Ed. (2822)
Leong Fee Yee
  1996 Ed. (1896)
  1997 Ed. (1997)
  2000 Ed. (2179)
Leong Hup Holdings Bhd.
  2019 Ed. (2231)
  2020 Ed. (2228)
  2021 Ed. (2202)
  2022 Ed. (2235)
Leong; Oei Hong
  2006 Ed. (4918)
  2008 Ed. (4850)
Leonhard; Laura
  2017 Ed. (3600)
  2019 Ed. (3649)
Leoni
  2022 Ed. (646)
Leoni AG
  2004 Ed. (883)
Leonia Group
  2002 Ed. (558)
  2003 Ed. (495)
Leonid Fedun
  2010 Ed. (4918)
Leonid Mikhelson
  2013 Ed. (4903)
  2014 Ed. (4914)
  2015 Ed. (4954)
  2016 Ed. (4870)
  2017 Ed. (4871)
  2018 Ed. (4882)
  2019 Ed. (4875)
  2020 Ed. (4863)
  2021 Ed. (4864)
  2022 Ed. (4861)
  2023 Ed. (4855)
Leonis; John
  1996 Ed. (963)
Leonische Drahtwerke AG
  1990 Ed. (1350)
Leon's Furniture
  1990 Ed. (3060)
  1994 Ed. (3366)
  1996 Ed. (3483)
  2007 Ed. (1643)
  2008 Ed. (1651)
  2011 Ed. (4291, 4559)
  2012 Ed. (4567)
  2015 Ed. (4331)
Leopalace21
  2006 Ed. (4511)
  2007 Ed. (2991)
Leopard
  2004 Ed. (113)
  2007 Ed. (110, 111, 1683, 4987)
  2008 Ed. (120, 121, 1672, 1673)
  2009 Ed. (130, 131, 132)
  2010 Ed. (130)
  2012 Ed. (53)
Leopard Communications Inc.
  2007 Ed. (4989)
Leopardo Construction
  2009 Ed. (1278)
  2018 Ed. (1116)
  2020 Ed. (1115)
  2021 Ed. (1102)
Leopardo Cos.
  2006 Ed. (1308)
  2008 Ed. (1295)
  2019 Ed. (1125)
Leopoldstadt Inc.
  2003 Ed. (1729)
  2004 Ed. (1766)
  2005 Ed. (1832)
Leo's Industries
  1993 Ed. (215)
Leos Lekeland Norge As
  2017 Ed. (1884)
Leo's Stereo
  1991 Ed. (1542)
  1992 Ed. (1937, 2425)
LEOshoes
  2019 Ed. (2547)
Leoussis Advertising
  1991 Ed. (103)
Leoussis Advertising; J. N.
  1989 Ed. (111)
Leoussis Advertising; J.N.
  1990 Ed. (106)
Leoussis; J. N.
  1994 Ed. (91)
LEP ADR
  1993 Ed. (2749)
LEP International Ltd.
  1997 Ed. (2077)
Lepanto Consolidated A
  1991 Ed. (2378, 2379)
Lepanto Consolidated B
  1991 Ed. (2379)
Lepore; Dawn
  2005 Ed. (3183)
Lepore & Sons Co.; Dan
  1993 Ed. (1137)
Leprino Foods
  2023 Ed. (1660)
Leprino Foods Co.
  1992 Ed. (1188)
  1997 Ed. (1575)
  1999 Ed. (1813, 1814)
  2000 Ed. (1635, 1641)
  2001 Ed. (1973, 2476)
  2002 Ed. (1910)
  2003 Ed. (1961)
  2004 Ed. (2005)
  2005 Ed. (2142)
  2006 Ed. (2240)
  2007 Ed. (2160)
  2008 Ed. (2278, 2279, 2781)
  2009 Ed. (2264, 2265, 2839, 4129)
  2010 Ed. (2221, 2222, 2780, 4061)
  2011 Ed. (2240, 2241, 2769, 4039)
  2012 Ed. (2102, 2698, 4072)
  2013 Ed. (1557, 2290)
  2014 Ed. (1527, 2224, 2226)
  2015 Ed. (1578, 2289)
  2016 Ed. (1506, 2260, 2262)
  2017 Ed. (1501, 2116)
  2018 Ed. (1481, 2139, 2148, 2150)
  2019 Ed. (1513, 2136, 2147)
  2020 Ed. (1480, 2120)
  2021 Ed. (1469, 2113, 2125)
  2022 Ed. (1484, 2145)
  2023 Ed. (2263)
Leprino Home Inc.
  2018 Ed. (3049)
  2019 Ed. (2991)
Leprino; James
  2011 Ed. (4828)
  2012 Ed. (4841)
  2013 Ed. (4839)
  2014 Ed. (4855)
LER Industries Inc.
  1992 Ed. (4367, 4369)
Lerch Early & Brewer
  2003 Ed. (3185)
  2007 Ed. (3319)
L'Ermitage Hotel
  1990 Ed. (2063)
  1991 Ed. (1946)
L'Ermitage Hotels
  1992 Ed. (2472)
  1993 Ed. (2087)
  1994 Ed. (2117)
Lerner
  1992 Ed. (3727)
Lerner; Alfred
  1995 Ed. (1870)
  1996 Ed. (1914)
Lerner New York
  2005 Ed. (3373)
Lerner; Norma
  2005 Ed. (4855)
Lerner; Randolph D.
  2005 Ed. (4855)
Lerner; Ted
  2012 Ed. (430)
  2022 Ed. (4813)
  2023 Ed. (4806)
Lerner; Teena
  1991 Ed. (1698)
  1993 Ed. (1782)
  1994 Ed. (1766)
  1995 Ed. (1807)
  1996 Ed. (1782)
Lerner; Theodore
  2011 Ed. (4836)
  2012 Ed. (4846)
  2013 Ed. (4847)
  2014 Ed. (4863)
  2015 Ed. (4900)
  2016 Ed. (4816)
  2017 Ed. (4827)
  2018 Ed. (4832)
  2019 Ed. (4829)
  2020 Ed. (4819)
  2021 Ed. (4820)
Lerner; Theodore N.
  2009 Ed. (4851)
  2010 Ed. (4858)
Lernout & Hauspie Speech Products NV
  2002 Ed. (3547, 3566)
Leros Point to Point
  2016 Ed. (3362)
  2017 Ed. (3327)
  2018 Ed. (3390)
Lerou; Julio Ponce
  2018 Ed. (4845)
  2019 Ed. (4841)
  2021 Ed. (4830)
  2022 Ed. (4824)
  2023 Ed. (4819)
Leroux
  2000 Ed. (2937)
  2001 Ed. (3100)
  2002 Ed. (3085)
  2003 Ed. (3218)
  2004 Ed. (3261)
Leroux Cordials
  1992 Ed. (2887, 2889, 2891)
  1999 Ed. (3194)

Leroux Line
 1990 Ed. (2443)
 1991 Ed. (2312)
Leroy D. Nosbaum
 2005 Ed. (977)
Leroy; Dominique
 2016 Ed. (4940)
Leroy Merlin
 2001 Ed. (2756)
 2010 Ed. (1641)
 2012 Ed. (546)
 2013 Ed. (662, 1665)
 2014 Ed. (682)
 2021 Ed. (4226)
 2022 Ed. (4233)
 2023 Ed. (4274)
Leroy Merlin Espana
 2014 Ed. (1992)
Leroy Merlin France
 2011 Ed. (1651)
 2012 Ed. (1502)
 2013 Ed. (1641)
 2014 Ed. (1600)
 2015 Ed. (1651)
Leroy Merlin Italia
 2013 Ed. (1779)
LeRoy T. Carlson Jr.
 2011 Ed. (845)
Les Affaires
 2015 Ed. (3544)
Les Cinémas Pathé Gaumont
 2023 Ed. (3796)
Les Communications L'Academy Ogilvy
 1992 Ed. (202)
Les Eco-Isolateurs
 2021 Ed. (1012, 1495, 1540)
Les Eco-Isolateurs (France)
 2021 Ed. (1495)
Les Enterprises Houle Excavation
 2018 Ed. (1032)
Les Films du Worso
 2019 Ed. (3505)
 2020 Ed. (3492)
Les Grand Chais de France
 2011 Ed. (4956)
Les Inc.
 2004 Ed. (953, 3307)
Les Industries Mailhot Inc.
 2007 Ed. (1965)
Les Levi
 1997 Ed. (1942)
 1998 Ed. (1585)
 1999 Ed. (2173, 2179)
 2000 Ed. (1944, 1950)
Les Misérables
 2018 Ed. (4639)
Les Miserables
 2004 Ed. (4717)
Les Mutuelles du Mans
 1992 Ed. (2709)
 1994 Ed. (2235)
 1997 Ed. (2422)
 2001 Ed. (2960)
Les Noces de Pierrette
 2008 Ed. (268)
Les Plats du Chef Inc.
 2007 Ed. (1965)
Les films du poisson
 2022 Ed. (4645)
Les films du Poisson (Paris, France)
 2022 Ed. (4645)
Les Schwab Tire Centers
 2001 Ed. (4539, 4541, 4543, 4546)
 2005 Ed. (4696, 4697, 4699)
 2006 Ed. (4746, 4753, 4754)
 2007 Ed. (4755, 4759, 4760)
 2008 Ed. (4682, 4683)
 2009 Ed. (345, 4162, 4723, 4724)
 2010 Ed. (323, 4095, 4732, 4733)
 2011 Ed. (4691)
 2012 Ed. (4714)
 2013 Ed. (4668)
 2014 Ed. (4718)
 2015 Ed. (4730, 4733)
 2016 Ed. (1946, 4634)
 2017 Ed. (1909)
 2018 Ed. (1856)
 2019 Ed. (1910)
Les Schwab Tire Centers Inc.
 2017 Ed. (4648)
 2018 Ed. (4644)
 2019 Ed. (4657, 4668)
 2020 Ed. (4625)
 2021 Ed. (4635)
 2022 Ed. (4654)
Les Shaw
 2005 Ed. (4864)
LES Trgovina D.O.O.
 2017 Ed. (1956)
Les Trois Petits Cochons
 2023 Ed. (3670)
Les White
 1995 Ed. (2668)
LeSabre
 2001 Ed. (495)
Lesar; D. J.
 2005 Ed. (2498)

Lesar; David J.
 2011 Ed. (840)
 2015 Ed. (969)
Lesara
 2019 Ed. (2892)
Leschly; Jan
 1991 Ed. (1621)
Lescol
 1996 Ed. (1578, 2598)
 1999 Ed. (1910)
Lescol XL
 2006 Ed. (2312)
Lescombes Family Vineyards
 2023 Ed. (4900)
LeSean McCoy
 2017 Ed. (216)
Leshi Internet Information & Technology
 2016 Ed. (1020)
Leshi Internet Information & Technology Corp.
 2018 Ed. (4721)
Lesieur
 1993 Ed. (1879)
 1997 Ed. (908)
 1999 Ed. (1040)
 2000 Ed. (990)
Lesieur Cristal
 2008 Ed. (62)
 2009 Ed. (71)
 2010 Ed. (81)
Lesley Bamberger
 2018 Ed. (4872)
 2019 Ed. (4866)
 2020 Ed. (4855)
 2021 Ed. (4855)
 2022 Ed. (4851)
 2023 Ed. (4846)
Leslie Alan Wilson
 2011 Ed. (4867)
Leslie Alperstein
 1996 Ed. (1843)
 1997 Ed. (1916)
 1998 Ed. (1682)
 1999 Ed. (2275)
 2000 Ed. (2057)
Leslie C. Tortora
 2002 Ed. (4980)
Leslie County, KY
 1998 Ed. (783, 2319)
Leslie County Telephone Co.
 2014 Ed. (1732)
 2016 Ed. (1731)
Leslie Dan
 2005 Ed. (4868)
Leslie Doggett Industries
 2022 Ed. (2574)
 2023 Ed. (2060, 2716)
Leslie Fay
 1989 Ed. (942)
 1990 Ed. (1059, 1060, 1063)
 1992 Ed. (1220, 1221, 1222, 1224, 1225, 1228)
 1993 Ed. (993, 995)
 1994 Ed. (1027)
 1995 Ed. (1031, 1032, 1318, 1320, 1328, 1334, 2768)
Leslie Fay Cos.
 1991 Ed. (981, 983, 984, 985)
 1993 Ed. (990, 992, 996, 997)
 1994 Ed. (1022, 1024, 1025, 1029)
 1996 Ed. (1006, 1284, 2836)
Leslie Gonda
 1998 Ed. (686)
Leslie H. Wexner
 1991 Ed. (891, 1003, 1626)
 1993 Ed. (888, 1028)
 1994 Ed. (889, 893, 1056)
 2001 Ed. (3779)
 2004 Ed. (4860)
 2007 Ed. (1020)
 2011 Ed. (841)
Leslie Herbert Wexner
 1989 Ed. (1986)
Leslie J. Garfield & Co.
 1999 Ed. (3994)
 2000 Ed. (3714)
 2001 Ed. (3997)
Leslie L. Vadasz
 2000 Ed. (1882)
Leslie; Lisa
 2005 Ed. (266)
Leslie M. Lava
 1995 Ed. (2652)
 1996 Ed. (2238, 2732)
 1997 Ed. (2841, 2847)
 1999 Ed. (3484, 3486, 3488)
 2000 Ed. (3199)
Leslie Moonves
 2011 Ed. (822, 839)
 2012 Ed. (798, 809)
 2013 Ed. (987)
 2014 Ed. (942, 943, 944)
 2015 Ed. (961, 962, 965)
 2016 Ed. (871)
Leslie R. White
 1992 Ed. (3136)
 1993 Ed. (2638)

Leslie Ravitz
 1991 Ed. (1700)
 1996 Ed. (1785)
 2000 Ed. (1993)
Leslie Resources Inc.
 2006 Ed. (1046, 1047)
 2007 Ed. (1135, 1136)
 2008 Ed. (1015)
 2009 Ed. (1000)
 2010 Ed. (965)
 2011 Ed. (891)
 2012 Ed. (846)
 2013 Ed. (1026)
Leslie Steppel
 1991 Ed. (1696)
Leslie Supply
 1991 Ed. (2639)
Leslie Vadasz
 2000 Ed. (1880)
Leslie Wexner
 1989 Ed. (2751, 2905)
 2002 Ed. (3348)
 2003 Ed. (4884)
 2005 Ed. (4843)
 2006 Ed. (4902)
 2007 Ed. (4897)
 2008 Ed. (4826)
 2011 Ed. (4820)
 2015 Ed. (4890)
 2016 Ed. (4808)
 2017 Ed. (4820)
 2018 Ed. (4825)
Leslie's Poolmart
 1998 Ed. (3086)
Lesnar; Brock
 2017 Ed. (219)
 2018 Ed. (203)
 2019 Ed. (197)
Lesotho
 2005 Ed. (2053)
 2006 Ed. (2146)
 2007 Ed. (2090)
 2008 Ed. (2200)
 2010 Ed. (211, 282, 1387, 2220, 2582, 2588, 2589, 2840, 3400, 4674)
 2011 Ed. (132, 2570, 2571, 2822, 4622)
 2012 Ed. (136, 2139, 2209, 2517, 2518, 2618, 2619, 2755)
 2013 Ed. (112, 768, 1071, 2344, 2392, 2647, 2648, 2830)
 2014 Ed. (119, 760, 793, 1030, 2274, 2329, 2605, 2606, 2673, 2871, 4623)
 2015 Ed. (134, 2286, 2648, 2649, 2911, 4622)
 2016 Ed. (1267, 2832)
 2017 Ed. (2188)
 2021 Ed. (3165)
 2023 Ed. (2409)
Lesotho Bank
 1989 Ed. (605)
 1991 Ed. (589)
 1992 Ed. (758)
Less
 2020 Ed. (584)
Less-than-truckload
 2001 Ed. (4641, 4644)
Lesser; Edward A.
 1989 Ed. (417)
LesserEvil Brand Snack Co.
 2011 Ed. (2703)
L'Est et Nord de l'Ile de France
 1992 Ed. (675)
Lester B. Knight
 1998 Ed. (1516)
Lester B. Knight & Associates
 1990 Ed. (281, 853)
 1991 Ed. (1558)
 1992 Ed. (356)
 1996 Ed. (1675)
 1997 Ed. (1756)
 1998 Ed. (1450)
 2000 Ed. (1800)
 2001 Ed. (2240)
Lester Crown
 1989 Ed. (732, 1986)
 2003 Ed. (4881)
 2004 Ed. (4871)
 2005 Ed. (4847)
 2006 Ed. (4898)
 2007 Ed. (4893)
 2008 Ed. (4823)
 2011 Ed. (4818)
Lester E. Cox Medical Center
 1989 Ed. (740)
 2014 Ed. (1822)
 2015 Ed. (1862)
 2016 Ed. (1823)
Lester; Jon
 2016 Ed. (216)
Lester & Son; J. L.
 1993 Ed. (1156, 1157)
 1995 Ed. (1197, 1198, 1199)
Lester & Sons; J. L.
 1997 Ed. (1205, 1206)
Lester; W. Howard
 1992 Ed. (2056)

Leszek Czarnecki
 2008 Ed. (4872)
 2009 Ed. (4894)
 2011 Ed. (4904)
 2012 Ed. (4915)
 2013 Ed. (4899)
 2014 Ed. (4911)
 2015 Ed. (4952)
 2016 Ed. (4867)
Let Go
 2004 Ed. (3533)
L.E.T. Pacific
 1992 Ed. (2440)
Letcher County, KY
 1998 Ed. (783, 2319)
Lethal Weapon
 1993 Ed. (3536)
Lethal Weapon 2
 1992 Ed. (4397)
Lethal Weapon 4
 2001 Ed. (2125, 4693, 4699)
Lethal Weapon II
 1991 Ed. (2488)
Lethbridge, Alberta
 2009 Ed. (3560)
 2018 Ed. (3398)
Lethbridge; University of
 2008 Ed. (1083)
 2009 Ed. (1049, 1069)
 2010 Ed. (1019)
 2011 Ed. (954)
 2012 Ed. (874)
Leti
 2005 Ed. (94)
Letica Corp.
 1993 Ed. (2868)
 2011 Ed. (3165)
Leticia Inc.
 2000 Ed. (2462, 4291)
 2001 Ed. (2715)
 2002 Ed. (2563)
 2008 Ed. (2967)
 2009 Ed. (3047)
 2010 Ed. (2971)
 2011 Ed. (2934)
 2012 Ed. (2867)
 2013 Ed. (2939)
LeTourneau University
 1992 Ed. (1276)
 1997 Ed. (1060)
 1998 Ed. (797)
 1999 Ed. (1226)
 2001 Ed. (1323)
Let's Roll!
 2004 Ed. (740)
Let's Talk Cellular of America
 1997 Ed. (3346)
Letshego
 2015 Ed. (1402)
 2016 Ed. (1332)
Letshego Holdings
 2019 Ed. (347)
 2023 Ed. (559)
Letsos Co.
 2005 Ed. (1344)
Letterman
 1991 Ed. (3245)
Letterman; David
 2006 Ed. (2487)
 2008 Ed. (2585)
 2010 Ed. (3698)
 2011 Ed. (3692)
 2012 Ed. (2439)
 2013 Ed. (2604)
 2015 Ed. (2604)
 2017 Ed. (2384)
Letterpress printing
 2001 Ed. (3905)
The Lettershop Group
 1993 Ed. (1486)
Lettie Pate Evans Foundation Inc.
 1995 Ed. (1070, 1928, 1931, 1932)
Lettuce
 1989 Ed. (1662)
 1990 Ed. (1961)
 1993 Ed. (1748)
 2006 Ed. (4877)
 2007 Ed. (4873)
Lettuce Entertain You Enterprises Inc.
 2006 Ed. (2650, 4106)
 2007 Ed. (4132)
 2008 Ed. (4150, 4151)
 2009 Ed. (4262)
Lettuce, head
 2001 Ed. (4669)
Lettuce, iceberg
 1992 Ed. (2110, 4384)
 1999 Ed. (4702)
Lettuce, romaine
 1999 Ed. (4702)
Letvon, Diccicco & Battista Inc.
 1998 Ed. (63)
leu; Romanian
 2008 Ed. (2274)
Leucadia National
 2014 Ed. (1307, 1308, 1309, 1311, 2283)
 2015 Ed. (1371, 1375, 2368)
 2016 Ed. (1298, 2314)

CUMULATIVE INDEX • 1989-2023

2017 Ed. (2154)
2018 Ed. (2205)
2019 Ed. (1354, 1358, 2184, 2595)
2020 Ed. (1327, 2602)
Leucadia National Corp.
  1991 Ed. (1247, 2142, 3085, 3094)
  1992 Ed. (2705, 3927)
  1993 Ed. (2250, 3215, 3227)
  1994 Ed. (2229, 2231, 3219, 3226)
  1995 Ed. (2276, 2278, 3288, 3306)
  1996 Ed. (2284, 2285)
  1997 Ed. (2416, 2417)
  1998 Ed. (2129, 2130)
  1999 Ed. (1501, 2914)
  2004 Ed. (2109)
  2005 Ed. (2213)
  2006 Ed. (4691)
  2007 Ed. (2554, 2719, 2750, 4706, 4709)
  2010 Ed. (3506)
  2011 Ed. (4639)
  2012 Ed. (3340, 4642)
  2013 Ed. (4616)
  2014 Ed. (2708, 4205)
  2015 Ed. (2754, 3154, 4185)
  2016 Ed. (2684, 3009)
  2017 Ed. (2634)
Leucrotta Exploration Inc.
  2018 Ed. (4515)
Leuenberger, G.
  1994 Ed. (2593)
Leuffer; Frederick
  1991 Ed. (1706)
Leuffer Jr.; Frederick
  1997 Ed. (1886, 1888)
Leukemia
  1995 Ed. (887)
  1997 Ed. (882, 883)
Leukemia & Lymphoma Society
  2009 Ed. (3844)
  2010 Ed. (3762, 3763)
  2011 Ed. (1914)
Leukemia Society of America
  1991 Ed. (2614)
  1994 Ed. (906)
Leuliette; Timothy
  2014 Ed. (940)
Leumi le-Israel; Bank
  2005 Ed. (549, 580)
  2006 Ed. (473)
  2007 Ed. (486, 522)
  2008 Ed. (451)
Leung; Kenneth
  1991 Ed. (1688)
  1993 Ed. (1820)
  1994 Ed. (1803)
Leuthold Core Investment
  2007 Ed. (2482)
  2008 Ed. (2612)
Leuthold Funds Select Industries
  2007 Ed. (4547)
Leuthold Grizzly Short
  2004 Ed. (3573)
Lev Chernoi
  2008 Ed. (4880)
Lev Leviev
  2008 Ed. (4887)
  2009 Ed. (4907)
  2010 Ed. (4908)
  2011 Ed. (4895)
  2012 Ed. (4904)
  2013 Ed. (4881)
Levain Bakery
  2023 Ed. (1478)
Levant
  1996 Ed. (426)
Levaquin
  1999 Ed. (1890, 3325)
Levatich; Matthew
  2015 Ed. (2635)
Levco Securities
  1991 Ed. (3022)
Leveille Vickers et Benson
  1992 Ed. (202)
Level
  2022 Ed. (3743)
Level 3 Audiovisual
  2019 Ed. (1400)
Level 3 Communications
  2014 Ed. (1309, 1540, 2552, 3204)
  2015 Ed. (1577, 4669)
  2016 Ed. (1505, 4575, 4581)
  2017 Ed. (1356, 1500, 4589, 4594)
  2018 Ed. (1480, 4595)
  2019 Ed. (4620)
Level 3 Communications Inc.
  2001 Ed. (2422)
  2002 Ed. (1124, 1185, 1530, 1553, 1622, 1624, 3535, 4172, 4207, 4568)
  2003 Ed. (1076, 1576, 1584, 1592, 1643)
  2004 Ed. (1580, 1678, 1683, 1687, 3019, 4663, 4668)
  2005 Ed. (1138, 1560, 1609, 1641, 1736, 1739, 1741, 1745, 4619, 4624, 4625)
  2006 Ed. (1495, 1650, 1656, 1659, 1663, 4585, 4586, 4686, 4689, 4691)
  2007 Ed. (1666, 3692, 4565, 4568, 4708, 4709)
  2008 Ed. (1401, 1531, 1680, 4614, 4637)

2009 Ed. (1603, 1611, 4673)
2010 Ed. (1588, 3193, 4392, 4688)
2011 Ed. (1590, 3156, 4337)
2012 Ed. (1433, 1434)
2013 Ed. (1561, 1564, 4612)
2014 Ed. (1531, 1534, 4678)
2015 Ed. (1582, 1585, 1591, 4683, 4689)
2016 Ed. (1510, 1512, 1514, 1518, 4596)
2017 Ed. (1502, 1505, 1508, 1511, 2423, 4615)
2018 Ed. (1482, 1483, 1485, 1487, 2460, 3045, 4616)
2019 Ed. (1512, 1514, 1515, 1517, 1523, 2987, 4614)
2020 Ed. (3016)
Level 3 Design Group
  2011 Ed. (3069)
  2013 Ed. (3105)
  2014 Ed. (3103)
Level 10 Construction
  2017 Ed. (1426)
  2020 Ed. (1123, 1431)
  2021 Ed. (1430)
Level 11
  2015 Ed. (3245)
Level 2000
  2000 Ed. (4073)
Level Four Advisory Services LLC
  2020 Ed. (3)
Level Green Landscape
  2018 Ed. (3349)
The Level Group S.R.L.
  2018 Ed. (1648)
Level Homes
  2019 Ed. (1738)
Level MB Construction
  2023 Ed. (1954)
Level Office
  2019 Ed. (1637, 4102)
Level One Bank
  2013 Ed. (482)
  2021 Ed. (381)
  2022 Ed. (394)
  2023 Ed. (515)
Level One Communications, Inc.
  1995 Ed. (998, 3207, 3392)
  2001 Ed. (4209)
Level Platforms
  2010 Ed. (2928)
  2011 Ed. (2891)
Level Propane Gases Inc.
  2002 Ed. (3799)
Level Studios
  2011 Ed. (3586)
Level5
  2010 Ed. (1141)
Levelwing
  2014 Ed. (1979)
Levelwing Media
  2012 Ed. (1888)
  2013 Ed. (2045)
Levenberger; G.
  1993 Ed. (2641)
Levenfeld Pearlstein LLC
  2008 Ed. (1797)
  2009 Ed. (1742)
  2010 Ed. (1687)
Levenger
  1995 Ed. (998, 3392)
Levenger.com
  2009 Ed. (2453)
Levenson & Hill
  1989 Ed. (161)
  1997 Ed. (77)
Levenson PR
  1994 Ed. (2954)
  1999 Ed. (3930)
Levenson Public Relations
  1995 Ed. (3012)
  1996 Ed. (3113)
  1997 Ed. (3192)
  1998 Ed. (2946)
  2000 Ed. (3647)
  2001 Ed. (3935)
  2002 Ed. (3815)
  2004 Ed. (4030)
  2005 Ed. (3974)
Leventhal & Co.; Kenneth
  1994 Ed. (1, 4)
  1995 Ed. (4, 5, 6, 11)
  1996 Ed. (18)
  1997 Ed. (18)
Lever
  1992 Ed. (54, 59)
  1999 Ed. (3773)
Lever 2000
  1994 Ed. (3354)
  1995 Ed. (3412)
  1996 Ed. (3471)
  1997 Ed. (3537)
  1998 Ed. (2808, 3326, 3330, 3331)
  1999 Ed. (687, 4349, 4351, 4354)
  2000 Ed. (4069, 4070, 4074)
  2001 Ed. (4296, 4297, 4299, 4300)
  2002 Ed. (4303, 4304)
  2003 Ed. (643, 645, 646, 3430, 4462, 4463, 4465)
  2004 Ed. (658, 659, 4442)

2006 Ed. (4396)
2007 Ed. (4463)
2008 Ed. (4450, 4451)
2009 Ed. (4491)
2010 Ed. (4534)
2014 Ed. (3827)
2018 Ed. (4430)
Lever Architecture
  2021 Ed. (190)
Lever y Asocc.
  1992 Ed. (39)
Lever Bros. Co.
  1991 Ed. (943)
  1992 Ed. (84)
  1995 Ed. (3413)
  1997 Ed. (1598, 1599, 2588)
  1998 Ed. (2804)
  2011 Ed. (29)
Lever Bros./Dove
  1996 Ed. (2983)
Lever Bros./Signal
  1991 Ed. (2495)
Lever Brothers Co.
  2016 Ed. (2271, 2845, 2846)
  2017 Ed. (2126, 2806, 2807)
  2018 Ed. (2170, 2872, 2873)
Lever Brothers Ltd.
  1989 Ed. (2508, 2509)
  1990 Ed. (2808, 3312)
  2002 Ed. (44, 223, 237, 1967, 1968, 4453)
Lever Brothers Nigeria plc
  2002 Ed. (4450)
Lever Brothers Pakistan
  1999 Ed. (3132)
Lever/Chesebrough-Pond's
  1991 Ed. (2581)
Lever-Lipton
  1992 Ed. (3221)
Lever1
  2019 Ed. (736, 1799)
  2020 Ed. (4940)
Leverage investment
  2000 Ed. (2755)
Leverage Marketing Corporation of America
  2022 Ed. (3382)
Leverage PR Inc.
  2017 Ed. (4031)
Leverage Software Inc.
  2007 Ed. (1240)
Leveraged Arbitrage
  2003 Ed. (3115)
Leveraging Technology Solutions LLC
  2013 Ed. (1947)
Leverhulme Trust
  1995 Ed. (1934)
  1997 Ed. (945)
Levesque Beaubien Geoffrion
  2000 Ed. (881)
Levi
  1992 Ed. (1210)
  1996 Ed. (1001, 1004, 2439)
  1999 Ed. (1191, 1193, 1195)
Levi Garrett
  1994 Ed. (3546)
  1995 Ed. (3620, 3624)
  1996 Ed. (3700)
  1998 Ed. (3579)
  1999 Ed. (4608)
  2015 Ed. (4753)
Levi Garrett Pouch
  2016 Ed. (4659)
Levi; Les
  1997 Ed. (1942)
Levi Strauss
  1990 Ed. (2405, 2406)
  1992 Ed. (1220, 1222, 1224, 1225)
  2003 Ed. (1008)
  2004 Ed. (1003)
  2005 Ed. (1017)
  2006 Ed. (1023)
  2007 Ed. (1112)
  2008 Ed. (991)
  2009 Ed. (974)
  2010 Ed. (937)
  2013 Ed. (998)
  2014 Ed. (960, 973, 4114, 4119)
  2015 Ed. (996, 1010)
  2016 Ed. (901, 913)
  2017 Ed. (948, 953)
  2021 Ed. (883)
  2022 Ed. (914)
  2023 Ed. (1093)
Levi Strauss Assoc.
  1991 Ed. (981, 1215)
Levi Strauss Associates Inc.
  1990 Ed. (1066)
  1993 Ed. (990, 992, 996, 1000, 1226, 1253, 1904)
  1994 Ed. (1022, 1024, 1028, 1032, 1264, 1290, 1309, 3243)
  1995 Ed. (1031, 1032, 1039, 1363, 2398)
  1996 Ed. (1016, 1020, 1022)
  1997 Ed. (1035, 1037, 1337)
  1998 Ed. (778)
  2001 Ed. (1279, 1652)

Levi Strauss & Co.
  1989 Ed. (922)
  1990 Ed. (1023)
  1991 Ed. (951)
  1996 Ed. (1014, 1015, 2644)
  1997 Ed. (1034)
  1998 Ed. (775)
  1999 Ed. (1204)
  2000 Ed. (1123, 3132)
  2001 Ed. (1278, 1279)
  2002 Ed. (337, 1069, 1428, 2571, 3371)
  2003 Ed. (909, 912, 915, 916, 919, 1003, 1004, 1009, 1448)
  2004 Ed. (997, 998, 1002, 1005, 1008, 1478)
  2005 Ed. (1012, 1013, 1016, 1018, 1494, 3910)
  2006 Ed. (136, 1020, 1021, 1022, 1025)
  2007 Ed. (129, 1107, 1108, 1114, 2714, 2886)
  2008 Ed. (988, 989, 3008)
  2009 Ed. (970, 971, 980, 3094, 4123, 4437, 4707)
  2010 Ed. (934, 935, 940, 942, 943, 3027, 4056, 4479, 4723)
  2011 Ed. (866, 867, 875, 2996, 4035, 4681)
  2012 Ed. (819, 820, 824, 1814, 2922, 4068, 4695)
  2013 Ed. (994, 995, 1459, 1985, 3011, 3172, 3179, 4269)
  2014 Ed. (956, 957, 1420, 3020, 4328)
  2015 Ed. (992, 993, 997, 1011, 1480, 3087, 4315)
  2016 Ed. (897, 898, 902, 914, 1272, 1405, 1435, 2577, 4212)
  2017 Ed. (950, 963, 1415, 1447, 2476, 4199)
  2018 Ed. (879, 893, 1319, 1391, 1419, 3013, 4225)
  2019 Ed. (1437, 1459, 2539, 2954, 4253)
  2020 Ed. (1399, 1423, 2531, 2984, 4250)
  2021 Ed. (899, 1291, 1422, 2472, 2844)
  2022 Ed. (927)
Levi Strauss & Co. Europe SA
  1996 Ed. (1021)
  1997 Ed. (1040)
  1999 Ed. (1206)
  2000 Ed. (1125)
  2001 Ed. (1282)
  2002 Ed. (1087)
  2004 Ed. (1010)
Levi Strauss et Co. Europe SA
  1995 Ed. (1037)
Levi Strauss Continental Sa
  1993 Ed. (1304)
Levi Strauss Denmark
  2001 Ed. (1680)
  2003 Ed. (1607)
Levi Strauss U.K. Ltd.
  2002 Ed. (36)
Leviathan
  2008 Ed. (804)
LEVICK
  2017 Ed. (4010, 4026, 4033)
Levick
  2015 Ed. (4125, 4141)
  2016 Ed. (4039, 4045, 4055, 4058, 4062)
Levick Strategic Communications
  2011 Ed. (4107, 4108, 4112, 4113, 4133)
  2012 Ed. (4137, 4142, 4162)
  2013 Ed. (4126, 4132, 4150)
  2014 Ed. (4143, 4160, 4167)
Leviev; Lev
  2008 Ed. (4887)
  2009 Ed. (4907)
  2010 Ed. (4908)
  2011 Ed. (4895)
  2012 Ed. (4904)
  2013 Ed. (4881)
Levin College of Law; University of Florida, Frederic G.
  2007 Ed. (3329)
  2008 Ed. (3430)
  2010 Ed. (3434)
  2011 Ed. (3418)
  2012 Ed. (3434)
Levin & Co.; I. W.
  1991 Ed. (2807)
Levin; Debra
  1994 Ed. (1822)
  1995 Ed. (1864)
  1996 Ed. (1845)
  1997 Ed. (1918)
Levin, Fishbein, Sedran & Berman
  2012 Ed. (3384)
Levin Furniture
  1996 Ed. (1983)
  2014 Ed. (2820)
  2015 Ed. (2864)
Levin; Gerald
  1997 Ed. (1801)
Levin; Gerald M.
  1996 Ed. (964)
Levin; Josh
  2011 Ed. (3355)

Levin; Leon
  1990 Ed. (3330)
  1993 Ed. (3373)
Levin Management Corp.
  2009 Ed. (4440)
Levin, Papantonio, Thomas, Mitchell, Echsner & Proctor
  2004 Ed. (3227)
Levin Porter Associates Inc.
  2023 Ed. (267)
Levin Trading
  1994 Ed. (1067)
Levine, Blaszak, Block & Boothby
  2012 Ed. (3369)
Levine-Fricke-Recon Inc.
  1998 Ed. (1475)
Levine; H. R.
  2005 Ed. (2481)
Levine; Howard R.
  2006 Ed. (933)
Levine, Hughes & Mithuen Inc.
  2005 Ed. (4)
  2008 Ed. (1672)
Levine, Hughes & Mituen Inc.
  2008 Ed. (1673)
Levine, Huntley, Schmidt & Beaver
  1989 Ed. (57, 144)
  1990 Ed. (66)
  1991 Ed. (69)
Levine; Jeremy
  2013 Ed. (4783)
  2014 Ed. (4829)
Levine Leichtman
  1996 Ed. (3781)
  1999 Ed. (4706, 4814)
Levine Leichtman Capital Partners
  2002 Ed. (4736, 4990)
  2003 Ed. (4991)
  2011 Ed. (4995)
  2012 Ed. (4990)
  2014 Ed. (4987)
  2021 Ed. (4981)
  2022 Ed. (4981)
  2023 Ed. (4984)
Levine Leichtman Capital Partners LP
  2000 Ed. (4341)
Levine; Leon
  2005 Ed. (4853)
  2006 Ed. (4907)
Levine; Mel
  1992 Ed. (1039)
Levine; Robert
  1995 Ed. (1717)
Levine; Ronald H.
  1995 Ed. (3503)
Levinson; Arthur
  2005 Ed. (2469)
  2006 Ed. (876)
  2007 Ed. (967)
  2008 Ed. (937)
Levinson; Arthur D.
  2008 Ed. (950)
  2009 Ed. (949)
Levinson Cos.
  2005 Ed. (1239)
Levinson; Donald M.
  2005 Ed. (2511)
  2007 Ed. (2504)
Levinson; John
  1992 Ed. (2135)
  1993 Ed. (1805)
  1994 Ed. (1823)
Levinson; Sam
  2021 Ed. (4462)
  2022 Ed. (4471)
Levinson; Seth
  2021 Ed. (4462)
  2022 Ed. (4471)
Levio
  2021 Ed. (732, 1439)
  2022 Ed. (758, 1467)
Levio Conseils
  2022 Ed. (4552)
Levi's
  1989 Ed. (945)
  1990 Ed. (3630)
  1991 Ed. (3316)
  1992 Ed. (1208, 1209)
  1993 Ed. (733, 739, 743, 824, 983, 985, 986, 987, 994, 995)
  1994 Ed. (745, 1010, 1012, 1013, 1014, 1026, 1027)
  1995 Ed. (1023, 1034)
  1997 Ed. (1021, 1024, 1027, 1039)
  1998 Ed. (761, 763, 764, 765, 766, 774)
  1999 Ed. (786, 787, 788, 791, 795, 1194, 3128)
  2000 Ed. (1112, 1114, 1116, 1122)
  2001 Ed. (1264, 1265, 1276)
  2002 Ed. (1082)
  2005 Ed. (1017)
  2006 Ed. (1015, 1016, 1017, 1023)
  2007 Ed. (689, 737, 1100, 1101, 1103, 1104, 1112)
  2008 Ed. (706, 982, 983, 984, 985, 991)
  2009 Ed. (694, 715, 974, 982)
  2010 Ed. (933, 937)
  2011 Ed. (878)
  2012 Ed. (815, 816, 817)
  2021 Ed. (595, 885, 897)
  2022 Ed. (915)
  2023 Ed. (1083)
Levi's Dockers
  1999 Ed. (1203)
Levis Mitsubishi
  1993 Ed. (278)
  1994 Ed. (277)
Levis, Quebec
  2010 Ed. (3477, 3478, 3480)
  2011 Ed. (3484)
Levis; Salomon
  2005 Ed. (973)
Levi's Stadium
  2017 Ed. (4479)
Levison; A. D.
  2005 Ed. (2501)
Levissima
  2002 Ed. (757)
  2007 Ed. (675)
  2009 Ed. (652)
  2011 Ed. (554)
Levita Magnetics
  2018 Ed. (2923)
Levitate Media
  2016 Ed. (3490)
Leviton
  2013 Ed. (4951)
  2014 Ed. (4959)
  2015 Ed. (4436, 5000)
  2016 Ed. (4329, 4917)
  2017 Ed. (4332, 4912)
  2018 Ed. (4325, 4930)
  2020 Ed. (4352, 4930)
  2020 Ed. (4348, 4930)
  2021 Ed. (4926)
  2022 Ed. (4919)
  2023 Ed. (4917)
Levitra
  2006 Ed. (3881)
Levitt Corp.
  1999 Ed. (1304, 1305)
  2001 Ed. (1387, 1390)
Levitt Homes Corp.
  1997 Ed. (1134)
  1998 Ed. (903)
  2004 Ed. (1156)
  2005 Ed. (1184)
  2006 Ed. (1178)
Levitt & Sons
  2005 Ed. (1198)
  2006 Ed. (1189, 1190, 4190)
Levitt; Steven
  2005 Ed. (786)
Levitz
  1990 Ed. (1866)
  1992 Ed. (2253)
  1994 Ed. (677, 1934, 1938, 3097)
  1996 Ed. (1982, 1992)
  1998 Ed. (440, 1796, 3084)
  2000 Ed. (706, 2291, 2299, 2300, 2301, 2303, 2304)
Levitz Furniture Inc.
  1990 Ed. (1029, 1030, 1031)
  1991 Ed. (954, 955, 3240)
  1993 Ed. (676, 964, 3038)
  1995 Ed. (1003, 1963, 1965, 1967, 2447, 2517)
  1997 Ed. (2109)
  1999 Ed. (2560, 2561, 2702, 3611)
  2000 Ed. (387, 388, 389)
  2001 Ed. (2740, 2743)
  2004 Ed. (2892)
LevitZacks CPAs
  2016 Ed. (3)
Levkovich; Tobias
  1995 Ed. (1831)
  1996 Ed. (1770, 1793, 1809)
  1997 Ed. (1867, 1883)
LevLane Advertising Inc.
  1995 Ed. (113)
Levo
  2022 Ed. (1490)
  2023 Ed. (1669)
Levo Federal Credit Union
  2023 Ed. (2241)
Levolor.com
  2011 Ed. (2369)
Levothyroxine
  2007 Ed. (2245)
  2009 Ed. (2355)
  2010 Ed. (2283)
  2018 Ed. (2228)
  2019 Ed. (2204)
Levothyroxine Sod
  2023 Ed. (2393)
Levvel
  2020 Ed. (1809, 3122)
Levy
  2018 Ed. (4138)
  2019 Ed. (4154)
  2020 Ed. (4164, 4469)
Levy; Brett
  1997 Ed. (1943)
Levy; Caroline
  1993 Ed. (1809)
  1994 Ed. (1792)

The Levy Co.
  1992 Ed. (1413)
  1994 Ed. (1143)
Levy Co.; Charles
  1991 Ed. (3512, 3514)
  1994 Ed. (3668)
Levy Co.; Chas.
  1990 Ed. (3706)
  1992 Ed. (4480, 4483)
  1993 Ed. (3733)
  1995 Ed. (3792)
  1996 Ed. (3878)
Levy; Dominique
  2013 Ed. (180)
Levy; Grupo
  2006 Ed. (73)
Levy Institute for Entrepreneurship; Larry & Carol
  2008 Ed. (771)
Levy; Mickey
  1989 Ed. (1753)
Levy Motor Co.; Charles
  1990 Ed. (325)
Levy; Paul
  2015 Ed. (3485)
Levy Phillips & Konigsberg
  2012 Ed. (3384)
Levy; R. M.
  2005 Ed. (2489)
Levy Restaurants
  2006 Ed. (4106)
  2007 Ed. (4132)
  2008 Ed. (4150, 4151)
  2009 Ed. (4262)
  2010 Ed. (2751, 2752)
  2011 Ed. (2735, 2736, 4254)
  2012 Ed. (2673, 2674)
  2013 Ed. (2761, 2762, 4261)
Levy; Rob
  2017 Ed. (3595)
  2019 Ed. (3644)
Levy-Rosenblum Institute for Entrepreneurship
  2011 Ed. (638)
Levy & Salomao Advogados
  2005 Ed. (1461)
Levy Security Corp.
  2007 Ed. (3552)
  2008 Ed. (4960)
Levytukku Oy
  2020 Ed. (3653)
  2021 Ed. (3658)
Lew and Edie Wasserman
  1994 Ed. (892)
Lew Frankfort
  2004 Ed. (969, 2496)
  2005 Ed. (980, 2480)
  2011 Ed. (836)
  2012 Ed. (799)
  2013 Ed. (984)
Lew Platt
  2000 Ed. (796, 1044)
Lewandowski; Robert
  2023 Ed. (321)
Lewent; Judith
  2006 Ed. (974)
  2007 Ed. (1069)
Lewin; George
  2010 Ed. (3956)
Lewinsohn; Gerald
  1993 Ed. (1807)
LEWIS
  2017 Ed. (4009, 4027)
Lewis
  2022 Ed. (624)
Lewis; Alan
  2017 Ed. (1155)
Lewis B. Campbell
  2005 Ed. (975)
Lewis Bakeries, Inc.
  2018 Ed. (308, 309, 311, 679)
  2019 Ed. (307)
  2020 Ed. (309)
  2021 Ed. (296, 298, 299, 300, 691)
  2022 Ed. (309, 311, 313, 728)
  2023 Ed. (411, 902)
Lewis Bakeries, Inc.
  2019 Ed. (693)
  2020 Ed. (684)
  2021 Ed. (304, 692)
  2022 Ed. (729)
Lewis Bear Co.
  1994 Ed. (2001)
  1995 Ed. (2052)
Lewis; Bernard
  2005 Ed. (4890, 4893)
  2007 Ed. (4927, 4930)
  2008 Ed. (4903, 4906)
Lewis; Bonnie
  1995 Ed. (938)
Lewis-Brent; Lana Jane
  1991 Ed. (3512)
Lewis Brisbois Bisgaard & Smith
  2005 Ed. (3261)
  2006 Ed. (3248)
  2007 Ed. (3309)

Lewis Brisbois Bisgaard & Smith LLP
  2011 Ed. (3410)
  2012 Ed. (3419, 3420, 3427)
  2013 Ed. (3436, 3438, 3439, 3448)
  2014 Ed. (3436, 3437, 3438)
  2015 Ed. (3470)
  2016 Ed. (3317)
  2021 Ed. (3199, 3200, 3220)
Lewis, Brisbois, Bisgaard & Smith LLP
  2022 Ed. (3342)
  2023 Ed. (3451)
Lewis Cabinet Specialties Group
  2023 Ed. (4994)
Lewis Chew
  2007 Ed. (1082)
Lewis; Chris
  2005 Ed. (992)
Lewis & Clark Bank
  2021 Ed. (396)
  2022 Ed. (409)
  2023 Ed. (531)
Lewis & Clark College
  1993 Ed. (893)
  1997 Ed. (2604)
  1998 Ed. (2336)
  1999 Ed. (3161)
  2000 Ed. (2905)
  2001 Ed. (3062)
Lewis & Clark College - Northwestern School of Law
  1995 Ed. (2424)
Lewis and Clark County, MT
  2008 Ed. (3480)
Lewis & Clark (Northwestern)
  1996 Ed. (2459)
Lewis Color Inc.
  2010 Ed. (4013)
Lewis Communications
  2002 Ed. (3853, 3864)
Lewis Communications Inc.
  2023 Ed. (109)
Lewis Construction Inc.
  2015 Ed. (1259)
Lewis Construction; Lee
  1993 Ed. (1122)
  1994 Ed. (1138)
  1995 Ed. (1146)
Lewis Corp; James
  1991 Ed. (1066)
Lewis Crane & Hoist
  2023 Ed. (1200)
Lewis Dickey Jr.
  2006 Ed. (914)
Lewis Drug
  2002 Ed. (2036)
  2006 Ed. (2309)
Lewis & Ellis
  2018 Ed. (19, 20)
  2019 Ed. (19, 20)
  2020 Ed. (23, 24)
  2021 Ed. (25, 26)
  2022 Ed. (23, 24)
  2023 Ed. (64, 65)
Lewis & Ellis Inc.
  2013 Ed. (30)
  2015 Ed. (25, 26)
  2016 Ed. (21, 22)
  2017 Ed. (18, 19)
Lewis Energy Group
  2022 Ed. (2869)
Lewis Food Town Inc.
  2010 Ed. (4638)
Lewis Frankfort
  2006 Ed. (873, 932, 938)
  2007 Ed. (964, 1022)
  2008 Ed. (935, 943)
  2009 Ed. (943)
Lewis & Gace
  1993 Ed. (77)
Lewis Galoob Toys
  1989 Ed. (2666)
Lewis; George R.
  1989 Ed. (736)
Lewis; Gerald
  1993 Ed. (3444)
Lewis, Gilman & Kyneft Inc.
  1991 Ed. (142)
Lewis, Gilman & Kynett Inc.
  1989 Ed. (67)
  1990 Ed. (142)
  1992 Ed. (197)
Lewis Group
  2017 Ed. (4222)
  2018 Ed. (4240)
The Lewis Group
  2016 Ed. (3593)
Lewis Group (incl. Waitrose); John
  1990 Ed. (3055)
Lewis Group Ltd.
  2015 Ed. (2027)
The Lewis Group LLP
  2017 Ed. (3561)
  2018 Ed. (3612)
  2019 Ed. (3606)
  2020 Ed. (3577)
  2021 Ed. (3607)

Lewis Hamilton
  2009 Ed. (708)
  2015 Ed. (226)
  2019 Ed. (198)
  2023 Ed. (316, 317, 323)
Lewis Hay
  2010 Ed. (2566)
Lewis Hay III
  2008 Ed. (2638)
  2009 Ed. (2664)
  2010 Ed. (2565)
  2011 Ed. (847)
Lewis Hill
  2007 Ed. (4931)
Lewis Homes
  1994 Ed. (1113, 1119)
  1995 Ed. (1134)
  1998 Ed. (908)
  1999 Ed. (1334)
Lewis Homes Group
  1993 Ed. (1089)
Lewis Homes Group of Cos.
  2000 Ed. (1218, 3721)
Lewis Homes Management Corp.
  1991 Ed. (1047)
Lewis; Joe
  2007 Ed. (4928)
  2008 Ed. (4904)
  2009 Ed. (4920)
  2010 Ed. (4921, 4924)
  2020 Ed. (4877)
Lewis; Joseph
  2005 Ed. (4892)
  2009 Ed. (4921)
  2010 Ed. (4925)
  2011 Ed. (4911)
  2012 Ed. (4924)
  2013 Ed. (4922)
  2014 Ed. (4929)
  2015 Ed. (4969)
  2016 Ed. (4886)
  2017 Ed. (4884)
  2018 Ed. (4896)
Lewis; Ken
  2007 Ed. (384)
  2008 Ed. (369)
Lewis; Kenneth
  2007 Ed. (1016)
  2011 Ed. (819)
Lewis; Kenneth D.
  2005 Ed. (1104)
  2006 Ed. (926, 1099)
  2007 Ed. (1027, 1202)
  2008 Ed. (949, 957, 1108)
  2009 Ed. (1086)
  2010 Ed. (896)
Lewis; Kevin
  2012 Ed. (4386)
Lewis & Lambert
  2016 Ed. (3446)
Lewis & Lambert Metal Contractors Inc.
  1992 Ed. (1414)
  1994 Ed. (1149)
Lewis; Lennox
  1995 Ed. (251)
  2005 Ed. (268)
Lewis; Leona
  2010 Ed. (3715, 3717)
Lewis; Loida N.
  1996 Ed. (3876)
Lewis; Loida Nicolas
  1997 Ed. (3916)
Lewis; Maria
  1993 Ed. (1835)
  1994 Ed. (1827)
  1995 Ed. (1856)
Lewis Moberly
  1995 Ed. (2228)
Lewis & Munday
  2001 Ed. (841, 937)
Lewis & Munday PC
  2006 Ed. (3547, 4385)
Lewis Partnership; John
  1990 Ed. (3499)
Lewis; Peter
  2006 Ed. (4904)
  2007 Ed. (4892)
  2012 Ed. (4843)
  2013 Ed. (4842)
  2014 Ed. (4858)
Lewis Petro Properties Inc.
  2018 Ed. (3819)
  2019 Ed. (3687, 3789)
  2020 Ed. (3718, 3851)
Lewis Public Relations
  2011 Ed. (4131)
  2015 Ed. (4122, 4142, 4145)
Lewis; R. T.
  2005 Ed. (2502)
Lewis; Reginald
  1989 Ed. (2341)
Lewis; Reginald F.
  2012 Ed. (110)
Lewis Rice
  2021 Ed. (3233, 3234)
Lewis Rice & Fingersh LC
  2001 Ed. (561, 562)
  2007 Ed. (1504)

Lewis Roca
  2023 Ed. (3461)
Lewis & Roca LLP
  2007 Ed. (1501)
Lewis Roca Rothgerber Christie
  2021 Ed. (3195, 3196)
Lewis Roca Rothgerber Christie LLP
  2022 Ed. (3345)
Lewis Roca Rothgerber LLP
  2015 Ed. (3468)
Lewis Rugg (Asburton) Ltd.
  1991 Ed. (960)
Lewis; Ryan
  2015 Ed. (3733, 3734)
Lewis Stages
  2016 Ed. (3362)
  2017 Ed. (3327)
Lewis; Steve
  1995 Ed. (2486)
Lewis; Steven E.
  1991 Ed. (2344)
  1992 Ed. (2905)
Lewis T. Preston
  1989 Ed. (417)
  1990 Ed. (458, 459)
  1991 Ed. (402)
Lewis Tree Service
  2008 Ed. (1982, 4324)
  2009 Ed. (4182)
Lewis Tree Service, Inc.
  2019 Ed. (2367)
  2020 Ed. (2335)
  2021 Ed. (2300)
  2022 Ed. (2331)
  2023 Ed. (2506)
Lewis-Tucker Fight
  1995 Ed. (880)
Lewis Volkswagen; Bob
  1994 Ed. (287)
  1995 Ed. (291)
  1996 Ed. (291)
Lewis W. Batchelder
  2010 Ed. (2564)
Lewis W. Coleman
  1997 Ed. (979, 1797)
Lewis, White & Clay
  1995 Ed. (673, 2193, 2413)
  1998 Ed. (2968)
  1999 Ed. (2843)
Lewis; William
  1991 Ed. (2554)
Lewis; William H.
  1998 Ed. (2646)
  2016 Ed. (870)
Lewis Wood Products
  2018 Ed. (2810)
Lewis Young
  2001 Ed. (931)
Lewiston/Auburn Journal, Sun
  1990 Ed. (2691)
Lewiston, ME
  2011 Ed. (3469)
Lewiston Sun Journal
  1989 Ed. (2054, 2063, 2065)
  1990 Ed. (2700, 2709, 2711)
  1991 Ed. (2600)
Lewiston, WA
  2011 Ed. (3470)
Lex Autolease
  2018 Ed. (4738, 4739, 4740)
Lex Electronics
  1989 Ed. (1335)
  1990 Ed. (3234)
Lex Harvey Ltd.
  2006 Ed. (1429)
Lex Jolley
  1990 Ed. (3158)
Lex Jolley & Co.
  1993 Ed. (2264)
Lex Luthor
  2007 Ed. (682)
Lex Service PLC
  1991 Ed. (3479)
  1992 Ed. (4432)
  1997 Ed. (1418)
Lex Services
  1989 Ed. (2482)
Lex Vehicle Leasing
  1997 Ed. (2821)
  1999 Ed. (3455)
Lexa International Corp.
  2012 Ed. (1445)
Lexair Electronics Sales Corp.
  2008 Ed. (4976)
Lexapro
  2005 Ed. (3815)
  2006 Ed. (2314, 3882)
  2007 Ed. (3911, 3912)
  2009 Ed. (2358)
  2010 Ed. (2286)
Lexar Media Inc.
  2004 Ed. (4578)
  2005 Ed. (1672, 1676, 1686, 3033)
Lexent Inc.
  2001 Ed. (4196)
Lexer Abogados
  2019 Ed. (3326)

Lexford Properties
  1998 Ed. (177)
Lexi International Inc.
  1997 Ed. (1014, 2168, 3699)
  1998 Ed. (3479, 3483)
Lexico
  2008 Ed. (3620)
Lexicon Bank
  2022 Ed. (400)
Lexicon Consulting
  2012 Ed. (1185, 4047, 4966)
Lexicon Genetics Inc.
  2003 Ed. (2733)
Lexicon Health
  2018 Ed. (3519)
  2019 Ed. (3507)
  2020 Ed. (3493)
Lexicon Inc.
  2014 Ed. (1367)
Lexicon Marketing Corp.
  2006 Ed. (2851, 2852)
  2007 Ed. (2842, 2844)
  2008 Ed. (2969, 2970)
  2009 Ed. (152, 154, 3049, 3051)
  2010 Ed. (143, 145, 2973, 2975)
  2011 Ed. (67, 69)
  2012 Ed. (69, 71)
  2013 Ed. (64, 65)
Lexicon Marketing Group
  2005 Ed. (2849)
Lexicon Pharmaceuticals Inc.
  2018 Ed. (2939)
Lexicon Pharmaceuticals, Inc.
  2019 Ed. (635)
Lexington Avenue Credit Union
  2005 Ed. (2074)
Lexington Convertible Securities
  1994 Ed. (2640)
  1995 Ed. (2740)
  1996 Ed. (2807)
Lexington Corporate Leaders
  1997 Ed. (2897)
Lexington Corporate Properties Trust
  2007 Ed. (2223)
  2008 Ed. (2363, 2368)
Lexington Corp. Leaders
  1991 Ed. (2557)
Lexington County Health Service District Inc.
  2010 Ed. (1978)
Lexington Crosby SC Asia
  1998 Ed. (2646)
Lexington Depot
  1996 Ed. (2643)
Lexington-Fayette, KY
  1992 Ed. (2549)
  2007 Ed. (3003)
  2008 Ed. (4091)
  2009 Ed. (3575)
  2014 Ed. (3519)
  2015 Ed. (3534)
  2017 Ed. (3344)
  2018 Ed. (3404)
  2021 Ed. (3360)
  2022 Ed. (3410)
  2023 Ed. (3053)
Lexington Global
  1995 Ed. (2743)
Lexington GNMA Income
  1990 Ed. (2603)
  1993 Ed. (2696)
  1994 Ed. (2642)
  1995 Ed. (2744)
  1996 Ed. (2810)
  1997 Ed. (690)
  1998 Ed. (2650)
  1999 Ed. (751, 3554)
  2000 Ed. (765)
Lexington Gold Fund
  1989 Ed. (1801, 1849)
Lexington Goldfund
  1993 Ed. (2682)
  1994 Ed. (2626)
Lexington Growth
  1991 Ed. (2567)
Lexington Homes
  2003 Ed. (1208)
  2004 Ed. (1215)
  2005 Ed. (1239)
Lexington Hotel Suites
  1990 Ed. (2078)
  1991 Ed. (1952)
  1992 Ed. (2496)
  1997 Ed. (2293)
  1999 Ed. (2777)
  2000 Ed. (2554)
Lexington Hotel Suites & Inns
  1998 Ed. (2017)
Lexington Insurance Co.
  1991 Ed. (2087)
  1992 Ed. (2648)
  1993 Ed. (2191)
  1994 Ed. (2240)
  1995 Ed. (2288)
  1996 Ed. (2293)
  1997 Ed. (2428)
  1998 Ed. (2145)
  1999 Ed. (2926)

2001 Ed. (2927, 2928, 4031, 4032)
2002 Ed. (2876)
2004 Ed. (3089, 3135)
2005 Ed. (3095)
2006 Ed. (3099)
2008 Ed. (3262, 3319)
2009 Ed. (3322)
2010 Ed. (3258, 3259, 3260)
2011 Ed. (3222, 3223)
2012 Ed. (3191, 3192)
2013 Ed. (3260, 3261, 3262)
2014 Ed. (3288, 3289, 3290)
2015 Ed. (3337, 3338)
2016 Ed. (3197, 3198)
2017 Ed. (3152, 3153, 3155)
2018 Ed. (3234)
2019 Ed. (3177)
2020 Ed. (3205)
2021 Ed. (3058)
2022 Ed. (3193, 3194)
2023 Ed. (3286, 3287)
Lexington, KS
  1994 Ed. (823)
Lexington, KY
  1992 Ed. (1158, 2546, 3134)
  1998 Ed. (1520, 2474, 2483, 3648)
  1999 Ed. (2810)
  2000 Ed. (1092, 2886, 2995, 3107)
  2003 Ed. (231)
  2004 Ed. (189)
  2005 Ed. (3310, 3315)
  2006 Ed. (3304)
  2007 Ed. (3368)
  2008 Ed. (3132)
  2009 Ed. (3535)
  2010 Ed. (4372)
  2011 Ed. (3461)
  2012 Ed. (4369, 4373)
  2013 Ed. (3520, 4785)
  2017 Ed. (2175)
  2019 Ed. (3321)
  2020 Ed. (2205)
  2021 Ed. (3321)
  2023 Ed. (950)
Lexington Manufacturing
  2019 Ed. (4994)
Lexington Manufacturing Co.
  2020 Ed. (4996)
Lexington Manufacturing Inc.
  2019 Ed. (4990)
Lexington Manufacturing LLC
  2022 Ed. (4991)
Lexington Medical Center
  2010 Ed. (1976)
Lexington Park, MD
  2010 Ed. (3661)
Lexington Small Cap Asia Growth
  2001 Ed. (3445)
Lexington Strategic Investments
  1994 Ed. (2627, 2630)
  1995 Ed. (2718, 2721, 2732)
  1997 Ed. (2879)
Lexington Strategic Silver
  1997 Ed. (2879)
Lexington-Thomasville, NC
  2006 Ed. (3322)
  2007 Ed. (3384)
  2009 Ed. (3574)
  2010 Ed. (3492)
  2013 Ed. (3542)
  2014 Ed. (3518)
Lexington Troika Dialog Russia
  1999 Ed. (3518, 3522, 3564)
  2000 Ed. (3230)
Lexington Worldwide Emerging Markets
  1995 Ed. (2717, 2727)
Lexipol LLC
  2012 Ed. (1362)
  2013 Ed. (1455)
  2014 Ed. (1416)
Lexis, Nexis, Medis
  1991 Ed. (2641)
Lexis Public Relations
  2002 Ed. (3865, 3867)
  2006 Ed. (2052)
LexisNexis
  2023 Ed. (991, 995)
LexisNexis Group
  2006 Ed. (1427)
  2011 Ed. (3001)
  2012 Ed. (2928)
  2013 Ed. (3017)
  2014 Ed. (3027)
  2015 Ed. (3094)
LexisNexis Legal & Professional
  2021 Ed. (2874)
  2023 Ed. (3219)
LexJet
  2015 Ed. (1630)
LexJet Corp.
  2002 Ed. (2491)
  2003 Ed. (2715, 2732)
Lexmark
  1995 Ed. (2260)
  2006 Ed. (1121)
  2007 Ed. (1229)
  2008 Ed. (1129)

CUMULATIVE INDEX • 1989-2023

Lexmark International
  2015 Ed. (1775)
  2016 Ed. (1729)
  2017 Ed. (1034, 1713)
  2018 Ed. (2217)
  2019 Ed. (933)
Lexmark International Group Inc.
  1997 Ed. (3403)
  2000 Ed. (1165, 1169, 1752, 2644)
  2001 Ed. (1357, 1358, 1772, 1773, 2872)
  2002 Ed. (913, 1143, 1144, 1712, 2100)
  2003 Ed. (1090, 1102, 1103, 1104, 1732, 1733, 1734, 3674)
  2004 Ed. (1102, 1111, 1120, 1121, 1136, 1769, 1770, 1771, 3731, 4486)
  2005 Ed. (1106, 1115, 1127, 1128, 1159, 1835, 1836, 1837)
  2006 Ed. (1101, 1105, 1116, 1117, 1149, 1151, 1842, 1843)
  2007 Ed. (1847)
  2008 Ed. (1883)
  2009 Ed. (1838)
  2010 Ed. (1779)
  2011 Ed. (1792)
  2012 Ed. (1645)
Lexmark International Inc.
  1993 Ed. (2382)
  1998 Ed. (822)
  1999 Ed. (1268, 1269, 1276, 3642)
  2000 Ed. (1333, 1500, 4125)
  2001 Ed. (1772, 1773)
  2006 Ed. (1106, 1840, 1841, 2392)
  2007 Ed. (1221, 1222, 1845, 1846, 1848, 2893, 3008, 4528, 4530, 4566, 4590)
  2008 Ed. (1113, 1881, 1882, 1884, 3014)
  2009 Ed. (1103, 1836, 1837, 1840, 3100)
  2010 Ed. (1777, 1778, 3033)
  2011 Ed. (1790, 1791, 3002)
  2012 Ed. (1647, 1648, 2929)
  2013 Ed. (1805, 1806, 3018)
  2014 Ed. (1066, 1071, 1732, 1733, 3028)
  2015 Ed. (1108, 1777, 1778, 3095)
  2016 Ed. (1731, 1732)
  2017 Ed. (1332)
  2018 Ed. (3020)
  2019 Ed. (2962)
  2020 Ed. (2991)
  2021 Ed. (2851)
Lexmark International Inc. (HQ)
  2000 Ed. (2880)
Lexmark Nordic LLC
  2004 Ed. (1769)
  2005 Ed. (1835)
  2006 Ed. (1840)
  2007 Ed. (1845)
  2008 Ed. (1881)
  2009 Ed. (1836)
Lexmed Inc.
  2013 Ed. (2047)
Lexotanil
  1996 Ed. (1579)
Lextron Corp.
  2006 Ed. (3522, 4361)
Lexus
  1992 Ed. (437)
  1993 Ed. (18, 265, 266, 304, 305, 306, 333)
  1994 Ed. (49, 319, 320)
  1995 Ed. (311, 312, 3569)
  1996 Ed. (33, 309, 321, 322)
  1997 Ed. (290, 292, 303, 307)
  1998 Ed. (211, 212, 228)
  1999 Ed. (360)
  2000 Ed. (337, 338, 339, 349)
  2001 Ed. (438, 484, 1009, 1010)
  2002 Ed. (366, 389)
  2003 Ed. (361)
  2004 Ed. (343)
  2005 Ed. (279, 283, 343, 352)
  2006 Ed. (313, 357, 362)
  2007 Ed. (309, 343, 684)
  2008 Ed. (302, 330, 660, 2276)
  2009 Ed. (324, 354, 2262)
  2010 Ed. (331, 637, 2218)
  2011 Ed. (564, 574, 2236)
  2012 Ed. (246, 556)
  2013 Ed. (238, 249, 274, 654)
  2014 Ed. (248)
  2015 Ed. (279)
  2016 Ed. (275, 667)
  2017 Ed. (275, 290)
  2018 Ed. (251, 260, 270)
  2019 Ed. (261)
  2020 Ed. (272)
  2021 Ed. (253)
  2022 Ed. (274, 284)
  2023 Ed. (361, 372)
Lexus of Cerritos
  1994 Ed. (258)
Lexus ES 250
  1992 Ed. (451)
Lexus ES 300
  1994 Ed. (306, 318)
  1997 Ed. (311)
  2001 Ed. (489)
  2004 Ed. (345)
Lexus ES250
  1991 Ed. (313)

Lexus ES300
  1995 Ed. (318)
Lexus Infiniti
  1991 Ed. (3317)
Lexus Infiniti Q45
  1991 Ed. (313)
Lexus of Kendal
  1995 Ed. (273)
Lexus of Kendall
  1994 Ed. (258)
  1996 Ed. (294)
Lexus LS 300
  2001 Ed. (486)
Lexus LS 400
  1992 Ed. (451)
  1994 Ed. (318)
  1997 Ed. (311)
  2000 Ed. (348)
  2001 Ed. (486)
Lexus LS 430
  2004 Ed. (344)
Lexus LS400
  1992 Ed. (435)
  1993 Ed. (326, 329)
  1994 Ed. (312)
  1995 Ed. (318)
  1996 Ed. (3764)
Lexus of Palm Beach
  1995 Ed. (273)
  1996 Ed. (294)
Lexus RX 300
  2001 Ed. (491)
Lexus Santa Monica
  1995 Ed. (273)
Lexus of Santa Monica
  1994 Ed. (258)
Lexus SC 300/400
  1994 Ed. (318)
  1996 Ed. (348)
  1997 Ed. (311)
Lexus SC300/SC400
  1995 Ed. (318)
Lexus SC400
  1993 Ed. (326)
Lexus of Tampa Bay
  1996 Ed. (294)
Ley; Frederick
  2015 Ed. (3426)
Ley; Gregory
  2015 Ed. (3426)
Leyard Optoelectronic
  2020 Ed. (1370, 1371)
Leydig, Voit & Mayer Ltd.
  2009 Ed. (4763)
LEYFA Measurement
  2019 Ed. (1047)
Leykam-Muerzta
  1991 Ed. (3451)
Leykam-Muerztaler Papier Und Zellstoff AG
  2000 Ed. (1389)
Leykam-Murztaler
  1991 Ed. (3452)
  1992 Ed. (4400)
  1999 Ed. (1585)
Leykam-Murztaler Papier
  1991 Ed. (1256)
Leylegian Investment Management
  1999 Ed. (3076)
Leylegian Investment Management Inc., Equity Composite
  2003 Ed. (3125)
L.F. Driscoll
  2017 Ed. (1185, 1215)
  2018 Ed. (1134, 1197)
  2019 Ed. (1149, 1221)
  2020 Ed. (1140, 1215)
  2021 Ed. (1126, 1185)
  2022 Ed. (1130, 1184)
L.F. Driscoll Co.
  1990 Ed. (1212)
  2021 Ed. (1126, 1185)
L.F. Driscoll/Structure Tone
  2022 Ed. (1130, 1184)
  2023 Ed. (1421)
L.F. Jennings Inc.
  2000 Ed. (4027)
L.F. Rothschild
  1990 Ed. (3154)
LF VA "4" CWEALTH: VIP OS
  1994 Ed. (3618)
LFC Insurance Brokers & Agents
  1995 Ed. (1877)
LFS
  2022 Ed. (4689, 4701)
LG
  2013 Ed. (197, 198)
  2014 Ed. (205, 206)
  2015 Ed. (232, 4716)
  2016 Ed. (227, 4619)
  2017 Ed. (224, 4638)
  2018 Ed. (209, 3644, 4634)
  2019 Ed. (3739)
  2020 Ed. (3783, 4619)
  2021 Ed. (202, 661, 3774, 4630)
  2022 Ed. (212, 3048, 3798, 4648)
  2023 Ed. (325, 887, 3167, 3897, 4643)

LG Ad
  1989 Ed. (129)
  1990 Ed. (123)
  1991 Ed. (121)
  1997 Ed. (111)
  1999 Ed. (114, 1889)
  2000 Ed. (120)
  2001 Ed. (158)
  2002 Ed. (131)
  2003 Ed. (149)
LG Arena
  2011 Ed. (1073)
  2012 Ed. (998)
  2015 Ed. (1139)
LG Bank
  1996 Ed. (516)
LG-Caltex
  1999 Ed. (3813)
  2002 Ed. (3694)
  2003 Ed. (3856)
LG Chem
  2013 Ed. (2494)
  2020 Ed. (838, 843, 845)
  2021 Ed. (661, 861, 862, 863, 866, 868)
  2022 Ed. (895, 896, 901, 902)
  2023 Ed. (1068, 1072, 2016)
LG Chem Ltd.
  2008 Ed. (3580)
  2009 Ed. (3651)
  2010 Ed. (1983)
  2011 Ed. (788, 795)
  2012 Ed. (740, 741, 762, 782, 1897)
  2013 Ed. (944, 945, 978, 982)
  2014 Ed. (897, 898, 911, 928, 931)
  2015 Ed. (925, 949, 952)
  2016 Ed. (828, 829, 842, 859, 862)
  2017 Ed. (885, 886, 917, 920)
  2018 Ed. (819, 820, 849, 853)
  2019 Ed. (836, 837, 861, 865)
  2020 Ed. (848, 852)
  2021 Ed. (850)
LG Chem (South Korea)
  2021 Ed. (866)
LG Chemical
  2002 Ed. (1000, 1003)
LG Corp
  2009 Ed. (2054)
LG Corp.
  2005 Ed. (887)
  2007 Ed. (697, 1583)
  2008 Ed. (665, 2082, 2980)
  2009 Ed. (3063, 3178)
  2010 Ed. (2996, 3109)
  2012 Ed. (1898, 2152)
  2013 Ed. (855, 3110, 4294)
  2014 Ed. (3108)
  2015 Ed. (3170)
  2016 Ed. (3025)
  2017 Ed. (2970)
  2018 Ed. (2545, 2572, 3093)
  2019 Ed. (3026)
  2020 Ed. (3064)
LG Corporation
  2023 Ed. (2741)
LG Display
  2014 Ed. (1989, 2427)
  2015 Ed. (2500)
  2020 Ed. (4567)
  2021 Ed. (660)
  2023 Ed. (2477)
LG Display Co., Ltd.
  2013 Ed. (2492, 2496)
  2014 Ed. (2423, 2426)
  2015 Ed. (2499)
  2016 Ed. (2431, 2434)
  2017 Ed. (2276, 2280)
  2018 Ed. (2335, 2339)
  2019 Ed. (2327, 2331)
  2020 Ed. (2306)
LG Display Co.,Ltd.
  2010 Ed. (2386, 3569)
  2011 Ed. (1013, 2387, 2389, 3572)
  2012 Ed. (1898, 2319, 2324, 3565, 3813)
  2013 Ed. (3601)
LG & E
  2006 Ed. (2361, 2362, 2363, 2364, 2693, 2694, 2695, 2696)
  2014 Ed. (2361)
  2015 Ed. (2427)
  2016 Ed. (2373)
LG & E Energy Corp.
  1993 Ed. (1559)
  1994 Ed. (1599, 1600)
  1995 Ed. (1641, 1642)
  1996 Ed. (1618, 1619)
  1997 Ed. (1698)
  1998 Ed. (1067, 1082, 1172, 1390, 1391)
  1999 Ed. (1694, 1951)
  2000 Ed. (1500)
  2001 Ed. (1773)
  2002 Ed. (2002, 3878, 4710)
  2003 Ed. (1733)
  2004 Ed. (1770)
LG & E Energy LLC
  2006 Ed. (1841)
LG & E & Ku Energy LLC
  2014 Ed. (1733)
  2015 Ed. (1778)

  2016 Ed. (1732)
LG & E and KU Energy LLC
  2016 Ed. (2359)
LG & E Power Marketing
  1999 Ed. (3962)
LG Electronics
  2013 Ed. (674, 2409)
  2014 Ed. (1157, 1989, 2427)
  2015 Ed. (2042, 2500)
  2016 Ed. (2005, 2435)
  2017 Ed. (718, 1963)
  2018 Ed. (942, 1912, 2340)
  2019 Ed. (933, 1962, 1963, 2332, 2333)
  2020 Ed. (925, 1895, 2311, 4567)
  2021 Ed. (1857, 2251, 2255, 2257, 2258)
  2022 Ed. (1901, 1902, 1903, 2291, 2295, 2297)
  2023 Ed. (2015, 2470, 2476, 2477)
LG Electronics Alabama Inc.
  2006 Ed. (1534)
LG Electronics Inc.
  1997 Ed. (1468, 1470)
  1998 Ed. (107, 2496)
  1999 Ed. (204, 1695, 1696, 1697, 3136, 3407)
  2000 Ed. (227, 1504, 1505, 1508, 2882, 2883, 3130)
  2001 Ed. (1774, 1775, 1776, 2199)
  2002 Ed. (253, 1109, 1713, 1912, 2100, 2701, 3048, 3049, 3340)
  2003 Ed. (2200, 2201, 2202)
  2004 Ed. (757)
  2005 Ed. (2862, 2865, 3038, 3398, 3498)
  2006 Ed. (1773, 2015, 2016, 2017, 2870, 3039, 3041, 3237, 3400)
  2007 Ed. (79, 1983, 1984, 1985, 1986, 2342, 2343, 2345, 2346, 3216, 3623)
  2008 Ed. (642, 2080, 2081, 2472, 2474, 3580)
  2009 Ed. (2052, 2477, 2479, 3651)
  2010 Ed. (1408, 2385, 3569, 3828)
  2011 Ed. (1756, 2388, 2390, 3572, 4963)
  2012 Ed. (940, 1897, 1898, 2901, 3565, 4956)
  2013 Ed. (855, 1086, 1427, 2054, 2986, 3601, 3876, 4948, 4949)
  2014 Ed. (1988, 2996)
  2015 Ed. (3068, 3835)
  2016 Ed. (2959, 3741)
  2017 Ed. (2918, 3419)
  2018 Ed. (2985)
  2019 Ed. (1110, 1961, 2930)
  2020 Ed. (2948)
  2021 Ed. (2488, 4250)
  2023 Ed. (1523)
LG Electronics India
  2012 Ed. (4346)
  2013 Ed. (4283)
LG Electronics Latvia Sia
  2012 Ed. (1658)
  2013 Ed. (1812)
LG Electronics USA Inc.
  2013 Ed. (1921, 4929)
  2015 Ed. (4977)
LG Electronics (Zenith)
  2000 Ed. (4347)
LG Group
  1998 Ed. (1537, 1538, 2559)
  1999 Ed. (1887)
  2000 Ed. (1694)
  2001 Ed. (48, 49, 51, 92)
  2004 Ed. (58, 85, 93, 2878)
  2005 Ed. (21, 53, 80)
  2006 Ed. (27, 60, 89, 99)
  2007 Ed. (51, 97)
  2008 Ed. (85, 97, 3744)
  2009 Ed. (61, 94, 2051)
  2010 Ed. (71, 87, 102, 1482, 1707, 1985, 1986, 1988)
  2011 Ed. (1648, 2046, 2047, 2048)
  2012 Ed. (1328, 1895, 4362)
  2013 Ed. (43)
  2014 Ed. (700, 2347)
  2015 Ed. (747, 4638)
  2016 Ed. (674, 4555)
  2017 Ed. (717, 2451, 4558)
  2018 Ed. (666, 2497)
  2019 Ed. (679, 2524, 4586)
  2020 Ed. (672, 2515)
  2021 Ed. (662, 2435, 4553)
  2022 Ed. (2192, 2600, 2612, 4561)
  2023 Ed. (2471, 2478, 2690)
LG Group (S. Korea)
  2022 Ed. (2612)
LG Household & Health
  2023 Ed. (2317)
LG Household & Health Care
  2013 Ed. (855, 2057)
  2014 Ed. (1991, 2259)
  2015 Ed. (2039)
  2016 Ed. (3760)
  2017 Ed. (1965, 3714)
  2018 Ed. (1914, 3764)
  2019 Ed. (3746, 3757)
LG Household & Healthcare
  2016 Ed. (3752)

LG Information & Communications
 1999 Ed. (3136)
 2000 Ed. (1504, 2883)
 2001 Ed. (2199)
 2002 Ed. (3048)
LG International
 1997 Ed. (1470)
 1999 Ed. (1695, 1697)
 2000 Ed. (1505, 1508, 4242)
 2001 Ed. (1774, 1775)
 2002 Ed. (1713)
 2003 Ed. (4780)
 2004 Ed. (4761)
 2012 Ed. (4748)
 2013 Ed. (4704)
 2014 Ed. (4756)
 2017 Ed. (4694)
 2019 Ed. (4687)
LG Invest
 2019 Ed. (4610)
LG Investment & Securities Co., Ltd.
 2001 Ed. (1034)
 2004 Ed. (4373)
LG Investment Trust Co.
 2002 Ed. (2824)
LG Oil Products Sales
 2001 Ed. (1623)
LG Philips
 2005 Ed. (872)
LG Philips LCD
 2001 Ed. (3114)
 2005 Ed. (872)
LG Securities
 1997 Ed. (781, 3484)
 1999 Ed. (899, 900)
 2001 Ed. (1035)
 2002 Ed. (3049)
LG Semicon
 1997 Ed. (1109, 3251, 3493)
 1998 Ed. (3278)
 1999 Ed. (4271, 4273)
 2000 Ed. (2883, 3703, 3704, 3705, 3994)
 2001 Ed. (2199)
LG Semiconductor
 1999 Ed. (3135)
 2000 Ed. (2882)
LG Surgelati
 2020 Ed. (2707)
LG Telecom
 2006 Ed. (4537)
 2007 Ed. (79, 3072)
LG U+
 2021 Ed. (4600)
 2022 Ed. (698, 4616)
LG U+ Corp.
 2012 Ed. (4665)
LG U+
 2023 Ed. (4617)
LG Uplus Corp.
 2013 Ed. (4622)
 2014 Ed. (4683)
 2015 Ed. (4693)
 2016 Ed. (4599)
 2017 Ed. (4618)
 2018 Ed. (4618)
 2019 Ed. (4635)
 2020 Ed. (4606)
LG Vina Cosmetics JV Co.
 2006 Ed. (103)
LGA Inc.
 2007 Ed. (1662)
LGA Partners LP
 2023 Ed. (275)
LGA Trucking
 2015 Ed. (3027)
LG&E
 2022 Ed. (2252)
LG&E Energy Corp.
 2000 Ed. (3673)
LG&E-Kentucky Utilities
 2018 Ed. (2276)
 2019 Ed. (2263)
LG&E and KU Energy
 2022 Ed. (2252)
LGB
 1992 Ed. (1184)
LGCY Power
 2020 Ed. (1985)
 2021 Ed. (1940)
LGE Community Credit Union
 2013 Ed. (2225)
 2014 Ed. (2157)
 2015 Ed. (2221)
 2016 Ed. (2192)
 2018 Ed. (2090)
 2020 Ed. (2068)
 2021 Ed. (2058)
 2022 Ed. (2094)
 2023 Ed. (2208)
LGFE Inc.
 1990 Ed. (73)
LGG - Liege Airport
 2022 Ed. (149)
LGH Bryan Medical Center
 2006 Ed. (1914)
LGI Homes
 2013 Ed. (1186, 1187)
 2018 Ed. (1956)

2019 Ed. (1072, 1074, 1076, 1078, 1083, 1087, 1089)
 2020 Ed. (1058, 1061, 1062, 1063, 1065, 1067, 1070, 1071, 1072, 1076, 1077, 1932, 2847, 3059)
 2021 Ed. (1029, 1031, 1033, 1035, 1038, 1039, 1040, 1043, 1044, 1892, 2928)
 2022 Ed. (1066, 1068, 1075, 1076, 1077, 1078, 1079, 1080, 1938, 1944, 3044)
 2023 Ed. (1237, 1239, 1240, 1242, 1244, 1246, 1249, 1250, 1251, 1252, 1254, 1255, 2055, 3163)
LGM Marketing Services
 1996 Ed. (3277)
LG.Philips LCD Co., Ltd.
 2006 Ed. (4256)
LG.Phillips LCD Co., Ltd.
 2006 Ed. (4258)
LGS Group
 1990 Ed. (852)
LGT Asset
 1997 Ed. (2537)
LGT Bank in Liechtenstein
 2000 Ed. (596)
 2002 Ed. (610)
 2003 Ed. (575)
 2004 Ed. (583)
 2005 Ed. (572)
 2006 Ed. (493)
 2007 Ed. (514)
 2008 Ed. (471)
 2009 Ed. (493)
LGT Bank-Liechtenstein
 1999 Ed. (578)
LGT Bank Ltd.
 2019 Ed. (1548)
LGT Group
 2010 Ed. (475)
 2011 Ed. (402)
 2013 Ed. (445)
 2014 Ed. (460)
 2015 Ed. (518)
 2016 Ed. (471)
 2017 Ed. (489)
 2018 Ed. (454)
 2019 Ed. (465)
 2020 Ed. (449)
 2023 Ed. (669)
LGU+
 2021 Ed. (4614)
LHC Group
 2013 Ed. (2864)
 2014 Ed. (2758, 3006)
 2016 Ed. (2971)
 2017 Ed. (2927)
 2019 Ed. (1740)
 2020 Ed. (1685)
 2022 Ed. (2918)
 2023 Ed. (1834, 3033)
LHC Group Inc.
 2009 Ed. (4451)
 2010 Ed. (4503)
 2011 Ed. (4439)
 2012 Ed. (2774)
LHD Benefit Advisors LLC
 2020 Ed. (3169)
 2021 Ed. (3034)
 2022 Ed. (3169)
 2023 Ed. (3261)
LHD Ltd.
 2019 Ed. (2072)
LHH Recruitment Solutions
 2023 Ed. (2527)
Lhoist North America
 2017 Ed. (4496)
LHR Inc.
 2009 Ed. (1937)
LHR - London Heathrow Airport
 2022 Ed. (149)
LHR Technologies
 2010 Ed. (1195)
LHS Group
 1999 Ed. (2618, 4163, 4168, 4325)
 2000 Ed. (2400, 4044)
LHS/New Yorker
 1998 Ed. (222)
LI AUTO
 2023 Ed. (365)
LI-COR Biosciences
 2012 Ed. (4241)
Li Dang
 2016 Ed. (4939)
 2017 Ed. (4930)
Li Fornaio
 1997 Ed. (3337)
Li; Forrest
 2022 Ed. (4862)
 2023 Ed. (4856)
Li & Fung
 2014 Ed. (1510, 1643, 4758)
 2017 Ed. (4695)
 2018 Ed. (2514)
Li & Fung Limited
 2022 Ed. (926)
Li & Fung Inc.
 2009 Ed. (1731, 3584)
 2010 Ed. (1680)
 2011 Ed. (1693, 3868)

2012 Ed. (1546, 3844, 4746)
 2013 Ed. (3904, 4705)
 2014 Ed. (4757)
 2015 Ed. (4778)
 2018 Ed. (897)
 2021 Ed. (2453)
 2022 Ed. (2563)
 2023 Ed. (2708)
Li Ge
 2023 Ed. (4802)
Li Hejun
 2015 Ed. (4915, 4916)
 2016 Ed. (4831, 4832)
LI Housing Partnership
 2000 Ed. (1219)
Li Hui
 1999 Ed. (2294)
Li; Jennifer
 2014 Ed. (4962)
 2015 Ed. (5003)
 2016 Ed. (4920)
Li Jianhong
 2014 Ed. (932)
Li Jiaxiang
 2014 Ed. (932)
Li; Jose
 2006 Ed. (4140)
Li Ka-Shing
 1998 Ed. (464)
 1999 Ed. (727)
 2003 Ed. (4890)
 2004 Ed. (4876, 4881)
 2005 Ed. (789, 4861)
 2006 Ed. (690)
 2007 Ed. (4909, 4916)
 2008 Ed. (4841, 4844, 4882)
 2009 Ed. (4863, 4864)
 2010 Ed. (3958, 4865, 4877)
 2011 Ed. (4852, 4853, 4887)
 2012 Ed. (4859, 4860, 4872)
 2013 Ed. (4873, 4874)
 2014 Ed. (4887, 4888)
 2015 Ed. (4926, 4927)
 2016 Ed. (4842, 4843)
 2017 Ed. (4850)
 2018 Ed. (4857)
 2019 Ed. (4852)
 2020 Ed. (4841)
 2021 Ed. (4842)
 2022 Ed. (4836)
Li Ka-shing
 2013 Ed. (4916, 4924)
 2014 Ed. (4931)
 2023 Ed. (4831)
Li Ka Shing (Canada) Foundation
 2009 Ed. (909)
 2010 Ed. (852)
 2011 Ed. (2759)
Li Ka-Shing Group
 1992 Ed. (1572)
 1997 Ed. (673)
Li Li
 2012 Ed. (4857, 4858)
LI Lighting Co.
 1993 Ed. (2471, 2472)
 1999 Ed. (3264)
Li Ming Development
 2021 Ed. (1868)
Li Na
 2014 Ed. (199)
Li Ning
 2007 Ed. (4514)
 2010 Ed. (1483, 1485)
 2011 Ed. (1479, 1481)
 2012 Ed. (551, 842, 1417)
 2023 Ed. (1085)
Li Ning Co., Ltd.
 2013 Ed. (1017)
Li Peng Enterprise Co., Ltd.
 1992 Ed. (1700)
Li Ping
 2023 Ed. (4831)
LI Rail Road
 1993 Ed. (2471)
Li; Richard
 2005 Ed. (4870)
Li; Robin
 2010 Ed. (4863)
 2011 Ed. (4851)
 2012 Ed. (600, 4857, 4858)
 2013 Ed. (4863, 4864)
 2014 Ed. (4877, 4878)
 2015 Ed. (4915, 4916)
 2016 Ed. (4831, 4832)
 2017 Ed. (4840)
 2018 Ed. (4846, 4847)
 2020 Ed. (4830)
Li Shufu
 2019 Ed. (4842)
 2020 Ed. (4830, 4831)
 2023 Ed. (4820)
LI State Veterans Homes
 2000 Ed. (3362)
Li; Steven
 1996 Ed. (1864)
 1997 Ed. (1972)
Li; Victor
 2005 Ed. (4863)

Li Xiting
 2022 Ed. (4862)
 2023 Ed. (4856)
Li; Zhang
 2008 Ed. (4843)
 2009 Ed. (4861, 4862)
Liability
 1992 Ed. (4430)
Liability, auto
 2006 Ed. (4067)
 2007 Ed. (4113)
Liability risk financing
 2002 Ed. (3530)
Liability, general
 2002 Ed. (2954)
 2006 Ed. (4067)
 2007 Ed. (4113)
Liability Insurance for Nurses
 1995 Ed. (2800)
 2001 Ed. (3555)
Liability, other
 2005 Ed. (3130)
Liaison
 1995 Ed. (90)
 1996 Ed. (105)
Liam & Company
 2022 Ed. (1983, 4258)
Liam Gallagher
 2020 Ed. (995)
Lian Beng Group
 2014 Ed. (1973)
Lian Deng
 1999 Ed. (1006)
Lian Sports
 2021 Ed. (4463)
Liang; Goh Cheng
 2015 Ed. (4956, 4957)
 2016 Ed. (4872, 4873)
 2017 Ed. (4873)
 2019 Ed. (4877)
 2020 Ed. (4865)
 2021 Ed. (4866)
 2022 Ed. (4862)
 2023 Ed. (4856)
Liang Wengen
 2009 Ed. (4862)
 2010 Ed. (4864)
 2011 Ed. (4851)
 2012 Ed. (4857, 4858)
 2013 Ed. (4863, 4864)
 2014 Ed. (4877, 4878)
Lianne La Havas
 2018 Ed. (1007)
Lianyungang
 2001 Ed. (3854)
Lianyungang Soda Plant
 2000 Ed. (4076)
Liaoning
 2001 Ed. (2262)
Liaoning Chengda
 2017 Ed. (4214)
Liar Liar
 1999 Ed. (3447, 3448, 4717, 4719)
Liar's Poker
 2005 Ed. (714)
Liar's Poker: Rising Through the Wreckage on Wall Street
 1991 Ed. (708)
LIAT
 2005 Ed. (219)
 2006 Ed. (235)
Liatris
 1993 Ed. (1871)
Liautaud Graduate School of Business
 2009 Ed. (780)
Liazon
 2014 Ed. (190, 3266)
Libbey Inc.
 1995 Ed. (2001)
 1996 Ed. (2026, 3625)
 1998 Ed. (3458, 3459)
 1999 Ed. (2598, 2599)
 2000 Ed. (4172)
 2003 Ed. (4670)
 2004 Ed. (2870)
 2005 Ed. (4588)
 2009 Ed. (3072, 4629)
 2013 Ed. (4523)
Libbey Owens Ford Co.
 1996 Ed. (349)
Libby's
 1998 Ed. (1716, 1717)
 1999 Ed. (2457, 2458)
 2000 Ed. (2215)
 2003 Ed. (861)
 2006 Ed. (2713)
 2007 Ed. (2612)
 2014 Ed. (1279, 4823, 4824)
 2015 Ed. (1343, 4859)
 2016 Ed. (1264, 4767)
 2017 Ed. (1323, 4778)
Libby's Juicy Juice
 2007 Ed. (2655)
 2010 Ed. (2787)
Libby's Juicy Juice Fruit Juice Blend
 2006 Ed. (2671)
 2007 Ed. (2654)

Libco
  1992 Ed. (3302)
Libecap; Gary
  2006 Ed. (703)
Libéo
  2019 Ed. (1494)
Libeo Inc.
  2015 Ed. (1100)
Liber
  1992 Ed. (2963)
Liberal
  2000 Ed. (477)
Liberal, KS
  2016 Ed. (4155)
  2017 Ed. (4127)
Liberal, OH
  2014 Ed. (4262)
Liberate Technologies
  2001 Ed. (4184, 4191)
  2002 Ed. (2482)
Liberbank
  2015 Ed. (537)
  2016 Ed. (489)
  2017 Ed. (505)
  2018 Ed. (469)
  2019 Ed. (483)
  2020 Ed. (466)
Liberbank Group
  2016 Ed. (503)
Liberg Thompson
  2000 Ed. (176)
Liberia
  1990 Ed. (3503)
  1997 Ed. (2570)
  1998 Ed. (2311)
  2001 Ed. (4128)
  2003 Ed. (4198)
  2004 Ed. (4225)
  2005 Ed. (2767, 4152)
  2006 Ed. (4208)
  2007 Ed. (4218)
  2011 Ed. (4324)
  2012 Ed. (2209)
  2014 Ed. (2606, 2871, 2872, 3389)
  2015 Ed. (2358, 2649, 2911, 2912)
  2018 Ed. (2248)
  2021 Ed. (2190)
  2022 Ed. (2220)
  2023 Ed. (2409)
Liberian Trading and Development Bank
  1991 Ed. (590)
Liberian Trading and Development Bank Limited
  1989 Ed. (606)
  1992 Ed. (759)
Liberman Broadcasting Inc.
  2012 Ed. (4679)
Libero
  2021 Ed. (669)
Liberson; Dennis H.
  2005 Ed. (2511)
  2007 Ed. (2504)
Liberty
  2013 Ed. (4950, 4951)
  2014 Ed. (4958, 4959)
  2015 Ed. (3056, 4999, 5000)
  2016 Ed. (2946, 4916, 4917)
  2017 Ed. (2906, 4911, 4912)
  2018 Ed. (2969, 2974, 4929)
  2021 Ed. (2178, 2791, 2797)
Liberty Acorn
  2004 Ed. (3574, 3576)
Liberty Acorn Fund
  2004 Ed. (3658)
Liberty Alliance Credit Union
  2010 Ed. (2137)
Liberty AV Solutions
  2019 Ed. (2913, 2919, 4929)
  2020 Ed. (2931, 2937, 4929, 4930)
  2021 Ed. (4925)
  2022 Ed. (2641, 2957, 2964, 4918, 4919)
  2023 Ed. (2777, 3081, 3089, 4916, 4917)
Liberty Bancorp Inc.
  1998 Ed. (266)
Liberty Bancshares
  2014 Ed. (339)
Liberty Bank
  2003 Ed. (455, 478)
  2004 Ed. (473)
  2005 Ed. (481)
  2006 Ed. (428)
  2007 Ed. (424)
  2018 Ed. (451)
  2019 Ed. (462)
  2021 Ed. (321, 365)
  2022 Ed. (334, 378)
  2023 Ed. (425, 494, 666)
Liberty Bank; Equimark Corp./
  1990 Ed. (3591)
Liberty Bank, FSB
  2013 Ed. (1040)
Liberty Bank for Savings
  2000 Ed. (4248)
  2001 Ed. (4527)
  2002 Ed. (4620)
  2006 Ed. (4736)
  2007 Ed. (4750)
  2008 Ed. (4674)

2009 Ed. (4714)
2010 Ed. (4728)
2011 Ed. (4687)
Liberty Bank & Trust Co.
  1994 Ed. (581, 608)
  1995 Ed. (431)
  1996 Ed. (457, 544)
  1997 Ed. (419)
  1998 Ed. (339, 373)
  1999 Ed. (479)
  2000 Ed. (471)
  2002 Ed. (713)
  2004 Ed. (442)
  2005 Ed. (454)
  2006 Ed. (407)
  2007 Ed. (391)
  2008 Ed. (373)
  2009 Ed. (396)
  2010 Ed. (370)
  2011 Ed. (292)
  2012 Ed. (314)
  2013 Ed. (84)
  2015 Ed. (108)
  2016 Ed. (115)
  2017 Ed. (106)
  2018 Ed. (117)
  2019 Ed. (103)
  2020 Ed. (98)
  2021 Ed. (90)
  2022 Ed. (103)
Liberty Bank & Trust Co. Of Oklahoma NA
  1998 Ed. (422)
Liberty Bank & Trust Co. of Oklahoma City NA
  1995 Ed. (578)
  1996 Ed. (648)
  1997 Ed. (587)
Liberty Bank & Trust EB Interm Mat Income
  1994 Ed. (2312)
Liberty Bay Credit Union
  2012 Ed. (2056)
  2016 Ed. (2204)
Liberty Bell Alarm & Home Theater
  2009 Ed. (4964)
Liberty Braves Group
  2019 Ed. (1514)
Liberty Broadband
  2018 Ed. (1480, 4595, 4616)
  2020 Ed. (1479, 4604)
Liberty Broadband Corp.
  2018 Ed. (1484)
  2019 Ed. (1515, 1516)
Liberty Cable Television
  1996 Ed. (866)
  1997 Ed. (879)
  1998 Ed. (603)
Liberty Capital
  1993 Ed. (2326)
Liberty Coca-Cola Beverages
  2022 Ed. (3991)
Liberty/Columbia
  2004 Ed. (3562)
The Liberty Co. Insurance Brokers Inc.
  2022 Ed. (2305, 3159)
  2023 Ed. (2484, 3250)
Liberty Construction Services LLC
  2019 Ed. (1191, 1213)
Liberty Corp.
  1991 Ed. (2100)
  1992 Ed. (2295)
  1993 Ed. (2219)
  1994 Ed. (1011)
  1995 Ed. (1022)
  1996 Ed. (1002)
  1997 Ed. (1020)
  1998 Ed. (760)
  2004 Ed. (777, 1470)
  2008 Ed. (1400)
Liberty County, TX
  2023 Ed. (2687)
Liberty Equity Income A
  1995 Ed. (2720)
Liberty Expedia Holdings
  2018 Ed. (1480, 4354, 4358)
  2020 Ed. (1479, 4378)
Liberty Expedia Holdings Inc.
  2021 Ed. (1472)
Liberty Federal Bank
  1999 Ed. (4598)
  2000 Ed. (4248)
  2001 Ed. (4527)
  2002 Ed. (4620)
Liberty Federal Savings Bank
  1998 Ed. (3543)
Liberty Financial
  1998 Ed. (3418)
Liberty Financial of North America
  2008 Ed. (1732)
  2009 Ed. (1671)
Liberty First Credit Union
  2005 Ed. (2113)
  2006 Ed. (2208)
  2007 Ed. (2129)
  2008 Ed. (2244)
  2009 Ed. (2230)
  2010 Ed. (2184)
  2011 Ed. (2202)
  2012 Ed. (2063)

2013 Ed. (2245)
2014 Ed. (2177)
2015 Ed. (2241)
2016 Ed. (2212)
2018 Ed. (2107)
2020 Ed. (2086)
2021 Ed. (2031, 2076)
2022 Ed. (2066, 2111)
2023 Ed. (2226)
Liberty First Credit Union (LFCU)
  2021 Ed. (2031)
  2022 Ed. (2066)
  2023 Ed. (2178)
Liberty Fitness
  2008 Ed. (172)
Liberty Fitness for Women
  2006 Ed. (2789)
  2007 Ed. (2789)
Liberty Formula One
  2018 Ed. (4130)
Liberty Fund
  2002 Ed. (2338, 2339)
Liberty Fund I
  1993 Ed. (1044)
Liberty Funds
  2003 Ed. (3501)
Liberty Global
  2014 Ed. (732)
  2015 Ed. (777, 778, 864, 1346, 3610, 4682)
  2016 Ed. (698, 699, 752, 3494, 3499, 4591)
  2017 Ed. (748, 749, 803, 3462, 3470)
  2018 Ed. (686, 687, 736)
  2019 Ed. (702, 703)
  2020 Ed. (690)
  2021 Ed. (4608)
Liberty Global Fund
  1993 Ed. (1043)
Liberty Global Inc.
  2007 Ed. (1663, 1665, 1667, 1670)
  2008 Ed. (1674, 1683, 1685, 1686, 1688, 1689, 1692)
  2009 Ed. (1600, 1603, 1604, 1607, 1608, 1609, 1610, 1611, 1616, 4676)
  2010 Ed. (1585, 1587, 1588, 1589, 1591, 1593, 4689)
  2011 Ed. (1587, 1589, 1590, 1591, 1594, 4641)
  2012 Ed. (565, 568, 1429, 1430, 1432, 1433, 1434, 1436, 1438, 1460, 4644, 4680)
  2013 Ed. (702, 704, 1556, 1558, 1559, 1560, 1561, 1564, 1567, 1569, 4629)
  2014 Ed. (725, 727, 1526, 1528, 1530, 1531, 1534, 1536, 1540, 2547, 4667)
  2015 Ed. (773, 1579, 1581, 1582, 1587)
  2016 Ed. (1507, 1509, 1510)
  2017 Ed. (1502, 1504, 1505)
  2018 Ed. (1482, 1484, 1485)
  2019 Ed. (1514, 1515, 1517)
  2020 Ed. (1483)
Liberty Global PLC
  2020 Ed. (1482)
  2022 Ed. (1485)
  2023 Ed. (1661)
Liberty Global Plc
  2017 Ed. (2498)
  2018 Ed. (2555, 2565)
Liberty Health Care Corp.
  2018 Ed. (4952)
Liberty Healthcare System
  1999 Ed. (2750)
  2000 Ed. (2531)
Liberty High-Income Bond
  1993 Ed. (2666, 2677, 2695)
  1994 Ed. (2610, 2641)
  1995 Ed. (2741)
Liberty High-Income Bond A
  1995 Ed. (2700)
Liberty Holdings
  2000 Ed. (1554)
Liberty Homes
  1989 Ed. (1999)
  1990 Ed. (2594)
  1993 Ed. (2902)
  1995 Ed. (2978, 2979)
  1997 Ed. (3150)
  1998 Ed. (2905, 2906)
  1999 Ed. (3877)
  2005 Ed. (1240)
  2006 Ed. (3356, 3555)
  2007 Ed. (3409)
Liberty House Inc.
  1997 Ed. (2177)
  2001 Ed. (1722)
Liberty Industrial
  2020 Ed. (1049, 1050)
Liberty Insurance Underwriters Inc.
  2018 Ed. (3295)
Liberty Interactive
  2015 Ed. (1579, 1580, 1581, 1582)
  2016 Ed. (1507, 1508, 1509, 1510)
Liberty Interactive Corp.
  2013 Ed. (1556, 1569, 2461, 2464, 2478, 3375)
  2014 Ed. (1526, 1536, 1540, 2392, 2394, 2408, 3043)

2015 Ed. (1577, 1585, 1587, 1591, 2465, 2468, 2469, 2482, 2484, 3109)
2016 Ed. (1505, 1512, 1514, 1518, 2410, 2412, 2413, 2414, 4247)
2017 Ed. (1500, 1502, 1503, 1504, 1505, 1511, 2256, 2258, 2259, 2261)
2018 Ed. (1480, 1482, 1483, 1484, 1485, 2315, 2322, 2324)
2019 Ed. (1512, 1515, 1516, 1517, 1523, 2309)
Liberty Interactive LLC
  2014 Ed. (1536)
  2015 Ed. (1587)
  2016 Ed. (1514)
Liberty International
  2006 Ed. (4015, 4048)
  2007 Ed. (4079, 4092)
  2011 Ed. (4164)
Liberty International Underwriters
  2011 Ed. (3251)
Liberty; Jeep
  2005 Ed. (304, 4777)
  2006 Ed. (323)
  2008 Ed. (304)
Liberty Lantern
  2016 Ed. (2292)
Liberty Life
  1993 Ed. (2231)
  1995 Ed. (2315)
Liberty Life Association of Africa Ltd.
  1994 Ed. (2342, 2343)
  1996 Ed. (2442)
  1997 Ed. (2585)
  1999 Ed. (3130, 3131)
Liberty Life Assn. Ord
  2000 Ed. (2876, 2877)
Liberty Life Assurance Co. of Boston
  2018 Ed. (3271)
  2019 Ed. (3221)
Liberty Life Insurance Co.
  1991 Ed. (2108)
  2002 Ed. (2910, 2911)
Liberty Lines
  2002 Ed. (863)
Liberty Lines Transit
  1995 Ed. (851)
  1996 Ed. (831)
  1997 Ed. (841)
  1998 Ed. (539)
  1999 Ed. (957)
Liberty Management Group
  1998 Ed. (2933)
  2001 Ed. (3923)
  2002 Ed. (3802)
  2003 Ed. (3467)
Liberty Management Inc.
  2018 Ed. (1952)
Liberty Media
  2017 Ed. (2389, 2391)
  2018 Ed. (2448)
  2019 Ed. (1523, 2496, 2498)
  2020 Ed. (1494, 2488, 2489)
  2021 Ed. (1481, 2408, 2410)
  2022 Ed. (1486, 1498, 2521, 2524, 4473)
  2023 Ed. (1662, 2665, 2667)
Liberty Media Capital
  2008 Ed. (1689)
Liberty Media Corp.
  1992 Ed. (1021)
  1994 Ed. (758, 1253, 1669, 3503)
  1995 Ed. (1076, 1229, 1432, 3580)
  1996 Ed. (2578)
  1997 Ed. (876)
  2002 Ed. (1620, 1624)
  2003 Ed. (1643, 1648, 1649, 1654, 3633)
  2004 Ed. (865, 1451, 2420, 2421)
  2005 Ed. (839, 840, 1468, 1741, 2445, 2446, 4282)
  2006 Ed. (1497, 1647, 1649, 1650, 1652, 1654, 1656, 1657, 1659, 1663, 2490, 2494)
  2007 Ed. (749, 1552, 1663, 1665, 1666, 1667, 1669, 1670, 2455, 2459, 3447)
  2008 Ed. (1683, 1685, 1686, 1688, 1692)
  2009 Ed. (1598, 1599, 1600, 1604, 1607, 1608, 1609, 1610, 1611, 1612, 1616, 2443, 2999, 3431, 3694)
  2010 Ed. (1439, 1585, 1586, 1587, 1588, 1591, 1593, 2365, 3362, 3609)
  2011 Ed. (1440, 1589, 1590, 1593, 1594, 2362, 3317, 3607)
  2012 Ed. (568, 1428, 1429, 1431, 1432, 1433, 1434, 1436, 1438, 2283, 2287, 2301, 3304, 3600, 4312)
  2013 Ed. (702, 805, 1556, 1558, 1559, 1560, 1561, 1567, 2465, 3659, 4289)
  2014 Ed. (725, 1526, 1528, 1529, 1530, 1531, 1534, 4338)
  2015 Ed. (772, 1577, 1579, 1580)
  2016 Ed. (695, 1504, 1505, 1507, 1508, 1512)
  2017 Ed. (1508)
  2018 Ed. (1487, 4130, 4132)
  2019 Ed. (928, 1512, 1515, 1520)
  2020 Ed. (51, 1478, 1481, 1491)
  2021 Ed. (1470)
  2022 Ed. (1494, 3584)

Liberty Media Corp. (Interactive Group)
  2008 Ed. (1683)
Liberty Media Group
  2002 Ed. (1395, 1622)
Liberty Media Holding Corp.
  2008 Ed. (2851)
  2010 Ed. (1589)
  2011 Ed. (1591)
Liberty Media Interactive
  2008 Ed. (1677, 1689, 4525)
  2010 Ed. (1589)
  2011 Ed. (1591, 4549)
  2016 Ed. (1504, 1507)
Liberty Media International Inc.
  2006 Ed. (1647, 1654)
Liberty Media LLC
  2010 Ed. (1591)
  2011 Ed. (1593)
  2012 Ed. (1436)
  2013 Ed. (1567)
Liberty Mutual
  1990 Ed. (1792, 2251, 2252)
  1995 Ed. (2324)
  1996 Ed. (1236, 2336, 2339, 2472)
  2000 Ed. (2655, 2656, 2657, 2723, 4410)
  2013 Ed. (1037)
  2015 Ed. (5046)
  2016 Ed. (1852, 3134, 3142, 5000)
  2017 Ed. (1811, 3074, 4999)
  2018 Ed. (3184, 4998)
  2019 Ed. (3118, 4998)
  2020 Ed. (3142, 4998)
  2021 Ed. (3011, 4999)
  2022 Ed. (3145, 3152, 3175, 3196, 3204, 3228, 3271, 3282, 4998)
  2023 Ed. (1497, 3238)
Liberty Mutual Commercial Markets
  2017 Ed. (3660, 3661, 3663)
Liberty Mutual Companies
  2000 Ed. (4438)
Liberty Mutual Fire
  1990 Ed. (2260)
  1992 Ed. (2695, 2696)
  1994 Ed. (2222)
  1995 Ed. (2327)
  1996 Ed. (2302)
  1997 Ed. (2432, 2470)
Liberty Mutual Fire Insurance Co.
  2001 Ed. (1788, 2899, 2900, 2901)
Liberty Mutual Group
  2013 Ed. (3343)
  2014 Ed. (3362)
  2015 Ed. (3395)
  2016 Ed. (3267)
  2017 Ed. (3223)
Liberty Mutual Group Inc.
  1989 Ed. (1672, 1673, 1674, 2975)
  1990 Ed. (2220, 2221, 2222, 2229)
  1991 Ed. (2081, 2082, 2083)
  1992 Ed. (2644, 2645, 2646)
  1995 Ed. (2266, 2267, 3349, 3800)
  1996 Ed. (2331, 2335, 3885)
  2000 Ed. (1513, 2719, 2734)
  2009 Ed. (3288, 3390)
  2010 Ed. (1382)
  2011 Ed. (1373, 3212)
  2012 Ed. (3168, 3262)
  2013 Ed. (3241)
  2014 Ed. (3267)
Liberty Mutual Holding Co.
  2006 Ed. (3087)
  2007 Ed. (3104)
  2008 Ed. (1490, 1495, 3251)
  2009 Ed. (3312)
  2010 Ed. (3241)
  2011 Ed. (3212)
  2012 Ed. (3137, 3138, 3165, 3168, 3190, 3211, 3265)
  2013 Ed. (3214, 3215, 3237, 3241, 3259, 3272, 3345)
  2014 Ed. (3233, 3234, 3264, 3267, 3287, 3300, 3364)
  2015 Ed. (1822, 2316, 3405)
  2016 Ed. (1784, 3143, 3144, 3165, 3168, 3196, 3213, 3270, 3280, 4006)
  2017 Ed. (3087, 3088, 3112, 3150, 3167, 3226, 3979)
  2018 Ed. (3218, 3995)
  2019 Ed. (3123, 3124, 3144, 3176, 3186, 3265)
  2020 Ed. (3168, 3205, 3219, 3220, 4997)
  2021 Ed. (3058, 3085, 3086, 4998)
  2022 Ed. (3193, 4997)
Liberty Mutual Holding Co. Inc.
  2019 Ed. (3197)
  2021 Ed. (3085, 3086, 4998)
  2022 Ed. (4997)
  2023 Ed. (3286, 4999)
Liberty Mutual Holding Co., Inc.
  2021 Ed. (3116)
  2023 Ed. (3345)
Liberty Mutual Holding Company Inc.
  2021 Ed. (3046)
  2022 Ed. (3180)
  2023 Ed. (3275)

Liberty Mutual Ins Cos
  2023 Ed. (3245, 3246, 3247, 3248, 3249, 3267, 3288, 3295, 3296, 3346, 3363, 5000)
Liberty Mutual Insurance
  2017 Ed. (3119)
  2018 Ed. (3213)
  2019 Ed. (1762, 3150)
  2020 Ed. (1703, 3180)
  2021 Ed. (1683, 3044)
  2022 Ed. (3178)
  2023 Ed. (1851, 3272)
Liberty Mutual Insurance Companies
  2001 Ed. (2898, 2902, 2903, 2904, 2905, 2906, 2908, 2951, 3084, 4031, 4032)
  2002 Ed. (1723, 2838, 2839, 2840, 2841, 2842, 2866, 2894, 2949, 2950, 2955, 2956, 2957, 2958, 2959, 2960, 2966, 2967, 2975, 2976, 3954, 3957, 4991)
  2004 Ed. (1793, 3050, 3051, 3052, 3053, 3054, 3055, 3071, 3072, 3073, 3077, 3095, 3124, 3126, 3127, 3128, 3129, 3136, 4997)
  2005 Ed. (128, 1462, 1863, 3056, 3057, 3058, 3059, 3060, 3061, 3062, 3063, 3066, 3079, 3080, 3084, 3098, 3099, 3128, 3132, 3134, 3135, 3137, 3138, 3144, 4998)
  2006 Ed. (1873, 3060, 3061, 3062, 3063, 3064, 3065, 3085, 3113, 3114, 3138, 3141, 3142, 3143, 3144, 3145, 3146, 4997)
  2007 Ed. (1496, 1500, 1874, 3088, 3089, 3090, 3091, 3092, 3093, 3101, 3127, 3128, 3174, 3175, 3176, 3177, 3178, 3182, 3183, 4213, 4998)
  2008 Ed. (1923, 3229, 3230, 3231, 3232, 3233, 3234, 3248, 3282, 3319, 3321, 3323, 3325, 3326, 3330)
  2009 Ed. (1881, 3289, 3290, 3291, 3292, 3293, 3294, 3309, 3323, 3339, 3385, 3393, 3394, 3395, 3400, 4999)
  2010 Ed. (1811, 1813, 3216, 3217, 3218, 3219, 3220, 3221, 3236, 3277, 3321, 3325, 3328, 3329, 3330, 3333, 3334, 5003)
  2011 Ed. (1841, 3180, 3181, 3182, 3183, 3184, 3207, 3246, 3279, 3283, 3286, 3287, 3290, 3292, 5000)
  2012 Ed. (1699, 3139, 3140, 3141, 3142, 3143, 3166, 3189, 3212, 3257, 3263, 3264, 3270, 4997)
  2013 Ed. (1847, 3217, 3218, 3219, 3220, 3221, 3238, 3273, 3282, 3329, 3344, 3349, 3351, 5001)
  2014 Ed. (1777, 3236, 3237, 3238, 3239, 3240, 3265, 3301, 3302, 3363, 3366, 5000)
  2015 Ed. (3294, 3295, 3296, 3297, 3298, 3345, 3396)
  2016 Ed. (3146, 3147, 3148, 3149, 3150, 3214, 3269)
  2017 Ed. (3089, 3090, 3091, 3092, 3093, 3113, 3168, 3169, 3225, 5000)
  2018 Ed. (3192, 3193, 3194, 3195, 3196, 3208, 3245, 3246, 3306, 4999)
  2019 Ed. (3125, 3126, 3127, 3128, 3129, 3145, 3187, 3188, 3264, 4999)
  2020 Ed. (3148, 3149, 3150, 3151, 3152, 3176, 3212, 3213, 3267, 4999)
  2021 Ed. (3019, 3020, 3021, 3022, 3023, 3041, 3066, 3067, 3130, 5000)
  2022 Ed. (3154, 3155, 3156, 3157, 3158, 3176, 3202, 3203, 3256, 3274, 5000)
Liberty Mutual Insurance Co.
  1991 Ed. (1721, 2122, 2123, 2125, 3113)
  1992 Ed. (2686, 2687, 2689, 2691)
  1993 Ed. (2183, 2185, 2188, 2189, 2190, 2203, 2233, 2235, 2238, 3740)
  1997 Ed. (2405, 2462, 2463, 3921)
  1999 Ed. (2971)
  2000 Ed. (2650, 2651, 2724, 2726, 2730)
  2005 Ed. (3142)
  2006 Ed. (3088, 4197)
  2009 Ed. (3391)
  2010 Ed. (3326)
  2011 Ed. (3284)
  2013 Ed. (3341)
  2014 Ed. (3360)
  2015 Ed. (3393)
  2016 Ed. (3265)
  2017 Ed. (3221, 4994, 4995)
  2019 Ed. (3260)
  2020 Ed. (3264)
  2021 Ed. (3127)
  2022 Ed. (3270)
Liberty Mutual Insurance Cos.
  1990 Ed. (1791)
  1995 Ed. (2320)
  1996 Ed. (2269, 2271, 2337)
  2003 Ed. (1419, 1756, 2965, 2966, 2967, 2968, 2969, 2970, 2981, 2986, 3002, 3005, 3006, 3007, 3009, 3011, 4993, 4994, 4996)
  2005 Ed. (3133)
  2016 Ed. (3202)
  2017 Ed. (3149, 3151, 3157)
  2018 Ed. (3236)
  2019 Ed. (3179, 3263)

  2020 Ed. (3207)
  2021 Ed. (3060)
  2022 Ed. (3195)
Liberty Mutual Insurance Group
  1994 Ed. (2215, 2217, 2219, 2220, 2221, 2223, 2270, 2271, 2273, 2278, 2283, 3675)
  1996 Ed. (1418, 2283)
  1997 Ed. (1477, 2406, 2407, 2408, 2409, 2411, 3922)
  1998 Ed. (1175, 2110, 2115, 2117, 2118, 2197, 2200, 2203, 2204, 2205, 3769)
  1999 Ed. (1704, 2898, 2901, 2902, 2903, 2904, 2965, 2968, 2972, 2973, 2974, 2978, 2981, 4822)
  2000 Ed. (2717, 2721, 4440)
  2008 Ed. (3320, 3322, 3324)
  2009 Ed. (3287, 3308, 3338, 3392, 4998)
  2010 Ed. (3214, 3215, 3235, 3276, 3327)
  2011 Ed. (3178, 3179, 3206, 3245, 3285)
  2013 Ed. (1846, 3342)
  2014 Ed. (1776, 3231, 3262, 3299, 3303, 3361)
  2015 Ed. (3291, 3315, 3321, 3344, 3346, 3394)
  2016 Ed. (3141, 3164, 3212, 3215, 3266)
  2017 Ed. (1751, 3085, 3111, 3158, 3170, 3172, 3222, 3237)
  2018 Ed. (3190, 3207, 3237, 3247, 3256, 3309, 3310, 3312)
  2019 Ed. (1768, 3121, 3142, 3180, 3189, 3199, 3261, 3262, 3268, 3274)
  2020 Ed. (1711, 3146, 3175, 3208, 3214, 3223, 3265, 3266, 3274)
  2021 Ed. (1689, 3017, 3040, 3061, 3068, 3089, 3128, 3129, 3132, 3138)
  2022 Ed. (1714, 3272)
  2023 Ed. (3361, 3365)
Liberty Mutual Management (Bermuda) Ltd.
  2006 Ed. (786)
  2008 Ed. (857)
Liberty Mutual Pool
  2003 Ed. (4996)
Liberty National Bancorp
  1994 Ed. (3264)
  1995 Ed. (3345)
Liberty National Bank
  1993 Ed. (508)
  1996 Ed. (3459)
  1998 Ed. (3314, 3539)
  2000 Ed. (435)
Liberty National Bank & Trust Co.
  1992 Ed. (747, 811, 3996)
  1993 Ed. (545, 605)
  1994 Ed. (546)
  1995 Ed. (521)
  1996 Ed. (576)
  1999 Ed. (4337)
Liberty National Bank & Trust Co. (Louisville)
  1991 Ed. (581)
Liberty National Consolidated
  2009 Ed. (278, 3367, 3378)
Liberty National Corp.
  1990 Ed. (683)
  2010 Ed. (3304, 3305, 3314)
  2011 Ed. (3267)
  2012 Ed. (3239)
  2013 Ed. (3318)
  2014 Ed. (3335)
  2016 Ed. (3238)
  2017 Ed. (3194)
  2019 Ed. (3231)
Liberty National Life
  1989 Ed. (1689)
Liberty National Life Insurance Co.
  1991 Ed. (2097, 2107)
  1993 Ed. (2225)
  1995 Ed. (2309)
  1997 Ed. (2452)
  1998 Ed. (2162)
  2000 Ed. (2688)
  2002 Ed. (2910)
Liberty Newport Japan Opportunities
  2001 Ed. (3503)
Liberty Northwest
  2005 Ed. (1930)
Liberty Nursing Centers
  2016 Ed. (4956)
  2017 Ed. (4947)
Liberty Oil
  2002 Ed. (383, 3785)
  2004 Ed. (3957)
  2016 Ed. (1384)
Liberty One Lithium Corp.
  2019 Ed. (4508)
Liberty Partners
  1999 Ed. (4707)
Liberty Pole Spirits
  2023 Ed. (3518)
Liberty Power Corp.
  2008 Ed. (2965)
  2009 Ed. (3035, 3045)
  2010 Ed. (2960, 2962)
  2011 Ed. (2922, 2927)
  2014 Ed. (2940, 2942, 2945, 2947)
  2015 Ed. (2989, 2993, 2995)
  2016 Ed. (2925)

  2017 Ed. (2883)
  2018 Ed. (2950)
  2019 Ed. (2898)
Liberty Power Holdings
  2008 Ed. (2959, 3703, 4362, 4378)
Liberty Power LLC
  2014 Ed. (2952)
  2015 Ed. (3003)
Liberty Propane
  2009 Ed. (4194)
  2010 Ed. (4129)
Liberty Properties Trust
  2004 Ed. (4090)
Liberty Property Co.
  2011 Ed. (3784)
  2012 Ed. (3779)
Liberty Property Trust
  1998 Ed. (3020, 3184)
  1999 Ed. (4002, 4013)
  2000 Ed. (3730)
  2001 Ed. (4016)
  2003 Ed. (4063)
  2004 Ed. (4089)
  2005 Ed. (4023, 4024)
  2006 Ed. (4053)
  2007 Ed. (2223, 4104)
  2008 Ed. (3821)
  2009 Ed. (3870)
  2010 Ed. (4167)
  2014 Ed. (3169, 3170)
  2015 Ed. (3229, 3230)
  2016 Ed. (3085, 3086)
  2019 Ed. (3086)
  2020 Ed. (3116)
Liberty Rent Guarantee
  2021 Ed. (1343)
  2022 Ed. (1354)
Liberty Richter
  2003 Ed. (3745)
Liberty Ross
  2008 Ed. (4898)
Liberty Satellite LLC
  2004 Ed. (1535)
The Liberty Savings Association
  2021 Ed. (4296)
  2022 Ed. (4304)
The Liberty Savings Association, FSA
  2021 Ed. (4296)
  2022 Ed. (4304)
  2023 Ed. (4334)
Liberty Savings Bank
  1992 Ed. (4294)
  1998 Ed. (3528, 3561)
  2021 Ed. (4315)
  2022 Ed. (4322)
Liberty Savings Bank, F.S.B.
  2021 Ed. (4315)
  2022 Ed. (4322)
  2023 Ed. (4352)
Liberty Savings Credit Union
  2016 Ed. (2222)
Liberty Seguros
  2007 Ed. (3111)
  2008 Ed. (3256)
  2010 Ed. (1957, 3245)
  2011 Ed. (2010)
Liberty Select Value
  2004 Ed. (3560)
Liberty Shares
  2016 Ed. (506)
Liberty Sirius XM Group
  2019 Ed. (1514)
Liberty State Bank
  2016 Ed. (509)
Liberty Tax
  2016 Ed. (2109, 4353)
Liberty Tax Service
  2002 Ed. (4549)
  2003 Ed. (4674)
  2004 Ed. (4653)
  2005 Ed. (2, 816, 893, 1994, 4596)
  2006 Ed. (3, 808, 814, 4662)
  2007 Ed. (2, 898, 902, 4681)
  2008 Ed. (168, 877, 4592)
  2009 Ed. (882, 887, 4636)
  2010 Ed. (835, 4663, 4664)
  2011 Ed. (758, 4611, 4612)
  2012 Ed. (635, 696, 4617, 4618)
  2013 Ed. (908, 909, 4563, 4564)
  2014 Ed. (856, 4618, 4619)
  2015 Ed. (4617, 4618)
  2016 Ed. (4538)
  2017 Ed. (4530)
  2018 Ed. (788, 4556)
  2019 Ed. (4554, 4556)
  2020 Ed. (4556)
  2021 Ed. (4537)
  2023 Ed. (4557)
Liberty Tax Services
  2016 Ed. (4537)
  2017 Ed. (4529)
  2018 Ed. (4555)
Liberty Travel Inc.
  1996 Ed. (3744)
  1998 Ed. (3622)
  1999 Ed. (4666)
  2000 Ed. (4301)

2007 Ed. (854)
Liberty TripAdvisor Holdings
  2018 Ed. (50)
  2019 Ed. (2317)
  2020 Ed. (2296)
Liberty & Tyranny
  2011 Ed. (494, 542)
Liberty Union Life Assurance Co.
  2000 Ed. (2710)
  2001 Ed. (2948)
Liberty University
  2010 Ed. (738)
  2011 Ed. (650)
Liberty USA Inc.
  2011 Ed. (1352, 1357, 1358, 1359)
  2012 Ed. (1218, 1221, 1222, 1223)
  2013 Ed. (1334, 1337, 1338, 1339)
  2014 Ed. (1264, 1267)
  2015 Ed. (1325, 1328)
  2016 Ed. (1238, 1246, 1247)
  2017 Ed. (1288, 1297)
Liberty Utilities
  2003 Ed. (3512, 3553)
Liberty Valley Doors
  2019 Ed. (3417)
Liberty Ventures
  2017 Ed. (1502)
  2018 Ed. (1482)
  2019 Ed. (1515)
Libertyville Lincoln-Mercury
  1990 Ed. (306, 308, 331, 345)
  1991 Ed. (269, 274, 276, 284)
  1992 Ed. (377, 378, 379, 415, 417, 418)
Libertyville Lincoln-Mercury Sales Inc.
  1991 Ed. (308)
  1992 Ed. (389)
  1993 Ed. (275)
  1994 Ed. (274)
Libman
  2003 Ed. (976)
Libon Motors Inc.
  1991 Ed. (298)
Libra
  2003 Ed. (1226)
  2004 Ed. (2541, 2542)
Libra Fund LP
  2003 Ed. (3134, 3137, 3140)
Libra Holidays Group Ltd.
  2002 Ed. (4404, 4405)
Libra Holidays Group Public Ltd.
  2009 Ed. (1624)
Libra Invest & Trade Ltd.
  1993 Ed. (1177)
Librarian
  1989 Ed. (2091)
Library of Congress
  2013 Ed. (2854)
The Library of Congress
  2003 Ed. (3051)
Library of Congress Credit Union
  2002 Ed. (1857)
  2004 Ed. (1994)
  2008 Ed. (2267)
  2011 Ed. (2225)
  2012 Ed. (2087)
  2013 Ed. (2222)
  2014 Ed. (2154)
  2015 Ed. (2218)
  2016 Ed. (2189)
Library of Congress Federal Credit Union
  2018 Ed. (2128)
The Library Corp.
  2004 Ed. (3256)
  2005 Ed. (3287, 3635, 3636)
  2006 Ed. (3279)
Library of Souls
  2017 Ed. (625)
Libreville, Gabon
  1994 Ed. (976)
Libya
  1990 Ed. (1912, 1919, 1926, 2829)
  1991 Ed. (1380, 1642, 1835, 1842)
  1992 Ed. (350, 1729, 2311, 2328)
  1993 Ed. (1968, 1975)
  1994 Ed. (1485)
  1995 Ed. (1517, 2011, 2018, 2030)
  1996 Ed. (1476)
  1997 Ed. (1541)
  1998 Ed. (2311)
  1999 Ed. (1780, 3192)
  2000 Ed. (1609, 2352, 2353, 2359)
  2001 Ed. (507, 508, 1946, 3761, 3765)
  2002 Ed. (1811)
  2004 Ed. (1918)
  2005 Ed. (2053)
  2009 Ed. (2384)
  2010 Ed. (282, 769, 1062, 1387, 1632, 2213, 2214, 2302, 2586, 4685)
  2011 Ed. (686, 1000, 1376, 1642, 2231, 2298, 2304, 2406, 2568, 2569, 4200, 4635)
  2012 Ed. (219, 597, 627, 923, 924, 1235, 1495, 2101, 2203, 2618, 2619, 4252, 4546, 4963)
  2013 Ed. (2384)
  2014 Ed. (216, 498, 793, 1284, 1592, 2457, 2598, 2673, 2674, 3416, 4230, 4547)
  2015 Ed. (248, 562, 836, 1061, 1062, 1348, 1643, 2526, 2646, 2717, 2718, 3449, 3833, 4220, 4545)
  2016 Ed. (969, 970, 1267, 1586, 2246, 2258, 2461, 2564, 2567, 3308, 3740, 4621)
Libyan Airlines
  2015 Ed. (158)
Libyan Arab Co. for Air Cargo
  2012 Ed. (152)
Libyan Arab Foreign Bank
  1989 Ed. (452, 461)
  1990 Ed. (484)
  1991 Ed. (434, 591)
  1992 Ed. (589, 760)
  1993 Ed. (552)
  1994 Ed. (408, 416, 554)
  1995 Ed. (401, 409, 528)
  1996 Ed. (428, 436, 584)
  1997 Ed. (393, 401, 540)
  1999 Ed. (449, 458, 577)
  2000 Ed. (449, 595)
  2002 Ed. (609)
  2003 Ed. (574)
  2004 Ed. (582)
  2005 Ed. (540, 571)
  2006 Ed. (492)
  2007 Ed. (513)
  2008 Ed. (470)
  2009 Ed. (464)
Libyan Foreign Bank
  2011 Ed. (401)
  2013 Ed. (333, 339)
  2015 Ed. (397, 407)
Libyana
  2022 Ed. (669)
  2023 Ed. (873)
LIC
  2016 Ed. (664)
  2017 Ed. (697)
  2018 Ed. (655, 3253)
  2019 Ed. (665)
  2020 Ed. (650)
  2021 Ed. (626, 636, 3083)
  2022 Ed. (652, 3225)
  2023 Ed. (866, 3315)
LIC Engineering A/S
  2017 Ed. (1521)
LIC (India)
  2021 Ed. (3083)
  2022 Ed. (3225)
Liccardi Motors Inc.
  1995 Ed. (262)
Lice Clinics of America
  2020 Ed. (2894)
Lice Free
  2003 Ed. (3212)
Lice Guard Robi Comb
  2003 Ed. (3212)
  2018 Ed. (3379)
  2019 Ed. (3362)
  2020 Ed. (3364)
  2021 Ed. (3296)
Lice Meister
  2003 Ed. (3212)
Lice Shield
  2018 Ed. (3379)
  2019 Ed. (3362)
  2020 Ed. (3364)
  2023 Ed. (3501)
Lice treatments
  1992 Ed. (3398, 4176)
LiceFree
  2018 Ed. (3379)
Licefreee
  2019 Ed. (3362)
  2020 Ed. (3364)
  2021 Ed. (3296)
  2023 Ed. (3500, 3501)
LiceMD
  2018 Ed. (3379)
  2019 Ed. (3362)
Licensed public accountant
  1993 Ed. (3504)
Licensed practical nurses
  1989 Ed. (2081, 2083)
The Licensing Co.
  2013 Ed. (3510)
  2014 Ed. (3484)
  2015 Ed. (3501)
  2016 Ed. (3352)
  2017 Ed. (3317)
Licide/Reese Chemical
  1992 Ed. (3349)
Licor 43
  2002 Ed. (300)
Licorice
  1996 Ed. (2102)
  2008 Ed. (841)
LICR Fund Inc.
  1995 Ed. (2786)
Liddell; Chris
  2006 Ed. (984)
Liddell; Christopher
  2010 Ed. (920)
Liddell, Sapp, Zivley & Hill
  1990 Ed. (2420)
Liddell, Sapp, Zivley, Hill & LaBoon
  1991 Ed. (2287)
  1992 Ed. (2837)
  1993 Ed. (2398)
Liddy; Edward
  2007 Ed. (998)
  2008 Ed. (941)
Liddy; Edward M.
  2009 Ed. (2663)
Lidel & Schwartz
  2001 Ed. (4102)
Lider Films
  2001 Ed. (3380)
Lideranca Capitalizacao
  2001 Ed. (20)
  2004 Ed. (32)
  2013 Ed. (37)
Liderman
  2015 Ed. (1990)
LiDestri Food and Drink
  2023 Ed. (2725)
LiDestri Foods Inc.
  2009 Ed. (3643)
Lidgerwood-Dayton; Graeme
  1997 Ed. (1895)
Lidgerwood; Graeme Anne
  1993 Ed. (1822)
  1994 Ed. (1805)
  1995 Ed. (1843)
  1996 Ed. (1821)
Lidi & Schwart
  1994 Ed. (3110)
Lidl
  2001 Ed. (262)
  2007 Ed. (718)
  2008 Ed. (687, 720)
  2009 Ed. (696, 730)
  2010 Ed. (653)
  2011 Ed. (937)
  2012 Ed. (547)
  2013 Ed. (663)
  2014 Ed. (683)
  2016 Ed. (4508)
  2017 Ed. (2643, 2660, 4506)
  2018 Ed. (2709, 4538)
  2019 Ed. (2685, 4523)
  2021 Ed. (621, 687, 4227, 4262)
  2022 Ed. (4234, 4240, 4274)
  2023 Ed. (4275)
Lidl Bulgaria EOOD
  2022 Ed. (1510)
Lidl Bulgaria EOOD and KO KD (Bulgaria)
  2022 Ed. (1510)
Lidl Discount Food Stores
  2002 Ed. (232)
Lidl Discount SRL
  2019 Ed. (1942)
  2020 Ed. (1880)
  2021 Ed. (1839)
  2022 Ed. (1510, 1887)
  2023 Ed. (1684, 1692, 2000)
Lidl Discount SRL (Romania)
  2022 Ed. (1510)
Lidl GmbH & Co.
  2006 Ed. (4945)
Lidl Hrvatska d.o.o. k.d.
  2017 Ed. (1532)
  2018 Ed. (1513)
  2019 Ed. (1541)
  2020 Ed. (1514)
  2021 Ed. (1499)
  2022 Ed. (1513)
  2023 Ed. (1687)
Lidl Osterreich GmbH
  2015 Ed. (1456)
Lidl Polska
  2017 Ed. (1537)
  2018 Ed. (1518)
Lidl & Schwarz Stiftung & Co.
  2002 Ed. (1076)
  2006 Ed. (48)
  2007 Ed. (19, 39, 46)
  2008 Ed. (24, 42)
  2009 Ed. (27, 48)
  2012 Ed. (35)
Lidl & Schwarz Stiftung & Co. KG
  2006 Ed. (4643)
Lidl (U.K.)
  2018 Ed. (1999)
LIDS
  2019 Ed. (4272, 4285)
Lids
  2018 Ed. (4256)
  2020 Ed. (4261, 4276)
Lieber & Co.
  1993 Ed. (2337)
Lieberman
  1990 Ed. (1164)
  1993 Ed. (2979)
Lieberman Cos.
  1991 Ed. (2240)
Lieberman; Lauren
  2011 Ed. (3357)
Lieberman; Leonard
  1989 Ed. (1377)
Lieberman; Senator Joe
  2007 Ed. (2706)
Liebherr
  1996 Ed. (2245)
  2015 Ed. (1145)
  2016 Ed. (1055)
  2017 Ed. (1089)
  2018 Ed. (1018)
  2019 Ed. (1023, 1026)
  2020 Ed. (1017, 1018)
  2021 Ed. (984, 985)
  2022 Ed. (1022, 1023)
  2023 Ed. (1201, 1202)
Liebherr (Germany)
  2021 Ed. (984)
  2022 Ed. (1022)
Liebherr International
  1993 Ed. (1082, 1406)
Liebherr-International AG
  2021 Ed. (2491, 3465)
  2022 Ed. (2603, 3467)
Liebherr International SA
  2003 Ed. (1670)
Liebherr-International SA
  2017 Ed. (2492)
  2018 Ed. (2548)
  2023 Ed. (2744)
Liebherr; Isolde
  2016 Ed. (4878)
  2017 Ed. (4878)
  2018 Ed. (4890)
  2019 Ed. (4882)
Liebherr Mietpartner
  2021 Ed. (3284)
  2022 Ed. (3369, 3376)
  2023 Ed. (3487)
Liebherr-Nizhny Novgorod
  2011 Ed. (3512)
Liebherr-Swissholding SA
  2003 Ed. (1671, 1829, 4396)
Liebherr; Willi
  2016 Ed. (4878)
  2017 Ed. (4878)
  2018 Ed. (4890)
  2019 Ed. (4882)
Liebherr-Wohnungsbau GmbH
  2007 Ed. (4090)
Lieblein; Grace
  2013 Ed. (2957)
Lieblin; Grace D.
  2011 Ed. (2949)
Liebmann; Marianne Cargill
  2011 Ed. (4819)
Liechtenstein
  1990 Ed. (1747)
  2006 Ed. (2716)
  2014 Ed. (2645)
  2016 Ed. (2604)
  2017 Ed. (2535)
  2018 Ed. (2607)
  2019 Ed. (2592)
  2020 Ed. (2584)
Liechtenstein Global Trust
  1999 Ed. (3102)
Liechtensteinische Landesbank
  1989 Ed. (608)
  1992 Ed. (761)
  1993 Ed. (553)
  1994 Ed. (555)
  1995 Ed. (529)
  1996 Ed. (585)
  1997 Ed. (541)
  1999 Ed. (578)
  2000 Ed. (596)
  2002 Ed. (610)
  2003 Ed. (575)
  2004 Ed. (583)
  2005 Ed. (572)
  2006 Ed. (493)
  2007 Ed. (514)
  2008 Ed. (471)
  2009 Ed. (493)
  2010 Ed. (475)
  2011 Ed. (402)
  2012 Ed. (560)
  2013 Ed. (445)
  2014 Ed. (460)
  2015 Ed. (518)
  2016 Ed. (471)
  2017 Ed. (489)
  2018 Ed. (454)
  2019 Ed. (465)
  2020 Ed. (449)
  2023 Ed. (669)
Liedtke; J. Hugh
  1990 Ed. (976, 1713, 1726)
Lieff Cabraser Heimann & Bernstein
  2012 Ed. (3384)
Liege Airport
  2021 Ed. (157)
  2022 Ed. (149)
  2023 Ed. (223)
Liege, Belgium
  2009 Ed. (256, 260)
  2010 Ed. (248)
  2013 Ed. (163)
  2014 Ed. (167)
  2015 Ed. (194)
Liem Sioe Liong
  2006 Ed. (4916)

Liemandt; Joe
    2005 Ed. (2453)
Lien Fu Ltd.
    1990 Ed. (1068)
    1994 Ed. (1033)
Lien Hwa Industrial
    2007 Ed. (2006)
Lien Hwa Industrial Gases Co. Ltd.
    1990 Ed. (2520)
    1992 Ed. (1119)
    1994 Ed. (933)
Lien I Textiles Co. Ltd.
    1994 Ed. (1463)
Lien; Margaret
    2010 Ed. (3963)
Lien Siaou-Sze
    2003 Ed. (4984)
    2005 Ed. (4991)
Liepajas ML
    2002 Ed. (4438)
    2006 Ed. (4515)
Lies: And the Lying Liars Who Tell Them...
    2005 Ed. (726)
    2006 Ed. (637)
Lietuva Statoil UAB
    2012 Ed. (1660)
    2013 Ed. (1814)
Lietuvos Bankas
    2009 Ed. (494)
    2010 Ed. (476)
    2011 Ed. (403)
Lietuvos Dujos
    2002 Ed. (4440)
    2006 Ed. (4516)
Lietuvos Dujos; AB
    2009 Ed. (1845)
    2011 Ed. (1802)
Lietuvos Eektrine
    2006 Ed. (4516)
Lietuvos Energija
    2002 Ed. (4440, 4441)
    2006 Ed. (4516)
Lietuvos Energija AB
    2009 Ed. (1845)
    2011 Ed. (1802)
    2012 Ed. (1660)
    2013 Ed. (1814)
Lietuvos Gelezinkelai AB
    2009 Ed. (1845)
    2011 Ed. (1802)
    2012 Ed. (1660)
    2013 Ed. (1814)
Lietuvos Taupomasis Bankas
    2002 Ed. (527, 611, 4440)
    2003 Ed. (576)
Lietuvos Telekomas
    2006 Ed. (4516)
Lietuvos Zemes Ukio Bankas
    1996 Ed. (586)
    1999 Ed. (579)
    2000 Ed. (597)
    2002 Ed. (527, 611, 4440)
    2003 Ed. (576)
Lieutenant General Dahi Khalfan Tamim
    2013 Ed. (3490)
LIF
    2010 Ed. (4708, 4709)
Life
    1990 Ed. (2798)
    1992 Ed. (2149)
    1993 Ed. (1857)
    1994 Ed. (2793)
    2000 Ed. (943)
    2012 Ed. (454, 4591)
Life
    2020 Ed. (780)
Life Actuarial Services
    2017 Ed. (19)
Life Alert
    2017 Ed. (2138)
    2018 Ed. (3152)
Life assurance
    2001 Ed. (2223)
Life of Barbados
    2002 Ed. (4187, 4188)
Life is Beautiful
    2001 Ed. (3366)
Life is Beautiful Festival
    2015 Ed. (1140)
    2018 Ed. (1011)
Life is Brewing
    2023 Ed. (912)
Life Care Center of Reno
    2012 Ed. (1744)
Life Care Centers of America
    1991 Ed. (2625)
    1995 Ed. (2801)
    1998 Ed. (2691)
    1999 Ed. (3636)
    2000 Ed. (3361, 3825)
    2003 Ed. (3653)
    2004 Ed. (3701)
    2009 Ed. (2970, 4166)
    2010 Ed. (2910, 4100, 4101)
    2011 Ed. (4070, 4071)
    2012 Ed. (4104)
    2013 Ed. (2088, 2860)
    2014 Ed. (2022, 2891)
    2015 Ed. (2065, 2934, 2965)
    2016 Ed. (2032, 2869, 2899)
    2017 Ed. (1993, 2827, 2858)
    2018 Ed. (1947, 2899, 2928)
    2019 Ed. (2002, 2853)
    2020 Ed. (1928, 2880)
    2021 Ed. (1888, 2754)
    2022 Ed. (1934, 2904)
    2023 Ed. (2051, 3026)
Life Care Centers of America, Inc.
    2021 Ed. (2768)
    2022 Ed. (2932)
Life Care Services
    2018 Ed. (2743)
    2019 Ed. (2727, 3700, 3701)
    2020 Ed. (193, 194, 195, 3745, 3746, 4288)
    2021 Ed. (192, 193, 194, 3746, 3747, 4263)
    2022 Ed. (206, 207, 208, 3764, 3765, 4275)
Life Care Services Corp.
    1990 Ed. (1167)
    1991 Ed. (1057)
    1999 Ed. (1935)
    2000 Ed. (1723, 3825)
Life Care Services LLC
    2006 Ed. (4191)
Life & Casualty Insurance Co. of TN
    1992 Ed. (2662)
The Life-Changing Magic of Tidying Up
    2017 Ed. (622)
    2018 Ed. (588)
Life companies
    2000 Ed. (2646)
Life insurance companies
    1992 Ed. (2640)
    1997 Ed. (178)
Life Continental Lager
    2022 Ed. (678)
    2023 Ed. (879)
Life Control
    2013 Ed. (3676)
Life Corp.
    2013 Ed. (4540)
Life Cycle Engineering
    2008 Ed. (2074)
    2009 Ed. (2045)
    2010 Ed. (1977)
    2011 Ed. (2038)
    2012 Ed. (1887)
Life Esteem Inc.
    2019 Ed. (3599)
    2020 Ed. (3571)
    2023 Ed. (3758)
Life Financial Corp.
    2001 Ed. (3349)
Life Fitness
    1993 Ed. (1707)
    2001 Ed. (2349)
Life Fitness Exerciser
    1994 Ed. (1724)
Life Foundation
    2014 Ed. (1625)
    2016 Ed. (1633)
A Life God Rewards
    2004 Ed. (740)
Life & Health of America
    2002 Ed. (2911)
Life & Health Insurance Co. of America
    2000 Ed. (2689)
Life and Health, Pa.
    1989 Ed. (1691)
Life Healthcare
    2021 Ed. (657)
    2022 Ed. (625, 696)
Life Housing & Construction Co. Ltd.
    1992 Ed. (1571)
Life insurance
    1989 Ed. (2475)
    1992 Ed. (2234, 4070)
    1993 Ed. (2174, 3232)
    1994 Ed. (3286)
    1995 Ed. (2246, 3290, 3390)
    1996 Ed. (2257)
    2002 Ed. (2780, 2784, 2785)
Life Insurance Co. of Georgia
    1991 Ed. (2107)
    1993 Ed. (2225)
    2000 Ed. (2688)
    2002 Ed. (2910)
Life Insurance Co. of North America
    1992 Ed. (2659, 2661)
    1993 Ed. (2222)
    1997 Ed. (2447)
    1998 Ed. (2160)
    2007 Ed. (3148)
    2008 Ed. (3298)
    2009 Ed. (3358)
    2010 Ed. (3296)
    2011 Ed. (3257)
    2012 Ed. (3233)
    2013 Ed. (3312)
Life Insurance Co. of Virginia
    1995 Ed. (3365)
Life Insurance Corp. of India
    1999 Ed. (2887)
    2001 Ed. (2883)
    2002 Ed. (2821)
    2005 Ed. (3226)
Life Insurance Corp. of India Group
    1997 Ed. (2394)
Life Insurance Selling
    2008 Ed. (4715)
    2009 Ed. (4757)
    2010 Ed. (4767)
Life-insurance cash values
    1993 Ed. (2365)
Life Investors Insurance Co. of America
    1995 Ed. (2286)
    1997 Ed. (2449)
    1998 Ed. (2159)
    2001 Ed. (2936)
    2010 Ed. (3319)
Life Is Beautiful Festival
    2023 Ed. (1178)
Life of Jamaica
    1996 Ed. (2437, 2438)
Life Line
    2011 Ed. (2260)
    2012 Ed. (2128)
Life of North America
    1997 Ed. (2427)
Life Partners
    2010 Ed. (4530)
Life Partners Holdings Inc.
    2010 Ed. (4499, 4501)
    2011 Ed. (2837, 4433, 4436, 4444, 4470)
    2012 Ed. (2604, 2768, 2782)
Life Pharmacy
    2012 Ed. (4359)
Life of Pi
    2005 Ed. (728)
    2006 Ed. (640)
Life Re Corp.
    2000 Ed. (1314)
Life Reassurance Corp of America
    2000 Ed. (2684)
Life Saver Holes
    1995 Ed. (892)
Life Savers
    1994 Ed. (852)
    1995 Ed. (892)
    2003 Ed. (1131, 1132)
    2008 Ed. (835)
    2014 Ed. (828, 831)
    2015 Ed. (868)
    2016 Ed. (756)
    2017 Ed. (813)
    2018 Ed. (745)
    2020 Ed. (749)
    2021 Ed. (768, 776)
    2023 Ed. (904)
Life Savers Gummi Savers
    1995 Ed. (891)
Life Savers Gummies
    2014 Ed. (830)
    2015 Ed. (870)
    2016 Ed. (757)
    2017 Ed. (814)
    2018 Ed. (743, 746)
    2019 Ed. (759)
    2020 Ed. (751, 761)
    2021 Ed. (770, 782)
    2022 Ed. (804, 811)
    2023 Ed. (1010)
Life Savers Holes
    1994 Ed. (852)
Life Savers Pops
    1994 Ed. (853)
Life Savings Bank
    1998 Ed. (3569)
Life Science Nutritionals Inc.
    2014 Ed. (2874)
    2015 Ed. (1528, 3987)
    2016 Ed. (1455, 1468, 3453)
    2017 Ed. (1474, 3410)
Life sciences
    2002 Ed. (3963, 3975, 3976, 3977)
    2005 Ed. (3662)
    2008 Ed. (1632, 1638)
Life of the South Group
    2008 Ed. (3287)
    2009 Ed. (3345)
    2010 Ed. (3284)
    2012 Ed. (3221)
    2013 Ed. (3300)
    2018 Ed. (3268, 3269)
    2019 Ed. (3218, 3219)
    2020 Ed. (3233, 3234)
    2021 Ed. (3099, 3100)
    2022 Ed. (3240, 3241)
    2023 Ed. (3329, 3330)
Life Storage Inc.
    2023 Ed. (1918)
Life Strategies
    2003 Ed. (723, 725)
Life & Style
    2009 Ed. (173)
Life Style
    1997 Ed. (3830)
Life & Style Weekly
    2013 Ed. (3578, 3580, 3582)
Life Styles
    1999 Ed. (1303)
Life Technologies
    2013 Ed. (607, 3612)
    2014 Ed. (3673)
    2015 Ed. (1346)
Life Technologies Corp.
    1992 Ed. (893)
    1993 Ed. (701, 702)
    1994 Ed. (710, 712)
    1995 Ed. (665, 667)
    1996 Ed. (741)
    1997 Ed. (674)
    1998 Ed. (465)
    2000 Ed. (738)
    2001 Ed. (1203)
    2002 Ed. (3560)
    2012 Ed. (485, 486, 487, 488, 490, 2462)
    2013 Ed. (601, 602, 604, 605, 3566)
    2014 Ed. (616, 617, 619, 625)
    2015 Ed. (687, 3567)
    2016 Ed. (3423)
Life Time
    2023 Ed. (3064)
Life Time Fitness
    2016 Ed. (2898)
    2017 Ed. (2857)
    2018 Ed. (2927)
    2019 Ed. (2881)
    2020 Ed. (2903)
    2021 Ed. (2772)
    2022 Ed. (2937)
Life Time Fitness Inc.
    2006 Ed. (4296)
    2008 Ed. (2277)
    2010 Ed. (263)
    2011 Ed. (182, 184)
    2012 Ed. (191)
    2013 Ed. (172)
    2014 Ed. (177, 178)
    2015 Ed. (206, 207)
    2016 Ed. (197, 198)
Life USA
    1998 Ed. (3418)
Life USA Holding
    1997 Ed. (2435)
Life of Virginia
    1989 Ed. (2158)
    1990 Ed. (2249)
    1991 Ed. (2117)
    1996 Ed. (3770)
Life of Virginia Commonwealth Fidelity High Income
    1997 Ed. (3824)
Life of Virginia Commonwealth/Janus Aspen Flex Income
    2000 Ed. (4329)
Life of Virginia Commonwealth Oppenheimer High Income
    1994 Ed. (3614)
Life of Virginia Commonwealth VIP High Income
    1994 Ed. (3614)
Life Wear Technologies
    2018 Ed. (1892)
    2019 Ed. (1938)
Life (x) 3
    2005 Ed. (4687)
LIFEAID Beverage Co.
    2019 Ed. (2673)
Lifeboost
    2022 Ed. (1613)
    2023 Ed. (1776, 2847)
Lifeboost Coffee
    2022 Ed. (2724, 2726)
    2023 Ed. (2861)
LifeBranz
    2007 Ed. (75)
LifeBridge Health
    2011 Ed. (1824, 3672)
    2018 Ed. (1688)
    2020 Ed. (1695)
    2022 Ed. (1694)
    2023 Ed. (1843)
LifeBrite Laboratories LLC
    2020 Ed. (1559)
Lifebroker
    2012 Ed. (1332)
Lifebuoy
    2023 Ed. (2142)
LifeCare Inc.
    2006 Ed. (4344)
LifeCare Services Corp.
    1998 Ed. (2055, 3099)
LifeCell Corp.
    2006 Ed. (2740)
    2007 Ed. (2717, 2718, 2749, 4697)
    2008 Ed. (1975, 3646, 4347, 4414)
    2009 Ed. (4477, 4653)
LifeChurch.tv
    2010 Ed. (4178)
Lifeco
    1990 Ed. (3650, 3651, 3652)
    1993 Ed. (3626)
LifeCo Investment Group
    1996 Ed. (385)
Lifecore Biomed
    1993 Ed. (2748)

CUMULATIVE INDEX • 1989-2023

Lifecore Biomedical
  2006 Ed. (1884)
  2008 Ed. (1932)
  2009 Ed. (4453, 4475)
Lifecycle Exercise Bicycle
  1994 Ed. (1724)
Lifecycle Software Ltd.
  2002 Ed. (2494)
Lifeguard
  2008 Ed. (553)
LifeGuard en HealthGuard
  2010 Ed. (2951)
LifeGuard Medical Solutions
  2009 Ed. (2950)
LifeLabs
  2021 Ed. (2756)
  2022 Ed. (2908)
  2023 Ed. (3029)
Lifeline
  2020 Ed. (2673)
Lifeline System
  1992 Ed. (3310)
Lifeline Systems Inc.
  2004 Ed. (1080)
LifeLink
  2013 Ed. (3676)
LifeLock
  2012 Ed. (4047, 4446)
  2013 Ed. (4407)
  2015 Ed. (2341)
  2018 Ed. (3151)
Lifematters
  2011 Ed. (2866)
LifeMinders, Inc.
  2002 Ed. (2527, 2534)
LifeNet Insurance Co.
  2012 Ed. (1627)
  2013 Ed. (1786)
Lifepath Hospice
  2014 Ed. (3007)
  2017 Ed. (2928)
Lifeplan Australia
  2003 Ed. (3957)
Lifeplan Australia Friendly Society
  2004 Ed. (3952)
LifePoint Health
  2017 Ed. (1994, 2859)
  2018 Ed. (2929)
  2019 Ed. (2003, 2883)
  2020 Ed. (2905)
  2021 Ed. (1882)
  2023 Ed. (2039)
LifePoint Health Inc.
  2018 Ed. (3030)
  2019 Ed. (1998)
Lifepoint Health Inc.
  2018 Ed. (2914)
  2019 Ed. (2870)
  2020 Ed. (2892)
LifePoint Hospitals
  2001 Ed. (2667)
  2002 Ed. (3291)
  2003 Ed. (2825)
  2004 Ed. (2927)
  2005 Ed. (2915)
  2006 Ed. (2925)
  2007 Ed. (2776, 2790, 2935)
  2008 Ed. (2883, 2901)
  2009 Ed. (2959)
  2010 Ed. (2891, 2898, 3082)
  2011 Ed. (2871)
  2012 Ed. (3730)
  2013 Ed. (3774)
  2014 Ed. (3707)
  2015 Ed. (3721)
Lifepoint Hospitals
  2016 Ed. (2900)
LifeSaver Holes
  1993 Ed. (835)
Lifesavers
  1993 Ed. (835)
  1995 Ed. (894, 897)
  1996 Ed. (871)
  1997 Ed. (886, 888)
  1998 Ed. (615, 616, 624, 625)
  1999 Ed. (1018)
  2000 Ed. (970, 973, 975, 976, 977)
  2001 Ed. (1114, 1119)
  2002 Ed. (933, 935)
  2006 Ed. (774, 1006)
  2008 Ed. (836, 839)
  2016 Ed. (759)
  2017 Ed. (816)
  2019 Ed. (761, 762)
LifeSavers Bubble Gum
  2000 Ed. (1040)
LifeSavers Bubble Yum
  1997 Ed. (976)
LifeSavers Care-Free
  2000 Ed. (1041)
Lifesavers Creame Savers
  2002 Ed. (935)
Lifesavers Creme Savers
  2001 Ed. (1119)
Lifesavers Delites
  2008 Ed. (836)
LifeSavers Fruit Stripe
  1997 Ed. (976)

LifeSaver's Gummi
  2000 Ed. (969)
LifeSavers Gummies
  2005 Ed. (859)
Lifesavers Gummies
  2016 Ed. (758)
LifeSavers GummiSavers
  1997 Ed. (887, 889)
LifeSavers Holes
  1995 Ed. (897)
  1996 Ed. (871)
  1997 Ed. (886)
LifeSavers Ice Breakers
  2000 Ed. (1041)
Lifesavers Plain Mints
  2001 Ed. (1119)
  2002 Ed. (935)
Lifescan
  1994 Ed. (1529)
  1995 Ed. (1608)
  1996 Ed. (767, 1583)
  1997 Ed. (1655)
  2000 Ed. (3076)
  2001 Ed. (3267)
  2002 Ed. (3298)
  2003 Ed. (2050)
Lifescan 1 Touch 11/1 Touchbasic/1 Touch Test Strips
  1997 Ed. (1656)
Lifescan Fast Take
  2003 Ed. (2050)
Lifescan One Touch
  2003 Ed. (2050)
Lifescan One Touch Ultra
  2017 Ed. (2132)
  2018 Ed. (2178)
  2019 Ed. (2167)
  2020 Ed. (2164)
  2021 Ed. (2153)
Lifescan One Touch Ultramini
  2017 Ed. (2132)
  2018 Ed. (2178)
Lifescan One Touch Verio
  2017 Ed. (2132)
  2018 Ed. (2178)
  2019 Ed. (2167)
  2020 Ed. (2164)
  2021 Ed. (2153)
Lifescan Surestep
  2003 Ed. (2050)
LifeScript.com
  2010 Ed. (3370)
Lifeshield
  1994 Ed. (2686)
LifeSize
  2010 Ed. (280)
  2011 Ed. (203)
LifeSmiles
  2020 Ed. (3021)
LifeSource
  2018 Ed. (3002)
  2020 Ed. (2969)
  2021 Ed. (2830)
LifeSpan BioSciences Inc.
  2006 Ed. (2765)
Lifespan Corp.
  2007 Ed. (2767)
  2008 Ed. (2884)
  2011 Ed. (2021)
  2012 Ed. (1869)
  2013 Ed. (2029)
  2014 Ed. (1964)
  2015 Ed. (2010, 2011)
  2021 Ed. (1836, 1837)
  2022 Ed. (1885)
Lifespan Risk Services Inc.
  2010 Ed. (1961)
Lifestream Technologies Inc.
  2004 Ed. (236)
Lifestyle
  2004 Ed. (3334, 3335)
  2005 Ed. (3359)
  2007 Ed. (2311)
LifeStyle Builders & Developers
  2003 Ed. (1205)
  2004 Ed. (1212)
Lifestyle Communities
  2021 Ed. (1376)
Lifestyle Family Fitness Inc.
  2013 Ed. (2888)
Lifestyle Furnishings International Inc.
  1998 Ed. (1783)
  1999 Ed. (2544)
  2000 Ed. (2287)
  2001 Ed. (2565, 2569, 2570)
  2003 Ed. (2584, 2586)
Lifestyle Furniture International
  2000 Ed. (2255)
Lifestyle Holdings Inc.
  2001 Ed. (2570)
Lifestyle Homes
  2005 Ed. (1205)
Lifestyle International
  2009 Ed. (1494)
Lifestyle International Holdings
  2012 Ed. (4345)
  2013 Ed. (4282)

Lifestyle NUDA Ultra Sensitive
  1995 Ed. (1121)
Lifestyle, premixed portfolios
  2001 Ed. (2525)
Lifestyle Service Industries Inc.
  2019 Ed. (2997)
  2020 Ed. (3026)
  2021 Ed. (2886)
  2022 Ed. (3011)
  2023 Ed. (3128)
Lifestyle U.K.
  2002 Ed. (45)
LifeStyles
  1997 Ed. (1115, 1116)
  1998 Ed. (869, 870, 871, 932)
  2002 Ed. (1166)
  2003 Ed. (1130)
  2015 Ed. (1142)
Lifestyles Condoms
  1989 Ed. (2043)
LifeStyles Healthcare
  2021 Ed. (968)
  2022 Ed. (1006)
Lifestyles Healthcare
  2023 Ed. (1183, 1328, 1329, 3567, 3568)
LifeStyles Ultra Sensitive
  2003 Ed. (1130)
Lifetime
  1990 Ed. (869, 880, 885)
  1992 Ed. (1673, 2384)
  1993 Ed. (812, 2018)
  1995 Ed. (1232)
  1996 Ed. (854)
  1998 Ed. (583, 589, 605)
  2001 Ed. (1089)
  2006 Ed. (4711, 4713)
  2007 Ed. (4732, 4733)
  2008 Ed. (4654, 4655)
  2009 Ed. (4696)
  2017 Ed. (2392)
Lifetime Achievement
  2008 Ed. (2614)
Lifetime Assistance Inc.
  2022 Ed. (1783)
Lifetime Brands
  2017 Ed. (4205)
Lifetime Brands Inc.
  2008 Ed. (2989)
  2009 Ed. (3072)
Lifetime Care
  2016 Ed. (2972)
Lifetime Corp., Warrants
  1994 Ed. (2714)
Lifetime Design Corp.
  2021 Ed. (4994)
Lifetime Entertainment Services
  2006 Ed. (765)
  2007 Ed. (863)
  2008 Ed. (824)
LifeTime Fitness Inc.
  2005 Ed. (2810)
  2006 Ed. (2786)
  2007 Ed. (2787)
  2012 Ed. (2817)
  2013 Ed. (2888)
  2014 Ed. (2917)
  2021 Ed. (2772)
  2022 Ed. (2937)
Lifetime Healthcare Cos., Inc.
  2018 Ed. (1784)
  2019 Ed. (1841)
  2020 Ed. (1782)
  2021 Ed. (1751)
  2022 Ed. (1783)
Lifetime Hoan Corp.
  2004 Ed. (2949, 2950)
Lifetime Products
  2017 Ed. (3408)
Lifetime Quality Roofing & Storm Restoration LLC
  2022 Ed. (1830)
LIFETIME Television
  1994 Ed. (829, 2467)
Lifetime Windows & Siding
  2023 Ed. (1667)
Lifetouch
  2014 Ed. (2455)
  2015 Ed. (2524)
  2016 Ed. (2459)
  2017 Ed. (2310)
  2018 Ed. (2350)
  2019 Ed. (2352, 2364)
Lifetouch Inc.
  2000 Ed. (1785)
  2001 Ed. (2224)
  2002 Ed. (2115)
  2003 Ed. (2268)
  2010 Ed. (3861, 3862)
  2011 Ed. (3869)
  2012 Ed. (3848)
  2013 Ed. (3908)
  2014 Ed. (3841, 3842)
  2015 Ed. (3866, 3867)
  2016 Ed. (3775, 3776)
Lifetrack Super Fund
  2004 Ed. (3082, 3963)
LifeTree Manufacturing
  2018 Ed. (2698)

Lifetree Manufacturing
  2017 Ed. (2628)
LifeUSA
  1998 Ed. (170)
LifeVantage
  2013 Ed. (2335)
  2014 Ed. (2266)
  2018 Ed. (2022)
  2019 Ed. (2078)
Lifeway
  2008 Ed. (4578)
  2010 Ed. (3675)
  2011 Ed. (4493)
  2017 Ed. (3529)
  2018 Ed. (3578)
  2019 Ed. (3569, 5000)
  2020 Ed. (3543)
  2021 Ed. (3560)
LifeWay Christian Resources
  2008 Ed. (2102)
  2010 Ed. (2019)
  2011 Ed. (2076)
Lifeway Christian Resources
  2018 Ed. (4224)
  2019 Ed. (4251)
Lifeway Foods
  1993 Ed. (932, 933)
  2008 Ed. (4383)
  2009 Ed. (4463)
  2010 Ed. (4496, 4514)
  2015 Ed. (1692, 2779)
  2016 Ed. (1644, 2709)
Lifeway Foods Inc.
  2018 Ed. (2155)
Lifeway Kefir
  2013 Ed. (4462)
  2014 Ed. (4507)
  2015 Ed. (4507)
  2016 Ed. (4444)
Lifeway Organic
  2017 Ed. (3529)
Lifeway Probugs
  2017 Ed. (3529)
Lifewtr
  2019 Ed. (3692, 3693)
Liffe, London
  1993 Ed. (1915)
Lifosa
  2002 Ed. (4440, 4441)
Lifosa; AB
  2009 Ed. (1845)
Lift Interactive Inc.
  2012 Ed. (1302)
LIFTinnovate
  2022 Ed. (1410)
Liftoff
  2019 Ed. (52, 965, 1436, 2893, 3981)
LIG Insurance
  2013 Ed. (3338)
  2014 Ed. (3357)
  2015 Ed. (3390)
  2016 Ed. (3261)
  2017 Ed. (3217)
LIG Nex1
  2020 Ed. (2150)
  2021 Ed. (2146)
  2022 Ed. (2179)
"Liga de Ascenso"
  2014 Ed. (2971)
"Liga MX"
  2016 Ed. (2935)
  2017 Ed. (2895)
  2018 Ed. (2961)
"Liga MX (Ef)"
  2018 Ed. (2961)
"Liga MX L"
  2018 Ed. (2961)
Ligand Pharmaceuticals
  2016 Ed. (3890)
  2017 Ed. (1416, 3858)
  2018 Ed. (1392, 2860, 3895)
Liggett
  1989 Ed. (906)
  1990 Ed. (994)
  1991 Ed. (933)
  1992 Ed. (1148, 1149, 4306)
  1993 Ed. (942)
  1994 Ed. (954)
  1995 Ed. (984)
  1996 Ed. (970, 3701, 3702)
  1997 Ed. (986)
  1999 Ed. (1134)
Liggett Group Inc.
  2003 Ed. (968, 4754)
Liggett & Meyers
  1989 Ed. (909)
Liggett Select
  2015 Ed. (986)
  2016 Ed. (887)
  2017 Ed. (935)
  2018 Ed. (870)
Liggett-Stashower
  1990 Ed. (3079)
  2002 Ed. (3846)
Liggett-Stashower Public Relations
  2003 Ed. (4011)
Liggins III; Alfred
  2006 Ed. (914)

Light
 1996 Ed. (3281)
 1997 Ed. (3378)
 2004 Ed. (1779)
 2005 Ed. (1847)
 2017 Ed. (3615)
 2018 Ed. (3678)
A Light in the Attic
 1990 Ed. (980)
Light beer
 1991 Ed. (744)
 2001 Ed. (675)
Light Blue
 2017 Ed. (3699)
 2020 Ed. (3776)
 2021 Ed. (3769)
Light blue
 1992 Ed. (425, 426)
Light Blue Trading (Bahamas) Ltd.
 1996 Ed. (1055)
Light Brown
 1992 Ed. (426, 427)
 2001 Ed. (536)
Light bulbs
 1998 Ed. (2224)
 2001 Ed. (2812)
 2003 Ed. (2770, 3943, 3944)
 2004 Ed. (4190)
Light bulbs, incandescent
 2003 Ed. (2770)
Light Chaser
 2017 Ed. (1497)
Light & Coley
 2001 Ed. (1445)
Light truck drivers
 2022 Ed. (3769)
Light Green
 2001 Ed. (536)
Light-it
 2022 Ed. (1980, 4567)
Light of Life Ministries Inc.
 2010 Ed. (4179)
Light 'N Fluffy
 2014 Ed. (3805)
 2015 Ed. (3828)
Light 'N' Lively
 1993 Ed. (2122)
 2000 Ed. (1015, 4150)
 2001 Ed. (1168)
 2003 Ed. (923)
Light 'N' Lively Free
 2000 Ed. (1015, 4150)
 2001 Ed. (1168)
 2003 Ed. (923)
Light n' Lively (Kraft)
 1990 Ed. (3713)
Light SA
 2013 Ed. (2527)
Light Servicos Eletricidade
 1990 Ed. (1334)
Light Trucks
 1999 Ed. (4565)
 2000 Ed. (4210)
Light trucks, sales & leasing
 1999 Ed. (1002)
Light-Up Links
 2016 Ed. (2288)
Light Vehicle Braking Systems
 1999 Ed. (1628)
Lightbox
 2018 Ed. (4631)
 2021 Ed. (4628)
 2022 Ed. (4646)
 2023 Ed. (4641)
Lightbox Entertainment
 2019 Ed. (4647)
Lightbridge
 2005 Ed. (4637)
 2006 Ed. (4701)
 2008 Ed. (1918)
Lightbridge Academy
 2018 Ed. (860)
 2021 Ed. (876)
 2022 Ed. (908)
 2023 Ed. (1074, 2412)
Lightbulbs
 2002 Ed. (3081)
Lightenco
 2021 Ed. (1453)
 2022 Ed. (2396)
Lighter Capital Inc.
 2018 Ed. (2033)
Lighter fluid & flints
 2002 Ed. (1051)
Lighters
 1990 Ed. (3032, 3033, 3034)
 2001 Ed. (4553)
 2002 Ed. (1051, 2277)
 2005 Ed. (4703)
Lightfoot, Franklin
 2013 Ed. (3448)
Lightfoot, Franklin & White LLC
 2014 Ed. (3433)
 2021 Ed. (3192)
Lightfull
 2011 Ed. (4628)

Lighthouse Capital Management, Growth & Income
 2003 Ed. (3114)
Lighthouse Computer Services Inc.
 2002 Ed. (2521)
 2003 Ed. (2742)
 2011 Ed. (1058)
 2012 Ed. (985)
Lighthouse Holdings
 2010 Ed. (1381)
Lighthouse Recruiting
 2018 Ed. (29)
 2019 Ed. (25)
Lighthouse Solar Texas
 2020 Ed. (4437)
Lighting
 2001 Ed. (2779)
Lighting fixtures
 1996 Ed. (2566)
Lighting by Gregory
 1990 Ed. (2441)
Lighting, street & highway
 2005 Ed. (2315)
Lighting One
 2005 Ed. (2879, 3290)
 2006 Ed. (3282)
 2007 Ed. (3350)
 2008 Ed. (3446)
 2009 Ed. (3522)
 2010 Ed. (3451)
 2011 Ed. (3452)
Lightlife
 2023 Ed. (3671, 4025)
Lightlife Foods
 2008 Ed. (2777)
Lightlife Foods Inc.
 2018 Ed. (2778)
Lightning Internet Services, LLP
 2002 Ed. (2525)
The Lightning Thief
 2020 Ed. (587)
Lightology
 2020 Ed. (3367)
Lightpoint Inc.
 2011 Ed. (1712)
 2012 Ed. (1571)
Lights of America
 2016 Ed. (3355)
 2017 Ed. (3320)
 2018 Ed. (3383)
Lights of Las Vegas Inc.
 2006 Ed. (4365)
LightsOnline.com
 2012 Ed. (2295)
Lightspeed
 2014 Ed. (742)
Lightspeed/Just2Trade
 2013 Ed. (719)
Lightspeed POS
 2022 Ed. (2280, 2281)
Lightspeed Pro Trading
 2008 Ed. (738)
Lightspeed Trading
 2010 Ed. (677)
 2011 Ed. (604, 611, 612)
 2012 Ed. (574, 578)
 2013 Ed. (710, 718)
 2014 Ed. (733, 741)
 2017 Ed. (750, 756, 759, 760)
 2018 Ed. (690, 691)
 2019 Ed. (704)
LightStep
 2021 Ed. (958)
 2022 Ed. (994)
 2023 Ed. (1166)
Lightstone Group
 1999 Ed. (2623, 2670)
LightWave Solar
 2018 Ed. (4457)
 2022 Ed. (4441)
Ligon Nationwide
 1991 Ed. (3432)
Ligue 1
 2022 Ed. (4429)
Liguori Publications
 2011 Ed. (528)
Lihadh Al Ghazali
 2013 Ed. (3476)
Lihir Gold
 2009 Ed. (1494, 1498, 3747)
 2010 Ed. (1936)
Lihua; Chen
 2005 Ed. (2515)
Lihua; Zou
 2014 Ed. (938)
Lii Hen Industries
 2022 Ed. (1687)
Liikennevirta
 2021 Ed. (1508)
Lijanovici
 2008 Ed. (27)
Like Mike
 2018 Ed. (3684)
Likeable
 2020 Ed. (3459)
 2022 Ed. (3536)
 2023 Ed. (3657)

Likeable Social Media
 2013 Ed. (622)
Lil' Angels Photography
 2002 Ed. (3706)
 2003 Ed. (3873)
 2004 Ed. (913, 3894)
 2005 Ed. (3834)
 2006 Ed. (3901)
 2007 Ed. (3951)
 2009 Ed. (4053)
 2011 Ed. (3974)
 2012 Ed. (3976)
 2013 Ed. (4036)
 2014 Ed. (3973)
 2018 Ed. (3931)
Lil' Bow Wow
 2003 Ed. (2331)
 2004 Ed. (2411)
Lil' Champ Food Stores Inc.
 1997 Ed. (1209)
Lil' Drug Store
 2016 Ed. (946)
 2017 Ed. (992)
 2018 Ed. (926)
 2019 Ed. (915)
 2021 Ed. (921)
 2022 Ed. (169)
 2023 Ed. (239)
Lil' Drug Store Advil
 2021 Ed. (179)
 2022 Ed. (169)
Lil' Drug Store Aleve
 2021 Ed. (179)
 2022 Ed. (169)
Lil' Drug Store Tylenol
 2021 Ed. (179)
Lil' Drug Store Vicks DayQuil
 2021 Ed. (921)
Lil-Lets
 1992 Ed. (3404)
 1994 Ed. (2819)
 1996 Ed. (2988)
 1999 Ed. (3779)
 2001 Ed. (2413)
Li'l Miss Makeup Doll
 1990 Ed. (3620)
Li'l Miss Makeup-Mattel
 1991 Ed. (3409)
Lil' Things
 1999 Ed. (1052)
Lil Uzi Vert
 2019 Ed. (3674)
Lil Wayne
 2010 Ed. (2520, 3714, 3716, 3717)
 2011 Ed. (3714)
 2012 Ed. (2437)
 2013 Ed. (2602, 3782, 3784)
 2014 Ed. (3727, 3730)
 2015 Ed. (3732)
Lila Wallace-Reader's Digest Fund
 1993 Ed. (891)
 1994 Ed. (1902, 1903)
 1995 Ed. (1930)
 2002 Ed. (2324)
Lilac Girls
 2019 Ed. (601)
LILCO
 1990 Ed. (2489, 2490)
 1993 Ed. (1704)
 2001 Ed. (1554)
Lild
 2021 Ed. (4249)
Lile International Companies
 2016 Ed. (4971)
 2017 Ed. (4958)
 2018 Ed. (4964)
 2022 Ed. (4962)
LILEE Systems
 2018 Ed. (4597)
Lili; Hurricane
 2005 Ed. (885)
Lili Taylor
 2001 Ed. (7)
Liliana Bettencourt
 2010 Ed. (4895)
Liliane Bettencourt
 2001 Ed. (705)
 2003 Ed. (4892)
 2004 Ed. (4877)
 2005 Ed. (4877, 4878)
 2006 Ed. (4924)
 2007 Ed. (4911, 4912)
 2008 Ed. (4864, 4865, 4866)
 2009 Ed. (4887)
 2010 Ed. (4888, 4899)
 2011 Ed. (4877, 4886)
 2012 Ed. (4886, 4895)
 2013 Ed. (4870, 4917)
 2014 Ed. (4884, 4931)
 2015 Ed. (4923, 4971)
 2016 Ed. (4839, 4888)
 2017 Ed. (4847)
 2018 Ed. (4854)
Lilienthal; Stephen W.
 2010 Ed. (911)
Lilies
 1993 Ed. (1871)

Lilin
 2018 Ed. (4324)
 2021 Ed. (4364)
Lili'uokalani Trust
 2020 Ed. (1574)
Liliuokalani Trust
 2002 Ed. (2338)
Lilius; Mikael
 2014 Ed. (933)
Lillard; Damian
 2020 Ed. (198)
 2023 Ed. (318)
Lillbacka Powerco Oy
 2009 Ed. (3591)
Lilleborg AS
 2010 Ed. (85)
Lilleborg Dagligvare
 2001 Ed. (63)
 2004 Ed. (69)
 2005 Ed. (64)
 2006 Ed. (71)
 2007 Ed. (62)
 2009 Ed. (75)
Lillet
 2000 Ed. (4420)
 2001 Ed. (4676)
 2002 Ed. (4742)
 2003 Ed. (4850)
 2004 Ed. (4833)
 2005 Ed. (4820, 4823)
Lillet Wine
 1989 Ed. (2948)
Lillian Goldman
 1995 Ed. (932, 1068)
Lillian Katz
 1990 Ed. (1719)
Lillian Rooney Powers
 1994 Ed. (896, 1057)
Lillian Vernon Corp.
 1990 Ed. (916)
 1991 Ed. (868)
 1992 Ed. (2056)
 1998 Ed. (648, 1277)
 1999 Ed. (1852)
 2002 Ed. (4979)
 2003 Ed. (869)
 2004 Ed. (891, 892, 893)
 2005 Ed. (879)
 2007 Ed. (2886)
Lillian Vernon Katz
 1991 Ed. (1626)
LillianVernon.com
 2006 Ed. (2384)
 2007 Ed. (2322)
 2009 Ed. (2450)
Lillick & McHose
 1992 Ed. (2840, 2841)
Lilly
 1990 Ed. (275)
 1992 Ed. (1840, 1867)
 2013 Ed. (2058)
 2014 Ed. (1992)
 2015 Ed. (2040)
 2021 Ed. (3850)
 2022 Ed. (3886, 3887, 3888, 3889, 3890, 3891, 3893)
 2023 Ed. (3057, 3965, 3983, 3984, 3985, 3986, 3987)
Lilly & Co; Eli
 1991 Ed. (1210, 1217, 1464, 1465, 1466, 1468, 1469, 1470, 1471, 1472, 1529, 1531, 2682)
 1996 Ed. (1191, 1192, 1200, 1210, 1233, 1242, 1379, 1382, 1567, 1568, 1573, 2916)
Lilly; Eli
 1989 Ed. (1271, 1272, 1273, 1276, 1277)
 1990 Ed. (1558, 1559, 1560, 1561, 1562, 1564, 1570, 2779)
 1992 Ed. (1527, 1559, 1642, 1842, 1861, 1862, 1863, 1864, 1865, 1866, 1869, 1922, 1924, 2102, 2104, 2105, 3347)
 1993 Ed. (1332, 1340, 1509, 1510, 1511, 1512, 1514, 1515, 1516, 1575, 2718, 2771, 2774)
 1994 Ed. (1308, 1387, 1397, 1398, 1551, 1552, 1553, 1554, 1555, 1556, 2034, 2745, 2871)
 1995 Ed. (1418, 1579, 1581, 1584, 1592, 1594, 2084, 2844, 2934)
 1997 Ed. (1261, 1275, 1288, 1430, 1646, 1649, 1650, 1651, 1662, 3006)
Lilly, Eli & Co.
 2000 Ed. (2619)
Lilly Endowment Inc.
 1989 Ed. (2165)
 1990 Ed. (1847, 2786)
 1991 Ed. (1765, 2689)
 1992 Ed. (1099, 1100, 2214, 2215, 3358)
 1993 Ed. (891, 892, 894, 895, 1895, 1896, 1897, 2783)
 1994 Ed. (1897, 1898, 1899, 1902, 1903, 1904, 1905, 1907, 2772)
 1995 Ed. (1927, 1929, 1930, 1931, 1932)
 1999 Ed. (2499, 2500, 2501)
 2000 Ed. (2259, 2260)
 2001 Ed. (2517, 2518, 3780)

2002 Ed. (2324, 2325, 2327, 2329, 2330, 2331, 2332)
2004 Ed. (2681)
2005 Ed. (2677, 2678)
2008 Ed. (2766)
2009 Ed. (1949)
2010 Ed. (2770, 2772)
2011 Ed. (2756, 2758, 3766)
2012 Ed. (2690)
Lilly Foundation
  2002 Ed. (2334, 2335, 2337, 2340, 2342)
Lilly Industrial
  1992 Ed. (2162)
Lilly Industrial Coatings
  1990 Ed. (2757)
  1991 Ed. (2666)
  1993 Ed. (2761)
  1995 Ed. (2825)
Lilly Industries
  1994 Ed. (2719)
  1998 Ed. (2734)
  2000 Ed. (3398)
  2001 Ed. (3608)
Lilly; Laboratorios
  2012 Ed. (1975)
Lilly Pad Home Health
  2021 Ed. (3629)
Lilly; Ruth
  2005 Ed. (3832)
Lilly Singh
  2019 Ed. (3290)
Lilly (U.S.)
  2022 Ed. (3886)
Lilo & Stitch
  2004 Ed. (2160)
Lilsa Bayko
  2011 Ed. (3341)
Lilt
  1992 Ed. (4020)
  1994 Ed. (4360)
  1996 Ed. (3480)
  1999 Ed. (4366)
  2003 Ed. (2656)
  2008 Ed. (2871)
Lily Cole
  2008 Ed. (4898)
Lily Safra
  2007 Ed. (4924)
  2009 Ed. (4918)
  2010 Ed. (4922)
  2012 Ed. (4911, 4922)
  2013 Ed. (4889)
  2014 Ed. (4902)
  2015 Ed. (4942)
  2016 Ed. (4857)
  2017 Ed. (4861)
  2018 Ed. (4870)
  2019 Ed. (4864)
  2020 Ed. (4853)
  2021 Ed. (4854)
  2022 Ed. (4849)
  2023 Ed. (4844)
Lily Textile Co. Ltd.
  1994 Ed. (3523)
Lily Wu
  1999 Ed. (2287)
  2000 Ed. (2068)
Lilyan Affinito
  1995 Ed. (1256)
Lilydale Co-op Ltd.
  2003 Ed. (1381)
Lilydale Co-operative
  1993 Ed. (2524)
  2001 Ed. (1499)
  2006 Ed. (1401)
  2007 Ed. (213, 1434)
Lilydale Cooperative Ltd.
  2002 Ed. (3276)
Lilydale Inc.
  2008 Ed. (4050)
  2009 Ed. (222)
  2010 Ed. (206)
  2011 Ed. (3524)
Lilydale Poultry
  1994 Ed. (246, 2912)
  1995 Ed. (2528, 2969)
  1996 Ed. (2592, 3067)
  1997 Ed. (2739, 3146)
Lilydale (Poultry) Co-operative Ltd.
  1992 Ed. (2998, 3513)
Lily's
  2015 Ed. (871)
  2016 Ed. (878)
  2017 Ed. (928)
  2018 Ed. (864)
  2020 Ed. (755)
  2021 Ed. (775)
  2022 Ed. (806)
Lily's Sweets
  2015 Ed. (875)
  2017 Ed. (932)
  2018 Ed. (868)
Lily's Sweets LLC
  2022 Ed. (815)
Lim; Chin Y.
  1997 Ed. (1960)

Lim Chung Chun
  1999 Ed. (2426)
  2000 Ed. (2186)
Lim Gob Tong
  1997 Ed. (849)
Lim Goh Tong
  2006 Ed. (4917, 4919)
  2008 Ed. (4847)
Lim Hwee Hua
  1997 Ed. (2001)
Lim Kok Thay
  2019 Ed. (4862)
  2020 Ed. (4851)
  2021 Ed. (4852)
  2022 Ed. (4847)
  2023 Ed. (4842)
Lim Kok Wing
  2010 Ed. (3962)
Lim Oon Kuin
  2014 Ed. (4917)
Lim; Peter
  2009 Ed. (4871, 4872)
  2010 Ed. (4872)
  2011 Ed. (4860, 4861)
  2012 Ed. (4866, 4867)
  2013 Ed. (4906, 4907)
  2014 Ed. (4916, 4917)
  2015 Ed. (4956, 4957)
  2016 Ed. (4872)
  2017 Ed. (4873)
  2018 Ed. (4885)
  2019 Ed. (4877)
  2020 Ed. (4865)
Lim Sung-Ki
  2017 Ed. (4875)
  2019 Ed. (4879)
  2020 Ed. (4868)
Lim Wee Chai
  2022 Ed. (4847)
Lima
  1990 Ed. (861, 864, 867)
  2000 Ed. (640, 641, 643, 644, 645, 646)
  2001 Ed. (646, 647, 648)
Lima; Adriana
  2008 Ed. (3745)
  2009 Ed. (3766)
  2011 Ed. (3693)
  2014 Ed. (3692)
  2015 Ed. (3711)
  2016 Ed. (3617)
  2017 Ed. (3584)
  2018 Ed. (3645)
  2019 Ed. (3634)
Lima Bank
  1992 Ed. (873)
  1993 Ed. (671)
  1994 Ed. (672)
  1995 Ed. (639)
  1996 Ed. (713)
Lima Caucho
  1997 Ed. (3752)
Lima Estates
  1991 Ed. (2898)
Lima, OH
  1990 Ed. (874)
  1992 Ed. (2541, 3034)
  1994 Ed. (974, 2496)
  1996 Ed. (977, 3202)
  1998 Ed. (591, 3648)
  2002 Ed. (922)
  2003 Ed. (845)
  2006 Ed. (1067)
  2017 Ed. (3345)
  2021 Ed. (3370)
  2022 Ed. (3420)
Lima One Capital
  2017 Ed. (1958)
Lima One Capital Management
  2016 Ed. (1997)
Lima, Peru
  2009 Ed. (257)
  2013 Ed. (164)
  2014 Ed. (168)
  2015 Ed. (195)
Lima Sudameris Holding
  2002 Ed. (3082)
Lima Tours
  2013 Ed. (2014)
Limagrain
  1992 Ed. (3908)
Limak Kosovo International Airport JSC
  2014 Ed. (1571)
Limassol
  1992 Ed. (1393)
Limassol Turkish Cooperative Bank Ltd.
  2000 Ed. (507)
Limbach Constructors Inc.
  1990 Ed. (1200, 1201, 1208)
  1991 Ed. (1079, 1081)
  1992 Ed. (1412, 1414, 1425)
  1993 Ed. (1125, 1127, 1139, 1140)
  1994 Ed. (1139, 1141, 1149, 1155)
  1995 Ed. (1158, 1165, 1174)
  1996 Ed. (1137, 1149)
  1997 Ed. (1163, 1178)
  1998 Ed. (951, 955)
  1999 Ed. (1363, 1372)
  2000 Ed. (1254, 1264)

Limbach Facility Services
  2014 Ed. (3997)
  2016 Ed. (1183, 4801)
  2017 Ed. (132, 1207)
  2019 Ed. (1233)
  2023 Ed. (1432)
Limbach Facility Services Inc.
  2001 Ed. (1478)
  2003 Ed. (1231, 1233, 1234, 1235, 1236, 1237, 1238, 1339)
  2004 Ed. (1234, 1236, 1237, 1238, 1239, 1240, 1241, 1310, 1338)
  2005 Ed. (1280, 1282, 1287, 1288, 1290, 1291, 1294, 1317, 1343)
  2006 Ed. (1240, 1252, 1257, 1258, 1260, 1261, 1287, 1340)
  2007 Ed. (1351, 1364, 1368, 1390)
  2008 Ed. (1261, 4000, 4002, 4003)
  2009 Ed. (4074, 4076)
  2010 Ed. (3993)
Limbach Facility Services LLC
  2007 Ed. (3977, 3979, 3980)
  2008 Ed. (1225, 1239, 1243, 1245, 1248, 1249, 1264, 1332)
  2009 Ed. (1207, 1224, 1240, 1327)
  2010 Ed. (1223, 1239)
  2011 Ed. (1170, 1171, 1184, 1281, 3998)
  2012 Ed. (1117, 1131, 1176, 3991, 3994)
  2013 Ed. (1251, 1256, 1277)
  2014 Ed. (1190)
  2015 Ed. (1243, 1248)
  2016 Ed. (1140, 1154, 1159)
  2017 Ed. (1189, 1203, 1208, 3930)
  2020 Ed. (1227)
Limbach Holdings Inc.
  2018 Ed. (1153, 1155, 1158)
  2019 Ed. (1165, 1167)
  2020 Ed. (1156)
Limbach Holdings LLC
  2022 Ed. (1195)
Limbaugh; Rush
  2006 Ed. (2487)
  2007 Ed. (4061)
  2008 Ed. (2585)
  2010 Ed. (3698)
  2011 Ed. (3692)
  2012 Ed. (2439)
  2013 Ed. (2604)
  2014 Ed. (2531)
  2015 Ed. (2604)
  2016 Ed. (2528)
  2017 Ed. (2384)
  2018 Ed. (2444)
  2020 Ed. (2485)
Limburger
  2001 Ed. (1173)
Limburger cheese
  2003 Ed. (929)
  2004 Ed. (937)
  2005 Ed. (929)
  2006 Ed. (838)
  2007 Ed. (919)
  2008 Ed. (902)
  2009 Ed. (910)
  2010 Ed. (854)
  2011 Ed. (778)
Lime
  1990 Ed. (944)
  1991 Ed. (906)
  1992 Ed. (1104)
  1993 Ed. (899, 904)
  1994 Ed. (913)
  1995 Ed. (955)
  1996 Ed. (924)
  1997 Ed. (956)
  2000 Ed. (720)
Lime-a-Rita
  2015 Ed. (3776)
Lime A Way
  2001 Ed. (1238)
  2016 Ed. (3360)
  2017 Ed. (3325)
  2018 Ed. (3388)
Lime Energy Co.
  2013 Ed. (1703)
Lime Fresh Mexican Grill
  2015 Ed. (4260)
  2016 Ed. (4165)
Lime Out Extra
  2016 Ed. (3360)
  2017 Ed. (3325)
  2018 Ed. (3388)
LIME Painting
  2023 Ed. (3175)
Lime Pictures
  2018 Ed. (4631)
  2019 Ed. (4647)
Limeade
  2015 Ed. (2144)
Limelight
  2003 Ed. (161)
Limelight Networks
  2008 Ed. (3182)
  2009 Ed. (3688, 4398)
  2010 Ed. (4840)
  2013 Ed. (2844)
Limeosol Co.
  2003 Ed. (996)

Limerick County, Ireland
  2009 Ed. (3205)
Limestone Bank
  2021 Ed. (331)
Limestone Bank, Inc.
  2021 Ed. (376)
Limestone National Bank
  1994 Ed. (508)
Limiscope
  2018 Ed. (3002)
LIMIT
  1999 Ed. (1645)
Limit PLC
  2000 Ed. (2988)
Limited opportunities for advancement
  1990 Ed. (1655)
Limited access areas
  1993 Ed. (1456)
Limited Brands
  2013 Ed. (905, 998, 1014, 1381, 1397, 1737)
  2014 Ed. (960, 961, 979, 983, 2553, 2570)
  2015 Ed. (996, 997, 3847)
Limited Brands Inc.
  2004 Ed. (1013, 1014, 1833, 4188, 4466, 4467, 4471)
  2005 Ed. (1023, 1024, 1028, 1569, 1919, 3373, 3710, 4414, 4415, 4416, 4418, 4419, 4422, 4425)
  2006 Ed. (1027, 1031, 1032, 1033, 1034, 1953, 1954, 4433, 4434, 4438, 4443, 4444, 4725)
  2007 Ed. (1118, 1119, 1120, 1122, 1936, 2886, 4491, 4492, 4496, 4501)
  2008 Ed. (999, 1000, 1004, 1006, 2004, 3008, 4219, 4478)
  2009 Ed. (985, 986, 989, 1966, 3190, 3934, 4311, 4316)
  2010 Ed. (949, 950, 954, 957, 1899, 1901, 4294, 4303, 4551)
  2011 Ed. (879, 880, 883, 1934, 1935, 4286, 4499, 4500)
  2012 Ed. (838, 839, 841, 1793, 1794, 1795, 4321, 4324, 4325, 4498, 4503, 4504, 4505, 4508)
  2013 Ed. (1015, 1016, 1018, 1021, 1022, 1966, 1967, 1968, 3038, 4468, 4472)
  2014 Ed. (980, 981, 986, 988, 1904, 1907, 3051)
  2015 Ed. (2472, 3117)
  2016 Ed. (4323)
  2017 Ed. (4326)
Limited-edition plates
  1990 Ed. (1083)
Ltd. liability Company Torgovyiy DOM Agrotorg
  2017 Ed. (1947)
The Limited, Inc.
  1989 Ed. (933, 934, 1044, 2322)
  1990 Ed. (1048, 1049, 1050, 1051, 1052, 3031, 3045, 3049, 3255)
  1991 Ed. (869, 886, 974, 975, 978, 1246, 1247, 1427, 2889, 3092, 3227, 3229)
  1992 Ed. (1089, 1091, 1211, 1212, 1215, 1217, 1816, 3727, 3733, 3739, 3927, 4038)
  1993 Ed. (863, 864, 988, 1497, 2718, 3039, 3219, 3227, 3365)
  1994 Ed. (885, 1015, 1016, 1019, 1544, 3094, 3100, 3227, 3367)
  1995 Ed. (911, 1024, 1025, 1029, 3154, 3425, 3426)
  1996 Ed. (885, 1008, 1009, 1010, 1432, 3246, 3485, 3487)
  1997 Ed. (923, 1028, 1029, 1030, 1289, 1494, 3347, 3549, 3551, 3552, 3553)
  1998 Ed. (663, 767, 769, 770, 771, 1059, 1183, 3080, 3340, 3344, 3345, 3346, 3347)
  1999 Ed. (1198, 1199, 1503, 1720, 4095, 4098, 4106, 4371, 4374)
  2000 Ed. (1118, 1334, 1335, 1341, 1359, 1531, 1689, 2239, 4085)
  2001 Ed. (1271, 1272, 1595, 1827, 2487, 4096, 4322, 4323, 4324, 4325, 4326)
  2002 Ed. (1749, 4036, 4334, 4335, 4336)
  2003 Ed. (1010, 1011, 1018, 1020, 1800, 4173, 4500, 4505)
  2004 Ed. (1019, 3920, 4473, 4698)
Ltd. Liability Company Concept Store
  2017 Ed. (1947)
Ltd. Liability Company Global Systems of Automation
  2017 Ed. (1947)
Limited Liability Company Vetprodaks
  2019 Ed. (1947)
Limited Partnerships
  1989 Ed. (1486)
Limited Run Games
  2021 Ed. (3514)
  2022 Ed. (3573)
Limited Spirits LLC dba Dash Vodka
  2023 Ed. (228)
Limited-stakes casinos
  1999 Ed. (2566)
Limited Tax-Exempt Bond Fund of America
  1998 Ed. (2643)

CUMULATIVE INDEX • 1989-2023

Limited partnerships and investment trusts
   1991 Ed. (2818)
LimitLess International
   2012 Ed. (3505)
Limon/Moin
   1992 Ed. (1392)
The Limtiaco Consulting Group Inc.
   2012 Ed. (1526, 1542)
Lin; Alfred
   2023 Ed. (4752)
LIN Broadcasting
   1989 Ed. (781, 782, 863, 1933)
   1990 Ed. (779, 781, 918, 2522, 2751, 2752)
   1991 Ed. (3327)
   1992 Ed. (944, 1458, 1459, 2978, 3317, 4059, 4241)
   1993 Ed. (2756, 3471, 3517)
   1994 Ed. (3492)
   1995 Ed. (2821)
   1996 Ed. (1234, 2888, 2894, 3595)
   1997 Ed. (2976, 2978)
LIN Broadcasting Corporation
   1990 Ed. (2755)
Lin Ming Construction Co., Ltd.
   1990 Ed. (1213)
Lin Pac Group Ltd.
   1990 Ed. (1032, 1033)
Lin Rong San
   2010 Ed. (4875)
   2011 Ed. (4863, 4864)
   2012 Ed. (4869)
   2013 Ed. (4913)
   2014 Ed. (4923)
   2015 Ed. (4963)
   2016 Ed. (4879)
Lin; Scott
   2018 Ed. (4891)
Lin Shu-Hong
   2020 Ed. (4872)
   2021 Ed. (4873)
   2022 Ed. (4869)
Lin Shu-hong
   2023 Ed. (4863)
LIN Television
   1996 Ed. (2062)
   1998 Ed. (2440)
   2000 Ed. (4215)
   2004 Ed. (4338)
Lin Television Corp.
   2013 Ed. (2028)
LIN TV Corp.
   2004 Ed. (4216)
   2007 Ed. (3451)
Lin TV Corp.
   2013 Ed. (2028)
Lin Yu-lin
   2011 Ed. (4863, 4864)
   2012 Ed. (4869)
   2013 Ed. (4913)
   2014 Ed. (4923)
   2015 Ed. (4963)
   2016 Ed. (4879)
   2017 Ed. (4879)
   2018 Ed. (4891)
Lin Yu-ling
   2019 Ed. (4883)
Lin; Yu Pang
   2010 Ed. (3958)
Lina Ben Mhenni
   2013 Ed. (3489)
Linamar
   2021 Ed. (242)
Linamar Corp.
   2003 Ed. (1641)
   2006 Ed. (341, 2814)
   2007 Ed. (2819)
   2008 Ed. (2932)
   2009 Ed. (318, 2992)
   2010 Ed. (2930, 2933)
   2011 Ed. (1566, 3124)
   2012 Ed. (1238, 1410)
   2013 Ed. (2917)
   2015 Ed. (1556, 3201)
   2016 Ed. (265)
   2017 Ed. (266)
   2018 Ed. (252, 4524)
   2019 Ed. (249)
   2020 Ed. (254)
   2022 Ed. (264)
   2023 Ed. (363)
Linbeck
   2011 Ed. (1123)
Linbeck Construction
   1992 Ed. (1357)
   2001 Ed. (2671)
   2004 Ed. (1288)
Linc Capital Inc.
   2001 Ed. (1668)
Linc Group Inc.
   1990 Ed. (1246)
LINC "H" Legacy2: Intl
   1994 Ed. (3618)
Linc Service
   2020 Ed. (3078)
   2021 Ed. (2955)
   2023 Ed. (3169)

Lincare
   2018 Ed. (2907)
   2019 Ed. (2863)
   2020 Ed. (2886)
   2021 Ed. (2761)
   2022 Ed. (2915)
   2023 Ed. (3038)
Lincare Holdings
   1997 Ed. (2242)
   1998 Ed. (1965, 1966, 3419)
   2000 Ed. (2490)
   2003 Ed. (2786)
   2004 Ed. (2897)
LinCare Inc.
   1991 Ed. (1927)
   1992 Ed. (2435, 2436)
   1994 Ed. (2075)
   1995 Ed. (2124)
Linchpin Solutions
   2022 Ed. (1232, 1235)
Linchpin Solutions, Inc.
   2023 Ed. (1467)
Lincluden Management
   1996 Ed. (2419)
Lincoln
   1993 Ed. (304, 305, 307, 308, 333)
   1994 Ed. (319)
   1996 Ed. (309)
   1997 Ed. (299, 2229)
   1998 Ed. (211)
   2000 Ed. (337, 339)
   2003 Ed. (357, 361)
   2004 Ed. (343)
   2005 Ed. (343)
   2006 Ed. (357, 362)
   2007 Ed. (343)
   2008 Ed. (330)
   2009 Ed. (354)
   2010 Ed. (331)
   2012 Ed. (233)
   2014 Ed. (232)
   2015 Ed. (268)
   2016 Ed. (263)
   2017 Ed. (265)
   2018 Ed. (251)
   2019 Ed. (248)
   2020 Ed. (252)
   2021 Ed. (239, 260)
   2022 Ed. (258, 260)
   2023 Ed. (359, 361)
Lincoln American Legacy II Growth & Income
   1998 Ed. (3652)
Lincoln American Life Insurance Co.
   2003 Ed. (1697)
Lincoln Asset Management
   1991 Ed. (2228, 2240)
Lincoln Bank
   2007 Ed. (467)
Lincoln in the Bardo
   2019 Ed. (598)
Lincoln Benefit
   1995 Ed. (2296)
   1997 Ed. (2438)
   1999 Ed. (2938)
Lincoln Benefit Life Insurance
   1998 Ed. (2188)
Lincoln Brass Works Inc.
   1992 Ed. (4485)
   1993 Ed. (3735)
   1994 Ed. (3670)
   1996 Ed. (3880)
Lincoln Builders Inc.
   2003 Ed. (1256)
   2023 Ed. (1348)
Lincoln Capital
   1989 Ed. (2125, 2131)
   1990 Ed. (2331)
   1991 Ed. (2208, 2215, 2225, 2233)
   1992 Ed. (2730, 2737)
   1993 Ed. (2282, 2288, 2316, 2320, 2324, 2329)
   1994 Ed. (2299, 2301)
   1995 Ed. (2358)
   1996 Ed. (2377, 2380)
   1997 Ed. (2510, 2514, 2516, 2528)
   1998 Ed. (2254, 2256, 2282, 2306)
   1999 Ed. (3050, 3055, 3100, 3583)
   2000 Ed. (2785, 2789)
Lincoln Capital Management Co.
   1992 Ed. (2764)
   2000 Ed. (2801, 2845)
   2001 Ed. (3001, 3004)
   2002 Ed. (3622)
   2003 Ed. (3075)
   2004 Ed. (2035)
Lincoln Center
   1993 Ed. (891, 1897)
Lincoln Center for the Performing Arts
   2004 Ed. (929)
Lincoln Chafee
   2003 Ed. (3206)
Lincoln Christian College & Seminary
   2010 Ed. (998)
Lincoln Christian University
   2012 Ed. (859)

Lincoln Continental
   1992 Ed. (444, 484)
   1993 Ed. (317)
   1995 Ed. (304)
   1996 Ed. (308)
   1998 Ed. (222)
   1999 Ed. (331)
   2000 Ed. (345, 348)
Lincoln County Credit Union
   2015 Ed. (2240)
   2020 Ed. (2085)
Lincoln County, SD
   1999 Ed. (1765)
Lincoln Educational Service
   2010 Ed. (4585)
   2011 Ed. (4548)
Lincoln Educational Services Corp.
   2012 Ed. (2212, 2779)
   2013 Ed. (1919, 2394)
Lincoln Electric
   2018 Ed. (942)
   2019 Ed. (933, 3386)
Lincoln Electric Co.
   1991 Ed. (2021)
   2001 Ed. (3215)
Lincoln Electric Holdings Inc.
   2001 Ed. (3183, 3184)
   2002 Ed. (940)
   2003 Ed. (3267, 3268)
   2004 Ed. (2182, 2183)
   2005 Ed. (2283, 2284)
   2008 Ed. (3530)
   2009 Ed. (857)
   2010 Ed. (804)
   2018 Ed. (3418)
Lincoln Electric International Holding Co.
   2014 Ed. (1904)
   2015 Ed. (1949)
   2016 Ed. (1920)
Lincoln Federal Savings & Loan Association
   1990 Ed. (428, 3588)
Lincoln Financial
   2008 Ed. (1402)
   2009 Ed. (3355)
Lincoln Financial Advisors
   2000 Ed. (1775)
   2002 Ed. (788, 797, 798, 800, 801)
Lincoln Financial Field
   2005 Ed. (4438, 4439)
   2017 Ed. (4479)
Lincoln Financial Group
   1998 Ed. (1424)
   1999 Ed. (1998)
   2006 Ed. (4217)
   2009 Ed. (3320, 3321, 3349, 3352, 3354)
   2010 Ed. (3256, 3257, 3286, 3288, 3291, 3293, 3294)
   2011 Ed. (3220, 3221)
   2012 Ed. (3189, 3223, 3225, 3230, 3231)
   2013 Ed. (3302, 3304, 3305, 3309, 3310)
   2014 Ed. (3325, 3327, 3332, 3333)
   2015 Ed. (3371)
   2016 Ed. (3239)
   2017 Ed. (3195)
   2018 Ed. (3271, 3273, 3277, 3279)
   2019 Ed. (3221, 3223, 3224, 3227, 3229, 3232)
   2020 Ed. (3235, 3236, 3238, 3239, 3242, 3244, 3245)
   2021 Ed. (3101, 3102, 3104, 3105, 3108, 3109, 3110, 3111)
   2022 Ed. (3242, 3243, 3245, 3246, 3249, 3250, 3251, 3252)
   2023 Ed. (2825)
Lincoln Financial Network
   2017 Ed. (2590, 2595, 2596)
   2018 Ed. (2655, 2661, 2662)
   2019 Ed. (2640, 2646, 2647, 3307)
   2020 Ed. (2652, 2658, 2659, 3309)
   2021 Ed. (2560, 2566, 2567, 2568, 3160)
   2022 Ed. (2679, 2686)
Lincoln Finl Group
   2023 Ed. (3331, 3332, 3334, 3335, 3338, 3339, 3340, 3341)
Lincoln FSB of Nebraska
   2021 Ed. (4307)
   2022 Ed. (4315)
   2023 Ed. (4345)
Lincoln Graphics, Inc.
   1991 Ed. (3163)
Lincoln Healthcare
   2021 Ed. (1816)
Lincoln Heritage Corp.
   2002 Ed. (3568)
Lincoln International Corp.
   2002 Ed. (3563)
   2004 Ed. (4588)
Lincoln Investment Group Holdings
   2021 Ed. (2563, 2564, 2566)
Lincoln Investment Management Inc.
   2000 Ed. (3900)
Lincoln Investment Planning
   1995 Ed. (816)
   1996 Ed. (810)
   1998 Ed. (530)
   1999 Ed. (853, 854, 855, 857, 858, 859, 860, 920)

Lincoln
   2000 Ed. (851, 853, 854, 855, 857, 858, 859, 860, 861)
   2002 Ed. (788, 802, 803, 804, 805, 806)
   2018 Ed. (2658, 2659)
   2019 Ed. (2632, 2641)
   2020 Ed. (2644, 2653, 2655)
   2022 Ed. (2682, 2683, 2685)
   2023 Ed. (2816)
Lincoln Knorr
   2002 Ed. (979)
Lincoln Lab
   1990 Ed. (1097, 2998)
   1991 Ed. (1005, 2834)
   1992 Ed. (1284, 3670)
   1993 Ed. (3001)
   1994 Ed. (1059, 3047)
   1996 Ed. (1049, 3193)
Lincoln Laboratory
   1991 Ed. (915)
   1995 Ed. (1074, 3096)
The Lincoln Lawyer
   2013 Ed. (565)
Lincoln LS
   2004 Ed. (345)
Lincoln Marketing Inc.
   1999 Ed. (4555)
Lincoln Memorial University
   1992 Ed. (1098)
Lincoln Mercury
   1989 Ed. (327, 1595)
   1990 Ed. (344)
   1991 Ed. (318)
   2001 Ed. (457, 458, 459, 460, 461, 462, 463, 464, 465)
Lincoln-Mercury Dealer Association
   1998 Ed. (206)
Lincoln Multi Fund-FP Growth & Income
   1998 Ed. (3652)
Lincoln National
   2014 Ed. (1308, 1943)
   2015 Ed. (1370)
   2019 Ed. (1353)
   2020 Ed. (1810, 3231)
   2021 Ed. (1321)
   2023 Ed. (3336)
Lincoln National American Legacy II
   1996 Ed. (3771)
Lincoln National American Legacy II High-Yield Bond
   1997 Ed. (3824)
Lincoln National Bank
   1998 Ed. (344)
Lincoln National Bank & Trust Co.
   1993 Ed. (2967)
Lincoln National Bank & Trust Co. (Fort Wayne)
   1991 Ed. (546)
Lincoln National Corp.
   1989 Ed. (1707)
   1990 Ed. (2247)
   1991 Ed. (2375)
   1992 Ed. (337, 2385, 2732, 2739)
   1993 Ed. (2258, 2290, 3655)
   1994 Ed. (2229, 2231, 2277)
   1995 Ed. (2276, 2278)
   1996 Ed. (1379, 2282, 2284, 2285)
   1997 Ed. (256, 361, 1430, 2416, 2417)
   1998 Ed. (1145, 2255, 3039)
   1999 Ed. (1504, 1561, 1655, 2120, 2914, 2946, 2949, 2958, 4037, 4700)
   2000 Ed. (1461, 2696)
   2002 Ed. (2835, 2917)
   2003 Ed. (2959, 2995, 3013)
   2004 Ed. (3034, 3105, 3107, 3109, 3113)
   2005 Ed. (1611, 2220, 3108, 3110, 3112, 3116, 4456)
   2006 Ed. (3056, 3119, 3121)
   2007 Ed. (2903, 3132, 3137, 3139, 3141, 3142, 3144)
   2008 Ed. (1513, 3024, 3252, 3290, 3292, 3294, 4265)
   2009 Ed. (2012, 3351, 3366, 4369)
   2010 Ed. (3290, 3302, 4396)
   2011 Ed. (3252, 3254, 3265, 4341)
   2012 Ed. (1845, 3218, 3219, 3227, 3240, 3242)
   2013 Ed. (2004, 3279, 3290, 3291, 3306, 3319, 3321)
   2014 Ed. (179, 180, 1941, 3305, 3317, 3319, 3329, 3337)
   2015 Ed. (1987, 1989, 3351, 3362, 3365, 3370)
   2016 Ed. (204, 205, 206, 1960, 1962, 3189, 3224, 3228, 3232, 3233, 3234, 3240)
   2017 Ed. (191, 192, 193, 1924, 1926, 3139, 3182, 3186, 3190, 3191, 3193, 3196)
   2018 Ed. (1868, 1871, 3217, 3230, 3264, 3278)
   2019 Ed. (179, 180, 1921, 1926, 3155, 3170, 3214, 3225, 3233)
   2020 Ed. (1859, 1863, 1865, 3184, 3200, 3230, 3240)
   2021 Ed. (1822, 1827, 3045, 3054, 3106)
   2022 Ed. (1870, 1878, 3179, 3189, 3247)
   2023 Ed. (1987, 3274, 3281)

Lincoln National Group
 1993 Ed. (2199)
 2002 Ed. (2952)
Lincoln National Investment Management
 1992 Ed. (2741, 2790, 2796)
 1993 Ed. (2302)
Lincoln National Investment Management Emerging Growth SA-24
 1994 Ed. (2314)
Lincoln National Investment Management Special Opportunity SA-17
 1994 Ed. (2314)
Lincoln National Life
 1989 Ed. (1684)
 1990 Ed. (2237)
 1993 Ed. (2205, 2210, 2212, 3260, 3652, 3654)
 1995 Ed. (222, 3333)
 2002 Ed. (2904)
Lincoln National Life Ins. Co.
 2000 Ed. (4327)
Lincoln National Life Insurance Co.
 1991 Ed. (2086, 2102)
 1992 Ed. (2670, 4380, 4382)
 1994 Ed. (223, 2255, 2259, 2260, 3254, 3258)
 1996 Ed. (224, 2306, 2416)
 1997 Ed. (2430, 2453)
 1998 Ed. (170, 171, 2129, 2130, 2143, 2172, 2179, 2268, 3038, 3654, 3656)
 2000 Ed. (2674, 2699, 2700, 2843)
 2001 Ed. (2937, 2938, 2941, 2942, 2945, 2946, 2947, 4666, 4668)
 2002 Ed. (2913, 2915, 2920, 2921, 2924, 2925, 2930, 2933)
 2007 Ed. (3149, 3150, 3155)
 2008 Ed. (3296, 3299, 3300, 3304, 3305)
 2009 Ed. (3359, 3360, 3364)
 2010 Ed. (3295, 3297, 3298, 3299, 3301)
 2011 Ed. (3255, 3258, 3259, 3260, 3261, 3263, 3264)
 2012 Ed. (3232, 3235, 3236, 3237)
 2013 Ed. (3311, 3312, 3313, 3314, 3315, 3316)
Lincoln National Managed
 1997 Ed. (2919)
Lincoln National Multi Fund/Social Awareness
 1999 Ed. (4697)
Lincoln National Pension
 1991 Ed. (245, 2096)
Lincoln National Pension Insurance
 1990 Ed. (2349)
Lincoln National Reinsurance
 1998 Ed. (3040)
Lincoln National Risk Management Inc.
 2013 Ed. (1725)
 2014 Ed. (1668)
 2015 Ed. (1714)
Lincoln National Spec Opp FD
 1989 Ed. (261)
Lincoln Navigator
 2000 Ed. (4087)
Lincoln, NE
 1991 Ed. (2347)
 1992 Ed. (2541, 3034)
 1993 Ed. (2549)
 1994 Ed. (969, 974, 2150, 2487, 2496)
 1997 Ed. (2233)
 1998 Ed. (3054)
 2005 Ed. (3311)
 2006 Ed. (3300)
 2007 Ed. (3003)
 2008 Ed. (4353)
 2009 Ed. (3877, 3878, 4835)
 2010 Ed. (3458)
 2011 Ed. (3461)
 2012 Ed. (4374)
 2014 Ed. (754, 2459, 3494)
 2015 Ed. (3512)
 2016 Ed. (3371)
 2017 Ed. (3344)
 2019 Ed. (719, 2208)
 2020 Ed. (2206)
 2021 Ed. (3337, 3379)
 2022 Ed. (3429)
 2023 Ed. (951)
Lincoln (NE) Neighborhood Extra
 2003 Ed. (3645)
Lincoln Neighborhood Extra
 2002 Ed. (3503)
Lincoln Oil Co., Inc.
 2017 Ed. (1961)
 2018 Ed. (1910)
Lincoln Park Intermediate Care Center
 1990 Ed. (1739)
Lincoln Plaza
 1991 Ed. (1044)
Lincoln Property Co.
 1989 Ed. (1003)
 1990 Ed. (1045, 1163, 1170, 1172, 2960)
 1991 Ed. (247, 1051, 1059, 1063)
 1992 Ed. (1362, 1364, 1367, 3621, 3622, 3629, 3633)
 1993 Ed. (238, 239, 1090, 1095, 2963, 2964, 2972, 2973, 2980)
 1994 Ed. (1114, 3001, 3002, 3003, 3014, 3022, 3023)
 1995 Ed. (1130, 3063, 3070, 3075)
 1997 Ed. (1119, 1122, 3265, 3274)
 1998 Ed. (177, 873, 874, 880, 3011, 3021)
 1999 Ed. (1306, 1307, 1309, 1312, 1320)
 2000 Ed. (305, 1194, 1198)
 2001 Ed. (3992, 4013)
 2002 Ed. (325, 2655, 2662, 3920)
 2003 Ed. (286, 287, 4062)
 2004 Ed. (254, 255, 3726, 4088, 4090)
 2005 Ed. (257, 4021, 4024)
 2006 Ed. (278, 3995, 4052)
 2007 Ed. (282, 3738, 4030, 4103)
 2008 Ed. (258, 4123)
 2009 Ed. (281, 1173, 3223, 4234, 4235)
 2010 Ed. (1168, 4181)
 2011 Ed. (187, 4168)
 2012 Ed. (194, 4216)
 2013 Ed. (174, 4202)
 2014 Ed. (181, 4219)
 2015 Ed. (210)
 2017 Ed. (201, 202)
 2018 Ed. (185, 187, 188, 189, 4125)
 2019 Ed. (182, 183, 184, 4135)
 2020 Ed. (183, 184, 4140)
 2021 Ed. (182, 183)
 2022 Ed. (177, 1957, 2579, 4778)
 2023 Ed. (2069, 2722, 4765)
Lincoln Property Company
 2023 Ed. (249)
Lincoln Property Co. of Florida Inc.
 1998 Ed. (3004)
Lincoln Provision Inc.
 1993 Ed. (2517, 2518, 2895, 2896)
 2012 Ed. (3585, 3588, 3589, 3593)
 2013 Ed. (3642, 3643, 3647)
Lincoln Re
 2002 Ed. (2974)
Lincoln Reinsurance
 2000 Ed. (3749)
 2002 Ed. (2972, 3952)
Lincoln S & LA, FA
 1992 Ed. (3771, 3778, 3780, 3781, 3789, 3796)
Lincoln S&L Association
 1989 Ed. (2824)
 1992 Ed. (725)
Lincoln Savings Bank
 1989 Ed. (506)
Lincoln Savings Bank, FSA
 1993 Ed. (3095)
Lincoln Savings & Loan Assn.
 1991 Ed. (3363, 3372)
Lincoln, SD
 2000 Ed. (1593)
Lincoln Search Consultants
 2022 Ed. (2366)
Lincoln Title Co.
 1990 Ed. (2265)
Lincoln Town Car
 1991 Ed. (356)
 1992 Ed. (444)
 1993 Ed. (317, 349)
 1995 Ed. (304)
 1996 Ed. (308, 312)
 1997 Ed. (302)
 1998 Ed. (222)
 1999 Ed. (331)
 2000 Ed. (345, 348)
 2002 Ed. (411)
 2004 Ed. (344)
Lincoln Trust
 1989 Ed. (636)
 1990 Ed. (647)
 2012 Ed. (2603)
Lincoln Trust Co.
 2015 Ed. (2714)
Lincolnton, NC
 2007 Ed. (3384)
 2008 Ed. (3509)
 2010 Ed. (3492)
 2011 Ed. (3493)
LINCONE Federal Credit Union
 2020 Ed. (2086)
 2021 Ed. (2031, 2076)
 2022 Ed. (2111)
 2023 Ed. (2226)
Lincone Federal Credit Union
 2018 Ed. (2107)
Lincor Solutions Ltd.
 2013 Ed. (2908)
Lincy Foundation
 2011 Ed. (2754)
 2012 Ed. (2688)
Lind Invest APS
 2016 Ed. (1531)
Linda Allard
 1992 Ed. (4496)
 1993 Ed. (3730)
Linda Alvarado
 2009 Ed. (3054)
 2010 Ed. (2963, 2988)
Linda Bennett
 2007 Ed. (2463)
Linda Chatman Thomsen
 2006 Ed. (4973)
Linda Chavez
 2010 Ed. (1388)
Linda Chen
 2011 Ed. (4968, 4969)
Linda Cook
 2006 Ed. (4974, 4985)
 2007 Ed. (4982)
 2008 Ed. (4949)
 2009 Ed. (4972)
 2010 Ed. (4981)
Linda Daquil
 1997 Ed. (1996)
Linda DeFranco
 2010 Ed. (3005)
Linda Dillman
 2005 Ed. (2323)
Linda G. Alvarado
 2007 Ed. (1444)
 2008 Ed. (1428)
 2009 Ed. (1397)
 2010 Ed. (1388)
 2011 Ed. (1378)
 2012 Ed. (1236)
 2013 Ed. (2957)
 2014 Ed. (2974)
 2015 Ed. (3043)
Linda Hefner
 2010 Ed. (3006)
Linda J. Wachner
 1991 Ed. (3512)
 1993 Ed. (3730, 3731)
 1997 Ed. (982, 3916)
 2000 Ed. (1046, 1886)
Linda Kristiansen
 1999 Ed. (2216)
Linda Miller
 1991 Ed. (1698)
Linda Paving
 2017 Ed. (1234)
 2018 Ed. (1214)
Linda Ronstadt
 1993 Ed. (1634)
 1994 Ed. (1668)
Linda Runyon
 1994 Ed. (1786, 1832)
 1995 Ed. (1796)
 1996 Ed. (1798)
 1997 Ed. (1871)
 1998 Ed. (1678)
 1999 Ed. (2272)
Linda Runyon Mutschler
 2000 Ed. (2055)
Linda W. Chapin
 1995 Ed. (2484)
Linda Wachner
 1994 Ed. (3667)
 1995 Ed. (3786, 3788)
 1996 Ed. (3875, 3876)
 1999 Ed. (4805)
Linda Wiggins
 2011 Ed. (2818)
Linda Z. Cook
 2009 Ed. (4978)
 2010 Ed. (4988)
Lindal Cedar Homes
 1990 Ed. (1174)
 1991 Ed. (1061)
 1992 Ed. (1369)
 1993 Ed. (1092)
 1994 Ed. (1116)
 1995 Ed. (1132)
Lindane
 1990 Ed. (2812)
Lindbergh & Associates
 2012 Ed. (1888)
Lindblad Expeditions
 2014 Ed. (2220)
 2015 Ed. (2284)
 2020 Ed. (2117)
 2021 Ed. (2109)
 2022 Ed. (2141)
 2023 Ed. (2259)
Lindblad Expeditions - National Geographic
 2021 Ed. (2109)
Lindburgh Properties
 2003 Ed. (1208)
 2004 Ed. (1215)
 2005 Ed. (1239)
Linde
 1990 Ed. (1890, 2177)
 1997 Ed. (1745)
 1998 Ed. (1804)
 2013 Ed. (947)
 2018 Ed. (845)
 2020 Ed. (836, 837, 845)
 2021 Ed. (621, 856, 867, 868, 2872, 3992)
 2022 Ed. (897, 899, 900, 901, 903, 1625, 1976, 1977, 1978, 3998)
 2023 Ed. (1069, 1070, 1072, 2083, 4082)
Linde AG
 1991 Ed. (1788, 1790)
 1993 Ed. (1938)
 1996 Ed. (2558)
 1997 Ed. (2695)
 1999 Ed. (1081, 2855, 2857, 3286)
 2000 Ed. (3021)
 2001 Ed. (2587, 3190, 4639)
 2002 Ed. (1007, 1015, 2323, 2392, 3224)
 2003 Ed. (4815)
 2004 Ed. (3331, 4802)
 2006 Ed. (855, 4852)
 2007 Ed. (940, 942, 943, 949, 4855)
 2008 Ed. (919, 926, 1186, 1410, 1418, 1425, 1431, 3445, 4778)
 2009 Ed. (927, 933, 934, 1161, 1785)
 2010 Ed. (867, 868, 874, 3510)
 2011 Ed. (791, 796, 803, 3513)
 2012 Ed. (749, 754, 755, 756, 761, 763, 3511)
 2013 Ed. (941, 942, 958, 963, 964, 3552)
 2014 Ed. (894, 895, 901, 911, 916, 917, 918, 3528)
 2015 Ed. (922, 923, 938, 941, 3542)
 2016 Ed. (825, 826, 832, 842, 847, 850, 3393)
 2017 Ed. (882, 883, 889, 901, 907, 910, 3355)
 2018 Ed. (817, 823, 834, 840, 3422)
 2019 Ed. (833, 840, 848, 854, 3390)
 2020 Ed. (840)
Linde Aktiengesellschaft (Konzern)
 1992 Ed. (2954)
Linde; Douglas
 2007 Ed. (1093)
Linde; Edward
 2005 Ed. (964)
 2006 Ed. (928)
 2007 Ed. (1018)
Linde Gas
 2001 Ed. (2585)
Linde Group
 2010 Ed. (862)
 2015 Ed. (927)
 2016 Ed. (831)
 2017 Ed. (888)
 2018 Ed. (822, 836)
 2019 Ed. (839)
Linde North America
 2016 Ed. (1862, 3425)
 2017 Ed. (1821, 3386)
 2018 Ed. (1767, 3452)
 2019 Ed. (3423, 4001)
 2020 Ed. (3423, 4018)
Linde plc
 2021 Ed. (1936)
 2022 Ed. (1979)
 2023 Ed. (1071, 2084)
Linde (U.K.)
 2022 Ed. (900, 902)
Lindemann; George
 2005 Ed. (4843)
Lindemann; George L.
 1991 Ed. (1622)
Lindeman's
 2022 Ed. (862)
 2023 Ed. (1047)
Lindemans
 1998 Ed. (3754)
 2001 Ed. (4845, 4911)
 2002 Ed. (4925, 4975)
 2003 Ed. (4948)
 2004 Ed. (4966, 4971)
 2005 Ed. (4953, 4956, 4963, 4964)
 2006 Ed. (4966)
 2008 Ed. (247)
 2009 Ed. (270)
 2010 Ed. (257)
Linden Christian School
 2010 Ed. (4180)
Linden Lab
 2007 Ed. (3211)
Linden Trading Co.
 2003 Ed. (3724)
Lindenmeyr Munroe
 2018 Ed. (3737)
 2019 Ed. (3726)
 2020 Ed. (3769)
 2021 Ed. (3767)
 2022 Ed. (3789)
 2023 Ed. (3890)
Linder & Associates Inc.
 2007 Ed. (3612, 3613, 4453)
Linder Dividend
 1996 Ed. (2777)
Linder Global Events
 2018 Ed. (3054)
Lindmoser Reinigungsgesellschaft Mbh
 2006 Ed. (1561)
Lindner
 1991 Ed. (2566)
Lindner AG Decken-, Boden-, Trennwandsysteme
 2004 Ed. (2708)
Lindner; Carl
 2006 Ed. (4909)
Lindner Dividend
 1990 Ed. (2368, 2385)
 1991 Ed. (2566)
 1992 Ed. (3192)
 1993 Ed. (2653)
 1994 Ed. (2607, 2618)
 1995 Ed. (2681)
Lindner & Family; Carl
 1990 Ed. (3687)
Lindner Fund
 1990 Ed. (2392)

Lindner Funds
  1999 Ed. (862, 3002)
Lindner, II; Carl Henry
  1990 Ed. (457, 3686)
Lindner III; Carl H.
  2011 Ed. (837)
Lindner Large-Cap Growth
  2004 Ed. (3597, 3598)
Lindner Large-Cap Growth Investment
  2005 Ed. (3565)
Lindner; Richard
  2010 Ed. (921)
Lindner; Robert
  2008 Ed. (969)
Lindo
  1999 Ed. (110)
  2000 Ed. (115)
Lindo/FCB Communications
  1991 Ed. (118)
  2001 Ed. (153)
  2002 Ed. (126)
  2003 Ed. (93)
Lindo, Foote, Cone & Belding
  1989 Ed. (126) .
  1990 Ed. (120)
  1992 Ed. (170)
  1995 Ed. (91)
  1996 Ed. (106)
  1997 Ed. (107)
Lindora Inc.
  2014 Ed. (4990)
Lindquist Motors
  1991 Ed. (295)
Lindquist Saab
  1990 Ed. (318)
Lindquist & Trudeau Inc.
  2004 Ed. (844, 1593, 1713, 1805, 3948)
Lindquist & Vennum
  1990 Ed. (2422)
  1991 Ed. (2288)
  1992 Ed. (2842)
  1993 Ed. (2400)
Lindquist & Vennum PLLP
  2007 Ed. (3320)
Lindqvist Motors Saab
  1993 Ed. (285)
Lindsay
  2013 Ed. (810, 1899)
  2014 Ed. (3143)
  2015 Ed. (3204)
Lindsay Cadillac-Sterling
  1990 Ed. (319)
Lindsay Davenport
  2002 Ed. (343)
  2007 Ed. (293)
Lindsay Fox
  2009 Ed. (4860)
  2010 Ed. (4862, 4878)
  2011 Ed. (4867, 4868)
  2012 Ed. (4874)
  2016 Ed. (4823, 4824)
  2017 Ed. (4834)
  2018 Ed. (4839)
  2019 Ed. (4835)
  2020 Ed. (4825)
Lindsay; Jeffrey
  2011 Ed. (3359)
Lindsay Manufacturing Co.
  2004 Ed. (181, 182)
  2005 Ed. (181, 182)
  2007 Ed. (3418)
Lindsay Smithers/FCB
  1989 Ed. (157)
  1990 Ed. (148)
  1991 Ed. (148)
  1992 Ed. (205)
  1993 Ed. (136)
  1996 Ed. (138)
  1997 Ed. (144)
  1999 Ed. (153)
  2000 Ed. (171)
Lindsay Smithers-FCB Holdings
  1994 Ed. (115)
  1995 Ed. (124)
The Lindsey Co.
  2014 Ed. (1367, 1380)
Lindsey Management Co.
  2011 Ed. (1115)
Lindseystomp
  2017 Ed. (3614)
  2018 Ed. (3677)
Lindskov-Thiel Ranch
  2021 Ed. (809)
  2022 Ed. (841)
Lindstrom, 1932; Fred
  1991 Ed. (702)
Lindt
  2010 Ed. (648)
  2022 Ed. (2741)
  2023 Ed. (1077, 2879)
Lindt Chocolatier
  2018 Ed. (749)
Lindt Lindor
  2014 Ed. (948)
  2015 Ed. (978)
  2016 Ed. (875)
  2017 Ed. (925)
  2018 Ed. (744, 861)

2019 Ed. (765)
2020 Ed. (756)
2021 Ed. (777)
2022 Ed. (807)
Lindt North America
  2018 Ed. (742)
  2019 Ed. (766, 771, 772)
  2020 Ed. (759)
Lindt & Sprungli
  2014 Ed. (2735)
  2015 Ed. (2790)
  2016 Ed. (2720)
  2017 Ed. (2675)
  2018 Ed. (2734)
  2019 Ed. (2718)
  2020 Ed. (2750, 2751)
  2021 Ed. (2629)
Lindt & Sprungli AG
  2005 Ed. (865)
  2009 Ed. (2071)
  2014 Ed. (950)
  2015 Ed. (980, 1887)
  2016 Ed. (879, 880, 1849)
  2017 Ed. (929, 930, 1807)
  2018 Ed. (748, 865, 866, 1757)
  2019 Ed. (769)
  2020 Ed. (762)
  2021 Ed. (783)
  2022 Ed. (812)
Lindt & Sprungli AG; Chocoladefabriken
  2006 Ed. (776)
  2007 Ed. (873)
  2008 Ed. (843)
  2009 Ed. (855)
  2010 Ed. (802)
  2011 Ed. (730, 2715)
  2012 Ed. (669, 2648)
Lindt & Sprungli (North America) Inc.
  2021 Ed. (780)
  2022 Ed. (810)
  2023 Ed. (1014)
Lindt & Sprungli (USA) Inc.
  2020 Ed. (2691)
Lindum Group
  2007 Ed. (2023)
Lindy Paving
  2017 Ed. (1185, 1215)
  2018 Ed. (1134, 1197)
  2019 Ed. (1149, 1221, 1244)
  2020 Ed. (1140, 1215, 1238)
  2021 Ed. (1126, 1185, 1204)
  2022 Ed. (1130, 1184, 1205)
Line
  2022 Ed. (2346)
Line 6, Inc.
  2003 Ed. (2719)
Line installer
  1989 Ed. (2086)
Line-X Corp.
  2003 Ed. (366)
  2004 Ed. (351)
  2005 Ed. (290, 904)
  2006 Ed. (311)
  2007 Ed. (308)
  2008 Ed. (295)
  2009 Ed. (316)
  2010 Ed. (298)
Line-X Franchise Development Co.
  2011 Ed. (220)
  2012 Ed. (231)
  2013 Ed. (228)
Line-X Franchising
  2014 Ed. (283)
  2017 Ed. (319)
  2018 Ed. (296)
  2019 Ed. (299)
  2020 Ed. (301)
  2021 Ed. (286)
  2022 Ed. (302)
Line-X LLC
  2022 Ed. (847)
  2023 Ed. (1029)
Line-X Protective Coating
  2016 Ed. (781)
  2017 Ed. (840)
  2018 Ed. (775)
  2019 Ed. (787)
  2020 Ed. (782)
  2021 Ed. (814)
Linea 12 McCann-Erickson
  2000 Ed. (185)
  2001 Ed. (229)
  2002 Ed. (202)
  2003 Ed. (162)
Linea 800
  2001 Ed. (66)
Linea 900
  2005 Ed. (94)
Linea di Liara
  2020 Ed. (1594)
Linea Peninsular
  2003 Ed. (1225)
Lineage
  2023 Ed. (4790)
Lineage Logistics
  2016 Ed. (4792)
  2017 Ed. (4807)
  2018 Ed. (4808, 4810, 4812, 4813, 4814)

2019 Ed. (4808, 4810, 4811)
2020 Ed. (2139, 3382, 4797, 4799, 4800, 4801)
2021 Ed. (4794, 4795, 4798, 4799, 4800, 4801)
2022 Ed. (4792, 4794, 4795)
2023 Ed. (4787, 4789)
Linear
  2013 Ed. (4951)
  2014 Ed. (4959)
  2015 Ed. (3062)
  2016 Ed. (2952)
  2018 Ed. (4323)
Linear Air Taxi
  2019 Ed. (1766)
  2020 Ed. (1708)
Linear Electric Co.
  2016 Ed. (4776)
Linear Films
  1996 Ed. (3051)
Linear Gold Corp.
  2006 Ed. (1631)
Linear Investments Limited
  2019 Ed. (2074)
Linear Open House
  2018 Ed. (4930)
  2019 Ed. (4930)
Linear Technology
  2014 Ed. (1440, 2878)
  2015 Ed. (1500)
  2016 Ed. (1441)
  2017 Ed. (1011, 1453)
  2018 Ed. (942, 1433)
Linear Technology Corp
  1995 Ed. (884)
Linear Technology Corp.
  1989 Ed. (2501)
  1991 Ed. (2571, 3148)
  1993 Ed. (3211)
  1994 Ed. (3200)
  1996 Ed. (1607)
  1997 Ed. (1081)
  1998 Ed. (829)
  1999 Ed. (1958, 1959, 1962)
  2000 Ed. (2401, 2402, 2405, 4045, 4046, 4049)
  2002 Ed. (4350)
  2003 Ed. (2197, 4533, 4569)
  2004 Ed. (2230, 2772, 4483)
  2005 Ed. (2220, 2222, 2330, 4345, 4455)
  2006 Ed. (2737, 4282, 4284, 4285, 4458)
  2007 Ed. (4343, 4347, 4517)
  2008 Ed. (1609, 2355, 2359, 4307)
  2009 Ed. (1545, 2340)
  2011 Ed. (1522)
  2012 Ed. (4461)
  2013 Ed. (4421)
  2014 Ed. (4452)
  2015 Ed. (4447)
  2016 Ed. (4339)
  2017 Ed. (4340)
Linebarger Googan Blair & Sampson
  2011 Ed. (4980)
Lineberry Research Associates, L.L.C.
  2002 Ed. (2530)
Linedata Services
  2010 Ed. (2691)
Lineker; Gary
  2009 Ed. (708)
The Linen Center
  1990 Ed. (2115)
Linen Loft
  1998 Ed. (648)
Linen Supermarket
  1990 Ed. (2115)
  1995 Ed. (3427)
  1996 Ed. (3488, 3489)
  1998 Ed. (3343)
Linen Supermarkets
  1994 Ed. (2139, 3368)
  1997 Ed. (2323, 3554)
  1999 Ed. (4373)
Linenberg; Mike
  2011 Ed. (3336)
Linens
  2004 Ed. (2552)
Linens Holding Co.
  2008 Ed. (1976, 2993)
  2009 Ed. (1930, 3078)
  2011 Ed. (2979, 2980)
Linens Investors LLC
  2012 Ed. (2909)
  2013 Ed. (2996)
Linens 'n Things Inc.
  1990 Ed. (2115)
  1992 Ed. (2532)
  1994 Ed. (2135, 2139, 3368)
  1995 Ed. (3427)
  1996 Ed. (3488, 3489)
  1997 Ed. (2318, 2323, 3554)
  1998 Ed. (3343)
  1999 Ed. (4373)
  2001 Ed. (2744, 2746, 4100)
  2002 Ed. (2704)
  2003 Ed. (887, 2772, 2870, 4503, 4504)
  2004 Ed. (906, 2883, 2884, 2955, 2962, 4707, 4708)

2005 Ed. (896, 2873, 2874, 2957, 2969, 4127, 4676, 4679, 4680)
2006 Ed. (2879, 2880, 2888, 2890, 2952, 2953, 2964, 4440)
2007 Ed. (2873, 2874, 2881, 2969, 2970, 2981, 2984, 4497)
2008 Ed. (2993, 3001, 3093, 3104, 4797)
2009 Ed. (3077, 3078, 3085, 3184, 3185, 3186, 3199, 4155, 4822)
2010 Ed. (3010, 3110, 3116, 3117)
2011 Ed. (2979, 3080, 3083)
Linens n'More
  1992 Ed. (2525)
LinerGroup Inc.
  2005 Ed. (3914)
Linette
  2000 Ed. (2341)
Linfield College
  1992 Ed. (1272)
  1996 Ed. (1040)
  1997 Ed. (1056)
  1998 Ed. (803)
  1999 Ed. (1232)
  2001 Ed. (1327)
  2008 Ed. (1066)
Linford Air & Refrigeration Co.
  1991 Ed. (1081)
  1992 Ed. (1414)
  1993 Ed. (1127)
Linfox
  2002 Ed. (3787)
  2004 Ed. (3962)
  2016 Ed. (1376, 1384)
  2018 Ed. (1374)
  2019 Ed. (732, 1422)
  2020 Ed. (1385, 4666)
  2021 Ed. (1374, 1382, 4688)
  2022 Ed. (1385, 4691)
Linfox Australia Pty. Ltd.
  2017 Ed. (2452)
  2018 Ed. (2502)
Linganore Winecellars
  2023 Ed. (4913)
Linglong Group Co.
  2022 Ed. (1297)
LingLong Tire
  2021 Ed. (4647)
  2022 Ed. (4660)
Linglong Tire
  2023 Ed. (4646)
Lingo Systems
  2006 Ed. (3535)
Lingual Information System Technologies
  2006 Ed. (2829)
  2007 Ed. (2836, 3564)
  2008 Ed. (4965)
Linguistic Technology Corp.
  2001 Ed. (2858)
Linhart McClain Finlon Public Relations
  2006 Ed. (1681)
Linhart Public Relations
  2011 Ed. (4132)
  2012 Ed. (4161)
  2013 Ed. (50, 4151)
  2014 Ed. (4168)
  2015 Ed. (4148)
Linial DDB
  2000 Ed. (112)
  2001 Ed. (150)
  2002 Ed. (123)
Linial DDB Needham
  1996 Ed. (103)
  1997 Ed. (105)
  1999 Ed. (107)
Linical
  2015 Ed. (1759)
  2018 Ed. (1651)
Linical Co., Ltd.
  2010 Ed. (2947)
Linjegods AS
  2002 Ed. (3713)
LINK
  2022 Ed. (2386)
  2023 Ed. (2548)
The Link
  2002 Ed. (35)
Link America
  2013 Ed. (2926, 4644)
  2014 Ed. (2943, 4657)
Link America Inc.
  2012 Ed. (2858)
  2013 Ed. (2925)
  2014 Ed. (2940, 2941, 2955, 2958)
  2015 Ed. (3026)
Link America LLC
  2015 Ed. (2990)
  2016 Ed. (2924, 3599)
  2017 Ed. (3567)
  2018 Ed. (2949, 3620)
  2019 Ed. (2897, 3614)
  2020 Ed. (2917, 3585)
  2021 Ed. (3612)
Link Arkitektur
  2022 Ed. (193)
Link Business
  2020 Ed. (713)
Link Carnival
  1995 Ed. (910)

Link Construction Group
  2012 Ed. (2858)
Link Construction Group Inc.
  2015 Ed. (2994)
Link Consulting Services
  2022 Ed. (749, 779)
Link Energy
  2021 Ed. (1437, 1439)
  2022 Ed. (1448, 2392, 2396)
Link Exchange Banner Network
  2002 Ed. (4808)
Link; Harald
  2021 Ed. (4874)
  2022 Ed. (4870)
Link Industries
  2009 Ed. (2344, 2345)
Link Real Estate Group
  2021 Ed. (1789)
Link REIT
  2012 Ed. (4197)
  2013 Ed. (4179)
  2014 Ed. (4196)
  2015 Ed. (4176)
  2016 Ed. (4093)
  2017 Ed. (4069)
  2018 Ed. (4098)
  2019 Ed. (4105)
  2020 Ed. (4116)
Link Solutions
  2012 Ed. (3700, 4053)
Link Staffing
  2012 Ed. (635)
  2021 Ed. (2321)
Link Staffing Services
  2002 Ed. (4597)
  2007 Ed. (4515)
  2008 Ed. (168, 4495)
  2009 Ed. (4526)
  2010 Ed. (4566)
  2011 Ed. (4529)
  2016 Ed. (4960)
  2017 Ed. (4950)
  2018 Ed. (4499, 4956)
  2020 Ed. (4477)
  2021 Ed. (4467, 4785)
Link Tactical Military
  1992 Ed. (1771)
Link Training Service Corp.
  1992 Ed. (1771)
LinkAmerica
  2023 Ed. (3075)
Linkbank
  2023 Ed. (1978)
LinkEasy Network
  1999 Ed. (3000)
LinkedIn
  2012 Ed. (655, 657, 2875, 3311, 3312)
  2013 Ed. (800, 802, 2951, 3383, 3384, 4590)
  2014 Ed. (817, 819, 1036, 1442, 2968, 3385)
  2015 Ed. (1071, 3038, 3421, 4634)
  2016 Ed. (978, 3101, 3115)
  2017 Ed. (1012, 2260, 2893, 3045, 4367)
  2018 Ed. (2959, 3035, 3157, 3315)
  2019 Ed. (2904, 2977, 3092)
  2020 Ed. (2923, 3005, 3124)
  2021 Ed. (2866, 4560)
  2022 Ed. (944, 3581)
  2023 Ed. (1112, 3220, 3688, 4578)
Linkedin
  2020 Ed. (919)
  2021 Ed. (925)
  2022 Ed. (944)
LinkedIn Corp.
  2014 Ed. (1043, 4467)
  2015 Ed. (1078, 4461)
  2016 Ed. (985, 4360)
  2017 Ed. (4360, 4562)
  2018 Ed. (4580)
  2019 Ed. (4591)
  2020 Ed. (4570)
  2021 Ed. (4562)
  2022 Ed. (4571)
LinkedIn Corp. (U.S.)
  2021 Ed. (4562)
  2022 Ed. (4571)
LinkedSelling
  2019 Ed. (1799)
Linkenheimer CPAs & Advisors
  2012 Ed. (11)
Linkenheimer LLP CPA & Advisors
  2023 Ed. (21)
Linkenheimer LLP CPAs & Advisors
  2015 Ed. (1477)
Linkin Park
  2011 Ed. (3712, 3720)
Linklaters
  1999 Ed. (3151)
  2006 Ed. (3251)
  2007 Ed. (3317)
  2008 Ed. (3428)
  2009 Ed. (3493, 3494, 3495, 3496, 3497, 3498, 3499, 3500, 3501)
  2010 Ed. (3427, 3428, 3429)
  2011 Ed. (932, 3412, 3413, 3414, 3415)
  2017 Ed. (3277)

Linklaters & Alliance
  2000 Ed. (2897)
  2001 Ed. (1539)
  2002 Ed. (1361)
  2003 Ed. (1407, 1408, 1412)
  2004 Ed. (1416, 1432, 1433, 1437, 1438, 1446)
  2005 Ed. (1440, 1449, 1450, 1454, 1455, 1457)
Linklaters International
  2003 Ed. (3183, 3184)
  2004 Ed. (3235)
  2005 Ed. (3265)
Linklaters LLP
  2010 Ed. (3423, 3424)
  2011 Ed. (3407, 3408, 3409)
  2012 Ed. (3426)
  2013 Ed. (3450, 3452)
  2014 Ed. (3451, 3453)
Linklaters & Paine
  1990 Ed. (1701)
Linklaters & Paines
  1989 Ed. (1369)
  1990 Ed. (1708)
  1991 Ed. (1607, 1611, 2286)
  1992 Ed. (14, 15, 2034, 2043, 2835, 2836)
  2001 Ed. (4180)
LinkNet
  2022 Ed. (653)
LinkNow Media
  2018 Ed. (1465, 3486)
  2019 Ed. (1489, 3455)
LinkOnline Network
  1999 Ed. (3000)
Linkous Construction Co.
  2008 Ed. (1327)
  2009 Ed. (1312)
  2011 Ed. (1267)
Linkous Construction Co., Inc.
  2019 Ed. (1985)
  2020 Ed. (1911)
Links 386 Pro
  1995 Ed. (1083)
Links: Pebble Beach
  1995 Ed. (1102)
Links Pro
  1996 Ed. (1078)
Links Technology Solutions
  2022 Ed. (2366)
  2023 Ed. (2529)
LinkShare
  2001 Ed. (4760)
  2002 Ed. (4808)
LinkSquares
  2023 Ed. (1150, 1856)
Linksys
  2005 Ed. (1105, 3904)
  2013 Ed. (698, 4944)
Linksys Group Inc.
  2005 Ed. (1464)
Linktone Ltd.
  2006 Ed. (4260)
LinkUs
  2012 Ed. (2894)
  2015 Ed. (3063)
LinkVisum Consulting Group
  2013 Ed. (80)
Linkwood
  1992 Ed. (3810)
  1993 Ed. (3106)
  1994 Ed. (3152)
Linlo Properties
  2022 Ed. (4978)
Linlo Realty Inc.
  2022 Ed. (4978)
Linlo Realty Inc., dba Linlo Properties
  2022 Ed. (4978)
Linn Area Credit Union
  2003 Ed. (1919)
  2005 Ed. (2101)
  2006 Ed. (2196)
  2007 Ed. (2117)
  2008 Ed. (2232)
  2009 Ed. (2217)
  2010 Ed. (2137, 2171)
  2011 Ed. (2189)
  2012 Ed. (2049)
  2013 Ed. (2231)
  2014 Ed. (2163)
  2015 Ed. (2227)
  2018 Ed. (2095)
  2020 Ed. (2074)
  2021 Ed. (2064)
  2022 Ed. (2099)
  2023 Ed. (2214)
Linn-Benton Bank
  1998 Ed. (375)
Linn County Correctional Center
  1994 Ed. (2935)
LINN Energy
  2015 Ed. (3273, 3274, 3275, 3276)
Linn Energy
  2007 Ed. (1954)
LINN Energy, LLC
  2018 Ed. (319, 320)

Linn Energy LLC
  2009 Ed. (2906)
  2010 Ed. (2850)
  2017 Ed. (3784)
LinnCo
  2014 Ed. (4434)
Linnett; Freddie
  2009 Ed. (4918)
Lino Garcia
  2013 Ed. (2961)
Linotype-Hell
  1993 Ed. (1313)
  1994 Ed. (1368)
  1995 Ed. (1394)
  1998 Ed. (1140)
Linowes & Blocher
  2003 Ed. (3185)
  2007 Ed. (3319)
Linpac Group Ltd.
  1991 Ed. (958, 961)
  1992 Ed. (1192, 1195)
  1993 Ed. (965, 966, 976)
  1994 Ed. (991, 992, 995, 1001)
  1995 Ed. (1004, 1008, 1014)
  2001 Ed. (4133)
  2002 Ed. (4068)
Linpave Holdings Ltd.
  1993 Ed. (969)
Linpro Co.
  1990 Ed. (1180)
Linquist & Vennum LLP
  2012 Ed. (3405)
Linroc Community Services Corp.
  1998 Ed. (2411)
Linsco/Private Ledger
  1998 Ed. (526)
Linsell Saatchi & Saatchi
  1999 Ed. (173)
  2000 Ed. (194)
  2001 Ed. (244)
  2002 Ed. (214)
  2003 Ed. (184)
Lintas
  1991 Ed. (132)
  1995 Ed. (124)
  1996 Ed. (138)
  2001 Ed. (190)
  2003 Ed. (129, 184)
Lintas Abidjan
  1989 Ed. (125)
  1990 Ed. (119)
  1991 Ed. (117)
  1992 Ed. (169)
  1995 Ed. (90)
  1996 Ed. (105)
Lintas:Athens
  1989 Ed. (111)
  1990 Ed. (106)
  1991 Ed. (103)
  1992 Ed. (154)
  1993 Ed. (103)
Lintas Australia
  1992 Ed. (121)
  1993 Ed. (81)
  1994 Ed. (70)
  1995 Ed. (46)
  1996 Ed. (62)
Lintas Austria
  1989 Ed. (84)
  1990 Ed. (78)
  1991 Ed. (75)
  1992 Ed. (122)
  1994 Ed. (71)
  1995 Ed. (47)
  1996 Ed. (63)
Lintas Belgium
  1989 Ed. (87)
  1993 Ed. (83)
  1994 Ed. (72)
  1995 Ed. (50)
  1996 Ed. (66)
Lintas:Brasil
  1990 Ed. (83)
Lintas:Brasil Comunicacoes
  1993 Ed. (84)
Lintas:Brazil
  1991 Ed. (80)
  1992 Ed. (128)
Lintas: Brussels
  1990 Ed. (81)
  1991 Ed. (78)
  1992 Ed. (125)
Lintas Budapest
  1995 Ed. (82)
  1996 Ed. (96)
Lintas:Cameroon
  1990 Ed. (84)
  1991 Ed. (81)
  1992 Ed. (129)
Lintas: Campbell-Ewald Co.
  1989 Ed. (136, 173)
  1990 Ed. (128)
  1991 Ed. (92, 127, 840)
  1992 Ed. (141, 180)
  1993 Ed. (93)
  1994 Ed. (83, 102)
  1995 Ed. (65)
  1996 Ed. (79, 115)

Lintas Chile
  1989 Ed. (93)
  1990 Ed. (88)
  1991 Ed. (86)
  1992 Ed. (134)
  1993 Ed. (87)
  1994 Ed. (77)
  1995 Ed. (57)
  1996 Ed. (70)
Lintas China
  1995 Ed. (58)
  1996 Ed. (71)
Lintas Colombia
  1990 Ed. (90)
  1991 Ed. (88)
  1992 Ed. (136)
  1994 Ed. (79)
  1995 Ed. (59)
Lintas Czech Republic
  1994 Ed. (81)
  1996 Ed. (77)
Lintas Denmark
  1989 Ed. (97)
  1990 Ed. (93)
  1994 Ed. (82)
  1995 Ed. (64)
  1996 Ed. (78)
Lintas Deutschland
  1992 Ed. (150)
  1993 Ed. (100)
  1994 Ed. (89)
  1995 Ed. (76)
Lintas:France Group
  1992 Ed. (149)
Lintas:Germany
  1989 Ed. (108)
  1990 Ed. (104)
  1991 Ed. (100)
Lintas Ghana
  1996 Ed. (90)
Lintas/GR:Denmark
  1991 Ed. (91)
  1993 Ed. (92)
Lintas Greece
  1994 Ed. (91)
  1995 Ed. (78)
  1996 Ed. (92)
Lintas Group Deutschland
  1996 Ed. (89)
Lintas Gulf
  1995 Ed. (135)
  1996 Ed. (149)
  2001 Ed. (230)
Lintas:Helsinki
  1989 Ed. (105)
  1991 Ed. (98)
Lintas (Hong Kong)
  1989 Ed. (114)
Lintas:Hungary
  1994 Ed. (93)
Lintas India
  1990 Ed. (110)
  1991 Ed. (108)
  1992 Ed. (159)
  1993 Ed. (107)
  1994 Ed. (94)
  1995 Ed. (83)
  1996 Ed. (97)
Lintas Indonesia
  1992 Ed. (160)
  1993 Ed. (108)
  1994 Ed. (95)
  1995 Ed. (84)
  1996 Ed. (98)
Lintas:Italy
  1993 Ed. (114)
  1994 Ed. (97)
Lintas Malaysia
  1990 Ed. (126)
  1991 Ed. (125)
  1992 Ed. (178)
  1993 Ed. (118)
  1994 Ed. (100)
  1995 Ed. (97)
  1996 Ed. (113)
Lintas Manila
  1990 Ed. (143)
  1991 Ed. (143)
  1992 Ed. (198)
  1993 Ed. (128)
  1994 Ed. (109)
  1995 Ed. (114)
  1996 Ed. (128)
Lintas: Marketing Communications
  1990 Ed. (3077)
  1992 Ed. (1806, 3759)
  1993 Ed. (1488, 1489, 3064)
  1994 Ed. (3127)
  1995 Ed. (1564, 1565, 1566)
Lintas:Milan
  1990 Ed. (118)
Lintas Milano
  1992 Ed. (168)
  1995 Ed. (89)
  1996 Ed. (104)
Lintas Namibia
  1989 Ed. (137)
  1990 Ed. (129)

1991 Ed. (128)
1992 Ed. (182)
1995 Ed. (101)
1996 Ed. (117)
Lintas Nederland
 1990 Ed. (130)
 1993 Ed. (120)
 1994 Ed. (103)
 1995 Ed. (102)
 1996 Ed. (118)
Lintas:Netherlands
 1989 Ed. (138)
 1991 Ed. (129)
 1992 Ed. (183)
Lintas:New York
 1989 Ed. (79, 142, 145)
 1990 Ed. (132, 136)
 1991 Ed. (136)
 1993 Ed. (122)
Lintas:New Zealand
 1989 Ed. (143)
 1990 Ed. (133)
 1991 Ed. (133)
 1992 Ed. (187)
Lintas: Norway
 1989 Ed. (146)
Lintas Oy
 1992 Ed. (148)
 1993 Ed. (98)
 1994 Ed. (87)
 1995 Ed. (74)
 1996 Ed. (87)
Lintas Paris
 1989 Ed. (107)
 1990 Ed. (103)
 1991 Ed. (99)
 1993 Ed. (99)
 1994 Ed. (88)
 1995 Ed. (75)
 1996 Ed. (88)
Lintas:Poland
 1994 Ed. (110)
Lintas Portugal
 1989 Ed. (153)
 1990 Ed. (144)
 1991 Ed. (144)
 1992 Ed. (200)
 1993 Ed. (130)
 1994 Ed. (111)
 1995 Ed. (116)
 1996 Ed. (130)
Lintas Prague
 1995 Ed. (63)
Lintas S.A.
 1996 Ed. (141)
Lintas:Singapore
 1990 Ed. (147)
 1991 Ed. (147)
Lintas:South Africa
 1989 Ed. (157)
 1990 Ed. (148)
 1991 Ed. (148)
 1992 Ed. (205)
 1993 Ed. (136)
 1994 Ed. (115)
Lintas Spain
 1989 Ed. (162)
 1991 Ed. (151)
 1992 Ed. (209)
 1993 Ed. (137)
 1994 Ed. (118)
 1995 Ed. (127)
Lintas Stockholm
 1992 Ed. (211)
 1993 Ed. (138)
 1994 Ed. (119)
 1995 Ed. (129)
 1996 Ed. (143)
Lintas:Sweden
 1991 Ed. (153)
Lintas:Switzerland
 1989 Ed. (165)
 1990 Ed. (154)
Lintas:Taiwan
 1990 Ed. (155)
 1992 Ed. (213)
 1993 Ed. (140)
 1994 Ed. (121)
Lintas Thailand
 1990 Ed. (156)
 1991 Ed. (156)
 1992 Ed. (214)
 1993 Ed. (141)
 1994 Ed. (122)
 1996 Ed. (146)
Lintas:USA
 1989 Ed. (58)
 1990 Ed. (75)
Lintas Warszawa
 1995 Ed. (115)
 1996 Ed. (129)
Lintas Werbeagentur
 1995 Ed. (130)
 1996 Ed. (144)
Lintas:Wien
 1993 Ed. (82)

Lintas Worldwide
 1989 Ed. (74, 118, 119)
 1990 Ed. (58, 60, 61, 63, 64, 69, 70, 112, 114)
 1991 Ed. (58, 59, 60, 61, 64, 65, 111, 113)
 1992 Ed. (101, 103, 106, 109, 114, 115, 118, 146, 147, 162, 175)
 1993 Ed. (64, 66, 69, 70, 75, 97, 111, 117)
 1994 Ed. (51, 52, 53, 55)
 1995 Ed. (26, 27, 28, 30)
 1996 Ed. (41, 42, 43, 100)
Lintas Zimbabwe
 1989 Ed. (176)
 1990 Ed. (164)
 1991 Ed. (163)
 1992 Ed. (223)
 1995 Ed. (140)
 1996 Ed. (154)
Lintas:Zurich
 1991 Ed. (154)
 1992 Ed. (212)
 1993 Ed. (139)
Lintec
 2016 Ed. (3072)
 2017 Ed. (3019)
LINTEC Corp.
 2021 Ed. (28)
 2022 Ed. (26)
 2023 Ed. (70)
LinTech Global Inc.
 2016 Ed. (1211)
 2017 Ed. (1256, 1259)
LinTech Global, Inc.
 2019 Ed. (1271)
Linter Textiles Corp.
 1993 Ed. (1177)
Lintes India
 1989 Ed. (116)
Linthicum Constructors
 1992 Ed. (1409)
Linton Park PLC
 2000 Ed. (224)
Linton's-Food Management Services
 1992 Ed. (2448)
 1993 Ed. (2064)
Linus Torvalds
 2005 Ed. (785, 787)
Linux
 2001 Ed. (3533)
Linux Academy
 2019 Ed. (2034, 2225)
 2020 Ed. (2221)
Linux Foundation
 2009 Ed. (1134)
 2010 Ed. (1118)
 2011 Ed. (1057)
 2012 Ed. (984)
 2013 Ed. (1125)
The Linux Foundation
 2021 Ed. (964)
Linwood Clark Masonry Inc.
 2005 Ed. (1285)
Linwood and Helen Offutt
 1995 Ed. (936)
Linx Printing
 1995 Ed. (3098)
Liny Halim
 1996 Ed. (1866)
 1997 Ed. (1974)
Lion
 2015 Ed. (2758)
 2016 Ed. (2687, 3755)
 2017 Ed. (2638, 3706, 3709)
 2018 Ed. (2704)
 2019 Ed. (2680)
 2020 Ed. (2697)
 2021 Ed. (2610)
 2022 Ed. (2727)
Lion Air
 2013 Ed. (134)
 2014 Ed. (144)
Lion Air Inc.
 2008 Ed. (229)
Lion Beer
 2015 Ed. (756)
 2019 Ed. (681)
 2020 Ed. (674)
 2021 Ed. (668)
Lion - Beer, Spirits & Wine
 2013 Ed. (2766)
Lion Brewery
 1999 Ed. (714, 717)
 2000 Ed. (722, 1149)
Lion Corp.
 1989 Ed. (1583)
 1990 Ed. (36, 751)
 1999 Ed. (1830)
 2001 Ed. (3719)
 2003 Ed. (3794)
 2006 Ed. (3805)
 2007 Ed. (250, 2986, 3815)
 2008 Ed. (3105)
 2009 Ed. (3200)
 2010 Ed. (3125)
 2011 Ed. (3093)
 2012 Ed. (36, 3034)

 2013 Ed. (3120)
 2014 Ed. (3821)
 2015 Ed. (3846)
Lion of the Desert
 1991 Ed. (2490)
Lion Diversified Holdings
 2009 Ed. (1495)
Lion Gate LLC
 2000 Ed. (1314)
The Lion Group
 2012 Ed. (4365)
 2013 Ed. (4297)
LION Group Inc.
 2021 Ed. (2462)
Lion Group Inc.
 2022 Ed. (2573)
 2023 Ed. (2715)
The Lion Inc.-Gibbons
 1989 Ed. (757)
 1990 Ed. (752)
Lion International Bank
 2014 Ed. (356)
 2015 Ed. (405)
The Lion King
 1996 Ed. (2687, 3031)
 1998 Ed. (2537)
 2001 Ed. (3412)
 2004 Ed. (3513, 3516, 4717)
Lion King Activity Center
 1998 Ed. (848)
Lion King II: Simba's Pride
 2001 Ed. (4693)
The Lion King Story Book
 1996 Ed. (1079)
 1997 Ed. (1101)
The Lion King Story Book (MPC)
 1996 Ed. (1083)
Lion Nathan Group
 1990 Ed. (42)
 1991 Ed. (39, 1330, 2594)
Lion Nathan Ltd.
 1992 Ed. (3233, 3234)
 1993 Ed. (2721, 2722)
 1994 Ed. (2670, 2671)
 1996 Ed. (2844)
 1997 Ed. (2939, 2940)
 1999 Ed. (3622, 3623)
 2000 Ed. (3331, 3332)
 2001 Ed. (47)
 2002 Ed. (2303, 3497)
 2004 Ed. (92, 2651)
 2009 Ed. (754)
 2011 Ed. (630)
Lion Nathan National Foods
 2016 Ed. (2688)
Lion Oil Co.
 2001 Ed. (1797)
LION Smart
 2019 Ed. (252)
Lion Superindo - Gelael
 2012 Ed. (4347)
 2013 Ed. (4284)
Lion Television
 2011 Ed. (2617, 4672)
 2016 Ed. (4617)
 2017 Ed. (4636)
Lion Video
 2004 Ed. (4840)
The Lion, the Witch & the Wardrobe
 2008 Ed. (550)
Lion World Travel
 2020 Ed. (4648)
Lionakis
 2023 Ed. (276, 2650)
Lionbridge Technologies
 2020 Ed. (717)
Lioncourt Homes
 2018 Ed. (4094)
 2019 Ed. (4101)
LionDesk
 2022 Ed. (961)
Lionel
 1991 Ed. (3164)
Lionel Kiddie City
 1994 Ed. (3563)
 1995 Ed. (3646)
Lionel Leisure
 1989 Ed. (1256, 2860)
 1992 Ed. (4330)
 1995 Ed. (3144, 3644)
Lionel Messi
 2012 Ed. (217)
 2013 Ed. (190)
 2014 Ed. (197)
 2015 Ed. (219, 224, 225)
 2016 Ed. (220, 221)
 2017 Ed. (212, 218, 220)
 2018 Ed. (197, 204, 205, 2444)
 2019 Ed. (191, 198, 199)
 2020 Ed. (196, 201, 202, 2482)
 2021 Ed. (195, 2406)
 2022 Ed. (2518)
 2023 Ed. (316, 321, 323)
Liong; Liem Sioe
 2006 Ed. (4916)
Liongard Inc.
 2022 Ed. (1942)
 2023 Ed. (2058)

LionHeart Security Services
 2018 Ed. (4786)
 2021 Ed. (4778)
Lionindo Jaya
 2004 Ed. (52)
 2005 Ed. (46)
 2006 Ed. (53)
LionOre Mining International
 2005 Ed. (1709)
 2006 Ed. (4594)
 2008 Ed. (1618, 1659, 3677)
 2009 Ed. (1556, 1557, 1558, 1559, 3745)
 2010 Ed. (3683)
Lions Bay Media Inc.
 2013 Ed. (2839)
Lions Clubs International
 1998 Ed. (194)
Lions Gate
 2013 Ed. (3768)
Lions Gate Entertainment
 2014 Ed. (3697)
 2015 Ed. (2608)
 2016 Ed. (1471, 4673)
 2017 Ed. (1481, 2387, 3457)
Lions Gate Entertainment Corp.
 2006 Ed. (1429)
 2007 Ed. (2457)
 2008 Ed. (2591)
 2009 Ed. (2619, 3777, 3779)
 2010 Ed. (2518, 2522)
 2011 Ed. (2519, 3703)
 2012 Ed. (1357, 3718, 3722)
 2015 Ed. (54)
 2016 Ed. (3346)
 2017 Ed. (184)
 2018 Ed. (172)
 2019 Ed. (174)
 2020 Ed. (175, 2997)
 2021 Ed. (174, 1449, 2857, 4662)
 2022 Ed. (167, 1462, 4670)
 2023 Ed. (232, 4660)
Lions Gate Entertainment Inc.
 2016 Ed. (3626)
"Lions of...African Night"; National Geographic,
 1991 Ed. (2772)
Lionsgate
 2007 Ed. (3639)
 2008 Ed. (3752, 3753)
 2009 Ed. (2363, 2364, 2365, 3776, 3778, 4832, 4833, 4834)
 2010 Ed. (3707)
Lionsgate Entertainment Corp.
 2008 Ed. (3755)
Lior Bregman
 1997 Ed. (1863)
Lip balm
 1990 Ed. (3034)
 2002 Ed. (2050, 2051)
Lip medications
 1995 Ed. (1605)
Lip remedies
 2003 Ed. (2106)
Lipari Foods Inc.
 2017 Ed. (812, 3953)
 2020 Ed. (3962)
 2021 Ed. (4270)
Lipari Landfill
 1991 Ed. (1889)
Lipei; Ye
 2005 Ed. (2515)
Lipfinity; Max Factor
 2005 Ed. (3292)
Lipinski Outdoor Services
 2012 Ed. (3435, 3437, 3440)
 2013 Ed. (3460)
 2014 Ed. (3455, 3457, 3460)
Lipinski Snow Services
 2011 Ed. (4472)
 2012 Ed. (4487)
 2013 Ed. (4456)
Lipitor
 1999 Ed. (1890, 3325)
 2000 Ed. (1699, 1704, 3063, 3604, 3606)
 2001 Ed. (2068, 2097, 2098)
 2002 Ed. (2022, 2023, 2047, 3748, 3749, 3750, 3755)
 2003 Ed. (2111, 2112, 2113, 2114, 2115, 2116)
 2004 Ed. (2154, 2155, 2156)
 2005 Ed. (2248, 2251, 2252, 2253, 2254, 2255, 2256, 3813, 3815)
 2006 Ed. (2312, 2313, 2314, 2315, 2316, 3882)
 2007 Ed. (2242, 2243, 2246, 2247, 3911, 3912)
 2008 Ed. (2378, 2379, 2381, 2382)
 2009 Ed. (2353, 2354, 2358, 2359, 2360)
 2010 Ed. (2280, 2281, 2285, 2286, 2287, 2288)
 2011 Ed. (2284, 2285, 2287, 2288)
 2012 Ed. (2178, 2179, 2181, 2182)
 2013 Ed. (2376, 2377, 2378)
 2014 Ed. (2308)
Lipman Co.
 2001 Ed. (435)
Lipman USA Inc.
 2004 Ed. (263)

Lipoma BV
 1999 Ed. (1614, 2688)
LipoScience Inc.
 2015 Ed. (4417)
Liposome Tech
 1993 Ed. (2748)
Lipovitan-D
 1992 Ed. (83)
Lipozene
 2015 Ed. (2332, 2337)
 2016 Ed. (2290)
 2017 Ed. (2138)
 2018 Ed. (4901)
Lipper
 2007 Ed. (3970)
Lipper High Income Bond Fund
 2003 Ed. (3530)
Lipper Intermediate Bond Portfolio
 2003 Ed. (3122)
Lipper Prime Europe Equity Prem
 2000 Ed. (3275)
Lippes Mathias LLP
 2023 Ed. (3428)
The Lippin Group Inc.
 1994 Ed. (2966)
 1995 Ed. (3025)
 1996 Ed. (3129)
 1997 Ed. (3205)
Lippincott; Philip E.
 1991 Ed. (1633)
 1995 Ed. (1732)
Lippmann-Milwaukee Inc.
 2015 Ed. (5030)
 2017 Ed. (4939)
 2018 Ed. (4945)
Lippo
 1993 Ed. (1640)
Lippo Bank
 1992 Ed. (57, 707)
 1996 Ed. (550)
 1997 Ed. (509)
 1999 Ed. (544, 545, 3125)
 2002 Ed. (571, 576, 577)
 2004 Ed. (545)
 2008 Ed. (433)
 2011 Ed. (362)
Lippo Bank PT
 1996 Ed. (551)
Lippo Cikarang
 2016 Ed. (1669)
Lippo Indonesian Growth
 1997 Ed. (2907)
Lippo Karawaci
 2002 Ed. (4480, 4481)
Lippo Land Development
 1999 Ed. (3125)
Lippo/SBC Warburg
 1997 Ed. (765, 766, 768, 769)
Lippo/SBCI
 1995 Ed. (785, 786, 787, 788, 789)
Lippo Securities
 1994 Ed. (3186)
 1996 Ed. (3377)
 1997 Ed. (3473)
 1999 Ed. (890, 891)
Lippobank
 1993 Ed. (34)
Lipschultz; Marc
 2014 Ed. (3392)
Lipsey's
 2019 Ed. (3420)
Lipshy Motor Cars Inc.
 1994 Ed. (281)
Lipshy Motorcars
 1992 Ed. (397)
 1993 Ed. (291)
Lipshy Motors
 1991 Ed. (292)
Lipson
 2005 Ed. (4604)
 2006 Ed. (4670)
Lipstick
 2002 Ed. (3640)
 2003 Ed. (1869)
 2004 Ed. (1902, 2129)
Lipsyl
 2001 Ed. (1933)
Lipton
 1994 Ed. (3477, 3478)
 1995 Ed. (649, 3546, 3547)
 1996 Ed. (723, 3632)
 1997 Ed. (2031)
 1998 Ed. (3441, 3469)
 2000 Ed. (4182)
 2001 Ed. (1000)
 2002 Ed. (702)
 2003 Ed. (676, 2094, 3312, 3323, 3325, 3688, 3689, 4228, 4485, 4486, 4489, 4490, 4520, 4675, 4676)
 2004 Ed. (4481)
 2005 Ed. (4448, 4605)
 2006 Ed. (572, 4454)
 2007 Ed. (4511, 4690)
 2008 Ed. (567, 2730, 4464, 4492, 4598, 4599, 4600)
 2009 Ed. (597, 4524, 4648)
 2010 Ed. (4562, 4675, 4676)
 2011 Ed. (4623, 4624, 4626)
 2012 Ed. (478, 4630)
 2013 Ed. (2733, 4581, 4582, 4583)
 2014 Ed. (4641, 4642, 4643)
 2015 Ed. (4628, 4629, 4630)
 2016 Ed. (4546, 4547, 4548)
 2017 Ed. (712, 713, 4416, 4548, 4549, 4550, 4553)
 2018 Ed. (4573, 4574, 4575)
 2019 Ed. (4574, 4575, 4577)
 2020 Ed. (4558, 4559, 4560)
 2021 Ed. (4426, 4539)
 2022 Ed. (4432, 4435, 4436, 4546)
 2023 Ed. (4455, 4457, 4559, 4561, 4562)
Lipton Brew
 2000 Ed. (4148, 4181)
Lipton Brisk
 1998 Ed. (3470)
 2000 Ed. (4148)
 2003 Ed. (4675)
 2005 Ed. (4604)
 2006 Ed. (4670)
 2007 Ed. (4690, 4691)
 2008 Ed. (4598)
 2009 Ed. (4648)
 2010 Ed. (4676)
 2011 Ed. (4624, 4626)
 2012 Ed. (4630)
 2013 Ed. (2780, 4582, 4583)
 2014 Ed. (2798, 4642, 4643)
 2015 Ed. (2844, 4629, 4630)
 2016 Ed. (2772, 2776, 2777, 4547, 4548)
 2017 Ed. (2745, 2748, 2749, 4550, 4553)
 2018 Ed. (2800, 4575)
 2019 Ed. (2778, 2779, 4575, 4577, 4578)
 2020 Ed. (4559, 4560, 4561)
 2021 Ed. (2683, 4540, 4541)
 2022 Ed. (4546, 4547)
 2023 Ed. (4561)
Lipton Brisk Tea
 2000 Ed. (4181)
 2008 Ed. (4600)
 2015 Ed. (4631)
 2016 Ed. (4549)
 2017 Ed. (4551)
 2018 Ed. (4576)
Lipton Cold Brew
 2005 Ed. (4605)
Lipton Cup-a-Soup
 2014 Ed. (4502)
 2015 Ed. (4502)
 2016 Ed. (4438)
 2017 Ed. (4445)
 2018 Ed. (4464)
Lipton Diet
 2011 Ed. (4624, 4626)
 2012 Ed. (4630)
 2013 Ed. (4582, 4583)
 2014 Ed. (4642, 4643)
 2015 Ed. (4629, 4630)
 2016 Ed. (4547, 4548)
 2017 Ed. (4549, 4550, 4553)
 2018 Ed. (4574, 4575)
 2019 Ed. (4575)
 2020 Ed. (4559)
Lipton Iced Tea
 2000 Ed. (4148, 4181)
 2005 Ed. (4604)
 2006 Ed. (4670)
 2007 Ed. (4690, 4691)
 2008 Ed. (4598, 4600)
 2009 Ed. (4648)
 2010 Ed. (4676)
Lipton Inc.; Thomas J.
 1992 Ed. (1616)
Lipton; Jeffrey
 2007 Ed. (2501)
 2008 Ed. (2633)
 2010 Ed. (910)
Lipton; Martin
 1991 Ed. (2297)
Lipton Original
 1998 Ed. (3470)
 2007 Ed. (4691)
Lipton Pure Leaf
 2014 Ed. (4642)
 2015 Ed. (4629, 4631)
 2016 Ed. (4547, 4548, 4549)
 2017 Ed. (4549, 4550, 4551, 4553)
 2018 Ed. (4574, 4575, 4576)
 2019 Ed. (4575, 4576, 4577, 4578)
 2020 Ed. (4559, 4560, 4561)
 2021 Ed. (4540, 4541)
 2022 Ed. (4545, 4546, 4547)
 2023 Ed. (4560, 4561)
Lipton Pureleaf
 2010 Ed. (4676)
 2011 Ed. (4624, 4626)
 2012 Ed. (4630)
 2013 Ed. (4582, 4583)
 2014 Ed. (4643)
 2015 Ed. (4630)
Lipton Recipe Secrets
 1996 Ed. (2825)
 2014 Ed. (4502)
 2015 Ed. (4502)
 2016 Ed. (4438)
 2017 Ed. (4445)
 2018 Ed. (4464)
Lipton Side Dishes
 1992 Ed. (3219)
Lipton Sizzle & Stir
 2003 Ed. (3923)
Lipton Soup Secrets
 2014 Ed. (4502)
 2015 Ed. (4502)
 2016 Ed. (4438)
 2017 Ed. (4445)
 2018 Ed. (4464)
Lipton Tea
 1991 Ed. (990)
 1992 Ed. (1240)
Lipton (U.S.)
 2021 Ed. (4426)
 2022 Ed. (4436)
Liquent
 2003 Ed. (2728)
Liqueurs
 2002 Ed. (3098, 4309)
 2008 Ed. (3451)
Liqui-Box Corp.
 1999 Ed. (3840)
 2002 Ed. (1558)
 2004 Ed. (3909)
Liquid
 2020 Ed. (3457)
Liquid Agency
 2022 Ed. (67)
 2023 Ed. (132)
Liquid Capital
 2016 Ed. (2658)
 2017 Ed. (2604)
 2018 Ed. (2666)
Liquid Carbonic
 1991 Ed. (1790)
Liquid Container
 1998 Ed. (2872)
Liquid Death
 2023 Ed. (851)
Liquid Environmental Solutions
 2020 Ed. (4023)
 2021 Ed. (3989)
 2022 Ed. (4003)
 2023 Ed. (4087)
Liquid Holdings Group Inc.
 2016 Ed. (1014, 1015)
Liquid Investments Inc.
 2005 Ed. (653)
Liquid I.V.
 2022 Ed. (4476)
Liquid IV
 2020 Ed. (2198)
Liquid Lightning
 2018 Ed. (873)
Liquid Measurement Systems Inc.
 2013 Ed. (2137)
Liquid PC Inc.
 2002 Ed. (4290)
Liquid Personnel
 2015 Ed. (2092)
Liquid Plumber
 2016 Ed. (891)
Liquid Plumber Double Impact
 2016 Ed. (891)
Liquid Plumber Foaming Pipe Snake
 2016 Ed. (891)
Liquid Plumber Urgent Clear
 2016 Ed. (891)
Liquid Plumr
 2017 Ed. (938)
 2018 Ed. (873)
Liquid-Plumr
 2003 Ed. (986)
Liquid Plumr Foaming Pipe Snake
 2017 Ed. (938)
 2018 Ed. (873)
Liquid Plumr Urgent Clear
 2017 Ed. (938)
 2018 Ed. (873)
Liquid Screen Design
 2023 Ed. (4037)
Liquid Siding of America Inc.
 2006 Ed. (2956)
Liquid Tide, 64-Oz.
 1989 Ed. (1630)
 1990 Ed. (2129)
Liquid Transport Corp.
 2003 Ed. (4790)
 2005 Ed. (4592)
 2021 Ed. (4679)
LiquidAgents Healthcare
 2012 Ed. (2797)
 2013 Ed. (2863, 2865)
 2014 Ed. (2894, 2896)
 2015 Ed. (2939)
 2016 Ed. (2037)
LiquidAgents Healthcare LLC
 2013 Ed. (2093)
 2014 Ed. (2027)
Liquidation World
 2009 Ed. (1571)
Liquidation.com
 2003 Ed. (2158)
Liquidbase
 2022 Ed. (990)
Liquidity Fund
 1991 Ed. (2240)
 1993 Ed. (2311)
 1995 Ed. (2376)
Liquidity Services
 2004 Ed. (2209)
 2006 Ed. (809)
 2007 Ed. (836)
 2013 Ed. (4271, 4518, 4520)
 2015 Ed. (2461, 4323)
Liquidmetal Technologies
 2005 Ed. (4521)
Liquidmetal Technologies Inc.
 2013 Ed. (1462)
Liquidnet
 2005 Ed. (3582, 3594)
 2011 Ed. (1912)
Liquidnet Holdings Inc.
 2006 Ed. (2594, 3686, 3700, 3972, 4480)
 2007 Ed. (2565)
 2013 Ed. (32, 34)
 2014 Ed. (27, 30, 39)
 2015 Ed. (30, 33, 42)
 2016 Ed. (30, 32, 41)
 2017 Ed. (27, 29, 38)
 2018 Ed. (28, 30, 39)
 2019 Ed. (24, 35)
 2020 Ed. (28, 39)
 2021 Ed. (31, 42)
 2022 Ed. (29, 40)
Liquidnet Holdings, Inc.
 2021 Ed. (33)
Liquids
 1990 Ed. (1141)
Liquor
 1992 Ed. (2283)
 1993 Ed. (1941, 2806, 2808)
 1995 Ed. (151)
 2000 Ed. (4145)
 2002 Ed. (2029, 2039)
 2003 Ed. (3936)
Liquor, beer, and wine
 1990 Ed. (178)
Liquor Control Board of Ontario
 2009 Ed. (4319)
 2012 Ed. (2744)
 2013 Ed. (1506, 4323)
 2014 Ed. (1477, 4374)
 2016 Ed. (1473, 4215, 4260)
 2017 Ed. (1475, 4202, 4247)
 2018 Ed. (4229)
 2019 Ed. (4257)
 2020 Ed. (1454, 4252)
 2022 Ed. (1460, 4227)
 2023 Ed. (1645, 4487)
Liquor Stores
 2018 Ed. (4237)
Liquor stores
 1994 Ed. (2243)
 1996 Ed. (3795)
 2009 Ed. (3819)
 2010 Ed. (4280)
 2011 Ed. (4272)
Liquor/wine
 1994 Ed. (1967)
 1997 Ed. (2136)
 1998 Ed. (1828)
Lira
 1992 Ed. (2025)
lira; Turkish
 2009 Ed. (2260)
LiRo
 1991 Ed. (1563)
LiRo Group
 1994 Ed. (1653)
The LiRo Group
 2020 Ed. (1085)
 2021 Ed. (1002)
Liro-Kassner
 2000 Ed. (1825)
LIS
 2003 Ed. (1123)
Lisa A. Kartzman
 2010 Ed. (2835)
Lisa Anderson
 1999 Ed. (2187)
Lisa Baltazar
 2009 Ed. (2656)
Lisa C. Gill
 2011 Ed. (3350)
Lisa Carnoy
 2015 Ed. (5023)
Lisa Frank
 1996 Ed. (3584)
Lisa Gaffney
 1997 Ed. (1936)
 1998 Ed. (1580)
 1999 Ed. (2159)
Lisa Garcia Quiroz
 2012 Ed. (2157)
Lisa Garcia-Quiroz
 2015 Ed. (3044)
Lisa Kudrow
 2002 Ed. (2142)
 2003 Ed. (2329)
 2004 Ed. (2409)
Lisa Leslie
 2005 Ed. (266)

Lisa Payne
  2014 Ed. (2596)
Lisa Pollina
  2016 Ed. (4938)
Lisa Ratliffe
  2008 Ed. (4898)
Lisa Shalett
  2000 Ed. (2023)
Lisa Su
  2020 Ed. (716)
  2022 Ed. (748)
Lisa Thompson
  1999 Ed. (3589)
Lisa Weber
  2010 Ed. (4975)
Lisanti; Mary
  1991 Ed. (1694, 1709)
Lisa's Organics
  2017 Ed. (2739)
  2018 Ed. (2793)
  2019 Ed. (2771)
Lisbon Contractors Inc.
  1990 Ed. (1214)
  1992 Ed. (1418)
Lisbon, Portugal
  2011 Ed. (2626)
  2023 Ed. (3416)
LISCO Sweden
  2009 Ed. (3021)
Lise Charmel Benelux
  2016 Ed. (1390)
Lise Watier
  2008 Ed. (4991)
  2009 Ed. (4985)
  2010 Ed. (4992)
  2012 Ed. (4986)
Liseberg
  1995 Ed. (217)
  1996 Ed. (216)
  1997 Ed. (247)
  1999 Ed. (269)
  2000 Ed. (297)
  2001 Ed. (377)
  2002 Ed. (308)
  2003 Ed. (273)
  2005 Ed. (249)
  2006 Ed. (268)
  2007 Ed. (273)
Liselott Persson
  2008 Ed. (4873)
  2009 Ed. (4898)
  2010 Ed. (4897)
  2011 Ed. (4884)
  2012 Ed. (4893)
  2013 Ed. (4911)
  2014 Ed. (4921)
  2015 Ed. (4961)
Lisenby; Terry
  2006 Ed. (977)
Lisette McDonald
  2012 Ed. (4986)
Lisey's Story
  2008 Ed. (552)
Lisichansk "Naftorgintez
  2002 Ed. (4495)
Lisichanska Soda
  2002 Ed. (4495)
Lisin; Vladimir
  2006 Ed. (4929)
  2007 Ed. (785)
  2008 Ed. (4894)
  2009 Ed. (4914)
  2010 Ed. (4918)
  2011 Ed. (4886, 4908)
  2012 Ed. (4895, 4918)
  2013 Ed. (4903)
  2014 Ed. (4914)
  2015 Ed. (4954)
  2016 Ed. (4870)
  2017 Ed. (4871)
  2018 Ed. (4882)
  2019 Ed. (4875)
  2020 Ed. (4863)
  2021 Ed. (4864)
  2022 Ed. (4861)
  2023 Ed. (4855)
Lisinopril
  2005 Ed. (2249, 2250, 2255)
  2006 Ed. (2310, 2311)
  2007 Ed. (2244, 2245)
  2009 Ed. (2355)
  2010 Ed. (2283)
  2018 Ed. (2228)
  2019 Ed. (2204)
  2023 Ed. (2393)
Lisinski; James
  2012 Ed. (3448)
Liskow & Lewis
  2012 Ed. (3363)
  2014 Ed. (3448)
  2021 Ed. (3221, 3222)
Lisle Savings Bank
  2006 Ed. (4736)
  2007 Ed. (4750)
  2008 Ed. (4674)
  2009 Ed. (4714)
  2010 Ed. (4728)
  2011 Ed. (4687)

Lismore
  2000 Ed. (2338, 2342)
Lismore Platinum
  2000 Ed. (2341)
Lismusica
  2020 Ed. (3673)
  2021 Ed. (3679)
Lisnave
  1993 Ed. (2452)
Lissan Coal Co.
  2016 Ed. (2090)
  2017 Ed. (2052)
List Industries Inc.
  2008 Ed. (1733, 1740, 2796, 4047)
  2009 Ed. (1672, 1681, 2848, 4117)
Listen to music
  1992 Ed. (878)
Listen Up
  2021 Ed. (2270)
Listen Up Espanol
  2012 Ed. (636)
  2015 Ed. (4704, 4705)
  2016 Ed. (4609, 4610)
The Listening Co.
  2002 Ed. (4572)
  2010 Ed. (4702)
ListenTrust
  2017 Ed. (4628, 4629)
Listerhill Credit Union
  2004 Ed. (1944)
  2005 Ed. (2085)
  2006 Ed. (2180)
  2007 Ed. (2101)
  2008 Ed. (2216)
  2009 Ed. (2199)
  2010 Ed. (2153)
  2011 Ed. (2174)
  2012 Ed. (2034)
  2013 Ed. (2207)
  2014 Ed. (2138)
  2015 Ed. (2202)
  2016 Ed. (2173)
  2018 Ed. (2081)
  2020 Ed. (2059)
  2021 Ed. (2009, 2049)
  2022 Ed. (2045, 2085)
  2023 Ed. (2157, 2199)
Listerhill Employees Credit Union
  2002 Ed. (1845)
  2003 Ed. (1904)
  2012 Ed. (2016)
Listerine
  1990 Ed. (2808)
  1991 Ed. (2714)
  1992 Ed. (1782, 3403)
  1993 Ed. (1470, 2814)
  1994 Ed. (2570, 2814)
  1995 Ed. (1548, 2625, 2901)
  1996 Ed. (1524, 1529, 2703, 2985)
  1997 Ed. (3059)
  1999 Ed. (1828, 1829, 3458, 4617)
  2000 Ed. (4264)
  2001 Ed. (3402, 4575)
  2002 Ed. (3404, 3405)
  2003 Ed. (1994, 3460, 3461)
  2004 Ed. (2153, 4741, 4743)
  2008 Ed. (3761)
  2009 Ed. (2357)
  2016 Ed. (3633, 3764)
  2017 Ed. (3607, 3716)
  2018 Ed. (2165, 3670, 3671, 3767)
  2020 Ed. (3623)
  2022 Ed. (3709)
  2023 Ed. (3799, 3800)
Listerine mouthwash 32 oz.
  1991 Ed. (1452)
Listerine Antiseptic 24 oz
  1990 Ed. (2628)
Listerine Antiseptic 32 oz
  1990 Ed. (2628)
Listerine Antiseptic 48 oz
  1990 Ed. (2628)
Listerine Cool Mint
  1996 Ed. (2703)
Listerine Mouthwash
  1990 Ed. (3038, 3039)
Listerine Pocketpacks
  2004 Ed. (2128, 4741, 4743)
Listerine PocketPaks
  2008 Ed. (727)
Listerine Spray
  1996 Ed. (1030)
Listerine Total Care
  2016 Ed. (3633)
  2017 Ed. (3607)
  2018 Ed. (3670, 3671)
  2020 Ed. (3623)
  2022 Ed. (3709)
  2023 Ed. (3799, 3800)
Listerine UltraClean
  2018 Ed. (3671)
  2020 Ed. (3623)
Listerine Ultraclean
  2016 Ed. (3633)
  2017 Ed. (3607)
  2018 Ed. (3670)
  2022 Ed. (3709)
  2023 Ed. (3799, 3800)

Listerine Wash
  1990 Ed. (1489)
  1991 Ed. (1410)
  1992 Ed. (1779)
Listermint
  1992 Ed. (1782)
  1993 Ed. (1470, 1471)
Listermint Fluoride
  1994 Ed. (2570)
Lit Systems Inc.
  2008 Ed. (3733, 4428)
Litchfield Cavo
  2021 Ed. (3211)
Litchfield County, CT
  1996 Ed. (1472)
The Litchfield Insurance Group Inc.
  2014 Ed. (1543)
Litchfield National Bank
  1993 Ed. (508)
Lite Access
  2018 Ed. (2934)
Lite Ice
  1998 Ed. (2066)
Lite for Life
  2009 Ed. (4924)
Lite-On Technology Corp.
  2006 Ed. (1236)
  2013 Ed. (1133)
Litecoin
  2019 Ed. (2131)
Liteglow Industries Inc.
  2004 Ed. (4553)
Litehouse
  2008 Ed. (2338)
Litehouse Foods Inc.
  2018 Ed. (2140)
  2019 Ed. (2138)
Litehouse Inc.
  2017 Ed. (4292)
  2020 Ed. (2122)
  2021 Ed. (2115)
  2022 Ed. (2147)
  2023 Ed. (2265)
Literati
  2023 Ed. (1315, 1320, 2073)
LiteTouch
  2014 Ed. (3486)
Litex Motors AD
  2016 Ed. (1395)
  2017 Ed. (1410)
Lithgow Ltd.; Scott
  1991 Ed. (1338)
Lithia Motors
  2014 Ed. (2102)
  2015 Ed. (4323)
  2016 Ed. (1297, 1319, 4238)
  2018 Ed. (1851)
  2021 Ed. (1331)
  2022 Ed. (247, 1330, 1340)
  2023 Ed. (348, 355, 1536, 1546)
Lithia Motors Inc.
  2000 Ed. (332)
  2001 Ed. (440, 445, 450, 451, 452)
  2002 Ed. (364, 371, 372)
  2003 Ed. (310, 311)
  2004 Ed. (270, 276, 341)
  2005 Ed. (275, 280, 281, 282, 340, 1940, 4161)
  2006 Ed. (297, 301, 302, 303, 1975, 4215)
  2007 Ed. (298, 299, 301, 1946, 4231)
  2008 Ed. (283, 289, 290, 2028, 4260)
  2009 Ed. (305, 309, 1992, 1993, 2126, 4364)
  2010 Ed. (291, 4390)
  2011 Ed. (213, 1987, 4335)
  2012 Ed. (224, 1833)
  2013 Ed. (214, 1989)
  2014 Ed. (218, 223, 1928)
  2015 Ed. (253, 258, 1974)
  2016 Ed. (246, 251, 257, 1941, 1944, 1947)
  2017 Ed. (244, 245, 249, 250, 252, 261, 1908, 1910)
  2018 Ed. (232, 236, 237, 1855)
  2019 Ed. (228, 233, 234, 243, 1908, 1911)
  2020 Ed. (232, 233, 238, 239, 248, 1847, 1849)
  2021 Ed. (226, 230, 233, 1811, 1813)
  2022 Ed. (254, 1855, 1856)
  2023 Ed. (1975)
Lithium Technologies
  2010 Ed. (1094)
  2012 Ed. (964, 968)
Lithium Technology Corp.
  2012 Ed. (2853)
Lithium X Energy Corp.
  2018 Ed. (4514)
Lithko Contracting LLC
  2018 Ed. (1178, 1179, 1199)
  2019 Ed. (1183, 1184, 1195, 1199, 1200, 1202, 1227)
  2020 Ed. (1162, 1172, 1174, 1175, 1183, 1187, 1189, 1192, 1193, 1195, 1221)
  2021 Ed. (1145, 1147, 1148, 1156, 1162, 1164, 1166, 1167, 1169, 1188)
  2022 Ed. (1153, 1155, 1156, 1158, 1161,
  1164, 1165, 1166, 1167, 1169, 1189)
  2023 Ed. (1394, 1400, 1401, 1403, 1426)
Litho Flexo Graphics Inc.
  2006 Ed. (3542)
Lithographer/photoengraver
  1989 Ed. (2086)
Lithographics Inc.
  2010 Ed. (4027, 4040, 4042)
Lithographix
  2007 Ed. (4010)
Lithography
  2001 Ed. (3905)
Lithonia Lighting
  2002 Ed. (4877)
Lithuania
  1994 Ed. (1487)
  1995 Ed. (1519)
  1996 Ed. (1478)
  1997 Ed. (1543)
  1999 Ed. (1782, 2067, 4477)
  2000 Ed. (1611)
  2001 Ed. (1948)
  2002 Ed. (1813, 3523)
  2004 Ed. (1911, 1920)
  2005 Ed. (2055, 3610)
  2006 Ed. (2149, 2330, 2823)
  2007 Ed. (2093, 2826)
  2008 Ed. (2203, 4793, 4794)
  2009 Ed. (3423, 4468)
  2010 Ed. (4722)
  2011 Ed. (4680)
  2012 Ed. (4694)
  2014 Ed. (4978)
  2015 Ed. (5011)
  2017 Ed. (2185)
  2018 Ed. (2246)
  2021 Ed. (2188, 2311, 3174, 3175)
  2022 Ed. (2218, 3319)
  2023 Ed. (3403, 3404)
Lithuania MSM 30
  2006 Ed. (4502)
Lithuanian Joint-Stock Innovation Bank
  1996 Ed. (586)
  1997 Ed. (542)
Lithuanian Savings Bank
  1999 Ed. (579, 580)
  2000 Ed. (597)
Litigation
  1997 Ed. (2613)
  2001 Ed. (3055)
  2009 Ed. (4758)
  2010 Ed. (4768)
  2011 Ed. (4720)
  2012 Ed. (4741)
Litigation Consultants
  2021 Ed. (1070)
Litigation Services
  2021 Ed. (1070)
Litigation support
  2003 Ed. (2358)
The Litigators
  2013 Ed. (566)
  2014 Ed. (579)
Litimpeks Bankas
  2000 Ed. (597)
Litimpex Commercial Bank
  1996 Ed. (586)
  1997 Ed. (542)
Litle & Co.
  2008 Ed. (2703, 2704, 2925, 4037)
  2009 Ed. (2981)
Litman/Gregory Asset Management LLC
  2013 Ed. (3390)
The LiTMUS Group
  2012 Ed. (1332)
Litoral
  2005 Ed. (3576)
Litt; Jonathan
  1997 Ed. (1877)
Litte Caesars Pizza
  2000 Ed. (3553)
Littelfuse
  2016 Ed. (1644, 2349)
Littelfuse Inc.
  2010 Ed. (3181)
  2011 Ed. (3145)
  2012 Ed. (3100)
  2014 Ed. (3192)
  2015 Ed. (1690, 3252)
Litten Financial Consulting
  1997 Ed. (2477)
Little
  2008 Ed. (2524)
  2009 Ed. (2535, 3420, 4321)
  2010 Ed. (2453, 3347, 3358)
  2011 Ed. (2462, 3314)
  2012 Ed. (208)
  2013 Ed. (3371)
  2015 Ed. (3417)
  2019 Ed. (3284)
  2021 Ed. (3147)
  2022 Ed. (3291)
Little Angel Foods Inc.
  2017 Ed. (811)
  2018 Ed. (741)
  2019 Ed. (758)
  2021 Ed. (765)
  2022 Ed. (803)

Little & Associates Architects
 2002 Ed. (2986)
Little Bee
 2012 Ed. (456, 524)
Little Blue Truck
 2021 Ed. (557)
Little Blue Truck's Springtime
 2020 Ed. (586)
Little Brook Corp. of New Jersey
 1999 Ed. (1245)
Little, Brown
 2003 Ed. (726)
 2004 Ed. (748)
 2005 Ed. (729)
 2006 Ed. (641)
 2007 Ed. (666)
 2008 Ed. (625, 629)
 2009 Ed. (645)
 2010 Ed. (613)
 2011 Ed. (545, 549)
 2012 Ed. (525, 529)
 2013 Ed. (626, 628, 630)
 2016 Ed. (643)
 2017 Ed. (4039)
 2018 Ed. (4063)
 2019 Ed. (4058)
 2020 Ed. (4067)
Little, Brown/Back Bay
 2010 Ed. (617)
Little Caesar
 1990 Ed. (2870)
 1992 Ed. (93)
 2004 Ed. (2587)
Little Caesar Enterprise
 1990 Ed. (2871)
Little Caesar Enterprises Inc.
 1989 Ed. (927, 2332)
 1992 Ed. (1189)
 1994 Ed. (989)
 1996 Ed. (989)
 1997 Ed. (1013)
 1999 Ed. (2524, 4087, 4808, 4809)
 2000 Ed. (2273, 3775, 4429)
 2001 Ed. (2534)
 2002 Ed. (4004)
 2007 Ed. (53)
 2008 Ed. (55)
 2011 Ed. (3986)
Little Caesars
 1989 Ed. (2235)
 1990 Ed. (3019, 3020)
 1993 Ed. (963, 1752, 2862, 2863, 2864, 3037, 3530)
 1995 Ed. (1002, 1776, 1781, 2950, 2952, 2953)
 1996 Ed. (772, 853, 1754, 1759, 3046, 3047, 3048, 3654)
 1998 Ed. (752, 1764, 1765, 1766, 2867, 2868, 3076)
 1999 Ed. (2519, 3836, 3838, 3839)
 2000 Ed. (3551, 3552, 3789)
 2001 Ed. (2409, 3806)
 2003 Ed. (3889)
 2004 Ed. (3906)
 2008 Ed. (4191)
 2018 Ed. (4212)
 2019 Ed. (3916, 4242)
 2020 Ed. (3931, 4241)
 2021 Ed. (4205)
 2022 Ed. (2619, 2625, 3909)
 2023 Ed. (2761, 4003, 4006)
Little Caesars Enterprises Inc.
 2002 Ed. (3714, 3715, 3716, 4026)
Little Caesar's Pizza
 2015 Ed. (4297)
Little Caesars Pizza
 1990 Ed. (2872)
 1991 Ed. (1655, 1769, 1770, 2749, 2750, 2751, 2866)
 1992 Ed. (2116, 2219, 3470, 3471, 3472)
 1994 Ed. (1748, 1909, 1910, 1913, 1914, 2885, 2887, 2888, 3086, 3499)
 1996 Ed. (1968, 3049)
 1997 Ed. (2081, 2082, 3127, 3128, 3129, 3711)
 2003 Ed. (2440, 3883, 3884, 3885, 3886, 3887, 3888)
 2005 Ed. (2547, 2557, 3845, 3846, 3847, 3848, 3849, 3850, 3851, 3852, 4083)
 2006 Ed. (2564, 3916, 3917, 4125)
 2007 Ed. (3967, 3968, 4153)
 2008 Ed. (2664, 2670, 3991, 3993, 3994, 4188, 4189)
 2009 Ed. (2695, 4062, 4064, 4065, 4287)
 2010 Ed. (2612, 3980, 3982, 3983, 4245, 4246, 4247, 4248, 4249)
 2011 Ed. (2586, 2594, 3984, 3987, 3988, 3989, 4246, 4247, 4248, 4249)
 2012 Ed. (2530, 2537, 3982, 3983, 3984, 4285, 4286, 4287, 4288, 4289)
 2013 Ed. (2665, 4045, 4046, 4047, 4253, 4254, 4255, 4256, 4257, 4258, 4259, 4261)
 2014 Ed. (2615, 3983, 3984, 3985, 3986, 4309, 4310, 4311, 4312, 4313)
 2015 Ed. (2661, 4028, 4029, 4030, 4031, 4032, 4033, 4034, 4035, 4036)
 2016 Ed. (2584, 3940, 3941, 3942, 3943, 3944, 3945, 3946, 3947)
 2017 Ed. (2508, 3911, 3912, 3917, 3918, 3919, 3920, 3921, 3922)
 2018 Ed. (2583, 3940, 3941, 3942, 3943, 3944, 3945, 3946, 3947)
 2019 Ed. (2557, 3912, 3913, 3919, 3920, 3921, 3922, 3923, 3924)
 2020 Ed. (2548, 3927, 3928, 3934, 3935, 3938, 3939)
 2021 Ed. (2511, 3897, 3898, 3902, 3903, 3905, 3906, 3907)
 2022 Ed. (3912, 3913, 3915, 3916, 3917)
Little Ceasars
 1995 Ed. (3569)
Little Ceasars Pizza
 1992 Ed. (2220, 3704)
Little Chef
 2001 Ed. (2490)
Little Debbie
 1995 Ed. (339, 341)
 1996 Ed. (356, 3464)
 1998 Ed. (262, 263, 622, 1717)
 1999 Ed. (366, 1021, 1022)
 2000 Ed. (368, 370, 371, 971, 4059, 4060)
 2003 Ed. (852)
 2006 Ed. (4389)
 2007 Ed. (4462)
 2008 Ed. (338, 4445, 4449)
 2014 Ed. (292, 1268, 1269, 2299, 4487)
 2015 Ed. (327, 1330, 2382, 4483)
 2016 Ed. (324, 754, 1249, 1252, 2328, 2329, 4379, 4390)
 2017 Ed. (806, 808, 1299, 1305, 2168, 2169, 4390, 4403)
 2018 Ed. (738, 1278, 1281, 1282, 2219, 4411)
 2019 Ed. (754, 1310, 1311, 2196, 4423)
 2020 Ed. (1286, 1287)
 2021 Ed. (1269, 1270)
 2022 Ed. (1269, 1270)
 2023 Ed. (1479)
Little Debbie Fudge Covered
 2005 Ed. (1397)
Little Debbie Little Muffins
 2015 Ed. (327)
 2016 Ed. (324)
 2017 Ed. (331)
Little Debbie Nutty Bar
 1996 Ed. (356, 3464)
 1998 Ed. (263)
 2014 Ed. (1269)
 2017 Ed. (1299)
 2018 Ed. (1278)
 2020 Ed. (1287)
 2021 Ed. (1270)
 2022 Ed. (1269, 1270)
Little Debbie Nutty Bar Fudgcove
 2002 Ed. (1337)
Little Debbie Nutty Bars
 2022 Ed. (1270)
Little Debbie Oatmeal Cream Pies
 2002 Ed. (1337)
Little Diversified Architectural Consulting
 2005 Ed. (4118)
 2006 Ed. (4293)
 2007 Ed. (1270, 3194, 4190)
 2015 Ed. (1472)
 2020 Ed. (3277, 3282)
 2023 Ed. (3382)
Little Diversified Architectural Consulting Inc.
 2023 Ed. (283, 285)
Little Dix Bay
 1994 Ed. (3052)
 1995 Ed. (2173)
The Little Engine That Could
 1990 Ed. (979)
Little Feat
 1993 Ed. (1078)
Little Fevers
 2018 Ed. (175)
Little Fires Everywhere
 2020 Ed. (581)
 2021 Ed. (561)
 2022 Ed. (587)
Little Green House
 2018 Ed. (1927)
 2019 Ed. (1977)
 2020 Ed. (1906, 2220)
The Little Guys Home Technology
 2015 Ed. (3063)
The Little Gym
 2006 Ed. (2788)
 2007 Ed. (2788)
 2008 Ed. (2913)
 2009 Ed. (2968)
 2010 Ed. (2908)
 2011 Ed. (2878)
 2012 Ed. (2818)
 2013 Ed. (4037)
 2014 Ed. (3974)
 2015 Ed. (4017)
 2016 Ed. (3930)
 2017 Ed. (3899)
 2018 Ed. (3932)
 2020 Ed. (863)
 2021 Ed. (877)
The Little Gym International
 2019 Ed. (3903)
 2020 Ed. (3918)
 2021 Ed. (3886)
 2022 Ed. (3898)
The Little Gym International Inc.
 2012 Ed. (4471)
Little Hug Fruit Barrels
 2015 Ed. (2840)
 2016 Ed. (2771)
 2018 Ed. (2798)
Little Inc.; Carole
 1995 Ed. (3787)
Little Kickers
 2018 Ed. (3932, 4350)
Little Kickers Group
 2019 Ed. (4381)
Little Ltd.; Arthur D.
 1991 Ed. (1338)
Little Medical School
 2020 Ed. (2222)
 2022 Ed. (2228)
Little Mermaid
 1992 Ed. (4397, 4398)
 1994 Ed. (3630)
 1995 Ed. (3645)
A Little Monstrous Problem
 2003 Ed. (715)
Little Palm Island
 2002 Ed. (3759)
Little Palm Island Resort
 2007 Ed. (4118)
 2008 Ed. (3076)
 2009 Ed. (3164)
 2010 Ed. (3095)
 2011 Ed. (3064)
The Little Paris Bookshop
 2018 Ed. (586)
Little Professor Book Centers
 1995 Ed. (1936)
Little Red Shoe House (Wolverine)
 1991 Ed. (2649)
Little Remedies
 2023 Ed. (240)
Little Remedies for Fevers
 2023 Ed. (236)
Little Remedies New Baby
 2018 Ed. (175)
 2020 Ed. (178)
 2021 Ed. (177)
Little Rock, AR
 1994 Ed. (823, 952)
 1995 Ed. (875, 988, 2666)
 1996 Ed. (303)
 2007 Ed. (2997, 3004)
 2008 Ed. (3117)
 2010 Ed. (3134)
 2011 Ed. (3101, 3102)
 2021 Ed. (3309)
Little Rock-Conway, AR
 2023 Ed. (3053)
Little Rock Resid. Housing Fac. Bd., Ark.
 1990 Ed. (2648)
Little Six Casino
 2012 Ed. (677)
Little Six Inc.
 2005 Ed. (1869)
Little Swimmers; Huggies
 2008 Ed. (2335)
Little Texas
 1996 Ed. (1094)
Little Tikes Co.
 1991 Ed. (3410)
 1992 Ed. (4326, 4327, 4328)
 1993 Ed. (3601, 3602, 3603)
 1994 Ed. (3560)
 1995 Ed. (3638, 3639, 3642, 3643)
 1997 Ed. (3775, 3776, 3778, 3779)
 1998 Ed. (3596, 3599, 3603, 3604)
 1999 Ed. (4628, 4629, 4632, 4637)
 2000 Ed. (4277)
 2001 Ed. (4126, 4127)
 2003 Ed. (3891)
 2004 Ed. (3912)
 2005 Ed. (3858)
 2006 Ed. (3921)
 2007 Ed. (3975)
 2008 Ed. (3998)
 2009 Ed. (4072)
 2010 Ed. (3991)
 2011 Ed. (3996)
 2012 Ed. (3989)
 2013 Ed. (4054)
 2014 Ed. (3993)
 2015 Ed. (4041)
 2016 Ed. (3953)
 2017 Ed. (3928)
 2018 Ed. (3953)
 2019 Ed. (3929)
 2020 Ed. (3943)
 2021 Ed. (3911)
 2022 Ed. (3921)
Little; Tony
 1997 Ed. (2389)
Little Trees
 2003 Ed. (237)
 2008 Ed. (206)
Little Tummys
 2018 Ed. (180)
 2023 Ed. (240, 241)
Little Tykes
 1996 Ed. (3722, 3723)
LittleBIG Connection
 2021 Ed. (1540)
LittleBits
 2017 Ed. (2195)
LittleBlackBag.com
 2014 Ed. (2404)
Littler Mendelson PC
 2012 Ed. (3383, 3409)
 2013 Ed. (3446, 3447)
 2014 Ed. (3446, 3447)
 2021 Ed. (3200)
Littlestown Foundry Inc.
 2016 Ed. (3451)
Littlestown Foundry, Inc.
 2018 Ed. (3473)
 2019 Ed. (3444)
 2020 Ed. (3441)
 2021 Ed. (3459)
 2023 Ed. (3641)
Littlewoods
 1992 Ed. (2960)
 2007 Ed. (705, 731)
 2009 Ed. (686)
The Littlewoods Organisation PLC
 1990 Ed. (1032, 1033)
 1991 Ed. (958, 961)
 1992 Ed. (1191, 1195, 1200)
 1993 Ed. (965, 966, 976)
 1994 Ed. (991, 992, 995, 1001)
 1995 Ed. (1004, 1005, 1008, 1014)
Littlewoods Organization PLC
 1992 Ed. (1192)
Litton
 1990 Ed. (2574, 2746)
 1992 Ed. (3072, 4361)
Litton Avondale Industries Inc.
 2003 Ed. (1747)
Litton Industries Inc.
 1989 Ed. (1314)
 1990 Ed. (1628, 1632, 2995, 3108)
 1991 Ed. (1524, 1527, 2080, 2847)
 1992 Ed. (487, 1342, 1917)
 1993 Ed. (1286, 1565, 1570, 1579, 2480, 2484)
 1994 Ed. (141, 1337, 1609, 2413)
 1995 Ed. (161, 2488)
 1996 Ed. (166, 168)
 1997 Ed. (171, 173, 1583)
 1998 Ed. (94, 95)
 1999 Ed. (185, 187, 1975, 1976)
 2000 Ed. (216, 217, 1648, 1754)
 2001 Ed. (542, 1981, 2195, 2197)
 2002 Ed. (240, 2082)
 2003 Ed. (1350, 1445)
 2004 Ed. (1475, 3028)
 2005 Ed. (1491)
Litton Systems Canada
 1989 Ed. (1589)
 1990 Ed. (2005)
Litton Systems Inc.
 1995 Ed. (2429)
Litwin Engineers & Constructors Inc.
 1995 Ed. (1676)
Liu Chong Hing Bank
 1989 Ed. (553)
 2000 Ed. (527)
 2004 Ed. (538)
 2005 Ed. (517)
 2006 Ed. (448)
Liu Chong Hing Investment Ltd.
 1991 Ed. (1252)
 1993 Ed. (1275)
Liu; Ernest
 1990 Ed. (1767, 1768)
 1991 Ed. (1686, 1707)
 1993 Ed. (1832)
 1994 Ed. (1815, 1834)
 1995 Ed. (1798, 1853)
 1996 Ed. (1831)
 1997 Ed. (1904)
Liu Hanyuan
 2004 Ed. (2535)
Liu He
 2019 Ed. (3345)
Liu Inc.; Lee Burkhart
 1996 Ed. (235)
Liu Lan Hsiang Taiwan
 2001 Ed. (83)
Liu Ming Chung
 2008 Ed. (4854)
Liu Qiangdong
 2016 Ed. (4831)
 2017 Ed. (4840)
Liu; Richard
 2021 Ed. (4762)
 2023 Ed. (4752)
Liu; Wan Qing
 2019 Ed. (3641)
Liu Wen
 2015 Ed. (3711)
 2016 Ed. (3617)
 2018 Ed. (3645)
 2019 Ed. (3634)

Liu; Xin
   2011 Ed. (3367)
Liu Yonghao
   2004 Ed. (2535)
   2005 Ed. (2515)
   2006 Ed. (2529)
   2007 Ed. (2508)
   2009 Ed. (4862)
   2010 Ed. (4863, 4864)
   2013 Ed. (4863)
Liu Yongxing
   2003 Ed. (2411)
   2004 Ed. (2535)
   2005 Ed. (2515)
   2006 Ed. (2529)
   2007 Ed. (2508)
   2008 Ed. (4843)
   2010 Ed. (4863, 4864)
   2011 Ed. (4850, 4851)
   2012 Ed. (4857)
   2013 Ed. (4863, 4864)
   2014 Ed. (4877, 4878)
   2015 Ed. (4915)
Liu Zhongtian
   2011 Ed. (4850)
Liulangshang
   2009 Ed. (100)
Liuski International
   1991 Ed. (950, 3146)
   1999 Ed. (1964, 1980, 1982)
Liuzhou Iron & Steel
   2019 Ed. (4497)
   2020 Ed. (4481)
Liuzhou Xinyu Textile (Group) Co., Ltd.
   2017 Ed. (825)
Liv Garfield
   2015 Ed. (797)
LIV/Sierra/Summit Sotheby's International Realty
   2019 Ed. (4081, 4082)
   2020 Ed. (4090)
   2021 Ed. (4053)
LIV - Summit - Sierra - Synergy - Palm Springs Sotheby's Realty
   2022 Ed. (4068)
Liva
   1993 Ed. (3454)
LivaNova
   2023 Ed. (3698)
Livariz Varitek Technologies
   2015 Ed. (86)
Live! Casino & Hotel
   2022 Ed. (1692)
Live conversation
   1991 Ed. (2610)
Live Entertainment Inc.
   1992 Ed. (1986, 3109)
   1993 Ed. (1636, 2598)
   1994 Ed. (2561)
   1995 Ed. (2613)
   1996 Ed. (1698, 2562)
"Live from the Grand Ole Opry"
   1991 Ed. (2772)
Live Home; Windows
   2011 Ed. (3326)
Live & Kicking
   2000 Ed. (3501)
Live at the Marquee
   2010 Ed. (1131)
Live Meeting
   2005 Ed. (3194)
Live Nation
   2008 Ed. (3626)
   2010 Ed. (1125)
   2011 Ed. (184, 1064, 3007)
   2012 Ed. (993)
   2013 Ed. (1136)
   2014 Ed. (1097)
   2015 Ed. (1134)
   2016 Ed. (1046)
   2017 Ed. (1081)
   2018 Ed. (1005)
   2019 Ed. (2520)
   2023 Ed. (1176)
Live Nation Entertainment
   2018 Ed. (3520, 3524)
   2019 Ed. (1007, 2498, 3508, 3512, 4730)
   2020 Ed. (993, 2489, 3638)
   2021 Ed. (2410)
   2022 Ed. (2524)
   2023 Ed. (4696)
Live Nation Entertainment Inc.
   2011 Ed. (2520)
   2012 Ed. (2447)
   2013 Ed. (2609)
   2014 Ed. (2534)
   2015 Ed. (2610)
   2016 Ed. (2531)
   2017 Ed. (2389)
   2019 Ed. (2496)
   2020 Ed. (2488, 2997)
   2021 Ed. (1434, 2408, 2857, 4097)
   2022 Ed. (2521)
   2023 Ed. (1632)
Live Nation Inc.
   2019 Ed. (2968)

Live Nation Network
   2013 Ed. (3624)
   2014 Ed. (3562)
Live from New York: The Uncensored History of Saturday Night Live
   2006 Ed. (583)
Live Oak Bancshares
   2021 Ed. (358, 1763)
Live Oak Bancshares Inc.
   2023 Ed. (550)
Live Oak Bank
   2023 Ed. (551)
Live Oak Banking Co.
   2013 Ed. (483)
   2014 Ed. (495)
   2015 Ed. (559)
   2016 Ed. (507)
   2021 Ed. (392)
   2022 Ed. (405)
Live Oak Banking Company
   2023 Ed. (527)
Live Oak Bankshares
   2023 Ed. (1947, 1949)
Live Oak Contracting
   2020 Ed. (1022, 1536)
Live Oak Contracting LLC
   2019 Ed. (1562)
Live Oak LNG
   2017 Ed. (3339)
Live Patrol
   2022 Ed. (758)
Live Picture Corp.
   1999 Ed. (993, 4750)
Live entertainment except sports
   1995 Ed. (3077)
Live Urban Real Estate
   2020 Ed. (3020)
   2021 Ed. (2881)
   2022 Ed. (3007)
   2023 Ed. (3123)
Live Urban Real Estate Inc.
   2018 Ed. (3049)
Live Wireless
   2022 Ed. (1768, 4592)
   2023 Ed. (1900, 4595)
Live Write LLC
   2014 Ed. (3724)
LiveBarn
   2022 Ed. (1467, 3122)
LiveBridge Inc.
   2005 Ed. (4645)
LiveCapital
   2002 Ed. (4818)
livedoor
   2007 Ed. (1582)
LiveJournal.com
   2008 Ed. (3370)
Live.Laugh.Denver. Real Estate
   2023 Ed. (1666)
Live.me
   2019 Ed. (4803)
Livengood; Scott
   2006 Ed. (2517)
LivePerson
   2013 Ed. (1935)
   2021 Ed. (4563)
Liveperson Inc.
   2010 Ed. (1093, 4527)
   2011 Ed. (1032)
Liver
   1999 Ed. (4650)
Liveris; Andrew
   2007 Ed. (972)
   2008 Ed. (933)
   2012 Ed. (765)
   2013 Ed. (966)
   2015 Ed. (963)
Liveris; Andrew N.
   2007 Ed. (1024)
   2008 Ed. (946)
   2009 Ed. (945, 2657, 2658)
   2010 Ed. (2562)
   2011 Ed. (827, 2545)
   2012 Ed. (2491)
   2013 Ed. (2636)
   2014 Ed. (2591)
   2015 Ed. (2633)
   2016 Ed. (2559)
   2017 Ed. (2447)
Livermore; Ann
   2005 Ed. (2513)
   2011 Ed. (4969)
Livermore Lab; Lawrence
   1992 Ed. (1284, 3670)
Livermore Mazda
   1992 Ed. (390)
Livermore National Lab; Lawrence
   1993 Ed. (3001)
Livernois Engineering Co.
   1989 Ed. (309)
   1990 Ed. (348)
   1991 Ed. (312)
   1992 Ed. (422)
Liverpool
   1992 Ed. (1670)
   2001 Ed. (4301)
   2003 Ed. (747)
   2005 Ed. (4391)

   2006 Ed. (4398)
   2007 Ed. (704, 725, 4465)
   2008 Ed. (676, 697)
   2009 Ed. (684, 705, 4493)
   2010 Ed. (638, 4535)
   2011 Ed. (4473)
   2012 Ed. (4488)
   2013 Ed. (1849, 4457, 4458)
   2014 Ed. (1779, 4494)
   2015 Ed. (738, 1823, 4492)
   2016 Ed. (4404, 4405)
   2017 Ed. (4414, 4415)
   2018 Ed. (4433, 4434)
   2019 Ed. (4433, 4434)
   2020 Ed. (4257, 4422, 4423)
   2022 Ed. (4428, 4430)
Liverpool Echo
   2002 Ed. (233, 3516)
Liverpool (England)
   2022 Ed. (4430)
Liverpool FC
   2022 Ed. (4427)
Liverpool FC (England)
   2022 Ed. (4428)
The Liverpool Football Club & Athletic Grounds PLC
   1995 Ed. (1009)
Livesense
   2016 Ed. (1710)
LiveSport SRO
   2013 Ed. (2901)
Livestock
   2000 Ed. (4245)
Livestock feed
   2001 Ed. (1508)
Livestock Improvement Corp.
   2015 Ed. (2767)
Livestock Water Recycling
   2019 Ed. (1475)
Livestream
   2014 Ed. (3595)
LiveTiles
   2021 Ed. (1371)
Liveview Technologies
   2021 Ed. (1938)
Livevol
   2016 Ed. (700)
Livewire
   2021 Ed. (2801)
   2022 Ed. (2968)
   2023 Ed. (3092)
Livin' La Vida Loca
   2001 Ed. (3406)
Living Centers of America
   1995 Ed. (2691)
   1998 Ed. (2055, 2691, 3099)
Living Colour
   1992 Ed. (1350)
Living Colour, Dou n' Dlaye Rose & Troupe; The Rolling Stones
   1991 Ed. (1039)
Living Colour, Mar Magette; The Rolling Stones,
   1991 Ed. (1039)
Living Colour, The Rolling Stones,
   1991 Ed. (1039)
Living Colour, The Rolling Stones, Guns N' Roses,
   1991 Ed. (1039)
Living Dead in Dallas
   2011 Ed. (543)
Living History
   2005 Ed. (724, 726)
Living Plaza
   2012 Ed. (4362)
   2013 Ed. (4294)
Living Proof
   2020 Ed. (2848)
Living Security
   2023 Ed. (2054)
Living Spaces
   2017 Ed. (2770)
   2018 Ed. (2834)
   2022 Ed. (2862)
   2023 Ed. (2976)
Living Wellness Partners
   2021 Ed. (2173)
Living Wellness Partners tea bags/loose
   2021 Ed. (2173)
LivingSocial
   2015 Ed. (1208)
LivingSocial Inc.
   2014 Ed. (2114)
   2015 Ed. (2169)
   2016 Ed. (2140, 2141)
LivingSocial.com
   2013 Ed. (2471)
Livingston Cabinets LLC
   2019 Ed. (4991)
Livingston Cellars
   2000 Ed. (4409)
   2001 Ed. (4843, 4846, 4874, 4880, 4884, 4889)
   2002 Ed. (4923, 4926, 4938, 4942, 4956)
   2003 Ed. (4947, 4950, 4963)
   2004 Ed. (4951, 4952, 4964)
   2005 Ed. (4931, 4932, 4949)

   2006 Ed. (4961, 4962, 4964)
   2007 Ed. (4967)
   2008 Ed. (4936, 4937, 4938)
   2009 Ed. (4957, 4958)
   2010 Ed. (4966, 4967)
   2011 Ed. (4953, 4954)
   2012 Ed. (4949)
   2013 Ed. (4943)
Livingston & Co.
   1989 Ed. (173)
Livingston County Daily Press & Argus
   2004 Ed. (3686)
   2005 Ed. (3601)
Livingston County, MI
   2018 Ed. (1709)
Livingston County, NY
   2017 Ed. (2677)
Livingston Credit Union
   2002 Ed. (1876)
   2003 Ed. (1930)
   2004 Ed. (1970)
Livingston Educational Service Agency
   2014 Ed. (1790)
   2018 Ed. (1709)
Livingston Federal Credit Union
   2005 Ed. (2112)
Livingston; Ian & Richard
   2008 Ed. (4906)
Livingston International Income Fund
   2004 Ed. (3173)
Livingstone; Ian
   2013 Ed. (4922)
   2017 Ed. (4884)
   2018 Ed. (4896)
   2019 Ed. (4888)
   2020 Ed. (4877)
   2021 Ed. (4878)
   2022 Ed. (4874)
   2023 Ed. (4868)
Livingstone; Richard
   2013 Ed. (4922)
   2017 Ed. (4884)
   2018 Ed. (4896)
   2019 Ed. (4888)
   2020 Ed. (4877)
   2021 Ed. (4878)
   2022 Ed. (4874)
   2023 Ed. (4868)
Livington; Robert A.
   2011 Ed. (848)
Livni; Tzipora
   2009 Ed. (4975)
Livongo Health Inc.
   2020 Ed. (1408)
   2021 Ed. (1399)
Livonia Building Materials
   1997 Ed. (835)
Livonia, MI
   1999 Ed. (1129, 1147, 1176)
Livonia Public Schools
   2018 Ed. (1714)
Livostin
   1996 Ed. (2871)
Livpol
   1993 Ed. (2559)
Livraghi, Ogilvy & Mather
   1989 Ed. (124)
Livspace
   2018 Ed. (1614)
LivWell
   2018 Ed. (2224)
LivWell Enlightened Health
   2020 Ed. (2196)
Livzon Pharmaceutical Group
   2007 Ed. (1589)
Liwayway Marketing Corp.
   2020 Ed. (2722)
LIX
   1992 Ed. (372)
Lixandru; Luciana
   2023 Ed. (4751)
Lixil
   2020 Ed. (1314)
Lixil Group
   2014 Ed. (1143)
   2015 Ed. (1193)
   2016 Ed. (1065, 1103)
   2017 Ed. (1115, 1147)
   2018 Ed. (1082)
   2019 Ed. (1092)
   2020 Ed. (1080)
LIXIL Group Corp.
   2015 Ed. (3654)
   2016 Ed. (3542)
   2017 Ed. (3512)
   2018 Ed. (3560)
   2019 Ed. (3552)
LIXIR
   2012 Ed. (1503)
Lixit Corp.
   2016 Ed. (4990)
   2017 Ed. (4980)
   2018 Ed. (4987)
   2019 Ed. (1460, 3415, 4982)
   2020 Ed. (3418, 4986)
   2021 Ed. (3433)
   2022 Ed. (3491)

CUMULATIVE INDEX • 1989-2023

Lixit Corporation
2023 Ed. (3617)
Liya Kebede
2009 Ed. (3766)
Liyuan Peng
2014 Ed. (4962)
Liyuan; Peng
2015 Ed. (5003)
2016 Ed. (4920)
2017 Ed. (4913)
Liz Claiborne
1989 Ed. (941, 942, 943, 944, 1195, 2670)
1990 Ed. (3704)
1991 Ed. (980, 981, 982, 983, 984, 985, 1246, 1247, 2655, 2660)
1992 Ed. (1219, 1220, 1221, 1222, 1223, 3313, 3319)
1993 Ed. (990, 991, 992, 993, 995, 996, 997, 998, 1225, 1227, 1228, 1253, 1255, 2756, 3471)
1994 Ed. (1021, 1023, 1024, 1025, 1027, 1028, 1029, 1030, 1290, 1309, 3222, 3226)
1995 Ed. (1030, 1033, 1034, 1036)
1996 Ed. (2950)
1997 Ed. (1025, 1034, 1035, 1036, 1037, 1038, 1039)
1998 Ed. (774, 775, 776, 777, 778, 779, 780)
1999 Ed. (1201, 1202, 1203, 1204, 1205, 1344, 4303)
2000 Ed. (1121, 1122, 1123, 1124)
2001 Ed. (1275, 1276)
2002 Ed. (1081, 1082, 1083, 2705, 4978)
2003 Ed. (1006, 1008, 1009, 1011, 1216, 1217, 2871, 4981, 4982)
2004 Ed. (992, 993, 1002, 1003, 1005, 1014, 1226, 2956, 4984)
2005 Ed. (1010, 1011, 1012, 1013, 1016, 1017, 1018, 1019, 1024, 1255, 1257, 1583)
2006 Ed. (1017, 1020, 1021, 1022, 1023, 1024, 1025, 1026, 1217)
2007 Ed. (1106, 1107, 1108, 1110, 1111, 1112, 1113, 1114, 1115, 2886, 3801, 4747)
2008 Ed. (985, 988, 989, 990, 991, 992, 3008, 3189)
2009 Ed. (970, 971, 972, 974, 976, 980, 3094, 3752, 3754, 4437, 4710)
2010 Ed. (934, 935, 936, 937, 941, 942, 3027, 4479, 4974)
2011 Ed. (866, 867, 868, 873, 874, 2996, 3082, 4414, 4980)
2012 Ed. (817, 819, 820, 822, 829)
2013 Ed. (2460)
Liz Claiborne Direct Brands
2011 Ed. (883)
Liz Claiborne Inc.
2013 Ed. (994, 995, 997)
2014 Ed. (956)
Liz Clairborne
2007 Ed. (1104)
Liz Hilton Segel
2020 Ed. (1090)
Liz Lange
2005 Ed. (2453)
Liz Lerman Dance Exchange
2004 Ed. (929)
Liz Mann
2023 Ed. (1299)
Liz Minyard
1993 Ed. (3731)
1994 Ed. (3667)
1995 Ed. (3788)
1996 Ed. (3876)
1997 Ed. (3916)
Liza Minnelli
1993 Ed. (1078)
Lizarran
2020 Ed. (795)
Lizos
2018 Ed. (3679)
2019 Ed. (3664)
2020 Ed. (3631)
Lizy Hoeffer
2020 Ed. (3614, 3615)
Lizzy Lift
2019 Ed. (3349)
LJ Hooker
2019 Ed. (4092)
2020 Ed. (4105)
2021 Ed. (4067)
2022 Ed. (4084)
L.J. Hooker Developments
1990 Ed. (2960)
LJ & M Partners
2006 Ed. (1081)
L.J. Melody
1990 Ed. (2971)
1992 Ed. (3636)
2000 Ed. (2828, 3723, 3724, 4017)
LJ Simone
1989 Ed. (2368)
LJ Thalmann Co.
2011 Ed. (3426)

LJ Welding Automation
2015 Ed. (1506)
LJA Engineering
2022 Ed. (2431, 2467)
2023 Ed. (2577, 2628)
LJA Engineering Inc.
2020 Ed. (2397, 2434)
2021 Ed. (2351, 2358)
2022 Ed. (2431, 2467)
LJB Inc.
2023 Ed. (2635)
LJM Partners
2007 Ed. (1187)
2008 Ed. (1095)
Ljubljanska
1989 Ed. (717)
Ljubljanska Banka
1990 Ed. (719)
1991 Ed. (697)
1992 Ed. (871)
1993 Ed. (669)
1995 Ed. (508)
1996 Ed. (676)
Ljubljanska Banka dd, Ljubljana
1995 Ed. (605)
Ljubljanska Banka Kreditna Banka Maribor dd
1995 Ed. (605)
LK Architecture
2023 Ed. (294)
LKB Baden-Wurttemberg
1995 Ed. (1723)
LKCM Aquinas Fixed Income
2007 Ed. (4467)
LKCM Aquinas Small Cap
2007 Ed. (4469)
LKCM Aquinas Value
2007 Ed. (4468)
LKCM Small Cap Equity
2007 Ed. (4545)
LKH Klagenfurt
2011 Ed. (3054)
LKQ
2015 Ed. (298, 1391, 4974)
2016 Ed. (297, 1321, 4891)
2017 Ed. (299, 4890)
2018 Ed. (278)
2019 Ed. (280, 4896)
2020 Ed. (284, 1327, 4889)
2021 Ed. (4885)
2022 Ed. (4880)
2023 Ed. (4874)
LKQ Corp.
2006 Ed. (1636, 1637)
2010 Ed. (2860, 3119)
2011 Ed. (2844)
2012 Ed. (2773, 3085)
2018 Ed. (275, 4017)
2019 Ed. (4006)
2020 Ed. (281, 4023)
2021 Ed. (3993)
2022 Ed. (4007)
LKQ Corp. & Keystone
2023 Ed. (4091)
LKS Transportation LLC
2020 Ed. (4738)
2021 Ed. (4737)
2022 Ed. (4739)
LKV Vaisto Oy
2018 Ed. (1526)
L.L. Bean
2017 Ed. (944, 1353)
2018 Ed. (879)
2019 Ed. (882, 1350)
2020 Ed. (868, 4276)
LL Bean Inc.
1989 Ed. (1205)
1990 Ed. (916)
1998 Ed. (1277)
2003 Ed. (1750)
2004 Ed. (1786)
2005 Ed. (1852)
LL Flooring
2022 Ed. (2704)
LL Flooring (Lumber Liquidators)
2022 Ed. (2704, 2705)
2023 Ed. (2836)
Llama Asset
1993 Ed. (2327)
1999 Ed. (3090)
Llama Co.
1998 Ed. (2227, 2234)
Llamas; Roberto
2011 Ed. (2949)
Llano
2001 Ed. (3776)
Llano Estacado
1995 Ed. (3758)
Llantas General
1997 Ed. (3752)
Llanza; Jacobo
1996 Ed. (1905)
L.L.Bean Inc.
2019 Ed. (2541)
LLBean.com
2001 Ed. (2975, 2980)
2006 Ed. (2382)

LLC Seaport Taman
2017 Ed. (1947)
2018 Ed. (1899)
LLE Language Services Inc.
2006 Ed. (3547, 4385)
2007 Ed. (3612, 3613, 4453)
Llentab AB
2008 Ed. (2092)
Llewellyn; David
2008 Ed. (16)
LLG A/S
2023 Ed. (2703)
LLJ Management LLC
2020 Ed. (2193)
LLOG Exploration Co.
2017 Ed. (2775, 3766, 3767)
2018 Ed. (2841, 3814, 3815)
2019 Ed. (2809, 3791, 3792)
Lloyd A. Wise Cos.
1996 Ed. (260)
1997 Ed. (289)
1998 Ed. (204)
2000 Ed. (330, 2466)
2001 Ed. (2708)
2002 Ed. (2544, 2562)
2014 Ed. (2951)
2015 Ed. (3001)
Lloyd A. Wise Inc.
1990 Ed. (2015)
1992 Ed. (2402)
1995 Ed. (255, 2110)
1999 Ed. (318)
Lloyd Aereo Boliviano
2005 Ed. (219)
Lloyd Bentsen
1992 Ed. (1038)
Lloyd Blankfein
2010 Ed. (892)
2011 Ed. (850, 852)
Lloyd C. Blankfein
2008 Ed. (949)
2009 Ed. (759, 948, 957)
2015 Ed. (966)
Lloyd Campbell
2008 Ed. (184)
Lloyd College; Alice
1990 Ed. (1085)
Lloyd Electric
2006 Ed. (3541)
Lloyd Fraser Holdings
2015 Ed. (4796)
2016 Ed. (4700)
2017 Ed. (4710)
2018 Ed. (4703)
2019 Ed. (4708)
2020 Ed. (4682, 4687)
Lloyd G. Chavez
2004 Ed. (2843)
Lloyd Greif Center for Entrepreneurial Studies
2010 Ed. (724, 727)
2011 Ed. (638, 649)
Lloyd L. Hill
2004 Ed. (2532)
2005 Ed. (2516)
2006 Ed. (915, 2530)
Lloyd; Michael
1997 Ed. (1895)
Lloyd Morgan International
2007 Ed. (1590)
Lloyd Northover
1995 Ed. (2227)
Lloyd Northover Citigate
1996 Ed. (2236)
1999 Ed. (2836)
Lloyd P. Johnson
1989 Ed. (417)
1994 Ed. (357)
Lloyd Personnel Systems Inc.
2003 Ed. (4532)
Lloyd Products Inc.
2019 Ed. (1835)
Lloyd Staffing
2006 Ed. (4357)
Lloyd Streisand
2017 Ed. (3595)
Lloyd Triestino
2003 Ed. (2418, 2419)
2004 Ed. (2538, 2539)
Lloyd-Webber; Lord
2005 Ed. (4894)
2007 Ed. (4932)
Lloyd's
2022 Ed. (3546)
2023 Ed. (3370, 3668)
Lloyds
1990 Ed. (551, 553, 560, 563, 567, 583)
1991 Ed. (510, 511)
1996 Ed. (519)
1999 Ed. (4035, 4036)
2001 Ed. (2953)
2002 Ed. (1330, 2972)
2003 Ed. (3322)
2004 Ed. (1371, 3080)
2016 Ed. (450)
2017 Ed. (468)
2018 Ed. (482)

Lloyd's 6
2000 Ed. (3752)
Lloyds Bank
1989 Ed. (579)
1990 Ed. (297, 549)
1991 Ed. (504, 533, 559, 3231)
1992 Ed. (687, 718, 720, 1628)
1993 Ed. (493, 1323, 1861)
1994 Ed. (204, 495, 522, 902, 1381)
1995 Ed. (477)
1996 Ed. (521)
1997 Ed. (480)
2000 Ed. (513, 515)
2017 Ed. (729, 2109)
2018 Ed. (430)
2021 Ed. (468)
2022 Ed. (719)
2023 Ed. (703)
Lloyds Bank Canada
1992 Ed. (664)
Lloyds Bank of Canada
1990 Ed. (517)
Lloyds Bank Corporate Markets plc
2021 Ed. (496)
2022 Ed. (510)
2023 Ed. (734)
Lloyds Bank Group
1990 Ed. (597)
1991 Ed. (1298)
1992 Ed. (1630)
Lloyds Bank Growth Portfolio Account
1997 Ed. (2918)
Lloyds Bank Income Portfolio Account
1997 Ed. (2918)
Lloyds Bank International (Guernsey) Ltd.
1991 Ed. (477)
1992 Ed. (635)
1993 Ed. (449)
Lloyds Bank Master Trust Account
1997 Ed. (2919)
Lloyds Bank PLC
1990 Ed. (550, 584)
1991 Ed. (532)
2000 Ed. (531)
Lloyds Bank Treasury (Jersey) Ltd.
1999 Ed. (492)
Lloyd's Banking Group
2016 Ed. (440)
2017 Ed. (456)
2018 Ed. (420)
2019 Ed. (427)
Lloyds Banking Group
2011 Ed. (337, 921, 2111, 2669)
2012 Ed. (342, 344, 2597)
2013 Ed. (422, 442)
2014 Ed. (441)
2015 Ed. (495, 4571)
2016 Ed. (449, 468, 475, 2089, 2092)
2017 Ed. (467, 486, 492, 2051, 2054)
2018 Ed. (450, 2019)
2019 Ed. (426, 2075)
2020 Ed. (1983, 2589)
2021 Ed. (440, 1932, 1936)
2022 Ed. (454, 1625, 1975, 1976)
2023 Ed. (434, 702, 2082)
Lloyds Banking Group plc
2012 Ed. (313, 423, 1598, 1947)
2013 Ed. (472, 473, 476, 2122)
2014 Ed. (486, 487, 489, 2057)
2015 Ed. (547, 548, 550, 2108)
2016 Ed. (500, 501, 504, 2086)
2017 Ed. (515, 516, 519, 2047, 2414)
2018 Ed. (479, 480, 485, 2008)
2019 Ed. (494, 495, 2061, 2065)
2020 Ed. (476, 477, 1975)
2021 Ed. (1932)
2022 Ed. (1975)
Lloyd's Barbeque Co.
2002 Ed. (3276)
Lloyds Bowmaker
1990 Ed. (1787)
Lloyd's Custom Woodwork Inc.
2012 Ed. (4993)
Lloyd's Food Products LLC
2017 Ed. (3437)
Lloyds German Growth
1992 Ed. (3202)
Lloyd's of London
1990 Ed. (2257)
1992 Ed. (3660)
1993 Ed. (1458)
1995 Ed. (2429)
1999 Ed. (2913, 2921)
2000 Ed. (2670)
2001 Ed. (4038, 4040)
2002 Ed. (2901, 2973, 2974)
2004 Ed. (3142, 3143, 3144)
2005 Ed. (3153, 3154)
2006 Ed. (3150, 3151, 3154)
2007 Ed. (3187, 3188)
2008 Ed. (3332)
2009 Ed. (3405, 3407)
2010 Ed. (3340, 3342)
2011 Ed. (3297, 3299, 3301)
2012 Ed. (3279, 3280, 3284)
2013 Ed. (3353, 3354, 3358)
2014 Ed. (3369, 3371)
2015 Ed. (3402, 3404)

2016 Ed. (3275, 3277, 3279)
2017 Ed. (3234, 3236)
2019 Ed. (3272)
2020 Ed. (3270, 3272, 3273)
2021 Ed. (3134, 3136, 3137)
2022 Ed. (3278, 3280, 3281)
2023 Ed. (3368, 3371)
Lloyd's of London Press (LLP)
　2000 Ed. (3879)
Lloyds Merchant Bank
　1989 Ed. (545, 571)
Lloyd's of New Mexico
　1992 Ed. (2680)
　1993 Ed. (2237)
Lloyds New York
　1992 Ed. (2680)
　1994 Ed. (2275)
Lloyd's Non-Marine
　1992 Ed. (2692)
Lloyd's Non-Marine Underwriters
　1990 Ed. (2256)
　1992 Ed. (2693)
　1993 Ed. (2242)
　1994 Ed. (2282)
　1995 Ed. (2325)
Lloyds TSB
　1997 Ed. (458)
　1998 Ed. (378, 1147)
　1999 Ed. (531, 548, 1613, 1642, 1643, 1646, 2438, 3262, 3263)
　2000 Ed. (524, 540, 559, 1442, 1444, 2998, 2999)
　2007 Ed. (717, 738, 746)
　2008 Ed. (686, 707)
　2009 Ed. (695, 716, 2756)
　2010 Ed. (537, 2680)
　2013 Ed. (474)
　2015 Ed. (549)
　2016 Ed. (502, 683)
　2017 Ed. (517)
Lloyds TSB Bank
　2005 Ed. (559)
　2007 Ed. (538)
　2012 Ed. (2104)
Lloyds TSB Bank plc
　2002 Ed. (2259)
　2003 Ed. (560)
　2004 Ed. (574, 578)
Lloyds TSB Group plc
　2001 Ed. (1548, 1549, 1552, 1719, 1885)
　2002 Ed. (40, 583, 659, 1417, 1785, 1788, 1789, 2259, 3215, 3217)
　2003 Ed. (539, 543, 626, 1839)
　2004 Ed. (529, 555, 635)
　2005 Ed. (623, 624)
　2006 Ed. (537, 538, 2054, 2060, 2070, 3328)
　2007 Ed. (568, 569, 2041)
　2008 Ed. (521, 1745, 1748, 1750, 1756, 1813, 2122, 2135)
　2009 Ed. (109, 555, 556, 2114, 2122, 2323)
　2010 Ed. (538, 539, 2049, 2253)
　2011 Ed. (467, 468)
　2012 Ed. (38)
Lloyd's Underwriters
　2018 Ed. (3294)
Lloyd's Underwriters (Canada)
　2009 Ed. (1557)
　2016 Ed. (3253)
　2017 Ed. (3209)
　2018 Ed. (3292)
　2019 Ed. (3244)
　2020 Ed. (3253)
　2022 Ed. (3258)
　2023 Ed. (3349)
Lluch
　2018 Ed. (816)
LLVM
　2014 Ed. (1081)
　2015 Ed. (1120)
　2016 Ed. (1032)
　2017 Ed. (1061)
　2018 Ed. (987)
Llyods New York
　1996 Ed. (2341)
LM Capital
　1993 Ed. (2327)
　1999 Ed. (3087, 3091)
LM Capital Group
　2010 Ed. (3383)
LM Capital Mgmt.
　2000 Ed. (2821, 2824)
L.M. Ericsson
　1999 Ed. (1737)
　2000 Ed. (1560, 3760)
LM Ericsson Telefon
　2006 Ed. (4095)
LM Ericsson, Telefonab
　2006 Ed. (4575)
LM Ericsson; Telefonaktiebolaget
　2005 Ed. (1120, 1966, 3034, 3698, 4517, 4630, 4632, 4635)
　2006 Ed. (1109, 1112, 1696, 1785, 2024, 2025, 2026, 2027, 4603, 4699)
　2007 Ed. (1192, 1214, 1216, 1994, 1995, 1996, 1997, 1998, 2825, 3074, 3422, 4717)

2008 Ed. (1099, 2088, 2089, 2091, 3582)
2009 Ed. (184, 1078, 2060, 2061, 2062, 2063, 2064, 2065, 2066, 2474, 2600, 3006, 3653, 3818, 4671, 4672)
2010 Ed. (659, 661, 667, 1046, 1047, 2002, 2004, 2005, 2945, 3571, 4687)
2011 Ed. (86, 591, 596, 599, 976, 977, 1572, 2063, 2064, 2065, 2066, 2386, 2904, 3574, 3745, 4637)
2012 Ed. (91, 894, 895, 1906, 1907, 1908, 1909, 2318, 2839, 2846, 3567, 3750)
2013 Ed. (76, 859, 877, 1051, 1052, 2071, 2072, 2073, 2074, 2487, 2897, 2922, 3202, 3203, 3204, 3205, 3603, 3822)
2014 Ed. (1015, 1016, 2004, 2005, 2006, 2924, 3218, 3745, 4045)
2015 Ed. (1050, 1051, 2050, 2051, 2972, 3769)
2016 Ed. (958, 959, 2011, 2013, 2908, 3684)
2017 Ed. (998, 999, 1971, 1973, 2866, 3645)
2018 Ed. (934, 935, 1921, 3702)
2019 Ed. (924, 925, 3689)
2020 Ed. (918, 1901)
LM Ericsson Telephone Co.
　1993 Ed. (2752, 2753)
　1998 Ed. (2727, 2728)
　2005 Ed. (239, 1095)
　2006 Ed. (1087, 3402)
LM General Insurance Co.
　2018 Ed. (3295)
LM Glasfiber
　2009 Ed. (2386)
LM Glasfiber (North Dakota) Inc.
　2011 Ed. (1924)
　2012 Ed. (1785)
L.M.-Metalmont DOO Beograd, Obrenovac
　2019 Ed. (1551)
LM Trade
　2020 Ed. (3677)
　2021 Ed. (3683)
LM Trade/BAM Guitar Center
　2021 Ed. (3683)
LM Western Asset Core
　2002 Ed. (3415)
LMAX Exchange
　2017 Ed. (2862)
L.M.B. Construction Co. Inc.
　1994 Ed. (4299)
　1995 Ed. (3375, 3376)
　1996 Ed. (3429)
　1997 Ed. (3516)
LMBI Inc.
　2023 Ed. (1218)
LMBPN
　2022 Ed. (4055)
LMC
　2018 Ed. (187, 1077)
　2019 Ed. (182)
　2020 Ed. (183)
　2021 Ed. (182)
　2022 Ed. (176)
LMC, a Lennar company
　2021 Ed. (182)
　2022 Ed. (176)
LMC Resources Inc.
　2008 Ed. (1690)
　2009 Ed. (1613)
　2010 Ed. (1590)
LMCA
　2013 Ed. (3510)
　2014 Ed. (3484)
　2015 Ed. (3501)
　2016 Ed. (3352)
　2017 Ed. (3317)
　2018 Ed. (3380)
　2021 Ed. (3297)
LMCA (Leverage Marketing Corporation of America)
　2022 Ed. (3382)
　2023 Ed. (3502)
LMFAO
　2013 Ed. (3785)
　2014 Ed. (3731, 3732)
LMGW Certified Public Accountants
　2013 Ed. (3)
LMHC Massachusetts Holdings Inc.
　2007 Ed. (3104)
　2008 Ed. (3251)
　2009 Ed. (3312)
　2011 Ed. (3212)
　2012 Ed. (3168)
　2013 Ed. (3241)
　2014 Ed. (3267)
　2015 Ed. (3316)
LMI
　2018 Ed. (1241)
LMI Aerospace
　2006 Ed. (1904, 1908, 1911)
　2008 Ed. (1950)
　2010 Ed. (4500, 4507)
LMI Landscapes
　2015 Ed. (3476)
　2016 Ed. (3309)
　2018 Ed. (3349, 3354, 3359)

2021 Ed. (3266)
2023 Ed. (3467)
LMK Clinical Research Consulting
　2019 Ed. (1857)
LMKI Inc.
　2002 Ed. (3559)
LMN
　2012 Ed. (2401)
LMN Architects
　2020 Ed. (187)
　2021 Ed. (2355, 2361)
　2023 Ed. (289)
The LMN Group
　2001 Ed. (4376)
LMS/MARC
　1999 Ed. (155)
LMSC Federal Credit Union
　1991 Ed. (1394)
　1992 Ed. (1754)
　1993 Ed. (1447)
　1996 Ed. (1501, 1506, 1512)
LMSC (Lockheed)
　1990 Ed. (1458)
LMT
　2004 Ed. (61)
　2005 Ed. (56)
　2006 Ed. (63)
LMV
　1990 Ed. (2617)
　1993 Ed. (2602)
LN Land Development
　2016 Ed. (1447)
LNK International
　2017 Ed. (190)
LNM
　2004 Ed. (4539)
The LNM Group
　1999 Ed. (4474)
　2001 Ed. (4375)
LNM/Ispat (Britain)
　2000 Ed. (4119)
LNR Property Corp.
　2004 Ed. (4074, 4075)
　2005 Ed. (4006, 4007)
LO-AD Communications
　1992 Ed. (3248)
Lo Castro; Charles
　1995 Ed. (1865)
"Lo Que La Vida Me Robo"
　2016 Ed. (2936)
Lo; Stanley
　2018 Ed. (4109)
Lo; Tove
　2017 Ed. (1083)
Lo70s
　2020 Ed. (58, 1756)
Loacker Recycling GmbH
　2008 Ed. (3658)
Load
　1998 Ed. (3025)
Load Path Industrial Inc.
　2011 Ed. (1091)
Loaded
　2000 Ed. (3499)
Loaded Cannon Distillery
　2023 Ed. (3520)
LoadOne
　2016 Ed. (144)
　2018 Ed. (134)
　2019 Ed. (131)
　2020 Ed. (127)
　2021 Ed. (118)
　2022 Ed. (127)
LoadUp Technologies
　2021 Ed. (1545)
Loadup Technologies
　2021 Ed. (3386)
Loan
　2005 Ed. (3620)
Loan America Financial
　1996 Ed. (2680)
Loan interviewers & clerks
　2004 Ed. (2290)
Loan/credit card applications
　2002 Ed. (545)
Loan Market
　2020 Ed. (3613)
　2021 Ed. (3635)
　2022 Ed. (3702)
Loan officer
　2011 Ed. (3779)
Loan officer, commercial
　2008 Ed. (3813)
Loan origination
　1990 Ed. (533)
Loan Pronto Inc.
　2023 Ed. (1928)
Loan Resolution
　2014 Ed. (4194)
Loanatik
　2021 Ed. (1353, 2555)
LoanBright
　2007 Ed. (4081)
LoanDepot
　2016 Ed. (3619)
　2017 Ed. (3602)
　2018 Ed. (3621)

2019 Ed. (3615)
2020 Ed. (3617)
loanDepot
　2019 Ed. (3635)
　2023 Ed. (3792, 3793, 3794)
LoanDepot LLC
　2016 Ed. (1407)
loanDepot LLC
　2018 Ed. (3648, 3649, 3650)
　2019 Ed. (3637, 3638, 3639)
　2020 Ed. (3610, 3611, 3612)
　2021 Ed. (3632, 3633, 3634)
　2022 Ed. (3698, 3699, 3701)
　2023 Ed. (3791)
loanDepot, LLC
　2022 Ed. (3681, 3695, 3696, 3700)
LoanDepot.com LLC
　2017 Ed. (2988)
LoanFlight Lending
　2023 Ed. (1705)
LoanPaymentPro
　2022 Ed. (2674)
LoanPro
　2023 Ed. (2823)
LoanPro Software
　2023 Ed. (1156, 2087)
Loans At Wholesale.com
　2005 Ed. (3914)
Loans.co.uk
　2005 Ed. (1979)
　2006 Ed. (2053)
LoanToolbox
　2010 Ed. (2948)
Lobar Inc.
　2008 Ed. (2033)
Lobb
　1994 Ed. (2151)
Lobbia; John E.
　1993 Ed. (1699)
Lobby attendant
　2008 Ed. (3810)
Loblaw
　1989 Ed. (1148)
　1990 Ed. (1408, 3052)
　1991 Ed. (1263, 2642, 2894)
　2016 Ed. (2332)
Loblaw Companies Limited
　2022 Ed. (4261)
Loblaw Companies Ltd.
　2001 Ed. (1658)
　2019 Ed. (1484)
　2021 Ed. (2444)
　2022 Ed. (2554)
Loblaw Cos.
　1992 Ed. (1596, 2195, 4172)
　1993 Ed. (1402)
　1994 Ed. (1878, 3107, 3466)
　1995 Ed. (1366, 3533)
　1996 Ed. (1308, 1312, 1943)
　1997 Ed. (1373, 2041)
　1998 Ed. (1740)
　1999 Ed. (1736, 4521, 4522)
　2000 Ed. (4166)
　2002 Ed. (1609, 4535)
　2003 Ed. (1631, 1639)
　2004 Ed. (1663)
　2005 Ed. (1701, 1712, 4556)
　2006 Ed. (1614, 4634)
　2007 Ed. (1626, 2614, 4573)
　2008 Ed. (1626, 1634, 1646, 2744)
　2009 Ed. (1564, 2059, 2798)
　2010 Ed. (1551, 1565, 1998, 2730)
　2011 Ed. (1550, 1554, 2059, 2714, 4401)
　2012 Ed. (1395, 1398, 1905, 2645)
　2013 Ed. (1217, 1498, 1505)
　2014 Ed. (1462, 1476)
　2015 Ed. (1346, 4319, 4349)
　2016 Ed. (1472, 1493)
　2018 Ed. (1453)
Loblaw Cos. Ltd.
　2013 Ed. (1501, 1507, 4323, 4545)
　2014 Ed. (1156, 1468, 1498, 2700, 4374, 4603)
　2015 Ed. (1211, 1523, 2764, 4599)
　2016 Ed. (1474, 4260, 4522)
　2017 Ed. (1476, 4247)
　2020 Ed. (1455)
　2022 Ed. (1461)
　2023 Ed. (1646)
Loblaw Cos., Ltd.
　2014 Ed. (1295, 4113)
　2015 Ed. (1357)
　2016 Ed. (1288)
　2017 Ed. (1345)
Loblaws
　2015 Ed. (4091)
　2017 Ed. (724)
　2018 Ed. (670)
　2022 Ed. (4228)
　2023 Ed. (4268)
Loblaws Inc.
　2000 Ed. (4167, 4168)
　2008 Ed. (644)
　2011 Ed. (4567)
Loblaws Supermarkets Ltd.
　2002 Ed. (4530, 4531)
　2003 Ed. (4660, 4661)

CUMULATIVE INDEX • 1989-2023

Loblow Cos.
  2006 Ed. (1616, 1622)
  2007 Ed. (1627, 1628, 1629, 1635, 1642, 1645)
  2008 Ed. (1653)
Lobsenz-Stevens
  1994 Ed. (2949)
  1995 Ed. (3005)
LobsenzStevens
  2000 Ed. (3639)
Lobster
  1992 Ed. (3815)
The Lobster House
  2000 Ed. (3772)
  2007 Ed. (4124)
  2009 Ed. (4259)
  2010 Ed. (4199)
  2018 Ed. (4178)
  2019 Ed. (4193)
  2020 Ed. (4204)
  2021 Ed. (4151, 4152)
  2022 Ed. (4178, 4179)
Lobsters
  2001 Ed. (2441)
  2004 Ed. (2623)
  2005 Ed. (2612)
  2006 Ed. (2611)
  2007 Ed. (2586)
  2008 Ed. (2723)
  2009 Ed. (2778)
  2010 Ed. (2710)
  2011 Ed. (2696)
Loc Performance Products Inc.
  2020 Ed. (1714)
Local 697 Credit Union
  2014 Ed. (2187)
Local spot advertising
  2004 Ed. (4053)
Local Anesthesia System
  1999 Ed. (1826)
Local Authorities Pension Plan
  2016 Ed. (3746)
  2017 Ed. (3697)
  2020 Ed. (3772)
Local Capital Corp.
  2005 Ed. (4223)
Local Economic Conditions
  1992 Ed. (993)
Local Federal Bank
  1998 Ed. (3562)
Local Financial Corp.
  2002 Ed. (500)
  2004 Ed. (4291)
Local Fuel
  2019 Ed. (1537, 2073, 2390)
Local government
  1993 Ed. (3543)
  2001 Ed. (3561)
Local Government Center HealthTrust
  2006 Ed. (4201)
  2008 Ed. (4250)
Local Government Credit Union
  2009 Ed. (2191, 2197)
  2010 Ed. (2121, 2134)
  2016 Ed. (2206)
Local Government Employees
  1990 Ed. (2790)
  1995 Ed. (2873)
  1997 Ed. (3028)
Local Government Employees Credit Union
  2007 Ed. (2135)
  2008 Ed. (2250)
  2009 Ed. (2236)
  2010 Ed. (2190)
  2011 Ed. (2208)
  2012 Ed. (2069)
  2013 Ed. (2251)
  2014 Ed. (2183)
  2015 Ed. (2247)
  2016 Ed. (2218)
Local Government Federal Credit Union
  2018 Ed. (2113)
  2020 Ed. (2092)
  2021 Ed. (2036, 2082)
  2022 Ed. (2071, 2117)
  2023 Ed. (2183, 2232)
Local Government Officers Fund
  1999 Ed. (3735)
Local Government Officials
  2004 Ed. (3791)
  2007 Ed. (3796)
  2008 Ed. (3870)
  2009 Ed. (3927)
  2010 Ed. (3846)
  2011 Ed. (3848)
  2012 Ed. (3823)
  2013 Ed. (3878)
  2014 Ed. (3814)
  2015 Ed. (3839)
Local Government & Politics
  2000 Ed. (4210)
Local Government Super
  2003 Ed. (3956)
  2004 Ed. (3963)
Local news & guides
  2007 Ed. (2329)
  2008 Ed. (2454)

Local Initiatives Support Corp.
  1993 Ed. (892)
  2005 Ed. (3605)
Local Initiatives Support Corporation
  1991 Ed. (895)
Local Insight Regatta Holdings
  2012 Ed. (4675)
Local Leads HQ
  2014 Ed. (2943)
Local Motors
  2017 Ed. (287)
Local news
  2001 Ed. (3585)
Local Search Group
  2017 Ed. (55)
Local Service Provider E.K.
  2017 Ed. (1587)
Local services
  2009 Ed. (179)
Local passenger transportation
  2010 Ed. (1048, 1049, 2336, 2337, 2808, 2809, 4789, 4790)
  2011 Ed. (982, 983, 2329, 2330, 2790, 2791, 4736, 4737)
Localbitcoins
  2019 Ed. (1553, 2629)
Local.com Corp.
  2012 Ed. (1370)
Localiza
  2020 Ed. (276)
  2023 Ed. (383)
Localiza Hertz
  2022 Ed. (631)
Localiza Rent A Car
  2021 Ed. (605)
LOCAP Inc.
  1996 Ed. (3040)
LoCastro; Charles
  1994 Ed. (1824, 1831, 1833)
  1996 Ed. (1846)
Locate Staffing
  2022 Ed. (2389)
  2023 Ed. (2550)
LocateAI
  2023 Ed. (4193)
Location Based Technologies Inc.
  2016 Ed. (1416)
Location D'outils Simplex
  2019 Ed. (3349)
Location Media Inc.
  2010 Ed. (4064)
Location Switzerland
  2008 Ed. (3520)
Location3
  2023 Ed. (147)
Location3 Media
  2013 Ed. (1550)
Location3 Media Inc.
  2009 Ed. (1638)
  2010 Ed. (132)
  2011 Ed. (1613)
  2012 Ed. (53)
  2013 Ed. (50)
Locational convenience
  1989 Ed. (440)
Locatrans
  2019 Ed. (1587)
Locavesting
  2013 Ed. (619, 625)
L'Occitane
  2012 Ed. (546)
  2013 Ed. (662)
  2014 Ed. (682)
  2015 Ed. (2191)
  2021 Ed. (1983)
  2022 Ed. (2028)
  2023 Ed. (2125)
Loch Dhu Black
  1999 Ed. (3230, 4155)
Loch Fyne Restaurants Ltd.
  2008 Ed. (3442, 4203)
Loch Ness Monster
  1995 Ed. (3165)
Lochmoor Chrysler-Plymouth
  1995 Ed. (262)
  1996 Ed. (269)
Lochmueller Group Inc.
  2022 Ed. (2437)
Lock boxes
  1993 Ed. (1456)
lock/line Credit Protection Services LLC
  2006 Ed. (4362)
Lock Tech Security Services
  2023 Ed. (1504)
Locke
  1990 Ed. (720)
Locke; Charles C.
  1996 Ed. (959, 1709, 1715)
Locke; Estate of Louise Lenoir
  1991 Ed. (888)
Locke Liddell
  2004 Ed. (3230)
Locke Liddell & Sapp
  2001 Ed. (566)
Locke Liddell & Sapp LLP
  2007 Ed. (3312)

Locke Lord Bissell & Liddell
  2009 Ed. (3492)
  2010 Ed. (3422)
  2011 Ed. (3406)
Locke Lord LLP
  2021 Ed. (3254)
Locke Purnell Rain Harrell
  1990 Ed. (2418)
  1991 Ed. (2284)
  1992 Ed. (2833)
  1993 Ed. (2396)
Locked On
  2013 Ed. (566)
Lockerbie & Hole Contracting Ltd.
  2008 Ed. (4050)
  2011 Ed. (1099)
Lockerbie & Hole Inc.
  2008 Ed. (1184)
  2009 Ed. (4400)
Lockerbie, Scotland
  2005 Ed. (883)
  2009 Ed. (2327)
  2010 Ed. (2256)
  2011 Ed. (2263)
Lockets/pendants/pins
  1998 Ed. (2316)
Lockhard Martin Corp.
  2009 Ed. (1138)
Lockhart Fine Foods
  2022 Ed. (4408)
  2023 Ed. (4437)
Lockhart; Michael D.
  2006 Ed. (869)
Lockhead
  1989 Ed. (195)
Lockheed Aeronautical Systems Co.
  1991 Ed. (1808)
Lockheed Austin Division
  1989 Ed. (280)
Lockheed Corp.
  1989 Ed. (850, 1226)
  1990 Ed. (186, 187, 188, 189, 190, 192, 1138, 1477, 2211)
  1991 Ed. (176, 179, 180, 181, 182, 183, 184, 324, 845, 1403, 1404, 1407, 2577, 3435)
  1992 Ed. (242, 249, 250, 251, 252, 1337, 1340, 1469, 1517, 1523, 1770, 2941, 3076, 3077, 3216, 4260, 4361)
  1993 Ed. (153, 157, 159, 160, 826, 1264, 1286, 1460, 1462, 1468, 2705)
  1994 Ed. (137, 138, 139, 141, 142, 143, 144, 1213, 1337, 1513, 1517, 2413, 2984)
  1995 Ed. (155, 158, 159, 161, 163, 1363, 1546, 2488)
  1996 Ed. (165, 167, 169, 1192, 1193, 1307, 1518, 1521, 1522, 2548)
  1997 Ed. (172, 175, 2791)
Lockheed Credit Union
  1996 Ed. (1512)
  2002 Ed. (1838, 1850)
  2003 Ed. (1899, 1908)
  2004 Ed. (1948)
  2005 Ed. (2084, 2089)
  2006 Ed. (2184)
  2007 Ed. (2105)
  2008 Ed. (2220)
  2009 Ed. (761, 2203)
  2010 Ed. (2157)
  2011 Ed. (2178)
  2012 Ed. (2038)
  2013 Ed. (2216)
  2014 Ed. (2147)
Lockheed Federal Credit Union
  1997 Ed. (1569)
  1998 Ed. (1215, 1227, 1233)
  2006 Ed. (2164)
  2009 Ed. (1528, 2220)
  2010 Ed. (2174)
  2011 Ed. (2192)
  2012 Ed. (1661, 2052)
  2013 Ed. (2205)
Lockheed Georgia Employees Credit Union
  2002 Ed. (1859)
  2003 Ed. (1913)
  2004 Ed. (1953)
  2005 Ed. (2095)
  2006 Ed. (2190)
  2007 Ed. (2111)
  2008 Ed. (2226)
  2009 Ed. (2210)
  2010 Ed. (2164)
  2011 Ed. (2183)
  2012 Ed. (2043)
Lockheed-Margin Astronautics
  1999 Ed. (1244)
Lockheed Martin
  2013 Ed. (2186, 2306, 2312)
  2014 Ed. (2247)
  2015 Ed. (2310, 2317)
  2016 Ed. (95, 108)
  2017 Ed. (82, 100)
  2018 Ed. (97, 111)
  2019 Ed. (85)
  2020 Ed. (94, 2153, 3556)
  2021 Ed. (1054, 1327, 1338, 1903, 2149, 3583)

  2022 Ed. (85, 93, 98, 1336, 1700, 1948, 2182, 3509, 3635, 3636, 3637, 4931)
  2023 Ed. (162, 163, 166, 167, 172, 173, 1264, 1470, 1671, 1847, 2063, 3019, 3600, 3633, 3737, 3738, 3739, 4933)
Lockheed Martin Aeronautical Co.
  2012 Ed. (1510)
  2013 Ed. (1653)
  2014 Ed. (1612)
  2015 Ed. (1662)
  2016 Ed. (1604)
Lockheed Martin Aeronautics
  2016 Ed. (3446)
Lockheed Martin Aeronautics Co.
  2005 Ed. (1975, 1976)
  2006 Ed. (943, 2045)
  2007 Ed. (1038, 2015)
  2008 Ed. (961, 2112)
  2009 Ed. (963, 2096)
  2010 Ed. (2038)
  2016 Ed. (3439)
  2017 Ed. (3399)
  2018 Ed. (3435)
  2020 Ed. (3405)
  2021 Ed. (3420)
  2022 Ed. (3477)
  2023 Ed. (3599)
Lockheed Martin Canada
  2018 Ed. (2161)
Lockheed Martin Communications System
  1998 Ed. (609)
Lockheed Martin Communications Systems
  1999 Ed. (1011)
Lockheed Martin Corp.
  1996 Ed. (166, 850, 1072, 1520)
  1997 Ed. (170, 171, 173, 1235, 1476, 1582, 1707, 2614, 2709, 3013)
  1998 Ed. (92, 93, 94, 96, 97, 99, 578, 1007, 1147, 1174, 1244, 1245, 1248, 1250, 1251, 1318, 1532, 2502, 2520, 2757, 2758, 2760, 3647)
  1999 Ed. (183, 184, 185, 186, 187, 188, 192, 193, 194, 994, 1275, 1280, 1703, 1817, 1819, 1821, 1822, 3303, 3429, 3719, 3721)
  2000 Ed. (213, 214, 215, 216, 217, 218, 942, 1512, 1646, 1647, 1648, 1651, 1734, 3153, 3378, 3427)
  2001 Ed. (263, 264, 265, 266, 267, 270, 542, 1557, 1787, 1981, 1986, 2169, 2848, 3667, 3682, 4320, 4462, 4617, 4618)
  2002 Ed. (239, 241, 243, 1452, 1500, 1722, 1911, 2116, 3618)
  2003 Ed. (198, 199, 200, 201, 202, 203, 207, 210, 1342, 1343, 1344, 1345, 1349, 1350, 1351, 1352, 1353, 1357, 1359, 1362, 1363, 1472, 1658, 1752, 1753, 1964, 1966, 1967, 1968, 1969, 1970, 1971, 1975, 1986, 1987, 3747, 3760, 4806, 4807)
  2004 Ed. (158, 161, 162, 163, 165, 166, 882, 1343, 1344, 1345, 1346, 1349, 1351, 1353, 1354, 1360, 1361, 1364, 1366, 1367, 1368, 1370, 1502, 1686, 1789, 1790, 2009, 2010, 2011, 2012, 2014, 2015, 2016, 2017, 2018, 2019, 2020, 2021, 2028, 2039, 2040, 2041, 3153, 3352, 3397, 3772, 3785, 4484, 4576, 4577, 4655, 4776, 4792)
  2005 Ed. (155, 158, 159, 161, 165, 166, 167, 868, 1143, 1349, 1352, 1353, 1354, 1359, 1364, 1365, 1369, 1370, 1371, 1376, 1381, 1387, 1389, 1391, 1518, 1744, 1854, 1855, 2004, 2005, 2148, 2149, 2150, 2151, 2152, 2153, 2154, 2155, 2156, 2157, 2158, 2160, 2161, 2162, 3177, 3382, 3397, 3691, 4460, 4742, 4764, 4765)
  2006 Ed. (171, 172, 174, 175, 176, 177, 178, 179, 180, 777, 1132, 1144, 1355, 1356, 1357, 1359, 1360, 1361, 1363, 1368, 1373, 1377, 1379, 1420, 1662, 1863, 1864, 2105, 2108, 2111, 2243, 2244, 2245, 2246, 2247, 2248, 2250, 3291, 3292, 3363, 3421, 3491, 3932, 4463, 4792, 4793, 4815, 4816, 4872)
  2007 Ed. (174, 175, 176, 177, 178, 179, 181, 182, 183, 184, 185, 186, 1161, 1259, 1395, 1396, 1398, 1399, 1400, 1402, 1405, 1411, 1415, 1417, 1468, 1868, 1869, 2061, 2167, 2168, 2169, 2170, 2171, 2172, 2174, 2194, 2884, 3524, 3790, 3792, 4805, 4827, 4828, 4871)
  2008 Ed. (157, 158, 159, 160, 161, 162, 163, 164, 1045, 1054, 1157, 1348, 1349, 1352, 1353, 1354, 1355, 1358, 1359, 1361, 1362, 1368, 1372, 1373, 1399, 1462, 1901, 1903, 1904, 2170, 2282, 2283, 2284, 2285, 2286, 2287, 2289, 2487, 3006, 3645, 3688, 3866, 4612, 4753, 4754, 4798, 4799)
  2009 Ed. (180, 181, 183, 186, 187, 188, 189, 1029, 1137, 1348, 1351, 1352, 1355, 1356, 1357, 1358, 1360, 1361, 1363, 1368, 1372, 1374, 1866, 1868, 2152, 2153, 2270, 2271, 2272, 2273, 2274, 2275, 2277, 2312, 2493, 3092,

3753, 3924, 4781, 4782, 4825)
2010 Ed. (160, 161, 162, 163, 164, 165, 166, 167, 169, 994, 1102, 1121, 1335, 1336, 1339, 1340, 1342, 1344, 1347, 1352, 1358, 1360, 1440, 1797, 1798, 2094, 2225, 2226, 2227, 2228, 2229, 2230, 2231, 2243, 2404, 2875, 3025, 3551, 3688, 3842)
2011 Ed. (82, 83, 84, 87, 88, 89, 90, 91, 93, 930, 933, 1037, 1041, 1060, 1318, 1321, 1324, 1325, 1326, 1327, 1329, 1331, 1333, 1341, 1346, 1348, 1823, 1825, 1826, 2242, 2243, 2244, 2245, 2246, 2247, 2248, 2249, 2252, 2994, 3153, 3684, 3844, 4745, 4746)
2012 Ed. (84, 85, 86, 88, 94, 95, 96, 97, 99, 855, 856, 970, 987, 1186, 1187, 1190, 1191, 1193, 1195, 1197, 1199, 1206, 1211, 1213, 1276, 1682, 1683, 1684, 1685, 2106, 2107, 2108, 2109, 2110, 2111, 2113, 2115, 2116, 2465, 2920, 3688, 3689, 3811, 4761, 4762, 4823, 4964)
2013 Ed. (77, 804, 1129, 1309, 1313, 1320, 1381, 1397, 1834, 1835, 1837, 1838, 2294, 2295, 2300, 2301, 2302, 2303, 2308, 2309, 2310, 2313, 2853, 3009, 3612, 4219, 4733, 4734, 4802, 4975)
2014 Ed. (96, 97, 822, 1090, 1243, 1245, 1247, 1254, 1322, 1335, 1763, 1765, 1767, 1768, 2117, 2119, 2232, 2233, 2238, 2239, 2240, 2241, 2244, 2245, 2246, 2248, 2536, 2558, 2882, 3018, 3552, 3555, 3672, 3673, 4256, 4782, 4783, 4980)
2015 Ed. (102, 861, 1301, 1305, 1311, 1806, 1808, 1810, 2172, 2297, 2298, 2304, 2305, 2306, 2307, 2312, 2313, 2314, 2315, 2318, 3085, 3577, 3690, 3691, 3814, 4815, 4867)
2016 Ed. (91, 92, 93, 100, 104, 105, 106, 109, 749, 1216, 1218, 1220, 1226, 1268, 1760, 1766, 1767, 1769, 2052, 2146, 2147, 2265, 2266, 2267, 2268, 2856, 3574, 4284, 4716, 4717, 4772, 4932)
2017 Ed. (73, 77, 78, 80, 81, 92, 95, 96, 97, 98, 99, 101, 799, 1261, 1264, 1266, 1268, 1275, 1332, 1546, 1734, 1740, 1742, 2089, 2121, 2122, 2123, 2124, 2420, 2818, 2820, 3542, 3543, 4282, 4286, 4736, 4796, 4924)
2018 Ed. (90, 91, 95, 96, 104, 106, 107, 108, 109, 110, 732, 999, 1240, 1243, 1247, 1253, 1317, 1691, 1964, 2045, 2159, 2160, 2162, 2163, 2457, 2885, 3011, 4722, 4774, 4931)
2019 Ed. (81, 82, 83, 94, 95, 96, 97, 98, 1279, 1280, 1286, 1366, 1757, 1758, 1838, 2108, 2104, 2159, 2160, 2161, 2834, 2952, 3404, 3435, 4724, 4932)
2020 Ed. (79, 80, 88, 90, 91, 92, 93, 741, 1267, 1693, 1698, 1700, 1945, 2017, 2141, 2154, 2870, 2982, 3555, 4697)
2021 Ed. (69, 79, 81, 82, 84, 1239, 1245, 1680, 1905, 1969, 2135, 2136, 2150, 2742, 2842, 3422, 3424, 3438, 3450, 3581, 3582, 4355, 4704)
2022 Ed. (82, 94, 95, 97, 1244, 1250, 1701, 2015, 2169, 2170, 2183, 2898, 3481, 4706)
2023 Ed. (2114, 2299, 2300, 4692)
Lockheed Martin Corp. (U.S.)
2021 Ed. (2150)
2022 Ed. (2183)
Lockheed Martin Energy Research Corp.
2005 Ed. (1968)
2006 Ed. (2037)
2007 Ed. (2009)
2008 Ed. (2104)
2009 Ed. (2079)
2011 Ed. (2079)
2012 Ed. (1923)
2013 Ed. (2083)
2014 Ed. (2017)
2015 Ed. (2061)
2016 Ed. (2021)
Lockheed Martin Energy Systems Inc.
2001 Ed. (1875)
Lockheed Martin Government Electronic Systems
1998 Ed. (536)
1999 Ed. (955)
Lockheed Martin Idaho Technologies
2001 Ed. (1728)
Lockheed Martin Information Sciences
1997 Ed. (1823)
Lockheed Martin Information & Tech Services
2005 Ed. (4809)
Lockheed Martin Integrated Technology LLC
2010 Ed. (1865)
2011 Ed. (1897)
Lockheed Martin Investment Management
2000 Ed. (3428)

Lockheed Martin Logistics Management Inc.
2005 Ed. (1959)
2006 Ed. (2011)
2007 Ed. (1977)
2008 Ed. (2075)
2009 Ed. (2046)
2011 Ed. (2040)
2012 Ed. (1889)
2013 Ed. (2046)
2014 Ed. (1980)
2015 Ed. (2029)
Lockheed Martin Missiles & Fire Control
2005 Ed. (1975)
2006 Ed. (943)
2007 Ed. (1038)
2008 Ed. (961, 3563)
2009 Ed. (963, 3630)
Lockheed Martin Mission Systems & Training
2014 Ed. (1878)
2015 Ed. (1914)
2016 Ed. (3415)
2017 Ed. (3371)
2021 Ed. (3422)
Lockheed Martin Space Operations Co.
2001 Ed. (1812, 4629)
2003 Ed. (1783)
2004 Ed. (1818, 4778)
2005 Ed. (1902, 4751)
2006 Ed. (1929, 4803)
2007 Ed. (1913, 4819)
2008 Ed. (4746)
2009 Ed. (4775)
2011 Ed. (4739)
2012 Ed. (4754)
2013 Ed. (4717)
2014 Ed. (4769)
2015 Ed. (4793)
Lockheed Martin Space Systems-Astronautics
2002 Ed. (1623)
2003 Ed. (2275)
2005 Ed. (2390)
Lockheed Martin Space Systems Co.
2008 Ed. (2493)
2014 Ed. (1538)
2021 Ed. (3421)
2022 Ed. (3479)
Lockheed Martin (U.S)
2022 Ed. (98)
Lockheed Martin Utility Services
2000 Ed. (2880)
Lockheed Missiles & Space Co.
1989 Ed. (1635)
1991 Ed. (2460)
Locking hardware
1992 Ed. (3828)
lockout/Tagout
2000 Ed. (4323, 4324)
Locks
1992 Ed. (3831)
Lockshin; Steve
2011 Ed. (3331)
2012 Ed. (3316)
2013 Ed. (3388)
2014 Ed. (3390)
2015 Ed. (3422)
Locksmiths
1992 Ed. (3830)
Lockton
2017 Ed. (2304)
2018 Ed. (2349)
2019 Ed. (2350)
2023 Ed. (3354, 3358)
Lockton Benefit Group
2011 Ed. (2395)
Lockton Companies
2022 Ed. (3262, 3266)
2023 Ed. (3269)
Lockton Companies of Colorado
2008 Ed. (1707)
2009 Ed. (1636)
Lockton Cos.
1999 Ed. (2907)
2000 Ed. (2661)
2002 Ed. (2853, 2856)
2004 Ed. (3062, 3063)
2005 Ed. (3073)
2006 Ed. (1679, 3072, 3073)
2008 Ed. (3237)
2009 Ed. (3301, 3305, 3307)
2010 Ed. (1608, 1873, 1874, 3228, 3229, 3234)
2011 Ed. (1699, 3192, 3197, 3198, 3200, 3201, 3202, 3205)
2012 Ed. (1552, 3153, 3155, 3156, 3158)
2013 Ed. (1700, 3226, 3232, 3233, 3234)
2014 Ed. (1648, 3246, 3248, 3254, 3255)
2015 Ed. (1690, 3300, 3302, 3307, 3308)
2016 Ed. (3152, 3154, 3155, 3160, 3161)
2017 Ed. (2305, 2309, 3098, 3100, 3105, 3106)
2018 Ed. (3197, 3199, 3200, 3205, 3206, 3210)
2019 Ed. (3132, 3134, 3135, 3139, 3140, 3147, 3251)

2020 Ed. (3154, 3157, 3158, 3160, 3166, 3167, 3174, 3256)
2021 Ed. (2464, 3025, 3027, 3028, 3029, 3032, 3039, 3121)
2022 Ed. (2575, 3160, 3162, 3163, 3164, 3167, 3174)
2023 Ed. (2717)
Lockton Cos. International Ltd.
2012 Ed. (3277, 3283)
2013 Ed. (3352, 3357)
Lockton Cos. LLC
2012 Ed. (3159, 3164)
2013 Ed. (3235, 3236)
2014 Ed. (3256, 3263)
2016 Ed. (3162)
2017 Ed. (3107)
2019 Ed. (3141, 3143)
2021 Ed. (3039)
2022 Ed. (3174)
2023 Ed. (3251, 3253, 3254, 3255, 3258, 3266)
Lockton Cos. LLP
2014 Ed. (3370)
Lockton Developments PLC
1992 Ed. (1197, 1202)
Lockton Inc.
2017 Ed. (3099)
2018 Ed. (3198)
2019 Ed. (3133)
2020 Ed. (3155)
2021 Ed. (3026)
2022 Ed. (3161)
2023 Ed. (3252)
Lockton Insurance Brokers Inc.
2000 Ed. (2665)
2002 Ed. (2864)
Lockton Re
2016 Ed. (3276)
2017 Ed. (3233)
Lockton Reinsurance
2017 Ed. (3235)
2019 Ed. (3273)
Lockton Risk Services of Colorado
1990 Ed. (905)
1991 Ed. (855)
1992 Ed. (1060)
1993 Ed. (850)
1994 Ed. (863)
Lockwood
1990 Ed. (3484)
Lockwood, Andrews & Newnam Inc.
2012 Ed. (1008)
2013 Ed. (1152)
Lockwood Construction Co.
2006 Ed. (1329)
Lockwood Greene
1990 Ed. (1666)
1992 Ed. (355, 1955)
2000 Ed. (1793)
2002 Ed. (2133)
2003 Ed. (2298, 2316, 2317)
2005 Ed. (2437)
2006 Ed. (2458, 2470, 2477)
2007 Ed. (2413, 2443)
2008 Ed. (2533, 2540, 2570)
Lockwood Greene Engineers Inc.
1990 Ed. (280)
1993 Ed. (246, 1610)
1994 Ed. (235, 1643)
1995 Ed. (237, 1682, 1693)
1996 Ed. (234, 1665, 1675)
1997 Ed. (265, 1743)
1998 Ed. (1450)
1999 Ed. (283, 2017, 2022, 2029)
2000 Ed. (1800, 1818)
2001 Ed. (2239, 2240)
2004 Ed. (2326, 2332, 2340, 2343, 2352, 2354, 2363, 2365, 2374, 2377, 2397, 2398)
Lockwood Group L.L.C.
2000 Ed. (3718)
Lockwood; John
1990 Ed. (2657)
1992 Ed. (3136)
Lockwood, Kessler & Bartlett
1991 Ed. (1563)
1994 Ed. (1653)
2000 Ed. (1825)
Lockwood Publishing
2021 Ed. (2705)
Loco Promos Inc.
2008 Ed. (4967)
Locondo. Inc.
2015 Ed. (2973)
LoCorr Long/Short Commodity Strategies
2020 Ed. (3692, 3693)
2021 Ed. (3697)
LoCorr Long/Short Commodity Strategies A
2021 Ed. (3697)
Locos Deli & Pub
2007 Ed. (4152)
Locos Grill & Pub
2008 Ed. (4187)
Loctite
1989 Ed. (895, 896, 897, 899)
1990 Ed. (962, 963, 964, 968)
1991 Ed. (921)
1992 Ed. (24, 1126, 1128)

1993 Ed. (16, 928)
1994 Ed. (941, 942)
1995 Ed. (974)
1996 Ed. (951)
1997 Ed. (974)
1998 Ed. (715)
2016 Ed. (25)
2017 Ed. (22)
2018 Ed. (23)
2022 Ed. (2879)
Loctite Corp.
2016 Ed. (27, 3361)
2017 Ed. (24, 3326)
2018 Ed. (25)
Loctite Naval Jelly
2016 Ed. (3360)
Loctite Super Glue
2016 Ed. (25)
2017 Ed. (22)
2018 Ed. (23)
2022 Ed. (2879)
2023 Ed. (2993)
Locum Leaders
2014 Ed. (2896)
LocumTenens.com
2015 Ed. (1656)
2016 Ed. (1598)
2022 Ed. (4479)
Locus Pharmaceuticals Inc.
2006 Ed. (3880)
Locus Robotics
2017 Ed. (4285)
2023 Ed. (1853)
Locust Street Securities
1999 Ed. (849, 850)
2000 Ed. (841, 848)
LOD Resource Group
2020 Ed. (3574)
2021 Ed. (3604)
2022 Ed. (3655, 4979)
2023 Ed. (3761, 4982)
Lodam Electronics
2012 Ed. (1455)
2014 Ed. (1555)
LoDan Electronics
1998 Ed. (1407)
Loders Croklaan Ltd.
1994 Ed. (1002)
Lodge At Vail
1997 Ed. (2285)
1999 Ed. (2768)
The Lodge & Beach Club
1998 Ed. (2012)
1999 Ed. (2769)
The Lodge & Club
2005 Ed. (4042)
2006 Ed. (4097)
2008 Ed. (3076)
2009 Ed. (3164)
The Lodge at Kauri Cliffs
2015 Ed. (3167)
Lodge at Koele
1995 Ed. (2155)
The Lodge at Pebble Beach
1998 Ed. (2014)
Lodge at Ventana Canyon
1998 Ed. (2014)
2005 Ed. (4042)
Lodge at Woodloch
2015 Ed. (3166)
LodgeNet Entertainment Corp.
2004 Ed. (864, 865)
2005 Ed. (839, 840)
LodgeNet Interactive
2014 Ed. (4580)
LodgeNet Interactive Corp.
2013 Ed. (2052)
Lodgenet Interactive Corp.
2011 Ed. (2043, 2044)
2012 Ed. (1892, 1893)
2013 Ed. (2049, 2050)
2014 Ed. (1985, 1986)
2015 Ed. (2033, 2034)
Lodgian Inc.
2000 Ed. (2534)
2001 Ed. (2776, 2777)
2002 Ed. (2626)
2006 Ed. (2937)
2007 Ed. (2948)
Lodging
1992 Ed. (2624)
1996 Ed. (852)
1998 Ed. (582)
2002 Ed. (919)
Lodging Hospitality
2007 Ed. (4797)
2008 Ed. (4713)
2009 Ed. (4761)
Lodging Investment Advisors
2007 Ed. (2960)
Lodging Unlimited
1992 Ed. (2468, 2469)
Lodha & Co.
1997 Ed. (11)
Lodigiani
1992 Ed. (1436)
Lodine 400mg Capsules
1997 Ed. (1587)

Lodz, Poland
 2010 Ed. (3483)
Lodzki Bank Rozwoju SA
 1993 Ed. (616)
 1994 Ed. (620)
Loeb
 1992 Ed. (2195)
Loeb; Daniel
 2014 Ed. (2920)
 2019 Ed. (2885)
Loeb & Loeb
 1992 Ed. (2840, 2841)
 1993 Ed. (2399)
 1995 Ed. (2418)
 1997 Ed. (2598)
 1998 Ed. (2330)
 1999 Ed. (3153)
 2012 Ed. (3375)
 2015 Ed. (4774)
 2021 Ed. (3237)
Loeb & Loeb LLP
 2000 Ed. (2899)
Loeber Motors Inc.
 1990 Ed. (334)
 1993 Ed. (291)
Loebl Scholossman & Hackl
 1990 Ed. (281)
Loebl Scholssman & Hackl
 1992 Ed. (356)
Loeffler Construction & Consulting
 2019 Ed. (3611)
Loeffler; Martin
 2010 Ed. (889)
Loehmann's
 1989 Ed. (936)
 1990 Ed. (1053)
 1991 Ed. (979)
 1992 Ed. (1216)
 1994 Ed. (1018, 1537)
 1995 Ed. (1028)
 1996 Ed. (1007)
 2001 Ed. (1270)
 2003 Ed. (1019)
 2004 Ed. (1020, 1021)
 2005 Ed. (1025, 1026)
Loehmann's Holdings Inc.
 2006 Ed. (1039)
Loen Entertainment
 2017 Ed. (1962)
Loera; Alfred
 1996 Ed. (1905)
Loera; Joaquin Guzman
 2010 Ed. (4907)
 2011 Ed. (4894)
 2012 Ed. (4903)
 2013 Ed. (4888)
Loewe
 2021 Ed. (664)
 2022 Ed. (922)
 2023 Ed. (1089)
Loewe AG
 2010 Ed. (185)
The Loewen Group Inc.
 1992 Ed. (1589)
 1998 Ed. (2727)
 2001 Ed. (589)
 2002 Ed. (3301)
 2003 Ed. (1521, 3361)
 2004 Ed. (1559)
Loewen Group International Inc.
 2001 Ed. (3728)
Loewen Ondaatje McCutcheon
 1990 Ed. (822)
 1992 Ed. (958, 964)
 1994 Ed. (782, 785)
Loews
 2023 Ed. (3361)
Loews Cineplex
 2001 Ed. (3388, 3389)
Loews Cineplex Entertainment Corp.
 2003 Ed. (1078, 3449)
 2006 Ed. (3276)
Loews Corp.
 1989 Ed. (1425, 1742, 1743, 2843)
 1990 Ed. (1777, 2272, 2273, 3601)
 1991 Ed. (172, 173, 175, 1714, 2085, 3393, 3397)
 1992 Ed. (231, 239, 240, 2146, 2703, 2705, 3352)
 1993 Ed. (152, 1854, 2250)
 1994 Ed. (134, 1843, 2231, 2750)
 1995 Ed. (152, 153, 2847, 2869, 3618, 3622)
 1996 Ed. (164, 1915, 3696, 3698)
 1997 Ed. (169, 1287, 2007, 2010, 3756, 3758)
 1998 Ed. (90, 1148, 2198, 2200, 2673, 3577, 3578)
 1999 Ed. (181, 1503, 2778, 2965, 2969, 4607)
 2000 Ed. (2720)
 2001 Ed. (1685, 2951)
 2002 Ed. (2950, 2962, 2968, 2969, 4354)
 2003 Ed. (1703, 1714, 3005, 3008, 3012)
 2004 Ed. (2110, 3124, 3127, 3130, 3131)
 2005 Ed. (2213, 2214, 3053, 3134)
 2006 Ed. (3051, 3057, 3090, 3141, 4468)
 2007 Ed. (3086, 3107, 3173, 3176)
 2008 Ed. (3252)
 2009 Ed. (3390)
 2010 Ed. (1439, 3325, 4746)
 2011 Ed. (3213, 3283, 4708)
 2012 Ed. (3169, 3170, 3184, 3262)
 2013 Ed. (3242, 3243, 3244, 3343)
 2014 Ed. (3268, 3269, 3270, 3362)
 2015 Ed. (3317, 3318, 3319, 3395, 4423)
 2016 Ed. (3169, 3170, 3171, 3267, 4317)
 2017 Ed. (3120, 3122, 3223, 4320)
 2018 Ed. (3214, 3215, 4311)
 2019 Ed. (3151, 3153, 3262, 4339)
 2020 Ed. (3181, 3182, 3266)
 2021 Ed. (3129)
 2022 Ed. (3272)
Loews Glenpointe Hotel
 1990 Ed. (2065)
 1993 Ed. (2092)
Loews Hotels
 1993 Ed. (2083)
 1997 Ed. (2290)
 2000 Ed. (2557)
 2005 Ed. (2921)
Loews Philadelphia Hotel
 2000 Ed. (1227)
Loews Regency Hotel
 2010 Ed. (1873, 1874)
Loews/Sony Theatres
 1999 Ed. (3451)
Loews Theatre Management Corp.
 1990 Ed. (2610)
Loewy
 2009 Ed. (142)
LOF Glass
 1995 Ed. (1246)
L'Office National des Hydrocarbons & des Mines
 2010 Ed. (3889)
 2011 Ed. (3901)
 2012 Ed. (3883)
 2013 Ed. (3948)
 2014 Ed. (3893)
 2015 Ed. (3920)
 2016 Ed. (3829)
 2017 Ed. (3788)
 2018 Ed. (3837)
 2019 Ed. (3814)
L'Office National de Recherches et e'Exploitation Petrolieres
 2007 Ed. (3860)
 2008 Ed. (3913)
 2009 Ed. (3980)
Loffler Cos.
 2013 Ed. (1883)
Loft 9
 2014 Ed. (1151)
Lofthouse
 2014 Ed. (1268, 1269)
 2015 Ed. (1330)
 2016 Ed. (1249)
 2017 Ed. (1299)
 2018 Ed. (1278, 1281)
 2019 Ed. (1310)
Lofthouse of Fleetwood
 2020 Ed. (2050)
Lofthouse of Fleetwood Ltd.
 1995 Ed. (1006)
 2023 Ed. (2145)
Lofthouse of Fleetwood Ltd
 2023 Ed. (2146)
Lofthouse Foods
 2018 Ed. (1284)
 2019 Ed. (1312)
 2020 Ed. (1288)
 2021 Ed. (1271, 1272)
 2022 Ed. (1271, 1272)
 2023 Ed. (1480)
Lofton
 2022 Ed. (2369)
Lofton De Lancie & Nelson
 2000 Ed. (3202)
Lofton, DeLancie & Nelson
 1997 Ed. (2841)
Log Cabin Country Kitchen Regular
 1999 Ed. (4528)
Log Cabin Lite
 1999 Ed. (4528)
Log Cabin Regular
 1999 Ed. (4528)
Log Frio - Logistica LTDA
 2018 Ed. (4811)
Log Haven
 2019 Ed. (4987)
Log Haven Restaurant
 2021 Ed. (4991)
 2022 Ed. (4990)
Log Homes of America
 2003 Ed. (1201)
 2004 Ed. (1208)
Log-On Data Corp.
 2002 Ed. (2480)
Log Savvy
 2007 Ed. (1225)
Logah Technology Corp.
 2009 Ed. (2982)
Logan
 2019 Ed. (3653)
Logan
 1989 Ed. (1998)
Logan Airport; General Edward Lawrence
 2008 Ed. (236)
Logan Airport Hilton
 1990 Ed. (244)
Logan Aluminum Inc.
 2010 Ed. (1778)
Logan, Boston
 1991 Ed. (215, 216)
Logan Bus Co. & Affiliates
 2020 Ed. (709)
 2021 Ed. (715)
Logan Group Company Limited
 2022 Ed. (4113)
Logan Group Company Ltd.
 2023 Ed. (2730)
Logan International
 1989 Ed. (245)
 1992 Ed. (306, 308)
 1993 Ed. (206)
 2001 Ed. (351)
Logan Paul
 2020 Ed. (3286)
Logan; Paul
 2019 Ed. (3290)
Logan Property Holdings
 2020 Ed. (1047)
Logan Square Cafe
 2017 Ed. (2939)
Logan Square East
 1991 Ed. (2898)
Logan, UT
 2005 Ed. (3467)
 2007 Ed. (2375, 3364)
 2010 Ed. (2410)
 2011 Ed. (3462)
 2013 Ed. (3521)
 2014 Ed. (3495)
 2015 Ed. (3513)
 2016 Ed. (3372)
 2017 Ed. (3331)
 2018 Ed. (3395)
 2019 Ed. (3370)
 2020 Ed. (3376)
 2021 Ed. (3311)
Logano; Joey
 2018 Ed. (199)
 2019 Ed. (193)
Logan's Roadhouse
 2013 Ed. (4236, 4237, 4238)
 2014 Ed. (4275, 4287)
 2015 Ed. (4256, 4276, 4277)
 2016 Ed. (4181)
 2017 Ed. (4139)
 2018 Ed. (4138, 4218)
 2019 Ed. (4247)
 2020 Ed. (4244)
 2021 Ed. (4212)
Logan's Roadhouse Inc.
 1998 Ed. (3072, 3420)
 1999 Ed. (4059)
 2000 Ed. (3762, 3773, 3797)
 2001 Ed. (4060, 4061)
 2002 Ed. (4017)
 2008 Ed. (4164)
 2009 Ed. (4272)
 2010 Ed. (4219, 4220, 4221)
 2011 Ed. (4211, 4223, 4227)
 2012 Ed. (4064, 4269, 4270, 4271)
Logen Corp.
 2012 Ed. (738)
LogFire
 2013 Ed. (3547)
Loggans & Associates; Susan E.
 1990 Ed. (3706)
Loggerhead Marina
 2017 Ed. (1559)
Loggi
 2017 Ed. (1716)
Logging
 1996 Ed. (2)
Logging and sawmills
 1994 Ed. (2243)
LogGroup Spedition+Logistik GmbH
 2018 Ed. (1378)
Logibec Groupe Informatique
 2006 Ed. (2813)
 2010 Ed. (2934)
 2011 Ed. (1029, 2900)
 2012 Ed. (959, 2835)
 2013 Ed. (1113)
 2014 Ed. (1073, 2934)
 2015 Ed. (2984)
Logic
 2015 Ed. (987)
 2016 Ed. (888)
 2017 Ed. (936)
 2018 Ed. (869)
 2019 Ed. (877)
Logic Bilisim
 2013 Ed. (2903)
Logic Bilisim Sistemleri ve Danismanlik Ltd. Sti.
 2013 Ed. (2912)
Logic Integration
 2017 Ed. (2916)
 2020 Ed. (2946)
Logic, programmable
 1994 Ed. (230)
Logic Solutions Inc.
 2001 Ed. (4747)
Logic Trends
 2006 Ed. (3031)
 2007 Ed. (4291)
Logica
 1990 Ed. (1139)
 1992 Ed. (1335)
 2000 Ed. (4131)
Logica plc
 2012 Ed. (967)
LogicaCMG
 2005 Ed. (1157)
 2006 Ed. (1146)
 2007 Ed. (1236, 1262, 1905)
LogicaCMG plc
 2009 Ed. (1117)
Logical Innovations
 2010 Ed. (773)
Logical Position
 2022 Ed. (1859)
Logically
 2022 Ed. (4572)
LogicLibrary Inc.
 2005 Ed. (1145)
 2006 Ed. (1134)
Logicom (Cyprus) Public Ltd.
 2009 Ed. (1624)
 2011 Ed. (1602)
Logicon Inc.
 1989 Ed. (1308, 1328)
 1991 Ed. (358)
 1997 Ed. (1583)
 1998 Ed. (1247)
LogiCore Corp.
 2012 Ed. (1297)
Logidis
 2001 Ed. (4622)
 2002 Ed. (4672)
 2004 Ed. (4930)
LogiGear
 2019 Ed. (994)
Logika
 2012 Ed. (989)
Logilenia Distribuidora Farmaceutica SL
 2016 Ed. (2009)
Logility Inc.
 1999 Ed. (4525)
 2001 Ed. (2858)
 2008 Ed. (1137)
 2009 Ed. (1693, 1697, 4462)
 2010 Ed. (4502, 4513)
Logimi
 2020 Ed. (4672)
Login Consultants Holding
 2009 Ed. (3011)
Logis et Auberges
 1992 Ed. (2505)
Logis Hotels
 2020 Ed. (3053)
 2022 Ed. (3041)
Logisan
 2019 Ed. (2857)
Logistic Dynamics
 2010 Ed. (3504)
Logistic Dynamics Inc.
 2021 Ed. (1748)
Logisticare
 2006 Ed. (4017)
Logistics
 2008 Ed. (1631, 1633)
Logistics analyst
 2004 Ed. (2283)
Logistics Consultants
 2021 Ed. (1079, 1081)
 2023 Ed. (1291)
Logistics & Environmental Support Services Corp.
 2006 Ed. (186)
The Logistics Factory
 2021 Ed. (4691)
Logistics Freight Solutions
 2021 Ed. (4686, 4697)
Logistics Made Simple
 2021 Ed. (4686, 4697)
Logistics Management Institute
 2016 Ed. (1214)
Logistics Management Services
 2005 Ed. (4743)
Logistics Plus Inc.
 2022 Ed. (1873)
Logistics Solution
 2019 Ed. (1528)
The Logistics Store
 2015 Ed. (1763, 3537)
 2016 Ed. (1716)
Logistics.com
 2001 Ed. (4758)
 2003 Ed. (2174)
Logistimo
 2017 Ed. (1635)
Logistix
 1995 Ed. (2097)

Logitech
  1992 Ed. (3120)
  2014 Ed. (204)
  2019 Ed. (3695)
  2021 Ed. (672)
Logitech Far East Ltd.
  1992 Ed. (1702)
Logitech International SA
  2002 Ed. (4509)
  2004 Ed. (4660)
  2009 Ed. (2072)
Logitech Squeezebox
  2015 Ed. (231)
Logix Credit Union
  2015 Ed. (2211)
  2016 Ed. (2181, 2182)
Logix Federal Credit Union
  2014 Ed. (2137)
  2015 Ed. (2201)
  2018 Ed. (2085)
  2020 Ed. (2063)
  2021 Ed. (2011, 2053)
  2022 Ed. (2047, 2089)
  2023 Ed. (2159, 2203)
LogiXML Inc.
  2008 Ed. (1153)
  2009 Ed. (1119, 1132)
LogMeIn
  2020 Ed. (1701)
LogMeIn
  2017 Ed. (2870)
LogMeIn Inc.
  2020 Ed. (966)
LogMeIn Inc.
  2020 Ed. (962)
Logo 7
  1991 Ed. (3170)
  1992 Ed. (4051)
  1993 Ed. (3371)
Logo Athletic
  2001 Ed. (4348)
Logos Bible Software
  2008 Ed. (1506)
Logos Research Systems Inc.
  2011 Ed. (1422)
Logos Trading
  1994 Ed. (1070)
Logoup.com
  2016 Ed. (4218)
Logoworks
  2008 Ed. (804)
Logs
  2002 Ed. (2216)
  2004 Ed. (2543, 2544, 2554, 2555, 2556)
Log.Sec Corp.
  2008 Ed. (2157)
LogTech LLC
  2016 Ed. (4776)
Logue; Ronald E.
  2009 Ed. (948)
Lohan Associates
  1990 Ed. (281)
  1992 Ed. (356)
Lohia; Aloke
  2012 Ed. (4870)
  2013 Ed. (4914, 4915)
  2014 Ed. (4924, 4925)
Lohia; Sri Prakash
  2012 Ed. (4861, 4862)
  2013 Ed. (4878)
  2014 Ed. (4891, 4892)
  2015 Ed. (4930, 4931)
  2016 Ed. (4846, 4847)
  2017 Ed. (4852)
  2018 Ed. (4860)
  2019 Ed. (4854)
  2020 Ed. (4844)
  2021 Ed. (4845)
  2022 Ed. (4840)
  2023 Ed. (4835)
Lohmann & Co.
  2000 Ed. (224)
Lohmann & Co. AG
  1999 Ed. (201)
  2002 Ed. (250)
Loida N. Lewis
  1996 Ed. (3876)
Loida Nicolas Lewis
  1997 Ed. (3916)
Loincare Holdings
  1999 Ed. (2704)
Loire-Drome-Ardech
  1996 Ed. (513)
Loire Drome Ardeche
  1994 Ed. (488)
Lois D. Juliber
  2002 Ed. (4980)
Lois/GGK
  1992 Ed. (190)
Lois/GGK New York
  1990 Ed. (65, 73)
  1991 Ed. (66, 69)
  1992 Ed. (108)
Lois Martin
  2010 Ed. (2569)
Lois Paul & Partners
  1999 Ed. (3921, 3927)
  2000 Ed. (3630, 3644, 3647)

2001 Ed. (3933)
  2002 Ed. (3809, 3810, 3823)
Lois/USA
  1993 Ed. (65, 73)
  1994 Ed. (63)
  1995 Ed. (35)
LoJack Corp.
  2005 Ed. (1860)
  2006 Ed. (1874)
  2007 Ed. (1875)
  2008 Ed. (1910, 4402)
Lojas Americanas
  2006 Ed. (4599)
  2014 Ed. (677, 678, 4339)
  2015 Ed. (738, 4332)
  2016 Ed. (4228)
  2022 Ed. (630, 666)
Lojas Americanas SA
  2012 Ed. (4348)
  2013 Ed. (2342, 4321, 4327)
  2014 Ed. (2272, 4372)
  2016 Ed. (4258)
  2017 Ed. (4245)
Lojas Arapua
  1993 Ed. (25)
  1994 Ed. (17)
Lojas Marabraz
  2005 Ed. (25)
Lojas Renner
  2015 Ed. (4332)
  2019 Ed. (2379)
Lokal Homes
  2020 Ed. (1486)
Loke Lum Partners
  1997 Ed. (24)
The Loken Group
  2017 Ed. (4067)
The Loken Group, Inc.
  2019 Ed. (4121)
Lokey Cos.
  1992 Ed. (1361, 1364)
  1993 Ed. (1090)
Lola
  2018 Ed. (4732)
Lolab Pharm
  1991 Ed. (2643)
LOLC Finance
  2021 Ed. (667)
Lollapalooza
  2010 Ed. (1127, 1131)
  2011 Ed. (1075)
  2012 Ed. (995, 999)
  2013 Ed. (1138, 1142)
  2014 Ed. (1099, 1103)
  2015 Ed. (1140)
  2016 Ed. (1052)
Lollapalooza Argentina
  2016 Ed. (1052)
Lollapalooza Brasil
  2017 Ed. (1087)
  2018 Ed. (1011)
  2020 Ed. (995)
Lollapalooza Brazil
  2016 Ed. (1052)
Lollapalooza Chile
  2016 Ed. (1052)
Lollipops
  2002 Ed. (932)
  2003 Ed. (856, 857)
Lolly Wolly Doodle
  2016 Ed. (4979)
LOM (Holdings) Ltd.
  2006 Ed. (4486)
Loma Linda
  2008 Ed. (2738)
Loma Linda, CA
  2008 Ed. (4611)
Loma Linda University
  2011 Ed. (964)
Loma Linda University Medical Center
  2004 Ed. (2907)
  2005 Ed. (2911)
Loma Prieta, CA
  2005 Ed. (2268)
  2009 Ed. (2376)
  2010 Ed. (2300)
  2012 Ed. (2194)
Loma Prieta (CA) earthquake
  1994 Ed. (1536)
  1995 Ed. (1568, 2275)
Loma Prieta Earthquake
  2000 Ed. (1681)
Loma Vista B&B, Temecula, CA
  1992 Ed. (877)
Loman Ford
  1995 Ed. (293, 295)
Lomas Advisors
  1990 Ed. (2969)
  1991 Ed. (2820, 2821)
Lomas Bank USA
  1991 Ed. (365)
Lomas Distribution
  2017 Ed. (4713)
  2020 Ed. (4682, 4687)
Lomas Financial
  1990 Ed. (1758, 1775)
  1991 Ed. (2588, 2591, 3085, 3091, 3093, 3228)

1992 Ed. (535, 3920, 3928, 3934)
  1993 Ed. (3218)
  1997 Ed. (2935)
  1998 Ed. (267)
Lomas Information Systems
  1991 Ed. (3379)
Lomas Mortgage USA
  1992 Ed. (3107)
  1993 Ed. (2595)
  1994 Ed. (2549)
  1995 Ed. (2601, 2602)
Lomas & Nettleton
  1990 Ed. (3248)
Lomas & Nettleton Financial Corp.
  1989 Ed. (2461)
  1990 Ed. (2602)
Lomax Construction Inc.
  2020 Ed. (1797)
Lomax; Edgar
  1997 Ed. (2523, 2527)
Lomax; Rachel
  2006 Ed. (4978)
Lombard Bank Isle of Man
  1991 Ed. (569)
  1992 Ed. (737)
  1993 Ed. (536)
Lombard Bank Malta
  1991 Ed. (603)
  1993 Ed. (562)
  1994 Ed. (564)
  1995 Ed. (540)
  1996 Ed. (599)
  1997 Ed. (552)
  1999 Ed. (588)
  2000 Ed. (604)
Lombard Bank (Malta) Limited
  1989 Ed. (615)
Lombard Bank of Malta Ltd.
  1992 Ed. (772)
Lombard Bank Malta plc
  2009 Ed. (500)
  2010 Ed. (483)
  2011 Ed. (411)
Lombard Banking (Jersey) Ltd.
  1992 Ed. (635)
  1993 Ed. (449)
  1994 Ed. (450)
Lombard-Conrad Architects
  2006 Ed. (286)
Lombard NatWest Bank Ltd.
  1994 Ed. (461)
  1995 Ed. (452)
  1996 Ed. (482)
  1997 Ed. (446)
  1999 Ed. (499)
  2000 Ed. (507)
Lombard North Central
  1990 Ed. (1787)
Lombard Odier
  1995 Ed. (2372)
  2000 Ed. (3452)
  2021 Ed. (466)
  2022 Ed. (480)
  2023 Ed. (697)
Lombard Odier & Cie
  2001 Ed. (652)
Lombard Odier Et Cie
  1990 Ed. (820)
Lombard Odier International
  1992 Ed. (2746)
Lombardi
  2009 Ed. (1129)
Lombardia Capital Partners LLC
  2010 Ed. (3383)
Lombardo Cos.
  2003 Ed. (1160)
  2004 Ed. (1166)
  2005 Ed. (1194)
  2011 Ed. (1113, 1118, 1119)
Lombardo Homes
  2013 Ed. (1187)
Lombardo Marsala
  2001 Ed. (4844)
  2002 Ed. (4924)
  2004 Ed. (4967)
The Lombardy
  2000 Ed. (2539)
Lomellin; Carmen
  2013 Ed. (2963)
Lomtadze; Mikhail
  2022 Ed. (4833)
  2023 Ed. (4828)
Lomto Credit Union
  2008 Ed. (2209)
  2010 Ed. (2134)
Lon Babby
  2003 Ed. (222, 226)
Lon R. Greenberg
  2007 Ed. (1034)
  2009 Ed. (955)
  2010 Ed. (897)
  2011 Ed. (847)
Londe; Ronald F.
  2011 Ed. (3367)
Londolozi Game Reserve
  2016 Ed. (3019)

London
  1990 Ed. (863, 1011)
  1997 Ed. (193, 1004, 2684, 2960, 2961)
  1999 Ed. (692)
  2000 Ed. (107, 3373, 3374, 3375, 3377)
  2023 Ed. (2779, 3844)
The London Agency Inc.
  1991 Ed. (2088)
  1992 Ed. (2649)
  1993 Ed. (2192)
  1994 Ed. (2241)
  1995 Ed. (2289)
London Bridge Pharmaceuticals
  2000 Ed. (4131)
London Bridge Software
  2001 Ed. (1886)
London Business School
  1999 Ed. (985)
  2002 Ed. (910)
  2003 Ed. (793)
  2004 Ed. (839)
  2005 Ed. (802, 808, 809)
  2006 Ed. (726, 727)
  2007 Ed. (812, 813, 827, 828)
  2008 Ed. (801)
  2009 Ed. (820, 822, 823)
  2010 Ed. (767)
  2011 Ed. (679, 680, 682, 689, 695, 696)
  2012 Ed. (616, 620, 622, 628)
  2013 Ed. (760, 766, 769, 770)
  2014 Ed. (780, 783, 791, 794)
  2015 Ed. (806, 808, 825, 834, 837)
  2016 Ed. (724, 726, 732, 734)
London Chemicals & Resources
  2021 Ed. (848)
London City Bond
  2016 Ed. (4705)
  2017 Ed. (4713)
London Clubs International PLC
  1995 Ed. (1013)
  2001 Ed. (1132)
London County, VA
  1995 Ed. (1509)
London Drugs
  1995 Ed. (1617)
  2002 Ed. (2040)
  2003 Ed. (2103)
  2014 Ed. (2304)
  2015 Ed. (2387)
  2016 Ed. (4227)
  2017 Ed. (4211)
  2021 Ed. (4230)
  2022 Ed. (4239)
  2023 Ed. (4279)
London Economic Development Corp.
  2010 Ed. (3482)
  2011 Ed. (3486)
  2012 Ed. (3489)
  2013 Ed. (3529)
  2014 Ed. (3506)
  2015 Ed. (3521)
London, England
  1990 Ed. (866, 1439, 1870)
  1991 Ed. (2632, 3249)
  1992 Ed. (1166, 2717, 3015, 3292)
  1993 Ed. (2468, 2531)
  1995 Ed. (1869)
  1996 Ed. (978, 979, 2541, 2543, 2865)
  1999 Ed. (1177, 4623)
  2001 Ed. (136, 2816)
  2002 Ed. (109, 2749, 2750)
  2003 Ed. (187, 257, 258)
  2004 Ed. (224, 225)
  2006 Ed. (4182)
  2008 Ed. (238, 766, 1819)
  2009 Ed. (263, 1767, 2327, 4233)
  2010 Ed. (1714, 2256, 3486, 3487, 3499, 3500)
  2011 Ed. (171, 1729, 2263, 2622, 2624, 2626, 2629, 2630, 3786)
  2012 Ed. (184, 2131, 3490)
  2013 Ed. (161, 163, 4401)
  2014 Ed. (165, 167, 626, 2642, 2643, 2644)
  2015 Ed. (192, 194, 2685, 2686)
  2016 Ed. (187, 2602, 2603)
  2017 Ed. (174, 175, 2532, 2533, 2534, 3050)
  2018 Ed. (161, 162, 2605, 2606)
  2019 Ed. (162, 2175, 2585, 2586, 2587, 2589, 2590, 2591, 3103)
  2020 Ed. (154, 2577, 2578, 2579, 2582, 2583)
London Forfaiting
  1993 Ed. (1323)
London Forfaiting
  1992 Ed. (1628)
London Foster
  2022 Ed. (4096)
London Gatwick Airport
  2001 Ed. (2121)
London Health Sciences Centre
  2009 Ed. (3151)
  2012 Ed. (2995)
London Heathrow
  1997 Ed. (1679)

London Heathrow Airport
  2001 Ed. (2121)
  2022 Ed. (149)
London Heathrow, England
  2009 Ed. (256, 4960)
  2010 Ed. (248)
London Hydro
  2019 Ed. (1344)
London Insurance Group Inc.
  1992 Ed. (2673)
  1993 Ed. (2228)
  1994 Ed. (2263)
  1995 Ed. (2311)
  1996 Ed. (2325, 2326)
  1997 Ed. (2454, 2455)
  1999 Ed. (2959)
London International
  1995 Ed. (201)
London International Group
  2001 Ed. (1386)
London Life Balanced Profile
  2006 Ed. (3663)
London Life & Casualty Re
  2001 Ed. (2955)
London Life Income
  2003 Ed. (3561, 3562, 3589)
London Life Insurance
  1990 Ed. (2241)
  1991 Ed. (2110)
  1992 Ed. (2672)
  1994 Ed. (2263)
  1996 Ed. (2325)
  1997 Ed. (1011, 2454)
  2001 Ed. (1253)
  2004 Ed. (3967)
  2005 Ed. (3911)
  2006 Ed. (3984)
  2007 Ed. (4023)
  2008 Ed. (4049)
  2009 Ed. (4127)
  2014 Ed. (3323)
London Life Insurance Co.
  2013 Ed. (3295, 3296, 3298)
  2020 Ed. (1455)
London Life Natural Resource
  2004 Ed. (3619)
London Life Precious Metals
  2004 Ed. (3620, 3622)
London; Louis
  1992 Ed. (3760)
London Merchant Securities
  2006 Ed. (4048)
  2007 Ed. (4092)
London - New York
  1996 Ed. (179)
London, ON
  2000 Ed. (2549)
  2001 Ed. (4109)
London, Ontario
  1993 Ed. (2556)
  2009 Ed. (3562)
  2010 Ed. (3481)
  2011 Ed. (3485)
  2012 Ed. (3488)
  2013 Ed. (3524)
  2015 Ed. (3515)
London (Ontario) Economic Development Corp.
  2004 Ed. (3302)
London & Overseas Freighters
  1990 Ed. (3465)
London Pacific Life & Annuity Co.
  1998 Ed. (3653)
London - Paris
  1996 Ed. (179)
London Personnel Services
  2000 Ed. (4229)
London Pub Steak and Chop Sauce
  1992 Ed. (3769)
London Public Relations Group; City of
  1996 Ed. (3120)
London & Quadrant Housing Trust
  2008 Ed. (2129)
London Regional Transport
  2001 Ed. (4621)
London Reinsurance Group
  2004 Ed. (3144)
  2008 Ed. (3332)
  2010 Ed. (3340)
London Satellite Exchange
  2003 Ed. (2182)
London & Scandinavian Metallurgical Co.
  2007 Ed. (3418)
London School of Business
  2011 Ed. (698)
  2012 Ed. (630)
  2013 Ed. (770)
  2014 Ed. (795)
  2015 Ed. (838)
  2016 Ed. (733)
London School of Economics & Political Science
  2011 Ed. (697)
  2012 Ed. (629)
  2013 Ed. (770)
  2014 Ed. (795)
  2015 Ed. (838)
  2016 Ed. (733)

London School of Economics & Political Science (U.K.)
  2012 Ed. (630)
London Stadium
  2020 Ed. (4476)
London & Stamford Property
  2016 Ed. (4119)
  2017 Ed. (4097)
London Stock Exchange
  1993 Ed. (3457)
  1997 Ed. (3631, 3632)
  2001 Ed. (4379)
  2006 Ed. (2605)
  2007 Ed. (2579)
  2009 Ed. (4532, 4533)
  2016 Ed. (2596, 2641, 2653, 4483, 4485)
  2017 Ed. (2524, 2576, 2600)
  2018 Ed. (2598, 4517)
  2019 Ed. (2576, 4510, 4511)
  2020 Ed. (4491)
  2021 Ed. (4471, 4474)
  2023 Ed. (4501)
London Stock Exchange Group
  2014 Ed. (4553, 4554, 4556, 4559, 4561)
  2015 Ed. (4547, 4548, 4550, 4553, 4559, 4560)
London Stock Exchange Group plc
  2012 Ed. (3346)
  2013 Ed. (3414)
  2014 Ed. (3411)
  2015 Ed. (3445)
  2016 Ed. (3304)
  2017 Ed. (3266)
  2018 Ed. (3339)
  2019 Ed. (3316)
  2020 Ed. (3318)
London Stock Exchange (U.K.)
  2021 Ed. (4474)
London Sumatra Indonesia
  2014 Ed. (1385, 1673)
London Towncars Inc.
  1992 Ed. (3113)
  1993 Ed. (2600)
  1995 Ed. (2616)
  1996 Ed. (2692, 2693)
London, UK
  2005 Ed. (233, 883, 2033, 3313, 3329)
  2006 Ed. (251)
  2007 Ed. (256, 257, 258, 260)
London Underground Ltd.
  2001 Ed. (4621)
  2002 Ed. (4671)
  2004 Ed. (4796)
London, United Kingdom
  2004 Ed. (3305)
  2022 Ed. (3328)
London; University of
  2006 Ed. (726, 727)
  2007 Ed. (812, 813)
London Vision Clinic
  2014 Ed. (2045)
London Vision Clinic LLP
  2015 Ed. (2093)
London-WE
  2000 Ed. (3373)
Londoner; David
  1991 Ed. (1695)
  1993 Ed. (1808)
  1994 Ed. (1767, 1791)
  1995 Ed. (1808, 1830)
  1996 Ed. (1783, 1807)
  1997 Ed. (1881)
Londsdale/Barbados
  1999 Ed. (61)
  2001 Ed. (108)
Londsdale/Barbados (Y&R)
  2000 Ed. (64)
Lone Butte Casino
  2023 Ed. (1026)
Lone Creek Cattle
  2019 Ed. (783)
  2020 Ed. (778)
  2021 Ed. (801, 805)
  2022 Ed. (833, 837)
Lone Eagle Entertainment
  2018 Ed. (4629)
Lone Madrone
  2013 Ed. (4941)
Lone Oak Fund LLC
  2016 Ed. (3620)
Lone Pint Brewery
  2023 Ed. (928)
Lone Rock Timber Co.
  2004 Ed. (2680)
Lone Star
  1999 Ed. (4079)
  2000 Ed. (3793)
  2018 Ed. (575)
Lone Star Beef Processors
  2022 Ed. (3555)
Lone Star Foods
  2009 Ed. (4293)
  2010 Ed. (4260)
Lone Star Fund IV (US) LP
  2015 Ed. (3047)
  2016 Ed. (2939)
Lone Star Funds
  2013 Ed. (4530)

Lone Star Gas Co.
  1990 Ed. (1886, 1887)
  1991 Ed. (1802, 1804)
  1992 Ed. (2273, 2274, 2275)
  1993 Ed. (1927, 1935, 1936, 1937)
  1994 Ed. (1952, 1961, 1962, 1963)
  1995 Ed. (1987, 1988)
  1996 Ed. (2010, 2011)
  1997 Ed. (2123, 2128, 2129, 2131)
  1998 Ed. (1821)
  1999 Ed. (2577, 2581)
Lone Star Industries
  1989 Ed. (865)
  1990 Ed. (844, 921)
  1991 Ed. (876)
  1992 Ed. (1070)
  1993 Ed. (1953)
  1999 Ed. (1048)
Lone Star Overnight
  2018 Ed. (4749)
  2019 Ed. (4751)
Lone Star State Bank
  2009 Ed. (456)
Lone Star Steakhouse
  2001 Ed. (4071)
  2002 Ed. (4006)
  2003 Ed. (4102)
  2006 Ed. (4136)
  2014 Ed. (4275)
  2015 Ed. (4256)
  2017 Ed. (4139)
Lone Star Steakhouse & Saloon
  1994 Ed. (2009, 2012, 2013, 2014, 3054, 3317, 3319, 3321, 3322)
  1995 Ed. (2062, 2065, 2066, 3382, 3385, 3388, 3391)
  1996 Ed. (3211, 3212, 3454)
  1997 Ed. (2165, 2977, 3311, 3312, 3318, 3328, 3330, 3331, 3332, 3522, 3650)
  1998 Ed. (1879, 1882, 2724, 3047, 3048, 3059, 3061, 3066)
  1999 Ed. (4080)
  2000 Ed. (3792, 3798)
  2001 Ed. (4075)
  2002 Ed. (4029)
  2003 Ed. (4107)
  2004 Ed. (4147, 4697)
  2005 Ed. (4062)
  2006 Ed. (1836)
  2007 Ed. (1841, 4156)
  2008 Ed. (4164, 4197, 4198)
  2009 Ed. (4272, 4295)
  2010 Ed. (4213)
  2011 Ed. (4219, 4261)
Lone Star Tech
  1990 Ed. (3434)
Lone Star Technologies Inc.
  1989 Ed. (2636)
  1991 Ed. (1219, 1227, 3216)
  1992 Ed. (3352, 4133)
  2005 Ed. (3464)
  2006 Ed. (2438)
Lone Star Transportation
  2007 Ed. (4845)
  2008 Ed. (4767)
  2009 Ed. (4798)
  2010 Ed. (4815)
  2011 Ed. (4766, 4774)
  2012 Ed. (4787)
  2013 Ed. (4748)
Lone Star Transportation LLC
  2017 Ed. (4758)
Lone Survivor
  2009 Ed. (643)
Lonely Planet
  2003 Ed. (745, 3055)
  2004 Ed. (757, 3161)
  2008 Ed. (642)
  2019 Ed. (4733)
  2020 Ed. (2289)
Lonesource
  2012 Ed. (4017)
LoneStar Electric Supply
  2023 Ed. (2481)
Lonestar Northwest Inc.
  2000 Ed. (3847)
Loney; Allen
  2012 Ed. (801, 804)
Long Aldridge
  2001 Ed. (865)
Long, Aldridge & Norman
  1991 Ed. (2279)
  1992 Ed. (2828)
  1993 Ed. (2391)
Long An Food Processing Export
  2013 Ed. (2140)
Long Bang Construction
  1994 Ed. (3008)
Long Beach
  2000 Ed. (3572)
  2023 Ed. (4016, 4017)
Long Beach Airport
  2010 Ed. (245)
Long Beach Aquarium of the Pacific, CA
  1998 Ed. (2563)
Long Beach Arena
  2003 Ed. (4530)

Long Beach, CA
  1990 Ed. (2882, 2883, 2884, 2910)
  1991 Ed. (2512, 2756, 3421)
  1992 Ed. (1081, 1389, 1396, 3043, 3044, 3494, 3496, 3497, 3498, 3500, 3501, 3502)
  1993 Ed. (2883)
  1994 Ed. (2244, 2897)
  1995 Ed. (1924, 2957)
  1996 Ed. (3056)
  1997 Ed. (2073, 3135)
  1998 Ed. (2887)
  1999 Ed. (1149, 1150, 1349, 2095, 2096, 2493, 2494, 3858, 3859, 3860)
  2000 Ed. (3574, 3575)
  2002 Ed. (2061, 3731)
  2003 Ed. (3902, 3905, 3906, 3907, 3908, 3909, 3912, 3913, 3915)
  2004 Ed. (3929)
  2005 Ed. (2268)
  2008 Ed. (4015, 4016, 4731)
  2009 Ed. (2376, 4087)
  2010 Ed. (2300, 3999)
  2011 Ed. (2560, 2745, 4007)
  2012 Ed. (2503, 4003, 4004, 4752)
  2013 Ed. (4066)
  2014 Ed. (4073, 4074)
  2015 Ed. (4052, 4053, 4054, 4055, 4056, 4057)
  2016 Ed. (3961, 3962, 3963)
  2017 Ed. (3942, 3943, 3944)
  2018 Ed. (3963, 3964, 3965)
  2019 Ed. (3938, 3939, 3940)
  2020 Ed. (3953, 3954, 3955)
  2021 Ed. (3919, 3920, 3921)
  2022 Ed. (3931, 3932, 3933)
Long Beach City College
  2000 Ed. (1144)
Long Beach City Employees Credit Union
  2003 Ed. (1900)
  2006 Ed. (2157)
  2010 Ed. (2130)
Long Beach Convention & Entertainment Center
  2000 Ed. (1185)
  2002 Ed. (1168)
Long Beach Financing Authority
  1995 Ed. (1621, 2230)
Long Beach Firemen's Credit Union
  2003 Ed. (1900)
  2004 Ed. (1940)
  2005 Ed. (2064)
  2006 Ed. (2157)
  2008 Ed. (2209)
  2015 Ed. (2208)
  2016 Ed. (2179)
Long Beach Memorial Medical Center
  1992 Ed. (2460)
  1993 Ed. (2074)
  1994 Ed. (2090)
  1995 Ed. (2145)
  1996 Ed. (2156)
  1997 Ed. (2271)
  1998 Ed. (1993)
  1999 Ed. (2749)
  2000 Ed. (2530)
  2002 Ed. (2622)
Long Beach Naval Station
  1996 Ed. (2643)
Long Beach, NY
  1992 Ed. (1168)
Long Beach Schools Federal Credit Union
  1998 Ed. (1233)
Long Beach Shipyard
  1996 Ed. (2643)
Long Cadillac
  1991 Ed. (305)
Long Day's Journey into Night
  2005 Ed. (4687)
Long distance
  2000 Ed. (952, 4212)
  2001 Ed. (1093, 4485)
Long-distance telephone service
  1999 Ed. (1002, 4565)
Long-distance services
  1991 Ed. (3308, 3310)
Long & Foster
  2009 Ed. (4170)
Long & Foster Companies
  2017 Ed. (3979)
The Long & Foster Companies
  2017 Ed. (4059)
The Long & Foster Companies Inc.
  2017 Ed. (2499)
The Long & Foster Companies, Inc.
  2018 Ed. (4083, 4084)
The Long & Foster Cos.
  2016 Ed. (2578)
Long & Foster Cos., Inc.
  2005 Ed. (4002)
  2006 Ed. (4036, 4037, 4049)
  2007 Ed. (4076, 4077)
  2008 Ed. (4109, 4110)
  2009 Ed. (4216, 4217)
  2010 Ed. (4150, 4151)
Long & Foster Real Estate Inc.
  1995 Ed. (3059)
  2004 Ed. (4069, 4071)

2005 Ed. (4001)
2011 Ed. (4150, 4151)
2012 Ed. (4184, 4185)
Long grain
  2001 Ed. (4118)
Long Group; Phil
  1996 Ed. (988)
Long Hau
  2019 Ed. (2083)
Long, Haymer & Carr
  1991 Ed. (149)
Long Haymes Carr
  1998 Ed. (42, 65)
  1999 Ed. (47, 154)
  2000 Ed. (172)
  2002 Ed. (183)
Long, Haymes & Carr
  1989 Ed. (62, 159)
  1990 Ed. (74, 149)
  1992 Ed. (206)
  1994 Ed. (116)
  1997 Ed. (145)
Long Haymes Carr Lintas
  1995 Ed. (125)
  1996 Ed. (139)
Long Island Bancorp Inc.
  1998 Ed. (3558)
  1999 Ed. (4600)
Long Island Bancorp/Long Island Savings Bank
  2000 Ed. (4250)
The Long Island City Savings & Loan Association
  1990 Ed. (3580)
Long Island Closet Design
  2023 Ed. (4996)
Long Island College Hospital
  1998 Ed. (1986)
Long Island Credit Union
  1996 Ed. (1508)
  2005 Ed. (2073)
Long Island Developers Corp.
  1999 Ed. (4339)
Long Island Jewish Medical Center
  1994 Ed. (990)
  1998 Ed. (1995)
  1999 Ed. (2751)
  2000 Ed. (2532)
  2001 Ed. (2775)
  2002 Ed. (2623)
Long Island Lighting Co.
  1989 Ed. (1298, 2468)
  1990 Ed. (1602, 3252)
  1991 Ed. (1274, 1488, 1806, 2358, 2359)
  1992 Ed. (1900, 2939, 2940)
  1993 Ed. (2936)
  1994 Ed. (1597)
  1995 Ed. (1632, 1640)
  1996 Ed. (1616)
  1997 Ed. (1695, 3214)
  1998 Ed. (1388, 2412)
  2001 Ed. (3867)
Long Island Lighting-Electric
  2001 Ed. (1554)
Long Island Newsday
  1990 Ed. (2705)
  1991 Ed. (2601)
  1992 Ed. (3241, 3243)
  2003 Ed. (3643)
Long Island, NY
  1990 Ed. (2568)
  1992 Ed. (1020, 1356)
  1994 Ed. (831)
  1996 Ed. (857)
  1998 Ed. (585)
  1999 Ed. (2007)
  2001 Ed. (1090)
  2002 Ed. (2628, 2632, 2635)
  2021 Ed. (3341)
Long Island, NY (Cablevision Systems)
  1991 Ed. (835)
Long Island Power Authority
  1990 Ed. (3556)
  2002 Ed. (3878)
Long Island Rail Road Co.
  1994 Ed. (1076)
  2006 Ed. (1936)
  2007 Ed. (1919)
  2008 Ed. (1986)
  2009 Ed. (1939)
  2011 Ed. (1906)
  2012 Ed. (1763)
  2013 Ed. (1937)
  2014 Ed. (1875)
Long Island Savings Bank
  1989 Ed. (2361)
  1990 Ed. (3105, 3589)
  1991 Ed. (3369, 3381, 3382)
  1992 Ed. (3793, 4287)
  1993 Ed. (3072, 3092)
  1996 Ed. (3691)
  1997 Ed. (3749)
  1998 Ed. (3557)
Long Island Savings Bank of Centereach FSB
  1991 Ed. (3372, 3373)
  1995 Ed. (3614)

Long Island Savings Bank FSB
  1989 Ed. (2831)
  1995 Ed. (3614)
Long Island Trust, N.Y.
  1989 Ed. (2152)
Long Island University
  1991 Ed. (888)
Long John Silver's
  1990 Ed. (3016, 3116, 3542)
  1991 Ed. (2867, 2886, 2917, 2939, 3319)
  1992 Ed. (2118, 3721, 3814, 3817, 4229)
  1993 Ed. (1754, 3112)
  1996 Ed. (772, 853, 3299, 3301)
  1997 Ed. (3396, 3397)
  1998 Ed. (3174)
  1999 Ed. (4158, 4159)
  2000 Ed. (3791, 3874)
  2001 Ed. (4074)
  2003 Ed. (2451, 4101)
  2004 Ed. (4146)
  2005 Ed. (2556)
  2006 Ed. (2563, 4135)
  2007 Ed. (4155)
  2008 Ed. (2661, 2672, 4163, 4191, 4195, 4196)
  2009 Ed. (2688, 2697, 4271, 4294)
  2010 Ed. (2613, 4212, 4251, 4261)
  2011 Ed. (2584, 2595, 4218, 4251, 4253, 4260)
  2012 Ed. (2538)
  2013 Ed. (2666)
  2014 Ed. (2616, 2625, 4274)
  2015 Ed. (2662, 2669, 4255)
  2016 Ed. (2585)
  2017 Ed. (2509, 2516, 2517, 2518, 2519, 2520, 2521, 4138)
  2018 Ed. (2577, 4217)
  2019 Ed. (2567, 2568, 2569, 2570, 2571, 2572, 4246)
  2020 Ed. (2558, 2559, 2562, 2563, 4243)
  2021 Ed. (2523, 2525, 2526, 4209)
  2022 Ed. (2637, 2638)
Long John Silver's Restaurants Inc.
  2002 Ed. (2247)
  2004 Ed. (2580)
  2006 Ed. (2568)
  2007 Ed. (2539)
  2009 Ed. (2707)
  2010 Ed. (2627)
  2011 Ed. (2609)
  2012 Ed. (2552)
  2013 Ed. (2673)
Long John Silver's Seafood Shoppes
  1994 Ed. (3154, 3156)
  1995 Ed. (3200)
  2000 Ed. (3873)
  2002 Ed. (4005, 4028)
Long; Julie
  2017 Ed. (3591, 3596, 3598)
  2018 Ed. (3651, 3656, 3658, 3659)
  2019 Ed. (3640, 3642, 3645, 3647)
Long Kia; Phil
  1996 Ed. (293)
Long Masonry Inc.; J. D.
  2005 Ed. (1316)
  2006 Ed. (1286)
  2007 Ed. (1363)
Long-McCarthy Cadillac
  1992 Ed. (410)
Long & McQuade Ltd.
  2013 Ed. (3789, 3790, 3813)
  2014 Ed. (3739)
  2015 Ed. (3739, 3761)
  2016 Ed. (3647, 3669)
  2020 Ed. (3646, 3686)
  2021 Ed. (3651, 3693)
Long & McQuade Ltd. (Canada)
  2021 Ed. (3693)
Long Meadow Ranch
  2018 Ed. (3719)
  2019 Ed. (3706)
  2020 Ed. (3750)
  2021 Ed. (3750)
  2022 Ed. (3771)
  2023 Ed. (3873)
Long; Michael
  2016 Ed. (866)
Long Miller & Associates
  2005 Ed. (1486)
Long Painting Co.
  2009 Ed. (1248)
  2010 Ed. (1246)
  2011 Ed. (1195)
  2019 Ed. (1172, 1196, 1198, 1208)
  2023 Ed. (1395)
Long Painting Company
  2023 Ed. (1398, 1409)
Long Point Re III Ltd.
  2019 Ed. (3175)
Long; R. L.
  2005 Ed. (2498)
Long Reach Federal Credit Union
  2021 Ed. (2101)
  2022 Ed. (2133)
  2023 Ed. (2251)
Long Road out of Eden
  2010 Ed. (3713)

Long Run Exploration Ltd.
  2016 Ed. (3834)
Long/short equity hedge
  2005 Ed. (2818)
Long Subaru
  1991 Ed. (296)
  1992 Ed. (401)
Long Suzuki; Phil
  1993 Ed. (302)
  1994 Ed. (285)
  1995 Ed. (286)
  1996 Ed. (289)
The Long Tail: Why the Future of Business Is Selling Less of More
  2008 Ed. (610, 617)
Long Term Bond
  1994 Ed. (582)
Long-Term Capital Management
  1996 Ed. (2099)
Long-term care
  1996 Ed. (2080)
Long-term-care facilities
  1999 Ed. (1895)
  2003 Ed. (3472)
Long-term Care Insurance
  2000 Ed. (1780)
Long-Term Credit Bank
  1989 Ed. (576, 1432)
  1990 Ed. (1789)
  1991 Ed. (575, 1114, 1134, 1135)
  1992 Ed. (717, 2026)
  1999 Ed. (554, 565)
  2000 Ed. (576)
Long-Term Credit Bank of Japan
  1989 Ed. (1371, 1433)
  1990 Ed. (575)
  1991 Ed. (518, 519, 576, 1584, 2301)
  1992 Ed. (667, 671, 743, 744, 1997)
  1993 Ed. (483, 484, 543, 2415)
  1994 Ed. (483, 484, 485, 544, 1678, 3013)
  1995 Ed. (519, 2441, 3276)
  1996 Ed. (504, 506, 507, 573, 574)
  1997 Ed. (465, 467, 469, 470, 471, 515, 529, 1447, 1785, 3262)
  1998 Ed. (353, 354, 355, 356, 377, 384, 3008)
  1999 Ed. (521, 523, 546, 564)
  2000 Ed. (557, 575)
Long-term disability insurance
  1995 Ed. (3390)
Long; Tran Dinh
  2019 Ed. (4890)
  2022 Ed. (4875)
  2023 Ed. (4870)
Long View Collective Investment Fund
  1995 Ed. (1262)
Long View Systems
  2010 Ed. (2937)
  2015 Ed. (1573)
A Long Walk to Water
  2020 Ed. (587)
Long Wave
  2006 Ed. (2249)
A Long Way Home
  2009 Ed. (643)
Longacres Bagshot
  2019 Ed. (2804)
  2020 Ed. (2830)
  2021 Ed. (2707)
Longboard Alternative Growth
  2022 Ed. (3717, 3718)
Longboard Alternative Growth A
  2022 Ed. (3717, 3718)
  2023 Ed. (3813)
Longboat Key Club
  1991 Ed. (1947)
Longbow Research
  2007 Ed. (3257, 3266)
  2008 Ed. (3389)
Longchamp
  2000 Ed. (2342)
Longest Ride
  2015 Ed. (645)
The Longest Ride
  2017 Ed. (621)
Longevity
  1993 Ed. (2793)
Longfellow Investment
  1993 Ed. (2327)
Longfellow Investments
  2000 Ed. (2817)
Longfield; W. H.
  2005 Ed. (2501)
Longfor Group Holdings
  2020 Ed. (4129)
  2023 Ed. (4181, 4198)
Longfor Group Holdings Limited
  2022 Ed. (4113)
Longfor Group Holdings Ltd.
  2021 Ed. (2446, 2902)
  2022 Ed. (2556)
Longfor Properties
  2012 Ed. (4194)
  2013 Ed. (1426, 4175)
  2014 Ed. (4192)
  2015 Ed. (4172)
  2016 Ed. (4087)

  2017 Ed. (4064)
  2018 Ed. (4092)
  2019 Ed. (1059, 4098, 4100, 4130)
  2020 Ed. (4111, 4132)
  2021 Ed. (4070, 4084, 4088)
  2022 Ed. (4093, 4117)
  2023 Ed. (4182, 4201)
Longfor Properties (China)
  2021 Ed. (4088)
  2022 Ed. (4117)
Longford Homes
  2000 Ed. (1202)
Longford Homes of New Mexico
  2004 Ed. (1150)
  2005 Ed. (1179)
Longford Landscapes & Excavation Inc.
  2017 Ed. (4411)
Longhorn
  2015 Ed. (4752)
  2016 Ed. (4655)
  2017 Ed. (4666)
  2018 Ed. (4657)
  2019 Ed. (4670)
  2020 Ed. (3722)
Longhorn Solar
  2017 Ed. (4439)
  2018 Ed. (4458)
LongHorn Steakhouse
  2003 Ed. (4102, 4108, 4109, 4111, 4133)
  2004 Ed. (4147)
  2005 Ed. (4060, 4061, 4083, 4084)
  2006 Ed. (4136)
  2007 Ed. (4156)
  2008 Ed. (4164, 4197, 4198)
  2009 Ed. (4272, 4295)
  2010 Ed. (4211, 4213, 4220)
  2011 Ed. (4219, 4261)
  2012 Ed. (4269, 4270)
  2013 Ed. (4236, 4237)
  2014 Ed. (4267, 4275, 4286, 4287, 4290, 4317)
  2015 Ed. (4248, 4256, 4276, 4277, 4280)
  2016 Ed. (4158, 4179, 4180, 4181, 4183, 4184)
  2017 Ed. (4139, 4157, 4158, 4159, 4161, 4162)
  2018 Ed. (4157, 4158, 4204, 4218)
  2019 Ed. (4168, 4169, 4170, 4172, 4173, 4233, 4247)
  2020 Ed. (4180, 4184, 4185, 4231, 4244)
  2021 Ed. (4123, 4124, 4195, 4212)
  2022 Ed. (4150, 4151)
  2023 Ed. (4247)
Longhorn Steakhouse
  2014 Ed. (4315)
Longhorn Steaks Inc.
  1995 Ed. (3116, 3133)
  1997 Ed. (3330, 3650)
Longhorns; Texas
  2011 Ed. (2743)
  2014 Ed. (2748)
Longi Green Energy Technology
  2019 Ed. (4365)
  2021 Ed. (1460)
LONGi Green Energy Technology Co. Ltd.
  2023 Ed. (1511, 1656, 3234)
Longines
  1991 Ed. (3474)
  1992 Ed. (85)
  2021 Ed. (673, 3402)
  2022 Ed. (3457)
  2023 Ed. (3572)
Longing
  1998 Ed. (1353, 2777)
Longleaf Holdings USA LLC
  2011 Ed. (2038)
Longleaf Partners
  1996 Ed. (2752, 2773, 2788, 2800)
  2000 Ed. (3287)
  2004 Ed. (2452)
  2005 Ed. (4491)
  2006 Ed. (4565)
  2009 Ed. (4547)
  2010 Ed. (4578)
Longleaf Partners Fund
  2004 Ed. (3551, 3553, 3577, 3578)
  2006 Ed. (3631, 3633)
Longleaf Partners International
  2003 Ed. (3613)
  2004 Ed. (3643)
  2005 Ed. (4481)
  2006 Ed. (3675)
  2020 Ed. (4499, 4501)
Longleaf Partners International Fund
  2003 Ed. (3146, 3611)
Longleaf Partners Realty
  1998 Ed. (2648)
Longleaf Partners Small Cap
  1999 Ed. (3506)
  2006 Ed. (3651)
Longleaf Partners Small-Capital Fund
  1998 Ed. (2632)
Longley; Alice Beebe
  1991 Ed. (1701)
  1994 Ed. (1772, 1785, 1811)
  1996 Ed. (1787, 1827)
  1997 Ed. (1870, 1901)

CUMULATIVE INDEX • 1989-2023

Longley; Beebe
  1993 Ed. (1789)
Longmeadow, MA
  2010 Ed. (4373)
Longnecker & Associates
  2012 Ed. (1931)
  2013 Ed. (2093)
Longnecker & Associates Inc.
  2014 Ed. (2027)
  2015 Ed. (2070)
Longo Brothers Fruit Markets Inc.
  2023 Ed. (4530)
Longo Lexus
  1994 Ed. (258)
  1995 Ed. (273)
  1996 Ed. (294)
  2000 Ed. (334)
  2002 Ed. (370)
  2004 Ed. (271, 274, 275)
  2005 Ed. (278)
  2006 Ed. (300)
  2008 Ed. (284, 285, 286)
Longo Toyota
  1989 Ed. (283)
  1990 Ed. (304, 307, 308, 322)
  1991 Ed. (268, 271, 272, 274, 276, 297)
  1992 Ed. (376, 377, 378, 380, 381, 402, 416, 417, 418)
  1993 Ed. (287, 298, 300)
  1994 Ed. (286, 290, 291)
  1995 Ed. (287, 294, 295)
  1996 Ed. (290, 297, 298, 301)
  1998 Ed. (209)
  1999 Ed. (320)
  2000 Ed. (334)
  2002 Ed. (370)
  2004 Ed. (271, 272, 273, 274, 275, 338)
  2005 Ed. (276, 277, 278, 319, 334, 4805, 4806)
  2006 Ed. (298, 299, 300, 4867)
  2008 Ed. (284, 285, 286, 310, 320, 4790)
Longo Toyota, Scion, and Lexus
  2009 Ed. (1528)
Longoria; Eva
  2013 Ed. (2606)
  2014 Ed. (2533)
Longpoint Re II Ltd.
  2012 Ed. (3213)
Longpoint Re Ltd.
  2010 Ed. (3278)
Longpre Inc.; Bob
  1993 Ed. (281)
Longrich
  2014 Ed. (2259)
  2023 Ed. (2311)
Longs
  1989 Ed. (1266, 1268)
  1990 Ed. (1555, 1556, 1557)
  1995 Ed. (1613, 1616)
  2000 Ed. (1721, 1722)
Long's Drug Stores Corp.
  2014 Ed. (1963)
  2015 Ed. (2010)
  2016 Ed. (1981)
Longs Drug Stores Corp.
  1989 Ed. (1263, 1264)
  1990 Ed. (1549, 1550, 1563)
  1991 Ed. (1450, 1459, 1462, 1463, 1467)
  1992 Ed. (1844, 1845, 1852, 1855, 1857, 1859, 1860, 4062)
  1993 Ed. (1519, 1520, 1527)
  1994 Ed. (1564, 1565, 1567, 1569, 1571)
  1995 Ed. (1596, 1611, 1612, 3438)
  1996 Ed. (1584, 1585, 1589, 1591)
  1997 Ed. (1665, 1671, 1672, 1676, 1677, 1678)
  1998 Ed. (1359, 1361, 1362, 1363, 1364, 1365, 1366)
  1999 Ed. (1922, 1925, 1926, 1927, 1928, 1930, 1931)
  2000 Ed. (1716, 1717, 1718, 1719, 1720)
  2001 Ed. (2081, 2082, 2086, 2087, 2090, 2091, 2092)
  2002 Ed. (2032, 2033, 2034, 2035, 2036, 2037, 2041, 4526)
  2003 Ed. (2095, 2096, 2097, 2098, 2099, 2100, 2101, 2104, 2105, 2927, 4149, 4648)
  2004 Ed. (2130, 2131, 2136, 2137, 2138, 2140, 2144, 4622)
  2005 Ed. (1611, 2235, 2236, 2239, 2240, 2241, 4552)
  2006 Ed. (1577, 2302, 2303, 2304, 2305, 2307, 2308, 4631)
  2007 Ed. (2234, 2235, 2236, 2237, 2239, 4615, 4616)
  2008 Ed. (886, 2374, 2375, 2376, 2377, 4563)
  2009 Ed. (2349, 2350, 2351, 2352)
  2010 Ed. (2278)
Longs Drugs Stores Corp.
  2006 Ed. (1582)
LongTail Alpha LLC
  2022 Ed. (1413)
Longterm Capital Management
  1996 Ed. (2098)

Longterm care facilities
  2002 Ed. (3747, 3756, 3757)
Longtop Financial Technologies Ltd.
  2012 Ed. (962)
  2013 Ed. (1110)
Longtop Financial Technology Ltd.
  2010 Ed. (1093)
  2011 Ed. (1032)
Longueuil, Quebec
  2009 Ed. (3559)
  2010 Ed. (3480)
Longview Aviation Capital Corp.
  2021 Ed. (3463)
  2022 Ed. (1470, 3521)
LongView Capital Management
  2005 Ed. (1088)
Longview Division
  2000 Ed. (2935)
Longview Fibre
  1989 Ed. (1008)
  1990 Ed. (1188, 1189, 2760, 2762)
  1991 Ed. (1071, 2667)
  1992 Ed. (1383, 3327, 3333)
  1993 Ed. (1110, 1414, 2762)
  1994 Ed. (1129, 1468, 2721)
  1995 Ed. (1144, 1505, 2830)
  1996 Ed. (1118, 2903)
  1997 Ed. (1145)
  1999 Ed. (3701)
  2001 Ed. (3634)
  2003 Ed. (3731)
  2004 Ed. (2676, 2677)
  2005 Ed. (1263, 2668, 2669)
  2007 Ed. (1947)
  2008 Ed. (2141)
  2010 Ed. (2061, 2062)
  2011 Ed. (2116, 2117)
Longview Fibre Paper & Packaging Inc.
  2011 Ed. (2142)
  2012 Ed. (1987)
LongView International Technology Solutions Inc.
  2016 Ed. (1211)
Longview-Marshall, TX
  2005 Ed. (2028, 2031)
Longview, TX
  2010 Ed. (928)
  2019 Ed. (720)
  2020 Ed. (711)
  2021 Ed. (719)
Longview, WA
  1997 Ed. (2072)
  1999 Ed. (1149, 2493)
Longwood Gardens
  2002 Ed. (2338)
  2023 Ed. (4662)
Longwood Partners LP
  2003 Ed. (3121, 3136)
Longyear Holdings Inc.
  2012 Ed. (3662)
  2013 Ed. (3727)
  2014 Ed. (3662, 3663)
  2015 Ed. (3680, 3681)
  2016 Ed. (3563, 3564)
Lonmin
  2006 Ed. (3489)
  2007 Ed. (3520, 3521)
  2016 Ed. (3568)
Lonnie Smith
  2011 Ed. (819)
Lonrho
  1989 Ed. (2017)
  1991 Ed. (2269)
  1992 Ed. (2815)
  1993 Ed. (2375, 2376, 3265)
  1996 Ed. (1358)
Lonrho PLC
  1991 Ed. (3110)
Lonsdale Advertising
  1989 Ed. (169)
Lonsdale Advertising SSAW
  1996 Ed. (147)
  1997 Ed. (153)
Lonsdale Quay Hotel
  2012 Ed. (4731)
Lonsdale Saatchi & Saatchi
  1990 Ed. (80, 158)
  1991 Ed. (77, 157)
  1992 Ed. (124)
  1999 Ed. (163)
  2000 Ed. (181)
  2001 Ed. (225)
  2002 Ed. (198)
  2003 Ed. (158)
Lonsdale/SSA
  1992 Ed. (216)
  1995 Ed. (133)
Lonvest Corp.
  1991 Ed. (2110)
LONZA
  2023 Ed. (2027, 3981)
Lonza
  2011 Ed. (795)
  2012 Ed. (755)
  2013 Ed. (957)
  2022 Ed. (1911, 3886)
Lonza AG
  2002 Ed. (1009)

Lonza Biologics
  2016 Ed. (3424)
  2017 Ed. (3385)
  2018 Ed. (3451)
Lonza Biologics Inc.
  2015 Ed. (1888)
  2016 Ed. (1851)
  2017 Ed. (1810)
  2018 Ed. (1760)
  2019 Ed. (1817)
  2020 Ed. (1761)
  2021 Ed. (1730)
Lonza Group
  2018 Ed. (850)
  2019 Ed. (862)
  2020 Ed. (849)
Lonza Group Ltd.
  2006 Ed. (857)
  2015 Ed. (1887)
  2016 Ed. (1849)
  2017 Ed. (1807)
  2018 Ed. (1757)
  2019 Ed. (1814)
  2020 Ed. (1759)
  2021 Ed. (1728)
Lonza Italia SpA
  2001 Ed. (1211)
Lonza (Switzerland)
  2022 Ed. (3886)
Loo; Frances
  1996 Ed. (1907)
Look
  1991 Ed. (3131)
  1992 Ed. (3980)
  2009 Ed. (673)
Look Advertising
  1999 Ed. (84)
  2001 Ed. (132)
Look Advertising (Ammirati)
  2000 Ed. (90)
Look Communications
  2003 Ed. (3034)
  2007 Ed. (4578)
Look; Dwight
  1994 Ed. (1055)
  1995 Ed. (932, 1068)
Look Lintas
  2002 Ed. (104)
Look for the Lorax
  2014 Ed. (575)
Look Who's Talking
  1991 Ed. (2488)
  1992 Ed. (4399)
"Look Younger Than Ever: It's Science, Not Magic"
  2015 Ed. (2328)
Looka Patisserie
  2014 Ed. (1272)
Looker
  2022 Ed. (987)
Lookers
  2015 Ed. (4510)
  2016 Ed. (4446)
Lookers Motor Group Ltd.
  2009 Ed. (2111)
Looking for Alaska
  2015 Ed. (642)
Lookotels
  2018 Ed. (1917, 4730)
Lookout Credit Union
  2023 Ed. (2211)
Lookout Pass Ski Area
  2013 Ed. (4442)
Looks Gourmet Food Co.
  2014 Ed. (4504)
  2015 Ed. (4504)
  2016 Ed. (4441)
  2017 Ed. (4448)
  2018 Ed. (4467)
  2020 Ed. (4451)
  2021 Ed. (4450)
LookSmart Ltd.
  2005 Ed. (1678, 1679)
  2007 Ed. (1257)
Loomis
  2020 Ed. (192, 4722)
  2021 Ed. (4724)
  2022 Ed. (4726)
  2023 Ed. (4708)
Loomis Co.
  2006 Ed. (3081)
  2010 Ed. (3233)
The Loomis Co.
  2015 Ed. (3309)
Loomis Fargo & Co.
  2009 Ed. (4184)
Loomis Sayles
  2000 Ed. (2787, 2834, 2835)
  2008 Ed. (2292, 2316)
  2009 Ed. (2282)
Loomis Sayles Aggressive Growth Return
  2002 Ed. (4505)
  2004 Ed. (3605)
Loomis Sayles Bond
  1994 Ed. (2619)
  1995 Ed. (2708)
  1997 Ed. (687, 2901)
  1998 Ed. (2594, 2637)

  2005 Ed. (701)
  2006 Ed. (627, 629)
  2007 Ed. (646)
  2008 Ed. (595)
  2009 Ed. (622, 624)
  2010 Ed. (593)
  2012 Ed. (499)
  2013 Ed. (614)
Loomis Sayles Bond Retail
  2005 Ed. (698, 700)
  2006 Ed. (624, 626)
  2007 Ed. (642, 644)
  2011 Ed. (525)
Loomis-Sayles Capital Dev.
  1989 Ed. (1850)
Loomis-Sayles Capital Development
  1990 Ed. (2391)
Loomis, Sayles & Co.
  1989 Ed. (1800, 2141)
  1990 Ed. (2320)
  1991 Ed. (2205)
  1993 Ed. (2294, 2331)
  1994 Ed. (2296, 2323)
  1995 Ed. (2381, 2389)
  1998 Ed. (2260, 2307)
  1999 Ed. (3052, 3081, 3101)
  2001 Ed. (3018)
  2002 Ed. (3622, 3627)
Loomis Sayles & Co. LP
  1996 Ed. (2389, 2421)
  2000 Ed. (2846)
  2002 Ed. (728, 3022, 3387)
  2003 Ed. (3068, 3078, 3441)
  2004 Ed. (2035, 2044)
Loomis Sayles & Co. LP Investment Grade
  2003 Ed. (3123)
Loomis Sayles & Co. LP, Short Term
  2003 Ed. (3133)
Loomis Sayles Global Bond
  1996 Ed. (2809)
Loomis Sayles Global Bond Investment
  2006 Ed. (626)
Loomis Sayles Global Bond Retail
  2007 Ed. (642)
Loomis Sayles Global Bond Return
  2006 Ed. (624)
Loomis Sayles High-Income
  2008 Ed. (583, 593)
Loomis Sayles High Yield Fund Institutional
  2003 Ed. (3530)
Loomis Sayles Institutional High Income
  2014 Ed. (633)
  2018 Ed. (633)
Loomis Sayles International Equity-Ret
  2004 Ed. (3638)
Loomis Sayles Investment Fixed Income
  2006 Ed. (628)
Loomis Sayles Investment Grade Fixed Income Fund
  2003 Ed. (3535)
Loomis Sayles Investment High Yield Fixed
  2006 Ed. (628)
Loomis Sayles Investment Institutional High Income
  2007 Ed. (645)
  2008 Ed. (596)
Loomis Sayles Mid Cap Growth Return
  2010 Ed. (3727)
Loomis-Sayles Mutual
  1990 Ed. (2394)
  1991 Ed. (2559)
Loomis Sayles Small Cap Growth Retirement
  2010 Ed. (3730)
Loomis Sayles Small Cap Value Fund
  2003 Ed. (3540)
Loomis Sayles Strategic Income
  2006 Ed. (624, 625, 626)
  2007 Ed. (642, 644)
  2008 Ed. (592)
Loomis Sayles Worldwide Retail
  2001 Ed. (3435)
Loon Mountain
  2014 Ed. (4475)
  2015 Ed. (4469)
  2016 Ed. (4374)
  2018 Ed. (4375)
  2019 Ed. (4398)
  2020 Ed. (4397)
  2021 Ed. (4397)
Looney Ricks Kiss Architects Inc.
  2008 Ed. (2527)
  2009 Ed. (2539)
  2010 Ed. (2457)
Looney Tunes
  1995 Ed. (1887)
  1996 Ed. (2490)
Loop Capital Markets
  2021 Ed. (3588)
Loop Capital Markets LLC
  2001 Ed. (782)
  2002 Ed. (718)
  2003 Ed. (219)
  2004 Ed. (177)
  2005 Ed. (178)
  2006 Ed. (192)
  2007 Ed. (198)
  2008 Ed. (185)

2009 Ed. (202)
2010 Ed. (181, 182)
2011 Ed. (104, 105)
2012 Ed. (111, 112)
2013 Ed. (87, 88)
2015 Ed. (110, 111)
2016 Ed. (118, 119)
2017 Ed. (109, 110)
2018 Ed. (120, 121)
2019 Ed. (106, 107)
2020 Ed. (101, 102)
2021 Ed. (93, 94)
LOOP Inc.
  1994 Ed. (2882)
  1995 Ed. (2946)
  1996 Ed. (3040, 3044)
  1997 Ed. (3120, 3125)
  1998 Ed. (2858)
  1999 Ed. (3829)
The Loop Internet Switch Co.
  1999 Ed. (3000)
The Loop Pizza Grill
  2009 Ed. (4067)
Loopfilm
  2014 Ed. (2631, 4703)
Loop's Nursery & Greenhouses
  2020 Ed. (3727)
  2021 Ed. (3729)
  2022 Ed. (3747)
Loop's Nursery and Greenhouses
  2023 Ed. (3851)
Loot Crate
  2018 Ed. (1094, 2939, 3994)
Lopes Cons Imoveis
  1989 Ed. (25)
Lopes Consultoria
  1993 Ed. (25)
Lopes Consultoria de Imoveis
  2001 Ed. (20)
Lopex PLC
  1991 Ed. (110)
Lopez Brothers Construction
  2004 Ed. (1220)
Lopez; Edward
  2011 Ed. (2953)
Lopez, Edwards, Frank & Co.
  2000 Ed. (11)
Lopez Foods
  2015 Ed. (3029)
Lopez Foods Inc.
  1997 Ed. (2706)
  1998 Ed. (2432)
  1999 Ed. (3296)
  2000 Ed. (3033)
  2001 Ed. (2712)
  2002 Ed. (2542, 2558)
  2006 Ed. (2842)
  2007 Ed. (2514, 2834, 2835)
  2008 Ed. (2956, 2963, 3609)
  2009 Ed. (3037, 3043, 3676, 3681)
  2010 Ed. (2575, 2961, 2967, 3591, 3595)
  2011 Ed. (2923, 2930)
  2012 Ed. (2863)
  2013 Ed. (2924, 2932)
  2014 Ed. (2949)
  2015 Ed. (2997)
Lopez; Geoege
  2012 Ed. (2434)
Lopez; George
  2006 Ed. (2855)
  2008 Ed. (2581)
  2009 Ed. (2608)
  2012 Ed. (2884)
  2015 Ed. (2602)
Lopez; Geraldo I.
  2015 Ed. (973)
Lopez Holdings
  2012 Ed. (1322, 1856)
Lopez; Jennifer
  2005 Ed. (2444)
  2014 Ed. (2528, 2531)
  2015 Ed. (3730)
Lopez; Manuel
  1995 Ed. (2485)
Lopez Negrete
  2004 Ed. (131)
Lopez Negrete Communications
  2005 Ed. (105, 114)
  2006 Ed. (114, 121, 3541, 4380)
  2007 Ed. (103, 113, 2840, 3603)
  2008 Ed. (113, 2959, 3734)
  2009 Ed. (123)
  2010 Ed. (124)
  2011 Ed. (42)
  2012 Ed. (48, 55)
  2013 Ed. (2943)
  2014 Ed. (64, 2961, 2962)
  2015 Ed. (76, 3030)
  2016 Ed. (76, 2926, 2927)
  2017 Ed. (2885)
  2018 Ed. (2952)
  2019 Ed. (2900, 2901)
  2020 Ed. (2919)
Lopez; P. David
  2013 Ed. (2963)
Lopez; Tomas Olivo
  2020 Ed. (4869)
  2021 Ed. (4870)

Lopid
  1992 Ed. (3002)
  1994 Ed. (2462)
Lopid Family
  1991 Ed. (1473)
Lopito, Ileana & Howie
  1994 Ed. (112)
  1996 Ed. (131)
  1997 Ed. (135)
  1998 Ed. (64)
  2002 Ed. (172)
  2003 Ed. (139)
Lopito, Ileana & Howie
  1999 Ed. (146)
  2001 Ed. (201)
Lopito, Ileana & Howle (O & M)
  2000 Ed. (163)
Lopito Lleana & Howie
  1995 Ed. (117)
Lopressor
  1995 Ed. (1587)
LOR & Associates Inc.
  2015 Ed. (3023)
Lor Telecommunications LLC
  2010 Ed. (1478)
Lorad
  1996 Ed. (2596)
Lorad Medical Systems
  1995 Ed. (2534)
  1996 Ed. (2595)
  1997 Ed. (2745)
Lorad clean air power technology
  1997 Ed. (2746)
Lorain-Elyria, OH
  1994 Ed. (974, 2496)
Loral Corp.
  1989 Ed. (193, 1308, 1328, 1667, 2310)
  1990 Ed. (186, 1632)
  1991 Ed. (178, 182, 1519, 1524, 1527, 2841, 2847)
  1992 Ed. (248, 252, 1303, 1771, 1917, 1920, 3678)
  1993 Ed. (158, 1222, 1567, 1570, 1579, 2497)
  1994 Ed. (136, 140, 1609)
  1995 Ed. (157)
  1996 Ed. (166, 1518, 1520)
  1997 Ed. (171, 173, 1235, 1582, 1583, 1705)
  1998 Ed. (1027, 1247, 1250)
  2005 Ed. (1518)
Loral/Qualcom
  1994 Ed. (1075)
Loral Space & Communications Ltd.
  1998 Ed. (3474)
  2001 Ed. (4320)
  2005 Ed. (421, 2343)
Loran Futures Inc.
  1994 Ed. (1068)
Loranger; Steven R.
  2011 Ed. (848)
Loratadine
  2001 Ed. (3778)
The Lorax
  2014 Ed. (572)
Lorazepam
  1996 Ed. (1566, 2014)
  2001 Ed. (2102)
  2002 Ed. (2048, 2049)
  2003 Ed. (2107)
Lorber; Howard M.
  2009 Ed. (2664, 2665)
  2010 Ed. (2565, 2566)
Lorberbaum; Jeffrey S.
  2008 Ed. (942)
Lorcet
  1996 Ed. (1524)
Lorcet 10/650/Hydrocodone Pain Reliever
  1997 Ed. (1587)
Lorcin
  1993 Ed. (1863)
Lord Abbett
  1998 Ed. (2655)
  2004 Ed. (724, 3541)
  2005 Ed. (692, 3546)
  2008 Ed. (2315)
  2009 Ed. (625)
  2011 Ed. (3738)
  2012 Ed. (3742, 3748)
  2013 Ed. (613)
  2016 Ed. (636)
  2017 Ed. (3640)
  2018 Ed. (631, 3693)
  2019 Ed. (649, 3679)
  2020 Ed. (3713)
  2021 Ed. (3694, 3719)
  2022 Ed. (3714, 3715)
Lord Abbett Affiliated
  1996 Ed. (2764)
  2005 Ed. (4489)
  2006 Ed. (4564)
Lord Abbett Bond
  1997 Ed. (2867)
Lord Abbett Bond-Deb.
  1992 Ed. (3196)
Lord Abbett Bond-Debenture
  1990 Ed. (2388)
  1991 Ed. (2563)

1993 Ed. (2675)
1994 Ed. (2610)
Lord Abbett Bond Debenture A
  2000 Ed. (766)
Lord, Abbett & Co.
  2006 Ed. (3594, 3599, 3600, 3601)
  2007 Ed. (3660, 3662)
  2008 Ed. (2703)
  2011 Ed. (2675)
Lord Abbett Convertible
  2020 Ed. (3703)
  2022 Ed. (3725, 3726, 3727, 3728)
Lord Abbett Convertible A
  2022 Ed. (3725, 3726, 3727, 3728)
  2023 Ed. (3821, 3823, 3824)
Lord Abbett Debenture
  1995 Ed. (2692, 2694, 2716)
Lord Abbett Debenture Fund
  1996 Ed. (2765)
Lord Abbett Developing Growth
  2000 Ed. (3224, 3311)
  2010 Ed. (3730)
  2020 Ed. (4511)
  2022 Ed. (4501, 4503)
Lord Abbett Developing Growth A
  2022 Ed. (4501, 4503)
Lord Abbett Equity 1990 Series
  1996 Ed. (2791)
Lord Abbett Focused Growth
  2022 Ed. (4493)
Lord Abbett Focused Growth A
  2022 Ed. (4493)
Lord Abbett Georgia Tax-Free Income
  2004 Ed. (709)
Lord Abbett Global Income A
  2000 Ed. (760)
Lord Abbett Growth Leaders
  2022 Ed. (4493)
Lord Abbett Growth Leaders A
  2022 Ed. (4493)
Lord Abbett International
  2004 Ed. (3651)
Lord Abbett Micro Cap Growth
  2022 Ed. (4500, 4501, 4502, 4503)
Lord Abbett Micro Cap Growth A
  2022 Ed. (4500, 4501, 4502, 4503)
  2023 Ed. (4518, 4520, 4521)
Lord Abbett Mid-Cap Value
  2004 Ed. (3558, 3559)
Lord Abbett Mid-Cap Value Fund
  2003 Ed. (3538)
Lord Abbett National T/F Inc
  2000 Ed. (3285)
Lord Abbett Short-Duration Income
  2011 Ed. (519)
Lord Abbett Small-Cap Value
  2002 Ed. (3423)
  2011 Ed. (3731)
Lord Abbett Tax-Free Income Texas
  1992 Ed. (3146)
Lord Abbett U.S. Government
  1990 Ed. (2387)
Lord Abbett U.S. Government Securities
  1990 Ed. (2380)
  1992 Ed. (3188)
  1994 Ed. (2609)
Lord Abbett U.S. Govt
  1991 Ed. (2562)
Lord, Aeck & Sargent Architecture
  2012 Ed. (204)
Lord; Albert
  2005 Ed. (979)
Lord; Albert L.
  2005 Ed. (2517)
Lord Alliance
  2007 Ed. (4927)
  2008 Ed. (4903)
Lord Ashcroft
  2008 Ed. (4006, 4007)
Lord Ballyedmond
  2009 Ed. (4916)
  2010 Ed. (4920)
  2012 Ed. (4902)
  2013 Ed. (4879)
Lord, Bissel & Brook
  1993 Ed. (2395)
Lord Bissell & Brook
  1990 Ed. (2417)
  1991 Ed. (2283)
  1992 Ed. (2832)
  1995 Ed. (2416)
  1996 Ed. (2452)
  1997 Ed. (2597)
  1998 Ed. (2327)
  1999 Ed. (3148)
  2000 Ed. (2894)
  2001 Ed. (3054)
  2002 Ed. (3056)
Lord Calvert
  1990 Ed. (2453)
  1991 Ed. (2319, 2329, 2332)
  1992 Ed. (2871)
  1993 Ed. (2435)
  1994 Ed. (2385)
  1995 Ed. (2466)
  1996 Ed. (2515)
  1997 Ed. (2654)
  1998 Ed. (2374)

1999 Ed. (3205)
2000 Ed. (2945)
2001 Ed. (4789)
2002 Ed. (291, 3103)
2003 Ed. (4903)
2004 Ed. (4893)
LORD Corp.
  2017 Ed. (1883)
  2018 Ed. (1822)
  2019 Ed. (1876)
  2020 Ed. (1814)
Lord Corp.
  2009 Ed. (4159)
  2010 Ed. (4092)
  2011 Ed. (4062)
  2012 Ed. (4095)
  2013 Ed. (1958)
  2014 Ed. (1894)
  2015 Ed. (1939)
  2016 Ed. (1909)
Lord Einstein O'Neill & Partners
  1991 Ed. (71)
Lord Electric Co. Inc.
  1990 Ed. (1202)
Lord Extra
  1994 Ed. (959)
  1997 Ed. (990)
Lord of the Fleas
  2021 Ed. (556)
Lord; Gareth
  2017 Ed. (2795)
Lord Gavron
  2007 Ed. (917)
Lord, Geller, Federico, Einstein
  1989 Ed. (67)
Lord Hamlyn
  2005 Ed. (3868)
Lord Harris
  2008 Ed. (4006)
Lord Heseltine
  2005 Ed. (4896)
  2007 Ed. (4935)
Lord Hobo Brewing Co.
  2023 Ed. (910)
Lord Jones
  2020 Ed. (2901)
Lord Laidlaw
  2007 Ed. (4926)
  2008 Ed. (4007, 4900)
  2009 Ed. (4919)
  2010 Ed. (4923)
  2012 Ed. (4923)
  2013 Ed. (4905)
Lord Lloyd-Webber
  2005 Ed. (4894)
  2007 Ed. (4932)
LORD Microstrain Sensing Systems
  2015 Ed. (2119)
  2016 Ed. (2102)
Lord Paul
  2008 Ed. (4896, 4906)
The Lord of the Rings
  2003 Ed. (723)
  2004 Ed. (745)
Lord of the Rings: Battle for Middle Earth
  2008 Ed. (4810)
Lord of the Rings: Fellowship of the Ring
  2003 Ed. (720, 3453)
  2004 Ed. (743, 2160, 2161, 3513, 3516)
The Lord of the Rings: The Fellowship of the Ring
  2018 Ed. (2232)
The Lord of the Rings: The Return of the King
  2005 Ed. (3519, 3520)
Lord of the Rings: The Two Towers
  2004 Ed. (743, 3517)
The Lord of the Rings: The Two Towers
  2018 Ed. (2232)
Lord of the Rings: Two Towers
  2005 Ed. (2259)
Lord Sainsbury
  2005 Ed. (926, 3868)
  2006 Ed. (836)
  2007 Ed. (917)
  2008 Ed. (897, 4007)
Lord Steinberg
  2008 Ed. (4006)
Lord & Taylor
  1990 Ed. (3057)
  1992 Ed. (1784, 1794, 1795, 1796)
  1996 Ed. (3238)
  2006 Ed. (2254)
  2020 Ed. (891, 2161)
  2021 Ed. (904)
Lord & Taylor LLC
  2015 Ed. (1910)
  2016 Ed. (1874)
Lord; Thomas
  1993 Ed. (893)
Lord of War
  2008 Ed. (2386)
Lord Willy Bach
  2012 Ed. (598)
Lorde
  2015 Ed. (3731)
  2016 Ed. (3640)

CUMULATIVE INDEX • 1989-2023

Lordstown, OH
  1993 Ed. (336)
Lore Serra
  1996 Ed. (1900)
  1999 Ed. (2406, 2408)
L'Oréal
  2023 Ed. (100, 160, 1729, 2125, 2144)
L'Oreal
  1989 Ed. (1583)
  1990 Ed. (1430, 1431, 1433, 1435, 1436, 1437, 1740, 1741, 1981, 3460)
  1991 Ed. (1363, 1364)
  1992 Ed. (49, 1709, 1710, 1711)
  1993 Ed. (731, 741, 1316, 1418, 1419, 1420, 1423)
  1994 Ed. (16, 739, 747, 1370, 1471, 1472, 1473, 2034)
  1995 Ed. (1397, 1507, 1508, 2899)
  1996 Ed. (765, 767, 1348, 1463, 1464, 1465, 1467, 1583, 2981)
  1997 Ed. (702, 1411, 1531, 1532, 1533, 1534, 1535, 1536, 2635, 2923, 3538)
  1998 Ed. (71, 1194, 1196, 1197, 1198, 3332)
  1999 Ed. (277, 773, 774, 1631, 1754, 1755, 1758, 1759, 1760, 1761, 1762, 2111, 2112, 2113, 2114, 2628, 3189, 3190, 3778, 4290, 4291, 4292, 4355)
  2000 Ed. (34, 202, 790, 791, 1434, 1586, 1587, 1589, 1590, 1591, 1592, 1903, 1904, 2936, 3313, 3506, 4009, 4041, 4075)
  2001 Ed. (19, 33, 35, 36, 43, 46, 68, 80, 1710, 1711, 1908, 1909, 1910, 1913, 1925, 1931, 1932, 2384, 3228, 3516, 3517, 3719, 4391)
  2002 Ed. (55, 219, 761, 1658, 1659, 1800, 3643, 4305, 4306)
  2003 Ed. (750, 1219, 1527, 1668, 1679, 1860, 3793, 3794, 3795)
  2004 Ed. (30, 35, 44, 45, 50, 74, 83, 1714, 1899, 1900, 2786, 2788, 3260, 3809, 3810)
  2005 Ed. (1771, 2023)
  2006 Ed. (2125, 2126, 2127, 3351, 3805, 4091)
  2007 Ed. (687, 2073, 2074, 2075, 3353, 3811, 3819)
  2008 Ed. (651, 672, 693, 2180, 2181, 2185, 2186, 2187, 3449, 3877, 3878, 3884)
  2009 Ed. (662, 663, 721, 3940, 3946)
  2010 Ed. (3853)
  2011 Ed. (562, 3858, 3867)
  2012 Ed. (545, 2010, 3843)
  2013 Ed. (648, 661, 2199, 3883, 3903)
  2014 Ed. (663, 664, 681, 1160, 2129, 3818, 3835)
  2015 Ed. (724, 733, 2188, 2194, 2195, 3843, 3861)
  2016 Ed. (662, 2164, 3749)
  2017 Ed. (694, 1162, 2104, 3703)
  2018 Ed. (653, 1097, 2057, 2068, 3706)
  2019 Ed. (2117, 2120)
  2020 Ed. (660, 1099, 1556, 2046, 3800, 3802, 3803, 3805)
  2021 Ed. (634, 1541, 1983, 2001, 3780, 3785)
  2022 Ed. (645, 1107, 1555, 1558, 2028, 2038, 2342, 3798, 4531)
  2023 Ed. (98, 99, 1503, 1731, 3885, 3897, 3903, 3904, 3905, 3906)
Loreal
  2020 Ed. (3806)
L'Oréal Advanced Hair Care Total Repair 5
  2018 Ed. (2867)
L'Oreal Advanced Haircare
  2015 Ed. (3776)
L'Oreal Advanced Haircare Total Repair 5
  2016 Ed. (2843)
  2017 Ed. (2804)
  2018 Ed. (2866)
L'Oreal Advanced Hairstyle Lock It
  2020 Ed. (2854)
Loreal Advanced Hairstyle Lock It
  2023 Ed. (3008)
L'Oreal Belgilux
  1992 Ed. (41)
Loreal Brilliant Eyes
  2023 Ed. (2137)
L'Oreal Brow Stylist Definer
  2020 Ed. (2038)
  2021 Ed. (1992)
L'Oreal Brow Stylist Designer
  2017 Ed. (2102)
  2018 Ed. (2061)
L'Oreal Brow Stylist Sculptor
  2017 Ed. (2102)
  2018 Ed. (2061)
L'Oreal Brow Stylist Shape & Fill
  2021 Ed. (1992)
L'Oreal Canada
  2007 Ed. (1325)
  2022 Ed. (1469)
L'Oreal Canada Inc.
  2007 Ed. (4363)
  2008 Ed. (4319)
  2009 Ed. (1190)

2010 Ed. (1196, 4468)
2011 Ed. (2015, 4401)
2012 Ed. (1864)
2013 Ed. (1516)
L'Oreal Casting
  1999 Ed. (2627)
L'Oreal Casting Color Spa
  2001 Ed. (2657)
  2003 Ed. (2671)
L'Oreal Colour Endure
  1998 Ed. (1355, 2361)
L'Oreal Colour Riche
  1998 Ed. (1355, 2361)
  2003 Ed. (3217)
  2004 Ed. (1901)
  2005 Ed. (3292)
  2016 Ed. (3364)
  2017 Ed. (3328)
  2018 Ed. (2060, 3392)
  2020 Ed. (2037, 3372, 3373)
  2021 Ed. (1991, 3303)
  2022 Ed. (2032)
Loreal Colour Riche
  2023 Ed. (2137, 2138, 3514, 3515)
L'Oreal Colour Supreme
  1998 Ed. (1355, 2361)
L'Oreal Dermo-Expertise
  2008 Ed. (2652)
Loreal Elnett Satin
  2023 Ed. (3007)
L'Oreal Endless
  2004 Ed. (1896, 1901, 2128)
  2005 Ed. (3292)
  2006 Ed. (3286)
Loreal Ever Pure
  2023 Ed. (3005, 3011)
L'Oreal EverPure
  2020 Ed. (2851)
L'Oreal Excellence
  1999 Ed. (2627)
  2000 Ed. (2409)
  2003 Ed. (2647, 2649, 2671)
  2004 Ed. (2783, 2784)
  2005 Ed. (2779)
  2006 Ed. (2751)
  2007 Ed. (2757)
  2008 Ed. (2874)
  2009 Ed. (2937)
  2010 Ed. (2873)
  2016 Ed. (2847)
  2017 Ed. (2808)
  2018 Ed. (2874, 2875)
  2020 Ed. (2859)
  2021 Ed. (2731)
Loreal Excellence
  2023 Ed. (3013, 3014)
Loreal Excellence Creme
  2023 Ed. (3013, 3014)
L'Oreal Feel Naturale
  2002 Ed. (1799)
L'Oreal Feria
  2003 Ed. (2671)
  2004 Ed. (2784)
  2005 Ed. (2779)
  2006 Ed. (2751)
  2016 Ed. (2847)
  2017 Ed. (2808)
  2018 Ed. (2874, 2875)
  2020 Ed. (2859)
  2021 Ed. (2731)
Loreal Feria
  2023 Ed. (3013, 3014)
L'Oreal (France)
  2021 Ed. (3785)
L'Oreal Free Naturale
  2003 Ed. (1863, 1865)
L'Oreal Golden
  2002 Ed. (38, 49, 223, 4591)
  2007 Ed. (90, 94, 4735)
  2008 Ed. (99, 104, 131, 4658)
L'Oreal Group
  1989 Ed. (1281)
  1990 Ed. (1576)
L'Oreal Infallible
  2017 Ed. (3328)
  2018 Ed. (2059, 2060)
  2020 Ed. (2036, 3371, 3372)
  2021 Ed. (1990)
Loreal Infallible
  2023 Ed. (2136, 2139, 3514)
Loreal Infallible Full Wear
  2023 Ed. (2130, 2131)
L'Oreal Infallible Matte Matic
  2020 Ed. (2036)
L'Oreal Infallible Never Fail
  2018 Ed. (2059)
L'Oreal Infallible Pro Last
  2021 Ed. (1990)
Loreal Infallible Pro Last
  2023 Ed. (2136)
L'Oreal Infallible Pro Matte
  2018 Ed. (2062)
  2020 Ed. (2040)
  2021 Ed. (1994)
L'Oreal Infallible Pro-Matte
  2020 Ed. (3371)
L'Oreal Infinite Wear
  2005 Ed. (2024)

L'Oreal Jet Set
  2003 Ed. (3624)
  2004 Ed. (3660)
  2008 Ed. (3777)
L'Oreal Kids
  2001 Ed. (4225, 4226)
  2003 Ed. (2916)
  2004 Ed. (2785)
  2008 Ed. (3162)
L'Oreal La Palette
  2018 Ed. (2060)
L'Oreal Lash Architect
  2004 Ed. (1896)
L'Oreal Mattique
  1998 Ed. (1195, 1356)
L'Oreal Nederland BV
  2001 Ed. (1805)
L'Oreal Ombrelle
  2008 Ed. (4553)
L'Oreal Open
  2004 Ed. (2783)
L'Oréal Paris
  2023 Ed. (3901)
L'Oreal Paris
  2010 Ed. (115, 644)
  2011 Ed. (32)
  2013 Ed. (3905)
  2014 Ed. (3837)
  2015 Ed. (3863)
  2016 Ed. (2845, 2846, 2848, 3772)
  2017 Ed. (704, 2806, 2807, 2809, 3726, 3728)
  2018 Ed. (2067, 2872, 2873, 2876, 3776)
  2019 Ed. (2119, 3743, 3761)
  2020 Ed. (3786, 3801, 3810)
  2021 Ed. (3786)
  2022 Ed. (3802)
L'Oreal Perfection
  2001 Ed. (1921, 1922, 1923, 1924)
  2008 Ed. (2182)
L'Oreal Performing Preference
  1999 Ed. (2627)
L'Oreal Plenitude
  2000 Ed. (4037)
  2002 Ed. (1951)
  2003 Ed. (2432)
L'Oreal Plenitude Age Perfect
  2003 Ed. (4431)
L'Oreal Plenitude Future
  2001 Ed. (2400)
  2003 Ed. (2432)
L'Oreal Plenitude Revitalift
  2002 Ed. (1951)
  2003 Ed. (4431)
L'Oreal Plenitude The Line Eraser
  2002 Ed. (1951)
L'Oreal Plentitude
  1996 Ed. (3442)
  1998 Ed. (3307, 3308)
L'Oreal Plentitude Visible Results
  2004 Ed. (4429)
L'Oreal Preference
  1989 Ed. (2184)
  1990 Ed. (2805)
  1997 Ed. (2171)
  1999 Ed. (2627)
  2000 Ed. (2409)
  2003 Ed. (2647, 2649, 2671)
  2004 Ed. (2784)
  2005 Ed. (2779)
  2006 Ed. (2751)
  2007 Ed. (2757)
  2008 Ed. (2874)
  2009 Ed. (2937)
  2010 Ed. (2873)
L'Oreal Pure Zone
  2004 Ed. (4429)
L'Oreal Real True Match
  2020 Ed. (2034)
  2021 Ed. (1987)
L'Oreal RevitaLift
  2018 Ed. (2500)
  2020 Ed. (2518)
Loreal Revitalift
  2023 Ed. (2695)
Loreal Revitalift Derm Intensives
  2023 Ed. (2695)
L'Oreal RevitaLift Triple Power
  2018 Ed. (2500)
  2020 Ed. (2518)
Loreal Revitalift Triple Power
  2023 Ed. (2695)
L'Oreal Root Cover Up
  2020 Ed. (2859)
  2021 Ed. (2731)
Loreal Root Cover Up
  2023 Ed. (3013, 3014)
L'Oréal SA
  2023 Ed. (2706)
L'Oreal S.A.
  2021 Ed. (2450)
  2022 Ed. (2560, 3805)
L'Oreal SA
  1990 Ed. (1332)
  1991 Ed. (18)
  2003 Ed. (188, 189, 1681)
  2004 Ed. (20, 142, 957, 3807)
  2005 Ed. (14, 23, 34, 38, 39, 41, 42, 44,

47, 48, 62, 64, 69, 73, 78, 92, 129, 133, 135, 3715, 3717, 3718, 4658)
2006 Ed. (25, 29, 41, 45, 46, 48, 49, 51, 54, 57, 69, 70, 71, 77, 78, 82, 87, 90, 92, 94, 101, 105, 132, 135, 144, 164, 193, 694, 1218, 1722, 1726, 2849, 3380, 3804, 3806, 3807, 4710)
2007 Ed. (21, 25, 35, 36, 37, 39, 40, 42, 45, 48, 60, 61, 62, 68, 69, 72, 77, 80, 82, 92, 95, 126, 137, 155, 199, 1326, 1731, 1784, 1785, 1786, 2986, 2987, 2988, 2989, 3814, 3815, 3816, 3817, 3818, 3820)
2008 Ed. (26, 30, 32, 35, 39, 40, 41, 42, 44, 46, 47, 51, 63, 64, 66, 73, 74, 77, 78, 82, 83, 86, 91, 102, 105, 140, 141, 186, 1762, 3105, 3107, 3108, 3880, 3882, 3883, 4653)
2009 Ed. (26, 31, 32, 35, 36, 37, 39, 41, 44, 45, 46, 48, 50, 53, 54, 58, 64, 65, 72, 73, 75, 82, 83, 86, 87, 89, 91, 92, 95, 97, 98, 100, 114, 115, 151, 161, 162, 203, 755, 756, 765, 767, 768, 770, 772, 775, 776, 925, 1688, 1689, 1690, 2118, 2592, 3200, 3202, 3897, 3935, 3941, 3942, 3944, 3945, 3947, 4025, 4695)
2010 Ed. (36, 37, 40, 41, 45, 47, 49, 51, 54, 55, 56, 58, 60, 64, 68, 74, 75, 82, 85, 91, 94, 95, 99, 100, 103, 105, 106, 108, 110, 116, 142, 152, 153, 708, 711, 712, 713, 715, 716, 717, 719, 720, 872, 1643, 1645, 1646, 2003, 3125, 3127, 3854, 3855, 3856, 3858, 3859, 3860, 4707)
2011 Ed. (66, 72, 76, 77, 800, 925, 1397, 1625, 1656, 3093, 3095, 3859, 3860, 3861, 3862, 3863, 3865, 3866, 3868, 4662)
2012 Ed. (30, 33, 35, 36, 40, 68, 78, 79, 760, 1474, 1507, 3034, 3035, 3833, 3834, 3835, 3838, 3840, 3841, 3842, 3844)
2013 Ed. (35, 38, 42, 63, 71, 73, 1605, 1646, 3120, 3470, 3882, 3898, 3899, 3900, 3901, 3902, 3904)
2014 Ed. (51, 53, 54, 55, 82, 90, 91, 1157, 1604, 3817, 3821, 3831, 3832, 3833, 3834, 3836, 3838, 4015, 4057, 4697)
2015 Ed. (55, 83, 84, 85, 93, 96, 1724, 3842, 3846, 3856, 3857, 3858, 3859, 3860, 3862, 4708)
2016 Ed. (54, 55, 83, 87, 846, 1594, 3748, 3752, 3767, 3768, 3769, 3770, 3771, 3773, 4434, 4612)
2017 Ed. (51, 62, 63, 70, 1345, 1574, 2402, 3413, 3429, 3702, 3706, 3720, 3721, 3722, 3723, 3724, 3725, 3727, 3729)
2018 Ed. (79, 80, 87, 838, 1557, 2464, 2511, 3490, 3759, 3771, 3772, 3773, 3774, 3775, 3777, 4627)
2019 Ed. (70, 71, 76, 852, 1589, 1590, 1673, 2381, 2698, 3471, 3739, 3751, 3752, 3753, 3754, 3755, 3756, 3757, 3758, 3762)
2020 Ed. (53, 67, 68, 73, 1557, 2349, 3783, 3795, 3796, 3797, 3798, 3799, 3811)
2021 Ed. (57, 67, 1300, 1542, 3774, 3781, 3782, 3783, 3784, 3787)
2022 Ed. (53, 79, 1556, 1557, 2343, 3804, 3806, 3807, 3808)
2023 Ed. (1730, 2340, 2367)
L'Oreal SA (France)
  2021 Ed. (3784)
  2022 Ed. (3808)
Loreal Skin Expertise Clgn Mst Fll
  2023 Ed. (2695)
L'Oreal Studio
  1991 Ed. (1880)
L'Oreal Studio Line
  1998 Ed. (1893)
  1999 Ed. (2629)
L'Oreal Superior Perference
  2016 Ed. (2847)
  2017 Ed. (2808)
  2018 Ed. (2874)
L'Oreal Superior Preference
  2018 Ed. (2875)
  2020 Ed. (2859)
  2021 Ed. (2731)
Loreal Superior Preference
  2023 Ed. (3013, 3014)
L'Oreal Telescopic
  2018 Ed. (2064)
  2020 Ed. (2043)
  2021 Ed. (1995)
Loreal Telescopic
  2023 Ed. (2140, 2141)
L'Oreal True Match
  2017 Ed. (2101)
  2018 Ed. (2058, 2062, 2065)
  2020 Ed. (2035, 2040, 2045)
  2021 Ed. (1987, 1989, 1994)
Loreal True Match
  2023 Ed. (2130, 2131, 2134, 2135, 2139)

L'Oreal USA
  2003 Ed. (1866, 1867, 1868, 2550, 2661, 2662, 2663, 2665, 2666, 2667, 2668, 2923, 3216, 3626, 3784, 3787, 4433, 4434, 4435, 4438, 4625, 4626, 4627)
  2008 Ed. (3841)
  2018 Ed. (4934)
  2019 Ed. (4934)
  2020 Ed. (4932)
  2021 Ed. (4936, 4937)
  2022 Ed. (4933, 4934)
  2023 Ed. (2330, 3883)
LOREAL USA
  2023 Ed. (2331, 2333, 2334, 2335)
L'Oreal Visible Lift
  2002 Ed. (1799)
  2003 Ed. (1863, 1865)
  2004 Ed. (1896)
L'Oreal Voluminous
  2003 Ed. (1862)
  2005 Ed. (2024)
  2017 Ed. (2103)
  2018 Ed. (2064)
  2020 Ed. (2043)
  2021 Ed. (1995)
Loreal Voluminous
  2023 Ed. (2140, 2141)
L'Oreal Voluminous Lash Paradise
  2020 Ed. (2043)
  2021 Ed. (1995)
Loreal Voluminous Lash Paradise
  2023 Ed. (2140, 2141)
L'Oreal Voluminous Superstar
  2018 Ed. (2064)
Lorel Interactive
  2000 Ed. (4383)
Loren Buick
  1990 Ed. (337)
  1991 Ed. (304)
  1992 Ed. (409)
  1993 Ed. (294)
  1994 Ed. (263)
Loren C. Adgate
  1992 Ed. (532)
Loren Communications International Ltd.
  2001 Ed. (4925)
Loren Gray
  2022 Ed. (844)
Lorenzen Ranches
  2021 Ed. (808)
  2022 Ed. (840)
Lorenzo Arrendondo
  2012 Ed. (2885)
Lorenzo Donadeo
  2011 Ed. (855)
Lorenzo Fertitta
  2013 Ed. (4849)
Lorenzo; Francisco A.
  1990 Ed. (1711)
Lorenzo Mendoza
  2003 Ed. (4893)
  2004 Ed. (4879, 4880)
  2005 Ed. (4881)
  2006 Ed. (4925)
  2007 Ed. (4913)
  2008 Ed. (4840, 4878)
  2009 Ed. (4923)
  2010 Ed. (4927)
  2011 Ed. (4912)
  2012 Ed. (4925)
  2013 Ed. (4923)
  2014 Ed. (4930)
  2015 Ed. (4970)
  2016 Ed. (4887)
  2017 Ed. (4885)
Lorenzo Zambrano
  2000 Ed. (735)
  2003 Ed. (4893)
  2008 Ed. (4886)
  2009 Ed. (4906)
Loretta A. Armenta
  2011 Ed. (2544)
Loretta Robinson
  2016 Ed. (4829)
Lori Appelbaum
  1999 Ed. (433, 2148)
  2000 Ed. (1985)
Lori Chrz (Caliber Home Loans)
  2021 Ed. (3638)
  2022 Ed. (3705)
Lori Sweere
  2015 Ed. (2638)
Lori Van Dusen
  2013 Ed. (3389)
  2016 Ed. (3285)
  2017 Ed. (3245)
  2020 Ed. (3300)
LoriCp
  1989 Ed. (2664)
Lorillard
  2015 Ed. (4754)
Lorillard Inc.
  1989 Ed. (906, 909, 2504)
  1990 Ed. (994, 1297, 3599)
  1991 Ed. (933, 1215, 1216, 1217, 3394, 3396)
  1992 Ed. (1148, 1149, 1525, 1526, 1527, 4302, 4304, 4306)
  1993 Ed. (942, 3582)
  1994 Ed. (954)
  1995 Ed. (984)
  1996 Ed. (970, 3701, 3702)
  1997 Ed. (986)
  1999 Ed. (1134)
  2005 Ed. (4708)
  2006 Ed. (1672, 4760)
  2007 Ed. (1675)
  2008 Ed. (1701)
  2009 Ed. (1628)
  2010 Ed. (4748)
  2011 Ed. (1922, 4698)
  2012 Ed. (1782, 1783, 3519, 4718, 4719, 4720, 4721, 4725, 4726, 4727)
  2013 Ed. (1954, 1956, 3560, 4682, 4683, 4684, 4685, 4689, 4690, 4691)
  2014 Ed. (1890, 1892, 3537, 4726, 4727, 4728, 4731, 4732, 4735, 4736, 4737)
  2015 Ed. (1936, 4745, 4746, 4747, 4748, 4750, 4751, 4757, 4758, 4759)
  2016 Ed. (1903, 1904, 1907, 4647, 4648, 4650, 4651, 4653, 4654, 4662, 4663)
  2017 Ed. (4662, 4665, 4672)
Lorillard Tobacco Co.
  2001 Ed. (4562)
  2003 Ed. (968, 4747, 4754)
  2010 Ed. (4737, 4738)
  2013 Ed. (4680, 4681)
  2014 Ed. (4726)
Lorimar
  1989 Ed. (2667)
Lorimar Telepictures Corp.
  1989 Ed. (255)
  1990 Ed. (249, 262, 3552)
  1991 Ed. (236)
Lorimer Studios
  2018 Ed. (1893)
Lorinc Meszaros
  2020 Ed. (4842)
  2022 Ed. (4837)
  2023 Ed. (4832)
Loring, Wolcott & Coolidge
  2009 Ed. (3443)
Lorisone
  1999 Ed. (1899)
Lorissa's Kitchen
  2021 Ed. (3492)
Lormet Allied Credit Union Inc.
  2001 Ed. (1962)
Lorna Doone
  1997 Ed. (1214)
  1998 Ed. (992, 993, 3660)
Lorna Jane
  2020 Ed. (875)
  2021 Ed. (886)
  2022 Ed. (916)
Lorna Meyer
  2011 Ed. (3330)
  2012 Ed. (3317)
  2013 Ed. (3389)
  2014 Ed. (3391)
  2015 Ed. (3425)
Lorna Vanderhaeghe
  2015 Ed. (5037)
Lorna Vanderhaeghe Health Solutions Inc.
  2015 Ed. (1560, 3987)
  2016 Ed. (1495, 3453)
Lorne Michaels
  2011 Ed. (2521)
Lorne Park Capital Partners
  2021 Ed. (1440, 2541, 2548)
Loro Fruit Lonigro Group
  2019 Ed. (919)
Lorraine Cortes-Vazquez
  2013 Ed. (2959)
Lorraine Travel Bureau Inc.
  2008 Ed. (4957)
Lorre; Chuck
  2013 Ed. (2601)
Lorrie Morgan
  1994 Ed. (1100)
Los Alamos County, NM
  1994 Ed. (1479, 1481, 2168)
  1995 Ed. (337, 1513)
  2002 Ed. (1805)
Los Alamos National Bank
  1993 Ed. (513)
  2013 Ed. (305)
Los Alamos National Lab
  1990 Ed. (1097, 2998)
  1991 Ed. (1005, 2834)
  1992 Ed. (1284, 3670)
  1993 Ed. (3001)
  1994 Ed. (1059, 3047)
  1996 Ed. (1049, 3193)
Los Alamos National Laboratory
  1991 Ed. (915)
  1995 Ed. (1074, 3096)
  2005 Ed. (2827)
  2011 Ed. (4191, 4196, 4197)
  2012 Ed. (4241, 4242, 4246, 4248)
  2014 Ed. (4247, 4248, 4251)
  2015 Ed. (4222, 4230, 4240)
  2016 Ed. (4135, 4144)
  2017 Ed. (4112, 4117)
  2019 Ed. (4933)
  2021 Ed. (2743)
  2022 Ed. (2899, 3639, 3640, 4932)
Los Alamos National Laboratory (LANL)
  2021 Ed. (2743)
  2022 Ed. (2899)
  2023 Ed. (3020, 3741, 3742, 4934)
Los Alamos National Labs
  2016 Ed. (3577)
Los Alamos National Security LLC
  2008 Ed. (1980)
  2009 Ed. (1935)
  2014 Ed. (1869)
  2015 Ed. (1905)
  2016 Ed. (1868)
Los Alamos, NM
  1991 Ed. (1368, 2002)
  1999 Ed. (1152, 2829)
  2005 Ed. (2202)
  2006 Ed. (3475)
  2007 Ed. (3500)
  2010 Ed. (3654, 3661, 3662)
  2011 Ed. (3657)
Los Alamos Technical Associates Inc.
  2013 Ed. (2626)
  2014 Ed. (2584)
  2016 Ed. (2548)
Los Alamos Technical Associates, Inc.
  2018 Ed. (2485)
Los Altos Hills, CA
  1999 Ed. (1155, 4747)
  2000 Ed. (1068, 4376)
  2001 Ed. (2817)
  2002 Ed. (2712)
  2003 Ed. (974)
  2011 Ed. (3104)
  2014 Ed. (3124)
  2015 Ed. (3185)
  2018 Ed. (3106)
Los Angeles
  1990 Ed. (243)
  1992 Ed. (98, 1011)
  2000 Ed. (235, 270, 272, 274, 275, 1085, 1086, 2470, 2536, 2537, 3726)
  2023 Ed. (4016, 4017)
Los Angeles Airport
  1996 Ed. (172, 193)
  1997 Ed. (186)
  1998 Ed. (108)
  2001 Ed. (1339)
Los Angeles Airport Hilton & Towers
  1998 Ed. (2034)
  1999 Ed. (2794, 2796)
  2000 Ed. (2573)
Los Angeles Airport Marriott
  1998 Ed. (2034)
  1999 Ed. (2794, 2796)
  2000 Ed. (2573)
  2002 Ed. (2649)
Los Angeles-Anaheim-Riverside
  1989 Ed. (1510, 2894)
Los Angeles/Anaheim/Riverside, CA
  1989 Ed. (2912, 2932, 2933, 2936)
  1990 Ed. (1895, 3070, 3112)
  1991 Ed. (883, 1813, 2933, 3339, 3457, 3483, 3489)
  1992 Ed. (369, 2100)
  1993 Ed. (2154)
  1994 Ed. (2536)
  2000 Ed. (4288)
Los Angeles-Anaheim-Riverside-San Diego, CA
  1992 Ed. (2388, 2389)
  1996 Ed. (2089)
Los Angeles Angels
  2017 Ed. (598)
  2018 Ed. (562)
  2019 Ed. (581)
  2020 Ed. (564)
  2021 Ed. (535)
  2023 Ed. (808)
Los Angeles Angels of Anaheim
  2009 Ed. (564)
  2010 Ed. (547)
  2011 Ed. (475)
  2012 Ed. (431)
  2013 Ed. (544)
  2014 Ed. (559)
  2015 Ed. (622)
  2016 Ed. (569)
  2018 Ed. (562)
Los Angeles area
  1992 Ed. (2545)
The Los Angeles Athletic Club
  2000 Ed. (2424)
Los Angeles Auto Show
  2011 Ed. (72)
Los Angeles, CA
  1989 Ed. (2, 225, 226, 276, 350, 727, 910, 911, 913, 917, 993, 1175, 1176, 1588, 1611, 1633, 1905, 1926, 2906)
  1990 Ed. (245, 404, 875, 876, 917, 1000, 1002, 1003, 1005, 1006, 1007, 1009, 1148, 1440, 1441, 1442, 1443, 1483, 1485, 1950, 2019, 2133, 2135, 2156, 2158, 2161, 2656, 2661, 2882, 2883, 2884, 2885, 3523, 3524, 3526, 3527, 3528, 3529, 3530, 3536, 3607, 3608, 3609, 3614)
  1991 Ed. (56, 515, 826, 828, 831, 832, 935, 936, 937, 1369, 1370, 1375, 1376, 1377, 1397, 1644, 1914, 1979, 1980, 2003, 2005, 2348, 2756, 2780, 2901, 3272, 3296, 3297, 3298, 3299, 3300)
  1992 Ed. (237, 309, 310, 347, 668, 896, 1010, 1017, 1025, 1026, 1081, 1153, 1155, 1158, 1159, 1160, 1164, 1389, 1395, 1396, 1725, 2387, 2412, 2546, 2552, 2553, 2575, 2577, 3039, 3041, 3043, 3044, 3048, 3054, 3134, 3135, 3492, 3495, 3496, 3497, 3498, 3499, 3500, 3502, 3617, 3618, 3630, 3693, 3695, 3699, 3700, 4040, 4191, 4217, 4218, 4219, 4220, 4221, 4222, 4242)
  1993 Ed. (57, 480, 773, 816, 818, 944, 945, 947, 949, 950, 951, 1221, 1424, 1852, 2042, 2071, 2142, 2527, 2883, 2938, 2953, 3223, 3518, 3519, 3520, 3521, 3522, 3523, 3606)
  1994 Ed. (128, 482, 820, 822, 824, 826, 827, 963, 964, 968, 970, 971, 1259, 2039, 2058, 2104, 2244, 2584, 2895, 2897, 3057, 3059, 3065, 3218, 3494, 3495, 3496, 3497, 3498, 3511)
  1995 Ed. (142, 872, 987, 1113, 1282, 1623, 1869, 2189, 2205, 2215, 2564, 2956, 2957, 3103, 3105, 3543, 3544, 3562, 3563, 3564, 3565, 3566, 3633, 3651, 3780, 3781, 3782, 3783, 3784)
  1996 Ed. (37, 38, 156, 302, 346, 509, 974, 975, 1061, 1238, 1587, 2114, 2210, 2224, 2539, 2571, 2572, 2573, 2574, 2575, 3056, 3198, 3200, 3631)
  1997 Ed. (163, 473, 678, 998, 1000, 1001, 1117, 2073, 2228, 2335, 2337, 2339, 2354, 2360, 2712, 2720, 2721, 2722, 2723, 2764, 2959, 3135)
  1998 Ed. (69, 143, 191, 359, 585, 592, 741, 742, 1746, 1943, 2476, 2479, 2480, 2538, 2887, 2983, 3058, 3296, 3489, 3586, 3612)
  1999 Ed. (355, 526, 1150, 1151, 1154, 1156, 1157, 1159, 1160, 1161, 1163, 1164, 1165, 1166, 1167, 1168, 1169, 1171, 1172, 1349, 2007, 2095, 2096, 2494, 2828, 3372, 3373, 3375, 3377, 3852, 3853, 3858, 3859, 3860, 3890, 4040, 4646, 4647)
  2000 Ed. (1065, 1067, 1071, 1072, 1073, 1074, 1075, 1077, 1078, 1079, 1080, 1081, 1082, 1083, 1084, 1089, 1594, 1595, 1596, 1597, 1598, 1599, 1600, 1601, 1602, 1604, 1605, 1606, 2607, 2609, 2611, 2613, 2993, 3051, 3052, 3053, 3054, 3055, 3103, 3109, 3573, 3574, 3686, 4270)
  2001 Ed. (1234, 2717, 2793, 2796, 2818, 2819, 3646, 3727, 3877, 4021, 4024)
  2002 Ed. (75, 229, 236, 255, 276, 277, 373, 408, 921, 927, 1056, 1059, 1084, 2043, 2218, 2219, 2220, 2221, 2296, 2379, 2393, 2442, 2565, 2566, 2567, 2570, 2629, 2635, 2879, 3268, 3589, 3590, 3731, 3891, 3893, 3991, 4046, 4047, 4317, 4590, 4593)
  2003 Ed. (27, 254, 255, 256, 257, 258, 351, 776, 832, 1013, 2255, 2595, 2756, 3313, 3314, 3316, 3317, 3318, 3319, 3455, 3676, 3902, 3905, 3907, 3908, 3909, 3911, 3912, 3915, 4031, 4081, 4150, 4151, 4152, 4153, 4636, 4709, 4843, 4985)
  2004 Ed. (187, 188, 223, 224, 225, 226, 264, 265, 332, 333, 334, 731, 790, 797, 803, 870, 984, 985, 990, 991, 996, 1007, 1011, 1012, 1015, 1101, 1138, 1139, 2048, 2049, 2263, 2264, 2418, 2598, 2599, 2627, 2649, 2696, 2707, 2710, 2720, 2749, 2750, 2760, 2761, 2795, 2811, 2839, 2850, 2851, 2861, 2865, 2866, 2880, 2898, 2899, 2947, 2948, 2985, 3216, 3347, 3348, 3367, 3368, 3369, 3370, 3371, 3372, 3373, 3374, 3375, 3376, 3379, 3380, 3381, 3383, 3384, 3385, 3386, 3387, 3389, 3390, 3391, 3392, 3476, 3518, 3523, 3704, 3705, 3706, 3707, 3708, 3709, 3710, 3711, 3712, 3713, 3714, 3795, 3796, 3929, 4050, 4087, 4102, 4103, 4104, 4109, 4150, 4152, 4153, 4154, 4155, 4156, 4164, 4165, 4166, 4167, 4191, 4192, 4193, 4199, 4200, 4208, 4209, 4406, 4407, 4415, 4478, 4611, 4612, 4616, 4679, 4765, 4766, 4910, 4911)
  2005 Ed. (232, 233, 841, 881, 2202, 3314, 4654, 4983)
  2006 Ed. (249, 250, 251, 767, 2848, 3068, 3303, 4059, 4100, 4429, 4707, 4970)
  2007 Ed. (259, 260, 271, 775, 1109, 2269, 2601, 2664, 2693, 2843, 2860, 3002, 3367, 3504, 3505, 3507, 3508, 3509, 3644, 3805, 4014, 4125, 4174, 4175, 4176, 4731)
  2008 Ed. (237, 238, 767, 1221, 3116,

3407, 3513, 4015, 4016, 4040, 4650, 4731)
2009 Ed. (258, 261, 262, 263, 2326, 3050, 3052, 3053, 3299, 3467, 3874, 4087, 4113, 4114, 4692, 4965)
2010 Ed. (208, 249, 697, 793, 1137, 1138, 2334, 2335, 2517, 2636, 2637, 2706, 2715, 2766, 2806, 2807, 2825, 2826, 2886, 2921, 2974, 2978, 2980, 3226, 3238, 3239, 3405, 3462, 3500, 3526, 3527, 3528, 3655, 3656, 3657, 3658, 3659, 3660, 3663, 3664, 3665, 3666, 3667, 3668, 3669, 3670, 3671, 3672, 3677, 3678, 3775, 3776, 3777, 3778, 3779, 3780, 3781, 3782, 3783, 3784, 3785, 3999, 4046, 4143, 4153, 4154, 4194, 4195, 4270, 4271, 4273, 4274, 4275, 4276, 4277, 4278, 4296, 4297, 4298, 4299, 4300, 4301, 4302, 4304, 4305, 4306, 4307, 4309, 4310, 4311, 4312, 4313, 4317, 4318, 4319, 4320, 4321, 4322, 4324, 4325, 4326, 4327, 4328, 4329, 4330, 4331, 4332, 4333, 4334, 4335, 4336, 4337, 4338, 4339, 4340, 4341, 4342, 4343, 4355, 4357, 4358, 4359, 4360, 4362, 4363, 4364, 4365, 4366, 4367, 4368, 4464, 4465, 4704, 4787, 4788, 4937, 4938)
2011 Ed. (168, 170, 171, 720, 2558, 2560, 2940, 2942, 3189, 3658, 4007, 4022, 4659)
2012 Ed. (181, 183, 184, 913, 914, 2871, 3729, 4003, 4004, 4060)
2013 Ed. (160, 161, 165, 2947, 3225, 3546, 4066, 4101)
2014 Ed. (125, 164, 165, 169, 2738, 2965, 3244, 3546, 4073, 4074, 4118)
2015 Ed. (191, 192, 196, 3034, 4055, 4056, 4057, 4100)
2016 Ed. (186, 187, 2930, 3961, 3962, 3963, 4014)
2017 Ed. (137, 174, 175, 2394, 2889, 3483, 3646, 3942, 3943, 3944, 4780)
2018 Ed. (136, 161, 162, 2956, 3963, 3964, 3965)
2019 Ed. (84, 133, 161, 162, 163, 3058, 3690, 3938, 3939, 3940)
2020 Ed. (153, 154, 2921, 3096, 3953, 3954, 3955, 4329)
2021 Ed. (3313, 3919, 3920, 3921, 4345)
2022 Ed. (3931, 3932, 3933, 4351)
2023 Ed. (2688, 3562, 3564, 4459, 4573)
Los Angeles-Central, CA
1996 Ed. (2864)
Los Angeles Civil Disturbance
2002 Ed. (2880)
Los Angeles Clippers
2016 Ed. (570)
2017 Ed. (599)
2018 Ed. (563)
2019 Ed. (582)
2020 Ed. (565)
2022 Ed. (557)
2023 Ed. (809)
Los Angeles Community Redevelopment Agency
1993 Ed. (1544)
1995 Ed. (1621, 2230)
1996 Ed. (2237)
Los Angeles Community Redevelopment Agency, CA
2000 Ed. (2621)
Los Angeles Co. Transportation Commission
1993 Ed. (3623)
Los Angeles Convention Center
1996 Ed. (1173)
1999 Ed. (1418)
2000 Ed. (1185)
2002 Ed. (1168)
Los Angeles Convention & Exhibition Authority, CA
1991 Ed. (2527)
Los Angeles Convention Exhibition Center Authority
1996 Ed. (2729)
Los Angeles County
2000 Ed. (3436, 3440, 3443)
Los Angeles County, CA
1991 Ed. (2511)
1992 Ed. (1714, 1715, 1716, 1717, 1718, 1720, 2579)
1993 Ed. (1426, 1427, 1428, 1432, 1434, 1435, 2141, 2621)
1994 Ed. (1475, 1476, 1477, 1482, 1483, 2166)
1995 Ed. (1510, 1511, 1514, 1515, 2217)
1996 Ed. (1468, 1469, 1470, 1471, 2226, 2237)
1997 Ed. (1537, 1538, 1539, 2352, 2848, 3559)
1998 Ed. (2359, 2561, 2564)
1999 Ed. (1764, 1766, 1767, 1768, 1769, 1770, 1771, 1772, 1773, 1774, 1775, 1776, 1777, 1778, 2008, 2830, 3473, 4630)
2000 Ed. (3188)
2002 Ed. (374, 1085, 1804, 1807, 2044,

2298, 2380, 2394, 2443, 3992, 4048, 4049)
2003 Ed. (3436, 3438, 3439, 3440, 4986)
2004 Ed. (794, 1004, 2643, 2704, 2718, 2807, 2858, 2966, 2982, 3521, 4182, 4183)
2005 Ed. (2203)
2009 Ed. (873)
2023 Ed. (2890)
Los Angeles County Deferred
2010 Ed. (2242)
2011 Ed. (2251)
Los Angeles County Department of Health Services
1994 Ed. (2576)
1995 Ed. (2631)
1996 Ed. (2706)
1997 Ed. (2828)
1998 Ed. (2554)
2002 Ed. (3296)
2003 Ed. (3471)
2006 Ed. (3590)
Los Angeles County Employees
2001 Ed. (3669, 3676)
2002 Ed. (3604, 3611)
2003 Ed. (1983)
2007 Ed. (2183, 2188)
Los Angeles County Fair
1990 Ed. (1727)
1992 Ed. (2066)
1993 Ed. (1709)
1994 Ed. (1725)
1995 Ed. (1733)
1996 Ed. (1718)
1997 Ed. (1805)
1998 Ed. (1518)
1999 Ed. (2086)
2000 Ed. (1888)
2002 Ed. (2215)
2003 Ed. (2417)
2005 Ed. (2524)
2006 Ed. (2534)
2007 Ed. (2513)
Los Angeles County Fair, Pomona
1991 Ed. (1635)
Los Angeles County, GOs
1997 Ed. (2845, 2846)
Los Angeles County Health Facility Authority
1991 Ed. (2774)
Los Angeles County Health Services Department
2000 Ed. (3185)
Los Angeles County Metropolitan Transportation Authority
1996 Ed. (832, 1062, 3739)
1997 Ed. (840)
1998 Ed. (537, 538, 2403)
1999 Ed. (956, 3989)
2000 Ed. (2994)
2001 Ed. (3158)
2002 Ed. (3905)
2003 Ed. (3240)
2004 Ed. (3296)
2005 Ed. (3309)
2006 Ed. (687, 3297)
2009 Ed. (1081)
2013 Ed. (1061)
2014 Ed. (1025)
2016 Ed. (968)
Los Angeles County MTA
1995 Ed. (852)
2000 Ed. (900)
Los Angeles County Museum of Art
1994 Ed. (892)
Los Angeles County Public Works Finance Authority
1997 Ed. (2844)
2000 Ed. (3203)
Los Angeles County-Rancho Los Amigos Med. Ctr.
2000 Ed. (2521)
Los Angeles County Sanitation District
1993 Ed. (3360)
Los Angeles County Sanitation Districts
1991 Ed. (3159)
Los Angeles County Transportation Commission
1992 Ed. (4031)
1993 Ed. (3361)
1995 Ed. (3663)
Los Angeles County-USC Medical Center
2000 Ed. (2515)
Los Angeles Daily News
1998 Ed. (77, 85)
Los Angeles Department of Airports, CA
1991 Ed. (3422)
Los Angeles-Dept. of Health; County of
1992 Ed. (3126)
Los Angeles Department of Water & Power
1990 Ed. (1595, 1596, 1597)
1991 Ed. (1486, 1494, 1495, 1496, 3159)
1992 Ed. (1893, 1894, 1895, 4030)
1993 Ed. (1548, 1554, 1555, 1556, 3360)
1994 Ed. (1591, 1592, 1593)
1995 Ed. (1634, 1635, 1636)
1996 Ed. (1610, 1611, 1612)
1998 Ed. (1381, 1382, 1383)

2014 Ed. (4115)
2016 Ed. (1417, 4011)
2017 Ed. (3984)
Los Angeles Dodgers
1998 Ed. (438)
2000 Ed. (703)
2001 Ed. (664)
2004 Ed. (656)
2005 Ed. (645)
2006 Ed. (547)
2007 Ed. (578)
2008 Ed. (529)
2009 Ed. (564)
2010 Ed. (547)
2011 Ed. (475)
2012 Ed. (431)
2013 Ed. (544)
2014 Ed. (559)
2015 Ed. (622)
2016 Ed. (569)
2017 Ed. (598, 4470, 4473, 4474)
2018 Ed. (4492)
2020 Ed. (4469)
2021 Ed. (535)
2023 Ed. (808)
Los Angeles Fire & Police
2000 Ed. (3436)
Los Angeles Firemen's Credit Union
1998 Ed. (1233)
2011 Ed. (1804, 2192)
2012 Ed. (2026, 2052)
2013 Ed. (2238)
2014 Ed. (2170)
Los Angeles Football Club
2020 Ed. (2512)
Los Angeles Harbor Department, CA
1999 Ed. (4658)
Los Angeles Hoy
2009 Ed. (3825)
2010 Ed. (2981)
2011 Ed. (2943)
Los Angeles Independent
2002 Ed. (3502)
Los Angeles Industrial Center
1990 Ed. (2180)
Los Angeles International
1989 Ed. (245)
1993 Ed. (168, 206)
1994 Ed. (152, 191, 194)
1995 Ed. (169, 194, 195, 199)
2000 Ed. (271)
2001 Ed. (353)
Los Angeles International Airport
1991 Ed. (214, 215, 216, 218)
1992 Ed. (306, 307, 308, 313)
1996 Ed. (196, 199, 201)
1997 Ed. (219, 220, 222)
1998 Ed. (146)
1999 Ed. (252)
2001 Ed. (349, 2374)
2020 Ed. (4329)
2021 Ed. (155, 158, 4345)
2022 Ed. (143, 147, 4351)
2023 Ed. (219, 221, 225)
Los Angeles International Airport (LAX)
2021 Ed. (4345)
2022 Ed. (4351)
Los Angeles Kings
2003 Ed. (4509)
2006 Ed. (2862)
2009 Ed. (3056)
2013 Ed. (2965)
2014 Ed. (2978)
2015 Ed. (3046)
2016 Ed. (2938)
2017 Ed. (2898)
2018 Ed. (2964)
2019 Ed. (2907)
2020 Ed. (2926)
2021 Ed. (2787)
2022 Ed. (2953)
Los Angeles Lakers
1998 Ed. (439)
2000 Ed. (704)
2001 Ed. (4345)
2003 Ed. (4508)
2004 Ed. (657)
2005 Ed. (646)
2006 Ed. (548)
2007 Ed. (579)
2008 Ed. (530)
2009 Ed. (565)
2010 Ed. (548)
2011 Ed. (476)
2012 Ed. (433)
2013 Ed. (546)
2014 Ed. (560)
2015 Ed. (623)
2016 Ed. (570)
2017 Ed. (599, 4473, 4474)
2018 Ed. (563, 4492, 4493)
2019 Ed. (582, 4485, 4486)
2020 Ed. (565)
2022 Ed. (557, 4474)
2023 Ed. (809)
Los Angeles Lee Federal Credit Union
2005 Ed. (308)

Los Angeles-Long Beach
1992 Ed. (2864, 2877)
2000 Ed. (2472, 2474, 2586, 3819, 3835, 4392)
Los Angeles-Long Beach-Anaheim, CA
1992 Ed. (2554)
2020 Ed. (81)
2021 Ed. (3367)
2022 Ed. (3417)
Los Angeles-Long Beach, CA
1989 Ed. (284, 738, 1265, 1491, 1492, 1560, 1577, 1625, 1627, 1628, 1644, 1645, 1646, 1647, 1952, 1956, 1958, 1959, 1960, 1961, 1962, 1963, 1964, 1965, 1966, 1967, 2051, 2317, 2774)
1990 Ed. (286, 291, 301, 401, 738, 1054, 1055, 1218, 1553, 1867, 1868, 1958, 1986, 2022, 2111, 2123, 2124, 2125, 2126, 2154, 2162, 2163, 2165, 2166, 2546, 2548, 2549, 2551, 2554, 2555, 2556, 2557, 2558, 2559, 2560, 2561, 2567, 2568, 3003, 3047, 3048)
1991 Ed. (275, 348, 715, 976, 977, 1102, 1455, 1782, 1783, 1863, 1888, 1915, 1916, 1940, 1965, 1972, 1973, 1974, 1975, 1982, 1983, 1984, 2000, 2006, 2007, 2009, 2010, 2424, 2425, 2427, 2430, 2431, 2432, 2433, 2434, 2436, 2437, 2439, 2440, 2441, 2442, 2443, 2444, 2445, 2446, 2857, 2861, 2864, 2890, 2892, 3248, 3288)
1992 Ed. (370, 374, 482, 897, 1086, 1213, 1214, 1440, 1797, 1850, 2254, 2255, 2287, 2352, 2377, 2415, 2416, 2514, 2521, 2535, 2536, 2542, 2549, 2580, 2581, 2583, 2584, 3035, 3040, 3049, 3050, 3051, 3055, 3056, 3057, 3058, 3059, 3236, 3399, 3623, 3694, 3696, 3698, 3702, 3734, 3736, 3752, 3809, 3953, 4159, 4265, 4403, 4437, 4446, 4449, 4450, 4456)
1993 Ed. (267, 347, 707, 709, 872, 884, 989, 1158, 1478, 1525, 1736, 1913, 1943, 1999, 2015, 2043, 2044, 2106, 2107, 2108, 2114, 2139, 2145, 2146, 2148, 2149, 2439, 2444, 2540, 2543, 2544, 2545, 2546, 2550, 2551, 2552, 2553, 2812, 3012, 3043, 3045, 3060, 3105, 3299, 3481, 3549, 3675, 3700, 3708, 3710, 3711, 3717)
1994 Ed. (256, 332, 718, 719, 975, 1017, 1188, 1524, 1566, 1935, 1936, 1971, 1992, 2027, 2062, 2063, 2129, 2142, 2143, 2162, 2169, 2170, 2172, 2174, 2372, 2378, 2383, 2386, 2488, 2489, 2490, 2492, 2494, 2497, 2499, 2500, 2501, 2502, 2503, 2811, 3056, 3058, 3068, 3104, 3105, 3121, 3151, 3293, 3456, 3508)
1995 Ed. (230, 231, 242, 245, 246, 257, 328, 676, 920, 928, 1026, 1027, 1202, 1555, 1609, 1668, 1964, 1966, 1995, 2048, 2080, 2113, 2115, 2116, 2181, 2183, 2184, 2213, 2219, 2220, 2222, 2223, 2451, 2459, 2464, 2467, 2553, 2554, 2555, 2557, 2558, 2560, 2561, 2562, 2563, 2571, 2900, 3102, 3104, 3113, 3149, 3150, 3173, 3195, 3369, 3522, 3567, 3593, 3715, 3735, 3742, 3745, 3746, 3747, 3753)
1996 Ed. (238, 239, 261, 343, 747, 897, 907, 1011, 1012, 1170, 1537, 1993, 1994, 2018, 2040, 2076, 2120, 2121, 2194, 2198, 2199, 2222, 2228, 2229, 2231, 2497, 2510, 2513, 2518, 2615, 2616, 2617, 2619, 2620, 2622, 2623, 2624, 2625, 2634, 2982, 3197, 3199, 3209, 3249, 3250, 3266, 3293, 3425, 3604, 3653, 3669, 3802, 3834, 3842, 3845, 3846, 3852)
1997 Ed. (270, 291, 322, 679, 928, 940, 1031, 1032, 1211, 1596, 1669, 2110, 2111, 2140, 2162, 2176, 2230, 2315, 2326, 2327, 2356, 2357, 2358, 2361, 2362, 2639, 2649, 2652, 2657, 2758, 2759, 2760, 2762, 2766, 2768, 2769, 2770, 2771, 2773, 2774, 2775, 2784, 3066, 3306, 3307, 3313, 3350, 3351, 3365, 3390, 3512, 3657, 3710, 3728, 3853, 3883, 3890, 3893, 3894, 3900)
1998 Ed. (474, 672, 684, 793, 1316, 1521, 1547, 1832, 2365, 2378, 2379, 2380, 2477, 2478, 3051, 3055, 3109, 3166, 3513, 3685, 3718, 3725, 3726, 3731, 3733)
1999 Ed. (356, 734, 797, 1059, 1070, 1158, 1846, 2099, 2126, 2590, 2684, 2686, 2687, 2714, 2758, 2832, 3195, 3211, 3212, 3213, 3214, 3215, 3378, 3379, 3380, 3381, 3382, 3383, 3384, 3385, 3386, 3387, 3388, 3390, 3391, 3392, 3393, 3394, 4051, 4055, 4125, 4150, 4580, 4728, 4766, 4773, 4774, 4778, 4779, 4807)
2000 Ed. (318, 331, 359, 747, 748, 802, 1006, 1010, 1115, 1117, 1158, 1662, 1713, 1908, 2306, 2330, 2392, 2416, 2580, 2604, 2606, 2614, 2938, 2950, 2951, 2952, 2953, 2954, 2955, 3105,

3110, 3111, 3112, 3113, 3114, 3115, 3116, 3117, 3119, 3120, 3121, 3508, 3766, 3770, 3771, 3865, 4014, 4207, 4234, 4357, 4396, 4397, 4402, 4403)
2001 Ed. (416, 715, 1013, 1153, 1154, 1155, 2080, 2363, 2596, 2722, 2757, 2783, 3102, 3120, 3121, 3219, 3291, 3292, 3718, 4049, 4089, 4143, 4164, 4504, 4678, 4679, 4680, 4708, 4790, 4791, 4792, 4793, 4836, 4848, 4849, 4850, 4851, 4852, 4853, 4854, 4855, 4856)
2002 Ed. (336, 376, 719, 774, 964, 965, 966, 1086, 1094, 1223, 2028, 2045, 2301, 2382, 2395, 2404, 2444, 2458, 2573, 3092, 3135, 3136, 3137, 3138, 3139, 3140, 3237, 3238, 3325, 3326, 3328, 3331, 3997, 3998, 4050, 4052, 4053, 4075, 4180, 4528, 4608, 4743, 4744, 4745, 4766, 4912, 4927, 4928, 4929, 4930, 4931, 4932, 4933, 4934, 4935)
2003 Ed. (260, 309, 352, 353, 705, 756, 777, 784, 901, 902, 903, 997, 998, 999, 1000, 1005, 1014, 1015, 1031, 1047, 1088, 1143, 1144, 2006, 2007, 2084, 2256, 2257, 2338, 2468, 2469, 2494, 2587, 2596, 2611, 2632, 2633, 2639, 2640, 2684, 2698, 2764, 2765, 2773, 2778, 2779, 2787, 2862, 2863, 2875, 3162, 3220, 3228, 3253, 3254, 3260, 3290, 3291, 3383, 3384, 3385, 3386, 3387, 3388, 3389, 3391, 3392, 3393, 3396, 3397, 3398, 3399, 3401, 3402, 3403, 3404, 3406, 3407, 3408, 3409, 3456, 3660, 3661, 3662, 3663, 3664, 3665, 3666, 3667, 3668, 3669, 3769, 3770, 4082, 4083, 4084, 4090, 4155, 4156, 4157, 4158, 4159, 4160, 4161, 4162, 4174, 4175, 4181, 4208, 4307, 4391, 4392, 4403, 4512, 4637, 4638, 4639, 4722, 4797, 4798, 4851, 4866, 4904, 4905, 4906, 4907, 4921, 4922, 4943, 4952, 4953, 4987)
2004 Ed. (190, 227, 268, 269, 335, 336, 337, 732, 766, 791, 796, 804, 919, 920, 926, 988, 989, 994, 995, 1001, 1006, 1016, 1017, 1018, 1036, 1054, 1109, 1146, 1147, 2052, 2053, 2265, 2266, 2419, 2601, 2602, 2630, 2646, 2702, 2706, 2711, 2719, 2731, 2751, 2752, 2762, 2763, 2801, 2809, 2854, 2855, 2860, 2872, 2873, 2874, 2887, 2900, 2901, 2951, 2952, 2983, 3219, 3262, 3280, 3353, 3354, 3449, 3450, 3451, 3452, 3453, 3454, 3455, 3457, 3458, 3459, 3462, 3463, 3464, 3466, 3467, 3468, 3469, 3470, 3472, 3473, 3474, 3475, 3519, 3522, 3715, 3716, 3717, 3718, 3719, 3720, 3721, 3722, 3723, 3724, 3725, 3799, 3800, 4110, 4111, 4112, 4113, 4116, 4168, 4170, 4171, 4172, 4173, 4174, 4175, 4176, 4177, 4178, 4185, 4186, 4201, 4202, 4210, 4211, 4231, 4317, 4408, 4409, 4418, 4479, 4617, 4618, 4619, 4700, 4782, 4783, 4834, 4835, 4836, 4846, 4894, 4895, 4896, 4897, 4914, 4915, 4947, 4953, 4954, 4955, 4956, 4972, 4973)
2005 Ed. (910, 911, 921, 3064, 3338, 4825, 4826, 4827, 4927, 4933, 4934, 4935, 4936, 4937, 4938, 4972, 4973, 4974)
2006 Ed. (749, 2970, 3327)
2017 Ed. (4149)
Los Angeles-Long Beach-Glendale, CA
2012 Ed. (4814)
2019 Ed. (2720, 3524, 3871)
Los Angeles-Long Beach-Santa Ana, CA
2006 Ed. (261, 676, 1019, 2620, 2673, 2698, 2868, 3321, 3473, 3474, 3476, 3477, 3478, 3578, 3796, 4098, 4141, 4142, 4143)
2007 Ed. (217, 268, 772, 1105, 2597, 2658, 2692, 2858, 3498, 3499, 3501, 3502, 3503, 3643, 3802, 4120, 4164, 4165, 4166, 4809, 4877, 4885)
2008 Ed. (18, 204, 4100, 4748)
2009 Ed. (228, 4351, 4767, 4777)
2011 Ed. (4270)
2012 Ed. (4610)
2018 Ed. (4772)
Los Angeles Magazine
2007 Ed. (1609, 1710, 4019, 4049)
2008 Ed. (150, 1597, 4085)
2009 Ed. (1535, 4199)
2010 Ed. (1529, 4134, 4135)
2011 Ed. (1525)
Los Angeles Medical Center; University of California,
2016 Ed. (2987, 2989)
Los Angeles Metropolitan Transportation Authority
2008 Ed. (756)
2009 Ed. (751)
2010 Ed. (696)
2011 Ed. (624)
2012 Ed. (594)

2013 Ed. (729)
2014 Ed. (751)
2015 Ed. (789)
2016 Ed. (709)
2017 Ed. (770)
2018 Ed. (703)
2019 Ed. (717)
2020 Ed. (708)
2021 Ed. (714)
Los Angeles Municipal Improvement Corp., CA
1991 Ed. (2526)
Los Angeles-Orange County, CA
2002 Ed. (4734)
2005 Ed. (4816)
2006 Ed. (3975)
Los Angeles, Orange, and Riverside Counties
1990 Ed. (2442)
Los Angeles-Pasadena-Whittier, CA
1995 Ed. (1620)
Los Angeles Police Federal Credit Union
2011 Ed. (1518)
2012 Ed. (1662)
2014 Ed. (1411)
Los Angeles Rams
2018 Ed. (2749)
2019 Ed. (2732)
2020 Ed. (2762)
2021 Ed. (2637)
2022 Ed. (2762)
2023 Ed. (2896)
Los Angeles Realty Services Inc.
1990 Ed. (2954)
Los Angeles riots
1994 Ed. (1535, 1536)
Los Angeles-Riverside-Orange County, CA
2008 Ed. (4358)
2017 Ed. (4428)
Los Angeles-San Bernadino, CA
1995 Ed. (2808)
Los Angeles-San Francisco
1991 Ed. (195)
Los Angeles-San Francisco, CA
1992 Ed. (267)
Los Angeles Schools
1991 Ed. (2929)
Los Angeles-South Bay, CA
1995 Ed. (2808)
1996 Ed. (2864)
Los Angeles Sports Arena
1989 Ed. (992)
Los Angeles State Building Authority
1991 Ed. (2774)
Los Angeles Teachers Credit Union
1998 Ed. (1233)
Los Angeles Times
1990 Ed. (2692, 2693, 2697, 2703, 2704, 2706)
1991 Ed. (2603, 2604, 2606, 2609)
1992 Ed. (3237, 3238, 3241, 3243)
1993 Ed. (2724)
1996 Ed. (2847)
1997 Ed. (2943)
1998 Ed. (76, 78, 83, 84, 85, 2682)
1999 Ed. (3613, 3614, 3620)
2000 Ed. (3334, 3338)
2001 Ed. (261)
2002 Ed. (3501, 3504, 3512)
2003 Ed. (3643, 3647)
2009 Ed. (3824)
2010 Ed. (3752, 3753)
2011 Ed. (80, 3753, 3754)
2012 Ed. (3758, 3759)
2013 Ed. (3833)
2014 Ed. (3754)
2015 Ed. (3777)
Los Angeles Times Syndicate
1989 Ed. (2047)
Los Angeles Unified School District
1990 Ed. (3106, 3107)
1991 Ed. (2926, 2927)
1992 Ed. (3802)
1993 Ed. (3099, 3102)
1994 Ed. (3146)
1995 Ed. (3187)
1996 Ed. (3288)
1997 Ed. (3385)
1998 Ed. (3160)
1999 Ed. (4144)
2000 Ed. (3859, 3860)
2002 Ed. (3917)
2004 Ed. (4311)
Los Angeles University School District
1995 Ed. (3190)
Los Angeles, CA
1992 Ed. (1014, 2907)
Los Aztecas Industrial Park
1997 Ed. (2373)
Los Bukis
2023 Ed. (1177)
Los Bukis (Chicago, IL)
2023 Ed. (1178)
Los Bukis (Inglewood, CA)
2023 Ed. (1178)
Los Bukis (Oakland, CA)
2023 Ed. (1178)

Los Cangris Publishing
2014 Ed. (3720)
Los Cerritos Center
1994 Ed. (3300)
1995 Ed. (3377)
1999 Ed. (4310)
2000 Ed. (4030)
Los Gatos Research Inc.
2014 Ed. (4231)
Los Ninos Services
2009 Ed. (1937)
Los Portales Holding
2006 Ed. (1848, 1853)
Los York
2018 Ed. (54, 3994)
Losada Auto Truck Inc.
2004 Ed. (304)
2005 Ed. (297)
2006 Ed. (316)
Losango
2010 Ed. (1508)
Losartan Pot
2023 Ed. (2393)
Losberger De Boer
2020 Ed. (3354)
Loscher; Peter
2010 Ed. (2559)
Lose It
2011 Ed. (4959)
Lose Your Anger
2008 Ed. (4812)
Losec
2000 Ed. (1708)
2003 Ed. (2114, 2115, 2116)
Loss Control Associates Inc.
2009 Ed. (762)
2010 Ed. (705)
2011 Ed. (636)
Lost
2007 Ed. (2845, 4512)
The Lost Bank
2014 Ed. (646)
The Lost Cajun
2020 Ed. (4211)
2021 Ed. (4110, 4178)
The Lost Heir
2021 Ed. (556)
Lost In Space
2001 Ed. (4693)
Lost My Name
2017 Ed. (3467)
Lost Ocean
2018 Ed. (586)
The Lost Symbol
2011 Ed. (493)
2012 Ed. (455, 521)
Lost in Translation
2005 Ed. (3518)
The Lost World
1999 Ed. (694)
Lost World: Jurassic Park
1999 Ed. (3447, 3448, 3450, 4717, 4719)
2001 Ed. (4695)
LOT
1990 Ed. (228)
Lotemax/Ophthalmic Corticosteroid
2000 Ed. (3379)
Loteria de Conception
1994 Ed. (19)
Loteria Nacional
2005 Ed. (35)
2006 Ed. (42)
2007 Ed. (33)
2008 Ed. (37)
Loterie Chaquena
1989 Ed. (15)
Loterie Nationale
1989 Ed. (30)
1990 Ed. (27)
1992 Ed. (3943)
2008 Ed. (62)
2009 Ed. (71)
Loterija Slovenije
2001 Ed. (78)
2004 Ed. (83)
Lotfi Double Kanon
2013 Ed. (3473)
Lothar
2002 Ed. (1986, 4907)
Lothar and Anne Rosenthal
1994 Ed. (899)
Lothar Maier
2011 Ed. (842)
Lothar; Winterstorm
2005 Ed. (884)
Lothson; David
1993 Ed. (1801)
1994 Ed. (1784, 1828)
1995 Ed. (1868)
1997 Ed. (1869, 1921)
Lotion, hand & body
2002 Ed. (4285)
2003 Ed. (4439)
2004 Ed. (4431)
Lotions, baby
2002 Ed. (422)

LotLinx
2020 Ed. (1591)
Loto-Québec
2023 Ed. (232)
Loto-Quebec
2016 Ed. (3346)
2017 Ed. (184)
2018 Ed. (172)
2019 Ed. (174)
2020 Ed. (175)
2021 Ed. (174, 4708)
2022 Ed. (167, 4710)
Lotos
2015 Ed. (1613, 2535)
2016 Ed. (2464)
2017 Ed. (1529, 2315)
2018 Ed. (2359)
LOTOS; Grupa
2020 Ed. (1869)
Lotos; Grupa
2014 Ed. (1953, 3910)
2015 Ed. (1997)
Lotos Paliwa Sp Zoo
2012 Ed. (1858)
2013 Ed. (2018)
Lotos SA; Grupa
2013 Ed. (3597)
LOTOS Spolka Akcyjna; Grupa
2015 Ed. (2533)
Lotrimin
1992 Ed. (365)
1993 Ed. (255)
1996 Ed. (1957)
1999 Ed. (2486)
2001 Ed. (2494)
Lotrimin AF
1996 Ed. (249)
1998 Ed. (1747)
1999 Ed. (305)
2000 Ed. (2247)
2001 Ed. (2491, 2492)
2002 Ed. (2317)
2003 Ed. (3773, 4429)
2004 Ed. (2672)
2017 Ed. (2616)
2018 Ed. (2678)
2020 Ed. (2672)
2021 Ed. (2582)
Lotrimin AG
2003 Ed. (2537)
Lotrimin Ultra
2004 Ed. (2671, 2672)
Lotrisone
2001 Ed. (2495)
Lotrobe Brewing
1991 Ed. (742)
Lotronex
2002 Ed. (3754)
Lotsoff Capital Management
1998 Ed. (2272)
Lotsoff Capital Mgmt.
1990 Ed. (2335)
Lott Group
1994 Ed. (1138)
Lott; Senator Trent
2007 Ed. (2706)
Lotte
1992 Ed. (1661)
1996 Ed. (1176)
1999 Ed. (1575, 2773)
2000 Ed. (2548)
2009 Ed. (4318, 4331)
2014 Ed. (688)
2015 Ed. (730)
2020 Ed. (2749)
2021 Ed. (2617)
Lotte Chemical
2014 Ed. (928)
2015 Ed. (925, 949)
2016 Ed. (829, 859, 2007)
2017 Ed. (886, 917)
2018 Ed. (849)
2019 Ed. (836, 837, 861)
2020 Ed. (848, 852)
2021 Ed. (850)
Lotte Chemical Corp.
2016 Ed. (828)
2017 Ed. (885)
Lotte Chemical Titan Nusantara
2018 Ed. (806)
Lotte Chilsung
1992 Ed. (62)
Lotte Confectionary
1989 Ed. (40)
1991 Ed. (33)
1992 Ed. (62)
Lotte Department Store
2021 Ed. (660)
Lotte Duty Free
2013 Ed. (159)
2014 Ed. (163)
2015 Ed. (190)
2016 Ed. (185)
2017 Ed. (173)
2018 Ed. (160)
2019 Ed. (160)
2020 Ed. (152)
2021 Ed. (149)

2022 Ed. (136)
2023 Ed. (213)
Lotte Group
　1993 Ed. (40, 977)
　1994 Ed. (30)
　2001 Ed. (51)
　2004 Ed. (85)
　2005 Ed. (80)
　2008 Ed. (85)
　2009 Ed. (94)
　2014 Ed. (700)
　2015 Ed. (747, 4259)
　2016 Ed. (674, 4164)
　2017 Ed. (717, 4143)
　2018 Ed. (666)
　2019 Ed. (679)
　2020 Ed. (161, 2726)
Lotte Shopping
　2017 Ed. (2489)
　2018 Ed. (2545, 4249)
　2019 Ed. (4280)
　2023 Ed. (2741)
Lotte Shopping Co., Ltd.
　2000 Ed. (1502, 1506)
　2005 Ed. (4128, 4129)
　2010 Ed. (4308, 4347)
　2012 Ed. (2124, 2125, 3045, 4362)
　2013 Ed. (2319, 2323, 3127, 4294, 4341)
　2014 Ed. (2253, 4392)
　2015 Ed. (2322)
　2016 Ed. (2276, 4247, 4277)
　2017 Ed. (2129, 4265)
　2018 Ed. (2175)
　2019 Ed. (2166)
　2020 Ed. (2163)
　2021 Ed. (2488)
　2022 Ed. (2600, 4262)
Lotte World
　1994 Ed. (219)
　1995 Ed. (218, 220)
　1996 Ed. (220)
　1997 Ed. (252)
　1999 Ed. (273)
　2000 Ed. (301)
　2001 Ed. (382)
　2002 Ed. (310, 313)
　2003 Ed. (272, 275)
　2005 Ed. (248, 250)
　2006 Ed. (267, 269)
　2007 Ed. (272)
Lotteria
　2016 Ed. (4163)
　2017 Ed. (4141)
Lotteries
　1990 Ed. (1872, 1873)
　1992 Ed. (2256)
Lotteries Commission New Zealand
　2003 Ed. (1621)
　2004 Ed. (1641)
Lottery
　1995 Ed. (1968)
　1996 Ed. (1169)
Lottery tickets
　2003 Ed. (4642)
Lotto
　1996 Ed. (2554)
Lotto Arena
　2014 Ed. (1104)
　2018 Ed. (1012)
Lotto/Spiel
　2000 Ed. (3013)
Lotto24
　2019 Ed. (2803)
Lottoland
　2018 Ed. (4730)
　2019 Ed. (2803)
　2020 Ed. (2829)
Lottomatica
　1996 Ed. (2552)
Lottomatica SpA
　2008 Ed. (1424)
Lotus
　1993 Ed. (2800)
　1994 Ed. (1096, 1881)
　1995 Ed. (20, 1088, 1111)
　1996 Ed. (1072, 1089, 1948)
　2014 Ed. (270)
Lotus 1-2-3
　1989 Ed. (2526)
　1990 Ed. (3343)
　1992 Ed. (1334, 4056)
　1993 Ed. (1071)
　1994 Ed. (1094)
　1995 Ed. (1108, 1109, 1112)
　1996 Ed. (1088)
　1997 Ed. (1104)
Lotus 1-2-3 Release 4 for Windows
　1996 Ed. (1086)
Lotus AMI Pro.
　1994 Ed. (3673)
　1995 Ed. (1107)
Lotus Automation
　2018 Ed. (1640)
Lotus' CC: Mail
　1994 Ed. (1621)
Lotus Chinese Food
　1992 Ed. (2172)

Lotus Development Corp.
　1989 Ed. (1311, 1323, 2101, 2670)
　1990 Ed. (2581, 2754)
　1991 Ed. (1034, 1035, 1036, 1514, 2655, 2660, 2840, 2842, 2855)
　1992 Ed. (1328, 1329, 1330, 1332, 1333, 3672, 3674, 3684)
　1993 Ed. (1070, 1072, 1073, 3003)
　1994 Ed. (1091, 1093, 1097)
　1995 Ed. (21, 1097, 1110, 1114, 1276, 2240, 2255)
　1996 Ed. (1073, 1087, 1275, 2247, 3509)
　1997 Ed. (30, 1108, 2205, 2979)
　2002 Ed. (4871, 4882)
Lotus Group International Ltd.
　2019 Ed. (1108)
Lotus Hispanic Reps
　1990 Ed. (2939)
　1991 Ed. (2794)
Lotus Notes
　1994 Ed. (1621)
　1997 Ed. (1104)
Lotus Pacific Inc.
　2002 Ed. (3560)
Lotus Timber OU
　2017 Ed. (1523)
LotusWorks
　2018 Ed. (1640)
Lou Ana
　2014 Ed. (3769)
　2015 Ed. (3788)
　2016 Ed. (3702)
Lou Dobbs Moneyline
　2003 Ed. (807, 808)
　2004 Ed. (849, 850)
Lou Dobbs Tonight
　2005 Ed. (823)
　2006 Ed. (750)
　2007 Ed. (843)
　2008 Ed. (809)
　2009 Ed. (834)
Lou Ehlers Cadillac-Sterling
　1990 Ed. (319)
Lou Gerstner
　2010 Ed. (891)
Lou Grubb-Chevrolet
　1989 Ed. (283)
Lou Hammond & Associates
　1998 Ed. (1961, 3618)
　1999 Ed. (3922, 3925)
　2000 Ed. (3639, 3641)
　2002 Ed. (3833, 3836)
　2003 Ed. (3984, 3991, 3993)
　2004 Ed. (3990, 3997)
　2005 Ed. (3956, 3958)
　2011 Ed. (4111, 4115)
　2012 Ed. (4141, 4145)
　2013 Ed. (4137, 4149)
　2014 Ed. (4153, 4166)
　2015 Ed. (4147)
　2016 Ed. (4050, 4061)
　2017 Ed. (4032)
Lou Hammond Group
　2018 Ed. (4056)
　2019 Ed. (4049)
　2020 Ed. (4060)
　2021 Ed. (4032)
　2022 Ed. (4051)
　2023 Ed. (4156)
Lou Holland Growth
　2011 Ed. (3725)
Lou Jiwei
　2010 Ed. (702)
Lou Malnati's
　2022 Ed. (3908)
Lou Sobh Automotive
　2002 Ed. (2562)
　2003 Ed. (2746)
　2005 Ed. (2838)
　2006 Ed. (2839)
　2008 Ed. (2960)
　2009 Ed. (3039)
Lou Sobh Pontiac Buick GMC
　1999 Ed. (318)
　2000 Ed. (330)
Lou-Tec
　2021 Ed. (3287)
Loucks, Jr.; Vernon R.
　1990 Ed. (973, 1720)
　1991 Ed. (926)
　1992 Ed. (1143, 2059)
Loud Technologies
　2008 Ed. (2143)
　2010 Ed. (2061, 2063)
　2011 Ed. (2116, 2118)
　2015 Ed. (3722)
Loudeye Corp.
　2006 Ed. (2075, 4296)
Loudoun County, VA
　1994 Ed. (239, 1480)
　2009 Ed. (2391)
Loudoun Hospital Center
　2010 Ed. (2080)
Loudoun, VA
　1990 Ed. (2157)
　2000 Ed. (1593)
Loughlin; Sandra
　2023 Ed. (1311)

Louie; Brandt
　2005 Ed. (4872)
Louie Co.; H. Y.
　2005 Ed. (1666, 1667)
　2006 Ed. (1573)
Louis
　2006 Ed. (1038, 4496)
Louis Bacon
　1995 Ed. (1870)
　2008 Ed. (4902)
Louis Baldwin
　2006 Ed. (981)
　2007 Ed. (1075)
　2008 Ed. (965)
　2010 Ed. (917)
Louis Berger
　2015 Ed. (1902)
　2020 Ed. (2499)
Louis Berger Group Inc.
　1991 Ed. (1555, 1556, 1558, 1559, 1562)
　1997 Ed. (1739, 1740)
　1998 Ed. (1455)
　2000 Ed. (1803, 1806, 1808, 1812, 1820, 1821)
　2001 Ed. (2244)
　2002 Ed. (2137, 2140, 2153)
　2003 Ed. (2302, 2306, 2307, 2309, 2310, 2316, 2319, 2321)
　2004 Ed. (2327, 2330, 2349, 2351, 2353, 2355, 2356, 2373, 2381, 2388, 2390, 2391, 2392, 2397, 2400, 2402)
　2005 Ed. (2422, 2423, 2424, 2429, 2432, 2434)
　2006 Ed. (2462, 2463, 2464, 2469, 2472, 2474, 2475)
　2007 Ed. (2414, 2423, 2427, 2428, 2432, 2434, 2437, 2438, 2439, 2440, 2442)
　2008 Ed. (2511, 2521, 2536, 2541, 2550, 2554, 2555, 2559, 2561, 2562, 2564, 2565, 2566, 2567, 2569, 2598)
　2009 Ed. (2547, 2557, 2562, 2563, 2567, 2569, 2572, 2574, 2575, 2577, 2626)
　2010 Ed. (2463, 2473, 2474, 2478, 2485, 2488, 2489, 2490, 2491, 2493)
　2011 Ed. (1335, 2480, 2486, 2496, 2498, 2499, 2501)
　2012 Ed. (1201, 2388, 2397, 2398, 2405, 2412, 2415, 2416, 2417, 2418, 2420)
　2013 Ed. (1315)
　2014 Ed. (1249)
The Louis Berger Group Inc.
　2013 Ed. (2559, 2567, 2586, 2587, 2588)
　2014 Ed. (2488, 2496)
　2015 Ed. (2562, 2570)
　2016 Ed. (2483, 2492, 2539)
　2017 Ed. (2339, 2348, 2429)
　2018 Ed. (2406, 2415, 2476)
　2019 Ed. (2452, 2461)
Louis Berger International
　1992 Ed. (1949, 1952, 1953, 1961, 1962, 1965)
　1993 Ed. (1608, 1613, 1614, 1617)
　1994 Ed. (1639, 1640, 1644, 1646, 1649)
　1995 Ed. (1678, 1679, 1684, 1685, 1688, 1697, 1699)
　1996 Ed. (1661, 1662, 1666, 1667, 1670, 1679, 1681)
　1997 Ed. (1746, 1747, 1750, 1754, 1760, 1762)
　1998 Ed. (1442, 1443)
　1999 Ed. (2026, 2029)
Louis Berger Intl. Inc.
　1990 Ed. (1671)
Louis Boston
　2008 Ed. (1001)
Louis Bruni
　2004 Ed. (2843)
Louis C. Camerilli
　2000 Ed. (1050)
Louis C. Camilleri
　2007 Ed. (1025)
　2008 Ed. (947)
　2010 Ed. (898, 907)
　2011 Ed. (832)
　2012 Ed. (793)
Louis C. K.
　2013 Ed. (2481)
　2015 Ed. (2602)
Louis Caldera
　2007 Ed. (1444)
　2008 Ed. (1428)
　2010 Ed. (1388)
Louis Chenevert
　2010 Ed. (902)
　2015 Ed. (968)
Louis Cruise Lines Ltd.
　2002 Ed. (4404, 4405)
Louis Delhaize SA
　2013 Ed. (4320)
　2014 Ed. (4371)
　2016 Ed. (4257)
　2017 Ed. (4244)
Louis Dreyfus
　2014 Ed. (1738)
　2020 Ed. (2719, 2736)
　2023 Ed. (1892, 2882)
Louis Dreyfus BV
　2017 Ed. (3982)

Louis Dreyfus Commodities
　2016 Ed. (1840)
　2017 Ed. (1801, 2654)
　2018 Ed. (1751, 2496, 2716)
　2019 Ed. (2522)
Louis Dreyfus Co.
　2019 Ed. (1808, 2701)
　2020 Ed. (1753, 2513, 2734)
　2021 Ed. (1723, 2434, 2621)
　2022 Ed. (1756, 2748, 2750)
Louis Dreyfus Company
　2021 Ed. (2434)
　2022 Ed. (1758)
　2023 Ed. (2689)
Louis Dreyfus Company B.V.
　2021 Ed. (2478)
　2022 Ed. (2590)
Louis Dreyfus Corp.
　2000 Ed. (1893)
　2006 Ed. (2541)
　2011 Ed. (1599)
Louis-Dreyfus; Gerard
　2008 Ed. (4866)
Louis Dreyfus Group
　2016 Ed. (4008)
Louis Dreyfus Holding B.V.
　2023 Ed. (2733)
Louis Dreyfus Holding BV
　2012 Ed. (1740, 4937)
　2013 Ed. (1906, 4925)
　2017 Ed. (2482)
　2018 Ed. (1508, 2537, 2568)
Louis Dreyfus Holding Co.
　2004 Ed. (1350)
　2005 Ed. (1366)
Louis-Dreyfus; Margarita
　2014 Ed. (4493, 4922)
　2015 Ed. (4962)
　2016 Ed. (4878)
　2017 Ed. (4878)
　2018 Ed. (4890)
　2019 Ed. (4882)
　2020 Ed. (4871)
　2021 Ed. (4872)
Louis Dreyfus Plastics LLC
　2003 Ed. (1660)
Louis F. Bantle
　1994 Ed. (947, 1714)
Louis Gerstner
　2001 Ed. (1217, 1218)
Louis Gonda
　2002 Ed. (3345)
　2006 Ed. (4908)
Louis Hand
　1997 Ed. (2317)
Louis-Hansen; Niels Peter
　2010 Ed. (4887)
　2011 Ed. (4875)
　2012 Ed. (4884)
　2013 Ed. (4868)
　2014 Ed. (4882)
　2015 Ed. (4920)
　2016 Ed. (4836)
　2017 Ed. (4844)
　2018 Ed. (4851)
　2019 Ed. (4846)
　2020 Ed. (4835)
　2021 Ed. (4836)
　2022 Ed. (4829)
　2023 Ed. (4824)
Louis Harris & Associates
　1992 Ed. (2977)
　1993 Ed. (2996)
　1995 Ed. (3090)
　1996 Ed. (3191)
Louis J. Grasmick Lumber
　2016 Ed. (2865)
　2018 Ed. (2890, 2891)
　2019 Ed. (2844, 2845)
　2021 Ed. (2750)
Louis J. Nicastro
　1996 Ed. (1715)
Louis J. Rampino
　2000 Ed. (1886)
Louis Jadot
　1990 Ed. (3696)
　1995 Ed. (3772)
　1996 Ed. (3857, 3860, 3866, 3869)
　1997 Ed. (3907)
　1998 Ed. (3742, 3754)
　1999 Ed. (4788, 4796)
　2000 Ed. (4415, 4423)
　2001 Ed. (4882, 4890)
　2002 Ed. (4944, 4957)
　2005 Ed. (4954, 4966)
Louis Kemp Crab Delights
　2022 Ed. (4336)
　2023 Ed. (4366)
Louis Kemp Seafood Co.
　2017 Ed. (4310)
Louis Lavigne Jr.
　2006 Ed. (950)
Louis London
　1992 Ed. (3760)
Louis M. Soleo
　1995 Ed. (2485)
Louis Manoogian Simone Foundation
　2000 Ed. (2261)

Louis; Michael W.
  1992 Ed. (1093, 1280)
Louis P. Ciminelli Construction Cos.
  2003 Ed. (1249)
Louis Public Co., Ltd.
  2009 Ed. (1624)
  2011 Ed. (1602)
Louis R. Chenevert
  2011 Ed. (848)
Louis Rich
  1994 Ed. (1858, 2450)
  1995 Ed. (1940)
  2001 Ed. (3233)
  2002 Ed. (423, 3272)
  2008 Ed. (335, 3606, 3608)
  2009 Ed. (3685)
Louis Rich Carving Board
  2002 Ed. (1330, 3272)
  2004 Ed. (1371)
Louis Rich Oscar Mayer
  2011 Ed. (2762)
  2012 Ed. (280)
  2013 Ed. (283)
Louis Roederer
  1993 Ed. (876)
  1999 Ed. (1062, 1065)
  2000 Ed. (1008)
  2001 Ed. (1160, 1161, 1162, 1163)
  2002 Ed. (968, 972, 974)
  2004 Ed. (924)
  2005 Ed. (915, 916)
Louis Stokes Cleveland VA Medical Center
  2015 Ed. (3147)
Louis V. Gerstner
  1997 Ed. (982)
Louis V. Gerstner Jr.
  1996 Ed. (709, 959, 964, 966)
  2000 Ed. (796, 1044, 1046)
  2002 Ed. (2182, 2183)
  2003 Ed. (787, 958, 959, 960, 2371, 2394, 4684)
Louis Vuitton
  1991 Ed. (2298)
  2007 Ed. (685, 686, 687, 3398)
  2008 Ed. (650, 651, 657, 658, 3529)
  2009 Ed. (662, 663, 671, 672, 3588)
  2010 Ed. (629, 3507)
  2011 Ed. (562, 563, 2051, 3510)
  2012 Ed. (545, 3508)
  2013 Ed. (661, 2967, 2970, 3548)
  2014 Ed. (664, 681, 2981, 3524, 3525)
  2015 Ed. (733, 760, 3049, 3540)
  2016 Ed. (684, 2940)
  2017 Ed. (704, 2502, 2899, 3349, 3350)
  2018 Ed. (653, 895, 3413)
  2019 Ed. (897, 2190)
  2020 Ed. (649, 660, 885, 3387, 3388)
  2021 Ed. (619, 634, 889, 897, 902, 3397, 3407, 3408)
  2022 Ed. (645, 726, 919, 930, 3453, 3462, 3463)
  2023 Ed. (865, 1086, 1095, 3569, 3575)
Louis Vuitton (France)
  2021 Ed. (902, 3407, 3408)
  2022 Ed. (930, 3463)
Louis Vuitton Japan
  2012 Ed. (842)
  2013 Ed. (1017)
Louis W. Bossie
  1992 Ed. (531)
Louis Wilsenach Group
  1993 Ed. (136)
  1994 Ed. (115)
Louisa
  2022 Ed. (2805)
Louise MacBain
  2008 Ed. (897)
Louisiana
  1989 Ed. (746, 1668, 1898, 1900, 2028, 2532, 2533, 2539, 2542, 2558, 2561, 2615, 2619)
  1990 Ed. (435, 744, 823, 1748, 2219, 2410, 3351, 3354, 3362, 3364, 3365, 3366, 3368, 3381, 3384, 3385, 3393, 3395, 3505)
  1991 Ed. (726, 788, 790, 791, 2162, 2532, 2815, 2916, 3176, 3186, 3205, 3206, 3208, 3345)
  1992 Ed. (908, 967, 968, 976, 2651, 2918, 2931, 2932, 2933, 3360, 3542, 4083, 4103, 4106, 4107, 4109, 4112, 4123, 4314)
  1993 Ed. (364, 724, 2151, 2613, 3411, 3413, 3414, 3415, 3417, 3419, 3420, 3430, 3439, 3621, 3718)
  1994 Ed. (977, 2382, 3388, 3401, 3402, 3403, 3404, 3405, 3410, 3425)
  1995 Ed. (675, 1762, 2462, 2463, 3460, 3472, 3473, 3474, 3475, 3476, 3480, 3481, 3498, 3748, 3749)
  1996 Ed. (36, 1644, 2091, 2509, 2512, 3540, 3553, 3554, 3555, 3556, 3557, 3561, 3562, 3577, 3847, 3848)
  1997 Ed. (1, 2651, 3148, 3228, 3562, 3567, 3569, 3580, 3593, 3594, 3595, 3596, 3597, 3599, 3601, 3602, 3603, 3616, 3895, 3896)
  1998 Ed. (466, 481, 1799, 2386, 2418, 2561, 2926, 2971, 3374, 3375, 3382, 3386, 3395, 3466, 3611, 3627, 3734)
  1999 Ed. (2095, 2911, 3218, 3224, 3225, 3227, 3270, 4409, 4412, 4414, 4418, 4419, 4425, 4440, 4444, 4448, 4449, 4460, 4461, 4466, 4468, 4537, 4775, 4780)
  2000 Ed. (276, 751, 1791, 2328, 2957, 2963, 2964, 2966, 3009, 3689, 4096, 4105, 4107, 4112, 4113, 4180, 4269, 4290, 4399, 4406)
  2001 Ed. (361, 721, 1131, 1201, 1304, 1305, 1423, 1426, 2131, 2149, 2151, 2218, 2219, 2398, 2415, 2416, 2418, 2577, 2580, 2581, 2591, 2592, 2598, 2806, 2997, 2998, 3123, 3169, 3295, 3524, 3525, 3526, 3527, 3573, 3574, 3616, 3632, 3639, 3730, 3731, 3735, 3736, 3737, 3738, 3747, 3748, 3768, 3769, 3770, 3771, 3781, 3782, 3804, 3809, 3810, 3965, 4140, 4141, 4157, 4158, 4171, 4173, 4224, 4231, 4232, 4258, 4259, 4311, 4584, 4637, 4657, 4734, 4738, 4739, 4740, 4741, 4742, 4795, 4800, 4862, 4863, 4864, 4929)
  2002 Ed. (457, 460, 864, 948, 1112, 1177, 1802, 1904, 1905, 1906, 2119, 2120, 2400, 2402, 2403, 2736, 2741, 2848, 2877, 2881, 2882, 2883, 2895, 2896, 2919, 2946, 2971, 2983, 3114, 3126, 3128, 3129, 3200, 3240, 3730, 3735, 3804, 4063, 4074, 4102, 4103, 4140, 4166, 4328, 4377, 4521, 4537, 4551, 4706, 4776, 4779, 4914, 4916, 4919)
  2003 Ed. (354, 397, 398, 399, 415, 1061, 1082, 1083, 2613, 2828, 2886, 3003, 3263, 3628, 3904, 3905, 3906, 3907, 3908, 3910, 3911, 3913, 3914, 4232, 4251, 4284, 4290, 4416, 4417, 4482, 4821, 4911, 4914, 4954, 4956)
  2004 Ed. (1037, 1038, 1094, 1095, 1096, 1097, 1098, 1904, 2297, 2309, 2310, 2318, 2733, 2981, 3092, 3120, 3278, 3300, 3426, 3671, 3675, 3837, 4252, 4271, 4292, 4298, 4453, 4504, 4515, 4819, 4902, 4957, 4959)
  2005 Ed. (404, 1100, 1101, 2034, 2987, 2988, 3589, 4203, 4204, 4225, 4231, 4400, 4601, 4794, 4939, 4942)
  2006 Ed. (1095, 1096, 2100, 2756, 2983, 3104, 3131, 3136, 3257, 3690, 3906, 3950, 4014, 4417, 4477)
  2007 Ed. (1201, 2078, 2308, 2373, 3016, 3685, 4046, 4479)
  2008 Ed. (1106, 1107, 2434, 2435, 2806, 3135, 3281, 3779, 4082, 4463, 4787)
  2009 Ed. (1084, 1085, 2400, 2438, 2441, 2504, 3218, 3298, 3336, 3337, 3477, 3579, 3812, 3814, 4195, 4244, 4497)
  2010 Ed. (1060, 2106, 2313, 2319, 2320, 2359, 2362, 2419, 2421, 2571, 2578, 2775, 3148, 3150, 3225, 3273, 3275, 3361, 3410, 3741, 3742, 4130, 4176, 4539, 4669)
  2011 Ed. (748, 998, 2159, 2315, 2316, 2355, 2358, 2422, 2424, 2548, 2553, 2765, 3115, 3117, 3188, 3242, 3244, 3316, 3468, 3741, 3742, 4095, 4483, 4618)
  2012 Ed. (912, 2216, 2217, 2223, 2345, 2497, 2505, 3051, 3053, 3147, 3207, 3210, 3303, 3476, 3477, 3478, 3480, 3482, 3500, 3749, 4129)
  2013 Ed. (738, 1065, 1156, 2316, 2422, 2704, 2834, 3131, 3224, 3525, 3527, 3545, 3732, 3829, 4123, 4571, 4775, 4973)
  2014 Ed. (623, 755, 756, 2316, 2462, 3243, 3298, 3499, 3501, 3503, 3589, 4138, 4628, 4639, 4761)
  2015 Ed. (790, 791, 2393, 3514, 3516, 3518, 3767, 4627, 4782)
  2016 Ed. (712, 713, 2338, 2462, 2568, 3120, 3373, 3374, 3375, 3376, 3387, 3682, 4545, 4685)
  2017 Ed. (3096, 3335, 4008, 4535, 4541, 4542, 4546, 4997)
  2018 Ed. (3174, 3400, 4030, 4560, 4566, 4567, 4571, 4687, 4996)
  2019 Ed. (722, 2209, 2247, 2521, 3058, 3110, 3374, 4023, 4561, 4567, 4568, 4572, 4589, 4692, 4996)
  2020 Ed. (820, 2207, 4658)
  2021 Ed. (2180, 2212, 2433, 2967, 3184, 3334, 3375, 3376, 3378, 4555, 4683)
  2022 Ed. (1005, 2248, 2355, 2356, 2547, 2763, 3324, 3398, 3425, 3426, 3428, 3515, 3706)
  2023 Ed. (1175, 2520, 2891, 3533, 3550, 3551, 3553, 3639, 4674)
Louisiana Bancorp Inc.
  2016 Ed. (1745)
Louisiana Bank
  1993 Ed. (512)
Louisiana Children's Medical Center
  2016 Ed. (1744)
Louisiana College
  1996 Ed. (1042)
Louisiana Electric Co.
  2007 Ed. (4423)
Louisiana Energy Services
  2005 Ed. (3331)
Louisiana Health Care Authority
  1994 Ed. (2576)
  1995 Ed. (2631)
  1998 Ed. (2554)
Louisiana Health Sciences Center
  2006 Ed. (3590)
Louisiana Housing Finance Agency
  2001 Ed. (825)
Louisiana Kitchen
  2011 Ed. (2601, 4231, 4232)
Louisiana-Lafayette; University of
  2010 Ed. (3767)
Louisiana Land
  1989 Ed. (2205)
  1992 Ed. (1946)
Louisiana Land & Exploration
  1989 Ed. (1055, 1991, 1992)
  1990 Ed. (1298, 2584, 2585)
  1991 Ed. (1222, 1548, 2465, 2466)
  1992 Ed. (1530, 3082, 3083, 3438)
  1993 Ed. (1364, 2575, 2576)
  1994 Ed. (1416, 2524, 2525)
  1995 Ed. (1451, 2581, 2582)
  1996 Ed. (2648)
  1997 Ed. (2793)
Louisiana Organ Procurement Agency
  2015 Ed. (2936)
Louisiana-Pacific Corp.
  1989 Ed. (1914, 1915)
  1990 Ed. (1844, 2499, 2500)
  1991 Ed. (1762, 2366, 2668)
  1992 Ed. (2210, 2212)
  1993 Ed. (1384, 1891, 1894, 2478, 3689)
  1994 Ed. (1438, 1892, 1896, 2723)
  1995 Ed. (1472, 2827, 2828, 3446)
  1996 Ed. (1434, 1962, 2901, 2902)
  1997 Ed. (1496, 2076, 2988, 2991)
  1998 Ed. (1069, 1119, 1123, 1752, 1754, 2736, 2737, 2738, 2878, 3372)
  1999 Ed. (2491, 2497, 3689)
  2001 Ed. (2498, 2499, 3622, 4933)
  2002 Ed. (2228)
  2003 Ed. (2539, 2540, 2541, 3721)
  2004 Ed. (1145, 2677, 2678, 3318, 3319, 3760, 3765, 3766)
  2005 Ed. (1168, 2668, 2669, 2670, 3341, 3342, 3409, 3675, 3680, 3681, 3682, 4458)
  2006 Ed. (681, 2655, 3332, 3333, 3422, 3459, 3773, 3776, 3777, 3778)
  2007 Ed. (777, 2010, 2635, 3390, 3391, 3773, 3774)
  2008 Ed. (3528, 3852)
  2009 Ed. (3587, 4993)
  2010 Ed. (3506)
  2011 Ed. (3505)
  2012 Ed. (3507, 4992)
  2013 Ed. (4990, 4991)
  2014 Ed. (4995)
  2015 Ed. (5041, 5042)
  2016 Ed. (4994, 4995)
  2017 Ed. (4987)
  2018 Ed. (4993)
  2019 Ed. (4989)
Louisiana Printing; State of
  2006 Ed. (3948)
Louisiana Public Facilities Authority
  1989 Ed. (2028)
  1990 Ed. (3505)
  1991 Ed. (2532)
  1993 Ed. (2613)
  1995 Ed. (2644, 2648)
  1996 Ed. (2723)
  1997 Ed. (2845)
  1999 Ed. (3473)
  2001 Ed. (825, 922)
Louisiana Recovery District
  1990 Ed. (2655, 3504, 3505)
  1991 Ed. (2532)
Louisiana state retirees
  1996 Ed. (1540)
Louisiana State Employees
  2004 Ed. (2029)
Louisiana State Tigers
  2011 Ed. (2743)
  2014 Ed. (2748)
Louisiana State University
  1991 Ed. (1576)
  1992 Ed. (1094)
  2000 Ed. (1837)
  2006 Ed. (725, 3952, 3957)
  2011 Ed. (4012)
Louisiana State University at Baton Rouge
  1994 Ed. (1666)
  1999 Ed. (2047)
Louisiana State University-Baton Rouge
  2001 Ed. (2259)
  2004 Ed. (821, 823)
Louisiana State University Health Care Services Division
  2002 Ed. (3296)
Louisiana State University Health Sciences Center
  2003 Ed. (3471)
Louisiana Superdome
  2001 Ed. (4356, 4358)
Louisiana Teachers
  2000 Ed. (3436, 3442)
  2001 Ed. (3669)
  2002 Ed. (3609)
  2008 Ed. (2303)
Louisiana Workers' Compensation Corp.
  2019 Ed. (3152)
Louisville
  1992 Ed. (310, 2547, 2550, 3047)
  2000 Ed. (270)
Louisville Airport
  1996 Ed. (172)
  1997 Ed. (186, 219)
  1998 Ed. (108)
  2001 Ed. (349)
Louisville Bedding
  1991 Ed. (3349)
  1992 Ed. (4276)
  2007 Ed. (3438, 3958, 3959)
  2009 Ed. (3672, 4056, 4057)
  2010 Ed. (3588, 3972, 3973)
Louisville Courier-Journal
  1989 Ed. (2055)
  1990 Ed. (2701)
Louisville Forward
  2016 Ed. (3378)
  2017 Ed. (3337)
Louisville Gas & Electric Co.
  1989 Ed. (1300, 1301)
  1990 Ed. (1604, 1605)
  1991 Ed. (1501, 1502)
  1992 Ed. (1902, 1903)
  1995 Ed. (1633)
  2011 Ed. (1791)
Louisville International
  2001 Ed. (353)
Louisville International Airport
  2020 Ed. (155)
  2021 Ed. (158)
  2022 Ed. (147, 151)
  2023 Ed. (221, 225)
Louisville-Jefferson City, KY-IN
  2016 Ed. (3383)
Louisville-Jefferson County, KY-IN
  2017 Ed. (3342)
  2021 Ed. (3355, 3374)
  2022 Ed. (3405, 3424)
Louisville-Jefferson Sewer Agency
  2001 Ed. (821)
Louisville, KY
  1990 Ed. (1009, 1148)
  1993 Ed. (336, 1736, 3606)
  1994 Ed. (966, 3326)
  1997 Ed. (2334, 2338)
  1998 Ed. (2056, 2485)
  1999 Ed. (254, 3216)
  2000 Ed. (1087, 4093, 4287)
  2002 Ed. (2634)
  2003 Ed. (254, 2350, 3260, 3678, 4054)
  2005 Ed. (4381, 4835)
  2006 Ed. (3974)
  2008 Ed. (3132, 4749)
  2009 Ed. (228, 258, 261)
  2010 Ed. (249, 250)
  2011 Ed. (168, 169, 3101, 3102)
  2012 Ed. (182)
  2013 Ed. (165, 167)
  2014 Ed. (125, 127, 169, 171)
  2015 Ed. (196, 197, 3539)
  2016 Ed. (189)
  2017 Ed. (137, 139, 3097)
  2018 Ed. (136)
  2019 Ed. (133, 135, 163, 165)
  2020 Ed. (130)
  2021 Ed. (3321)
  2023 Ed. (951, 3562, 3564)
Louisville, KY-IN
  2001 Ed. (2281)
  2004 Ed. (2427)
  2005 Ed. (2458)
Louisville Muhammad Ali International Airport
  2021 Ed. (4345)
  2022 Ed. (4351)
  2023 Ed. (4383)
Louisville; University of
  2008 Ed. (771)
  2014 Ed. (773)
Loulou
  1992 Ed. (3367)
  1994 Ed. (2780)
  1996 Ed. (2955)
  1999 Ed. (3741)
Loulou Canada's Shopping Magazine
  2015 Ed. (3546)
  2016 Ed. (3396, 3398)
Loumides
  2001 Ed. (38)
Lounge Underwear
  2022 Ed. (1974)
Loungers
  2018 Ed. (4141)
Lourdes Diaz
  2012 Ed. (2166)
Lourdes Gant
  2016 Ed. (4991)

CUMULATIVE INDEX • 1989-2023

Lourdes Health Care Center
  2012 Ed. (3775)
Lourdes Medical Center
  2013 Ed. (3081)
Lousiana
  2008 Ed. (2897)
Louvem Mines Inc.
  2010 Ed. (1566)
Louviers Credit Union
  2002 Ed. (1854)
  2003 Ed. (1911)
  2004 Ed. (1951)
  2005 Ed. (2093)
  2006 Ed. (2188)
  2007 Ed. (2109)
  2008 Ed. (2224)
  2009 Ed. (2207)
  2010 Ed. (2161)
  2011 Ed. (2181)
  2012 Ed. (2041)
  2013 Ed. (2221)
  2014 Ed. (2153)
  2015 Ed. (2217)
  2016 Ed. (2188)
  2018 Ed. (2088)
Louviers Federal Credit Union
  2020 Ed. (2066)
  2021 Ed. (2056)
  2022 Ed. (2092)
  2023 Ed. (2206)
Lovable Bra Co.
  1999 Ed. (781, 3188)
Lovania Nurseries
  2019 Ed. (3698)
Lovastatin
  2006 Ed. (2312)
Lovastatin/Mevacor
  1991 Ed. (931)
Lovato; Demi
  2019 Ed. (3673)
Love
  2000 Ed. (2342)
Love Bites by Carnie
  2020 Ed. (3028)
  2022 Ed. (3016)
Love Bug
  2006 Ed. (1147)
Love Chrysler Inc.
  2004 Ed. (2830)
Love Fitness Apparel
  2023 Ed. (1748)
Love with Food
  2017 Ed. (2628)
Love; Gay
  1997 Ed. (3916)
Love; Howard M.
  1992 Ed. (1141)
Love Inspired
  2019 Ed. (4061)
  2020 Ed. (4070)
Love; Judy
  2016 Ed. (4817)
  2019 Ed. (4821)
  2021 Ed. (4812)
  2022 Ed. (4805)
  2023 Ed. (4798, 4931)
Love; L. Ross
  1989 Ed. (736)
Love Letter
  2001 Ed. (3379)
"Love, Lies and Murder"
  1993 Ed. (3537)
Love Me Tender Chunk
  1996 Ed. (2993)
Love Me Tender Chunks
  1989 Ed. (2197)
Love the One You're With
  2010 Ed. (610)
Love Productions
  2012 Ed. (2558, 4686)
  2017 Ed. (4636)
Love & Quiches Desserts
  2000 Ed. (4434)
Love School of Business
  2015 Ed. (809)
Love School of Business; Elon University
  2009 Ed. (784)
  2010 Ed. (722, 735)
  2011 Ed. (643, 645)
  2013 Ed. (750)
Love in the Time of Cholera
  2009 Ed. (584)
Love; Tom
  2016 Ed. (4817)
  2019 Ed. (4821)
  2021 Ed. (4812)
  2022 Ed. (4805)
  2023 Ed. (4798)
Love You Forever
  2001 Ed. (980, 982)
  2003 Ed. (709, 711)
  2004 Ed. (736)
  2008 Ed. (550)
  2013 Ed. (563)
  2014 Ed. (574)
  2015 Ed. (642)
  2020 Ed. (587)
  2021 Ed. (557)

Love Your Melon
  2020 Ed. (1728, 4255)
Lovebug Nutrition
  2021 Ed. (2753, 2766)
LoveBug Probiotics
  2023 Ed. (3902)
Lovebug Probiotics
  2022 Ed. (2927)
LoveCrafts
  2017 Ed. (2035)
  2018 Ed. (2016, 2308, 2933)
  2019 Ed. (2302)
Loveeye
  1997 Ed. (1531)
LOVEFILM International
  2011 Ed. (2920)
Loveholidays
  2018 Ed. (1990, 4730)
  2019 Ed. (2047)
  2020 Ed. (1970)
Lovehoney
  2017 Ed. (2032)
Lovelace Health System
  2005 Ed. (3155)
  2017 Ed. (1826)
Lovelace Health Systems Inc.
  2001 Ed. (1814)
  2003 Ed. (1787, 1788)
  2004 Ed. (1821)
Lovelace Sandia Health System Inc.
  2006 Ed. (1932)
  2007 Ed. (1916)
Lovelace Westside Hospital
  2015 Ed. (3143)
Lovelace Women's Hospital
  2013 Ed. (2862)
  2014 Ed. (2893)
  2015 Ed. (2936, 2937)
Loveland Ski Area
  2012 Ed. (4480)
Loveless; Patty
  1992 Ed. (1351)
  1997 Ed. (1113)
Lovell Government Services
  2022 Ed. (1533, 2912, 2913, 3979)
  2023 Ed. (1466, 1708)
Lovell Sagebrush Insurance Group
  2022 Ed. (1659)
Lovell White Durant
  1991 Ed. (2286)
Lovell White Durrant
  1992 Ed. (14, 15, 2835, 2836)
  2001 Ed. (4180)
Lovells
  2009 Ed. (3496, 3497, 3498)
  2010 Ed. (3427, 3428)
  2011 Ed. (932, 3412, 3413)
Lovelock & Lewes
  1997 Ed. (11)
The Lovely Bones
  2004 Ed. (739, 741)
  2005 Ed. (723, 725)
  2006 Ed. (640)
Loveman; G. W.
  2005 Ed. (2479)
Loveman; Gary
  2005 Ed. (967)
  2006 Ed. (890)
  2007 Ed. (980)
  2008 Ed. (935)
Loveman; Gary W.
  2007 Ed. (1026)
  2008 Ed. (948)
Lovemore Music
  2020 Ed. (3678)
  2021 Ed. (3684)
Lovenox
  1999 Ed. (1910)
  2010 Ed. (2281)
Lovenox Injection
  1997 Ed. (1656)
Loveridge
  1989 Ed. (1996)
Lovering Auto Group
  2019 Ed. (4985)
  2020 Ed. (4989)
  2021 Ed. (4989)
  2022 Ed. (4988)
  2023 Ed. (4992)
Lovering Mitsubishi
  2016 Ed. (1853)
  2017 Ed. (1812)
Lovering Volvo
  2016 Ed. (1853)
  2017 Ed. (1812)
Lovering Volvo/Lovering Mitsubishi
  2017 Ed. (4982)
  2018 Ed. (4989)
Lovers Leap Vineyards and Winery
  2023 Ed. (4906)
Love's
  2013 Ed. (4453)
  2014 Ed. (4490)
  2015 Ed. (4487)
  2016 Ed. (4385)
  2019 Ed. (2815)
Loves Park Federal Savings Bank
  1990 Ed. (3586)

Love's Travel Stops
  2009 Ed. (3152, 4161)
Love's Travel Stops & Country Stores
  2015 Ed. (1966)
  2016 Ed. (1934)
  2017 Ed. (1903)
  2018 Ed. (1849)
  2019 Ed. (1902)
  2020 Ed. (1841)
  2021 Ed. (1258, 1806)
  2022 Ed. (1261, 1264, 1849)
  2023 Ed. (1472, 1475, 1971, 4065, 4085)
Love's Travel Stops & Country Stores Inc.
  2014 Ed. (272, 1260)
  2015 Ed. (1316)
  2016 Ed. (1232)
  2017 Ed. (1281)
  2018 Ed. (1259)
Love's Travel Stops & Country Stores Inc.
  2010 Ed. (1906, 3083, 4094)
  2011 Ed. (3055, 4064)
  2012 Ed. (222, 1805, 2998, 4097)
  2013 Ed. (269, 1326, 1979, 1982, 4095)
  2014 Ed. (220, 1918)
  2015 Ed. (255, 1963, 4095)
  2016 Ed. (2578)
  2018 Ed. (1260)
  2019 Ed. (1293, 1300)
  2020 Ed. (1273)
  2021 Ed. (1254, 4648)
  2022 Ed. (1260, 4661)
Love's Travel Stops & Country Stores, Inc.
  2022 Ed. (4466)
Love's Travel Stops & Country Stores Inc., dba Love's Truck Solutions LLC
  2022 Ed. (4661)
LoveSac
  2014 Ed. (2826)
  2015 Ed. (2867)
  2016 Ed. (2799)
  2017 Ed. (2765, 2766, 2768)
  2018 Ed. (2821, 2824, 2826)
  2020 Ed. (2822, 2824, 2825)
Lovesac
  2021 Ed. (2697)
  2022 Ed. (2857, 2858, 2860, 2861, 2862)
  2023 Ed. (2971, 2972, 2974, 2975, 2976)
Lovesac.com
  2011 Ed. (2369)
Lovett; Lyle
  1995 Ed. (1118, 1120)
"Loving"
  1993 Ed. (3541)
  1995 Ed. (3587)
Loving
  2022 Ed. (3350, 3359)
  2023 Ed. (3467, 3470, 3472, 3476)
Loving Care
  2001 Ed. (2654, 2655)
The Loving Cos.
  2019 Ed. (3328)
  2020 Ed. (3330)
Loving County, TX
  1996 Ed. (2227)
The Loving Group
  2017 Ed. (3281)
  2018 Ed. (3349)
Lovingston Winery
  2017 Ed. (4901)
Lovitt & Touché
  2018 Ed. (3624)
  2019 Ed. (3618)
Lovli
  2019 Ed. (3457)
LoVullo Associates Inc.
  2008 Ed. (3228)
Low-alcohol refreshers
  2001 Ed. (356, 357)
Low Bob's
  2014 Ed. (4368)
  2015 Ed. (4381)
  2016 Ed. (4649)
Low Calorie Carbonated Soft Drinks
  2000 Ed. (4154)
Low tar cigarettes
  1990 Ed. (989)
Low interest loans
  1992 Ed. (2909)
Low Priced Stock Survey
  2002 Ed. (4834)
Low prices
  1990 Ed. (1951)
  1991 Ed. (1861)
Low profitability
  1992 Ed. (4385)
Low price purchasing
  1992 Ed. (4385)
Low quality
  1995 Ed. (1956)
Low Siew Kheng
  1997 Ed. (2001)
Low Truck Kwong
  2012 Ed. (4861)
  2013 Ed. (4877)
Low Tuck Kwong
  2011 Ed. (4855)
  2012 Ed. (4862)
  2013 Ed. (4878)

  2014 Ed. (4892)
  2020 Ed. (4844)
  2023 Ed. (4835)
Lowden & Associates Inc.
  2008 Ed. (4958)
Lowder Construction
  1993 Ed. (1094)
  1998 Ed. (875)
  1999 Ed. (1304, 1305)
Lowder Construction Inc.
  2019 Ed. (1856)
Lowder New Homes
  2005 Ed. (1197)
Lowder New Homes/Construction
  1996 Ed. (1100)
Lowder Publicidad
  1992 Ed. (196)
Lowder; Thomas
  2015 Ed. (954)
Lowe Adam
  1995 Ed. (134)
  1999 Ed. (164)
  2000 Ed. (183)
Lowe Adam Tanitim Hizmetleri
  1996 Ed. (148)
Lowe Adam Tanitin
  1997 Ed. (154)
Lowe Advertising
  2003 Ed. (69)
Lowe AGE
  2003 Ed. (71, 100, 102)
Lowe Alice
  2003 Ed. (74)
Lowe Avanta
  2003 Ed. (147)
Lowe Avanta Ljubljana
  1999 Ed. (152)
  2000 Ed. (170)
  2001 Ed. (208)
Lowe Bell Communications
  1995 Ed. (3014)
  1996 Ed. (3117)
Lowe Brindfors
  1994 Ed. (119)
  1995 Ed. (129)
  1996 Ed. (143)
  1997 Ed. (149)
  1999 Ed. (158)
  2000 Ed. (176)
  2001 Ed. (215)
  2002 Ed. (188)
  2003 Ed. (152)
Lowe, Brockenbrough
  2000 Ed. (2816)
Lowe, Brockenbrough, Tierney & Tattersall
  1993 Ed. (2325)
Lowe Bull Calvert Pace
  2003 Ed. (148)
The Lowe Co.
  2003 Ed. (37, 49, 85, 127, 136, 153, 157, 160)
  2004 Ed. (105, 124)
  2006 Ed. (363, 365)
Lowe Digitel Group
  2003 Ed. (62)
Lowe Direct
  2000 Ed. (1678)
Lowe Enterprises
  1997 Ed. (2542)
  2001 Ed. (3998)
  2003 Ed. (3086, 4051)
  2014 Ed. (3766)
Lowe Enterprises Investment
  2000 Ed. (2808)
Lowe Enterprises Investment Management
  1998 Ed. (2280)
Lowe & Fletcher International Ltd.
  1997 Ed. (1392)
Lowe Fusion Healthcare
  2000 Ed. (3653)
Lowe GGK
  2000 Ed. (72, 177)
  2003 Ed. (44, 64, 83, 142, 146)
Lowe GGK Bratislava
  1999 Ed. (151)
  2000 Ed. (169)
  2001 Ed. (207)
Lowe GGK Budapest
  1999 Ed. (99)
  2000 Ed. (103)
Lowe GGK Moskva
  1999 Ed. (148)
Lowe GGK Praha
  2000 Ed. (84)
Lowe GGK Sofia
  1999 Ed. (68)
Lowe GGK Wien/Salzburg
  1999 Ed. (58)
  2000 Ed. (61)
Lowe Gingko
  2001 Ed. (237)
The Lowe Group
  2001 Ed. (100, 102)
  2002 Ed. (71, 73, 74)
  2003 Ed. (39, 40)
The Lowe Group PLC
  1991 Ed. (110)
  1994 Ed. (86)

1995 Ed. (73)
2001 Ed. (101)
Lowe Healthcare Worldwide
    2001 Ed. (212)
    2002 Ed. (67)
    2003 Ed. (35)
    2009 Ed. (126)
    2010 Ed. (127)
Lowe Howard-Spink
    1989 Ed. (110)
    1991 Ed. (101, 102)
    1992 Ed. (152, 153)
    1993 Ed. (101, 102)
    1994 Ed. (90)
    1995 Ed. (77)
    1996 Ed. (91)
    1997 Ed. (92)
Lowe Howard-Spink & Bell
    1990 Ed. (102, 113)
Lowe Howard-Spink & Bell PLC
    1989 Ed. (104)
    1990 Ed. (100)
Lowe Idols & Friends
    2003 Ed. (182)
Lowe; K. W.
    2005 Ed. (2502)
Lowe; Ken
    2011 Ed. (2971)
Lowe; Kenneth
    2006 Ed. (913)
    2007 Ed. (1003)
Lowe LDB
    2003 Ed. (151)
Lowe Lintas
    2002 Ed. (159, 204)
Lowe Lintas Adventa
    2002 Ed. (176, 202)
Lowe Lintas Avanta
    2002 Ed. (180)
Lowe Lintas Bull Calvert Pace
    2002 Ed. (181)
Lowe Lintas Concept
    2002 Ed. (208)
Lowe Lintas Digitel
    2002 Ed. (95)
Lowe Lintas GGK
    2001 Ed. (105, 126, 143, 198, 217)
    2002 Ed. (78, 97, 116, 175, 179, 189)
Lowe Lintas Idols & Friends
    2002 Ed. (212)
Lowe Lintas & Partners
    2002 Ed. (83, 98, 102, 107, 117)
Lowe Lintas & Partners UK
    2001 Ed. (231)
Lowe Lintas & Partners Worldwide
    2001 Ed. (110, 127, 135, 137, 138, 139, 140, 144, 145, 168, 184, 186, 197, 203, 206, 224, 227, 240, 244)
    2002 Ed. (110, 112, 118, 140, 155, 168, 197, 214)
Lowe Lintas Pirella Goettsche & Partners
    2001 Ed. (151)
    2002 Ed. (124)
Lowe Lintas Swing Communications
    2002 Ed. (88)
Lowe Lintas Tanitim Hizmetleri
    2002 Ed. (200)
Lowe Lippmann
    2002 Ed. (4)
Lowe McAdams Healthcare
    1999 Ed. (43, 55)
    2000 Ed. (58)
Lowe & Partners
    2003 Ed. (73, 84, 106, 126, 166)
Lowe & Partners SMS
    1995 Ed. (68)
    1999 Ed. (74)
Lowe & Partners/SSPM
    2000 Ed. (80)
    2001 Ed. (122)
    2002 Ed. (93)
Lowe & Partners UK
    2000 Ed. (99)
Lowe & Partners Worldwide
    2005 Ed. (117)
Lowe Porta
    2000 Ed. (78)
Lowe Porta & Partners
    2001 Ed. (120)
    2002 Ed. (91)
    2003 Ed. (58)
Lowe Scanad
    2003 Ed. (97, 156, 161)
Lowe/SSPM
    2003 Ed. (60)
Lowe Swing Communications
    2003 Ed. (55)
Lowe Troost
    1989 Ed. (87)
    1990 Ed. (81)
    1991 Ed. (78)
    1992 Ed. (125)
    1993 Ed. (83)
    1994 Ed. (72)
    1995 Ed. (50)
    1996 Ed. (66)
    1997 Ed. (64)

Lowe Worldwide
    2007 Ed. (114)
Lowell C. McAdam
    2015 Ed. (971)
Lowell General Hospital
    2014 Ed. (2892)
Lowell Homes
    2005 Ed. (1163)
The Lowell Hotel
    1990 Ed. (2063)
    1991 Ed. (1946)
    1992 Ed. (2481)
    1993 Ed. (2089)
    1994 Ed. (2103)
    1995 Ed. (2157)
    1997 Ed. (2284)
    1998 Ed. (2013)
    1999 Ed. (2761)
    2000 Ed. (2539)
Lowell, MA-NH
    2005 Ed. (2990)
Lowell Paxson
    1989 Ed. (1984)
Lowell Sun
    1989 Ed. (2064)
    1990 Ed. (2710)
Lowenbrau
    1989 Ed. (771)
    1990 Ed. (764, 3544)
    1992 Ed. (940)
Lowenbrau/Light
    1991 Ed. (3321)
Lowenstein Sandler
    2000 Ed. (2900)
    2011 Ed. (1895)
    2015 Ed. (1891)
    2016 Ed. (1855)
    2021 Ed. (3235, 3236)
Lowenstein, Sandler, Kohl, Fisher & Boylan
    1989 Ed. (1884)
    1990 Ed. (2423)
    1991 Ed. (2289)
    1992 Ed. (2843)
    1993 Ed. (2401)
    1995 Ed. (2419)
    1997 Ed. (2599)
    1998 Ed. (2331)
    1999 Ed. (3155)
Lowenstein, Sandler, Kohl, Fisher & Boylan P.A.
    1994 Ed. (2354)
Lowenstein Sandler LLP
    2023 Ed. (3463)
Lowenstein Sandler, PC
    2002 Ed. (3060)
Löwentank
    2020 Ed. (726)
Lower Colorado River Authority
    1991 Ed. (3158)
    1993 Ed. (3359)
    1994 Ed. (3363)
    1995 Ed. (1628, 2646)
    2006 Ed. (2444)
Lower Colorado River Authority (TX)
    1992 Ed. (4029)
Lower.com
    2022 Ed. (1843)
LowerMyBills.com
    2002 Ed. (4849)
    2006 Ed. (2385)
Lowery; Bill
    1992 Ed. (1039)
Lowerys
    2002 Ed. (2010)
Lowe's
    1989 Ed. (264)
    1990 Ed. (2023)
    1992 Ed. (348, 982, 983, 984, 2419, 3275)
    1993 Ed. (775, 776, 777, 2047, 2424, 2735, 3285)
    1994 Ed. (229, 793, 794, 795, 2076, 2683, 3221, 3275)
    1995 Ed. (229, 845, 846, 847, 1957, 2125, 2792, 2793, 2794, 2798, 3289, 3356, 3425)
    1997 Ed. (258, 830, 831, 832, 835, 921, 922, 1491, 2243, 2244, 2245, 2246, 3347, 3549)
    1998 Ed. (664, 665, 772, 1182, 1298, 1967, 1969, 1970, 1971, 1972, 1973, 1974, 3080, 3340)
    1999 Ed. (1200, 1716, 1872, 2709, 2710, 2711, 4106, 4371)
    2000 Ed. (1118, 1527, 1689, 2581, 3808, 4085)
    2002 Ed. (4040)
    2003 Ed. (4165)
    2004 Ed. (755, 4187)
    2005 Ed. (738, 4106, 4655)
    2006 Ed. (648, 4162)
    2007 Ed. (678, 4185)
    2008 Ed. (636, 4220)
    2009 Ed. (654, 4312)
    2010 Ed. (621, 623, 4289)
    2011 Ed. (4285, 4304)
    2012 Ed. (709, 4320)
    2013 Ed. (4308, 4313)

2014 Ed. (2405, 4351, 4352, 4353)
    2015 Ed. (1739, 4341, 4347, 4356)
    2016 Ed. (3466, 4246, 4253)
    2017 Ed. (4232, 4239, 4240)
    2018 Ed. (4248, 4253, 4254)
    2019 Ed. (4278, 4293)
    2020 Ed. (2958, 2959, 4268, 4272, 4273, 4274)
    2021 Ed. (4246, 4255, 4256)
    2022 Ed. (1336, 1347, 1818, 1822, 2994, 2998, 2999, 3051, 3055, 4257, 4267, 4268, 4467)
    2023 Ed. (1542, 1553, 1944, 1948, 2690, 2832, 3114, 3115, 4296, 4299, 4302, 4491, 4492)
Lowe's Canada
    2021 Ed. (2835, 4220)
    2022 Ed. (3000)
    2023 Ed. (3116)
Lowe's Companies
    2016 Ed. (4252)
    2019 Ed. (4594)
    2023 Ed. (4293)
Lowe's Companies Inc.
    2001 Ed. (1822, 2027, 2728, 2729, 2741, 2742, 2748, 2754, 2755, 4093, 4095, 4107, 4108, 4322)
    2002 Ed. (1747, 2286, 2696, 4044, 4334, 4335, 4714)
    2003 Ed. (774, 775, 842, 1012, 1016, 1559, 1583, 1794, 1795, 2495, 2762, 2780, 2784, 2788, 2790, 2866, 4166, 4167, 4173, 4183, 4184, 4188, 4500, 4501, 4506, 4549, 4563, 4824)
    2004 Ed. (784, 785, 916, 1609, 1829, 1830, 2124, 2125, 2562, 2631, 2849, 2877, 2879, 2882, 2885, 2888, 2889, 2893, 2902, 2954, 3154, 3258, 4188, 4189, 4195, 4214, 4466, 4467, 4468, 4469, 4470, 4471, 4472, 4474, 4475, 4498, 4545, 4824)
    2005 Ed. (770, 771, 907, 1803, 1808, 1912, 1913, 1914, 1915, 2229, 2619, 2857, 2875, 2876, 2880, 2954, 2969, 3290, 3332, 3932, 4107, 4108, 4115, 4116, 4125, 4141, 4414, 4415, 4416, 4417, 4418, 4419, 4420, 4424, 4425, 4445, 4471, 4807)
    2006 Ed. (678, 679, 821, 822, 825, 1941, 1942, 1943, 1944, 2615, 2680, 2864, 2865, 2866, 2867, 2881, 2882, 2883, 2887, 2890, 2949, 2952, 2964, 3282, 3320, 4006, 4151, 4163, 4166, 4167, 4177, 4431, 4432, 4433, 4434, 4435, 4437, 4442, 4443, 4444, 4576, 4870)
    2007 Ed. (773, 774, 909, 911, 913, 1925, 1926, 1927, 2591, 2669, 2760, 2761, 2854, 2855, 2856, 2857, 2875, 2876, 2880, 2967, 2969, 2981, 3350, 4040, 4173, 4179, 4180, 4187, 4199, 4202, 4491, 4493, 4495, 4500, 4501, 4553, 4870)
    2008 Ed. (748, 749, 890, 892, 894, 1991, 1992, 1993, 2728, 2877, 2878, 2976, 2977, 2978, 2995, 2996, 3000, 3090, 3093, 3102, 3193, 3446, 3507, 4075, 4205, 4214, 4223, 4224, 4225, 4234, 4471, 4472, 4477, 4478, 4526, 4797, 4813)
    2009 Ed. (743, 744, 899, 901, 903, 1951, 1952, 1954, 2783, 2857, 2941, 2942, 3059, 3060, 3061, 3080, 3084, 3088, 3179, 3185, 3197, 3261, 3515, 3522, 3602, 4188, 4308, 4313, 4314, 4333, 4336, 4340, 4505, 4506, 4510, 4511, 4557, 4822)
    2010 Ed. (689, 690, 847, 849, 851, 1150, 1887, 1888, 1890, 1891, 1892, 2716, 2796, 2993, 2994, 2995, 3012, 3016, 3019, 3020, 3110, 3116, 3122, 3124, 3443, 3451, 4123, 4286, 4288, 4290, 4292, 4294, 4314, 4349, 4354, 4361, 4546, 4550, 4551)
    2011 Ed. (248, 249, 250, 618, 619, 771, 773, 774, 1919, 1920, 1922, 1923, 2701, 2783, 2962, 2963, 2964, 2985, 2988, 2989, 3080, 3083, 3091, 3155, 3452, 4088, 4278, 4280, 4281, 4283, 4286, 4288, 4303, 4495, 4501, 4502)
    2012 Ed. (72, 269, 270, 271, 589, 590, 710, 712, 714, 715, 716, 1780, 1781, 1782, 1783, 1784, 2891, 2892, 2893, 2911, 2912, 2913, 2914, 2915, 3111, 4314, 4317, 4319, 4321, 4322, 4330, 4354, 4499, 4509)
    2013 Ed. (271, 723, 724, 915, 917, 919, 920, 921, 1952, 1953, 1954, 1956, 1957, 2856, 2857, 2984, 2998, 2999, 3000, 3001, 3002, 3004, 3192, 4299, 4305, 4312, 4315, 4348, 4469, 4473, 4807)
    2014 Ed. (274, 746, 747, 864, 865, 866, 1888, 1889, 1890, 1892, 1893, 1982, 2885, 2886, 3005, 3008, 3009, 3010, 3011, 3013, 3202, 3203, 4340, 4350, 4354, 4358, 4363, 4397, 4518, 4521)
    2015 Ed. (902, 903, 1934, 1936, 1938, 2929, 2930, 3074, 3076, 3077, 3078,

3079, 3081, 4333, 4339, 4363, 4367, 4372, 4517, 4520)
    2016 Ed. (1891, 1904, 1907, 1908, 2859, 2860, 2967, 2968, 2974, 2975, 2977, 3024, 4231, 4240, 4241, 4242, 4254, 4283, 4453, 4457)
    2017 Ed. (1870, 1875, 1876, 1878, 1879, 1880, 1882, 2923, 2924, 2930, 2931, 2933, 2969, 4229, 4241, 4271, 4460)
    2018 Ed. (1818, 1821, 2988, 2989, 3004, 3005, 3006, 3086, 3090, 4246, 4255)
    2019 Ed. (1873, 1875, 2941, 2942, 2943, 2944, 2945, 2947, 3025, 4276, 4284, 4476)
    2020 Ed. (1810, 1812, 1813, 2967, 2972, 2973, 2974, 2976, 3063, 4266, 4275, 4461)
    2021 Ed. (1780, 1781, 2826, 2833, 2834, 2836, 2934, 2938, 4243, 4257, 4456)
    2022 Ed. (1820, 1821, 1823, 4254, 4269, 4465)
    2023 Ed. (4091, 4291)
Lowe's Companies, Inc.
    2016 Ed. (4248)
Lowe's Cos.
    1989 Ed. (2321, 2328)
    1990 Ed. (2024, 2025, 2719, 3030)
    1991 Ed. (248, 801, 802, 803, 2621)
    1996 Ed. (815, 817, 818, 819, 826, 827, 1430, 2133, 2134, 2493, 2855, 3246, 3485, 3509)
    2000 Ed. (2492)
    2023 Ed. (4303)
Lowe's Cos. Canada ULC
    2019 Ed. (4257)
    2020 Ed. (4252)
    2022 Ed. (4227)
    2023 Ed. (4487)
Lowe's Cos. Inc.
    2019 Ed. (2837)
    2021 Ed. (3993)
    2022 Ed. (4007)
Lowe's Cos., Inc.
    2014 Ed. (4345)
    2015 Ed. (2513, 2651, 4361)
    2016 Ed. (1892, 1901, 1902, 1906, 2408, 2446, 2570, 4323)
    2017 Ed. (1865, 1866, 1867, 1873, 2292, 2451, 4217, 4227, 4228, 4233, 4237, 4326, 4464)
    2018 Ed. (1815, 1816, 1820, 2327, 2346, 2497, 2686, 4222, 4236, 4245, 4250, 4259, 4482)
    2019 Ed. (1867, 1868, 1872, 2346, 2524, 2660, 4265, 4273, 4275, 4281, 4288, 4480)
    2020 Ed. (1806, 1807, 2316, 2515, 2678, 4265, 4279, 4465)
    2021 Ed. (1773, 1774, 1779, 2272, 2435, 2587, 4231, 4242, 4252, 4457)
    2022 Ed. (1810, 1811, 1819, 2700, 4251, 4253, 4264)
    2023 Ed. (1937, 1938, 1945)
Lowes Glenpointe Hotel
    1991 Ed. (1948)
Lowe's HIW Inc.
    2005 Ed. (771)
Lowe's Home Center
    2008 Ed. (4070)
Lowe's Home Centers
    2018 Ed. (4018)
    2019 Ed. (4007)
    2020 Ed. (4024)
Lowe's Home Centers Inc.
    2001 Ed. (1822, 2755)
    2003 Ed. (774, 775, 1794, 4499)
    2004 Ed. (784, 785, 1829)
    2005 Ed. (770, 771, 1912)
    2006 Ed. (678, 679, 1941)
    2007 Ed. (773, 774, 1925)
    2008 Ed. (748, 749, 1991, 4068)
    2009 Ed. (743, 744, 1951)
    2012 Ed. (589)
    2013 Ed. (723, 2856)
    2014 Ed. (746, 747, 1888, 2885, 2886)
    2015 Ed. (1934, 2929, 2930)
    2016 Ed. (2860)
Lowe's Home Centers LLC
    2016 Ed. (1891, 2859)
Lowe's Home Improvement
    2007 Ed. (3382)
Lowes Hotels
    1991 Ed. (1941)
Lowes-Manhattan
    2004 Ed. (3959)
    2020 Ed. (4281)
    2022 Ed. (4220)
Lowe's Market
    2013 Ed. (4550)
    2014 Ed. (4607)
Lowe's (U.S.)
    2021 Ed. (4255, 4256)
    2022 Ed. (4268)
Lowes.com
    2005 Ed. (2326)
    2009 Ed. (2446)
    2012 Ed. (2295)

CUMULATIVE INDEX • 1989-2023

Lowest Price Print
  2012 Ed. (4019)
Lowest Rates
  2018 Ed. (1450)
Lowestfare.com
  2001 Ed. (2991)
LowestRates.ca
  2020 Ed. (1466, 1843, 2639)
  2021 Ed. (1455, 2547)
  2022 Ed. (2664)
Lowey Dannenberg Bemporad & Selinger
  1995 Ed. (2411)
Lowitt Alarms & Security Systems
  2000 Ed. (3906)
Lowland
  2000 Ed. (3298)
Lowmac Alloys
  2020 Ed. (1981)
Lowndes
  2023 Ed. (3429)
Lowndes Drosdick Doster Kantor & Reed
  2008 Ed. (3424)
Lowndes Lambert Group Ltd.
  1990 Ed. (2465)
  1991 Ed. (2339)
Lowndes Ventures
  1990 Ed. (1249)
Lowney Architecture
  2017 Ed. (1422)
Lowrance Electronics Inc.
  2006 Ed. (2742)
Lowrey's
  1996 Ed. (3465)
  1998 Ed. (3324)
  2002 Ed. (2009)
Lowry AFB
  1996 Ed. (2643)
Lowry Group Inc.
  1999 Ed. (2447)
Lowry Hill Investment Advisors Inc.
  2009 Ed. (3443)
Lowry; Mike
  1995 Ed. (2043)
Lowry State Bank
  2014 Ed. (497)
Lowy Enterprises Inc.
  1991 Ed. (1728)
  1992 Ed. (2166)
Lowy; Frank
  2008 Ed. (4842)
  2009 Ed. (4860, 4876)
  2010 Ed. (4862, 4878)
  2011 Ed. (4867, 4868)
  2012 Ed. (4873, 4874)
  2013 Ed. (4855, 4856)
  2014 Ed. (4869, 4870)
  2015 Ed. (4907, 4908)
  2016 Ed. (4823, 4824)
  2017 Ed. (4834)
  2018 Ed. (4839)
  2019 Ed. (4835)
  2020 Ed. (4825)
  2021 Ed. (4826)
  2022 Ed. (4819)
  2023 Ed. (4813)
Lowy Group Inc.
  1993 Ed. (1866)
  1995 Ed. (1879)
  1996 Ed. (1922)
Loxam
  2017 Ed. (3304, 3305, 3306)
  2018 Ed. (3374, 3375)
  2019 Ed. (3348, 3357, 3358)
  2020 Ed. (3350, 3354, 3357, 3358, 3359)
  2021 Ed. (3284, 3290, 3291, 3292)
  2022 Ed. (3369, 3371, 3372, 3375, 3376, 3377)
  2023 Ed. (3487, 3493, 3494, 3495)
Loxam (France)
  2021 Ed. (3292)
  2022 Ed. (3377)
Loxam Group
  2019 Ed. (3352, 3354, 3355)
Loxam S.A.
  2020 Ed. (3355, 3356)
  2021 Ed. (3288, 3289)
  2022 Ed. (3373, 3374)
  2023 Ed. (3492)
Loxam S.A. (France/U.K.)
  2021 Ed. (3288)
  2022 Ed. (3373)
  2023 Ed. (3491)
LoxySoft
  2009 Ed. (3021)
  2010 Ed. (2955)
Loyal American Life Insurance Co.
  1992 Ed. (2662)
Loyal Source Government Services
  2016 Ed. (1210)
Loyalist Group Ltd.
  2016 Ed. (1455, 1468, 4354)
Loyalty Foundation
  2009 Ed. (909)
LoyaltyOne
  2021 Ed. (730)
  2022 Ed. (756)
Loyens & Volkmaars
  1992 Ed. (2839)

Loyola College
  1995 Ed. (1052)
  1996 Ed. (1037)
  1997 Ed. (1053)
  1998 Ed. (801)
  1999 Ed. (1230)
  2000 Ed. (1139)
  2001 Ed. (1325)
Loyola College in Maryland
  2008 Ed. (1086)
  2009 Ed. (1060)
  2010 Ed. (1028)
Loyola Marymount
  1992 Ed. (1272)
Loyola Marymount University
  1993 Ed. (1020)
  1994 Ed. (1047)
  1995 Ed. (1055)
  1996 Ed. (1040)
  1997 Ed. (1056)
  1998 Ed. (803)
  1999 Ed. (1232)
  2000 Ed. (930, 2912)
  2001 Ed. (1327, 3068)
  2003 Ed. (800)
  2007 Ed. (799, 801)
  2008 Ed. (781, 1088)
  2009 Ed. (786, 787, 790, 794, 825, 1062, 2403, 3827)
  2010 Ed. (1030)
  2011 Ed. (646, 699)
  2012 Ed. (631)
  2015 Ed. (809)
Loyola University
  1996 Ed. (1038)
  1997 Ed. (1054)
  2008 Ed. (1087)
  2009 Ed. (782, 786, 1061)
  2010 Ed. (1029, 1032)
  2011 Ed. (963)
Loyola University Chicago
  1999 Ed. (3162)
  2000 Ed. (2906)
  2001 Ed. (3063)
Loyola University of Chicago
  1995 Ed. (2425)
  1996 Ed. (2460)
  1997 Ed. (2605)
Loyola University Employees Credit Union
  2010 Ed. (2128)
  2014 Ed. (2150)
  2015 Ed. (2214)
  2016 Ed. (2185)
Loyola University Health System
  2010 Ed. (1688)
  2011 Ed. (1701)
  2013 Ed. (1709)
Loyola University Medical Center
  1995 Ed. (2141)
  1999 Ed. (2746)
  2000 Ed. (2525)
  2001 Ed. (2770)
  2002 Ed. (2618)
  2004 Ed. (2907)
  2005 Ed. (2911)
  2008 Ed. (3063)
  2010 Ed. (3079)
  2011 Ed. (3051)
  2017 Ed. (2826)
Loyola University Medical Center/Foster G. McGaw Hospital
  1997 Ed. (2268)
  1998 Ed. (1987)
Loyola University-New Orleans
  1994 Ed. (1045)
  1995 Ed. (1053)
  1998 Ed. (802)
  1999 Ed. (1231)
  2001 Ed. (1326)
  2006 Ed. (714)
Lozano; Norma Martinez
  2007 Ed. (2496)
Lozier
  1999 Ed. (4499)
  2000 Ed. (4134)
  2007 Ed. (4595)
  2008 Ed. (4546)
Lozier Corp.
  2019 Ed. (2792)
  2021 Ed. (2693)
  2023 Ed. (2967)
LP Building Products
  2009 Ed. (3258)
LP Corp.
  2003 Ed. (3369)
LP Quietflex Mfg. Co.
  2022 Ed. (1539)
L.P. Thebault Co.
  2000 Ed. (3614)
LPA
  2007 Ed. (288)
  2008 Ed. (264)
  2009 Ed. (287)
  2010 Ed. (3352)
  2011 Ed. (3309)
The LPA Group Inc.
  2006 Ed. (2452)
  2008 Ed. (2525, 2528)

  2009 Ed. (2537)
  2010 Ed. (2455, 2460)
  2011 Ed. (2464)
LPAS Architecture + Design
  2022 Ed. (1325, 1399)
  2023 Ed. (276)
LPCiminelli
  2015 Ed. (1198)
LPCiminelli Inc.
  2006 Ed. (1331)
  2019 Ed. (1142)
LPI Capital
  2007 Ed. (1864)
LPI Mechanical
  2022 Ed. (1051, 1447, 1851)
LPK
  2023 Ed. (130)
LPL Financial
  2017 Ed. (2573, 2588, 2590, 2591, 2592, 2595, 2596)
  2018 Ed. (2639, 2653, 2655, 2656, 2657, 2659, 2661, 2662)
  2019 Ed. (2638, 2640, 2641, 2642, 2644, 2646, 2647, 3307)
  2020 Ed. (2650, 2652, 2653, 2654, 2658, 2659, 3309)
  2021 Ed. (2554, 2558, 2560, 2561, 2562, 2566, 2567, 2568, 3160)
  2022 Ed. (2677, 2679, 2681, 2682, 2685, 2686, 2687, 3304)
  2023 Ed. (2815, 2817, 3393)
LPL Financial Holdings
  2017 Ed. (4313)
  2023 Ed. (4367)
LPL Financial Services
  1999 Ed. (843, 844, 845, 846, 847, 848, 849, 850)
  2000 Ed. (840, 841, 843, 844, 845, 846, 847, 848)
  2002 Ed. (788, 797, 798, 799, 800, 801)
  2009 Ed. (3450)
LPL Investment Group
  1991 Ed. (1508)
LPL Investment Holdings Inc.
  2010 Ed. (3390, 4080)
  2011 Ed. (3380, 4053)
  2012 Ed. (3321, 4063, 4085)
LPL Technologies
  1991 Ed. (1218)
  1992 Ed. (1909, 1923)
LPN Development
  2010 Ed. (2044)
LPP
  2016 Ed. (3756)
LPR Construction
  2023 Ed. (1435)
LPR Construction Co.
  2009 Ed. (1242)
  2010 Ed. (1241)
  2016 Ed. (1187)
  2017 Ed. (1230)
  2018 Ed. (1209)
  2019 Ed. (1236)
  2020 Ed. (1230)
  2021 Ed. (1197)
  2022 Ed. (1198)
LPS Integration Inc.
  2016 Ed. (2020)
LQ Management LLC
  2008 Ed. (3073)
  2009 Ed. (3162)
  2010 Ed. (3092, 3096, 4781)
  2011 Ed. (3061)
  2012 Ed. (3005)
  2013 Ed. (3095)
  2014 Ed. (3094)
LR Health & Beauty
  2023 Ed. (2312)
LR Health & Beauty Systems
  2013 Ed. (2327)
  2014 Ed. (2260)
  2015 Ed. (2344)
L.R. Hughes
  2000 Ed. (1885)
LRG Healthcare
  2012 Ed. (1749)
  2014 Ed. (1849)
LRI Holdings Inc.
  2011 Ed. (2733)
LRJ Staffing Services
  1999 Ed. (4810)
LRK
  2023 Ed. (269)
LRS Architects
  2021 Ed. (2357)
LRS Architects Inc.
  2023 Ed. (288)
LRV Environmental Inc.
  2008 Ed. (2056)
LS Corp.
  2010 Ed. (1046)
  2011 Ed. (976)
  2012 Ed. (895)
  2013 Ed. (1052)
  2014 Ed. (1016)
  2015 Ed. (1051)
  2016 Ed. (959)
  2018 Ed. (935)

  2019 Ed. (925)
  2022 Ed. (2246)
LS Financial Group Inc.
  1995 Ed. (2335, 2339)
LS Power Equity Partners
  2008 Ed. (1404)
LS Retail ehf.
  2019 Ed. (1629)
LS3P
  2022 Ed. (2457, 2463)
  2023 Ed. (263, 283, 285)
LS3P Associates
  2013 Ed. (3372)
LS3P Associates Ltd.
  2008 Ed. (2524, 2525, 3348)
  2009 Ed. (2535, 2537)
  2010 Ed. (2453, 2455)
  2012 Ed. (208, 210)
  2018 Ed. (2396, 2398)
  2019 Ed. (2438, 2442)
L.S.B. Bancshares of South Carolina
  1995 Ed. (491)
LSB Corp.
  2008 Ed. (1916)
  2010 Ed. (1804)
  2011 Ed. (1834)
LSB Industries
  2013 Ed. (925, 4445)
  2014 Ed. (878)
LSB Industries Inc.
  2011 Ed. (2831, 2851)
LSC Communications
  2018 Ed. (3980)
  2019 Ed. (3960)
  2020 Ed. (3977, 3980, 3981)
  2021 Ed. (3943, 3946)
  2022 Ed. (3957)
  2023 Ed. (4045)
LSC Communications, MCLC Div.
  2023 Ed. (4043, 4046)
LSC Communications Inc.
  2019 Ed. (4056, 4066)
LSE Retail Group
  2018 Ed. (2017)
LSG Sky Chefs
  1996 Ed. (188)
  2000 Ed. (254)
  2001 Ed. (2482, 4081)
  2003 Ed. (2527, 2530, 2533)
  2004 Ed. (2666)
  2005 Ed. (2659, 2662, 2665)
  2008 Ed. (2759)
  2009 Ed. (2814)
  2013 Ed. (2762)
LSI Corp.
  2013 Ed. (31, 34)
  2014 Ed. (26, 30, 49)
  2015 Ed. (29, 33, 52)
  2016 Ed. (29, 32, 51)
LSI Industries Inc.
  2007 Ed. (2229)
  2008 Ed. (2369)
LSI Logic Corp.
  1989 Ed. (1311, 1327)
  1990 Ed. (3231, 3233, 3240)
  1991 Ed. (249, 2854, 3082)
  1992 Ed. (3683, 3910)
  1993 Ed. (3213)
  1996 Ed. (1274, 2835)
  1997 Ed. (1081, 1452, 2473, 2788)
  1998 Ed. (3276, 3279, 3280)
  1999 Ed. (1550, 4267, 4268, 4270, 4272, 4276, 4282)
  2000 Ed. (307, 308, 3990, 3991, 3992, 3996, 3998, 3999)
  2001 Ed. (398, 399, 1040, 3301, 4210, 4214, 4215, 4449)
  2002 Ed. (2081, 4254, 4256)
  2003 Ed. (1644, 2193, 2198, 3753, 4376, 4389)
  2004 Ed. (1529, 3778, 4399, 4405, 4497)
  2005 Ed. (1684, 3697, 4342, 4352)
  2006 Ed. (2392, 4466, 4470, 4586, 4587, 4588)
  2007 Ed. (4350, 4558, 4567)
  2008 Ed. (4309)
LSI Solutions
  2005 Ed. (1907)
LSI Solutions Inc.
  2015 Ed. (1923)
  2016 Ed. (1886)
LSP Automotive Systems
  2007 Ed. (3497)
  2008 Ed. (3667)
LSR Group
  2013 Ed. (850)
LSS Data Systems
  2008 Ed. (2479)
  2009 Ed. (2482)
LSS Holdings
  1993 Ed. (1910)
L'steinische L'bank
  1991 Ed. (592)
LSU/VA Medical Center
  2008 Ed. (2917)
LSUMC-Health Care Services Division
  1999 Ed. (3466)
  2000 Ed. (3185)

LSV
  2009 Ed. (2281)
LSV Asset Management
  1999 Ed. (3071)
LSV Asset Mgmt.
  2000 Ed. (2780, 2803, 2805)
LT Group
  2021 Ed. (1830)
  2022 Ed. (1880)
LT Metal Partners
  2021 Ed. (1661)
LT Source Corp.
  2013 Ed. (1460)
Ltaaka
  1994 Ed. (3641)
LTC
  2001 Ed. (190)
LTC Advertising
  2002 Ed. (161)
LTC Healthcare Inc.
  2002 Ed. (3568)
LTC (JWT)
  1999 Ed. (135)
  2000 Ed. (153)
LTC Properties
  2011 Ed. (4165)
  2012 Ed. (4213)
  2015 Ed. (4200)
LTC Properties Inc.
  2020 Ed. (4136)
  2021 Ed. (4089)
  2022 Ed. (4119)
LTCB
  1989 Ed. (1372)
LTCB of Japan
  1990 Ed. (2773)
  1991 Ed. (2675, 2678, 3073)
LTCB Trust Co.
  1991 Ed. (520)
  1994 Ed. (3011)
  2001 Ed. (578)
LTCB-US Loan Assets Portfolio
  2001 Ed. (1548)
LTD Commodities
  2013 Ed. (894)
LTI
  2013 Ed. (2166)
  2014 Ed. (2095)
  2015 Ed. (2150)
  2022 Ed. (3127, 3137)
  2023 Ed. (3225)
LTI Inc.
  2016 Ed. (2127)
  2017 Ed. (2076)
  2018 Ed. (2035)
  2019 Ed. (2095)
  2020 Ed. (2005)
  2021 Ed. (1958)
  2022 Ed. (2002)
LTKM Bhd.
  2021 Ed. (2202)
LTM
  2005 Ed. (2159)
  2006 Ed. (2249)
LTU
  2001 Ed. (331)
LTU Arena
  2010 Ed. (4565)
LTU International Airways
  2001 Ed. (306)
LTU Touristik
  2001 Ed. (319, 4589)
LTV Aerospace & Defense Co.
  1993 Ed. (2573)
LTV Capital Modaraba
  1997 Ed. (2589)
LTV Corp.
  1989 Ed. (418, 1944, 1948, 2635)
  1990 Ed. (179, 182, 2432)
  1991 Ed. (2684)
  1992 Ed. (4135)
  1993 Ed. (153, 366, 1261, 1411, 2534, 2538, 2784, 2785, 3452)
  1994 Ed. (1215, 1251, 1261, 1291, 1296, 1310, 1436, 2475, 2485, 2750, 3430, 3431)
  1995 Ed. (1284, 1285, 1286, 1287, 1288, 1319, 1426, 1470, 2543, 2551, 2847, 2868, 2869, 3509)
  1996 Ed. (383, 1271, 1384, 1389, 1390, 1391, 1392, 2605, 2614, 3585)
  1997 Ed. (354, 2724, 2756, 3627, 3629)
  1998 Ed. (2466, 2470, 2755, 3402, 3404, 3406)
  1999 Ed. (390, 3344, 3356, 3363)
  2000 Ed. (390, 3081, 3091, 3100, 3101, 4118)
  2001 Ed. (1215, 3215, 3276, 3280, 3281, 3285, 4368)
  2002 Ed. (1512, 1516, 1544, 3304, 3305, 3313, 3321)
  2003 Ed. (1536, 1538, 1539, 1540, 1543, 3364, 3365, 3370, 3373, 3375)
  2004 Ed. (3436)
LTV/Republic Steel
  1991 Ed. (1146)

LTV Steel Co.
  1990 Ed. (3438)
  1993 Ed. (3450)
  2001 Ed. (3280)
  2003 Ed. (3364)
  2004 Ed. (3430, 4536)
  2005 Ed. (3703)
LTX Corp.
  1989 Ed. (1309)
  1990 Ed. (298, 1620, 1630, 2986, 2989, 3237)
  1991 Ed. (266, 2837, 2842, 2843)
  2003 Ed. (4548)
  2004 Ed. (3029)
Lu Guanqiu
  2003 Ed. (2411)
  2004 Ed. (2535)
  2005 Ed. (2515)
  2006 Ed. (2529)
  2008 Ed. (4843)
Lu Kuang Inc.
  1990 Ed. (2520)
Lu Xiangyang
  2011 Ed. (4850)
Lu Yeung
  2011 Ed. (3337)
Lu Zhiqiang
  2009 Ed. (4861, 4862)
  2010 Ed. (4864)
LuAn Mitchell
  2003 Ed. (4989)
  2004 Ed. (4987)
Luana Savings Bank
  2021 Ed. (374)
  2022 Ed. (387)
  2023 Ed. (505)
Luanda, Congo
  2009 Ed. (254)
LUBA Casualty Insurance Co.
  2019 Ed. (3152)
Lubariderm Lotion, 1 oz.
  1989 Ed. (2185)
Lubbock, TX
  1993 Ed. (2549)
  1996 Ed. (3205)
  1998 Ed. (1520, 2474)
  2005 Ed. (3469)
  2006 Ed. (3314)
  2007 Ed. (842, 3003)
  2012 Ed. (4374)
  2021 Ed. (3349)
  2023 Ed. (950, 951)
Lubna Olayan
  2013 Ed. (367, 3472)
Lubricants
  1996 Ed. (3052)
  2001 Ed. (3750)
Lubriderm
  1993 Ed. (3325)
  1994 Ed. (3312)
  1996 Ed. (2549, 2550)
  1998 Ed. (1354, 3306)
  2000 Ed. (4038)
  2001 Ed. (3167, 3168)
  2003 Ed. (3264, 4426)
  2004 Ed. (4430)
  2006 Ed. (3331)
  2008 Ed. (4343)
Lubriderm Daily Moisture
  2023 Ed. (3566)
Lubriderm Lotion
  1990 Ed. (2805)
Lubriderm Lotion, 16 oz.
  1989 Ed. (2184)
Lubripac
  1989 Ed. (1635)
Lubrizol
  2018 Ed. (3812)
  2019 Ed. (1350, 3786)
  2020 Ed. (3845)
Lubrizol Corp.
  1989 Ed. (895, 896, 900)
  1990 Ed. (962, 963, 964, 967, 2498)
  1991 Ed. (914, 919, 920, 921)
  1992 Ed. (1125, 1126, 1127)
  1993 Ed. (925, 927, 2477)
  1994 Ed. (936, 940, 941)
  1995 Ed. (968, 972, 973, 2491)
  1996 Ed. (945, 950)
  1997 Ed. (967, 972, 973)
  1998 Ed. (709, 714, 716)
  1999 Ed. (1082, 1105)
  2000 Ed. (1033)
  2001 Ed. (1212, 1213, 3171)
  2002 Ed. (991, 992, 993, 1017, 1018, 1019, 3965)
  2003 Ed. (936, 938, 4070)
  2004 Ed. (940, 946, 947, 950, 952, 964, 4097)
  2005 Ed. (936, 937, 941, 3026)
  2006 Ed. (844, 858, 868, 1418)
  2007 Ed. (921, 930, 944, 957)
  2008 Ed. (921, 3186)
  2009 Ed. (913, 929, 3245)
  2010 Ed. (869, 3176)
  2011 Ed. (801, 812, 814)
  2012 Ed. (736, 737, 757, 787, 3095)
  2013 Ed. (930)

  2018 Ed. (3016)
  2019 Ed. (2957)
The Lubrizol Corp.
  2013 Ed. (1973)
  2014 Ed. (1912)
  2015 Ed. (1956)
Luby's
  1990 Ed. (3017)
  2000 Ed. (3779)
  2003 Ed. (4095)
  2004 Ed. (4126)
  2006 Ed. (4114)
  2007 Ed. (4141)
  2008 Ed. (4155, 4167, 4168)
  2009 Ed. (4275)
  2010 Ed. (4203)
  2011 Ed. (4222)
  2018 Ed. (4206)
  2019 Ed. (4235)
  2020 Ed. (4233)
  2021 Ed. (4197)
Luby's Cafeteria
  2020 Ed. (2559, 2560, 2561)
  2021 Ed. (2521, 2522, 2523, 2524)
  2022 Ed. (2633, 2634, 2635, 2636)
Luby's Cafeterias
  1990 Ed. (3004)
  1991 Ed. (2859, 2871, 2880)
  1992 Ed. (3688, 3711, 3716, 4062)
  1993 Ed. (3019, 3023, 3032)
  1994 Ed. (1742, 3054, 3073, 3083, 3091)
  1995 Ed. (3118)
  1996 Ed. (3214, 3219, 3221, 3223, 3226, 3233)
  1997 Ed. (3315, 3321, 3325, 3326, 3336)
  1999 Ed. (4061, 4062, 4399)
  2001 Ed. (4062, 4068, 4072)
  2002 Ed. (4000, 4010, 4020)
Luby's Inc.
  2014 Ed. (2743)
Luc DesJardins
  2006 Ed. (2518)
Luc Tack
  2020 Ed. (4827)
  2022 Ed. (4821)
  2023 Ed. (4815)
Luca + Danni Inc.
  2020 Ed. (1875)
Luca Garavoglia
  2020 Ed. (4847)
Luca Pizza
  1996 Ed. (3045)
  1997 Ed. (3126)
  1998 Ed. (2869)
Lucara Diamond
  2019 Ed. (1344)
Lucara Diamond Corp.
  2018 Ed. (3581, 3582, 3583, 3585, 3586)
  2019 Ed. (3573, 3575, 3580)
Lucas
  1990 Ed. (400)
  1995 Ed. (335)
  2015 Ed. (315)
  2016 Ed. (312)
  2017 Ed. (317)
Lucas Automotive Inc.
  1992 Ed. (480)
  1993 Ed. (344, 1312)
  1997 Ed. (704)
  1998 Ed. (1139)
Lucas; Barry L.
  2011 Ed. (3334)
Lucas Energy
  2015 Ed. (2072)
Lucas Energy Inc.
  2010 Ed. (3874)
Lucas; George
  2005 Ed. (2443)
  2007 Ed. (2450, 2451)
  2008 Ed. (2582, 2586)
  2009 Ed. (4848)
  2010 Ed. (2512, 2515, 4855)
  2011 Ed. (2514, 2517)
  2012 Ed. (2435, 2443)
  2014 Ed. (2530)
  2022 Ed. (4812)
  2023 Ed. (4805)
Lucas Greenhouses
  2020 Ed. (3734)
  2021 Ed. (3736)
  2022 Ed. (3754)
  2023 Ed. (3859)
Lucas Group
  2021 Ed. (2316, 2322)
  2022 Ed. (2365, 2387)
  2023 Ed. (2528, 2549)
Lucas Herrmann
  1999 Ed. (2334)
  2000 Ed. (2120)
Lucas Inds
  1989 Ed. (1655)
Lucas Industries
  1993 Ed. (1342)
Lucas Management
  1998 Ed. (2930)
Lucas Ross
  2018 Ed. (3655)
  2019 Ed. (3644)

Lucas Tree Expert Co.
  2012 Ed. (2687)
  2013 Ed. (3455)
Lucas Ward
  1999 Ed. (2287)
  2000 Ed. (2068)
LucasArts
  1999 Ed. (1255)
Lucasfilm
  2005 Ed. (3910)
  2014 Ed. (1434)
  2015 Ed. (1495)
Lucasfilm Foundation
  2011 Ed. (2757)
LucasVarity Automotive
  2001 Ed. (537)
LucasVarity Ltd.
  2001 Ed. (2213)
LucasVarity plc
  1999 Ed. (350)
  2002 Ed. (2097)
  2005 Ed. (1496)
LucasWorks! Inc.
  2015 Ed. (3186)
Lucayan Technology Solutions LLC
  2022 Ed. (1232, 1234)
Lucchetti
  2001 Ed. (66)
Luce County, EDC
  1996 Ed. (2239, 2240)
Luce Forward Hamilton & Scripps LLP
  2007 Ed. (1502)
  2009 Ed. (3486)
Luce Foundation; Henry
  1992 Ed. (1099)
Lucent
  1998 Ed. (2757, 2760, 2764, 2765, 2769, 2770)
  2000 Ed. (3430, 4206)
Lucent Tech-Optical Fibre Unit
  2003 Ed. (2199)
Lucent Technologies/Chartered Semiconductor
  2000 Ed. (3029)
Lucent Technologies Inc.
  1997 Ed. (2787)
  1998 Ed. (1027, 1557, 2667, 2671, 3043, 3183, 3210, 3279, 3281, 3283, 3415)
  1999 Ed. (759, 994, 1244, 1460, 1503, 1664, 1713, 1845, 1965, 1966, 1969, 2120, 2505, 2506, 2879, 3112, 3406, 3596, 3604, 3719, 3721, 3723, 3725, 3729, 3730, 4043, 4044, 4269, 4270, 4274, 4276, 4278, 4392, 4489, 4547, 4552, 4561)
  2000 Ed. (307, 308, 942, 1168, 1333, 1524, 1743, 1744, 1745, 1751, 2642, 3318, 3327, 3427, 3428, 3435, 3443, 3444, 3446, 3757, 3758, 3993, 3998, 3999, 4001, 4125, 4126, 4127, 4187, 4189, 4363)
  2001 Ed. (399, 417, 1557, 1574, 1587, 1590, 1591, 1599, 1684, 1748, 1749, 1813, 1867, 1868, 2016, 2193, 2194, 2198, 2869, 3300, 3534, 3535, 3645, 3648, 3665, 3667, 3692, 3910, 3911, 4043, 4044, 4213, 4453, 4455, 4456, 4457)
  2002 Ed. (751, 1039, 1122, 1123, 1385, 1438, 1485, 1536, 1623, 1626, 1739, 1740, 2106, 2109, 2510, 3372, 3495, 3496, 3602, 3966, 4363, 4560, 4561)
  2003 Ed. (826, 1069, 1079, 1458, 1482, 1521, 1550, 1554, 1576, 1592, 1644, 1784, 1785, 1786, 1985, 2190, 2191, 2251, 2252, 2254, 3631, 3632, 3633, 3638, 3639, 3754, 3756, 3760, 4073, 4076, 4542, 4545, 4546, 4547, 4687, 4701, 4978)
  2004 Ed. (1082, 1085, 1090, 1488, 1512, 1554, 1559, 1584, 1587, 1686, 1738, 1820, 2028, 2033, 2233, 2262, 2903, 3678, 3680, 3779, 3785, 4491, 4492, 4493, 4496, 4497, 4665, 4672)
  2005 Ed. (1091, 1092, 1093, 1094, 1095, 1120, 1351, 1362, 1504, 1528, 1532, 1576, 1797, 2335, 3593, 3698, 4039, 4466, 4469, 4517, 4621, 4630, 4632)
  2006 Ed. (1083, 1084, 1085, 1086, 1087, 1109, 1112, 1358, 1365, 1512, 2390, 2725, 3696, 3699, 4471, 4585)
  2007 Ed. (1189, 1190, 1191, 1216, 1397, 1474, 2180, 2190, 2334, 2900, 3693, 3696, 3792, 4282, 4717)
  2008 Ed. (1097, 1424, 1468, 3022, 3199, 3866)
Lucia Capital Group
  2020 Ed. (3298)
Lucia LLC
  2012 Ed. (1130)
Lucia Maggi & family
  2023 Ed. (4816)
Luciana Lixandru
  2023 Ed. (4751)
Luciano Benetton
  2006 Ed. (4924)
  2008 Ed. (4869)
  2009 Ed. (4891)

2010 Ed. (4891)
2011 Ed. (4880)
2012 Ed. (4889)
2013 Ed. (4882)
Luciano Capicchioni
 2003 Ed. (226)
Luciano Hang
 2021 Ed. (4828)
 2023 Ed. (4816)
Luciano Pavorotti
 1993 Ed. (1080)
Luciano; Robert P.
 1989 Ed. (1383)
 1990 Ed. (1724)
 1991 Ed. (1630)
 1993 Ed. (1705)
 1994 Ed. (1723)
 1996 Ed. (962)
Lucid Group Inc.
 2023 Ed. (4692)
Lucid Motors
 2018 Ed. (2238)
 2023 Ed. (4370)
Lucid Services Group
 2023 Ed. (1775)
Lucid Software Inc.
 2022 Ed. (1981)
Lucid Technology
 2014 Ed. (189, 1237, 4982)
Lucido Agency
 2019 Ed. (4121, 4122)
Lucido Team; Bob
 2017 Ed. (4083)
 2018 Ed. (4111, 4112)
Lucie Salhaney
 1995 Ed. (3786)
Lucie Salhany
 1993 Ed. (3730)
 1996 Ed. (3875)
Lucier; Gregory
 2011 Ed. (819)
Lucifer
 2021 Ed. (3299)
Lucile Packard Children's Hospital
 2009 Ed. (3135)
 2012 Ed. (2959, 2960, 2964)
 2013 Ed. (3047)
Lucile Packard Children's Hospital at Stanford
 2007 Ed. (2926)
Lucile Packard Foundation for Children
 2002 Ed. (2348)
Lucile Salter Packard Children's Hospital Stanford
 2012 Ed. (3762)
Lucile Salter Packard Children's Hospital at Stanford
 1995 Ed. (1926)
Lucille Maurer
 1991 Ed. (3210)
 1993 Ed. (3443)
 1995 Ed. (3505)
Lucille P. Markey Charitable Trust
 1991 Ed. (893, 1767)
 1993 Ed. (890)
 1994 Ed. (1901)
 1995 Ed. (1926)
 1998 Ed. (1756)
 1999 Ed. (2502)
Lucille Wertz
 1992 Ed. (1095)
Lucille's Smokehouse Bar-B-Que
 2018 Ed. (4216)
 2019 Ed. (4245)
 2021 Ed. (4191)
Lucinda Riches
 2006 Ed. (4984)
Lucio Co
 2014 Ed. (4910)
 2015 Ed. (4950)
 2016 Ed. (4866)
 2017 Ed. (4868)
Lucio Tan
 2006 Ed. (4921)
 2008 Ed. (4849)
 2009 Ed. (4870)
 2010 Ed. (4871, 4917)
 2011 Ed. (4859, 4903)
 2012 Ed. (4865, 4914)
 2013 Ed. (4897, 4898)
 2014 Ed. (4909, 4910)
 2015 Ed. (4950, 4951)
 2016 Ed. (4865, 4866)
 2017 Ed. (4868)
 2018 Ed. (4878)
 2019 Ed. (4872)
 2020 Ed. (4861)
 2021 Ed. (4861)
 2022 Ed. (4856)
Lucite
 1990 Ed. (1984)
 1991 Ed. (1887)
 1992 Ed. (2375, 2376)
 1993 Ed. (2014)
 1994 Ed. (2025)
Luck; Andrew
 2019 Ed. (195, 198)

Luck Stone Corp.
 2002 Ed. (4872)
Luckett & Farley, Architects, Engineers & Construction Managers Inc.
 2007 Ed. (4422)
LUCKIE
 2023 Ed. (109)
Luckie & Co.
 2013 Ed. (1401)
Luckie Strategic Public Relations
 2005 Ed. (3976)
 2011 Ed. (57, 4111)
 2012 Ed. (67, 4141)
 2013 Ed. (62, 4137)
Luckiest Girl Alive
 2017 Ed. (620)
Luckin Coffee
 2020 Ed. (1475)
 2021 Ed. (1464)
Luckwell; Mike
 2005 Ed. (4891)
 2007 Ed. (4929)
 2008 Ed. (4905)
Lucky
 1991 Ed. (33)
 1992 Ed. (62)
 1993 Ed. (40)
 1994 Ed. (960)
 1995 Ed. (795, 796, 797, 798, 799)
 1997 Ed. (2592)
 2004 Ed. (140, 3333)
 2005 Ed. (130, 147, 148, 3358)
 2006 Ed. (133, 145, 3346)
 2007 Ed. (127)
Lucky 7 Angus Cowboy Bulls
 2021 Ed. (811)
 2022 Ed. (843)
Lucky Cement
 1999 Ed. (3133)
 2007 Ed. (1948)
 2017 Ed. (1395, 1911)
 2018 Ed. (1370, 1857)
Lucky Charms
 1995 Ed. (914)
 1998 Ed. (659, 661)
 2000 Ed. (1001, 1002, 1003)
 2001 Ed. (1147)
 2002 Ed. (955)
 2003 Ed. (874, 876)
 2014 Ed. (854)
 2015 Ed. (892, 4485)
 2016 Ed. (777, 778)
 2017 Ed. (837)
 2018 Ed. (768, 771)
 2019 Ed. (785)
 2020 Ed. (780)
 2021 Ed. (812)
 2022 Ed. (845)
Lucky Charms Treats
 2014 Ed. (4488)
 2016 Ed. (4381, 4382)
 2017 Ed. (4393)
 2018 Ed. (4404)
 2019 Ed. (4420)
 2020 Ed. (4415)
 2021 Ed. (4416)
Lucky Country
 2008 Ed. (837)
 2014 Ed. (829)
 2015 Ed. (869)
Lucky-Gold Star Group
 1990 Ed. (1532)
Lucky Goldstar
 1990 Ed. (1534)
 1993 Ed. (977, 1505)
 1994 Ed. (1414, 1415)
Lucky-Goldstar Group
 1990 Ed. (37)
Lucky-Goldstar International Co.
 1989 Ed. (1133)
 1990 Ed. (1393)
 1991 Ed. (1319)
 1992 Ed. (1661)
 1995 Ed. (1447, 1577)
Lucky Leaf
 1996 Ed. (227)
Lucky Man Properties
 1995 Ed. (2126)
Lucky Music Network SRL
 2015 Ed. (3746)
 2016 Ed. (3654)
The Lucky One
 2010 Ed. (563)
 2014 Ed. (576, 579, 580)
Lucky Securities
 1994 Ed. (30, 2346)
 1996 Ed. (3390)
Lucky Sign Spirits
 2023 Ed. (3518)
Lucky Start
 2003 Ed. (1182)
 2004 Ed. (1188)
 2005 Ed. (1214)
Lucky Stores Inc.
 1989 Ed. (866, 867, 1556, 2470, 2775, 2777)
 1990 Ed. (3262)
 1994 Ed. (3467)

1995 Ed. (3535)
1996 Ed. (3238)
2003 Ed. (1692)
Lucky Strike Charcoal King Size Box
 1999 Ed. (1138)
Lucky Strike Entertainment
 2022 Ed. (4357)
Lucky Strike Filter
 1997 Ed. (990)
Lucky Strike KS
 1997 Ed. (988)
Luckytex Industries Corp.
 1990 Ed. (1068)
Lucozade
 1992 Ed. (4020)
 1994 Ed. (3360)
 1996 Ed. (3480)
 1999 Ed. (4366)
 2001 Ed. (4310)
 2002 Ed. (4327)
 2008 Ed. (722)
 2009 Ed. (732)
 2010 Ed. (655)
Lucrin SA
 2016 Ed. (2015)
Lucy Goldschmidt Moses
 1994 Ed. (896, 897, 899, 1057)
Lucy Peng
 2015 Ed. (5003)
 2016 Ed. (4920)
 2017 Ed. (4913)
Lucy.com
 2003 Ed. (3053)
Lucy's Tire Inc.
 2009 Ed. (2673)
 2010 Ed. (2576)
 2013 Ed. (2941)
 2015 Ed. (3028, 3029)
Luczo; Stephen
 2017 Ed. (923)
Luczo; Stephen J.
 2015 Ed. (970)
Ludacris
 2012 Ed. (3735)
Ludens
 1999 Ed. (1219)
 2000 Ed. (1133)
 2001 Ed. (1939)
 2002 Ed. (1803)
 2003 Ed. (1878)
Ludgate Comms. of WPRW
 2000 Ed. (3635)
Ludgate Communications
 1999 Ed. (3918)
Ludgate Group
 1994 Ed. (2957, 2959)
 1995 Ed. (3015, 3019)
 1996 Ed. (3120, 3121)
 1997 Ed. (3194, 3197)
Ludgate Network
 1995 Ed. (720)
Ludimusic
 2020 Ed. (3673)
 2021 Ed. (3679)
LudoCraft Oy
 2011 Ed. (1628)
L'udova banka
 1996 Ed. (674)
 2002 Ed. (645)
 2006 Ed. (521)
Ludova Banka
 2001 Ed. (619)
L'Udova Banka as
 2009 Ed. (531)
 2010 Ed. (515)
Ludova Banka Bratislava AS
 1996 Ed. (675)
 1997 Ed. (611)
Ludus Sports
 2013 Ed. (4740)
Ludvigson Stock Farms
 2019 Ed. (783)
 2020 Ed. (778)
 2021 Ed. (801, 804)
 2022 Ed. (836)
Ludvik Electric Co.
 2009 Ed. (1254)
 2011 Ed. (1200)
 2012 Ed. (1142)
 2013 Ed. (1228)
Ludwick; Andrew
 1997 Ed. (1798, 1800)
Ludwick's
 1995 Ed. (340)
Ludwig; Daniel
 1995 Ed. (938)
Ludwig Institution for Cancer Research
 2017 Ed. (3986)
Ludwig; Saul
 1993 Ed. (1774, 1829)
 1994 Ed. (1812)
 1995 Ed. (1850)
 2011 Ed. (3345)
Lueck Label Manufacturing
 2006 Ed. (3513)
Lueck Label Manufacturing
 2007 Ed. (3555, 4420)

LuFax
 2018 Ed. (2670)
 2019 Ed. (2655)
Lufax Holding Ltd.
 2022 Ed. (4339)
Lufft Mess & Regeltechnik GmbH
 2017 Ed. (4112)
Luftfartsverket
 2001 Ed. (352)
Lufthansa
 1989 Ed. (241, 244)
 1990 Ed. (201, 202, 219, 222, 224, 227, 229, 230, 232, 233, 234, 235, 236, 237, 3646)
 1991 Ed. (191, 192, 193, 194, 202, 205, 206, 208, 210, 211, 212, 213)
 1992 Ed. (264, 265, 282, 286, 287, 292, 296, 297, 298, 299, 1615)
 1993 Ed. (172, 173, 174, 175, 192, 195, 199, 1313, 3620)
 1994 Ed. (20, 157, 158, 159, 160, 170, 171, 172, 174, 175, 178, 181, 182, 3577)
 1995 Ed. (177, 180, 181, 184, 185, 187, 188, 1394, 3661, 3662)
 1996 Ed. (177, 178, 187, 189, 190)
 1997 Ed. (192, 207, 209, 210, 213, 214, 215, 216, 217, 3792)
 1998 Ed. (113, 118, 119, 120, 121, 138, 139, 1140, 1148)
 1999 Ed. (208, 209, 210, 211, 227, 230, 232, 233, 234, 235, 236, 237, 238, 242, 243, 1630)
 2000 Ed. (228, 231, 232, 233, 234, 251, 255, 256, 257, 259, 261, 262, 263, 265, 266, 1433, 1626)
 2013 Ed. (128, 151)
 2014 Ed. (136, 138, 155)
 2015 Ed. (151, 153, 155, 178, 188, 189)
 2016 Ed. (156, 160, 177)
 2019 Ed. (151)
 2020 Ed. (144)
 2021 Ed. (135)
 2022 Ed. (646)
Lufthansa AG
 2005 Ed. (4769)
 2014 Ed. (2571)
Lufthansa AG; Deutsche
 2005 Ed. (221, 223, 226, 227, 228, 229, 230)
 2006 Ed. (237, 238, 239, 241, 244, 245, 246)
 2007 Ed. (239, 240, 241, 243, 244, 245, 246, 247, 248)
 2008 Ed. (218, 219, 220, 222, 223, 224, 225, 226, 227)
 2009 Ed. (241, 242, 243, 244, 246, 247, 248, 249, 250, 251, 756, 771, 1707, 1708, 1709)
 2010 Ed. (225, 226, 227, 235, 237, 238, 239, 240, 241, 242, 714, 1659, 1660)
 2011 Ed. (148, 149, 150, 158, 159, 161, 162, 163, 164, 165, 1668, 3442, 4757)
 2012 Ed. (161, 162, 163, 171, 175, 176, 177, 178, 1474, 1521, 3459, 4767, 4778)
 2013 Ed. (135, 136, 142, 150, 154, 155, 156, 157, 158, 1605, 3502, 4716, 4739)
 2014 Ed. (145, 146, 153, 154, 159, 160, 161, 162, 3478, 4788)
 2015 Ed. (164, 165, 166, 180, 181, 183, 186, 187, 188, 189, 3495, 4822)
 2016 Ed. (4725)
Lufthansa AirPlus Servicekarten
 2009 Ed. (3514, 4786)
Lufthansa Cargo
 2000 Ed. (260)
 2004 Ed. (217)
 2005 Ed. (225)
 2006 Ed. (237)
 2010 Ed. (225)
 2011 Ed. (148)
 2012 Ed. (155, 173)
 2013 Ed. (153)
 2014 Ed. (157)
 2016 Ed. (179)
 2018 Ed. (155)
 2019 Ed. (153)
 2020 Ed. (145)
Lufthansa Cargo AG
 2001 Ed. (326, 4623)
 2004 Ed. (4798)
 2005 Ed. (1662)
Lufthansa CityLine
 2001 Ed. (333)
Lufthansa Credit Union
 1996 Ed. (1506)
 1998 Ed. (1219)
 2002 Ed. (1840)
 2003 Ed. (1900)
Lufthansa Employees Credit Union
 2004 Ed. (1940)
 2005 Ed. (2064, 2066, 2069)
 2006 Ed. (2157, 2163)
 2008 Ed. (2209)
 2009 Ed. (2191, 2194, 2197)
 2010 Ed. (2121, 2146)
 2012 Ed. (2018, 2030)

2013 Ed. (2211, 2255, 2260)
2014 Ed. (2142)
2015 Ed. (2206)
2016 Ed. (2177)
Lufthansa German Air Lines
　2005 Ed. (1753)
Lufthansa German Airlines
　2003 Ed. (4811)
　2005 Ed. (4769)
　2020 Ed. (150)
　2021 Ed. (146)
Lufthansa Group
　1996 Ed. (3738)
　2000 Ed. (258)
　2015 Ed. (177)
　2016 Ed. (176)
　2017 Ed. (154, 155, 163, 166, 169, 170, 171)
　2018 Ed. (144, 148, 150, 152, 156, 157, 158, 159)
　2019 Ed. (142, 148, 150, 154, 155, 156)
　2020 Ed. (136, 141, 143, 146, 147, 148, 149, 2771, 4677)
　2021 Ed. (124, 138, 139, 141, 142, 143, 144, 145, 2644)
　2022 Ed. (132, 134, 2772)
　2023 Ed. (210, 1744)
Lufthansa Passenger Airline
　2016 Ed. (167, 168)
Lufthansa Passenger Airlines
　2016 Ed. (182, 184)
　2019 Ed. (158)
Lufthansa SA; Deutsche
　2013 Ed. (152)
Lufthansa Stamm
　1989 Ed. (2874)
Lufthansa Technik
　2001 Ed. (271)
　2009 Ed. (2593)
　2010 Ed. (1661)
Lufthansa Technik AG
　2002 Ed. (256)
Lufthansa Technik Malta
　2012 Ed. (92)
Lugera & Makler Romania SRL
　2014 Ed. (1576)
Luggage
　2005 Ed. (4428)
Lugo Construction Inc.
　2002 Ed. (2555)
Lugo; Ruth E.
　2012 Ed. (2883)
Luguide Industria e Comercio de Confec-
　coes Ltda.
　2002 Ed. (1601)
　2004 Ed. (1657)
Lugz
　2001 Ed. (423)
Lui Che Woo
　2013 Ed. (4873, 4874)
　2014 Ed. (4887, 4888)
　2015 Ed. (4926, 4927)
　2016 Ed. (4842, 4843)
　2017 Ed. (4850)
　2018 Ed. (4857)
　2019 Ed. (4852)
　2020 Ed. (4841)
　2021 Ed. (4842)
　2022 Ed. (4836)
　2023 Ed. (4831)
Lui; Sharon
　2011 Ed. (3367)
Luigi Salvaneschi
　1993 Ed. (1703)
Luigino's
　2001 Ed. (2478)
　2004 Ed. (2663)
Luis Arias
　2010 Ed. (2963)
Luis C. Sarmiento
　2012 Ed. (4854)
Luis Carlos Sarmiento
　2008 Ed. (4858)
　2009 Ed. (4884)
　2010 Ed. (4885)
　2011 Ed. (4873)
　2012 Ed. (4881)
　2013 Ed. (4851, 4865)
　2014 Ed. (4879)
　2015 Ed. (4917)
　2016 Ed. (4833)
　2017 Ed. (4841)
　2018 Ed. (4848)
　2019 Ed. (4843)
　2020 Ed. (4832)
　2021 Ed. (4833)
　2022 Ed. (4826)
　2023 Ed. (4821)
Luis Enrique Yarur Rey
　2017 Ed. (4839)
　2018 Ed. (4845)
　2019 Ed. (4841)
　2022 Ed. (4824)
Luis Fernando Azevedo
　2011 Ed. (3376)
Luis Fraga
　2013 Ed. (2960)

Luis Hospital & Medical Centre; Gov. Juan F.
　2014 Ed. (2074)
Luis Manuel Ramirez
　2012 Ed. (2489)
Luis Miguel
　1995 Ed. (1119)
　2000 Ed. (1183)
　2002 Ed. (1160, 1164)
Luis Munoz Rivera
　1992 Ed. (308)
Luis Portillo
　2008 Ed. (4874)
Luis Suarez
　2016 Ed. (220)
　2017 Ed. (218)
　2018 Ed. (205)
　2020 Ed. (202)
Luisa Acosta-Franco
　2013 Ed. (2959)
Luiz Carvalho
　1999 Ed. (2415)
Luiza Helena Trajano
　2022 Ed. (4822)
Luk Fook Holdings (International)
　2012 Ed. (4345)
　2013 Ed. (4282)
Luka Koper
　1999 Ed. (3252)
　2000 Ed. (2986, 2987)
　2006 Ed. (3290)
Lukas Graham
　2018 Ed. (3691)
Lukas Stipkovich
　1999 Ed. (2290)
Lukas Walton
　2018 Ed. (4825)
　2019 Ed. (4821)
　2020 Ed. (4811)
　2021 Ed. (4812)
　2022 Ed. (4805)
　2023 Ed. (4798)
Luke & Associates
　2012 Ed. (1185, 4047)
Luke Beshar
　2006 Ed. (2519)
Luke Bolton Leasing
　1990 Ed. (385)
Luke Brothers
　2012 Ed. (3441)
Luke Bryan
　2014 Ed. (3730)
　2015 Ed. (3732)
　2016 Ed. (3641)
　2017 Ed. (1082, 3624, 3625, 3628)
　2018 Ed. (3687)
　2019 Ed. (3672)
　2020 Ed. (3639)
　2023 Ed. (1177)
Luke Donald
　2014 Ed. (198)
Luke Draily Construction
　2020 Ed. (1659)
Luke Jr.; J. A.
　2005 Ed. (2488)
Luke Potter Dodge Inc
　1992 Ed. (377, 378, 379, 382, 415, 417, 418)
Luke Potter Dodge Inc.
　1990 Ed. (341)
　1991 Ed. (269, 274, 276, 277)
　1993 Ed. (268)
Luke R. Corbett
　2007 Ed. (1031)
　2008 Ed. (2633)
Luke; Tim
　2011 Ed. (3372)
Lukens Inc.
　1989 Ed. (1054, 2637, 2655, 2665)
　1990 Ed. (3435)
　1991 Ed. (3218)
　1992 Ed. (4134, 4136)
　1993 Ed. (3451)
　1994 Ed. (1267, 3432, 3433)
　1995 Ed. (3510)
　1996 Ed. (3586)
　1997 Ed. (2709)
　1998 Ed. (717)
　1999 Ed. (1115, 3303)
　2000 Ed. (1039)
LukOil
　2017 Ed. (3838)
　2018 Ed. (3880)
　2021 Ed. (3829)
　2022 Ed. (1889)
　2023 Ed. (2002)
Lukoil
　1997 Ed. (1502)
　2003 Ed. (2978)
　2008 Ed. (664, 2794)
　2009 Ed. (675, 2846)
　2010 Ed. (641)
　2012 Ed. (3907)
　2013 Ed. (673, 3968)
　2014 Ed. (699, 3925)
　2015 Ed. (744, 1622, 3945, 3960)
　2016 Ed. (673, 3862)
　2017 Ed. (715, 3825)

　2018 Ed. (664, 3869)
　2019 Ed. (675, 3836, 3850)
　2020 Ed. (669, 1507, 2374)
　2021 Ed. (652, 1493, 2333, 3826, 3843)
　2022 Ed. (688, 1888, 2404, 3848, 3851, 3863)
　2023 Ed. (883, 2001, 2560, 3947, 3960)
Lukoil Baltija UAB
　2012 Ed. (1660)
　2013 Ed. (1814)
Lukoil-Bulgaria EOOD
　2014 Ed. (1406, 1572)
　2015 Ed. (1466)
　2016 Ed. (1396)
　2017 Ed. (1411)
　2018 Ed. (1388)
　2019 Ed. (1434)
　2020 Ed. (1395)
　2021 Ed. (1392)
　2022 Ed. (1396)
　2023 Ed. (1593)
Lukoil Holding
　2003 Ed. (1816)
Lukoil Holding; OAO
　2006 Ed. (1446, 2005, 2006)
　2007 Ed. (1970)
　2008 Ed. (2066)
　2009 Ed. (2033)
　2010 Ed. (1965)
　2011 Ed. (2026)
Lukoil Holdings
　2002 Ed. (4462, 4464)
Lukoil Makedonija DOO
　2014 Ed. (1566)
　2015 Ed. (1617)
　2016 Ed. (1543)
　2017 Ed. (1533)
　2018 Ed. (1514)
Lukoil Neftochim Bourgas AD
　2009 Ed. (1519)
　2011 Ed. (1511)
　2012 Ed. (1359)
　2013 Ed. (1445)
Lukoil Neftochim Burgas AD
　2014 Ed. (1406, 1572)
　2015 Ed. (1466, 1623, 1624)
　2016 Ed. (1396, 1549, 1550)
　2017 Ed. (1411, 1539, 1540)
　2018 Ed. (1388, 1519)
　2019 Ed. (1434, 1546)
　2020 Ed. (1395, 1519)
　2021 Ed. (1392, 1504)
　2022 Ed. (1396, 1518)
　2023 Ed. (1593)
Lukoil Neftochim Burgas AD (Bulgaria)
　2021 Ed. (1504)
　2022 Ed. (1518)
Lukoil; OAO
　2005 Ed. (1773, 1958, 3764, 3789)
　2006 Ed. (1697, 2004, 3846, 3866, 4532, 4533)
　2007 Ed. (1961, 1969, 2387, 3867, 3868, 3896)
　2008 Ed. (2064, 2502, 3577, 3918, 3939)
　2009 Ed. (2032, 2509, 3648, 3988, 3989, 4014)
　2010 Ed. (1407, 1964, 1966, 2424, 2430, 3566, 3894, 3901, 3920)
　2011 Ed. (2025, 2428, 3569, 3909, 3912)
　2012 Ed. (1874, 1875, 2351, 3562, 3882, 3894, 3897, 3901, 3919)
　2013 Ed. (2035, 2036, 2535, 2549, 3957, 3964, 3969, 3976)
　2014 Ed. (1970, 1971, 3901, 3907, 3911, 3917, 4036, 4066, 4252)
　2015 Ed. (2015, 2016, 3928, 3935, 3944, 3951)
　2016 Ed. (1986, 1988, 3846, 3854, 3861, 3868)
　2017 Ed. (1946, 1948, 3806, 3807, 3823, 3824, 3834)
　2018 Ed. (1898, 1900, 3853, 3867, 3868)
　2019 Ed. (1946, 1948, 3825, 3834, 3835)
　2020 Ed. (1882, 1883, 3868)
　2021 Ed. (1841, 1842)
Lukoil Oil Co.
　2001 Ed. (1694)
　2002 Ed. (1759)
　2006 Ed. (3397)
　2013 Ed. (3599)
　2015 Ed. (2540, 2555, 3953)
　2016 Ed. (2467)
　2017 Ed. (2320, 3836, 3839)
LUKOIL Oil Co.; OJSC
　2021 Ed. (2336, 2343)
Lukoil Oil Co.; OJSC
　2014 Ed. (2469)
LUKOIL Oil Co.; PJSC
　2018 Ed. (2363, 2368, 2370)
　2019 Ed. (2402, 2408)
　2020 Ed. (2379, 2385)
Lukoil PAO
　2019 Ed. (1945)
LUKOIL; PJSC
　2020 Ed. (3871)
Lukoil Romania SA
　2012 Ed. (1873)
　2013 Ed. (2034)

Lukoil Romania SRL
　2011 Ed. (2024)
　2014 Ed. (1969)
　2015 Ed. (2014)
　2017 Ed. (1944)
　2018 Ed. (1895)
　2019 Ed. (1942)
　2021 Ed. (1839)
Lukoil Srbija AD
　2017 Ed. (1536)
Lukrecijos Reklama
　2001 Ed. (162)
　2002 Ed. (136)
　2003 Ed. (102)
Luks Industrial
　1992 Ed. (2441)
　1993 Ed. (2056)
Luks Santaniello Petrillo Cohen & Peter-
　friend
　2023 Ed. (3454)
Luksic; Andronice
　2006 Ed. (4925)
Luksusowa
　1996 Ed. (3807)
Lula LLC
　2023 Ed. (1817)
Lulle; Carlos Ardila
　2014 Ed. (4879)
　2015 Ed. (4917)
　2016 Ed. (4833)
　2017 Ed. (4841)
　2018 Ed. (4848)
　2019 Ed. (4843)
　2020 Ed. (4832)
　2021 Ed. (4833)
　2022 Ed. (4826)
Lulu
　2006 Ed. (80)
　2009 Ed. (85)
　2010 Ed. (3403)
LuLu Group International
　2021 Ed. (4229)
Lulu Group International
　2014 Ed. (4347)
　2017 Ed. (4230)
　2020 Ed. (1964)
　2021 Ed. (1927)
LuLu Group International, LLC
　2021 Ed. (2496)
　2022 Ed. (2609)
Lululemon
　2022 Ed. (633)
Lululemon Athletica
　2022 Ed. (917)
　2023 Ed. (1081, 1084, 1644, 4489)
Lululemon athletica
　2022 Ed. (1459)
Lululemon Athletica Inc.
　2022 Ed. (4227, 4239)
　2023 Ed. (4279, 4487)
lululemon athletica inc.
　2009 Ed. (2914, 2915, 4397)
　2010 Ed. (628, 940)
　2011 Ed. (872, 4514)
　2012 Ed. (544, 825, 4313)
　2013 Ed. (1001, 1631, 4274)
　2014 Ed. (679, 961, 965, 976, 979, 987, 1593, 4332, 4334)
　2015 Ed. (901, 997, 1000, 1014, 1016, 4323)
　2016 Ed. (902, 907, 918, 2408, 4227)
　2017 Ed. (949, 950, 954, 967, 4211)
　2018 Ed. (878, 885, 4229)
　2019 Ed. (881, 887, 900, 4257)
　2020 Ed. (868, 874, 887, 894, 2538, 4343)
　2021 Ed. (607, 609, 884, 887, 4230, 4359)
Lululemon USA Inc.
　2016 Ed. (2122)
Lulu's
　2001 Ed. (1997, 1998)
Luma
　2018 Ed. (4324)
　2020 Ed. (4347)
　2021 Ed. (4364)
　2022 Ed. (4371)
Lumagen
　2013 Ed. (206)
　2014 Ed. (214)
Lumax International
　2011 Ed. (2072)
Lumb; Richard
　2017 Ed. (1155)
Lumbemens Mutual Casualty
　1996 Ed. (2271)
Lumber
　2009 Ed. (2675)
Lumber City
　1996 Ed. (816, 823, 825)
Lumber House Brewing Co.
　2019 Ed. (696)
Lumber Jacks
　2023 Ed. (805)
Lumber Liquidators
　2013 Ed. (2846)
　2014 Ed. (4329, 4578)
　2015 Ed. (2129, 2479, 4321)

2016 Ed. (4997)
2017 Ed. (2621)
2018 Ed. (2690, 2691, 4259)
2019 Ed. (2664, 2665, 4288)
2020 Ed. (2682, 2683, 4279)
2021 Ed. (2591, 2592)
2022 Ed. (2705)
2023 Ed. (2836)
Lumber Liquidators Holdings Inc.
  2013 Ed. (724, 2857)
  2014 Ed. (747, 2886)
Lumber Liquidators Inc.
  2010 Ed. (844, 850)
  2011 Ed. (619, 4439)
Lumber & wood product manufacturers, except furniture
  2001 Ed. (1699)
Lumber One Services
  2017 Ed. (1094)
Lumber & wood products
  1992 Ed. (3610)
  1999 Ed. (1941, 2846, 2866)
Lumber stores
  2010 Ed. (4279)
  2011 Ed. (4271)
Lumber, timbers
  1991 Ed. (2626)
Lumberjack
  1989 Ed. (2096)
LumberLiquidators.com
  2008 Ed. (2445)
Lumbermens Merchandising Co.
  2003 Ed. (1380)
  2010 Ed. (4956)
  2011 Ed. (4940)
  2012 Ed. (4940)
Lumbermens Mutual
  2001 Ed. (4035)
Lumbermens Mutual Casualty Co.
  1991 Ed. (2125)
  1992 Ed. (2689)
  1993 Ed. (2185, 2235)
  1994 Ed. (2217, 2273)
  1996 Ed. (2336, 2339)
  1997 Ed. (2411, 2463, 3921)
  1998 Ed. (2110, 2205)
  1999 Ed. (2898, 2974)
  2000 Ed. (2651, 2726)
  2002 Ed. (2956, 3957)
  2003 Ed. (4993)
  2004 Ed. (3132, 3134, 3136)
  2005 Ed. (3066, 3140, 3141, 3142, 3144)
Lumbermens Mutual Cos.
  2000 Ed. (2730)
Lumbermens Underwriter All
  1991 Ed. (2126)
Lumberton, NC
  2015 Ed. (3533)
  2018 Ed. (3403)
Lumen
  2023 Ed. (4628)
Lumen Technologies
  2022 Ed. (1684)
  2023 Ed. (4583, 4623)
Lumen Technologies Inc.
  2023 Ed. (1113)
Lumen21
  2016 Ed. (2835)
LumenAd
  2022 Ed. (1749)
Lumenad
  2021 Ed. (942)
Lumenate
  2015 Ed. (4857)
Lumenet
  2020 Ed. (1585)
Lumenos Inc.
  2006 Ed. (3106)
  2008 Ed. (3268)
LumenPulse Inc.
  2017 Ed. (4315)
Lumension Security
  2010 Ed. (1097)
Lumera
  2006 Ed. (4256)
  2008 Ed. (2140)
  2010 Ed. (2060)
  2011 Ed. (2115)
Lumeris
  2019 Ed. (19)
LumiDoh
  2015 Ed. (2335)
Lumina
  1998 Ed. (219)
  2001 Ed. (487)
Lumina Communications
  2023 Ed. (4151)
Lumina Copper Corp.
  2013 Ed. (1532)
Lumina Foundation for Education
  2009 Ed. (1949)
Luminant Inc.
  2010 Ed. (2341, 3766)
  2011 Ed. (2335, 3768)
Luminant Worldwide Corp.
  2001 Ed. (245)
The Lumineers
  2015 Ed. (3734)

Luminent Mortgage Capital Inc.
  2008 Ed. (1587)
  2009 Ed. (4573)
  2010 Ed. (349)
Luminer Converting Group
  2008 Ed. (4029)
  2010 Ed. (4013)
  2013 Ed. (4070)
Luminess Air
  2015 Ed. (2329)
  2016 Ed. (2284)
  2018 Ed. (3151, 3153)
Luminex
  2014 Ed. (3605)
Luminex Corp.
  2012 Ed. (2782, 2799)
Luminor Bank Estonia
  2020 Ed. (424)
  2023 Ed. (643)
Luminor Bank Latvia
  2020 Ed. (427, 448)
Luminor Bank Lithuania
  2020 Ed. (450)
Luminotecnia; Grupo
  2013 Ed. (1994)
Luminous Networks Inc.
  2007 Ed. (2449)
Luminultra Technologies Ltd.
  2014 Ed. (1471)
  2015 Ed. (1526)
Lumitec
  2014 Ed. (3539)
Lumkani
  2021 Ed. (1342)
Lumley
  2004 Ed. (3080)
Lumley General Insurance
  2015 Ed. (3332)
Lummi Commercial Co.
  2018 Ed. (2035)
Lummi Indian Business Council
  2013 Ed. (2165)
Lummis; John
  2006 Ed. (980)
Lummus Crest Inc.
  1990 Ed. (1182, 1195, 1198, 1664)
  1991 Ed. (1092, 1093, 1094, 1095, 1096, 1098)
Lumonics Corp.
  1994 Ed. (1366)
Lumos Solar
  2016 Ed. (4419)
Lump-sum
  1996 Ed. (3811)
Lumpkin; Steven
  2007 Ed. (1080)
Lumry; Rufus W.
  1991 Ed. (1620)
Luna
  1996 Ed. (137)
  1997 Ed. (143)
  2003 Ed. (147)
  2008 Ed. (108)
Luna Grill
  2019 Ed. (4158)
Luna Innovations Inc.
  2008 Ed. (4291)
Luna di Luna
  2005 Ed. (4968)
LUNA Mexican Kitchen
  2022 Ed. (2951)
  2023 Ed. (3074)
Luna Oil Export
  2016 Ed. (1554)
Luna Park
  1995 Ed. (217)
Lunalight Music
  2014 Ed. (3716)
Lunch Bucket
  2003 Ed. (861)
Lunch Buckets
  1992 Ed. (3219)
Lunch to Go
  1994 Ed. (2416)
Lunchables
  1992 Ed. (3219)
  2019 Ed. (4422)
  2022 Ed. (4417)
  2023 Ed. (4444)
Lunchables Uploaded
  2016 Ed. (3691)
  2022 Ed. (4417)
  2023 Ed. (4444)
Lunchbox Orders
  2022 Ed. (4390)
LunchboxWax
  2021 Ed. (2732)
  2022 Ed. (2889)
Lunches, refrigerated
  1995 Ed. (2995, 2996)
Lund Cadillac
  1995 Ed. (266)
  1996 Ed. (267)
Lund Food Holdings Inc.
  2009 Ed. (4613)
  2010 Ed. (4644)

Lund International
  1997 Ed. (2166)
Lund International Holdings Inc.
  1991 Ed. (1871, 3144)
  2004 Ed. (4585)
Lund & Lommer
  1989 Ed. (146)
Lunda Construction Co.
  2002 Ed. (1237)
  2003 Ed. (765, 1266)
  2004 Ed. (774, 1269)
Lundbeck A/S; H.
  2006 Ed. (1402, 1674)
  2007 Ed. (1677)
  2008 Ed. (1703)
  2009 Ed. (1634, 2590)
  2010 Ed. (1603)
  2011 Ed. (1607)
Lundbeck Canada Inc.
  2013 Ed. (1516)
Lundberg; Fredrik
  2008 Ed. (4873)
  2009 Ed. (4898)
  2010 Ed. (4897)
  2011 Ed. (4884)
  2012 Ed. (4893)
  2013 Ed. (4911)
  2018 Ed. (4889)
  2019 Ed. (4881)
  2021 Ed. (4871)
  2022 Ed. (4867)
  2023 Ed. (4861)
Lundbergforetagen AB; LE
  2017 Ed. (2491)
Lundgen; Terry J.
  2011 Ed. (841)
Lundgren
  1989 Ed. (25)
  1990 Ed. (24)
Lundgren Bros.
  2002 Ed. (1200)
  2004 Ed. (1189)
  2005 Ed. (1215)
Lundgren Brothers
  1998 Ed. (911)
Lundgren; Terry
  2006 Ed. (877)
  2007 Ed. (968)
  2009 Ed. (969, 2660)
  2010 Ed. (932)
Lundgren; Terry J.
  2007 Ed. (1102, 2503, 2505)
Lundin Energy AB (publ)
  2023 Ed. (3953)
Lundin Mining
  2007 Ed. (1649)
  2010 Ed. (1514, 3682)
  2011 Ed. (3666)
  2012 Ed. (3674)
  2013 Ed. (3734)
  2015 Ed. (3684)
  2017 Ed. (3533, 3534)
  2022 Ed. (3629)
  2023 Ed. (3729)
Lundin Mining Corp.
  2013 Ed. (4512)
  2016 Ed. (4492)
  2018 Ed. (3580, 3583)
  2019 Ed. (3572)
  2020 Ed. (3547, 3548, 3551, 3552)
  2022 Ed. (3625)
  2023 Ed. (3722)
Lundin Petroleum
  2014 Ed. (4014, 4046)
Lundin Petroleum AB
  2020 Ed. (2382)
Lundqvist; Henrik
  2018 Ed. (202)
Lundsbrunn Konferens & Kurort AB
  2019 Ed. (1973)
Lundy Construction Co., Inc.
  2009 Ed. (1154)
The Lundy Packing Co.
  1990 Ed. (1042)
  1993 Ed. (980)
  1994 Ed. (1006)
  1995 Ed. (1018, 2522, 2523, 2963, 2968)
Lunesta
  2007 Ed. (3912)
Lung
  1999 Ed. (4650)
Lung cancer
  1995 Ed. (887, 888)
Lung disease
  1995 Ed. (2594, 2595)
Lungyen Life Service
  2015 Ed. (2057)
L'Union des Assurances de Paris Iard
  1993 Ed. (2254)
L'Union Canadienne
  2005 Ed. (1698, 1713, 1714, 2372)
Lunjeal
  2018 Ed. (3678)
  2020 Ed. (3630)
Lunn Poly
  2002 Ed. (54)
Lunn; Steven
  2014 Ed. (2596)

Lunne Marketing Group (LMG)
  2023 Ed. (110)
LUNOS
  2020 Ed. (1890)
Lunya
  2022 Ed. (4222, 4231)
Lunya Company
  2023 Ed. (4264)
Luo Jye
  2011 Ed. (4863)
  2012 Ed. (4869)
  2013 Ed. (4913)
  2014 Ed. (4923)
  2015 Ed. (4963)
  2016 Ed. (4879)
  2017 Ed. (4879)
  2018 Ed. (4891)
  2019 Ed. (4883)
  2020 Ed. (4872)
Luoman Oy
  2006 Ed. (1705)
  2007 Ed. (1701)
  2008 Ed. (1728)
Lupberger, Edwin
  1991 Ed. (1625)
Lupient Buick Inc.
  1990 Ed. (337)
  1991 Ed. (304)
  1992 Ed. (409)
  1993 Ed. (294)
  1994 Ed. (263)
Lupient; Jim
  1990 Ed. (312)
Lupient Oldsmobile
  1992 Ed. (394)
  1993 Ed. (280)
Lupient Oldsmobile; Jim
  1991 Ed. (289)
  1994 Ed. (279)
  1995 Ed. (282)
  1996 Ed. (282)
Lupin
  2014 Ed. (3953, 4245)
  2015 Ed. (1711)
  2016 Ed. (1659, 3904, 3908)
  2017 Ed. (1624, 1634, 3871, 3876)
  2018 Ed. (3905)
Lupin Laboratories
  2013 Ed. (4005)
Lupin Limited
  2020 Ed. (4656)
Lupin Ltd.
  1994 Ed. (1981)
  1996 Ed. (2032)
  2012 Ed. (3953)
Lupin Pharmaceuticals
  2018 Ed. (1103)
Lupton Fawcett
  2010 Ed. (3430)
Lupus Capital
  2009 Ed. (2920)
Lupus Capital plc
  2009 Ed. (1660, 2121)
Lupus Fabryka Mebli
  2021 Ed. (3773)
The Lupus Foundation of America
  1999 Ed. (293)
Luquire
  2023 Ed. (127)
Lurgi AG
  1995 Ed. (1192)
  1996 Ed. (1165, 1680)
  1999 Ed. (1386, 1394)
Lurgi GmbH
  1991 Ed. (1094, 2371)
Lurgi PSI Inc.
  2002 Ed. (1249)
Luria; L.
  1989 Ed. (860)
Luria & Son; L.
  1991 Ed. (865, 866, 867)
  1992 Ed. (1065)
  1994 Ed. (872)
Luria & Sons; L.
  1990 Ed. (914, 915)
Lurie
  2017 Ed. (11)
  2018 Ed. (10)
  2019 Ed. (11)
Lurie, Besikof, Lapidus & Co.
  1998 Ed. (12)
  2000 Ed. (13)
Lurie Besikof Lapidus & Co., LLP
  2002 Ed. (13, 14)
Lurie Besikoff Lapidus & Co. LLP
  1999 Ed. (16)
  2003 Ed. (4)
  2004 Ed. (10)
  2005 Ed. (6)
  2007 Ed. (7)
  2008 Ed. (5)
  2009 Ed. (8)
  2010 Ed. (15, 17)
  2011 Ed. (16)
  2012 Ed. (20)
  2013 Ed. (19)
  2014 Ed. (15)
  2015 Ed. (16)

2016 Ed. (15)
Lurie Children's Hospital of Chicago; Ann and Robert H.
  2013 Ed. (3046, 3049, 3051, 3053, 3054, 3056)
Lurie; Jeffrey
  2011 Ed. (4826)
Lurn
  2011 Ed. (2312)
  2012 Ed. (2213)
Lurpak
  1994 Ed. (1511)
  1996 Ed. (1517)
  1999 Ed. (1816)
  2002 Ed. (1909)
  2008 Ed. (715)
  2009 Ed. (725)
  2010 Ed. (649)
  2021 Ed. (612)
Lurpak Butter
  1992 Ed. (1761)
Lusardi Construction Co.
  2002 Ed. (1246)
  2009 Ed. (4125)
Luscar Coal
  2007 Ed. (3518)
Luse, Gorman, Pomerenk & Schick PC
  2005 Ed. (1437, 1438)
LUSH
  2017 Ed. (3677)
  2018 Ed. (1332, 3730)
Lush
  2005 Ed. (1980)
  2020 Ed. (3027)
  2021 Ed. (2888)
LUSH Fresh Handmade Cosmetics
  2019 Ed. (4250)
Lush USA
  2015 Ed. (2472)
Lusive Decor
  2012 Ed. (3521, 4082)
Lusk State Bank
  2014 Ed. (497)
Luso
  2000 Ed. (1625)
Luso-American Credit Union
  2008 Ed. (2213)
Luso Credit Union
  2002 Ed. (1836)
  2003 Ed. (1896)
Luso International Banking
  2019 Ed. (390)
  2020 Ed. (383)
  2023 Ed. (602)
Luso International Banking Limited
  1992 Ed. (765)
Luso International Banking Ltd.
  1991 Ed. (597)
  1993 Ed. (557)
  1994 Ed. (559)
  1995 Ed. (533)
Lusotur - Sociedade Financeira de Turismo
  1992 Ed. (2894)
Lusso Stone
  2020 Ed. (1972)
Luster
  1998 Ed. (1894)
Luster Pink Oil
  2001 Ed. (2634, 2635)
Luster Products
  1999 Ed. (2062, 2630)
  2003 Ed. (2665)
Luster S-Curl
  2001 Ed. (2634, 2635)
Luster's
  2008 Ed. (2871)
Luster's Pink Oil, Moisturizer Relaxer, Regular
  2000 Ed. (2410)
Luster's Pink Smooth Touch
  2020 Ed. (2853)
Luster's S Curl
  2003 Ed. (2652, 2656)
Luster's S-Curl
  2020 Ed. (2853)
Lustgarten; Eli
  1993 Ed. (1810)
  1994 Ed. (1793)
  1995 Ed. (1831)
  1997 Ed. (1883)
Lustine Chevrolet
  1990 Ed. (303)
  1991 Ed. (272)
  1992 Ed. (381)
  2004 Ed. (319)
  2005 Ed. (320)
Lustine Oldsmobile Buick Inc.
  1990 Ed. (302)
LUSURC
  2006 Ed. (3283)
Lute Riles, Honda
  2004 Ed. (271)
Lute Riley, Honda
  1996 Ed. (272)
  2005 Ed. (319)

Lutece
  1994 Ed. (3092)
  2007 Ed. (4129)
Luter III; Joseph W.
  2007 Ed. (1020, 1025)
Luthai Textile
  2007 Ed. (1589)
Luther Burbank Corp.
  2005 Ed. (375)
  2014 Ed. (340)
Luther Burbank Saving & Loan Association
  1998 Ed. (3529)
Luther Burbank Savings
  2004 Ed. (4246)
  2005 Ed. (4179)
  2006 Ed. (4231)
  2007 Ed. (4245)
  2010 Ed. (365, 4418)
  2011 Ed. (287, 4363)
  2012 Ed. (311, 4403)
  2013 Ed. (4376)
  2023 Ed. (469)
Luther Burbank Savings & Loan Association
  1998 Ed. (1012)
Luther Kissam
  2015 Ed. (974)
Luther Vandross
  2002 Ed. (1161)
Lutheran Brotherhood
  1992 Ed. (3261)
  1996 Ed. (1972)
  1999 Ed. (839, 841, 842, 861, 865, 2945)
  2000 Ed. (2695)
  2002 Ed. (2932)
  2003 Ed. (2994)
Lutheran Brotherhood -Flexible Premium Deferred Variable Annuity
  1991 Ed. (2150)
Lutheran Brotherhood - Flexible Premium Variable Life (VUL)
  1991 Ed. (2150)
Lutheran Brotherhood Securities
  2000 Ed. (833, 834, 837, 838, 839, 850, 862, 865, 866)
  2002 Ed. (790, 791, 792, 793, 794, 795)
Lutheran Center For The Aging
  2000 Ed. (3362)
Lutheran Credit Union of America
  2008 Ed. (2211)
  2012 Ed. (2024)
  2015 Ed. (2216)
Lutheran Fraternities of American Life
  1998 Ed. (2191)
Lutheran General Hospital
  1990 Ed. (2054)
  1991 Ed. (1932)
  1992 Ed. (2456)
  1995 Ed. (2141)
  1996 Ed. (2153)
  1997 Ed. (2268)
  1998 Ed. (1987)
  1999 Ed. (2746)
  2000 Ed. (2525)
  2001 Ed. (2770)
Lutheran Health Services
  2000 Ed. (3360)
Lutheran Health System-La Crosse
  2000 Ed. (3825)
Lutheran Health Systems
  1990 Ed. (2632)
  1991 Ed. (2502)
  1992 Ed. (3127, 3279)
  1996 Ed. (2705)
  1997 Ed. (2829, 2830)
  2001 Ed. (1824)
Lutheran Health Systems of Fargo, ND
  1994 Ed. (2573)
Lutheran Hospital & Homes Society
  1991 Ed. (219)
Lutheran Services in America
  2003 Ed. (3651)
  2004 Ed. (3698)
  2011 Ed. (3760)
Lutheran Social Ministries
  1996 Ed. (911)
Lutheran Social Ministry
  1995 Ed. (941, 2780, 2784)
Lutheran Social Ministry Organization
  1994 Ed. (910, 2677, 2678)
Lutheran Social Ministry Organizations
  1991 Ed. (2613)
  1992 Ed. (3267)
  1993 Ed. (2730)
Lutheran Social Service of Minnesota
  2006 Ed. (3721)
Lutheran Social Services of Illinois
  1991 Ed. (2623)
Lutheran Social Services of Michigan
  1990 Ed. (2724)
  1998 Ed. (2686)
  1999 Ed. (3627)
  2000 Ed. (3351)
  2001 Ed. (3550)
  2002 Ed. (3522)

Lutheran World Relief
  1991 Ed. (899, 2614)
  1993 Ed. (896)
  1994 Ed. (905)
Luther's Pontiac-GMC Truck; Rudy
  1992 Ed. (396)
Luther's Pontiac; Rudy
  1993 Ed. (281)
  1994 Ed. (280)
Luthman
  2015 Ed. (3758)
  2016 Ed. (3666)
  2020 Ed. (3681)
  2021 Ed. (3687)
Luthor; Lex
  2007 Ed. (682)
Lutke; Tobi
  2022 Ed. (4823)
  2023 Ed. (4818)
Lutner SPB Ltd.
  2015 Ed. (3755)
Luton Airport
  1995 Ed. (197)
Lutron
  2013 Ed. (3512, 4939)
  2014 Ed. (122, 3486, 4949)
  2015 Ed. (137, 3504, 4988)
  2016 Ed. (142, 3359, 4905)
  2017 Ed. (134, 3324, 4899)
  2018 Ed. (2977, 3387, 4917)
  2019 Ed. (2908, 2922, 3365, 4915)
  2020 Ed. (2927, 2940, 3367, 3368, 4913)
  2021 Ed. (2788, 2800, 3299, 3300, 4908)
  2022 Ed. (2954, 2967, 3385, 3386, 3387, 4903)
  2023 Ed. (3077, 3088, 3506, 3507, 4892)
Lutron/Ivalo/Finire
  2022 Ed. (3386)
  2023 Ed. (3508)
Lutron/Ketra
  2022 Ed. (3386)
  2023 Ed. (3507, 3508)
Lutz
  2004 Ed. (26)
  2016 Ed. (2)
  2020 Ed. (2)
Lutz & Co.
  2010 Ed. (15)
  2013 Ed. (2, 19)
  2014 Ed. (2)
  2016 Ed. (15)
  2017 Ed. (11)
  2018 Ed. (10)
  2019 Ed. (11)
  2020 Ed. (13)
  2021 Ed. (15)
  2022 Ed. (16)
  2023 Ed. (56)
Lutz Group
  2005 Ed. (19)
Luv N'Care
  2002 Ed. (2801)
Luvata Grenada LLC
  2008 Ed. (1941)
  2009 Ed. (1901)
  2010 Ed. (1837)
  2011 Ed. (1868)
  2012 Ed. (1724)
  2014 Ed. (1818)
  2015 Ed. (1858)
  2016 Ed. (1817)
Luvs
  1991 Ed. (1416, 1418)
  1992 Ed. (1803)
  1993 Ed. (1483)
  1994 Ed. (1531)
  1995 Ed. (1562)
  1996 Ed. (1546)
  1998 Ed. (1270)
  1999 Ed. (1191, 1843)
  2000 Ed. (367, 1112, 1666, 1667)
  2001 Ed. (2007, 3342)
  2002 Ed. (1973, 3379)
  2003 Ed. (2054, 2055, 2056, 2921, 2922, 3719)
  2005 Ed. (2201)
  2006 Ed. (2263)
  2007 Ed. (2201)
  2008 Ed. (2335, 2336)
  2009 Ed. (2322)
  2010 Ed. (2252)
Luvs Stretch
  1998 Ed. (2669)
Luvs Ultra Leakguards
  2001 Ed. (2006)
  2023 Ed. (2304)
Lux
  2015 Ed. (2192)
  2021 Ed. (1996)
  2022 Ed. (2033)
  2023 Ed. (2142)
Lux Consulting
  2014 Ed. (98)
LUX European Re
  2001 Ed. (2956)
Lux Group
  2020 Ed. (4281)
  2022 Ed. (4272)

Lux Holding GmbH
  2004 Ed. (1701, 4929)
Lux International
  2023 Ed. (2318)
LUX - Luxembourg-Findel International Airport
  2022 Ed. (149)
Lux Soap
  1989 Ed. (35)
Luxcom
  2002 Ed. (1199)
Luxcon Danube SRL
  2018 Ed. (1897)
Luxe Royale
  2016 Ed. (4726)
Luxe RV
  2021 Ed. (4707, 4711)
Luxembourg
  1989 Ed. (1284, 2965)
  1990 Ed. (864, 1582, 3700)
  1991 Ed. (1479, 3508)
  1992 Ed. (1234, 1728, 1737, 2046, 2358, 2807, 4475)
  1993 Ed. (3726)
  1994 Ed. (335, 836, 841, 1234, 1488, 1489, 2006, 2008, 3436, 3476)
  1995 Ed. (1516, 1520, 1521, 3773)
  1996 Ed. (1218, 1479, 1480, 3870)
  1997 Ed. (1544, 1545, 1687, 3912, 3924)
  1998 Ed. (3467)
  1999 Ed. (1253, 1254, 1753, 1783, 1784, 3111, 3629)
  2000 Ed. (1154, 1155, 1608, 1612, 1613, 3354, 3373, 4425)
  2001 Ed. (1141, 1342, 1949, 1950, 3151, 4246, 4910, 4920)
  2002 Ed. (1809, 1810, 1814, 1823, 3183, 4974)
  2003 Ed. (1879, 2483, 3232)
  2004 Ed. (1461, 1909, 1921, 3287, 4751)
  2005 Ed. (2042, 2056, 2269, 2761, 2762, 4602, 4717, 4800, 4977)
  2006 Ed. (783, 2138, 2150, 2332, 2335, 2716, 3552, 4769)
  2007 Ed. (674, 2086, 2094, 2263, 2266, 3050, 4776)
  2008 Ed. (851, 1415, 2194, 2204, 2398, 2399, 2400, 3164, 4794)
  2009 Ed. (256, 2170, 2380, 2397, 3239, 4666)
  2010 Ed. (248, 281, 812, 1378, 1631, 2113, 2213, 2303, 2309, 2585, 2587, 2588, 2837, 3380, 4843)
  2011 Ed. (204, 626, 735, 737, 741, 1375, 1641, 2230, 2231, 2299, 2307, 2401, 2567, 2569, 2570, 2624, 2626, 2629, 2819, 3327, 3328, 3786, 3840, 4621, 4622, 4703, 4802)
  2012 Ed. (601, 674, 676, 1494, 2093, 2094, 2206, 2333, 2514, 2516, 2517, 2617, 2620, 2752, 3083, 3313, 3314, 3821, 4251, 4547, 4627, 4819)
  2013 Ed. (163, 733, 742, 1625, 2280, 2389, 2513, 2644, 2646, 2647, 2687, 2690, 2829, 3166, 3385, 3386, 3873, 4504, 4567, 4782)
  2014 Ed. (167, 626, 759, 842, 845, 1591, 2213, 2214, 2275, 2326, 2456, 2602, 2604, 2605, 2643, 2672, 2675, 2870, 3208, 3387, 3388, 3809, 4548)
  2015 Ed. (194, 247, 794, 799, 881, 1347, 1642, 2277, 2278, 2525, 2645, 2647, 2648, 2685, 2686, 2716, 2719, 2910, 3448, 3832, 4546, 4621)
  2016 Ed. (188, 716, 769, 971, 1266, 1585, 2248, 2460, 2566, 2602, 2831, 3307, 3739, 4540)
  2017 Ed. (827, 831, 2185, 2533)
  2018 Ed. (758, 761, 2246, 2605)
  2019 Ed. (778, 2219, 2585, 2588, 2589, 2590)
  2020 Ed. (769, 772, 2216, 2577, 2578, 2580, 2581, 2582)
  2021 Ed. (791, 794, 2188)
  2022 Ed. (823, 826)
  2023 Ed. (1020, 1023, 2405, 2407)
Luxembourg-Findel International Airport
  2022 Ed. (149)
  2023 Ed. (223)
Luxembourg Stock Exchange
  1993 Ed. (3457)
Luxemburg
  2003 Ed. (2641)
Luxempart
  1994 Ed. (2418)
  1996 Ed. (2557)
  1997 Ed. (2694)
  1999 Ed. (3281)
  2000 Ed. (3019)
  2002 Ed. (3221)
Luxim Corp.
  2012 Ed. (2484)
LuxMobile Group
  2013 Ed. (181)
Luxnet
  2016 Ed. (2017)

CUMULATIVE INDEX • 1989-2023

Luxoft
  2018 Ed. (980)
  2021 Ed. (672)
Luxoltica Group
  1996 Ed. (2873)
Luxor
  2001 Ed. (2801)
Luxottica
  1992 Ed. (3303)
  2007 Ed. (1827)
  2016 Ed. (3771)
  2020 Ed. (1830)
  2021 Ed. (1797)
  2022 Ed. (1836)
  2023 Ed. (1962)
Luxottica Group
  1995 Ed. (2814)
  1997 Ed. (2968, 3725)
  1999 Ed. (3659)
  2001 Ed. (3593)
  2014 Ed. (1714)
  2015 Ed. (1757)
  2016 Ed. (1708)
  2018 Ed. (1649)
  2019 Ed. (1703)
Luxottica Group S.p.A.
  2021 Ed. (2457)
  2022 Ed. (926, 2568)
Luxottica Group SpA
  2003 Ed. (4592)
  2007 Ed. (1712, 1714, 1715, 3814)
  2008 Ed. (1741, 1743, 1744, 1751, 1755, 3106, 3567, 3881)
  2009 Ed. (1191, 3201, 3637, 3943)
  2010 Ed. (3556, 3619)
  2011 Ed. (1145, 3559, 3621, 3862)
  2012 Ed. (717, 828, 1080, 3552, 3622, 3838)
  2013 Ed. (838, 922, 1215, 3591, 3679, 3882, 4333, 4471)
  2014 Ed. (867, 3613, 3817, 4024, 4520)
  2015 Ed. (3625, 3842, 4519)
  2016 Ed. (3510, 3748, 4456)
  2017 Ed. (2408, 2467, 3485, 3702, 4463)
  2018 Ed. (2518, 3539, 4481)
  2019 Ed. (3526, 4479)
Luxottica Retail
  2012 Ed. (3783)
  2013 Ed. (3850)
  2014 Ed. (3776)
  2015 Ed. (3796)
  2016 Ed. (3709)
  2017 Ed. (3666)
  2018 Ed. (3721)
  2019 Ed. (3708)
  2020 Ed. (3752)
  2021 Ed. (3752)
Luxottica Retail North America
  2016 Ed. (4222)
  2017 Ed. (4210)
Luxottica SpA
  2014 Ed. (2570)
Luxottica US Holdings Corp.
  2007 Ed. (4947)
  2010 Ed. (4946)
  2011 Ed. (4929)
  2012 Ed. (4932)
  2013 Ed. (4928)
  2014 Ed. (4935)
  2015 Ed. (4976)
  2016 Ed. (4893)
Luxshare Precision Industry
  2016 Ed. (1369)
  2019 Ed. (949)
  2020 Ed. (939, 2301)
  2021 Ed. (1460)
LuxSpan
  2010 Ed. (3504)
LUXTECH, LLC
  2018 Ed. (1860)
Luxul
  2016 Ed. (998)
  2017 Ed. (1032)
  2018 Ed. (962)
  2019 Ed. (958)
  2020 Ed. (946)
  2021 Ed. (939)
  2022 Ed. (959)
Luxury car
  2001 Ed. (502)
Luxury Collection
  2021 Ed. (2918)
Luxury Collection/St. Regis
  2000 Ed. (2552)
Luxury Escapes
  2019 Ed. (1412)
Luxury Limousines
  1999 Ed. (3453)
Luxury Linens
  1991 Ed. (1969, 1970)
  1992 Ed. (2526)
  2004 Ed. (2881)
  2006 Ed. (2888)
Luxury Linens/Burlington
  1994 Ed. (2139)
Luxury Linens/Burlington Coat Factory
  1997 Ed. (2323)

Luxury Living Chicago Realty
  2022 Ed. (4083, 4109)
Luxury Presence
  2022 Ed. (755)
Luyan
  2022 Ed. (636)
Luz y Fuerza del Centro
  2004 Ed. (3025, 3026)
Luz Sr. Enterprises Inc.; David S. De
  2006 Ed. (1742, 1746)
  2007 Ed. (1755)
  2008 Ed. (1783)
  2009 Ed. (1724)
Luz del Sur
  2000 Ed. (2932, 2933)
  2002 Ed. (3083)
Luzerne County, PA
  1996 Ed. (2538)
Luzerne Optical
  2006 Ed. (3751, 3752)
  2007 Ed. (3750, 3751, 3752, 3753)
Luzerner Kantonal Bank
  1991 Ed. (670)
  1992 Ed. (843)
Luzerner Kantonalbank
  1989 Ed. (686)
  1993 Ed. (640)
  1994 Ed. (643)
  1995 Ed. (615)
  1996 Ed. (689)
  1997 Ed. (623)
  1999 Ed. (645)
  2000 Ed. (670)
  2002 Ed. (653)
  2012 Ed. (414)
  2013 Ed. (467)
  2014 Ed. (482)
  2015 Ed. (542)
  2016 Ed. (495)
  2017 Ed. (510)
  2018 Ed. (473)
  2019 Ed. (486, 489)
  2020 Ed. (469, 471)
  2023 Ed. (695)
Luzerner Katonalbank
  1990 Ed. (691)
Luzhou Lao Jiao
  2010 Ed. (1485)
  2014 Ed. (590)
  2019 Ed. (604)
  2020 Ed. (591)
Luzhou Laojiao
  2012 Ed. (464)
  2013 Ed. (571)
  2014 Ed. (583)
  2018 Ed. (166)
  2019 Ed. (620)
  2020 Ed. (170)
  2021 Ed. (160, 173)
  2022 Ed. (153, 166)
  2023 Ed. (231)
Luzhou Laojiao (China)
  2021 Ed. (173)
  2022 Ed. (166)
Luzianne
  1994 Ed. (3478)
  1995 Ed. (3547)
  2003 Ed. (3923)
  2005 Ed. (4605)
  2008 Ed. (4599)
  2010 Ed. (4675)
  2011 Ed. (4623)
  2013 Ed. (4581)
  2014 Ed. (4641)
  2015 Ed. (4628)
  2016 Ed. (4546)
  2017 Ed. (4548)
  2018 Ed. (4573)
Luzon; Efi
  2019 Ed. (4118)
L.V. Gerstner, Jr.
  2000 Ed. (1882)
LVI Environmental Services
  2003 Ed. (1242)
LVI Environmental Services Group
  1992 Ed. (1423)
  1993 Ed. (1136)
  1994 Ed. (1150)
  1995 Ed. (1170)
  1996 Ed. (1145)
  1997 Ed. (1174)
  1998 Ed. (943, 1492)
  1999 Ed. (1365, 2060)
  2000 Ed. (1257)
LVI Services Inc.
  2001 Ed. (1471)
  2002 Ed. (1235, 1252)
  2004 Ed. (1245, 2445)
  2005 Ed. (1296)
  2006 Ed. (1265)
  2007 Ed. (1356)
  2008 Ed. (1254, 2597)
  2009 Ed. (1229, 2625)
  2010 Ed. (1228, 2530, 2540)
  2011 Ed. (1175, 2531)
  2012 Ed. (1123, 2480)
  2013 Ed. (1267, 1271)
  2014 Ed. (1200, 1204)

2015 Ed. (1257, 1262, 2613, 2622)
2016 Ed. (2546)
LVLY
  2023 Ed. (1581)
LVM Capital Mgmt.
  1990 Ed. (2343, 2346)
LVMH
  1990 Ed. (1832)
  1991 Ed. (731, 732)
  1992 Ed. (915, 916, 1482, 1608)
  1993 Ed. (731, 732, 1316)
  1996 Ed. (765, 766)
  1997 Ed. (702, 703, 2670)
  2000 Ed. (790, 791)
  2003 Ed. (2550, 3626)
  2013 Ed. (4329)
  2022 Ed. (3798)
  2023 Ed. (3897, 3903)
LVMH Moet
  1992 Ed. (4147)
  2011 Ed. (3386)
LVMH Moet Hennessey
  1999 Ed. (773, 774)
LVMH Moet Hennessey Louis Vuitton SA
  2004 Ed. (3810)
LVMH Moët Hennessy
  2022 Ed. (1558)
LVMH Moet Hennessy
  1992 Ed. (1621)
  1994 Ed. (739, 740, 1370)
  1995 Ed. (1397)
  1998 Ed. (509, 2398)
  1999 Ed. (1433)
  2021 Ed. (2450, 4250)
  2022 Ed. (2560)
LVMH Moet Hennessy Louis Vuiton SA
  2005 Ed. (663, 1798, 2642, 4716)
  2006 Ed. (136, 161, 565, 1722, 2639, 3805, 4177, 4768)
  2007 Ed. (129, 153, 1731, 2986, 3814, 3815, 4199)
  2008 Ed. (561, 2746, 3105, 4234, 4693)
  2009 Ed. (590, 2800, 3947, 4735)
  2011 Ed. (503, 2716, 4702)
LVMH Moët Hennessy Louis Vuitton
  2023 Ed. (100, 160, 1081, 1729)
LVMH Moet Hennessy Louis Vuitton
  2014 Ed. (91, 601, 602)
  2015 Ed. (96)
  2016 Ed. (87)
  2017 Ed. (70)
  2018 Ed. (87)
  2019 Ed. (76, 77)
  2020 Ed. (53, 73, 74)
  2021 Ed. (57, 67, 68, 1541, 3787)
  2022 Ed. (79, 1555)
LVMH Moet Hennessy/Louis Vuitton
  1991 Ed. (1292)
  1996 Ed. (1348)
  1997 Ed. (1411)
  1999 Ed. (1631)
LVMH Moet Hennessy Louis Vuitton Inc.
  2014 Ed. (2570)
LVMH Moët Hennessy Louis Vuitton SA
  2023 Ed. (2706)
LVMH Moet Hennessy Louis Vuitton SA
  2001 Ed. (1710, 2119, 2120)
  2002 Ed. (761, 4305)
  2005 Ed. (669)
  2008 Ed. (3841)
  2009 Ed. (769, 770, 772, 980, 1689, 3200, 3897, 4316, 4437)
  2010 Ed. (578, 713, 942, 1643, 1646, 3125, 3860, 4294, 4303, 4479)
  2011 Ed. (506, 874, 3093, 3862, 3868, 4286, 4414)
  2012 Ed. (470, 830, 3034, 3838, 3844, 4321, 4477)
  2013 Ed. (827, 871, 1007, 3120, 3882, 3904, 4439)
  2014 Ed. (596, 972, 3548, 3817, 3821, 3836, 4015, 4057, 4380, 4471)
  2015 Ed. (666, 671, 672, 1009, 1212, 3842, 3846, 3856, 3862, 4465)
  2016 Ed. (608, 613, 926, 1118, 3748, 3752, 3767, 3771, 4265)
  2017 Ed. (644, 650, 961, 2460, 3413, 3702, 3706, 3727, 4253)
  2018 Ed. (603, 607, 1095, 1321, 2511, 3414, 3490, 3759, 3771)
  2019 Ed. (615, 618, 1111, 2381, 3739, 3752, 3758, 3759)
  2020 Ed. (603, 1097, 2349, 3783)
  2021 Ed. (567, 1091, 3774)
  2022 Ed. (2343)
LVMH Moët Hennessy Louis Vuitton S.E.
  2020 Ed. (3795)
  2021 Ed. (3781)
  2022 Ed. (3804)
LVMH Moet Hennessy Louis Vuitton SE
  2018 Ed. (897)
  2019 Ed. (1110, 1590)
  2023 Ed. (2340, 2369)
LVMH Moet Hennessy - Louis Vuitton, Societe Europeenne
  2022 Ed. (926, 2560)

LVS Brokers
  2020 Ed. (1523, 2641)
  2021 Ed. (1508, 2551)
LVVR Cellars
  2018 Ed. (4920)
LW Solutions
  2019 Ed. (3065)
LWAS/DFA International High Book to Market
  2010 Ed. (3736)
LWB Steinl GmbH & Co. KG
  2001 Ed. (2875)
Lwin Family Co.
  2017 Ed. (4385)
LWK & Partners
  2022 Ed. (183)
LWK + Partners
  2023 Ed. (257)
LX Pantos
  2023 Ed. (2905)
LXSI Services Inc.
  2006 Ed. (2830)
  2008 Ed. (2967)
Lyall Design Architects
  2014 Ed. (2078)
Lyberg Group
  1993 Ed. (138)
Lybrate
  2017 Ed. (2853)
Lycoming College
  1992 Ed. (1273)
  1994 Ed. (1048)
  1996 Ed. (1041)
Lycon Group
  1994 Ed. (3007)
Lycopodium
  2012 Ed. (1333)
  2015 Ed. (1453)
Lycos
  1997 Ed. (3926)
  1998 Ed. (3774, 3775, 3779, 3780)
  1999 Ed. (32, 3003)
  2000 Ed. (2749)
  2001 Ed. (4778)
  2002 Ed. (2520, 4871)
  2006 Ed. (3183)
  2007 Ed. (712, 733, 2327, 2351)
  2008 Ed. (2453)
Lycos Europe
  2005 Ed. (3197)
Lycos Network
  2003 Ed. (3020)
  2005 Ed. (3176)
Lyd Plat
  1995 Ed. (2586)
Lydall
  2020 Ed. (3724)
  2021 Ed. (3726)
  2022 Ed. (3744)
Lydall Inc.
  1992 Ed. (3271)
  1993 Ed. (2613)
  2004 Ed. (4705, 4706)
  2005 Ed. (4677, 4678)
  2023 Ed. (3845)
Lydenburg Platinum
  1993 Ed. (2579)
Lydian Trust
  2004 Ed. (4661)
  2006 Ed. (2594)
Lydig Construction Inc.
  2009 Ed. (1330, 1344)
  2010 Ed. (1328)
  2011 Ed. (1310)
Lyell
  2000 Ed. (1623)
Lyell Credit Union
  1996 Ed. (1504)
  1998 Ed. (1216)
  2002 Ed. (1827)
  2003 Ed. (1888)
  2004 Ed. (1932)
  2005 Ed. (2072)
  2006 Ed. (2166)
LYFE Marketing
  2022 Ed. (75, 76)
Lyft
  2019 Ed. (4722)
  2022 Ed. (4689, 4701)
  2023 Ed. (4689)
Lyft Inc.
  2019 Ed. (2963)
  2020 Ed. (3018)
  2021 Ed. (1405, 2879)
Lyft, Inc.
  2021 Ed. (4331)
The Lying Game
  2020 Ed. (584)
Lykes Brothers Inc.
  1990 Ed. (1029)
Lykes Family
  2005 Ed. (4022)
Lykes Family Holdings
  1991 Ed. (954, 956)
  1993 Ed. (964)
  1995 Ed. (1003)
  1996 Ed. (990, 992)
  1998 Ed. (753)

Lykes Lines
　2003 Ed. (1226)
　2004 Ed. (2542)
Lykins Cos., Inc.
　2014 Ed. (1906)
　2015 Ed. (1951)
Lykins Energy Solutions
　2016 Ed. (1924)
　2017 Ed. (1894)
　2018 Ed. (1840)
Lyle Berman
　1999 Ed. (2079)
Lyle Lovett
　1995 Ed. (1118, 1120)
Lyle Parks Jr. Inc.
　1994 Ed. (3298)
　2003 Ed. (1312)
Lyles Construction Group
　2006 Ed. (1275)
　2019 Ed. (2516)
Lyles Diversified Inc.
　2003 Ed. (1295)
　2005 Ed. (1306)
LYMA GmbH
　2018 Ed. (1571)
Lyman Lumber of Wisconsin Inc.
　2008 Ed. (749, 1934)
　2009 Ed. (744, 1892)
Lyme Computer Systems
　2008 Ed. (3721, 4413, 4972)
Lymphoma
　1997 Ed. (882, 883)
Lync America
　2020 Ed. (1926)
LYNC Logistics
　2021 Ed. (1887, 4686, 4697)
LYNC Logistics, LLC
　2020 Ed. (4940)
Lynch & Co.; R. Stephen
　1996 Ed. (2357)
Lynch; Dr. Mike
　2009 Ed. (2623)
　2010 Ed. (2527)
Lynch Group
　1990 Ed. (345)
　1991 Ed. (308)
　2020 Ed. (120)
　2021 Ed. (112)
　2022 Ed. (118)
Lynch Imports
　1990 Ed. (335)
Lynch; Karen
　2023 Ed. (4929, 4938, 4939)
Lynch & Mayer
　1991 Ed. (2231)
　1993 Ed. (2321, 2330)
　1996 Ed. (2395)
Lynch; Merrill
　1992 Ed. (2776)
Lynch Miller Moore Inc.
　2000 Ed. (1864)
Lynch Miller Moore O'Hara Inc.
　2001 Ed. (2311)
Lynch Miller Moore Partners Inc.
　1996 Ed. (1708)
Lynch; Peter L.
　2007 Ed. (959)
　2009 Ed. (2664, 2665)
　2010 Ed. (2565, 2566)
Lynchburg News & Advance
　1990 Ed. (2701)
Lynchburg News & Advertiser
　1991 Ed. (2601)
Lynda Resnick
　1995 Ed. (3788)
　1996 Ed. (3876)
　1997 Ed. (3916)
　2015 Ed. (4892)
　2016 Ed. (4810)
　2017 Ed. (4821)
　2018 Ed. (4826)
　2020 Ed. (4813)
　2023 Ed. (4931)
Lynde and Harry Bradley
　1992 Ed. (1097)
Lynde & Harry Bradley Foundation
　1989 Ed. (1478)
Lynden
　2006 Ed. (4813)
　2023 Ed. (1564)
Lynden Air Cargo LLC
　2003 Ed. (236)
　2004 Ed. (1342)
Lynden Companies
　2019 Ed. (4737)
　2020 Ed. (4713)
　2021 Ed. (4718)
　2022 Ed. (4720)
　2023 Ed. (4733, 4740)
Lynden Inc.
　2014 Ed. (1345, 1350)
　2015 Ed. (1422, 1427)
　2016 Ed. (1345, 1350)
　2017 Ed. (1382)
　2018 Ed. (1351, 1356)
　2019 Ed. (1389, 1394)
　2020 Ed. (1354)
　2021 Ed. (1350)

2022 Ed. (1360)
Lynden Transport
　2014 Ed. (4801)
　2015 Ed. (4836)
Lyndon B. Cole
　2007 Ed. (2499)
　2008 Ed. (2632)
Lyndon E. Cole
　2010 Ed. (2562)
Lyndon Insurance Co.
　1989 Ed. (1685)
　1995 Ed. (2286, 2309, 2310)
　1996 Ed. (224, 2321)
　1997 Ed. (2452)
Lyndon Life Insurance Co.
　1998 Ed. (2162)
Lyndon State College
　1990 Ed. (1086)
Lynette Erceg
　2008 Ed. (4848)
　2009 Ed. (4869)
Lynk Systems
　2001 Ed. (583)
　2006 Ed. (1427)
Lynker
　2022 Ed. (1235)
Lynker Technologies
　2019 Ed. (1272)
Lynn A. Nagorske
　2007 Ed. (384)
　2008 Ed. (369)
　2009 Ed. (385)
Lynn (Aetna Life & Casualty Co.); James T.
　1991 Ed. (2156)
Lynn Associates; Robert D.
　1994 Ed. (238)
　1995 Ed. (241)
　1996 Ed. (237)
　1997 Ed. (269)
Lynn Elsenhans
　2011 Ed. (4965, 4969, 4987, 4988)
　2012 Ed. (4983)
Lynn Forester
　2002 Ed. (4983)
Lynn Hickey Dodge
　1992 Ed. (375)
　1994 Ed. (267)
　1995 Ed. (263)
　1996 Ed. (270)
Lynn Hsu
　2008 Ed. (4991)
Lynn; James T.
　1990 Ed. (2282)
Lynn Kirkhofer
　1993 Ed. (2464)
Lynn L. Elsenhans
　2010 Ed. (904)
Lynn Schusterman
　2011 Ed. (4825)
Lynn Wilson
　1996 Ed. (3713)
　1998 Ed. (3585)
Lynn Wilson Associates/Creative Environs
　1990 Ed. (2286)
Lynn Wilson Associates International
　1992 Ed. (2716)
　1993 Ed. (243)
　1998 Ed. (2029)
Lynne Doughtie
　2013 Ed. (1211)
Lynne Fafard
　2013 Ed. (4987)
Lynne Franks PR
　1994 Ed. (2961)
Lynne Franks Public Relations
　1995 Ed. (3020)
　1997 Ed. (3199)
Lynne; Shelby
　1992 Ed. (1351)
　1996 Ed. (1094)
Lynnwood Pizza Inc.
　1994 Ed. (2884)
Lynx
　1991 Ed. (1855)
　1994 Ed. (2779, 2819)
　1995 Ed. (1548)
　1996 Ed. (1062, 2954, 2988)
　1997 Ed. (2153)
　1998 Ed. (25, 1856)
　1999 Ed. (3779, 4749)
　2001 Ed. (3723, 3726)
　2002 Ed. (3644)
　2008 Ed. (711)
　2009 Ed. (721)
　2010 Ed. (644)
　2015 Ed. (2192)
　2021 Ed. (1983)
　2022 Ed. (2028)
　2023 Ed. (2125)
Lynx Black
　1999 Ed. (3740)
Lynx Energy Services
　1996 Ed. (2868)
Lynx Equity Ltd.
　2016 Ed. (2640)
　2017 Ed. (2575)
　2018 Ed. (2641)

Lynx Group plc
　2001 Ed. (4279)
Lynx Handpiece
　1990 Ed. (1489)
　1991 Ed. (1410)
　1992 Ed. (1779)
Lynx Prod
　1996 Ed. (1524)
Lynx Technology Partners
　2017 Ed. (4316)
　2018 Ed. (4307)
LynxSpring
　2013 Ed. (1791)
Lyon
　1992 Ed. (675)
　1993 Ed. (486)
Lyon Alemand Louyot
　1992 Ed. (2971)
　1993 Ed. (2498)
　1994 Ed. (2438)
Lyon Alemand Louyot (Comptoir)
　1991 Ed. (2385)
Lyon College
　1996 Ed. (1042)
　1997 Ed. (1058)
　1998 Ed. (796)
　1999 Ed. (1225)
　2001 Ed. (1322)
Lyon Companies; William
　1990 Ed. (1155)
Lyon Co.; William
　1990 Ed. (1171)
　1991 Ed. (1047, 1058, 1059, 1062, 1063, 1988)
　1992 Ed. (1353, 1362, 1363, 1366, 1367)
　1994 Ed. (1113, 1114, 1119)
　1995 Ed. (1134)
Lyon Cos.; William
　1993 Ed. (1083, 1089, 1095)
Lyon, France
　2009 Ed. (4233)
　2020 Ed. (2208)
Lyon Polk
　2010 Ed. (3382)
　2023 Ed. (3388)
Lyon Polk (Morgan Stanley Private Wealth Mgmt.)
　2022 Ed. (3299)
Lyon Real Estate
　2020 Ed. (4095)
　2022 Ed. (4073)
　2023 Ed. (4171)
Lyon-Turin TGV Railway Line
　1996 Ed. (2262)
Lyondell
　1999 Ed. (3850)
Lyondell Chemical Co.
　2000 Ed. (1337)
　2001 Ed. (1181, 1185, 1209, 1582)
　2002 Ed. (990, 992, 1018)
　2003 Ed. (933)
　2004 Ed. (949, 950, 963)
　2005 Ed. (931, 939, 958, 1502)
　2006 Ed. (840, 848, 849, 850, 851, 862)
　2007 Ed. (932, 933, 1528, 1529)
　2008 Ed. (907, 908, 923, 925, 929, 1444, 1445, 1446, 1449, 1511, 1812, 1813, 1835, 1836, 1837, 1838, 1842)
　2009 Ed. (915, 931, 933, 938, 939, 1412, 1413, 1783, 1785, 1786, 1787, 1788, 1790, 1791)
　2010 Ed. (351, 879, 880)
　2011 Ed. (271, 273, 781, 1647, 4028)
　2012 Ed. (296, 733, 1498, 1934, 4057)
　2013 Ed. (298)
　2015 Ed. (350)
　2016 Ed. (345)
　2017 Ed. (352)
Lyondell Chemical Worldwide Inc.
　2012 Ed. (1933)
Lyondell Petrochem
　1992 Ed. (1107)
Lyondell Petrochemical
　1991 Ed. (900, 920, 1206, 1215, 1216, 1222, 1224, 1275, 2940)
　1992 Ed. (1109, 1126, 1525, 1526, 1530, 1532, 1641, 1643, 1644)
　1993 Ed. (900, 903, 906, 1226, 1339, 1341, 1343, 1350, 1411)
　1994 Ed. (914, 920, 942, 1465)
　1995 Ed. (950, 974, 1271, 1500)
　1996 Ed. (922, 950, 951, 1244, 1270)
　1997 Ed. (951, 954, 973, 974, 1290, 3401)
　1998 Ed. (693, 694, 715, 716, 1118)
　1999 Ed. (1088, 1097, 1113, 1496, 1504, 1554, 3366)
LyondellBasel Industries
　2011 Ed. (1886)
LyondellBasell
　2019 Ed. (848, 2030)
　2020 Ed. (1954)
　2021 Ed. (854, 855, 868)
　2022 Ed. (892, 896, 901, 1960, 3829)
　2023 Ed. (1068, 2071, 3925)
LyondellBasell Industries
　2009 Ed. (3658)
　2010 Ed. (870)

2011 Ed. (793, 798, 799, 802, 806, 813, 1721, 3827)
　2012 Ed. (751, 758, 759, 768, 769, 776, 1741)
　2013 Ed. (947, 948, 960, 961, 969, 1907)
　2014 Ed. (900, 901, 913, 914, 917, 1841)
　2015 Ed. (927, 936, 941, 1879, 2074, 2076)
　2016 Ed. (831, 832, 844, 845, 850, 851, 852, 1840, 2042, 2044)
　2017 Ed. (888, 889, 903, 904, 910, 911, 912, 2003)
　2018 Ed. (822, 826, 833, 836, 837, 843, 1954)
　2019 Ed. (839, 843, 847, 850, 851, 855, 857)
　2020 Ed. (836, 837, 838, 841, 843)
　2021 Ed. (839, 862, 864, 866, 1898, 1917, 3810)
　2022 Ed. (879, 897, 899, 902, 1758)
　2023 Ed. (1059, 1069, 1070, 1072, 1892, 1894)
LyondellBasell Industries Inc.
　2014 Ed. (883)
　2015 Ed. (912)
　2016 Ed. (814)
　2017 Ed. (870)
LyondellBasell Industries (Netherlands)
　2021 Ed. (866)
　2022 Ed. (902)
LyondellBasell Industries N.V.
　2022 Ed. (877)
　2023 Ed. (1057)
LyondellBasell Industries NV
　2013 Ed. (952, 962, 963, 1909, 3582)
　2014 Ed. (906, 915, 916, 1842)
　2015 Ed. (932, 937, 938, 1880)
　2016 Ed. (839, 846, 847, 1842)
　2017 Ed. (896, 905, 906, 907, 1801, 1803, 3395)
　2018 Ed. (838, 839, 840, 1751)
　2019 Ed. (852, 853, 854, 1808)
　2020 Ed. (839, 840, 1753)
　2021 Ed. (863, 1723)
　2022 Ed. (1756)
Lyonnaise des Eaux
　1989 Ed. (2482)
　1990 Ed. (3264, 3468)
　1992 Ed. (1483, 3943)
　1997 Ed. (1408, 1753, 1781, 3215)
　1998 Ed. (1446)
　1999 Ed. (2032)
Lyonnaise des Eaux de Casablanca
　2017 Ed. (2786)
Lyonnaise des Eaux Dumez
　1993 Ed. (3252)
　1994 Ed. (3246)
　1995 Ed. (3326)
Lyons
　1999 Ed. (367)
　2002 Ed. (928)
Lyons Associates
　1999 Ed. (2842)
Lyons Bakeries
　2008 Ed. (710)
Lyons; Cathy
　2007 Ed. (2496)
Lyons Consulting Group
　2017 Ed. (1154)
Lyons Federal Bank
　2021 Ed. (4296)
　2022 Ed. (4304)
　2023 Ed. (4334)
Lyons; John E.
　1992 Ed. (2051)
Lyons, Jr.; Fred. W.
　1992 Ed. (2051)
Lyons Lavey Nickel Swift
　1996 Ed. (48)
　1997 Ed. (45, 57)
　1998 Ed. (38, 51)
　1999 Ed. (43, 54, 55)
　2000 Ed. (57, 58)
　2001 Ed. (185, 212)
　2002 Ed. (67)
　2003 Ed. (35)
Lyons; Pearse
　2012 Ed. (4902)
　2013 Ed. (4879)
The Lyons Press
　2001 Ed. (3951)
Lyons; Rich
　2017 Ed. (1155)
Lyons Savings
　1989 Ed. (2356)
Lyons Savings Bank
　1990 Ed. (3101)
Lyons Savings, FS&LA
　1990 Ed. (3586)
Lyons Specialty Co.
　2019 Ed. (3420)
Lyons State Bank
　2014 Ed. (496)
Lyons & Wolivar Investigations
　2007 Ed. (4366)

CUMULATIVE INDEX • 1989-2023

Lyphomed Inc.
 1990 Ed. (2145)
 1992 Ed. (1497)
Lyre & Valbo
 1991 Ed. (91)
 1995 Ed. (64)
Lyre & Valbo Reklamebureau
 1989 Ed. (97)
 1990 Ed. (93)
 1992 Ed. (140)
Lyric Semiconductor
 2012 Ed. (944)
Lyrica
 2007 Ed. (3912)
 2011 Ed. (2287)
 2012 Ed. (2181)
 2018 Ed. (2230)
 2019 Ed. (2205)
 2020 Ed. (2200)
 2021 Ed. (2176)
Lyrical Foods Inc.
 2021 Ed. (2003)
Lyrical Foods Inc., all brands
 2021 Ed. (2003)
Lyris Inc.
 2010 Ed. (1097)
Lysaght, Lysaght & Kramer
 1999 Ed. (3152)
Lysander Pet.
 1990 Ed. (3466)
Lysol
 1990 Ed. (1013)
 1991 Ed. (943)
 1992 Ed. (1173, 1174, 1176)
 1993 Ed. (952, 954)
 1994 Ed. (979, 980, 982)
 1995 Ed. (996)
 1996 Ed. (981, 982)
 1997 Ed. (1005, 1006)
 1998 Ed. (744, 745, 747)
 1999 Ed. (1178, 1179, 1182)
 2000 Ed. (1094)
 2001 Ed. (1237, 1238)
 2003 Ed. (977, 981, 986, 987)
 2004 Ed. (983)
 2005 Ed. (1001)
 2006 Ed. (1014)
 2007 Ed. (1099)
 2008 Ed. (981)
 2009 Ed. (968, 3194, 3196)
 2010 Ed. (931)
 2013 Ed. (3122)
 2014 Ed. (953)
 2015 Ed. (990)
 2016 Ed. (892)
 2017 Ed. (939)
 2021 Ed. (879)
Lysol All Purpose
 2000 Ed. (1096)
 2001 Ed. (1240)
 2002 Ed. (1064)
Lysol NeutraAir
 2005 Ed. (198)
Lyson
 2021 Ed. (879)
Lyson Healthy Touch
 2016 Ed. (4402)
Lyson No Touch
 2016 Ed. (4402)
Lyster Watson International I. LP
 2003 Ed. (3146)
Lytro Inc.
 2014 Ed. (4238)
Lyttelton
 1992 Ed. (1399)
Lytton; Laurence
 1991 Ed. (1693, 1706, 1707)
Lytx
 2022 Ed. (2167)
Lyves
 2019 Ed. (1010)
Lyxor Asset Management
 2004 Ed. (2819)

M

M-100/150
 1992 Ed. (83)
M. A. Bruder
 1996 Ed. (2132)
M. A. Bruder & Sons Inc.
 1998 Ed. (1968)
M/A-Com Inc.
 1989 Ed. (2309, 2791)
 1990 Ed. (1105, 2987, 3232)
 1991 Ed. (2847)
 1992 Ed. (1920, 3678, 4058, 4060, 4072)
 1995 Ed. (3434, 3436)
 1996 Ed. (3499)
M/A-COM Technology Solutions Holdings Inc.
 2018 Ed. (4335)
 2021 Ed. (4370)
M/A-Com's Information Systems Division
 1989 Ed. (981)
M. A. DiBona Jr. Trucking
 2008 Ed. (4399)

M. A. Hanna Co.
 1992 Ed. (3745)
 1993 Ed. (3054, 3055)
 1994 Ed. (1261, 3117, 3118)
 1995 Ed. (972, 3167, 3168)
 1996 Ed. (3262, 3263)
 1997 Ed. (972, 3361, 3362)
 1998 Ed. (714, 3103, 3104)
 1999 Ed. (1082, 4115, 4116)
 2001 Ed. (1212, 1213, 4129, 4132)
 2010 Ed. (1899)
M & A Investment Banker
 2000 Ed. (1789)
M. A. Kharafi & Sons
 2009 Ed. (1813)
M. A. Mortenson Co.
 1994 Ed. (1154)
 1995 Ed. (1173)
 1996 Ed. (1148)
 1997 Ed. (1177)
 1998 Ed. (1482)
 1999 Ed. (1380)
 2000 Ed. (2417)
 2001 Ed. (1470, 2671)
 2002 Ed. (1230, 1253, 1278, 1280, 1282, 2396)
 2003 Ed. (1250, 1264, 1288, 1316)
 2004 Ed. (1259, 1263, 1267, 1291, 1295)
 2005 Ed. (1305)
 2006 Ed. (1352, 1679, 2458, 2796)
 2007 Ed. (1350)
 2008 Ed. (1222, 1238, 1345)
 2009 Ed. (2644, 3246, 4150)
 2010 Ed. (4082)
 2011 Ed. (1079, 1280, 4055, 4056)
 2012 Ed. (1002, 4088)
 2013 Ed. (1270, 1875)
 2014 Ed. (1807)
 2015 Ed. (1847)
 2016 Ed. (1810)
 2017 Ed. (1175, 1176, 1776)
 2018 Ed. (1111, 1112, 1730)
 2019 Ed. (1127, 1128, 1131, 1134, 1136, 1141, 1146, 1215, 1217, 1785)
 2020 Ed. (1117, 1125, 1127, 1209, 1730)
 2021 Ed. (1104, 1111, 1114, 1181, 1704)
 2022 Ed. (1179)
M A N Group
 1989 Ed. (1656)
 1990 Ed. (2175)
M/A/R/C
 1990 Ed. (2980)
 1991 Ed. (2386, 2835)
 1992 Ed. (3662)
The M/A/R/C Group
 1992 Ed. (2976)
 1993 Ed. (2503, 2995)
 1994 Ed. (2442)
 1995 Ed. (3089)
 1996 Ed. (2569)
M. A. R. K. A. Iletisim Hizmetleri
 2002 Ed. (200)
 2003 Ed. (160)
M. A. Shattuck III
 2004 Ed. (2526)
M. A. Silva USA
 2022 Ed. (4910)
M & A West Inc.
 2002 Ed. (3563)
M. Anthony Burns
 1989 Ed. (1382)
 1990 Ed. (1721, 1722)
 1991 Ed. (1629)
M. Arthur Gensler Jr. & Associates Inc.
 2004 Ed. (2334, 2341, 2345, 2350, 2372, 2388, 2394)
 2006 Ed. (283, 3162, 3163, 3164, 3166, 3168, 3171, 3172, 3173)
 2007 Ed. (286, 2414, 2415, 2955, 3195, 3197, 3198, 3200, 3202, 3203, 3205, 3206, 3207, 4190)
 2008 Ed. (262, 264, 2511, 2523, 2530, 2536, 2537, 2538, 2540, 2541, 2542, 3080, 3337, 3339, 3340, 3341, 3342, 3344, 3345, 3347, 3348, 4227)
 2009 Ed. (285, 287, 2521, 2547, 2549, 3170, 3411, 3412, 3413, 3414, 3415, 3417, 3418, 3420, 4321)
 2010 Ed. (270, 272, 2438, 2443, 2452, 2458, 2463, 2465, 2471, 3101, 3348, 3350, 3351, 3352, 3353, 3355, 3356, 3358)
 2011 Ed. (190, 192, 196, 2477, 2480, 2483, 3069, 3304, 3305, 3307, 3308, 3309, 3310, 3312, 3314)
 2012 Ed. (196, 198, 2368, 2379, 2381, 2384, 2385, 2386, 2387, 2388, 2389, 2400, 3012, 3288, 3290, 3291, 3292, 3293, 3295, 3298, 3299)
 2013 Ed. (176, 179, 1147, 2554, 2556, 2558, 2559, 2560, 2570, 3105, 3362, 3363, 3364, 3365, 3367, 3369, 3371, 3372)
 2014 Ed. (183, 186, 187, 2485, 2488, 2489, 2499, 3103, 3373, 3374, 3375, 3376, 3377, 3379, 3381, 3382)
 2015 Ed. (213, 215, 2560, 2562, 2563, 2573, 3407, 3409, 3410, 3411, 3413, 3415, 3417, 3418)

 2016 Ed. (211, 213, 2477, 2480, 2483, 2485, 2495)
 2017 Ed. (207, 2333, 2336, 2339, 2341, 2347, 2352, 3239)
 2018 Ed. (194, 2375, 2376, 2381, 2391, 2394, 2395, 2400, 2402, 2406, 2408, 2419, 3313)
 2019 Ed. (188, 2421, 2436, 2437, 2445, 2452, 2454, 2465, 2468, 3275, 3277, 3278, 3279, 3280, 3282, 3284, 3285)
 2020 Ed. (189, 2396, 2416, 2421, 2422, 2442, 2443, 2454, 2457, 3275, 3276, 3277, 3278, 3280, 3282, 3283)
 2021 Ed. (188, 2364, 2366, 2374, 2377, 2380, 3139, 3140, 3141, 3142, 3143, 3145, 3147, 3148)
 2022 Ed. (190)
M-B
 2001 Ed. (455)
M. B. Haynes Corp.
 2006 Ed. (1333)
M. B. Kahn Construction Co.
 2011 Ed. (1265)
M Bar C Construction
 2016 Ed. (4406, 4411, 4418)
 2017 Ed. (4422)
 2018 Ed. (4443)
 2020 Ed. (4440, 4447)
 2021 Ed. (4428, 4438, 4445)
 2022 Ed. (4438, 4450, 4457)
 2023 Ed. (4460, 4473, 4480)
M Booth
 2013 Ed. (4127, 4141)
M Booth & Associates
 2004 Ed. (3976, 3986)
 2005 Ed. (3953, 3958)
M Booth Health
 2021 Ed. (4016)
M/C/C
 2011 Ed. (57, 4127)
 2012 Ed. (67, 4157)
 2014 Ed. (4165)
M/C/C Inc.
 2015 Ed. (4146)
 2016 Ed. (4060)
M. C. Dean
 2023 Ed. (1428)
M. C. Dean Inc.
 2008 Ed. (1257)
 2009 Ed. (1232, 1329)
 2010 Ed. (1231, 1290, 1314, 1327, 1331)
 2011 Ed. (1178, 1179, 1204, 1245, 1264, 1284, 1285, 1309, 1313)
 2012 Ed. (1092, 1126, 1127)
 2013 Ed. (1272, 1273, 1280)
 2014 Ed. (1205, 1206)
 2015 Ed. (1263, 1264)
 2016 Ed. (1178, 1179)
 2017 Ed. (1221, 1222)
 2018 Ed. (1201, 1202)
 2019 Ed. (1229)
 2020 Ed. (1223)
 2021 Ed. (1130, 1190)
 2022 Ed. (1133, 1191)
M. C. Hawley
 2001 Ed. (2339)
 2002 Ed. (2204)
M. C. Pigott
 2003 Ed. (2481)
 2005 Ed. (2484)
M. C. Products
 1997 Ed. (2975)
M & C Saatchi
 2001 Ed. (232)
 2003 Ed. (145)
 2009 Ed. (140)
 2010 Ed. (137)
 2011 Ed. (58)
 2014 Ed. (2046)
 2015 Ed. (2095)
M & C Saatchi Sport & Entertainment
 2011 Ed. (65)
M-CARE
 1990 Ed. (1996)
 1991 Ed. (1894)
 1992 Ed. (2390)
 1997 Ed. (2185, 2186, 2193)
 1999 Ed. (2644, 2654)
 2000 Ed. (2423, 2434)
 2001 Ed. (2680)
 2009 Ed. (3696)
M. Cassab
 2012 Ed. (747)
 2013 Ed. (936)
 2014 Ed. (890)
 2015 Ed. (918)
 2017 Ed. (877)
 2019 Ed. (827)
 2020 Ed. (825)
 2021 Ed. (844)
M-Cell
 2001 Ed. (1846)
 2006 Ed. (2010)
M-Communications
 2021 Ed. (4579)
M-Corp
 1990 Ed. (2084)

M. D. Anderson Cancer Center
 1993 Ed. (893, 1028, 1741)
 1994 Ed. (890)
 2014 Ed. (3059, 3073)
 2015 Ed. (2073, 3124, 3138)
 2016 Ed. (2041, 3001)
 2017 Ed. (2000)
 2020 Ed. (1936)
M. D. Anderson Cancer Center; University of Texas
 2005 Ed. (1972, 2894, 2896, 2907)
 2006 Ed. (2900, 2902, 2914, 2915)
 2007 Ed. (2919, 2921)
 2008 Ed. (3042, 3044, 3055, 3056, 3194)
 2009 Ed. (2087, 3127, 3130, 3141, 3142, 3253)
 2010 Ed. (3059, 3072, 3073)
 2011 Ed. (2095, 3030, 3044, 3045)
 2012 Ed. (2967, 2980, 2981)
M. D. Anderson Cancer Center; University of Texas,
 2013 Ed. (3057, 3071, 3072)
M. D. C. Holdings Inc.
 1991 Ed. (1058, 1063, 3224)
 1998 Ed. (877, 879, 888)
 2002 Ed. (1178, 2656, 2657, 2661, 2665, 2668, 2669)
 2003 Ed. (1649, 1651)
 2004 Ed. (1206, 1207, 1679, 1681)
 2005 Ed. (1231, 1232, 1256, 1737, 1739)
 2006 Ed. (1216, 1648, 1650)
 2007 Ed. (1664, 1666)
 2008 Ed. (1684, 1686)
 2009 Ed. (1603, 1610)
M. D. Capellas
 2002 Ed. (2201)
M. D. Dean Inc.
 2009 Ed. (1233)
 2010 Ed. (1232)
M. D. Eisner
 2002 Ed. (2205)
 2005 Ed. (2502)
M D Foods Amba
 1994 Ed. (1346)
M. D. Ivester
 2001 Ed. (2321)
M & D Mechanical Contractors Inc.
 2008 Ed. (1270)
 2009 Ed. (1246)
 2010 Ed. (1244)
 2011 Ed. (1193)
 2012 Ed. (1138)
M. D. Parker
 2002 Ed. (2188)
 2003 Ed. (2384)
 2004 Ed. (2503)
M. D. Sass Group
 2003 Ed. (2701)
M & D Ventrues Inc.
 2003 Ed. (1607)
M. D. White
 2002 Ed. (2190)
 2003 Ed. (2398)
 2004 Ed. (2517)
M. David Paul & Associates
 2010 Ed. (1524)
 2011 Ed. (1519)
 2012 Ed. (1662)
M. Douglas Ivester
 2000 Ed. (1047, 1875)
M. E. Allison & Co.
 1995 Ed. (2331)
M-E Centroamericana
 1996 Ed. (74)
M/E Engineering PC
 2008 Ed. (1192)
M-E Engineers Inc.
 2002 Ed. (3373)
 2003 Ed. (3425, 3426)
 2004 Ed. (3494, 3495)
 2005 Ed. (3494, 3495)
 2006 Ed. (3502, 3504)
 2007 Ed. (3539, 3541)
 2008 Ed. (2572, 3698, 3700)
 2009 Ed. (2580, 2581, 3758, 3759)
 2010 Ed. (2496, 3693)
 2011 Ed. (3688)
 2012 Ed. (2424)
 2013 Ed. (2591)
M-E Engineers, Inc.
 2017 Ed. (2351)
M & E Ford Volvo
 1990 Ed. (2015)
M. E. Gillis
 1994 Ed. (1712)
M-E Republica Dominicana
 1996 Ed. (80)
M. E. S. Holding Corp.
 2004 Ed. (1242)
 2005 Ed. (1292)
 2006 Ed. (1262, 1263)
 2007 Ed. (1353, 1354)
 2008 Ed. (1250)
 2009 Ed. (1225)
M. E. Wiley
 2003 Ed. (2395)
 2004 Ed. (2514)
 2005 Ed. (2498)

CUMULATIVE INDEX • 1989-2023

M-Edge Accessories
  2014 Ed. (1154)
M & F Bancorp Inc.
  2015 Ed. (108)
  2016 Ed. (115)
  2017 Ed. (106)
  2018 Ed. (117)
  2019 Ed. (103)
  2020 Ed. (98)
  2021 Ed. (90)
  2022 Ed. (103)
M & F Bancorp Inc. (Mechanics & Farmers Bank)
  2021 Ed. (90)
  2022 Ed. (103)
M & F Bank
  2005 Ed. (454)
  2006 Ed. (407)
  2007 Ed. (391)
  2008 Ed. (373)
M & F Litteken Co.
  2012 Ed. (4380)
M/F People
  2019 Ed. (4283)
M & F Worldwide Corp.
  2009 Ed. (2910)
  2010 Ed. (2854)
  2011 Ed. (2850)
  2012 Ed. (2780)
M. Farooq Kathwari
  2003 Ed. (2408)
M Financial Group
  2017 Ed. (1907)
  2019 Ed. (1910)
M-Flex
  2005 Ed. (1270)
M-FlexiLog Kft.
  2019 Ed. (1627)
M-Foods Holdings Inc.
  2004 Ed. (3288, 3289)
  2010 Ed. (3454)
  2011 Ed. (3456)
  2012 Ed. (3468)
M Force Staffing
  2013 Ed. (3126)
  2022 Ed. (2385)
  2023 Ed. (2547)
M Fortunoff
  2000 Ed. (2298)
  2002 Ed. (2385)
  2003 Ed. (2594)
M. Fortunoff's
  1998 Ed. (1793)
  1999 Ed. (2559)
M. Frank Higgins & Co. Inc.
  2023 Ed. (4983)
M & G Convoy
  1993 Ed. (3638)
  1994 Ed. (3598)
  1995 Ed. (3676)
M & G Equity Income
  1995 Ed. (2749)
M & G European Acc.
  1992 Ed. (3203)
M & G Extra Yield
  1995 Ed. (2751)
M & G Gold & General
  1995 Ed. (2747)
M & G High Income
  1995 Ed. (2749)
M & G Industries Inc.
  2006 Ed. (3538, 4376)
M & G Japan & General Account
  1997 Ed. (2912, 2913)
M G Kailis
  2019 Ed. (124)
M. G. Kailis
  2004 Ed. (1637)
M. G. McGuinn
  2003 Ed. (2372)
M. G. McMahon & Co.
  1991 Ed. (2164, 2169)
  1993 Ed. (2262, 2266)
  1995 Ed. (2335)
M. G. Papa
  2003 Ed. (2393)
  2005 Ed. (2496)
M & G Polymers USA LLC
  2004 Ed. (1889)
M & G Reinsurance
  1991 Ed. (2132)
M. G. Rover Group Ltd.
  2004 Ed. (4795)
M & G Waterproofing Inc.
  1995 Ed. (1147)
M. Gemi
  2019 Ed. (899)
M. Gill & Associates
  2022 Ed. (107, 2673)
M. Goldsmith Co. Inc.
  1999 Ed. (4500)
M. Gyani
  2003 Ed. (2402)
M & H Building Specialties Inc.
  2006 Ed. (1328)
  2007 Ed. (1381)
  2008 Ed. (1316)

2010 Ed. (1294)
M & H Drugs Inc.
  1990 Ed. (1652)
M. H. Golden Co.
  1992 Ed. (1409)
M. Hayes
  2010 Ed. (4177)
  2011 Ed. (4176)
  2012 Ed. (3130, 3131)
M Holdings Securities
  2017 Ed. (2579, 2589, 3246)
  2018 Ed. (2654, 3321)
  2019 Ed. (2639)
  2020 Ed. (2651, 2656)
  2021 Ed. (2559)
  2022 Ed. (2678)
M & I
  1994 Ed. (464)
M & I Bank, FSB
  2004 Ed. (4281)
  2005 Ed. (4214)
  2006 Ed. (4239)
  2007 Ed. (4253)
  2010 Ed. (4426)
  2011 Ed. (4371)
  2012 Ed. (4411)
M & I Data Services Inc.
  1990 Ed. (1781)
  1991 Ed. (1716)
  1993 Ed. (459)
  1997 Ed. (1703)
  1998 Ed. (1397)
  2000 Ed. (1733)
  2001 Ed. (2187)
M/I Homes
  2003 Ed. (1154, 1156, 1165, 1172)
  2004 Ed. (1159, 1161, 1173, 1174, 1180)
  2005 Ed. (1187, 1189, 1201, 1207)
  2011 Ed. (1112, 1113)
  2012 Ed. (1034, 1037)
  2015 Ed. (1184)
  2017 Ed. (1128, 1131, 1132, 1133, 1140, 1887, 2965)
  2018 Ed. (1059, 1060, 1061, 1062, 1063, 1064, 1065, 1067, 1072)
  2019 Ed. (1070, 1071, 1075, 1089)
  2020 Ed. (1058, 1059, 1060, 1061, 1065, 1067, 1072)
  2021 Ed. (1027, 1029, 1031, 1040)
  2022 Ed. (1064, 1070, 1072, 1077)
  2023 Ed. (1237, 1239, 1241, 1251, 1955, 3163)
M/I Homes Inc.
  2016 Ed. (1918)
  2019 Ed. (1884)
  2020 Ed. (1823)
M & I Investment Management Corp.
  2013 Ed. (3391)
M & I Madison Bank
  1996 Ed. (712)
  1997 Ed. (647)
  1998 Ed. (436)
M & I Marshall & Ilsley Bank
  1991 Ed. (694)
  1992 Ed. (868)
  1995 Ed. (636, 2439)
  1996 Ed. (712)
  1997 Ed. (647, 2622)
  1998 Ed. (436)
M & I Marshall & Ilsley Bank Milwaukee
  1997 Ed. (2620)
M/I Schottenstein
  1994 Ed. (1117, 1118, 1119)
  1998 Ed. (898)
M/I Schottenstein Homes Inc.
  2000 Ed. (1209)
  2002 Ed. (1184, 1193, 2680, 2689)
  2004 Ed. (1206, 1207)
M. Ian Somaiya
  2011 Ed. (3341)
M. J. Brock & Sons Inc.
  1994 Ed. (3007)
  1997 Ed. (3259)
M. J. Critelli
  2004 Ed. (2513)
M. J. Dean Construction Inc.
  2006 Ed. (1327)
  2007 Ed. (1380)
  2008 Ed. (1315, 1340)
  2009 Ed. (1300, 1338)
  2010 Ed. (1293)
  2011 Ed. (1251, 1299)
M. J. Eriksson A/S
  2008 Ed. (1706)
M. J. Harris Inc.
  2007 Ed. (1373)
  2008 Ed. (1269)
M. J. Marchant Underwriting Ltd.
  1992 Ed. (2896)
  1993 Ed. (2454)
M. J. McDonald
  2002 Ed. (2209)
  2003 Ed. (2403)
  2004 Ed. (2523)
  2005 Ed. (2507)
M. J. Murdock Charitable Trust
  1995 Ed. (1927)

M. J. O'Brien
  2004 Ed. (2520)
  2005 Ed. (2504)
M. J. Ward
  2004 Ed. (2519)
  2005 Ed. (2503)
M & J Woodcrafts Ltd.
  2023 Ed. (4995)
M. K. Rose
  2002 Ed. (2206)
  2003 Ed. (2400)
  2004 Ed. (2519)
  2005 Ed. (2503)
M. K. Wong & Associates Ltd.
  1989 Ed. (1786)
M. Kamenstein Inc.
  1993 Ed. (1184)
M. Karmazin
  2001 Ed. (2340)
M. Keith Waddell
  2006 Ed. (953)
  2007 Ed. (1048)
M-Kopa Solar
  2019 Ed. (1380)
M. L. Annenberg Foundation
  1991 Ed. (1768)
M. L. Eskew
  2003 Ed. (2406)
M & L General Contracting Ltd.
  2016 Ed. (1074)
M. L. Lukens
  2001 Ed. (2337)
M. L. Marsh
  2001 Ed. (2338)
M. L. McDonald Co.
  1991 Ed. (1089)
  1992 Ed. (1422)
  1993 Ed. (708, 3172, 3178, 3179, 3191)
  1994 Ed. (1142)
  1995 Ed. (1168)
  1996 Ed. (1144)
  1997 Ed. (1172)
  1998 Ed. (952)
  1999 Ed. (1373)
M. L. McDonald Sales Co. Inc.
  2002 Ed. (1295)
M. L. Reissman
  1991 Ed. (1618)
M. L. Schmitt
  2023 Ed. (4464)
M. Lee Pearce
  1991 Ed. (2265, 3333)
  1992 Ed. (2143)
M. Leslie
  2003 Ed. (2394)
M. Luis Construction Co., Inc.
  2016 Ed. (4943)
  2019 Ed. (3586, 4939)
  2020 Ed. (3559, 4937)
M & M
  1993 Ed. (833)
  2007 Ed. (871)
  2008 Ed. (835)
  2012 Ed. (667, 4486)
M. M. Arison
  2001 Ed. (2330)
  2002 Ed. (2196)
  2003 Ed. (2374)
  2004 Ed. (2495)
  2005 Ed. (2479)
M & M Automated Systems Co.
  1989 Ed. (1590)
  1990 Ed. (2013)
M & M Chocolate Candies
  2000 Ed. (1056)
M & M Communications
  2001 Ed. (219)
  2002 Ed. (192)
  2003 Ed. (156)
M & M Design & Development
  2021 Ed. (2972)
M & M Design and Development (Moma Machinery)
  2021 Ed. (2972)
M & M Distributors & Construction Co. Inc.
  1992 Ed. (3963)
M & M GeoDigital Services Inc.
  2009 Ed. (4133)
M & M Insurance Management Services Inc.
  1990 Ed. (907)
  1991 Ed. (855, 856)
  1992 Ed. (1060)
  1993 Ed. (850, 853)
  1994 Ed. (863, 865, 867)
  1995 Ed. (905, 907, 909)
  1996 Ed. (879, 880, 882)
  1997 Ed. (901, 903)
  1998 Ed. (640, 642)
M & M/Mars
  1989 Ed. (858, 2781)
  1990 Ed. (3309)
  1992 Ed. (1041, 1044, 1046)
  1994 Ed. (3342)
  1997 Ed. (893)
  1998 Ed. (621, 622, 623)
  2000 Ed. (1059)
  2004 Ed. (1552)

M & M Peanut
  1990 Ed. (895)
  1992 Ed. (1042)
  1995 Ed. (889, 890, 894, 895)
  1997 Ed. (895)
  2000 Ed. (1054)
M & M Peanut Chocolate Candies
  1989 Ed. (856)
M & M Peanut Chocolate Candies, 16-Oz. Bag
  1990 Ed. (893)
M & M Plain
  1990 Ed. (895)
  1992 Ed. (1042)
  1995 Ed. (890, 894, 895)
  1997 Ed. (895)
  2000 Ed. (1054)
M & M Plain Chocolate Candies
  1989 Ed. (856)
M & M Plain Chocolate Candies, 16-Oz. Bag
  1990 Ed. (893)
M & M Plain-Holidays
  1996 Ed. (968)
M & M Products
  1989 Ed. (734)
M. Maggio Co.
  2022 Ed. (870)
M. McShane
  2003 Ed. (2395)
M. Micky Arison
  1998 Ed. (1513)
  2000 Ed. (1877)
M-Mode
  2014 Ed. (1757)
M Moser Associates
  2022 Ed. (3289)
  2023 Ed. (3374, 3380)
M. Moser Associates
  2010 Ed. (3350)
  2011 Ed. (3307)
  2012 Ed. (3290, 3296)
  2013 Ed. (3363, 3366)
  2014 Ed. (3374)
  2015 Ed. (3406, 3409, 3412)
  2019 Ed. (3277)
  2020 Ed. (3276)
  2021 Ed. (3140)
M & M's
  2014 Ed. (948, 949)
  2015 Ed. (978, 979)
  2016 Ed. (875, 876, 877)
  2017 Ed. (925, 926, 927)
  2018 Ed. (861, 862)
M & Ms
  1992 Ed. (921, 1043, 2190)
  1993 Ed. (832, 838, 1878)
  1994 Ed. (846, 848, 849, 850, 1868)
  1997 Ed. (890, 891, 892, 983)
  1998 Ed. (615, 616, 617, 618, 619, 620, 624, 625, 626, 627, 628, 629, 630, 631)
  2000 Ed. (1055, 1057, 1058)
  2001 Ed. (1111, 1113, 1114, 1120)
  2002 Ed. (933, 934, 936, 1047, 1048, 1049)
  2003 Ed. (963, 1131)
  2004 Ed. (875, 876, 978)
  2005 Ed. (996)
  2006 Ed. (774)
  2007 Ed. (677)
  2008 Ed. (973)
M & M's Peanut Chocolate Candies
  1990 Ed. (892)
  1991 Ed. (847)
M & M's Plain Chocolate Candies
  1990 Ed. (892)
  1991 Ed. (847)
M & M's World
  2007 Ed. (888)
M & N World Opportunities
  2010 Ed. (4576)
M-Net
  2004 Ed. (84)
  2005 Ed. (79)
M-Net/Supersport
  2002 Ed. (4450)
M. Neves
  2020 Ed. (3330, 3334)
M. O. Larsen
  2002 Ed. (2184)
  2005 Ed. (2482)
M. P. Mays
  2002 Ed. (2205)
M. P. Watson, Jr.
  2001 Ed. (2336)
M-PESA
  2023 Ed. (871)
M-Pesa
  2017 Ed. (1373)
M-Plan
  1998 Ed. (1910, 1911, 1912, 1913)
  1999 Ed. (2647, 2650)
M & R
  1990 Ed. (1418)
  1991 Ed. (1345)

CUMULATIVE INDEX • 1989-2023

M. R. Beal & Co.
  1991 Ed. (2509, 3049)
  1996 Ed. (3364)
  1997 Ed. (2478, 3467)
  1998 Ed. (471, 3236, 3237)
  1999 Ed. (732, 4232, 4233, 4245)
  2000 Ed. (745)
  2002 Ed. (718)
  2003 Ed. (219)
  2004 Ed. (177)
  2005 Ed. (178)
  2006 Ed. (192)
  2007 Ed. (198)
  2008 Ed. (185)
  2009 Ed. (202)
  2010 Ed. (181, 182)
  2011 Ed. (104, 105)
  2012 Ed. (111)
  2013 Ed. (87, 88)
  2015 Ed. (110, 111)
M. R. Bonsignore
  2001 Ed. (2324)
  2003 Ed. (2373)
M. R. Bowlin
  2001 Ed. (2333)
M. R. Cannon
  2005 Ed. (2489)
M. R. Greenberg
  2005 Ed. (2474, 2475)
M & R-Hold
  1993 Ed. (1395)
M. R. Splinter
  2005 Ed. (2493)
M. R. Weiser & Co.
  1999 Ed. (20)
  2000 Ed. (17)
M. R. Weiser & Co. LLP
  2002 Ed. (18, 21)
  2003 Ed. (7)
M. R. Weuser & Co.
  1998 Ed. (16)
M-Real Corp.
  2006 Ed. (1701)
  2008 Ed. (3557)
  2009 Ed. (3624)
M-Real Oyj
  2006 Ed. (1703, 3379)
  2007 Ed. (1698)
M Resort LLC
  2012 Ed. (1745)
M. Rothchild
  1990 Ed. (2313)
M & S
  2009 Ed. (664)
  2010 Ed. (630)
  2013 Ed. (669, 2980)
  2015 Ed. (734)
M. S. Carriers
  1998 Ed. (3634, 3635)
  1999 Ed. (4689)
  2004 Ed. (4780)
M. S. Drexler
  2001 Ed. (2335)
  2004 Ed. (2497)
M S International Inc.
  2023 Ed. (1600, 1621)
M. S. Kaufman
  2000 Ed. (1051)
M-S-R Public Power Agency, CA
  2000 Ed. (1727)
M. Silver Associates
  1992 Ed. (3562)
  1998 Ed. (3618)
  2011 Ed. (4115)
  2012 Ed. (4145)
M Skin Care
  2023 Ed. (2326)
M Space Holdings
  2009 Ed. (1146, 4111)
M. Stanley Asset Management
  1995 Ed. (2395, 2396)
M-Systems Flash Disk Pioneers Ltd.
  2006 Ed. (1580)
M & T Bank
  2001 Ed. (568, 643)
  2002 Ed. (491)
  2003 Ed. (627, 628)
  2004 Ed. (640, 641, 1457)
  2005 Ed. (356, 357, 452, 629, 630, 640, 1545)
  2006 Ed. (543, 831)
  2007 Ed. (367, 379, 381, 386, 2561)
  2008 Ed. (355, 367, 371)
  2009 Ed. (371)
  2010 Ed. (542)
  2012 Ed. (308, 309, 428)
  2013 Ed. (317, 318)
  2014 Ed. (317, 331, 332)
  2015 Ed. (358, 371, 372, 374)
  2016 Ed. (349, 359, 360, 362, 1881)
  2017 Ed. (358, 359, 361, 1840)
  2018 Ed. (329, 332, 1787)
  2019 Ed. (332, 334, 1844)
  2020 Ed. (336, 338, 1785)
  2021 Ed. (1754)
M & T Bank Corp.
  2020 Ed. (1794)

M. T. Devlin
  2003 Ed. (2394)
M & T Insurance Agency
  2014 Ed. (3249)
M. T. L. Services Ltd.
  2004 Ed. (4796)
M & T Realty Capital Corp.
  2015 Ed. (4198)
M & T Trucking Inc.
  2008 Ed. (4324)
  2009 Ed. (4428)
M. Tamra Chandler
  2015 Ed. (1205)
M. Tucker
  1995 Ed. (1920)
M & V Provisions Co.
  2001 Ed. (4285)
  2002 Ed. (4297)
M + W
  2012 Ed. (2379)
M + W Global GmbH
  2016 Ed. (2507)
  2017 Ed. (2364)
  2018 Ed. (2431)
M + W Group
  2012 Ed. (2385, 2422)
  2017 Ed. (1252)
M + W Group GmbH
  2016 Ed. (1203)
  2017 Ed. (1248)
  2018 Ed. (1228)
M. W. Hunkapiller
  2001 Ed. (2329)
  2002 Ed. (2195)
  2003 Ed. (2391)
M. W. Johnson Construction
  1998 Ed. (911)
  2003 Ed. (1183)
  2004 Ed. (1189)
  2005 Ed. (1215)
The M. W. Kellogg Co.
  1991 Ed. (1069, 1073, 1076, 1091, 1092, 1093, 1094, 1095, 1096, 1098)
  1992 Ed. (1374, 1375, 1401, 1404, 1405, 1408, 1426, 1427, 1429, 1430, 1431, 1433, 1963, 1968)
  1993 Ed. (1101, 1114, 1117, 1118, 1141, 1142, 1144, 1146, 1148, 1614, 1615, 1616, 1617, 1618, 1620)
  1994 Ed. (1123, 1124, 1130, 1133, 1134, 1158, 1159, 1161, 1162, 1163, 1165, 1167, 1170, 1637, 1640)
  1995 Ed. (913, 1138, 1139, 1148, 1151, 1152, 1157, 1177, 1178, 1180, 1181, 1182, 1184, 1185, 1187, 1190, 1458, 1684, 1687, 1691, 1696, 1699, 1885, 1890, 1900, 1904, 3572, 3573, 3574, 3575)
  1996 Ed. (27, 768, 777, 862, 890, 1124, 1125, 1129, 1151, 1152, 1154, 1155, 1158, 1160, 1163, 1243, 1420, 1666, 1669, 1931, 1933, 3657, 3659, 3661)
  1997 Ed. (919, 1136, 1153, 1158, 1184, 1480, 2028, 2030, 3714, 3715)
  1998 Ed. (258, 595, 596, 934, 939, 942, 967, 1176, 1202, 1439, 1710, 1718, 1720, 1725, 3325, 3490, 3499)
  1999 Ed. (29, 1000, 1001, 1341, 1342, 1356, 1361, 1386, 1390, 1400, 1483, 1491, 1551, 2023, 2455, 2459, 2460, 2461, 3637, 4568)
M + W U.S.
  2013 Ed. (2558, 2592)
  2014 Ed. (2523)
M + W U.S. Inc.
  2016 Ed. (1134, 1175, 1872)
  2017 Ed. (1218)
  2018 Ed. (1123, 1125)
M + W Zander
  2008 Ed. (2533)
M + W Zander U.S. Operations Inc.
  2007 Ed. (2418)
  2008 Ed. (2545)
  2009 Ed. (2552)
M. Wood Co.
  2001 Ed. (2311)
M. Young Communications
  2005 Ed. (3953)
M. Zita Cobb
  2002 Ed. (4980)
  2003 Ed. (2409)
"M*A*S*H"
  1992 Ed. (4246)
  1997 Ed. (3722)
"M*A*S*H Special"
  1989 Ed. (2804)
  1993 Ed. (3542)
  1995 Ed. (3581)
M1
  2021 Ed. (4598)
  2023 Ed. (4615)
M1 Support Services
  2021 Ed. (3414)
M2 Global Technology Ltd.
  2018 Ed. (4779)
  2019 Ed. (4784)
  2020 Ed. (4771)
  2021 Ed. (4770)

2022 Ed. (4770)
  2023 Ed. (4758)
M2 Inc.
  2000 Ed. (904)
M2 Technology Inc.
  2005 Ed. (1655)
  2010 Ed. (1349)
  2011 Ed. (1336, 1337)
M2 Telecommunications Group Ltd.
  2011 Ed. (2887)
  2012 Ed. (2825)
M2E Consulting Engineers
  2020 Ed. (1534)
  2021 Ed. (999)
M2energie
  2019 Ed. (2390)
M2O Group
  2017 Ed. (4020)
M3
  2016 Ed. (1371, 3491)
  2017 Ed. (3459)
  2021 Ed. (3559)
M3 Insurance Solutions Inc.
  2015 Ed. (3309)
M3K Solutions Inc.
  2007 Ed. (2821)
M3T Corp.
  2019 Ed. (4782)
M4 Sciences
  2012 Ed. (4247)
M4N
  2009 Ed. (3011)
M6 L. O. G Jarmu
  2019 Ed. (1627)
M7 Services
  2021 Ed. (2988)
M8
  2019 Ed. (2901)
  2020 Ed. (2920)
M8 Entertainment
  2007 Ed. (2457)
m41 mediendienstleistungs gmbh
  2014 Ed. (1395)
M.A. Bruder & Son
  1992 Ed. (3728)
M.A. Hanna
  1990 Ed. (3449)
  2000 Ed. (3827, 3828)
Ma Huateng
  2010 Ed. (4863)
  2011 Ed. (4850, 4851)
  2012 Ed. (4857, 4858)
  2013 Ed. (4864)
  2014 Ed. (4877, 4878)
  2015 Ed. (4915, 4916)
  2016 Ed. (864, 4831, 4832)
  2017 Ed. (922, 4840)
  2018 Ed. (4846, 4847)
  2019 Ed. (4842)
  2020 Ed. (4830, 4831)
  2021 Ed. (4831, 4832)
  2022 Ed. (4825)
  2023 Ed. (4820)
Ma Huateng; Pony
  2015 Ed. (798)
Ma; Jack
  2015 Ed. (4915, 4916)
  2016 Ed. (721, 4831, 4832)
  2017 Ed. (4840)
  2018 Ed. (3367, 4846, 4847)
  2019 Ed. (4842)
  2020 Ed. (4830, 4831)
  2021 Ed. (4831, 4832)
  2022 Ed. (4825)
  2023 Ed. (4820)
MA Laboratories Inc.
  2010 Ed. (4948)
  2012 Ed. (4934)
Ma Laboratories Inc.
  2016 Ed. (1436)
Ma Labs
  2009 Ed. (4940)
  2018 Ed. (2932)
  2019 Ed. (2887)
  2020 Ed. (2909)
  2021 Ed. (2778, 2779)
  2022 Ed. (2941, 2942)
Ma; Mary
  2005 Ed. (4991)
  2007 Ed. (4982)
  2008 Ed. (4949)
M.A. Mortenson Co.
  2000 Ed. (1856)
  2023 Ed. (1339, 1340, 1347, 1349, 1415, 1416, 1442)
M.A. Mortenson Construction
  2019 Ed. (3990)
  2021 Ed. (991)
  2022 Ed. (1032)
MA Mutual Life
  1989 Ed. (2974)
MA & O Inc.
  2006 Ed. (2829)
MA Schapiro & Co.
  1997 Ed. (3435)
Ma; Sherman
  2009 Ed. (4877)

M.A. Silva Corks USA LLC
  2023 Ed. (4898, 4899)
M.A. Silva USA
  2015 Ed. (1477)
M.A. Weatherbie
  2000 Ed. (2821, 2823)
MAA
  2016 Ed. (2030)
  2017 Ed. (200, 202, 203, 1990)
  2018 Ed. (185, 186, 188, 189)
  2019 Ed. (183, 184, 1999)
  2020 Ed. (184, 185)
  2022 Ed. (175, 177, 178)
  2023 Ed. (247, 249, 250, 2048)
MAA Group
  1997 Ed. (99)
  1999 Ed. (100)
  2001 Ed. (144)
MAA Group (Bozell)
  2000 Ed. (104)
Maaco
  2019 Ed. (294)
  2020 Ed. (304)
  2021 Ed. (289)
  2023 Ed. (398)
Maaco Auto Painting & Bodyworks
  1999 Ed. (2515)
  2000 Ed. (2269)
  2002 Ed. (419)
  2003 Ed. (366)
  2004 Ed. (351)
  2005 Ed. (351)
  2006 Ed. (366)
  2007 Ed. (349)
Maaco Collision Repair & Auto Painting
  2008 Ed. (334)
  2009 Ed. (356)
  2010 Ed. (333)
  2012 Ed. (278)
  2020 Ed. (300)
MAACO Franchising
  2016 Ed. (799)
Maaco Franchising Inc.
  2011 Ed. (257)
  2012 Ed. (279)
  2013 Ed. (273)
  2014 Ed. (282)
  2015 Ed. (314)
  2016 Ed. (311)
  2017 Ed. (316)
  2018 Ed. (293)
  2019 Ed. (295)
  2020 Ed. (296)
  2021 Ed. (281)
  2022 Ed. (297)
Ma'aden
  2009 Ed. (860)
  2011 Ed. (733)
  2018 Ed. (3588)
  2022 Ed. (690, 3110, 3111)
Maaden
  2015 Ed. (878)
Maag; Rudolf
  2021 Ed. (4872)
  2023 Ed. (4862)
Maalox
  1992 Ed. (340, 342, 343, 346, 1873)
  1993 Ed. (236, 237, 1531)
  1994 Ed. (225, 226)
  1995 Ed. (224)
  1996 Ed. (225, 226)
  1998 Ed. (174, 175)
  1999 Ed. (209)
  2003 Ed. (283)
Maalox Max
  2004 Ed. (249)
Maalox Plus
  1996 Ed. (226)
  1998 Ed. (173, 1350)
Maan Al-Sanea
  2008 Ed. (4891, 4892)
  2009 Ed. (4911)
  2010 Ed. (4912, 4913)
Ma'anshan
  1992 Ed. (4138)
Maanshan Iron & Steel
  2008 Ed. (3554)
  2009 Ed. (3621)
  2010 Ed. (3543)
  2011 Ed. (3542)
  2012 Ed. (3351, 4539)
  2013 Ed. (3421, 4494)
  2014 Ed. (3418, 4537)
  2015 Ed. (3451, 4536)
  2016 Ed. (4475)
  2019 Ed. (4497)
  2020 Ed. (4481)
Ma'ariv
  2004 Ed. (54)
Maas
  2003 Ed. (983)
Maas Polishing Systemes
  2003 Ed. (992)
Maass Medical Center; Clara
  1993 Ed. (2075)

CUMULATIVE INDEX • 1989-2023

Maatschappij voor Coordinatie van Produktie en Transport van Elektrische Energie
  1999 Ed. (1331)
MAAX Inc.
  1997 Ed. (1376)
  2003 Ed. (1641)
Mabanee Company
  2022 Ed. (1679, 4097)
Mabl
  2023 Ed. (1168)
Mabon Securities
  1994 Ed. (728)
Mabor - Manufactura Nacional de Borracha
  1992 Ed. (2894)
Mabrey Bank
  2021 Ed. (395)
Mabuchi Taiwan Co. Ltd.
  1994 Ed. (2424)
Mabuhay Vinyl
  1999 Ed. (4167)
Mabus; Ray E.
  1992 Ed. (2344)
M.A.C
  2023 Ed. (2143)
M.A.C.
  2015 Ed. (2193)
  2021 Ed. (1998, 2000)
MAC
  2022 Ed. (2035, 2036)
Mac
  1989 Ed. (281)
  1990 Ed. (292, 293)
  1991 Ed. (1510)
  1992 Ed. (1910, 1912, 1913)
  1993 Ed. (263)
  1994 Ed. (1606)
  1995 Ed. (352, 1648)
  1996 Ed. (259, 1624)
  1997 Ed. (1704)
  1998 Ed. (1396)
  1999 Ed. (1954)
  2000 Ed. (1732)
  2001 Ed. (584, 2186, 2188, 2189, 3826)
  2003 Ed. (1859, 1861, 3215)
  2008 Ed. (2182, 2183, 2184, 3450)
Mac Aerospace corp.
  2000 Ed. (4291)
Mac Aerospace Corp.
  2001 Ed. (2715)
Mac Attack Pack
  1998 Ed. (850)
Mac Balanced
  2003 Ed. (3559)
MAC Cabinets LLC
  2023 Ed. (4996)
MAC Cosmetics
  2019 Ed. (3743)
  2020 Ed. (3787)
  2022 Ed. (3783)
Mac Cosmetics
  2008 Ed. (2277)
Mac Cundill Canadian Balanced
  2003 Ed. (3558, 3559)
  2004 Ed. (3611)
Mac Cundill Value
  2003 Ed. (3573, 3574, 3575)
  2004 Ed. (2478, 2479)
Mac Cundill Value Fund
  2010 Ed. (2556)
Mac Engineering
  2017 Ed. (785)
MAC Engineering Inc.
  2016 Ed. (1454)
  2017 Ed. (1464)
Mac Farms of Hawaii LLC
  2007 Ed. (1751)
MAC Federal Credit Union
  2018 Ed. (2082)
  2020 Ed. (2060)
  2021 Ed. (2050)
  2022 Ed. (2086)
  2023 Ed. (2200)
Mac Frugal's Bargains
  1999 Ed. (1874, 1875, 1878, 1922)
MAC Graphics Group Inc.
  2010 Ed. (4025)
Mac-Gray Corp.
  2007 Ed. (1875)
MAC Group
  1990 Ed. (855)
  2008 Ed. (92)
MAC Group Italia
  1989 Ed. (124)
Mac Haik Auto Group
  2019 Ed. (228)
  2020 Ed. (232)
  2022 Ed. (248)
Mac IND Growth Segregated
  2003 Ed. (3576)
Mac Ivy Foreign Equity
  2004 Ed. (2478, 2479)
Mac Ivy Foreign Equity Segregated
  2004 Ed. (2478, 2479)
Mac Ivy Growth & Income
  2003 Ed. (3560)
  2004 Ed. (3612)

Mac Ivy RSP Foreign Equity
  2004 Ed. (2478, 2479)
MAC (Money Access Service)
  1991 Ed. (1509, 1511)
MAC Presents
  2019 Ed. (4491)
  2020 Ed. (4475)
  2021 Ed. (4466)
  2022 Ed. (4478)
Mac Sentinel Bond Fund
  2010 Ed. (3732)
MAC Services
  2011 Ed. (1485)
MAC Source Communications
  2013 Ed. (1934)
Mac Stewart Investments LLC
  2003 Ed. (1821, 2841)
MAC Systems Inc.
  2007 Ed. (3565, 3566)
  2008 Ed. (3714, 4966)
Mac Tools
  2014 Ed. (2887)
  2015 Ed. (895, 899, 2931)
  2016 Ed. (798, 2866)
  2017 Ed. (857, 2822)
  2018 Ed. (2892)
  2019 Ed. (793, 2846)
  2020 Ed. (2874)
  2021 Ed. (2751, 4785)
  2022 Ed. (2901, 4789)
  2023 Ed. (3022)
MAC Trailer Manufacturing
  2021 Ed. (4680)
Mac Universal Canadian Resource
  2004 Ed. (3619)
  2006 Ed. (2512)
Mac Universal Precious Metals
  2003 Ed. (3576)
  2004 Ed. (3620, 3622)
Mac Universal RSP Communications
  2003 Ed. (3602)
Mac Universal U.S. Blue Chip Class
  2010 Ed. (2557)
Mac Universal U.S. Blue Chip Segregated Fund
  2010 Ed. (2557)
Mac Universal World Precious Metal Cap Class
  2003 Ed. (3576)
Mac Universal World Science & Technology
  2003 Ed. (3603, 3604)
Mac Warehouse
  2017 Ed. (1015)
Maca
  2014 Ed. (1389)
  2015 Ed. (1453)
Macadamia nuts
  1990 Ed. (2727)
  1992 Ed. (3281)
Macadamian
  2014 Ed. (1067, 3691)
Macadamian Technologies Inc.
  2008 Ed. (1134)
  2013 Ed. (1130)
Macadarnian Technologies Inc.
  2010 Ed. (1094)
The Macallan
  1992 Ed. (2891, 3810)
  1993 Ed. (3106)
  1994 Ed. (3152)
  1995 Ed. (2473, 3196, 3197)
  1996 Ed. (3294, 3295, 3296, 3298)
  1997 Ed. (2662, 3391, 3392, 3394, 3395)
  1998 Ed. (2389, 3165, 3169, 3170, 3171, 3173)
  1999 Ed. (3230, 3247, 4153, 4154, 4155, 4157)
  2000 Ed. (2968, 3868, 3869, 3870, 3872)
  2001 Ed. (2115, 3133, 4162, 4167, 4168, 4169)
  2002 Ed. (293, 4175, 4181, 4183, 4184)
  2003 Ed. (4305)
  2004 Ed. (4315, 4321)
Macallan Glenlivet
  1990 Ed. (3463)
  1991 Ed. (2934)
Macallan Single Malt
  1990 Ed. (3113)
MacAllister Booth
  1991 Ed. (1624)
The Macaluso Group
  2008 Ed. (2887)
Macalux SA
  2013 Ed. (3631)
  2014 Ed. (3572)
  2015 Ed. (3586)
  2016 Ed. (3469)
  2017 Ed. (3432)
  2018 Ed. (3492)
Macan Deve Engineers
  2022 Ed. (2514)
MacAndrews & Forbes
  1996 Ed. (360)
MacAndrews & Forbes Holdings Inc.
  1992 Ed. (1204)
  1993 Ed. (979)
  1996 Ed. (998)
  1997 Ed. (1015)

1998 Ed. (756)
1999 Ed. (1188)
2000 Ed. (955, 1108)
2007 Ed. (155)
2010 Ed. (858)
2011 Ed. (3860)
2012 Ed. (3834)
2013 Ed. (2968)
2014 Ed. (2979)
2015 Ed. (3714, 3715)
2016 Ed. (3625, 3626)
Macao
  1990 Ed. (3624)
  1992 Ed. (4324)
Macapagal-Arroyo; Gloria
  2006 Ed. (4986)
Macardle Moore & Co.
  2006 Ed. (565, 2639, 4768)
  2007 Ed. (609, 2616, 4774)
Macaroni
  2002 Ed. (3588, 3746)
  2003 Ed. (3926, 3927)
Macaroni & cheese
  1998 Ed. (2463)
Macaroni products
  1997 Ed. (2032)
MacArthur
  1999 Ed. (2500)
MacArthur Foundation
  1989 Ed. (1469)
  1990 Ed. (1847)
MacArthur Foundation; John D. & Catherine T.
  1989 Ed. (1470, 1471, 2165)
  1990 Ed. (2786)
  1991 Ed. (895, 1765, 2689, 2693)
  1992 Ed. (1096, 2214, 2215, 3358)
  1993 Ed. (1895, 1896, 2783)
  1994 Ed. (1897, 1898, 1906, 2772)
  1995 Ed. (1931, 1932)
  2005 Ed. (2677, 2678)
  2008 Ed. (2766)
  2010 Ed. (2770)
  2011 Ed. (2756)
  2012 Ed. (2690)
MacArthur Industrial Condos
  1991 Ed. (1044)
MacarthurCook
  2008 Ed. (1571)
Macatawa Bank
  2014 Ed. (113)
  2015 Ed. (128)
  2021 Ed. (381)
  2022 Ed. (394)
  2023 Ed. (515)
Macatawa Bank Corp.
  2002 Ed. (1729)
Macau
  1997 Ed. (2560)
  2010 Ed. (2306)
  2011 Ed. (2302)
  2012 Ed. (2198)
  2013 Ed. (2383)
  2014 Ed. (2320)
  2017 Ed. (2179)
  2018 Ed. (2240)
  2019 Ed. (2213)
  2020 Ed. (2210)
  2021 Ed. (2182)
Macau; Hong Kong and
  1990 Ed. (1732)
MacAulay-Brown
  2020 Ed. (77)
Macaulay; William
  2014 Ed. (3392)
MacBain; Louise
  2008 Ed. (897)
Maccabee
  2014 Ed. (4156)
  2015 Ed. (4138)
  2016 Ed. (4052)
  2017 Ed. (4023)
  2018 Ed. (4047)
Maccabee Group
  2003 Ed. (4009)
  2004 Ed. (4018)
  2005 Ed. (3968)
  2011 Ed. (4122)
  2012 Ed. (4153)
MacCalc
  1989 Ed. (2527)
Macco Constructors Inc.
  1992 Ed. (1437)
  1993 Ed. (1151)
  1995 Ed. (1193)
Mac.com
  2007 Ed. (2352)
MACCosmetics.com
  2011 Ed. (2364)
MacCosmetics.com
  2013 Ed. (2468)
MacCundill Recovery
  2006 Ed. (2513)
MacCundill Value
  2006 Ed. (2513)
MacDermid Inc.
  1989 Ed. (898)
  2007 Ed. (1662)

MacDill AFB
  1996 Ed. (2645)
MacDill Air Force Base
  1998 Ed. (2500)
  2018 Ed. (1544)
  2019 Ed. (1573)
  2020 Ed. (1543)
  2021 Ed. (1526)
MacDill Credit Union
  2002 Ed. (1858)
  2003 Ed. (1912)
  2004 Ed. (1952)
  2005 Ed. (2083, 2094)
  2006 Ed. (2177, 2189)
  2007 Ed. (2110)
  2008 Ed. (2225)
MacDill FCU
  1999 Ed. (1805)
MacDill Federal Credit Union
  1998 Ed. (1232)
  2000 Ed. (1631)
MacDonald Auto Group
  2014 Ed. (1470)
MacDonald, Dettwiler & Associates
  2018 Ed. (2161)
MacDonald Dettwiler & Associates Ltd.
  2016 Ed. (1013, 1015)
MacDonald, Dettwiler & Associates Ltd.
  2003 Ed. (2929, 2932)
  2006 Ed. (1421, 1606, 2816, 2817, 2820)
  2007 Ed. (2815, 2822)
  2008 Ed. (1637, 2941, 2947)
  2009 Ed. (2987, 2991, 2997, 3268)
  2010 Ed. (2927, 2929, 2931, 2937)
  2011 Ed. (2890, 2892, 2894, 2902)
  2012 Ed. (2827, 2829, 2837)
  2013 Ed. (603, 2914, 2920, 3194)
  2014 Ed. (618, 2928, 2937, 3205)
  2015 Ed. (2971, 2976, 2986)
  2016 Ed. (2906, 2907, 2913, 2920)
  2017 Ed. (2864, 2871, 2877)
  2018 Ed. (2935, 2945)
  2019 Ed. (2889)
MacDonald; Gerald V.
  1995 Ed. (981)
MacDonald Humfrey
  2016 Ed. (2074)
MacDonald, Jr.; Ralph L.
  1989 Ed. (417)
MacDonald Miller Facilities Solutions
  2008 Ed. (1225)
MacDonald Miller Facility Solutions
  2018 Ed. (1208)
MacDonald-Miller Facility Solutions
  2015 Ed. (1231)
  2019 Ed. (1168, 1170, 3931)
  2020 Ed. (126, 1159)
  2023 Ed. (1432)
MacDonald-Miller Facility Solutions Inc.
  2005 Ed. (1290)
  2006 Ed. (1260, 1348, 1351)
  2009 Ed. (1331, 1345)
  2010 Ed. (1316, 1329)
  2011 Ed. (1290, 1311)
  2012 Ed. (1178, 1183)
MacDonald & Owen Lumber
  2023 Ed. (4994)
MacDonald & Owen Lumber Co.
  2017 Ed. (4988)
Macdonald Page & Co.
  2013 Ed. (21)
Macdonald Page Schatz Fletcher
  2002 Ed. (16)
  2003 Ed. (5)
Macdonald Page Schatz Fletcher & Co., LLC
  2004 Ed. (11)
  2005 Ed. (7)
MacDonald; Rebecca
  2005 Ed. (4992)
  2006 Ed. (4988)
  2007 Ed. (4985)
  2008 Ed. (4991)
  2009 Ed. (4985)
  2010 Ed. (4992)
MacDonald; Scott
  1997 Ed. (1932)
MacDonnell; Robert
  1994 Ed. (1840)
Mace Ltd.
  2014 Ed. (1225)
  2016 Ed. (1197, 1198)
Mace Security
  2005 Ed. (350)
Macedonia
  2008 Ed. (2193)
  2010 Ed. (2112)
  2011 Ed. (2305, 4622)
  2012 Ed. (3088, 3752, 4628)
  2013 Ed. (3823, 3824, 4568)
  2014 Ed. (3746, 3747, 4623)
  2015 Ed. (3770, 3771, 4622)
  2016 Ed. (3685, 3686)
Macedonian Stock Exchange
  2020 Ed. (4489)
Macedonian Telecommunications
  2004 Ed. (64)
  2006 Ed. (66)

CUMULATIVE INDEX • 1989-2023

Macerich
  2014 Ed. (4190)
  2016 Ed. (4085)
  2017 Ed. (4062, 4319)
  2018 Ed. (4310)
  2019 Ed. (4338)
  2020 Ed. (4342)
  2021 Ed. (4358)
  2022 Ed. (4364)
Macerich Co.
  2014 Ed. (1443)
The Macerich Co.
  1990 Ed. (3283, 3290)
  1991 Ed. (3125)
  2000 Ed. (4019, 4022, 4031)
  2001 Ed. (4250, 4255)
  2002 Ed. (4278, 4279)
  2003 Ed. (4065, 4411)
  2004 Ed. (4091)
  2005 Ed. (4025)
  2006 Ed. (4045, 4055, 4315)
  2007 Ed. (2218, 2222, 2228, 4086, 4106, 4378)
  2008 Ed. (2368, 4127, 4336)
  2009 Ed. (4237, 4579, 4580)
  2010 Ed. (4169, 4613, 4614)
  2011 Ed. (4170, 4568, 4569)
  2012 Ed. (4218, 4584, 4585)
  2013 Ed. (4204)
  2014 Ed. (4221, 4472)
  2015 Ed. (4206, 4466)
  2016 Ed. (4124, 4126)
  2019 Ed. (4138)
  2020 Ed. (4141)
MacFarlane Partners
  2009 Ed. (197)
  2010 Ed. (176)
  2011 Ed. (101)
  2015 Ed. (112)
  2016 Ed. (120)
  2017 Ed. (111)
  2018 Ed. (122)
  2019 Ed. (108)
MacFarlane; Seth
  2014 Ed. (2530)
  2015 Ed. (2603)
  2016 Ed. (2527)
Macfarlanes
  2001 Ed. (4180)
  2009 Ed. (3499, 3500)
  2010 Ed. (3429)
  2011 Ed. (3414)
Macfield Inc.
  1991 Ed. (970)
MacFrugal's
  1995 Ed. (917)
  1996 Ed. (895)
MacFrugal's Bargains
  1994 Ed. (887, 1565)
  1997 Ed. (926, 1634, 1635)
  1998 Ed. (666, 1360)
  1999 Ed. (1053)
MacGregor
  1989 Ed. (2664)
  1991 Ed. (1855)
  1994 Ed. (3371)
  1996 Ed. (3492, 3493)
  1997 Ed. (1024)
MacGregor Athletic Products
  1991 Ed. (3166)
MacGregor; Catherine
  2023 Ed. (4920, 4937)
MacGregor Golf
  1992 Ed. (2338)
  1993 Ed. (259)
  1997 Ed. (2153)
MacGregor Partners
  2019 Ed. (1870)
MacGregor Realty Inc.
  1995 Ed. (3061)
MacGregor; Roy
  2016 Ed. (2533)
MacGregor Sand-Knit
  1991 Ed. (3174)
  1992 Ed. (4055)
MacGregor Sporting Goods
  1989 Ed. (2669)
Macguire Partners
  2000 Ed. (3720)
MacGuyer Homebuilders
  1995 Ed. (1133)
Mach 1 Global Services Inc.
  2016 Ed. (4969)
  2017 Ed. (4960)
  2018 Ed. (4966)
Mach3
  2001 Ed. (3989, 3990)
Mach3; Gillette
  2008 Ed. (3876)
Mach3 Turbo; Gillette
  2008 Ed. (3876)
Machado Enterprises; Gus
  1990 Ed. (2007, 2016)
  1992 Ed. (2408)
  1996 Ed. (260)
  1997 Ed. (289)
Machado Ford Inc.; Gus
  1995 Ed. (255, 2110)

Machado Garcia-Serra LLC
  2008 Ed. (122)
Machado; Gus
  1990 Ed. (2015)
Machado; Manny
  2020 Ed. (197)
Machala
  2000 Ed. (513)
Macheezmo Mouse
  1997 Ed. (3329, 3651)
Machias Savings Bank
  2010 Ed. (1790)
  2013 Ed. (1824)
  2014 Ed. (1752)
  2016 Ed. (1750)
  2021 Ed. (333, 378)
  2022 Ed. (345, 391)
  2023 Ed. (511)
Machine Design
  1994 Ed. (2796)
  1997 Ed. (3044)
  1999 Ed. (3756, 3757, 3758)
  2000 Ed. (3484)
  2001 Ed. (249, 251)
  2004 Ed. (856)
  2006 Ed. (756)
  2008 Ed. (142)
  2009 Ed. (165, 3599, 4759)
  2010 Ed. (4769)
  2011 Ed. (4721)
  2012 Ed. (4742)
Machine tools & metalworking equipment
  1995 Ed. (1754, 2248)
Machine Guarding
  2000 Ed. (4323, 4324)
Machine Guarding-Abrasive Wheels
  2000 Ed. (4323)
Machine/Hand tools
  1990 Ed. (2182, 2186)
  1991 Ed. (2027, 2056)
Machine & hand tools
  1989 Ed. (2646)
Machine tools
  1996 Ed. (2566)
Machine & Welding Supply Co.
  2006 Ed. (4370)
Machine Zone
  2019 Ed. (2337)
Machinery
  1990 Ed. (2150)
  1991 Ed. (1138, 1173, 1174, 1186, 1187, 1995)
  1992 Ed. (2567, 2902, 3476)
  1993 Ed. (2377)
  1995 Ed. (2445)
  1996 Ed. (2488, 2489)
  1997 Ed. (2630, 2631)
  1999 Ed. (2104, 3352)
  2000 Ed. (1897, 3088, 4117)
  2001 Ed. (2376, 4364)
  2002 Ed. (1413, 1481, 1489, 2798, 3969, 3970)
  2003 Ed. (265, 1435, 1497, 1516, 2909)
  2004 Ed. (1464, 1527, 1546, 1558)
  2005 Ed. (1480, 1543)
  2006 Ed. (257, 1444, 1447, 1454, 2749)
  2007 Ed. (264, 2755)
  2008 Ed. (1416, 1423, 1426, 1432)
Machinery (diversified)
  1996 Ed. (3508)
Machinery, electrical
  2008 Ed. (2649, 2650)
  2009 Ed. (2677, 2678)
  2011 Ed. (2554, 2555)
Machinery and equipment
  1992 Ed. (2093)
  1996 Ed. (3827)
  1998 Ed. (150)
  2001 Ed. (363, 364)
Machinery and transport equipment
  1993 Ed. (1727)
Machinery and transportation equipment
  1992 Ed. (2086, 2087)
Machinery & equipment, specialized industrial
  1999 Ed. (2102)
Machinery, Equipment and Supplies
  1990 Ed. (1657)
Machinery, Except Electrical
  1990 Ed. (1658)
Machinery (excluding electrical)
  1997 Ed. (1717)
Machinery, power generating
  2008 Ed. (2649)
  2009 Ed. (2674, 2677, 2678)
Machinery, general industrial
  2008 Ed. (2649, 2650)
  2009 Ed. (2677, 2678)
  2011 Ed. (2554, 2555)
Machinery, specialized industrial
  2008 Ed. (2649)
  2009 Ed. (2674, 2677)
  2011 Ed. (2554)
Machinery manufacturers, except electrical
  2001 Ed. (1637, 1639, 1677, 1681, 1699, 1708, 1757, 1758, 1781, 1804, 1837, 1855, 1859, 1883)

Machinery, non-electrical
  1993 Ed. (1713)
Machinery parts
  1993 Ed. (1714)
Machinery & supplies
  1993 Ed. (2132)
Machinery & equipment wholesaling
  2002 Ed. (2780)
Machines
  1993 Ed. (1714)
Machines Broker
  2020 Ed. (4254)
Machinists
  1994 Ed. (2587)
  1996 Ed. (3603)
Machinists/Aerospace Workers Union
  1999 Ed. (3845)
Machinists, IAM, National Pension Fund
  1989 Ed. (2163, 2862)
  1991 Ed. (2686, 3412)
Machinists Non-Partisan Political League
  1993 Ed. (2873)
Machkevich; Alexander
  2009 Ed. (4907)
  2010 Ed. (4908)
  2011 Ed. (4895)
  2012 Ed. (4904)
  2013 Ed. (4881)
  2014 Ed. (4894)
  2016 Ed. (4849)
Machvision
  2020 Ed. (1908)
  2021 Ed. (1868)
Macias Gini & O'Connell
  2013 Ed. (5)
Macias Gini and O'Connell L.L.P.
  2020 Ed. (18)
  2021 Ed. (20)
  2022 Ed. (21)
  2023 Ed. (61)
Macias; Kenneth
  2011 Ed. (2953)
Maciej Radziwill
  1999 Ed. (2422)
Macintax
  1996 Ed. (1085)
Macintosh
  1990 Ed. (3709)
  1992 Ed. (1331)
  1998 Ed. (825)
  1999 Ed. (1257)
  2008 Ed. (1129)
  2012 Ed. (2895)
Macintosh NV
  1991 Ed. (986)
MacIntyre Hudson
  2006 Ed. (7)
  2011 Ed. (14)
Macintyre Transport
  2017 Ed. (4718)
Mack
  1992 Ed. (1804, 4350)
  1994 Ed. (317, 3582, 3583)
  1997 Ed. (3261)
  1998 Ed. (3625, 3646)
  2000 Ed. (4304)
Mack; Andrew
  2006 Ed. (4140)
Mack-Cali Realty
  2016 Ed. (4125)
  2019 Ed. (4137)
Mack-Cali Realty Corp.
  2000 Ed. (3722)
  2001 Ed. (4009)
  2002 Ed. (3925)
  2003 Ed. (1505, 4064)
  2004 Ed. (4090)
  2005 Ed. (3637, 4024)
  2006 Ed. (4054)
  2007 Ed. (4105)
  2009 Ed. (4236)
Mack; David
  2015 Ed. (3426)
Mack Group Inc.
  1999 Ed. (2626, 4709)
  2001 Ed. (2874)
  2008 Ed. (2155)
Mack Holding Co.
  2011 Ed. (2136)
  2012 Ed. (1980)
Mack; Jack
  2011 Ed. (852)
Mack; John J.
  2007 Ed. (1027)
  2008 Ed. (949)
Mack; Khalil
  2020 Ed. (199)
Mack; Mary
  2017 Ed. (4929)
  2023 Ed. (4935)
Mack Molding Co.
  1997 Ed. (2170, 3835)
  2001 Ed. (1893)
Mack & Parker Inc.
  2003 Ed. (2910)
Mack Sales of South Florida Inc.
  1996 Ed. (2112)
  1997 Ed. (289, 2218)

1999 Ed. (318)
  2000 Ed. (330, 2463, 2467)
Mack Technologies Inc.
  2004 Ed. (2238)
  2006 Ed. (1227, 1235)
Mack Truck
  1993 Ed. (337, 3627, 3628)
Mack Trucks Inc.
  1989 Ed. (312, 2014)
  1990 Ed. (350, 352, 357, 379, 2625, 2626)
  1991 Ed. (314, 316, 330, 1214, 1219, 1235, 2491, 2492, 3424)
  1992 Ed. (1556, 3116)
  1995 Ed. (3667)
  1996 Ed. (3747)
  2002 Ed. (4791)
  2005 Ed. (1770, 1945, 3908, 4765)
MacKay; A. D. David
  2011 Ed. (832)
Mackay; Bonnie
  2010 Ed. (3006)
Mackay; David
  2010 Ed. (885)
Mackay Envelope Co.
  2006 Ed. (4360)
MacKay; Graham
  2014 Ed. (933)
Mackay King Advertising
  1989 Ed. (143)
Mackay-Shields
  1997 Ed. (2524)
MacKay-Shields Financial Corp.
  1990 Ed. (2348)
  1991 Ed. (2234)
  2000 Ed. (2787)
  2001 Ed. (3001, 3002, 3003, 3004)
Mackay Sugar
  2020 Ed. (4520)
Mackay Sugar Co-op
  2002 Ed. (3775)
Mackays Stores (Holdings) PLC
  1995 Ed. (1012)
MacKenzie Bezos
  2021 Ed. (4823)
Mackenzie Canada
  1993 Ed. (2681)
Mackenzie Cundill Canadian Security
  2002 Ed. (3447, 3448)
Mackenzie; Donald
  2014 Ed. (3392)
Mackenzie Financial
  1992 Ed. (3206)
  1993 Ed. (2297, 2344)
  1994 Ed. (2309)
Mackenzie Fixed Income
  1990 Ed. (2376)
  1992 Ed. (3186)
MacKenzie Homes LLC
  2009 Ed. (4131)
Mackenzie Industrial Equity Fund
  2002 Ed. (3469)
Mackenzie Industrial Growth
  2002 Ed. (3458, 3459, 3460)
Mackenzie Industrial Pension
  2002 Ed. (3428)
MacKenzie Investment Management
  1993 Ed. (2297)
Mackenzie Ivy Growth & Income
  2002 Ed. (3428)
MacKenzie; Ken N.
  2017 Ed. (3925)
MacKenzie Scott
  2022 Ed. (4816)
  2023 Ed. (4809, 4929, 4930)
Mackenzie Sentinel Canadian Equity
  2001 Ed. (3485)
Mackenzie Universal Future
  2002 Ed. (3436)
Mackenzie Universal World Value
  2002 Ed. (3461, 3462, 3463)
Mackey J. McDonald
  2005 Ed. (1104)
  2007 Ed. (1202)
  2008 Ed. (1108)
  2009 Ed. (1086)
Mackey; John
  1995 Ed. (1717)
  2006 Ed. (925, 2627)
  2007 Ed. (1015)
Mackey; John P.
  2011 Ed. (833)
Mackey McDonald
  2007 Ed. (1102)
Mackie Designs Inc.
  2004 Ed. (1080)
Mackin; John
  1993 Ed. (1810)
  1997 Ed. (1883)
Mackinac Financial Corp.
  2009 Ed. (392, 393, 452)
  2011 Ed. (2825)
Mackintosh Ltd.; Cameron
  1994 Ed. (993, 996)
Mackintosh; Sir Cameron
  2005 Ed. (4894)
  2007 Ed. (4932)

Macklemore
 2015 Ed. (3724, 3733, 3734)
Macklemore Publishing
 2015 Ed. (3726)
Mack's DreamGirl
 2018 Ed. (2233)
Mack's Pillow Soft
 2018 Ed. (2233)
 2020 Ed. (2202)
 2021 Ed. (2178)
Macks Prorinse
 2023 Ed. (2398)
Mack's Snore Blockers
 2020 Ed. (2202)
 2021 Ed. (2178)
Mack's Ultra Safe Sound
 2018 Ed. (2233)
 2020 Ed. (2202)
Maclaff Inc.
 2021 Ed. (1664)
MacLaren Advertising
 1990 Ed. (86)
MacLaren Lintas
 1990 Ed. (85)
 1991 Ed. (82, 83, 84)
 1992 Ed. (130, 131, 132, 215)
 1993 Ed. (85, 142)
 1994 Ed. (75, 123)
 1995 Ed. (53)
 1996 Ed. (69)
MacLaren McCann
 1999 Ed. (70)
 2000 Ed. (75, 76)
MacLaren McCann Canada
 1999 Ed. (71)
 2000 Ed. (76)
 2001 Ed. (119)
 2002 Ed. (90)
 2003 Ed. (57)
MacLaren-McCann-Erickson
 1997 Ed. (70)
MacLaurin
 2002 Ed. (3873)
MacLean; Brian
 2010 Ed. (2568)
Maclean Hunter Ltd.
 1989 Ed. (965)
 1990 Ed. (1107)
 1991 Ed. (837, 1016, 2393)
 1992 Ed. (1027, 1030, 1295, 3591)
 1993 Ed. (2506)
 1994 Ed. (839, 2983)
 1995 Ed. (2512)
 1996 Ed. (2579, 3144)
Maclean Hunter Printing Division
 1992 Ed. (3540)
Maclean's
 2015 Ed. (3544, 3545)
 2016 Ed. (3396, 3397, 3398)
Macleans
 1992 Ed. (3404)
 1996 Ed. (2988)
 1999 Ed. (3779)
 2001 Ed. (3402)
 2002 Ed. (3644)
Macleans Standard
 2001 Ed. (4578)
Macleans Tooth Whitening
 2001 Ed. (4578)
Macleans Toothbrush
 2001 Ed. (4574)
Macleans toothpaste
 1994 Ed. (2819)
MacLennan; Everett W.
 1994 Ed. (1712)
 1996 Ed. (2989)
Macleod Dixon
 2004 Ed. (1427, 1428)
MacLeod; Jennifer
 2010 Ed. (2835)
Macleods
 1989 Ed. (1487)
MacleodUSA Publishing
 2002 Ed. (4580)
MacMahon; Thomas P.
 2005 Ed. (1104)
 2006 Ed. (930)
 2007 Ed. (1202)
 2008 Ed. (1108)
 2009 Ed. (1086)
MacMall
 2014 Ed. (2435)
 2015 Ed. (2507)
 2016 Ed. (2440)
 2017 Ed. (2286)
 2021 Ed. (2267)
Macmillan
 1989 Ed. (2270, 2271, 2272, 2274)
 1990 Ed. (1228)
 1995 Ed. (3043)
 2010 Ed. (614, 616)
 2011 Ed. (546, 548)
 2012 Ed. (526, 528)
 2013 Ed. (627, 629)
 2016 Ed. (644, 646)
 2017 Ed. (4041, 4043)
 2018 Ed. (4065, 4067)
 2019 Ed. (4060, 4062)
 2020 Ed. (4069, 4071)
 2021 Ed. (4037, 4038, 4039, 4040)
 2022 Ed. (4057, 4058)
 2023 Ed. (4161, 4162)
MacMillan Bloedel Building Materials
 1991 Ed. (806)
MacMillan Bloedel Ltd.
 1989 Ed. (1467)
 1990 Ed. (843, 1337, 2714)
 1991 Ed. (1764)
 1992 Ed. (987, 2213)
 1994 Ed. (798, 1894)
 1995 Ed. (2831)
 1996 Ed. (1316, 1960)
 1997 Ed. (2070, 2995)
 1998 Ed. (1754, 2747)
 1999 Ed. (2492, 3691, 3703)
 2005 Ed. (1534)
Macmillan Bloedel (USA) Inc.
 2001 Ed. (1607)
Macmillan Cancer Support
 2008 Ed. (694)
 2009 Ed. (702)
MacMillan; Cargill
 2012 Ed. (4841)
 2013 Ed. (4839)
Macmillan General Books
 1989 Ed. (743)
MacMillan Jr.; Cargill
 2010 Ed. (4854)
 2011 Ed. (4819)
Macmillan Learning
 2021 Ed. (2854)
Macmillan Publishing Group
 2021 Ed. (2874)
MacMillan; Stephen P.
 2011 Ed. (854)
MacMillan; Whitney
 2010 Ed. (4854)
 2011 Ed. (4819)
 2012 Ed. (4841)
 2013 Ed. (4839)
 2014 Ed. (4855)
 2015 Ed. (4892)
 2016 Ed. (4810)
 2017 Ed. (4821)
 2018 Ed. (4826)
 2019 Ed. (4823)
 2020 Ed. (4813)
MacMillian Bloedel Ltd.
 1993 Ed. (782, 1402)
MacMulkin Chevrolet
 2021 Ed. (1733, 2480)
 2022 Ed. (2592)
MacMulkin Chevrolet/Thompson Ventures
 2023 Ed. (2735)
MacMulkin Chevrolet Cadillac
 2018 Ed. (1763)
 2019 Ed. (1820)
 2020 Ed. (1764)
MacMulkin Chevrolet-Cadillac
 2015 Ed. (1889)
 2016 Ed. (1853)
 2017 Ed. (1812, 2484)
 2018 Ed. (1761, 2539)
 2019 Ed. (1818, 2544)
 2020 Ed. (1762, 2534)
 2021 Ed. (1731)
MacMulkin Chevrolet-Cadillac/BJT Holding LLC/Thompson Automotive Inc.
 2021 Ed. (1731)
MacMulkin Chevrolet/Thompson Ventures
 2021 Ed. (1733, 2480)
 2022 Ed. (2592)
Macnak Construction LLC
 2017 Ed. (3550)
MacNaughton
 2001 Ed. (3148)
 2002 Ed. (3180)
 2003 Ed. (4900)
 2004 Ed. (4890)
MacNaughton Litho Co. Inc.
 1998 Ed. (2924)
MacNaughton Litho Company, Inc.
 2000 Ed. (3614)
MacNeal Hospital
 1999 Ed. (2746)
MacNeal Memorial Hospital Assn.
 2000 Ed. (2525)
Macneal-Schwendler Corp.
 1995 Ed. (3093)
 1996 Ed. (1210)
 1997 Ed. (3299)
 1999 Ed. (1287)
 2000 Ed. (3003)
MacNeil/Lehrer News Hour
 1991 Ed. (895)
Macnow; Joseph
 2007 Ed. (1093)
Maco Manufacturing Inc.
 2020 Ed. (4994)
Macom Technology Solutions Holdings Inc.
 2022 Ed. (4380)
 2023 Ed. (4399)
Macomb County, MI
 2002 Ed. (2647)
 2018 Ed. (1710)
The Macomb Daily
 1999 Ed. (3616)
 2000 Ed. (3335)
 2001 Ed. (3541)
 2004 Ed. (3686)
 2005 Ed. (3601)
Macomb-Oakland Regional Center Inc.
 1999 Ed. (3627)
 2000 Ed. (3351)
 2001 Ed. (3550)
 2002 Ed. (3522)
Macomb School & Government Credit Union
 1995 Ed. (1539)
Macomb Schools & Government Credit Union
 1991 Ed. (1395)
 1992 Ed. (1756)
 1993 Ed. (1453)
 1994 Ed. (1506)
 1996 Ed. (1514)
 1997 Ed. (1572)
 1998 Ed. (1231)
 2000 Ed. (1630)
 2001 Ed. (1963)
 2002 Ed. (1856)
 2003 Ed. (1926)
 2004 Ed. (1966)
 2005 Ed. (2108)
 2006 Ed. (2203)
 2007 Ed. (2124)
Macomb Schools & Gov't Credit Union
 1990 Ed. (1461)
Macombs Darn Bridge
 1997 Ed. (726)
Macon, GA
 1994 Ed. (825)
 1998 Ed. (579)
Maconomy Inc.
 2010 Ed. (1097)
Macphearson; Marcia
 2023 Ed. (1302)
Macquarie
 2010 Ed. (627)
 2017 Ed. (443)
 2018 Ed. (407, 648)
 2021 Ed. (433)
 2022 Ed. (447)
 2023 Ed. (619, 620, 858)
MacQuarie Aircraft Leasing
 2017 Ed. (172)
 2021 Ed. (147)
 2022 Ed. (135)
 2023 Ed. (212)
Macquarie Bank Ltd.
 1991 Ed. (453)
 1992 Ed. (608)
 1993 Ed. (427)
 1994 Ed. (427)
 1995 Ed. (423)
 1996 Ed. (447)
 1997 Ed. (412)
 1999 Ed. (471, 869, 870)
 2000 Ed. (464)
 2002 Ed. (516, 517, 519, 523, 524, 2269)
 2003 Ed. (463, 1402, 4355)
 2004 Ed. (449, 1424, 1644, 4374)
 2005 Ed. (461, 1441, 1659, 3224, 4315)
 2006 Ed. (414, 651)
 2007 Ed. (399, 1586)
 2008 Ed. (381)
 2009 Ed. (402, 764)
 2010 Ed. (378)
 2011 Ed. (303)
Macquarie Corporate
 2002 Ed. (1584, 1592)
Macquarie Equities
 1997 Ed. (744, 745, 746, 747, 748)
Macquarie European Infrastructure Fund
 2008 Ed. (1411)
Macquarie Financial Holdings
 2021 Ed. (148)
Macquarie Graduate School of Management
 2011 Ed. (684)
Macquarie Group
 2015 Ed. (1450)
 2016 Ed. (1375)
 2017 Ed. (1398)
 2018 Ed. (1373)
 2019 Ed. (411, 1413, 2378)
 2020 Ed. (403, 1377, 3321)
 2021 Ed. (434, 1373)
 2022 Ed. (448, 1384)
 2023 Ed. (617, 618, 1582)
Macquarie Group (Australia)
 2021 Ed. (434)
 2022 Ed. (448)
Macquarie Group Ltd.
 2009 Ed. (1497, 2768)
 2010 Ed. (1488)
 2011 Ed. (1484)
 2012 Ed. (1330, 3324)
 2013 Ed. (477, 1428, 3393)
 2014 Ed. (490, 3395)
 2015 Ed. (551, 3427)
 2016 Ed. (425, 3288)
 2017 Ed. (439, 3249)
 2018 Ed. (403, 3323)
 2019 Ed. (407, 3298)
 2020 Ed. (399, 3301)
Macquarie Infrastructure Corp.
 2020 Ed. (4686)
Macquarie Infrastructure Group
 2004 Ed. (1630, 1655)
 2008 Ed. (1411)
Macquarie Power & Infrastructure Income Fund
 2009 Ed. (3058)
Macquarie Securities Asia
 2007 Ed. (3278)
Macquarie Textiles Group
 2002 Ed. (3786)
Macrae Sykes
 2011 Ed. (3360)
Macris; Dean L.
 1991 Ed. (2548)
 1992 Ed. (3138)
Macro
 2019 Ed. (2499)
Macro Enterprises
 2016 Ed. (1471)
Macro Securities
 2010 Ed. (672)
MacRoberts LLP
 2019 Ed. (2072)
 2020 Ed. (1981)
 2021 Ed. (1934)
Macrochem
 2001 Ed. (4452)
Macrolides
 1994 Ed. (228)
Macromedia
 1990 Ed. (1040)
 1997 Ed. (3638)
 1998 Ed. (3777)
 2003 Ed. (2742)
 2005 Ed. (1147, 1152)
 2006 Ed. (1136, 1577, 1582)
 2007 Ed. (1251, 1442)
Macromedia Inc. Newspapers
 1991 Ed. (2605)
Macromill
 2010 Ed. (1761)
Macronix Inc.
 1997 Ed. (3252)
 1998 Ed. (1929, 3180, 3282)
 1999 Ed. (4279)
 2001 Ed. (2157)
Macronix International Co., Ltd.
 2000 Ed. (4177)
 2002 Ed. (4509, 4545)
 2003 Ed. (1702)
Macrovision
 2003 Ed. (2189)
 2004 Ed. (1080, 2778)
 2006 Ed. (1136)
 2007 Ed. (1255)
Macrovision Solutions Corp.
 2010 Ed. (1528, 1534, 1535)
Mac's
 2009 Ed. (4487)
 2013 Ed. (4454)
 2014 Ed. (4491)
 2015 Ed. (4488)
 2016 Ed. (4387)
 2017 Ed. (4401)
 2018 Ed. (4420)
Mac's Snacks Inc.
 2017 Ed. (4383)
Mac's Snacks, Inc.
 2019 Ed. (4417)
 2020 Ed. (4412)
 2021 Ed. (4413)
 2022 Ed. (4412)
MacStadium
 2018 Ed. (3163)
MacStadium, Inc.
 2019 Ed. (926)
MacSteel
 1999 Ed. (3354)
MacSteel Service Centers
 2003 Ed. (3381, 3382)
 2004 Ed. (3448)
MacSteel Service Centers U.S.A.
 2000 Ed. (3089)
 2002 Ed. (3319)
 2005 Ed. (3462)
 2006 Ed. (3469, 3470)
 2007 Ed. (1752, 3493, 3494)
 2008 Ed. (1780, 1781, 3664, 3665)
 2009 Ed. (1721, 1722, 3733, 3734)
 2010 Ed. (1669, 1670, 3652, 3653)
 2011 Ed. (3656)
 2012 Ed. (3660)
MACtac
 2004 Ed. (19)
 2016 Ed. (24)
Mactaggart Heritable Holdings Ltd.
 1993 Ed. (973)
MACTEC Engineering & Consulting Inc.
 2007 Ed. (2404, 2407)
 2008 Ed. (2513, 2516, 2517, 2524, 2525, 2528, 2529)

CUMULATIVE INDEX • 1989-2023

2009 Ed. (2524, 2527, 2528, 2535, 2537, 2544)
MACTEC Inc.
  2001 Ed. (2289, 2299)
  2002 Ed. (1074, 2131)
  2003 Ed. (2298, 2355, 2356, 2357, 3961, 3962, 3964)
  2004 Ed. (1266, 1276, 1293, 2333, 2353, 2354, 2359, 2369, 2438, 2439, 2441, 3969, 3971)
  2006 Ed. (1270, 2452)
  2007 Ed. (2421)
  2008 Ed. (2548)
  2011 Ed. (2452, 2453, 2462, 2464, 2471)
  2012 Ed. (204, 208, 1022, 2373, 2392)
Macular Health LLC
  2016 Ed. (1339)
MacUpdate
  2010 Ed. (3603)
  2011 Ed. (4273)
MacUser
  1995 Ed. (2893)
  1998 Ed. (2793, 2794)
MacWeek
  1993 Ed. (2800)
  1994 Ed. (2795)
  1998 Ed. (2795)
Macworld
  1998 Ed. (1276)
  1999 Ed. (1851, 3749)
  2000 Ed. (3468, 3469)
  2001 Ed. (255, 3193)
  2004 Ed. (146)
  2007 Ed. (1218)
  2008 Ed. (146, 148, 1122)
  2009 Ed. (167, 169, 3599)
  2010 Ed. (4766)
  2011 Ed. (4719)
  2012 Ed. (4740)
Macy
  1994 Ed. (1755)
Macy Acquiring Corp.
  1990 Ed. (173)
  1991 Ed. (171, 2078)
  1995 Ed. (2444)
  1996 Ed. (2486)
  1997 Ed. (2629)
Macy/Bullock's; R. H.
  1994 Ed. (2138, 2146)
Macy California; R. H.
  1994 Ed. (2146)
Macy & Co. Inc.; R. H.
  1990 Ed. (1041, 1238, 2440)
  1991 Ed. (170, 949, 969, 1822, 2309, 2578)
  1992 Ed. (235, 1183, 1204, 1789, 1791, 1792, 2298)
  1993 Ed. (150, 151, 366, 957, 958, 979, 1476, 1477, 1955, 2381, 3038)
  1995 Ed. (1554, 3147, 3297)
  1996 Ed. (162, 383, 1200, 1207, 1533, 1535, 2031, 2486)
Macy Florida LLC
  2007 Ed. (4169)
Macy Northeast; R. H.
  1994 Ed. (2138, 2146)
Macy; R. H.
  1989 Ed. (920, 1239, 2039)
  1990 Ed. (910, 1019, 1904, 2676, 3031)
  1992 Ed. (236)
  1994 Ed. (10, 131, 132, 133, 359, 360, 361, 984, 1005, 1009, 1522, 1977, 2210, 3093, 3215)
  1995 Ed. (149, 150, 1017, 2444)
  1997 Ed. (354, 1253, 2151, 2629)
Macy's
  2013 Ed. (70, 1014, 1020, 1968, 2460)
  2014 Ed. (89, 1907, 2391)
  2015 Ed. (91, 4351, 4379)
  2016 Ed. (86, 2964)
  2017 Ed. (69, 2257, 2920)
  2018 Ed. (86, 2316, 3497, 4072)
  2019 Ed. (3486)
  2020 Ed. (3467, 4076)
  2021 Ed. (3487, 4042, 4248)
  2022 Ed. (2985, 2986, 2987, 2990, 2992, 3543, 4259)
  2023 Ed. (3105, 3110, 4287, 4303)
Macy's California
  1990 Ed. (1493, 2118)
  1991 Ed. (1413, 1414)
  1992 Ed. (1784, 1787, 1788, 1790)
Macy's Department Stores Inc.
  2010 Ed. (4282, 4283)
Macy's East
  1995 Ed. (1553, 1958)
  1996 Ed. (1534, 1990, 3626)
  1997 Ed. (1593, 2104, 2322, 3340, 3681)
  1998 Ed. (1786)
  2000 Ed. (1660, 2290, 4175)
  2001 Ed. (2749)
  2002 Ed. (1919, 2580, 4542)
  2003 Ed. (2010, 4671)
  2004 Ed. (4651)
  2005 Ed. (4589)
Macy's Florida LLC
  2007 Ed. (1937)

Macy's Florida Stores LLC
  2008 Ed. (4209)
  2009 Ed. (4304)
Macy's Home Store
  2009 Ed. (3184)
Macy's Inc.
  1989 Ed. (2974)
  1992 Ed. (38, 922, 3730)
  1996 Ed. (775)
  2002 Ed. (4040)
  2003 Ed. (4165)
  2004 Ed. (4187)
  2005 Ed. (3244, 4106)
  2006 Ed. (2254, 4162)
  2007 Ed. (4185)
  2008 Ed. (139, 154, 3102, 3604, 4220, 4225, 4585)
  2009 Ed. (153, 160, 175, 654, 992, 1970, 2316, 3094, 3197, 3671, 4310, 4312, 4314, 4332, 4335, 4630)
  2010 Ed. (144, 151, 157, 621, 1900, 1903, 2092, 2245, 2246, 2261, 3027, 3124, 3587, 4282, 4283, 4287, 4289, 4290, 4294, 4303, 4348, 4658)
  2011 Ed. (68, 75, 79, 1935, 1938, 2255, 2256, 3021, 3091, 3591, 4274, 4275, 4279, 4281, 4285, 4286, 4298, 4499, 4500, 4507, 4605)
  2012 Ed. (70, 77, 80, 1376, 1794, 1797, 1798, 1921, 1997, 2119, 2120, 2121, 2122, 2123, 2124, 2922, 3687, 4309, 4310, 4315, 4320, 4321, 4322)
  2013 Ed. (66, 74, 1471, 1967, 1970, 1972, 2317, 2320, 2321, 2323, 2998, 3011, 4280, 4281, 4302, 4310, 4315)
  2014 Ed. (85, 92, 985, 1434, 1905, 1909, 1911, 2249, 2251, 2252, 2253, 2399, 2829, 3020, 3429, 4335, 4336, 4340, 4343, 4349, 4354, 4499, 4500)
  2015 Ed. (87, 98, 1021, 1495, 1950, 1953, 1955, 2320, 2321, 2322, 3087, 4327, 4328, 4333, 4337, 4344, 4361, 4363, 4380, 4499, 4500)
  2016 Ed. (88, 924, 926, 1429, 1921, 1926, 1928, 2273, 2274, 2276, 2408, 2413, 2802, 2965, 4222, 4223, 4224, 4231, 4236, 4249, 4254, 4431, 4432)
  2017 Ed. (65, 71, 972, 1440, 1896, 1898, 1900, 2127, 2129, 2261, 2919, 2921, 2923, 4210, 4223, 4234, 4241, 4442, 4443)
  2018 Ed. (82, 88, 903, 1842, 2171, 2172, 2173, 2175, 2324, 2327, 2986, 2987, 2988, 2996, 3000, 3013, 4249, 4251, 4255, 4461, 4462)
  2019 Ed. (72, 77, 1891, 1895, 1899, 2163, 2164, 2166, 2305, 2939, 2940, 2954, 4270, 4280, 4284)
  2020 Ed. (69, 74, 891, 893, 1830, 1834, 1839, 2160, 2161, 2163, 2287, 2960, 2963, 2965, 2966, 2968, 4259, 4275)
  2021 Ed. (904, 906, 1797, 1804, 2820, 2823, 2825, 2827, 4237, 4251, 4257)
  2022 Ed. (1836, 2979, 2995, 3072, 4247, 4269)
Macy's Inc. Credit & Customer Service
  2021 Ed. (1797)
  2022 Ed. (1836)
  2023 Ed. (1962)
Macy's Merchandising Group
  2008 Ed. (2990)
  2010 Ed. (3006)
Macy's New Jersey
  1990 Ed. (1493)
Macy's (New York)
  1990 Ed. (1490, 3057)
Macy's Northeast
  1990 Ed. (2118)
  1991 Ed. (1413, 1414)
  1992 Ed. (1784, 1787, 1788, 1790, 2531)
Macy's Retail Holdings Inc.
  2013 Ed. (4280)
  2014 Ed. (1905)
  2015 Ed. (1950, 4328)
  2016 Ed. (1921, 4224)
Macy's South
  1992 Ed. (1788, 1790)
Macy's South/Bullock's
  1990 Ed. (2118)
  1993 Ed. (1477)
Macy's West
  1998 Ed. (1786)
  2000 Ed. (1660, 2290, 4175)
  2001 Ed. (2749)
  2002 Ed. (1919, 2580, 4542)
  2003 Ed. (2010, 4671)
  2004 Ed. (4651)
  2005 Ed. (4589)
  2006 Ed. (4654)
  2007 Ed. (4675)
Macy's West/Bullock's
  1995 Ed. (1553, 1958)
  1996 Ed. (1534, 1990, 3626)
  1997 Ed. (1593, 2104, 2322, 3340, 3681)
Macys.com
  2006 Ed. (2383)
  2007 Ed. (2320)
  2009 Ed. (2452)

2013 Ed. (2462)
2015 Ed. (2466)
2016 Ed. (2411)
"Mad About You"
  2001 Ed. (4486)
Mad Batter Restaurant
  2018 Ed. (3677)
Mad Catz Interactive
  2003 Ed. (2930)
  2005 Ed. (2829, 2831)
  2007 Ed. (2457, 2806, 2813)
  2008 Ed. (2591)
  2009 Ed. (2619)
  2010 Ed. (2522)
  2011 Ed. (2522)
  2015 Ed. (2608)
Mad Decent
  2017 Ed. (3614)
  2018 Ed. (3677)
  2019 Ed. (3662)
  2020 Ed. (3629)
Mad Dog McCree
  1995 Ed. (1106)
MAD - Madrid-Barajas Airport
  2022 Ed. (149)
Mad for Miley
  2009 Ed. (580)
Mad Rock Marine Solutions Inc.
  2012 Ed. (1400)
Mad Science Group
  2016 Ed. (2344)
  2017 Ed. (2192)
  2018 Ed. (2253)
The Mad Science Group
  2001 Ed. (2533)
  2002 Ed. (2065)
  2003 Ed. (2125)
  2004 Ed. (2173)
  2005 Ed. (2274)
  2006 Ed. (2342)
  2007 Ed. (2278)
  2008 Ed. (2411)
  2009 Ed. (2411)
  2013 Ed. (2398)
  2014 Ed. (2335)
Mad Scientist Group
  2000 Ed. (2271)
Madagascar
  2001 Ed. (3697)
  2003 Ed. (965)
  2004 Ed. (979, 3792)
  2005 Ed. (998, 3704)
  2006 Ed. (2330, 2331, 2336, 2715, 3793)
  2007 Ed. (2267, 3642, 3798)
  2008 Ed. (975, 2402)
  2009 Ed. (966, 2401)
  2010 Ed. (925, 1067, 2302, 2314, 2839, 3381, 3747)
  2011 Ed. (205, 863, 2298, 2310, 2821, 3849)
  2012 Ed. (219, 2210, 2618, 2754, 3315, 3751, 3822, 4546, 4962)
  2013 Ed. (209, 734, 2393, 2688, 2831, 3387, 3823, 3874, 4503, 4969)
  2014 Ed. (216, 760, 2330, 2872, 3389, 3416, 3810, 4547, 4978)
  2015 Ed. (2912, 3770, 5011)
  2016 Ed. (2833, 3685, 4930)
  2017 Ed. (1007, 2189)
  2021 Ed. (2191)
Madagascar 3: Europe's Most Wanted
  2014 Ed. (3699, 3700, 3701, 3702, 3703)
Madama Butterfly
  2001 Ed. (3586)
Madar Detergents
  2004 Ed. (89)
  2005 Ed. (84)
Madar; Jean
  2006 Ed. (2527)
MADCO Bahrain
  1989 Ed. (85)
  1991 Ed. (76)
  1996 Ed. (64)
  1997 Ed. (62)
  2000 Ed. (62)
  2001 Ed. (106)
Madco Beirut
  1989 Ed. (131)
  1991 Ed. (123)
Madco Corp.
  2007 Ed. (1912)
MADCO Egypt
  1999 Ed. (84)
MADCO Egypt (Bates)
  2000 Ed. (90)
Madco Group Advertising
  1995 Ed. (135)
MADCO Gulf
  1996 Ed. (149)
  1997 Ed. (155)
  1999 Ed. (166)
  2001 Ed. (230)
  2002 Ed. (203)
  2003 Ed. (163)
MADCO Gulf (Bates)
  2000 Ed. (186)

Madco Gulf (Dubai)
  1989 Ed. (100)
  1991 Ed. (94)
MADCO Kuwait
  1989 Ed. (130)
  1991 Ed. (122)
  1996 Ed. (110)
  1997 Ed. (112)
  1999 Ed. (115)
MADCO Kuwait (Bates)
  2000 Ed. (121)
MADCO Lebanon
  1996 Ed. (111)
  1997 Ed. (114)
  1999 Ed. (117)
MADCO Lebanon (Bates)
  2000 Ed. (123)
MADCO Middle East
  2001 Ed. (161)
  2002 Ed. (135)
  2003 Ed. (101)
Madco Saudi Arabia
  1989 Ed. (155)
  1991 Ed. (146)
  1993 Ed. (134)
  1996 Ed. (134)
  1997 Ed. (140)
Maddalena's Cheesecake Co.
  2017 Ed. (812)
  2018 Ed. (2759)
Madden 99
  2000 Ed. (4345)
Madden; Chris
  2010 Ed. (3004)
Madden Football '04
  2005 Ed. (4831)
Madden Football '97
  1998 Ed. (851)
Madden Football '97 MS-DOS
  1998 Ed. (847)
Madden Industrial Craftsman
  2006 Ed. (1970)
Madden Industrial Craftsmen
  2009 Ed. (1980, 1981, 1982)
Madden NFL
  2007 Ed. (4876)
  2008 Ed. (4811)
Madden NFL 08
  2011 Ed. (4809)
Madden NFL 11
  2012 Ed. (4825)
Madden NFL 12
  2013 Ed. (4817)
Madden NFL '94
  1995 Ed. (3696)
Maddison
  1999 Ed. (2842)
Maddock; Nick
  2019 Ed. (3649)
Maddocks
  2021 Ed. (728)
Maddox Industrial Transformer
  2021 Ed. (1853, 3418)
Maddox; Reginald
  2023 Ed. (3795)
Made in Brazil
  2013 Ed. (3788)
  2015 Ed. (3738)
  2016 Ed. (3646)
  2020 Ed. (3645)
  2021 Ed. (3650)
Made in Cookware
  2020 Ed. (2292)
Made Good
  2023 Ed. (2996)
Made In Space
  2019 Ed. (4467)
Made in Japan Teriyaki Experience
  2003 Ed. (2441)
  2007 Ed. (2634)
  2008 Ed. (2674)
Made in the Shade Blinds & More
  2021 Ed. (4909)
  2022 Ed. (4904)
  2023 Ed. (4893)
Made Smart
  2005 Ed. (1267)
Made to Stick: Why Some Ideas Survive and Others Die
  2009 Ed. (641)
Madeco
  1996 Ed. (3280)
MadeCollection
  2015 Ed. (2475)
Madeeha Hasan Odhaib
  2013 Ed. (3476)
Madeira Restaurant
  2014 Ed. (4281)
  2015 Ed. (4273)
  2016 Ed. (4170)
  2017 Ed. (4147)
  2018 Ed. (4144)
Madejski; John
  2005 Ed. (4893)
Madeleine Paquin
  2003 Ed. (4989)
  2004 Ed. (4987)

2005 Ed. (4992)
2006 Ed. (4988)
2007 Ed. (4985)
2008 Ed. (4991)
2009 Ed. (4985)
2010 Ed. (4992)
2013 Ed. (4987)
Madeline Hult Elghanayan
  2019 Ed. (4120)
Mademoiselle
  1991 Ed. (3246)
  1992 Ed. (3375, 3387)
Mader Tschacher Peterson & Co.
  2008 Ed. (279)
Madera, CA
  2007 Ed. (1159, 2370, 2375, 3369)
  2008 Ed. (1052, 2490, 3467)
  2009 Ed. (1025, 2496, 3546)
  2010 Ed. (991, 3466)
  2011 Ed. (919)
  2017 Ed. (772)
  2018 Ed. (707)
  2020 Ed. (2358)
  2021 Ed. (718)
Madera; Paul
  2013 Ed. (4783)
  2015 Ed. (4864)
  2016 Ed. (4771)
Maderra Engineering Inc.
  2016 Ed. (1452)
Madge Networks
  1997 Ed. (2208, 3646)
  1999 Ed. (3676, 3677)
Madge Networks NV
  1998 Ed. (2727)
Madge; Robert
  1996 Ed. (1717)
Madgex
  2015 Ed. (2092)
Madgic
  2018 Ed. (63, 1554)
Madigan Army Medical Center
  2011 Ed. (3053)
  2012 Ed. (2991)
Madigan Healthcare System
  2013 Ed. (3080)
  2015 Ed. (3146)
Madigan; John W.
  1996 Ed. (1716)
Madinet Nasr for Housing & Development SAE
  2022 Ed. (4103)
Madinet Nasr for Housing & Development SAE (Egypt)
  2022 Ed. (4103)
Madison
  1992 Ed. (2547, 3047)
Madison, AL
  1993 Ed. (2982)
Madison Asset Management
  2017 Ed. (2444, 3641)
Madison Avenue Marketing Group
  2014 Ed. (1902)
Madison Bank of Maryland
  2021 Ed. (4300)
Madison Community Foundation
  1994 Ed. (901)
Madison Concrete Construction
  2010 Ed. (1306)
Madison Construction
  2009 Ed. (1202)
  2010 Ed. (1206)
  2011 Ed. (1153, 1154)
Madison County, IL
  1996 Ed. (2538)
Madison County, IN
  1998 Ed. (2081, 2083)
Madison Covered Call & Equity Income
  2022 Ed. (3719)
Madison Covered Call & Equity Income A
  2022 Ed. (3719)
Madison Dearborn
  2009 Ed. (1394)
Madison Dearborn Partners
  2001 Ed. (2726, 4675)
  2004 Ed. (1537, 3255, 4698)
  2005 Ed. (1525)
  2006 Ed. (3276)
  2010 Ed. (2902)
Madison Dearborn Partners II
  1996 Ed. (2487)
Madison Equities
  1991 Ed. (2640)
Madison Forms
  2014 Ed. (4099)
Madison Gas & Electric Co.
  1991 Ed. (1167)
Madison Marquette
  2006 Ed. (4315)
Madison Mosaic Disciplined Equity
  2011 Ed. (3724)
Madison Mosaic Investors
  2011 Ed. (3725)
Madison National Bank
  1998 Ed. (347)

Madison Pacific Properties Inc.
  2014 Ed. (1488, 1500)
  2015 Ed. (1545)
Madison Paper
  1995 Ed. (2831)
  1999 Ed. (3703)
Madison Research
  2005 Ed. (4808)
Madison Square Garden
  1999 Ed. (1298)
  2001 Ed. (4351)
  2002 Ed. (4343)
  2003 Ed. (4527)
  2006 Ed. (1153)
  2010 Ed. (1129)
  2011 Ed. (1071, 1072)
  2012 Ed. (997, 1763)
  2013 Ed. (1140)
  2014 Ed. (1101)
  2015 Ed. (1138)
  2016 Ed. (1050)
  2017 Ed. (1085, 1088)
  2018 Ed. (1009, 1012)
  2019 Ed. (1012, 1014)
  2020 Ed. (997)
  2023 Ed. (1180)
Madison Square Garden Arena
  1989 Ed. (992)
Madison Square Garden Co.
  2014 Ed. (178)
The Madison Square Garden Co.
  2021 Ed. (4097)
Madison Square Garden Inc.
  2013 Ed. (173)
Madison Square Garden Network
  1992 Ed. (1034)
Madison Square Garden Sports
  2022 Ed. (4473)
Madison Square Garden; The Theatre at
  2006 Ed. (1154)
Madison Wealth Management
  2021 Ed. (3157)
Madison Wells Media
  2018 Ed. (2449)
Madison, WI
  1992 Ed. (1163)
  1993 Ed. (2549)
  1994 Ed. (965, 2498, 3325)
  1995 Ed. (2559, 3778)
  1996 Ed. (976, 1061)
  1997 Ed. (1075, 2334, 3525)
  1998 Ed. (2472)
  1999 Ed. (1129, 1147, 3367)
  2002 Ed. (31, 3329)
  2003 Ed. (2699)
  2004 Ed. (3297, 4151)
  2005 Ed. (1056, 3310, 3324, 3469, 4793)
  2006 Ed. (3298, 4099, 4864)
  2007 Ed. (3366)
  2008 Ed. (3458, 3464, 4091, 4349)
  2009 Ed. (2390)
  2011 Ed. (3460, 4438)
  2012 Ed. (4369, 4370, 4374)
  2013 Ed. (4786)
  2015 Ed. (3534)
  2016 Ed. (3385)
  2017 Ed. (4559)
  2018 Ed. (3404, 4579)
  2019 Ed. (638, 4587)
  2020 Ed. (2205)
  2021 Ed. (3353)
  2023 Ed. (950, 3000)
Madisonville State Bank
  1998 Ed. (366)
Madix Store Fixtures
  1997 Ed. (3653)
  1998 Ed. (3427)
  1999 Ed. (4499, 4501)
  2000 Ed. (4134, 4135)
  2002 Ed. (4514)
  2005 Ed. (4528)
  2007 Ed. (4595)
  2008 Ed. (4546)
Madonna
  1989 Ed. (1347)
  1990 Ed. (1672)
  1992 Ed. (1348, 1982)
  1993 Ed. (1633)
  1995 Ed. (1117, 1119)
  2000 Ed. (2743)
  2003 Ed. (1127, 1128, 2327, 2332)
  2004 Ed. (2412, 2416)
  2005 Ed. (4889, 4891, 4894)
  2006 Ed. (1157)
  2007 Ed. (2451, 4929, 4932)
  2008 Ed. (4905)
  2009 Ed. (2607, 2611, 2613)
  2010 Ed. (1126, 1127, 2510, 2513, 2515)
  2011 Ed. (1065, 1066, 1067, 1068, 2512, 2515, 2517)
  2012 Ed. (2433, 2438)
  2014 Ed. (1098, 3729)
  2015 Ed. (2601, 3730)
  2018 Ed. (1006)
Madonna Inn
  1991 Ed. (1949)
  1994 Ed. (2106)

Madonna Rehabilitation Hospital
  2003 Ed. (4067)
Madras, India
  1989 Ed. (2245)
  2009 Ed. (259)
  2013 Ed. (166)
Madrid
  1990 Ed. (862)
  1992 Ed. (1166, 2717)
  1997 Ed. (1004)
  2000 Ed. (3373)
Madrid-Barajas Airport
  2022 Ed. (149)
  2023 Ed. (217)
Madrid Hi-Fi
  2020 Ed. (3680)
  2021 Ed. (3686)
Madrid Musical
  2013 Ed. (3809)
  2015 Ed. (3757)
  2020 Ed. (3680)
  2021 Ed. (3686)
Madrid, Spain
  1996 Ed. (978, 979, 2541)
  2001 Ed. (136)
  2002 Ed. (109)
  2003 Ed. (187)
  2004 Ed. (3305)
  2005 Ed. (3329)
  2007 Ed. (256, 257, 258)
  2008 Ed. (766)
  2009 Ed. (1767, 3205, 4233)
  2010 Ed. (1714, 3486, 3487)
  2011 Ed. (1729)
  2012 Ed. (3490)
  2013 Ed. (4401)
  2023 Ed. (3416)
Madrid Stock Exchange
  1993 Ed. (3457)
  1997 Ed. (3631)
Mads Asprem
  1999 Ed. (2312)
  2000 Ed. (2094, 2100)
MadTree Brewing Co.
  2023 Ed. (906, 932)
Maduegbuna Cooper
  2013 Ed. (3441)
Madura Coats
  1994 Ed. (25)
Maduro & Curiel's Bank
  2004 Ed. (597)
Maduro & Curiel's Bank NV
  1989 Ed. (634)
  1991 Ed. (621)
  1992 Ed. (796)
  1993 Ed. (587)
  1994 Ed. (594)
  1995 Ed. (563)
  1996 Ed. (632)
  1997 Ed. (573)
  1999 Ed. (607)
Maduro & Curiel's Bank NV (Willemstad)
  2000 Ed. (630)
Madwire
  2020 Ed. (2535)
  2021 Ed. (2494)
  2022 Ed. (2607)
  2023 Ed. (2748)
Madwire Media
  2015 Ed. (60)
Mady; Mohammed Al
  2013 Ed. (1173)
Maeda
  2002 Ed. (1321)
  2007 Ed. (1719)
Maeda Klein
  1993 Ed. (1842)
  1997 Ed. (1940)
Maeda; Shin
  1997 Ed. (1983)
Maeil Dairies Co Ltd.
  2020 Ed. (2726)
Maene-Ypma Piano's
  2020 Ed. (3667)
  2021 Ed. (3673)
Maerospace
  2022 Ed. (3122)
Maersk
  2013 Ed. (647)
  2014 Ed. (662, 2571, 4781)
  2015 Ed. (723, 879, 2394, 4813)
  2016 Ed. (661, 4714)
  2017 Ed. (693, 4732)
  2020 Ed. (648)
  2021 Ed. (612, 613, 3385)
  2022 Ed. (638, 3436, 3450)
  2023 Ed. (2906, 4420, 4690, 4695)
The Maersk Co., Ltd.
  1992 Ed. (3947, 3948, 3949, 3950, 3951)
  1997 Ed. (1147)
  1998 Ed. (931, 3293)
  1999 Ed. (207, 4299, 4301)
  2004 Ed. (4799)
Maersk Conglomerate
  2021 Ed. (3392)
Maersk Group
  2015 Ed. (4820)
  2016 Ed. (4723)

2017 Ed. (4740)
  2018 Ed. (4367)
  2019 Ed. (4394, 4696, 4720)
  2020 Ed. (4692)
  2021 Ed. (4388, 4701)
  2022 Ed. (4394, 4703)
  2023 Ed. (4691)
The Maersk Group
  2017 Ed. (2695)
  2018 Ed. (2754)
  2019 Ed. (2737)
  2020 Ed. (2777)
  2021 Ed. (2649)
  2022 Ed. (2780)
Maersk Line
  1993 Ed. (3298)
  2015 Ed. (4818, 4819)
  2016 Ed. (4721, 4722)
  2017 Ed. (4738, 4739)
  2018 Ed. (4685, 4724, 4725)
  2019 Ed. (1825, 4726, 4727)
  2020 Ed. (4698, 4699)
  2022 Ed. (4707, 4708)
Maersk Line A/S
  2017 Ed. (4702)
  2018 Ed. (4694)
Maersk Line Bangkok Branch
  1992 Ed. (1570)
Maersk Mc-Kinney Moller
  2008 Ed. (4863)
Maersk Oil & Gas
  2017 Ed. (3805)
  2018 Ed. (3852)
  2019 Ed. (3825)
Maersk Olie & Gas I/S
  2011 Ed. (1610)
Maersk Sealand
  2002 Ed. (4266, 4267, 4268, 4269, 4270, 4271)
  2003 Ed. (1225, 1226, 1227, 1228, 2425, 2426)
  2004 Ed. (1231, 2557, 2558, 2559, 2560)
Maestro
  2005 Ed. (40)
Maestro Integrations
  2020 Ed. (2929)
Maestro Technologies
  2014 Ed. (190, 3182)
  2015 Ed. (3245)
MaeTec Power
  2013 Ed. (1947)
MAF Bancorp Inc.
  2004 Ed. (4290, 4291)
  2005 Ed. (356, 4223, 4224)
  2007 Ed. (2215)
Mafatlal
  1990 Ed. (1379)
Mafatlal Dyes & Chemicals
  1996 Ed. (1600)
Mafco Consolidated Group Inc.
  2008 Ed. (4688)
  2009 Ed. (4728)
  2010 Ed. (4737)
  2011 Ed. (4696)
  2012 Ed. (4716)
  2013 Ed. (4680)
  2014 Ed. (4726)
  2015 Ed. (4745, 4746)
  2016 Ed. (4647, 4648)
Mafco Holdings Inc.
  1994 Ed. (1005)
  2007 Ed. (922)
  2008 Ed. (906)
  2009 Ed. (914)
Mafco Worldwide Corp.
  2001 Ed. (994)
Mafermaq - Maquinas Ferramentas, LDA
  2016 Ed. (1967)
Maffei; Gregory B.
  2012 Ed. (807)
  2015 Ed. (955)
Maffel; Gregory B.
  2011 Ed. (857)
  2012 Ed. (798)
Mafia!
  2001 Ed. (4701)
Mag 1
  2015 Ed. (315)
  2016 Ed. (312)
  2017 Ed. (317, 3606)
  2018 Ed. (3669)
  2019 Ed. (3656)
  2020 Ed. (3622)
  2021 Ed. (3640)
Mag Instrument Inc.
  2006 Ed. (2326, 3318)
MAG Mutual Companies
  2023 Ed. (3346)
MAG Mutual Group
  2007 Ed. (3168)
  2009 Ed. (3384)
  2010 Ed. (3320)
  2011 Ed. (3278)
  2012 Ed. (3255, 3256)
  2013 Ed. (3327)
Mag Mutual Group
  2013 Ed. (3328)
  2017 Ed. (3204)

2018 Ed. (3288)
2019 Ed. (3240)
2020 Ed. (3250)
2021 Ed. (3117)
2022 Ed. (3256)
MAG Mutual Insurance Co.
  2005 Ed. (3143)
  2016 Ed. (47)
  2020 Ed. (3249)
  2021 Ed. (3116)
Mag Mutual Insurance Co.
  2023 Ed. (3345)
MAG Silver Corp.
  2008 Ed. (1617)
  2018 Ed. (1468)
Mag Technology Co. Ltd.
  1994 Ed. (1459)
MAG Trucks
  2013 Ed. (776)
Magainin Pharmaceuticals Inc.
  1996 Ed. (742)
Magal; Gamil
  2007 Ed. (2464)
Magal Security Systems
  2018 Ed. (4303)
  2019 Ed. (4330)
  2020 Ed. (4321)
  2021 Ed. (4338)
  2022 Ed. (4345)
Magasins B. (Grands) Loceda Import
  1991 Ed. (3480)
Magatest
  1992 Ed. (372)
Magaworld Properties & Holdings
  1999 Ed. (1724)
Magazi
  1992 Ed. (85)
Magazin na Divane
  2004 Ed. (29)
Magazine
  1991 Ed. (736)
  1992 Ed. (919)
  1993 Ed. (737)
Magazine Luiza
  2010 Ed. (1507)
  2013 Ed. (1441)
  2019 Ed. (1733)
  2020 Ed. (1680)
Magazine Luiza SA
  2014 Ed. (2395)
  2016 Ed. (4258)
  2017 Ed. (4245)
  2022 Ed. (2553)
  2023 Ed. (2700)
Magazine subscriptions
  1991 Ed. (3247)
Magazineluiza
  2014 Ed. (678)
Magazines
  1990 Ed. (3033)
  1994 Ed. (732, 744)
  1995 Ed. (143, 144, 693)
  1996 Ed. (771, 3610)
  1997 Ed. (35, 708)
  1998 Ed. (2439)
  2000 Ed. (24, 794, 939)
  2001 Ed. (95, 2022, 2024, 2088, 3245, 3246, 3882, 4876)
  2002 Ed. (61, 2569, 4954)
  2003 Ed. (25, 26, 4514)
  2004 Ed. (1912, 2841)
  2005 Ed. (132, 2850)
  2006 Ed. (2853)
Magazines, consumer
  2005 Ed. (835)
  2006 Ed. (762)
Magazines, sports
  2003 Ed. (4515)
Magazines, Sunday
  2003 Ed. (25, 26)
Magazzino Musicale Merula
  2021 Ed. (3665)
Magdalena Averhoff
  2007 Ed. (1444)
  2008 Ed. (1428)
Magdalena Martullo-Blocher
  2015 Ed. (4962)
  2016 Ed. (4878)
  2017 Ed. (4878)
  2018 Ed. (4890)
  2019 Ed. (4882)
  2020 Ed. (4871)
  2021 Ed. (4872)
  2022 Ed. (4868)
  2023 Ed. (4862)
Magdi Yacoub
  2013 Ed. (3475)
Magee Co.
  1998 Ed. (2854)
Magee Rieter Automotive Systems
  2008 Ed. (3563)
Magee-Women's Hospital
  2010 Ed. (3062)
  2011 Ed. (3033)
  2012 Ed. (2971)
  2013 Ed. (3062)
  2014 Ed. (3064)
  2015 Ed. (3129)

2016 Ed. (2992)
Magellan
  1998 Ed. (3780)
Magellan Aerospace
  2000 Ed. (1399)
  2008 Ed. (2934)
  2012 Ed. (92, 4567)
  2015 Ed. (1539, 3201)
  2016 Ed. (1479)
  2017 Ed. (89)
Magellan Aerospace Corp.
  2014 Ed. (4573)
  2015 Ed. (1521)
  2019 Ed. (2889)
  2020 Ed. (2911)
  2022 Ed. (2943)
  2023 Ed. (3068)
Magellan Behavioral Health
  2002 Ed. (2852)
  2005 Ed. (2363, 2364, 2365)
Magellan Development Group
  2006 Ed. (1192)
  2007 Ed. (1299)
  2009 Ed. (1172)
Magellan Financial Group
  2016 Ed. (1377)
  2017 Ed. (1400)
  2018 Ed. (1375)
  2022 Ed. (1380, 1381)
Magellan Health
  2017 Ed. (1392, 3159)
  2018 Ed. (3243)
  2020 Ed. (1365, 3209)
  2021 Ed. (1359, 3062)
  2022 Ed. (1373, 3198)
  2023 Ed. (1532, 1534, 3291)
Magellan Health Inc.
  2021 Ed. (1357)
Magellan Health Services Inc.
  1998 Ed. (2933)
  2004 Ed. (3682)
  2006 Ed. (2406, 2407, 2408)
  2008 Ed. (2899)
  2010 Ed. (2395, 2396)
Magellan Medical Communications
  1995 Ed. (3017)
Magellan Midstream
  2014 Ed. (2477)
Magellan Midstream Holdings LP
  2008 Ed. (3988)
  2009 Ed. (4059)
  2010 Ed. (3975)
  2011 Ed. (3980)
  2012 Ed. (3979)
  2013 Ed. (4041, 4042)
  2014 Ed. (3977, 3978)
  2015 Ed. (4020)
  2016 Ed. (3933)
Magellan Midstream Partners
  2015 Ed. (2551)
Magellan Midstream Partners LP
  2005 Ed. (3779, 3781)
  2006 Ed. (2744)
  2018 Ed. (2371, 3878)
  2021 Ed. (3828)
Magellan Midstream Partners, LP
  2023 Ed. (3954)
Magellan Petroleum Corp.
  2002 Ed. (3568)
  2006 Ed. (2722)
Magellan Search & Staffing
  2023 Ed. (2545)
Magellan Transport Logistics
  2016 Ed. (4775)
  2017 Ed. (4788)
  2018 Ed. (4780)
  2019 Ed. (4785)
  2020 Ed. (3578, 4773)
  2021 Ed. (3613)
  2022 Ed. (3665, 4772)
  2023 Ed. (1703, 3769, 4760)
Magellan's International
  1997 Ed. (3346)
Magenic
  2015 Ed. (1691)
Magenic Technologies Inc.
  2003 Ed. (2721)
Mager; Shari
  2023 Ed. (1295)
Magerko; Margaret Hardy
  2006 Ed. (4913)
  2007 Ed. (4907)
  2008 Ed. (4836)
  2009 Ed. (4856)
Magetra International
  2017 Ed. (1405)
Maggi
  2023 Ed. (2879)
Maggi; Lucia
  2023 Ed. (4816)
Maggiano's
  2000 Ed. (3774)
  2001 Ed. (4061)
Maggiano's Little Italy
  2000 Ed. (3762, 3763)
  2002 Ed. (4022)
  2004 Ed. (4120, 4138)
  2006 Ed. (4122)

2007 Ed. (4149)
2008 Ed. (4183, 4184)
2009 Ed. (4285)
2011 Ed. (4244)
2015 Ed. (4278, 4299)
2017 Ed. (4158, 4159, 4160, 4181)
2018 Ed. (4154, 4155, 4156, 4188, 4210)
2019 Ed. (4240)
2020 Ed. (4183, 4215, 4239)
2021 Ed. (4122, 4172, 4203)
2022 Ed. (4205)
Maggie Allesee
  2002 Ed. (979)
Maggie Boepple Associates Ltd.
  1996 Ed. (2533)
Maggie Data Forms Printing Ltd.
  2005 Ed. (3890)
Maggie Louise Confections
  2020 Ed. (2689)
Maggie Rodriguez
  2011 Ed. (2955)
Maggie Wei Wu
  2021 Ed. (4927)
  2022 Ed. (4921)
Maggie Wu (Alibaba)
  2021 Ed. (4939)
MaggieMoo's
  2011 Ed. (3110)
MaggieMoo's Ice Cream & Treatery
  2002 Ed. (2723)
  2005 Ed. (2982)
MaggieMoo's International LLC
  2007 Ed. (3007)
  2008 Ed. (3128)
Maggie's Farm Rum Distillery
  2023 Ed. (3518)
Maggio Data
  2008 Ed. (4033)
  2009 Ed. (4106)
  2010 Ed. (4034)
  2013 Ed. (4082, 4086)
  2014 Ed. (4085)
  2019 Ed. (3966)
  2020 Ed. (3985, 3987)
  2021 Ed. (3952)
  2023 Ed. (4052)
Maggio Data Forms
  2022 Ed. (3964)
Magguilli; Larry
  2019 Ed. (4119)
Maghrib
  1996 Ed. (426)
Magic
  2001 Ed. (4610)
  2003 Ed. (2673)
Magic!
  2016 Ed. (3642)
Magic 105.4 FM
  2001 Ed. (3980)
  2002 Ed. (3896)
Magic Carpet Cleaning
  2009 Ed. (867)
Magic Chef
  1990 Ed. (1861, 1862, 3481, 3482)
  1991 Ed. (1441, 2457, 2825, 3242, 3243)
  1992 Ed. (1830, 3071, 3649, 4154, 4155)
  1993 Ed. (1908, 1909, 2569)
  2001 Ed. (2037, 3304, 3600, 3601, 4027)
  2003 Ed. (2865)
  2005 Ed. (2953)
  2008 Ed. (3668)
The Magic of David Copperfield
  1991 Ed. (1042)
  1992 Ed. (1349)
Magic Ford
  1996 Ed. (271, 297)
  2000 Ed. (334)
Magic Isuzu
  1993 Ed. (272)
  1994 Ed. (271)
Magic Johnson
  1997 Ed. (1724, 1725)
  2006 Ed. (2499)
Magic Johnson Enterprises
  2006 Ed. (2499)
Magic Johnson Foundation
  2006 Ed. (2499)
Magic Johnson Theaters
  2000 Ed. (3167)
Magic Johnson Theatres
  1997 Ed. (2820)
Magic Kingdom
  2000 Ed. (296, 300)
  2001 Ed. (379, 381)
  2016 Ed. (199)
  2017 Ed. (185)
  2018 Ed. (173)
  2019 Ed. (175)
  2020 Ed. (176)
  2021 Ed. (175)
  2022 Ed. (168)
The Magic Kingdom at Walt Disney World
  1995 Ed. (215, 218)
  1996 Ed. (217, 219, 3481)
  1997 Ed. (245, 249, 251, 3546)
  1998 Ed. (166, 167)
  1999 Ed. (270, 272, 4622)
  2000 Ed. (298)

2002 Ed. (310, 312)
2003 Ed. (275, 277)
2004 Ed. (244)
2005 Ed. (250, 253)
2006 Ed. (269, 272)
2007 Ed. (275, 277)
Magic Kingdom at Walt Disney World Resort
  2021 Ed. (175)
  2022 Ed. (168)
  2023 Ed. (233)
Magic Line
  1990 Ed. (293)
  2001 Ed. (584, 2185, 2186, 2188, 2189, 3826)
MAGIC Market Week
  2015 Ed. (4773)
  2018 Ed. (4679)
MAGIC Marketplace
  2002 Ed. (4644)
  2004 Ed. (4752)
  2008 Ed. (4720)
  2012 Ed. (4744)
  2013 Ed. (4700)
Magic Messenger Inc.
  1999 Ed. (3343)
Magic Rentals
  1996 Ed. (1995)
Magic Shave Powder/Blue, 5 oz.
  1990 Ed. (1980)
Magic Shave Powder/Gold, 4.5 oz.
  1990 Ed. (1980)
Magic Software
  2012 Ed. (979)
  2013 Ed. (1118)
  2014 Ed. (1078)
  2015 Ed. (1123)
  2016 Ed. (1035)
Magic Software Enterprises
  2013 Ed. (1112)
Magic Software Enterprises Ltd.
  2005 Ed. (1150)
  2006 Ed. (1139)
Magic: The Gathering
  2022 Ed. (4676)
Magic Tracks
  2018 Ed. (3152)
Magic Tree House No. 1: Dinosaurs Before Dark
  2013 Ed. (563)
  2014 Ed. (574)
  2015 Ed. (642)
Magic Tree House No. 2: The Knight at Dawn
  2014 Ed. (574)
Magic Valley, ID
  2023 Ed. (2890)
Magical Elves
  2010 Ed. (2635, 4713)
MagicLinks
  2022 Ed. (75, 76)
  2023 Ed. (4577)
MagicLinks Inc.
  2022 Ed. (1410)
Magico Internacional; Grupo
  2005 Ed. (251)
  2006 Ed. (270)
Magicuts
  2009 Ed. (2938)
  2010 Ed. (2874)
  2011 Ed. (2854)
  2012 Ed. (2785)
  2013 Ed. (2852)
  2014 Ed. (2880)
Magicworks Concerts
  1999 Ed. (3905)
Magicworks Entertainment
  2000 Ed. (3621)
Magie, 1910; Sherwood
  1991 Ed. (702)
Magination Press
  2022 Ed. (4055)
Magisto
  2018 Ed. (2938)
Magliochetti; J. M.
  2005 Ed. (2484)
Maglite
  2006 Ed. (3318)
Magma Copper
  1990 Ed. (249)
  1991 Ed. (255, 3224)
  1994 Ed. (1265, 1317)
  1995 Ed. (1338, 2776)
  1996 Ed. (2852)
  1997 Ed. (2948)
Magma Design Automation Inc.
  2003 Ed. (4319, 4320, 4382)
  2005 Ed. (1139, 2332)
  2006 Ed. (2388, 4677)
  2012 Ed. (988)
Magma Energy Corp.
  2011 Ed. (2896)
Magma Power
  1989 Ed. (876)
  1990 Ed. (935, 940)
  1991 Ed. (1232)
  1992 Ed. (1541)
  1993 Ed. (2005, 3329)

CUMULATIVE INDEX • 1989-2023

Magmapool
  2018 Ed. (3488)
MagMutual
  2017 Ed. (3203)
  2018 Ed. (3287)
Magna
  2002 Ed. (384)
  2019 Ed. (290)
  2020 Ed. (291)
  2021 Ed. (278)
  2022 Ed. (294)
  2023 Ed. (379, 391)
Magna Bank of Illinois
  1995 Ed. (489)
  1996 Ed. (534)
Magna Bank of Missouri
  1996 Ed. (608)
  1997 Ed. (562)
Magna Copper
  1992 Ed. (320, 3252, 3254)
  1993 Ed. (1272, 2727)
Magna Doodle
  1993 Ed. (3599, 3600)
Magna Electric Corp.
  2011 Ed. (2027)
  2012 Ed. (1876)
  2013 Ed. (1522)
Magna Electronics Inc.
  2010 Ed. (1821)
Magna Group
  1994 Ed. (3221, 3271)
  1995 Ed. (3352)
  1999 Ed. (664)
Magna Group (seller), Union Planters Corp. (buyer)
  2000 Ed. (374)
Magna International
  2013 Ed. (1494, 1505)
  2014 Ed. (1462)
  2015 Ed. (307, 1532)
  2016 Ed. (1472)
  2018 Ed. (240)
  2019 Ed. (289)
  2020 Ed. (290)
  2021 Ed. (242, 277)
  2023 Ed. (1648)
Magna International of America Inc.
  2018 Ed. (272, 1711)
Magna International Inc.
  1990 Ed. (1738)
  1992 Ed. (447)
  1993 Ed. (2748, 2752, 2753)
  1994 Ed. (309)
  1996 Ed. (318, 342, 352)
  1998 Ed. (244, 1539)
  1999 Ed. (353)
  2000 Ed. (357)
  2001 Ed. (529, 1659, 2375)
  2002 Ed. (399, 2786)
  2003 Ed. (342, 344, 1634, 2892)
  2004 Ed. (320, 323, 325, 1662, 1663)
  2005 Ed. (322, 323, 326, 328, 1701, 1712, 3388)
  2006 Ed. (335, 336, 337, 340, 342, 1599, 1614, 1619, 3375)
  2007 Ed. (310, 324, 325, 326, 1446, 1626, 1630, 1632)
  2008 Ed. (297, 312, 314, 1623, 1626, 1634, 1635, 1640, 1646, 3217, 3552)
  2009 Ed. (318, 319, 1399, 1551, 1552, 1564, 1568, 1570, 1578, 3276, 3619)
  2010 Ed. (300, 301, 312, 314, 1543, 1553, 1555, 1562, 3201, 3541, 4599)
  2011 Ed. (222, 223, 235, 238, 1545, 3165, 3540, 3826)
  2012 Ed. (235, 254, 255, 256, 259, 1390, 1398, 1403, 1408, 1578, 1653, 1778, 3121, 3532, 3812, 4573)
  2013 Ed. (242, 260, 263, 264, 1216, 1493, 1501, 1511, 1638, 3206, 3578)
  2014 Ed. (242, 260, 261, 262, 265, 266, 1155, 1461, 1468, 1479, 1498)
  2015 Ed. (280, 305, 306, 1209, 1517, 1523, 1535, 1555, 3281)
  2016 Ed. (265, 301, 303, 304, 1458, 1459, 1477, 3121)
  2017 Ed. (266, 302, 303, 304, 306, 307, 1468, 1469, 1480, 3062)
  2018 Ed. (252, 283, 284, 285, 287, 288, 1449, 1453, 1457, 1460, 4524)
  2019 Ed. (249, 283, 284, 285, 287, 288, 1479, 1486)
  2020 Ed. (254, 286, 287, 288, 289, 1445, 1446, 1457)
  2021 Ed. (273, 274, 275, 1443, 1450)
  2022 Ed. (264, 289, 290, 291, 1451, 1463)
  2023 Ed. (363, 1638)
Magna Modular Systems Inc.
  2015 Ed. (1649)
  2016 Ed. (1592)
Magna/OAO Avtovaz
  2008 Ed. (2395)
Magna Powertrain AG
  2010 Ed. (1496)
Magna Seating
  2019 Ed. (1551)

Magna Steyr
  2007 Ed. (1594)
  2009 Ed. (2588)
  2010 Ed. (2500)
Magna Steyr AG
  2008 Ed. (1573)
  2009 Ed. (1505)
Magna-Tex Inc.
  2007 Ed. (3558, 4422)
Magna Trust Co.
  1989 Ed. (1411)
  1990 Ed. (1744)
  1993 Ed. (1747)
  1994 Ed. (1739)
MagnaCare
  1997 Ed. (2701)
  1998 Ed. (2428)
  1999 Ed. (3292)
  2000 Ed. (2439)
  2001 Ed. (3874)
  2002 Ed. (3744)
  2014 Ed. (1855)
MagnaChip Semiconductor Corp.
  2012 Ed. (4429, 4431)
Magnamed
  2023 Ed. (1589)
Magnate Worldwide
  2021 Ed. (118)
  2022 Ed. (127)
  2023 Ed. (197)
Magnavale Ltd.
  2021 Ed. (4794)
Magnavox
  1990 Ed. (2027)
  1991 Ed. (1917)
  1992 Ed. (1285, 2420, 2421, 2429)
  1993 Ed. (2050)
  1994 Ed. (2070)
  1995 Ed. (2118)
  1996 Ed. (2125, 2126, 2127, 3783)
  1997 Ed. (1234, 2206, 2234, 2235, 2236)
  1998 Ed. (841, 1949, 1950, 1954)
  1999 Ed. (2690, 2691, 2695)
  2000 Ed. (2478)
  2005 Ed. (2863)
  2008 Ed. (2385, 2979, 4649, 4807)
Magner; Marjorie
  2005 Ed. (4990)
  2006 Ed. (4974, 4979, 4980, 4983)
  2007 Ed. (4978)
Magners
  2014 Ed. (952)
Magners Original Vintage Cider
  2005 Ed. (999)
  2006 Ed. (1009)
Magnesium
  1992 Ed. (3647)
Magnesium Corp. of America
  1996 Ed. (3718)
Magnesium Phos Phate
  1992 Ed. (2437)
Magness; Bob
  1993 Ed. (1696)
MAGNET
  2001 Ed. (140)
  2002 Ed. (45, 113)
  2004 Ed. (2928, 3320)
  2005 Ed. (120)
  2008 Ed. (117, 679)
Magnet 4 media
  2022 Ed. (3962)
Magnet Advertising
  2003 Ed. (78)
Magnet Communications
  2003 Ed. (3974, 3975, 3977, 3978, 3979, 3980, 3981, 4007, 4013)
  2005 Ed. (2592)
Magnet Forensics
  2016 Ed. (2905)
  2018 Ed. (973, 1446, 1850)
  2019 Ed. (973)
Magnet Forensics Inc.
  2015 Ed. (2916)
The Magnet Group
  2021 Ed. (3950, 3963)
  2023 Ed. (4060)
Magnet Industrial Group Inc.
  1990 Ed. (2003, 2014)
  1991 Ed. (1902, 1908)
  1993 Ed. (2034, 2041)
  1994 Ed. (2047, 2054)
  1995 Ed. (2098, 2105)
Magnetech Industrial Services
  2006 Ed. (3358)
  2007 Ed. (3412)
MagneTek
  1989 Ed. (1050, 1056, 1057)
  1992 Ed. (1561, 1884)
  1993 Ed. (1543)
  1994 Ed. (1583, 1584)
  1995 Ed. (1625)
  1999 Ed. (1957)
Magneti Marelli
  1993 Ed. (344)
Magneti Marelli GM Components
  1990 Ed. (400)
Magneti Marelli SpA
  2001 Ed. (528, 2236)

Magneti Marelli USA
  2004 Ed. (321, 322)
Magnetic alloys
  2001 Ed. (1296)
Magnetic Products & Services Inc.
  2007 Ed. (3569, 3570, 4428)
  2008 Ed. (3716, 4406, 4968)
Magnetic disk and tape recording
  1990 Ed. (2775)
Magnetrol International Inc.
  2006 Ed. (3511)
  2008 Ed. (3707, 4384, 4960)
Magnets 4 media
  2018 Ed. (3992)
  2019 Ed. (3976)
  2020 Ed. (3996)
  2022 Ed. (3962, 3976)
Magnetsigns Advertising Inc.
  2006 Ed. (130)
  2007 Ed. (123)
Magnetti Marelli
  1992 Ed. (480)
Magnevist
  1994 Ed. (2467)
Magnevist Gadopentetate Dimeglumine
  1996 Ed. (2596)
Magni-Tech Industries
  2022 Ed. (1687)
Magnier; John
  2007 Ed. (4918)
  2012 Ed. (4902)
Magnificent Estates
  1993 Ed. (2057)
  1996 Ed. (2142)
Magnify Credit Union
  2012 Ed. (2028)
Magnit
  2011 Ed. (2276, 4590)
  2012 Ed. (2167, 4599, 4605)
  2013 Ed. (673, 4535, 4547)
  2014 Ed. (699, 4593, 4601, 4604)
  2015 Ed. (744, 4590, 4597, 4601)
  2016 Ed. (673, 1988, 4510, 4518, 4523)
  2017 Ed. (1948, 4509, 4514, 4518)
  2020 Ed. (669)
  2021 Ed. (652)
  2022 Ed. (688, 4243, 4259)
  2023 Ed. (883, 4283)
Magnit OJSC
  2010 Ed. (4344)
Magnit; OJSC
  2013 Ed. (4339)
  2014 Ed. (4378, 4390)
  2015 Ed. (4383)
  2016 Ed. (4275)
Magnit, PAO
  2018 Ed. (2543)
Magnit; PJSC
  2017 Ed. (4263)
  2018 Ed. (4264)
Magnitogorsk Iron & Steel
  2012 Ed. (3356, 4544)
  2013 Ed. (3426, 4499)
  2014 Ed. (3423, 4542)
  2015 Ed. (3456, 4541)
  2018 Ed. (4509)
  2019 Ed. (4502)
  2020 Ed. (4486)
Magnitogorsk Iron & Steel Works
  2018 Ed. (2543)
Magnitogorsk Iron and Steel Works (MMK)
  2023 Ed. (2739)
Magnitogorsk Iron & Steel Works PJSC
  2021 Ed. (2485)
  2022 Ed. (2597)
Magnitogorsk Metallurgical Combine
  1996 Ed. (1744, 3098)
Magnolia
  2013 Ed. (2982, 2983)
  2014 Ed. (2993, 2994)
  2015 Ed. (3065, 3066)
  2016 Ed. (2955, 2956)
  2017 Ed. (2915)
  2019 Ed. (2927)
Magnolia Audio Video
  2014 Ed. (2438)
  2015 Ed. (2510)
Magnolia Boutique
  2021 Ed. (2500)
Magnolia Credit Union
  2007 Ed. (2126)
  2008 Ed. (2241)
  2009 Ed. (2227)
  2010 Ed. (2181)
  2011 Ed. (2199)
  2012 Ed. (2060)
  2013 Ed. (2242)
  2014 Ed. (2174)
  2015 Ed. (2238)
  2016 Ed. (2209)
Magnolia Federal Credit Union
  2006 Ed. (2205)
  2018 Ed. (2104)
  2020 Ed. (2083)
  2021 Ed. (2073)
  2022 Ed. (2108)
  2023 Ed. (2223)

Magnolia Futures Fund
  1995 Ed. (1081)
The Magnolia Journal
  2020 Ed. (3393)
Magnolia LNG
  2014 Ed. (885, 3514)
The Magnolia Story
  2018 Ed. (588)
  2019 Ed. (600)
Magnolia Table
  2020 Ed. (583, 589)
  2022 Ed. (586)
Magnolia Table, vol. 2
  2022 Ed. (586)
Magnotta; Rossana Di Zio
  2012 Ed. (4986)
Magnotta Winery
  2007 Ed. (608)
  2008 Ed. (560)
  2009 Ed. (589)
  2011 Ed. (501)
Magnotta Winery Corp.
  2014 Ed. (4952)
  2015 Ed. (4991)
  2016 Ed. (4908)
Magnox Electric PLC
  1999 Ed. (1609)
  2000 Ed. (1417)
  2001 Ed. (1554)
Magnum
  1990 Ed. (42)
  1991 Ed. (1330, 2594)
  1992 Ed. (3233)
  1993 Ed. (2721)
  1994 Ed. (2348)
  1995 Ed. (1454, 2161)
  1996 Ed. (780, 2447)
  1997 Ed. (165)
  1998 Ed. (498, 3440)
  2000 Ed. (1296)
  2016 Ed. (3048)
  2017 Ed. (2995)
  2018 Ed. (3111, 3112, 3115, 3117)
  2019 Ed. (3043, 3045, 3047)
  2020 Ed. (3082, 3084)
  2021 Ed. (4793)
  2022 Ed. (3079)
  2023 Ed. (2880)
Magnum Construction Management Corp.
  1996 Ed. (2068)
  1998 Ed. (960, 1938)
  2008 Ed. (2961)
Magnum Construction Management Group
  1999 Ed. (1382)
Magnum Corp. Bhd
  1990 Ed. (1398)
  1991 Ed. (1323)
  2002 Ed. (3052)
Magnum Hunter Resources Corp.
  2015 Ed. (2072)
  2016 Ed. (2040)
  2017 Ed. (348)
Magnum Hunter Resources Inc.
  2004 Ed. (3831, 3832)
  2005 Ed. (3733, 3739, 3740)
Magnum Logistics
  2007 Ed. (4811)
  2008 Ed. (4738)
Magnum Opus
  2015 Ed. (1971)
Magnum Staffing Services
  2016 Ed. (4959)
Magnum XL200
  1995 Ed. (3165)
Magnunn Plus
  2015 Ed. (2340)
Magnus Chase & the Gods of Asgard
  2017 Ed. (625)
Magnus Holdings
  2002 Ed. (4292)
Magnus Seguridada
  2021 Ed. (725, 734, 1465)
Magnuson Hotels
  2012 Ed. (2997, 3010)
  2013 Ed. (3084, 3098)
  2014 Ed. (3096)
  2020 Ed. (3054)
Magnuson Hotels Worldwide
  2015 Ed. (3161)
  2016 Ed. (3014)
Magnusson Klemencic Associates Inc.
  2009 Ed. (2518)
  2011 Ed. (2446)
  2012 Ed. (2401)
Magoosh
  2017 Ed. (1422, 1425)
  2018 Ed. (2252)
Magpie Telecom Insiders Inc.
  2009 Ed. (1594, 1595)
Magroni
  2007 Ed. (57)
Magten Asset
  1998 Ed. (2260)
Magten Asset Management Corp.
  1992 Ed. (2770)
Magti GSM
  2004 Ed. (46)
  2005 Ed. (40)

CUMULATIVE INDEX • 1989-2023

2006 Ed. (47)
2007 Ed. (38)
2009 Ed. (47)
Maguire Properties Inc.
  2005 Ed. (4251)
Maguire Thomas Partners
  1990 Ed. (1163, 2962)
  1991 Ed. (1051, 2809, 2810)
  1992 Ed. (3619)
  1993 Ed. (2963)
  1994 Ed. (3001, 3006)
  1995 Ed. (3064)
  1998 Ed. (3006)
  1999 Ed. (3996)
Maguire; Tobey
  2012 Ed. (2444)
Maguire & Woods Ltd.
  1992 Ed. (1200)
MaguirePartners
  2002 Ed. (3923)
Magyar Fejilesztesi Bank
  2009 Ed. (450)
  2010 Ed. (428)
  2011 Ed. (353)
Magyar Hitel
  1990 Ed. (589)
Magyar Hitel Bank
  1991 Ed. (540)
  1993 Ed. (469, 499)
  1999 Ed. (537)
Magyar Hitel Bank Rt
  1992 Ed. (698)
Magyar Hitel (Hungarian Credit) Bank
  1994 Ed. (502, 503)
  1995 Ed. (441, 459)
  1996 Ed. (530)
  1997 Ed. (489)
Magyar Kulkereskedelmi Bank
  1993 Ed. (469, 499)
Magyar Kulkereskedelmi Bank Rt.
  1989 Ed. (554)
  1995 Ed. (486)
  1996 Ed. (531)
  1997 Ed. (489, 490)
Magyar Kulkereskedelmi Bank Rt (Hungarian Foreign Trade Bank Ltd.)
  1992 Ed. (698)
Magyar Kulkereskedelmi (Foreign Trade) Bank
  1994 Ed. (502, 503)
  1996 Ed. (530)
Magyar Kulkeresk'i Bank
  1991 Ed. (540)
Magyar Nemzeti Bank
  1989 Ed. (554)
  1993 Ed. (499)
  1994 Ed. (503)
  1995 Ed. (486)
  1996 Ed. (531)
  1997 Ed. (490)
  2009 Ed. (450)
  2010 Ed. (428)
  2011 Ed. (353)
Magyar Nemzieti Bank (National Bank of Hungary)
  1992 Ed. (698)
Magyar Olaj Gazi
  2001 Ed. (1694)
Magyar Suzuki Rt
  2009 Ed. (1733)
Magyar Suzuki Zrt
  2011 Ed. (1695)
Magyar Takareksozvetkezeti Bank Rt.
  1996 Ed. (531)
Magyar Takarekszovetkezeti Bank Rt.
  1993 Ed. (499)
  1994 Ed. (503)
  1995 Ed. (486)
  1997 Ed. (490)
Magyar Tavkozlesi
  1999 Ed. (4164)
Magyar Tavkozlesi Rt.--Matav
  2002 Ed. (854)
Magyar Telekom
  2015 Ed. (2977)
  2016 Ed. (2912)
Magyar Telekom Tavkoeziesi Nyilvanosarn Muekoe
  2009 Ed. (1733)
  2011 Ed. (1695)
Magyar Villamos Muvek Zrt
  2009 Ed. (1733)
Magyer Tavkozlesi Rt.
  2006 Ed. (1694)
  2007 Ed. (1690)
Mah Boonkrong Drying & Silo
  1989 Ed. (1168)
  1990 Ed. (1428)
  1991 Ed. (1359)
Mah Sing
  2009 Ed. (4227)
Mah Sing Group
  2007 Ed. (1864)
  2008 Ed. (1898)
  2009 Ed. (1861)
Mahaffey USA LLC
  2023 Ed. (2034)

Mahanagar Telephone Nigam
  1997 Ed. (695)
  1999 Ed. (741, 742)
  2016 Ed. (4594)
Mahanagar Telephone Nigam (MTNL)
  2002 Ed. (1921)
Mahanager Telephone Nigam
  2000 Ed. (754, 755)
Maharashtra State Co-operative Bank
  1992 Ed. (704)
  1994 Ed. (513)
  1995 Ed. (495)
  1996 Ed. (547)
  1997 Ed. (506)
  1999 Ed. (543)
  2000 Ed. (554)
  2004 Ed. (547)
  2005 Ed. (529)
Mahaska State Bank
  1993 Ed. (509)
Mahattan
  1993 Ed. (986)
Mahdi al-Tajir
  2007 Ed. (4930)
  2008 Ed. (4893, 4906)
  2009 Ed. (4912)
  2012 Ed. (4923)
  2013 Ed. (4905)
Mahdi al=Tajir
  2010 Ed. (4923)
Mahedy; John
  1996 Ed. (1815)
  1997 Ed. (1889)
Mahendra Negi
  1997 Ed. (1990)
  1999 Ed. (2372)
  2000 Ed. (2152, 2162)
Mahendra Singh Dhoni
  2017 Ed. (211)
  2018 Ed. (197)
Maher
  1990 Ed. (1056, 1057)
Maher Bros. Transfer & Storage Inc.
  2014 Ed. (1704, 2759)
Maher Duessel, CPAs
  2008 Ed. (2037)
Maher; John
  1990 Ed. (1723)
Maher; John F.
  1990 Ed. (1712)
  1994 Ed. (1720)
Maher Oil Co.
  2020 Ed. (4984)
Maher Zain
  2013 Ed. (3480)
Mahfouz; Khalid Bin
  2005 Ed. (4886)
  2008 Ed. (4891)
  2010 Ed. (4912)
Mahi Networks
  2006 Ed. (4878)
Mahindra
  2017 Ed. (1635)
  2018 Ed. (4485)
  2021 Ed. (250)
  2022 Ed. (271)
  2023 Ed. (369)
Mahindra Group
  2021 Ed. (625, 626)
  2022 Ed. (652)
  2023 Ed. (866)
Mahindra & Mahindra
  1992 Ed. (1636)
  1996 Ed. (753)
  1999 Ed. (1654)
  2006 Ed. (319)
  2010 Ed. (1697, 4800)
  2011 Ed. (1708)
  2012 Ed. (241, 3510)
  2013 Ed. (236, 1720, 3469)
  2014 Ed. (238, 3156, 4245)
  2015 Ed. (276, 3216)
  2016 Ed. (272, 1659, 3071)
  2017 Ed. (272, 3018)
  2018 Ed. (258)
  2019 Ed. (258)
  2020 Ed. (262)
Mahindra & Mahindra Limited
  2022 Ed. (279, 2564)
Mahindra & Mahindra Ltd.
  2018 Ed. (265)
Mahindra Satyam
  2011 Ed. (1037)
MAHLE Behr Dayton LLC
  2016 Ed. (3433)
  2017 Ed. (3393)
MAHLE GmbH
  2021 Ed. (262)
  2022 Ed. (292)
Mahle GmbH
  2018 Ed. (284)
  2019 Ed. (284)
  2020 Ed. (287)
  2021 Ed. (274)
  2022 Ed. (290)
Mahle Inc.
  2003 Ed. (342, 343)
  2004 Ed. (324)

2009 Ed. (335)
Mahler; Daniel
  2009 Ed. (1187)
Mahlum
  2012 Ed. (2401)
Mahlum Architects
  2009 Ed. (2523)
  2010 Ed. (2440, 2454, 2459)
  2011 Ed. (2446, 2463, 2469)
  2012 Ed. (201, 209)
Mahmood Saeed
  2009 Ed. (118)
Mahmud Kamani
  2016 Ed. (2533)
Mahomed Sales & Warehousing LLC
  2018 Ed. (3602)
  2019 Ed. (3591)
  2020 Ed. (3564)
  2021 Ed. (3595)
Mahomes; Patrick
  2023 Ed. (315, 319)
Mahoney Cohen & Co.
  1999 Ed. (20)
  2000 Ed. (17)
Mahoney Cohen Rashba & Pokhart
  1998 Ed. (2, 5)
Mahoney; Richard
  1990 Ed. (1711)
Mahoney; Richard J.
  1993 Ed. (936)
Mahoney Ulbrich Christiansen & Russ
  2015 Ed. (3)
Mahoney's
  2019 Ed. (2805)
  2020 Ed. (2831)
Mahoney's Garden Center
  2023 Ed. (2979)
Mahoney's Garden Centers
  2021 Ed. (2708)
  2022 Ed. (2865)
Mahoning National Bancorp
  2000 Ed. (437)
Mahou
  1992 Ed. (942)
  2022 Ed. (568)
Mahwah/Upper Saddle River, NJ
  1996 Ed. (1602)
MAI
  1999 Ed. (1441)
MAI Basic Four
  1990 Ed. (1633, 2583)
  1991 Ed. (1530, 2464, 2588)
  1992 Ed. (3081)
MAI Systems
  1993 Ed. (1070, 1578, 3467)
MAI/United News
  1997 Ed. (2726)
Maid Brigade
  1995 Ed. (1936)
  2009 Ed. (740)
  2010 Ed. (687)
  2011 Ed. (615)
  2012 Ed. (586)
  2013 Ed. (721)
  2014 Ed. (745)
  2015 Ed. (782)
  2016 Ed. (703)
  2017 Ed. (763)
  2018 Ed. (694)
  2019 Ed. (710)
  2020 Ed. (703)
  2021 Ed. (706)
  2022 Ed. (739, 3003)
  2023 Ed. (945)
Maid Brigade USA/Minimaid Canada
  2002 Ed. (857)
  2003 Ed. (771)
  2004 Ed. (781)
  2005 Ed. (767)
  2006 Ed. (674)
  2007 Ed. (770)
  2008 Ed. (746)
Maid in Manhattan
  2005 Ed. (4832)
Maid Right Franchising
  2019 Ed. (710)
Maid-Rite
  1992 Ed. (2122)
Maid To Perfection Corp.
  1999 Ed. (2512, 2518)
  2002 Ed. (857)
  2003 Ed. (771)
  2004 Ed. (781)
  2005 Ed. (767)
  2006 Ed. (674)
  2007 Ed. (770)
  2008 Ed. (746)
  2009 Ed. (740)
  2010 Ed. (687)
  2011 Ed. (615)
  2012 Ed. (586)
  2013 Ed. (721)
Maiden Group plc
  2002 Ed. (1792, 1793)
Maiden Holdings
  2013 Ed. (1631, 2692)

Maidenform
  1993 Ed. (1728)
  1997 Ed. (1027)
  1999 Ed. (781, 3188)
  2006 Ed. (3284)
  2007 Ed. (3351)
  2008 Ed. (3447)
Maidman; Dagny
  2021 Ed. (3159)
MaidPro
  2002 Ed. (857)
  2003 Ed. (771)
  2004 Ed. (781)
  2005 Ed. (767)
  2006 Ed. (674)
  2007 Ed. (770)
  2008 Ed. (746)
  2009 Ed. (740)
  2010 Ed. (687)
  2011 Ed. (615)
  2012 Ed. (586)
  2013 Ed. (721)
  2014 Ed. (745)
  2015 Ed. (782)
  2016 Ed. (703)
  2017 Ed. (763)
  2018 Ed. (694)
  2019 Ed. (710)
  2020 Ed. (698, 703, 798)
  2021 Ed. (700, 706)
  2022 Ed. (734, 739, 856)
  2023 Ed. (939, 945)
Maidpro
  2016 Ed. (784)
  2017 Ed. (843)
  2020 Ed. (784)
The Maids
  1999 Ed. (2508)
  2001 Ed. (2530)
  2010 Ed. (3787)
  2012 Ed. (586, 3778)
  2013 Ed. (721)
  2014 Ed. (745)
  2015 Ed. (782)
  2016 Ed. (703)
  2017 Ed. (763)
  2018 Ed. (694)
  2019 Ed. (710, 808)
  2020 Ed. (703, 802)
  2021 Ed. (700, 706, 2942)
  2022 Ed. (734, 737, 739)
  2023 Ed. (942, 945, 3078, 3168)
The Maids Home Service
  2005 Ed. (767)
  2006 Ed. (674)
  2007 Ed. (770)
  2008 Ed. (746)
  2009 Ed. (740)
  2010 Ed. (687)
  2011 Ed. (615)
The Maids Home Services
  2003 Ed. (771)
  2004 Ed. (781)
The Maids International
  2013 Ed. (908)
Maids To Order
  2005 Ed. (767)
  2006 Ed. (674)
  2007 Ed. (770)
The Maids (U.S.)
  2021 Ed. (2942)
Maids of York
  2021 Ed. (3601)
  2022 Ed. (3652)
  2023 Ed. (3758)
Maidstone Wine & Spirits
  1990 Ed. (2459)
  1991 Ed. (2325)
  1992 Ed. (2884)
Maier; Lothar
  2011 Ed. (842)
Maier's Bakery
  1992 Ed. (492)
Mail
  2001 Ed. (95)
Mail Boxes Etc.
  1994 Ed. (1913, 1914)
  1995 Ed. (884, 1938)
  1996 Ed. (1965, 1969)
  1997 Ed. (2079, 2080, 2083, 2084)
  1998 Ed. (1758)
  1999 Ed. (2510, 2511, 2514, 2516)
  2000 Ed. (2270)
  2001 Ed. (2531)
  2002 Ed. (2357, 2358, 3732)
  2003 Ed. (3917)
  2004 Ed. (3930)
  2008 Ed. (874, 4017)
  2009 Ed. (4088)
  2010 Ed. (835, 4000)
  2011 Ed. (4008)
  2012 Ed. (4005)
  2013 Ed. (4067)
  2014 Ed. (4075)
Mail Boxes Etc. USA
  1991 Ed. (1770)
  1992 Ed. (2220)

Mail order catalogues
  2000 Ed. (4281)
Mail Center U.S.A.
  1992 Ed. (2225)
Mail clerks
  2007 Ed. (3719)
Mail Contractors of America
  2021 Ed. (4729)
Mail Marketing Group
  1993 Ed. (1486)
Mail and message distributing occupations
  1989 Ed. (2083)
Mail machine operators
  2007 Ed. (3719)
Mail order
  1990 Ed. (1017, 1191)
  1991 Ed. (1978)
  1992 Ed. (99, 3406, 3407)
  1993 Ed. (58, 2563, 2742)
  1994 Ed. (2509)
  1995 Ed. (3506, 3523, 3709)
  1997 Ed. (33, 694, 881)
  1998 Ed. (773, 1858, 2317)
  1999 Ed. (3823)
  2001 Ed. (3520, 3784)
  2002 Ed. (3758, 3759)
  2004 Ed. (3892)
Mail Order Publications
  2001 Ed. (976)
Mail, package, and freight delivery
  1997 Ed. (1443, 2386)
  1998 Ed. (1155, 2098)
  1999 Ed. (1514, 1677, 2868)
  2000 Ed. (1350, 1352, 1357)
  2002 Ed. (2795)
  2004 Ed. (3013)
Mail order pharmacies
  2002 Ed. (3747, 3756, 3757)
Mail service
  1999 Ed. (1895)
The Mail on Sunday
  2002 Ed. (231, 3515)
Mail-Well Inc.
  1999 Ed. (3602, 3887)
  2001 Ed. (3612, 3613, 3901, 3902)
  2002 Ed. (913, 1620, 1771, 3764, 3884)
  2003 Ed. (1650, 1651, 3712, 3930, 3934, 3935, 4027)
  2004 Ed. (1680, 3758, 3759, 3936, 3942)
  2005 Ed. (1738, 3673, 3674, 3894, 3898, 3899)
  2006 Ed. (3969)
MailChimp
  2019 Ed. (4596)
Mail.com
  1993 Ed. (1486)
  1997 Ed. (3702, 3705)
  2002 Ed. (2075)
Mailing, reproduction, stenographic services
  1994 Ed. (3329)
Mailing supplies
  2002 Ed. (3536)
Mailman School of Public Health
  2015 Ed. (815)
MailMax Direct
  2012 Ed. (4010)
  2014 Ed. (4103)
  2015 Ed. (4081)
MailPix Inc.
  2018 Ed. (1403)
Mailplan
  2002 Ed. (3634)
MailSouth
  2012 Ed. (1295)
Mailway Printers
  2000 Ed. (3607)
Maimon; Mark
  2017 Ed. (3595)
Maimonides Medical Center
  2007 Ed. (2779)
Main; Andy
  2017 Ed. (1155)
Main Auto Sales Inc.
  1995 Ed. (276)
Main Dish
  1994 Ed. (2827)
Main Events
  1995 Ed. (881)
Main Inc.; Chas. T.
  1992 Ed. (355, 1955)
Main Line Bank
  1998 Ed. (3144, 3564)
  1999 Ed. (4601)
Main Line Federal Savings Bank
  1992 Ed. (4294)
  1999 Ed. (3436)
Main Line Federal Savings and Loan Association
  1989 Ed. (2832)
Main Line Health
  1989 Ed. (1610)
  1990 Ed. (2059)
  1991 Ed. (1936)
  1992 Ed. (2463)
  1998 Ed. (2520)
  1999 Ed. (1115, 3429)
  2000 Ed. (3153)
  2008 Ed. (2033)
  2018 Ed. (1862)
  2019 Ed. (1916)
Main Line Industrial Park
  1990 Ed. (2181)
Main Place Funding
  1999 Ed. (3438)
Main Road, OJSC
  2016 Ed. (1987)
Main St. Cafe
  2006 Ed. (1058)
  2007 Ed. (1146, 1148)
Main Street America Group
  2014 Ed. (3228)
  2016 Ed. (3140)
  2019 Ed. (3246)
Main Street Bank
  2014 Ed. (494)
  2015 Ed. (558)
Main Street Bank Corp.
  2021 Ed. (408)
  2022 Ed. (421)
  2023 Ed. (545)
Main Street Capital Corp.
  2010 Ed. (2031)
Main Street Homes
  2002 Ed. (2691)
  2003 Ed. (1150)
  2005 Ed. (1181, 1236)
  2008 Ed. (1196, 1197)
  2009 Ed. (1171, 1172)
Main Street Hub
  2016 Ed. (62)
Main Street Income & Growth
  1993 Ed. (2651, 2660, 2671)
  1994 Ed. (2604, 2614)
Main Street Inc. & Growth
  1995 Ed. (2678)
Main Street Ltd.
  1991 Ed. (3291)
  1992 Ed. (4215)
  1998 Ed. (2696)
  2008 Ed. (1195)
Main Street & Main
  2003 Ed. (4139)
Main Street Marijuana
  2019 Ed. (2198)
  2020 Ed. (2193)
  2023 Ed. (2381)
Main Street Marijuana East
  2023 Ed. (2381)
Main Street Power Co.
  2016 Ed. (4406, 4413, 4419)
Main; Timothy
  2005 Ed. (971)
  2006 Ed. (886)
  2008 Ed. (939)
Maine
  1989 Ed. (746, 1669, 2547, 2551)
  1990 Ed. (744, 826, 1748, 2889, 3069, 3347, 3353, 3361, 3418, 3507)
  1991 Ed. (726, 2161, 2352, 3178, 3196, 3205, 3214)
  1992 Ed. (908, 973, 2574, 2586, 2863, 3751, 4088, 4098, 4129)
  1993 Ed. (364, 2427, 3059, 3406)
  1994 Ed. (977, 2371, 3120, 3396, 3407)
  1995 Ed. (2450, 3172, 3467)
  1996 Ed. (36, 2091, 2496, 3174, 3265, 3514, 3517, 3559, 3578, 3851)
  1997 Ed. (2638, 3227, 3364, 3566, 3599, 3882, 3899)
  1998 Ed. (2041, 2367, 3106, 3717, 3755)
  1999 Ed. (3197, 3218, 4765, 4782)
  2000 Ed. (2507, 2940, 2957, 4097, 4101, 4179, 4393, 4407)
  2001 Ed. (721, 1106, 1232, 2361, 2389, 2545, 2691, 2824, 3104, 3545, 3619, 3620, 4172, 4174, 4238, 4239, 4241, 4242, 4243, 4254, 4273, 4409, 4410, 4411, 4413, 4431, 4682, 4684, 4795, 4837, 4839, 4938)
  2002 Ed. (456, 471, 474, 475, 476, 1112, 1117, 3088, 3090, 3110, 3121, 3199, 3252, 3524, 3734, 4158, 4739, 4741, 4909, 4911)
  2003 Ed. (398, 400, 401, 403, 411, 416, 417, 418, 905, 969, 1067, 3222, 3652, 4246, 4292, 4297, 4412, 4413, 4945)
  2004 Ed. (359, 367, 368, 380, 382, 385, 390, 391, 392, 393, 436, 437, 922, 980, 1026, 1071, 1903, 2186, 2187, 2318, 2806, 3264, 3426, 3480, 3489, 3672, 3673, 3674, 3700, 4302, 4306, 4307, 4512, 4516, 4518, 4528, 4529, 4530, 4654, 4838, 4949, 4994)
  2005 Ed. (386, 387, 410, 411, 412, 913, 2528, 3611, 3882, 3945, 4189, 4233, 4238, 4239, 4240, 4598, 4599, 4600, 4829)
  2006 Ed. (3480, 3726, 3904, 3943)
  2007 Ed. (1200, 2281, 3709, 3824, 4001)
  2008 Ed. (2416, 2434, 2437, 2906, 3271, 3279, 3800, 3885)
  2009 Ed. (1084, 1085, 2414, 2415, 2439, 2504, 2945, 3050, 3090, 3285, 3296, 3550, 3553, 3579, 3948, 4066, 4244)
  2010 Ed. (1058, 1059, 2318, 2325, 2326, 2360, 2411, 2419, 2577, 2592, 2595, 2596, 2879, 3022, 3223, 3270, 3271, 3274, 3448, 3470, 3497, 3984, 4002, 4569, 4570, 4680, 4716, 4968)
  2011 Ed. (996, 997, 2314, 2321, 2322, 2356, 2414, 2422, 2552, 2574, 2577, 2578, 2861, 2991, 3186, 3239, 3240, 3243, 3448, 3990, 4010, 4445, 4532, 4632, 4674, 4957)
  2012 Ed. (273, 920, 921, 2224, 2226, 2279, 2281, 2335, 2498, 2504, 2521, 2524, 2525, 2791, 2917, 3135, 3145, 3203, 3205, 3209, 3465, 4163, 4485, 4534, 4632, 4951)
  2013 Ed. (1065, 2396, 3132, 3133, 3134, 3222, 3839, 4122, 4435, 4447, 4491, 4572, 4573, 4997)
  2014 Ed. (276, 3133, 3134, 3229, 3241, 4137, 4478, 4625, 4629, 4630, 4640)
  2015 Ed. (884, 3196, 3519, 4473, 4624)
  2016 Ed. (3053, 4378, 4542)
  2017 Ed. (312, 3003, 3004, 3094, 4007, 4372, 4536, 4537, 4547)
  2018 Ed. (3127, 3128, 4029, 4381, 4557, 4561, 4562)
  2019 Ed. (2387, 3059, 3060, 3130, 4022, 4405, 4562, 4563, 4572, 4911)
  2020 Ed. (4911)
  2021 Ed. (3331, 3365, 3366, 4906)
  2022 Ed. (2352, 3395, 3415, 3416, 4901)
  2023 Ed. (2517, 2565, 3530, 3544, 3545, 4889, 4890)
Maine Coast Brewing
  1989 Ed. (758)
Maine Community Health Options
  2015 Ed. (1797)
Maine Credit Union; University of
  2005 Ed. (2105)
Maine Education Loan Marketing Agency
  2001 Ed. (829)
Maine Eye Care Associates
  2011 Ed. (1815)
Maine General Health
  2008 Ed. (1894)
Maine General Medical Center Inc.
  2006 Ed. (1858)
  2015 Ed. (1798)
  2016 Ed. (1752)
Maine Government Facilities Authority
  2001 Ed. (829)
Maine Health & Higher Education Agency
  2001 Ed. (829)
Maine Lobster Outlet LLC
  2012 Ed. (2628)
Maine Maritime Academy
  1990 Ed. (1086)
  2010 Ed. (1002)
Maine Medical Center
  2013 Ed. (1826, 1827)
  2014 Ed. (1754)
  2016 Ed. (1753)
  2018 Ed. (1679)
Maine Medical Center Inc.
  2001 Ed. (1782)
  2003 Ed. (1749)
  2004 Ed. (1785, 1786)
  2005 Ed. (1851, 1852)
  2006 Ed. (1858, 1859)
  2007 Ed. (1862, 1863)
  2008 Ed. (1896, 1897)
  2009 Ed. (1859, 1860)
  2010 Ed. (1791, 3079)
  2011 Ed. (1816, 3051)
  2012 Ed. (1674)
  2013 Ed. (1825)
  2014 Ed. (1753)
  2015 Ed. (1798)
  2016 Ed. (1752)
Maine Municipal Bond Bank
  2001 Ed. (829)
Maine National Bank
  1991 Ed. (2812)
Maine National Bank (Portland)
  1991 Ed. (599)
Maine Potato Growers
  2013 Ed. (2283)
  2014 Ed. (2217)
The Maine Real Estate Network
  2019 Ed. (4078, 4080, 4084)
Maine Savings Bank
  1995 Ed. (203)
Maine Savings Credit Union
  2004 Ed. (1963)
  2005 Ed. (2105)
  2006 Ed. (2200)
  2007 Ed. (2121)
  2008 Ed. (2236)
  2009 Ed. (2222)
  2010 Ed. (2176)
  2011 Ed. (2194)
  2012 Ed. (2054)
  2013 Ed. (2235)
  2014 Ed. (2167)
  2015 Ed. (2231)
  2016 Ed. (2202)
Maine Savings Federal Credit Union
  2013 Ed. (1824)
  2014 Ed. (1752)
  2018 Ed. (2099)
  2020 Ed. (2078)
  2021 Ed. (2068)
  2022 Ed. (2103)
  2023 Ed. (2218)
Maine State Credit Union
  2016 Ed. (1750)
  2018 Ed. (2099)
  2020 Ed. (2078)
  2021 Ed. (2068)
  2022 Ed. (2103)
  2023 Ed. (2218)
Maine State Employees Credit Union
  2002 Ed. (1869)
  2003 Ed. (1923)
  2004 Ed. (1963)
  2005 Ed. (2105)
  2006 Ed. (2200)
  2007 Ed. (2121)
  2008 Ed. (2236)
  2009 Ed. (2222)
  2010 Ed. (2176)
  2011 Ed. (2194)
  2012 Ed. (2054)
  2013 Ed. (2235)
  2014 Ed. (2167)
  2015 Ed. (2231)
  2016 Ed. (2202)
Maine State Housing Authority
  2001 Ed. (829)
Maine Wood Recycling Inc.
  2006 Ed. (4356)
MaineGeneral Health
  2011 Ed. (1817)
  2012 Ed. (1675)
  2013 Ed. (1826)
  2016 Ed. (1753)
MaineGeneral Medical Center
  2011 Ed. (1817)
  2012 Ed. (1675)
MaineHealth
  2001 Ed. (1783)
  2003 Ed. (1750)
  2004 Ed. (1786)
  2020 Ed. (1688)
MaineLine Graphics
  2023 Ed. (4991)
MaineLine Graphics LLC
  2017 Ed. (4981)
MaineLine Graphics, LLC
  2017 Ed. (2483)
Maines Paper & Food Service
  2021 Ed. (2596)
Maines Paper & Food Service Inc.
  2000 Ed. (2244)
  2005 Ed. (3385)
  2010 Ed. (2718)
Maines Paper & Food Service, Inc.
  2020 Ed. (40)
  2021 Ed. (43)
  2022 Ed. (41)
Maines Paper & Foodservice
  1995 Ed. (1920)
  2005 Ed. (2622)
  2006 Ed. (2618)
Mainframe Entertainment
  2005 Ed. (1664, 1669)
  2006 Ed. (1571, 1575)
Mainframes
  1993 Ed. (1573)
Mainfreight
  2015 Ed. (4800)
Mainichi Shimbun
  1989 Ed. (2062)
  1996 Ed. (2848)
  1997 Ed. (2944)
  1999 Ed. (3619)
  2002 Ed. (3511)
Mainland Bank
  2013 Ed. (486)
  2014 Ed. (497)
Mainline Constrn Inc.
  1990 Ed. (1021)
Mainline Contracting Corp.
  2000 Ed. (1259)
Mainline Information Systems
  2002 Ed. (1068)
Mainline Sterling
  1990 Ed. (319)
Mainostoimisto Finnad-Bates
  1989 Ed. (105)
Mainostoimisto MAS Oy
  1989 Ed. (105)
Mainostoimisto VPV Oy
  1994 Ed. (87)
Mainostoimisto MAS Oy
  1990 Ed. (101)
Mainosyhtyma Oy
  1989 Ed. (105)
  1990 Ed. (101)
  1991 Ed. (98)
Mainpro
  1993 Ed. (2962)
  1995 Ed. (3062)
Mainsail Group
  2022 Ed. (1711)
Mainscape
  2013 Ed. (3455)
  2014 Ed. (3455)

CUMULATIVE INDEX • 1989-2023

2015 Ed. (3477, 3481)
2016 Ed. (3309, 3321, 3325)
2017 Ed. (3282, 3286, 3288)
2018 Ed. (3350, 3354, 3356)
2019 Ed. (3329, 3333, 3335)
2020 Ed. (3335, 3337)
2021 Ed. (3271, 3273)
2022 Ed. (3355, 3357, 3359)
2023 Ed. (3474)
Mainscape Inc.
   2014 Ed. (3461)
   2016 Ed. (3328)
   2017 Ed. (3290)
   2018 Ed. (3358)
   2019 Ed. (3337)
   2020 Ed. (3339)
   2021 Ed. (3275)
MainSource Financial Group Inc.
   2012 Ed. (1575)
Mainstay
   1989 Ed. (2193)
   2006 Ed. (611)
Mainstay Capital Appreciation
   1993 Ed. (2670)
MainStay Convertible
   1993 Ed. (2671)
   1995 Ed. (2680, 2707)
   1996 Ed. (2807)
   2002 Ed. (725)
   2003 Ed. (692)
MainStay Equity Index
   1996 Ed. (2789)
MainStay Funds
   2013 Ed. (3814)
   2014 Ed. (3740)
   2016 Ed. (635)
   2017 Ed. (671)
   2018 Ed. (2493)
   2019 Ed. (2518, 3680)
   2020 Ed. (629, 2510, 3690)
   2022 Ed. (3711)
Mainstay Funds
   2001 Ed. (3455)
   2003 Ed. (704)
   2004 Ed. (724, 3637)
   2010 Ed. (3719, 3721, 3738)
   2011 Ed. (3728, 3729)
   2012 Ed. (497, 502, 3743)
MainStay Global High Income
   2008 Ed. (592, 594)
   2009 Ed. (619)
   2011 Ed. (522)
Mainstay Global High Yield
   2004 Ed. (3655)
MainStay High-Yield Corporate B
   1999 Ed. (753)
Mainstay High Yield Corporate Bond
   1995 Ed. (2710, 2741)
   1996 Ed. (2808)
   2001 Ed. (3441)
   2005 Ed. (699)
   2007 Ed. (644)
   2008 Ed. (599)
MainStay High Yield Corporate Bond A
   1998 Ed. (2621)
MainStay High Yield Corporate Bond B
   1996 Ed. (2781, 2795)
   1997 Ed. (688, 2892, 2903)
   1998 Ed. (2621, 2633)
MainStay High Yield Power Corp.
   2000 Ed. (3265)
   2002 Ed. (3414)
MainStay High Yield Corp. Bond
   1994 Ed. (2621)
MainStay Investments
   2007 Ed. (3682)
MainStay Natural Resources/Gold
   1995 Ed. (2723)
Mainstay Security & Investigations Inc.
   2012 Ed. (1400)
Mainstay Small Cap Opportunity
   2007 Ed. (3673)
   2008 Ed. (2622)
MainStay Suites
   1998 Ed. (2025)
MainStay Total Return
   1992 Ed. (3162)
   1993 Ed. (2673, 2693)
   1994 Ed. (2639)
   1995 Ed. (2739)
   2000 Ed. (3248, 3251)
Mainstay Total Return B
   1999 Ed. (3562)
MainStay Value
   1994 Ed. (2635)
   1995 Ed. (2735)
Mainstays
   2012 Ed. (3024)
Mainstream Access
   1991 Ed. (2650)
   1996 Ed. (2879)
Mainstream Boutique
   2014 Ed. (984)
   2015 Ed. (1020)
   2016 Ed. (923)
   2017 Ed. (971)
   2018 Ed. (902)
   2019 Ed. (902)

2020 Ed. (890)
2021 Ed. (903)
Mainstream Investment Advisers LLC, Active Domestic Equity Management
   2003 Ed. (3129)
Mainstream Salmones
   2002 Ed. (1715)
Mainstreet
   2016 Ed. (1660)
   2017 Ed. (4067)
Mainstreet Credit Union
   2012 Ed. (2050)
   2013 Ed. (2232)
   2014 Ed. (2164)
   2015 Ed. (2228)
   2016 Ed. (2199)
   2023 Ed. (2169)
Mainstreet Equity
   2018 Ed. (4101)
Mainstreet Equity Corp.
   2016 Ed. (4494)
Mainstreet Federal Credit Union
   2018 Ed. (2096)
   2020 Ed. (2075)
   2021 Ed. (2065)
   2022 Ed. (2100)
   2023 Ed. (2215)
Mainstreet Property Group
   2012 Ed. (4187)
Maintenance
   1996 Ed. (2881)
   2001 Ed. (339)
   2005 Ed. (3622, 3633, 3634)
   2007 Ed. (3736)
Maintenance/cleaning franchises
   1992 Ed. (2218)
Maintenance Made Simple
   2009 Ed. (2369)
Maintenance & Management Associates
   2019 Ed. (4945)
Maintenance & repair workers
   2007 Ed. (3722)
   2010 Ed. (3773)
   2011 Ed. (3777)
   2012 Ed. (3778)
Maintenance workers
   2014 Ed. (3764)
   2017 Ed. (3664)
   2019 Ed. (3705)
   2022 Ed. (3769)
Maintenance and repair workers, general
   2022 Ed. (3769)
Mainthia Technologies
   2008 Ed. (2288)
The Mainxchange
   2002 Ed. (4829)
MAIR Holdings Inc.
   2005 Ed. (204, 205)
Maire Tecnimont
   2010 Ed. (1267)
Maire Tecnimont SpA
   2012 Ed. (1151, 1162)
   2013 Ed. (1288, 1300, 2581)
   2018 Ed. (2434)
   2019 Ed. (2482)
   2020 Ed. (2461, 2471)
   2021 Ed. (1222, 2394, 2395)
   2022 Ed. (1224, 2506)
   2023 Ed. (1459, 2603, 2614)
Mairs & Power Balanced
   1999 Ed. (3508, 3509)
   2003 Ed. (3486)
   2004 Ed. (3549)
Mairs & Power Balanced Fund
   1999 Ed. (3532)
   2000 Ed. (3252)
Mairs & Power Growth
   1996 Ed. (2752)
   1997 Ed. (2881, 2896)
   1998 Ed. (2613)
   1999 Ed. (3520)
   2002 Ed. (3522)
   2004 Ed. (3535, 3536, 3537, 3538)
   2005 Ed. (4489)
   2006 Ed. (3614, 3615, 3616, 3617)
   2011 Ed. (3724)
   2014 Ed. (4566)
   2015 Ed. (4561)
   2016 Ed. (4487)
   2017 Ed. (4491)
   2018 Ed. (4519)
   2019 Ed. (4513, 4515)
   2020 Ed. (4518)
   2021 Ed. (4500)
   2022 Ed. (4508)
Mairs & Power Growth Fund
   2003 Ed. (2367, 3497, 3532)
   2004 Ed. (3577, 3578)
   2005 Ed. (3550, 3551, 3557)
   2006 Ed. (3603, 4554)
   2007 Ed. (3665)
Maison Laprise Inc.
   2008 Ed. (2058)
Maison & Objet
   2004 Ed. (4756, 4758)
Maisons Fidea
   2020 Ed. (1037, 1555)

Maize
   1995 Ed. (1750)
   1999 Ed. (2104)
Majali; Samer
   2013 Ed. (4719)
Majax
   1992 Ed. (1613)
Majesco Entertainment Co.
   2007 Ed. (4591)
Majestic
   1991 Ed. (3174)
   1992 Ed. (4055)
   1993 Ed. (3375)
   2001 Ed. (4348)
Majestic Contractors
   1991 Ed. (1554)
Majestic Drug
   2016 Ed. (1126)
   2017 Ed. (1168)
   2018 Ed. (1102)
Majestic Drug Co.
   2017 Ed. (1170)
   2018 Ed. (1104)
Majestic Mortgage Services
   2005 Ed. (1937)
Majestic Realty Co.
   1990 Ed. (2962)
   1994 Ed. (3006)
   1995 Ed. (3064)
   1997 Ed. (3260)
   1998 Ed. (3006)
   1999 Ed. (3996)
   2000 Ed. (3720)
   2002 Ed. (1495, 3921, 3923)
   2008 Ed. (3139, 4125)
   2009 Ed. (4235)
   2010 Ed. (4167)
   2012 Ed. (3082)
   2013 Ed. (3165)
   2014 Ed. (3170)
   2015 Ed. (3230)
   2016 Ed. (3085, 3086)
   2019 Ed. (3086)
   2020 Ed. (3116)
Majestic Transportation
   2008 Ed. (4738)
Majestic Travel Inc.
   2002 Ed. (4987)
   2003 Ed. (4990)
Majestic Wine
   2006 Ed. (4645)
   2007 Ed. (2240, 4644)
   2011 Ed. (4307)
   2014 Ed. (4510)
   2015 Ed. (4510)
   2016 Ed. (4446)
Majestic Wine PLC
   1995 Ed. (1010)
Majesty Cruise Line
   1998 Ed. (1236)
   1999 Ed. (1808)
Majid Al Futtaim
   2008 Ed. (4893)
   2009 Ed. (4912)
   2010 Ed. (4914)
   2011 Ed. (4901)
   2012 Ed. (4910)
   2013 Ed. (4921)
   2014 Ed. (4928)
   2015 Ed. (4968)
   2016 Ed. (4885)
   2017 Ed. (4883)
   2018 Ed. (4895)
   2019 Ed. (4887)
   2020 Ed. (1723, 1964, 4876)
   2021 Ed. (1927, 4229, 4877)
   2022 Ed. (4873)
Majid Al Futtaim Holding LLC
   2017 Ed. (4230)
   2018 Ed. (2554)
   2021 Ed. (2496)
   2022 Ed. (2609)
   2023 Ed. (2750)
Majid Bougherra
   2013 Ed. (3473)
Major
   2020 Ed. (2199)
   2021 Ed. (2175, 2586)
Major appliances
   1989 Ed. (862)
   1990 Ed. (2506)
Major household appliances
   1989 Ed. (1663)
Major Appraisals
   1996 Ed. (228)
   1997 Ed. (259)
   1998 Ed. (181)
   1999 Ed. (281)
Major Automotive Group
   2001 Ed. (450)
Major Brands Holdings Inc.
   2018 Ed. (4970)
   2019 Ed. (4965)
   2020 Ed. (4967)
   2021 Ed. (4970)
Major Chevrolet
   1992 Ed. (421)
   2002 Ed. (360, 361, 362)

2006 Ed. (299, 4867, 4868)
Major Drilling Group International
   2011 Ed. (3667)
   2015 Ed. (3684)
Major Drilling Group International Inc.
   2014 Ed. (1470)
   2015 Ed. (1525, 1534)
Major Group
   1992 Ed. (3227)
Major Hospital
   2010 Ed. (3077)
   2011 Ed. (3049)
   2012 Ed. (2986)
   2015 Ed. (3143)
Major regional banking industry
   1998 Ed. (3363)
Major Lazer
   2018 Ed. (3691)
   2019 Ed. (3671)
Major League Baseball
   2002 Ed. (3792)
   2005 Ed. (4453)
   2013 Ed. (3511)
   2014 Ed. (3485)
   2015 Ed. (3502)
   2016 Ed. (3353, 4463)
   2017 Ed. (3318, 4472)
   2018 Ed. (3381, 4318)
   2019 Ed. (3363, 4346)
   2020 Ed. (3365, 4341)
   2021 Ed. (3298, 4357)
   2022 Ed. (4363)
Major League Baseball (MLB)
   2001 Ed. (4344, 4349)
   2003 Ed. (4523)
   2021 Ed. (4357)
   2022 Ed. (4363)
Major League Baseball World Series
   2009 Ed. (4512)
Major League Baseball's Pinnacle All-Star FanFest
   1999 Ed. (4642)
Major League Marketing Baseball
   1995 Ed. (3649)
Major League Soccer
   2018 Ed. (4318)
   2019 Ed. (4346)
   2020 Ed. (4341, 4572)
   2021 Ed. (4357)
   2022 Ed. (4363)
Major League Soccer (MLS)
   2021 Ed. (4357)
   2022 Ed. (4363)
Major appliance manufacturing
   2004 Ed. (2292)
Major Market Index
   1990 Ed. (252)
   1991 Ed. (234)
   1992 Ed. (328)
   1993 Ed. (224)
   1994 Ed. (212, 2698)
   1995 Ed. (2812)
   1997 Ed. (240, 2967)
Major Nicorelief
   2020 Ed. (4404)
   2021 Ed. (4403)
Major Pharma Corp.
   2023 Ed. (1328)
Major Players
   2005 Ed. (1979)
Major Realty Corp.
   1996 Ed. (1926)
   1998 Ed. (1705, 1707)
Major Sudogest
   2020 Ed. (2908)
Major Travel PLC
   1994 Ed. (994)
Major Video
   1989 Ed. (2888)
   1990 Ed. (3672, 3673)
   1996 Ed. (3788)
Major Video of Visalia
   1992 Ed. (4392)
   1993 Ed. (3665)
Major Wok
   1994 Ed. (1916)
Majorska
   1989 Ed. (2896, 2898)
   1991 Ed. (3462)
   1992 Ed. (4408)
   1995 Ed. (3716)
   1996 Ed. (3803, 3806)
   1997 Ed. (2662, 3856, 3857, 3858)
   1999 Ed. (4732)
Makami College Inc.
   2016 Ed. (1454, 4354)
   2017 Ed. (1464, 4352)
Make-A-Wish Foundaiton of Metro New York Inc.
   2011 Ed. (3758)
Make-a-Wish Foundation of America
   1991 Ed. (1766)
Make-A-Wish Foundation of Metro New York Inc.
   2012 Ed. (3761)
Make-A-Wish Foundation of Oregon
   2011 Ed. (1914, 1959)
   2012 Ed. (1773, 1816, 1817, 1818, 1819)

Make Corp.
   2016 Ed. (740)
Make Me
   2018 Ed. (584)
Make Me: A Jack Reacher Novel
   2017 Ed. (624)
"Make $$ in Real Estate Locally"
   2015 Ed. (2328)
   2016 Ed. (2283)
Make Technologies Inc.
   2013 Ed. (1108)
Make-up artists
   2009 Ed. (3859)
Make-up, skin
   2005 Ed. (3708)
Make Your Bed
   2019 Ed. (600)
   2020 Ed. (583)
Make Your Idea Matter
   2014 Ed. (644)
Makedonski Telekom AD
   2014 Ed. (1566)
   2015 Ed. (1617, 1627)
   2016 Ed. (1543)
   2017 Ed. (1533)
   2018 Ed. (1514)
   2019 Ed. (1542)
   2020 Ed. (1515)
   2021 Ed. (1500)
   2022 Ed. (1516)
   2023 Ed. (1690)
MakeMyTrip (India) Pvt. Ltd.
   2012 Ed. (1560)
   2013 Ed. (1715)
   2014 Ed. (1662)
   2015 Ed. (1705)
MakeMyTrip Ltd.
   2012 Ed. (4437)
Makeni Chemicals
   2012 Ed. (747)
   2013 Ed. (936)
   2014 Ed. (890)
   2015 Ed. (918)
Maker Studios
   2016 Ed. (4770)
Maker's Mark
   1989 Ed. (748, 751, 752)
   1999 Ed. (3235, 3236, 3237, 3238)
   2000 Ed. (2948)
   2001 Ed. (4788, 4803, 4804, 4805, 4806)
   2002 Ed. (283, 3107, 3159, 3160, 3161, 3162)
   2003 Ed. (4902, 4919)
   2004 Ed. (4892, 4908)
MakeSpace
   2016 Ed. (2960)
Makespace Mezzanine Floors Ltd.
   2012 Ed. (3537)
   2013 Ed. (3589)
Makeup
   1998 Ed. (2809)
Makeup Alley
   2010 Ed. (3366)
Makeup, combination
   2004 Ed. (1902)
Makeup, eye
   2004 Ed. (1902)
Makeup, facial
   2004 Ed. (1902)
Makeup products
   2002 Ed. (3638, 4634)
Makeup removers
   2004 Ed. (1902)
Makhimpex
   2002 Ed. (4446)
Makhteshim-Agan
   2002 Ed. (246, 4559)
   2006 Ed. (4684)
   2011 Ed. (808)
   2012 Ed. (773)
   2013 Ed. (946)
   2014 Ed. (899)
Makhteshim-Agan Industries
   2015 Ed. (926)
   2016 Ed. (830)
Maki of Japan
   2008 Ed. (2674)
   2009 Ed. (2699)
Makin; Malcolm A.
   2009 Ed. (3442)
Makindo
   1995 Ed. (786, 787, 788, 789, 3268)
   1996 Ed. (3377)
   1997 Ed. (3473)
Makindo Securities
   1994 Ed. (3186)
The Making of the Atomic Bomb
   2006 Ed. (585)
MAKING SCIENCE
   2021 Ed. (65, 1860)
Making Strategy Work: Leading Effective Execution & Change
   2007 Ed. (658)
Making Web
   2022 Ed. (1730)
Makio Inui
   1997 Ed. (1991)
   1999 Ed. (2391)

2000 Ed. (2174)
Makita
   2014 Ed. (3820)
   2015 Ed. (3845)
   2016 Ed. (3037)
   2017 Ed. (2983, 3705)
   2018 Ed. (3758)
   2019 Ed. (3738)
   2020 Ed. (3782)
Makita Corp.
   1999 Ed. (2634)
   2007 Ed. (2991)
   2011 Ed. (3081, 3096)
   2012 Ed. (3023, 3036)
   2013 Ed. (3123)
   2014 Ed. (3109)
   2015 Ed. (3171)
Makiya; Emad
   2013 Ed. (3476)
Makkah Construction & Development
   2017 Ed. (1120, 1769)
   2018 Ed. (1049, 1723)
Makkawi; Rajaa Naji Al
   2013 Ed. (3481)
Mako Design + Invent
   2020 Ed. (725)
   2021 Ed. (732)
Mako Medical Laboratories
   2021 Ed. (1777)
MAKO Surgical
   2012 Ed. (4245)
MAKO Surgical Corp.
   2013 Ed. (2911)
Makoto
   2018 Ed. (4172)
   2019 Ed. (4187)
   2020 Ed. (4199)
   2021 Ed. (4139, 4140)
   2022 Ed. (4166, 4167)
Makoto Hiranuma
   1996 Ed. (1879)
   1997 Ed. (1978)
   1999 Ed. (2378)
   2000 Ed. (2158)
Makoto Seafood & Steakhouse
   2017 Ed. (4292)
Makovsky
   2018 Ed. (4040)
Makovsky & Co.
   1995 Ed. (3005)
   1996 Ed. (3106, 3108)
   1998 Ed. (2937)
   2001 Ed. (3925)
   2003 Ed. (3987)
   2004 Ed. (3985)
   2005 Ed. (3952)
   2011 Ed. (4108, 4110, 4124)
   2012 Ed. (4138, 4140, 4155)
   2013 Ed. (4133, 4136)
   2014 Ed. (4149, 4152)
   2015 Ed. (4132, 4135)
   2018 Ed. (4049)
Makowski's Real Sausage Co.
   2018 Ed. (3500)
Makpar Corporation
   2022 Ed. (1990)
Makpetrol
   2004 Ed. (64)
   2005 Ed. (59)
   2006 Ed. (66)
Makpetrol AD
   2014 Ed. (1566)
   2015 Ed. (1617)
   2016 Ed. (1543)
   2017 Ed. (1533)
   2018 Ed. (1514)
   2019 Ed. (1542)
   2020 Ed. (1515)
   2021 Ed. (1500)
   2022 Ed. (1516)
   2023 Ed. (1690)
Makpetrol Fuel
   2008 Ed. (59)
Makpetrol Skopje
   2002 Ed. (4442)
Makris; Ross
   2009 Ed. (4877)
Makro
   1989 Ed. (2901)
   1990 Ed. (3680)
   2013 Ed. (4336)
   2014 Ed. (1992, 4387)
   2015 Ed. (2040)
   2016 Ed. (4272)
   2017 Ed. (4260)
Makro Atacadista
   2015 Ed. (1782)
Makro Cash & Carry Portugal
   2015 Ed. (1998)
Makro Self-Service Wholesale Club
   1991 Ed. (3468, 3470)
Makro Self Service Wholesalers Ltd.
   2009 Ed. (2111)
Makro Technologies Inc.
   2008 Ed. (4415)
Makrokoncertas
   2004 Ed. (63)

MAKS
   1999 Ed. (2924)
MAKS TIPM Rebuilders
   2023 Ed. (358)
Maksen
   2012 Ed. (1860)
   2014 Ed. (1954)
Maksen Consulting
   2015 Ed. (1999)
Maksims SIA
   2019 Ed. (1734)
Makstil AD
   2014 Ed. (1566)
Maktoum; Sheikh Ahmed bin Saeed Al
   2013 Ed. (3483, 3490, 4719)
   2014 Ed. (3468)
Maktoum; Sheikh Mohammed Bin Rashid al
   2005 Ed. (4880)
   2007 Ed. (2703)
   2009 Ed. (2889)
Malaco International Inc.
   1992 Ed. (2403)
   1993 Ed. (2040)
   1995 Ed. (2104)
   2013 Ed. (2930)
Malaga Bank
   2002 Ed. (3549, 3556)
   2004 Ed. (402, 406, 407, 409)
Malaga Bank F.S.B.
   2021 Ed. (4287)
   2022 Ed. (4295)
   2023 Ed. (4325)
Malaga Bank FSB
   2012 Ed. (4403)
   2013 Ed. (4376)
Malagris
   2021 Ed. (1012, 1661)
Malama Solar
   2023 Ed. (1748)
Malan Realty Investors Inc.
   1998 Ed. (3022)
   1999 Ed. (4014)
   2000 Ed. (3731)
   2001 Ed. (4004, 4015)
   2002 Ed. (1728)
Malath Cooperative Insurance & Reinsurance
   2017 Ed. (3146)
   2018 Ed. (3233)
Malathion
   1990 Ed. (2812)
Malawi
   1989 Ed. (2240)
   1994 Ed. (2007)
   1996 Ed. (3633)
   2001 Ed. (4446)
   2004 Ed. (4656)
   2005 Ed. (4606)
   2006 Ed. (4671)
   2007 Ed. (4692)
   2008 Ed. (4601)
   2009 Ed. (4649)
   2010 Ed. (211, 2264, 2265, 2589, 2839, 2840, 3381, 4677)
   2011 Ed. (132, 2271, 2272, 2821, 2822, 4629, 4801)
   2012 Ed. (136, 2138, 2139, 2509, 2518, 2754, 4818, 4962)
   2013 Ed. (112, 2343, 2344, 2831, 3387, 4781, 4969)
   2014 Ed. (119, 2273, 2274, 2872, 4978)
   2015 Ed. (134, 2357, 2912, 3239, 5011)
   2016 Ed. (140, 2301, 2302, 2832, 2833, 4930)
   2017 Ed. (1007)
Malawi Corporate Graphics
   2003 Ed. (105)
Malawi Savings Bank
   1997 Ed. (550)
   1999 Ed. (586)
   2000 Ed. (602)
Malayan Banking
   1989 Ed. (613)
   1992 Ed. (769, 770, 2823, 3978)
   1993 Ed. (561, 2385)
   1994 Ed. (527, 563, 1418)
   1995 Ed. (420, 539, 1455)
   1996 Ed. (1416, 2909)
   1997 Ed. (3001)
   1999 Ed. (470)
   2000 Ed. (1511)
   2001 Ed. (1785)
   2004 Ed. (515)
   2006 Ed. (1860, 1861)
   2007 Ed. (1865)
   2008 Ed. (1899)
   2009 Ed. (1862)
   2013 Ed. (841)
Malayan Banking Berhad
   1990 Ed. (631)
   1996 Ed. (566)
   2002 Ed. (515)
   2013 Ed. (372, 392)
   2014 Ed. (405, 2657)
   2015 Ed. (462, 576, 2699, 2711)
   2016 Ed. (524, 2622, 2636)
   2017 Ed. (421, 544, 2555, 2570)

2018 Ed. (388, 510, 2623, 2638)
   2019 Ed. (391, 525, 2609, 2623)
   2020 Ed. (384, 512, 2619, 2634)
   2023 Ed. (2797, 2802)
Malayan Banking Bhd
   1991 Ed. (601, 2274)
   2002 Ed. (3051)
   2006 Ed. (4518)
Malayan Breweries Ltd.
   1989 Ed. (1155)
   1990 Ed. (1414)
   1991 Ed. (1340)
   1992 Ed. (1685)
Malayan Credit Ltd.
   1994 Ed. (3311)
Malayan Credit TSR
   1992 Ed. (3979)
Malayan Tobacco Co.
   1992 Ed. (64)
Malayan United Bank
   1989 Ed. (613)
Malayan United Industries
   1990 Ed. (1397)
   1991 Ed. (1324)
Malayan United Industries Bhd
   1992 Ed. (1667)
   2002 Ed. (3052)
Malayan United Manufacturing Bhd
   1993 Ed. (1275)
Malaysia
   1989 Ed. (1405)
   1990 Ed. (241, 1075, 1076, 1448, 1911, 1918, 1925, 1935, 2759, 3624)
   1991 Ed. (164, 1381, 1834, 1841, 3390)
   1992 Ed. (1068, 1732, 1733, 1880, 2075, 2250, 2310, 2317, 2327, 2360, 3454, 3543, 3974)
   1993 Ed. (844, 1582, 1967, 1974, 1981, 1987, 2366, 3682)
   1994 Ed. (1486, 2005, 3308)
   1995 Ed. (3, 186, 1247, 1518, 1544, 1657, 1736, 1745, 1746, 1962, 2010, 2017, 2029, 2036)
   1996 Ed. (157, 929, 941, 1477, 1645, 2551, 2652, 2948, 3433, 3436, 3662)
   1997 Ed. (204, 305, 915, 917, 1542, 1556, 1812, 2107, 2557, 2558, 2559, 2561, 2573, 2691, 2786, 2922)
   1998 Ed. (819, 1418, 1419, 1522, 1524, 1525, 1791, 2421, 2659, 2660)
   1999 Ed. (1133, 1781, 2098, 2553, 2583, 3192, 3273)
   2000 Ed. (1610, 2295, 2349, 2357, 2358, 2363, 3011)
   2001 Ed. (509, 510, 1298, 1302, 1506, 1947, 1969, 2362, 2699, 2700, 2968, 3610, 3696, 3697, 4128, 4135, 4534, 4535, 4549, 4914)
   2002 Ed. (683, 744, 1812, 2423, 2424, 2509, 3725, 4624)
   2003 Ed. (461, 1035, 1036, 1037, 1097, 1383, 2210, 2211, 2219, 2222, 2223, 2225, 2226, 2228, 2229, 2483, 3711, 4198, 4201, 4699, 4735, 4736, 4743)
   2004 Ed. (1044, 1045, 1397, 1919, 3757, 3792, 3793, 3794, 4225, 4228, 4542, 4543, 4598, 4720, 4721, 4725, 4751, 4820)
   2005 Ed. (217, 459, 1045, 1046, 1419, 1484, 2054, 2530, 2531, 2532, 2533, 2766, 3672, 3704, 3705, 3706, 4152, 4155, 4532, 4691, 4692, 4701, 4799)
   2006 Ed. (412, 1055, 1056, 1404, 1439, 2148, 2327, 2328, 2331, 2721, 2810, 3769, 3771, 3793, 3794, 3795, 4208, 4211, 4613, 4738, 4739, 4740, 4756)
   2007 Ed. (397, 1143, 1144, 1446, 2092, 2262, 2802, 3766, 3768, 3798, 3799, 3800, 4218, 4221, 4413, 4600, 4752, 4753, 4754, 4762)
   2008 Ed. (379, 1023, 1387, 1419, 2202, 2396, 3846, 3848, 4255, 4387, 4392, 4393, 4549, 4675, 4676, 4677, 4686)
   2009 Ed. (401, 1008, 1390, 2394, 2679, 2725, 3902, 3904, 4356, 4468, 4470, 4549, 4581, 4715, 4716, 4717, 4726)
   2010 Ed. (973, 1061, 1375, 2306, 2587, 2588, 3812, 3814, 4382, 4519, 4521, 4581, 4615, 4729, 4730, 4731, 4735)
   2011 Ed. (901, 999, 1368, 2302, 2569, 3808, 3810, 3849, 3850, 3851, 4324, 4327, 4456, 4571, 4688, 4689, 4690, 4694)
   2012 Ed. (601, 2099, 2198, 2516, 4551, 4819)
   2013 Ed. (742, 1347, 2383, 2513, 2646, 4782)
   2014 Ed. (763, 2320, 2456, 2604, 2675)
   2015 Ed. (799, 2525, 4621, 4863)
   2016 Ed. (1266, 2257, 2460, 2566, 4540)
   2017 Ed. (2179)
   2018 Ed. (2240)
   2019 Ed. (2213)
   2020 Ed. (2210, 4569)
   2021 Ed. (2182, 3176, 3177)
   2022 Ed. (2212)
   2023 Ed. (2401, 3398, 3399)
Malaysia Airline System Bhd
   2000 Ed. (1510)

Malaysia Airlines
　1996 Ed. (2446)
　2000 Ed. (1295)
　2001 Ed. (301, 304, 310, 320)
　2007 Ed. (58)
　2008 Ed. (60)
　2012 Ed. (1678)
　2015 Ed. (182, 183)
　2016 Ed. (679)
Malaysia Building Society
　2015 Ed. (1800)
　2016 Ed. (397, 2622)
　2017 Ed. (402, 538)
　2019 Ed. (370, 379)
Malaysia Dairy Industries
　2010 Ed. (98)
Malaysia equities
　1996 Ed. (2430)
Malaysia Equity
　1996 Ed. (2817, 2818)
Malaysia Industrial Development Authority
　2010 Ed. (3476)
　2011 Ed. (3483)
　2012 Ed. (3487)
　2013 Ed. (3532)
　2014 Ed. (3509)
Malaysia International Shipping Corp.
　2001 Ed. (1784, 1785)
　2006 Ed. (1860, 1861, 4518)
　2007 Ed. (1583, 1865)
　2008 Ed. (1899)
　2009 Ed. (1862)
　2010 Ed. (1794)
　2011 Ed. (1819)
Malaysia International Shipping Corp. Bhd
　2002 Ed. (3051)
Malaysia & Singapore equities
　1996 Ed. (2430)
Malaysia Social Security Organisation
　2001 Ed. (2887)
Malaysian Air
　2006 Ed. (231, 232)
　2007 Ed. (235)
Malaysian Airline System
　1990 Ed. (1397)
　1992 Ed. (1667, 1668, 1669, 2823)
　1997 Ed. (1474)
Malaysian Airline System Bhd.
　1990 Ed. (1398)
　1991 Ed. (1323, 1324, 2274, 2275)
　1993 Ed. (1365)
　1994 Ed. (1417)
Malaysian Airline Systems
　2001 Ed. (1784)
Malaysian Airlines
　1995 Ed. (177, 190, 1452, 1453)
　1999 Ed. (227, 1700)
Malaysian Breweries
　1991 Ed. (2274)
Malaysian Breweries/F&N
　1991 Ed. (35)
Malaysian Brewers
　1990 Ed. (38)
Malaysian French
　1992 Ed. (769)
Malaysian Industrial Development Finance Bhd.
　2000 Ed. (2194)
Malaysian International
　1994 Ed. (3193)
Malaysian International Merchant Bankers
　1989 Ed. (1781)
　1995 Ed. (3279)
　1996 Ed. (3391)
Malaysian International Shipping
　1991 Ed. (1324, 2274, 2275)
　1992 Ed. (1667, 1669, 2823)
　1993 Ed. (2385)
　2000 Ed. (1511)
Malaysian Int'l Shipping Corp.
　1990 Ed. (1397)
Malaysian Investment Development Authority
　2015 Ed. (3524)
Malaysian Resources
　1994 Ed. (2349)
　1999 Ed. (1579, 4494)
Malaysian Resources Corp. Bhd
　2002 Ed. (3052)
Malaysian ringgit
　2008 Ed. (2274)
Malaysian Tobacco Co. Ltd.
　1989 Ed. (41)
　1990 Ed. (1398)
Malaysian United Industries Bhd.
　1991 Ed. (2275)
Malbak
　1990 Ed. (1417, 1418)
　1991 Ed. (1344, 1345)
　1993 Ed. (1392, 1395)
　1995 Ed. (1484)
Malbec
　1996 Ed. (3838)
Malboro
　2004 Ed. (762)
Malco Products
　2016 Ed. (3361)
　2017 Ed. (3326)

Malco Steel Inc.
　1999 Ed. (3420)
Malco Theatres
　2016 Ed. (3627)
　2021 Ed. (3639)
　2022 Ed. (3707)
Malco Theatres Inc.
　2018 Ed. (3664)
　2019 Ed. (3651)
　2021 Ed. (1880, 2466)
　2022 Ed. (1926, 2577)
　2023 Ed. (3797)
Malcolm A. Makin
　2009 Ed. (3442)
Malcolm Allan Housebuilders Ltd.
　2019 Ed. (2072)
Malcolm Austin Borg
　1990 Ed. (2578)
　1991 Ed. (2462)
　1992 Ed. (3079)
Malcolm Drilling Co. Inc.
　2023 Ed. (1429)
Malcolm Drilling Co., Inc.
　1990 Ed. (1204)
　1991 Ed. (1082)
　1992 Ed. (1415)
　1993 Ed. (1128)
　1994 Ed. (1147)
　1995 Ed. (1172)
　1996 Ed. (1139)
　1997 Ed. (1165)
　1998 Ed. (947)
　1999 Ed. (1369)
　2000 Ed. (1261)
　2001 Ed. (1475)
　2002 Ed. (1290)
　2004 Ed. (1305)
　2005 Ed. (1312)
　2006 Ed. (1282)
　2007 Ed. (1361)
　2008 Ed. (1258)
　2009 Ed. (1234)
　2010 Ed. (1233)
　2011 Ed. (1180)
　2012 Ed. (1128)
　2013 Ed. (1274)
　2014 Ed. (1207)
　2015 Ed. (1265)
　2016 Ed. (1180)
　2017 Ed. (1223)
　2018 Ed. (1203)
　2019 Ed. (1230)
　2020 Ed. (1224)
　2021 Ed. (1191)
　2022 Ed. (1192)
Malcolm Gladwell
　2007 Ed. (3617)
Malcolm Glazer
　2009 Ed. (4853)
　2010 Ed. (4858)
　2012 Ed. (2680, 4852)
　2013 Ed. (2768, 4849)
　2014 Ed. (4865)
　2015 Ed. (4902)
Malcolm J. Delaney
　1992 Ed. (1140)
Malcolm M. Aslin
　2005 Ed. (2516)
Malcolm Marketing & Communications
　2003 Ed. (3979, 4018)
Malcolm in the Middle
　2005 Ed. (4664)
　2006 Ed. (2855)
Malcolm Pirnie
　1992 Ed. (1949)
　1993 Ed. (1604, 2876)
　1994 Ed. (1634)
　1995 Ed. (1674)
　1996 Ed. (1657)
　1997 Ed. (1735)
　1998 Ed. (1441, 1453, 1482)
　1999 Ed. (2025, 2027)
　2000 Ed. (1844)
　2001 Ed. (2289, 2293)
　2002 Ed. (2135, 2138)
　2003 Ed. (2300, 2303)
　2004 Ed. (2342, 2373, 2375, 2382, 2383, 2385, 2445)
　2006 Ed. (2507)
　2007 Ed. (2420, 2424, 2468)
　2008 Ed. (2547, 2551, 2597)
　2009 Ed. (2521, 2554, 2558, 2625)
　2010 Ed. (1144, 2438, 2444, 2452, 2470, 2474, 2530)
　2011 Ed. (1087, 2444, 2461, 2531)
　2012 Ed. (204, 208, 210, 1008, 1022, 2367, 2373)
　2013 Ed. (2554)
Malcolm S. Forbes Jr.
　1992 Ed. (3079)
　1995 Ed. (2580)
Malcolm Sinclair
　1996 Ed. (1854)
　1997 Ed. (1965)
Malcolm Stevenson Forbes
　1989 Ed. (1989)
　1990 Ed. (2578)

Malcom Pirnie Inc.
　2000 Ed. (1802, 1804)
Malcom Randall VA Medical Center
　2015 Ed. (3147)
Malden International
　1998 Ed. (2854)
Malden Mills
　1995 Ed. (1954, 3607)
　1996 Ed. (3682)
Maldives
　2012 Ed. (2197)
　2013 Ed. (2382)
　2014 Ed. (2319)
　2018 Ed. (2239)
　2019 Ed. (2212)
　2020 Ed. (2209)
　2022 Ed. (2211)
　2023 Ed. (2400)
Maldman; Dagny
　2012 Ed. (3317)
Maldonado Nursery & Landscaping
　2011 Ed. (3421, 3423)
　2012 Ed. (3442)
　2013 Ed. (3462)
　2015 Ed. (3460, 3476, 3479)
　2016 Ed. (3309, 3329)
　2017 Ed. (3285, 3286, 3291)
　2018 Ed. (3353, 3359)
　2019 Ed. (3328, 3332, 3338)
　2020 Ed. (3334, 3340)
　2021 Ed. (3266, 3276)
　2022 Ed. (3350, 3354, 3360)
　2023 Ed. (3471, 3477)
Maldonado Nursery & Landscaping Inc.
　2020 Ed. (3574)
　2022 Ed. (3655)
　2023 Ed. (3761)
Maldonado Nursery & Landscaping, Inc.
　2023 Ed. (3773)
Maldonaldo Nursery & Landscaping
　2013 Ed. (3454)
Maldutis; Julius
　1996 Ed. (1781)
　1997 Ed. (1856)
Male, Maldives
　2009 Ed. (254)
Malee Sampran
　2015 Ed. (2085)
Maleenont; Vichai
　2006 Ed. (4920)
　2011 Ed. (4865)
　2012 Ed. (4870)
　2013 Ed. (4914)
　2014 Ed. (4924)
　2015 Ed. (4964)
　2016 Ed. (4881)
Maleficent
　2016 Ed. (3629, 3630)
Maleka
　2022 Ed. (625)
Malen Yantis Public Relations
　2016 Ed. (4063)
Malene Ueland As
　2016 Ed. (1912)
Malenke Barnhart
　2009 Ed. (4132)
Maler Inc.; Roger
　1990 Ed. (3086)
Malet; Frank
　1994 Ed. (899)
Malhia Kent
　2018 Ed. (2575)
Malhotra Group
　2016 Ed. (3590)
Malhotra; Roshni Nadar
　2021 Ed. (4931)
　2022 Ed. (4925)
　2023 Ed. (4579, 4923)
Mali
　1989 Ed. (2240)
　1993 Ed. (2951)
　2003 Ed. (1881)
　2010 Ed. (1062, 2264, 3381, 4842)
　2011 Ed. (205, 1005, 1376, 2271, 2402, 3329, 4635, 4801)
　2012 Ed. (602, 927, 2138, 2334, 3315, 4546, 4818)
　2013 Ed. (2343, 3387)
　2014 Ed. (216, 1284, 2273, 3389, 4707)
　2015 Ed. (248, 1348, 2357, 2642, 4719)
　2016 Ed. (1267, 2301, 2564, 2833, 4621)
Malibu
　1992 Ed. (2861)
　1993 Ed. (2425, 2431)
　1994 Ed. (2369)
　1995 Ed. (2448)
　1996 Ed. (2494, 2501, 2503)
　1997 Ed. (2636, 2644)
　1998 Ed. (3108, 3110, 3111, 3112)
　1999 Ed. (4124, 4126, 4127, 4129)
　2000 Ed. (3834, 3836, 3837)
　2001 Ed. (479, 485, 533, 3393, 4142, 4146, 4147, 4396)
　2002 Ed. (299, 380, 387, 409, 412, 3163, 4070, 4076, 4077, 4079)
　2003 Ed. (4207, 4212)
　2004 Ed. (4230, 4235)
　2005 Ed. (3289, 4158)

　2017 Ed. (4291)
Malibu Beach Inn
　1999 Ed. (2763)
　2005 Ed. (2936)
　2006 Ed. (2939)
Malibu Boats
　2020 Ed. (4675)
　2021 Ed. (1871, 4101)
　2022 Ed. (1917, 2887, 4128)
　2023 Ed. (2033, 3002, 4211)
Malibu; Chevrolet
　2005 Ed. (344, 348)
　2006 Ed. (358, 359)
　2007 Ed. (344)
　2008 Ed. (331, 332)
　2013 Ed. (277)
Malignant neoplasms
　1990 Ed. (1469, 1470, 1471, 1472, 1473, 1474)
　1992 Ed. (1764, 1765, 1766, 1767, 1768, 1769)
　2000 Ed. (1642)
Malik; Rajiv
　2014 Ed. (2595)
　2015 Ed. (2637)
MalikCo
　2008 Ed. (4952)
Maliya
　1991 Ed. (962)
Maliz Beams
　2010 Ed. (4975, 4979)
　2011 Ed. (4977)
　2014 Ed. (4975)
　2015 Ed. (5023)
　2016 Ed. (4938)
All Malk Organics
　2023 Ed. (3714)
Malk Organics
　2021 Ed. (3558, 3561)
　2022 Ed. (3616)
Malka; Micky
　2023 Ed. (4752)
Malkin Construction
　2011 Ed. (1201)
Malkin; Evgeni
　2014 Ed. (196)
Malkin & Ross
　1996 Ed. (2533)
Mall of America
　2003 Ed. (4407)
　2006 Ed. (4311)
　2013 Ed. (1883)
　2018 Ed. (4244)
The Mall Group
　2012 Ed. (4364)
　2013 Ed. (4296)
Mall at Short Hills
　1989 Ed. (2492)
　1990 Ed. (3291)
Mallard Coach Co. Inc.
　1992 Ed. (3643, 3644)
　1993 Ed. (2985, 2986)
Mallard Group
　1990 Ed. (1180)
Mallard's
　2003 Ed. (3739)
Mallesons Stephen Jaques
　2002 Ed. (3055, 3784)
　2003 Ed. (3181)
　2007 Ed. (1317)
Mallette LLP
　2008 Ed. (279)
　2017 Ed. (1)
　2020 Ed. (1)
Mallinckrodt Group
　1995 Ed. (951, 2534)
　1997 Ed. (952)
Mallinckrodt Inc.
　1990 Ed. (2534)
　1991 Ed. (2407)
　1992 Ed. (3009)
　1994 Ed. (2466)
　1996 Ed. (2595)
　1997 Ed. (2745)
　1998 Ed. (695)
　2000 Ed. (1019)
　2001 Ed. (1183, 2073, 3264, 3265, 3266)
　2002 Ed. (2046, 3297)
　2011 Ed. (1870)
Mallinckrodt LLC
　2018 Ed. (3041)
　2019 Ed. (2983)
　2020 Ed. (3012)
Mallinckrodt Medical Inc.
　2008 Ed. (3952)
Mallinckrodt Netherlands Holdings B.V.
　2019 Ed. (1810)
Mallinkrodt Group
　1999 Ed. (1482, 1556)
Mallory; Wilhelm A.
　1990 Ed. (1714)
Mallouk; Peter
　2013 Ed. (3388)
　2014 Ed. (3390)
　2015 Ed. (3422)
　2016 Ed. (3283)
　2017 Ed. (3242)

Malloy Lithographing Inc.
  1992 Ed. (3533)
  1998 Ed. (2921)
  2000 Ed. (3609)
  2001 Ed. (3891)
Mally; Edward
  1997 Ed. (1938)
Mallya
  1990 Ed. (1380)
Malnove Inc.
  2011 Ed. (3803)
Malone & Hyde, Inc.
  1990 Ed. (1957)
Malone; John
  2009 Ed. (4857)
  2013 Ed. (4844)
  2014 Ed. (4860)
  2015 Ed. (4897)
  2016 Ed. (4815)
  2018 Ed. (4831)
  2019 Ed. (4828)
  2020 Ed. (4818)
  2021 Ed. (4819)
  2022 Ed. (4812)
  2023 Ed. (4805)
Malone; John C.
  1993 Ed. (937, 1695)
Malone Jr.; Wallace
  2006 Ed. (927)
Malone; Mary Alice
  2005 Ed. (4843)
  2008 Ed. (4827)
  2011 Ed. (4828)
Malone; Mary Alice Dorrance
  2012 Ed. (4841)
  2013 Ed. (4839)
Malone; Ron
  2009 Ed. (3707)
  2010 Ed. (3625)
Maloney & Fox
  2003 Ed. (3985)
  2013 Ed. (4146)
Maloney + Novotny
  2015 Ed. (2)
Maloney & Porcelli
  2007 Ed. (4129)
Maloney Properties
  2015 Ed. (1813)
Maloney Properties Inc.
  2016 Ed. (1772)
Maloney; Sean
  2005 Ed. (2318)
Maloney's
  1990 Ed. (1523)
Maloof & Co.; Joe G.
  2005 Ed. (1906)
Maloof Distributing LLC
  2006 Ed. (1933)
  2007 Ed. (1917)
  2008 Ed. (1980)
  2009 Ed. (1935)
  2010 Ed. (1871)
  2011 Ed. (1903)
Maloof; Manuel J.
  1993 Ed. (2462)
Malouf
  2020 Ed. (1986)
  2021 Ed. (1940)
Malouf Construction LLC
  2008 Ed. (1312)
Malpass; David
  1996 Ed. (1895)
Malpensa, Italy; Milan
  2009 Ed. (256)
  2010 Ed. (248)
Malphrus Construction Co.
  2008 Ed. (1326)
  2009 Ed. (1311)
Malpractice insurance
  1992 Ed. (3278)
  1994 Ed. (2686)
Malrite
  1992 Ed. (3602)
Malrite Communications Group
  2001 Ed. (1546)
Malt liquor
  1991 Ed. (744)
  2001 Ed. (675)
  2002 Ed. (677)
  2005 Ed. (2759)
Malt-O-Meal
  2015 Ed. (891)
Malt-O-Meal Cereal Co.
  2012 Ed. (2668)
Malt-o-meal Co.
  1998 Ed. (662)
  2003 Ed. (875)
  2006 Ed. (805)
  2008 Ed. (869)
  2012 Ed. (693, 694)
Malta
  1995 Ed. (2012, 2024)
  2002 Ed. (1810)
  2006 Ed. (2140, 2330)
  2008 Ed. (4244, 4793, 4795)
  2010 Ed. (2214, 2587, 3170, 4374, 4722)
  2011 Ed. (735, 2230, 4309)
  2012 Ed. (218, 365, 601, 926, 2093,

2094, 2516, 3347, 4376)
  2013 Ed. (208, 488, 2280)
  2014 Ed. (1029, 2604, 2605, 4548)
  2015 Ed. (881, 1064, 2647, 2648)
  2016 Ed. (972)
Malta Goya
  1996 Ed. (717)
Malta Goya NA
  2001 Ed. (684)
Malta Goya Non-Alcohol
  2002 Ed. (685)
  2004 Ed. (669)
  2005 Ed. (656)
  2006 Ed. (559)
Malta International Airport plc
  2011 Ed. (1820)
Malta National Bank
  2003 Ed. (382)
The Malta Stock Exchange
  1995 Ed. (3512)
Malta Texo de Mexico
  2018 Ed. (3786)
  2020 Ed. (3824)
Maltacom
  2006 Ed. (4519)
Maltacom plc
  2009 Ed. (1863)
  2011 Ed. (1820)
Maltby; John L.
  1991 Ed. (2342)
  1992 Ed. (2903)
  1993 Ed. (2461)
Maltepe
  1997 Ed. (995)
Maltesers
  1992 Ed. (1045)
  1994 Ed. (856)
  1996 Ed. (873)
  1999 Ed. (785, 1026)
  2001 Ed. (1121)
  2002 Ed. (1167)
  2008 Ed. (695, 714)
  2009 Ed. (703, 724)
  2010 Ed. (648)
Maltezos SA
  2001 Ed. (3282)
  2002 Ed. (3307)
Malvasia Bianca
  1996 Ed. (3837)
  2001 Ed. (4872, 4873)
  2002 Ed. (4969, 4970)
  2003 Ed. (4968, 4969)
Malvern Instruments
  2017 Ed. (4118)
Malvern Trust & Savings Bank
  1993 Ed. (503, 506)
Malvinder & Shivinder Mohan Singh
  2006 Ed. (4926)
Mama Earth Organics
  2017 Ed. (4201)
  2018 Ed. (4350)
  2019 Ed. (4255)
Mama Earth Organics Inc.
  2012 Ed. (2771)
  2016 Ed. (4354)
Mama Lucchetti
  2012 Ed. (551)
Mama Lycha International Foods
  2019 Ed. (4425)
Mama Marys
  2002 Ed. (1329)
Mama Rosa's
  2003 Ed. (3322)
  2017 Ed. (3914)
MaMa Rosa's L.L.C.
  2020 Ed. (3933)
Mama Rosie's
  2022 Ed. (2805)
  2023 Ed. (3891)
mamamedia.com
  2001 Ed. (4775)
Mamaroneck, NY
  1997 Ed. (2353)
  2002 Ed. (1060)
Mama's
  1995 Ed. (1208)
MamasLatinas
  2015 Ed. (3042)
MamasLatinas.com
  2017 Ed. (2897)
  2019 Ed. (2906)
  2020 Ed. (2925)
Mambi
  2009 Ed. (4487)
  2018 Ed. (4420)
Mamis; Justin
  1990 Ed. (1767)
  1991 Ed. (1706)
  1993 Ed. (1836)
  1996 Ed. (1842)
  1997 Ed. (1915)
Mamma 2.0
  2021 Ed. (1495, 1631, 2241)
Mamma 2.0 (Italy)
  2021 Ed. (1495)
Mamma Chia
  2018 Ed. (4392)

Mamma Mia!
  2004 Ed. (4717)
Mammals: A Multimedia Encyclopedia
  1994 Ed. (874)
Mammoet
  2019 Ed. (1024, 1025)
  2020 Ed. (1005, 1006)
  2021 Ed. (971, 972)
  2022 Ed. (1008, 1009)
  2023 Ed. (1186, 1187)
Mammoet Americas
  2020 Ed. (1011, 1013, 1014, 1015)
  2021 Ed. (973, 976, 977, 978, 980, 981)
  2022 Ed. (1010, 1013, 1015, 1016, 1018, 1019)
  2023 Ed. (1188, 1191, 1194, 1195, 1197, 1198)
Mammoet (Netherlands)
  2021 Ed. (971, 972)
  2022 Ed. (1008, 1009)
Mammoet North America
  2018 Ed. (1014, 1015, 1016, 1017)
  2019 Ed. (1016, 1020, 1021, 1022)
  2020 Ed. (1007, 1008, 1010, 1012)
  2021 Ed. (974, 977, 979)
  2022 Ed. (1011, 1015, 1017)
  2023 Ed. (1189, 1193, 1196, 1199)
Mammoth/June Ski Resort
  1994 Ed. (1102)
Mammoth Life & Accident Insurance Co.
  1990 Ed. (2275)
  1991 Ed. (2144)
  1992 Ed. (2707)
  1993 Ed. (2253)
Mammoth Mountain, CA
  1990 Ed. (3293)
Mammoth Property Reservations
  2013 Ed. (4740)
MAN
  2013 Ed. (3553)
  2014 Ed. (3529)
  2015 Ed. (3543)
  2016 Ed. (3395)
  2018 Ed. (257)
  2021 Ed. (249, 260, 620)
  2022 Ed. (270)
  2023 Ed. (368)
Man
  1992 Ed. (4347)
  1994 Ed. (2421, 2422, 3584)
  1995 Ed. (2493)
  1997 Ed. (1745)
  1999 Ed. (4656)
MAN AG
  1993 Ed. (346, 2487)
  2000 Ed. (4295)
  2002 Ed. (4669)
  2005 Ed. (3002)
  2006 Ed. (4946)
  2007 Ed. (875, 2400, 3037)
  2008 Ed. (312)
Man AHL
  2010 Ed. (2918)
Man AHL Diversified plc
  2005 Ed. (1085)
Man-Aktiengesellschaft
  1992 Ed. (2954)
A Man Called Ove
  2018 Ed. (587, 588)
Man Crates
  2018 Ed. (4233)
Man Eau de Toilette; Robert Cavalli
  2008 Ed. (2768)
Man Financial Inc.
  2003 Ed. (2599)
  2005 Ed. (2707)
  2006 Ed. (2682)
  2007 Ed. (2672)
  2008 Ed. (2803)
Man/Glenwood
  2004 Ed. (2818)
Man Group
  2017 Ed. (2600)
Man Group plc
  2004 Ed. (2819)
  2005 Ed. (2589, 4887)
  2006 Ed. (1473, 1477, 1480, 1481, 2592, 2605)
  2007 Ed. (1459, 1463, 2560, 2576, 2579)
  2008 Ed. (1458, 1459, 1461, 1723, 2700)
  2009 Ed. (1661, 2760)
  2010 Ed. (1391, 1392, 1398, 1400, 2685)
  2011 Ed. (631, 2674, 2688)
  2012 Ed. (1231, 1243, 2602, 3346)
Man Industries
  2010 Ed. (2590)
Man Investments
  2005 Ed. (2819)
  2006 Ed. (2799, 2800)
  2007 Ed. (1188, 2793)
  2008 Ed. (2923)
  2010 Ed. (2919)
Man Lan Gaetano Marzotto & Figli SpA
  2002 Ed. (4618)
MAN SE
  2013 Ed. (3144)
  2014 Ed. (3147)
  2015 Ed. (3207)

  2016 Ed. (3062)
  2017 Ed. (3012)
Man SE
  2011 Ed. (3131, 3132)
  2012 Ed. (1521, 3069, 3070, 3072)
Man Stamm
  1989 Ed. (1918)
Man of Steel
  2015 Ed. (3717, 3718)
Man Wah Holdings
  2014 Ed. (2807, 2808)
  2015 Ed. (2849, 2850, 2854)
  2016 Ed. (1369, 2784, 2785, 2789)
  2017 Ed. (2754, 2755, 2757)
  2018 Ed. (2814)
The Man Who Listens to Horses
  1999 Ed. (693)
Man With a Gun
  1998 Ed. (3677)
Manac
  2020 Ed. (4655)
  2021 Ed. (4680)
Manafort Brothers
  2019 Ed. (1039)
  2020 Ed. (1044)
Manafort Brothers Inc.
  1991 Ed. (1082)
  1994 Ed. (1147)
  1995 Ed. (1172)
  1996 Ed. (1139)
  2001 Ed. (1475)
  2002 Ed. (1290)
  2003 Ed. (1300, 1302)
  2004 Ed. (1303, 1305)
  2006 Ed. (1282)
  2007 Ed. (1361)
  2008 Ed. (1256, 1258)
  2009 Ed. (1231, 1234)
  2010 Ed. (1230, 1233)
  2011 Ed. (1177, 1180)
  2014 Ed. (1204, 1207)
  2015 Ed. (1265)
  2016 Ed. (1180)
  2017 Ed. (1217)
  2018 Ed. (1203)
  2019 Ed. (1228, 1230)
  2020 Ed. (1222, 1224)
  2021 Ed. (1099, 1158, 1189)
  2023 Ed. (1429)
Managed Business Solutions
  2010 Ed. (3694)
Managed Business Solutions LLC
  2011 Ed. (3689)
  2012 Ed. (3706)
  2013 Ed. (3758)
  2014 Ed. (3690)
  2015 Ed. (3706)
Managed Care 2000+
  2006 Ed. (2410)
Managed Care Concepts Inc.
  2008 Ed. (3269)
  2009 Ed. (3326)
Managed Care Inc.
  1996 Ed. (2080)
  2000 Ed. (3602)
Managed Care of North America Inc.
  1998 Ed. (1255)
Managed-care organizations
  1996 Ed. (2082)
Managed Health Network Inc.
  2002 Ed. (2852)
  2005 Ed. (2364, 2365)
  2006 Ed. (2407, 2408)
Managed Healthcare Associates
  2003 Ed. (2110)
Managed Healthcare Executive
  2012 Ed. (4739)
Managed Objects
  2003 Ed. (2743)
ManagedPAY
  2012 Ed. (1744)
Management
  2000 Ed. (905)
  2004 Ed. (3334, 3335)
  2005 Ed. (1062, 2684, 3359, 3633, 3634, 3662)
  2006 Ed. (1070)
  2007 Ed. (3736)
Management Accounting
  2002 Ed. (3634)
Management Alliance Programs
  2006 Ed. (3549, 4387)
Management analysts
  1991 Ed. (2630)
  2005 Ed. (3621, 3625)
  2006 Ed. (3734)
  2007 Ed. (3720)
  2009 Ed. (3857)
  2010 Ed. (3786)
Management Asset Corp.
  1990 Ed. (2348)
Management Cleaning Controls LLC
  2004 Ed. (1769)
Management Communications Services
  1992 Ed. (3572)
Management consulting
  2006 Ed. (697, 698, 699)
  2007 Ed. (790, 791, 792)

CUMULATIVE INDEX • 1989-2023

2008 Ed. (760, 761)
Management Data Systems International Inc.
  2006 Ed. (3519)
Management Decisions Inc.
  2007 Ed. (3546, 3547, 4407)
  2008 Ed. (3704, 4380, 4958)
Management & Engineering Technologies International Inc.
  2005 Ed. (173)
  2010 Ed. (1349)
Management Events
  2008 Ed. (1712)
  2009 Ed. (1651)
  2012 Ed. (1478)
Management, general
  1999 Ed. (964)
The Management Group Inc.
  2020 Ed. (3586)
  2021 Ed. (3614)
  2022 Ed. (3666, 4962)
The Management Group Inc. (TMGnorthwest)
  2021 Ed. (3614)
  2022 Ed. (3666, 4962)
  2023 Ed. (3747)
Management/Leadership
  1993 Ed. (1595)
Management Network Group Inc.
  2004 Ed. (4547)
  2009 Ed. (1826)
Management Recruiters of Colorado Inc.
  2008 Ed. (2627)
  2009 Ed. (2655)
  2012 Ed. (1462)
  2013 Ed. (1554)
Management Recruiters International
  1995 Ed. (1936)
  1996 Ed. (1967)
  1998 Ed. (1505, 1758)
  1999 Ed. (2072, 2508, 2510, 2513, 2516)
Management Recruiters/Sales Consultants
  1997 Ed. (1794, 2079)
  2002 Ed. (2171)
  2006 Ed. (4316)
Management Recruiters/Sales Consultants/MRI Worldwide
  2003 Ed. (885, 2370)
  2004 Ed. (2485)
  2005 Ed. (2467)
Management Recruiters of Salt Lake City Inc.
  2006 Ed. (2429)
Management consulting & public relations
  1997 Ed. (1722)
Management Science America
  1990 Ed. (1119)
  1991 Ed. (1036, 2842, 2855)
Management Service Systems
  1994 Ed. (2085)
  1996 Ed. (2148)
  1997 Ed. (2253)
Management consulting services
  2002 Ed. (2948)
Management services
  2002 Ed. (2948)
Management Services Northwest Inc.
  2017 Ed. (4978)
Management Specialists Services
  2016 Ed. (1560)
Management SSS Inc.
  2014 Ed. (1956)
  2015 Ed. (2002)
  2016 Ed. (1969)
Management by Steel Trap
  2014 Ed. (637)
Management information systems
  2003 Ed. (2271)
Management Systems Designers Inc.
  2006 Ed. (1371, 1374)
Management Today
  2002 Ed. (3634)
Management & Training Corp.
  2004 Ed. (1358)
  2005 Ed. (1374)
  2015 Ed. (4102)
  2016 Ed. (2099)
  2017 Ed. (2063)
  2019 Ed. (2080)
  2020 Ed. (1989)
Managers
  1993 Ed. (3694)
  2007 Ed. (3737)
Managers 20 Fund
  2007 Ed. (4549)
Managers AMG Burridge Small Cap Growth
  2006 Ed. (3649)
Managers Bond
  1997 Ed. (687, 2901)
  1999 Ed. (3537)
  2005 Ed. (3581)
  2006 Ed. (3684)
  2008 Ed. (597)
  2009 Ed. (623)
Managers Capital Appreciation
  2000 Ed. (3241)
Managers/Executives
  2000 Ed. (1787)

Managers Fixed Income
  1994 Ed. (2608)
Managers Fixed Income Institutional
  2008 Ed. (597)
Managers Global Bond
  2000 Ed. (3292)
Managers (health and medicine)
  1991 Ed. (2629)
Managers Income Equity
  1997 Ed. (2885)
Managers Intermediate Duration U.S. Government
  2008 Ed. (605)
Managers Intermediate Mortgage
  1994 Ed. (2609, 2620)
  1995 Ed. (2744)
Managers International Equity
  1995 Ed. (2738)
  1996 Ed. (2804)
  1997 Ed. (2883)
  1999 Ed. (3568)
Managers (marketing, advertising and PR)
  1991 Ed. (2630)
Managers, mid- & lower-level
  1999 Ed. (3854)
Managers, general & operations
  2005 Ed. (3621, 3625, 3629)
  2007 Ed. (3720, 3721, 3723)
Managers, general operations
  2005 Ed. (3631)
Managers PIMCO Bond
  2011 Ed. (518)
Managers Share Int. Fixed Inc.
  1994 Ed. (2619)
Managers Short & Intermediate Bond
  1995 Ed. (2682)
Managers Special Equity
  1999 Ed. (3577)
Managing
  2011 Ed. (534)
Managing Automation
  2009 Ed. (4759)
Managing with a Conscience
  2013 Ed. (618)
Managing Information Systems 3
  2023 Ed. (4749)
Managua, Nicaragua
  1992 Ed. (2280)
Manajans Thompson
  1989 Ed. (170)
  1990 Ed. (159)
  1991 Ed. (158)
  1992 Ed. (217)
  1993 Ed. (143)
  1994 Ed. (124)
  1995 Ed. (134)
  1996 Ed. (148)
  1997 Ed. (154)
  1999 Ed. (164)
  2000 Ed. (183)
Manalapan, FL
  2018 Ed. (3106)
Manama, Bahrain
  2011 Ed. (2628)
  2014 Ed. (2640)
  2015 Ed. (2683)
  2016 Ed. (2600)
  2017 Ed. (2529)
  2018 Ed. (2603)
  2019 Ed. (2583)
  2020 Ed. (2575)
Manamis
  2023 Ed. (3558)
Manana Para Siempre
  2011 Ed. (2948)
Manappuram Finance
  2018 Ed. (1611)
Manasquan Bank
  2023 Ed. (548)
Manatee County, FL
  1993 Ed. (2939)
Manatee Memorial Hospital
  1998 Ed. (1989)
  1999 Ed. (2747)
  2002 Ed. (2620)
  2012 Ed. (1491)
  2013 Ed. (1621)
Manatee Memorial Hospital & Health System
  2000 Ed. (2527)
Manatt, Phelps & Phillips
  1996 Ed. (2454)
  1998 Ed. (2330)
  1999 Ed. (3153)
  2001 Ed. (567)
  2012 Ed. (3364, 3366, 3375)
Manatt Phelps & Phillips LLP
  2000 Ed. (2899)
  2002 Ed. (3059)
  2005 Ed. (1437)
  2011 Ed. (3410)
  2012 Ed. (3427)
  2013 Ed. (3438)
  2014 Ed. (3437)
Manaus, Brazil
  2009 Ed. (257)
  2013 Ed. (164)

Mancan
  2022 Ed. (2380)
  2023 Ed. (2542)
Mancari's Chrysler-Plymouth
  1996 Ed. (269)
Mancha Development
  2002 Ed. (2560)
Manchester
  1991 Ed. (2650)
  1992 Ed. (1031)
  1993 Ed. (2747)
  1996 Ed. (2879)
  2000 Ed. (3375)
Manchester Airport
  1995 Ed. (197)
Manchester Arena
  2014 Ed. (1101)
  2017 Ed. (1085)
  2018 Ed. (1009)
  2019 Ed. (1012)
Manchester Business School
  2009 Ed. (820)
  2010 Ed. (729)
  2011 Ed. (682)
  2012 Ed. (620)
  2013 Ed. (766)
  2014 Ed. (791)
  2015 Ed. (834)
Manchester City
  2014 Ed. (4494)
  2015 Ed. (4492)
  2016 Ed. (4404, 4405)
  2017 Ed. (4414, 4415)
  2018 Ed. (4433, 4434)
  2019 Ed. (4433, 4434)
  2020 Ed. (4422, 4423)
  2022 Ed. (4428, 4430)
Manchester City (England)
  2022 Ed. (4430)
Manchester City FC
  2022 Ed. (4427)
Manchester City FC (England)
  2022 Ed. (4428)
Manchester, England
  2000 Ed. (3374)
  2009 Ed. (2327)
  2010 Ed. (2256)
  2011 Ed. (2263)
  2012 Ed. (2131)
  2019 Ed. (2175)
  2020 Ed. (2208)
Manchester Equipment
  1990 Ed. (1140)
  1991 Ed. (1038)
  2000 Ed. (1167, 3000)
Manchester Evening News
  2002 Ed. (233, 3516)
Manchester Evening News Arena
  2010 Ed. (1129)
  2012 Ed. (997)
  2013 Ed. (1140)
Manchester Farms
  2023 Ed. (2938)
Manchester Financial Corp.
  2000 Ed. (330)
Manchester Financial Group
  1999 Ed. (318)
Manchester Grammar School
  1999 Ed. (4145)
Manchester Grand Hyatt San Diego
  2018 Ed. (3079)
Manchester-Nashua, NH
  1989 Ed. (1903)
  1990 Ed. (2485, 3046)
  1991 Ed. (2008, 2891)
  1992 Ed. (2582, 2585, 3735)
  1993 Ed. (3044)
  2006 Ed. (4024)
  2007 Ed. (4057)
Manchester, NH
  1990 Ed. (1466)
  1994 Ed. (951, 966, 3326)
  1999 Ed. (3367)
  2001 Ed. (2802)
  2002 Ed. (395, 1801)
  2005 Ed. (3325)
  2013 Ed. (4785, 4786)
  2016 Ed. (710)
  2017 Ed. (771, 3406)
  2018 Ed. (705)
  2021 Ed. (716, 3339)
  2023 Ed. (952)
Manchester Partners
  2001 Ed. (555)
Manchester Ship Canal Co.
  1992 Ed. (1627)
Manchester Stadium; City of
  2013 Ed. (4487)
Manchester, UK
  2005 Ed. (883)
  2023 Ed. (847)
Manchester Union Leader
  1989 Ed. (2063)
  1990 Ed. (2709)
Manchester United
  2002 Ed. (4307)
  2003 Ed. (747)
  2005 Ed. (4391, 4449, 4887)

2006 Ed. (4398)
  2007 Ed. (704, 725, 4465, 4922)
  2008 Ed. (669, 670, 671, 676, 697, 4454)
  2009 Ed. (678, 684, 705, 4493, 4521)
  2010 Ed. (4535)
  2011 Ed. (4473)
  2012 Ed. (551, 4488, 4521)
  2013 Ed. (4457, 4458, 4481)
  2014 Ed. (4494)
  2015 Ed. (4492)
  2016 Ed. (4404, 4405)
  2017 Ed. (4414, 4415, 4473, 4474)
  2018 Ed. (4433, 4434, 4492, 4493)
  2019 Ed. (4433, 4434, 4485, 4486)
  2020 Ed. (4422, 4423)
  2022 Ed. (4428, 4430)
Manchester United (England)
  2022 Ed. (4430)
Manchester United FC
  2022 Ed. (4427)
Manchester United FC (England)
  2022 Ed. (4428)
Manchester United plc
  2001 Ed. (4301)
  2006 Ed. (2945, 3274)
Manchester; University of
  2007 Ed. (812)
  2010 Ed. (1025)
  2015 Ed. (4222)
Manchu Wok
  1997 Ed. (3338)
  1999 Ed. (4060)
  2000 Ed. (3776)
  2002 Ed. (2242)
  2003 Ed. (2441)
  2005 Ed. (2552, 2566)
  2008 Ed. (2674)
  2014 Ed. (2624)
Manchu Wok Canada Inc.
  2014 Ed. (4284)
Manchurian Candidate
  2007 Ed. (3641)
Mancini Co. Inc.; B. T.
  1990 Ed. (1205)
Mancini Duffy
  2005 Ed. (3164)
  2006 Ed. (3163)
  2007 Ed. (3197)
  2008 Ed. (3339)
  2009 Ed. (3412)
  2021 Ed. (3148)
Manco
  2016 Ed. (26)
  2023 Ed. (69)
Manco Abbott Inc.
  2010 Ed. (1521)
  2011 Ed. (1513)
Manco Compartamos SA
  2009 Ed. (2714)
Mancozeb
  1990 Ed. (2813)
Mancuso; Michael
  2006 Ed. (944)
  2007 Ed. (1039)
M&A Capital Partners
  2017 Ed. (1693)
  2018 Ed. (1651)
  2022 Ed. (1652)
M&A Securities Group Inc.
  2018 Ed. (1655)
Mandalay Bay Events Center
  2006 Ed. (1156)
  2010 Ed. (1130)
  2011 Ed. (1073)
  2014 Ed. (1102)
  2018 Ed. (1010)
Mandalay Bay Resort & Casino
  2004 Ed. (2945)
  2005 Ed. (2519)
  2018 Ed. (1277, 3079)
Mandalay Corp.
  2003 Ed. (1778)
  2004 Ed. (1813)
  2005 Ed. (1896)
  2006 Ed. (1923)
  2007 Ed. (1907)
  2008 Ed. (1968)
  2009 Ed. (1923)
Mandalay Resort Group
  2001 Ed. (2272, 2273, 2778)
  2002 Ed. (2630, 2638)
  2003 Ed. (1779, 2337, 2340, 2844, 2846)
  2004 Ed. (1814, 2716, 2717, 2936, 2937)
  2005 Ed. (247, 1897, 2709, 2710, 2927, 2929)
  2006 Ed. (266, 1924, 2685, 2930, 2932)
  2014 Ed. (1845)
  2016 Ed. (1844)
Mandarich; David D.
  2007 Ed. (2509, 2511)
Mandarin
  2000 Ed. (2890)
Mandarin Library Automation Inc.
  2004 Ed. (3257)
  2005 Ed. (3288)
  2006 Ed. (3278)

Mandarin Orange Slice
1990 Ed. (3314)
Mandarin Oriental
1990 Ed. (2071, 2096, 2100)
1991 Ed. (1956)
1992 Ed. (2509, 2510, 2512)
1993 Ed. (2102)
1995 Ed. (2156, 2161, 2175)
1996 Ed. (2174, 2188, 2189)
1997 Ed. (2289, 2294, 2307, 2309)
1998 Ed. (577, 2002, 2018, 2032, 2037)
1999 Ed. (2771, 2773, 2775)
2000 Ed. (1446, 1451, 2546, 2548, 2552)
2008 Ed. (2277)
2013 Ed. (3103)
Mandarin Oriental Dhara Dhevi
2013 Ed. (3104)
Mandarin Oriental Hotel, San Francisco
1990 Ed. (2079)
Mandarin Oriental International Ltd.
2012 Ed. (1545)
Mandarine
2001 Ed. (82)
Mandarins
1992 Ed. (2110)
Mandate
1992 Ed. (3366)
Mandatory Provident Fund
2005 Ed. (3225)
Mandatum Life
2022 Ed. (641)
M&C Music
2020 Ed. (3674)
2021 Ed. (3680)
M&C Saatchi
2013 Ed. (56)
2014 Ed. (73)
2015 Ed. (66)
Mandee
2008 Ed. (4547)
Mandel, Jr.; Stephen
1991 Ed. (1691)
Mandel; Morton L.
1990 Ed. (1717)
1991 Ed. (1624)
1992 Ed. (2054)
Mandel; Stan
2005 Ed. (796)
2006 Ed. (703)
Manderson Graduate School of Business; University of Alabama-Tuscaloosa
2010 Ed. (734)
Mandeville; Robert L.
1991 Ed. (3209)
M&G
2022 Ed. (3229)
M&G Recovery Cap
2000 Ed. (3306)
M&G Recovery Geared Unit
2000 Ed. (3301)
M&G Recovery Inc.
2000 Ed. (3303, 3306)
Mandiant
2016 Ed. (4770)
Mandich; Donald
1990 Ed. (974)
1991 Ed. (927)
Mandile/Knapp Team
2018 Ed. (4110)
Mandiri
2015 Ed. (753)
2016 Ed. (678)
2017 Ed. (708)
Mandiri; Bank
2005 Ed. (526, 540)
2006 Ed. (456, 1770)
2007 Ed. (468, 1779)
2008 Ed. (351, 433, 1810)
2009 Ed. (1758)
M&K MacLeod
2019 Ed. (2072)
Mandle; Ronald
1989 Ed. (1418, 1419)
1991 Ed. (1673)
1995 Ed. (1804)
1996 Ed. (1778)
1997 Ed. (1853)
M&M
1989 Ed. (2505, 2506, 2507)
M&M Communications
2000 Ed. (179)
M&M Electric Co.
2018 Ed. (4969)
M&M/Mars
1999 Ed. (1021, 1022)
2000 Ed. (970, 971)
M&M's
2018 Ed. (744)
2019 Ed. (765)
2020 Ed. (753, 756, 757, 758)
2021 Ed. (773, 777, 778, 779)
2022 Ed. (807, 808, 809)
2023 Ed. (1011, 1013)
M&Ms
1999 Ed. (1016, 1025, 1130, 1131, 1132)
M&M's Pretzel
2013 Ed. (3831)

Mando
1999 Ed. (280)
Mando American Corp.
2008 Ed. (313)
2009 Ed. (335)
Mandom Corp.
2019 Ed. (3760)
M&P Mercury Sales Ltd.
2019 Ed. (646)
2020 Ed. (627)
2021 Ed. (583)
2022 Ed. (611)
2023 Ed. (850)
Mandresh; Daniel
1989 Ed. (1416)
1991 Ed. (1676)
1993 Ed. (1803)
1994 Ed. (1787, 1833)
1995 Ed. (1796, 1797, 1825)
1996 Ed. (1803)
1997 Ed. (1876)
M&T Bank
2020 Ed. (489)
2021 Ed. (334, 344)
2022 Ed. (346, 356, 362, 519, 1793)
2023 Ed. (421, 448, 472, 743, 1918, 2350)
M&T Bank Corp.
2018 Ed. (335, 1777, 1778, 1794)
2019 Ed. (338, 1837)
2020 Ed. (1778, 1780, 4159)
2021 Ed. (507)
M&T Insurance Agency Inc.
2020 Ed. (3161)
Mandy Moore
2003 Ed. (2331)
2004 Ed. (2411)
Maneb
1990 Ed. (2813)
Manetta; R. L.
2006 Ed. (2519)
Manfred Abraham
2023 Ed. (1309)
Manfred Gingl
2005 Ed. (3857)
2006 Ed. (2528, 3920)
2007 Ed. (3974)
2008 Ed. (3997)
2009 Ed. (4071)
Manfred Schreyer & Associates, Inc.
1998 Ed. (3480)
Manfredi Motor Transit Co.
2002 Ed. (4547)
Mangalore Refinery & Petrochemicals
2006 Ed. (3384)
2007 Ed. (1582)
2017 Ed. (1630)
Manganello; Tim
2010 Ed. (903)
Manganello; Timothy
2007 Ed. (965)
2014 Ed. (940)
2015 Ed. (2639)
Manganello; Timothy M.
2009 Ed. (946)
Manganese compounds
2000 Ed. (3562)
Mangnetex
2000 Ed. (1734)
Mango
2009 Ed. (676)
2012 Ed. (559, 672, 4629)
2013 Ed. (668)
Mango Languages
2014 Ed. (2334)
Mango Publishing
2020 Ed. (4063)
2021 Ed. (4035)
2022 Ed. (4055)
Mangoes guavas
1993 Ed. (1749)
Mangos
2004 Ed. (2694)
2005 Ed. (2694)
2006 Ed. (2669)
2007 Ed. (2652)
Mangrove Ltd.
2011 Ed. (3247)
Mangrove Partners
2019 Ed. (2886)
Manhaden
2001 Ed. (2440)
2003 Ed. (2490)
2004 Ed. (2622)
2005 Ed. (2611)
2006 Ed. (2610)
2007 Ed. (2585)
2008 Ed. (2722)
2009 Ed. (2777)
2010 Ed. (2709)
2011 Ed. (2695)
Manhasset Mitsubishi
1991 Ed. (287)
1992 Ed. (392)
1993 Ed. (278)
1995 Ed. (280)
1996 Ed. (280)

Manhattan
1992 Ed. (3385)
1996 Ed. (1005)
2001 Ed. (1921, 1922, 1923, 1924, 4424)
Manhattan Associates
2016 Ed. (1001, 1600)
2018 Ed. (967, 1561)
2022 Ed. (4530)
2023 Ed. (4546)
Manhattan Associates Inc.
2001 Ed. (4425)
2002 Ed. (1992, 4502)
2003 Ed. (1123, 2189)
2004 Ed. (2214, 2773, 3317)
2005 Ed. (4613)
2006 Ed. (4646)
2008 Ed. (4576, 4577)
2010 Ed. (4648, 4649)
2011 Ed. (4597, 4598)
2012 Ed. (4607)
2013 Ed. (4557)
2014 Ed. (4613)
2015 Ed. (4610)
2016 Ed. (4531)
2017 Ed. (4526)
2018 Ed. (4552)
2019 Ed. (4541)
2020 Ed. (4548)
2021 Ed. (4526)
Manhattan Bagel
1997 Ed. (326, 3330, 3650)
1998 Ed. (1760, 1761, 3060, 3062, 3070, 3071, 3412)
1999 Ed. (4049, 4058, 4059)
2002 Ed. (424)
Manhattan Bagels
2014 Ed. (4304)
Manhattan Banking Corp.
2015 Ed. (380)
Manhattan Beach Savings & Loan Association
1990 Ed. (3585)
Manhattan Beer
2003 Ed. (659)
Manhattan Beer Distributors Inc.
2001 Ed. (680)
Manhattan Beer Distributors LLC
2004 Ed. (666)
2005 Ed. (653)
2006 Ed. (553)
2007 Ed. (593)
2008 Ed. (538)
2009 Ed. (572)
2010 Ed. (554)
2011 Ed. (481)
2012 Ed. (437)
2013 Ed. (551)
Manhattan Brewing Co.
1989 Ed. (758)
1992 Ed. (927)
Manhattan Bridge
1997 Ed. (726)
Manhattan & Bronx Surface Transportation
1992 Ed. (3265)
Manhattan Cable TV, Time Warner
1995 Ed. (878)
Manhattan College
1992 Ed. (1269)
1994 Ed. (1044)
1995 Ed. (1052)
1996 Ed. (1037)
1997 Ed. (1053)
Manhattan Communications
1999 Ed. (138)
2001 Ed. (193)
2002 Ed. (164)
2003 Ed. (132)
Manhattan Communications (Burnett)
2000 Ed. (155)
Manhattan Construction Co.
2002 Ed. (1251, 1253, 1280)
2003 Ed. (1285, 1316)
2004 Ed. (1316)
2008 Ed. (1242)
2009 Ed. (1314)
2010 Ed. (1308)
2011 Ed. (1269)
2020 Ed. (2523)
Manhattan Construction Group
2014 Ed. (1148)
2015 Ed. (1226)
2019 Ed. (1132, 1143)
2020 Ed. (1122, 1124, 1134)
2021 Ed. (1108, 1110, 1120)
2023 Ed. (1344, 1346, 1355)
Manhattan East Suite Hotels
1992 Ed. (2477)
1998 Ed. (2017)
Manhattan East Suites
1990 Ed. (2078)
Manhattan Industries
1989 Ed. (944)
Manhattan International
1991 Ed. (138)
1992 Ed. (3113, 3114)
1993 Ed. (2600, 2601)

Manhattan International Limousine
1995 Ed. (2616)
1996 Ed. (2692, 2693)
Manhattan Jeep-Eagle Inc.
1990 Ed. (330)
1991 Ed. (283)
1992 Ed. (388)
1993 Ed. (274)
1994 Ed. (273)
Manhattan, KS
2011 Ed. (3462, 3470)
2012 Ed. (4374)
2013 Ed. (3521)
2014 Ed. (3495)
2015 Ed. (3513)
2018 Ed. (2450)
Manhattan Minerals Corp.
2001 Ed. (1656)
Manhattan, NY
1990 Ed. (871)
1992 Ed. (1020)
1994 Ed. (831, 968)
1999 Ed. (3302)
Manhattan, NY (ATC)
1991 Ed. (835)
Manhattan, NY, downtown
1998 Ed. (1948)
Manhattan, NY, midtown
1998 Ed. (1948)
Manhattan Pakistan
1996 Ed. (124)
1997 Ed. (128)
Manhattan Savings Bank
1989 Ed. (506)
1993 Ed. (596, 3566)
1995 Ed. (3614)
ManhattanLife Insurance Co.
2022 Ed. (2574)
Manheim Auctions Inc.
2001 Ed. (4816, 4817)
2003 Ed. (4925, 4926)
Manheim Auto Auction
1991 Ed. (267)
1992 Ed. (373)
Manheim Digital
2014 Ed. (3213)
Manheim Interactive
2003 Ed. (2155)
Manheim Investments Inc.
2001 Ed. (4816)
2003 Ed. (4926)
2004 Ed. (4925)
2007 Ed. (4947)
Manheim Online
2001 Ed. (4767)
Manheim Realty
1992 Ed. (3613)
2000 Ed. (3710)
Mani Brothers Real Estate Group
2020 Ed. (4342)
2021 Ed. (4358)
2022 Ed. (4364)
Manias, Panics, & Crashes
2005 Ed. (711)
Manicuring products
2002 Ed. (3642)
Manidis Roberts
2012 Ed. (1332)
Manifatture Lane Gaetano Marzotto & Figli SpA
1991 Ed. (3356)
1992 Ed. (4280)
1999 Ed. (4593)
2000 Ed. (4243)
2004 Ed. (4716)
Manifest Distilling
2023 Ed. (227)
Manifesto
2000 Ed. (1679, 3845)
Manifesto Agency
2018 Ed. (54)
Manifold
2022 Ed. (3531)
2023 Ed. (3652)
Manifold business forms
1996 Ed. (3085)
Manifone
2019 Ed. (4610)
2020 Ed. (4586)
Maniilaq Association
2003 Ed. (1604, 2274, 2693)
Manila
1992 Ed. (1391)
Manila Banking
1989 Ed. (655)
1990 Ed. (670)
Manila Electric
1989 Ed. (1151)
1994 Ed. (2431, 2432)
1995 Ed. (1475)
1996 Ed. (2563, 2564, 3030)
1997 Ed. (3113, 3114)
1999 Ed. (3820, 3821)
2000 Ed. (1538, 1541, 3541, 3542)
2001 Ed. (1835, 1836)
2002 Ed. (3702, 3703)
2012 Ed. (1857)
2013 Ed. (2017)

2014 Ed. (1950, 4034, 4067)
2015 Ed. (1993)
2016 Ed. (1964)
Manila Electric Co.
2017 Ed. (1929)
2018 Ed. (1879, 2371)
2019 Ed. (2411)
Manila Electric Co.-A
1996 Ed. (3029)
Manila Electric Co.-B
1996 Ed. (3029)
Manila International Airport
1996 Ed. (194, 1599)
Manila Mining Corp.
2002 Ed. (3704)
Manila, Philippines
1995 Ed. (991)
2019 Ed. (2588)
2020 Ed. (2580)
Manila Water Co., Inc.
2018 Ed. (2267)
Manildra Group
2002 Ed. (3775)
2004 Ed. (2652)
2016 Ed. (1380)
2019 Ed. (1418, 3447)
2020 Ed. (1381, 2698)
2021 Ed. (2611)
2022 Ed. (2728)
Manilow; Barry
1991 Ed. (1041)
Manis; Justin
1995 Ed. (1858)
Manischewitz
1994 Ed. (2347)
2014 Ed. (3805)
2015 Ed. (3828)
The Manischewitz Co.
2020 Ed. (4451)
2021 Ed. (4450)
Manitex International
2014 Ed. (3143)
2015 Ed. (1692, 3204)
2016 Ed. (1644)
Manitoba
2001 Ed. (4110)
2006 Ed. (1750, 3238, 3786, 4668)
2007 Ed. (3783, 4688)
Manitoba Agricultural Services Corp.
2016 Ed. (1479)
Manitoba Blue Cross
2012 Ed. (1680)
2013 Ed. (1515)
2014 Ed. (1484)
2015 Ed. (1539)
Manitoba Civil Service Commission
2013 Ed. (1515)
Manitoba Hydro
2013 Ed. (2649)
2014 Ed. (1286, 1484)
2015 Ed. (1539)
2016 Ed. (1490)
2021 Ed. (2220)
2022 Ed. (2258)
2023 Ed. (2440)
Manitoba Hydro-Electric Board
1990 Ed. (1599)
1994 Ed. (1594, 1986)
1996 Ed. (1613, 2038)
1997 Ed. (1692, 2156)
2001 Ed. (1662)
2004 Ed. (2754)
2005 Ed. (2749)
2006 Ed. (2710)
2007 Ed. (2298, 2684, 2705)
2008 Ed. (2428, 2813, 2834)
2009 Ed. (2431, 2872, 2892)
2010 Ed. (2830)
2011 Ed. (2814)
2012 Ed. (2254, 2723, 2746)
2013 Ed. (2827)
2014 Ed. (2866)
2022 Ed. (1456, 4885)
2023 Ed. (4035)
Manitoba Liquor Control Commission
2014 Ed. (1484)
Manitoba Liquor & Lotteries
2015 Ed. (1539)
Manitoba Lotteries Corp.
2014 Ed. (1484)
2016 Ed. (3346)
Manitoba Pool Elevators
2001 Ed. (1499)
Manitoba Properties
1992 Ed. (3624)
Manitoba Public Insurance
2023 Ed. (3277)
Manitoba Public Insurance Corp.
1991 Ed. (2131)
2023 Ed. (3349)
Manitoba Telecom Services
2003 Ed. (2932)
2005 Ed. (2832)
2006 Ed. (1608)
2007 Ed. (2810, 4729)
2008 Ed. (1620, 2938, 4648)
2009 Ed. (4679, 4690)
2010 Ed. (1560, 4595, 4703)

2011 Ed. (4658)
Manitoba Telecom Services inc.
2016 Ed. (4560)
2017 Ed. (4573)
2018 Ed. (4591)
2019 Ed. (4605)
Manitoba Telecom Services Inc.
2013 Ed. (4615)
2014 Ed. (4660)
2015 Ed. (4657)
2016 Ed. (1290)
Manitoba Telecommunication Services
2015 Ed. (4706)
Manitoba Telephone System
1992 Ed. (4211)
1994 Ed. (3491)
1996 Ed. (3648)
1997 Ed. (3707)
Manitoba; University of
2008 Ed. (1074, 3642)
2010 Ed. (3433)
2011 Ed. (958)
Manitobah Mukluks
2017 Ed. (1489)
2018 Ed. (1458)
2019 Ed. (1487, 1500)
2020 Ed. (1458, 1468)
2021 Ed. (1457)
Manitou
2023 Ed. (4742)
Manitou BF
2020 Ed. (3110)
Manitou BF SA
2002 Ed. (2323)
2003 Ed. (4815)
2004 Ed. (4802)
Manitoulin Transport Group
2016 Ed. (4734)
Manitowoc
2016 Ed. (1056, 3451)
2017 Ed. (3353)
Manitowoc Co.
2017 Ed. (3027)
2018 Ed. (3141)
The Manitowoc Co., Inc.
1997 Ed. (1282)
2002 Ed. (1110, 1111)
2007 Ed. (3400)
2008 Ed. (3530)
2009 Ed. (858)
2010 Ed. (199, 1174, 1384, 2100, 2102, 2871)
2011 Ed. (2153, 3130)
2012 Ed. (2003)
2019 Ed. (2115)
Manitowoc Cranes
2019 Ed. (1023)
2020 Ed. (1018)
2021 Ed. (985)
2022 Ed. (1023)
2023 Ed. (1202)
Mankato, MN
2015 Ed. (3513)
2016 Ed. (3372)
Mankato-North Mankato, MN
2008 Ed. (3509)
Manley (AmBase Corp.); Marshall
1991 Ed. (2156)
Manley Brothers of Indiana, Inc.
1990 Ed. (3094)
Manley; Marshall
1990 Ed. (2282)
1992 Ed. (2713)
Manlowe; David
1997 Ed. (1862)
Manly Bands
2023 Ed. (1321)
Manly E. Gillis
1995 Ed. (1726)
Manmade fibers
2001 Ed. (1186)
Mann; Alfred
2006 Ed. (3898)
2007 Ed. (3949, 4892)
2008 Ed. (3979, 4829)
2009 Ed. (4850)
2010 Ed. (4856)
2011 Ed. (628, 4829)
Mann Educational; Horace
1994 Ed. (2229)
Mann Educators; Horace
1995 Ed. (2276, 2278)
1996 Ed. (2284, 2285)
1997 Ed. (2416, 2417)
Mann; Erica
2023 Ed. (1300)
Mann Frankfort Stein & Lipp
1998 Ed. (19)
1999 Ed. (24)
2000 Ed. (20)
Mann Judd
1992 Ed. (6)
Mann; Liz
2023 Ed. (1299)
Mann; Ralph G.
1992 Ed. (534)

Mann Theatres Corporation of California, Inc.
1990 Ed. (2610)
Manna
2018 Ed. (4201)
2019 Ed. (4230)
2020 Ed. (4228)
2021 Ed. (4192)
Manna Development Group
2020 Ed. (4226)
Manna Inc.
2002 Ed. (715)
2003 Ed. (213)
2004 Ed. (169)
2005 Ed. (172)
2006 Ed. (185)
2007 Ed. (191)
2008 Ed. (174, 175)
2009 Ed. (193, 194)
2010 Ed. (172, 175)
2011 Ed. (96, 100)
2012 Ed. (103, 107)
2013 Ed. (78, 86)
2015 Ed. (103, 109)
2016 Ed. (110, 117, 3596)
2017 Ed. (108, 3564)
2018 Ed. (119, 3615)
2019 Ed. (105, 1729, 3609)
2020 Ed. (100, 1675, 3581)
2022 Ed. (3661)
Mannan; Zahid
1996 Ed. (1908)
Mannatech
2001 Ed. (2015)
2006 Ed. (2042, 2745)
2008 Ed. (2337, 2863, 4352)
Mannesmann
1989 Ed. (1918)
1990 Ed. (2177)
1991 Ed. (2066)
1992 Ed. (2232)
1993 Ed. (1319, 1903, 2178, 2179)
1994 Ed. (1919, 2421, 2477)
1997 Ed. (1745, 2371)
1998 Ed. (2093)
1999 Ed. (277, 2853, 2854, 3286)
2000 Ed. (1439, 2624, 4130)
Mannesmann AG
1995 Ed. (2493, 2494)
1996 Ed. (1971, 2558)
1997 Ed. (1190, 2087, 2695)
1999 Ed. (2526)
2000 Ed. (3021)
2001 Ed. (1696, 1716, 1717, 3284)
2002 Ed. (2364, 2729, 2730, 3216, 3224, 3310, 4414, 4415, 4416, 4417)
2003 Ed. (4701)
Mannesmann Anlagenbau AG
1992 Ed. (1431)
1995 Ed. (1188)
Mannesmann Anlagenbau Aktien-Gesellschaft
1991 Ed. (2371)
Mannesmann Boge GmbH
2001 Ed. (393)
Mannesmann Group
1989 Ed. (1656)
1990 Ed. (2175)
Mannesmann Kienzle
1990 Ed. (2197)
Mannesmann Mobilfunk
2001 Ed. (3340)
Mannesmann Mobilfunk GmbH
2001 Ed. (1337)
Mannesmann VDO AG
2000 Ed. (2648)
2001 Ed. (2897)
2002 Ed. (2832)
2004 Ed. (3032)
Mannheim Business School
2011 Ed. (697)
2015 Ed. (827)
Mannheimer Swartling Advokatbyra
2004 Ed. (1416)
Mann+Hummel GmbH
2022 Ed. (3467)
The Mannik & Smith Group Inc.
2018 Ed. (2386)
2020 Ed. (2410, 2425)
Manning Brothers Food Equipment Co.
2017 Ed. (2686)
Manning; Eli
2012 Ed. (216)
2013 Ed. (189)
2016 Ed. (219)
2017 Ed. (216)
2018 Ed. (201)
Manning; James V.
1993 Ed. (1696)
1994 Ed. (1723)
Manning & Kass, Ellrod, Ramirez, Trester
2021 Ed. (3199)
Manning; Kenneth P.
2007 Ed. (2500)
2008 Ed. (2632)
2010 Ed. (2562)
Manning & Napier Advisor
2018 Ed. (3697)

Manning & Napier Advisors
2013 Ed. (616, 2635, 3819)
2016 Ed. (639, 640, 2555, 3678)
2017 Ed. (674, 2445, 3640, 3641)
2018 Ed. (634, 2493)
2019 Ed. (651, 652, 3684)
2020 Ed. (3687)
2022 Ed. (612, 3711, 3715, 3716)
Manning & Napier Advisors Inc.
2009 Ed. (2771)
Manning & Napier Advisors LLC
2013 Ed. (1947)
Manning & Napier Pro-Blend Max Term S
2023 Ed. (3821)
Manning & Napier Rainier International Discovery
2020 Ed. (4514)
Manning & Napier Rainier Intl Discv
2022 Ed. (4505, 4507)
Manning & Napier Rainier Intl Discv S
2022 Ed. (4505, 4507)
2023 Ed. (4522, 4525)
Manning & Napier Target 2050
2021 Ed. (3706, 3708)
Manning & Napier Target 2050 K
2021 Ed. (3706, 3708)
Manning & Napier Target 2055
2021 Ed. (3706, 3708)
Manning & Napier Target 2055 K
2021 Ed. (3706, 3708)
Manning & Napier Target 2060
2021 Ed. (3706, 3708)
Manning & Napier Target 2060 K
2021 Ed. (3706, 3708)
Manning & Napier Tax Managed
2011 Ed. (3724)
Manning & Napier World Opportunities
2009 Ed. (3807)
2010 Ed. (3735)
2011 Ed. (3737)
Manning; Peyton
2006 Ed. (292)
2009 Ed. (295, 296)
2013 Ed. (189)
2014 Ed. (192, 195)
2015 Ed. (222)
2016 Ed. (215, 219)
2017 Ed. (216)
2018 Ed. (201)
Manning PLC; J.
1991 Ed. (959)
1992 Ed. (1194)
Manning, Selvage & Lee
1989 Ed. (2259)
1990 Ed. (2917, 2919, 2920)
1991 Ed. (2775)
1992 Ed. (3556, 3558, 3559, 3563, 3565, 3567, 3569, 3570, 3574)
1993 Ed. (2928, 2929, 2931)
1994 Ed. (2945, 2947, 2950, 2952, 2955, 2962, 2966, 2968)
1995 Ed. (719, 3002, 3008, 3009, 3013, 3024, 3025, 3028)
1996 Ed. (3109, 3111, 3114, 3123, 3129)
1997 Ed. (3181, 3183, 3184, 3185, 3188, 3189, 3190, 3191, 3193, 3205, 3208)
1998 Ed. (444, 1472, 1545, 1712, 1902, 1926, 2934, 2936, 2940, 2941, 2942, 2943, 2944, 2947, 2951, 3353)
1999 Ed. (3908, 3910, 3913, 3916, 3918, 3919, 3920, 3921, 3926, 3927, 3928, 3931, 3943)
2000 Ed. (3628, 3632, 3635, 3636, 3637, 3638, 3643, 3658, 3659, 3662)
2001 Ed. (3933, 3939)
2002 Ed. (3808, 3810, 3837, 3838, 3839, 3860)
2003 Ed. (3995, 3999, 4008, 4018)
2004 Ed. (3979, 3980, 3981, 3998, 4001, 4004, 4007, 4014, 4020, 4031, 4037)
Manning Squires Hennig Co.
2009 Ed. (1167)
Manning Squires Hennig Co., Inc.
2015 Ed. (1923)
Manningham-Buller; Eliza
2021 Ed. (4933)
2022 Ed. (4928)
Mannington Mills Inc.
2018 Ed. (3452)
2019 Ed. (3423)
Mannis; Barry
1994 Ed. (1803)
1995 Ed. (1841)
1996 Ed. (1819)
1997 Ed. (1893)
Mannix; Fred
2005 Ed. (4863)
2012 Ed. (4878)
2013 Ed. (4860)
Mannix; Fred & Ron
2008 Ed. (4855)
2011 Ed. (4870)
Mannix; Ron
2005 Ed. (4863)
2012 Ed. (4878)
2013 Ed. (4860)
Manny Diaz
2013 Ed. (2963)

Manny Machado
 2020 Ed. (197)
Manny Mashouf
 2008 Ed. (4826)
Manny Pacquiao
 2010 Ed. (276)
 2011 Ed. (200)
 2012 Ed. (216)
 2014 Ed. (192)
 2017 Ed. (212, 220, 2380)
Manny Ramirez
 2003 Ed. (295)
 2006 Ed. (291)
Mannys
 2020 Ed. (3642)
 2021 Ed. (3647)
Manny's Music Store
 1993 Ed. (2640, 2641, 2642, 2643)
 1994 Ed. (2592, 2593, 2594, 2596)
 1995 Ed. (2673, 2674, 2675)
 1996 Ed. (2746, 2748)
 1997 Ed. (2861, 2863)
 1999 Ed. (3502)
 2000 Ed. (3220)
Manolete Partners
 2020 Ed. (2640)
Manolis
 1997 Ed. (2554)
Manoogian; Richard
 1990 Ed. (974)
 1991 Ed. (927)
 1992 Ed. (1144)
 1993 Ed. (939)
 1994 Ed. (948)
 1995 Ed. (981)
 1996 Ed. (965)
 2005 Ed. (984)
Manoogian; Richard A.
 1997 Ed. (981)
 2005 Ed. (975)
 2008 Ed. (944)
Manoogian Simone Foundation
 2001 Ed. (2519)
 2002 Ed. (2354)
The Manor
 1990 Ed. (3002)
 1991 Ed. (2860)
 1992 Ed. (3689)
 1994 Ed. (3055)
 1995 Ed. (3101)
 1996 Ed. (3195)
 1997 Ed. (3302)
 1998 Ed. (3049)
 1999 Ed. (4056)
 2007 Ed. (4123)
 2009 Ed. (4258)
 2010 Ed. (4198)
Manor Care Health Services
 1998 Ed. (2691)
Manor Care Inc.
 1989 Ed. (1579)
 1990 Ed. (1989, 1991, 2726)
 1991 Ed. (1892, 1893, 2625)
 1992 Ed. (2383, 2384, 2458)
 1993 Ed. (2018)
 1994 Ed. (2030, 2031, 2033, 2089)
 1995 Ed. (2081)
 1998 Ed. (1318)
 1999 Ed. (1552)
 2001 Ed. (2676, 2678, 2679)
 2002 Ed. (2451, 4354)
 2003 Ed. (2680, 2692)
 2004 Ed. (2796, 2926, 3701)
 2005 Ed. (2789, 2800, 2801, 2913, 2914, 3612)
 2006 Ed. (2759, 2776, 2795, 3727)
 2007 Ed. (2769, 2776, 2791, 3460, 3710)
 2008 Ed. (2888, 2899, 2901, 3634, 3801)
 2009 Ed. (1968, 2951, 2959, 3698)
 2010 Ed. (2888, 2902, 3057, 4093)
 2011 Ed. (2867, 3028, 4063)
 2012 Ed. (2953, 4096)
Manor Health Care
 1991 Ed. (1934)
 1993 Ed. (2073)
 1995 Ed. (2144)
 1996 Ed. (2155)
 1997 Ed. (2270)
Manor Healthcare Corp.
 1992 Ed. (2459, 3280)
 1995 Ed. (2801)
Manorama AG
 1994 Ed. (3660)
ManorCare Health Services
 1999 Ed. (3636)
Manpa
 1999 Ed. (1037)
MANPA SA CA
 2006 Ed. (792)
Manpacks
 2015 Ed. (2472)
Manpasand Beverages
 2019 Ed. (1641)
Manpower
 2014 Ed. (2548)
 2021 Ed. (2322, 2324)
 2022 Ed. (790, 2387, 2389)
 2023 Ed. (965, 2549, 2550)

Manpower, Blue Arrow/
 1991 Ed. (1146)
Manpower Demonstration Research Corporation
 1992 Ed. (1100)
Manpower of Detroit Inc.
 1999 Ed. (4575)
 2000 Ed. (4227)
Manpower France Sarl
 2004 Ed. (4411)
Manpower Group
 2014 Ed. (3783)
 2015 Ed. (4718)
 2018 Ed. (4348)
Manpower, Inc
 1992 Ed. (4025)
Manpower Inc.
 1991 Ed. (3113)
 1994 Ed. (3232, 3233)
 1995 Ed. (3367)
 1996 Ed. (1245, 1461, 3402, 3665)
 1997 Ed. (1530, 3497, 3724)
 1998 Ed. (1193, 3288, 3504)
 1999 Ed. (1751, 4572, 4573, 4574, 4576)
 2000 Ed. (1583, 4225, 4226, 4228, 4229, 4230)
 2001 Ed. (1067, 1068, 1589, 1901, 4501)
 2002 Ed. (911, 1797, 4595, 4596)
 2003 Ed. (803, 1855, 1856, 4390, 4393, 4717, 4718)
 2004 Ed. (844, 1078, 1891, 1892, 3750, 4693, 4694)
 2005 Ed. (818, 1082, 1084, 1624, 2017, 2018, 4668, 4669)
 2006 Ed. (743, 744, 745, 1078, 1079, 1503, 1506, 1511, 2120, 2121, 4293, 4720, 4721)
 2007 Ed. (837, 838, 839, 1219, 1532, 1536, 1540, 2068, 2069, 4362, 4742, 4743, 4744)
 2008 Ed. (803, 805, 806, 808, 846, 1092, 1516, 1520, 1524, 1895, 2176, 2177, 4663, 4664)
 2009 Ed. (827, 829, 830, 1447, 1450, 1454, 1676, 1858, 2159, 2160, 2161, 2162, 4704, 4705, 4706)
 2010 Ed. (775, 779, 1437, 1790, 1990, 2100, 2101, 2102, 4718, 4719, 4720)
 2011 Ed. (703, 1438, 1670, 2153, 2154, 2155, 4676, 4677, 4678, 4980)
 2012 Ed. (639, 640, 1580, 2003, 2004, 2005, 2007, 3850, 4528, 4691, 4692)
 2013 Ed. (779, 780, 2192, 2193, 2194, 2195, 4653, 4654)
 2014 Ed. (801, 802, 2123, 2126)
 2015 Ed. (845, 846, 2178, 2183)
 2016 Ed. (2158, 4358)
 2017 Ed. (2097, 4357)
 2018 Ed. (2052, 4358)
 2020 Ed. (2028)
Manpower Metro Detroit
 2001 Ed. (4502)
Manpower Staffing Services
 2002 Ed. (4598)
Manpower Technical
 1999 Ed. (4577)
Manpower Temporary Services
 2006 Ed. (2430)
ManpowerGroup
 2014 Ed. (2124)
 2015 Ed. (854, 2180, 2185)
 2016 Ed. (2156, 3716)
 2017 Ed. (2093, 3672)
 2018 Ed. (2049, 3727)
 2019 Ed. (2109, 2115, 3715)
 2020 Ed. (1338, 2024, 3757)
 2021 Ed. (1975)
 2022 Ed. (1312, 2020)
 2023 Ed. (997, 2118, 4498)
Manpowergroup
 2023 Ed. (1547)
ManpowerGroup Inc.
 2014 Ed. (2125, 4706)
 2015 Ed. (2181, 4717)
 2016 Ed. (740, 2153, 2157, 4473, 4620)
 2017 Ed. (2094, 4481, 4639)
 2018 Ed. (4500)
 2019 Ed. (2110, 4494, 4649)
 2020 Ed. (2025, 4478)
 2021 Ed. (1976, 4468, 4631)
 2022 Ed. (2021, 4481, 4649)
ManpowerGroup Inc. (U.S.)
 2021 Ed. (4468)
 2022 Ed. (4481)
Mansari
 2021 Ed. (4697)
Mansell Group
 2006 Ed. (106)
Mansell; Kevin
 2015 Ed. (2635)
Mansell; Nigel
 1996 Ed. (250)
Mansfield Energy
 2020 Ed. (1564, 3847)
 2021 Ed. (1546, 3812, 3813)
 2022 Ed. (1565, 3833)
 2023 Ed. (1738, 3929, 3930)

Mansfield Farms Group
 2019 Ed. (1146)
Mansfield News-Journal
 1989 Ed. (2053)
 1990 Ed. (2699)
 1991 Ed. (2599, 2608)
Mansfield, OH
 1993 Ed. (2115)
 2002 Ed. (2713)
 2005 Ed. (1059, 2381)
 2006 Ed. (1067, 2426)
 2009 Ed. (4349)
 2010 Ed. (2410)
Mansfield Oil Co., Inc.
 2009 Ed. (4004, 4139)
 2010 Ed. (3911, 4071)
 2011 Ed. (3146, 3930, 4043)
 2012 Ed. (3861, 3928, 4055, 4063, 4077)
 2013 Ed. (1652, 3926)
 2014 Ed. (1611, 3870)
 2015 Ed. (1661, 3897)
 2016 Ed. (1602, 3808)
 2017 Ed. (1581, 3764)
 2018 Ed. (1564, 3813)
 2019 Ed. (1596, 3787)
Mansion House Group
 1995 Ed. (2126)
Mansion House Hong Kong Trust
 1990 Ed. (2399)
Mansion House Securities
 1992 Ed. (2441)
Mansion on Turtle Creek
 1990 Ed. (2073, 2094, 2101)
 1992 Ed. (2512)
 1993 Ed. (2091)
 1995 Ed. (2156, 2175)
 1996 Ed. (2189)
 1997 Ed. (2307, 2309)
 1998 Ed. (2032, 2037)
 1999 Ed. (2761, 2793)
 2000 Ed. (2570)
Mansion on Turtle Creek, Dallas
 1990 Ed. (2079)
Manson Construction Co.
 2020 Ed. (1120)
 2023 Ed. (1342)
Manson; Mark
 1993 Ed. (1808)
 1994 Ed. (1791, 1825)
Manson on Turtle Creek
 1994 Ed. (2102, 2122)
Mansour Group
 2020 Ed. (1723)
 2022 Ed. (2558)
 2023 Ed. (2704)
Mansour; Mohamed
 2012 Ed. (4885)
 2013 Ed. (4869)
 2014 Ed. (4883)
 2015 Ed. (4906, 4921)
 2016 Ed. (4821, 4837)
 2017 Ed. (4845)
 2018 Ed. (4837, 4852)
 2019 Ed. (4847)
 2020 Ed. (4836)
 2021 Ed. (4837)
 2022 Ed. (4830)
 2023 Ed. (4825)
Mansour Travel Co.
 2009 Ed. (1530)
 2011 Ed. (1805)
 2012 Ed. (1663)
 2013 Ed. (1454)
 2014 Ed. (1415)
 2015 Ed. (1475)
 2016 Ed. (1402)
Mansour; Yasseen
 2012 Ed. (4885)
 2013 Ed. (4869)
 2014 Ed. (4883)
 2015 Ed. (4921)
 2016 Ed. (4837)
 2017 Ed. (4845)
 2018 Ed. (4852)
 2019 Ed. (4847)
 2020 Ed. (4836)
 2021 Ed. (4837)
 2022 Ed. (4830)
 2023 Ed. (4825)
Mansour; Youssef
 2012 Ed. (4885)
 2013 Ed. (4869)
 2014 Ed. (4883)
 2015 Ed. (4921)
 2016 Ed. (4837)
 2017 Ed. (4845)
 2018 Ed. (4852)
 2019 Ed. (4847)
 2020 Ed. (4836)
 2021 Ed. (4837)
 2022 Ed. (4830)
 2023 Ed. (4825)
Mansour bin Zayed Al Nahayan
 2010 Ed. (4914)
Mansueto; Joe
 2015 Ed. (4891)
 2016 Ed. (4809)

Mansutti
 2021 Ed. (3051)
Manta Inc.; J. J.
 1995 Ed. (1168)
Manta Inc.; J. L.
 1992 Ed. (1422)
 1993 Ed. (1135)
 1996 Ed. (1144)
 1997 Ed. (1172)
Manta Inc.; J.L.
 1994 Ed. (1142)
Manta.com
 2012 Ed. (659)
 2013 Ed. (798)
 2014 Ed. (815)
Mantana AG
 2016 Ed. (2015)
 2017 Ed. (1975)
Mantec Inc.
 2011 Ed. (3759)
ManTech International
 2018 Ed. (1256)
 2019 Ed. (1279, 1289)
 2021 Ed. (1250)
ManTech International Corp.
 2005 Ed. (1363, 1386)
 2006 Ed. (1355, 1376, 2250)
 2007 Ed. (1414)
 2008 Ed. (1371, 2156, 2289, 3643, 4606)
 2009 Ed. (1105)
 2010 Ed. (1346, 1419)
 2011 Ed. (1330, 1343, 1345, 4803, 4804, 4806)
 2012 Ed. (1196, 1210, 2783, 4823)
 2013 Ed. (1106, 1312, 1323, 4790, 4796, 4812)
 2014 Ed. (1257)
 2015 Ed. (1313)
 2016 Ed. (1229)
 2022 Ed. (1255)
Mantegazza; Sergio
 2008 Ed. (4875)
 2009 Ed. (4899)
 2010 Ed. (4898)
 2011 Ed. (4885)
 2012 Ed. (4894)
 2013 Ed. (4912)
 2014 Ed. (4922)
 2015 Ed. (4962)
Mantex
 1993 Ed. (854)
 1994 Ed. (868)
 1996 Ed. (884)
 1999 Ed. (1037)
Mantex, CA
 1991 Ed. (858)
Mantle, 1952; Mickey
 1991 Ed. (702)
Mantos
 1993 Ed. (3069)
Mantua Township, NJ
 1992 Ed. (2380)
Mantyla McReynolds
 2014 Ed. (3)
 2015 Ed. (3)
Mantz Automation Inc.
 2015 Ed. (3023, 3705, 5030)
Manu Bhaskaran
 1997 Ed. (1958, 1959)
Manu Kai
 2016 Ed. (1620)
 2017 Ed. (1596)
 2018 Ed. (1579)
 2019 Ed. (1615)
 2020 Ed. (1576)
Manu Kai LLC
 2011 Ed. (1682)
The Manual
 2005 Ed. (717)
Manual food
 1989 Ed. (2883)
 1990 Ed. (3665)
Manual foodservice
 2002 Ed. (4725)
Manual Woodworkers
 2007 Ed. (589)
 2009 Ed. (3183)
 2010 Ed. (3115)
Manual workers
 2007 Ed. (3737)
Manuchar
 2014 Ed. (889, 890)
 2015 Ed. (917, 918)
 2017 Ed. (876, 877)
 2018 Ed. (809, 810)
 2019 Ed. (826, 827)
 2020 Ed. (824, 825)
 2021 Ed. (843, 844)
 2022 Ed. (883, 884)
 2023 Ed. (1062, 1063)
Manuel Alonso-Poch
 1999 Ed. (3486)
Manuel D. Corral
 2017 Ed. (3594)
Manuel D. Medina
 1994 Ed. (2059, 2521, 3655)
Manuel J. Maloof
 1993 Ed. (2462)

CUMULATIVE INDEX • 1989-2023

Manuel Jove
  2008 Ed. (4874)
  2009 Ed. (4897)
  2010 Ed. (4896)
  2011 Ed. (4883)
  2012 Ed. (4892)
  2013 Ed. (4910)
  2014 Ed. (4920)
  2015 Ed. (4960)
  2021 Ed. (4870)
Manuel Lao Hernandez
  2016 Ed. (4876)
  2017 Ed. (4876)
  2018 Ed. (4888)
  2019 Ed. (4880)
Manuel Lopez
  1995 Ed. (2485)
Manuel Lujan Insurance Inc.
  2001 Ed. (2711)
  2002 Ed. (2557)
  2013 Ed. (2931, 2935)
  2014 Ed. (2954)
  2015 Ed. (2996, 3015)
Manuel Moroun
  2011 Ed. (4839)
  2012 Ed. (4843)
  2013 Ed. (4842)
  2015 Ed. (4895)
  2016 Ed. (4813)
  2017 Ed. (4824)
Manuel Perez de la Mesa
  2015 Ed. (974)
Manuel V. Pangilinan
  2010 Ed. (3967)
Manuel Villar
  2011 Ed. (4903)
  2018 Ed. (4878)
  2019 Ed. (4872)
  2020 Ed. (4861)
  2021 Ed. (4861)
  2022 Ed. (4856)
  2023 Ed. (4851)
Manuf. Brinq. Estrela
  1992 Ed. (42)
Manuf Franc Pneumatiq Michelin
  2000 Ed. (3829)
  2001 Ed. (4133)
  2002 Ed. (4068)
  2004 Ed. (4224)
Manufac. Homes
  1991 Ed. (225)
Manufacturas de Papel
  1999 Ed. (1036)
Manufacturas Tentebien SL
  2016 Ed. (2009)
Manufacture Francaise de Chaussures Eram
  1997 Ed. (2616)
Manufacture Francaise des Pneumatiques Michelin
  1994 Ed. (1358)
  1995 Ed. (1383)
Manufactured Home Communities Inc.
  1997 Ed. (2803)
  1998 Ed. (2518, 3001)
  1999 Ed. (3426)
  2000 Ed. (3152)
  2005 Ed. (1466)
Manufactured Housing Enterprises
  2010 Ed. (3523)
Manufactured products
  2001 Ed. (3311)
Manufacturer Hanover
  1992 Ed. (2984)
Manufacturer Manulife Account 2 Emerging Growth
  1994 Ed. (3610)
Manufacturers
  1992 Ed. (3830)
  2003 Ed. (4836)
Manufacturers Bank
  1989 Ed. (1805)
  1990 Ed. (2353)
  1991 Ed. (2245)
  1994 Ed. (556, 583)
  1995 Ed. (530)
  1996 Ed. (587, 3164)
  1997 Ed. (543, 2801)
  1998 Ed. (390, 2515)
  1999 Ed. (3423)
  2001 Ed. (609, 610, 611)
Manufacturers/Detroit
  1989 Ed. (2149, 2154, 2158)
  1990 Ed. (703)
Manufacturers Hanover
  1989 Ed. (366, 374, 375, 420, 421, 426, 560, 2446, 2455)
  1990 Ed. (416, 418, 454, 455, 464, 598, 599, 659, 796, 797, 801, 802, 1309, 2769, 3137, 3150, 3162, 3222, 3446)
  1991 Ed. (408, 411, 413, 555, 556, 635, 850, 1275, 1760, 2582, 2673, 2732, 3072, 3073, 3262, 3445)
  1992 Ed. (536, 572)
  1994 Ed. (1755)
  1996 Ed. (359)
Manufacturers Hanover Bank
  1991 Ed. (406, 1392, 2813)

Manufacturers Hanover Bank (Guernsey) Ltd.
  1991 Ed. (477)
  1992 Ed. (635)
Manufacturers Hanover Bank (Wilmington)
  1991 Ed. (496)
Manufacturers Hanover Consumer Service Group
  1990 Ed. (1759, 1763)
Manufacturers Hanover Securities Corp.
  1991 Ed. (3034, 3039)
Manufacturers Hanover Security Corp.
  1991 Ed. (3035)
Manufacturers Hanover Trust Co
  1994 Ed. (344, 401)
Manufacturers Hanover Trust & Co.
  1992 Ed. (507, 516, 804)
Manufacturers Hanover Trust Co.
  1989 Ed. (365, 425, 436, 510, 511, 512, 513, 2783)
  1990 Ed. (429, 461, 462, 465, 525, 526, 527, 528, 529, 629, 653)
  1991 Ed. (362, 369, 405, 409, 410, 412, 486, 487, 488, 489, 593, 628)
  1992 Ed. (505, 508, 513, 528, 537, 541, 542, 544, 545, 546, 549, 551, 552, 554, 556, 557, 560, 561, 564, 567, 568, 570, 673, 713, 714, 802, 1745, 1746, 1748, 2982, 2986, 3104, 3339, 3340, 3341, 3901)
  1993 Ed. (352, 354, 356, 357, 359, 380, 381, 383, 386, 387, 388, 389, 391, 392, 394, 396, 397, 400, 401, 404, 407, 408, 410, 411, 460, 525, 528, 554, 595, 1175, 1189, 1445, 1683, 1889, 2283, 2451, 2509, 2590, 2713, 2767, 2965, 2968, 3206)
Manufacturers Hanover Venture Capital Corp.
  1990 Ed. (3668)
  1991 Ed. (3443)
Manufacturers Hanover Wheelease, Inc.
  1990 Ed. (2620)
Manufacturers Indemnity & Insurance Co. of America
  1993 Ed. (851)
  1995 Ed. (906)
Manufacturers Industrial Group
  2008 Ed. (179, 3733)
Manufacturers Industrial Group LLC
  2013 Ed. (78)
Manufacturers Industrials Group LLC
  2009 Ed. (194)
Manufacturers Life
  1990 Ed. (2362)
  1991 Ed. (2086, 2110)
  1993 Ed. (2196, 2211, 2214, 2227, 2228)
  1996 Ed. (2313, 2316)
Manufacturers Life of America
  2001 Ed. (2935, 2936)
  2002 Ed. (2904)
Manufacturers Life Assurance
  1994 Ed. (986, 2263)
Manufacturers Life, Canada
  1989 Ed. (1684, 1685, 1688)
  1990 Ed. (2237)
Manufacturers Life Director 2000 (VA)
  1991 Ed. (2155)
Manufacturers Life - Director 2000 (VL)
  1991 Ed. (2149)
Manufacturers Life Insurance
  2014 Ed. (1476, 3323)
Manufacturers Life Insurance Co.
  2013 Ed. (3295, 3296, 3298)
  2023 Ed. (1646)
The Manufacturers Life Insurance Co.
  1989 Ed. (923)
  1990 Ed. (2241)
  1991 Ed. (2094, 2101, 2102)
  1992 Ed. (1186, 2658, 2669, 2670, 2672, 2673)
  1996 Ed. (2325)
  1997 Ed. (2441, 2446)
  1998 Ed. (3654)
  1999 Ed. (2940, 2942, 3068)
  2007 Ed. (1634)
  2008 Ed. (1641)
  2009 Ed. (1575, 2059)
  2010 Ed. (1998, 4058)
  2011 Ed. (2059, 4036)
  2012 Ed. (1905, 3244, 4069)
  2013 Ed. (1507, 1512)
  2014 Ed. (1481)
  2016 Ed. (1474)
  2017 Ed. (1476)
  2020 Ed. (1455)
  2022 Ed. (1461)
Manufacturers Life Insurance Co. Canada
  1995 Ed. (2302, 2303, 2311)
Manufacturers Life Insurance (USA)
  2001 Ed. (2935)
Manufacturers Life Manulife "2" Emerging Growth Equity
  1995 Ed. (3689)
Manufacturers Life, Ontario
  1989 Ed. (2150)
Manufacturers Life - The Manufacturers
  1991 Ed. (2149)

Manufacturers Life - The Manufacturers Variable Annuity
  1991 Ed. (2149)
Manufacturers Life (USA)
  1996 Ed. (2324)
  2002 Ed. (2904)
Manufacturers National Bank
  1989 Ed. (621)
  1990 Ed. (636)
  1992 Ed. (520, 524, 539, 779, 2985)
Manufacturers National Bank of Detroit
  1990 Ed. (2320)
  1992 Ed. (2773, 4073)
  1993 Ed. (358, 377, 568, 1184, 1189, 2417, 3279, 3392)
Manufacturers National Bank-Detroit
  1991 Ed. (608, 2205, 2209, 2221, 2237)
Manufacturers National Corp.
  1989 Ed. (625)
  1990 Ed. (444, 449, 3250)
  1991 Ed. (377, 389)
  1992 Ed. (526)
Manufacturers National/Detroit
  1989 Ed. (2126)
  1990 Ed. (2330)
Manufacturers' Services Ltd.
  1998 Ed. (933)
  2001 Ed. (1458, 1459)
  2002 Ed. (1226, 2083)
  2003 Ed. (2247)
  2004 Ed. (1084, 1112, 2238, 2241, 2259, 2260, 2859, 3003, 3419)
  2005 Ed. (1272, 1274, 1275, 1277, 3394)
  2006 Ed. (1231, 1233)
Manufacturers & Traders Trust Co.
  1994 Ed. (2550)
  1997 Ed. (378)
  1998 Ed. (298, 299, 418)
  1999 Ed. (402)
  2000 Ed. (401)
  2002 Ed. (1120)
  2003 Ed. (1055)
  2004 Ed. (1064)
  2005 Ed. (1068)
  2006 Ed. (1076)
  2007 Ed. (377, 1184)
  2012 Ed. (882)
  2013 Ed. (289, 1041)
  2014 Ed. (305, 1006)
  2015 Ed. (341, 1042)
  2016 Ed. (336, 951, 952)
  2021 Ed. (391)
  2022 Ed. (404)
Manufacturers & Traders Trust Company
  2020 Ed. (3163)
  2023 Ed. (526)
Manufactures indemnity & Insurance Co. of America
  1994 Ed. (864)
Manufacturing
  1989 Ed. (1866)
  1992 Ed. (4482)
  1993 Ed. (2130)
  1994 Ed. (803, 1625, 2160)
  1995 Ed. (2203, 2670, 3785, 3789)
  1996 Ed. (2063, 2663, 2908, 3458, 3874)
  1997 Ed. (1076, 1644, 2018, 2220, 2378, 2556)
  1998 Ed. (1933)
  1999 Ed. (2009, 2679, 2864, 2865, 2933, 3008, 4554, 4821)
  2000 Ed. (200, 2464, 2627)
  2001 Ed. (2175, 2176, 2703, 2706, 2707, 2844, 3560, 3561, 4609)
  2002 Ed. (2543, 2547, 2551, 2553, 2554, 4193, 4619)
  2003 Ed. (2269, 2753, 2754, 4445, 4446, 4447, 4835)
  2005 Ed. (2839, 2841)
  2006 Ed. (2833, 3762)
  2007 Ed. (2523, 3732, 3733)
  2008 Ed. (2957, 4216)
  2009 Ed. (3866, 3867)
Manufacturing and productivity costs
  1998 Ed. (2039)
Manufacturing & distribution, consumer products
  1999 Ed. (1008)
Manufacturing engineer
  1990 Ed. (3701)
Manufacturing Engineering
  2009 Ed. (4759)
  2010 Ed. (4769)
  2011 Ed. (4721)
  2012 Ed. (4742)
Manufacturing Engineering Systems, Inc.
  2002 Ed. (2513)
Manufacturing equipment
  1993 Ed. (2410)
Manufacturing, fabrication, or warehouse facilities
  2002 Ed. (4722, 4723)
Manufacturing-Industries/equipment/products
  1990 Ed. (167)
Manufacturing News Directories
  2010 Ed. (4769)

Manufacturing, primary
  2003 Ed. (4445, 4446, 4447)
Manufacturing smart systems
  1996 Ed. (2104)
Manufacturing Technology Inc.
  1998 Ed. (2514)
  1999 Ed. (3422)
Manufatura Brinquedo Estrela
  1991 Ed. (19)
Manufatura Brinquedos Estrela
  1990 Ed. (24)
Manugistics Group Inc.
  2004 Ed. (2214, 3317)
  2005 Ed. (3039)
  2006 Ed. (3042)
Manugistics Inc.
  1999 Ed. (4525)
  2001 Ed. (4425)
  2002 Ed. (1992)
  2003 Ed. (2157, 2174)
Manulife
  2021 Ed. (609, 3050, 3071)
  2022 Ed. (1449, 2341, 3184, 3207)
  2023 Ed. (1637, 3277, 3301)
Manulife Cabot Blue Chip
  2001 Ed. (3469, 3470, 3471)
Manulife Cabot Canadian Equity
  2001 Ed. (3469, 3470, 3471)
Manulife Cabot Global Equity
  2001 Ed. (3467)
Manulife Emerging Growth Equity
  1989 Ed. (261)
Manulife Financial
  2013 Ed. (645, 1505, 3297)
  2014 Ed. (1460, 1476, 3323, 3339)
  2015 Ed. (1516, 1532, 1732, 3363, 3373)
  2016 Ed. (1457, 3242)
  2017 Ed. (1466, 1480, 1658, 3198)
  2018 Ed. (1447, 1457, 3281)
  2019 Ed. (1477, 1486, 3205, 3235)
  2020 Ed. (554, 1442, 1457, 3247)
  2021 Ed. (1441, 3090)
  2022 Ed. (1463, 1625, 3231)
  2023 Ed. (1648, 3320)
Manulife Financial Capital Trust
  2008 Ed. (1627, 1647, 1649, 1653)
Manulife Financial Corp.
  1994 Ed. (2325)
  1996 Ed. (2326)
  1997 Ed. (1011, 2454, 2455)
  1999 Ed. (2959)
  2000 Ed. (2265, 2667)
  2001 Ed. (1253)
  2002 Ed. (1605, 2268, 2835, 3702, 3952)
  2003 Ed. (1629, 1631, 1635, 1636, 2482)
  2004 Ed. (1668, 1670)
  2005 Ed. (1562, 1710, 1720, 1722, 1723, 1725)
  2006 Ed. (1419, 1423, 1441, 1445, 1598, 1600, 1612, 1614, 1618, 1619, 1620, 1621, 3899)
  2007 Ed. (1489, 1617, 1625, 1626, 1630, 1633, 1634, 1782, 2573, 3129, 3156, 3157)
  2008 Ed. (1615, 1624, 1626, 1635, 1639, 1641, 1642, 1644, 1645, 1646, 1745, 3284, 3306, 3307, 3308)
  2009 Ed. (1549, 1550, 1551, 1555, 1563, 1564, 1570, 1572, 1574, 1575, 1577, 1578, 1727, 3313, 3341, 3368, 3369, 3370, 3371, 3376)
  2010 Ed. (1542, 1543, 1544, 1551, 1553, 1559, 1561, 1562, 1675, 3306, 3307, 3308, 3312)
  2011 Ed. (1544, 1545, 1546, 1553, 1554, 1557, 1684, 1840, 3268, 3269, 3270, 3273, 3275)
  2012 Ed. (1390, 1391, 1398, 1402, 1403, 1535, 1578, 3226, 3239, 3241, 3242, 3243, 3248, 3249)
  2013 Ed. (1493, 1501, 1511, 3279, 3280, 3286, 3318, 3320, 3321, 3325)
  2014 Ed. (1461, 1468, 1479, 3305, 3306, 3311, 3335, 3336, 3337, 3341)
  2015 Ed. (1517, 1535, 1544, 1555, 3351, 3357, 3371, 3376)
  2016 Ed. (1482, 3189, 3218, 3219, 3234, 3236, 3238, 3240, 3245)
  2017 Ed. (1467, 1468, 3139, 3140, 3175, 3176, 3191, 3192, 3194, 3196, 3201)
  2018 Ed. (1448, 1449, 1453, 3230, 3258, 3259, 3278)
  2019 Ed. (1478, 1479, 3170, 3171, 3203, 3204, 3231)
  2020 Ed. (1445, 2591, 3184, 3185, 3200, 3201, 3224, 3225)
  2021 Ed. (1442, 1443, 3054)
  2022 Ed. (1450, 1451, 2650, 3189, 3230)
  2023 Ed. (1638, 3278, 3281, 3319)
Manulife Financial Corporation
  2022 Ed. (3190)
  2023 Ed. (3282)
Manulife Mawer Tax-Managed Growth Fund Advisor
  2010 Ed. (2556)
Manulife Vent Vantage Manu Inv Tr Strategic Bond
  2000 Ed. (4329)

Manuscript Group
  2023 Ed. (2115, 2413)
Manusell
  2000 Ed. (1821)
Manusell Group
  1996 Ed. (1667)
Manville Corp.
  1989 Ed. (418, 822, 823, 1053, 1516, 2648)
  1990 Ed. (835, 836, 837, 1300, 1303, 1902)
  1991 Ed. (798, 799, 800, 1009, 1221, 3228)
  1992 Ed. (979, 1286, 2294, 3328)
  1993 Ed. (1033, 1088, 1290, 1953)
  1994 Ed. (789, 1064, 1112, 1342, 1975)
  1995 Ed. (842, 949, 1076, 1128, 1367)
  1996 Ed. (1109, 1319)
  1997 Ed. (829, 1130, 1378)
  1998 Ed. (813)
Manville Trust
  1993 Ed. (1458)
Manwah Holdings
  2019 Ed. (2787)
  2020 Ed. (2811, 2812, 2813)
Manx Telecom
  2017 Ed. (4588)
Manzanares
  1989 Ed. (1169)
  2005 Ed. (93)
Manzanillo
  2023 Ed. (4016, 4017)
Manzanillo, Mexico
  2015 Ed. (4055, 4056)
  2016 Ed. (3961, 3962)
  2017 Ed. (3943)
  2018 Ed. (3964)
  2019 Ed. (3939)
  2020 Ed. (3953, 3954)
  2021 Ed. (3920)
  2022 Ed. (3932)
Manzi; Jim
  1990 Ed. (1711)
Manzi; Jim P.
  1989 Ed. (1376, 1379)
  1991 Ed. (925, 1619)
Manzie Hospitality Group
  2023 Ed. (2729)
Maoming Petrochemical
  1995 Ed. (960)
Maor; Galia
  2009 Ed. (4975)
MAP
  2011 Ed. (1848)
  2017 Ed. (3649)
MAp
  2017 Ed. (4701)
  2018 Ed. (4693)
MAP Equity
  1998 Ed. (2613)
  1999 Ed. (3516)
MAP Equity Fund
  2000 Ed. (3234)
MAP Guaranteed (2000)
  1996 Ed. (1060)
MAP International
  1991 Ed. (898, 899, 2615, 2617, 2619)
  2000 Ed. (3347)
  2006 Ed. (3713, 3714)
  2007 Ed. (3705, 3707)
  2008 Ed. (3790, 3792)
  2009 Ed. (3833, 3837)
  2010 Ed. (3758)
  2011 Ed. (3762)
  2012 Ed. (3764)
MAPA Inc.
  1997 Ed. (2224)
Mapa Insaat ve Ticaret AS
  2022 Ed. (1229)
Mapa Insaat Ve Ticaret
  2013 Ed. (1303)
Mapa USA
  2016 Ed. (1126)
  2017 Ed. (1170)
Mapan Energy
  2017 Ed. (3794)
MapBlast!
  2002 Ed. (4859)
MapBox
  2017 Ed. (4277)
Mapco Gas Products
  1990 Ed. (2909)
  1992 Ed. (3554)
Mapco Inc.
  1989 Ed. (2205, 2209)
  1990 Ed. (2833, 2835)
  1991 Ed. (1548, 2722)
  1992 Ed. (3427)
  1993 Ed. (1383, 2833, 2925)
  1994 Ed. (1437, 1628)
  1995 Ed. (1471, 2754, 2910)
  1996 Ed. (1433, 2259, 3005)
  1997 Ed. (1495, 3085)
  1998 Ed. (1184, 2822)
  1999 Ed. (1721)
  2001 Ed. (1830)
Mapco Petroleum Inc.
  2001 Ed. (1830)

MAPEI
  2015 Ed. (28)
  2017 Ed. (21)
  2018 Ed. (22)
  2019 Ed. (22)
  2020 Ed. (26)
Mapeley
  2007 Ed. (4092)
Mapelli Brothers Co.
  1991 Ed. (1758)
Mapfire
  2010 Ed. (1995)
  2011 Ed. (2058)
Mapfire Vera Cruz Seguradora
  2008 Ed. (3254)
MapFrame
  2005 Ed. (4004)
Mapfre
  1993 Ed. (2260)
  1994 Ed. (2238)
  1996 Ed. (1227, 2289)
  2005 Ed. (743)
  2007 Ed. (1991, 3108)
  2008 Ed. (3253)
  2010 Ed. (3242)
  2011 Ed. (1989, 2056, 3290)
  2013 Ed. (675)
  2014 Ed. (702)
  2015 Ed. (748, 1979, 2040)
  2016 Ed. (675)
  2018 Ed. (667)
  2019 Ed. (680)
  2020 Ed. (673)
  2021 Ed. (665, 3076)
  2022 Ed. (703, 1905, 3217)
  2023 Ed. (888, 2019, 3310)
Mapfre Generales
  2008 Ed. (3255)
Mapfre Group
  2010 Ed. (1708)
  2020 Ed. (2599)
  2022 Ed. (1904)
  2023 Ed. (2018)
MAPFRE Insurance Group
  2013 Ed. (3334)
Mapfre La Seguridad
  2007 Ed. (3118)
  2008 Ed. (3261)
  2010 Ed. (3254)
Mapfre Peru
  2007 Ed. (3116)
  2008 Ed. (3260)
  2010 Ed. (3253)
Mapfre Peru Vida
  2007 Ed. (3116)
  2008 Ed. (3260)
Mapfre Re
  2001 Ed. (2958)
MAPFRE SA
  2010 Ed. (1382)
  2011 Ed. (2055, 3214, 3292)
  2012 Ed. (1900, 1901, 1903, 3173)
  2013 Ed. (2063, 2064, 2066, 3247, 3282)
  2014 Ed. (1997, 1999, 3273)
  2015 Ed. (2045, 2046, 3324)
  2016 Ed. (2008, 2010, 3178)
  2017 Ed. (1966, 1968, 3128)
  2018 Ed. (1916, 1919)
  2019 Ed. (1967, 1970)
  2020 Ed. (1898, 1900)
  2021 Ed. (1859, 1861)
Mapfre SA
  2019 Ed. (1966)
Mapfre Seguros
  2012 Ed. (1838)
Mapfre Tepeyac
  2007 Ed. (3115)
  2008 Ed. (3259)
  2010 Ed. (3252)
MapInfo Corp.
  1997 Ed. (2715, 3649)
  2002 Ed. (2428)
Maplaceencreche
  2018 Ed. (2251)
Maplan GmbH
  2001 Ed. (2875)
Maple & Ash
  2020 Ed. (4201)
  2021 Ed. (4143, 4144)
  2022 Ed. (4170, 4171, 4188)
Maple & Ash (Chicago, IL)
  2022 Ed. (4188)
Maple Corp.
  2023 Ed. (1636)
Maple Diversity Communications
  2019 Ed. (1488)
  2020 Ed. (3448)
Maple Grove Farms of Vermont
  2015 Ed. (4392)
Maple Leaf Agri-Farms
  2010 Ed. (3998)
  2011 Ed. (4006)
  2012 Ed. (4001)
  2013 Ed. (4065)
  2014 Ed. (4072)
  2018 Ed. (3961)
  2019 Ed. (3936)
  2020 Ed. (3950)

  2021 Ed. (3917)
  2022 Ed. (3928)
Maple Leaf Bakery
  2014 Ed. (290)
  2018 Ed. (305)
Maple Leaf Construction
  2023 Ed. (1223)
Maple Leaf Farms
  2023 Ed. (2938)
Maple Leaf Farms Inc.
  2008 Ed. (3616)
  2012 Ed. (3469)
  2013 Ed. (3515)
Maple Leaf Foods
  1994 Ed. (1877, 2454, 2455, 2460, 2910, 2911, 2912)
  1995 Ed. (1395)
  1996 Ed. (1942)
  1997 Ed. (2036, 2739, 3146)
  1998 Ed. (2447, 2893)
  2002 Ed. (1224, 1498)
  2003 Ed. (1218, 3900)
  2004 Ed. (3928)
  2005 Ed. (3876)
  2006 Ed. (3939)
  2007 Ed. (2615, 2627, 3997)
  2008 Ed. (2745, 4014)
  2009 Ed. (2799, 4086)
  2010 Ed. (2731)
  2012 Ed. (2646)
  2014 Ed. (2714)
  2015 Ed. (2764)
  2020 Ed. (2751)
  2021 Ed. (2612, 2629)
Maple Leaf Foods Agribusiness Group
  1995 Ed. (2528, 2969)
  1996 Ed. (2592, 3067)
Maple Leaf Foods (Greenleaf div.)
  2021 Ed. (2629)
Maple Leaf Foods Inc.
  2016 Ed. (2690)
  2017 Ed. (2640)
  2018 Ed. (2706)
  2019 Ed. (2682)
  2020 Ed. (2701, 2702)
  2022 Ed. (2731, 2732)
  2023 Ed. (2867)
Maple Leaf Frozen Bakery
  2008 Ed. (2780)
Maple Leaf Gardens
  1992 Ed. (1984)
  1994 Ed. (1670, 3373)
  1996 Ed. (1698)
Maple Leaf Meat Products Group
  2002 Ed. (3275)
Maple Leaf Meats Inc.
  1999 Ed. (3323, 3864)
Maple Leafs; Toronto
  2006 Ed. (2862)
  2009 Ed. (3056)
  2010 Ed. (2990)
  2011 Ed. (2959)
  2012 Ed. (2888)
  2013 Ed. (2965)
  2014 Ed. (2978)
  2015 Ed. (3046)
  2016 Ed. (2938)
  2017 Ed. (2898)
  2018 Ed. (2964)
  2020 Ed. (2907)
  2021 Ed. (2926)
  2022 Ed. (2787)
  2022 Ed. (2953)
Maple Lodge Farms
  1994 Ed. (2912)
  1995 Ed. (2528, 2969)
  1996 Ed. (2592, 3067)
  1997 Ed. (2735, 2739, 3142, 3146)
  2000 Ed. (3060, 3582)
  2007 Ed. (2615)
  2008 Ed. (2745)
Maple Lodge Holding
  2012 Ed. (2646)
Maple Shade Mazda
  1990 Ed. (332)
Maple Street Biscuit Co.
  2020 Ed. (4170)
  2021 Ed. (4110)
Maplehurst Bakeries
  2018 Ed. (2761)
Maplehurst Bakeries Inc.
  2008 Ed. (2780)
  2009 Ed. (2838)
  2010 Ed. (2779)
Maplehurst Bakeries LLC
  2014 Ed. (2764)
  2015 Ed. (2817)
  2017 Ed. (3903, 3905)
  2018 Ed. (3936)
Maplelea
  2015 Ed. (1207)
Maples & Calder Ltd.
  2012 Ed. (3412, 4439)
Maples Industries
  2007 Ed. (4223)
  2009 Ed. (4358)

Maples Rugs
  2006 Ed. (2950)
  2007 Ed. (4224)
  2009 Ed. (3182, 4359)
  2010 Ed. (3114, 4387)
Mapleshade Mazda
  1991 Ed. (285)
Maplesoft Group
  2012 Ed. (2826)
  2017 Ed. (2876)
  2018 Ed. (2944)
MaplesRugs
  2010 Ed. (4386)
Mapleview Agri
  2021 Ed. (111)
  2022 Ed. (116, 119)
Maplewood Peugeot
  1990 Ed. (313)
  1991 Ed. (290)
  1992 Ed. (395)
MapMyGenome
  2017 Ed. (1635)
MAPP
  1998 Ed. (1204)
  2019 Ed. (1034)
MAPP Construction LLC
  2007 Ed. (1377)
  2008 Ed. (1310)
  2009 Ed. (1295)
MAPP LLC
  2022 Ed. (1681)
Mappin-Cas Anglo
  1993 Ed. (25)
Mappin-Casa Anglo
  1990 Ed. (24)
Mappin-Casa Anglo Br
  1991 Ed. (19)
Mappin-Casa Anglo Bras.
  1992 Ed. (42)
Mappin-Casa Anglo Brasileira
  1994 Ed. (17)
Mapplethorpe Foundation
  1994 Ed. (1901)
Mapplethorpe Foundation; Robert
  1995 Ed. (1930)
MapQuest
  2005 Ed. (3190)
  2007 Ed. (3233)
  2010 Ed. (3374)
MapR
  2014 Ed. (1086)
  2015 Ed. (1126)
  2017 Ed. (1063)
  2018 Ed. (989)
  2019 Ed. (988)
MapR Technologies
  2020 Ed. (972)
Maps/globes
  1994 Ed. (732)
Maptek
  2013 Ed. (1552, 1633)
  2014 Ed. (1597)
  2015 Ed. (1574, 1647)
  2016 Ed. (1590)
Maptek/KRJA Systems Inc.
  2012 Ed. (1499)
Maquarie Bank
  1995 Ed. (421)
MAQUET Getinge Group
  2017 Ed. (1807)
  2018 Ed. (1757)
  2019 Ed. (1814)
  2020 Ed. (1759)
  2021 Ed. (1728)
Maquire Thomas Partners
  1997 Ed. (3260)
Maquoketa State Bank
  1989 Ed. (209)
MAR
  2022 Ed. (3962)
  2023 Ed. (4052)
Mar Chele Inc.
  2022 Ed. (2830)
MAR Construction Co.
  2007 Ed. (4215)
MAR Graphics
  2008 Ed. (4030, 4034)
  2014 Ed. (4080, 4089, 4098)
  2019 Ed. (3964)
  2021 Ed. (3950)
Mar-Jac Poultry Inc.
  2011 Ed. (3457)
  2012 Ed. (3469)
  2013 Ed. (3515)
  2018 Ed. (3366)
Mar Magette; The Rolling Stones, Living Colour,
  1991 Ed. (1039)
Mara Balsbaugh
  1991 Ed. (1695, 1706)
Mara; John
  2012 Ed. (2679)
Marabou
  1993 Ed. (1879)
Marafih; Nasser
  2012 Ed. (790)
  2013 Ed. (4614)

Maraj; Rasheed Al
 2013 Ed. (3474)
Maral Sales & Paper Co.
 2006 Ed. (3538, 4376)
 2007 Ed. (3597, 4444)
Maranatha
 2016 Ed. (1593)
Marand Builders Inc.
 2019 Ed. (1863)
 2020 Ed. (1802)
 2021 Ed. (1769)
Maranello Motors
 1990 Ed. (334)
Marangoni
 2019 Ed. (4664)
 2020 Ed. (4631)
 2021 Ed. (4644)
 2022 Ed. (4658)
Marantz
 2013 Ed. (194, 195)
 2014 Ed. (203)
 2015 Ed. (229, 230, 245)
 2016 Ed. (225)
 2017 Ed. (222, 223, 238)
 2018 Ed. (208, 209, 219, 224)
 2019 Ed. (202, 214, 219)
 2020 Ed. (205, 206, 207, 222)
 2021 Ed. (199, 200, 216)
 2022 Ed. (211, 222, 228)
Marasco Newton Group Ltd.
 2003 Ed. (1341)
 2005 Ed. (1350)
Marathan Oil Corp.
 1991 Ed. (1153)
Marathon
 1998 Ed. (850)
 2005 Ed. (3747)
 2006 Ed. (3831)
 2007 Ed. (3847)
 2008 Ed. (3900)
 2013 Ed. (3947)
 2014 Ed. (3803)
 2015 Ed. (3826)
 2016 Ed. (3734, 4395)
 2017 Ed. (3690)
 2018 Ed. (3744)
 2020 Ed. (2839)
Marathon Ashland
 2001 Ed. (3773)
Marathon Ashland Petroleum LLC
 2001 Ed. (1251, 1828, 3755, 3756)
 2002 Ed. (3691)
 2003 Ed. (939, 1566, 1801, 3847, 3848, 3849)
 2004 Ed. (1834, 3863)
 2005 Ed. (1920, 3792)
 2006 Ed. (349, 2699, 2700)
 2007 Ed. (334, 2694)
 2008 Ed. (2819)
Marathon Ashland Pipe Line LLC
 2001 Ed. (3799)
Marathon Asset Management
 1991 Ed. (2224)
Marathon Asset Mgmt.
 1990 Ed. (2339)
 2000 Ed. (2852)
Marathon Communications
 2023 Ed. (3523)
Marathon Electrical Contractors
 2023 Ed. (1366)
Marathon Electrical Contractors Inc.
 2008 Ed. (1270)
 2009 Ed. (1246)
 2010 Ed. (1244)
 2011 Ed. (1193)
 2012 Ed. (1138)
Marathon Energy
 2017 Ed. (2313)
Marathon Equipment Co.
 2006 Ed. (4338)
Marathon Galveston Bay Refinery
 2023 Ed. (3958)
Marathon Label
 2006 Ed. (3971)
Marathon-London
 1995 Ed. (2372)
Marathon National Bank of New York
 2004 Ed. (505)
Marathon Oil
 2015 Ed. (3957)
 2017 Ed. (3763)
 2020 Ed. (3854)
Marathon Oil Canada Corp.
 2016 Ed. (3852)
Marathon Oil Co.
 2013 Ed. (2533, 3735, 3935)
 2014 Ed. (3669, 3880)
 2015 Ed. (3687, 3905)
 2016 Ed. (3815)
 2017 Ed. (3773)
Marathon Oil Co., 9 1/2s '94
 1990 Ed. (740)
Marathon Oil Corp.
 1989 Ed. (1023)
 1990 Ed. (1235)
 1992 Ed. (1467, 2277, 2278)
 1993 Ed. (1160, 2832)
 1994 Ed. (2864)
 1995 Ed. (1203)
 1996 Ed. (1171)
 1997 Ed. (1210, 3091)
 1998 Ed. (975)
 1999 Ed. (1412, 3651, 3652)
 2001 Ed. (4235)
 2003 Ed. (1836, 1837, 2583, 3818, 3848, 3851)
 2004 Ed. (1870, 2320, 2721, 2722, 3153, 3818, 3819, 3828, 3829, 3830, 3836, 3839, 3840, 3845, 3846, 3847, 3848, 3849, 3865, 3866, 3868, 3870)
 2005 Ed. (1973, 1978, 2400, 2711, 2712, 3726, 3727, 3733, 3736, 3737, 3738, 3744, 3746, 3750, 3751, 3752, 3756, 3757, 3758, 3760, 3784, 3794, 3795, 3796, 3798, 3801)
 2006 Ed. (353, 2044, 2047, 2686, 2687, 3818, 3819, 3824, 3829, 3830, 3832, 3833, 3834, 3838, 3839, 3840, 3842, 3860, 3861, 3862, 3863, 3868)
 2007 Ed. (337, 2014, 2017, 2695, 3831, 3832, 3841, 3843, 3845, 3849, 3850, 3851, 3855, 3856, 3857, 3859, 3887, 3889, 3890, 3893)
 2008 Ed. (2111, 2115, 2503, 2820, 3893, 3894, 3901, 3902, 3903, 3904, 3908, 3909, 3910, 3912, 3936, 3941)
 2009 Ed. (996, 1376, 1377, 2091, 2092, 2095, 2101, 2510, 2878, 3957, 3958, 3966, 3969, 3970, 3971, 3974, 3975, 3976, 3977, 3979, 4007, 4008, 4011)
 2010 Ed. (960, 1362, 2033, 2034, 2037, 2043, 2425, 2803, 3868, 3869, 3875, 3877, 3878, 3879, 3880, 3884, 3885, 3886, 3888, 3914, 3922)
 2011 Ed. (886, 2090, 2091, 2094, 2100, 2429, 3878, 3879, 3885, 3886, 3889, 3890, 3891, 3892, 3896, 3897, 3898, 3900, 3933, 3941)
 2012 Ed. (843, 1934, 1938, 1939, 2461, 2945, 3858, 3859, 3863, 3865, 3866, 3870, 3871, 3872, 3873, 3877, 3878, 3881, 3922, 3931, 3938)
 2013 Ed. (1023, 2097, 2101, 3034, 3913, 3914, 3930, 3931, 3932, 3934, 3936, 3937, 3938, 3942, 3943, 3944, 3946, 3994)
 2014 Ed. (2540, 3858, 3859, 3877, 3879, 3881, 3883, 3884, 3888, 3889, 3892, 3918, 3937)
 2015 Ed. (3886, 3902, 3904, 3906, 3908, 3909, 3913, 3914, 3917, 3952, 3973)
 2016 Ed. (2053, 3795, 3814, 3816, 3819, 3823, 3824, 3825, 3827, 3869, 3887)
 2017 Ed. (3775, 3776, 3777, 3778, 3782, 3783, 3784, 3785, 3851, 3853)
 2018 Ed. (3040, 3820, 3823, 3824, 3831, 3832, 3834, 3888, 3890)
 2019 Ed. (2982, 3793, 3800, 3808, 3809, 3810, 3811, 3855, 3857)
 2020 Ed. (3850)
 2021 Ed. (1897, 3827)
Marathon Oil EF LLC
 2018 Ed. (3821)
 2019 Ed. (3687, 3788, 3789)
 2020 Ed. (3718, 3851)
Marathon Oil Oil Corp.
 1992 Ed. (1480)
Marathon Patent Group
 2022 Ed. (4509)
Marathon Petroleum
 2013 Ed. (1972, 3987)
 2014 Ed. (1911)
 2015 Ed. (1955)
 2016 Ed. (1928)
 2017 Ed. (1352, 1900, 3762, 3770)
 2018 Ed. (3811)
 2019 Ed. (1899)
 2020 Ed. (1839)
 2021 Ed. (1804, 3820, 3831)
 2022 Ed. (1847, 3840, 3863)
 2023 Ed. (1206, 3939, 3959, 3960)
Marathon Petroleum Co.
 2007 Ed. (1937, 3886, 3887)
 2008 Ed. (321, 3506)
 2009 Ed. (342)
 2011 Ed. (4945)
 2012 Ed. (4944)
 2013 Ed. (2548, 4936)
 2014 Ed. (2480, 4943)
 2015 Ed. (2554)
Marathon Petroleum Company LP
 2020 Ed. (3878)
Marathon Petroleum Corp.
 2013 Ed. (1327, 1329, 1330, 1331, 1970, 3930)
 2014 Ed. (37, 1909, 2467, 3875, 3930, 3931)
 2015 Ed. (40, 1950, 1953, 2538, 3900, 3901, 3964, 3965, 3966, 3967)
 2016 Ed. (39, 1921, 1926, 2465, 3422, 3810, 3811, 3878, 3879, 3880, 3881)
 2017 Ed. (36, 1282, 1283, 1285, 1286, 1898, 2318, 2417, 3382, 3768, 3769, 3846, 3847)
 2018 Ed. (37, 1261, 1262, 1263, 1845, 2361, 2368, 2454, 3816, 3817, 3885)
 2019 Ed. (33, 1296, 1297, 2400, 2982, 3794, 3795, 3852)
 2020 Ed. (37, 1274, 1276, 1837, 2377, 3011, 3852, 3879, 3880)
 2021 Ed. (40, 1255, 1257, 2872, 3424, 3841, 3842)
 2022 Ed. (38, 1263, 3481, 3862, 3864)
Marathon Petroleum Corporation
 2023 Ed. (81)
Marathon Petroleum Sakhalin Ltd.
 2008 Ed. (2111, 3894)
 2009 Ed. (2095, 3958)
 2010 Ed. (2037, 3869)
Marathon Pipe Line Co.
 1991 Ed. (2744, 2747)
 1992 Ed. (3464, 3465, 3466, 3468)
 1993 Ed. (2857, 2858, 2860, 2861)
 1994 Ed. (2881, 2882, 2883)
 1995 Ed. (2943, 2946, 2947, 2949)
 1996 Ed. (3039, 3040, 3041, 3044)
 1997 Ed. (3120, 3123, 3124, 3125)
 1998 Ed. (2857, 2858, 2859, 2860, 2863)
 1999 Ed. (3828, 3829, 3830, 3831)
 2000 Ed. (2313)
Marathon Realty
 1990 Ed. (2961)
 1994 Ed. (3005)
Marathon Realty Company
 1992 Ed. (3624)
Marathon Realty Holdings
 1996 Ed. (3162)
 1997 Ed. (3258)
Marathon Strategies
 2022 Ed. (4018)
Marathon TS
 2016 Ed. (1210)
 2017 Ed. (1256, 1259)
Marathon Value
 2007 Ed. (2484)
Marathon Value Portfolio
 2006 Ed. (3623)
Marayen; Shantanu
 2011 Ed. (843)
Marble
 2019 Ed. (4296)
Marble Bank
 1997 Ed. (642)
Marble Brewery
 2023 Ed. (929)
Marble Financial
 1991 Ed. (1723)
Marble Slab Creamery
 2002 Ed. (2723)
 2003 Ed. (2883)
 2006 Ed. (2979, 4110, 4112)
 2007 Ed. (3007)
 2008 Ed. (3128)
 2010 Ed. (3144)
 2012 Ed. (3046)
 2014 Ed. (3131, 4273)
 2015 Ed. (3194, 3195, 4254)
 2016 Ed. (3052, 4160)
 2017 Ed. (3001)
 2019 Ed. (3057)
 2021 Ed. (2966)
 2023 Ed. (4238)
Marblehead Lime Co.
 2000 Ed. (2935)
MarbleLife
 2002 Ed. (2288)
marblemedia
 2021 Ed. (4626)
 2022 Ed. (4644)
 2023 Ed. (4639)
Marbles: the Brain Store
 2015 Ed. (2481)
Marbo Inc.
 2003 Ed. (2579)
Marburger Packing Co.
 2010 Ed. (1701)
Marburn Stores Inc.
 1998 Ed. (648)
MARC
 2006 Ed. (110)
Marc Andreessen
 2011 Ed. (629)
 2012 Ed. (599, 4820)
 2013 Ed. (4783)
 2014 Ed. (4829)
 2015 Ed. (4864)
Marc Anthony
 2002 Ed. (1160)
Marc Anthony Strictly Curls
 2023 Ed. (3009)
Marc Benioff
 2005 Ed. (2320, 2453)
 2006 Ed. (4912)
 2011 Ed. (4840)
 2012 Ed. (789)
 2013 Ed. (983, 984)
 2016 Ed. (873)
 2020 Ed. (861)
Marc Benioff (Salesforce.com)
 2021 Ed. (875)
Marc Cabi
 1998 Ed. (1677)
 1999 Ed. (2271)
Marc; Coucke
 2016 Ed. (4826)
 2017 Ed. (4836)
Marc D. Cohen
 1993 Ed. (1788)
 1994 Ed. (1771, 1832)
 1995 Ed. (1796, 1812)
Marc Debrouwer
 1999 Ed. (2291)
Marc Glassman
 2023 Ed. (2382)
Marc Glassman Inc.
 2003 Ed. (2097, 4172)
 2004 Ed. (4198)
 2009 Ed. (2346)
 2010 Ed. (2271, 4645)
MARC Global Systems
 2003 Ed. (1123)
 2006 Ed. (4646)
Marc Hellman
 1997 Ed. (1923)
 1998 Ed. (1579)
 1999 Ed. (2167)
 2000 Ed. (1937)
Marc Hendriks
 1999 Ed. (2300)
Marc I. Cohen
 1990 Ed. (1767)
 1994 Ed. (1813, 1833, 1834)
 1995 Ed. (1806, 1851)
 1996 Ed. (1780, 1829)
 1997 Ed. (1855, 1902)
 1998 Ed. (1629, 1675)
 1999 Ed. (2213, 2268)
 2000 Ed. (1986, 2053)
Marc J. Shapiro
 2001 Ed. (2314)
Marc J. Sieger
 2007 Ed. (4161)
Marc Jacobs
 2020 Ed. (3775)
Marc Lipschultz
 2014 Ed. (3392)
Marc-Michaels Interior Design
 2005 Ed. (3168)
 2006 Ed. (3170)
 2007 Ed. (3204)
 2008 Ed. (3346)
 2009 Ed. (3419)
 2010 Ed. (3357)
 2011 Ed. (3313)
 2012 Ed. (3297)
 2013 Ed. (3370)
 2014 Ed. (3380)
 2015 Ed. (3416)
 2019 Ed. (3283)
 2020 Ed. (3281)
 2021 Ed. (3146)
 2022 Ed. (3290)
 2023 Ed. (3381)
Marc N. Casper
 2012 Ed. (794, 798)
 2015 Ed. (967)
Marc Pritchard
 2010 Ed. (30)
 2011 Ed. (26)
Marc Rich
 1990 Ed. (1028)
Marc Rich & Co. AG
 1992 Ed. (4432)
 1993 Ed. (3695)
 1994 Ed. (3661)
 1995 Ed. (3730)
Marc Rich-Group
 1990 Ed. (1424)
Marc Rubinstein
 2000 Ed. (2078)
Marc Sulam
 1991 Ed. (1688)
 1993 Ed. (1820)
 1994 Ed. (1803)
 1995 Ed. (1841)
 1996 Ed. (1819)
 1997 Ed. (1867, 1893)
 1998 Ed. (1605)
 1999 Ed. (2225, 2227)
 2000 Ed. (2007, 2009)
MARC USA
 2001 Ed. (188)
 2003 Ed. (2258)
 2005 Ed. (109)
 2006 Ed. (119)
 2007 Ed. (108)
Marc Wear
 2008 Ed. (175)
Marca Lintas
 1996 Ed. (73)
Marcade Group Inc.
 1990 Ed. (1245, 1247)
Marcal
 2003 Ed. (4668, 4741)
 2008 Ed. (3857)
Marcal Paper Mills
 2003 Ed. (3720, 4669, 4742)
 2014 Ed. (3804, 4742)
Marcal Small Steps
 2018 Ed. (3744)

Marcam Corp.
 1992 Ed. (3821)
Marce Fuller
 2003 Ed. (4983)
Marcegaglia SpA
 2004 Ed. (3447)
 2018 Ed. (2518)
 2021 Ed. (2457)
 2022 Ed. (2568)
Marcegaglia Spa
 2023 Ed. (2711)
Marcel Adams
 2005 Ed. (4871)
Marcel Gani
 2006 Ed. (957)
Marcel Herrmann Telles
 2008 Ed. (4854)
 2009 Ed. (4880)
 2010 Ed. (4881)
 2011 Ed. (4869)
 2012 Ed. (4877)
 2013 Ed. (4859)
 2014 Ed. (4873)
 2015 Ed. (4911)
 2016 Ed. (4827)
 2018 Ed. (4842)
 2019 Ed. (4838)
 2020 Ed. (4828)
 2021 Ed. (4828)
 2022 Ed. (4822)
 2023 Ed. (4816)
Marcel Ospel
 2010 Ed. (2561)
Marcell Dareus
 2018 Ed. (201)
Marcelo Audi
 1999 Ed. (2292)
March
 2001 Ed. (4857)
 2002 Ed. (415, 4704)
March 8, 1996
 1999 Ed. (4396, 4398)
March 13-October 4, 1974
 1989 Ed. (2749)
March 14, 1907
 1989 Ed. (2748)
 1999 Ed. (4497)
March 15, 1933
 1989 Ed. (2750)
 1999 Ed. (4394)
March 18, 1996
 1999 Ed. (4395, 4397)
March; Bruce
 2012 Ed. (801, 804)
March Communications
 2015 Ed. (4127)
 2019 Ed. (4029)
 2020 Ed. (4039)
March of Dimes
 1994 Ed. (906, 2681)
 1996 Ed. (914)
 1998 Ed. (1280)
 2000 Ed. (3345)
 2004 Ed. (932)
March of Dimes Birth Defects Foundation
 1996 Ed. (2853)
 1998 Ed. (2687)
 1999 Ed. (3628)
 2000 Ed. (3352)
March of Dimes Foundation
 1995 Ed. (249, 940, 2778, 2779)
 1997 Ed. (2951)
March First Brewing and Distilling
 2023 Ed. (906)
March/Hodge Automotive
 2005 Ed. (170)
March Hodge Automotive Group
 2015 Ed. (107)
 2016 Ed. (114)
 2017 Ed. (105)
 2018 Ed. (116)
 2019 Ed. (102)
 2020 Ed. (97)
 2021 Ed. (89)
 2022 Ed. (102)
March/Hodge Automotive Group
 2006 Ed. (184)
 2007 Ed. (190)
 2008 Ed. (167)
 2009 Ed. (192)
 2010 Ed. (171)
 2011 Ed. (95)
 2012 Ed. (102)
 2013 Ed. (83)
March/Hodge Holding Co.
 2000 Ed. (741)
 2001 Ed. (712)
 2002 Ed. (709)
 2003 Ed. (212)
 2004 Ed. (168)
March; Kevin
 2010 Ed. (920)
March & McLennan
 2005 Ed. (3053)
March & McLennan Cos. Inc.
 1998 Ed. (2121, 2123)
March Networks Corp.
 2008 Ed. (2942)

March Rich-Group
 1991 Ed. (1355)
Marchant Underwriting Ltd.; M. J.
 1992 Ed. (2896)
 1993 Ed. (2454)
Marche Securities
 1992 Ed. (3880)
Marches Usines Auchan (Ste Anonyme Des)
 1996 Ed. (3252)
Marchetti; John
 2011 Ed. (3375)
Marchex
 2014 Ed. (2103)
 2016 Ed. (743)
Marchex Inc.
 2006 Ed. (2074, 2085, 4254, 4255, 4259)
 2012 Ed. (1956)
MarchFirst Inc.
 2001 Ed. (245)
 2002 Ed. (1216)
Marchmont Insurance Co., Ltd.
 2007 Ed. (3085)
 2008 Ed. (3225)
 2011 Ed. (3176)
Marcho Farms
 2008 Ed. (3611)
 2012 Ed. (3582, 3590)
 2013 Ed. (3644)
Marcho Farms Inc.
 2014 Ed. (3580)
Marchon
 1990 Ed. (2743)
 1991 Ed. (2645)
 1992 Ed. (3302)
Marchon Eyewear
 1995 Ed. (2814)
 1996 Ed. (2873)
 1997 Ed. (2968)
 1999 Ed. (3659)
 2001 Ed. (3593)
Marcia Macphearson
 2023 Ed. (1302)
Marciano Investments Inc.
 1994 Ed. (1224)
 1995 Ed. (1240)
Marciano; Paul
 2009 Ed. (2660)
Marcil SA
 2009 Ed. (2058)
Marck
 1989 Ed. (1273)
Marco
 1990 Ed. (2741)
 1991 Ed. (2643)
 1992 Ed. (3300)
 2008 Ed. (2314)
Marco Cipelletti
 2000 Ed. (2144)
Marco Contractors Inc.
 1994 Ed. (3299)
Marco Enterprises Inc.
 2007 Ed. (3563, 3564, 4425)
 2008 Ed. (3713, 4401, 4965)
Marco Muzzo
 2005 Ed. (4871)
Marco Polo Foodex
 2020 Ed. (2707)
MARCOA DR Group Inc.
 1989 Ed. (140)
Marcolin
 1992 Ed. (3303)
 1999 Ed. (3658)
MarCon Inc.
 2013 Ed. (3750, 4981)
Marconi-Bearer
 1993 Ed. (2452)
Marconi Circuit Tech
 1993 Ed. (1313)
 1994 Ed. (1368)
Marconi Communications
 2001 Ed. (2231)
Marconi Corp.
 1993 Ed. (2451)
 2006 Ed. (1114)
 2007 Ed. (1442)
Marconi Instruments
 1990 Ed. (298)
 1991 Ed. (266)
Marconi plc
 2001 Ed. (1885)
 2002 Ed. (1496, 2096, 2097, 3215)
 2003 Ed. (2207, 2208)
 2004 Ed. (2253, 4672)
 2005 Ed. (1943, 4630)
MARCOR Environmental
 1996 Ed. (1145)
 1997 Ed. (1174)
 1998 Ed. (943)
MARCOR Remediation Inc.
 2001 Ed. (1471)
 2002 Ed. (1231)
 2003 Ed. (1242)
 2004 Ed. (1245)
 2005 Ed. (1296)
 2006 Ed. (1265, 4358)
 2007 Ed. (1356)
 2008 Ed. (1254)

 2009 Ed. (1229)
 2010 Ed. (1228)
Marco's Franchising LLC
 2006 Ed. (2573)
 2007 Ed. (2544)
 2008 Ed. (2685)
 2009 Ed. (2708)
 2010 Ed. (2628)
 2011 Ed. (2610)
 2012 Ed. (2553)
 2013 Ed. (4048)
 2014 Ed. (3987)
 2015 Ed. (4037)
 2016 Ed. (3948)
 2017 Ed. (3923)
Marcos Galperin
 2012 Ed. (599)
 2018 Ed. (4838)
 2019 Ed. (4834)
 2020 Ed. (4824)
 2021 Ed. (4825)
 2022 Ed. (4818)
 2023 Ed. (4812)
Marco's Inc.
 2002 Ed. (3717)
 2003 Ed. (2454)
 2004 Ed. (2588)
 2005 Ed. (2567)
Marco's Pizza
 2012 Ed. (2537)
 2017 Ed. (844, 3909, 3911)
 2018 Ed. (778, 2576, 3940, 3941, 3942, 3943, 3944, 3945, 3946, 3947, 3948, 4138, 4185, 4186, 4212, 4775)
 2019 Ed. (792, 3910, 3912, 3913, 3916, 3919, 3920, 3921, 3922, 3923, 3924, 3925, 4200, 4201, 4202, 4242, 4778)
 2020 Ed. (785, 2548, 3927, 3928, 3931, 3934, 3935, 3936, 3938, 3939, 3940, 4241, 4766)
 2021 Ed. (2511, 3895, 3897, 3898, 3900, 3902, 3904, 3906, 3907, 3908, 4205)
 2022 Ed. (2625, 3909, 3912, 3913, 3914, 3916, 3917, 3918)
 2023 Ed. (2761, 4003, 4005, 4006, 4008, 4251)
Marco's Pizza (U.S.)
 2021 Ed. (3900)
Marc's
 1991 Ed. (1461)
 1992 Ed. (1858)
 1993 Ed. (1526)
 1994 Ed. (1568, 1572)
 1995 Ed. (1610, 1615)
 1996 Ed. (1588)
 2000 Ed. (1716)
 2005 Ed. (4119)
Marc's, Bernie Shulman's Expect (Marc Glassman)
 1991 Ed. (1458)
Marc's, Shulman's
 1992 Ed. (1851)
Marcum
 2012 Ed. (23)
 2013 Ed. (18)
 2014 Ed. (14)
 2015 Ed. (15)
 2016 Ed. (14)
 2017 Ed. (10)
 2018 Ed. (9)
 2019 Ed. (10)
 2020 Ed. (12)
 2021 Ed. (10, 14)
 2022 Ed. (15)
 2023 Ed. (55)
Marcum & Kliegman
 2000 Ed. (11)
 2010 Ed. (1873)
Marcum & Kliegman LLP
 2005 Ed. (9)
 2006 Ed. (14)
 2007 Ed. (10)
 2008 Ed. (8)
 2009 Ed. (11, 1936)
 2010 Ed. (13, 20)
 2011 Ed. (8)
Marcum & Kllegman
 2010 Ed. (1874)
Marcum LLP
 2011 Ed. (1911)
 2023 Ed. (47)
Marcus; Bernard
 1996 Ed. (961)
 2005 Ed. (4853)
 2006 Ed. (4907)
 2008 Ed. (4831)
Marcus Blvd.
 1990 Ed. (2179)
 1991 Ed. (2023)
Marcus Cable Co.
 1998 Ed. (588, 590)
 2001 Ed. (1540)
Marcus Cable Co. (buyer), Charter Communications (seller)
 2000 Ed. (1308)
Marcus Corp.
 2005 Ed. (2925)

The Marcus Corp.
 2017 Ed. (2100)
 2020 Ed. (2031)
Marcus Distributors
 1998 Ed. (979)
Marcus Food Co.
 2016 Ed. (3476, 3480)
Marcus by Goldman Sachs
 2020 Ed. (2571)
Marcus Group
 1989 Ed. (2258)
 1992 Ed. (3572)
Marcus Hook, PA
 1990 Ed. (2885)
 1992 Ed. (3499)
Marcus James
 1992 Ed. (4439, 4440, 4465)
 1995 Ed. (3772)
 1996 Ed. (3856, 3860, 3869)
 1997 Ed. (3903)
 1998 Ed. (3754)
 2001 Ed. (4845)
 2002 Ed. (4925)
Marcus James Cooler
 1991 Ed. (3485)
Marcus & Millchap Inc.
 1990 Ed. (2950)
Marcus & Millichap
 1991 Ed. (2804)
 1998 Ed. (2998)
 2002 Ed. (3912)
 2007 Ed. (3083, 3300, 4075, 4080)
 2017 Ed. (4058)
 2018 Ed. (4085)
 2019 Ed. (4089)
 2020 Ed. (4102)
Marcus & Millichap Capital Corp.
 2017 Ed. (4093)
Marcus & Millichap Real Estate
 1995 Ed. (3060)
Marcus & Millichap Real Estate Investment Brokerage Co.
 1994 Ed. (2998)
 1997 Ed. (3256)
Marcus; Peter
 1995 Ed. (1798, 1847)
 1996 Ed. (1825)
 1997 Ed. (1899)
Marcus Rowland
 2007 Ed. (1075)
Marcus Schloss
 1993 Ed. (2297)
Marcus Schloss & Co.
 1994 Ed. (2309)
Marcus Sequeira
 2011 Ed. (3377)
Marcus Sohn
 2017 Ed. (3600)
Marcus Stranahan
 1995 Ed. (938)
Marcus Theatres Corp.
 2013 Ed. (3769)
 2014 Ed. (3698)
 2015 Ed. (3716)
 2016 Ed. (3628)
 2017 Ed. (3604)
 2018 Ed. (3663, 3664, 3665)
 2019 Ed. (3651, 3652)
 2020 Ed. (3618)
 2021 Ed. (3639)
 2022 Ed. (3707)
 2023 Ed. (3797)
Marcus Thomas LLC
 2013 Ed. (1975)
 2015 Ed. (1978)
Marcus Thomas Public Relations
 2003 Ed. (4011)
Marcy
 1991 Ed. (1634)
Marcy Industries Co.
 2018 Ed. (4778)
 2019 Ed. (4783)
Marcy Industries Company LLC
 2021 Ed. (4769)
Marden-Kane
 2019 Ed. (3477)
 2020 Ed. (3455)
 2021 Ed. (3475)
 2022 Ed. (3532)
 2023 Ed. (3653)
Marden-Kane Inc.
 2002 Ed. (916)
 2010 Ed. (3578)
 2011 Ed. (3581)
 2014 Ed. (3569)
Mardi Gras
 1996 Ed. (2907)
 2003 Ed. (3735, 4668)
 2008 Ed. (3857)
 2016 Ed. (3734)
 2017 Ed. (3690)
 2018 Ed. (3744)
Mardi Gras Bathroom Tissue, 2-Ply, 100-Sheet
 1990 Ed. (2130)
Mardin Cimento
 1994 Ed. (2336)
 1996 Ed. (2434)

The Mardrian Group Inc.
  2006 Ed. (3515, 4354)
  2007 Ed. (3558, 4422)
  2008 Ed. (3711, 4396)
Maredeus Food Solutions SL
  2016 Ed. (2009)
Marek Dospiva
  2020 Ed. (4834)
  2021 Ed. (4835)
  2022 Ed. (4828)
  2023 Ed. (4823)
Marek Lieberberg Konzertagentur
  2015 Ed. (1134)
Mareli
  2003 Ed. (1179)
Mareli Development Corp.
  2002 Ed. (2682)
Mareli Systems EOOD
  2019 Ed. (1433)
Marelich Mechanical
  2006 Ed. (1177)
Marelli
  2021 Ed. (278)
  2022 Ed. (294)
Marenghi Public Relations
  2004 Ed. (4016)
Marfeel Solutions
  2019 Ed. (58, 1968)
Marfin Egnatia Bank
  2010 Ed. (1662)
  2011 Ed. (351)
  2013 Ed. (431)
Marfin Egnatia Bank SA
  2009 Ed. (449)
  2010 Ed. (425)
  2011 Ed. (350)
Marfin Financial Group
  2008 Ed. (420)
  2010 Ed. (426)
  2011 Ed. (351)
Marfin Popular Bank
  2009 Ed. (425)
  2010 Ed. (401)
  2011 Ed. (328)
Marfin Popular Bank Group
  2013 Ed. (417)
MarFran Cleaning LLC
  2020 Ed. (3021)
  2021 Ed. (2887)
  2023 Ed. (3124)
Marfreight
  2020 Ed. (4672)
Marfrig
  2012 Ed. (1654)
  2021 Ed. (605)
  2022 Ed. (631, 667)
Marfrig Global Foods S.A.
  2021 Ed. (2443)
  2022 Ed. (2553)
  2023 Ed. (2700)
Marfrig Global Foods SA
  2018 Ed. (2505)
Marfrig Group
  2012 Ed. (2643)
  2013 Ed. (2744)
  2014 Ed. (2725)
Margaret Alexandre
  1994 Ed. (1826)
  1995 Ed. (1867)
  1996 Ed. (1848)
  1997 Ed. (1920)
  1998 Ed. (1648)
Margaret Anne Cargill
  2007 Ed. (4898)
Margaret Astor
  2001 Ed. (1921, 1922, 1923, 1924)
Margaret C. Whitman
  2005 Ed. (976, 978)
  2014 Ed. (937, 938, 945)
  2015 Ed. (970)
Margaret Cannella
  1997 Ed. (1931)
  1998 Ed. (1570, 1572)
  1999 Ed. (2158, 2159)
  2000 Ed. (1927, 1929)
Margaret Chan
  2009 Ed. (4973)
  2013 Ed. (4955)
  2014 Ed. (4962)
  2015 Ed. (5003)
  2016 Ed. (4920)
  2017 Ed. (4913)
Margaret Dorman
  2006 Ed. (982)
  2007 Ed. (1076)
Margaret Gilliam
  1991 Ed. (1691)
  1994 Ed. (1807)
Margaret Hachey
  2009 Ed. (4985)
  2010 Ed. (4992)
Margaret Hardy Magerko
  2006 Ed. (4913)
  2007 Ed. (4907)
  2008 Ed. (4836)
  2009 Ed. (4856)

Margaret Heffernan
  2007 Ed. (4919)
  2008 Ed. (4899)
Margaret Holmes
  2014 Ed. (4824)
Margaret Holmes Peanut Patch
  2018 Ed. (3714)
Margaret Keane
  2011 Ed. (4977)
  2014 Ed. (4975)
  2015 Ed. (5023)
  2016 Ed. (4938)
  2017 Ed. (4929)
Margaret Keane (Synchrony Financial)
  2021 Ed. (724)
Margaret Lien
  2010 Ed. (3963)
Margaret Mary Community Hospital
  2006 Ed. (2920)
Margaret (Meg) C. Whitman
  2006 Ed. (898, 935, 2526, 4913, 4975, 4983)
  2007 Ed. (988, 2506, 4907, 4975, 4981, 4983)
  2008 Ed. (942, 2636, 4836, 4883, 4948)
  2009 Ed. (2660, 4856, 4971)
Margaret Whitman
  2005 Ed. (971)
  2011 Ed. (817, 4845)
Margaretic & Co.; Steven J.
  1993 Ed. (1037)
Margaretta Taylor
  2018 Ed. (4831)
  2019 Ed. (4828)
  2020 Ed. (4818)
  2021 Ed. (4819)
Margaretten & Co.
  1990 Ed. (2601)
  1995 Ed. (2600, 2603, 2609)
Margarine
  1994 Ed. (3460)
  1998 Ed. (1237)
  2001 Ed. (4314)
  2003 Ed. (822)
  2005 Ed. (2760)
Margarita
  1990 Ed. (1074)
Margarita De Leon
  2023 Ed. (1301)
Margarita Louis-Dreyfus
  2014 Ed. (4493, 4922)
  2015 Ed. (4962)
  2016 Ed. (4878)
  2017 Ed. (4878)
  2018 Ed. (4890)
  2019 Ed. (4882)
  2020 Ed. (4871)
  2021 Ed. (4872)
Margarita (Meg) Francisco
  1999 Ed. (2421)
Margaritas Mexican Restaurant
  2012 Ed. (4264)
Margaritaville
  2002 Ed. (4610, 4611)
  2003 Ed. (4721, 4726)
  2004 Ed. (4699, 4704)
  2005 Ed. (4676)
  2014 Ed. (2793)
  2015 Ed. (200)
Margeotes Fertitta Donaher & Weiss
  1995 Ed. (31)
Margeotes Fertitta + Partners
  2001 Ed. (185)
Margeotes Fertitta & Weiss
  1992 Ed. (112, 190)
Margie Korshak Associates Inc.
  1990 Ed. (2921)
Margin interest
  1993 Ed. (3683)
Margo Vignola
  1993 Ed. (1800)
  1994 Ed. (1783)
  1995 Ed. (1823)
  1996 Ed. (1796)
  1997 Ed. (1869)
  1998 Ed. (1609, 1642, 1643)
  1999 Ed. (2233, 2234)
Margolin, Winer & Evans
  2000 Ed. (11)
Margolin, Winer & Evens
  2002 Ed. (18)
Margolis; Robert
  2009 Ed. (2659)
Margon Inc.
  2004 Ed. (1357)
Margot J. Copeland
  2012 Ed. (2157)
Margrethe Vestager
  2019 Ed. (3345)
Marguerite Hale
  2003 Ed. (4989)
  2004 Ed. (4987)
Marguerite Harbert
  2002 Ed. (3364)
Marguerite Sklenka
  1995 Ed. (938)

Mari Bari
  1998 Ed. (1605)
  1999 Ed. (2227)
  2000 Ed. (2009)
Mari Matsunaga
  2002 Ed. (4982)
Maria Arias
  2013 Ed. (2959)
Maria Asuncion Aramburuzabala
  2006 Ed. (4976)
  2007 Ed. (4976)
  2008 Ed. (4886)
  2014 Ed. (4901)
  2015 Ed. (4941)
  2016 Ed. (4856)
  2017 Ed. (4860)
  2018 Ed. (4869)
  2019 Ed. (4863)
  2020 Ed. (4852)
  2021 Ed. (4853)
  2022 Ed. (4848)
Maria Asuncion Aramburuzabala & family
  2023 Ed. (4843)
Maria Azua
  2008 Ed. (2628)
Maria Blanco
  2012 Ed. (2883)
Maria Das Gracas Foster
  2014 Ed. (4974)
  2015 Ed. (5022)
"Maria De Todos 2 PR III"
  2017 Ed. (2895)
Maria Del Pino
  2022 Ed. (4866)
  2023 Ed. (4860)
Maria Del Pino y Calvo-Sotelo
  2021 Ed. (4870)
Maria-Elisabeth & Georg Schaeffler
  2008 Ed. (4867)
Maria-Elisabeth Schaeffler
  2009 Ed. (4888)
  2012 Ed. (4887)
Maria Fernanda Amorim & family
  2022 Ed. (4858)
Maria Fiorini Ramirez
  2004 Ed. (3166)
Maria Franca Fissolo
  2016 Ed. (4850)
  2017 Ed. (4855)
  2018 Ed. (4863)
Maria Gardens
  2020 Ed. (3737)
Maria das Gracas Silva Foster
  2014 Ed. (4961)
  2015 Ed. (5002, 5027)
  2016 Ed. (4919)
Maria Helena Moraes Scripilliti
  2018 Ed. (4842)
Maria Ines de Lafuente Lacroze
  2013 Ed. (4854)
  2014 Ed. (4868)
  2016 Ed. (4822)
Maria Lewis
  1993 Ed. (1835)
  1994 Ed. (1827)
  1995 Ed. (1856)
Maria Luisa Solari Falabella
  2014 Ed. (4876)
  2015 Ed. (4914)
  2016 Ed. (4830)
Maria Noseda Zambra
  2009 Ed. (4883)
Maria del Pilar Avila
  2012 Ed. (2882)
Maria Ramos
  2011 Ed. (4981)
  2013 Ed. (4958, 4964)
  2015 Ed. (5022)
  2016 Ed. (4940)
Maria Sharapova
  2007 Ed. (293)
  2009 Ed. (293, 296)
  2010 Ed. (278)
  2013 Ed. (186, 191)
  2014 Ed. (199)
  2021 Ed. (196)
Mariah Carey
  1994 Ed. (1668)
  1995 Ed. (1715)
  2003 Ed. (2327, 2330, 2332)
  2004 Ed. (2410, 2412, 2416)
  2010 Ed. (3715)
  2011 Ed. (3717)
Mariah Packing Inc.
  1993 Ed. (2515, 2520, 2893)
  1994 Ed. (2457)
Marian Bell
  2006 Ed. (4978)
Marian County Convention & Recs Facilities Authority
  2000 Ed. (3203)
Marian Estates
  2017 Ed. (4958)
Marian Goodman
  2013 Ed. (180)
Marian Health System
  2000 Ed. (3178, 3182, 3184)
  2001 Ed. (2666)

  2002 Ed. (339, 3290, 4062)
  2003 Ed. (292, 3463)
  2006 Ed. (289, 3585)
Marian Ilitch
  1994 Ed. (3667)
  1995 Ed. (3788)
  1996 Ed. (3801)
  1997 Ed. (3916)
  2014 Ed. (4855)
  2016 Ed. (4810)
  2017 Ed. (4821)
  2018 Ed. (4826)
  2019 Ed. (4823)
  2023 Ed. (4931)
Mariana Properties
  1990 Ed. (2009)
Mariani
  2018 Ed. (4424)
Mariani Enterprises
  2021 Ed. (3272, 3280)
  2023 Ed. (3481)
Mariani Landscape
  2011 Ed. (3426, 3432)
  2012 Ed. (3439, 3445)
  2013 Ed. (3459)
  2014 Ed. (3459)
  2015 Ed. (3481)
  2017 Ed. (3287)
  2018 Ed. (3355)
  2019 Ed. (3334, 3342)
  2020 Ed. (3336)
  2022 Ed. (3356)
  2023 Ed. (3473)
Mariani Landscape Management
  2013 Ed. (3465)
  2014 Ed. (3465)
  2015 Ed. (3483)
  2016 Ed. (3332)
  2017 Ed. (3295)
Mariani Packing Co.
  2018 Ed. (4388)
Marianne
  1992 Ed. (3727)
  1993 Ed. (3039)
  1994 Ed. (3094)
Marianne Cargill Liebmann
  2011 Ed. (4819)
Marianne Lake
  2016 Ed. (4934)
  2021 Ed. (4933)
  2022 Ed. (4928)
Marianne Lake (JPMorgan Chase)
  2023 Ed. (4935)
Marianne Lake, Jennifer Piepszak
  2023 Ed. (2780)
Marianne Mannerheim
  2003 Ed. (4989)
Marianne Nivert
  2003 Ed. (4984)
Maribel Mata Benedict
  2012 Ed. (2881)
Marico Industries
  2004 Ed. (51)
Maricopa, AZ
  1989 Ed. (1175, 1176)
  1990 Ed. (1440, 2156)
  1991 Ed. (1369, 1375, 1376, 2005)
  1992 Ed. (1714)
  1998 Ed. (191)
  2000 Ed. (1595, 1596, 1597, 1598, 1599, 1600, 1601, 1602, 1604, 1605, 1606, 2611, 2613)
Maricopa Community Colleges
  2010 Ed. (3767)
  2012 Ed. (3771)
  2013 Ed. (3836)
Maricopa County, AZ
  1992 Ed. (1715, 1716, 1717, 1718, 2579)
  1993 Ed. (1426, 1427, 1428, 1432, 1434, 2141)
  1994 Ed. (1475, 1476, 1477, 2166)
  1995 Ed. (1510)
  1996 Ed. (1468, 1469, 1470, 1471, 2226)
  1997 Ed. (1537, 1538, 1539, 2352)
  1999 Ed. (1764, 1767, 1768, 1769, 1770, 1771, 1772, 1773, 1774, 1775, 1776, 1777, 1778, 2008, 2830, 4630)
  2002 Ed. (374, 1804, 1807, 2044, 2298, 2380, 2394, 2443, 3992, 4048, 4049)
  2003 Ed. (3436, 3438, 3439, 3440)
  2004 Ed. (794, 2643, 2704, 2718, 2807, 2858, 2966, 2982, 3521, 4182, 4183)
  2008 Ed. (3473)
  2009 Ed. (2387)
Maricopa County Pollution Control Corp.
  1997 Ed. (2839)
Maricopa Integrated Health System
  2016 Ed. (1360)
Marie Calendar's
  2003 Ed. (4098)
Marie Calender's
  2014 Ed. (2768, 2769)
Marie Calenders Complete Dinners
  2008 Ed. (2775)
Marie Callender
  1993 Ed. (3017, 3033)
  1996 Ed. (1975)
  2006 Ed. (4117)

Marie Callender Pie Shops Inc.
  1990 Ed. (3022)
  1992 Ed. (3709, 3719)
Marie Callender's
  1994 Ed. (3075)
  1995 Ed. (3120)
  1996 Ed. (3216)
  1997 Ed. (2091, 3314)
  1999 Ed. (4066, 4074, 4075)
  2000 Ed. (2280, 3785)
  2001 Ed. (2539, 2540, 4065, 4067, 4070, 4071, 4073)
  2002 Ed. (2366, 2367, 4002)
  2007 Ed. (4144)
  2008 Ed. (2774)
  2014 Ed. (3976)
  2015 Ed. (2819, 2820, 2827, 4019)
  2016 Ed. (2752, 2753, 3932)
  2017 Ed. (2707, 2708, 3901)
  2018 Ed. (2763, 2764, 2766)
  2019 Ed. (2746)
  2020 Ed. (2785)
  2021 Ed. (2656)
  2022 Ed. (2786, 2787, 2792, 2793, 2794, 2804)
  2023 Ed. (2911, 2916, 2917, 2927)
Marie Callender's entrees
  1995 Ed. (1942)
Marie Callender's Restaurant & Bakery
  2008 Ed. (4159, 4175, 4176)
  2009 Ed. (4267)
  2010 Ed. (4207)
  2011 Ed. (4213, 4238)
  2018 Ed. (4200)
  2019 Ed. (4229)
  2020 Ed. (4227)
Marie Chandoha
  2016 Ed. (4938)
  2017 Ed. (4929)
Marie Claire
  1996 Ed. (2975)
  1998 Ed. (2796, 2799)
  1999 Ed. (3746)
  2000 Ed. (3477, 3502)
  2002 Ed. (3228)
  2006 Ed. (157)
  2014 Ed. (3532)
  2016 Ed. (3399)
Marie Forleo International
  2016 Ed. (2343)
Marie Graber Martens
  1994 Ed. (901)
Marie-Helene Habert
  2020 Ed. (4838)
Marie-Hélène Habert-Dassault
  2023 Ed. (4827)
Marie Powell & Assoc.-Better Homes & Gardens
  1998 Ed. (2997)
Marie Powell & Associates-Better Homes & Gardens
  1997 Ed. (3255)
Marie Quintana Cummiskey
  2006 Ed. (2516)
Marie Rossi
  1999 Ed. (2231)
  2000 Ed. (2014)
Marie Theresa Dominguez
  2011 Ed. (2544)
  2014 Ed. (2975)
Marie Toulantis
  2007 Ed. (2506)
Mariella Burani Fashion Group SA
  2008 Ed. (994, 1865, 4332, 4672)
Marie's
  2001 Ed. (2017, 2018)
Marietta College
  1992 Ed. (1275)
  1993 Ed. (1023)
  1994 Ed. (1050)
  1995 Ed. (1058)
  1996 Ed. (1043)
  1998 Ed. (794)
  2009 Ed. (1032)
  2014 Ed. (1000)
Marietta; Martin
  1994 Ed. (136, 137, 138, 139, 140, 142, 144, 916, 1065, 1213, 1419, 1513)
Marietta Memorial Hospital
  2009 Ed. (1964)
Marietta/Roswell, GA
  1990 Ed. (999, 1001, 2484)
  1991 Ed. (939)
Marifano
  2022 Ed. (3902)
  2023 Ed. (3996)
Marigold Foods Inc.
  2003 Ed. (4493)
  2008 Ed. (3125)
Marijke Mars
  2019 Ed. (4823)
  2020 Ed. (4813)
  2021 Ed. (4814)
  2022 Ed. (4807)
  2023 Ed. (4800)
Marijuana
  1996 Ed. (1566)

Marijuana Business Daily
  2018 Ed. (3519)
  2021 Ed. (3508, 3518)
Marilda L. Gandara
  2006 Ed. (2516)
Marilyn A. Hewson
  2015 Ed. (968)
Marilyn Hewson
  2015 Ed. (5024, 5026, 5027)
  2016 Ed. (4941)
  2017 Ed. (4932)
  2019 Ed. (4937)
  2020 Ed. (4935)
  2021 Ed. (4934)
Marilyn Hewson (Lockheed Martin)
  2021 Ed. (4940)
Marilyn Hewson (U.S.)
  2021 Ed. (4935)
Marilyn Blanco-Reyes
  2014 Ed. (2975)
Marilyn Carlson Nelson
  2006 Ed. (4913)
  2007 Ed. (4907)
  2008 Ed. (4836)
  2009 Ed. (4856)
  2011 Ed. (4830)
  2013 Ed. (4848)
  2014 Ed. (4864)
  2015 Ed. (4901)
Marilyn; Hurricane
  2005 Ed. (2979)
Marilyn J. Gagen CPA, LLC
  2006 Ed. (3509)
Marilyn L. Garcia
  1995 Ed. (2653)
  2001 Ed. (776, 949)
Marilyn Miglin Inc.
  1990 Ed. (3706)
  1992 Ed. (4483)
  1994 Ed. (3668)
Marilyn Miglin LP
  2006 Ed. (4989)
Marilyn Monroe
  2006 Ed. (802)
  2007 Ed. (891)
  2009 Ed. (878)
  2010 Ed. (828)
  2013 Ed. (907)
  2014 Ed. (853)
  2015 Ed. (889)
  2016 Ed. (774)
  2017 Ed. (2386)
  2020 Ed. (2486)
Marilyn Sheftel
  2005 Ed. (4992)
  2006 Ed. (4988)
  2007 Ed. (4985)
  2008 Ed. (4991)
  2009 Ed. (4985)
Marilyn Tillinghast
  2010 Ed. (2835)
Marimar
  1996 Ed. (3663)
Marimark Corp.
  2002 Ed. (108)
Marimba, Inc.
  2001 Ed. (4182)
Marin, CA
  1991 Ed. (2002)
  2000 Ed. (1603, 2612)
  2001 Ed. (1940)
Marin Community Clinics
  2020 Ed. (1425)
  2021 Ed. (1424)
  2022 Ed. (1431)
  2023 Ed. (1624)
Marin Community Clinics Marin Health Medical Center
  2022 Ed. (1431)
Marin Community Foundation
  1989 Ed. (1474)
  1992 Ed. (1097)
  1994 Ed. (1904)
  2001 Ed. (2513, 2514)
  2002 Ed. (1127, 1129)
  2005 Ed. (2673, 2674)
  2010 Ed. (1052)
  2011 Ed. (988)
  2012 Ed. (903)
Marin County, CA
  1993 Ed. (1429, 1430, 2144)
  1994 Ed. (1474, 2167)
  1995 Ed. (2218, 2807)
  1996 Ed. (2227)
  1997 Ed. (1540)
  1998 Ed. (1200, 2080)
  1999 Ed. (2831)
  2002 Ed. (1805, 1808)
  2003 Ed. (3437)
Marin County Credit Union
  2013 Ed. (2255)
Marin Educational Foundation
  1989 Ed. (1477)
Marin General Hospital
  2012 Ed. (1376)
  2013 Ed. (1471)
  2014 Ed. (1434)
  2015 Ed. (1495)

  2016 Ed. (1429)
  2017 Ed. (1440)
  2020 Ed. (1425)
Marin Health Medical Center
  2021 Ed. (1424)
Marin Independent Journal
  1998 Ed. (80)
Marin Software Inc.
  2016 Ed. (1018)
  2017 Ed. (1051)
Marina Armstrong
  2010 Ed. (2563, 3140)
  2011 Ed. (2546, 3107)
  2013 Ed. (4967)
Marina Athletic Club
  2000 Ed. (2424)
Marina Bay Sands
  2021 Ed. (2703)
Marina Bay Sands Singapore
  2018 Ed. (3077)
Marina Berlusconi
  2003 Ed. (4984)
  2005 Ed. (4991)
  2006 Ed. (4985)
  2007 Ed. (4982)
  2008 Ed. (4949)
  2009 Ed. (4972, 4976)
  2010 Ed. (4981)
  2011 Ed. (4981)
Marina Biotechnology
  2013 Ed. (4521)
Marina & the Diamonds
  2014 Ed. (1099)
Marina District Development Co.
  2006 Ed. (1929)
  2010 Ed. (1865)
  2011 Ed. (1897)
  2012 Ed. (1753)
  2013 Ed. (1920)
  2014 Ed. (1859)
Marina Garcia-Marmolejo
  2012 Ed. (2882)
Marina Holdings LLC
  2022 Ed. (611)
  2023 Ed. (850)
Marina Landscape
  2014 Ed. (3456)
  2015 Ed. (3460)
  2016 Ed. (3309, 3323)
  2017 Ed. (3285, 3286)
Marina Landscape Inc.
  2011 Ed. (3421, 3422, 3423, 3430)
  2012 Ed. (3443)
  2013 Ed. (3463)
  2014 Ed. (3463)
  2016 Ed. (3330)
  2017 Ed. (3293)
The Marina Limited Partnership
  2002 Ed. (3559)
Marinades
  2002 Ed. (4337)
Marinades & tenderizers
  2003 Ed. (4507)
Marine
  1989 Ed. (364)
  1990 Ed. (932, 2468)
  2005 Ed. (3018)
Marine syndicate 40
  1996 Ed. (2529, 2530)
  1997 Ed. (2677, 2678)
  1998 Ed. (2399)
Marine syndicate 79
  1996 Ed. (2529, 2530)
  1997 Ed. (2678)
Marine 206, R. W. Sturge & Co.
  1991 Ed. (2336)
Marine 367, F. L. P. Secretan & Co. Ltd.
  1991 Ed. (2336)
Marine 418, Merrett Underwriting Agency Management Ltd.
  1991 Ed. (2336)
Marine 448, Wellington (Underwriting Agencies) Ltd.
  1991 Ed. (2336)
Marine syndicate 483
  1992 Ed. (2895, 2896)
  1996 Ed. (2530)
Marine 483, Methuen (Lloyd's Underwriting Agents) Ltd.
  1991 Ed. (2336)
Marine syndicate 488
  1992 Ed. (2895, 2896)
  1996 Ed. (2529, 2530)
  1997 Ed. (2678)
Marine syndicate 588
  1997 Ed. (2678)
Marine syndicate 625
  1996 Ed. (2530)
  1997 Ed. (2678)
Marine syndicate 672
  1996 Ed. (2529, 2530)
  1997 Ed. (2677, 2678)
  1998 Ed. (2399)
Marine syndicate 735
  1992 Ed. (2896)
  1996 Ed. (2530)
Marine syndicat 861
  1997 Ed. (2677, 2678)

Marine syndicate 861
  1996 Ed. (2529, 2530)
  1998 Ed. (2399)
Marine 932, Janson Green Management Ltd.
  1991 Ed. (2336)
Marine syndicate 1003
  1996 Ed. (2529, 2530)
  1997 Ed. (2677, 2678)
Marine syndicate 1028
  1996 Ed. (2530)
  1997 Ed. (2678)
Marine syndicate 2488
  1997 Ed. (2678)
Marine Atlantic
  1992 Ed. (4338, 4339)
  1995 Ed. (3655)
  2001 Ed. (1661)
  2004 Ed. (2753)
  2005 Ed. (2748)
  2008 Ed. (2833)
  2009 Ed. (2891)
  2010 Ed. (2829)
Marine Bank Farm Management
  1992 Ed. (2108, 2109)
  1993 Ed. (1746, 1747)
Marine Bank Milwaukee
  1993 Ed. (2414)
Marine Bank of Springfield
  1990 Ed. (1014, 1016)
Marine Bank of Springfield, IL
  1991 Ed. (944, 945)
  1992 Ed. (1178, 1179)
Marine Biological Laboratory
  1991 Ed. (892)
Marine Bunker AS
  1997 Ed. (1384)
Marine Connection
  2020 Ed. (627)
  2021 Ed. (583)
  2022 Ed. (611)
  2023 Ed. (850)
Marine Corps Exchange
  2017 Ed. (2295)
  2021 Ed. (2275)
Marine Corps Morale, Welfare & Recreation Supply; U.S.
  1996 Ed. (1952)
Marine Corps Morale, Welfare & Recreation Support; U.S.
  1995 Ed. (1913, 1918)
Marine Corps Recruit, CA
  1992 Ed. (4041)
Marine Corps; U.S.
  1995 Ed. (1913, 1918)
  1996 Ed. (1952)
  1997 Ed. (2055)
Marine Corps West Credit Union
  2002 Ed. (1839)
Marine Credit Union
  2002 Ed. (1883)
  2003 Ed. (1937)
  2004 Ed. (1977)
  2005 Ed. (2119)
  2006 Ed. (2214)
  2007 Ed. (2135)
  2008 Ed. (2250)
  2009 Ed. (2236)
  2010 Ed. (2138, 2190)
  2011 Ed. (2208)
  2012 Ed. (2069)
  2013 Ed. (2251)
  2014 Ed. (2183)
  2015 Ed. (2247)
  2016 Ed. (2218)
Marine Cybernetics AS
  2010 Ed. (2953)
Marine Drill
  1993 Ed. (2749)
Marine Drilling
  2000 Ed. (2397)
Marine Engineers Union
  1999 Ed. (3845)
Marine Farm Management
  1991 Ed. (1649)
Marine Federal Credit Union
  2018 Ed. (2113)
  2020 Ed. (2092)
  2021 Ed. (2082)
  2022 Ed. (2117)
  2023 Ed. (2232)
Marine Harvest
  2011 Ed. (4385)
Marine Harvest ASA
  2018 Ed. (1825)
  2019 Ed. (1879)
Marine Harvest USA
  2018 Ed. (4293)
  2019 Ed. (4319)
  2020 Ed. (4309)
Marine Harvest USA Inc.
  2006 Ed. (2612)
  2007 Ed. (2588)
  2008 Ed. (2725)
  2009 Ed. (2780)
  2011 Ed. (2698)
  2012 Ed. (2628, 4425)

CUMULATIVE INDEX • 1989-2023

Marine insurance
  1994 Ed. (2228)
Marine Management Systems
  1999 Ed. (4169)
Marine Max
  2017 Ed. (1559)
Marine Midland
  1989 Ed. (2974)
  1991 Ed. (371, 2518)
Marine Midland Bank
  1990 Ed. (2620)
  1991 Ed. (401, 1289, 1661, 2301, 2307)
  1995 Ed. (362, 570)
  1999 Ed. (1630)
  2000 Ed. (4058)
  2001 Ed. (1816)
Marine Midland Bank (Delaware)
  1991 Ed. (365)
Marine Midland Bank NA
  1990 Ed. (429, 629, 653)
  1991 Ed. (369, 487, 517, 593, 628, 1660, 1922, 1923)
  1992 Ed. (510, 513, 551, 552, 553, 566, 670, 802, 1615, 2430, 2856, 3922)
  1993 Ed. (360, 482, 595, 652, 1313, 2603)
  1994 Ed. (348, 354, 382, 383, 487, 600, 1368)
  1997 Ed. (367, 371, 472, 579, 3529)
  1998 Ed. (311, 358, 418, 1140, 3316)
  1999 Ed. (419, 482, 525, 3180, 4334, 4339)
Marine Midland Banks Inc.
  1989 Ed. (364, 395, 415, 640)
  1990 Ed. (706)
  1991 Ed. (393)
  1996 Ed. (376, 508, 640, 3181, 3182)
Marine Midland Capital Markets Corp.
  1991 Ed. (3003, 3049, 3062)
Marine Power International Ltd. Inc.
  2001 Ed. (1900)
Marine Products
  2020 Ed. (1560, 4675)
Marine Products Corp.
  2004 Ed. (235)
Marine Protein Division
  1997 Ed. (2702)
Marine Sales Group, Inc.
  2021 Ed. (583)
  2022 Ed. (611)
  2023 Ed. (850)
Marine supplies
  2005 Ed. (4428)
Marine syndicate
  1993 Ed. (2453, 2454)
  1994 Ed. (2397, 2398)
  1995 Ed. (2475, 2476)
Marine Syndicate 206
  1992 Ed. (2895, 2896)
Marine Syndicate 282
  1992 Ed. (2896)
Marine Syndicate 367
  1992 Ed. (2895, 2896)
Marine Syndicate 406
  1992 Ed. (2896)
Marine Syndicate 418
  1992 Ed. (2895, 2896)
Marine Syndicate 448
  1992 Ed. (2895, 2896)
Marine Syndicate 932
  1992 Ed. (2896)
Marine Toys for Tots Foundation
  2007 Ed. (3705)
  2008 Ed. (3790)
Marine transportation
  1992 Ed. (2624)
Marine World Africa USA
  1999 Ed. (268)
Marinela
  2019 Ed. (1311)
  2020 Ed. (2717)
  2023 Ed. (1479)
Marineland
  1990 Ed. (266)
MarineMax
  2008 Ed. (4205)
  2009 Ed. (4514)
  2017 Ed. (4205)
  2018 Ed. (628, 629, 4232)
  2019 Ed. (643, 644)
  2020 Ed. (624, 625)
  2021 Ed. (580, 581)
  2022 Ed. (609, 610)
  2023 Ed. (848, 849, 1700, 4489)
Mariner Cash Management Fund
  1994 Ed. (2539)
Mariner Energy Inc.
  2008 Ed. (1400)
Mariner Funds NY Tax-Free Money Market
  1993 Ed. (2686)
Mariner Government MMF
  1994 Ed. (2537)
Mariner Health Care Inc.
  2005 Ed. (3612)
  2006 Ed. (1417, 3727)
Mariner Health Group Inc.
  1999 Ed. (2643)

Mariner NY Tax-Free Bond
  1996 Ed. (614)
Mariner Post-Acute Network
  2000 Ed. (3182, 3361)
  2003 Ed. (3653, 4147)
  2004 Ed. (3701)
Mariner US Treasury Fund
  1992 Ed. (3094)
Mariner Wealth Advisors
  2016 Ed. (3286)
  2021 Ed. (3158)
  2022 Ed. (3302)
  2023 Ed. (3390, 3392)
Mariner Wealth Advisors LLC
  2017 Ed. (3247)
Mariners; Seattle
  2005 Ed. (645)
  2006 Ed. (547)
  2007 Ed. (578)
Marines; U.S.
  2015 Ed. (5014)
Marinette Marine Corp.
  2004 Ed. (1360)
  2005 Ed. (1376)
MarinHealth Medical Center
  2023 Ed. (1624)
Marinho; Joao Roberto
  2014 Ed. (4873)
  2015 Ed. (4911)
  2016 Ed. (4827)
  2018 Ed. (4842)
Marinho; Jose Roberto
  2014 Ed. (4873)
  2015 Ed. (4911)
  2016 Ed. (4827)
  2018 Ed. (4842)
Marinho; Roberto Irineu
  2014 Ed. (4873)
  2015 Ed. (4911)
  2016 Ed. (4827)
  2018 Ed. (4842)
Marino Architect; Peter
  2014 Ed. (3372, 3380, 3381)
Marino & Associates, Architects; Peter
  2006 Ed. (3170, 3171)
  2007 Ed. (3204)
  2008 Ed. (3346)
  2009 Ed. (3419)
Marino; Dan
  1997 Ed. (1724)
Marino; Robin
  2011 Ed. (2974)
Marinvest-Marine Midland
  1993 Ed. (579)
Mario Batali
  2008 Ed. (904)
  2010 Ed. (856)
  2014 Ed. (876)
Mario Brescia Cafferata
  2014 Ed. (4908)
Mario Draghi
  2014 Ed. (3469)
  2015 Ed. (3486)
  2016 Ed. (3336)
Mario J. Gabelli
  2012 Ed. (809)
  2013 Ed. (987)
  2014 Ed. (942)
  2016 Ed. (871)
Mario Kart 64
  1999 Ed. (4712)
Mario Kart with Wheel
  2011 Ed. (4809)
Mario L. Baeza
  2007 Ed. (1444)
  2008 Ed. (1428)
  2009 Ed. (1397)
  2011 Ed. (1378)
  2012 Ed. (1236)
  2013 Ed. (2957)
  2014 Ed. (2974)
  2015 Ed. (3043)
Mario M. Cuomo
  1990 Ed. (1946)
  1991 Ed. (1857)
  1992 Ed. (2345)
  1993 Ed. (1994)
  1995 Ed. (2043)
Mario Moretti Polegato
  2008 Ed. (4869)
  2009 Ed. (4891)
  2010 Ed. (4891)
  2011 Ed. (4880)
  2012 Ed. (4889)
Mario Teaches Typing
  1995 Ed. (1101, 1105)
  1996 Ed. (1084)
Mario Williams
  2014 Ed. (195)
Marion
  1989 Ed. (1998)
Marion Ag Services
  2019 Ed. (2574)
  2020 Ed. (124, 2568)
  2021 Ed. (115, 2529)
Marion Boucher
  1997 Ed. (1930, 1933)

Marion Boucher Soper
  1998 Ed. (1576, 1577)
  1999 Ed. (2164, 2165)
  2000 Ed. (1934, 1935)
Marion Community Credit Union
  2010 Ed. (2140)
Marion Construction
  2009 Ed. (1310)
  2010 Ed. (1205, 1304)
Marion County Convention & Recreational Facilities Authority
  1993 Ed. (2622)
Marion County Credit Union
  2004 Ed. (1928)
  2005 Ed. (2067)
  2006 Ed. (2154)
Marion County, IN
  1998 Ed. (2081, 2082, 2083)
  2008 Ed. (3473)
Marion General Hospital
  2009 Ed. (3145)
  2010 Ed. (3076)
  2014 Ed. (3058)
Marion Harper, Jr.
  2000 Ed. (37)
Marion Health System
  2001 Ed. (2668)
Marion & Herbert Sandler
  2007 Ed. (384)
Marion, IN
  2007 Ed. (3384)
  2012 Ed. (3497)
Marion Jones
  2005 Ed. (266)
Marion Laboratories
  1989 Ed. (1052, 1271, 1277)
  1990 Ed. (1297, 1559, 1562, 3448)
  1991 Ed. (1136, 1143, 1144, 1147, 1216, 1217, 1220, 1471, 2399, 3227, 3229, 3331)
  1997 Ed. (1660)
Marion MacMillan Pictet
  2010 Ed. (4854)
  2011 Ed. (4819)
  2012 Ed. (4841)
  2013 Ed. (4839)
Marion Merrell
  1997 Ed. (1660)
Marion Merrell Dow Inc.
  1991 Ed. (1468)
  1992 Ed. (1514, 1842, 1861, 1863, 1866, 3001)
  1993 Ed. (889, 1458, 1510, 1512)
  1994 Ed. (1254, 1552, 1554, 1556, 1559, 2461)
  1995 Ed. (1580, 1585, 1589, 2138, 2139, 2529)
  1996 Ed. (1568, 1574, 1576, 1577, 2151, 2152, 2597)
  1997 Ed. (1237, 1238, 1239, 1259, 1655, 2135, 2178, 2740, 2953)
Marion O. Sandler
  1993 Ed. (3730)
  1994 Ed. (1720)
  2002 Ed. (4979)
  2005 Ed. (2475)
  2007 Ed. (1020)
  2008 Ed. (4944, 4945)
Marion & Polk Schools Credit Union
  2002 Ed. (1887)
Marion S. Barry Jr.
  1992 Ed. (2987)
Marion Sandier
  1995 Ed. (3786)
Marion Sandler
  1996 Ed. (3875)
  1999 Ed. (4805)
  2007 Ed. (996, 4907, 4975, 4978)
Marion State Bank
  1993 Ed. (508)
  1996 Ed. (541)
Marion Witz
  2013 Ed. (4987)
  2014 Ed. (4992)
Marion's Piazza
  2009 Ed. (4063)
  2010 Ed. (3981)
  2011 Ed. (3985)
  2012 Ed. (3981)
  2013 Ed. (4044)
  2014 Ed. (3982)
  2015 Ed. (4027)
  2016 Ed. (3939)
  2017 Ed. (3910)
  2018 Ed. (3939)
  2019 Ed. (3911)
  2020 Ed. (3926)
  2021 Ed. (3896)
Marion's Pizza
  2005 Ed. (3844)
  2006 Ed. (3915)
  2007 Ed. (3966)
  2008 Ed. (3992)
Mario's
  2006 Ed. (1038)
  2008 Ed. (1001)
  2010 Ed. (951)

Marios Musikk AS
  2020 Ed. (3670)
  2021 Ed. (3676)
Mario's Pizza & Italian Restaurant
  1996 Ed. (3045)
Mariott
  1996 Ed. (2181)
Mariott International
  1996 Ed. (2164)
Maris Grove by Erickson Living
  2013 Ed. (1995)
Maris Systems Design Inc.
  2014 Ed. (1886)
Marisa Christina
  1997 Ed. (3522)
Marisa Industries Inc.
  2000 Ed. (2462)
  2002 Ed. (2556)
  2004 Ed. (2833)
  2005 Ed. (2843)
  2009 Ed. (3041)
Marisa J. Demeo
  2012 Ed. (2885)
Mariska Hargitay
  2010 Ed. (2514)
  2011 Ed. (2516)
  2012 Ed. (2442)
  2013 Ed. (2606)
Marisol Commercial Inc.
  1991 Ed. (1252)
  1992 Ed. (1570)
  1993 Ed. (1275)
Marisol Credit Union
  2016 Ed. (2223)
Marissa Mayer
  2014 Ed. (761)
  2015 Ed. (797, 798, 5024)
  2016 Ed. (720, 4929)
Marital or family problems
  1992 Ed. (1939)
Maritime Bank
  2015 Ed. (475)
  2016 Ed. (423)
  2018 Ed. (366, 401)
  2019 Ed. (405)
Maritime Craft Services
  2019 Ed. (2072)
Maritime Foods Provi.
  1994 Ed. (3307)
Maritime Group Ltd.
  2019 Ed. (2398)
Maritime Life Assurance Co.
  2004 Ed. (1669)
Maritime Life Bond
  2004 Ed. (730)
Maritime Life Global Equities
  2003 Ed. (3599, 3600)
  2004 Ed. (2484)
Maritime Life Value Equity
  2003 Ed. (3569)
  2004 Ed. (3615)
Maritime Telephone & Telegraph
  1990 Ed. (3519)
  1992 Ed. (4211)
  1994 Ed. (3491)
  1996 Ed. (3648)
  1997 Ed. (3707)
Maritime Transport
  2017 Ed. (4724)
  2018 Ed. (4700)
  2020 Ed. (4679)
Maritime Travel
  2021 Ed. (4708)
Maritime Travel Inc.
  2005 Ed. (1718)
  2014 Ed. (1470)
  2017 Ed. (1478)
Marits B. Brown
  1995 Ed. (2485)
Maritz Inc.
  1990 Ed. (3651)
  1993 Ed. (3626)
  1994 Ed. (3579)
  2001 Ed. (1798, 4629, 4630)
  2003 Ed. (804)
  2004 Ed. (845)
  2005 Ed. (819, 3918, 4751, 4752)
  2007 Ed. (4029)
  2008 Ed. (3188)
  2009 Ed. (4152, 4246)
  2010 Ed. (3178, 4184)
Maritz Marketing Research Inc.
  1990 Ed. (2980)
  1991 Ed. (2386, 2835)
  1992 Ed. (2976, 3662)
  1993 Ed. (2503, 2995)
  1994 Ed. (2442)
  1995 Ed. (2508, 3089)
  1996 Ed. (2569, 3190)
  1997 Ed. (2710, 3295)
  1998 Ed. (2436)
  1999 Ed. (3304)
  2000 Ed. (3042, 3756)
  2001 Ed. (4046, 4047)
  2002 Ed. (3253)
Maritz Research
  2011 Ed. (4183)

Maritz Travel Co. Inc.
  1996 Ed. (3742, 3744)
  1997 Ed. (3796)
  1998 Ed. (3621, 3622, 3623)
  1999 Ed. (4665, 4666)
  2000 Ed. (4300, 4301)
  2001 Ed. (4630)
Maritz-TRBI
  2002 Ed. (3256, 3258, 3260, 3261, 3262)
MaritzCX
  2020 Ed. (720)
Marius Kloppers
  2012 Ed. (791)
Marius Nacht
  2017 Ed. (4854)
Marizco Landscape Management
  2015 Ed. (1473)
MarJam Supply
  2013 Ed. (725)
Marjam Supply Co.
  2011 Ed. (619)
  2012 Ed. (590)
Marjorie Magner
  2005 Ed. (4990)
  2006 Ed. (4974, 4979, 4980, 4983)
  2007 Ed. (4978)
Marjorie Scardino
  2002 Ed. (4983)
  2003 Ed. (4984)
  2005 Ed. (4991)
  2006 Ed. (4978, 4985)
  2007 Ed. (4975, 4982)
  2008 Ed. (4949)
  2009 Ed. (4972, 4980)
  2010 Ed. (4981, 4989)
  2011 Ed. (4981, 4986)
  2012 Ed. (4977, 4983)
  2013 Ed. (4964)
  2014 Ed. (4974)
Marjorie Yang
  2002 Ed. (4982)
The Mark
  1992 Ed. (2481)
  1998 Ed. (2013)
  1999 Ed. (2761)
  2003 Ed. (723)
Mark 1 Contracting
  2009 Ed. (1201)
Mark A. Blinn
  2011 Ed. (826)
Mark A. Cohen
  2002 Ed. (3263)
Mark A. Cohn
  1995 Ed. (1717)
Mark A. Hellerstein
  2009 Ed. (956)
Mark Abramson
  1999 Ed. (2408)
Mark Adlestone
  2007 Ed. (4931)
Mark Agnew
  1996 Ed. (1891)
Mark Altherr
  1998 Ed. (1568, 1578)
  1999 Ed. (2156, 2166)
  2000 Ed. (1925)
Mark Altman
  1991 Ed. (1679, 1706)
  1993 Ed. (1796)
  1994 Ed. (1779)
  1995 Ed. (1819)
Mark Andrew
  1995 Ed. (2484)
Mark Anthony Brands
  2014 Ed. (4952)
  2015 Ed. (4991)
Mark Anthony Brewing
  2021 Ed. (2629)
Mark Anthony Group
  2013 Ed. (550)
  2014 Ed. (564)
  2015 Ed. (628)
  2016 Ed. (577, 4673)
  2017 Ed. (605)
  2018 Ed. (569)
  2019 Ed. (584)
  2020 Ed. (569)
  2021 Ed. (542)
  2022 Ed. (570, 3521)
  2023 Ed. (816)
Mark Anthony Group of Companies
  2021 Ed. (4662)
  2022 Ed. (1470)
  2023 Ed. (4660)
Mark Asset Management
  1993 Ed. (2334)
Mark B. Templeton
  2011 Ed. (843)
Mark Bailey & Co.
  2010 Ed. (3)
  2011 Ed. (3)
Mark Bartelstein
  2003 Ed. (222, 223, 226)
Mark Baughan
  1999 Ed. (2355)
Mark/BBDO
  1993 Ed. (91)
  1994 Ed. (81)

  1995 Ed. (63)
  1996 Ed. (77)
  1997 Ed. (76)
  1999 Ed. (78)
  2000 Ed. (84)
  2001 Ed. (126)
  2002 Ed. (97)
  2003 Ed. (64)
Mark/BBDO Bratislava
  2001 Ed. (207)
  2002 Ed. (179)
  2003 Ed. (146)
Mark/BBDO Bratislva
  1999 Ed. (151)
  2000 Ed. (169)
Mark Beilby
  1999 Ed. (2310)
  2000 Ed. (2092)
Mark Bertolini
  2015 Ed. (962)
Mark Bono
  1999 Ed. (2198)
Mark Brown
  1996 Ed. (1871)
  1997 Ed. (1979)
Mark Brunell
  2003 Ed. (297)
Mark Burnett
  2013 Ed. (2601)
  2014 Ed. (2530)
  2015 Ed. (2603, 2607)
  2016 Ed. (2527)
Mark Burnett Productions
  2011 Ed. (2618, 4671)
Mark Burton
  1993 Ed. (2639)
Mark Buthman
  2010 Ed. (914)
Mark C. Pigott
  2004 Ed. (968, 2500)
  2005 Ed. (973)
  2006 Ed. (901, 930)
  2007 Ed. (1021)
  2008 Ed. (942)
  2011 Ed. (826)
Mark Carney
  2010 Ed. (704)
  2011 Ed. (633)
Mark Cathcart
  1999 Ed. (2308)
  2000 Ed. (2084, 2091)
Mark Cavagnero Associates
  2011 Ed. (193)
  2016 Ed. (210)
Mark Chesnutt
  1993 Ed. (1079)
  1994 Ed. (1100)
  1997 Ed. (1113)
Mark-Chris Subaru
  1990 Ed. (320)
Mark Cohen
  2017 Ed. (3591, 3593, 3597, 3598, 3599)
  2018 Ed. (3651, 3657, 3658, 3659)
  2019 Ed. (3640, 3646, 3647, 3648)
Mark Coombs
  2008 Ed. (4901)
  2009 Ed. (2623)
Mark Crossman
  2000 Ed. (2044)
Mark Cuban
  2002 Ed. (3355)
  2004 Ed. (4870)
  2006 Ed. (4909)
  2007 Ed. (4904)
  2008 Ed. (4833)
  2009 Ed. (4853)
  2010 Ed. (4858)
  2011 Ed. (4845)
  2013 Ed. (547)
Mark Curtis
  2007 Ed. (3248, 3249)
  2008 Ed. (3376)
  2009 Ed. (3441)
  2010 Ed. (3382)
  2018 Ed. (3319)
  2019 Ed. (3294)
  2020 Ed. (3295)
  2023 Ed. (3388)
Mark Curtis (Graystone)
  2021 Ed. (3155)
Mark Curtis (Morgan Stanley Graystone)
  2022 Ed. (3299)
Mark Cusack
  1999 Ed. (2328)
Mark D. Ketchum
  2009 Ed. (4071)
  2010 Ed. (3990)
  2011 Ed. (3995)
  2012 Ed. (3988)
  2013 Ed. (4051)
Mark Darrell
  2011 Ed. (1374)
Mark Dimas
  2018 Ed. (4108)
Mark Donegan
  2010 Ed. (893)
  2011 Ed. (823)
  2015 Ed. (953)

  2016 Ed. (865)
Mark Duffy
  1999 Ed. (2338, 2349)
Mark Dunkerly
  2014 Ed. (2593)
Mark Dynamics Indonesia
  2023 Ed. (1783)
Mark Eady
  1999 Ed. (2331)
  2000 Ed. (2116)
Mark Edelstone
  1999 Ed. (2262)
  2000 Ed. (2006)
Mark Edlestone
  1998 Ed. (1671)
Mark Faulkner
  1999 Ed. (2416)
Mark Feehily
  2008 Ed. (4884)
Mark Fields
  2009 Ed. (21)
  2014 Ed. (2596)
  2015 Ed. (2639)
Mark Finlan
  2016 Ed. (1113)
Mark Finnie
  1999 Ed. (2340)
  2000 Ed. (2127)
Mark Fischbach
  2019 Ed. (3290)
Mark Fischbach, aka Markiplier
  2021 Ed. (4787)
Mark Fitzgerald
  2007 Ed. (2465)
  2010 Ed. (2527)
Mark Four Enterprises Inc.
  2005 Ed. (2959)
  2006 Ed. (2955)
Mark Friedman
  1996 Ed. (1775)
  1998 Ed. (1623)
Mark Frissora
  2006 Ed. (936)
  2008 Ed. (952)
Mark Fulcher
  2017 Ed. (2795)
Mark Fulton
  1999 Ed. (2289)
  2000 Ed. (2070)
Mark Furlong
  2011 Ed. (819)
Mark G. Papa
  2010 Ed. (909)
Mark G. Parker
  2014 Ed. (943)
  2015 Ed. (964)
Mark Garrett
  2010 Ed. (920)
Mark Giacopazzi
  1999 Ed. (2428)
  2000 Ed. (2188)
Mark Girolamo
  1997 Ed. (1928)
  1998 Ed. (1567)
  1999 Ed. (2155)
  2000 Ed. (1924)
Mark Goldston
  2005 Ed. (2321)
Mark Goodbum
  2010 Ed. (1194)
Mark Grotevant
  1997 Ed. (1942)
  1998 Ed. (1585)
  1999 Ed. (2173, 2179)
  2000 Ed. (1944, 1950)
Mark Group
  2015 Ed. (2096)
  2016 Ed. (2073)
Mark Gulley
  1993 Ed. (1787)
  1994 Ed. (1770)
  1995 Ed. (1811)
  1996 Ed. (1786)
  1998 Ed. (1673)
  1999 Ed. (2265)
  2000 Ed. (1994)
Mark H. Bloodgood
  1990 Ed. (2481)
  1992 Ed. (2905)
Mark Harmon
  2013 Ed. (2605)
Mark Hassenberg
  1993 Ed. (1771, 1772, 1792, 1795)
  1994 Ed. (1775, 1778)
  1995 Ed. (1795, 1815, 1818)
  1996 Ed. (1790, 1792)
  1997 Ed. (1866)
  1998 Ed. (1637)
  1999 Ed. (2224)
  2000 Ed. (2003)
Mark Hawkins
  2012 Ed. (2495)
  2013 Ed. (2638)
  2014 Ed. (2594)
  2015 Ed. (2636)
Mark Hemstreet
  2007 Ed. (1945)
  2008 Ed. (2027)

  2009 Ed. (1991)
Mark Higley Construction
  2000 Ed. (1234)
Mark Hogan
  2007 Ed. (3974)
  2008 Ed. (3997)
  2009 Ed. (4071)
  2010 Ed. (3990)
Mark Hotchin
  2008 Ed. (4848)
Mark Howard
  1997 Ed. (1929)
  1998 Ed. (1569)
  1999 Ed. (2157)
Mark Howard Cohen (Cohen Financial)
  2022 Ed. (3704)
Mark Howdle
  1999 Ed. (2298)
Mark Hughes
  1999 Ed. (2176)
  2000 Ed. (1886, 1947)
Mark Hunt
  1996 Ed. (1840)
  1997 Ed. (1913)
  1998 Ed. (1602)
Mark Hurd
  2007 Ed. (986)
  2008 Ed. (939)
  2010 Ed. (889, 2559)
Mark Husson
  1997 Ed. (1918)
  1998 Ed. (1619)
  1999 Ed. (2259)
Mark III Industries Inc.
  1992 Ed. (4367, 4369, 4370, 4371)
  1995 Ed. (3685, 3686, 3687, 3688)
  1996 Ed. (990)
  1998 Ed. (753)
  2000 Ed. (1104)
Mark III Systems Inc.
  2016 Ed. (4959)
Mark IV Audio
  1996 Ed. (2749)
Mark IV Industries Inc.
  1989 Ed. (969, 972)
  1990 Ed. (1117, 1586, 1618, 1625)
  1991 Ed. (358, 1027, 1211, 3227, 3229)
  1992 Ed. (1308)
  1993 Ed. (1227, 1228, 1543)
  1994 Ed. (1266, 1584, 3117)
  1995 Ed. (1290, 1291, 1625, 2671, 2672, 3167, 3168)
  1996 Ed. (2750, 3262, 3263)
  1997 Ed. (1685, 3302, 3361)
  1998 Ed. (1373, 3103, 3104)
  1999 Ed. (1885, 1973, 4115, 4116)
  2000 Ed. (3827, 3828)
  2001 Ed. (498, 4129, 4131, 4132)
  2002 Ed. (4066, 4067)
  2003 Ed. (4196, 4204, 4205)
Mark J. Carney
  2012 Ed. (292)
Mark J. Gallagher
  1995 Ed. (983)
Mark J. Rybarczyk
  2005 Ed. (2511)
  2007 Ed. (2504)
Mark J. Walsh & Co.
  1995 Ed. (1078)
  1997 Ed. (1074)
Mark Jackson
  2006 Ed. (982)
Mark Kellstrom
  2000 Ed. (1948)
Mark L. Bye
  2007 Ed. (2500)
Mark L. Schneider
  2002 Ed. (2177)
Mark Lambert
  2000 Ed. (2136)
Mark Laneve
  2009 Ed. (21)
  2010 Ed. (30)
Mark Lehman
  2003 Ed. (1546)
Mark Levin
  2002 Ed. (2179)
  2003 Ed. (956)
Mark Logic Corp.
  2007 Ed. (3057)
Mark Loveland
  1999 Ed. (2336)
Mark Lynch
  1999 Ed. (2307)
  2000 Ed. (2090, 2125)
Mark Maimon
  2017 Ed. (3595)
Mark Manson
  1993 Ed. (1808)
  1994 Ed. (1791, 1825)
Mark Martin
  2011 Ed. (239)
Mark McClellan
  2005 Ed. (3203)
Mark Melcher
  1996 Ed. (1843)
  1997 Ed. (1916)
  1998 Ed. (1681, 1682)

1999 Ed. (2275)
2000 Ed. (2057)
Mark Miller
2006 Ed. (888)
Mark Miller Auto Group
2022 Ed. (249)
Mark Mills
1999 Ed. (2326)
2000 Ed. (2112)
Mark Mobius
1999 Ed. (3589)
Mark O'Brien
2005 Ed. (984)
Mark One Electric Co.
2020 Ed. (4984)
2023 Ed. (4989)
Mark One Electric Co., Inc.
2019 Ed. (4953)
2020 Ed. (4955)
Mark P. Bulriss
2007 Ed. (2499)
Mark P. Frissora
2006 Ed. (869)
2011 Ed. (825)
2015 Ed. (960)
2016 Ed. (870)
Mark P. Mays
2011 Ed. (839)
Mark Papa
2006 Ed. (909)
2007 Ed. (999)
2008 Ed. (936)
Mark Parker
2010 Ed. (885)
2017 Ed. (776)
2019 Ed. (874)
Mark Pibl
2000 Ed. (1931)
Mark Pigott
2007 Ed. (991)
2011 Ed. (819)
Mark Piliero
1993 Ed. (1844)
1997 Ed. (1949)
1998 Ed. (1596)
Mark Pi's
1996 Ed. (3212)
1997 Ed. (3338)
Mark Puleikis
1999 Ed. (2332)
2000 Ed. (2117, 2118)
The Mark of the Quad Cities
1999 Ed. (1297)
2001 Ed. (4354)
2002 Ed. (4346)
2003 Ed. (4530)
Mark R. Bloodgood
1991 Ed. (2344)
Mark R. Chassin
1995 Ed. (3503)
Mark; Reuben
1994 Ed. (950)
1996 Ed. (959, 960, 964, 966, 1709)
1997 Ed. (982, 1799)
2005 Ed. (967, 980, 981, 983, 2500)
2006 Ed. (883)
2007 Ed. (974)
2008 Ed. (947)
Mark Richey Woodworking
2022 Ed. (4995)
Mark Rogers
1997 Ed. (1891)
Mark Ronson
2017 Ed. (3628)
Mark Rupe
2011 Ed. (3355)
Mark/Ryan Associates
2010 Ed. (2397)
Mark S. Sexton
2007 Ed. (2509)
Mark S. Tarchetti
2016 Ed. (3950)
Mark Sanchez
2011 Ed. (2956)
Mark Sarvary
2012 Ed. (2494)
2013 Ed. (2637)
2014 Ed. (2592)
2015 Ed. (2634)
Mark Scheinberg
2016 Ed. (4829)
2017 Ed. (4838)
2018 Ed. (4844)
2019 Ed. (4840)
2020 Ed. (4829)
2021 Ed. (4829)
2022 Ed. (4823)
2023 Ed. (4818)
Mark Schulten
2023 Ed. (3387)
Mark Schulten (TSG)
2022 Ed. (3298)
Mark Scot
1990 Ed. (3329, 3330, 3341, 3342)
1991 Ed. (3169, 3172)
1992 Ed. (4050, 4053)
1993 Ed. (3373)

Mark Shepperd
1999 Ed. (2347)
2000 Ed. (2135)
Mark Shoen
2016 Ed. (4804)
2017 Ed. (4816)
2018 Ed. (4821)
2019 Ed. (4817)
2020 Ed. (4807)
2021 Ed. (4808)
2022 Ed. (4802)
2023 Ed. (4794)
Mark Simpson
1997 Ed. (1972)
Mark Singleton Suzuki
1990 Ed. (321)
Mark Smith
2006 Ed. (884)
Mark Snell
2010 Ed. (917)
Mark Spain Real Estate
2018 Ed. (4111)
2019 Ed. (4121)
Mark Stevens
2003 Ed. (4847)
Mark Stockdale
1999 Ed. (2333)
2000 Ed. (2119)
Mark Strome
1996 Ed. (1914)
Mark Suwyn
2006 Ed. (2523)
Mark Swartz
2000 Ed. (1880)
2001 Ed. (2345)
2002 Ed. (1043)
2004 Ed. (972)
Mark Syder Electric
2017 Ed. (4419)
Mark T. Bertollini
2015 Ed. (967)
Mark T. Curtis
2006 Ed. (658, 3189)
2009 Ed. (3444)
2010 Ed. (3385)
2011 Ed. (3378)
2012 Ed. (3319)
2013 Ed. (3392)
2014 Ed. (3394)
2015 Ed. (3426)
2016 Ed. (3287)
2017 Ed. (3248)
Mark Taylor
2023 Ed. (1311)
Mark Teixeira
2012 Ed. (432)
2013 Ed. (187)
The Mark: The Beast Rules the World
2003 Ed. (706)
Mark Tinker
2000 Ed. (2115)
Mark Tracey
1999 Ed. (2313, 2343)
2000 Ed. (2095, 2101)
Mark Twain Bancshares Corp.
1995 Ed. (492)
1998 Ed. (266, 269)
Mark Twain Bank
1992 Ed. (784)
1993 Ed. (573)
1994 Ed. (575)
1995 Ed. (550)
1996 Ed. (608)
1997 Ed. (562)
Mark Twain Bank (Ladue)
1991 Ed. (612)
Mark V. Hurd
2007 Ed. (1032)
2008 Ed. (954)
2009 Ed. (953)
2010 Ed. (894, 905)
2011 Ed. (844)
Mark Victor Hansen
2002 Ed. (4253)
Mark W. Wilde
2011 Ed. (3352)
Mark Wahlberg
2013 Ed. (2597)
2015 Ed. (2599)
2016 Ed. (2524)
2017 Ed. (2378)
Mark Walter
2016 Ed. (4809)
Mark Weber
2007 Ed. (1102)
2009 Ed. (2659)
Mark Weintraub
2000 Ed. (2032)
2011 Ed. (3352)
Mark Willes
1999 Ed. (2076)
Mark Winter Homes
2007 Ed. (1271)
Mark Wiseman
2015 Ed. (796)
2016 Ed. (719)
2017 Ed. (775)

Mark Wolfenberger
2000 Ed. (1996)
Mark Wyrill
1996 Ed. (1911)
1997 Ed. (2001)
Mark Your Territory
2008 Ed. (4809)
Mark Zuckerberg
2011 Ed. (629)
2012 Ed. (599, 600, 4847)
2013 Ed. (740, 741, 3493, 4850)
2014 Ed. (761, 4866)
2015 Ed. (797, 4903)
2016 Ed. (720)
2017 Ed. (776, 4815, 4830, 4831, 4886)
2018 Ed. (3368, 4820, 4835, 4836, 4899)
2019 Ed. (4816, 4832, 4833, 4891)
2020 Ed. (4806, 4823, 4880)
2021 Ed. (4807, 4823, 4824)
2022 Ed. (4801, 4816, 4817)
2023 Ed. (4793, 4809, 4811)
Mark Zuckerberg (U.S.)
2021 Ed. (4880)
2022 Ed. (4876)
Mark Zurack
1996 Ed. (1841)
1997 Ed. (1914)
1998 Ed. (1606)
Mark43
2019 Ed. (2156)
Marka
2000 Ed. (474)
MarkAir
1993 Ed. (1105)
Markant Handels- und Industriewaren
1993 Ed. (3049)
Markborough Properties
1992 Ed. (3624)
1994 Ed. (3005)
1996 Ed. (1313, 1315)
1997 Ed. (3258)
Marke H. Willes
2000 Ed. (1879)
Markeel Midwest Inc.
2012 Ed. (3134)
Markel
2015 Ed. (3322)
2016 Ed. (3175)
2017 Ed. (3120, 3124)
2018 Ed. (3214, 3219)
2019 Ed. (3151, 3157)
2020 Ed. (3181, 3186)
2022 Ed. (3221)
Markel Corp.
2004 Ed. (3061)
2005 Ed. (3072)
2006 Ed. (3090)
2007 Ed. (1554)
2008 Ed. (3249, 3252, 3284)
2014 Ed. (3359)
2016 Ed. (3255)
2018 Ed. (3234, 3235)
2019 Ed. (3177)
2020 Ed. (3205, 3206)
2021 Ed. (3058, 3059)
2022 Ed. (3193, 3194, 3257)
2023 Ed. (3286, 3287)
Markel Corp. Group
2022 Ed. (3257)
Markel Midwest Inc.
2015 Ed. (3385)
2016 Ed. (3257)
Markem/Aellora
2005 Ed. (3041)
2007 Ed. (3077)
MARKEM Corp.
2007 Ed. (1220)
2008 Ed. (1123)
Marker
1991 Ed. (3131)
1992 Ed. (3980)
Markers
1992 Ed. (4494)
1993 Ed. (3741)
2002 Ed. (3536)
2003 Ed. (3675)
Markers highlights
1990 Ed. (3712)
Markes International
2017 Ed. (4112)
Markesman Group
2023 Ed. (1471)
Market America
2018 Ed. (2187, 2190)
Market America Inc.
2020 Ed. (1814)
2021 Ed. (1771)
Market America Inc. & Shop.com
2021 Ed. (1771)
Market research analyst
2007 Ed. (3731)
2011 Ed. (3779)
Market Basket
2007 Ed. (4622)
Market Basket/Demoulas
2004 Ed. (4628, 4643)
Market Delivery Solutions LLC
2020 Ed. (2193)

Market Doctors
2016 Ed. (4944)
Market Express LLC
2021 Ed. (1808)
2022 Ed. (1852)
Market Facts Inc.
1991 Ed. (2386, 2835)
1995 Ed. (2508)
1996 Ed. (2569)
1997 Ed. (2710)
1999 Ed. (3304)
2001 Ed. (4046, 4047)
2002 Ed. (3253)
2003 Ed. (4069)
Market Forge
1990 Ed. (2745)
Market Guide
2002 Ed. (4836, 4851)
Market knowledge and willingness to share it
1990 Ed. (3089)
Market & Johnson Inc.
2009 Ed. (1346)
2011 Ed. (1314)
Market Konekt
2019 Ed. (2296)
Market Map
1990 Ed. (2367)
1991 Ed. (2257, 2258)
Market Perceptions Inc.
2010 Ed. (1610)
Market Probe
2015 Ed. (3705)
2016 Ed. (3610)
2017 Ed. (3578)
2018 Ed. (3603)
Market Probe Inc.
2006 Ed. (3549, 4387)
2007 Ed. (3615, 4455)
2008 Ed. (3741, 4439)
Market Reach
2002 Ed. (4572)
Market Research
1997 Ed. (848)
2000 Ed. (941)
Market sandwich
2022 Ed. (3547)
Market Scan Information Systems Inc.
2000 Ed. (1106, 2406)
2002 Ed. (1077)
2003 Ed. (3965)
Market Smith Inc.
2015 Ed. (1894)
Market Tech
2010 Ed. (1070)
Market Transport
2002 Ed. (4692)
Market Transport Ltd.
2019 Ed. (4737)
2020 Ed. (4713)
Market Transport Services
2009 Ed. (2836)
Market USA
1995 Ed. (3556)
Market Wholesale Co.
1995 Ed. (2055)
1996 Ed. (2051)
Market6 Inc.
2017 Ed. (1612)
Marketauto D.O.O.
2018 Ed. (1504)
MarketAxess
2004 Ed. (2222)
MarketAxess Holdings
2007 Ed. (2730, 2731)
2008 Ed. (2860, 2861)
2013 Ed. (1935, 2692)
2014 Ed. (1874, 2677)
2023 Ed. (1911, 2806)
MarketBeat.com
2023 Ed. (2822)
Marketecture Inc.
2011 Ed. (2127)
Marketel/Foster/McCann-Erickson
1992 Ed. (202)
1993 Ed. (132)
MarketerNet
2007 Ed. (99)
MarketGuide
2002 Ed. (4853)
MarketHistory.com
2002 Ed. (4853)
Marketing
1990 Ed. (533)
1995 Ed. (2894)
1996 Ed. (3873)
1998 Ed. (3772)
1999 Ed. (2009)
2003 Ed. (2271)
2007 Ed. (786)
Marketing 4
2008 Ed. (4024, 4030)
Marketing in Action
2000 Ed. (3845)
Marketing Advantage
2002 Ed. (1980)

Marketing/advertising
　1994 Ed. (2066)
Marketing Alliance Group
　2016 Ed. (2305)
　2017 Ed. (2145)
Marketing Analysts Inc.
　2007 Ed. (4445)
Marketing Arm
　2006 Ed. (3413, 3417)
　2007 Ed. (3431)
　2008 Ed. (3598)
　2011 Ed. (3587, 3588)
　2012 Ed. (3575, 3576)
　2014 Ed. (3571)
　2016 Ed. (82)
The Marketing Arm
　2013 Ed. (3623, 3627)
　2014 Ed. (3561, 3565)
　2023 Ed. (131, 158)
Marketing Business
　1995 Ed. (2894)
Marketing Communications
　1991 Ed. (120)
　2003 Ed. (53)
Marketing Continuum
　2001 Ed. (3912)
Marketing Corp. of America
　1990 Ed. (3082)
　1993 Ed. (3063)
　1994 Ed. (3127)
　1996 Ed. (1553, 3276)
　1997 Ed. (1618)
　1998 Ed. (1287)
Marketing Corporation of America
　1992 Ed. (3758)
Marketing Den
　1989 Ed. (92)
Marketing Director Intl
　1995 Ed. (2894)
Marketing & Distribution Sh.p.k.
　2016 Ed. (1540)
Marketing Drive
　2010 Ed. (3582)
　2011 Ed. (3584)
Marketing Drive LLC
　2013 Ed. (3623, 3627)
Marketing Horizons Inc.
　2016 Ed. (3975)
Marketing Innovators International Inc.
　1996 Ed. (3878)
　2000 Ed. (4431)
　2006 Ed. (4989)
　2007 Ed. (4986)
　2009 Ed. (4986)
　2010 Ed. (4993)
　2011 Ed. (4990)
Marketing Lab
　2005 Ed. (3404)
Marketing managers
　2005 Ed. (3625)
　2007 Ed. (3720)
　2009 Ed. (3857)
Marketing Maven PR
　2022 Ed. (4037)
　2023 Ed. (4142)
Marketing Maven Public Relations
　2017 Ed. (4022)
　2019 Ed. (4039)
　2020 Ed. (4049)
Marketing Metrics: 50+ Metrics Every Executive Should Master
　2008 Ed. (621)
Marketing Momentum
　2007 Ed. (3613)
The Marketing Organisation
　2001 Ed. (2025)
The Marketing Partnership
　1990 Ed. (3086)
　2002 Ed. (4086)
The Marketing Practice
　2020 Ed. (1972)
Marketing Resources
　2021 Ed. (3475)
　2022 Ed. (3532)
　2023 Ed. (3653)
Marketing/sales
　1998 Ed. (544)
Marketing Sciences
　2000 Ed. (3044, 3047)
Marketing and consulting services
　2003 Ed. (4516)
Marketing services
　2001 Ed. (2171)
Marketing Shortcuts for the Self-Employed
　2013 Ed. (622)
Marketing Solutions & Results LLC
　2002 Ed. (4985)
The Marketing Store
　1992 Ed. (3761)
　1993 Ed. (3065)
　1996 Ed. (3277)
　1997 Ed. (3374)
　2005 Ed. (3407)
　2006 Ed. (3416)
　2009 Ed. (4363)
　2014 Ed. (3569)

The Marketing Store Worldwide
　2000 Ed. (3843, 3844)
　2002 Ed. (4087)
　2010 Ed. (2255)
Marketing Support
　1990 Ed. (3079)
Marketing Trangle
　1990 Ed. (3088)
Marketing Triangle
　1993 Ed. (3065)
Marketing Week
　1995 Ed. (2894)
Marketing Werks
　2013 Ed. (3624)
　2016 Ed. (81)
MarketingLab
　2019 Ed. (3478)
　2020 Ed. (3456)
　2021 Ed. (3476)
　2022 Ed. (3533)
　2023 Ed. (3654)
MarketLeverage Interactive Advertising
　2011 Ed. (1634)
MarketModels Inc.
　2006 Ed. (4376)
Marketo
　2014 Ed. (1058)
Marketo Inc.
　2015 Ed. (4415)
　2016 Ed. (1018)
Marketocracy
　2002 Ed. (4854)
Marketplace
　2006 Ed. (750)
　2008 Ed. (4559)
Marketplace Brands
　2021 Ed. (4450)
Marketplace Design
　2001 Ed. (1447)
Marketplace Homes
　2014 Ed. (4194)
　2015 Ed. (4174)
Marketplace Valet
　2022 Ed. (755)
MarketPlayer.com
　2002 Ed. (4854)
The Markets LLC
　2013 Ed. (2166)
　2014 Ed. (2095)
　2015 Ed. (2150)
　2016 Ed. (2127)
　2017 Ed. (2076)
　2018 Ed. (2035)
　2019 Ed. (2095)
　2020 Ed. (2005)
　2021 Ed. (1958)
Marketsmith Inc.
　2016 Ed. (4986)
　2017 Ed. (4975)
Marketsource Inc.
　1992 Ed. (3759)
　1993 Ed. (3064)
　2008 Ed. (1764)
　2009 Ed. (1699)
Marketsphere Consulting
　2008 Ed. (1870)
MarketStar
　2014 Ed. (3571)
　2015 Ed. (81, 82)
　2016 Ed. (81, 82)
MarketStar Corp.
　2013 Ed. (3621, 3627, 3628)
　2014 Ed. (3559, 3565, 3566)
Marketstar Corp.
　2003 Ed. (1840)
　2004 Ed. (1874)
　2005 Ed. (1990)
　2006 Ed. (2088)
　2007 Ed. (2046)
　2008 Ed. (2148)
　2009 Ed. (2131)
　2010 Ed. (3580)
　2011 Ed. (2129, 3582)
　2012 Ed. (1972, 3574)
　2013 Ed. (2131)
　2015 Ed. (2113)
　2016 Ed. (2094)
MarketWatch
　2010 Ed. (3367, 3372)
MarketWatch.com
　2007 Ed. (2328)
MarketXS
　2007 Ed. (1906)
　2008 Ed. (1967)
Markey Charitable Trust; Lucille P.
　1991 Ed. (893, 1767)
　1993 Ed. (890)
　1994 Ed. (1901)
　1995 Ed. (1926)
Markfield; Roger S.
　2007 Ed. (2505)
Markforged
　2020 Ed. (2913)
Markham
　2022 Ed. (625)
Markham Contracting Co.
　2006 Ed. (1175)
　2007 Ed. (1281)

2008 Ed. (1181)
2009 Ed. (1157, 1341)
2011 Ed. (1095)
2017 Ed. (1210)
2018 Ed. (1159, 1183)
Markham Norton Mosteller Wright & Co.
　2015 Ed. (1632)
　2016 Ed. (1560)
Markham, Ontario
　2008 Ed. (3487, 3490)
Markham RAE LLP
　2016 Ed. (2091)
Markham Street Films
　2021 Ed. (4626)
Markham/Vaughan, Ontario
　2008 Ed. (3493)
MarKim Erection Co.
　2014 Ed. (1145)
　2015 Ed. (1195, 4386)
Markim Erection Co., Inc.
　2006 Ed. (1171)
Markiplier
　2020 Ed. (3286)
Markit Ltd.
　2016 Ed. (4310)
MarkIT Staffing Solutions
　2018 Ed. (3107)
　2019 Ed. (3040)
Markkinointi Topitorma Oy
　1993 Ed. (98)
　1994 Ed. (87)
Markkinointi Viherjuuri
　1991 Ed. (98)
Markkinointi Viherjuuri Oy
　1989 Ed. (105)
　1990 Ed. (101)
　1992 Ed. (148)
　1993 Ed. (98)
Markkinointl Viherjuuri Oy
　1994 Ed. (87)
Markkula, Jr.; A.C. "Mike"
　1989 Ed. (1984)
Markley; H. J.
　2011 Ed. (2547)
Markman Aggressive Allocation
　2004 Ed. (3601, 3602)
Markman Core Growth
　2008 Ed. (2615)
Markman Moderate Allocation
　2004 Ed. (3601, 3602)
Markom/Leo Burnett
　1993 Ed. (143)
Markom/Leo Burnett Reklam Hizmetleri
　2003 Ed. (160)
MARKON
　2014 Ed. (2084)
Markon Solutions
　2016 Ed. (2108)
Markro
　1991 Ed. (3469)
Mark's
　2021 Ed. (887)
Mark's Cleaning Service
　2009 Ed. (866)
Marks; Matthew
　2013 Ed. (180)
Mark's Office Furniture
　1998 Ed. (2706)
Marks Paneth LLP
　2015 Ed. (15)
　2016 Ed. (14)
　2017 Ed. (10)
　2018 Ed. (9)
　2019 Ed. (10)
　2020 Ed. (12)
　2021 Ed. (14)
　2022 Ed. (15)
Marks Paneth & Shron
　2012 Ed. (23)
　2013 Ed. (18)
Marks Paneth & Shron LLP
　2002 Ed. (18, 21)
　2003 Ed. (7)
　2004 Ed. (13)
　2005 Ed. (9)
　2006 Ed. (14)
　2008 Ed. (8)
　2009 Ed. (11)
　2010 Ed. (13)
　2011 Ed. (8)
Marks, Shron & Co.
　2000 Ed. (11)
Marks & Spencer
　1989 Ed. (2333)
　1990 Ed. (1372, 1375, 3053, 3055, 3294, 3499)
　1992 Ed. (1101, 1625, 3740, 4178)
　1994 Ed. (3109, 3111)
　1995 Ed. (1403, 3339)
　1996 Ed. (1354, 1357, 1359, 1360, 1361, 1362, 1363, 1364, 1366, 1367, 1369, 2544, 2545, 3414, 3623)
　1997 Ed. (1416, 2685)
　1999 Ed. (277, 4100, 4110)
　2000 Ed. (4133)
　2007 Ed. (707, 718, 726, 728, 739, 746)
　2008 Ed. (677, 690, 698, 700, 720, 4238)

2009 Ed. (686, 699, 707, 719, 730, 4337)
2010 Ed. (643, 653)
2011 Ed. (580, 587, 588)
2012 Ed. (562, 563)
2013 Ed. (670, 4307)
2014 Ed. (695)
2015 Ed. (4340)
2016 Ed. (4245)
2017 Ed. (4231)
2018 Ed. (4247)
2019 Ed. (4277)
2020 Ed. (1976, 2163)
2022 Ed. (4255)
2023 Ed. (4294)
Marks & Spencer Group
　2014 Ed. (2567)
　2015 Ed. (4349)
　2018 Ed. (1325, 1326, 1328)
Marks & Spencer Group plc
　2004 Ed. (1739)
　2007 Ed. (4952)
　2014 Ed. (2559)
　2016 Ed. (4247)
Marks & Spencer (Hong Kong)
　2013 Ed. (4282)
Marks & Spencer plc
　1990 Ed. (166, 3054, 3265, 3635)
　1991 Ed. (2897, 3110)
　1993 Ed. (3049, 3267, 3609)
　2000 Ed. (4387)
　2001 Ed. (4115, 4818)
　2002 Ed. (36, 4059, 4899)
　2004 Ed. (4929)
　2005 Ed. (1031, 1986)
　2006 Ed. (2065, 4180, 4186, 4644)
　2007 Ed. (4193, 4205)
　2008 Ed. (134, 4222, 4236, 4240)
　2009 Ed. (1420, 1421, 1422, 1423, 1424, 1425, 1426, 1427, 1428, 1429, 2117, 4331, 4332, 4335, 4341)
　2010 Ed. (1393, 1398, 4347, 4348, 4353, 4369)
　2011 Ed. (937, 1405, 1410, 1414, 1415, 4292, 4302, 4305)
　2012 Ed. (38, 2124, 2127, 4341)
　2013 Ed. (93, 2111, 2113, 2322, 2323, 4272, 4311, 4322, 4347)
　2014 Ed. (2049, 2253, 4331, 4373, 4396)
　2015 Ed. (2106, 2322, 4320, 4345, 4382)
　2016 Ed. (2079, 2275, 2276, 4216, 4230, 4250, 4259, 4282)
　2017 Ed. (2038, 2048, 2055, 2128, 2129, 4203, 4216, 4235, 4270)
　2018 Ed. (1994, 2009, 2020, 2174, 2175, 4252)
　2019 Ed. (2051, 2053, 2076, 2165, 4292)
　2020 Ed. (2162)
Marks; Stephen
　2005 Ed. (4890)
Mark's Work Wearhouse
　1990 Ed. (1056, 1057)
　1992 Ed. (1218)
　1994 Ed. (1020)
　1996 Ed. (1013)
　1997 Ed. (1033)
Markson Rosenthal & Co.
　2005 Ed. (3866)
　2006 Ed. (3930)
Markstein Sales Co.
　2022 Ed. (4951)
　2023 Ed. (4955)
Markston Investment Management
　1990 Ed. (2318)
Mark+Technik Verlag
　2020 Ed. (3492)
MarkTen
　2017 Ed. (936, 1289)
　2018 Ed. (869)
　2019 Ed. (877)
Markten
　2016 Ed. (888)
MarkTen E-Cigarettes
　2018 Ed. (3704)
Markus Barth
　1998 Ed. (1687)
Markus Feehily
　2005 Ed. (4885)
MarkWest Energy Partners
　2009 Ed. (2909)
　2010 Ed. (2853)
MarkWest Energy Partners LP
　2004 Ed. (1571)
　2008 Ed. (1674)
　2009 Ed. (1606, 3986)
　2010 Ed. (1584)
　2011 Ed. (1588)
　2015 Ed. (1576)
MarkWest Hydrocarbon Inc.
　2003 Ed. (1646)
　2009 Ed. (3986)
Markwins Beauty Brands
　2019 Ed. (3750)
Markwins Beauty Brands Inc.
　2021 Ed. (3609, 4981)
　2022 Ed. (3660, 4981)
　2023 Ed. (4984)

CUMULATIVE INDEX • 1989-2023

Markwins International Corp.
 2014 Ed. (3686)
Markwins Intl Markwins Bty Prd Inc.
 2023 Ed. (3836)
Markwins Intl Markwins Bty Prdt
 2023 Ed. (3835)
Marla Marron
 1996 Ed. (1902)
Marlabs Inc.
 2013 Ed. (3754)
Marlboro
 1989 Ed. (907)
 1990 Ed. (992, 993, 1579)
 1991 Ed. (57, 932)
 1992 Ed. (30, 55, 63, 1147, 1151)
 1993 Ed. (18, 941)
 1994 Ed. (49, 953, 955, 958, 959, 960)
 1995 Ed. (696, 985, 986)
 1996 Ed. (33, 777, 971)
 1997 Ed. (712, 985, 987, 990, 991, 994, 995)
 1998 Ed. (489, 727, 728, 729, 730)
 1999 Ed. (776, 795, 1135, 1140)
 2000 Ed. (1061)
 2001 Ed. (1230)
 2002 Ed. (4629)
 2003 Ed. (970, 971, 4751, 4756)
 2004 Ed. (4736)
 2005 Ed. (742, 4713)
 2006 Ed. (654, 4765)
 2007 Ed. (683, 691, 692, 696, 4771)
 2008 Ed. (641, 656, 663, 976, 4691)
 2009 Ed. (669, 674, 4733)
 2010 Ed. (635, 640, 4741)
 2011 Ed. (569, 570, 575)
 2012 Ed. (553, 554, 558)
 2013 Ed. (667, 696, 4688, 4693)
 2014 Ed. (685, 691, 716, 4739)
 2015 Ed. (736, 739, 988, 4756, 4760)
 2016 Ed. (889)
 2017 Ed. (708, 937, 4670, 4673)
 2018 Ed. (871, 4659, 4662)
 2019 Ed. (4672)
 2020 Ed. (4639)
 2021 Ed. (4650, 4652, 4655)
Marlboro 100s
 1989 Ed. (904)
Marlboro Box, Carton
 1990 Ed. (990, 991)
Marlboro College
 2008 Ed. (1069)
 2009 Ed. (1046)
Marlboro Edge
 2017 Ed. (3648)
 2018 Ed. (3705)
 2019 Ed. (3694)
Marlboro Ice
 2020 Ed. (3722)
 2021 Ed. (3725)
Marlboro Kings
 1989 Ed. (904, 905)
Marlboro Kings, Carton
 1989 Ed. (2323, 2325)
 1990 Ed. (990, 3036, 3040)
Marlboro Lights
 1994 Ed. (959)
 1995 Ed. (985)
 1997 Ed. (989, 990, 997)
 2001 Ed. (1233)
Marlboro Lights 100s
 1989 Ed. (904, 905)
Marlboro Lights, Carton
 1990 Ed. (990, 991)
Marlboro Menthol
 1997 Ed. (989)
Marlboro NXT
 2015 Ed. (1326)
 2016 Ed. (3689)
Marlboro Psychiatric Hospital
 1997 Ed. (2272)
Marlboro Red Box
 1997 Ed. (989)
Marleau Lemire
 1996 Ed. (807)
 1997 Ed. (749)
Marlekor AS
 1997 Ed. (1384)
Marlene Dooner
 2008 Ed. (2628)
Marler International Inc.
 1994 Ed. (1710)
Marletta College
 1997 Ed. (1059)
Marley
 1995 Ed. (1405)
 2010 Ed. (562)
Marley; Bob
 2006 Ed. (802)
 2014 Ed. (853)
 2015 Ed. (889)
 2016 Ed. (774)
 2017 Ed. (2386)
 2018 Ed. (2445)
 2019 Ed. (2494)
 2020 Ed. (2486)
 2022 Ed. (2519)
Marley & Me
 2008 Ed. (554, 622)

Marley's One Drop
 2014 Ed. (996, 997)
Marleys One Drop
 2016 Ed. (940)
 2017 Ed. (977)
Marlim
 2001 Ed. (3776)
Marlin
 1995 Ed. (780, 781, 782, 784)
 1997 Ed. (761)
Marlin & Barrel Distillery LLC
 2023 Ed. (227)
Marlin LP
 2016 Ed. (2903)
Marlin Mazda
 1996 Ed. (278)
Marlin Spring
 2021 Ed. (1446)
 2022 Ed. (1447, 1851, 4090)
Marlink Builders
 2002 Ed. (2683)
 2003 Ed. (1167)
Marlin's Car Wash
 2007 Ed. (348)
Marlins; Florida
 2013 Ed. (4480)
Marlon Abela
 2007 Ed. (4925)
Marlon Brando
 2007 Ed. (891)
Marlon Kelly
 1999 Ed. (2418)
Marlon Recreational Products
 2018 Ed. (4903)
Marlton Technologies Inc.
 2004 Ed. (4551)
 2005 Ed. (4673)
Marmados Madencilik
 2018 Ed. (1983)
Marmalade
 2002 Ed. (3036)
Marman USA Inc.
 1992 Ed. (2403)
 1993 Ed. (2040)
 1995 Ed. (2103)
Marmaxx
 2007 Ed. (1125)
 2008 Ed. (1007)
 2009 Ed. (991)
 2010 Ed. (956)
 2011 Ed. (882)
Marmaxx Group
 2001 Ed. (4722)
Marmaxx Operating Corp.
 2022 Ed. (1296)
Marmite
 2010 Ed. (2743)
 2011 Ed. (577, 582, 586)
Marmon Corp.
 2001 Ed. (4816)
 2003 Ed. (4926)
 2004 Ed. (4925)
Marmon Crane Services
 2022 Ed. (1013, 1015, 1016, 1018)
 2023 Ed. (1191, 1194, 1195, 1197)
Marmon Group
 1990 Ed. (1025)
 1991 Ed. (952)
 1992 Ed. (1187)
 1993 Ed. (962)
 1994 Ed. (987)
 1995 Ed. (1000, 1748)
 1996 Ed. (987, 1727)
 1997 Ed. (1012, 1814, 1816)
 1998 Ed. (750, 1523)
 1999 Ed. (328)
 2000 Ed. (1101)
 2002 Ed. (1071)
 2006 Ed. (3985)
 2007 Ed. (4024)
 2008 Ed. (4051)
 2009 Ed. (3227, 4141)
Marmon Highway Technologies
 2006 Ed. (1535)
Marmon Holdings Inc.
 2001 Ed. (4816)
 2003 Ed. (4926)
 2004 Ed. (4925)
 2005 Ed. (4908, 4909)
 2006 Ed. (4941)
 2007 Ed. (4947, 4948)
 2008 Ed. (4922)
 2009 Ed. (4938)
 2010 Ed. (4946)
 2011 Ed. (4929)
 2012 Ed. (4932)
 2013 Ed. (4928)
 2014 Ed. (4935)
 2017 Ed. (1329)
Marmon Mok Architecture
 2023 Ed. (277)
Marmoset
 2017 Ed. (3456)
Marmosim
 2002 Ed. (4460)
Marnell Architecture
 2007 Ed. (2405)
 2010 Ed. (2449)

Marnell Corrao Associates Inc.
 1990 Ed. (1168)
 1992 Ed. (1365)
 2002 Ed. (1247)
 2003 Ed. (1265)
 2007 Ed. (1380, 1391)
 2008 Ed. (1315, 1340)
 2009 Ed. (1300)
Maroc Telecom
 2009 Ed. (71)
 2010 Ed. (81)
 2015 Ed. (1401)
 2016 Ed. (1331)
 2019 Ed. (1803)
 2020 Ed. (1749)
 2021 Ed. (1719, 4577)
 2022 Ed. (672, 1751)
 2023 Ed. (876)
Marom Musical Instruments
 2020 Ed. (3659)
 2021 Ed. (3664)
Maron Electric Co.
 2009 Ed. (1279)
 2011 Ed. (1225)
Maronda Homes
 1997 Ed. (1134)
 1998 Ed. (903)
 1999 Ed. (1335)
 2000 Ed. (1226)
 2002 Ed. (1203, 2678, 2689)
 2003 Ed. (1165, 1190)
 2004 Ed. (1168, 1171, 1173, 1195)
 2005 Ed. (1196, 1199, 1201, 1221)
Maroon 5
 2014 Ed. (3731, 3732)
 2015 Ed. (3733, 3734)
 2016 Ed. (3642)
 2017 Ed. (1082, 3624, 3629, 3630)
Maroon Group
 2021 Ed. (845)
Maroone Chevrolet
 1996 Ed. (268)
Maroone Chevrolet-Geo
 1995 Ed. (261, 294)
Maroone Dodge
 1995 Ed. (263)
Maroone Ford of Margate
 2004 Ed. (272, 4803)
 2005 Ed. (276)
Maroone Honda Hollywood
 2013 Ed. (216)
Maroone Isuzu
 1994 Ed. (271)
 1995 Ed. (272)
 1996 Ed. (274)
Maropost
 2018 Ed. (973, 1446, 1850)
 2019 Ed. (973, 1476, 1498, 1904, 3506)
 2020 Ed. (958, 1441, 1466, 1843)
 2021 Ed. (049, 1439, 1455)
Marport Canada Inc.
 2012 Ed. (2770)
Marport Deep Sea Technologies Inc.
 2013 Ed. (2838)
Marqeta
 2022 Ed. (2644)
Marqeting
 2018 Ed. (63, 1752)
Marquard & Bahls
 2011 Ed. (2435)
 2013 Ed. (1664, 1742)
 2015 Ed. (2546)
Marquard & Bahls AG
 2008 Ed. (1771, 2429, 2504, 2814, 3679)
 2013 Ed. (2539)
 2017 Ed. (2461)
 2018 Ed. (2569)
 2022 Ed. (2414)
Marquardt; David
 2007 Ed. (4874)
Marquart; Winifred J.
 2022 Ed. (4811)
 2023 Ed. (4804)
Marquee Energy
 2017 Ed. (3794)
The Marquee Group
 2021 Ed. (733)
 2022 Ed. (759)
Marquee Holdings Inc.
 2008 Ed. (3750)
 2009 Ed. (3774)
Marquee Media
 2023 Ed. (117)
Marques de Riscal Wine
 1991 Ed. (3498)
Marquette Bank
 1992 Ed. (781)
Marquette Bank Minneapolis NA
 1991 Ed. (610)
 1993 Ed. (570)
 1994 Ed. (572)
Marquette Capital Management
 1990 Ed. (2320)
Marquette Electronics
 1990 Ed. (2528)
Marquette Financial Companies
 2005 Ed. (539, 540)

Marquette Financial Co.
 2005 Ed. (378)
Marquette Financial Cos.
 2005 Ed. (524)
Marquette Financial Group
 2002 Ed. (802, 803, 804, 805, 806)
Marquette General Hospital
 2012 Ed. (2989)
 2013 Ed. (3079)
Marquette Group
 2001 Ed. (241)
 2003 Ed. (181)
 2004 Ed. (135)
Marquette Medical Systems
 2000 Ed. (739)
Marquette, MI
 2001 Ed. (2822)
Marquette National
 1990 Ed. (590)
Marquette University
 2005 Ed. (799)
Marquez Bates
 1997 Ed. (129)
 1999 Ed. (139)
Marquez Brothers International
 2018 Ed. (1290)
Marquez Constructors Inc.
 2005 Ed. (3494)
 2007 Ed. (3539)
Marquez; Myriam
 2011 Ed. (2955)
Marquis; Andrew
 2017 Ed. (3597)
 2018 Ed. (3657)
 2019 Ed. (3640, 3646, 3648)
 2020 Ed. (3616)
 2021 Ed. (3637)
 2022 Ed. (3704)
Marquis Book Printing
 2022 Ed. (3954)
 2023 Ed. (4042)
Marquis Fund Value Equity A
 1999 Ed. (3515)
Marquis Value Equity A
 1999 Ed. (598)
Marquis Vintage
 2000 Ed. (2342)
Marram; Ellen
 1993 Ed. (3730)
Marrero, Couvillon & Associates LLC
 2007 Ed. (3560)
Marrero Santana E Hijos SL
 2018 Ed. (1915)
Marri; Mohammed Al
 2013 Ed. (3490)
Marriage/family therapist
 2011 Ed. (3780)
"Married ... With Children"
 1991 Ed. (3245)
 1997 Ed. (3722)
"Married...with Children"
 1995 Ed. (3579)
Marriner Marketing Communications
 1992 Ed. (3757)
Marriot Family Restaurants
 1992 Ed. (3719)
Marriott
 1989 Ed. (1451, 1614, 1615, 1616)
 1990 Ed. (1814, 1818, 2074, 2081, 2085, 3242, 3245)
 1991 Ed. (1055, 1444, 1731, 1737, 1939, 2375, 3088, 3098, 3457)
 1992 Ed. (1439, 2173, 2180, 2202, 2203, 2474, 2497, 2504, 2506, 2507, 3933, 3938)
 1993 Ed. (1502, 2013, 2082, 2083, 2088, 2099, 2101, 2706, 3220, 3230, 3241, 3265, 3271, 3277, 3391)
 1994 Ed. (1237)
 1995 Ed. (1258, 1335, 2166, 2167, 2168, 2169, 2170, 2172, 2757, 3323)
 1996 Ed. (2182)
 1997 Ed. (2278, 2279, 2280, 2296, 2302)
 1998 Ed. (577, 2002, 2009, 2010, 2020, 2023, 2024, 2027, 2031)
 2000 Ed. (2548, 2565)
 2001 Ed. (2789, 2791)
 2003 Ed. (2847)
 2004 Ed. (2938)
 2005 Ed. (2931)
 2006 Ed. (2934, 2938)
 2007 Ed. (2945, 2950)
 2008 Ed. (3070, 3075)
 2009 Ed. (3159, 3163)
 2010 Ed. (3088, 3089, 3090, 3093, 3094, 3102, 3103, 4256)
 2011 Ed. (585, 3059, 3060, 3062, 3063, 3070, 3071, 4256)
 2012 Ed. (3003, 3004, 3006, 3013, 3014, 4297)
 2013 Ed. (3102)
 2014 Ed. (3100)
 2015 Ed. (1781, 3151)
 2017 Ed. (2958, 2962, 4750)
 2018 Ed. (3066, 3072, 3076, 4732)
 2019 Ed. (3016, 3020, 3695)
 2020 Ed. (3049, 3058)
 2021 Ed. (2915, 2919, 2927)

CUMULATIVE INDEX • 1989-2023

2022 Ed. (621)
2023 Ed. (3156, 3162)
Marriott Airport
  1996 Ed. (2165)
  2006 Ed. (2933)
Marriott Corp.; J. W.
  1989 Ed. (2902)
  1990 Ed. (3683)
  1992 Ed. (4422)
Marriott Courtyard
  1999 Ed. (2785)
  2000 Ed. (2559)
Marriott Denver Tech Center
  2002 Ed. (2645)
Marriott Downtown Waterfront
  2011 Ed. (1956)
  2012 Ed. (1814)
Marriott Eastside
  1996 Ed. (2165)
Marriott Employees Credit Union
  2015 Ed. (2234)
  2016 Ed. (2205)
Marriott Fisherman's Wharf
  1996 Ed. (2166)
Marriott Food & Services Management
  1992 Ed. (2205, 2446, 2447, 2448, 2451, 3705)
Marriott Food Services Management
  1991 Ed. (1752, 1755, 1756)
Marriott Hawaii
  2019 Ed. (1614)
Marriott Holdings Ltd.
  2019 Ed. (4264)
Marriott Hotel Shops
  1995 Ed. (3420)
  1996 Ed. (3481)
  1997 Ed. (3546)
Marriott Hotels
  1992 Ed. (312, 2485, 2488, 2490, 2492, 2502, 2503)
  2001 Ed. (2780)
  2002 Ed. (2637)
  2019 Ed. (789)
  2021 Ed. (4708)
  2022 Ed. (3037, 4710)
  2023 Ed. (3157)
Marriott Hotels (Canada)
  2023 Ed. (4697)
Marriott Hotels India Pvt. Ltd.
  2010 Ed. (1692)
  2012 Ed. (1560)
  2013 Ed. (1715)
  2014 Ed. (1662)
  2015 Ed. (1705)
Marriott Hotels & Resort
  1999 Ed. (2783)
Marriott Hotels & Resorts
  1990 Ed. (2067, 2068, 2075, 2087, 2095)
  1991 Ed. (1941)
  1996 Ed. (2176)
  1997 Ed. (2290)
  1999 Ed. (2780, 2784)
  2000 Ed. (2558)
  2012 Ed. (2997, 3009)
  2013 Ed. (3084, 3092, 3093, 3096, 3097, 3106, 3107, 4263)
  2014 Ed. (3104)
  2019 Ed. (802)
  2020 Ed. (806, 3048)
  2021 Ed. (831, 2913)
  2023 Ed. (3148)
Marriott Hotels, Resorts & Suites
  1997 Ed. (2300)
  2000 Ed. (2561, 2562)
  2002 Ed. (2640)
  2003 Ed. (2843, 2853, 2854, 2857, 2858, 2859, 2860, 4136)
  2004 Ed. (2933, 2944)
  2005 Ed. (2941, 2942, 2943, 2944, 4085)
  2006 Ed. (4130)
Marriott Hotels/Resorts/Suites
  2005 Ed. (2935)
Marriott Inflight Services
  1991 Ed. (2375)
Marriott International
  2013 Ed. (1356, 2186)
  2014 Ed. (1677, 1678, 1679, 1682, 1684, 1685, 2117, 2119, 2544, 2563, 2977)
  2015 Ed. (1723, 1728, 2172, 4568)
  2016 Ed. (2147, 2495)
  2017 Ed. (852, 4493)
  2018 Ed. (787, 4349, 4527)
  2019 Ed. (805, 2836, 3014, 3535, 4934)
  2020 Ed. (800, 3040, 3045, 3050, 3051, 3052, 3054, 3516, 4932)
  2021 Ed. (828, 2905, 2910, 2916, 2920, 2921, 2922, 2924, 4936)
  2022 Ed. (1336, 1347, 1695, 1700, 3027, 3030, 3038, 3039, 3040, 3042)
  2023 Ed. (1042, 1043, 1547, 1847, 2352, 3142, 3158, 3159, 3161, 3496, 4696)
Marriott International Administrative Services, Inc.
  2005 Ed. (2003, 2442)
  2006 Ed. (2104, 2483)
Marriott International/Host Marriott
  1996 Ed. (3229)
  1997 Ed. (2052)

Marriott International Hotels Inc.
  2001 Ed. (1069, 1686, 1687)
  2003 Ed. (1850, 1851, 2324)
Marriott International Inc.
  1995 Ed. (1220, 1911, 2151, 2154, 3309, 3325)
  1996 Ed. (163, 1325, 2163, 2167, 2184)
  1997 Ed. (1383, 2281, 2282, 2283, 2297)
  1998 Ed. (1174, 1318, 2005, 2006, 2011, 2026, 2033, 2346)
  1999 Ed. (1244, 1472, 1703, 2478, 2760, 2762, 2764, 2765, 2766, 2770, 2773, 2781, 2786, 3174)
  2000 Ed. (1512, 2540, 2542, 2560, 2563, 2571, 2572, 2920)
  2001 Ed. (1069, 1070, 1250, 1786, 1787, 2401, 2778, 2782, 2784, 2785, 2788, 2792, 3087)
  2002 Ed. (1722, 2146, 2630, 2638, 2639, 2640)
  2003 Ed. (1521, 1548, 1753, 1850, 1851, 2336, 2804, 2840, 2841, 2843, 2844, 2846, 2848, 2849, 3209, 3210)
  2004 Ed. (1790, 1885, 1886, 2406, 2906, 2931, 2932, 2933, 2934, 2935, 2936, 2937, 2939, 2941, 3254)
  2005 Ed. (1855, 2002, 2003, 2004, 2005, 2892, 2922, 2923, 2924, 2925, 2926, 2927, 2929, 2932, 2934, 3280)
  2006 Ed. (165, 1864, 2102, 2103, 2104, 2105, 2108, 2111, 2491, 2898, 2927, 2928, 2929, 2930, 2932, 2935, 2936, 2946, 3268, 3269, 3271)
  2007 Ed. (156, 1499, 1869, 2058, 2059, 2061, 2902, 2918, 2938, 2939, 2940, 2943, 2946, 2947, 2949, 2957, 2958, 2962, 3342, 3343, 3347, 3522, 4127)
  2008 Ed. (1494, 1904, 2167, 2168, 2170, 3023, 3040, 3066, 3067, 3068, 3069, 3072, 3074, 3081, 3086, 3172, 3195, 3202, 3439, 3440, 3685, 3687, 4142, 4145)
  2009 Ed. (868, 1410, 1867, 1868, 2150, 2151, 2152, 2153, 2155, 3110, 3124, 3153, 3155, 3156, 3157, 3158, 3161, 3171, 3172, 3254, 3513, 3516, 3518, 3750, 3751, 3752, 4255, 4299, 4791)
  2010 Ed. (814, 1438, 1716, 1719, 1720, 1722, 1723, 1797, 1798, 2094, 2096, 2404, 2989, 3043, 3087, 3091, 3096, 3105, 3106, 3185, 3690, 4970)
  2011 Ed. (742, 1731, 1733, 1735, 1737, 1738, 1822, 1823, 1824, 1825, 1826, 3012, 3056, 3057, 3058, 3066, 3072, 3075, 3076, 3149, 3441, 3672, 3673, 3676, 3678, 3680, 3685, 4758, 4972)
  2012 Ed. (113, 679, 1587, 1681, 1682, 1683, 1684, 1685, 1944, 2154, 2162, 2163, 2165, 2460, 2939, 2952, 2999, 3000, 3001, 3002, 3007, 3010, 3015, 3016, 3017, 3458, 3687, 3702, 4780, 4967, 4971, 4973)
  2013 Ed. (90, 888, 1833, 1834, 1835, 1837, 1838, 2358, 2361, 2364, 2366, 3028, 3088, 3089, 3090, 3091, 3098, 3099, 3100, 3101, 3108, 3185, 3505, 3506, 4741)
  2014 Ed. (99, 1676, 1762, 1763, 1764, 1765, 1767, 1768, 2040, 2291, 2293, 2298, 3041, 3056, 3057, 3086, 3087, 3089, 3090, 3096, 3098, 3099, 3101, 3105, 3106, 3195, 3480, 4791, 4971)
  2015 Ed. (1722, 1805, 1806, 1807, 1808, 1810, 2089, 2374, 2379, 2381, 3045, 3107, 3123, 3153, 3154, 3156, 3157, 3161, 3163, 3164, 3165, 3498, 3499, 4426, 4825, 5017)
  2016 Ed. (1765, 1766, 1767, 1769, 2320, 2326, 2986, 3008, 3009, 3011, 3012, 3014, 3015, 3016, 3017, 4320)
  2017 Ed. (1739, 1740, 1742, 2163, 2165, 2942, 2947, 2952, 2954, 2957, 2959, 2960, 4323, 4742)
  2018 Ed. (1690, 1691, 2213, 2214, 2215, 2218, 3033, 3055, 3067, 3073, 3074, 4315, 4728, 4933)
  2019 Ed. (1360, 1757, 1758, 2192, 2193, 2194, 2975, 3002, 3012, 3013, 3017, 3018, 4343, 4729)
  2020 Ed. (1698, 1700, 2185, 2186, 3003, 3037, 3043, 3044, 3055, 3056, 4335, 4702, 4931)
  2021 Ed. (1680, 2165, 2166, 2864, 2900, 2909, 2925, 4351)
  2022 Ed. (1701, 3032, 3043, 4357)
  2023 Ed. (2355, 2357)
Marriott International, Inc.
  2017 Ed. (2961)
  2018 Ed. (2570, 3075)
  2019 Ed. (3019)
  2020 Ed. (2188)
  2021 Ed. (46, 2167, 2902)
  2022 Ed. (43, 3028)
  2023 Ed. (87)
Marriott International JBS Corp.
  2003 Ed. (1850)
Marriott International Pacific Islands
  2006 Ed. (1741)

Marriott International (U.S.)
  2021 Ed. (828, 2910)
Marriott Jr.; J. W.
  1996 Ed. (958)
  2005 Ed. (2491)
  2008 Ed. (948)
  2009 Ed. (947)
Marriott Jr.; J. Willard
  2011 Ed. (835)
Marriott Kauai Ownership Resorts Inc.
  2013 Ed. (1676)
  2014 Ed. (1628)
  2015 Ed. (1677)
  2016 Ed. (1622)
Marriott Lodging
  1992 Ed. (2498, 2508)
Marriott Lodging Group
  1991 Ed. (1953, 1955)
  1996 Ed. (2187)
  1997 Ed. (2306)
  1999 Ed. (2792)
  2000 Ed. (2569)
Marriott Management Services
  1993 Ed. (1886, 2061, 2062, 2063, 2064, 2067, 3013)
  1994 Ed. (1885, 1890, 2079, 2082, 2083, 2085, 3069)
  1995 Ed. (1912, 1914, 2132, 2133, 2134, 3114)
  1996 Ed. (1954, 2144, 2145, 2148, 3210)
  1997 Ed. (2057, 2249, 2250, 2253)
  1998 Ed. (1738, 1978, 1979, 1980)
  1999 Ed. (2718, 2719, 2720)
  2001 Ed. (1069)
  2003 Ed. (2324)
Marriott Medical Center, Houston
  1990 Ed. (2080)
Marriott Orlando World Center
  1999 Ed. (2791, 2795)
Marriott Ownership Resorts
  1991 Ed. (3389)
Marriott School of Business; Brigham Young University
  2006 Ed. (740)
  2007 Ed. (797, 815, 818, 826)
  2008 Ed. (773, 777, 789)
  2009 Ed. (789, 806)
  2010 Ed. (726, 743, 755)
  2011 Ed. (654, 666)
Marriott School of Management; Brigham Young University
  2010 Ed. (721, 735, 739)
Marriott Senior Living Services
  1998 Ed. (2055, 3099)
  1999 Ed. (1935, 1936)
  2000 Ed. (1723)
  2003 Ed. (291)
  2004 Ed. (258)
Marriott Suites
  1990 Ed. (2078)
  1991 Ed. (1944)
  1992 Ed. (2477, 2496)
  1993 Ed. (2086)
  1996 Ed. (2175, 2179)
  1997 Ed. (2293)
Marriott (U.S.)
  2021 Ed. (2927)
Marriott Vacations World
  2014 Ed. (4578)
Marriott Vacations Worldwide Corp.
  2020 Ed. (1549)
  2021 Ed. (1532)
  2023 Ed. (1724)
Marriott Worldwide Corp.
  2001 Ed. (1786)
  2003 Ed. (1751)
  2004 Ed. (1788)
  2005 Ed. (1853)
  2007 Ed. (1867)
Marriott Worldwide Sales & Marketing Inc.
  2008 Ed. (1902, 1903, 2578)
  2009 Ed. (1865, 1866, 2604)
  2011 Ed. (1822)
  2012 Ed. (1681)
  2013 Ed. (1833)
  2014 Ed. (1762)
  2015 Ed. (1805)
  2016 Ed. (1765)
Marriott's Orlando World Center
  1998 Ed. (2030, 2035)
  2000 Ed. (2574)
Marrokal Design & Remodeling, LLC
  2023 Ed. (3179)
Marron; Donald B.
  1993 Ed. (940)
  1995 Ed. (982)
Marron; Maria
  1996 Ed. (1902)
Marrone Bio Innovations
  2021 Ed. (111)
Marrone Bio Innovations Inc.
  2022 Ed. (1437)
Marrone; Peter
  2012 Ed. (803)
Marrow Bone
  1989 Ed. (2195)
MARS
  2017 Ed. (1851, 1852)

Mars
  2018 Ed. (3996)
  2021 Ed. (2612)
  2022 Ed. (1623, 2725)
  2023 Ed. (2093, 2842, 2843, 2862, 2887, 4065)
MARS Advertising Inc.
  1998 Ed. (53)
  1999 Ed. (80)
  2000 Ed. (86)
  2004 Ed. (114)
  2005 Ed. (113)
  2010 Ed. (3582)
  2011 Ed. (3584)
  2013 Ed. (3627)
Mars AG
  1993 Ed. (830)
The Mars Agency
  2019 Ed. (3478)
Mars Austria OG
  2010 Ed. (1496)
  2012 Ed. (1337)
  2014 Ed. (1393)
Mars Bar
  1994 Ed. (856)
  1999 Ed. (785, 1026)
  2000 Ed. (972)
  2001 Ed. (1121)
  2002 Ed. (1167)
  2009 Ed. (724)
  2010 Ed. (648)
Mars Belgium
  2010 Ed. (1503)
Mars Belgium SA
  2011 Ed. (1497)
  2012 Ed. (1345)
  2013 Ed. (1437)
  2014 Ed. (1399)
Mars; Bruno
  2013 Ed. (3782, 3784)
  2014 Ed. (3730)
  2015 Ed. (3732, 3733)
  2016 Ed. (1047, 3639)
  2019 Ed. (1009, 3674, 3675)
  2020 Ed. (994, 2484)
Mars Canada Inc.
  2010 Ed. (4468)
  2011 Ed. (4401)
Mars Celebrations
  2000 Ed. (1060)
  2009 Ed. (724)
Mars Chile
  2013 Ed. (1538)
  2014 Ed. (1504)
Mars Chocolat
  2010 Ed. (1641)
Mars Co.
  2014 Ed. (2715)
  2015 Ed. (2769)
  2016 Ed. (2699)
  2017 Ed. (2652)
Mars Confectionery
  1990 Ed. (31)
  2000 Ed. (34)
  2001 Ed. (2836)
  2002 Ed. (41, 49, 224, 237, 4591)
Mars Espana
  2010 Ed. (1993)
  2013 Ed. (2062)
  2014 Ed. (1996)
  2015 Ed. (2044)
Mars Family
  1995 Ed. (664)
  2008 Ed. (4911)
  2009 Ed. (4859)
  2010 Ed. (4928)
  2011 Ed. (4913)
Mars Finland Oy
  2012 Ed. (1478)
  2013 Ed. (1608)
Mars; Forrest E.
  1990 Ed. (731, 3688)
Mars; Forrest Edward
  2010 Ed. (4854)
  2011 Ed. (4828)
  2012 Ed. (4841)
  2013 Ed. (4839)
Mars; Forrest Jr. & John
  2005 Ed. (4882)
  2007 Ed. (4915)
  2008 Ed. (4881)
Mars France
  2014 Ed. (1600)
  2015 Ed. (1651)
Mars Global Chocolate
  2013 Ed. (2652)
Mars Graphic Services Inc.
  2009 Ed. (3917, 4103)
Mars Hellas
  2014 Ed. (1620)
  2015 Ed. (1670)
Mars Ice Cream
  2018 Ed. (2141)
  2019 Ed. (2139)
  2020 Ed. (2123)
  2021 Ed. (2116)
  2022 Ed. (2148)
  2023 Ed. (2266)

CUMULATIVE INDEX • 1989-2023

Mars Inc.
　1989 Ed. (920, 2505, 2506)
　1990 Ed. (21, 22, 23, 28, 29, 34, 40, 50, 878, 879, 882, 891, 1021, 1825, 2825)
　1991 Ed. (15, 16, 18, 23, 25, 26, 28, 37, 842, 843, 947, 949, 3313)
　1992 Ed. (50, 1182, 4226)
　1993 Ed. (24, 30, 31, 43, 53, 831, 957, 958, 2124)
　1994 Ed. (14, 22, 23, 34, 834, 984, 3502)
　1995 Ed. (1944, 3573, 3575)
　1996 Ed. (873, 985)
　1997 Ed. (1009, 2039)
　1998 Ed. (749, 1713)
　1999 Ed. (1132, 1185, 2460, 2463, 2472, 2822, 3637, 4568)
　2000 Ed. (1100, 2220, 2230)
　2001 Ed. (15, 31, 33, 37, 40, 44, 54, 56, 68, 73, 88, 90, 1246, 1251, 1895, 2465, 3415)
　2002 Ed. (938, 1066, 2310, 2311, 2718)
　2003 Ed. (859, 964, 1133, 1134, 2515, 2522, 2560, 2880, 3951)
　2004 Ed. (25, 27, 47, 53, 68, 78, 88, 881, 1447, 2655, 3946)
　2005 Ed. (20, 44, 47, 53, 63, 73, 860, 865, 997, 2006, 2641, 2657, 3901, 3922, 4658)
　2006 Ed. (70, 82, 92, 142, 774, 776, 2638, 2648, 3408, 3973, 3996, 4710)
　2007 Ed. (51, 72, 83, 871, 873, 2628, 4012, 4031)
　2008 Ed. (78, 714, 835, 843, 1160, 2743, 2753, 2754, 4038, 4058, 4059)
　2009 Ed. (30, 47, 61, 72, 87, 855, 1140, 2809, 4112, 4118, 4170, 4171, 4172)
　2010 Ed. (38, 40, 42, 57, 62, 63, 71, 74, 75, 82, 91, 95, 100, 802, 1133, 2729, 2744, 2746, 2748, 4045, 4106, 4107)
　2011 Ed. (31, 730, 925, 1078, 2713, 2727, 2729, 4021, 4075)
　2012 Ed. (36, 667, 669, 692, 1001, 2632, 2642, 2660, 2667, 2669, 4048, 4106, 4486)
　2013 Ed. (42, 63, 808, 1599, 2152, 2153, 2715, 2718, 2742, 2743, 2749, 4095)
　2014 Ed. (53, 55, 82, 835, 837, 950, 951, 1355, 2079, 2083, 2087, 2118, 2701, 2703, 2723, 2729, 3851, 3852, 3854, 3855, 3856)
　2015 Ed. (83, 876, 980, 981, 2133, 2136, 2139, 2140, 2171, 2747, 2749, 2750, 2778, 2784, 3557, 3876, 3877, 3878, 3879, 3880, 3881, 4095, 4420, 4491)
　2016 Ed. (55, 87, 764, 879, 880, 881, 2112, 2117, 2118, 2144, 2145, 2578, 2677, 2679, 2680, 2708, 3408, 3787, 3788, 3789, 3790, 3791, 3792, 4006, 4007, 4401)
　2017 Ed. (62, 70, 821, 929, 930, 931, 2070, 2073, 2088, 2624, 2627, 2662, 2663, 2997, 3429, 3742, 3743, 3744, 3745, 3746, 3747, 3980, 4384, 4388)
　2018 Ed. (79, 87, 742, 748, 753, 865, 866, 867, 1287, 2029, 2032, 2044, 2556, 2695, 2697, 2722, 2723, 3116, 3121, 3794, 3795, 3796, 3797, 3798, 3799, 3995, 4397, 4401)
　2019 Ed. (69, 70, 76, 766, 769, 771, 772, 775, 2086, 2089, 2090, 2103, 2670, 2672, 2704, 2706, 2707, 3046, 3051, 3398, 3982, 4418)
　2020 Ed. (66, 67, 73, 759, 762, 765, 1996, 1999, 2000, 2016, 2686, 2688, 2695, 2733, 2740, 2741, 2746, 2755, 3085, 3090, 3399, 4002, 4413)
　2021 Ed. (780, 786, 1947, 1949, 1950, 1968, 2595, 2626, 2628, 3415, 3968, 4414)
　2022 Ed. (810, 812, 814, 818, 1274, 1278, 1992, 2014, 2709, 2746, 2753, 2755, 3085, 3980, 4413, 4414)
　2023 Ed. (2113, 2752, 2889)
Mars, Inc.
　2020 Ed. (1299, 3828, 3829, 3830, 3831)
　2021 Ed. (1280, 2498, 3803, 3804)
　2022 Ed. (1282, 2746, 3823, 3824)
　2023 Ed. (4442)
Mars Inc./Ace Music
　2000 Ed. (3218)
Mars International
　2021 Ed. (2627)
　2022 Ed. (2754)
　2023 Ed. (2888)
MARS International Inc.
　2007 Ed. (349)
　2008 Ed. (334)
　2009 Ed. (356)
　2010 Ed. (333)
Mars Ireland
　2011 Ed. (1765)
　2012 Ed. (1616)
　2013 Ed. (1773)
　2014 Ed. (1707)
　2015 Ed. (1749)
Mars Italia SpA
　2010 Ed. (1756)
　2011 Ed. (1769)

2012 Ed. (1621)
Mars; Jacqueline
　2005 Ed. (4848)
　2006 Ed. (4903)
　2007 Ed. (4898)
　2008 Ed. (4827)
　2009 Ed. (4852)
　2010 Ed. (4854)
　2011 Ed. (4828)
　2012 Ed. (4841)
　2013 Ed. (4839)
　2014 Ed. (4855)
　2015 Ed. (4892)
　2016 Ed. (4810)
　2017 Ed. (4821)
　2018 Ed. (4826)
　2019 Ed. (4823)
　2020 Ed. (4813)
　2021 Ed. (4814)
　2022 Ed. (4807)
　2023 Ed. (4800)
Mars; John
　1993 Ed. (699)
　1994 Ed. (708)
　2005 Ed. (4848)
　2006 Ed. (4903)
　2007 Ed. (4898)
　2008 Ed. (4827)
　2022 Ed. (4807)
　2023 Ed. (4800)
Mars; John F.
　1989 Ed. (732)
　1990 Ed. (731, 3688)
　1991 Ed. (710)
　1992 Ed. (890)
　2009 Ed. (4852)
Mars; John Franklyn
　2010 Ed. (4854)
　2011 Ed. (4828)
　2012 Ed. (4841)
　2013 Ed. (4839)
　2014 Ed. (4855)
　2015 Ed. (4892)
　2016 Ed. (4810)
　2017 Ed. (4821)
　2018 Ed. (4826)
　2019 Ed. (4823)
　2020 Ed. (4813)
　2021 Ed. (4814)
Mars Jr.; Forrest
　1993 Ed. (699)
　1994 Ed. (708)
　2005 Ed. (4848)
　2006 Ed. (4903)
　2007 Ed. (4898)
　2008 Ed. (4827)
　2009 Ed. (4852)
　2014 Ed. (4855)
　2015 Ed. (4892)
　2016 Ed. (4810)
　2017 Ed. (4821)
Mars, Jr.; Forrest E.
　1989 Ed. (732)
　1990 Ed. (731)
　1991 Ed. (710, 3477)
　1992 Ed. (890)
Mars; Marijke
　2019 Ed. (4823)
　2020 Ed. (4813)
　2021 Ed. (4814)
　2022 Ed. (4807)
　2023 Ed. (4800)
Mars Music
　2020 Ed. (3678)
　2021 Ed. (3684)
MARS New Zealand
　2015 Ed. (1927)
　2018 Ed. (1796, 1797)
Mars; Pamela
　2019 Ed. (4823)
　2020 Ed. (4813)
　2021 Ed. (4814)
　2022 Ed. (4807)
　2023 Ed. (4800)
Mars Pet Care U.S.
　2016 Ed. (1929)
Mars Petcare
　2021 Ed. (3802, 3803, 3804)
　2022 Ed. (3822, 3823, 3824)
Mars Petcare & Food France
　2012 Ed. (1502)
　2013 Ed. (1641)
Mars Petcare Inc.
　2018 Ed. (3787, 3800)
　2019 Ed. (3773, 3774)
　2020 Ed. (3825, 3832)
Mars Petcare U.S. Inc.
　2011 Ed. (2076)
　2012 Ed. (3495)
Mars Portugal
　2010 Ed. (1957)
　2011 Ed. (2010)
Mars products
　2021 Ed. (771, 772)
　2022 Ed. (805)
Mars Schweiz AG
　2014 Ed. (2008)
　2015 Ed. (2053)

Mars, Sr.; Forrest
　1993 Ed. (699)
　1994 Ed. (708)
Mars, Sr.; Forrest E.
　1989 Ed. (732)
　1991 Ed. (710, 3477)
　1992 Ed. (890)
Mars (U.K.) Ltd.
　2004 Ed. (2653)
Mars-Ursa, Gulf of Mexico
　2012 Ed. (3862)
Mars; Valerie
　2019 Ed. (4823)
　2020 Ed. (4813)
　2021 Ed. (4814)
　2022 Ed. (4807)
　2023 Ed. (4800)
Mars; Victoria
　2019 Ed. (4823)
　2020 Ed. (4813)
　2021 Ed. (4814)
　2022 Ed. (4807)
　2023 Ed. (4800)
Mars Vogel; Jacqueline
　1990 Ed. (3688)
　1992 Ed. (890)
Mars Wrigley
　2020 Ed. (2751)
　2021 Ed. (783, 785, 874)
Mars Wrigley, div. of Mars Inc.
　2023 Ed. (1016)
Mars Wrigley, of Mars Inc.
　2023 Ed. (1014)
Mars Wrigley Confectionery, division of Mars Inc.
　2022 Ed. (810)
Mars Wrigley Confectionery, division of Mars Inc. (U.S.)
　2021 Ed. (786)
　2022 Ed. (818)
Marsam Pharmaceuticals Inc.
　1993 Ed. (2010, 3335)
　1994 Ed. (2016, 3324)
　2001 Ed. (2061)
Marsamaroc
　2022 Ed. (672)
Marsanne
　1996 Ed. (3837)
MARSCare
　2016 Ed. (4777)
　2018 Ed. (4785)
　2019 Ed. (4792)
　2020 Ed. (4779)
　2021 Ed. (4777)
　2022 Ed. (4779)
　2023 Ed. (4766)
Marsden Building Maintenance
　2005 Ed. (760, 761, 763, 764)
　2006 Ed. (666, 667, 668)
Marsden Holding LLC
　2016 Ed. (1160)
Marseilles-Fos
　1992 Ed. (1398)
Marsh-Captive Management Services
　2006 Ed. (784, 3052)
　2007 Ed. (879)
　2008 Ed. (852, 855)
Marsh-Captive Management Services (Dublin)
　2006 Ed. (790)
Marsh Captive Solutions
　2017 Ed. (830)
　2018 Ed. (762)
　2020 Ed. (773)
　2021 Ed. (795)
　2022 Ed. (827)
　2023 Ed. (1024)
Marsh-Captive Solutions
　2009 Ed. (862, 863, 864)
　2010 Ed. (809, 810, 811)
　2011 Ed. (738, 739, 740)
　2012 Ed. (675)
　2014 Ed. (844)
　2015 Ed. (883)
Marsh & Cunningham
　1990 Ed. (2339, 2343)
Marsh & Cunningham-Castegren
　1991 Ed. (2219)
Marsh Electronics Inc.
　2004 Ed. (2245)
Marsh Employee Benefits Services
　2005 Ed. (2368)
Marsh Furniture Co.
　2018 Ed. (1802)
Marsh Inc.
　2001 Ed. (2915)
　2011 Ed. (3198)
Marsh Management Services (Barbados) Ltd.
　2001 Ed. (2919)
　2006 Ed. (785)
　2008 Ed. (856)
Marsh Management Services (Bermuda) Ltd.
　2006 Ed. (786)
　2007 Ed. (880)
　2008 Ed. (853, 854, 857)

Marsh Management Services (Cayman) Ltd.
　2001 Ed. (2921)
　2006 Ed. (787)
　2008 Ed. (858)
Marsh Management Services (Guernsey) Ltd.
　2006 Ed. (788)
　2008 Ed. (3381)
Marsh Management Services Inc.
　2001 Ed. (2923)
　2006 Ed. (789, 791)
　2008 Ed. (17, 859)
Marsh Management Services Ltd. (Vermont)
　2007 Ed. (880)
　2008 Ed. (853, 854)
Marsh & McLennan
　1989 Ed. (1739)
　1990 Ed. (854, 1777, 2267, 2268, 2270, 3448)
　1992 Ed. (20, 995, 1377, 2146, 2699, 2700, 2701, 2702, 2705, 2899)
　1994 Ed. (1843, 2224, 2225, 2226, 2227, 2229)
　1997 Ed. (733, 2413, 2414, 2415, 2509)
　1998 Ed. (515, 1690, 1691, 2120, 2127)
　1999 Ed. (2435, 2906, 2907, 2908, 2909, 2910)
　2000 Ed. (2192, 2199)
　2017 Ed. (778)
　2018 Ed. (712)
　2019 Ed. (727)
　2023 Ed. (960, 961, 966, 2786)
Marsh McLennan
　2023 Ed. (3252, 3260, 3266)
Marsh & McLennan Agency
　2017 Ed. (2304, 2305, 2308)
　2018 Ed. (2349)
　2019 Ed. (2350)
Marsh & McLennan (Bermuda) Ltd.
　1990 Ed. (903, 904)
　1991 Ed. (853)
　1992 Ed. (1058)
　1993 Ed. (846)
Marsh & McLennan (Cayman), Ltd.
　1991 Ed. (854)
　1992 Ed. (1059)
Marsh & McLennan Companies
　2018 Ed. (4774)
Marsh & McLennan Companies Inc.
　2001 Ed. (2909, 2915)
　2002 Ed. (2263, 2853, 2856, 2859, 2860, 2861, 2863, 2870)
　2003 Ed. (2470, 2476, 2478, 2972, 2973, 2990)
　2004 Ed. (2604, 3033, 3036, 3059, 3060, 3061, 3062, 3063, 3066, 3068, 3078, 3097)
　2005 Ed. (2582, 3050, 3052, 3070, 3071, 3072, 3073, 3074, 3078, 3090)
　2006 Ed. (1777, 2297, 2584, 3071, 3072, 3073, 3074, 3075, 3079, 4605)
　2007 Ed. (881, 2554, 3086, 3095, 3096, 3097)
　2008 Ed. (1406, 3236, 3237, 3238, 3240, 3241, 3242, 3243)
　2009 Ed. (1443, 2717, 3300, 3301, 3305, 3307)
　2010 Ed. (29, 2642, 3035, 3227, 3228, 3229, 3234)
　2011 Ed. (2632, 3004, 3192, 3193, 3197, 3200, 3202, 3205, 3213)
　2012 Ed. (2451, 2560, 2931, 3149, 3150, 3155, 3156, 3157, 3159, 3164, 3170)
　2013 Ed. (2684, 3020, 3227, 3228, 3231, 3232, 3233, 3233, 3235, 3236, 3243)
　2014 Ed. (2646, 3030, 3247, 3253, 3254, 3255, 3256, 3263, 3269)
　2015 Ed. (2688, 3097, 3301, 3302, 3306, 3307, 3308, 3318)
　2016 Ed. (2608, 3153, 3155, 3159, 3160, 3161, 3162, 3170)
　2017 Ed. (2540, 3098, 3101, 3104, 3105, 3106, 3107, 3121)
　2018 Ed. (3197, 3200, 3201, 3204, 3205, 3206)
　2019 Ed. (2595, 3132, 3135, 3136, 3138, 3139, 3140, 3141, 3143)
　2020 Ed. (2602, 3154, 3158, 3159, 3165, 3166, 3167)
　2021 Ed. (2538, 3025, 3028, 3032, 3033)
　2022 Ed. (2653, 3160, 3163, 3167, 3168)
Marsh & McLennan Cos.
　1989 Ed. (1738, 1740)
　1990 Ed. (2269, 3242)
　1991 Ed. (1714, 2137, 2138, 2139, 2142, 2339, 3088)
　1993 Ed. (15, 1854, 2247, 2248, 2249, 2457, 3226)
　1995 Ed. (721, 2270, 2271, 2272, 2273, 2274)
　1996 Ed. (795, 2273, 2274, 2275, 2276, 2277)
　1998 Ed. (2122, 2124, 2125)
　2000 Ed. (2661, 2662, 2664)
　2007 Ed. (2228)
　2012 Ed. (3153)

2013 Ed. (3226)
2014 Ed. (3246)
2015 Ed. (3300)
2016 Ed. (3152)
2017 Ed. (3099)
2018 Ed. (3198)
2019 Ed. (3133)
2020 Ed. (3155, 3174)
2021 Ed. (3026, 3039)
2022 Ed. (3161, 3174)
Marsh & McLennan Cos. Inc.
  2023 Ed. (3251, 3254, 3258, 3259)
Marsh & McLennan Management Services (Bermuda) Ltd.
  1994 Ed. (859)
  1995 Ed. (902)
  1996 Ed. (877)
Marsh & McLennan Management Services Bermunda Ltd.
  1997 Ed. (899)
Marsh & McLennan Management Services Cayman Ltd.
  1993 Ed. (849)
  1994 Ed. (862)
  1995 Ed. (904)
  1996 Ed. (878)
  1997 Ed. (899)
Marsh & McLennan Services (Bermuda) Ltd.
  2001 Ed. (2920)
Marsh Risk Consulting
  2014 Ed. (765, 767)
  2015 Ed. (801, 803)
  2017 Ed. (3660, 3663)
  2018 Ed. (3715, 3716, 3718)
Marsh-Risk Consulting
  2013 Ed. (744, 746)
Marsh-Risk Consulting Practice
  2006 Ed. (4264)
  2007 Ed. (4292)
  2009 Ed. (763)
  2010 Ed. (706)
  2011 Ed. (637)
  2012 Ed. (603, 605, 4379)
Marsh Supermarkets Inc.
  1992 Ed. (490)
  1994 Ed. (1178, 1180, 1183, 1184)
  2003 Ed. (2497)
  2004 Ed. (4550, 4632, 4633)
  2005 Ed. (4560, 4561)
  2013 Ed. (1728)
Marsh Supermarkets LLC
  2008 Ed. (1806)
  2009 Ed. (1753, 4142)
  2010 Ed. (1700, 4074)
Marsh USA Inc.
  2001 Ed. (2910, 2912, 2913)
  2002 Ed. (2112, 2862)
  2003 Ed. (2972)
  2004 Ed. (3059)
  2005 Ed. (3070)
  2006 Ed. (3071)
  2007 Ed. (3096)
  2008 Ed. (3238)
  2009 Ed. (3300)
  2010 Ed. (3227)
  2011 Ed. (3193)
  2012 Ed. (3149)
  2013 Ed. (3227)
  2014 Ed. (3247)
  2015 Ed. (3301)
  2016 Ed. (3153)
Marsh USA Risk & Insurance Services
  2002 Ed. (2864)
Marsha Lynn Building
  2005 Ed. (1205)
Marshal E. Rinker
  1990 Ed. (2577)
Marshall Aerospace & Defence
  2017 Ed. (84)
Marshall Anderson Tours Ltd.
  2010 Ed. (1463)
Marshall; Andrew
  1996 Ed. (1909)
Marshall Arts Ltd.
  2002 Ed. (3798)
  2007 Ed. (1266)
The Marshall Associates, Inc.
  1990 Ed. (1840)
  1991 Ed. (1759)
  1992 Ed. (2207)
Marshall Bankfirst Corp.
  2009 Ed. (453)
Marshall; Bella I.
  1992 Ed. (3137)
Marshall Building Products
  2009 Ed. (4441)
Marshall of Cambridge (Holdings) Ltd.
  1990 Ed. (1032)
  1992 Ed. (1200)
Marshall Chevrolet; Lawrence
  1991 Ed. (268)
  1995 Ed. (261)
  1996 Ed. (268)
Marshall Chevrolet-Oldsmobile Inc.; Lawrence
  1992 Ed. (376, 411, 416)

Marshall Contractors Inc.
  1990 Ed. (1168)
Marshall County State Bank
  1998 Ed. (367)
Marshall, Dennehey, Warner, Coleman & Goggin
  1996 Ed. (2456)
  1997 Ed. (2601)
  1998 Ed. (2333)
  1999 Ed. (3157)
Marshall Dennehey Warner Coleman & Goggin PC
  2022 Ed. (3338)
  2023 Ed. (3430)
Marshall, Dennehey, Warner, Coleman & Goggin PC
  2021 Ed. (3247, 3248)
Marshall; E. Pierce
  2005 Ed. (4845)
Marshall; Elaine
  2015 Ed. (4888)
Marshall Equity Income
  1998 Ed. (2611)
Marshall Erdman & Associates
  1989 Ed. (265)
  1991 Ed. (250)
  1992 Ed. (352)
  1993 Ed. (242)
  1994 Ed. (232)
  1995 Ed. (234)
  1996 Ed. (230)
  1997 Ed. (261)
  1998 Ed. (183)
  1999 Ed. (286)
  2000 Ed. (312, 2505)
  2001 Ed. (404)
  2002 Ed. (1173, 1253)
  2003 Ed. (1264)
  2005 Ed. (2815)
  2006 Ed. (2793)
  2009 Ed. (2548)
  2010 Ed. (2464)
Marshall Field
  2006 Ed. (1453, 4914)
Marshall Field & Co.
  2004 Ed. (2668)
Marshall Field's
  1991 Ed. (923, 1414)
  1992 Ed. (1794, 1795, 1796)
  1995 Ed. (1552)
  2003 Ed. (2008, 2011)
  2004 Ed. (2054)
  2005 Ed. (2167)
  2006 Ed. (2252, 2254)
Marshall Food Group Ltd.
  1993 Ed. (972)
  2000 Ed. (224)
  2001 Ed. (283)
  2004 Ed. (191)
Marshall Grimburg Group
  2000 Ed. (1231)
Marshall & Ilsley Bank
  1993 Ed. (667, 3296)
Marshall & Ilsley Corp.
  1989 Ed. (371, 414, 430, 431)
  1990 Ed. (640)
  1991 Ed. (400)
  1992 Ed. (517, 518, 519, 522, 525)
  1994 Ed. (349, 668, 3288)
  1995 Ed. (373, 3367)
  1997 Ed. (3284, 3285, 3296)
  1998 Ed. (331)
  1999 Ed. (397, 671, 4028)
  2000 Ed. (430, 3739)
  2003 Ed. (629, 630)
  2004 Ed. (638, 639)
  2005 Ed. (627, 628)
  2007 Ed. (367, 2069)
  2008 Ed. (355, 2177)
  2009 Ed. (383, 389, 2161, 2162)
  2012 Ed. (429, 2007)
Marshall & Ilsley (M & I) Bank
  2003 Ed. (229)
  2004 Ed. (184)
  2005 Ed. (190)
  2006 Ed. (202)
  2007 Ed. (209, 358)
  2008 Ed. (196, 197, 346)
  2009 Ed. (217, 218, 364)
  2010 Ed. (197, 342)
  2011 Ed. (119)
  2012 Ed. (126)
Marshall & Ilsley Trust
  1990 Ed. (703)
Marshall Industries
  1989 Ed. (1321, 1334, 1335, 1336, 1337, 2654)
  1990 Ed. (1634, 1635, 1636, 3232, 3234)
  1991 Ed. (1530, 1532, 1533, 1534)
  1992 Ed. (1926, 1927)
  1993 Ed. (1577, 1580)
  1996 Ed. (1630, 1631, 1632)
  1997 Ed. (1708)
  1998 Ed. (1403, 1405, 1406, 1412, 1413, 1414)
  1999 Ed. (993, 1938, 1964, 1982, 1983, 1984, 1985, 1987, 1989, 1991, 4750)
  2000 Ed. (940, 1741, 1761, 1762, 1763, 1764, 1765, 1767, 1768, 1769, 1771, 4378)
  2001 Ed. (2169, 2182, 2183, 2215, 2848)
Marshall Intermediate Tax-Free
  2011 Ed. (517)
Marshall International Stock Fund
  1998 Ed. (409)
Marshall Manley
  1990 Ed. (2282)
  1992 Ed. (2713)
Marshall Manley (AmBase Corp.)
  1991 Ed. (2156)
The Marshall Mathers LP
  2011 Ed. (3710)
Marshall McDonald
  1991 Ed. (1629)
Marshall Medical Center
  2018 Ed. (1405)
  2019 Ed. (1448)
  2020 Ed. (1411)
  2021 Ed. (1410)
  2022 Ed. (1416)
Marshall Mid-Cap Value Fund Investor
  2003 Ed. (3538)
Marshall Mid-Cap Value Investment
  2003 Ed. (3128, 3131)
Marshall, MN
  2010 Ed. (4272)
  2011 Ed. (4203)
Marshall Music
  1994 Ed. (2595)
  2020 Ed. (3678)
  2021 Ed. (3684)
Marshall O. Larsen
  2007 Ed. (1202)
  2009 Ed. (1086)
  2011 Ed. (823)
Marshall; Paul
  2008 Ed. (4902)
Marshall School of Business
  2014 Ed. (771)
  2015 Ed. (807)
  2016 Ed. (727)
Marshall School of Business; University of Southern California
  2005 Ed. (800)
  2006 Ed. (724)
  2007 Ed. (814, 831, 834)
  2008 Ed. (772, 789, 790)
  2009 Ed. (786, 787, 788, 807, 824, 825)
  2010 Ed. (725, 732, 742, 743, 745, 748, 755, 756, 759, 766, 770)
  2011 Ed. (646, 647, 652, 654, 656, 659, 666, 667, 670, 690, 699)
  2012 Ed. (608, 610, 631)
  2013 Ed. (748)
Marshall School of Business; University of Southern California,
  2013 Ed. (752)
Marshall Short-Term Income
  1996 Ed. (621)
Marshall Short-Term Tax Free
  1996 Ed. (622)
Marshall Space Flight Center
  2005 Ed. (1643)
Marshall Space Flight Center; NASA
  2006 Ed. (1533)
  2007 Ed. (1563)
  2008 Ed. (1543)
  2009 Ed. (1471)
Marshall Steel
  1990 Ed. (3690)
  1992 Ed. (1588)
Marshall & Stevens Inc.
  1996 Ed. (228)
  1997 Ed. (259)
  1998 Ed. (181)
Marshall & Sullivan
  2000 Ed. (2822)
Marshall & Swift/Boeckh
  2006 Ed. (1421)
Marshall-Teichert Group
  2011 Ed. (1128, 1129, 1130, 1131, 1132, 1133, 1141)
  2012 Ed. (1076)
Marshalls
  1989 Ed. (936)
  1990 Ed. (1053, 2117)
  1991 Ed. (979, 1421)
  1992 Ed. (1216, 1811, 1820, 3727, 4038)
  1993 Ed. (3039, 3365)
  1994 Ed. (1018, 1537, 1538, 3094)
  1995 Ed. (1028)
  1996 Ed. (1007)
  1997 Ed. (2321)
  1998 Ed. (768)
  1999 Ed. (1197)
  2000 Ed. (1119)
  2005 Ed. (780)
  2006 Ed. (684)
  2007 Ed. (781, 1127, 1313, 1465)
  2008 Ed. (1009)
  2009 Ed. (993, 3184)
  2015 Ed. (4379)
  2016 Ed. (1066, 2964)
  2017 Ed. (1116, 2920, 2923)
  2018 Ed. (2172, 2986, 2988, 2992, 2995, 2998)
  2019 Ed. (2164, 2939, 2941)
  2020 Ed. (2955, 2962, 2963, 2967, 2968)
  2021 Ed. (2819, 2822, 2823, 2826, 2827, 4249)
  2022 Ed. (2981, 2982, 2989, 2990, 2994, 2995, 3072)
  2023 Ed. (3107, 3108)
Marshall's Farm Honey
  2023 Ed. (2851)
Marshalls Mono
  2009 Ed. (3658)
Marshalls plc
  2008 Ed. (753)
  2009 Ed. (749, 1422)
  2010 Ed. (694, 1396, 1398, 1399)
  2011 Ed. (622)
MarshBerry Connect Platform LLC
  2022 Ed. (3265)
  2023 Ed. (3357)
Marshfield Clinic
  2011 Ed. (2152)
Marshfield Concentrated Opportunity
  2020 Ed. (4505)
Marshmallows
  2002 Ed. (932)
  2003 Ed. (856, 857)
Marshmello
  2019 Ed. (3669)
  2020 Ed. (3636)
  2021 Ed. (3643)
Marsico 21st Century
  2006 Ed. (3628, 3629)
  2007 Ed. (2485)
  2008 Ed. (2615, 4516)
  2009 Ed. (4547)
Marsico Capital Management
  2009 Ed. (1394)
Marsico Focus
  2000 Ed. (3241)
  2004 Ed. (2450)
  2005 Ed. (4480)
  2006 Ed. (4556)
Marsico Global
  2010 Ed. (3739)
  2020 Ed. (4496)
  2021 Ed. (4478, 4479)
  2022 Ed. (4486)
  2023 Ed. (4504)
Marsico Growth
  2005 Ed. (4496)
  2006 Ed. (4572)
  2007 Ed. (4548)
Marsico Growth % Income
  2000 Ed. (3235)
Marsico Growth & Income
  2000 Ed. (3271)
Marsico Growth & Income Fund
  2000 Ed. (3270)
Marsico International Opportunities
  2006 Ed. (3676, 4555)
  2007 Ed. (4546)
Marsico; Thomas
  2009 Ed. (1394)
Marsk Risk Consulting
  2013 Ed. (745)
  2014 Ed. (766)
  2015 Ed. (802)
Marsman & Co. Inc.
  1995 Ed. (1475)
Marstan Industries Inc.
  1990 Ed. (1839)
  1991 Ed. (1757)
  1992 Ed. (2206)
  1993 Ed. (1887)
  1995 Ed. (1919)
  1996 Ed. (1955)
  1997 Ed. (2060)
  2000 Ed. (2243)
Marston and Assocs.; Robert
  1990 Ed. (2918)
Marston's
  2013 Ed. (4228)
  2014 Ed. (4264)
  2017 Ed. (4128, 4141, 4142)
  2019 Ed. (4156)
Marsulex Inc.
  2002 Ed. (1610)
  2003 Ed. (4805)
  2007 Ed. (2479, 2814)
  2008 Ed. (1620, 2592)
  2009 Ed. (2620)
  2010 Ed. (2523)
  2011 Ed. (2523)
Mart Resources
  2014 Ed. (1445, 1475)
Mart Resources Inc.
  2015 Ed. (1521)
MARTA
  1993 Ed. (785)
Marta Andreasen
  2004 Ed. (1551)
Marta Calle
  2010 Ed. (3006)
Martanne Group
  2001 Ed. (2661)
Marte E. Segal Co.
  1991 Ed. (1545)

Martech USA
 1994 Ed. (3328)
 1995 Ed. (2768)
Martek Biosciences Corp.
 2005 Ed. (682, 683, 2013)
 2006 Ed. (596, 2113, 4677)
 2007 Ed. (625, 4696)
 2008 Ed. (4609)
 2009 Ed. (4653)
Martel VS
 2001 Ed. (3113)
Martell
 1989 Ed. (756)
 1990 Ed. (1249)
 1991 Ed. (741)
 1995 Ed. (2473)
 1998 Ed. (2390)
 1999 Ed. (800, 802)
 2000 Ed. (806, 807)
 2001 Ed. (1016, 1017, 1018)
 2002 Ed. (296, 775, 776, 777, 779, 3163)
 2003 Ed. (760)
 2004 Ed. (770, 1053)
 2021 Ed. (161)
 2022 Ed. (154)
Martell 3 Star
 1996 Ed. (2526)
Martell 3-Star Brandy
 1992 Ed. (2892)
Martell State Bank
 1995 Ed. (490)
 2000 Ed. (435)
Martell Vs
 1999 Ed. (3248)
 2002 Ed. (3182)
Martell VSOP
 1992 Ed. (76)
Martelli; Michael
 2014 Ed. (3467)
Martello Technologies
 2019 Ed. (1492)
 2020 Ed. (958, 1462)
 2021 Ed. (949, 1453)
Marten Transport
 1991 Ed. (2824)
 1992 Ed. (3648)
 1993 Ed. (2987)
 1994 Ed. (3029)
 1995 Ed. (3081)
 1998 Ed. (3031)
 1999 Ed. (4019)
 2000 Ed. (3734)
 2002 Ed. (3944)
 2003 Ed. (4789)
 2004 Ed. (4773, 4807)
 2005 Ed. (4033, 4034, 4778)
 2006 Ed. (4061, 4062)
 2007 Ed. (4110, 4111)
 2008 Ed. (4133, 4134)
 2009 Ed. (4242)
 2010 Ed. (4173)
 2011 Ed. (4174, 4175)
 2012 Ed. (4225, 4226)
 2013 Ed. (4210)
 2014 Ed. (4224)
 2015 Ed. (4212)
 2016 Ed. (4131)
 2021 Ed. (2134)
 2022 Ed. (2168)
 2023 Ed. (4212, 4213)
Marten Transport Ltd.
 2013 Ed. (4211)
 2014 Ed. (4225)
 2015 Ed. (4213)
 2016 Ed. (4132)
 2017 Ed. (4109)
 2018 Ed. (4134, 4135)
 2019 Ed. (4150, 4151)
 2020 Ed. (4154, 4156, 4157)
 2021 Ed. (4103, 4104, 4105, 4678)
 2022 Ed. (4130, 4131, 4132)
 2023 Ed. (4214, 4215)
Martens Enterprises
 2005 Ed. (1209)
Martens; Marie Graber
 1994 Ed. (901)
Martex
 1996 Ed. (2196)
 1997 Ed. (2317)
 1999 Ed. (2805)
 2000 Ed. (2584)
 2006 Ed. (2951)
 2007 Ed. (2968)
 2008 Ed. (3092)
 2012 Ed. (3024)
Martex Farms SE
 2005 Ed. (189)
Martha A. Burger
 2010 Ed. (2563, 3140)
Martha G. Staub
 1994 Ed. (901)
Martha Haynie
 1993 Ed. (2463)
Martha Inc.
 2004 Ed. (734)

Martha Ingram
 1997 Ed. (3916)
 2002 Ed. (3364)
 2003 Ed. (4885)
 2004 Ed. (4869)
 2005 Ed. (4854)
 2006 Ed. (4913)
 2007 Ed. (4907)
 2008 Ed. (4836)
 2009 Ed. (4856)
 2011 Ed. (4823)
 2017 Ed. (4826)
Martha O. Appleton
 1993 Ed. (1028)
Martha O. Haynie
 1995 Ed. (2485)
Martha Seger
 1995 Ed. (1256)
Martha Stewart
 1995 Ed. (2182)
 1996 Ed. (2197)
 1997 Ed. (2316)
 1999 Ed. (2806)
 2002 Ed. (4981)
 2003 Ed. (754, 2869, 3021, 3166)
 2004 Ed. (2527)
 2005 Ed. (3250, 4686)
 2006 Ed. (2951)
 2007 Ed. (1425, 2968, 4674, 4747)
 2008 Ed. (2990, 3092)
 2009 Ed. (2263, 2855, 3073, 4629, 4710)
 2011 Ed. (2239, 2781, 2974, 3082, 3392, 4330)
 2012 Ed. (3024)
Martha Stewart Kitchen
 2023 Ed. (2911)
Martha Stewart Living
 1995 Ed. (2881)
 1996 Ed. (2961, 2967)
 1997 Ed. (3036, 3039, 3042, 3046)
 1998 Ed. (2782, 2796, 2799)
 1999 Ed. (1857, 3746, 3763, 3765)
 2000 Ed. (3464, 3477, 3480)
 2001 Ed. (4887)
 2002 Ed. (3228)
 2007 Ed. (4994)
 2008 Ed. (150, 152)
 2009 Ed. (171, 173)
 2020 Ed. (3393)
Martha Stewart Living
 2023 Ed. (3581)
Martha Stewart Living Omnimedia Inc.
 2001 Ed. (1579)
 2005 Ed. (2771)
 2006 Ed. (2730)
 2010 Ed. (3514)
Martha Stewart Weddings
 2007 Ed. (4993)
Martha White
 1998 Ed. (253, 3435)
Martha White Foods
 2003 Ed. (3804)
Marti, Flores, Prieto & Wachtel
 1989 Ed. (154)
 1990 Ed. (145)
 1991 Ed. (145)
 1992 Ed. (201)
 1993 Ed. (131)
 1994 Ed. (112)
 1995 Ed. (117)
 1996 Ed. (131)
 1997 Ed. (135)
Marti, Ogilvy & Mather
 1991 Ed. (154)
 1992 Ed. (212)
 1993 Ed. (139)
 1994 Ed. (120)
 1995 Ed. (130)
 1996 Ed. (144)
 1997 Ed. (150)
Martial arts
 2001 Ed. (4340)
The Martian
 2017 Ed. (621, 623, 3605)
Martignetti Companies
 2021 Ed. (4920)
Martin Advertising
 2023 Ed. (109)
Martin Agency
 1989 Ed. (159)
 1990 Ed. (149)
 1991 Ed. (149)
 1992 Ed. (206)
 1994 Ed. (116)
 1995 Ed. (125)
 1996 Ed. (139)
 1997 Ed. (145)
 1998 Ed. (65)
 1999 Ed. (154)
 2000 Ed. (172)
 2002 Ed. (183)
 2003 Ed. (172)
 2004 Ed. (130)
 2011 Ed. (34)
Martin & Associates; Albert C.
 1992 Ed. (358)

Martin Associates Group
 1993 Ed. (1611)
 1994 Ed. (1641)
 1995 Ed. (1680)
 1996 Ed. (1663)
 1997 Ed. (1741)
 2004 Ed. (2341, 2350)
 2005 Ed. (2438)
 2006 Ed. (2478)
 2007 Ed. (2444)
 2008 Ed. (2571)
 2009 Ed. (2579)
 2010 Ed. (2495)
 2012 Ed. (2423)
Martin Automotive Group
 1998 Ed. (467)
 1999 Ed. (729)
 2000 Ed. (741)
 2001 Ed. (712)
 2002 Ed. (709)
 2003 Ed. (211, 212)
 2004 Ed. (168)
 2005 Ed. (170)
 2006 Ed. (184)
 2007 Ed. (190)
 2008 Ed. (167)
Martin Babinec
 1999 Ed. (2055)
Martin-Baker
 2017 Ed. (94)
 2018 Ed. (105)
 2021 Ed. (80)
Martin-Baker (Engineering) Ltd.
 1992 Ed. (1202)
Martin Bauer/Muggenberg Extrakt
 2001 Ed. (994)
Martin & Bayley, Inc.
 2019 Ed. (2356)
 2020 Ed. (2324)
 2021 Ed. (2290)
 2022 Ed. (2322)
 2023 Ed. (2498)
Martin Benefits Consulting
 2002 Ed. (1217)
Martin Bicknell
 2012 Ed. (3316)
 2013 Ed. (3388)
 2014 Ed. (3390)
 2015 Ed. (3422)
 2016 Ed. (3283)
Martin Birrane
 2009 Ed. (4905)
 2010 Ed. (4906)
Martin Borghetto
 2000 Ed. (2098)
Martin Bouygues
 2012 Ed. (4886)
 2013 Ed. (4870)
 2019 Ed. (874)
 2020 Ed. (861)
Martin Brothers Construction
 2023 Ed. (3774)
Martin-Brower Co.
 1993 Ed. (1888)
 1998 Ed. (1740)
Martin-Brower Company
 1991 Ed. (1758)
The Martin-Brower Co.
 2018 Ed. (4011)
 2019 Ed. (3998)
 2020 Ed. (4015)
 2021 Ed. (3981)
 2022 Ed. (3995)
 2023 Ed. (4079)
Martin-Brower Co. L.L.C.
 2000 Ed. (2242)
Martin Cabrera Jr.
 2012 Ed. (2881)
Martin Cadillac
 1990 Ed. (338)
 1991 Ed. (305)
 1996 Ed. (267)
Martin Carpet Cleaning Company
 2023 Ed. (4756)
Martin Carpet Cleaning Company Inc.
 2020 Ed. (4770)
 2021 Ed. (4769)
 2022 Ed. (4768)
Martin; Christine
 2019 Ed. (4120)
Martin Color
 2000 Ed. (3392)
Martin Color-Fi Inc.
 2004 Ed. (3914)
 2005 Ed. (3859)
Martin & Co.
 1999 Ed. (3076, 3078)
 2000 Ed. (2816)
Martin Cooper
 2002 Ed. (2150)
Martin County Coal Corp.
 2005 Ed. (1037, 1038, 1835)
Martin County Industrial Development Authority (FL)
 1997 Ed. (2363)
Martin County, KY
 1998 Ed. (783, 2319)

Martin County National Bank
 1989 Ed. (212)
Martin; Craig L.
 2011 Ed. (828)
Martin Currie Emerging Markets
 2000 Ed. (3310)
Martin Currie European
 2000 Ed. (3296)
Martin Currie Inc.
 1992 Ed. (2792, 2794, 2795)
 1993 Ed. (2355)
 1995 Ed. (2372)
 1997 Ed. (2537)
 2000 Ed. (3305)
Martin Currie International Sust Eq A
 2023 Ed. (4506, 4509)
Martin Currie International Uncons Eq
 2022 Ed. (4491)
Martin Currie International Uncons Eq A
 2022 Ed. (4491)
Martin D. Dehler
 1992 Ed. (533)
Martin Dawes Communications Ltd.
 1994 Ed. (999)
Martin; Dean
 2015 Ed. (2334)
Martin Design Inc.
 2005 Ed. (263)
Martin Dolan
 1999 Ed. (2338)
 2000 Ed. (2125)
Martin E. Franklin
 2012 Ed. (793)
Martin E. Segal Co.
 1990 Ed. (1648)
 1991 Ed. (1543, 1544)
 1992 Ed. (1940)
 1993 Ed. (1589, 1592)
Martin Exteriors
 2023 Ed. (1220)
Martin F. C. Emmett
 1994 Ed. (1718)
Martin Feldman
 1999 Ed. (2268)
 2000 Ed. (2053)
Martin, Fletcher
 2009 Ed. (2085)
Martin, Fletcher & Co.
 2014 Ed. (4533)
Martin French
 1997 Ed. (1997)
Martin Fridson
 1993 Ed. (1842)
 1997 Ed. (1952)
 1998 Ed. (1644)
 1999 Ed. (2194)
 2000 Ed. (1960)
Martin G. McGuinn
 2006 Ed. (934)
Martin Garrix
 2017 Ed. (3621)
 2018 Ed. (3684)
 2019 Ed. (3669)
 2020 Ed. (3636)
 2021 Ed. (3643)
The Martin Group
 2018 Ed. (129)
 2023 Ed. (129)
The Martin Group LLC
 2007 Ed. (3571, 4429)
Martin Haefner
 2014 Ed. (4922)
 2020 Ed. (4871)
 2021 Ed. (4872)
Martin Hamblin Group
 2002 Ed. (3256, 3261, 3262)
Martin-Harris Construction
 2006 Ed. (1327, 1346)
 2007 Ed. (1380, 1391)
 2008 Ed. (1315, 1340)
 2009 Ed. (1300, 1338)
 2010 Ed. (1293, 1321)
 2011 Ed. (1251)
 2018 Ed. (1122)
 2019 Ed. (1138, 1146)
 2021 Ed. (1116)
 2023 Ed. (1351, 1358)
Martin-Harris Construction LLC
 2017 Ed. (1219)
 2022 Ed. (1128)
Martin Health System
 2014 Ed. (3075)
 2015 Ed. (3140)
 2018 Ed. (2898)
Martin Hughes
 2008 Ed. (4902)
 2012 Ed. (2495)
 2013 Ed. (2638)
 2014 Ed. (2594)
 2015 Ed. (2636)
 2016 Ed. (2561)
Martin Inc.
 2000 Ed. (2817)
 2002 Ed. (1986, 4907)
 2012 Ed. (2369)
Martin Iron Works Inc.
 2007 Ed. (1381)

Martin Isuzu
  1990 Ed. (328)
Martin J. Barrington
  2015 Ed. (975)
  2016 Ed. (872)
Martin J. Wygod
  1992 Ed. (2061, 2062)
  1993 Ed. (937, 1695)
  1994 Ed. (947, 950, 1714, 1723)
Martin; James G.
  1990 Ed. (1946)
  1991 Ed. (1857)
  1992 Ed. (2344, 2345)
  1993 Ed. (1994)
Martin; John
  2006 Ed. (876)
  2007 Ed. (967)
  2010 Ed. (887)
Martin; John C.
  2006 Ed. (930)
  2007 Ed. (1021)
  2010 Ed. (901)
  2011 Ed. (817, 831, 849)
  2012 Ed. (800)
  2013 Ed. (989)
  2014 Ed. (937)
  2016 Ed. (721, 865)
Martin; John D.
  1990 Ed. (1714)
Martin Jr.; Charles
  2009 Ed. (3706)
  2010 Ed. (3623)
Martin K. Eby Construction Co.
  1999 Ed. (1332)
  2019 Ed. (1128)
Martin; Kenneth
  2007 Ed. (1069)
  2008 Ed. (966)
Martin L. Flanagan
  1995 Ed. (1728)
Martin L. Grass
  2004 Ed. (1549)
Martin; Lauralee E.
  2009 Ed. (2663)
Martin Lawrence
  2002 Ed. (2141)
  2009 Ed. (201)
Martin Lawrence Limited Editions
  1991 Ed. (3148)
Martin Lawrence Ltd. Editions
  1991 Ed. (2571)
Martin Lipton
  1991 Ed. (2297)
  2002 Ed. (3068)
Martin Loeffler
  2010 Ed. (889)
Martin; Lois
  2010 Ed. (2569)
Martin M. Koffel
  2011 Ed. (828)
Martin Management Co.
  2020 Ed. (97)
Martin Management Group
  2009 Ed. (192)
  2010 Ed. (171)
  2011 Ed. (95)
  2012 Ed. (102)
  2013 Ed. (83)
  2015 Ed. (107)
  2016 Ed. (114)
  2017 Ed. (105)
  2018 Ed. (116)
  2019 Ed. (102)
  2021 Ed. (89)
  2022 Ed. (102)
Martin Marietta
  1989 Ed. (194, 195, 196, 875, 882, 1226)
  1990 Ed. (186, 187, 188, 189, 192, 931, 1477)
  1991 Ed. (176, 178, 179, 180, 181, 182, 184, 902, 1010, 1403, 1404, 2460, 3435)
  1992 Ed. (242, 248, 249, 250, 251, 252, 253, 1105, 1287, 1770, 3077, 4361)
  1993 Ed. (153, 157, 158, 159, 160, 901, 1034, 1366, 1460, 1468, 2573)
  1994 Ed. (136, 137, 138, 139, 140, 142, 144, 916, 1065, 1213, 1419, 1513)
  1995 Ed. (155, 156, 158, 159, 160, 162, 952, 1077, 1220, 1274, 1542)
  1996 Ed. (165, 167, 168, 169, 1192, 1193, 1235, 1241, 1388, 1417, 1518, 1521, 1522)
  1997 Ed. (172, 175, 1437, 2791)
  1999 Ed. (1049)
  2022 Ed. (1812)
  2023 Ed. (1939)
Martin Marietta Aggregates
  1998 Ed. (3123)
  2000 Ed. (3847)
  2005 Ed. (4167, 4525, 4526)
  2010 Ed. (4610, 4611)
  2011 Ed. (4566, 4567)
  2012 Ed. (4387, 4580, 4581, 4582)
  2013 Ed. (4356, 4526, 4527)
  2014 Ed. (4408, 4584, 4585, 4586)
  2015 Ed. (4394, 4578, 4579, 4580)

  2017 Ed. (4496)
Martin Marietta Magnesia Specialties
  2000 Ed. (2935)
Martin Marietta Materials
  2017 Ed. (766, 1098, 1148, 1881)
  2018 Ed. (696, 1083, 1801, 1821)
  2019 Ed. (712, 1093, 1855)
  2020 Ed. (1081, 1812)
Martin Marietta Materials Inc.
  1997 Ed. (918)
  1998 Ed. (658)
  2001 Ed. (1048)
  2002 Ed. (1172, 3366, 4088, 4510, 4511)
  2003 Ed. (779, 4217, 4614, 4615)
  2004 Ed. (788, 789, 795, 1222, 1223, 3483, 3484, 4239, 4592, 4594)
  2005 Ed. (774, 775, 776, 779, 1247, 1248, 1249, 3450, 3480, 3481, 4527)
  2006 Ed. (681, 683, 1206, 1207, 1208, 3459, 3481, 3482, 4610)
  2007 Ed. (776, 777, 779, 1315, 3511, 3512, 4594)
  2008 Ed. (750, 1163, 1188, 1205, 2358, 2362, 3674, 3675, 4545)
  2009 Ed. (745, 1143, 1952, 3260, 3740, 3741, 4576)
  2010 Ed. (693, 1888, 3679, 3680, 4609)
  2011 Ed. (3662, 3663, 4565)
  2012 Ed. (3110, 3662, 3663, 4578, 4579)
  2013 Ed. (3727, 3728, 4524, 4525)
  2014 Ed. (3201, 3662, 3663)
  2015 Ed. (3680, 3681, 4576, 4577)
  2016 Ed. (3563, 3564, 4499)
  2017 Ed. (4495)
  2018 Ed. (4533)
  2019 Ed. (4517)
  2021 Ed. (1780)
  2022 Ed. (1821)
Martin Marietta, Y-12 Plant
  1990 Ed. (3557)
Martin; Mark
  2011 Ed. (239)
Martin/Martin
  2005 Ed. (2439)
  2007 Ed. (2445)
  2008 Ed. (2572)
  2009 Ed. (2580, 2581)
  2010 Ed. (2496)
  2012 Ed. (2424)
  2013 Ed. (2591)
Martin/Martin Inc.
  2013 Ed. (2552)
  2014 Ed. (2483)
  2015 Ed. (2558)
  2016 Ed. (2475)
  2017 Ed. (2332)
  2019 Ed. (2422)
  2020 Ed. (2398)
  2021 Ed. (2352)
  2022 Ed. (2432)
  2023 Ed. (2578)
Martin/Martin Inc. Consulting Engineers
  2023 Ed. (2634)
Martin Media
  1998 Ed. (91)
Martin Memorial Medical Center
  2011 Ed. (3046)
  2012 Ed. (2955, 2983)
  2013 Ed. (3045, 3073)
Martin Metal New Teck Well Service L.L.C.
  2019 Ed. (1538)
Martin Metal Product
  2018 Ed. (1507, 1589)
Martin Midstream Partners LP
  2004 Ed. (1571)
Martin Mignot
  2023 Ed. (4751)
Martin Mignot (Index Ventures)
  2021 Ed. (4761)
Martin Mills Inc.
  2001 Ed. (1779)
  2003 Ed. (1747)
Martin Moller Nielsen
  2017 Ed. (4844)
  2018 Ed. (4851)
  2019 Ed. (4846)
  2020 Ed. (4835)
  2021 Ed. (4836)
  2022 Ed. (4829)
  2023 Ed. (4824)
Martin Motor Sales
  1990 Ed. (324)
  1991 Ed. (299)
  1993 Ed. (289)
  1994 Ed. (288)
Martin; Murray D.
  2009 Ed. (953)
  2010 Ed. (905)
Martin Naughton
  2011 Ed. (4879)
  2012 Ed. (4888, 4902)
  2013 Ed. (4879, 4880)
  2014 Ed. (4893)
  2015 Ed. (4932)
  2016 Ed. (4848)
  2017 Ed. (4853)
  2018 Ed. (4861)
  2019 Ed. (4855)

Martin O'Dowd
  2004 Ed. (2488)
Martin & Olivier Bouygues
  2008 Ed. (4866)
  2009 Ed. (4887)
  2010 Ed. (4888)
  2011 Ed. (4877)
The Martin Organization
  1990 Ed. (285)
  1991 Ed. (254)
The Martin Organization, Architects & Land Planners
  1993 Ed. (249)
Martin Paint & Chemical
  1992 Ed. (3728)
Martin Partners LLC
  2001 Ed. (2311)
Martin; Patrick J.
  2006 Ed. (1097, 1098)
Martin; Paul
  2005 Ed. (4879)
Martin Petersen Co.
  2000 Ed. (1267)
  2001 Ed. (1481)
  2002 Ed. (1297)
  2011 Ed. (1315)
Martin Peterson Co. Inc.
  1998 Ed. (954)
Martin, Pringle, Oliver, Wallace & Bauer LLP
  2023 Ed. (3459)
Martin Public Relations
  1999 Ed. (3915)
  2002 Ed. (3826, 3827, 3852)
Martin; R.
  1991 Ed. (1618)
Martin; R. Brad
  2009 Ed. (2660)
Martin R. Cramton, Jr.
  1991 Ed. (2548)
Martin; Ray
  1992 Ed. (533)
Martin Resource Management Corp.
  2019 Ed. (2373)
  2020 Ed. (2341)
  2021 Ed. (2306)
  2022 Ed. (2335)
  2023 Ed. (2511)
Martin Romm
  1991 Ed. (1675)
  1993 Ed. (1781)
  1994 Ed. (1764)
  1995 Ed. (1806)
Martin Roscheisen
  2005 Ed. (2453)
Martin S. Davis
  1990 Ed. (972, 975, 1713)
  1991 Ed. (924, 928, 1619)
  1992 Ed. (1145, 2053)
  1993 Ed. (1698)
Martin S. Gerstel
  1993 Ed. (1700)
Martin Sankey
  1993 Ed. (1792, 1793)
  1994 Ed. (1775, 1776)
  1995 Ed. (1816)
  1996 Ed. (1791)
  1997 Ed. (1865)
  1998 Ed. (1636)
  1999 Ed. (2223)
Martin & Seibert LC
  2009 Ed. (1020)
Martin Shafiroff
  2006 Ed. (658, 3189)
Martin Short
  2003 Ed. (2334)
  2004 Ed. (2414)
Martin Sorrell
  2000 Ed. (1874)
  2017 Ed. (923)
  2018 Ed. (859)
  2019 Ed. (874)
Martin Starnes & Associates
  2015 Ed. (2)
  2016 Ed. (2)
Martin Starnes & Associates CPAs
  2023 Ed. (3)
Martin Starnes & Associates CPAs PA
  2011 Ed. (2)
Martin Sullivan
  2010 Ed. (2561)
Martin Swanty Chrysler-Plymouth-Dodge Inc.
  1994 Ed. (267)
Martin; Tiffany
  2019 Ed. (4120)
Martin; Tim
  2013 Ed. (4894)
Martin Transport Inc.
  2016 Ed. (4535, 4754)
  2017 Ed. (4765)
  2020 Ed. (4745)
  2021 Ed. (4743)
  2022 Ed. (4745)
  2023 Ed. (4552, 4729)
Martin Transportation Systems Inc.
  2021 Ed. (4676)

Martin Transportation Systems, Inc.
  2016 Ed. (4745)
  2017 Ed. (4757)
  2018 Ed. (4754)
  2020 Ed. (4735)
  2021 Ed. (4734)
  2022 Ed. (4736)
  2023 Ed. (4720)
Martin Uhl Actuarial Consulting
  2019 Ed. (20)
Martin/Williams
  1989 Ed. (59)
  1997 Ed. (119)
  2002 Ed. (64)
  2003 Ed. (30)
  2004 Ed. (125)
  2005 Ed. (102)
Martina Hingis
  2001 Ed. (418)
  2002 Ed. (343)
  2003 Ed. (293)
  2004 Ed. (259)
Martina McBride
  1996 Ed. (1094)
  2002 Ed. (1159)
Martina Merz
  2022 Ed. (4923)
  2023 Ed. (4921, 4937, 4939)
Martina Merz (Thyssenkrupp)
  2022 Ed. (4935)
Martina Navratilova
  1998 Ed. (198, 3757)
Martinair Holding
  2012 Ed. (155)
Martinair Holland
  2001 Ed. (308)
Martindale, Andres & Co.
  1993 Ed. (2296)
Martindale-Hubbell Inc.
  1995 Ed. (1246)
Martindale Propane
  2019 Ed. (4021)
Martine M. Irman
  2005 Ed. (2473)
Martine Rothblatt
  2012 Ed. (4959)
  2013 Ed. (4967)
Martinelli Apple
  1993 Ed. (692)
Martinelli's Gold Medal
  2017 Ed. (204)
  2018 Ed. (191)
Martinez; Bob
  1990 Ed. (1946)
  1991 Ed. (1857)
Martinez Cleaning Services LLC
  2022 Ed. (3648)
Martinez Construction & Development Co.
  1994 Ed. (2052)
Martinez Couch & Associates LLC
  2017 Ed. (3560)
  2018 Ed. (3610)
  2020 Ed. (3575)
  2021 Ed. (3605)
Martinez; Emmanuel
  2011 Ed. (2953)
Martinez Orchards
  2018 Ed. (4919)
  2020 Ed. (4919)
  2021 Ed. (4915)
  2022 Ed. (4909)
Martinez; Pedro
  2006 Ed. (291)
Martingale Asset Management
  1992 Ed. (2759, 2763)
  1998 Ed. (2277)
  1999 Ed. (3077)
Martingale Asset Management LP, Long/ Short Value Market-Neutral
  2003 Ed. (3124, 3127)
Martini
  1990 Ed. (1074)
  2009 Ed. (267)
  2022 Ed. (862)
  2023 Ed. (1047)
Martini Extra Dry
  1992 Ed. (2888)
Martini Meat S.A.
  2021 Ed. (4796)
Martini Meat S.A. Armazens Gerais
  2021 Ed. (4796)
Martini & Rossi
  1989 Ed. (2937, 2938, 2946)
  1992 Ed. (4468)
  1993 Ed. (869, 873, 874, 883)
  1994 Ed. (1206)
  1996 Ed. (726, 3839)
  1998 Ed. (3442, 3724)
  2001 Ed. (4676, 4893)
  2002 Ed. (4742, 4960)
  2003 Ed. (4850)
  2014 Ed. (4954)
  2015 Ed. (4994)
  2019 Ed. (4927)
Martini & Rossi Asti
  1989 Ed. (872)
  1992 Ed. (1082, 1083, 1084, 1085, 4461, 4462, 4463)

1998 Ed. (679, 681, 682)
1999 Ed. (1068)
2000 Ed. (1008, 1009)
2001 Ed. (1151, 1161)
2002 Ed. (963, 972)
2003 Ed. (900)
2004 Ed. (924, 925)
2005 Ed. (915, 917, 919)
2006 Ed. (829)
Martini & Rossi Asti Spumante
1993 Ed. (878, 879, 880, 881, 882)
1995 Ed. (921, 926, 930, 3766, 3768, 3769, 3771)
1996 Ed. (900, 901, 903, 905, 906, 909, 3865, 3868)
1997 Ed. (932, 942)
Martini & Rossi Asti Spumanti
1991 Ed. (884, 885, 3501, 3502)
Martini & Rossi Brut
1992 Ed. (1083)
Martini & Rossi Vermouth
1991 Ed. (3503)
1995 Ed. (3766, 3768, 3769)
1996 Ed. (3868)
1998 Ed. (3750, 3752, 3753)
2000 Ed. (4420, 4424, 4426)
2004 Ed. (4833)
2005 Ed. (4821, 4823)
Martinique
1992 Ed. (911)
1994 Ed. (1508)
1995 Ed. (688)
1996 Ed. (761)
2001 Ed. (4585)
Martinizing Dry Cleaning
2003 Ed. (2118)
2004 Ed. (2158)
2005 Ed. (2258)
2006 Ed. (2318)
2007 Ed. (2249)
2008 Ed. (2384)
2009 Ed. (2362)
2010 Ed. (2289)
2011 Ed. (2289)
2012 Ed. (2183)
2013 Ed. (2379)
2014 Ed. (2309)
2015 Ed. (2392)
2016 Ed. (2336)
2017 Ed. (2174)
2018 Ed. (2231)
2019 Ed. (2206)
2020 Ed. (2201)
2021 Ed. (2177)
Martinka No. 1
1989 Ed. (1996)
MartinPatrick3
2023 Ed. (3137)
Martinrea International
2008 Ed. (3657)
2009 Ed. (318, 335, 1556, 3726)
2010 Ed. (3642)
2011 Ed. (3646)
Martinrea International Inc.
2015 Ed. (3647, 4565)
2016 Ed. (265)
2017 Ed. (266)
2018 Ed. (252, 4526)
2019 Ed. (249)
2020 Ed. (254)
2022 Ed. (264)
2023 Ed. (363)
Martin's
2018 Ed. (4402)
Martins
2014 Ed. (291)
2015 Ed. (326)
2016 Ed. (323)
2017 Ed. (329, 330)
Martin's Family Fruit Farm
2019 Ed. (4406)
2020 Ed. (4405)
2021 Ed. (4404)
2022 Ed. (4402)
Martin's Famous Pastry Shoppe Inc.
2017 Ed. (334, 335)
2018 Ed. (310, 311)
2019 Ed. (309, 310)
2020 Ed. (311)
Martin's Famous Pastry Shoppe, Inc.
2018 Ed. (308, 315)
2019 Ed. (307, 314)
2020 Ed. (316)
2021 Ed. (296)
2022 Ed. (309, 729)
Martins Famous Pastry Shoppe Inc.
2021 Ed. (300)
2022 Ed. (313)
2023 Ed. (411, 902)
Martin's Foods of South Burlington Inc.
2001 Ed. (1783)
2003 Ed. (1750)
Martins Point Health Care Inc.
2011 Ed. (1817)
2012 Ed. (1675)
Martin's Potato Chips Inc.
2022 Ed. (2715)

Martinsville First Savings Bank
2021 Ed. (4323)
2022 Ed. (4330)
2023 Ed. (4360)
Martinsville, VA
2018 Ed. (3403)
Martirene/Ted Bates
1995 Ed. (136)
Martirene/Ted Bates BSB
1993 Ed. (144)
Marto; Robert T.
1996 Ed. (967)
Martore; Gracia
2005 Ed. (991)
2006 Ed. (985)
2007 Ed. (1078)
Martrac
2003 Ed. (4786, 4804)
Martua Sitorus
2009 Ed. (4865)
2010 Ed. (4866, 4867)
2011 Ed. (4854, 4855)
2012 Ed. (4861, 4862)
2013 Ed. (4877, 4878)
2014 Ed. (4892)
2020 Ed. (4844)
2021 Ed. (4845)
2022 Ed. (4840)
Martullo-Blocher; Magdalena
2015 Ed. (4962)
2016 Ed. (4878)
2017 Ed. (4878)
2018 Ed. (4890)
2019 Ed. (4882)
2020 Ed. (4871)
2021 Ed. (4872)
2022 Ed. (4868)
2023 Ed. (4862)
Marty Castro
2013 Ed. (2963)
Marty Fizanica Lincoln-Mercury
1992 Ed. (378, 389, 417)
Marty Franich Auto Center
1995 Ed. (296)
2001 Ed. (441, 442)
Marty Franich Ford
1991 Ed. (269)
1994 Ed. (268)
Marty Franich Lincoln Mercury
1991 Ed. (284)
1993 Ed. (275)
1994 Ed. (274)
1996 Ed. (299)
Marty Stuart
1994 Ed. (1100)
Martyn Arbib
1996 Ed. (1717)
Martz Group
2000 Ed. (989)
2002 Ed. (863)
2010 Ed. (695)
2011 Ed. (623)
2015 Ed. (788)
2017 Ed. (769)
2019 Ed. (716)
Marubeni
2013 Ed. (2345, 2346)
2014 Ed. (2276)
2015 Ed. (2360, 2361, 4779)
2016 Ed. (741, 2306, 2307, 3732)
2017 Ed. (788, 1697, 2146, 2147, 3688, 4891)
2018 Ed. (2197, 2198, 4684)
2019 Ed. (2183, 2190, 4689)
2020 Ed. (4890)
2021 Ed. (687, 4672)
2022 Ed. (663, 4684)
2023 Ed. (4671, 4672)
Marubeni America Corp.
1992 Ed. (3223)
1994 Ed. (2662)
Marubeni Canada
1994 Ed. (3659)
1996 Ed. (3828)
Marubeni Corp.
1989 Ed. (1131, 1132)
1990 Ed. (1383)
1991 Ed. (1250, 1280, 1281, 1288, 1306, 1314, 1316, 1317, 1582)
1992 Ed. (1568, 1612, 1614, 1647, 1656, 1657, 1659, 3738, 4434)
1993 Ed. (1277, 1311, 1346, 1356, 2712, 3047, 3261, 3263, 3269)
1994 Ed. (1319, 1363, 1400, 1410, 1411, 3106, 3255)
1995 Ed. (1349, 1389, 1429, 1430, 1441, 1443, 2765, 3152, 3334, 3342)
1996 Ed. (1339, 1394, 1407, 3406, 3408)
1997 Ed. (1356, 1399, 1434, 1450, 1461, 1463, 3352, 3784)
1998 Ed. (1157, 1165, 3610)
1999 Ed. (1581, 1619, 1662, 1674, 1689, 1692, 4107, 4645)
2000 Ed. (1424, 1481, 1494, 1498, 1893, 3821, 4285, 4286)
2001 Ed. (1624, 1625, 1704, 1705, 1767, 2173)
2002 Ed. (1703, 4664, 4895)

2003 Ed. (1703, 4780)
2004 Ed. (1629, 1710, 4761)
2007 Ed. (4368, 4802, 4803)
2008 Ed. (4727)
2009 Ed. (4764)
2010 Ed. (4778)
2011 Ed. (4729)
2012 Ed. (4746, 4747)
2013 Ed. (4703, 4705)
2014 Ed. (4755, 4757)
2015 Ed. (4776, 4778)
2016 Ed. (4680, 4682)
2017 Ed. (4693, 4695)
2018 Ed. (4681, 4683)
2019 Ed. (4685, 4686, 4688)
2020 Ed. (4652, 4654, 4888)
2021 Ed. (4671)
2022 Ed. (4682)
Marubeni International Petroleum(S) Pte. Ltd.
1997 Ed. (1503)
Marubeni Nisshin Feed Co.
2022 Ed. (2235)
Marubeni U K PLC
1991 Ed. (3479)
Maruchan
2014 Ed. (2737)
2016 Ed. (4440)
Maruchan Inc.
2003 Ed. (2094, 3744, 4486, 4490)
Maruchan Instant Lunch
2015 Ed. (4502)
2016 Ed. (4440)
Marudas Print Service & Promotional Products
2000 Ed. (906)
The Maruetsu
2012 Ed. (4591)
2013 Ed. (4540)
Maruha Corp.
1997 Ed. (2040)
1998 Ed. (1731)
1999 Ed. (2465)
2000 Ed. (2223)
2002 Ed. (2306)
Maruha Nichiro Corp.
2018 Ed. (4293)
2019 Ed. (4319)
2020 Ed. (4309)
Maruha Nichiro Holdings
2012 Ed. (2661)
2020 Ed. (3822)
Maruhan Co., Ltd.
2011 Ed. (2524)
Marui
1990 Ed. (3056)
1994 Ed. (3113)
2000 Ed. (3824)
2007 Ed. (4204)
Maruichi Steel Tube
2016 Ed. (3534)
2017 Ed. (3501)
Marukai Corp.
2012 Ed. (1536)
2013 Ed. (1683)
2014 Ed. (1635)
Marukyu Co. Ltd.
1997 Ed. (2288)
Maruri Communications Group
2003 Ed. (68)
MARUSA
2001 Ed. (4465)
Maruti Suzuki
2017 Ed. (707)
2021 Ed. (250, 257, 260)
2022 Ed. (271, 650)
2023 Ed. (369)
Maruti Suzuki India
2014 Ed. (240)
2015 Ed. (281)
2016 Ed. (276)
2017 Ed. (276, 1624)
2018 Ed. (1608)
2019 Ed. (1650, 1652)
2020 Ed. (1600, 1607, 1609)
2021 Ed. (1589)
Maruti Suzuki India Ltd.
2019 Ed. (1646)
Maruti Udyog
2001 Ed. (41)
2006 Ed. (52)
2007 Ed. (43)
Marutone Apex
2019 Ed. (1061, 1062)
Maruyama; Ken
1996 Ed. (1878)
1997 Ed. (1985)
Maruzen
2012 Ed. (530)
Maruzen Oil Co. Ltd.
1991 Ed. (909)
1992 Ed. (1113, 1571)
1993 Ed. (908, 1276)
1994 Ed. (923)
Marvel Comics Group
1996 Ed. (2959)

Marvel Enterprises Inc.
2004 Ed. (4578)
2006 Ed. (2740, 4584, 4780)
Marvel Entertainment Group
1993 Ed. (2005, 2006, 3329, 3330)
1995 Ed. (2070)
1996 Ed. (2069)
1997 Ed. (2169, 3222)
1998 Ed. (2678, 2974)
1999 Ed. (388, 389)
Marvel Entertainment Inc.
1995 Ed. (1276, 3038)
2011 Ed. (2850)
Marvel Studios
2019 Ed. (2499)
Marvell
2022 Ed. (4380)
2023 Ed. (4399)
Marvell Semiconductor Inc.
2008 Ed. (3191)
2009 Ed. (3250)
2021 Ed. (4370)
Marvell Technology Group
2019 Ed. (933)
2020 Ed. (1469)
2021 Ed. (1458)
Marvell Technology Group Ltd.
2002 Ed. (4192)
2004 Ed. (4559)
2006 Ed. (1502, 2737, 4604)
2007 Ed. (4343, 4347, 4349, 4351)
2010 Ed. (3539, 4456)
2011 Ed. (1500, 3538, 4395)
2012 Ed. (1348)
2013 Ed. (1533, 3576)
2018 Ed. (4335)
2021 Ed. (4370)
Marvin
1998 Ed. (1921)
1999 Ed. (2658)
2000 Ed. (2441)
2002 Ed. (2466)
Marvin A. Andrews
1991 Ed. (2546)
Marvin Andrews
1990 Ed. (2657)
The Marvin Cos.
2011 Ed. (4948)
2012 Ed. (4947)
2013 Ed. (4940)
2014 Ed. (4950)
2015 Ed. (4989)
2016 Ed. (4906)
2017 Ed. (4900)
2018 Ed. (4918)
Marvin Davis
1998 Ed. (3707)
1999 Ed. (4748)
2000 Ed. (4377)
2002 Ed. (3345)
2003 Ed. (4878)
2004 Ed. (4859)
2005 Ed. (4845)
2006 Ed. (4900)
Marvin Davis and family
1992 Ed. (2143)
Marvin Dernoff
2003 Ed. (223, 227)
Marvin Edwards
1990 Ed. (2658)
Marvin Engineering Co. Inc.
2022 Ed. (4981)
2023 Ed. (4984)
Marvin Engineering Co., Inc.
2014 Ed. (4987)
Marvin Girouard
2004 Ed. (2528)
Marvin Gold Management Co.
1999 Ed. (4009, 4012)
Marvin Group
2004 Ed. (2017)
Marvin H. McIntyre
2006 Ed. (658, 3189)
Marvin Harold Davis
1990 Ed. (2576)
Marvin K. Dorman, Jr.
1993 Ed. (3444)
Marvin L. Sapp Music
2014 Ed. (3719)
Marvin McIntyre
2007 Ed. (3248, 3249)
2008 Ed. (3376)
2009 Ed. (3441)
2010 Ed. (3382)
Marvin & Palmer
1992 Ed. (2746)
1999 Ed. (3073)
Marvin & Palmer Associates
1993 Ed. (2354)
2000 Ed. (2807)
Marvin S. Davis
1991 Ed. (1140, 2265, 3333)
Marvin Windows & Doors
2005 Ed. (3461)
2006 Ed. (4956)
2007 Ed. (4965)
2008 Ed. (4934)
2009 Ed. (4955)

2010 Ed. (4964)
2019 Ed. (4916, 4917)
2020 Ed. (4914, 4916)
2021 Ed. (4911)
2023 Ed. (4895)
Marvin's Room
1999 Ed. (4720)
Marwaha Group LLC
2021 Ed. (4190)
Marwan Bin Bayat
2013 Ed. (3490)
Marwan Boodai
2013 Ed. (3478, 4719)
Marwick; KPMG Peat
1990 Ed. (12)
Marwyn Value Investors LP
2013 Ed. (2892)
Marx Inc.; Gilda
1996 Ed. (3882)
Marx Industries; Gilda
1992 Ed. (4486)
1993 Ed. (3736)
1994 Ed. (3671)
1995 Ed. (3796)
Marx Layne & Co.
2001 Ed. (3936)
2002 Ed. (3839)
2003 Ed. (3985, 4018)
2004 Ed. (3982, 4032)
2005 Ed. (3975)
Marxuach Precast Solutions LLC
2017 Ed. (1935)
Mary Alice Dorrance Malone
2012 Ed. (4841)
2013 Ed. (4839)
Mary Alice Malone
2002 Ed. (3353)
2003 Ed. (4880)
2005 Ed. (4843)
2008 Ed. (4827)
2011 Ed. (4828)
Mary-Am Group of Cos.
2016 Ed. (1468, 4354)
Mary Anselmo
2002 Ed. (2364)
2004 Ed. (4866)
Mary Baldwin College
1995 Ed. (1057)
1996 Ed. (1042)
1997 Ed. (1058)
1998 Ed. (796)
1999 Ed. (1225)
2001 Ed. (1322)
Mary Bane
2000 Ed. (3160, 4428)
Mary Barra
2015 Ed. (5009, 5026, 5027)
2016 Ed. (4926, 4927, 4941)
2017 Ed. (4922, 4923, 4932)
2019 Ed. (4937)
2020 Ed. (4935)
2021 Ed. (4934)
2022 Ed. (4929)
2023 Ed. (4929, 4930, 4938, 4939)
Mary Barra (General Motors)
2021 Ed. (4940)
2022 Ed. (4936)
Mary Barra (U.S.)
2021 Ed. (4935)
2022 Ed. (4930)
Mary Belle
1992 Ed. (1093)
Mary-Beth Ostasz
2023 Ed. (1300)
Mary Black Physicians Group
2003 Ed. (1821)
Mary Bourque
1996 Ed. (1898)
1999 Ed. (2397, 2411)
Mary B's
2022 Ed. (2784)
2023 Ed. (2909)
Mary Callahan Erdoes
2009 Ed. (4967)
2011 Ed. (4973)
2012 Ed. (4970)
2013 Ed. (4961)
2014 Ed. (4975)
2015 Ed. (5023)
2016 Ed. (4938)
2017 Ed. (4929)
2023 Ed. (2780)
Mary Callahan Erdoes (JPMorgan Chase)
2023 Ed. (4936)
Mary Czernin
2007 Ed. (4924)
Mary Deatherage
2012 Ed. (3317)
Mary Deatherage (Morgan Stanley Private Wealth Management)
2022 Ed. (3303)
Mary Dillon
2011 Ed. (26)
2016 Ed. (721)
2017 Ed. (776)
2020 Ed. (716)
Mary E. Burns
1992 Ed. (3139)

Mary Frances Accessories
2008 Ed. (1212)
Mary Glavin
2000 Ed. (3160, 4428)
Mary Griffin
1991 Ed. (2346)
1995 Ed. (2484)
Mary Gullixson
2018 Ed. (4110)
2019 Ed. (4120)
Mary Health of the Sick Convalescent & Nursing Hospital
2012 Ed. (3775)
Mary Henry
1994 Ed. (1827)
1996 Ed. (1834)
1997 Ed. (1907)
1998 Ed. (1677)
1999 Ed. (2273)
2000 Ed. (2051)
Mary Higgins Clark
2003 Ed. (302)
2004 Ed. (262)
Mary Hitchcock Memorial Hospital
2001 Ed. (1810)
Mary J. Blige
2002 Ed. (1161)
Mary Janet Morse Cargill
2011 Ed. (4819)
Mary Jean Connors
2006 Ed. (2525)
Mary-Kate Olsen
2003 Ed. (2331)
2004 Ed. (2411)
Mary Kay
2014 Ed. (3822)
2017 Ed. (944)
2018 Ed. (1980, 3729)
2019 Ed. (2035, 3718)
2020 Ed. (1959, 3761)
2022 Ed. (3799)
2023 Ed. (2320, 2323, 3896)
Mary Kay Ash
1991 Ed. (3512)
Mary Kay Cosmetics
1989 Ed. (2973)
1990 Ed. (3704)
1991 Ed. (3135, 3512)
1992 Ed. (4480)
1995 Ed. (3410)
1996 Ed. (3470)
1999 Ed. (4809)
2011 Ed. (556)
Mary Kay Holding Corp.
2022 Ed. (3805)
Mary Kay Inc.
2003 Ed. (1859, 1864, 1866, 1867, 1868, 3216, 4426, 4427, 4428, 4432, 4433, 4434, 4435, 4438)
2005 Ed. (873, 3921, 4162)
2006 Ed. (2340, 3995, 4164, 4216)
2007 Ed. (2075, 4030, 4232)
2008 Ed. (2182, 2184, 2652, 3450, 4057, 4263, 4343, 4344, 4553)
2009 Ed. (967, 4167, 4367)
2010 Ed. (930, 3366, 4103, 4394)
2011 Ed. (865, 4339)
2012 Ed. (814)
2013 Ed. (2329, 2330, 2331, 2332, 2337, 3879)
2014 Ed. (2262, 2263, 2264, 2265, 2267, 2268, 3815)
2015 Ed. (2346, 2347, 2348, 2349, 2351, 2352, 3840)
2016 Ed. (2295, 2296, 2297, 3747, 3753)
2017 Ed. (2139, 2140, 3701, 3708)
2018 Ed. (1972, 2186, 2188, 2191, 3754)
2019 Ed. (2174, 3734, 3741)
2020 Ed. (3778, 3785)
2021 Ed. (3771, 3775)
2022 Ed. (3795)
Mary Kraft & Associates Inc.
2018 Ed. (4939)
Mary Lisanti
1991 Ed. (1694, 1709)
Mary Lynn Lenz
2007 Ed. (4978)
Mary Ma
2003 Ed. (4984)
2005 Ed. (4991)
2007 Ed. (4982)
2008 Ed. (4949)
Mary Mack
2017 Ed. (4929)
Mary Mack (Wells Fargo)
2023 Ed. (4935)
Mary, Mary
2008 Ed. (553)
Mary Meeker
1997 Ed. (1874)
1998 Ed. (1647, 1662)
1999 Ed. (2237, 2252)
2000 Ed. (2020, 2034)
2002 Ed. (4981)
2017 Ed. (4781)
2020 Ed. (4763)
2023 Ed. (4579)

Mary Meeker (Bond Capital)
2021 Ed. (4762)
Mary Moore
1992 Ed. (4496)
Mary Navarro
2015 Ed. (5016)
2016 Ed. (4934)
Mary Poppins
2018 Ed. (4639)
Mary Quinn
1999 Ed. (2411)
Mary Sammons
2009 Ed. (4981)
2010 Ed. (4990)
Mary Schapiro
2013 Ed. (735)
Mary Sullivan
2011 Ed. (4336)
Mary Twinem
2010 Ed. (2569)
2015 Ed. (2638)
Mary Washington College
1998 Ed. (802)
1999 Ed. (1231)
2001 Ed. (1326)
Mary Washington; University of
2008 Ed. (1087)
2009 Ed. (1061)
2010 Ed. (1029)
Mary Wells Lawrence
1991 Ed. (3512)
Mary West
2008 Ed. (4883)
Maryknoll School
2016 Ed. (1632)
Maryl Group Inc.
2006 Ed. (1741)
2007 Ed. (1749)
2008 Ed. (1775, 1776, 1779)
2009 Ed. (1714, 1715)
2010 Ed. (1665)
Maryland
1989 Ed. (1, 1508, 1641, 1649, 1650, 1668, 1897, 1906, 1908, 1909, 1910, 2534, 2537, 2538, 2542, 2550, 2552, 2559, 2931, 2935)
1990 Ed. (402, 827, 829, 1482, 2168, 2219, 2223, 2411, 2429, 2447, 2492, 2493, 2494, 2495, 2496, 2867, 3068, 3349, 3350, 3357, 3358, 3359, 3363, 3366, 3369, 3370, 3371, 3374, 3375, 3384, 3386, 3390, 3409, 3413, 3415, 3417, 3421, 3423, 3425)
1991 Ed. (787, 790, 791, 796, 1651, 1812, 2084, 2321, 2349, 2360, 2361, 2362, 2363, 2364, 2365, 2397, 2768, 3183, 3186, 3187, 3189, 3194, 3199, 3214)
1992 Ed. (968, 2586, 2857, 2873, 2879, 2916, 2921, 2922, 2931, 2942, 2943, 2944, 2945, 2946, 3750, 3751, 4014, 4074, 4080, 4083, 4086, 4097, 4106, 4110, 4111, 4112, 4113, 4114, 4115, 4127, 4386)
1993 Ed. (2138, 2441, 2526, 3058, 3059, 3353, 3394, 3405, 3407, 3414, 3415, 3418, 3419, 3421, 3422, 3423, 3436, 3437, 3438)
1994 Ed. (977, 1969, 2379, 3119, 3385, 3389, 3390, 3395, 3397, 3404, 3405, 3408, 3409, 3412, 3413, 3414)
1995 Ed. (244, 363, 675, 1994, 2269, 3192, 3457, 3461, 3462, 3466, 3468, 3474, 3475, 3476, 3479, 3480, 3481, 3483, 3484, 3485, 3497)
1996 Ed. (2016, 3264, 3291, 3514, 3519, 3521, 3525, 3537, 3541, 3542, 3556, 3560, 3561, 3562, 3564, 3565, 3566)
1997 Ed. (2138, 3363, 3388, 3577, 3581, 3582, 3587, 3595, 3596, 3600, 3601, 3602, 3604, 3605, 3606, 3621, 3786)
1998 Ed. (473, 481, 1831, 1935, 2041, 2112, 2113, 2406, 2415, 2416, 2417, 2419, 3376, 3384, 3388, 3391, 3464, 3755)
1999 Ed. (798, 799, 1859, 2588, 2681, 2811, 2834, 3223, 3267, 3268, 3269, 3270, 3271, 3272, 4121, 4152, 4403, 4409, 4410, 4412, 4418, 4433, 4444, 4450, 4463, 4465, 4466, 4468)
2000 Ed. (803, 804, 2327, 2328, 2465, 2608, 2658, 2659, 2962, 3005, 3006, 3008, 3009, 3010, 3867, 4098)
2001 Ed. (362, 410, 719, 720, 722, 1014, 1015, 1030, 1031, 1293, 1295, 1375, 1417, 1418, 1420, 1975, 2129, 2131, 2143, 2260, 2286, 2598, 2626, 2828, 2840, 2999, 3028, 3048, 3223, 3224, 3225, 3330, 3355, 3416, 3577, 3632, 3807, 3889, 4005, 4006, 4011, 4157, 4173, 4175, 4176, 4223, 4253, 4254, 4271, 4272, 4327, 4328, 4411, 4460, 4479, 4718, 4720, 4734, 4798, 4912, 4919, 4923)
2002 Ed. (456, 471, 476, 770, 771, 772, 773, 1906, 2069, 2400, 2402, 2403, 2737, 2977, 3118, 3129, 3708, 4074, 4111, 4113, 4145, 4148, 4149, 4150,

4151, 4177, 4179, 4195, 4367, 4627, 4777, 4778)
2003 Ed. (397, 400, 403, 411, 413, 417, 757, 758, 1081, 2613, 2687, 2884, 2885, 3003, 3874, 3896, 4234, 4235, 4239, 4240, 4241, 4245, 4257, 4285, 4291, 4292, 4293, 4300, 4412, 4413, 4755, 4910)
2004 Ed. (383, 388, 392, 396, 414, 437, 767, 768, 1072, 1073, 1092, 2296, 2317, 2536, 2537, 2565, 2566, 2574, 2733, 2974, 2975, 2976, 2977, 2978, 2979, 2988, 3120, 3300, 3672, 3673, 3674, 3898, 3899, 3924, 3933, 4253, 4254, 4255, 4258, 4259, 4260, 4264, 4277, 4293, 4299, 4300, 4301, 4304, 4309, 4503, 4504, 4505, 4523, 4994, 4995)
2005 Ed. (396, 399, 409, 410, 411, 413, 415, 1074, 1075, 1079, 1099, 2786, 2916, 2937, 2984, 2985, 2986, 3837, 3838, 3872, 3945, 4186, 4187, 4188, 4191, 4192, 4193, 4195, 4203, 4210, 4226, 4232, 4234, 4237, 4242, 4598, 4600)
2006 Ed. (1094, 2981, 2982, 3136, 3259, 3905, 3935, 3982, 4663, 4791)
2007 Ed. (1198, 2272, 3009, 3014, 3015, 3954, 3993, 4021, 4022, 4683, 4804)
2008 Ed. (1104, 2832, 3118, 3133, 3134, 3984, 4010, 4048, 4593, 4603, 4729)
2009 Ed. (1082, 2399, 2405, 2831, 3207, 3215, 3216, 3217, 3476, 3550, 4245, 4637, 4651, 4765, 4768, 4997)
2010 Ed. (326, 1055, 1057, 2317, 2363, 2420, 2774, 3138, 3145, 3146, 3147, 3409, 4182, 4665, 4679, 4716, 4779, 5002)
2011 Ed. (993, 995, 2313, 2359, 2423, 2764, 3105, 3112, 3113, 3114, 4031, 4180, 4614, 4631, 4674, 4730)
2012 Ed. (909, 917, 919, 2214, 2344, 3042, 3048, 3049, 3050, 3479, 4164, 4230, 4619, 4624, 4631, 4689, 4813)
2013 Ed. (737, 1064, 1065, 1156, 1158, 2315, 3129, 3224, 3271, 3568, 3721, 4039, 4153, 4434, 4577, 4585, 4724, 5000)
2014 Ed. (3243, 3502, 3513, 3765, 4636)
2015 Ed. (3528, 4498)
2016 Ed. (4545)
2017 Ed. (3338, 4543, 4546)
2018 Ed. (624, 3401, 4558, 4568, 4571)
2019 Ed. (4569, 4572, 4589, 4911)
2020 Ed. (618, 992)
2021 Ed. (577, 2967, 3333, 3372, 3373, 4555)
2022 Ed. (605, 1005, 2354, 2948, 3397, 3422, 3423)
2023 Ed. (846, 1175, 2519, 2891, 3532, 3548, 3549, 4568, 4889)
Maryland at Baltimore; University of
1995 Ed. (2423, 2425)
1996 Ed. (2458, 2459, 2460)
1997 Ed. (2603, 2604, 2605)
Maryland-Baltimore; University of
2010 Ed. (1013, 3768)
2011 Ed. (950, 3772)
Maryland Bank
1990 Ed. (416, 418)
Maryland Bank NA
1989 Ed. (365)
1991 Ed. (365, 1392)
1992 Ed. (510)
Maryland Cable
1998 Ed. (602)
Maryland Casualty Co.
2002 Ed. (3954, 3955)
2003 Ed. (2970)
Maryland-College Park, Smith School of Business; University of
2010 Ed. (747, 756, 762, 765)
2011 Ed. (658)
Maryland at College Park; University of
1996 Ed. (946, 1050)
1997 Ed. (968, 1068)
Maryland-College Park; University of
1991 Ed. (917, 1006)
1993 Ed. (923, 1030)
1994 Ed. (937, 939)
2005 Ed. (797)
2006 Ed. (704)
2008 Ed. (778)
2010 Ed. (1008, 3450)
2011 Ed. (947, 3450)
2012 Ed. (863, 871)
2014 Ed. (2117)
Maryland Community Dev. Administration
2000 Ed. (2592)
Maryland Community Development Administration
1991 Ed. (1986)
1993 Ed. (2116)
1997 Ed. (2340)
Maryland-DC
2005 Ed. (3323)

Maryland Department of Business & Economic Development
 2005 Ed. (4818)
 2008 Ed. (4805)
Maryland Department of Housing
 2001 Ed. (834)
Maryland Department of Transportation
 1991 Ed. (3421)
 1993 Ed. (3621)
 2007 Ed. (1868)
 2008 Ed. (1903)
 2009 Ed. (1866)
 2010 Ed. (1796)
 2011 Ed. (1823)
 2012 Ed. (1682)
 2013 Ed. (1834)
Maryland Economic Development Agency
 2001 Ed. (834)
Maryland Federal Savings & Loan Association
 1998 Ed. (3549)
Maryland Gazette
 2002 Ed. (3503)
Maryland Health Benefit Exchange
 2021 Ed. (2767)
Maryland Health & Higher Ed. Facs.
 1990 Ed. (2644)
Maryland Health & Higher Education Agency
 2001 Ed. (834)
Maryland Health & Higher Education Facilities Authority
 1991 Ed. (2525)
 1996 Ed. (2727)
 2000 Ed. (3197)
Maryland Institute College of Art
 1997 Ed. (1061)
Maryland Lumber
 1995 Ed. (849)
Maryland Masonic Homes
 2018 Ed. (4311)
Maryland Medical Center; University of
 1994 Ed. (1901)
 2009 Ed. (3148)
 2010 Ed. (3079)
 2014 Ed. (3065)
Maryland Medical System Corp.; University of
 2005 Ed. (1853)
 2006 Ed. (1862)
 2007 Ed. (1867)
 2008 Ed. (1902)
 2009 Ed. (1865)
Maryland National Bank
 1989 Ed. (616)
 1990 Ed. (632)
 1992 Ed. (529, 553, 564, 569, 773, 3627)
 1993 Ed. (360, 404, 409, 563, 2966, 2968)
 1994 Ed. (355, 394, 565, 1039, 3012)
 1995 Ed. (541, 1047)
Maryland National Bank (Baltimore)
 1991 Ed. (604)
Maryland National BankLease
 1990 Ed. (2620)
Maryland National Corp.
 1989 Ed. (430, 431, 432)
Maryland Pennysaver
 2002 Ed. (3505)
Maryland Permanent Bank & Trust
 1996 Ed. (678, 2640)
Maryland Retirement
 2000 Ed. (3439)
Maryland, Smith School of Business; University of
 2006 Ed. (722, 740)
 2007 Ed. (796)
 2011 Ed. (640)
Maryland Solar Solutions
 2019 Ed. (4441)
Maryland Square
 2013 Ed. (901)
Maryland Stadium Authority
 1991 Ed. (2527)
Maryland State
 1994 Ed. (2762)
Maryland State Retirement
 2001 Ed. (3671, 3677)
 2002 Ed. (3606, 3612)
 2007 Ed. (2189)
 2008 Ed. (2298, 2311)
 2009 Ed. (2289, 2302)
 2010 Ed. (2233, 2238)
Maryland State Retirement Systems
 1991 Ed. (2692)
Maryland State Use Industries
 2006 Ed. (3950, 3951, 3952, 3961, 3962)
Maryland Technology Development Corp.
 2005 Ed. (4818)
 2006 Ed. (4880)
 2008 Ed. (4805)
 2009 Ed. (4829)
 2010 Ed. (4845)
Maryland University
 2004 Ed. (810)

Maryland; University of
 2009 Ed. (799)
 2010 Ed. (738)
 2011 Ed. (650, 691, 3419)
 2012 Ed. (2427)
Maryland & Virginia Milk Producers Cooperative
 2016 Ed. (2118)
 2021 Ed. (2130)
 2022 Ed. (2160)
 2023 Ed. (2279)
Marymount-College Park; University of
 2007 Ed. (799)
Marymount College Tarrytown
 1993 Ed. (1021)
 1994 Ed. (1048)
 1995 Ed. (1056)
Marymount Medical Center
 2002 Ed. (2455)
Mary's Pizza Shack
 2014 Ed. (1407)
Mary's Woods at Marylhurst
 2012 Ed. (1773, 1815)
Marysville, OH
 1993 Ed. (336)
Marysville School District
 2013 Ed. (2168)
 2014 Ed. (2098)
 2015 Ed. (2153)
 2017 Ed. (2080)
Maryville College
 1996 Ed. (1042)
 1997 Ed. (1058)
 1999 Ed. (1225)
 2001 Ed. (1322)
 2008 Ed. (1063)
Maryville, MO
 2017 Ed. (3343)
Maryville Technologies
 2002 Ed. (2517)
 2003 Ed. (2730)
Marz
 1995 Ed. (709)
Marzetti
 1996 Ed. (773, 1934)
 2018 Ed. (2181)
 2022 Ed. (2186)
 2023 Ed. (2307)
Marzetti Olive Garden
 2015 Ed. (4392)
MAS
 1994 Ed. (2348)
Mas Alla Del Puente
 1996 Ed. (3663)
Mas Diseno y Marketing
 2022 Ed. (3524)
Mas Family
 1995 Ed. (2112, 2579, 3726)
MAS Fds, Fixed Income
 2002 Ed. (723)
MAS Fixed Income
 1996 Ed. (2784)
 2002 Ed. (3415)
MAS Funds
 2000 Ed. (3267)
MAS Funds Domestic Fixed Income
 1997 Ed. (2887)
MAS High Yield
 1997 Ed. (688, 2892, 2903)
MAS High Yield Inst.
 2000 Ed. (3265)
MAS High Yield Secs Instl
 1999 Ed. (3538)
MAS High Yield Securities
 1995 Ed. (2688)
Mas; Jose
 2011 Ed. (2924)
MAS Mid Cap Growth
 2000 Ed. (3281, 3282)
MAS Mid Cap Value
 2000 Ed. (3282)
MAS Mid Cap Value Instl
 1999 Ed. (3569)
MAS Mortgage-Backed Inst.
 1998 Ed. (2642)
MAS Pooled Equity
 1994 Ed. (2635)
MAS Pooled Fixed Income
 1994 Ed. (2608)
MAS Pooled High Yield
 1995 Ed. (2700, 2710)
MAS Pooled International Equity
 1994 Ed. (2638)
MAS Pooled Select Equity
 1994 Ed. (2635)
MAS Select Fixed Income
 1995 Ed. (2684)
MAS Small Capital Portfolio
 1998 Ed. (2632)
Mas Tec Inc.
 1997 Ed. (2224)
MAS Value
 1996 Ed. (2753, 2774)
 1997 Ed. (2874, 2882, 2897)
 1999 Ed. (3542, 3543)
Mas X Menos
 1992 Ed. (44)

Masaaki Shirakawa
 2012 Ed. (292)
Masaaki Yamaguchi
 1996 Ed. (1877)
 1997 Ed. (1984)
 1999 Ed. (2384)
 2000 Ed. (2167)
Masachusetts Institute of Technology
 1999 Ed. (4046)
Masada Security Inc.
 1997 Ed. (3415)
 1998 Ed. (3202, 3203)
Masafi
 1992 Ed. (85)
Masafi Mineral Water
 1991 Ed. (53)
Masafumi Shouda
 2000 Ed. (2171)
Masahiro Iwano
 1996 Ed. (1879)
 1997 Ed. (1978)
Masahiro Kubo
 1999 Ed. (2392)
 2000 Ed. (2175)
Masahiro Matsuoka
 1999 Ed. (2388, 2389)
 2000 Ed. (2171, 2172)
Masahiro Miki
 2011 Ed. (4857)
 2012 Ed. (4863)
 2014 Ed. (4896)
 2015 Ed. (4935)
 2016 Ed. (4851)
 2017 Ed. (4856)
 2018 Ed. (4864)
 2020 Ed. (4848)
 2021 Ed. (4849)
Masahiro Noda
 2022 Ed. (4844)
 2023 Ed. (4839)
Masahiro Tanaka
 2015 Ed. (220)
Masalin Part
 1992 Ed. (39)
Masami Fujino
 2000 Ed. (2164)
Masan Consumer
 2018 Ed. (676)
Masan Group
 2021 Ed. (1943)
Masanori Maruo
 1999 Ed. (2394)
 2000 Ed. (2177)
Masaru Okawa
 1999 Ed. (2377)
 2000 Ed. (2157)
Masashiro Iwano
 1999 Ed. (2378)
Masatake Miyoshi
 1999 Ed. (2386)
 2000 Ed. (2169)
Masatoshi Ito
 2008 Ed. (4846)
 2009 Ed. (4867)
 2010 Ed. (4869)
 2014 Ed. (4896)
 2015 Ed. (4935)
 2016 Ed. (4851)
 2017 Ed. (4856)
 2018 Ed. (4864)
 2019 Ed. (4858)
 2020 Ed. (4848)
 2022 Ed. (4844)
 2023 Ed. (4839)
Masaya Yamasaki
 1999 Ed. (2383)
Masayoshi Son
 1999 Ed. (727)
 2000 Ed. (735)
 2008 Ed. (4846)
 2009 Ed. (4866, 4867)
 2010 Ed. (4868, 4869)
 2011 Ed. (4856, 4857)
 2012 Ed. (4863)
 2013 Ed. (4883)
 2014 Ed. (4896)
 2015 Ed. (4935)
 2016 Ed. (4851)
 2017 Ed. (4856)
 2018 Ed. (4864)
 2019 Ed. (4858)
 2020 Ed. (4848)
 2021 Ed. (4849)
 2022 Ed. (4844)
 2023 Ed. (4839)
Masayuki Mochizuki
 1996 Ed. (1878)
 1997 Ed. (1985)
 1999 Ed. (2385)
 2000 Ed. (2168)
Masbizinessbank
 1999 Ed. (628)
Mascara
 2002 Ed. (3640)
 2003 Ed. (1869)
Mascaro Construction Co.
 2008 Ed. (2035)
 2009 Ed. (2645)

 2018 Ed. (1197, 1214)
 2019 Ed. (1221)
 2020 Ed. (1215, 1238)
 2021 Ed. (1185, 1204)
 2022 Ed. (1184)
Mascaro Construction Co. LP
 2023 Ed. (1421)
Mascelles DeMercado
 1997 Ed. (2582)
The Maschhoffs
 2022 Ed. (3929)
 2023 Ed. (4014)
The Maschhoffs Inc.
 2007 Ed. (3996)
 2008 Ed. (4013)
 2009 Ed. (4085)
 2010 Ed. (3997)
 2011 Ed. (4005)
 2012 Ed. (4000)
 2013 Ed. (4064)
 2014 Ed. (4071)
 2015 Ed. (4051)
 2016 Ed. (3960)
 2017 Ed. (3938)
 2018 Ed. (3962)
 2019 Ed. (3937)
 2020 Ed. (3951)
 2021 Ed. (3918)
Maschhoffs LLC
 2011 Ed. (3457)
 2014 Ed. (3489)
Maschino, Hudelson & Associates
 2015 Ed. (1960)
Masco
 2015 Ed. (1154)
 2016 Ed. (1067)
 2017 Ed. (1098)
 2020 Ed. (3764)
 2022 Ed. (3786)
 2023 Ed. (1542, 3098, 3888)
Masco Auto Flo
 1991 Ed. (1989)
 1994 Ed. (2151)
Masco Builder Cabinet Group
 2011 Ed. (3551)
Masco Builder Services Group Inc.
 2008 Ed. (4073)
Masco Building Products Corp.
 2008 Ed. (3663)
 2009 Ed. (3732)
 2010 Ed. (3650, 3651)
 2011 Ed. (3654)
 2012 Ed. (3658)
 2013 Ed. (3716)
 2014 Ed. (3648)
 2015 Ed. (3658)
 2016 Ed. (3524)
Masco Contractor Services
 2023 Ed. (4089)
Masco Contractor Services Central Inc.
 2004 Ed. (1242)
 2005 Ed. (1292, 1293)
 2006 Ed. (1262)
Masco Contractor Services Inc.
 2005 Ed. (3927)
 2010 Ed. (1226)
 2011 Ed. (1172)
Masco Contractor Services LLC
 2008 Ed. (4068, 4070)
 2009 Ed. (4183)
 2010 Ed. (4117)
 2012 Ed. (4116)
Masco Corp.
 1989 Ed. (822, 1947)
 1990 Ed. (1499)
 1991 Ed. (798, 1780, 1959, 2419)
 1992 Ed. (979, 1801, 2244, 2245, 2516, 2556, 2820, 3027, 3029, 3116)
 1993 Ed. (340, 1088, 1368, 1481, 2104, 2118, 2535, 2537)
 1994 Ed. (1112, 1421, 1527, 2479, 2481)
 1995 Ed. (2548)
 1996 Ed. (1109, 1420, 1543, 2609, 2610)
 1997 Ed. (1130, 1314, 1480, 1601, 2753)
 1998 Ed. (534, 883, 886, 1267, 2060, 2468, 2469, 2775)
 1999 Ed. (1314, 1322, 1706, 1840, 2816, 3347, 3348, 3734)
 2000 Ed. (1201, 1516, 1664, 2590, 3084, 3085)
 2001 Ed. (1790, 2377, 2815, 3278, 3279, 3286)
 2002 Ed. (1727, 3316, 3317)
 2003 Ed. (1470, 2586, 2775, 2874, 3378, 3379, 3380)
 2004 Ed. (882, 1500, 1699, 1798, 2114, 2698, 2699, 2701, 2875, 2876, 3443, 3444)
 2005 Ed. (778, 868, 1501, 1516, 1756, 1868, 2219, 2697, 2698, 2871, 2872, 3341, 3342)
 2006 Ed. (681, 682, 1881, 1882, 2281, 2676, 2875, 2876, 3332, 3333, 4004)
 2007 Ed. (136, 778, 1276, 1880, 1881, 2224, 2661, 2869, 2870, 2988, 3297, 3390, 3391, 3817, 4038)
 2008 Ed. (751, 1929, 1930, 2364, 2797, 3527, 3528)

2009 Ed. (1887, 1890, 2849, 2853, 3075, 3473, 3586, 3587, 4186)
2010 Ed. (2792, 2793, 2794, 3007, 3111, 3128, 3505, 3506, 4121)
2011 Ed. (1088, 1852, 2779, 2780, 2782, 2976, 3081, 3096, 3504, 3505)
2012 Ed. (661, 1054, 2457, 2706, 2709, 2710, 2906, 3506, 3507, 4994)
2013 Ed. (1857, 2781, 2784, 2789, 2992, 4989, 4990, 4993)
2014 Ed. (2809, 2812, 2818, 2999, 3040, 4994, 4995, 4998)
2015 Ed. (2851, 2856, 2862, 3070, 3106, 5040, 5041, 5044)
2016 Ed. (2791, 2797, 2966, 4993, 4994, 4998)
2017 Ed. (1148, 2420, 2758, 2764, 2922, 4900, 4992)
2018 Ed. (1083, 1716, 2815, 2819, 3032)
2019 Ed. (751, 1093, 2788, 2796, 2934)
2020 Ed. (743, 1081, 2952)
2021 Ed. (759, 2809, 3991)
2022 Ed. (2976)
Masco Corp. / Masco Contractor Services
2023 Ed. (4089)
Masco Home Furnishings
1994 Ed. (1933, 2125)
1995 Ed. (1951)
1996 Ed. (1987)
1997 Ed. (2098, 2099, 2100)
Masco Industries
1989 Ed. (334, 1039, 1945)
1990 Ed. (386, 387, 399, 2174, 2542)
1991 Ed. (335, 336, 2491)
1992 Ed. (467)
1994 Ed. (327, 789, 1265, 1421, 1527, 2479, 2481)
1995 Ed. (842, 1128, 1426, 1458, 1560, 2068, 2526, 2547, 2548)
Masco (U.S.)
2022 Ed. (3786)
Mascolo Brothers
2001 Ed. (2661)
Mascoma Bank
2021 Ed. (388)
2022 Ed. (401)
2023 Ed. (523)
Mascoma Savings Bank
2011 Ed. (2134)
2012 Ed. (1977)
Mascon Global Ltd.
2002 Ed. (1153)
2003 Ed. (2704, 2708)
Mascon Information Technologies, Inc.
2002 Ed. (2501)
Mascot Homes
1997 Ed. (3156, 3157)
Mascot Petroleum Co., Inc.
2004 Ed. (1841)
2005 Ed. (1944)
2006 Ed. (1981)
2007 Ed. (1951)
2008 Ed. (2040)
2009 Ed. (2002)
MascoTech Inc.
1995 Ed. (1289, 1458, 2547)
1996 Ed. (2609, 2610)
1997 Ed. (2752, 2753)
1998 Ed. (1529, 2469)
1999 Ed. (2107)
2000 Ed. (1900)
2001 Ed. (2377)
MascoTech Inc. Engineering and Technical Services Unit
1998 Ed. (2429)
Mascott Corp.
1995 Ed. (3133)
Masdar
2010 Ed. (2305)
Maseca
2000 Ed. (2228)
2015 Ed. (2745)
2016 Ed. (2675)
2017 Ed. (2622)
Maseco
1997 Ed. (2752)
Maser Consulting PA
2018 Ed. (2392)
2019 Ed. (2435)
2020 Ed. (2419)
Maserati
2017 Ed. (265)
2021 Ed. (251, 260, 3399, 3406)
2022 Ed. (272, 659, 3455, 3460)
2023 Ed. (370)
Maserati 228
1991 Ed. (354)
1992 Ed. (483)
Masergy Communications Inc.
2009 Ed. (3022)
Masfar Al Rayan
2017 Ed. (579)
Mashable!
2012 Ed. (492, 493)
2013 Ed. (608, 610)
2014 Ed. (627)
Mashantucket Pequots Tribal Nation
2007 Ed. (3380, 3381, 3382)

Mashburn Construction Co.
2006 Ed. (1335)
Mashery
2013 Ed. (1122)
2014 Ed. (1078)
2017 Ed. (1062)
2018 Ed. (988)
Mashouf; Manny
2008 Ed. (4826)
Mashreq
2013 Ed. (685)
2021 Ed. (527)
2022 Ed. (547)
2023 Ed. (793)
Mashreq Bank
2005 Ed. (71, 91)
2006 Ed. (4545)
2013 Ed. (2108)
2014 Ed. (552, 2041, 2042)
2015 Ed. (615, 2090)
2016 Ed. (559, 2071)
2017 Ed. (585, 2029)
2018 Ed. (549, 1985)
2019 Ed. (568, 2041)
2020 Ed. (551, 1965, 1966)
2021 Ed. (1928, 1929)
2022 Ed. (546, 1969, 1972)
MashreqBank
1996 Ed. (442, 703, 704)
1997 Ed. (407, 637)
1999 Ed. (464, 677)
2000 Ed. (455, 687)
2001 Ed. (89)
2002 Ed. (658)
2003 Ed. (625)
2004 Ed. (634)
2005 Ed. (622)
2006 Ed. (535)
2007 Ed. (566)
2008 Ed. (519)
2009 Ed. (553, 2106)
2010 Ed. (536, 2047)
2011 Ed. (465)
2012 Ed. (419, 420)
Mashreqbank
2013 Ed. (535)
2015 Ed. (2707)
2018 Ed. (365, 2634)
2019 Ed. (369, 2619)
2020 Ed. (364)
2023 Ed. (587)
Mashreqbank (Bank of Oman)
1995 Ed. (416)
MashreqBank PSC
2013 Ed. (371)
2014 Ed. (385)
2015 Ed. (441)
2016 Ed. (396)
2017 Ed. (401)
MASI
2008 Ed. (4502)
MasiMax Resources
2005 Ed. (2787)
Masimba Holdings Limited
2022 Ed. (893)
Masimba Holdings Limited (Zimbabwe)
2022 Ed. (893)
Masimo
2013 Ed. (1453, 2864)
2014 Ed. (3604)
2015 Ed. (3616)
2021 Ed. (3532)
Masimo Corp.
2009 Ed. (2911, 4397)
2010 Ed. (2855, 3830)
2015 Ed. (1482)
2016 Ed. (1408)
2017 Ed. (1419, 1455)
2018 Ed. (1435)
2019 Ed. (1471)
2020 Ed. (1403, 1436)
2021 Ed. (1400)
2022 Ed. (1406, 1442)
2023 Ed. (1601, 1633)
Masisa
1994 Ed. (3132)
1996 Ed. (3280)
2016 Ed. (767)
The Mask
1996 Ed. (2687)
1997 Ed. (3845)
The Mask of Zorro
2001 Ed. (2125)
Maskan; Bank
2007 Ed. (484)
2008 Ed. (449)
Masker Inc.; George E.
1996 Ed. (1144)
The Maslow Media Group Inc.
2007 Ed. (3612, 3613, 4453)
Mason Advisory
2020 Ed. (1088)
Mason & Cullen Inc.
1995 Ed. (1194)
1996 Ed. (1168)
1999 Ed. (1410)
Mason, Dennis Blair; Jackie
1991 Ed. (1042)

Mason Distributors Inc.
1990 Ed. (2010, 2011, 2012)
1995 Ed. (3727)
1999 Ed. (4813)
Mason-Harrison-Jarrard
2003 Ed. (4139)
Mason Hayes & Curran
2017 Ed. (3276)
2021 Ed. (3217)
2023 Ed. (3436)
Mason Hill Asset Management
2003 Ed. (3146)
Mason Morfit
2016 Ed. (720)
Mason; Raymond
2007 Ed. (969)
Mason; Raymond A.
2007 Ed. (1020)
Mason School of Business; College of William & Mary
2010 Ed. (736)
Mason Shoes
2013 Ed. (901)
Mason Street High-Yield Bond A
1999 Ed. (3535)
Mason Street Municpal Bond
2000 Ed. (3285)
Mason University; George
1990 Ed. (1086)
1994 Ed. (896, 1057)
Mason Vitamins
2016 Ed. (4788)
2018 Ed. (4804)
Masonary Homes
2003 Ed. (1151)
2004 Ed. (1155)
Masonite
2016 Ed. (4997)
Masonite Holdings Inc.
2015 Ed. (5040)
Masonite International Corp.
2004 Ed. (3318, 3319)
2006 Ed. (4956)
2007 Ed. (1325, 4965)
2008 Ed. (4934)
2009 Ed. (4955)
2010 Ed. (1196, 4964)
2011 Ed. (4948)
2012 Ed. (4947)
2013 Ed. (4940)
2014 Ed. (4950, 4994)
2015 Ed. (4989, 5040)
2016 Ed. (3454, 4906, 4993)
2017 Ed. (2689, 4900)
2018 Ed. (2750, 4918)
2019 Ed. (2733, 2790, 4916)
2020 Ed. (2815, 3444, 4914, 4996)
2021 Ed. (4997)
2022 Ed. (2853, 3520)
2023 Ed. (2965, 3642, 4895)
Masonry Arts inc.
1993 Ed. (1137, 1954)
Masonry Arts Inc.
1995 Ed. (1162, 1166, 2002)
1996 Ed. (1143, 1147, 2027)
1997 Ed. (1170, 2149)
1998 Ed. (948, 950)
1999 Ed. (1370, 2600)
2000 Ed. (1262, 1263)
2001 Ed. (1476)
2002 Ed. (1292)
2003 Ed. (1304, 1306)
2004 Ed. (1307, 1309)
2005 Ed. (1284, 1286, 1314, 1316)
2007 Ed. (1362)
2008 Ed. (1270)
2009 Ed. (1246)
2010 Ed. (1244)
2011 Ed. (1183, 1193)
2015 Ed. (1267)
Masonry Builders Inc.
1994 Ed. (1144)
The Masonry Co., Inc.
2021 Ed. (3624)
2022 Ed. (3675)
Masonry Homes
2005 Ed. (1182)
Masonry Preservation Services Inc.
2005 Ed. (1284)
2006 Ed. (1254)
Masontops
2019 Ed. (1481)
Masoutis SA; D.
2008 Ed. (1774, 4230)
Maspar
1994 Ed. (3458)
Maspeth Federal Savings & Loan Association
2021 Ed. (4312)
2022 Ed. (4319)
2023 Ed. (4349)
MASQD
2023 Ed. (2132)
Masraf Al Rayan
2009 Ed. (2745)
2010 Ed. (2646, 2648, 2668)
2011 Ed. (2657)
2012 Ed. (403, 1863, 2585)

2013 Ed. (532, 2023)
2014 Ed. (384, 550, 1958, 2660)
2015 Ed. (440, 613, 2004, 2701, 2710)
2016 Ed. (395, 557, 1975, 2625, 2635)
2017 Ed. (392, 399, 583, 1940, 2559, 2569)
2018 Ed. (363, 547, 1889, 2627)
2019 Ed. (367, 566, 1935, 2613)
2020 Ed. (362, 510, 549, 1872, 2623)
2021 Ed. (514, 525, 1835)
2022 Ed. (542, 543, 683, 1883, 1884)
2023 Ed. (580, 585, 757, 791, 881, 1997)
Masraf Al Rayan / Al Rayan Bank
2023 Ed. (2799)
Masraf Al Rayan (Qatar)
2021 Ed. (514)
Masri; Munib Al
2013 Ed. (1173, 3484)
Mass. Bay Brewing Co. Inc.
2023 Ed. (910)
Mass merchants & clubs
2001 Ed. (1331, 3232)
Mass Communications
2015 Ed. (4652)
MASS Design Group
2019 Ed. (190)
2022 Ed. (204)
Mass. Electric Construction Co.
2000 Ed. (1260)
Mass Ex Construction Co.
2006 Ed. (2836, 3498, 4342)
Mass Financial Managed Muni
1991 Ed. (2564)
Mass Financial Total Return
1991 Ed. (2559)
Mass Financial World Government
1992 Ed. (3153)
Mass General Brigham
2022 Ed. (1705)
2023 Ed. (1850)
Mass General Life
1995 Ed. (2296)
Mass Market
2001 Ed. (976)
Mass Marketing, Inc.
2001 Ed. (4464, 4467)
Mass markets
2002 Ed. (3657)
Mass merchandise
1994 Ed. (2509)
Mass merchandise/discount stores
1990 Ed. (987)
Mass Merchandiser
1990 Ed. (267, 2802)
Mass merchandisers
1992 Ed. (1146)
1995 Ed. (678, 1588, 3402, 3545)
1996 Ed. (3467)
1997 Ed. (650, 3849)
1998 Ed. (1862, 2317, 3321)
1999 Ed. (1894, 1895, 1904, 3710, 4102, 4360)
2000 Ed. (3579, 4061, 4067)
2002 Ed. (749)
2008 Ed. (1161, 4020, 4702)
Mass merchants
1990 Ed. (908, 909, 1017, 1453, 1454, 1537, 1538, 2028, 2119)
1991 Ed. (859, 860, 1387, 1388, 1447, 1448, 1918, 1967, 3266)
1992 Ed. (1743, 1744, 1837, 1838, 2424, 2524, 4183)
1993 Ed. (675, 1436, 1437, 1507, 1508, 2563, 3500)
1994 Ed. (2068)
1997 Ed. (2319)
2000 Ed. (3546, 3802)
2001 Ed. (716, 3798, 4111, 4434, 4435, 4436, 4438)
2002 Ed. (3758, 3759)
Mass Mutual
1993 Ed. (2011, 2922)
1994 Ed. (3160)
2000 Ed. (2265, 2667, 2698)
2010 Ed. (3303)
2011 Ed. (3266)
Mass Mutual Life Insurance Co.
2010 Ed. (3303)
2011 Ed. (3266)
Mass Nazca Saatchi & Saatchi
1999 Ed. (97)
2000 Ed. (102)
2001 Ed. (142)
2002 Ed. (115)
2003 Ed. (82)
Mass Printing
2012 Ed. (4028, 4044)
Mass Publicidad
1996 Ed. (94)
1997 Ed. (95, 130)
1999 Ed. (140)
2001 Ed. (195)
2002 Ed. (166)
2003 Ed. (134)
Mass Publicidad (Burnett)
2000 Ed. (157)
Mass Renewables
2016 Ed. (4422)
2017 Ed. (4434)

CUMULATIVE INDEX • 1989-2023

Mass spectroscopy
  1992 Ed. (3805)
Mass merchants and consumer electronics stores
  1993 Ed. (2742)
Mass trade
  1997 Ed. (3848)
Mass Transit Administration of Maryland
  1991 Ed. (1885)
  1994 Ed. (802, 2408)
  2000 Ed. (2994)
Mass Transit Administration, Maryland Department of Transportation
  1998 Ed. (537)
Mass Transit Rail Hong Kong
  1991 Ed. (848)
Mass Transit Railway Corp.
  1995 Ed. (1410)
  1996 Ed. (1371)
  1997 Ed. (1424)
  1999 Ed. (1647)
  2000 Ed. (1446, 1448, 1449)
Massa; Eric
  2012 Ed. (3448)
Massachusettes Financial High Income
  1993 Ed. (2677)
Massachusetts
  1989 Ed. (1, 201, 318, 746, 869, 870, 1190, 1649, 1650, 1668, 1897, 1906, 1908, 1909, 1910, 2548, 2549, 2550, 2554, 2555, 2557, 2560, 2562, 2616, 2893, 2895, 2927, 2928, 2930, 2931, 2934, 2935)
  1990 Ed. (647)
  1991 Ed. (322, 726, 788, 789, 790, 792, 797, 881, 882, 1155, 1157, 1651, 2084, 2314, 2321, 2352, 2353, 2354, 2360, 2361, 2363, 2364, 2365, 2396, 2397, 2510, 2511, 2768, 2815, 3177, 3180, 3182, 3185, 3191, 3194, 3195, 3199, 3200, 3203, 3204, 3207, 3459, 3460, 3486, 3487, 3488)
  1992 Ed. (441, 908, 968, 971, 973, 974, 978, 1079, 1080, 1468, 1481, 2574, 2586, 2849, 2862, 2863, 2866, 2873, 2878, 2879, 2916, 2920, 2942, 2943, 2946, 2947, 3089, 3360, 3750, 3751, 3811, 3812, 4075, 4079, 4082, 4086, 4088, 4095, 4096, 4097, 4099, 4101, 4102, 4104, 4110, 4113, 4114, 4115, 4116, 4122, 4125, 4128, 4344, 4386, 4406, 4442, 4443, 4444, 4445, 4448, 4451, 4452, 4454, 4455, 4457, 4481)
  1993 Ed. (364, 724, 870, 1190, 1195, 1599, 2138, 2151, 2426, 2427, 2440, 2441, 2443, 2526, 2613, 3058, 3107, 3108, 3222, 3403, 3404, 3405, 3407, 3410, 3412, 3418, 3421, 3422, 3423, 3429, 3432, 3434, 3436, 3437, 3438, 3441, 3661, 3678, 3703, 3706, 3707, 3709, 3712, 3713, 3715, 3716)
  1994 Ed. (977, 1214, 1216, 2370, 2371, 2376, 2377, 3119, 3149, 3150, 3217, 3378, 3383, 3385, 3388, 3389, 3390, 3391, 3392, 3395, 3397, 3402, 3407, 3408, 3412, 3413, 3414, 3416, 3423, 3424, 3427, 3638)
  1995 Ed. (363, 918, 1230, 2269, 2449, 2450, 2458, 2608, 2644, 2799, 3171, 3192, 3194, 3299, 3455, 3457, 3461, 3462, 3463, 3464, 3466, 3468, 3478, 3479, 3483, 3484, 3485, 3487, 3494, 3495, 3497, 3499, 3501, 3665, 3712, 3740, 3741, 3743, 3744, 3751, 3752, 3754, 3755, 3801)
  1996 Ed. (898, 1201, 1203, 1237, 2091, 2495, 2496, 2723, 2856, 3174, 3264, 3291, 3292, 3515, 3521, 3523, 3525, 3530, 3535, 3537, 3541, 3542, 3544, 3547, 3549, 3560, 3564, 3565, 3566, 3568, 3575, 3578, 3581, 3743, 3840, 3841, 3843, 3844, 3850, 3851, 3853, 3854)
  1997 Ed. (1, 929, 996, 1247, 1249, 1283, 2637, 2638, 2831, 3227, 3363, 3388, 3389, 3562, 3563, 3566, 3572, 3577, 3581, 3582, 3583, 3584, 3589, 3594, 3600, 3604, 3605, 3606, 3607, 3614, 3618, 3620, 3621, 3786, 3889, 3891, 3892, 3898, 3899, 3915, 3988)
  1998 Ed. (481, 671, 673, 1024, 1025, 1109, 1322, 1702, 1928, 1945, 2041, 2112, 2113, 2366, 2367, 2384, 2416, 2419, 2420, 2561, 2562, 2970, 3105, 3167, 3168, 3377, 3384, 3389, 3392, 3393, 3396, 3464, 3620, 3728, 3729, 3732, 3735, 3736, 3737, 3755, 3759)
  1999 Ed. (1058, 1457, 1458, 1535, 2811, 2834, 3196, 3197, 3222, 3223, 3268, 3271, 3272, 3472, 3473, 3892, 3975, 4121, 4151, 4152, 4404, 4406, 4407, 4408, 4410, 4411, 4417, 4421, 4423, 4428, 4433, 4434, 4446, 4450, 4453, 4455, 4462, 4463, 4465, 4664, 4726, 4776, 4777, 4781, 4782, 4783)
  2000 Ed. (1005, 1317, 1318, 1378, 1792, 2452, 2454, 2475, 2608, 2658, 2659, 2939, 2940, 2962, 2963, 3005, 3006, 3007, 3010, 3688, 3831, 3866, 3867,
4095, 4098, 4100, 4106, 4107, 4110, 4111, 4269, 4299, 4355, 4398, 4400, 4401, 4404, 4405, 4407)
  2001 Ed. (1, 2, 10, 273, 274, 401, 402, 410, 413, 414, 415, 428, 429, 547, 548, 549, 550, 721, 977, 978, 993, 1030, 1031, 1050, 1051, 1084, 1085, 1109, 1127, 1158, 1232, 1245, 1267, 1268, 1304, 1305, 1345, 1346, 1370, 1371, 1372, 1376, 1377, 1378, 1415, 1417, 1420, 1968, 1975, 1976, 2050, 2055, 2056, 2143, 2149, 2150, 2260, 2265, 2266, 2308, 2385, 2386, 2388, 2389, 2391, 2393, 2394, 2396, 2420, 2421, 2436, 2437, 2452, 2538, 2593, 2623, 2626, 2659, 2660, 2682, 2683, 2684, 2822, 2823, 2828, 2829, 2840, 2963, 2997, 2998, 3026, 3032, 3033, 3042, 3043, 3048, 3078, 3079, 3082, 3083, 3090, 3091, 3096, 3097, 3099, 3103, 3104, 3122, 3223, 3224, 3226, 3262, 3287, 3308, 3354, 3355, 3356, 3357, 3417, 3536, 3537, 3538, 3570, 3583, 3584, 3589, 3590, 3618, 3619, 3632, 3633, 3642, 3643, 3652, 3653, 3661, 3662, 3663, 3708, 3781, 3785, 3786, 3787, 3788, 3790, 3810, 3815, 3816, 3879, 3881, 3883, 3889, 3894, 3899, 3906, 3907, 3913, 3914, 3965, 3968, 4005, 4006, 4011, 4012, 4026, 4144, 4157, 4165, 4166, 4171, 4173, 4175, 4176, 4198, 4199, 4211, 4212, 4224, 4232, 4238, 4239, 4241, 4243, 4253, 4254, 4271, 4272, 4274, 4287, 4331, 4360, 4361, 4362, 4363, 4406, 4410, 4413, 4414, 4444, 4445, 4459, 4479, 4480, 4488, 4515, 4516, 4517, 4518, 4571, 4582, 4583, 4584, 4594, 4595, 4614, 4615, 4633, 4634, 4657, 4658, 4682, 4683, 4684, 4709, 4718, 4719, 4720, 4734, 4798, 4820, 4821, 4865, 4866, 4867, 4868, 4869, 4917, 4918, 4919, 4937, 4938)
  2002 Ed. (441, 455, 458, 460, 469, 470, 471, 472, 494, 495, 773, 960, 1102, 1118, 1401, 1402, 1824, 1825, 2068, 2121, 2624, 2625, 2846, 2848, 2868, 2874, 2877, 2902, 2903, 2946, 2971, 2978, 2979, 2981, 3088, 3089, 3090, 3091, 3118, 3128, 3197, 3201, 3252, 3327, 3524, 3708, 4072, 4074, 4114, 4153, 4154, 4160, 4162, 4163, 4164, 4165, 4166, 4176, 4177, 4178, 4179, 4195, 4196, 4367, 4373, 4550, 4732, 4739, 4740, 4741, 4763, 4775, 4777, 4915, 4917, 4918, 4920, 4921, 4992)
  2003 Ed. (381, 411, 412, 413, 414, 904, 969, 1065, 1066, 1081, 2128, 2606, 2687, 2838, 2839, 2885, 2961, 3003, 3221, 3222, 3238, 3652, 3874, 3896, 4209, 4232, 4237, 4247, 4248, 4249, 4251, 4297, 4308, 4309, 4412, 4413, 4852, 4853, 4867, 4868, 4910, 4913, 4955, 4957, 4992)
  2004 Ed. (390, 391, 392, 393, 394, 776, 921, 980, 1026, 1074, 1075, 1091, 1092, 1093, 1903, 2176, 2186, 2187, 2317, 2574, 2929, 2930, 2971, 2972, 2973, 2974, 2977, 2978, 2979, 2980, 2988, 2989, 2991, 3042, 3046, 3049, 3070, 3087, 3090, 3098, 3120, 3146, 3263, 3264, 3294, 3299, 3426, 3480, 3672, 3673, 3674, 3700, 3898, 3899, 3924, 4232, 4251, 4256, 4266, 4267, 4268, 4269, 4271, 4292, 4294, 4305, 4308, 4318, 4319, 4500, 4502, 4503, 4504, 4505, 4509, 4518, 4520, 4528, 4531, 4818, 4837, 4838, 4847, 4848, 4900, 4904, 4958, 4960, 4996)
  2005 Ed. (409, 410, 411, 412, 912, 1078, 1099, 2277, 2525, 2526, 2919, 2920, 2937, 2984, 2985, 2986, 3122, 3301, 3611, 3690, 3837, 3838, 3872, 4197, 4199, 4200, 4201, 4202, 4225, 4238, 4828, 4829, 4940, 4941, 4943, 4944)
  2006 Ed. (373, 1094, 2345, 2707, 2980, 2981, 2982, 3070, 3084, 3136, 3155, 3259, 3301, 3480, 3726, 3783, 3904, 3905, 3935, 3982, 3983, 4474, 4476, 4663, 4673)
  2007 Ed. (356, 1198, 1199, 1200, 1201, 1256, 2163, 2164, 2272, 2281, 2373, 2520, 2702, 3009, 3014, 3015, 3709, 3781, 3954, 3993, 4021, 4022, 4683, 4694, 4997)
  2008 Ed. (1104, 1105, 1106, 1107, 2414, 2415, 2416, 2648, 2906, 3118, 3129, 3130, 3133, 3134, 3279, 3800, 3859, 3984, 4010, 4048, 4361, 4593, 4603, 4729, 4996)
  2009 Ed. (1082, 1083, 1084, 1085, 2400, 2405, 2413, 2414, 2415, 2503, 2945, 3207, 3214, 3215, 3216, 3217, 3285, 3298, 3550, 3606, 4119, 4245, 4455, 4637, 4651, 4765, 4997)
  2010 Ed. (926, 1055, 1056, 1057, 2313, 2317, 2325, 2326, 2363, 2420, 2571, 2592, 2595, 2596, 2879, 3023, 3138, 3145, 3146, 3147, 3225, 3270, 3271,
3448, 3470, 3984, 4182, 4665, 4679, 4779, 5002)
  2011 Ed. (993, 994, 995, 2313, 2321, 2322, 2359, 2423, 2548, 2574, 2577, 2578, 2861, 2992, 3105, 3112, 3113, 3114, 3188, 3239, 3240, 3244, 3448, 3481, 3990, 4031, 4180, 4445, 4614, 4631, 4730, 4999)
  2012 Ed. (907, 908, 909, 917, 918, 919, 2214, 2224, 2279, 2344, 2497, 2498, 2521, 2524, 2791, 2918, 3042, 3048, 3049, 3050, 3135, 3147, 3203, 3204, 3210, 3300, 3465, 3485, 4061, 4164, 4230, 4377, 4485, 4611, 4619, 4631, 4996)
  2013 Ed. (1064, 1157, 2315, 2396, 2421, 2523, 2654, 2703, 2833, 3129, 3537, 3720, 3839, 4039, 4153, 4434, 4447, 4577, 4584, 4585, 4724, 4773, 4998, 5000)
  2014 Ed. (620, 621, 624, 3229, 3298, 3513, 3589, 3765, 4636)
  2015 Ed. (691, 693, 3528, 4101, 4498)
  2016 Ed. (632, 3379, 4015, 4430)
  2017 Ed. (3096, 3338, 4543, 4998)
  2018 Ed. (624, 3401, 4568, 4997)
  2019 Ed. (639, 3323, 3376, 4450, 4451, 4452, 4569, 4911, 4997)
  2020 Ed. (618, 619, 3323, 3379, 4369, 4438, 4439, 4621)
  2021 Ed. (577, 3185, 3331, 3354, 3365, 3366, 4374, 4437)
  2022 Ed. (605, 2352, 3325, 3395, 3404, 3415, 3416, 4448, 4449, 4562, 4900)
  2023 Ed. (846, 2517, 3054, 3413, 3530, 3539, 3544, 3545, 4407, 4469, 4470, 4471, 4568, 4575, 4889)
Massachusetts-Amherst; University of
  2006 Ed. (719, 720)
  2007 Ed. (804, 805)
  2008 Ed. (779, 783, 784, 785)
  2009 Ed. (793, 1065)
  2010 Ed. (1033)
  2011 Ed. (964)
Massachusetts Bay Area Transportation Authority
  2013 Ed. (1060)
  2014 Ed. (1024)
  2016 Ed. (967)
  2017 Ed. (1004)
Massachusetts Bay Brewing
  1990 Ed. (748)
  1991 Ed. (2452)
  1992 Ed. (3064)
  1996 Ed. (2631)
  1998 Ed. (2487)
  1999 Ed. (3403)
Massachusetts Bay Corp.
  2000 Ed. (3102)
Massachusetts Bay Transportation Authority
  1989 Ed. (830)
  1990 Ed. (847)
  1991 Ed. (808, 3160)
  1992 Ed. (989, 4031)
  1993 Ed. (786, 3361, 3621, 3623)
  1994 Ed. (802, 1076, 2408)
  1997 Ed. (3794)
  1998 Ed. (537, 2403, 3616)
  1999 Ed. (3989)
  2000 Ed. (2994, 4297)
  2002 Ed. (3904)
  2005 Ed. (3992)
  2006 Ed. (4018)
  2012 Ed. (906)
  2013 Ed. (1061)
  2014 Ed. (1025)
  2015 Ed. (1060)
  2016 Ed. (968)
  2017 Ed. (1005)
Massachusetts-Boston; University of
  2010 Ed. (1031)
Massachusetts Business Development Corp.
  2002 Ed. (3561, 3562)
Massachusetts Convention Center Authority
  1995 Ed. (2650)
  2017 Ed. (3053)
  2018 Ed. (3165)
Massachusetts Development Finance Agency
  2001 Ed. (838)
Massachusetts Developmental Disabilities Council
  2010 Ed. (2824)
Massachusetts Electric Construction Co.
  1990 Ed. (1202)
  1991 Ed. (1078)
  1992 Ed. (1411)
  1993 Ed. (1123, 1124)
  1994 Ed. (1140)
  1995 Ed. (1159)
  1996 Ed. (1133, 1134)
  1997 Ed. (1162)
  1998 Ed. (946)
  1999 Ed. (1368)
  2001 Ed. (1474)
  2002 Ed. (1289)
  2003 Ed. (1301)
  2004 Ed. (1304)
  2005 Ed. (1311)
  2006 Ed. (1281)
  2007 Ed. (1360)
  2008 Ed. (1257)
  2009 Ed. (1232, 1233)
Massachusetts Eye & Ear Infirmary
  1999 Ed. (2736, 2738)
  2000 Ed. (2515)
  2002 Ed. (2613, 2614)
  2003 Ed. (2817, 2818)
  2004 Ed. (2921, 2922)
  2005 Ed. (2907, 2908)
  2006 Ed. (2905, 2914)
  2007 Ed. (2924, 2933)
  2008 Ed. (3047, 3055)
  2009 Ed. (3133, 3141)
  2010 Ed. (3065, 3072)
  2011 Ed. (3036, 3044)
  2012 Ed. (2974, 2980)
  2013 Ed. (3065, 3071)
  2014 Ed. (3067, 3073)
  2015 Ed. (3132, 3138)
  2016 Ed. (2995, 3001)
Massachusetts Financial
  1997 Ed. (565)
Massachusetts Financial International Bond
  1992 Ed. (3180, 3185, 3187, 3201)
Massachusetts Financial International Trust Bond
  1989 Ed. (1853)
Massachusetts Financial Managed Municipal
  1992 Ed. (3156)
Massachusetts Financial Services
  1998 Ed. (2629, 2647, 2657)
  2000 Ed. (2858)
Massachusetts Financial Services - Compass 3 (VA)
  1991 Ed. (2151, 2153, 2154)
Massachusetts Financial Services - Compass G (VA)
  1991 Ed. (2150, 2151, 2153)
Massachusetts Financial Services - Compass I (VA)
  1991 Ed. (2151, 2154)
Massachusetts Financial Services - Compass II (VA)
  1991 Ed. (2151, 2153, 2154)
Massachusetts Financial Total Return
  1992 Ed. (3195)
Massachusetts Financial Worldwide Government
  1992 Ed. (3163, 3170)
Massachusetts General Hospital
  1991 Ed. (1057)
  1995 Ed. (1926, 2143)
  1998 Ed. (1991)
  1999 Ed. (2479, 2638, 2730, 2731, 2732, 2733, 2734, 2735, 2737, 2740, 2741, 2743, 2744, 2745)
  2000 Ed. (2509, 2510, 2511, 2512, 2513, 2514, 2516, 2519, 2520, 2522, 2523, 2524, 2529)
  2002 Ed. (2600, 2601, 2602, 2603, 2604, 2605, 2608, 2609, 2610, 2611, 2612, 2615, 2616, 3801)
  2003 Ed. (2806, 2807, 2808, 2809, 2812, 2813, 2814, 2815, 2816, 2819, 2820, 2821, 3971)
  2004 Ed. (2813, 2907, 2909, 2910, 2911, 2912, 2913, 2916, 2917, 2918, 2919, 2920, 2923, 2924, 3974)
  2005 Ed. (2895, 2896, 2897, 2898, 2899, 2902, 2903, 2904, 2905, 2906, 2909, 2910, 2911, 3947)
  2006 Ed. (2901, 2902, 2903, 2904, 2906, 2909, 2910, 2911, 2912, 2913, 2915, 2916, 3784, 3785, 4016)
  2007 Ed. (2920, 2921, 2922, 2923, 2925, 2928, 2929, 2930, 2931, 2932, 2934, 4048)
  2008 Ed. (3043, 3044, 3045, 3046, 3048, 3051, 3052, 3053, 3054, 3056, 3057, 3063, 3983, 4084)
  2009 Ed. (205, 3127, 3128, 3129, 3131, 3132, 3134, 3137, 3138, 3139, 3140, 4054, 4197)
  2010 Ed. (3059, 3060, 3061, 3063, 3064, 3066, 3068, 3069, 3070, 3071, 4132)
  2011 Ed. (1828, 3030, 3031, 3032, 3033, 3034, 3035, 3037, 3040, 3041, 3042, 3043, 4097)
  2012 Ed. (1687, 2967, 2968, 2969, 2970, 2971, 2972, 2973, 2975, 2976, 2978, 2979, 2982, 2994, 4131)
  2013 Ed. (1841, 3057, 3058, 3059, 3060, 3061, 3062, 3063, 3064, 3066, 3067, 3068, 3070, 3074, 3082, 4124)
  2014 Ed. (1771, 3059, 3060, 3061, 3062, 3063, 3064, 3065, 3066, 3068, 3069, 3070, 3072, 3082, 4139)
  2015 Ed. (1817, 3124, 3125, 3126, 3127, 3128, 3129, 3130, 3131, 3133, 3134, 3135, 3137, 3148, 4121)
  2016 Ed. (2987, 2988, 2989, 2990, 2991, 2992, 2993, 2994, 2996, 2997, 2998, 3000, 3003, 4035, 4319)

2017 Ed. (2949, 4322)
2018 Ed. (3062, 4314)
2019 Ed. (3005, 4342)
Massachusetts General Life
  1997 Ed. (2438)
Massachusetts General Life Insurance
  1998 Ed. (2188)
Massachusetts General Physicians Organization
  2016 Ed. (2834)
Massachusetts, GOs
  1996 Ed. (2722)
Massachusetts Health & Education Facilities Agency
  2001 Ed. (838, 890)
Massachusetts Health & Education Facilities Authority
  1990 Ed. (2649)
  1993 Ed. (2618, 3100)
  1995 Ed. (2648)
  1996 Ed. (2727)
  1998 Ed. (2572)
  2000 Ed. (3197)
Massachusetts Health & Educational Facilities Authority
  1997 Ed. (2842)
Massachusetts Housing Finance Agency
  1990 Ed. (2139)
  1996 Ed. (2211)
  1997 Ed. (2340)
  1998 Ed. (2062)
  2006 Ed. (398)
Massachusetts Housing Financial Agency
  1995 Ed. (2192)
Massachusetts Ind & Life
  1991 Ed. (2094, 2101, 2102)
  1992 Ed. (2658, 2669, 2670)
Massachusetts Indemnity & Life
  1989 Ed. (1683, 1684, 1685)
  1990 Ed. (2236, 2237)
  1994 Ed. (2257, 2258, 2260)
Massachusetts Individual & Life
  1993 Ed. (2204, 2214, 2216, 2226, 2227)
Massachusetts Industrial Finance Agency
  1991 Ed. (2523)
Massachusetts Industrial Finance Authority
  1990 Ed. (2649)
Massachusetts Industrial Financial Agency
  1991 Ed. (2016)
  1993 Ed. (2624)
  1996 Ed. (2730)
  1997 Ed. (2839)
Massachusetts Institute of Technology
  1990 Ed. (1087, 1088, 1092, 1094, 1095, 1096, 2999)
  1991 Ed. (816, 818, 822, 916, 917, 918, 1001, 1003, 1004, 1006, 1007, 1565, 1566, 1567, 1568, 1569, 1570, 1571, 1572, 1574, 1577, 1767, 2680, 2833)
  1992 Ed. (999, 1000, 1004, 1123, 1124, 1267, 1281, 1282, 1283, 1970, 1971, 1972, 1973, 1974, 1975, 1976, 1978, 1979, 3357, 3669)
  1993 Ed. (794, 923, 924, 926, 1015, 1029, 1030, 1031, 1621, 1622, 1623, 1624, 1625, 1626, 1627, 1629, 1630, 1632, 3000)
  1994 Ed. (937, 938, 939, 1042, 1060, 1654, 1655, 1656, 1657, 1658, 1659, 1660, 1663, 1664, 1665, 2743, 2771, 3046)
  1995 Ed. (858, 969, 970, 971, 1049, 1050, 1063, 1064, 1067, 1071, 1072, 1073, 1701, 1702, 1703, 1704, 1705, 1706, 1707, 1710, 1711, 1712, 3091, 3095)
  1996 Ed. (837, 946, 947, 948, 949, 1035, 1048, 1050, 1051, 1683, 1684, 1685, 1686, 1687, 1688, 1689, 1692, 1693, 1694, 2941, 3192)
  1997 Ed. (850, 852, 853, 856, 860, 861, 862, 968, 969, 970, 971, 1051, 1062, 1064, 1067, 1068, 1069, 1764, 1765, 1767, 1768, 1769, 1770, 1771, 1772, 1774, 1775, 1776, 3297)
  1998 Ed. (548, 551, 554, 557, 558, 559, 560, 710, 711, 712, 713, 799, 809, 810, 811, 1458, 1460, 1461, 1462, 1463, 1464, 1465, 1467, 1468, 1469, 2761, 3046)
  1999 Ed. (969, 971, 972, 976, 979, 1106, 1107, 1108, 1109, 1228, 1237, 1238, 1239, 2035, 2036, 2037, 2038, 2039, 2040, 2041, 2042, 2043, 2044, 2045, 2046)
  2000 Ed. (916, 919, 922, 926, 927, 1034, 1035, 1036, 1037, 1137, 1143, 1146, 1147, 1148, 1826, 1827, 1828, 1829, 1830, 1831, 1832, 1833, 1835, 1836, 3431, 3759)
  2001 Ed. (1054, 1056, 1057, 1060, 1064, 1065, 1317, 1319, 1329, 2247, 2248, 2249, 2250, 2251, 2252, 2253, 2254, 2256, 2257, 2258)
  2002 Ed. (873, 875, 877, 880, 883, 884, 886, 887, 888, 890, 891, 894, 896, 898, 1029, 1030, 1031, 1032, 3980, 3983, 3984, 3985)
  2003 Ed. (789, 1967, 4074)
  2004 Ed. (820, 822, 823, 828, 928, 2405, 2844)
  2005 Ed. (797, 798, 801, 2273, 2440, 2852)
  2006 Ed. (704, 705, 721, 733, 735, 738, 2858, 3785)
  2007 Ed. (201, 804, 806, 2447, 2848)
  2008 Ed. (188, 783, 785, 1059, 1064, 2574, 2575, 2576, 2972, 3168, 3864)
  2009 Ed. (791, 798, 1035, 1041, 1058, 2585, 2601, 2602)
  2010 Ed. (1001, 1007, 1026, 1035, 2498, 2504, 2505, 3835)
  2011 Ed. (108, 648, 940, 945, 946, 948, 2170, 2505, 2506, 2957, 3838)
  2012 Ed. (858, 860, 864, 2106, 2426, 2886, 3819)
  2014 Ed. (768, 778, 794)
  2015 Ed. (819, 820, 837)
  2016 Ed. (731, 732)
  2017 Ed. (2195, 4122)
Massachusetts Institute of Technology, Alfred P. Sloan School of Management
  1989 Ed. (842)
Massachusetts Institute of Technology Credit Union
  2004 Ed. (1927)
  2014 Ed. (2198)
  2015 Ed. (2262)
  2016 Ed. (2233)
Massachusetts Institute of Technology, Sloan
  1991 Ed. (814)
  1992 Ed. (997)
  1993 Ed. (796, 798, 799, 803)
  1994 Ed. (806, 808, 812, 813, 816)
  1995 Ed. (861, 865, 868, 869)
  1996 Ed. (839, 840, 843, 847, 849)
Massachusetts Institute of Technology, Sloan School of Business
  2004 Ed. (810, 815, 817, 818)
  2006 Ed. (702, 710, 712, 727, 728)
  2007 Ed. (797, 810, 813, 819, 821, 824)
  2008 Ed. (182, 770, 772, 773, 780, 788, 790, 791, 796, 797, 798, 799)
  2009 Ed. (788, 789, 805, 807, 808, 813, 814, 815, 816)
  2010 Ed. (723, 725, 726, 732, 745, 746, 747, 749, 752, 753, 754, 756, 757, 760, 762, 763, 764, 765)
  2011 Ed. (647, 656, 657, 658, 663, 664, 665, 667, 668, 673, 674, 675, 676, 687, 689, 695)
  2012 Ed. (606, 607, 609, 610, 613, 628)
  2013 Ed. (756, 769)
Massachusetts Institute of Technology, Sloan School of Management
  1997 Ed. (865)
  2010 Ed. (737)
Massachusetts Investors A
  1997 Ed. (2897)
Massachusetts Investors Growth Stock
  2000 Ed. (3239)
Massachusetts Investors Growth Stock A
  1999 Ed. (3521)
Massachusetts Investors Trust
  1993 Ed. (2689)
  2000 Ed. (3236)
Massachusetts Investors Trust A
  1998 Ed. (2610, 2623, 2631)
  1999 Ed. (3516)
Massachusetts Investors Trust B
  1998 Ed. (2631)
Massachusetts, Isenberg School of Management; University of
  2009 Ed. (783)
  2010 Ed. (731)
Massachusetts Medical Society
  2020 Ed. (3982)
Massachusetts Municipal Whole Electric Co.
  1995 Ed. (1628)
Massachusetts Municipal Wholesale Electric Co.
  1991 Ed. (3158)
  1994 Ed. (3363)
Massachusetts Mutual
  1989 Ed. (1702, 1704)
  1992 Ed. (2159, 2370, 2664, 2675, 2729, 2732, 2734, 2739, 2774)
Massachusetts Mutual Financial Group
  2003 Ed. (2975)
Massachusetts Mutual Insurance Cos.
  1990 Ed. (1791)
Massachusetts Mutual Life
  1989 Ed. (2137)
  1990 Ed. (2324)
  1993 Ed. (2196, 2208, 2211, 2258, 2284, 2301, 3278)
  1994 Ed. (224, 1850, 2261, 2262, 2267, 2303, 2318, 3268)
  1996 Ed. (2298, 2307, 2309, 2310, 2382, 2383)
  1998 Ed. (1175, 2143, 2149, 2171, 2184, 2190, 2268)
  1999 Ed. (1704, 2931, 2943, 2945, 2947, 2948, 2952, 2954, 2956, 2957, 2958, 3064)
  2000 Ed. (2694, 2793, 2835)
  2017 Ed. (1657)
  2018 Ed. (3284)
  2019 Ed. (3238)
  2020 Ed. (3248)
  2021 Ed. (3115)
  2022 Ed. (1624, 1713, 3253, 3255)
  2023 Ed. (1858, 3333, 3344)
Massachusetts Mutual Life Group
  2019 Ed. (3224)
  2020 Ed. (3239, 3242, 3244, 3245)
  2021 Ed. (3105, 3108, 3110, 3111)
  2022 Ed. (3246, 3249, 3252)
  2023 Ed. (3335, 3341, 3348)
Massachusetts Mutual Life Insurance
  2013 Ed. (3311)
  2014 Ed. (1686)
  2018 Ed. (3282)
  2019 Ed. (3236)
  2021 Ed. (3113)
  2022 Ed. (3253)
Massachusetts Mutual Life Insurance Co.
  1989 Ed. (1806)
  1990 Ed. (2354)
  1991 Ed. (1721, 2086, 2207, 2210, 2212, 2246)
  1995 Ed. (223, 3349)
  1996 Ed. (1418, 2416)
  1997 Ed. (1477)
  1998 Ed. (2186)
  2000 Ed. (1513, 2674, 2695, 2705, 2707, 2708, 2843)
  2001 Ed. (1788, 2933, 2934, 2939, 2942, 2944, 2945)
  2002 Ed. (1723, 2869, 2891, 2925, 2926, 2927, 2928, 2932, 2935, 2938)
  2003 Ed. (1754, 1756, 2991, 2994)
  2004 Ed. (1791, 1793, 3102, 3112, 3115)
  2005 Ed. (1856, 1863, 3051, 3105, 3115, 3118)
  2006 Ed. (1867, 1873, 3118, 3120, 3122, 3123)
  2007 Ed. (1489, 1874, 3125, 3130, 3138, 3146, 3148, 3151, 3152, 3154, 3160, 4233)
  2008 Ed. (1483, 1923, 3275, 3285, 3296, 3301, 3302, 3304, 3309, 4265)
  2009 Ed. (1879, 1881, 3111, 3332, 3343, 3348, 3356, 3361, 3362, 3364, 3372, 4080)
  2010 Ed. (1811, 1813, 3044, 3287, 3296, 3298, 3299, 3309, 3311)
  2011 Ed. (1839, 1841, 3013, 3233, 3253, 3255, 3260, 3261, 3272, 3274)
  2012 Ed. (1687, 1696, 1699, 2940, 3224, 3232, 3234, 3235, 3239, 3248)
  2013 Ed. (1846, 1847, 3029, 3303, 3314, 3318, 3324)
  2014 Ed. (1776, 1777, 3326, 3335, 3340)
  2015 Ed. (1822, 3108, 3369, 3374, 3375)
  2016 Ed. (204, 1784, 3231, 3233, 3234, 3235, 3237, 3238, 3240, 3244, 4006)
  2017 Ed. (191, 1745, 1751, 3189, 3191, 3193, 3194, 3196, 3200)
  2018 Ed. (1696, 3211, 3278, 3285)
  2019 Ed. (179, 1762, 1768, 3158, 3222, 3230, 3231, 3233, 3239)
  2020 Ed. (1703, 1711, 3237)
  2021 Ed. (1683, 1689, 3057, 3103)
  2022 Ed. (1714, 3244)
Massachusetts Mutual Life Insurance Company (MassMutual)
  2023 Ed. (1851)
Massachusetts Mutual Life Insurance Co. Consolidated
  2009 Ed. (277)
Massachusetts Mutual Life Insurance Company (U.S.)
  2021 Ed. (3057)
Massachusetts Mutual Life SA Investment A
  1994 Ed. (2313)
Massachusetts Port Authority
  2014 Ed. (50)
  2015 Ed. (53)
  2016 Ed. (52)
  2017 Ed. (49)
  2019 Ed. (46)
  2020 Ed. (49, 4329)
  2021 Ed. (53, 4345)
  2022 Ed. (50, 4351)
Massachusetts PRIM
  2000 Ed. (3440)
  2001 Ed. (3670)
  2002 Ed. (3605)
  2003 Ed. (1978)
  2004 Ed. (2026)
  2007 Ed. (2175, 2181, 2182, 2183, 2189)
  2008 Ed. (2301, 2302, 2304, 2306, 2307, 2310, 2311, 2312)
  2009 Ed. (2294, 2295, 2296, 2297, 2301, 2302, 2303)
  2010 Ed. (2234, 2235, 2238)
Massachusetts State Employees' & Teachers' Retirement System
  1991 Ed. (2695)
Massachusetts State Lottery
  1996 Ed. (2552)
  1997 Ed. (2689)
  2000 Ed. (3014)
Massachusetts Turnpike Authority
  2000 Ed. (3188, 3189, 4297)
  2001 Ed. (838)
Massachusetts; University of
  1995 Ed. (969, 1071)
  2013 Ed. (3836)
Massachusetts Water Pollution Abatement Agency
  2001 Ed. (838)
Massachusetts Water Resource Authority
  1993 Ed. (2938, 3360)
  1994 Ed. (3363)
Massachusetts Water Resources
  1990 Ed. (2642)
Massachusetts Water Resources Authority
  1992 Ed. (4030)
  1995 Ed. (3036)
  1998 Ed. (2969)
  2000 Ed. (3680)
Massachusetts-Worcester; University of
  2005 Ed. (3439)
  2010 Ed. (3626)
  2011 Ed. (3627)
Massachussetts General Hospital
  1999 Ed. (2728)
Massacre of the Innocents
  2008 Ed. (268)
Massage Envy
  2008 Ed. (881, 3888)
  2009 Ed. (891, 2950, 3951)
  2012 Ed. (4358)
  2013 Ed. (4317)
  2014 Ed. (4367)
  2015 Ed. (4378)
  2016 Ed. (783)
  2019 Ed. (809, 3765)
  2020 Ed. (783, 3819)
  2021 Ed. (3796)
  2022 Ed. (3815)
  2023 Ed. (3908, 3913)
Massage Envy Franchising LLC
  2018 Ed. (783)
Massage Envy Spa
  2016 Ed. (3777)
  2017 Ed. (841, 842, 3732)
  2018 Ed. (3780)
  2019 Ed. (3767)
  2020 Ed. (3817)
Massage Heights
  2012 Ed. (4358)
  2013 Ed. (4317)
  2015 Ed. (4378)
  2016 Ed. (3777)
  2017 Ed. (3732)
  2018 Ed. (3780)
  2019 Ed. (3765, 3767)
MassageLuXe
  2014 Ed. (4367)
  2015 Ed. (4378)
  2016 Ed. (3777)
  2017 Ed. (3732)
  2018 Ed. (3780)
  2019 Ed. (3767)
  2020 Ed. (3817)
  2021 Ed. (3794)
  2022 Ed. (3815)
  2023 Ed. (3908, 3913)
Massalin Particulares
  1990 Ed. (20)
  1994 Ed. (787)
Massarius
  2018 Ed. (63, 1752)
Massbank Corp.
  2008 Ed. (1916, 1918)
  2009 Ed. (1874)
Massbank for Savings
  1994 Ed. (3529)
Masschusetts Mutual Life Insurance Co.
  2000 Ed. (2711)
Massenet; Natalie
  2010 Ed. (2527)
  2011 Ed. (2527)
Massengill
  2002 Ed. (2255)
  2003 Ed. (2461)
Massey
  1989 Ed. (948)
Massey Automotive Group
  2009 Ed. (191)
Massey Cadillac
  1996 Ed. (267)
Massey Cadillac Inc.; Don
  1989 Ed. (283)
  1990 Ed. (305, 346)
  1992 Ed. (410, 419)
  1993 Ed. (303)
  1994 Ed. (264, 293)
  1995 Ed. (266, 288, 297)
  1996 Ed. (267, 300, 989, 3766)
  1997 Ed. (1013)
Massey Coal Co.; A. T.
  2008 Ed. (1015, 1016)
  2009 Ed. (1000, 1001)
  2010 Ed. (965)

CUMULATIVE INDEX • 1989-2023

2011 Ed. (891)
2012 Ed. (846)
2013 Ed. (1026)
Massey Coal Co., Inc.
  2003 Ed. (1027)
  2004 Ed. (1030, 1031)
  2005 Ed. (1037, 1038)
  2006 Ed. (1046)
Massey Coal Exports
  2000 Ed. (1893)
Massey Electric Co.
  2008 Ed. (1328)
  2009 Ed. (1313)
  2010 Ed. (1307)
  2011 Ed. (1268)
Massey Energy Co.
  2003 Ed. (1027, 1028)
  2004 Ed. (1030, 1031, 2324)
  2005 Ed. (1037, 1038, 2416, 3454)
  2006 Ed. (1042, 1047, 3463)
  2007 Ed. (1130, 1135, 1136, 1554, 3022)
  2008 Ed. (1015, 1016, 1451, 1535)
  2009 Ed. (1000, 1001)
  2010 Ed. (965, 966)
  2011 Ed. (891, 892, 3664)
  2012 Ed. (846, 847, 3665)
  2013 Ed. (1026, 1027, 3731)
Massey Ferguson
  1992 Ed. (4331)
  1993 Ed. (3604, 3605)
Massey Graduate School of Business; Belmont University
  2011 Ed. (643)
Massey Group; A. T.
  1989 Ed. (949)
Massey; James L.
  1993 Ed. (1696)
Massey Services
  2011 Ed. (3424, 3428, 3432)
  2012 Ed. (3435, 3855)
  2013 Ed. (3461, 3911)
  2014 Ed. (3844)
  2015 Ed. (3480, 3869)
  2016 Ed. (3324, 3779)
  2017 Ed. (3292, 3734)
  2018 Ed. (3354, 3360, 3782)
  2019 Ed. (3333, 3339, 3769)
  2020 Ed. (3335, 3341, 3820)
  2021 Ed. (3271, 3277, 3797)
  2022 Ed. (3355, 3361, 3364, 3817)
  2023 Ed. (3472, 3476, 3478, 3481, 3915)
Massey Services Inc.
  2013 Ed. (3458, 3465)
  2014 Ed. (3458, 3461, 3465)
  2015 Ed. (3483)
  2016 Ed. (3328, 3332)
  2017 Ed. (2469, 3290, 3295)
  2018 Ed. (3358, 3363, 4777)
  2019 Ed. (3337, 3342)
  2020 Ed. (3339, 3344, 4768)
  2021 Ed. (3275, 3280, 4767)
  2022 Ed. (4767)
  2023 Ed. (4755)
Massey Yardley Chrysler-Plymouth Inc.
  1991 Ed. (307)
  1992 Ed. (412)
  1993 Ed. (297)
Masseys Footwear
  2013 Ed. (901)
Massey's Plate Glass & Aluminum
  2023 Ed. (2991)
Massey's Plate Glass & Aluminum Inc.
  2014 Ed. (2862)
  2019 Ed. (2817)
  2021 Ed. (2718)
  2022 Ed. (2876, 2877, 2878)
  2023 Ed. (2992)
MASSIE R&D Tax Credits
  2021 Ed. (2574)
  2022 Ed. (2656, 2692)
Massilly Packaging (U.K.) Ltd.
  2001 Ed. (3282)
Massimiliana Landini Aleotti
  2016 Ed. (4850)
  2017 Ed. (4855)
  2018 Ed. (4863)
  2019 Ed. (4857)
  2020 Ed. (4847)
  2021 Ed. (4848)
  2022 Ed. (4843)
Massimiliana Landini Aleotti & family
  2023 Ed. (4838)
Massimo Dutti
  2021 Ed. (663)
Massimo Zanetti Beverage USA
  2014 Ed. (999)
  2015 Ed. (1035)
  2018 Ed. (913)
  2019 Ed. (908)
  2020 Ed. (900)
  2021 Ed. (912)
Massini Group
  2005 Ed. (96)
Massive
  2007 Ed. (3446)
Massmart
  2009 Ed. (4315)
  2010 Ed. (4295)
  2014 Ed. (4339)
Massmart Holdings Ltd.
  2013 Ed. (4340)
MassMutual
  1996 Ed. (2376)
  1998 Ed. (2258, 2262)
  1999 Ed. (3058)
  2012 Ed. (1801)
  2013 Ed. (1975)
  2014 Ed. (1914)
  2015 Ed. (1958)
  2020 Ed. (3203)
  2022 Ed. (3191)
Massmutual Corporate Investments Inc.
  2004 Ed. (3175)
MassMutual Financial
  2002 Ed. (729, 3387, 3390)
  2023 Ed. (1497)
MassMutual Financial Design Associates
  2016 Ed. (1558)
MassMutual Financial Group
  2003 Ed. (2979, 3002)
  2008 Ed. (3184)
  2014 Ed. (1729)
  2016 Ed. (2981, 3239)
  2017 Ed. (2162, 3195)
  2018 Ed. (3273, 3279)
  2019 Ed. (3232)
Massmutual Institutional International 4
  1998 Ed. (2634)
MassMutual International Inc.
  2008 Ed. (1907)
  2009 Ed. (1869)
MassMutual Life Insurance Co.
  2007 Ed. (3166)
  2008 Ed. (3314)
  2009 Ed. (3381)
MassMutual Oklahoma
  2016 Ed. (1930)
MassMutual Premier Inflation-Protected Bond
  2008 Ed. (607)
MassMutual Premier Short-Duration Bond
  2011 Ed. (519)
The Massmutual Trust Co.
  2021 Ed. (4289)
  2022 Ed. (4297)
The Massmutual Trust Company
  2023 Ed. (4327)
MassMutual (U.S.)
  2022 Ed. (3191)
Masson; Paul
  1990 Ed. (3693)
  1997 Ed. (3901, 3905, 3907)
Massuh
  1992 Ed. (965, 1566)
  1993 Ed. (769)
Mast Landing Brewing Company
  2022 Ed. (1686, 2712)
MAST Travel Network
  2018 Ed. (4733)
Mastclimbers LLC
  2019 Ed. (1017)
  2020 Ed. (1003)
  2021 Ed. (969)
  2022 Ed. (1007)
  2023 Ed. (1184)
MasTec
  2014 Ed. (2877, 2879)
  2016 Ed. (2925)
  2017 Ed. (2329, 2883)
  2018 Ed. (2950)
  2019 Ed. (2898, 4693)
  2021 Ed. (1023)
  2022 Ed. (1061, 1538)
  2023 Ed. (1212)
Mastec
  2021 Ed. (2346)
  2022 Ed. (2423)
  2023 Ed. (2575)
MasTec Inc.
  1996 Ed. (1120, 2111)
  1997 Ed. (1149, 2213, 2217, 2221, 2223, 2225)
  1998 Ed. (960, 1934, 1937, 1939)
  1999 Ed. (1382, 2675, 2682)
  2000 Ed. (1272, 2466)
  2001 Ed. (1403, 1404, 1469, 1483, 2704, 2714)
  2002 Ed. (1298, 1300, 2538, 2544, 2561, 3375)
  2003 Ed. (1315, 1318, 2746, 2749)
  2004 Ed. (1315, 1318, 2830, 2834, 2836, 4855)
  2005 Ed. (1321, 1323, 2838, 2844, 4839)
  2006 Ed. (1183, 1293, 1307, 1333, 1345, 2832, 2840)
  2007 Ed. (1369, 2837)
  2008 Ed. (1265, 1277, 1324, 1325, 1339, 2956, 2961)
  2009 Ed. (1241, 1260, 1276, 1307, 1308, 1337, 3037, 3040)
  2010 Ed. (1240, 1256, 1271, 1301, 1302, 1320, 2961, 2965)
  2011 Ed. (1188, 1206, 1222, 1260, 1266, 1298, 2923, 2926)
  2012 Ed. (1033, 1134, 2859, 2860)
  2013 Ed. (1183, 1228, 1262, 1263, 1274, 1280, 1282, 2928, 2929)
  2014 Ed. (1134, 1135, 1136, 1196, 1197, 1198, 1207, 1213, 1215, 2940, 2942, 2945, 2946, 2952)
  2015 Ed. (1182, 1183, 1252, 1253, 1254, 1256, 1271, 1273, 2989, 2991, 2993, 2994, 3003)
  2016 Ed. (1094, 1095, 1163, 1164, 1165, 1167, 1168, 1179, 1180, 1186, 1188)
  2017 Ed. (1095, 1221, 1223, 1229, 1231)
  2018 Ed. (1023, 1163, 1164, 1165, 1166, 1167, 1168, 1169, 1170, 1171, 1173, 1174, 1176, 1177, 1178, 1180, 1181, 1182, 1183, 1184, 1185, 1186, 1187, 1188, 1189, 1190, 1191, 1192, 1193, 1194, 1202, 1203, 1210)
  2019 Ed. (1031, 1120, 1171, 1174, 1176, 1178, 1179, 1180, 1181, 1182, 1183, 1184, 1185, 1186, 1187, 1188, 1189, 1190, 1193, 1194, 1195, 1197, 1199, 1200, 1201, 1202, 1203, 1204, 1205, 1206, 1211, 1213, 1222, 1229, 1230, 1237, 1241, 1243, 1245)
  2020 Ed. (1023, 1162, 1164, 1166, 1167, 1168, 1169, 1171, 1172, 1173, 1174, 1175, 1176, 1177, 1178, 1179, 1180, 1182, 1183, 1184, 1185, 1187, 1188, 1189, 1190, 1191, 1192, 1193, 1194, 1195, 1196, 1197, 1198, 1199, 1201, 1202, 1203, 1206, 1216, 1223, 1224, 1231, 1235, 1237, 1239)
  2021 Ed. (991, 1099, 1135, 1137, 1139, 1140, 1141, 1142, 1143, 1144, 1145, 1147, 1148, 1149, 1150, 1151, 1152, 1153, 1155, 1156, 1158, 1159, 1160, 1161, 1162, 1163, 1164, 1165, 1166, 1167, 1169, 1170, 1171, 1172, 1173, 1175, 1176, 1178, 1186, 1191, 1198, 1201, 1203, 1205)
  2022 Ed. (1032, 1144, 1147, 1148, 1149, 1151, 1152, 1153, 1155, 1156, 1157, 1158, 1159, 1161, 1163, 1164, 1165, 1166, 1167, 1169, 1170, 1171, 1172, 1174, 1175, 1177, 1185, 1192, 1199, 1202, 1204, 1206)
  2023 Ed. (1366, 1369, 1371, 1372, 1373, 1374, 1375, 1376, 1378, 1379, 1380, 1381, 1383, 1384, 1385, 1386, 1388, 1389, 1390, 1392, 1393, 1394, 1395, 1396, 1397, 1398, 1400, 1401, 1403, 1404, 1406, 1407, 1408, 1409, 1410, 1429, 4070)
MasTec, Inc.
  2021 Ed. (1101)
  2023 Ed. (1367)
Mastec Inc.
  2022 Ed. (1146, 1150, 1154, 1162, 1168, 1173, 1177)
  2023 Ed. (1365, 1370, 1377, 1402, 1405, 1436)
Mastec, Inc.
  2023 Ed. (1387)
MasTec North America
  2013 Ed. (4108)
  2014 Ed. (4124)
MasTec North America Inc.
  2008 Ed. (4062, 4064, 4068, 4070)
  2009 Ed. (4178, 4183)
  2010 Ed. (4113)
  2015 Ed. (4108)
  2016 Ed. (4020)
  2017 Ed. (3991)
  2018 Ed. (4000)
  2019 Ed. (3987)
  2020 Ed. (4007)
  2021 Ed. (3973)
  2022 Ed. (3986)
MasTec North American Inc.
  2005 Ed. (3927)
  2006 Ed. (4001)
MasTec Utility Services
  2021 Ed. (4684)
  2022 Ed. (4687)
Mastellone Hermanos
  1991 Ed. (14)
  1993 Ed. (22)
  1994 Ed. (12)
Master
  1994 Ed. (2025)
  1997 Ed. (2635)
Master Ad
  2014 Ed. (2036)
  2015 Ed. (2085)
Master Blenders 1753 NV
  2014 Ed. (4030)
Master Brand Cabinets Inc.
  2012 Ed. (4994)
  2013 Ed. (4993)
  2014 Ed. (4998)
Master Distributors
  2001 Ed. (2205)
  2004 Ed. (2249, 2251)
  2005 Ed. (2351)
  2008 Ed. (2469)
  2009 Ed. (2472)
Master Drilling Group
  2017 Ed. (3830)
Master Financial
  2001 Ed. (3349)
Master Foods
  1992 Ed. (41, 2172)
Master Key Consulting
  2008 Ed. (3182)
Master Kong
  2009 Ed. (659)
  2010 Ed. (642)
  2022 Ed. (2733)
  2023 Ed. (2869)
Master Lock
  1996 Ed. (2074)
Master of Mixes
  2019 Ed. (166)
Master P
  2000 Ed. (1838)
Master Pools by Paul Haney Inc.
  2007 Ed. (4646)
Master WoodCraft Cabinetry LLC
  2020 Ed. (743)
Master Your Metabolism
  2011 Ed. (542)
Masterbank
  2010 Ed. (510)
  2011 Ed. (371)
MasterBrand
  2018 Ed. (2807)
MasterBrand Cabinetry
  2015 Ed. (5044)
  2016 Ed. (4998)
  2017 Ed. (4992)
MasterBrand Cabinets
  2023 Ed. (1003, 2965)
MasterBrand Cabinets Inc.
  2004 Ed. (2701, 3318)
  2005 Ed. (3341, 3342)
  2006 Ed. (2676, 3332, 3333)
  2007 Ed. (2661, 3297, 3390)
  2008 Ed. (2797, 3527, 3546)
  2009 Ed. (2849, 3473, 3586)
  2010 Ed. (2792, 3505)
  2011 Ed. (2779, 3504)
  2012 Ed. (661, 2706, 3506)
  2013 Ed. (2781)
  2014 Ed. (2809)
  2015 Ed. (2851)
  2016 Ed. (2786)
  2017 Ed. (2756)
  2018 Ed. (2813)
  2019 Ed. (751, 2790)
  2020 Ed. (743, 2815)
  2021 Ed. (759, 2691)
  2022 Ed. (796, 2853)
Masterbrand Cabinets Inc.
  2013 Ed. (4989)
  2014 Ed. (4994, 4995)
  2015 Ed. (5040, 5041)
  2016 Ed. (4993)
Masterbrand Industries Inc.
  2004 Ed. (2700)
  2005 Ed. (2699)
  2010 Ed. (2790)
MasterCard
  2013 Ed. (695, 786, 790, 1362, 1388, 1389, 1942, 2685)
  2014 Ed. (808)
  2015 Ed. (852, 856)
  2016 Ed. (744, 745)
  2017 Ed. (354, 792, 794, 2611)
  2018 Ed. (322, 725, 2674)
  2019 Ed. (325, 742, 745, 746)
  2020 Ed. (329, 2055, 2670, 4330)
  2021 Ed. (751, 4346)
  2022 Ed. (2195, 2697, 4352)
  2023 Ed. (2153, 2821)
Mastercard
  2021 Ed. (593, 756, 1313, 1326, 1606, 1616, 2007, 2576, 2744)
  2022 Ed. (780, 789, 1335, 1780, 1792, 2043, 2669, 2952, 3598)
  2023 Ed. (311, 993, 996, 1541, 1546, 2154, 2155, 2332, 2351, 3140, 3703)
MasterCard Automated Point-of-Sale Program
  1995 Ed. (1530, 1649)
  1996 Ed. (1492)
  1997 Ed. (1554)
MasterCard Charge Card
  1996 Ed. (1496)
The MasterCard Foundation
  2010 Ed. (852)
  2011 Ed. (2759)
MasterCard Inc.
  1989 Ed. (1183)
  1990 Ed. (1457, 1799)
  1991 Ed. (3247)
  1992 Ed. (1752)
  1993 Ed. (1443)
  1994 Ed. (1500)
  1995 Ed. (349, 1528, 1531)
  1996 Ed. (34, 1490, 1493, 3053)
  1997 Ed. (1555)
  1998 Ed. (491, 1206, 1213, 1214, 1694)
  1999 Ed. (1474, 1792)
  2000 Ed. (1618, 1619, 1620)
  2001 Ed. (1954, 2989)
  2002 Ed. (1817, 1819)

CUMULATIVE INDEX • 1989-2023

2003 Ed. (1884, 4641)
2004 Ed. (1913, 1914, 1915)
2005 Ed. (1601, 2049, 2051, 2600, 2602)
2006 Ed. (2142, 2143, 2144)
2007 Ed. (2088)
2008 Ed. (2197, 2714, 4287, 4289)
2009 Ed. (2174, 2767)
2010 Ed. (1385, 1421, 2115, 2116, 2694, 2696, 2704, 4582, 4588)
2011 Ed. (381, 566, 567, 1440, 2165, 2679, 2681, 2682, 2692, 4545, 4549)
2012 Ed. (1275, 2011, 2604, 2608, 2609, 2611, 2613, 2621, 2623, 2625, 2780)
2013 Ed. (1380, 2201, 2699, 2700, 2701, 2709, 2713, 4489, 4513)
2014 Ed. (1321, 2131, 2683, 2685, 2686, 2690, 2692, 2695, 4535, 4574)
2015 Ed. (1385, 2196, 2727, 2730, 2732, 2736, 2738, 2742, 4424, 4568)
2016 Ed. (1315, 1693, 2166, 2650, 2654, 2656, 2659, 2661, 2665, 3101, 3113, 4318, 4495)
2017 Ed. (1670, 1835, 2107, 2108, 2163, 2164, 2165, 2597, 2601, 2602, 2605, 2607, 2612)
2018 Ed. (1327, 1781, 2074, 2075, 2213, 2215, 2663, 2664, 2669, 3156)
2019 Ed. (1357, 1365, 1370, 1839, 2123, 2124, 2192, 2194, 2648, 2649, 2651, 2654)
2020 Ed. (2053, 2054, 2185, 2660, 2661, 2664, 2667)
2021 Ed. (2005, 2006, 2165, 2572)
2022 Ed. (2042, 2691)
MasterCard Inc. (U.S.)
　2021 Ed. (2006)
　2022 Ed. (2042)
MasterCard International
　1989 Ed. (1436)
　1990 Ed. (1800)
　2000 Ed. (954)
　2003 Ed. (2481)
　2004 Ed. (2614)
　2005 Ed. (2605)
　2006 Ed. (141, 2603)
　2007 Ed. (134, 2570)
　2009 Ed. (92)
MasterCard Ireland
　2015 Ed. (1749)
Mastercard (U.S.)
　2021 Ed. (756, 2007)
　2022 Ed. (789)
MasterCard Worldwide
　2011 Ed. (2958)
　2015 Ed. (2378)
　2016 Ed. (2323, 2324)
　2017 Ed. (1842)
　2018 Ed. (1788)
　2020 Ed. (1786)
MasterControl Inc.
　2012 Ed. (964)
　2019 Ed. (979)
MasterCraft
　2019 Ed. (645)
　2020 Ed. (626)
　2021 Ed. (582)
MasterCraft Boat Co.
　2017 Ed. (3420)
MasterCraft Boat Holdings
　2021 Ed. (1871, 4101)
Masterfoods
　2005 Ed. (866)
　2007 Ed. (90)
　2009 Ed. (110)
Masterfoods USA
　2008 Ed. (3124)
MasterFoodServices
　2002 Ed. (4789)
Masterfridge Ltd.
　2002 Ed. (4482, 4483)
Mastering the Mommy Track
　2014 Ed. (642)
Mastering Uncertainty
　2013 Ed. (620)
MasterKong
　2011 Ed. (576)
　2012 Ed. (561)
　2013 Ed. (678)
Masterkool International
　2019 Ed. (2037)
Mastermedia Cioczek I Wojciak S.J.
　2017 Ed. (1931)
Mastermind Marketing
　2013 Ed. (3629, 3630)
　2014 Ed. (3563)
Masterpiece Flower Co.
　2020 Ed. (3732)
　2021 Ed. (3734)
　2022 Ed. (3752)
　2023 Ed. (3857)
Masterpiece Inc.
　2010 Ed. (2858)
　2011 Ed. (2840)
Masterpiece Studios
　1992 Ed. (3532)
Masterplan
　2009 Ed. (3701)

The Masters
　2002 Ed. (4385)
　2003 Ed. (808)
Masters Advertising
　2000 Ed. (175)
The Master's College
　2008 Ed. (1056)
　2011 Ed. (943)
Master's College & Seminary
　2008 Ed. (1066)
　2009 Ed. (1043)
　2010 Ed. (1009)
Masters DDB
　2001 Ed. (214)
　2002 Ed. (187)
Masters Gallery Foods
　2018 Ed. (2153)
　2019 Ed. (2149, 2154)
　2020 Ed. (2136)
　2021 Ed. (2131)
　2022 Ed. (2161)
　2023 Ed. (2280)
Masters' Select Equity
　2003 Ed. (3488)
　2005 Ed. (4496)
　2007 Ed. (4548)
Masters' Select International
　2005 Ed. (4488)
Masters' Select Smaller Companies
　2006 Ed. (4572)
Masters Select Value
　2006 Ed. (3623, 4572)
　2007 Ed. (2484)
The Master's Seminary
　2008 Ed. (1056)
　2011 Ed. (943)
Masterskill Education
　2013 Ed. (1828)
Masterson Moreland Sauer Whisman
　1993 Ed. (2271, 3198, 3199)
　1995 Ed. (2339, 2340)
　1997 Ed. (2478)
Masterson Motors Inc.
　1992 Ed. (403)
MasterSpas Inc.
　2004 Ed. (3350)
Masters's Select International
　2003 Ed. (3613)
Masterwork Construction AS
　2019 Ed. (1878)
Masterworks LifePath 2030 Institutional
　1999 Ed. (601)
MasteryPrep
　2018 Ed. (2252)
　2019 Ed. (1737, 2225)
Masthaven
　2018 Ed. (2642)
Masthercell
　2019 Ed. (1428)
Mastholm Asset Management
　2000 Ed. (2819)
Mastholm Asset Mgmt.
　2000 Ed. (2815)
Mastroddi; Paul
　1997 Ed. (1956)
Mastro's Restaurants
　2018 Ed. (4209)
　2019 Ed. (4238)
　2021 Ed. (4200)
Mastro's Steakhouse
　2020 Ed. (4182, 4183, 4215)
　2021 Ed. (4120, 4122, 4172)
　2022 Ed. (4149, 4195)
Mastro's Steakhouse/Ocean Club
　2021 Ed. (4120, 4122, 4172)
　2022 Ed. (4148, 4149, 4195)
Mastry's Brewing Co.
　2019 Ed. (696)
Masuda; Etsusuke
　1996 Ed. (1871, 1881)
　1997 Ed. (1979, 1987)
Masuhisa Kobayashi
　2000 Ed. (2150)
MAT Holdings Inc.
　2011 Ed. (3687)
　2012 Ed. (3704)
　2013 Ed. (3748)
　2014 Ed. (3681)
　2015 Ed. (3699)
　2016 Ed. (3581)
Mata Piojos
　2018 Ed. (3379)
　2023 Ed. (3501)
Matador
　1991 Ed. (3336)
　1992 Ed. (4262)
　1993 Ed. (3546)
　1994 Ed. (3505)
　1995 Ed. (3590, 3594)
　1996 Ed. (3670)
　1997 Ed. (3729)
　1998 Ed. (3508)
　1999 Ed. (4579)
　2016 Ed. (4393, 4398)
　2017 Ed. (4405, 4410)
　2018 Ed. (4417, 4423)
　2019 Ed. (4426, 4431)

Matador Fund Ltd.
　2007 Ed. (1187)
Matador by Jack Link's
　2018 Ed. (4416)
　2021 Ed. (4418)
　2022 Ed. (4420)
　2023 Ed. (4449)
Matador-Omskshina
　2001 Ed. (4545)
Matador Resources Co.
　2016 Ed. (2039)
　2017 Ed. (3765)
Matador Resources Company
　2020 Ed. (1935)
Matagorda Co. Navigation District No. 1, TX
　1991 Ed. (2530)
Matahari
　2014 Ed. (693)
　2015 Ed. (730)
Matahari Department Store
　2017 Ed. (708)
Matahari Puta Prima Tbk
　2000 Ed. (2872)
Matahari Putra Prima
　1999 Ed. (1656)
　2000 Ed. (1464, 1465)
　2012 Ed. (1576, 4347)
　2013 Ed. (4284)
Matamoros, Mexico
　1993 Ed. (2500)
Matanuska Electric Association Inc.
　2014 Ed. (1351)
　2015 Ed. (1428)
　2016 Ed. (1351)
　2018 Ed. (1357)
　2019 Ed. (1395)
Matanuska-Susitna Borough, AK
　1993 Ed. (1433)
Matanuska Telephone Association
　2003 Ed. (1077)
Matanuska Valley Credit Union
　2002 Ed. (1846)
　2003 Ed. (1905)
　2004 Ed. (1945)
　2005 Ed. (2086)
　2006 Ed. (2181)
　2007 Ed. (2102)
　2008 Ed. (2217)
　2009 Ed. (2196, 2200)
　2010 Ed. (2151, 2154)
　2011 Ed. (2175)
　2012 Ed. (2029, 2035)
　2013 Ed. (2208)
　2014 Ed. (2139)
　2015 Ed. (2203)
　2016 Ed. (2174)
Matanuska Valley Federal Credit Union
　2018 Ed. (2082)
　2020 Ed. (2060)
　2021 Ed. (2050)
　2022 Ed. (2086)
　2023 Ed. (2200)
Matari
　1989 Ed. (117)
　1990 Ed. (111)
　1991 Ed. (109)
　1992 Ed. (160)
MATAV
　2002 Ed. (1637)
Matav Rt.
　2000 Ed. (893)
　2006 Ed. (664)
Match Group
　2021 Ed. (1892, 3150)
The Match King
　2011 Ed. (537)
Match Marketing Group
　2015 Ed. (82)
　2019 Ed. (3499)
Match-Up Promotions
　2023 Ed. (4061, 4063)
Matchbook Wine Co.
　2023 Ed. (4910)
Matchbox
　1992 Ed. (4328, 4329)
　1993 Ed. (3601)
　1994 Ed. (3562)
　1996 Ed. (3720)
　1997 Ed. (3772)
　1998 Ed. (3601)
　2000 Ed. (4277)
　2001 Ed. (4607)
　2007 Ed. (4789)
Matchbox cars
　1995 Ed. (3647)
MatchBox Consulting Group
　2021 Ed. (725, 733, 1440)
　2022 Ed. (759)
Match.com
　2007 Ed. (3239)
　2008 Ed. (3368)
Matches
　2002 Ed. (2277)
Matchesfashion.com
　2017 Ed. (2032)

Matchetts Music
　2020 Ed. (3658)
　2021 Ed. (3663)
MatchLogic
　2002 Ed. (916)
MatchMaker Regular Strategic Security Portfolio 2
　2001 Ed. (3461, 3462)
MatchMaker Strategic Security Portfolio 2
　2001 Ed. (3461, 3462)
Matchmaker's
　2000 Ed. (1060)
Matco Tools
　1999 Ed. (2520, 2521)
　2002 Ed. (2446, 2576)
　2003 Ed. (2677)
　2004 Ed. (2792)
　2005 Ed. (898, 2784)
　2006 Ed. (813, 2753)
　2007 Ed. (901, 2762)
　2008 Ed. (876, 2879)
　2009 Ed. (886, 2943)
　2010 Ed. (836, 2877)
　2011 Ed. (762, 2858)
　2012 Ed. (700, 2789)
　2013 Ed. (2858, 2972, 4798)
　2014 Ed. (2887, 2983)
　2015 Ed. (2931, 3051)
　2016 Ed. (2866, 2942)
　2017 Ed. (2822, 2901)
　2018 Ed. (2892)
　2019 Ed. (298, 808, 2846)
　2020 Ed. (300, 802, 2874, 4264)
　2021 Ed. (285, 2751, 4241, 4785)
　2022 Ed. (2901, 4789)
　2023 Ed. (3022, 3078, 3113, 4779)
Matco Tools (U.S.)
　2021 Ed. (285)
Mate 1
　2020 Ed. (3722)
Mate; Daniel
　2013 Ed. (4910)
　2014 Ed. (4920)
　2015 Ed. (4960)
　2019 Ed. (4880)
　2020 Ed. (4869)
　2022 Ed. (4866)
　2023 Ed. (4860)
Mate1.com
　2007 Ed. (3239)
Mateco
　2023 Ed. (3493)
Mateco (TVH Group)
　2023 Ed. (3487)
Mateco (equipment business unit of TVH Group)
　2022 Ed. (3369)
mateco GmbH
　2020 Ed. (3355)
　2021 Ed. (3288)
　2022 Ed. (3373)
mateco GmbH (Germany)
　2021 Ed. (3288)
　2022 Ed. (3373)
　2023 Ed. (3491)
Matei Zaharia
　2023 Ed. (4854)
Mater
　2019 Ed. (1419, 2854)
　2020 Ed. (1382)
　2021 Ed. (1379)
Mater Health Services
　2004 Ed. (3955)
Mater Health Services Brisbane
　2016 Ed. (1381)
Mater Hospital
　2002 Ed. (3776)
Matera; Fred
　2013 Ed. (2638)
　2015 Ed. (2636)
　2016 Ed. (2561)
Material Communications Group
　2014 Ed. (2045)
Material handling, loading
　1989 Ed. (2346)
Material Handling Systems
　2020 Ed. (3460)
　2021 Ed. (3481)
Material Handling Systems (MHS)
　2023 Ed. (3659)
Material Handling Systems (U.S.)
　2021 Ed. (3481)
Material Interface Inc.
　2015 Ed. (4239)
Material moving equipment operators
　1989 Ed. (2080)
Material Packaging Corp.
　2008 Ed. (1943)
　2009 Ed. (1903)
　2010 Ed. (1839)
Material Sciences Corp.
　1992 Ed. (1132)
　2001 Ed. (1214)
Material Service Resources Corp.
　2007 Ed. (3511)
　2008 Ed. (3674)
　2009 Ed. (3740)

Materialise NV
 2020 Ed. (965)
MaterialNet.com
 2001 Ed. (4761)
Materials handling & distributions
 1990 Ed. (167)
Materials & Electrochemical Research Corp.
 2015 Ed. (4238)
Materials handling equipment
 1999 Ed. (2093, 2848)
Materials Industry Zhongda Group Co., Ltd.
 2018 Ed. (4680)
 2019 Ed. (4683)
 2020 Ed. (4651)
Materials management
 2005 Ed. (2890, 2891)
Materials Technology Institute
 2015 Ed. (4239)
Materialse NV
 2017 Ed. (1049)
Materieeldienst Bergambacht BV
 2001 Ed. (1805)
 2003 Ed. (1776)
Materion
 2014 Ed. (1903, 3148)
Materion Corporation
 2023 Ed. (4388)
Maternal and Child Health Access
 2009 Ed. (1530)
Materne North America
 2018 Ed. (5000)
Mateschitz; Dietrich
 2008 Ed. (4860)
 2009 Ed. (4878)
 2010 Ed. (4879)
 2011 Ed. (4848)
 2012 Ed. (4875)
 2013 Ed. (4857)
 2014 Ed. (4871)
 2015 Ed. (4909)
 2016 Ed. (4825)
 2017 Ed. (4835)
 2018 Ed. (4840)
 2019 Ed. (4836)
 2020 Ed. (4826)
 2021 Ed. (4827)
 2022 Ed. (4820)
 2023 Ed. (4814)
Math Blaster
 1997 Ed. (1089)
Math Blaster: In Search of Spot
 1996 Ed. (1079)
 1997 Ed. (1101)
 1998 Ed. (849)
Mathari Putra Trima Tbk
 2002 Ed. (3032)
Mathematical
 1992 Ed. (4488)
Mathematical science
 2005 Ed. (3635, 3636)
Mathematical sciences
 2002 Ed. (3976, 3977)
Mathematician
 1989 Ed. (2094, 2095)
Mathematics
 2002 Ed. (3975)
 2011 Ed. (960)
Mathematics & computer sciences
 2002 Ed. (3963)
The Mather Group
 2021 Ed. (3157)
Mather; John
 1997 Ed. (2705)
Mathers Fund
 1992 Ed. (3159, 3177, 3190)
Mathes & Associates Inc.; John
 1990 Ed. (3062)
Mathes Brierre Architects
 2008 Ed. (2518)
 2010 Ed. (2447)
Matheson
 2017 Ed. (3276)
 2019 Ed. (4019)
 2021 Ed. (2709, 3217)
 2022 Ed. (2866)
 2023 Ed. (2980, 3436)
Matheson Holdings; Jardine
 1989 Ed. (1125)
Matheson Tri-Gas
 2019 Ed. (4001)
 2020 Ed. (4018)
 2021 Ed. (3984)
 2022 Ed. (3998)
 2023 Ed. (4082)
Matheson Trucking
 2023 Ed. (4713)
Matheson Trucking Inc.
 2016 Ed. (4740)
 2018 Ed. (4747)
 2019 Ed. (4749)
 2020 Ed. (4728)
 2021 Ed. (4729)
 2022 Ed. (4731)
Matheus Lumber
 2016 Ed. (2864, 2865)
 2018 Ed. (2890)
 2019 Ed. (2840, 2844)

 2021 Ed. (2746, 2749, 2750)
Mathews Bros. Inc.
 2008 Ed. (4426)
The Mathews Co.
 2016 Ed. (2573)
 2017 Ed. (1982, 2472)
 2018 Ed. (2524)
 2019 Ed. (2533)
 2021 Ed. (2467)
Mathews North Inc.; Gary
 1990 Ed. (325)
 1992 Ed. (414)
Mathews Partners
 2016 Ed. (2573)
 2017 Ed. (1982, 2472)
Mathewson; Charles N.
 1995 Ed. (978, 1727)
Mathile; Clayton Lee
 2005 Ed. (4848)
 2006 Ed. (4903)
 2007 Ed. (4898)
 2008 Ed. (4827)
Mathis Bros.
 1996 Ed. (1984)
 2011 Ed. (2982)
Mathis Brothers
 2015 Ed. (2863, 2864, 2865)
 2017 Ed. (2770)
 2018 Ed. (2830)
 2021 Ed. (3486)
Mathis Wine
 2017 Ed. (4901)
Mathnasium
 2016 Ed. (784)
 2019 Ed. (2228)
 2020 Ed. (2224)
 2021 Ed. (2198, 2199)
 2022 Ed. (851, 2230)
 2023 Ed. (2418, 2419)
Mathnasium Learning Centers
 2007 Ed. (2279)
 2008 Ed. (2412)
 2009 Ed. (891, 2412)
 2010 Ed. (2323)
 2011 Ed. (769, 2319)
 2012 Ed. (707, 2221)
 2013 Ed. (911, 2399)
 2014 Ed. (858, 2336)
 2016 Ed. (2345)
 2017 Ed. (2193)
 2018 Ed. (777, 782, 2254)
 2019 Ed. (2227)
 2020 Ed. (784, 791, 2223)
 2021 Ed. (819, 2197)
 2022 Ed. (2229, 2231)
 2023 Ed. (2412, 2417)
Mathnasium (U.S.)
 2021 Ed. (2199)
MathWorks
 2017 Ed. (3046)
 2018 Ed. (3158)
 2023 Ed. (1141)
Matick Automotive
 2020 Ed. (230)
Matif, Paris
 1993 Ed. (1915)
Matilda Bay
 1990 Ed. (3691)
 1991 Ed. (3484)
 1992 Ed. (4440, 4441)
Matinecock, NY
 1998 Ed. (737, 3704)
 1999 Ed. (1155, 4747)
Matisia Consultants
 2017 Ed. (1154)
Matlack Inc.
 1991 Ed. (3433)
 1993 Ed. (3503, 3642)
 1994 Ed. (3474, 3602)
 1995 Ed. (3541, 3680)
 1997 Ed. (3809)
 1998 Ed. (3461, 3639)
 1999 Ed. (4681)
 2000 Ed. (4178)
Matlack Systems, Inc.
 1996 Ed. (3630, 3759)
 1999 Ed. (4532, 4533, 4682)
 2001 Ed. (4441, 4645)
Matli
 2019 Ed. (2235)
 2020 Ed. (2232)
 2021 Ed. (2206)
 2022 Ed. (2239)
 2023 Ed. (2426)
Matlilda
 2018 Ed. (4639)
Matlock Advertising & Public Relations
 2003 Ed. (31, 215)
 2004 Ed. (107)
 2005 Ed. (103, 174)
 2006 Ed. (112, 187)
 2007 Ed. (101, 193)
 2008 Ed. (111, 176, 3704, 4380)
 2009 Ed. (121, 195)
 2010 Ed. (122)
Matlow-Kennedy Corp.
 1994 Ed. (2998)

Matlyn-Stofel Foods Inc.
 1995 Ed. (3142)
Matooma
 2018 Ed. (1554, 4596)
 2019 Ed. (4610)
Matosantos Communications Corp.
 2021 Ed. (2665)
Matra
 1989 Ed. (200)
 1994 Ed. (1514)
Matra-Hachette
 1995 Ed. (1425, 2987)
 1996 Ed. (3404)
 1997 Ed. (3168)
Matra S.A.
 1992 Ed. (1925)
Matria Healthcare
 2003 Ed. (2786)
Matrikon Inc.
 2003 Ed. (2936)
 2005 Ed. (125, 1688, 1692, 1693, 1694, 1695, 1696)
 2006 Ed. (1539)
 2007 Ed. (2818)
 2011 Ed. (1552, 1562)
The Matrix
 2001 Ed. (3363, 3364, 3373, 3374, 3376, 3378, 3379, 4699)
 2002 Ed. (3399)
Matrix
 2013 Ed. (3894)
Matrix Advisors Value
 2004 Ed. (2452)
 2006 Ed. (3632)
Matrix Advisors Value Fund
 2003 Ed. (3532)
Matrix Asset Advisors
 1998 Ed. (2276)
Matrix Bancorp
 2002 Ed. (486)
 2005 Ed. (362)
 2006 Ed. (1653)
Matrix Biolage
 2016 Ed. (3762)
Matrix Canadian Strategic Equity
 2004 Ed. (3627)
Matrix Capital Bank
 2002 Ed. (4134)
 2006 Ed. (1075)
 2007 Ed. (431)
 2008 Ed. (399)
Matrix CNI
 2008 Ed. (1571)
Matrix Composites & Engineering
 2014 Ed. (1389)
Matrix Concepts
 2016 Ed. (1754)
Matrix Design Co.
 2023 Ed. (3374)
Matrix Development Group
 2000 Ed. (3722)
 2002 Ed. (3925)
Matrix Energia
 2022 Ed. (1393, 2392, 2394)
Matrix Essentials
 2016 Ed. (2845, 2846)
 2017 Ed. (2806, 2807)
 2018 Ed. (2873)
Matrix Exhibits
 1994 Ed. (2049)
Matrix Information Consulting Inc.
 2007 Ed. (4992)
 2008 Ed. (3722, 4415, 4973)
Matrix Integration
 2007 Ed. (3553, 3554, 4411)
 2008 Ed. (3708, 4385, 4961)
Matrix Interior Design
 2020 Ed. (3281)
Matrix IV Architects Inc.
 2006 Ed. (3497, 4341)
 2007 Ed. (3534, 4401)
Matrix Labour Leasing
 2014 Ed. (1447)
Matrix Mortgage Global
 2020 Ed. (2639)
Matrix Oil Polska Sp. z o.o.
 2018 Ed. (1881)
Matrix Packaging
 1998 Ed. (2872)
Matrix Partners
 1997 Ed. (3833)
 2002 Ed. (4738)
 2005 Ed. (4818)
Matrix Power Services Inc.
 2006 Ed. (4376)
The Matrix Reloaded
 2005 Ed. (2259, 3519, 3520)
Matrix Research Inc.
 2018 Ed. (1827)
Matrix Resources Inc.
 2008 Ed. (2107)
The Matrix Revolutions
 2005 Ed. (3519, 3520)
Matrix Risk Consultants Inc.
 2004 Ed. (4347, 4349)
 2005 Ed. (4288)
 2006 Ed. (4265)

 2007 Ed. (4293)
 2009 Ed. (762)
 2010 Ed. (705)
 2011 Ed. (636)
 2012 Ed. (604)
Matrix Science Corp.
 1990 Ed. (1247)
Matrix Service
 2016 Ed. (3799)
Matrix Service Co.
 2002 Ed. (1267)
 2003 Ed. (1276, 1278)
 2006 Ed. (1249)
Matrix Services
 1993 Ed. (3337)
Matrix Sierra Equity
 2004 Ed. (3627)
Matrix Structural Engineers
 2010 Ed. (2435)
Matrix Technologies Inc.
 2021 Ed. (2369)
Matrix Telecom
 1997 Ed. (1010, 3526)
Matrix; Toyota
 2008 Ed. (298, 332)
 2013 Ed. (275, 277)
MatrixOne
 2003 Ed. (2157)
 2004 Ed. (2208)
Matrixx Initiatives
 2016 Ed. (947)
Matrixx Initiatives Inc.
 2005 Ed. (856, 857)
 2008 Ed. (4360, 4363, 4367)
Matrixx Marketing Inc.
 1991 Ed. (3282)
 1992 Ed. (4205, 4206)
 1993 Ed. (3512)
 1994 Ed. (3485, 3486)
 1995 Ed. (3556)
 1996 Ed. (3641, 3642)
 1997 Ed. (3697)
 1998 Ed. (3478, 3481, 3483)
 1999 Ed. (4555, 4556, 4557)
 2000 Ed. (4193)
Matros; Richard
 2009 Ed. (3707)
 2010 Ed. (3625)
MATRRIX Energy Technologies Inc.
 2019 Ed. (4507)
Matshushita
 1998 Ed. (3672)
Matshushita Elec. Indl.
 2000 Ed. (1773)
Matshushita Electric Industrial
 2000 Ed. (2864)
Matsmart in Scandinavia
 2021 Ed. (1862, 2241)
Matson Inc.
 2014 Ed. (4764)
 2015 Ed. (1678, 1682, 1683, 4882)
 2016 Ed. (1623, 1627, 1628, 1634, 4800)
 2017 Ed. (1600, 1601, 1603)
 2018 Ed. (1580, 1582, 1584)
 2019 Ed. (1616, 1618)
 2020 Ed. (1577, 1579, 4686)
 2021 Ed. (1561, 1563)
 2022 Ed. (1580, 1582, 1584, 4700)
 2023 Ed. (1752, 1754)
Matson Navigation
 2003 Ed. (4877)
 2005 Ed. (4842)
 2006 Ed. (4895)
 2007 Ed. (4887)
 2011 Ed. (4735)
Matsuda City Development
 2019 Ed. (1061, 1062)
Matsuhisa; Nobu
 2014 Ed. (876)
Matsuhisa; Nobuyuki
 2010 Ed. (856)
Matsui; Hideki
 2005 Ed. (267)
Matsui; Kathy
 1996 Ed. (1867)
 1997 Ed. (1995)
Matsui Nursery
 2020 Ed. (3725)
 2021 Ed. (3727)
 2022 Ed. (3745)
 2023 Ed. (3848)
Matsui Securities
 2016 Ed. (2652)
Matsumoto Medical Instruments
 1995 Ed. (1245)
Matsumotokiyoshi
 2007 Ed. (4636)
 2016 Ed. (4519)
 2017 Ed. (4515)
Matsumotokiyoshi Holdings
 2012 Ed. (3836)
 2013 Ed. (3888)
Matsushima; Noriyuki
 1996 Ed. (1869)
 1997 Ed. (1976)
Matsushita
 1989 Ed. (1341, 2458, 2806)
 1992 Ed. (64, 261, 1461, 1656, 1931,

1932, 3072, 3911, 3918)
1993 Ed. (165, 166, 829, 1032, 1550, 1551, 1562, 2569, 3648, 3667)
1994 Ed. (149, 844, 875, 878, 1063, 1073, 1411, 1588, 1607, 1612, 1616, 1617, 1618, 1671, 2199, 2518, 3050, 3203, 3204, 3205, 3609, 3629, 3678)
1995 Ed. (885, 1075, 1630, 1650, 2577, 2846, 3286, 3684, 3702)
1996 Ed. (1405, 3194)
1997 Ed. (185, 880, 1072, 2789, 3844)
1998 Ed. (107, 608, 812, 1378, 1379, 1402, 1951, 1952, 2496, 3651)
1999 Ed. (204, 1009, 1242, 1944, 1945, 1992, 2692, 2693, 2879, 2880, 3407, 4274, 4696, 4714)
2000 Ed. (227, 963, 1151, 1728, 1729, 2479, 3130, 4326, 4347)

Matsushita Communication
2003 Ed. (4701)
2004 Ed. (4672)
2005 Ed. (4632)

Matsushita Communication Industrial Co., Ltd.
1995 Ed. (3099)
2002 Ed. (4431)

Matsushita Elec. Indl.
1999 Ed. (1993)

Matsushita Elec Trad
1989 Ed. (2908)

Matsushita Electric Corp.
1989 Ed. (1409)
1990 Ed. (1639)
1992 Ed. (60, 82, 1930)
2000 Ed. (3760)
2003 Ed. (2232)

Matsushita Electric Indl.
2000 Ed. (1498)

Matsushita Electric Industrial Co., Ltd.
1989 Ed. (33, 39, 41, 49, 54, 1599)
1990 Ed. (1363, 3444)
1991 Ed. (27, 28, 31, 51, 52, 870, 1250, 1251, 1281, 1282, 1287, 1316, 1317, 1536, 1538, 1553, 2069, 2856)
1992 Ed. (1459, 1494, 1497, 1568, 1569, 1655, 1657, 1658, 1678, 1959, 2865)
1993 Ed. (21, 32, 38, 41, 1175, 1207, 1274, 1277, 1337, 1356, 1357, 1564, 1584, 1586, 1587, 1612, 2176, 3007)
1994 Ed. (24, 26, 29, 31, 32, 46, 1235, 1319, 1320, 1365, 1391, 1393, 1394, 1410, 1645)
1995 Ed. (1254, 1349, 1423, 1424, 1441, 1442, 1443, 1656, 1659, 1683, 2503, 3100)
1996 Ed. (204, 1223, 1383, 1385, 1386, 1637, 2193, 2578, 2710)
1997 Ed. (916, 1201, 1269, 1356, 1357, 1448, 1461, 1462, 1463, 1714, 1744, 2313, 2787, 3007, 3762)
1998 Ed. (1038, 1166, 1417, 1420, 2046)
1999 Ed. (1470, 1581, 1689, 1690, 1691, 1692, 1994, 1995, 2030, 2116, 2117, 3116, 4047, 4614, 4615)
2000 Ed. (1493, 1494, 1495, 1496, 1497, 1772, 1795, 4262)
2001 Ed. (13, 74, 1032, 1614, 1620, 1621, 1624, 1764, 1766, 1767, 1768, 1769, 3648, 3651)
2002 Ed. (253, 348, 929, 1038, 1109, 1131, 1454, 1579, 1684, 1703, 1705, 1706, 1707, 1708, 2071, 2072, 2105, 2106, 2107, 2108, 3251, 3340, 4431, 4581, 4713, 4754)
2003 Ed. (1474, 2235, 2236, 2237, 2239, 2248, 2249, 2250, 3305, 3752, 4076, 4593)
2004 Ed. (56, 1504, 1707, 1711, 2254, 2255, 2256, 2261, 3362, 3777, 3780)
2005 Ed. (51, 2353, 2354, 2355, 2865, 3393, 3696, 3699)
2006 Ed. (58, 85, 782, 1550, 1827, 2393, 2398, 2399, 2400, 3389, 4086, 4774)
2007 Ed. (34, 49, 71, 89, 1327, 1580, 1585, 1835, 1837, 2342, 2343, 2345, 2346, 2347, 2992, 3782)
2008 Ed. (52, 1116, 1563, 1868, 1869, 2461, 2471, 2472, 2474, 2475, 3568, 3861)
2009 Ed. (59, 1491, 1822, 2477, 2596, 3517, 3638, 3920, 4652)
2010 Ed. (1074, 1406, 1763, 2384, 2385, 3444, 3832)

Matsushita Electric Philippines
1995 Ed. (1475)

Matsushita Electric (Taiwan) Co. Ltd.
1990 Ed. (1427, 1643)
1992 Ed. (1933)
1994 Ed. (1620, 1734)

Matsushita Electric Works
1989 Ed. (1289)
1990 Ed. (1588)
2007 Ed. (1294)

Matsushita Electrical
1999 Ed. (3298)
2000 Ed. (3035)

Matsushita Electrical Industrial Co.
2000 Ed. (4263)

Matsushita Electronics
1994 Ed. (1367)

Matsushita Heavy Industries
1997 Ed. (3762)
1999 Ed. (4615)
2000 Ed. (4263)

Matsushita Home Appliance Corp. (HQ)
2000 Ed. (2880)

Matsushita-Kotobuki Electronics Industries Ltd.
1996 Ed. (1746)

Matsushita/MCA
1996 Ed. (2577)

Matsushita (Panasonic)
1991 Ed. (1490, 1491, 3437)
1992 Ed. (1890, 4363)
1997 Ed. (3812)

Matsushita Panasonic Foundation
2003 Ed. (915)

Matsushita (Panasonic, Quasar)
1990 Ed. (890, 1098, 1103, 1109, 1592, 1593, 1641, 2195, 2203, 2574, 3064, 3238, 3661, 3674)
1991 Ed. (3447)
1992 Ed. (1036, 4395)

Matsushita (Panasonic, Sylvania)
1991 Ed. (1008)

Matsushita Plasma Display Panel Co.
2006 Ed. (781)

Matsuya
2015 Ed. (4303)

Matsuzakaya
1990 Ed. (1497)

Matt Aizawa
1999 Ed. (2393)
2000 Ed. (2176)

Matt Andre
2017 Ed. (3596, 3597)
2019 Ed. (3643, 3645, 3646)
2020 Ed. (3614)

Matt Bowen
2006 Ed. (2514)

Matt Brewing Co.
1998 Ed. (2491)
2000 Ed. (3127)
2001 Ed. (1023)
2013 Ed. (697)
2014 Ed. (720, 721)

Matt Brewing Co.; F. X.
1997 Ed. (713)

Matt Brewing Co.; F.X.
1989 Ed. (757)
1990 Ed. (752)

Matt Damon
2009 Ed. (2605)

Matt Delaney
2009 Ed. (3442)

Matt; F.X.
1990 Ed. (751)

Matt Kenseth
2010 Ed. (315)
2011 Ed. (239)
2012 Ed. (260)
2013 Ed. (267)
2017 Ed. (214)
2018 Ed. (199)

Matt Kuchar
2014 Ed. (198)

Matt Martin Real Estate Management
2014 Ed. (4194)
2015 Ed. (4174)

Matt Ryan
2016 Ed. (219, 221)
2020 Ed. (196, 199, 201)

Matt Schwartz
2019 Ed. (3641)

Matt Taylor
2023 Ed. (1301)

Matt Walsh
2016 Ed. (4805)

Mattamy Asset Management Inc.
2022 Ed. (4091)
2023 Ed. (4179)

Mattamy Homes
2018 Ed. (1069)
2019 Ed. (1077, 1080)
2020 Ed. (1064, 1069)
2021 Ed. (1032, 1034, 1037)
2022 Ed. (1071, 1074)
2023 Ed. (1243, 1248)

Mattamy Homes Ltd.
2018 Ed. (4091)
2019 Ed. (4097)
2020 Ed. (4109)

Mattamy U.S. Group
2007 Ed. (1297, 1298)

Mattar Al Tayer
2013 Ed. (4719)

Mattawa; Khaled
2013 Ed. (3480)

Matte; Bernardo
2011 Ed. (4872, 4899)
2012 Ed. (4880)
2013 Ed. (4862)
2014 Ed. (4876)
2015 Ed. (4914)
2016 Ed. (4830)
2017 Ed. (4839)

2018 Ed. (4845)
2019 Ed. (4841)

Matte; Eliodoro
2008 Ed. (4857, 4878)
2009 Ed. (4883)
2010 Ed. (4884, 4902)
2011 Ed. (4872, 4899)
2012 Ed. (4880)
2013 Ed. (4862)
2014 Ed. (4876)
2015 Ed. (4914)
2016 Ed. (4830)
2017 Ed. (4839)
2018 Ed. (4845)
2019 Ed. (4841)

Matte; Patricia
2011 Ed. (4872, 4899)
2012 Ed. (4880)
2013 Ed. (4862)
2014 Ed. (4876)
2015 Ed. (4914)
2016 Ed. (4830)
2017 Ed. (4839)
2018 Ed. (4845)
2019 Ed. (4841)

Mattea, Baillie & The Boys; George Strait, Kathy
1991 Ed. (1040)

Mattea; Kathy
1992 Ed. (1351)

Matteawan Credit Union
2010 Ed. (2128)
2012 Ed. (2028)
2014 Ed. (2150)
2015 Ed. (2214)

Mattel
2016 Ed. (4130, 4677)
2017 Ed. (4107)
2018 Ed. (4676)
2019 Ed. (4681)
2021 Ed. (4666, 4667, 4669)
2022 Ed. (4674)
2023 Ed. (4260, 4667)

Mattel Children's Hospital
2012 Ed. (2958, 2964)
2013 Ed. (3048, 3051)

Mattel Credit Union
2016 Ed. (2222)

Mattel Inc.
1989 Ed. (2855, 2856, 2857, 2858)
1990 Ed. (26, 35)
1991 Ed. (1218, 2299, 2740, 2741, 3408, 3410)
1992 Ed. (2855, 3458, 3459, 4071, 4323, 4325, 4326, 4327)
1993 Ed. (1228, 2413, 2984, 3462, 3598, 3601, 3602, 3603)
1994 Ed. (2365, 2872, 3025, 3502, 3559, 3560)
1995 Ed. (2936, 3573, 3575, 3635, 3638, 3639, 3640, 3642, 3643)
1996 Ed. (3661, 3719, 3722, 3723, 3724)
1997 Ed. (1827, 3715, 3773, 3774, 3775, 3776, 3777, 3778, 3779)
1998 Ed. (599, 2346, 3496, 3499, 3595, 3596, 3597, 3599, 3603, 3604)
1999 Ed. (777, 1001, 1005, 1255, 1345, 3174, 4627, 4628, 4629, 4631, 4632, 4637)
2000 Ed. (945, 946, 955, 1346, 4275, 4277, 4280)
2001 Ed. (1092, 4604)
2002 Ed. (58, 1469, 4641, 4642)
2003 Ed. (915, 1490, 3207, 3208, 3209, 3285, 3286, 4772, 4773)
2004 Ed. (240, 241, 242, 243, 1226, 1520, 3349, 3350, 4747, 4748)
2005 Ed. (243, 244, 245, 246, 1536, 3177, 3279, 3378, 3379, 4467, 4724, 4725)
2006 Ed. (54, 264, 265, 3270, 3320, 3359, 3360, 4071, 4778, 4779, 4780, 4782)
2007 Ed. (3340, 3341, 3344, 3413, 3414, 4784, 4785, 4786, 4793)
2008 Ed. (3106, 3441, 3542, 3543, 3881, 4704, 4707)
2009 Ed. (1463, 3609, 3610, 4744)
2010 Ed. (1389, 1448, 1526, 3533, 3534, 4753, 4760)
2011 Ed. (1149, 1450, 1521, 1803, 1808, 3440, 3532, 3533, 4713)
2012 Ed. (1240, 1283, 1661, 1665, 3027, 3031, 3457, 3522, 3523, 3525, 3827, 3837, 4734, 4735)
2013 Ed. (1391, 3504, 3511, 3562, 3563, 3566, 3881, 3890, 4698)
2014 Ed. (1289, 1329, 1441, 1443, 3479, 3485, 3540, 3541, 3816, 3823, 4752)
2015 Ed. (1214, 1349, 1392, 3497, 3502, 3561, 3562, 3567, 3841, 3848, 4772)
2016 Ed. (1322, 1418, 3349, 3353, 3413, 3414, 3423, 4127, 4129, 4676)
2017 Ed. (1367, 3383, 4103, 4106)
2018 Ed. (3449, 4127, 4130)
2019 Ed. (1371, 3419)
2021 Ed. (3424)
2022 Ed. (3481)

Mattel U.K. Ltd.
2002 Ed. (46)

Mattel (U.S.)
2021 Ed. (4669)

Matteo Renzi
2016 Ed. (720)

Matter Communications
2011 Ed. (4121)
2012 Ed. (4147)
2013 Ed. (4128)
2014 Ed. (4155)
2015 Ed. (1815)
2016 Ed. (1774)
2019 Ed. (4029)
2020 Ed. (4039)
2021 Ed. (4006)
2022 Ed. (4024)
2023 Ed. (4103, 4129)

Matter Communications Inc.
2023 Ed. (4112)

MatterHackers
2018 Ed. (1403)
2019 Ed. (1446)
2021 Ed. (1401)
2022 Ed. (2280, 2283)

Matterhorn Capital Management LLC
2010 Ed. (3383)

Matterport
2019 Ed. (1436, 3507)
2020 Ed. (3493)

Matterport Inc.
2019 Ed. (1445)

Mattersight Corp.
2015 Ed. (1106, 1130)
2016 Ed. (1042)
2017 Ed. (1077)
2018 Ed. (978)
2020 Ed. (964)

Mattessich Iron, LLC
2021 Ed. (4765)

Mattest (Ireland) Ltd.
2007 Ed. (1287)

Matthew
2002 Ed. (3420)

Matthew 25
2003 Ed. (3493)
2004 Ed. (2452)
2007 Ed. (2481)
2021 Ed. (4485)

Matthew 25 Fund
2006 Ed. (3617)
2014 Ed. (4567)

Matthew 25: Ministries
2009 Ed. (3833, 3835, 3837, 3839)
2012 Ed. (3764)

Matthew Barrett
1999 Ed. (1123)

Matthew Beckwith
2019 Ed. (3650)

Matthew Berler
1997 Ed. (1891)
1998 Ed. (1660)
1999 Ed. (2250)
2000 Ed. (2032)

Matthew Borsch
2006 Ed. (2578)

Matthew Bros. Inc.
2008 Ed. (3731, 4981)

Matthew Brown
2009 Ed. (2623)

Matthew Bucksbaum
2007 Ed. (4902)
2008 Ed. (4830)
2009 Ed. (4851)

Matthew Burnell
1998 Ed. (1567)
2000 Ed. (1924)

Matthew Clark
1999 Ed. (2159)
2000 Ed. (1927, 1929)

Matthew Cohn
2013 Ed. (1211)

Matthew Dribnak
2010 Ed. (4391)

Matthew E. Rubel
2008 Ed. (958)
2009 Ed. (960)
2010 Ed. (913)
2011 Ed. (858)
2012 Ed. (808)
2013 Ed. (988)

Matthew Frozen Poultry
2002 Ed. (2368)

Matthew Geller
1999 Ed. (2214)

Matthew Gloag & Son
2001 Ed. (360)

Matthew Harding
1996 Ed. (1717)

Matthew Harrigan
1999 Ed. (2409)
2011 Ed. (3343)

Matthew J. Szulik
2006 Ed. (1099)
2008 Ed. (1108)

Matthew K. Rose
2006 Ed. (941)
2008 Ed. (942, 959)
2010 Ed. (902, 909)

Matthew Levatich
  2015 Ed. (2635)
Matthew Marks
  2013 Ed. (180)
Matthew McCall
  2011 Ed. (3355)
Matthew McConaughey
  2016 Ed. (2524)
Matthew & Nicole Perrin
  2005 Ed. (4862)
Matthew Owen
  2000 Ed. (2137)
Matthew Paull
  2006 Ed. (987)
  2007 Ed. (1080)
  2008 Ed. (964)
Matthew Perrin
  2006 Ed. (4922)
Matthew Perry
  2008 Ed. (2590)
Matthew Simoncini
  2015 Ed. (957)
Matthew Snowling
  2006 Ed. (2578)
Matthew Stafford
  2016 Ed. (219)
  2019 Ed. (195)
  2020 Ed. (196, 201)
Matthew Stover
  2000 Ed. (1983)
Matthew Sutherland
  1996 Ed. (1910)
  1997 Ed. (2000)
Matthews
  1993 Ed. (3358)
  1994 Ed. (3361)
  1996 Ed. (3481)
  1997 Ed. (3546)
  1998 Ed. (3339)
  1999 Ed. (2533)
  2010 Ed. (650)
Matthews Asia Dividend
  2013 Ed. (3817)
  2014 Ed. (3742)
Matthews Asia Growth Investor
  2022 Ed. (3731, 3732)
Matthews Asia Innovators Investment
  2020 Ed. (3706)
  2021 Ed. (3711)
Matthews Asia Innovators Investor
  2022 Ed. (3729, 3730, 3731, 3732)
  2023 Ed. (3825, 3827, 3828)
Matthews Asia Pacific
  2006 Ed. (4569)
Matthews Asia Science & Technology Investor
  2012 Ed. (3740)
Matthews Asia Small Companies Investment
  2020 Ed. (3706)
Matthews Asian Growth & Income
  2003 Ed. (3557)
  2004 Ed. (2468, 3646, 3647, 3649)
  2015 Ed. (3764)
  2016 Ed. (3675)
  2017 Ed. (4490)
Matthews Asian Technology
  2006 Ed. (3639)
  2009 Ed. (3800)
Matthews Band; Dave
  1997 Ed. (1113)
  2007 Ed. (1267)
  2008 Ed. (2583)
  2010 Ed. (2513)
  2011 Ed. (1065, 2515)
  2012 Ed. (994)
Matthews; Bernard
  1995 Ed. (1405)
Matthews Brand Solutions
  2009 Ed. (4108)
Matthews Brothers Builders
  2002 Ed. (1198)
  2003 Ed. (1180)
  2004 Ed. (1186)
  2005 Ed. (1212)
Matthews; Cathy
  2018 Ed. (4111, 4112)
  2019 Ed. (4121)
Matthews China
  2008 Ed. (3771, 4511)
  2009 Ed. (3803, 3804)
  2011 Ed. (3736)
Matthews China Dividend Investment
  2020 Ed. (3704)
  2021 Ed. (3711)
Matthews China Fund
  2005 Ed. (3570)
  2009 Ed. (3785)
  2011 Ed. (4537)
Matthews China Investment
  2021 Ed. (3710, 3712)
Matthews China Investor
  2022 Ed. (3729)
Matthews China Small Companies
  2021 Ed. (3709, 3710, 3712)
  2022 Ed. (3729, 3730, 3732)
  2023 Ed. (3825, 3827, 3828)

Matthews ChinaRYGBX
  2011 Ed. (4542)
Matthews EM Sm Coms Inv
  2023 Ed. (3826, 3828)
Matthews Inc. of Delaware
  1995 Ed. (3420)
Matthews India
  2009 Ed. (3803)
Matthews India Investment
  2020 Ed. (3704, 3706)
Matthews India Investor
  2023 Ed. (3827)
Matthews International Corp.
  2004 Ed. (3445, 3937)
  2005 Ed. (1949, 3459)
  2007 Ed. (1954, 3418)
  2011 Ed. (2004)
  2012 Ed. (1853)
Matthews International Japan
  2001 Ed. (3503)
Matthews International Korea
  1998 Ed. (2656)
  1999 Ed. (3582)
Matthews International Pacific Tiger
  1998 Ed. (2646)
Matthews Japan Investment
  2021 Ed. (3711)
Matthews Japan Investor
  2022 Ed. (3731)
Matthews Korea
  2000 Ed. (3238)
  2003 Ed. (2359, 3550)
  2004 Ed. (2468, 3593, 3646, 3647)
Matthews Korea Fund
  2000 Ed. (3275)
  2007 Ed. (4541, 4544)
  2008 Ed. (4509)
Matthews Korea I
  2000 Ed. (3230, 3279)
Matthews; L. White
  1997 Ed. (979)
Matthews Pacific Tiger Fund
  2006 Ed. (4553)
Matthews Pacific Tiger Investment
  2020 Ed. (3704, 3706)
Matthews; Ronnie
  2018 Ed. (4111, 4112)
  2019 Ed. (4121)
Matthews; Sir Terry
  2005 Ed. (4888, 4893, 4896)
  2007 Ed. (4930, 4934, 4935)
  2008 Ed. (4908)
  2009 Ed. (4922)
  2010 Ed. (4926)
Matthews; T. J.
  2005 Ed. (2479)
Matthews; Terence
  2005 Ed. (4874)
Matthews; Terry
  1997 Ed. (3871)
Matthews & Wright
  1989 Ed. (2656)
Matthiasson
  2015 Ed. (4990)
Mattie B's
  2016 Ed. (2820)
Mattie King
  1994 Ed. (897)
Mattingly
  1990 Ed. (77)
Mattingly Concrete Inc.
  2019 Ed. (1657)
Mattingly; Don
  1989 Ed. (719)
Mattingly & Partners
  1992 Ed. (187)
  1993 Ed. (81, 123)
  1994 Ed. (70, 106)
  1995 Ed. (46)
  1996 Ed. (62, 120)
Mattingly & Partners Australia
  1997 Ed. (60)
Mattingly & Partners New Zealand
  1997 Ed. (125)
Mattingly & Partners (NZ)
  1995 Ed. (105)
MATTIO Communications
  2023 Ed. (141)
Mattress 1 One
  2018 Ed. (2822, 2824, 2833, 3496)
Mattress Barn
  2013 Ed. (3634)
  2014 Ed. (3575)
  2015 Ed. (2863)
  2016 Ed. (3471)
Mattress Discounters
  1993 Ed. (676, 3038)
  1994 Ed. (677, 3097)
  1995 Ed. (2517)
  1996 Ed. (1982)
  1998 Ed. (440, 1781, 3084)
  1999 Ed. (2564)
  2005 Ed. (3411)
  2006 Ed. (3423)
  2007 Ed. (3437)
  2008 Ed. (3604)
  2010 Ed. (3587)
  2011 Ed. (3591)

Mattress Firm
  2013 Ed. (1038, 2792, 2793, 3634)
  2014 Ed. (2819, 2820, 2821, 2822, 2823, 2824, 2827, 2828, 3575)
  2015 Ed. (2863, 2864, 2868, 2869)
  2016 Ed. (2800, 2801, 2802, 3471)
  2017 Ed. (2766, 2767, 2768, 2769, 2770, 2771)
  2018 Ed. (2822, 2823, 2824, 2827, 2828, 2831, 2835, 3495, 3496, 3497)
  2019 Ed. (2798, 2799, 2800, 2937, 3486)
  2020 Ed. (2827, 2828, 3467, 3468)
  2021 Ed. (2698, 2699, 2812, 2813, 3487, 3488)
  2022 Ed. (2857, 2863, 2864, 2979, 2980, 3543, 3544)
  2023 Ed. (2973, 2977, 2978, 3664, 3665, 3666)
Mattress Firm Inc.
  2019 Ed. (2938)
The Mattress Firm Inc.
  1999 Ed. (2555, 2556, 2558)
  2000 Ed. (2297)
  2003 Ed. (2781)
  2005 Ed. (3411)
  2006 Ed. (3423)
  2007 Ed. (3437)
  2008 Ed. (3604)
  2009 Ed. (3083, 3671)
  2010 Ed. (3587)
  2011 Ed. (3591)
Mattress Giant
  2013 Ed. (3634)
Mattress Giant Corp.
  1998 Ed. (1781, 1789)
  2000 Ed. (706, 2291, 2297)
  2001 Ed. (2740)
  2002 Ed. (2582, 2585)
  2005 Ed. (3411)
  2006 Ed. (3423)
  2007 Ed. (3437)
  2008 Ed. (3604)
  2009 Ed. (3671)
  2010 Ed. (3587)
  2011 Ed. (2984, 3591)
Mattress One
  2020 Ed. (2825)
  2022 Ed. (2857)
The Mattress & Sleep Co., Inc.
  2015 Ed. (1524, 4318)
Mattress Warehouse
  1994 Ed. (677, 3097)
  2014 Ed. (3575)
  2016 Ed. (3471)
  2017 Ed. (2769)
  2020 Ed. (2825, 2826)
  2022 Ed. (2858, 2860, 2861, 3542)
Mattresses & bedsprings
  1996 Ed. (2566)
Mattresses/boxsprings
  1999 Ed. (2541, 2542)
Mattrick; Don A.
  2005 Ed. (785)
Matt's El Rancho
  2021 Ed. (4161, 4162)
  2022 Ed. (4184, 4185)
Mattson Resources
  2013 Ed. (1455)
Mattson Resources LLC
  2014 Ed. (1416)
  2015 Ed. (1476)
  2016 Ed. (1403)
Mattson Technology Inc.
  2005 Ed. (1672, 1676)
  2008 Ed. (1607)
Mattu; Ravi
  1997 Ed. (1953)
Matty Moroun
  2013 Ed. (1173, 3479)
Matulaitis Nursing Home
  2012 Ed. (3775)
Matuschka
  1992 Ed. (2964)
Matuschka & Co.
  1991 Ed. (2227)
Matviyenko; Valentina
  2010 Ed. (4986)
Maty's
  2018 Ed. (922)
  2020 Ed. (907)
  2021 Ed. (918)
Matys
  2023 Ed. (241)
Matys Healthy Prods LLC
  2023 Ed. (2147, 2148)
Maty's Healthy Products
  2020 Ed. (2051)
  2021 Ed. (2002)
Matzo bread
  1999 Ed. (1422)
Mau; Hui Wing
  2008 Ed. (4844)
  2009 Ed. (4861, 4863)
  2011 Ed. (4850, 4853)
  2014 Ed. (4877, 4888)
  2015 Ed. (4927)
  2019 Ed. (4852)
  2020 Ed. (4841)

2021 Ed. (4842)
MAU Workforce Solutions
  2021 Ed. (2316)
  2022 Ed. (2365)
Mauboussin; Michael
  1996 Ed. (1794)
Mauer; Joe
  2012 Ed. (432)
  2013 Ed. (187)
  2014 Ed. (193)
  2015 Ed. (220)
Maui Brewing Co.
  2023 Ed. (907)
The Maui Closet Co.
  2017 Ed. (4990)
Maui Clothing Co., Inc.
  2014 Ed. (1632)
  2015 Ed. (1681)
  2016 Ed. (1626)
Maui County Employees Credit Union
  2010 Ed. (2132)
Maui County, HI
  1996 Ed. (1472, 1474, 1475)
Maui Divers Jewelry
  2008 Ed. (1775, 1776)
  2009 Ed. (1714, 1715)
  2010 Ed. (1665)
  2011 Ed. (1673)
  2014 Ed. (1623)
Maui Economic Opportunity
  2009 Ed. (1714, 1715)
Maui Economic Opportunity Inc.
  2016 Ed. (1626)
Maui Electric Co. Ltd.
  2003 Ed. (2134)
Maui Family Support Services
  2016 Ed. (1632)
Maui Family Support Services Inc.
  2013 Ed. (1687)
Maui, HI
  2002 Ed. (2628)
Maui Land & Pineapple Co.
  2017 Ed. (1599)
Maui Land & Pineapple Co. Inc.
  2019 Ed. (1612)
Maui Land & Pineapple Co., Inc.
  2002 Ed. (3558)
  2006 Ed. (1748)
  2007 Ed. (1757)
  2008 Ed. (1785)
  2009 Ed. (1726)
  2010 Ed. (1674)
  2011 Ed. (1683)
  2012 Ed. (1534)
  2013 Ed. (1680)
Maui Land & Pineapple Inc.
  2017 Ed. (1594)
Maui Medical Group Inc.
  2012 Ed. (1534)
  2013 Ed. (1680)
  2014 Ed. (1632)
  2015 Ed. (1681)
  2017 Ed. (1599)
Maui Memorial Medical Center
  2020 Ed. (1580)
  2022 Ed. (1583)
  2023 Ed. (1753, 1755)
Maui Moisture
  2023 Ed. (3005, 3011)
Maui Paradise Properties
  2022 Ed. (1577, 4711)
Maui Petroleum Inc.
  2006 Ed. (1748)
  2007 Ed. (1757)
  2008 Ed. (1785)
  2009 Ed. (1726)
  2010 Ed. (1674)
  2011 Ed. (1683)
  2012 Ed. (1534)
  2013 Ed. (1680)
  2014 Ed. (1626, 1632)
  2015 Ed. (1681)
  2016 Ed. (1626)
Maui Teachers Credit Union
  2004 Ed. (1934)
  2006 Ed. (2161)
Maui Toyota
  2006 Ed. (1748)
  2007 Ed. (1757)
  2008 Ed. (1785)
Maui Toyota/Scion
  2012 Ed. (1534)
Maui Varieties Ltd.
  2009 Ed. (1720)
Maui Wowi Fresh Hawaiian Blends
  2005 Ed. (905, 3914)
  2006 Ed. (820, 3233)
  2007 Ed. (907)
  2008 Ed. (882)
  2009 Ed. (892)
Maui Wowi Hawaiian
  2010 Ed. (842)
Maui Wowi Hawaiian Coffees & Smoothies
  2007 Ed. (3293)
  2008 Ed. (3408)
  2009 Ed. (3468)
  2010 Ed. (3406)
  2011 Ed. (768, 906)

2012 Ed. (706)
2013 Ed. (910, 1031)
2014 Ed. (857, 1002)
2015 Ed. (1038)
2016 Ed. (944)
2017 Ed. (989, 1507)
Maui Wowi Inc.
  2004 Ed. (914, 3220)
  2005 Ed. (3247)
  2006 Ed. (2621, 3988)
Maui Wowi Smoothies
  2002 Ed. (3041)
  2003 Ed. (3164)
Mauldin & Jenkins
  1998 Ed. (18)
  2000 Ed. (19)
  2012 Ed. (24)
  2013 Ed. (22)
  2014 Ed. (18)
  2015 Ed. (19)
  2016 Ed. (18)
  2017 Ed. (14)
  2018 Ed. (13)
  2019 Ed. (14)
  2020 Ed. (16)
  2021 Ed. (18)
  2022 Ed. (19)
  2023 Ed. (59)
Mauna Kea
  1995 Ed. (2155)
Mauna Kea Beach Hotel at Mauna Kea Resort
  2021 Ed. (1556)
  2022 Ed. (1576)
Mauna Kea Resort LLC
  2011 Ed. (1681)
Mauna Ken Lodge at Pebble Creek
  1992 Ed. (3686)
Mauna Lani Bay
  1992 Ed. (3686)
  1994 Ed. (3051)
  1995 Ed. (2155)
Mauna Lani Resort
  2006 Ed. (1746)
  2007 Ed. (1755, 1759)
  2008 Ed. (1783)
Mauna Lani Resort (Operation) Inc.
  2009 Ed. (1724, 1728)
  2010 Ed. (1672, 1676)
  2011 Ed. (1681, 1685)
  2012 Ed. (1532, 1536)
  2013 Ed. (1678, 1683)
  2014 Ed. (1630, 1635)
  2015 Ed. (1679)
  2016 Ed. (1624)
  2017 Ed. (1597)
Mauna Loa
  2003 Ed. (3654)
  2006 Ed. (799, 3728)
  2007 Ed. (3711)
  2008 Ed. (3802)
  2009 Ed. (3848)
Mauna Loa Macadamia Nut Corp.
  2003 Ed. (3655)
Mauney; Robert
  1991 Ed. (2342)
Maunsell
  2000 Ed. (1809)
Maunsell Consultancy Services Ltd.
  1991 Ed. (1556)
Maunsell Group
  1995 Ed. (1685, 1697)
  1996 Ed. (1679)
  1997 Ed. (1747, 1760)
  1998 Ed. (1455)
Maunsell & Partners; G.
  1993 Ed. (1614)
Maureen Chiquet
  2009 Ed. (4974)
Maureen Cropper Public Relations
  1995 Ed. (3017)
Maureen Kelly
  2006 Ed. (2518)
Maureen Kempston-Darkes
  2005 Ed. (4991)
  2008 Ed. (2629)
Maureen Raihle
  2014 Ed. (3391)
  2017 Ed. (3245)
Maureen Wheeler
  2013 Ed. (4894)
Maurer; Jerald L.
  2005 Ed. (2511)
  2007 Ed. (2504)
Maurer; Lucille
  1991 Ed. (3210)
  1993 Ed. (3443)
  1995 Ed. (3505)
Maurice Bennett
  1997 Ed. (2705)
Maurice Blackburn
  2020 Ed. (3326)
  2021 Ed. (3197)
  2022 Ed. (3332)
Maurice Cox
  2012 Ed. (2166)
Maurice F. Holmes
  1989 Ed. (736)

Maurice & Gaby Salem
  2008 Ed. (4902)
Maurice Greenberg
  2000 Ed. (1883)
  2003 Ed. (4879)
  2005 Ed. (964)
  2006 Ed. (908)
  2007 Ed. (4892)
  2008 Ed. (4829)
  2009 Ed. (4850)
Maurice L. McAlister
  1990 Ed. (1712)
Maurice L. Reissman
  1992 Ed. (1140)
Maurice R. Greenberg
  1990 Ed. (2282)
  1992 Ed. (2713)
  1994 Ed. (2237)
  1997 Ed. (982, 1802)
  1998 Ed. (720, 724, 1514, 2138, 2139)
  1999 Ed. (2080)
  2000 Ed. (1046)
  2002 Ed. (2873)
  2003 Ed. (2371)
  2004 Ed. (973, 4863)
  2005 Ed. (4849)
  2006 Ed. (4904)
Maurice R. Greenberg (American International Group Inc.)
  1991 Ed. (2156)
Maurice Raymond Greenberg
  1996 Ed. (966)
  2002 Ed. (3354)
Maurice Saatchi
  2000 Ed. (37)
Maurice Wightman
  2015 Ed. (3485)
Maurices
  2017 Ed. (943)
Mauricio Novis Botelho
  2014 Ed. (935)
Mauricio Reveco
  1999 Ed. (2414)
Mauricio Umansky
  2017 Ed. (4083)
  2018 Ed. (4109)
  2019 Ed. (4118)
Mauritania
  2002 Ed. (738)
  2006 Ed. (2336)
  2007 Ed. (2267)
  2010 Ed. (282, 769, 1067, 1632, 2402, 2840, 4672)
  2011 Ed. (205, 686, 1005, 2402, 2822, 3329, 3841, 4620)
  2012 Ed. (219, 597, 602, 627, 924, 927, 1235, 1495, 2334, 2618, 2619, 2755, 3084, 4546, 4626)
  2013 Ed. (209, 487, 734, 743, 768, 1068, 1071, 1348, 1626, 2289, 2514, 2688, 2689, 2830, 3167, 4503, 4566, 4781)
  2014 Ed. (216, 793, 1592, 2222, 2457, 3172, 4621, 4979)
  2015 Ed. (248, 795, 836, 1065, 1348, 1643, 2286, 2526, 2642, 2718, 3232, 3449, 4619, 4620, 5012)
  2016 Ed. (717, 969, 973, 1267, 1586, 2258, 2302, 2461, 2564, 2832, 3308, 3740)
  2017 Ed. (1007)
Mauritius
  1990 Ed. (241, 1446)
  1991 Ed. (1380)
  1992 Ed. (1729, 1730)
  1994 Ed. (1485)
  1995 Ed. (1517)
  1996 Ed. (1476)
  1997 Ed. (1541, 2562, 3633)
  1999 Ed. (1780)
  2000 Ed. (1609, 2364, 2366, 2367)
  2001 Ed. (1946, 2232)
  2002 Ed. (1811)
  2004 Ed. (1918, 4597)
  2005 Ed. (2053, 4531)
  2006 Ed. (2146, 2336, 4612)
  2007 Ed. (2090, 2267, 4599)
  2008 Ed. (2200, 2402)
  2009 Ed. (2401)
  2010 Ed. (2314, 3747, 4673, 4674, 4722)
  2011 Ed. (2310, 2631, 3387, 3747, 4570, 4621)
  2012 Ed. (2210, 4627)
  2013 Ed. (2385, 2393, 4567)
  2014 Ed. (2322, 2330, 2645, 4622)
  2015 Ed. (2396, 2687)
  2016 Ed. (2341, 2567, 2604, 4540)
  2017 Ed. (2189, 2535)
  2018 Ed. (2249)
  2019 Ed. (2222)
  2020 Ed. (2219, 4569)
  2021 Ed. (2191)
  2022 Ed. (2221)
  2023 Ed. (2410)
Mauritius Co-operative Central Bank Ltd.
  1991 Ed. (606)
Mauritius Commercial Bank
  1989 Ed. (619)
  1991 Ed. (606)

1992 Ed. (776)
1993 Ed. (566)
1994 Ed. (568)
1995 Ed. (397, 544)
1996 Ed. (421, 603)
1997 Ed. (388, 556)
1999 Ed. (446, 590, 641)
2000 Ed. (439, 606)
2001 Ed. (1605)
2002 Ed. (509, 620, 650, 4443, 4444)
2003 Ed. (584, 614)
2004 Ed. (547, 591, 623)
2005 Ed. (576, 612)
2006 Ed. (499, 4520)
2007 Ed. (518)
2008 Ed. (475)
2009 Ed. (502)
2010 Ed. (485)
2011 Ed. (413)
2013 Ed. (344)
2014 Ed. (362)
2015 Ed. (414, 1400)
2016 Ed. (379, 385, 1332)
2017 Ed. (378)
2018 Ed. (347)
2019 Ed. (351)
2020 Ed. (348)
Mauritius Commercial Bank Madagascar
  2014 Ed. (359)
  2015 Ed. (411)
Mauritius Post & Co-operative Bank
  2011 Ed. (413)
Mauritius Post & Cooperative Bank
  2013 Ed. (344)
Mauritius Stock Exchange
  1995 Ed. (3512)
Mauro Auto Group
  1991 Ed. (308)
Mauro Lilling Naparty
  2015 Ed. (3474)
Maury Harris
  1990 Ed. (2285)
  1994 Ed. (1815, 1837)
  1995 Ed. (1855)
  1996 Ed. (1833)
  1998 Ed. (1604)
  1999 Ed. (2190)
Maus Brothers
  1989 Ed. (53)
  1990 Ed. (50)
  1991 Ed. (50)
Maus Freres
  1991 Ed. (1355)
Maus Freres SA
  1993 Ed. (3253)
Mauser Packaging Solutions
  2020 Ed. (3138)
  2021 Ed. (3004)
  2022 Ed. (3141)
Maven
  2019 Ed. (4717)
Maven Clinic
  2019 Ed. (2877)
Maven Consulting
  2021 Ed. (732, 1456)
Maven Management
  2002 Ed. (3257)
Maven Recruiting Group
  2016 Ed. (3044)
Maven Wave
  2022 Ed. (1091)
Maven Wave Partners LLC
  2016 Ed. (1645)
Mavenir Systems
  2014 Ed. (190, 4657)
Mavera
  2019 Ed. (3162)
Maverick
  1995 Ed. (2095)
  1996 Ed. (2687)
  2003 Ed. (970)
  2015 Ed. (989)
  2016 Ed. (890)
  2018 Ed. (872)
  2020 Ed. (4572)
Maverick City Music
  2023 Ed. (3808)
Maverick Communications Inc.
  2014 Ed. (1472)
  2015 Ed. (1527)
Maverick County, TX
  2002 Ed. (1806)
The Maverick & His Machine
  2005 Ed. (722)
Maverick Integration
  2015 Ed. (3067)
  2016 Ed. (2957, 2958)
  2017 Ed. (2916, 2917)
  2018 Ed. (2983, 2984)
  2019 Ed. (2928, 2929)
  2020 Ed. (2946, 2947)
Maverick Media Ventures
  2021 Ed. (1571, 2240, 2244)
Maverick Performance Products
  2022 Ed. (1365, 2393)
Maverick Steel Inc.
  2019 Ed. (1036)

Maverick Transportation
  2023 Ed. (4718)
Maverick Transportation Inc.
  2005 Ed. (4783)
  2006 Ed. (4851)
Maverick Tube Corp.
  1993 Ed. (3113)
  2004 Ed. (4534, 4535)
  2005 Ed. (1881, 1882, 1889, 4477)
  2006 Ed. (1902, 1903, 1907, 1909, 3821)
  2007 Ed. (1892, 2748, 3836)
  2008 Ed. (2852, 3666)
Maverick USA
  2009 Ed. (4798)
  2010 Ed. (4815)
  2011 Ed. (4766, 4774)
  2012 Ed. (4787, 4796)
  2013 Ed. (4748)
  2014 Ed. (4798)
  2015 Ed. (4833)
  2023 Ed. (4709)
Maverick USA Inc.
  2013 Ed. (4757)
  2014 Ed. (1373, 4807)
  2015 Ed. (4842)
  2016 Ed. (4746)
  2017 Ed. (4758)
  2018 Ed. (4743, 4755)
  2019 Ed. (4745, 4757)
  2020 Ed. (4724, 4736)
  2021 Ed. (4725, 4735)
  2022 Ed. (4727, 4737)
  2023 Ed. (4721)
Mavericks; Dallas
  2005 Ed. (646)
  2006 Ed. (548)
  2007 Ed. (579)
  2008 Ed. (530)
  2009 Ed. (565)
  2010 Ed. (548)
  2011 Ed. (476)
  2012 Ed. (433)
  2013 Ed. (546)
  2014 Ed. (560)
  2015 Ed. (623)
  2016 Ed. (570)
  2017 Ed. (599)
  2018 Ed. (563)
  2019 Ed. (582)
  2020 Ed. (565)
  2022 Ed. (557)
Maverik
  2018 Ed. (2849)
  2019 Ed. (2815)
  2020 Ed. (2838)
  2021 Ed. (2712)
Maverik Country Stores Inc.
  2001 Ed. (1903)
  2003 Ed. (1858)
  2004 Ed. (1894)
  2005 Ed. (2020)
  2006 Ed. (2123)
  2007 Ed. (2071)
  2008 Ed. (2179)
  2009 Ed. (2165)
  2010 Ed. (2105)
Maverik Inc.
  2011 Ed. (2158)
  2012 Ed. (2009)
  2013 Ed. (2198)
  2014 Ed. (2128)
  2015 Ed. (2187)
  2016 Ed. (2163)
  2019 Ed. (1300)
Mavesa
  1994 Ed. (869)
  1996 Ed. (883, 884)
  1997 Ed. (906)
  1999 Ed. (1036, 1037)
  2000 Ed. (985, 986)
  2002 Ed. (941)
Mavesa SA
  2003 Ed. (4611)
Mavis Beacon Teaches Typing
  1995 Ed. (1101)
  1996 Ed. (1079)
  1998 Ed. (848, 849)
Mavis Discount Tire
  2011 Ed. (4691)
  2012 Ed. (4714)
  2013 Ed. (4668)
  2014 Ed. (4718)
  2015 Ed. (4733)
  2016 Ed. (4634)
  2017 Ed. (4648)
  2018 Ed. (4644)
  2019 Ed. (4657)
Mavis Tire Express Services Corp.
  2020 Ed. (4625)
  2021 Ed. (4635, 4645)
  2022 Ed. (4654)
Mavis Tire Supply Corp.
  2017 Ed. (4648)
  2018 Ed. (4644)
  2019 Ed. (4657)
Mavpak
  2022 Ed. (1611)

CUMULATIVE INDEX • 1989-2023

Mavrix American Growth
  2003 Ed. (3580, 3581)
Mavrix Canadian Strategic Equity
  2004 Ed. (3626)
Mavrix Diversified
  2004 Ed. (3623, 3624)
Mavrix Dividend & Income
  2004 Ed. (3619)
Mavrix Emerging Companies
  2003 Ed. (3572)
  2004 Ed. (3630)
Mavrix Enterprise
  2003 Ed. (3580, 3581)
  2004 Ed. (2465, 2466, 3635)
Mavrix Explorer
  2005 Ed. (3567)
Mavrix Growth
  2003 Ed. (3596, 3597, 3602)
  2004 Ed. (3629, 3630, 3635)
Mavrix Sierra Equity
  2004 Ed. (3626)
Mavrix Strategic Bond
  2004 Ed. (728, 729)
Mawa Design
  2018 Ed. (3756)
Mawarid Finance
  2010 Ed. (2679)
Mawer Canadian Bond Fund
  2010 Ed. (3732)
Mawer Canadian Equity
  2004 Ed. (3613, 3614)
Mawer Canadian Equity Fund
  2010 Ed. (2555, 3734)
Mawer New Canada
  2004 Ed. (3616, 3617)
Mawer New Canada Fund
  2009 Ed. (3805)
  2010 Ed. (3733, 3734)
Mawer U.S. Equity Fund
  2010 Ed. (2557)
Mawson & Mawson Inc.
  2020 Ed. (4738)
  2021 Ed. (4737)
  2022 Ed. (4739)
  2023 Ed. (4723)
Max
  2004 Ed. (89)
Max 1-10
  1993 Ed. (234)
Max B. Cremer II
  2007 Ed. (4441)
Max Bermuda Ltd.
  2011 Ed. (3298)
Max Bohnstedt
  1992 Ed. (2906)
Max Borges Agency
  2014 Ed. (4150)
  2015 Ed. (4133)
  2017 Ed. (4018, 4028, 4030)
Max Broock Inc.
  1998 Ed. (2996)
  1999 Ed. (3992)
  2000 Ed. (3708)
  2001 Ed. (3995)
Max Burgers
  2020 Ed. (1314)
The MAX Challenge
  2021 Ed. (2773)
Max Club
  1996 Ed. (3815, 3816)
  1997 Ed. (3862)
Max Cos., Inc.
  2011 Ed. (4580)
MAX Credit Union
  2016 Ed. (1337)
  2018 Ed. (2081)
  2021 Ed. (2009)
Max Credit Union
  1996 Ed. (1510)
  2002 Ed. (1845)
  2003 Ed. (1904)
  2004 Ed. (1944)
  2005 Ed. (2085)
  2006 Ed. (2180)
  2007 Ed. (2101)
  2008 Ed. (2216)
  2009 Ed. (2199)
  2010 Ed. (2138, 2153)
  2011 Ed. (2174)
  2020 Ed. (2059)
  2021 Ed. (2049)
  2022 Ed. (2085)
  2023 Ed. (2199)
Max D. Soriano
  1994 Ed. (2059, 2521, 3655)
Max Dial Porsche
  1991 Ed. (292)
Max Digital
  2016 Ed. (1004)
Max Dolding
  2000 Ed. (2127)
Max Factor
  1990 Ed. (1430, 1431, 1433, 1435, 1436, 1740)
  1991 Ed. (1363)
  1992 Ed. (1709, 1710, 1711)
  1993 Ed. (1418, 1419, 1420)
  1994 Ed. (1471, 1472, 1473)

  1995 Ed. (1507, 1508, 2899)
  1996 Ed. (1463, 1464, 1465)
  1997 Ed. (1531, 1532, 1533, 1534, 2635, 2923)
  1998 Ed. (1194, 1196, 1197)
  1999 Ed. (1754, 1758, 1759, 1760, 2112, 2113, 2114, 3189, 3190)
  2000 Ed. (1586, 1589, 1590, 1903, 1904, 2936, 3313)
  2001 Ed. (1910, 1913, 1926, 1927, 1928, 1931, 2384)
  2003 Ed. (1861, 1864)
  2004 Ed. (3260)
  2005 Ed. (2023)
  2006 Ed. (2125)
  2007 Ed. (2075, 3353)
  2012 Ed. (2010)
Max Factor Lipfinity
  2003 Ed. (3217)
  2004 Ed. (1901)
  2005 Ed. (3292)
Max Foote Construction Co.
  2011 Ed. (1196)
Max Guitar BV
  2020 Ed. (3667)
  2021 Ed. (3673)
Max Interactive
  2017 Ed. (1158)
Max Interactive Inc.
  2016 Ed. (1415)
  2017 Ed. (1427)
  2023 Ed. (1602)
Max Internet Communications
  2002 Ed. (2476)
Max Leaman
  2017 Ed. (3593, 3596, 3597, 3599)
  2018 Ed. (3651, 3653, 3656, 3657, 3659)
  2019 Ed. (3642, 3645, 3646, 3648)
  2020 Ed. (3614, 3615, 3616)
Max Leaman (LoanPeople)
  2021 Ed. (3636, 3637)
  2022 Ed. (3703)
Max Machinery
  2016 Ed. (3421)
  2017 Ed. (3381)
  2018 Ed. (3447)
  2019 Ed. (3417)
  2020 Ed. (3420)
  2021 Ed. (3435)
Max Machinery, Inc.
  2022 Ed. (3493)
Max Martin Fisher
  1995 Ed. (935)
Max (Maximum Ride)
  2011 Ed. (490)
Max Motors Dealerships
  2023 Ed. (3764, 3781)
Max Muscle
  2007 Ed. (2613)
  2008 Ed. (2742)
  2009 Ed. (2796)
  2010 Ed. (2728)
Max Muscle Sports Nutrition
  2011 Ed. (2711)
  2013 Ed. (4819)
  2014 Ed. (4833)
  2015 Ed. (4869)
  2016 Ed. (4791)
  2018 Ed. (4807)
Max Plan
  1993 Ed. (235)
Max Re Capital Ltd.
  2003 Ed. (4321)
Max Saver
  1993 Ed. (235)
Max Toberoff
  1991 Ed. (2296)
Max Turnauer
  2014 Ed. (4871)
  2015 Ed. (4909)
Max Verstappen
  2023 Ed. (317, 323)
Max Wild
  2018 Ed. (1037)
  2019 Ed. (1049)
Max Your Community Credit Union
  2012 Ed. (2034)
Max, Your Community Credit Union
  2013 Ed. (2207)
  2014 Ed. (2138)
  2015 Ed. (2202)
  2016 Ed. (2173)
Maxager Technology Inc.
  2001 Ed. (2854, 2855)
Maxar Technologies
  2019 Ed. (79)
  2021 Ed. (2782)
  2022 Ed. (3499)
Maxar Technologies Inc.
  2021 Ed. (2253)
  2022 Ed. (2293)
  2023 Ed. (166, 2473)
Maxar Technologies, Inc.
  2022 Ed. (1254)
Maxar Technologies Ltd.
  2020 Ed. (2911)
MaxCare Professional Cleaning
  2000 Ed. (2271)

Maxell
  1991 Ed. (1363)
  1995 Ed. (679)
  1996 Ed. (749, 750)
  1997 Ed. (680, 681)
  1998 Ed. (475, 476, 1949, 2849)
  1999 Ed. (735, 736)
  2000 Ed. (749)
  2002 Ed. (4755)
  2007 Ed. (1229, 3952)
  2012 Ed. (956)
Maxell 6X Silver
  2002 Ed. (4755)
Maxell H6X Gold
  2002 Ed. (4755)
Maxell UR
  2002 Ed. (4755)
Maxem Eyewear Corp.
  2012 Ed. (4332)
  2013 Ed. (1160, 3570)
Maxeon Solar Technologies, Ltd.
  2023 Ed. (2007)
Maxfield Real Estate Inc.
  2017 Ed. (2484)
Maxfli
  1997 Ed. (2153, 2154)
  1998 Ed. (25)
  2002 Ed. (2416)
Maxfli/Dunlop
  1998 Ed. (1856)
Maxfunds.com
  2002 Ed. (4817, 4837)
MaxFurniture.com
  2010 Ed. (2371)
MaxGen Energy Services
  2021 Ed. (2325, 2339)
MaxGen Energy Services Corp.
  2020 Ed. (1404)
  2021 Ed. (1401)
Maxhome
  2016 Ed. (1062)
Maxi Drug Inc.
  2006 Ed. (2002, 4147)
Maxi Haulage
  2016 Ed. (4700)
  2018 Ed. (4703)
  2019 Ed. (4708)
Maxi Krisp
  1997 Ed. (1214)
  1998 Ed. (992, 3660)
Maxi-Switch
  2006 Ed. (1231)
Maxicare
  1990 Ed. (1994)
  2002 Ed. (2463)
Maxicare California
  1993 Ed. (2023)
Maxicare Communications Inc.
  1989 Ed. (1924)
Maxicare Health
  1989 Ed. (1039, 1578, 1579)
  1990 Ed. (1988, 1989)
  1996 Ed. (2081)
Maxicare Health Plans
  1989 Ed. (2461)
  1990 Ed. (1307, 3254)
  1993 Ed. (2021)
  1995 Ed. (2085)
  2003 Ed. (3354)
Maxicare Healthplans
  1989 Ed. (2460)
Maxicare Illinois Inc.
  1989 Ed. (1585)
  1990 Ed. (1995)
Maxicare Philadelphia Inc.
  1989 Ed. (1587)
  1990 Ed. (2000)
MaxiClimber
  2017 Ed. (2138)
  2019 Ed. (3087)
Maxifacial Dental Surgery
  2016 Ed. (1847)
Maxim
  2000 Ed. (3499)
  2001 Ed. (258, 259, 3197)
  2002 Ed. (3228)
  2003 Ed. (3275)
  2004 Ed. (139)
  2015 Ed. (3549)
  2016 Ed. (3400)
Maxim: Bond
  1992 Ed. (4374)
Maxim Construction Services Corp.
  2019 Ed. (4931)
Maxim Crane
  2019 Ed. (3353)
Maxim Crane Rental Corp.
  2014 Ed. (3471)
  2017 Ed. (3301)
  2018 Ed. (3370)
  2019 Ed. (3350)
  2020 Ed. (3351)
  2021 Ed. (3285)
Maxim Crane Works
  2018 Ed. (1014, 1015, 1016, 1017, 4010)
  2019 Ed. (1016, 1020, 1021, 1022, 1024, 3997)
  2020 Ed. (1005, 1007, 1009, 1010, 1011,

    1012, 1013, 1015, 1016, 4014)
  2021 Ed. (971, 975, 976, 977, 978, 979, 980, 982, 983, 3980)
  2022 Ed. (1008, 1009, 1010, 1012, 1013, 1015, 1016, 1017, 1018, 1020, 1021, 3370, 3994)
  2023 Ed. (1186, 1187, 1188, 1190, 1191, 1193, 1194, 1195, 1196, 1197, 1199, 1200, 3488, 4078)
Maxim Crane Works LLC
  2006 Ed. (382)
Maxim Crane Works (U.S.)
  2021 Ed. (971)
  2022 Ed. (1008, 1009)
Maxim Group Inc.
  1996 Ed. (2062, 2882)
  2001 Ed. (2742)
  2009 Ed. (1478)
Maxim: Growth
  1992 Ed. (4377)
Maxim Healthcare
  2002 Ed. (2588)
Maxim Healthcare Services
  2006 Ed. (4456)
  2008 Ed. (4494)
  2011 Ed. (3769)
  2012 Ed. (3772)
  2013 Ed. (3837)
  2014 Ed. (2758, 3757)
  2015 Ed. (3781)
  2016 Ed. (3694)
  2017 Ed. (3652)
  2021 Ed. (2318)
  2022 Ed. (2370)
Maxim Healthcare Services Inc.
  2014 Ed. (4116)
  2016 Ed. (2838)
  2017 Ed. (3985)
Maxim Hotel Brokerage
  2008 Ed. (3071)
Maxim Integrated
  2018 Ed. (4335)
Maxim Integrated Products
  2013 Ed. (4421)
  2014 Ed. (2878, 2879, 4452)
  2015 Ed. (4447)
  2017 Ed. (1000, 1018)
  2018 Ed. (4337)
  2019 Ed. (4364)
  2020 Ed. (919, 4358, 4360)
  2021 Ed. (925)
  2022 Ed. (944)
  2023 Ed. (1112)
Maxim Integrated Products Inc.
  1998 Ed. (829)
  1999 Ed. (1958, 1962, 1963)
  2002 Ed. (4350)
  2003 Ed. (1124, 2197, 2241, 3302, 4379, 4569)
  2004 Ed. (1105, 1134, 1136, 2258, 4400, 4568)
  2005 Ed. (1109, 2542, 4343, 4345)
  2006 Ed. (1522, 4282, 4284, 4285, 4286)
  2007 Ed. (4343)
  2011 Ed. (3145)
Maxim Power
  2015 Ed. (2444, 2883)
  2018 Ed. (2360)
Maxim Power Corp.
  2003 Ed. (1632, 1633)
Maxima
  1989 Ed. (734)
  1990 Ed. (735, 736)
  1991 Ed. (713)
  1994 Ed. (715)
  2001 Ed. (495)
  2009 Ed. (64)
Maxima Lt UAB
  2011 Ed. (1802)
  2012 Ed. (1660)
  2013 Ed. (1814)
Maxima; Nissan
  2017 Ed. (311)
Maximilian E. and Marion O. Hoffman Foundation
  1995 Ed. (1932)
Maximo Solar
  2021 Ed. (4446)
Maximo Solar Industries
  2017 Ed. (1935)
  2018 Ed. (1885)
MaxiMobility
  2019 Ed. (1538, 1969)
Maximum Air Cargo
  2012 Ed. (156)
Maximum Effort
  2022 Ed. (57)
Maximum Fence Inc.
  2007 Ed. (2739)
Maximum Games
  2018 Ed. (1398)
Maximum Independent Brokerage
  2023 Ed. (3241, 3355)
Maximum Independent Brokerage LLC
  2021 Ed. (3024)
Maximum Media
  2018 Ed. (1640)
  2019 Ed. (1692, 3505)

Maximum PC
  2009 Ed. (167, 169)
Maximum Ride No. 2: School's Out Forever
  2008 Ed. (549)
Maximum Ride No. 5: Max
  2012 Ed. (451)
Maximum Ride No. 6: Fang
  2013 Ed. (564)
Maximum Ride: Saving the World & Other Extreme Sports
  2009 Ed. (578)
Maximum Ride: School's Out--Forever
  2009 Ed. (580)
Maximum Ride: The Angel Experiment
  2008 Ed. (551)
Maximum Value Plan
  1997 Ed. (3829)
Maximus
  2017 Ed. (3051)
  2018 Ed. (2028, 3162, 3172)
Maximus Inc.
  2001 Ed. (4278)
  2006 Ed. (2106)
  2007 Ed. (2063)
  2008 Ed. (1210)
  2009 Ed. (2830, 4824)
  2015 Ed. (3530)
  2016 Ed. (1217, 1219)
  2017 Ed. (1265, 1267)
  2018 Ed. (1244, 1246)
  2019 Ed. (1279)
  2021 Ed. (1250)
  2022 Ed. (1243, 1255)
maxingvest ag
  2022 Ed. (3805)
Maxis
  2011 Ed. (1819)
  2012 Ed. (1678)
  2014 Ed. (4659, 4662)
  2016 Ed. (679, 4572)
  2017 Ed. (726, 4586)
  2018 Ed. (671)
  2019 Ed. (4617)
  2020 Ed. (655)
  2021 Ed. (630, 4590)
  2022 Ed. (670, 4605)
  2023 Ed. (874, 3682, 4607)
Maxis Communications
  2004 Ed. (65)
  2005 Ed. (60)
  2006 Ed. (67, 1860, 1861)
  2007 Ed. (58, 1865)
  2008 Ed. (60, 1899)
Maxis Communications Bhd
  2006 Ed. (4518)
  2009 Ed. (68)
  2010 Ed. (78)
Maxis360
  2017 Ed. (1553)
MaxLife
  2022 Ed. (2903, 2927)
MaxLife Weight Loss & Body Balancing
  2022 Ed. (1662)
MaxLinear
  2012 Ed. (930)
  2019 Ed. (4366)
MaxLinear Inc.
  2013 Ed. (2845)
  2018 Ed. (4335)
  2021 Ed. (4370)
  2022 Ed. (4380)
  2023 Ed. (4399)
Max.Mobil Telekommunikation Service
  2001 Ed. (15)
Maxol
  2017 Ed. (3816, 4711)
  2020 Ed. (3866, 4680)
  2021 Ed. (3825, 4693)
  2022 Ed. (3847, 4696)
  2023 Ed. (3946, 4684)
Maxon Hyundai
  1992 Ed. (385)
  1993 Ed. (271)
  1994 Ed. (270)
  1995 Ed. (270)
  1996 Ed. (273)
Maxons Restorations
  2005 Ed. (4036)
Maxoptix
  1993 Ed. (1059)
MaxPoint
  2015 Ed. (2975)
MaxPoint Interactive
  2017 Ed. (1881)
Maxprofit Trade Ltd.
  2016 Ed. (2091)
Max's Restaurant
  2019 Ed. (4249)
Maxscend Microelectronics
  2022 Ed. (1381)
MaxSold
  2020 Ed. (4375)
  2021 Ed. (4380)
  2022 Ed. (2281)
MaxSold Inc.
  2021 Ed. (2240)

MaxStream
  2007 Ed. (1203)
  2008 Ed. (1110)
Maxter Healthcare
  2023 Ed. (1502)
Maxtor Corp.
  1989 Ed. (970, 980, 1323)
  1990 Ed. (1125, 1127, 1976)
  1991 Ed. (1024, 1442, 1520, 2841, 2853)
  1992 Ed. (1304, 1312, 1832, 3682)
  1993 Ed. (1052, 1222)
  1994 Ed. (1265, 1548)
  1997 Ed. (3725)
  1998 Ed. (822)
  1999 Ed. (1276)
  2001 Ed. (1343, 4181, 4192)
  2002 Ed. (1143, 1144)
  2003 Ed. (1102, 1103, 1104, 1645)
  2004 Ed. (1102, 1106, 1120, 1121)
  2005 Ed. (1106, 1110, 1116, 1127, 1128)
  2006 Ed. (1101, 1116, 1117, 3033)
  2007 Ed. (1209, 1222)
Maxtor/MiniScribe
  1992 Ed. (1833)
Maxtor Peripherals (S)
  2001 Ed. (1618, 1619)
MaxTorque
  2011 Ed. (3530)
Maxum Foods
  2008 Ed. (1571)
Maxum Health
  1995 Ed. (204)
Maxum Indemnity Co.
  2006 Ed. (3100)
Maxus
  2014 Ed. (3599)
Maxus Energy
  1989 Ed. (880, 1991)
  1990 Ed. (1300, 2584, 2585, 3562)
  1991 Ed. (2465, 2466)
  1992 Ed. (1559, 3083)
  1994 Ed. (1628, 2524)
  1995 Ed. (2581, 2582, 3436)
Maxus Equity
  1995 Ed. (2725)
  1999 Ed. (3526)
Maxus Laureate
  2000 Ed. (3291)
  2001 Ed. (3436)
Maxus Realty Trust Inc.
  2006 Ed. (1831)
  2008 Ed. (1871)
Maxway
  1990 Ed. (1522)
Maxwell
  1992 Ed. (3530)
Maxwell Apparels Industries Ltd.
  2002 Ed. (4425)
Maxwell Builders Inc.
  2014 Ed. (4984)
Maxwell Communication Corp.
  1990 Ed. (3554)
  1996 Ed. (383)
  2000 Ed. (390)
Maxwell Communication Corp. PLC
  1990 Ed. (1256, 3553)
Maxwell Communications Corp.
  1991 Ed. (2767)
  1993 Ed. (366, 367, 368, 369)
  1997 Ed. (354)
  1999 Ed. (390)
  2002 Ed. (1462)
Maxwell Construction Inc.
  2004 Ed. (3969)
Maxwell; David
  2005 Ed. (974)
Maxwell; David O.
  1992 Ed. (1142, 2050)
Maxwell Financial Labs
  2023 Ed. (1135, 1659)
Maxwell Foods Inc.
  2008 Ed. (4013)
  2009 Ed. (4085)
  2010 Ed. (3997)
Maxwell; Hamish
  1990 Ed. (975)
  1991 Ed. (928)
  1993 Ed. (936, 937, 1695)
Maxwell Healthcare Associates
  2022 Ed. (1727)
Maxwell House
  1990 Ed. (3545)
  1991 Ed. (990, 1743, 3323, 3326)
  1992 Ed. (887, 1239, 1240, 2192, 4233)
  1993 Ed. (1004)
  1994 Ed. (693)
  1995 Ed. (649)
  1996 Ed. (723, 725, 1936)
  1997 Ed. (2031)
  1998 Ed. (1714, 1716)
  1999 Ed. (710, 1215)
  2001 Ed. (1306)
  2002 Ed. (703, 1089, 1090)
  2003 Ed. (676, 1039, 1041)
  2004 Ed. (1047, 2642)
  2005 Ed. (1048, 1049)
  2006 Ed. (1059)
  2007 Ed. (1147, 1154)

  2008 Ed. (1027, 1035)
  2009 Ed. (1011, 1018)
  2010 Ed. (975, 977)
  2011 Ed. (903, 912)
  2013 Ed. (1029)
  2014 Ed. (993, 994, 998)
  2015 Ed. (1027, 1028, 1032)
  2016 Ed. (932, 933, 936, 937)
  2017 Ed. (975, 976, 978, 980)
  2018 Ed. (908, 909, 910)
  2019 Ed. (906, 907)
  2020 Ed. (897, 899)
  2021 Ed. (910, 911)
  2022 Ed. (935, 936)
Maxwell House Cafe Collection
  2015 Ed. (1029)
  2016 Ed. (934)
Maxwell House Instant
  2002 Ed. (1089)
Maxwell House International
  2014 Ed. (994)
Maxwell House Master Blend
  2002 Ed. (1089)
  2003 Ed. (1039)
  2004 Ed. (1047, 2634, 2642)
  2005 Ed. (1048, 1049)
Maxwell Jr.; John
  1995 Ed. (1851)
Maxwell Kates Inc.
  1999 Ed. (4009, 4012)
Maxwell; Kevin
  1993 Ed. (1693)
Maxwell; Lauren
  2018 Ed. (3660)
  2019 Ed. (3643, 3649)
Maxwell Locke & Ritter
  2015 Ed. (2)
  2018 Ed. (14)
  2019 Ed. (15)
  2020 Ed. (17)
  2021 Ed. (19)
  2022 Ed. (20)
  2023 Ed. (3, 60)
Maxwell Locke & Ritter LLP
  2023 Ed. (7)
Maxwell/Mt. Morris
  1992 Ed. (3531, 3539)
Maxwell Public Relations + Engagement
  2015 Ed. (4148)
Maxwell; Robert
  1993 Ed. (1693)
Maxwell Shoe Co.
  2004 Ed. (4416)
  2005 Ed. (1260, 4366)
Maxwell Technologies
  1998 Ed. (2725)
  2014 Ed. (4239)
Maxwell Technologies Inc.
  2014 Ed. (4239)
Maxx Petroleum
  1997 Ed. (1375)
Maxx; T. J.
  1989 Ed. (936)
  1991 Ed. (979)
  1992 Ed. (1216)
Maxxam Group Inc.
  2001 Ed. (2503)
  2003 Ed. (2544)
  2004 Ed. (2679, 2680)
  2005 Ed. (2671, 2672)
Maxxam Inc.
  1990 Ed. (248, 1299)
  1991 Ed. (220, 1201, 1211, 1213, 1218, 2418, 2611, 2612)
  1992 Ed. (315, 3026, 3031, 3252, 3254)
  1993 Ed. (2534, 2538, 2727)
  1994 Ed. (208, 2475, 2485, 2673, 2674)
  1995 Ed. (211, 2543, 2551, 2775, 2776)
  1996 Ed. (2605, 2614, 2850, 2851, 2852)
  1997 Ed. (236, 2749, 2756, 2947)
  1998 Ed. (163, 2466, 2470, 2685)
  1999 Ed. (1492, 1601, 3344, 3356)
  2000 Ed. (291, 3081, 3091)
  2001 Ed. (3276, 3281)
  2002 Ed. (3304, 3305, 3321)
  2003 Ed. (3364, 3370, 3373, 3375)
  2004 Ed. (3436, 3446)
  2005 Ed. (2671, 2672)
  2006 Ed. (2656, 2657)
  2007 Ed. (2639, 2640)
  2008 Ed. (2764, 2765)
  2009 Ed. (2823, 2824)
  2010 Ed. (2767, 2768)
  2011 Ed. (2751, 2752)
Maxxam Properties Inc.
  2003 Ed. (2544)
Maxxeon
  2021 Ed. (1453, 3461)
Maxxim Medical Inc.
  1995 Ed. (214)
  2002 Ed. (3231)
Maxxis
  2009 Ed. (659)
  2010 Ed. (642)
  2011 Ed. (576)
  2012 Ed. (561)
  2013 Ed. (678)
  2017 Ed. (2177)
  2018 Ed. (4650)

  2019 Ed. (4667)
  2020 Ed. (4633)
Maxxis International
  2016 Ed. (4642)
  2017 Ed. (4656)
  2018 Ed. (4648, 4651, 4652)
  2019 Ed. (4665)
MAXXUM American Equity
  2001 Ed. (3477, 3478)
MAXXUM Global Equity
  2001 Ed. (3467, 3468)
MAXXUM Income
  2001 Ed. (3460)
  2003 Ed. (3587, 3588)
Maxygen Inc.
  2001 Ed. (1203)
  2004 Ed. (3774)
  2005 Ed. (3693)
  2012 Ed. (2766)
MaxYield Cooperative
  2016 Ed. (139)
May 2, 1996
  1999 Ed. (4398)
May 3, 1996
  1999 Ed. (3668)
May 6, 1932
  1989 Ed. (2750)
May 7, 1996
  1999 Ed. (3668)
May 8, 1996
  1999 Ed. (3668)
May 13, 1996
  1999 Ed. (4397)
May 23, 1996
  1999 Ed. (3668)
May 29-October 9, 1946
  1989 Ed. (2749)
May 31, 1988
  1989 Ed. (2746)
May Co.
  1992 Ed. (1091)
  2001 Ed. (1156, 1260, 4681, 4857, 4858, 4859)
  2002 Ed. (415, 4704)
  2005 Ed. (1027)
May Company
  2000 Ed. (1113, 3803)
May Construction Co.
  2007 Ed. (1374)
  2008 Ed. (1271)
May Corporate
  2000 Ed. (3547, 3809)
May Davis Group Inc.
  2004 Ed. (177)
May; Dean
  2018 Ed. (3655)
May Dept. Stores
  1989 Ed. (866)
May Department Stores/Associated Dry Goods
  1991 Ed. (1145)
May Department Stores Co.
  1989 Ed. (1235, 1237, 1238, 1239, 2320, 2322, 2327)
  1990 Ed. (173, 1162, 1267)
  1991 Ed. (170, 171, 879, 886, 1052, 1411, 1412, 1427, 2887, 2888, 2889, 2895, 2896, 3115, 3239)
  1992 Ed. (37, 235, 236, 1089, 1785, 1786, 1789, 1791, 1792, 1816, 2636, 3729, 3730, 3732, 3954)
  1993 Ed. (150, 151, 863, 866, 889, 1442, 1475, 1476, 1497, 2489, 3040, 3041, 3042, 3281, 3300)
  1994 Ed. (10, 131, 132, 133, 886, 888, 1009, 1520, 1521, 1522, 1544, 2210, 3093, 3095, 3096, 3098, 3100, 3101, 3102, 3271, 3295)
  1995 Ed. (149, 150, 916, 931, 1021, 1550, 1551, 1554, 3143, 3146, 3147, 3352)
  1996 Ed. (161, 162, 910, 1000, 1422, 1531, 1532, 1533, 1535, 3235, 3240, 3241, 3245, 3247, 3251, 3426)
  1997 Ed. (167, 350, 921, 922, 923, 943, 1482, 1590, 1591, 1592, 3342, 3348, 3354)
  1998 Ed. (74, 86, 440, 664, 685, 1178, 1258, 1259, 1260, 1261, 3078, 3083, 3084)
  1999 Ed. (179, 180, 1071, 1708, 1833, 1834, 4093, 4095, 4098, 4103, 4105)
  2000 Ed. (206, 207, 1011, 1519, 1621, 2266, 3816, 3818)
  2001 Ed. (1799, 2747, 4091, 4092, 4094, 4105, 4107, 4108)
  2002 Ed. (228, 1552, 1732, 2706, 4045, 4051, 4054, 4059)
  2003 Ed. (193, 1012, 1016, 1768, 1769, 2008, 2011, 2873, 4145, 4146, 4163, 4164, 4166)
  2004 Ed. (152, 1805, 1806, 2050, 2051, 2054, 2055, 2869, 2886, 2895, 2962, 4157, 4158, 4161, 4179, 4180, 4184)
  2005 Ed. (150, 1569, 1876, 1878, 1880, 1884, 1885, 1888, 2008, 2165, 2166, 2167, 2969, 4093, 4094, 4097, 4101, 4102, 4104, 4105, 4116, 4134)

CUMULATIVE INDEX • 1989-2023

  2006 Ed. (161, 166, 1897, 1899, 1900, 1901, 1905, 1906, 1910, 2252, 4146, 4149, 4153, 4155, 4159, 4160, 4161, 4180, 4181)
  2007 Ed. (153, 1497, 2195)
May; Derek
  2015 Ed. (3485)
May Gurney Integrated Services
  2017 Ed. (2046)
May Han Electric Inc.
  2018 Ed. (4969)
May International Co.; George S.
  1990 Ed. (853)
  1991 Ed. (811)
  1993 Ed. (1103, 3733)
  1994 Ed. (1126, 3668)
  1995 Ed. (3792)
  1996 Ed. (3878)
May Mobility
  2020 Ed. (4693)
May Stores
  1991 Ed. (3241)
May; Thomas J.
  2011 Ed. (847)
May Trucking Co.
  2016 Ed. (4132)
  2017 Ed. (4109)
  2018 Ed. (4134, 4135)
  2019 Ed. (4151, 4737)
  2020 Ed. (4157, 4713)
  2021 Ed. (4105, 4718)
  2022 Ed. (4132, 4720)
  2023 Ed. (4215, 4740)
Maya Angelou
  2001 Ed. (3943)
  2002 Ed. (3077)
Maya Construction
  1989 Ed. (270)
  1992 Ed. (2404)
Maya Design
  2012 Ed. (4483)
Maya Telecom Inc.
  2007 Ed. (2514)
Mayaguez
  2002 Ed. (4396)
Mayan Resorts Los Cabos
  2013 Ed. (1851)
Mayan Resorts Puerto Penasco
  2013 Ed. (1851)
Mayan Resorts Riviera Maya
  2013 Ed. (1850)
Mayan Riviera Maya
  2015 Ed. (1824)
Mayank Patel
  2007 Ed. (2465)
Mayawati Kuman
  2010 Ed. (4985)
Mayban Securities (Holdings) Sdn. Bhd.
  2002 Ed. (1721)
  2004 Ed. (1787)
Maybank
  1994 Ed. (2348)
  1995 Ed. (1454)
  1996 Ed. (597, 1415, 2447)
  1997 Ed. (551, 1475, 2593)
  1999 Ed. (587, 1701, 1702, 3137)
  2000 Ed. (603, 1296, 1298, 1299, 2884)
  2002 Ed. (617)
  2003 Ed. (582)
  2004 Ed. (589)
  2005 Ed. (575)
  2006 Ed. (497)
  2007 Ed. (516)
  2008 Ed. (473)
  2009 Ed. (499, 2724, 2741)
  2010 Ed. (482, 625, 1794)
  2011 Ed. (410, 1819)
  2012 Ed. (319, 1677, 1678)
  2013 Ed. (1829)
  2014 Ed. (402, 406, 1758)
  2015 Ed. (459, 463, 1801)
  2016 Ed. (413, 679, 1755)
  2017 Ed. (422, 726, 1729)
  2018 Ed. (386, 389, 671, 1681)
  2019 Ed. (389, 392, 1747)
  2020 Ed. (382, 385, 655, 1690)
  2021 Ed. (630, 1670)
  2022 Ed. (439, 670, 1688)
  2023 Ed. (601, 603, 604, 874, 1838, 3682)
Maybank Islamic Berhad
  2010 Ed. (2665)
  2011 Ed. (2653)
  2012 Ed. (2580)
  2015 Ed. (2689)
  2017 Ed. (2555)
  2018 Ed. (2623)
  2019 Ed. (2609)
  2020 Ed. (2619)
  2023 Ed. (2797)
Maybank Singapore
  2023 Ed. (607)
Maybelline
  1990 Ed. (56, 1430, 1431, 1433, 1435, 1436, 1740, 1741)
  1991 Ed. (1363)
  1992 Ed. (30, 709, 1710, 1711)
  1993 Ed. (18, 1418, 1419, 1420)
  1994 Ed. (49, 1471, 1472, 1473)
  1995 Ed. (1507, 1508, 2899)
  1996 Ed. (767, 1463, 1464, 1465, 1583)
  1997 Ed. (1531, 1532, 1533, 1534, 2635, 2923)
  1998 Ed. (1194, 1196, 1197)
  1999 Ed. (1754, 1755, 1758, 1759, 1760, 2111, 2112, 2113, 2114, 3189, 3190)
  2000 Ed. (1586, 1587, 1589, 1590, 1903, 1904, 2936, 3313)
  2001 Ed. (1908, 1909, 1910, 1913, 2384, 3516, 3517)
  2002 Ed. (1800)
  2003 Ed. (1859, 1860, 1861, 1864, 3215, 3625)
  2004 Ed. (1899, 1900, 3260)
  2005 Ed. (2023)
  2006 Ed. (2125, 2126, 2127, 3800)
  2007 Ed. (2073, 2074, 2075, 3353)
  2008 Ed. (672, 2180, 2182, 2183, 2184, 2187, 3450, 3777, 3877, 3878)
  2009 Ed. (679)
  2012 Ed. (2010)
  2015 Ed. (2188)
  2018 Ed. (2057)
  2019 Ed. (2117)
  2021 Ed. (1998)
  2022 Ed. (2035, 2036)
  2023 Ed. (2143)
Maybelline Baby Lips
  2018 Ed. (3391)
Maybelline Baby Skin Instant Pore Eraser
  2020 Ed. (2044)
  2021 Ed. (1988)
Maybelline Brow Precise
  2020 Ed. (2038)
Maybelline Color Sensational
  2016 Ed. (3364)
  2017 Ed. (3328)
  2018 Ed. (3392)
  2020 Ed. (3372, 3373)
  2021 Ed. (3303)
  2023 Ed. (3514, 3515)
Maybelline Color Sensational Matte
  2018 Ed. (3392)
Maybelline Color Strike
  2023 Ed. (2137)
Maybelline Cool Effect
  2003 Ed. (1862)
Maybelline Cover Stick
  2018 Ed. (2058)
  2020 Ed. (2035)
  2021 Ed. (1989)
  2023 Ed. (2130, 2131)
Maybelline Define A Line
  2018 Ed. (2059)
Maybelline Define a Brow
  2017 Ed. (2102)
  2018 Ed. (2061)
Maybelline Dream
  2023 Ed. (2139)
Maybelline Dream Bouncy
  2017 Ed. (2101)
Maybelline Dream Liquid Mousse
  2018 Ed. (2062)
  2020 Ed. (2040)
  2021 Ed. (1994)
Maybelline Dream Wonder
  2018 Ed. (2065)
Maybelline Expert Eyes
  2003 Ed. (1862)
  2004 Ed. (1901)
  2005 Ed. (2024)
Maybelline Expert Wear
  2017 Ed. (2102)
  2018 Ed. (2060, 2061)
  2020 Ed. (2037)
  2021 Ed. (1991)
  2022 Ed. (2032)
  2023 Ed. (2137, 2138)
Maybelline Express Finish
  2003 Ed. (3624)
  2004 Ed. (3660)
Maybelline Eye Studio Lstng Dram
  2023 Ed. (2136)
Maybelline Eyestudio Brow Define + Fill
  2017 Ed. (2102)
  2018 Ed. (2061)
  2020 Ed. (2038)
Maybelline Eyestudio Brow Define + Fill Duo
  2021 Ed. (1992)
Maybelline Eyestudio Brow Drama
  2017 Ed. (2102)
  2018 Ed. (2061)
  2020 Ed. (2038)
Maybelline Eyestudio Brow Precise
  2017 Ed. (2102)
  2018 Ed. (2061)
  2020 Ed. (2038)
  2021 Ed. (1992)
Maybelline EyeStudio Lasting Drama
  2018 Ed. (2059)
  2020 Ed. (2036)
  2021 Ed. (1990)
Maybelline EyeStudio Master Precise
  2018 Ed. (2059)
  2020 Ed. (2036)

  2021 Ed. (1990)
Maybelline Face Studio Master Contour
  2020 Ed. (2034)
  2021 Ed. (1987)
Maybelline Face Studio Master Hi-Light
  2017 Ed. (2101)
Maybelline Face Studio Master Prime
  2021 Ed. (1988)
Maybelline FaceStudio Master Concealer
  2018 Ed. (2058)
  2020 Ed. (2035)
  2021 Ed. (1989)
Maybelline FaceStudio Master Fix
  2020 Ed. (2044)
Maybelline FaceStudio Master Prime
  2020 Ed. (2044)
Maybelline Facestudio Mstr Concl
  2023 Ed. (2130)
Maybelline Fit Me
  2017 Ed. (2101)
  2018 Ed. (2058)
  2020 Ed. (2034, 2035, 2045)
  2021 Ed. (1987, 1989)
  2023 Ed. (2130, 2131)
Maybelline Fit Me Dewy Pls Smth
  2023 Ed. (2139)
Maybelline Fit Me Dewy Plus Smooth
  2020 Ed. (2040)
  2021 Ed. (1994)
Maybelline Fit Me Matt Pls Porlss
  2023 Ed. (2134)
Maybelline Fit Me Matte Pls Prlss
  2023 Ed. (2135, 2139)
Maybelline Fit Me Matte + Poreless
  2018 Ed. (2062, 2065)
  2020 Ed. (2040, 2045)
  2021 Ed. (1994)
Maybelline Full 'n Soft
  2003 Ed. (1862)
Maybelline Great Lash
  2003 Ed. (1862)
  2004 Ed. (1896, 1901)
  2005 Ed. (2024)
  2008 Ed. (2186)
  2017 Ed. (2103)
  2018 Ed. (2064)
  2020 Ed. (2043)
  2021 Ed. (1995)
  2023 Ed. (2140, 2141)
Maybelline Instant Age Rewind
  2018 Ed. (2058)
  2020 Ed. (2035)
  2021 Ed. (1989)
  2023 Ed. (2130, 2131)
Maybelline Instant Age Rwnd Erasr
  2023 Ed. (2130)
Maybelline Instant Age Rwnd Ersr
  2023 Ed. (2131)
Maybelline Lash Discovery
  2004 Ed. (1896)
Maybelline Lash Sensational
  2017 Ed. (2103)
  2018 Ed. (2064)
  2020 Ed. (2043)
  2021 Ed. (1995)
  2023 Ed. (2140, 2141)
Maybelline Lash Senstnl Sky High
  2023 Ed. (2140)
Maybelline Moisture
  2008 Ed. (3449)
Maybelline Moisture Whip
  1998 Ed. (1355, 2361)
  2003 Ed. (3217)
Maybelline New York
  2013 Ed. (3905)
  2014 Ed. (3837)
  2015 Ed. (3863)
  2016 Ed. (3772)
  2017 Ed. (3728)
  2018 Ed. (3776)
  2019 Ed. (3743, 3761)
  2020 Ed. (3787, 3801, 3810)
  2021 Ed. (3786)
Maybelline Shades of You
  1999 Ed. (1757)
  2000 Ed. (1588)
Maybelline Superstay
  2008 Ed. (3449)
  2023 Ed. (2139)
Maybelline SuperStay 24
  2016 Ed. (3364)
  2017 Ed. (3328)
  2018 Ed. (3392)
  2020 Ed. (3373)
  2021 Ed. (3303)
Maybelline Superstay 24
  2023 Ed. (3514, 3515)
Maybelline Superstay Better Skin
  2020 Ed. (2035)
  2021 Ed. (1989)
Maybelline Superstay Ink
  2023 Ed. (3514)
Maybelline SuperStay Matte Ink
  2020 Ed. (3373)
  2021 Ed. (3303)
Maybelline Superstay Matte Ink
  2023 Ed. (3514, 3515)

Maybelline Tattoo Studio
  2021 Ed. (1992)
  2023 Ed. (2136)
Maybelline The Blushed Nudes
  2018 Ed. (2060)
Maybelline The City Mini
  2020 Ed. (2037)
  2021 Ed. (1991)
  2022 Ed. (2032)
  2023 Ed. (2137, 2138)
Maybelline The Falsies Lash Lift
  2023 Ed. (2140, 2141)
Maybelline The Nudes
  2018 Ed. (2060)
Maybelline Total Temptation
  2021 Ed. (1995)
Maybelline Unstoppable
  2018 Ed. (2059)
  2020 Ed. (2036)
  2021 Ed. (1990)
  2023 Ed. (2136)
Maybelline Volum
  2008 Ed. (2186)
Maybelline Volum Expr The Colssl
  2023 Ed. (2140, 2141)
Maybelline Volum Expr The Falsies
  2023 Ed. (2140, 2141)
Maybelline Volum' Express Colossal
  2017 Ed. (2103)
  2018 Ed. (2064)
  2020 Ed. (2043)
  2021 Ed. (1995)
Maybelline Volum' Express Colossal Big
  2020 Ed. (2043)
Maybelline Volum' Express Falsies
  2017 Ed. (2103)
  2018 Ed. (2064)
  2020 Ed. (2043)
  2021 Ed. (1995)
Maybelline Volum' Express Pumped Up! Colossal
  2017 Ed. (2103)
Maybelline Volum' Express The Mega Plush
  2017 Ed. (2103)
Maybelline Volum' Express The Rocket
  2017 Ed. (2103)
Maybelline Volume Express
  2003 Ed. (1862)
Maybelline Wet Shine
  2003 Ed. (3217)
  2004 Ed. (1896, 1901, 3659)
Maybelline XXL
  2008 Ed. (2186)
Maybelline's Shades of You
  1994 Ed. (1470)
Maybin Support Services
  2005 Ed. (1989)
Mayborn Gp
  1993 Ed. (3474)
Maydan; Dan
  1997 Ed. (1797)
Mayer
  2022 Ed. (4945)
  2023 Ed. (4949)
Mayer Bros.
  2022 Ed. (911)
Mayer Brown LLP
  2010 Ed. (3418, 3419, 3426, 3440)
  2011 Ed. (3402, 3411, 3438)
  2012 Ed. (3366, 3372, 3374, 3385, 3395, 3396, 3400, 3406, 3421, 3455)
  2013 Ed. (3499)
  2014 Ed. (3475)
  2015 Ed. (3493, 3494)
  2016 Ed. (3343, 3344)
  2021 Ed. (3212)
Mayer Brown & Platt
  1990 Ed. (2417)
  1991 Ed. (2283)
  1992 Ed. (2832, 2838)
  1993 Ed. (2395)
  1995 Ed. (2412, 2416)
  1996 Ed. (2450, 2452)
  1997 Ed. (2595, 2597)
  1998 Ed. (2324, 2327)
  1999 Ed. (3141, 3148)
  2000 Ed. (2891, 2894)
  2001 Ed. (562, 3051, 3052, 3054)
  2002 Ed. (3056)
  2003 Ed. (3174, 3178)
  2004 Ed. (3226)
Mayer, Brown, Rowe & Maw
  2004 Ed. (1409, 3224)
  2005 Ed. (3254, 3256, 3265)
  2006 Ed. (3243, 3246, 3251)
Mayer Brown Rowe & Maw LLP
  2005 Ed. (3525)
  2006 Ed. (3249)
  2007 Ed. (3301, 3305, 3310)
  2008 Ed. (3417, 3420, 3437, 4725)
  2009 Ed. (3511)
Mayer & Co.
  1996 Ed. (137)
  1997 Ed. (143)
  2000 Ed. (170)
  2001 Ed. (208)

Mayer; Don
 2006 Ed. (2514)
Mayer Electric Supply Co.
 2014 Ed. (1338)
 2015 Ed. (1405)
 2016 Ed. (4950)
 2017 Ed. (4941)
 2018 Ed. (4947)
 2019 Ed. (4944)
 2020 Ed. (2312, 4946)
 2021 Ed. (4949)
Mayer Electric Supply Co., Inc.
 2007 Ed. (3529, 3530, 4984)
 2008 Ed. (3692, 4951, 4986)
 2011 Ed. (1459)
 2012 Ed. (1295, 1299)
 2018 Ed. (1344)
The Mayer Family
 1994 Ed. (892)
Mayer Food Division; Oscar
 1997 Ed. (2048)
Mayer Foods Corp.; Oscar
 1992 Ed. (3508, 3510, 3512)
 1993 Ed. (1878, 2514, 2521, 2522, 2525, 2572, 2887, 2888, 2890, 2892, 2898)
 1994 Ed. (1882, 2451, 2455, 2458, 2459, 2903, 2907, 2909, 2911)
 1995 Ed. (1909, 2519, 2523, 2527, 2959, 2963, 2964, 2966)
 1996 Ed. (2583, 2590, 3058, 3062)
 1997 Ed. (2732, 2734, 3144, 3145)
Mayer; Hapy
 2006 Ed. (2514)
Mayer Hoffman McCann
 1998 Ed. (12)
 1999 Ed. (16)
 2006 Ed. (1, 3)
 2007 Ed. (2)
 2008 Ed. (1)
 2009 Ed. (1)
 2010 Ed. (4)
Mayer Hoffman McCann PC
 2009 Ed. (6)
 2010 Ed. (12)
 2012 Ed. (8)
 2013 Ed. (7)
 2023 Ed. (16)
Mayer Homes
 1995 Ed. (1133)
 2000 Ed. (1233)
 2002 Ed. (1208)
 2003 Ed. (1208)
 2004 Ed. (1215)
 2005 Ed. (1239)
Mayer; John
 2015 Ed. (1136)
Mayer Labs
 2016 Ed. (1126)
 2017 Ed. (1169, 1170)
 2018 Ed. (1103)
 2020 Ed. (1104)
 2021 Ed. (1095)
Mayer Labs Inc.
 2023 Ed. (1328, 1329)
Mayer; Marissa
 2014 Ed. (761)
 2015 Ed. (797, 798, 5024)
 2016 Ed. (720, 4929)
Mayer; Michael
 1995 Ed. (1834, 1836)
 1996 Ed. (1812, 1813)
 1997 Ed. (1886, 1888)
Mayer; Oscar
 1997 Ed. (2088)
Mayer Pollock Steel Corp.
 1990 Ed. (1203)
 1991 Ed. (1088)
 1992 Ed. (1421)
 1993 Ed. (1134)
 1996 Ed. (1146)
Mayers Norris Penny LLP
 2009 Ed. (4)
Mayfair
 2001 Ed. (1233)
Mayfair Bank
 1990 Ed. (643)
 1992 Ed. (782)
 1993 Ed. (571)
Mayfair Mills, Inc.
 1990 Ed. (1044)
Mayfair Regent
 1990 Ed. (2098)
Mayfair Super Markets
 1989 Ed. (2778)
 1990 Ed. (3494)
Mayfield
 1993 Ed. (1907, 2121)
 2000 Ed. (2281)
 2001 Ed. (2547, 3309, 3310, 3312)
 2003 Ed. (3410, 3411)
 2008 Ed. (3670)
Mayfield Building Supply
 1996 Ed. (816, 823, 825)
All Mayfield Dairy Farms
 2023 Ed. (3191)
Mayfield Dairy Farms
 2008 Ed. (3125)
 2014 Ed. (3128)

 2022 Ed. (3081)
Mayfield Farms
 2000 Ed. (3133, 3134)
Mayfield Fund
 1997 Ed. (3833)
 1998 Ed. (3663, 3664, 3665)
 2002 Ed. (4738)
 2005 Ed. (4818)
Mayfield, KY
 2021 Ed. (3359)
MayfieldGentry Realty Advisors LLC
 2009 Ed. (197)
 2010 Ed. (176)
 2011 Ed. (101)
 2012 Ed. (108)
Mayflower
 2008 Ed. (622)
Mayflower Co-op Bank MA
 2000 Ed. (3387)
Mayflower Co-operative Bank
 2003 Ed. (511)
 2008 Ed. (1916)
 2010 Ed. (1804)
Mayflower Group
 1989 Ed. (2467)
 1990 Ed. (3246)
 1991 Ed. (3096)
 1994 Ed. (361, 3222, 3224, 3254)
 1995 Ed. (3333, 3669, 3670)
Mayflower PAM Balanced Growth
 1997 Ed. (2918)
Mayflower Transit
 1991 Ed. (2496)
 1992 Ed. (3121)
 1993 Ed. (2610, 3643)
 1994 Ed. (2571, 3603)
 1995 Ed. (2626, 3681)
 1996 Ed. (3760)
 1997 Ed. (3810)
 1998 Ed. (2544, 3636)
 1999 Ed. (3459, 4676)
 2000 Ed. (3177)
 2002 Ed. (3406)
 2003 Ed. (4784)
 2004 Ed. (4768)
 2005 Ed. (4745)
 2007 Ed. (4846)
Mayflower Transit LLC
 2008 Ed. (4768)
 2009 Ed. (4800)
Mayflower Vehicle Systems
 2004 Ed. (322)
Mayhew Inc.; Ronald D.
 1991 Ed. (1089)
 1992 Ed. (1422)
 1994 Ed. (1142)
Maykin Ho
 1997 Ed. (1858)
 1998 Ed. (1630)
 1999 Ed. (2214)
 2000 Ed. (2012)
Mayland; Kenneth
 1989 Ed. (1753)
 1991 Ed. (2160)
Maynard & Co., Inc.; H. B.
 2008 Ed. (2036)
Maynard Cooper
 2001 Ed. (723)
Maynard Cooper & Gale
 2023 Ed. (3427)
Maynard, Cooper & Gale
 2021 Ed. (3191, 3193)
Maynard Cooper & Gale PC
 2023 Ed. (3419)
Maynard, Cooper & Gale PC
 2014 Ed. (3433)
 2015 Ed. (3466)
 2021 Ed. (3192)
The Maynard Group Inc.
 2018 Ed. (3053)
 2019 Ed. (2999)
 2020 Ed. (3031)
 2021 Ed. (2893)
 2022 Ed. (3019)
 2023 Ed. (3135)
Maynard Jackson
 1992 Ed. (2987)
 1993 Ed. (2513)
Mayne Group Ltd.
 2004 Ed. (1632, 1640, 1649)
 2005 Ed. (1659)
Mayne Nickless
 2002 Ed. (4674)
 2003 Ed. (1613, 1620)
Maynes, Bradford, Shipps & Sheftel
 2012 Ed. (3388)
Mayo A. Shattuck
 2000 Ed. (386)
Mayo Aviation Inc.
 2008 Ed. (4992)
 2009 Ed. (4988)
 2010 Ed. (4995)
 2011 Ed. (4992)
Mayo Clinic
 1994 Ed. (897)
 1995 Ed. (2140)
 1999 Ed. (2728, 2729, 2730, 2731, 2732, 2733, 2734, 2735, 2736, 2737, 2738,

 2739, 2740, 2741, 2742, 2743, 2744, 2745)
 2000 Ed. (2508, 2509, 2510, 2511, 2512, 2513, 2514, 2515, 2516, 2517, 2519, 2520, 2521, 2522, 2523, 2524)
 2002 Ed. (2600, 2601, 2602, 2603, 2604, 2605, 2607, 2608, 2609, 2610, 2611, 2612, 2613, 2615, 2616, 3801)
 2003 Ed. (2805, 2806, 2807, 2808, 2809, 2811, 2812, 2813, 2814, 2815, 2816, 2817, 2819, 2820, 2821, 2834, 2836, 3971)
 2004 Ed. (2908, 2909, 2910, 2911, 2912, 2913, 2915, 2916, 2917, 2918, 2919, 2920, 2921, 2922, 2923, 2924, 3974)
 2005 Ed. (2894, 2895, 2896, 2897, 2898, 2899, 2901, 2902, 2903, 2904, 2905, 2906, 2907, 2908, 2909, 2910, 3947)
 2006 Ed. (1883, 2900, 2901, 2902, 2903, 2904, 2905, 2906, 2908, 2909, 2910, 2911, 2912, 2913, 2914, 2915, 2916, 4016)
 2007 Ed. (2919, 2920, 2921, 2922, 2923, 2925, 2927, 2928, 2929, 2930, 2931, 2932, 2933, 2934, 3953)
 2008 Ed. (1048, 2891, 3042, 3043, 3044, 3045, 3046, 3048, 3050, 3051, 3052, 3053, 3054, 3055, 3056, 3057, 3787, 3788, 3793, 3798)
 2009 Ed. (1893, 3127, 3128, 3129, 3130, 3131, 3132, 3134, 3136, 3137, 3138, 3139, 3140, 3141, 3142, 3829, 3830, 3831, 4197)
 2010 Ed. (1829, 2892, 3059, 3060, 3061, 3062, 3063, 3064, 3066, 3067, 3068, 3069, 3070, 3071, 3072, 3073, 3756, 4132)
 2011 Ed. (1858, 1860, 2867, 3030, 3031, 3032, 3033, 3034, 3035, 3037, 3039, 3040, 3041, 3042, 3043, 3044, 3045, 3760, 3763, 3975, 4097)
 2012 Ed. (1713, 1715, 2756, 2801, 2967, 2968, 2969, 2970, 2971, 2972, 2973, 2975, 2976, 2977, 2978, 2979, 2980, 2981, 2982, 4131)
 2013 Ed. (1870, 1873, 2836, 2869, 3057, 3058, 3059, 3060, 3061, 3062, 3063, 3064, 3066, 3067, 3068, 3069, 3070, 3071, 3072, 4124)
 2014 Ed. (1303, 1800, 1802, 1805, 2890, 3059, 3060, 3061, 3062, 3063, 3064, 3065, 3066, 3068, 3069, 3070, 3071, 3072, 3073, 3074, 3082, 4139)
 2015 Ed. (1841, 1845, 2933, 2947, 3124, 3125, 3126, 3127, 3128, 3129, 3130, 3131, 3133, 3134, 3135, 3136, 3137, 3138, 3139, 3148, 4121)
 2016 Ed. (1804, 1806, 2868, 2987, 2988, 2989, 2990, 2991, 2992, 2993, 2994, 2996, 2997, 2998, 2999, 3000, 3001, 3002, 3003, 4035)
 2017 Ed. (1352, 1771, 1774, 2824, 2949, 3957)
 2018 Ed. (1331, 1725, 1728, 2896, 3062, 3979, 4314)
 2019 Ed. (1782, 2850, 3005, 3959, 4342)
 2020 Ed. (1318, 1727)
 2021 Ed. (45, 1701, 2903)
 2022 Ed. (1540, 1545, 1728, 3029)
 2023 Ed. (1530, 1716, 1870, 2349)
Mayo Clinic Arizona
 2008 Ed. (1558, 2889)
 2009 Ed. (1484, 2952)
 2010 Ed. (1474)
 2011 Ed. (1472)
Mayo Clinic Health System
 2015 Ed. (2913)
 2016 Ed. (2152, 2834)
Mayo Clinic Hospital
 2008 Ed. (3063)
 2009 Ed. (3148)
 2010 Ed. (3079)
 2012 Ed. (2988)
 2013 Ed. (3078)
 2014 Ed. (3080)
 2016 Ed. (1575)
 2017 Ed. (1564)
 2019 Ed. (1576)
 2021 Ed. (1523, 1528)
Mayo Clinic Jacksonville
 2004 Ed. (2797)
 2005 Ed. (2790)
 2007 Ed. (2770)
 2011 Ed. (1637)
 2012 Ed. (1489)
Mayo Clinic Jacksonville Corp.
 2013 Ed. (1619)
 2014 Ed. (1586)
 2015 Ed. (1638)
 2016 Ed. (1570)
Mayo Clinic Proceedings
 2007 Ed. (4798)
Mayo Clinic Rochester
 2003 Ed. (1762)
 2004 Ed. (1799, 2796, 2797)
 2005 Ed. (1869, 2790, 3835)
 2006 Ed. (1886, 3903)

Mayo Clinic-St. Marys Hospital
 2006 Ed. (2918)
 2008 Ed. (3059)
 2012 Ed. (2988)
Mayo Clinic/St. Mary's Hospital
 2014 Ed. (3080)
Mayo Clinic-St. May's Hospital
 2010 Ed. (3075)
 2011 Ed. (3047)
 2012 Ed. (2984)
Mayo Employees Credit Union
 2011 Ed. (2198)
 2012 Ed. (2058, 2059)
 2013 Ed. (2241)
 2014 Ed. (2173)
 2015 Ed. (2237)
 2016 Ed. (2208)
 2020 Ed. (2082)
 2021 Ed. (2072)
 2022 Ed. (2107)
 2023 Ed. (2222)
Mayo Employees Federal Credit Union
 2013 Ed. (2204)
 2014 Ed. (2135)
 2015 Ed. (2199)
 2018 Ed. (2103)
 2021 Ed. (2028)
Mayo/FCB Publicidad
 1997 Ed. (131)
 1999 Ed. (141)
 2000 Ed. (158)
Mayo Foundation
 1992 Ed. (3258)
 2001 Ed. (1794, 2669)
 2002 Ed. (3292, 4062)
 2003 Ed. (3466, 3470)
 2004 Ed. (3526)
 2006 Ed. (3710, 3711, 3712, 3716, 3720, 3722, 3785)
 2014 Ed. (2902)
 2015 Ed. (2946)
Mayo Foundation for Medical Education & Research
 2013 Ed. (9, 1868, 2595)
 2014 Ed. (5, 1800, 2521)
 2015 Ed. (5, 1841, 2595)
 2016 Ed. (1804, 2518)
Mayo Holding Co.
 2011 Ed. (2509)
Mayo Medical Center Inc.
 2001 Ed. (1794)
 2003 Ed. (1762)
 2004 Ed. (1799)
Mayo Medical School
 2000 Ed. (3072)
 2001 Ed. (3253)
Mayo Mita
 1999 Ed. (2386)
 2000 Ed. (2169)
Mayo Shattuck III
 2012 Ed. (792)
MayoClinic.com
 2010 Ed. (3370)
Mayonnaise
 1991 Ed. (733)
 2002 Ed. (4083)
 2003 Ed. (4215)
Mayor
 1989 Ed. (2092)
Mayor, Day & Caldwell
 1991 Ed. (2287)
 1992 Ed. (2837)
Mayora Indah
 2021 Ed. (1602)
Mayora Indah Tbk PT
 2020 Ed. (2712)
Mayorga Coffee LLC
 2015 Ed. (3009)
Mayorga Coffee Roaster Inc.
 2008 Ed. (2954)
Mayors Jewelers Inc.
 2004 Ed. (3218)
 2005 Ed. (3245, 3246)
Mayr-Melnhof
 1997 Ed. (3847)
Mayr-Melnhof Karton AG
 2021 Ed. (2440, 2638)
 2022 Ed. (1109, 2551)
Mayra Alvarez
 2013 Ed. (2963)
Mayra Cisneros
 2019 Ed. (3641)
Mayrowitz; Carol M.
 2011 Ed. (841)
Mays Business School; Texas A & M University
 2010 Ed. (730)
Mays California Inc.
 2007 Ed. (1609)
Mays Chemical
 2015 Ed. (3701)
Mays Chemical Co.
 2007 Ed. (196, 3553)
 2009 Ed. (3760)
 2010 Ed. (3695)
 2011 Ed. (3690)
 2013 Ed. (3752)
 2016 Ed. (3585)

May's Drug Stores
 2002 Ed. (2036)
Mays; Harry
 1992 Ed. (2903)
Mays; L. L.
 2005 Ed. (2502)
Mays; L. Lowry
 2005 Ed. (970)
 2006 Ed. (914)
Mays; Mark P.
 2011 Ed. (839)
Mays; Randall
 2005 Ed. (991)
 2006 Ed. (986)
 2007 Ed. (1079)
 2008 Ed. (967)
Maysek; Ann
 1997 Ed. (1928)
Maysville Division
 2000 Ed. (2935)
Maytag (Admiral)
 1991 Ed. (1924)
 1992 Ed. (2431)
Maytag Appliance
 1996 Ed. (1400, 2191, 2193)
Maytag Corp.
 1989 Ed. (1622)
 1990 Ed. (1046, 1047, 1295, 1527, 1874, 2038, 2103, 2104, 2110, 2112, 3681)
 1991 Ed. (972, 973, 1441, 1785, 1958, 1959, 1960, 1963, 3243, 3471)
 1992 Ed. (1206, 1207, 1830, 1831, 2258, 2515, 2516, 2520, 2522, 3072, 3650, 4155, 4420, 4421)
 1993 Ed. (981, 982, 1351, 1499, 1917, 2104, 2105, 2569, 2988, 3478, 3480, 3686)
 1994 Ed. (1007, 1008, 1404, 1547, 1940, 2124, 2125, 2128, 2518, 3030, 3454, 3455, 3649)
 1995 Ed. (1019, 1020, 1436, 1576, 1969, 2121, 2176, 2180, 3082, 3723)
 1996 Ed. (2190, 2195)
 1997 Ed. (1017, 1018, 1456, 1640, 2114, 2310, 2313, 2314, 3278, 3655, 3656, 3865)
 1998 Ed. (759, 1170, 1315, 2042, 2045, 2046, 3032, 3428, 3429, 3697)
 1999 Ed. (1190, 1344, 1480, 1550, 1683, 1883, 2119, 2801, 2804, 4020, 4502, 4503, 4741)
 2000 Ed. (1111, 1242, 1483, 1691, 2577, 2582, 3735, 4136, 4137, 4366)
 2001 Ed. (1040, 1453, 1602, 1753, 2037, 2736, 2737, 2808, 2809, 3600, 3601, 4027, 4731)
 2002 Ed. (1079, 1221, 1566, 1568, 1694, 1990, 2082, 2695, 2700, 3945, 4352, 4515, 4516, 4781)
 2003 Ed. (744, 1216, 1578, 1590, 1723, 1724, 2194, 2196, 2772, 2774, 2864, 2865, 3303, 4537)
 2004 Ed. (1604, 1616, 1760, 1761, 2237, 2242, 2867, 2868, 2870, 2871, 2878, 2949, 2950, 2953, 2957, 4487)
 2005 Ed. (739, 1626, 1641, 1827, 1828, 2338, 2340, 2341, 2949, 2950, 2951, 2953, 2956, 2962, 2967, 4459)
 2006 Ed. (143, 1471, 1812, 1813, 2298, 2395, 2397, 2878, 2948, 3395)
 2007 Ed. (136, 1819, 1820, 2339, 2872, 2965, 2966, 4530)
 2008 Ed. (2348, 2988, 2992, 3088, 3089, 3835, 4548)
 2009 Ed. (3176)
 2011 Ed. (3088)
 2012 Ed. (2309)
 2013 Ed. (2488)
 2014 Ed. (2418)
 2015 Ed. (2492)
 2016 Ed. (2424)
Maytag/Jenn-Air, Hardwick, Magic Chef
 1992 Ed. (4156, 4158)
Maytag (Magic Chef)
 1991 Ed. (1777, 1778)
 1992 Ed. (2242, 2243)
Maytex Mills
 2007 Ed. (582)
 2009 Ed. (567)
 2010 Ed. (550)
Maytronics
 2017 Ed. (3354)
 2018 Ed. (3421)
Mayville Engineering Co., Inc.
 2019 Ed. (2375)
 2020 Ed. (2343)
 2021 Ed. (2308)
 2022 Ed. (2337)
 2023 Ed. (2513)
Mayweather; Floyd
 2012 Ed. (215, 216)
 2015 Ed. (2607)
 2016 Ed. (215, 221, 2526)
 2017 Ed. (211, 212, 220, 2380)
 2020 Ed. (196, 201, 2482)
Mazal Fuel Co. Inc.
 1994 Ed. (2052, 2055)

Mazama Capital Mgmt.
 2000 Ed. (2823)
Mazarin Mining Corp.
 1997 Ed. (1374)
Mazars
 2006 Ed. (7)
 2011 Ed. (9, 12)
 2012 Ed. (12, 15)
 2013 Ed. (26)
 2014 Ed. (22)
 2015 Ed. (22, 23, 24)
 2016 Ed. (9)
 2023 Ed. (347)
Mazars Ireland
 2017 Ed. (2)
 2021 Ed. (3)
 2022 Ed. (3)
 2023 Ed. (6)
Mazars LLP
 2018 Ed. (17)
 2019 Ed. (18)
 2020 Ed. (21)
 2021 Ed. (23)
Mazars USA
 2018 Ed. (9)
 2019 Ed. (10)
 2020 Ed. (12)
 2021 Ed. (14)
 2022 Ed. (15)
 2023 Ed. (55)
Mazars USA LLP
 2020 Ed. (227)
 2021 Ed. (222)
 2022 Ed. (234)
Mazatlan General Rafael Buelna International
 2001 Ed. (350)
Mazda
 1989 Ed. (308, 320, 1409)
 1990 Ed. (300, 343, 358, 359, 364, 367)
 1991 Ed. (317, 326, 3425)
 1992 Ed. (437, 438, 445, 455, 456, 462, 463, 4348)
 1993 Ed. (265, 266, 305, 307, 308, 311, 320, 330, 331, 335, 337, 1312, 2581)
 1994 Ed. (307, 313, 3585)
 1995 Ed. (312, 2587)
 1996 Ed. (322, 3748, 3749)
 1997 Ed. (299, 2229)
 1998 Ed. (225, 226, 227, 3498)
 1999 Ed. (338, 4567)
 2000 Ed. (340)
 2003 Ed. (306, 357)
 2006 Ed. (317, 4855)
 2007 Ed. (313)
 2013 Ed. (238, 812)
 2014 Ed. (3538)
 2015 Ed. (279)
 2016 Ed. (275)
 2017 Ed. (275, 1849)
 2018 Ed. (260)
 2021 Ed. (253)
 2022 Ed. (274)
 2023 Ed. (275)
Mazda 1/2 ton Pickup
 1998 Ed. (223)
Mazda 626
 1991 Ed. (350)
 1992 Ed. (452)
 1993 Ed. (327)
 1998 Ed. (226)
 2001 Ed. (487)
Mazda 929
 1992 Ed. (451)
Mazda Automoviles Espana
 2015 Ed. (2043)
Mazda B-series
 2001 Ed. (477)
Mazda Canada
 2008 Ed. (4921)
Mazda Demio
 1999 Ed. (339)
Mazda Espana
 2010 Ed. (1989)
Mazda Gator Bowl
 1990 Ed. (1841)
Mazda Miata
 1992 Ed. (435, 453)
 1996 Ed. (316)
Mazda Miata MX-5
 1991 Ed. (2579)
Mazda Millenia
 1996 Ed. (348)
 1997 Ed. (311)
Mazda Motor
 2016 Ed. (277)
 2017 Ed. (277)
 2019 Ed. (260)
 2020 Ed. (264)
 2021 Ed. (252, 258)
 2022 Ed. (273)
 2023 Ed. (371)
Mazda Motor Corp.
 1989 Ed. (325)
 1990 Ed. (36)
 1992 Ed. (60)
 1994 Ed. (298, 302, 304, 308, 316, 317, 1367)

 1995 Ed. (317, 670, 1342, 2241)
 1997 Ed. (307, 1359, 1826)
 2001 Ed. (453, 506, 1765)
 2002 Ed. (349, 365, 375)
 2003 Ed. (304, 318, 319, 323, 325, 326, 330)
 2004 Ed. (285, 288, 289, 291, 292, 293, 294, 295, 296, 298, 299, 4919)
 2005 Ed. (288)
 2006 Ed. (137)
 2007 Ed. (317, 3646)
 2008 Ed. (287, 3758)
 2009 Ed. (308)
 2010 Ed. (290)
 2011 Ed. (212)
 2012 Ed. (247)
 2013 Ed. (237)
 2014 Ed. (239)
 2015 Ed. (92, 278)
 2016 Ed. (274)
 2017 Ed. (274)
 2018 Ed. (259)
 2019 Ed. (259)
 2020 Ed. (263)
Mazda MX-5 Miata
 1993 Ed. (328)
Mazda MX-6
 1992 Ed. (450)
 1993 Ed. (325)
 1995 Ed. (3431)
Mazda North American Operations
 2011 Ed. (215)
Mazda of Oxnard
 1994 Ed. (275)
Mazda Protege
 1992 Ed. (449)
 1993 Ed. (324)
 1997 Ed. (311)
 2006 Ed. (315)
Mazda RX-7
 1989 Ed. (344)
 1992 Ed. (453)
 1993 Ed. (328)
Mazda3
 2008 Ed. (298)
 2013 Ed. (275, 276)
The Maze Runner
 2014 Ed. (574)
Mazeikiu Lyra UAB
 2009 Ed. (1192, 1848)
Mazeikiu Nafta
 2002 Ed. (4440)
 2006 Ed. (4516)
Mazeikiu nafta; AB
 2007 Ed. (1690)
 2008 Ed. (1720)
 2009 Ed. (1845)
Mazeikiu Nafta Trading House Ou
 2012 Ed. (1465)
 2013 Ed. (1597)
Mazel Stores Inc.
 2003 Ed. (2073)
 2004 Ed. (2107, 4825, 4912, 4913)
 2005 Ed. (2210)
MazeMap
 2021 Ed. (1784)
Mazen Ghalayini
 2020 Ed. (1090)
Mazen Rawashdeh
 2014 Ed. (3468)
Mazola
 1992 Ed. (75)
 1995 Ed. (2507)
 2003 Ed. (3684, 3686)
 2014 Ed. (3769, 3770)
 2015 Ed. (3788, 3789)
 2016 Ed. (3702, 3703)
Mazola Vegetable Plus
 2014 Ed. (3769)
Mazor Robotics
 2013 Ed. (2909)
Mazuma Credit Union
 2002 Ed. (1875)
 2003 Ed. (1929)
 2004 Ed. (1969)
 2005 Ed. (2111)
 2006 Ed. (2206)
 2007 Ed. (2127)
 2008 Ed. (2242)
 2009 Ed. (2228)
 2010 Ed. (2182)
 2011 Ed. (2200)
 2012 Ed. (2061)
 2013 Ed. (2243)
 2014 Ed. (2175)
 2015 Ed. (2239)
 2016 Ed. (2210)
 2018 Ed. (2096)
 2020 Ed. (2075)
 2021 Ed. (2065)
 2022 Ed. (2100)
 2023 Ed. (2215)
Mazumdar-Shaw; Kiran
 2010 Ed. (4985)
 2011 Ed. (4983)
 2013 Ed. (4957)
 2014 Ed. (4964)
 2015 Ed. (5005)

 2016 Ed. (4922)
 2017 Ed. (4915)
 2021 Ed. (4931)
 2022 Ed. (4925)
 2023 Ed. (4923)
Mazzaferro Jr.; Aldo
 1996 Ed. (1825)
The Mazzetta Co.
 2013 Ed. (4392)
 2014 Ed. (4428)
 2015 Ed. (4410)
 2016 Ed. (4306)
 2018 Ed. (4293)
Mazzio's
 1990 Ed. (2872)
 1991 Ed. (2751)
 1993 Ed. (2864)
 1998 Ed. (3065)
 2000 Ed. (3787)
Mazzio's Italian Eatery
 2009 Ed. (4285)
 2011 Ed. (4244)
Mazzio's Pizza
 1989 Ed. (2235)
 1994 Ed. (2887)
 1997 Ed. (3337)
 1999 Ed. (4068)
 2002 Ed. (4022)
 2004 Ed. (4138)
 2007 Ed. (3969)
 2008 Ed. (3995)
Mazzo; James V.
 2011 Ed. (2547)
 2012 Ed. (2493)
Mazzocchi Wrecking Inc.
 2004 Ed. (1303)
 2005 Ed. (1310)
 2007 Ed. (1359)
 2008 Ed. (1256)
 2009 Ed. (1231)
Mazzocco; Dante
 1993 Ed. (790)
Mazzoni Center
 2016 Ed. (2980)
MB
 2000 Ed. (91)
MB Acquisition Inc.
 2005 Ed. (1968)
MB AV Projektai
 2017 Ed. (1719)
MB Bank
 2023 Ed. (738)
MB Coatings Inc.
 2017 Ed. (1427)
M.B. Contractors Inc.
 1993 Ed. (1126)
 1994 Ed. (1143)
MB FILM
 2023 Ed. (1860)
MB Film
 2022 Ed. (1716, 3095)
MB Financial
 2017 Ed. (594)
 2020 Ed. (330)
MB Financial Bank NA
 2006 Ed. (424)
 2007 Ed. (416)
 2008 Ed. (394)
 2010 Ed. (343, 393)
 2011 Ed. (266, 318)
 2012 Ed. (333)
 2013 Ed. (301)
 2014 Ed. (315)
 2015 Ed. (356)
 2016 Ed. (347)
 2017 Ed. (3590)
 2018 Ed. (3650)
 2019 Ed. (3639)
 2020 Ed. (3625)
MB Herzog Electric
 2016 Ed. (4414)
 2017 Ed. (4425)
M.B. Kahn Construction Co.
 2009 Ed. (1311)
 2018 Ed. (1129)
 2019 Ed. (1224)
 2020 Ed. (1218)
 2022 Ed. (1186)
 2023 Ed. (1423)
MB Management Und Baubetreuungs GmbH
 2016 Ed. (1609)
MB - MONTING montaza, storitve, inzeniring d.o.o.
 2018 Ed. (1907)
MB Pivara
 2007 Ed. (74)
 2008 Ed. (80)
MB Staffing Services LLC
 2008 Ed. (3739, 4437)
MB Trading
 2002 Ed. (4807)
 2006 Ed. (663)
 2007 Ed. (760, 762)
 2008 Ed. (738)
 2009 Ed. (737)
 2010 Ed. (677, 678, 680, 681)
 2011 Ed. (604, 605, 607, 608)

2012 Ed. (574, 575, 578)
2013 Ed. (710, 711, 714)
MB Transport, S.R.O.
　2016 Ed. (1526)
MB Var "B" Spmgr: Ltd. Mat
　1994 Ed. (3615)
MBA Building Supplies
　2013 Ed. (3707)
MBA Consulting Services, Inc.
　2018 Ed. (1237)
MBA Polymers Inc.
　2012 Ed. (4224)
　2013 Ed. (4209)
MBA Preferred
　2013 Ed. (618)
MBACareers.com
　2008 Ed. (3728, 4979)
MBAF CPAs
　2013 Ed. (17)
　2014 Ed. (13)
　2015 Ed. (14)
　2016 Ed. (13)
　2017 Ed. (9)
　2018 Ed. (8)
　2019 Ed. (9)
　2020 Ed. (11)
　2021 Ed. (13)
MBank
　1991 Ed. (412)
　1995 Ed. (353)
Mbank
　2021 Ed. (381)
　2022 Ed. (394)
mBank
　2016 Ed. (467, 479)
　2017 Ed. (460, 485, 496, 521)
　2018 Ed. (448, 461, 486)
　2019 Ed. (431, 459, 472)
　2020 Ed. (419, 444, 455)
　2021 Ed. (441, 458)
　2022 Ed. (456, 472)
　2023 Ed. (636, 664, 679, 680, 738)
MBank Corpus Christi NA
　1991 Ed. (2814)
MBank Dallas
　1989 Ed. (694, 695)
MBank Dallas NA
　1989 Ed. (513)
　1990 Ed. (698)
MBank Houston
　1989 Ed. (695)
mBank (Poland)
　2021 Ed. (441)
　2022 Ed. (456)
mbanx direct
　2001 Ed. (631)
Mbappe; Kylian
　2023 Ed. (321, 323)
Mbasogo; Teodoro Obiang Nguema
　2007 Ed. (2703)
MBB
　1991 Ed. (1897, 1898)
MBB-Messerschmitt-Bolkow-Blohm GmbH
　1989 Ed. (199)
MBB Ontwikkeling B.V.
　2017 Ed. (1802)
MBBank
　2021 Ed. (430)
　2022 Ed. (444)
　2023 Ed. (616)
MBC Leasing Corp.
　2003 Ed. (569)
MBC/O & M
　1997 Ed. (84)
MBC/O&M
　1999 Ed. (85)
MBCA Bank
　2014 Ed. (377)
　2015 Ed. (431)
MBF
　1999 Ed. (961)
MBF Australia
　2002 Ed. (3777)
　2003 Ed. (3955)
　2004 Ed. (3082, 3964, 3966)
　2005 Ed. (3909)
　2009 Ed. (4122)
MBF Bioscience
　2009 Ed. (2135)
　2010 Ed. (2077)
　2011 Ed. (2134)
MBF Capital
　2000 Ed. (2885)
Mbf Capital Bhd.
　1999 Ed. (2436)
　2000 Ed. (2194)
MBf Finance
　1993 Ed. (2386)
MBf Holdings
　1993 Ed. (2386)
MBF North America, Inc.
　2023 Ed. (4904)
MBH Architects
　2009 Ed. (4321)
　2014 Ed. (186)
MBI Inc.
　1994 Ed. (130)
　1995 Ed. (145)

1996 Ed. (159)
2006 Ed. (139)
2007 Ed. (132, 2357)
MBIA
　2016 Ed. (3171)
MBIA Corp.
　2014 Ed. (3268)
MBIA Group
　2010 Ed. (3263)
　2013 Ed. (3334)
MBIA Inc.
　1989 Ed. (1424)
　1990 Ed. (1775)
　1992 Ed. (2145)
　1993 Ed. (3217)
　1994 Ed. (1842, 3223)
　1995 Ed. (1832, 3305)
　1996 Ed. (1916, 2259)
　1997 Ed. (2006)
　1999 Ed. (1478, 3489, 3490, 3491, 3492, 3493, 3494, 3495, 3496, 3497, 3498, 3499)
　2000 Ed. (2672)
　2002 Ed. (4350)
　2003 Ed. (2959, 4533)
　2004 Ed. (2609, 3036, 3060, 3061, 4483)
　2005 Ed. (3052, 3071, 3072, 3085, 4455)
　2006 Ed. (1780, 4458)
　2007 Ed. (1525, 2230)
　2008 Ed. (2370, 4536)
　2009 Ed. (4572)
　2012 Ed. (1260, 3184, 3195)
　2013 Ed. (3244, 3264)
　2014 Ed. (3270, 3292)
　2016 Ed. (3201)
　2017 Ed. (3156)
　2019 Ed. (3178)
MBIA Insurance Corp.
　1998 Ed. (1044, 1692, 2579, 2580, 2581, 2582, 2583, 2584, 2585, 2586, 2587, 2588)
　2000 Ed. (3206, 3207, 3208, 3209, 3210, 3211, 3212, 3213, 3214, 3215, 3216)
　2001 Ed. (743, 4035)
MBK Homes LLC
　2016 Ed. (1403)
MBK Real Estate
　1998 Ed. (875)
MBL/BBDO Canada Inc.
　1995 Ed. (54)
MBL-Energy
　2021 Ed. (4428, 4438, 4445)
　2022 Ed. (4438)
　2023 Ed. (4460)
MBL Group
　2000 Ed. (3044, 3045, 3046, 3048, 3049)
MBL Life Assurance Corp.
　1998 Ed. (2184)
mBlox
　2009 Ed. (3018)
MBM Corp.
　1991 Ed. (1758)
　1993 Ed. (1888)
　2000 Ed. (2242)
　2009 Ed. (4158, 4945)
　2010 Ed. (4091, 4952)
　2011 Ed. (4061, 4936)
　2012 Ed. (4094, 4938)
　2013 Ed. (1955, 2715)
　2014 Ed. (1891, 2701)
MBM Customized Foodservice Distribution
　2018 Ed. (4011)
MBMA America Bank
　1998 Ed. (2531)
MBMS Inc.
　2011 Ed. (1905)
　2013 Ed. (1934)
　2014 Ed. (1873)
MBNA
　1993 Ed. (376, 409, 460, 1438, 1439, 1440, 1441, 1445, 3117, 3250)
　1994 Ed. (345, 348, 349, 3244)
　1995 Ed. (350, 3324)
　1996 Ed. (362, 1767)
　1997 Ed. (337, 345, 1847)
　1998 Ed. (273, 283, 291, 293, 331)
　1999 Ed. (379, 393, 427, 437, 438, 1475, 1795, 4028, 4029)
　2000 Ed. (380, 392, 393, 397, 422, 427, 428, 430, 431, 432, 1241, 1405, 3745, 3746)
　2001 Ed. (569, 594, 621, 622, 1452, 1678)
　2002 Ed. (502, 503, 504, 1219, 1632, 1818, 2261)
　2003 Ed. (446, 449, 627, 628, 1215, 1663, 1665, 4549)
　2004 Ed. (440, 636, 637, 1224, 1694, 1696, 2603, 2605, 3306)
　2005 Ed. (358, 378, 417, 447, 449, 625, 626, 1253, 1750, 1752, 2046, 2578, 2579, 2581, 2583, 2600)
　2006 Ed. (380, 402, 1212, 1670, 1671, 1673, 1690, 2420, 2580, 2581, 2583, 2585)
　2007 Ed. (134, 370, 532, 717, 1443, 2553, 2555, 2915)
　2008 Ed. (358, 486, 686, 1405)

2009 Ed. (695)
MBNA America
　1999 Ed. (1790, 1794)
　2000 Ed. (1617)
　2001 Ed. (580)
　2005 Ed. (2048)
MBNA America Bank
　1994 Ed. (342, 364, 397, 399, 465, 1494, 1496, 1498, 1499, 1501)
　1995 Ed. (346, 373, 392, 394, 454, 1525, 1526, 1527, 1529)
　1997 Ed. (336, 372, 382, 384, 449, 1350, 1380, 1549, 1550, 1551, 1552, 1553, 2815)
　1998 Ed. (303, 332, 1043, 1046, 1050, 1132, 1205, 1207, 1210, 1211, 1212, 1558)
　1999 Ed. (402, 406, 408, 417, 439, 2120)
　2000 Ed. (400, 404, 405, 414)
　2004 Ed. (356, 357, 358, 363, 364, 424, 426, 429)
　2005 Ed. (367, 368, 369, 382, 383, 430, 432, 433, 435)
　2006 Ed. (370, 376, 377, 388, 390, 391, 393)
　2007 Ed. (374)
MBNA America Bank NA
　1992 Ed. (543, 569, 649, 1745, 1746, 1748)
　1996 Ed. (361, 415, 417, 485, 1486, 1487, 1488, 1489, 1491)
　1998 Ed. (298, 302, 346)
　2002 Ed. (440, 442, 481, 489, 506, 508, 3210)
　2003 Ed. (377, 378, 379, 384, 385, 430, 432, 435)
　2007 Ed. (353, 359, 360, 371, 373, 376)
MBNA America Bank NA (Newark)
　1991 Ed. (496)
MBNA America Delaware NA
　2006 Ed. (1671)
　2007 Ed. (1675)
　2008 Ed. (1701)
　2009 Ed. (1628)
　2010 Ed. (1600)
　2011 Ed. (1604)
　2012 Ed. (1450)
　2013 Ed. (1586)
MBNA American Bank
　1999 Ed. (1343, 1476, 1597, 2142)
MBNA Canada Bank
　2006 Ed. (1601, 1625, 2604)
　2007 Ed. (413, 2573)
　2008 Ed. (2713)
　2012 Ed. (331)
　2013 Ed. (543)
MBNA Consumer Services Inc.
　2001 Ed. (1678)
　2006 Ed. (1671)
　2007 Ed. (1675)
　2008 Ed. (1701)
　2009 Ed. (1628)
　2010 Ed. (1600)
　2011 Ed. (1604)
　2012 Ed. (1450)
　2013 Ed. (1586)
　2014 Ed. (1551)
　2015 Ed. (1601)
MBNA Europe
　2009 Ed. (2323)
　2010 Ed. (2253)
MBNA Europe Bank
　2011 Ed. (2260)
　2013 Ed. (2324)
The MBNA Foundation
　2005 Ed. (2676)
MBNA Information Services Inc.
　1996 Ed. (1492)
　1997 Ed. (1554)
MBNA Marketing Systems Inc.
　2001 Ed. (1678)
　2016 Ed. (1528)
MBO
　2000 Ed. (1677, 1678)
　2002 Ed. (1984)
MBP
　2013 Ed. (2141)
MBR Associates & Family Britches
　1999 Ed. (4338)
MBR Construction Services
　2011 Ed. (1264)
MBRT Venture Capital Fund
　2006 Ed. (3619)
MBS
　1990 Ed. (3465)
MBS Fassaden und Metallbau AG
　1994 Ed. (2483)
MBS Love Unlimited Inc.
　1999 Ed. (4338)
MBT Financial Corp.
　2002 Ed. (443)
MBX Logistics
　2012 Ed. (4829)
MC & A
　1992 Ed. (189)
　1995 Ed. (107)
　1996 Ed. (122)

1999 Ed. (135)
MC & A Saatchi & Saatchi
　2000 Ed. (153)
　2001 Ed. (190)
　2002 Ed. (161)
　2003 Ed. (129)
MC Assembly
　2004 Ed. (2232)
MC Carran International Airport
　2008 Ed. (236)
M.C. Dean
　2023 Ed. (1365)
M.C. Dean Inc.
　2023 Ed. (2657)
MC Direct
　2002 Ed. (1985)
MC Fertilizer Group
　1990 Ed. (1757)
M.C. Futures
　1994 Ed. (1069)
MC Homes Realty Inc.
　2023 Ed. (4975)
MC Hotel Construction
　2018 Ed. (1740)
　2020 Ed. (1738)
MC Inc.
　1994 Ed. (3298)
MC Industrial Inc.
　2009 Ed. (1315)
　2010 Ed. (1292)
　2011 Ed. (1248, 1273)
　2019 Ed. (1216)
　2020 Ed. (1181)
MC Mediacom Service GmbH
　2007 Ed. (112)
MC Rental
　2018 Ed. (4738)
MC Sporting Goods
　1996 Ed. (3494)
　1997 Ed. (3560)
MC Sports
　1991 Ed. (3167)
　1992 Ed. (4046)
MC10
　2017 Ed. (2853)
MCA Communications
　2021 Ed. (3607)
MCA Concerts
　1996 Ed. (3101)
　1997 Ed. (3179)
　1998 Ed. (2931)
MCA/Decca
　1999 Ed. (1788)
MCA Inc.
　1989 Ed. (255, 2228, 2273)
　1990 Ed. (261, 262, 263, 2663, 2861, 3550)
　1991 Ed. (1579, 2391, 2739, 3330)
　1992 Ed. (1459, 1461, 1494, 1497, 1986, 2980, 3109)
　1993 Ed. (1175, 1207)
　1994 Ed. (1235)
　1995 Ed. (1254)
　1996 Ed. (2578, 2744, 3032)
　1997 Ed. (1237, 1269)
MCA-Universal
　1994 Ed. (2562)
　1995 Ed. (2615)
McAbee Construction Inc.
　2014 Ed. (1189)
　2015 Ed. (1244)
McAbee Talbert Holliday & Co.
　2013 Ed. (6)
McAdam; Lowell C.
　2015 Ed. (971)
McAdams Inc.; William Douglas
　1989 Ed. (60)
　1990 Ed. (57)
　1991 Ed. (2398)
　1997 Ed. (57)
McAdams; Rachel
　2008 Ed. (2590)
McAdams, Richman & Ong Inc.
　1989 Ed. (151)
　1990 Ed. (3079)
　1991 Ed. (142)
　1992 Ed. (197)
　1993 Ed. (127)
　1994 Ed. (108)
McAdoo; Robert
　1995 Ed. (1802)
McAfee
　2015 Ed. (4428)
McAfee Associates
　1998 Ed. (1877, 3409)
McAfee Australia
　2015 Ed. (1452)
McAfee Canada Inc.
　2015 Ed. (1553)
McAfee Inc.
　2006 Ed. (1126)
　2007 Ed. (1232)
　2009 Ed. (3101)
　2010 Ed. (1527)
　2011 Ed. (1523, 1530)
　2012 Ed. (967, 4168)

McAfee Institute
  2015 Ed. (2400)
  2016 Ed. (2343)
McAfee & Taft
  2001 Ed. (566)
  2021 Ed. (3243, 3244)
McAfee VirusScan
  2000 Ed. (1171)
McAfee.com Corp.
  2002 Ed. (4882)
  2004 Ed. (4558, 4561, 4565)
  2005 Ed. (4673)
McAlister; Maurice L.
  1990 Ed. (1712)
McAlister's Deli
  2002 Ed. (4089)
  2003 Ed. (4219)
  2004 Ed. (4118, 4121, 4240)
  2005 Ed. (4169)
  2006 Ed. (4223)
  2007 Ed. (4238)
  2008 Ed. (4272)
  2009 Ed. (2710, 4376, 4379)
  2010 Ed. (4406, 4409)
  2011 Ed. (4353)
  2012 Ed. (2534, 4389)
  2014 Ed. (4410)
  2015 Ed. (4254, 4396, 4398, 4400, 4401, 4402, 4403, 4404, 4405)
  2016 Ed. (4290, 4291, 4293, 4294, 4295, 4296, 4297, 4298)
  2017 Ed. (4294, 4296, 4298, 4299, 4300, 4301, 4302, 4303)
  2018 Ed. (4214, 4274, 4275, 4277, 4278, 4279, 4280, 4281, 4282)
  2019 Ed. (809, 4216, 4243, 4302, 4304, 4306, 4307, 4308, 4309, 4310, 4311)
  2020 Ed. (4242, 4293, 4295, 4297, 4298, 4299, 4300, 4301, 4302)
  2021 Ed. (4208, 4271, 4273, 4275, 4277, 4278, 4279, 4280)
  2022 Ed. (4280, 4281, 4282, 4283, 4284, 4285, 4286, 4287)
  2023 Ed. (4230, 4314, 4315)
McAllen/Brownsville, TX
  1993 Ed. (57, 2042)
  1994 Ed. (128, 2058)
  1995 Ed. (142)
  1996 Ed. (156, 2114)
McAllen Economic Development Corp.
  2008 Ed. (3472)
McAllen-Edinburg-Mission, TX
  1993 Ed. (2555)
  1994 Ed. (2495)
  1995 Ed. (2113, 3779)
  1999 Ed. (1173, 3370)
  2000 Ed. (1076)
  2002 Ed. (2732, 3330)
  2003 Ed. (2084)
  2004 Ed. (3222)
  2005 Ed. (2028, 2031, 2976, 2991, 3470, 4796)
  2007 Ed. (2374)
  2008 Ed. (3459, 4349)
  2010 Ed. (927)
McAllen-Edinburg-Pharr, TX
  2008 Ed. (3510)
McAllen-Edinburg, TX
  2007 Ed. (3361)
McAllen-Edinburgh-Mission, TX
  2000 Ed. (4365)
McAllen-Mission, TX
  2008 Ed. (3112, 3119)
  2010 Ed. (3134, 3135)
McAllen, TX
  1992 Ed. (4242)
  2003 Ed. (972, 3241)
  2005 Ed. (1057, 2378, 4792)
  2006 Ed. (2129, 2424, 2449, 2857, 4863)
  2007 Ed. (1157, 2367)
  2008 Ed. (1040, 2488, 3456)
  2009 Ed. (1023, 2494)
  2010 Ed. (989, 2407, 2974)
  2011 Ed. (917, 2408)
  2012 Ed. (2549)
  2017 Ed. (2175, 2312)
  2020 Ed. (2047)
  2021 Ed. (3349)
McAlpin Industries Inc.
  2009 Ed. (3643)
McAlpine; Alfred
  1996 Ed. (1356)
McAlpin's
  1995 Ed. (1552)
McAlvain Concrete Inc.
  2018 Ed. (1165)
  2020 Ed. (1170)
  2021 Ed. (1143)
  2022 Ed. (1151)
McAlvain Group of Cos.
  2018 Ed. (1115)
MCAN Mortgage
  2010 Ed. (1560, 1568)
  2011 Ed. (1561)
MCAN Mortgage Corp.
  2015 Ed. (4567)

McAndrews & Forbes Holdings Inc.
  1993 Ed. (3563)
  2011 Ed. (2960)
  2012 Ed. (2889)
McAngus Goudelock & Courie
  2011 Ed. (2038)
McAngus Goudelock & Courie LLC
  2013 Ed. (3440)
McAngus, Goudelock & Courie LLC
  2012 Ed. (1887)
McArdle Printing Co., Inc.
  2006 Ed. (4357)
McArthur Homes
  2003 Ed. (1209)
MCassab
  2022 Ed. (884)
  2023 Ed. (1063)
McAulay; Ronald
  2008 Ed. (4844)
McAuliffe; James
  1997 Ed. (1927)
  2005 Ed. (4885)
MCB Bank
  2013 Ed. (530)
  2014 Ed. (549)
  2015 Ed. (612)
  2016 Ed. (556)
  2017 Ed. (582)
  2018 Ed. (546)
  2019 Ed. (565)
  2020 Ed. (548)
  2021 Ed. (524)
  2023 Ed. (754, 790)
MCB Bank Ltd.
  2010 Ed. (2667)
MCB Financial Corp.
  2003 Ed. (525, 526, 527)
MCB Group
  2023 Ed. (566)
MCB Mozambique
  2015 Ed. (416)
MCB Seychelles
  2015 Ed. (402)
McBain, Noel-Johnson
  1995 Ed. (2226, 2227)
McBains
  1999 Ed. (2837, 2840)
McBee; Richard
  2016 Ed. (2562)
McBride
  2006 Ed. (3809)
McBride & Associates Inc.
  1992 Ed. (2405, 2406, 2407)
  1995 Ed. (2100, 3287)
  1996 Ed. (2067, 3400)
  1997 Ed. (2213, 2221, 2223, 2224, 3495)
  1998 Ed. (1927, 1941, 3289)
  1999 Ed. (2665, 2680, 4284)
  2000 Ed. (2449, 2468, 4005)
  2001 Ed. (2714)
  2002 Ed. (2542, 2546)
  2003 Ed. (1356)
  2004 Ed. (4985)
McBride Corporate Real Estate
  2000 Ed. (3712)
McBride; Martina
  1996 Ed. (1094)
McBride & the Ride
  1995 Ed. (1120)
McBride & Son
  1998 Ed. (918)
  2000 Ed. (1233)
  2009 Ed. (1171)
  2012 Ed. (1035)
McBride & Son Enterprises
  2002 Ed. (1208)
  2003 Ed. (1208)
  2004 Ed. (1200, 1215)
  2005 Ed. (1239)
  2010 Ed. (1164)
  2011 Ed. (1113)
McBryde Credit Union
  1996 Ed. (1510)
  2006 Ed. (2163)
  2009 Ed. (2181, 2194)
  2015 Ed. (2257)
McBurney Refrigeration
  2017 Ed. (4713)
  2018 Ed. (4707)
  2019 Ed. (4713)
McBurney Transport Group
  2020 Ed. (4682, 4687)
MCC
  1998 Ed. (2937, 2946)
  1999 Ed. (3930)
  2002 Ed. (3815)
  2019 Ed. (1046)
  2021 Ed. (1010, 1020)
  2023 Ed. (1224)
MCC Behavioral Care
  1996 Ed. (2561)
MCCA
  2023 Ed. (2791)
McCabe
  2010 Ed. (1110)
  2011 Ed. (1049)

McCabe; Bill
  2010 Ed. (4906)
  2013 Ed. (4894)
McCabe Genetics
  2021 Ed. (800)
  2022 Ed. (832)
McCabe Message Partners
  2021 Ed. (4033)
  2022 Ed. (4052)
  2023 Ed. (4157)
McCabe; Richard
  1996 Ed. (1842)
  1997 Ed. (1915)
McCabe Software
  2014 Ed. (1084)
  2015 Ed. (1122)
McCafé
  2020 Ed. (897)
  2021 Ed. (910)
McCafe
  2017 Ed. (976, 978, 3647)
  2018 Ed. (910, 911)
McCaffertys Management
  2004 Ed. (3962)
McCaffrey; Robert H.
  1991 Ed. (1631)
McCain
  1994 Ed. (1923)
  1999 Ed. (2533)
  2008 Ed. (716)
  2009 Ed. (726)
  2010 Ed. (650)
  2021 Ed. (2625)
  2022 Ed. (2752, 2841)
  2023 Ed. (2868, 2886, 2935, 2954)
McCain (Canada)
  2021 Ed. (2625)
  2022 Ed. (2752)
McCain Chips
  2002 Ed. (2368)
McCain Ellio's
  1994 Ed. (2886)
  1995 Ed. (1945, 2951)
McCain Food Ltd.
  2000 Ed. (2230)
McCain Foods
  1994 Ed. (1877)
  1996 Ed. (1942)
  1997 Ed. (2039)
  1998 Ed. (1713)
  1999 Ed. (2472)
  2001 Ed. (2477)
  2003 Ed. (2567)
  2004 Ed. (1669)
  2005 Ed. (3911)
  2006 Ed. (2647, 3984)
  2007 Ed. (2615)
  2008 Ed. (2745)
  2009 Ed. (2799)
  2010 Ed. (2731)
  2012 Ed. (2646)
  2014 Ed. (2714)
  2016 Ed. (659)
  2021 Ed. (2629)
  2022 Ed. (2729, 2809, 2831)
  2023 Ed. (2931, 2947)
McCain Foods (Canada)
  2009 Ed. (2022)
McCain Foods Group Inc.
  2017 Ed. (2456)
McCain Foods Ltd.
  2016 Ed. (2690)
  2017 Ed. (2640)
  2018 Ed. (2706)
  2019 Ed. (2682, 2757, 2769)
  2020 Ed. (2701, 2702, 2793, 2806)
  2021 Ed. (2666, 2677)
  2022 Ed. (2731, 2809)
  2023 Ed. (2867)
McCain Foods USA
  2001 Ed. (2480)
  2008 Ed. (2785)
  2009 Ed. (2843)
  2010 Ed. (2784)
  2011 Ed. (2773)
  2012 Ed. (2702)
  2014 Ed. (2777, 2785)
  2015 Ed. (2831)
  2016 Ed. (2763)
  2017 Ed. (2724, 2738)
  2018 Ed. (2781, 2792)
McCain Foods USA Inc.
  2017 Ed. (2732)
  2021 Ed. (2672)
  2022 Ed. (1276)
McCain; G. Wallace
  1997 Ed. (3871)
McCain; Harrison
  2005 Ed. (4866)
McCain; John
  1992 Ed. (1038)
  2010 Ed. (2897)
  2018 Ed. (3367)
McCain; Michael
  2012 Ed. (805)
McCain; Wallace
  2005 Ed. (4866, 4875, 4876)
  2008 Ed. (4856)

2010 Ed. (4883)
McCain's
  2014 Ed. (708)
  2015 Ed. (751)
McCall
  1990 Ed. (2977)
McCall Cabinetry & Millwork Inc.
  2022 Ed. (4994)
McCall; Carolyn
  2015 Ed. (5020, 5022)
  2016 Ed. (4940)
  2017 Ed. (4931)
McCall; Davina
  2009 Ed. (680)
McCall Design Group
  2007 Ed. (3205)
  2008 Ed. (3347)
McCall Farms
  2014 Ed. (4826)
McCall Farms Inc.
  2018 Ed. (3713)
  2022 Ed. (3768)
McCall; Matthew
  2011 Ed. (3355)
McCall, Parkhurst & Horton
  1990 Ed. (2292)
  1991 Ed. (2015, 2531, 2534, 2782, 2925)
  1993 Ed. (2617, 2626, 2940, 3101, 3622)
  1995 Ed. (1629, 2647, 2652, 3037, 3188)
  1996 Ed. (2724, 2726, 2731, 3138, 3287)
  1997 Ed. (2840, 3384)
  1998 Ed. (2574, 2575, 2968, 3158, 3617)
  1999 Ed. (3485, 3486, 3967, 4143)
  2000 Ed. (3199, 3679, 3858)
  2001 Ed. (744)
McCall Parkhurst & Horton LLP
  2007 Ed. (3649)
McCall Service Inc.
  2020 Ed. (4773)
McCall Toyota; Sterling
  1990 Ed. (322)
  1991 Ed. (297)
  1993 Ed. (287)
McCallen-Edinburg-Mission, TX
  1997 Ed. (2767)
McCallen-Mission, TX
  2014 Ed. (2315)
McCallen, TX
  1996 Ed. (2204)
McCallie Associates Inc.
  2006 Ed. (3525, 4364)
  2007 Ed. (3575, 3576, 4432)
  2008 Ed. (3719, 4410, 4970)
McCallion Staffing Specialists
  2000 Ed. (4229)
McCallister; Michael
  2006 Ed. (2531)
  2007 Ed. (2512)
  2008 Ed. (2640)
  2009 Ed. (2666, 3314)
  2010 Ed. (3246)
  2012 Ed. (2494)
  2013 Ed. (2637)
  2014 Ed. (2592)
McCallister; Michael B.
  2007 Ed. (960, 1021)
  2008 Ed. (942)
  2011 Ed. (834)
McCall's
  1990 Ed. (2795)
  1991 Ed. (2704)
  1992 Ed. (3380, 3381)
  1993 Ed. (2790, 2795, 2805)
  1994 Ed. (2787, 2788)
  1995 Ed. (2884, 2887)
  1996 Ed. (2963)
  1997 Ed. (3050)
  1998 Ed. (1278, 2801)
  1999 Ed. (1857, 3771)
  2000 Ed. (3462, 3480)
  2002 Ed. (3226)
McCallum Graduate School of Business; Bentley College
  2010 Ed. (734)
McCann
  2017 Ed. (54)
  2018 Ed. (59)
  2019 Ed. (54, 55)
McCann Connected
  2019 Ed. (3461)
McCann Direct
  1993 Ed. (1488)
  1995 Ed. (1566)
  1997 Ed. (1616)
  1998 Ed. (1288)
McCann Erickson
  2013 Ed. (56)
  2014 Ed. (73)
  2015 Ed. (66)
  2016 Ed. (63)
  2017 Ed. (56)
  2018 Ed. (55)
McCann-Erickson
  1989 Ed. (79, 83, 89, 101, 110, 111, 114, 119, 126, 128, 134, 138, 145, 149, 150, 152, 154, 156, 160, 161, 167, 168, 169, 171)
  1990 Ed. (13, 74, 75, 76, 77, 78, 86, 88,

90, 96, 109, 114, 120, 127, 134, 135,
136, 143, 145, 147, 150, 160)
1991 Ed. (72, 73, 74, 75, 82, 86, 88, 92,
95, 107, 113, 118, 126, 136, 140, 141,
143, 145, 150, 159, 840, 3317)
1992 Ed. (119, 121, 143, 157, 162, 179,
186, 191, 201, 207, 4228)
1993 Ed. (79, 81, 83, 84, 85, 87, 88, 89,
90, 91, 93, 94, 95, 99, 100, 101, 102,
103, 105, 106, 111, 112, 114, 116, 118,
119, 120, 122, 123, 128, 130, 131,
135, 136, 137, 138, 139, 140, 141,
142, 144, 145, 1487)
1994 Ed. (68, 79, 84, 85, 92, 93, 100,
105, 123)
1995 Ed. (81, 87)
1996 Ed. (73, 81, 82, 100, 127, 131,
150)
1997 Ed. (58, 59, 60, 63, 64, 67, 70, 73,
75, 78, 80, 81, 82, 89, 90, 92, 96, 97,
98, 102, 104, 107, 108, 110, 116, 117,
124, 130, 131, 132, 134, 135, 137,
139, 141, 142, 143, 144, 145, 146,
147, 149, 150, 151, 152, 153, 156,
157, 158, 1615)
1998 Ed. (30, 54, 56, 62)
1999 Ed. (37, 56, 57, 58, 82, 132, 150,
155, 161, 168)
2000 Ed. (43, 61, 64, 71, 73, 78, 87, 88,
89, 104, 111, 118, 128, 147, 150, 151,
165, 168, 173, 177, 180, 181, 187,
188, 191)
2002 Ed. (83, 86, 137)
2003 Ed. (49, 53)
2004 Ed. (103, 105, 123, 124, 134)
2005 Ed. (97, 101)
2011 Ed. (48)
McCann-Erickson AB
  1996 Ed. (143)
  2000 Ed. (176)
McCann-Erickson Advertising
  1996 Ed. (69)
  2000 Ed. (60)
  2001 Ed. (104, 233)
  2002 Ed. (77)
  2003 Ed. (43)
  2009 Ed. (140)
  2010 Ed. (137)
  2011 Ed. (58)
McCann-Erickson Advertising of Canada
  1991 Ed. (84)
  1992 Ed. (130, 132, 215)
  1995 Ed. (53, 54)
McCann-Erickson Albania
  2003 Ed. (41)
McCann-Erickson Argentina
  1996 Ed. (61)
McCann-Erickson AS (Denmark)
  2000 Ed. (85)
McCann-Erickson Athens
  1999 Ed. (94)
  2000 Ed. (100)
  2001 Ed. (140)
  2002 Ed. (113)
  2003 Ed. (78)
McCann-Erickson Barbados
  1995 Ed. (49)
  1996 Ed. (65)
  1999 Ed. (61)
  2002 Ed. (81)
  2003 Ed. (47)
McCann-Erickson Brazil
  1991 Ed. (80)
  1992 Ed. (128)
McCann-Erickson, Brown, Christensen
  1992 Ed. (187)
McCann-Erickson Budapest
  1999 Ed. (99)
  2000 Ed. (103)
  2001 Ed. (143)
  2002 Ed. (116)
  2003 Ed. (83)
McCann-Erickson Business Communications
  2001 Ed. (234)
McCann-Erickson Cambodia
  1999 Ed. (69)
  2001 Ed. (117)
  2002 Ed. (89)
  2003 Ed. (56)
McCann-Erickson Canada
  1994 Ed. (74, 75)
McCann-Erickson of Canada Ltd.
  1992 Ed. (131)
McCann-Erickson Centroamericana
  1989 Ed. (95, 112, 113)
  1990 Ed. (91, 98, 108)
  1991 Ed. (89, 97, 106)
  1992 Ed. (137, 145, 156)
  1995 Ed. (60, 71, 80)
  1996 Ed. (84, 94)
  1997 Ed. (74, 84, 95)
  1999 Ed. (75, 85, 97)
  2000 Ed. (81, 91, 101, 102)
  2001 Ed. (123, 133, 142)
  2002 Ed. (94, 105, 114, 115)
  2003 Ed. (61, 70, 79, 82)

McCann-Erickson Centroamericano
  1994 Ed. (80)
McCann-Erickson Chile
  1992 Ed. (134)
  1996 Ed. (70)
  1997 Ed. (71)
  1999 Ed. (72)
McCann-Erickson China
  1997 Ed. (72)
McCann-Erickson Colombia
  1989 Ed. (94)
  1999 Ed. (74)
  2000 Ed. (80)
  2001 Ed. (122)
  2002 Ed. (93)
  2003 Ed. (60)
McCann-Erickson Columbia
  1992 Ed. (136)
McCann-Erickson Communications
  2002 Ed. (131)
McCann-Erickson Communications Group
  2000 Ed. (178)
  2001 Ed. (218)
  2002 Ed. (191)
  2003 Ed. (155)
McCann-Erickson Co. (Belgium)
  1990 Ed. (81)
  1991 Ed. (78)
  1992 Ed. (125)
  1994 Ed. (72)
  1995 Ed. (50)
  1996 Ed. (66)
  1999 Ed. (62)
  2000 Ed. (66)
McCann-Erickson Co. Paraguay
  1990 Ed. (140)
  1992 Ed. (195)
  1995 Ed. (111)
  1996 Ed. (126)
  1999 Ed. (140)
  2000 Ed. (157)
  2001 Ed. (195)
McCann-Erickson Corp SA
  2000 Ed. (163)
McCann-Erickson Croatia
  1995 Ed. (61)
  1996 Ed. (75)
  1999 Ed. (76)
  2000 Ed. (82)
  2001 Ed. (124)
  2002 Ed. (95)
  2003 Ed. (62)
McCann-Erickson De Villiers
  1992 Ed. (205)
McCann-Erickson Denmark
  1996 Ed. (78)
  1999 Ed. (79)
  2001 Ed. (127)
  2002 Ed. (98)
  2003 Ed. (65)
McCann Erickson Detroit
  1994 Ed. (83)
  1996 Ed. (79)
  1997 Ed. (79)
  1998 Ed. (53)
  1999 Ed. (80)
  2000 Ed. (86)
  2001 Ed. (128, 129)
  2004 Ed. (114)
  2005 Ed. (113)
McCann-Erickson Deutschland
  1996 Ed. (89)
  1999 Ed. (91)
  2000 Ed. (97)
  2001 Ed. (138)
  2002 Ed. (111)
  2003 Ed. (76)
McCann-Erickson DeVilliers
  1990 Ed. (148)
  1991 Ed. (148)
McCann-Erickson Dominicana
  1989 Ed. (99)
  1990 Ed. (95)
  1991 Ed. (93)
  1992 Ed. (142)
  1999 Ed. (81)
McCann-Erickson EBLA Group
  2002 Ed. (190)
  2003 Ed. (154)
McCann-Erickson Ecuador
  1999 Ed. (83)
McCann-Erickson Finland
  1990 Ed. (101)
  1991 Ed. (98)
  1992 Ed. (148)
McCann-Erickson France
  1991 Ed. (99)
  1992 Ed. (149)
  1994 Ed. (88)
  1996 Ed. (88)
  1999 Ed. (90)
  2000 Ed. (96)
  2001 Ed. (137)
  2002 Ed. (110)
  2003 Ed. (74)
McCann-Erickson Germany
  1989 Ed. (108)
  1990 Ed. (104)

1991 Ed. (100)
1992 Ed. (150)
1994 Ed. (89)
McCann-Erickson Greece
  1990 Ed. (106)
McCann-Erickson Group
  1989 Ed. (162)
  1990 Ed. (151)
  1992 Ed. (209)
  2002 Ed. (200)
  2003 Ed. (160)
McCann-Erickson Group Malaysia
  1996 Ed. (113)
McCann-Erickson Guangming
  1995 Ed. (58)
  1996 Ed. (71)
  1999 Ed. (73)
  2000 Ed. (79)
  2001 Ed. (121)
  2002 Ed. (92)
  2003 Ed. (59)
McCann-Erickson Guanming
  1994 Ed. (78)
McCann-Erickson Hakuhodo
  1989 Ed. (127)
  1993 Ed. (115)
  1994 Ed. (98)
McCann-Erickson Hakuhodo Japan
  1991 Ed. (119)
McCann-Erickson Hellas
  1991 Ed. (103)
  1992 Ed. (154)
  1994 Ed. (91)
  1995 Ed. (78)
  1996 Ed. (92)
  1997 Ed. (93)
McCann-Erickson Hong Kong
  1996 Ed. (95)
McCann-Erickson/Hora
  1990 Ed. (144)
  1991 Ed. (144)
  1992 Ed. (200)
  1994 Ed. (111)
  1995 Ed. (116)
  1996 Ed. (130)
McCann-Erickson/Hora Publicidade
  1989 Ed. (153)
McCann-Erickson Hungary
  1996 Ed. (96)
McCann-Erickson India
  2001 Ed. (144)
  2002 Ed. (117)
  2003 Ed. (84)
McCann-Erickson Interpress
  1992 Ed. (158)
McCann-Erickson Ireland
  1996 Ed. (102)
  1999 Ed. (106)
  2001 Ed. (149)
  2002 Ed. (122)
  2003 Ed. (89)
McCann-Erickson Italiana
  1989 Ed. (124)
  1990 Ed. (118)
  1991 Ed. (116)
  1992 Ed. (168)
  1994 Ed. (97)
  1995 Ed. (89)
  1996 Ed. (104)
  1997 Ed. (106)
  1999 Ed. (108)
  2000 Ed. (113)
  2001 Ed. (151)
  2002 Ed. (124)
  2003 Ed. (91)
McCann-Erickson Jamaica
  1992 Ed. (170)
  1995 Ed. (91)
  1996 Ed. (106)
  1999 Ed. (110)
  2000 Ed. (115)
  2001 Ed. (153)
  2002 Ed. (126)
  2003 Ed. (93)
McCann-Erickson Japan
  1990 Ed. (121)
  1992 Ed. (171)
  1995 Ed. (92)
  1996 Ed. (107)
  1999 Ed. (111)
  2000 Ed. (116)
  2001 Ed. (154)
  2002 Ed. (127)
  2003 Ed. (94)
McCann-Erickson Jardine
  1991 Ed. (87)
McCann-Erickson Jardine China
  1990 Ed. (89)
  1992 Ed. (135)
McCann-Erickson Kazakhstan
  2001 Ed. (156)
  2002 Ed. (129)
  2003 Ed. (96)
McCann-Erickson Kenya
  1990 Ed. (122)
  1991 Ed. (120)
  1992 Ed. (173)
  1995 Ed. (93)

1996 Ed. (108)
1999 Ed. (113)
2000 Ed. (119)
2001 Ed. (157)
2002 Ed. (130)
2003 Ed. (97)
McCann-Erickson Ljubljana
  2003 Ed. (147)
McCann-Erickson London
  2001 Ed. (232)
  2002 Ed. (204)
McCann-Erickson Lorin
  1992 Ed. (181)
McCann-Erickson Los Angeles
  1996 Ed. (112)
  1997 Ed. (115)
  1999 Ed. (119)
McCann-Erickson Malaysia
  1989 Ed. (133)
  1990 Ed. (126)
  1991 Ed. (125)
  1992 Ed. (178)
  1995 Ed. (97)
  1999 Ed. (122)
  2001 Ed. (168)
  2002 Ed. (140)
  2003 Ed. (106)
McCann-Erickson Manchester
  1994 Ed. (1534)
  1996 Ed. (1551)
  2000 Ed. (1676)
McCann-Erickson Mexico
  1994 Ed. (101)
  1995 Ed. (98)
  1996 Ed. (114)
  1999 Ed. (123)
  2000 Ed. (141)
  2001 Ed. (179)
  2002 Ed. (149)
  2003 Ed. (121)
McCann-Erickson Nederland
  1990 Ed. (130)
  1992 Ed. (183)
  1994 Ed. (103)
  1995 Ed. (102)
  2002 Ed. (155)
  2003 Ed. (126)
McCann-Erickson New York
  1989 Ed. (142)
  1990 Ed. (132)
McCann-Erickson New Zealand
  1994 Ed. (106)
  1999 Ed. (133)
  2001 Ed. (187)
  2002 Ed. (159)
  2003 Ed. (127)
McCann-Erickson Norway
  1992 Ed. (192)
McCann-Erickson de Panama
  1989 Ed. (148)
  1990 Ed. (139)
  1991 Ed. (139)
  1992 Ed. (194)
McCann-Erickson Pars
  1991 Ed. (158)
  1992 Ed. (217)
McCann-Erickson Pars AS
  1989 Ed. (170)
McCann-Erickson Peru
  1990 Ed. (141)
  1992 Ed. (196)
  1999 Ed. (141)
McCann-Erickson Philippines
  1992 Ed. (198)
  1994 Ed. (109)
  1995 Ed. (114)
  1996 Ed. (128)
  1999 Ed. (143)
  2000 Ed. (160)
  2001 Ed. (197)
  2002 Ed. (168)
  2003 Ed. (136)
McCann-Erickson Portugal
  1999 Ed. (145)
McCann-Erickson Portugal Publicidade
  2000 Ed. (162)
  2001 Ed. (199)
  2002 Ed. (170)
  2003 Ed. (138)
McCann-Erickson Prague
  1994 Ed. (81)
  1995 Ed. (63)
  1996 Ed. (77)
  1999 Ed. (78)
  2000 Ed. (84)
  2001 Ed. (126)
  2002 Ed. (97)
  2003 Ed. (64)
McCann-Erickson de Publicadad
  1995 Ed. (57)
McCann-Erickson Publicadade
  1995 Ed. (52)
McCann-Erickson Publicidad
  1995 Ed. (137)
  1999 Ed. (189)
  2001 Ed. (131, 196, 239)
  2002 Ed. (87, 103, 167)
  2003 Ed. (68, 135)

McCann-Erickson de Publicidad
    1994 Ed. (77)
    2002 Ed. (76, 91)
    2003 Ed. (42, 58)
McCann-Erickson de Publicidad Argentina
    2001 Ed. (103)
McCann-Erickson de Publicidad (Chile)
    2001 Ed. (120)
McCann-Erickson Publicidad (Peru)
    2000 Ed. (158)
McCann-Erickson Publicidad de Venezuela
    2002 Ed. (208)
    2003 Ed. (179)
McCann-Erickson Publicidade
    1994 Ed. (73)
    1996 Ed. (68)
    1999 Ed. (67)
    2001 Ed. (115)
    2003 Ed. (54)
McCann-Erickson Puerto Rico
    1994 Ed. (112)
    1999 Ed. (146)
    2001 Ed. (201)
    2002 Ed. (172)
    2003 Ed. (139)
McCann-Erickson Republica Dominicana
    2001 Ed. (130)
    2002 Ed. (100)
    2003 Ed. (67)
McCann-Erickson Romania
    2001 Ed. (203)
    2002 Ed. (175)
    2003 Ed. (142)
McCann-Erickson (Russia)
    1996 Ed. (133)
    1999 Ed. (148)
    2001 Ed. (204)
    2002 Ed. (176)
    2003 Ed. (143)
McCann-Erickson S.A. Group
    1991 Ed. (151)
McCann-Erickson SA de Publicidad
    2000 Ed. (59)
McCann-Erickson Senegal
    2000 Ed. (167)
McCann-Erickson Singapore
    1991 Ed. (147)
    1992 Ed. (204)
    1994 Ed. (114)
    1995 Ed. (121)
    1996 Ed. (135)
    2001 Ed. (206)
    2002 Ed. (178)
    2003 Ed. (145)
McCann-Erickson Slovakia
    1995 Ed. (122)
    1996 Ed. (136)
    1999 Ed. (151)
    2001 Ed. (207)
    2002 Ed. (179)
    2003 Ed. (146)
McCann-Erickson Slovenia
    1995 Ed. (123)
    1996 Ed. (137)
    1999 Ed. (152)
    2000 Ed. (170)
McCann-Erickson South Africa
    1989 Ed. (157)
    1994 Ed. (115)
    1995 Ed. (124)
    1996 Ed. (138)
    1999 Ed. (153)
McCann-Erickson South Korea
    1994 Ed. (99)
    1996 Ed. (109)
    1999 Ed. (114)
    2000 Ed. (120)
    2003 Ed. (149)
McCann-Erickson Spain
    1994 Ed. (118)
    1996 Ed. (141)
    1999 Ed. (156)
    2000 Ed. (174)
    2001 Ed. (210)
    2002 Ed. (186)
    2003 Ed. (150)
McCann-Erickson Sweden
    1989 Ed. (164)
    1990 Ed. (153)
    1991 Ed. (153)
    1992 Ed. (211)
    1994 Ed. (119)
    1999 Ed. (158)
    2001 Ed. (215)
    2002 Ed. (188)
    2003 Ed. (152)
McCann-Erickson (Switzerland)
    1989 Ed. (165)
    1990 Ed. (154)
    1991 Ed. (154)
    1992 Ed. (212)
    1994 Ed. (120)
    1996 Ed. (144)
    1999 Ed. (160)
    2001 Ed. (217)
    2002 Ed. (189)
    2003 Ed. (153)

McCann-Erickson Taiwan
    1990 Ed. (155)
    1991 Ed. (155)
    1992 Ed. (213)
    1994 Ed. (121)
    1995 Ed. (131)
    1996 Ed. (145)
McCann-Erickson Thailand
    1990 Ed. (156)
    1991 Ed. (156)
    1992 Ed. (214)
    1994 Ed. (122)
    1995 Ed. (132)
    1996 Ed. (146)
    1999 Ed. (162)
    2001 Ed. (224)
    2002 Ed. (197)
    2003 Ed. (157)
McCann-Erickson Trinidad
    1990 Ed. (158)
    1991 Ed. (157)
    1992 Ed. (216)
    1995 Ed. (133)
    1996 Ed. (147)
    1999 Ed. (163)
    2001 Ed. (225)
    2002 Ed. (198)
    2003 Ed. (158)
McCann-Erickson U.K.
    1989 Ed. (109)
    1990 Ed. (105)
    1991 Ed. (101)
    1992 Ed. (151)
    1994 Ed. (90)
    1996 Ed. (91)
    1999 Ed. (93)
    2001 Ed. (231)
McCann-Erickson United Kingdom
    2000 Ed. (99)
    2002 Ed. (205)
    2003 Ed. (164)
McCann-Erickson/Universal McCann
    2000 Ed. (130, 131, 132, 133, 134, 135, 136, 137, 138, 140)
McCann-Erickson Uruguay
    1992 Ed. (218)
    1999 Ed. (167)
    2001 Ed. (237)
    2002 Ed. (206)
    2003 Ed. (177)
McCann-Erickson Uzbekistan Ltd.
    2001 Ed. (238)
    2002 Ed. (207)
    2003 Ed. (178)
McCann-Erickson Venezuela
    1994 Ed. (125)
McCann-Erickson de Venezuela
    1996 Ed. (151)
McCann-Erickson Vietnam
    1999 Ed. (169)
    2000 Ed. (190)
    2001 Ed. (240)
    2002 Ed. (209)
    2003 Ed. (180)
McCann-Erickson World Group
    2000 Ed. (110)
McCann-Erickson WorldGroup
    2003 Ed. (37)
McCann Erickson Worldwide
    2013 Ed. (60)
    2014 Ed. (66, 74)
    2015 Ed. (63, 67)
    2016 Ed. (66, 67)
    2018 Ed. (58)
McCann-Erickson Worldwide
    1989 Ed. (60, 66, 74, 118)
    1990 Ed. (58, 60, 61, 62, 64, 66, 67, 68, 71, 72, 112)
    1991 Ed. (58, 59, 62, 63, 67, 68, 111, 132)
    1992 Ed. (101, 102, 103, 104, 105, 107, 109, 110, 114, 115, 118, 120, 146, 147, 165, 175, 3598)
    1993 Ed. (59, 60, 61, 62, 63, 64, 66, 67, 69, 70, 72, 76, 80, 97, 117)
    1994 Ed. (50, 51, 53, 54, 55, 57, 58, 60, 61, 62, 66, 67)
    1995 Ed. (25, 26, 27, 28, 29, 30, 32, 33, 34, 37, 38, 39, 40, 41, 42)
    1996 Ed. (39, 40, 41, 42, 43, 44, 45, 47, 48, 49, 50, 51, 52, 53, 57)
    1997 Ed. (37, 38, 39, 40, 41, 42, 44, 45, 47, 49, 50, 53, 54, 56, 85)
    1998 Ed. (31, 32, 33, 34, 35, 36, 39, 40, 41, 42, 43, 44, 46, 48, 49, 51, 597, 3493, 3494)
    1999 Ed. (35, 36, 38, 39, 40, 41, 43, 44, 45, 46, 47, 48, 49, 51, 53, 54, 105)
    2000 Ed. (42, 44, 45, 46, 47, 48, 49, 50, 51, 52, 53, 56)
    2001 Ed. (97, 98, 99, 100, 101, 102, 105, 110, 146, 164, 186, 188, 202, 220, 221, 222, 223, 3249)
    2002 Ed. (63, 65, 70, 71, 72, 73, 74, 78, 101, 102, 119, 184, 211)
    2003 Ed. (28, 29, 36, 38, 39, 40, 44, 87, 165, 166, 167, 175, 176)
    2004 Ed. (112, 117)

2005 Ed. (110, 116, 117)
2006 Ed. (107, 109, 120, 122)
2007 Ed. (109, 114, 116)
2008 Ed. (119, 123)
2009 Ed. (128, 129)
2010 Ed. (129)
2011 Ed. (47, 48, 50, 51)
2012 Ed. (52, 57, 59)
2014 Ed. (71)
2015 Ed. (65)
McCann-Ericksone Barbados
    2001 Ed. (108)
McCann-Erikson
    1998 Ed. (64)
McCann Fitzgerald
    2017 Ed. (3276)
    2021 Ed. (3217)
    2023 Ed. (3436)
McCann Healthcare
    1989 Ed. (141)
    1998 Ed. (38)
McCann Healthcare Worldwide
    2009 Ed. (126)
    2010 Ed. (127)
    2011 Ed. (45)
    2012 Ed. (51)
    2014 Ed. (70)
    2015 Ed. (80)
McCann-Ivory Coast
    2001 Ed. (152)
    2002 Ed. (125)
    2003 Ed. (92)
McCann; James
    1990 Ed. (1769)
    1997 Ed. (1883)
McCann Relationship Marketing
    1999 Ed. (1861)
    2002 Ed. (1979, 1981)
    2003 Ed. (2067)
McCann Relationship Marketing Worldwide
    2003 Ed. (2065, 2066)
McCann Worldgroup
    2009 Ed. (134)
    2010 Ed. (134)
    2011 Ed. (52)
    2012 Ed. (60)
    2013 Ed. (72)
    2014 Ed. (78)
    2015 Ed. (69, 860)
    2016 Ed. (71)
    2018 Ed. (62, 731)
    2019 Ed. (51, 62)
    2021 Ed. (60)
    2023 Ed. (150)
McCann's
    2015 Ed. (891)
McCants & Gerald
    1991 Ed. (2528)
McCar Development
    1999 Ed. (1325)
McCarl's
    2013 Ed. (1251)
    2016 Ed. (1158)
McCarl's Inc.
    2011 Ed. (1281)
    2012 Ed. (1121)
    2013 Ed. (1266)
    2014 Ed. (1199)
    2015 Ed. (1243)
    2016 Ed. (1154, 1169)
    2017 Ed. (1203)
    2018 Ed. (1153)
McCarran Airport
    1997 Ed. (220, 222)
    2009 Ed. (4960)
McCarran International
    2000 Ed. (271)
McCarter & English
    1989 Ed. (1884)
    1990 Ed. (2423)
    1991 Ed. (2015, 2289)
    1992 Ed. (2843)
    1993 Ed. (2160, 2401)
    1994 Ed. (2354)
    1995 Ed. (2419)
    1997 Ed. (2599)
    1998 Ed. (2331)
    1999 Ed. (3155)
    2000 Ed. (2900)
    2001 Ed. (873)
    2002 Ed. (3060)
    2021 Ed. (3235, 3236)
McCarter & English LLP
    2011 Ed. (3399)
    2023 Ed. (3463)
McCarter, Jennifer
    1993 Ed. (1079)
McCarter Sisters
    1993 Ed. (1079)
The McCarters
    1994 Ed. (1100)
McCarthy
    1989 Ed. (1000)
    1992 Ed. (1357, 1424)
    1993 Ed. (1085)
    1994 Ed. (1109, 1131)
    1995 Ed. (1124, 1149)
    1996 Ed. (1105, 1112, 1122)

1997 Ed. (1126, 1151)
1998 Ed. (891)
1999 Ed. (1321, 1357, 1358)
2000 Ed. (1200)
2001 Ed. (1398)
2002 Ed. (1247, 1249, 1260)
McCarthy; Anna Duarte
    2013 Ed. (2959)
McCarthy Building Co.
    2002 Ed. (1213)
    2003 Ed. (1255, 1260, 1264, 1277)
    2019 Ed. (2365)
    2020 Ed. (1118, 2333)
    2021 Ed. (1105, 2298)
    2022 Ed. (1121, 2309, 2329)
McCarthy Building Company
    2022 Ed. (2309)
McCarthy Building Cos.
    2004 Ed. (1267, 1289)
    2005 Ed. (3918)
    2006 Ed. (1174, 1176, 1237, 1238, 1245, 1329, 1346, 2792, 3992)
    2007 Ed. (1280, 1282, 1338, 1350, 1382, 1391, 4029)
    2008 Ed. (1180, 1182, 1223, 1228, 1238, 1241, 1242, 1247, 1252, 1314, 1340, 2915, 4056)
    2009 Ed. (1141, 1156, 1158, 1210, 1315, 1338, 2971, 4152, 4153)
    2010 Ed. (1134, 1151, 1153, 1209, 1213, 1292, 1293, 1321, 2911, 4084)
    2011 Ed. (1079, 1094, 1097, 1157, 1248, 1251, 1273, 1299, 1515, 4057)
    2012 Ed. (1005, 1093, 1363, 1744)
    2013 Ed. (1231, 1270, 1448, 4708)
    2014 Ed. (1169, 1203, 4762)
    2015 Ed. (1222, 1261, 4783)
    2016 Ed. (1131, 1176, 4686)
    2017 Ed. (1174, 1219, 4418)
    2018 Ed. (1109, 1110, 1122, 1124, 1131)
    2019 Ed. (1124, 1131, 1133, 1138, 1146, 4454, 4461)
    2020 Ed. (1121, 1123, 1129, 1132, 1137, 1210, 1211, 4441, 4444, 4448)
    2021 Ed. (1107, 1109, 1116, 1118, 1123, 1182, 1183, 4429, 4439)
    2022 Ed. (1123, 1128, 1180, 1181, 4439, 4451)
    2023 Ed. (1343, 1345, 1351, 1353, 1414, 1416, 1417, 4460, 4474, 4477, 4482)
McCarthy Building Cos. Inc.
    2023 Ed. (1358)
McCarthy Buildings Cos.
    2021 Ed. (1105)
    2022 Ed. (1121)
    2023 Ed. (1340)
McCarthy; Carol
    1991 Ed. (2406)
McCarthy Construction Co.
    2004 Ed. (1356)
McCarthy Cosby Paul
    1993 Ed. (1487)
McCarthy Holdings
    2013 Ed. (1230)
    2014 Ed. (1168)
    2015 Ed. (1227)
    2021 Ed. (994)
    2022 Ed. (1037)
    2023 Ed. (1215, 1886, 2488, 2505)
McCarthy Holdings Inc.
    2010 Ed. (1210)
    2011 Ed. (1158, 1160)
    2012 Ed. (1002, 1058, 1094, 1097, 1108, 1110, 1120, 2376, 4089)
    2013 Ed. (1235, 1240, 1893)
    2014 Ed. (1178, 1826)
    2015 Ed. (1232, 1259, 1866, 2615)
    2016 Ed. (1107, 1829, 2539)
    2017 Ed. (1794)
    2018 Ed. (1120, 1743, 1747, 2475)
    2019 Ed. (1128, 1216, 1217, 1800, 2502, 2503)
    2020 Ed. (1746, 2494)
    2021 Ed. (1717, 2414)
    2022 Ed. (1138, 1746, 2529)
McCarthy; Ian J.
    2007 Ed. (1025)
    2008 Ed. (947)
McCarthy, Jr.; Walter J.
    1990 Ed. (1718)
McCarthy; Kevin
    2006 Ed. (2579)
McCarthy Mambro Bertino
    2003 Ed. (169)
    2004 Ed. (106, 127, 128)
McCarthy and McCarthy
    1990 Ed. (2416, 2427)
    1991 Ed. (2293)
McCarthy; Melissa
    2014 Ed. (2533)
    2015 Ed. (2606)
McCarthy; Robert
    2006 Ed. (2578)
McCarthy & Stone
    2008 Ed. (1204)
    2018 Ed. (1031)
    2019 Ed. (2059)

McCarthy Tetrault
  1991 Ed. (2282)
  1992 Ed. (2831, 2846)
  1993 Ed. (2394, 2405)
  1994 Ed. (2357)
  1995 Ed. (2415)
  1996 Ed. (2451)
  1997 Ed. (2596)
  1999 Ed. (3147)
  2004 Ed. (1427, 1428)
  2005 Ed. (1444, 1445)
McCarthy Tetrault LLP
  2009 Ed. (3487)
  2016 Ed. (3315)
  2017 Ed. (3274)
  2020 Ed. (3328)
McCarthy Tire Service Co.
  2005 Ed. (4696)
  2006 Ed. (4746)
  2007 Ed. (4755)
  2009 Ed. (4724)
  2010 Ed. (4733)
  2011 Ed. (4693)
  2012 Ed. (4715)
  2013 Ed. (4676)
  2014 Ed. (4724)
  2015 Ed. (4743)
  2016 Ed. (4645)
  2017 Ed. (4658)
  2018 Ed. (4654)
  2019 Ed. (4668)
  2020 Ed. (4634)
  2021 Ed. (4648)
  2022 Ed. (4661)
McCarthy Tire Services Inc.
  2015 Ed. (4730)
McCarthy's Oldsmobile; Wally
  1995 Ed. (282)
McCartney; John
  1996 Ed. (1716)
  1997 Ed. (1797, 1804)
McCartney; Paul
  1992 Ed. (1348, 1350)
  1995 Ed. (1117, 1118)
  1996 Ed. (1093)
  2005 Ed. (2443, 2444)
  2007 Ed. (1267)
  2008 Ed. (2583)
  2009 Ed. (708)
  2012 Ed. (994)
  2013 Ed. (2603)
  2014 Ed. (3728)
  2016 Ed. (1047, 1048)
McCartney; Sir Paul
  2005 Ed. (4894)
  2007 Ed. (3658, 4932)
The McCarty Co.
  1998 Ed. (1774)
The McCarty Co. - Construction Group Inc.
  2007 Ed. (1379)
McCaskey; Virginia Halas
  2012 Ed. (2679)
McCaughan
  1991 Ed. (775)
McCaughan Anz
  1990 Ed. (810)
McCausland; Peter
  2008 Ed. (2633)
  2011 Ed. (827)
McCaw
  1990 Ed. (918)
McCaw Cellular
  1989 Ed. (863)
McCaw Cellular Communications Co.
  1990 Ed. (3521)
  1991 Ed. (872, 1154, 1169, 2654, 3285, 3332)
  1992 Ed. (1067, 1458, 1459, 1461, 1516, 3317, 3318, 4198, 4212)
  1993 Ed. (2381, 2755, 3517)
  1994 Ed. (877, 1213, 2705, 3287, 3492)
  1995 Ed. (1222)
  1996 Ed. (1191, 1193, 1199, 1204, 1205, 1209, 2888, 2890, 2894, 3595)
  1997 Ed. (1245, 1250, 1251)
McCaw; Craig
  2011 Ed. (4841)
McCaw; Craig O.
  1991 Ed. (925, 1619)
  1995 Ed. (1729)
  2005 Ed. (4856)
  2006 Ed. (4910)
  2007 Ed. (4905)
McCaw/Lin Cellular
  1991 Ed. (871)
McCaw Resort Development Enterprises
  2005 Ed. (1873)
McCay Duff & Co.
  2008 Ed. (278)
McChord AFB
  1996 Ed. (2645)
McChord Air Force Base
  1998 Ed. (2500)
MCCI Holdings LLC
  2010 Ed. (2991)
  2011 Ed. (2960)
McClain Finion Advertising
  2002 Ed. (99, 4987)

McClain Finlon
  2004 Ed. (133)
McClain Finlon Advertising
  2000 Ed. (4430)
  2002 Ed. (4986)
  2003 Ed. (66, 4990)
  2004 Ed. (113, 4988, 4989)
  2005 Ed. (112, 4994)
  2006 Ed. (4991, 4993)
  2007 Ed. (110, 111, 4987, 4990)
  2008 Ed. (120, 121, 4993)
  2009 Ed. (130, 131, 132, 4131, 4987, 4988, 4989)
  2010 Ed. (131, 132, 133, 4994, 4995)
McClain Finton Advertising Inc.
  1999 Ed. (4811)
McClain Industries Inc.
  1997 Ed. (1780)
  1998 Ed. (1491)
  1999 Ed. (2059)
  2001 Ed. (2304)
  2002 Ed. (2151)
McClain; Sally
  1997 Ed. (3916)
McClain Sonics
  2019 Ed. (4228)
McClain; Temerlin
  1994 Ed. (117)
McClanahan; David M.
  2009 Ed. (955)
McClane Co.
  1990 Ed. (1045)
  1993 Ed. (1157)
McClare; Michael
  2022 Ed. (3704)
McClatchy Co.
  2000 Ed. (3333)
  2001 Ed. (3540)
  2002 Ed. (3283)
  2003 Ed. (2336, 3641, 4026)
  2004 Ed. (2417, 3411, 3683, 3684, 3685)
  2005 Ed. (3424, 3598, 3599, 3600)
  2006 Ed. (3704)
  2007 Ed. (3699)
  2008 Ed. (3783)
  2009 Ed. (1411, 1418, 3823)
  2010 Ed. (1724, 1725, 1726, 1727, 1728, 1730, 1732)
  2011 Ed. (3752)
  2012 Ed. (1232, 3757)
  2013 Ed. (3832)
  2016 Ed. (4068)
The McClatchy Co.
  2016 Ed. (1437)
  2017 Ed. (1449)
  2018 Ed. (1427)
  2019 Ed. (1466)
  2020 Ed. (1432)
  2021 Ed. (1431)
McClatchy Newspapers Inc.
  1998 Ed. (1042)
McClave State Bank
  2014 Ed. (496)
McClay; Sir Allen
  2009 Ed. (4916)
  2010 Ed. (4920)
McClellan AFB
  1996 Ed. (2645)
McClellan Cruz/Gaylord & Associates
  1996 Ed. (235)
McClellan; Mark
  2005 Ed. (3203)
McClellan; Stephen
  1991 Ed. (1677)
  1993 Ed. (1806)
  1994 Ed. (1789)
  1996 Ed. (1799)
  1997 Ed. (1872, 1879)
McClelland Home for Adults
  1999 Ed. (4338)
McClellands
  1998 Ed. (3165, 3169)
  2000 Ed. (3868)
  2001 Ed. (4162)
  2002 Ed. (4175)
  2003 Ed. (4305)
  2004 Ed. (4315)
McClellom; Stephen
  1995 Ed. (1828)
McClements, Jr.; Robert
  1992 Ed. (2064)
  1993 Ed. (1706)
McClements, Jr.; Robert A.
  1991 Ed. (1633)
McClendon; Aubrey K.
  2006 Ed. (930)
  2007 Ed. (1021)
  2009 Ed. (957)
  2011 Ed. (840, 849)
McClendon; Bruce
  1991 Ed. (2548)
McClier Corp.
  1999 Ed. (1339, 1383)
  2000 Ed. (1793)
  2001 Ed. (405, 406, 407)
  2006 Ed. (2454)
McClinton; Delbert
  1995 Ed. (1120)

McClung Lumber Co.
  2023 Ed. (4996)
McClure Co.
  2015 Ed. (1980)
  2016 Ed. (1948, 3955)
McClure Jr.; Charles G.
  2010 Ed. (898)
McClure Properties Ltd.
  2015 Ed. (2279)
  2016 Ed. (2250)
McClymonds Supply & Transit Co.
  2021 Ed. (4674)
McColgan; John
  2005 Ed. (4884)
McColl; Jim
  2008 Ed. (4900)
  2009 Ed. (4919)
  2012 Ed. (4923)
  2013 Ed. (4905)
McColl, Jr.; Hugh L.
  1994 Ed. (357)
  1996 Ed. (381, 959, 1709)
McCollam; Sharon
  2006 Ed. (963)
  2007 Ed. (1060)
  2016 Ed. (4928)
McCollister's Transportation Systems
  2003 Ed. (4784)
  2004 Ed. (4768)
McCollough
  1999 Ed. (3168)
McCollough; W. Alan
  2007 Ed. (2503)
McCollugh; Newton
  1993 Ed. (1701)
McCollum/Spielman Worldwide
  1992 Ed. (2977)
McCollum; Timothy
  1994 Ed. (1789)
  1995 Ed. (1828)
  1996 Ed. (1799, 1801)
McComb; Len
  1993 Ed. (3444)
McCombs Automotive
  1998 Ed. (205)
  1999 Ed. (317)
McCombs Mazda; Red
  1991 Ed. (285)
McCombs School of Business
  2011 Ed. (648)
  2015 Ed. (810, 816)
McCombs School of Business; University of Texas
  2005 Ed. (800, 810, 815)
McCombs School of Business; University of Texas-Austin
  2006 Ed. (724)
  2007 Ed. (797, 808, 818)
  2008 Ed. (772, 787, 789, 794, 795, 796)
  2009 Ed. (785, 788, 789, 802, 806, 811, 812, 813)
  2010 Ed. (725, 726, 741, 743, 745, 747, 750, 755, 756, 757, 758, 759, 760, 761, 762, 763, 764, 765, 766)
  2011 Ed. (639, 644, 647, 651, 652, 654, 656, 658, 666, 671, 672, 673)
  2012 Ed. (610, 612)
  2013 Ed. (754)
  2014 Ed. (774)
MCCommunications
  2001 Ed. (3935)
  2003 Ed. (4003)
  2004 Ed. (4030)
  2005 Ed. (3974)
McConaughey; Matthew
  2016 Ed. (2524)
McConnell Air Force Base
  2016 Ed. (1721)
  2017 Ed. (1703)
  2018 Ed. (1659)
  2019 Ed. (1716)
  2020 Ed. (1664)
  2021 Ed. (1644)
  2022 Ed. (1664)
McConnell, Budd & Downes Inc.
  2001 Ed. (554)
McConnell Douglas
  1996 Ed. (3509)
McConnell Dowell Corp. Ltd.
  1998 Ed. (970)
McConnell Family Foundation; J. W.
  2009 Ed. (909)
  2010 Ed. (852)
  2011 Ed. (2759)
McConnell & Jones LLP
  2023 Ed. (4759)
McConnell; Patricia
  1992 Ed. (2138)
  1993 Ed. (1772, 1774, 1833)
  1994 Ed. (1836)
  1995 Ed. (1854)
  1996 Ed. (1832)
  1997 Ed. (1905)
McConnell Valdes Kelley Sifre Griggs & Ruiz-Suria
  1991 Ed. (2535)
McConnells
  1989 Ed. (122)

McConnells Advertising
  1991 Ed. (114)
McCook; Michael
  2006 Ed. (1201)
McCook National Bank
  1989 Ed. (214)
McCool Carlson Green
  2009 Ed. (2523)
McCord Travel Management
  1998 Ed. (3623)
  2000 Ed. (4300)
McCord Treated Wood Inc.
  2013 Ed. (4990)
McCorkindale; D. H.
  2005 Ed. (2502)
McCorkindale; Douglas
  2005 Ed. (970)
McCorkindale; Douglas H.
  2005 Ed. (2517)
  2006 Ed. (913, 2532)
McCorkle Nurseries
  2023 Ed. (3852)
McCormick
  2016 Ed. (2534)
  2018 Ed. (4483)
  2020 Ed. (2686)
  2021 Ed. (2675)
McCormick Advertising
  1994 Ed. (63)
  1995 Ed. (35)
  1996 Ed. (56)
  1997 Ed. (51)
McCormick Advertising Agency
  1998 Ed. (37)
  1999 Ed. (42)
McCormick Blend
  2004 Ed. (4889)
McCormick Blends
  2000 Ed. (2944)
  2001 Ed. (4786)
  2002 Ed. (292, 3102)
  2003 Ed. (4899)
McCormick Charitable Trust; Robert R.
  1992 Ed. (1280, 2216)
McCormick & Co.
  1991 Ed. (1732)
  1992 Ed. (2174)
  1994 Ed. (1419, 1866)
  1995 Ed. (1890)
  1996 Ed. (1933)
  1998 Ed. (1725)
  2002 Ed. (2295)
  2003 Ed. (2520, 4228)
  2004 Ed. (2658, 2659)
  2005 Ed. (2634, 2651, 2652, 2655)
  2006 Ed. (2107, 2631, 2632, 3408)
  2007 Ed. (2060, 2596, 2609)
  2008 Ed. (2169, 2740, 4266)
  2009 Ed. (3248, 4370)
  2010 Ed. (2720, 4397)
  2011 Ed. (1824, 4342)
  2012 Ed. (1682, 1683)
  2013 Ed. (1835)
  2014 Ed. (1759, 1765, 4523)
  2015 Ed. (1802, 1806, 1808, 4420, 4523)
  2016 Ed. (1762, 1767, 4314, 4459)
  2017 Ed. (1736, 1740)
  2018 Ed. (1687, 1691, 4484)
  2019 Ed. (1752)
  2020 Ed. (1698, 4931)
  2021 Ed. (1311, 1675)
  2022 Ed. (1320, 1693)
  2023 Ed. (1842)
McCormick Co.
  1991 Ed. (1213, 3335)
  1992 Ed. (2870)
  1993 Ed. (1366, 2434)
  1994 Ed. (2384)
  1995 Ed. (2465, 3714)
  1996 Ed. (2514, 3800)
  1997 Ed. (1643, 2139, 2653)
  1998 Ed. (2373)
  1999 Ed. (2586, 3204, 3209)
  2000 Ed. (4353)
  2005 Ed. (183, 184, 185, 186, 188, 2732)
  2006 Ed. (195, 196, 197, 198, 200)
  2007 Ed. (203, 204, 206, 208)
  2008 Ed. (190, 191, 192, 193, 195)
  2009 Ed. (208, 209, 210, 211, 213, 214)
  2010 Ed. (188, 189, 190, 191, 193, 194)
  2011 Ed. (110, 111, 112, 114, 116)
  2012 Ed. (117, 118, 120, 123)
  2013 Ed. (96, 97, 99, 104)
  2014 Ed. (103, 104, 111)
  2015 Ed. (117, 118, 126)
  2016 Ed. (123, 124, 132)
McCormick & Co., Inc
  2022 Ed. (1321)
McCormick & Co., Inc.
  2016 Ed. (1760)
  2017 Ed. (1734, 2416)
  2018 Ed. (1685, 2453)
  2019 Ed. (1750)
  2020 Ed. (1693)
  2021 Ed. (1673)
  2022 Ed. (1691)
  2023 Ed. (3595)

McCormick & Company Inc.
 2023 Ed. (1325, 1526)
McCormick & Co., Inc. (U.S.)
 2022 Ed. (1321)
McCormick Corp.
 2017 Ed. (1742)
McCormick Distilling Co. Inc.
 2003 Ed. (4725, 4869, 4915)
 2004 Ed. (4703, 4849)
McCormick Gin
 2000 Ed. (2329)
 2001 Ed. (2595)
 2002 Ed. (292, 2399)
 2003 Ed. (2609)
 2004 Ed. (2730)
McCormick Gourmet
 2018 Ed. (4483)
McCormick Gourmet Collection
 2018 Ed. (4483)
McCormick Grill Mates
 2018 Ed. (4483)
McCormick III
 1993 Ed. (1042)
McCormick Jr.; William
 1992 Ed. (1144)
 1993 Ed. (939)
 1994 Ed. (948)
McCormick, Jr.; William T.
 1990 Ed. (1715)
McCormick Perfect Pinch
 2018 Ed. (4483)
McCormick Place
 1992 Ed. (1442, 3013)
 1996 Ed. (1173)
 1999 Ed. (1418)
 2001 Ed. (2350)
 2003 Ed. (2412)
 2005 Ed. (2518)
 2018 Ed. (1277)
McCormick Place, Chicago
 1991 Ed. (1104)
McCormick Rum
 2002 Ed. (292)
McCormick & Schmick's
 2002 Ed. (4016)
 2006 Ed. (4135)
 2007 Ed. (4155)
 2008 Ed. (4195, 4196)
 2009 Ed. (4294)
 2010 Ed. (4217, 4261)
 2011 Ed. (4260)
 2014 Ed. (4269)
 2015 Ed. (4250)
 2017 Ed. (4133)
 2018 Ed. (4215)
 2019 Ed. (4244)
 2020 Ed. (4243)
 2021 Ed. (4209)
McCormick & Schmick's Seafood Restaurants
 2006 Ed. (2074)
McCormick & Shmick's
 2004 Ed. (4146)
McCormick Taylor Inc.
 2016 Ed. (1855)
McCormick Vodka
 1997 Ed. (3852)
 1998 Ed. (3682)
 1999 Ed. (4724)
 2000 Ed. (4354)
 2001 Ed. (4706, 4714)
 2002 Ed. (292, 4760)
 2003 Ed. (4864)
 2004 Ed. (4845)
McCormick; William T.
 1997 Ed. (981)
McCormick's
 2014 Ed. (4522)
 2015 Ed. (4522)
 2016 Ed. (4458)
McCormick's Gourmet Collection
 2014 Ed. (4522)
 2015 Ed. (4522)
 2016 Ed. (4458)
McCormick's Grill Mates
 2014 Ed. (4522)
 2015 Ed. (4522)
 2016 Ed. (4458)
McCorquodale
 1994 Ed. (2473)
McCorriston Miller Mukai MacKinnon
 2020 Ed. (4772)
 2023 Ed. (3435)
McCourt Label Co.
 2008 Ed. (4032)
 2009 Ed. (4105)
 2013 Ed. (4084)
 2014 Ed. (4093)
 2016 Ed. (3981)
McCown Gordon Construction LLC
 2002 Ed. (4290)
 2003 Ed. (4441)
McCownGordon Construction
 2022 Ed. (1027)
 2023 Ed. (1416)
McCownGordon Construction LLC
 2019 Ed. (1128, 1216)
 2020 Ed. (1118, 1210)

 2021 Ed. (1105, 1182)
 2022 Ed. (1121, 1180)
 2023 Ed. (1340)
McCoy Corp.
 2008 Ed. (1208, 1552)
 2011 Ed. (3524)
 2012 Ed. (3111)
McCoy; Gerald
 2017 Ed. (216)
McCoy Group
 2012 Ed. (4802)
 2013 Ed. (4764)
 2014 Ed. (4815)
 2015 Ed. (4850)
 2016 Ed. (4754)
 2017 Ed. (4765)
 2018 Ed. (4761)
McCoy; John B.
 1994 Ed. (357)
McCoy; LeSean
 2017 Ed. (216)
McCoy & McCoy Laboratories Inc.
 2007 Ed. (3558, 3559)
 2008 Ed. (3711, 4396, 4963)
McCoy; Sheri
 2014 Ed. (945)
McCoy; Sherilyn
 2013 Ed. (4966)
McCoys
 1992 Ed. (4006)
 1994 Ed. (3349)
 1996 Ed. (3468)
 2005 Ed. (4125)
 2007 Ed. (2761)
 2008 Ed. (721, 2878)
 2009 Ed. (731, 2942)
McCoy's Building Supply
 2013 Ed. (725)
 2016 Ed. (2055)
 2017 Ed. (2014)
 2018 Ed. (1970)
 2019 Ed. (2026, 2841)
 2020 Ed. (1951, 2873)
 2021 Ed. (1911, 2747)
 2022 Ed. (1954)
 2023 Ed. (2068)
McCoy's Crisps; KP
 2010 Ed. (654)
McCracken Apple Chips
 1992 Ed. (3220)
McCracken; Steven
 2007 Ed. (1001)
McCray & Associates Inc.
 1994 Ed. (1710)
 1999 Ed. (2073)
McCree General Contractors & Architects
 2017 Ed. (1565)
McCrory Construction Co.
 1991 Ed. (3122)
 1992 Ed. (3962)
McCrory Corp.
 1990 Ed. (2116)
 1992 Ed. (4383)
 1994 Ed. (359, 361, 3452, 3620)
 2003 Ed. (785)
McCrory Stores
 1995 Ed. (3145, 3690)
 1999 Ed. (4701)
McCrory's Stores
 1996 Ed. (3773)
 1997 Ed. (3831)
 1998 Ed. (3657)
McCrutchen, Doyle, Brown & Enersen
 1994 Ed. (2352)
McCullagh
 1990 Ed. (2617)
McCullagh Co.; James
 2007 Ed. (4888)
 2008 Ed. (4820)
 2009 Ed. (4845)
McCulloch
 1998 Ed. (2343, 2344)
 1999 Ed. (3170)
McCullough
 1992 Ed. (2375, 2376)
McCullough Crushing Inc.
 2004 Ed. (1878)
 2005 Ed. (1993, 3481)
McCullough; Gary
 2010 Ed. (179)
McCune Foundation
 2011 Ed. (2753)
McCutchen, Doyle
 2003 Ed. (3179)
McCutchen, Doyle, Brown & Enersen
 1990 Ed. (2426)
 1991 Ed. (2292)
 1992 Ed. (2845)
 1993 Ed. (2404)
 2001 Ed. (567)
MCD
 1995 Ed. (2577)
 1997 Ed. (2789)
 1998 Ed. (1252, 2496)
 1999 Ed. (1823)
 2000 Ed. (1652)
 2011 Ed. (1064)
 2013 Ed. (1136)

MCD Financial Arb
 1997 Ed. (2202)
MCD Telekom
 2012 Ed. (2854)
 2013 Ed. (2912)
McDade
 1989 Ed. (860)
McDade-Woodcock Inc.
 2006 Ed. (1330)
 2007 Ed. (1383)
McDanel Advanced Ceramics Technologies LLC
 2015 Ed. (890)
McDaniel Fire Systems
 2003 Ed. (1232)
 2004 Ed. (1235)
 2007 Ed. (2580)
 2008 Ed. (1227, 2719)
 2009 Ed. (1209, 2772)
 2010 Ed. (1212)
 2012 Ed. (3992)
McDaniel Jr.; Raymond W.
 2011 Ed. (825)
McDaniels Homes
 2002 Ed. (1170, 2654)
 2003 Ed. (1137)
McData Corp.
 2003 Ed. (1646)
 2004 Ed. (4559, 4560)
McDavid Acura; David
 1993 Ed. (290)
McDavid; Connor
 2020 Ed. (200)
McDavid Nissan Inc.; David
 1993 Ed. (279)
 1994 Ed. (278)
McDavid Oldsmobile
 1992 Ed. (394)
McDavid Subaru; David
 1990 Ed. (320)
McDavid; Thomas A.
 2011 Ed. (3378)
McDermontt, Will & Emery
 1992 Ed. (2838)
McDermott
 2020 Ed. (1146, 1150, 1151, 1153)
 2021 Ed. (996, 2365)
 2022 Ed. (1041)
McDermott Inc.
 1991 Ed. (2419)
 1992 Ed. (1523, 3027)
 1995 Ed. (1451, 2547, 2548)
 2001 Ed. (1780)
 2003 Ed. (1748)
 2005 Ed. (1217, 1369)
 2006 Ed. (1187, 1360)
 2007 Ed. (1295, 1399, 1858)
 2008 Ed. (1193, 1353)
 2009 Ed. (1168, 1356)
 2010 Ed. (1340)
 2011 Ed. (1321, 1325)
 2012 Ed. (1032, 1187, 1191)
 2013 Ed. (1182)
 2014 Ed. (1134)
 2015 Ed. (1182)
McDermott International
 2021 Ed. (1002, 1131, 1132, 1133)
 2022 Ed. (328, 1041, 2476)
McDermott International Inc.
 1989 Ed. (2206, 2208)
 1990 Ed. (1169, 1396, 2831)
 1991 Ed. (1284, 2970)
 1992 Ed. (1355, 3029)
 1993 Ed. (1084, 1364, 2535, 2537)
 1994 Ed. (1108, 1416, 2479, 2481)
 1995 Ed. (2238)
 1996 Ed. (1124, 1125, 1126, 2244, 2610)
 1997 Ed. (1136, 1153, 1154, 1158, 1182, 1192, 1749, 2369)
 1998 Ed. (935, 939, 940, 942, 967, 1439, 2088, 3372)
 1999 Ed. (1341, 1356, 1361, 1362, 1388, 1400, 2024, 2850)
 2000 Ed. (1239, 1248, 1252, 1253, 1277, 1799, 1810, 1819)
 2001 Ed. (1407, 1408, 1466, 1780, 2241)
 2002 Ed. (1250, 1265, 1267, 1268, 1273, 1306, 2132, 4362, 4364, 4365)
 2003 Ed. (1186, 1274, 1275, 1278, 1322, 1353, 1748, 2297, 2307, 2311, 4546)
 2004 Ed. (1277, 1278, 1280, 1322, 1343, 1353, 1783, 2360, 2362, 2364, 2370, 2392, 2396, 3326, 4495)
 2005 Ed. (1171, 1217, 1849)
 2006 Ed. (1167, 1187, 1188, 1324, 1325, 1855)
 2007 Ed. (1277, 1295, 1296, 1376, 1389, 3837, 4562, 4564)
 2008 Ed. (1193, 1194, 1229, 1230, 1232, 1233, 1234, 2032, 2352)
 2009 Ed. (1143, 1162, 1168, 1169, 1211, 1215, 1216, 1265, 1998, 2093, 4556, 4564)
 2010 Ed. (1145, 1161, 1162, 1214, 1218, 1219)
 2011 Ed. (1088, 1106, 1110, 1111, 1161, 1165, 1166, 2092, 4550)

 2012 Ed. (1032, 1033, 1061, 1098, 1103, 1160, 2399)
 2013 Ed. (1182, 1183, 1241, 1245)
 2014 Ed. (1118, 1134, 1135, 1179, 1183, 1232)
 2015 Ed. (1156)
 2017 Ed. (4736)
 2018 Ed. (4722)
 2020 Ed. (3856)
McDermott International, Inc.
 2021 Ed. (1213, 1222)
 2022 Ed. (1214, 1224)
McDermott Investments LLC
 2016 Ed. (1094)
McDermott Will & Emery
 1990 Ed. (2417)
 1991 Ed. (2283)
 1992 Ed. (2832)
 1993 Ed. (2395)
 1995 Ed. (2416)
 1996 Ed. (2452)
 1997 Ed. (2597)
 1998 Ed. (2327)
 1999 Ed. (3141, 3148)
 2000 Ed. (2894)
 2001 Ed. (3052, 3054)
 2002 Ed. (3056)
 2003 Ed. (3194)
 2005 Ed. (3256)
 2006 Ed. (3244)
 2009 Ed. (3484)
 2010 Ed. (3415)
 2015 Ed. (3469)
 2016 Ed. (3316)
 2017 Ed. (3275)
 2018 Ed. (3347)
 2022 Ed. (3334)
McDermott Will & Emery LLP
 2006 Ed. (3249)
 2007 Ed. (3306, 3310, 3325)
 2008 Ed. (3025, 3415, 3420, 3860, 4725)
 2010 Ed. (3418, 3419)
 2011 Ed. (3402, 4728)
 2012 Ed. (3368, 3818)
 2013 Ed. (3877)
 2021 Ed. (3211, 3212)
McDevitt Street Bovis
 1994 Ed. (1109, 3298)
 1995 Ed. (1124, 3374)
 1996 Ed. (1105, 1148, 3428)
 1998 Ed. (904)
McDevitt & Street Co.
 1989 Ed. (1010)
 1990 Ed. (1042, 1196, 1199)
 1991 Ed. (970, 3121, 3123)
 1992 Ed. (1424, 3962, 3964)
 1993 Ed. (1085, 1138, 3306, 3308)
McDevitt Trucks Inc.
 2016 Ed. (1853)
 2017 Ed. (2484)
 2018 Ed. (2539)
 2019 Ed. (2544)
MCD.ie
 2006 Ed. (55)
 2007 Ed. (46)
McDonald
 1994 Ed. (1200)
McDonald & Associates
 2007 Ed. (3575, 3576, 4432)
 2008 Ed. (3719, 4410, 4970)
McDonald Canada Plus
 2001 Ed. (3457, 3459)
 2002 Ed. (3428, 3430)
McDonald Carano Wilson LLP
 2012 Ed. (1744)
McDonald; Carl
 2008 Ed. (2691)
McDonald & Co.
 1991 Ed. (3044, 3045, 3054, 3055)
 1993 Ed. (1169)
McDonald Co.; M. L.
 1992 Ed. (1422)
 1993 Ed. (1135)
 1994 Ed. (1142)
 1995 Ed. (1168)
 1996 Ed. (1144)
 1997 Ed. (1172)
McDonald Co.; M.L.
 1991 Ed. (1089)
McDonald & Co. Securities
 1990 Ed. (3162)
 1999 Ed. (4209)
McDonald & Company Securities Inc.
 1990 Ed. (3210)
McDonald Construction
 1998 Ed. (911)
McDonald Development Co.
 2012 Ed. (3081)
 2013 Ed. (3164)
 2015 Ed. (3229)
 2016 Ed. (3085)
McDonald Hopkins
 2021 Ed. (3241)
McDonald Investments
 2001 Ed. (554, 557, 559)
 2002 Ed. (1406)
 2004 Ed. (1421)
 2005 Ed. (1432)

McDonald Jacobs
  2005 Ed. (1933)
McDonald Jacobs PC
  2009 Ed. (1985)
McDonald; James F.
  2005 Ed. (983)
McDonald Jones Homes Pty. Ltd.
  2022 Ed. (1063)
McDonald; Karen
  2011 Ed. (3330)
  2013 Ed. (3389)
  2014 Ed. (3391)
  2015 Ed. (3425)
  2016 Ed. (3285)
  2017 Ed. (3245)
  2019 Ed. (3297)
  2020 Ed. (3300)
  2021 Ed. (3159)
  2022 Ed. (3303)
  2023 Ed. (3391)
McDonald; Karen A.
  2013 Ed. (3392)
  2014 Ed. (3394)
  2015 Ed. (3426)
  2016 Ed. (3287)
  2017 Ed. (3248)
McDonald; Lisette
  2012 Ed. (4986)
McDonald; M. J.
  2005 Ed. (2507)
McDonald; Mackey
  2007 Ed. (1102)
McDonald; Mackey J.
  2005 Ed. (1104)
  2007 Ed. (1202)
  2008 Ed. (1108)
  2009 Ed. (1086)
McDonald; Marshall
  1991 Ed. (1629)
McDonald; Robert A.
  2011 Ed. (836)
McDonald's
  2013 Ed. (70, 667, 694, 696, 2659, 2660, 2662, 2663, 4262, 4264, 4265, 4308, 4313, 4361, 4363, 4364, 4365)
  2014 Ed. (89, 653, 685, 691, 715, 716, 717, 2610, 2611, 2613, 2626, 4306, 4318, 4319, 4321, 4326, 4351, 4415, 4418, 4419, 4420)
  2015 Ed. (91, 736, 739, 760, 762, 763, 2656, 2657, 2659, 2920, 2921, 2922, 2923, 2924, 2925, 4298, 4300, 4310, 4311, 4339, 4341, 4347)
  2016 Ed. (86, 684, 685, 793, 2580, 2582, 2592, 2852, 2853, 2854, 2855, 4203, 4205, 4206, 4246, 4253)
  2017 Ed. (69, 689, 706, 711, 731, 734, 852, 1852, 2503, 2504, 2506, 2814, 2815, 2816, 2817, 4180, 4182, 4183, 4187, 4188, 4193, 4194, 4232, 4239)
  2018 Ed. (86, 647, 678, 779, 787, 2579, 2582, 2586, 2591, 2882, 2883, 2884, 4187, 4189, 4190, 4195, 4196, 4213, 4248)
  2019 Ed. (75, 805, 809, 2553, 2556, 2560, 2562, 2573, 2829, 2831, 2832, 2833, 4203, 4205, 4206, 4210, 4212)
  2020 Ed. (72, 641, 681, 800, 803, 2539, 2542, 2544, 2547, 2551, 2553, 2564, 2864, 2865, 2867, 2868, 2869, 3556, 4214, 4216, 4221, 4222)
  2021 Ed. (66, 593, 689, 828, 2502, 2507, 2510, 2514, 2516, 2527, 2736, 2737, 2739, 2740, 2741, 4171, 4173, 4174, 4177, 4182, 4207)
  2022 Ed. (726, 858, 859, 2617, 2619, 2620, 2621, 2622, 2623, 2630, 2892, 2893, 2895, 2896, 2897, 4194, 4196, 4197, 4199, 4200, 4202, 4203)
  2023 Ed. (1031, 1041, 1042, 1046, 1764, 2756, 2757, 2759, 2766, 2767, 2893, 2894, 4225, 4227, 4228, 4255)
McDonald's Belgium
  2010 Ed. (1502)
  2011 Ed. (1496)
  2012 Ed. (1344)
  2013 Ed. (1436)
  2014 Ed. (1398)
McDonald's Corp.
  1989 Ed. (13, 16, 17, 1117, 2321, 2801)
  1990 Ed. (13, 52, 55, 1749, 1753, 1755, 1850, 1853, 1982, 2083, 3004, 3018, 3024, 3025, 3026, 3030, 3031, 3441, 3531, 3539, 3542, 3630, 3632)
  1991 Ed. (9, 10, 11, 27, 46, 55, 175, 242, 735, 1055, 1756, 1774, 1913, 2646, 3226, 3311, 3312, 3314, 3315)
  1992 Ed. (38, 224, 4049)
  1993 Ed. (19, 32, 49, 56, 152, 738, 742, 824, 935, 1268, 1756, 1757, 1886, 1901, 2012, 2013, 2100, 3011, 3013, 3031, 3037, 3046, 3230, 3464, 3470, 3526, 3527, 3530, 3592)
  1994 Ed. (8, 741, 746, 1747, 1748, 1884, 1885, 1909, 1910, 1913, 1914, 1917, 2022, 2023, 3054, 3069, 3084, 3085, 3230, 3259, 3441, 3499, 3500, 3501)
  1995 Ed. (17, 690, 3569)
  1996 Ed. (155, 164, 775, 1340, 1342, 1343, 1345, 1758, 1951, 1964, 1965, 1969, 2072, 2073, 3210, 3228, 3229, 3413, 3591, 3593, 3606, 3657, 3659, 3711)
  1997 Ed. (28, 705, 710, 1400, 1402, 1403, 1832, 1840, 2058, 2080, 2172, 2173, 3310, 3711)
  1998 Ed. (24, 68, 90, 485, 488, 489, 595, 599, 600, 1107, 1533, 1551, 1736, 1742, 1757, 1762, 1763, 1764, 1765, 1897, 1898, 2346, 3050, 3056, 3067, 3068, 3073, 3074, 3077, 3415, 3490, 3492, 3495, 3496, 3497, 3498, 3499)
  1999 Ed. (175, 181, 713, 775, 776, 777, 778, 784, 795, 1005, 1572, 1576, 1620, 1623, 1624, 1625, 2129, 2134, 2139, 2140, 2477, 2480, 2481, 2483, 2484, 2507, 2511, 2515, 2519, 2522, 2523, 2632, 2633, 3174, 4050, 4082, 4083, 4084, 4085, 4108, 4392, 4489, 4564, 4566, 4568)
  2000 Ed. (23, 26, 27, 29, 32, 195, 197, 211, 800, 949, 1381, 1429, 1430, 1431, 1911, 1912, 2217, 2240, 2246, 2267, 2270, 2413, 2414, 2920, 3764, 3778, 3797, 3799, 3800, 3822, 4208, 4209, 4211)
  2001 Ed. (14, 39, 58, 62, 71, 76, 83, 1576, 1598, 1604, 2402, 2403, 2407, 2408, 2490, 2529, 2531, 2718, 2719, 3087, 4050, 4056, 4057, 4058, 4059, 4068, 4080, 4081, 4082, 4083)
  2002 Ed. (32, 235, 766, 768, 1510, 1533, 1538, 1613, 1667, 2235, 2237, 2238, 2239, 2243, 2248, 2253, 2294, 2304, 2314, 2315, 2357, 2358, 2568, 3372, 3993, 3999, 4025, 4027, 4031, 4033, 4034, 4587, 4588)
  2003 Ed. (17, 195, 742, 743, 752, 841, 881, 885, 1524, 1525, 1567, 1585, 2437, 2438, 2439, 2452, 2453, 2458, 2525, 2532, 2534, 2535, 2757, 3209, 3210, 3424, 4079, 4080, 4085, 4086, 4091, 4092, 4093, 4105, 4130, 4134, 4137, 4138, 4142, 4143, 4221, 4222, 4224, 4225, 4711)
  2004 Ed. (25, 29, 49, 53, 68, 76, 81, 90, 156, 755, 756, 762, 903, 905, 1377, 1574, 1592, 1594, 1611, 1648, 1751, 2575, 2582, 2583, 2589, 2664, 2667, 2670, 2838, 2840, 2842, 3252, 3253, 3254, 3492, 4105, 4106, 4117, 4129, 4142, 4143, 4144, 4145, 4684)
  2005 Ed. (18, 43, 82, 85, 154, 171, 247, 738, 741, 742, 895, 1617, 1619, 1624, 1636, 1817, 1877, 2008, 2375, 2546, 2550, 2554, 2562, 2563, 2564, 2658, 2661, 2666, 2846, 2847, 2848, 2849, 2851, 3277, 3278, 3280, 3487, 3488, 3492, 4043, 4044, 4045, 4046, 4049, 4054, 4080, 4083, 4086, 4087, 4172, 4173, 4174, 4175, 4452, 4655)
  2006 Ed. (24, 25, 50, 85, 91, 102, 169, 648, 654, 1482, 1488, 1503, 1506, 1511, 1525, 1804, 1898, 2105, 2422, 2553, 2554, 2557, 2561, 2566, 2569, 2649, 2651, 2652, 2847, 2851, 2852, 2854, 3268, 3269, 3271, 4102, 4103, 4108, 4128, 4131, 4132, 4133, 4134, 4177)
  2007 Ed. (41, 84, 678, 680, 683, 691, 696, 700, 1518, 1532, 1535, 1536, 1540, 1555, 1811, 1890, 2366, 2529, 2530, 2531, 2535, 2537, 2540, 2629, 2630, 2631, 2833, 2842, 2844, 2846, 2949, 2957, 2958, 3342, 3343, 3347, 3522, 4121, 4122, 4126, 4127, 4133, 4150, 4154)
  2008 Ed. (45, 139, 156, 636, 638, 639, 641, 655, 663, 669, 670, 671, 874, 1500, 1516, 1519, 1520, 1524, 1536, 1850, 1945, 2486, 2657, 2658, 2661, 2665, 2668, 2675, 2676, 2678, 2681, 2757, 2758, 2760, 2969, 2970, 2971, 3066, 3074, 3082, 3439, 3440, 3443, 3682, 3684, 3686, 3687, 4093, 4142, 4143, 4144, 4145, 4152, 4153, 4154, 4171, 4172, 4185, 4192, 4193, 4194, 4202)
  2009 Ed. (26, 56, 84, 90, 110, 151, 152, 154, 155, 160, 178, 654, 669, 670, 674, 678, 691, 712, 884, 898, 1403, 1404, 1405, 1407, 1409, 1410, 1447, 1450, 1454, 1464, 1799, 1905, 2152, 2491, 2685, 2686, 2687, 2688, 2690, 2692, 2693, 2700, 2702, 2813, 2815, 2816, 2939, 3049, 3051, 3055, 3153, 3172, 3513, 3516, 3518, 4205, 4255, 4256, 4257, 4277, 4278, 4291, 4292, 4299, 4791)
  2010 Ed. (73, 142, 143, 145, 146, 151, 158, 183, 621, 634, 635, 640, 835, 845, 1429, 1433, 1437, 1449, 1472, 1569, 1716, 1718, 1746, 2071, 2092, 2403, 2598, 2599, 2600, 2601, 2602, 2603, 2605, 2607, 2608, 2609, 2610, 2620, 2623, 2755, 2756, 2757, 2973, 2975, 3084, 3104, 3442, 3445, 4141, 4192, 4196, 4197, 4202, 4229, 4255, 4257, 4258, 4259, 4263, 4265, 4266, 4404, 4410, 4412, 4413, 4414, 4583, 4809)
  2011 Ed. (31, 66, 67, 69, 70, 71, 75, 81, 568, 569, 570, 575, 577, 586, 634, 635, 758, 760, 937, 1431, 1434, 1438, 1439, 1451, 1470, 1571, 1607, 1730, 1731, 1732, 1733, 1735, 1738, 1758, 1846, 2403, 2580, 2581, 2582, 2583, 2584, 2585, 2587, 2589, 2590, 2591, 2592, 2600, 2603, 2604, 2611, 2734, 2740, 2741, 2742, 2936, 2937, 3074, 3441, 3445, 3682, 4141, 4204, 4205, 4208, 4228, 4229, 4230, 4255, 4257, 4258, 4259, 4263, 4266, 4267, 4354, 4355, 4356, 4546, 4758, 4759)
  2012 Ed. (36, 69, 71, 72, 73, 77, 82, 113, 548, 550, 553, 554, 558, 698, 1268, 1271, 1274, 1284, 1310, 1453, 1555, 1557, 1579, 1580, 1582, 1584, 1587, 1605, 1608, 1787, 1968, 1997, 2165, 2460, 2527, 2528, 2532, 2535, 2547, 2672, 2677, 2678, 2887, 3458, 3462, 3603, 3687, 3698, 3701, 3702, 4174, 4255, 4256, 4257, 4258, 4259, 4260, 4262, 4263, 4268, 4292, 4295, 4296, 4298, 4299, 4300, 4302, 4303, 4304, 4393, 4395, 4396, 4397, 4677, 4780, 4781, 4971)
  2013 Ed. (64, 65, 67, 68, 71, 75, 90, 908, 912, 1369, 1372, 1375, 1379, 1392, 1409, 1599, 1707, 1710, 1712, 1735, 1736, 1738, 1739, 1740, 1743, 2013, 2129, 2186, 2669, 2760, 2765, 2766, 3492, 3494, 3505, 3509, 4161, 4232, 4233, 4234, 4267, 4268, 4559, 4648, 4649, 4741, 4742)
  2014 Ed. (83, 84, 86, 87, 90, 93, 859, 1312, 1315, 1318, 1330, 1359, 1654, 1659, 1678, 1679, 1681, 1682, 1685, 1699, 1737, 1944, 2117, 2544, 2563, 2619, 2744, 2747, 3480, 3483, 4179, 4279, 4280, 4282, 4322, 4323, 4324, 4325, 4576, 4698, 4699, 4791, 4792)
  2015 Ed. (84, 85, 86, 88, 89, 92, 93, 99, 1376, 1378, 1380, 1393, 1434, 1698, 1701, 1703, 1723, 1724, 1728, 1741, 1781, 1990, 2073, 2117, 2665, 2795, 2797, 2798, 3498, 3500, 4160, 4261, 4262, 4271, 4274, 4301, 4430, 4570, 4612, 4709, 4710, 4825, 4826)
  2016 Ed. (83, 84, 89, 786, 1303, 1305, 1307, 1309, 1323, 1355, 1648, 1651, 2041, 2588, 2726, 2727, 2728, 3045, 4074, 4166, 4167, 4171, 4208, 4210, 4314, 4533, 4613, 4614, 4729, 4731)
  2017 Ed. (63, 64, 66, 67, 72, 850, 1358, 1360, 1369, 1385, 1617, 2512, 2629, 2659, 2682, 2683, 2684, 3312, 3429, 4048, 4148, 4186, 4317, 4749, 4751)
  2018 Ed. (80, 89, 785, 1335, 1360, 1598, 1601, 2452, 2588, 2700, 2741, 2744, 2745, 4145, 4192, 4194, 4626)
  2019 Ed. (73, 789, 791, 802, 803, 1360, 1372, 1398, 1639, 1681, 2563, 2674, 2725, 2728, 2729, 2730, 4161, 4208, 4211, 4336, 4642)
  2020 Ed. (70, 797, 806, 1358, 1595, 1936, 1977, 2554, 2690, 2758, 2759, 2760, 4076, 4173, 4218, 4220, 4328, 4612)
  2021 Ed. (826, 831, 2517, 2601, 2632, 2633, 4176, 4243, 4344)
  2022 Ed. (80, 2631, 2714, 2757, 2760, 4254, 4350)
  2023 Ed. (161, 2850)
McDonald's Danmark
  2013 Ed. (1589)
  2014 Ed. (1554)
  2015 Ed. (1604)
McDonald's Deutschland Inc.
  1999 Ed. (2790)
  2000 Ed. (2566)
  2001 Ed. (4087)
  2003 Ed. (2856)
McDonald's Drive-In Restaurants
  1989 Ed. (753)
McDonald's Ecuador
  2014 Ed. (1558)
  2015 Ed. (1607)
McDonald's France
  2011 Ed. (1651)
  2012 Ed. (1502)
  2013 Ed. (1641)
  2015 Ed. (1651)
McDonald's Greater Las Vegas
  2016 Ed. (1845)
McDonald's Holdings Co. (Japan) Ltd.
  2006 Ed. (4511)
McDonald's Italia
  2013 Ed. (1779)
McDonald's Mexico
  2013 Ed. (1849)
  2014 Ed. (1779)
  2015 Ed. (1823)
McDonald's Nederland BV
  2015 Ed. (1876)
McDonald's NV
  2014 Ed. (1838)
McDonald's Restaurant
  2000 Ed. (792)
  2001 Ed. (1008)
  2002 Ed. (763)
McDonald's Restaurant Group
  2004 Ed. (2581)
McDonald's Restaurant Operations Inc.
  2011 Ed. (1431, 4204)
  2012 Ed. (1268, 4255)
  2013 Ed. (1369, 4232)
  2014 Ed. (1312, 4279)
  2015 Ed. (1376, 4261)
  2016 Ed. (1303, 4166)
McDonald's Restaurants
  2014 Ed. (2043)
  2015 Ed. (2091)
  2016 Ed. (2077, 2079, 2084)
  2018 Ed. (1797)
McDonald's Restaurants of California Inc.
  2003 Ed. (1695, 4080)
McDonald's Restaurants of Canada Ltd.
  1992 Ed. (43)
  1994 Ed. (2110)
  2001 Ed. (4085)
  2003 Ed. (4141)
  2004 Ed. (4149)
  2005 Ed. (4089)
  2006 Ed. (1541)
  2007 Ed. (1571, 2952, 4158)
  2008 Ed. (3077, 4200, 4201)
  2009 Ed. (3167, 4297, 4298)
  2010 Ed. (3098, 4264)
  2011 Ed. (4264, 4265)
  2014 Ed. (4284, 4285)
McDonald's Restaurants of Hawaii
  1997 Ed. (2177)
McDonald's Restaurants of Illinois Inc.
  2008 Ed. (4144)
  2009 Ed. (4257)
  2010 Ed. (4197)
  2011 Ed. (4205)
  2012 Ed. (4256)
McDonald's Restaurants of Ireland
  2011 Ed. (1764)
  2012 Ed. (1615)
  2013 Ed. (1772)
  2014 Ed. (1706)
  2015 Ed. (1748)
McDonald's Restaurants Ltd.
  1990 Ed. (1339)
  1991 Ed. (13, 737, 738)
  1992 Ed. (920, 922, 4422)
  1995 Ed. (2171)
  1996 Ed. (2186)
  1997 Ed. (2304)
  1999 Ed. (2790)
  2000 Ed. (198, 4219, 4220)
  2002 Ed. (52)
McDonald's Restaurants (New Zealand)
  2015 Ed. (1928, 2766)
McDonald's Restaurants of Pennsylvania Inc.
  2008 Ed. (4144)
  2009 Ed. (4257)
  2010 Ed. (4197)
  2011 Ed. (4205)
  2012 Ed. (4256)
  2013 Ed. (4233)
McDonald's Restaurants U.K.
  2013 Ed. (2118, 4228)
  2014 Ed. (4264)
  2015 Ed. (4246)
  2016 Ed. (2087, 4157)
  2017 Ed. (4128)
  2018 Ed. (4140)
McDonald's Restaurants UK
  2018 Ed. (1995, 2003, 2010)
McDonald's Suisse
  2014 Ed. (2007)
  2015 Ed. (2052)
McDonald's Sverige
  2014 Ed. (2001)
  2015 Ed. (2047)
McDonald's Sweden
  2013 Ed. (2068)
McDonald's (U.S.)
  2021 Ed. (689, 828, 2502, 2516)
  2022 Ed. (4203)
McDonald's USA LLC
  2008 Ed. (1516, 4143, 4144)
  2009 Ed. (1447, 4256, 4257)
  2010 Ed. (1429, 4196, 4197)
  2011 Ed. (1431, 4204)
  2012 Ed. (1268, 4255)
  2013 Ed. (1369, 4232, 4708)
  2014 Ed. (1312, 4279, 4280)
  2015 Ed. (1376, 4261, 4262, 4783)
  2016 Ed. (1303, 4166, 4167)
McDonald's de Venezuela
  2010 Ed. (2074)
McDonald's de Venezuela SA
  2012 Ed. (1975)
  2013 Ed. (2135)

McDonnell Douglas Aerospace
  1996 Ed. (1519)
McDonnell Douglas Aircraft
  1991 Ed. (2460)
McDonnell Douglas Corp.
  1989 Ed. (194, 195, 196, 1227, 1386, 1388)
  1990 Ed. (187, 188, 189, 192, 1477, 1536, 1645, 1730, 2204)
  1991 Ed. (176, 179, 180, 181, 183, 184, 324, 1206, 1403, 1407, 1638, 1898, 2460, 2789, 3435)
  1992 Ed. (242, 244, 246, 249, 250, 251, 253, 1338, 1341, 1342, 1346, 1347, 1770, 2069, 3076, 3077, 4361)
  1993 Ed. (153, 156, 157, 159, 160, 203, 845, 1199, 1370, 1460, 1462, 1468, 1710, 1712, 2573, 2945, 2946)
  1994 Ed. (136, 137, 138, 139, 142, 143, 144, 1423, 1513, 1517, 1726, 2044, 2715)
  1995 Ed. (155, 158, 159, 161, 162, 163, 1275, 1289, 1460, 1542, 1546, 1765)
  1996 Ed. (165, 166, 167, 169, 1285, 1422, 1518, 1520, 1521, 1522, 3500)
  1997 Ed. (170, 171, 172, 175, 1482, 1582, 2791)
  1998 Ed. (92, 93, 94, 96, 97, 99, 1013, 1026, 1178, 1245, 1248, 1250, 2413, 3359)
  1999 Ed. (184, 187, 188, 193, 194, 1459, 1460, 1822, 1971, 1976, 2660)
  2001 Ed. (1799)
  2005 Ed. (1492)
  2006 Ed. (4815)
  2007 Ed. (4827)
  2008 Ed. (4753)
  2009 Ed. (4781)
  2010 Ed. (4797)
McDonnell Douglas Foundation
  1989 Ed. (1472)
McDonnell Douglas-GD
  1992 Ed. (3076)
McDonnell Douglas Helicopter Co.
  2001 Ed. (1610)
  2003 Ed. (1607)
  2004 Ed. (1623)
  2005 Ed. (1649)
  2006 Ed. (1544)
McDonnell Douglas Payment Systems Inc.
  1990 Ed. (1455)
  1991 Ed. (1393)
McDonnell Douglas Systems Integration Co.
  1992 Ed. (1330)
McDonnell; John
  1992 Ed. (2058)
McDonnell; John F.
  1994 Ed. (1718)
McDonnell; John Finney
  1996 Ed. (961, 963)
McDonnell; Thomas A.
  2005 Ed. (2516)
  2006 Ed. (2530)
  2008 Ed. (958)
  2009 Ed. (960)
  2010 Ed. (913)
  2011 Ed. (858)
  2012 Ed. (808)
  2013 Ed. (988)
  2014 Ed. (946)
McDonough Associates Inc.
  2006 Ed. (2454)
  2009 Ed. (2529)
McDonough School of Business; Georgetown University
  2005 Ed. (2853)
  2006 Ed. (2859)
  2007 Ed. (834, 2849)
  2008 Ed. (775)
McDonough School of Business; Georgetown University, Robert Emmett
  2009 Ed. (803)
McDonough; William
  2005 Ed. (3204)
McDougall Associates
  1989 Ed. (139)
  1994 Ed. (104)
  1995 Ed. (103)
  1996 Ed. (119)
  1997 Ed. (123)
  1998 Ed. (61)
  1999 Ed. (130)
McDougall Family of Cos.
  2021 Ed. (1196)
  2022 Ed. (1197)
The McDougall Family of Cos.
  2022 Ed. (1197)
McDougall; Ronald A.
  1995 Ed. (1728)
McDowell
  1989 Ed. (1998)
McDowell & Co., Ltd.
  1989 Ed. (34)
McDowell County National Bank
  1989 Ed. (557)
  1993 Ed. (371)
  1994 Ed. (507)

McDowell Rice
  2001 Ed. (857)
McDowell Security Services LLC
  2019 Ed. (1385)
McDowell's
  2021 Ed. (162, 171, 624)
  2022 Ed. (155)
McDuck; Scrooge
  2007 Ed. (682)
  2008 Ed. (640)
  2009 Ed. (657)
  2010 Ed. (624)
  2011 Ed. (559)
  2012 Ed. (540)
  2015 Ed. (4905)
McDuffy & Associates Ltd.
  2007 Ed. (3613)
Mcel
  2022 Ed. (674)
mcel
  2023 Ed. (878)
McElroy, Deutsch, Mulvaney & Carpenter
  2021 Ed. (3235, 3236)
McElroy, Deutsch, Mulvaney & Carpenter LLP
  2023 Ed. (3463)
McElroy, Meyer, Walker & Condon
  2012 Ed. (3388)
McElroy Truck Lines
  2005 Ed. (4783)
McElroy Truck Lines Inc.
  2020 Ed. (4738)
  2021 Ed. (4675, 4737)
  2022 Ed. (4739)
  2023 Ed. (4723)
McElvaine Investment Trust
  2001 Ed. (3464, 3465)
  2002 Ed. (3435, 3436)
  2003 Ed. (3564, 3565, 3566, 3583)
  2004 Ed. (2469, 2470, 2471)
McElya; James
  2014 Ed. (940)
McEntire; Reba
  1993 Ed. (1079)
  1994 Ed. (1100)
  1996 Ed. (1095)
  1997 Ed. (1113, 1114)
McEvoy Oil Co.
  2016 Ed. (2127)
  2017 Ed. (2076)
McEvoy Ranch
  2015 Ed. (3794)
  2018 Ed. (3719)
  2019 Ed. (3706)
  2021 Ed. (3750)
  2022 Ed. (3771)
McEwans Export
  1994 Ed. (755)
  1996 Ed. (787)
McEwen; Robert
  2006 Ed. (2528)
MCF Corp.
  2006 Ed. (2735)
  2007 Ed. (2725)
  2008 Ed. (2855)
McFadden; Bryan & Kerry
  2005 Ed. (4885)
McFadden; Cara
  2023 Ed. (1294)
McFadden; James
  1997 Ed. (1904)
McFadyen Music
  1994 Ed. (2595)
McFarland Construction
  2022 Ed. (108)
  2023 Ed. (180)
McFarland & Drier Inc.
  1989 Ed. (106)
McFarland Ford Sales Inc.
  2017 Ed. (4982)
  2019 Ed. (4985)
  2020 Ed. (4989)
  2021 Ed. (4989)
McFarland Ford Sales Inc./Hampton Ford Hyundai
  2021 Ed. (4989)
The McFarland Group
  1996 Ed. (56)
  1997 Ed. (51)
McFarland Hanson Inc.
  2006 Ed. (667)
McFayden Music
  1993 Ed. (2645)
MCG Architects
  1997 Ed. (267)
  1998 Ed. (187)
  1999 Ed. (290)
  2000 Ed. (315)
MCG Architecture
  2002 Ed. (334, 2986)
  2004 Ed. (2372)
  2005 Ed. (4118)
  2007 Ed. (4190)
  2009 Ed. (4321)
MCG Capital
  2004 Ed. (3175)
  2005 Ed. (2012, 2606, 3214, 3216)
  2006 Ed. (2115)

MCG Credit Corp.
  2000 Ed. (3026)
MCG Health System
  2009 Ed. (3144)
MCG Telesis
  2000 Ed. (2526)
McGahan; Mike
  2016 Ed. (2562)
McGarrah Jessee
  2023 Ed. (126)
McGarry Bowen
  2012 Ed. (43)
  2013 Ed. (48)
McGarryBowen
  2008 Ed. (116)
  2011 Ed. (34)
McGavick; Michael
  2006 Ed. (2523)
McGavigan
  2019 Ed. (2046)
McGaw Hospital; Foster G.
  1995 Ed. (2141)
McGaw Hospital/Loyola University Medical Center, Foster G.
  1991 Ed. (1932)
McGaw Hospital/Loyola University Medical; Foster G.
  1996 Ed. (2153)
McGaw Hospitall/Layola University Medical Center, Foster G.
  1994 Ed. (2088)
McGaw Inc.
  1996 Ed. (2084)
McGee Brothers Co., Inc.
  2003 Ed. (1306)
  2005 Ed. (1285, 1286)
  2006 Ed. (1255, 1256)
  2007 Ed. (1363)
  2008 Ed. (1260)
  2009 Ed. (1236)
  2010 Ed. (1235, 1301, 1302, 1320)
  2011 Ed. (1183, 1260)
  2012 Ed. (1130)
  2013 Ed. (1276)
  2014 Ed. (1209)
  2015 Ed. (1267)
  2016 Ed. (1182)
  2017 Ed. (1225)
  2018 Ed. (1205)
  2019 Ed. (1232)
  2020 Ed. (1226)
McGee Foods Corp.
  2008 Ed. (869)
McGee Group
  2018 Ed. (1037, 1051, 1052, 1055)
  2019 Ed. (1049, 1065)
  2020 Ed. (1039, 1053)
McGee, Hearne & Paiz
  2014 Ed. (16)
  2015 Ed. (17)
  2022 Ed. (17)
McGee Hearne & Paiz LLP
  2008 Ed. (278)
McGee, Lafayette, Willis & Greene
  1995 Ed. (673, 2413)
McGehee; Robert B.
  2007 Ed. (1202)
McGhee Auzenne
  2001 Ed. (824)
McGill Imports; Don
  1994 Ed. (281)
  1995 Ed. (284)
  1996 Ed. (284)
McGill Manufacturing Co.
  1991 Ed. (3333)
McGill; Stelpen P.
  2012 Ed. (2493)
McGill University
  1993 Ed. (807)
  1994 Ed. (819)
  1995 Ed. (871)
  2002 Ed. (904, 905, 906, 907)
  2003 Ed. (790, 792)
  2004 Ed. (833, 834, 837)
  2007 Ed. (812, 1166, 1169, 1170, 1171, 1172, 1179, 1180, 3469, 3470, 3471, 3472, 3473)
  2008 Ed. (1070, 1073, 1074, 1075, 1076, 1077, 1078, 1079, 1080, 3636, 3641, 3642, 4279)
  2009 Ed. (1047, 1050, 1051, 1052, 1053, 1054, 1055, 1068, 3699, 3710, 4391)
  2010 Ed. (1016, 1017, 1020, 1021, 1022, 1023, 1024, 3433, 3628)
  2011 Ed. (952, 955, 956, 957, 958, 959, 1563, 2015, 3417, 3629)
  2012 Ed. (872, 875, 876, 877, 878, 1864, 2425, 3430, 3431, 3432, 3629, 3630)
  2013 Ed. (1516)
  2014 Ed. (780, 781)
  2015 Ed. (823)
McGill University, Desautels Faculty of Management
  2011 Ed. (683)
  2012 Ed. (615)
  2013 Ed. (758)
The McGill University Health Center
  2011 Ed. (2015)

McGill University Health Centre
  2009 Ed. (3151)
  2012 Ed. (725)
McGillicuddy, John F.
  1989 Ed. (1381)
  1990 Ed. (458, 459)
  1991 Ed. (402, 1625)
  1994 Ed. (357)
McGinnis Lochridge
  2023 Ed. (3426)
McGinnis Partners Focus Fund L.P.
  1995 Ed. (2096)
McGinty; John
  1993 Ed. (1810)
  1994 Ed. (1793)
  1995 Ed. (1819, 1831)
  1996 Ed. (1793, 1809)
  1997 Ed. (1867, 1883)
McGlade; John E.
  2011 Ed. (2545)
  2012 Ed. (2491)
  2013 Ed. (2636)
  2014 Ed. (2591)
  2015 Ed. (2633)
McGladrey
  2013 Ed. (210)
  2014 Ed. (10)
  2015 Ed. (4858)
  2016 Ed. (4766)
  2017 Ed. (4777)
McGladrey LLP
  2013 Ed. (4)
  2014 Ed. (4)
  2015 Ed. (4, 11, 249, 250, 251)
  2016 Ed. (6, 10, 242, 243, 244)
  2017 Ed. (4, 241, 242)
McGladrey & Pullen
  1994 Ed. (1)
  1995 Ed. (4, 5, 6)
  1997 Ed. (4, 5)
  1998 Ed. (6, 7, 922)
  2000 Ed. (1, 2, 6)
  2005 Ed. (1)
  2006 Ed. (1, 2)
  2007 Ed. (1)
  2008 Ed. (1)
  2009 Ed. (1, 1029)
  2010 Ed. (1)
  2013 Ed. (11, 12, 13, 4563)
  2014 Ed. (7, 8, 9, 4618)
  2015 Ed. (8, 9, 10, 4617)
  2016 Ed. (5, 7, 8, 4537)
McGladrey & Pullen LLP
  1996 Ed. (10)
  2002 Ed. (4)
  2006 Ed. (4)
  2008 Ed. (2, 277)
  2009 Ed. (299, 300, 301)
  2010 Ed. (8, 9, 10, 284)
  2011 Ed. (207)
  2012 Ed. (9)
  2013 Ed. (7)
McGladrey Wealth Management
  2015 Ed. (7)
McGladrey Wealth Management LLC
  2014 Ed. (3393)
McGlinchey Stafford
  2001 Ed. (853)
  2014 Ed. (3444)
  2021 Ed. (3221, 3222)
McGlinn Capital Management
  1990 Ed. (2322)
McGlynn Bakeries
  1992 Ed. (492)
  1998 Ed. (254)
McGlynn Bakery
  1996 Ed. (357)
McGohan Brabender Inc.
  2014 Ed. (42)
McGoodwin, Williams & Yates Inc.
  2008 Ed. (2514)
McGough Construction
  2008 Ed. (1244)
McGough Cos.
  2006 Ed. (1250)
McGovern; Patrick
  2009 Ed. (4848)
  2010 Ed. (4855)
  2015 Ed. (4897)
McGovern; R. Gordon
  1991 Ed. (1621, 1632)
McGowen, Hurst, Clark & Smith
  2014 Ed. (2)
McGrath Estate Agents
  2002 Ed. (1581)
McGrath; Harvey
  2012 Ed. (4920)
McGrath; Joseph W.
  2007 Ed. (959)
McGrath; Judy
  2007 Ed. (4981)
McGrath Power Public Relations
  2003 Ed. (3998)
  2004 Ed. (4003)
  2005 Ed. (3960)
  2011 Ed. (4131)

McGrath RentCorp
  2004 Ed. (1451, 2125, 4584)
  2006 Ed. (1582)
McGrath Rentcorp
  2017 Ed. (3303)
  2018 Ed. (3372)
  2019 Ed. (3353)
McGrath; William
  1996 Ed. (1912)
  1997 Ed. (2002)
McGraw; Dr. Phil
  2008 Ed. (2585)
  2010 Ed. (2515, 3698)
  2011 Ed. (2517, 3692)
  2012 Ed. (2439)
  2013 Ed. (2604)
  2015 Ed. (2604)
  2017 Ed. (2384)
  2018 Ed. (2444)
  2020 Ed. (2485)
  2021 Ed. (2406)
McGraw Edison Co.
  2002 Ed. (1471)
  2003 Ed. (1492)
  2004 Ed. (1522)
  2005 Ed. (1538)
McGraw family
  2006 Ed. (4897)
McGraw-Hill
  1989 Ed. (2264, 2265, 2266, 2267, 2268, 2269, 2270, 2271)
  1990 Ed. (1583, 2929, 2930, 2931, 2933)
  1991 Ed. (2700, 2784, 2785, 2786, 2787, 2788)
  1992 Ed. (1462, 1463, 1523, 3368, 3585, 3586, 3587, 3588, 3590)
  1993 Ed. (1192, 2941, 2942, 2943)
  1994 Ed. (1208, 2977, 2978, 2979, 2981, 2982, 3243)
  1995 Ed. (1224, 3039, 3040, 3042)
  1996 Ed. (1241, 1270, 3139, 3140, 3141)
  1997 Ed. (3219, 3220, 3221, 3222)
  1998 Ed. (512, 1048, 1049, 2972, 2973, 2975, 2976)
  1999 Ed. (824, 3649, 3968, 3969, 3971, 3972)
  2000 Ed. (825, 3681, 3682, 3683)
The McGraw-Hill Companies Inc.
  2001 Ed. (3886, 3887)
  2002 Ed. (1498, 2146, 3282, 3883, 3884, 3885)
  2003 Ed. (2152, 3272, 3345, 3351, 4022, 4023, 4024, 4025, 4026, 4027)
  2004 Ed. (1581, 3332, 3409, 3411, 3413, 3415, 4039, 4041, 4042, 4043, 4045, 4046)
  2005 Ed. (924, 1614, 3357, 3422, 3424, 3427, 3980, 3981, 3982, 3983, 3984)
  2006 Ed. (832, 3345, 3433, 3435, 3437, 3438, 3439, 4020, 4021, 4022, 4023)
  2007 Ed. (100, 2908, 3401, 3445, 3447, 3449, 4050, 4051, 4052, 4053, 4054)
  2008 Ed. (3031, 3531, 3626, 4085, 4086, 4087)
  2009 Ed. (1941, 3117, 3259, 3594, 3689, 4199, 4200, 4201, 4202)
  2010 Ed. (3051, 3190, 4134, 4135, 4136, 4138, 4139)
  2011 Ed. (3020, 3516, 3607, 4134, 4135, 4136, 4138)
  2012 Ed. (2460, 2947, 3109, 4165, 4166, 4167, 4168, 4169, 4170, 4171)
  2013 Ed. (3036, 4155, 4156, 4157, 4158, 4160)
  2014 Ed. (2547, 3050, 4170, 4171, 4172, 4173, 4175, 4177, 4178)
  2015 Ed. (4152, 4153, 4158)
  2016 Ed. (4067, 4072)
  2017 Ed. (4036, 4046)
The McGraw-Hill Cos.
  2014 Ed. (36)
  2015 Ed. (39)
McGraw-Hill Cos., Inc.
  2014 Ed. (4499)
  2015 Ed. (4155, 4499)
  2016 Ed. (4069, 4431)
  2017 Ed. (4038)
The McGraw-Hill Cos., Inc.
  1998 Ed. (2974)
  2001 Ed. (1033, 3247, 3248, 3952, 3954, 4608)
  2014 Ed. (3597)
McGraw-Hill Credit Union
  2014 Ed. (2180)
  2015 Ed. (2207, 2244)
  2016 Ed. (2178, 2215)
McGraw Hill Education
  2019 Ed. (3500)
  2020 Ed. (3489)
McGraw-Hill Education
  2015 Ed. (698)
  2016 Ed. (641)
  2017 Ed. (4045)
  2018 Ed. (4069)
  2019 Ed. (4064)
  2020 Ed. (4074)

McGraw-Hill Employees Credit Union
  2002 Ed. (1880)
  2003 Ed. (1934)
  2004 Ed. (1974)
  2005 Ed. (2116)
  2006 Ed. (2211)
  2010 Ed. (2137)
McGraw Hill Federal Credit Union
  2018 Ed. (2110)
McGraw-Hill Federal Credit Union
  2020 Ed. (2089)
McGraw Hill Financial
  2015 Ed. (2739)
McGraw Hill Financial Inc.
  2015 Ed. (1386, 2736, 4151)
  2016 Ed. (2659, 4068, 4073)
  2017 Ed. (4037, 4047)
McGraw-Hill Financial Inc.
  2015 Ed. (4150)
  2017 Ed. (2418)
McGraw-Hill Global Education Holdings LLC
  2021 Ed. (2854)
McGraw-Hill Global Education Holdings, LLC
  2018 Ed. (3042)
  2019 Ed. (2984)
  2020 Ed. (3013)
McGraw-Hill Ryerson
  2007 Ed. (4055)
  2008 Ed. (4088)
  2009 Ed. (4095, 4203)
  2010 Ed. (4007, 4137)
  2011 Ed. (4014, 4137)
  2015 Ed. (4154)
McGraw III; H. W.
  2005 Ed. (2502)
McGraw III; Harold
  2007 Ed. (1003)
McGraw III; Harold W.
  2007 Ed. (1026)
  2008 Ed. (948)
  2009 Ed. (947)
  2010 Ed. (899)
McGraw Realtors
  2022 Ed. (4067, 4071)
McGraw; Tim
  2009 Ed. (2611)
  2011 Ed. (3712)
  2014 Ed. (1098)
  2017 Ed. (3625)
McGraw Wentworth
  2008 Ed. (3239)
  2011 Ed. (3191)
McGregor & Co.
  2013 Ed. (6)
McGregor; Conor
  2020 Ed. (196, 201)
  2023 Ed. (316, 323)
McGregor Fund
  2000 Ed. (2261)
  2001 Ed. (2519)
  2002 Ed. (2354)
McGregor Holding Corp.
  1995 Ed. (1232)
McGregor; Scott A.
  2011 Ed. (842)
McGriff, Seibels & Williams Inc.
  2005 Ed. (359)
McGriff Siebels & Williams Inc.
  2006 Ed. (1421)
McGriff Treading Co. Inc.
  2001 Ed. (4546)
McGrory; Jack
  1993 Ed. (2638)
McGrory; John
  1995 Ed. (2668)
McGuigan Simeon
  2011 Ed. (4956)
McGuinn; Martin G.
  2006 Ed. (934)
McGuinness
  1997 Ed. (2669, 2672)
McGuire Air Force Base
  1998 Ed. (2500)
McGuire Center for Entrepreneurship
  2008 Ed. (771, 774)
  2009 Ed. (780, 790)
  2010 Ed. (724, 727)
  2011 Ed. (638, 649)
McGuire; Dr. William
  2005 Ed. (2469)
McGuire Federal Credit Union
  1990 Ed. (1462)
  1991 Ed. (1396)
  1993 Ed. (1454)
The McGuire Group
  1993 Ed. (2964)
  1994 Ed. (3003)
McGuire & Hester
  2008 Ed. (4362, 4371)
  2018 Ed. (3350, 3352, 3353, 3354, 3361)
  2019 Ed. (3329, 3332, 3340)
McGuire; Shayne
  1996 Ed. (1902)
McGuire; Willaim W.
  2008 Ed. (945)

McGuire; William
  2005 Ed. (969)
  2007 Ed. (993)
  2008 Ed. (937)
McGuire; William W.
  2006 Ed. (903, 938)
McGuire Woods
  2001 Ed. (828, 937)
McGuire Woods Battle & Boothe
  1997 Ed. (2840)
McGuireWoods
  2003 Ed. (3192)
  2007 Ed. (3324)
  2008 Ed. (3415, 3429)
  2009 Ed. (3484, 3502)
  2010 Ed. (3415)
  2011 Ed. (3398)
  2014 Ed. (3446)
  2015 Ed. (3469)
  2016 Ed. (3316)
McGuireWoods LLP
  2012 Ed. (3409)
  2018 Ed. (1304)
  2021 Ed. (3257, 3258)
  2023 Ed. (3431, 3441)
McGuyer Homebuilders
  2002 Ed. (1192)
  2004 Ed. (1179)
  2005 Ed. (1206, 1212)
McHale Landscape
  2021 Ed. (3266)
McHale Landscape Design
  2014 Ed. (3455)
  2015 Ed. (3465, 3476)
  2016 Ed. (3313)
  2017 Ed. (3284)
McHenry County, IL
  2008 Ed. (4732)
McHugh
  2001 Ed. (4424)
McHugh Associates Inc., Equity-Growth Stocks
  2003 Ed. (3126)
McHugh Concrete Construction
  2000 Ed. (1258)
  2001 Ed. (1472)
  2005 Ed. (1297)
  2008 Ed. (1255)
  2011 Ed. (1225, 1275)
McHugh Construction Co.; James
  1992 Ed. (1371, 1434)
  1993 Ed. (1098, 1149)
McHugh; Kerry
  1996 Ed. (1898)
McHugh Software International
  2001 Ed. (4425)
  2002 Ed. (1992)
  2003 Ed. (1123)
MCI
  2021 Ed. (1619)
MCI AST LLC
  2022 Ed. (3661)
MCI Center
  2006 Ed. (1153)
MCI Communications Corp.
  1989 Ed. (2459, 2790)
  1990 Ed. (2751, 2752, 3241, 3253, 3255, 3509, 3521)
  1991 Ed. (1308, 2357, 2374, 2654, 2655, 2656, 2659, 2660, 2779, 3090, 3092, 3103, 3276, 3277, 3285)
  1992 Ed. (2632, 2938, 3312, 3313, 3317, 3318, 3319, 3584, 3933, 4061, 4071, 4199, 4210, 4212)
  1993 Ed. (2470, 2490, 2750, 2751, 2755, 2756, 2757, 2936, 3220, 3227, 3241, 3251, 3381, 3468, 3469, 3508, 3511, 3516, 3517, 3588, 3673)
  1994 Ed. (2412, 2705, 2708, 2712, 2975, 3216, 3234, 3245, 3481, 3482, 3484, 3490, 3492)
  1995 Ed. (1229, 1261, 2487, 2821, 3034, 3298, 3325, 3341, 3548, 3549, 3550, 3555, 3559)
  1996 Ed. (27, 768, 772, 853, 862, 1202, 1233, 1325, 1974, 2888, 2890, 2891, 2893, 2894, 3407, 3594, 3595, 3636, 3638, 3639, 3647)
  1997 Ed. (875, 1275, 1383, 2372, 2976, 2978, 2979, 3231, 3687, 3689, 3690, 3692, 3693, 3706)
  1998 Ed. (68, 566, 567, 568, 569, 571, 574, 576, 595, 1013, 1026, 1029, 1136, 1318, 2409, 2410, 2719, 2720, 2721, 2722, 2723, 2980, 3043, 3413, 3416, 3471, 3473, 3476, 3477)
  1999 Ed. (988, 989, 991, 1244, 1459, 1603, 3669, 3670, 3671, 3672, 3673, 4542, 4545, 4546, 4551, 4553, 4559)
  2000 Ed. (195, 934, 935, 936, 937, 3388, 3389, 4187, 4221)
  2001 Ed. (1687, 2719)
  2003 Ed. (1851)
  2004 Ed. (1803)
  2005 Ed. (1503, 1874)
  2006 Ed. (1894)
MCI Direct
  1992 Ed. (4205)

MCI Group
  2003 Ed. (4687, 4688)
  2005 Ed. (4622)
MCI Group Holding SA
  2006 Ed. (2033)
  2007 Ed. (2005)
  2008 Ed. (2097)
  2009 Ed. (2074)
MCI Inc.
  1990 Ed. (1645, 2488)
  1997 Ed. (28, 705, 710)
  1998 Ed. (485, 599, 3484, 3495, 3496, 3497)
  2000 Ed. (26, 28, 32, 800, 4191, 4219)
  2005 Ed. (850, 1388, 4639, 4658)
  2006 Ed. (1089, 1378, 1484, 1517, 1774, 1775, 1776, 1791, 1792, 1795, 1798, 2095, 2096, 2097, 2108, 4687, 4688, 4692, 4695, 4704)
  2007 Ed. (1475, 1780, 4708, 4709, 4711)
  2010 Ed. (1051, 1637, 2080, 2081, 4050)
MCI, LC
  2020 Ed. (1638)
MCI LLC
  2008 Ed. (1469, 2158)
  2009 Ed. (2138)
MCI Worldcom Deutschland GmbH
  2003 Ed. (4396)
MCI WorldCom Inc.
  2000 Ed. (197, 945, 958, 1343, 1358, 1518, 2641, 2642, 2643, 3690, 4186, 4188, 4203)
  2001 Ed. (1072, 1076, 1092, 1335, 1336, 1582, 1603, 1797, 1867, 1868, 2422, 2718, 2860, 2868, 2869, 3163, 3535, 4454, 4456, 4457, 4462, 4472, 4474, 4475)
  2002 Ed. (1379, 1383, 1386, 1437, 1485, 1525, 1532, 2568, 3484, 3485, 4566)
  2003 Ed. (1504, 2757, 4562)
  2004 Ed. (1532, 2838, 4676)
  2005 Ed. (1548, 4652)
MCIC Vermont
  2017 Ed. (3202)
  2018 Ed. (3286)
MCIC Vermont (A RRRG)
  2023 Ed. (3346)
MCIC Vermont Inc.
  1999 Ed. (1033)
  2000 Ed. (983)
  2020 Ed. (3249)
  2021 Ed. (3116)
  2023 Ed. (3345)
MCIC Vermont Risk Retention Group
  2012 Ed. (3255)
MCIC VT Inc.
  2012 Ed. (3256)
  2019 Ed. (3240)
  2020 Ed. (3250)
  2021 Ed. (3117)
  2022 Ed. (3256)
McIlhenny's Gold: How a Louisiana Family Built the Tabasco Empire
  2009 Ed. (638)
McIlroy; Rory
  2014 Ed. (198)
  2017 Ed. (211)
  2018 Ed. (197)
  2019 Ed. (191, 198)
McInerney Ford
  1990 Ed. (306, 308)
  1991 Ed. (269, 274, 276, 278)
McInerney Inc.
  1990 Ed. (346)
  1991 Ed. (309)
  1992 Ed. (419)
  1993 Ed. (303)
  1994 Ed. (293)
  1995 Ed. (297)
  1996 Ed. (300)
  2002 Ed. (369)
McInerney; Thomas J.
  2016 Ed. (872)
McInnis Electric Co.
  2008 Ed. (1313)
  2009 Ed. (1298)
  2010 Ed. (1291)
  2011 Ed. (1247)
McIntire School of Business
  2011 Ed. (648)
McIntire School of Business; University of Virginia
  2007 Ed. (797)
  2008 Ed. (772, 773)
  2009 Ed. (788, 789)
  2010 Ed. (725, 726)
  2011 Ed. (647)
  2012 Ed. (610)
McIntire School of Commerce
  2015 Ed. (810)
McIntosh
  1991 Ed. (775)
  1993 Ed. (1638)
  2013 Ed. (194)
  2014 Ed. (202)
  2015 Ed. (229, 245)
  2016 Ed. (224, 240)
  2017 Ed. (222, 238)

CUMULATIVE INDEX • 1989-2023

2018 Ed. (219, 224)
2019 Ed. (214, 219)
2020 Ed. (206, 222)
2021 Ed. (200, 201, 216)
2022 Ed. (212, 222, 228)
2023 Ed. (325, 342)
McIntosh Asset Management
  1990 Ed. (2290)
McIntosh & Co.
  1995 Ed. (765, 766, 767, 768, 769)
  1997 Ed. (744, 745, 746, 748)
McIntosh County Bank
  1989 Ed. (215)
McIntosh Hamson Hoare Govett
  1990 Ed. (810)
McIntosh Securities
  1996 Ed. (1851)
The McIntyre Group
  2007 Ed. (3542, 3543, 4404)
  2008 Ed. (1694)
McIntyre; James A.
  1994 Ed. (2237)
McIntyre & King
  1996 Ed. (3643, 3644, 3646)
  1997 Ed. (3703, 3705)
  2000 Ed. (4198)
  2001 Ed. (4470)
  2002 Ed. (4571, 4575)
McIntyre; Marvin
  2007 Ed. (3248, 3249)
  2008 Ed. (3376)
  2009 Ed. (3441)
  2010 Ed. (3382)
McIntyre; Marvin H.
  2006 Ed. (658, 3189)
McIntyre Vineyards
  2016 Ed. (4907)
McJunkin
  1993 Ed. (2161)
  1994 Ed. (2176)
  1995 Ed. (2233)
  1997 Ed. (2365)
  1998 Ed. (2086)
  2001 Ed. (1899)
  2003 Ed. (1853, 2203, 2891)
  2004 Ed. (1889)
  2005 Ed. (2015)
  2006 Ed. (208, 2117, 3926)
  2008 Ed. (3665)
  2009 Ed. (3227)
McJunkin Corporation
  1992 Ed. (2590)
McJunkin Red Man Corp.
  2009 Ed. (3224, 3733)
  2010 Ed. (3157, 3652, 3653)
  2011 Ed. (3123, 3656)
  2012 Ed. (2001)
  2013 Ed. (2190)
McJunkin Red Man Holding Corp.
  2010 Ed. (3870)
  2011 Ed. (3880)
  2012 Ed. (3660, 4105)
  2013 Ed. (809, 2102, 3718)
MCK Behavior Services LLC
  2018 Ed. (118)
  2019 Ed. (104)
  2020 Ed. (99)
  2022 Ed. (104)
  2023 Ed. (176)
MCK Holdings
  2004 Ed. (3440)
McKamish Inc.
  2023 Ed. (1434)
McKarnish Inc.
  2004 Ed. (1338)
McKay & Co., Ltd.; Arthur
  2008 Ed. (1187)
McKay-Dee Hospital Center
  2014 Ed. (3078)
  2015 Ed. (3144)
McKay; Keith
  2018 Ed. (3661)
  2019 Ed. (3650)
McKean Smith
  2023 Ed. (3465)
Mckechnie Plc
  2000 Ed. (3086)
McKee Baking Co.
  1989 Ed. (356, 359, 360)
  1992 Ed. (495, 496)
  1997 Ed. (328)
  1998 Ed. (254, 256)
McKee; C. S.
  1995 Ed. (2367)
McKee Corp.; Davy
  1992 Ed. (1401, 1404, 1948, 1950, 1953)
McKee Foods Corp.
  2014 Ed. (1274, 2300)
  2015 Ed. (2383)
  2016 Ed. (2330, 2828)
  2017 Ed. (336, 810, 1307, 1314, 2170, 2798, 2799, 4374)
  2018 Ed. (307, 312, 740, 1284, 1285, 1293, 2221, 2857, 2858, 3935, 4386, 4387)
  2019 Ed. (306, 756, 1312, 1314, 2197, 2821, 4407)
  2020 Ed. (308, 310, 314, 747, 1288, 1289, 2190, 2191, 4406)
  2021 Ed. (295, 297, 301, 302, 764, 1271, 1272, 2169, 2170, 2722, 4405)
  2022 Ed. (308, 310, 314, 315, 802, 1271, 1272, 2198, 2199, 2884, 4403)
  2023 Ed. (409, 412, 413, 1008, 1480, 2379, 2380, 2997, 4433)
Mckee Foods Corp.
  1998 Ed. (258, 259, 265)
  1999 Ed. (369)
  2000 Ed. (373)
  2001 Ed. (1875)
  2003 Ed. (761, 853, 4459)
  2004 Ed. (1865)
  2005 Ed. (1968)
  2006 Ed. (2037)
  2007 Ed. (2009)
  2009 Ed. (1140)
  2010 Ed. (1133, 2022)
  2012 Ed. (692)
McKee Investment Mgmt.
  2000 Ed. (2817)
McKee Jr.; E. Stanton
  1995 Ed. (983)
McKee Nelson LLP
  2008 Ed. (3417)
McKee; Robert E.
  1992 Ed. (1409)
McKee; Scott
  1996 Ed. (1891)
McKee; William
  2006 Ed. (992)
  2007 Ed. (1085)
  2008 Ed. (966)
McKeesport Hospital
  1997 Ed. (2260)
McKeever Strategy Letter
  1990 Ed. (2364)
McKelvy; J. Dorian
  2009 Ed. (3444)
  2010 Ed. (3382, 3385)
  2011 Ed. (3378)
  2012 Ed. (3319)
  2013 Ed. (3392)
  2016 Ed. (3287)
McKenna Associates Inc.
  2009 Ed. (1642)
McKenna & Co.
  1992 Ed. (15)
McKenna Industries Inc.
  1992 Ed. (4485)
  1995 Ed. (3759)
McKenna; Judith
  2022 Ed. (4928, 4936)
  2023 Ed. (4928, 4939)
McKenna; Patrick
  2006 Ed. (2500)
  2007 Ed. (2462)
McKenney's Inc.
  2008 Ed. (1225, 1337)
  2009 Ed. (1207, 1222, 1335)
  2011 Ed. (135, 1295, 3999)
  2012 Ed. (1179, 3996)
  2013 Ed. (1252, 1256)
  2015 Ed. (1244)
  2018 Ed. (1154)
McKenney's Mechanical Controls & Engineers
  2010 Ed. (1225)
McKennson Corp.
  2021 Ed. (2761)
McKenzie Commercial Contractors
  2010 Ed. (1927)
  2014 Ed. (1926)
  2016 Ed. (1938)
Mckenzie-Gateway Corporate Park
  1997 Ed. (2374)
McKenzie, McGhee & Harper
  1998 Ed. (2574)
McKenzie; Paul
  1997 Ed. (1973)
McKenzie River Corp.
  1998 Ed. (501, 503, 2487)
  1999 Ed. (812)
McKenzie Tank Lines
  1993 Ed. (3642)
  1994 Ed. (3602)
McKeough Land Co.
  2005 Ed. (4004)
McKernan Jr.; John R.
  1992 Ed. (2344)
McKesson
  2013 Ed. (2000, 2008)
  2014 Ed. (1429)
  2015 Ed. (852, 1491, 4002, 4431)
  2016 Ed. (744, 745, 1306, 3914, 4324)
  2017 Ed. (792, 794, 1359, 1363, 1414, 1658, 2823, 2850, 3883, 4327)
  2018 Ed. (1336, 1338, 1414, 2924, 3912, 4321, 4911)
  2019 Ed. (1361, 1363, 3885, 4905)
  2020 Ed. (1329, 1331, 4890)
  2021 Ed. (1323, 1325, 1921, 2756, 4902)
  2022 Ed. (1331, 1334, 1345, 1347, 1624, 1967, 2908, 4895)
  2023 Ed. (1274, 1534, 1538, 1540, 1551, 1788, 3061, 4883, 4884, 4885)
McKesson Canada
  2006 Ed. (3984)
  2007 Ed. (4945)
  2008 Ed. (4921)
  2009 Ed. (4935)
  2010 Ed. (4943)
  2013 Ed. (1512)
  2014 Ed. (2304, 2305)
  2015 Ed. (1536, 2387, 2388)
McKesson Canada Corp.
  2016 Ed. (1460, 2873)
  2017 Ed. (1470, 2830)
  2018 Ed. (2902)
  2019 Ed. (2856)
  2020 Ed. (615)
McKesson Coep.
  1998 Ed. (1335)
McKesson Corp.
  1989 Ed. (2474, 2478)
  1990 Ed. (1563, 3241, 3258, 3262)
  1991 Ed. (725, 902, 1467, 2909, 3098, 3103)
  1992 Ed. (1105, 2385, 3763, 3933, 3938)
  1993 Ed. (726, 1513, 1519, 3066, 3220, 3241, 3561)
  1994 Ed. (3216)
  1995 Ed. (3178, 3298, 3339, 3728)
  1996 Ed. (759, 1200, 1233, 1307, 3616, 3824, 3825)
  1997 Ed. (1316, 1369)
  1998 Ed. (1128, 1331, 1332, 3709, 3712, 3714)
  1999 Ed. (1896, 1900, 4390, 4757, 4759, 4762)
  2000 Ed. (961, 4384, 4389)
  2001 Ed. (996)
  2002 Ed. (1438)
  2003 Ed. (1458, 1628, 2095, 2096, 4931)
  2004 Ed. (1488, 1659, 1660, 1677, 2799, 2804, 2810, 4912, 4913, 4935, 4936, 4939, 4940, 4941)
  2005 Ed. (1504, 1539, 1674, 1677, 1681, 1685, 1687, 1735, 2792, 2796, 4460, 4903, 4904, 4917, 4918, 4919, 4920, 4921)
  2006 Ed. (1504, 1507, 1528, 1579, 1583, 1586, 1590, 1646, 2301, 2762, 4949, 4950, 4951, 4952, 4954)
  2007 Ed. (1533, 1537, 1558, 1608, 1610, 1612, 2232, 2233, 2771, 2775, 2783, 4614, 4956, 4957, 4958, 4959, 4961)
  2008 Ed. (1349, 1586, 1591, 1598, 1610, 3165, 3949, 4927, 4928, 4931, 4932)
  2009 Ed. (1352, 1521, 1526, 1536, 1547, 1675, 3240, 4017, 4550, 4948, 4949, 4950, 4953, 4954)
  2010 Ed. (1336, 1520, 1530, 1536, 3923, 4957, 4958, 4959, 4961, 4962)
  2011 Ed. (1037, 1321, 1512, 1526, 1534, 2277, 2279, 4582, 4595, 4941, 4942, 4943, 4945, 4946)
  2012 Ed. (1187, 1241, 1269, 1272, 1360, 1372, 1381, 2169, 2173, 3939, 3947, 4589, 4603, 4941, 4942, 4944, 4945)
  2013 Ed. (1370, 1373, 1464, 1480, 2370, 2375, 3180, 3997, 3998, 4544, 4556, 4934, 4935, 4936, 4937)
  2014 Ed. (1313, 1316, 1426, 1444, 3191, 3941, 3943, 4602, 4612, 4941, 4942, 4943, 4944)
  2015 Ed. (1127, 1488, 1503, 3103, 3251, 3266, 3977, 3979, 4598, 4609, 4981, 4982, 4983, 4984)
  2016 Ed. (1418, 1439, 1444, 3892, 4521, 4530, 4898, 4899, 4900, 4901)
  2017 Ed. (1074, 1450, 1459, 3857, 3861, 4517, 4525, 4896, 4897)
  2018 Ed. (1429, 1430, 2907, 3898, 4013, 4912)
  2019 Ed. (1001, 1467, 1468, 1472, 2863, 3866, 4000, 4904, 4906)
  2020 Ed. (984, 1433, 1434, 1437, 2886, 3888, 4017, 4338, 4905, 4906)
  2021 Ed. (1433, 2761, 3983, 4350, 4901, 4903)
  2022 Ed. (1951, 3997, 4356, 4894, 4896)
  2023 Ed. (2065, 4081)
McKesson Drug Co.
  1990 Ed. (1551)
  1994 Ed. (1557)
  1995 Ed. (1586, 3729)
  1997 Ed. (1652)
McKesson HBOC Inc.
  2000 Ed. (1396, 2421, 4385)
  2001 Ed. (1653, 2062, 2081, 2082, 4807, 4828, 4829)
  2002 Ed. (1526, 1602, 1684, 2592, 4893, 4902, 4903)
  2003 Ed. (737, 740, 1627, 1714, 2254, 4565, 4934, 4936)
McKesson Information Solutions
  2005 Ed. (2802)
McKesson Information Solutions LLC
  2011 Ed. (1658)
McKesson Medical-Surgical
  2009 Ed. (2140)
McKesson Medication Management
  2005 Ed. (3808)
McKesson MedManagement
  2003 Ed. (2798)
McKesson Pharmaceutical
  2010 Ed. (1627, 4961)
McKesson Provider Technologies
  2006 Ed. (2777)
  2007 Ed. (2778)
  2008 Ed. (2479, 2885, 2903)
  2009 Ed. (2482, 2961)
McKesson Provider Technologies Services
  2008 Ed. (4803)
McKesson Technology Solutions
  2010 Ed. (2900)
  2011 Ed. (2873)
  2012 Ed. (2808)
  2013 Ed. (2880)
  2014 Ed. (2912)
  2015 Ed. (2958)
  2016 Ed. (2890)
  2017 Ed. (2846)
  2018 Ed. (2916)
  2019 Ed. (2872)
McKessonHBOC
  2006 Ed. (4940)
McKids
  1998 Ed. (760)
  1999 Ed. (1192)
McKim Advertising Ltd.
  1990 Ed. (85)
  1991 Ed. (82, 83, 84)
  1992 Ed. (131, 132, 215)
  1993 Ed. (142)
McKim Baker Lovick/BBDO
  1994 Ed. (75)
  1995 Ed. (55)
McKim & Creed
  2008 Ed. (2524)
  2009 Ed. (2535)
  2010 Ed. (2453)
  2011 Ed. (2462)
  2012 Ed. (208)
McKim & Creed Inc.
  2018 Ed. (2396)
  2019 Ed. (2438)
  2020 Ed. (2423)
  2022 Ed. (2457)
McKing Consulting Corp.
  2011 Ed. (1336)
McKing Consulting Group
  2010 Ed. (1349)
  2011 Ed. (1337)
McKinley Capital Management Inc.
  1999 Ed. (3077)
  2009 Ed. (1473)
McKinley Capital Mgmt.
  2000 Ed. (2827)
McKinley Commercial Inc.
  1998 Ed. (3022)
McKinley Marketing Partners
  2007 Ed. (3609)
McKinneell; Henry A.
  2007 Ed. (1028)
McKinnell; H. A.
  2005 Ed. (2501)
McKinnell; Henry
  2005 Ed. (969)
McKinnell Jr.; Henry
  2006 Ed. (902)
  2007 Ed. (992)
McKinney
  2022 Ed. (66)
  2023 Ed. (116)
McKinney Advertising & PR
  2000 Ed. (3663)
McKinney Advertising & Public Relations
  2002 Ed. (3846)
  2003 Ed. (4011)
  2004 Ed. (4022)
McKinney Dodge
  2006 Ed. (183)
McKinney Drilling Co.
  1990 Ed. (1204)
  1991 Ed. (1082)
  1992 Ed. (1415)
  1993 Ed. (1128)
  1994 Ed. (1147)
  1995 Ed. (1172)
  1998 Ed. (947)
  1999 Ed. (1369)
  2000 Ed. (1261)
  2001 Ed. (1475)
  2002 Ed. (1290)
  2003 Ed. (1302)
  2004 Ed. (1305)
  2007 Ed. (1361)
  2008 Ed. (1258)
  2009 Ed. (1234)
  2010 Ed. (1233)
  2011 Ed. (1180)
  2012 Ed. (1128)
  2013 Ed. (1274)
  2014 Ed. (1207)
  2015 Ed. (1265)
  2016 Ed. (1180)
  2017 Ed. (1223)
McKinney Public Relations
  1992 Ed. (3575, 3576)
  1994 Ed. (2969, 2970)

1995 Ed. (3029, 3030)
1996 Ed. (3132, 3133)
1997 Ed. (3209, 3210)
McKinney & Silver
1989 Ed. (159)
1990 Ed. (149)
1991 Ed. (149)
1992 Ed. (206)
1994 Ed. (116)
1995 Ed. (125)
1996 Ed. (139)
1997 Ed. (145)
1998 Ed. (65)
1999 Ed. (154)
2000 Ed. (172)
2002 Ed. (182, 183)
2003 Ed. (172)
McKinney + Silver
2004 Ed. (130)
McKinnon; Becky
2005 Ed. (4992)
McKinnon-Mulherin
2021 Ed. (4991)
McKinnon-Mulherin Inc.
2006 Ed. (3543)
2007 Ed. (3605, 3606)
2008 Ed. (3735, 4431)
McKinsey
1989 Ed. (1007)
1990 Ed. (851, 854)
2013 Ed. (786, 790)
2014 Ed. (808)
2015 Ed. (852, 856)
2016 Ed. (744, 745)
2017 Ed. (792, 794)
2018 Ed. (725, 727, 3997)
2019 Ed. (742, 745, 746)
2021 Ed. (751)
2022 Ed. (780)
2023 Ed. (993)
McKinsey & Co.
1990 Ed. (855)
1992 Ed. (995, 1377)
1993 Ed. (1104)
1996 Ed. (834, 835, 1114)
1997 Ed. (845)
1998 Ed. (542, 545)
1999 Ed. (967)
2000 Ed. (901)
2001 Ed. (1450, 1451)
2004 Ed. (809)
2006 Ed. (694, 695, 696)
2007 Ed. (787, 788, 789, 2894)
2008 Ed. (762, 763, 764, 765, 3016)
2009 Ed. (758, 760, 765, 766, 769, 771, 774, 775, 776, 1184, 1186, 1707, 1959, 2118, 2594, 2600, 3102, 4246)
2010 Ed. (708, 709, 711, 714, 715, 719, 3035, 4088, 4184)
2011 Ed. (634, 635, 924, 1139, 1140, 3004, 4060, 4182)
2012 Ed. (1062, 1063, 1066, 1067, 1074, 1075, 2931, 4092, 4232, 4961)
2013 Ed. (772, 1198, 1200, 1201, 1208, 1209, 1945, 3020)
2014 Ed. (797, 1884, 3030)
2015 Ed. (840, 1921, 3097)
2016 Ed. (735, 1884)
2017 Ed. (778, 782, 1006, 4928)
2018 Ed. (714, 715, 732, 939, 1792, 4936)
2019 Ed. (730, 749, 1849, 2382, 2383, 2384, 4936)
2020 Ed. (721, 741, 1791, 2350, 4934)
2021 Ed. (726, 742, 757, 1054, 1055, 1056, 1057, 1060, 1063, 1066, 1067, 1068, 1069, 1070, 1072, 1073, 1074, 1076, 1077, 1078, 1080, 1081, 1758)
2022 Ed. (750, 769, 792, 1791, 2344)
2023 Ed. (1264)
McKinsey & Company
2020 Ed. (720)
2023 Ed. (962, 981, 998, 1264, 1266, 1267, 1268, 1269, 1270, 1271, 1273, 1274, 1275, 1276, 1277, 1278, 1279, 1281, 1282, 1283, 1284, 1285, 1286, 1287, 1288, 1289, 1290, 1291, 1923)
McKinstry
2013 Ed. (1985)
2014 Ed. (1210)
2015 Ed. (1268)
2016 Ed. (1183)
2017 Ed. (1226)
2018 Ed. (1206)
2019 Ed. (1233)
2020 Ed. (1227)
2021 Ed. (1194, 2581)
2022 Ed. (2698)
2023 Ed. (1432, 2826)
McKinstry Co.
1995 Ed. (1165)
1996 Ed. (1137)
1997 Ed. (1169)
1998 Ed. (954)
2003 Ed. (1237, 1238, 1314, 1340)
2004 Ed. (1240, 1314, 1340)
2005 Ed. (1290, 1345)
2006 Ed. (1260, 1292, 1347, 1348, 1351)
2007 Ed. (1368, 1392)

2008 Ed. (1225, 1248, 1264, 1342)
2009 Ed. (1207, 1237, 1331, 1340, 1345, 1977, 1980, 1983)
2010 Ed. (1212, 1223, 1224, 1236, 1316, 1329)
2011 Ed. (1169, 1171, 1184, 1262, 1290, 1291, 1301, 1311)
2012 Ed. (1111, 1117, 1131, 1173, 1178, 1181, 1183)
2013 Ed. (1253, 1254, 1256, 2155, 4059)
2014 Ed. (121, 3997)
2015 Ed. (136, 1229, 1245, 1246, 1248)
2016 Ed. (141, 1140, 1156, 1157, 1159, 2667, 3936, 3937, 3956)
2017 Ed. (132, 1189, 1205, 1206, 1207, 1208)
2018 Ed. (132, 1155, 1156)
2019 Ed. (129, 1167, 1168, 1170, 3931)
2020 Ed. (126, 1158, 1159, 1160, 1161, 3945)
McKinstry Co. LLC
2023 Ed. (2648)
McKinstry; Nancy
2005 Ed. (4991)
2006 Ed. (4984, 4985)
2007 Ed. (4982)
2008 Ed. (4949)
2009 Ed. (4972, 4978)
2010 Ed. (4988)
2011 Ed. (4985)
McKnight Foundation
1995 Ed. (1931)
2002 Ed. (2334)
McKnight; William
2005 Ed. (974)
McKonly & Asbury
2013 Ed. (1997)
MCL
1990 Ed. (3017)
1992 Ed. (173)
1995 Ed. (93)
1996 Ed. (108)
1997 Ed. (110)
2000 Ed. (184)
2001 Ed. (228)
MCL Cafeterias
1991 Ed. (2880)
1992 Ed. (3716)
1993 Ed. (3032)
1994 Ed. (3091)
1996 Ed. (3233)
1997 Ed. (3336)
1999 Ed. (4062)
MCL Clayton
1999 Ed. (943)
MCL Construction
2023 Ed. (1417)
MCL Cos.
2006 Ed. (1192)
MCL JASCO Inc.
2021 Ed. (86)
MCL McCann
2002 Ed. (201)
2003 Ed. (161)
MCL Saatchi & Saatchi
1999 Ed. (113)
2000 Ed. (119)
2001 Ed. (157)
2002 Ed. (130)
2003 Ed. (97)
McLane
2018 Ed. (3410)
2019 Ed. (3384)
2021 Ed. (3390, 3395)
2022 Ed. (3448, 3449, 3452)
McLane Co.
1990 Ed. (3492)
1991 Ed. (3253)
1993 Ed. (1154, 1155, 1156)
1994 Ed. (1177)
1995 Ed. (1195, 1196, 1197, 1198, 1199, 1200)
1997 Ed. (1200, 1201, 1202, 1203, 1204, 1205, 1206)
1998 Ed. (976, 978, 979, 981, 982, 983)
2001 Ed. (4829)
2003 Ed. (4936, 4937, 4938)
2004 Ed. (4941)
2005 Ed. (3929)
2006 Ed. (1441, 4003, 4954)
2007 Ed. (2014, 4034, 4961)
2008 Ed. (2111, 4062, 4932)
2009 Ed. (2095, 4176, 4181, 4954)
2010 Ed. (1365, 4116, 4962)
2011 Ed. (1352, 1353, 1357, 1359, 1360, 1361, 4079, 4946)
2012 Ed. (1218, 1219, 1221, 1222, 1223, 1224, 1934, 4110, 4945)
2013 Ed. (1332, 1333, 1334, 1337, 1339, 1340, 2097, 4937)
2014 Ed. (1262, 1263, 1264, 2029, 4122, 4944)
2015 Ed. (1324, 1325, 1329, 2078, 4111, 4984)
2016 Ed. (1237, 1238, 1246, 1247, 1248, 2047, 4018, 4024, 4901)
2017 Ed. (1287, 1288, 1297, 1298, 3996)
2018 Ed. (1265, 1266, 1275, 4005)

2019 Ed. (1298, 1299, 1309, 3992)
2020 Ed. (4009)
2021 Ed. (3975)
2022 Ed. (3989)
2023 Ed. (4073)
McLane Co. Inc.
2022 Ed. (4680)
2023 Ed. (4071, 4669)
McLane Co., Inc.
2019 Ed. (3985)
McLane; Drayton
2012 Ed. (430)
McLane Foodservice
2018 Ed. (4011)
2019 Ed. (3998)
2020 Ed. (4015)
2021 Ed. (3981)
2022 Ed. (3995)
2023 Ed. (4079)
McLane, Graf, Raulerson & Middleton
1999 Ed. (3154)
McLane Grocery
2018 Ed. (4012)
2019 Ed. (3999)
2020 Ed. (4016)
2021 Ed. (3982)
McLane Grocery Distribution
2022 Ed. (3996)
2023 Ed. (4080)
McLane Jr.; Robert D.
2006 Ed. (4909)
McLane Middleton
2023 Ed. (3462)
McLane/Southern Inc.
2006 Ed. (1894)
2008 Ed. (1942)
2009 Ed. (1902)
2011 Ed. (1869)
2012 Ed. (1725)
2013 Ed. (1887)
McLarand Vasquez Emsiek & Partners
2011 Ed. (194)
McLaren
2014 Ed. (270)
2021 Ed. (257, 3403, 3406)
2022 Ed. (278, 3458)
2023 Ed. (376, 3573)
McLaren Automotive
2019 Ed. (2044)
2020 Ed. (1977)
McLaren Health Care Corp.
2015 Ed. (1832)
2016 Ed. (1793)
2018 Ed. (1708, 1710, 1719)
McLaren Mercedes
2003 Ed. (747)
McLaren plc
2002 Ed. (2497)
2003 Ed. (2735)
McLarend Vasquez Emsiek & Partners Inc.
2008 Ed. (264)
McLarty Automotive
2022 Ed. (235)
McLaughlin; Amy
1990 Ed. (850)
McLaughlin; Ann
1995 Ed. (1256)
McLaughlin; Charlotte
2010 Ed. (4976)
2017 Ed. (4929)
2023 Ed. (4936)
McLaughlin; Elizabeth
2006 Ed. (929)
McLaughlin & Harvey
2006 Ed. (2062)
2017 Ed. (4072)
2020 Ed. (4119)
2021 Ed. (4074)
2022 Ed. (4098)
2023 Ed. (4188)
McLaughlin & Harvey Construction
2018 Ed. (2013)
McLaughlin II; William
1992 Ed. (1137)
McLaughlin; Thomas
2006 Ed. (978)
McLean & Appleton (Holdings) Ltd.
1994 Ed. (1002)
1995 Ed. (1015)
McLean Budden Balanced Growth
2001 Ed. (3457)
2002 Ed. (3428)
2004 Ed. (3612)
McLean Budden Canadian Equity Growth
2001 Ed. (3469)
2002 Ed. (3440)
McLean Budden Canadian Equity Value
2004 Ed. (3613, 3614)
McLean Budden Fixed Income
2003 Ed. (3563)
2004 Ed. (725, 726, 727)
McLean Budden Fixed Income Fund
2010 Ed. (3732)
McLean, Budden, Ltd.
1996 Ed. (2419)
2000 Ed. (2844)
McLean Cargo Specialist Inc.
2000 Ed. (4291)

McLean Cargo Specialists Inc.
1995 Ed. (3652)
1996 Ed. (3731)
1997 Ed. (3787)
1998 Ed. (3613)
1999 Ed. (4651)
2001 Ed. (2715)
2002 Ed. (2563)
2008 Ed. (2967)
McLean County Bank
1989 Ed. (208)
McLean Delmo & Partners
2002 Ed. (6)
2004 Ed. (7)
McLean Hospital
1999 Ed. (2740)
2000 Ed. (2519)
2002 Ed. (3801)
2003 Ed. (3971)
2004 Ed. (3974)
2005 Ed. (3947)
2006 Ed. (4016)
2007 Ed. (4048)
2008 Ed. (4084)
2009 Ed. (4197)
2010 Ed. (4132)
2011 Ed. (4097)
2012 Ed. (4131)
2013 Ed. (4124)
2014 Ed. (4139)
2015 Ed. (4121)
2016 Ed. (4035)
McLean Mortgage Corp.
2022 Ed. (3691)
McLellan Jr.; J. Houghton
1993 Ed. (893)
McLelland
2008 Ed. (715)
2009 Ed. (725)
McLendon Hardware
2019 Ed. (2838)
McLeod; Allan
2005 Ed. (2473)
McLeod Inc.; Porter
1993 Ed. (3309)
McLeod Regional Medical Center of the Pee Dee Inc.
2001 Ed. (1847)
2003 Ed. (1820)
2005 Ed. (1959)
2008 Ed. (2075)
2009 Ed. (2046)
2010 Ed. (1978)
2011 Ed. (2040)
McLeod USA
2006 Ed. (3330, 4694)
McLeod Young Weir Ltd.
1989 Ed. (812, 1355)
1990 Ed. (822)
McLeodUSA Inc.
2001 Ed. (2422)
2004 Ed. (1081, 1760)
McLeodUSA Publishing
2003 Ed. (4708)
McLevish; Timothy
2007 Ed. (1068)
McLoughlin; Sean
2021 Ed. (4787)
McLouth Steel-An Employee Owned Company
1991 Ed. (953)
McLouth Steel Products Corp.
1990 Ed. (1027)
McLure; Howard
2006 Ed. (965)
McLure Oil Co., Inc.
2006 Ed. (3508, 4347, 4987)
MCM
1995 Ed. (2100)
2010 Ed. (2965)
2011 Ed. (2926)
2012 Ed. (2860)
2013 Ed. (2929)
2014 Ed. (2946)
2015 Ed. (2994)
2016 Ed. (1565)
MCM Advertising
1991 Ed. (138)
1999 Ed. (138)
2000 Ed. (155)
2001 Ed. (193)
McM Balanced
1999 Ed. (3508)
2000 Ed. (3226)
MCM Construction Inc.
2002 Ed. (1237)
2003 Ed. (765)
MCM CPAs
2019 Ed. (14)
2020 Ed. (16)
2021 Ed. (18)
2022 Ed. (19)
2023 Ed. (59)
MCM CPAs & Advisors
2023 Ed. (17)
MCM Management Corp.
2014 Ed. (1204)
2015 Ed. (1262)

CUMULATIVE INDEX • 1989-2023

2016 Ed. (1171, 1177)
2017 Ed. (1220)
2018 Ed. (1029, 1051, 1200)
2019 Ed. (1039)
2021 Ed. (1189)
2022 Ed. (1190)
2023 Ed. (1427)
McMahan Real Estate
  1991 Ed. (2239)
McMahan Securities Co.
  2007 Ed. (3263)
McMahon Associates Inc.
  2018 Ed. (2405)
  2019 Ed. (2449)
  2020 Ed. (2439)
McMahon & Co.; M. G.
  1991 Ed. (2164, 2169)
  1993 Ed. (2262, 2266)
  1995 Ed. (2335)
McMahon; Jim
  1989 Ed. (278)
McMahon; Paul & Sean
  2005 Ed. (4885)
McMahon; Sean
  2007 Ed. (4920)
  2008 Ed. (4884)
McMahon Services
  2018 Ed. (1051, 1052)
  2021 Ed. (1380)
McMahon; Shane
  2018 Ed. (203)
McMahon; Sharon
  2007 Ed. (4919)
  2008 Ed. (4899)
McMahon; Vincent
  2020 Ed. (4821)
McManimon & Scotland
  2001 Ed. (873)
McManis & Monsalve Associates
  2015 Ed. (3019)
The McManus Group
  1999 Ed. (104)
McManus II; James
  2015 Ed. (954)
McManus; Sean
  2009 Ed. (4519)
  2010 Ed. (4557, 4558)
McMaster Carr
  1997 Ed. (913, 2698)
  1999 Ed. (1043, 3288)
McMaster-Carr
  2019 Ed. (3399)
  2020 Ed. (4248)
  2021 Ed. (2968)
  2022 Ed. (3093, 3103)
  2023 Ed. (3198, 3203)
McMaster, Harold and Helen
  1995 Ed. (933)
McMaster; H.R.
  2018 Ed. (3367)
McMaster University
  1994 Ed. (819)
  2002 Ed. (905)
  2007 Ed. (1166, 1170, 1171, 1172, 3470, 3471)
  2008 Ed. (1070, 1075, 1076, 1077, 1078, 3642, 4279)
  2009 Ed. (1047, 1050, 1051, 1052, 1068, 3710, 4391)
  2010 Ed. (1016, 1017, 1020, 1021, 1022, 3628)
  2011 Ed. (952, 955, 956, 957, 3629)
  2012 Ed. (872, 875, 876, 877, 2425, 3629, 3630)
McMaster University, Michael G. DeGroote School of Business
  2003 Ed. (790, 792)
  2004 Ed. (836)
McMasters
  1999 Ed. (3205)
  2000 Ed. (2945)
  2001 Ed. (4789)
MCMC LLC
  2008 Ed. (2482)
  2012 Ed. (3130, 3131)
McMenamin's
  2001 Ed. (1022)
McMillan
  2022 Ed. (3534)
  2023 Ed. (3655)
McMillan; C. S.
  2005 Ed. (2492)
McMillan; Nate
  2013 Ed. (545)
McMillan Pazdan Smith
  2019 Ed. (2442)
  2020 Ed. (2430)
  2022 Ed. (2463)
McMillan Pazdan Smith Architecture
  2012 Ed. (210)
McMillan; Robert
  2011 Ed. (3369)
McMillan Shakespeare
  2011 Ed. (1485)
  2012 Ed. (1333)
McMillan Smith & Partners
  2008 Ed. (2525)

McMillan Smith & Partners Architects
  2009 Ed. (2537)
McMillan Smith & Partners Architects PLLC
  2010 Ed. (2455)
  2011 Ed. (2464)
McMillen Jacobs Associates
  2022 Ed. (1033)
  2023 Ed. (2660)
McMillen LLC
  2010 Ed. (1683)
McMillen; Tom
  1994 Ed. (845)
McMillin Cos.
  1996 Ed. (1099)
  1998 Ed. (920)
McMillin Homes
  2004 Ed. (1218)
  2005 Ed. (1242)
McMillin; John
  1991 Ed. (1681, 1709)
  1993 Ed. (1798)
  1994 Ed. (1781)
  1995 Ed. (1821)
  1996 Ed. (1794)
  1997 Ed. (1868)
McMillin Texas Homes LLC
  2019 Ed. (2008)
McMillin's Lunch Box
  1995 Ed. (2939)
McMoran Exploration Co.
  2002 Ed. (2122)
  2005 Ed. (3753)
  2006 Ed. (3837)
  2008 Ed. (3907)
McMoran; Freeport
  1993 Ed. (3689)
McMoran Oil & Gas Co.
  1990 Ed. (1241)
McMorgan
  1989 Ed. (2127)
  1990 Ed. (2971)
  1991 Ed. (2222, 2238, 2820)
  1992 Ed. (3636)
  1993 Ed. (2976)
  1994 Ed. (3018)
  1995 Ed. (3074)
  1996 Ed. (3168)
  1997 Ed. (3270)
  1998 Ed. (3015)
  1999 Ed. (3082, 3095)
  2002 Ed. (3938)
McMorgan Intermediate Fixed Income
  2006 Ed. (614, 615)
MCMS Inc.
  2001 Ed. (1728)
McMullen; Kevin M.
  2008 Ed. (2630)
McMurray Inc.
  2008 Ed. (4346)
  2009 Ed. (4449)
  2010 Ed. (4492)
  2011 Ed. (4427)
McMurry Inc.
  2009 Ed. (4204)
  2010 Ed. (3512)
McMurtry; Sir David
  2009 Ed. (4905)
MCN
  1992 Ed. (3214)
  1993 Ed. (2702)
  1994 Ed. (2653)
  1995 Ed. (2755)
  1996 Ed. (2822)
  1997 Ed. (2926)
MCN Energy Group
  1998 Ed. (2661, 2664)
  1999 Ed. (3593, 3734)
  2001 Ed. (3693)
MCN Investment Corp.
  1999 Ed. (3803)
  2000 Ed. (3527)
McNabb; Bill
  2014 Ed. (762)
McNair; Janice
  2021 Ed. (4822)
  2022 Ed. (4815)
  2023 Ed. (4808)
McNair Law Firm
  1999 Ed. (1942, 3476)
  2000 Ed. (1726, 3204)
  2001 Ed. (913)
McNair Law Firm PA
  2013 Ed. (3440)
McNair; Robert
  2005 Ed. (4843)
  2012 Ed. (4852)
  2013 Ed. (4849)
  2014 Ed. (4865)
  2015 Ed. (4902)
  2016 Ed. (4819)
  2017 Ed. (4829)
  2018 Ed. (4834)
  2019 Ed. (4831)
  2020 Ed. (4821)
McNally; Paddy
  2010 Ed. (4924)
  2012 Ed. (4902)
  2013 Ed. (4879)

McNally Robinson Booksellers
  2008 Ed. (1900)
McNamara Buick Pontiac
  1991 Ed. (310)
McNamara; Edward H.
  1991 Ed. (2343)
  1992 Ed. (2904)
  1993 Ed. (2462)
McNamara; Nancy A.
  1994 Ed. (3666)
McNamee, Hosea, Jernigan, Kim, Greenan & Walker
  2007 Ed. (3319)
McNamee, Porter & Seeley Inc.
  1998 Ed. (1491)
  1999 Ed. (2059)
  2001 Ed. (2304)
  2002 Ed. (2151)
McNamee, Porter & Seely Inc.
  1997 Ed. (1780)
McNaught Syndicate
  1989 Ed. (2047)
McNaughton & Gunn
  1998 Ed. (2921)
  2000 Ed. (3609)
  2001 Ed. (3891)
McNaughton McKay
  2022 Ed. (2318, 2328)
McNaughton McKay Electric Co.
  2003 Ed. (2205)
  2021 Ed. (2260, 2262)
  2022 Ed. (2299)
  2023 Ed. (2479)
McNaughton-McKay Electric Co.
  2021 Ed. (1694, 2211)
  2022 Ed. (1719, 2247)
  2023 Ed. (1863, 2432)
McNaughton-McKay Electric Co. of Ohio
  2006 Ed. (4372)
McNealy; Scott G.
  1995 Ed. (1717)
  2005 Ed. (983, 2497)
  2007 Ed. (1023)
McNeary Insurance Consulting Inc.
  2001 Ed. (4124)
  2002 Ed. (4065)
McNeece
  1996 Ed. (2235)
McNeely, Piggott & Fox
  2012 Ed. (4143)
McNeely Pigott & Fox
  1998 Ed. (2960)
  1999 Ed. (3955)
  2000 Ed. (3669)
  2002 Ed. (3852)
  2003 Ed. (4019)
  2004 Ed. (4034)
  2005 Ed. (3951, 3976)
  2011 Ed. (4130)
  2012 Ed. (4159)
  2013 Ed. (4145)
  2014 Ed. (4162)
  2015 Ed. (4143)
McNeely Pigott & Fox Public Relations
  2016 Ed. (4057)
McNees Wallace & Nurick
  2021 Ed. (2529)
McNees Wallace & Nurick LLC
  2011 Ed. (1991)
  2012 Ed. (1839)
  2014 Ed. (1933)
  2015 Ed. (1980)
  2016 Ed. (1948)
  2023 Ed. (3430)
McNeil
  1990 Ed. (3501)
McNeil Consumer Healthcare
  2016 Ed. (203, 208, 947)
  2017 Ed. (190, 993, 3424)
  2018 Ed. (179, 928, 2072)
McNeil Consumer Products
  1995 Ed. (1589)
  1998 Ed. (1349)
  2000 Ed. (740, 1712)
  2003 Ed. (282, 284, 1053, 2109, 3689)
  2008 Ed. (3669)
McNeil CPC
  1990 Ed. (1565)
  1994 Ed. (1559)
McNeil Development
  2007 Ed. (1289)
McNeil Lab
  1992 Ed. (1872, 3403)
  1993 Ed. (2814)
  1995 Ed. (2901)
  1996 Ed. (2985)
  1997 Ed. (3059)
McNeil Labs
  1999 Ed. (3773)
McNeil Mantha
  1992 Ed. (958, 964)
McNeil & NRM Inc.
  2001 Ed. (4130)
McNeil Nutritionals
  2017 Ed. (195)
  2018 Ed. (183)

McNeil Technologies Inc.
  2004 Ed. (170)
  2005 Ed. (173)
McNeilab
  1994 Ed. (2814)
McNeill Sullivan
  1990 Ed. (2062)
  1993 Ed. (2080)
McNerney; James
  2005 Ed. (2469)
McNerney Jr.; W. J.
  2005 Ed. (2480)
McNerney Jr.; W. James
  2006 Ed. (885, 2520, 2522)
  2007 Ed. (2499, 2500, 2501)
  2008 Ed. (951, 2631, 2632)
  2009 Ed. (950, 959)
  2010 Ed. (902, 911)
  2011 Ed. (821, 823, 856)
  2012 Ed. (806)
McNerney, Jr.; W. James
  2015 Ed. (968)
McNevin Cleaning Specialists
  2006 Ed. (794, 795)
  2008 Ed. (861, 862, 4788)
  2009 Ed. (866, 867)
MCNIC Oil and Gas
  2001 Ed. (3744)
McNoll; Hugh L.
  1990 Ed. (1711)
McNulty Bros. Co.
  1991 Ed. (1080)
  1992 Ed. (1413)
  1995 Ed. (1169)
McNulty Brothers Co.
  1993 Ed. (1126)
MCO Transport Inc.
  1997 Ed. (3787)
  1998 Ed. (3613)
  1999 Ed. (4651)
  2000 Ed. (4291)
MCorp
  1989 Ed. (410, 676, 677, 2466, 2648, 2666)
  1990 Ed. (686, 687, 708, 1303, 2682, 2684, 3252, 3254, 3256, 3562)
  1992 Ed. (547)
  1993 Ed. (365)
  1994 Ed. (358, 2714)
  1996 Ed. (382)
  1999 Ed. (391)
  2000 Ed. (391)
  2005 Ed. (420)
  2010 Ed. (350)
McorpCX Inc.
  2020 Ed. (961)
MCorp.
  1997 Ed. (353)
MCP Computer Products Inc.
  2006 Ed. (3498)
MCP/Hahnemann Clinical Practice Groups
  2000 Ed. (3545)
McPeak; Gary
  2019 Ed. (3650)
McPheeters; F. Lynn
  2006 Ed. (973)
McPherson
  2020 Ed. (4683)
McPherson-Shaw
  2002 Ed. (1201)
McQ Builders
  2002 Ed. (2694)
McQuade Co.; John J.
  1993 Ed. (1153)
McQuade Co.; John S.
  1990 Ed. (1212)
McQuarrie; Gerald H.
  1990 Ed. (1712)
McQuay Inc.
  2011 Ed. (1791)
  2012 Ed. (1648)
McQueen; Steve
  2009 Ed. (878)
  2010 Ed. (828)
  2013 Ed. (907)
  2014 Ed. (853)
  2015 Ed. (889)
  2016 Ed. (774)
McQuertergroup
  1997 Ed. (138)
MCR
  2020 Ed. (3047)
  2021 Ed. (2912)
  2022 Ed. (3035)
  2023 Ed. (3154)
McRae; Colin
  2005 Ed. (268)
McRae's
  1991 Ed. (1968)
  1994 Ed. (2134)
McRobbie Optamedia
  2011 Ed. (1464)
  2012 Ed. (1302)
McRoberts; Johathan
  2007 Ed. (2549)
McRoof
  2020 Ed. (3072)

McRoskey Mattress
  2017 Ed. (1413, 3366)
McRoskey Mattress Co.
  2016 Ed. (3444)
MCS
  2000 Ed. (3661)
  2002 Ed. (3841)
  2003 Ed. (3989)
  2004 Ed. (3988)
  2005 Ed. (3954)
MCS Business Machines
  1991 Ed. (2639)
MCS Construction Services
  2021 Ed. (1405)
MCS Group Inc.
  2016 Ed. (4968)
The MCS Group Inc.
  2017 Ed. (4959)
MCS Health Management Options
  2005 Ed. (2817)
MCS Healthcare Public Relations
  2011 Ed. (4123)
  2012 Ed. (4154)
  2013 Ed. (4140)
  2014 Ed. (4157)
MCS Industries
  1998 Ed. (2854)
M.C.S. Steel
  2019 Ed. (2037)
MCS Steel
  2012 Ed. (1940)
MCS of Tampa Inc.
  2017 Ed. (2884)
  2018 Ed. (2951)
  2019 Ed. (2899, 3625)
MCS Woodworking LLC
  2017 Ed. (4991)
MCSG Technologies
  2016 Ed. (3105)
  2017 Ed. (3052)
McShain Charities Inc.; John
  1990 Ed. (1849)
The McShane Companies
  2020 Ed. (1078)
  2021 Ed. (1045)
  2022 Ed. (1081)
  2023 Ed. (1236, 1256)
McShane Construction Co.
  2021 Ed. (1181)
  2022 Ed. (1117, 1179)
  2023 Ed. (1336)
McShane Cos.
  2004 Ed. (1260)
  2009 Ed. (2548)
  2010 Ed. (2464)
McShane Development
  2015 Ed. (3787)
McShane Development Co.
  2012 Ed. (3081)
  2013 Ed. (3164)
McShane; Kate
  2011 Ed. (3374)
McStay-Regian Associates
  1989 Ed. (160)
MCT Transportation LLC
  2008 Ed. (4134)
McVeigh Global Meetings & Events
  2022 Ed. (768)
McVitie's
  1999 Ed. (367)
  2002 Ed. (928)
  2008 Ed. (710, 723)
  2009 Ed. (720, 733)
  2010 Ed. (656)
McVitie's Cheddars
  1999 Ed. (4347)
McVitie's Choc Digestive
  2008 Ed. (712)
  2009 Ed. (722)
  2010 Ed. (645)
McVitie's Digestives
  2008 Ed. (712)
  2010 Ed. (645)
McVitie's GA Yogurt Bark
  2010 Ed. (645)
McVitie's Jaffa Cakes
  2008 Ed. (712)
  2009 Ed. (722)
  2010 Ed. (645)
McVitie's Mini Cheddars
  2010 Ed. (654)
McVitie's Penguin
  2008 Ed. (712)
  2009 Ed. (722)
  2010 Ed. (645)
McWane
  2021 Ed. (787, 788, 1345)
  2022 Ed. (819, 820, 1355)
McWane Inc.
  2006 Ed. (1449)
  2009 Ed. (3227, 4120)
  2010 Ed. (3160, 4053)
  2016 Ed. (1343)
  2017 Ed. (1375, 1380)
  2018 Ed. (1344, 1349)
  2019 Ed. (1382, 1387)
  2021 Ed. (1349)
  2022 Ed. (1359, 2571)

  2023 Ed. (1563, 2713)
McWaters; Jeffrey
  2009 Ed. (3314)
McWhorter; R. Clayton
  1997 Ed. (1797)
McWhorter Technologies
  1997 Ed. (2981)
  1998 Ed. (2734)
  2000 Ed. (3398)
  2001 Ed. (3608)
McWilliam Family
  2002 Ed. (872)
McWilliams; Bruce M.
  2007 Ed. (2502)
McWilliams Millwork & Cabinetry
  2019 Ed. (4992)
McWilliam's Wines
  2020 Ed. (4918)
  2021 Ed. (4914)
McWire Electric
  2016 Ed. (4414)
MCX Interior
  2023 Ed. (3374)
MCZ Development Corp.
  2006 Ed. (1192)
  2007 Ed. (1299, 1302, 1306)
  2008 Ed. (1164, 1196, 1199)
  2009 Ed. (1149, 1171, 1176, 4220)
  2010 Ed. (1165)
MD
  1996 Ed. (3705)
  2003 Ed. (4759)
  2008 Ed. (4697)
MD 20/20
  1996 Ed. (3861)
  2001 Ed. (4842)
  2002 Ed. (4922)
  2003 Ed. (4946)
  2004 Ed. (4950)
  2005 Ed. (4930)
  2006 Ed. (4960)
MD American Value Fund
  2010 Ed. (2557)
M.D. Anderson Cancer Center
  2013 Ed. (3062)
  2014 Ed. (3064)
  2015 Ed. (3129)
  2016 Ed. (2992)
  2017 Ed. (4322)
  2018 Ed. (4314)
MD Anderson Cancer Center
  2018 Ed. (1331, 2896)
  2019 Ed. (2850)
  2023 Ed. (1530)
M.D. Enterprises of Connecticut
  1994 Ed. (985, 3330)
MD Equity
  2006 Ed. (3662)
MD Financial Management
  2021 Ed. (528)
MD Foods
  2000 Ed. (1639, 1640)
  2001 Ed. (1970)
  2002 Ed. (1908)
MD Foods Amba
  1993 Ed. (1294)
  1995 Ed. (1371)
  1996 Ed. (1324)
  1997 Ed. (1576)
MD Manufacturing
  2015 Ed. (4856)
MD Science Lab LLC
  2023 Ed. (3567)
MD U.S. Equity
  2001 Ed. (3477, 3478)
MD U.S. Large Cap Growth
  2002 Ed. (3449)
  2003 Ed. (3582)
  2004 Ed. (2462)
MD & VA Milk Producers Cooperative
  2019 Ed. (2153)
  2020 Ed. (2135)
MDA
  2021 Ed. (72)
  2022 Ed. (86, 2946)
  2023 Ed. (170)
MDA Ltd.
  2011 Ed. (2897)
  2015 Ed. (2978)
MDA National
  2020 Ed. (3189)
  2021 Ed. (3049)
  2022 Ed. (3183)
MDC Corp.
  2002 Ed. (3269)
  2003 Ed. (1078)
  2005 Ed. (1726)
M.D.C. Holdings
  2018 Ed. (1062, 1063)
  2019 Ed. (1073)
  2020 Ed. (1058, 1062, 1063, 1068, 1075, 1077)
  2021 Ed. (1030, 1031, 1036, 1042)
  2022 Ed. (1067, 1073)
  2023 Ed. (1239, 1240, 1241, 1244, 1246, 1247, 1253)

M.D.C. Holdings Inc.
  2017 Ed. (1130, 1133, 1135, 1141)
  2018 Ed. (1061, 1065, 1067)
  2019 Ed. (1072, 1076, 1078)
  2020 Ed. (1061, 1065, 1067)
  2021 Ed. (1029, 1033, 1035)
  2022 Ed. (1070, 1072)
MDC Holdings Inc.
  1989 Ed. (1001, 2465)
  1990 Ed. (1159)
  1992 Ed. (1358, 4146)
  1993 Ed. (1086)
  1994 Ed. (1111)
  1995 Ed. (1126, 1129)
  1996 Ed. (1101, 1102, 1103, 1107)
  1997 Ed. (1119, 1123)
  1998 Ed. (885)
  1999 Ed. (1319)
  2000 Ed. (1190, 1193, 1197)
  2001 Ed. (1394)
  2002 Ed. (1172, 1620, 1625)
  2003 Ed. (1135, 1200, 1202, 1203, 1204, 1642, 1654)
  2004 Ed. (1177, 1204, 1209, 2946)
  2005 Ed. (1182, 1193, 1210, 1211, 1219, 1223, 1229, 1230, 1233, 1234, 1235, 1240, 1244, 1246)
  2006 Ed. (1191, 1193, 1196, 1197, 1199, 1200, 1202, 1203, 1520, 1523, 1655, 1656, 1657, 1659, 1663, 2947, 4580)
  2007 Ed. (1303, 1304, 1307, 1308, 1309, 1310, 1311, 1551, 1667, 1670)
  2008 Ed. (1200, 1201, 1202, 1509, 1688, 1692, 4522)
  2009 Ed. (1174, 1177, 1179)
  2010 Ed. (1166)
  2011 Ed. (1114)
  2012 Ed. (1036)
  2015 Ed. (1186)
MDC Homes
  2003 Ed. (1149, 1169)
  2005 Ed. (1180, 1204)
MDC Partners Inc.
  2007 Ed. (117, 1319)
  2008 Ed. (1208)
  2009 Ed. (135, 1188)
  2010 Ed. (135, 777)
  2011 Ed. (53)
  2012 Ed. (61)
  2013 Ed. (61)
  2014 Ed. (79)
  2015 Ed. (70)
  2018 Ed. (3487)
  2019 Ed. (3456)
MDC Trust
  1995 Ed. (1048, 3076)
MDFC Holding Co.
  2009 Ed. (4146)
MDHC
  1991 Ed. (1897)
MDI Access
  2009 Ed. (4688)
  2010 Ed. (4701)
MDI Entertainment Inc.
  2004 Ed. (4549)
MDi media group
  2011 Ed. (57)
  2012 Ed. (67)
  2013 Ed. (62)
MDI Mobile Data International Inc.
  1990 Ed. (1251)
MDL Capital Management Inc.
  2002 Ed. (712)
  2003 Ed. (216)
  2004 Ed. (172)
  2006 Ed. (191)
MDM
  2006 Ed. (467)
MDM Bank
  2009 Ed. (527)
  2010 Ed. (414, 415, 508)
  2012 Ed. (404)
  2013 Ed. (443, 455)
  2014 Ed. (457, 471)
MDM Financial Group
  2005 Ed. (499, 503, 602)
  2007 Ed. (443, 445, 546)
  2008 Ed. (497)
MDM Office Systems Inc.
  2006 Ed. (3547, 4385)
MDOS Consulting
  2021 Ed. (1453, 2987, 4543)
  2022 Ed. (3122, 4549)
  2023 Ed. (1118)
MDS Coatings Technology Corp.
  2015 Ed. (4237)
MDS Inc.
  2001 Ed. (1461, 1654)
  2002 Ed. (1224)
  2003 Ed. (1218)
  2007 Ed. (4365)
  2008 Ed. (4321)
  2009 Ed. (1557, 1558, 2963, 4424)
  2010 Ed. (40)
  2011 Ed. (1550)
MDS Nordion Inc.
  2011 Ed. (2888)

MDS Pharma Services (US) Inc.
  2004 Ed. (1809)
  2005 Ed. (1892)
MDS Proteomics
  2003 Ed. (682)
MDsave
  2020 Ed. (1926, 2884)
MDSI
  2006 Ed. (2821)
MDSI Mobile Data Solutions Inc.
  2003 Ed. (1116)
MDStaffers
  2021 Ed. (2760)
MDstaffers
  2021 Ed. (1394, 2760)
  2022 Ed. (3074)
MDT Advisers
  2002 Ed. (4733)
MDT Corp.
  1990 Ed. (889)
  1995 Ed. (2085)
MDU Construction Services Group Inc.
  2010 Ed. (1894)
  2015 Ed. (1264, 1273)
  2016 Ed. (1179, 1186, 1188)
  2017 Ed. (1221, 1229, 1231, 2613)
  2018 Ed. (1210, 2675)
  2019 Ed. (1229, 1237, 2658)
  2020 Ed. (1223, 1231, 2671)
  2021 Ed. (1130, 1190, 1198, 2581)
  2022 Ed. (1133, 1191, 1199, 2698)
  2023 Ed. (1365, 1405, 1428, 1436, 2826)
MDU Resources Group
  2017 Ed. (2321)
  2021 Ed. (3996)
  2022 Ed. (4010)
  2023 Ed. (2564)
MDU Resources Group & Subsidiaries
  2023 Ed. (4094)
MDU Resources Group Inc.
  2001 Ed. (1824)
  2002 Ed. (2126)
  2003 Ed. (1797, 3811, 3814)
  2004 Ed. (1832, 2192, 2195, 2200, 4239)
  2005 Ed. (1917, 2225, 2291, 2294, 2399, 2405, 3587, 3588, 3927, 4167, 4526, 4527)
  2006 Ed. (681, 1946, 2354, 2357, 2441)
  2007 Ed. (1929, 2385, 4594)
  2008 Ed. (1995, 2500, 4068, 4070, 4545)
  2009 Ed. (1956, 4183, 4576)
  2010 Ed. (1894, 4117, 4609, 4610)
  2011 Ed. (1925, 4565, 4566)
  2012 Ed. (1786, 3525, 4114, 4116, 4119, 4121, 4387, 4578, 4580)
  2013 Ed. (1960, 3566, 4112, 4118, 4356)
  2014 Ed. (1896, 4133, 4408, 4584)
  2015 Ed. (1941, 3567, 4117, 4394, 4578)
  2016 Ed. (1911, 3423)
  2017 Ed. (3383)
  2018 Ed. (3449)
  2019 Ed. (3419)
MDV Interactive Inc.
  2018 Ed. (4938)
  2020 Ed. (1692)
MDVIP
  2007 Ed. (2768)
ME
  2019 Ed. (1422, 2625)
Me 2.0
  2011 Ed. (531)
M.E. Allison & Co.
  2000 Ed. (2763)
ME Bank
  2017 Ed. (443)
  2020 Ed. (401, 1385)
  2021 Ed. (432, 1382)
  2022 Ed. (446, 1283)
  2023 Ed. (1484)
ME! Bath
  2020 Ed. (566)
Me Bath
  2023 Ed. (810)
Me Before You
  2018 Ed. (584, 586, 587)
Me and My Cat
  1994 Ed. (2827)
Me and My Dog
  1994 Ed. (2828)
Me-N-Ed's Pizzeria
  2009 Ed. (4067)
  2010 Ed. (3985)
  2011 Ed. (3991)
Me Salve Inc.
  2005 Ed. (4117)
  2006 Ed. (4168)
  2007 Ed. (4189)
me4kidz
  2023 Ed. (1313)
MEA
  2005 Ed. (216)
MEA Forensic Engineers & Scientists
  2011 Ed. (1514)
Meabt
  2017 Ed. (2307)
Meachers Global Logistics
  2018 Ed. (4707, 4711)
  2019 Ed. (4713)

2020 Ed. (4674)
Mead Cambarridge Executive Notepad
 1989 Ed. (2632)
Mead Cambridge Professional Pad Folio
 1990 Ed. (3431)
Mead Coated Board Credit Union
 2010 Ed. (2130)
 2012 Ed. (2030)
 2013 Ed. (2260)
Mead Coated Board UK
 2001 Ed. (3611)
Mead Corp.
 1989 Ed. (1465, 1466, 2112, 2113, 2634)
 1990 Ed. (2518)
 1991 Ed. (1761, 1763, 2669, 3215)
 1992 Ed. (1236, 1237, 2102, 2103, 2209, 2211, 2970, 3328, 3330, 3331, 3332, 4131, 4132)
 1993 Ed. (1382, 1417, 1890, 1892, 2175, 2497, 2763, 2764, 3446, 3447)
 1994 Ed. (1261, 1436, 1891, 1893, 2722, 2723, 2724, 2725, 2732)
 1995 Ed. (1426, 1470, 1922, 1923, 2826, 2827, 3507)
 1996 Ed. (1540, 1958, 1959, 2901, 2906, 3583, 3584)
 1997 Ed. (2067, 2069, 2986, 2987, 2988, 2990, 2991, 3625, 3626)
 1998 Ed. (1750, 1751, 1752, 2736, 2737, 2738, 2741, 2747, 3399, 3400)
 1999 Ed. (1553, 2115, 2489, 2490, 2491, 3688, 3689, 3700, 4469, 4470)
 2000 Ed. (2241, 2254, 2256, 3403, 3404, 3405, 3407, 4116)
 2001 Ed. (3614, 3621, 3622, 3623, 3625, 3626, 4933)
 2002 Ed. (2319, 2320, 2321, 3575, 3580, 3582, 3583)
 2003 Ed. (3715, 3716, 3717, 3718, 3722, 3727)
 2011 Ed. (3812)
 2012 Ed. (3796)
 2013 Ed. (3861)
Mead; Dana
 1997 Ed. (1800)
Mead Data Central
 1994 Ed. (2695)
Mead Employees Credit Union
 2002 Ed. (1885)
 2003 Ed. (1939)
 2004 Ed. (1979)
 2005 Ed. (2121)
 2006 Ed. (2216)
Mead Farms
 2021 Ed. (803)
 2022 Ed. (835)
Mead & Hunt
 2023 Ed. (2661)
Mead & Hunt Inc.
 2018 Ed. (2398, 2405)
 2019 Ed. (2441, 2442, 2449)
Mead Instruments Corp.
 2004 Ed. (3744)
Mead Johnson & Co.
 2015 Ed. (4000)
Mead Johnson Nutrition
 2014 Ed. (3176, 3177)
 2015 Ed. (3236, 3237, 3238)
 2016 Ed. (3091, 3092, 3093, 4789)
 2017 Ed. (3038, 3039, 4804)
 2018 Ed. (4805)
 2019 Ed. (2671)
 2020 Ed. (2686)
Mead Johnson Nutrition Co.
 2011 Ed. (2707)
 2012 Ed. (459, 2636, 3027, 3827)
 2013 Ed. (578, 2721, 3890)
 2014 Ed. (2706, 3823)
 2015 Ed. (2752, 3848)
 2016 Ed. (597, 2682, 3754)
 2017 Ed. (633, 2395, 2416, 2631, 3707, 3882)
 2018 Ed. (595, 3760)
 2019 Ed. (607)
Mead Johnson Nutritionals
 2003 Ed. (2062, 2502, 2915)
Mead Packaging
 1999 Ed. (3686)
 2000 Ed. (3402)
Mead Timber Co.
 2007 Ed. (2639, 2640)
 2008 Ed. (2764, 2765)
 2009 Ed. (2823, 2824)
 2010 Ed. (2767, 2768)
Meade & Associates Inc.
 2013 Ed. (1034)
The Meade Group Inc.
 1990 Ed. (346)
 1991 Ed. (309)
 1992 Ed. (419)
 1993 Ed. (303)
 1994 Ed. (293)
 1995 Ed. (297)
 1996 Ed. (300)
 1998 Ed. (208)
Meade Instruments Corp.
 2005 Ed. (3653, 3654)

Meadow Gold
 1993 Ed. (2121)
Meadow Gold Dairy Inc.
 2008 Ed. (4998)
Meadow Gold TruMoo
 2015 Ed. (3670)
Meadow Homes Inc.
 2006 Ed. (3987)
Meadow Valley
 2009 Ed. (4457)
Meadowbrook Inc.
 1999 Ed. (2912)
Meadowbrook Insurance Group
 2013 Ed. (3334)
Meadowbrook Insurance Group of Colorado
 1995 Ed. (905)
Meadowbrook Insurance Group Inc.
 1998 Ed. (2127)
 2000 Ed. (2666)
 2001 Ed. (2913)
Meadowbrook Risk Management Ltd.
 2008 Ed. (856)
Meadowcraft
 1999 Ed. (2548, 2616, 2620, 4323, 4327)
Meadowdale Farm Winery LLC
 2023 Ed. (4905)
Meadowdale Foods Inc.
 1989 Ed. (925, 927, 2332)
 1990 Ed. (1027)
Meadowlands Arena
 1989 Ed. (992)
Meadowlands Exposition Center
 2002 Ed. (1335)
Meadowood Napa Valley
 2012 Ed. (1377)
 2013 Ed. (1472)
 2015 Ed. (1496)
 2020 Ed. (1426)
 2021 Ed. (1425)
Meadows Bank
 2021 Ed. (387)
 2022 Ed. (400)
 2023 Ed. (522)
Meadows Farms
 2013 Ed. (3456)
 2015 Ed. (3465)
 2016 Ed. (3328, 3332)
 2017 Ed. (3295)
 2018 Ed. (3358, 3363)
 2019 Ed. (3342)
 2020 Ed. (3344)
 2021 Ed. (3280)
 2022 Ed. (3364)
 2023 Ed. (3476, 3481)
Meadows Farms Nurseries
 2013 Ed. (2797)
 2014 Ed. (2833)
 2015 Ed. (2873)
 2018 Ed. (2839)
Meadows Farms Nurseries & Landscape
 2019 Ed. (2805, 2806)
 2020 Ed. (2831, 2832)
 2021 Ed. (2708)
 2022 Ed. (2865)
 2023 Ed. (2979)
The Meadows of Napa Valley
 2016 Ed. (1430)
Meadows Office Furniture Co.
 2007 Ed. (3583, 3584, 4437)
Meadows & Ohly
 1996 Ed. (230)
 1998 Ed. (183)
 2013 Ed. (1649)
 2014 Ed. (1607)
Meadows Regional Medical Center
 2008 Ed. (3061)
 2010 Ed. (3077)
Meadville Area Credit Union
 2014 Ed. (2151)
 2015 Ed. (2215)
 2016 Ed. (2186)
MeadWestvaco
 2013 Ed. (2148)
 2014 Ed. (2081)
MeadWestvaco Consumer Packaging Group
 2007 Ed. (3770)
MeadWestvaco Corp.
 2003 Ed. (1224, 1597, 2427, 2541, 2542, 3728)
 2004 Ed. (1580, 1690, 1691, 2561, 2678, 3758, 3759, 3760, 3761, 3765, 3766, 4485)
 2005 Ed. (1747, 1748, 1749, 2670, 3673, 3674, 3675, 3676, 3677, 3680, 3681, 3682, 3683, 3854)
 2006 Ed. (1666, 1667, 1668, 2654, 2655, 3773, 3774, 3775, 3776, 3777, 3778, 3779)
 2007 Ed. (1333, 1672, 1673, 1674, 2898, 3769, 3770, 3771, 3774, 3775, 3779, 4529)
 2008 Ed. (1512, 1698, 2851, 3020, 3849, 3850, 3852, 3853)
 2009 Ed. (1198, 1443, 3107, 3906, 3907, 3908, 3911)
 2010 Ed. (1202, 3048, 3816, 3817, 3820)

 2011 Ed. (1150, 1445, 3017, 3812, 3813, 3816)
 2012 Ed. (1085, 1260, 3796, 3797, 3798, 3799, 3804)
 2013 Ed. (1222, 1224, 3861, 3862, 3863, 3864, 3868)
 2014 Ed. (1162, 1164, 3793, 3794, 3796, 3799)
 2015 Ed. (1216, 1370, 3815, 3817, 3822)
 2016 Ed. (1122, 1124, 2569, 3727, 3728)
 2017 Ed. (3683)
MeadWestvaco South Carolina LLC
 2008 Ed. (3850)
 2009 Ed. (3907)
 2010 Ed. (1597, 3817)
MEAG Power
 1999 Ed. (1943)
Meal kits
 2002 Ed. (3491)
Meal replacements
 2001 Ed. (2011)
Meal replacements/supplements powders
 2004 Ed. (3666)
Meal Time
 1993 Ed. (2815)
 1994 Ed. (2829)
 1996 Ed. (2991)
 1997 Ed. (3070)
 1999 Ed. (3785)
 2002 Ed. (3652)
Mealey's Furniture
 2014 Ed. (2824)
 2018 Ed. (2832)
Meals
 1998 Ed. (582)
 1999 Ed. (3408)
 2002 Ed. (919)
 2008 Ed. (2732)
Meals and entertainment
 1996 Ed. (852)
Meals & entrees
 2002 Ed. (3494)
Mealtime
 1989 Ed. (2193)
 1990 Ed. (2818)
 1992 Ed. (3408)
 2003 Ed. (3802)
Meaningful Beauty
 2015 Ed. (2329, 2330)
Meaningful Beauty Advanced
 2015 Ed. (2341)
Meaningful Beauty Ultra
 2018 Ed. (3151, 3153)
Means Media
 2020 Ed. (57)
Mears Group Inc.
 2014 Ed. (1135)
Mears Group plc
 2008 Ed. (2126, 4323)
 2009 Ed. (4426)
 2012 Ed. (1476)
Mears Motor Coaches
 2015 Ed. (788)
 2017 Ed. (769)
 2018 Ed. (702)
Mears Transportation
 2011 Ed. (623)
 2012 Ed. (593)
 2013 Ed. (728)
 2014 Ed. (750)
MEASAT
 2018 Ed. (4286)
 2019 Ed. (4314)
 2020 Ed. (4305)
 2021 Ed. (4283)
MEASAT (Malaysia)
 2021 Ed. (4283)
Mease Countryside Hospital
 2006 Ed. (2919)
 2009 Ed. (3143)
Measure
 2019 Ed. (4297)
Measure of a Man
 2009 Ed. (584)
Measured diet meals
 1991 Ed. (1457)
Measurement Sciences
 1989 Ed. (2502)
Measurement Specialties
 2003 Ed. (1561, 2189, 4440)
 2015 Ed. (2129, 2131, 3617)
Measurex
 1989 Ed. (969, 978, 1667)
 1990 Ed. (1115, 1123, 1126, 2217)
 1991 Ed. (1019, 1030, 1513, 1514, 2079, 2846)
 1992 Ed. (1313, 1315, 1922, 2641, 3677)
 1993 Ed. (1053)
 1999 Ed. (1960)
Measuring Control Instruments
 2001 Ed. (3274)
Measuring equipment
 1994 Ed. (1732)
 1997 Ed. (188)
Measuring instruments & equipment
 1999 Ed. (2104)

Measuring, medical & photo equipment
 1996 Ed. (2488)
 1997 Ed. (2630)
Measuring, testing & control equipment
 1999 Ed. (2093, 2848)
Measuring & checking instruments
 1989 Ed. (1387)
Measuring instruments
 1991 Ed. (1636)
Measuring, medical, & photographic equipment
 2002 Ed. (1399, 1481, 1489)
 2003 Ed. (1426, 1497, 1516, 1520)
 2004 Ed. (1456, 1527, 1546, 1558)
 2005 Ed. (1471, 1543, 1561, 1572)
 2006 Ed. (1426, 1444, 1447)
 2008 Ed. (1407, 1408, 1423, 1426)
Measuring, medical, photo equipment
 1995 Ed. (2445, 2446)
Measuring/mixing utensils
 2003 Ed. (3165)
Measuring & photographic/medical equipment & clocks
 2001 Ed. (1859)
Measuring and scientific products
 1990 Ed. (3629)
Measuring, testing, control instruments
 1996 Ed. (1728)
Measuring & mixing utensils
 2002 Ed. (3046)
Meat
 1992 Ed. (2198)
 1997 Ed. (3680)
 1999 Ed. (3408)
 2000 Ed. (4145, 4146, 4164)
 2001 Ed. (3521)
 2003 Ed. (4643)
 2004 Ed. (2555)
 2007 Ed. (131, 2515)
 2008 Ed. (2647, 2732, 2839)
 2009 Ed. (2675, 2896)
 2010 Ed. (2836)
Meat, canned
 2004 Ed. (2648)
Meat & Cheese
 2000 Ed. (4062)
Meat, Fish, Poultry
 2000 Ed. (4165)
Meat, fresh
 1994 Ed. (3460)
Meat, frozen
 1999 Ed. (2532)
Meat & Livestock Australia
 2020 Ed. (724)
 2021 Ed. (729)
 2022 Ed. (752)
Meat Lovers Scramble & Chicken, Bacon & Cheddar Tornados
 2021 Ed. (3725)
Meat, luncheon
 2003 Ed. (3344)
Meat & meat products manufacturing
 2002 Ed. (2224)
Meat, packaged
 1996 Ed. (3091)
Meat packers
 2001 Ed. (4154)
Meat packing
 2006 Ed. (4220)
 2007 Ed. (4236)
Meat pies
 1995 Ed. (2993, 2995, 2996)
Meat packing plants
 1989 Ed. (1927, 1929)
 1990 Ed. (2514, 2515)
 1991 Ed. (2382)
Meat, fish and poultry
 1996 Ed. (1485)
Meat, processed
 1993 Ed. (2708)
 1994 Ed. (2657)
 1997 Ed. (2929)
Meat products processing
 1996 Ed. (2)
Meat products
 2002 Ed. (3492)
 2003 Ed. (3927)
Meat market and freezer provisioners
 1994 Ed. (3329)
Meat markets and freezer provisioners
 1996 Ed. (3452)
Meat, red
 1994 Ed. (2435)
Meat & seafood
 1994 Ed. (3463)
 1998 Ed. (3433)
 1999 Ed. (4507)
Meat/seafood, unprepared
 2003 Ed. (3941)
Meat snacks
 1992 Ed. (4005)
 1993 Ed. (3338)
 1994 Ed. (3334, 3346, 3348)
 1995 Ed. (3406)
 1996 Ed. (2646)
 2003 Ed. (4460, 4461)
 2006 Ed. (4395)

Meat snacks, dried
  1997 Ed. (3531)
Meat Sticks
  1998 Ed. (3323)
Meat substitutes
  2002 Ed. (3492)
Meatless/vegetarian dishes
  1998 Ed. (1859)
Meatpacking
  1991 Ed. (2626)
Meatpacking plants
  1992 Ed. (2969)
Meats, packaged
  1995 Ed. (2049, 3721)
Meats, processed
  1999 Ed. (3599)
Meats, shaved/wafered
  1995 Ed. (3537)
Meats, sliced
  1992 Ed. (1777)
  1995 Ed. (3536)
Meats, variety
  2004 Ed. (3404, 3405)
  2005 Ed. (3417, 3418)
  2006 Ed. (3427, 3428)
  2007 Ed. (3442, 3443)
Meaty Bones
  1989 Ed. (2195)
  1990 Ed. (2820)
  1992 Ed. (3410)
  1993 Ed. (2817)
  1994 Ed. (2824, 2832)
  1996 Ed. (2994)
  1997 Ed. (3073)
  1999 Ed. (3783)
  2002 Ed. (3650)
Mebane Packaging Group
  1999 Ed. (3686)
  2000 Ed. (3402)
Mebarak; Shakira
  2014 Ed. (4963)
  2015 Ed. (5004)
  2016 Ed. (4921)
  2017 Ed. (4914)
M.eBay.com
  2011 Ed. (2365)
Mebel VI Dooel
  2019 Ed. (1549)
Meblobranie.pl Sp.
  2019 Ed. (1930)
Mebuki Financial Group
  2018 Ed. (384)
  2019 Ed. (388)
  2020 Ed. (381)
MEC
  2009 Ed. (1820, 2457)
  2011 Ed. (54, 55)
  2012 Ed. (63, 64, 65)
  2014 Ed. (80, 81)
  2015 Ed. (71, 72)
  2016 Ed. (72, 73)
  2018 Ed. (68)
MEC Access
  2011 Ed. (65)
MEC Bravo
  2012 Ed. (56)
  2013 Ed. (2944)
  2014 Ed. (2962)
  2015 Ed. (3031)
  2016 Ed. (2927)
MEC Multicultural
  2017 Ed. (2886)
  2018 Ed. (2953)
MEC UK
  2013 Ed. (3663)
  2014 Ed. (3599)
MEC2
  2019 Ed. (2933)
MECA Software Inc.
  1992 Ed. (3822)
Mecachrome International
  2009 Ed. (4400)
  2010 Ed. (301)
Mecalux SA
  2007 Ed. (3436)
  2008 Ed. (3602)
  2009 Ed. (3669)
  2010 Ed. (3586)
  2011 Ed. (3589)
MEC.ca
  2007 Ed. (2322)
  2012 Ed. (2297)
Meccarillos Rouge
  1994 Ed. (961)
Mech-Tool Engineering
  2017 Ed. (2032)
Mechai Viraivaidya
  2010 Ed. (3966)
Mechanic, airline
  2004 Ed. (2288)
Mechanical Dynamics Inc.
  2001 Ed. (2698)
  2002 Ed. (2514)
Mechanical Energy Systems
  2016 Ed. (4423)
Mechanical design engineer
  2004 Ed. (2274)

Mechanical Engineering
  2003 Ed. (2271)
  2011 Ed. (4721)
  2012 Ed. (4742)
Mechanical goods, automotive
  1992 Ed. (3747)
Mechanical goods, non-automotive
  1992 Ed. (3747)
Mechanical Heating Supply Inc.
  2015 Ed. (3016)
Mechanical Inc.
  1992 Ed. (4479)
  2004 Ed. (1244)
  2008 Ed. (4820)
  2009 Ed. (1279)
  2011 Ed. (1225)
  2012 Ed. (137, 3993)
  2013 Ed. (1260, 1279, 4058)
  2014 Ed. (1194, 1199)
  2015 Ed. (1270, 4045)
  2016 Ed. (3955)
  2017 Ed. (1228)
  2018 Ed. (1166, 1171, 1208)
  2019 Ed. (1180, 1187)
  2020 Ed. (1155, 1160, 1171, 1178, 1183)
  2021 Ed. (1144, 1151, 1156)
  2022 Ed. (1152, 1154, 1161, 1174)
Mechanical Inc./Helm Group
  2022 Ed. (1152, 1154, 1161, 1174)
Mechanical, measuring & control instruments
  1999 Ed. (2102)
Mechanical Lloyd Co. Ltd.
  2002 Ed. (4418)
Mechanical pencils
  1990 Ed. (3712)
  1992 Ed. (4494)
  1993 Ed. (3741)
Mechanical Power
  2000 Ed. (4323)
Mechanical Power Presses
  2000 Ed. (4324)
Mechanical Power-Transmission
  2000 Ed. (4324)
Mechanical Services of Central Florida Inc.
  2009 Ed. (1207)
Mechanical Solutions
  2022 Ed. (3671)
Mechanical Systems & Services Inc.
  2013 Ed. (1239)
Mechanics
  2005 Ed. (3623)
  2007 Ed. (3722, 3725)
  2009 Ed. (3860)
Mechanics Bank
  1990 Ed. (514)
  2021 Ed. (363)
Mechanics Bank (Richmond)
  1991 Ed. (473)
Mechanics & Farmers
  1992 Ed. (4287)
Mechanics & Farmers Bank
  1990 Ed. (510)
  1991 Ed. (463)
  1993 Ed. (438)
  1994 Ed. (437)
  1995 Ed. (430, 431, 493)
  1997 Ed. (419)
  2013 Ed. (84)
  2015 Ed. (108)
  2016 Ed. (115)
  2017 Ed. (106)
  2018 Ed. (117)
  2019 Ed. (103)
  2020 Ed. (98)
  2021 Ed. (90)
  2022 Ed. (103)
Mechanics & Farmers Savings
  1992 Ed. (3781)
Mechanics National Bank
  1992 Ed. (3996)
  1994 Ed. (3332)
Mechanics and repairers
  1989 Ed. (2080)
Mechano Transformer Corp.
  2017 Ed. (4122)
Mechel
  2009 Ed. (4565)
  2011 Ed. (3647)
  2012 Ed. (3356, 3645, 4544)
  2013 Ed. (3426, 3689, 4499)
  2014 Ed. (3423, 4542)
  2015 Ed. (3456, 4541)
  2016 Ed. (4480)
Mechel; OAO
  2008 Ed. (3577)
  2009 Ed. (3648, 4559, 4570)
  2010 Ed. (3566)
  2011 Ed. (3569)
  2012 Ed. (3562)
  2013 Ed. (3599)
MechoShade
  2015 Ed. (4988)
  2016 Ed. (4905)
  2017 Ed. (4899)
  2018 Ed. (4917)
Mechoshade
  2013 Ed. (4939)

Mechosystems
  2014 Ed. (4949)
Mechwarrior II
  1997 Ed. (1097)
Mechwarrior II: Mercenaries
  1998 Ed. (847, 851)
Mecklenburg, NC
  1992 Ed. (1726)
Mecklenburg County, NC
  2004 Ed. (2966)
  2008 Ed. (3473)
  2009 Ed. (2389)
Mecklenburg, NC
  1991 Ed. (1372)
Mecklermedia Corp.
  1997 Ed. (2714, 3648)
  2001 Ed. (1541)
Meco
  2015 Ed. (1526)
Mecosta County Medical Center
  2008 Ed. (3061)
Mecox Lane Ltd.
  2012 Ed. (4434, 4435)
MECU
  2018 Ed. (2100)
MECU of Baltimore Credit Union
  2022 Ed. (2104)
  2023 Ed. (2219)
Med/biotechnology
  1992 Ed. (2625)
Med Care HMO
  1989 Ed. (1585)
  1993 Ed. (2022)
  1994 Ed. (2040)
M.E.D. Communications
  1989 Ed. (141)
  1990 Ed. (57, 135)
  1991 Ed. (131)
  1992 Ed. (110, 117, 185)
  1993 Ed. (67, 121)
Med Foods Inc.
  2014 Ed. (3774)
  2015 Ed. (3793)
  2016 Ed. (3707)
Med-Mart
  1992 Ed. (2436)
Med Network
  1990 Ed. (2897)
Med Sense-Admar Corp.
  1990 Ed. (2894)
Med Shipping
  1992 Ed. (3947, 3948, 3949, 3950)
  2002 Ed. (4266, 4267)
Med Staff Inc. PA Recruitment
  2001 Ed. (3555)
Med Trans
  2018 Ed. (4013)
  2019 Ed. (4000)
  2020 Ed. (4017)
Med-X Corp.
  2002 Ed. (2030)
MED3000 Inc.
  2008 Ed. (2886)
Meda
  2009 Ed. (2920)
Meda AB
  2009 Ed. (1660, 2067, 4325)
Meda Pharma
  2015 Ed. (1878)
Medacom Computer Communications Network
  1999 Ed. (2727)
MEDai, Inc.
  2002 Ed. (2489)
  2003 Ed. (2714)
Medalist U.S. Government Income Inv.
  1996 Ed. (2810)
Medallia
  2019 Ed. (4596)
Medallia Inc.
  2019 Ed. (2963)
  2020 Ed. (2992)
  2021 Ed. (2852)
Medallion
  1994 Ed. (2598)
  2002 Ed. (4640)
  2011 Ed. (2882)
  2012 Ed. (2822)
Medallion Bank
  2018 Ed. (330)
Medallion Homes
  2002 Ed. (2693)
  2003 Ed. (1210)
  2004 Ed. (1217)
  2005 Ed. (1241)
Medallions
  2002 Ed. (2414)
MedAmerica Cos.
  2010 Ed. (3317)
MedAmerica, Inc.
  2000 Ed. (2498)
  2001 Ed. (2765)
MedAmerica Insurance Co.
  2007 Ed. (3166)
  2008 Ed. (3314, 3315)
  2009 Ed. (3381, 3382)

MedAmicus
  2005 Ed. (4378, 4382)
Medaphis Corp.
  2000 Ed. (2496, 2497)
Medar Inc.
  1999 Ed. (2669)
  2000 Ed. (2459)
Medarex Inc.
  2002 Ed. (4502)
MedAssets
  2006 Ed. (2771, 2773)
  2008 Ed. (2893)
MedAssets HSCA
  2004 Ed. (2928)
  2005 Ed. (2918)
MedAvant Healthcare Solutions
  2008 Ed. (2907)
Medavie Blue Cross
  2007 Ed. (2573, 3158)
  2008 Ed. (2713)
  2009 Ed. (3371)
  2010 Ed. (3308)
  2021 Ed. (3050)
  2022 Ed. (3184)
Medavie EMS Inc.
  2014 Ed. (1489)
MEDcare Urgent Care LLC
  2016 Ed. (1997)
MedCath Corp.
  2005 Ed. (2801)
  2006 Ed. (2776)
  2010 Ed. (3082)
  2011 Ed. (2871)
Medcenter One Inc.
  2001 Ed. (1823)
  2003 Ed. (1796)
  2004 Ed. (1831)
  2005 Ed. (1916)
  2006 Ed. (1945)
  2007 Ed. (1928)
  2008 Ed. (1994)
  2009 Ed. (1955)
  2010 Ed. (1893)
  2011 Ed. (1924)
  2012 Ed. (1785)
  2013 Ed. (1959)
  2014 Ed. (1895)
MedCenters Health Plan
  1995 Ed. (2091)
MedChem Products Inc.
  1993 Ed. (214, 217)
Medco Behavioral Care
  1996 Ed. (2561)
  1997 Ed. (2702)
Medco Containment
  1990 Ed. (1550)
  1992 Ed. (1515, 1844, 3919, 3925)
Medco Containment Services Inc.
  1990 Ed. (1563)
  1991 Ed. (1467)
  1993 Ed. (1348, 1519, 2751, 3469)
  1994 Ed. (1215, 1564, 2030, 2705, 2707, 2708, 2712, 3219, 3445, 3446, 3447)
  1995 Ed. (1220, 1229, 2082, 2496, 2821)
  1996 Ed. (1193)
  2005 Ed. (1531)
Medco Energi
  2022 Ed. (654)
Medco Health Solutions Inc.
  2004 Ed. (1819, 4160)
  2005 Ed. (1640, 1903, 1904, 2244, 2245, 2798, 4096)
  2006 Ed. (1930, 1931, 2415, 2416, 2764, 3875, 4148)
  2007 Ed. (1914, 1915, 2363, 2364, 2771, 2782, 2783, 3906, 4171)
  2008 Ed. (1977, 1978, 2895, 2911, 4212)
  2009 Ed. (1403, 1404, 1405, 1406, 1408, 1409, 1410, 1931, 1932, 1933, 2830, 2958, 2967, 4022, 4028, 4307)
  2010 Ed. (1717, 1719, 1866, 1867, 1869, 2400, 2902, 2903, 2904, 2906, 3926, 3935, 4285)
  2011 Ed. (1898, 1899, 1901, 2870, 2877, 3945, 3946, 3957, 4277, 4550)
  2012 Ed. (1754, 1755, 1757, 1758, 2458, 2807, 2814, 3517, 3518, 3943, 3945, 4312, 4532)
  2013 Ed. (1921, 1922, 1928, 2876, 2878, 2885, 4022, 4100, 4285)
  2014 Ed. (1860, 2908, 2914, 4338)
Medco Research Inc.
  1993 Ed. (214, 217)
MedcoEnergi
  2017 Ed. (3812)
  2018 Ed. (3859)
Medcom
  2010 Ed. (88)
Medcom Credit Union
  2006 Ed. (2167, 2172)
MedcomSoft Inc.
  2003 Ed. (1637, 1638, 2707, 2934, 2935, 2937)
Medeba
  2010 Ed. (4180)
Medecon Services
  1999 Ed. (2754)

CUMULATIVE INDEX • 1989-2023

Med$ense
  1990 Ed. (2897)
MedEquip/HomMed
  2004 Ed. (2896)
MedEquip, University of Michigan Health System
  2002 Ed. (2588)
Mederma
  2003 Ed. (2486)
  2004 Ed. (2615)
  2016 Ed. (2670)
  2018 Ed. (2679)
  2020 Ed. (2674)
  2021 Ed. (2583)
  2022 Ed. (2699)
  2023 Ed. (2828)
Mederma AG Face Cream
  2019 Ed. (3749)
Mederma PM
  2016 Ed. (2670)
Medeva
  1994 Ed. (1379)
  1995 Ed. (201)
Medfac Inc.
  1992 Ed. (360)
  1993 Ed. (249)
Medfinders
  2011 Ed. (3769)
  2012 Ed. (3772)
Medford-Ashland, MA
  2003 Ed. (4154)
  2004 Ed. (4169)
Medford-Ashland, OR
  1997 Ed. (3356)
  2002 Ed. (1054)
Medford-Klamath Falls, OR
  2014 Ed. (2627)
Medford Leas
  1991 Ed. (2898)
Medford Lees Retirement Community
  1990 Ed. (3061)
Medford Medical Clinic
  2005 Ed. (1935)
Medford, OR
  1989 Ed. (225)
  1995 Ed. (2807)
  2003 Ed. (4189)
  2006 Ed. (3299)
Medford Savings Bank
  1994 Ed. (3529)
  1998 Ed. (3550)
MedHOK
  2016 Ed. (1563)
Medhok
  2016 Ed. (2875)
Medi-Dyn
  2008 Ed. (3095, 3412)
Medi-Flu
  1996 Ed. (1031)
Medi Telecom
  2008 Ed. (62)
  2009 Ed. (71)
  2010 Ed. (81)
Medi-Weightloss Franchising USA
  2014 Ed. (2911)
  2018 Ed. (2915)
  2019 Ed. (2871)
Medi-Weightloss Franchising USA LLC
  2012 Ed. (2810)
Media
  1991 Ed. (1138, 1139, 1174, 1186, 1187, 3306)
  1995 Ed. (2894)
  2000 Ed. (209, 938, 1310)
  2001 Ed. (246, 1077)
  2002 Ed. (3254, 4193)
  2003 Ed. (190)
  2004 Ed. (141, 150, 155, 4049, 4678)
  2005 Ed. (95, 134, 852, 3635, 3636)
  2006 Ed. (138, 697, 699, 834)
  2007 Ed. (131, 790, 2325)
  2008 Ed. (2451, 2647)
  2009 Ed. (179, 2675)
Media & advertising
  2000 Ed. (947)
  2002 Ed. (220)
Media-Advertising Partnership for a Drug-Free America
  1992 Ed. (1100)
Media, alternative
  2002 Ed. (3882)
Media America
  2000 Ed. (4215)
Media Arts Group Inc.
  1996 Ed. (2054, 2057, 3444, 3447)
  1999 Ed. (3674)
  2000 Ed. (4042, 4050)
  2004 Ed. (3934)
Media Bridge Advertising
  2017 Ed. (1770)
  2023 Ed. (121, 3137)
Media Broadcast Satellite
  2020 Ed. (4307)
  2021 Ed. (4285)
Media Broadcast Satellite (Germany)
  2021 Ed. (4285)
Media Buying Services
  2002 Ed. (3278)

Media City Center
  1995 Ed. (3377)
  1999 Ed. (4310)
  2000 Ed. (4030)
Media Contacts
  2010 Ed. (3604)
Media Corp. of Singapore
  2004 Ed. (81)
  2005 Ed. (76)
Media Director
  2021 Ed. (2793)
Media Edge
  2000 Ed. (130, 131, 132, 133, 134, 135, 136, 138, 140)
  2001 Ed. (165, 166, 171, 172, 173, 174, 175, 176, 177, 178, 3249)
  2002 Ed. (142, 144, 145, 147, 148, 174, 193, 194, 195, 3278)
Media Enterprises International
  1997 Ed. (3203)
Media & entertainment
  2001 Ed. (1964, 2176, 2177)
Media Express Telemarketing Corp.
  1997 Ed. (3701)
  1998 Ed. (3482)
Media Five Limited
  1992 Ed. (2716)
Media Five Ltd.
  1993 Ed. (243)
Media General Inc.
  1989 Ed. (2114)
  1996 Ed. (2576, 3140)
  1997 Ed. (238, 3222)
  1999 Ed. (1472)
  2006 Ed. (3440)
  2008 Ed. (2370)
Media Headquarters
  2022 Ed. (4644)
  2023 Ed. (4639)
Media Headquarters Film & Television
  2014 Ed. (2630, 4702)
  2015 Ed. (2673, 4712)
  2016 Ed. (4615)
  2017 Ed. (4634)
  2018 Ed. (4629)
  2020 Ed. (4615)
  2021 Ed. (4626)
The Media Image
  2017 Ed. (2862)
Media iQ
  2019 Ed. (2045)
Media Lab Books
  2021 Ed. (4035)
  2022 Ed. (4055)
  2023 Ed. (4159)
Media Logic
  2013 Ed. (3629)
MEDIA Mail Packaging & Fulfillment Services
  2007 Ed. (3601, 4447)
  2008 Ed. (3733, 4428)
Media Majique & Research Systems
  1999 Ed. (92)
  2001 Ed. (139)
  2002 Ed. (112)
  2003 Ed. (77)
Media Majique & Research Systems (O & M)
  2000 Ed. (98)
Media Man
  2006 Ed. (634)
The Media Manager
  2020 Ed. (1728)
Media Markt
  2004 Ed. (47)
  2005 Ed. (41)
Media Markt & Saturn
  2013 Ed. (2730)
  2015 Ed. (2763)
Media Metrix Inc.
  2003 Ed. (1499)
Media Monks
  2023 Ed. (132)
Media Networks Inc.
  1989 Ed. (188)
  2006 Ed. (160)
  2007 Ed. (152)
Media, new
  2002 Ed. (1983)
Media One Creative
  2021 Ed. (3508, 3511)
  2022 Ed. (1448, 3525, 3566, 3570)
Media One Group
  2000 Ed. (3324)
Media Planning Group
  2003 Ed. (108, 111, 115)
Media Play
  2001 Ed. (2124)
Media Resource
  2000 Ed. (4383)
Media Resources Inc.
  2019 Ed. (2891)
Media ROM Grup SRL
  2016 Ed. (1531)
Media-Saturn Group GmbH
  2018 Ed. (2312)

Media Solutions International Inc.
  2001 Ed. (1873, 2853)
Media Source Inc.
  2004 Ed. (4586)
Media Storm
  2006 Ed. (809)
  2007 Ed. (896)
  2008 Ed. (110)
Media Strom
  2013 Ed. (1665)
Media Tech
  2006 Ed. (64, 80)
Media Technology Ventures
  2000 Ed. (4341)
Media Temple
  2012 Ed. (1662)
  2014 Ed. (1411)
Media Vision USA
  2016 Ed. (1411)
Media Works Ltd.
  2019 Ed. (4939)
  2020 Ed. (4937)
  2021 Ed. (4942)
  2022 Ed. (4938)
  2023 Ed. (4942)
Media24
  2021 Ed. (658)
MediaAlpha
  2022 Ed. (60, 1399)
MediaAlpha LLC
  2021 Ed. (1954)
  2022 Ed. (1997)
MediaBay Inc.
  2004 Ed. (891, 892, 4039)
  2005 Ed. (877, 878)
Mediaco
  2019 Ed. (3353)
MediaCo Holding Inc.
  2023 Ed. (1782)
MediaCom
  2000 Ed. (130, 131, 132, 133, 134, 135, 136, 137, 138, 140)
  2001 Ed. (165, 166, 171, 172, 173, 174, 176, 177, 178, 3249)
  2002 Ed. (142, 145, 146, 147, 148, 193, 196)
  2003 Ed. (108, 110, 111, 112, 113, 114, 117, 119, 120, 825, 830)
  2004 Ed. (119, 121, 122)
  2005 Ed. (122, 123, 124)
  2006 Ed. (3432)
  2007 Ed. (119, 120)
  2008 Ed. (126, 127, 130)
  2009 Ed. (137, 138, 144)
  2010 Ed. (136, 140, 3604)
  2011 Ed. (54, 55, 63)
  2012 Ed. (63, 64, 65)
  2013 Ed. (3663)
  2014 Ed. (80, 81, 3599)
  2015 Ed. (71, 72)
  2016 Ed. (72, 73)
  2018 Ed. (68)
  2019 Ed. (65)
  2023 Ed. (153)
MediaCom Communications Corp.
  2005 Ed. (750, 847)
  2006 Ed. (125, 126, 127, 768, 769, 3554)
  2007 Ed. (121, 867)
  2008 Ed. (128, 828)
  2009 Ed. (139, 848)
  2011 Ed. (721)
Mediacom LLC
  2007 Ed. (866)
  2008 Ed. (827)
  2009 Ed. (850)
  2010 Ed. (796)
  2011 Ed. (723)
MediaCom Multicultural
  2017 Ed. (2886)
  2018 Ed. (2953)
Mediacom TMB
  2001 Ed. (235)
  2002 Ed. (3279)
Mediacorp
  2008 Ed. (81)
  2009 Ed. (90)
Mediaedge: CIA
  2003 Ed. (108, 110, 111, 112, 114, 115, 116, 117, 118, 119, 120)
  2006 Ed. (3432)
  2007 Ed. (119, 120, 121)
  2008 Ed. (126, 127, 128, 130)
  2009 Ed. (137, 138, 139, 144)
  2010 Ed. (136, 140)
  2011 Ed. (63)
Mediaedge: CIA Worldwide
  2004 Ed. (119, 121, 122)
  2005 Ed. (122, 123, 124)
  2006 Ed. (125, 126, 127)
MediaFace
  2019 Ed. (3455)
Mediagistic
  2022 Ed. (65)
  2023 Ed. (120)
Mediagrif Interactive Technologies Inc.
  2003 Ed. (1086)
  2007 Ed. (2816)

  2008 Ed. (2942)
MEDIAHEAD
  2017 Ed. (1699)
Mediahub U.S.
  2023 Ed. (113)
Mediahub Worldwide
  2023 Ed. (137)
Mediahuis Ireland
  2022 Ed. (3574)
  2023 Ed. (3683)
MediaKix
  2019 Ed. (3481)
  2020 Ed. (3459)
Mediakix
  2022 Ed. (3536)
MediaLink
  2021 Ed. (1068)
  2023 Ed. (1278)
Medialynx Group
  2009 Ed. (2404)
Mediamark Research Inc.
  1992 Ed. (2977)
MediaMarkt
  2012 Ed. (547)
  2013 Ed. (663)
  2014 Ed. (683)
MediaMarktSaturn
  2021 Ed. (621)
MediaMorphosis
  2012 Ed. (47)
  2014 Ed. (63)
  2015 Ed. (75)
  2016 Ed. (75)
MediaNews Group Inc.
  2001 Ed. (3540)
  2002 Ed. (1069, 1073, 3283)
  2003 Ed. (3641, 3964)
  2004 Ed. (3685, 3971)
  2005 Ed. (3915)
  2008 Ed. (3783)
  2009 Ed. (3822, 3823, 4129)
  2010 Ed. (3751, 4061)
  2011 Ed. (3752)
  2012 Ed. (3757)
  2013 Ed. (3832)
Medianova
  2013 Ed. (2912)
MediaOne Group Inc.
  1999 Ed. (1243)
  2000 Ed. (944, 1402, 3683, 4125)
  2001 Ed. (1033, 1083, 1091, 1540, 1542, 2422)
  2002 Ed. (1392, 4084)
  2003 Ed. (1453)
  2004 Ed. (1483)
  2005 Ed. (1499, 1548, 1570)
MediaOne Inc.
  2003 Ed. (828)
  2004 Ed. (866)
  2005 Ed. (842)
Mediaphone
  1996 Ed. (3646)
MediaPro SRL
  2009 Ed. (70)
Mediascope Ltd.
  2002 Ed. (2499)
Mediaset
  1999 Ed. (1687, 3122)
  2006 Ed. (1821, 3230)
  2007 Ed. (3455)
  2013 Ed. (1628)
Mediaset SpA
  2001 Ed. (1761, 1762)
  2003 Ed. (1726)
  2009 Ed. (133)
  2011 Ed. (49, 3609)
  2012 Ed. (54, 3605, 3606)
  2013 Ed. (55, 3656, 3658)
  2014 Ed. (2518)
MediaSmack
  2019 Ed. (1439)
Mediaspectrum
  2011 Ed. (1026)
Mediasurface plc
  2006 Ed. (3024)
  2007 Ed. (3057)
MediaTek
  2019 Ed. (1984, 4374)
  2022 Ed. (1915)
  2023 Ed. (2031)
Mediatek
  2014 Ed. (4663)
  2015 Ed. (4660)
  2016 Ed. (2019, 4350, 4573)
  2017 Ed. (4587)
  2023 Ed. (4402)
MediaTek Inc.
  2005 Ed. (3035)
  2007 Ed. (4351)
  2009 Ed. (2078)
  2012 Ed. (1917, 1918, 4466)
  2013 Ed. (4426)
  2014 Ed. (4456)
  2015 Ed. (4452)
  2016 Ed. (4346)
  2017 Ed. (4348)
  2018 Ed. (4344)
  2019 Ed. (4373)

CUMULATIVE INDEX • 1989-2023

2020 Ed. (4367)
Mediatex Communications Corp.
  2001 Ed. (1541)
Mediator
  2008 Ed. (4243)
  2011 Ed. (3780)
MediaTrust
  2011 Ed. (39, 4020)
MediaVest
  2000 Ed. (131, 133, 136, 137, 138)
  2001 Ed. (165, 171, 172, 173, 174, 176, 177, 178, 3249)
  2002 Ed. (144, 146, 193, 194, 195, 196)
  2003 Ed. (110, 112, 114, 115, 119, 120)
  2005 Ed. (123)
  2006 Ed. (126, 3432)
  2007 Ed. (120)
  2008 Ed. (127)
Mediavest/Spark
  2018 Ed. (67)
MediaVest UK
  2001 Ed. (235)
  2002 Ed. (3279)
MediaVest USA
  2009 Ed. (138)
  2010 Ed. (136)
  2011 Ed. (54)
  2012 Ed. (63)
  2014 Ed. (80)
Mediavest | Spark
  2018 Ed. (3010)
  2019 Ed. (2951)
MediaWave Communications Corp.
  2005 Ed. (2777)
MediaWhiz
  2012 Ed. (2303)
Medibank
  2021 Ed. (599, 3069)
  2022 Ed. (3205)
  2023 Ed. (3297)
Medibank Private
  2002 Ed. (1587)
  2004 Ed. (3081)
Medibuy.com
  2001 Ed. (4768)
Medic Computer Systems
  1995 Ed. (2797)
Medic Drug
  2006 Ed. (2309)
Medica
  1993 Ed. (2019)
  1995 Ed. (2092)
  1997 Ed. (2190)
  1998 Ed. (1914)
  1999 Ed. (2651)
  2006 Ed. (3720, 3722)
  2008 Ed. (3268)
  2009 Ed. (3325)
  2011 Ed. (3228)
Medica Insurance Co.
  2002 Ed. (2952)
Medica Sur
  2002 Ed. (1715)
Medicaid
  1992 Ed. (2652)
  1995 Ed. (165)
Medical
  1993 Ed. (1864)
  2003 Ed. (4776)
  2005 Ed. (4735)
  2006 Ed. (4786)
  2007 Ed. (157)
  2008 Ed. (4722)
  2010 Ed. (4774)
  2011 Ed. (4725)
Medical Action Communications
  1995 Ed. (3017)
  1996 Ed. (3123)
  1999 Ed. (3936, 3939)
  2000 Ed. (3649, 3653)
  2002 Ed. (3857, 3863)
Medical assistant
  1989 Ed. (2085, 2087, 2088, 2089, 2091)
  2005 Ed. (2384)
Medical assistants
  1989 Ed. (2076)
  1992 Ed. (3282)
  1997 Ed. (1721)
  2001 Ed. (3564)
  2005 Ed. (3630)
  2007 Ed. (3724)
  2009 Ed. (3859)
Medical Assurance Co., Inc.
  2004 Ed. (3135)
  2005 Ed. (3143)
Medical Assurance Group
  2002 Ed. (2943)
Medical Branch at Galveston; University of Texas
  2009 Ed. (3700)
  2010 Ed. (3616)
  2011 Ed. (3618)
  2012 Ed. (3612)
Medical Broadcasting Co.
  2005 Ed. (108)
  2006 Ed. (118)
  2007 Ed. (107)

Medical Card System Inc.
  2004 Ed. (3083)
  2005 Ed. (1954, 3088)
  2006 Ed. (1999, 3093)
Medical care
  1995 Ed. (3390)
  2007 Ed. (1322)
Medical Care America Inc.
  1994 Ed. (2033)
  1995 Ed. (1232, 2124)
  1996 Ed. (2084)
Medical Care International
  1991 Ed. (1892)
  1992 Ed. (2383)
  1993 Ed. (2017)
  1997 Ed. (1261)
The Medical Center of America
  2002 Ed. (2617)
The Medical Center of Aurora
  2008 Ed. (1670)
  2009 Ed. (1592)
  2012 Ed. (1461)
The Medical Center of Aurora & Centennial Medical Plaza
  2008 Ed. (1671)
  2009 Ed. (1593)
Medical Center of Central Georgia Inc.
  2001 Ed. (1712)
Medical Center of Delaware Inc.
  1990 Ed. (1487)
Medical Center of Louisiana at New Orleans
  2006 Ed. (1854)
  2007 Ed. (1857)
  2008 Ed. (1889)
  2009 Ed. (1852)
Medical Center of the Rockies
  2010 Ed. (1590)
  2011 Ed. (1592)
  2012 Ed. (1435)
  2013 Ed. (1566)
  2014 Ed. (1535)
  2015 Ed. (1586)
  2016 Ed. (1513)
Medical Center of Trinity
  2021 Ed. (1524)
  2022 Ed. (1541)
The Medical Center at University of California
  1999 Ed. (2479, 2638)
Medical Center at University of California-San Francisco
  1998 Ed. (1991)
Medical Cities
  1997 Ed. (1159)
Medical City Dallas Hospital
  2010 Ed. (2028)
  2012 Ed. (1929)
  2013 Ed. (2090)
  2014 Ed. (2024)
  2015 Ed. (2067)
Medical City Healthcare
  2021 Ed. (1903, 2767)
  2022 Ed. (1948)
  2023 Ed. (2063)
Medical College of Georgia
  2001 Ed. (1712)
  2003 Ed. (1683)
  2004 Ed. (1721)
  2005 Ed. (1778)
  2006 Ed. (1729)
  2007 Ed. (1736)
  2008 Ed. (1764)
  2009 Ed. (1699)
  2010 Ed. (1649)
  2011 Ed. (1658)
  2012 Ed. (1510)
Medical College of Virginia Hospitals
  2003 Ed. (2822)
Medical College of Wisconsin
  2023 Ed. (2117)
Medical College, Wisconsin
  1991 Ed. (892)
Medical College of Wisconsin Inc.
  2015 Ed. (2179, 4098)
Medical Community Credit Union
  2005 Ed. (2079)
Medical Construction Group
  2001 Ed. (404)
Medical Consultants
  2008 Ed. (2007)
Medical Coverage Industry
  1997 Ed. (3527)
Medical Design & Manufacturing West
  2005 Ed. (4730, 4732)
Medical Device & Diagnostic Industry
  2009 Ed. (4760)
Medical devices
  2002 Ed. (3242)
Medical diagnostics
  1994 Ed. (2009, 3317)
  2001 Ed. (3603)
Medical disposables
  2001 Ed. (3604, 3605)
Medical doctors
  1999 Ed. (3903)
Medical durables
  1996 Ed. (2083)

Medical Economics
  1990 Ed. (2538)
  1991 Ed. (2410)
  1992 Ed. (3012)
  1994 Ed. (2470)
  1995 Ed. (2538)
  1996 Ed. (2602)
  1998 Ed. (2788, 2789, 2791)
  2007 Ed. (4798)
  2008 Ed. (2271)
Medical Education Broadcast Network
  2007 Ed. (2271)
Medical Emergency Service Associates
  1992 Ed. (2453)
Medical & hospital equipment
  2010 Ed. (4939, 4940)
  2011 Ed. (4922, 4923)
Medical equipment
  1993 Ed. (2410)
  1996 Ed. (1728)
  1998 Ed. (1556)
  2008 Ed. (2271)
Medical products and equipment
  2004 Ed. (3006, 3008, 3009, 3010, 3011, 3012, 3014)
  2005 Ed. (3004, 3006, 3007, 3008, 3009, 3012)
  2006 Ed. (3000, 3003, 3004, 3008)
  2007 Ed. (3040, 3042, 3043)
  2008 Ed. (3154, 3155)
Medical systems and equipment
  2007 Ed. (3038)
Medical expenses
  1992 Ed. (2587)
Medical Express
  1996 Ed. (2857)
  1997 Ed. (2954)
  1999 Ed. (3634)
  2000 Ed. (3358)
  2001 Ed. (3554)
Medical Express Recruitment
  1995 Ed. (2800)
  2000 Ed. (3359)
  2001 Ed. (3555)
Medical facilities
  2007 Ed. (3039)
Medical Facilities Corp.
  2015 Ed. (2952)
  2018 Ed. (2902)
  2019 Ed. (2856)
  2020 Ed. (615)
  2022 Ed. (2910)
  2023 Ed. (3030)
Medical Fitness Technology
  2018 Ed. (2903)
Medical Futures Inc.
  2015 Ed. (3987)
Medical and health
  2001 Ed. (1205)
Medical/health
  2001 Ed. (4674)
Medical/Health care
  1992 Ed. (4387)
Medical/health service managers
  2005 Ed. (3625)
Medical & Health Science Centre UD
  2008 Ed. (1790)
Medical & Healthcare
  2001 Ed. (4609)
  2002 Ed. (4643)
Medical Indemnity Protection Society
  2020 Ed. (3189)
  2021 Ed. (3049)
  2022 Ed. (3183)
Medical Indemnity Protection Society (MIPS)
  2021 Ed. (3049)
  2022 Ed. (3183)
Medical Information Technology
  2008 Ed. (4800)
Medical Instruments
  1993 Ed. (1713)
  1997 Ed. (188)
  2000 Ed. (1895)
Medical Insurance
  2000 Ed. (1781)
Medical malpractice insurance
  1989 Ed. (1710)
  1991 Ed. (2121)
  1992 Ed. (2678)
  1993 Ed. (2232)
  1995 Ed. (2323)
Medical Inter-Insurance Exchange
  2000 Ed. (2683, 2715)
Medical and diagnostic laboratories
  2009 Ed. (3820)
Medical Liab Mut NY
  1990 Ed. (2250)
Medical Liability Mutual
  1992 Ed. (2678, 2695)
  1999 Ed. (2963)
Medical Liability Mutual Insurance Co.
  2005 Ed. (3123)
  2006 Ed. (3133)
  2007 Ed. (3168)
  2009 Ed. (3384)
  2014 Ed. (3343, 3345)
  2015 Ed. (3377)

2016 Ed. (3246, 3247)
2017 Ed. (3202, 3203, 3204)
2018 Ed. (3286, 3287, 3288)
2019 Ed. (3240)
2020 Ed. (3250)
Medical Liability Mutual New York
  1991 Ed. (2121)
  1993 Ed. (2232)
  1995 Ed. (2317)
Medical Liability Mutual of New York
  1994 Ed. (2269)
  1998 Ed. (2196)
Medical Liability Mutual NY
  1989 Ed. (1710)
  1996 Ed. (2329)
Medical malpractice
  2002 Ed. (2954, 2964)
  2005 Ed. (3130)
Medical Management International Inc.
  2001 Ed. (279)
  2003 Ed. (233)
  2004 Ed. (192)
  2005 Ed. (193)
  2006 Ed. (205)
  2008 Ed. (201)
  2009 Ed. (224)
  2011 Ed. (130)
  2012 Ed. (134)
  2013 Ed. (110)
  2014 Ed. (117)
  2015 Ed. (131, 132)
  2016 Ed. (137, 138)
Medical Manager
  1999 Ed. (2614, 2619, 2621, 4322, 4326, 4328)
Medical and health services managers
  2007 Ed. (3720)
  2009 Ed. (3857)
Medical Marijuana Inc.
  2018 Ed. (2225)
Medical Monks
  2023 Ed. (1990, 3045)
Medical Mutual of Ohio
  2001 Ed. (1254)
  2007 Ed. (3121)
  2013 Ed. (1973)
  2017 Ed. (3189)
Medical Net
  2021 Ed. (2194)
Medical Networks
  1992 Ed. (2453)
Medical Packaging Company SAE
  2022 Ed. (3099)
Medical Packaging Company SAE (Egypt)
  2022 Ed. (3099)
Medical/pharmaceutical
  1996 Ed. (2063)
Medical Plaza Urology Associates
  2006 Ed. (4341)
Medical products
  1993 Ed. (2917)
  1994 Ed. (2931)
Medical rubber products
  2003 Ed. (2106)
Medical products/pharmaceuticals
  1997 Ed. (3165)
Medical Professional Liability Insurance Co. Inc.
  1999 Ed. (1032)
  2000 Ed. (982)
Medical Professional Mutual Insurance Co.
  2016 Ed. (3246)
  2017 Ed. (3202)
  2018 Ed. (3286)
Medical Properties Inc.
  2004 Ed. (1831)
Medical Properties Trust
  2011 Ed. (4165)
  2012 Ed. (4213)
  2015 Ed. (1408, 1409, 1410, 1411, 1412, 1413, 1414, 4200)
  2016 Ed. (4116)
  2017 Ed. (4095)
  2018 Ed. (4122)
  2020 Ed. (1349)
Medical Properties Trust Inc.
  2017 Ed. (1377)
  2018 Ed. (1346)
  2019 Ed. (1384)
  2020 Ed. (1351)
  2021 Ed. (1346)
  2022 Ed. (1356)
  2023 Ed. (1560)
Medical Protective
  1989 Ed. (1710)
  1990 Ed. (2250)
  1991 Ed. (2121)
  1992 Ed. (2678)
  1993 Ed. (2232)
  1994 Ed. (2269)
  1995 Ed. (2317)
  1996 Ed. (2329)
  1998 Ed. (2196)
  1999 Ed. (2963)
  2000 Ed. (2683, 2715)
Medical-record technicians
  1992 Ed. (3282)

Medical records
  2005 Ed. (3623, 3630)
Medical School at Houston; University of Texas
  2010 Ed. (3616)
  2011 Ed. (3618)
  2012 Ed. (3612)
Medical scientist
  2006 Ed. (3737)
Medical secretaries
  1992 Ed. (3282)
  2007 Ed. (3725)
Medical Service Association of Pennsylvania
  1998 Ed. (2108)
Medical & dental services
  2002 Ed. (2779)
Medical services
  1996 Ed. (859)
  1998 Ed. (2077)
Medical Services of America
  2003 Ed. (2785)
  2004 Ed. (2896)
Medical Society of the State of New York
  1996 Ed. (2534)
Medical Solutions
  2016 Ed. (3696)
  2017 Ed. (3654)
  2023 Ed. (4676)
Medical Specialist Communications
  2016 Ed. (80)
Medical Staffing Network
  2006 Ed. (4456)
  2011 Ed. (3769, 3771)
  2012 Ed. (3772, 3774)
  2014 Ed. (3757)
  2015 Ed. (3781)
  2016 Ed. (3694)
Medical Staffing Network Healthcare
  2013 Ed. (3837)
Medical Staffing Network Holdings
  2004 Ed. (4216, 4830)
  2008 Ed. (4494)
Medical Staffing Options
  2015 Ed. (2944)
Medical products & supplies
  1993 Ed. (3389)
  1998 Ed. (3363)
Medical supplies
  1992 Ed. (2625)
Medical & surgical
  2000 Ed. (3466)
Medical Synergies Inc.
  1996 Ed. (2109)
Medical records technician
  1989 Ed. (2076, 2095)
Medical Technology Stock Letter
  1992 Ed. (2802)
Medical Technology Stock Letters
  1993 Ed. (2360, 2361)
Medical Technology Systems Inc.
  1997 Ed. (2975)
  2004 Ed. (4552)
  2006 Ed. (2736)
Medical Telecom Corp.
  2009 Ed. (2919)
Medical Tracking Solutions
  2020 Ed. (1531)
Medical Transcription Billing Corp.
  2020 Ed. (964)
Medical Transportation Management Inc.
  2016 Ed. (4973)
  2017 Ed. (4963)
  2018 Ed. (4970)
  2019 Ed. (4965)
  2020 Ed. (4967)
Medical Treatment Information
  2004 Ed. (36)
  2005 Ed. (29)
  2006 Ed. (36)
Medical treatments, targeted
  1996 Ed. (2104)
Medical Tribune
  1996 Ed. (2602)
Medical University Hospital Authority
  2006 Ed. (2011)
  2007 Ed. (1977)
  2011 Ed. (2040)
  2012 Ed. (1889)
  2013 Ed. (2046)
  2014 Ed. (1980)
  2015 Ed. (2029)
  2016 Ed. (1998)
Medical University of South Carolina
  2010 Ed. (740)
  2011 Ed. (2040)
  2012 Ed. (1889)
  2013 Ed. (2046)
  2014 Ed. (1980)
  2015 Ed. (2029)
  2016 Ed. (1998)
Medical x-rays
  1992 Ed. (3593)
Medicalbuyer.com
  2001 Ed. (2767, 2768)
MedicAlert Foundation
  2008 Ed. (2902)

Medicalodges
  2019 Ed. (2358)
  2020 Ed. (2326)
  2021 Ed. (2292)
  2022 Ed. (2324)
  2023 Ed. (2500)
Medicap Pharmacies Inc.
  2002 Ed. (2031)
  2003 Ed. (2099, 2100, 2102)
  2004 Ed. (2139)
  2005 Ed. (2242)
Medicap Pharmacy
  2002 Ed. (2032, 2038)
  2020 Ed. (807)
Medicare
  1992 Ed. (2652)
  1995 Ed. (165)
  2002 Ed. (1972)
Medicare Group
  2017 Ed. (1769, 2847)
  2018 Ed. (2917)
Medicare premiums
  2001 Ed. (3271)
Medicated products
  2002 Ed. (2052)
  2003 Ed. (2106)
Medications
  2003 Ed. (3946)
  2005 Ed. (2233)
Medications/remedies
  2003 Ed. (3945)
Medications, remedies, health aids
  1996 Ed. (1484)
  1999 Ed. (1789)
Mediceo Holdings
  2007 Ed. (4958, 4959)
Mediceo Paltac
  2007 Ed. (3942)
Mediceo Paltac Holdings Co., Ltd.
  2008 Ed. (4928)
  2009 Ed. (4950)
  2010 Ed. (4958)
  2011 Ed. (4942)
MediChoice Network, Inc.
  2001 Ed. (3874)
Medicine
  2002 Ed. (220)
  2003 Ed. (22, 190)
  2004 Ed. (100)
  2005 Ed. (95, 3359)
  2006 Ed. (104)
  2007 Ed. (98)
  2008 Ed. (109)
  2009 Ed. (119, 3598)
  2010 Ed. (120)
  2011 Ed. (33)
  2012 Ed. (42)
Medicine Bow Fuel & Power
  2009 Ed. (3571)
Medicine & Dentistry of New Jersey; University of
  2008 Ed. (3983)
  2009 Ed. (4054)
Medicine, emergency
  2006 Ed. (3907)
  2008 Ed. (3985)
Medicine, family
  2006 Ed. (3907)
  2008 Ed. (3985)
Medicine, internal
  2006 Ed. (3907)
  2008 Ed. (3985)
Medicine & proprietary remedies
  2005 Ed. (134)
  2006 Ed. (138)
  2007 Ed. (131)
Medicine and remedies
  2007 Ed. (2325)
  2008 Ed. (2451)
Medicine Shoppe
  2023 Ed. (2382)
The Medicine Shoppe
  1991 Ed. (1460)
  1992 Ed. (1853, 1856)
  1993 Ed. (1528)
  1994 Ed. (1570)
  1995 Ed. (1612)
  1996 Ed. (1590)
  1998 Ed. (1297, 1362)
  1999 Ed. (1870, 1927)
  2000 Ed. (1687, 1721, 1722)
  2002 Ed. (2038)
  2003 Ed. (2102)
Medicine Shoppe International Inc.
  1997 Ed. (1670)
  1999 Ed. (1925, 1926, 1928, 1930)
  2000 Ed. (1717, 1719, 1720)
  2001 Ed. (2086, 2087, 2092, 2093)
  2002 Ed. (2031, 2032, 2034, 2037, 2041, 2042)
  2003 Ed. (2098, 2104, 2105)
  2004 Ed. (2136, 2137, 2139, 2140)
  2005 Ed. (2239, 2240, 2242)
  2006 Ed. (2305)
  2014 Ed. (2304, 2305)
  2015 Ed. (2387, 2388)
MedicineNet
  2010 Ed. (3370)

The Medicines Co.
  2000 Ed. (40)
  2002 Ed. (59, 216, 217, 926, 3888, 4584, 4585, 4586)
  2004 Ed. (46)
  2005 Ed. (852)
  2007 Ed. (2725)
  2008 Ed. (2855, 3635)
  2013 Ed. (32)
Medicines, proprietary
  1996 Ed. (3655)
Medicines & proprietary remedies
  1997 Ed. (36)
  2000 Ed. (947, 2629)
Medicinos Bankas
  2000 Ed. (597)
  2009 Ed. (494)
  2010 Ed. (476)
  2011 Ed. (403)
Medicis Pharmaceutical Corp.
  1998 Ed. (2725)
  2006 Ed. (3876, 4583)
MediClinic
  2021 Ed. (657)
Mediclinic
  2015 Ed. (755)
  2016 Ed. (681)
Mediclinic International
  2015 Ed. (2953)
  2016 Ed. (2883)
  2017 Ed. (2838)
Medicomp
  1990 Ed. (2050)
  1993 Ed. (2068)
Medicore Inc.
  1997 Ed. (2021, 2022)
Medicost
  1990 Ed. (2896)
Medicus Firm
  2014 Ed. (4533)
  2015 Ed. (4533)
  2022 Ed. (4479)
The Medicus Firm
  2011 Ed. (2087)
  2014 Ed. (2896)
Medicus Group International
  1997 Ed. (57)
  1999 Ed. (55)
  2000 Ed. (58)
Medicus Healthcare Solutions
  2019 Ed. (1816)
  2022 Ed. (4479)
Medicus Intercon
  1989 Ed. (144)
  1991 Ed. (2398)
  1992 Ed. (117)
Medicus Intercon International Inc.
  1989 Ed. (62)
  1990 Ed. (57)
  1992 Ed. (118)
Medicus Medical Group
  1992 Ed. (2453)
  1994 Ed. (2080)
Medicus Partners LP
  2010 Ed. (2030)
Medicus Systems Corp.
  1993 Ed. (932)
Medidata Solutions
  2008 Ed. (2887)
  2019 Ed. (1834)
  2020 Ed. (1776, 3885)
Medidata Solutions Inc.
  2020 Ed. (2992)
  2021 Ed. (2850)
Medifac Architects Inc.
  1995 Ed. (241)
  1996 Ed. (237)
Medifac Inc.
  1991 Ed. (254)
  1994 Ed. (238)
Medifast
  2013 Ed. (573, 1831, 2842, 3996)
  2014 Ed. (1760, 3148)
  2015 Ed. (1803, 2779)
  2016 Ed. (1764, 2709)
  2021 Ed. (1672, 1677)
  2022 Ed. (1690, 2887)
  2023 Ed. (1840, 1844, 3595)
Medifast/OPTAVIA
  2023 Ed. (2319, 2321, 2325)
Medifast Inc.
  2004 Ed. (4548, 4552)
  2006 Ed. (2736)
  2009 Ed. (2907)
  2010 Ed. (2851, 4498)
  2011 Ed. (4432, 4461)
  2012 Ed. (2630, 2775, 4482)
  2013 Ed. (1832)
  2014 Ed. (1761)
MediFlu
  1993 Ed. (1013)
Medigap360
  2013 Ed. (3239)
  2014 Ed. (3266)
Medigroup-Central
  1989 Ed. (1586)
  1990 Ed. (1998)

Medigroup Inc.
  1992 Ed. (2391)
  1993 Ed. (2025)
  1998 Ed. (1920)
Medigroup-South Inc.
  1989 Ed. (1587)
MediGruen Naturprodukte GmbH
  2018 Ed. (1571)
Medika d.d.
  2015 Ed. (3993)
Medikaloka Hermina
  2022 Ed. (1620)
  2023 Ed. (1783)
MedImmune Biologics Inc.
  2014 Ed. (1762)
  2015 Ed. (1805)
MedImmune Inc.
  2002 Ed. (2513)
  2004 Ed. (684, 685, 2150, 2772, 4491, 4660, 4698)
  2005 Ed. (677, 678, 681, 682, 683, 3817, 3818, 3828, 4467)
  2006 Ed. (591, 593, 596, 3886, 3887, 3894)
  2007 Ed. (625, 3917, 4116)
  2008 Ed. (571, 572, 575)
  2009 Ed. (602)
Medimurska Banka dd Cakovec
  1997 Ed. (445)
Medimurska Banka dd
  1996 Ed. (481)
Medina; Manuel D.
  1994 Ed. (2059, 2521, 3655)
Medina/Turgul DDB
  2002 Ed. (200)
  2003 Ed. (160)
Medina/Turgul DDB/Turkey
  2000 Ed. (183)
  2001 Ed. (227)
MedInitiatives Inc.
  2008 Ed. (2886)
MedInsights Inc.
  2004 Ed. (4095)
  2005 Ed. (4035)
  2006 Ed. (2411, 4066)
  2007 Ed. (2359, 4112)
  2008 Ed. (2482)
  2009 Ed. (2486)
  2010 Ed. (2398, 4177)
  2011 Ed. (4176)
  2012 Ed. (3130, 3131)
Mediobanca
  1990 Ed. (1389, 1702, 1703, 3472)
  1991 Ed. (1313, 2458, 2459)
  1992 Ed. (1654, 3073, 3074)
  1993 Ed. (539, 1354, 2570, 2571)
  1994 Ed. (1407, 1682, 2290, 2520)
  1995 Ed. (1439)
  1996 Ed. (1403, 2641, 2642)
  1997 Ed. (526, 2578)
  2006 Ed. (1820)
  2012 Ed. (3336)
  2013 Ed. (838)
  2014 Ed. (454, 4024)
  2015 Ed. (510)
  2016 Ed. (465)
  2017 Ed. (482)
  2018 Ed. (444)
  2019 Ed. (454)
  2020 Ed. (440, 1652)
  2021 Ed. (450)
  2022 Ed. (465)
  2023 Ed. (657, 659)
Mediobanca Group
  2013 Ed. (439)
  2014 Ed. (456)
  2015 Ed. (512)
  2016 Ed. (466)
  2017 Ed. (483)
  2018 Ed. (445)
  2019 Ed. (456)
  2020 Ed. (441)
Mediobanca SpA
  2011 Ed. (389)
Mediolanum
  2015 Ed. (1757)
Mediolanum Forum
  2012 Ed. (998)
Mediolanum SpA
  2011 Ed. (3271)
  2012 Ed. (1293, 1472, 1597, 1598, 1710)
  2017 Ed. (2467)
Medipal Holdings
  2012 Ed. (3969)
  2013 Ed. (4010)
  2014 Ed. (1686, 3952)
  2015 Ed. (3991)
  2016 Ed. (3906)
  2017 Ed. (3873)
  2018 Ed. (3907, 4911)
  2019 Ed. (3893, 4903, 4905)
  2020 Ed. (3897, 4888)
  2021 Ed. (4902)
  2022 Ed. (4895)
  2023 Ed. (4882, 4884)
The Medipattern Corp.
  2009 Ed. (2988)

MediPeds
  2018 Ed. (2683)
Medipeds
  2017 Ed. (2618)
Mediplex of Connecticut Inc.
  2006 Ed. (1932)
  2007 Ed. (1916)
Mediplex Group Inc.
  2014 Ed. (1869)
The Mediplex Group Inc.
  1992 Ed. (2961)
  2001 Ed. (1815)
  2006 Ed. (1932)
  2007 Ed. (1916)
Mediplex of Massachusetts Inc.
  2006 Ed. (1932)
  2007 Ed. (1916)
  2008 Ed. (1979)
  2009 Ed. (1934)
  2010 Ed. (1870)
  2011 Ed. (1902)
  2012 Ed. (1759)
  2013 Ed. (1929)
  2014 Ed. (1868)
  2015 Ed. (1904)
Mediplus Exim SRL
  2015 Ed. (3993)
Medipren
  1990 Ed. (269, 3547)
  1992 Ed. (2558)
MEDIQ
  1989 Ed. (1143)
  1994 Ed. (3442)
  1999 Ed. (2643)
MediRevv
  2021 Ed. (1618)
Medis Health & Pharmaceutical
  1994 Ed. (3659)
MediSend International
  2008 Ed. (2403, 3786)
  2009 Ed. (2403, 3827)
  2010 Ed. (3755)
MediSense
  1996 Ed. (3306, 3307, 3779, 3780)
MediSolution
  2002 Ed. (2504, 2505, 2506)
  2003 Ed. (2937)
  2007 Ed. (2818)
  2009 Ed. (2994)
  2010 Ed. (2934)
Medison Co.
  2001 Ed. (4045)
Medisuite
  2021 Ed. (1777)
Medisys Health Group Income Fund
  2006 Ed. (1611)
Medisys Inc.
  1996 Ed. (2084)
Meditech
  2008 Ed. (2479)
  2009 Ed. (2482)
  2017 Ed. (2825)
  2018 Ed. (2897)
  2019 Ed. (2851)
  2020 Ed. (2879)
  2023 Ed. (3024)
Mediterranean
  1994 Ed. (1509)
Mediterranean Food Solutions
  2020 Ed. (2707)
Mediterranean Shg Co.
  2023 Ed. (4695)
Mediterranean Shipping Co.
  1997 Ed. (1147)
  1998 Ed. (931)
  2003 Ed. (1226, 1227, 1228, 2419)
  2004 Ed. (1231, 2559)
  2010 Ed. (4806)
  2011 Ed. (4755)
  2012 Ed. (4775)
  2013 Ed. (4738)
  2014 Ed. (4787)
  2015 Ed. (4808, 4818, 4819, 4820, 4821)
  2016 Ed. (4711, 4721, 4722, 4723, 4724)
  2017 Ed. (2695, 4738, 4739, 4740, 4741)
  2018 Ed. (2548, 2557, 2754, 4724, 4725, 4726, 4727)
  2019 Ed. (2737, 4726, 4727, 4728)
  2020 Ed. (2777, 4691, 4698, 4699, 4700, 4701)
  2021 Ed. (2649, 4705, 4706)
  2022 Ed. (2780)
  2023 Ed. (2906, 4690)
Mediterranean Shipping Company (UK) Ltd.
  2019 Ed. (2398)
Mediterranee Bank
  2005 Ed. (57)
  2006 Ed. (64)
Meditrust Corp.
  1991 Ed. (2816)
  1992 Ed. (3628)
  1993 Ed. (2971)
  1995 Ed. (1308, 3069)
  1999 Ed. (1936, 4003)
  2000 Ed. (1724)
Medium blue
  1992 Ed. (425, 426, 427)

Medium Business Bank
  1989 Ed. (690)
  1991 Ed. (672, 673)
Medium Business Bank of Taiwan
  1990 Ed. (695, 1796)
  1992 Ed. (845, 2157)
  1993 Ed. (425, 641)
  1994 Ed. (644, 1849)
Medium/Dark Blue
  2001 Ed. (536)
Medium/dark brown
  1992 Ed. (425)
Medium/dark gray
  1992 Ed. (427)
Medium/Dark Green
  2001 Ed. (536)
Medium grain
  2001 Ed. (4118)
Medium gray
  1992 Ed. (425)
Medium Red
  1992 Ed. (425, 427)
  2001 Ed. (536)
Medivation
  2013 Ed. (4518, 4520)
  2014 Ed. (1442)
  2015 Ed. (1501)
  2016 Ed. (1441)
  2017 Ed. (1453)
Mediware Information Systems, Inc.
  2002 Ed. (2526)
Mediwiper
  2023 Ed. (2327)
Medix
  2023 Ed. (2529)
MediZine Healthy Living
  2006 Ed. (145)
MediZine's Healthy Living
  2009 Ed. (171, 173)
MEDL Hobile Holdings Inc.
  2015 Ed. (1486)
MedLab International
  2021 Ed. (1802)
  2022 Ed. (1844)
  2023 Ed. (1968)
Medlab International
  2022 Ed. (2912)
  2023 Ed. (3044)
Medlantic Healthcare Group
  1990 Ed. (2632)
  1991 Ed. (2507)
  1992 Ed. (3132)
  2014 Ed. (2115)
Medlee Foods
  2022 Ed. (793)
  2023 Ed. (1001)
Medley Hotel & Restaurant Supply
  1996 Ed. (1956)
Medley Music Corp.
  2000 Ed. (3219)
Medley Steel Corp.
  2010 Ed. (2969)
  2011 Ed. (2932)
  2012 Ed. (2865)
  2013 Ed. (2924, 2937)
  2014 Ed. (2957)
  2015 Ed. (3024)
MedLife DC Group
  1999 Ed. (3041)
Medline
  2021 Ed. (3983)
  2022 Ed. (3997)
Medline Foundation
  2014 Ed. (2758)
Medline Inc.
  2023 Ed. (4081)
Medline Industries
  2014 Ed. (2758)
  2016 Ed. (2672)
  2017 Ed. (2619)
  2018 Ed. (2685)
  2020 Ed. (2878)
  2022 Ed. (3593)
  2023 Ed. (1767, 3025, 3026, 3697)
Medline Industries Inc.
  2008 Ed. (3190, 4051)
  2009 Ed. (3249, 3703)
  2010 Ed. (3620, 4073)
  2011 Ed. (3144, 3622, 4045)
  2012 Ed. (3623, 4079)
  2013 Ed. (1708, 2860)
  2014 Ed. (1655, 2891)
  2015 Ed. (1699, 2934)
  2016 Ed. (1649, 2869)
  2017 Ed. (1618, 2827)
  2018 Ed. (1599, 2899)
  2019 Ed. (1638, 2853)
  2020 Ed. (1596, 2880)
  2021 Ed. (1579, 2754)
  2022 Ed. (1601, 2904)
Medline Industries, Inc.
  2018 Ed. (2564)
  2021 Ed. (2768)
  2022 Ed. (2931)
Medline Sensicare Ice
  2022 Ed. (4289)
Medlis Health & Pharmaceutical
  1996 Ed. (3828)

MedManagement
  1999 Ed. (2722)
  2000 Ed. (2501)
MEDMARC Insurance Co. Risk Retention Group Inc.
  1990 Ed. (906)
  1991 Ed. (857)
  1992 Ed. (1061)
  1993 Ed. (852)
Medmaster Sys.
  1989 Ed. (2671)
MedMaster Systems (old)
  1990 Ed. (2748)
MedMatica Consulting Associates
  2018 Ed. (1860)
Mednax
  2017 Ed. (2844)
Medo Industries Inc.
  2003 Ed. (238)
  2006 Ed. (212)
Medora Snacks LLC
  2017 Ed. (4377)
  2019 Ed. (4411)
Medpace Holdings
  2022 Ed. (1829, 2887, 4334)
  2023 Ed. (1955)
MedPartners
  2016 Ed. (1558)
MedPartners HIM
  2014 Ed. (2896)
MedPartners Inc.
  1997 Ed. (2183, 3402, 3406)
  1998 Ed. (1082, 1125, 1340, 1901, 2708)
  1999 Ed. (1486, 1562, 2639, 2641)
  2000 Ed. (1348, 1361, 1362, 1364, 1367, 1368, 1383, 2419, 2422, 3544)
  2001 Ed. (1070, 1607)
  2002 Ed. (2001, 3231)
MedQuist Holdings
  2014 Ed. (2877)
Medrad Inc.
  2009 Ed. (3630)
MedRecruit
  2011 Ed. (2914)
MedRehab
  1994 Ed. (2079, 2084)
  1996 Ed. (2144, 2146)
  1997 Ed. (2254)
Medscape Inc.
  2003 Ed. (1514)
Medseek Inc.
  2008 Ed. (2886)
  2013 Ed. (1401)
MedServe Link
  2002 Ed. (2516)
MedShares
  1999 Ed. (2706)
MedShift
  2022 Ed. (1816, 2920)
Medsite, Inc.
  2003 Ed. (2724)
Medsite.com Inc.
  2001 Ed. (4196)
MedSource
  2019 Ed. (2007)
MedSource Technologies Inc.
  2004 Ed. (4340)
Medsource Technologies LLC
  2006 Ed. (1926)
  2007 Ed. (1911)
  2008 Ed. (1971)
  2009 Ed. (1926)
  2010 Ed. (1861)
  2011 Ed. (1893)
Medstar Ambulance Inc.
  2011 Ed. (3459)
  2012 Ed. (3472)
Medstar-Georgetown Medical Center Inc.
  2004 Ed. (1885)
  2005 Ed. (2002)
  2006 Ed. (2103)
  2007 Ed. (2058)
  2008 Ed. (2167)
  2009 Ed. (2150)
  2010 Ed. (2090)
  2011 Ed. (2147)
  2012 Ed. (1994)
  2013 Ed. (2184)
  2014 Ed. (2114, 2115)
  2015 Ed. (2169, 2170)
  2016 Ed. (2140)
MedStar Health
  2013 Ed. (2186)
  2014 Ed. (2117)
  2016 Ed. (1763, 2142)
  2017 Ed. (1737, 2087)
  2018 Ed. (1688, 2043)
  2019 Ed. (1753, 2102)
  2020 Ed. (1695, 2015)
  2021 Ed. (1676)
  2022 Ed. (1694)
  2023 Ed. (1843, 2112)
MedStar Health Inc.
  2002 Ed. (3295)
  2005 Ed. (3922)
  2006 Ed. (2105, 2785, 3591, 3996)
  2007 Ed. (4031)
  2008 Ed. (4059)

  2009 Ed. (1948, 2152)
  2010 Ed. (3764)
  2011 Ed. (1823)
  2012 Ed. (1682)
  2013 Ed. (1834)
Medstar Health Inc.
  2015 Ed. (1806)
  2016 Ed. (1766)
MedStar National Rehabilitation Network
  2017 Ed. (4110)
MedStar St. Mary's Hospital
  2015 Ed. (3143)
Medtech Products
  2016 Ed. (208, 2672)
  2017 Ed. (195, 2619)
  2018 Ed. (183, 2685)
Medterra
  2021 Ed. (2173, 2174)
  2022 Ed. (2205)
Medterra external analgesics/rubs
  2021 Ed. (2174)
Medterra external analgesic rubs
  2021 Ed. (2173)
Medterra liquid vitamins/minerals
  2021 Ed. (2173)
MedThink Inc.
  2022 Ed. (66)
  2023 Ed. (116)
MEDTOX Scientific
  2009 Ed. (4475)
  2010 Ed. (4525)
  2011 Ed. (4464)
Medtronic
  2013 Ed. (1881, 2881, 2886, 4223)
  2014 Ed. (191, 1813, 2915, 3614, 4260)
  2015 Ed. (217, 695, 2962, 3272, 3626)
  2016 Ed. (2891, 2896)
  2017 Ed. (1773, 2823, 2848, 2855, 3407, 3487, 4924)
  2018 Ed. (626, 1642, 1727, 2895, 2907, 2918, 2924, 2925, 3541)
  2019 Ed. (1694, 1696, 1786, 2849, 2863, 2879, 3413, 3527, 3529, 3530, 3532, 4932)
  2020 Ed. (1643, 1648, 1732, 2875, 2878, 2886, 2902, 3416, 3509, 3510, 3512)
  2021 Ed. (1622, 1627, 1703, 1706, 2761, 3421, 3430, 3528, 3529, 3531, 3534)
  2022 Ed. (1640, 1641, 1647, 1733, 2197, 2908, 2915, 2928, 2936, 3479, 3489, 3589, 3590, 3591, 3593, 3595)
  2023 Ed. (843, 1795, 1796, 1802, 1875, 2351, 2353, 3024, 3614, 3692, 3693, 3694, 3696, 3697, 3699, 3700, 3703, 3877)
Medtronic Advanced Energy
  2017 Ed. (4982)
  2018 Ed. (4989)
  2019 Ed. (4985)
Medtronic BV
  2004 Ed. (3032)
Medtronic CardioVascular
  2013 Ed. (1474)
  2014 Ed. (1436)
  2015 Ed. (1497)
  2016 Ed. (1433)
  2017 Ed. (1445)
  2018 Ed. (1424)
Medtronic Diabetes
  2010 Ed. (1522)
Medtronic Foundation
  2002 Ed. (977)
Medtronic Hellas
  2011 Ed. (1670)
  2013 Ed. (1666)
Medtronic Iberica
  2010 Ed. (1993)
  2011 Ed. (2054)
Medtronic Inc.
  1989 Ed. (1325, 1941)
  1990 Ed. (1992, 2532, 2535, 2536, 2537)
  1991 Ed. (1513, 1514, 1891, 2403, 2404, 2408, 2409, 2470, 2849)
  1992 Ed. (1458, 1922, 2382, 3004, 3005, 3010, 3011, 3680)
  1993 Ed. (2016, 2528, 2529)
  1994 Ed. (2032, 2468, 2469)
  1995 Ed. (1241)
  1996 Ed. (2600, 2601)
  1997 Ed. (651, 1277, 2747)
  1998 Ed. (1338, 1906, 2457, 2458, 3162, 3359)
  1999 Ed. (728, 1958, 2896, 3340, 3341, 4146)
  2000 Ed. (739, 1739, 2647, 3079)
  2001 Ed. (1794, 2674, 3264, 3265, 3266, 4380)
  2002 Ed. (1521, 2449, 3297, 3299)
  2003 Ed. (1762, 2956, 3356, 3357, 3358, 3359, 4565)
  2004 Ed. (1553, 1563, 1564, 1566, 1799, 2115, 2798, 2803, 2810, 3422, 3423)
  2005 Ed. (740, 923, 1869, 1871, 2791, 2795, 2803, 3043, 3371, 3433, 3434, 3435, 3437)
  2006 Ed. (831, 1883, 1886, 1887, 1890, 1891, 2761, 2766, 2779, 3047, 3048, 3445, 3448, 4075)

CUMULATIVE INDEX • 1989-2023

2007 Ed. (1491, 1882, 1883, 1884, 2773, 2774, 2783, 3079, 3080, 3082, 3463, 3464, 3467)
2008 Ed. (1485, 1933, 1935, 1936, 1937, 1938, 1939, 2898, 3220, 3221, 3638, 3840)
2009 Ed. (758, 1891, 1894, 1895, 1896, 1897, 1898, 1899, 2967, 3108, 3279, 3280, 3631, 3702, 3704, 3705, 3887, 3896)
2010 Ed. (1828, 1830, 1831, 1832, 1833, 1834, 1835, 1836, 2906, 3042, 3204, 3205, 3617, 3618, 3619, 3621, 3622, 3798, 3830)
2011 Ed. (1764, 1857, 1859, 1861, 1862, 1863, 1864, 1865, 1866, 1867, 2061, 2300, 2763, 2870, 2877, 3011, 3168, 3169, 3619, 3620, 3621, 3623, 3624, 3831, 4549)
2012 Ed. (1712, 1714, 1716, 1717, 1718, 1719, 1720, 1721, 1723, 2458, 2807, 2814, 2938, 3124, 3125, 3615, 3616, 3617, 3619, 3621, 3622, 3625)
2013 Ed. (1869, 1872, 1874, 1876, 1877, 1878, 1879, 1880, 1882, 2876, 2885, 3027, 3209, 3210, 3614, 3672, 3673, 3674, 3677, 3678, 3679, 3682, 3684)
2014 Ed. (1801, 1804, 1806, 1808, 1809, 1810, 1811, 1812, 1814, 2908, 2914, 3039, 3221, 3222, 3607, 3608, 3609, 3611, 3612, 3613, 3617, 3619)
2015 Ed. (1842, 1844, 1846, 1848, 1849, 1850, 1851, 1852, 1854, 2954, 2961, 3105, 3284, 3285, 3619, 3620, 3621, 3623, 3624, 3625, 3629)
2016 Ed. (1805, 1809, 1811, 1812, 1813, 1814, 1815, 2886, 2895, 3125, 3126, 3504, 3505, 3506, 3509, 3510, 3513)
2017 Ed. (1775, 2841, 2854, 3474, 3478, 3482, 3484)
2018 Ed. (3537, 3538)
2019 Ed. (3525)
2020 Ed. (3506)
Medtronic Italia
 2011 Ed. (1769)
 2012 Ed. (1621)
 2013 Ed. (1780)
Medtronic Osterreich
 2011 Ed. (1490)
Medtronic Osterreich GmbH
 2014 Ed. (1395)
Medtronic PLC
 2018 Ed. (3031)
 2019 Ed. (1691, 2874, 2973)
 2021 Ed. (2862)
Medtronic plc
 2016 Ed. (1704)
 2017 Ed. (1434, 1683, 1686, 1777, 1778, 1779, 1780, 1781, 2833, 3417)
 2018 Ed. (1731, 1732, 1733, 1734, 1735)
 2019 Ed. (1787, 3409, 3523)
 2020 Ed. (1646, 1647, 1733, 2887, 3445, 3505)
 2021 Ed. (1625, 1626, 1629, 1707, 2762, 3462, 3526)
 2022 Ed. (1643, 1645, 1646, 1648, 2916)
 2023 Ed. (1800, 1801, 1803, 3039, 3643)
Medtronic Portugal
 2012 Ed. (1860)
 2014 Ed. (1954)
Medtronic Public Ltd., Co.
 2017 Ed. (2419)
Medtronic Puerto Rico Inc.
 2016 Ed. (1969)
Medtronic (Shanghai) Management Co., Ltd.
 2015 Ed. (1564)
Medtronic Sofamor Danek
 2011 Ed. (3794)
Medtronic Spain
 2013 Ed. (2060)
 2014 Ed. (1994)
 2015 Ed. (2042)
Medtronic Spinal & Biologics
 2012 Ed. (3784)
 2013 Ed. (3852)
 2014 Ed. (3781)
 2015 Ed. (3801)
 2016 Ed. (3714)
 2017 Ed. (3670)
 2018 Ed. (3726)
 2019 Ed. (3713)
 2020 Ed. (3755)
 2021 Ed. (3755)
Medtronic Spine
 2022 Ed. (3777)
Medtronic Surgical Technologies
 2016 Ed. (3435)
Medtronic (U.S.)
 2022 Ed. (2936)
Medtronic USA Inc.
 2016 Ed. (3125)
Medtronic Xomed, Inc.
 2004 Ed. (3365)
Medusa
 1999 Ed. (1048)
Medusa Mining
 2013 Ed. (1430)

MedVantx
 2011 Ed. (2866)
MedVenture Partners
 2023 Ed. (1845, 3040)
MedView CompPro/MedView Services Inc.
 1993 Ed. (2907)
MedView Services Inc.
 1996 Ed. (3079, 3080)
 1997 Ed. (3159, 3160)
 1998 Ed. (2911)
MedVision Inc.
 1991 Ed. (1878)
Medworxx Inc.
 2015 Ed. (1103)
Medy-Tox
 2017 Ed. (1962)
 2019 Ed. (1960)
Meeder Moderate Allocation Retail
 2020 Ed. (3703)
Meeder Quantex Retail
 2020 Ed. (4508)
Meeder Spectrum Retail
 2020 Ed. (3695)
Meehan Tooker Printing
 1998 Ed. (2924)
Meek; Harold
 2006 Ed. (333)
Meeker Development
 1993 Ed. (1094, 1096)
Meeker; Mary
 1997 Ed. (1874)
 2017 Ed. (4781)
 2020 Ed. (4763)
 2021 Ed. (4762)
 2023 Ed. (4579)
Meeker Sharkey Financial Group Inc.
 1991 Ed. (2139)
 1992 Ed. (2702)
 1995 Ed. (2274)
Meekland Ltd.
 1993 Ed. (974)
Meek's Building Centers
 1996 Ed. (814)
 2005 Ed. (4125)
 2007 Ed. (2761)
 2008 Ed. (2878)
 2009 Ed. (2942)
Meek's Lumber
 2019 Ed. (2841)
 2020 Ed. (2873)
Meemic Holdings Inc.
 2004 Ed. (4697)
Meena; Michael
 2017 Ed. (3594)
 2018 Ed. (3653)
Meena; Mike
 2018 Ed. (3654)
 2019 Ed. (3643)
Meenan Oil
 1990 Ed. (1035)
 1991 Ed. (964, 966)
Meers Advertising
 2014 Ed. (1721)
 2015 Ed. (1763)
Mees & Hope
 1991 Ed. (782)
Meeschaert Capital Accumulation
 1992 Ed. (3159)
Meeschaert-Rouselle
 1989 Ed. (813)
 1990 Ed. (813)
Meet the Fockers
 2006 Ed. (3576)
Meet the Parents
 2002 Ed. (3397)
"Meet the Press"
 2013 Ed. (801)
 2014 Ed. (818, 819)
Meet the Press
 2004 Ed. (850)
 2006 Ed. (750)
 2007 Ed. (843, 850)
 2008 Ed. (809)
 2009 Ed. (834)
 2010 Ed. (784)
 2011 Ed. (711)
 2012 Ed. (656)
"Meet the Robinsons"
 2016 Ed. (2928)
 2017 Ed. (2887)
Meeta Patel
 2016 Ed. (2533)
Meeting News
 2005 Ed. (140)
 2007 Ed. (4797)
 2008 Ed. (4713)
 2009 Ed. (4761)
Meeting planner
 2011 Ed. (3779)
Meeting Point Hotelmanagement (Canaries) SL
 2019 Ed. (1965)
Meetings
 1991 Ed. (1410)
 1992 Ed. (1779)
Meetings & Conventions
 2000 Ed. (3483)
 2001 Ed. (250)

2004 Ed. (856)
2005 Ed. (138, 140)
2007 Ed. (161, 4797)
2008 Ed. (145, 4713)
2009 Ed. (166, 4761)
2010 Ed. (786)
2011 Ed. (713)
2013 Ed. (803)
Meetings & Incentives Worldwide Inc.
 2015 Ed. (5030)
 2016 Ed. (4948)
 2017 Ed. (4939)
 2018 Ed. (4945)
 2019 Ed. (4942)
 2020 Ed. (4944)
 2021 Ed. (4947)
 2022 Ed. (4943)
 2023 Ed. (4947)
Meetins & Conventions
 2005 Ed. (139)
MeetMe Inc.
 2015 Ed. (2975)
Meezan Bank Ltd.
 2009 Ed. (2744)
 2010 Ed. (2667)
 2011 Ed. (2656)
 2012 Ed. (2584)
 2014 Ed. (2658)
 2015 Ed. (2700)
 2016 Ed. (2624)
 2017 Ed. (2557)
 2018 Ed. (2625)
 2019 Ed. (2611)
 2020 Ed. (2621)
MEG
 2005 Ed. (4528)
MEG Energy
 2017 Ed. (3795)
 2023 Ed. (3730)
MEG Glass Inc.
 2022 Ed. (1862)
Meg Ryan
 2003 Ed. (2329)
 2004 Ed. (2409)
MEG, division of Steelworks
 2000 Ed. (4134)
Meg Whitman
 2002 Ed. (4981)
 2003 Ed. (3021, 4983)
 2004 Ed. (4983)
 2005 Ed. (787, 2319, 2513, 4990)
 2013 Ed. (4966)
 2014 Ed. (4968, 4976)
 2015 Ed. (5024, 5026, 5027)
 2016 Ed. (4941)
 2017 Ed. (4922, 4932)
 2019 Ed. (4937)
 2023 Ed. (4931)
Mega Aluminium SP. Z O.O.
 2016 Ed. (1965)
MEGA Bloks
 2021 Ed. (4667)
 2022 Ed. (4675)
Mega Bloks
 2005 Ed. (1711, 1726)
 2007 Ed. (1446)
 2008 Ed. (1215)
MEGA Brands
 2009 Ed. (1190)
 2011 Ed. (1144)
Mega Brands
 2015 Ed. (1210)
Mega Brands Inc.
 2014 Ed. (1502)
Mega Capital
 2007 Ed. (1590)
Mega Communications
 2001 Ed. (3979)
Mega Dasa Pariwara/Alliance
 1992 Ed. (160)
 1994 Ed. (95)
Mega Disconildo
 2021 Ed. (3650)
Mega Financial Holding
 2006 Ed. (2034, 2035)
 2007 Ed. (2008)
 2008 Ed. (2101)
 2012 Ed. (3345)
 2013 Ed. (3412)
 2014 Ed. (2015, 3409)
 2015 Ed. (3444)
 2016 Ed. (3303)
 2017 Ed. (1980, 3265)
 2018 Ed. (3338)
 2019 Ed. (3315)
 2020 Ed. (3317)
 2021 Ed. (1870)
Mega International Commercial Bank
 2009 Ed. (545)
 2010 Ed. (528)
 2011 Ed. (457)
 2013 Ed. (400)
 2014 Ed. (414)
 2015 Ed. (471)
 2016 Ed. (420)
 2017 Ed. (432)
 2018 Ed. (397)
 2019 Ed. (400)

2020 Ed. (393)
2021 Ed. (494)
2023 Ed. (612)
Mega International Commercial Bank Co., Ltd.
 2022 Ed. (508)
 2023 Ed. (733)
Mega Lifesciences
 2023 Ed. (2076)
Mega Millions
 2008 Ed. (3526)
Mega Music
 2016 Ed. (3645)
 2020 Ed. (3642)
 2021 Ed. (3647)
Mega Race
 1996 Ed. (887)
Mega Uranium Ltd.
 2007 Ed. (1619, 1620, 1650)
 2008 Ed. (1617)
Mega Video
 1992 Ed. (4392)
Mega Warehouse Foods
 1995 Ed. (3722)
MegaBank of Araphoe
 1997 Ed. (497)
Megabox Packaging Solutions
 2022 Ed. (4878)
Megabuy Group Pty. Ltd.
 2012 Ed. (2825)
Megacable
 1997 Ed. (877, 878)
 2021 Ed. (4591)
 2022 Ed. (4606)
MegaCorp Logistics
 2021 Ed. (1776)
MegaFon
 2014 Ed. (4681)
 2015 Ed. (4691)
 2016 Ed. (4598)
 2017 Ed. (4617)
Megafon
 2007 Ed. (1961)
 2009 Ed. (675)
 2010 Ed. (641)
 2014 Ed. (699)
 2015 Ed. (744, 4651, 4659, 4664)
 2016 Ed. (673, 4565, 4572, 4577)
 2017 Ed. (4578)
 2021 Ed. (650, 4596)
 2022 Ed. (686, 4611)
 2023 Ed. (4613)
MegaFon OAO
 2014 Ed. (4434)
Megafoods Stores Inc.
 1996 Ed. (384, 386, 2887)
 1999 Ed. (4738)
Megafoods Warehouse
 2000 Ed. (4368)
Megaform Computer Products Inc.
 2010 Ed. (4012, 4015, 4024)
Megaklinikka OY
 2016 Ed. (1555)
Megalon
 2008 Ed. (664)
Megamex Foods
 2017 Ed. (3436)
 2020 Ed. (3472)
 2021 Ed. (2156, 4659)
 2022 Ed. (2829, 4667)
 2023 Ed. (4656)
Megan Scott
 2020 Ed. (2404)
Megane
 2002 Ed. (382)
MegaPath
 2019 Ed. (2338)
MegaPath Inc.
 2009 Ed. (2985)
Megapath Networks
 2009 Ed. (4824)
Megapo-UIH
 1997 Ed. (878)
Megastudy
 2009 Ed. (2402)
 2010 Ed. (1984)
 2012 Ed. (1894)
Megatech Corp.
 2004 Ed. (4553)
Megavideo
 2011 Ed. (3324, 4807)
Megawati Sukarnoputri
 2006 Ed. (4986)
Megaworld
 2021 Ed. (1829)
Megaworld Corp.
 2002 Ed. (3703, 3704)
Megaworld Properties & Holdings
 1997 Ed. (3113)
Megen Construction Co. Inc.
 2023 Ed. (3759)
Meggan Friedman
 2011 Ed. (3334)
Meggitt
 2005 Ed. (168)
 2006 Ed. (181, 182)
 2007 Ed. (188)

2009 Ed. (190)
2013 Ed. (2297)
2014 Ed. (2235)
2015 Ed. (2300)
2016 Ed. (101)
2017 Ed. (87)
2020 Ed. (2152)
2021 Ed. (2148)
2022 Ed. (2181)
2023 Ed. (2298)
Meggitt plc
  2001 Ed. (268)
  2003 Ed. (208)
  2014 Ed. (2236)
  2015 Ed. (2301)
  2016 Ed. (97)
  2017 Ed. (85)
Meggle GmbH
  2019 Ed. (2688)
Meghan Trainor
  2016 Ed. (3640)
  2017 Ed. (3627, 3629)
  2018 Ed. (3689)
Meghna Shrimp Culture
  1996 Ed. (1544)
MEGT (Australia) Ltd.
  2021 Ed. (2312)
  2022 Ed. (2358)
Meguiar's
  2001 Ed. (4744)
Megvii Technology
  2020 Ed. (1475)
MEGVII Technology Ltd.
  2021 Ed. (4339)
Mehdi Hosseini
  2011 Ed. (3371)
Mehdi R. Ali
  1992 Ed. (2064)
  1993 Ed. (1706)
Mehlman, Castagnetti et al
  2023 Ed. (3526)
Mehmet Emin Karamehmet
  2009 Ed. (4900)
  2010 Ed. (4900)
  2011 Ed. (4888)
  2012 Ed. (4896)
  2013 Ed. (4919)
Mehmet Karamehmet
  2003 Ed. (4895)
  2008 Ed. (4876)
Mehmet Sinan Tara
  2009 Ed. (4900)
  2015 Ed. (4966)
Mehr Geschäft Business Coaching
  2020 Ed. (3449)
Mehring; Jaine
  1997 Ed. (1862)
Mehrotra; Sanjay
  2007 Ed. (2502)
Mehta; Neil
  2023 Ed. (4752)
Mehta; Sonny
  2007 Ed. (3617)
Mehvaraszan Iran Khodro
  2002 Ed. (4429, 4430)
MEI Computer Technology Group Inc.
  2006 Ed. (1596)
MEI Diversified Inc.
  1991 Ed. (1140, 1156)
Mei-Pochtler; Antonella
  2009 Ed. (1187)
Mei Ren Yu
  2018 Ed. (3667)
MEI Rigging & Crating
  2023 Ed. (1196)
MEI Technologies Inc.
  2012 Ed. (2866)
  2013 Ed. (2938)
  2014 Ed. (2958)
  2015 Ed. (3026)
Meiban Group
  2007 Ed. (1972)
Meier; Bradley
  2011 Ed. (4441)
Meier; Bradley I.
  2010 Ed. (2566)
Meier Cadillac Co.; Roger
  1991 Ed. (305)
Meier Cadillac; Rodger
  1990 Ed. (319, 338)
  1993 Ed. (295)
  1994 Ed. (264)
Meier Infiniti
  1995 Ed. (271)
  1996 Ed. (295)
Meier; Jay M.
  2006 Ed. (2579)
Meiers
  1995 Ed. (3758)
Meier's Cream Sherry
  1989 Ed. (2947)
  1992 Ed. (4459, 4466)
  1995 Ed. (3761, 3762)
  1996 Ed. (3861, 3863)
  1997 Ed. (3908, 3909)
  1998 Ed. (3739)

Meighen Nehme
  2014 Ed. (4992)
  2015 Ed. (5037)
Meijer
  2013 Ed. (4304)
  2014 Ed. (2437)
  2015 Ed. (2509)
  2016 Ed. (2442, 4511)
  2017 Ed. (2288, 4311)
  2021 Ed. (2269)
  2023 Ed. (1866, 2271, 4065, 4526)
Meijer Companies Ltd. Inc.
  2001 Ed. (4091, 4092)
Meijer Cos. Ltd.
  2003 Ed. (4145)
Meijer; Doug
  2014 Ed. (4853)
  2015 Ed. (4890)
  2016 Ed. (4808)
  2017 Ed. (4820)
  2018 Ed. (4825)
  2019 Ed. (4821)
  2020 Ed. (4811)
  2021 Ed. (4812)
  2022 Ed. (4805)
  2023 Ed. (4798)
Meijer; Frederik
  2011 Ed. (4837)
  2012 Ed. (4840)
  2013 Ed. (4838)
Meijer; Hank
  2014 Ed. (4853)
  2015 Ed. (4890)
  2016 Ed. (4808)
  2017 Ed. (4820)
  2018 Ed. (4825)
  2019 Ed. (4821)
  2020 Ed. (4811)
  2021 Ed. (4812)
  2022 Ed. (4805)
  2023 Ed. (4798)
Meijer Inc.
  1989 Ed. (1244)
  1990 Ed. (1512, 1513, 1519)
  1992 Ed. (490, 1811, 1818, 1827, 2527)
  1993 Ed. (1492)
  1994 Ed. (1538, 1546, 2137, 2154, 3468)
  1995 Ed. (1574, 1575, 2196, 3534, 3538)
  1996 Ed. (2214)
  1997 Ed. (1622, 1630, 1631, 1639, 2321, 2343)
  1998 Ed. (1295, 1306, 2065, 3094, 3602, 3606)
  1999 Ed. (1871, 1876, 1880, 1882, 2820)
  2000 Ed. (1684, 1688, 2595, 3813, 4282)
  2001 Ed. (4091, 4092, 4403)
  2002 Ed. (1987, 1988, 4037, 4536)
  2003 Ed. (2071, 2074, 2075, 3951, 4145, 4172, 4647, 4663)
  2004 Ed. (915, 2105, 3946, 4198, 4609, 4623, 4636, 4647)
  2005 Ed. (906, 3901, 4119, 4544)
  2006 Ed. (824, 2893, 3973, 4170)
  2007 Ed. (4012, 4618)
  2008 Ed. (4038, 4559, 4565, 4568)
  2009 Ed. (2894, 4149, 4595, 4596, 4605, 4612)
  2010 Ed. (2833, 4081, 4627, 4628, 4643, 4754, 4759)
  2011 Ed. (1883, 2817, 4054, 4584, 4589, 4712)
  2012 Ed. (2749, 4086, 4594)
  2013 Ed. (1864, 2368, 4529, 4530)
  2014 Ed. (1796, 4587, 4588, 4599)
  2015 Ed. (1831, 1837, 4097, 4585, 4586, 4594, 4595)
  2016 Ed. (1792, 1796, 1798, 4504, 4505, 4515, 4516)
  2017 Ed. (1761, 1766, 4502, 4503)
  2018 Ed. (1715, 1720, 2144, 2536, 4535, 4536)
  2019 Ed. (1778, 2142, 2542, 4519)
  2020 Ed. (1721, 2127, 4523, 4524)
  2021 Ed. (1697, 2120, 4504)
  2022 Ed. (1722, 2152, 4512)
Meijer Stores
  2005 Ed. (4543)
Meijer Thrifty Acres
  1991 Ed. (1421, 1429, 1430, 1431, 1432, 1440, 1969)
Meijer.com
  2010 Ed. (2373)
  2011 Ed. (2373)
Meijer's
  1996 Ed. (1555)
Meiji
  2023 Ed. (2874)
Meiji Co., Ltd.
  2014 Ed. (837)
  2017 Ed. (821)
  2018 Ed. (753)
  2019 Ed. (775)
  2020 Ed. (765)
  2021 Ed. (786)
  2022 Ed. (818)
Meiji Co., Ltd. (Japan)
  2021 Ed. (786)
  2022 Ed. (818)

Meiji Dairies
  2007 Ed. (2624)
Meiji Holdings
  2012 Ed. (2661)
  2013 Ed. (2748)
  2014 Ed. (2728)
  2015 Ed. (2783)
  2016 Ed. (2695, 2713)
  2017 Ed. (2646, 2668)
  2018 Ed. (2728)
  2019 Ed. (2712)
  2020 Ed. (2745)
Meiji Holdings Co., Ltd.
  2015 Ed. (876)
  2016 Ed. (764)
  2020 Ed. (2714)
Meiji Life
  1989 Ed. (1698)
Meiji Life Insurance Co.
  2002 Ed. (2940, 2942)
  2003 Ed. (3000)
  2004 Ed. (3115, 3211)
  2005 Ed. (3227)
Meiji Milk Products Co., Ltd.
  1990 Ed. (1826)
  1991 Ed. (1744)
  1994 Ed. (3551)
  1996 Ed. (1390)
  1997 Ed. (1577)
  2000 Ed. (2223)
  2002 Ed. (2306)
Meiji Mutual Life
  1993 Ed. (2230, 2256)
  1994 Ed. (990, 1364, 2236, 2265)
Meiji Mutual Life Insurance
  1989 Ed. (1746)
  1990 Ed. (2278)
  1991 Ed. (957, 2147)
  1992 Ed. (1190)
  1995 Ed. (1387, 2312)
  1996 Ed. (996, 1337, 2287, 2327)
  1997 Ed. (2423, 2424)
  1998 Ed. (2134, 2135)
  1999 Ed. (2889, 2961)
Meiji Seika
  1995 Ed. (1426)
  2007 Ed. (2624)
Meiji Seika Kaisha Ltd.
  2006 Ed. (776)
  2007 Ed. (873)
  2008 Ed. (1160)
  2010 Ed. (802)
Meiji Yasuda Life
  2006 Ed. (1773)
  2023 Ed. (1497)
Meiji Yasuda Life Insurance
  2014 Ed. (3286, 3342)
  2018 Ed. (3282)
  2019 Ed. (3212, 3236)
  2020 Ed. (2596)
  2021 Ed. (3095, 3113)
  2022 Ed. (3236, 3253)
  2023 Ed. (3325, 3342)
Meiji Yasuda Life Insurance Co.
  2006 Ed. (3125, 3127)
  2007 Ed. (1514, 1800, 1803, 1804, 3160)
  2008 Ed. (1841, 3309)
  2009 Ed. (3372)
  2010 Ed. (3309)
  2011 Ed. (3272, 3276)
  2015 Ed. (3400)
  2017 Ed. (3981)
Meiji Yasuda U.S. Life Group
  2022 Ed. (3242)
Meiji Yasuda US Life Group
  2018 Ed. (3271)
  2019 Ed. (3221)
  2020 Ed. (3236)
  2021 Ed. (3102)
  2022 Ed. (3243)
  2023 Ed. (3331, 3332)
Meikles
  2002 Ed. (4996, 4997)
Meikles Africa
  1999 Ed. (4829, 4830)
  2000 Ed. (4445, 4446)
  2006 Ed. (4999)
Meikles Hotels
  1992 Ed. (88)
Meiko
  1994 Ed. (3458)
Meiko Electronic
  2008 Ed. (1866)
Meilleurtaux
  2009 Ed. (1691)
Meineke
  2023 Ed. (403)
Meineke Car Care Center
  2020 Ed. (300)
  2021 Ed. (285)
  2022 Ed. (301)
  2023 Ed. (395)
Meineke Car Care Center Inc.
  2006 Ed. (352)
  2008 Ed. (170)
  2012 Ed. (278)
Meineke Car Care Center (U.S.)
  2021 Ed. (285)

Meineke Car Care Centers
  2005 Ed. (331)
  2006 Ed. (345)
  2007 Ed. (330)
  2008 Ed. (317)
  2009 Ed. (339)
  2010 Ed. (319)
  2011 Ed. (243)
  2012 Ed. (264)
  2013 Ed. (280, 4798)
  2014 Ed. (284)
  2015 Ed. (317)
  2016 Ed. (315)
  2017 Ed. (320)
  2018 Ed. (297)
  2019 Ed. (293)
  2020 Ed. (302, 304)
  2021 Ed. (287, 289)
  2023 Ed. (397)
Meineke Care Care Centers
  2021 Ed. (287)
Meineke Discount Muffler
  2001 Ed. (532)
Meineke Discount Mufflers
  2002 Ed. (402)
  2003 Ed. (348)
  2004 Ed. (329)
Meinhardt Group International
  2023 Ed. (2604)
Meinichenko; Andrey
  2018 Ed. (4882)
  2019 Ed. (4875)
  2020 Ed. (4863)
  2021 Ed. (4864)
  2022 Ed. (4861)
  2023 Ed. (4855)
Meinl
  1990 Ed. (22)
Meirav Chovav
  1997 Ed. (1858)
  1998 Ed. (1630)
  1999 Ed. (2214)
  2000 Ed. (2012)
Meirelles; Henrique de Campos
  2012 Ed. (292)
Meister Brau
  1990 Ed. (764)
Meister Cook
  2016 Ed. (738)
  2017 Ed. (3370)
Meitetsu World Travel
  1990 Ed. (3653)
Meitis
  2020 Ed. (726, 1555)
Meituan Dianping
  2020 Ed. (929, 1475, 1635, 2348)
  2021 Ed. (1464)
  2022 Ed. (2342)
Meivcore, LDA
  2019 Ed. (1933)
Meizu
  2022 Ed. (635)
Mejeriselskabet Danmark A.M.B.A.
  1989 Ed. (1104)
  1990 Ed. (1344)
Mejico
  1995 Ed. (1893)
Mejii
  2000 Ed. (2713)
Mekong Fisheries
  2014 Ed. (2073)
Mel Brooks
  2008 Ed. (2582)
Mel Farr Automotive Group
  1991 Ed. (712)
  1992 Ed. (894)
  1993 Ed. (303, 705)
  1994 Ed. (293, 713)
  1995 Ed. (297, 669)
  1996 Ed. (300, 743, 744)
  1997 Ed. (675, 676)
  1998 Ed. (208, 467, 468)
  1999 Ed. (319, 729, 730, 3421)
  2000 Ed. (333, 741, 742, 3145)
  2001 Ed. (440, 441, 442, 454, 712, 713)
  2002 Ed. (369, 709, 717)
  2003 Ed. (212)
  2004 Ed. (175)
Mel Farr Ford Inc.
  1990 Ed. (737)
  1991 Ed. (714)
Mel Gibson
  2001 Ed. (8)
  2002 Ed. (2141, 2144)
  2003 Ed. (2328)
  2004 Ed. (2408)
  2006 Ed. (2485, 2488)
  2007 Ed. (2450, 2451)
Mel Hambelton Ford Inc.
  2020 Ed. (4975)
  2021 Ed. (4977)
  2022 Ed. (4976)
  2023 Ed. (4980)
Mel Hing
  1990 Ed. (2478)
Mel Karmazin
  2000 Ed. (1047, 1875)
  2012 Ed. (809)

CUMULATIVE INDEX • 1989-2023

2013 Ed. (985)
Mel Levine
  1992 Ed. (1039)
Mel Ville Corp.
  1990 Ed. (1048)
MELA Sciences
  2012 Ed. (4575)
Melaco International Inc.
  2010 Ed. (2962)
  2011 Ed. (2927)
  2012 Ed. (2861)
Melaleuca
  2023 Ed. (2320, 2323)
Melaleuca Inc.
  2001 Ed. (1728)
  2016 Ed. (1643)
  2017 Ed. (1610)
  2018 Ed. (1594)
  2019 Ed. (1632)
  2020 Ed. (1589)
  2021 Ed. (1573)
  2022 Ed. (1592)
  2023 Ed. (1762)
Melamine Chemicals
  1990 Ed. (1294, 1972, 3302, 3305)
  1992 Ed. (3307, 3993)
Melamine and urea resins
  2004 Ed. (2547)
Melane Becner
  1995 Ed. (1802)
Melanie Kau
  2005 Ed. (4992)
Melanie Kreis
  2021 Ed. (4929)
  2022 Ed. (4923)
  2023 Ed. (4921)
Melanie Perkins
  2023 Ed. (4813)
Melannco International
  1998 Ed. (2854)
The Melanson Co.
  2007 Ed. (4434)
Melatonin
  2001 Ed. (2013)
Melba's Old School Po' Boys
  2018 Ed. (2698)
Melbourne Airport
  2004 Ed. (3962)
  2019 Ed. (4700)
  2021 Ed. (150)
  2022 Ed. (137)
Melbourne, Australia
  2011 Ed. (2621)
  2012 Ed. (3486)
  2013 Ed. (3536)
  2014 Ed. (2637)
  2015 Ed. (2680)
  2016 Ed. (2597)
  2017 Ed. (2526)
  2018 Ed. (2600)
  2019 Ed. (2580)
  2020 Ed. (2572)
  2022 Ed. (3315)
Melbourne Beach, FL
  2008 Ed. (4245)
Melbourne Business School
  2012 Ed. (621)
  2013 Ed. (757)
  2014 Ed. (779)
  2015 Ed. (822)
Melbourne Cricket Club
  2020 Ed. (4468)
  2021 Ed. (4461)
  2022 Ed. (4470)
Melbourne Enterprises
  1990 Ed. (2046)
Melbourne, FL
  1992 Ed. (1399, 3036)
  1997 Ed. (3356)
  2006 Ed. (2448)
Melbourne IT
  2009 Ed. (1498)
  2010 Ed. (1491)
Melbourne Racing Club
  2019 Ed. (4143)
  2020 Ed. (4468)
  2021 Ed. (4461)
  2022 Ed. (4470)
Melbourne-Titusville, FL
  2018 Ed. (4579)
Melbourne-Titusville-Palm Bay, FL
  1989 Ed. (1957)
  1990 Ed. (2552)
  1991 Ed. (2428)
  1992 Ed. (3052)
  2006 Ed. (3299)
Melbourne; University of
  2010 Ed. (1015)
  2011 Ed. (684)
Melburn Whitmire
  1997 Ed. (1797)
Melcher; Mark
  1996 Ed. (1843)
  1997 Ed. (1916)
Melchers; Hans
  2012 Ed. (4890)
  2013 Ed. (4891)
  2014 Ed. (4904)

2015 Ed. (4944)
2016 Ed. (4859)
2017 Ed. (4863)
2018 Ed. (4872)
2019 Ed. (4866)
2020 Ed. (4855)
2021 Ed. (4859)
2022 Ed. (4851)
2023 Ed. (4846)
Melco Crown Entertainment
  2015 Ed. (1685)
  2016 Ed. (3006)
Melco Crown Entertainment Ltd.
  2013 Ed. (884, 889)
  2014 Ed. (846, 850)
  2015 Ed. (885, 888)
  2016 Ed. (770, 773, 1637)
Melco International Development
  2018 Ed. (2649)
Melco International Development Limited
  2022 Ed. (3028)
Melco PBL Entertainment (Macau) Ltd.
  2008 Ed. (4289)
Melcor Developments
  2014 Ed. (1445)
  2018 Ed. (4101)
Melcor Developments Ltd.
  2006 Ed. (1626, 1628)
  2007 Ed. (1640, 1642, 1646)
  2008 Ed. (1628, 1648, 1650, 1651, 1652, 1654)
  2011 Ed. (4157, 4159, 4556)
  2013 Ed. (4511)
  2014 Ed. (4573)
  2015 Ed. (4567)
Melcor REIT
  2018 Ed. (4101)
Meldisco
  2002 Ed. (4273, 4274)
  2003 Ed. (4405, 4406)
Meldrum & Fewsmith
  1989 Ed. (59, 67)
Mele Printing
  2012 Ed. (4012)
  2014 Ed. (4103)
  2015 Ed. (4081, 4083)
  2016 Ed. (3992, 3994)
  2019 Ed. (3979)
Melexis NV
  2006 Ed. (1566)
  2007 Ed. (1601)
  2008 Ed. (300, 1579)
Melhado & Co.; George
  1995 Ed. (1197)
  1997 Ed. (1202)
Melia
  2021 Ed. (2908, 2917)
  2022 Ed. (701)
  2023 Ed. (3150)
Melia Castilla Madrid
  2018 Ed. (3078)
Melih Abdulhayoglu
  2020 Ed. (4874)
Melillo Marsala
  2004 Ed. (4967)
Melillo Marsalo
  2005 Ed. (4959)
Melin Collection-Houston
  1992 Ed. (1096)
Melinda French Gates
  2023 Ed. (4929, 4930)
Melinda Gates
  2004 Ed. (3891)
  2006 Ed. (3898)
  2007 Ed. (4983)
  2013 Ed. (4959, 4960)
  2014 Ed. (4968, 4969)
  2015 Ed. (5009, 5010)
  2016 Ed. (4926, 4927)
  2017 Ed. (4922, 4923)
  2018 Ed. (3367)
  2019 Ed. (3345)
  2021 Ed. (4934)
  2022 Ed. (4929)
Melinda Gates (U.S.)
  2021 Ed. (4935)
  2022 Ed. (4930)
Melissa
  2022 Ed. (990)
  2023 Ed. (1161)
Melissa Brown
  1993 Ed. (1839)
  1994 Ed. (1819)
  1995 Ed. (1861)
  1996 Ed. (1838)
  1997 Ed. (1911)
  1998 Ed. (1616)
  1999 Ed. (2205)
Melissa Corrado-Harrison
  2011 Ed. (3330)
  2013 Ed. (3389)
Melissa Data
  2014 Ed. (1080)
  2015 Ed. (1119)
  2016 Ed. (1031)
  2017 Ed. (1065)
  2018 Ed. (991)
  2019 Ed. (990)

2020 Ed. (973)
2021 Ed. (954)
Melissa Drew
  2023 Ed. (1303)
Melissa Joan Hart
  2003 Ed. (2331)
  2004 Ed. (2411)
Melissa Kikizas
  2013 Ed. (1666)
  2014 Ed. (1620)
Melissa McCarthy
  2014 Ed. (2533)
  2015 Ed. (2606)
Melissa Moore
  2013 Ed. (4961)
Melissa Musser
  2023 Ed. (1298)
Melissa Ruttner
  1996 Ed. (1850)
Melissa Sungela
  2010 Ed. (2835)
Melissa's
  2022 Ed. (326)
  2023 Ed. (416)
Melitta
  1992 Ed. (1242)
  1993 Ed. (1005)
  1994 Ed. (1035)
  1995 Ed. (1044)
  1997 Ed. (1041)
  1998 Ed. (786)
  1999 Ed. (1216)
  2000 Ed. (1130)
  2002 Ed. (1092)
Melitta Unternehmensgruppe Bentz KG
  2020 Ed. (2710)
Melk & Cookies
  2022 Ed. (1275)
Melker Schorling
  2009 Ed. (4898)
  2011 Ed. (4884)
  2012 Ed. (4893)
  2013 Ed. (4911)
  2014 Ed. (4921)
  2015 Ed. (4961)
  2016 Ed. (4877)
  2017 Ed. (4877)
  2018 Ed. (4889)
  2019 Ed. (4881)
  2020 Ed. (4870)
  2021 Ed. (4871)
  2022 Ed. (4867)
Melker Schorling & family
  2023 Ed. (4861)
Mellace Family Brands Inc.
  2018 Ed. (1289)
  2022 Ed. (1277)
Mellanox Technologies
  2003 Ed. (4381)
  2008 Ed. (2458)
  2018 Ed. (3421)
Mellat Bank
  2015 Ed. (2710)
  2016 Ed. (2609, 2635)
  2017 Ed. (2569)
Mellat; Bank
  2005 Ed. (547)
  2006 Ed. (471)
  2007 Ed. (484)
  2008 Ed. (449)
Mellencamp; John
  1992 Ed. (1351)
  1994 Ed. (1100)
  1995 Ed. (1118, 1120)
  1997 Ed. (1113)
Mellencamp; John Cougar
  1990 Ed. (1144)
Melli Iran; Bank
  2005 Ed. (530, 547)
  2006 Ed. (471)
  2007 Ed. (484)
  2008 Ed. (449)
Mello-Mints
  1990 Ed. (896)
Mello; Rubens Ometto Silveira
  2008 Ed. (4854)
Mello Yello
  1994 Ed. (3356)
Mello Yellow
  2003 Ed. (4470)
Mellody Hobson
  2007 Ed. (3617)
  2011 Ed. (103)
Mellon
  2005 Ed. (490, 2679)
Mellon 1st Business Bank
  2009 Ed. (495)
Mellon: An American Life
  2008 Ed. (615)
Mellon Bank
  1989 Ed. (624, 653, 2136)
  1990 Ed. (703, 2328)
  1991 Ed. (396, 2249, 2252)
  1992 Ed. (523, 820, 852, 853, 1180, 1911, 2738, 2777, 2779, 2782, 2981, 2983, 2985)
  1994 Ed. (364, 365, 464, 617, 650, 651, 654, 1605, 2300, 2320, 2446, 2447,

2448, 3033, 3034, 3279)
  1995 Ed. (566, 587, 1878, 2378, 2379, 2436, 2437, 3360, 3513)
  1996 Ed. (256, 405, 406, 407, 408, 414, 418, 617, 618, 619, 654, 656, 697, 698, 1625, 2378, 2484, 2580, 2581)
  1997 Ed. (168, 284, 362, 365, 373, 381, 385, 566, 567, 568, 593, 1261, 2511, 2807, 3281, 3282)
  1998 Ed. (272, 293, 304, 325, 326, 404, 405, 406, 424, 425, 1044, 1397, 2265, 2295, 2297, 2303, 3316)
  1999 Ed. (393, 397, 595, 596, 597, 622, 651, 652, 668, 1442, 1450, 1478, 1955, 2636, 3039, 3040, 3042, 3043, 3045, 3176, 3433, 3436, 4031, 4032, 4340)
  2000 Ed. (392, 403, 406, 427, 432, 618, 619, 620, 621, 647, 676, 677, 678, 2770, 2772, 2774, 2775, 2777, 3156, 3744, 3745, 3746)
  2001 Ed. (583, 597, 1833, 3010)
  2004 Ed. (425)
  2005 Ed. (431)
  2006 Ed. (389)
Mellon Bank Center
  1998 Ed. (2697)
  2000 Ed. (3365)
Mellon Bank (Delaware)
  1991 Ed. (365)
Mellon Bank Delaware NA
  1997 Ed. (366)
Mellon Bank (East) NA
  1991 Ed. (646)
Mellon Bank (East) PSFS NA
  1992 Ed. (543, 546, 818, 3104)
Mellon Bank EB Stock
  1994 Ed. (2310)
Mellon Bank NA
  1990 Ed. (667, 1014, 1015, 1016)
  1991 Ed. (646, 944)
  1992 Ed. (548, 559, 818, 1178)
  1993 Ed. (388, 390, 398, 399, 410, 530, 612, 614, 648, 649, 653, 2289, 2298, 2508, 2509, 2510, 2511, 2590, 3288)
  1994 Ed. (249, 353, 368, 378, 388, 389, 396, 400, 527, 615, 2552)
  1995 Ed. (360, 368, 383, 384, 395, 585)
  2001 Ed. (1833)
  2003 Ed. (1809)
Mellon Bank Network Services
  2000 Ed. (1733)
Mellon Bond
  1989 Ed. (2125, 2131)
  1990 Ed. (2331)
  1991 Ed. (2206, 2208)
  1992 Ed. (2728, 2730)
  1993 Ed. (2280, 2282, 2316, 2324, 2329)
  1996 Ed. (2380)
  1997 Ed. (2514, 2516, 2528)
  1998 Ed. (2256)
  1999 Ed. (3055)
  2000 Ed. (2783, 2789)
Mellon Bond Associates
  1994 Ed. (2293, 2301)
  2000 Ed. (2779, 2801, 2813, 2860)
Mellon Bond Associates LLP
  2003 Ed. (3083)
Mellon Capital
  1989 Ed. (2125, 2126)
  1990 Ed. (2330, 2331)
  1991 Ed. (2208, 2209, 2213)
  1993 Ed. (2282, 2283, 3392)
  1996 Ed. (2380, 2381, 2388)
  1997 Ed. (2513, 2514, 2518)
  1998 Ed. (2256, 2257, 2261, 2282)
  1999 Ed. (3053, 3055, 3056, 3082)
  2000 Ed. (2789, 2790, 2791)
  2002 Ed. (3008, 3020)
  2008 Ed. (2291)
Mellon Capital Management Corp.
  1989 Ed. (1800, 1802, 1804, 2138, 2141)
  1991 Ed. (2242, 2244)
  1992 Ed. (2730, 2731, 2735, 2772, 4073)
  1994 Ed. (2301, 2302, 2316, 2324)
  2000 Ed. (2858)
  2003 Ed. (3083, 3084, 3089, 3110)
  2004 Ed. (2034, 2044, 3209)
Mellon Capital Mgmt.
  1990 Ed. (2337, 2341, 2344)
Mellon-Clair Odell Group
  2002 Ed. (2857)
Mellon Collection Services SA
  2008 Ed. (1774)
Mellon Equity Associates
  1990 Ed. (2337)
  1993 Ed. (2341)
  2000 Ed. (2780, 2809, 2811)
Mellon family
  2002 Ed. (3363)
  2006 Ed. (4897)
Mellon Financial Corp.
  2001 Ed. (578, 579, 594, 621, 622, 638, 639, 640, 3001, 3004)
  2002 Ed. (3004, 3621, 3624, 4874)
  2003 Ed. (437, 439, 452, 454, 1577, 1809, 3062, 3063, 3064, 3065, 3067)

2004 Ed. (431, 433, 636, 637, 3174, 3178)
2005 Ed. (360, 437, 439, 625, 626, 869, 870, 1002, 1946, 1948, 1949, 1950, 1951, 3211, 3212, 4283)
2006 Ed. (397, 778, 779, 1983, 1987, 1989, 1990, 3196, 3197)
2007 Ed. (1955, 2552, 2888, 3253, 3254)
2008 Ed. (426, 1475, 2042, 2046, 2047, 2048, 3184, 3379, 3380)
2009 Ed. (3446, 3448, 3452)
Mellon Financial Group-West Coast
  1998 Ed. (426)
Mellon Financial Products Support
  2009 Ed. (832, 1713)
Mellon Foundation; Andrew W.
  1989 Ed. (1469, 1470, 1471, 2165)
  1990 Ed. (1847, 2786)
  1991 Ed. (895, 1765, 2689)
  1992 Ed. (2214, 2215, 3358)
  1993 Ed. (1895, 1896, 2783)
  1994 Ed. (1897, 1898, 1903, 2772)
  2005 Ed. (2678)
  2008 Ed. (2766)
  2010 Ed. (2770, 2772)
Mellon Foundation; Richard King
  1993 Ed. (1897)
  2011 Ed. (2753)
Mellon Group
  2002 Ed. (2411)
  2007 Ed. (3286)
  2008 Ed. (3403)
Mellon HR Solutions
  2004 Ed. (2682)
  2005 Ed. (2367, 2368, 2369)
Mellon Information Services
  1993 Ed. (459)
Mellon Institutional Small Value
  2006 Ed. (4570)
Mellon Leasing
  2003 Ed. (570, 571)
Mellon/McMahan Real Estate
  1992 Ed. (2749)
  1995 Ed. (2375, 3073)
Mellon Mortgage Co.
  1998 Ed. (2529)
  1999 Ed. (3435, 3440, 3441)
Mellon Network Services
  2001 Ed. (2187)
Mellon; Paul
  1990 Ed. (457, 3686)
  1994 Ed. (1055)
  1995 Ed. (932, 1068)
Mellon PSFS
  1998 Ed. (3318)
  1999 Ed. (609)
  2000 Ed. (632)
  2002 Ed. (626)
Mellon Stuart/Baker
  1994 Ed. (1175)
Mellon Stuart Co.
  1989 Ed. (1000)
  1990 Ed. (1176, 1181, 1210)
  1991 Ed. (1100)
Mellon Stuart Construction Inc.
  1993 Ed. (1098, 1149)
  1994 Ed. (1125)
  1995 Ed. (1194)
Mellon Trust
  1996 Ed. (2582)
  1997 Ed. (2727, 2728, 2729, 2730)
  1998 Ed. (2442, 2443, 2444, 2445, 2446)
  1999 Ed. (409, 3313, 3314, 3315, 3316, 3317)
  2001 Ed. (3505, 3506, 3507, 3508, 3509, 3510)
Mellon Ventures Inc.
  2000 Ed. (1535, 4341)
  2002 Ed. (4736)
Mellon's Human Resources & Investor Solutions
  2006 Ed. (2418, 2658)
Mellor; James R.
  1994 Ed. (1715)
  1996 Ed. (963, 964)
Melloul Travel Consultants
  1992 Ed. (2405)
Mellow Mushroom
  2018 Ed. (4210)
  2019 Ed. (3913, 3915, 4155, 4240)
  2020 Ed. (3928, 3930, 4165, 4239)
  2021 Ed. (3898, 3899, 4203)
  2022 Ed. (3909, 3910)
  2023 Ed. (4007)
Mellow Mushroom Pizza Bakers
  2014 Ed. (3980, 4267)
  2015 Ed. (4025, 4248)
  2017 Ed. (3908, 4131)
Mellville
  1996 Ed. (3426)
Melmarc Products Inc.
  2009 Ed. (975)
  2010 Ed. (938)
Melnichenko; Andrey
  2014 Ed. (4914)
  2015 Ed. (4954)
Melnicove, Kaufman, Weiner & Smouse
  1991 Ed. (2280)

Melnicove, Kaufman, Weiner, Smouse & Garbis, P.A.
  1990 Ed. (2414)
Melnyk; Eugene
  2005 Ed. (4868)
Meloche Monnex
  2007 Ed. (3179)
  2008 Ed. (3327)
Meloche Monnex Group
  2009 Ed. (3396)
Melody
  2008 Ed. (4121)
Melody & Co.; L. J.
  1995 Ed. (3074)
  2005 Ed. (4016)
Melody Distributing Co.
  1990 Ed. (1828)
Melody Foods Inc.
  1991 Ed. (1746)
Melody Homes
  1994 Ed. (1118)
  1998 Ed. (900)
  1999 Ed. (1329)
  2002 Ed. (1187, 2676)
  2003 Ed. (1159)
  2005 Ed. (1193)
Melody Homes/Schuler Homes
  2000 Ed. (1211)
Melody Kia
  1996 Ed. (293)
Melody; L. J.
  1991 Ed. (2820)
  1993 Ed. (2976, 2977)
  1994 Ed. (3018)
  1997 Ed. (3263, 3269)
Melody, L.J.
  1990 Ed. (2971)
  1992 Ed. (3636)
  1995 Ed. (3068)
Melody Maker
  2000 Ed. (3500)
Melody Toyota Inc.
  1993 Ed. (287)
Melon Technologies
  2023 Ed. (3217)
Melons
  2001 Ed. (4669)
  2003 Ed. (3967, 3968)
  2007 Ed. (4873)
Melor
  2012 Ed. (689)
Melrose
  1993 Ed. (995)
  1994 Ed. (1027)
  1995 Ed. (1034)
  1997 Ed. (1039)
  1998 Ed. (774)
  2000 Ed. (1122, 1624)
  2001 Ed. (1276)
  2007 Ed. (2403)
  2013 Ed. (2119)
  2014 Ed. (2055)
  2016 Ed. (2523)
  2017 Ed. (3022)
Melrose Credit Union
  1996 Ed. (1511)
  2000 Ed. (221, 1629)
  2002 Ed. (1844, 1882)
  2003 Ed. (1936)
  2004 Ed. (1940)
  2005 Ed. (2063, 2064, 2072, 2084)
  2006 Ed. (2156, 2157, 2166, 2178)
  2007 Ed. (2134)
  2008 Ed. (2208)
  2009 Ed. (761, 2177, 2182, 2191, 2193, 2235)
  2010 Ed. (2124, 2126, 2134, 2146, 2147, 2189)
  2011 Ed. (2168)
  2012 Ed. (2020, 2022, 2030)
  2013 Ed. (2213, 2215, 2250, 2260)
  2014 Ed. (2142, 2144, 2146, 2182, 2193)
  2015 Ed. (2206, 2210, 2246, 2257)
  2016 Ed. (2177, 2181, 2217, 2228)
Melrose Industries
  2015 Ed. (2103, 2105, 2107, 2594)
  2016 Ed. (2083, 2085, 2516)
  2017 Ed. (2036, 2039, 2040, 2042, 2044, 2373)
  2018 Ed. (1992, 1999, 2001, 2003, 2440)
  2021 Ed. (2148)
  2022 Ed. (2181)
  2023 Ed. (2298)
Melrose plc
  2013 Ed. (2550)
  2014 Ed. (2519)
Melrose School & Municipal Employees Credit Union
  2004 Ed. (1934)
Melt blown
  2000 Ed. (3353)
  2001 Ed. (3839)
Melt Shop
  2022 Ed. (4138)
MELTAL-RADO SNEZIC, d.o.o.
  2018 Ed. (1907)

The Meltdown
  2020 Ed. (586, 589)
  2021 Ed. (556)
Meltebeke Volkswagen
  1993 Ed. (288)
Melting Pot
  2006 Ed. (4110)
The Melting Pot
  2014 Ed. (4267, 4276)
  2015 Ed. (4248, 4257)
  2016 Ed. (4158)
  2017 Ed. (4131, 4140)
  2018 Ed. (4216)
  2019 Ed. (4245)
  2021 Ed. (4119, 4191)
  2023 Ed. (4234)
The Melting Pot Restaurants
  2016 Ed. (4199)
  2017 Ed. (4176)
  2018 Ed. (4183)
  2019 Ed. (4199)
  2020 Ed. (4211)
  2021 Ed. (4168)
The Melting Pot Restaurants Inc.
  2002 Ed. (4024)
  2003 Ed. (4129)
  2004 Ed. (4140)
  2005 Ed. (4079)
  2006 Ed. (4124)
  2007 Ed. (4152)
  2008 Ed. (4187)
  2009 Ed. (4286)
  2010 Ed. (4244)
  2011 Ed. (4245)
  2012 Ed. (4284)
  2013 Ed. (4252)
Melton Franchise Systems
  2005 Ed. (4036)
Melton; Stuart L.
  2007 Ed. (2500)
Melton Truck Lines
  2020 Ed. (4724)
  2021 Ed. (4725)
  2022 Ed. (4727)
  2023 Ed. (4709)
Melton Truck Lines Inc.
  2007 Ed. (4845)
  2008 Ed. (4767)
  2009 Ed. (4798)
  2010 Ed. (4815)
  2011 Ed. (4774)
  2013 Ed. (4757)
  2014 Ed. (4807)
  2015 Ed. (4842)
  2016 Ed. (4746)
  2017 Ed. (4758)
  2018 Ed. (4755)
  2019 Ed. (4757)
  2020 Ed. (4736, 4741)
  2021 Ed. (4675, 4735, 4740)
  2022 Ed. (4737, 4742)
  2023 Ed. (4721, 4726)
Melton Truck Lines, Inc.
  2019 Ed. (4739)
  2020 Ed. (4715)
  2021 Ed. (4720)
  2022 Ed. (4722)
  2023 Ed. (4718)
Melton; William
  1990 Ed. (2285)
Meltonian
  2003 Ed. (984, 985)
Meltus
  1996 Ed. (1033)
Meltwater Group
  2013 Ed. (1609)
  2014 Ed. (1898)
Meltzer; Jay
  1991 Ed. (1685)
  1996 Ed. (1827)
Meltzer, Lippe, Goldstein, Wolf & Schlisse
  1999 Ed. (3152)
Meltzer, Lippe, Goldstein, Wolf & Schlissel PC
  2000 Ed. (2898)
Meltzer & Martin
  1992 Ed. (3566)
  1994 Ed. (2954)
  1995 Ed. (3012)
  1996 Ed. (3113)
  1997 Ed. (3192)
  1998 Ed. (2946)
  1999 Ed. (3930)
Melville
  1989 Ed. (933, 934, 2322, 2486)
  1990 Ed. (1049, 1050, 1051, 1052, 1554, 3049)
  1991 Ed. (974, 975, 978, 1427, 1462, 1463, 2896, 3115)
  1992 Ed. (1859)
  1993 Ed. (864, 993, 1497, 3267, 3300)
  1994 Ed. (1015, 1016, 1019, 1544, 3098, 3295, 3367)
  1995 Ed. (1024, 3425, 3426)
  1996 Ed. (893, 1008, 1009, 3146, 3246, 3251, 3485)
  1997 Ed. (923, 1028, 1030, 1306, 1632, 1639, 3347, 3355, 3549)

1998 Ed. (1305, 1314, 3097, 3340)
Melville Apparel
  1995 Ed. (1029)
  1998 Ed. (771)
Melville Group
  1990 Ed. (1373)
Melville Specialty
  1996 Ed. (3487)
  1998 Ed. (3344)
Melvin Howard
  1991 Ed. (1627)
Melvin Simon
  2006 Ed. (4906)
  2007 Ed. (4904)
  2008 Ed. (4833)
  2009 Ed. (4853)
  2010 Ed. (4857)
Melvin Simon & Associates Inc.
  1989 Ed. (2490, 2491)
  1990 Ed. (1162, 3284, 3288, 3289)
  1991 Ed. (1052, 2810, 3117, 3118, 3119, 3124, 3125)
  1992 Ed. (3620, 3622, 3958, 3959, 3960, 3965, 3966, 3967)
  1993 Ed. (2964, 3303, 3304, 3305, 3310, 3311, 3313, 3314, 3316)
  1994 Ed. (3003, 3004, 3021, 3296, 3297, 3301, 3302, 3304)
  1995 Ed. (3063, 3372)
MEM Co.
  1991 Ed. (3398)
MEM - Memphis International Airport
  2022 Ed. (147, 151)
Memac
  2000 Ed. (62, 121, 186)
  2001 Ed. (106, 132, 159, 230)
  2002 Ed. (79, 104, 132, 177, 203)
  2003 Ed. (45, 98, 144, 163)
Member banks of the second association of regional banks
  1992 Ed. (2640)
Member One Federal Credit Union
  2013 Ed. (2142)
  2022 Ed. (2081)
  2023 Ed. (2193)
MemberHealth
  2007 Ed. (2364)
  2008 Ed. (2887, 4037)
  2009 Ed. (1149, 2950, 4111)
Members 1st Credit Union
  2002 Ed. (1839, 1888)
  2003 Ed. (1942)
  2004 Ed. (1982)
  2005 Ed. (2124)
  2006 Ed. (2174, 2219)
  2007 Ed. (2140)
  2008 Ed. (2213, 2255)
  2009 Ed. (2241)
  2010 Ed. (2195)
  2011 Ed. (2213)
  2012 Ed. (2074)
  2013 Ed. (2258)
  2014 Ed. (2190)
  2015 Ed. (2254)
  2016 Ed. (2225)
Members 1st Federal Credit Union
  2018 Ed. (2118)
  2020 Ed. (2097)
  2021 Ed. (2087)
  2022 Ed. (2122)
  2023 Ed. (2187, 2237)
Members Advantage Community Credit Union
  2009 Ed. (2249)
  2010 Ed. (2203)
  2011 Ed. (2221)
  2012 Ed. (2082)
  2013 Ed. (2271)
  2014 Ed. (2205)
  2015 Ed. (2269)
  2016 Ed. (2240)
  2018 Ed. (2125)
  2020 Ed. (2107)
  2021 Ed. (2097)
  2022 Ed. (2129)
Members Alliance Credit Union
  2014 Ed. (2150)
  2015 Ed. (2214)
  2016 Ed. (2185)
Member's Choice Credit Union
  2015 Ed. (2259)
  2016 Ed. (2230)
Members Choice Credit Union
  2011 Ed. (2191)
  2015 Ed. (2229)
  2016 Ed. (2200)
  2022 Ed. (2101)
  2023 Ed. (2216)
Members Choice West Virginia Credit Union
  2009 Ed. (2255)
  2010 Ed. (2208)
  2011 Ed. (2226)
  2012 Ed. (2088)
  2013 Ed. (2274)
  2014 Ed. (2208)
  2015 Ed. (2272)
  2016 Ed. (2243)

CUMULATIVE INDEX • 1989-2023

Members Choice West Virginia Federal Credit Union
  2020 Ed. (2110)
Members Choice WV Federal Credit Union
  2018 Ed. (2129)
Members Cooperative Credit Union
  2015 Ed. (2199)
  2018 Ed. (2103)
  2020 Ed. (2082)
  2021 Ed. (2072)
  2022 Ed. (2107)
  2023 Ed. (2222)
Members Cooperative Credit Union (MCCU)
  2023 Ed. (2175)
Members Credit Union
  2003 Ed. (1937)
  2004 Ed. (1977)
  2011 Ed. (2208)
  2012 Ed. (2069)
  2022 Ed. (2071)
  2023 Ed. (2183)
Members Equity Bank
  2013 Ed. (477, 499)
  2019 Ed. (1325)
  2020 Ed. (1300)
  2021 Ed. (1281)
Members Exchange Credit Union
  2005 Ed. (2079)
Members First Credit Union
  2018 Ed. (2109)
  2020 Ed. (2088)
  2021 Ed. (2078)
  2022 Ed. (2113)
  2023 Ed. (2228)
Members First Credit Union of New Hampshire
  2002 Ed. (1879)
  2003 Ed. (1933)
  2004 Ed. (1973)
  2005 Ed. (2115)
  2006 Ed. (2210)
  2007 Ed. (2131)
  2008 Ed. (2246)
  2009 Ed. (2232)
  2010 Ed. (2186)
  2011 Ed. (2204)
  2012 Ed. (2065)
  2013 Ed. (2247)
  2014 Ed. (2179)
  2015 Ed. (2243)
  2016 Ed. (2214)
Members Heritage Credit Union
  2002 Ed. (1867)
  2003 Ed. (1921)
  2004 Ed. (1961)
  2005 Ed. (2103)
  2006 Ed. (2198)
  2007 Ed. (2119)
  2008 Ed. (2234)
  2009 Ed. (2219)
  2010 Ed. (2173)
  2011 Ed. (2191)
  2012 Ed. (2051)
  2013 Ed. (2233)
  2014 Ed. (2165)
  2015 Ed. (2229)
  2016 Ed. (2200)
  2018 Ed. (2097)
  2020 Ed. (2076)
  2021 Ed. (2066)
  2022 Ed. (2101)
  2023 Ed. (2216)
Member's Mark
  2022 Ed. (3071)
  2023 Ed. (3185)
Members Mutual
  2002 Ed. (3452, 3453, 3454)
  2003 Ed. (3584, 3585, 3586)
  2004 Ed. (3623, 3624, 3625)
Members Trust Co.
  2006 Ed. (2179)
  2021 Ed. (4291)
  2022 Ed. (4299)
Members Trust Company
  2023 Ed. (4329)
Members United Corporate Credit Union
  2012 Ed. (2017)
  2013 Ed. (2203)
Members VA-5
  1997 Ed. (3816)
Members VUL-5
  1997 Ed. (3814)
Membership stores
  1992 Ed. (4003)
MembersOwn Credit Union
  2012 Ed. (2063)
  2013 Ed. (2245)
  2014 Ed. (2177)
  2015 Ed. (2241)
  2020 Ed. (2086)
  2021 Ed. (2076)
Membranes/separations
  2001 Ed. (3831)
MEMC Electronic Materials
  2013 Ed. (2494)

MEMC Electronic Materials Inc.
  1997 Ed. (1713, 3403)
  1999 Ed. (1550)
  2001 Ed. (1040)
  2002 Ed. (2081)
  2005 Ed. (4343)
  2006 Ed. (1901, 1902, 1903, 1904, 1907, 1908, 1909, 3038)
  2007 Ed. (1892, 2733, 4343, 4349)
  2008 Ed. (1947, 1949, 1951, 1954, 1956, 4307, 4312)
  2009 Ed. (1908, 1909, 2462, 4419)
  2010 Ed. (2382)
Memebox.com
  2018 Ed. (2328)
Memec
  2002 Ed. (2077)
The Memec Group
  2005 Ed. (2347, 2348, 2352, 3385, 4349)
  2006 Ed. (2387)
Memec plc
  2002 Ed. (2085, 2086, 2088, 2089, 2093, 2095)
  2003 Ed. (2188)
  2004 Ed. (2247, 2248, 2252, 4402)
Memex Inc.
  2018 Ed. (4516)
MEMIC
  2008 Ed. (1894)
  2009 Ed. (1858)
  2010 Ed. (1790)
Memigo
  2005 Ed. (3185)
Memocom International
  1990 Ed. (3466)
Memoirs
  2004 Ed. (734)
Memoirs of a Geisha
  2000 Ed. (707)
  2001 Ed. (988)
  2008 Ed. (623)
Memorex
  1991 Ed. (2071)
  1992 Ed. (2420, 2634)
  1994 Ed. (2200)
  1995 Ed. (679)
  1996 Ed. (749, 750)
  1997 Ed. (680, 681)
  1998 Ed. (475, 476)
  1999 Ed. (735, 736)
  2000 Ed. (749)
  2012 Ed. (956, 3977)
Memorex International
  1990 Ed. (1633)
Memorex International NV
  1990 Ed. (1226)
Memorex Telex
  1990 Ed. (2205)
  1991 Ed. (2064)
  1993 Ed. (2178, 2179)
  1994 Ed. (199)
  1995 Ed. (201, 2261)
  1999 Ed. (388, 389)
Memorex Telex N.V.
  1996 Ed. (384, 385, 386)
Memorex Video 3 pack HS T-120
  1992 Ed. (1849)
Memorial Health
  2006 Ed. (1728)
Memorial Health Alliance
  1998 Ed. (536)
  1999 Ed. (2753)
Memorial Health Care System
  2008 Ed. (2102)
Memorial Health Services
  2003 Ed. (1626)
  2004 Ed. (1658)
  2005 Ed. (1680)
  2006 Ed. (1585)
  2007 Ed. (1609)
  2008 Ed. (1597, 3171, 3178)
  2009 Ed. (1535)
  2010 Ed. (1529)
Memorial Health System
  1998 Ed. (2548)
  2008 Ed. (1690)
  2009 Ed. (1613)
  2013 Ed. (1566)
Memorial Health Systems
  2005 Ed. (2804)
Memorial Health University Medical Center
  2006 Ed. (2923)
  2008 Ed. (3064)
Memorial Healthcare
  2023 Ed. (4387)
Memorial Healthcare System
  1999 Ed. (3466)
  2000 Ed. (3185)
  2002 Ed. (3296)
  2003 Ed. (3471)
  2006 Ed. (1708)
  2007 Ed. (1703)
  2008 Ed. (1732)
  2009 Ed. (1671)
  2010 Ed. (1627)
  2011 Ed. (2864)
  2012 Ed. (2794, 2796)
  2013 Ed. (2861)

2015 Ed. (2935)
2020 Ed. (1542)
2021 Ed. (1525)
2022 Ed. (1542)
2023 Ed. (1718)
Memorial Hermann Credit Union
  2009 Ed. (2188)
  2010 Ed. (2144)
Memorial Hermann Health System
  2015 Ed. (2073, 2913)
  2016 Ed. (2041)
  2017 Ed. (2000)
  2018 Ed. (1331, 2896, 2909, 3712, 4136)
  2019 Ed. (2864, 3699)
  2020 Ed. (1936)
Memorial Hermann Healthcare System
  2002 Ed. (3295)
  2006 Ed. (3591)
  2009 Ed. (2087)
  2011 Ed. (2095)
Memorial Hermann - The Woodlands Hospital
  2019 Ed. (2021)
Memorial Hermann The Woodlands Hospital
  2018 Ed. (1966)
Memorial Hermann - The Woodlands Medical Center
  2020 Ed. (1946)
  2021 Ed. (1906)
  2022 Ed. (1950)
Memorial Hermann The Woodlands Medical Center
  2023 Ed. (2064)
Memorial Hermann TIRR, The Institute for Rehabilitation & Research
  2009 Ed. (3136)
  2010 Ed. (3067)
  2011 Ed. (3039)
  2012 Ed. (2977)
  2013 Ed. (3069)
  2014 Ed. (3071)
  2015 Ed. (3136)
  2016 Ed. (2999)
Memorial Hospital & Health System
  2013 Ed. (3077)
Memorial Hospital
  2016 Ed. (1652)
The Memorial Hospital
  2001 Ed. (1673, 1840)
  2003 Ed. (1655, 1813)
  2004 Ed. (1684, 1847)
  2005 Ed. (1742, 1955, 2893)
  2006 Ed. (2001, 2899)
  2007 Ed. (1966)
  2008 Ed. (2061, 3041)
  2009 Ed. (2027, 3126)
  2010 Ed. (1960)
  2011 Ed. (2020)
  2012 Ed. (1868)
  2013 Ed. (2027)
  2014 Ed. (1962)
Memorial Hospital Auxiliary Inc.
  2013 Ed. (1886)
Memorial Hospital of Carbondale
  2006 Ed. (2919)
  2008 Ed. (3060)
  2010 Ed. (3080)
  2011 Ed. (3052)
Memorial Hospital & Health Care Center
  2006 Ed. (2919)
Memorial Hospital & Health Center
  2010 Ed. (3076)
Memorial Hospital & Health System
  2008 Ed. (3062)
Memorial Hospital Jacksonville
  2022 Ed. (1545)
Memorial Hospital of Laramie County
  2001 Ed. (1902)
  2003 Ed. (1857)
  2004 Ed. (1893)
  2005 Ed. (2019)
  2006 Ed. (2122, 2123)
  2007 Ed. (2070, 2071)
  2008 Ed. (2178, 2179)
  2009 Ed. (2164, 2165)
  2010 Ed. (2104, 2105)
  2011 Ed. (2157, 2158)
  2012 Ed. (2008, 2009)
  2013 Ed. (2197)
  2015 Ed. (2186, 2187)
  2016 Ed. (2162, 2163)
Memorial Hospital Miramar
  2011 Ed. (3048)
  2012 Ed. (2985)
Memorial Hospital of Sheridan County
  2001 Ed. (1902)
  2003 Ed. (1857)
  2004 Ed. (1893)
  2005 Ed. (2019)
  2006 Ed. (2122)
  2007 Ed. (2070)
Memorial Hospital West
  2010 Ed. (3074)
  2011 Ed. (3046)
  2012 Ed. (2983)
Memorial Life Insurance Co.
  1995 Ed. (2310)

Memorial Medical Center Inc.
  2001 Ed. (1712, 1814)
  2003 Ed. (1787)
  2004 Ed. (1821)
  2005 Ed. (1905)
  2006 Ed. (1932)
  2007 Ed. (1916)
  2008 Ed. (1979)
  2009 Ed. (1934)
  2010 Ed. (1870)
  2011 Ed. (1902)
  2012 Ed. (1759)
  2013 Ed. (1929)
  2014 Ed. (1868)
  2015 Ed. (1904)
  2016 Ed. (1867)
Memorial Park Mortgage Ltd.
  2005 Ed. (362)
Memorial Production Partners LP
  2017 Ed. (3765)
  2019 Ed. (324)
Memorial Regional Hospital
  2010 Ed. (3080)
Memorial Sloan Kettering Cancer Center
  2017 Ed. (1353, 2826)
  2019 Ed. (2850)
  2023 Ed. (1530)
Memorial Sloan-Kettering Cancer Center
  1992 Ed. (1095)
  1993 Ed. (890)
  1994 Ed. (890)
  1998 Ed. (1995)
  1999 Ed. (2728, 2729, 2734, 2744, 2751)
  2000 Ed. (2393, 2508, 2513, 2523, 2532)
  2001 Ed. (2773, 2774, 2775)
  2002 Ed. (2600, 2615, 2623)
  2003 Ed. (2805, 2820)
  2004 Ed. (2908, 2923)
  2005 Ed. (1908, 2894, 2909)
  2006 Ed. (2900, 2915, 3710, 3711, 3712, 3716)
  2007 Ed. (2919, 2921, 2934)
  2008 Ed. (3042, 3056, 3787, 3796, 3797, 3798)
  2009 Ed. (3127, 3142, 3829, 3830, 3831, 3840, 3841, 3843)
  2010 Ed. (3059, 3073, 3756)
  2011 Ed. (3030, 3045, 3763)
  2012 Ed. (2956, 2967, 2971, 2981)
  2013 Ed. (3057, 3062, 3072)
  2014 Ed. (3059, 3064, 3074)
  2015 Ed. (3124, 3129)
  2016 Ed. (2987, 2992, 3002)
Memorial University
  2002 Ed. (905)
  2004 Ed. (835)
Memorial University of Newfoundland
  2007 Ed. (1167, 1173, 1175, 1179)
  2008 Ed. (1071, 1079, 1081, 1082)
  2009 Ed. (1048, 1054, 1056, 1067)
  2010 Ed. (1018, 1023)
  2011 Ed. (953, 958)
  2012 Ed. (873, 878)
MemorialCare
  2023 Ed. (1611)
MemorialCare Health System
  2014 Ed. (1427)
  2015 Ed. (1489)
  2016 Ed. (1420)
  2017 Ed. (1429)
Memory
  2001 Ed. (4220)
Memory Experts International
  2007 Ed. (2821)
  2008 Ed. (2946)
  2009 Ed. (2996)
  2010 Ed. (2936)
  2011 Ed. (2901)
Memory Gardens Management
  2009 Ed. (3311)
The Memory Keeper's Daughter
  2008 Ed. (555, 624)
  2009 Ed. (584, 644)
Memory Lane
  2002 Ed. (928)
Memory Man
  2017 Ed. (624)
  2018 Ed. (584)
MEMORY.NET
  2021 Ed. (929)
Memotec Communications
  2001 Ed. (2864)
Memotec Data
  1989 Ed. (1589)
  1992 Ed. (2399)
Memphis
  2000 Ed. (270)
Memphis Airport
  1996 Ed. (172)
  1997 Ed. (186, 219)
  1998 Ed. (108)
  2001 Ed. (349)
Memphis Area Teachers' Credit Union
  2002 Ed. (1893)
  2003 Ed. (1947)
  2004 Ed. (1987)
  2005 Ed. (2129)
  2006 Ed. (2224)

2007 Ed. (2145)
2008 Ed. (2260)
2009 Ed. (2246)
2010 Ed. (2200)
2011 Ed. (2218)
2012 Ed. (2079)
Memphis-Ark.-Miss.
　1990 Ed. (2608)
Memphis Barbecue Co.
　2019 Ed. (4160)
　2020 Ed. (4172)
　2021 Ed. (4112)
Memphis Classics
　1997 Ed. (987)
Memphis Construction Inc.
　1992 Ed. (1419)
Memphis Downtown, TN
　1996 Ed. (1603)
Memphis International
　1993 Ed. (168)
　1995 Ed. (169)
　2001 Ed. (353)
Memphis International Airport
　1999 Ed. (252)
　2020 Ed. (155)
　2021 Ed. (158)
　2022 Ed. (147, 151)
　2023 Ed. (221, 225)
Memphis Invest
　2015 Ed. (4174)
Memphis Light, Gas & Water
　2002 Ed. (3878, 3879, 4710)
　2012 Ed. (2249)
　2021 Ed. (4349)
Memphis Light, Gas & Water Division
　1993 Ed. (1554, 1555, 1556)
　1994 Ed. (1591, 1592, 1593)
　1995 Ed. (1634, 1635, 1636)
　1996 Ed. (1610, 1611, 1612)
　1998 Ed. (1381, 1382, 1383)
Memphis Lights
　1997 Ed. (987)
Memphis/Little Rock, TN-AR
　1990 Ed. (1077)
Memphis Made Brewing Co.
　2023 Ed. (911)
Memphis Municipal Employees
　2000 Ed. (1623, 1624)
Memphis Municipal Employees Credit Union
　1996 Ed. (1504, 1505)
　1998 Ed. (1216, 1217)
　2002 Ed. (1827)
　2003 Ed. (1888)
　2004 Ed. (1932)
Memphis Pool
　2022 Ed. (4536, 4538)
Memphis-Shelby Airport
　2001 Ed. (926)
Memphis, Tenn., Light, Gas & Water Division
　1990 Ed. (1595, 1596, 1597)
Memphis, TN
　1989 Ed. (2098)
　1990 Ed. (2072)
　1991 Ed. (716, 2550)
　1992 Ed. (898, 2550)
　1994 Ed. (720, 966, 968, 1104, 2913, 3326)
　1995 Ed. (677)
　1996 Ed. (748, 973)
　1998 Ed. (176, 733)
　1999 Ed. (254, 355, 356, 1175, 3374)
　2000 Ed. (1078, 1087, 4287)
　2001 Ed. (4022)
　2002 Ed. (276, 277, 373)
　2003 Ed. (254, 256, 3679, 4054, 4872)
　2004 Ed. (3309, 3314, 3735, 3736, 4081)
　2005 Ed. (3321, 3644, 4835)
　2006 Ed. (249, 2975, 3742, 4050, 4884, 4885)
　2007 Ed. (2997, 3004, 3374, 4100)
　2008 Ed. (204, 4119, 4348, 4354, 4357)
　2009 Ed. (228, 258, 261)
　2010 Ed. (249, 250)
　2011 Ed. (168, 169, 3101, 3102, 3492)
　2012 Ed. (182)
　2013 Ed. (165, 167)
　2014 Ed. (125, 127, 169, 171)
　2015 Ed. (196, 197)
　2016 Ed. (189)
　2017 Ed. (137, 139, 2105, 4560)
　2018 Ed. (136, 706)
　2019 Ed. (133, 135, 163, 165)
　2020 Ed. (130, 2047)
　2021 Ed. (3348, 3374)
　2023 Ed. (3562, 3564)
Memphis, TN-AR-MS
　1993 Ed. (710)
　2002 Ed. (4287)
Memphis, TN, Electric Service
　1991 Ed. (1496)
Memphis, TN, Light, Gas & Water Division
　1991 Ed. (1494, 1495)
　1992 Ed. (1893, 1894, 1895)
Memphis, TX
　2007 Ed. (4098)

Memphis; University of
　2006 Ed. (714)
　2012 Ed. (611)
Memry Corp.
　2004 Ed. (3322, 3323)
　2005 Ed. (3347, 3348)
MEMSIC Inc.
　2011 Ed. (2833)
Memstar Technology
　2015 Ed. (2018)
Men
　1998 Ed. (2506)
Men Are from Mars, Women Are from Venus
　1999 Ed. (693)
Men in Black
　1999 Ed. (3447, 3450, 4717, 4719)
　2001 Ed. (4695)
Men in Black 2
　2004 Ed. (2161, 3517)
Men in Black 3
　2014 Ed. (3700, 3702, 3703, 3704)
"Men Don't Tell"
　1995 Ed. (3584)
Men Yi Corporation
　1992 Ed. (4284)
Men Yi Textile Co., Ltd.
　1990 Ed. (3573)
MENA Glass
　2010 Ed. (808)
Menadol
　1993 Ed. (2120)
Menage a Trois
　2017 Ed. (4906)
　2018 Ed. (4926)
　2019 Ed. (4925)
　2020 Ed. (4925)
Menang
　1992 Ed. (2824)
Menard
　2021 Ed. (4261)
Menard Cosmetics
　2023 Ed. (2314)
Menard Inc.
　1990 Ed. (839)
　1992 Ed. (982)
　1993 Ed. (775)
　1994 Ed. (793, 794, 795, 796, 2076)
　1995 Ed. (845, 846, 847, 848, 2125)
　2000 Ed. (2492)
　2001 Ed. (1901, 2728, 2729, 2754)
　2002 Ed. (2286)
　2003 Ed. (774, 775, 1855, 2495, 2788, 2789, 2790)
　2004 Ed. (784, 785, 1891, 2631, 3258)
　2005 Ed. (770, 771, 2017, 2619, 4125)
　2006 Ed. (678, 679, 2120, 2615, 2865, 2866)
　2007 Ed. (773, 774, 2068, 2591, 2760, 2761, 2854, 2855)
　2008 Ed. (748, 749, 2176, 2877, 2878, 2976, 2977)
　2009 Ed. (743, 744, 2159, 2160, 2941, 2942, 3059, 3060, 3087, 3088, 3602, 4173)
　2010 Ed. (689, 690, 2100, 3018, 3019, 4108, 4314)
　2011 Ed. (618, 2987, 2988, 2989, 4076, 4288)
　2012 Ed. (589, 2913, 2914, 4107, 4330)
　2013 Ed. (723, 2196, 2856, 3000, 3001, 3002, 4269)
　2014 Ed. (746, 747, 2127, 2885, 2886, 3009, 3010, 3011, 4328)
　2015 Ed. (2184, 3077, 3078, 3079, 4315, 5040, 5041)
　2016 Ed. (2153, 2160, 2968, 2975, 4212, 4993, 4994)
　2017 Ed. (2099, 2924, 2931, 4199)
　2018 Ed. (2054)
　2019 Ed. (2114, 2945)
　2020 Ed. (2030)
　2021 Ed. (1979, 2836)
　2022 Ed. (2024)
Menard Japan
　2013 Ed. (2326)
Menard Japan Cosmetics
　2014 Ed. (2259)
Menard; John
　2008 Ed. (4831)
　2009 Ed. (4852)
　2011 Ed. (4837)
　2012 Ed. (4840)
　2013 Ed. (4838)
Menard Jr.; John
　2007 Ed. (4903)
　2014 Ed. (4853)
　2015 Ed. (4890)
　2016 Ed. (4808)
　2017 Ed. (4820)
　2018 Ed. (4825)
　2019 Ed. (4821)
　2020 Ed. (4811)
　2021 Ed. (4812)
　2022 Ed. (4805)
Menard, Jr.; John
　2023 Ed. (4798)

Menard Jr.; John R.
　2005 Ed. (4853)
　2006 Ed. (4907)
Menard's
　1993 Ed. (2047)
　1996 Ed. (815, 817, 818, 819, 820, 821, 824, 826, 827, 2134, 2493)
　1997 Ed. (830, 831, 832, 1824)
　1998 Ed. (665, 1967, 1969, 1973, 1974)
　1999 Ed. (2710, 2711)
　2014 Ed. (2441)
　2015 Ed. (2513)
　2016 Ed. (2446)
　2017 Ed. (2292)
　2021 Ed. (2272)
Menards
　2014 Ed. (4358)
　2015 Ed. (4367)
　2018 Ed. (3086, 4225)
　2019 Ed. (4253)
　2020 Ed. (4250)
　2021 Ed. (2934, 4216)
　2022 Ed. (2999, 3051, 4218)
　2023 Ed. (2121, 3115, 4261)
Menards Distribution
　1998 Ed. (1534)
Menards Inc.
　2018 Ed. (2989, 3005)
　2019 Ed. (2943, 2944)
　2020 Ed. (2973, 2974)
　2021 Ed. (2833, 2834)
　2022 Ed. (2998)
　2023 Ed. (3114)
Menarini Group
　2007 Ed. (35, 56)
　2022 Ed. (3881)
Menarini Group (aka A. Menarini Diagnostics Srl)
　2022 Ed. (3881)
Menasha Corp.
　2004 Ed. (3352)
Menasha Display Group
　2005 Ed. (3866)
　2006 Ed. (3930)
　2007 Ed. (3985)
　2008 Ed. (4005)
　2009 Ed. (4079)
Menasha Forest Management Inc.
　2012 Ed. (2687)
Menasha Forest Products Corp.
　2003 Ed. (2544)
　2004 Ed. (2680)
　2005 Ed. (2672)
　2006 Ed. (2657)
　2013 Ed. (2773)
Menatep Bank
　1999 Ed. (629)
Menchie's
　2013 Ed. (3128)
　2014 Ed. (3132)
　2016 Ed. (2769)
Menchie's Frozen Yogurt
　2012 Ed. (4264)
　2013 Ed. (4231)
　2014 Ed. (858)
　2018 Ed. (3124, 4220)
　2019 Ed. (3055)
　2020 Ed. (3093, 4176, 4177)
　2021 Ed. (819, 2964)
Menchie's Group Inc.
　2022 Ed. (851)
Mendes; Jorge
　2021 Ed. (4462)
　2022 Ed. (4471)
Mendes; Shawn
　2017 Ed. (1083)
　2018 Ed. (3690)
　2019 Ed. (3674, 3675)
Mendes; Stella
　2023 Ed. (1299)
Mendez & Co.
　2004 Ed. (4924)
　2005 Ed. (4907)
　2006 Ed. (2000, 4939)
　2007 Ed. (1963, 4946)
　2015 Ed. (2003)
　2016 Ed. (4890)
　2017 Ed. (4889)
　2018 Ed. (4905)
Mendez Dairy/Tropical Cheese Co. Inc.
　1999 Ed. (4756)
　2000 Ed. (4386)
Mendez; Robert
　2011 Ed. (2953)
　2012 Ed. (3448)
Mendik Co, a Division of Vornado Realty Trust
　2000 Ed. (3729)
Mendik Co.
　1998 Ed. (3019)
Mendik Realty Co.
　1997 Ed. (3273)
　1999 Ed. (4011)
Mendix
　2023 Ed. (1165)
Mendocino Brewing Co.
　1992 Ed. (3064)
　1996 Ed. (2630)

2013 Ed. (1467)
2014 Ed. (1430)
Mendocino Farms
　2021 Ed. (2506)
Mendocino Headlands State Park
　1999 Ed. (3704)
Mendota Springs
　1999 Ed. (767)
　2005 Ed. (737)
　2011 Ed. (551)
Mendoza College of Business
　2015 Ed. (810)
Mendoza, Dillon
　1991 Ed. (105)
Mendoza Dillon & Asociados
　2000 Ed. (55)
　2001 Ed. (213)
　2002 Ed. (69)
　2003 Ed. (33, 80, 81)
　2004 Ed. (109, 115)
　2005 Ed. (105)
Mendoza; Lorenzo
　2005 Ed. (4881)
　2006 Ed. (4925)
　2007 Ed. (4913)
　2008 Ed. (4840, 4878)
　2009 Ed. (4923)
　2010 Ed. (4927)
　2011 Ed. (4912)
　2012 Ed. (4925)
　2013 Ed. (4923)
　2014 Ed. (4930)
　2015 Ed. (4970)
　2016 Ed. (4887)
　2017 Ed. (4885)
Mendoza Productions; Nick
　1991 Ed. (1911)
Mendoza; Roberto G.
　1991 Ed. (402)
Mendoza School of Business
　2011 Ed. (648, 693)
Mendoza School of Business; University of Notre Dame
　2006 Ed. (707)
　2007 Ed. (795, 797, 815, 829)
　2008 Ed. (773, 777)
　2009 Ed. (789)
　2010 Ed. (726, 755)
　2011 Ed. (653, 692, 694)
　2012 Ed. (608)
Menendez Financial Group
　1997 Ed. (2011)
Menendez Financial & Insurance Services
　2000 Ed. (2198)
　2002 Ed. (2557)
Meng; Koh Wee
　2014 Ed. (4917)
Meng; Tsai Eng
　2008 Ed. (4852)
　2009 Ed. (4874)
　2010 Ed. (4875)
　2011 Ed. (4863, 4864)
　2012 Ed. (4869)
Mengali Accountancy
　2021 Ed. (4987)
　2022 Ed. (4986)
　2023 Ed. (21, 4990)
Mengniu
　2020 Ed. (2137)
　2021 Ed. (2132, 2619, 2625)
　2022 Ed. (2162, 2733, 2752)
　2023 Ed. (2281, 2869, 2886)
Mengniu (China)
　2021 Ed. (2625)
　2022 Ed. (2752)
Mengyi; Zhu
　2006 Ed. (2529)
　2007 Ed. (2508)
　2008 Ed. (4843)
Menicucci Insurance Agency LLC
　2018 Ed. (2526)
Menil Foundation
　1989 Ed. (1476)
Menkel
　1992 Ed. (65)
The Menkiti Group
　2013 Ed. (80)
　2018 Ed. (3635)
Menlo Ventures
　1998 Ed. (3665)
　2002 Ed. (4738)
Menlo Ventures IX, LP
　2002 Ed. (4731)
Menlo Worldwide
　2004 Ed. (4781)
Menlo Worldwide Forwarding Inc.
　2012 Ed. (1371)
　2013 Ed. (1463)
　2014 Ed. (1425)
　2015 Ed. (1487)
　2016 Ed. (1417)
Menlo Worldwide Logistics
　2004 Ed. (4767)
　2005 Ed. (4744)
　2006 Ed. (4795)
　2007 Ed. (4812)
　2008 Ed. (4739)
　2011 Ed. (4765)

CUMULATIVE INDEX • 1989-2023

Menneapolis-St. Paul, MN
  2000 Ed. (3116)
Mennel Milling Co.
  1990 Ed. (1811)
Mennen
  1992 Ed. (3400)
  1994 Ed. (2812)
  1995 Ed. (1549)
  1998 Ed. (1256, 1257, 2803)
  2000 Ed. (1658, 1659, 3506)
  2001 Ed. (1989, 3714)
  2003 Ed. (2001)
  2005 Ed. (2164)
Mennen Lady
  1995 Ed. (1549)
Mennen Lady Speed Stick
  1998 Ed. (1256, 1257)
Mennen Lady Speed Stick Deodorant
  1990 Ed. (2806)
Mennen Lady Speed Stick Deodorant, 1.5 oz., regular
  1989 Ed. (2185)
Mennen/Real
  1990 Ed. (3546)
Mennen Skin Bracer
  2001 Ed. (3702)
Mennen Speed Stick
  1992 Ed. (1783)
  1993 Ed. (1474)
  1994 Ed. (1518)
  2001 Ed. (1990)
  2003 Ed. (2002, 2003)
  2004 Ed. (3797, 3803)
Mennen Speed Stick 2.5
  1990 Ed. (1542)
Mennen Speed Stick Deodorant
  1990 Ed. (2805, 2806)
Mennen Speed Stick Deodorant, 2.5 oz., regular
  1989 Ed. (2184, 2185)
The Menninger Clinic
  2005 Ed. (3947)
  2006 Ed. (4016)
  2007 Ed. (4048)
  2008 Ed. (4084)
  2009 Ed. (4197)
  2010 Ed. (4132)
  2011 Ed. (4097)
  2012 Ed. (4131)
  2013 Ed. (4124)
  2014 Ed. (4139)
  2015 Ed. (4121)
  2016 Ed. (4035)
Menninger Foundation
  1994 Ed. (1901)
  1997 Ed. (2261)
Mennonite Brethren Foundation
  2010 Ed. (1418)
Mennonlte Central Committee
  1991 Ed. (2617)
  1996 Ed. (913)
Mennonite Financial Credit Union
  2012 Ed. (2028)
Mennonite Foundation of Canada
  2012 Ed. (722)
Mennonite General Hospital Inc.
  2004 Ed. (2812)
  2005 Ed. (2808)
  2006 Ed. (2782)
  2007 Ed. (2780)
  2017 Ed. (1936)
  2018 Ed. (1886)
Meno Guaranty Bank, Meno, OK
  1992 Ed. (703)
Menold Construction & Restoration
  2017 Ed. (2978)
Menon; P. N. C.
  2015 Ed. (4948)
  2016 Ed. (4863)
  2018 Ed. (4876)
  2019 Ed. (4870)
  2020 Ed. (4859)
Menopause
  2000 Ed. (2446)
Menorah Park Center for Senior Living
  2012 Ed. (1799)
Men's
  2007 Ed. (166)
Men's Choice
  2003 Ed. (2655)
Men's Fitness
  2000 Ed. (3464)
  2004 Ed. (140, 149)
  2015 Ed. (3548)
  2016 Ed. (3400)
Men's Health
  1994 Ed. (2789, 2791, 2794, 2800)
  1996 Ed. (2960, 2966, 2967)
  1997 Ed. (3036)
  1998 Ed. (72)
  1999 Ed. (1855, 3746)
  2000 Ed. (3464, 3499)
  2005 Ed. (130, 3358)
  2006 Ed. (133, 3346)
  2011 Ed. (3521)
Men's Journal
  1996 Ed. (2961, 2967)
  1997 Ed. (3037)

2000 Ed. (3477)
Men's Journal
  2023 Ed. (3579)
Men's NCAA Basketball Finals
  2005 Ed. (823)
Men's styling products
  2001 Ed. (2636, 2637)
Men's fragrances & toiletries
  1990 Ed. (1578)
Men's toiletries
  2001 Ed. (1920, 3712)
Men's Warehouse
  1997 Ed. (1633)
  1999 Ed. (1197)
Men's Wearhouse
  2014 Ed. (4327)
  2016 Ed. (4217)
  2017 Ed. (848)
  2018 Ed. (4243, 4256)
  2019 Ed. (4272, 4285)
  2020 Ed. (4276)
The Men's Wearhouse
  2018 Ed. (899, 904)
The Men's Wearhouse Inc.
  1998 Ed. (768)
  2001 Ed. (1270)
  2003 Ed. (1018, 1019)
  2004 Ed. (986, 987, 1020, 1021)
  2005 Ed. (1007, 1008, 1025, 1026)
  2006 Ed. (1039, 1584)
  2007 Ed. (1125, 2886, 4494)
  2008 Ed. (1007, 4221)
  2009 Ed. (991)
  2010 Ed. (844, 947, 956, 2042)
  2011 Ed. (882, 883, 2099, 3672)
  2012 Ed. (812, 1937, 2154)
  2013 Ed. (990, 2100, 2358)
  2014 Ed. (2032)
Men's Werehouse
  2000 Ed. (1119)
Mensajeria de Texto
  2008 Ed. (106)
Menstrual pain
  1996 Ed. (221)
Mensucat Santral
  1991 Ed. (2266)
Menswear
  2004 Ed. (2552, 2553)
Mentadent
  1996 Ed. (1525, 3709)
  1997 Ed. (1588, 3055, 3666, 3764)
  1998 Ed. (1254, 3582, 3583)
  1999 Ed. (1828, 1829, 3458, 4616, 4617)
  2000 Ed. (1656, 4264)
  2001 Ed. (4572, 4573, 4575, 4576, 4577, 4578)
  2002 Ed. (4638, 4639)
  2003 Ed. (1994, 4763, 4766, 4767, 4768, 4770, 4771)
  2005 Ed. (4721)
  2008 Ed. (4699)
Mentadent Cool Mint Paste Pump 3.5 oz
  1996 Ed. (3710)
Mentadent Fresh Mint Paste Pump 3.5 oz
  1996 Ed. (3710)
Mentadent ProCare
  2002 Ed. (4637)
  2003 Ed. (4764)
Mentadent Tooth Bleaching
  2004 Ed. (4744)
Mental disabilities
  1994 Ed. (3674)
Mental Health Association of Los Angeles County
  1995 Ed. (933)
Mental Health Center of Denver
  2013 Ed. (1548)
Mental Health Consultants Inc.
  2000 Ed. (3603)
Mental Health Law Project
  1991 Ed. (895)
Mental Health Management
  1992 Ed. (2449)
  1993 Ed. (2065)
  1994 Ed. (2087)
  1995 Ed. (2078, 2135, 3799)
  1996 Ed. (2147)
Mental Health/Retardation Center-Austin/Travis County, TX
  1992 Ed. (1095)
Mental Health Services Facilities Refunding Bonds
  1989 Ed. (740)
Mental health problems
  1991 Ed. (2627)
The Mentalist
  2012 Ed. (4688)
Mentfield
  2018 Ed. (1988)
Mentholatum
  2002 Ed. (3084)
  2003 Ed. (3214)
  2018 Ed. (922)
  2020 Ed. (907)
  2021 Ed. (918)
Mentholatum for Kids
  2018 Ed. (922)

Mentor Balanced
  2000 Ed. (3226)
Mentor Collective
  2022 Ed. (2222, 2232)
Mentor Corp.
  1992 Ed. (1400)
  1999 Ed. (3656)
  2007 Ed. (3466)
Mentor Graphics
  2014 Ed. (2102)
  2015 Ed. (2159)
  2016 Ed. (1009, 2132)
Mentor Graphics Corp.
  1989 Ed. (969, 972, 1311)
  1990 Ed. (1111, 1112, 1115, 1117, 1135)
  1991 Ed. (1019, 1023, 1030, 1514, 2846)
  1992 Ed. (1332, 1333, 3684)
  1993 Ed. (810, 1073, 3003, 3005)
  1994 Ed. (842, 843, 1093, 1097, 3048)
  1995 Ed. (1110)
  1996 Ed. (1087, 1628)
  1998 Ed. (687, 1457)
  1999 Ed. (1961)
  2001 Ed. (4216)
  2002 Ed. (2811)
  2006 Ed. (1976)
  2008 Ed. (2139)
  2010 Ed. (2059, 3181)
  2011 Ed. (2114)
  2012 Ed. (1956)
Mentor Investment Group
  2000 Ed. (2802)
Mentor Media
  2007 Ed. (1972)
Mentorn Media
  2017 Ed. (4636)
Mentortech
  2000 Ed. (1179)
Mentos
  1993 Ed. (835)
  1994 Ed. (852)
  1995 Ed. (892, 897)
  1996 Ed. (871)
  1997 Ed. (886)
  1999 Ed. (1018)
  2000 Ed. (968, 973, 976)
  2005 Ed. (859)
  2016 Ed. (688)
  2017 Ed. (741)
  2018 Ed. (681)
  2019 Ed. (762)
  2023 Ed. (904)
Mentos Pure Fresh
  2018 Ed. (855)
  2019 Ed. (868, 869)
  2020 Ed. (855, 856)
  2021 Ed. (870, 871, 873)
  2022 Ed. (904, 906)
Menu Foods Income Fund
  2008 Ed. (1636)
Menzies
  2001 Ed. (4703)
  2011 Ed. (10)
  2014 Ed. (24)
Menzies Distribution
  2020 Ed. (4673, 4681)
  2021 Ed. (4694)
  2022 Ed. (4697)
  2023 Ed. (4685)
Menzies Group
  2019 Ed. (731)
  2020 Ed. (697)
Menzies Hotels
  2001 Ed. (1881)
Menzies International
  2002 Ed. (3771)
  2003 Ed. (3952)
  2004 Ed. (3965)
Menzies LLP
  2012 Ed. (13)
Menzies PLC; John
  1990 Ed. (1412)
  1993 Ed. (1389)
Meo
  2015 Ed. (754)
  2021 Ed. (4595)
  2022 Ed. (4610)
  2023 Ed. (4612)
Meow Mix
  1989 Ed. (2199)
  1990 Ed. (2815)
  1992 Ed. (3414)
  1993 Ed. (2821)
  1994 Ed. (2826, 2835)
  1996 Ed. (2997)
  1997 Ed. (3076)
  1999 Ed. (3784)
  2002 Ed. (3651)
  2003 Ed. (3801)
  2004 Ed. (3814)
  2014 Ed. (3847)
  2015 Ed. (3872)
  2016 Ed. (3783)
  2017 Ed. (3738)
  2018 Ed. (3790)
  2022 Ed. (3820)

Meow Mix Irrestibles
  2017 Ed. (3736)
  2018 Ed. (3788)
Meow Mix Market Select
  2014 Ed. (3849)
Meow Mix Original Choice
  2014 Ed. (3847)
  2015 Ed. (3872)
  2016 Ed. (3783)
  2017 Ed. (3738)
  2018 Ed. (3790)
  2020 Ed. (3826)
  2021 Ed. (3800)
  2022 Ed. (3820)
  2023 Ed. (3917)
Meow Mix Tender Centers
  2016 Ed. (3783)
  2017 Ed. (3738)
  2018 Ed. (3790)
  2020 Ed. (3826)
  2021 Ed. (3800)
  2022 Ed. (3820)
Meow Mix Tender Favorites
  2017 Ed. (3740)
  2018 Ed. (3792)
Meow Wolf
  2021 Ed. (1741)
Meowijuana
  2022 Ed. (1662)
MeP Trans
  2021 Ed. (1492, 4692)
MEP Trans As
  2019 Ed. (1533)
MEP Werke
  2019 Ed. (2390)
  2020 Ed. (2364)
MEPC
  1989 Ed. (2288)
  1993 Ed. (232)
MEPC plc
  2005 Ed. (1530)
Mepco/Centralab
  1989 Ed. (1285)
Mepco Insurance Premium Financing Inc.
  2005 Ed. (364)
MER Corp.
  2017 Ed. (4122)
Mer-Sea & Co.
  2020 Ed. (1659)
Mera; Francisco Jose Riberas
  2015 Ed. (4960)
Mera; Juan Maria Riberas
  2015 Ed. (4960)
Mera; Rosalia
  2008 Ed. (4874, 4883)
  2009 Ed. (4897, 4977)
  2010 Ed. (4896)
  2011 Ed. (4883)
  2012 Ed. (4892)
  2013 Ed. (4910)
  2014 Ed. (4920)
Mera; Sandra Ortega
  2015 Ed. (4960)
  2016 Ed. (4876)
  2017 Ed. (4876)
  2018 Ed. (4888)
  2019 Ed. (4880)
  2020 Ed. (4869)
  2021 Ed. (4870)
  2022 Ed. (4866)
  2023 Ed. (4860)
Merabank
  1991 Ed. (3369)
Merabank FSB
  1989 Ed. (476)
  1990 Ed. (500)
  1991 Ed. (3373)
Merafe Resources
  2018 Ed. (3555)
Merage School of Business; University of California-Irvine
  2007 Ed. (821)
  2010 Ed. (732)
Merant Inc.
  2005 Ed. (1144)
Meratel OU
  2017 Ed. (1523)
Mercado Libre
  2022 Ed. (1623, 4260)
Mercado de Valores
  1991 Ed. (784)
MercadoLibre
  2009 Ed. (4397)
  2012 Ed. (552)
  2013 Ed. (1631)
  2014 Ed. (1593, 4645)
  2016 Ed. (2643)
  2020 Ed. (1355)
  2021 Ed. (1352)
  2022 Ed. (667, 1362, 1363, 2888)
  2023 Ed. (1566)
Mercadolibre
  2019 Ed. (3288)
Mercadolibre S.R.L.
  2022 Ed. (1294)
Mercadona
  2005 Ed. (4129)
  2012 Ed. (559)

2013 Ed. (668)
2015 Ed. (748)
2021 Ed. (664, 665, 4235, 4249)
2022 Ed. (703, 4245)
2023 Ed. (888, 4285)
Mercadona SA
  2012 Ed. (1900)
  2013 Ed. (2063, 4342)
  2014 Ed. (4393)
  2016 Ed. (4278)
  2017 Ed. (2490, 4266)
  2018 Ed. (2546)
Mercadona Sa
  2023 Ed. (2742)
Mercadona, S.A.
  2021 Ed. (2489)
  2022 Ed. (2601, 4261)
Mercantil
  1990 Ed. (712)
  2000 Ed. (689, 692, 694)
  2001 Ed. (654, 655, 656)
  2007 Ed. (3118)
Mercantil A
  2000 Ed. (985)
Mercantil B
  2000 Ed. (985)
Mercantil CA Banco Universal
  2011 Ed. (2131)
Mercantil Commercebank
  2009 Ed. (363)
  2010 Ed. (341)
Mercantil Garzozi
  2005 Ed. (35)
  2006 Ed. (42)
Mercantil del Norte
  2000 Ed. (607, 609, 613)
  2001 Ed. (634, 635)
Mercantil Seguros CA
  2011 Ed. (2131)
Mercantil Servicios
  2015 Ed. (602)
  2016 Ed. (548)
  2017 Ed. (569)
Mercantil Servicios Financial
  2008 Ed. (2150)
  2009 Ed. (2133)
  2010 Ed. (2075)
  2011 Ed. (2132)
  2012 Ed. (1976)
  2015 Ed. (2118)
  2016 Ed. (2101)
  2017 Ed. (2065)
  2018 Ed. (2025)
Mercantil Servicios Financieros
  2002 Ed. (941, 942)
  2003 Ed. (636)
  2004 Ed. (650)
  2005 Ed. (639)
  2006 Ed. (541, 792)
  2007 Ed. (571, 572)
  2008 Ed. (522)
  2009 Ed. (557)
  2010 Ed. (540)
  2011 Ed. (469)
  2017 Ed. (559)
  2018 Ed. (526)
Mercantil Servicios Financieros CA
  2019 Ed. (2082)
Mercantil Servicious Financieros
  2013 Ed. (520)
  2014 Ed. (536)
  2015 Ed. (601)
  2016 Ed. (547)
  2017 Ed. (568)
  2018 Ed. (535)
  2019 Ed. (555)
Mercantile Bancorp
  1989 Ed. (396, 625)
  1992 Ed. (3921)
  1994 Ed. (365, 3271)
  1995 Ed. (3352)
  1996 Ed. (3181, 3183)
  1997 Ed. (333, 3284, 3285)
  1998 Ed. (267, 268, 3034)
  1999 Ed. (395, 638, 664, 1833)
Mercantile Bancorporation Inc.
  1989 Ed. (398)
  1990 Ed. (451)
  1991 Ed. (391)
Mercantile Bank
  1989 Ed. (213)
  1991 Ed. (360)
  1993 Ed. (3277)
  1998 Ed. (386)
  2002 Ed. (1729)
  2008 Ed. (345)
  2009 Ed. (363)
  2010 Ed. (341)
Mercantile Bank of Arkansas
  1998 Ed. (338)
Mercantile Bank Central Missouri
  1998 Ed. (368)
Mercantile Bank Holdings
  2009 Ed. (535)
  2010 Ed. (519)
  2011 Ed. (448)
  2013 Ed. (340)
  2014 Ed. (358)

2015 Ed. (408)
2016 Ed. (377)
2017 Ed. (384)
2019 Ed. (356)
Mercantile Bank of Michigan
  2021 Ed. (381)
  2022 Ed. (394)
  2023 Ed. (515)
Mercantile Bank, Mo.
  1989 Ed. (2157)
Mercantile Bank NA
  1994 Ed. (507)
  2000 Ed. (434)
Mercantile Bank NA (Clayton)
  1991 Ed. (612)
Mercantile Bank of Plattsburg
  1999 Ed. (3432)
Mercantile Bank of St. Louis
  1995 Ed. (2442)
Mercantile Bank of St. Louis NA
  1992 Ed. (784)
  1993 Ed. (573, 3281)
  1994 Ed. (575)
  1995 Ed. (550)
  1996 Ed. (608)
  1997 Ed. (562)
Mercantile Bank of Western Iowa
  1998 Ed. (385)
Mercantile Bankshares Corp.
  1989 Ed. (423)
  1990 Ed. (637)
  1992 Ed. (517, 518, 519, 520, 522, 524, 3656)
  1994 Ed. (347, 348, 349, 3267)
  1995 Ed. (356, 373, 3348)
  1996 Ed. (375, 376)
  1997 Ed. (345)
  1998 Ed. (292, 324, 330, 331)
  1999 Ed. (397, 427, 437, 438, 660)
  2000 Ed. (422, 429, 430)
  2003 Ed. (422)
  2004 Ed. (636, 637)
  2005 Ed. (356, 360, 363, 625, 626, 2590)
  2006 Ed. (2593)
  2007 Ed. (2561)
Mercantile Credit Co. Ltd.
  1990 Ed. (3263, 3266)
  1991 Ed. (3111)
Mercantile Discount Bank
  2023 Ed. (738, 786)
The Mercantile & General Group Ltd.
  1995 Ed. (3088)
Mercantile & General Life Reassurance Co. America
  1998 Ed. (3038)
Mercantile & General Life Reassurance Co. of America
  1998 Ed. (3039)
Mercantile & General Reinsurance PLC
  1991 Ed. (2133)
  1992 Ed. (3660)
  1993 Ed. (2994)
  1994 Ed. (3042)
  1997 Ed. (3293)
Mercantile Lisbon Bank Holdings Ltd.
  2000 Ed. (664)
  2002 Ed. (647, 650)
Mercantile Mutual Investment Management
  2002 Ed. (2818)
Mercantile Mutual Life
  2002 Ed. (1653, 2871)
Mercantile-Safe Deposit & Trust Co.
  1992 Ed. (773)
  1993 Ed. (563)
  1994 Ed. (565)
  1995 Ed. (541)
  1996 Ed. (600)
  1997 Ed. (553)
  1998 Ed. (393)
Mercantile-Safe Deposit & Trust Co. (Baltimore)
  1991 Ed. (604)
Mercantile Safe, Md.
  1989 Ed. (2150, 2154, 2155)
Mercantile Savings Bank
  1990 Ed. (3124, 3133)
Mercantile Store
  1989 Ed. (1235)
Mercantile Stores Co. Inc.
  1989 Ed. (1237, 1238, 1239)
  1990 Ed. (1491, 1492, 1494, 1495)
  1991 Ed. (1411, 1412)
  1992 Ed. (1785, 1786, 1789, 1791)
  1993 Ed. (1475, 1476, 3250)
  1994 Ed. (132, 1520, 1521, 1522)
  1995 Ed. (1550, 1551, 1554)
  1996 Ed. (1531, 1532, 1533, 1535, 3247)
  1997 Ed. (1590, 1591, 1592)
  1998 Ed. (1258, 1259, 1260, 1261)
  1999 Ed. (1834)
  2000 Ed. (4175)
  2001 Ed. (1613)
Mercari Technologies
  2003 Ed. (2180)
Mercatino Group
  2018 Ed. (1443)

Mercato
  2019 Ed. (2048)
Mercator
  1999 Ed. (3252, 3253)
  2000 Ed. (2986, 2987)
  2002 Ed. (3187)
  2006 Ed. (3290)
  2009 Ed. (92)
  2010 Ed. (100)
Mercator-CG D.O.O.
  2017 Ed. (1535)
  2018 Ed. (1516)
  2019 Ed. (1544)
  2020 Ed. (1517)
  2021 Ed. (1502)
  2022 Ed. (1515)
  2023 Ed. (1689)
Mercator Group
  2016 Ed. (1547)
  2017 Ed. (1537)
  2018 Ed. (1518)
Mercator International Opportunity
  2021 Ed. (4481)
  2022 Ed. (4489)
Mercator International Opportunity A
  2021 Ed. (4481)
  2022 Ed. (4489)
Mercator-KIT
  1991 Ed. (1361)
Mercator Minerals
  2009 Ed. (1562)
  2012 Ed. (3669)
  2013 Ed. (3723)
  2014 Ed. (3656, 3657)
Mercator - S DOO
  2014 Ed. (1569)
  2015 Ed. (1620)
  2016 Ed. (1546)
  2018 Ed. (1517)
  2019 Ed. (1545)
  2020 Ed. (1518)
  2021 Ed. (1503)
  2022 Ed. (1517)
Mercator-S DOO
  2021 Ed. (1503)
  2022 Ed. (1517)
  2023 Ed. (1691)
Mercator Software
  2001 Ed. (1368)
Merced, CA
  2005 Ed. (1059, 2032, 2386, 2991, 2992, 3316, 3475, 4796)
  2006 Ed. (1067, 2427, 3305)
  2007 Ed. (1157, 3002, 3012)
  2008 Ed. (1040, 3116)
  2009 Ed. (1023, 3770)
  2010 Ed. (989, 3474)
  2011 Ed. (917, 3479)
Merced School Employees Credit Union
  2003 Ed. (1889)
  2004 Ed. (1927)
  2005 Ed. (2066)
Merced Systems Inc.
  2012 Ed. (965)
  2013 Ed. (1112)
Mercedes
  1999 Ed. (338)
  2000 Ed. (337)
  2002 Ed. (375)
  2004 Ed. (762)
  2005 Ed. (742, 3331, 4767)
  2007 Ed. (315, 685, 686)
  2008 Ed. (302, 650)
  2009 Ed. (324, 662, 663)
  2010 Ed. (629)
  2011 Ed. (230, 562, 579)
  2012 Ed. (246, 545)
  2014 Ed. (270)
  2022 Ed. (4758)
  2023 Ed. (4746)
Mercedes 190
  1990 Ed. (370)
Mercedes 200
  1990 Ed. (1110)
Mercedes 300 series
  1994 Ed. (312)
Mercedes 500E
  1994 Ed. (297)
Mercedes 560SL Convertible
  1992 Ed. (484)
Mercedes 600SEL
  1994 Ed. (297)
Mercedes Benz
  2013 Ed. (3538, 4736)
Mercedes-Benz
  1990 Ed. (364, 367, 3631)
  1991 Ed. (332)
  1992 Ed. (437, 438, 457, 923, 1804, 4347, 4349)
  1993 Ed. (304, 305, 306, 307, 308, 323, 326, 328, 329, 333, 349, 733, 734, 739, 743, 1301)
  1994 Ed. (3575, 3584)
  1995 Ed. (309, 311, 695)
  1996 Ed. (309, 319, 321)
  1997 Ed. (292, 299, 303, 709, 1826, 2229)
  1998 Ed. (211, 212, 228)

1999 Ed. (333, 334, 360, 786, 787, 788, 790, 794, 795)
2000 Ed. (339, 349)
2001 Ed. (438, 453, 484, 1009, 1010)
2002 Ed. (349, 366, 389, 417)
2003 Ed. (305, 333, 361, 4809)
2004 Ed. (343)
2005 Ed. (279, 283, 343, 352)
2006 Ed. (313, 357, 4818)
2007 Ed. (309, 343, 688)
2008 Ed. (330, 652, 655)
2009 Ed. (354, 670)
2010 Ed. (331, 4800)
2013 Ed. (235, 247, 249, 274, 649, 661)
2014 Ed. (246, 248, 249, 665, 666, 681, 709)
2015 Ed. (275, 289, 291, 725, 733)
2016 Ed. (271, 285, 286, 663, 685)
2017 Ed. (254, 271, 288, 290, 291, 695, 696, 704, 1337)
2018 Ed. (257, 269, 270, 654)
2019 Ed. (257, 271, 664)
2020 Ed. (271, 272, 273, 661)
2021 Ed. (249, 266, 267, 622, 635)
2022 Ed. (270, 283, 284, 648)
2023 Ed. (368, 380, 1507)
Mercedes Benz 190
  1992 Ed. (451)
Mercedes Benz 300
  1992 Ed. (451)
Mercedes-Benz 300E
  1992 Ed. (4362)
Mercedes-Benz 300E sedan
  1991 Ed. (313)
Mercedes-Benz 560 SL
  1989 Ed. (348)
Mercedes-Benz AG
  1996 Ed. (1329, 3735)
  1997 Ed. (1388, 3791)
Mercedes-Benz Aktiengesellschaft
  1995 Ed. (1377, 3659)
Mercedes-Benz Arena
  2017 Ed. (1086)
  2019 Ed. (1013)
  2020 Ed. (998)
Mercedes-Benz Auto Finance Ltd.
  2015 Ed. (1564)
Mercedes-Benz Brasil S.A.
  1994 Ed. (1331)
Mercedes-Benz of Buckhead
  2017 Ed. (105)
  2019 Ed. (3585)
  2023 Ed. (4940)
Mercedes-Benz C class
  1996 Ed. (348)
  2004 Ed. (345)
Mercedes-Benz Canada
  2021 Ed. (242)
  2022 Ed. (263)
  2023 Ed. (362)
Mercedes-Benz Canada Inc.
  2005 Ed. (1698, 2372)
  2016 Ed. (4889)
  2017 Ed. (4888)
  2018 Ed. (4904)
  2019 Ed. (4895)
  2020 Ed. (4252)
  2022 Ed. (4227)
Mercedes-Benz CLK class
  2004 Ed. (344)
Mercedes-Benz E class
  1996 Ed. (348)
  2000 Ed. (348)
  2004 Ed. (344)
Mercedes-Benz Financial Services Canada
  2012 Ed. (1386)
Mercedes-Benz Financial Services Espana
  2015 Ed. (2043)
Mercedes-Benz (Germany)
  2021 Ed. (267)
Mercedes-Benz Group
  2023 Ed. (378, 1528, 1743, 1744)
Mercedes Benz of Houston Greenway
  2004 Ed. (338)
Mercedes-Benz Japan
  1997 Ed. (294)
Mercedes-Benz of Laguna Niguel
  2011 Ed. (4989)
  2012 Ed. (4985)
  2014 Ed. (4990)
  2016 Ed. (4988)
  2017 Ed. (4977)
  2018 Ed. (4985)
  2019 Ed. (4980)
  2020 Ed. (4983)
  2021 Ed. (4984)
  2022 Ed. (4984)
  2023 Ed. (4987)
Mercedes Benz Manhattan
  1990 Ed. (333)
  1991 Ed. (286)
Mercedes-Benz Manufacturing Hungary
  2018 Ed. (3478)
Mercedes-Benz New Zealand
  2015 Ed. (282)
Mercedes-Benz of North America Inc.
  1993 Ed. (1729)
  2001 Ed. (4817)

CUMULATIVE INDEX • 1989-2023

Mercedes-Benz Polska Sp. z.o.o.
  2014 Ed. (1952)
Mercedes-Benz S class
  1989 Ed. (348)
  2004 Ed. (344)
Mercedes-Benz S600
  1996 Ed. (2266)
Mercedes Benz SL Coupe
  1992 Ed. (453)
Mercedes-Benz SL320
  1996 Ed. (2266)
Mercedes-Benz SL500
  1996 Ed. (2266)
Mercedes-Benz SL600
  1996 Ed. (2266)
Mercedes-Benz South Bay
  2008 Ed. (285, 320)
Mercedes-Benz Sprinter
  2004 Ed. (301)
  2005 Ed. (295)
Mercedes-Benz Stadium
  2020 Ed. (4476)
Mercedes-Benz Superdome
  2016 Ed. (4470)
  2017 Ed. (4478)
  2018 Ed. (4320)
  2019 Ed. (4348)
Mercedes-Benz U.S. International Inc.
  2016 Ed. (3428)
  2017 Ed. (3389)
  2019 Ed. (3403)
  2020 Ed. (3406)
  2022 Ed. (3500)
  2023 Ed. (3601)
Mercedes-Benz US International Inc.
  2002 Ed. (4670)
  2008 Ed. (1543)
  2009 Ed. (1471)
  2010 Ed. (1457)
Mercedes-Benz USA
  2011 Ed. (1900)
  2012 Ed. (1259, 1756, 2332)
  2013 Ed. (1360, 1923, 2512)
  2014 Ed. (1862)
  2015 Ed. (1897, 1899)
  2023 Ed. (353)
Mercedes-Benz USA LLC
  2003 Ed. (4925)
  2011 Ed. (1895)
  2012 Ed. (1751)
  2013 Ed. (1916)
  2015 Ed. (1891)
  2016 Ed. (1862)
Mercedes C class
  2001 Ed. (489)
Mercedes E class
  2001 Ed. (486)
Mercedes E Series
  1992 Ed. (435)
Mercedes Electric Supply Inc.
  2007 Ed. (4991)
Mercedes Greenway Houston
  2005 Ed. (334, 4806)
  2006 Ed. (4868)
Mercedes Homes
  1993 Ed. (1094)
  1995 Ed. (1133)
  1996 Ed. (993)
  1997 Ed. (1134)
  1998 Ed. (903, 3005)
  2002 Ed. (1191, 2678)
  2003 Ed. (1163)
  2004 Ed. (1168, 1171)
  2005 Ed. (1196, 1198, 1199)
  2006 Ed. (1158)
  2007 Ed. (1306)
  2009 Ed. (1170, 4138)
Mercedes S Class
  1992 Ed. (435)
Mercedes SEL/SDL Series
  1992 Ed. (484)
Mercedes SL Coupe/Roadster
  2001 Ed. (493)
Mercedes SLK230
  2001 Ed. (493)
Mercedes W124
  1990 Ed. (370)
Mercer
  2008 Ed. (2290, 2314)
  2009 Ed. (2280, 2306)
  2017 Ed. (2304, 2308)
  2018 Ed. (19, 2349)
  2019 Ed. (2350)
  2023 Ed. (997)
Mercer Advisors
  2023 Ed. (3392)
Mercer (Canada) Ltd.
  2009 Ed. (2488)
Mercer Consulting Group
  1993 Ed. (1104)
  1995 Ed. (1142)
  1996 Ed. (1114)
  1997 Ed. (845)
  1998 Ed. (542, 545)
  1999 Ed. (960)
  2000 Ed. (901)
  2001 Ed. (1052, 1450)
  2002 Ed. (1216)

2009 Ed. (18, 19)
Mercer Cos. Inc.; William M.
  1995 Ed. (854, 1661, 1662)
  1996 Ed. (836, 1638, 1639)
Mercer County Community College
  1998 Ed. (808)
  1999 Ed. (1236)
Mercer County Improvement Authority, N.J.
  1990 Ed. (2876)
Mercer County Industrial Corporate Airport
  1992 Ed. (2597)
Mercer County, NJ
  2008 Ed. (3131)
  2011 Ed. (2409)
  2014 Ed. (752)
  2021 Ed. (3340)
Mercer Group International
  2002 Ed. (2153)
Mercer Health & Benefits
  2017 Ed. (2306, 2307, 2309)
Mercer-Holmes match
  1994 Ed. (840)
Mercer Human Resource Consulting
  2004 Ed. (1641, 2267, 2268)
Mercer Human Resource Consulting LLC
  2005 Ed. (2367, 2368, 2369)
  2006 Ed. (2418)
  2008 Ed. (2484)
Mercer Inc.; William
  1990 Ed. (1648)
Mercer Insurance Group
  2010 Ed. (4499, 4526)
  2011 Ed. (4433, 4465)
Mercer International
  2021 Ed. (3572)
  2022 Ed. (3631)
  2023 Ed. (3731)
Mercer International Inc.
  2005 Ed. (3683)
  2006 Ed. (3779)
  2010 Ed. (2762)
  2011 Ed. (2748)
  2012 Ed. (2683)
  2013 Ed. (2770)
  2014 Ed. (2751)
  2015 Ed. (2804)
  2016 Ed. (2733, 3456)
  2017 Ed. (2689)
  2018 Ed. (2750)
  2019 Ed. (2733)
  2020 Ed. (2763)
  2022 Ed. (2764)
  2023 Ed. (2897)
Mercer Investment Consulting
  2008 Ed. (2710, 2711)
Mercer LLC
  2009 Ed. (2489)
  2010 Ed. (2399)
  2011 Ed. (2396)
Mercer Management Consulting
  1996 Ed. (834)
  1998 Ed. (541)
Mercer-Meidinger
  1989 Ed. (1007)
  1990 Ed. (851)
Mercer Meidinger Hansen Inc.
  1990 Ed. (2255)
  1991 Ed. (812)
  1992 Ed. (996)
Mercer Meidinger Hansen Inc.; William M.
  1990 Ed. (1650)
  1991 Ed. (1544, 1545)
Mercer Oliver Wyman
  2008 Ed. (2127)
Mercer Oliver Wyman Actuarial Consulting
  2011 Ed. (25)
Mercer Staffing
  2008 Ed. (2480)
Mercer Transportation
  2005 Ed. (2689)
  2006 Ed. (4809)
  2011 Ed. (4766, 4774)
  2012 Ed. (4787, 4796)
  2013 Ed. (4748)
  2014 Ed. (4798)
  2015 Ed. (4833)
  2016 Ed. (4736)
  2020 Ed. (4719)
  2023 Ed. (4718)
Mercer Transportation Co
  2021 Ed. (4675)
Mercer Transportation Co.
  2013 Ed. (4757)
  2014 Ed. (4807)
  2015 Ed. (4842)
  2016 Ed. (4746)
  2017 Ed. (4758)
  2018 Ed. (4743, 4755)
  2019 Ed. (4745, 4757)
  2020 Ed. (4724, 4736)
  2021 Ed. (4675, 4725, 4735)
  2022 Ed. (4727, 4737)
  2023 Ed. (4709, 4721)
Mercer University
  1992 Ed. (1270)
  1993 Ed. (1018)
  1994 Ed. (1045)
  1995 Ed. (1053)

1996 Ed. (1038)
2001 Ed. (1326)
2008 Ed. (1087)
2009 Ed. (1061)
2010 Ed. (1029)
Mercer University-Atlanta
  2009 Ed. (793)
Mercer University-Atlanta, Stetson School of Business & Economics
  2010 Ed. (731)
Mercer; William M.
  1990 Ed. (1649)
  1991 Ed. (1543)
  1992 Ed. (1940)
  1993 Ed. (15, 1589, 1590, 1591, 1592)
  1994 Ed. (1622, 1623, 1624)
  1997 Ed. (1715, 1716)
Mercer Wrecking Recycling Corp.
  2000 Ed. (1259)
  2001 Ed. (1473)
  2002 Ed. (1288)
  2003 Ed. (1300)
  2004 Ed. (1303)
Mercer's Best Built Structures Inc.
  2015 Ed. (1160, 1526)
  2016 Ed. (1074)
Mercers Best Built Structures Inc.
  2016 Ed. (1466)
Mercerville Center Genesis Eldercare Network
  2004 Ed. (1818)
merchandise
  1993 Ed. (2131)
  2000 Ed. (3460)
Merchandise Mart Properties
  2004 Ed. (4754)
  2010 Ed. (4775)
  2011 Ed. (4726)
Merchandise Partners LLC
  2017 Ed. (2884, 3573)
  2018 Ed. (2951, 3632)
  2019 Ed. (2899)
Merchandisers, general
  1998 Ed. (2098, 2100)
  1999 Ed. (1677, 1679, 2868, 2870)
Merchandising Sales Force/TTMS
  2002 Ed. (3265)
Merchandising Solutions Group Inc.
  2011 Ed. (1918)
  2012 Ed. (1779)
  2013 Ed. (1951)
  2014 Ed. (1887)
  2015 Ed. (1933)
  2016 Ed. (1890)
Merchandising Workshop
  1989 Ed. (2352)
  1990 Ed. (3078, 3084, 3085)
  1992 Ed. (3759)
  1993 Ed. (3064)
Merchandize Liquidators
  2014 Ed. (3683)
Merchant Advance Capital
  2018 Ed. (1445, 2641)
  2019 Ed. (1474, 1499, 2627)
  2020 Ed. (2639)
  2021 Ed. (2547)
Merchant Bank
  1995 Ed. (476)
Merchant Bank of Central Africa
  1991 Ed. (701)
  1993 Ed. (672)
  1994 Ed. (673)
  1995 Ed. (640)
  1996 Ed. (714)
  1997 Ed. (648)
  1999 Ed. (684)
  2000 Ed. (701)
  2002 Ed. (666)
  2003 Ed. (640)
  2004 Ed. (654)
  2005 Ed. (642)
Merchant Bank (Ghana)
  1991 Ed. (530)
  1994 Ed. (494)
  1996 Ed. (518)
  1997 Ed. (479)
  1999 Ed. (530)
  2005 Ed. (513)
  2013 Ed. (332)
Merchant Bank (Ghana) Limited
  1989 Ed. (543)
Merchant Bank Services
  1994 Ed. (1497)
  1995 Ed. (1530, 1649)
  1996 Ed. (1492)
  1997 Ed. (1554)
  1998 Ed. (1204, 1206)
Merchant Bank of Sri Lanka
  1994 Ed. (1061, 1062)
  1996 Ed. (1052, 1053)
  1997 Ed. (1070)
Merchant Capital
  2001 Ed. (767, 856, 915)
Merchant Corporate Management Ltd.
  1999 Ed. (1028)
  2000 Ed. (978)

Merchant & Gould
  2013 Ed. (1883)
  2014 Ed. (4753)
  2015 Ed. (4774)
Merchant & Gould PC
  2009 Ed. (4763)
  2010 Ed. (4777)
  2011 Ed. (3836, 4728)
  2012 Ed. (3817, 4745)
Merchant Group Inc.
  1997 Ed. (1074)
Merchant Marine Academy; U.S.
  2009 Ed. (1036)
  2010 Ed. (1002)
  2012 Ed. (857)
Merchant Processing Pros
  2023 Ed. (1889)
Merchant Processing Services
  2010 Ed. (2687)
Merchant Services
  2014 Ed. (2678)
Merchant Underwriting Ltd.; 282, M. J.
  1991 Ed. (2337)
MerchantCantos
  2019 Ed. (3276)
Merchants
  2000 Ed. (3298, 3304)
  2001 Ed. (4541, 4543)
  2002 Ed. (4571, 4573, 4577, 4579)
Merchants Auto
  2023 Ed. (2735)
Merchants Automotive Group
  2015 Ed. (1889)
  2016 Ed. (1853)
Merchants Automotive Group Inc.
  2017 Ed. (1814, 2484)
  2018 Ed. (1763, 2539)
  2019 Ed. (1820, 2544)
  2020 Ed. (1764, 2533, 2534)
  2021 Ed. (1733, 2480)
  2022 Ed. (1764, 2592)
Merchants Bancorp
  2015 Ed. (380)
  2022 Ed. (1619)
  2023 Ed. (462, 1782)
Merchants Bancorp (Carmel, IN)
  2023 Ed. (736)
Merchants Bancshares
  1999 Ed. (396)
  2003 Ed. (517)
  2013 Ed. (484)
Merchants Bank
  1992 Ed. (784)
  1993 Ed. (573)
  1995 Ed. (3067)
  1996 Ed. (3164)
  1997 Ed. (642)
  2002 Ed. (3548)
  2010 Ed. (2076)
  2011 Ed. (2133)
  2013 Ed. (2136)
  2021 Ed. (382)
  2022 Ed. (395)
  2023 Ed. (441)
Merchants Bank of Commerce
  2023 Ed. (508)
Merchants Bank of Indiana
  2012 Ed. (356)
  2013 Ed. (483)
  2015 Ed. (559)
  2021 Ed. (373)
  2022 Ed. (386)
  2023 Ed. (504)
Merchants Bank (Kansas City)
  1991 Ed. (612)
Merchants Bank, NA
  2011 Ed. (416)
  2012 Ed. (391)
  2013 Ed. (304)
  2014 Ed. (318)
  2015 Ed. (359)
Merchants Bank, National Association
  2021 Ed. (382)
  2022 Ed. (395)
  2023 Ed. (517)
Merchants Bank of New York
  1991 Ed. (2813)
Merchants Bank North
  1990 Ed. (666)
Merchants Capital
  1990 Ed. (1793)
Merchants Distributors
  1995 Ed. (2053)
  1996 Ed. (2048)
  1998 Ed. (1868, 1870, 1874)
Merchants Fleet Management
  2017 Ed. (293)
  2019 Ed. (273)
  2021 Ed. (268)
  2022 Ed. (285)
Merchants Foodservice
  2014 Ed. (1821)
  2015 Ed. (1861)
Merchants Grocery Co.
  1998 Ed. (977)
The Merchants Group
  1997 Ed. (3702, 3703, 3704)
  2000 Ed. (4199, 4200, 4201)

Merchants Home Delivery Service
 1994 Ed. (3591, 3592)
Merchants Investment Corp.
 1989 Ed. (1782)
Merchants Landscape Services
 2017 Ed. (3285)
 2018 Ed. (3353)
 2019 Ed. (3332)
 2020 Ed. (3334)
 2021 Ed. (3270)
 2022 Ed. (3354)
 2023 Ed. (3471)
Merchants Mutual Insurance Co.
 1996 Ed. (2267)
Merchants National Bank
 1990 Ed. (467)
Merchants National Bank of Aurora
 2001 Ed. (610)
Merchants National Bank & Trust Co.
 1992 Ed. (706)
 1993 Ed. (515, 3260)
Merchants National Bank & Trust Co.
   (Indianapolis)
 1991 Ed. (546)
Merchants National Corp.
 1991 Ed. (385)
Merchants National-Dover
 1993 Ed. (592)
Merchants New York Bancorp Inc.
 2000 Ed. (437)
 2002 Ed. (432, 433)
Merchants & Planters Bank
 1993 Ed. (512)
Merchant's Tire & Auto Centers
 2016 Ed. (4634)
 2017 Ed. (4648)
 2018 Ed. (4644)
 2019 Ed. (4657)
Merchology
 2020 Ed. (1726, 1728)
 2021 Ed. (1700)
Mercier
 1997 Ed. (927)
Mercier California
 2018 Ed. (4921)
 2019 Ed. (4919)
Mercier Gray
 2002 Ed. (4085)
Merck
 1989 Ed. (1050, 1051, 1201, 1271, 1272, 1276, 1277, 2657)
 1990 Ed. (1278, 1283, 1295, 1301, 1308, 1310, 1313, 1315, 1317, 1319, 1321, 1323, 1558, 1559, 1560, 1561, 1562, 1564, 1565, 1568, 1569, 2529, 2741, 2779, 3442, 3448)
 1991 Ed. (235, 889, 893, 1194, 1199, 1216, 1217, 1229, 1233, 1236, 1238, 1239, 1240, 1241, 1242, 1243, 1244, 1245, 1248, 1464, 1465, 1466, 1468, 1469, 1470, 1471, 1472, 1474, 2399, 2592, 2682)
 1993 Ed. (1175, 1223, 1224, 1225, 1229, 1244, 1247, 1248, 1249, 1250, 1251, 1252, 1253, 1254, 1255, 1266, 1270, 1339, 1340, 1376, 1509, 1510, 1511, 1512, 1515, 1516, 1904, 2707, 2716, 2720, 2771, 2774, 3377, 3464, 3470)
 1994 Ed. (1248, 1249, 1255, 1260, 1262, 1268, 1284, 1286, 1290, 1292, 1295, 1297, 1299, 1301, 1303, 1305, 1309, 1313, 1388, 1389, 1391, 1397, 1398, 1399, 1401, 1429, 1551, 1552, 1553, 1554, 1555, 1556, 1559, 1561, 1562, 1920, 2034, 2461, 2665, 2668, 2713, 2745, 2749, 2871, 3438, 3441, 3449)
 1995 Ed. (1220, 1229, 1274, 1284, 1286, 1292, 1306, 1310, 1336, 1422, 1425, 1427, 1428, 1431, 1465, 1579, 1580, 1581, 1584, 1585, 1592, 1594, 1595, 2084, 2766, 2772, 2844, 2934, 3433, 3437, 3519)
 1997 Ed. (1286, 1288, 1294, 1309, 1311, 1321, 1323, 1325, 1328, 1333, 1341, 1350, 1435, 1438, 1439, 1488, 1643, 1646, 1649, 1650, 1651, 1652, 1655, 1657, 1659, 1661, 1662, 1663, 2702, 2709, 2740, 2815, 2937, 2938, 2965, 3006, 3637)
 1998 Ed. (1043, 1064, 1081, 1085, 1086, 1099, 1100, 1111, 1113, 1117, 1133, 1150, 1158, 1167, 1168, 1180, 1328, 1333, 1334, 1335, 1338, 1344, 1346, 1347, 1906, 2531, 2676, 2753, 3425)
 1999 Ed. (1475, 1488, 1490, 1496, 1516, 1526, 1538, 1539, 1540, 1545, 1546, 1547, 1663, 1672, 1673, 1681, 1682, 1713, 1897, 1900, 1901, 1902, 1903, 1906, 1915, 1916, 1917, 1918, 3326, 3606, 3608, 3656, 3715, 4488, 4489, 4496, 4498)
 2000 Ed. (1339, 1342, 1360, 1377, 1380, 1470, 1479, 1480, 1524, 1695, 1697, 1698, 1700, 1701, 1702, 1706, 1709, 1710, 1711, 1712, 2420, 2421, 3064, 3328, 3380, 3424, 4092)
 2014 Ed. (1686, 3674)
 2015 Ed. (3692)
 2016 Ed. (3903)
 2018 Ed. (3918)
 2019 Ed. (2382, 3860)
 2020 Ed. (1316, 3907)
 2021 Ed. (3850, 3858, 3865, 3867, 3873)
 2022 Ed. (1766, 1770, 2898, 3866)
 2023 Ed. (1902, 3037, 3968, 3978, 3979)
Merck & Co.
 2014 Ed. (191, 2562)
 2015 Ed. (217)
 2016 Ed. (87)
 2017 Ed. (70, 3868)
 2018 Ed. (87)
 2020 Ed. (1745, 3882, 3915)
 2021 Ed. (3875, 3878, 3882)
 2022 Ed. (79, 1292, 3882, 3887, 3888, 3889, 3890, 3891, 3892, 3893, 3894)
 2023 Ed. (3057, 3964, 3965, 3976, 3977, 3982, 3983, 3984, 3986, 3987, 3988)
Merck Company Foundation
 2001 Ed. (2515)
 2011 Ed. (2755)
 2012 Ed. (2689)
The Merck Co. Foundation
 2002 Ed. (976)
 2005 Ed. (2675)
Merck & Co. Inc.
 2023 Ed. (1057, 1506)
Merck & Co., Inc.
 1989 Ed. (2008)
 1990 Ed. (1567, 1570, 1993, 2509, 2685)
 1992 Ed. (1507, 1510, 1526, 1527, 1539, 1542, 1543, 1544, 1545, 1546, 1547, 1548, 1549, 1550, 1641, 1642, 1839, 1840, 1842, 1861, 1862, 1863, 1864, 1865, 1866, 1867, 1869, 2385, 3001, 3228, 3232, 3347, 4057, 4144)
 1996 Ed. (159, 1193, 1240, 1242, 1248, 1264, 1266, 1276, 1280, 1282, 1288, 1382, 1384, 1389, 1391, 1427, 1567, 1568, 1573, 1574, 1576, 1580, 1582, 1974, 2838, 2839, 2842, 2843, 2916, 3498, 3591, 3593)
 1998 Ed. (73, 687, 1329, 1330, 1342, 1345, 1348, 1349, 2520, 2675, 3362, 3415)
 1999 Ed. (1073, 1536, 1912, 1914, 1919, 2642, 3303, 3429, 3605, 3609, 4391)
 2000 Ed. (199, 740, 957, 3153, 3325, 3326, 4126)
 2001 Ed. (1038, 1041, 1165, 1179, 1180, 1585, 1742, 1813, 2054, 2058, 2059, 2060, 2063, 2064, 2069, 2071, 2072, 2074, 2075, 2076, 2100, 2674, 3587, 4043)
 2002 Ed. (980, 994, 1185, 1464, 1534, 1535, 1554, 1557, 1558, 1672, 1680, 1740, 2012, 2014, 2015, 2016, 2017, 2018, 2021, 2024, 2025, 2027, 2046, 2449, 3593, 3753, 3916, 3971, 4600, 4875, 4978)
 2003 Ed. (914, 934, 935, 942, 1485, 1571, 1579, 1580, 1584, 1717, 1784, 1786, 2690, 2695, 3284, 3640, 3749, 3863, 3865, 3866, 3867, 3868, 3869, 3870, 3871, 3872, 4072, 4559, 4567)
 2004 Ed. (942, 943, 966, 1515, 1597, 1598, 1605, 1606, 1613, 1653, 1742, 1754, 1819, 1820, 2119, 2121, 2122, 2148, 2149, 2270, 2273, 3153, 3679, 3774, 3874, 3876, 3877, 3878, 3879, 3880, 3881, 3882, 3884, 3885, 3886, 3887, 3888, 4048, 4581, 4582)
 2005 Ed. (740, 924, 932, 933, 944, 1176, 1531, 1597, 1625, 1628, 1801, 1903, 1904, 2224, 2226, 2227, 2228, 2244, 2245, 3488, 3693, 3802, 3804, 3805, 3806, 3809, 3814, 3816, 3820, 3822, 3823, 3825, 3826, 3829, 3830, 3987, 4467, 4508, 4520)
 2006 Ed. (140, 832, 833, 841, 842, 847, 1173, 1449, 1775, 1776, 1930, 1931, 2291, 2292, 2297, 3869, 3871, 3873, 3874, 3877, 3879, 3883, 3884, 3885, 3888, 3889, 3892, 3895, 4602)
 2007 Ed. (133, 915, 922, 923, 929, 1494, 1785, 1914, 1915, 2907, 3900, 3904, 3905, 3908, 3913, 3914, 3918, 3919, 3920, 3921, 3922, 3926, 3927, 3928, 3929, 3932, 3933, 3934, 3935, 3936, 3937, 3938, 3939, 3941, 3943, 3944, 3945, 3946, 4524, 4530, 4568)
 2008 Ed. (906, 907, 910, 1048, 1488, 1977, 1978, 3030, 3842, 3945, 3946, 3948, 3950, 3952, 3953, 3954, 3957, 3958, 3963, 3964, 3965, 3967, 3968, 3969, 3970, 3973, 3975, 3976, 3977, 4521)
 2009 Ed. (603, 905, 914, 915, 918, 1931, 1933, 2900, 3116, 3121, 3898, 4019, 4020, 4021, 4026, 4027, 4030, 4031, 4035, 4036, 4038, 4039, 4041, 4042, 4043, 4046, 4047, 4048, 4049, 4050, 4051)
 2010 Ed. (858, 859, 1389, 1425, 1439, 1713, 1866, 1869, 3050, 3831, 3924, 3925, 3927, 3929, 3931, 3932, 3934, 3936, 3938, 3939, 3941, 3943, 3944, 3948, 3949, 3950, 3951, 3952, 3953)
 2011 Ed. (780, 781, 784, 1440, 1442, 1720, 1725, 1898, 1901, 2763, 2855, 3019, 3140, 3678, 3942, 3943, 3944, 3947, 3951, 3953, 3955, 3956, 3960, 3963, 3966, 3969, 3970)
 2012 Ed. (79, 732, 733, 1754, 1757, 1758, 2164, 2462, 2788, 2946, 3094, 3113, 3688, 3939, 3940, 3941, 3942, 3946, 3951, 3952, 3953, 3954, 3955, 3956, 3957, 3958, 3959, 3960, 3966, 3967, 3968)
 2013 Ed. (73, 926, 927, 931, 1364, 1921, 1922, 1924, 1926, 1928, 2365, 2366, 2855, 3035, 3041, 3175, 3998, 3999, 4000, 4001, 4004, 4005, 4006, 4014, 4017, 4018, 4019, 4020, 4021, 4025, 4026, 4028, 4029, 4031, 4032, 4035, 4218, 4223, 4805)
 2014 Ed. (879, 880, 1289, 1860, 1861, 1863, 1865, 1867, 2297, 2543, 2884, 3049, 3186, 3943, 3944, 3945, 3946, 3949, 3950, 3955, 3958, 3959, 3960, 3963, 3964, 3970, 4237, 4260)
 2015 Ed. (908, 909, 1896, 1898, 1901, 1903, 2294, 2380, 3115, 3248, 3979, 3980, 3981, 3982, 3985, 3986, 3998, 4001, 4002, 4003, 4004, 4006, 4007, 4014, 4225)
 2016 Ed. (810, 811, 1315, 1860, 1861, 1864, 1866, 2324, 2325, 3575, 3892, 3893, 3894, 3895, 3898, 3900, 3912, 3914, 3915, 3916, 3919, 3920, 3925, 3927, 4023)
 2017 Ed. (1819, 1823, 1825, 2419, 3860, 3861, 3862, 3863, 3864, 3867, 3880, 3883, 3884, 3885, 3886, 3889, 3890, 3894, 3896, 3897, 4320)
 2018 Ed. (805, 1766, 3041, 3893, 3897, 3898, 3899, 3900, 3910, 3912, 3913, 3914, 3915, 3916, 3919, 3928)
 2019 Ed. (820, 1827, 1829, 2861, 2874, 2983, 3583, 3865, 3866, 3867, 3868, 3870, 3883, 3885, 3886, 3887, 3888, 3889, 3891, 3893, 3897, 3900)
 2020 Ed. (818, 1772, 3012, 3556, 3887, 3888, 3890, 3901, 3903, 3904, 3905, 3914)
 2021 Ed. (837, 1740, 1822, 3583, 3847, 3848, 3862, 3869, 3870, 3871, 3874, 3881)
 2022 Ed. (877, 1772, 3868, 3869, 3880, 3883, 3884)
 2023 Ed. (2373, 3967)
Merck Consumer Healthcare
 2016 Ed. (208)
Merck Employee Federal Credit Union
 1995 Ed. (1535)
Merck Employees Credit Union
 1996 Ed. (1506)
 2002 Ed. (1880)
 2003 Ed. (1934)
 2004 Ed. (1940, 1974)
 2005 Ed. (2064, 2116)
 2006 Ed. (2157, 2211)
 2007 Ed. (2132)
 2008 Ed. (2209, 2247)
 2009 Ed. (2191, 2194, 2197, 2233)
 2010 Ed. (2121, 2130, 2146, 2187)
 2011 Ed. (2205)
 2012 Ed. (2018, 2030, 2066)
 2013 Ed. (2211, 2248, 2260)
 2014 Ed. (2142, 2180, 2193)
 2015 Ed. (2206, 2244, 2257)
 2016 Ed. (2177, 2215, 2228)
Merck Employees Federal Credit Union
 1993 Ed. (1448)
 2018 Ed. (2110)
 2020 Ed. (2089)
 2021 Ed. (2079)
 2022 Ed. (2114)
 2023 Ed. (2229)
Merck Frosst Canada
 1997 Ed. (3301)
 2002 Ed. (1498)
 2005 Ed. (2372, 2373)
 2007 Ed. (1614)
 2009 Ed. (4024)
 2010 Ed. (3928)
Merck; George
 2005 Ed. (974)
Merck Indonesia
 1991 Ed. (2013)
MERCK KGaA
 2022 Ed. (3881)
Merck KGaA
 2004 Ed. (956, 958)
 2005 Ed. (951, 3824)
 2006 Ed. (855, 858, 3891)
 2007 Ed. (943, 944, 3923)
 2008 Ed. (920, 921, 3959)
 2009 Ed. (928, 929, 4032, 4034)
 2010 Ed. (868, 869, 3933)
 2011 Ed. (796, 797, 814, 3954)
 2012 Ed. (756, 757, 787)
 2013 Ed. (959)
 2014 Ed. (912, 920)
 2015 Ed. (3989)
 2017 Ed. (2403)
 2018 Ed. (822, 2564)
 2019 Ed. (839)
 2021 Ed. (852, 1728)
Merck KgaA
 2017 Ed. (3870)
MERCK Kommanditgesellschaft auf Aktien
 2021 Ed. (3868)
Merck Manufacturing IT
 2018 Ed. (2900)
 2020 Ed. (2896)
Merck-Medco Rx Services
 2002 Ed. (2046)
Merck-Medco Rx Services of Ohio Ltd.
 2003 Ed. (4148)
Merck Serono
 2012 Ed. (1944)
Merck Serono Middle East
 2014 Ed. (2040)
Merck Serono SA
 2010 Ed. (586)
 2011 Ed. (511)
 2012 Ed. (484)
 2013 Ed. (600)
 2014 Ed. (614)
 2015 Ed. (685, 690)
Merck Sharp
 2008 Ed. (1977)
 2009 Ed. (1931)
Merck Sharp & Dohme Corp.
 2012 Ed. (732)
 2013 Ed. (926, 927, 1921)
 2014 Ed. (879, 880, 1860)
 2015 Ed. (908)
 2018 Ed. (3930)
Merck Sharp & Dohme Credit Union
 2003 Ed. (1890)
Merck Sharp & Dohme Federal Credit Union
 1996 Ed. (1515)
Merck Sharp & Dohme (Human Health) Ireland Ltd.
 2011 Ed. (1765)
Merck Sharp & I. A. Dohme Corp.
 2008 Ed. (4932)
 2009 Ed. (4954)
Merck, Sharpe & Dohme
 1995 Ed. (1591)
Merckle; Adolf
 2007 Ed. (4912)
 2008 Ed. (4867)
 2009 Ed. (4888)
Merco Inc.
 2005 Ed. (3493)
Mercom Inc.
 2007 Ed. (3599)
 2008 Ed. (3732, 4427, 4982)
 2009 Ed. (1350, 2670)
 2010 Ed. (2960)
 2015 Ed. (3026)
Mercosur Provincial y Municipal
 2002 Ed. (3478)
Merculieff; Larry
 1991 Ed. (3211)
Mercure
 2021 Ed. (2907, 2918, 2927)
 2022 Ed. (643)
 2023 Ed. (3149)
Mercure (France)
 2021 Ed. (2927)
Mercuria Energy Group Ltd.
 2012 Ed. (1448)
 2013 Ed. (1583)
Mercurial
 2012 Ed. (975)
 2013 Ed. (1119)
Mercuries & Associates
 2018 Ed. (2175)
 2019 Ed. (2166)
 2020 Ed. (2163)
Mercury
 1991 Ed. (319, 2739)
 1992 Ed. (442)
 1993 Ed. (304, 310)
 1994 Ed. (301)
 1995 Ed. (302, 2871)
 1996 Ed. (306, 309, 310, 315)
 1997 Ed. (300)
 1998 Ed. (218, 3645)
 1999 Ed. (323, 326, 1788)
 2000 Ed. (344)
 2002 Ed. (414)
 2003 Ed. (303, 357)
 2006 Ed. (362)
 2012 Ed. (232)
 2023 Ed. (1443, 4111)
Mercury Air Group
 1999 Ed. (259)
Mercury Asset Management
 1990 Ed. (2321)
 1992 Ed. (3350)
 1994 Ed. (2774)
 1995 Ed. (2870)
 1996 Ed. (2943, 2945)
 1997 Ed. (2537, 2544)
 1999 Ed. (3073, 3099)
 2000 Ed. (2852)
Mercury Asset Management International
 1998 Ed. (2269, 2273)

CUMULATIVE INDEX • 1989-2023

Mercury Asset Management plc
  2001 Ed. (3922)
Mercury Capri
  1992 Ed. (453)
  1993 Ed. (328)
  1996 Ed. (316)
Mercury Casualty Group
  2009 Ed. (3388)
Mercury Computer Systems
  2011 Ed. (1831)
Mercury Concerts
  2019 Ed. (1007)
Mercury Cougar
  1989 Ed. (341, 1670)
Mercury Data Systems
  2008 Ed. (3725, 4419)
Mercury Drug Corp.
  2012 Ed. (3836, 4360)
  2013 Ed. (3888, 4291)
Mercury Emerging Markets
  2000 Ed. (3310)
Mercury Engineering
  2017 Ed. (1112)
  2020 Ed. (1043)
  2021 Ed. (1017)
  2022 Ed. (1057)
  2023 Ed. (1229)
Mercury Engineering Ltd.
  2019 Ed. (1247)
  2020 Ed. (1241)
  2021 Ed. (1207)
  2022 Ed. (1208)
Mercury Enterprises Inc.
  2017 Ed. (4793)
  2018 Ed. (4788)
  2021 Ed. (4781)
Mercury Enterprises Inc., dba Mercury Medical
  2021 Ed. (4781)
Mercury Finance Co.
  1992 Ed. (1134)
  1994 Ed. (1842)
  1995 Ed. (1872)
  1997 Ed. (2006)
  1998 Ed. (1889, 2076)
Mercury Financial
  1999 Ed. (3611)
Mercury Fund Managers Ltd.
  2001 Ed. (2727)
  2002 Ed. (2575)
Mercury General Corp.
  1991 Ed. (2128)
  1992 Ed. (2683)
  1993 Ed. (2239)
  1994 Ed. (2276, 2279)
  1995 Ed. (2318, 2321)
  1996 Ed. (2332)
  1997 Ed. (2460)
  1998 Ed. (2199, 2211)
  1999 Ed. (2966, 2979)
  2000 Ed. (2732, 2735)
  2002 Ed. (2870)
  2003 Ed. (2973)
  2004 Ed. (3122)
  2006 Ed. (3140)
  2020 Ed. (3168)
  2021 Ed. (3080)
  2022 Ed. (3222)
Mercury General Group
  2002 Ed. (2970)
Mercury Global Bond
  1994 Ed. (726)
Mercury Gold & General
  1995 Ed. (2747)
  1997 Ed. (2910)
Mercury Grand Marquis
  1989 Ed. (341)
Mercury Grand Marquis wagon
  1992 Ed. (484)
Mercury Group of Companies Inc.
  1991 Ed. (1252)
Mercury Holdings plc
  2006 Ed. (1817)
Mercury HW Mid-Cap Value
  2003 Ed. (3499)
Mercury Insurance
  2019 Ed. (3147)
Mercury Insurance Group
  2021 Ed. (3047)
Mercury Interactive Corp.
  2001 Ed. (4380)
  2002 Ed. (4357)
  2003 Ed. (1561)
  2004 Ed. (1127, 4567)
  2005 Ed. (1151)
  2006 Ed. (1124, 1140, 2737)
  2007 Ed. (1254, 4566)
  2008 Ed. (4668)
Mercury International Value
  2004 Ed. (3642)
Mercury Japan
  1997 Ed. (2912)
Mercury Managed Growth
  1997 Ed. (2914)
Mercury Marquis Grand
  1993 Ed. (349)

Mercury Medical
  2017 Ed. (4793)
  2018 Ed. (4788)
  2021 Ed. (4781)
Mercury Mercruiser
  2019 Ed. (647)
  2020 Ed. (628)
  2021 Ed. (584)
Mercury Music
  2021 Ed. (3652)
Mercury Online Solutions
  2005 Ed. (96)
Mercury Outboard
  2019 Ed. (647)
  2020 Ed. (628)
  2021 Ed. (584)
Mercury Payment Systems
  2013 Ed. (1547)
Mercury Print Productions
  1998 Ed. (2918)
Mercury Promotions & Fulfillment
  2023 Ed. (4048)
Mercury Sable
  1989 Ed. (342, 1671)
  1991 Ed. (350)
  1994 Ed. (306)
Mercury Selected Japan Opportunity Fund
  2002 Ed. (3222)
Mercury Signs Holding BV
  2002 Ed. (1737)
  2004 Ed. (1812)
Mercury Solar Systems
  2012 Ed. (2343)
Mercury ST Singapore & Malaysia
  1996 Ed. (2817, 2818)
Mercury Systems
  2020 Ed. (1701)
  2022 Ed. (81, 1703)
  2023 Ed. (1849)
Mercury Topaz
  1990 Ed. (362)
  1993 Ed. (322)
  1996 Ed. (3765)
Mercury Tracer
  1993 Ed. (324)
Mercury Villager
  1997 Ed. (2798)
Mercury WT Euro Equity Bear
  1996 Ed. (2814)
  1997 Ed. (2911)
Mercury WT Japan Equity Bear
  1997 Ed. (2911)
Mercury WT UK Equity Bear
  1996 Ed. (2814)
  1997 Ed. (2911)
Mercury WT U.S. Equity Bear
  1997 Ed. (2911)
MercuryCSC
  2014 Ed. (2454)
  2015 Ed. (2523)
  2016 Ed. (2458)
MercuryEMS
  2003 Ed. (2717)
Mercy
  2014 Ed. (1375)
  2015 Ed. (2913)
  2019 Ed. (1794)
  2020 Ed. (1739)
  2021 Ed. (1713)
  2022 Ed. (1740)
  2023 Ed. (1880)
Mercy Alternative Inc. (Care Choices)
  1991 Ed. (1894)
  1992 Ed. (2390)
Mercy Care Plan
  1994 Ed. (2036, 2038)
Mercy Catholic Medical Center
  1989 Ed. (1610)
  1990 Ed. (2059)
  1991 Ed. (1936)
  1992 Ed. (2463)
Mercy-City Family Credit Union
  2006 Ed. (2168)
Mercy Continuing Care
  2001 Ed. (2753)
  2002 Ed. (2589)
Mercy Corps
  2004 Ed. (933)
Mercy Corps International
  1994 Ed. (905)
Mercy General Hospital
  2008 Ed. (3041)
  2014 Ed. (3058)
Mercy Health
  2017 Ed. (2828)
  2019 Ed. (2854)
Mercy Health & Aged Care
  2002 Ed. (3776)
  2003 Ed. (3952)
  2004 Ed. (3955)
Mercy Health Care System
  1991 Ed. (2499)
Mercy Health - Clermont Hospital
  2018 Ed. (1835)
  2021 Ed. (1795)
  2022 Ed. (1834)
  2023 Ed. (1960)

Mercy Health Corp.
  1998 Ed. (1253, 1996)
Mercy Health Corp. of Southeastern Pennsylvania
  2001 Ed. (1833)
  2003 Ed. (1809)
Mercy Health Foundation of Southeastern Pennsylvania
  2012 Ed. (1841)
Mercy Health Partners
  2001 Ed. (1827)
  2005 Ed. (3835)
Mercy Health Partners of Southwest Ohio
  2006 Ed. (3903)
Mercy Health Plans
  1997 Ed. (2186, 2187)
  1999 Ed. (2644, 2649, 2650)
  2000 Ed. (2423, 2434)
  2001 Ed. (2680)
Mercy Health Plans-Michigan
  1999 Ed. (2649)
Mercy Health Services Inc.
  1990 Ed. (2055, 2629, 2630, 2635, 2638)
  1991 Ed. (1933, 2497, 2498, 2499, 2500, 2507)
  1992 Ed. (2457, 3122, 3123, 3124, 3125, 3130, 3132, 3279)
  1993 Ed. (2072)
  1994 Ed. (2572, 2574, 2577)
  1995 Ed. (2142, 2627, 2629, 2632, 2802)
  1996 Ed. (2154, 2704, 2707, 2709)
  1997 Ed. (2179, 2269, 2824, 2826, 2829)
  1998 Ed. (1908, 1988, 2547, 2548, 2550, 2552)
  1999 Ed. (2987, 2990, 2991, 2992, 2993, 3460, 3462, 3465)
  2000 Ed. (2526, 3178, 3180, 3182, 3184, 3360)
  2001 Ed. (2226, 2227, 2228, 2229, 2666, 2670, 2772, 3164, 3923)
Mercy Health Services - Iowa Corp.
  2016 Ed. (1697)
Mercy Health System
  1992 Ed. (3124)
  1994 Ed. (2574)
  1995 Ed. (2629)
  1997 Ed. (2179, 2826)
  2000 Ed. (2533)
  2008 Ed. (188)
  2009 Ed. (205)
  2013 Ed. (92)
  2014 Ed. (3106)
  2015 Ed. (45)
Mercy Health System of Northwest Arkansas Inc.
  2016 Ed. (1366)
Mercy Health System of Southeastern Pennsylvania
  1999 Ed. (1824)
  2004 Ed. (1841)
  2005 Ed. (1944)
Mercy Health System of Southeastern Pennsylvania
  2000 Ed. (1653)
Mercy HealthCare
  2005 Ed. (1926)
Mercy Healthcare Arizona Inc.
  2001 Ed. (1610)
Mercy Home Health
  1999 Ed. (2708)
Mercy Hospital
  2003 Ed. (1749)
  2005 Ed. (1851)
  2006 Ed. (1811, 1858)
  2011 Ed. (1816)
  2012 Ed. (1674)
  2013 Ed. (1825)
  2014 Ed. (1753, 1822)
Mercy Hospital Anderson
  2009 Ed. (3145)
Mercy Hospital Cadillac
  2010 Ed. (3077)
  2013 Ed. (3076)
Mercy Hospital Cedar Rapids Iowa
  2014 Ed. (1703)
  2015 Ed. (1745)
  2016 Ed. (1697)
Mercy Hospital Clermont
  2011 Ed. (3048)
  2012 Ed. (2985)
Mercy Hospital Fairfield
  2012 Ed. (2955)
Mercy Hospital Grayling
  2015 Ed. (3143)
Mercy Hospital & Medical Center
  2009 Ed. (3149)
Mercy Hospital Medical Center-Des Moines
  2003 Ed. (1722)
Mercy Hospital Medical Center Inc.
  2001 Ed. (1752)
Mercy Hospital St. Louis
  2015 Ed. (1862)
  2016 Ed. (1823)
Mercy Hospital Springfield
  2015 Ed. (1862)
  2016 Ed. (1823)

Mercy Hospital Springfield Communities
  2015 Ed. (1862)
  2016 Ed. (1823)
Mercy Hospitals and Health Services of Detroit
  1991 Ed. (1415)
Mercy Medical
  2003 Ed. (4067)
Mercy Medical Center
  2009 Ed. (3147, 3149)
  2010 Ed. (3074, 3078)
  2011 Ed. (3052)
  2013 Ed. (3079)
  2014 Ed. (3079)
  2019 Ed. (1688)
Mercy Medical Center Foundation in Iowa
  2013 Ed. (1769)
  2014 Ed. (1703)
Mercy Medical Center Foundation North Iowa
  2012 Ed. (1612)
Mercy Medical Center North Iowa
  2013 Ed. (3077)
Mercy Medical Center, North Iowa
  2005 Ed. (2912)
  2006 Ed. (2921)
  2008 Ed. (3063)
  2009 Ed. (3148)
  2010 Ed. (3079)
  2011 Ed. (3051)
Mercy Medical Center Redding
  2011 Ed. (3052)
Mercy Memorial Hospital
  2012 Ed. (2993)
Mercy San Juan Medical Center
  2009 Ed. (3143)
Mercy Walworth Hospital & Medical Center
  2013 Ed. (3081)
Meredith
  2022 Ed. (3297)
Meredith Adler
  1998 Ed. (1587)
Meredith; Brian R.
  2011 Ed. (3365)
Meredith/Burda
  1990 Ed. (2212)
Meredith Corp.
  1990 Ed. (2796)
  1991 Ed. (2700, 2709)
  1992 Ed. (3368, 3390)
  1993 Ed. (1351, 2803)
  1994 Ed. (1404)
  1995 Ed. (1436)
  1996 Ed. (2956, 3143)
  1997 Ed. (3034)
  1998 Ed. (512, 2780, 2781, 2976)
  1999 Ed. (824, 3603, 3744, 3969)
  2000 Ed. (825, 3459, 3683, 3684)
  2001 Ed. (3954)
  2003 Ed. (3272, 3345)
  2004 Ed. (3332, 3415, 4042, 4043)
  2005 Ed. (3357, 3427, 3981, 3982)
  2006 Ed. (2282, 3345, 3438)
  2007 Ed. (3401, 3445, 4054)
  2008 Ed. (3531, 3623)
  2009 Ed. (628, 3594, 4204)
  2011 Ed. (3516)
  2012 Ed. (1613, 3513)
  2013 Ed. (1770, 3554)
  2014 Ed. (1704, 3485, 3530)
  2015 Ed. (1746, 3502, 4153)
  2016 Ed. (3353, 4068)
  2017 Ed. (3318, 4037)
  2018 Ed. (3381, 4061)
  2019 Ed. (3363)
  2020 Ed. (3365)
  2021 Ed. (41, 2874, 3298)
  2022 Ed. (39, 3383)
  2023 Ed. (82)
Meredith Corporation
  2023 Ed. (3503)
Meredith Cpro.
  1999 Ed. (3972)
Meredith Digital
  2021 Ed. (3153)
Meredith Integrated Marketing
  2011 Ed. (43)
Meredith Publishing
  2010 Ed. (3514)
Meredith Village Savings Bank
  2021 Ed. (388)
  2022 Ed. (401)
  2023 Ed. (523)
Merek & Co.
  1989 Ed. (2969)
Merelli; F. H.
  2005 Ed. (1103)
Merganser Capital Management
  1992 Ed. (2765)
MERGE
  2023 Ed. (113)
Merge Healthcare Inc.
  2013 Ed. (1107, 1110)
  2014 Ed. (1068)
Merge Technologies Inc.
  2005 Ed. (2332)
  2008 Ed. (4530)

Mergenthaler Transfer & Storage Co.
 2012 Ed. (1732)
Mergentime Corp.
 1990 Ed. (1179)
Merger Fund
 2008 Ed. (4516)
 2012 Ed. (3745)
 2013 Ed. (3818)
 2014 Ed. (3743)
 2015 Ed. (3765)
 2016 Ed. (3676)
Merger Investment
 2020 Ed. (3693)
Merial Inc.
 1999 Ed. (4711)
 2000 Ed. (4344)
 2001 Ed. (4685)
 2006 Ed. (3870)
merican Express Co.
 2013 Ed. (1942)
Mericle Commercial Real Estate Services
 2019 Ed. (1036, 1037)
 2020 Ed. (1028, 1029)
 2023 Ed. (1219)
Merida Industry
 2015 Ed. (1448)
Merida, Mexico
 1993 Ed. (2557)
Meridan Management
 2000 Ed. (2816)
Meridan Oil Inc.
 1996 Ed. (2005)
 1998 Ed. (1806)
Meridian
 1994 Ed. (2637)
 1998 Ed. (3742, 3744, 3747, 3748, 3750, 3752)
 1999 Ed. (4788, 4794, 4796, 4799, 4800)
 2000 Ed. (4412, 4418, 4421, 4424, 4426)
 2001 Ed. (4878, 4886, 4894)
 2002 Ed. (4947, 4961)
 2004 Ed. (114)
 2005 Ed. (109, 113, 4695)
 2012 Ed. (4031)
 2013 Ed. (4081)
 2014 Ed. (4079, 4091)
 2016 Ed. (3971)
 2019 Ed. (3968, 3980)
 2020 Ed. (3986, 3989, 4000)
 2021 Ed. (3954)
 2022 Ed. (3963, 3966, 3978)
 2023 Ed. (4051, 4053, 4061, 4063)
Meridian Advertising
 1999 Ed. (165)
Meridian Advertising (Ammirati)
 2000 Ed. (185)
Meridian Aggregates LP
 2002 Ed. (4511)
Meridian Automotive Systems Inc.
 2002 Ed. (1382)
 2004 Ed. (3972)
Meridian Bancorp Inc.
 1989 Ed. (622)
 1990 Ed. (440, 669, 707)
 1991 Ed. (396)
 1992 Ed. (820)
 1993 Ed. (612, 614, 653, 3288)
 1994 Ed. (617, 654, 3036, 3037, 3279)
 1995 Ed. (587, 1242, 3360)
 1996 Ed. (360, 656)
 1997 Ed. (332, 339, 3284)
 1998 Ed. (271, 425, 3318)
Meridian Bank
 1989 Ed. (653)
 1990 Ed. (431, 667)
 1991 Ed. (646)
 1992 Ed. (818)
 1994 Ed. (615)
 1995 Ed. (585)
 1996 Ed. (654)
 1997 Ed. (593)
Meridian Bioscience
 2006 Ed. (2295)
 2007 Ed. (2218, 2222, 2227, 2229)
 2008 Ed. (2356, 2358, 2362, 2367, 4420)
 2009 Ed. (4479)
 2010 Ed. (4498)
 2011 Ed. (4432, 4467)
Meridian Capital
 1996 Ed. (2397)
Meridian Capital Group
 2008 Ed. (4121)
 2009 Ed. (4230)
 2011 Ed. (4163)
Meridian Capital Group LLC
 2012 Ed. (4210)
 2013 Ed. (4198)
 2014 Ed. (4215)
 2015 Ed. (4198)
 2017 Ed. (4093)
 2018 Ed. (4121)
 2019 Ed. (4132)
 2020 Ed. (4134)
Meridian Capital Management
 1994 Ed. (2309)
 1998 Ed. (2276)
Meridian Clear
 2000 Ed. (782)

Meridian Compensation Partners
 2014 Ed. (1151)
 2016 Ed. (1112)
Meridian Credit Union
 2007 Ed. (2106)
 2008 Ed. (2221)
 2009 Ed. (1387, 2204)
 2010 Ed. (1372, 2158, 2697)
 2011 Ed. (1365, 1946, 2683)
 2012 Ed. (1810)
 2013 Ed. (1343, 2255)
 2014 Ed. (1276)
Meridian Credit Union Ltd.
 2016 Ed. (2170)
 2017 Ed. (2110)
 2018 Ed. (2077)
 2019 Ed. (2126)
 2020 Ed. (2058)
 2022 Ed. (2084)
 2023 Ed. (2197)
Meridian Electric Co.
 2016 Ed. (3355)
 2017 Ed. (3320)
 2018 Ed. (3383)
Meridian Energy
 2015 Ed. (1929, 2537)
 2017 Ed. (1854)
Meridian Energy Ltd.
 2022 Ed. (2279)
Meridian Enhanced Equity Investment
 2021 Ed. (4485)
Meridian Financial Services
 2017 Ed. (594)
Meridian Fund
 1994 Ed. (2603)
Meridian Gold Inc.
 2002 Ed. (3738)
 2003 Ed. (2626)
 2005 Ed. (4511)
 2006 Ed. (3471, 3484, 3486)
 2007 Ed. (3495, 3516)
Meridian Growth
 2003 Ed. (3547)
 2004 Ed. (3534, 3535, 3536, 3537, 3570)
 2005 Ed. (4491)
 2006 Ed. (3603, 3641, 3642, 4554, 4565, 4572)
 2012 Ed. (4550)
Meridian Health
 2006 Ed. (289)
 2011 Ed. (862, 1895, 1900, 2869, 4970)
 2012 Ed. (812, 1756, 2805, 4960)
 2013 Ed. (990, 1062, 1923, 2872, 4968)
 2014 Ed. (1288, 1855, 1862, 2890, 4977)
 2015 Ed. (1897, 2949, 3782)
 2016 Ed. (2880)
 2017 Ed. (1820)
Meridian Health Plan
 2014 Ed. (2897)
 2018 Ed. (2536)
 2019 Ed. (1772, 1773, 2542)
 2020 Ed. (1714)
Meridian Health Plan Inc.
 2017 Ed. (1754)
 2018 Ed. (1704, 1705)
Meridian Health System
 1999 Ed. (2750)
 2000 Ed. (2531)
 2012 Ed. (4227)
 2013 Ed. (4212)
Meridian Healthcare
 1992 Ed. (3280)
Meridian Investment
 1997 Ed. (2533)
Meridian IQ
 2007 Ed. (2647)
Meridian Knowledge Solutions
 2005 Ed. (2366)
Meridian Knowledge Solutions LLC
 2009 Ed. (1115)
Meridian Management Inc.
 1997 Ed. (2534)
 2010 Ed. (1459)
Meridian Mortgage
 1994 Ed. (2547)
Meridian, MS
 1996 Ed. (977)
 2006 Ed. (1180)
Meridian Oil Inc.
 1991 Ed. (1787, 2725)
 1993 Ed. (1919, 1920, 2836)
 1994 Ed. (1942, 1943, 2848)
 1995 Ed. (1970, 1971, 1982, 2914)
 1996 Ed. (1997, 1998, 3008)
 1997 Ed. (2116, 2118, 2125, 3087, 3093)
 1998 Ed. (1801, 1815, 2818, 2829)
Meridian Pacific insurance Co. Inc.
 1997 Ed. (902)
 1998 Ed. (639)
 1999 Ed. (1032)
 2000 Ed. (982)
Meridian Partners
 2010 Ed. (3172)
Meridian Property Services Inc.
 2016 Ed. (4776)
Meridian Savings Association
 1989 Ed. (2823)
 1990 Ed. (3592)

Meridian Senior Living
 2018 Ed. (2743)
Meridian Small Cap Growth
 2020 Ed. (4510)
Meridian Small Cap Growth Investor
 2016 Ed. (4488)
Meridian Solar
 2017 Ed. (4439)
Meridian Sports
 1997 Ed. (3359)
Meridian Sports Clubs
 2000 Ed. (2424)
Meridian Technologies
 2004 Ed. (322)
 2007 Ed. (310)
 2011 Ed. (1634)
Meridian Trust Co.
 1993 Ed. (576, 577, 2299)
Meridian Trust Credit Union
 2008 Ed. (2270)
 2009 Ed. (2257)
 2010 Ed. (2210)
 2011 Ed. (2228)
 2012 Ed. (2090)
 2013 Ed. (2276)
 2014 Ed. (2210)
 2015 Ed. (2274)
 2016 Ed. (2245)
Meridian Trust Federal Credit Union
 2018 Ed. (2131)
 2020 Ed. (2112)
 2021 Ed. (2103)
 2022 Ed. (2135)
 2023 Ed. (2253)
Meridian Value
 2002 Ed. (3423)
 2003 Ed. (3506)
 2004 Ed. (3572, 3593)
Meridian Value Fund
 2003 Ed. (3510, 3536, 3549)
 2004 Ed. (3577)
 2006 Ed. (3603)
Meridian Venture Partner
 1990 Ed. (3669)
Meridian Wines
 1996 Ed. (3856, 3859)
 1997 Ed. (3901, 3902, 3905, 3906, 3907, 3910)
MeridianLink Inc.
 2023 Ed. (1603)
Meridias Capital
 2007 Ed. (4011, 4081)
Meridien
 2000 Ed. (2565)
Meridien Bank Burundi SARL
 1994 Ed. (444)
Meridien Bank Swaziland Ltd.
 1994 Ed. (640)
Meridien Banking Services
 1992 Ed. (87)
Meridien BIAO Bank Burundi SARL
 1995 Ed. (436)
 1996 Ed. (463)
Meridien BIAO Bank Sierra Leone Ltd.
 1995 Ed. (602)
 1996 Ed. (672)
 1997 Ed. (608)
Meridien BIAO Bank Swaziland Ltd.
 1995 Ed. (613)
 1996 Ed. (687)
Meridien BIAO Togo
 1994 Ed. (648)
 1997 Ed. (630)
Meridien Gestion S.A.
 1990 Ed. (2090)
Meridien Hotels
 1992 Ed. (2485)
 1997 Ed. (2290)
Meridien International Bank
 1993 Ed. (414)
 1994 Ed. (404)
 1995 Ed. (397)
Meridio
 2009 Ed. (3024)
Merieux; Alain
 2009 Ed. (4887)
 2010 Ed. (4888)
 2011 Ed. (4877)
 2012 Ed. (4886)
 2013 Ed. (4870)
 2021 Ed. (4839)
 2022 Ed. (4832)
Merillat Industries Inc.
 1992 Ed. (2819)
Merin Hunter Codman
 1998 Ed. (3002)
 2000 Ed. (3709)
Merin Realty
 1990 Ed. (2953)
Merincorp
 1989 Ed. (1780)
Merino Kids
 2010 Ed. (2952)
Merinvest
 2007 Ed. (765)
 2008 Ed. (741)
 2010 Ed. (684)

Merion Golf Course (East)
 2000 Ed. (2381)
Merisel, Inc.
 1992 Ed. (1308)
 1993 Ed. (1049)
 1994 Ed. (1079, 1083, 1250, 1615, 3219)
 1996 Ed. (1746, 2889, 3824)
 1997 Ed. (2688, 3873, 3874)
 1998 Ed. (858, 2414, 3712)
 1999 Ed. (1495, 1504, 1957, 1964, 1978, 1979, 1980, 1982)
 2000 Ed. (1741, 1763)
 2002 Ed. (1530, 1567, 1568, 2080, 2103, 4898)
 2003 Ed. (2206, 2246, 4927)
MeriStar Hospitality Corp.
 2004 Ed. (2940, 4085)
 2005 Ed. (2933, 4018)
 2006 Ed. (2937, 2946)
 2007 Ed. (2948, 2962)
Meristar Hotels & Resorts Inc.
 2000 Ed. (2534, 2535)
 2001 Ed. (1686, 2776, 2777, 2784, 2785)
 2002 Ed. (2626)
 2003 Ed. (1851)
Merit
 1989 Ed. (907)
 1990 Ed. (992, 993)
 1991 Ed. (932)
 1992 Ed. (1151)
 1994 Ed. (953, 955)
 1995 Ed. (986)
 1997 Ed. (985)
 1998 Ed. (727, 729, 730)
 1999 Ed. (3438)
 2022 Ed. (1399, 3120)
 2023 Ed. (3655)
Merit Construction Inc.
 2009 Ed. (1312)
Merit Direct
 1991 Ed. (3283)
 1993 Ed. (3513)
 1994 Ed. (3487)
 1995 Ed. (3557)
 1996 Ed. (3643, 3644, 3645)
 1997 Ed. (3702, 3703, 3704, 3705)
Merit Energy Co.
 2009 Ed. (3965, 4004)
 2010 Ed. (3911)
 2011 Ed. (3930)
 2017 Ed. (2775, 3766, 3767)
 2018 Ed. (2841, 3814, 3815)
 2019 Ed. (2809, 3791, 3792)
 2022 Ed. (2868)
Merit Health
 2017 Ed. (1784)
 2018 Ed. (1737)
 2021 Ed. (1709)
Merit Holding Corp.
 2000 Ed. (552)
Merit Life Insurance Co.
 1995 Ed. (2285, 2286)
 1996 Ed. (2321)
 1998 Ed. (2159)
 2018 Ed. (3268, 3269)
Merit Lights
 1997 Ed. (988)
Merit Manufacturing
 2023 Ed. (1865, 3598)
Merit Medical Systems
 2006 Ed. (4330, 4337)
 2010 Ed. (4585)
 2011 Ed. (4548)
 2021 Ed. (1942)
 2022 Ed. (3592)
Merit Medical Systems Inc.
 2014 Ed. (3186)
Merit Printing
 2005 Ed. (3900)
Merit Service Solutions
 2015 Ed. (3460, 3477)
 2016 Ed. (3309, 3321, 3325, 3327)
 2017 Ed. (3282, 3285, 3288, 3289)
 2018 Ed. (3350, 3356, 3357)
 2019 Ed. (3329, 3335, 3336)
Merit-SP
 1993 Ed. (235)
Merita
 1995 Ed. (339)
 1996 Ed. (358)
 1998 Ed. (260, 261, 494)
 2000 Ed. (368, 525)
Merita Group
 1998 Ed. (378)
Merita-Nordbanken
 2000 Ed. (1420, 1421, 1422, 1560)
Merita-Nordbanken plc
 2001 Ed. (1700, 1701)
Merita Oy
 1999 Ed. (515, 2661, 2662)
Merita Oy A
 2000 Ed. (2444)
Merita Oyj
 2000 Ed. (2443)
 2002 Ed. (2468, 2469)
Meritae Private Equity Fund
 2002 Ed. (4737)

CUMULATIVE INDEX • 1989-2023

Meritage Corp.
  2001 Ed. (1577)
  2002 Ed. (1549, 2652, 2653)
  2003 Ed. (4440)
  2004 Ed. (1201, 2770, 4074, 4075)
  2005 Ed. (1181, 1183, 1192, 1244, 1610, 4006, 4007)
  2007 Ed. (1303)
Meritage Home Healthcare Services Inc.
  2007 Ed. (1916)
Meritage Homes
  2017 Ed. (2966)
  2020 Ed. (1075)
  2021 Ed. (1042)
  2022 Ed. (1073)
  2023 Ed. (1247)
Meritage Homes Corp.
  2003 Ed. (1192)
  2006 Ed. (1216)
  2007 Ed. (1269, 1324, 2736)
  2008 Ed. (1163)
  2009 Ed. (1177)
  2010 Ed. (1166, 1169)
  2011 Ed. (1114)
  2012 Ed. (1036, 1038)
  2013 Ed. (1184, 1185)
  2014 Ed. (1137)
  2015 Ed. (1186, 1188)
  2016 Ed. (1099)
  2017 Ed. (1128, 1130, 1132, 1135, 1136, 1138, 1139, 1143, 1144)
  2018 Ed. (1059, 1061, 1062, 1063, 1065, 1067, 1068, 1070, 1071, 1074, 1075, 1076)
  2019 Ed. (1070, 1072, 1073, 1074, 1076, 1077, 1078, 1079, 1081, 1082, 1086, 1087)
  2020 Ed. (1059, 1061, 1062, 1063, 1065, 1066, 1067, 1068, 1070, 1071, 1076, 1077)
  2021 Ed. (1027, 1029, 1030, 1031, 1033, 1035, 1036, 1038, 1039, 1043, 1044)
  2022 Ed. (1064, 1066, 1067, 1068, 1070, 1072, 1075, 1076, 1077, 1078, 1079, 1080)
  2023 Ed. (1237, 1239, 1241, 1244, 1246, 1249, 1250, 1253, 1254, 1255)
Meritage Private Equity Fund
  2004 Ed. (4832)
  2007 Ed. (4875)
  2008 Ed. (4806)
  2009 Ed. (4831)
The Meritage Resort & Spa
  2019 Ed. (1460)
  2020 Ed. (1426)
  2021 Ed. (1425)
Meritain Health
  2009 Ed. (3306, 3325)
  2010 Ed. (3230, 3231)
  2011 Ed. (3203, 3228)
  2012 Ed. (3160, 3162)
  2014 Ed. (3258, 3259, 3261)
  2015 Ed. (3311, 3312, 3313)
  2017 Ed. (3109, 3110)
  2020 Ed. (3171, 3172, 3173)
  2021 Ed. (3036, 3037, 3038)
  2022 Ed. (3171, 3172, 3173)
  2023 Ed. (3263, 3264, 3265)
MeritaNordbanken
  2002 Ed. (558)
Meritbanc Savings
  1990 Ed. (3129)
Meritcare
  1991 Ed. (2625)
  1992 Ed. (3280)
Meritcare Health Enterprises Inc.
  2001 Ed. (1823)
Meritcare Health System
  2001 Ed. (1823)
  2003 Ed. (1796, 1797)
  2004 Ed. (1831, 1832)
  2005 Ed. (1916, 1917)
  2008 Ed. (1994)
  2009 Ed. (1955)
  2010 Ed. (1893, 1894)
  2011 Ed. (1924)
  2012 Ed. (1785)
Meritcare Hospital
  2001 Ed. (1823, 1824)
  2003 Ed. (1796, 1797)
  2004 Ed. (1831)
  2005 Ed. (1916)
  2006 Ed. (1945, 1946)
  2007 Ed. (1928)
  2008 Ed. (1994, 1995)
  2009 Ed. (1955, 1956)
  2010 Ed. (1893)
  2011 Ed. (1924, 1925)
  2012 Ed. (1785, 1786)
Meritcare Medical Group
  2012 Ed. (1786)
  2013 Ed. (1960)
Meritech Capital Partners
  2014 Ed. (4830)
Meriter Health Services
  1997 Ed. (2829)
MeritHall
  2018 Ed. (2859)

Merithall
  2017 Ed. (1094)
Meritis
  2014 Ed. (1601)
Meriton
  2019 Ed. (1040, 1414, 1418)
  2020 Ed. (1031, 1378, 1381)
  2021 Ed. (1004, 1374, 1378)
  2022 Ed. (1047, 1385)
Meriton Apartments
  2002 Ed. (3773)
  2004 Ed. (1154, 3964)
  2016 Ed. (1380)
  2018 Ed. (1374)
Meritor
  1994 Ed. (1755)
Meritor Automotive Inc.
  1999 Ed. (349, 361)
  2000 Ed. (1664)
  2001 Ed. (498, 499, 1045)
  2002 Ed. (1408)
Meritor Financial Group
  1989 Ed. (2821, 2826)
  1990 Ed. (1309, 1324, 1326, 2858, 3574, 3581, 3591)
  1991 Ed. (1185, 1237, 3367)
Meritor Inc.
  2013 Ed. (257)
  2016 Ed. (298)
  2017 Ed. (300)
  2018 Ed. (279)
  2019 Ed. (281)
Meritor Savings Bank
  1989 Ed. (653, 2823)
  1990 Ed. (420, 432, 667, 3096, 3097, 3575, 3576, 3578, 3584)
  1991 Ed. (1207, 3361, 3383)
  1992 Ed. (1520, 1554, 1556, 4289, 4294)
  1993 Ed. (531, 3569)
  1994 Ed. (3444)
  1995 Ed. (353)
Meritor Savings Bank (Philadelphia, PA)
  1991 Ed. (3365)
Meritrust Credit Union
  2011 Ed. (2190)
  2012 Ed. (2050)
  2013 Ed. (2232)
  2014 Ed. (2164)
  2015 Ed. (2207, 2228)
  2016 Ed. (2199)
  2018 Ed. (2096)
  2020 Ed. (2075)
  2021 Ed. (2021, 2065)
  2022 Ed. (2057, 2100)
  2023 Ed. (2169, 2215)
Meritus Payment Solutions
  2013 Ed. (1461)
Meritz Financial Group
  2019 Ed. (3168)
  2023 Ed. (2741)
Meritz Financial Group Inc.
  2018 Ed. (2545, 2563)
  2021 Ed. (2488, 2578)
  2022 Ed. (2600, 2694)
Meriwest Credit Union
  2002 Ed. (1838)
  2010 Ed. (2148)
  2012 Ed. (2031)
Merix
  2006 Ed. (2074)
  2009 Ed. (2126)
Merk Hard Currency
  2008 Ed. (583)
Merk Hard Currency Investment
  2009 Ed. (620)
Merkafon de Mexico
  2004 Ed. (3025)
Merkantildata
  2002 Ed. (3542, 3544)
Merkel; Angela
  2008 Ed. (4950)
  2009 Ed. (4983)
  2010 Ed. (4991)
  2011 Ed. (4988)
  2012 Ed. (3825, 4984)
  2013 Ed. (3493, 4960)
  2014 Ed. (3469, 4969)
  2015 Ed. (3486, 5010)
  2016 Ed. (3336, 4927)
  2017 Ed. (3297, 4923)
  2018 Ed. (3367, 3368)
  2021 Ed. (4929, 4935)
  2022 Ed. (4923, 4930)
Merkez Ajans
  1990 Ed. (159)
  1993 Ed. (143)
  1994 Ed. (124)
Merkez Ajans Reklam
  1989 Ed. (170)
  1991 Ed. (158)
Merkle
  2007 Ed. (2202)
  2008 Ed. (2339)
  2009 Ed. (2324)
  2010 Ed. (2254)
  2011 Ed. (2261, 2262)
  2012 Ed. (2129, 2130)
  2014 Ed. (2257, 2258)
  2015 Ed. (2326, 2327)
  2016 Ed. (2281, 2282, 2417)
  2018 Ed. (2326)
  2019 Ed. (66, 2172, 2173, 3469)
  2020 Ed. (3455)
  2023 Ed. (125, 2308, 2309, 3653)
Merkle Direct Marketing Inc.
  2006 Ed. (4357)
  2007 Ed. (4425)
Merkle Impaqt
  2015 Ed. (2486)
Merkle Promotion & Loyalty Solutions
  2022 Ed. (3532)
Merkley Newman Harty & Partners
  2003 Ed. (30)
  2004 Ed. (123)
Merkley + Partners
  2005 Ed. (102)
Merko Ehitus
  2002 Ed. (4413)
  2006 Ed. (4501)
Merko Ehitus; AS
  2009 Ed. (1648)
  2011 Ed. (1617)
Merkur
  2002 Ed. (3187)
Merkur dd
  2009 Ed. (2040)
  2011 Ed. (2034)
  2012 Ed. (1884)
  2013 Ed. (2043)
Merkur Warenhandels Ag
  1993 Ed. (1282)
  1994 Ed. (1327)
  1995 Ed. (1358)
Merkur XR4Ti
  1992 Ed. (450)
Merle Norman
  1990 Ed. (1741)
Merle Norman Cosmetics
  1994 Ed. (1912)
  1999 Ed. (2509, 2514, 2518)
  2002 Ed. (1798)
  2003 Ed. (896)
  2004 Ed. (1895)
  2005 Ed. (899)
  2006 Ed. (814)
  2007 Ed. (2072)
  2008 Ed. (877, 3888)
  2009 Ed. (887, 3951)
  2010 Ed. (837, 3863)
  2018 Ed. (4242)
  2019 Ed. (4271)
  2020 Ed. (4260)
  2021 Ed. (4238)
  2022 Ed. (4250)
Merle Norman Cosmetics Inc.
  2014 Ed. (858)
  2015 Ed. (896)
  2016 Ed. (788)
  2017 Ed. (847)
  2018 Ed. (782)
  2020 Ed. (791)
  2021 Ed. (819)
  2022 Ed. (851)
Merlin 200,000 Mile Shops
  2011 Ed. (243)
Merlin Entertainments
  2007 Ed. (274)
  2017 Ed. (4748)
  2018 Ed. (1993, 3063)
  2019 Ed. (3006, 4730)
  2020 Ed. (4703)
Merlin Entertainments Group
  2014 Ed. (3085, 3477)
Merlin Group
  2013 Ed. (1774)
  2014 Ed. (1708)
Merlin International Inc.
  2008 Ed. (1346, 4053)
  2009 Ed. (1375)
Merlin Jupiter Income
  1995 Ed. (2749, 2750)
Merlin Petroleum Co., Inc.
  2006 Ed. (3505, 4344)
  2007 Ed. (3542, 3543, 4404)
  2008 Ed. (3701, 4362, 4375, 4956)
Merlin Plastics Alberta Inc.
  2019 Ed. (4149)
  2020 Ed. (4153)
Merlin Plastics Supply Inc.
  2001 Ed. (3819)
  2021 Ed. (4102)
  2022 Ed. (4129)
Merlin Properties
  2022 Ed. (701)
Merlin Technical Solutions Inc.
  2007 Ed. (1394, 2840, 3064, 3540, 4011, 4403)
  2008 Ed. (3182, 3698)
Merlino Bauer Media
  2015 Ed. (2145)
Merlinos & Associates
  2018 Ed. (21)
  2019 Ed. (21)
  2020 Ed. (25)
  2021 Ed. (27)
  2022 Ed. (25)

Merlin's Franchising Inc.
  2003 Ed. (348)
  2004 Ed. (329)
  2005 Ed. (331)
  2006 Ed. (345)
  2007 Ed. (330)
MerlinTechnical Solutions
  2006 Ed. (3503, 4343)
Merlis; Scott
  1993 Ed. (1778)
  1995 Ed. (1850)
  1996 Ed. (1828)
  1997 Ed. (1857)
Merloni
  1991 Ed. (1966)
  2007 Ed. (1827)
Merloni Domestic Appliances Ltd.
  2002 Ed. (43)
Merloni Elettrodomestici
  2002 Ed. (3223)
Merloni Group
  1990 Ed. (2113)
Merlot
  1996 Ed. (3838)
  2001 Ed. (4860, 4861)
  2002 Ed. (4965, 4966)
  2003 Ed. (4966, 4967)
  2005 Ed. (4948)
Mermac Inc.
  1992 Ed. (1570)
  1993 Ed. (1275)
  1994 Ed. (1321)
The Mermaid
  2018 Ed. (3667)
The Mermaid Chair
  2007 Ed. (662)
  2008 Ed. (555, 624)
Mermaid Marine Australia
  2011 Ed. (1485)
"Mermaids: New Evidence"
  2015 Ed. (3032)
Merna Re
  2017 Ed. (3147)
Merna Re Ltd.
  2019 Ed. (3175)
Merna Reinsurance Ltd.
  2010 Ed. (3278)
Mernissi; Fatima
  2013 Ed. (3481)
Merona
  1999 Ed. (1194, 1196)
Merpati
  1994 Ed. (154)
Merraine Group
  2022 Ed. (749, 779, 2391)
Merrell
  1992 Ed. (3983)
  1993 Ed. (3327)
  2005 Ed. (272)
  2011 Ed. (202)
Merrell Dow/Cepacol
  1991 Ed. (2495)
Merrell, Texize; Dow Chemical/
  1991 Ed. (1145)
Merrelli; F. H.
  2010 Ed. (912)
Merret Underwriting Agency Management Ltd.; 418,
  1991 Ed. (2337)
Merrett Holdings PLC
  1990 Ed. (1034)
  1991 Ed. (959)
  1992 Ed. (1194, 2900)
Merrett Underwriting Agency Management Ltd.
  1992 Ed. (2895, 2896, 2897)
  1993 Ed. (2453, 2454, 2455, 2458)
Merrett Underwriting Agency Management Ltd.; 1067,
  1991 Ed. (2338)
Merrett Underwriting Agency Management Ltd.; Marine 418,
  1991 Ed. (2336)
Merriam Music
  2021 Ed. (3651)
Merriam Webster Dictionary
  1990 Ed. (2768)
Merriam-Webster Word Central
  2002 Ed. (4870)
Merrick Bank
  2018 Ed. (330)
  2021 Ed. (404)
  2022 Ed. (417)
  2023 Ed. (541)
Merrick & Co.
  2002 Ed. (332)
  2003 Ed. (1278, 3962)
  2005 Ed. (263, 2439)
  2007 Ed. (289, 2406, 2445)
  2008 Ed. (2522, 2572)
  2009 Ed. (288, 2534, 2580, 2581)
  2010 Ed. (272, 2496)
  2011 Ed. (2460)
  2012 Ed. (203, 1424, 2369, 2424)
  2013 Ed. (178, 2552, 2591)
  2014 Ed. (1516, 2483, 2523)
  2015 Ed. (2558, 2597)
  2017 Ed. (2332)

2018 Ed. (2377, 2393, 2401)
2019 Ed. (2422, 2444)
2020 Ed. (2433)
2022 Ed. (2432, 2454)
2023 Ed. (2578, 2590)
The Merrick Group
  2008 Ed. (4207)
Merrick Pet Care
  2018 Ed. (3787)
  2020 Ed. (3825)
Merril Lynch Global Alloc B
  1992 Ed. (3178)
Merrill
  2023 Ed. (752)
Merrill Basic Value
  2002 Ed. (2159)
Merrill Blueberry Farms Inc.
  1998 Ed. (1772)
Merrill; Charles E.
  1990 Ed. (1583)
Merrill Corp.
  1999 Ed. (3894)
  2000 Ed. (908, 909, 910)
  2007 Ed. (4006)
Merrill Development Capital Markets
  1995 Ed. (2717, 2727)
Merrill Dragon Fund A
  1995 Ed. (2728)
Merrill Dragon Fund B
  1995 Ed. (2728)
Merrill Edge
  2013 Ed. (719, 2339)
  2014 Ed. (735, 742)
  2015 Ed. (779)
  2016 Ed. (700)
  2017 Ed. (751, 753, 754, 756, 760)
  2018 Ed. (691)
  2019 Ed. (704)
  2020 Ed. (693, 694, 695)
  2021 Ed. (699)
  2022 Ed. (733)
Merrill Emer Tigers A
  1999 Ed. (3582)
Merrill EuroFund
  2000 Ed. (3231)
Merrill EuroFund A
  1999 Ed. (3512)
Merrill Gardens
  2003 Ed. (291)
  2004 Ed. (258)
  2005 Ed. (265)
  2006 Ed. (4192)
  2015 Ed. (218)
  2018 Ed. (196)
Merrill Global Allocation A
  1997 Ed. (2883)
Merrill Latin America
  2007 Ed. (3672)
Merrill Latin America B
  1997 Ed. (2906)
Merrill Latin America C
  1997 Ed. (2906)
Merrill Latin America D
  1997 Ed. (2906)
Merrill Lynch
  1989 Ed. (791, 792, 793, 794, 795, 796, 798, 799, 800, 802, 803, 804, 805, 806, 807, 808, 809, 1013, 1137, 1368, 1370, 1413, 1414, 1415, 1423, 1425, 1426, 1754, 1757, 1758, 1759, 1760, 1762, 1763, 1764, 1765, 1766, 1768, 1769, 1771, 1772, 1773, 1774, 1775, 1776, 1777, 1778, 1872, 1901, 2104, 2132, 2293, 2370, 2371, 2372, 2373, 2374, 2375, 2376, 2377, 2378, 2379, 2380, 2381, 2382, 2383, 2384, 2385, 2386, 2387, 2388, 2389, 2390, 2391, 2392, 2393, 2394, 2395, 2396, 2397, 2398, 2399, 2400, 2401, 2402, 2403, 2404, 2405, 2406, 2407, 2408, 2409, 2410, 2411, 2413, 2414, 2415, 2416, 2417, 2418, 2419, 2420, 2421, 2422, 2423, 2424, 2426, 2447, 2452, 2453, 2454)
  1990 Ed. (782, 790, 791, 792, 793, 795, 796, 797, 798, 799, 800, 801, 802, 803, 804, 805, 806, 807, 808, 809, 899, 1221, 1222, 1694, 1695, 1698, 1699, 1700, 1705, 1706, 1707, 1764, 1765, 1770, 1772, 1774, 1776, 1777, 1799, 2291, 2295, 2296, 2297, 2298, 2299, 2300, 2301, 2302, 2304, 2305, 2306, 2307, 2308, 2309, 2312, 2325, 2440, 2641, 2643, 2645, 2647, 2770, 2981, 2982, 3138, 3139, 3140, 3141, 3142, 3143, 3144, 3145, 3146, 3147, 3148, 3149, 3151, 3152, 3153, 3154, 3155, 3156, 3157, 3158, 3159, 3160, 3161, 3163, 3170, 3171, 3172, 3173, 3174, 3175, 3176, 3178, 3181, 3183, 3185, 3187, 3188, 3189, 3190, 3191, 3192, 3193, 3194, 3195, 3196, 3197, 3198, 3199, 3200, 3201, 3202, 3203, 3204, 3205, 3206, 3218, 3219, 3220, 3221, 3224, 3225, 3226, 3228)
  1991 Ed. (752, 753, 754, 755, 756, 757, 759, 760, 761, 762, 763, 764, 765, 766, 767, 768, 769, 770, 771, 772,

773, 774, 780, 852, 999, 1110, 1116, 1117, 1118, 1131, 1132, 1149, 1600, 1601, 1605, 1610, 1612, 1613, 1668, 1669, 1670, 1672, 1676, 1677, 1678, 1679, 1685, 1688, 1689, 1690, 1692, 1694, 1695, 1697, 1701, 1703, 1704, 1705, 1706, 1707, 1709, 1713, 2176, 2177, 2178, 2179, 2180, 2181, 2182, 2183, 2184, 2185, 2186, 2187, 2188, 2189, 2190, 2191, 2192, 2193, 2194, 2195, 2197, 2198, 2199, 2200, 2202, 2481, 2482, 2513, 2515, 2516, 2517, 2518, 2520, 2522, 2822, 2831, 2832, 2945, 2946, 2947, 2948, 2949, 2950, 2951, 2952, 2953, 2954, 2955, 2956, 2957, 2958, 2959, 2960, 2961, 2962, 2963, 2964, 2965, 2966, 2967, 2968, 2969, 2970, 2971, 2972, 2973, 2974, 2975, 2976, 2978, 2979, 2980, 2981, 2982, 2983, 2984, 2985, 2986, 2987, 2988, 2989, 2990, 2991, 2992, 2993, 2994, 2995, 2996, 2997, 2998, 2999, 3000, 3001, 3002, 3003, 3004, 3005, 3006, 3007, 3008, 3010, 3011, 3012, 3013, 3014, 3015, 3016, 3017, 3018, 3019, 3020, 3021, 3022, 3023, 3024, 3025, 3026, 3027, 3029, 3066, 3067, 3068, 3069, 3070, 3071, 3074, 3075, 3076, 3077, 3078, 3079
  1992 Ed. (950, 951, 952, 953, 954, 955, 956, 957, 960, 961, 1050, 1051, 1052, 1053, 1266, 1450, 1451, 1452, 1453, 1454, 1456, 1463, 1484, 1990, 1991, 1993, 1995, 1996, 1999, 2000, 2010, 2012, 2013, 2020, 2023, 2024, 2028, 2029, 2032, 2036, 2040, 2042, 2044, 2045, 2132, 2133, 2134, 2141, 2144, 2146, 2147, 2148, 2161, 2718, 2719, 2720, 2721, 2723, 2724, 2740, 2776, 2778, 3105, 3157, 3343, 3550, 3640, 3823, 3832, 3834, 3835, 3836, 3837, 3838, 3839, 3840, 3841, 3842, 3843, 3844, 3845, 3846, 3847, 3848, 3849, 3850, 3851, 3853, 3854, 3855, 3856, 3857, 3858, 3859, 3860, 3861, 3862, 3863, 3864, 3865, 3866, 3867, 3868, 3869, 3870, 3871, 3872, 3873, 3874, 3875, 3876, 3877, 3878, 3879, 3880, 3881, 3882, 3883, 3884, 3885, 3886, 3887, 3888, 3889, 3890, 3891, 3892, 3893, 3894, 3895, 3896, 3897, 3899, 3900, 3902, 3903, 3904, 3905, 3906, 3907)
  1993 Ed. (716, 755, 756, 757, 758, 759, 760, 761, 763, 764, 765, 766, 767, 793, 839, 840, 841, 842, 1165, 1166, 1167, 1168, 1169, 1170, 1171, 1174, 1177, 1192, 1264, 1648, 1649, 1651, 1652, 1653, 1654, 1659, 1665, 1667, 1668, 1671, 1673, 1675, 1677, 1680, 1681, 1685, 1687, 1689, 1768, 1769, 1770, 1853, 1854, 1855, 1856, 1860, 1956, 2273, 2275, 2276, 2277, 2279, 2646, 2662, 2666, 2672, 2695, 2699, 3116, 3118, 3119, 3120, 3121, 3122, 3123, 3124, 3125, 3126, 3127, 3128, 3129, 3130, 3131, 3132, 3133, 3134, 3135, 3136, 3137, 3138, 3139, 3140, 3141, 3142, 3143, 3144, 3145, 3146, 3147, 3148, 3149, 3150, 3151, 3152, 3153, 3154, 3155, 3156, 3157, 3158, 3159, 3160, 3161, 3162, 3163, 3164, 3165, 3166, 3167, 3168, 3169, 3170, 3171, 3172, 3173, 3174, 3175, 3176, 3179, 3181, 3182, 3183, 3184, 3185, 3186, 3187, 3188, 3189, 3190, 3191, 3192, 3193, 3194, 3195, 3196, 3197, 3198, 3199, 3200, 3201, 3202, 3203, 3205, 3207, 3208, 3218, 3284)
  1998 Ed. (491, 1694)
  1999 Ed. (3523)
  2000 Ed. (28, 827, 835, 836, 867, 869, 871, 872, 873, 882, 885, 886, 887, 889, 890, 1025, 1338, 1379, 1426, 1525, 1920, 1921, 1922, 2058, 2073, 2107, 2108, 2109, 2110, 2111, 2193, 2263, 2264, 2451, 2455, 2456, 2457, 2768, 2784, 2788, 3190, 3191, 3192, 3193, 3194, 3195, 3280, 3283, 3878, 3880, 3881, 3883, 3884, 3886, 3887, 3888, 3889, 3890, 3891, 3892, 3893, 3894, 3895, 3896, 3897, 3898, 3899, 3901, 3902, 3903, 3904, 4221)
  2001 Ed. (2431)
  2002 Ed. (2264)
  2003 Ed. (2479, 3501)
  2004 Ed. (759, 2612, 3562)
  2005 Ed. (2597, 2598, 2602, 3547)
  2006 Ed. (3212, 3599)
  2007 Ed. (2559, 3659, 3660)
  2009 Ed. (666)
  2010 Ed. (631)
  2012 Ed. (1229, 2105, 3360, 4441, 4455, 4456, 4613)
  2013 Ed. (1346, 2293, 3431, 4402, 4417, 4418, 4561)
  2014 Ed. (1281, 2231, 3431, 4432, 4448, 4449, 4616)

2015 Ed. (1345, 1752, 2295, 3464, 4414, 4443, 4444, 4615)
2016 Ed. (523)
2017 Ed. (542)
2018 Ed. (507)
2019 Ed. (522)
2020 Ed. (507)
Merrill Lynch Asset
  1994 Ed. (2299, 2306)
  1996 Ed. (2374)
  2000 Ed. (2796)
Merrill Lynch Asset Management
  1989 Ed. (1808, 1811, 1812)
  1990 Ed. (2356, 2359)
  1991 Ed. (2250)
  1996 Ed. (2347)
  1998 Ed. (2225, 2299, 2301, 2303)
  1999 Ed. (3038, 3040, 3054, 3094, 3588)
  2000 Ed. (2767, 2782, 2856)
Merrill Lynch Asset Management Group
  2001 Ed. (3019)
  2002 Ed. (3019)
Merrill Lynch Asset Managment
  1992 Ed. (2639)
Merrill Lynch Bank
  1991 Ed. (626)
Merrill Lynch Bank & Trust Co.
  1995 Ed. (394)
  1996 Ed. (417, 637)
  1997 Ed. (384)
  1998 Ed. (298, 416)
  2000 Ed. (400)
  2002 Ed. (442, 2725)
  2008 Ed. (446)
  2010 Ed. (4435, 4436, 4437)
  2011 Ed. (4380, 4381, 4382)
Merrill Lynch Bank & Trust Co. Cayman
  2017 Ed. (446)
  2018 Ed. (411)
Merrill Lynch Bank & Trust, FSB
  2010 Ed. (442, 443, 444, 1039, 1040, 3000, 3703, 3704, 4416, 4417, 4418, 4422, 4423, 4424, 4427, 4428, 4430, 4432, 4434)
Merrill Lynch Bank USA
  2002 Ed. (442, 2725)
  2003 Ed. (378, 2887)
  2004 Ed. (357, 2996)
  2005 Ed. (368, 2994)
  2006 Ed. (371, 2989)
  2007 Ed. (354, 1185, 3020)
  2008 Ed. (3138)
  2009 Ed. (3222)
  2010 Ed. (3156)
Merrill Lynch Banking & Trust Co.
  2003 Ed. (378)
  2004 Ed. (357)
  2005 Ed. (368)
  2006 Ed. (371)
Merrill Lynch Basic Value
  1990 Ed. (2392)
  1999 Ed. (3543)
Merrill Lynch Basic Value A
  1994 Ed. (2601)
  1997 Ed. (2874, 2882)
Merrill Lynch Biotechnology Holders
  2004 Ed. (234)
Merrill Lynch Bond High Income
  2005 Ed. (699)
Merrill Lynch Canada Inc.
  1989 Ed. (812)
  1990 Ed. (811, 822)
Merrill Lynch Canadian Core Value
  2003 Ed. (3567, 3568, 3569)
Merrill Lynch Capital
  1990 Ed. (2394)
  1997 Ed. (2871)
  1998 Ed. (2614)
  1999 Ed. (3533)
  2000 Ed. (3250)
Merrill Lynch Capital A
  1991 Ed. (2559)
  1992 Ed. (3152)
Merrill Lynch Capital Appreciation A
  1992 Ed. (3191)
Merrill Lynch Capital Markets
  1989 Ed. (1373, 1374, 1375, 2436, 2437, 2438, 2439, 2440, 2441, 2442, 2443, 2444, 2445)
  1990 Ed. (1674, 1675, 1676, 1677, 1679, 1680, 1692, 1693, 1704, 2137, 2138, 2310, 2311, 3164, 3165, 3166, 3167, 3168, 3169, 3207, 3208, 3211, 3212, 3213, 3214, 3215, 3216, 3217, 3227)
  1991 Ed. (1581, 1586, 1587, 1588, 1589, 1590, 1591, 1592, 1593, 1595, 1609, 2203, 2204, 2944, 3009, 3030, 3031, 3032, 3033, 3036, 3037, 3038, 3039, 3040, 3041, 3042, 3043, 3044, 3045, 3047, 3048, 3049, 3050, 3051, 3052, 3053, 3055, 3057, 3058, 3059, 3060, 3061, 3062, 3063, 3064, 3065)
  1992 Ed. (1989, 2725, 2726, 2727, 3852)
  1994 Ed. (1672, 1674, 1675, 1676, 1681, 1686, 1688, 1691, 1694, 1697, 1700, 3187, 3188)

Merrill Lynch Capital Partners
  1990 Ed. (1905)
  1991 Ed. (1823)
  1992 Ed. (2299)
  1995 Ed. (2004)
  1998 Ed. (1845)
  1999 Ed. (2604)
  2000 Ed. (2347)
  2002 Ed. (1473, 3791)
  2003 Ed. (1444, 2622)
  2004 Ed. (1474, 2739)
  2005 Ed. (1490, 2737)
Merrill Lynch & Co, Pierce Fenner & Smith Inc.
  1995 Ed. (752, 753, 754)
Merrill Lynch & Co.
  2016 Ed. (1890)
Merrill Lynch & Co. (buyer), Mercury Asset Management Group PLC-UK (seller)
  2000 Ed. (1328)
Merrill Lynch & Co. Development Capital
  1995 Ed. (2699)
Merrill Lynch & Co., Inc.
  1990 Ed. (1800)
  1994 Ed. (727, 728, 763, 764, 765, 766, 767, 768, 769, 770, 771, 772, 774, 775, 776, 777, 778, 779, 780, 783, 784, 1197, 1198, 1199, 1200, 1208, 1311, 1701, 1702, 1703, 1704, 1756, 1757, 1758, 1829, 1830, 1838, 1839, 1841, 1843, 1844, 1845, 1848, 2060, 2286, 2287, 2288, 2291, 2292, 2321, 2322, 2580, 2581, 2582, 2583, 2623, 2663, 3159, 3162, 3163, 3164, 3165, 3166, 3167, 3168, 3169, 3170, 3171, 3172, 3173, 3174, 3175, 3176, 3177, 3178, 3179, 3180, 3181, 3182, 3183, 3184, 3189, 3190, 3191, 3229, 3274)
  1995 Ed. (232, 503, 574, 721, 722, 723, 724, 725, 726, 727, 729, 730, 731, 732, 733, 734, 735, 736, 737, 738, 739, 740, 741, 742, 743, 744, 745, 746, 747, 748, 749, 750, 751, 755, 756, 757, 759, 760, 761, 762, 763, 782, 784, 791, 792, 816, 1213, 1214, 1215, 1216, 1217, 1218, 1556, 1719, 1720, 1721, 1722, 1794, 1871, 1873, 1876, 2341, 2342, 2344, 2345, 2346, 2347, 2348, 2349, 2350, 2351, 2352, 2353, 2380, 2384, 2385, 2386, 2387, 2388, 2443, 2633, 2634, 2635, 2636, 2637, 2638, 2639, 2640, 2641, 2642, 2702, 2763, 2764, 3204, 3209, 3213, 3215, 3216, 3217, 3218, 3219, 3220, 3221, 3222, 3223, 3224, 3225, 3226, 3227, 3228, 3229, 3230, 3231, 3232, 3233, 3234, 3235, 3236, 3237, 3238, 3239, 3240, 3241, 3242, 3243, 3244, 3245, 3246, 3247, 3248, 3249, 3250, 3251, 3252, 3253, 3254, 3255, 3256, 3257, 3258, 3259, 3260, 3261, 3263, 3264, 3265, 3266, 3269, 3270, 3271, 3273, 3274, 3275, 3308, 3355)
  1996 Ed. (163, 396, 794, 795, 796, 798, 799, 800, 802, 803, 804, 805, 806, 808, 810, 1181, 1182, 1183, 1184, 1185, 1186, 1187, 1188, 1189, 1190, 1263, 1281, 1538, 1699, 1700, 1702, 1703, 1704, 1705, 1706, 1736, 1742, 1743, 1768, 1769, 1892, 1917, 1920, 2360, 2361, 2362, 2363, 2364, 2365, 2366, 2367, 2368, 2369, 2370, 2371, 2372, 2373, 2712, 2713, 2714, 2715, 2716, 2717, 2718, 2719, 2720, 2721, 2786, 2827, 2829, 2830, 3311, 3313, 3314, 3315, 3316, 3317, 3318, 3319, 3320, 3321, 3322, 3323, 3324, 3325, 3326, 3327, 3328, 3329, 3330, 3331, 3332, 3333, 3334, 3335, 3336, 3337, 3338, 3339, 3340, 3341, 3342, 3343, 3344, 3345, 3346, 3347, 3348, 3349, 3350, 3351, 3353, 3354, 3355, 3356, 3357, 3358, 3359, 3360, 3361, 3362, 3363, 3364, 3365, 3367, 3368, 3369, 3370, 3371, 3372, 3373, 3374, 3375, 3378, 3379, 3380, 3381, 3382, 3383, 3384, 3385, 3386, 3387)
  1997 Ed. (732, 733, 734, 736, 738, 739, 740, 741, 742, 770, 771, 772, 773, 774, 775, 776, 1220, 1221, 1222, 1223, 1224, 1225, 1226, 1227, 1228, 1229, 1279, 1326, 1353, 1489, 1597, 1783, 1784, 1786, 1787, 1788, 1789, 1790, 1848, 1849, 1850, 1922, 1967, 1970, 1971, 2484, 2487, 2488, 2489, 2490, 2491, 2492, 2493, 2494, 2495, 2496, 2497, 2498, 2500, 2501, 2502, 2503, 2504, 2505, 2506, 2507, 2812, 2832, 2833, 2834, 2835, 2836, 2837, 2838, 2932, 2933, 3417, 3418, 3419, 3420, 3421, 3422, 3423, 3424, 3425, 3426, 3427, 3428, 3429, 3430, 3431, 3432, 3433, 3434, 3435, 3436, 3437, 3438, 3439, 3440, 3441, 3442, 3443, 3444, 3445, 3446, 3447, 3448, 3449, 3450, 3451, 3452, 3453, 3454, 3455, 3456, 3457, 3458, 3459, 3460, 3461, 3462, 3463, 3464, 3465, 3466, 3467, 3469, 3470, 3471, 3474, 3475, 3476,

CUMULATIVE INDEX • 1989-2023

3477, 3478, 3479, 3480, 3481, 3482, 3483)
1998 Ed. (192, 340, 342, 379, 426, 514, 515, 516, 517, 518, 519, 520, 521, 522, 523, 525, 526, 527, 528, 995, 997, 998, 999, 1000, 1001, 1002, 1003, 1004, 1005, 1006, 1084, 1110, 1181, 1265, 1493, 1494, 1495, 1496, 1497, 1498, 1499, 1501, 1559, 1560, 1561, 1562, 1696, 2238, 2239, 2240, 2241, 2242, 2243, 2244, 2245, 2246, 2247, 2248, 2249, 2250, 2251, 2252, 2253, 2262, 2293, 2566, 2567, 2568, 2569, 2570, 2571, 2578, 2645, 2670, 2671, 2672, 2673, 3100, 3176, 3181, 3186, 3187, 3188, 3189, 3191, 3192, 3193, 3194, 3195, 3196, 3197, 3198, 3199, 3200, 3206, 3207, 3208, 3209, 3211, 3212, 3213, 3214, 3215, 3216, 3217, 3218, 3219, 3220, 3221, 3222, 3223, 3224, 3225, 3226, 3227, 3228, 3229, 3230, 3231, 3233, 3234, 3235, 3236, 3237, 3238, 3239, 3240, 3241, 3242, 3243, 3244, 3245, 3246, 3247, 3248, 3249, 3251, 3252, 3253, 3254, 3255, 3256, 3257, 3258, 3259, 3260, 3261, 3262, 3263, 3264, 3265, 3266, 3267, 3268, 3269, 3270, 3271, 3272, 3273)
1999 Ed. (826, 827, 828, 830, 832, 833, 834, 835, 836, 837, 838, 840, 864, 866, 867, 869, 870, 871, 872, 873, 874, 875, 876, 877, 878, 879, 880, 881, 882, 883, 884, 885, 886, 887, 888, 889, 890, 891, 892, 893, 894, 895, 896, 897, 898, 905, 907, 909, 910, 911, 912, 913, 914, 921, 923, 925, 926, 927, 928, 929, 930, 936, 938, 940, 942, 943, 967, 1087, 1089, 1425, 1426, 1427, 1428, 1429, 1430, 1432, 1433, 1434, 1435, 1437, 1439, 1469, 1537, 1544, 1714, 2063, 2064, 2065, 2066, 2120, 2143, 2150, 2151, 2152, 2278, 2296, 2321, 2322, 2323, 2324, 2325, 2396, 2440, 2442, 3021, 3022, 3023, 3024, 3025, 3026, 3027, 3028, 3029, 3030, 3031, 3032, 3033, 3035, 3036, 3037, 3041, 3045, 3049, 3062, 3066, 3477, 3478, 3479, 3480, 3481, 3482, 3600, 3601, 3649, 4176, 4177, 4178, 4179, 4180, 4181, 4182, 4183, 4184, 4185, 4187, 4188, 4189, 4191, 4192, 4193, 4194, 4195, 4196, 4197, 4198, 4199, 4205, 4206, 4207, 4208, 4209, 4210, 4211, 4212, 4213, 4214, 4215, 4217, 4218, 4219, 4220, 4221, 4222, 4223, 4224, 4225, 4226, 4227, 4228, 4229, 4230, 4232, 4235, 4236, 4237, 4238, 4239, 4240, 4241, 4243, 4244, 4245, 4246, 4247, 4248, 4249, 4250, 4251, 4252, 4253, 4254, 4255, 4256, 4258, 4259, 4260, 4261, 4262, 4263, 4264, 4265)
2000 Ed. (205, 376, 377, 378, 776, 777, 779, 828, 829, 830, 831, 832, 864, 880, 881, 1919, 2769, 2771, 2772, 2773, 2775, 2777, 3318, 3321, 3416, 3421, 3908, 3909, 3910, 3911, 3912, 3913, 3914, 3916, 3917, 3923, 3924, 3926, 3927, 3928, 3929, 3930, 3931, 3933, 3934, 3935, 3936, 3937, 3938, 3939, 3940, 3941, 3942, 3943, 3944, 3945, 3946, 3947, 3948, 3949, 3950, 3951, 3952, 3953, 3954, 3955, 3956, 3957, 3958, 3959, 3960, 3961, 3962, 3964, 3965, 3966, 3967, 3968, 3969, 3970, 3971, 3972, 3973, 3975, 3976, 3977, 3978, 3979, 3980, 3981, 3982, 3983, 3984, 3985, 3986, 3987, 3988)
2001 Ed. (552, 553, 554, 556, 557, 559, 582, 746, 747, 748, 749, 751, 752, 753, 754, 755, 756, 757, 758, 771, 775, 779, 783, 787, 795, 799, 802, 810, 815, 823, 827, 831, 836, 840, 844, 848, 868, 872, 876, 884, 892, 908, 912, 916, 924, 952, 956, 960, 961, 962, 963, 964, 966, 967, 968, 969, 970, 971, 972, 973, 974, 975, 1037, 1195, 1196, 1510, 1511, 1512, 1516, 1517, 1518, 1519, 1521, 1522, 1523, 1524, 1526, 1527, 1528, 1529, 1530, 1531, 1532, 1538, 1816, 2423, 2424, 2425, 2426, 2427, 2428, 2429, 2430, 2434, 2435, 2973, 3006, 3007, 3008, 3009, 3010, 3038, 3155, 3513, 3687, 4177, 4178, 4193, 4194, 4197, 4204, 4207, 4208)
2002 Ed. (338, 439, 502, 503, 504, 579, 727, 728, 730, 731, 733, 734, 735, 736, 807, 808, 809, 811, 812, 821, 822, 823, 824, 825, 826, 827, 828, 830, 831, 834, 837, 838, 840, 841, 842, 843, 844, 846, 847, 848, 850, 851, 852, 853, 999, 1348, 1349, 1350, 1351, 1352, 1353, 1354, 1355, 1358, 1360, 1362, 1363, 1364, 1365, 1366, 1367, 1368, 1369, 1370, 1371, 1372, 1375, 1376, 1377, 1404, 1405, 1421, 1430, 1434, 1537, 1741, 1743, 1920, 1924, 1925, 1926, 1927, 1929, 1930, 1932, 1934, 1942, 1944, 1949, 1950, 2157, 2161, 2162, 2165, 2166, 2167, 2168, 2270, 2271, 2272, 2273, 2274, 2275, 2817, 2999, 3001, 3002, 3003, 3011, 3012, 3015, 3016, 3023, 3024, 3025, 3042, 3043, 3190, 3390, 3407, 3408, 3409, 3410, 3411, 3412, 3419, 3628, 4189, 4190, 4191, 4197, 4198, 4201, 4202, 4206, 4208, 4209, 4210, 4211, 4212, 4213, 4214, 4215, 4217, 4218, 4219, 4220, 4221, 4222, 4223, 4224, 4225, 4226, 4227, 4228, 4229, 4230, 4231, 4232, 4233, 4234, 4235, 4236, 4237, 4238, 4239, 4240, 4241, 4242, 4243, 4244, 4245, 4246, 4247, 4248, 4249, 4250, 4251, 4252, 4556, 4557, 4601, 4602, 4647, 4650, 4651, 4652, 4653, 4654, 4656, 4657, 4659, 4660, 4662, 4663, 4874)
2003 Ed. (192, 818, 1387, 1388, 1389, 1390, 1391, 1392, 1395, 1396, 1397, 1398, 1399, 1402, 1403, 1404, 1405, 1406, 1409, 1410, 1411, 1414, 1416, 1417, 1418, 1450, 1547, 1569, 1644, 1789, 1791, 2013, 2021, 2024, 2025, 2026, 2030, 2031, 2032, 2033, 2152, 2362, 2368, 2476, 2478, 3059, 3060, 3066, 3090, 3091, 3092, 3093, 3094, 3095, 3096, 3098, 3111, 3473, 3474, 3475, 3476, 3477, 3478, 4315, 4316, 4317, 4323, 4324, 4325, 4326, 4332, 4333, 4334, 4336, 4337, 4338, 4339, 4340, 4341, 4342, 4343, 4344, 4345, 4346, 4347, 4348, 4349, 4350, 4351, 4352, 4353, 4354, 4355, 4356, 4357, 4358, 4359, 4360, 4361, 4362, 4363, 4364, 4365, 4366, 4367, 4368, 4369, 4370, 4371, 4372, 4373, 4374, 4564, 4719)
2004 Ed. (862, 1402, 1403, 1404, 1405, 1406, 1407, 1410, 1411, 1412, 1413, 1414, 1415, 1420, 1421, 1425, 1426, 1429, 1430, 1431, 1434, 1435, 1436, 1439, 1441, 1442, 1444, 1445, 1480, 1559, 1570, 1596, 1823, 2007, 2059, 2060, 2062, 2064, 2067, 2070, 2072, 2073, 2115, 2118, 2600, 2603, 3171, 3181, 3183, 3185, 3187, 3188, 3190, 3191, 3197, 3198, 3199, 3200, 3201, 3202, 3203, 3204, 3205, 3207, 3500, 3503, 3504, 3527, 3528, 3529, 3530, 3531, 3532, 3786, 4322, 4323, 4324, 4325, 4327, 4328, 4329, 4330, 4331, 4332, 4333, 4334, 4336, 4339, 4341, 4342, 4343, 4344, 4352, 4353, 4356, 4357, 4358, 4359, 4360, 4361, 4362, 4363, 4364, 4365, 4366, 4367, 4368, 4369, 4370, 4371, 4372, 4373, 4374, 4375, 4376, 4377, 4379, 4380, 4381, 4382, 4383, 4384, 4385, 4386, 4387, 4388, 4389, 4390, 4391, 4392, 4393, 4395, 4396, 4397, 4695)
2005 Ed. (111, 162, 164, 215, 222, 293, 299, 527, 680, 706, 707, 708, 753, 755, 756, 849, 869, 870, 949, 952, 1142, 1423, 1424, 1425, 1426, 1429, 1430, 1433, 1434, 1435, 1436, 1441, 1442, 1443, 1446, 1447, 1448, 1451, 1452, 1453, 1456, 1458, 1459, 1496, 1565, 1566, 1908, 2147, 2171, 2174, 2175, 2178, 2180, 2190, 2287, 2299, 2301, 2448, 2449, 2450, 2580, 2583, 2643, 2816, 3029, 3055, 3102, 3117, 3206, 3217, 3219, 3222, 3223, 3235, 3236, 3237, 3238, 3387, 3430, 3436, 3455, 3466, 3503, 3505, 3506, 3507, 3508, 3526, 3527, 3528, 3529, 3530, 3531, 3534, 3535, 3582, 3687, 3714, 3716, 3748, 3749, 3767, 3812, 3986, 4112, 4131, 4165, 4245, 4246, 4247, 4248, 4252, 4255, 4256, 4257, 4258, 4259, 4261, 4263, 4264, 4265, 4268, 4269, 4270, 4271, 4272, 4273, 4274, 4275, 4276, 4277, 4278, 4279, 4280, 4281, 4283, 4295, 4296, 4297, 4298, 4299, 4300, 4301, 4302, 4303, 4304, 4305, 4306, 4307, 4309, 4310, 4311, 4312, 4314, 4315, 4316, 4317, 4318, 4319, 4320, 4321, 4322, 4323, 4325, 4326, 4327, 4328, 4332, 4333, 4334, 4336, 4337, 4338, 4339, 4347, 4348, 4423, 4564, 4578, 4579, 4614, 4615, 4631, 4642, 4644, 4670, 4671, 4672, 4715, 4719, 4982)
2006 Ed. (398, 659, 660, 778, 779, 1408, 1409, 1410, 1411, 1414, 1415, 1416, 1936, 2242, 2586, 3191, 3208, 3209, 3223, 3224, 3236, 3686, 3687, 3700, 3701, 4219, 4251, 4252, 4253, 4261, 4262, 4277, 4278, 4279, 4722, 4723, 4724)
2007 Ed. (649, 651, 751, 1440, 1488, 1919, 1921, 2162, 2552, 2566, 2577, 2642, 2888, 3250, 3255, 3256, 3276, 3278, 3280, 3281, 3285, 3289, 3295, 3631, 3650, 3651, 3652, 3653, 3654, 3655, 4235, 4266, 4267, 4268, 4269, 4270, 4271, 4272, 4273, 4274, 4275, 4278, 4283, 4285, 4286, 4288, 4289, 4290, 4298, 4299, 4300, 4301, 4302, 4303, 4304, 4305, 4306, 4307, 4308, 4309, 4310, 4311, 4312, 4313, 4314, 4315, 4316, 4317, 4318, 4319, 4320, 4321, 4322, 4323, 4324, 4325, 4327, 4328, 4329, 4331, 4332, 4333, 4334, 4335, 4336, 4338, 4339, 4340, 4341, 4342, 4653, 4662, 4664)
2008 Ed. (339, 730, 733, 1390, 1391, 1392, 1393, 1396, 1397, 1398, 1431, 1986, 1988, 2281, 2695, 2882, 2922, 3036, 3398, 3400, 3405, 3410, 3685, 4264, 4269, 4286, 4290, 4292, 4294, 4304, 4305, 4306, 4542, 4617, 4665, 4666)
2009 Ed. (736, 1393, 1440, 1765, 1939, 1943, 2268, 2770, 2939, 2946, 3454, 3455, 3458, 3462, 3464, 3471, 4368, 4373, 4395, 4396, 4401, 4402, 4409, 4410, 4411, 4412, 4554)
2010 Ed. (368, 439, 671, 1380, 1422, 1706, 1876, 2223, 2224, 2881, 3394, 3395, 3398, 3407, 4260, 4395, 4400, 4441, 4442, 4447, 4448, 4453, 4454, 4601)
2011 Ed. (603, 931, 1906, 2860, 3332, 4340, 4345, 4387)
2012 Ed. (573, 1763, 2671, 2790, 4445)
2013 Ed. (709, 1937, 4406)
2014 Ed. (1887, 4436)
2016 Ed. (4312)
Merrill Lynch & Co. Retirement Preservation Trust
1995 Ed. (2072)
Merrill Lynch Corporate High Income
1995 Ed. (2692, 2694, 2700, 2715, 2716)
Merrill Lynch Corporate High Income A
1995 Ed. (2688)
1998 Ed. (2625, 2626, 2633)
1999 Ed. (753)
Merrill Lynch Corporate High Income B
1993 Ed. (2666)
Merrill Lynch Corp. Bond High Income A
1996 Ed. (2765, 2781)
Merrill Lynch Corp. Hi Inc.
1991 Ed. (2563)
Merrill Lynch Corp. High Income A
1992 Ed. (3197)
1994 Ed. (2600, 2610, 2641)
1997 Ed. (2892)
Merrill Lynch Corp. High-Income B
1994 Ed. (2641)
1996 Ed. (2808)
Merrill Lynch Corp. High Yield Income A
1997 Ed. (2867)
Merrill Lynch Credit
1998 Ed. (2400)
Merrill Lynch Developing Capital Markets
1995 Ed. (2738)
Merrill Lynch Direct
2002 Ed. (4795, 4868)
Merrill Lynch Dragon A
1995 Ed. (2706)
Merrill Lynch EuroFund
2001 Ed. (3444)
2003 Ed. (3609)
2004 Ed. (3646, 3648)
Merrill Lynch Eurofund A
1998 Ed. (2635)
Merrill Lynch Eurofund B
1998 Ed. (2635)
Merrill Lynch Federal Sec.
1991 Ed. (2562)
1992 Ed. (3188)
Merrill Lynch Federal Securities
1990 Ed. (2375)
Merrill Lynch Financial Services
2000 Ed. (26, 4219)
Merrill Lynch Focus Twenty
2003 Ed. (2360)
2004 Ed. (3603)
Merrill Lynch Focus Value
2003 Ed. (3492)
Merrill Lynch Focus Value Fund
2003 Ed. (3534)
Merrill Lynch Futures Inc.
1991 Ed. (1012)
1992 Ed. (1290)
1998 Ed. (814)
1999 Ed. (829)
2000 Ed. (826)
2002 Ed. (4500)
2003 Ed. (2599)
Merrill Lynch Global
1995 Ed. (2692)
1996 Ed. (2770)
Merrill Lynch Global Allocation
1992 Ed. (3161)
1996 Ed. (2775)
1997 Ed. (2870)
1998 Ed. (2617)
1999 Ed. (3565)
Merrill Lynch Global Allocation A
1992 Ed. (3178)
1994 Ed. (2605, 2616)
1995 Ed. (2679)
1998 Ed. (2609)
Merrill Lynch Global Bond for Inv. B
1994 Ed. (2645)
Merrill Lynch Global Convertible A
1995 Ed. (2742)
Merrill Lynch Global Convertible B
1995 Ed. (2742)
1996 Ed. (2809)
Merrill Lynch Global Growth
2003 Ed. (3601)
Merrill Lynch Global Private Equity
2008 Ed. (1405, 3445, 4079)
Merrill Lynch Global Small Cap
2004 Ed. (2481)
Merrill Lynch Global SmallCap
2003 Ed. (3612)
Merrill Lynch Global Utility
2000 Ed. (3229)
Merrill Lynch Global Utility A
1995 Ed. (2712, 2729)
1997 Ed. (2878)
Merrill Lynch Global Utility B
1995 Ed. (2729)
Merrill Lynch Global Value D
1999 Ed. (3580)
Merrill Lynch Growth
1995 Ed. (2691, 2693, 2714)
1999 Ed. (3542, 3543)
Merrill Lynch Growth A
1995 Ed. (2704)
1996 Ed. (2766)
1998 Ed. (2613, 2619, 2623, 2624)
Merrill Lynch Growth B
1998 Ed. (2619)
1999 Ed. (3561)
Merrill Lynch Growth Fund A
1994 Ed. (2601)
Merrill Lynch Health Care
2001 Ed. (3439)
Merrill Lynch High Quality A
1992 Ed. (3154)
1994 Ed. (2600)
Merrill Lynch Hong Kong Securities
1997 Ed. (3472)
Merrill Lynch Institutional
1996 Ed. (2671)
Merrill Lynch Institutional Fund
1992 Ed. (3100)
1994 Ed. (2543)
Merrill Lynch International
1994 Ed. (1706, 1707)
2001 Ed. (1535)
Merrill Lynch International A
1994 Ed. (2600)
Merrill Lynch International B
1994 Ed. (2646)
Merrill Lynch International Bank
2004 Ed. (529)
2009 Ed. (477)
2010 Ed. (459)
2011 Ed. (387)
2016 Ed. (463)
2017 Ed. (480)
2018 Ed. (442)
2019 Ed. (452)
Merrill Lynch Investment Managers
2002 Ed. (3027)
2003 Ed. (3062, 3063, 3067, 3077, 3082, 3084, 3110, 3622)
2004 Ed. (3174)
2005 Ed. (3207, 3212, 3213, 3548)
2006 Ed. (3197)
2008 Ed. (1431)
Merrill Lynch Japan
1996 Ed. (1868)
1997 Ed. (1975)
1999 Ed. (2363)
2000 Ed. (2145)
2002 Ed. (2169)
Merrill Lynch Japan Securities Co.
2003 Ed. (3097)
2007 Ed. (3288)
2009 Ed. (3463)
Merrill Lynch Large Cap Core
2007 Ed. (2484)
Merrill Lynch Large Cap Value
2006 Ed. (3634)
2007 Ed. (2486)
Merrill Lynch Latin America
2003 Ed. (3619)
2005 Ed. (3579)
2007 Ed. (3663)
Merrill Lynch Latin America A
1998 Ed. (2636)
Merrill Lynch Latin America B
1996 Ed. (2804)
1999 Ed. (3566)
Merrill Lynch Latin America D
1996 Ed. (2804)
1998 Ed. (2636)
Merrill Lynch Latin America Fund
2002 Ed. (3477)
Merrill Lynch Life
1994 Ed. (3273)
1995 Ed. (3354)
Merrill Lynch Master Small Cap Value
2003 Ed. (3508)
Merrill Lynch/Mercury
2000 Ed. (3453)

1380 Business Rankings Annual • CUMULATIVE INDEX • 1989-2023 / Part 2

Merrill Lynch/Morgan Stanley
1997 Ed. (2812)
Merrill Lynch Muni Bond Insured
1990 Ed. (2389)
Merrill Lynch Municipal Bond Ltd. Maturity A
1996 Ed. (2796)
Merrill Lynch Municipal Bond National A
1998 Ed. (2639)
1999 Ed. (757)
Merrill Lynch Municipal Insured A
1992 Ed. (4193)
Merrill Lynch Municipal Ltd. Mat.
2001 Ed. (3443)
Merrill Lynch National Resource B
1992 Ed. (3179)
Merrill Lynch Natural Resources
2003 Ed. (3544)
Merrill Lynch Pacific
1989 Ed. (1850)
1990 Ed. (2393)
1991 Ed. (2558)
1992 Ed. (3151)
1994 Ed. (2605)
Merrill Lynch Pacific B
1999 Ed. (3566)
Merrill Lynch Pacific Fund A
1994 Ed. (2632)
Merrill Lynch Phoenix A
1994 Ed. (2604, 2614)
Merrill Lynch Pierce Fenner & Smith
1989 Ed. (819, 821)
1990 Ed. (819)
1991 Ed. (783)
1992 Ed. (962)
1995 Ed. (800)
1996 Ed. (809)
1997 Ed. (782)
1998 Ed. (529)
1999 Ed. (904)
2001 Ed. (4197)
2003 Ed. (4326)
2004 Ed. (2714, 4344)
2005 Ed. (2707, 4283)
2006 Ed. (2682, 4262)
2007 Ed. (2672, 4290)
2008 Ed. (2803, 4294)
2009 Ed. (2860, 4402)
2010 Ed. (2798, 4448)
2011 Ed. (4387)
2012 Ed. (2715, 4445)
2013 Ed. (2795)
Merrill Lynch Pierce Fenner Smith
1992 Ed. (3224)
Merrill Lynch Pierce Fenner & Smith Inc.
2013 Ed. (4406)
2015 Ed. (4418)
2016 Ed. (4312)
Merrill Lynch, Pierce, Fenner & Smith Inc.
2014 Ed. (2831)
2015 Ed. (2871)
2016 Ed. (2804)
2017 Ed. (2772)
2018 Ed. (2837)
2019 Ed. (2801)
Merrill Lynch Portfolio Plus High Current Income
1994 Ed. (3614)
Merrill Lynch Realty Inc.
1989 Ed. (2286)
1990 Ed. (2949)
Merrill Lynch Research
1990 Ed. (1797, 1798)
1992 Ed. (2158)
Merrill Lynch Retirement Global A
1992 Ed. (3180, 3185)
Merrill Lynch Retirement Global B
1992 Ed. (3163, 3180, 3185, 3201)
Merrill Lynch Retirement Plus
1996 Ed. (3771)
Merrill Lynch Retirement Plus High Current Income
1994 Ed. (3614)
Merrill Lynch Select Canadian Balanced
2002 Ed. (3429)
Merrill Lynch Select Global Value
2002 Ed. (3437, 3439)
2003 Ed. (3573, 3574)
Merrill Lynch Semiconductor Holders
2004 Ed. (234)
Merrill Lynch Senior Float Rate
1998 Ed. (2649)
Merrill Lynch Small Cap Value
2003 Ed. (3506)
Merrill Lynch Small Cap Value Fund
2003 Ed. (3540)
Merrill Lynch/Smith Borkum Hare
2001 Ed. (1536)
Merrill Lynch Technology A
1996 Ed. (2787)
Merrill Lynch UFJ Securities Co.
2007 Ed. (3279)
Merrill Lynch U.S. Broad Market Index
2009 Ed. (4569)
2010 Ed. (4602)
2011 Ed. (4562)
2012 Ed. (4571)
2013 Ed. (4519)

Merrill Lynch Variable: Equity Growth
1992 Ed. (4376)
Merrill Lynch Variable: Hcur. Inc.
1992 Ed. (4375)
Merrill Lynch Variable: Prime Bond
1992 Ed. (4374)
Merrill Municipal Strategy
1998 Ed. (2602)
1999 Ed. (755)
Merrill Natural Resources
2007 Ed. (3664)
Merrill Retirement Global Bond
1992 Ed. (3169)
Merrill; Richard
1991 Ed. (1626)
1992 Ed. (2056)
Merrill Special Value A
1992 Ed. (3172)
Merrill Utility & Telecom
2007 Ed. (3677)
Merrilly Lynch
2008 Ed. (4293)
Merrimac Petroleum Inc.
1997 Ed. (1014, 2168)
Merrimack College
2008 Ed. (1060)
Merrimack County, NH
1996 Ed. (1472)
Merrimack County Savings Bank
2021 Ed. (388)
2022 Ed. (401)
2023 Ed. (523)
Merrimack Valley Credit Union
2021 Ed. (2070)
2022 Ed. (2105)
2023 Ed. (2220)
Merrimack Valley Motor Inn
1993 Ed. (2092)
Merrimak Capital Company
2020 Ed. (4940)
Merriman Timed Blue Chip
1992 Ed. (3160)
Merrin; Seth
2006 Ed. (3185)
Merritt
2022 Ed. (4995)
Merritt:
2022 Ed. (4995)
Merritt 7 Corp. Park
1990 Ed. (2730)
Merritt Graphics
2016 Ed. (3972)
Merritt Group
2011 Ed. (4114, 4133)
2012 Ed. (4162)
2013 Ed. (4150)
2014 Ed. (4167)
2016 Ed. (4062)
2017 Ed. (4033)
2018 Ed. (4057)
2019 Ed. (4050)
2020 Ed. (4061)
2022 Ed. (4052)
2023 Ed. (4157)
Merritt Hawkins
2015 Ed. (4533)
2022 Ed. (4479)
Merritt Hawkins/AMN Healthcare
2022 Ed. (4479)
Merritt; Randy
2011 Ed. (2973)
Merritt; Robert
2006 Ed. (987)
Merritt Woodwork
2019 Ed. (4994)
2020 Ed. (4996)
2021 Ed. (4997)
Merriweather Post Pavilion
2011 Ed. (181)
2012 Ed. (190)
Merry Cars Inc.; A.
1992 Ed. (414)
Merry Christmas, Alex Cross
2014 Ed. (577)
Merry Electronics
2007 Ed. (2006)
2009 Ed. (4678)
2020 Ed. (1370, 1908)
Merry Employment Group Inc.
2015 Ed. (5032)
2016 Ed. (4984)
2017 Ed. (4973)
2018 Ed. (4981)
2019 Ed. (4976)
2020 Ed. (4979)
2021 Ed. (4980)
2022 Ed. (4980)
2023 Ed. (4983)
Merry-Go-Round
1992 Ed. (1212, 3727)
1993 Ed. (988, 3039)
1994 Ed. (1016, 3094)
1995 Ed. (1025, 2768)
Merry-Go-Round Enterprises
1996 Ed. (384, 386)
Merry Maids
1992 Ed. (2226)
1995 Ed. (1937, 1938)

1999 Ed. (2509, 2520)
2002 Ed. (857, 2576)
2003 Ed. (771)
2004 Ed. (781)
2005 Ed. (767)
2006 Ed. (674)
2007 Ed. (770)
2008 Ed. (746)
2009 Ed. (740)
2010 Ed. (687)
2011 Ed. (615)
2012 Ed. (586)
2013 Ed. (721, 908)
2014 Ed. (745)
2015 Ed. (782)
2016 Ed. (703)
2017 Ed. (763)
2018 Ed. (694)
2019 Ed. (710, 808, 3027)
2020 Ed. (703, 705, 802)
2021 Ed. (706, 2942)
2022 Ed. (739)
2023 Ed. (945)
Merry Maids (U.S.)
2021 Ed. (2942)
Merryman Communications, Inc.
2019 Ed. (4039)
MERS
2003 Ed. (3445)
Mersereau & Shannon
2001 Ed. (897)
Merszei; Geoffery
2011 Ed. (2545)
Merta Oy AB
1999 Ed. (2661)
MertaHealth Care Plan of New York
1998 Ed. (2428)
Mertes
2001 Ed. (2119)
Merton Segal
1998 Ed. (723)
Mertz Corp.
1998 Ed. (3000)
Meruelo; Alex
2013 Ed. (2961)
Meruelo Maddux Properties
2009 Ed. (4398)
Merus Capital Management
1990 Ed. (2350)
1994 Ed. (2328)
Merv Griffin
2006 Ed. (2499)
Merv Griffin's Resorts Casino Hotel
1994 Ed. (2123)
1997 Ed. (912, 2308)
1998 Ed. (2036)
Mervyn A. King
2012 Ed. (292)
Mervyns
1990 Ed. (910, 911, 912, 2116, 2121, 2122)
1991 Ed. (1414, 1971)
1992 Ed. (1215, 1788, 1790, 1829, 2526, 2527, 2528, 2531)
1993 Ed. (1477)
1994 Ed. (1009, 2132, 2138, 3093)
1995 Ed. (1021, 3426)
1996 Ed. (1000, 1535, 3235, 3238)
1997 Ed. (2318, 2322)
1998 Ed. (1258, 3082)
1999 Ed. (1833, 4094)
2004 Ed. (2955)
2005 Ed. (2168)
2009 Ed. (2314)
Mervyn's California
2001 Ed. (1994, 2033, 2746)
2002 Ed. (1918, 1919, 2580)
2003 Ed. (2009, 2010, 2011)
2004 Ed. (2055, 2056)
2006 Ed. (2253)
Meryl Streep
2010 Ed. (2509)
2011 Ed. (2511)
2012 Ed. (2432)
2014 Ed. (2527)
2015 Ed. (2600)
2016 Ed. (2525)
Merz Apothecary
2015 Ed. (2472)
Merz; Martina
2022 Ed. (4923, 4935)
2023 Ed. (4921, 4937, 4939)
Merz Pharmaceuticals LLC
2006 Ed. (4329)
MES
2016 Ed. (3388)
2017 Ed. (3347, 3556)
2018 Ed. (3607)
MES Holdings Corp.
2001 Ed. (1409)
MES Inc.
2001 Ed. (1355)
2019 Ed. (3598)
2020 Ed. (3570)
2022 Ed. (3651)
2023 Ed. (3757)

Mesa Air Group Inc.
2001 Ed. (312, 333)
2004 Ed. (201, 202)
2005 Ed. (214)
2006 Ed. (217, 226)
2007 Ed. (232, 238)
2008 Ed. (217)
Mesa Airlines
1994 Ed. (163, 3219, 3225)
1998 Ed. (817)
1999 Ed. (1252)
2003 Ed. (1080)
Mesa Associates, Inc.
2017 Ed. (2351)
2018 Ed. (2418)
2019 Ed. (2464)
2020 Ed. (2453)
2021 Ed. (2376)
2022 Ed. (2487)
2023 Ed. (2597)
Mesa, AZ
1992 Ed. (1154, 1156)
1993 Ed. (2939)
2000 Ed. (1087, 4287)
Mesa Food Products Inc.
1995 Ed. (3397)
Mesa Industrial Development Authority
2001 Ed. (773)
Mesa; Juan
1996 Ed. (1850, 1906)
Mesa Laboratories
2014 Ed. (1522, 3605)
2015 Ed. (1575, 3617)
2016 Ed. (1503, 3501)
Mesa Laboratories, Inc.
2010 Ed. (4498, 4510)
2011 Ed. (4432, 4447)
Mesa Ltd. Partnership
1993 Ed. (2718)
Mesa Offshore Trust
2002 Ed. (3568)
Mesa Offshore Trust, Units of Beneficial Interest
1994 Ed. (2714)
Mesaba
1994 Ed. (163)
2006 Ed. (228)
Mesaba Airlines
2000 Ed. (252)
2001 Ed. (318)
2003 Ed. (1080)
Mesaba Airlines/Northwest Airlink
1992 Ed. (283)
1993 Ed. (191)
Mesaba Aviation Inc.
1999 Ed. (1252)
Mesaba Aviation Inc./Northwest Airlink
1996 Ed. (186)
Mesaba Holdings Inc.
2004 Ed. (201, 202)
2005 Ed. (213, 1544)
Mesabi Trust
2012 Ed. (4556)
Mesabs Aviation Inc./Northwest Airlink
1995 Ed. (179)
Mesaieed Industrial City, Qatar
2010 Ed. (3503)
Mesaieed Petrochemical Holding
2022 Ed. (3830)
Mesastaff Inc.
2006 Ed. (1533)
Mesauda Milano
2018 Ed. (2056)
2019 Ed. (2116)
Mesbla
1989 Ed. (25)
Mescalero Apache Telecom Inc.
2018 Ed. (3600)
The Mesh
2012 Ed. (513)
The Mesh: Why the Future of Business is Sharing
2012 Ed. (504)
MeShare
2022 Ed. (964)
meShare
2022 Ed. (961)
Mesilla Valley Transportation
2019 Ed. (4739)
2020 Ed. (4715)
2021 Ed. (4720)
2022 Ed. (4722)
Mesirow Asset
1995 Ed. (2361)
Mesirow Financial
2000 Ed. (3974)
2005 Ed. (3532)
Mesirow Financial Holdings Inc.
2006 Ed. (2602)
Mesirow Insurance Services Inc.
1998 Ed. (2123)
1999 Ed. (2908)
2001 Ed. (2910)
2002 Ed. (2862)
Meso-promet D.O.O.
2019 Ed. (1544)

MesoCoat Inc.
 2014 Ed. (4249)
Mesopromet D.O.O.
 2017 Ed. (1535)
Mesosphere
 2020 Ed. (951, 1397)
Mesotex AG
 1992 Ed. (4280)
 1993 Ed. (3557)
Mesquita Transportes Aereos
 2009 Ed. (239)
Mesquite Credit Union
 2016 Ed. (2178)
Mesquite, TX
 1999 Ed. (1176)
Message
 2008 Ed. (1866)
Message in a Bottle
 2000 Ed. (707)
MessageMedia, Inc.
 2002 Ed. (1619, 1624, 2487)
 2003 Ed. (1643, 2709)
MessageOne Inc.
 2009 Ed. (3022)
Messagepoint Inc.
 2019 Ed. (978)
Messaging
 1993 Ed. (2725)
Messenger
 2018 Ed. (2959)
 2019 Ed. (2904)
 2020 Ed. (2923)
Messenger: The Story of Joan of Arc
 2001 Ed. (3366)
MessengerPeople
 2021 Ed. (1551, 4548)
Messer
 1999 Ed. (2855, 2857)
 2002 Ed. (2392)
Messer Americas
 2023 Ed. (4082)
Messer Construction Co.
 2004 Ed. (1263)
 2011 Ed. (1241, 1267, 1932)
 2012 Ed. (1120)
 2014 Ed. (3188)
 2015 Ed. (1951)
 2016 Ed. (1133)
 2017 Ed. (1179, 1894, 2167)
 2018 Ed. (1117, 1119, 1127, 1840)
 2019 Ed. (1126, 1129, 1136, 1220, 1225, 1892, 1893)
 2020 Ed. (1119, 1214, 1219, 1832)
 2021 Ed. (1106, 1184)
 2022 Ed. (1119, 1122, 1183, 1187, 1838)
 2023 Ed. (1338, 1341, 1420, 1424, 1963, 1964)
Messer Gas Technology & Services LP
 2001 Ed. (2585)
Messer Griesheim
 1991 Ed. (1788, 1790)
 1993 Ed. (1938)
 1998 Ed. (1804)
Messer Griesheim GmbH
 2006 Ed. (1430)
Messer Group
 2021 Ed. (3984)
 2022 Ed. (3998)
Messi; Lionel
 2012 Ed. (217)
 2013 Ed. (190)
 2014 Ed. (197)
 2015 Ed. (219, 224, 225)
 2016 Ed. (220, 221)
 2017 Ed. (212, 218, 220)
 2018 Ed. (197, 204, 205, 2444)
 2019 Ed. (191, 198, 199)
 2020 Ed. (196, 201, 202, 2482)
 2021 Ed. (195, 2406)
 2022 Ed. (2518)
 2023 Ed. (316, 321, 323)
Messiah College
 1990 Ed. (1090)
 1996 Ed. (1041)
 1997 Ed. (1057)
 2001 Ed. (1321)
 2008 Ed. (1060)
 2009 Ed. (1036)
 2010 Ed. (1002)
Messier Dowty
 2012 Ed. (92)
Messmer Jr.; H. M.
 2005 Ed. (2504)
Messmer Jr.; Harold
 2007 Ed. (970)
Messner Griesheim GmbH
 2001 Ed. (2587)
Messner Reeves LLP
 2019 Ed. (4779)
 2020 Ed. (4767)
Messner Vetere Berger Carey Schmetterer
 1991 Ed. (69, 71)
 1993 Ed. (77)
Messner Vetere Berger McNamee Schmetterer
 2001 Ed. (186)

Messner Vetere Berger McNamee Schmetterer/Euro RSCG
 2003 Ed. (166)
Mestek
 2005 Ed. (3394)
 2006 Ed. (3391)
Mestek Inc.
 2014 Ed. (3543)
 2021 Ed. (3427)
Mestemacher
 2017 Ed. (737)
Meszaros; Lorinc
 2020 Ed. (4842)
 2022 Ed. (4837)
 2023 Ed. (4832)
Meszaros; Steve
 2014 Ed. (2596)
Met Center
 1989 Ed. (992)
MET Inc. dba Just American Desserts
 2023 Ed. (2852)
Met Life
 1996 Ed. (2374, 2375, 2376, 2386, 2387)
 1997 Ed. (2508, 2515)
 1998 Ed. (2255)
Met Life Insurance Co.
 2000 Ed. (4023)
Met Life Preference Plus
 1996 Ed. (3771)
MET Merchandising Concept
 1996 Ed. (3600)
MET Merchandising Concepts
 1997 Ed. (3653)
 1998 Ed. (3427)
 1999 Ed. (4499, 4501)
 2000 Ed. (4134)
Met-Pro Corp.
 2004 Ed. (3921)
 2011 Ed. (4434, 4469)
MET-Rx
 2016 Ed. (4384, 4395)
 2023 Ed. (4445)
Met Rx
 2002 Ed. (1976, 4891)
MET-Rx Big 100
 2017 Ed. (4396, 4408)
 2018 Ed. (4422)
 2019 Ed. (4429)
MET-Rx Big 100 Colossal
 2017 Ed. (4396, 4408)
 2018 Ed. (4406, 4422)
 2019 Ed. (4421, 4429)
 2021 Ed. (4417)
 2022 Ed. (4418)
MET-Rx Protein Plus
 2017 Ed. (4408)
 2018 Ed. (4422)
 2019 Ed. (4429)
Met Rx Protein Plus
 2002 Ed. (1976)
MET Slovakia, a. s.
 2018 Ed. (1905)
Met West Agribusiness
 1998 Ed. (1773)
Met West Total Return Bond
 2022 Ed. (613)
Met West Total Return Bond M
 2022 Ed. (613)
Meta
 2023 Ed. (3525)
META Associates
 1996 Ed. (1130)
 1997 Ed. (1159)
 1998 Ed. (949)
 1999 Ed. (1381)
 2000 Ed. (2418)
 2001 Ed. (2672)
 2002 Ed. (1215)
Meta Financial Group
 2014 Ed. (341)
 2019 Ed. (329)
 2020 Ed. (333)
Meta Financial Group Inc.
 2015 Ed. (2035)
META Inc.
 1991 Ed. (1911)
 1993 Ed. (2039)
 1994 Ed. (2056)
 1998 Ed. (3763)
Meta Ireland
 2023 Ed. (1112, 1122, 1124, 1801, 4566)
Meta-Morphose International
 2009 Ed. (2108)
Meta Platforms
 2023 Ed. (1791, 3385)
Meta Platforms (Facebook)
 2023 Ed. (101)
Meta4
 2010 Ed. (1993)
 2011 Ed. (2054)
Meta4 Spain SA
 2012 Ed. (962, 968)
Metab O Lite
 2001 Ed. (2009, 2010)
 2002 Ed. (4889, 4890)
 2003 Ed. (2059)
Metab O Lite Plus
 2003 Ed. (2059)

MetaBank
 2014 Ed. (335)
Metabank
 2021 Ed. (4320)
Metabank, National Association
 2022 Ed. (413)
 2023 Ed. (535)
Metabolife 356
 2002 Ed. (4890)
 2003 Ed. (2059)
 2004 Ed. (2098)
Metabolize
 2001 Ed. (2009, 2010)
 2002 Ed. (4890)
Metabolize & $ave
 2002 Ed. (4889)
Metacapital Mortgage Opportunities Fund Ltd.
 2014 Ed. (2921)
Metacapital Mortgage Opportunities Ltd.
 2013 Ed. (2892)
MetaCase
 2008 Ed. (1149)
 2009 Ed. (1130)
Metacrew Group
 2019 Ed. (58, 1602)
 2020 Ed. (62, 1568)
Metadata.io
 2022 Ed. (3524, 3537)
metadata.io
 2022 Ed. (2662)
Metage Special Emerging Market
 2009 Ed. (2978)
Metagraphix Inc.
 2006 Ed. (3496, 4340)
Metair Investments Ltd. / Hesto Harnesses
 2023 Ed. (1501)
Metal
 1992 Ed. (3653)
 1997 Ed. (2381)
 2001 Ed. (1457)
Metal Banc
 1990 Ed. (1974, 1975, 3303)
Metal Box
 1989 Ed. (959)
Metal Building Components Inc.
 2005 Ed. (1501)
Metal Container Corp.
 1992 Ed. (1048)
Metal-Era Inc.
 2015 Ed. (3705)
Metal product fabrication
 1993 Ed. (2157)
Metal Industries Research & Development Centre
 2015 Ed. (4238)
Metal Management Inc.
 2001 Ed. (4733)
 2005 Ed. (3452, 4031)
 2006 Ed. (3468)
 2008 Ed. (3656)
Metal Manufacturers
 2004 Ed. (3439)
Metal manufacturing, basic non-ferrous
 2002 Ed. (2223, 2224)
Metal product manufacturing, basic non-ferrous
 2002 Ed. (2223)
Metal/metalworking & machinery
 1990 Ed. (165, 166)
Metal Mining
 1996 Ed. (2649)
Metal ores
 2007 Ed. (3038)
 2008 Ed. (2643)
 2009 Ed. (2671)
Metal powder
 2001 Ed. (4649)
Metal processing
 1992 Ed. (1171)
 1995 Ed. (1989)
Metal processing, primary
 1996 Ed. (1215)
Metal & metal products
 1996 Ed. (2488, 2489)
 1997 Ed. (2630, 2631)
 2003 Ed. (1435, 1436, 1439, 1497, 1520)
 2004 Ed. (1464, 1465, 1527, 1546, 1558)
 2005 Ed. (1480, 1485)
 2006 Ed. (1436, 1440, 1454)
 2008 Ed. (1416, 1417, 1420, 1423)
Metal products
 1991 Ed. (2028, 2030, 2032, 2035, 2038, 2045)
 1992 Ed. (2601, 2606, 2610, 2612, 2615, 2622)
 1993 Ed. (1232, 1236, 1237, 1238, 1241, 1242)
 1994 Ed. (1271, 1272, 1276, 1279, 1280, 1281)
 1995 Ed. (1278)
 1996 Ed. (1254, 1256)
 1997 Ed. (1299, 1440, 1442, 1445)
 1998 Ed. (1071, 1072, 1073, 1075, 1076, 1079)
 1999 Ed. (1507, 1508, 1510, 1511)
 2000 Ed. (1351, 1352)

Metal products, fabricated
 1993 Ed. (1201, 1214)
Metal products, primary
 1996 Ed. (2253)
Metal Sales Inc.
 2001 Ed. (4283)
Metal scrap
 1992 Ed. (3645)
 2004 Ed. (2544)
Metal, sheet
 2004 Ed. (1308)
 2005 Ed. (1315)
 2006 Ed. (1285)
Metal Solutions, Inc.
 2019 Ed. (4931)
Metal Supermarkets
 2019 Ed. (4271)
 2020 Ed. (4260)
 2021 Ed. (4238)
 2022 Ed. (4250)
 2023 Ed. (4290, 4488)
Metal Supermarkets Franchising America
 2018 Ed. (4242)
Metal Supermarkets International
 2002 Ed. (2446)
 2003 Ed. (2677)
 2004 Ed. (2792)
Metal Suppliers Online
 2001 Ed. (4761)
 2003 Ed. (2176)
Metal Ware
 1990 Ed. (1081)
Metal, white
 2006 Ed. (4737)
 2007 Ed. (4751)
Metalab
 2017 Ed. (3649)
Metalab Design Ltd.
 2015 Ed. (3582)
Metalcare Group
 2015 Ed. (1506)
Metalcare Group Inc.
 2015 Ed. (2556)
Metalclad Corp.
 1992 Ed. (1478)
MetalCom-R Ltd.
 2008 Ed. (1790)
Metaldyne Corp.
 2004 Ed. (3972)
 2005 Ed. (3916)
 2006 Ed. (341)
Metaldyne Performance Group Inc.
 2018 Ed. (1704)
Metalex
 2019 Ed. (3444)
Metalex Ventures Ltd.
 2004 Ed. (1665)
Metalfer
 2016 Ed. (1554)
Metalfer Di Pio Mario
 2020 Ed. (3099)
Metalferos SA
 2021 Ed. (1501)
METALfx
 2016 Ed. (3419)
 2017 Ed. (3379)
 2018 Ed. (3445)
 2019 Ed. (3415)
 2020 Ed. (3418)
 2021 Ed. (3433)
 2022 Ed. (3491)
 2023 Ed. (3617)
Metalico
 2010 Ed. (2863)
Metalis Statni Podnik
 2001 Ed. (3283)
Metall Mining
 1992 Ed. (3086)
 1994 Ed. (2527)
Metallgesellschaft
 2000 Ed. (3083)
Metallgesellschaft AG
 1989 Ed. (2071)
 1990 Ed. (2717)
 1996 Ed. (1540, 2607, 3829)
 1997 Ed. (1395, 1745, 2751, 3878)
 1999 Ed. (4760)
Metallgesellschaft Aktien-Gesellschaft
 1991 Ed. (3479)
Metallgesellschaft Aktiengesellschaft (Konzern)
 1992 Ed. (4432)
 1993 Ed. (3695)
Metallic Conversion Corp.
 2014 Ed. (1651)
Metallic Products Corp.
 2015 Ed. (3024)
Metallica
 1991 Ed. (1041)
 1994 Ed. (1101)
 1995 Ed. (1119)
 1999 Ed. (1292)
 2002 Ed. (1162, 1163, 3413)
 2006 Ed. (1157, 2486)
 2012 Ed. (994)
 2019 Ed. (1009, 3676)
Metallica's Summer Sanitarium
 2005 Ed. (1160)

Metallinvestbank
 2010 Ed. (509)
Metallis Resources Inc.
 2019 Ed. (4508)
Metallis Ventures Gold
 2007 Ed. (4578)
Metallocene grades
 2002 Ed. (3722)
Metallurg Inc.
 2004 Ed. (4589)
Metallurgical additives
 2006 Ed. (600)
 2007 Ed. (629)
Metallurgical Corp.
 2014 Ed. (4234)
Metallurgical Corp. of China
 2013 Ed. (1164, 1181)
 2014 Ed. (1133)
 2015 Ed. (1162, 1181)
 2016 Ed. (1077, 1089, 1093)
 2017 Ed. (1107, 1114, 1123, 1127)
 2018 Ed. (1035, 1054)
Metallurgical Corporation of China
 2018 Ed. (1053)
 2019 Ed. (1063)
 2020 Ed. (1051)
 2021 Ed. (1021)
 2022 Ed. (1059)
Metallurgical Corporation of China (MCC)
 2023 Ed. (1232)
Metallurgical Corporation of China Ltd.
 2012 Ed. (1017, 1025)
 2013 Ed. (1163, 1177)
 2014 Ed. (1121)
 2015 Ed. (1161)
 2016 Ed. (1076)
 2017 Ed. (1106)
 2018 Ed. (1034)
 2019 Ed. (1045)
 2020 Ed. (1036)
Metallurgical Corporation of China (MCC)
 2021 Ed. (1021)
 2022 Ed. (1059)
Metallurgy
 2000 Ed. (2934)
Metalmaster Roofmaster
 2015 Ed. (4386)
Metalock
 1992 Ed. (1613)
Metals
 1991 Ed. (2028, 2032, 2036, 2039, 2041, 2043, 2044)
 1992 Ed. (2599, 2602, 2604, 2607, 2609, 2611, 2613, 2614)
 1993 Ed. (1233, 1235, 1239, 2168)
 1994 Ed. (1275, 1278)
 1995 Ed. (1278, 1300)
 1996 Ed. (1251, 1254, 1255)
 1997 Ed. (867, 1297, 1300, 1443, 1445)
 1998 Ed. (1151, 2101, 3699)
 1999 Ed. (1506)
 2000 Ed. (1897)
 2001 Ed. (2378)
 2002 Ed. (2767)
 2004 Ed. (3008)
 2005 Ed. (3006, 3011)
 2006 Ed. (3000, 3001, 3002, 3003, 3005, 3007)
 2007 Ed. (3039, 3042, 3045)
 2008 Ed. (760, 761, 1631, 3152, 3154, 3156, 3157, 3158, 3159)
Metals, alloying
 1992 Ed. (3647)
Metals, bearing
 2003 Ed. (3199)
 2006 Ed. (275, 3260)
 2007 Ed. (280, 3333)
Metals, casting
 2003 Ed. (3199)
 2006 Ed. (3260)
 2007 Ed. (3333)
Metals industry
 1989 Ed. (1636)
Metals & minerals
 1996 Ed. (3827)
Metals and mining
 1989 Ed. (1658, 1660)
Metals, nonferrous
 1995 Ed. (2243)
Metals, precious
 1992 Ed. (3647)
Metals & metal products
 1995 Ed. (2445, 2446)
 2002 Ed. (1420, 1481, 1489)
Metals & natural resources
 2001 Ed. (1964, 2175, 2176)
Metals USA Holdings Corp.
 2009 Ed. (2088, 3734)
 2010 Ed. (3634, 3652)
 2011 Ed. (3636, 3656)
 2014 Ed. (3650)
Metals USA Inc.
 1999 Ed. (3353, 3354)
 2000 Ed. (1300, 3089)
 2002 Ed. (3312, 3314, 3319, 3323, 3324)
 2003 Ed. (3381, 3382)
 2004 Ed. (3448)
 2005 Ed. (3462, 3463)

2006 Ed. (3469)
 2007 Ed. (3493, 3494)
 2008 Ed. (3664, 3665)
 2009 Ed. (3716, 3733)
 2010 Ed. (3653)
Metalsco Inc.
 2019 Ed. (4795)
 2022 Ed. (4782)
MetalSite
 2001 Ed. (4761)
Metalurgica Gerdau
 2009 Ed. (1514)
 2021 Ed. (4469)
Metalurgica Gerdau S.A.
 2021 Ed. (2443)
 2022 Ed. (2553, 3605)
Metalurgica Gerdau SA
 2006 Ed. (3374)
 2008 Ed. (3551)
 2009 Ed. (3616)
 2010 Ed. (1509, 1784, 3540)
 2011 Ed. (1503, 1797, 1799, 3539)
 2012 Ed. (3350, 3530, 4538)
 2013 Ed. (3420, 3577, 4493)
 2014 Ed. (3417, 4536)
 2015 Ed. (3450, 4535)
 2016 Ed. (4474)
 2017 Ed. (2455, 4482)
 2018 Ed. (2505, 2566, 4502)
 2019 Ed. (4496)
 2020 Ed. (4480)
 2023 Ed. (2700)
Metalurgica Riosulense
 2005 Ed. (1841)
 2007 Ed. (1852)
Metalurgica SA
 2006 Ed. (4531)
MetalVenice
 2018 Ed. (254)
Metalware
 2004 Ed. (2554)
Metalworking
 1999 Ed. (3301)
Metalworking machinery
 2008 Ed. (2644)
 2009 Ed. (2671, 2672)
Metalworking machine tools
 1996 Ed. (1728)
MetaMatrix Inc.
 2005 Ed. (1150)
MetaMinds
 2021 Ed. (1840, 4341)
Metamore Worldwide Inc.
 2002 Ed. (3231)
Metamorphosis
 2005 Ed. (3536)
Metamucil
 1992 Ed. (1873, 2850)
 1993 Ed. (1531, 2408)
 1994 Ed. (1573, 2360)
 2001 Ed. (3073)
 2003 Ed. (283, 3197, 3198)
 2004 Ed. (249, 251)
 2016 Ed. (3334)
 2018 Ed. (3365, 3366)
 2020 Ed. (3346, 3347)
 2021 Ed. (3282)
 2022 Ed. (3366)
 2023 Ed. (3483, 3484, 3485, 3486)
Metamucil Fiber Thins
 2023 Ed. (3486)
MetaPhase Consulting
 2021 Ed. (1230)
 2022 Ed. (1089, 1092, 1235)
 2023 Ed. (1306)
MetaSolv Software, Inc.
 2003 Ed. (2733)
Metastorm Inc.
 2003 Ed. (2720)
 2010 Ed. (1093)
Metatorial Consulting
 2007 Ed. (3051)
Metav
 2001 Ed. (1694)
Metavante Corp.
 2008 Ed. (4801)
Metavante Technologies Inc.
 2010 Ed. (2689, 2692)
 2011 Ed. (2678)
Metcalf Construction Co.
 2009 Ed. (1724)
Metcalf & Eddy
 1990 Ed. (1671)
 2000 Ed. (1856)
 2001 Ed. (2301)
Metcalf & Eddy/AWT Cos.
 1996 Ed. (1111, 1657, 1662)
Metcalf & Eddy Cos. Inc.
 1990 Ed. (1181)
 1991 Ed. (1068, 2752)
 1992 Ed. (1949, 1965)
 1993 Ed. (1101, 1604, 1617, 2876)
 1997 Ed. (1138, 1735, 1740)
 1998 Ed. (1441, 1443, 1453, 1476, 1479, 1481, 1482, 1483, 1484, 1485, 1489, 1490)
 1999 Ed. (2025)

Metcalf & Eddy/Research-Cottrell
 1994 Ed. (1123, 1634)
 1995 Ed. (1138, 1674)
Metcalf West LLC
 2012 Ed. (1527, 1532)
Metcalfe's Food Co.
 2016 Ed. (2075)
Metcash Africa
 2009 Ed. (4315)
 2010 Ed. (4295)
Metcash Ltd.
 2002 Ed. (3040)
 2004 Ed. (4920)
 2005 Ed. (4129)
 2006 Ed. (1719)
 2012 Ed. (4592)
 2013 Ed. (4531)
 2014 Ed. (4589)
 2015 Ed. (4587)
 2016 Ed. (4506)
Metcash Trading Australasia
 2012 Ed. (4327, 4328, 4591)
 2013 Ed. (4278, 4287)
Metcash Trading Ltd.
 2002 Ed. (1652, 1653, 4897)
Metcash Trading Ltd. Australasia
 2013 Ed. (4540)
Metech International
 2007 Ed. (4444)
Meteor
 2018 Ed. (988)
 2019 Ed. (987)
Meteor Holdings Ltd.
 1993 Ed. (974)
Meteor Industries Inc.
 2002 Ed. (3677)
Meteor Learning
 2022 Ed. (1704, 1711)
 2023 Ed. (2413)
Meteor Mobile Communications
 2010 Ed. (66)
Meteora
 2005 Ed. (3536)
Meteorologist
 1989 Ed. (2095)
 2011 Ed. (3782)
Meter reader
 1989 Ed. (2087)
Meter readers, office machine operators
 1990 Ed. (2729)
Meter Readings Holding LLC
 2016 Ed. (2934)
Metered calorie meals
 1992 Ed. (2353)
Meters/bonwe
 2012 Ed. (542)
MetersBonwe
 2012 Ed. (834)
 2013 Ed. (1012)
Metform Group
 2018 Ed. (3479)
Metformin
 2005 Ed. (2249)
 2006 Ed. (2310, 2311)
 2007 Ed. (2244, 2245)
 2010 Ed. (2283)
 2018 Ed. (2228)
 2019 Ed. (2204)
Metformin HCL
 2023 Ed. (2393)
The Meth Project
 2011 Ed. (775)
 2012 Ed. (719)
Methacrylates
 1996 Ed. (25)
Methamphetamine
 1996 Ed. (1566)
Methanex
 2016 Ed. (3456)
 2017 Ed. (1481, 3418)
 2021 Ed. (836)
Methanex Corp.
 1996 Ed. (931)
 1997 Ed. (960, 1372, 3766)
 1998 Ed. (2728)
 1999 Ed. (1091, 3366)
 2000 Ed. (1027)
 2003 Ed. (1632)
 2005 Ed. (1668)
 2006 Ed. (1429, 1573, 1574)
 2007 Ed. (936, 1445, 1622, 1637)
 2008 Ed. (915, 1621)
 2009 Ed. (923)
 2010 Ed. (865, 1516, 4597, 4599)
 2011 Ed. (790, 1509)
 2013 Ed. (956, 1514, 1530)
 2014 Ed. (910, 1483)
 2015 Ed. (930, 1538, 4565)
 2016 Ed. (824)
 2017 Ed. (881)
 2018 Ed. (814)
 2019 Ed. (831)
 2020 Ed. (829)
 2022 Ed. (888)
 2023 Ed. (1066, 3644)
Methanix Corp.
 1996 Ed. (932)

Methanol
 2000 Ed. (3562)
Methanor
 1999 Ed. (3366)
Metheun (Lloyd's Underwriting Agents) Ltd.
 1992 Ed. (2895, 2898)
 1993 Ed. (2453, 2454, 2456, 2458)
Metheun (Lloyds's Underwriting Agents) Ltd.
 1992 Ed. (2896)
Method
 2016 Ed. (4402)
 2017 Ed. (4412)
 2018 Ed. (4428, 4429)
 2020 Ed. (4421)
 2021 Ed. (3477, 4422)
 2022 Ed. (3534)
Method Products
 2008 Ed. (1212, 4037)
 2016 Ed. (4403)
 2017 Ed. (2144, 4413)
 2018 Ed. (2195, 4431)
Methode
 1996 Ed. (1606)
Methode Electronics
 2016 Ed. (1644, 2349, 4376)
 2017 Ed. (1615)
 2018 Ed. (1597)
Methode Electronics Inc.
 1991 Ed. (1522)
 1992 Ed. (1130)
 1994 Ed. (3049)
Methodist Alliance
 2004 Ed. (2896)
Methodist Health Care Memphis Hospitals
 2001 Ed. (1875)
 2003 Ed. (1832)
Methodist Health Care System
 1998 Ed. (2551)
 2000 Ed. (3183)
 2002 Ed. (3294)
 2003 Ed. (3468)
Methodist Health Group Inc.
 2016 Ed. (1663)
Methodist Health Services Corp.
 1990 Ed. (2630, 2634)
Methodist Health System
 2003 Ed. (1774)
 2019 Ed. (3005)
Methodist Health Systems
 1990 Ed. (2634)
 1991 Ed. (2504)
 1992 Ed. (3129)
 1994 Ed. (2575)
 1995 Ed. (2630)
 1996 Ed. (2708)
 1997 Ed. (2827)
 1998 Ed. (2551)
Methodist HealthCare
 1999 Ed. (3464)
 2002 Ed. (2588)
Methodist Healthcare Memphis Hospitals
 2004 Ed. (1865)
 2005 Ed. (1968)
 2006 Ed. (2037)
 2012 Ed. (1498, 1924, 2802, 4057)
 2013 Ed. (1637, 2084, 2870, 4098)
 2014 Ed. (1599, 2018, 2903)
Methodist Healthcare System
 2017 Ed. (2013)
 2018 Ed. (1969)
 2019 Ed. (2025)
 2020 Ed. (1950)
 2022 Ed. (1953)
 2023 Ed. (2067)
Methodist Hospital
 1995 Ed. (2143)
 1997 Ed. (2263)
 2000 Ed. (2523)
 2004 Ed. (2912)
 2005 Ed. (2909)
 2006 Ed. (2904)
 2007 Ed. (2013, 2923)
 2008 Ed. (2110, 3046)
 2009 Ed. (2094, 3132, 3142)
 2010 Ed. (1700, 2036)
 2011 Ed. (1711, 2093)
 2012 Ed. (1570, 1933, 2992)
 2013 Ed. (1062, 1725, 2096, 2100, 4968)
 2014 Ed. (1668, 3076, 3081)
 2015 Ed. (1714, 3141)
 2016 Ed. (1663)
Methodist Hospital of Indiana Inc.
 2007 Ed. (1775)
 2008 Ed. (1806)
 2009 Ed. (1753)
Methodist Hospital System
 1990 Ed. (2630)
 1991 Ed. (2504)
 1992 Ed. (3129)
 1994 Ed. (2575)
 1995 Ed. (2630)
 1996 Ed. (2708)
 2008 Ed. (1501, 1503)
 2009 Ed. (1434, 1435, 2087, 2100)
 2010 Ed. (1417, 2042)
 2011 Ed. (991, 1419, 2095, 2099, 3672)
 2012 Ed. (915, 1257, 2154, 2331)

CUMULATIVE INDEX • 1989-2023

2013 Ed. (2358)
2015 Ed. (2073)
The Methodist Hospital System
  2014 Ed. (2032, 2890, 4977)
Methodist Le Bonheur Healthcare
  2016 Ed. (2023)
  2017 Ed. (1983)
  2018 Ed. (1936, 1945)
  2019 Ed. (1987, 2000)
  2020 Ed. (1913, 1925, 2877)
  2021 Ed. (1874)
  2022 Ed. (1920)
  2023 Ed. (2036)
Methodist Medical Center of Illinois
  2008 Ed. (1796)
Methods Technology Solutions Inc.
  2008 Ed. (3712, 4398)
Methotrexate
  1990 Ed. (274)
Methuen Construction
  2021 Ed. (1731)
Methuen Construction Co.
  2019 Ed. (1209, 1218)
  2020 Ed. (1204, 1212)
Methuen (Lloyd's Underwriting Agents) Ltd.
  1992 Ed. (2900)
Methuen (Lloyd's Underwriting Agents) Ltd.; 48,
  1991 Ed. (2335)
Methuen (Lloyd's Underwriting Agents) Ltd.; 483,
  1991 Ed. (2337)
Methuen (Lloyd's Underwriting Agents) Ltd.; 484,
  1991 Ed. (2338)
Methuen (Lloyd's Underwriting Agents) Ltd.; Marine 483,
  1991 Ed. (2336)
Methuen, MA
  2002 Ed. (2880)
Methyl methacrylate
  2001 Ed. (3290)
Methyl tert-butyl ether
  1995 Ed. (955)
  2001 Ed. (3290)
Methylgene Inc.
  2015 Ed. (3994)
Methylisobutyl carbinol/methylisobutyl ketone
  1996 Ed. (25)
METI
  2006 Ed. (2249, 3972)
  2010 Ed. (3833)
Metia
  2019 Ed. (3475)
Metier
  2013 Ed. (1456)
  2014 Ed. (1417)
  2015 Ed. (1477, 1943)
Metinvest
  2015 Ed. (1613, 3574)
  2016 Ed. (1539, 3455)
  2017 Ed. (1529, 3416)
  2018 Ed. (2566, 3478)
Metiom Inc.
  2002 Ed. (4879)
Metis
  2021 Ed. (1012)
Metis Communications
  2019 Ed. (3475)
  2020 Ed. (3453)
  2021 Ed. (3473)
  2022 Ed. (3530)
  2023 Ed. (3651)
Metis Group
  2010 Ed. (1873, 1874)
Metka
  2014 Ed. (1233)
MetLife
  2013 Ed. (3213, 3283, 3284, 4517)
  2014 Ed. (45, 3307)
  2015 Ed. (48, 2395, 3289, 3353, 3354)
  2016 Ed. (47, 3136, 3137)
  2017 Ed. (44, 1368, 3076, 3077, 3078, 3114)
  2018 Ed. (44, 3185, 3253, 3283)
  2019 Ed. (40, 2834, 3119, 3173, 3196, 3237, 3238)
  2020 Ed. (44, 1790, 2870, 3141)
  2021 Ed. (48, 2742, 3012, 3114, 3115)
  2022 Ed. (3146, 3255)
  2023 Ed. (3336, 3343, 3344)
Metlife
  2020 Ed. (1324)
  2023 Ed. (3239)
MetLife Defined Contribution Group
  2000 Ed. (2265, 2667)
MetLife Dental Products
  2002 Ed. (1915)
MetLife "E" Prf Pl: A Gro
  1994 Ed. (3617)
MetLife "E" Prf PL:- Gro
  1994 Ed. (3619)
MetLife "E" Vestmt: A Gro
  1994 Ed. (3617)
MetLife "E" Vestmt: Gro
  1994 Ed. (3619)

MetLife Equity Income A
  1995 Ed. (2712)
MetLife Financial Group of the South
  2014 Ed. (1340)
  2015 Ed. (1416)
  2016 Ed. (1338)
MetLife Health Care Management Corp.
  1996 Ed. (3767)
MetLife HealthCare Management Corp./ MetLife HealthCare Network Inc.
  1996 Ed. (2088)
MetLife HealthCare Network
  1990 Ed. (1997)
  1992 Ed. (2391)
  1995 Ed. (2094)
MetLife HealthCare Network of New York
  1990 Ed. (1999)
  1991 Ed. (1895)
  1992 Ed. (2392)
  1994 Ed. (2042)
  1997 Ed. (2701)
MetLife High Income A
  1995 Ed. (2710)
MetLife HMO
  1994 Ed. (2041)
MetLife Inc.
  1990 Ed. (1994)
  1995 Ed. (3683)
  1996 Ed. (2416)
  2000 Ed. (1657)
  2002 Ed. (2939)
  2003 Ed. (2974, 2995)
  2004 Ed. (423, 601, 1825, 3060, 3061, 3075, 3078, 3102, 3103, 3104, 3105, 3106, 3107, 3109, 3110, 3111, 3113, 3114, 3116, 3117)
  2005 Ed. (373, 374, 376, 429, 590, 1486, 1910, 2602, 3053, 3071, 3072, 3082, 3086, 3105, 3116, 3118, 3120, 3121)
  2006 Ed. (387, 507, 1938, 3051, 3057, 3087, 3091, 3118, 3121, 3123, 3125, 3126, 3127)
  2007 Ed. (370, 532, 1489, 1921, 2903, 3096, 3110, 3129, 3131, 3132, 3137, 3141, 3161, 3162, 3165, 4979)
  2008 Ed. (1483, 1693, 1988, 3024, 3238, 3252, 3255, 3310, 3311, 3313, 3314)
  2009 Ed. (1943, 3111, 3300, 3319, 3320, 3321, 3342, 3343, 3351, 3373, 3375, 3376, 3377, 4080)
  2010 Ed. (1880, 3044, 3227, 3237, 3244, 3255, 3256, 3257, 3281, 3290, 3310, 3311, 3312, 3313)
  2011 Ed. (1910, 3013, 3193, 3216, 3219, 3220, 3221, 3250, 3252, 3254, 3273, 3274, 3275, 3276, 4980)
  2012 Ed. (1767, 1768, 2451, 2940, 3149, 3169, 3178, 3184, 3188, 3189, 3215, 3217, 3219, 3227, 3238, 3239, 3240, 3242, 3248, 3249)
  2013 Ed. (1374, 1944, 1946, 3029, 3241, 3242, 3244, 3256, 3279, 3280, 3282, 3291, 3306, 3317, 3318, 3319, 3321, 3324, 3325, 3347, 4513)
  2014 Ed. (180, 1317, 1883, 1885, 3042, 3267, 3268, 3270, 3284, 3286, 3305, 3306, 3319, 3329, 3334, 3335, 3337, 3340, 3341, 3342)
  2015 Ed. (1920, 1922, 3108, 3316, 3317, 3319, 3334, 3351, 3352, 3365, 3370, 3374, 3376, 3399)
  2016 Ed. (204, 205, 206, 1883, 1885, 3138, 3168, 3169, 3171, 3189, 3190, 3191, 3228, 3232, 3233, 3234, 3235, 3236, 3237, 3238, 3240, 3243, 3245)
  2017 Ed. (191, 192, 193, 1846, 1848, 2418, 3079, 3120, 3122, 3139, 3140, 3142, 3186, 3190, 3191, 3192, 3193, 3194, 3196, 3199, 3201)
  2018 Ed. (2451, 2455, 2466, 3186, 3214, 3215, 3217, 3218, 3230, 3231, 3232, 3251, 3278)
  2019 Ed. (180, 1851, 2577, 2578, 3151, 3153, 3155, 3156, 3170, 3171, 3172, 3194, 3225, 3230, 3231, 3233)
  2020 Ed. (1793, 3181, 3182, 3184, 3185, 3200, 3201, 3202, 3215, 3240)
  2021 Ed. (1760, 3045, 3046, 3054, 3055, 3081, 3106)
  2022 Ed. (1794, 3179, 3180, 3189, 3190, 3223, 3247)
  2023 Ed. (3274, 3275, 3281, 3282)
MetLife, Inc.
  2022 Ed. (45)
  2023 Ed. (89, 3313)
MetLife Inc. (U.S.)
  2021 Ed. (3081)
  2022 Ed. (3223)
MetLife Insurance Co. of Connecticut
  2016 Ed. (3168)
MetLife Insurance Company of Connecticut
  2009 Ed. (3363)
  2010 Ed. (3300)
  2011 Ed. (3262)
Metlife Insurance Co. of Connecticut
  2009 Ed. (3383)
  2010 Ed. (3319)

MetLife International Equity C
  1996 Ed. (2790)
Metlife Investors USA Insurance Co.
  2010 Ed. (3297)
  2011 Ed. (3258)
  2013 Ed. (3313)
MetLife Life Ins Companies
  2023 Ed. (3329, 3331, 3332, 3339, 3340, 3341)
MetLife Managed Assets A
  1995 Ed. (2707)
Metlife Mexico
  2007 Ed. (3115)
  2008 Ed. (3259)
  2010 Ed. (3252)
Metlife/Nef
  2001 Ed. (4666)
MetLife Real Estate Investments
  2012 Ed. (4209)
  2013 Ed. (4197)
  2014 Ed. (4214)
  2015 Ed. (4197)
  2017 Ed. (4092)
  2018 Ed. (4120)
  2019 Ed. (4131)
MetLife Securities Inc.
  2004 Ed. (4332, 4334)
  2007 Ed. (4269)
Metlife-S.S. Capital Appreciation
  1992 Ed. (3189)
MetLife S.S. Equity Income A
  1995 Ed. (2720)
MetLife S.S. Global Energy A
  1995 Ed. (2723)
MetLife S.S. Managed Assets A
  1995 Ed. (2725)
MetLife Stadium
  2013 Ed. (4487)
  2014 Ed. (4532)
  2015 Ed. (4532)
  2016 Ed. (4470, 4471)
  2017 Ed. (4478, 4479)
  2018 Ed. (4320, 4498)
  2019 Ed. (4348, 4492)
  2020 Ed. (4344, 4476)
  2021 Ed. (4360)
  2022 Ed. (4366)
MetLife Stadium (Rutherford, NJ)
  2021 Ed. (4360)
  2022 Ed. (4366)
Metlife-State St. High-Income Tax-Exempt
  1990 Ed. (2378)
MetLife-State St. Research High-Income A
  1996 Ed. (2808)
MetLife-State Street Capital Appr. A
  1995 Ed. (2733)
  1996 Ed. (2799)
MetLife-State Street Equity Investment A
  1995 Ed. (2731)
MetLife VestMet Aggressive Growth
  1994 Ed. (3610)
Metmor Financial Inc.
  1989 Ed. (2006)
  1990 Ed. (2602, 2605)
  1992 Ed. (3107)
Meto Vermoegensverwaltung GmbH & Co. Kommanditgesellschaft
  1996 Ed. (2124)
Metoachlor
  1999 Ed. (2663)
MeToo Movement
  2019 Ed. (3345)
Metoprolol
  2018 Ed. (2228)
  2019 Ed. (2204)
Metoprolol Succinate
  2010 Ed. (2282)
Metra
  1994 Ed. (2045)
  1996 Ed. (1335, 2100)
  2000 Ed. (1419)
  2012 Ed. (905)
  2013 Ed. (1060)
  2014 Ed. (1024)
  2016 Ed. (967)
  2017 Ed. (1004)
  2021 Ed. (2530, 2791)
Metra AV
  2023 Ed. (2777, 3081)
Metra Commuter Rail
  1996 Ed. (1062)
  2002 Ed. (3904)
Metra Health
  1997 Ed. (2191)
Metra Home Theater
  2018 Ed. (2969)
  2019 Ed. (2575, 2913)
  2020 Ed. (2569, 2931)
  2022 Ed. (2641, 2957)
Metra Home Theater/Ethereal
  2022 Ed. (2957)
MetraComp Network
  1998 Ed. (2911)
MetraHealth Cos.
  1997 Ed. (1259, 2178)
Metretek Technologies
  2008 Ed. (2458)

Metric Constructors Inc.
  1999 Ed. (1332)
Metric Institutional Realty
  1991 Ed. (2240)
  1992 Ed. (2750, 2758)
  1993 Ed. (2310)
  1996 Ed. (2412, 3169)
Metric Realty
  1995 Ed. (2376)
Metric Systems
  2004 Ed. (2232, 2240)
  2005 Ed. (1270)
Metric Theory
  2021 Ed. (63, 64)
Metricom Inc.
  2003 Ed. (1076)
Metricon
  2019 Ed. (1040)
  2020 Ed. (1056, 1385)
  2021 Ed. (1026, 1382)
Metricon Homes Group
  2022 Ed. (1063)
Metrics Marketing Group
  2013 Ed. (1975)
MetricStream Inc.
  2007 Ed. (1240)
Metrie Inc.
  2021 Ed. (4911)
  2023 Ed. (4998)
Metris Companies
  2000 Ed. (3387)
  2002 Ed. (499, 500, 501)
  2003 Ed. (1215)
  2004 Ed. (1224)
  2005 Ed. (1253)
Metris Cos., Inc.
  2004 Ed. (4571)
  2005 Ed. (2581)
  2007 Ed. (2551)
Metrix Capital Group LLC
  2016 Ed. (1415)
Metrix Engineers
  2017 Ed. (2074)
MetrixLab.com
  2002 Ed. (2518)
Metro
  2014 Ed. (708)
  2021 Ed. (608, 620)
  2022 Ed. (647, 693, 3015, 4234, 4260)
  2023 Ed. (3130, 4275, 4879, 4881)
Metro 1 Credit Union
  2006 Ed. (2174)
Metro Advertising
  1995 Ed. (84)
  1997 Ed. (100)
  2000 Ed. (122)
  2001 Ed. (160)
  2002 Ed. (134)
  2003 Ed. (100)
Metro AG
  1999 Ed. (4644)
  2000 Ed. (1438, 2477, 4284)
  2001 Ed. (1578, 1689, 1691, 1695, 1697, 1714, 1715, 4102, 4103, 4104, 4114, 4116, 4613)
  2002 Ed. (1643, 1644, 1645, 1661, 4060, 4533, 4534)
  2003 Ed. (1669, 1687, 4177, 4187, 4665, 4779)
  2004 Ed. (2764, 4204, 4206, 4213, 4641)
  2005 Ed. (19, 1781, 3182, 4122, 4132, 4133, 4140, 4566, 4567, 4912)
  2006 Ed. (25, 48, 1733, 1734, 4178, 4179, 4187, 4641, 4642, 4643, 4945)
  2007 Ed. (19, 39, 1689, 1709, 1741, 1742, 4193, 4200, 4206, 4633, 4634, 4635, 4952)
  2008 Ed. (24, 42, 1738, 1768, 1769, 1770, 4235, 4573, 4575)
  2009 Ed. (27, 48, 1195, 1704, 1705, 1706, 4324, 4326, 4330, 4607, 4609)
  2010 Ed. (37, 58, 1199, 1658, 4323, 4346, 4350, 4639)
  2011 Ed. (1622, 1666, 1667, 2008, 4292, 4293, 4297, 4299, 4591)
  2012 Ed. (35, 1469, 1519, 1520, 2167, 2173, 2751, 4319, 4350, 4351, 4599, 4603)
  2013 Ed. (1603, 1662, 1663, 2375, 4309, 4330, 4345, 4355, 4553, 4556)
  2014 Ed. (1617, 1689, 2567, 4348, 4381, 4593)
  2015 Ed. (1622, 1667, 4343, 4385, 4590)
  2016 Ed. (1611, 1683, 4247, 4266, 4281, 4510)
  2017 Ed. (1589, 4254, 4269, 4509, 4522)
  2018 Ed. (1573, 4549)
  2019 Ed. (4538)
Metro Airlines Inc.
  1991 Ed. (1017)
  1993 Ed. (2491)
Metro Atlanta Chamber of Commerce
  2008 Ed. (3472)
  2014 Ed. (3507)
  2015 Ed. (3522)
Metro Atlanta Community Foundation
  1994 Ed. (1907)

Metro Auto Auction of Kansas City
   1991 Ed. (267)
   1992 Ed. (373)
Metro Bank
   2019 Ed. (437, 498, 519)
   2020 Ed. (479)
Metro Brokers
   2007 Ed. (4089)
   2008 Ed. (4117)
Metro Cable Marketing Co-op
   1992 Ed. (1023)
Metro Cable Operators
   1992 Ed. (1023)
Metro Cars
   1999 Ed. (3454)
   2019 Ed. (3367)
   2021 Ed. (3301)
Metro Cash & Carry
   2013 Ed. (2730, 2740)
   2015 Ed. (2763)
   2016 Ed. (2693)
Metro Cash & Carry GmbH
   2005 Ed. (2587)
Metro Cash & Carry Ltd.
   2001 Ed. (1845)
   2002 Ed. (1734)
Metro Cash & Carry Romania SRL
   2011 Ed. (2024)
Metro City Bank
   2021 Ed. (369)
   2022 Ed. (382)
   2023 Ed. (498)
Metro Commercial Management Services Inc.
   1999 Ed. (4013)
Metro Commercial Real Estate Inc.
   1998 Ed. (3000)
   1999 Ed. (3995)
   2000 Ed. (3715)
Metro Community Credit Union
   2002 Ed. (1832)
Metro Construction Management
   2018 Ed. (1654)
   2019 Ed. (1710)
Metro Contract Group
   2022 Ed. (106)
Metro Courier Inc.
   2019 Ed. (4972)
Metro Credit Union
   2018 Ed. (2101, 2107)
   2020 Ed. (2086)
   2021 Ed. (2031, 2076)
   2022 Ed. (2066, 2105, 2111)
   2023 Ed. (2178, 2220, 2226)
Metro Credit Union Ltd.
   2014 Ed. (1455)
   2015 Ed. (1511)
Metro-Dade Transit Agency
   1996 Ed. (1062)
   1999 Ed. (3989)
   2000 Ed. (3102)
Metro Department Store
   1993 Ed. (49)
   1994 Ed. (42)
Metro-Deutschland Gruppe
   1990 Ed. (1220)
Metro Diner
   2019 Ed. (4224, 4225)
   2020 Ed. (4225)
   2021 Ed. (4183, 4185)
Metro Distributions-Logistik GmbH & Co. KG
   2001 Ed. (4622)
Metro Drug Inc.
   1992 Ed. (1683)
   1995 Ed. (1475)
Metro Einkaufs GmbH
   1997 Ed. (1363)
Metro Ford Inc.
   1990 Ed. (2015)
   1992 Ed. (2408)
   1995 Ed. (255, 2110)
   1997 Ed. (289)
   1998 Ed. (204)
   2000 Ed. (330)
   2012 Ed. (2501)
Metro Forex Inc.
   2009 Ed. (1074)
Metro-Goldwyn-Mayer
   2000 Ed. (1840)
   2005 Ed. (2445, 2446, 3513, 3514, 4674)
   2006 Ed. (657, 2490, 2492, 2494, 3573)
   2007 Ed. (1441)
   2009 Ed. (2615, 3777, 3779)
Metro-Goldwyn-Mayer Inc. (MGM)
   2001 Ed. (2271, 2272, 2273, 3359, 3360, 3377, 4497, 4702)
   2002 Ed. (2147, 3395)
   2003 Ed. (2337, 2339, 2340, 2343)
   2004 Ed. (2420, 2421, 3508, 3509)
Metro Group
   1991 Ed. (3261)
   1998 Ed. (987, 3085, 3095)
   2000 Ed. (1219, 4171)
   2016 Ed. (1547, 2276)
   2017 Ed. (2129)
   2018 Ed. (1518, 2175)

Metro Health Hospital
   2017 Ed. (2828)
Metro Health Service
   2002 Ed. (1130)
Metro Health Services Credit Union
   2002 Ed. (1877)
   2003 Ed. (1931)
   2004 Ed. (1971)
   2005 Ed. (2113)
   2006 Ed. (2208)
   2007 Ed. (2129)
   2008 Ed. (2244)
   2009 Ed. (2230)
   2010 Ed. (2184)
   2011 Ed. (2202)
   2012 Ed. (2063)
   2013 Ed. (2245)
   2014 Ed. (2177)
   2015 Ed. (2241)
   2016 Ed. (2212)
Metro Holding AG
   2008 Ed. (2093)
   2009 Ed. (2068, 4324)
Metro Holdings Ltd.
   1989 Ed. (1155)
Metro Hotels
   1995 Ed. (2150)
Metro Inc.
   1990 Ed. (46)
   1991 Ed. (46)
   1992 Ed. (76)
   1994 Ed. (187)
   1996 Ed. (3244)
   1998 Ed. (668)
   1999 Ed. (1635, 1637, 1638, 2688, 4524)
   2000 Ed. (1440, 3815)
   2001 Ed. (476)
   2002 Ed. (3301)
   2003 Ed. (3361)
   2006 Ed. (1622, 1628)
   2007 Ed. (1628, 1635, 1636, 1640, 1642, 1643, 1644, 2614)
   2008 Ed. (1634, 1648, 2744)
   2009 Ed. (673, 1552, 1568, 2798)
   2010 Ed. (1548, 1553, 1567, 2730, 4345)
   2011 Ed. (2714)
   2012 Ed. (2645, 4567, 4593)
   2013 Ed. (1217, 1494, 4323, 4534)
   2014 Ed. (1156, 1462, 2700, 4374, 4592)
   2015 Ed. (1211, 2764, 4091, 4589)
   2016 Ed. (2829, 4260, 4509)
   2017 Ed. (4247, 4507, 4508)
   2018 Ed. (1467, 4539, 4540)
   2019 Ed. (4525, 4526)
   2020 Ed. (4529, 4531)
   2022 Ed. (4517)
   2023 Ed. (4530)
Metro Industrial Painting Inc.
   2004 Ed. (3665)
Metro Industrial Piping Inc.
   2004 Ed. (3665)
   2005 Ed. (3584)
Metro Information
   2000 Ed. (2403, 4047)
Metro Information Services
   1999 Ed. (4331)
   2000 Ed. (4050)
Metro International
   1991 Ed. (1355)
Metro International AG
   1992 Ed. (4433)
   1993 Ed. (3696)
   1994 Ed. (3661)
   1995 Ed. (2117)
   1996 Ed. (1330, 2124)
   1999 Ed. (1585)
   2000 Ed. (1389)
Metro/Kaufhof
   1995 Ed. (3155, 3157)
Metro Litho Inc.
   1990 Ed. (2593)
Metro Mazda
   1995 Ed. (275)
   1996 Ed. (278)
Metro Mechanical Inc.
   2008 Ed. (1313)
   2009 Ed. (1298)
   2010 Ed. (1291)
   2011 Ed. (1247)
   2012 Ed. (1172)
Metro Mitsubishi
   1993 Ed. (278)
Metro Mobile CTS Inc.
   1989 Ed. (2366)
   1990 Ed. (1302, 3521)
   1991 Ed. (3285)
   1992 Ed. (320)
   1993 Ed. (216, 1189, 3517)
   1994 Ed. (1205, 1206)
Metro Mobility
   2006 Ed. (4018)
Metro Nashville Public Schools
   2016 Ed. (2024)
   2017 Ed. (1984)
   2018 Ed. (1937)
   2020 Ed. (1914)
   2021 Ed. (1875)

Metro New York Coordinating Council
   1991 Ed. (2619)
Metro-North Commuter Railroad Co.
   1994 Ed. (1076)
   2012 Ed. (4177)
   2013 Ed. (4165)
   2015 Ed. (4164)
   2016 Ed. (4077)
Metro North State Bank
   1993 Ed. (2966)
Metro One
   1991 Ed. (874)
Metro One Telecom
   2003 Ed. (4440)
Metro Pacific Corp.
   2000 Ed. (1540)
   2002 Ed. (3703)
Metro Packaging & Imaging Inc.
   2015 Ed. (3014)
Metro Pavia Health System
   2016 Ed. (1972, 1973)
   2017 Ed. (1936, 1937)
   2018 Ed. (1886, 1887)
Metro Phoenix Bank
   2021 Ed. (361)
   2022 Ed. (373)
   2023 Ed. (466)
Metro Pizza
   2016 Ed. (3939)
Metro Property Development
   2016 Ed. (1374)
   2017 Ed. (1397)
   2019 Ed. (4092)
   2020 Ed. (4105)
   2021 Ed. (4067)
   2022 Ed. (4084)
Metro Radio Arena
   2010 Ed. (1130)
Metro-Richelieu Inc.
   1990 Ed. (3051)
   1992 Ed. (2195, 4172)
   1996 Ed. (1316, 1943)
   1997 Ed. (2041)
Metro SB-Grossmaerkte Gesellschaft Mit Beschraenkter Haftung & Co. Kommanditgesl
   1994 Ed. (3661)
Metro Separate School Board
   1994 Ed. (3553)
Metro Shores Credit Union
   2005 Ed. (2073)
Metro Spanish Food Wholesalers Inc.
   1990 Ed. (2593)
Metro Stores
   1989 Ed. (49)
Metro TA of Harris County
   1993 Ed. (785)
Metro Times Inc.
   1998 Ed. (2680)
   1999 Ed. (3617)
   2000 Ed. (3336)
   2004 Ed. (3687)
   2005 Ed. (3602)
Metro Toronto Convention Centre
   2001 Ed. (2352)
   2003 Ed. (2414)
   2005 Ed. (2520)
Metro Toronto Separate School Board
   1991 Ed. (3402)
Metro Travel & Tours
   2006 Ed. (3521)
Metro TV
   2007 Ed. (44)
   2008 Ed. (48)
   2009 Ed. (55)
   2010 Ed. (65)
Metro Vermoegensverwal Tung GMBH & Co. Kommanditgesellschaft
   1994 Ed. (2065)
Metro Vermoegensverwaltung GMBH & Co. Kommanditgesellschaft
   1995 Ed. (2117)
Metro Volkswagen Inc.
   1993 Ed. (288)
   1994 Ed. (287)
Metro Washington Airports
   2001 Ed. (938)
Metro Washington Cable Marketing Council
   1992 Ed. (1023)
Metro Waste Paper Recovery Inc.
   2005 Ed. (4032)
Metro. Water Reclamation Dist. of Chicago
   1992 Ed. (4030)
Metro Waterproofing
   2008 Ed. (1293)
Metrobank
   1991 Ed. (594, 2813)
   1993 Ed. (554)
   1994 Ed. (556)
   1995 Ed. (530, 588)
   1996 Ed. (587, 657)
   1997 Ed. (543, 595)
   1999 Ed. (623)
   2000 Ed. (648)
   2002 Ed. (635)
   2003 Ed. (599)
   2004 Ed. (519, 607)
   2005 Ed. (597)

2006 Ed. (513)
   2007 Ed. (541)
   2021 Ed. (426)
   2022 Ed. (440)
   2023 Ed. (606)
Metrobase Cable Advertising
   1991 Ed. (833, 841)
Metrocal
   1992 Ed. (3603)
Metrocall
   1996 Ed. (3150)
   1998 Ed. (2984)
Metrocall Holdings
   2005 Ed. (2012, 4641)
MetroCity Bankshares
   2019 Ed. (503)
   2020 Ed. (487)
   2021 Ed. (499)
   2022 Ed. (512)
MetroCity Bankshares (Doraville, GA)
   2021 Ed. (499)
   2022 Ed. (512)
MetroCorp Bancshares Inc.
   2002 Ed. (485)
   2004 Ed. (644, 645)
   2005 Ed. (633, 634)
METROFORM
   2016 Ed. (3985)
MetroGroup Corp.
   2006 Ed. (4364)
MetroGroup.de
   2018 Ed. (2320)
MetroHealth
   2022 Ed. (2934)
MetroHealth System
   1991 Ed. (2501)
   1992 Ed. (3126)
   1994 Ed. (2576, 2577)
   1996 Ed. (2706)
   1997 Ed. (2163, 2257)
   2004 Ed. (2813)
The MetroHealth System
   2021 Ed. (2770)
   2023 Ed. (3059)
The MetroHealth System (U.S.)
   2021 Ed. (2770)
MetroHealth/United HealthCare
   1998 Ed. (1919)
MetroHealth (U.S.)
   2022 Ed. (2934)
Metroland Printing
   1992 Ed. (3540)
Metrolina Dodge Inc.
   1992 Ed. (894)
   1993 Ed. (705)
   1994 Ed. (267)
Metrolina Greenhouses
   2018 Ed. (3710)
   2019 Ed. (3697)
   2020 Ed. (3730, 3736)
   2021 Ed. (3732, 3738)
   2022 Ed. (3750, 3756)
   2023 Ed. (3855, 3861)
Metrolina Greenhouses Inc.
   2011 Ed. (3491)
   2012 Ed. (2096)
Metrologic Instruments
   2001 Ed. (659)
   2009 Ed. (1101)
   2010 Ed. (1083)
Metromedia
   1991 Ed. (968)
   1992 Ed. (1458, 1459)
   2010 Ed. (57)
Metromedia Communications
   1993 Ed. (1189, 2470)
   1994 Ed. (2412)
Metromedia Fiber
   2000 Ed. (3391)
Metromedia Fiber Network Inc.
   2001 Ed. (1745)
   2003 Ed. (1421)
   2004 Ed. (1457)
Metromedia International Group Inc.
   2000 Ed. (2407)
   2004 Ed. (2791)
Metromedia; News Corp./
   1991 Ed. (1145)
Metromedia Restaurant Group
   1998 Ed. (1737)
Metromont Corp.
   2018 Ed. (1164, 1178, 1181, 1182)
MetroNet
   2010 Ed. (1817)
Metronidazole
   1996 Ed. (1572)
Metronome
   2007 Ed. (836)
Metropacific Community Credit Union
   2006 Ed. (2154)
Metropadia Health System Inc.
   2014 Ed. (1956)
   2016 Ed. (1969)
MetroPCS
   2015 Ed. (3708)
   2019 Ed. (2334)
MetroPCS Communications
   2014 Ed. (4957)

MetroPCS Communications Inc.
  2009 Ed. (4399, 4959, 4963)
  2010 Ed. (2847, 4971)
  2011 Ed. (986, 4961, 4962)
  2012 Ed. (1922, 2782, 4643, 4955)
  2013 Ed. (4617)
MetroPCS Inc.
  2005 Ed. (4979)
Metroplex Garden Design Landscaping
  2014 Ed. (3462)
Metroplex Garden Design Landscaping LP
  2011 Ed. (3394, 3429)
  2012 Ed. (3442)
MetroPlus Health Plan Inc.
  2000 Ed. (2438)
  2002 Ed. (2464)
Metropoli Music Center
  2013 Ed. (3805)
  2015 Ed. (3752)
  2016 Ed. (3660)
Metropolitan
  1989 Ed. (1692, 1693, 1694, 1695)
  1991 Ed. (243, 246)
  1992 Ed. (2370, 2664, 3549)
  1993 Ed. (2011, 2231, 2922)
  1995 Ed. (2315)
  2000 Ed. (2781)
Metropolitan Atlanta Rapid Transit Authority
  1991 Ed. (3160)
  1992 Ed. (4031)
  1993 Ed. (3361)
  1994 Ed. (2408)
  1998 Ed. (2403)
  2000 Ed. (2994)
  2002 Ed. (3905)
  2009 Ed. (1081)
  2010 Ed. (1054)
  2011 Ed. (990)
  2018 Ed. (4691)
Metropolitan Bank Holding
  2023 Ed. (1911)
Metropolitan Bank & Trust
  2013 Ed. (395, 2017)
  2014 Ed. (408, 1950, 4034)
  2015 Ed. (465, 1993)
  2016 Ed. (415, 1964)
  2017 Ed. (425, 1929)
  2018 Ed. (391, 1879)
  2019 Ed. (394, 1928)
  2020 Ed. (387, 1867)
  2021 Ed. (1830)
  2022 Ed. (1880)
  2023 Ed. (1994)
Metropolitan Bank & Trust Co.
  1989 Ed. (655)
  1990 Ed. (670)
  1992 Ed. (821)
  1993 Ed. (615)
  1996 Ed. (2563, 3030)
  1997 Ed. (2400, 3113, 3114)
  1999 Ed. (1725, 2892, 3820, 3821)
  2000 Ed. (1538, 1541, 3541, 3542)
  2001 Ed. (1836, 2888)
  2002 Ed. (2826, 3702, 3703)
  2004 Ed. (1063)
  2006 Ed. (3899)
  2008 Ed. (492)
  2009 Ed. (520)
  2010 Ed. (394, 500)
  2011 Ed. (430)
  2013 Ed. (394)
  2014 Ed. (386, 407)
  2015 Ed. (464)
  2017 Ed. (424)
  2018 Ed. (390)
  2019 Ed. (393)
  2020 Ed. (386)
  2021 Ed. (488)
  2022 Ed. (502)
  2023 Ed. (727)
Metropolitan Bank & Trust Company
  2023 Ed. (605)
Metropolitan Business Center at East Gate
  1998 Ed. (2696)
Metropolitan Business Supplies
  1991 Ed. (2638)
Metropolitan Corporate Center
  1997 Ed. (2377)
Metropolitan Credit Union
  2002 Ed. (1871)
  2003 Ed. (1925)
  2004 Ed. (1965)
  2005 Ed. (2107)
  2006 Ed. (2202)
  2007 Ed. (2123)
  2008 Ed. (2238)
  2009 Ed. (2224)
  2010 Ed. (2178)
  2011 Ed. (2196)
  2012 Ed. (2056)
  2013 Ed. (2237)
  2014 Ed. (2169)
  2015 Ed. (2233)
  2016 Ed. (2204)
  2020 Ed. (2080)
  2021 Ed. (2070)

Metropolitan Detail
  2020 Ed. (293)
  2021 Ed. (279)
  2022 Ed. (295)
Metropolitan Entertainment
  1991 Ed. (2771)
  1992 Ed. (3553)
  1994 Ed. (2942)
  1995 Ed. (3000)
  1996 Ed. (3101)
  1997 Ed. (3179)
  1999 Ed. (3905)
  2000 Ed. (3621)
Metropolitan Entertainment Group
  2001 Ed. (3917, 3919)
  2002 Ed. (3798)
  2003 Ed. (1126)
Metropolitan Entertainment/Northeast Concerts
  1993 Ed. (2924)
Metropolitan Family Service
  2012 Ed. (1819)
Metropolitan Federal Savings & Loan Association
  1990 Ed. (3588)
  1993 Ed. (3570)
Metropolitan Financial
  1993 Ed. (3280)
  1994 Ed. (3270, 3536)
  1995 Ed. (3351)
  1996 Ed. (360)
Metropolitan Financial S&L
  1990 Ed. (3455)
Metropolitan Group
  2009 Ed. (3366)
  2010 Ed. (3302, 3303, 3304, 3305)
  2011 Ed. (3265, 3266, 3267)
Metropolitan Group Consolidated
  2009 Ed. (277, 278, 3367)
Metropolitan Group Properties & Casualty
  2001 Ed. (1840)
  2003 Ed. (1813)
  2004 Ed. (1847)
  2005 Ed. (1955)
  2008 Ed. (2061)
  2009 Ed. (2027)
  2012 Ed. (1868)
Metropolitan Health
  2022 Ed. (625)
Metropolitan Health Networks
  2004 Ed. (2771)
  2014 Ed. (2895)
Metropolitan Health Plan
  1994 Ed. (2035, 2037)
Metropolitan Home
  1989 Ed. (178, 182, 2173, 2177)
  1990 Ed. (2798, 2800)
  1992 Ed. (3377)
  1996 Ed. (2966, 2967)
  1997 Ed. (3037, 3042)
  2007 Ed. (145, 169, 3402)
Metropolitan Hospital Center
  2019 Ed. (4342)
Metropolitan Independent Dental Association (MiDA)
  1990 Ed. (2896)
  1991 Ed. (2760)
Metropolitan Ins. & Annuity
  1990 Ed. (2247, 2248, 2249)
Metropolitan Insurance & Annuity Co.
  1989 Ed. (1707, 1708, 1709)
  1991 Ed. (2115, 2116, 2117)
  2002 Ed. (2908)
Metropolitan Jewish Home Care
  2017 Ed. (2928)
Metropolitan Land
  2014 Ed. (1673)
  2022 Ed. (1620)
Metropolitan Life
  1989 Ed. (1436, 1679, 1681, 1684, 1686, 1687, 1688, 1689, 1691, 1808, 1809, 1810, 1812, 2132, 2133, 2134, 2137)
  1990 Ed. (2218, 2226, 2231, 2233, 2235, 2237, 2238, 2239, 2240, 2243, 2323, 2324, 2325, 2326, 2329, 2333, 2341, 2356, 2358, 2360, 2361)
  1992 Ed. (337, 338, 2159, 2639, 2653, 2658, 2659, 2660, 2661, 2663, 2666, 2669, 2670, 2671, 2674, 2675, 2676, 2710, 2711, 2728, 2729, 2735, 2736, 2740, 2744, 2748, 2764, 2769, 2774, 2776, 2779, 2781, 2782, 3223, 3362, 3629, 3638, 4381, 4382)
  1993 Ed. (2194, 2195, 2199, 2200, 2204, 2205, 2206, 2207, 2208, 2210, 2211, 2212, 2213, 2214, 2215, 2216, 2217, 2218, 2220, 2221, 2222, 2225, 2226, 2227, 2230, 2256, 2280, 2281, 2286, 2287, 2292, 2302, 2303, 2312, 2324, 2380, 2712, 2906, 2908, 2972, 2973, 2978, 3229, 3284, 3316, 3647, 3653, 3654)
  1995 Ed. (222)
  1998 Ed. (171, 1181, 2108, 2133, 2134, 2135, 2137, 2140, 2141, 2142, 2147, 2148, 2155, 2156, 2157, 2158, 2160, 2162, 2163, 2164, 2168, 2170, 2172, 2174, 2177, 2178, 2180, 2181, 2182,

2183, 2184, 2186, 2187, 2189, 2190, 2193, 2194, 2263, 2265, 2268, 2295, 2296, 2298, 2673)
  1999 Ed. (2922, 2923, 2928, 2929, 2941, 2943, 2946, 2947, 2948, 2949, 2950, 2951, 2952, 2953, 2954, 2955, 2956, 2957, 2958, 2959, 2962, 3039, 3043, 3047, 3049, 3062, 3065, 3066, 3086, 4171, 4172)
  2000 Ed. (2694, 2696, 2698, 2772, 2773, 2775, 2784, 2801, 2814)
Metropolitan Life & Affiliated
  2002 Ed. (2886, 2912, 2931)
  2005 Ed. (3114)
Metropolitan Life & Affiliated Cos.
  2003 Ed. (2979, 2992, 2993, 2996, 2997, 2998, 3002, 3013)
  2005 Ed. (3093, 3106, 3107, 3108, 3109, 3110, 3112, 3113, 3119)
  2006 Ed. (3124)
  2007 Ed. (3156, 3157)
  2008 Ed. (3286, 3288, 3289, 3290, 3291, 3292, 3293, 3294, 3295, 3306, 3307)
  2009 Ed. (3344, 3346, 3347, 3349, 3350, 3352, 3353, 3354, 3355, 3368, 3369)
  2010 Ed. (3283, 3285, 3286, 3288, 3289, 3291, 3292, 3293, 3294, 3306, 3307)
  2011 Ed. (3268, 3269)
  2012 Ed. (3222, 3223, 3225, 3226, 3228, 3229, 3230, 3231, 3241)
  2013 Ed. (3299, 3301, 3302, 3304, 3305, 3307, 3308, 3309, 3310, 3320)
  2014 Ed. (3324, 3325, 3327, 3328, 3330, 3331, 3332, 3333, 3336)
  2015 Ed. (3371)
  2016 Ed. (3239)
  2017 Ed. (3195)
  2018 Ed. (3268, 3270, 3271, 3272, 3273, 3274, 3275, 3276, 3277, 3279)
  2019 Ed. (3218, 3220, 3221, 3223, 3224, 3226, 3227, 3228, 3229, 3232)
  2020 Ed. (3233, 3235, 3236, 3243, 3244, 3245)
  2021 Ed. (3099, 3101, 3109, 3111)
  2022 Ed. (3240, 3242, 3243, 3250, 3251, 3252)
Metropolitan Life "E" VestMet: Aggressive Growth
  1995 Ed. (3689)
Metropolitan Life Foundation
  2001 Ed. (2515)
  2002 Ed. (976)
Metropolitan Life HealthCare Network of New York
  1993 Ed. (2024)
Metropolitan Life Insurance Co.
  1989 Ed. (1806, 2007)
  1990 Ed. (2224, 2351, 2354, 2604)
  1991 Ed. (244, 2085, 2091, 2095, 2099, 2102, 2103, 2104, 2105, 2107, 2109, 2110, 2112, 2113, 2147, 2206, 2207, 2212, 2213, 2214, 2233, 2237, 2246, 2251, 2252, 2253, 2584, 2585, 2640, 2696)
  1992 Ed. (3224)
  1994 Ed. (223, 224, 2236, 2249, 2251, 2255, 2256, 2257, 2258, 2261, 2262, 2265, 2266, 2267, 2293, 2294, 2297, 2298, 2306, 2318, 2320, 2321, 2322, 2662, 2663, 3014, 3019, 3160, 3229, 3274)
  1995 Ed. (223, 2290, 2292, 2294, 2295, 2301, 2302, 2303, 2304, 2305, 2306, 2307, 2309, 2312, 2314, 2378, 2380, 2384, 2385, 2765, 3070, 3308, 3355)
  1996 Ed. (224, 1428, 2070, 2265, 2283, 2287, 2288, 2296, 2297, 2305, 2306, 2307, 2310, 2311, 2312, 2313, 2314, 2315, 2320, 2323, 2324, 2327, 2328, 2829, 2920, 2921)
  1997 Ed. (1306, 1489, 2421, 2423, 2424, 2426, 2427, 2430, 2436, 2437, 2443, 2444, 2445, 2446, 2447, 2448, 2452, 2453, 2456, 2509, 2517, 3412)
  2000 Ed. (2649, 2672, 2675, 2677, 2679, 2682, 2686, 2687, 2688, 2690, 2691, 2692, 2693, 2697, 2699, 2700, 2701, 2702, 2703, 2704, 2705, 2707, 2709, 2711, 3882, 3885)
  2001 Ed. (2916, 2925, 2929, 2931, 2933, 2937, 2939, 2940, 2941, 2942, 2944, 2946, 2947, 2949, 3455, 4667)
  2002 Ed. (1382, 2869, 2887, 2888, 2905, 2908, 2909, 2910, 2913, 2915, 2916, 2920, 2922, 2923, 2924, 2925, 2926, 2927, 2928, 2929, 2930, 2933, 2935, 2938, 2941, 3619, 4194, 4207)
  2003 Ed. (909, 912, 916, 2974, 2991, 3001, 3065, 3632, 3633)
  2004 Ed. (3075)
  2005 Ed. (3051, 3082)
  2006 Ed. (3087, 3122)
  2007 Ed. (3096, 3122, 3125, 3126, 3133, 3135, 3136, 3139, 3140, 3142, 3144, 3145, 3146, 3147, 3148, 3149, 3151, 3152, 3153, 3154, 3155)
  2008 Ed. (3238, 3272, 3275, 3276, 3296, 3297, 3298, 3301, 3302, 3303, 3304, 3305)

2009 Ed. (3300, 3329, 3332, 3333, 3356, 3357, 3358, 3361, 3362, 3363, 3364, 3365, 3381, 3383)
  2010 Ed. (3227, 3295, 3296, 3299, 3300, 3301, 3316, 3317, 3319)
  2011 Ed. (3193, 3230, 3233, 3234, 3255, 3256, 3257, 3258, 3259, 3260, 3261, 3262, 3263, 3264)
  2012 Ed. (3149, 3232, 3233, 3234, 3235, 3236, 3237)
  2013 Ed. (3227, 3311, 3312, 3314, 3315, 3316)
  2015 Ed. (3301)
  2016 Ed. (3153)
  2023 Ed. (3323)
Metropolitan Life Insurance Co.-Managed Care Services Group
  1994 Ed. (3608)
Metropolitan Life Insurance SA-40
  1994 Ed. (2314)
Metropolitan Life Insurance SA-43
  1994 Ed. (2314)
Metropolitan Life SS Global Energy
  1993 Ed. (2682)
Metropolitan Ltd.
  2015 Ed. (1402)
Metropolitan Lincoln Mercury
  1992 Ed. (414)
Metropolitan Lloyds Insurance Co. Texas
  2000 Ed. (2722)
Metropolitan Lloyds Texas
  1996 Ed. (2341)
  1997 Ed. (2467)
Metropolitan Lumber & Hardware Inc.
  2018 Ed. (4238)
Metropolitan Mechanical
  2011 Ed. (1171)
Metropolitan Mechanical Contractors Inc.
  2003 Ed. (1314)
  2008 Ed. (1249)
Metropolitan Mortgage & Securities Co., Inc.
  2003 Ed. (2258)
  2006 Ed. (382)
Metropolitan Museum of Art
  1991 Ed. (894)
  1992 Ed. (1093, 1096, 3266)
  1994 Ed. (1903, 2681)
  1996 Ed. (916, 2853)
  1997 Ed. (2951)
  1998 Ed. (2687)
  1999 Ed. (3628)
  2000 Ed. (317, 3217, 3343, 3352)
  2006 Ed. (3712)
  2008 Ed. (3787)
  2009 Ed. (3829, 3830)
  2010 Ed. (3756)
  2012 Ed. (3769)
  2020 Ed. (4703)
Metropolitan Nashville Airport Authority
  1993 Ed. (3624)
Metropolitan New York Coordinating Council on Jewish Poverty
  1991 Ed. (896, 897, 899)
  1998 Ed. (2687)
Metropolitan Opera Association Inc.
  1992 Ed. (3266)
  1994 Ed. (2681)
  1996 Ed. (2853)
  1997 Ed. (2951)
  1998 Ed. (2687)
  1999 Ed. (3628)
  2000 Ed. (3343, 3352)
  2005 Ed. (3605)
Metropolitan Paper
  2006 Ed. (4060)
Metropolitan Physicians Practice Association IPA Inc.
  2000 Ed. (2618)
Metropolitan Pier & Exposition Authority
  1995 Ed. (2643, 2650)
  1997 Ed. (2844)
  1999 Ed. (3474)
Metropolitan Police
  2011 Ed. (936)
Metropolitan Property & Casualty
  1996 Ed. (2270, 2302)
  1997 Ed. (2410, 2432)
  1998 Ed. (2114)
  1999 Ed. (2900)
Metropolitan Property and Casualty Insurance Co.
  2000 Ed. (2653)
Metropolitan Protective Service Inc.
  2021 Ed. (4773)
  2022 Ed. (4774)
  2023 Ed. (4762)
Metropolitan Rail
  1994 Ed. (1076)
Metropolitan Savings Bank
  1998 Ed. (3561)
The Metropolitan State College of Denver
  2002 Ed. (1104)
Metropolitan State Hospital
  2000 Ed. (2530)
  2002 Ed. (2622)
Metropolitan Structures
  1991 Ed. (2809)

Metropolitan Transit Authority
  2012 Ed. (906)
  2013 Ed. (1061)
  2014 Ed. (1025)
Metropolitan Transit Authority of Harris County
  1994 Ed. (802)
  1995 Ed. (852)
  1996 Ed. (832)
  1998 Ed. (538)
  1999 Ed. (956)
  2000 Ed. (900)
  2006 Ed. (687)
Metropolitan Transit Authority of Harris County, Houston
  1989 Ed. (830)
Metropolitan Transit Authority of Harris County, Texas
  2004 Ed. (3296)
Metropolitan Transit Authority of Harris County, TX
  1991 Ed. (3160)
  1997 Ed. (840)
Metropolitan Transit Commission
  1991 Ed. (1885)
Metropolitan Transit Commission, Minneapolis
  1989 Ed. (830)
Metropolitan Transportation Authority
  1993 Ed. (3361, 3621, 3623)
  1994 Ed. (802, 2408, 3363)
  1995 Ed. (3663)
  1996 Ed. (3739)
  1998 Ed. (537, 2403)
  2000 Ed. (2994)
  2001 Ed. (3158, 3159)
  2003 Ed. (3239, 3240)
  2004 Ed. (3295)
  2005 Ed. (3308)
  2006 Ed. (3296)
  2007 Ed. (3357, 3358)
  2008 Ed. (3454, 3455)
  2009 Ed. (3532, 3533)
  2010 Ed. (3456, 3457)
  2011 Ed. (3458, 3459)
  2012 Ed. (1771, 3471)
  2013 Ed. (1939, 3517)
  2014 Ed. (3491, 3492)
  2015 Ed. (3509, 3510)
  2016 Ed. (3368)
  2017 Ed. (4699)
  2018 Ed. (4690)
Metropolitan Transportation Authority (MTA)
  2023 Ed. (4677)
Metropolitan Transportation Authority of Harris County
  2010 Ed. (1054)
  2011 Ed. (990)
Metropolitan Transportation Authority, New York
  1992 Ed. (4031)
Metropolitan Transportation Authority, NY
  1999 Ed. (4658)
  2000 Ed. (4297)
Metropolitan Washington Airports Authority
  1997 Ed. (3794)
  2018 Ed. (3061)
Metropolitan Waste Control Commission
  1991 Ed. (3161)
Metropolitan Water District of Southern California
  1991 Ed. (3159)
  1992 Ed. (4030)
  1993 Ed. (3360)
Metropolitan Water District of Southern California, Los Angeles
  1990 Ed. (1484)
Metropolitan Water Reclamation District of Chicago
  1991 Ed. (3159)
  1993 Ed. (3360)
Metropolitan West
  2000 Ed. (2806)
Metropolitan West AlphaTrak 500
  2021 Ed. (4486)
Metropolitan West Asset Management
  2006 Ed. (3192)
Metropolitan West Low Duration Bond Fund
  2003 Ed. (3539)
Metropolitan West Total Return
  2017 Ed. (673)
  2018 Ed. (632)
  2019 Ed. (650)
  2020 Ed. (631)
Metropolitan West Total Return Bond
  2000 Ed. (756, 3253)
  2004 Ed. (722)
  2021 Ed. (585)
Metropolitan West Total Return Bond M
  2021 Ed. (585)
Metropolitan West Unconstrained
  2014 Ed. (632)
Metropolitan West Unconstrained Bond
  2015 Ed. (697)
  2016 Ed. (637)
Metrospace Corp.
  1995 Ed. (3060)
  1997 Ed. (3256)

1998 Ed. (2998)
Metrospance Corp.
  1994 Ed. (2998)
MetroSpec Technology
  2012 Ed. (3521)
  2013 Ed. (3561)
  2014 Ed. (3539)
Metrostaff Home Health Care
  1999 Ed. (2707)
  2000 Ed. (2491)
MetroStar Systems
  2015 Ed. (3273)
Metrostav
  2015 Ed. (1168)
  2016 Ed. (1082)
  2017 Ed. (1113)
  2018 Ed. (1044)
MetroTech
  1992 Ed. (2596)
MetroTech Research Park
  1994 Ed. (2188)
Metrotrans
  1998 Ed. (2724, 3313)
Metrovacesa
  2006 Ed. (2022)
  2007 Ed. (1992, 4079)
  2008 Ed. (1187, 2087)
Metrovision Production Service
  2001 Ed. (4285)
  2002 Ed. (4297)
MetroWest Bank
  2003 Ed. (518)
Metroworks
  2005 Ed. (1148)
Metrum Community Credit Union
  2005 Ed. (2071, 2074)
Mets; New York
  2005 Ed. (645)
  2006 Ed. (547)
  2007 Ed. (578)
  2008 Ed. (529)
  2009 Ed. (564)
  2010 Ed. (547)
  2011 Ed. (475)
  2012 Ed. (431)
  2013 Ed. (544)
  2014 Ed. (559)
  2015 Ed. (622)
  2016 Ed. (569)
  2017 Ed. (598)
  2018 Ed. (562)
  2019 Ed. (581)
  2020 Ed. (564)
  2021 Ed. (535)
Metsa Fibre Oy
  2022 Ed. (1292)
Metsa-Serla
  1991 Ed. (1285)
  2001 Ed. (3630, 3631)
Metsa-Serla Myllykoski MD Papier
  1998 Ed. (2746)
Metsa-Serla Oy
  1994 Ed. (2045)
  1996 Ed. (2100)
  1997 Ed. (1396, 2203)
  1999 Ed. (1615, 3694)
  2000 Ed. (1419)
Metsa-Serla Oy B
  1997 Ed. (2204)
Metsa-Serla Oyj
  2001 Ed. (3628)
Metsaeliitto Cooperative
  2009 Ed. (1663)
  2011 Ed. (1630)
Metsaeliitto Group
  2008 Ed. (1725)
Metsaeliitto Osuuskunta
  2012 Ed. (1481)
  2013 Ed. (1611)
Metsaeliitto-Yhtymae
  1996 Ed. (1335)
Metsaliitto Group
  2000 Ed. (1419)
  2001 Ed. (1698)
  2003 Ed. (1674)
Metsaliitto Osuuskunta
  2004 Ed. (4411)
Metsalitto Osuuskunta
  1997 Ed. (2692)
  1999 Ed. (1615, 3278)
Metso Corp.
  2003 Ed. (4583)
  2007 Ed. (1697)
  2008 Ed. (1724, 3557)
  2009 Ed. (1662, 1666, 3624)
  2010 Ed. (1620, 2502, 3545)
  2011 Ed. (1629, 1630, 3545)
  2012 Ed. (1480, 3538)
  2013 Ed. (1610, 3583)
  2014 Ed. (1577)
  2015 Ed. (1628)
Metso Outotec
  2022 Ed. (1307, 1321)
  2023 Ed. (864)
Metso Outotec Corp.
  2023 Ed. (1513, 1696)
Metso Outotec (Finland)
  2022 Ed. (1321)

Metso Oyj
  2004 Ed. (3331)
  2005 Ed. (1760)
  2006 Ed. (3379)
  2007 Ed. (1698)
  2012 Ed. (1481)
  2013 Ed. (1611)
  2021 Ed. (1299)
Metso-Serla Oyj
  2004 Ed. (3768)
Metsys
  2018 Ed. (1555)
Mett
  2020 Ed. (278)
Mettalgesellschaft
  1989 Ed. (2017)
Mettallgesellschaft
  1995 Ed. (2546)
Mettier-Toledo International Inc.
  2004 Ed. (3029, 3030)
  2005 Ed. (3044, 3045)
Mettler Toledo
  2016 Ed. (4147)
  2018 Ed. (4292)
Mettler-Toledo
  2011 Ed. (4184)
Mettler Toledo International
  2017 Ed. (2275)
Mettler-Toledo International
  2017 Ed. (4308)
  2018 Ed. (2205)
  2019 Ed. (2184, 4318)
  2020 Ed. (2176, 4308)
Mettler-Toledo International Inc.
  2003 Ed. (4608)
  2004 Ed. (2239, 4312)
  2005 Ed. (3046, 4244)
  2006 Ed. (2386, 3049, 3050, 4249)
  2007 Ed. (2330, 3081, 4263)
  2008 Ed. (3222)
  2014 Ed. (2422)
  2016 Ed. (3127, 3430)
  2017 Ed. (3066)
  2018 Ed. (3178)
  2019 Ed. (3114)
Mettrum Health Corp.
  2018 Ed. (4512)
Metuchen Capacitors, Inc.
  1999 Ed. (1988)
  2000 Ed. (1768)
  2001 Ed. (2210)
Metuchen; Diocese of
  2014 Ed. (29)
  2015 Ed. (32)
Metz
  2000 Ed. (368)
Metz Baking Co.
  1989 Ed. (357)
  1992 Ed. (493)
  1999 Ed. (369)
Metz Marina
  1991 Ed. (718)
Metzeler Automotive Systems Iowa Inc.
  2004 Ed. (1759)
  2005 Ed. (1826)
  2006 Ed. (1811)
Metzger Associates
  2002 Ed. (3816)
  2003 Ed. (3963, 4020)
  2005 Ed. (112)
Metzler Investment
  2000 Ed. (3452)
Metzler/Payden European Emerging Markets
  2008 Ed. (3772)
Metzmacher; Steven
  2023 Ed. (1304)
Metzner Group
  2021 Ed. (2318)
MeUndies
  2018 Ed. (4233)
  2019 Ed. (899)
MeUndies.com
  2018 Ed. (2329)
Meus
  2020 Ed. (1508)
Mevacor
  1989 Ed. (2042)
  1992 Ed. (1876)
  1993 Ed. (1530, 2915)
  1994 Ed. (2926, 2929)
  1995 Ed. (1583, 2984)
  1996 Ed. (1569, 3084)
  1997 Ed. (1648)
  1998 Ed. (1341, 2916)
  2001 Ed. (2109)
Mevacor 20mg Tab
  1990 Ed. (1566)
Mevatec Corp.
  1994 Ed. (2052)
  1996 Ed. (2064, 2068)
  2002 Ed. (2546)
  2003 Ed. (1965, 2750)
  2004 Ed. (2011)
  2005 Ed. (2149)
Mevius
  2017 Ed. (4660, 4673)
  2018 Ed. (4662)

Mewbourne Oil Co.
  2017 Ed. (2775, 3766, 3767)
  2018 Ed. (2841, 3814, 3815)
  2019 Ed. (2809, 3791, 3792)
  2022 Ed. (3836)
Mex America
  2014 Ed. (4748)
  2016 Ed. (4672)
Mexalloy International Inc.
  1990 Ed. (2009)
  1992 Ed. (2403)
  1993 Ed. (2040)
Mexchem
  2015 Ed. (931)
  2016 Ed. (836)
Mexco Energy Corp.
  2004 Ed. (3825, 3842, 3843, 3844)
Mexel Industries
  2013 Ed. (2905)
Mexgold Resources
  2007 Ed. (1624)
Mexicali, Mexico
  1993 Ed. (2500)
Mexican
  1991 Ed. (2875, 2876)
  2002 Ed. (4011)
  2003 Ed. (3454)
Mexican American Legal Defense & Educational Fund
  1996 Ed. (917)
Mexican American Opportunity Foundation
  2004 Ed. (2837)
  2005 Ed. (2845)
  2006 Ed. (2843)
  2007 Ed. (2841)
  2008 Ed. (2964)
  2009 Ed. (3044)
  2010 Ed. (2968)
  2011 Ed. (2931)
  2012 Ed. (2864)
  2013 Ed. (2942)
Mexican-Americans
  1998 Ed. (547)
Mexican Derivatives Exchange
  2009 Ed. (2863)
Mexican dinners
  2002 Ed. (3745)
  2003 Ed. (3924)
Mexican Exchange
  2014 Ed. (4550)
"Mexican First Division"
  2015 Ed. (3040)
  2016 Ed. (2935)
  2017 Ed. (2895)
Mexican food
  1992 Ed. (3548)
  1998 Ed. (1743, 1745)
Mexican foods
  1990 Ed. (1954)
Mexican Industries Inc.
  2001 Ed. (2712)
Mexican Industries in Michigan Inc.
  1992 Ed. (2404)
  1994 Ed. (2057)
  1995 Ed. (2102, 2108, 2501)
  1996 Ed. (2111, 2565)
  1997 Ed. (2217, 2706)
  1998 Ed. (1937, 1942, 2432)
  1999 Ed. (2678, 3296)
  2000 Ed. (2469, 3033)
  2001 Ed. (2710)
  2002 Ed. (2556)
Mexican Industries in Michigcan Inc.
  1999 Ed. (2685)
Mexican Investment Co.
  1993 Ed. (2683)
  1997 Ed. (2908)
Mexican Original
  1996 Ed. (3713)
  1998 Ed. (3585)
Mexican peso
  2006 Ed. (2238)
  2007 Ed. (2158)
  2008 Ed. (2274)
  2009 Ed. (2260)
Mexican sauce
  2003 Ed. (1129)
Mexican sauces
  1994 Ed. (3462)
  1995 Ed. (2992, 2993, 2995, 2996)
Mexican shells
  2003 Ed. (3924, 3925)
Mexican States; United
  2005 Ed. (3240)
Mexican tortillas
  1997 Ed. (2032)
  2003 Ed. (3924)
Mexicana
  2006 Ed. (236)
  2007 Ed. (237)
  2008 Ed. (216)
  2009 Ed. (239, 240)
  2010 Ed. (224)
  2011 Ed. (147)
  2012 Ed. (159)
Mexicana Airlines
  1995 Ed. (189)

Mexicana de Aviacion
  2001 Ed. (316)
Mexicana; Presidente de la Republica
  2005 Ed. (61)
  2006 Ed. (68)
Mexicano Somex
  1990 Ed. (634)
Mexichem
  2004 Ed. (3363)
  2011 Ed. (807)
  2012 Ed. (772, 1654)
  2013 Ed. (949)
  2014 Ed. (902)
  2015 Ed. (928)
  2016 Ed. (833)
  2017 Ed. (890)
  2018 Ed. (824)
  2019 Ed. (841)
  2021 Ed. (853)
Mexichem SAB de CV
  2018 Ed. (2535)
Mexico
  1989 Ed. (229, 230, 1180, 1389, 1390, 1517, 1518, 2641)
  1990 Ed. (203, 204, 205, 414, 1264, 1451, 1475, 1729, 1747, 1830, 1908, 1915, 1922, 1927, 2148, 2829, 3276, 3610, 3611, 3612, 3613, 3615, 3616, 3617, 3618, 3619, 3624, 3633, 3689)
  1991 Ed. (1181, 1384, 1650, 1828, 1831, 1838, 1843, 2908, 3270, 3406, 3407)
  1992 Ed. (268, 269, 906, 911, 1446, 1496, 1738, 1739, 2068, 2070, 2072, 2079, 2080, 2081, 2095, 2171, 2251, 2252, 2293, 2296, 2297, 2303, 2304, 2307, 2314, 2319, 2320, 2324, 2329, 2566, 2853, 2854, 2936, 2937, 2999, 3449, 3450, 3514, 3724, 3957, 3974, 4187, 4203, 4321, 4322, 4324, 4412)
  1993 Ed. (178, 179, 345, 481, 721, 844, 858, 1206, 1582, 1730, 1743, 1932, 1961, 1964, 1971, 1978, 2045, 2366, 2411, 2412, 2481, 2848, 3061, 3302, 3321, 3357, 3510, 3595, 3596, 3597)
  1994 Ed. (200, 709, 730, 731, 735, 786, 1230, 1490, 1932, 1958, 1974, 1979, 1983, 1987, 2859, 2860, 3125)
  1995 Ed. (344, 663, 688, 710, 713, 1043, 1244, 1249, 1252, 1253, 1524, 1657, 1658, 1734, 1735, 1737, 1768, 1961, 1962, 2000, 2007, 2014, 2023, 2026, 2033, 2925, 2926, 3177, 3418, 3578, 3634)
  1996 Ed. (761, 1218, 1221, 1222, 1226, 1466, 1483, 1645, 2470, 2471, 2647, 2948, 3019, 3020, 3273, 3275, 3434, 3662, 3714, 3717)
  1997 Ed. (693, 725, 823, 824, 1267, 1268, 1548, 1808, 1809, 2107, 2108, 2147, 3104, 3105, 3371, 3513, 3739, 3768, 3769)
  1998 Ed. (230, 506, 1032, 1324, 1418, 1419, 1522, 1524, 1525, 1530, 1732, 1791, 1792, 1838, 1849, 2363, 2707, 2814, 2830, 2877, 2898, 3113, 3114, 3304, 3590, 3592)
  1999 Ed. (212, 385, 1133, 1146, 1462, 1464, 1465, 1763, 1787, 2087, 2092, 2094, 2097, 2098, 2101, 2103, 2105, 2108, 2553, 2554, 3004, 3342, 3629, 3630, 4130, 4131, 4329, 4368, 4623, 4624, 4695)
  2000 Ed. (820, 1616, 1889, 1890, 1891, 1899, 1902, 2295, 2361, 2368, 2369, 2377, 2473, 2943, 2981, 2982, 3354, 3355, 3841, 4033, 4237, 4271)
  2001 Ed. (392, 518, 523, 524, 671, 710, 711, 1019, 1101, 1128, 1137, 1140, 1182, 1298, 1307, 1308, 1502, 1506, 1509, 1935, 1936, 1953, 2104, 2127, 2128, 2134, 2156, 2362, 2364, 2365, 2366, 2367, 2369, 2370, 2371, 2372, 2454, 2489, 2554, 2603, 2693, 2695, 2696, 2697, 2699, 2700, 2759, 2838, 2873, 3075, 3112, 3149, 3212, 3244, 3275, 3299, 3343, 3367, 3369, 3370, 3530, 3531, 3596, 3697, 3763, 3764, 3846, 4120, 4148, 4155, 4266, 4267, 4269, 4309, 4312, 4316, 4318, 4369, 4372, 4384, 4386, 4388, 4390, 4427, 4535, 4587, 4588, 4590, 4591, 4593)
  2002 Ed. (679, 737, 738, 739, 740, 741, 745, 746, 747, 780, 1816, 1822, 2413, 3073, 3074, 3075, 3099, 3100, 3302, 3724, 3725, 4080, 4283, 4427, 4508)
  2003 Ed. (285, 562, 851, 871, 1045, 1046, 1096, 1097, 1382, 1383, 1385, 1386, 1494, 1876, 1973, 1974, 2129, 2214, 2215, 2216, 2217, 2218, 2219, 2220, 2221, 2222, 2223, 2224, 2225, 2226, 2227, 2228, 2229, 2702, 2795, 3200, 3282, 3336, 3362, 3431, 3629, 3630, 3703, 3826, 4191, 4216, 4422, 4423, 4425, 4496, 4617, 4618, 4698, 4699, 4735, 4897, 4920, 5000)
  2004 Ed. (687, 688, 689, 733, 873, 874, 897, 1050, 1051, 1052, 1395, 1397, 1400, 1401, 1905, 1906, 1907, 1924, 2178, 2768, 2822, 2823, 2905, 3243, 3244, 3344, 3345, 3395, 3406, 3428, 3499, 3676, 3677, 3747, 3792, 3855, 4217, 4238, 4425, 4426, 4427, 4454, 4459, 4460, 4461, 4462, 4540, 4542, 4597, 4599, 4600, 4602, 4603, 4720, 4820, 4909, 4999)
  2005 Ed. (563, 684, 685, 853, 861, 886, 1051, 1052, 1053, 1419, 1421, 1422, 2036, 2037, 2039, 2041, 2059, 2278, 2530, 2531, 2539, 2540, 2621, 2764, 2765, 2822, 2823, 2824, 2883, 3021, 3031, 3032, 3269, 3375, 3376, 3402, 3419, 3444, 3499, 3591, 3592, 3658, 3659, 3660, 3661, 3704, 3766, 4145, 4166, 4374, 4375, 4376, 4401, 4404, 4405, 4406, 4407, 4531, 4533, 4534, 4536, 4537, 4587, 4691, 4729, 4799, 4800, 4902, 5000)
  2006 Ed. (484, 597, 598, 599, 773, 801, 1028, 1062, 1063, 1064, 1403, 1404, 1406, 1407, 2132, 2133, 2135, 2137, 2151, 2346, 2617, 2719, 2720, 2803, 2804, 2805, 2806, 2825, 2895, 2967, 3015, 3261, 3353, 3354, 3411, 3429, 3453, 3556, 3691, 3692, 3756, 3793, 3848, 4193, 4221, 4322, 4323, 4324, 4325, 4418, 4421, 4422, 4423, 4424, 4574, 4612, 4614, 4615, 4617, 4618, 4653, 4739, 4935, 5000)
  2007 Ed. (500, 626, 627, 628, 674, 869, 890, 1151, 1152, 1153, 1435, 1436, 1438, 1439, 1854, 2080, 2081, 2082, 2083, 2085, 2095, 2282, 2592, 2795, 2796, 2797, 2798, 2829, 2917, 3334, 3407, 3408, 3429, 3444, 3476, 3626, 3686, 3687, 3755, 3798, 3871, 4209, 4237, 4387, 4388, 4389, 4390, 4480, 4482, 4483, 4485, 4488, 4551, 4601, 4602, 4604, 4605, 4670, 4753, 4864, 4865, 4941, 5000)
  2008 Ed. (460, 576, 577, 831, 867, 1019, 1032, 1033, 1034, 1387, 1389, 2205, 2417, 2924, 3038, 3091, 3211, 3434, 3522, 3523, 3537, 3593, 3619, 3650, 3747, 3780, 3781, 3832, 3920, 4244, 4270, 4341, 4467, 4469, 4519, 4550, 4551, 4552, 4597, 4623, 4676, 4785, 4786, 4918, 5000)
  2009 Ed. (488, 605, 606, 853, 877, 1004, 1015, 1016, 1017, 1390, 1392, 2377, 2395, 2416, 2679, 2980, 3123, 3424, 3508, 3581, 3582, 3603, 3663, 3687, 3715, 3768, 3815, 3816, 3886, 3990, 4343, 4374, 4444, 4500, 4502, 4582, 4583, 4584, 4641, 4645, 4647, 4658, 4659, 4716, 4817, 4818, 4929, 5001)
  2010 Ed. (588, 589, 791, 800, 827, 969, 981, 982, 983, 1375, 1377, 1379, 2107, 2110, 2211, 2212, 2311, 2331, 2579, 2920, 3056, 3151, 3437, 3521, 3601, 3602, 3633, 3673, 3701, 3743, 3744, 3797, 3896, 4374, 4401, 4487, 4488, 4489, 4542, 4544, 4581, 4616, 4617, 4618, 4653, 4730, 4835, 4836, 4932, 4934, 5005)
  2011 Ed. (189, 513, 514, 717, 728, 754, 779, 895, 908, 909, 911, 1368, 1370, 1371, 2160, 2163, 2229, 2232, 2309, 2327, 2556, 2557, 2561, 2883, 2884, 3027, 3435, 3525, 3603, 3605, 3635, 3659, 3696, 3743, 3744, 3793, 3849, 3914, 4309, 4310, 4346, 4421, 4422, 4423, 4424, 4484, 4486, 4487, 4489, 4491, 4572, 4573, 4574, 4601, 4689, 4793, 4794, 4917, 4919, 5001)
  2012 Ed. (2091, 2092, 2208, 2508, 4376, 4551, 4609)
  2013 Ed. (2277, 2278, 2391)
  2014 Ed. (2211, 2212, 2328)
  2015 Ed. (2275, 2276)
  2016 Ed. (2246, 2247)
  2017 Ed. (280, 2187)
  2019 Ed. (265)
  2021 Ed. (3168, 3169)
  2022 Ed. (3321, 3322)
  2023 Ed. (3407, 3408, 3409, 3645)
Mexico Bolsa
  2006 Ed. (4479)
Mexico City
  1989 Ed. (916)
  1990 Ed. (1011)
Mexico City Benito Juarez
  2001 Ed. (350)
Mexico City, Mexico
  1989 Ed. (2245)
  1991 Ed. (940, 3249)
  1993 Ed. (2531, 2557)
  1994 Ed. (2895)
  1995 Ed. (2564, 2956)
  2002 Ed. (2760)
  2009 Ed. (257)
  2011 Ed. (2624, 2625, 2626)
  2012 Ed. (913)
  2013 Ed. (164)
  2014 Ed. (168, 2639)
  2015 Ed. (195, 2682)
  2016 Ed. (2599)
  2017 Ed. (2528)
  2018 Ed. (2602)
  2019 Ed. (2582)
  2020 Ed. (2574)
  2022 Ed. (3323)
  2023 Ed. (3410)
Mexico, East
  1994 Ed. (1509)
Mexico Energy Corp.
  2011 Ed. (3893, 3894)
  2012 Ed. (3874)
Mexico Equity & Income
  1994 Ed. (2649)
Mexico Fund Inc.
  1994 Ed. (2649)
  1997 Ed. (2908)
  2005 Ed. (3214)
Mexico; Government of
  2005 Ed. (1486)
  2006 Ed. (68)
Mexico; Grupo
  2014 Ed. (1783, 3634, 3643)
  2015 Ed. (3648, 3653)
  2016 Ed. (3533)
Mexico; Presidente of the Republic of
  2008 Ed. (61)
  2009 Ed. (69)
  2010 Ed. (79)
Mexico SA de CV; Grupo
  2005 Ed. (3395)
  2006 Ed. (1878, 2547, 3392)
  2007 Ed. (1877)
  2008 Ed. (1926, 3571)
  2009 Ed. (1885, 3641)
  2010 Ed. (1819, 3560)
  2011 Ed. (1850, 3563)
  2012 Ed. (1702, 3556, 3652, 3654, 3683)
  2013 Ed. (3595, 3715)
  2014 Ed. (3647)
  2015 Ed. (3657)
  2016 Ed. (3546)
Mexico, SA de CV; Grupo
  2013 Ed. (1853, 3699)
  2014 Ed. (1784, 3633)
  2015 Ed. (1826, 3646)
  2018 Ed. (3552)
  2019 Ed. (3545)
Mexico; Senate of the Republic of
  2007 Ed. (59)
Mexico Stock Exchange
  2016 Ed. (4484)
Mexico, West
  1994 Ed. (1509)
MEXT
  2010 Ed. (3833)
  2011 Ed. (3835)
  2012 Ed. (3816)
Mexx International
  2001 Ed. (1261)
Meybohm, Realtors
  2008 Ed. (4107)
Meyenberg
  2010 Ed. (3675)
  2011 Ed. (4493)
  2013 Ed. (4462)
  2020 Ed. (3544)
Meyenburg Goat Milk
  2015 Ed. (4507)
Meyer Associates; Hank
  1992 Ed. (3579)
Meyer & Associates; Robert H.
  1990 Ed. (3084)
Meyer Contracting Inc.
  2021 Ed. (3594)
Meyer Corp.
  2014 Ed. (1435)
Meyer; Daniel R.
  1996 Ed. (1056)
Meyer Davis Studio
  2023 Ed. (3381)
Meyer; Derrick R.
  2011 Ed. (842)
Meyer; Fred
  1989 Ed. (1245, 1248, 1253, 2778)
  1990 Ed. (1508, 1509, 1510, 1511, 1525, 1526, 3494)
  1991 Ed. (1429, 1430, 1435, 1440, 1450, 2646)
  1992 Ed. (1829, 1844)
  1993 Ed. (781, 3287)
  1994 Ed. (1546, 1567, 2154, 3278)
  1995 Ed. (1575, 1596, 2196, 3359)
  1996 Ed. (1434, 1555, 2214)
  1997 Ed. (350, 1496, 1630, 1665, 2343)
Meyer; Gwendolyn Sontheim
  2014 Ed. (4855)
  2015 Ed. (4892)
  2016 Ed. (4810)
  2018 Ed. (4826)
Meyer International PLC
  1999 Ed. (1645)
Meyer; Janice
  1997 Ed. (1882)
Meyer; Karen
  2010 Ed. (2569)
Meyer; Lorna
  2011 Ed. (3330)
  2012 Ed. (3317)
  2013 Ed. (3389)
  2014 Ed. (3391)
  2015 Ed. (3425)
Meyer & Lundahl Manufacturing Co.
  2011 Ed. (4996)
Meyer Memorial Trust
  1995 Ed. (1932)
Meyer Music
  2013 Ed. (3793)
Meyer Najem Construction
  2018 Ed. (1117)
  2019 Ed. (1126)
  2021 Ed. (1103)
Meyer Natural Angus
  2009 Ed. (3683)
Meyer; Stephenie
  2012 Ed. (220)
  2013 Ed. (211)
Meyer, Suozzi, English & Klein
  1999 Ed. (3152)
Meyer Vacation Rentals
  2014 Ed. (1341)
Meyers
  2005 Ed. (3866)
  2006 Ed. (3930)
  2008 Ed. (4005)
Meyers Billingsley Shipley Rodbell
  1997 Ed. (3218)
Meyer's Campers
  2005 Ed. (1907)
Meyers Containers
  1992 Ed. (1386)
Meyers; Daniel
  2009 Ed. (385)
Meyers Dining Insurance LLC
  2007 Ed. (4990)
  2008 Ed. (4993)
  2009 Ed. (4989)
Meyers; Elaine
  2013 Ed. (3389)
  2014 Ed. (3391)
  2015 Ed. (3425)
  2016 Ed. (3285)
  2020 Ed. (3300)
  2021 Ed. (3159)
Meyers; Francoise Bettencourt
  2019 Ed. (4849)
  2020 Ed. (4838)
  2021 Ed. (4839)
  2022 Ed. (4832)
  2023 Ed. (4827)
Meyers Mitsubishi; Joe
  1994 Ed. (277)
Meyers Nave
  2022 Ed. (3335)
Meyers Norris Penny LLP
  2011 Ed. (4403)
Meyertons Hood Kivlin Kowert & Goetzel PC
  2012 Ed. (3817)
Meynadier AG
  1992 Ed. (1116)
Meyocks Benkstein Associates
  1993 Ed. (73)
MeYou Health
  2016 Ed. (1774)
Meyrowitz; Carol
  2012 Ed. (4959, 4983)
  2013 Ed. (4967)
  2014 Ed. (938, 945)
  2015 Ed. (965)
  2016 Ed. (873)
Meza Construction
  2009 Ed. (4132)
Meza & Ted Bates; G.
  1989 Ed. (94)
  1990 Ed. (90)
Mezcal
  2008 Ed. (3451)
Mezei-Wood Faipari Feldolgozo, Termelo ES Kereskedelmi KFT
  2016 Ed. (1638)
Mezger; Jeffrey T.
  2009 Ed. (946)
Mezhprombank
  1999 Ed. (629)
Mezimedia Inc.
  2009 Ed. (2984, 3008, 3688)
Mezobank Rt.
  1996 Ed. (531)
Mezzetta
  2023 Ed. (1625, 2851)
MF Global Holdings
  2013 Ed. (1744, 1746, 1747, 1748, 1749, 1750, 1751, 1752)
MF Global Holdings Ltd.
  2013 Ed. (295, 296, 297)
  2014 Ed. (312)
  2015 Ed. (347, 349)
  2016 Ed. (342, 344)
  2017 Ed. (349, 351)
  2018 Ed. (318)
MF Global Inc.
  2009 Ed. (2860, 4399)
  2010 Ed. (2798)
  2011 Ed. (2785)
  2012 Ed. (2715, 3340)
MF Industrial
  1994 Ed. (2428)

CUMULATIVE INDEX • 1989-2023

MFA
  2000 Ed. (1316, 3622)
  2010 Ed. (200, 204, 205, 2631, 2832, 4455)
  2011 Ed. (122, 127, 2235, 2614, 2816, 4391)
  2012 Ed. (129, 131, 2097, 2555, 2747, 4457)
  2022 Ed. (122, 2136, 2640, 2881, 4379)
  2023 Ed. (186, 191, 2254, 2776, 2995, 4398)
MFA Boston
  2009 Ed. (3828)
MFA Financial Inc.
  2012 Ed. (1770)
MFA Inc.
  2013 Ed. (108)
  2014 Ed. (115)
  2015 Ed. (130)
  2016 Ed. (135)
  2017 Ed. (127)
  2018 Ed. (127)
  2019 Ed. (123)
  2020 Ed. (118)
  2021 Ed. (110)
  2022 Ed. (115)
MFA Oil Co.
  1998 Ed. (2932)
  2003 Ed. (3970)
  2004 Ed. (3973)
  2005 Ed. (3944)
  2006 Ed. (4013)
  2007 Ed. (4045)
  2008 Ed. (4081)
  2009 Ed. (4194)
  2010 Ed. (4129)
  2011 Ed. (4094)
  2012 Ed. (4128)
  2013 Ed. (4121)
  2014 Ed. (4136)
  2015 Ed. (4120)
  2016 Ed. (4034)
  2017 Ed. (4006)
  2018 Ed. (4028)
  2019 Ed. (4017, 4020)
  2020 Ed. (4034, 4035)
  2021 Ed. (4000, 4001)
  2022 Ed. (4013, 4015)
  2023 Ed. (4097, 4099)
MFC Industrial
  2015 Ed. (3684)
MFG
  2020 Ed. (1967)
MFG Agricultural Services
  1989 Ed. (1411, 1412)
  1990 Ed. (1744)
  1991 Ed. (1648, 1649)
MFH Environmental Corp.
  2014 Ed. (2941)
MFI
  2007 Ed. (707)
  2008 Ed. (679)
MFI Furniture
  2005 Ed. (4142)
  2006 Ed. (4188)
MFI Furniture Group Ltd.
  1992 Ed. (1191, 1192, 1195, 1199)
  2002 Ed. (45)
MFI/Hygena
  1989 Ed. (754)
  1991 Ed. (24, 740, 2893)
MFI Investments
  1999 Ed. (854, 855, 858, 859, 860)
MFI Store/Hygena
  1992 Ed. (52, 100, 926, 3737)
  1993 Ed. (3046)
MFI UK Ltd.
  2004 Ed. (2708)
MFO OU
  2018 Ed. (1503)
MFPW
  1998 Ed. (64)
  1999 Ed. (146)
  2001 Ed. (201)
  2002 Ed. (172)
MFPW (JWT)
  2000 Ed. (163)
MFRG-ICON Construction
  2021 Ed. (1355)
MFRI Inc.
  2008 Ed. (4520)
MFS
  1999 Ed. (3523)
  2003 Ed. (3517)
  2007 Ed. (635)
MFS Africa
  2018 Ed. (1342)
MFS Aggressive Growth Allocation
  2021 Ed. (3705, 3706, 3707, 3708)
MFS Aggressive Growth Allocation A
  2021 Ed. (3705, 3706, 3707, 3708)
MFS Asset
  1996 Ed. (2395, 2407)
MFS Asset Management, Inc.
  2000 Ed. (2830)
MFS Bond
  1993 Ed. (2655, 2664)
  1994 Ed. (2600)

MFS Bond A
  1997 Ed. (2866)
MFS Charter Income Trust
  1991 Ed. (1275, 2940)
MFS Communications
  1995 Ed. (1307)
  1998 Ed. (1013, 1026, 1027, 3210)
  1999 Ed. (1459, 1460, 3669, 3670)
MFS Emerging Equities
  1996 Ed. (2797)
MFS Emerging Growth
  1997 Ed. (2864)
MFS Emerging Growth/A
  1996 Ed. (2764)
MFS Emerging Growth B
  1995 Ed. (2737)
MFS Emerging Markets Debt
  2008 Ed. (592, 594)
  2009 Ed. (619, 621)
  2011 Ed. (516, 522)
MFS/F&C Emerging Market A
  1999 Ed. (3540)
MFS/F&C Emerging Market B
  1999 Ed. (3540)
MFS Global Growth
  2020 Ed. (4497)
  2021 Ed. (4477)
MFS Global Growth A
  2021 Ed. (4477)
MFS Global Total Return
  2000 Ed. (3232)
MFS Government Market Income Trust
  1989 Ed. (2369)
MFS Government Markets Income Trust
  1989 Ed. (1113)
MFS Growth
  2010 Ed. (3725)
MFS High Income
  1995 Ed. (2694, 2715)
MFS High Income/A
  1996 Ed. (2765)
  1998 Ed. (2625, 2626)
  1999 Ed. (3547, 3548)
MFS Institutional Advisors
  1999 Ed. (3069, 3070, 3071)
MFS Intermediate Income
  1990 Ed. (3135, 3186)
MFS Intermediate Income Trust
  1990 Ed. (1359, 2686)
MFS International Bond
  1990 Ed. (2385)
MFS International Growth
  2020 Ed. (4501)
MFS International Intrinsic Value
  2021 Ed. (4480, 4482)
  2022 Ed. (4490)
MFS International Intrinsic Value A
  2021 Ed. (4480, 4482)
  2022 Ed. (4490)
  2023 Ed. (4508)
MFS International New Discovery
  2003 Ed. (3613)
  2004 Ed. (3643)
  2006 Ed. (3679, 3680)
  2013 Ed. (3815)
  2020 Ed. (4515)
MFS International Value
  2010 Ed. (3736)
  2020 Ed. (4498, 4500)
MFS Investment
  2003 Ed. (3501)
MFS Investment Management
  2000 Ed. (2809, 2811, 3280)
  2002 Ed. (3007)
  2003 Ed. (3069)
  2004 Ed. (2043, 3195, 3539)
  2010 Ed. (2552, 3719, 3720, 3721)
  2011 Ed. (3728, 3729)
  2012 Ed. (3741)
  2013 Ed. (3814, 3816)
  2014 Ed. (3740)
  2015 Ed. (3762)
  2016 Ed. (3671)
  2017 Ed. (3635, 3636, 3637)
  2018 Ed. (630)
  2020 Ed. (3688, 3689, 3691)
  2021 Ed. (2431, 3694, 3695)
MFS Investments Mgmt.
  2000 Ed. (2780)
MFS Lifetime Emerging Growth
  1993 Ed. (2648, 2658, 2669, 2680, 2691)
  1994 Ed. (2637)
MFS Lifetime High-Income
  1993 Ed. (2677)
  1995 Ed. (2741)
MFS Low Volatility Global Equity
  2020 Ed. (4495)
MFS Managed High-Yield Municipal Bond
  1992 Ed. (3147)
MFS Managed Municipal
  1993 Ed. (2667)
MFS Managed Municipal Bond
  1990 Ed. (2389)
MFS Mass. Investors Growth
  2000 Ed. (3259, 3263)
MFS Mass Investors Growth Stock
  2000 Ed. (3256)

MFS Massachusetts Investors Growth A
  1999 Ed. (3559, 3560)
MFS Mid Cap Growth
  2004 Ed. (3605)
MFS Multimarket Income Trust
  1989 Ed. (1113)
MFS Municipal Bond
  1995 Ed. (3542)
MFS New Discovery
  2021 Ed. (4493)
MFS New Discovery A
  2021 Ed. (4493)
MFS New Endeavor
  2007 Ed. (2488)
MFS New Endeavour
  2006 Ed. (3648)
MFS Regatta Gold
  1999 Ed. (4699)
MFS Regatta Gold-8
  1997 Ed. (3816)
MFS Research A
  1997 Ed. (2881)
  1998 Ed. (2613, 2624)
MFS Research International
  2010 Ed. (3735)
MFS Strategic Growth
  2000 Ed. (3261)
  2002 Ed. (3417)
MFS Strategic Growth A
  1999 Ed. (3507, 3560)
MFS Strategic Income A
  1999 Ed. (747)
MFS/Sun Compass 1 Mass Investors Trust Q
  2000 Ed. (4336)
MFS/Sun Compass G Mass Investors Trust Q
  2000 Ed. (4336)
MFS/Sun (NY) Compass 1 Mass Investors Growth Stk Q
  2000 Ed. (4337)
MFS/Sun Regatta Gold Conservative Growth Series
  2000 Ed. (4336)
MFS/Sun (US) Compass 1 Mass Investors Growth Stk Q
  2000 Ed. (4337)
MFS/Sun (US) Compass G Mass Investors Growth Stk Q
  2000 Ed. (4337)
MFS/Sun (US) Regatta Gold Utilities Series
  2000 Ed. (4334)
MFS Supply
  2012 Ed. (4446)
  2013 Ed. (4407)
MFS Technology
  2020 Ed. (3710)
MFS Total Return
  1996 Ed. (2771)
  2000 Ed. (3250)
  2004 Ed. (3549)
  2005 Ed. (4483)
MFS Utilities
  2007 Ed. (3677)
MFS Utilities A
  1995 Ed. (2729)
  1997 Ed. (2878)
MFS Value
  2002 Ed. (3418)
  2010 Ed. (3726)
MFS World Governments A
  1995 Ed. (2742)
  1996 Ed. (2809)
MFS Worldwide Government
  1995 Ed. (2715)
MFS Worldwide Governments
  1994 Ed. (2645)
MG
  2022 Ed. (636)
MG/19/Human Capital LLC
  2010 Ed. (1821)
MG Concepts
  2005 Ed. (4528)
MG Group
  2018 Ed. (3784)
  2019 Ed. (3771)
  2020 Ed. (3822)
MG Industries
  2003 Ed. (3372)
MG Kailis
  2004 Ed. (3950)
M.G. McGrath Inc.
  2021 Ed. (1196)
  2022 Ed. (1197)
  2023 Ed. (1434)
MG McGrath Inc.
  2018 Ed. (1208)
  2019 Ed. (1235)
  2020 Ed. (1229)
  2022 Ed. (1159)
MG McMahon & Co.
  2000 Ed. (2760)
MG Rover Group Ltd.
  2004 Ed. (318)
MG Studios
  1999 Ed. (172)
  2001 Ed. (243)

MG Studios (Ammirati)
  2000 Ed. (193)
MG Technologies AG
  2006 Ed. (1453)
MG2
  2023 Ed. (289)
MGA Communications Inc.
  1998 Ed. (2962)
  1999 Ed. (3957)
  2000 Ed. (3671)
  2002 Ed. (3816, 3874)
  2003 Ed. (3986, 4020)
  2006 Ed. (1681)
  2007 Ed. (1684)
MGA Entertainment Inc.
  2023 Ed. (1619)
MGA Inc.
  2007 Ed. (3637)
MGD 64
  2011 Ed. (3750)
M.Gemi
  2019 Ed. (2548)
MGH Health Services Corp.
  2004 Ed. (1791)
MGH Inc.
  2023 Ed. (4102)
MGI Pharma Inc.
  2006 Ed. (1885, 3876, 4578)
  2007 Ed. (3418)
MGI Software
  2003 Ed. (2707, 2935)
MGIC
  1998 Ed. (3417)
MGIC; Baldwin United/
  1991 Ed. (1146)
MGIC Group
  2010 Ed. (3323)
  2011 Ed. (3281)
MGIC Investment
  2017 Ed. (2097)
MGIC Investment Corp.
  1994 Ed. (1842)
  1995 Ed. (1872)
  1996 Ed. (1916)
  1997 Ed. (2006)
  1998 Ed. (1044, 1558, 1692, 1696)
  1999 Ed. (1478, 2142, 2442)
  2002 Ed. (2870, 4350)
  2003 Ed. (2471, 2959, 4533)
  2004 Ed. (3036, 4483)
  2005 Ed. (2584, 4689, 4690)
  2006 Ed. (2585, 2587, 4458, 4734, 4735)
  2007 Ed. (2556, 4517)
  2008 Ed. (1509, 2697)
  2009 Ed. (4572)
  2012 Ed. (3259)
  2013 Ed. (3331)
  2014 Ed. (3348)
  2015 Ed. (2185)
  2016 Ed. (3250)
  2017 Ed. (3207)
  2019 Ed. (3242)
MGL Demolition
  2019 Ed. (1062)
MGlo-Tech Enterprises
  2017 Ed. (824)
MGM
  1993 Ed. (3524)
  1999 Ed. (3444, 3445, 4715)
  2002 Ed. (3394)
  2005 Ed. (2445, 2446, 3513, 3514, 4674)
  2006 Ed. (657, 2490, 2492, 2494, 3573)
  2007 Ed. (1441)
  2008 Ed. (3752)
  2009 Ed. (3776, 3777)
  2010 Ed. (3707)
  2021 Ed. (2702)
MGM Distribution Co.
  2002 Ed. (3393)
MGM Grand Garden
  1999 Ed. (1298)
  2001 Ed. (4351)
  2002 Ed. (4343)
  2010 Ed. (1130)
  2011 Ed. (1073)
  2015 Ed. (1139)
  2016 Ed. (1051)
  2017 Ed. (1086)
  2018 Ed. (1010)
  2020 Ed. (998)
  2023 Ed. (1181)
MGM Grand Hotel & Conference Center
  2000 Ed. (2538)
  2001 Ed. (2351)
  2003 Ed. (2413)
  2004 Ed. (2945)
  2005 Ed. (2519)
MGM Grand Hotel Inc.
  2001 Ed. (1808)
  2003 Ed. (1778)
  2004 Ed. (1813)
  2005 Ed. (1896)
MGM Grand Hotel LLC
  2007 Ed. (1907)
  2008 Ed. (1968)
  2009 Ed. (1923)
MGM Grand Hotels LLC
  2006 Ed. (1923)

MGM Grand Inc.
 1993 Ed. (2082)
 1994 Ed. (1289, 2099)
 1995 Ed. (1307)
 1996 Ed. (2163)
 1997 Ed. (911, 2283)
 1998 Ed. (2007, 2014)
 1999 Ed. (2760)
 2001 Ed. (1809, 2272, 2273, 2801)
MGM Home Entertainment
 2001 Ed. (4697)
MGM/Midland
 1995 Ed. (462, 503)
MGM Mirage
 2013 Ed. (1368)
 2020 Ed. (4335)
 2021 Ed. (4351)
 2022 Ed. (4357)
MGM Mirage Design Group
 2003 Ed. (1779)
MGM Mirage Inc.
 2002 Ed. (1527, 1738, 2630, 2638)
 2003 Ed. (1779, 1780, 2337, 2340, 2531, 2804, 2840, 2844, 2846)
 2004 Ed. (1814, 1815, 2906, 2931, 2932, 2934, 2935, 2936, 2937, 2944, 3252, 3253)
 2005 Ed. (264, 1897, 1898, 1899, 2892, 2922, 2923, 2925, 2926, 2927, 2929, 3277, 3278, 3488)
 2006 Ed. (266, 1420, 1923, 1924, 1925, 2495, 2685, 2898, 2928, 2930, 2932, 3268, 3269, 4604)
 2007 Ed. (156, 885, 1908, 1909, 2675, 2902, 2937, 2938, 2939, 2940, 2941, 2943, 2949, 2957, 2958, 3339, 3343, 3347, 4119, 4127)
 2008 Ed. (1969, 1970, 3023, 3066, 3067, 3068, 3069, 3074, 3081, 3082, 3439, 3440, 3443, 3684, 3685, 3686, 4142, 4145, 4202)
 2009 Ed. (275, 868, 1443, 1924, 1925, 3110, 3153, 3155, 3156, 3157, 3158, 3171, 3513, 3518, 4255, 4791)
 2010 Ed. (263, 814, 1859, 1860, 3043, 3085, 3086, 3087, 3185)
 2011 Ed. (184, 742, 1890, 1891, 1892, 3056, 3057, 3058, 3072, 3075, 3680)
 2012 Ed. (678, 680, 681, 1746, 1747, 2999, 3000)
 2013 Ed. (886, 887, 889, 1912)
 2014 Ed. (849, 1847)
MGM-Pathe Communications Co.
 1993 Ed. (1636, 2596)
"MGM Premiere Network III"
 1993 Ed. (3532)
MGM Resorts
 2014 Ed. (850)
 2015 Ed. (887, 888, 1883)
 2016 Ed. (772, 773)
 2017 Ed. (833, 834, 1805)
 2018 Ed. (764, 765, 1756, 4728)
 2019 Ed. (781, 782, 4729)
 2020 Ed. (776, 777, 1757, 4702)
 2022 Ed. (2194)
MGM Resorts Inc.
 2014 Ed. (848)
 2015 Ed. (886)
 2016 Ed. (771)
 2017 Ed. (832)
 2018 Ed. (763)
 2019 Ed. (780)
 2020 Ed. (775)
MGM Resorts International
 2012 Ed. (679, 1748, 3002)
 2013 Ed. (888, 1380, 1911, 1913, 3028, 3088, 3089, 3091)
 2014 Ed. (1845, 1848, 2544, 2977, 3041, 3086, 3087, 3090, 3105)
 2015 Ed. (1882, 1884, 2377, 3045, 3107, 3153, 3154, 3157)
 2016 Ed. (1844, 1845, 1846, 2322, 3008, 3009, 3012, 4320, 4683)
 2017 Ed. (1804, 1805, 2161, 2954, 2960, 4323)
 2018 Ed. (1755, 2212, 3033, 3074, 4315)
 2019 Ed. (1107, 1813, 2191, 2975, 3013, 3018, 4343)
 2020 Ed. (1758, 2184, 3003, 3044, 3056, 4469)
 2021 Ed. (1727, 2164, 2864, 2909, 2925, 4097)
 2022 Ed. (1761, 1762, 3032, 3043)
 2023 Ed. (1176, 1898, 2350, 3161)
MGM Studios
 1992 Ed. (332, 4318)
MGM Studios Theme Park
 1992 Ed. (331)
 1993 Ed. (228)
MGM/UA
 1992 Ed. (1986, 3110)
 1996 Ed. (2689, 2690)
 1997 Ed. (2816, 2819)
 1998 Ed. (2534)
 1999 Ed. (3442)
 2000 Ed. (33, 793, 3164)
 2001 Ed. (3358)
 2003 Ed. (3451, 3452)
 2004 Ed. (3512, 4141)
 2005 Ed. (3517)
 2008 Ed. (3753)
 2009 Ed. (3778)
MGM/UA Communications
 1990 Ed. (263)
 1991 Ed. (1579, 2487)
MGM/UA Distribution Co.
 1998 Ed. (2532)
MGO
 2019 Ed. (16)
 2021 Ed. (2)
MGP Ingredients Inc.
 2005 Ed. (2751, 2752)
 2006 Ed. (1831)
 2008 Ed. (1871)
MGS Inc.
 2020 Ed. (3407)
 2022 Ed. (3480)
 2023 Ed. (3602)
MGS Loib GmbH
 2021 Ed. (3660)
MGS Manufacturing Group Inc.
 2004 Ed. (3913)
 2012 Ed. (3990)
M.H. Alshaya Co. W.L.L.
 2022 Ed. (2570, 4262)
MH ERS MP a.d.
 2022 Ed. (1512)
 2023 Ed. (1686)
MH2Technologies
 2003 Ed. (2164)
MHA
 2004 Ed. (2928)
MHA Group
 2006 Ed. (4456)
MHA MacIntyre Hudson
 2014 Ed. (24)
M.H.Alshaya
 2020 Ed. (1723)
MHC Associates Inc.
 2013 Ed. (4077, 4080, 4085, 4089)
 2014 Ed. (4087, 4090)
 2015 Ed. (4070, 4071, 4073, 4074, 4075, 4076)
 2016 Ed. (3978, 3983, 3985, 3986, 3987, 3988, 3999)
MHC Cos.
 2009 Ed. (4099)
 2010 Ed. (4018, 4021, 4028, 4039, 4041)
 2011 Ed. (4017)
MHC Inc.
 1995 Ed. (2593)
 1996 Ed. (2664)
MHD Enterprises
 2014 Ed. (799)
 2015 Ed. (843)
MHD Moet Hennessy Diageo SAS
 2012 Ed. (473)
 2013 Ed. (589, 590)
Mhenni; Lina Ben
 2013 Ed. (3489)
MHI
 1998 Ed. (905)
 2000 Ed. (1216)
 2005 Ed. (1206, 1212)
MHI Homes
 1999 Ed. (1333)
MHK Group AG
 2022 Ed. (2190)
MHM
 1992 Ed. (2464, 2465, 2466, 2468, 2469, 2470)
MHMS Mechatronic Solutions
 2018 Ed. (1377)
MHN
 2005 Ed. (2364, 2365)
 2006 Ed. (2407, 2408)
 2010 Ed. (2395)
 2012 Ed. (1376)
 2013 Ed. (1471)
 2014 Ed. (1434)
MHP (Myronivsky Hliboproduct)
 2022 Ed. (3945)
 2023 Ed. (4029)
MHS
 2022 Ed. (3538)
MHS Holdings Inc.
 2018 Ed. (1665)
MHS Technologies
 2016 Ed. (2953)
MHT Partners LP
 2012 Ed. (1931)
 2015 Ed. (2070)
MHT Securities
 1991 Ed. (2981, 2984)
MHTN Architects Inc.
 2006 Ed. (287)
 2008 Ed. (266, 267)
 2009 Ed. (290, 291)
 2010 Ed. (274)
 2011 Ed. (2474)
 2015 Ed. (2561)
 2016 Ed. (2482)
MI Developments
 2007 Ed. (4088)
 2008 Ed. (1622, 4116)
 2009 Ed. (4225)

2010 Ed. (4161, 4599)
MI Newspapers Inc.
 1989 Ed. (2046)
 1990 Ed. (2688)
 1991 Ed. (2596)
Mi Sueno Winery
 2018 Ed. (4920)
MI-TECH Inc.
 2006 Ed. (3539)
Mi Technovation
 2022 Ed. (1687)
Mi Vida
 2022 Ed. (4189, 4190)
MI Windows & Doors
 2006 Ed. (4956)
 2007 Ed. (4965)
 2008 Ed. (4934)
 2009 Ed. (4955)
 2010 Ed. (4964)
MI5 - The Security Service
 2011 Ed. (936)
M.I.A. Beer Co.
 2023 Ed. (919)
Mia Hamm
 2005 Ed. (266)
MIA - Miami International Airport
 2022 Ed. (147)
Mia Pearson
 2017 Ed. (4983)
Miami
 1989 Ed. (2, 1905)
 1992 Ed. (98)
 2000 Ed. (235, 270, 272, 274, 2470, 2472, 2474, 3572)
Miami Air International Inc.
 2005 Ed. (214)
 2006 Ed. (227)
Miami Airport
 1998 Ed. (108)
Miami Airport Hilton
 2000 Ed. (2541)
Miami Airport Hilton & Marina
 1993 Ed. (207)
Miami Airport Hilton & Towers
 1994 Ed. (193)
 1995 Ed. (198)
 1996 Ed. (2173)
Miami Airport Hotel
 1999 Ed. (2763)
Miami Airport Marriott
 2002 Ed. (2636)
Miami Automotive Retail Inc.
 2013 Ed. (2927)
 2014 Ed. (2944)
 2015 Ed. (2992)
Miami Beach Convention Center
 1999 Ed. (1417, 1418)
 2002 Ed. (1334)
Miami Beach, FL
 2007 Ed. (3000)
 2009 Ed. (3206)
 2010 Ed. (3137)
 2017 Ed. (2989)
Miami Center
 1998 Ed. (2695)
 2000 Ed. (3364)
Miami Center/Ed Ball Bldg.
 1990 Ed. (2731)
Miami Children's Hospital
 2006 Ed. (2924)
 2013 Ed. (4708)
 2014 Ed. (3215)
 2015 Ed. (3255, 3263, 3276)
 2016 Ed. (3101)
Miami Computer
 1999 Ed. (2620, 4327)
Miami/Coral Gables, FL
 1989 Ed. (914)
Miami Dade College
 2008 Ed. (3178)
 2016 Ed. (1572)
Miami-Dade Community College
 2002 Ed. (1105)
Miami-Dade County, FL
 2019 Ed. (2523)
 2020 Ed. (2514)
 2023 Ed. (2687)
Miami-Dade County Public School System
 2012 Ed. (2211)
Miami-Dade County Public Schools
 2002 Ed. (3917)
 2004 Ed. (4311)
 2010 Ed. (2315)
Miami Dolphins
 1998 Ed. (1749, 3356)
 2000 Ed. (2252)
 2001 Ed. (4346)
 2002 Ed. (4340)
 2004 Ed. (2674)
 2005 Ed. (2667)
 2012 Ed. (2680)
Miami, FL
 1989 Ed. (350, 2098, 2247)
 1990 Ed. (243, 1002, 1464, 2019, 3535, 3607, 3608, 3609, 3614, 3648)
 1991 Ed. (56, 515, 1397, 1914, 2550, 3297)

1992 Ed. (668, 1153, 2412, 2480, 3641, 4242)
 1993 Ed. (57, 480, 944, 950, 1455, 2042, 2112, 2527)
 1994 Ed. (128, 482, 963, 1103, 2058, 2244, 2897, 3511)
 1995 Ed. (142, 677, 872, 1113, 2115, 2116, 2189, 2205, 2957, 3633)
 1996 Ed. (156, 344, 346, 509, 748, 975, 2114, 2120, 2121, 2210, 2543, 3293, 3768)
 1997 Ed. (473, 1001, 1075, 2230)
 1998 Ed. (143, 359, 739, 741, 1234, 1316, 1521, 1857, 2475, 2477, 2538, 3586)
 1999 Ed. (254, 356, 526, 1167, 1172, 1175, 1349, 2099, 2672, 2673, 2686, 3259, 3260, 3374, 3378, 3380, 3858, 4040, 4647)
 2000 Ed. (1082, 1089, 3103, 3110, 3686, 4270)
 2001 Ed. (2363, 2721, 2722, 2793, 2796, 2819, 4164, 4679, 4922)
 2002 Ed. (276, 277, 407, 408, 1086, 2218, 2220, 2573, 2879, 4180, 4744)
 2003 Ed. (254, 256, 2007, 3262, 3389, 4156, 4307, 4798, 4922)
 2004 Ed. (1017, 2053, 2228, 2809, 2965, 3455, 4172, 4211, 4317, 4783, 4835, 4836, 4915)
 2005 Ed. (338, 881, 2457, 2460, 2947, 3064, 4826, 4827, 4973, 4974)
 2006 Ed. (249, 2857, 3974, 3975, 4429)
 2007 Ed. (2269, 3011, 4014)
 2008 Ed. (3116, 3407, 4040, 4259)
 2009 Ed. (258, 2326, 3467, 3874, 4965)
 2010 Ed. (207, 249, 250, 697, 1137, 1138, 2334, 2335, 2408, 2636, 2637, 2705, 2715, 2765, 2806, 2807, 2826, 2886, 2921, 2974, 3238, 3239, 3526, 3528, 3655, 3656, 3657, 3658, 3659, 3660, 3663, 3664, 3665, 3666, 3667, 3668, 3670, 3671, 3672, 3775, 3776, 3777, 3778, 3779, 3780, 3781, 3782, 3783, 3784, 3785, 4153, 4154, 4194, 4195, 4270, 4271, 4272, 4273, 4274, 4275, 4276, 4277, 4278, 4296, 4299, 4300, 4301, 4302, 4304, 4305, 4306, 4307, 4309, 4310, 4311, 4313, 4317, 4318, 4319, 4320, 4321, 4322, 4324, 4325, 4326, 4327, 4328, 4329, 4330, 4331, 4332, 4333, 4334, 4335, 4336, 4338, 4339, 4340, 4341, 4342, 4343, 4355, 4357, 4358, 4362, 4363, 4364, 4365, 4366, 4368, 4464, 4465, 4787, 4788, 4937, 4938)
 2011 Ed. (168, 2411, 2558)
 2012 Ed. (181, 3148)
 2013 Ed. (2670, 3225, 4101)
 2014 Ed. (125, 127, 3244, 4118)
 2015 Ed. (4100)
 2017 Ed. (137, 3097, 3646, 3939, 3940, 3941, 3944)
 2018 Ed. (136)
 2019 Ed. (133, 3690)
 2020 Ed. (3952)
 2022 Ed. (3930)
 2023 Ed. (3564)
Miami (FL) Flyer
 2003 Ed. (3646)
Miami, Florida
 2013 Ed. (165)
 2014 Ed. (169)
 2015 Ed. (196)
Miami Florida Baptist Hospital Credit Union
 1996 Ed. (1508)
Miami Flyer
 2002 Ed. (3505)
Miami-Fort Lauderdale
 1992 Ed. (347)
Miami-Fort Lauderdale, FL
 1989 Ed. (1510, 2894, 2912, 2932, 2933)
 1990 Ed. (1895, 2133, 2442, 3070, 3112)
 1991 Ed. (1813, 2933, 3457, 3483)
 1993 Ed. (2071)
 1994 Ed. (2536, 3059)
 1996 Ed. (38, 3198, 3200, 3202, 3204)
 1997 Ed. (163, 2228)
 1998 Ed. (69, 1943, 2359)
 1999 Ed. (733)
 2004 Ed. (265, 1012, 2049, 2839, 3373, 3387, 3476, 3796, 4154, 4208, 4209, 4766, 4910, 4911)
 2006 Ed. (2848)
 2007 Ed. (2843, 3805)
 2009 Ed. (3052, 3053)
 2010 Ed. (2978, 2980)
 2011 Ed. (2940, 2942)
 2012 Ed. (2871)
 2013 Ed. (3059)
 2014 Ed. (2965)
 2015 Ed. (3034)
 2016 Ed. (2930)
 2017 Ed. (2889, 4149)
 2018 Ed. (2956)
 2020 Ed. (2921)

Miami-Fort Lauderdale-Miami Beach, FL
  2006 Ed. (1019, 2620, 2673, 2868, 3473, 3474, 3476, 3477, 3478, 3578, 3796, 4143)
  2007 Ed. (217, 1105, 2597, 2658, 2858, 3498, 3499, 3501, 3502, 3503, 3643, 3802, 4166, 4809, 4877)
  2011 Ed. (4270)
Miami-Fort Lauderdale-Pompano Beach, FL
  2012 Ed. (3697)
Miami-Fort Lauderdale-West Palm Beach, FL
  2021 Ed. (3371)
  2022 Ed. (3421)
Miami-Ft. Lauderdale, FL
  1995 Ed. (3103, 3105, 3107, 3109)
  2000 Ed. (4288)
  2001 Ed. (2717)
  2002 Ed. (229, 236, 255, 2565, 2566, 2567, 2570, 3268, 3891, 4590)
  2003 Ed. (872, 2756, 3314)
  2009 Ed. (3050)
Miami-Ft. Lauderdale-Miami Beach, FL
  2008 Ed. (204, 4748, 4749)
  2009 Ed. (228, 4777)
Miami-Ft.Lauderdale, FL
  1990 Ed. (2134)
Miami Heat
  2003 Ed. (4508, 4522)
  2007 Ed. (579)
  2008 Ed. (530)
  2009 Ed. (565)
  2012 Ed. (433)
  2013 Ed. (546)
  2014 Ed. (560)
  2015 Ed. (623)
  2016 Ed. (570)
  2017 Ed. (599)
  2018 Ed. (563)
  2019 Ed. (582)
  2020 Ed. (565)
Miami Herald
  1990 Ed. (2708)
  1998 Ed. (3618)
  1999 Ed. (3618)
  2000 Ed. (3337)
  2002 Ed. (3508)
Miami-Hialeah, FL
  1989 Ed. (1952, 1960, 1961, 1963, 1964, 1965)
  1990 Ed. (1553, 2022, 2607)
  1991 Ed. (1455, 1915, 1916, 1940, 1984)
  1992 Ed. (2415, 2416, 2514, 3809)
  1993 Ed. (1943, 2043, 2044, 3105, 3675)
  1994 Ed. (718, 2062, 2063, 3151)
  1995 Ed. (2113, 3195, 3753)
  1997 Ed. (3390)
  1998 Ed. (3166)
  1999 Ed. (4150)
  2000 Ed. (3865)
  2006 Ed. (2970)
Miami Honda/Central Hyundai
  1995 Ed. (255, 2110)
Miami International
  1989 Ed. (245)
  1992 Ed. (306, 307, 308, 309, 310, 313)
  1993 Ed. (168, 206, 208)
  1994 Ed. (152, 191, 192)
  1995 Ed. (169, 194)
  2001 Ed. (353)
Miami International Airport
  1991 Ed. (214, 215, 216)
  1996 Ed. (172, 193, 196, 198, 201, 202)
  1997 Ed. (186, 219, 222, 225)
  1998 Ed. (145, 146)
  1999 Ed. (248, 249, 252)
  2000 Ed. (273)
  2001 Ed. (349)
  2002 Ed. (275)
  2008 Ed. (236)
  2022 Ed. (147)
  2023 Ed. (221, 225)
Miami International Airport Hotel
  1994 Ed. (193)
  1995 Ed. (198)
  1996 Ed. (2173)
  1997 Ed. (221, 2287)
  1998 Ed. (2008)
  2000 Ed. (2541)
  2002 Ed. (2636)
Miami International Boat Show
  1996 Ed. (3728)
Miami International Boat Show & Miami International Sailboat Show
  1990 Ed. (3627)
Miami International Boat Show & Strictly Sail
  2001 Ed. (4610)
  2003 Ed. (4774)
  2004 Ed. (4752)
  2005 Ed. (4733)
  2008 Ed. (4720)
Miami International Commerce Center
  1990 Ed. (2178)
  2000 Ed. (2625)
  2002 Ed. (2765)
Miami International Sailboat Show
  1996 Ed. (3728)

Miami International Securities Exchange
  2019 Ed. (918)
  2020 Ed. (913)
Miami Koger Center
  2002 Ed. (3533)
Miami Lakes Business Park East
  1990 Ed. (2178)
Miami Lakes Business Park West
  1990 Ed. (2178)
Miami, Leonard M. Miller School of Medicine; University of
  2008 Ed. (3637)
  2009 Ed. (3700)
  2010 Ed. (3616)
  2011 Ed. (3618)
  2012 Ed. (3612)
Miami Lincoln-Mercury
  1992 Ed. (381)
Miami Metrozoo
  1990 Ed. (265)
  1994 Ed. (900)
Miami News
  1990 Ed. (2708)
Miami, School of Business Administration; University of
  2007 Ed. (808)
  2008 Ed. (787)
  2009 Ed. (802)
Miami, School of Business; University of
  2005 Ed. (800)
  2006 Ed. (724)
Miami Seaquarium
  1990 Ed. (265)
Miami Shores, FL
  1995 Ed. (2482)
Miami Subs Grill
  1995 Ed. (3136, 3137)
  1997 Ed. (3375)
  1998 Ed. (3124)
  1999 Ed. (4134)
  2000 Ed. (3848)
Miami Subs Inc.
  1994 Ed. (3087)
  1996 Ed. (3278)
  2000 Ed. (2272)
Miami Systems
  1994 Ed. (805)
  1999 Ed. (962)
Miami University
  2004 Ed. (826)
  2019 Ed. (1887)
  2020 Ed. (1826)
  2021 Ed. (1793)
  2022 Ed. (1832)
Miami University Community Credit Union
  2009 Ed. (2196)
  2010 Ed. (2151)
Miami; University of
  1992 Ed. (109, 1280)
  1993 Ed. (889)
  1995 Ed. (2428)
  1996 Ed. (2463)
  1997 Ed. (2608)
  2006 Ed. (3019)
  2007 Ed. (826, 3052, 3329)
  2008 Ed. (3166, 3172, 3177, 3178, 3179, 3180, 3181, 3430)
  2009 Ed. (3504)
  2010 Ed. (699, 3434)
  2011 Ed. (651, 3418)
  2012 Ed. (612, 3434)
  2013 Ed. (754)
  2014 Ed. (774, 3067)
  2015 Ed. (816, 3132)
Miami University Ohio
  2008 Ed. (769)
  2009 Ed. (796)
Miami Valley Bank
  1993 Ed. (507)
  1994 Ed. (508, 512)
  1995 Ed. (490)
  1996 Ed. (538)
  1997 Ed. (494, 497)
  1998 Ed. (335)
  1999 Ed. (442)
  2000 Ed. (435, 550)
Miami Valley Insurance Co.
  1990 Ed. (906)
Miami Valley Publishing
  1992 Ed. (3539)
Mian; Yang Mian
  2010 Ed. (4983)
Mianmian; Yang
  2006 Ed. (4985)
  2009 Ed. (4973)
Miar International Bank
  1989 Ed. (455)
MiaSole
  2012 Ed. (2484)
Mibanco
  2005 Ed. (595)
  2015 Ed. (598)
  2016 Ed. (543)
MIC Tanzania
  2009 Ed. (101)
  2010 Ed. (109)
MICA
  1993 Ed. (2061, 2062)

Mica Cabinets de Services Financiers
  2019 Ed. (1494)
MICA Inc.; American Benefit Plan Administrators Inc./
  1990 Ed. (1012)
Micah Fugitt
  2017 Ed. (2795)
Micah Group
  2006 Ed. (2501)
Micandy Gardens
  2023 Ed. (3857)
Micandy Gardens Greenhouse
  2021 Ed. (3734)
  2022 Ed. (3752)
Micasa AG
  2002 Ed. (1777)
  2004 Ed. (1863)
Micatin
  1992 Ed. (365, 2208)
  1993 Ed. (255)
  1996 Ed. (249, 1957)
  1998 Ed. (1747)
  1999 Ed. (305, 2486)
  2000 Ed. (2247)
  2001 Ed. (2491, 2492)
  2002 Ed. (2317)
  2003 Ed. (2537)
Micato Safaris
  2013 Ed. (4697)
  2014 Ed. (4750)
  2015 Ed. (4770)
  2016 Ed. (4674)
  2017 Ed. (4689)
  2020 Ed. (4648)
  2021 Ed. (4663)
  2022 Ed. (4671)
  2023 Ed. (4663)
MICC Investments
  1992 Ed. (2694)
The Mice Groups Inc.
  2022 Ed. (2951)
  2023 Ed. (3074)
MICEX/RTS
  2014 Ed. (4553, 4562, 4564)
Michael
  1999 Ed. (4716, 4719)
Michael A. Burns
  2005 Ed. (3974)
Michael A. Burns & Associates
  2011 Ed. (4127)
  2012 Ed. (4157)
Michael A. Carpenter
  2003 Ed. (3061)
Michael A. J. Farrell
  2011 Ed. (830)
Michael A. Miles
  1995 Ed. (980)
Michael Alen-Buckley
  2009 Ed. (2623)
Michael Angelakis
  2010 Ed. (919)
Michael Angelo's
  2014 Ed. (2768)
  2015 Ed. (2819)
  2016 Ed. (2752)
  2017 Ed. (2707)
  2018 Ed. (2763)
  2022 Ed. (2792)
  2023 Ed. (2916)
Michael Angelo's Gourmet Foods
  2016 Ed. (2756)
  2017 Ed. (2712)
  2018 Ed. (2767, 2769)
  2019 Ed. (2748)
Michael Anthony Jewelers Inc.
  2004 Ed. (3217, 3218)
  2005 Ed. (3245, 3246)
Michael Armellino
  1989 Ed. (1417)
  1991 Ed. (1711)
Michael Armitage
  2000 Ed. (2097, 2106)
Michael Arrington
  2010 Ed. (829)
  2011 Ed. (756)
Michael Ashley
  2015 Ed. (4969)
  2016 Ed. (4886)
Michael Associates; John
  2008 Ed. (4375)
Michael B. Enzi
  2003 Ed. (3894)
Michael B. McCallister
  2007 Ed. (960, 1021)
  2008 Ed. (942)
  2011 Ed. (834)
Michael B. Polk
  2014 Ed. (3990)
  2016 Ed. (3950)
  2017 Ed. (3925)
Michael Baker Corp.
  1993 Ed. (1607)
  2004 Ed. (2323, 2324, 2380)
  2005 Ed. (2415)
  2006 Ed. (1979, 1984, 1985, 1986)
  2008 Ed. (2034)
  2010 Ed. (1944, 1946, 1951)
  2011 Ed. (1998, 2004)

  2013 Ed. (2559)
  2014 Ed. (1167)
  2015 Ed. (1221)
Michael Baker International
  2016 Ed. (2474, 2481)
  2017 Ed. (2331, 2337, 2377)
  2018 Ed. (2376, 2391, 2398, 2403)
  2019 Ed. (2420, 2421, 2442, 2446, 2451, 2463, 2467, 2469)
  2020 Ed. (2393, 2430, 2435, 2436, 2441, 2452, 2456)
  2021 Ed. (2349, 2350, 2354, 2359, 2360, 2363, 2379, 2381)
  2022 Ed. (2427, 2429, 2440, 2447, 2463, 2468, 2474, 2486, 2490, 2492)
  2023 Ed. (2584)
Michael Baker International Inc.
  2023 Ed. (2646)
Michael Baker Jr. Inc.
  2009 Ed. (2582, 2583)
  2011 Ed. (2447, 2472)
  2012 Ed. (2374, 2402)
  2013 Ed. (2556)
Michael Baker Jr., Inc.
  2014 Ed. (2487)
Michael Ballack
  2008 Ed. (4453)
Michael Balmuth
  2011 Ed. (841)
Michael Barnett
  2003 Ed. (224, 228)
Michael Bates Chevrolet
  2020 Ed. (3560)
  2021 Ed. (3589)
Michael Bay
  2003 Ed. (2333)
  2004 Ed. (2413)
  2012 Ed. (2435, 2443)
  2014 Ed. (2530)
  2015 Ed. (2603)
  2016 Ed. (2527)
Michael Bejak
  2018 Ed. (4110)
Michael Bennett
  1997 Ed. (2705)
Michael Best
  2001 Ed. (953)
Michael Best & Friedrich
  2021 Ed. (3263, 3264)
Michael Best & Friedrich LLP
  2007 Ed. (1512)
Michael Birck
  1996 Ed. (1711, 1713)
  1997 Ed. (1798)
  1998 Ed. (1509)
  2002 Ed. (3349)
Michael Bloomberg
  2002 Ed. (3352)
  2003 Ed. (4882)
  2004 Ed. (4865)
  2005 Ed. (4851)
  2006 Ed. (4901)
  2007 Ed. (4896)
  2008 Ed. (4825)
  2009 Ed. (4848)
  2010 Ed. (3955, 4860, 4861)
  2011 Ed. (4833, 4846, 4847)
  2012 Ed. (4845, 4853)
  2014 Ed. (4848, 4867)
  2015 Ed. (4885)
  2016 Ed. (4803, 4815, 4820)
  2017 Ed. (4815, 4826, 4831, 4886)
  2018 Ed. (4820, 4831, 4836, 4899)
  2019 Ed. (4816, 4828, 4833)
  2020 Ed. (4806, 4818, 4823, 4880)
  2021 Ed. (4807, 4819)
  2022 Ed. (4812)
  2023 Ed. (4793, 4805, 4811)
Michael Blum
  2011 Ed. (3366, 3367)
Michael Blumstein
  1991 Ed. (1680)
  1993 Ed. (1797)
  1994 Ed. (1780)
  1996 Ed. (1770, 1771, 1772, 1848)
  1997 Ed. (1920)
  1998 Ed. (1648)
  1999 Ed. (2238)
  2000 Ed. (2021)
Michael Bolton
  1993 Ed. (1076)
Michael Borodinsky
  2020 Ed. (3614)
Michael Boult
  2009 Ed. (3713)
Michael Bowen
  2018 Ed. (3654)
  2019 Ed. (3643)
Michael Boyd
  2005 Ed. (4862)
  2006 Ed. (4922)
Michael Bozic
  1990 Ed. (1719)
  1991 Ed. (1626)
Michael Bradley
  2018 Ed. (198)

Michael Brady Inc.
   2010 Ed. (2457)
   2011 Ed. (2466)
   2012 Ed. (211)
Michael Branca
   1998 Ed. (1629)
   1999 Ed. (2213)
   2000 Ed. (1986)
Michael Brown
   1999 Ed. (1123, 2289)
   2000 Ed. (2070, 2181)
   2011 Ed. (3761)
   2012 Ed. (3763)
Michael Bruynesteyn
   2004 Ed. (3165)
Michael Buble
   2012 Ed. (3733, 3735)
   2015 Ed. (1136)
   2016 Ed. (1047)
Michael Burns & Associates
   2003 Ed. (4001)
Michael C. Bonello
   2012 Ed. (292)
Michael C. Ford
   2012 Ed. (2158)
Michael Cadillac Inc.
   1990 Ed. (304)
   1991 Ed. (271)
Michael Caporale
   2018 Ed. (3661)
Michael Carberry
   2013 Ed. (1211)
Michael Casey
   2007 Ed. (1080)
Michael Cherney
   2008 Ed. (4887)
Michael Chrichton
   2000 Ed. (1838)
Michael Cirafesi
   2013 Ed. (1211)
Michael Coppel Presents
   2010 Ed. (1125)
   2011 Ed. (1064)
   2012 Ed. (993)
   2013 Ed. (1136)
Michael Coppola
   2007 Ed. (965)
Michael Cornish
   2005 Ed. (4888)
Michael Coyle
   2010 Ed. (2568)
Michael Crichton
   1998 Ed. (1470)
   1999 Ed. (2049)
   2001 Ed. (430)
   2011 Ed. (755)
Michael D. Eisner
   1990 Ed. (972, 1713, 1716)
   1991 Ed. (924, 925, 1619, 1623)
   1992 Ed. (1141, 1142, 2050, 2053)
   1995 Ed. (978, 1727, 1730)
   1997 Ed. (1799)
   2002 Ed. (2178, 2181, 2183)
   2003 Ed. (955, 961, 2410)
   2004 Ed. (970, 2518)
   2005 Ed. (975)
   2007 Ed. (1026)
Michael D. Fascitelli
   2013 Ed. (989)
Michael D. Lockhart
   2006 Ed. (869)
Michael D. Rose
   1995 Ed. (1729)
   1996 Ed. (961)
Michael D. Watford
   2009 Ed. (942)
   2010 Ed. (909)
Michael Damann Eisner
   1996 Ed. (1712)
Michael Dammann Eisner
   1996 Ed. (960)
Michael Dart
   2011 Ed. (1142)
Michael Davis
   2000 Ed. (1052)
Michael Deeba
   2016 Ed. (3335)
Michael DeGroote
   2005 Ed. (4873)
Michael Dell
   1995 Ed. (1717)
   1999 Ed. (2082, 2664)
   2000 Ed. (734, 796, 1044, 1881, 2448, 4375)
   2001 Ed. (705, 4745)
   2003 Ed. (787, 4886, 4888)
   2004 Ed. (973, 2486, 3890, 4870, 4873)
   2005 Ed. (788, 971, 2323, 4858, 4859, 4860)
   2006 Ed. (689, 1450, 3262, 3898, 3931, 4911, 4912, 4915)
   2007 Ed. (4906, 4908)
   2008 Ed. (957, 4835)
   2009 Ed. (4855)
   2010 Ed. (4859)
   2011 Ed. (4824)
   2012 Ed. (4847)
   2013 Ed. (4850)
   2014 Ed. (4866)
   2015 Ed. (4903)
   2017 Ed. (4830)
   2018 Ed. (4835)
   2019 Ed. (4832)
   2021 Ed. (4823)
   2022 Ed. (4816)
   2023 Ed. (4809)
Michael Derchin
   1991 Ed. (1711)
   1993 Ed. (1777)
Michael Devine III
   2006 Ed. (947)
   2007 Ed. (1042)
   2008 Ed. (964)
Michael DiCandilo
   2006 Ed. (965)
Michael Diekmann
   2006 Ed. (691)
Michael Douglas
   2005 Ed. (4889, 4891)
   2007 Ed. (4929)
   2008 Ed. (4905)
   2009 Ed. (4922)
   2010 Ed. (4926)
Michael Dukakis
   1990 Ed. (2504)
Michael Duke
   2015 Ed. (3486)
Michael Dunn
   2010 Ed. (1194)
Michael E. DeBakey VA Medical Center
   2015 Ed. (3147)
Michael E. Heisley Sr.
   2010 Ed. (4858)
Michael E. Henry
   2005 Ed. (2516)
Michael E. Jennings
   2015 Ed. (956)
Michael E. Marks
   2003 Ed. (3295)
Michael E. Pulitzer
   2000 Ed. (1879)
Michael E. Steinhardt and wife
   1991 Ed. (894)
Michael Eisenberg
   2023 Ed. (4751)
Michael Eisner
   2000 Ed. (796, 1044, 1047, 1870, 1873, 1875)
   2006 Ed. (2517)
Michael Ellmann
   1989 Ed. (1419)
   1993 Ed. (1819)
   1995 Ed. (1840)
   1996 Ed. (1818)
   1997 Ed. (1892)
Michael Eskew
   2005 Ed. (966)
   2006 Ed. (871)
   2007 Ed. (962)
Michael Exstein
   1997 Ed. (1896)
   1999 Ed. (2216)
   2000 Ed. (2041)
Michael F. Koehler
   2011 Ed. (843)
Michael F. Neidorff
   2015 Ed. (967)
Michael Federmann
   2010 Ed. (4908)
   2011 Ed. (4895)
   2012 Ed. (4904)
Michael Fendrich
   2011 Ed. (2973)
Michael Flatley
   2005 Ed. (4884)
   2007 Ed. (4917)
   2008 Ed. (2587)
Michael Foods
   2019 Ed. (2236, 2239)
   2020 Ed. (2233)
   2021 Ed. (2207, 2210)
   2022 Ed. (2238, 2240, 2245)
   2023 Ed. (2425, 2427)
Michael Foods of Delaware Inc.
   2001 Ed. (3152, 3153)
   2003 Ed. (3233, 3234)
   2004 Ed. (3288)
   2005 Ed. (3296)
   2006 Ed. (3288)
   2008 Ed. (3452)
   2009 Ed. (3525)
   2015 Ed. (3506)
   2016 Ed. (3365)
Michael Foods Group
   2019 Ed. (2143, 2148)
   2020 Ed. (2128)
Michael Foods Group Inc.
   2013 Ed. (3514)
   2014 Ed. (3488)
   2015 Ed. (3506)
   2016 Ed. (3365)
Michael Foods Inc.
   1993 Ed. (1877)
   1996 Ed. (1941)
   1997 Ed. (2037)
   2001 Ed. (3152, 3153)
   2003 Ed. (3233, 3234)
   2004 Ed. (3288, 3289)
   2005 Ed. (3284, 3296)
   2006 Ed. (3288)
   2007 Ed. (3355, 3356)
   2008 Ed. (3452, 3453)
   2009 Ed. (2264, 3523, 3525, 3526)
   2010 Ed. (2221, 2330, 3454, 3455)
   2011 Ed. (3456, 3457)
   2012 Ed. (2228, 3468, 3469)
   2013 Ed. (2400, 3515)
   2014 Ed. (2337, 2777, 3488)
   2015 Ed. (2403, 3506)
   2016 Ed. (2346, 3365)
   2017 Ed. (2196)
   2018 Ed. (2255)
   2019 Ed. (2234)
   2020 Ed. (2231)
   2021 Ed. (2205)
Michael Foods Investors LLC
   2010 Ed. (3454)
   2011 Ed. (3456)
   2012 Ed. (3468)
   2013 Ed. (3514)
   2014 Ed. (3488)
Michael Foods (U.S.)
   2021 Ed. (2210)
   2022 Ed. (2245)
Michael Fraizer
   2012 Ed. (792)
   2013 Ed. (985)
Michael Francis
   2010 Ed. (2568)
Michael Freudenstein
   1999 Ed. (429, 430, 2144, 2145)
   2000 Ed. (2048)
Michael Fricklas
   2003 Ed. (1546)
Michael Fries
   2015 Ed. (962)
Michael Frieze
   2011 Ed. (2970)
Michael Fucci
   2009 Ed. (1187)
   2010 Ed. (1194)
Michael Futch
   2011 Ed. (1374)
Michael G. Cherkasky
   2006 Ed. (933)
Michael G. Morris
   2007 Ed. (1034)
   2008 Ed. (956)
   2009 Ed. (955)
   2010 Ed. (908)
Michael G. Oxley
   1999 Ed. (3843, 3959)
Michael Gambardella
   1997 Ed. (1899)
   1998 Ed. (1674)
   1999 Ed. (2266)
   2000 Ed. (2049)
Michael; George
   1990 Ed. (1144)
   1991 Ed. (1578)
Michael Gillis
   2003 Ed. (224, 228)
Michael Glazer
   2000 Ed. (1876)
Michael Goldsetin
   1999 Ed. (2204)
Michael Goldstein
   1991 Ed. (1680, 1708)
   1992 Ed. (2136, 2138)
   1996 Ed. (1773, 1837, 1838)
   1997 Ed. (1910, 1911)
   1998 Ed. (1615, 1616)
   1999 Ed. (2205)
   2000 Ed. (1975, 1976)
Michael Gordon King
   1995 Ed. (982)
Michael Graves & Associates
   2002 Ed. (1375)
Michael Green
   1997 Ed. (1962)
   1999 Ed. (2285)
   2005 Ed. (4891)
   2007 Ed. (4929)
   2008 Ed. (4905)
Michael Grimes
   2005 Ed. (4817)
   2006 Ed. (4879)
   2007 Ed. (4874)
The Michael Group LLC
   2018 Ed. (4963)
Michael Grzesiek, aka Shroud
   2021 Ed. (4787)
Michael Guarnieri
   1997 Ed. (1940)
   1998 Ed. (1584)
   1999 Ed. (2175)
Michael Gumport
   1991 Ed. (1678)
Michael H. Campbell
   2005 Ed. (2511)
   2007 Ed. (2504)
   2010 Ed. (2563)
   2011 Ed. (2546, 3107)
Michael H. Jordan
   2006 Ed. (941, 3931)
   2008 Ed. (954, 959)
   2009 Ed. (961)
Michael Hartnett
   1997 Ed. (1994)
Michael Hartono
   2009 Ed. (4865)
   2010 Ed. (4866, 4867)
   2011 Ed. (4854, 4855)
   2012 Ed. (4861, 4862)
   2013 Ed. (4877, 4878)
   2014 Ed. (4891, 4892)
   2015 Ed. (4930, 4931)
   2016 Ed. (4846, 4847)
   2017 Ed. (4852)
   2018 Ed. (4860)
   2019 Ed. (4854)
   2020 Ed. (4844)
   2021 Ed. (4845)
   2022 Ed. (4840)
   2023 Ed. (4835)
Michael Hays
   2006 Ed. (2527)
Michael Herbert
   2009 Ed. (4916)
   2010 Ed. (4920)
Michael Higa
   2007 Ed. (2549)
Michael Hill International
   2015 Ed. (4334)
Michael Hintze
   2008 Ed. (4006, 4007, 4902)
   2011 Ed. (4868)
   2021 Ed. (4826)
Michael Hodes
   1999 Ed. (434, 2149)
Michael Hoff Productions
   2010 Ed. (2635, 4713)
Michael Hoffman
   1998 Ed. (1605)
   2000 Ed. (2009)
Michael Hogg/Y & R
   1995 Ed. (140)
   2000 Ed. (194)
   2001 Ed. (244)
   2002 Ed. (214)
Michael Hogg/Y & R Zimbabwe
   2003 Ed. (184)
Michael Hogg/Young & Rubicam
   1989 Ed. (176)
   1990 Ed. (164)
   1991 Ed. (163)
   1992 Ed. (223)
   1997 Ed. (161)
   1999 Ed. (173)
Michael Hollerbach
   1998 Ed. (1517)
Michael Holmes
   2011 Ed. (3107)
Michael Hood
   1999 Ed. (2405, 2433)
Michael Huffington
   1994 Ed. (845)
Michael Hughes
   1998 Ed. (1598)
   1999 Ed. (431, 2146, 2184)
   2000 Ed. (2048)
Michael Ilitch
   2012 Ed. (430)
   2014 Ed. (4855)
   2016 Ed. (4810)
   2017 Ed. (4821)
Michael J. Brown
   2011 Ed. (858)
Michael J. Castro
   2007 Ed. (2496)
Michael J. Cave
   2008 Ed. (2628)
Michael J. Chesser
   2008 Ed. (958)
   2009 Ed. (960)
   2010 Ed. (913)
   2011 Ed. (858)
   2012 Ed. (808)
Michael J. Frischmeyer
   2005 Ed. (1088)
   2008 Ed. (1096)
Michael J. Frischmeyer, CTA
   1995 Ed. (1079)
Michael J. Harrison
   2011 Ed. (3345)
Michael J. Jackson
   2009 Ed. (2664)
   2010 Ed. (2565)
   2011 Ed. (854)
Michael J. Kopper
   2004 Ed. (1549)
Michael J. Quigley III
   1992 Ed. (533, 1140)
Michael J. Sison
   2011 Ed. (3345)
Michael J. Ward
   2008 Ed. (951, 2639)
   2011 Ed. (846)
Michael Jackson
   1989 Ed. (1347)
   1990 Ed. (1672)

1991 Ed. (1578)
1992 Ed. (1982)
1993 Ed. (1633)
1994 Ed. (1667)
1995 Ed. (1119)
1997 Ed. (1777)
1998 Ed. (1470)
1999 Ed. (1292, 1293)
2003 Ed. (1128)
2011 Ed. (755)
2012 Ed. (691, 3733)
2013 Ed. (907)
2014 Ed. (853, 1098, 1099)
2015 Ed. (889, 1135)
2016 Ed. (774)
2017 Ed. (2386)
2018 Ed. (2445)
2019 Ed. (2494)
2020 Ed. (2486)
2022 Ed. (2519)
Michael Jacobs
  2011 Ed. (3366)
Michael Jaharis
  2009 Ed. (4850)
  2010 Ed. (4856)
  2011 Ed. (4835)
  2012 Ed. (4842)
  2013 Ed. (4841)
  2014 Ed. (4857)
  2015 Ed. (4894)
Michael James Kiley
  2017 Ed. (3594)
Michael and Jane Eisner
  1999 Ed. (1072)
Michael Jeffries
  2007 Ed. (1019)
Michael Jordan
  1989 Ed. (278)
  1995 Ed. (250, 251, 1671)
  1996 Ed. (250)
  1997 Ed. (278, 1724, 1725)
  1998 Ed. (197, 199)
  1999 Ed. (306)
  2000 Ed. (322, 996, 2743)
  2001 Ed. (420, 1138)
  2002 Ed. (344, 2144)
  2003 Ed. (294, 2327)
  2004 Ed. (260, 2416, 4873)
  2006 Ed. (292, 2488)
  2007 Ed. (294)
  2008 Ed. (272)
  2009 Ed. (294)
  2010 Ed. (276, 4558)
  2011 Ed. (200)
  2012 Ed. (215)
Michael Jordan: Come Fly With Me
  1992 Ed. (4396)
Michael Kadoorie
  2008 Ed. (4844)
  2009 Ed. (4863, 4864)
  2010 Ed. (4865)
  2011 Ed. (4852, 4853)
  2012 Ed. (4859, 4860)
  2013 Ed. (4873, 4874)
  2014 Ed. (4887, 4888)
  2015 Ed. (4926, 4927)
  2016 Ed. (4842, 4843)
  2018 Ed. (4857)
  2020 Ed. (4841)
Michael Kender
  1997 Ed. (1939, 1940)
  1998 Ed. (1583, 1584)
  1999 Ed. (2170, 2175)
  2000 Ed. (1938, 1940, 1946)
Michael Keran
  1989 Ed. (1753)
Michael Kesselman
  2007 Ed. (4161)
Michael King
  1991 Ed. (1631)
  1992 Ed. (2061, 2062)
  1993 Ed. (1705)
  1994 Ed. (1723)
Michael Koppel
  2007 Ed. (1046)
Michael Kors
  2010 Ed. (3004)
  2015 Ed. (1001, 1013)
  2016 Ed. (908, 916)
  2017 Ed. (955, 965)
  2018 Ed. (885, 886, 3412)
  2019 Ed. (887, 900)
  2020 Ed. (874)
  2021 Ed. (885)
  2022 Ed. (915)
Michael Kors Holdings
  2014 Ed. (969, 979)
  2015 Ed. (901, 1005, 1016)
  2016 Ed. (789, 910, 918)
  2017 Ed. (943, 945, 957)
  2019 Ed. (904)
Michael Kors Holdings Ltd.
  2014 Ed. (4332)
  2015 Ed. (4321)
  2016 Ed. (4217)
  2017 Ed. (4204)

Michael Kors (USA) Inc.
  2014 Ed. (3825)
  2015 Ed. (3850)
  2016 Ed. (3758)
  2017 Ed. (3712)
Michael Krasny
  2005 Ed. (4853)
  2006 Ed. (4907)
  2008 Ed. (4831)
  2011 Ed. (4824)
Michael Kremer
  2005 Ed. (786)
Michael Kwatinetz
  1996 Ed. (1800, 1801)
  1997 Ed. (1873, 1874)
  1998 Ed. (1661, 1662)
  1999 Ed. (2251, 2252)
  2000 Ed. (2033, 2034)
Michael L. Bennett
  2010 Ed. (893)
Michael L. Wert
  1997 Ed. (1802)
Michael Lagan
  2012 Ed. (4920)
  2013 Ed. (4894)
Michael Latas & Associates
  2023 Ed. (2536)
Michael Lauer
  1995 Ed. (1814)
Michael Lazaridis
  2009 Ed. (943, 2662, 4881)
  2010 Ed. (894)
  2011 Ed. (818)
Michael Le
  2022 Ed. (844)
Michael Lee-Chin
  2005 Ed. (4865)
  2012 Ed. (110)
Michael Lever
  1999 Ed. (2331)
  2000 Ed. (2116)
Michael Lewis
  2002 Ed. (3077)
Michael Lloyd
  1997 Ed. (1895)
  1998 Ed. (1666)
Michael Long
  2016 Ed. (866)
Michael M. Lattimore
  2004 Ed. (2488)
Michael Maas
  2003 Ed. (225)
Michael Mancuso
  2006 Ed. (944)
  2007 Ed. (1039)
Michael Martelli
  2014 Ed. (3467)
Michael Mauboussin
  1996 Ed. (1794)
  1998 Ed. (1640)
Michael Mayer
  1995 Ed. (1834, 1836)
  1996 Ed. (1812, 1813)
  1997 Ed. (1886, 1888)
  1998 Ed. (1635, 1646)
  1999 Ed. (2222, 2236)
  2000 Ed. (1999, 2019)
  2004 Ed. (3165)
Michael Mayo
  1998 Ed. (1618)
  1999 Ed. (2258)
  2000 Ed. (1985)
  2002 Ed. (2258)
Michael McCain
  2012 Ed. (805)
Michael McCallister
  2006 Ed. (2531)
  2007 Ed. (2512)
  2008 Ed. (2640)
  2009 Ed. (2666, 3314)
  2010 Ed. (3246)
  2012 Ed. (2494)
  2013 Ed. (2637)
  2014 Ed. (2592)
Michael McClare (Residential First)
  2022 Ed. (3704)
Michael McConnell Concrete, Inc.
  2021 Ed. (4765)
Michael McCook
  2006 Ed. (1201)
Michael McGavick
  2006 Ed. (2523)
Michael McInnis
  1999 Ed. (1124)
Michael Meena
  2017 Ed. (3594)
  2018 Ed. (3653)
Michael Milken
  1989 Ed. (1422)
  1990 Ed. (1773)
  1993 Ed. (1693)
  2001 Ed. (3779)
  2007 Ed. (4891)
Michael Mitsubishi
  1990 Ed. (310)
  1991 Ed. (287)
  1992 Ed. (392)
  1993 Ed. (278)

Michael Moorer
  1996 Ed. (250)
Michael Moritz
  2003 Ed. (4847)
  2005 Ed. (2318)
  2006 Ed. (4879)
  2007 Ed. (4874, 4933, 4935)
  2008 Ed. (4907)
  2009 Ed. (4828, 4922)
  2010 Ed. (4844, 4926)
  2012 Ed. (4820)
Michael Moskowitz
  1999 Ed. (2414)
Michael Most
  2017 Ed. (3592, 3597)
Michael Mueller
  1994 Ed. (1792)
  1995 Ed. (1792, 1797)
  1996 Ed. (1808)
  1997 Ed. (1882)
Michael Mulqueen
  2005 Ed. (2468)
Michael Mundy
  2017 Ed. (3593)
Michael Naldrett
  1997 Ed. (1994)
Michael Nathanson
  2018 Ed. (3318)
  2019 Ed. (3293)
Michael Neidorff
  2009 Ed. (3314)
  2010 Ed. (3246)
Michael Newton
  2006 Ed. (2500)
Michael O'Leary
  2019 Ed. (4855)
Michael Olson
  2011 Ed. (3361)
Michael Osorio
  2017 Ed. (3595)
  2018 Ed. (3655)
  2019 Ed. (3644)
Michael Otto
  2008 Ed. (4867)
  2009 Ed. (4888)
  2010 Ed. (4889, 4899)
  2011 Ed. (4878, 4886)
  2012 Ed. (4887)
  2013 Ed. (4871, 4917)
  2014 Ed. (4885)
  2015 Ed. (4924)
  2016 Ed. (4840)
  2017 Ed. (4848)
Michael Ovitz
  1994 Ed. (1840)
Michael Owen
  2003 Ed. (299)
  2005 Ed. (268, 4895)
  2006 Ed. (4397)
  2007 Ed. (4464, 4925)
Michael Oxley
  2005 Ed. (1153)
Michael Page
  2022 Ed. (2378)
  2023 Ed. (2540)
Michael Page International
  2011 Ed. (1596, 1912)
  2021 Ed. (2320)
Michael Page International plc
  2008 Ed. (1694)
Michael Page U.S.
  2010 Ed. (1873, 1874)
Michael Paisan
  2011 Ed. (3365)
Michael Palkovic
  2007 Ed. (1049)
Michael Parekh
  1998 Ed. (1647)
  1999 Ed. (2237)
  2000 Ed. (2020)
Michael Perry
  2007 Ed. (384)
Michael Peters
  1990 Ed. (1670)
  1995 Ed. (2226)
  1996 Ed. (2236)
Michael Peters Group
  1990 Ed. (1276, 2170)
  1991 Ed. (2014)
  1992 Ed. (2588)
Michael Pieper
  2014 Ed. (4922)
  2015 Ed. (4962)
  2017 Ed. (4878)
  2022 Ed. (4868)
  2023 Ed. (4862)
Michael Pinto
  2005 Ed. (985)
  2006 Ed. (1000)
Michael Platt
  2019 Ed. (2885, 4888)
  2020 Ed. (4877)
  2021 Ed. (4878)
  2022 Ed. (4868)
  2023 Ed. (4868)
Michael Potter
  2005 Ed. (4874)

Michael R. Haverty
  2006 Ed. (2530)
  2009 Ed. (960)
Michael R. Quinlan
  1993 Ed. (938)
  1996 Ed. (958)
  1997 Ed. (1803)
  1998 Ed. (721, 1516)
  2000 Ed. (1884)
Michael R. Splinter
  2009 Ed. (953)
  2010 Ed. (905)
  2011 Ed. (842)
Michael Reese Health Plan Inc.
  1989 Ed. (1585)
  1990 Ed. (1995)
Michael Reese Hospital & Medical Center
  1990 Ed. (2054)
  1991 Ed. (1932)
  1992 Ed. (2456)
  1995 Ed. (2141)
Michael Reger
  2014 Ed. (941)
Michael Rietbrock
  1999 Ed. (2239)
  2000 Ed. (2022)
Michael Roberts
  2019 Ed. (3642)
  2020 Ed. (3616)
Michael Roberts (City Creek Mortgage)
  2021 Ed. (3637)
Michael Rodriguez
  2019 Ed. (3640)
  2020 Ed. (3615, 3616)
  2023 Ed. (3795)
Michael Rodriguez (Platinum Capital Mortgage)
  2021 Ed. (3636, 3637)
  2022 Ed. (3703)
Michael Rosenberg
  1998 Ed. (1684, 1688)
  1999 Ed. (2357)
Michael Rousseau
  2010 Ed. (2568)
Michael S. Dell
  2002 Ed. (2182, 2183, 2806, 3350, 4787)
  2003 Ed. (957, 4684)
Michael S. Jeffries
  2007 Ed. (2505)
  2008 Ed. (957)
  2009 Ed. (2660)
Michael Sakellis
  2016 Ed. (3335)
Michael Salshutz
  1999 Ed. (2176)
Michael Sargent
  1996 Ed. (1786)
  1997 Ed. (1862)
  1998 Ed. (1673)
Michael Saunders & Co.
  1997 Ed. (3255)
  1998 Ed. (2997, 3763)
  1999 Ed. (4813)
  2000 Ed. (4433)
  2002 Ed. (4989)
  2008 Ed. (4106)
  2018 Ed. (4974)
  2019 Ed. (4969)
  2021 Ed. (4974)
  2022 Ed. (4972)
Michael Savage
  2007 Ed. (4061)
Michael Sayers
  2000 Ed. (2099)
Michael Scarpa
  2007 Ed. (1042)
Michael Schumacher
  1997 Ed. (278)
  1998 Ed. (197, 199)
  1999 Ed. (306)
  2000 Ed. (322)
  2001 Ed. (419)
  2002 Ed. (344, 2143)
  2003 Ed. (294, 2330)
  2004 Ed. (260, 2410)
  2005 Ed. (2443)
  2006 Ed. (292, 2485)
  2007 Ed. (294, 2450)
  2008 Ed. (272)
  2009 Ed. (294)
Michael Schwartzer
  2006 Ed. (4140)
Michael Scialla
  2011 Ed. (3366)
Michael; Sir Peter
  2008 Ed. (4909)
Michael Sivage Homes & Communities
  2011 Ed. (1118, 1119)
Michael Smith
  1997 Ed. (1880)
  1998 Ed. (1656)
  1999 Ed. (2246)
  2006 Ed. (975)
Michael Spencer
  2008 Ed. (4006)
Michael Splinter
  2006 Ed. (916)
  2007 Ed. (1006)

CUMULATIVE INDEX • 1989-2023

Michael Steinhardt
 1994 Ed. (1840)
 1995 Ed. (1870)
 1996 Ed. (1914)
 1998 Ed. (1689)
Michael Stores
 1999 Ed. (1054)
Michael Strahan
 2003 Ed. (297)
Michael & Susan Dell
 2005 Ed. (3832)
 2007 Ed. (3949)
Michael Swerdlow Cos.
 2000 Ed. (3719)
Michael T. Duke
 2011 Ed. (841)
Michael T. Fries
 2010 Ed. (912)
 2013 Ed. (986)
 2014 Ed. (939)
 2015 Ed. (955, 965)
 2016 Ed. (866)
Michael T. Strianese
 2010 Ed. (902)
 2011 Ed. (823)
Michael T. Theilmann
 2008 Ed. (2635, 3120)
 2011 Ed. (2546)
Michael Taylor
 1997 Ed. (1958)
 1999 Ed. (2281)
 2000 Ed. (2061)
Michael Tojner
 2021 Ed. (4827)
 2022 Ed. (4820)
 2023 Ed. (4814)
Michael V. Ciresi
 2002 Ed. (3072)
Michael Van Handel
 2005 Ed. (987)
 2006 Ed. (953)
 2007 Ed. (1048)
 2010 Ed. (915)
Michael Vick
 2007 Ed. (294)
 2013 Ed. (189)
Michael W. Derchin
 2011 Ed. (3336)
Michael W. Laphen
 2011 Ed. (843)
Michael W. Louis
 1992 Ed. (1093, 1280)
Michael W. Perry
 2009 Ed. (944)
Michael W. Sutherlin
 2011 Ed. (826)
Michael Waldman
 1993 Ed. (1843)
Michael Waltrip Racing
 2009 Ed. (336)
 2010 Ed. (316)
 2011 Ed. (240)
 2012 Ed. (261)
 2013 Ed. (268)
 2014 Ed. (271)
 2015 Ed. (310)
 2016 Ed. (307)
Michael Ward
 1999 Ed. (2211)
 2000 Ed. (1982)
 2011 Ed. (3338)
Michael Weinstein
 2000 Ed. (2016)
Michael Wilson
 2010 Ed. (910)
 2011 Ed. (855)
Michael Winner
 2009 Ed. (680)
Michael Wolf
 2017 Ed. (923)
Michael Wolff
 2020 Ed. (228)
Michael Wollleben
 2011 Ed. (3370)
Michael Wright
 2013 Ed. (4855, 4856)
Michael Ying
 2008 Ed. (4844)
 2010 Ed. (4865)
Michael Yoshikami
 2019 Ed. (3293)
 2020 Ed. (3294)
Michael Young
 1994 Ed. (1796)
 1998 Ed. (1687)
 2000 Ed. (2075, 2115)
Michael Zafirovski
 2008 Ed. (2637)
Michael Ziccarelli
 2018 Ed. (3655)
 2019 Ed. (3644)
Michael's
 2000 Ed. (3547, 3809)
 2013 Ed. (4096, 4103)
Michaels
 2022 Ed. (4259)
Michaels Companies
 2023 Ed. (2074, 4261, 4286)

Michaels Development Co.
 2006 Ed. (1198)
 2010 Ed. (1168)
Michael's Finer Meats Inc.
 2008 Ed. (3611)
Michaels Holdings LLC
 2015 Ed. (4329)
 2016 Ed. (4225)
Michaels; Lorne
 2011 Ed. (2521)
The Michaels Organization
 2011 Ed. (1115)
 2018 Ed. (187)
 2019 Ed. (182)
Michael's Stores
 2014 Ed. (4114, 4119)
Michaels Stores
 2019 Ed. (2937)
 2021 Ed. (2812, 2813, 4220, 4459)
 2022 Ed. (2982, 4224)
Michaels Stores Inc.
 1996 Ed. (3486)
 1997 Ed. (922, 3550, 3551, 3553)
 2001 Ed. (1943, 4101)
 2003 Ed. (887, 4502, 4503, 4504, 4550)
 2004 Ed. (906)
 2005 Ed. (896, 4128)
 2006 Ed. (2141, 4169, 4437, 4439, 4440, 4441)
 2007 Ed. (2087, 4162, 4495, 4497, 4498, 4499)
 2008 Ed. (2195, 3445, 4057, 4079, 4474, 4475)
 2009 Ed. (893, 2171, 4167, 4168, 4504, 4508, 4747)
 2010 Ed. (2114, 4103, 4104, 4545, 4548, 4756)
 2011 Ed. (4073, 4494, 4496, 4497, 4498)
 2012 Ed. (4105, 4496)
 2013 Ed. (2102, 4269, 4466)
 2014 Ed. (2034, 4328, 4515)
 2015 Ed. (2083, 4315)
 2016 Ed. (2058)
Michal Rizek
 2000 Ed. (2072)
Michal Solowow
 2008 Ed. (4872)
 2009 Ed. (4894)
 2011 Ed. (4904)
 2012 Ed. (4915)
 2013 Ed. (4899)
 2014 Ed. (4911)
 2015 Ed. (4952)
 2016 Ed. (4867)
 2017 Ed. (4869)
 2018 Ed. (4879)
 2019 Ed. (4873)
 2020 Ed. (4862)
 2021 Ed. (4862)
 2022 Ed. (4857)
 2023 Ed. (4852)
Michaniki SA
 1996 Ed. (248)
Michaud; Gerald
 1991 Ed. (2296)
Michel Arnau y Cia. (DDBN)
 1997 Ed. (73)
Michel Baule SA
 2008 Ed. (918)
Michel Bissonnette
 2005 Ed. (2473)
Michel Carvalho
 2014 Ed. (4913)
Michel David-Weill
 1989 Ed. (1422)
 1990 Ed. (1773)
 1997 Ed. (2004)
Michel David Weill and family
 1991 Ed. (2265)
 1992 Ed. (2143)
Michel Platini
 2010 Ed. (4564)
Michelangelo
 1996 Ed. (1092)
 2000 Ed. (2339)
Michele Alliot-Marie
 2009 Ed. (4974)
Michele Ferrero
 2008 Ed. (4869)
 2010 Ed. (4891)
 2011 Ed. (4880, 4886)
 2012 Ed. (4889, 4895)
 2013 Ed. (4882, 4917)
 2014 Ed. (4895)
 2015 Ed. (4934)
Michele Preston
 1993 Ed. (1804)
 1994 Ed. (1788)
Michelin
 1989 Ed. (1655)
 1990 Ed. (400, 1424, 2176, 3597, 3631)
 1991 Ed. (732, 1290, 3155, 3316, 3392)
 1992 Ed. (4025, 4298, 4299)
 1993 Ed. (344, 346, 733, 3578)
 1994 Ed. (747, 1402)
 1995 Ed. (3615)
 1996 Ed. (340, 3693)
 1997 Ed. (306, 1827, 3750, 3751)

1998 Ed. (1141)
 1999 Ed. (347, 3841, 4117, 4119, 4602)
 2000 Ed. (355, 3560, 3561, 4253)
 2001 Ed. (4542)
 2006 Ed. (4741, 4742, 4743, 4744, 4747, 4748, 4751)
 2007 Ed. (4757)
 2008 Ed. (4679, 4680)
 2009 Ed. (4718, 4719, 4720)
 2011 Ed. (4692)
 2012 Ed. (4705, 4707, 4708, 4709, 4710, 4711)
 2013 Ed. (266, 4666, 4667, 4670, 4672, 4673, 4674)
 2014 Ed. (268, 4719, 4720, 4721)
 2015 Ed. (308, 4731, 4732, 4735, 4737, 4738, 4739, 4742)
 2016 Ed. (306, 3382, 4632, 4633, 4636, 4638, 4639, 4640, 4644)
 2017 Ed. (309, 4650, 4652, 4653, 4654)
 2018 Ed. (290, 4645, 4646, 4650)
 2019 Ed. (46, 4659, 4661, 4662, 4663, 4664, 4667)
 2020 Ed. (1311, 4626, 4627, 4628, 4629, 4630, 4631, 4633)
 2021 Ed. (4637, 4639, 4640, 4641, 4642, 4643, 4644, 4647)
 2022 Ed. (267, 293, 1556, 4655, 4656, 4657, 4658, 4660)
 2023 Ed. (390, 1730, 4650)
Michelin; Compagnie Generale des Etablissements
 2005 Ed. (322)
 2006 Ed. (335, 336, 3380, 4749)
 2007 Ed. (312, 324, 3973, 4756)
 2008 Ed. (312, 1762, 3556, 3558, 4678)
 2009 Ed. (334, 1688, 3623, 4721)
 2010 Ed. (4384)
 2011 Ed. (224, 236, 1656, 3544, 4329)
 2012 Ed. (237, 253, 254, 256, 1507, 1585, 3537, 4385, 4712)
 2013 Ed. (231, 253, 263, 265, 1646, 1753, 3589, 4675)
 2014 Ed. (235, 253, 265, 267, 1604, 4403, 4723)
 2015 Ed. (271, 295, 305, 307, 4391, 4741)
 2016 Ed. (267, 294, 303, 305, 4289, 4643)
 2017 Ed. (268, 295, 306, 308, 4290, 4657)
 2018 Ed. (273, 287, 289, 4273, 4649)
 2019 Ed. (277, 287, 289, 4300, 4666)
 2020 Ed. (279, 289, 290, 4632)
 2021 Ed. (277, 4646)
Michelin Group
 2017 Ed. (253)
 2018 Ed. (240)
 2019 Ed. (236, 1349)
 2020 Ed. (242, 1318)
 2021 Ed. (276)
 2022 Ed. (4659)
 2023 Ed. (352, 1530)
Michelin-Group
 1991 Ed. (1355)
Michelin Hungaria Abroncsgyarto Kft
 2006 Ed. (3919)
Michelin Italiana Sami SpA
 2004 Ed. (4224)
Michelin (Man France des Pneumatiques) (SCA)
 1999 Ed. (4117)
Michelin North America
 2021 Ed. (242)
 2022 Ed. (263)
 2023 Ed. (362)
Michelin North America (Canada)
 2021 Ed. (242)
 2022 Ed. (263)
Michelin North America Inc.
 2002 Ed. (2734)
 2003 Ed. (4205)
 2004 Ed. (1857)
 2006 Ed. (338, 2012, 4206, 4207, 4752)
 2007 Ed. (4758)
 2008 Ed. (2076, 4253, 4254, 4681)
 2009 Ed. (2047, 4354, 4355, 4722)
 2011 Ed. (4321, 4322)
 2012 Ed. (4382, 4713)
 2013 Ed. (4351, 4665)
 2014 Ed. (1982, 4400, 4717)
 2015 Ed. (4388, 4729)
 2016 Ed. (4286, 4631)
 2017 Ed. (4647)
 2018 Ed. (4643)
Michelin/Oliver
 2021 Ed. (4644)
 2022 Ed. (4658)
Michelin On Main
 2009 Ed. (4577)
 2010 Ed. (4612)
Michelin Reifenwerke-Kg Auf Aktien
 2000 Ed. (3829)
Michelin Reifenwerke-Kommanditgesellschaft
 2002 Ed. (4068)

Michelin Reifenwerke-Kommanditgesellschaft auf Aktien
 2001 Ed. (4133)
 2004 Ed. (4224)
Michelin SCA; Compagnie Generale des Etablissements
 2016 Ed. (4642)
 2017 Ed. (1334, 4656)
 2018 Ed. (1319, 3951, 4648, 4651, 4652)
 2019 Ed. (254, 4665)
 2020 Ed. (259)
 2021 Ed. (246)
Michelin Tire Corp.
 1990 Ed. (3324)
Michelin Tire & Rubber
 1989 Ed. (2836)
Michelin Tyre
 2018 Ed. (3951)
Michelin Tyre plc
 2004 Ed. (4224)
Michelin/Uniroyal Goodrich
 1997 Ed. (3752, 3753)
Michelina's
 2018 Ed. (2766)
 2022 Ed. (2793, 2794)
Michelinas
 2017 Ed. (2708)
 2018 Ed. (2764)
Michelina's Inc.
 1995 Ed. (1941, 1942)
 1996 Ed. (1975)
 1997 Ed. (2091)
 2001 Ed. (2540)
 2002 Ed. (2367)
 2008 Ed. (2778)
Michelina's Internationals
 1996 Ed. (773, 1934)
Michell Australia
 2004 Ed. (4715)
Michell & Titus
 1998 Ed. (4)
Michelle Collins
 2008 Ed. (184)
Michelle Galanter Appelbaum
 1993 Ed. (1826)
Michelle Galanter Applebaum
 1994 Ed. (1809)
 1995 Ed. (1795, 1847)
 1996 Ed. (1825)
 1997 Ed. (1899)
 1998 Ed. (1674)
 1999 Ed. (2266)
 2000 Ed. (2049)
Michelle Gass
 2016 Ed. (2560)
 2020 Ed. (716)
Michelle Kwan
 2005 Ed. (266)
Michelle Obama
 2012 Ed. (4958, 4984)
 2013 Ed. (4959, 4960)
 2014 Ed. (4968, 4969)
 2015 Ed. (5009, 5010)
 2016 Ed. (4926, 4927)
 2017 Ed. (4922, 4923)
Michelle Peluso
 2006 Ed. (4975)
Michelle Ring
 2000 Ed. (2065)
Michelle Roche
 2007 Ed. (4920)
Michelle S. Oliver
 2018 Ed. (4107)
Michelle Wie
 2005 Ed. (266)
 2007 Ed. (3617)
 2009 Ed. (293, 295)
Michelle Wright
 1994 Ed. (1100)
Micheller & Son Hydraulics Inc.
 2020 Ed. (4981)
Michelob
 1989 Ed. (768, 771, 772, 773, 774, 775, 777, 778, 779)
 1990 Ed. (749, 758, 763, 764, 3544)
 1992 Ed. (936, 4231)
 1995 Ed. (699, 707)
 2008 Ed. (534)
 2019 Ed. (592, 593)
 2020 Ed. (575)
 2021 Ed. (547, 548)
 2022 Ed. (572, 573, 578, 582)
 2023 Ed. (821, 822)
Michelob Cider
 2014 Ed. (952)
 2015 Ed. (982)
 2016 Ed. (884)
 2017 Ed. (934)
Michelob Dry
 1993 Ed. (745)
Michelob Light
 1989 Ed. (771, 774)
 1990 Ed. (761)
 1992 Ed. (932)
 1997 Ed. (715, 3665)
 2000 Ed. (813)
 2003 Ed. (664)
 2004 Ed. (667)

2007 Ed. (602)
Michelob/Light/Dry
　1991 Ed. (3321)
Michelob Seltzer
　2023 Ed. (818)
Michelob Ultra
　2007 Ed. (602)
　2008 Ed. (546)
　2012 Ed. (439)
　2013 Ed. (549)
　2014 Ed. (563)
Michelob ULTRA Arena
　2023 Ed. (1181)
Michelob Ultra Cider
　2015 Ed. (983)
Michelob Ultra Dragon Fruit Peach
　2012 Ed. (440, 3516)
Michelob Ultra Light
　2011 Ed. (483)
　2014 Ed. (565)
　2015 Ed. (627, 635)
　2016 Ed. (576, 578, 585)
　2017 Ed. (606, 614, 616)
　2018 Ed. (570, 574, 577)
Michels
　2023 Ed. (1222, 2121)
Michels Corp.
　2003 Ed. (1294)
　2005 Ed. (1305)
　2006 Ed. (1250, 1274)
　2007 Ed. (1348)
　2008 Ed. (3674)
　2009 Ed. (3740)
　2013 Ed. (3727)
　2014 Ed. (3662)
　2015 Ed. (1237)
　2018 Ed. (4009)
　2019 Ed. (3996)
　2020 Ed. (1150, 4013)
　2021 Ed. (1131, 3973, 3979)
　2022 Ed. (1139, 1140, 3993)
　2023 Ed. (1447, 4070, 4077)
Michels Pipeline Construction Co.
　2001 Ed. (1470)
　2002 Ed. (1274, 1282)
Michelson; Gary
　2011 Ed. (4829)
　2012 Ed. (4842)
　2013 Ed. (4841)
　2014 Ed. (4857)
Michelson; Gary Karlin
　2007 Ed. (4891)
Michelson; Gertrude
　1995 Ed. (1256)
Michenaud & Co.
　2013 Ed. (3794)
　2015 Ed. (3742)
　2016 Ed. (3650)
　2020 Ed. (3654)
　2021 Ed. (3659)
Michener; James A. and Mari Sabusawa
　1995 Ed. (932, 1068)
Michener, James and Mari
　1992 Ed. (1093, 1096)
Michiel Le Roux
　2020 Ed. (4867)
　2022 Ed. (4864)
　2023 Ed. (4858)
Michielsens Kranen NV
　2008 Ed. (1579, 4757)
Michigan
　1989 Ed. (1, 310, 318, 869, 870, 1190, 1507, 1736, 1900, 1908, 1909, 1910, 2242, 2529, 2531, 2533, 2535, 2546, 2560, 2612, 2621, 2895, 2913, 2928, 2930, 2934, 2935)
　1990 Ed. (354, 356, 366, 402, 825, 826, 827, 828, 830, 834, 857, 859, 860, 1482, 2450, 2492, 2493, 2494, 2495, 2496, 2512, 2575, 3068, 3110, 3344, 3345, 3357, 3358, 3362, 3363, 3364, 3365, 3367, 3375, 3378, 3379, 3380, 3381, 3383, 3384, 3388, 3391, 3392, 3395, 3398, 3399, 3400, 3401, 3402, 3407, 3408, 3411, 3414, 3419, 3420, 3422, 3428, 3429, 3506, 3649, 3692)
　1991 Ed. (320, 322, 786, 790, 792, 793, 794, 797, 881, 1157, 1811, 1853, 2314, 2360, 2361, 2362, 2363, 2364, 2396, 2397, 2475, 2768, 3177, 3179, 3187, 3188, 3190, 3191, 3197, 3198, 3203, 3204, 3337, 3460, 3481, 3486, 3487)
　1992 Ed. (439, 441, 933, 968, 971, 974, 976, 978, 1009, 1079, 1080, 2279, 2339, 2340, 2414, 2862, 2866, 2875, 2878, 2916, 2920, 2921, 2922, 2942, 2943, 2944, 2947, 3084, 3118, 3484, 3750, 3819, 4075, 4077, 4084, 4088, 4091, 4092, 4093, 4094, 4096, 4097, 4100, 4101, 4102, 4103, 4106, 4107, 4108, 4109, 4110, 4111, 4112, 4116, 4121, 4122, 4123, 4124, 4125, 4126, 4263, 4344, 4406, 4435, 4442, 4444, 4451, 4481)
　1993 Ed. (315, 363, 413, 744, 870, 871, 1190, 1220, 1501, 1599, 2153, 2180, 2426, 2437, 2440, 2460, 2526, 2585,
2608, 3058, 3222, 3396, 3400, 3401, 3402, 3404, 3405, 3408, 3409, 3410, 3411, 3414, 3415, 3416, 3417, 3418, 3419, 3420, 3424, 3429, 3430, 3431, 3432, 3433, 3434, 3435, 3439, 3441, 3547, 3678, 3698, 3703, 3706, 3712)
　1994 Ed. (749, 870, 977, 1258, 1968, 2370, 2377, 2387, 2401, 2405, 2568, 3028, 3119, 3217, 3375, 3378, 3379, 3380, 3381, 3382, 3383, 3384, 3386, 3387, 3392, 3394, 3395, 3398, 3399, 3400, 3401, 3405, 3406, 3407, 3408, 3409, 3410, 3411, 3415, 3416, 3422, 3423, 3424, 3425, 3506, 3638)
　1995 Ed. (918, 919, 1281, 1993, 2269, 2449, 2458, 2468, 2479, 2481, 2623, 2852, 2856, 3171, 3299, 3448, 3451, 3452, 3453, 3454, 3455, 3456, 3458, 3459, 3460, 3464, 3465, 3466, 3469, 3470, 3471, 3472, 3476, 3477, 3478, 3479, 3480, 3481, 3482, 3486, 3487, 3492, 3493, 3494, 3495, 3498, 3501, 3591, 3712, 3741, 3748, 3749)
　1996 Ed. (898, 899, 1237, 1644, 1720, 1721, 2015, 2495, 2506, 2516, 2536, 2701, 3264, 3511, 3519, 3524, 3527, 3530, 3531, 3532, 3533, 3534, 3535, 3536, 3538, 3539, 3540, 3546, 3547, 3548, 3550, 3551, 3552, 3553, 3557, 3558, 3560, 3561, 3562, 3563, 3567, 3568, 3573, 3574, 3575, 3576, 3577, 3667, 3798, 3840, 3847, 3848)
　1997 Ed. (929, 930, 996, 1283, 1818, 1819, 1821, 2637, 2648, 2655, 3131, 3363, 3563, 3564, 3572, 3573, 3575, 3576, 3578, 3579, 3580, 3586, 3587, 3588, 3590, 3591, 3592, 3593, 3597, 3598, 3600, 3601, 3602, 3612, 3613, 3614, 3615, 3616, 3617, 3618, 3619, 3620, 3621, 3624, 3786, 3850, 3888, 3895, 3896, 3915)
　1998 Ed. (179, 210, 473, 671, 673, 725, 732, 1535, 1536, 1702, 1830, 1935, 2112, 2113, 2366, 2381, 2384, 2404, 2415, 2416, 2417, 2418, 2901, 3105, 3380, 3389, 3391, 3398, 3517, 3683, 3727, 3732, 3759)
　1999 Ed. (738, 798, 984, 1058, 1060, 1145, 2587, 2681, 3140, 3196, 3217, 3219, 3221, 3258, 3267, 3268, 3269, 3270, 3271, 3272, 4121, 4406, 4409, 4411, 4412, 4413, 4415, 4416, 4419, 4420, 4423, 4426, 4427, 4428, 4434, 4435, 4436, 4437, 4438, 4439, 4441, 4443, 4447, 4456, 4457, 4458, 4459, 4461, 4462, 4466, 4467, 4536, 4726, 4775, 4777)
　2000 Ed. (276, 751, 803, 804, 1005, 1007, 1140, 1905, 1906, 2327, 2382, 2465, 2599, 2645, 2658, 2659, 2939, 2956, 2958, 2960, 3005, 3006, 3008, 3009, 3010, 3557, 3558, 3587, 3831, 4103, 4104, 4107, 4108, 4109, 4112, 4113, 4114, 4269, 4355, 4399, 4401, 4406)
　2001 Ed. (2, 9, 10, 274, 285, 354, 396, 397, 411, 412, 413, 414, 428, 548, 549, 550, 719, 720, 722, 992, 1006, 1007, 1014, 1015, 1085, 1086, 1087, 1106, 1107, 1110, 1131, 1157, 1158, 1159, 1232, 1244, 1245, 1268, 1269, 1294, 1295, 1345, 1360, 1361, 1373, 1396, 1397, 1411, 1416, 1419, 1421, 1422, 1423, 1424, 1425, 1426, 1428, 1430, 1431, 1432, 1434, 1435, 1437, 1438, 1440, 1941, 1967, 1968, 1975, 1976, 2048, 2049, 2051, 2053, 2055, 2144, 2150, 2152, 2234, 2235, 2261, 2265, 2266, 2360, 2368, 2396, 2397, 2399, 2452, 2453, 2460, 2520, 2521, 2522, 2523, 2537, 2538, 2544, 2545, 2556, 2557, 2563, 2564, 2572, 2580, 2581, 2591, 2592, 2593, 2594, 2597, 2604, 2617, 2618, 2619, 2620, 2629, 2659, 2660, 2662, 2683, 2685, 2690, 2705, 2738, 2739, 2758, 2805, 2807, 2823, 2824, 2829, 2964, 3000, 3023, 3026, 3027, 3029, 3034, 3035, 3042, 3046, 3047, 3048, 3049, 3078, 3079, 3083, 3092, 3093, 3099, 3103, 3169, 3170, 3175, 3223, 3224, 3263, 3287, 3288, 3306, 3307, 3308, 3313, 3314, 3327, 3338, 3339, 3357, 3383, 3384, 3385, 3386, 3396, 3397, 3401, 3413, 3414, 3416, 3417, 3418, 3419, 3523, 3524, 3525, 3526, 3527, 3545, 3557, 3567, 3568, 3570, 3606, 3607, 3616, 3618, 3619, 3620, 3636, 3637, 3640, 3643, 3660, 3708, 3731, 3732, 3733, 3792, 3795, 3796, 3804, 3805, 3810, 3815, 3816, 3840, 3841, 3880, 3881, 3888, 3889, 3893, 3896, 3897, 3898, 3914, 3915, 3916, 3964, 3968, 3994, 4000, 4011, 4018, 4019, 4026, 4141, 4144, 4150, 4158, 4198, 4199, 4223, 4247, 4248, 4256, 4257, 4294, 4295, 4304, 4305, 4331, 4332, 4335, 4336, 4362, 4363, 4407, 4415, 4431, 4442, 4443, 4448, 4482, 4488, 4489,
4570, 4571, 4584, 4599, 4600, 4615, 4633, 4634, 4642, 4643, 4646, 4653, 4654, 4658, 4660, 4709, 4718, 4721, 4729, 4730, 4735, 4794, 4796, 4808, 4809, 4810, 4811, 4812, 4813, 4814, 4815, 4825, 4833, 4863, 4912, 4913, 4929, 4930, 4931, 4932, 4934, 4935)
　2002 Ed. (273, 367, 368, 378, 379, 451, 453, 459, 461, 463, 466, 468, 770, 771, 772, 773, 864, 959, 960, 961, 1102, 1112, 1113, 1116, 1117, 1824, 1825, 2008, 2063, 2067, 2120, 2351, 2352, 2353, 2401, 2549, 2736, 2737, 2738, 2739, 2740, 2741, 2742, 2837, 2843, 2844, 2845, 2847, 2849, 2851, 2865, 2868, 2877, 2897, 2899, 2902, 2903, 2944, 2961, 2971, 3053, 3089, 3091, 3115, 3116, 3117, 3127, 3128, 3202, 3235, 3236, 3239, 3240, 3252, 3289, 3300, 3327, 3341, 3344, 3367, 3528, 3632, 3734, 3804, 3901, 4072, 4074, 4107, 4108, 4109, 4110, 4111, 4113, 4145, 4149, 4150, 4151, 4156, 4286, 4308, 4330, 4333, 4368, 4370, 4374, 4375, 4376, 4377, 4520, 4550, 4554, 4681, 4682, 4763, 4765, 4775, 4776, 4779, 4916, 4992)
　2003 Ed. (354, 391, 393, 394, 396, 399, 405, 407, 408, 410, 419, 440, 441, 757, 758, 904, 905, 969, 1057, 1059, 1063, 1064, 1081, 1082, 1083, 2127, 2128, 2270, 2612, 2687, 2960, 2962, 2963, 2964, 2984, 3221, 3236, 3243, 3244, 3248, 3249, 3252, 3255, 3293, 3294, 3355, 3360, 3420, 3459, 3628, 3657, 3700, 3897, 3898, 4209, 4213, 4231, 4235, 4236, 4240, 4243, 4246, 4252, 4285, 4287, 4291, 4294, 4296, 4298, 4414, 4415, 4467, 4494, 4551, 4646, 4680, 4867, 4908, 4909, 4954, 4955, 4956, 4992)
　2004 Ed. (348, 370, 372, 373, 375, 377, 380, 394, 398, 767, 768, 896, 921, 922, 1027, 1068, 1070, 1071, 1075, 1092, 1093, 1094, 1095, 1096, 1097, 2188, 2297, 2298, 2299, 2300, 2301, 2302, 2303, 2304, 2309, 2316, 2536, 2727, 2728, 2732, 2805, 2973, 2980, 2989, 2990, 2991, 2992, 2993, 2994, 3038, 3041, 3043, 3044, 3045, 3047, 3048, 3057, 3058, 3070, 3091, 3094, 3098, 3099, 3118, 3145, 3263, 3275, 3281, 3292, 3301, 3311, 3312, 3313, 3355, 3356, 3418, 3425, 3426, 3477, 3478, 3525, 3671, 3675, 3743, 3925, 3926, 4232, 4236, 4251, 4253, 4255, 4259, 4293, 4294, 4296, 4297, 4299, 4303, 4306, 4308, 4446, 4457, 4501, 4507, 4508, 4510, 4511, 4514, 4518, 4520, 4521, 4522, 4524, 4525, 4526, 4527, 4531, 4658, 4805, 4847, 4898, 4899, 4957, 4958, 4959, 4981, 4995, 4996)
　2005 Ed. (346, 370, 386, 387, 389, 391, 392, 394, 402, 403, 404, 405, 406, 408, 418, 441, 442, 443, 912, 913, 1072, 1076, 1100, 1101, 2382, 2526, 2916, 2937, 3122, 3300, 3319, 3335, 3383, 3384, 3432, 3441, 3484, 3524, 3589, 3613, 3652, 3690, 3873, 3874, 4159, 4184, 4192, 4195, 4196, 4203, 4226, 4227, 4228, 4229, 4230, 4232, 4233, 4234, 4241, 4392, 4402, 4472, 4598, 4599, 4600, 4608, 4722, 4776, 4795, 4939, 4941, 4942)
　2006 Ed. (373, 1095, 1096, 2428, 2707, 2790, 2834, 2984, 2986, 3059, 3070, 3080, 3084, 3097, 3103, 3112, 3115, 3117, 3137, 3155, 3301, 3307, 3323, 3367, 3368, 3443, 3450, 3483, 3584, 3690, 3730, 3750, 3783, 3936, 3937, 4213, 4332, 4410, 4419, 4475, 4673, 4865)
　2007 Ed. (333, 341, 366, 1199, 1200, 1201, 2280, 2372, 2373, 2520, 2702, 3017, 3371, 3385, 3419, 3420, 3459, 3474, 3515, 3647, 3648, 3685, 3713, 3749, 3781, 3994, 3995, 4396, 4472, 4481, 4534, 4694, 4866)
　2008 Ed. (327, 354, 1105, 1106, 1107, 1757, 2405, 2406, 2492, 2648, 2832, 2897, 2918, 2927, 2958, 3004, 3136, 3278, 3470, 3471, 3512, 3545, 3633, 3648, 3759, 3760, 3779, 3806, 3830, 3859, 4011, 4012, 4355, 4455, 4465, 4497, 4603, 4661, 4787, 4838, 4940)
　2009 Ed. (350, 1083, 1084, 1085, 2400, 2414, 2498, 2499, 2676, 2888, 3038, 3090, 3219, 3220, 3335, 3477, 3551, 3554, 3578, 3579, 3697, 3712, 3771, 3782, 3814, 3850, 3884, 4083, 4084, 4243, 4350, 4452, 4494, 4498, 4527, 4703, 4819, 4961)
　2010 Ed. (326, 1056, 2313, 2412, 2413, 2572, 2578, 2827, 3022, 3153, 3269, 3270, 3410, 3465, 3472, 3496, 3497, 3613, 3630, 3710, 3742, 3769, 3795, 3995, 4175, 4537, 4540, 4567, 4717, 4837, 4969)
　2011 Ed. (253, 994, 2415, 2416, 2549, 2553, 2811, 2991, 3119, 3238, 3239, 3468, 3481, 3496, 3616, 3631, 3707, 3742, 3773, 3792, 4003, 4475, 4485, 4675, 4795, 4950, 4951, 4958)
　2012 Ed. (274, 908, 912, 918, 2225, 2226, 2336, 2337, 2498, 2505, 2743, 2917, 3136, 3202, 3203, 3483, 3485, 3500, 3610, 3631, 3728, 4490, 4611, 4812, 4952)
　2013 Ed. (299, 737, 739, 1065, 1157, 1387, 2518, 2519, 2520, 2834, 2835, 3130, 3270, 3528, 3537, 3567, 4569, 4570, 4774, 4974)
　2014 Ed. (230, 277, 2472, 3230, 3499, 3513, 3521, 4626, 4627)
　2015 Ed. (265, 302, 1832, 2631, 3280, 3516, 3519, 3528, 3536)
　2016 Ed. (259, 260, 1793, 3120, 3374, 3379, 3387)
　2017 Ed. (313, 3096, 3346)
　2018 Ed. (248, 1708, 1719, 3406, 3981, 4572)
　2019 Ed. (245, 2521, 3322, 3323, 3442, 3443, 3959, 3961, 4559, 4560, 4573, 4589)
　2020 Ed. (250, 618, 820, 3322, 3323, 3439, 3440, 3942, 3976, 3982, 4369)
　2021 Ed. (235, 3163, 3329, 3335, 3356, 3357, 3377, 3457, 3458, 3942, 4555)
　2022 Ed. (256, 1005, 2350, 2885, 3308, 3309, 3324, 3393, 3399, 3406, 3407, 3515, 3516, 3953, 3959, 4562)
　2023 Ed. (357, 1175, 2515, 2891, 3054, 3528, 3534, 3540, 3541, 3639, 3640)
State of Michigan
　2023 Ed. (4041, 4047)
Michigan-Ann Arbor, Ross School of Business; University of
　2010 Ed. (723, 732, 742, 743, 744, 748, 749, 750, 751, 752, 755, 757, 759, 760, 761, 762, 763, 764)
　2011 Ed. (641, 645, 652, 653, 654, 655, 659, 660, 661, 662, 663, 664, 692, 693, 694)
　2012 Ed. (607)
Michigan at Ann Arbor; University of
　1996 Ed. (842, 845, 848, 849, 1048, 1683, 1684, 1689, 1690, 1691, 1694, 2457, 2461, 3192)
Michigan-Ann Arbor; University of
　2005 Ed. (801, 1063, 2440, 3266, 3440)
　2007 Ed. (803, 1181, 2447, 3330)
　2008 Ed. (772, 776, 779, 789, 791, 793, 794, 795, 797, 1062, 1089, 2574, 2576, 3431, 3639, 3640)
　2009 Ed. (788, 791, 806, 808, 810, 811, 812, 1033, 1038, 1066, 2585, 2602, 3505)
　2010 Ed. (725, 1004, 1013, 1014, 1034, 2498, 2499, 2505, 3435, 3450, 3768)
　2011 Ed. (647, 668, 670, 671, 672, 674, 950, 951, 2506, 3420, 3450, 3628, 3772)
　2012 Ed. (610)
　2014 Ed. (768)
　2016 Ed. (725)
Michigan Association of CPAs
　2009 Ed. (1642)
Michigan Association of School Boards Schools Employers Trust
　2006 Ed. (4201)
Michigan Bell
　1993 Ed. (1480)
Michigan Bell Telephone Co.
　1990 Ed. (1500)
　1992 Ed. (1800)
　1994 Ed. (1526)
Michigan Bulb
　2007 Ed. (888)
Michigan Business School; University of Michigan
　2006 Ed. (724)
Michigan C. S. Mott Children's Hospital; University of
　2012 Ed. (2959)
　2013 Ed. (3047)
Michigan Catastrophic Claims
　1992 Ed. (3259)
Michigan Catastrophic Claims Association
　1995 Ed. (2786, 2787)
Michigan Catholic
　2004 Ed. (3687)
　2005 Ed. (3602)
The Michigan Chronicle
　2000 Ed. (3336)
　2001 Ed. (3542)
Michigan Chronicle Publishing Co., Inc.
　2004 Ed. (3687)
　2005 Ed. (3602)
The Michigan Citizen
　1999 Ed. (3617)
　2000 Ed. (3336)
　2001 Ed. (3542)
Michigan Community Bancorp Ltd.
　2002 Ed. (1729)

CUMULATIVE INDEX • 1989-2023

Michigan Community Newspapers
  1998 Ed. (2680)
  1999 Ed. (3617)
  2000 Ed. (3336)
  2001 Ed. (3542)
Michigan Conference of Teamsters Welfare Fund
  1990 Ed. (2896)
  1991 Ed. (2760)
Michigan Consolidated Gas Co.
  1990 Ed. (1887)
  1991 Ed. (1802, 1804, 1805)
  1992 Ed. (2263, 2271, 2273, 2274)
  1993 Ed. (1933, 1934, 1935, 1936)
  1994 Ed. (1959, 1960, 1961, 1962)
  1995 Ed. (1984, 1985, 1986, 1987)
  1996 Ed. (2000, 2007, 2009, 2010)
  1997 Ed. (2127)
  1998 Ed. (1813, 1818, 1819, 1820, 1821, 2775)
  1999 Ed. (2573, 2578, 2579, 2580, 2581)
  2001 Ed. (1683)
  2005 Ed. (2724, 2725)
Michigan-Dearborn; University of
  2011 Ed. (2504)
Michigan Department of Corrections
  1994 Ed. (1889)
  1995 Ed. (1917)
  1996 Ed. (1953)
  1997 Ed. (2056)
Michigan Dept. of Corrections
  2000 Ed. (3617)
Michigan Department of Management & Budget
  2006 Ed. (3950)
Michigan Department of Treasury
  1989 Ed. (2162)
  1990 Ed. (2784)
  1991 Ed. (2690, 2694)
  1996 Ed. (2942)
Michigan Economic Development Corp.
  2003 Ed. (3245)
Michigan Educational Credit Union
  2002 Ed. (1856)
  2003 Ed. (1899)
  2009 Ed. (2193)
  2012 Ed. (2057)
Michigan First Credit Union
  2003 Ed. (1897)
Michigan Group Inc.
  1998 Ed. (2996)
  1999 Ed. (3992)
Michigan Health Care Corp.
  1990 Ed. (2055)
  1991 Ed. (1933)
  1992 Ed. (2457)
Michigan Health & Hospital Association
  2012 Ed. (2796, 2797)
  2014 Ed. (2896)
Michigan Health System; University of
  2009 Ed. (1646)
Michigan Heritage Bancorp Inc.
  2004 Ed. (406)
Michigan HMO Inc.
  1999 Ed. (2654)
Michigan HMO Inc. (OmniCare Health Plan)
  1991 Ed. (1894)
Michigan HMO Inc. (OnmiCare Health Plan)
  1992 Ed. (2390)
Michigan Hospitals & Health Centers; University of
  2006 Ed. (2918)
  2008 Ed. (3059)
  2009 Ed. (3144)
  2010 Ed. (3075)
  2012 Ed. (2980)
  2013 Ed. (3071)
Michigan Hospitals & Health System; University of
  2008 Ed. (3055)
  2009 Ed. (3141)
  2010 Ed. (3061, 3069, 3072)
Michigan Hospitals; University of
  1991 Ed. (1933)
  1992 Ed. (2457)
  1993 Ed. (2072)
  1995 Ed. (2142)
  1996 Ed. (2154)
  1997 Ed. (2263, 2269)
Michigan Legislative Consultants
  2000 Ed. (2991)
  2001 Ed. (3156)
Michigan Medical Center; University of
  2005 Ed. (2894, 2895, 2906, 2907, 2910)
  2006 Ed. (2900, 2901, 2913, 2914)
  2007 Ed. (2919, 2920, 2927, 2933)
Michigan, Michigan Business School; University of
  2006 Ed. (724)
Michigan Milk Producers Association
  2018 Ed. (2144)
  2019 Ed. (2142)
  2020 Ed. (2127)
  2021 Ed. (2120)
  2022 Ed. (2152)
  2023 Ed. (2271)

Michigan Municipal Bond
  2001 Ed. (842)
Michigan Municipal Bond Authority
  1990 Ed. (2648)
  1993 Ed. (3099)
Michigan National Bank
  1990 Ed. (636)
  1991 Ed. (2205)
  1992 Ed. (523, 563, 779, 3657)
  1993 Ed. (358, 403, 568, 3279)
  1995 Ed. (359, 388, 546, 3350)
  1996 Ed. (605)
  1997 Ed. (334, 558)
  1998 Ed. (358, 395)
  1999 Ed. (525)
  2000 Ed. (510, 2922)
  2001 Ed. (583, 620)
  2002 Ed. (551)
Michigan National Bank (Farmington Hills)
  1991 Ed. (608)
Michigan National Bank/Independence One Capital Management Corp.
  1995 Ed. (2389)
Michigan National Corp.
  1989 Ed. (394, 432)
  1990 Ed. (440, 444, 449, 2320)
  1991 Ed. (377, 389)
  1992 Ed. (526)
  1994 Ed. (570, 3227, 3269)
  1996 Ed. (359)
  1997 Ed. (349)
  1998 Ed. (286, 2307)
  1999 Ed. (384, 662, 3101)
  2001 Ed. (588, 4280)
  2002 Ed. (433, 437, 3022, 4294)
Michigan National Corp./Independence One Capital Management Corp.
  1996 Ed. (2421)
  2000 Ed. (384, 2846)
  2001 Ed. (3018)
Michigan National/Grand Rapids
  1989 Ed. (2155)
Michigan Physicians; University of
  2015 Ed. (2913)
Michigan Pipe & Valve
  2013 Ed. (2930)
Michigan Pipe & Valve - Saginaw Inc.
  2010 Ed. (2962)
  2011 Ed. (2927)
  2012 Ed. (2861)
Michigan Pipe & Valve Saginaw Inc.
  2014 Ed. (2947)
Michigan Realty Solutions
  2016 Ed. (4090)
Michigan Retirement
  1998 Ed. (2764)
  1999 Ed. (3725, 3727, 3728)
  2000 Ed. (3435, 3442, 3443, 3445)
  2003 Ed. (1982, 1983, 1984)
  2004 Ed. (2031, 2032, 2033)
  2007 Ed. (2178, 2179, 2188, 2190, 2191)
  2008 Ed. (2296, 2301, 2310, 2312, 2313, 2323)
  2009 Ed. (2287, 2292, 2301, 2303, 2311)
  2010 Ed. (2242)
  2011 Ed. (2251)
Michigan Rivet Corp.
  1990 Ed. (3707)
  1991 Ed. (3515)
  1995 Ed. (3795)
  1996 Ed. (3880)
  1997 Ed. (3917)
  1998 Ed. (3762)
  1999 Ed. (4812)
  2000 Ed. (4432)
  2001 Ed. (4924)
Michigan, Ross School of Business; University of
  2006 Ed. (702, 707, 709, 710, 711, 727, 728)
  2007 Ed. (795, 796, 797, 808, 814, 815, 816, 817, 823, 824)
  2008 Ed. (770, 773)
  2009 Ed. (789, 824)
  2010 Ed. (722, 726, 728, 737)
  2011 Ed. (688, 689, 690)
  2013 Ed. (748, 750)
Michigan Schools & Government Credit Union
  2008 Ed. (2239)
  2009 Ed. (2225)
  2010 Ed. (2179)
  2011 Ed. (2197)
  2012 Ed. (2057)
  2013 Ed. (2240)
  2014 Ed. (2172)
  2015 Ed. (2236)
  2016 Ed. (2207)
  2018 Ed. (2102)
  2020 Ed. (2081)
  2021 Ed. (2071)
  2022 Ed. (2062, 2106)
  2023 Ed. (2174, 2221)
Michigan Solar & Wind Powered Solutions
  2016 Ed. (4423)
Michigan Sporting Goods
  1989 Ed. (2522)

Michigan State Attorney General
  1993 Ed. (2623)
Michigan State Building Authority
  1993 Ed. (2621)
  1995 Ed. (2650)
  2000 Ed. (3203)
Michigan State Hospital Finance Agency
  2001 Ed. (842, 846)
Michigan State Hospital Finance Authority
  1993 Ed. (2618)
  1996 Ed. (2727)
  1998 Ed. (2572)
  1999 Ed. (3483)
Michigan State Hospital Financial Authority
  1995 Ed. (2648)
Michigan State Housing Development Agency
  2001 Ed. (842)
Michigan State Housing Development Authority
  1995 Ed. (2192)
Michigan; State of
  1994 Ed. (2765)
  1995 Ed. (1559)
  1996 Ed. (1542)
  2005 Ed. (1755)
  2018 Ed. (1709, 1713)
Michigan State Retirement
  1996 Ed. (2929, 2932, 2935)
  1997 Ed. (3017, 3021, 3023)
  1998 Ed. (2767, 2768)
Michigan State University
  1990 Ed. (2053)
  1991 Ed. (892, 2928)
  1992 Ed. (3803)
  1993 Ed. (3102)
  1994 Ed. (816, 889, 1056)
  1995 Ed. (3189)
  1996 Ed. (3288)
  1997 Ed. (3385)
  1998 Ed. (3161)
  1999 Ed. (982, 1106, 3330)
  2000 Ed. (1034, 3068, 3073)
  2001 Ed. (2488, 3255, 3257)
  2002 Ed. (898, 901)
  2004 Ed. (830, 2669)
  2006 Ed. (723, 738, 2339)
  2007 Ed. (2446)
  2008 Ed. (2575)
  2010 Ed. (1034)
  2014 Ed. (773)
  2016 Ed. (1793)
  2018 Ed. (1708)
Michigan State University, Broad School of Business
  2006 Ed. (740)
  2007 Ed. (824, 826)
  2008 Ed. (777, 799)
  2009 Ed. (816)
  2010 Ed. (729, 753, 755, 763, 765)
  2011 Ed. (664, 676)
Michigan State University College of Osteopathic Medicine
  2001 Ed. (3253)
  2010 Ed. (3626)
  2011 Ed. (3627)
Michigan State University Credit Union
  2002 Ed. (1872)
  2003 Ed. (1926)
  2004 Ed. (1966)
  2005 Ed. (2108)
  2006 Ed. (2203)
  2007 Ed. (2124)
  2008 Ed. (2239)
  2009 Ed. (2225)
  2010 Ed. (2179)
  2011 Ed. (2197)
  2012 Ed. (2057)
  2013 Ed. (2240)
  2014 Ed. (2172)
  2015 Ed. (2236)
  2016 Ed. (2207)
Michigan State University Federal Credit Union
  1997 Ed. (1563)
  1998 Ed. (1226)
  2018 Ed. (2102)
  2020 Ed. (2081)
  2021 Ed. (2071)
Michigan Strategic Fund
  1993 Ed. (2625)
  1995 Ed. (1621, 2230)
  1997 Ed. (2363, 2839)
  1998 Ed. (2085)
  2001 Ed. (842)
Michigan Tech Employees Credit Union
  2002 Ed. (1832)
Michigan Technological University
  1992 Ed. (1271)
  1993 Ed. (1019)
  1994 Ed. (1046)
  1995 Ed. (1054)
Michigan Treasury
  2001 Ed. (3675, 3676, 3679)
  2002 Ed. (3610, 3611, 3613, 3614, 3616)
Michigan Turkey Producers
  2018 Ed. (3976)
  2021 Ed. (3928)

  2022 Ed. (3940)
  2023 Ed. (4023)
Michigan Underground Storage Tank Authority
  1998 Ed. (2085)
Michigan; University of
  1991 Ed. (814, 815, 817, 821, 822, 916, 1004, 1565, 1566, 1570, 1573, 1575, 1577, 2295, 2833)
  1992 Ed. (997, 1003, 1007, 1281, 1970, 1971, 1975, 1977, 1978, 1980, 2848, 3663, 3669, 3803)
  1993 Ed. (796, 802, 806, 1029, 1621, 1622, 1626, 1628, 1629, 1631, 2407, 3000)
  1994 Ed. (806, 810, 811, 818, 1060, 1654, 1655, 1660, 1661, 1662, 1664, 1665, 1713, 2358, 2743, 3046)
  1995 Ed. (1073, 1701, 1702, 1707, 1708, 1709, 1712, 2422, 3091, 3095)
  1997 Ed. (855, 858, 862, 864, 1065, 1067, 1764, 1765, 1771, 1772, 1773, 1775, 1776, 2602, 2603, 2607, 2632, 3297)
  2005 Ed. (804, 809)
  2006 Ed. (717, 719, 730, 731, 737, 738, 3785, 3948, 3957)
  2007 Ed. (827, 828, 832, 834, 1165)
  2008 Ed. (3864)
  2009 Ed. (801, 823, 1646)
  2010 Ed. (740, 1026)
  2011 Ed. (638, 648, 3838, 4198)
  2012 Ed. (611, 614, 867, 868, 871, 879)
  2013 Ed. (1861)
  2014 Ed. (773, 1788, 1792)
  2015 Ed. (807, 808, 809, 821, 1830, 4238)
Michigan Wolverines
  2014 Ed. (2748)
Michinoku Bank
  2008 Ed. (439)
Michinori Shimizu
  1999 Ed. (2389)
  2000 Ed. (2171)
MicHlth
  1990 Ed. (2749)
Mick Jagger; Sir
  2005 Ed. (4894)
Mickelson; Phil
  2008 Ed. (272)
  2009 Ed. (294, 295, 296)
  2010 Ed. (276)
  2011 Ed. (200)
  2012 Ed. (215, 216)
  2013 Ed. (185, 186)
  2014 Ed. (192, 198)
  2015 Ed. (225)
  2016 Ed. (221)
  2017 Ed. (211, 212, 220)
  2018 Ed. (197, 204)
  2019 Ed. (191)
  2023 Ed. (320)
Mickey
  1995 Ed. (339)
  1996 Ed. (358)
Mickey Drexler
  2010 Ed. (932)
Mickey Guru Travel Co.
  2019 Ed. (2543, 4984)
  2021 Ed. (2479)
Mickey Guru Travel Company
  2021 Ed. (4988)
Mickey Levy
  1989 Ed. (1753)
Mickey Mantle, 1952
  1991 Ed. (702)
Mickey Mouse
  1992 Ed. (1064)
  2006 Ed. (649)
Mickey's
  1996 Ed. (780)
  1998 Ed. (498, 3440)
  2015 Ed. (3553)
  2016 Ed. (3404)
  2017 Ed. (3359)
Mickey's ABCs
  1995 Ed. (1101)
Micky Arison
  2002 Ed. (3347)
  2003 Ed. (4885)
  2004 Ed. (4869)
  2005 Ed. (967, 4855)
  2006 Ed. (899, 4909)
  2007 Ed. (989, 4904)
  2008 Ed. (935, 2639, 4833)
  2009 Ed. (947, 4853)
  2010 Ed. (2566, 4858)
  2012 Ed. (4851)
  2013 Ed. (547, 4848)
  2014 Ed. (4864)
  2015 Ed. (4901)
  2016 Ed. (4818)
  2017 Ed. (4828)
  2018 Ed. (4833)
  2019 Ed. (4830)
  2020 Ed. (4820)
  2021 Ed. (4821)
  2022 Ed. (4814)

2023 Ed. (4807)
Micky Arlson
 2010 Ed. (885)
Micky Jagtiani
 2015 Ed. (4929)
Micky Malka
 2023 Ed. (4752)
Miclyn Express Offshore
 2013 Ed. (2038)
 2014 Ed. (1973)
 2015 Ed. (2018)
Micom Communications
 2000 Ed. (1168)
Micom Systems
 1989 Ed. (963)
 1990 Ed. (1106, 2987)
Micralyne Inc.
 2008 Ed. (1549)
 2009 Ed. (1478)
Micrel, Inc.
 1999 Ed. (3667)
 2000 Ed. (3387, 4042)
 2002 Ed. (4288)
Micro
 2013 Ed. (566)
MICRO
 2018 Ed. (3452)
 2019 Ed. (3423)
 2020 Ed. (3423)
 2022 Ed. (3495)
 2023 Ed. (3620)
Micro Analysis & Design Inc.
 2005 Ed. (4993, 4994)
 2006 Ed. (1680, 3503, 3987, 4343, 4991, 4992)
 2007 Ed. (3540, 4403, 4987, 4988, 4989)
 2008 Ed. (4992)
Micro Cap Partners LP
 2003 Ed. (3120, 3135)
Micro Center
 2001 Ed. (1374)
 2014 Ed. (2434)
 2015 Ed. (2506)
 2016 Ed. (2439)
 2017 Ed. (1895, 2285)
 2018 Ed. (1841)
 2019 Ed. (1894)
 2020 Ed. (1833)
 2021 Ed. (2266, 2280)
 2022 Ed. (2304)
Micro-Coax
 2016 Ed. (4777)
Micro Contact Solution
 2017 Ed. (1962)
Micro Electronics
 2017 Ed. (1899)
 2018 Ed. (1846)
 2019 Ed. (1898)
 2020 Ed. (1838)
 2021 Ed. (1803, 4234)
 2022 Ed. (1845, 4242)
 2023 Ed. (1969)
Micro Electronics Inc.
 1998 Ed. (859)
 2000 Ed. (1180)
 2005 Ed. (4121)
 2009 Ed. (4504)
 2010 Ed. (4093, 4545)
 2016 Ed. (1925)
 2017 Ed. (1895)
 2018 Ed. (1841)
 2019 Ed. (1894)
 2020 Ed. (1833)
Micro Enterprise Bank
 2005 Ed. (506)
Micro Focus
 1995 Ed. (3098)
 2013 Ed. (1118)
 2019 Ed. (986)
 2020 Ed. (974)
 2021 Ed. (961)
 2022 Ed. (998)
 2023 Ed. (1163, 1169)
Micro Focus Group
 1992 Ed. (1627)
 1995 Ed. (201)
Micro Focus International
 2017 Ed. (1043, 1055)
 2018 Ed. (2001)
 2020 Ed. (968)
Micro Focus International plc
 2011 Ed. (631, 1062)
 2012 Ed. (979)
 2013 Ed. (1110)
 2018 Ed. (980)
 2019 Ed. (975)
Micro Forte Pty. Ltd.
 2010 Ed. (2923)
Micro League Inc.
 2008 Ed. (4607)
Micro Machines
 1990 Ed. (3620)
 1992 Ed. (4328)
Micro Machines-Galoob
 1991 Ed. (3409)
Micro Power Electronics
 2009 Ed. (1981)

Micro Solutions Enterprises
 2005 Ed. (3377)
Micro Stamping Corp.
 2021 Ed. (3438)
Micro Technology
 1999 Ed. (1651)
Micro Technology Inc.
 2013 Ed. (2176)
Micro-Tel Inc.
 2000 Ed. (3146)
Micro Touch One
 2016 Ed. (2293)
 2017 Ed. (4054)
Micro Touch Systems
 1996 Ed. (2886)
Micro W. A. R. Inc.
 2008 Ed. (2056, 3730)
Micro Warehouse, Inc.
 1997 Ed. (914, 3518)
 1998 Ed. (651, 653, 820, 2426, 3086)
 1999 Ed. (1043, 1044, 1260, 1266, 3288, 4313)
 2000 Ed. (993, 995, 1159, 3023)
 2001 Ed. (1134, 1135, 2184)
 2002 Ed. (946, 1132)
 2003 Ed. (870)
MicroAge Computer Center
 1994 Ed. (1098)
 1995 Ed. (1115)
MicroAge Computer Stores
 1989 Ed. (984)
MicroAge Inc.
 1995 Ed. (2819, 3289, 3301, 3318)
 1996 Ed. (1291)
 1997 Ed. (1354)
 1998 Ed. (858, 1060, 1062, 1126, 1956, 1957)
 1999 Ed. (1274, 1563, 2694)
 2000 Ed. (1181, 1384)
 2001 Ed. (1610, 1611)
 2002 Ed. (1567, 1576, 4879, 4898)
 2003 Ed. (803, 1608, 4927)
MicroAge, Inc. (Tempe, AZ)
 1991 Ed. (1037)
MicroAge InfoSystems Services
 1998 Ed. (862)
Microautomation Inc.
 2010 Ed. (2080)
Microband Wireless Cable
 1995 Ed. (3777)
Microblink
 2021 Ed. (1494)
MicroCAD Solutions
 1998 Ed. (606)
Microcell
 2016 Ed. (3615)
Microcell Telecommunications Inc.
 2003 Ed. (2937, 2939, 2941, 4697)
Microchip
 2001 Ed. (2158)
Microchip Technology
 2014 Ed. (2878)
 2015 Ed. (1433)
 2016 Ed. (1354)
 2017 Ed. (1011, 1384)
 2018 Ed. (941, 1359)
 2019 Ed. (4363)
 2020 Ed. (1357, 4359)
 2022 Ed. (1368, 4382)
Microchip Technology Inc.
 1995 Ed. (3162, 3201)
 1997 Ed. (1822, 1823)
 1998 Ed. (1532)
 2001 Ed. (3300)
 2002 Ed. (2081)
 2003 Ed. (1719, 2198)
 2004 Ed. (1105, 1756)
 2005 Ed. (2340)
 2006 Ed. (2395, 4285)
 2007 Ed. (4349)
 2009 Ed. (4413)
 2012 Ed. (1309)
 2013 Ed. (1408)
 2017 Ed. (3375)
 2018 Ed. (3439)
 2019 Ed. (2329, 3408)
 2020 Ed. (3404, 3411)
 2021 Ed. (3419, 4370)
 2022 Ed. (3483, 4380)
 2023 Ed. (3606, 4399)
Microchip Technology Ireland Limited
 2021 Ed. (930)
 2023 Ed. (1122)
Microcom
 1990 Ed. (2595, 2596)
 1998 Ed. (2519)
Microcosm Publishing
 2023 Ed. (4159)
Microdata Telecom Innovation Stockholm Aktiebolag
 2017 Ed. (1972)
Microderm GLO
 2022 Ed. (1600, 4235)
Microderm Glo
 2022 Ed. (4231)
Microdyne
 1996 Ed. (1762)

MicroEnergy Inc.
 1992 Ed. (1131)
Microfibres
 1995 Ed. (1954, 3607)
 1996 Ed. (3682)
 2000 Ed. (4244)
Microfinance Bank of Georgia
 2004 Ed. (471)
MicroFinancial
 2008 Ed. (1916)
 2010 Ed. (1804)
Microflex
 2023 Ed. (4318)
microform, s.r.o.
 2018 Ed. (1905)
Microforum Inc.
 2001 Ed. (2863)
 2003 Ed. (2937, 2938)
Microfusa Tienda
 2016 Ed. (3665)
Microgen plc
 2020 Ed. (965)
Microgenics
 1993 Ed. (1514)
Micrografx Inc.
 1992 Ed. (3821)
Micrographics Equipment
 1992 Ed. (3070)
Micrographics Equipment Maintenance
 1992 Ed. (3070)
Micrographics Software
 1992 Ed. (3070)
Micrographics Supplies
 1992 Ed. (3070)
MicroGREEN Polymers
 2015 Ed. (2144)
MicroHealth LLC
 2021 Ed. (1232)
 2022 Ed. (1234)
Micromachines
 1992 Ed. (4329)
MicroMass (An Ashfield Health Company)
 2023 Ed. (116)
MicroMass Communications
 2022 Ed. (66)
Micromuse Inc.
 2002 Ed. (1502, 1551, 2808)
 2004 Ed. (2778)
Micron
 1998 Ed. (3278)
 1999 Ed. (4271, 4273)
 2000 Ed. (3703, 3704, 3705, 3994)
 2001 Ed. (3296)
 2023 Ed. (4412)
Micron Custom Manufacturing
 1998 Ed. (933)
Micron Electronics Inc.
 1999 Ed. (1043, 3288)
 2000 Ed. (993, 3023)
 2001 Ed. (1134, 1729, 2170)
 2003 Ed. (1691, 1692)
Micron Government Computer Systems Inc.
 2003 Ed. (1355)
Micron Technology
 2013 Ed. (1361)
 2015 Ed. (1390, 4454)
 2016 Ed. (1300, 2136, 2914, 4349, 4350)
 2017 Ed. (1611, 2873, 4350)
 2018 Ed. (4345)
 2019 Ed. (666, 952, 1633, 4362, 4376, 4378)
 2020 Ed. (1325, 1335, 1590, 4358, 4370, 4371)
 2021 Ed. (1326, 1574, 2724, 4372, 4376)
 2022 Ed. (1593)
 2023 Ed. (1544, 4406, 4408, 4411)
Micron Technology Inc.
 1990 Ed. (1614, 1618, 2751, 3229, 3233)
 1991 Ed. (1021, 1513, 1514, 1529, 1530, 1531, 2655, 2660, 3081, 3082)
 1992 Ed. (1308, 1922, 1924, 3673, 3915)
 1993 Ed. (1049, 3004, 3211, 3213)
 1994 Ed. (2995, 2996, 3199, 3200)
 1995 Ed. (1086, 1272, 1283, 1285, 1289, 1414)
 1996 Ed. (1066, 1069, 1274, 1396, 2608)
 1997 Ed. (1081, 1083, 1109, 1285, 1288, 1289, 1292, 1293, 1313, 1427, 1452, 1822, 1823, 2166, 3251, 3253, 3639, 3640)
 1998 Ed. (831, 1061, 1068, 1115, 1143, 2676)
 1999 Ed. (1262, 1502, 1542, 1550, 1652, 3608, 3609, 4270, 4282)
 2000 Ed. (1453, 3327, 3992, 3993)
 2001 Ed. (1040, 1071, 1728, 1729, 2133, 4214, 4215, 4449)
 2002 Ed. (1039, 1528, 1529, 1666, 2081, 3334, 3335, 4256, 4258, 4876)
 2003 Ed. (1583, 1691, 1692, 1693, 2193, 2198, 3753, 3756, 4376, 4378, 4380, 4386, 4387, 4543)
 2004 Ed. (1585, 1727, 1728, 2231, 2236, 3778, 3780, 4398, 4399, 4401, 4405)
 2005 Ed. (1786, 1787, 2331, 2337, 2340, 3697, 3699, 4340, 4342, 4344, 4352, 4464)
 2006 Ed. (1757, 1758, 1759, 2077, 2392,

2395, 4280, 4281, 4282, 4283, 4286, 4472)
 2007 Ed. (1766, 1767, 2260, 2338, 3381, 3782, 4348, 4350, 4356, 4700)
 2008 Ed. (1793, 1794, 1795, 2136, 2138, 2462, 3861, 4309)
 2009 Ed. (1095, 1738, 1739, 1740, 2462, 2476, 3920, 4416, 4420)
 2010 Ed. (1684, 1685, 2058, 2069, 2382, 3832, 4459)
 2011 Ed. (1698, 2113, 2124, 2383, 3832, 4393, 4530)
 2012 Ed. (1261, 1550, 1551, 4458, 4459, 4460, 4462, 4574)
 2013 Ed. (1696, 1698, 1699, 2171, 2174, 2177, 2178, 2179, 4423, 4427, 4430)
 2014 Ed. (1646, 1647, 2108, 2109, 4454, 4457, 4459)
 2015 Ed. (1688, 1689, 2155, 2156, 2157, 2162, 2163, 4449, 4453, 4455)
 2016 Ed. (1641, 1642, 2130, 2131, 2133, 2134, 4342, 4348, 4351)
 2017 Ed. (1021, 4343, 4344, 4349, 4351)
 2018 Ed. (953, 2337, 4340)
 2019 Ed. (2329, 4369, 4375)
 2020 Ed. (2308, 4363, 4368)
 2021 Ed. (2253, 4373)
 2022 Ed. (2293, 4383)
 2023 Ed. (2473)
Micron Technology, Inc.
 2020 Ed. (942)
Micronas Semiconductor Holding AG
 2007 Ed. (2005)
Micronesia
 2012 Ed. (2197)
 2014 Ed. (2319)
 2017 Ed. (826)
 2018 Ed. (757)
 2019 Ed. (2212)
 2020 Ed. (768, 2209)
 2021 Ed. (790, 2181)
 2022 Ed. (822, 2211)
Micronetics Wireless Inc.
 2005 Ed. (1559)
Micronic Laser Systems AB
 2007 Ed. (1999)
 2008 Ed. (2092)
Micronics Japan
 2009 Ed. (1820, 2457)
Micropac Industries Inc.
 2006 Ed. (2042)
MicroPact Inc.
 2016 Ed. (2108)
MicroPhage
 2012 Ed. (4245)
Microphones
 1994 Ed. (2591)
Micropolis
 1989 Ed. (970, 971, 980, 2308)
 1990 Ed. (1118, 1125, 1127, 2202, 2750, 2997)
 1991 Ed. (1024, 1029, 1442, 2853)
 1992 Ed. (1312, 1314, 1833, 3682)
 1993 Ed. (1052)
 1994 Ed. (1548)
 1997 Ed. (1827)
MicroPort Orthopedics Inc.
 2016 Ed. (3437)
MicroProbe
 1996 Ed. (2887)
Microretailing Inc.
 1995 Ed. (2108, 3142)
 1996 Ed. (3823)
 1997 Ed. (3872)
 1998 Ed. (1940, 3711)
 1999 Ed. (2675, 2678, 2683)
Micros Systems Inc.
 1993 Ed. (2009)
 2004 Ed. (2852, 2853)
 2005 Ed. (2860, 2861, 3039)
 2006 Ed. (3042)
 2007 Ed. (1264, 3075)
 2008 Ed. (1127, 1901, 3216)
Microsaic Systems plc
 2014 Ed. (4231)
Microscience International
 1990 Ed. (2002)
Microsemi
 2019 Ed. (4367)
Microsemi Corp.
 1990 Ed. (1621)
 1991 Ed. (1522)
 2006 Ed. (3365)
 2014 Ed. (1437)
 2015 Ed. (1482)
 2017 Ed. (1419, 1455)
 2018 Ed. (1395, 1435, 4335)
 2019 Ed. (1441, 1471)
Microserve
 2015 Ed. (2976)
 2017 Ed. (2876)
Microsim
 1997 Ed. (1105)
Microsoft
 2013 Ed. (640, 664, 667, 694, 696, 1103, 1127, 2921, 3374, 3381, 3382, 4816)
 2014 Ed. (653, 654, 684, 685, 691, 715,

716, 717, 1088, 3383, 4650, 4651, 4831)
2015 Ed. (714, 735, 736, 739, 760, 763, 3419, 4640, 4642, 4643, 4868)
2016 Ed. (655, 670, 684, 685, 4556, 4557, 4784)
2017 Ed. (689, 705, 706, 711, 731, 733, 734, 4561, 4565, 4566, 4567, 4798)
2018 Ed. (647, 677, 678, 4583, 4584, 4792)
2019 Ed. (691, 968, 969, 3291, 3292, 4590, 4595, 4804)
2020 Ed. (641, 642, 681, 682, 683, 954, 2915, 2949, 3287, 3556, 4574)
2021 Ed. (593, 596, 689, 690, 928, 950, 965, 1059, 1060, 1069, 1438, 1606, 1611, 2784, 3152, 3581, 3583, 4558, 4564)
2022 Ed. (623, 726, 727, 948, 976, 978, 989, 995, 1001, 1002, 1300, 1333, 1337, 1338, 1349, 1631, 1635, 2011, 3296, 3637, 4566, 4574, 4575, 4677, 4931)
2023 Ed. (855, 899, 1120, 1154, 1155, 1158, 1164, 1170, 1172, 1269, 1270, 1279, 1285, 1288, 1539, 1543, 1550, 1556, 1634, 1789, 1790, 1793, 2110, 2339, 3220)

Microsoft AB
2014 Ed. (2001)
2015 Ed. (2047)

Microsoft Access
1995 Ed. (1109)

Microsoft/Alps
1992 Ed. (3120)

Microsoft Argentina
2014 Ed. (1356)

Microsoft BCentral
2002 Ed. (4878)
2003 Ed. (2159, 3037)
2004 Ed. (2213)

Microsoft Belgium
2010 Ed. (1503)
2011 Ed. (1497)
2012 Ed. (1345)
2013 Ed. (1437)
2014 Ed. (1399)

Microsoft Bookshelf
1994 Ed. (874)
1996 Ed. (887, 1079)
1997 Ed. (1098)

Microsoft Canada Co.
2003 Ed. (1115)
2005 Ed. (1716)
2006 Ed. (2818)
2007 Ed. (2820)
2008 Ed. (1639, 2945, 3497)
2009 Ed. (2995, 3268)
2010 Ed. (2935)
2011 Ed. (1537, 2899)
2012 Ed. (2834)
2013 Ed. (2919)
2014 Ed. (2933)
2015 Ed. (2983)
2016 Ed. (2918)
2017 Ed. (2875)
2018 Ed. (2943)

Microsoft Canada Development Centre
2010 Ed. (1512)

Microsoft Canada Inc.
2016 Ed. (3104)
2017 Ed. (3049)
2018 Ed. (3161)

Microsoft Chile
2013 Ed. (1538)

Microsoft Chile SA
2014 Ed. (1504)
2015 Ed. (1562)

Microsoft Colombia Inc.
2011 Ed. (1584)
2013 Ed. (1545)
2015 Ed. (1570)

Microsoft Co., Ltd
2013 Ed. (1785)

Microsoft Corp.
1989 Ed. (1323, 2101)
1990 Ed. (1119, 1135, 1136, 1137, 1328, 1614, 1626, 1631, 2211, 2734, 2751, 2752, 3136, 3260, 3343)
1991 Ed. (169, 1034, 1035, 1036, 1202, 1513, 1514, 1529, 1530, 1531, 2077, 2654, 2656, 2659, 2840, 2841, 2855)
1992 Ed. (1327, 1328, 1329, 1330, 1332, 1333, 1922, 1923, 1924, 2104, 3312, 3313, 3317, 3318, 3672, 3684, 3919, 3924, 3925, 4145, 4147)
1993 Ed. (1056, 1069, 1070, 1072, 1073, 1576, 2166, 2750, 2751, 2755, 2756, 2757, 3003, 3004, 3215, 3217, 3225, 3226, 3228, 3295, 3462, 3466, 3468, 3469)
1994 Ed. (1091, 1092, 1093, 1096, 1097, 1250, 1614, 2017, 2186, 2208, 2705, 2707, 2708, 2712, 2715, 3219, 3222, 3223, 3224, 3228, 3287, 3445, 3446, 3447)
1995 Ed. (20, 21, 1088, 1089, 1097, 1110, 1111, 1114, 1315, 1317, 1327, 1331, 1391, 1393, 2240, 2251, 2255, 2821, 3304, 3305, 3307, 3366)
1996 Ed. (2105)
1997 Ed. (30, 712, 1078, 1082, 1086, 1087, 1107, 1108, 1277, 1282, 1288, 1289, 1294, 1311, 1321, 1323, 1329, 1341, 1347, 1400, 1401, 1402, 1403, 1405, 1529, 2205, 2372, 2976, 2978, 2979, 3294)
1998 Ed. (562, 570, 571, 824, 826, 833, 840, 841, 842, 843, 844, 855, 1043, 1044, 1046, 1050, 1057, 1061, 1063, 1064, 1070, 1081, 1085, 1099, 1100, 1101, 1104, 1106, 1108, 1111, 1192, 2703, 2719, 2720, 2721, 2722, 2723, 2930, 3119, 3411, 3413, 3416, 3708, 3774, 3777)
1999 Ed. (795, 986, 987, 991, 1073, 1255, 1256, 1259, 1264, 1271, 1273, 1277, 1278, 1281, 1282, 1283, 1284, 1286, 1475, 1476, 1478, 1485, 1490, 1492, 1494, 1496, 1526, 1527, 1529, 1533, 1538, 1539, 1540, 1545, 1546, 1600, 1620, 1623, 1624, 1625, 1663, 1681, 1682, 1750, 1958, 1959, 1962, 1965, 2875, 2877, 3470, 3643, 3644, 3646, 3648, 3669, 3670, 3671, 3672, 3673, 4387, 4391, 4488, 4496, 4498)
2000 Ed. (932, 933, 934, 937, 953, 967, 1156, 1160, 1163, 1170, 1172, 1173, 1174, 1175, 1176, 1331, 1332, 1334, 1335, 1339, 1342, 1369, 1370, 1377, 1380, 1426, 1427, 1428, 1429, 1430, 1431, 1470, 1479, 1480, 1582, 1737, 1738, 1739, 1740, 1743, 1751, 2453, 2643, 2747, 2748, 2749, 2990, 3368, 3388, 3389, 3390, 3757, 3758, 4092, 4382)
2001 Ed. (1068, 1071, 1073, 1076, 1348, 1359, 1362, 1363, 1364, 1365, 1367, 1542, 1568, 1570, 1574, 1581, 1585, 1587, 1588, 1590, 1591, 1599, 1601, 1603, 1684, 1741, 1748, 1749, 1750, 1896, 1897, 1977, 1978, 2198, 2848, 2860, 2868, 3534, 4043, 4195, 4477, 4778, 4781)
2002 Ed. (33, 227, 915, 916, 1137, 1139, 1146, 1147, 1149, 1150, 1151, 1152, 1484, 1529, 1534, 1535, 1536, 1539, 1540, 1546, 1554, 1564, 1565, 1681, 1686, 1688, 1689, 1690, 1693, 1796, 2076, 2101, 2109, 2810, 3247, 3248, 3484, 3485, 3966, 4350, 4518, 4871, 4882)
2003 Ed. (752, 803, 815, 818, 1095, 1100, 1105, 1106, 1107, 1108, 1109, 1111, 1112, 1118, 1119, 1120, 1121, 1122, 1522, 1524, 1525, 1526, 1527, 1544, 1545, 1551, 1560, 1570, 1577, 1579, 1587, 1591, 1705, 1706, 1707, 1711, 1712, 1716, 1717, 1720, 1847, 1848, 1849, 2181, 2241, 2242, 2253, 2603, 2943, 3020, 3301, 3673, 3751, 4073, 4549, 4559, 4566, 4567)
2004 Ed. (762, 809, 844, 857, 859, 862, 1103, 1104, 1116, 1122, 1123, 1124, 1125, 1126, 1127, 1128, 1129, 1130, 1131, 1132, 1133, 1562, 1569, 1597, 1598, 1603, 1605, 1606, 1612, 1613, 1741, 1743, 1752, 1753, 1754, 1757, 1882, 1883, 1884, 2206, 2229, 2258, 2262, 3662, 3776, 4099, 4483, 4554, 4557, 4575, 4688, 4698)
2005 Ed. (739, 740, 742, 793, 818, 831, 832, 834, 836, 924, 1107, 1108, 1121, 1125, 1130, 1131, 1132, 1133, 1134, 1135, 1141, 1143, 1146, 1147, 1148, 1152, 1154, 1155, 1577, 1578, 1580, 1625, 1627, 1628, 1629, 1630, 1637, 1638, 1642, 1800, 1802, 1804, 1805, 1812, 1818, 1819, 1820, 1821, 1824, 1825, 1998, 1999, 2000, 2329, 2863, 3036, 3176, 3196, 3370, 3695, 4038, 4040, 4164, 4463, 4501, 4502, 4504)
2006 Ed. (163, 654, 692, 744, 758, 759, 761, 833, 1110, 1111, 1119, 1120, 1121, 1122, 1123, 1124, 1125, 1127, 1132, 1135, 1136, 1137, 1138, 1141, 1142, 1143, 1144, 1145, 1457, 1466, 1467, 1468, 1469, 1470, 1482, 1516, 1517, 1518, 1519, 1526, 1527, 1531, 1774, 1776, 1800, 1805, 1807, 1808, 1809, 2071, 2072, 2077, 2078, 2082, 2098, 2099, 2100, 2101, 2385, 2869, 3028, 3039, 3108, 3183, 3187, 3688, 3695, 3697, 4079, 4218, 4576, 4577, 4589, 4607)
2007 Ed. (154, 683, 691, 692, 696, 838, 851, 852, 853, 855, 859, 860, 1211, 1215, 1217, 1226, 1227, 1228, 1229, 1230, 1231, 1233, 1241, 1242, 1243, 1244, 1245, 1247, 1249, 1252, 1255, 1256, 1257, 1258, 1260, 1448, 1449, 1478, 1541, 1543, 1545, 1547, 1557, 1562, 1584, 1692, 1785, 1807, 1812, 1813, 1814, 1815, 1816, 1817, 1923, 2043, 2044, 2055, 2056, 2057, 2326, 2327, 2862, 2892, 3054, 3061, 3071, 3222, 3690, 3986, 4234, 4280, 4553, 4554, 4570, 4586, 4703)
2008 Ed. (100, 136, 641, 655, 656, 663, 764, 765, 806, 816, 817, 818, 1043, 1046, 1049, 1050, 1115, 1119, 1120, 1125, 1128, 1129, 1130, 1131, 1141, 1143, 1145, 1147, 1148, 1153, 1154, 1155, 1156, 1157, 1158, 1406, 1472, 1528, 1538, 1711, 1714, 1815, 1816, 1826, 1845, 1851, 1852, 2013, 2014, 2015, 2017, 2018, 2019, 2136, 2138, 2142, 2143, 2144, 2146, 2164, 2165, 2166, 2450, 2453, 2475, 3015, 3354, 3374, 4140, 4262, 4268, 4526, 4528, 4542, 4610, 4632, 4667, 4808)
2009 Ed. (146, 149, 150, 655, 669, 670, 674, 767, 773, 830, 842, 843, 1029, 1090, 1098, 1099, 1107, 1108, 1109, 1120, 1122, 1124, 1126, 1127, 1128, 1133, 1134, 1135, 1136, 1137, 1138, 1455, 1457, 1458, 1459, 1466, 1633, 1634, 1649, 1652, 1653, 1690, 1709, 1763, 1764, 1766, 1774, 1792, 1794, 1800, 1801, 1802, 1803, 1960, 2042, 2065, 2124, 2127, 2130, 2145, 2146, 2147, 2148, 2149, 2455, 2493, 2587, 2589, 2594, 2595, 2596, 2597, 2599, 2939, 3101, 3255, 3272, 3274, 3434, 3438, 3920, 4249, 4251, 4252, 4366, 4372, 4550, 4557, 4560, 4669, 4769, 4826)
2010 Ed. (141, 634, 635, 640, 711, 717, 775, 788, 789, 995, 1071, 1076, 1087, 1089, 1090, 1100, 1102, 1107, 1109, 1111, 1112, 1114, 1115, 1116, 1118, 1119, 1120, 1121, 1421, 1439, 1441, 1442, 1443, 1444, 1451, 1507, 1606, 1608, 1613, 1641, 1710, 1711, 1715, 1733, 1735, 1736, 1742, 1744, 1745, 1747, 1760, 1851, 1873, 1874, 1896, 1911, 1916, 1990, 1999, 2058, 2063, 2065, 2066, 2068, 2069, 2085, 2086, 2087, 2088, 2089, 2501, 2503, 2688, 3034, 3186, 3376, 3832, 4393, 4399, 4582, 4586, 4683, 4782)
2011 Ed. (64, 568, 569, 570, 572, 575, 584, 703, 715, 929, 1010, 1015, 1027, 1028, 1039, 1041, 1046, 1048, 1050, 1051, 1053, 1054, 1055, 1057, 1058, 1059, 1060, 1387, 1388, 1390, 1391, 1392, 1394, 1395, 1396, 1397, 1398, 1399, 1400, 1401, 1442, 1443, 1444, 1446, 1453, 1618, 1709, 1723, 1724, 1725, 1730, 1749, 1756, 1757, 1759, 1764, 1774, 1782, 1891, 1927, 1950, 1952, 1954, 1956, 2051, 2060, 2113, 2118, 2120, 2121, 2123, 2124, 2142, 2143, 2144, 2145, 2146, 2398, 2677, 2909, 3003, 3320, 3321, 3830, 3834, 4338, 4344, 4545, 4633, 4733)
2012 Ed. (41, 548, 553, 554, 558, 638, 639, 660, 931, 953, 955, 956, 957, 969, 970, 972, 976, 982, 983, 984, 985, 986, 987, 1275, 1277, 1278, 1286, 1321, 1566, 1579, 1600, 1605, 1606, 1607, 1609, 1615, 1626, 1769, 1788, 1820, 1920, 1953, 1954, 1961, 1963, 1964, 1965, 1966, 1967, 1987, 1988, 1990, 1991, 1992, 1993, 2104, 2329, 2606, 2786, 2845, 2930, 3308, 3309, 3519, 3601, 3814, 4553, 4555, 4635, 4636, 4750)
2013 Ed. (779, 1080, 1098, 1100, 1102, 1114, 1115, 1118, 1119, 1123, 1124, 1128, 1351, 1380, 1382, 1383, 1384, 1385, 1394, 1599, 1721, 1756, 1763, 1764, 1765, 1772, 1986, 2161, 2162, 2169, 2171, 2173, 2174, 2176, 2177, 2178, 2179, 2180, 2182, 2183, 2696, 2853, 3019, 3203, 3560, 3661, 3739, 3740, 3741, 3876, 4218, 4222, 4515, 4975)
2014 Ed. (801, 821, 1059, 1060, 1062, 1075, 1076, 1077, 1080, 1085, 1086, 1087, 1089, 1323, 1324, 1325, 1332, 1561, 1676, 1690, 1698, 1700, 1706, 1712, 1737, 1870, 1897, 2094, 2099, 2100, 2101, 2105, 2107, 2108, 2109, 2110, 2112, 2113, 2546, 2565, 2680, 3029, 3137, 3180, 3537, 3598, 3812, 4237, 4259, 4575, 4576, 4980)
2015 Ed. (217, 845, 1077, 1084, 1096, 1097, 1099, 1113, 1114, 1115, 1119, 1121, 1124, 1125, 1126, 1128, 1349, 1385, 1387, 1388, 1395, 1432, 1609, 1722, 1742, 1754, 1781, 1942, 2148, 2149, 2154, 2155, 2156, 2157, 2160, 2161, 2162, 2163, 2164, 2165, 2166, 2167, 2168, 2724, 2926, 2928, 3096, 3691, 3835, 4225, 4428, 4569, 4570, 4709)
2016 Ed. (53, 740, 748, 984, 994, 1005, 1006, 1008, 1009, 1025, 1026, 1027, 1031, 1036, 1037, 1038, 1040, 1212, 1219, 1268, 1269, 1271, 1273, 1274, 1275, 1276, 1277, 1314, 1317, 1318, 1325, 1684, 1694, 1704, 2122, 2123, 2129, 2130, 2131, 2133, 2134, 2135, 2136, 2137, 2138, 2440, 2647, 2960, 3574, 3741, 4322, 4613)
2017 Ed. (68, 797, 1021, 1029, 1039, 1040, 1042, 1059, 1060, 1064, 1070, 1072, 1073, 1075, 1261, 1265, 1267, 1332, 1333, 1335, 1337, 1364, 1366, 1370, 1669, 1671, 2079, 2081, 2082, 2084, 2085, 2263, 2286, 2584, 2879, 3045, 3542, 3543, 3649, 4325, 4451, 4562, 4564, 4924)
2018 Ed. (730, 953, 959, 964, 970, 984, 985, 986, 990, 996, 998, 1240, 1244, 1317, 1318, 1339, 1633, 2037, 2038, 2040, 2041, 2458, 2469, 2742, 3021, 3157, 3448, 4317, 4580, 4793)
2019 Ed. (944, 954, 961, 967, 970, 983, 984, 985, 989, 996, 999, 1279, 1338, 1341, 1342, 1343, 1362, 1364, 1367, 1374, 1676, 1679, 1682, 1683, 1684, 1685, 2096, 2097, 2098, 2335, 2337, 2726, 2963, 3092, 3099, 3107, 3418, 4345, 4591, 4592, 4932)
2020 Ed. (741, 948, 953, 956, 969, 970, 980, 982, 1310, 1311, 1313, 1330, 1334, 1341, 1628, 1633, 1636, 1637, 1796, 2007, 2008, 2011, 2012, 2992, 3081, 3120, 3124, 3421, 4336, 4570)
2021 Ed. (757, 947, 951, 962, 964, 1248, 1289, 1291, 1292, 1324, 1335, 1610, 1612, 1613, 1614, 1617, 1762, 1960, 1961, 1964, 2266, 2852, 3436, 3581, 3582, 4352, 4562, 4565)
2022 Ed. (792, 979, 985, 999, 1253, 1292, 1298, 1301, 1344, 1351, 1630, 1632, 1633, 2003, 2004, 2009, 4358, 4571)
2023 Ed. (1505, 1791, 2105, 2108)

Microsoft Corporation
2020 Ed. (48)
2023 Ed. (93, 4385, 4578)

Microsoft Corp. (U.S.)
2021 Ed. (1610, 1612, 4562)
2022 Ed. (1630, 1633, 4571)

Microsoft Danmark
2010 Ed. (1602)
2011 Ed. (1606, 3161)
2012 Ed. (3119)
2014 Ed. (1555)

Microsoft Deutschland GmbH
2012 Ed. (1515)

Microsoft Development Centre
2011 Ed. (1505)

Microsoft DOS 6.x
1997 Ed. (1090)

Microsoft Encarta
1995 Ed. (1101, 1106)
1996 Ed. (887, 1079, 1083, 1084)
1997 Ed. (1098)

Microsoft Excel
1992 Ed. (4056)
1995 Ed. (1108, 1109)
2021 Ed. (945)

Microsoft Excel Upgrade
1996 Ed. (1077)

Microsoft Flight Simulator
1995 Ed. (1102)
1996 Ed. (1080)
1997 Ed. (1097)

Microsoft Flight Simulator 5.0
1995 Ed. (1083)

Microsoft FoxPro
1995 Ed. (1109)

Microsoft France
2011 Ed. (1651)
2012 Ed. (1502)
2013 Ed. (1641)
2014 Ed. (1600)
2015 Ed. (1651)

Microsoft Greetings Workshop
1998 Ed. (853)

Microsoft Gulf FZ LLC
2012 Ed. (1944)
2014 Ed. (2040)
2015 Ed. (2089)

Microsoft Hellas
2010 Ed. (1663)
2014 Ed. (1620)
2015 Ed. (1670)

Microsoft Iberica
2014 Ed. (1993)
2015 Ed. (2041)

Microsoft Internet Explorer
1999 Ed. (4749)

Microsoft Ireland
2015 Ed. (1748)

Microsoft Ireland Ltd.
2009 Ed. (1809)
2011 Ed. (1767)

Microsoft Ireland Operations Ltd.
2012 Ed. (1618)
2013 Ed. (1776)
2017 Ed. (1018, 1019, 1683, 4583)
2020 Ed. (1647, 4591)
2021 Ed. (930, 931, 1626, 1629, 4589)
2022 Ed. (950, 951, 1646, 1648, 4604)
2023 Ed. (1122, 1124, 1801, 1803, 4566)

Microsoft Italia
2010 Ed. (1756)
2011 Ed. (1769)
2012 Ed. (1621)

2013 Ed. (1780)
Microsoft Licensing
　2005 Ed. (1898)
Microsoft Ltd.
　2014 Ed. (2043)
　2015 Ed. (2091)
Microsoft Magic School Bus: Oceans
　1998 Ed. (848)
Microsoft Mail
　1994 Ed. (1621)
Microsoft Media Network U.S.
　2011 Ed. (2377)
Microsoft Mexico
　2011 Ed. (1845)
　2014 Ed. (1780)
　2015 Ed. (1824)
Microsoft Money
　1998 Ed. (853)
MICROSOFT Network
　1997 Ed. (2963)
　1999 Ed. (32, 2999)
Microsoft Network (MSN)
　2002 Ed. (2993)
Microsoft NV
　2014 Ed. (1838)
　2015 Ed. (1876)
Microsoft Office
　1995 Ed. (1109)
　1997 Ed. (1104)
Microsoft Office 365
　2022 Ed. (977)
Microsoft Office Suite
　2013 Ed. (635)
Microsoft Office Upgrade
　1996 Ed. (1077, 1082)
　1997 Ed. (1100)
Microsoft Osterreich GmbH
　2010 Ed. (1496)
　2011 Ed. (1489)
　2012 Ed. (1337)
　2014 Ed. (1394)
　2015 Ed. (1457)
Microsoft Oy
　2010 Ed. (1618)
　2012 Ed. (1478)
　2013 Ed. (1608)
Microsoft Peru
　2010 Ed. (1952)
　2015 Ed. (1992)
Microsoft Plus
　1997 Ed. (1090, 1093, 1100, 1103)
　1998 Ed. (846)
Microsoft Portugal
　2010 Ed. (1957)
　2011 Ed. (2010)
　2012 Ed. (1860)
　2014 Ed. (1954)
　2015 Ed. (1998)
Microsoft Publisher
　1995 Ed. (1104)
　1997 Ed. (1092)
　1998 Ed. (847, 853)
Microsoft Schweiz
　2013 Ed. (2075)
Microsoft Schweiz GmbH
　2010 Ed. (2006)
　2011 Ed. (2067)
　2014 Ed. (2007)
　2015 Ed. (2052)
Microsoft sites
　2021 Ed. (3152)
　2022 Ed. (3296)
Microsoft Sp. z.o.o.
　2014 Ed. (1952)
　2015 Ed. (1996)
Microsoft Spain
　2013 Ed. (2059)
Microsoft Sweden
　2013 Ed. (2068)
Microsoft Theater
　2017 Ed. (1088)
　2018 Ed. (1012)
　2019 Ed. (1014)
　2020 Ed. (999)
　2023 Ed. (1182)
Microsoft (U.K.)
　2007 Ed. (2024)
Microsoft (U.S.)
　2021 Ed. (689, 690, 2784, 4564)
　2022 Ed. (727, 4575)
Microsoft Visio
　2020 Ed. (955)
　2021 Ed. (946)
Microsoft Windows
　2000 Ed. (1171)
　2002 Ed. (768)
　2015 Ed. (3709)
Microsoft Windows 3.1
　1995 Ed. (1104)
　1996 Ed. (1082)
Microsoft Windows 95 Upgrade
　1997 Ed. (1093, 1100)
　1998 Ed. (846, 847)
Microsoft Windows NT Operating System
　1998 Ed. (3771)
Microsoft Windows Office
　1999 Ed. (1279)

Microsoft Windows for Workgroups Add-On
　1996 Ed. (1082)
Microsoft Word
　1992 Ed. (4490)
　1994 Ed. (3673)
　1995 Ed. (1107, 1109)
Microsoft Word Upgrade
　1995 Ed. (1104)
　1996 Ed. (1077, 1082)
　1997 Ed. (1100)
Microsoft Works
　1997 Ed. (1093, 1100)
　1998 Ed. (853)
Microsoft Xbox
　2004 Ed. (4748)
　2005 Ed. (4725)
　2006 Ed. (4779)
　2007 Ed. (4785)
　2008 Ed. (4704)
　2009 Ed. (4744)
　2010 Ed. (4753)
Microsoft.com
　2005 Ed. (3197)
Microsoft.net
　2004 Ed. (2223)
Microsoft's Kinect
　2012 Ed. (2305)
Microsolutions
　2014 Ed. (1556)
Microsonic Systems
　2012 Ed. (4243)
MicroStar
　2006 Ed. (1236)
MicroStrain, a LORD Co.
　2014 Ed. (2070)
MicroStrategy Inc.
　2001 Ed. (2190)
　2005 Ed. (3039, 4505)
　2006 Ed. (3042)
　2007 Ed. (3075)
　2008 Ed. (3216)
MicroTech
　2011 Ed. (1316)
　2012 Ed. (2857, 4050)
　2013 Ed. (1110, 1126, 2926)
　2018 Ed. (1255, 1258)
MicroTech LLC
　2010 Ed. (1349)
　2011 Ed. (1336, 1337, 2922)
　2012 Ed. (1184, 1202, 2858)
　2013 Ed. (1305, 1316, 2925, 2936, 2938)
　2014 Ed. (1250, 1259, 2941, 2956)
　2015 Ed. (1315)
Microtech LLC
　2013 Ed. (1317, 1322)
　2014 Ed. (1256)
Microtech-Tel Inc.
　2002 Ed. (3374)
MicroTechnologies LLC
　2011 Ed. (4799)
　2012 Ed. (4815)
　2013 Ed. (4778)
　2014 Ed. (2940, 2942)
　2015 Ed. (2989, 2990, 3022, 3026, 3257)
　2016 Ed. (3606)
MicroTek
　2005 Ed. (2271)
Microtek Medical
　2006 Ed. (4330, 4335)
Microtel
　1998 Ed. (2015)
　1999 Ed. (2774)
　2000 Ed. (2551)
Microtel Inn
　2001 Ed. (2780)
Microtel Inns & Suites
　2003 Ed. (2852)
Microtime Computers
　2018 Ed. (2538)
MicroTouch Solo
　2020 Ed. (2242)
Microtrenching Norge AS
　2019 Ed. (1878)
Microtrends: The Small Forces Behind Tomorrow's Big Changes
　2009 Ed. (631)
Microtune Inc.
　2011 Ed. (2824)
MicroVention Inc.
　2020 Ed. (1419)
Microview Technology Corp.
　2012 Ed. (2824, 2849)
Microvision Inc.
　2019 Ed. (2094)
Microvision, Inc.
　2003 Ed. (2744)
MicroVoice Applications
　1996 Ed. (3455)
MicroWarehouse
　2002 Ed. (2990)
microwarehouse.com
　2001 Ed. (2978, 2980)
Microwavable Popcorn
　1990 Ed. (3307, 3308)
　1991 Ed. (3149)
　1992 Ed. (3997)
　2000 Ed. (4066)

Microwave
　1999 Ed. (4345)
Microwave Butter Lovers popcorn
　1999 Ed. (4345)
Microwave Bypass Systems Inc.
　1996 Ed. (2535)
Microwave cookware
　1990 Ed. (1960)
　1992 Ed. (2354)
Microwave Journal
　2012 Ed. (4737)
Microwave Networks
　1997 Ed. (1234, 2206)
Microwave oven
　1991 Ed. (1964)
Microwave ovens
　1996 Ed. (2192)
　1998 Ed. (2047, 2224)
　2000 Ed. (2583)
　2005 Ed. (2755)
Microwave popcorn
　1997 Ed. (3531)
Microwave Transmission Systems Inc.
　2004 Ed. (4588)
Microwave Transmissions Systems Inc.
　2004 Ed. (4583)
Micrus Endovascular Corp.
　2009 Ed. (3019)
MICS Group
　2012 Ed. (1225)
Mid Adlantic Medical Services
　1997 Ed. (2166)
Mid Am Inc.
　1994 Ed. (1223)
Mid-America
　1992 Ed. (3264)
Mid-America Apartment Communities Inc.
　2002 Ed. (3928)
　2003 Ed. (4059)
　2006 Ed. (280)
　2007 Ed. (283)
　2008 Ed. (2102)
　2010 Ed. (2019)
Mid-America Apartment Communities, Inc.
　2020 Ed. (1924)
　2021 Ed. (183, 184, 1886)
Mid-America Apartment Communities, Inc. (MAA)
　2021 Ed. (183, 184, 1886)
Mid-America Bancorp
　2003 Ed. (545)
Mid America Bank FSB
　2000 Ed. (4248)
　2001 Ed. (4527)
　2002 Ed. (4620)
　2006 Ed. (2872, 4736)
　2007 Ed. (2866, 4750)
　2008 Ed. (4674)
　2009 Ed. (4714)
Mid-America Dairymen Inc.
　1993 Ed. (1370, 1457)
　1994 Ed. (1423)
　1995 Ed. (1460)
　1997 Ed. (177, 2039)
　1998 Ed. (1240, 1713)
　1999 Ed. (197, 1813, 2472)
　2000 Ed. (1641)
Mid America Farms
　2019 Ed. (4465)
　2021 Ed. (4452)
　2022 Ed. (4462)
Mid America Farms Top the Tater
　2022 Ed. (4462)
Mid America Federal Savings Bank
　1991 Ed. (2920)
　1992 Ed. (3799)
　1995 Ed. (3184)
　1996 Ed. (3284)
　1998 Ed. (3154, 3528, 3543)
　1999 Ed. (4598)
Mid America Federal Savings & Loan
　1989 Ed. (2356)
　1990 Ed. (3101)
Mid America FSB
　1997 Ed. (3381)
Mid America Group Inc.
　1998 Ed. (1427)
　1999 Ed. (2001)
　2000 Ed. (1779)
Mid America Logistics
　2017 Ed. (1787, 3347)
　2021 Ed. (1712)
Mid-America Orthopedics
　2020 Ed. (3602)
　2021 Ed. (3628)
　2022 Ed. (3678)
　2023 Ed. (3780)
Mid-America Pipeline Co.
　1989 Ed. (2232)
　1990 Ed. (2869)
　1991 Ed. (2742, 2747, 2748)
　1992 Ed. (3462, 3469)
　1993 Ed. (2854)
　1994 Ed. (2875, 2878)
　1995 Ed. (2941, 2948)
　1996 Ed. (3039, 3042)
　1997 Ed. (3123, 3124)
　1998 Ed. (2859, 2860, 2862, 2864)

　1999 Ed. (3830, 3831, 3834, 3835)
　2000 Ed. (2311)
　2001 Ed. (3800)
　2003 Ed. (3882)
Mid-America Telephone Inc.
　2016 Ed. (1931)
Mid-America Trucking Show
　2001 Ed. (4610)
　2005 Ed. (4733)
Mid American Credit Union
　2002 Ed. (1866)
　2003 Ed. (1895, 1897, 1920)
　2004 Ed. (1960)
　2005 Ed. (2102)
　2006 Ed. (2197)
　2007 Ed. (2118)
　2008 Ed. (2233)
　2009 Ed. (2218)
　2010 Ed. (2172)
　2011 Ed. (2190)
　2012 Ed. (2050)
　2013 Ed. (2232)
　2014 Ed. (2164)
　2015 Ed. (2228)
　2016 Ed. (2199)
　2018 Ed. (2096)
　2020 Ed. (2075)
Mid American Group Inc.
　2002 Ed. (2857)
　2004 Ed. (3067)
　2005 Ed. (3077)
　2006 Ed. (3078)
　2007 Ed. (3098)
　2008 Ed. (3239, 3246)
Mid-American Waste Systems
　1993 Ed. (2875)
　1994 Ed. (2669)
　1998 Ed. (478, 2678)
Mid-Atlantic
　1989 Ed. (2032)
　1990 Ed. (2654)
　1997 Ed. (2207)
　2000 Ed. (4161)
Mid-Atlantic Cars
　1999 Ed. (328)
Mid Atlantic Corporate Center
　1992 Ed. (2597)
　2000 Ed. (2626)
Mid-Atlantic Corporate Credit Union
　2012 Ed. (2017)
　2013 Ed. (2206)
　2014 Ed. (2134)
　2015 Ed. (2198)
　2016 Ed. (2171)
Mid-Atlantic Group Network of Shared Services
　2006 Ed. (2771)
　2009 Ed. (2956)
　2010 Ed. (2893)
Mid-Atlantic Lift Systems
　2020 Ed. (1012)
　2021 Ed. (979)
　2022 Ed. (1017)
　2023 Ed. (1196)
Mid Atlantic Medical
　1993 Ed. (2021)
　1996 Ed. (2081)
　1998 Ed. (1905)
Mid Atlantic Medical Services
　1994 Ed. (2702, 3442)
　1995 Ed. (2058, 2083, 2818)
　1997 Ed. (2184)
　1999 Ed. (2640)
　2005 Ed. (2800)
　2006 Ed. (1441)
Mid Atlantic Medical Srvices
　1995 Ed. (3517)
Mid-Atlantic Petroleum Properties LLC
　2008 Ed. (2965)
　2009 Ed. (3045)
　2010 Ed. (2969)
　2011 Ed. (2932)
　2012 Ed. (2865)
　2013 Ed. (2937)
　2014 Ed. (2957)
　2015 Ed. (2995, 3009)
Mid-Atlantic Realty Advisors
　1991 Ed. (2228, 2240)
Mid-cap value
　2003 Ed. (3500)
　2006 Ed. (2509)
Mid-Central Federal Savings Bank
　2021 Ed. (4303)
Mid-Century Insurance Co.
　2002 Ed. (2872)
　2003 Ed. (3010)
　2016 Ed. (3268)
Mid-Cities Financial Credit Union
　2015 Ed. (2216)
Mid City Bank
　1994 Ed. (3332)
　1995 Ed. (3394)
Mid City Bank N.A.
　1992 Ed. (3996)
Mid City Medical Center
　2006 Ed. (1854)
　2007 Ed. (1857)
　2008 Ed. (1889)

CUMULATIVE INDEX • 1989-2023

2009 Ed. (1852)
2010 Ed. (1785)
2011 Ed. (1809)
2012 Ed. (1666)
2013 Ed. (1817)
2014 Ed. (1744)
2015 Ed. (1788)
2016 Ed. (1742)
Mid-City National
  1990 Ed. (590)
Mid City National Bank of Chicago
  2001 Ed. (609)
Mid-Columbia Medical Center
  2005 Ed. (1925, 1926, 1931)
Mid-Con Energy Partners LP
  2016 Ed. (3820, 3821, 3822)
Mid-Continent Pipe Line Co.
  1996 Ed. (3039)
Mid-Continental Restoration Co.
  2006 Ed. (1254, 1256)
  2022 Ed. (1194)
Mid-Continental Restoration Co. Inc.
  2023 Ed. (1431)
Mid East
  1997 Ed. (3266)
Mid-Florida Credit Union
  2008 Ed. (2225)
  2009 Ed. (2209)
  2010 Ed. (2163)
  2011 Ed. (2182)
  2012 Ed. (2042)
  2013 Ed. (2224)
  2014 Ed. (2156)
  2015 Ed. (2220)
  2016 Ed. (2191)
  2020 Ed. (2067)
  2021 Ed. (2057)
  2022 Ed. (2093)
Mid-Island Credit Union
  2002 Ed. (1897)
  2003 Ed. (1951)
  2004 Ed. (1991)
  2005 Ed. (2133)
  2006 Ed. (2228)
  2007 Ed. (2149)
  2008 Ed. (2264)
  2009 Ed. (2250)
  2010 Ed. (2204)
  2011 Ed. (2222)
  2012 Ed. (2083)
  2013 Ed. (2269)
  2014 Ed. (2203)
  2015 Ed. (2267)
  2016 Ed. (2238)
Mid-Island Federal Credit Union
  2020 Ed. (2105)
  2021 Ed. (2095)
  2023 Ed. (2245)
Mid Kansas Coop
  2013 Ed. (109)
  2014 Ed. (116)
Mid Kansas Cooperative
  2015 Ed. (133)
  2016 Ed. (139)
  2018 Ed. (131)
  2021 Ed. (115)
Mid-Kansas Cooperative
  2010 Ed. (205, 2832)
Mid Kent Growers
  2019 Ed. (2773)
Mid Maine Savings Bank, F.S.B.
  1995 Ed. (206)
Mid-Med Bank Limited
  1989 Ed. (615)
Mid-Med Bank Ltd.
  1991 Ed. (603)
  1992 Ed. (772)
  1993 Ed. (562)
  1994 Ed. (564)
  1995 Ed. (540)
  1996 Ed. (599)
  1997 Ed. (552)
  1999 Ed. (588)
  2000 Ed. (604)
Mid Minnesota Credit Union
  2009 Ed. (2192)
Mid Minnesota Federal Credit Union
  2021 Ed. (2028)
  2022 Ed. (2063, 2107)
Mid-Missouri Bancshares
  2014 Ed. (494)
Mid-Missouri Credit Union
  2015 Ed. (2239)
Mid-Mountain Foods
  1993 Ed. (3487, 3491)
  1994 Ed. (1998, 2003)
  1995 Ed. (2052, 2054)
  1996 Ed. (2050)
  1998 Ed. (1873)
  2000 Ed. (2388)
Mid North Coast Health
  2004 Ed. (1641)
Mid Ocean Reinsurance Co. Ltd.
  1994 Ed. (861)
Mid Ohio Employment Services
  2007 Ed. (3589)
  2008 Ed. (3726, 4421, 4977)

Mid Penn Bancorp
  2023 Ed. (462, 1979)
Mid-South Industries
  2004 Ed. (2859)
  2005 Ed. (1273)
Mid South Lumber Inc.
  2012 Ed. (3507)
  2013 Ed. (4990)
Mid-South Sales Inc.
  2014 Ed. (1368, 1379)
Mid South Tool Supply Co.
  1994 Ed. (2178)
Mid-Southern Savings Bank, FSB
  2021 Ed. (4294)
  2022 Ed. (4302)
  2023 Ed. (4332)
Mid-State Bancorp, Pa.
  1989 Ed. (2155, 2159)
Mid-State Bank
  1996 Ed. (3164)
Mid State Construction Co.
  2007 Ed. (1379)
  2008 Ed. (1312)
Mid-State Trust II
  1990 Ed. (3186)
Mid States Wireless Inc.
  2006 Ed. (3532, 4371)
  2007 Ed. (3587, 4439)
Mid Valley Ag Service Inc.
  2013 Ed. (2283)
  2015 Ed. (2281)
  2016 Ed. (2252)
  2017 Ed. (2111)
  2018 Ed. (2132)
  2019 Ed. (2130)
Mid Valley Athletic Club
  2000 Ed. (2424)
Mid-Valley Pipeline Co.
  2004 Ed. (1837, 3904)
Mid Valley Products
  2010 Ed. (2266, 4269, 4936)
Mid-Valley Women's Crisis Service
  2011 Ed. (1916, 1981)
Mid-West Materials
  2006 Ed. (3533)
  2007 Ed. (3588, 3589, 4440)
Mid-West U.S.
  1997 Ed. (2207)
Mid-Wisconsin Bank
  1993 Ed. (508)
Mid Wits
  1993 Ed. (2578)
  1995 Ed. (2584)
MidAmerica Bank
  2006 Ed. (2602)
MidAmerica Commodity Exchange
  1993 Ed. (1039, 1040)
  1994 Ed. (1071, 1072)
  1996 Ed. (1057)
  1998 Ed. (815, 816)
  1999 Ed. (1247)
  2001 Ed. (1333, 1334)
  2003 Ed. (2598, 2600)
  2004 Ed. (2713)
  2005 Ed. (2706, 2708)
  2006 Ed. (2683)
MidAmerica Federal Savings Bank
  1994 Ed. (3142)
MidAmerica High Yield
  1991 Ed. (2563)
  1992 Ed. (3187)
MidAmerica Industrial Park
  1994 Ed. (2189)
Midamerica Industrial Park (Pryor, OK)
  2023 Ed. (3209)
MidAmerican Energy
  2013 Ed. (4801)
Midamerican Energy
  2013 Ed. (2449, 2810)
MidAmerican Energy Co.
  2001 Ed. (1753)
  2003 Ed. (1723)
  2004 Ed. (1760)
  2006 Ed. (1812)
  2007 Ed. (1819)
  2008 Ed. (1856)
  2009 Ed. (1806)
  2010 Ed. (1750)
  2011 Ed. (1762)
  2012 Ed. (1613)
  2013 Ed. (1770)
MidAmerican Energy Holdings Co.
  2000 Ed. (2312, 3673)
  2001 Ed. (1753, 2233)
  2002 Ed. (3711)
  2003 Ed. (1723)
  2004 Ed. (1447, 1760)
  2005 Ed. (1827)
  2006 Ed. (1812)
  2007 Ed. (1819)
  2008 Ed. (1856)
  2009 Ed. (1806, 2873)
  2010 Ed. (1750, 2338, 2813)
  2011 Ed. (1762, 2798)
  2012 Ed. (1613)
  2013 Ed. (1770)
  2014 Ed. (1704)
  2015 Ed. (1746)

2016 Ed. (1698)
MidAmerican Funding LLC
  2005 Ed. (1827)
  2006 Ed. (1812)
  2007 Ed. (1819)
  2008 Ed. (1856)
  2009 Ed. (1806)
  2010 Ed. (1750)
  2011 Ed. (1762)
  2012 Ed. (1613)
  2013 Ed. (1770)
MidAmerican Holdings Co.
  2001 Ed. (1803)
MidAmerican Power Co.
  2001 Ed. (2146)
Midas
  1997 Ed. (2879)
  2001 Ed. (532)
  2007 Ed. (3418)
  2009 Ed. (3735)
  2011 Ed. (2029)
  2019 Ed. (298)
  2020 Ed. (300, 304)
  2021 Ed. (285, 289)
  2022 Ed. (301)
  2023 Ed. (395, 397, 402)
Midas Auto Service Experts
  2003 Ed. (347)
  2004 Ed. (328)
  2005 Ed. (331)
  2006 Ed. (352)
Midas Fund
  1999 Ed. (3582)
Midas Furniture Centre
  2006 Ed. (62)
Midas Gold Corp.
  2018 Ed. (4528)
Midas High Yield Fund, Cayman Island
  2003 Ed. (3151)
Midas International
  2020 Ed. (302)
  2021 Ed. (287)
  2022 Ed. (299)
Midas International Corp.
  2002 Ed. (57, 402)
  2006 Ed. (345)
  2007 Ed. (330)
  2008 Ed. (317)
  2009 Ed. (339)
  2010 Ed. (319)
  2011 Ed. (243)
  2012 Ed. (264)
  2013 Ed. (280)
  2014 Ed. (284)
  2015 Ed. (317)
  2016 Ed. (315)
  2017 Ed. (320)
  2018 Ed. (297)
Midas Magic
  2023 Ed. (4511)
Midas (U.S.)
  2021 Ed. (285)
Midatlantic Corp.
  1995 Ed. (587)
Midcap SPDR Trust
  2004 Ed. (3172)
MidCity Financial Corp.
  2002 Ed. (3551, 3552, 3557)
Midcoast Seamless Gutters
  2004 Ed. (1785)
  2005 Ed. (1851)
  2006 Ed. (1858)
  2007 Ed. (1862)
  2008 Ed. (1896)
  2009 Ed. (1859)
  2010 Ed. (1791)
  2011 Ed. (1816)
  2012 Ed. (1674)
  2013 Ed. (1825)
MIDCOM Communication
  1999 Ed. (3675)
MidCon
  2001 Ed. (1553)
Midcontinent Independent System Operator, Inc.
  2022 Ed. (4687)
Midcountry Bank
  2021 Ed. (4303)
  2022 Ed. (4311)
  2023 Ed. (4341)
Middelfart Sparekasse
  2009 Ed. (1650)
  2010 Ed. (1602, 1614)
  2011 Ed. (1606, 1619)
  2012 Ed. (1454)
  2013 Ed. (1590, 1600)
  2014 Ed. (1555)
Middle Atlantic
  2013 Ed. (2978)
  2014 Ed. (2990)
  2015 Ed. (3057, 3059, 3060)
  2016 Ed. (2947, 2950)
  2017 Ed. (2907, 2910)
  2018 Ed. (2972, 2973, 2975)
  2019 Ed. (2917, 2918)
  2020 Ed. (2935, 2936, 4930)
  2021 Ed. (2795, 2796, 4926)
  2022 Ed. (2961, 2962, 4919)

Middle Atlantic U.S.
  2008 Ed. (3483)
Middle Atlantic Warehouse Distributor Inc.
  2005 Ed. (311)
  2006 Ed. (329)
Middle East
  1990 Ed. (3439)
  1991 Ed. (1799)
  1992 Ed. (2999, 3294, 3295, 3446, 3555, 4195)
  1993 Ed. (1721, 1928, 2027, 2845)
  1994 Ed. (189)
  1995 Ed. (963)
  1996 Ed. (325, 936, 1466, 1730)
  1997 Ed. (1806)
  1998 Ed. (1241, 1807, 2312, 3773)
  1999 Ed. (189, 2488, 4039)
  2000 Ed. (350)
  2001 Ed. (516, 517, 1098, 1192, 1193, 3371, 3372, 3857, 4374)
  2003 Ed. (544, 3854)
  2005 Ed. (791, 792, 3199)
  2006 Ed. (3178, 3551, 4683)
  2007 Ed. (3437, 3619)
  2008 Ed. (728, 3375, 3742)
  2009 Ed. (3439, 3762)
Middle East & Africa
  2000 Ed. (3830)
Middle East Airlines
  2011 Ed. (142)
  2014 Ed. (141)
  2015 Ed. (159, 160)
Middle East Bakery
  2017 Ed. (740)
  2018 Ed. (680)
  2023 Ed. (903)
Middle East Bakery & Grocery
  2017 Ed. (739)
Middle East Bank
  1989 Ed. (472)
  1990 Ed. (495)
  1991 Ed. (443)
  1992 Ed. (599)
  1999 Ed. (566)
Middle East Bank Kenya Ltd.
  1991 Ed. (582)
Middle East Banking Co. SAL
  1991 Ed. (588)
  1992 Ed. (757)
Middle East Bkr
  2023 Ed. (903)
Middle management
  2001 Ed. (2994)
Middle School: Get Me Out of Here!
  2014 Ed. (573)
Middle School, the Worst Years of My Life
  2013 Ed. (562)
Middle South Utilities
  1989 Ed. (1302, 1303, 2643)
  1990 Ed. (1606, 1607, 3247, 3253)
Middle Tennessee State University
  1990 Ed. (1084)
  2019 Ed. (1989)
  2020 Ed. (1915)
  2021 Ed. (1876)
  2022 Ed. (1922)
  2023 Ed. (2038)
Middle Village
  2000 Ed. (1623, 1624)
Middle Village Credit Union
  1996 Ed. (1504, 1505)
  1998 Ed. (1216, 1217)
  2002 Ed. (1827, 1834, 1837)
  2003 Ed. (1888, 1895, 1898)
  2004 Ed. (1932, 1935)
  2005 Ed. (2063, 2072, 2075)
  2006 Ed. (2156, 2166, 2169)
  2008 Ed. (2208)
  2009 Ed. (2177, 2182, 2185)
  2010 Ed. (2124, 2136)
  2011 Ed. (2168)
Middleberg & Associates
  2002 Ed. (3828)
Middleberg Communications
  2011 Ed. (4106)
Middleberg Euro RSCG
  2003 Ed. (3975, 3977, 3979, 3980, 4007)
  2004 Ed. (3985, 4012, 4021)
Middleburg & Associates
  2002 Ed. (3821)
Middleburg Euro RSCG
  2002 Ed. (3842)
Middleburg Financial
  2008 Ed. (2701)
  2009 Ed. (559, 2761)
Middlebury College
  1992 Ed. (1268)
  1993 Ed. (1016)
  1994 Ed. (1043)
  1995 Ed. (1051)
  1997 Ed. (1052)
  1998 Ed. (798)
  1999 Ed. (1227)
  2000 Ed. (1136)
  2001 Ed. (1316, 1318, 1328)
  2008 Ed. (1067, 1068)
  2009 Ed. (1031, 1044, 1045)
  2010 Ed. (999, 1011)

2011 Ed. (944)
Middlebury6 College
  2008 Ed. (1057)
Middleby
  2013 Ed. (810, 1701)
  2014 Ed. (1649, 3144)
  2016 Ed. (3063)
  2017 Ed. (1615, 3013)
Middleby Corp.
  1992 Ed. (1131)
  2004 Ed. (4826, 4827)
  2005 Ed. (4813, 4814)
  2007 Ed. (2744, 4395)
  2008 Ed. (4352)
Middlefield Ventures Inc.
  2003 Ed. (1626)
Middlehurst; Francis
  1996 Ed. (1913)
  1997 Ed. (2003)
Middlesboro Nursing & Rehabilitation Facility
  2009 Ed. (1835)
Middlesea Insurance plc
  2009 Ed. (1863)
  2011 Ed. (1820)
Middlesex
  2002 Ed. (1260)
  2006 Ed. (640)
  2009 Ed. (584)
Middlesex Bancorp
  2011 Ed. (287)
Middlesex Business Center
  1997 Ed. (2377)
The Middlesex Cos.
  2019 Ed. (1119)
Middlesex County
  1993 Ed. (1435)
Middlesex County College
  1998 Ed. (808)
  1999 Ed. (1236)
  2000 Ed. (1145)
  2002 Ed. (1108)
Middlesex County, MA
  1994 Ed. (1482, 2407)
  1995 Ed. (2483)
  1996 Ed. (2538)
  1999 Ed. (1779, 2997)
  2003 Ed. (3438)
  2004 Ed. (794)
Middlesex County Utilities Authority, NJ
  1993 Ed. (2624)
Middlesex Federal Savings
  2021 Ed. (4301)
  2022 Ed. (4309)
Middlesex Federal Savings, F.A.
  2021 Ed. (4301)
  2022 Ed. (4309)
  2023 Ed. (4339)
Middlesex Hospital
  2006 Ed. (2919)
  2009 Ed. (3145)
  2010 Ed. (3076)
  2013 Ed. (3075)
  2016 Ed. (2871)
Middlesex, MA
  1989 Ed. (1926)
Middlesex, NJ
  2003 Ed. (973)
Middlesex Savings Bank
  1998 Ed. (3550)
  2021 Ed. (380)
  2022 Ed. (347, 393)
  2023 Ed. (439, 513)
Middlesex/Somerset counties, NJ
  1996 Ed. (2207)
Middlesex-Somerset-Hunterdon, NJ
  1989 Ed. (1643)
  1990 Ed. (291, 2155, 2164, 2167, 2607)
  1991 Ed. (2008, 2011)
  1992 Ed. (370, 2582, 2585, 3697)
  1993 Ed. (2147, 2150)
  1994 Ed. (717, 2171, 2173, 3066)
  1995 Ed. (245, 2221, 3111)
  1996 Ed. (238, 2223, 2230, 2618, 3207)
  1997 Ed. (2355, 2359, 2761, 3303)
  1998 Ed. (2481, 3057, 3706)
  1999 Ed. (2689, 3376, 4057)
  2000 Ed. (1070, 2605, 2615, 3118, 3765, 4364)
  2001 Ed. (2280, 2283, 2358)
  2002 Ed. (2762, 3332)
  2003 Ed. (2346, 3390, 3394, 3395, 3400, 3405)
  2004 Ed. (981, 2424, 2426, 2984, 3456, 3460, 3461, 3465, 3471, 4787)
  2005 Ed. (2050, 2455, 2990, 3472)
Middlesex-Somerset, NJ
  1994 Ed. (2149)
  1995 Ed. (242, 243)
  2005 Ed. (2376)
Middlesex Water
  2004 Ed. (4854, 4855)
  2005 Ed. (4838, 4839)
  2011 Ed. (4430, 4465)
Middleton, CT
  1995 Ed. (3778)

Middleton; Daniel
  2019 Ed. (3290)
  2021 Ed. (4787)
Middleton & Gendron
  1999 Ed. (3925)
  2000 Ed. (3641)
  2002 Ed. (3836)
Middleton Lawn & Pest Control
  2011 Ed. (3424, 3428, 3432)
  2012 Ed. (3441)
Middleton's
  2015 Ed. (984)
  2016 Ed. (885)
Middletons Moore & Bevins
  2003 Ed. (3180)
Middletown Ford
  2021 Ed. (3602)
Middletown, KY
  2011 Ed. (3503)
Middletown Press
  1989 Ed. (2064)
  1990 Ed. (2710)
Middough
  2014 Ed. (2525)
Middough Inc.
  2018 Ed. (2397)
  2019 Ed. (2440)
  2020 Ed. (2425)
Middy's
  2020 Ed. (4907)
  2021 Ed. (4904)
Midea
  2016 Ed. (3036)
  2017 Ed. (2982)
  2019 Ed. (4581)
  2021 Ed. (4547)
  2022 Ed. (4553, 4568)
  2023 Ed. (2467, 2478)
Midea Group
  2009 Ed. (2464)
  2019 Ed. (1109, 2322)
  2020 Ed. (1095, 4564)
  2021 Ed. (2249, 2257)
  2022 Ed. (2289, 2295)
  2023 Ed. (2466, 2476)
Midea Group Co. Ltd.
  2023 Ed. (2730)
Midea Group Co., Ltd.
  2015 Ed. (3169, 3170)
  2016 Ed. (3023, 3025)
  2017 Ed. (2968, 2970)
  2018 Ed. (2508, 3082, 3093)
  2019 Ed. (3024, 3026)
  2020 Ed. (3062, 3064)
  2021 Ed. (2446)
  2022 Ed. (2556, 3073)
Mideast
  1990 Ed. (2169)
  2000 Ed. (3548)
Mideast Countries
  1992 Ed. (3014)
Midex Airlines
  2012 Ed. (156)
Midfield Dodge-Jeep
  2005 Ed. (169)
The Midfield Group
  2019 Ed. (3447)
  2020 Ed. (3473)
  2021 Ed. (1382, 3493)
  2022 Ed. (3553)
Midfield Pastoral
  2004 Ed. (4923)
MidFirst Bank
  2014 Ed. (309)
  2019 Ed. (326)
  2021 Ed. (317, 347)
  2022 Ed. (360)
  2023 Ed. (420)
Midfirst Bank
  1998 Ed. (3562)
  2002 Ed. (4132)
  2003 Ed. (4278)
  2004 Ed. (3507, 4279, 4284)
  2005 Ed. (451, 3502, 3511, 4212, 4217)
  2006 Ed. (403, 3571, 4242)
  2007 Ed. (388, 1182, 3636, 4243, 4247, 4248)
  2009 Ed. (388)
  2010 Ed. (365, 1039, 1040, 3704, 4416, 4420, 4421, 4429)
  2011 Ed. (966, 3699, 4361, 4365, 4366, 4369)
  2012 Ed. (311, 880, 881, 3717, 4401, 4402, 4405, 4406, 4409, 4415, 4418)
  2013 Ed. (1039, 3764, 4372, 4375, 4378, 4379, 4382, 4385, 4388, 4389)
  2015 Ed. (344, 345)
  2016 Ed. (340)
  2021 Ed. (4316)
  2022 Ed. (4323)
  2023 Ed. (4353)
Midfirst Credit Union
  2002 Ed. (1885)
  2003 Ed. (1939)
  2004 Ed. (1979)
  2005 Ed. (2121)
Midfirst Savings
  1990 Ed. (2471, 3128)

MIDFLORIDA Credit Union
  2018 Ed. (2089)
  2022 Ed. (2050)
  2023 Ed. (2207)
MidFlorida Credit Union
  2009 Ed. (2179)
  2010 Ed. (2127)
  2011 Ed. (2169)
Midi
  1990 Ed. (3460)
Midi Pyrenees
  1994 Ed. (488)
  1996 Ed. (513)
Midisoft
  1995 Ed. (3201)
Midland Advisory Services
  1997 Ed. (2530)
  1998 Ed. (2278)
Midland Bank
  1989 Ed. (534, 545)
  1991 Ed. (504, 510, 511, 533)
  1992 Ed. (687, 1628, 3901)
  1994 Ed. (450, 495, 1227, 1402)
Midland Bank Group
  1992 Ed. (712)
Midland Bank International Finance Corp. Ltd.
  1996 Ed. (471)
  1997 Ed. (435)
  1999 Ed. (492)
Midland Bank Offshore Ltd.
  2000 Ed. (485)
Midland Bank PLC
  1990 Ed. (584, 1266)
  1991 Ed. (532)
Midland Bank & Trust Co. (Cayman) Ltd.
  1990 Ed. (904)
  1991 Ed. (854)
  1992 Ed. (1059)
Midland Bank Trust Corp. (Cayman) Ltd.
  1993 Ed. (849)
  1994 Ed. (862)
  1995 Ed. (904)
  1996 Ed. (878)
  1997 Ed. (432, 899)
Midland Bank Trust Corporation (Cayman) Limited
  1989 Ed. (502, 586)
Midland Bank Trust Corp. (Isle of Man) Ltd.
  1994 Ed. (538)
  1995 Ed. (514)
  1996 Ed. (567)
  1997 Ed. (524)
Midland Bank Trust Corp. (Jersey) Ltd.
  1993 Ed. (449)
  1995 Ed. (442)
Midland Bank Trust Corporation (Jersey) Ltd.
  1992 Ed. (635)
Midland Bank Trust Corp. Ltd.
  1991 Ed. (477)
  1993 Ed. (493)
  1996 Ed. (469)
Midland BankTrust Corp. Ltd./HSBC Insurance Management
  2000 Ed. (980)
Midland Christian Academy
  2008 Ed. (4282)
Midland Community Credit Union
  2010 Ed. (2132, 2144, 2145)
Midland Co.
  1990 Ed. (552, 553, 555, 556, 558, 583)
  1992 Ed. (1102)
  1996 Ed. (519)
  1997 Ed. (2731)
  2008 Ed. (2371)
  2010 Ed. (1382)
Midland Credit Management
  2005 Ed. (2143, 2144)
Midland Data Systems Inc.
  1993 Ed. (3009)
Midland Doherty Financial Corp.
  1989 Ed. (812)
  1990 Ed. (811, 822)
  1992 Ed. (958, 964)
Midland Financial
  2005 Ed. (375)
Midland Financial Co.
  2014 Ed. (340)
  2020 Ed. (485)
  2021 Ed. (497)
Midland Financial Co. (Oklahoma City, OK)
  2021 Ed. (497)
  2023 Ed. (735)
Midland Financial Group
  1999 Ed. (2967)
Midland Group
  1992 Ed. (1630)
Midland Holdings
  2008 Ed. (45)
Midland Independent Newspapers
  1996 Ed. (1356)
  1997 Ed. (1417)
Midland, MI
  2014 Ed. (2315)
  2017 Ed. (3406)

Midland Montagu
  1989 Ed. (2455)
  1990 Ed. (2769)
  1993 Ed. (1889)
  1994 Ed. (1679, 1693, 2430, 2736)
Midland National
  1995 Ed. (2297)
Midland Oak Group PLC
  1994 Ed. (998, 1002)
Midland-Odessa, TX
  2020 Ed. (2205)
Midland Optical
  2006 Ed. (3751, 3752)
Midland Orchard
  1991 Ed. (1726)
Midland/Samuel Montagu
  1994 Ed. (1204)
Midland & Scottish Res.
  1993 Ed. (1323)
Midland Securities
  1992 Ed. (2986)
Midland States Bancorp
  2012 Ed. (355)
Midland States Bank
  2021 Ed. (372)
  2022 Ed. (385)
  2023 Ed. (503)
Midland Tractor Co.
  2008 Ed. (1593)
  2009 Ed. (1531)
  2010 Ed. (1525)
  2011 Ed. (1520)
Midland, TX
  1989 Ed. (1957)
  1990 Ed. (3046)
  1991 Ed. (2891)
  2008 Ed. (3476)
  2009 Ed. (2496)
  2010 Ed. (928, 3677, 3678)
  2014 Ed. (2315, 2459, 3520)
  2016 Ed. (3386)
  2021 Ed. (3370)
  2022 Ed. (3420)
Midland Walwyn
  1994 Ed. (782, 785)
  1996 Ed. (807)
  1997 Ed. (749)
Midland Walwyn Capital Inc.
  1996 Ed. (801)
Midlands Electricity
  1996 Ed. (1361)
Midlands Management Corp.
  2018 Ed. (3187, 3188, 3189)
  2020 Ed. (3143, 3144)
  2021 Ed. (3015)
  2022 Ed. (3150)
Midlantic Bank
  1989 Ed. (574)
  1998 Ed. (3318)
Midlantic Bank NA
  1996 Ed. (637)
Midlantic Banks
  1989 Ed. (622)
  1992 Ed. (523, 524)
Midlantic Corp.
  1989 Ed. (395, 400)
  1990 Ed. (442, 669)
  1991 Ed. (1724)
  1992 Ed. (504, 820)
  1994 Ed. (617, 3225, 3273)
  1995 Ed. (1272, 3303, 3354)
  1996 Ed. (376, 656, 3177, 3181, 3182)
  1997 Ed. (332, 334)
  1998 Ed. (425)
Midlantic National Bank
  1991 Ed. (625, 2222, 2305)
  1992 Ed. (529, 800, 2156)
  1993 Ed. (360, 392, 393, 404, 519, 523, 593, 614, 2966, 2968, 3221, 3283)
  1994 Ed. (354, 382, 383, 394, 578, 598, 3010, 3012)
  1995 Ed. (361, 362, 376, 389, 568)
  1996 Ed. (412, 638)
  1997 Ed. (577)
Midlantic National Bank/North
  1991 Ed. (625)
  1992 Ed. (800)
Midle East
  1999 Ed. (1820)
Midler; Bette
  1995 Ed. (1117, 1119)
  2006 Ed. (1157)
Midleton
  2004 Ed. (4891)
Midlothian-Ellis County, TX
  2011 Ed. (2745)
MidMichigan Medical Center
  2009 Ed. (3146, 3147)
  2010 Ed. (3078)
Midnight Bayou
  2004 Ed. (743)
Midnight Communications
  2002 Ed. (3854)
Midnight in the Garden of Good and Evil
  1999 Ed. (693)
  2000 Ed. (708)
The Midnight Line
  2020 Ed. (582)

CUMULATIVE INDEX • 1989-2023

Midnight Oil Creative
  2010 Ed. (1524)
  2011 Ed. (1518)
The Midnight Special
  2016 Ed. (2287)
MidNite
  2017 Ed. (4369)
  2018 Ed. (4378)
Midol PM Night Time
  1994 Ed. (221)
Midori
  1993 Ed. (2430)
  2002 Ed. (3097)
Midori Melon Liqueur
  2004 Ed. (3271)
Midori Re Ltd.
  2010 Ed. (3278)
Midpac Lumber
  1993 Ed. (780)
  1994 Ed. (797)
MidPoint Technology Group
  2020 Ed. (1692, 4587)
Midroll Media
  2017 Ed. (61, 3456, 3467)
Midsize car
  2001 Ed. (502)
Midslates Petroleum Co. Inc.
  2019 Ed. (3803)
Midsouth
  2009 Ed. (317)
MidSouth Bancorp
  2007 Ed. (463)
MidSouth Bank
  2008 Ed. (2103)
  2010 Ed. (2020)
  2011 Ed. (2077)
  2021 Ed. (332)
Midsouth Investor Fund
  2003 Ed. (3120, 3135)
Midstate Mechanical Inc.
  2014 Ed. (1197)
  2015 Ed. (1255)
  2016 Ed. (1166)
Midstate Security Co.
  2021 Ed. (4361)
Midstates Petroleum Co.
  2016 Ed. (2040)
  2017 Ed. (3780)
Midsummer AB
  2014 Ed. (2926)
Midtown Home Improvements, Inc.
  2023 Ed. (3180)
Midtown Manhattan
  2000 Ed. (3726)
Midtown Manhattan, NY
  2000 Ed. (3109)
Midtown Realty Corp.
  1991 Ed. (2807)
Midway
  1990 Ed. (207)
  1992 Ed. (278)
Midway Airlines
  1989 Ed. (237)
  1990 Ed. (210)
  1991 Ed. (201)
  1992 Ed. (279, 283, 1132)
  1993 Ed. (190, 193, 1105, 2715)
  1998 Ed. (125, 818)
Midway Auto Team
  2008 Ed. (310)
Midway Chevrolet
  2008 Ed. (310)
Midway Chevrolet-Geo
  1993 Ed. (296)
Midway Dental Supply
  2021 Ed. (1696)
Midway Ford
  1990 Ed. (302)
  2002 Ed. (360, 361, 362)
  2004 Ed. (4822)
Midway Mall
  2001 Ed. (4251)
Midway Stadium
  2001 Ed. (4357, 4359)
  2002 Ed. (4348)
Midway Staffing
  2021 Ed. (1578)
Midway-Sunset, CA
  2012 Ed. (3862)
Midway Tire Disposal/Recycling
  2005 Ed. (4695)
MidwayUSA Inc.
  2014 Ed. (3203)
Midwest Air Group Inc.
  2005 Ed. (204, 205)
Midwest America Credit Union
  2002 Ed. (1831)
  2003 Ed. (1892)
Midwest Athletes Against Childhood Cancer
  1991 Ed. (892)
Midwest Banc Holdings Inc.
  2003 Ed. (515)
  2012 Ed. (294)
MidWest Bank & Trust Co.
  2006 Ed. (424)
  2011 Ed. (318)

Midwest Business Medical Association
  1990 Ed. (2895)
  1996 Ed. (3080)
  1997 Ed. (3160)
  1998 Ed. (2910)
Midwest Can
  2019 Ed. (296)
  2020 Ed. (298)
  2021 Ed. (283)
Midwest Carpenters & Millwrights Credit Union
  2014 Ed. (2171)
  2015 Ed. (2235, 2251)
Midwest Coast Transport Inc.
  1991 Ed. (2824)
  1993 Ed. (2987)
  1994 Ed. (3029)
  1995 Ed. (3081)
  1998 Ed. (3031)
  1999 Ed. (4019)
  2000 Ed. (3734)
  2007 Ed. (4111)
Midwest Comfort Homes
  2021 Ed. (1639)
Midwest Direct
  2010 Ed. (4010)
Midwest Drywall Co., Inc.
  1994 Ed. (1143)
  1996 Ed. (1136)
  1997 Ed. (1173)
  1998 Ed. (958)
  1999 Ed. (1379)
  2001 Ed. (1484)
  2002 Ed. (1301)
  2003 Ed. (1319)
  2004 Ed. (1319)
  2005 Ed. (1324)
  2006 Ed. (1297)
  2007 Ed. (1372)
  2008 Ed. (1268)
  2009 Ed. (1244)
  2010 Ed. (1243)
  2011 Ed. (1191)
  2012 Ed. (1137)
  2013 Ed. (1283)
  2014 Ed. (1216)
Midwest Electric
  2008 Ed. (1165)
Midwest Energy
  1991 Ed. (2575)
Midwest Equity Mortgage
  2018 Ed. (2648)
Midwest Express
  1993 Ed. (1105)
  1994 Ed. (163)
  1997 Ed. (195)
  1998 Ed. (818, 2677)
  1999 Ed. (3603)
Midwest Express Holdings Inc.
  2004 Ed. (201, 202)
  2005 Ed. (213)
Midwest Federal S & L Assn.
  1990 Ed. (3578)
Midwest Financial Group Inc.
  1990 Ed. (456)
Midwest Grain Products Inc.
  1993 Ed. (1872)
  1994 Ed. (1859)
  1995 Ed. (1883)
  1997 Ed. (2024)
  1998 Ed. (1723)
  2000 Ed. (2218)
  2003 Ed. (2511)
  2004 Ed. (2756, 2757)
Midwest Health
  2021 Ed. (4263)
Midwest Heritage Bank
  2021 Ed. (4295)
  2022 Ed. (4303)
Midwest Heritage Bank, FSB
  2021 Ed. (4295)
  2022 Ed. (4303)
  2023 Ed. (4333)
Midwest Inc.
  1989 Ed. (2642)
  2009 Ed. (2771)
Midwest Legal Services
  1993 Ed. (2911)
Midwest Living
  1992 Ed. (3378)
  1993 Ed. (2793)
  2006 Ed. (158)
  2007 Ed. (150)
Midwest Loan Services
  2005 Ed. (3304)
Midwest Maintenance Co., Inc.
  2015 Ed. (3013)
Midwest Management Consultants Inc.
  1996 Ed. (2358)
Midwest Manufactured Housing and Recreational Vehicle Show
  1989 Ed. (2861)
Midwest Mechanical Contractors
  1991 Ed. (1079)
  1992 Ed. (1412)
  1993 Ed. (1123, 1125, 1139, 1140)
  2012 Ed. (1122)

Midwest Mechanical Group
  2005 Ed. (1317)
  2006 Ed. (1287)
  2007 Ed. (1368, 3978)
  2008 Ed. (1225, 1246, 1264, 1330, 4000, 4001)
  2009 Ed. (4074, 4075, 4076)
  2011 Ed. (1274)
  2012 Ed. (3991, 3993, 3995)
Midwest Members Credit Union
  2019 Ed. (2127)
Midwest Metals Inc.
  2006 Ed. (3513, 4352)
Midwest Payment System
  1992 Ed. (1911)
Midwest Payment Systems Inc.
  1991 Ed. (1512)
  1994 Ed. (1605)
  1996 Ed. (1625)
  1997 Ed. (1703)
  1998 Ed. (1397)
  1999 Ed. (1955)
  2000 Ed. (1733)
  2001 Ed. (2187)
Midwest Poultry Services
  2010 Ed. (2330)
  2013 Ed. (2400)
  2014 Ed. (2337)
  2015 Ed. (2403)
Midwest Poultry Services LP
  2016 Ed. (2346)
  2017 Ed. (2196)
  2018 Ed. (2255)
  2019 Ed. (2234)
  2020 Ed. (2231)
  2021 Ed. (2205)
Midwest Power Inc.
  1995 Ed. (1633)
Midwest Re
  1996 Ed. (2836)
Midwest Refrigerated Services
  2020 Ed. (4799)
  2022 Ed. (4794)
  2023 Ed. (4789)
Midwest Research Institute
  2008 Ed. (1369)
  2009 Ed. (1369)
  2010 Ed. (1353)
Midwest Resources
  1993 Ed. (1268)
Midwest Service Group
  2011 Ed. (1175)
  2012 Ed. (1123)
  2013 Ed. (1267)
  2014 Ed. (1200)
  2016 Ed. (1171)
  2017 Ed. (1216)
Midwest Single Source
  2012 Ed. (4016, 4045)
  2015 Ed. (4074)
  2016 Ed. (3987, 3988)
Midwest Single Source Inc.
  2013 Ed. (4074)
Midwest Steel
  2022 Ed. (1198)
Midwest Steel & Alloy Inc.
  1990 Ed. (1203)
  1991 Ed. (1088)
  1992 Ed. (1421)
  1993 Ed. (1134)
  1995 Ed. (1171)
  1996 Ed. (1146)
  1997 Ed. (1175)
  2007 Ed. (1359)
Midwest Steel Carports
  2022 Ed. (1029)
Midwest Steel Co.
  2020 Ed. (1190)
Midwest Steel Co., Inc.
  2018 Ed. (1200)
Midwest Steel Inc.
  1992 Ed. (1416)
  1995 Ed. (1161)
  1996 Ed. (1140)
  1997 Ed. (1164)
  1998 Ed. (945, 956)
  1999 Ed. (1367, 1377)
  2000 Ed. (1259, 1269)
  2001 Ed. (1482)
  2002 Ed. (1299)
  2003 Ed. (1317)
  2004 Ed. (1317)
  2005 Ed. (1322)
  2007 Ed. (1370)
  2008 Ed. (1266)
  2009 Ed. (1242, 1644)
  2010 Ed. (1241)
  2011 Ed. (1189)
  2012 Ed. (1135)
  2013 Ed. (1281)
  2014 Ed. (1214)
  2015 Ed. (1272)
  2016 Ed. (1187)
  2017 Ed. (1230)
  2018 Ed. (1209)
  2019 Ed. (1236)
  2020 Ed. (1230)
  2021 Ed. (1197)

Midwest Stock Exchange
  1994 Ed. (3437)
Midwest Success LLC
  2007 Ed. (3572)
  2008 Ed. (3718, 4409)
Midwest Technical Inc.
  1990 Ed. (1667)
Midwest Transport
  2023 Ed. (4713)
Midwest Transport Inc.
  2010 Ed. (4817)
  2011 Ed. (4776)
  2016 Ed. (4740)
  2019 Ed. (4749)
  2020 Ed. (4728)
  2021 Ed. (4729)
Midwest United Credit Union
  2002 Ed. (1875)
  2003 Ed. (1929)
  2004 Ed. (1969)
  2005 Ed. (2111)
  2006 Ed. (2206)
  2007 Ed. (2127)
  2008 Ed. (2242)
  2009 Ed. (2228)
Midwest United States
  2002 Ed. (2550, 4734)
Midwest Wireless
  2008 Ed. (1401)
Midwestern BioAg
  2019 Ed. (2574)
  2020 Ed. (2568)
  2021 Ed. (2529)
Midwestern Dental Centers
  1991 Ed. (2760)
Midwestern Electronics
  2002 Ed. (2511)
Midwestern State University
  1990 Ed. (1084)
Midwestern U.S.
  2005 Ed. (4816)
Midwestone Bank
  2021 Ed. (374)
  2022 Ed. (387)
  2023 Ed. (505)
Midwinter Solutions
  2020 Ed. (1971)
MidWynd International
  1992 Ed. (3205)
Miele
  2007 Ed. (742)
Miele & Cie. KG
  2022 Ed. (3073)
Mielke; Rachel
  2017 Ed. (4983)
miEnergy
  2021 Ed. (1454)
Mifal Hapais
  1992 Ed. (58)
Mifal Ha'Pais Lottery
  2006 Ed. (56)
Mifal Hapayis
  1991 Ed. (29)
  2004 Ed. (54)
  2005 Ed. (49)
Mifal Hapayis Lottery
  1993 Ed. (36)
  1994 Ed. (27)
Mifal-H'Pays
  2001 Ed. (45)
Mifarma
  2019 Ed. (3877)
MIFC
  1989 Ed. (1780)
Mifel
  2000 Ed. (612)
MIG
  1991 Ed. (2239)
MIG NAZCA S & S
  1996 Ed. (127)
  1997 Ed. (131)
MIG Publicidad
  1990 Ed. (141)
  1991 Ed. (141)
  1992 Ed. (196)
  1995 Ed. (112)
MIG Realty
  1993 Ed. (2310)
MIG Realty Advisors
  1990 Ed. (2350)
  1995 Ed. (2375)
  1996 Ed. (2411, 3169)
  1997 Ed. (3271)
Migao Corp.
  2009 Ed. (4562)
  2010 Ed. (4596)
  2011 Ed. (4404)
  2018 Ed. (814)
  2019 Ed. (831)
Migdal Insurance
  2006 Ed. (4684)
  2016 Ed. (1706)
  2017 Ed. (1688)
  2018 Ed. (1646)
  2019 Ed. (1698, 3191)
  2020 Ed. (1650)
  2021 Ed. (1630)
  2022 Ed. (1649)

CUMULATIVE INDEX • 1989-2023

2023 Ed. (1805)
MIGFX Inc.
  2009 Ed. (1075)
Might Pop
  2017 Ed. (3932)
Mightily
  2021 Ed. (63, 64)
Mighty Auto Parts
  2019 Ed. (299)
  2020 Ed. (297, 301)
  2021 Ed. (282, 286)
  2023 Ed. (394, 404)
Mighty Blue Grass Shows
  1995 Ed. (910)
  1997 Ed. (907)
  1998 Ed. (646)
  1999 Ed. (1039)
  2005 Ed. (2523)
Mighty Distribution System of America
  2002 Ed. (377)
  2005 Ed. (290)
  2006 Ed. (311)
  2008 Ed. (2879)
  2013 Ed. (228)
  2015 Ed. (316)
  2016 Ed. (314)
  2017 Ed. (319)
Mighty Dog
  1989 Ed. (2196)
  1990 Ed. (2822)
  1992 Ed. (3411)
  1993 Ed. (2818)
  1994 Ed. (2821, 2830)
  1996 Ed. (2992)
  1997 Ed. (3071)
  1999 Ed. (3781)
  2002 Ed. (3648)
Mighty Dog Roofing
  2023 Ed. (1044, 4311)
Mighty Good Solutions LLC
  2023 Ed. (1817)
Mighty Leaf Tea
  2007 Ed. (2598)
  2008 Ed. (2733)
Mighty River Power
  2015 Ed. (2537)
MightyBig TV
  2003 Ed. (3050)
MightyKidz Child Care
  2022 Ed. (2226)
Miglin-Beitler Management
  1997 Ed. (3272)
Miglin Inc.; Marilyn
  1990 Ed. (3706)
  1992 Ed. (4483)
  1994 Ed. (3668)
Mignot; Martin
  2021 Ed. (4761)
  2023 Ed. (4751)
Migos
  2019 Ed. (3676)
  2021 Ed. (3645)
Migra Spray
  2003 Ed. (281)
Migrant farmworker
  1989 Ed. (2085, 2090)
Migros
  1989 Ed. (53, 1164)
  1990 Ed. (50, 1424, 3053)
  1991 Ed. (50, 1355)
  1997 Ed. (1517)
  2012 Ed. (1911)
  2017 Ed. (1974)
  2018 Ed. (1926)
  2021 Ed. (677)
  2023 Ed. (1498)
Migros Bank
  2009 Ed. (543)
  2010 Ed. (526)
Migros Betriebe Birsfelden AG
  2001 Ed. (4620)
Migros Cooperatives; Federation of
  2006 Ed. (92)
  2007 Ed. (82, 2004)
  2008 Ed. (89)
  2009 Ed. (98)
  2010 Ed. (106)
Migros-Genossenschafts Bund
  2013 Ed. (4344)
  2014 Ed. (4395)
  2016 Ed. (4280)
  2017 Ed. (4268)
Migros-Genossenschafts-Bund
  1990 Ed. (1220, 3635)
  1993 Ed. (53, 1408, 3049)
  1994 Ed. (1456)
  1995 Ed. (1496)
  1996 Ed. (3252)
  1997 Ed. (3353)
  1999 Ed. (1741, 4110)
  2000 Ed. (1562)
  2005 Ed. (1967)
Migros Group
  2019 Ed. (4533)
  2020 Ed. (4540)
  2021 Ed. (4518)
  2022 Ed. (4525)
  2023 Ed. (2025, 4539)

Migros-Restaurants
  1993 Ed. (1408)
Migros Ticaret A.S.
  2013 Ed. (4346)
Migros Ticaret AS
  2015 Ed. (4780)
Migros Turk T.A.S.
  2009 Ed. (4329)
  2010 Ed. (4295)
Migrosbank
  2002 Ed. (574)
  2003 Ed. (617)
  2004 Ed. (626)
  2005 Ed. (615)
  2007 Ed. (558)
  2008 Ed. (510)
  2010 Ed. (527)
  2011 Ed. (456)
  2023 Ed. (695)
Miguel Cabrera
  2015 Ed. (220)
  2017 Ed. (213)
  2019 Ed. (192)
  2020 Ed. (197)
Miguel Centeno
  2010 Ed. (2560)
Miguel Fernandez
  2011 Ed. (2951)
Miguel Fluxa Rossello
  2017 Ed. (4876)
  2018 Ed. (4888)
  2019 Ed. (4880)
  2020 Ed. (4869)
  2023 Ed. (4860)
Miguel Harth-Bedoya
  2012 Ed. (2884)
Miguel de Icaza
  2005 Ed. (786)
Miguel Krigsner
  2021 Ed. (4828)
Miguel; Luis
  1995 Ed. (1119)
Miguel Palomino
  1996 Ed. (1909)
  1999 Ed. (2420)
Mii amo, A Destination Spa at Enchantment
  2015 Ed. (3166)
Mii Fixture Group
  2000 Ed. (4135)
  2005 Ed. (4528)
  2007 Ed. (4595)
MII, Inc.
  1999 Ed. (4501)
MiiR Inc.
  2018 Ed. (2033)
MIIX Group
  2002 Ed. (2943)
Miix Insurance Co.
  2002 Ed. (3956)
  2004 Ed. (3135)
MIJ Voor Coordinatie Van Produktie en Tr
  2002 Ed. (1190)
Mika Anttonen
  2018 Ed. (4853)
  2019 Ed. (4848)
  2020 Ed. (4837)
  2021 Ed. (4838)
  2022 Ed. (4831)
  2023 Ed. (4826)
Mikael Lilius
  2014 Ed. (933)
Mikasa
  2003 Ed. (4670)
  2005 Ed. (4588)
  2007 Ed. (4674)
  2009 Ed. (4629)
  2011 Ed. (4604)
Mikati; Najib
  2008 Ed. (4890)
  2009 Ed. (4910)
  2010 Ed. (4911)
  2011 Ed. (4897)
  2012 Ed. (4907)
  2013 Ed. (4886)
  2014 Ed. (4899)
  2015 Ed. (4938)
  2016 Ed. (4854)
  2017 Ed. (4858)
  2018 Ed. (4867)
  2019 Ed. (4861)
  2020 Ed. (4850)
  2021 Ed. (4851)
  2022 Ed. (4846)
  2023 Ed. (4841)
Mikati; Taha
  2008 Ed. (4890)
  2009 Ed. (4910)
  2010 Ed. (4911)
  2011 Ed. (4897)
  2012 Ed. (4907)
  2013 Ed. (4886)
  2014 Ed. (4899)
  2015 Ed. (4938)
  2016 Ed. (4854)
  2017 Ed. (4858)
  2018 Ed. (4867)
  2019 Ed. (4861)
  2020 Ed. (4850)

2021 Ed. (4851)
2022 Ed. (4846)
2023 Ed. (4841)
Mike Adenuga
  2012 Ed. (4913)
  2013 Ed. (4893)
  2014 Ed. (4906)
  2015 Ed. (4906, 4946)
  2016 Ed. (4821, 4861)
  2017 Ed. (4832, 4865)
  2018 Ed. (4837, 4874)
  2019 Ed. (4868)
  2020 Ed. (4857)
  2021 Ed. (4857)
  2022 Ed. (4853)
  2023 Ed. (4848)
Mike Albert Fleet Solutions
  2016 Ed. (291)
  2017 Ed. (293)
  2019 Ed. (273)
  2021 Ed. (268)
  2022 Ed. (285)
Mike Betts
  1999 Ed. (2304)
Mike Brauneis
  2019 Ed. (1103)
Mike Brown
  2013 Ed. (545)
Mike Bruynesteyn
  2003 Ed. (3057)
Mike Cannon-Brookes
  2019 Ed. (4835)
  2020 Ed. (4825)
  2021 Ed. (4826)
  2022 Ed. (4819)
  2023 Ed. (4813)
Mike Connolly
  2012 Ed. (1077)
Mike Cowan
  2017 Ed. (2795)
Mike Cowden
  2018 Ed. (1090)
Mike Culler System
  1993 Ed. (2923)
Mike D'Antoni
  2013 Ed. (545)
Mike Ditka's Restaurant
  2007 Ed. (4128)
Mike Elbert Fleet Solutions
  2021 Ed. (268)
  2022 Ed. (285)
Mike Escobar
  2013 Ed. (2959)
Mike Ferguson
  2003 Ed. (3893)
Mike Fernandez
  2011 Ed. (2544)
Mike Garcia
  2013 Ed. (2958)
Mike Gordon
  2006 Ed. (4922)
Mike Grbic
  2018 Ed. (4111)
Mike Haggerty Pontiac
  1993 Ed. (281)
Mike Higgins
  2003 Ed. (222, 226)
Mike & Ike
  1997 Ed. (888)
  2008 Ed. (838)
  2021 Ed. (770)
  2022 Ed. (804)
Mike Jackson
  2007 Ed. (1030)
  2008 Ed. (952, 2271, 2638)
  2009 Ed. (2258)
  2010 Ed. (2215)
  2011 Ed. (2233)
  2013 Ed. (2281)
  2014 Ed. (2215)
  2015 Ed. (2279)
Mike Johnson Auto Group
  2003 Ed. (211)
Mike Lazaridis
  2005 Ed. (4874)
  2009 Ed. (4882)
  2017 Ed. (775)
Mike; Like
  2018 Ed. (3684)
Mike Linenberg
  2011 Ed. (3336)
Mike Lowry
  1995 Ed. (2043)
Mike Luckwell
  2005 Ed. (4891)
  2007 Ed. (4929)
  2008 Ed. (4905)
Mike McGahan
  2016 Ed. (2562)
Mike Meena
  2018 Ed. (3654)
  2019 Ed. (3643)
Mike Miller Kia
  1996 Ed. (293)
Mike & Molly
  2012 Ed. (4687)
Mike Monroney Aeronautical Center
  2010 Ed. (214, 1905)

Mike Murphy
  1999 Ed. (2328, 2347)
Mike Myers
  2008 Ed. (2590)
  2010 Ed. (2521)
Mike Naldrett
  1996 Ed. (1889)
Mike Nichols
  2008 Ed. (2582)
Mike Piazza
  2001 Ed. (420)
  2003 Ed. (295)
  2005 Ed. (267)
Mike Pruitt Automotive Group
  2004 Ed. (167)
Mike Roberts
  2017 Ed. (3596)
  2018 Ed. (3656)
  2019 Ed. (3645, 3647)
Mike Roberts (City Creek)
  2022 Ed. (3704)
Mike Robertson
  2009 Ed. (3442)
Mike Rogers
  2003 Ed. (3893)
Mike Roos
  2023 Ed. (1308)
Mike Schmidt
  1989 Ed. (719)
Mike-Sell's
  2001 Ed. (4289)
Mike Shaw Automotive
  2005 Ed. (3494, 3495)
  2006 Ed. (2839, 3502, 3504, 3986, 3989)
  2007 Ed. (3539, 4027)
  2008 Ed. (2960, 3698)
  2009 Ed. (3039, 3758, 4134)
  2010 Ed. (2964, 3693)
  2011 Ed. (210, 2925, 3688, 4040)
  2012 Ed. (3705)
  2013 Ed. (2927, 3751)
  2014 Ed. (1537, 3684)
  2015 Ed. (1589, 3700)
  2016 Ed. (1511, 1516, 2579, 3584)
  2017 Ed. (1506, 1509, 2496, 3552, 4784)
  2018 Ed. (1489, 2552, 3601, 4776)
  2019 Ed. (1521, 2546, 3590, 4779)
  2020 Ed. (3563, 4767)
  2021 Ed. (2494, 3592, 4764)
  2022 Ed. (3644)
Mike Shaw Automotive Group
  2007 Ed. (2525)
  2008 Ed. (2653, 3700)
  2009 Ed. (2681, 3759)
  2010 Ed. (3694)
  2011 Ed. (3689)
  2012 Ed. (3706)
  2013 Ed. (1562, 2653, 3758)
  2014 Ed. (3690)
  2015 Ed. (2992, 3002)
Mike Shaw Chevrolet Buick Pontiac
  2003 Ed. (3426, 3961)
Mike Shaw Chevrolet Buick Saab
  2001 Ed. (2708)
  2004 Ed. (3495, 3968)
  2007 Ed. (3541)
Mike Shaw Chevrolet Buick Saab Pontiac GMC Subaru
  2005 Ed. (3912)
Mike Shaw Management Inc.
  2014 Ed. (2944)
  2015 Ed. (3706)
  2018 Ed. (1486)
  2020 Ed. (1484)
  2021 Ed. (1473)
Mike Strada
  2007 Ed. (2549)
Mike Tattersfield
  2015 Ed. (959)
Mike Trout
  2019 Ed. (192)
  2020 Ed. (197)
Mike Tyson
  1990 Ed. (1672, 2504)
  1991 Ed. (1578)
  1997 Ed. (278, 1725)
  1998 Ed. (199)
  1999 Ed. (306)
  2001 Ed. (419, 1383)
  2002 Ed. (344, 2143)
  2003 Ed. (294)
  2004 Ed. (260)
Mike Ullman
  2008 Ed. (959)
Mike Vinciquerra
  2011 Ed. (3360)
Mike Ward
  2011 Ed. (2974)
Mike Young
  1999 Ed. (2298)
Mike's "American"
  2019 Ed. (4197)
  2020 Ed. (4209)
Mike's Classic Lime Margarita
  2012 Ed. (440, 3516)
Mike's Classic Peach Margarita
  2012 Ed. (440, 3516)

Mike's Classic Raspberry Margarita
   2012 Ed. (440, 3516)
Mike's Express Car Wash
   2005 Ed. (350)
Mike's Hard
   2006 Ed. (4957)
   2015 Ed. (199, 200)
   2016 Ed. (190)
   2017 Ed. (177, 3360)
   2019 Ed. (3393)
   2020 Ed. (3394)
   2021 Ed. (3413)
   2022 Ed. (3471)
   2023 Ed. (3590)
Mikes Hard
   2023 Ed. (229)
Mike's Hard Cranberry
   2005 Ed. (3364)
Mike's Hard Iced Tea
   2005 Ed. (3364)
Mike's Hard Lemonade
   2003 Ed. (261, 262, 4942)
   2004 Ed. (228, 4946)
   2005 Ed. (234, 3364, 4924, 4926)
   2006 Ed. (253)
   2007 Ed. (261, 263)
   2008 Ed. (239, 240)
   2009 Ed. (264)
   2010 Ed. (251)
Mike's Hard Smashed
   2015 Ed. (983)
Mike's Harder
   2016 Ed. (190)
   2017 Ed. (177, 3360)
   2018 Ed. (163)
   2019 Ed. (167, 3393)
   2020 Ed. (164, 3394)
   2021 Ed. (166, 3413)
   2022 Ed. (160, 3471, 3472)
   2023 Ed. (3590)
Mikes Harder
   2023 Ed. (229)
Mike's Restaurant
   1991 Ed. (1773)
Mikes Restaurants
   1996 Ed. (1968, 3049)
Mikesell's Snack Food Co.
   2018 Ed. (4389)
Mikhail Fridman
   2006 Ed. (691, 4929)
   2008 Ed. (4894)
   2009 Ed. (4914)
   2010 Ed. (4918)
   2011 Ed. (4907, 4908)
   2012 Ed. (4918)
   2013 Ed. (4903)
   2014 Ed. (4914)
   2015 Ed. (4954)
   2016 Ed. (4870)
   2017 Ed. (4871)
   2018 Ed. (4882)
   2019 Ed. (4875)
   2020 Ed. (4863)
   2021 Ed. (4864)
   2023 Ed. (4855)
Mikhail Khodorkovsky
   2004 Ed. (4877, 4880, 4881)
   2005 Ed. (4877, 4878)
   2006 Ed. (4929)
Mikhail Lomtadze
   2022 Ed. (4833)
   2023 Ed. (4828)
Mikhail Prokhorov
   2006 Ed. (4929)
   2008 Ed. (4894)
   2009 Ed. (4914)
   2010 Ed. (4918)
   2011 Ed. (4907, 4908)
   2012 Ed. (4895, 4918)
   2013 Ed. (547, 4903)
   2014 Ed. (4914)
   2016 Ed. (4870)
Mikhelson; Leonid
   2013 Ed. (4903)
   2014 Ed. (4914)
   2015 Ed. (4954)
   2016 Ed. (4870)
   2017 Ed. (4871)
   2018 Ed. (4882)
   2019 Ed. (4875)
   2020 Ed. (4863)
   2021 Ed. (4864)
   2022 Ed. (4861)
   2023 Ed. (4855)
Miki Corp.
   2014 Ed. (2259, 2268)
   2015 Ed. (2343, 2352)
   2023 Ed. (2314)
Miki Gakki Co., Ltd.
   2016 Ed. (3655)
   2020 Ed. (3661)
   2021 Ed. (3666)
Miki; Masahiro
   2011 Ed. (4857)
   2012 Ed. (4863)
   2014 Ed. (4896)
   2015 Ed. (4935)
   2016 Ed. (4851)

2017 Ed. (4856)
2018 Ed. (4864)
2020 Ed. (4848)
2021 Ed. (4849)
Mikitani; Hiroshi
   2009 Ed. (4866, 4867)
   2010 Ed. (4868, 4869)
   2011 Ed. (4856, 4857)
   2012 Ed. (4863)
   2013 Ed. (4883)
   2014 Ed. (4896)
   2015 Ed. (4935)
   2016 Ed. (4851)
   2017 Ed. (4856)
   2018 Ed. (4864)
   2019 Ed. (4858)
   2020 Ed. (4848)
   2021 Ed. (4849)
   2022 Ed. (4844)
   2023 Ed. (4839)
Mikohn Nevada Inc.
   2005 Ed. (2613)
Mikrokredit Bank
   2019 Ed. (497)
   2020 Ed. (478)
   2023 Ed. (704)
Mikron Infrared Inc.
   2006 Ed. (2388)
   2008 Ed. (1975, 3644, 4414)
Mikron Instrument Co. Inc.
   1993 Ed. (1183)
MikronInstr
   1990 Ed. (2749)
MIKROSAM Prilep AD
   2019 Ed. (1549)
Miky SRL
   2016 Ed. (1707)
Mikyoung Kim Design
   2020 Ed. (191)
The MIL Corporation
   2022 Ed. (1696)
Mil Design Bureau
   1994 Ed. (2044)
MIL Research Group
   1991 Ed. (2387)
Mil-Ron Custom Construction
   2023 Ed. (3179)
Mil Sons Instrumentos
   2013 Ed. (3788)
   2015 Ed. (3738)
   2016 Ed. (3646)
   2020 Ed. (3645)
Mil-Way Credit Union
   2002 Ed. (1848)
   2003 Ed. (1907)
   2004 Ed. (1947)
   2005 Ed. (2088)
   2006 Ed. (2183)
   2007 Ed. (2104)
   2008 Ed. (2219)
   2009 Ed. (2202)
   2010 Ed. (2156)
   2011 Ed. (2177)
   2012 Ed. (2037)
   2013 Ed. (2210)
   2014 Ed. (2141)
   2015 Ed. (2205)
   2016 Ed. (2176)
Mil-Way Federal Credit Union
   2018 Ed. (2084)
   2020 Ed. (2062)
   2021 Ed. (2052)
   2022 Ed. (2088)
   2023 Ed. (2202)
MILA
   2007 Ed. (4081)
Mila Kunis
   2015 Ed. (2600)
Milacron Holdings Corp.
   2018 Ed. (3418)
Milacron Inc.
   2004 Ed. (3322, 3323)
   2005 Ed. (3347, 3348)
Milacron LLC
   2014 Ed. (1906)
   2015 Ed. (1951)
   2016 Ed. (1924)
Milagro Packaging
   2008 Ed. (2954)
Milaha
   2022 Ed. (3442, 3446)
Milam's Market
   2010 Ed. (4635)
Milan
   1990 Ed. (861)
   1997 Ed. (1004)
   1999 Ed. (1177)
   2000 Ed. (107)
   2001 Ed. (4301)
   2002 Ed. (4307)
Milan; A. C.
   2005 Ed. (4449)
Milan, Italy
   1990 Ed. (1439)
   1992 Ed. (2280)
   1993 Ed. (2468)
   1996 Ed. (978, 979, 2541, 2865)
   2001 Ed. (136)

2002 Ed. (109)
2003 Ed. (187)
2005 Ed. (3313)
2007 Ed. (256)
2009 Ed. (3205)
2013 Ed. (163)
2014 Ed. (167)
2015 Ed. (194)
2017 Ed. (3050)
2019 Ed. (2590, 3103)
2020 Ed. (2582)
Milan Malpensa, Italy
   2009 Ed. (256)
   2010 Ed. (248)
Milan Stock Exchange
   1993 Ed. (3457)
Milane Frantz
   2014 Ed. (4852)
   2015 Ed. (4889)
   2016 Ed. (4807)
   2017 Ed. (4819)
   2018 Ed. (4824)
   2019 Ed. (4820)
   2020 Ed. (4810)
   2021 Ed. (4811)
   2022 Ed. (4804)
   2023 Ed. (4797)
Milani
   2001 Ed. (1912)
   2008 Ed. (2181)
   2016 Ed. (3364)
   2017 Ed. (2101)
   2020 Ed. (2034, 2044)
   2021 Ed. (1987, 1988)
Milani Conceal Plus Perfect
   2021 Ed. (1994)
Milani Rose
   2021 Ed. (1987)
Milano
   2014 Ed. (1268)
   2015 Ed. (1330)
   2018 Ed. (1281)
   2019 Ed. (1310)
   2020 Ed. (1286)
   2021 Ed. (1269)
   2022 Ed. (1269)
Milano; Anthony V.
   1991 Ed. (3209)
Milano Fresh
   2020 Ed. (914)
Milano & Grey
   1991 Ed. (116)
   1992 Ed. (168)
   1993 Ed. (114)
   1994 Ed. (97)
   1995 Ed. (89)
   1997 Ed. (106)
   1999 Ed. (108)
   2000 Ed. (113)
   2001 Ed. (151)
   2002 Ed. (124)
   2003 Ed. (91)
Milano Teleport SpA
   2016 Ed. (4300)
   2018 Ed. (4286)
MilanoCard
   2018 Ed. (4699)
Milbank LLP
   2021 Ed. (3237)
Milbank, Tweed
   2011 Ed. (3401)
Milbank, Tweed, Hadley & McCloy
   1990 Ed. (2424)
   1991 Ed. (2290)
   1992 Ed. (2844)
   1993 Ed. (2402)
   1994 Ed. (2355)
   2003 Ed. (3175, 3176, 3189)
   2012 Ed. (3376, 3416)
   2013 Ed. (3433, 3449, 3451, 3453)
   2014 Ed. (3435, 3449, 3452)
Milbank, Tweed, Hadley & McCloy LLP
   2002 Ed. (3797)
   2007 Ed. (3302, 3306)
   2008 Ed. (3418, 3425, 3426)
Milberg Weiss Bershad Hynes & Lerach
   1995 Ed. (2411)
Milberg Weiss Bershad Schulman LLP
   2007 Ed. (3338)
   2008 Ed. (3438)
   2009 Ed. (3512)
Milbon Co., Ltd.
   2019 Ed. (3760)
Milbrandt Vineyards
   2014 Ed. (4951)
Milburn Homes
   2003 Ed. (1150)
   2004 Ed. (1152)
   2005 Ed. (1181)
Milburn Ridgefield Corp.
   1999 Ed. (1251)
Milchan; Arnon
   2008 Ed. (4887)
   2009 Ed. (4907)
   2010 Ed. (4908)
   2011 Ed. (4895, 4900)
   2012 Ed. (4904)
   2013 Ed. (4881)

2014 Ed. (4894)
2015 Ed. (4933)
2016 Ed. (4849)
2017 Ed. (4854)
2018 Ed. (4862)
2019 Ed. (4856)
2020 Ed. (4846)
2021 Ed. (4847)
2022 Ed. (4842)
Milco D.O.O.
   2018 Ed. (1504)
Milcon Concrete Inc.
   2017 Ed. (1886)
Mild Seven
   1989 Ed. (33)
   1991 Ed. (34)
   1992 Ed. (63)
   1997 Ed. (993)
   1999 Ed. (1140, 1141)
   2000 Ed. (1062)
   2005 Ed. (1601)
   2013 Ed. (4678, 4693)
   2014 Ed. (4739)
Mild Seven Cigarettes
   1990 Ed. (32)
Mild Seven Lights
   1997 Ed. (993)
   1999 Ed. (1141)
   2000 Ed. (1062)
Mild Seven Super Lights
   1999 Ed. (1141)
   2000 Ed. (1062)
Milde Sorte
   1997 Ed. (987)
Mildew removers
   1990 Ed. (1955)
   2002 Ed. (2707)
Mile Hi Corporate Services LLC
   2015 Ed. (2655)
Mile Hi Foods
   2012 Ed. (2520)
   2014 Ed. (2609)
Mile Hi Specialty Foods
   2018 Ed. (4990)
Mile Hi Tours Inc.
   2006 Ed. (3987)
Mile High Banks
   2010 Ed. (4063)
Mile High Development LLC
   2002 Ed. (3921)
Mile High Music Festival
   2010 Ed. (1131)
Mile High Properties LLC
   2002 Ed. (3935)
Mile High Specialty Foods
   2012 Ed. (4989)
   2013 Ed. (4988)
   2014 Ed. (4993)
Mile High Specialty Foods Corp.
   2015 Ed. (5038)
Mile High Stadium
   2002 Ed. (4347)
Mile Square Transportation
   2012 Ed. (2867)
Milek; Dariusz
   2018 Ed. (4879)
   2019 Ed. (4873)
   2020 Ed. (4862)
Milek; Dariusz
   2015 Ed. (4952)
   2016 Ed. (4867)
Milender White
   2022 Ed. (3644)
Milender White Construction Co.
   2005 Ed. (1325)
   2016 Ed. (3584)
   2017 Ed. (3552)
   2018 Ed. (3601)
   2019 Ed. (3590)
   2020 Ed. (3563)
   2021 Ed. (3592)
Milenium Microsurgical System
   2000 Ed. (3379)
Milepost Consulting
   2014 Ed. (2092)
   2015 Ed. (2145)
Miles
   1994 Ed. (918, 920, 932, 1439)
   1995 Ed. (954, 956, 1473)
   1996 Ed. (925)
   1997 Ed. (2066)
   2011 Ed. (1928)
   2012 Ed. (1788)
   2014 Ed. (1562, 1898)
Miles Advertising Inc.
   2002 Ed. (99)
Miles Advisory Group
   2016 Ed. (1599)
Miles Calcraft Briginshaw Duffy
   2006 Ed. (2052)
Miles Canada
   1996 Ed. (932)
   1997 Ed. (960)
Miles & Co.
   2007 Ed. (2588)
Miles & Co.; J. H.
   2005 Ed. (2614)
   2008 Ed. (2725)

CUMULATIVE INDEX • 1989-2023

2009 Ed. (2780)
2010 Ed. (2712)
2011 Ed. (2698)
2012 Ed. (2628)
Miles D. White
  2007 Ed. (1028)
  2008 Ed. (950)
  2009 Ed. (949, 959)
  2010 Ed. (901, 911)
  2011 Ed. (821, 831, 856)
  2012 Ed. (806)
Miles Diagnostics
  1995 Ed. (2532)
Miles Everson
  2010 Ed. (1194)
Miles Health Care Inc.
  2013 Ed. (1826)
  2014 Ed. (1754)
  2015 Ed. (1799)
  2016 Ed. (1753)
Miles Homes Inc.
  1995 Ed. (1132)
  1997 Ed. (2702)
Miles Inc. Diagnostics Div.
  1996 Ed. (2593)
Miles Kimball
  1990 Ed. (916)
  1991 Ed. (868)
Miles Laboratories
  1993 Ed. (903, 1385, 1514)
Miles, Lawyer; Stephen
  1989 Ed. (1889)
Miles-McClellan Construction Co.
  2017 Ed. (3556)
Miles; Michael A.
  1995 Ed. (980)
Miles Pharmaceuticals
  1995 Ed. (1589)
  1996 Ed. (1577, 2597)
Miles & Stockbridge
  1990 Ed. (2414)
  1991 Ed. (2280)
  1992 Ed. (2829)
  1993 Ed. (2392)
  2001 Ed. (833)
  2021 Ed. (3225, 3226)
  2023 Ed. (3421)
Milesbrand Inc.
  2007 Ed. (111)
  2008 Ed. (121, 1672, 1673)
  2009 Ed. (131, 132, 1594, 1595)
  2010 Ed. (131, 132)
MileStone Community Builders
  2015 Ed. (4094)
Milestone Community Builders
  2015 Ed. (4174)
Milestone Construction Services
  2005 Ed. (1164)
  2006 Ed. (1160)
Milestone Engineering & Construction
  2020 Ed. (1760)
Milestone Environmental Contracting
  2021 Ed. (4381)
Milestone Equipment Holdings LLC
  2022 Ed. (1739)
  2023 Ed. (1879)
MILESTONE (Fund VA)/World Bond
  1992 Ed. (4373)
The Milestone Group Inc.
  2005 Ed. (1251)
  2006 Ed. (1210)
  2010 Ed. (3397)
  2012 Ed. (3330)
  2013 Ed. (3403)
Milestone Growth Fund
  2006 Ed. (3619)
MileStone Healthcare
  1995 Ed. (2136)
  1996 Ed. (2146)
  1998 Ed. (1985)
  1999 Ed. (2724)
  2000 Ed. (2502)
  2009 Ed. (4198)
Milestone Metals
  2010 Ed. (773)
  2011 Ed. (3530)
Milestone Retirement Communities
  2020 Ed. (195)
  2021 Ed. (194)
Milestone Scientific
  2000 Ed. (292)
Milestone Systems
  2018 Ed. (4298)
  2019 Ed. (4324)
  2020 Ed. (4316, 4318, 4322, 4323)
  2021 Ed. (4333)
  2022 Ed. (4341, 4346)
  2023 Ed. (4374)
Milex Complete Auto Care
  2011 Ed. (243)
  2012 Ed. (264)
  2018 Ed. (299)
  2019 Ed. (302)
  2020 Ed. (302)
  2021 Ed. (287)
Milex Complete Auto Care/Mr. Transmission
  2021 Ed. (287)

Milex Tune-Up & Brakes
  2004 Ed. (328)
  2005 Ed. (331)
  2006 Ed. (345)
  2007 Ed. (330)
  2008 Ed. (317)
  2009 Ed. (339)
Miley Cyrus
  2010 Ed. (3714, 3715, 3717)
  2011 Ed. (3711, 3713, 3715)
  2012 Ed. (2440, 3734)
  2015 Ed. (3731, 3733)
  2016 Ed. (3639, 3640)
Milford Exempted Village
  2019 Ed. (1889)
Milford Exempted Village School District
  2022 Ed. (1834)
Milford Federal Bank
  2021 Ed. (4301)
  2022 Ed. (4309)
  2023 Ed. (4339)
Milgard
  2018 Ed. (4918)
Milgard Manufacturing Inc.
  2005 Ed. (1501)
  2012 Ed. (1814)
Milgard Windows
  2006 Ed. (4956)
  2007 Ed. (4965)
  2008 Ed. (4934)
Milgard Windows & Doors
  2009 Ed. (4955)
  2019 Ed. (4916)
  2020 Ed. (4914)
Milgray Electronic Inc.
  1996 Ed. (1634, 1635)
Milgro Nursery
  2020 Ed. (3741)
  2021 Ed. (3742)
  2022 Ed. (3760)
  2023 Ed. (3865)
Milgrow Manufacturing
  1995 Ed. (1767)
Milhaus Development LLC
  2017 Ed. (1636)
Military
  2001 Ed. (3876)
  2014 Ed. (1261)
  2015 Ed. (1317, 1318)
  2017 Ed. (1283)
Military Academy; U.S.
  2009 Ed. (1030, 1037, 1045, 1046, 2584)
  2010 Ed. (1003, 1011, 1012, 2497)
  2012 Ed. (857)
Military/aerospace
  1997 Ed. (1612)
Military Aircraft Division
  1996 Ed. (1519)
Military Bank
  2015 Ed. (475)
  2016 Ed. (423)
  2017 Ed. (436)
  2018 Ed. (366, 401)
  2019 Ed. (405)
  2020 Ed. (397)
  2023 Ed. (615)
Military bases
  2002 Ed. (4723)
  2003 Ed. (4835)
Military & Civilian Credit Union
  2004 Ed. (1945)
  2005 Ed. (2086)
  2006 Ed. (2181)
  2007 Ed. (2102)
  2008 Ed. (2217)
  2009 Ed. (2200)
  2010 Ed. (2154)
  2011 Ed. (2175)
  2012 Ed. (2035)
  2013 Ed. (2208)
  2014 Ed. (2139)
  2015 Ed. (2203)
  2016 Ed. (2174)
Military electronics
  1998 Ed. (1556)
Military exchanges
  2001 Ed. (4111)
Military Insurance Co.
  1999 Ed. (2924)
Military leave
  1995 Ed. (3389)
Military Personnel Services Corp.
  2007 Ed. (1408)
  2009 Ed. (1365)
Military Sealift Command
  2014 Ed. (3677)
  2016 Ed. (3577, 4933)
  2021 Ed. (3585)
  2022 Ed. (3638, 4932)
Military Sealift Command (MSC)
  2023 Ed. (3740, 3741, 4934)
Military restaurant services
  2001 Ed. (4078)
Miljoministeriet
  2009 Ed. (1634, 2590)
Milk
  1989 Ed. (731, 1461, 2883)
  1990 Ed. (1962, 3665)

1992 Ed. (2198, 3546)
1993 Ed. (2921, 3484)
1994 Ed. (1190, 1510, 1996, 2940)
1995 Ed. (2049, 2997, 3530)
1996 Ed. (721, 2043, 3091, 3092, 3093, 3097, 3611, 3615)
1997 Ed. (1208, 3711)
1998 Ed. (1237, 1238, 1239)
1999 Ed. (699, 700, 4507)
2000 Ed. (711, 712, 3619)
2001 Ed. (687, 688, 701, 1974, 4288)
2002 Ed. (687, 688, 689, 690, 697, 698, 699, 701, 2799, 3342, 3343, 3489, 4309, 4718)
2003 Ed. (1962, 3414, 3937, 3938, 4834, 4837, 4841)
2004 Ed. (2133)
2005 Ed. (1395, 1396, 2753, 2754, 2757, 2759, 2760)
Milk Bar
  2022 Ed. (800)
  2023 Ed. (1006)
Milk Bone
  1990 Ed. (2820)
  1992 Ed. (3410)
  1993 Ed. (2817)
  1996 Ed. (2994)
  1997 Ed. (3073)
  1999 Ed. (3783)
  2002 Ed. (3650)
Milk-Bone
  2014 Ed. (3846)
  2015 Ed. (3871)
  2016 Ed. (3782)
  2017 Ed. (3737)
  2018 Ed. (3789)
  2021 Ed. (3799)
  2022 Ed. (3819)
Milk-Bone Brushing Chews
  2018 Ed. (3789)
Milk-Bone Dog Biscuits
  1994 Ed. (1824, 2832)
Milk-Bone Flavor Snacks
  1989 Ed. (2195)
  1994 Ed. (2824)
  2014 Ed. (3846)
  2015 Ed. (3871)
  2016 Ed. (3782)
  2017 Ed. (3737)
  2018 Ed. (3789)
Milk, canned
  2001 Ed. (3311)
  2003 Ed. (3413)
  2005 Ed. (3479)
Milk/dairy products
  1996 Ed. (1169)
Milk, dry
  2001 Ed. (3311)
Milk Duds
  2023 Ed. (1011)
milk; Evaporated condensed
  1990 Ed. (897)
Milk, flavored
  2002 Ed. (3342)
  2003 Ed. (3414)
Milk & Honey
  2018 Ed. (586)
Milk Industry Foundation
  2006 Ed. (142)
  2007 Ed. (135)
Milk Marketing Board
  1991 Ed. (1747)
Milk Marketing Inc.
  1993 Ed. (1457)
  1997 Ed. (177)
  1999 Ed. (197)
Milk N' Cereal
  2008 Ed. (870)
Milk 'n Cereal Bars
  2005 Ed. (891)
Milk Products
  2014 Ed. (3654)
Milk products
  2006 Ed. (1385)
  2007 Ed. (1422)
Milk products, dry
  1994 Ed. (1510)
Milk Products LP
  2008 Ed. (3669)
Milk products, dry whole
  2005 Ed. (3479)
The Milk Shake Factory
  2018 Ed. (4390)
Milk, skim
  1998 Ed. (1709)
Milk Specialties Global
  2018 Ed. (2145)
  2019 Ed. (2143)
  2020 Ed. (2128)
  2021 Ed. (2121)
  2022 Ed. (2153)
  2023 Ed. (2272)
Milk Stork
  2020 Ed. (4706)
Milk the Sun
  2019 Ed. (2390)
Milk Thistle
  1996 Ed. (2102)

Milk Tray
  1992 Ed. (1045)
  1993 Ed. (836)
Milk, water-added
  2003 Ed. (3413)
Milk, sweetened whole
  2001 Ed. (3311)
  2005 Ed. (3479)
Milk, unsweetened whole
  2001 Ed. (3311)
  2005 Ed. (3479)
Milken Family Foundation
  1999 Ed. (2503)
Milken Foundations
  1990 Ed. (1848)
Milken; Michael
  1989 Ed. (1422)
  1990 Ed. (1773)
  1993 Ed. (1693)
  2007 Ed. (4891)
Milks
  2005 Ed. (2234)
Milky Way
  1990 Ed. (895)
  1992 Ed. (1042, 1043)
  1994 Ed. (848, 850)
  1995 Ed. (895)
  1997 Ed. (891, 895)
  1998 Ed. (623, 630, 631)
  1999 Ed. (1022, 1025, 1130)
  2000 Ed. (972, 1055, 1057)
  2001 Ed. (1111)
  2002 Ed. (1047, 1049)
  2003 Ed. (963, 1131)
  2014 Ed. (949)
  2015 Ed. (979)
  2016 Ed. (876, 877)
  2017 Ed. (927)
  2018 Ed. (863)
  2020 Ed. (757)
  2021 Ed. (778)
  2022 Ed. (808)
  2023 Ed. (1011, 1013)
Milky Way, 16-Oz. Bag
  1990 Ed. (893)
Milky Way Bar
  1990 Ed. (892)
  1991 Ed. (847)
Milky Way II
  1994 Ed. (1858)
Milky Way Original
  2000 Ed. (1054)
The Mill Agro Group
  2004 Ed. (3357)
  2005 Ed. (3389)
  2006 Ed. (201)
Mill Creek Capital Advisors
  2018 Ed. (3320)
Mill Creek Residential
  2022 Ed. (176, 1081)
  2023 Ed. (248, 1256)
Mill Creek Residential Trust LLC
  2017 Ed. (197, 201, 1145)
  2018 Ed. (187, 1077)
  2019 Ed. (182, 1088)
  2020 Ed. (183, 1078)
  2021 Ed. (182, 1045)
Mill Neck, NY
  1989 Ed. (1634, 2773)
  2006 Ed. (2972)
  2010 Ed. (3137)
Mill Street & Co.
  2020 Ed. (1451)
Mill Tech LLC
  2014 Ed. (4997)
Milla Jovovich
  2003 Ed. (3429)
  2004 Ed. (3498)
Millar Co.; George W.
  1989 Ed. (831)
Millar Western
  1999 Ed. (3693)
Millard Drexler
  2001 Ed. (1217)
  2002 Ed. (2183)
The Millard Group
  2009 Ed. (1618)
Millard Maintenance Service Co.
  1996 Ed. (3878)
Millard Refrigerated Services
  1998 Ed. (1534)
  2001 Ed. (4724, 4725)
  2010 Ed. (4846)
  2011 Ed. (4812)
  2012 Ed. (4828)
Millat Tractors
  2012 Ed. (1836)
  2013 Ed. (1992)
  2014 Ed. (1931)
  2020 Ed. (1850)
  2021 Ed. (1814)
Millburn Ridgefield Corp.
  1992 Ed. (1289)
Millbury Credit Union
  2004 Ed. (1931)
The Millcraft Paper Co.
  2008 Ed. (3726, 4977)

Millcreek Gardens
  2022 Ed. (4990)
Millea Holdings Inc.
  2005 Ed. (3090, 3139)
  2006 Ed. (3147)
  2007 Ed. (1717, 3114, 3181)
  2008 Ed. (1746, 3329)
  2009 Ed. (3399, 3401)
  2010 Ed. (3333, 3335)
Millen; Robert
  2009 Ed. (3440)
Millenia
  2000 Ed. (292)
Millenicom
  2011 Ed. (2905, 2912)
Millenium
  2012 Ed. (105, 4052)
Millenium; Bank
  2005 Ed. (598)
  2006 Ed. (514)
  2007 Ed. (542)
  2008 Ed. (493)
Millenium bcp
  2007 Ed. (543)
  2008 Ed. (494)
  2009 Ed. (524)
  2010 Ed. (504)
  2011 Ed. (434)
Millenium Biltmore Hotel
  2002 Ed. (1168, 2649)
Millenium Chemicals
  1999 Ed. (1084)
Millenium Overseas Holdings Ltd.
  2000 Ed. (4007)
Millenni-Era Music
  2014 Ed. (3718)
Millennia III Income
  2004 Ed. (730)
Millennial Esports Corp.
  2019 Ed. (4509)
Millennial Media
  2013 Ed. (49)
Millennial Media Inc.
  2016 Ed. (1758)
Millennium
  1999 Ed. (3850, 4605)
  2001 Ed. (3407, 3408)
Millennium
  2021 Ed. (458)
  2022 Ed. (472)
  2023 Ed. (680)
Millennium 3 Financial Services
  2015 Ed. (2712)
  2016 Ed. (2637)
  2017 Ed. (2572)
Millennium Alaskan Hotel
  2005 Ed. (2930)
  2007 Ed. (2944)
Millennium Banco Internacional de Mozambique
  2013 Ed. (346)
  2014 Ed. (364)
  2015 Ed. (416)
Millennium Bank
  2010 Ed. (1662)
Millennium Bank Angola
  2014 Ed. (351)
  2015 Ed. (399)
Millennium Bank Internacional de Mocambique
  2008 Ed. (480)
  2009 Ed. (507)
  2010 Ed. (488)
  2011 Ed. (418)
Millennium Bank Mozambique
  2018 Ed. (350)
  2023 Ed. (569)
Millennium Bank Poland
  2014 Ed. (467)
  2015 Ed. (525)
  2016 Ed. (479)
  2017 Ed. (496)
  2018 Ed. (461)
  2019 Ed. (472)
  2020 Ed. (455)
  2023 Ed. (679)
Millennium BCP
  2007 Ed. (1960)
  2013 Ed. (452)
  2014 Ed. (468)
  2015 Ed. (526)
  2016 Ed. (480)
  2017 Ed. (497)
  2018 Ed. (462)
  2019 Ed. (474)
  2020 Ed. (457)
  2021 Ed. (459)
  2022 Ed. (473)
  2023 Ed. (681, 682)
Millennium Chemicals Inc.
  1998 Ed. (694, 1054)
  1999 Ed. (1501)
  2000 Ed. (1020)
  2004 Ed. (947)
  2005 Ed. (936, 937)
  2008 Ed. (1702)
  2009 Ed. (1629)
  2010 Ed. (1601)

Millennium Communications Group LLC
  2011 Ed. (2929)
Millennium Communications Inc.
  2003 Ed. (2718)
Millennium & Copthorne
  2013 Ed. (2124)
  2019 Ed. (3006)
Millennium & Copthorne Hotels
  2006 Ed. (3275)
Millennium Corp.
  2016 Ed. (2115)
Millennium CX
  2001 Ed. (3588)
Millennium Group
  2019 Ed. (2045)
The Millennium Group International
  2015 Ed. (1295)
Millennium Growth
  2000 Ed. (3274)
Millennium Home Care
  2002 Ed. (2588)
Millennium Import Co.
  2001 Ed. (3129)
  2004 Ed. (3286)
Millennium International Fund
  2003 Ed. (3112)
Millennium Jaguar of Texas Inc.
  2007 Ed. (2016)
Millennium Marketing Solutions
  2012 Ed. (4009)
Millennium Marketing Solutions Inc.
  2016 Ed. (1759)
Millennium Midstream Partners
  2009 Ed. (2502)
Millennium Overseas Holdings Ltd.
  2000 Ed. (1414)
  2001 Ed. (1690)
Millennium Partners Sports Club Management LLC
  2012 Ed. (2817)
Millennium Pharmaceuticals Inc.
  2001 Ed. (706)
  2003 Ed. (683, 684)
  2004 Ed. (686)
  2005 Ed. (676, 681, 3817, 3818, 3828)
  2006 Ed. (3872, 3886, 3887, 3894, 4605)
  2007 Ed. (3917, 4565)
  2008 Ed. (571, 572)
  2009 Ed. (602)
Millennium Pharmacy Systems
  2009 Ed. (2950)
Millennium Products Inc.
  2015 Ed. (2846)
  2016 Ed. (2779)
Millennium Rugs
  2006 Ed. (3358)
Millennium Stadium
  2010 Ed. (4565)
Millennium Steel Service LLC
  2013 Ed. (79)
  2021 Ed. (92)
  2022 Ed. (109)
Millennium Steel of Texas LP
  2013 Ed. (79)
  2021 Ed. (92, 3618)
  2022 Ed. (109)
Millennium Teleservices
  1999 Ed. (4558)
Millennium Teleservices LLC
  2001 Ed. (4466)
  2005 Ed. (4646)
Millennium: The Takeda Oncology Co.
  2012 Ed. (916, 1694)
  2013 Ed. (1843)
  2014 Ed. (46, 1305, 1773, 3939)
  2015 Ed. (49)
Millennium Trust Co.
  2005 Ed. (365)
Millennnium ADMP
  2000 Ed. (1679)
Miller
  1989 Ed. (761, 763, 764, 765, 766, 2104)
  1990 Ed. (13, 52, 747, 750, 753, 754, 755, 764, 769, 770, 771, 772, 773, 774, 775, 776, 777)
  1991 Ed. (8, 54, 743)
  1992 Ed. (928, 4231)
  1995 Ed. (707)
  1996 Ed. (788)
  1998 Ed. (2040)
  1999 Ed. (807, 813, 815)
  2003 Ed. (658)
  2007 Ed. (1219)
  2008 Ed. (534, 567)
  2022 Ed. (578)
Miller 64
  2015 Ed. (633)
Miller; Alan
  2009 Ed. (3706)
  2010 Ed. (3623)
Miller, Alan B.
  1990 Ed. (1725)
  1992 Ed. (2064)
  1993 Ed. (1706)
Miller; Alexey B.
  2011 Ed. (817)

Miller, Anderson
  1992 Ed. (2737, 2739)
  1993 Ed. (2282, 2288, 2290, 2339, 2340)
Miller, Anderson & Sherrerd
  1990 Ed. (2327)
  1991 Ed. (2215, 2242)
  1994 Ed. (2299, 2304)
  1996 Ed. (2377, 2398)
  1998 Ed. (2310)
  1999 Ed. (3110)
  2000 Ed. (2830, 2857, 2860)
Miller, Anderson, Sherrerd
  1989 Ed. (2128, 2135)
Miller & Associates; A. M.
  1997 Ed. (1047)
Miller & Associates; Ryan
  1997 Ed. (1794)
Miller Automobile
  1990 Ed. (316)
Miller beer
  1993 Ed. (738)
Miller; Bill
  2005 Ed. (3202)
Miller Bonded Inc.
  2006 Ed. (1330)
  2007 Ed. (1383)
  2008 Ed. (1320)
  2009 Ed. (1304)
  2010 Ed. (1298)
  2011 Ed. (1256)
Miller; Brad
  2019 Ed. (4120)
Miller Brewing Co.
  1989 Ed. (760, 769)
  1990 Ed. (757)
  1991 Ed. (742)
  1992 Ed. (929, 930, 931, 934, 938)
  1993 Ed. (679, 687, 748)
  1994 Ed. (681, 689, 690, 751)
  1995 Ed. (705, 712, 2824)
  1996 Ed. (784)
  1997 Ed. (716, 717, 718, 722)
  1998 Ed. (452, 453, 499, 501, 502, 503)
  1999 Ed. (708, 809, 810, 811, 812, 814, 816, 1923, 4513)
  2000 Ed. (718, 814, 815, 816, 817, 818)
  2001 Ed. (674, 679, 1025, 1026, 1901)
  2002 Ed. (678, 787, 2568)
  2003 Ed. (18, 20, 655, 662, 671, 764, 1855, 2757)
  2004 Ed. (2838, 2842)
  2005 Ed. (652, 672, 1498, 1558, 1605, 4452)
  2006 Ed. (552, 1488)
  2007 Ed. (616, 1518, 2897)
  2008 Ed. (537, 566, 1500, 3019, 4481)
  2009 Ed. (1433)
  2010 Ed. (1416)
Miller Building Corp.
  1995 Ed. (3374, 3375, 3376)
  1996 Ed. (3428, 3429)
  1997 Ed. (3515, 3516)
  2000 Ed. (4026, 4027)
Miller Building Systems
  2006 Ed. (1171)
Miller Buildings Inc.
  2022 Ed. (1042)
  2023 Ed. (1218)
Miller, Canfield, Paddock & Stone
  1989 Ed. (1879)
  1990 Ed. (2419)
  1991 Ed. (2285, 2531)
  1992 Ed. (2834)
  1993 Ed. (2397, 2623, 2626)
  1994 Ed. (2353)
  1995 Ed. (2193, 2417, 2652)
  1996 Ed. (2453)
  1997 Ed. (2341, 2364, 2840)
  1998 Ed. (2061, 2084, 2328, 2576)
  1999 Ed. (3149, 3486, 3487)
  2001 Ed. (745, 841, 845, 1683, 3056, 4206)
  2021 Ed. (3230)
Miller Canfield Paddock & Stone PLC
  2000 Ed. (2895)
  2004 Ed. (3234)
  2005 Ed. (3264)
  2007 Ed. (3315)
  2008 Ed. (3423)
  2009 Ed. (3490)
Miller Children's Hospital
  2012 Ed. (2990)
  2015 Ed. (3145)
Miller Chrysler-Plymouth; Jack
  1993 Ed. (297)
Miller Communciations of Shandwick
  1994 Ed. (2951)
Miller Communications Inc.
  2007 Ed. (4454)
Miller Communications of Shandwick
  1992 Ed. (3564)
  1995 Ed. (3010)
  1996 Ed. (3110)
Miller Compressing Co.
  2006 Ed. (3468)
Miller Cooper & Co.
  2023 Ed. (53)

Miller Coors
  2013 Ed. (550)
Miller Curtain
  2007 Ed. (4964)
Miller Curtains
  2009 Ed. (2341)
Miller; Dane A.
  1992 Ed. (2052, 2054)
  1993 Ed. (1697, 1699)
  2005 Ed. (973, 978)
Miller; D.E.
  1990 Ed. (1719)
Miller, Dean G.
  1995 Ed. (1717)
Miller; Dee Jay
  2014 Ed. (2593)
Miller Diversified Cos.
  2004 Ed. (4553)
Miller-Druck Specialty Contracting
  2008 Ed. (1275)
Miller Electric Co.
  1992 Ed. (1411)
  1993 Ed. (1124)
  2006 Ed. (1183, 1336, 1345, 4346)
  2008 Ed. (1277, 1339)
  2009 Ed. (1260, 1337)
  2010 Ed. (1247, 1256, 1320)
  2011 Ed. (1179, 1206, 1285, 1297, 1298)
  2013 Ed. (1262)
  2014 Ed. (1196)
  2015 Ed. (1254)
  2016 Ed. (1165)
  2017 Ed. (1209)
  2018 Ed. (1163, 1182)
  2019 Ed. (1174, 1178, 1182, 1200)
  2020 Ed. (1168, 1173, 1183, 1193)
  2021 Ed. (1135, 1141, 1146, 1151, 1156, 1167)
  2022 Ed. (1148, 1149, 1154, 1158, 1161, 1167)
  2023 Ed. (1373, 1401)
Miller Electric Company
  2023 Ed. (1703)
Miller Engineers
  2020 Ed. (2420)
Miller, Eugene
  1992 Ed. (1144)
  1993 Ed. (939)
Miller Freeman Inc.
  2001 Ed. (4608, 4612)
Miller; Gail
  2023 Ed. (4794, 4931)
Miller Genuine Draft
  1992 Ed. (935)
  1993 Ed. (746, 747)
  1994 Ed. (752)
  1995 Ed. (699, 701, 702, 703, 706)
  1996 Ed. (781, 782)
  1997 Ed. (720)
  1998 Ed. (496, 504, 3446)
  1999 Ed. (1920, 4511)
  2000 Ed. (819)
  2001 Ed. (673, 676, 677, 678)
  2002 Ed. (674, 675, 676)
  2003 Ed. (656, 657, 660, 661)
  2004 Ed. (664, 665, 667)
  2005 Ed. (648, 649, 650)
  2006 Ed. (554)
  2007 Ed. (594)
  2008 Ed. (539)
  2009 Ed. (573)
  2010 Ed. (555)
  2015 Ed. (633)
  2016 Ed. (583)
  2017 Ed. (612)
  2018 Ed. (575)
Miller Genuine Draft Light
  1995 Ed. (701)
  1996 Ed. (781)
  1997 Ed. (715, 3665)
  2000 Ed. (813)
  2003 Ed. (664)
Miller Global Properties LLC
  2008 Ed. (1709)
Miller; Greg
  2017 Ed. (3242)
  2018 Ed. (3318)
  2019 Ed. (3293)
  2020 Ed. (3294)
Miller; Gregory
  1996 Ed. (1866)
Miller Group
  2022 Ed. (1050)
The Miller Group
  2017 Ed. (2031)
Miller Group; Larry H.
  1996 Ed. (3766)
The Miller Group Ltd.
  1992 Ed. (1199)
  1993 Ed. (973)
Miller & Hartman
  1995 Ed. (1198)
  1997 Ed. (1201, 1206)
  1998 Ed. (981)
  2003 Ed. (4938)
Miller; Heidi
  2007 Ed. (4978)
  2008 Ed. (4945)

2009 Ed. (4967)
2010 Ed. (4976)
2011 Ed. (4973)
2012 Ed. (4977)
Miller; Helen
2019 Ed. (4120)
Miller Herman Inc.
1989 Ed. (1490, 2480)
1990 Ed. (1308, 1864, 1865, 2736, 3260)
1991 Ed. (1779, 1780, 2636)
1992 Ed. (2247, 2248, 3285, 3286)
1993 Ed. (1910, 1911, 2740, 2741)
1994 Ed. (1929, 1930)
1995 Ed. (1953, 1955)
1996 Ed. (1988, 1989)
1997 Ed. (2101)
2001 Ed. (2570)
Miller High Life
1989 Ed. (768, 771, 772, 773, 774, 775, 776, 777, 778, 779)
1990 Ed. (749, 758, 763)
1992 Ed. (935, 936)
1993 Ed. (746, 747)
1994 Ed. (752)
1995 Ed. (702, 703, 706)
1996 Ed. (782)
1997 Ed. (720)
1998 Ed. (496, 504, 3446)
1999 Ed. (1920, 4511)
2000 Ed. (819)
2001 Ed. (673, 676, 677, 678)
2002 Ed. (674, 675, 676)
2003 Ed. (656, 657, 660, 661)
2004 Ed. (664, 665, 667)
2005 Ed. (648, 649, 650, 651)
2006 Ed. (550, 551, 554)
2007 Ed. (590, 591, 597)
2008 Ed. (535, 536, 539, 542)
2009 Ed. (570)
2010 Ed. (552)
2011 Ed. (479, 483)
2012 Ed. (435, 436, 438)
2013 Ed. (552)
2014 Ed. (565)
2015 Ed. (634)
2016 Ed. (578, 584)
2017 Ed. (606, 613)
2018 Ed. (570)
2019 Ed. (591)
2021 Ed. (546)
2022 Ed. (572)
2023 Ed. (821)
Miller High Life/Draft
1991 Ed. (3321)
Miller Homes
2020 Ed. (1968)
Miller/Howard Investments
1995 Ed. (2361)
The Miller Hull Partnership
2021 Ed. (186)
Miller Income A
2023 Ed. (3822)
Miller Inc.; Paul
1990 Ed. (316)
1991 Ed. (293, 302)
1992 Ed. (407)
1993 Ed. (292)
1994 Ed. (261, 281)
1995 Ed. (260, 278)
1996 Ed. (264, 285)
Miller Industries
1998 Ed. (3313)
2004 Ed. (4552, 4553)
2009 Ed. (2898, 2932)
2010 Ed. (2842)
Miller Insurance Services Ltd.
2013 Ed. (3352, 3357)
Miller Insurance Services LLP
2014 Ed. (3370)
2015 Ed. (3403)
2016 Ed. (3276, 3278)
2017 Ed. (3235)
2019 Ed. (3273)
Miller Kaplan Arase
2013 Ed. (24)
2014 Ed. (20)
Miller, Kaplan, Arase & Co.
1998 Ed. (11)
1999 Ed. (15)
2000 Ed. (12, 21)
Miller, Kaplan, Arase & Co. LLP
2002 Ed. (26, 27)
2003 Ed. (11)
Miller, Kaplan, Araso & Co.
1999 Ed. (25)
Miller; Keith
2007 Ed. (4926)
2008 Ed. (4900)
2009 Ed. (4919)
Miller; Kenneth
1991 Ed. (1707)
1994 Ed. (1799)
1995 Ed. (1837)
Miller Kia; Mike
1996 Ed. (293)
Miller-Klutznick-Davis-Gray Co.
1991 Ed. (1154, 1165)

Miller Life
2005 Ed. (4445)
2014 Ed. (565)
2016 Ed. (578)
Miller Light
1989 Ed. (771)
2000 Ed. (813)
2008 Ed. (546)
Miller; Linda
1991 Ed. (1698)
Miller Lite
1989 Ed. (768, 772, 773, 774, 775, 776, 777, 778, 779, 2801)
1990 Ed. (749, 758, 761, 763, 768, 3539, 3544)
1991 Ed. (3316, 3317, 3321)
1992 Ed. (93, 224, 932, 935, 936, 4228)
1993 Ed. (746, 747)
1994 Ed. (752)
1995 Ed. (702, 703, 706)
1996 Ed. (782, 3654)
1997 Ed. (715, 720, 3665)
1998 Ed. (496, 500, 504, 3446)
1999 Ed. (1920, 4511)
2000 Ed. (819)
2001 Ed. (673, 676, 677, 678)
2002 Ed. (674, 675, 676)
2003 Ed. (656, 657, 660, 661, 664)
2004 Ed. (664, 665, 667, 887)
2005 Ed. (648, 649, 650, 651)
2006 Ed. (550, 551, 554)
2007 Ed. (590, 591, 592, 594, 601, 602)
2008 Ed. (535, 536, 539, 545, 2971)
2009 Ed. (570, 573, 575)
2010 Ed. (552, 555)
2011 Ed. (478, 479, 482, 483, 487)
2012 Ed. (434, 435, 436, 438, 445)
2013 Ed. (549, 552, 553)
2014 Ed. (563, 568, 569)
2015 Ed. (627, 632, 633, 637)
2016 Ed. (576, 582, 583)
2017 Ed. (606, 611, 612, 616)
2018 Ed. (570, 574, 575, 580)
2019 Ed. (588, 589, 590)
2020 Ed. (572, 573, 574)
2021 Ed. (544, 545, 551)
2022 Ed. (572, 573, 574, 578, 581)
2023 Ed. (821, 822, 826)
Miller Lite Beer
1989 Ed. (753)
2005 Ed. (2851)
Miller Lite Ice
1997 Ed. (715, 3665)
2005 Ed. (649)
2006 Ed. (554)
Miller & Long
1991 Ed. (1077, 1085)
1992 Ed. (1410, 1418)
1993 Ed. (1131)
1994 Ed. (1145)
1995 Ed. (1163)
1996 Ed. (1141)
1997 Ed. (1167)
1998 Ed. (944)
1999 Ed. (1366)
2000 Ed. (1258)
2001 Ed. (1472)
2002 Ed. (1232)
2003 Ed. (1243)
2004 Ed. (1246)
2005 Ed. (1297)
2006 Ed. (1238, 1266, 1289)
2007 Ed. (1338, 1357, 1366)
2008 Ed. (1255)
2009 Ed. (1202, 1205, 1230, 1329)
2010 Ed. (1206, 1209, 1229, 1290, 1314, 1327, 1331)
2011 Ed. (1154, 1157, 1176, 1245, 1284, 1285, 1309, 1313)
2012 Ed. (1093)
Miller; Mark
2006 Ed. (888)
Miller & Martin
2021 Ed. (3251, 3252)
Miller Mason & Dickenson Inc.
1991 Ed. (1544)
1992 Ed. (1941)
1993 Ed. (1590)
Miller Mason & Dickerson Inc.
1990 Ed. (1650)
Miller Mayer
2015 Ed. (3474)
Miller Meester Advertising Inc.
1989 Ed. (81)
Miller/Miller Lite
1989 Ed. (13)
Miller Mitsubishi
1995 Ed. (280)
Miller Motorsports Show
1998 Ed. (3608)
1999 Ed. (4642)
Miller Multiplex
2002 Ed. (4877)
Miller Nash Graham & Dunn
2021 Ed. (3245, 3246)
Miller Nash Graham & Dunn LLP
2022 Ed. (3339)

Miller Nash LLP
2007 Ed. (1508)
2023 Ed. (3447)
Miller & Newberg
2018 Ed. (20)
2019 Ed. (20)
2020 Ed. (24)
2022 Ed. (24)
2023 Ed. (65)
Miller & Newberg Inc.
2015 Ed. (26)
2016 Ed. (22)
2017 Ed. (19)
Miller Opportunity A
2023 Ed. (4516)
Miller Pilsner
2001 Ed. (685)
2002 Ed. (686)
Miller Pipeline Corp.
2009 Ed. (1243)
2010 Ed. (1242)
2011 Ed. (1190)
2012 Ed. (1136)
2013 Ed. (1282)
2014 Ed. (1215)
2015 Ed. (1273)
2016 Ed. (1188)
Miller products
1990 Ed. (765)
Miller Reserve Amber Ale
1997 Ed. (719)
Miller; Richard
2005 Ed. (990)
Miller; Richard M.
1990 Ed. (2271)
Miller; Rick
1997 Ed. (1943)
Miller; Robert
2005 Ed. (4873)
2008 Ed. (4856)
2010 Ed. (4883)
2011 Ed. (4871)
2012 Ed. (4879)
2021 Ed. (4878)
Miller; Roger
1993 Ed. (1079)
Miller; S. A.
2005 Ed. (2504)
Miller School of Medicine; University of Miami, Leonard M.
2008 Ed. (3637)
2009 Ed. (3700)
2010 Ed. (3616)
2011 Ed. (3618)
2012 Ed. (3612)
Miller & Schroeder Financial Inc.
1990 Ed. (3166)
1991 Ed. (2170, 3046, 3047)
1993 Ed. (3182)
1995 Ed. (3261)
1996 Ed. (2348, 2355, 3365)
1997 Ed. (2477, 3462)
1998 Ed. (3232, 3250, 3251, 3256)
2000 Ed. (3974)
Miller/Shandwick
2002 Ed. (3812)
Miller/Shandwick Technologies
1997 Ed. (3189)
1998 Ed. (2942, 2944)
1999 Ed. (3927, 3928)
2000 Ed. (3644, 3645, 3657)
2002 Ed. (3810)
Miller Starr Regalia
2022 Ed. (3335)
Miller; Stuart
2005 Ed. (967)
2006 Ed. (894)
Miller; Stuart A.
2007 Ed. (1025)
2008 Ed. (2638, 2639)
2009 Ed. (2665)
Miller; T. Michael
2014 Ed. (941)
Miller; Terran
1997 Ed. (1926)
Miller Thomson LLP
2009 Ed. (3487)
2016 Ed. (3315)
2017 Ed. (3274)
2020 Ed. (3328)
Miller Tirecraft
2015 Ed. (1546)
Miller Transporters
1991 Ed. (3433)
1993 Ed. (3642)
1994 Ed. (3602)
1995 Ed. (3680)
1996 Ed. (3759)
1997 Ed. (3809)
1998 Ed. (3639)
1999 Ed. (4681)
2002 Ed. (4547)
2003 Ed. (4790)
2005 Ed. (4591)
2020 Ed. (4553)
Miller Ultra Light
2008 Ed. (539)

Miller & Wade
2006 Ed. (3110)
Miller Zell Inc.
2005 Ed. (4118)
2008 Ed. (4227)
MillerClapperton
2018 Ed. (1169, 1191)
MillerCoors
2017 Ed. (4696)
2018 Ed. (4308, 4685)
2019 Ed. (2671)
2020 Ed. (2687)
MillerCoors Brewing
2016 Ed. (691)
2017 Ed. (744)
MillerCoors LLC
2011 Ed. (3008)
2012 Ed. (443)
2013 Ed. (3024)
2014 Ed. (564, 719, 3035)
2015 Ed. (628, 767, 3101)
2016 Ed. (577, 689)
2017 Ed. (742)
2018 Ed. (579, 682)
2019 Ed. (596, 697)
2020 Ed. (578, 686)
Milleridge Inn
2007 Ed. (4123, 4124)
2009 Ed. (4258, 4259)
2010 Ed. (4198, 4199)
MillerKnoll
2023 Ed. (2965)
Miller's Ale House
2021 Ed. (4121)
Miller's Ale House
2018 Ed. (561)
2019 Ed. (580)
2020 Ed. (563, 4181, 4182)
2021 Ed. (534, 4120, 4121)
2022 Ed. (4147, 4148)
Millers American Group
2002 Ed. (2952)
Miller's Health Systems
2019 Ed. (2357)
2020 Ed. (2325)
2021 Ed. (2291)
2022 Ed. (2323)
2023 Ed. (2499)
Miller's Minuteman Press
2012 Ed. (4014)
2017 Ed. (3973, 3974)
2018 Ed. (3993)
Miller's Retail
2002 Ed. (1584)
2004 Ed. (1652)
Millfield Trading
1994 Ed. (2704)
The Millgard Corp.
2001 Ed. (1473)
Millholland; Arthur
2010 Ed. (910)
MilliCare
2018 Ed. (3094)
2019 Ed. (3028)
MilliCare Commercial Carpet Care
2003 Ed. (883)
2004 Ed. (904)
2005 Ed. (894)
Millicare Environmental Services
2000 Ed. (2271)
Millicom
2016 Ed. (4591)
2017 Ed. (4610)
Millicom Inc.
1994 Ed. (2020, 3493)
Millicom International Cellular
1997 Ed. (2693)
1999 Ed. (3280)
2000 Ed. (3018)
2002 Ed. (3219)
2004 Ed. (91)
2005 Ed. (86)
2006 Ed. (95, 3340)
2007 Ed. (85, 3072)
2008 Ed. (43, 68, 70, 92)
2009 Ed. (49, 1856, 4564)
2010 Ed. (59, 1788)
2011 Ed. (1813)
2012 Ed. (1671)
2013 Ed. (1822)
2014 Ed. (1750)
2015 Ed. (1795)
2016 Ed. (1748)
2017 Ed. (1724)
Millicom International Cellular SA
2009 Ed. (3271)
2011 Ed. (1812, 4640)
2012 Ed. (1670, 4643)
2013 Ed. (1821, 4617)
Millicom Services Co.
1993 Ed. (2775)
1995 Ed. (3560)
Millie & Severson Inc.
2016 Ed. (1407)
2017 Ed. (1418)
Milligan College
1996 Ed. (1042)
2010 Ed. (1005)

Milligan; John
    2006 Ed. (950)
    2007 Ed. (1045)
    2008 Ed. (966)
Milligan; Stephen D.
    2015 Ed. (963)
Milliken
    1991 Ed. (3359)
    2003 Ed. (4206)
    2005 Ed. (4157)
    2007 Ed. (4225)
    2009 Ed. (4360)
    2011 Ed. (4330)
    2022 Ed. (3108)
Milliken & Co.
    1990 Ed. (3324)
    1991 Ed. (971, 1808, 3155)
    1992 Ed. (1205)
    2004 Ed. (4709, 4710)
    2005 Ed. (4681)
    2009 Ed. (4165, 4707)
    2010 Ed. (3167, 4099, 4723)
    2011 Ed. (3133, 4069, 4681)
    2012 Ed. (3073, 4103)
    2013 Ed. (3161)
    2014 Ed. (1984, 4249)
    2015 Ed. (2032, 3226, 4237)
    2016 Ed. (2001, 3082, 4149, 4150)
    2017 Ed. (1961, 3032, 4113)
    2018 Ed. (1910, 3146)
    2019 Ed. (3085)
    2020 Ed. (3115)
    2021 Ed. (2982)
Milliken & Company
    1990 Ed. (1044)
    2020 Ed. (3400)
    2023 Ed. (3208)
Milliken & Co. (U.S.)
    2021 Ed. (2982)
Milliken & Michaels
    1997 Ed. (1046)
Milliken; Roger
    2005 Ed. (4850)
Milliken (U.S.)
    2022 Ed. (3108)
Millikin University
    1989 Ed. (956)
    1994 Ed. (1046)
    1996 Ed. (1043)
    1997 Ed. (1059)
    1998 Ed. (794)
    1999 Ed. (1223)
Milliman
    2018 Ed. (19, 20, 21)
    2019 Ed. (19, 21)
    2020 Ed. (23, 24, 25)
    2021 Ed. (25, 26, 27)
    2022 Ed. (23, 24, 25)
    2023 Ed. (64, 65, 66)
Milliman Inc.
    2006 Ed. (2658)
    2007 Ed. (2641)
    2008 Ed. (14, 15, 2767)
    2009 Ed. (17, 18, 19, 20, 1185, 2825)
    2010 Ed. (28, 29, 1181, 1187, 1192, 2773)
    2011 Ed. (24, 25, 1135, 1140)
    2012 Ed. (1064, 1066, 1070)
    2013 Ed. (30)
    2014 Ed. (2097)
    2015 Ed. (25, 26, 27, 2152)
    2016 Ed. (21, 22, 23)
    2017 Ed. (18, 19, 20)
Milliman & Robertson/Betterley
    1995 Ed. (3163)
    1997 Ed. (3360)
Milliman & Robertson Inc.
    1990 Ed. (2255)
    1993 Ed. (15)
    1996 Ed. (3258)
    1998 Ed. (541, 3102)
    1999 Ed. (3063, 3065, 4113)
    2000 Ed. (3826)
    2001 Ed. (4123)
    2002 Ed. (1217, 4064)
Milliman USA
    2004 Ed. (2267, 2268, 2682)
    2005 Ed. (2368, 2679)
Million Air
    1995 Ed. (193)
The Millionaire Mind
    2003 Ed. (707)
The Millionaire Next Door
    1999 Ed. (690, 693)
    2000 Ed. (708)
Millipore Corp.
    1989 Ed. (1667, 1941)
    1990 Ed. (2217, 2536, 3065, 3257, 3259)
    1991 Ed. (2079, 2904)
    1992 Ed. (2641, 3935, 3939)
    1993 Ed. (2181)
    1994 Ed. (2212)
    1995 Ed. (2068)
    2001 Ed. (1204)
    2002 Ed. (1522, 4355)
    2003 Ed. (2197)
    2005 Ed. (1864)
    2006 Ed. (3446)

2007 Ed. (3082)
2009 Ed. (2948)
2012 Ed. (3126)
Millipore Sigma
    2019 Ed. (3422)
MilliporeSigma
    2021 Ed. (1730)
Millirobes/Milliman & Robertson Services
    1997 Ed. (2259)
Milliyet Yayinlari
    2001 Ed. (86)
Millrock Resources Inc.
    2018 Ed. (4528)
Mills
    2021 Ed. (3286)
Mills Auto Group
    2013 Ed. (83)
    2021 Ed. (89)
    2022 Ed. (102)
Mills Automotive Group
    2015 Ed. (107)
    2016 Ed. (114)
    2017 Ed. (105)
    2018 Ed. (116)
    2019 Ed. (102)
    2020 Ed. (97)
Mills College
    2009 Ed. (1062)
    2010 Ed. (1030)
The Mills Corp.
    1999 Ed. (3663, 3664)
    2004 Ed. (4074)
    2005 Ed. (2013, 4006)
    2006 Ed. (4045, 4049, 4313)
    2007 Ed. (4106)
    2008 Ed. (4127)
Mills Group
    2014 Ed. (1109)
Mills; Heather
    2009 Ed. (687)
Mills; Jade
    2019 Ed. (4118)
Mills; Joe Jack
    1993 Ed. (2463)
Mills Music Inc.
    2013 Ed. (3801)
Mills & Partners
    1996 Ed. (2487)
Mills Resources
    2016 Ed. (1374)
Millsaps; Brad J.
    2011 Ed. (3339)
Millsaps College
    2008 Ed. (784)
    2009 Ed. (796)
Millsaps College, Else School
    1989 Ed. (840)
Millsaps College, Else School of Business
    2010 Ed. (735)
Millsaps University
    1995 Ed. (937, 1069)
Millsource Inc.
    2011 Ed. (3505)
    2012 Ed. (3507)
Millstone
    2003 Ed. (676, 1041)
    2005 Ed. (1048)
    2014 Ed. (995)
Millstone-2
    1990 Ed. (2722)
Millstream Area Credit Union
    2009 Ed. (2173)
    2010 Ed. (2139)
Millward Brown
    1991 Ed. (2387)
    1993 Ed. (2996)
    1995 Ed. (3090)
    1997 Ed. (3296)
    2000 Ed. (3045, 3046, 3049)
Millward Brown International
    1996 Ed. (2570, 3191)
    1998 Ed. (3041)
    1999 Ed. (4041)
Millward Brown Intl.
    2000 Ed. (3755)
Millward Brown UK
    2002 Ed. (3258, 3259, 3262)
    2011 Ed. (3580)
Millwork
    1990 Ed. (842)
    1991 Ed. (805)
    1992 Ed. (986)
    1993 Ed. (779)
Millwork on 31st
    2022 Ed. (4992)
Millwork 360
    2017 Ed. (4989)
    2018 Ed. (2808)
    2019 Ed. (4991)
    2021 Ed. (4993)
Millwork by Design Inc.
    2009 Ed. (4994, 4995)
Millwork, veneer and plywood manufacturing
    1996 Ed. (3452)
Milne Agrigroup
    2020 Ed. (4901)

Milner Associates Inc.; John
    1996 Ed. (237)
Milner; Dr. Jonathan
    2012 Ed. (2450)
Milner; Yuri
    2021 Ed. (4847)
    2022 Ed. (4842)
    2023 Ed. (4837)
Milner's Anodizing
    2018 Ed. (3447)
Milnet Group PLC
    1996 Ed. (2274)
Milo
    2005 Ed. (84)
    2021 Ed. (4425)
Milo Enterprises
    2018 Ed. (1445, 3475)
    2019 Ed. (1474, 1476, 1499, 3448)
    2020 Ed. (1431, 1467, 3443)
Milonga SA Siege
    2013 Ed. (3794)
Milo's
    1996 Ed. (3632)
    2019 Ed. (4576)
    2022 Ed. (2850, 4545)
    2023 Ed. (2960, 4560)
Milos
    2017 Ed. (2747, 4552)
    2019 Ed. (4579)
    2020 Ed. (4562)
    2021 Ed. (4542)
    2022 Ed. (4548)
    2023 Ed. (4563)
Milo's Kitchen
    2014 Ed. (3846)
    2015 Ed. (3871)
    2016 Ed. (3782)
    2017 Ed. (3737)
    2018 Ed. (3789)
Milo's Tea Co. Inc.
    2023 Ed. (4949)
Milo's Tea Co., Inc.
    2019 Ed. (4944)
    2021 Ed. (4945)
    2022 Ed. (4945)
Miloud Chaabi
    2013 Ed. (3481, 4890)
    2014 Ed. (4903)
    2015 Ed. (4943)
    2016 Ed. (4858)
Milrod; Donna
    2023 Ed. (4936)
Milstein Family Foundation
    1991 Ed. (893, 1767)
Milstein Family; Paul
    2005 Ed. (1464)
Milstein; Monroe G.
    2007 Ed. (960)
Milstein; Paul
    1992 Ed. (1093)
    2008 Ed. (4830)
    2009 Ed. (4851)
    2010 Ed. (4857)
    2011 Ed. (4836)
Miltec Corp.
    2006 Ed. (4338)
Milton Bradley
    1990 Ed. (3623)
    1991 Ed. (3410)
    1992 Ed. (4326, 4327)
    1993 Ed. (3602, 3603)
    1994 Ed. (3560)
    1995 Ed. (3639)
    1996 Ed. (3722, 3723)
    1997 Ed. (3775, 3776)
    1998 Ed. (3596, 3599)
    1999 Ed. (4628)
    2000 Ed. (4277)
    2006 Ed. (4782)
    2008 Ed. (4707)
    2012 Ed. (4734)
Milton Cooper
    2006 Ed. (928)
    2007 Ed. (1018)
Milton Friedman: A Biography
    2009 Ed.ition (637)
Milton Hershey School & School Trust
    1995 Ed. (2786)
Milton Hollander
    1994 Ed. (1226)
Milton J. Womack
    2019 Ed. (1034)
Milton J. Womack Inc.
    2006 Ed. (1325)
Milton; Jose
    1994 Ed. (2059, 2521, 3655)
    1995 Ed. (2112, 2579, 3726)
Milton, Ontario
    2017 Ed. (3334)
Milton PDM
    2000 Ed. (1679, 3845)
Milton Savings Bank
    2021 Ed. (4318)
    2022 Ed. (4325)
Milton; Trevor
    2022 Ed. (4802)
Miltope Group Inc.
    1998 Ed. (98, 1249)

Milunovich; Steven
    1989 Ed. (1419)
    1991 Ed. (1676)
    1992 Ed. (2136)
    1993 Ed. (1803)
    1994 Ed. (1787, 1823)
    1995 Ed. (1825, 1826)
    1996 Ed. (1803)
    1997 Ed. (1876)
    2006 Ed. (2579)
Milupa
    1994 Ed. (2198)
    1996 Ed. (2258)
Milupa Baby Foods
    1992 Ed. (2630)
Milwaukee
    1992 Ed. (2550)
    2023 Ed. (3082)
Milwaukee Bucks
    1998 Ed. (3358)
    2020 Ed. (4344)
Milwaukee CMSA, WI
    1990 Ed. (1156)
Milwaukee Co. Dept. of Health and Human Services
    1990 Ed. (2631)
Milwaukee County Dept. of Health
    1991 Ed. (2501)
Milwaukee Journal Sentinel
    1989 Ed. (2054)
    1990 Ed. (2700, 2705)
    1991 Ed. (2600, 2605)
    1992 Ed. (3242)
Milwaukee Marriott, Milwaukee
    1990 Ed. (2080)
Milwaukee Metropolitan Sewerage District
    1991 Ed. (3159)
    1992 Ed. (4030)
    1993 Ed. (3360)
Milwaukee Pretzel Co. LLC
    2023 Ed. (2946)
Milwaukee-Racine, WI
    1992 Ed. (2388)
    1996 Ed. (2089)
Milwaukee River Hilton, Milwaukee
    1990 Ed. (2080)
Milwaukee School of Engineering
    2008 Ed. (2573)
    2009 Ed. (1032)
    2010 Ed. (997, 1000)
    2011 Ed. (942)
Milwaukee Tool
    2023 Ed. (2116)
Milwaukee Tool Corp.
    2020 Ed. (2022)
    2022 Ed. (2018)
    2023 Ed. (3618)
Milwaukee-Waukesha-West Allis, WI
    2023 Ed. (3052)
Milwaukee-Waukesha, WI
    1996 Ed. (2497)
    1997 Ed. (2639)
    1998 Ed. (2485)
    1999 Ed. (797, 3211)
    2000 Ed. (802, 2950)
    2001 Ed. (1013, 4790)
    2002 Ed. (774, 3135)
    2003 Ed. (756, 4904)
    2004 Ed. (766, 4435, 4894)
Milwaukee, WI
    1990 Ed. (296, 1483, 1485, 2608)
    1991 Ed. (3116)
    1992 Ed. (1157)
    1993 Ed. (946, 1598, 2115)
    1994 Ed. (967, 1104, 2372, 2913)
    1995 Ed. (2665, 3544)
    1996 Ed. (1061, 2206, 2278, 2279, 2280, 2281, 3208)
    1997 Ed. (1075, 2333)
    2000 Ed. (4093)
    2001 Ed. (4023)
    2002 Ed. (2634)
    2004 Ed. (3298, 3737)
    2005 Ed. (3312, 4834)
    2006 Ed. (3302, 3743)
    2007 Ed. (2995)
    2008 Ed. (3132)
    2009 Ed. (3875, 3877, 3878)
    2010 Ed. (2408)
    2011 Ed. (2409, 3099, 3465)
    2021 Ed. (3353)
Milwaukee's Best
    1989 Ed. (776)
    1990 Ed. (749, 758, 763)
    1992 Ed. (935, 936)
    1993 Ed. (746, 747)
    1994 Ed. (752)
    1995 Ed. (699, 702, 703, 706)
    1996 Ed. (782)
    1997 Ed. (720)
    1998 Ed. (496)
    1999 Ed. (807)
    2001 Ed. (676)
    2002 Ed. (674)
    2005 Ed. (649)
    2006 Ed. (554)
    2007 Ed. (597)
    2008 Ed. (534, 542)

Milwaukee's Best Ice
 2015 Ed. (634)
 2016 Ed. (584)
 2017 Ed. (613)
Milwaukee's Best Light
 1997 Ed. (715, 3665)
 2000 Ed. (813)
 2003 Ed. (664)
 2008 Ed. (542, 546)
 2015 Ed. (634)
 2016 Ed. (584)
 2017 Ed. (613)
MIM
 1990 Ed. (2319)
 1993 Ed. (262)
 1996 Ed. (255)
MIM Britannia Far East Fund
 1990 Ed. (2397)
MIM Britannia US Smaller Companies
 1992 Ed. (3209)
MIM Holdings
 1990 Ed. (2588)
 1991 Ed. (3265)
 1992 Ed. (4182)
 1994 Ed. (248)
 1997 Ed. (283)
 1998 Ed. (3305)
 1999 Ed. (311)
 2001 Ed. (4270)
 2002 Ed. (3368)
 2004 Ed. (3490)
MIM Japan Growth Fund
 1990 Ed. (2400)
MIM Stock Appreciation
 1993 Ed. (2679)
 1994 Ed. (2634)
 1995 Ed. (2734)
MIMB
 1997 Ed. (3485)
Mimecast
 2023 Ed. (1173)
Mimecast Ltd.
 2012 Ed. (2840, 2850, 2855)
 2013 Ed. (2913)
MiMedx Group
 2019 Ed. (1593, 2823, 3863)
Mimi Brooks
 2023 Ed. (1300)
Mimi's Cafe
 2002 Ed. (4017)
 2004 Ed. (4119)
 2008 Ed. (4157)
 2009 Ed. (4267)
 2010 Ed. (4205, 4211)
 2011 Ed. (4211, 4217)
 2014 Ed. (4276)
 2017 Ed. (4140)
MIMLIC Asset Allocation
 1993 Ed. (2662)
MIMLIC Investors I
 1993 Ed. (2689)
Mimo
 2018 Ed. (2707)
Mimovrste
 2019 Ed. (2299)
MIMS International (Barbados) Ltd.
 1999 Ed. (1028)
 2001 Ed. (2919)
 2006 Ed. (785)
MIMS International Ltd.
 2000 Ed. (978)
Mims; Rhonda
 2012 Ed. (2157)
MiMutual Mortgage
 2022 Ed. (3685)
Min Education Nat, ENS SUP ET
 2000 Ed. (1416)
Min. Esperanza
 2015 Ed. (1783)
Min; Foo Jou
 1997 Ed. (2001)
Min H. Kao
 2005 Ed. (4850)
Min. House Power Water
 2009 Ed. (76)
Min Kao
 2008 Ed. (4828)
 2009 Ed. (4854)
 2013 Ed. (4843)
 2014 Ed. (4859)
 2016 Ed. (4814)
MIN-R2000 Screen Film System
 1999 Ed. (3338)
Min; Soo Bong
 2008 Ed. (369)
Mina Qakboos
 1992 Ed. (1393)
Mina Salman
 2001 Ed. (3858)
Mina Zayed
 2001 Ed. (3858)
Minacs; Elaine
 2005 Ed. (4992)
 2006 Ed. (4988)
 2007 Ed. (4985)
Minacs Group
 2012 Ed. (3493)

Minacs Worldwide
 2003 Ed. (1700)
 2006 Ed. (2820)
 2007 Ed. (1319, 1638, 2822)
 2008 Ed. (1208, 2947)
 2009 Ed. (1188)
 2010 Ed. (777)
Minact
 2021 Ed. (3629)
Minact Inc.
 2004 Ed. (1358)
 2005 Ed. (1374)
Minaj; Nicki
 2012 Ed. (3734)
 2013 Ed. (3782, 3783)
 2014 Ed. (3729, 3731)
 2015 Ed. (3731)
 2016 Ed. (3640)
 2017 Ed. (3627, 3629)
 2018 Ed. (3688)
Minale Tattersfield
 1990 Ed. (2170)
 1992 Ed. (2588, 2589)
Minale Tattersfield Design Strategy
 1993 Ed. (2158)
 1994 Ed. (2175)
 1995 Ed. (2225, 2227, 2228, 2229)
 1996 Ed. (2233, 2234, 2236)
Minale Tattersfield & Partners
 1999 Ed. (2838)
 2001 Ed. (1444, 1446, 1447, 1448)
Minamerica Corp.
 1999 Ed. (3684)
Minami Group
 2020 Ed. (4884)
Minara
 1994 Ed. (37)
Minasmaquinasa
 2007 Ed. (1852)
Minato
 1990 Ed. (298)
 1991 Ed. (266)
 1992 Ed. (372)
Minco Silver Corp.
 2018 Ed. (4528)
Mincor Resources
 2009 Ed. (1498, 3747)
Mind Source
 2014 Ed. (1954)
Mind & Spirit Inc.
 2003 Ed. (834)
 2004 Ed. (20)
Mind The Value
 2018 Ed. (1088)
A Mind at a Time
 2004 Ed. (742)
MINDBODY
 2023 Ed. (4574)
MindBody
 2019 Ed. (2878)
Mindbridge Inc.
 2000 Ed. (4383)
Mindbridge Software
 2006 Ed. (1118)
Minden Medical Center
 2011 Ed. (3048)
 2012 Ed. (2985)
 2013 Ed. (3075)
Mindex Technologies Inc.
 2009 Ed. (3013)
Mindfield Group
 2011 Ed. (2841)
MindFire
 2010 Ed. (1088)
Mindful Health
 2020 Ed. (1477, 2884)
Mindgrub Technologies LLC
 2023 Ed. (104)
MindLance Inc.
 2015 Ed. (1894)
 2016 Ed. (1858)
MindMeet
 2020 Ed. (4572)
Mindoula
 2020 Ed. (1697, 2884)
MindPetal
 2013 Ed. (182)
MindPoint Group
 2016 Ed. (2115)
Mindray Medical
 2008 Ed. (3635)
Mindray Medical International
 2012 Ed. (1325)
Mindready Solutions
 2007 Ed. (2814)
Mindreef Inc.
 2007 Ed. (1252)
 2008 Ed. (1151, 1152)
 2009 Ed. (1129, 1131)
Minds FCB
 2001 Ed. (214)
Minds Lanka
 1989 Ed. (163)
 1990 Ed. (152)
 1991 Ed. (152)
 1992 Ed. (210)
 1995 Ed. (128)

1996 Ed. (142)
 1997 Ed. (148)
 1999 Ed. (157)
Minds Lanka (Bozell)
 2000 Ed. (175)
MindsAhead Academy
 2016 Ed. (2344)
Mindscape
 2015 Ed. (1115)
MindShare
 2000 Ed. (130, 140)
 2001 Ed. (165, 166, 171, 172, 173, 174,
   175, 176, 177, 178, 235, 3249)
 2002 Ed. (142, 144, 145, 146, 147, 148,
   174, 193, 194, 195, 196, 3279)
 2008 Ed. (130)
 2011 Ed. (2521)
 2019 Ed. (64, 65)
Mindshare
 2013 Ed. (3663)
 2014 Ed. (3599)
 2023 Ed. (152, 153)
MindShare Canada
 2002 Ed. (3278)
Mindshare Media Ireland Ltd.
 2017 Ed. (3458)
 2020 Ed. (3494)
 2021 Ed. (3515)
 2022 Ed. (3574)
 2023 Ed. (3683)
MindShare Media UK
 2009 Ed. (144)
 2010 Ed. (140)
 2011 Ed. (63)
Mindshare Multicultural
 2012 Ed. (56)
 2013 Ed. (2944)
 2014 Ed. (2962)
 2015 Ed. (3031)
 2016 Ed. (2927)
 2017 Ed. (2886)
 2018 Ed. (2953)
Mindshare USA Inc.
 2010 Ed. (3533)
 2011 Ed. (3532)
MindShare Worldwide
 2003 Ed. (108, 110, 111, 112, 113, 114,
   115, 116, 117, 118, 119, 120)
 2004 Ed. (119, 121, 122)
 2005 Ed. (122, 123, 124)
 2006 Ed. (125, 126, 127, 3432)
 2007 Ed. (119, 120, 121)
 2008 Ed. (126, 127, 128)
 2009 Ed. (129, 137, 138, 139)
 2010 Ed. (136)
 2011 Ed. (54, 55, 56)
 2012 Ed. (63, 64, 65)
 2014 Ed. (80, 81)
 2015 Ed. (71, 72)
 2016 Ed. (72, 73)
 2018 Ed. (67, 68)
MindSmack.com
 2011 Ed. (3606)
 2012 Ed. (3597)
MindSpring Enterprises Inc.
 1999 Ed. (2999)
 2004 Ed. (1453)
MindSpring Entertainment
 1999 Ed. (3674)
 2000 Ed. (3391)
mindspring.com
 2001 Ed. (2986)
Mindtree
 2021 Ed. (625)
 2022 Ed. (650)
MindTree Ltd.
 2011 Ed. (1061)
 2012 Ed. (988)
 2013 Ed. (1130)
Mindtree Ltd.
 2015 Ed. (4780)
 2016 Ed. (4683)
 2017 Ed. (4696)
 2018 Ed. (4685)
Mindzet
 2015 Ed. (1605)
Mine Safety Appliances Co.
 1998 Ed. (1878, 1925)
 2005 Ed. (1942, 1946, 1947, 1951)
 2006 Ed. (1979, 1986, 2286, 2289, 2290,
   2295)
 2007 Ed. (2216, 2222)
 2008 Ed. (2356, 2362)
Mine Safety & Health Administration
 2011 Ed. (2810)
Minebea
 2017 Ed. (2273)
 2019 Ed. (3072)
 2020 Ed. (3104)
Minebea Co.
 2012 Ed. (3647)
Minebea Co., Ltd.
 2015 Ed. (1887)
 2016 Ed. (1849)
 2017 Ed. (1807)
 2018 Ed. (1757)

MinebeaMitsumi Inc.
 2019 Ed. (1814)
 2020 Ed. (1759)
 2021 Ed. (1728)
Minefinders Corp.
 2014 Ed. (1500, 1501)
Mineko Sasaki-Smith
 1997 Ed. (1994)
Miner Fleet Management Group
 2008 Ed. (804)
Minera
 1991 Ed. (2911)
 1992 Ed. (3765)
 1993 Ed. (3068)
 1994 Ed. (3131)
Minera Alumbrera
 2006 Ed. (2541)
Minera Barrick Misquichilca
 2006 Ed. (2546)
Minera Candelaria
 2006 Ed. (2543)
Minera El Abra
 2006 Ed. (2543)
Minera Escondida
 2006 Ed. (2543)
 2012 Ed. (1657)
 2014 Ed. (1506)
Minera Frisco
 2012 Ed. (3654, 3683)
 2013 Ed. (3699)
 2014 Ed. (3666)
 2015 Ed. (3685)
Minera Loma de Niquel
 2007 Ed. (1851)
Minera Los Pelambres
 2006 Ed. (2543)
Minera Yanacocha
 2006 Ed. (2546)
Mineral fuels
 1995 Ed. (1647)
Mineral fuels, lubricants, and related
   products
 1992 Ed. (2086)
Mineral Ice
 1999 Ed. (275)
 2001 Ed. (384)
 2002 Ed. (315, 316)
 2003 Ed. (280)
Mineral/metal manufacturers, non-metallic
 1996 Ed. (1724)
Mineral, metal, & chemical wholesaling
 2002 Ed. (2224, 2780)
Mineral Oils
 2000 Ed. (1895)
Mineral products
 1992 Ed. (2092)
Mineral Resources
 2013 Ed. (1430)
 2014 Ed. (1385, 1389)
 2015 Ed. (1445, 1448)
Mineral & Resources Corp.
 1991 Ed. (2269, 2270)
Mineral Resources International
 1992 Ed. (3086)
Mineral supplements
 2004 Ed. (2102)
Minerals
 1998 Ed. (3681)
 2001 Ed. (2014)
 2002 Ed. (4758)
 2003 Ed. (4862)
Minerals Technologies
 2018 Ed. (1774)
Minerals Technologies Inc.
 1994 Ed. (1975)
 1995 Ed. (949)
 2004 Ed. (3445)
 2005 Ed. (3459)
 2011 Ed. (4564)
 2012 Ed. (4577)
 2013 Ed. (4523)
 2014 Ed. (4582)
Mineros de Antioquia
 2006 Ed. (3488)
Miners' Colfax Medical Center
 2012 Ed. (3775)
Minerva plc
 2002 Ed. (1793)
Minet Group Plc
 1994 Ed. (2224, 2226, 2227)
 1995 Ed. (2270, 2271, 2273)
 1996 Ed. (2276)
 1997 Ed. (2414)
 1998 Ed. (2120, 2124)
Minet Holdings
 1990 Ed. (2270)
Minet Holdings PLC
 1991 Ed. (2138)
 1993 Ed. (2247, 2249)
Minet Re (North America) Inc.
 1994 Ed. (3041)
Minet Reinsurance Inc.
 1996 Ed. (3187)
 1997 Ed. (3291)
 1998 Ed. (3036)
Minet Reinsurance (North America) Inc.
 1993 Ed. (2993)
 1995 Ed. (3086)

CUMULATIVE INDEX • 1989-2023

Minet Risk Services
  1995 Ed. (902)
Minet Risk Services (Bermuda) Ltd.
  1994 Ed. (859)
  1996 Ed. (877)
Minet Risk Services (Vermont) Inc.
  1996 Ed. (882)
Minetti; Carlos
  2009 Ed. (2663)
Ming; Jenny
  2005 Ed. (2513)
Ming Jung Kim
  2008 Ed. (369)
Ming the Merciless
  2009 Ed. (657)
Ming Ren Investment
  1990 Ed. (2047)
Ming Wong; Kam
  1997 Ed. (1972)
Ming; Xu
  2007 Ed. (2508)
Ming Yang
  2018 Ed. (4914)
Ming Yao Department Store
  1992 Ed. (1798)
Mingles
  2008 Ed. (674)
  2009 Ed. (682)
Mingo
  1989 Ed. (1998)
Mingua Beef Jerky
  2021 Ed. (4420)
  2022 Ed. (4422)
  2023 Ed. (4448)
Mingzhu Dong
  2021 Ed. (4927)
  2022 Ed. (4921)
Mingzhu; Dong
  2009 Ed. (4973)
  2012 Ed. (4968)
  2013 Ed. (4979)
  2014 Ed. (932, 938)
  2016 Ed. (4939)
  2017 Ed. (4930)
  2021 Ed. (4939)
  2022 Ed. (4935)
  2023 Ed. (4919, 4937)
Mingzu; Dong
  2015 Ed. (5021)
Minhas Craft Brewery
  2016 Ed. (690, 692)
  2017 Ed. (743)
  2018 Ed. (579)
  2019 Ed. (596)
  2020 Ed. (578)
  2021 Ed. (552)
  2022 Ed. (580)
  2023 Ed. (933)
MINI
  2013 Ed. (235)
  2016 Ed. (280)
  2017 Ed. (281)
  2018 Ed. (263)
  2021 Ed. (257)
  2022 Ed. (278)
  2023 Ed. (376)
Mini
  2004 Ed. (758)
  2014 Ed. (231)
  2015 Ed. (267)
  2016 Ed. (262)
  2023 Ed. (360)
Mini ($5) Dow Jones Industrial Index
  2007 Ed. (2671)
Mini Babybel
  2022 Ed. (863)
Mini Cheddars
  2008 Ed. (721)
  2009 Ed. (731)
Mini Cheddars; McVitie's
  2010 Ed. (654)
Mini-Circuits
  2006 Ed. (2396)
Mini Cities
  2013 Ed. (46)
Mini Dow Jones Industrial Index
  2011 Ed. (2784)
Mini Fazer Gun
  1993 Ed. (3599)
Mini Labs
  1989 Ed. (2229)
Mini Mart Inc.
  2010 Ed. (2104)
  2011 Ed. (2157)
  2012 Ed. (2008)
Mini Melts
  2009 Ed. (2787)
Mini Mioche
  2019 Ed. (4255)
  2020 Ed. (4251)
Mini Wheats
  2003 Ed. (876)
Minibar Delivery
  2020 Ed. (2297)
Miniclip Ltd.
  2009 Ed. (3029, 3031)
Minicomputers
  1993 Ed. (1573)

Minijos Baldu Prekyba UAB
  2009 Ed. (1192)
Minimaid Canada; Maid Brigade USA/
  2005 Ed. (767)
  2006 Ed. (674)
  2007 Ed. (770)
  2008 Ed. (746)
Mining
  1989 Ed. (1866)
  1992 Ed. (4482)
  1995 Ed. (1, 2670, 3785)
  1996 Ed. (2663, 2908, 3874)
  1997 Ed. (2018, 2556)
  1998 Ed. (2750)
  1999 Ed. (4821)
  2001 Ed. (3561)
  2003 Ed. (2269)
  2004 Ed. (1747, 1748, 3010)
  2006 Ed. (834)
  2008 Ed. (1631, 1821, 1822, 1823, 1824)
  2009 Ed. (1769, 1770, 1771, 1772)
Mining, coal
  2002 Ed. (2224)
Mining & crude-oil production
  2002 Ed. (2773)
Mining and extraction
  1989 Ed. (2080)
Mining/lumbering
  2000 Ed. (3088)
Mining & Metallurgical Company Norilsk Nickel
  2012 Ed. (3645, 3652)
  2013 Ed. (3689, 3715)
  2014 Ed. (3623, 3647)
  2015 Ed. (3636, 3657)
  2016 Ed. (3521, 3546)
  2017 Ed. (3494)
Mining & Metallurgical Company Norilsk Nickel; OJSC
  2012 Ed. (1875, 3562, 3648, 3655, 3679, 3684)
  2013 Ed. (2036, 3599, 3703)
  2014 Ed. (1971, 3636)
  2015 Ed. (2016, 3650)
  2016 Ed. (1988, 3537)
  2017 Ed. (1948, 3504)
  2018 Ed. (1900, 3553)
Mining & minerals
  1991 Ed. (1179, 1191)
  1992 Ed. (1488, 1502)
  1993 Ed. (1205)
  1994 Ed. (1211, 1229, 1233)
  1995 Ed. (1248, 1259)
  1996 Ed. (1220, 1232)
  1997 Ed. (1263, 1274)
  1998 Ed. (1036)
Mining, Oil & Gas Extraction
  1990 Ed. (1224, 1225, 1254, 1268, 1269)
Mining and quarrying operations
  1994 Ed. (2243)
Mining, metal ore
  2002 Ed. (2224)
Mining/petroleum
  1997 Ed. (2381)
Mining, crude oil production
  1991 Ed. (2028, 2031, 2033, 2035, 2036, 2038, 2041, 2043, 2044)
  1992 Ed. (2599, 2603, 2606, 2611, 2613, 2614, 2622)
  1993 Ed. (1233, 1235, 1239, 1240)
  1994 Ed. (1274, 1278, 1279)
  1995 Ed. (1278, 1300)
  2002 Ed. (2766, 2767, 2768, 2772, 2776, 2787)
  2003 Ed. (2900, 2904, 2905)
  2005 Ed. (3004, 3005, 3006, 3007, 3008, 3010)
  2006 Ed. (3000, 3001, 3002, 3004, 3005, 3006)
  2007 Ed. (3039, 3040, 3041, 3042, 3043, 3044, 3045, 3046, 3047)
  2008 Ed. (3151, 3152, 3153, 3155, 3156, 3157)
Minions
  2017 Ed. (3605)
Minipress
  1990 Ed. (2530)
  1991 Ed. (2400)
MiniScribe Corp.
  1989 Ed. (970, 971, 1311, 1319, 1323, 1325, 2308)
  1990 Ed. (1118, 1125, 2200, 2997)
  1991 Ed. (1442, 1653, 2655, 2660)
Miniskirts
  1989 Ed. (2042)
Minister of Finance
  2009 Ed. (43)
Ministerie van VROM
  2009 Ed. (2591)
Ministers Life
  1989 Ed. (1701, 1702, 1703, 1704)
Ministop
  2015 Ed. (4302, 4303)
Ministrie de l'Interieur
  2010 Ed. (81)
Ministry of Aviation
  1994 Ed. (198)

Ministry of Communications
  1993 Ed. (49)
Ministry of Community Development, Youth & Sports
  2007 Ed. (2564)
Ministry of Defence
  2000 Ed. (1416)
  2009 Ed. (2119)
  2011 Ed. (936)
Ministry of Economy
  1989 Ed. (51)
Ministry of Economy, Trade & Industry
  2011 Ed. (3835)
  2012 Ed. (3816)
Ministry of Education, Culture, Sports, Science & Technology
  2012 Ed. (3816)
Ministry of Energy & Infrastructure
  2003 Ed. (3844)
  2004 Ed. (3861)
  2005 Ed. (3788)
  2006 Ed. (3854)
  2007 Ed. (3880)
  2008 Ed. (3929)
  2009 Ed. (4001)
  2010 Ed. (3908)
  2011 Ed. (3927)
  2012 Ed. (3914)
  2013 Ed. (3966)
  2014 Ed. (3909)
  2015 Ed. (3937)
  2016 Ed. (3856)
  2017 Ed. (3818)
  2018 Ed. (3864)
Ministry of Finances
  1992 Ed. (78)
Ministry of Health
  1992 Ed. (69)
  2001 Ed. (65)
  2004 Ed. (95)
Ministry Health Care Inc.
  2003 Ed. (1854)
Ministry of Health, Harrare, Zimbabwe
  1994 Ed. (1906)
Ministry of Investment
  2014 Ed. (3508)
Ministry of Planning & Investment
  2013 Ed. (3532)
Ministry of Public Function, Mexico
  2007 Ed. (2564)
Ministry St. Clare's Hospital
  2015 Ed. (3143)
Ministry of Supply
  2020 Ed. (2297)
Minit Lube
  1990 Ed. (406)
Minit Stop Holdings LLC
  2016 Ed. (1626)
Minit Stop Stores
  2007 Ed. (1757)
  2008 Ed. (1785)
  2012 Ed. (1534)
  2013 Ed. (1680)
  2014 Ed. (1632)
  2015 Ed. (1681)
Minitel
  1991 Ed. (3293)
  1992 Ed. (4216)
Minivan
  2001 Ed. (502)
Minkow; Brian
  2017 Ed. (3591, 3592, 3593, 3594, 3595, 3596, 3597, 3598, 3599)
  2018 Ed. (3651, 3653, 3656, 3657, 3658, 3659)
  2019 Ed. (3642, 3645, 3646, 3647, 3648)
  2020 Ed. (3616)
  2021 Ed. (3636, 3637)
Minmetal Townlord Technology
  2005 Ed. (1733)
Minmetals Development
  2014 Ed. (4466)
Minmetals Development Co., Ltd.
  2006 Ed. (1643, 1781)
  2007 Ed. (1658)
  2009 Ed. (1590)
  2013 Ed. (4702)
  2014 Ed. (4754)
  2015 Ed. (4775)
  2016 Ed. (4679)
Minn Kota
  2019 Ed. (647)
  2020 Ed. (628)
  2021 Ed. (584)
Minneapolis
  2000 Ed. (1086)
Minneapolis Grain Exchange
  1993 Ed. (1039, 1040)
  1994 Ed. (1071, 1072)
  1996 Ed. (1057)
  1998 Ed. (815, 816)
  1999 Ed. (1247)
  2001 Ed. (1333, 1334)
  2003 Ed. (2598, 2600)
  2004 Ed. (2713)
  2005 Ed. (2706, 2708)
  2006 Ed. (2683, 2684)
  2007 Ed. (2673, 2674)

  2008 Ed. (2804, 2805)
  2009 Ed. (2861, 2862)
  2010 Ed. (2799)
  2011 Ed. (970, 971)
  2012 Ed. (884, 885)
  2013 Ed. (1043, 1044)
  2014 Ed. (1008)
  2015 Ed. (1044)
  2016 Ed. (953)
  2018 Ed. (929)
  2019 Ed. (916, 917)
  2020 Ed. (911, 912)
Minneapolis, MN
  1989 Ed. (911, 1905, 2906)
  1990 Ed. (1000, 1003, 1466, 2910)
  1991 Ed. (935, 1644)
  1992 Ed. (1162, 2546, 3623)
  1993 Ed. (773, 945, 1221, 2071)
  1994 Ed. (951, 964, 972, 1104, 1259, 2585)
  1995 Ed. (987, 989, 990, 1282, 2667, 3543)
  1996 Ed. (973, 974, 1238, 2208, 2278, 2279, 2280, 2281)
  1997 Ed. (998, 1284)
  1998 Ed. (734, 742, 1055, 3587)
  1999 Ed. (1024, 1153, 1171, 1487, 3373, 3890, 4514)
  2001 Ed. (1234, 3877)
  2002 Ed. (75, 3589)
  2003 Ed. (27)
  2005 Ed. (3312)
  2006 Ed. (3302)
  2007 Ed. (3001, 3365)
  2008 Ed. (3463, 3516)
  2009 Ed. (3538)
  2010 Ed. (3462, 3526, 3527, 4270)
  2011 Ed. (3099, 3465)
  2012 Ed. (3475)
  2013 Ed. (2670)
  2017 Ed. (3483, 4531)
  2022 Ed. (3403)
Minneapolis, MN & St. Paul, WI
  1996 Ed. (2089)
Minneapolis-St. Paul
  1992 Ed. (2864, 2877, 3055)
  2000 Ed. (3835, 4392)
Minneapolis-St. Paul Airport
  1997 Ed. (220)
  2001 Ed. (850)
Minneapolis-St. Paul-Bloomington, MN
  2008 Ed. (3458)
  2009 Ed. (3534)
  2012 Ed. (2339)
  2019 Ed. (2720, 3524)
Minneapolis-St. Paul-Bloomington, MN-WI
  2006 Ed. (261, 676, 2673, 2698, 4142)
  2007 Ed. (268, 772, 2658, 2692, 3383, 3388, 4165)
  2008 Ed. (3524, 4089, 4100)
  2009 Ed. (3573, 4208)
  2021 Ed. (3355, 3379)
  2022 Ed. (3405, 3429)
Minneapolis/St. Paul International
  1989 Ed. (245)
Minneapolis-St. Paul Metropolitan
  1995 Ed. (2646)
Minneapolis-St. Paul, MN
  1989 Ed. (1560, 1627, 1950, 2051)
  1990 Ed. (401, 2125, 2567, 3048, 3702)
  1991 Ed. (1974, 2890)
  1992 Ed. (482, 2377, 2388, 2535, 2544, 2554, 2913, 3038, 3697, 3734)
  1993 Ed. (347, 2015, 2154, 2439, 2444)
  1994 Ed. (332, 2027, 2039, 2372, 2378, 2386, 2498, 3066, 3067, 3105, 3497)
  1995 Ed. (328, 2451, 2459, 2467, 2559, 3111, 3173, 3715, 3735)
  1996 Ed. (38, 261, 343, 2076, 2497, 2510, 2518, 3199, 3207, 3266, 3604, 3802, 3834)
  1997 Ed. (291, 2176, 2233, 2639, 2649, 2657, 3304, 3307, 3351, 3365, 3657, 3853, 3883)
  1998 Ed. (1521, 2056, 2365, 2378, 2379, 2477, 3109, 3685, 3718)
  1999 Ed. (797, 1148, 2099, 2714, 3195, 3212, 3213, 3257, 3378, 3387, 3390, 4125, 4728, 4766)
  2000 Ed. (802, 1158, 2416, 2938, 2951, 2952, 3119, 4207, 4387)
  2001 Ed. (1013, 2757, 3102, 3120, 3646, 4143, 4791, 4836)
  2002 Ed. (774, 2735, 3092, 3136, 3137, 3237, 3238, 3590, 4050, 4075, 4912)
  2003 Ed. (255, 351, 353, 756, 776, 777, 1088, 1148, 2006, 2255, 2257, 2350, 2468, 2494, 2587, 2595, 2596, 2633, 2765, 2863, 3162, 3220, 3228, 3253, 3254, 3260, 3290, 3291, 3384, 3393, 3404, 3666, 4151, 4152, 4159, 4160, 4161, 4162, 4208, 4403, 4448, 4797, 4905, 4943)
  2004 Ed. (187, 223, 225, 332, 334, 335, 337, 732, 766, 790, 791, 796, 1101, 1109, 2048, 2052, 2264, 2266, 2424, 2601, 2627, 2630, 2696, 2702, 2710, 2711, 2719, 2851, 2855, 2866, 2873, 2874, 2898, 2899, 2900, 2948, 2952,

3216, 3219, 3262, 3280, 3309, 3347, 3353, 3354, 3376, 3450, 3459, 3470, 3711, 3722, 3735, 4151, 4165, 4166, 4168, 4175, 4176, 4177, 4210, 4231, 4782, 4895, 4914, 4947)
  2005 Ed. (232, 2457, 2458, 3333, 4381, 4802, 4927)
  2006 Ed. (250, 749, 3310, 4099, 4100)
  2007 Ed. (259, 271, 775, 2693, 4175)
  2008 Ed. (237)
  2009 Ed. (2388)
  2014 Ed. (2620)
  2017 Ed. (667)
  2019 Ed. (4588)
  2021 Ed. (3326)
Minneapolis-St. Paul, MN-WI
  1989 Ed. (1966, 1967)
  1990 Ed. (2562)
  1995 Ed. (3778)
  2001 Ed. (2363)
  2002 Ed. (2395, 2444)
Minneapolis-St.Paul, MN
  2000 Ed. (331, 359)
Minneapolis Society of Fine Arts
  2006 Ed. (3718)
Minneapolis Star Tribune
  1999 Ed. (3613)
Minneapolis-Waukesha-West Allis, MN
  2019 Ed. (3524)
Minnegasco
  1997 Ed. (2130)
  1998 Ed. (1808)
Minnelli; Liza
  1993 Ed. (1078)
Minnesota
  1989 Ed. (206, 1897, 2538, 2555, 2563, 2565, 2616, 2914)
  1990 Ed. (366, 829, 831, 834, 996, 1482, 1746, 2411, 2429, 2513, 2575, 3346, 3356, 3361, 3372, 3375, 3376, 3387, 3394, 3404, 3405, 3409, 3423, 3425, 3428)
  1991 Ed. (186, 788, 793, 1398, 1399, 1645, 2353, 2354, 2916, 3175, 3178, 3179, 3180, 3184, 3187, 3195, 3196, 3199, 3200, 3203, 3207, 3208, 3214, 3263, 3482)
  1992 Ed. (973, 974, 2339, 2559, 2560, 2561, 2562, 2586, 2875, 2876, 2917, 2918, 2920, 2930, 2934, 3084, 4074, 4076, 4077, 4081, 4117, 4118, 4119, 4120, 4182)
  1993 Ed. (1220, 2438, 2441, 2526, 2608, 3222, 3394, 3406, 3424, 3425, 3426, 3427, 3428, 3691, 3699)
  1994 Ed. (870, 1258, 2388, 3028, 3374, 3390, 3415, 3417, 3418, 3419, 3420)
  1995 Ed. (947, 1231, 1281, 1669, 2468, 2469, 3299, 3467, 3486, 3488, 3489, 3490, 3491, 3492, 3500, 3540, 3733, 3801)
  1996 Ed. (1237, 2507, 2516, 2517, 3174, 3514, 3517, 3519, 3520, 3526, 3548, 3567, 3569, 3570, 3571, 3572, 3573, 3578, 3832)
  1997 Ed. (996, 1283, 2647, 2656, 3227, 3364, 3564, 3566, 3588, 3608, 3609, 3611, 3612, 3621, 3786, 3881, 3882)
  1998 Ed. (472, 2041, 2381, 2382, 2383, 2452, 2883, 3105, 3106, 3378, 3379, 3381, 3390, 3465, 3716, 3717, 3755)
  1999 Ed. (738, 798, 799, 1077, 1996, 2834, 3140, 3219, 3220, 3222, 3892, 3975, 4122, 4404, 4405, 4413, 4420, 4422, 4429, 4433, 4439, 4441, 4442, 4445, 4446, 4447, 4451, 4452, 4455, 4535, 4536, 4765)
  2000 Ed. (751, 803, 804, 1905, 1906, 2452, 2608, 2958, 2959, 2961, 3007, 3688, 3831, 3832, 4095, 4097, 4098, 4110, 4113, 4179, 4393)
  2001 Ed. (278, 414, 415, 703, 977, 993, 1007, 1014, 1015, 1079, 1107, 1109, 1124, 1245, 1305, 1346, 1360, 1361, 1370, 1371, 1411, 1439, 1440, 1441, 1507, 1968, 2308, 2459, 2467, 2471, 2472, 2537, 2538, 2544, 2556, 2623, 2624, 2664, 2689, 2690, 2723, 2998, 3023, 3042, 3070, 3071, 3235, 3236, 3262, 3294, 3308, 3313, 3314, 3400, 3413, 3539, 3545, 3557, 3568, 3597, 3616, 3716, 3717, 3787, 3791, 3792, 3828, 3878, 3879, 3892, 3893, 3894, 3898, 3899, 3903, 3913, 3915, 3963, 3964, 4026, 4144, 4145, 4150, 4242, 4256, 4257, 4331, 4480, 4570, 4571, 4581, 4582, 4614, 4719, 4796, 4797, 4809, 4822, 4830, 4837, 4839, 4934, 4935)
  2002 Ed. (461, 462, 467, 473, 494, 495, 497, 668, 770, 771, 772, 773, 951, 1113, 1116, 1347, 1907, 2008, 2067, 2226, 2232, 2233, 2234, 2285, 2351, 2352, 2447, 2574, 2739, 2740, 2881, 2892, 2953, 3091, 3111, 3116, 3122, 3123, 3128, 3201, 3239, 3240, 3273, 3341, 3344, 3367, 3524, 3528, 3734, 3901, 3906, 4071, 4072, 4073, 4074, 4156, 4159, 4330, 4374, 4520, 4522,
4523, 4538, 4539, 4778, 4892, 4909, 4911)
  2003 Ed. (381, 397, 398, 399, 400, 402, 414, 415, 444, 445, 757, 758, 1057, 1061, 1064, 1384, 2127, 2433, 2435, 2436, 2678, 2688, 2793, 2794, 2884, 2982, 3236, 3238, 3243, 3249, 3256, 3261, 3420, 3652, 3657, 3700, 4209, 4210, 4213, 4233, 4248, 4250, 4414, 4415, 4494, 4666, 4909, 4912, 4945)
  2004 Ed. (186, 360, 377, 378, 390, 391, 393, 438, 439, 767, 768, 775, 896, 1070, 1075, 1398, 1399, 2000, 2001, 2002, 2175, 2177, 2563, 2567, 2570, 2571, 2573, 2793, 2904, 2974, 2975, 2976, 2978, 2987, 2988, 3037, 3039, 3282, 3290, 3294, 3301, 3478, 3525, 3700, 3702, 3743, 4232, 4233, 4236, 4270, 4456, 4457, 4500, 4506, 4511, 4514, 4517, 4528, 4529, 4530, 4648, 4649, 4654, 4818, 4884, 4886, 4899, 4903, 4949, 4980)
  2005 Ed. (371, 400, 405, 409, 410, 412, 444, 445, 1075, 1078, 1420, 2276, 2543, 2544, 2545, 2615, 2785, 2882, 2984, 2985, 2986, 3301, 3319, 3484, 3611, 3613, 3652, 3882, 4159, 4197, 4230, 4402, 4569, 4597, 4598, 4599, 4600, 4722, 4899, 4929)
  2006 Ed. (1405, 2344, 2550, 2552, 2613, 2754, 2790, 2809, 2894, 2981, 2982, 3131, 3307, 3584, 3730, 3750, 3783, 3904, 3943, 4213, 4334, 4419, 4474, 4650, 4661, 4932)
  2007 Ed. (1437, 2272, 2273, 2280, 2526, 2528, 2589, 2762, 2916, 3014, 3015, 3210, 3371, 3515, 3648, 3713, 3749, 3781, 3824, 4001, 4021, 4371, 4481, 4650, 4682, 4938)
  2008 Ed. (1388, 2654, 2655, 2656, 2726, 2906, 3004, 3037, 3134, 3279, 3351, 3471, 3760, 3806, 3885, 4326, 4465, 4581, 4915)
  2009 Ed. (1391, 2406, 2668, 2682, 2683, 2684, 2781, 3090, 3122, 3216, 3430, 3537, 3554, 3850, 3948, 4430, 4455, 4498, 4624, 4926)
  2010 Ed. (821, 1057, 1376, 2318, 2572, 2593, 2594, 2597, 2713, 2878, 3055, 3145, 3146, 3271, 3360, 3409, 3472, 3769, 4002, 4473, 4540, 4652, 4930)
  2011 Ed. (748, 995, 1369, 1858, 2314, 2549, 2575, 2576, 2579, 2699, 2859, 3025, 3026, 3112, 3113, 3240, 3315, 3473, 3773, 4010, 4410, 4445, 4485, 4600, 4915)
  2012 Ed. (908, 919, 1713, 2215, 2522, 2523, 2526, 3048, 3204, 3301, 3483, 4485, 4611)
  2013 Ed. (738, 1157, 1870, 2284, 2396, 2517, 2655, 2658, 2834, 3133, 3134, 3271, 3516, 3528, 3721, 3829, 3839, 4447, 4572, 4573, 4574, 4773, 4972)
  2014 Ed. (624, 1802, 2229, 2461, 2590, 3133, 3134, 3505, 4478, 4625, 4629, 4630, 4631, 4941, 4945, 4946)
  2015 Ed. (693, 2529, 2632, 3196, 4473, 4624, 4625, 4986)
  2016 Ed. (632, 1806, 2471, 2557, 3053, 4378, 4542, 4543, 4902, 4903)
  2017 Ed. (1771, 3003, 3004, 4372, 4532, 4536, 4537, 4538)
  2018 Ed. (1725, 2236, 3127, 3128, 4381, 4557, 4561, 4562, 4563, 4915)
  2019 Ed. (639, 721, 1782, 3059, 3060, 4405, 4558, 4562, 4563, 4564, 4910)
  2020 Ed. (1727, 3378, 4369, 4910, 4911)
  2021 Ed. (1701, 3336, 3380, 3381, 4905, 4906)
  2022 Ed. (1728, 2357, 3400, 3430, 3431, 4899, 4901)
  2023 Ed. (2521, 3535, 3539, 3554, 3555, 4407, 4888, 4890)
State of Minnesota
  2023 Ed. (1870)
Minnesota Amplatz Children's Hospital; University of
  2012 Ed. (2964)
Minnesota Bank & Trust
  2022 Ed. (395)
Minnesota Board
  2000 Ed. (3444)
Minnesota Brewing Co.
  1997 Ed. (713)
  1998 Ed. (2491)
  2000 Ed. (3127)
  2001 Ed. (674, 1023)
Minnesota, Carlson School of Business; University of
  2007 Ed. (796)
Minnesota Diversified Industries
  2006 Ed. (3721)
Minnesota at Duluth; University of
  1992 Ed. (1271)
Minnesota-Duluth; University of
  2005 Ed. (3439)
Minnesota Educational Computing Corp.
  1997 Ed. (1256)
Minnesota Historical Society
  2006 Ed. (3718)
Minnesota Housing Finance Agency
  1996 Ed. (2211)
  1997 Ed. (2340)
  1998 Ed. (2062)
  2001 Ed. (850)
Minnesota Life Insurance Co.
  2000 Ed. (2698)
  2001 Ed. (2940)
  2002 Ed. (2907, 2909, 2922, 2923)
  2006 Ed. (3019, 3952, 3955, 3961)
  2007 Ed. (3147, 3148)
  2008 Ed. (3297, 3298)
  2009 Ed. (3357, 3358)
  2010 Ed. (3296)
  2011 Ed. (3256, 3257, 3264)
  2012 Ed. (3233)
  2013 Ed. (3312)
Minnesota Life Insurance Group
  2018 Ed. (3268, 3269, 3270, 3271, 3277)
  2019 Ed. (3218, 3219, 3220, 3221, 3228, 3229)
  2020 Ed. (3233, 3234, 3235, 3236, 3243, 3244)
  2021 Ed. (3109)
  2022 Ed. (3250)
Minnesota Mining
  1989 Ed. (2657)
  1991 Ed. (2930)
Minnesota Mining & Manufacturing
  1989 Ed. (874, 875, 879, 882, 1259, 1260, 2362)
  1990 Ed. (931, 933, 934, 938, 1529, 1530, 3108)
  1991 Ed. (902, 1053, 1546, 2381, 2635)
  1992 Ed. (1105, 2967, 3284, 3286, 3804)
  1993 Ed. (901, 1369, 2495, 2741, 3103)
  2000 Ed. (1517, 1692, 2647, 3862, 3863)
Minnesota Mining & Manufacturing Co. (3M)
  1990 Ed. (1533)
  2001 Ed. (11, 1044, 1586, 1794, 1795, 2070, 2136, 2137, 2138, 2892, 3218, 3220, 3221, 3624, 3625, 3649)
  2002 Ed. (913, 1731, 2830, 2831, 3534, 3592, 3604, 3968, 4172)
  2003 Ed. (1219, 1530, 1762, 1763, 1764, 2729, 2957, 3287, 3289, 3292, 3296, 3674, 3714, 3716, 3722, 3750, 4071, 4303)
  2004 Ed. (19, 965, 1553, 1719, 2109, 2110, 2111, 2112, 2114, 4098)
Minnesota-Morris; University of
  2008 Ed. (1061)
Minnesota Mutual Cos., Inc.
  2004 Ed. (3085, 3086, 3103, 3104)
  2005 Ed. (3093, 3094, 3106, 3107)
  2012 Ed. (3238)
  2013 Ed. (3317)
  2014 Ed. (3334)
Minnesota Mutual Group
  2007 Ed. (3133, 3134, 3135)
Minnesota Mutual Life
  1989 Ed. (2974)
  1993 Ed. (2213, 3280)
Minnesota Mutual Life Insurance Co.
  1991 Ed. (2471)
  1994 Ed. (2252, 2253, 3270)
  1995 Ed. (2285, 3351)
  1996 Ed. (2321)
  1997 Ed. (2450)
  1998 Ed. (2161)
  2000 Ed. (2701)
Minnesota Mutual Megannuity Advantus Mtg Secs Q
  2000 Ed. (4330)
Minnesota Mutual Megannuity Advantus NtGvBd 06 Q
  2000 Ed. (4330)
Minnesota Mutual Megannuity Advantus NtGvBd 10 Q
  2000 Ed. (4330)
Minnesota Mutual Multioption
  1997 Ed. (3821)
Minnesota Mutual MultiOption A Advantus MtGvBd 10
  2000 Ed. (4330)
Minnesota Mutual Multioption A Mat Govt Bond 2006
  1997 Ed. (3821)
Minnesota Mutual Multioption A Mat Govt Bond 2010
  1997 Ed. (3821)
Minnesota Mutual MultiOption Select Advantus MtGvBd10
  2000 Ed. (4330)
Minnesota Mutual MultiOption Select Advantus NtGvBd06
  2000 Ed. (4330)
Minnesota Mutual Multioption Select Mat Govt Bond 2006
  1997 Ed. (3821)
Minnesota Orchestral Association
  2006 Ed. (3718)
Minnesota Power Inc.
  2001 Ed. (2146)
Minnesota Power & Light
  1990 Ed. (1601)
  1991 Ed. (1489, 1497, 1498)
  1992 Ed. (1898, 1899)
  1993 Ed. (1557)
Minnesota Public Facilities Authority
  1999 Ed. (3471)
Minnesota Public Radio Inc.
  2006 Ed. (3718)
Minnesota Soybean Processors
  2004 Ed. (2663)
Minnesota State Board
  1996 Ed. (2931)
  1997 Ed. (3019)
  1998 Ed. (2765)
  2000 Ed. (3441)
  2001 Ed. (3673, 3678, 3680)
  2002 Ed. (3608, 3613, 3615)
  2003 Ed. (1979, 1984)
  2004 Ed. (2027)
  2007 Ed. (2186)
  2008 Ed. (2297, 2300, 2312, 2323)
  2009 Ed. (2288, 2291, 2303, 2311)
  2010 Ed. (2242)
Minnesota State Board of Investment
  1991 Ed. (2692)
Minnesota State Fair
  1990 Ed. (1727)
  1992 Ed. (2066)
  1993 Ed. (1709)
  1994 Ed. (1725)
  1995 Ed. (1733)
  1996 Ed. (1718)
  1997 Ed. (1805)
  1998 Ed. (1518)
  1999 Ed. (2086)
  2000 Ed. (1888)
  2002 Ed. (2215)
  2003 Ed. (2417)
  2005 Ed. (2524)
  2006 Ed. (2534)
  2007 Ed. (2513)
Minnesota State Fair, St. Paul
  1991 Ed. (1635)
Minnesota State University
  2011 Ed. (942)
Minnesota State University-Mankato
  2008 Ed. (769)
Minnesota Synod of the Lutheran Church Board
  1990 Ed. (2724)
Minnesota Technology Corridor
  1992 Ed. (2596)
Minnesota-Twin Cities, Carlson School of Business; University of
  2008 Ed. (796)
  2009 Ed. (813)
  2010 Ed. (747, 762)
  2011 Ed. (658, 673)
  2012 Ed. (633)
Minnesota-Twin Cities, Carlson School of Management; University of
  2013 Ed. (753)
Minnesota at Twin Cities, Carlson; University of
  1996 Ed. (840)
Minnesota at Twin Cities; University of
  1992 Ed. (1000)
  1993 Ed. (799, 1632)
  1996 Ed. (1686)
Minnesota-Twin Cities; University of
  2014 Ed. (772)
  2015 Ed. (814)
Minnesota Twins
  1998 Ed. (3358)
Minnesota Twins LLC
  2013 Ed. (1883)
Minnesota; University of
  1991 Ed. (818, 916, 1004, 1572, 2680, 2833, 2928)
  1992 Ed. (1281, 3669)
  1993 Ed. (1029, 3000)
  1994 Ed. (939, 1060, 1657, 2743, 3046)
  1995 Ed. (971, 1066, 1073, 1704, 3091, 3095)
  1996 Ed. (948, 949, 1048, 3192)
  1997 Ed. (853, 862, 970, 971, 1067, 1768, 3297)
  2006 Ed. (3784, 3957, 3961)
  2007 Ed. (829)
  2010 Ed. (1013, 3626)
  2011 Ed. (950, 1858)
  2012 Ed. (865, 866, 1713)
  2013 Ed. (1870)
  2014 Ed. (1802)
Minnesota Vikings
  2002 Ed. (4340)
  2012 Ed. (2679)
Minnesota Vikings Ventures Inc.
  2001 Ed. (2446)
Minnetonka
  1990 Ed. (3603)
Minnetonka Brands Inc.
  2003 Ed. (2923)
Minnetonka Insurance Co.
  1990 Ed. (906)
  1991 Ed. (857)
  1992 Ed. (1061)

CUMULATIVE INDEX • 1989-2023

Minnova Inc.
  1990 Ed. (1362)
  1994 Ed. (2527)
Minnow Films
  2017 Ed. (4636)
Minnwest Bank
  2021 Ed. (382)
  2022 Ed. (395)
  2023 Ed. (441, 517)
Mino Raiola
  2021 Ed. (4462)
  2022 Ed. (4471, 4472)
Mino Raiola S.P.
  2020 Ed. (4470)
Minocin Pellets
  1992 Ed. (1868)
Minogue Investment Co.
  1997 Ed. (1074)
Minolta
  1991 Ed. (846, 1107, 1108)
  1992 Ed. (1037, 1449, 3289, 3460)
  1993 Ed. (829, 2853)
  1994 Ed. (844, 2873, 2874)
  1995 Ed. (885, 2937)
  1996 Ed. (868, 3035)
  1997 Ed. (880)
  1998 Ed. (608, 610, 611)
  1999 Ed. (1012, 1013, 3825)
  2000 Ed. (966)
  2001 Ed. (1358)
  2003 Ed. (1346, 1361)
  2004 Ed. (1347, 1366, 1369)
  2005 Ed. (1355, 1384, 1390)
  2006 Ed. (3900)
  2008 Ed. (834)
Minolta Camera
  1989 Ed. (2297)
  1994 Ed. (1322)
  1995 Ed. (1656)
Minolta Corp./Minolta Business Systems
  1993 Ed. (1359)
Minor DKL Food Group
  2019 Ed. (3003)
Minor International
  2007 Ed. (2018)
Minor League Baseball
  2001 Ed. (4349)
Minor Profit Centers
  2000 Ed. (2544)
Minorco
  1991 Ed. (2657)
  1997 Ed. (2693)
  1999 Ed. (3130, 3280)
  2000 Ed. (3018)
Minorco Canada
  1994 Ed. (2526)
  1997 Ed. (2794)
Minorco SA
  1994 Ed. (2342, 2343, 2417)
  1996 Ed. (2442, 2556)
  2006 Ed. (1856)
Minorco Societe Anonyme
  1992 Ed. (1486, 2815, 2816)
  1993 Ed. (2375, 2376)
  1997 Ed. (2585)
Minority Alliance Capital LLC
  2006 Ed. (190, 3520, 4359)
  2007 Ed. (2840, 3567)
  2008 Ed. (3715, 4404)
Minority Business Development Agency
  2006 Ed. (3493)
  2007 Ed. (3528)
  2008 Ed. (3691)
  2009 Ed. (3756)
  2010 Ed. (3691)
Minority-owned business
  2000 Ed. (2617)
Minority Report
  2004 Ed. (2161)
Minorplanet Systems
  2001 Ed. (1886)
Minorplanet Systems plc
  2002 Ed. (2495)
Minoru Hasegawa
  1996 Ed. (1879)
Minoru Kawahara
  1997 Ed. (1989)
  1999 Ed. (2390)
  2000 Ed. (2173)
Minoru Mori
  1994 Ed. (708)
  1995 Ed. (664)
Minot State University
  1990 Ed. (1084)
Minotels Europe
  1992 Ed. (2505)
Minoy Aquino International Airport
  2021 Ed. (157)
Minsa, SA de CV; Grupo
  2005 Ed. (2649)
Minsk Transit Bank
  2018 Ed. (418)
  2019 Ed. (424)
  2020 Ed. (414)
  2023 Ed. (631)
Minsky's Pizza
  2006 Ed. (3915)

Minsky's Pizza Cafe/Bar
  2005 Ed. (3844)
Minstar
  1989 Ed. (2296, 2856, 2871, 2880)
  1990 Ed. (1325, 3643, 3644)
  1991 Ed. (2470, 3420)
Minster Financial Corp.
  2012 Ed. (357)
  2013 Ed. (484)
Minstergate PLC
  1993 Ed. (971)
Minsur
  1999 Ed. (3187)
  2000 Ed. (2933)
  2006 Ed. (2546)
Minsur (L)
  1997 Ed. (2633, 2634)
Mint Asure
  2008 Ed. (727)
Mint chocolate chip
  2001 Ed. (2832)
Mint Condition Franchising
  2014 Ed. (743)
  2015 Ed. (780)
  2016 Ed. (701)
  2017 Ed. (761)
  2021 Ed. (701)
Mint Guar. Currencies
  1996 Ed. (1060)
Mint Guar. Currencies (2001)
  1996 Ed. (1060)
Mint Guar. Global Fin. (2003)
  1996 Ed. (1060)
Mint Guaranteed
  1989 Ed. (962)
Mint Investment Management Co.
  1992 Ed. (1289)
Mint Limited
  1989 Ed. (962)
Mint Special
  1989 Ed. (962)
Mint Technology Corp.
  2015 Ed. (1528, 2715, 2915)
Mint Tower
  2018 Ed. (1752, 2642)
  2019 Ed. (1809, 2628)
  2020 Ed. (2640)
Mint Tower Capital Management
  2020 Ed. (1754)
Mint Wireless Ltd.
  2011 Ed. (2887)
Minted
  2014 Ed. (2404)
Mintek
  2008 Ed. (2385)
Mintel
  2011 Ed. (3580)
Minter; Ana
  2023 Ed. (1295)
Minter Ellison
  2002 Ed. (3055, 3784)
  2003 Ed. (3180, 3181)
Minter-Weisman Co.
  1995 Ed. (1197, 1199)
  1997 Ed. (1200, 1202)
  1998 Ed. (976, 978)
MinterEllison
  2020 Ed. (3326)
  2021 Ed. (3197)
  2022 Ed. (3332)
Minth
  2009 Ed. (317)
Mintie Corp.
  2000 Ed. (1861)
  2002 Ed. (2152)
Minto Apartment REIT
  2020 Ed. (1463)
Minto Builders
  2002 Ed. (2677, 2681)
  2003 Ed. (1161, 1166)
  2004 Ed. (1169, 1174)
  2005 Ed. (1202)
Minto Communities
  2019 Ed. (1075)
  2020 Ed. (1064)
  2021 Ed. (1032, 1034)
  2022 Ed. (1069, 1071)
Mints
  2008 Ed. (841)
Mintum/Red Cliff, CO
  1997 Ed. (999)
Mintz
  2023 Ed. (3439)
Mintz & Hoke
  1990 Ed. (131)
  1991 Ed. (130)
  1992 Ed. (184)
  1994 Ed. (104)
  1995 Ed. (103)
  1996 Ed. (119)
  1997 Ed. (123)
  1998 Ed. (61)
  1999 Ed. (130)
  2000 Ed. (148)
  2002 Ed. (157)
  2003 Ed. (170)

Mintz, Levin
  2004 Ed. (3228)
  2005 Ed. (3259)
Mintz Levin Cohn Ferris Glovsky & Popeo
  2015 Ed. (3469)
  2016 Ed. (3316)
Mintz Levin Cohn Ferris Glovsky Popeo
  1995 Ed. (3037)
  1996 Ed. (3138)
Mintz, Levin, Cohn, Ferris, Glovsky & Popeo
  1991 Ed. (2524, 2535)
  1992 Ed. (2830)
  1993 Ed. (2393)
  2000 Ed. (4298)
  2001 Ed. (837, 889, 933)
  2021 Ed. (3227, 3228)
Mintz. Levin, Cohn, Ferris, Glovsky & Popeo PC
  2005 Ed. (3533)
  2006 Ed. (3247)
  2007 Ed. (3308)
  2012 Ed. (3368)
Minute Key
  2016 Ed. (1116)
Minute Maid
  1989 Ed. (2515)
  1990 Ed. (724)
  1991 Ed. (3153)
  1992 Ed. (2240, 2241, 3304, 4017)
  1993 Ed. (3355, 3356)
  1994 Ed. (1922)
  1995 Ed. (696, 1947, 1948)
  1996 Ed. (1981, 2875)
  1997 Ed. (2094)
  1998 Ed. (1714, 1778)
  1999 Ed. (2536, 3660)
  2000 Ed. (2284, 2285, 4079, 4081)
  2001 Ed. (3595, 4302, 4307, 4308)
  2003 Ed. (669, 674, 2578, 2579, 3702, 4472, 4475)
  2004 Ed. (2663, 3746, 4481)
  2005 Ed. (3656, 4448)
  2006 Ed. (3755)
  2007 Ed. (618, 2655, 3754)
  2008 Ed. (568, 3831, 4492)
  2009 Ed. (598, 3885)
  2010 Ed. (3796)
  2012 Ed. (483)
  2013 Ed. (3851)
  2014 Ed. (3777, 3779)
  2015 Ed. (2842, 2844, 3797)
  2016 Ed. (620, 2773, 2776, 2777, 2780, 3710)
  2017 Ed. (204, 2748, 2749, 2750)
  2018 Ed. (191, 2800, 2802, 2803, 3722)
  2019 Ed. (2778, 2779, 2780, 3709)
  2020 Ed. (2809, 3753)
  2021 Ed. (2682, 2683, 2684, 4424)
  2022 Ed. (4435)
  2023 Ed. (2959)
Minute Maid Coolers
  2007 Ed. (2655)
  2014 Ed. (606)
Minute Maid blended fruit juice
  2021 Ed. (2682)
Minute Maid Kids Plus
  2014 Ed. (3778)
Minute Maid Light
  2019 Ed. (621)
Minute Maid Orange
  1990 Ed. (3314)
  2003 Ed. (4470)
Minute Maid Park
  2005 Ed. (4439)
Minute Maid Premium
  1999 Ed. (3660)
  2002 Ed. (3541)
  2003 Ed. (2578)
  2005 Ed. (3657)
  2007 Ed. (2655)
  2013 Ed. (3851)
  2014 Ed. (3777, 3778, 3779)
  2015 Ed. (2842, 2843, 3797, 3799)
  2016 Ed. (2773, 2774, 3710, 3712)
  2017 Ed. (3669)
  2018 Ed. (3722, 3724)
  2019 Ed. (2781, 3709, 3711)
  2020 Ed. (3753, 3754)
  2021 Ed. (3754)
  2022 Ed. (2811, 2812, 2849, 2850, 2851, 3773, 3774, 3775)
  2023 Ed. (2959, 2960, 3875, 3876)
Minute Maid Premium Choice
  1998 Ed. (1778)
Minute Maid Premium Fruit Drink
  2006 Ed. (2672)
  2007 Ed. (2656)
  2011 Ed. (2776)
Minute Maid Premium Kids
  2014 Ed. (3779)
  2020 Ed. (3753)
Minute Maid Premium Kids Plus
  2013 Ed. (3851)
  2014 Ed. (3777)
  2015 Ed. (3797)
  2016 Ed. (3710)
  2019 Ed. (3709)

Minute Maid Premium Orange Juice
  2006 Ed. (2672)
  2007 Ed. (2656)
  2010 Ed. (2789)
  2011 Ed. (2776)
Minute Maid Single Serve
  2006 Ed. (4454)
  2007 Ed. (4511)
Minute Maid Zero Sugar
  2022 Ed. (2850)
  2023 Ed. (2959, 2960)
Minute Men Cos.
  2018 Ed. (2522)
  2019 Ed. (2530)
Minute Rice
  2022 Ed. (702)
Minuteman
  2017 Ed. (3959, 3966, 3967, 3968, 3969, 3970, 3971)
Minuteman Press
  2012 Ed. (4011)
  2014 Ed. (4106, 4107, 4108, 4109, 4110, 4111, 4112)
  2015 Ed. (4080, 4082, 4084, 4085, 4086, 4087, 4088, 4089, 4090)
  2016 Ed. (3995, 3996, 4000, 4001, 4002, 4003, 4004)
  2018 Ed. (3983, 3984, 3985, 3986, 3987, 3988, 3989, 3990)
  2019 Ed. (3967, 3971, 3972, 3973, 3974)
  2020 Ed. (732, 3988, 3992, 3993, 3994, 3997)
  2021 Ed. (746, 3953, 3964)
  2022 Ed. (775, 3965)
  2023 Ed. (4039, 4057)
Minuteman Press International
  2021 Ed. (3957, 3958, 3959, 3960, 3961)
  2022 Ed. (3969, 3970, 3971, 3972, 3973, 3974)
Minuteman Press International Inc.
  1999 Ed. (2510)
  2002 Ed. (3765)
  2003 Ed. (3932)
  2004 Ed. (3940)
  2005 Ed. (3896)
  2006 Ed. (3963)
  2007 Ed. (4005)
  2008 Ed. (4023)
  2009 Ed. (4096)
  2010 Ed. (4008)
  2011 Ed. (4015)
  2012 Ed. (4008)
  2013 Ed. (4091)
  2014 Ed. (4100)
  2015 Ed. (4078)
  2016 Ed. (3989)
  2017 Ed. (3965)
  2018 Ed. (3991)
  2019 Ed. (3975)
  2020 Ed. (3995)
  2021 Ed. (3962)
  2022 Ed. (3975)
Minuteman Press Printing & Marketing Services
  2017 Ed. (2941)
Minuteman Press (U.S.)
  2021 Ed. (3953)
Minuteman Security Technologies Inc.
  2016 Ed. (4326)
  2018 Ed. (4322)
  2021 Ed. (4361)
  2022 Ed. (4373)
  2023 Ed. (4393)
Minutemen Press International Inc.
  1997 Ed. (2079)
Minyard Food (Sack 'N Save)
  1990 Ed. (1554)
Minyard Food Stores
  2018 Ed. (4266)
Minyard Food Stores Inc.
  1992 Ed. (4480)
  1999 Ed. (4808)
  2005 Ed. (1977)
  2007 Ed. (4630)
Minyard; Liz
  1993 Ed. (3731)
  1994 Ed. (3667)
  1995 Ed. (3788)
  1996 Ed. (3876)
  1997 Ed. (3916)
Minyard Suzuki
  1990 Ed. (321)
Mio
  2017 Ed. (2448)
  2019 Ed. (2776)
  2020 Ed. (4473)
Mio AB
  1994 Ed. (45)
Mio Energy
  2014 Ed. (4528)
Mio Fit
  2015 Ed. (4527)
  2016 Ed. (4465)
Miorelli Service SpA
  2009 Ed. (1819, 4426)
Miotics & glaucoma medications
  1998 Ed. (1327)

Miovision Technologies Inc.
  2015 Ed. (1553)
MIP Technologies
  2011 Ed. (2918)
MiPro Consulting
  2009 Ed. (1642)
MIPS
  2001 Ed. (3303)
MIPS Computer Systems
  1992 Ed. (3668)
  1993 Ed. (2999)
MIPS Rxx00
  2001 Ed. (3302)
MIPS Technologies
  2001 Ed. (4216)
  2010 Ed. (1528)
  2012 Ed. (4572)
MiQ
  2014 Ed. (3752)
  2020 Ed. (1969)
Mir; Juan-Miguel Villar
  2014 Ed. (4920)
  2015 Ed. (4960)
  2016 Ed. (4876)
  2017 Ed. (4876)
  2018 Ed. (4888)
  2019 Ed. (4880)
Mir Muzuki
  2013 Ed. (3807)
  2015 Ed. (3755)
  2016 Ed. (3663)
  2020 Ed. (3675)
  2021 Ed. (3681)
MIR SpA
  2001 Ed. (2875, 4130)
MIR3
  2011 Ed. (4656)
Mira
  2008 Ed. (627)
  2009 Ed. (3597)
  2010 Ed. (615, 2979)
  2011 Ed. (547, 2941)
  2012 Ed. (527)
  2013 Ed. (628)
  2016 Ed. (645)
  2017 Ed. (4042)
  2018 Ed. (4066, 4068)
  2019 Ed. (4061, 4063)
  2020 Ed. (4070)
MIRA Image Construction
  2021 Ed. (1557)
Mirab USA
  2009 Ed. (2345)
Mirabaud & Cie
  2001 Ed. (652)
Mirabela Nickel
  2014 Ed. (3657)
  2015 Ed. (3675)
Mirabella
  1994 Ed. (2789)
  2000 Ed. (3479, 3490)
Mirabito Energy Products
  2019 Ed. (1295)
Miracle Auto Painting Inc.
  2002 Ed. (419)
  2004 Ed. (351)
  2005 Ed. (351)
  2006 Ed. (366)
Miracle-Ear
  2015 Ed. (4866)
  2020 Ed. (3794)
  2021 Ed. (3778, 3792)
  2022 Ed. (3813)
Miracle-Ear Inc.
  1993 Ed. (824)
  2002 Ed. (2452)
  2004 Ed. (910)
  2005 Ed. (901)
  2006 Ed. (816)
  2009 Ed. (3939)
  2011 Ed. (3857)
  2012 Ed. (3832)
  2013 Ed. (3896)
  2014 Ed. (3829)
  2015 Ed. (3854)
  2016 Ed. (3765)
  2017 Ed. (3717)
  2018 Ed. (3768)
Miracle-Gro
  1998 Ed. (2341)
  1999 Ed. (3167)
  2000 Ed. (2913)
Miracle International Co., Ltd.
  2002 Ed. (1783)
  2004 Ed. (1871)
Miracle Method Bathroom Restoration
  2002 Ed. (2288)
  2003 Ed. (2123)
Miracle Method Surface Refinishing
  2015 Ed. (3082)
  2016 Ed. (2978)
  2017 Ed. (2935)
  2020 Ed. (2978, 3073, 3076)
  2021 Ed. (2838, 2950, 2953)
  2022 Ed. (3003, 3067, 3070)
  2023 Ed. (3119, 3182, 3184)

Miracle Method Surface Remodeling
  2018 Ed. (3104)
  2019 Ed. (3038)
Miracle Method Surface Restoration
  2004 Ed. (2169)
  2005 Ed. (2267)
  2006 Ed. (2325)
  2007 Ed. (2256)
  2008 Ed. (2393)
  2009 Ed. (2375)
  2010 Ed. (2299)
  2011 Ed. (2297)
  2012 Ed. (2193)
  2013 Ed. (3118)
  2014 Ed. (3119)
  2019 Ed. (796)
Miracle Mile Advisors
  2021 Ed. (3157)
Miracle Strip Amusement Park
  1990 Ed. (266)
  1992 Ed. (333)
The Miracle: The Epic Story of Asia's Quest for Wealth
  2011 Ed. (539)
Miracle Trading Method
  1990 Ed. (1869)
  1994 Ed. (2941)
Miracle Whip
  2002 Ed. (4083)
Miracles
  1996 Ed. (3031)
Miracorp
  2015 Ed. (2990)
Miracorp Inc.
  2015 Ed. (3000)
Mirae Asset Daewoo
  2018 Ed. (3336)
  2019 Ed. (3313)
  2020 Ed. (3315)
Mirae Asset Emerg Mkts Great Consumer
  2022 Ed. (3723)
Mirae Asset Emerg Mkts Great Consumer A
  2022 Ed. (3723)
Mirae Asset Emerging Markets Great Consumer
  2021 Ed. (3704)
Mirae Asset Emerging Markets Great Consumer A
  2021 Ed. (3704)
Mirae Asset Life Insurance
  2019 Ed. (3168)
Mirae Corp.
  2001 Ed. (4045)
  2002 Ed. (3050)
Mirage
  1995 Ed. (215, 2151)
  1996 Ed. (2164, 2167)
  1997 Ed. (911, 1339, 1341, 2281, 2282, 2283)
  2001 Ed. (476, 2801)
Mirage Casino-Hotel Inc.
  1997 Ed. (2285)
  2001 Ed. (1808, 1809)
  2003 Ed. (1778, 2413)
  2004 Ed. (1813)
  2005 Ed. (1896)
  2006 Ed. (1923)
  2007 Ed. (1907)
  2008 Ed. (1968)
  2009 Ed. (1923)
Mirage Resorts Inc.
  1993 Ed. (2082, 2088)
  1994 Ed. (2099, 2100)
  1996 Ed. (2163)
  1998 Ed. (1099, 1100, 1101, 1103, 1105, 2005, 2006, 2007)
  1999 Ed. (2760, 2762, 2768, 2786, 3174)
  2000 Ed. (1371, 1374, 2238, 2540, 2560)
  2001 Ed. (1809, 2272, 2273, 2778, 2787, 3087)
  2003 Ed. (1779, 2841)
  2007 Ed. (1907)
  2016 Ed. (1844)
Mirage Vision
  2015 Ed. (233)
  2016 Ed. (228)
  2017 Ed. (225)
  2018 Ed. (210)
  2019 Ed. (204)
  2020 Ed. (208)
Mirai Shooken
  2006 Ed. (4522)
Miraial
  2009 Ed. (1820, 4417)
  2010 Ed. (1761)
Miralax
  2018 Ed. (3365)
  2020 Ed. (3346)
  2021 Ed. (3282)
  2022 Ed. (3366)
  2023 Ed. (3483, 3484)
Miralax Mix In Pax
  2021 Ed. (3282)
Miralax Mix in Pax
  2022 Ed. (3366)
  2023 Ed. (3483, 3484)

Miraluma
  1999 Ed. (3338)
Miramar Brands Group
  2021 Ed. (3297)
  2022 Ed. (3382)
Miramar Lincoln-Mercury
  1994 Ed. (274)
Miramar Mining Corp.
  1997 Ed. (2795)
  2006 Ed. (1571)
  2007 Ed. (4577)
  2008 Ed. (249)
Miramar NAS
  1996 Ed. (2645)
Miramar Naval Air Station
  1993 Ed. (2884)
Miramax
  1996 Ed. (2690)
  1997 Ed. (2816, 2819)
  1999 Ed. (3442)
  2001 Ed. (3358)
  2004 Ed. (3512)
  2006 Ed. (3574, 3575)
  2007 Ed. (670)
  2009 Ed. (3778)
Miramax Film Corp.
  2001 Ed. (3360)
  2002 Ed. (3396)
  2003 Ed. (3452)
  2004 Ed. (4141)
Miramax Films
  1998 Ed. (2532)
  2000 Ed. (33, 793, 3164, 3165)
  2002 Ed. (3393, 3394)
  2003 Ed. (3451)
  2005 Ed. (3517)
Miranda Contracting Inc.
  2017 Ed. (1553)
Miranda Kerr
  2011 Ed. (3693)
  2015 Ed. (3710, 3711)
  2016 Ed. (3617)
  2017 Ed. (3584)
  2018 Ed. (3645)
Miranda Lambert
  2017 Ed. (3625)
Miranda Technologies
  2008 Ed. (2939)
  2011 Ed. (2897)
Miranda Technologies Inc.
  2013 Ed. (1532)
Mirant Corp.
  2003 Ed. (1685, 2137, 2280, 2282, 4535, 4539)
  2004 Ed. (1722, 2190, 2196, 2197, 2314, 2319, 4489, 4494, 4571, 4579)
  2005 Ed. (421, 2395, 2398, 2406)
  2006 Ed. (2437)
  2007 Ed. (1549)
  2008 Ed. (1525, 2499, 4667)
  2009 Ed. (2511, 3251)
  2010 Ed. (2345)
  2011 Ed. (2430)
Mirant Mid-Atlantic LLC
  2006 Ed. (2104)
  2011 Ed. (1173)
  2012 Ed. (1119)
Mirasol Resources
  2016 Ed. (1471)
Mirassou
  1995 Ed. (3756)
  1996 Ed. (3855)
Miratech
  2015 Ed. (1105)
  2016 Ed. (1016)
Miratek Corp.
  2003 Ed. (3949)
Miraval Arizona Resort & Spa
  2015 Ed. (3166)
Miravant Medical Technologies
  2002 Ed. (2479)
Mircom
  2017 Ed. (1056, 1058, 2876)
Mircom Group of Companies
  2018 Ed. (2944)
Mirego
  2017 Ed. (1044)
  2018 Ed. (1465)
Mireille; Typhoon
  2005 Ed. (884)
  2009 Ed. (875)
  2010 Ed. (824)
  2011 Ed. (751)
  2012 Ed. (688)
Mirgor
  2007 Ed. (1852)
  2014 Ed. (1739)
Miriam Adelson
  2023 Ed. (4801)
Miriam Cutler Willard
  1993 Ed. (1801)
  1994 Ed. (1783, 1784, 1828)
  1995 Ed. (1868)
  1997 Ed. (1869)
  1998 Ed. (1643)
  1999 Ed. (2234)
  2000 Ed. (2015)

Miriam Hospital Inc.
  2001 Ed. (1840)
  2003 Ed. (1813)
Miriam W. Sellgren
  1995 Ed. (933)
Mirifex Systems
  2007 Ed. (1318)
Mirinda
  2002 Ed. (4325)
  2021 Ed. (4424)
MirKim Erection Co., Inc.
  2008 Ed. (4251)
Mirkin; Chad
  2005 Ed. (2453)
Mirko Sangiorgio
  1999 Ed. (2429)
  2000 Ed. (2189)
Miro Consulting Inc.
  2010 Ed. (1119)
Miroglio SpA
  2004 Ed. (1010)
Miroglio Tessile SpA
  1992 Ed. (1229)
  1993 Ed. (999)
  1994 Ed. (1031)
  1995 Ed. (1037)
  1999 Ed. (1206)
Miron
  1990 Ed. (922)
Miron Bldg. Prod.
  1990 Ed. (840)
Miron Construction Co.
  2006 Ed. (1337, 1352)
  2008 Ed. (1345)
  2009 Ed. (1346)
  2010 Ed. (1332)
  2011 Ed. (1314)
  2013 Ed. (1232)
  2016 Ed. (1133)
  2018 Ed. (1139)
  2019 Ed. (1127, 1217, 1246)
  2020 Ed. (1117, 1127, 1240)
  2021 Ed. (1104, 1206)
  2022 Ed. (1120, 1207)
  2023 Ed. (1339, 1349, 1442)
Miron Construction Co. Inc.
  2022 Ed. (1137)
Miron Construction Co., Inc.
  2022 Ed. (1137)
Miroslave Nosal
  2000 Ed. (2072)
Mirro
  1993 Ed. (2110)
  1996 Ed. (2026, 2202)
  1997 Ed. (2330)
  1998 Ed. (3459)
The Mirror
  1989 Ed. (2062)
  2001 Ed. (3544)
  2002 Ed. (3514)
  2009 Ed. (683, 704)
Mirror
  2020 Ed. (2901)
Mirror Group of Newspapers
  2002 Ed. (39)
Mirror Image Access (Australia) Pty. Ltd.
  2008 Ed. (2928)
Mirror Image Internet Inc.
  2006 Ed. (3023)
  2007 Ed. (3056)
Mirror Show Management
  2008 Ed. (4324)
Mirror Show Management Inc.
  2017 Ed. (1830)
Mirrors
  2003 Ed. (4421)
  2004 Ed. (4424)
  2005 Ed. (4372)
  2006 Ed. (4320)
  2007 Ed. (4385)
Mirvac Group
  2002 Ed. (3800)
  2014 Ed. (4188)
  2018 Ed. (4087)
  2020 Ed. (4106)
MIS
  1998 Ed. (3772)
Mis Sut Sanayi A.S.
  1995 Ed. (1902)
MIS Week
  1990 Ed. (1133)
Misawa Homes
  2007 Ed. (2991)
MISC
  1994 Ed. (2348)
  1996 Ed. (2447)
  1997 Ed. (2593)
  2012 Ed. (4774)
  2016 Ed. (1755)
  2017 Ed. (1729)
Misc
  2014 Ed. (4771)
  2015 Ed. (4798)
  2016 Ed. (4701)
  2017 Ed. (4714)
misc. major pharmaceutical cos.
  2021 Ed. (1096)

misc. Dairy Farmers of America brands
  2022 Ed. (794)
misc. DFS Gourmet brands
  2021 Ed. (758)
Misc. manufacturing
  1989 Ed. (1661)
misc. Unilever products
  2021 Ed. (2958, 2959)
Miscellaneous Business Services
  1990 Ed. (1657)
Miscellaneous prepared foods
  1990 Ed. (1953)
Miscellaneous Fresh Vegetables
  1990 Ed. (1961)
Miscellaneous Frozen Breakfast
  1990 Ed. (1959)
Miscellaneous dried fruits
  1992 Ed. (2354)
Miscellaneous items
  1990 Ed. (1954)
Miscellaneous juices
  1990 Ed. (1953, 1954)
Miscellaneous dough products
  1990 Ed. (1954)
Miscellaneous plastic products
  1990 Ed. (1657, 2515)
  1991 Ed. (2382)
Miscellaneous plastics products
  1989 Ed. (1929)
Miscellaneous prepared products
  1990 Ed. (1952)
Miscellaneous retail
  1991 Ed. (739)
Miscellaneous services
  1990 Ed. (1233, 1257, 1261, 1272, 2184, 3629)
  1991 Ed. (1150, 1152, 1175, 1176, 1179, 1180, 1190, 3223)
  1992 Ed. (1464, 1465, 1466, 1487, 1491, 1492, 1501)
  2001 Ed. (1681, 1859)
Miscellaneous snacks/dips
  1990 Ed. (1952)
Miscellaneous administrative support
  1989 Ed. (2081)
Miscellaneous retail trade
  2001 Ed. (1727, 1855)
Miscellaneous prepared vegetables
  1990 Ed. (1953)
Misco Shawnee, Inc.
  1992 Ed. (2166)
  1993 Ed. (1866)
  1995 Ed. (1879)
  1996 Ed. (1922)
  1998 Ed. (1699)
  1999 Ed. (2447)
  2000 Ed. (2202)
Miscor Group
  2007 Ed. (4015)
  2008 Ed. (4042)
The Miserable Mill
  2004 Ed. (735)
Misery
  1989 Ed. (744)
Mishima; Shigeru
  1997 Ed. (1986)
Mishkumi Technologies
  2019 Ed. (1492)
Miskelly Furniture
  2023 Ed. (2971, 2974)
Misner; Jeffrey
  2006 Ed. (946)
  2007 Ed. (1041)
Misonix
  2014 Ed. (4579)
Misr Cement Co.
  2017 Ed. (899)
  2018 Ed. (831)
Misr Exterior Bank SAE
  2009 Ed. (2732)
  2011 Ed. (2643)
Misr Hotels Co. SAE
  2022 Ed. (3031)
Misr Hotels Co. SAE (Egypt)
  2022 Ed. (3031)
Misr International
  1991 Ed. (428)
Misr International Bank
  1990 Ed. (477)
  1992 Ed. (583)
  1994 Ed. (411)
  1995 Ed. (404)
  1996 Ed. (431)
  1997 Ed. (396)
  1999 Ed. (453)
  2000 Ed. (445, 518)
  2002 Ed. (554)
  2003 Ed. (485)
  2004 Ed. (482)
  2005 Ed. (488)
  2006 Ed. (433)
  2007 Ed. (434)
  2008 Ed. (405)
Misr National Steel - Ataqa SAE
  2022 Ed. (3602)
Misr National Steel - Ataqa SAE (Egypt)
  2022 Ed. (3602)

Misr Refrigeration & Air Conditioning Manufacturing Co.
  2018 Ed. (3419)
Misrfone
  2004 Ed. (42)
Miss Flirty
  2023 Ed. (1317)
Miss Kay's Duck Commander Kitchen
  2015 Ed. (648)
Miss Peregrine's Home for Peculiar Children
  2015 Ed. (643)
  2018 Ed. (588)
Miss Peregrine's Peculiar Children
  2017 Ed. (625)
Missett; Bruce
  1997 Ed. (1896)
MissFresh
  2020 Ed. (1451)
Missguided
  2016 Ed. (2075)
  2017 Ed. (2032)
Missile Defense Agency
  2012 Ed. (2742)
  2020 Ed. (3558)
Missimer & Associates Inc.
  1994 Ed. (1857)
The Missing Class: Portraits of the Near Poor in America
  2009 Ed. (635)
The Missing Link
  2020 Ed. (1376)
Mission
  1995 Ed. (3396)
  1996 Ed. (3466, 3713)
  1997 Ed. (3532)
  1998 Ed. (3320, 3585)
  1999 Ed. (4620)
  2000 Ed. (4267)
  2001 Ed. (4579)
  2002 Ed. (4640)
  2008 Ed. (725, 3858, 4703)
  2009 Ed. (4487, 4742)
  2013 Ed. (4695)
  2014 Ed. (4744, 4745, 4747, 4748)
  2015 Ed. (4765, 4766)
  2016 Ed. (4668, 4669)
  2017 Ed. (4678, 4683)
  2018 Ed. (4420, 4668, 4671)
  2023 Ed. (2876)
Mission Australia
  2004 Ed. (3955)
The Mission Ballroom
  2023 Ed. (1179)
Mission Bancorp
  2010 Ed. (433)
  2011 Ed. (358)
  2020 Ed. (487)
  2021 Ed. (499)
Mission Bancorp (Bakersfield, CA)
  2021 Ed. (499)
  2022 Ed. (512)
Mission Bay Hospital Complex
  2008 Ed. (2917)
Mission Bay Investments
  1993 Ed. (2640, 2644)
  1994 Ed. (2597)
Mission BBQ
  2018 Ed. (4142)
  2019 Ed. (2552, 4224)
  2020 Ed. (2543)
  2021 Ed. (4183, 4191)
  2023 Ed. (4229)
Mission Bell Manufacturing Co.
  2011 Ed. (4996)
Mission Bell Manufacturing Inc.
  2019 Ed. (4994)
  2020 Ed. (4996)
  2021 Ed. (4997)
Mission Cloud Services Inc.
  2021 Ed. (4759)
  2022 Ed. (4760)
Mission Credit Union
  2002 Ed. (1850)
  2003 Ed. (1908)
  2004 Ed. (1948)
  2005 Ed. (2089)
  2007 Ed. (2105)
  2008 Ed. (2220)
  2009 Ed. (2203)
  2010 Ed. (2157)
  2011 Ed. (2178)
  2012 Ed. (2038)
  2013 Ed. (2216)
  2014 Ed. (2147)
  2015 Ed. (2211)
  2016 Ed. (2182)
Mission Critical Partners
  2015 Ed. (1982)
Mission Critical Solutions
  2017 Ed. (2884)
  2018 Ed. (2951)
  2019 Ed. (2899, 3625)
Mission Driven Research
  2019 Ed. (1381)
Mission Essential Personnel
  2010 Ed. (1351)
  2011 Ed. (1317, 1340)

  2012 Ed. (1205)
  2013 Ed. (4102)
Mission Essential Personnel LLC
  2012 Ed. (1184)
  2013 Ed. (1318, 1319)
  2014 Ed. (1252, 1253)
  2015 Ed. (1309, 1310)
  2016 Ed. (1224, 1225)
Mission Federal Credit Union
  1998 Ed. (1215)
  2006 Ed. (2184)
  2020 Ed. (2063)
  2021 Ed. (2011, 2053)
  2022 Ed. (2089)
  2023 Ed. (2203)
Mission Foods
  1994 Ed. (2505)
  1995 Ed. (3397)
  2014 Ed. (4746)
  2015 Ed. (4767)
  2016 Ed. (4671)
  2017 Ed. (4682)
  2018 Ed. (4672)
Mission Foods Inc.
  2017 Ed. (4680, 4685)
  2019 Ed. (4676, 4678)
  2020 Ed. (4643, 4645)
  2021 Ed. (4657, 4659)
  2022 Ed. (4412, 4665, 4667)
  2023 Ed. (4656)
Mission Health Inc.
  2007 Ed. (1924)
  2010 Ed. (1886)
  2011 Ed. (1918)
  2012 Ed. (1779)
Mission Health System Inc.
  2008 Ed. (1990)
  2009 Ed. (1950)
Mission Hills, KS
  2012 Ed. (3047)
Mission Impossible
  1998 Ed. (2535, 3218, 3673)
Mission: Impossible 2
  2002 Ed. (3397)
Mission: Impossible - Fallout
  2020 Ed. (3619, 3620, 3621)
Mission: Impossible III
  2008 Ed. (3754)
Mission Inn Hotel & Spa
  2009 Ed. (3164)
  2010 Ed. (3095)
Mission Landscape Cos.
  2011 Ed. (3425, 3430)
  2012 Ed. (3443)
  2013 Ed. (3463)
  2014 Ed. (3463)
  2015 Ed. (3481)
  2017 Ed. (3293)
  2018 Ed. (3356, 3361)
Mission Mars
  2020 Ed. (1971)
Mission National Bank
  1998 Ed. (397)
Mission Petroleum
  1999 Ed. (4681)
Mission Petroleum Carriers
  2003 Ed. (4790)
Mission Pharmacal Co.
  2004 Ed. (4052)
  2005 Ed. (3990)
  2006 Ed. (4026)
  2008 Ed. (3949)
Mission Pools
  2019 Ed. (4548, 4551)
  2020 Ed. (4551)
  2021 Ed. (4530)
Mission Pools Inc.
  2006 Ed. (4649)
  2007 Ed. (4648)
Mission Ready Services Inc.
  2019 Ed. (4506)
Mission Resource Partners, L.P.
  1991 Ed. (227)
Mission Resources Corp.
  1991 Ed. (224)
  2004 Ed. (3826, 3827)
  2005 Ed. (3734, 3735)
Mission Restaurant Supply Co.
  2007 Ed. (2594)
  2014 Ed. (2697)
  2018 Ed. (2746)
Mission Roller Hockey
  2001 Ed. (4329)
Mission-St. Joseph's Health System Inc.
  2003 Ed. (1793)
  2004 Ed. (1828)
  2005 Ed. (1911)
  2006 Ed. (1940)
Mission Solar Energy
  2017 Ed. (3394)
Mission Viejo Bank
  1992 Ed. (3996)
Mission Wealth
  2022 Ed. (1399, 2643)
Mission West Properties
  2005 Ed. (4380)

Missionary Sisters of Sacred Heart, Western Province
  1991 Ed. (2507)
Missionpharma
  2015 Ed. (1605)
MissionU
  2019 Ed. (2229)
Mississauga/Brampton, Ontario
  2008 Ed. (3493)
Mississauga Economic Development Office
  2011 Ed. (3486)
  2012 Ed. (3489)
  2013 Ed. (3529)
Mississauga, Ontario
  2005 Ed. (1785)
  2009 Ed. (3563)
  2013 Ed. (1527)
Mississippi
  1989 Ed. (1642, 1669, 1737, 1898, 2533, 2543, 2547, 2564, 2613, 2615, 2620)
  1990 Ed. (2410, 2430, 2664, 2868, 3350, 3351, 3354, 3362, 3368, 3381, 3385, 3393, 3410, 3426, 3427)
  1991 Ed. (1812, 2350, 2351, 2352, 3176, 3202, 3206)
  1992 Ed. (2099, 2651, 2914, 2915, 2927, 2929, 2968, 4084, 4103, 4109, 4126)
  1993 Ed. (1734, 1945, 2180, 2586, 3397, 3411, 3417, 3433)
  1994 Ed. (1969, 2382, 2535, 3384, 3388, 3401, 3407)
  1995 Ed. (675, 1669, 1994, 2463, 3456, 3460, 3472, 3500, 3749)
  1996 Ed. (35, 2016, 2512, 3516, 3518, 3536, 3540, 3553, 3580, 3848)
  1997 Ed. (2138, 2303, 2651, 3148, 3228, 3567, 3569, 3580, 3593, 3599, 3603, 3619, 3622, 3785, 3896)
  1998 Ed. (466, 1799, 1831, 2028, 2386, 2926, 2971, 3374, 3375, 3376, 3382, 3386, 3395, 3466, 3611, 3734)
  1999 Ed. (1859, 3163, 3218, 3227, 3595, 4424, 4425, 4431, 4440, 4447, 4448, 4460, 4461, 4466, 4468, 4536, 4780)
  2000 Ed. (276, 2328, 2957, 2966, 3587, 3689, 4097, 4104, 4112, 4179)
  2001 Ed. (1029, 1131, 1262, 1263, 1934, 2131, 2144, 2152, 2418, 2566, 2567, 2580, 2591, 2592, 2598, 2806, 2807, 3070, 3090, 3174, 3295, 3573, 3617, 3620, 3768, 3871, 4173, 4231, 4258, 4259, 4536, 4735, 4738, 4741, 4742, 4795, 4800, 4927, 4928, 4929, 4934)
  2002 Ed. (441, 464, 468, 1802, 1905, 2069, 2400, 2402, 2736, 2895, 2896, 2919, 2977, 2983, 3110, 3114, 3121, 3126, 3202, 3213, 3735, 3804, 4063, 4109, 4110, 4115, 4141, 4142, 4143, 4144, 4145, 4157, 4328, 4366, 4377, 4537)
  2003 Ed. (1068, 2613, 2828, 2886, 3244, 3249, 3250, 3252, 3255, 4231, 4235, 4236, 4250, 4256, 4285, 4294, 4416, 4417, 4482, 4911, 4914)
  2004 Ed. (414, 1067, 1074, 1904, 2297, 2308, 2726, 2733, 2981, 3312, 3426, 3837, 3897, 3933, 4253, 4254, 4255, 4265, 4270, 4272, 4276, 4293, 4302, 4504, 4513, 4819, 4902, 4905, 4979, 4993)
  2005 Ed. (405, 1071, 2034, 2917, 2987, 2988, 3836, 4185, 4186, 4187, 4188, 4196, 4209, 4226, 4235, 4400, 4597, 4723, 4794)
  2006 Ed. (2130, 2983, 2986, 3109, 3257, 3906, 4332, 4417, 4419, 4665, 4666, 4865)
  2007 Ed. (2078, 2373, 3016, 3017, 4396, 4479, 4481, 4686, 4687, 4866)
  2008 Ed. (2436, 2806, 2896, 3004, 3135, 3136, 4355, 4594, 4595, 4596, 4787)
  2009 Ed. (2400, 2438, 3090, 3218, 3220, 3286, 3336, 3337, 3477, 4638, 4640, 4819)
  2010 Ed. (1058, 1060, 2106, 2313, 2319, 2320, 2328, 2329, 2359, 2419, 2775, 3022, 3139, 3148, 3149, 3150, 3153, 3273, 3275, 3361, 3410, 3447, 4183, 4540, 4666, 4667, 4680, 4837)
  2011 Ed. (750, 996, 998, 2159, 2315, 2316, 2324, 2325, 2355, 2422, 2765, 2991, 3106, 3115, 3116, 3117, 3119, 3238, 3242, 3244, 3316, 3447, 3475, 4181, 4485, 4615, 4616, 4618, 4632, 4795)
  2012 Ed. (687, 910, 912, 920, 922, 2216, 2217, 2227, 2736, 2917, 3043, 3051, 3052, 3053, 3054, 3136, 3202, 3206, 3207, 3210, 3302, 3303, 3464, 4163, 4620, 4621, 4624, 4632, 4812)
  2013 Ed. (1066, 2316, 2397, 2520, 2835, 3043, 3131, 3135, 3270, 3567, 4040, 4152, 4435, 4571, 4575, 4576, 4580, 4586, 4587, 4774, 4775, 4973)
  2014 Ed. (756, 2229, 3135, 3230, 3298, 3503, 3504, 4628, 4634, 4635)
  2015 Ed. (791, 3197)
  2016 Ed. (260, 713, 3054)
  2017 Ed. (3338, 4535, 4541, 4542)

2018 Ed. (4560, 4566, 4567)
2019 Ed. (245, 722, 2209, 3322, 3442, 4561, 4567, 4568)
2020 Ed. (712, 2207, 3439)
2021 Ed. (2180, 2433, 3334, 3375, 3376, 3457)
2022 Ed. (256, 746, 2355, 2547, 3398, 3425, 3426, 3515)
2023 Ed. (2520, 3001, 3533, 3536, 3550, 3551, 3639, 3640)
Mississippi Band of Choctaw Indians
2001 Ed. (1796)
2003 Ed. (1765)
2004 Ed. (1802)
2005 Ed. (1873)
2006 Ed. (1893)
Mississippi Baptist Health Systems Inc.
2003 Ed. (1765)
2004 Ed. (1802)
2007 Ed. (1886)
2008 Ed. (1941)
2009 Ed. (1901)
2010 Ed. (1837)
2011 Ed. (1868)
2012 Ed. (1724)
2013 Ed. (1886)
2014 Ed. (1818)
2015 Ed. (1858)
2016 Ed. (1817)
Mississippi Baptist Medical Center Inc.
2014 Ed. (1818)
2015 Ed. (1858)
2016 Ed. (1817)
Mississippi Business Finance Agency
2001 Ed. (854, 922)
Mississippi Business Finance Corp.
1997 Ed. (2363)
Mississippi Chemical Corp.
1990 Ed. (1757)
1991 Ed. (1662)
1993 Ed. (1762)
1994 Ed. (1753)
1995 Ed. (1784)
1997 Ed. (1844)
1998 Ed. (1022, 1553)
1999 Ed. (2115)
2000 Ed. (1914)
2001 Ed. (1208)
2004 Ed. (2591, 2592)
Mississippi County Electric Cooperative Inc.
2014 Ed. (1368, 1379)
Mississippi Credit Union
2012 Ed. (2060)
2013 Ed. (2242)
2014 Ed. (2174)
2015 Ed. (2238)
2016 Ed. (2209)
Mississippi Department of Wildlife Fisheries & Parks Foundation
2010 Ed. (2711, 2712)
2011 Ed. (2697)
2012 Ed. (2627)
Mississippi Development Bank
2001 Ed. (854)
Mississippi Federal Credit Union
2018 Ed. (2104)
2020 Ed. (2083)
2021 Ed. (2073)
2022 Ed. (2108)
2023 Ed. (2223)
Mississippi Home Corp.
2001 Ed. (854)
Mississippi Industrial Waste Disposal Inc.
2006 Ed. (4361)
Mississippi Lime Co.
2010 Ed. (4611)
2011 Ed. (4567)
2012 Ed. (4582)
Mississippi Medical Center; University of
2006 Ed. (1893)
2007 Ed. (1886)
2008 Ed. (1941)
2009 Ed. (1901, 3144)
2010 Ed. (1837)
2011 Ed. (1868)
2012 Ed. (1724)
2014 Ed. (1818)
2015 Ed. (1858)
2016 Ed. (1817)
Mississippi Music
1993 Ed. (2645)
Mississippi Postal Employees Credit Union
2004 Ed. (1968)
2005 Ed. (2110)
2006 Ed. (2205)
2007 Ed. (2126)
2008 Ed. (2241)
Mississippi Power
2019 Ed. (2263)
Mississippi Power Co.
2006 Ed. (1894, 2361, 2363, 2364, 2693, 2695, 2696)
2007 Ed. (2297)
2008 Ed. (1942, 2427)
2009 Ed. (1902)
2010 Ed. (1838, 2349)
2011 Ed. (1869)
2012 Ed. (1725)

2013 Ed. (1887)
2014 Ed. (1819)
2015 Ed. (1859)
2016 Ed. (1818)
The Mississippi Queen
2005 Ed. (4042)
Mississippi River
1998 Ed. (3703)
2005 Ed. (2204)
Mississippi River Bank
2010 Ed. (431)
2011 Ed. (356)
Mississippi State University
2006 Ed. (4203)
2014 Ed. (1820)
2015 Ed. (1860)
Mississippi Steel Metal Inc.
2008 Ed. (1313)
2009 Ed. (1298)
Mississippi Telco Credit Union
2002 Ed. (1874)
2003 Ed. (1928)
2004 Ed. (1968)
2005 Ed. (2110)
2006 Ed. (2205)
2007 Ed. (2126)
2008 Ed. (2241)
2009 Ed. (2227)
2010 Ed. (2181)
2011 Ed. (2199)
2012 Ed. (2060)
2013 Ed. (2242)
2014 Ed. (2174)
2015 Ed. (2238)
2016 Ed. (2209)
Mississippi; University of
2006 Ed. (4203)
2008 Ed. (768)
2009 Ed. (778)
Mississippi Valley
1989 Ed. (2131)
Mississippi Valley Bancshares
2000 Ed. (423, 437)
2003 Ed. (545)
Mississippi Wildlife Fisheries & Parks
2005 Ed. (2613, 2614)
2007 Ed. (2587, 2588)
2008 Ed. (2724, 2725)
2009 Ed. (2779, 2780)
Missoma
2020 Ed. (1971, 1972, 2284)
2021 Ed. (1930, 2241)
Missori Health & Education
1990 Ed. (2646)
Missoula County, MT
1996 Ed. (1473)
Missoula Credit Union
2002 Ed. (1876)
2003 Ed. (1930)
2004 Ed. (1970)
2005 Ed. (2112)
2006 Ed. (2207)
2007 Ed. (2128)
2008 Ed. (2243)
2009 Ed. (2229)
2010 Ed. (2183)
2011 Ed. (2201)
2012 Ed. (2062)
2013 Ed. (2244)
2014 Ed. (2176)
2015 Ed. (2240)
2016 Ed. (2211)
Missoula Federal Credit Union
2018 Ed. (2106)
2020 Ed. (2085)
2021 Ed. (2030)
Missoula, MT
2000 Ed. (3768)
2001 Ed. (2822)
2002 Ed. (920)
2003 Ed. (831)
2004 Ed. (869, 2289)
2005 Ed. (838, 2380, 2386, 3325)
2006 Ed. (766, 2427, 3299, 3311)
2007 Ed. (842, 864)
2008 Ed. (825, 4353)
2009 Ed. (847)
2010 Ed. (792)
2011 Ed. (719, 918, 2413, 4206)
Missouri
1989 Ed. (201, 206, 1899, 2545, 2934, 2935)
1990 Ed. (366, 1482, 3349, 3350, 3403, 3606)
1991 Ed. (1652, 2362, 2900, 3128, 3182, 3187, 3263)
1992 Ed. (1066, 2574, 2919, 2925, 2930, 3483, 3977, 4023, 4074, 4088, 4117, 4118, 4180, 4429)
1993 Ed. (315, 3222, 3320, 3394, 3425, 3426)
1994 Ed. (678, 3217, 3309, 3374, 3417, 3418)
1995 Ed. (1764, 2650, 3299, 3488, 3489, 3540)
1996 Ed. (36, 3514, 3526, 3536, 3569, 3570)

1997 Ed. (331, 2303, 2650, 3564, 3608, 3609, 3612, 3619)
1998 Ed. (2028, 3395, 3466, 3611)
1999 Ed. (3218, 3224, 4431, 4439, 4442, 4452, 4780)
2000 Ed. (2963, 2964, 4406)
2001 Ed. (9, 277, 284, 362, 411, 428, 666, 667, 719, 977, 992, 1202, 1293, 1295, 1304, 1361, 1380, 1400, 1421, 1422, 1441, 1507, 1967, 2055, 2056, 2131, 2132, 2356, 2357, 2415, 2417, 2466, 2467, 2522, 2523, 2626, 2664, 2723, 2806, 2807, 3023, 3069, 3071, 3078, 3079, 3093, 3094, 3095, 3122, 3123, 3170, 3175, 3235, 3313, 3321, 3328, 3354, 3385, 3400, 3536, 3539, 3576, 3577, 3607, 3642, 3643, 3730, 3731, 3786, 3795, 3808, 3872, 3878, 3888, 3895, 3903, 3906, 3907, 3914, 4158, 4231, 4238, 4240, 4241, 4242, 4243, 4256, 4257, 4294, 4295, 4311, 4328, 4361, 4362, 4363, 4429, 4430, 4633, 4658, 4730, 4734, 4741, 4742, 4782, 4862, 4864, 4917, 4928, 4930, 4932, 4935)
2002 Ed. (454, 458, 459, 460, 469, 474, 951, 952, 1347, 1802, 2232, 2233, 2234, 2351, 2352, 2353, 2447, 2574, 2746, 2837, 2865, 2875, 2977, 3110, 3113, 3119, 3120, 3121, 3125, 3127, 3128, 3129, 3344, 3367, 4063, 4142, 4143, 4145, 4155, 4156, 4157, 4159, 4195, 4328, 4330, 4366, 4538, 4539, 4682, 4914, 4919)
2003 Ed. (445, 1032, 1033, 1384, 2435, 2436, 2606, 2678, 2828, 3420, 4040, 4243, 4244, 4285, 4294, 4414, 4415, 4482, 4494, 4666, 4896, 4911)
2004 Ed. (186, 379, 776, 895, 1037, 1038, 1067, 1398, 1399, 2001, 2002, 2570, 2571, 2572, 2573, 2726, 2793, 3038, 3069, 3088, 3278, 3672, 3933, 4300, 4301, 4453, 4456, 4457, 4648, 4649, 4805, 4887, 4901, 4902, 4905)
2005 Ed. (403, 782, 1076, 1420, 2034, 2527, 2545, 2785, 3318, 3484, 3611, 4205, 4226, 4235, 4236, 4400, 4402, 4569, 4601, 4776, 4900)
2006 Ed. (1095, 1096, 1405, 2130, 2552, 2754, 2756, 2790, 2984, 3098, 3109, 3483, 3906, 4417, 4419, 4650, 4664, 4933)
2007 Ed. (1200, 1201, 1437, 2078, 2373, 2528, 2763, 3515, 4479, 4481, 4650, 4684, 4939)
2008 Ed. (1106, 1388, 2424, 2436, 2642, 2656, 2806, 2896, 3271, 4463, 4465, 4581, 4594, 4916)
2009 Ed. (1391, 2400, 2438, 2669, 2684, 2877, 4243, 4497, 4498, 4624, 4638, 4927)
2010 Ed. (821, 1376, 2106, 2313, 2328, 2340, 2358, 2359, 2573, 2574, 2597, 2774, 2878, 3410, 3497, 4175, 4539, 4540, 4652, 4666, 4667, 4680)
2011 Ed. (1369, 2159, 2324, 2334, 2354, 2355, 2550, 2551, 2579, 2764, 2859, 4483, 4485, 4600, 4615, 4616, 4632, 4950)
2012 Ed. (687, 2223, 2278, 2280, 2499, 2500, 2522, 2526, 2736, 2856, 3480, 4620, 4621, 4632)
2013 Ed. (737, 2658, 3839, 4073, 4575, 4576, 4587, 4775)
2014 Ed. (230, 2806, 3504, 3750, 4083, 4632, 4634, 4635)
2015 Ed. (265, 3280, 3520, 4067)
2016 Ed. (3120, 3974)
2017 Ed. (313, 4539, 4541, 4542)
2018 Ed. (3174, 4564, 4566, 4567)
2019 Ed. (245, 3110, 4565, 4567, 4568)
2020 Ed. (82)
2021 Ed. (70, 2180, 2212, 3336, 3380, 3381)
2022 Ed. (83, 256, 2248, 2357, 3400, 3430, 3431)
2023 Ed. (168, 357, 2521, 3001, 3535, 3536, 3554, 3555, 4674)
State of Missouri
2023 Ed. (4041)
Missouri Board of Public Buildings
1993 Ed. (2621)
Missouri Bridge Bank NA
1994 Ed. (575, 3010)
Missouri City, TX
2007 Ed. (3010)
Missouri-Columbia; University of
2005 Ed. (3439)
2006 Ed. (3957)
Missouri Convention & Sports Complex Authority
1993 Ed. (2622)
Missouri Credit Union
2008 Ed. (2242)
2009 Ed. (2228)
2010 Ed. (2182)
2011 Ed. (2200)
2012 Ed. (2061)
2013 Ed. (2243)

2014 Ed. (2175)
2015 Ed. (2239)
2016 Ed. (2210)
2018 Ed. (2105)
2020 Ed. (2084)
2021 Ed. (2029, 2074)
2022 Ed. (2109)
2023 Ed. (2224)
Missouri Development Finance Agency
2001 Ed. (858)
Missouri Electric Cooperative Credit Union
2004 Ed. (1927)
Missouri Health & Education Agency
2001 Ed. (858)
Missouri Health & Education Authority
1989 Ed. (739)
Missouri Health & Education Facilities Authority
1991 Ed. (2923)
1995 Ed. (2648)
1996 Ed. (2727)
Missouri Health & Educational Facilities Authority
1990 Ed. (2649)
1997 Ed. (2842)
Missouri Higher Education Loan Agency
2001 Ed. (846, 858)
Missouri Higher Education Loan Authority
2000 Ed. (3205)
Missouri Housing Development Agency
2001 Ed. (858)
Missouri Housing Development Commission
1993 Ed. (2116)
Missouri at Kansas City; University of
1993 Ed. (889)
Missouri-Kansas City; University of
2011 Ed. (942)
Missouri-Kansas-Texas Railroad
1989 Ed. (2470)
Missouri Nebraska Express
1996 Ed. (3758)
Missouri Public Schools
2008 Ed. (2309)
2009 Ed. (2299)
Missouri Southern State University
1990 Ed. (1084)
Missouri State Employees
2007 Ed. (2180)
2008 Ed. (2302, 2305, 2306)
2009 Ed. (2293, 2300)
Missouri State Environmental & Energy Resources Authority
1999 Ed. (3471)
Missouri State Fair
2001 Ed. (2355)
Missouri State Printing
2006 Ed. (3950)
Missouri Sun Solar
2018 Ed. (2358)
Missouri; University of
2006 Ed. (3960, 3961)
2010 Ed. (740)
2011 Ed. (964)
2012 Ed. (611, 879, 4006)
2013 Ed. (4072)
2014 Ed. (4082)
Missouri University Research Reactor
1999 Ed. (3633)
Missouri University of Science & Technology
2011 Ed. (2504)
Missundaztood
2004 Ed. (3533)
Missy Empire
2020 Ed. (1972)
MIST Inc.
2005 Ed. (2831)
Mistakidis; Aristotelis
2013 Ed. (4872)
2014 Ed. (4886)
2015 Ed. (4925)
2016 Ed. (4841)
2018 Ed. (4856)
2019 Ed. (4851)
2020 Ed. (4840)
2021 Ed. (4841)
2022 Ed. (4835)
2023 Ed. (4830)
Mister Car Wash
2005 Ed. (350)
Mister Donut
1990 Ed. (1750)
1991 Ed. (1657)
1993 Ed. (1759, 3022)
1994 Ed. (1750)
2015 Ed. (4304)
2016 Ed. (4163)
Mister Donut of America
1992 Ed. (2113)
Mister Money-USA Inc.
2001 Ed. (2533)
Mister Salty
1994 Ed. (3344)
1996 Ed. (3463)
1997 Ed. (3530, 3664)
1998 Ed. (3319)

Mister Salty; Nabisco
 2009 Ed. (4488)
Mister Softee Inc.
 1989 Ed. (1488)
 1990 Ed. (1855)
 1994 Ed. (1917)
 1995 Ed. (1939)
 1996 Ed. (1969)
 1997 Ed. (2085)
Mister Sparky
 2005 Ed. (4036)
 2010 Ed. (686)
 2011 Ed. (614)
 2012 Ed. (2186)
 2015 Ed. (3173)
 2016 Ed. (3027)
 2017 Ed. (2972)
 2018 Ed. (3096)
 2020 Ed. (3066)
 2022 Ed. (3060)
 2023 Ed. (3169)
Mistic
 1997 Ed. (695)
 1998 Ed. (3441, 3469)
 2003 Ed. (4675)
 2008 Ed. (4491)
Mistolin
 1992 Ed. (46)
Mistplay
 2022 Ed. (1457)
 2023 Ed. (1636)
Mistral
 1989 Ed. (2909)
Mistral International
 2002 Ed. (3778)
Mistras Group
 2016 Ed. (1059, 1856)
Mistress
 2019 Ed. (3481)
Mistry; Pallonji
 2006 Ed. (4926)
 2007 Ed. (4914)
 2008 Ed. (4879)
 2009 Ed. (4890)
 2010 Ed. (4890)
 2011 Ed. (4879)
 2012 Ed. (4888)
 2013 Ed. (4875, 4880)
 2014 Ed. (4889, 4893)
 2015 Ed. (4928, 4932)
 2016 Ed. (4844, 4848)
 2017 Ed. (4853)
 2018 Ed. (4858, 4861)
 2019 Ed. (4855)
 2020 Ed. (4845)
 2021 Ed. (4843, 4846)
 2022 Ed. (4841)
 2023 Ed. (4836)
Mistubishi
 2013 Ed. (2345)
 2015 Ed. (2360)
 2016 Ed. (2306)
 2017 Ed. (2146)
Mistui Marine & Fire Insurance Co. Ltd.
 1997 Ed. (2008)
Misty
 2015 Ed. (986)
 2016 Ed. (887)
 2017 Ed. (935)
 2018 Ed. (870)
Misumi Group
 2008 Ed. (1564, 1866)
Misys
 2001 Ed. (1886)
 2006 Ed. (1146)
 2007 Ed. (1262)
 2010 Ed. (2690)
 2014 Ed. (1063)
Misys Healthcare Systems
 2009 Ed. (2961)
Misys plc
 2003 Ed. (2244)
MIT
 1989 Ed. (958)
 1992 Ed. (3257, 3663)
MIT Holdings
 1996 Ed. (2140)
MIT Lincoln Industry
 2016 Ed. (4138)
MIT Lincoln Laboratory
 2012 Ed. (4236, 4242, 4244, 4249)
 2014 Ed. (4244, 4247, 4253, 4254)
 2015 Ed. (4240, 4241)
 2016 Ed. (4135, 4140, 4152)
 2017 Ed. (4112, 4114, 4117, 4120)
MIT Mobility Laboratory
 2012 Ed. (4247)
Mita
 1992 Ed. (1448)
 1993 Ed. (1163)
 1995 Ed. (1212)
Mita Copystar
 1991 Ed. (1107, 1108)
Mita Industrial Co.
 1998 Ed. (574, 575)
MiTAC International Corp.
 1992 Ed. (1323, 1324)
 1994 Ed. (1089)

 2001 Ed. (1623, 1864, 2199)
 2003 Ed. (2200, 2202, 2246)
 2006 Ed. (3040)
Mitarai; Fujio
 2006 Ed. (690, 3262)
 2017 Ed. (923)
Mitas
 2017 Ed. (4650, 4651)
 2019 Ed. (4659)
Mitau Steel SIA
 2019 Ed. (1734)
Mitch Albom
 2009 Ed. (302)
Mitch Murch's Maintenance Management
 2005 Ed. (761, 762, 764)
Mitcham Industries
 2010 Ed. (4500, 4530)
Mitchel Field
 1990 Ed. (2179)
 1991 Ed. (2023)
Mitchell Associates
 1991 Ed. (250)
Mitchell B. Pinheiro
 2011 Ed. (3351)
Mitchell Capital
 1995 Ed. (2365, 2369)
Mitchell Caplan
 2005 Ed. (3183)
 2006 Ed. (3185)
 2007 Ed. (3223)
Mitchell Communication
 2009 Ed. (1498)
 2010 Ed. (1491)
Mitchell Communication Group
 2012 Ed. (1333)
Mitchell & Co.
 2001 Ed. (3912)
The Mitchell Co.
 1994 Ed. (1118)
 2001 Ed. (1389)
 2005 Ed. (1227)
 2007 Ed. (1298)
Mitchell D. Eichen
 2009 Ed. (3440)
Mitchell; David T.
 1993 Ed. (1702)
Mitchell Energy
 1989 Ed. (1500, 1992)
 1990 Ed. (1883, 2584, 2585)
 1991 Ed. (2465, 2466)
 1992 Ed. (2262)
 1993 Ed. (1922)
 1994 Ed. (1945)
 1995 Ed. (1972, 2581, 2582)
 1996 Ed. (1999)
 1997 Ed. (2119)
 1998 Ed. (1809, 2507, 2508)
 1999 Ed. (3412)
 2002 Ed. (2123)
Mitchell Energy & Development
 1991 Ed. (1218)
 1994 Ed. (2524)
 1996 Ed. (2648)
 1997 Ed. (2792, 2793)
 2002 Ed. (3664)
 2003 Ed. (3813)
Mitchell Fromstein
 1998 Ed. (1510)
Mitchell; George
 2007 Ed. (4895)
Mitchell; George Phydias
 2005 Ed. (4845)
Mitchell Gold + Bob Williams
 2007 Ed. (2901)
 2008 Ed. (3032)
 2009 Ed. (3118)
 2010 Ed. (3052)
 2014 Ed. (3040)
 2015 Ed. (2867, 3106)
 2016 Ed. (2799)
 2017 Ed. (2766, 2768, 2770)
 2018 Ed. (2826, 3032)
 2019 Ed. (2974)
 2020 Ed. (3002)
 2021 Ed. (2863)
The Mitchell Gold Co.
 2007 Ed. (2901)
Mitchell Grocery Corp.
 1994 Ed. (1998)
 1996 Ed. (2047)
 2000 Ed. (2387, 2389)
Mitchell Hutchins, Inc.
 1990 Ed. (2352)
Mitchell Hutchins Inst'l
 1989 Ed. (2125, 2135)
Mitchell Industrial Contractors
 2014 Ed. (3682)
Mitchell; Paul
 1991 Ed. (1879, 1881)
Mitchell Pavilion; Cynthia Woods
 2017 Ed. (183)
 2018 Ed. (171)
Mitchell Plastics
 1996 Ed. (3602)
Mitchell Pontiac Inc.
 1992 Ed. (400)
 1995 Ed. (289)

Mitchell Quain
 1993 Ed. (1810)
 1994 Ed. (1793)
 1995 Ed. (1831)
 1996 Ed. (1809)
Mitchell Rales
 2004 Ed. (4864)
 2005 Ed. (4850)
 2006 Ed. (4905)
 2007 Ed. (4901)
 2008 Ed. (4828)
 2011 Ed. (4832)
 2012 Ed. (4844)
 2013 Ed. (4843)
 2014 Ed. (4859)
 2015 Ed. (4896)
 2016 Ed. (4814)
 2017 Ed. (4825)
 2018 Ed. (4830)
 2020 Ed. (4817)
 2021 Ed. (4818)
 2022 Ed. (4811)
 2023 Ed. (4804)
Mitchell Saab
 1991 Ed. (295)
Mitchell Silberberg & Knupp
 1990 Ed. (2421)
 1992 Ed. (2840, 2841)
 1993 Ed. (2399)
 1995 Ed. (2418)
 1996 Ed. (2454)
 1997 Ed. (2598)
 2012 Ed. (3375)
Mitchell & Titus
 1998 Ed. (2517)
Mitchell Titus & Co.
 1994 Ed. (2533)
 1995 Ed. (2592)
 1996 Ed. (2662)
 1999 Ed. (3425)
Mitchell Vance Laboratories
 2016 Ed. (2672)
 2017 Ed. (2619)
 2018 Ed. (2685)
Mitchell & Whale Insurance Brokers
 2021 Ed. (4380)
Mitchell Wolfson Jr.
 1999 Ed. (1072)
Mitchells
 2006 Ed. (1038)
Mitchells & Butlers
 2006 Ed. (3275, 4139)
 2007 Ed. (1467, 4160)
Mitchells & Butlers plc
 2007 Ed. (2956, 3349, 4159)
 2008 Ed. (4204)
 2009 Ed. (4300)
 2015 Ed. (4263, 4272)
 2016 Ed. (4169)
 2017 Ed. (4146)
Mitchells & Butless
 2012 Ed. (4305)
Mitchum
 2003 Ed. (2003)
 2005 Ed. (2164)
 2007 Ed. (742)
Mitec Telecom
 2002 Ed. (2504)
 2003 Ed. (2936)
 2005 Ed. (1728, 2829)
 2007 Ed. (2809, 4574)
 2011 Ed. (1030)
mit.edu
 2001 Ed. (2965)
Mitek
 2023 Ed. (2992)
Mitek Systems Inc.
 2015 Ed. (1130)
 2016 Ed. (1016)
 2018 Ed. (977)
 2019 Ed. (979)
 2020 Ed. (964)
Mitel
 2015 Ed. (1968)
 2016 Ed. (1487, 2905)
 2017 Ed. (1487, 3582)
 2018 Ed. (981, 1464)
 2019 Ed. (1493)
 2020 Ed. (1463)
Mitel Corp.
 1990 Ed. (2906, 2907, 3513, 3522)
 1991 Ed. (1903, 2770)
 1992 Ed. (3544)
 1994 Ed. (2936)
 1995 Ed. (2990, 2991)
 1997 Ed. (2214)
 1999 Ed. (2667)
 2000 Ed. (2458)
Mitel Networks
 2015 Ed. (2978)
Mitel Networks Corp.
 2002 Ed. (2502)
 2007 Ed. (2807)
 2008 Ed. (2935)
 2009 Ed. (2945)
 2010 Ed. (2932)
 2011 Ed. (1029)
 2012 Ed. (959, 4444)

 2013 Ed. (1113)
 2014 Ed. (1073)
 2015 Ed. (1111)
 2016 Ed. (1023)
 2017 Ed. (1057)
 2018 Ed. (982, 2935)
 2019 Ed. (2889)
 2020 Ed. (2911)
Mitel/Trillium
 1990 Ed. (3520)
Mitera, General, Maternity/Gynaecological & Paediatric Clinic
 2015 Ed. (1669)
Mithoff; Richard
 1997 Ed. (2612)
Mithoff; Richard Warren
 1991 Ed. (2296)
Mithun
 2023 Ed. (289)
Mitie Landscapes
 2019 Ed. (3343)
Mito
 1999 Ed. (896)
Mitomycin
 1990 Ed. (274)
Mitoxantrone
 1990 Ed. (274)
Mitra Adi Perkasa
 2013 Ed. (4284)
Mitra Adiperkasa
 2012 Ed. (4347)
Mitra Keluarga
 2023 Ed. (1783)
Mitrajaya Holdings
 2018 Ed. (1680)
Mitrani, Rynor & Gallegos
 1997 Ed. (3218)
Mitre
 2014 Ed. (2087)
Mitre 10
 1996 Ed. (3242)
 2002 Ed. (3788)
 2010 Ed. (83)
 2012 Ed. (4328)
Mitre 10 Australia
 2004 Ed. (4921)
Mitre 10 New Zealand
 2012 Ed. (4359)
 2013 Ed. (4290)
Mitre Corp
 1989 Ed. (1146)
MITRE Corp.
 2015 Ed. (1812)
 2018 Ed. (712)
 2019 Ed. (727)
 2020 Ed. (718)
Mitre Corp.
 2017 Ed. (778)
 2022 Ed. (1248, 1249)
The MITRE Corp.
 2016 Ed. (4317)
 2017 Ed. (4320)
 2018 Ed. (4311, 4931)
 2019 Ed. (4339)
The Mitre Corp.
 1992 Ed. (3256)
 1997 Ed. (2579)
 2003 Ed. (1349, 1967)
 2004 Ed. (2012, 2018, 4655)
 2005 Ed. (1358, 2151)
 2006 Ed. (1362, 1372, 1865, 3019)
 2007 Ed. (3052)
 2008 Ed. (3167, 3172, 3180, 3181)
 2009 Ed. (1948, 2144)
 2010 Ed. (2084, 3764)
 2011 Ed. (2141, 2399)
 2012 Ed. (1985, 2331, 4236)
Mitretek Systems, Inc.
 2004 Ed. (180)
Mitsu Taiyo Kobe Bank Ltd.
 1992 Ed. (672)
MItsubishi
 2023 Ed. (360)
Mitsubishi
 1989 Ed. (308, 530, 1341, 2908)
 1990 Ed. (1330, 1364, 1391, 1478, 1533, 3636)
 1991 Ed. (40, 317, 870, 1008, 1280, 1281, 1306, 1314, 1718, 2069, 3447)
 1992 Ed. (57, 445, 455, 462, 463, 1285, 1322, 1612, 1647, 1938, 1994, 1995, 2010, 2015, 2017, 2020, 2154, 2429, 2984, 3345, 3911, 3912, 3918, 4349, 4395)
 1993 Ed. (265, 266, 311, 325, 330, 331, 1032, 1277, 1311, 1346, 1356, 1587, 2035, 2772, 3047, 3214, 3261, 3263, 3264, 3627, 3667)
 1994 Ed. (307, 1063)
 1995 Ed. (317, 670, 1349, 1389, 1429, 1430, 1441, 1442, 2846, 3152, 3286, 3334, 3342, 3343)
 1996 Ed. (322, 328, 1339, 1407, 2608, 3396, 3399, 3406, 3408, 3409)
 1997 Ed. (1072, 1109, 1399, 1434, 1463, 2787, 3007, 3251, 3492, 3784, 3844)
 1998 Ed. (227, 231, 812, 1157, 1165,

CUMULATIVE INDEX • 1989-2023

    2752, 3277, 3278, 3281, 3284, 3285, 3610, 3645, 3672)
  1999 Ed. (338, 1242, 1581, 1619, 1662, 1674, 1689, 1692, 1992, 2876, 3406, 3716, 4107, 4271, 4272, 4273, 4274, 4277, 4280, 4281, 4645, 4691, 4692, 4714)
  2000 Ed. (340, 1151, 1424, 1489, 1494, 1498, 3703, 3704, 3705, 3707, 3821, 3994, 3995, 3996, 4000, 4223, 4285, 4286, 4347)
  2001 Ed. (453, 506, 1620, 1624, 1704, 1705, 1744, 1747, 1766, 1767, 2159, 2173, 3331, 3835, 3836, 4218)
  2002 Ed. (375, 1579, 1691, 1703, 4518, 4664)
  2003 Ed. (305, 306, 358)
  2004 Ed. (1629, 1710)
  2005 Ed. (1816)
  2006 Ed. (317, 355, 1718, 4416)
  2007 Ed. (313, 1718, 1782, 1833, 4368, 4802, 4803, 4962)
  2008 Ed. (1747, 1867, 4727)
  2009 Ed. (1821, 4427, 4764)
  2010 Ed. (1762, 4471, 4778)
  2011 Ed. (1776, 1779, 4407, 4729)
  2012 Ed. (232, 1629, 1633, 4474, 4746, 4747)
  2013 Ed. (655, 2346)
  2014 Ed. (671, 2276, 4758)
  2015 Ed. (728, 2361, 4779)
  2016 Ed. (668, 741, 2307)
  2017 Ed. (699, 788, 2147)
  2018 Ed. (659, 4684)
  2019 Ed. (669, 1707, 2183, 2190, 4689)
  2020 Ed. (653, 1655, 4890)
  2021 Ed. (261, 666, 687, 1636, 1638, 4672)
  2022 Ed. (663, 664, 1653, 1657, 4684)
  2023 Ed. (1811, 1815, 4671, 4672)
Mitsubishi 3000 GT
  1996 Ed. (348)
Mitsubishi 3000GT
  1993 Ed. (328)
  2001 Ed. (493)
Mitsubishi Bank
  1989 Ed. (477, 478, 531, 564, 566, 567, 568, 570, 571, 581, 592, 1432, 2122)
  1990 Ed. (297, 501, 502, 547, 594, 595, 603, 604, 607, 609, 617, 1385, 1390, 1392, 1789, 2435, 2436, 2437, 2438, 2439, 2773)
  1991 Ed. (382, 509, 512, 514, 519, 561, 562)
  1992 Ed. (603, 604, 665, 666, 667, 672, 674, 709, 710, 716, 719, 721, 726, 728, 743, 744, 1660, 1991, 3626, 4310)
  1993 Ed. (424, 476, 477, 483, 484, 485, 517, 518, 527, 529, 532, 542, 543, 544, 1333, 1349, 1358, 1859, 2415, 2419, 2420, 2969, 3475, 3587)
  1994 Ed. (480, 483, 484, 518, 525, 526, 530, 531, 544, 545, 1388, 1409, 2734, 2735, 3013, 3550)
  1995 Ed. (471, 505, 510, 519, 1434, 1444, 2841)
  1996 Ed. (204, 502, 503, 504, 505, 506, 511, 557, 558, 561, 562, 573, 574, 1338, 1398, 1408, 3597, 3706, 3707)
  1997 Ed. (465, 467, 468, 469, 470, 515, 529, 3262, 3652)
  1998 Ed. (383, 384, 1163, 2347)
Mitsubishi Canada
  1994 Ed. (2048)
  1996 Ed. (2107)
Mitsubishi/Caterpillar
  2001 Ed. (4639)
  2002 Ed. (2323)
  2003 Ed. (4815)
  2006 Ed. (4852)
  2007 Ed. (4855)
  2008 Ed. (4778)
  2009 Ed. (4810)
Mitsubishi Caterpillar Forklift
  2010 Ed. (4828)
  2011 Ed. (4788)
  2012 Ed. (4809)
  2013 Ed. (4769)
  2014 Ed. (4819)
  2015 Ed. (4855)
Mitsubishi Chemical
  2013 Ed. (944, 961, 969)
  2014 Ed. (897, 914)
  2015 Ed. (925)
  2016 Ed. (828, 837, 843)
  2017 Ed. (885, 894, 904)
  2018 Ed. (835, 837, 840, 843, 845)
  2019 Ed. (848, 849, 851, 854, 857)
  2020 Ed. (840, 843, 845)
  2021 Ed. (849, 866, 868)
  2022 Ed. (891, 894, 901, 902)
  2023 Ed. (1072)
Mitsubishi Chemical Corp.
  1989 Ed. (892)
  1990 Ed. (955)
  1998 Ed. (706, 1148, 1346)
  1999 Ed. (1090, 1098, 1100, 1101, 1103)
  2000 Ed. (1026, 1029, 1030)

  2002 Ed. (1001, 1020)
  2003 Ed. (945, 946)
  2004 Ed. (958, 959, 960)
  2005 Ed. (951, 953, 954)
  2006 Ed. (852, 859, 860, 861, 863)
  2007 Ed. (934, 935, 941, 945, 947, 948, 949, 951, 952, 953)
  2008 Ed. (913, 914, 925, 926)
  2009 Ed. (922, 933, 934)
  2010 Ed. (864, 870, 871, 872, 3827)
  2011 Ed. (787, 798, 800, 802, 803, 814, 1778)
  2012 Ed. (740, 758, 766, 769, 787)
  2013 Ed. (945, 960)
  2014 Ed. (898, 913)
  2015 Ed. (936)
  2016 Ed. (829, 844)
  2017 Ed. (886, 903)
  2018 Ed. (820)
  2019 Ed. (837)
  2022 Ed. (1293)
Mitsubishi Chemical Holdings
  2017 Ed. (906)
  2018 Ed. (819, 836, 839)
  2019 Ed. (836, 850, 853)
  2020 Ed. (838, 839)
  2021 Ed. (850, 863)
  2022 Ed. (897)
  2023 Ed. (1069)
Mitsubishi Chemical Holdings Corp.
  2010 Ed. (874)
  2012 Ed. (760, 771)
  2013 Ed. (943, 962, 963)
  2014 Ed. (896, 915)
  2015 Ed. (924, 937)
  2016 Ed. (827, 846)
  2017 Ed. (884, 905)
  2018 Ed. (818, 838)
  2019 Ed. (835, 852)
  2020 Ed. (833)
Mitsubishi Chemical Industries Ltd.
  1990 Ed. (949)
Mitsubishi Chemical (Japan)
  2021 Ed. (866)
  2022 Ed. (902)
Mitsubishi Corp.
  2013 Ed. (1787, 1790, 4437, 4703, 4705)
  2014 Ed. (1717, 4470, 4755, 4757)
  2015 Ed. (1760, 4464, 4776, 4778)
  2016 Ed. (766, 1711, 4368, 4680, 4682)
  2017 Ed. (1694, 4367, 4693, 4695, 4891)
  2018 Ed. (4681, 4683)
  2019 Ed. (4685, 4686, 4688)
  2020 Ed. (4652, 4654, 4888)
  2021 Ed. (4671)
  2022 Ed. (4682)
Mitsubishi Corp. PLC
  1997 Ed. (3878)
Mitsubishi Denki
  1990 Ed. (2777)
Mitsubishi Denki KK
  1990 Ed. (2778)
  2001 Ed. (3645)
Mitsubishi Development
  2004 Ed. (1630, 3490)
Mitsubishi Diamante
  1996 Ed. (348)
Mitsubishi Eclipse
  1995 Ed. (3431)
Mitsubishi Electric
  2014 Ed. (2564)
  2016 Ed. (2435, 2522, 3084)
  2017 Ed. (3020, 3029)
  2019 Ed. (2325, 2332)
  2020 Ed. (2147, 2311, 4566)
  2021 Ed. (2250, 2257, 4551)
  2022 Ed. (2290, 2295, 4558)
  2023 Ed. (2468, 2469, 2476, 4096)
Mitsubishi Electric Corp.
  1989 Ed. (1307)
  1990 Ed. (1478, 1590)
  1991 Ed. (1553)
  1992 Ed. (1658, 1678, 1772, 1932)
  1993 Ed. (1274, 1357, 1461, 1612)
  1994 Ed. (1585, 1616, 1645, 2204)
  1995 Ed. (1543, 1626, 1683, 2845)
  1996 Ed. (1637)
  1997 Ed. (1581, 1584, 1714)
  1998 Ed. (1420)
  1999 Ed. (1993, 1994, 3714)
  2001 Ed. (3651)
  2002 Ed. (1707, 2107, 2108)
  2003 Ed. (1098, 2236, 2248, 2250, 3752)
  2004 Ed. (1117, 2255, 2261, 3777, 3780)
  2005 Ed. (1124, 3696)
  2007 Ed. (875, 2342, 2343, 2401)
  2008 Ed. (2472)
  2009 Ed. (3236, 4193)
  2010 Ed. (2386, 4128)
  2011 Ed. (2388, 2389, 3134, 4093)
  2012 Ed. (2230, 2231, 2234, 3074, 4127)
  2013 Ed. (2402, 2407, 2408, 3163, 4120)
  2014 Ed. (2341, 2345, 2346, 4135)
  2015 Ed. (2407, 2411, 2412, 4119)
  2016 Ed. (2352, 2355, 2356, 4033, 4151)
  2017 Ed. (2201, 2204, 2205, 2409, 4005, 4114)
  2018 Ed. (2257, 2260, 2261, 4027)
  2019 Ed. (2242, 2245, 2246, 4016)

  2020 Ed. (2239, 2241, 4032)
  2021 Ed. (3998)
  2022 Ed. (4012)
Mitsubishi Electric Crop.
  1999 Ed. (1995)
Mitsubishi Electric Industrial
  1991 Ed. (3401)
Mitsubishi Electronics
  1999 Ed. (4282)
  2000 Ed. (1773)
Mitsubishi Electronics America
  1997 Ed. (1826)
Mitsubishi Estate
  2016 Ed. (4101)
  2017 Ed. (4077)
Mitsubishi Estate Co., Ltd.
  1990 Ed. (2958)
  1992 Ed. (1497)
  2002 Ed. (1463)
  2003 Ed. (1484)
  2007 Ed. (4091)
  2009 Ed. (4226)
  2010 Ed. (4163)
  2011 Ed. (4161)
  2012 Ed. (4199, 4202, 4203)
  2013 Ed. (4181, 4193, 4196)
  2014 Ed. (4198, 4211, 4213)
  2015 Ed. (4178, 4192, 4195)
  2016 Ed. (4095, 4110, 4114)
  2017 Ed. (2409, 4071, 4091)
  2018 Ed. (4100)
  2019 Ed. (4107)
  2020 Ed. (4118)
Mitsubishi Finance
  1992 Ed. (2026)
Mitsubishi Finance International
  1989 Ed. (1349, 1371)
  1991 Ed. (1594)
Mitsubishi Fuso
  1994 Ed. (3582)
Mitsubishi Galant
  1992 Ed. (452)
  1993 Ed. (327)
Mitsubishi Gas
  1998 Ed. (2876)
  2000 Ed. (3559, 3567)
Mitsubishi Gas Chemical Company
  2020 Ed. (833)
Mitsubishi Gas Chemical Co., Inc.
  2001 Ed. (2508)
  2002 Ed. (1000)
  2007 Ed. (950, 953)
  2008 Ed. (927)
  2009 Ed. (935)
  2010 Ed. (876)
  2011 Ed. (804)
Mitsubishi Group
  2023 Ed. (870)
Mitsubishi Heavy
  1989 Ed. (1918)
  1990 Ed. (2177)
  2021 Ed. (1019)
  2023 Ed. (1228)
Mitsubishi Heavy Industries
  2015 Ed. (1732)
  2016 Ed. (2522)
  2017 Ed. (3020, 3031)
  2018 Ed. (3143)
  2019 Ed. (3082)
  2020 Ed. (3112)
  2021 Ed. (1016, 2980)
  2022 Ed. (3106)
  2023 Ed. (3206)
Mitsubishi Heavy Industries of America
  2003 Ed. (3271)
Mitsubishi Heavy Industries Ltd.
  1989 Ed. (1656)
  1990 Ed. (1478)
  1991 Ed. (1092, 1096, 1098, 1405, 1553, 3401)
  1992 Ed. (1430, 1772, 3078, 4309)
  1993 Ed. (1142, 1145, 1461, 3586)
  1994 Ed. (1159, 1168, 1173, 2421)
  1995 Ed. (1184, 1188, 1189, 1543, 2493)
  1996 Ed. (1152, 1161, 1162)
  1997 Ed. (1581, 1781, 2371)
  1998 Ed. (962, 964, 965, 968, 969, 970, 1452, 2093)
  1999 Ed. (1387, 1390, 1391, 1397, 1398, 1402, 1403, 1407, 1580, 2853, 2854)
  2000 Ed. (2624)
  2001 Ed. (4130)
  2002 Ed. (2729, 2730)
  2003 Ed. (2899)
  2004 Ed. (3005, 4802)
  2005 Ed. (3003)
  2006 Ed. (2998, 2999)
  2007 Ed. (202, 2401, 3035, 3036, 3037)
  2008 Ed. (1812, 3149)
  2009 Ed. (3234, 3236, 3590)
  2010 Ed. (3165)
  2012 Ed. (3070, 3075, 3549)
  2013 Ed. (3147, 3158, 3618)
  2014 Ed. (3150, 3164, 3554)
  2015 Ed. (3210, 3223, 3579)
  2016 Ed. (3065, 3079, 3459)
  2017 Ed. (3014, 3028, 3422)
  2018 Ed. (3135, 3142, 3481)

  2019 Ed. (3071, 3081, 3452)
  2020 Ed. (2147, 3103, 3111)
Mitsubishi International Corp.
  2005 Ed. (1532)
  2006 Ed. (4942)
  2007 Ed. (4948)
Mitsubishi Jisho Sekkei
  2022 Ed. (188)
  2023 Ed. (261)
Mitsubishi Kagaku
  1996 Ed. (940, 1406)
  1998 Ed. (704)
Mitsubishi/Kanzaki/Hokuetsu
  1993 Ed. (1739)
Mitsubishi Kasei Corp.
  1989 Ed. (891)
  1990 Ed. (953)
  1992 Ed. (1113)
  1993 Ed. (908, 914, 915, 2035)
  1994 Ed. (923, 931)
  1995 Ed. (959)
  1996 Ed. (939)
  1997 Ed. (959, 963, 964)
  1999 Ed. (1090)
Mitsubishi Kyushu
  1997 Ed. (293, 294)
Mitsubishi Logisnext
  2023 Ed. (2900)
Mitsubishi Logisnext Co., Ltd.
  2020 Ed. (2766, 4756)
  2021 Ed. (2640, 4754)
  2022 Ed. (2767, 4755)
  2023 Ed. (4742)
Mitsubishi Logistics
  2007 Ed. (4835)
  2016 Ed. (4702)
  2017 Ed. (4715)
Mitsubishi Magna
  1990 Ed. (360)
Mitsubishi Materials
  1993 Ed. (2539)
  1994 Ed. (2486)
  1995 Ed. (2550, 2552)
  1996 Ed. (2613)
  1997 Ed. (2757)
  1999 Ed. (2115, 3358)
  2000 Ed. (3093)
  2005 Ed. (3456)
  2006 Ed. (3465)
  2007 Ed. (3490)
  2008 Ed. (3661)
  2012 Ed. (3653, 3682, 4387)
  2016 Ed. (3072)
  2017 Ed. (3019)
  2021 Ed. (3570, 3577)
  2023 Ed. (3728)
Mitsubishi Materials Corp.
  2013 Ed. (3691)
  2014 Ed. (3625)
  2015 Ed. (3638, 4394)
  2016 Ed. (3523)
  2017 Ed. (3496)
  2018 Ed. (3548)
  2019 Ed. (3540)
  2020 Ed. (3522)
Mitsubishi Metal Corp.
  1989 Ed. (2071)
  1990 Ed. (2545, 2717)
  1991 Ed. (2423)
  1992 Ed. (3032)
Mitsubishi Metal Industry Co.
  2001 Ed. (1505, 3076)
Mitsubishi Minica
  1999 Ed. (339)
Mitsubishi Mining
  1989 Ed. (826)
  1990 Ed. (1903)
Mitsubishi Mirage
  1990 Ed. (403)
  1992 Ed. (449)
Mitsubishi Montero/Sport
  2000 Ed. (4087)
Mitsubishi Motor Co.
  1992 Ed. (40, 60, 1959)
  1993 Ed. (23, 38, 335)
  1994 Ed. (13, 29, 298, 304, 308, 313, 316)
  1997 Ed. (307, 308, 309, 319, 1744)
  1999 Ed. (2030)
  2001 Ed. (13, 27, 47, 83, 1622)
Mitsubishi Motor Sales of America, Inc.
  2003 Ed. (2085)
  2004 Ed. (279)
Mitsubishi Motors
  2021 Ed. (253, 261)
Mitsubishi Motors Corp.
  1991 Ed. (31)
  1995 Ed. (306, 307, 314)
  2000 Ed. (1795)
  2002 Ed. (3225)
  2003 Ed. (304, 318, 319, 325, 326, 327, 330, 1614, 1678, 1701, 1713, 1715, 1718, 4780)
  2004 Ed. (90, 285, 287, 288, 294, 295, 296, 297, 299, 883, 1650, 1709, 1755, 4761)
  2005 Ed. (51, 65, 85, 288, 294, 1774)
  2006 Ed. (27, 72, 80, 94, 314, 318,

1484, 1791, 1792, 1793, 1794, 1795, 1796, 1797, 1798
2007 Ed. (317, 1780)
2009 Ed. (100)
2010 Ed. (36, 1707)
2012 Ed. (37, 247)
2013 Ed. (237)
2014 Ed. (239)
2015 Ed. (278)
2016 Ed. (274, 1713)
2017 Ed. (274)
2018 Ed. (259)
2019 Ed. (259)
2020 Ed. (263)

Mitsubishi Motors New Zealand
 2015 Ed. (282)
Mitsubishi Motors North America Inc.
 2005 Ed. (285)
 2006 Ed. (305)
 2009 Ed. (3242)
 2010 Ed. (3173)
 2012 Ed. (3092)
 2013 Ed. (3173)
 2014 Ed. (3184)
Mitsubishi Nichiyu Forklift Co.
 2016 Ed. (4762)
 2017 Ed. (4770)
 2018 Ed. (4765)
 2019 Ed. (4770)
Mitsubishi Oil
 1990 Ed. (949)
 1992 Ed. (1643)
 1993 Ed. (908, 1341)
 1994 Ed. (923, 931, 1396, 2861)
 1995 Ed. (959)
 1997 Ed. (959)
 1999 Ed. (1090)
 2000 Ed. (1026)
Mitsubishi Paper Mills
 2015 Ed. (3823)
Mitsubishi Paper Mills Ltd.
 1991 Ed. (2671)
 1992 Ed. (3334)
 1997 Ed. (2994)
Mitsubishi Petrochem
 1992 Ed. (1643)
Mitsubishi Petrochemical
 1993 Ed. (914, 915)
Mitsubishi pickup
 1992 Ed. (2409)
Mitsubishi Plastics
 2012 Ed. (738)
Mitsubishi Power Systems Americas Inc.
 2011 Ed. (3512)
 2013 Ed. (3189)
Mitsubishi Precis
 1993 Ed. (350)
Mitsubishi Rayon
 1996 Ed. (3681)
 2001 Ed. (4514)
 2002 Ed. (1009)
 2009 Ed. (935)
 2010 Ed. (876)
 2011 Ed. (785, 795, 797)
Mitsubishi Semiconductor
 2001 Ed. (2133, 3300)
Mitsubishi shoji
 2009 Ed. (773)
Mitsubishi Shoji Chemical
 2022 Ed. (881)
 2023 Ed. (1060)
Mitsubishi Stanza
 1992 Ed. (452)
Mitsubishi Starion
 1990 Ed. (403)
 1994 Ed. (334)
Mitsubishi Steel Mfg.
 1990 Ed. (3469)
Mitsubishi Tanabe Pharma
 2016 Ed. (3907)
 2017 Ed. (3875)
Mitsubishi Tokyo Financial Group Inc.
 2003 Ed. (1416, 1728)
 2004 Ed. (550, 552, 554, 567, 3211, 4397)
 2005 Ed. (533, 535, 537, 542, 553, 1459, 1811, 2588, 3227, 3938, 3942, 4280, 4339, 4513)
 2006 Ed. (463, 465, 466, 475, 1776, 1825, 1826, 1829, 2590, 4774)
 2007 Ed. (478, 489, 1443)
Mitsubishi Trust & Banking Corp.
 1989 Ed. (478, 479, 578, 592)
 1990 Ed. (602)
 1991 Ed. (382, 384, 448, 512, 518, 561, 562, 577, 2306)
 1992 Ed. (604, 666, 671, 674, 717, 721, 2638, 3626)
 1993 Ed. (485, 2969)
 1996 Ed. (558, 561)
 1997 Ed. (515, 2396, 2547)
 2000 Ed. (1475)
 2001 Ed. (2885)
 2003 Ed. (553)
Mitsubishi UFJ
 2011 Ed. (382)

Mitsubishi UFJ Financial
 2016 Ed. (408, 414, 513)
 2017 Ed. (417, 423, 523, 527)
 2018 Ed. (494)
 2019 Ed. (504, 509)
 2020 Ed. (488)
 2022 Ed. (1653)
 2023 Ed. (1811)
Mitsubishi UFJ Financial Group
 2017 Ed. (528, 1662)
 2018 Ed. (496)
 2019 Ed. (386)
 2020 Ed. (2596)
 2021 Ed. (451, 506)
 2022 Ed. (466, 513, 1627)
 2023 Ed. (599, 660, 737, 739)
Mitsubishi UFJ Financial Group Inc.
 2007 Ed. (490, 1833, 1837, 4341, 4557, 4655)
 2008 Ed. (441, 443, 444, 454, 1844, 1867, 4537)
 2009 Ed. (466, 468, 469, 474, 483, 1682, 1793, 1821, 1822, 4554)
 2010 Ed. (446, 448, 449, 457, 465, 1638, 1734, 1762, 1765)
 2011 Ed. (366, 368, 369, 392, 1748, 1779)
 2012 Ed. (313, 320, 378, 380, 1324, 1599, 1629, 1633)
 2013 Ed. (387, 388, 391, 489, 490, 1755, 1787, 1790)
 2014 Ed. (398, 399, 404, 501, 502, 1688, 1717, 1720)
 2015 Ed. (454, 455, 565, 566, 1760, 1762)
 2016 Ed. (407, 511, 1682, 1711, 1712)
 2017 Ed. (416, 525, 1694, 1696)
 2018 Ed. (382, 383, 492, 1652)
 2019 Ed. (385, 387, 507, 1707)
 2020 Ed. (379, 380, 491, 1655)
 2021 Ed. (1636)
 2022 Ed. (514)
Mitsubishi UFJ Financial Group Inc. (Japan)
 2022 Ed. (514)
Mitsubishi UFJ Financial Group (Japan)
 2022 Ed. (513)
Mitsubishi UFJ Lease & Finance
 2016 Ed. (2652)
 2017 Ed. (2599)
Mitsubishi UFJ Lease & Finance Co., Ltd.
 2012 Ed. (3450, 3451)
 2013 Ed. (3495, 3496)
 2014 Ed. (3470, 3472)
 2015 Ed. (3487, 3490)
 2016 Ed. (3337, 3340)
 2017 Ed. (3300, 3307)
 2018 Ed. (3369, 3376)
 2019 Ed. (3347, 3359)
 2020 Ed. (3349, 3360)
Mitsubishi UFJ Securities Co.
 2007 Ed. (2548, 3288)
 2009 Ed. (3463)
Mitsubishi UFJ Trust & Banking Corp.
 2021 Ed. (486)
 2022 Ed. (500)
 2023 Ed. (725)
Mitsubishi Wagon
 1992 Ed. (450)
Mitsui
 1989 Ed. (530, 2908)
 1990 Ed. (1383, 1783, 1784)
 1991 Ed. (1280, 1281, 1314, 1718)
 2000 Ed. (1481, 2713, 4285, 4286)
 2013 Ed. (655, 2345, 2346)
 2014 Ed. (671, 2276, 4758)
 2015 Ed. (728, 2360, 2361, 4779)
 2016 Ed. (668, 741, 2306, 2307)
 2017 Ed. (699, 788, 2146, 2147)
 2018 Ed. (2197, 2198, 4684)
 2019 Ed. (2183, 2190, 4689)
 2020 Ed. (4888)
 2021 Ed. (4672)
 2022 Ed. (664, 4682, 4684)
 2023 Ed. (870, 1811, 4671, 4672)
Mitsui Bank
 1989 Ed. (477, 478, 531, 1432, 2122)
 1990 Ed. (575, 601, 618)
 1991 Ed. (382, 448, 508, 518, 561, 575, 576, 1720, 2675, 2678, 3278)
 1992 Ed. (604, 666, 743, 1461)
Mitsui Chemicals
 2013 Ed. (944)
 2014 Ed. (897)
 2015 Ed. (925)
 2016 Ed. (828)
 2017 Ed. (885)
 2018 Ed. (819, 820)
 2019 Ed. (836)
Mitsui Chemicals Inc.
 2001 Ed. (2508)
 2002 Ed. (1001, 1002)
 2006 Ed. (852)
 2007 Ed. (934, 935)
 2008 Ed. (913, 914)
 2009 Ed. (922, 1784, 1791)
 2010 Ed. (864)
 2011 Ed. (787)

2012 Ed. (740)
2013 Ed. (945, 973)
2014 Ed. (898)
2016 Ed. (829)
Mitsui & Co. (Australia)
 2001 Ed. (1632)
Mitsui & Co. (Canada)
 1990 Ed. (1365, 1731, 1738)
 1992 Ed. (4431)
 1995 Ed. (1395)
 2007 Ed. (4945)
Mitsui & Co., Ltd.
 1989 Ed. (923, 1131, 1386)
 1990 Ed. (1330, 1364, 1391, 3636)
 1991 Ed. (1306, 1315)
 1992 Ed. (1612, 1647, 1655, 1656, 1659, 2154)
 1993 Ed. (1277, 1311, 1346, 1356, 2712, 3047, 3261, 3263, 3269)
 1994 Ed. (1319, 1363, 1400, 1410, 1411, 3106, 3255, 3659)
 1995 Ed. (1389, 1429, 1430, 1443, 3334, 3342, 3343)
 1996 Ed. (1339, 1394, 1407, 3406, 3408, 3409, 3828, 3829)
 1997 Ed. (1399, 1434, 1450, 1463, 3784)
 1998 Ed. (1157, 1165, 1538, 3610)
 1999 Ed. (1581, 1619, 1662, 1674, 1689, 1692, 4107, 4645, 4760)
 2000 Ed. (1424, 1494, 1498, 1893, 3821)
 2001 Ed. (1624, 1704, 1705, 1744, 1747, 1767, 2173, 3284)
 2002 Ed. (1579, 1653, 1691, 1703, 3310, 4518, 4664, 4896)
 2003 Ed. (1615, 1678, 4780)
 2004 Ed. (1629, 1709, 4761, 4918)
 2005 Ed. (1563, 1564, 1774)
 2007 Ed. (1717, 1718, 4368, 4802, 4803)
 2008 Ed. (1746, 1747, 4727, 4921, 4923)
 2009 Ed. (1683, 4427, 4764, 4935, 4939)
 2010 Ed. (1639, 4470, 4471, 4778, 4943)
 2011 Ed. (1649, 1776, 4407, 4729)
 2012 Ed. (1629, 4474, 4746, 4747)
 2013 Ed. (1787, 4437, 4703, 4705)
 2014 Ed. (1717, 4470, 4755, 4757)
 2015 Ed. (4464, 4776, 4778)
 2016 Ed. (4368, 4680, 4682)
 2017 Ed. (4693, 4695, 4891)
 2018 Ed. (4681, 4683)
 2019 Ed. (4685, 4688)
 2020 Ed. (4652, 4654)
 2021 Ed. (4671)
Mitsui & Co. UK PLC
 1997 Ed. (1419, 3501, 3878)
Mitsui & Co. (USA) Inc.
 1991 Ed. (2584)
 1992 Ed. (3223)
 2001 Ed. (4817)
 2004 Ed. (4926)
Mitsui & Co. USA Inc.
 2013 Ed. (4929)
Mitsui Corp.
 2019 Ed. (4686)
Mitsui Engineering & Shipbuilding
 1991 Ed. (1308)
 2016 Ed. (3065)
Mitsui Engineering & Shipping Co., Ltd.
 2010 Ed. (4802)
 2011 Ed. (4749)
 2012 Ed. (3075, 4765)
 2013 Ed. (4737)
 2014 Ed. (4786)
 2015 Ed. (4817)
 2016 Ed. (4720)
 2017 Ed. (4737)
 2018 Ed. (4723)
 2019 Ed. (4725)
Mitsui Finance International
 1990 Ed. (1679)
 1991 Ed. (1584)
Mitsui Foods Inc.
 1993 Ed. (1729)
Mitsui Fudosan
 2015 Ed. (4195)
 2016 Ed. (4101, 4114)
 2017 Ed. (4077, 4091)
Mitsui Fudosan Co., Ltd.
 1995 Ed. (3343)
 1996 Ed. (3408, 3409)
 1999 Ed. (1565)
 2007 Ed. (4091)
 2009 Ed. (4226)
 2012 Ed. (4199, 4203)
 2013 Ed. (4181, 4193)
 2014 Ed. (4198, 4211)
 2015 Ed. (4178, 4192)
 2016 Ed. (4095, 4110)
 2017 Ed. (4071, 4087)
 2018 Ed. (4100, 4115)
 2019 Ed. (4107, 4126)
 2020 Ed. (4118, 4129)
Mitsui Manufacturers Bank
 1991 Ed. (594)
Mitsui Marine & Fire
 1996 Ed. (2292)
 1998 Ed. (2128)
 1999 Ed. (2915)

Mitsui Marine & Fire Insurance Co. Ltd.
 1995 Ed. (1874)
Mitsui Metals
 2001 Ed. (1505, 3076, 4944)
Mitsui Mining & Smelting Co., Ltd.
 2007 Ed. (3490)
 2010 Ed. (2590)
Mitsui Mutual Life
 1994 Ed. (2265)
 1995 Ed. (2312)
 1996 Ed. (2327)
 1997 Ed. (2424)
 1998 Ed. (2135)
 1999 Ed. (2961)
Mitsui Mutual Life Insurance Co.
 2002 Ed. (1684, 2940)
 2004 Ed. (3115)
Mitsui O. S. K. Lines Ltd.
 1991 Ed. (3416)
Mitsui O.S.K.
 2002 Ed. (4269)
Mitsui O.S.K Lines
 2015 Ed. (4820)
 2016 Ed. (4723)
Mitsui O.S.K. Lines
 2020 Ed. (2773)
 2021 Ed. (2645)
 2022 Ed. (2773)
Mitsui OSK Lines
 2016 Ed. (4710)
Mitsui Osk Lines
 2016 Ed. (4702)
 2017 Ed. (4715)
Mitsui OSK Lines Ltd.
 1989 Ed. (2874)
 1990 Ed. (3641)
 1992 Ed. (3951, 4337, 4343)
 1993 Ed. (3298, 3613)
 1994 Ed. (3570)
 1995 Ed. (3654)
 1997 Ed. (1147, 3788)
 1998 Ed. (931)
 1999 Ed. (4653)
 2000 Ed. (4293)
 2007 Ed. (4835)
 2010 Ed. (4478)
 2011 Ed. (4413)
 2012 Ed. (4769, 4773)
 2013 Ed. (4715, 4727)
 2014 Ed. (4768)
 2015 Ed. (4791)
 2016 Ed. (4695)
 2017 Ed. (4709)
 2018 Ed. (4702)
 2019 Ed. (4707)
 2020 Ed. (4678)
Mitsui Petrochemical
 1993 Ed. (921)
Mitsui Real Estate Development Co. Ltd.
 1989 Ed. (1005)
 1990 Ed. (1177)
Mitsui Sekka
 1996 Ed. (940, 1406)
Mitsui Shipbuilding
 1990 Ed. (3469)
Mitsui Shipbuilding & Engineering
 1995 Ed. (1543)
Mitsui Sumitomo Insurance
 2007 Ed. (3114)
Mitsui Taiyo Kobe
 1992 Ed. (2015, 2020)
Mitsui Taiyo Kobe Bank
 1992 Ed. (665, 667, 671, 709, 1650, 1660)
 1993 Ed. (424, 476, 477, 527, 529, 532, 543, 544, 1358, 1656, 1859, 2415, 2419, 3587)
Mitsui Toatsu
 1996 Ed. (940)
Mitsui Toatsu Chemical
 1989 Ed. (894)
 1996 Ed. (1406)
Mitsui Toatsu Chemicals
 1993 Ed. (914, 921)
 1994 Ed. (931)
Mitsui Trust
 1992 Ed. (1997)
Mitsui Trust Bank USA
 1990 Ed. (654)
 1991 Ed. (630)
 1992 Ed. (803)
Mitsui Trust & Banking
 1989 Ed. (578)
 1990 Ed. (502, 1681)
 1991 Ed. (509, 518)
 1992 Ed. (671, 674, 717, 3626)
 1993 Ed. (483, 485, 2420, 2967, 2969)
 1994 Ed. (483, 485, 3013)
 1996 Ed. (2423)
 1997 Ed. (352, 2396, 2547)
 2001 Ed. (2885)
 2002 Ed. (575)
Mitsui Trust & Banking Group
 2002 Ed. (4216)
 2004 Ed. (3211)
 2005 Ed. (3227)

Mitsui Trust Holdings
 2007 Ed. (489, 490)
 2008 Ed. (454)
Mitsuibishi
 2000 Ed. (1481)
Mitsuko Morita
 1999 Ed. (2381)
 2000 Ed. (2162)
Mitsukoshi
 1990 Ed. (3050)
 1994 Ed. (3113)
 1995 Ed. (3158)
 2000 Ed. (3824)
Mitsumasa Okamoto
 1999 Ed. (2370)
Mitsutoshi Murakata
 2000 Ed. (2173)
Mittal; Aditya
 2011 Ed. (629)
 2012 Ed. (599)
 2013 Ed. (740)
Mittal Canada
 2007 Ed. (4535)
 2008 Ed. (4498)
 2009 Ed. (4529)
 2010 Ed. (4572)
Mittal; Lakshmi
 2005 Ed. (4861, 4888, 4897)
 2006 Ed. (4926, 4927)
 2007 Ed. (4909, 4911, 4914, 4915, 4916, 4923)
 2008 Ed. (4841, 4864, 4879, 4881, 4882, 4896, 4901)
 2009 Ed. (4902, 4903, 4904, 4917)
 2010 Ed. (4877, 4895, 4903, 4904, 4905, 4921)
 2011 Ed. (4887, 4891, 4892, 4893, 4910)
 2012 Ed. (4872, 4899, 4900, 4901, 4921)
 2013 Ed. (4875, 4876, 4901, 4916)
 2014 Ed. (4889, 4890, 4913)
 2015 Ed. (4928, 4929)
 2016 Ed. (4844, 4845)
 2017 Ed. (4851)
 2018 Ed. (4858, 4859)
 2019 Ed. (4853)
 2020 Ed. (4843)
 2021 Ed. (4843, 4844)
 2022 Ed. (4839)
 2023 Ed. (4834)
Mittal Steel Co.
 2007 Ed. (1899)
 2008 Ed. (1410, 1418, 1963)
 2009 Ed. (1918)
Mittal Steel Co., NV
 2006 Ed. (3393, 4597)
 2007 Ed. (1717, 1718, 1781, 1782, 1784, 1900, 1903, 1904, 3487, 3488, 3489)
 2008 Ed. (1427, 1746, 1747, 1964, 1965, 3660, 3661)
 2009 Ed. (1761, 1919, 3728)
Mittal Steel Galati SA
 2009 Ed. (2031)
Mittal Steel Ostrava as
 2009 Ed. (1625)
Mittal Steel Poland SA
 2009 Ed. (2016)
Mittal Steel South Africa Ltd.
 2006 Ed. (3399)
 2008 Ed. (3579)
Mittal Steel USA Inc.
 2007 Ed. (3477)
 2008 Ed. (3651, 3652)
 2009 Ed. (3717, 3718)
Mittal Steel USA ISG Inc.
 2007 Ed. (2065, 2066)
Mittal Steel USA-Weirton Inc.
 2008 Ed. (2173)
 2009 Ed. (2156)
 2010 Ed. (2097)
Mittal; Sunil
 2006 Ed. (4926)
 2007 Ed. (4914)
 2008 Ed. (4841, 4879)
 2009 Ed. (4902, 4903)
 2010 Ed. (3959, 4877, 4903, 4904)
 2011 Ed. (4891, 4892)
 2012 Ed. (4899, 4900)
 2013 Ed. (4875, 4876)
 2014 Ed. (4890)
 2015 Ed. (4928, 4929)
 2016 Ed. (4844, 4845)
 2017 Ed. (4851)
 2018 Ed. (4859)
 2021 Ed. (4844)
 2022 Ed. (4839)
Mittelstaedt; Ronald
 2006 Ed. (888)
 2007 Ed. (978)
Mitzi Newhouse
 1990 Ed. (731, 3688)
Miuccia Prada
 2007 Ed. (1102, 4977)
 2009 Ed. (969)
 2010 Ed. (932)
 2013 Ed. (4882)
 2014 Ed. (4895, 4965)
 2015 Ed. (4934)
 2016 Ed. (4850)

2017 Ed. (4916)
 2018 Ed. (4863)
 2022 Ed. (4843)
 2023 Ed. (4838)
Miura Systems
 2016 Ed. (2076)
MIVA Inc.
 2007 Ed. (1238, 4572)
MIVEKS, poslovne storitve, d.o.o.
 2018 Ed. (1907)
MIVIKO D.O.O. Posusje
 2017 Ed. (1524)
Miwon
 1999 Ed. (3428)
Mix in Las Vegas
 2007 Ed. (4131)
 2008 Ed. (4149)
Mix Telematics
 2018 Ed. (4064)
Mixed Fruit
 2001 Ed. (1216)
Mixed nuts
 1990 Ed. (2727)
Mixers
 2002 Ed. (2702)
Mixes for frozen products
 2002 Ed. (2720)
Mixes, ethnic specialty
 2002 Ed. (3745)
Mixi
 2017 Ed. (1053)
 2019 Ed. (1709, 3100)
mixi Inc.
 2010 Ed. (2947)
Mixie | HPG
 2023 Ed. (4038)
MixStirs
 2010 Ed. (3406)
 2012 Ed. (3359)
 2013 Ed. (3430)
Mixt Solutions
 2021 Ed. (1802, 3466, 3480)
 2022 Ed. (3524, 3537)
 2023 Ed. (4295)
Mixt Solutions LLC
 2020 Ed. (1822)
Mixto Listo (Grupo Progreso) Guatemala
 2013 Ed. (1669)
Miyachi
 2009 Ed. (3233)
Miyagi
 2021 Ed. (65)
Miyaji Musical Instrument Co., Ltd.
 2013 Ed. (3798)
 2015 Ed. (3747)
 2016 Ed. (3655)
 2020 Ed. (3661)
 2021 Ed. (3666)
Miyamoto International Inc.
 2022 Ed. (3670)
Miyowa
 2011 Ed. (2908)
Mize CPAs
 2023 Ed. (56)
Mize Houser & Co.
 2014 Ed. (15)
 2020 Ed. (13)
Mize, Houser & Co. PA
 2002 Ed. (14)
 2005 Ed. (6)
 2006 Ed. (11)
Mizel; Larry
 2007 Ed. (2497)
 2009 Ed. (4857)
 2016 Ed. (866)
Mizel; Larry A.
 2005 Ed. (1103)
 2006 Ed. (1097, 1098)
 2007 Ed. (2509, 2511)
 2009 Ed. (956)
 2010 Ed. (912)
 2011 Ed. (857)
 2012 Ed. (807)
 2013 Ed. (986)
Mizgalski; Jim
 1993 Ed. (790)
Mizrahi; Isaac
 2010 Ed. (3004)
Mizrahi Tefahot Bank
 2007 Ed. (1825)
 2008 Ed. (451, 1860)
 2009 Ed. (479, 1815)
 2010 Ed. (461)
 2011 Ed. (388, 1768)
 2012 Ed. (375, 1620)
 2013 Ed. (523, 525, 1778)
 2014 Ed. (539, 541, 1713)
 2015 Ed. (605, 607, 1756)
 2016 Ed. (551, 552, 1706)
 2017 Ed. (573, 574, 1688)
 2018 Ed. (538, 539, 1646)
 2019 Ed. (557, 558, 1698)
 2020 Ed. (540, 541, 545, 1650)
 2021 Ed. (1630)
 2022 Ed. (1649)
 2023 Ed. (785, 1805)

Mizrahi-Tefahot BAnk
 2021 Ed. (521)
 2022 Ed. (535)
Mizrahi-Tefahot Bank
 2021 Ed. (521)
 2022 Ed. (535)
 2023 Ed. (786)
Mizrahi Tefahot Bank Ltd.
 2021 Ed. (484)
 2022 Ed. (498)
 2023 Ed. (723)
Mizuho
 2012 Ed. (555)
 2013 Ed. (653)
 2015 Ed. (457)
 2016 Ed. (409, 666)
 2017 Ed. (418)
 2018 Ed. (385)
 2021 Ed. (424)
 2022 Ed. (438)
Mizuho Asset Trust & Banking
 2005 Ed. (533)
Mizuho Bank
 2007 Ed. (684)
 2009 Ed. (773)
 2016 Ed. (2867)
Mizuho Bank Ltd.
 2021 Ed. (486)
 2022 Ed. (500)
 2023 Ed. (725)
Mizuho Bank Thailand
 2015 Ed. (473)
 2017 Ed. (434)
 2018 Ed. (399)
 2019 Ed. (402)
 2020 Ed. (395)
 2023 Ed. (613)
Mizuho Financial
 2021 Ed. (500)
Mizuho Financial Group
 2002 Ed. (1376, 3193)
 2003 Ed. (536, 538, 553, 1416, 4374)
 2004 Ed. (550, 552, 554, 567, 1443, 4397)
 2005 Ed. (533, 535, 537, 553, 1459, 1797, 1811, 2588, 3942, 4339, 4582, 4583)
 2006 Ed. (463, 465, 475, 1799, 1825, 1826, 1829, 2590, 4774)
 2007 Ed. (476, 478, 489, 490, 1806, 1833, 1837, 2558, 4341, 4585, 4666, 4667)
 2008 Ed. (441, 443, 444, 454, 1867, 2698)
 2009 Ed. (475, 483, 1821)
 2010 Ed. (465, 1762)
 2011 Ed. (392)
 2012 Ed. (320, 378, 380, 1629)
 2013 Ed. (387, 388, 391, 1787)
 2014 Ed. (398, 399, 404, 1717)
 2015 Ed. (454, 455, 564, 1760, 1762)
 2016 Ed. (407, 414, 1711, 1712)
 2017 Ed. (416, 423, 1694)
 2018 Ed. (382, 383, 1652)
 2019 Ed. (385, 386, 387, 1707)
 2020 Ed. (379, 380, 1655)
 2021 Ed. (451)
 2022 Ed. (438, 466, 1624)
 2023 Ed. (599, 660, 660)
Mizuho Holdings Inc.
 2002 Ed. (1705)
 2003 Ed. (542)
 2004 Ed. (559, 1738)
 2005 Ed. (534)
Mizuho Securities
 2013 Ed. (2695, 2712)
Mizuho Trust & Banking
 2007 Ed. (490)
Mizuno
 1991 Ed. (1855)
 1992 Ed. (2338, 4044, 4045)
 1993 Ed. (259, 260, 1991)
Mizuno; Hideyuki
 1996 Ed. (1878)
Mizuno USA Inc.
 2015 Ed. (2481)
M.J. Electric Inc.
 1992 Ed. (1411)
M.J. Harris Construction Services LLC
 2020 Ed. (1108)
MJ Insurance Inc.
 2011 Ed. (1710)
MJ Optical
 2001 Ed. (3591, 3592)
 2006 Ed. (3751)
 2007 Ed. (3750, 3752)
MJ Research
 2002 Ed. (707)
MJ Soffe
 2001 Ed. (4350)
MJ Whitman
 2005 Ed. (3582)
Mjardevi Science Park
 1997 Ed. (2373)
MJardin
 2018 Ed. (2226)
MJB
 1992 Ed. (1239, 4233)

MJC Cos.
 2000 Ed. (1212)
 2003 Ed. (1160)
 2004 Ed. (1166)
 2005 Ed. (1194, 1226)
 2007 Ed. (1302)
MJDesigns
 1999 Ed. (1054)
 2001 Ed. (1943)
MJHS Home Care
 2014 Ed. (3007)
 2016 Ed. (2972)
MJL Enterprise LLC
 2015 Ed. (2930)
MJM Designer Shoes
 2007 Ed. (1118)
Mjolner Informatics
 2010 Ed. (1602)
 2011 Ed. (3161)
 2012 Ed. (3119)
 2013 Ed. (1590)
MJP Music
 2014 Ed. (3724)
MJ's Supper Club
 2000 Ed. (4057)
MK Concrete Construction
 2013 Ed. (1265)
MK Consulting Engineers
 2019 Ed. (1748)
 2020 Ed. (1692)
MK Designs LLC
 2022 Ed. (4993)
MK-mainos Oy
 1994 Ed. (87)
MK Premium SL
 2019 Ed. (1969)
MK Zalozba
 1997 Ed. (2675, 2676)
MKB
 2007 Ed. (460)
 2008 Ed. (424)
 2010 Ed. (429)
 2011 Ed. (354)
 2013 Ed. (434)
 2014 Ed. (451)
 2015 Ed. (507)
 2016 Ed. (461)
 2017 Ed. (478)
 2019 Ed. (450)
 2020 Ed. (436)
 2023 Ed. (653)
MKB Bank rt.
 2009 Ed. (450)
 2010 Ed. (428)
 2011 Ed. (353)
MKD Electric
 2023 Ed. (4463, 4473, 4479)
MKD Holdings Ltd.
 2002 Ed. (45)
MKEC Engineering Inc.
 2023 Ed. (2658)
M.K.G. Holdings Ltd.
 1992 Ed. (1194)
 1993 Ed. (968)
 1994 Ed. (994)
 1995 Ed. (1007)
MKI Corp.
 1996 Ed. (2140)
MKK Consulting Engineers Inc.
 2005 Ed. (2439)
 2007 Ed. (2445)
 2012 Ed. (2424)
 2013 Ed. (2591)
MKK Technologies Inc.
 1991 Ed. (1099)
 1992 Ed. (1435)
 1994 Ed. (1157)
MKS
 2003 Ed. (2930, 2938, 2940)
 2005 Ed. (1144)
 2006 Ed. (1133)
 2007 Ed. (1253, 2816)
 2010 Ed. (1091, 1103)
 2011 Ed. (1042, 1947)
 2012 Ed. (972, 1811)
 2013 Ed. (1113, 1119)
MKS Instruments
 2019 Ed. (1759, 4367)
 2020 Ed. (1701, 4031, 4361)
 2021 Ed. (1681, 3997, 4372)
 2022 Ed. (4011)
 2023 Ed. (4095)
MKS Instruments Inc.
 2001 Ed. (4181)
 2003 Ed. (3308, 3309)
 2006 Ed. (2826)
 2008 Ed. (1906, 1912, 1924, 3644)
 2020 Ed. (3404)
 2021 Ed. (3419)
MKS2
 2019 Ed. (1268, 2034)
 2021 Ed. (4543, 4556)
MKS2 LLC
 2019 Ed. (2005)
MKS2 Technologies
 2023 Ed. (2053)
Mktg
 2011 Ed. (3587)

CUMULATIVE INDEX • 1989-2023

MKTG INC
  2014 Ed. (3562)
The M.L. Annenberg Foundation
  1990 Ed. (1849)
ML Crane Group
  2021 Ed. (975)
ML Labs
  1990 Ed. (3464)
  1993 Ed. (3474)
M.L. McDonald Co. Inc.
  2000 Ed. (1265, 1271)
ML Trust
  1990 Ed. (1357)
ML Trust X
  1989 Ed. (1112)
ML Trust XIII
  1989 Ed. (1112)
ML Vijay Sdn. Bhd.
  2002 Ed. (1721)
  2004 Ed. (1787)
MLB
  2005 Ed. (4453)
  2016 Ed. (4463)
  2017 Ed. (4472)
  2018 Ed. (4318)
  2019 Ed. (4346)
  2020 Ed. (4341)
  2021 Ed. (4357)
  2022 Ed. (4363)
MLB Advanced Media
  2017 Ed. (4470)
MLB Advertising Media
  2017 Ed. (4471)
  2018 Ed. (4491)
  2019 Ed. (4484)
MLB ALCS
  2006 Ed. (4719)
  2007 Ed. (4740)
MLB All-Star Week
  2013 Ed. (4475)
MLB American League Championship Series
  2011 Ed. (722)
MLB Divisional Series
  2006 Ed. (764)
  2008 Ed. (826)
  2009 Ed. (849)
  2010 Ed. (795)
MLB NLCS
  2006 Ed. (4719)
MLB World Series
  2013 Ed. (4475)
  2017 Ed. (4467)
  2018 Ed. (4486)
  2019 Ed. (4481)
MLC
  2002 Ed. (2871)
Mlekarna Celeia doo
  2019 Ed. (2694)
MLH & A Inc.
  1990 Ed. (1649)
  1993 Ed. (15)
MLI AGF Canadian Bond GIF
  2002 Ed. (3455)
  2003 Ed. (3589)
  2004 Ed. (730)
MLI AGF Canadian High Income GIF
  2002 Ed. (3452, 3453)
MLI Conservative Asset Allocation GIF Encore
  2004 Ed. (728, 729)
MLI E & P Balanced GIF
  2002 Ed. (3452)
MLI Elliott & Page Balanced
  2004 Ed. (3625)
MLI Elliott & Page Equity GIF
  2004 Ed. (3628)
MLI Fidelity Canadian Bond GIF
  2002 Ed. (3455)
MLI Integrated Graphic Solutions
  2012 Ed. (4012)
MLife; AT & T
  2005 Ed. (738)
mLight Tech Inc.
  2018 Ed. (1404)
MLL Inc.
  1998 Ed. (3427)
MLMIC Group
  2000 Ed. (2683, 2715)
  2002 Ed. (2943)
  2004 Ed. (3119)
  2011 Ed. (3278)
  2012 Ed. (3255, 3256)
  2013 Ed. (3327, 3328)
Mlotok; Paul
  1995 Ed. (1836)
MLP
  2006 Ed. (1689)
MLP Multifamily
  2002 Ed. (1208)
MLS
  2001 Ed. (4349)
MLS Co. Ltd.
  2023 Ed. (1656)
MLS Co., Ltd.
  2022 Ed. (4384)

MLT Creative
  2019 Ed. (3473)
  2020 Ed. (3451)
MLX
  1993 Ed. (1088, 3467)
MM Group
  2002 Ed. (4571, 4573, 4574, 4575)
MM Karton
  2000 Ed. (3403, 3404)
  2001 Ed. (3611)
mm02
  2005 Ed. (4640)
  2006 Ed. (4702)
mm2 Asia
  2018 Ed. (1902)
  2019 Ed. (1950)
  2020 Ed. (1885)
mm02 plc
  2006 Ed. (1691)
MM2 Public Relations
  2011 Ed. (4127)
  2012 Ed. (4157)
MMA Capital Management LLC
  2022 Ed. (1690)
MMA Financial LLC
  2006 Ed. (281)
  2007 Ed. (284)
  2008 Ed. (259)
  2009 Ed. (282)
  2010 Ed. (268)
  2011 Ed. (188)
MMA Praxis Core Stock Fund
  2004 Ed. (4443)
MMA Praxis Intermediate Income
  2006 Ed. (4402)
  2007 Ed. (4467)
MMA Praxis International
  2006 Ed. (4400)
  2007 Ed. (4470)
MMA Praxis Value Index
  2006 Ed. (4405)
  2007 Ed. (4468)
MMC Automobile
  1992 Ed. (81)
MMC Contractors
  2013 Ed. (4060)
  2015 Ed. (4043, 4046, 4047)
  2016 Ed. (1158, 1169, 3936, 3937, 3956, 3957)
  2017 Ed. (132, 3930)
  2018 Ed. (1174)
  2023 Ed. (1366, 1377, 1378, 1384, 1387, 1388, 1389, 1396, 1402)
MMC Contractors Inc.
  2015 Ed. (1242)
  2016 Ed. (1153, 1185)
  2017 Ed. (1202)
  2018 Ed. (1152, 1172, 1175)
  2019 Ed. (1164, 1183, 1190, 1192, 1235)
  2020 Ed. (1173, 1174, 1179, 1181, 1183, 1184)
  2021 Ed. (1135, 1146, 1147, 1154, 1156, 1157, 1159, 1169, 1196)
  2022 Ed. (1154, 1155, 1160, 1161, 1197)
  2023 Ed. (1434)
MMC Convert
  2023 Ed. (2812)
MMC Corp.
  1991 Ed. (2275)
  1994 Ed. (1139, 1141)
  1998 Ed. (951, 955)
  1999 Ed. (1363, 1372)
  2000 Ed. (1254, 1264)
  2001 Ed. (1478)
  2002 Ed. (1294)
  2003 Ed. (1235, 1241, 1307, 1337)
  2004 Ed. (1238, 1241, 1244, 1310, 1337)
  2005 Ed. (1295, 1342)
  2006 Ed. (1264, 1338)
  2009 Ed. (1224, 1237, 1317)
  2010 Ed. (1223, 1224, 1225)
  2011 Ed. (1169, 1171, 1187, 1274)
  2012 Ed. (1117, 1175)
  2013 Ed. (1279)
  2014 Ed. (1212)
MMC Corp./Midwest Mechanical Contractors & Engineers
  1995 Ed. (1160)
MMC Corp./Midwest Mechanical Contractors Inc.
  1996 Ed. (1133, 1135)
  1997 Ed. (1161, 1163, 1178)
MMC Networks Inc.
  2001 Ed. (2190)
  2002 Ed. (2483)
  2005 Ed. (1510)
MMC Norilsk Nickel
  2006 Ed. (1697)
  2009 Ed. (2033, 3727)
  2010 Ed. (1965, 1966, 3566)
  2011 Ed. (3569)
  2018 Ed. (3590)
MMC Norlisk Nickel
  2007 Ed. (3486)
  2009 Ed. (3730)
MMC Sittipol Co. Ltd.
  1992 Ed. (1707)
  1993 Ed. (1412)

1994 Ed. (1466)
  1995 Ed. (1502)
  1997 Ed. (1525)
  1999 Ed. (1747)
  2000 Ed. (1577)
MMC Systems
  2012 Ed. (3090, 3700, 4053)
MMG Bank Panama
  2020 Ed. (517)
MMG Bank & Trust
  2019 Ed. (415)
MMG Insurance Co.
  2008 Ed. (1895)
  2009 Ed. (1858)
  2011 Ed. (1815)
  2013 Ed. (1824)
MMGY
  2013 Ed. (4149)
MMGY Global
  2014 Ed. (4166)
MMGY NJF
  2021 Ed. (4032)
  2022 Ed. (4051)
  2023 Ed. (4156)
MMI Agency LLC
  2022 Ed. (1940, 1942)
MMI Cos. Group
  1998 Ed. (2196)
  1999 Ed. (2963)
  2000 Ed. (2683, 2715)
MMI Holdings
  2013 Ed. (3292)
  2014 Ed. (3320)
  2015 Ed. (3366)
  2016 Ed. (3229)
  2017 Ed. (3187)
  2018 Ed. (1908, 3265)
  2019 Ed. (1957, 3215)
MMI Medical
  1991 Ed. (1877)
  1992 Ed. (2369)
MMIC Insurance Inc.
  2023 Ed. (3345)
MMK Group
  2022 Ed. (2597)
MMK Group (aka Magnitogorsk Iron and Steel Works)
  2022 Ed. (2597)
MML Bay State
  1999 Ed. (2938, 2940)
MML Bay State Life Insurance Co.
  2001 Ed. (2936)
MML Investor Services Inc.
  2007 Ed. (4276)
MML Investors Services
  1999 Ed. (839, 841, 842, 851, 861, 865)
  2000 Ed. (833, 834, 837, 838, 839, 849, 850, 862, 865, 866)
  2002 Ed. (790, 791, 792, 793, 794, 795)
  2017 Ed. (2588, 2590, 2595)
  2018 Ed. (2653, 2655, 2659)
  2019 Ed. (2631, 2638, 2644, 3307)
  2020 Ed. (2643, 2644, 2650, 2652, 2653, 2654, 2658, 2659, 3309)
  2021 Ed. (2553, 2558, 2560, 2561, 2562, 2566, 2567, 2568, 3160)
  2022 Ed. (2677, 2679, 2680, 2681, 2683, 2686, 2687, 3304)
  2023 Ed. (2807, 2815, 2817, 3393)
MM.LaFleur
  2019 Ed. (1106, 1848)
MMM Healthcare Inc.
  2005 Ed. (3088)
  2006 Ed. (1634, 3093)
MMN
  2019 Ed. (4333)
MMR
  2023 Ed. (1371, 1380, 1397)
MMR Constructors
  2016 Ed. (1167)
MMR Cos.
  1990 Ed. (1202)
MMR Group
  2006 Ed. (1240, 1326)
  2008 Ed. (1311, 1338)
  2009 Ed. (1232, 1233, 1296)
  2010 Ed. (1247)
  2011 Ed. (1197, 1243, 1297)
  2012 Ed. (1092, 1126, 1127, 1138, 1140, 1171, 1172, 1180)
  2013 Ed. (1263, 1272)
  2014 Ed. (1205)
  2015 Ed. (1263, 4099)
  2016 Ed. (1178, 4013)
  2017 Ed. (1222, 1721)
  2018 Ed. (1676)
  2019 Ed. (1739, 3075)
  2020 Ed. (1683)
  2021 Ed. (1153, 1170, 1662)
MMR Group Inc.
  2013 Ed. (1273)
  2014 Ed. (1198)
  2015 Ed. (1256, 1264)
  2016 Ed. (1179)
  2017 Ed. (1211, 1221)
  2018 Ed. (1168, 1185, 1201, 1202)
  2019 Ed. (1174, 1176, 1185, 1189, 1203, 1229)

2020 Ed. (1166, 1176, 1190, 1223)
  2021 Ed. (1130, 1139, 1149, 1165, 1190)
  2022 Ed. (1682)
MMR Holdings
  1992 Ed. (3311)
MMR Inc.
  1991 Ed. (1077, 1078)
MMR/Wallace Group Inc.
  1990 Ed. (1201, 1208)
  1991 Ed. (1077, 1079)
MMRI
  1998 Ed. (3042)
  1999 Ed. (4042)
MMS Werbeagentur
  1989 Ed. (84)
  1990 Ed. (78)
MMTC
  1997 Ed. (1825)
MMYTECH Corp.
  2006 Ed. (4348)
MN Insty-Prints
  2015 Ed. (4080)
MN Tech Co., Ltd.
  2009 Ed. (2982)
MNC/American Security Bank
  1991 Ed. (3472)
  1992 Ed. (4422)
MNC Financial
  1989 Ed. (368, 392)
  1990 Ed. (442, 637, 638)
  1991 Ed. (387, 635)
  1992 Ed. (502, 508, 3657)
  1993 Ed. (1444, 3277)
  1994 Ed. (3267)
MNC Fincancial Corp.
  1990 Ed. (419)
MNDPI Pacific JV
  2023 Ed. (2289)
Mnemonic
  2015 Ed. (1943)
m.Net Corp.
  2009 Ed. (2983)
MNG Airlines
  2012 Ed. (154)
MNJ Technologies Direct Inc.
  2006 Ed. (4871)
  2007 Ed. (3552)
  2008 Ed. (4960)
MNO Bank
  1993 Ed. (585)
  1994 Ed. (593)
MNP
  2023 Ed. (966)
MNP LLP
  2016 Ed. (4)
  2017 Ed. (1)
  2018 Ed. (1)
  2019 Ed. (1)
  2020 Ed. (1)
  2021 Ed. (1)
  2022 Ed. (1)
  2023 Ed. (4)
MNRB Holdings
  2023 Ed. (754, 3284)
MNT
  2010 Ed. (2982)
Mnuchin; Robert
  2013 Ed. (180)
MNX
  1993 Ed. (3215, 3216, 3641)
  1994 Ed. (3601)
Mo Abudu
  2023 Ed. (4926)
Mo & Domsjo AB
  1994 Ed. (2730)
  1995 Ed. (2834)
Mo Farah
  2014 Ed. (3468)
Mo Ibrahim
  2013 Ed. (3487)
Mo Och Domsjo
  1991 Ed. (1286)
Mo Och Domsjo AB
  1996 Ed. (2905)
  2000 Ed. (3409)
Mo Vaughn
  2003 Ed. (295)
  2006 Ed. (291)
M+O+A Architectural Partnership
  2007 Ed. (3538, 4026)
MOA Architecture
  2017 Ed. (4784)
  2018 Ed. (4776)
  2019 Ed. (4779)
Moafaq Al Gaddah
  2013 Ed. (1173, 3488)
Moajil; Abdulaziz & Saad Al
  1994 Ed. (3140)
Moana New Zealand
  2018 Ed. (3641)
Moark LLC
  2010 Ed. (2330)
  2012 Ed. (2228)
  2013 Ed. (2400)
  2014 Ed. (2337)
  2015 Ed. (2403)
Moazami; Bijan
  2011 Ed. (3365)

Mobase
  2016 Ed. (2004)
  2017 Ed. (1962)
Mobay, Ag Chem Div.
  1990 Ed. (15)
Mobay, Agricultural Chemical Division
  1989 Ed. (177)
Mobel Pfister
  1992 Ed. (81)
Mobet Mining & Construction Co., Inc.
  1989 Ed. (952)
Mobetize Corp.
  2018 Ed. (1001)
  2020 Ed. (961, 962, 986)
Mobia
  2016 Ed. (1024, 2919)
MOBIA Technology Innovations
  2017 Ed. (3582)
  2018 Ed. (3642)
Mobials
  2021 Ed. (949)
Mobias Banca SA
  2009 Ed. (70)
  2010 Ed. (80)
Mobiasbanca
  2004 Ed. (469)
  2018 Ed. (457)
  2019 Ed. (468)
  2020 Ed. (452)
  2023 Ed. (673)
Mobicom/Mobifon
  2001 Ed. (21)
Mobidia Technology Inc.
  2012 Ed. (3118)
Mobien Technologies Pvt. Ltd.
  2012 Ed. (2844)
Mobifon
  2001 Ed. (72)
Mobifone
  2018 Ed. (676)
  2019 Ed. (690)
  2021 Ed. (684, 4611)
  2022 Ed. (724, 4630)
  2023 Ed. (897, 4629)
Mobil
  2015 Ed. (3918)
  2016 Ed. (3828)
  2017 Ed. (3786)
  2018 Ed. (2850, 3835)
  2019 Ed. (2816, 3812)
  2020 Ed. (2839)
  2021 Ed. (3820)
  2022 Ed. (3840, 3850)
  2023 Ed. (3939)
Mobil 1
  2001 Ed. (3392)
  2015 Ed. (3719)
  2016 Ed. (3631)
  2017 Ed. (3606)
  2018 Ed. (3669)
  2019 Ed. (3656)
  2020 Ed. (3622)
  2021 Ed. (3640)
Mobil 1 Lube Express
  2007 Ed. (335)
  2008 Ed. (322)
  2009 Ed. (343)
Mobil Chemical Co.
  1992 Ed. (3321)
  1993 Ed. (2869)
  2005 Ed. (1527)
Mobil Corp.
  1989 Ed. (1023, 1038, 1059, 1117, 1237, 2016, 2204, 2207, 2221, 2222, 2225)
  1990 Ed. (1235, 1243, 1267, 1280, 1652, 1875, 1877, 1884, 1885, 2679, 2827, 2828, 2838, 2839, 2840, 2841, 2846, 2847, 2852, 3453)
  1991 Ed. (347, 349, 1198, 1200, 1226, 1228, 1304, 1549, 1787, 1789, 1800, 1801, 2376, 2508, 2583, 2584, 2715, 2716, 2721, 2723, 2724, 2725, 2726, 2727, 2728, 2730, 2731, 2733, 2734, 2735, 2736, 2737, 3230, 3404)
  1992 Ed. (1565, 2260, 2261, 2269, 2270, 2962, 3222, 3418, 3419, 3429, 3430, 3432, 3433, 3434, 3438, 3451)
  1993 Ed. (898, 1160, 1217, 1223, 1230, 1243, 1244, 1334, 1413, 1490, 1600, 1919, 1920, 1929, 1931, 2492, 2611, 2770, 2824, 2827, 2830, 2831, 2832, 2834, 2835, 2836, 2837, 2838, 2839, 2840, 2846, 2847, 2849, 2850, 3592)
  1994 Ed. (329, 330)
  1995 Ed. (1203, 1269, 1280, 1284, 1292, 1293, 1309, 1313, 1424, 1435, 1504, 1970, 1971, 1982, 1983, 2498, 2908, 2909, 2912, 2913, 2914, 2915, 2916, 2917, 2918, 2919, 2920, 2922, 2923, 2924, 2927, 2930, 2931)
  1996 Ed. (1171, 1265, 1279, 1287, 1386, 1459, 1997, 1998, 2005, 2006, 3004, 3006, 3007, 3008, 3009, 3010, 3011, 3012, 3013, 3016, 3017, 3018, 3021, 3022, 3024, 3026, 3711)
  1997 Ed. (1210, 1276, 1307, 1310, 1324, 1327, 1351, 1406, 1528, 2116, 2118, 2125, 2126, 2703, 3083, 3084, 3086, 3087, 3088, 3089, 3090, 3091, 3092, 3093, 3094, 3098, 3099, 3101, 3102, 3106, 3108, 3109, 3765)
  1998 Ed. (239, 242, 975, 1080, 1087, 1088, 1116, 1162, 1191, 1318, 1801, 1806, 1815, 1816, 1824, 2430, 2435, 2817, 2818, 2819, 2820, 2823, 2825, 2826, 2827, 2828, 2829, 2831, 2832, 2833, 2834, 2836, 2837, 2840, 2878, 3361)
  1999 Ed. (348, 1079, 1412, 1517, 1548, 1549, 1559, 1749, 1864, 2568, 2569, 2575, 2576, 3294, 3318, 3468, 3651, 3793, 3795, 3798, 3799, 3800, 3801, 3802, 3803, 3804, 3805, 3806, 3808, 3810, 3812, 3814, 3815, 3816, 3850, 4389, 4618)
  2000 Ed. (1018, 1581, 2308, 2309, 2316, 2317, 3056, 3187, 3406, 3517, 3518, 3519, 3520, 3521, 3522, 3523, 3524, 3525, 3526, 3528, 3529, 3530, 3536, 3537)
  2001 Ed. (1184, 1490, 1553, 1592, 1894, 1895, 2174, 2578, 2579, 2582, 2584, 3403, 3739, 3740, 3741, 3742, 3743, 3745, 3755, 3756, 3762, 3774, 3775)
  2002 Ed. (3230)
  2003 Ed. (1844, 1845, 3279, 3847, 3848)
  2004 Ed. (3863, 3864)
  2005 Ed. (1463, 1488, 1524, 1527, 1547, 3792, 3793)
  2006 Ed. (2044, 3858, 3859)
  2007 Ed. (296, 2657)
  2008 Ed. (281, 2794)
  2009 Ed. (303, 2846)
  2010 Ed. (285)
  2011 Ed. (208)
  2012 Ed. (221)
  2013 Ed. (212)
  2014 Ed. (219)
  2015 Ed. (254, 255)
  2016 Ed. (247, 248)
Mobil Cotton Bowl
  1990 Ed. (1841)
Mobil Credit Corp.
  1998 Ed. (1823)
Mobil Delvac
  2016 Ed. (3631)
Mobil/Exxon
  2000 Ed. (3533, 3534)
Mobil Films
  1996 Ed. (3051)
Mobil Foundation
  1989 Ed. (1472, 1473)
Mobil Holdings UK Ltd.
  2004 Ed. (1879)
  2005 Ed. (1995)
  2006 Ed. (2095)
  2008 Ed. (2158)
  2009 Ed. (2138)
Mobil International Trading Co.
  2003 Ed. (1844)
  2004 Ed. (1879)
  2005 Ed. (1995)
  2006 Ed. (2095)
Mobil Marine Transportation Ltd.
  1994 Ed. (3571)
  1996 Ed. (986)
Mobil Oil
  1990 Ed. (959, 2791)
  1991 Ed. (2584, 2696)
  1992 Ed. (1441, 3223, 3431)
  1994 Ed. (2864, 2865)
  1995 Ed. (2928, 2929)
  1997 Ed. (2554)
  2000 Ed. (2345, 4265)
  2002 Ed. (3760)
Mobil Oil Canada Ltd.
  1989 Ed. (2038)
  1990 Ed. (3485)
  1992 Ed. (4160)
  1993 Ed. (1930, 2704, 2841, 2842, 2843)
  1994 Ed. (2853)
  1996 Ed. (3014)
  1997 Ed. (3095, 3096)
Mobil Oil Credit Corp.
  1991 Ed. (1807)
  1992 Ed. (2282)
  1994 Ed. (1965)
  1995 Ed. (1991)
  1996 Ed. (2013)
  1997 Ed. (2133)
  1999 Ed. (2584)
  2000 Ed. (2320)
Mobil Oil Indonesia Inc.
  2003 Ed. (1844)
Mobil Oil Nigeria plc
  2002 Ed. (4450)
Mobil Oil Portuguesa Lda.
  1994 Ed. (1441)
  1996 Ed. (1437)
  1997 Ed. (1500)
Mobil Oil Portuguesa Ltda.
  1995 Ed. (1477)
Mobil Oil Portuguesa Sarl
  1989 Ed. (1153)
  1990 Ed. (1410)
  1993 Ed. (1387)
Mobil Oil (West Germany)
  1991 Ed. (1284)
Mobil Paulsboro
  1998 Ed. (1843)
  1999 Ed. (2602)
Mobil Pipe Line Co.
  1991 Ed. (2742, 2743)
  1992 Ed. (3462, 3463, 3464, 3469)
  1993 Ed. (2854, 2855)
  1994 Ed. (2875, 2877, 2878)
  1995 Ed. (2941, 2948)
  1996 Ed. (3039)
  1997 Ed. (3124)
  1998 Ed. (2859, 2864)
  1999 Ed. (3830)
  2000 Ed. (2311, 2315)
  2001 Ed. (3799, 3800)
Mobil Pipeline Co.
  1989 Ed. (2232)
  2003 Ed. (3882)
Mobil Refinery
  2000 Ed. (3733)
Mobil Rom
  2001 Ed. (72)
Mobil Saudi Arabia Inc.
  1994 Ed. (3137, 3139)
Mobil Special
  2018 Ed. (3669)
Mobil Telecommunications Co.
  2008 Ed. (96)
Mobilcom AG
  2002 Ed. (4417)
Mobile Account Solutions
  2015 Ed. (2098)
Mobile Airwaves Inc.
  2004 Ed. (1341)
Mobile, AL
  1990 Ed. (1467, 2883)
  1991 Ed. (829, 1979, 1985)
  1992 Ed. (1013, 2101, 3492, 3494, 3501)
  1994 Ed. (952, 2149, 2150, 2487, 2944)
  1996 Ed. (3768)
  1997 Ed. (2072)
  1999 Ed. (1149, 2493)
  2002 Ed. (2219, 2221)
  2003 Ed. (3908, 3911)
  2008 Ed. (4349)
  2009 Ed. (3878)
  2010 Ed. (2407)
  2011 Ed. (2408)
  2019 Ed. (2121, 2208, 3321)
  2021 Ed. (3307)
  2023 Ed. (952)
Mobile Area Chamber of Commerce
  2007 Ed. (3373)
Mobile Chamber of Commerce
  2014 Ed. (3507)
Mobile Computing Corp.
  2001 Ed. (2864)
Mobile Corp.
  2000 Ed. (3027)
  2004 Ed. (3341)
  2005 Ed. (3372)
Mobile Create
  2016 Ed. (1710)
Mobile Data Group Pty. Ltd.
  2009 Ed. (2982, 2983)
Mobile Data Solutions Inc.
  2006 Ed. (2821)
Mobile Defenders
  2019 Ed. (1776, 4611)
Mobile Embrace
  2019 Ed. (1415)
Mobile Encryption Technologies LLC
  2020 Ed. (1933)
  2021 Ed. (1894)
Mobile Fleet Specialists of Birmingham
  2023 Ed. (1561)
Mobile Fun Ltd.
  2009 Ed. (3030)
Mobile Home Communities Inc.
  1991 Ed. (2477)
  1992 Ed. (3093)
  1993 Ed. (2587)
  1994 Ed. (2534)
Mobile homes
  1991 Ed. (2626)
  1996 Ed. (2566)
Mobile Homes Central
  2006 Ed. (4039)
Mobile imaging
  2003 Ed. (2691)
Mobile Industries
  2015 Ed. (2025)
Mobile Infirmary Association
  2001 Ed. (1606)
  2003 Ed. (1600)
  2004 Ed. (1617)
  2005 Ed. (1643)
  2006 Ed. (1533)
  2007 Ed. (1563)
  2008 Ed. (1543)
  2009 Ed. (1471)
  2010 Ed. (1457)
  2011 Ed. (1458)
  2012 Ed. (1298)
  2013 Ed. (1403)
  2014 Ed. (1342)
  2015 Ed. (1419)
  2016 Ed. (1340)
Mobile Interactive Group
  2012 Ed. (2840, 2850, 2855)
Mobile Klinik Professional Smartphone Repair
  2021 Ed. (1446)
Mobile Knowledge Inc.
  2003 Ed. (2934)
Mobile Labs
  2018 Ed. (994)
  2019 Ed. (994)
  2020 Ed. (978)
  2021 Ed. (960)
  2022 Ed. (997)
  2023 Ed. (1168)
Mobile Majority
  2018 Ed. (1399)
Mobile Marketing
  2015 Ed. (704)
The Mobile Marketing Handbook
  2014 Ed. (638)
Mobile Media Group Inc.
  2003 Ed. (813)
Mobile Messenger
  2007 Ed. (1590)
Mobile Mini
  2018 Ed. (3372)
  2022 Ed. (3375)
Mobile Mini Inc.
  2004 Ed. (2770, 4534)
  2005 Ed. (4476)
  2018 Ed. (4010)
  2019 Ed. (3356, 3997)
  2020 Ed. (4014)
  2022 Ed. (3994)
Mobile Music
  1994 Ed. (2594)
Mobile Oil Inc.
  2001 Ed. (1894)
Mobile phone
  2000 Ed. (3505)
Mobile Pipe Line Co.
  1991 Ed. (2745, 2748)
Mobile Pipeline Co.
  1990 Ed. (2869)
Mobile Satellite Ventures LP
  2003 Ed. (4849)
Mobile Suit Gundam
  2019 Ed. (4681)
  2021 Ed. (4665, 4668, 4669)
  2022 Ed. (4673, 4679)
  2023 Ed. (4666)
Mobile Suit Gundam (Japan)
  2021 Ed. (4669)
  2022 Ed. (4679)
Mobile Telecom
  2004 Ed. (60)
  2005 Ed. (55)
  2007 Ed. (63)
  2008 Ed. (67)
  2009 Ed. (76)
Mobile Telecommunications Company KSCP
  2023 Ed. (2368)
Mobile Telecommunications-GSM
  2004 Ed. (64)
Mobile Tele.Net
  2001 Ed. (79)
Mobile Telephone
  2002 Ed. (4436)
Mobile Telephone Networks
  2006 Ed. (88)
  2007 Ed. (78)
Mobile Telephone Systems Co.
  2006 Ed. (4513)
Mobile TeleSystems
  2002 Ed. (1637)
  2003 Ed. (2942, 4603)
  2006 Ed. (82, 1697, 2005, 2006, 3038)
  2007 Ed. (4715)
  2008 Ed. (78, 97)
  2009 Ed. (87)
Mobile Telesystems
  2014 Ed. (4662)
  2015 Ed. (4659)
Mobile Telesystems OJSC
  2005 Ed. (3033, 3037, 3038)
  2006 Ed. (3041)
  2011 Ed. (4646)
  2012 Ed. (4650)
  2013 Ed. (4603)
  2014 Ed. (4656)
  2015 Ed. (4651)
  2016 Ed. (4565)
  2017 Ed. (4578)
Mobile TeleSystems Public Joint Stock Co.
  2021 Ed. (2485, 4616)
  2022 Ed. (2597, 4634)
Mobile Text Alerts
  2021 Ed. (1720)
Mobile Trend GmbH
  2018 Ed. (1571)
Mobile Wave Solutions
  2021 Ed. (1391)
Mobile World
  2012 Ed. (4365)
  2013 Ed. (4297)

CUMULATIVE INDEX • 1989-2023

Mobile World Investment
  2019 Ed. (4269)
  2020 Ed. (1992, 4258)
  2021 Ed. (1943)
MobileCom
  2004 Ed. (57)
  2005 Ed. (52)
  2006 Ed. (59)
  2007 Ed. (50)
  2008 Ed. (53)
  2009 Ed. (60)
  2010 Ed. (70)
MobileDemand
  2010 Ed. (1070)
MobileIron
  2016 Ed. (2911)
mobileLIVE
  2018 Ed. (3642)
MobileMedia Corp.
  1998 Ed. (2726, 2984)
  2000 Ed. (387, 388)
Mobilemedia, S.R.O.
  2016 Ed. (2012)
MobileObjects AG
  2009 Ed. (3004)
Mobile@Ogilvy
  2015 Ed. (77)
  2016 Ed. (77)
MobileOne
  2001 Ed. (76, 3335)
  2005 Ed. (76)
  2006 Ed. (85)
  2007 Ed. (75)
  2008 Ed. (81)
MobilePro Corp.
  2006 Ed. (1424)
Mobile.Skymall.com
  2011 Ed. (2365)
MobileSmith Inc.
  2020 Ed. (961)
Mobileye N.V.
  2019 Ed. (1810)
Mobiliar
  1990 Ed. (2258)
  1994 Ed. (2239)
Mobilis
  2022 Ed. (628)
  2023 Ed. (857)
Mobilis Networks
  2012 Ed. (2851)
Mobilit
  2019 Ed. (1978)
Mobilitie LLD
  2018 Ed. (1394)
Mobility Electronics Inc.
  2005 Ed. (1559)
Mobilix
  2001 Ed. (29)
Mobilize Your Customers
  2014 Ed. (638)
Mobilkom Austria
  2004 Ed. (26)
  2009 Ed. (27)
  2010 Ed. (37)
Mobilkom Austria AG
  2001 Ed. (15)
Mobiltel
  2001 Ed. (78)
  2004 Ed. (33)
  2005 Ed. (26)
  2006 Ed. (32)
  2009 Ed. (34)
  2010 Ed. (44)
Mobiltel EAD
  2011 Ed. (1511)
  2012 Ed. (1359)
  2013 Ed. (1445)
  2014 Ed. (1406)
Mobily
  2008 Ed. (79)
  2011 Ed. (2028)
  2012 Ed. (1877, 4663)
  2013 Ed. (684, 689, 2037, 4621)
  2014 Ed. (1972, 4682)
  2015 Ed. (745, 2017, 4665, 4692)
  2016 Ed. (680)
  2019 Ed. (676)
  2021 Ed. (654, 655, 4597)
  2022 Ed. (690, 691, 4603, 4612, 4613)
  2023 Ed. (884, 4614)
Mobily Co.
  2015 Ed. (4645)
Mobimak
  2005 Ed. (59)
  2006 Ed. (66)
  2009 Ed. (67)
MobiNil
  2001 Ed. (30)
  2004 Ed. (42)
  2005 Ed. (36)
  2006 Ed. (43)
  2007 Ed. (34)
  2008 Ed. (38)
  2009 Ed. (43)
  2010 Ed. (53)
  2011 Ed. (1616)
Mobinil-Egyptian Mobile Service
  2015 Ed. (1401)

Mobiquity
  2016 Ed. (1781)
Mobis North America
  2017 Ed. (304)
Mobistar
  2007 Ed. (4715)
  2011 Ed. (4646)
Mobitai
  2001 Ed. (3336)
Mobitek Communication Corp.
  2008 Ed. (2928)
Mobitel
  2004 Ed. (83)
  2006 Ed. (87)
Mobitel Phones
  2001 Ed. (84)
Mobitel Telephone
  2001 Ed. (87)
Mobitex
  2005 Ed. (78)
Mobius Management Systems Inc.
  2002 Ed. (1156)
Mobius Partners
  2012 Ed. (1931)
  2014 Ed. (2027)
Mobius Partners Enterprise Solutions
  2008 Ed. (4607)
Mobius Venture Capital
  2005 Ed. (4818, 4819)
  2006 Ed. (4880)
Mobixell Networks
  2009 Ed. (3007)
Mobley Industrial Services Inc.
  2012 Ed. (1132)
  2015 Ed. (1269)
  2016 Ed. (1184)
  2017 Ed. (1227)
Mobley; Sybil
  1995 Ed. (1256)
Mobomo
  2019 Ed. (1272)
Mobotix
  2018 Ed. (4298)
  2019 Ed. (4324)
  2020 Ed. (4316)
  2021 Ed. (4333)
  2022 Ed. (4341)
  2023 Ed. (4374)
Mobpartner
  2016 Ed. (1593)
Mobtel
  2005 Ed. (75)
Moby
  2006 Ed. (2499)
Moby-Dick
  2005 Ed. (717)
Moby Dick House of Kabob
  2021 Ed. (4188)
  2023 Ed. (4242)
Moby Entertainment
  2006 Ed. (2499)
Mocar
  1992 Ed. (72)
Mocatta & Goldsmid Ltd.
  1991 Ed. (3110)
  1993 Ed. (1327, 3609)
  1994 Ed. (1383, 3565)
  1995 Ed. (1409, 3650)
Mocatta & Goldsmid Ltd
  1990 Ed. (1374, 3265, 3635)
Moceri Cos.
  1998 Ed. (901)
Moceri Development
  2002 Ed. (1188)
Mocha Delites Inc.
  2005 Ed. (1050)
Mochida Pharmaceutical
  1994 Ed. (3551)
Mochizuki; Masayuki
  1996 Ed. (1878)
  1997 Ed. (1985)
Mochtar Riady
  2015 Ed. (4930, 4931)
  2016 Ed. (4846, 4847)
  2017 Ed. (4852)
  2018 Ed. (4860)
  2019 Ed. (4854)
  2020 Ed. (4844)
  2021 Ed. (4845)
  2022 Ed. (4840)
Mock Resources
  1996 Ed. (2644)
Mockbeggar
  2019 Ed. (2773)
Mockingjay
  2013 Ed. (555)
MocoSpace
  2011 Ed. (3326)
Mod-Pac Corp.
  2005 Ed. (3673, 3674)
MOD Pizza
  2018 Ed. (2033, 4198)
  2019 Ed. (2092, 2093, 2100, 3914, 4224)
  2020 Ed. (2002, 3929)
  2021 Ed. (3895, 4183, 4205)
  2022 Ed. (3908, 3909)
  2023 Ed. (4002, 4006)

Mod Pizza
  2017 Ed. (4144)
  2018 Ed. (2578)
  2019 Ed. (2552)
  2020 Ed. (2541, 3934, 3935, 3936, 3937, 4212, 4213)
  2021 Ed. (2504, 3902, 3903, 3904, 3905, 4169, 4170, 4206)
  2022 Ed. (3912, 3914, 3915, 3916, 3917, 4192, 4193)
MOD Super-Fast Pizza Holdings LLC
  2020 Ed. (2757)
MOD Superfast Pizza Holdings LLC
  2018 Ed. (2033)
  2019 Ed. (2092, 2093)
  2020 Ed. (2002)
Moda
  2022 Ed. (1854)
  2023 Ed. (1974)
Moda Health
  2016 Ed. (1946)
  2017 Ed. (1909)
  2018 Ed. (1856)
  2019 Ed. (1907, 1910)
Moda Health Plan Inc.
  2016 Ed. (1943)
Moda Inc.
  2017 Ed. (1907)
  2018 Ed. (1854)
  2020 Ed. (1846)
  2021 Ed. (1810)
  2022 Ed. (1854)
Modany; Kevin
  2012 Ed. (2492)
ModCloth
  2012 Ed. (4047, 4307)
Modcloth.com
  2018 Ed. (2318)
  2019 Ed. (2307)
Mode Design
  2022 Ed. (181)
MODE Global
  2023 Ed. (2902)
MODE Transportation
  2021 Ed. (2646)
  2022 Ed. (2774)
Mode Transportation
  2015 Ed. (2814)
  2017 Ed. (2698)
  2023 Ed. (4680, 4686)
Model 379 heavy duty truck
  1989 Ed. (2342)
Model kits
  2001 Ed. (4605)
Model Metrics
  2012 Ed. (4815)
Modell's Sporting Goods
  1991 Ed. (3168)
  1992 Ed. (4047)
  1994 Ed. (3372)
  1995 Ed. (3429)
  1996 Ed. (3494)
  1997 Ed. (3560)
  1998 Ed. (3352)
  1999 Ed. (4381)
  2001 Ed. (4337)
  2006 Ed. (4447, 4450, 4451)
  2011 Ed. (4508)
  2012 Ed. (4515)
Modelo
  2002 Ed. (678)
  2019 Ed. (594, 595)
  2020 Ed. (568, 576, 577)
  2021 Ed. (541, 549, 550)
  2022 Ed. (565, 575, 576, 583, 584, 668)
  2023 Ed. (823, 824, 872, 875)
Modelo Chelada Tamarindo Picante
  2019 Ed. (3694)
Modelo Continente
  1999 Ed. (3250)
Modelo Continente
  2000 Ed. (2984)
Modelo Continente Hipermercados
  2009 Ed. (83)
Modelo Continente Hipermercados SA
  1997 Ed. (1500)
  2000 Ed. (1544)
  2001 Ed. (1839)
  2003 Ed. (1812)
  2007 Ed. (1958)
Modelo Continente-SGPS
  1996 Ed. (2527, 2528)
  1997 Ed. (2673)
  2002 Ed. (3185, 3186)
Modelo Continente SGPS SA
  2005 Ed. (1953)
  2006 Ed. (1995)
  2007 Ed. (1958)
  2008 Ed. (2053)
  2009 Ed. (2018)
  2011 Ed. (2011)
  2012 Ed. (1861)
  2013 Ed. (2020)
Modelo Especial
  2001 Ed. (683)
  2004 Ed. (668)
  2005 Ed. (654, 655)

  2006 Ed. (556)
  2007 Ed. (592, 599)
  2008 Ed. (540, 544)
  2009 Ed. (574)
  2010 Ed. (556)
  2011 Ed. (485)
  2012 Ed. (439, 442)
  2013 Ed. (554)
  2014 Ed. (566, 570)
  2015 Ed. (629, 636, 638)
  2016 Ed. (576, 579, 586, 587, 588)
  2017 Ed. (607, 615, 616, 618, 619)
  2018 Ed. (571, 578, 581)
  2019 Ed. (597)
  2020 Ed. (580)
  2023 Ed. (826)
Modelo Especial Chelada
  2016 Ed. (586)
  2017 Ed. (615)
Modelo Especiale
  2008 Ed. (543)
Modelo; Grupo
  2014 Ed. (173)
  2015 Ed. (203)
Modelo (Mexico)
  2022 Ed. (583)
Modelo SA de CV; Grupo
  2005 Ed. (652, 671, 1865)
  2006 Ed. (552, 570, 1876, 1878, 2547, 3392)
  2007 Ed. (1877, 1878)
  2008 Ed. (537, 1926, 3571)
  2009 Ed. (1885, 3641)
  2010 Ed. (1819, 3560)
  2011 Ed. (1850, 3563)
  2012 Ed. (444, 462, 1702, 3556)
  2013 Ed. (3595)
Modelo, SA de CV; Grupo
  2013 Ed. (1853)
  2014 Ed. (1784)
  2015 Ed. (1826)
Modelo, SAB de CV; Grupo
  2013 Ed. (579)
  2014 Ed. (589)
  2015 Ed. (657)
Modelo SGPS
  1996 Ed. (2527, 2528)
  1997 Ed. (2673)
Modem Media
  1999 Ed. (102)
  2001 Ed. (245)
  2003 Ed. (2710)
  2004 Ed. (116)
  2006 Ed. (3420)
  2007 Ed. (3435)
Modern Acupuncture
  2022 Ed. (3816)
Modern Alternative Mama LLC
  2022 Ed. (1830)
Modern Alternative Mama LLC, dba Earthley Wellness
  2022 Ed. (1830)
  2023 Ed. (1956)
Modern Biomedical & Imaging
  2002 Ed. (2591)
  2003 Ed. (2796)
  2005 Ed. (2884, 3438)
  2006 Ed. (3449)
Modern Biomedical Services
  1999 Ed. (2717)
  2000 Ed. (2495)
  2001 Ed. (2762)
Modern Bride
  1989 Ed. (183, 2178)
  1993 Ed. (2802, 2807)
  1994 Ed. (2789, 2797, 2803, 2804)
  1995 Ed. (2890)
  1996 Ed. (2964)
  1997 Ed. (3041)
  1999 Ed. (3766, 3769)
  2000 Ed. (203, 3491)
  2004 Ed. (147)
  2006 Ed. (147, 155)
  2007 Ed. (139, 4993)
Modern Builders Inc.
  2005 Ed. (4149)
Modern Business Associates Inc.
  2004 Ed. (1704)
  2005 Ed. (1762)
  2006 Ed. (1708)
  2007 Ed. (1703)
  2008 Ed. (1732)
  2009 Ed. (1671)
  2010 Ed. (1627)
Modern Cell & Tissue Technologies Inc.
  2010 Ed. (2922)
Modern and Chic Boutique
  2023 Ed. (2087, 4271)
Modern Commodities Management Corp.
  1993 Ed. (1037)
Modern Company for Water Proofing SAE
  2022 Ed. (893)
Modern Company for Water Proofing SAE (Egypt)
  2022 Ed. (893)
Modern Concrete
  2010 Ed. (1141)

Modern Continental Construction Co., Inc.
　1991 Ed. (1086)
　1992 Ed. (1419)
　1993 Ed. (1131)
　1996 Ed. (1127)
　1997 Ed. (1155)
　1998 Ed. (941)
　1999 Ed. (1360, 1364)
　2000 Ed. (1251, 1255)
　2001 Ed. (1467)
　2002 Ed. (1254, 1277, 1279, 1283, 1284, 1285)
　2003 Ed. (765, 1270, 1295, 1296, 2630, 2745)
　2004 Ed. (1299)
　2005 Ed. (1307)
Modern Continental Cos., Inc.
　2006 Ed. (1275, 1276)
Modern Continental Enterprises
　2000 Ed. (1206)
Modern Dental Laboratory USA
　2013 Ed. (2159)
Modern Engineering Service Co.
　1989 Ed. (309)
"Modern Family"
　2013 Ed. (2946)
　2014 Ed. (2964)
　2015 Ed. (3033)
　2016 Ed. (2929)
　2017 Ed. (2888)
　2018 Ed. (2955, 4624)
Modern Family
　2012 Ed. (2870)
Modern Fertility
　2020 Ed. (2900)
Modern Healthcare
　2012 Ed. (4739)
Modern International Graphics Inc.
　2001 Ed. (3890)
Modern Machine Shop
　2003 Ed. (814)
　2010 Ed. (4769)
　2011 Ed. (4721)
　2012 Ed. (4742)
Modern Machinery Co.
　2007 Ed. (1895)
　2015 Ed. (1869)
Modern Manufacturing & Engineering Inc.
　2023 Ed. (3751)
Modern Market
　2018 Ed. (4142)
　2019 Ed. (4224)
Modern Maternity
　1989 Ed. (181)
Modern Maturity
　1989 Ed. (180, 2175, 2176)
　1990 Ed. (287, 2800)
　1991 Ed. (2704)
　1992 Ed. (3380, 3381)
　1993 Ed. (2794, 2795)
　1994 Ed. (2787, 2788)
　1995 Ed. (247, 2885, 2887)
　1996 Ed. (240, 2972)
　1997 Ed. (271)
　1999 Ed. (292, 3771)
　2000 Ed. (3462)
　2003 Ed. (3274)
Modern Mushroom Farms Inc.
　2017 Ed. (3435)
Modern Niagara Group Inc.
　2005 Ed. (1703, 1724)
Modern Photo Film PT
　1997 Ed. (1431)
Modern Poultry Farms
　2022 Ed. (2239)
　2023 Ed. (2426)
Modern Promos
　2019 Ed. (3477)
　2020 Ed. (3455)
Modern Realty
　2021 Ed. (1808)
Modern Salon
　2005 Ed. (139, 140)
　2015 Ed. (805)
　2016 Ed. (723)
Modern Sanitation Systems Inc.
　1991 Ed. (1907)
　1994 Ed. (2049)
Modern Sanitations Systems
　1996 Ed. (2065)
Modern Technology Solutions
　2023 Ed. (2091, 4413)
Modern Technology Solutions Inc.
　2021 Ed. (1315)
Modern Times Group
　2004 Ed. (61)
　2006 Ed. (63)
　2007 Ed. (54)
Modern Toyota Scion
　2018 Ed. (1813)
Modern Woodmen of America
　1995 Ed. (2786, 2787)
　1996 Ed. (1972)
　1998 Ed. (170)
Modern Woodmen Fraternal Financial
　2023 Ed. (3769)

Moderna
　1999 Ed. (3397, 3398)
　2022 Ed. (606, 1631)
Moderna Empresas
　2000 Ed. (2228)
Moderna Inc.
　2023 Ed. (1848)
Modernista!
　2003 Ed. (169, 170)
　2004 Ed. (106, 128)
Modernizing Medicine
　2019 Ed. (1559)
　2020 Ed. (1528)
Modernland Realty
　2016 Ed. (1370, 1669)
Modernoble Publicidad
　1992 Ed. (155)
　1993 Ed. (104, 126)
　1995 Ed. (60, 71)
　1996 Ed. (74, 84)
　1997 Ed. (74)
　1999 Ed. (75)
　2001 Ed. (123)
　2002 Ed. (94)
Modernoble Publicidad (O & M)
　2000 Ed. (81)
Modesto, CA
　1993 Ed. (950, 2527, 2547)
　1997 Ed. (2337, 2764)
　1999 Ed. (1162, 2809)
　2003 Ed. (232)
　2004 Ed. (190)
　2005 Ed. (338, 2973, 3324, 4792)
　2006 Ed. (2974, 4863)
　2007 Ed. (3002)
　2008 Ed. (3116)
　2009 Ed. (351, 1023, 3770)
　2010 Ed. (327, 989, 3474)
　2011 Ed. (254, 917, 3479)
　2012 Ed. (275)
　2014 Ed. (278)
　2017 Ed. (314)
　2021 Ed. (3367)
Modi
　1990 Ed. (1379, 1380)
　1991 Ed. (962)
Modi; Narendra
　2017 Ed. (3297)
　2018 Ed. (3368)
MODIA
　2009 Ed. (3065, 3067, 3068)
　2010 Ed. (2998, 2999)
　2011 Ed. (2966)
　2012 Ed. (2897, 2899)
　2013 Ed. (2982, 2983)
　2014 Ed. (2993, 2994)
　2016 Ed. (2956)
　2017 Ed. (2915)
Modia
　2017 Ed. (2289)
Modiano Ltd.; G.
　1994 Ed. (998)
ModiCare
　2023 Ed. (2313)
Modine Manufacturing
　2021 Ed. (231, 1972)
Modine Manufacturing Co.
　1989 Ed. (330, 331)
　1990 Ed. (389, 390, 391, 392)
　1991 Ed. (339, 340, 343, 344)
　1992 Ed. (472, 473, 476, 477)
　1993 Ed. (341)
　1994 Ed. (327, 328)
　1995 Ed. (325)
　1996 Ed. (339)
　1997 Ed. (316)
　1998 Ed. (241)
　1999 Ed. (349)
　2001 Ed. (498)
　2003 Ed. (339)
　2004 Ed. (315, 316)
　2005 Ed. (314, 315, 317)
　2006 Ed. (328, 331)
　2007 Ed. (323)
　2010 Ed. (3525)
　2015 Ed. (2185)
　2019 Ed. (2115)
　2020 Ed. (2027)
Modis Professional Services
　2000 Ed. (4226)
　2001 Ed. (1589, 4501)
　2002 Ed. (4595, 4596)
　2003 Ed. (4717, 4718)
Modjtabai; Avid
　2005 Ed. (3183)
　2006 Ed. (3185, 4980)
　2013 Ed. (4961)
　2015 Ed. (5016)
　2016 Ed. (4934)
Modlity Technologies
　2009 Ed. (3007)
Modo
　1992 Ed. (3336)
　1997 Ed. (2071)
Modrall Sperling
　2022 Ed. (3337)
　2023 Ed. (3443)

Mod's Hair
　2001 Ed. (2645)
ModSys International Ltd.
　2018 Ed. (975)
Modtech
　1995 Ed. (2820)
　2000 Ed. (2395)
Modtech Holdings Inc.
　2004 Ed. (788)
　2005 Ed. (774, 775)
Modulaire
　2023 Ed. (3487, 3490, 3493, 3495)
Modular Assembly Innovations L.L.C.
　2018 Ed. (119)
　2019 Ed. (105)
　2020 Ed. (100)
　2021 Ed. (92)
　2022 Ed. (109)
Modular Assembly Innovations LLC
　2015 Ed. (104, 109)
　2016 Ed. (117, 1925, 3589)
　2017 Ed. (108, 3556)
　2018 Ed. (3607)
　2019 Ed. (3598)
　2020 Ed. (3570)
　2021 Ed. (3600)
　2022 Ed. (3651)
　2023 Ed. (3757)
Modular Marketing
　1990 Ed. (3086)
Modum
　2005 Ed. (22)
　2006 Ed. (28)
Modus
　2014 Ed. (799)
　2016 Ed. (2076)
Modus Inc.
　2010 Ed. (1462)
Modus Media Inc.
　2003 Ed. (2951)
ModusLink Global Solutions
　2011 Ed. (1831, 1832)
Modzelewski; Jack
　1996 Ed. (1836)
　1997 Ed. (1909)
Moe; Timothy
　1997 Ed. (1959)
Moelis & Co.
　2018 Ed. (1302)
Moellehuset, Thisted kommune
　2015 Ed. (1605)
Moeller
　2001 Ed. (4125)
Moeller Brew Barn
　2023 Ed. (923)
Moeller; Harald A.
　2005 Ed. (64)
　2006 Ed. (71)
　2007 Ed. (62)
Moeller-Maersk A/S; A.P.
　2017 Ed. (4727)
Moeller Marine Products Inc.
　2021 Ed. (3911)
　2022 Ed. (3921)
Moen Inc.
　2015 Ed. (1956)
Moerus Worldwide Value N
　2023 Ed. (4523)
Moe's
　2006 Ed. (4111, 4112)
　2022 Ed. (2624)
　2023 Ed. (2760)
Moe's Southwest Grill
　2006 Ed. (819, 2570)
　2007 Ed. (905, 2541, 4136, 4137, 4139)
　2008 Ed. (2663, 2680, 2682, 2686)
　2009 Ed. (2704, 2705, 4274)
　2010 Ed. (2624, 2625, 4210)
　2011 Ed. (2606, 2607)
　2012 Ed. (2534, 2536, 2550)
　2013 Ed. (2671)
　2014 Ed. (2622, 4272)
　2015 Ed. (2660, 2666, 3662, 3663, 3664, 3665, 3666, 3667, 4253, 4295, 4296, 4297)
　2016 Ed. (2583, 2589, 3549, 3550, 3551, 3552, 3553, 3554)
　2017 Ed. (2507, 2513, 3518, 3519, 3520, 3521, 3522, 3523, 4136, 4178)
　2018 Ed. (2581, 2589, 3566, 3567, 3568, 3569, 3570, 3571, 4211)
　2019 Ed. (2555, 2565, 3559, 3560, 3561, 3562, 3563, 3564, 4223, 4241)
　2020 Ed. (2546, 2556, 3533, 3534, 3535, 3536, 3537, 3538, 4240)
　2021 Ed. (2505, 2509, 2519, 3549, 3550, 3551, 3552, 3553, 3554, 4204)
　2022 Ed. (2632, 3610, 3611, 3612, 3613, 3614, 3615)
　2023 Ed. (2769, 4236)
Moe's Southwest Grill LLC
　2007 Ed. (2598)
Moet
　1989 Ed. (2946)
　1997 Ed. (931, 936, 937, 938)
　2013 Ed. (169)
Moët & Chandon
　2023 Ed. (1047)

Moet & Chandon
　1989 Ed. (872)
　1992 Ed. (1082, 1084, 1085, 4447, 4461, 4463)
　1993 Ed. (882)
　1995 Ed. (921, 924, 926, 930, 3770)
　1996 Ed. (896, 900, 901, 903, 904, 906, 909, 3864, 3866)
　1998 Ed. (675, 676, 680, 681, 682, 3442, 3724, 3752)
　1999 Ed. (1061, 1063, 1066, 1067, 1068, 4796, 4798, 4799, 4800)
　2000 Ed. (1008, 1009)
　2001 Ed. (1151, 4890, 4911)
　2002 Ed. (963, 4957)
　2003 Ed. (900)
　2004 Ed. (925)
　2005 Ed. (915, 916, 919, 4953, 4955, 4956)
　2006 Ed. (829)
　2007 Ed. (687, 3398)
　2008 Ed. (651, 657, 3529)
　2009 Ed. (3588)
　2011 Ed. (573, 3510)
　2012 Ed. (3508)
　2013 Ed. (3548)
　2014 Ed. (174, 664)
Moet et Chandon
　1991 Ed. (884, 885, 3500, 3502)
　1997 Ed. (927, 934, 942)
　2022 Ed. (862)
Moet & Chandon Champagne
　2000 Ed. (4423, 4424)
　2001 Ed. (1160, 1161, 1162)
　2002 Ed. (967, 971, 973, 974)
　2003 Ed. (908)
Moet Hennessey Inc.
　2001 Ed. (281)
Moet Hennessy Diageo SAS; MHD
　2013 Ed. (589, 590)
Moet Hennessy Inc.
　2001 Ed. (282)
　2003 Ed. (1958, 1959)
　2004 Ed. (1998)
　2007 Ed. (2156)
　2008 Ed. (2271)
　2009 Ed. (2258)
Moet Hennessy Louis Vuitton
　1990 Ed. (1369)
Moet Hennessy USA Inc.
　2010 Ed. (2215)
　2011 Ed. (2233)
　2014 Ed. (2215)
　2015 Ed. (2279, 2280)
　2016 Ed. (2250, 2251)
Moevenpick Holding Ag.
　1990 Ed. (2093)
　1993 Ed. (2100)
Moffatt & Nichol Engineers
　2004 Ed. (2355)
Moffett; David
　2006 Ed. (999)
　2008 Ed. (370)
Moffett Field
　1996 Ed. (2643)
Moffett; J. R.
　2005 Ed. (2495)
Moffitt Cancer Center
　2017 Ed. (2949)
　2018 Ed. (3062)
　2019 Ed. (3005)
　2020 Ed. (3039)
Moffitt Cancer Center & Research Institute; H. Lee
　2008 Ed. (3176, 3179)
Mofif
　2003 Ed. (908)
Mogel; Bruce
　2009 Ed. (3706)
　2010 Ed. (3623)
Mogherini; Federica
　2017 Ed. (4916)
Mogiana Alimentos SA
　2018 Ed. (3786)
　2020 Ed. (3824)
Mogli Labs (India) Private Limited
　2020 Ed. (2912)
Mogilev Chemical Fiber Production Association
　1993 Ed. (910)
Moglia; Joe
　2006 Ed. (3185)
　2007 Ed. (3223)
Mogo Finance
　2018 Ed. (3642)
　2021 Ed. (1659)
Mogo Finance Technology
　2017 Ed. (2863)
Mogotel SIA
　2017 Ed. (1717)
Mohala Liqueur
　1990 Ed. (2461)
Mohamed; Abu Kassim
　2012 Ed. (598)
Mohamed Al-Bahar
　2008 Ed. (4889)
　2009 Ed. (4909)
　2010 Ed. (4910)

Mohamed Al Fayed
 2005 Ed. (4892, 4893)
 2012 Ed. (4885)
 2013 Ed. (4869)
 2014 Ed. (4883)
 2015 Ed. (4921)
 2016 Ed. (4837)
 2017 Ed. (4845)
 2018 Ed. (4852)
 2019 Ed. (4847)
 2020 Ed. (4836)
 2021 Ed. (4837)
 2022 Ed. (4830)
 2023 Ed. (4825)
Mohamed Al Issa
 2010 Ed. (4912)
 2011 Ed. (4898)
 2012 Ed. (4908)
 2013 Ed. (4904)
 2014 Ed. (4915)
Mohamed Al Jaber
 2013 Ed. (3483, 3486)
Mohamed Al-Mady
 2012 Ed. (765)
Mohamed Al Rajhi
 2011 Ed. (4898)
 2012 Ed. (4908)
 2013 Ed. (4904)
Mohamed Al Shaibani
 2014 Ed. (3468)
Mohamed Alabbar
 2013 Ed. (1173, 3483, 3490)
 2014 Ed. (3468)
Mohamed Alshaya
 2013 Ed. (3478, 4298)
Mohamed Benselah
 2013 Ed. (3481)
Mohamed Bin Issa Al Jaber
 2009 Ed. (4911)
 2010 Ed. (4912, 4913)
 2011 Ed. (4898, 4900)
 2012 Ed. (4908, 4909)
 2013 Ed. (4904, 4918)
 2014 Ed. (4915)
Mohamed Bin Zayed Al Nahayan
 2010 Ed. (4913)
Mohamed Mansour
 2012 Ed. (4885)
 2013 Ed. (4869)
 2014 Ed. (4883)
 2015 Ed. (4906, 4921)
 2016 Ed. (4821, 4837)
 2017 Ed. (4845)
 2018 Ed. (4837, 4852)
 2019 Ed. (4847)
 2020 Ed. (4836)
 2021 Ed. (4837)
 2022 Ed. (4830)
 2023 Ed. (4825)
Mohamed; Nadir
 2012 Ed. (803)
Mohamed Salah
 2023 Ed. (321)
Mohamed Sales and Warehousing LLC
 2023 Ed. (3752)
Mohammad Ghanam
 2012 Ed. (790)
Mohammed Al Amoudi
 2007 Ed. (4921)
 2008 Ed. (4891, 4892)
 2009 Ed. (4911)
 2010 Ed. (4912, 4913)
 2011 Ed. (4898, 4900)
 2012 Ed. (4908, 4909)
 2013 Ed. (4904, 4918)
 2014 Ed. (4915)
 2015 Ed. (4955)
 2016 Ed. (4871)
 2017 Ed. (4872)
 2018 Ed. (4884)
Mohammed Al Barwani
 2015 Ed. (4948)
 2016 Ed. (4863)
Mohammed Al Issa
 2015 Ed. (4955)
 2016 Ed. (4871)
 2017 Ed. (4872)
 2018 Ed. (4884)
Mohammed Al Mady
 2013 Ed. (1173)
Mohammed Al Marri
 2013 Ed. (3490)
Mohammed Bahwan
 2018 Ed. (4876)
Mohammed Baloola
 2013 Ed. (3487)
Mohammed Baobaid
 2013 Ed. (3491)
Mohammed Dewji
 2016 Ed. (4880)
Mohammed El Erian
 2013 Ed. (3475)
Mohammed Hassanein Heikal
 2013 Ed. (3475)
Mohammed Jameel
 2003 Ed. (4895)
 2004 Ed. (4883)
 2005 Ed. (4886)

2013 Ed. (4298)
Mohammed Nabbous
 2013 Ed. (3480, 3483)
Mohammed Omran
 2013 Ed. (4614)
Mohammed Serafi
 2018 Ed. (4884)
Mohammed VI; King
 2017 Ed. (4832)
Mohannad Al-Kharafi
 2013 Ed. (4885)
 2014 Ed. (4898)
 2015 Ed. (4937)
 2016 Ed. (4853)
 2018 Ed. (4866)
 2019 Ed. (4860)
Mohapatra; Surya N.
 2011 Ed. (834)
Mohasco Corp.
 1989 Ed. (1490, 1622)
 1990 Ed. (1864, 1865, 2038, 2104)
 1991 Ed. (1780, 2375)
 1992 Ed. (2244)
 1994 Ed. (1933)
 1995 Ed. (1951, 1952)
 2005 Ed. (1514)
Mohasco Furniture Co.
 1990 Ed. (1863)
Mohawk
 2003 Ed. (4206, 4732)
 2005 Ed. (4157)
 2007 Ed. (4225)
 2009 Ed. (4360)
 2011 Ed. (4330)
 2014 Ed. (3000, 3538)
Mohawk Carpet Corp.
 1991 Ed. (2375)
 1992 Ed. (1063)
 2001 Ed. (4507)
 2003 Ed. (4727, 4728)
 2005 Ed. (4681)
 2006 Ed. (4727, 4728)
 2007 Ed. (4745, 4746)
 2008 Ed. (4669, 4670)
 2009 Ed. (4708, 4709)
 2010 Ed. (4724, 4725)
 2011 Ed. (4682)
Mohawk Carpet LLC
 2011 Ed. (4683)
 2012 Ed. (4696)
 2013 Ed. (4657)
 2015 Ed. (4721, 4722)
 2016 Ed. (4623, 4624)
Mohawk Carpet Transportation of Georgia
 2018 Ed. (4014)
 2019 Ed. (4002)
 2020 Ed. (4019)
 2021 Ed. (3985)
 2022 Ed. (3999)
 2023 Ed. (4083)
Mohawk College of Applied Arts & Technology
 2015 Ed. (1552)
 2016 Ed. (1491)
Mohawk Distilled Products
 1992 Ed. (2884)
Mohawk Home
 2006 Ed. (2950)
 2007 Ed. (589, 3957, 4223, 4224)
 2009 Ed. (3182, 4358, 4359)
 2010 Ed. (3114, 4386, 4387)
 2022 Ed. (2975)
Mohawk Home Sugar
 2009 Ed. (3183, 4055)
Mohawk Industries
 2014 Ed. (2817)
 2015 Ed. (2855, 2861, 3183)
 2016 Ed. (2790, 2796, 3039, 4997)
 2017 Ed. (2763, 2922, 2985, 3364)
 2018 Ed. (1563, 2818, 2991, 3429)
 2019 Ed. (1601, 2795, 2934)
 2020 Ed. (1563, 1567, 2820, 2952)
 2021 Ed. (2809)
 2022 Ed. (2976)
 2023 Ed. (3098)
Mohawk Industries Inc.
 1994 Ed. (3517)
 1996 Ed. (2129, 3677)
 1997 Ed. (837, 2239, 3734)
 1998 Ed. (3518, 3519)
 1999 Ed. (2700, 4589, 4591)
 2000 Ed. (4240, 4241)
 2001 Ed. (4506, 4507, 4508, 4513)
 2002 Ed. (1524, 4615, 4616)
 2003 Ed. (1719, 2871, 4727, 4728, 4729, 4730, 4731, 4733)
 2004 Ed. (1756, 2628, 2629, 2870, 2871, 2878, 2957, 2959, 4709, 4710, 4713)
 2005 Ed. (2617, 2618, 2962, 2964, 4681, 4682, 4685)
 2006 Ed. (1216, 2877, 2878, 4727, 4728, 4731)
 2007 Ed. (1530, 1553, 2871, 2872, 2905, 4745, 4746)
 2008 Ed. (1766, 2992, 3027, 4669, 4670)
 2009 Ed. (1463, 1696, 1702, 3076, 4708, 4709)

2010 Ed. (1448, 3008, 4724, 4725, 4726, 4782)
 2011 Ed. (1450, 1659, 2977, 4682, 4683, 4685)
 2012 Ed. (1283, 4696, 4697, 4698, 4699)
 2013 Ed. (1391, 4657, 4658, 4659, 4660, 4708)
 2014 Ed. (1329, 2539, 4709, 4710, 4711, 4712, 4762)
 2015 Ed. (1392, 4721, 4722, 4723, 4724, 4783)
 2016 Ed. (1322, 4623, 4624, 4625, 4626)
 2017 Ed. (4641, 4642)
 2018 Ed. (4636, 4638)
 2019 Ed. (4652, 4653)
 2020 Ed. (3405)
 2022 Ed. (3477)
 2023 Ed. (3599)
Mohawk Ltd.
 2019 Ed. (4931)
Mohawk Network Solutions
 2017 Ed. (1420)
Mohawk Oil Canada
 1994 Ed. (2853)
Mohawk Valley Health System
 2017 Ed. (1834)
 2018 Ed. (1780)
 2019 Ed. (1838)
Mohawk Vodka
 1997 Ed. (3857, 3858)
 1998 Ed. (3690)
Mohegan IT Group
 2007 Ed. (4404)
Mohegan Sun
 2023 Ed. (1676)
Mohegan Sun Arena
 2010 Ed. (1132)
 2011 Ed. (1076, 1077)
 2012 Ed. (1000)
 2013 Ed. (1143)
 2014 Ed. (1104)
 2015 Ed. (1141)
 2016 Ed. (1053)
 2017 Ed. (1088)
 2018 Ed. (1012)
 2019 Ed. (1014)
 2020 Ed. (999)
 2023 Ed. (1182)
Mohegan Tribal Gaming Authority
 2005 Ed. (242, 2929)
 2006 Ed. (263, 2930)
 2007 Ed. (270)
 2008 Ed. (253)
 2009 Ed. (274)
 2010 Ed. (262)
 2011 Ed. (183)
 2012 Ed. (192)
 2013 Ed. (173)
Mohler, Nixon & Williams
 2003 Ed. (11)
 2004 Ed. (17)
 2009 Ed. (15)
 2011 Ed. (23)
 2012 Ed. (28)
Mohler, Nixon & Williams Accountancy Group
 2005 Ed. (13)
Mohn; Reinhard
 2009 Ed. (4888)
Mohn; Trond
 2016 Ed. (4862)
Mohr Davidow Ventures
 2010 Ed. (4845)
Moise Safra
 2008 Ed. (4854)
 2009 Ed. (4880)
 2010 Ed. (4881)
 2011 Ed. (4869)
Moist
 2000 Ed. (3515)
Moist & Beefy
 1992 Ed. (3409)
 1993 Ed. (2816)
 1994 Ed. (2833)
 1996 Ed. (2995)
 1997 Ed. (3074)
 1999 Ed. (3788)
 2002 Ed. (3654)
Moist & Chunky
 1989 Ed. (2197)
 1992 Ed. (3412)
 1993 Ed. (2819)
 1994 Ed. (2831)
 1996 Ed. (2993)
 1997 Ed. (3072)
 1999 Ed. (3789)
Moist Meals
 1989 Ed. (2200)
 1990 Ed. (2816)
 1992 Ed. (3415)
 1993 Ed. (2822)
 1994 Ed. (2836)
Moist & Meaty
 1989 Ed. (2194)
 1990 Ed. (2819)
 1992 Ed. (3409)
 1993 Ed. (2816)
 1994 Ed. (2823, 2833)

1996 Ed. (2995)
 1997 Ed. (3074)
 1999 Ed. (3788)
 2002 Ed. (3654)
Moist 'n Chunky
 1990 Ed. (2821)
Moist & Tender
 1989 Ed. (2200)
 1990 Ed. (2816)
 1992 Ed. (3415)
 1993 Ed. (2822)
Moist towelettes
 1996 Ed. (3090)
 1997 Ed. (3058, 3175)
Moist'n Beefy
 1990 Ed. (2819)
Moisture
 1994 Ed. (3312)
Moisture Drops
 1997 Ed. (1817)
Moisture; Maybelline
 2008 Ed. (3449)
Moisture Stay
 2001 Ed. (1907)
Moisture Whip
 2001 Ed. (1906, 1907)
Moisturel
 1993 Ed. (3325)
Moisturizers/cleansers, skin
 1997 Ed. (3173)
Moja Apteka Skopje
 2019 Ed. (1549)
Moji Sushi
 2023 Ed. (4446)
Mojo
 1994 Ed. (70, 106)
 2000 Ed. (3500)
Mojo Australia
 1995 Ed. (46)
 1996 Ed. (62)
Mojo MDA
 1989 Ed. (83)
 1990 Ed. (77)
Mojo New Zealand
 1995 Ed. (105)
 1996 Ed. (120)
 1997 Ed. (125)
MojoTech LLC
 2016 Ed. (1979)
 2018 Ed. (1892)
Mok; Philip
 1996 Ed. (1864)
Mokan Title Services
 2009 Ed. (1825)
Mokelumne Credit Union
 2005 Ed. (2073)
MOL
 1999 Ed. (947)
 2000 Ed. (893)
 2004 Ed. (1231)
 2006 Ed. (664, 1754)
 2007 Ed. (1762)
 2008 Ed. (1789)
 2009 Ed. (1732)
 2010 Ed. (1681)
 2011 Ed. (1694)
 2014 Ed. (4787)
 2015 Ed. (1612, 1613, 2535, 4821)
 2016 Ed. (1539, 2464, 4724)
 2017 Ed. (1529, 2315)
 2018 Ed. (1510, 2359)
 2019 Ed. (4726, 4728)
MOL Hungarian Oil
 2014 Ed. (1644)
 2015 Ed. (1686)
 2016 Ed. (1639)
 2017 Ed. (1607)
 2018 Ed. (1590)
 2019 Ed. (1628)
 2020 Ed. (1586)
 2021 Ed. (1570)
 2022 Ed. (1590)
 2023 Ed. (1760)
Mol; John de
 2009 Ed. (4892)
 2010 Ed. (4892)
 2011 Ed. (4881)
 2012 Ed. (4890)
 2013 Ed. (4891)
 2014 Ed. (4904)
 2015 Ed. (4944)
 2016 Ed. (4859)
 2017 Ed. (4863)
 2018 Ed. (4872)
 2019 Ed. (4866)
 2020 Ed. (4855)
 2021 Ed. (4855)
 2022 Ed. (4851)
 2023 Ed. (4846)
MOL Magyar Olaj- Es Gazipari Nyrt
 2013 Ed. (1694)
MOL Magyar Olaj-es Gazipari Nyrt
 2012 Ed. (1547, 1548)
 2013 Ed. (1693)
MOL Magyar Olaj-es Gazipari Rt.
 2002 Ed. (854)

MOL Magyar Olaj-Es Gazipari Rt.
  2006 Ed. (1694)
  2007 Ed. (1690)
MOL Nyrt
  2008 Ed. (1720)
  2009 Ed. (1733)
  2011 Ed. (1695)
Molalla Communications Co.
  2011 Ed. (1974, 1975, 1980)
Molasses
  2002 Ed. (4540)
Molchanov; Pavel
  2011 Ed. (3337)
Mold-Masters
  2007 Ed. (4362)
Mold-release agents
  1996 Ed. (3052)
Mold Zero
  2023 Ed. (970)
Moldavia
  1991 Ed. (3157)
Moldazhanova; Guizhan
  2010 Ed. (4986)
Moldazhanova; Gulzhan
  2006 Ed. (4984)
  2010 Ed. (4981)
Moldcell SA
  2009 Ed. (70)
  2010 Ed. (80)
  2014 Ed. (1567)
  2015 Ed. (1618)
  2016 Ed. (1544)
  2017 Ed. (1534)
  2018 Ed. (1515)
  2019 Ed. (1543)
  2020 Ed. (1516)
  2021 Ed. (1501)
  2022 Ed. (1514)
  2023 Ed. (1688)
Moldflow Corp.
  2004 Ed. (4547)
  2008 Ed. (4359, 4402)
Moldindconbank
  2004 Ed. (469)
  2018 Ed. (457)
  2019 Ed. (468)
  2020 Ed. (452)
  2023 Ed. (673)
Molding, blow
  2002 Ed. (3722)
Molding Box
  2012 Ed. (2857, 3505, 4050)
Molding, injection
  2002 Ed. (3722)
Moldova
  1999 Ed. (2067, 4803)
  2006 Ed. (2330, 4530)
  2010 Ed. (769, 2301, 2588, 3169)
  2012 Ed. (2205, 2618, 4252, 4962)
  2013 Ed. (2388, 4216)
  2014 Ed. (2325, 4230)
  2015 Ed. (4220, 4720)
  2017 Ed. (2184)
  2018 Ed. (2245)
  2019 Ed. (2218)
  2020 Ed. (2215)
  2021 Ed. (2187)
  2022 Ed. (2217)
  2023 Ed. (2406)
Moldova Agroindbank
  2004 Ed. (469)
  2015 Ed. (514)
  2018 Ed. (457)
  2019 Ed. (468)
  2020 Ed. (452)
  2023 Ed. (673)
Moldovagaz SA
  2014 Ed. (1567)
  2015 Ed. (1618)
  2016 Ed. (1544)
  2017 Ed. (1534)
  2019 Ed. (1543)
  2020 Ed. (1516)
  2021 Ed. (1501)
  2022 Ed. (1514)
  2023 Ed. (1688)
Moldtelecom SA
  2009 Ed. (70)
  2010 Ed. (80)
  2014 Ed. (1567)
  2015 Ed. (1618)
  2016 Ed. (1544)
  2017 Ed. (1534)
  2018 Ed. (1515)
  2019 Ed. (1543)
  2020 Ed. (1516)
  2021 Ed. (1501)
  2022 Ed. (1514)
  2023 Ed. (1688)
Molecular Biosystems, Inc.
  1992 Ed. (893)
  1993 Ed. (702)
  1994 Ed. (712)
  1995 Ed. (667)
  2001 Ed. (1645)
Molecular Connections Pte. Ltd.
  2009 Ed. (3005)

Molecular Sensing Inc.
  2017 Ed. (4120)
Molex Inc.
  1989 Ed. (1286, 1310, 1313, 1325, 1327, 2303)
  1990 Ed. (1611, 1616, 1621, 1622, 1625, 2988, 3233)
  1991 Ed. (1027, 1507, 1508, 1518, 1522, 2845, 3082)
  1992 Ed. (1299, 1908, 1909, 3676, 3915)
  1993 Ed. (1563, 3211)
  1994 Ed. (3049, 3200)
  1996 Ed. (1606)
  1997 Ed. (1683)
  1999 Ed. (1960, 1972, 1975)
  2000 Ed. (1736, 1748)
  2001 Ed. (2136, 2137, 2138, 4214)
  2003 Ed. (2196, 4379)
  2004 Ed. (2182, 2183, 2239)
  2005 Ed. (2279, 2283, 2284, 2336, 2339, 2340, 2341)
  2006 Ed. (2349, 2397)
  2007 Ed. (2337, 2339)
  2008 Ed. (3222)
  2009 Ed. (2462)
Molgas Energia Portugal, S.A.
  2017 Ed. (1933)
Molibdenos y Metales
  2006 Ed. (2543)
Molifor
  2000 Ed. (992)
Molina; Alvaro de
  2010 Ed. (903)
Molina; Alvaro G. de
  2007 Ed. (385)
Molina Bianchi O & M
  2001 Ed. (133)
  2002 Ed. (105)
  2003 Ed. (70)
Molina Healthcare
  2017 Ed. (3117, 3362, 3363)
  2018 Ed. (3427, 3428)
  2019 Ed. (1354, 1358, 1438, 2858, 3395, 3396)
  2020 Ed. (1323, 1327, 3395, 3397)
  2021 Ed. (1330)
  2022 Ed. (1326)
  2023 Ed. (3291)
Molina Healthcare of California
  2003 Ed. (3427)
  2005 Ed. (2817)
Molina Healthcare Inc.
  2001 Ed. (2714)
  2002 Ed. (2538, 2561, 3376)
  2003 Ed. (2746, 2749)
  2005 Ed. (2838)
  2006 Ed. (2832, 2845)
  2007 Ed. (2834, 2837, 3121)
  2008 Ed. (2883, 2899, 2956, 2966)
  2009 Ed. (3037, 3046)
  2010 Ed. (2883, 2961, 2970)
  2011 Ed. (2923, 2929, 2933)
  2012 Ed. (2859, 2866)
  2014 Ed. (2294)
  2015 Ed. (3341)
  2016 Ed. (2871, 3203)
  2017 Ed. (3159)
  2018 Ed. (3240)
  2019 Ed. (3181, 3182)
  2020 Ed. (3209)
  2021 Ed. (3062)
  2022 Ed. (1441, 3198)
Molina Healthcare of New Mexico
  2018 Ed. (1771)
  2019 Ed. (1831)
Molina; J. Mario
  2011 Ed. (2924)
Molina Medical Centers
  1999 Ed. (4284)
  2000 Ed. (4005)
Molina; Pablo G.
  2012 Ed. (2883)
Molinari Sambuca
  2002 Ed. (298)
Molinaro Jr.; Samuel
  2007 Ed. (1047)
Molinaro Koger
  2009 Ed. (3160)
Molinaroli; Alex
  2016 Ed. (2560)
Molinaro's
  2022 Ed. (2815)
Moline, IL
  1994 Ed. (2493)
Molino E Pastificio De Cecco SpA
  2014 Ed. (3808)
Molinos
  1992 Ed. (1566)
Molinos de Mano Azteca
  1996 Ed. (1733)
Molinos Rio
  2000 Ed. (2228)
  2014 Ed. (1357)
Molinos Rio de la Plata
  1991 Ed. (14)
  1994 Ed. (788)
  2006 Ed. (2541)

Molisse Realty Group
  2016 Ed. (1774)
Molitalia
  2003 Ed. (1738)
Moller; A. P.
  2005 Ed. (4769)
Moller-Maersk
  2020 Ed. (4662)
  2021 Ed. (4698)
  2022 Ed. (1507)
Moller-Maersk A/S; A. P.
  2006 Ed. (1402, 1674, 1675, 1677, 1685, 1700, 1718)
  2007 Ed. (1677, 1678, 1679, 1680, 4375, 4833, 4834)
  2008 Ed. (1703, 1704, 1705, 3555, 4330)
  2009 Ed. (767, 1630, 1631, 1632, 1633, 2590, 2835, 3514, 3622, 4435, 4786, 4788, 4789)
  2010 Ed. (710, 1603, 1604, 1605, 1606, 1607, 3544, 4478, 4805, 4806)
  2011 Ed. (1609, 1610, 1611, 3443, 3543, 4413, 4750, 4751, 4754, 4755)
  2012 Ed. (1456, 1457, 1458, 3536, 4766, 4769, 4772, 4775)
  2013 Ed. (1591, 1593, 3581, 4714, 4727, 4731, 4738)
  2014 Ed. (1557, 4767, 4778, 4780, 4787)
  2015 Ed. (1606, 4788, 4807, 4812, 4821)
  2016 Ed. (1532, 4692, 4710, 4713, 4724)
  2017 Ed. (1522, 4707, 4726, 4731, 4741)
  2018 Ed. (1502, 4713, 4727)
  2019 Ed. (1532, 4718, 4728)
  2020 Ed. (1505, 4689, 4701)
  2021 Ed. (1490)
Moller; Maersk Mc-Kinney
  2008 Ed. (4863)
Moller Mobility Group AS
  2022 Ed. (2593)
Moller Mobilty Group AS
  2023 Ed. (2736)
Mollie Hale Carter
  2010 Ed. (4976)
Mollie Stone's Markets
  2022 Ed. (1431)
Molly Maid
  2016 Ed. (782)
  2018 Ed. (777)
  2019 Ed. (3027)
  2020 Ed. (698, 784)
  2021 Ed. (700)
  2023 Ed. (945, 3168)
Molly Maid of East Metro Milwaukee
  2019 Ed. (2997)
  2020 Ed. (3026)
  2021 Ed. (2886)
  2022 Ed. (3011)
Molly Maid of East Metro Milwaukee/Lifestyle Service Industries Inc.
  2021 Ed. (2886)
  2022 Ed. (3011)
  2023 Ed. (3128)
Molly Maid Inc.
  1996 Ed. (1967)
  2000 Ed. (2268)
  2002 Ed. (857, 2361)
  2003 Ed. (771)
  2004 Ed. (781)
  2005 Ed. (767)
  2006 Ed. (674)
  2007 Ed. (770)
  2008 Ed. (746)
  2009 Ed. (740)
  2010 Ed. (687)
  2011 Ed. (615)
  2012 Ed. (586)
  2013 Ed. (721)
  2014 Ed. (745)
  2015 Ed. (782)
  2016 Ed. (703)
  2017 Ed. (763)
  2018 Ed. (694)
  2019 Ed. (710)
  2020 Ed. (703)
  2021 Ed. (706)
  2022 Ed. (739)
Molnlycke
  1992 Ed. (3272)
Molnlycke AB
  1995 Ed. (3604)
  1997 Ed. (3737)
Molnlycke Health Care
  2008 Ed. (2907)
MoLo Solutions
  2023 Ed. (1766, 4689)
Molo Solutions
  2023 Ed. (3558)
Moloney; Daniel M.
  2012 Ed. (2493)
Moloney; Erin
  2023 Ed. (1299)
Molori Energy Inc.
  2019 Ed. (4507)
Molowa; David
  1996 Ed. (1782)
  1997 Ed. (1858)
MolPort
  2020 Ed. (830)

Molson
  1989 Ed. (770, 778, 780)
  1990 Ed. (764, 766, 767)
  1997 Ed. (724)
  1998 Ed. (507, 508)
  1999 Ed. (808, 817, 818, 819)
  2000 Ed. (821, 822)
  2001 Ed. (682)
  2003 Ed. (1218)
  2006 Ed. (557)
  2007 Ed. (599)
Molson Amphitheatre
  2010 Ed. (260)
  2011 Ed. (181)
Molson Breweries
  1989 Ed. (26)
Molson Breweries of Canada
  1992 Ed. (74)
  1993 Ed. (48)
Molson Breweries USA
  1991 Ed. (745)
  1999 Ed. (814, 816, 1923, 4513)
Molson Canadian
  2008 Ed. (644)
Molson Canadian Amphitheatre
  2013 Ed. (171)
  2014 Ed. (176)
  2015 Ed. (205)
  2016 Ed. (196)
Molson Centre
  1999 Ed. (1298)
  2002 Ed. (4343)
Molson Companies
  1992 Ed. (886)
Molson Coors
  2014 Ed. (2736)
  2018 Ed. (606)
  2019 Ed. (4336)
  2020 Ed. (4328)
  2021 Ed. (694, 4344)
  2022 Ed. (731)
Molson Coors Beverage
  2023 Ed. (829)
Molson Coors Beverage Co.
  2022 Ed. (4350)
  2023 Ed. (161, 2858)
Molson Coors Brewing
  2017 Ed. (640)
  2019 Ed. (2669)
  2020 Ed. (596, 1325, 1485, 1494)
  2021 Ed. (562, 1481, 2612)
  2022 Ed. (589, 1498, 2729)
Molson Coors Brewing Co.
  2006 Ed. (256, 560, 562, 564, 1655, 1656, 1657, 1663)
  2007 Ed. (606, 607, 1525, 1667, 1670, 1719, 2897, 3354)
  2008 Ed. (244, 559, 566, 1509, 1688, 1689, 1692, 2739)
  2009 Ed. (571, 588, 596, 1412, 1414, 1415, 1416, 1418, 1608, 1610, 1611, 1612, 1616, 2786, 2793)
  2010 Ed. (553, 574, 1584, 1585, 1586, 1588, 1589)
  2011 Ed. (480, 499, 1587, 1588, 1590, 1591)
  2012 Ed. (444, 458, 459, 460, 1428, 1429, 1430, 1431, 1433, 1434, 2456)
  2013 Ed. (577, 578, 580, 1555, 1556, 1559, 1564)
  2014 Ed. (587, 591, 1526, 1529, 1534)
  2015 Ed. (655, 656, 660, 1354, 1577, 1580, 1581, 1585)
  2016 Ed. (596, 597, 602, 1285, 1505, 1508)
  2017 Ed. (632, 638, 1342, 1500, 1502, 1503)
  2018 Ed. (594, 1480, 1482, 1483, 1487)
  2019 Ed. (69, 584, 606, 1512, 1514, 1515, 1516, 1520, 2676)
  2020 Ed. (65, 66, 68, 166, 168, 569, 593, 602, 604, 1478, 1479, 1481, 1483, 1491, 2692)
  2021 Ed. (542, 568, 1470, 1471, 2605)
  2022 Ed. (570, 592, 595, 1494, 1495, 2721)
  2023 Ed. (816, 832, 3600)
Molson Coors Canada
  2007 Ed. (608)
  2008 Ed. (560)
  2009 Ed. (589)
  2016 Ed. (2690)
  2017 Ed. (2640)
  2018 Ed. (591)
  2022 Ed. (588)
  2023 Ed. (828)
Molson Coors Co.
  2019 Ed. (2713)
Molson Coors LLC
  2021 Ed. (552, 2602)
  2022 Ed. (580, 2716)
  2023 Ed. (933, 2853)
Molson Coors Moncton Brewery
  2013 Ed. (1487)
The Molson Cos.
  1990 Ed. (25)
  1991 Ed. (20)
  1993 Ed. (26, 749)

1994 Ed. (18, 692, 704, 705)
1995 Ed. (654, 655, 656, 659, 661, 1578)
1996 Ed. (30, 724, 733, 1564, 3148)
1997 Ed. (1641)
1998 Ed. (455)
2003 Ed. (673)
Molson Cos. (Class B)
 1995 Ed. (662)
Molson Dry
 1993 Ed. (745)
Molson Exel
 1997 Ed. (654)
Molson Export Ale
 1997 Ed. (719)
Molson family
 2005 Ed. (4869)
Molson Golden
 1991 Ed. (746)
 1992 Ed. (937)
 1993 Ed. (751)
 1994 Ed. (753)
 1995 Ed. (704, 711)
 1996 Ed. (783, 786)
 1997 Ed. (721)
 1998 Ed. (497)
 2000 Ed. (812)
Molson Ice
 1997 Ed. (721)
 1998 Ed. (497, 2066)
 2000 Ed. (812)
 2001 Ed. (1024)
 2002 Ed. (281)
Molson Light
 1992 Ed. (939)
Molson Park
 1994 Ed. (3373)
Molson School of Business; Concordia University, John
 2011 Ed. (683, 694)
Molson USA
 2002 Ed. (678)
 2003 Ed. (658, 662)
MolsonCoors
 2023 Ed. (934)
Molten Metal Technology
 1999 Ed. (3675)
Molycorp Inc.
 2012 Ed. (4437, 4442, 4556)
 2015 Ed. (3641)
 2016 Ed. (3528, 3529)
 2017 Ed. (3509)
Molycorp, Inc.
 2017 Ed. (348, 350)
Molymet
 2007 Ed. (1851)
Molzen Corbin
 2018 Ed. (2393)
 2020 Ed. (2420)
 2023 Ed. (2642)
Molzen-Corbin & Associates
 2007 Ed. (2406)
 2008 Ed. (2522)
 2010 Ed. (2451)
 2011 Ed. (2460)
Mom
 2009 Ed. (657)
Mom Brands
 2014 Ed. (855)
 2015 Ed. (894)
 2016 Ed. (780)
Mom Corps
 2014 Ed. (4534)
Mom + Pop
 2018 Ed. (3677)
 2019 Ed. (3662)
MoMA
 2007 Ed. (3212)
Mombasa
 1992 Ed. (1394)
Mombo Camp & Little Mombo Camp
 2015 Ed. (3167)
MomCorp
 2010 Ed. (1432)
Moment projektkonsult
 2015 Ed. (2049)
Momenta Pharmaceuticals
 2013 Ed. (1848)
Momentive
 2017 Ed. (1847)
 2018 Ed. (1792)
 2019 Ed. (1849)
 2020 Ed. (1791)
 2021 Ed. (835, 1758)
Momentive Performance Materials
 2015 Ed. (28)
 2020 Ed. (1787)
Momentive Performance Materials Holdings
 2013 Ed. (924, 1971, 4096)
 2014 Ed. (877, 1910)
 2015 Ed. (906, 1954)
 2016 Ed. (808, 1927)
 2017 Ed. (867)
 2018 Ed. (800)
 2019 Ed. (815)
 2020 Ed. (814)

Momentive Performance Materials Inc.
 2016 Ed. (343)
 2018 Ed. (3453)
 2019 Ed. (3424)
 2020 Ed. (3424)
 2021 Ed. (3439)
 2022 Ed. (3497)
Momentive Specialty Chemicals Inc.
 2012 Ed. (788, 4096)
 2016 Ed. (24)
Momentum
 1993 Ed. (2231)
 1995 Ed. (2315)
 2000 Ed. (1674)
 2021 Ed. (657)
Momentum BMW
 1994 Ed. (262)
 1996 Ed. (265)
Momentum BMW/Mini
 2013 Ed. (218)
Momentum BMW West
 2013 Ed. (219)
Momentum Builder (SPVL)
 1991 Ed. (2120)
Momentum Cash System
 2001 Ed. (436)
Momentum Group
 2012 Ed. (1365)
 2014 Ed. (1412)
Momentum Health
 2018 Ed. (1443)
Momentum Inc.
 2013 Ed. (1997)
Momentum Integrated Comms
 2000 Ed. (1678)
Momentum Investments
 2022 Ed. (696)
Momentum Jaguar Volvo
 2013 Ed. (218)
Momentum Metropolitan Holdings
 2021 Ed. (1852)
Momentum on the Move
 2002 Ed. (3264)
Momentum North America
 2005 Ed. (3408)
Momentum Ogilvy & Mather
 2001 Ed. (196)
 2002 Ed. (167)
 2003 Ed. (135)
Momentum Pictures
 2008 Ed. (101)
Momentum Porsche
 1996 Ed. (284)
Momentum Resources
 2014 Ed. (3125)
Momentum Resourcing Inc.
 2005 Ed. (3914)
Momentum Solar
 2019 Ed. (1823, 2393, 2395, 4443, 4455)
 2020 Ed. (1767, 2365, 4432, 4442)
 2021 Ed. (1736, 2329, 4430, 4432, 4433, 4440, 4441)
 2022 Ed. (4440, 4443, 4452, 4453)
 2023 Ed. (4462, 4475, 4476)
Momentum Telecom
 2018 Ed. (1347)
Momentum UK
 2010 Ed. (2255)
Momentum & Value
 2003 Ed. (3125)
Momentum Worldwide
 2006 Ed. (3415, 3417, 3419)
 2007 Ed. (3431, 3433)
 2008 Ed. (3597, 3598)
 2009 Ed. (3666, 3668)
 2010 Ed. (3580, 3585)
 2011 Ed. (3582, 3588)
 2012 Ed. (3575, 3576)
 2013 Ed. (3621, 3624)
 2014 Ed. (3559, 3570, 3571)
 2015 Ed. (81, 82)
 2016 Ed. (81, 82)
 2018 Ed. (77, 78)
 2022 Ed. (68)
 2023 Ed. (157)
Mommert; Ulrich
 2023 Ed. (4814)
Mommy Bear Media
 2013 Ed. (2130)
Mommy's Bliss
 2016 Ed. (4786)
 2017 Ed. (4800)
 2018 Ed. (4795, 4796)
 2020 Ed. (3346, 4792)
 2021 Ed. (3282, 4789)
 2023 Ed. (240)
Mommys Bliss
 2023 Ed. (241)
Momo
 2021 Ed. (2724, 3150)
Momo Inc.
 2020 Ed. (960, 962, 984)
Momongha, WV
 2005 Ed. (2204)
Mom's Bake At Home Pizza
 2002 Ed. (3718)
Mom's Silver Shop Inc.
 2017 Ed. (1417)

Mon Ami Gabi
 2006 Ed. (4105)
 2018 Ed. (4177)
 2019 Ed. (4192)
 2020 Ed. (4203)
 2021 Ed. (4149, 4150)
 2022 Ed. (4176, 4177)
Mon; Antonio B.
 2008 Ed. (2638, 2639)
 2009 Ed. (2664)
Mon Cheri Hazelnut
 1993 Ed. (836)
Mon/Merrill-Mult Str
 1989 Ed. (259)
Mon Purse
 2019 Ed. (2308)
Mon Tresor Mon Desert Ltd.
 2006 Ed. (4520)
Mon Valley Foods Inc.
 2009 Ed. (4618)
Mona Almoayyed
 2013 Ed. (3474)
Mona Electric
 2022 Ed. (1171, 1177)
Mona Electric Group Inc.
 2009 Ed. (1329)
 2010 Ed. (1331)
 2011 Ed. (1313)
Mona Meyer McGrath & Gavin
 1995 Ed. (3026)
 1996 Ed. (3130)
Mona, Meyer & McGrath of Shandwick
 1992 Ed. (3571)
Monaco
 1998 Ed. (3028)
Monaco Coach Corp.
 1995 Ed. (2064, 3386)
 2003 Ed. (312, 314)
 2004 Ed. (278, 280, 340)
 2005 Ed. (284, 286, 287, 3521)
 2006 Ed. (304, 307, 1976)
 2007 Ed. (306, 1554)
 2009 Ed. (2128)
 2010 Ed. (2064)
 2011 Ed. (2119)
Monaco Group
 1990 Ed. (3569)
Monaco; Julie
 2011 Ed. (4973)
 2012 Ed. (4970)
 2014 Ed. (4970)
 2023 Ed. (4936)
Monadnock Bank
 1993 Ed. (590)
 1994 Ed. (597)
Monadnock Paper Mills Inc.
 2015 Ed. (1889)
 2017 Ed. (1812)
 2018 Ed. (1761)
 2019 Ed. (1818)
Monalisa
 2008 Ed. (2079)
Monarch Assurance PLC
 2018 Ed. (2018)
Monarch Bank
 2016 Ed. (2107)
Monarch Beverage Co.
 2006 Ed. (4412)
 2007 Ed. (4474)
 2008 Ed. (4457)
Monarch Capital
 1989 Ed. (1680)
 1990 Ed. (2232)
 1991 Ed. (2100)
Monarch Capital Management
 2007 Ed. (1188)
Monarch Capitalization
 1992 Ed. (3227)
Monarch Cash Fund/Universal Shares
 1996 Ed. (2669)
Monarch Casino & Resort
 2005 Ed. (4382)
 2006 Ed. (2495)
 2009 Ed. (4476)
Monarch Casino & Resort Inc.
 2021 Ed. (4097)
Monarch Co.
 1989 Ed. (2929, 2945)
 1990 Ed. (3067, 3695)
 1991 Ed. (2906)
 1992 Ed. (3749)
 1993 Ed. (3057)
 1994 Ed. (3122)
 1995 Ed. (3170)
 1996 Ed. (3267)
 1997 Ed. (3366)
 1998 Ed. (3508)
 1999 Ed. (4579)
 2000 Ed. (4080)
 2001 Ed. (4303)
 2003 Ed. (4477)
 2005 Ed. (4396)
 2007 Ed. (699)
 2008 Ed. (668)
 2009 Ed. (677, 698)
 2012 Ed. (4525)

Monarch Enterprise Inc.
 2019 Ed. (3599)
 2020 Ed. (3571)
 2021 Ed. (3601)
 2023 Ed. (3758)
Monarch Entertainment Bureau/John Scher Presents
 1990 Ed. (2908)
Monarch/Fidelity MM
 1990 Ed. (3662)
Monarch Financial Holdings
 2014 Ed. (341)
Monarch Gin
 2001 Ed. (2595)
 2002 Ed. (2399)
Monarch Government Cash Fund/Universal
 1996 Ed. (2669)
Monarch Industries Inc.
 2005 Ed. (1703, 1721)
 2012 Ed. (4583)
Monarch International Inc.
 2006 Ed. (4366)
Monarch Investment & Management Group
 2017 Ed. (198, 199)
 2022 Ed. (174, 178)
 2023 Ed. (250)
Monarch Investments
 1990 Ed. (2961)
Monarch Life
 1991 Ed. (2086)
Monarch Machine Tool
 1992 Ed. (4058, 4062)
 1993 Ed. (2480, 3378, 3382)
Monarch/Merril-Money M
 1990 Ed. (3662)
Monarch/Merrill GL Str
 1990 Ed. (273)
Monarch/Merrill-HY Bd
 1990 Ed. (3663)
Monarch/Merrill-Money M
 1989 Ed. (262, 263)
Monarch Mountain
 2012 Ed. (4480)
 2013 Ed. (4444)
Monarch Notes
 1994 Ed. (874)
Monarch/Opp Cap Apprec
 1989 Ed. (261)
Monarch/Opp Growth Fd
 1990 Ed. (3664)
Monarch/Opp Hi Income
 1990 Ed. (3663)
Monarch/Opp Money Fd
 1990 Ed. (3662)
Monarch/Opp Money Fund
 1989 Ed. (262)
Monarch/Opp Mult Str
 1989 Ed. (259)
 1990 Ed. (273)
Monarch Resources - Fidelity Future Reserves (SPVL)
 1991 Ed. (2153)
Monarch Rum
 1998 Ed. (3108)
 1999 Ed. (4124)
 2000 Ed. (3834)
 2001 Ed. (4142)
 2002 Ed. (4070)
 2003 Ed. (4207)
 2004 Ed. (4230)
Monarch Sales & Marketing
 2008 Ed. (3726, 4421)
Monarch Staffing
 2022 Ed. (2383)
 2023 Ed. (2545)
Monark
 2021 Ed. (2931)
 2022 Ed. (3047)
Monash University
 2002 Ed. (1103)
 2004 Ed. (1060)
 2010 Ed. (1015)
 2011 Ed. (684)
MONAT Global
 2023 Ed. (2321, 2322, 2325)
Monat Global
 2021 Ed. (1512, 2786)
MonaVie
 2011 Ed. (1086, 2703)
Moncler
 2021 Ed. (891, 3399, 3406)
 2022 Ed. (921, 3455)
 2023 Ed. (1088, 3570)
Moncrief; W. A. and Deborah
 1994 Ed. (890)
Moncton, New Brunswick
 2005 Ed. (3327)
 2008 Ed. (3492)
 2009 Ed. (3559)
 2010 Ed. (3477, 3479)
 2011 Ed. (3484)
Moncton-Riverview-Dieppe, New Brunswick
 2006 Ed. (3316)
Moncton University
 2004 Ed. (835)
Mondadori Risp. Non. Cv.
 1991 Ed. (3233)

Mondavi
  1993 Ed. (3721)
Mondavi Corp.; Robert
  1996 Ed. (730, 731, 3849)
  2005 Ed. (3293, 3294)
Monday Night Football
  2001 Ed. (4491)
  2002 Ed. (4583)
  2005 Ed. (4665, 4666)
Monday Night Football"; "NFL
  2006 Ed. (2855)
Monde Nissin Corp.
  2020 Ed. (2722)
Mondeco
  2021 Ed. (4804)
Mondelez BU Greece
  2015 Ed. (1669)
Mondelez Canada Inc.
  2023 Ed. (2867)
Mondelez International
  2014 Ed. (1654, 1660, 2727, 2741)
  2015 Ed. (1698, 2752, 2776, 2777, 2778, 2782, 2793)
  2016 Ed. (1648, 2682, 2706, 2723)
  2017 Ed. (2661, 2679)
  2020 Ed. (4010)
  2021 Ed. (2612, 2622, 3976)
  2022 Ed. (2749, 3990)
  2023 Ed. (1014, 1016, 2850, 2859, 2881, 2883, 2888, 4074, 4442)
Mondelēz International Inc.
  2018 Ed. (742)
  2019 Ed. (766, 770, 871)
  2020 Ed. (759)
  2021 Ed. (780)
  2022 Ed. (810)
Mondelez International Inc.
  2014 Ed. (837, 2707, 2715, 2730)
  2015 Ed. (672, 874, 876, 1334, 1701, 1704, 2749, 2750, 2751, 2753, 2769, 2770, 2771, 2785, 2791, 3568)
  2016 Ed. (612, 613, 763, 764, 1118, 1255, 1651, 1654, 2679, 2680, 2681, 2683, 2699, 2700, 2701, 2707, 2708, 2712, 2715, 3425)
  2017 Ed. (649, 650, 820, 821, 1159, 1307, 1308, 1309, 1311, 1312, 1314, 1315, 1617, 1621, 2629, 2630, 2631, 2632, 2633, 2652, 2653, 2655, 2656, 2662, 2663, 2667, 2670, 2676, 3386)
  2018 Ed. (748, 751, 752, 753, 857, 858, 1284, 1285, 1286, 1287, 1289, 1290, 1292, 1293, 1294, 1598, 2070, 2699, 2700, 2701, 2702, 2714, 2715, 2717, 2722, 2723, 2727, 2730, 2735, 2738, 4006, 4398)
  2019 Ed. (769, 774, 775, 872, 873, 1312, 1314, 1315, 1316, 1319, 1321, 1324, 1640, 2674, 2675, 2676, 2677, 2686, 2689, 2692, 2698, 2699, 2700, 2702, 2707, 2711, 2714, 2722, 4419)
  2020 Ed. (762, 764, 765, 859, 860, 1288, 1289, 1290, 1291, 1294, 1296, 1298, 1595, 2050, 2690, 2692, 2693, 2695, 2733, 2735, 2741, 2744, 2747, 2754, 4414)
  2021 Ed. (783, 785, 786, 874, 1271, 1272, 1273, 1274, 1275, 1277, 1279, 2601, 2605, 2606, 2620, 4415)
  2022 Ed. (817, 818, 907, 1271, 1272, 1273, 1274, 1277, 1279, 1281, 2714, 2721, 2722, 2747, 4409, 4414)
  2023 Ed. (412, 1480, 1481, 1482, 2858, 4433, 4438)
Mondelez International, Inc.
  2020 Ed. (1299)
  2021 Ed. (1280)
  2022 Ed. (1282)
Mondelez International Inc. (U.S.)
  2021 Ed. (786)
  2022 Ed. (818)
Mondelez Intl Inc.
  2023 Ed. (2145, 2146)
Mondi
  2010 Ed. (1973, 2051)
  2011 Ed. (2035, 2108, 3821, 3822)
  2018 Ed. (4994)
  2022 Ed. (697)
  2023 Ed. (886)
Mondi International
  2002 Ed. (3578)
Mondi North America
  2020 Ed. (3762, 3980)
  2022 Ed. (3957)
Mondi Packaging
  2009 Ed. (1191)
Mondi Packaging AG
  2011 Ed. (1492)
Mondi plc
  2012 Ed. (1086, 1088, 3805, 3807)
  2013 Ed. (3867, 3868, 3870)
  2014 Ed. (2750, 3790, 3799, 3801)
  2015 Ed. (2803, 3812, 3822)
  2016 Ed. (2734, 3730)
  2017 Ed. (2690, 3686)
  2018 Ed. (3742)
  2019 Ed. (3730)
  2020 Ed. (3771)

Mondial Assistance Canada
  2012 Ed. (1811)
Mondial Assistance USA
  2011 Ed. (3172)
Mondo
  1996 Ed. (773, 1934)
Mondo Fruit Squeezers
  2000 Ed. (2282)
Mondoro
  2005 Ed. (917)
Mondragon Corporoction Cooperativa
  2009 Ed. (2055)
Mondrian
  1990 Ed. (2063)
  2008 Ed. (2293)
  2009 Ed. (2283)
  2011 Ed. (3073)
Monenco
  1991 Ed. (1561)
  1992 Ed. (1960)
Monero
  2019 Ed. (2131)
Moneta
  2021 Ed. (3158)
  2023 Ed. (3392)
Moneta Group
  2019 Ed. (3296)
Moneta Group Investment Advisors
  2022 Ed. (3302)
  2023 Ed. (3389)
Moneta Group Investment Advisors LLC
  2009 Ed. (3443)
  2010 Ed. (3384)
  2011 Ed. (3333)
  2013 Ed. (3391)
  2017 Ed. (3247)
  2018 Ed. (3322)
MONETA Money Bank
  2021 Ed. (441)
  2022 Ed. (456)
Moneta Money Bank
  2021 Ed. (442)
  2022 Ed. (457)
  2023 Ed. (639, 640)
MONETA Money Bank (Czech Republic)
  2021 Ed. (441)
  2022 Ed. (456)
Monetary Authority of Singapore
  2004 Ed. (521)
Monetta Blue Chip Fund
  2004 Ed. (3604)
Monetta Fund
  1993 Ed. (2651, 2660, 2671)
  1994 Ed. (2604, 2631, 2634)
Monetta Intermediate Bond
  2000 Ed. (3253)
Monetta Mid Cap Equity
  2004 Ed. (3606)
Monetta Small-Cap Equity
  1999 Ed. (3576)
Monex
  2007 Ed. (763)
  2008 Ed. (739)
Money
  1989 Ed. (180, 2175)
  2000 Ed. (915, 3465)
  2006 Ed. (151)
  2007 Ed. (140, 143)
  2010 Ed. (3517)
Money Access Service Inc.
  1996 Ed. (1625)
Money market accounts
  1994 Ed. (338, 1908)
Money Avenue
  2022 Ed. (1768, 2672)
  2023 Ed. (1900)
The Money Bubble
  2015 Ed. (699)
Money-center banks
  1994 Ed. (2192)
Money Clip Magazine
  2005 Ed. (3421)
Money fund
  1991 Ed. (2260)
Money funds
  1993 Ed. (2365)
Money market funds
  1989 Ed. (1863)
  1992 Ed. (2805)
  1993 Ed. (2926)
  1995 Ed. (3160)
  1997 Ed. (910)
  2001 Ed. (2525)
Money center banking industry
  1998 Ed. (3363)
Money Life & More
  2014 Ed. (628, 629)
Money Mailer
  1995 Ed. (1937)
Money Mailer Franchise
  2016 Ed. (56)
  2017 Ed. (52)
  2018 Ed. (52)
  2019 Ed. (49)
Money Mailer Franchise Corp.
  2009 Ed. (158)
  2010 Ed. (149)
  2011 Ed. (73)

2012 Ed. (75)
  2013 Ed. (45)
  2014 Ed. (2256)
Money Mailer LLC
  2003 Ed. (185)
  2004 Ed. (136)
  2005 Ed. (126)
  2006 Ed. (129)
  2007 Ed. (122)
  2008 Ed. (137)
Money Maker
  1999 Ed. (3904)
Money back offers/cash refunds
  1990 Ed. (1185)
Money One Credit Union
  2004 Ed. (1943)
Money Pages
  2022 Ed. (54)
  2023 Ed. (102)
Money Pages Franchising Group
  2023 Ed. (1040)
Money & Power
  2013 Ed. (625)
Money Q & A
  2014 Ed. (629)
Money Reasons
  2014 Ed. (629)
The Money Source
  2018 Ed. (3647)
The Money Source Inc.
  2018 Ed. (3646)
  2019 Ed. (3636)
  2020 Ed. (3609)
Money Square Japan
  2016 Ed. (1710)
Money Station
  1990 Ed. (292, 293)
  1991 Ed. (1511)
  1996 Ed. (259)
  2001 Ed. (2186, 2189)
Money Store Inc.
  1998 Ed. (3318)
  1999 Ed. (2142, 2625)
  2005 Ed. (4386)
Money Store Investment Corp.
  1992 Ed. (3996)
  1994 Ed. (3332)
  1995 Ed. (3394)
  1996 Ed. (3459, 3460)
  1997 Ed. (3528, 3529)
  1998 Ed. (3314, 3317)
  1999 Ed. (4337, 4340)
  2000 Ed. (4055)
  2002 Ed. (4295)
Money theft
  1989 Ed. (967)
Moneyball: The Art of Winning an Unfair Game
  2006 Ed. (580)
MoneyCentral
  2002 Ed. (4800)
Money.co.uk
  2016 Ed. (2074)
  2017 Ed. (2033)
MoneyGram International Inc.
  2006 Ed. (2583)
  2007 Ed. (2563)
  2008 Ed. (2703)
Moneyline News Hour
  2002 Ed. (914)
MoneyMaker
  2001 Ed. (2185, 2189)
MoneyMe
  2019 Ed. (1412)
MoneySense
  2015 Ed. (3544)
  2016 Ed. (3396, 3397, 3398)
Moneysupermarket.com
  2014 Ed. (2046)
  2015 Ed. (2095)
  2017 Ed. (3461)
MoneyTree
  2013 Ed. (2157)
Moneytree
  2014 Ed. (1521)
  2015 Ed. (1574)
Moneytree Inc.
  2002 Ed. (4818)
  2012 Ed. (1426)
Moneyweb Holdings
  2018 Ed. (4064)
Monfort, Inc.
  1994 Ed. (1065)
  2001 Ed. (1674)
  2002 Ed. (4084)
Monfort; Ken and Myra
  1994 Ed. (890)
Monfort Transportqation Co.
  1995 Ed. (3081)
Mong-Joon; Chung
  2008 Ed. (4851)
  2009 Ed. (4873)
  2010 Ed. (4874)
  2011 Ed. (4862)
  2012 Ed. (4868)
  2013 Ed. (4909)
  2014 Ed. (4919)
  2015 Ed. (4959)

Mong-Koo Chung
  2008 Ed. (4851)
  2009 Ed. (4873)
  2010 Ed. (4874)
  2011 Ed. (4862)
  2012 Ed. (3824, 4868)
  2022 Ed. (4865)
  2023 Ed. (4859)
Mong-Koo; Chung
  2013 Ed. (4909)
  2014 Ed. (937, 4919)
  2015 Ed. (4959)
  2016 Ed. (4875)
  2017 Ed. (4875)
  2018 Ed. (4887)
  2019 Ed. (4879)
  2020 Ed. (4868)
  2021 Ed. (4869)
Monge & C.
  2019 Ed. (3772)
  2020 Ed. (3823)
MongoDB
  2014 Ed. (1080)
  2016 Ed. (1029)
  2017 Ed. (1065)
  2018 Ed. (991)
  2019 Ed. (990)
  2020 Ed. (966, 973)
  2021 Ed. (954)
  2022 Ed. (990)
  2023 Ed. (1161)
Mongol Savkhi
  2002 Ed. (4445, 4446)
Mongolia
  2001 Ed. (3343, 4650)
  2003 Ed. (3431)
  2004 Ed. (3499, 4815)
  2005 Ed. (3499, 4789)
  2006 Ed. (2327, 2331, 3556, 4860)
  2007 Ed. (2262, 3626, 4863)
  2008 Ed. (3747)
  2009 Ed. (2394, 3768)
  2010 Ed. (701, 769, 2220, 3400, 3701, 4842)
  2011 Ed. (627, 686, 2238, 2298, 2304, 3135, 3388, 3696, 4801)
  2012 Ed. (364, 597, 602, 627, 1235, 2099, 3348, 3822, 4818, 4962)
  2013 Ed. (487, 743, 768, 1348, 3418, 3874, 4656, 4781)
  2014 Ed. (764, 2605, 3810, 4708, 4827)
  2015 Ed. (800, 3239, 4862)
Mongolian Barbeque; BD's
  2006 Ed. (4113)
  2007 Ed. (4140)
  2008 Ed. (4178)
Mongolian Grill; BD's
  2008 Ed. (4166)
Mongolian Telecom
  2002 Ed. (4445)
Mongolian Tsakhilgaan Kholboo
  2006 Ed. (4522)
MONI
  2018 Ed. (4328, 4329, 4330)
Monica + Andy
  2020 Ed. (2298)
Monica Breckenridge
  2019 Ed. (4119)
Monica Croy
  2014 Ed. (1152)
Monica Diaz
  2013 Ed. (2959)
Monica Lewinsky
  2000 Ed. (2743)
Monica Seles
  1998 Ed. (198, 3757)
  2001 Ed. (418)
Monica Vaca Team
  2016 Ed. (4944)
Monigle Associates
  2023 Ed. (136)
Monika von Holtzbrinck
  2004 Ed. (4875)
Monistat
  1989 Ed. (2255)
  1990 Ed. (2899)
  1991 Ed. (2762)
  1993 Ed. (3650)
  1998 Ed. (1552)
  2003 Ed. (4429)
  2013 Ed. (3894)
Monistat 1
  2002 Ed. (2255)
  2003 Ed. (2461)
  2018 Ed. (2595)
  2020 Ed. (2567)
  2021 Ed. (2528)
Monistat 1 Day
  2018 Ed. (2595)
  2020 Ed. (2567)
  2021 Ed. (2528)
Monistat 3
  2002 Ed. (2255)
  2003 Ed. (2461)

CUMULATIVE INDEX • 1989-2023

   2018 Ed. (2595)
   2020 Ed. (2567)
   2021 Ed. (2528)
Monistat 7
   1994 Ed. (1574)
   1995 Ed. (1608)
   1996 Ed. (3769)
   1999 Ed. (1905)
   2002 Ed. (2255)
   2003 Ed. (2461)
   2018 Ed. (2595)
   2020 Ed. (2567)
   2021 Ed. (2528)
Monistat Complete Care
   2018 Ed. (2592)
Monitise
   2016 Ed. (3613)
   2017 Ed. (3581)
Monitor
   1996 Ed. (834)
   2013 Ed. (1201, 1202, 1206)
Monitor Audio
   2013 Ed. (199)
   2014 Ed. (207)
   2015 Ed. (234)
   2016 Ed. (229)
   2018 Ed. (211)
Monitor Builders
   1993 Ed. (242)
   1996 Ed. (230)
   1998 Ed. (183)
   1999 Ed. (286)
   2000 Ed. (312)
   2001 Ed. (404)
   2002 Ed. (1173)
   2005 Ed. (2815)
   2006 Ed. (2793)
   2010 Ed. (2464)
Monitor Fixed-Income Trust
   1996 Ed. (615)
Monitor Group
   2010 Ed. (1185, 1192)
Monitor Mortgage Securities Trust
   1997 Ed. (2902)
   1998 Ed. (412, 2597)
Monitor Mortgage Services Investment
   1998 Ed. (402)
Monitor Mortgage Services Trust
   1998 Ed. (402)
MonitorClosely.com
   2010 Ed. (4470)
Monitrend Gold
   1993 Ed. (2681)
Monitrend Gold Fund
   1994 Ed. (2627, 2630)
Monitrend Summation
   1995 Ed. (2732)
Monitronics International Inc.
   2001 Ed. (4202)
   2003 Ed. (4328)
   2005 Ed. (4284, 4290, 4292)
   2006 Ed. (4268, 4270, 4272, 4273)
   2007 Ed. (4294, 4296)
   2008 Ed. (4296, 4298, 4299, 4301)
   2009 Ed. (4405, 4406, 4407)
   2010 Ed. (4450)
   2011 Ed. (4389)
   2012 Ed. (4449, 4450, 4451)
   2013 Ed. (4413, 4414, 4415)
   2014 Ed. (4444, 4445, 4446)
   2015 Ed. (4439, 4440, 4441)
   2016 Ed. (4332, 4333, 4334)
   2017 Ed. (4335, 4336, 4337)
Monk-Austin
   1995 Ed. (3622)
   1996 Ed. (3696)
Monkedia
   2020 Ed. (58, 1957)
Monkee's Franchising
   2018 Ed. (902)
Monkey-2
   1996 Ed. (1092)
Monkey Joe's
   2020 Ed. (807)
Monkey Joe's Parties & Play
   2012 Ed. (702)
   2013 Ed. (913)
   2018 Ed. (790)
Monkhouse Law Employment Lawyers
   2022 Ed. (3331)
Monkhouse Law Professional
   2021 Ed. (3194)
Monkman; Richard
   2016 Ed. (2562)
Monks
   1992 Ed. (3205)
Monkton Insurance Services Ltd.
   2006 Ed. (787)
Monlycke AB
   1996 Ed. (3680)
Monmouth College
   1990 Ed. (1091)
   1992 Ed. (1275)
   1993 Ed. (1023)
   1994 Ed. (1050)
   1995 Ed. (1058)
Monmouth County, NJ
   1994 Ed. (239, 1480)

Monmouth Mall
   1989 Ed. (2492)
   1990 Ed. (3291)
Monmouth Medical Center
   1990 Ed. (2057)
   1993 Ed. (2075)
   2002 Ed. (2457)
Monmouth, NJ
   1989 Ed. (1612)
   2002 Ed. (2996)
Monmouth/Ocean Counties, NJ
   1992 Ed. (2551)
   1999 Ed. (3367)
Monmouth-Ocean, NJ
   1997 Ed. (2359, 3303)
   2001 Ed. (2276, 2283)
   2003 Ed. (2346)
   2004 Ed. (981, 2424, 2426)
   2005 Ed. (2455, 3472)
Monmouth University
   2014 Ed. (775)
   2015 Ed. (817)
Monnik Beer Co.
   2023 Ed. (909)
Monno Ceramic
   1996 Ed. (1544)
   1997 Ed. (1602)
Mono Project
   2013 Ed. (1120)
Monochrome Home
   2023 Ed. (4319)
Monocle
   2013 Ed. (3556)
Monofilament
   2001 Ed. (3839)
MonoGen Inc.
   2008 Ed. (2933)
Monogram
   2023 Ed. (4318)
Monogram Bank
   1992 Ed. (514)
   1994 Ed. (1494)
Monogram Bank USA
   1993 Ed. (384)
Monogram Credit Card Bank
   1995 Ed. (474)
   1996 Ed. (515)
   1997 Ed. (477)
   1998 Ed. (312, 360)
   2005 Ed. (451)
   2006 Ed. (403)
Monogram Custom Pools
   2019 Ed. (4544, 4547)
Monogram Food
   2020 Ed. (3483)
   2021 Ed. (3503)
Monogram Food Solutions
   2015 Ed. (3595, 3598)
   2022 Ed. (3559, 3562, 3563)
Monogram Food Solutions LLC
   2017 Ed. (3442, 3445)
Monogram Foods
   2020 Ed. (3475, 3480)
   2021 Ed. (3495, 3500, 3503, 3504)
Monogram Residential Trust Inc.
   2017 Ed. (4099)
Monolith Solar Associates
   2016 Ed. (4425)
   2017 Ed. (4436)
   2018 Ed. (4454)
   2019 Ed. (4444)
   2020 Ed. (4433)
Monolith Technology Holdings LLC
   2012 Ed. (966, 968)
Monolithic Memories
   1989 Ed. (1327, 2302, 2312)
Monolithic Power Systems
   2018 Ed. (4338)
   2021 Ed. (1953)
   2022 Ed. (1995, 4382)
   2023 Ed. (2096, 4403)
Monolithic Power Systems Inc.
   2008 Ed. (4609)
Monolithic System Technology Corp.
   2003 Ed. (4320)
   2006 Ed. (1420)
Monon
   1994 Ed. (3566)
   1999 Ed. (4649)
Monongahela Power Co.
   2001 Ed. (1899)
   2004 Ed. (1889)
   2005 Ed. (2015)
   2006 Ed. (2117)
   2007 Ed. (2066)
   2008 Ed. (2174)
   2009 Ed. (2157)
   2010 Ed. (2098)
   2011 Ed. (2151)
   2015 Ed. (2176)
   2016 Ed. (2151)
Monongahela River
   1993 Ed. (3690)
   1998 Ed. (3703)
Monongahela Valley Hospital
   1997 Ed. (2260)
Monongalia
   1989 Ed. (1998)

Monongalia County General Hospital Co.
   2013 Ed. (2190)
   2015 Ed. (2175)
Monopoly
   1991 Ed. (1784)
   1992 Ed. (2257)
   2021 Ed. (4666)
   2022 Ed. (4675)
   2023 Ed. (4667)
Monopoly Junior
   1992 Ed. (2257)
Monopoly; Mr.
   2008 Ed. (640)
Monoprice
   2010 Ed. (1070)
   2011 Ed. (197, 4023, 4273)
MONOPRIX
   2002 Ed. (4493, 4494)
MonotaRO
   2018 Ed. (1651)
   2021 Ed. (1364, 1368)
Monotype
   2019 Ed. (3695)
Monotype Imaging Holdings
   2009 Ed. (1882)
   2015 Ed. (1092, 1811)
   2016 Ed. (1770)
MonrchAvl
   1996 Ed. (2885)
Monreal, Quebec
   2017 Ed. (2531)
Monro Inc.
   2019 Ed. (1837)
   2020 Ed. (1778, 1780, 1794, 4625)
   2021 Ed. (4635, 4645)
   2022 Ed. (4654)
Monro Muffler Brake
   2015 Ed. (1907, 4316)
   2016 Ed. (1870, 4445)
Monro Muffler Brake Inc.
   2007 Ed. (4759)
   2008 Ed. (4682)
   2009 Ed. (4723)
   2010 Ed. (4732)
   2011 Ed. (4691)
   2012 Ed. (4714)
   2013 Ed. (279, 4668)
   2014 Ed. (4718)
   2015 Ed. (4733)
   2016 Ed. (4634)
   2017 Ed. (4648)
   2018 Ed. (4644)
   2019 Ed. (4657)
Monroe Carell Jr. Children's Hospital at Vanderbilt
   2012 Ed. (2965)
   2013 Ed. (3050, 3056)
   2023 Ed. (2037)
Monroe Correctional Complex
   2013 Ed. (2168)
   2014 Ed. (2098)
   2015 Ed. (2153)
   2017 Ed. (2080)
Monroe County Airport Authority, NY
   1991 Ed. (3422)
Monroe County, IN
   1998 Ed. (2083)
Monroe County, MI
   1991 Ed. (2530)
Monroe County, PA
   1996 Ed. (1472, 1473, 1474, 1475)
Monroe G. Milstein
   2007 Ed. (960)
Monroe, LA
   1998 Ed. (1548)
   2002 Ed. (1054)
   2005 Ed. (3473)
   2011 Ed. (3495)
   2012 Ed. (3499)
Monroe; Marilyn
   2006 Ed. (802)
   2007 Ed. (891)
   2009 Ed. (878)
   2010 Ed. (828)
   2013 Ed. (907)
   2014 Ed. (853)
   2015 Ed. (889)
   2016 Ed. (774)
   2017 Ed. (2386)
   2020 Ed. (2486)
Monroe, MI
   2009 Ed. (2497)
   2011 Ed. (2413, 3495)
Monroe Muffler Brake Inc.
   2006 Ed. (4753)
Monroe Muffler Brake & Service
   2006 Ed. (352)
Monroe Piping & Sheet Metal LLC
   2009 Ed. (1167)
Monroe Schneider Associates
   1990 Ed. (1802)
   1992 Ed. (2165)
   1993 Ed. (1867)
Monroe Trout Jr.
   1997 Ed. (2004)
Monsannto Co.
   1989 Ed. (187)

Monsanto
   2014 Ed. (2296, 3673)
   2015 Ed. (695, 939, 1374, 1979, 2380, 4568)
   2016 Ed. (848, 4144)
   2017 Ed. (908, 2311)
   2018 Ed. (841, 2217, 2352)
   2019 Ed. (39, 855, 2376)
   2020 Ed. (43)
   2021 Ed. (840)
   2022 Ed. (880, 895)
Monsanto Ag Products
   1990 Ed. (15)
Monsanto Agricultural Products
   1989 Ed. (177)
Monsanto Argentina
   2014 Ed. (1354)
   2015 Ed. (1431)
Monsanto Canada Inc.
   1990 Ed. (950)
   1994 Ed. (924)
   1996 Ed. (932)
   1997 Ed. (960)
   2010 Ed. (1539)
   2011 Ed. (1539)
   2014 Ed. (2607)
   2015 Ed. (2652)
   2016 Ed. (824, 2571)
   2017 Ed. (881)
   2018 Ed. (814)
   2019 Ed. (831)
   2020 Ed. (122)
Monsanto Chemical Co.
   1991 Ed. (913)
   2005 Ed. (2204)
Monsanto Co.
   1989 Ed. (884, 885, 886, 889, 2192)
   1990 Ed. (930, 941, 942, 943, 945, 947, 957, 961, 1987, 2780, 3449, 3501, 3502)
   1991 Ed. (168, 900, 903, 904, 905, 907, 908, 910, 914, 2681, 3307)
   1992 Ed. (1103, 1106, 1107, 1108, 1109, 1111, 1112, 1115, 1122, 1125, 3346, 4059)
   1993 Ed. (161, 898, 900, 903, 905, 906, 907, 913, 916, 919, 922, 925, 1370, 2773, 2852, 2874, 3689)
   1994 Ed. (912, 914, 917, 918, 919, 920, 921, 922, 926, 932, 936, 1423, 2744, 2820, 2854)
   1995 Ed. (948, 950, 953, 954, 956, 957, 964, 968, 1460, 2861)
   1996 Ed. (922, 923, 925, 926, 928, 945, 1422, 2915, 3718)
   1997 Ed. (176, 951, 954, 955, 957, 958, 967, 1482, 3005)
   1998 Ed. (101, 692, 693, 694, 697, 698, 699, 700, 701, 702, 703, 705, 709, 1178, 1346, 1555, 2692, 2751, 2812, 3361, 3521)
   1999 Ed. (196, 1079, 1083, 1084, 1085, 1086, 1105, 1708, 3318, 3713, 3793)
   2000 Ed. (1018, 1020, 1022, 1023, 1024, 1519, 3056, 3423, 3512, 3517)
   2001 Ed. (275, 276, 1038, 1164, 1176, 1177, 1178, 1180, 1181, 1209, 1798, 1799, 2073)
   2002 Ed. (246, 1393, 1394, 1427, 1441, 1485, 3592, 3968, 4789)
   2003 Ed. (933, 938, 942, 1447, 1461, 1504, 1508, 2517, 3280)
   2004 Ed. (181, 182, 941, 952, 958, 967, 1477, 1491, 1536, 4097)
   2005 Ed. (181, 182, 945, 947, 951, 1493, 1507, 1512, 1551, 1878, 1883, 1885, 1888, 1889, 2656)
   2006 Ed. (840, 846, 848, 858, 1502, 1895, 1897, 1899, 1901, 1902, 1904, 1906, 1908, 1910, 1911, 2421, 3870, 4077, 4604)
   2007 Ed. (927, 928, 930, 941, 944, 951, 957, 1552, 1889, 1891, 1893, 4521)
   2008 Ed. (911, 921, 924, 1943, 1944, 1946, 1948, 1949, 1950, 1952, 1954, 1955, 1956, 1957, 3167, 3170, 3603)
   2009 Ed. (920, 929, 932, 936, 1460, 1714, 1715, 1903, 1904, 1908, 1909, 1910, 4182)
   2010 Ed. (857, 863, 869, 873, 1423, 1445, 1743, 1839, 1840, 1843, 2741, 3030, 3176)
   2011 Ed. (786, 801, 809, 810, 1425, 1447, 1870, 1871, 1872, 1874, 2400, 2707, 2726, 2848, 2999, 3140)
   2012 Ed. (734, 736, 739, 756, 757, 762, 775, 777, 780, 1726, 1727, 1729, 1731, 2636, 2659, 2925, 3094)
   2013 Ed. (928, 932, 951, 959, 974, 976, 982, 1762, 1890, 1892, 1895, 2612, 2721, 2741, 3014, 4223)
   2014 Ed. (886, 904, 912, 924, 926, 931, 1823, 1825, 1828, 2557, 2706, 2721, 3023, 3186, 4260)
   2015 Ed. (52, 914, 945, 947, 952, 1863, 1865, 1867, 2752, 2776, 3090, 4420)
   2016 Ed. (51, 812, 817, 835, 843, 855, 857, 862, 1824, 1827, 1828, 1830, 1831, 2682, 2706, 4026)

CUMULATIVE INDEX • 1989-2023

2017 Ed. (48, 128, 868, 873, 892, 902, 915, 920, 1789, 1793, 1795, 2422, 2631, 2661, 2820)
2018 Ed. (48, 801, 826, 835, 847, 853, 1742, 1746, 2459, 2470, 2887, 3016, 4004)
2019 Ed. (128, 817, 821, 843, 849, 858, 865, 1801, 2957, 3484, 3991)
2020 Ed. (125, 819, 1747)
2021 Ed. (3991)
2022 Ed. (4005)
Monsanto Co. (China)
  2015 Ed. (1564)
Monsanto Corp.
  2021 Ed. (3991)
  2022 Ed. (4005)
Monsanto Guatemala
  2013 Ed. (1669)
Monsanto Hawaii
  2011 Ed. (1673, 1687)
  2012 Ed. (1524, 1538)
Monsanto Nitro Credit Union
  2005 Ed. (2071)
Monsanto's Fisher Controls International
  1994 Ed. (1205)
Monsieur Henri
  1997 Ed. (3903)
Monsieur Henri Imported Wines
  1989 Ed. (2940, 2941)
Monsoon
  2007 Ed. (737)
  2008 Ed. (706)
  2009 Ed. (715)
Monsoon Commerce Inc.
  2015 Ed. (2476)
Monsoon plc
  2011 Ed. (1413)
Monsour Builders
  2002 Ed. (2682)
  2003 Ed. (1179)
Monster
  2007 Ed. (3240)
  2009 Ed. (4524)
  2010 Ed. (4562)
  2013 Ed. (2977, 4950)
  2014 Ed. (608, 2989, 4958)
  2015 Ed. (676, 3059, 4529, 4999)
  2016 Ed. (617, 2949, 4916)
  2017 Ed. (654, 2906, 4911)
  2018 Ed. (613)
  2019 Ed. (624)
  2020 Ed. (607, 4424)
  2021 Ed. (4426)
  2022 Ed. (4433, 4435, 4436)
  2023 Ed. (1103, 4456, 4457)
Monster (Monster Rehab)
  2023 Ed. (4562)
Monster Beverage
  2017 Ed. (640)
  2018 Ed. (1634)
Monster Beverage Corp.
  2013 Ed. (577)
  2014 Ed. (587, 591, 3537)
  2015 Ed. (655, 660, 3558)
  2016 Ed. (596, 597, 602, 3410, 4468)
  2017 Ed. (632, 633, 638, 3368)
  2018 Ed. (594, 595, 599, 3432)
  2019 Ed. (606, 607, 611)
  2020 Ed. (593, 597)
  2022 Ed. (590)
Monster Energy
  2005 Ed. (4447)
  2006 Ed. (4453)
  2007 Ed. (4510, 4512)
  2008 Ed. (4490, 4493)
  2009 Ed. (4523)
  2010 Ed. (4561)
  2011 Ed. (4520, 4523)
  2012 Ed. (481, 4522)
  2013 Ed. (595, 4484)
  2014 Ed. (608, 612, 4529)
  2015 Ed. (680, 683)
  2016 Ed. (616, 624, 4467)
  2017 Ed. (653, 658, 661)
  2018 Ed. (611, 612, 619)
  2019 Ed. (622, 623, 631, 4487)
  2020 Ed. (605, 606, 613, 4471)
  2021 Ed. (569, 570, 575)
  2022 Ed. (596, 597, 598)
  2023 Ed. (833, 834)
Monster Energy Absolute Zero
  2015 Ed. (4529)
  2016 Ed. (616, 617, 4467)
  2017 Ed. (653)
Monster Energy Absolutely Zero
  2015 Ed. (676)
Monster Energy Lo Carb
  2015 Ed. (4529)
  2016 Ed. (4467)
Monster Energy Lo-Carb
  2015 Ed. (676)
  2016 Ed. (616, 617)
  2017 Ed. (653, 654)
  2018 Ed. (611, 612, 613)
  2019 Ed. (622, 623, 624)
  2020 Ed. (605, 606, 607)
  2021 Ed. (569, 570)

Monster Energy Low Carb
  2019 Ed. (4487)
  2020 Ed. (4471)
Monster Energy Rehab
  2016 Ed. (4467)
Monster Energy Ultra
  2015 Ed. (1326)
  2016 Ed. (3689)
Monster Energy Ultra Black
  2018 Ed. (1267)
Monster Energy Ultra Sunrise
  2017 Ed. (1289)
  2018 Ed. (3704)
Monster Energy Unleaded
  2017 Ed. (1289)
  2018 Ed. (3704)
Monster Energy XXL
  2009 Ed. (4523)
  2010 Ed. (4561)
  2011 Ed. (4520, 4523)
  2012 Ed. (4522)
  2013 Ed. (595)
Monster Energy Zero
  2018 Ed. (612)
  2019 Ed. (623)
  2020 Ed. (606)
  2021 Ed. (569)
Monster Energy Zero Ultra
  2015 Ed. (676, 4529)
  2016 Ed. (616, 617, 4467)
  2017 Ed. (653, 654, 658)
  2018 Ed. (611, 613)
  2019 Ed. (622, 624, 4487)
  2020 Ed. (605, 607, 4471)
  2021 Ed. (570)
  2022 Ed. (596, 597, 598)
Monster Flooring Sale
  2015 Ed. (4322)
Monster High
  2021 Ed. (4667)
Monster Hitman
  2011 Ed. (4521, 4524)
  2012 Ed. (4523)
  2013 Ed. (593)
Monster Khaos
  2011 Ed. (4523)
Monster Mega
  2012 Ed. (4522)
  2013 Ed. (4484)
  2014 Ed. (4529)
  2018 Ed. (613)
  2019 Ed. (624)
Monster Mega Energy
  2013 Ed. (595)
  2014 Ed. (608)
  2015 Ed. (676, 680, 4529)
  2016 Ed. (616, 617, 4467)
  2017 Ed. (653, 654)
  2018 Ed. (612)
  2019 Ed. (4487)
  2020 Ed. (606, 607, 4471)
  2021 Ed. (569, 570)
  2022 Ed. (598)
Monster Mini Golf
  2011 Ed. (764)
  2022 Ed. (4127)
Monster Munch
  1994 Ed. (3349)
  1996 Ed. (3468)
  1999 Ed. (4347)
Monster Mutant Super Soda
  2019 Ed. (3692)
Monster Oy
  2010 Ed. (1619)
Monster Rehab
  2013 Ed. (4484)
  2014 Ed. (4529)
  2015 Ed. (676, 680, 4529)
  2016 Ed. (616, 617)
  2017 Ed. (653, 654)
  2018 Ed. (611, 612, 613)
  2019 Ed. (622, 623, 624, 4487)
  2020 Ed. (605, 606, 4561)
  2021 Ed. (4540, 4541)
  2022 Ed. (4547)
  2023 Ed. (4562)
Monster Scooter Parts
  2012 Ed. (4307)
Monster Tree Service
  2022 Ed. (3365)
  2023 Ed. (3482)
Monster (U.S.)
  2021 Ed. (4426)
  2022 Ed. (4436)
Monster Video
  1994 Ed. (3627)
Monster Worldwide
  2013 Ed. (3661)
Monster Worldwide Inc.
  2005 Ed. (99)
  2006 Ed. (747, 4459)
  2007 Ed. (859, 3228, 4521, 4523)
  2008 Ed. (817, 3358)
  2009 Ed. (843)
  2010 Ed. (788, 789)
  2012 Ed. (3113)

Monster.com
  2002 Ed. (4801, 4802, 4809, 4819)
  2003 Ed. (3040, 3042, 3047)
  2004 Ed. (3156)
Monsters Inc.
  2003 Ed. (3453)
  2004 Ed. (2160)
Monsters, Inc.: Read-Aloud Storybook
  2003 Ed. (712)
Monsters University
  2015 Ed. (3717, 3718)
Monsters vs. Aliens
  2011 Ed. (3704)
Mont Blanc
  2000 Ed. (3425)
Mont Blanc Gourmet
  2006 Ed. (2621)
  2007 Ed. (2598, 4026)
  2008 Ed. (2733, 4053)
Mont Saint-Sauveur International
  1992 Ed. (1984)
  1994 Ed. (1670)
Montachem International
  2023 Ed. (1063)
Montag & Caldwell
  2001 Ed. (3689)
  2004 Ed. (3193)
Montag & Caldwell Balanced
  2000 Ed. (3252)
Montagu Private Equity
  1995 Ed. (2499)
Montagu; Samuel
  1990 Ed. (2313)
  1991 Ed. (1126)
  1992 Ed. (2140)
  1993 Ed. (1672)
  1994 Ed. (1201, 1202, 1203)
Montague Cold Storage
  1999 Ed. (1220)
Montague DeRose
  2001 Ed. (736, 778, 943, 951)
  2007 Ed. (3656)
Montalvo Cash & Carry Inc.; J. F.
  2005 Ed. (1954)
Montana
  1989 Ed. (1900, 2536, 2540, 2541, 2561, 2563)
  1990 Ed. (759, 1748, 2868, 3373, 3376, 3382, 3396, 3412, 3414, 3418, 3419, 3420, 3422, 3424, 3507)
  1991 Ed. (3128, 3192, 3197, 3198, 3205, 3206, 3208, 3233, 3451)
  1992 Ed. (969, 2334, 2810, 2876, 2917, 2928, 2934, 3977, 4089, 4104, 4400, 4428)
  1993 Ed. (413, 2438, 3320, 3398, 3412, 3442, 3691, 3732)
  1994 Ed. (2334, 2388, 2414, 2535, 3309, 3376, 3402)
  1995 Ed. (2450, 2461, 2469, 3449, 3473, 3480, 3801)
  1996 Ed. (35, 2517, 3175, 3518, 3520, 3528, 3554, 3579, 3580)
  1997 Ed. (994, 2638, 2656, 3570, 3594, 3622, 3785)
  1998 Ed. (472, 2367, 2382, 3376, 3381)
  1999 Ed. (1209, 1211, 1996, 3220, 3595, 4401, 4405, 4424, 4451, 4535)
  2000 Ed. (1128, 1791, 2959, 4096, 4115)
  2001 Ed. (362, 478, 1284, 1287, 2591, 2609, 2613, 3597, 4228, 4274, 4797, 4830)
  2002 Ed. (450, 455, 458, 467, 469, 475, 476, 477, 668, 1114, 1115, 1119, 2008, 2011, 2230, 2231, 2285, 3079, 3111, 3122, 3735, 3805, 4159, 4371, 4520, 4551, 4706, 4892)
  2003 Ed. (380, 388, 389, 411, 416, 417, 440, 1025, 1057, 1064, 1066, 1068, 2146, 2147, 2625, 2886, 4243, 4251, 4252, 4253, 4254, 4255, 4256, 4284, 4290, 4292, 4293, 4297, 4400, 4821, 4912)
  2004 Ed. (382, 395, 396, 1028, 1066, 1073, 1077, 2022, 2308, 2310, 2318, 2537, 2568, 2569, 2572, 2726, 2744, 2806, 2981, 4253, 4254, 4255, 4257, 4265, 4272, 4273, 4275, 4276, 4292, 4294, 4298, 4305, 4307, 4308, 4412, 4513, 4519, 4819, 4884, 4885, 4886, 4903)
  2005 Ed. (391, 408, 413, 414, 415, 1034, 1070, 1071, 1081, 2528, 2987, 2988, 4196, 4200, 4202, 4204, 4205, 4206, 4207, 4208, 4209, 4225, 4231, 4238, 4240, 4362, 4723, 4794, 4898, 4899)
  2006 Ed. (1043, 2755, 2980, 3109, 3982, 4305, 4663, 4931, 4932, 4933)
  2007 Ed. (1131, 2273, 2371, 4371, 4683, 4937, 4938, 4939)
  2008 Ed. (1012, 2437, 3280, 4326, 4593, 4914, 4915, 4916)
  2009 Ed. (997, 2406, 2439, 2441, 2504, 3034, 3336, 3553, 3579, 4244, 4430, 4637, 4766, 4925, 4926, 4927)
  2010 Ed. (822, 961, 1058, 1059, 1060, 2312, 2318, 2327, 2360, 2362, 2411, 2414, 2419, 2577, 2959, 3149, 3272,

3612, 3631, 3709, 3996, 4176, 4183, 4473, 4536, 4569, 4570, 4665, 4680, 4780, 4838, 4929, 4930, 4931, 4968)
  2011 Ed. (736, 749, 887, 996, 997, 998, 2314, 2323, 2334, 2356, 2358, 2414, 2417, 2422, 2552, 2699, 2921, 3116, 3241, 3474, 3615, 3632, 3706, 4004, 4181, 4410, 4474, 4532, 4613, 4614, 4632, 4731, 4796, 4914, 4915, 4916, 4957)
  2012 Ed. (273, 907, 911, 920, 921, 922, 2215, 2225, 2281, 2335, 2338, 2504, 2856, 3051, 3302, 3609, 3632, 3727, 4231, 4489, 4534, 4619, 4632, 4689, 4951)
  2013 Ed. (1155, 2521, 2522, 2657, 2835, 3043, 3131, 3132, 3568, 3732, 4435, 4491, 4574, 4577, 4586, 4723, 4971, 4995, 4997)
  2014 Ed. (276, 756, 2331, 4624, 4631, 4636, 4640)
  2015 Ed. (791, 882, 884, 2397, 2543, 2544, 4623, 4625)
  2016 Ed. (713, 4541, 4543)
  2017 Ed. (829, 4538, 4543, 4547)
  2018 Ed. (760, 3981, 4563, 4568, 4572)
  2019 Ed. (722, 2247, 3961, 4557, 4564, 4569, 4573)
  2020 Ed. (771, 4557)
  2021 Ed. (793, 3330, 3362, 3363, 4538)
  2022 Ed. (825, 2351, 3394, 3412, 3413, 3706, 4544)
  2023 Ed. (2516, 3529, 3542, 3543, 4558)
Montana Board of Housing
  2001 Ed. (762)
Montana Credit Union
  2002 Ed. (1876)
  2003 Ed. (1930)
  2004 Ed. (1970)
Montana Deaconess Medical Center
  1992 Ed. (2448, 2455)
Montana Federal Credit Union
  2005 Ed. (2112)
  2006 Ed. (2207)
  2007 Ed. (2128)
  2008 Ed. (2243)
  2009 Ed. (2229)
  2010 Ed. (2183)
  2011 Ed. (2201)
  2012 Ed. (2062)
  2013 Ed. (2244)
  2014 Ed. (2176)
  2015 Ed. (2240)
  2016 Ed. (2211)
  2018 Ed. (2106)
  2020 Ed. (2085)
  2021 Ed. (2030, 2075)
  2022 Ed. (2110)
  2023 Ed. (2177, 2225)
Montana Health Facilities Authority
  2001 Ed. (762)
Montana Higher Education Board of Regents
  2001 Ed. (762)
Montana Higher Education Student Assistance Agency
  2001 Ed. (762)
Montana Higher Education Student Assistance Corp.
  1991 Ed. (2924)
Montana; Joe
  1995 Ed. (250, 251, 1671)
  1997 Ed. (1724)
Montana; Pontiac
  2008 Ed. (299)
Montana Power Co.
  1989 Ed. (947, 1305)
  1990 Ed. (1073, 1609)
  1991 Ed. (1506)
  1992 Ed. (1888, 1906, 1907)
  1993 Ed. (1561)
  1994 Ed. (1603, 1604)
  1995 Ed. (1645, 1646)
  1996 Ed. (1622, 1623)
  1997 Ed. (1702)
  1998 Ed. (1395)
  1999 Ed. (1953)
  2000 Ed. (3673)
  2001 Ed. (1801)
  2003 Ed. (1771)
Montana Rail Link Inc.
  2001 Ed. (1801)
Montana Re Ltd.
  2012 Ed. (3213)
Montana Stone Gallery LLC
  2010 Ed. (1845)
Montana Tech
  2009 Ed. (1043)
  2010 Ed. (1009)
Montana; University of
  2009 Ed. (1043)
  2010 Ed. (1009)
Montanto Co.
  2011 Ed. (124)
Montaperto; Deborah
  2019 Ed. (3297)
  2021 Ed. (3159)
  2022 Ed. (3303)

CUMULATIVE INDEX • 1989-2023

2023 Ed. (3391)
Montaro
  2023 Ed. (4264, 4271)
Montauk Credit Union
  1996 Ed. (1505)
  1998 Ed. (1217)
  2005 Ed. (2063)
  2006 Ed. (2156)
  2008 Ed. (2208)
  2009 Ed. (2177, 2193)
  2010 Ed. (2124, 2134, 2147)
  2011 Ed. (2168)
  2012 Ed. (2020, 2030)
  2013 Ed. (2213, 2260)
  2014 Ed. (2144, 2193)
  2015 Ed. (2257)
  2016 Ed. (2228)
Montblanc
  2021 Ed. (3398)
  2022 Ed. (3454)
Montbleau & Assoc.
  2022 Ed. (4995)
Montclair Hospital Medical Center
  2011 Ed. (3048)
  2012 Ed. (2985)
Montclair State University
  1999 Ed. (1236)
  2000 Ed. (1145)
  2002 Ed. (1108)
  2008 Ed. (778)
  2014 Ed. (775)
  2015 Ed. (817)
Monte Alban
  1990 Ed. (3558)
  1991 Ed. (3340, 3341)
  1992 Ed. (4266, 4267)
  1993 Ed. (3551)
  1994 Ed. (3510)
  1995 Ed. (3595)
  1996 Ed. (3672, 3674)
Monte Alban Mezcal Con Gusano
  1989 Ed. (2809)
Monte Cable
  2005 Ed. (93)
Monte Carlo
  2001 Ed. (2801)
Monte Dei Paschi
  2006 Ed. (1820)
  2007 Ed. (1826)
Monte de Gozo
  2001 Ed. (4359)
Monte Paschi Asset Management
  2010 Ed. (1381)
Monte dee Paschi di Siena
  1997 Ed. (526)
Monte dei Paschi di Siena
  1989 Ed. (589)
  1991 Ed. (571, 572)
  1992 Ed. (740)
  1993 Ed. (539)
  1994 Ed. (541)
  1995 Ed. (516)
  1996 Ed. (570, 3411)
  2021 Ed. (450)
  2022 Ed. (465)
  2023 Ed. (659)
Monte del Paschi di Siena
  1990 Ed. (615, 616)
Monte Teca
  1993 Ed. (2431)
Monte Zweben
  2002 Ed. (4787)
Monteal Trust Co. of Canada
  2016 Ed. (4763)
  2017 Ed. (4774)
  2020 Ed. (4759)
Montebello Long Island Ice Tea
  2002 Ed. (3104)
  2004 Ed. (1034)
Montecatini
  1996 Ed. (1214)
Montecatini Edison SpA in Abbreviazione Montedison SpA
  1991 Ed. (3107)
Montech Inc.
  2020 Ed. (1773)
  2021 Ed. (1744)
  2023 Ed. (1908)
Montecito, CA
  2003 Ed. (974)
  2005 Ed. (2203)
  2013 Ed. (3125)
Montecristo
  1994 Ed. (962)
Montedison
  1989 Ed. (892, 893)
  1990 Ed. (952, 956, 1389, 3472)
  1991 Ed. (1311, 1313, 2458, 2459)
  1992 Ed. (1483, 1654, 3073, 3074)
  1993 Ed. (1197, 1354, 1355, 2570, 2571)
  1999 Ed. (1687, 1688, 3123)
  2000 Ed. (1030, 2871)
Montedison Group
  1989 Ed. (891)
  1990 Ed. (954)
  2000 Ed. (1488)
  2005 Ed. (1830)

Montedison ord
  1994 Ed. (2520)
  1997 Ed. (2578)
Montedison SpA
  1989 Ed. (1130)
  1990 Ed. (1349, 1388)
  1994 Ed. (1407, 1408)
  1995 Ed. (201, 1440, 2117)
  1996 Ed. (1403, 1404)
  1997 Ed. (961, 1260, 1458, 1460, 2115, 2579, 3100)
  2001 Ed. (1199)
  2002 Ed. (1460, 2309)
  2003 Ed. (1481, 2516)
  2004 Ed. (1511)
  2005 Ed. (1527)
Montedison's Eridania Zuccherifici Nazionale's Beghin-Say
  1994 Ed. (1227)
Montedonico, Hamilton & Altman
  2003 Ed. (3185)
Montefiore; Children's Hospital at
  2012 Ed. (2964)
Montefiore IPA Integrated Provider Association Inc.
  2000 Ed. (2618)
Montefiore Medical Center
  1989 Ed. (1609)
  1990 Ed. (2058)
  1991 Ed. (1935)
  1992 Ed. (2462)
  1993 Ed. (2076, 2713)
  1994 Ed. (897, 1901, 2663)
  1995 Ed. (2146)
  1996 Ed. (2157)
  1997 Ed. (2273)
  1998 Ed. (1909, 1986, 1992, 1995)
  1999 Ed. (2645, 2751)
  2000 Ed. (2532)
  2001 Ed. (2773, 2775)
  2002 Ed. (2623)
  2014 Ed. (3081)
  2015 Ed. (2913)
  2016 Ed. (2834)
Montego Bay
  1992 Ed. (3749)
  1994 Ed. (3122)
  1995 Ed. (3170)
  1996 Ed. (3267)
  1997 Ed. (3366)
  1998 Ed. (3108)
  1999 Ed. (4124)
  2002 Ed. (292)
Monteith; Rob
  2011 Ed. (4336)
Montel SDK
  2001 Ed. (3838)
Montell
  2001 Ed. (3837)
Montell Resources Ltd.
  2001 Ed. (3836)
Montelle Winery
  2023 Ed. (4911)
Montemayor & Asociados
  2003 Ed. (80)
Montemayor y Asociados
  2000 Ed. (55)
Montemayor Capital
  1995 Ed. (2095)
Montenegro
  2005 Ed. (3671, 3860)
  2006 Ed. (2140, 3768, 3923)
  2007 Ed. (3765, 3976)
  2010 Ed. (2589, 2840, 3748)
  2011 Ed. (2305, 2822, 3748, 3807, 4680)
  2012 Ed. (2205, 2755, 4694)
  2013 Ed. (2388, 2648, 3169, 4656)
  2016 Ed. (970)
  2018 Ed. (2245)
  2020 Ed. (2215)
  2021 Ed. (2187)
  2022 Ed. (2217)
  2023 Ed. (2406)
Montenegro Airlines A.D.
  2017 Ed. (1535)
  2018 Ed. (1516)
  2019 Ed. (1544)
Montenegro Airlines AD
  2021 Ed. (1502)
  2022 Ed. (1515)
Montenegro Paper Ltd.
  2014 Ed. (2953)
  2015 Ed. (3005)
Montenetro Airlines AD
  2014 Ed. (1568)
  2015 Ed. (1619)
Monterey
  1997 Ed. (3906)
  1998 Ed. (3745, 3753)
  1999 Ed. (4792)
  2000 Ed. (4416)
  2003 Ed. (3739, 4484)
Monterey Bay Aquarium Research Institute
  1995 Ed. (1931)
  2002 Ed. (2348)
  2011 Ed. (4191)
Monterey, CA
  1998 Ed. (1857, 2475)

Monterey Coal Co., No. 2 mine
  1990 Ed. (1072)
Monterey Construction
  2020 Ed. (1022)
Monterey Consultants Inc.
  2016 Ed. (4781)
Monterey Foods Corp.
  2012 Ed. (4360)
Monterey Homes
  2002 Ed. (2670)
  2003 Ed. (1213)
  2004 Ed. (1197)
  2005 Ed. (1181, 1183, 1244)
Monterey Institute of International Studies
  1992 Ed. (1008)
  2008 Ed. (771)
Monterey Mechanical Co.
  2003 Ed. (1241)
  2004 Ed. (1244)
  2005 Ed. (1295)
  2006 Ed. (1264)
  2007 Ed. (4888)
  2008 Ed. (1253, 4820)
  2009 Ed. (4845)
  2012 Ed. (3997, 4837)
  2013 Ed. (4831)
  2017 Ed. (1213)
Monterey Mushrooms Inc.
  2004 Ed. (1998)
  2005 Ed. (2140, 2141)
  2006 Ed. (2235, 2236)
  2007 Ed. (2156, 2157)
  2008 Ed. (2271)
  2009 Ed. (2258)
  2010 Ed. (2215, 2216)
  2011 Ed. (2233, 2234)
  2012 Ed. (2095)
  2013 Ed. (2281)
  2014 Ed. (2215)
  2015 Ed. (2279)
  2016 Ed. (2250, 2251)
Monterey Pasta Co.
  2001 Ed. (1650)
  2003 Ed. (3742, 4488)
  2005 Ed. (2653)
Monterey PIA Short-Term Government Securities
  2000 Ed. (765)
Monterey-Salinas, CA
  1993 Ed. (815)
  2003 Ed. (3315)
  2004 Ed. (188, 3377, 3378, 3388)
  2007 Ed. (3506)
Monterey Vineyard
  1989 Ed. (2942, 2945)
Monterey Vineyard Wines
  1991 Ed. (3494)
Montero; Alejandro
  1996 Ed. (1856)
Monteroza Co., Ltd.
  2015 Ed. (4263)
Monterrey
  1994 Ed. (2440)
Monterrey Aetna
  2000 Ed. (2671)
Monterrey General Mariano
  2001 Ed. (350)
Monterrey, Mexico
  1993 Ed. (2500, 2557)
  2010 Ed. (3501)
  2012 Ed. (3502)
  2023 Ed. (3410)
Monterrey Security Consultants Inc.
  2006 Ed. (2829)
Monterrey Technical Institute
  2007 Ed. (795)
Montessori ONE Academy
  2021 Ed. (191)
Montevideo Refrescos
  1989 Ed. (1169)
  2005 Ed. (93)
  2006 Ed. (102)
  2007 Ed. (95)
  2008 Ed. (105)
Montevideo Refrescos SA
  2002 Ed. (4496, 4497)
  2006 Ed. (4547)
Montezuma
  1991 Ed. (3336)
  1992 Ed. (4262)
  1993 Ed. (3546)
  1994 Ed. (3505)
  1995 Ed. (3590, 3594)
  1996 Ed. (3670, 3671)
  1997 Ed. (3729)
  1998 Ed. (3508, 3509)
  1999 Ed. (4579)
  2000 Ed. (4233)
  2001 Ed. (4503)
  2002 Ed. (287, 4604, 4609)
  2003 Ed. (4721)
  2004 Ed. (4699)
  2005 Ed. (4676)
Montford S. Will
  2009 Ed. (3444)
  2010 Ed. (3385)

Montgomery
  1991 Ed. (1110)
  1996 Ed. (3630)
  1998 Ed. (3176, 3181)
Montgomery, AL
  1993 Ed. (2982)
  1994 Ed. (966, 3326)
  2002 Ed. (4289)
  2005 Ed. (2974)
  2008 Ed. (3481)
  2011 Ed. (2408)
  2017 Ed. (3095)
  2019 Ed. (3131)
  2021 Ed. (3307, 3360)
Montgomery Area Chamber of Commerce
  2006 Ed. (3308)
Montgomery Assset Mgmt.
  2000 Ed. (2807)
Montgomery; Catherine
  1993 Ed. (1842)
Montgomery & Collins
  1991 Ed. (2089)
  1992 Ed. (2649)
Montgomery Co. Industrial Development Authority, PA
  1991 Ed. (2529)
Montgomery Consulting Engineers Inc.; James M.
  1992 Ed. (358, 3480)
  1993 Ed. (1604, 2876)
Montgomery Consulting Engineers Inc.; James M.
  1992 Ed. (1949)
Montgomery Coscia Greilich
  2015 Ed. (20)
  2016 Ed. (19)
  2017 Ed. (15)
  2018 Ed. (14)
  2019 Ed. (15)
  2020 Ed. (17)
Montgomery County Children Services
  2005 Ed. (2827)
Montgomery County Comprehensive Day Care Program
  1990 Ed. (977)
  1991 Ed. (929)
Montgomery County Industrial Development Authority, PA
  1993 Ed. (2625)
Montgomery County, MD
  1992 Ed. (1720)
  1993 Ed. (1430, 1431)
  1994 Ed. (1474, 1479, 1481, 2168)
  1995 Ed. (337, 1513)
  2002 Ed. (1805)
  2008 Ed. (3437, 3438, 4732)
  2009 Ed. (3511, 3512)
  2017 Ed. (667)
Montgomery County
  2023 Ed. (1961)
Montgomery County, OH
  2017 Ed. (1893)
  2018 Ed. (1837)
  2019 Ed. (1890)
  2020 Ed. (1829)
  2021 Ed. (1796)
  2022 Ed. (1835)
Montgomery County, Ohio
  2016 Ed. (1923)
Montgomery County, PA
  2021 Ed. (3346)
Montgomery County Public Schools
  2016 Ed. (2142)
  2017 Ed. (2087)
  2018 Ed. (2043)
  2019 Ed. (2102)
  2020 Ed. (2015)
  2021 Ed. (1967)
  2022 Ed. (2013)
  2023 Ed. (2112)
Montgomery County Teachers Credit Union
  2007 Ed. (2122)
  2008 Ed. (2237)
  2009 Ed. (2223)
  2010 Ed. (2177)
  2011 Ed. (2195)
Montgomery County, VA
  2008 Ed. (3480)
Montgomery Emerging Asia
  2000 Ed. (3257)
  2001 Ed. (3429)
Montgomery Emerging Markets
  1995 Ed. (2717, 2727)
Montgomery Emerging Markets Focus
  2004 Ed. (2476)
Montgomery Global
  2000 Ed. (3284)
Montgomery Global Communications
  2000 Ed. (3233)
Montgomery Global Long Short
  2000 Ed. (3238)
Montgomery Global Opport R
  1999 Ed. (3580)
Montgomery Global Opportunities
  2000 Ed. (3233)
Montgomery Growth
  1996 Ed. (2788)

Montgomery Inn
 2009 Ed. (4258)
 2010 Ed. (4198)
Montgomery Inn at the Boathouse
 1994 Ed. (3053)
 2001 Ed. (4051)
 2009 Ed. (4258)
 2010 Ed. (4198)
Montgomery International Growth
 2004 Ed. (3651)
Montgomery Investment Management, Equity Plus Cash
 2003 Ed. (3120, 3128, 3129)
Montgomery; J. F.
 1991 Ed. (1618)
Montgomery; James
 1990 Ed. (1712, 1723)
Montgomery; James F.
 1994 Ed. (1720)
Montgomery; Joseph W.
 2009 Ed. (3444)
 2013 Ed. (3392)
 2014 Ed. (3394)
Montgomery Mall
 1989 Ed. (2493)
 1990 Ed. (3292)
 1991 Ed. (3127)
 1992 Ed. (3972)
 1994 Ed. (3305)
 1998 Ed. (3302)
 1999 Ed. (4312)
 2000 Ed. (4032)
Montgomery Martin Contractors LLC
 2007 Ed. (1385)
 2008 Ed. (1327)
Montgomery, McCracken, Walker & Rhoads
 1993 Ed. (2403)
Montgomery, MD
 1990 Ed. (1441, 1442, 2157)
 1991 Ed. (1368, 1370, 1372)
 1992 Ed. (1722, 1725)
 1998 Ed. (2058)
Montgomery Moran
 2016 Ed. (721, 866)
 2017 Ed. (776)
Montgomery Newspaper Group
 1990 Ed. (2712)
 1992 Ed. (3246)
Montgomery/Quality
 1997 Ed. (3809)
Montgomery; R. L.
 2005 Ed. (2481)
Montgomery; R. Lawrence
 2007 Ed. (968, 1023)
Montgomery; Robert
 2008 Ed. (2634)
Montgomery Securities
 1989 Ed. (1761)
 1990 Ed. (3196)
 1991 Ed. (1672, 1673, 1674, 1692, 2193, 2945, 2959, 3016)
 1992 Ed. (1451, 1452, 3837, 3838, 3875, 3884)
 1993 Ed. (1167, 1168, 3119, 3149)
 1994 Ed. (776, 1198, 1199, 1200, 3169)
 1995 Ed. (732, 1215, 3219, 3221, 3223, 3243, 3253)
 1996 Ed. (1181, 1182, 1183, 3316, 3317, 3319, 3321, 3337, 3339, 3347)
 1997 Ed. (1220, 1221, 1222, 1227, 2502, 2503, 3419, 3420, 3422, 3424, 3439, 3441)
 1998 Ed. (342, 996, 997, 998, 3208, 3211, 3212, 3223, 3227, 3242, 3244, 3247)
Montgomery Select 50 R
 1999 Ed. (3580)
Montgomery/Selma, AL
 1994 Ed. (2924)
Montgomery Short Duration Government R
 1999 Ed. (752)
 2000 Ed. (765)
Montgomery Short Government
 1998 Ed. (2650)
Montgomery Small Capital
 1993 Ed. (2669, 2680)
Montgomery Tank
 1996 Ed. (3759)
Montgomery Tank Lines
 1993 Ed. (3503, 3642)
 1994 Ed. (3474, 3602)
 1995 Ed. (3541, 3680)
 1998 Ed. (3461, 3639)
 1999 Ed. (4532, 4681, 4682)
 2000 Ed. (4178)
Montgomery Total-Return Bond
 2004 Ed. (692)
Montgomery Traders Bank
 1997 Ed. (503)
Montgomery Transport
 2016 Ed. (4700)
 2018 Ed. (4706)
 2019 Ed. (2069, 4712)
 2020 Ed. (1979)
 2021 Ed. (1933)
Montgomery Transport LLC
 2021 Ed. (4675)
 2023 Ed. (4726)

Montgomery, TX
 1993 Ed. (2982)
 2000 Ed. (1607, 2437)
Montgomery Ward 1 Electric Avenue
 1992 Ed. (2422)
Montgomery Ward & Co., Inc.
 1990 Ed. (1025, 1652)
 1996 Ed. (162, 985, 1533, 3239)
 2000 Ed. (1101, 3690)
 2001 Ed. (1271, 1272)
 2002 Ed. (1918, 2696, 4714)
 2003 Ed. (785)
 2005 Ed. (3372)
Montgomery Ward Corp.
 1989 Ed. (264)
 1990 Ed. (910, 1230, 2029, 2032, 2033, 2116, 2121, 2440)
 1991 Ed. (248, 952, 1429, 1431, 1432, 1433, 1435, 1440, 1919, 1920, 1921, 1971, 1994, 2309, 2376, 2825, 3240, 3243, 3471)
 1992 Ed. (235, 348, 1187, 1792, 1819, 1822, 1827, 2423, 2528, 2529, 2539, 2962, 3649, 4155, 4364, 4420)
 1993 Ed. (676, 962, 2492, 3038, 3649)
 1994 Ed. (131, 132, 229, 677, 987, 1009, 1545, 2132, 2135, 2136, 2429, 3093, 3097)
 1995 Ed. (149, 229, 1000, 1021, 1574, 1967, 2119, 2123, 2498, 2517)
 1997 Ed. (258, 1592, 1631, 1639, 2241, 2318, 2320, 3231)
 1998 Ed. (440, 652, 750, 1302, 1314, 1964, 2980, 3084)
 1999 Ed. (1833)
 2000 Ed. (2300, 2581, 3808, 4348)
 2001 Ed. (1994, 2741, 2748)
Montgomery Ward Credit Card Buyers
 1999 Ed. (1856)
Montgomery Ward Credit Corp.
 1990 Ed. (1762)
Montgomery Ward Direct
 1997 Ed. (2324)
 1998 Ed. (648)
Montgomery Ward Holding Corp.
 1990 Ed. (3242, 3246)
 1996 Ed. (987)
 1997 Ed. (1012)
 2000 Ed. (387, 390)
 2001 Ed. (1272)
Montgomery Ward Holdings Corp.
 2000 Ed. (388, 389)
Montgomery Ward LLC
 2003 Ed. (1010, 1011)
Montgomery Ward/Montgomery Ward Direct
 1996 Ed. (3237)
Montgomery Watson Harza
 2006 Ed. (2481)
Montgomery Watson Inc.
 1994 Ed. (1634, 2892)
 1995 Ed. (1674, 1695, 1699, 1718)
 1996 Ed. (1657, 1662, 1677, 1681)
 1997 Ed. (1735, 1740, 1761, 1762, 1782)
 1998 Ed. (1441, 1453, 1454, 1476, 1482, 1486, 1489, 1492)
 1999 Ed. (2025, 2027, 2060)
 2000 Ed. (1802, 1804, 1816, 1820, 1822, 1844, 1846, 1847, 1849, 1851, 1856, 1857, 1858, 1861)
 2001 Ed. (2289, 2293, 2296, 2301, 2302)
 2002 Ed. (2135, 2138, 2152)
 2003 Ed. (2319, 2322)
Monthly Coupons
 2010 Ed. (149)
MonthlyClubs.com
 2015 Ed. (2478)
Monticello Bank
 2005 Ed. (523)
Monticello Banking Co.
 2021 Ed. (331)
 2022 Ed. (343)
Monticello Banking Company
 2023 Ed. (435)
Monticello Cabinets & Doors Inc.
 2019 Ed. (4992)
Monticello Homes
 2008 Ed. (1164)
Monticello State Bank
 1989 Ed. (204, 209)
Montieth & Company
 2022 Ed. (4020)
 2023 Ed. (4105)
Montoya; Juan Pablo
 2010 Ed. (315)
Montoya; Regina
 2011 Ed. (2953)
Montpelier Re Holdings Ltd.
 2004 Ed. (4337)
Montpelier, VT
 2005 Ed. (3325)
Montpellier Technopole
 1997 Ed. (2376)
Montreal
 1990 Ed. (865, 1151)
 2000 Ed. (2549)
 2023 Ed. (4016)

Montreal; Bank of
 2005 Ed. (473, 1567, 1697, 1710, 1719, 1720, 1722, 1723, 3491)
 2006 Ed. (423, 443, 1451, 1598, 1600, 1606, 1612, 1618, 1620, 1627, 1629, 2604, 4491)
 2007 Ed. (412, 414, 449, 1445, 1617, 1627, 1634, 1639, 1641, 1712, 1720, 1727, 2573, 4575)
Montreal Canadiens
 2000 Ed. (2476)
 2001 Ed. (4347)
 2006 Ed. (2862)
 2009 Ed. (3056)
 2010 Ed. (2990)
 2011 Ed. (2959)
 2012 Ed. (2888)
 2013 Ed. (2965)
 2014 Ed. (2978)
 2015 Ed. (3046)
 2016 Ed. (2938)
 2017 Ed. (2898)
 2018 Ed. (2964)
 2019 Ed. (2907)
 2020 Ed. (2926)
 2021 Ed. (2787)
 2022 Ed. (2953)
Montreal Children's Hospital Foundation
 2012 Ed. (724)
Montreal City & District Savings Bank
 1989 Ed. (563)
Montreal Convention Centre
 2005 Ed. (2520)
Montreal/Dorval International
 1995 Ed. (196)
Montreal Forum
 1994 Ed. (3373)
Montreal Gazette
 1999 Ed. (3615)
 2002 Ed. (3506, 3507, 3509, 3510)
 2003 Ed. (3648, 3649)
Montreal International
 2009 Ed. (3563)
 2010 Ed. (3482)
 2011 Ed. (3486)
 2012 Ed. (3489)
 2013 Ed. (3529)
 2015 Ed. (3521)
 2016 Ed. (3377)
 2017 Ed. (3336)
Montreal International Auto Show
 2010 Ed. (4776)
 2011 Ed. (4727)
Montreal La Presse
 1999 Ed. (3615)
 2003 Ed. (3648, 3649)
Montreal-Laval, Quebec
 2006 Ed. (3317)
Montreal Le Journal
 1999 Ed. (3615)
 2003 Ed. (3648, 3649)
Montreal Museum of Fine Arts
 2012 Ed. (720)
Montreal National Home & Landscaping Show
 2003 Ed. (4778)
Montreal Olympic Stadium
 1994 Ed. (3373)
Montreal, PQ
 1992 Ed. (530, 1396, 2784)
 1993 Ed. (2531, 2556)
 1996 Ed. (3056)
 2001 Ed. (4109)
Montreal, PQ, Canada
 1990 Ed. (1010)
 1995 Ed. (2957)
Montreal, Quebec
 2003 Ed. (3251)
 2005 Ed. (1785, 3476)
 2009 Ed. (3560)
 2010 Ed. (3480, 3481, 4360)
 2011 Ed. (3485)
 2012 Ed. (3488)
 2013 Ed. (3524)
 2014 Ed. (2641, 3498)
 2015 Ed. (2684, 3515)
 2016 Ed. (2601)
 2017 Ed. (2530, 4531)
 2018 Ed. (2604)
 2019 Ed. (2584)
 2020 Ed. (2576, 3953)
 2021 Ed. (3919)
 2022 Ed. (3931)
Montreal, Quebec, Canada
 2011 Ed. (2627)
Montreal RV Show
 2003 Ed. (4778)
Montreal Transit Corp.
 2006 Ed. (687)
Montreal Trust
 1990 Ed. (2951, 2957)
Montreal Trust Co. of Canada
 1996 Ed. (2581)
 2009 Ed. (4813)
Montreal Trustco
 1990 Ed. (3659)
 1992 Ed. (4360)
 1994 Ed. (3606)

1996 Ed. (3761)
 1997 Ed. (3811)
Montreal; University of
 2007 Ed. (1169, 1171, 1179, 3469, 3473)
 2008 Ed. (1073, 1074, 1079, 3636, 3641, 3642)
 2009 Ed. (1053, 1054, 1068, 3699, 4391)
 2010 Ed. (1016, 1023, 1024, 3432)
 2011 Ed. (958, 959, 3416)
 2012 Ed. (878, 3430, 3432, 3630)
Montreal Urban Community Transit Corp.
 1991 Ed. (808)
 1992 Ed. (989)
 1993 Ed. (786)
 1995 Ed. (852)
 1996 Ed. (832)
 1997 Ed. (840)
 1998 Ed. (538)
 1999 Ed. (956)
 2000 Ed. (900)
Montreal Urban Community Transit Corporation
 1990 Ed. (847)
Montreal Urban Commuter Transit Corp.
 1994 Ed. (801, 1076)
Montreal Urban Transit
 2008 Ed. (756)
 2009 Ed. (751)
 2010 Ed. (696)
 2011 Ed. (624)
 2012 Ed. (594)
 2013 Ed. (729)
 2014 Ed. (751)
 2015 Ed. (789)
 2016 Ed. (709)
Montres Rolex AG
 2011 Ed. (1145)
Montri Jiaravanont
 2017 Ed. (4880)
 2018 Ed. (4892)
 2019 Ed. (4884)
 2020 Ed. (4873)
 2021 Ed. (4874)
 2022 Ed. (4870)
 2023 Ed. (4864)
Montrose Environmental Group Inc.
 2022 Ed. (1408)
 2023 Ed. (1603, 2670)
Montrose Travel
 1997 Ed. (3918)
 1998 Ed. (3764)
 1999 Ed. (4667, 4814)
 2000 Ed. (4302, 4435)
 2002 Ed. (4990)
 2003 Ed. (4991)
 2009 Ed. (4991)
 2011 Ed. (4995)
 2012 Ed. (4990)
Monty; Gerald F.
 1996 Ed. (967, 1710)
 1997 Ed. (979)
Montserrat
 2019 Ed. (2592)
Montull; Daniel Servitje
 2012 Ed. (4903)
Montway
 2019 Ed. (1634)
Monty; Jean
 2005 Ed. (2514)
Monty Moran
 2013 Ed. (986)
 2014 Ed. (939)
 2015 Ed. (955)
 2016 Ed. (873)
Monument
 2023 Ed. (3806)
Monument Internet
 2000 Ed. (3230)
Monument Mining
 2011 Ed. (1562)
Monument Mining Ltd.
 2014 Ed. (1488)
 2015 Ed. (1545)
Monument Oil & Gas
 2000 Ed. (4132)
Monument Resources Inc.
 2009 Ed. (1606)
Monumental General Insurance
 1992 Ed. (2647)
Monumental Investment Corp.
 2001 Ed. (1410)
Monumental Life Insurance Co.
 1993 Ed. (2223, 2225)
 1995 Ed. (2309, 2310)
 1997 Ed. (2452)
 1998 Ed. (2162)
 2000 Ed. (2688)
 2002 Ed. (2910)
Monus
 2005 Ed. (75)
MONY
 1989 Ed. (2974)
 1992 Ed. (2741, 3549)
MONY AM "A" MMST: M IT Bd
 1994 Ed. (3615)
MONY Financial Services
 1989 Ed. (1806)
 1990 Ed. (2354)

CUMULATIVE INDEX • 1989-2023

1992 Ed. (2774)
Mony Group Inc.
  2004 Ed. (3101)
  2005 Ed. (3104)
  2006 Ed. (1441, 1445)
MONY Life Moneymaster Managed Portfolio
  1995 Ed. (3689)
MONY Life - The MONYVestor (SPVL)
  1991 Ed. (2149)
MONY MONYMaster Equity
  1994 Ed. (3611)
MONY MONYMaster Managed
  1994 Ed. (3612)
MONY MONYMaster Small Cap.
  1994 Ed. (3610)
MONY Securities
  1999 Ed. (839, 841, 842, 851, 852, 861, 865)
  2000 Ed. (833, 834, 837, 838, 839, 849, 850, 862, 865, 866)
  2002 Ed. (791, 792, 793, 794)
MONY ValueMaster OCC Managed
  2000 Ed. (4328)
MONYMaster
  1999 Ed. (4697)
MONYMaster Enterprise Managed
  1997 Ed. (3819)
  2000 Ed. (4328)
Monymaster Flexible Payment Contract
  1997 Ed. (3830)
MONYMaster MONY Long Term Bond
  1997 Ed. (3820)
Monza; Chevrolet
  2006 Ed. (322)
  2008 Ed. (303)
Monzas
  2019 Ed. (1528)
MOO Inc.
  2015 Ed. (2008)
Mooala
  2022 Ed. (3616)
All Mooala Brands
  2023 Ed. (3714)
Mooala Brands L.L.C.
  2021 Ed. (3561)
Mooala Brands LLC
  2021 Ed. (3558)
Mood International
  2016 Ed. (2076)
Mood Media Corp.
  2013 Ed. (2838)
  2014 Ed. (2874)
  2015 Ed. (1528, 2915, 3582)
  2018 Ed. (172)
  2019 Ed. (174)
Moody Construction Co.; C. D.
  2008 Ed. (175)
Moody; D. Thomas
  1989 Ed. (1382)
  1990 Ed. (1721)
Moody Jr.; Charles David
  2006 Ed. (2514)
Moody Nolan
  2021 Ed. (3600)
  2022 Ed. (3651)
  2023 Ed. (304, 3757)
Moody Nolan Inc.
  2018 Ed. (3607)
Moody's
  2017 Ed. (2605)
  2019 Ed. (4387)
  2020 Ed. (4381, 4934)
  2023 Ed. (2821)
Moody's Corp.
  2003 Ed. (4533)
  2004 Ed. (4483, 4562)
  2005 Ed. (2583, 2593, 2596, 4353)
  2006 Ed. (2586, 2600, 4462)
  2007 Ed. (835, 2555, 2569)
  2008 Ed. (803, 808, 2706)
  2012 Ed. (640, 641, 3850, 3851)
  2013 Ed. (780, 782)
  2014 Ed. (802, 803)
  2015 Ed. (846, 848)
  2016 Ed. (4358, 4362)
  2017 Ed. (4357, 4362)
  2018 Ed. (4360)
  2019 Ed. (4389)
  2020 Ed. (4383)
Moody's Corporation
  2022 Ed. (3024)
  2023 Ed. (3076)
Moog
  2018 Ed. (91)
  2020 Ed. (76)
Moog; Delia
  2005 Ed. (4871)
Moog Employees Credit Union
  1996 Ed. (1510)
Moog Inc.
  2003 Ed. (204)
  2004 Ed. (159, 160)
  2005 Ed. (156, 157)
  2007 Ed. (173)
  2008 Ed. (157)
  2016 Ed. (1881, 3448)
  2017 Ed. (1840, 3405)

2018 Ed. (1787, 3472)
2019 Ed. (1844, 3441)
2020 Ed. (1785, 3438)
2021 Ed. (1754, 3456)
2022 Ed. (3514)
2023 Ed. (1918, 3637)
Moog Music
  2018 Ed. (3686)
Moon Drops
  2001 Ed. (1906, 1907)
Moon Express
  2018 Ed. (4471)
Moon Jae-in
  2019 Ed. (3345)
Moon Nissan
  1992 Ed. (393)
  1996 Ed. (281)
Moon Security Services Inc.
  2022 Ed. (4368)
Mooncascade OU
  2019 Ed. (1533)
Mooney; Beth
  2007 Ed. (385)
  2014 Ed. (4970)
  2015 Ed. (5016)
  2016 Ed. (4934)
Mooney; James F.
  2005 Ed. (2517)
Moonlight Brewing Co.
  2023 Ed. (913)
Moonoff
  2019 Ed. (3065)
Moonraker Brewing Co.
  2023 Ed. (917)
Moonves; Leslie
  2011 Ed. (822, 839)
  2012 Ed. (798, 809)
  2013 Ed. (987)
  2014 Ed. (942, 943, 944)
  2015 Ed. (961, 962, 965)
  2016 Ed. (871)
Moore Advanced
  2019 Ed. (2001, 3041)
  2020 Ed. (1926, 3381)
Moore; Ann
  2007 Ed. (4974)
Moore Arts & Crafts Inc.; A. C.
  2006 Ed. (2141)
  2007 Ed. (2087)
  2008 Ed. (884, 2195)
  2009 Ed. (893, 2171)
  2010 Ed. (2114)
  2011 Ed. (2164, 3155)
Moore & Associates Inc.; Overton
  1994 Ed. (3006)
Moore Beauston & Woodham LLP
  2013 Ed. (6)
Moore; Benjamin
  1993 Ed. (2761)
  1994 Ed. (2025)
  1995 Ed. (2825)
Moore; Betty
  2006 Ed. (3898)
Moore Business Forms Canada
  1992 Ed. (3540)
Moore Business Forms Inc.
  1992 Ed. (3528, 3538)
  1993 Ed. (2920)
  1994 Ed. (2932)
  1995 Ed. (2986)
  1998 Ed. (1138)
Moore Business Forms/Response
  1992 Ed. (3534)
Moore Capital Management
  1993 Ed. (1038)
  2006 Ed. (3192)
Moore Chevrolet; Steve
  1996 Ed. (268)
Moore Clean LLC
  2017 Ed. (3554)
Moore Communications Group
  2014 Ed. (1581)
  2015 Ed. (4133)
  2016 Ed. (4047)
  2017 Ed. (4016, 4018)
  2018 Ed. (4040, 4042, 4050)
Moore & Co. Realtor
  1990 Ed. (2950)
Moore Co.; WH
  2007 Ed. (1289)
Moore Consulting
  2013 Ed. (4132)
Moore Consulting Group
  2011 Ed. (4118, 4130)
  2012 Ed. (1485)
  2013 Ed. (1614, 4134)
Moore Corporation
  1992 Ed. (992, 3335)
  2000 Ed. (3613)
Moore Corp. Ltd.
  1989 Ed. (2482)
  1990 Ed. (2517)
  1991 Ed. (2383)
  1993 Ed. (789, 1288)
  1994 Ed. (2729)
  1996 Ed. (2904, 3087)
  1997 Ed. (3167)
  1998 Ed. (2920, 2923)

1999 Ed. (3891)
2001 Ed. (3901, 3902)
2002 Ed. (2786)
2003 Ed. (2892, 3934, 3935)
2004 Ed. (3942)
2005 Ed. (1549)
Moore; David
  1991 Ed. (1693)
  1993 Ed. (1837)
  1994 Ed. (1817)
  1995 Ed. (1859)
Moore Development for Big Spring
  1996 Ed. (2239)
Moore Energy
  2016 Ed. (4427)
  2018 Ed. (4456)
  2019 Ed. (4446)
  2020 Ed. (4436)
Moore Excavation Inc.
  2006 Ed. (1334)
Moore Financial
  1990 Ed. (716)
Moore Financial Group, Inc.
  1989 Ed. (368)
Moore Foundation; Gordon & Betty
  2011 Ed. (2756)
  2012 Ed. (2688, 2690)
Moore Global Investments
  1996 Ed. (2098)
Moore; Gordon
  2005 Ed. (4856)
  2006 Ed. (3898, 4910)
  2007 Ed. (4905)
  2008 Ed. (4834)
  2009 Ed. (4854)
  2011 Ed. (4831)
Moore; Gordon & Betty
  2005 Ed. (3832)
  2007 Ed. (3949)
  2008 Ed. (895, 3979)
Moore; Greg
  2019 Ed. (4117)
Moore Heating & Air Conditioning
  2016 Ed. (1062)
Moore-Hudson Olds-GMC
  1990 Ed. (312)
Moore Inc.
  2021 Ed. (4003, 4012, 4014)
  2022 Ed. (4018, 4021, 4030, 4032)
Moore, Inc.
  2019 Ed. (4027, 4033, 4035)
  2021 Ed. (4003, 4012, 4014)
  2022 Ed. (4018, 4021, 4027, 4030, 4032)
  2023 Ed. (4125, 4132, 4135, 4137)
Moore Investments; Jerry J.
  1990 Ed. (3285, 3287)
  1991 Ed. (3120)
  1992 Ed. (3961, 3968, 3971)
  1993 Ed. (3312, 3313, 3315)
  1994 Ed. (3303, 3304)
Moore Jr.; Eddie N.
  1993 Ed. (3443)
Moore Langen Printing Co., Inc.
  2007 Ed. (3553, 3554, 4411)
Moore; Mary
  1992 Ed. (4496)
Moore McCormack
  1989 Ed. (865)
Moore Medical Corp.
  1994 Ed. (205, 3442)
Moore; Melissa
  2013 Ed. (4961)
Moore Nanotechnology Systems
  2021 Ed. (1729)
Moore; Patrick
  2006 Ed. (912)
Moore; Randell
  1991 Ed. (2160)
Moore; Richard
  2013 Ed. (3468)
  2014 Ed. (3467)
Moore School of Business; University of South Carolina-Columbia
  2008 Ed. (793)
  2009 Ed. (810)
  2010 Ed. (748, 758, 759)
  2011 Ed. (659, 670)
Moore School of Business; University of South Carolina, Darla
  2008 Ed. (777)
Moore Stephens
  1996 Ed. (22, 23)
  1997 Ed. (19, 20, 24)
  1998 Ed. (14)
  1999 Ed. (3)
  2000 Ed. (7)
  2001 Ed. (4179)
Moore Stephens Australia
  2000 Ed. (5)
  2002 Ed. (4, 5)
  2004 Ed. (5)
  2005 Ed. (5)
  2006 Ed. (5)
  2007 Ed. (3)
Moore Stephens International Ltd.
  2006 Ed. (6, 7, 8, 9, 10)

Moore Stephens U.K.
  2011 Ed. (9, 10, 11, 12)
  2012 Ed. (12, 13, 14, 15)
  2013 Ed. (25, 26)
  2014 Ed. (21, 22, 23)
  2015 Ed. (22, 23)
  2016 Ed. (9)
Moore Stephens UK
  2018 Ed. (17)
  2019 Ed. (18)
  2020 Ed. (21)
Moore U.S.A. Inc.
  1999 Ed. (1627)
Moore & Van Allen
  2021 Ed. (3239, 3240)
Moore & Van Allen PLLC
  2007 Ed. (1505)
  2023 Ed. (3431, 3441)
Moore de Venezuela SA
  2002 Ed. (1794)
  2004 Ed. (1876)
Moore Wallace Inc.
  2005 Ed. (3898, 3899)
  2006 Ed. (1446)
Moore Walton; Sam
  1992 Ed. (890)
Moore; William B.
  2012 Ed. (808)
  2013 Ed. (988)
Moorefield Construction Inc.
  2002 Ed. (4990)
  2003 Ed. (1310, 4991)
  2009 Ed. (4991)
  2011 Ed. (4989)
  2012 Ed. (1019, 4985)
  2014 Ed. (4990)
Moorehead Communications Inc.
  2017 Ed. (1641)
Moorer; Michael
  1996 Ed. (250)
Moore's
  1994 Ed. (796)
  1996 Ed. (820)
Moores; David
  2009 Ed. (4918)
Moores family
  2005 Ed. (4892)
  2007 Ed. (4928)
  2008 Ed. (4904)
Moores; John and Rebecca
  1994 Ed. (889, 1055, 1056)
Moores Rowland
  1992 Ed. (16)
  1993 Ed. (2, 6)
  1997 Ed. (26, 27)
  1999 Ed. (11, 22)
Moores Rowland International
  1996 Ed. (11, 12, 19)
  1997 Ed. (6, 7, 17)
  1998 Ed. (10)
Moorestown Corporate Center
  1998 Ed. (2696)
Moorestown Mall
  1989 Ed. (2493)
  1990 Ed. (3291)
Mooresville, NC
  2002 Ed. (2745)
  2003 Ed. (3247)
  2004 Ed. (3310)
  2005 Ed. (3334)
Mooresville-South Iredell Chamber
  2007 Ed. (3373)
  2008 Ed. (3472)
Mooresville-South Iredell Chamber of Commerce
  2003 Ed. (3245)
Mooresville-South Iredell Economic Development Corp.
  2010 Ed. (3473)
  2013 Ed. (3530)
Mooreville-South Iredell Chamber
  2006 Ed. (3308)
Moorman IV; Charles W.
  2010 Ed. (902)
  2011 Ed. (846)
  2015 Ed. (975)
  2016 Ed. (872)
Moors & Cabot
  2001 Ed. (830)
Moose Boats
  2016 Ed. (3421)
  2017 Ed. (3381)
Moose Jaw, Saskatchewan
  2018 Ed. (3398)
Moosehead
  1989 Ed. (780)
  1990 Ed. (766, 767)
  1991 Ed. (746)
  1992 Ed. (937)
  1993 Ed. (751)
  1994 Ed. (753)
  1995 Ed. (704, 711)
Moosejaw
  2013 Ed. (902)
Moosejaw.com
  2008 Ed. (2448)
  2009 Ed. (2454)

CUMULATIVE INDEX • 1989-2023

Moose's Tooth Pub & Pizzeria
  2007 Ed. (3965)
Moothart Chrysler-Plymouth
  1995 Ed. (262)
  1996 Ed. (269)
Moove It
  2022 Ed. (1980, 4567)
  2023 Ed. (2086)
Moovies Inc.
  1997 Ed. (3839, 3841)
  1998 Ed. (3668, 3670)
  1999 Ed. (4713)
Moovweb
  2016 Ed. (1028)
Mooyah
  2015 Ed. (4260)
MOOYAH Burgers, Fries & Shakes
  2023 Ed. (4233)
Mooyah Burgers, Fries & Shakes
  2017 Ed. (846)
Mooyah Burgers, Fries, & Shakes
  2022 Ed. (2631)
Mooyah Franchise
  2013 Ed. (2669)
  2015 Ed. (2665)
  2018 Ed. (2588)
Mop & Glo
  2003 Ed. (979, 984)
Mops and brooms
  1993 Ed. (2109)
MOPS International
  2008 Ed. (4136)
  2011 Ed. (4178)
  2012 Ed. (4229)
M.O.P.T.
  1992 Ed. (44)
Mor-Flo
  1990 Ed. (3684)
  1991 Ed. (3475)
  1992 Ed. (4424)
  1993 Ed. (3687)
  1994 Ed. (3653)
Mor Furniture for Less
  2015 Ed. (2864)
  2018 Ed. (2834)
Mora Bank Grup
  2016 Ed. (434)
  2017 Ed. (450)
Moraes; Antonio Ermirio de
  2008 Ed. (4854)
  2009 Ed. (4880)
  2010 Ed. (4881)
  2011 Ed. (4869)
  2012 Ed. (4877)
  2013 Ed. (4851, 4859)
  2014 Ed. (4873)
Moraes; Ermirio Pereira de
  2018 Ed. (4842)
Moraine, OH
  1993 Ed. (336)
Morales Group
  2015 Ed. (3006)
  2018 Ed. (3602)
  2019 Ed. (3591)
  2020 Ed. (3564)
  2021 Ed. (3595)
Morales Group Inc.
  2010 Ed. (2960)
Morales Group Staffing
  2023 Ed. (3752)
Moran Asset Management Inc.
  1990 Ed. (2318)
Moran; Frederick
  1996 Ed. (1805)
Moran Health Care
  2002 Ed. (3771, 3776)
  2003 Ed. (3952)
  2004 Ed. (3955, 3963, 3965)
Moran; James
  2005 Ed. (4853)
  2008 Ed. (4832)
  2017 Ed. (3600)
Moran Logistics
  2017 Ed. (4713, 4724)
  2018 Ed. (4711)
  2019 Ed. (4712)
  2020 Ed. (4682)
  2021 Ed. (4696)
Moran; Montgomery
  2016 Ed. (721, 866)
  2017 Ed. (776)
Moran; Monty
  2013 Ed. (986)
  2014 Ed. (939)
  2015 Ed. (955)
  2016 Ed. (873)
Moran Ogilvy & Mather
  1989 Ed. (170)
  1990 Ed. (159)
  1991 Ed. (158)
  1992 Ed. (217)
  1993 Ed. (143)
  1994 Ed. (124)
  1995 Ed. (134)
  1996 Ed. (148)
  1997 Ed. (154)
  2003 Ed. (160)

Moran Oldsmobile; Pat
  1995 Ed. (282)
  1996 Ed. (282)
Moran; Pat
  1994 Ed. (3667)
Moran Pontiac-GMC Inc.; Art
  1990 Ed. (314)
  1991 Ed. (273, 309)
  1992 Ed. (396, 419)
  1994 Ed. (293)
  1995 Ed. (268, 283)
  1996 Ed. (283, 300)
Moran Printing Co.
  1998 Ed. (2919)
Moran; Rachel F.
  2012 Ed. (2883)
Moran; Raymond
  1989 Ed. (1416, 1418, 1419)
  1990 Ed. (1768)
  1991 Ed. (1703, 1707, 1708)
Moran Stanley Dean Witter
  2000 Ed. (836)
Morantz Custom Cabinetry
  2016 Ed. (4996)
Morantz Custom Cabinetry Icn.
  2017 Ed. (4991)
Morantz Custom Cabinetry Inc.
  2014 Ed. (4997)
  2017 Ed. (4991)
  2019 Ed. (4993)
  2020 Ed. (4995)
  2021 Ed. (4996)
  2022 Ed. (4994)
Moravia
  2018 Ed. (1496)
  2019 Ed. (1527)
Moravia Banka AS
  1996 Ed. (484)
  1997 Ed. (447)
Moravia It a.s.
  2009 Ed. (1626)
Moravia Steel as
  2011 Ed. (1603)
Moravian College
  1990 Ed. (1090)
Moravske Chemical Works
  1994 Ed. (925)
Moravskosle-zska Kooperativa pojistovna
  2001 Ed. (2922)
Moravkoslezsky, Poland
  2010 Ed. (3483)
Moray Dewhurst
  2007 Ed. (1089)
  2008 Ed. (965)
Mordashov; Alexei
  2006 Ed. (4929)
  2008 Ed. (4894)
  2009 Ed. (4914)
  2010 Ed. (4918)
  2011 Ed. (4908)
  2012 Ed. (4895, 4918)
  2013 Ed. (4903)
Mordashov; Alexey
  2016 Ed. (4870)
  2017 Ed. (4871)
  2018 Ed. (4882)
  2019 Ed. (4875)
  2020 Ed. (4863)
  2021 Ed. (4864)
  2022 Ed. (4861)
  2023 Ed. (4855)
More
  2002 Ed. (3227)
  2004 Ed. (149)
  2005 Ed. (3358)
  2007 Ed. (127, 4994)
  2008 Ed. (3532)
  2009 Ed. (3595)
  2011 Ed. (3521)
More
  2023 Ed. (3902)
More 2 Life Ltd.
  2016 Ed. (1534)
More After Dark
  1995 Ed. (1098)
"More Hair for Holidays"
  2015 Ed. (2328)
More of the Monkees soundtrack
  1990 Ed. (2862)
More Space Place
  2007 Ed. (2670)
  2008 Ed. (2801)
  2009 Ed. (2858)
More Than You Know: Finding Financial Wisdom is Unconventional Places
  2008 Ed. (610)
Morean; William
  2005 Ed. (4850)
Moreau Blanc
  1989 Ed. (2942)
  1995 Ed. (3758)
Moreens Co., Ltd.
  2011 Ed. (2886)
Morega Systems Inc.
  2013 Ed. (2839)
Morehead Dodge-Yugo Inc.; Ken
  1993 Ed. (268)

Morehead Pools
  2015 Ed. (4613)
  2016 Ed. (4534)
  2019 Ed. (4547, 4550)
  2022 Ed. (4533, 4536)
Morehouse College
  1992 Ed. (1274)
  1993 Ed. (1022)
  1994 Ed. (1049)
  1995 Ed. (1057)
  2000 Ed. (744)
  2009 Ed. (200)
Moreland; Jason
  2017 Ed. (3600)
  2018 Ed. (3660)
  2019 Ed. (3649)
Moreland Properties Inc.
  2019 Ed. (4943)
Moreland; W. Benjamin
  2011 Ed. (845)
Moreno; Arturo
  2019 Ed. (4831)
  2020 Ed. (4821)
  2021 Ed. (4822)
  2022 Ed. (4815)
  2023 Ed. (4808)
Moreno; Ignacia
  2011 Ed. (2949)
Moreno Valley, CA
  1992 Ed. (1156)
Moreover Technologies Inc.
  2007 Ed. (3056)
The Moresby Group
  2022 Ed. (749, 759, 1448)
Moreton; Fred A.
  2006 Ed. (3110)
Moretrench
  2019 Ed. (1230, 1243)
The Morey Corp.
  2005 Ed. (1277)
Morey Mahoney Advertising Inc.
  2002 Ed. (99)
Morfit; Mason
  2016 Ed. (720)
Morgan Advanced Materials
  2015 Ed. (890)
  2016 Ed. (775, 2429)
  2017 Ed. (2274)
  2018 Ed. (766)
  2019 Ed. (784, 972)
  2020 Ed. (779)
Morgan: American Financier
  2006 Ed. (589)
Morgan Auto Group
  2019 Ed. (228)
  2020 Ed. (232, 1548)
  2021 Ed. (1531)
  2022 Ed. (237, 1548)
  2023 Ed. (1723)
Morgan Bank of Canada
  1992 Ed. (664)
  1994 Ed. (478)
Morgan Bank Delaware
  1990 Ed. (466)
  1992 Ed. (649)
Morgan Bank (Wilmington)
  1991 Ed. (496)
Morgan Capital Corp.; J. P.
  1994 Ed. (3622)
Morgan Capital Corp./Morgan Investment Corp. (SBIC)
  1991 Ed. (3441)
Morgan City-Berwick, LA
  2000 Ed. (3573)
Morgan City, LA
  2003 Ed. (3907, 3909, 3910)
  2012 Ed. (3497)
  2013 Ed. (3542)
  2015 Ed. (3533)
Morgan & Co. Inc.; J. P.
  1989 Ed. (378, 401, 415, 416, 560)
  1990 Ed. (443)
  1991 Ed. (372, 373, 383, 393, 403, 404, 407, 408, 411, 413, 494, 495, 511, 555, 556, 560, 635, 850, 851, 852, 1111, 1112, 1113, 1116, 1117, 1118, 1122, 1125, 1130, 1133, 1196, 1231, 1581, 1587, 1588, 1589, 1590, 1591, 1593, 1595, 1600, 1601, 1602, 1603, 1604, 1606, 1608, 1609, 1610, 1612, 2178, 2197, 2198, 2199, 2200, 2201, 2206, 2213, 2216, 2221, 2225, 2229, 2233, 2237, 2249, 2252, 2253, 2256, 2585, 2673, 2676, 2677, 2732, 2956, 2965, 3066, 3067, 3068, 3069, 3072, 3077, 3078, 3099, 3262)
  1992 Ed. (3898)
  1995 Ed. (370, 396, 462, 501, 503, 504, 571, 574, 734, 736, 737, 738, 739, 740, 741, 742, 743, 744, 745, 746, 747, 748, 1213, 1315, 1327, 1331, 1333, 1540, 1541, 1556, 2354, 2362, 2366, 2370, 2378, 2380, 2381, 2383, 2384, 2386, 2388, 2516, 2837, 2842, 2843, 3073, 3209, 3225, 3226, 3252, 3302, 3308, 3355, 35436)
  1996 Ed. (369, 370, 372, 373, 374, 377, 379, 388, 393, 394, 395, 396, 552,

554, 556, 618, 641, 697, 698, 927, 1181, 1183, 1185, 1188, 1189, 1190, 1539, 1647, 1648, 1649, 1650, 1651, 1653, 1699, 1702, 1703, 1704, 1705, 1706, 1892, 2028, 2029, 2030, 2360, 2361, 2363, 2364, 2365, 2366, 2367, 2369, 2370, 2371, 2373, 2374, 2375, 2378, 2382, 2383, 2386, 2389, 2390, 2394, 2398, 2402, 2406, 2410, 2424, 2425, 2428, 2830, 2910, 3165, 3167, 3168, 3184, 3313, 3320, 3322, 3323, 3324, 3325, 3326, 3327, 3328, 3329, 3330, 3336, 3347, 3348, 3349, 3375, 3378, 3379, 3380, 3381, 3382, 3383, 3385, 3388, 3389, 3599)
Morgan & Co., Inc.; J.P.
  1990 Ed. (436, 437, 438, 441, 600, 701, 702, 706)
Morgan Construction & Environmental Ltd.
  2015 Ed. (1524)
  2016 Ed. (1074, 1465)
Morgan Corp.
  2013 Ed. (1274)
Morgan Crucible
  2006 Ed. (2480)
  2007 Ed. (2350)
  2008 Ed. (2476)
Morgan Crucible Co. plc
  2001 Ed. (4025)
Morgan Delaware; J. P.
  1993 Ed. (460)
  1994 Ed. (370, 391, 465)
  1995 Ed. (454)
Morgan Distribution
  1990 Ed. (843)
  1991 Ed. (806)
  1992 Ed. (987)
Morgan Drive-Away
  1998 Ed. (3632)
  1999 Ed. (4679)
  2000 Ed. (4310)
  2002 Ed. (4689)
Morgan E. O'Brien
  2006 Ed. (2532)
Morgan; Erik
  2016 Ed. (3283)
  2023 Ed. (3387)
Morgan Foods Inc.
  2006 Ed. (3369)
Morgan; Frank Sherman
  1990 Ed. (457, 3686)
Morgan Franklin
  2009 Ed. (1185)
Morgan French Franc Bond Fund; J. P.
  1991 Ed. (2368)
Morgan French Franc Liquid Fund; J. P.
  1991 Ed. (2368)
Morgan FunShares
  2000 Ed. (3293)
Morgan Garanty Trust Co.
  1993 Ed. (2713)
Morgan Grenfell
  1989 Ed. (545, 574, 1349, 1356, 2144)
  1990 Ed. (583, 902, 2313, 2363)
  1991 Ed. (1121, 1124, 1127, 1129, 1131, 1133, 1168, 2256)
  1992 Ed. (1484, 3020, 3025, 3351)
  1993 Ed. (1173, 1198, 1640, 1643, 1645, 1851, 2305, 2317, 2325, 2357)
  1994 Ed. (1201, 1202, 1203, 2474)
  1995 Ed. (785, 786, 788, 789, 801, 802, 803, 804, 805, 820, 822, 823, 824, 825, 826, 1219, 2355, 2363, 2371, 2871)
  1996 Ed. (2424, 2426, 2943)
  1997 Ed. (766, 767, 768, 769, 799, 800, 801, 802, 1233, 2521, 2529, 2537, 2549)
  2000 Ed. (3452, 3453)
  2001 Ed. (2880)
Morgan Grenfell Asia
  1994 Ed. (781, 3185, 3195)
  1996 Ed. (3376)
Morgan Grenfell Asset
  1998 Ed. (2308)
Morgan Grenfell Asset Management
  1994 Ed. (2774)
  1995 Ed. (2870)
  1996 Ed. (2945)
  1997 Ed. (2552)
Morgan Grenfell Asset Mgmt.
  2000 Ed. (2779, 2813)
Morgan Grenfell Capital
  1996 Ed. (2391, 2399)
  1999 Ed. (3110)
Morgan Grenfell Capital Management Inc.
  1991 Ed. (2230, 2243)
  1992 Ed. (2766)
  1998 Ed. (2310)
Morgan Grenfell Capital Mgmt.
  1990 Ed. (2342, 2345)
  2000 Ed. (2860)
Morgan Grenfell (Channel Islands) Ltd.
  1994 Ed. (450)
Morgan Grenfell (C.I.) Ltd.
  1992 Ed. (635)
  1993 Ed. (449)
  1995 Ed. (442)

1996 Ed. (471)
1997 Ed. (435)
Morgan Grenfell & Co. Ltd.
1994 Ed. (2290)
Morgan Grenfell Deposit Account
1997 Ed. (2912)
Morgan Grenfell Europe
1997 Ed. (2909)
Morgan Grenfell European Equity G Institutional
2001 Ed. (3500)
Morgan Grenfell European Growth
1992 Ed. (3202)
Morgan Grenfell Investment
1991 Ed. (2218)
1996 Ed. (2391, 2403)
1999 Ed. (3084)
Morgan Grenfell Investment Management
1990 Ed. (2321)
1992 Ed. (3350)
Morgan Grenfell Investment Services
1992 Ed. (2790, 2793, 2795)
Morgan Grenfell (Jersey) Ltd.
1991 Ed. (477)
Morgan Grenfell Latin America
2000 Ed. (3309)
Morgan Grenfell Managed Income
1997 Ed. (2915, 2916)
Morgan Grenfell Municipal Bond
1996 Ed. (2762)
1998 Ed. (2602, 2643)
The Morgan Group
2022 Ed. (1962, 4086)
The Morgan Group Inc.
1999 Ed. (1307, 1312)
2004 Ed. (236)
2009 Ed. (1173)
Morgan Guaranty
1989 Ed. (532, 534, 640, 1365, 1366, 1367, 1368, 1370, 1758, 1759, 1760, 2118, 2119, 2120, 2449, 2451, 2455)
1990 Ed. (455, 551, 552, 553, 554, 557, 558, 899, 900, 901, 1694, 1695, 1696, 1697, 1699, 1705, 1706, 1707, 2770, 2771, 2772, 3137)
Morgan Guaranty, N.Y.
1989 Ed. (2153, 2157)
Morgan Guaranty TR of New York
1992 Ed. (3224)
Morgan Guaranty Trust Co.
1989 Ed. (792, 793, 794, 797, 798, 800, 801, 802)
1990 Ed. (461, 462, 465, 525, 526, 529, 653, 2435, 2436, 2438, 2439)
1991 Ed. (405, 409, 410, 486, 487, 488, 628, 2303, 2307, 3278)
1992 Ed. (175, 528, 541, 542, 545, 546, 673, 802, 3104)
1993 Ed. (359, 380, 381, 389, 390, 397, 398, 400, 401, 579, 595, 2298, 2300, 2417)
1995 Ed. (360, 368, 369, 371, 450, 570, 1047, 2435, 2436, 2441, 2604)
1997 Ed. (359, 360, 364, 443, 579, 2624, 2807)
1998 Ed. (294, 318, 418, 2524)
1999 Ed. (401, 407, 408, 410, 412, 420, 1836, 3179, 3433, 3434)
2000 Ed. (399, 2930)
2001 Ed. (641)
Morgan Guaranty Trust Co. of New York
1991 Ed. (2585)
1994 Ed. (353, 368, 371, 379, 380, 386, 387, 388, 390, 391, 401, 403, 460, 578, 582, 586, 600, 1039, 2553, 2663)
1995 Ed. (374, 375, 381, 382, 383, 385, 386, 393)
1996 Ed. (389, 390, 398, 399, 404, 405, 406, 408, 409, 420, 479, 640, 2477, 2479, 2483, 2484, 2485, 2676, 2830)
1997 Ed. (365, 373, 375, 376)
1998 Ed. (297, 304, 305, 307, 315, 2670)
2000 Ed. (407, 418, 633)
2001 Ed. (644)
2002 Ed. (487, 489, 508, 3210)
Morgan Guaranty Trust Co. of NY
1992 Ed. (549, 550, 551, 556, 557, 558, 560, 561)
Morgan Guaranty Trust Fixed Income Commingled
1994 Ed. (2310)
Morgan Guaranty Trust Real Estate
1994 Ed. (2310)
Morgan; Gwyn
2005 Ed. (2514)
2007 Ed. (2507)
Morgan Hunter
2022 Ed. (2368)
2023 Ed. (2531)
Morgan Investment; J. P.
1989 Ed. (2133)
1992 Ed. (2772, 3351, 3637)
Morgan Investment; J.P.
1990 Ed. (2969)
Morgan Investment Management Inc.; J. P.
1989 Ed. (1800, 2141)
1991 Ed. (2244, 2821)

1994 Ed. (2316)
1996 Ed. (2347, 2414)
Morgan Investment Management Inc.; J.P.
1990 Ed. (2352)
Morgan Investment Mgmt.; J.P.
1990 Ed. (2334)
Morgan; J. C.
2005 Ed. (2493)
Morgan; J. P.
1989 Ed. (374, 375, 376, 377, 420, 421, 422, 426, 571, 579, 1049, 1197, 1810, 1812, 1813, 2127, 2128, 2131, 2132, 2136)
1990 Ed. (464, 902, 3222, 3223)
1992 Ed. (516, 537, 544, 713, 714, 720, 804, 808, 852, 853, 1054, 1055, 1454, 1455, 1989, 1990, 1991, 1992, 2023, 2024, 2028, 2029, 2030, 2031, 2033, 2035, 2040, 2041, 2042, 2044, 2141, 2639, 2719, 2720, 2721, 2722, 2723, 2724, 2728, 2735, 2738, 2739, 2740, 2776, 2777, 2779, 2780, 2782, 2786, 2788, 2789, 2984, 2986, 3339, 3341, 3342, 3343, 3823, 3842, 3847, 3856, 3857, 3868, 3874, 3899, 3901, 3904, 3906)
1993 Ed. (356, 357, 372, 373, 374, 386, 387, 411, 412, 521, 525, 526, 597, 601, 648, 649, 652, 841, 1164, 1171, 1174, 1650, 1651, 1652, 1653, 1654, 1655, 1658, 1660, 1669, 1670, 1673, 1675, 1677, 1679, 1681, 1683, 1684, 1685, 1686, 1687, 1689, 1690, 1851, 1889, 2272, 2273, 2274, 2277, 2279, 2280, 2284, 2289, 2290, 2292, 2294, 2304, 2316, 2324, 2347, 2349, 2350, 2351, 2356, 2357, 2511, 2512, 2713, 2767, 2769, 2977, 3118, 3122, 3123, 3129, 3134, 3136, 3137, 3144, 3150, 3153, 3154, 3156, 3159, 3206, 3224, 3229, 3284, 3470)
1994 Ed. (350, 351, 352, 362, 363, 364, 365, 366, 367, 374, 375, 376, 377, 402, 520, 521, 522, 523, 604, 650, 651, 728, 780, 1201, 1202, 1290, 1295, 1309, 1630, 1631, 1672, 1674, 1675, 1676, 1677, 1678, 1679, 1680, 1689, 1691, 1692, 1693, 1694, 1696, 1697, 1698, 1700, 1701, 1702, 1703, 1704, 1706, 1707, 1709, 1756, 1850, 2286, 2287, 2288, 2291, 2293, 2296, 2297, 2300, 2303, 2304, 2320, 2321, 2322, 2323, 2329, 2330, 2331, 2332, 2448, 2449, 2663, 2736, 2737, 2740, 3017, 3164, 3165, 3169, 3174, 3187, 3189, 3191, 3220, 3274)
1995 Ed. (355, 357, 358, 1216, 1218, 1720, 1721, 2341, 2342, 2343, 2344, 2345, 2346, 2348, 2350, 2351, 2352, 3215, 3224, 3228, 3231, 3235, 3236, 3237, 3238, 3239, 3271, 3273, 3274, 3276, 3277)
1996 Ed. (2427)
1997 Ed. (340, 341, 344, 346, 347, 348, 358, 362, 363, 386, 387, 511, 512, 567, 580, 1223, 1224, 1227, 1228, 1229, 1231, 1232, 1295, 1308, 1326, 1597, 1728, 1729, 1730, 1783, 1786, 1787, 1788, 1789, 1790, 2015, 2487, 2488, 2489, 2490, 2491, 2493, 2494, 2495, 2496, 2497, 2498, 2501, 2502, 2503, 2506, 2507, 2508, 2511, 2516, 2519, 2520, 2524, 2528, 2532, 2536, 2540, 2548, 2549, 2550, 2551, 2552, 3002, 3003, 3004, 3267, 3269, 3270, 3287, 3288, 3289, 3417, 3421, 3426, 3427, 3428, 3429, 3430, 3431, 3432, 3436, 3438, 3444, 3446, 3471, 3474, 3475, 3476, 3477, 3478, 3479, 3480, 3481)
2010 Ed. (891)
Morgan James
2019 Ed. (4053)
2021 Ed. (4035)
Morgan; JP
1990 Ed. (659, 2323, 2325, 2326, 2328, 2363, 2645, 2769)
1992 Ed. (1993, 1994, 1995, 1999, 2005, 2010, 2014, 2017, 2018, 2020, 2021, 2036)
Morgan Keegan & Co., Inc.
1990 Ed. (3166)
1991 Ed. (2520, 2973, 3030, 3042)
1995 Ed. (3260)
2000 Ed. (3980)
2001 Ed. (761)
2007 Ed. (3652)
Morgan Keegan, Inc.
1992 Ed. (3853)
1993 Ed. (2714, 3135, 3167)
1994 Ed. (3173)
1996 Ed. (2841)
1998 Ed. (322, 3414)
1999 Ed. (4213, 4217)
2001 Ed. (741, 755, 759, 766, 799, 827, 923, 924, 928)
Morgan; Kenny Rogers, Lorrie
1991 Ed. (1040)

Morgan Lewis
2010 Ed. (3416)
2011 Ed. (3399)
2020 Ed. (3814)
2022 Ed. (3349)
Morgan Lewis & Bockius
2017 Ed. (1327)
2018 Ed. (1304)
2021 Ed. (3788)
2022 Ed. (1876, 3809)
2023 Ed. (1991, 3907)
Morgan, Lewis & Bockius
1989 Ed. (1885)
1990 Ed. (2412, 2425, 2428)
1991 Ed. (2277, 2291)
1992 Ed. (2825, 2838)
1993 Ed. (2390, 2403, 3625)
1994 Ed. (2351, 2356)
1995 Ed. (2412, 2421, 3664)
1996 Ed. (2450, 2456, 3138)
1997 Ed. (2595, 2601)
1998 Ed. (2324, 2333, 2710)
1999 Ed. (3141, 3157, 3650)
2000 Ed. (2891)
2001 Ed. (3057, 3086)
2004 Ed. (3226)
2015 Ed. (3469)
2016 Ed. (3316)
2017 Ed. (3275)
2018 Ed. (3347)
2022 Ed. (3334)
Morgan, Lewis & Bockius LLP
2001 Ed. (3085)
2003 Ed. (3170, 3178, 3190, 3194, 3195)
2004 Ed. (3224, 3238, 3240)
2005 Ed. (3254)
2006 Ed. (3243, 3247)
2007 Ed. (3301, 3322, 3325, 3327)
2010 Ed. (3441)
2011 Ed. (3439)
2012 Ed. (3368, 3383, 3404, 3409, 3456)
2013 Ed. (3444, 3446, 3447)
2014 Ed. (3444, 3446, 3447)
2021 Ed. (3205, 3206, 3219, 3220)
2022 Ed. (3338, 3344)
2023 Ed. (3446)
Morgan, Lewis & Bockius
2000 Ed. (2902)
Morgan Lewis & Brockius LLP
2003 Ed. (3204, 3205)
2004 Ed. (3250, 3251)
2005 Ed. (3274)
2006 Ed. (3265)
MORGAN Li
2021 Ed. (2975)
Morgan; Lorrie
1994 Ed. (1100)
Morgan Lovell
1996 Ed. (2559)
Morgan Lovell PLC
1992 Ed. (1194)
Morgan Manufacturing, Inc.
2023 Ed. (3619)
Morgan McKinley
2013 Ed. (1773)
2015 Ed. (1749)
Morgan Medical Holdings
1994 Ed. (1857)
1996 Ed. (1926)
Morgan & Morgan
2021 Ed. (3207, 3208)
2023 Ed. (3429, 3434, 3455)
Morgan & Myers
1992 Ed. (3571)
1994 Ed. (2949)
1995 Ed. (3005, 3026)
1996 Ed. (3130)
1997 Ed. (3206)
1998 Ed. (104, 2937, 2952)
1999 Ed. (3915, 3945)
2000 Ed. (3631, 3659, 3660)
2002 Ed. (3839)
2003 Ed. (4009, 4018)
2005 Ed. (185, 187, 3949, 3953, 3968, 3975)
2006 Ed. (197, 199)
2007 Ed. (205, 207)
2011 Ed. (4104, 4122, 4129)
2012 Ed. (4134, 4153, 4158)
2013 Ed. (4126, 4139)
2014 Ed. (4143, 4156)
2015 Ed. (4125, 4138)
Morgan Products
1990 Ed. (1158)
1992 Ed. (1134)
1993 Ed. (1088)
1994 Ed. (1112)
1995 Ed. (1128)
1996 Ed. (1109)
Morgan Properties
2021 Ed. (184)
2022 Ed. (173, 174, 177, 178)
2023 Ed. (250)
Morgan Research Corp.
2006 Ed. (3494, 4338)
2007 Ed. (3529, 3530, 4398)
2008 Ed. (1399)

Morgan Samuels Co.
1994 Ed. (1710)
2000 Ed. (1866)
2002 Ed. (2174)
Morgan Securities Asia; J. P.
1997 Ed. (3472)
Morgan Securities Inc.; J. P.
1989 Ed. (1350, 1351, 1353, 1354, 1355, 1358, 1361, 1362, 2382)
1990 Ed. (3220)
1991 Ed. (2979, 2984, 3039, 3065)
1993 Ed. (793, 1688, 3130, 3165, 3166, 3171, 3172, 3174, 3176, 3183)
1994 Ed. (2583, 3181)
1995 Ed. (2633, 2636, 2637, 2639, 2640, 2641, 3263)
1996 Ed. (806, 2712, 2713, 2714, 2716, 2718, 2719, 2720, 2721, 3353, 3354, 3358, 3360, 3362, 3366, 3369, 3370, 3371, 3373)
1997 Ed. (742, 1922, 2832, 2833, 2834, 2835, 2836, 2837, 2838, 3450, 3451, 3452, 3453, 3455, 3458, 3459, 3460, 3465, 3468, 3469)
Morgan Securities; J.P.
1990 Ed. (1674, 1675, 1677, 1680, 1684, 1693, 1704)
Morgan Sindall
2007 Ed. (1313)
2008 Ed. (1203)
2009 Ed. (1181)
2011 Ed. (1120)
Morgan Sindall Group
2016 Ed. (1066)
2017 Ed. (1116)
2018 Ed. (1030)
Morgan Stanley
1989 Ed. (791, 792, 793, 794, 795, 796, 797, 798, 799, 800, 801, 802, 803, 804, 805, 806, 807, 808, 809, 1013, 1136, 1348, 1365, 1366, 1368, 1413, 1414, 1758, 1759, 1761, 1762, 1763, 1764, 1765, 1766, 1767, 1768, 1769, 1770, 1773, 1774, 1775, 1778, 1872, 1902, 2118, 2370, 2371, 2372, 2373, 2375, 2376, 2377, 2378, 2379, 2386, 2387, 2388, 2390, 2391, 2392, 2393, 2394, 2395, 2396, 2397, 2398, 2399, 2400, 2401, 2402, 2404, 2405, 2406, 2407, 2408, 2409, 2410, 2411, 2412, 2413, 2414, 2416, 2417, 2436, 2437, 2438, 2439, 2440, 2442, 2443, 2444, 2445, 2448, 2449, 2450, 2451, 2452, 2453, 2454)
1990 Ed. (454, 782, 790, 791, 792, 793, 795, 796, 797, 798, 799, 800, 802, 803, 804, 805, 806, 807, 808, 899, 900, 902, 1222, 1694, 1696, 1697, 1698, 1700, 1764, 1765, 1772, 2293, 2295, 2296, 2298, 2299, 2300, 2301, 2302, 2305, 2308, 2310, 2311, 2312, 2440, 2641, 2643, 2645, 2770, 2981, 2982, 3138, 3139, 3140, 3141, 3144, 3145, 3146, 3147, 3150, 3151, 3154, 3155, 3156, 3157, 3158, 3159, 3160, 3161, 3171, 3172, 3173, 3174, 3175, 3185, 3187, 3189, 3191, 3192, 3193, 3194, 3195, 3196, 3197, 3198, 3199, 3201, 3202, 3203, 3205, 3206, 3219, 3221, 3224, 3225, 3226, 3228)
1991 Ed. (754, 755, 757, 758, 759, 760, 761, 763, 764, 765, 767, 768, 769, 770, 771, 772, 773, 774, 780, 850, 1110, 1111, 1112, 1113, 1114, 1115, 1116, 1117, 1118, 1119, 1120, 1121, 1122, 1125, 1130, 1131, 1132, 1133, 1134, 1135, 1599, 1600, 1603, 1605, 1606, 1608, 1668, 1669, 1684, 1694, 1704, 1708, 1760, 2176, 2177, 2178, 2179, 2180, 2181, 2184, 2186, 2187, 2190, 2191, 2192, 2193, 2195, 2197, 2199, 2200, 2201, 2203, 2204, 2515, 2516, 2517, 2831, 2832, 2945, 2946, 2949, 2950, 2951, 2952, 2953, 2955, 2956, 2957, 2958, 2959, 2960, 2961, 2962, 2963, 2964, 2965, 2966, 2967, 2968, 2969, 2970, 2971, 2972, 2973, 2974, 2975, 2976, 2978, 2979, 2980, 2982, 2983, 2984, 2986, 2987, 2990, 2991, 2993, 2994, 2995, 2996, 2997, 2998, 2999, 3000, 3001, 3002, 3004, 3006, 3007, 3008, 3009, 3010, 3011, 3014, 3016, 3018, 3019, 3020, 3021, 3022, 3023, 3024, 3025, 3026, 3027, 3028, 3029, 3030, 3031, 3033, 3036, 3037, 3038, 3039, 3046, 3047, 3050, 3051, 3052, 3053, 3054, 3055, 3058, 3059, 3060, 3061, 3064, 3065, 3066, 3067, 3068, 3069, 3070, 3071, 3074, 3075, 3076, 3078, 3079)
1992 Ed. (950, 955, 957, 1050, 1051, 1052, 1053, 1054, 1290, 1450, 1453, 1454, 1455, 1456, 1992, 1994, 1995, 2011, 2012, 2027, 2028, 2033, 2036, 2037, 2040, 2132, 2134, 2141, 2158, 2719, 2720, 2721, 2722, 2725, 2726, 2734, 3343, 3550, 3823, 3832, 3834, 3835, 3837, 3838, 3839, 3840, 3841, 3842, 3843, 3844, 3845, 3846, 3847,

3848, 3849, 3850, 3851, 3852, 3854, 3856, 3858, 3859, 3862, 3864, 3865, 3866, 3868, 3870, 3872, 3873, 3874, 3875, 3876, 3877, 3878, 3879, 3880, 3881, 3882, 3883, 3884, 3885, 3886, 3887, 3889, 3890, 3891, 3894, 3895, 3896, 3897, 3900, 3902, 3903, 3904)
1993 Ed. (755, 756, 757, 758, 760, 761, 764, 793, 839, 840, 841, 842, 1164, 1165, 1166, 1167, 1168, 1169, 1170, 1171, 1172, 1174, 1198, 1642, 1646, 1648, 1654, 1655, 1668, 1670, 1674, 1677, 1680, 1682, 1685, 1687, 1689, 1768, 1769, 1770, 1846, 1848, 1851, 1853, 1854, 1855, 1856, 2264, 2272, 2273, 2275, 2276, 2277, 2278, 2279, 2328, 3116, 3118, 3119, 3120, 3121, 3122, 3124, 3125, 3126, 3127, 3128, 3130, 3131, 3132, 3133, 3134, 3137, 3138, 3139, 3141, 3143, 3144, 3145, 3146, 3147, 3148, 3149, 3150, 3151, 3152, 3154, 3155, 3156, 3157, 3158, 3159, 3160, 3161, 3162, 3164, 3165, 3166, 3168, 3171, 3172, 3173, 3175, 3176, 3185, 3188, 3189, 3190, 3194, 3196, 3197, 3198, 3201, 3202, 3203, 3204, 3205, 3207, 3208)
1994 Ed. (727, 763, 764, 765, 767, 768, 769, 770, 771, 772, 774, 775, 776, 777, 778, 779, 780, 783, 1197, 1198, 1199, 1200, 1673, 1674, 1677, 1678, 1686, 1688, 1691, 1698, 1703, 1757, 1829, 1830, 1835, 1841, 1843, 1844, 1845, 2288, 2291, 2330, 2448, 2580, 2581, 2582, 3159, 3162, 3163, 3164, 3165, 3166, 3167, 3168, 3170, 3171, 3172, 3173, 3174, 3175, 3176, 3177, 3178, 3179, 3180, 3181, 3182, 3183, 3185, 3187, 3188, 3189, 3190, 3274)
1995 Ed. (421, 462, 503, 721, 722, 723, 724, 725, 726, 727, 729, 730, 731, 732, 733, 734, 735, 736, 737, 738, 739, 741, 742, 743, 744, 745, 746, 747, 748, 749, 750, 751, 752, 753, 754, 756, 790, 791, 794, 1048, 1213, 1214, 1216, 1217, 1218, 1219, 1720, 1721, 1722, 1793, 1794, 1799, 2341, 2342, 2346, 2348, 2349, 2350, 2351, 2352, 2515, 2633, 2634, 2635, 2636, 2637, 2639, 2640, 3076, 3204, 3209, 3213, 3215, 3216, 3218, 3219, 3220, 3221, 3222, 3225, 3226, 3227, 3228, 3229, 3232, 3233, 3234, 3235, 3236, 3237, 3238, 3239, 3240, 3241, 3242, 3243, 3244, 3245, 3246, 3247, 3250, 3251, 3252, 3253, 3255, 3256, 3257, 3258, 3259, 3263, 3265, 3266, 3269, 3270, 3271, 3273, 3274, 3275, 3277)
1997 Ed. (733, 734, 756, 757, 758, 759, 760, 761, 762, 763, 764, 770, 772, 773, 774, 776, 806, 1220, 1221, 1223, 1224, 1225, 1226, 1227, 1228, 1229, 1230, 1231, 1232, 1597, 1783, 1784, 1786, 1787, 1788, 1789, 1790, 1848, 1849, 1850, 2487, 2488, 2489, 2490, 2491, 2493, 2494, 2495, 2496, 2497, 2498, 2499, 2500, 2501, 2502, 2503, 2504, 2506, 2510, 2729, 2731, 2812, 2832, 2833, 2834, 2835, 2836, 3417, 3418, 3419, 3420, 3422, 3423, 3424, 3425, 3426, 3427, 3428, 3429, 3430, 3431, 3432, 3433, 3434, 3435, 3437, 3439, 3440, 3441, 3442, 3443, 3444, 3445, 3446, 3448, 3450, 3451, 3452, 3454, 3455, 3457, 3459, 3460, 3463, 3465, 3468, 3469, 3471, 3474, 3475, 3476, 3477, 3478, 3479, 3480, 3481, 3482)
1998 Ed. (192, 342, 379, 514, 515, 516, 517, 518, 520, 522, 525, 527, 528, 814, 995, 996, 997, 998, 999, 1000, 1001, 1002, 1003, 1004, 1005, 1084, 1265, 1493, 1494, 1495, 1496, 1497, 1498, 1499, 1501, 1559, 1560, 1562, 1696, 2228, 2238, 2239, 2240, 2241, 2242, 2243, 2244, 2245, 2246, 2247, 2248, 2249, 2250, 2251, 2253, 2284, 2285, 2304, 2444, 2445, 2446, 2567, 2568, 2569, 2570, 2571, 2578, 3181, 3187, 3188, 3189, 3190, 3191, 3192, 3194, 3195, 3196, 3199, 3200, 3206, 3207, 3208, 3209, 3211, 3212, 3213, 3214, 3215, 3216, 3217, 3218, 3219, 3220, 3221, 3222, 3223, 3224, 3225, 3226, 3227, 3228, 3229, 3230, 3231, 3232, 3233, 3234, 3235, 3237, 3238, 3239, 3240, 3241, 3242, 3243, 3244, 3245, 3246, 3247, 3248, 3249, 3250, 3251, 3252, 3253, 3256, 3257, 3258, 3259, 3260, 3261, 3262, 3263, 3264, 3265, 3266, 3267, 3268, 3269, 3270, 3271, 3272, 3273)
1999 Ed. (826, 827, 828, 829, 832, 834, 835, 837, 840, 864, 874, 879, 882, 883, 884, 885, 886, 892, 893, 894, 895, 896, 897, 898, 908, 910, 912, 925, 927, 942, 967, 1087, 1089, 1425, 1426, 1427, 1428, 1429, 1430, 1432, 1435, 1436, 1437, 1438, 1439, 1476,

1515, 1537, 1544, 2063, 2064, 2065, 2142, 2143, 2150, 2151, 2152, 2278, 2321, 2323, 2363, 2396, 2440, 2442, 3013, 3022, 3023, 3024, 3025, 3027, 3028, 3029, 3030, 3031, 3032, 3033, 3035, 3036, 3037, 3038, 3043, 3060, 3064, 3067, 3068, 3105, 3315, 3316, 3317, 3477, 3478, 3479, 3480, 3481, 3482, 3600, 4007, 4176, 4178, 4179, 4180, 4184, 4186, 4187, 4189, 4191, 4194, 4196, 4197, 4198, 4199, 4205, 4206, 4207, 4208, 4210, 4211, 4212, 4213, 4214, 4215, 4217, 4218, 4219, 4220, 4221, 4222, 4223, 4224, 4225, 4226, 4227, 4228, 4229, 4231, 4233, 4234, 4235, 4236, 4239, 4241, 4242, 4244, 4246, 4247, 4249, 4250, 4251, 4252, 4253, 4254, 4255, 4256, 4258, 4259, 4260, 4261, 4262, 4263, 4264, 4265, 4308)
2000 Ed. (3880, 3939)
2002 Ed. (2264)
2003 Ed. (688, 689, 2479, 3487, 3502)
2004 Ed. (1402, 1403, 1404, 1405, 1406, 1407, 1410, 1411, 1412, 1413, 1414, 1415, 1419, 1424, 1425, 1426, 1429, 1430, 1431, 1434, 1435, 1436, 1439, 1596, 1825, 2007, 2008, 2035, 2037, 2038, 2044, 2046, 2057, 2058, 2059, 2060, 2061, 2062, 2063, 2064, 2066, 2067, 2068, 2069, 2070, 2072, 2073, 2074, 2075, 2083, 2086, 2600, 2603, 2612, 2614, 3171, 3186, 3187, 3189, 3190, 3191, 3197, 3198, 3200, 3202, 3203, 3205, 3207, 3500, 3504, 3527, 3528, 3529, 3530, 3531, 3532, 3562, 4082, 4324, 4325, 4326, 4328, 4329, 4330, 4331, 4332, 4333, 4336, 4339, 4341, 4342, 4343, 4344, 4352, 4353, 4354, 4355, 4356, 4357, 4358, 4359, 4360, 4361, 4362, 4363, 4364, 4365, 4366, 4367, 4368, 4369, 4370, 4371, 4372, 4375, 4376, 4377, 4378, 4379, 4380, 4381, 4382, 4383, 4384, 4385, 4386, 4387, 4388, 4389, 4390, 4391, 4392, 4393, 4395, 4396, 4397, 4695)
2005 Ed. (162, 164, 215, 222, 293, 299, 321, 527, 543, 662, 664, 706, 707, 708, 753, 756, 822, 849, 867, 869, 870, 952, 961, 1119, 1423, 1424, 1425, 1426, 1429, 1430, 1431, 1433, 1434, 1435, 1436, 1442, 1443, 1446, 1447, 1448, 1451, 1452, 1453, 1456, 1458, 1460, 1910, 2146, 2147, 2171, 2172, 2173, 2174, 2176, 2177, 2178, 2179, 2180, 2181, 2187, 2188, 2190, 2192, 2299, 2301, 2449, 2577, 2580, 2597, 2599, 2602, 2604, 2638, 2805, 3013, 3102, 3117, 3175, 3206, 3217, 3219, 3222, 3223, 3234, 3236, 3238, 3249, 3356, 3369, 3387, 3430, 3436, 3455, 3503, 3504, 3505, 3506, 3507, 3508, 3512, 3526, 3527, 3528, 3529, 3530, 3531, 3590, 3687, 3732, 3748, 3749, 3811, 3812, 3819, 4015, 4020, 4165, 4245, 4246, 4247, 4248, 4252, 4255, 4256, 4257, 4258, 4259, 4260, 4261, 4262, 4263, 4264, 4265, 4266, 4267, 4268, 4269, 4270, 4271, 4272, 4273, 4276, 4277, 4278, 4279, 4281, 4283, 4295, 4296, 4297, 4298, 4299, 4300, 4301, 4302, 4303, 4304, 4305, 4312, 4313, 4314, 4315, 4316, 4317, 4318, 4319, 4320, 4321, 4322, 4323, 4324, 4325, 4326, 4327, 4328, 4330, 4331, 4332, 4333, 4334, 4336, 4337, 4338, 4339, 4341, 4347, 4348, 4356, 4578, 4579, 4584, 4614, 4615, 4616, 4631, 4644, 4670, 4671, 4672, 4715, 4719, 4770, 4771, 4772, 4982)
2006 Ed. (279, 395, 659, 660, 695, 696, 778, 779, 1408, 1409, 1410, 1411, 1414, 1415, 1416, 1938, 2241, 2242, 2682, 3191, 3208, 3209, 3212, 3223, 3224, 3236, 3490, 3686, 3687, 3700, 3701, 4051, 4219, 4251, 4252, 4253, 4261, 4262, 4277, 4278, 4279, 4722, 4723, 4724)
2007 Ed. (635, 649, 650, 651, 689, 751, 788, 789, 1440, 1488, 1921, 2021, 2161, 2162, 2559, 2566, 2577, 3250, 3255, 3276, 3278, 3280, 3281, 3285, 3289, 3295, 3630, 3631, 3632, 3633, 3650, 3651, 3652, 3653, 3654, 3655, 3986, 4101, 4235, 4267, 4268, 4269, 4270, 4271, 4274, 4275, 4278, 4283, 4285, 4286, 4288, 4289, 4290, 4298, 4299, 4300, 4301, 4302, 4303, 4304, 4305, 4306, 4307, 4308, 4309, 4310, 4311, 4312, 4313, 4314, 4315, 4317, 4318, 4319, 4320, 4321, 4322, 4323, 4324, 4325, 4327, 4328, 4329, 4330, 4332, 4333, 4334, 4335, 4336, 4338, 4339, 4340, 4341, 4342, 4662)
2008 Ed. (339, 585, 730, 762, 764, 1390, 1391, 1392, 1393, 1396, 1397, 1398, 1482, 1988, 2281, 2317, 2695, 2882,

2922, 3398, 3405, 3410, 4120, 4264, 4269, 4285, 4286, 4290, 4292, 4294, 4304, 4305, 4306, 4525, 4617, 4665, 4666)
2009 Ed. (736, 766, 769, 1393, 1941, 1943, 2107, 2268, 2284, 2770, 2946, 3055, 3455, 3464, 3471, 4229, 4231, 4232, 4368, 4394, 4395, 4396, 4401, 4402, 4410, 4411, 4412, 4560)
2010 Ed. (364, 439, 595, 596, 631, 671, 673, 709, 1380, 1880, 1882, 2224, 2704, 2902, 3394, 3395, 3398, 3407, 3738, 4166, 4395, 4442, 4443, 4447, 4448, 4453, 4454)
2011 Ed. (277, 286, 374, 384, 423, 564, 578, 603, 931, 2540, 2679, 2692, 2785, 3740, 4340)
2012 Ed. (310, 369, 1229, 1626, 1767, 2105, 2455, 2603, 2609, 2623, 2715, 2790, 3322, 3334, 3340, 3360, 3815, 4441, 4455, 4456)
2013 Ed. (322, 325, 326, 492, 542, 1346, 1374, 1785, 1944, 1946, 2293, 2700, 2713, 2795, 2859, 3404, 3407, 3416, 3431, 4397, 4400, 4402, 4417, 4418, 4561)
2014 Ed. (319, 336, 342, 504, 557, 1281, 2231, 2685, 2695, 2696, 2888, 3403, 3405, 3431, 4432, 4448, 4449, 4616)
2015 Ed. (360, 376, 382, 383, 621, 1345, 2295, 2730, 2742, 2932, 3436, 3439, 3447, 3464, 4414, 4443, 4444, 4615)
2016 Ed. (350, 365, 367, 368, 523, 567, 1883, 2654, 2665, 3296, 3299, 3506)
2017 Ed. (365, 366, 367, 528, 533, 541, 542, 595, 597, 1325, 1326, 1368, 1846, 2601, 2612, 3258, 3261, 3268, 3544, 4092)
2018 Ed. (338, 339, 496, 507, 508, 558, 1302, 1303, 1791, 3332, 3335, 3341, 4120)
2019 Ed. (337, 341, 511, 522, 523, 577, 1851, 3308, 3311, 3318, 4131)
2020 Ed. (341, 342, 494, 507, 508, 560, 1790, 1793, 3162, 3310, 3313, 3321, 4133)
2021 Ed. (411, 412, 413, 506, 1760)
2022 Ed. (425, 426, 518, 1794)
2023 Ed. (554, 555, 742, 752, 753, 803)
Morgan Stanley Aggressive Eq B
1999 Ed. (3529)
Morgan Stanley Aggressive Equity
2007 Ed. (4547)
Morgan Stanley Aggressive Equity A
1999 Ed. (3529)
Morgan Stanley Aggressive Equity Inst'l
2000 Ed. (3311)
Morgan Stanley Asia
1997 Ed. (1957)
Morgan Stanley Asian Equity
1995 Ed. (2706)
Morgan Stanley Asset
1989 Ed. (2128)
1990 Ed. (2327)
1991 Ed. (2215)
2000 Ed. (2796)
Morgan Stanley Asset; Chicago Group-
1990 Ed. (2345)
Morgan Stanley Asset Management
1992 Ed. (2737, 2768, 2769, 2791, 2792, 2797, 2798)
1997 Ed. (1353, 2552)
1998 Ed. (2299, 2308)
1999 Ed. (3107, 3588)
Morgan Stanley Asset Mgmt.
1990 Ed. (2334, 2337, 2341)
Morgan Stanley Bank
2008 Ed. (341)
2009 Ed. (361)
2021 Ed. (404)
2022 Ed. (417)
Morgan Stanley Bank NA
2010 Ed. (339, 3156)
2011 Ed. (263, 969, 3122)
2012 Ed. (285, 883, 3057)
2013 Ed. (287, 3138)
2014 Ed. (303, 3138)
2015 Ed. (339, 3198)
2016 Ed. (334, 3055)
Morgan Stanley Bank, National Association
2021 Ed. (404)
2022 Ed. (417)
2023 Ed. (541)
Morgan Stanley Capital Opportunities
2007 Ed. (4547)
Morgan Stanley Capital Opportunity
2004 Ed. (3605, 3606)
Morgan Stanley Capital Partners
1998 Ed. (2105)
Morgan Stanley-Chicago Group
1991 Ed. (2223, 2227, 2231)
Morgan Stanley Children's Hospital of New York-Presbyterian
2010 Ed. (3081)
Morgan Stanley Cntrpnt Global
2022 Ed. (4485)
Morgan Stanley Cntrpnt Global A
2022 Ed. (4485)

Morgan Stanley & Co.
1990 Ed. (783, 785, 787, 788, 789, 3209, 3210, 3211, 3213)
1994 Ed. (2583)
1996 Ed. (396, 795, 796, 797, 798, 808, 1181, 1182, 1184, 1185, 1186, 1187, 1188, 1189, 1190, 1538, 1699, 1700, 1702, 1703, 1704, 1705, 1706, 1768, 1769, 1774, 1861, 1892, 2352, 2360, 2361, 2362, 2363, 2364, 2365, 2367, 2369, 2370, 2371, 2373, 2425, 2427, 2712, 2713, 2714, 2715, 2716, 2717, 2718, 2719, 2720, 2721, 3100, 3311, 3313, 3314, 3315, 3316, 3317, 3318, 3319, 3320, 3321, 3323, 3324, 3325, 3326, 3327, 3328, 3329, 3330, 3331, 3332, 3333, 3334, 3335, 3337, 3338, 3339, 3340, 3341, 3342, 3343, 3344, 3345, 3346, 3347, 3348, 3349, 3350, 3351, 3353, 3354, 3355, 3356, 3357, 3358, 3359, 3360, 3361, 3362, 3363, 3366, 3367, 3368, 3369, 3370, 3372, 3373, 3374, 3375, 3378, 3379, 3380, 3381, 3382, 3383, 3385, 3386, 3387, 3388, 3389)
2000 Ed. (777)
2004 Ed. (2714)
2005 Ed. (2707)
2009 Ed. (2860)
2010 Ed. (2798)
2017 Ed. (1835, 1842)
2018 Ed. (1781, 1788)
2019 Ed. (1839)
2020 Ed. (1786)
Morgan Stanley & Co. LLC
2014 Ed. (2831)
2015 Ed. (2871)
2016 Ed. (2804)
2017 Ed. (2772)
2018 Ed. (2837)
2019 Ed. (2801)
Morgan Stanley Dean Whitter & Co.
2000 Ed. (380)
Morgan Stanley Dean Witter
2000 Ed. (826, 827, 835, 869, 882, 883, 885, 1025, 1379, 1476, 1919, 1920, 1921, 1922, 2058, 2073, 2108, 2109, 2110, 2111, 2145, 2199, 2451, 2455, 2456, 2457, 2756, 2765, 2768, 2771, 2775, 2777, 2779, 2785, 2810, 2812, 2813, 2833, 2841, 2850, 3190, 3191, 3192, 3193, 3194, 3195, 3312, 3878, 3881, 3883, 3884, 3886, 3887, 3888, 3889, 3890, 3891, 3892, 3893, 3894, 3895, 3896, 3897, 3898, 3899, 3901, 3902, 3904, 3910, 3911, 3913, 3915, 3924, 3925, 3926, 3931, 3933, 3934, 3935, 3936, 3937, 3938, 3940, 3941, 3942, 3943, 3944, 3945, 3946, 3947, 3948, 3949, 3950, 3951, 3952, 3953, 3954, 3955, 3956, 3957, 3958, 3959, 3960, 3961, 3962, 3964, 3965, 3966, 3967, 3968, 3970, 3971, 3972, 3973, 3974, 3975, 3976, 3977, 3978, 3981, 3982, 3983, 3984, 3986, 3987, 3988)
2001 Ed. (4197)
Morgan Stanley Dean Witter & Co.
2000 Ed. (376, 378, 828, 829, 830, 831, 832, 864, 1338, 1617, 2769, 3320, 3321)
2001 Ed. (552, 553, 555, 556, 559, 734, 746, 747, 748, 749, 750, 751, 752, 753, 754, 755, 756, 757, 758, 760, 779, 783, 787, 806, 827, 831, 848, 868, 892, 896, 915, 948, 952, 961, 962, 963, 964, 966, 967, 968, 969, 970, 971, 972, 973, 974, 975, 1037, 1195, 1196, 1511, 1512, 1514, 1515, 1516, 1517, 1518, 1519, 1520, 1521, 1522, 1523, 1524, 1525, 1526, 1527, 1528, 1529, 1530, 1531, 1532, 1535, 1538, 1587, 1684, 2423, 2424, 2425, 2426, 2427, 2428, 2429, 2430, 2433, 2434, 2435, 2973, 3003, 3007, 3008, 3009, 3010, 3038, 3513, 3687, 3688, 3992, 4003, 4088, 4177, 4178, 4193, 4194, 4204, 4207, 4208)
2002 Ed. (227, 338, 439, 502, 503, 504, 579, 727, 728, 730, 731, 732, 734, 735, 736, 807, 808, 809, 819, 822, 826, 828, 832, 833, 834, 838, 999, 1348, 1349, 1350, 1351, 1352, 1353, 1354, 1355, 1358, 1360, 1362, 1363, 1364, 1365, 1366, 1367, 1368, 1369, 1370, 1371, 1372, 1375, 1376, 1377, 1404, 1405, 1421, 1459, 1466, 1537, 1741, 1742, 1743, 1818, 1920, 1922, 1924, 1925, 1926, 1927, 1928, 1929, 1930, 1934, 1942, 1943, 1945, 1946, 1948, 1949, 1950, 2157, 2161, 2162, 2165, 2166, 2167, 2168, 2169, 2267, 2270, 2271, 2272, 2273, 2274, 2275, 2467, 2817, 2999, 3001, 3002, 3003, 3004, 3008, 3011, 3012, 3015, 3016, 3023, 3042, 3043, 3204, 3407, 3408, 3409, 3410, 3411, 3412, 3419, 3622, 3623, 3624, 3627, 3929, 4189, 4190, 4191, 4197, 4198, 4201, 4202, 4206,

4208, 4209, 4210, 4211, 4212, 4213, 4214, 4215, 4217, 4218, 4219, 4220, 4221, 4222, 4223, 4224, 4225, 4226, 4227, 4228, 4229, 4231, 4232, 4233, 4234, 4235, 4236, 4237, 4238, 4239, 4240, 4241, 4242, 4243, 4244, 4245, 4246, 4247, 4248, 4249, 4250, 4251, 4252, 4500, 4556, 4557, 4601, 4602, 4647, 4648, 4650, 4653, 4654, 4657, 4658, 4659, 4662, 4663)
  2003 Ed. (1387, 1388, 1389, 1390, 1391, 1392, 1395, 1396, 1397, 1398, 1399, 1402, 1403, 1404, 1405, 1406, 1409, 1410, 1411, 1414, 1416, 1417, 1418, 1487, 1547, 1548, 1569, 1668, 1791, 2013, 2015, 2016, 2017, 2021, 2024, 2025, 2026, 2027, 2028, 2030, 2031, 2033, 2035, 2362, 2368, 2476, 2478, 2481, 2599, 2701, 3060, 3066, 3070, 3078, 3091, 3095, 3096, 3097, 3098, 3109, 3473, 3474, 3475, 3476, 3477, 3478, 3621, 3622, 4055, 4058, 4315, 4316, 4317, 4323, 4324, 4325, 4326, 4332, 4333, 4334, 4335, 4336, 4337, 4338, 4339, 4340, 4341, 4342, 4343, 4344, 4345, 4346, 4347, 4348, 4350, 4351, 4352, 4353, 4354, 4356, 4357, 4358, 4359, 4360, 4361, 4362, 4363, 4364, 4365, 4366, 4367, 4368, 4369, 4370, 4371, 4373, 4374, 4375, 4719)
  2004 Ed. (1517, 1915, 2006, 4322, 4323)
  2005 Ed. (1530, 1533, 1538)
Morgan Stanley Dean Witter Global Short Term
  2000 Ed. (760)
Morgan Stanley Dean Witter Institutional Japan
  2001 Ed. (3504)
Morgan Stanley Dean Witter Investment Management
  2001 Ed. (3011)
Morgan Stanley Dean Witter Japan
  2001 Ed. (3504)
Morgan Stanley Dean Witter Venture Partners
  2000 Ed. (1526)
Morgan Stanley Dean Witter World Wide B
  2000 Ed. (760)
Morgan Stanley Equally Weighted S & P 500
  2008 Ed. (2614)
Morgan Stanley Equity Gro.
  1999 Ed. (3542)
Morgan Stanley Europe Opportunity
  2022 Ed. (3730, 3732)
Morgan Stanley Europe Opportunity A
  2022 Ed. (3730, 3732)
  2023 Ed. (3825, 3828)
Morgan Stanley European Growth
  2004 Ed. (3648)
Morgan Stanley Fixed
  1999 Ed. (3549)
Morgan Stanley Funds Latin America A
  1998 Ed. (2636)
Morgan Stanley Gl Equity A
  1999 Ed. (3574)
Morgan Stanley Global Custody
  1998 Ed. (1842)
  1999 Ed. (2601)
Morgan Stanley Global Endurance
  2022 Ed. (4485)
Morgan Stanley Global Endurance A
  2022 Ed. (4485)
  2023 Ed. (4505)
Morgan Stanley Global Utilities
  2004 Ed. (2463)
  2007 Ed. (3677)
Morgan Stanley Global Value Equity
  2003 Ed. (3543)
Morgan Stanley Global Wealth Management
  2010 Ed. (368)
Morgan Stanley Gold A
  1999 Ed. (3582)
Morgan Stanley Group Inc.
  1989 Ed. (1423, 1426, 2645)
  1990 Ed. (1774, 1776, 1777)
  1991 Ed. (1713)
  1992 Ed. (951, 952, 953, 954, 960, 2144, 2147, 2148, 2161, 3905, 3907)
  1995 Ed. (757, 760, 763, 1556, 1871, 1873, 3355)
  1996 Ed. (800, 803, 806, 1202, 1915, 1917)
  1997 Ed. (736, 739, 742, 2005, 2007, 2010)
  2005 Ed. (1500)
Morgan Stanley High-Technology 35 Index
  1998 Ed. (2714)
  2000 Ed. (3381)
Morgan Stanley Insight
  2021 Ed. (4484, 4486, 4487)
  2022 Ed. (4492, 4493, 4494, 4495)
Morgan Stanley Insight A
  2021 Ed. (4484, 4486, 4487)
  2022 Ed. (4492, 4493, 4494, 4495)
  2023 Ed. (4510, 4512, 4513)

Morgan Stanley Inst Advantage
  2022 Ed. (4493, 4494)
Morgan Stanley Inst Advantage A
  2022 Ed. (4493, 4494)
Morgan Stanley Inst. Aggr Eq
  2000 Ed. (3246)
Morgan Stanley Inst Aggr Equity A
  1999 Ed. (3529)
Morgan Stanley Inst Asia Opp
  2022 Ed. (3729, 3730, 3732)
Morgan Stanley Inst Asia Opp A
  2022 Ed. (3729, 3730, 3732)
  2023 Ed. (3825)
Morgan Stanley Inst Asia Opp C
  2023 Ed. (3825)
Morgan Stanley Inst Discovery
  2022 Ed. (4496, 4497, 4498, 4499)
Morgan Stanley Inst Discovery A
  2022 Ed. (4496, 4497, 4498, 4499)
  2023 Ed. (4514, 4516, 4517)
Morgan Stanley Inst EMkts Ldrs
  2022 Ed. (3721, 3722, 3724)
Morgan Stanley Inst EMkts Ldrs A
  2022 Ed. (3721, 3722, 3724)
  2023 Ed. (3817, 3819, 3820)
Morgan Stanley Inst Global Advtg
  2022 Ed. (4484, 4485, 4486, 4487)
Morgan Stanley Inst Global Advtg A
  2022 Ed. (4484, 4485, 4486, 4487)
Morgan Stanley Inst Global Insgt A
  2023 Ed. (4502, 4504)
Morgan Stanley Inst Global Opp
  2022 Ed. (4484, 4486, 4487)
Morgan Stanley Inst Global Opp A
  2022 Ed. (4484, 4486, 4487)
  2023 Ed. (4502, 4504)
Morgan Stanley Inst Growth
  2022 Ed. (4492, 4493, 4494, 4495)
Morgan Stanley Inst Growth A
  2022 Ed. (4492, 4493, 4494, 4495)
  2023 Ed. (4510, 4512, 4513)
Morgan Stanley Inst Inception
  2022 Ed. (4500, 4501, 4502, 4503)
Morgan Stanley Inst Inception A
  2022 Ed. (4500, 4501, 4502, 4503)
  2023 Ed. (4518, 4520, 4521)
Morgan Stanley Inst International Opp
  2022 Ed. (4488, 4489, 4490, 4491)
Morgan Stanley Inst International Opp A
  2022 Ed. (4488, 4489, 4490, 4491)
  2023 Ed. (4506, 4508, 4509)
Morgan Stanley Inst Intl Advtg
  2022 Ed. (4488, 4490, 4491)
Morgan Stanley Inst Intl Advtg A
  2022 Ed. (4488, 4490, 4491)
  2023 Ed. (4506, 4508, 4509)
Morgan Stanley Inst Latin America A
  1998 Ed. (2636)
  1999 Ed. (3564)
Morgan Stanley Inst Next Gen Em Mkts A
  2023 Ed. (3818)
Morgan Stanley Inst. US Real Estate A
  1998 Ed. (2648)
Morgan Stanley Instititional Asia Opportunities
  2020 Ed. (3707)
Morgan Stanley Institute Latin America A
  1998 Ed. (2600)
Morgan Stanley Institutional Advantage
  2020 Ed. (4504)
Morgan Stanley Institutional Asia Opportunities
  2021 Ed. (3710, 3712)
Morgan Stanley Institutional Asia Opportunities A
  2021 Ed. (3710, 3712)
Morgan Stanley Institutional Asian Equity
  1995 Ed. (2718, 2728)
Morgan Stanley Institutional Discovery
  2021 Ed. (4491)
Morgan Stanley Institutional Discovery A
  2021 Ed. (4491)
Morgan Stanley Institutional Emerging Markets
  1995 Ed. (2717, 2727)
Morgan Stanley Institutional European Real Estate
  2006 Ed. (2508)
Morgan Stanley Institutional Global Advantage
  2020 Ed. (4497)
  2021 Ed. (4476, 4479)
Morgan Stanley Institutional Global Advantage A
  2021 Ed. (4476, 4479)
Morgan Stanley Institutional Global Equity
  1997 Ed. (2883)
Morgan Stanley Institutional Global Franchise
  2020 Ed. (4494, 4495)
  2021 Ed. (4478)
Morgan Stanley Institutional Global Franchise A
  2021 Ed. (4478)

Morgan Stanley Institutional Global Opportunities
  2020 Ed. (4494, 4496, 4497)
  2021 Ed. (4476, 4478, 4479)
Morgan Stanley Institutional Global Opportunities A
  2021 Ed. (4476, 4478, 4479)
Morgan Stanley Institutional Global Sustain
  2020 Ed. (4495)
Morgan Stanley Institutional Growth
  2020 Ed. (4502, 4503, 4504, 4505)
Morgan Stanley Institutional High-Yield
  1997 Ed. (2892, 2903)
Morgan Stanley Institutional High Yield A
  1998 Ed. (2633)
Morgan Stanley Institutional Intermediate-Duration
  2004 Ed. (693)
Morgan Stanley Institutional International Advantage
  2020 Ed. (4498, 4499, 4501)
  2021 Ed. (4480, 4483)
Morgan Stanley Institutional International Advantage A
  2021 Ed. (4480, 4483)
Morgan Stanley Institutional International Equity A
  1998 Ed. (2634)
Morgan Stanley Institutional International Opportunities
  2020 Ed. (4498, 4501)
  2021 Ed. (4480, 4483)
Morgan Stanley Institutional International Opportunities A
  2021 Ed. (4480, 4483)
Morgan Stanley Institutional International Opportunity
  2021 Ed. (4481)
Morgan Stanley Institutional International Opportunity A
  2021 Ed. (4481)
Morgan Stanley Institutional Investment Grade Fixed Income
  2004 Ed. (693)
Morgan Stanley Institutional Limited Duration
  2003 Ed. (3539)
Morgan Stanley Institutional Mid Cap Growth
  2020 Ed. (4507)
Morgan Stanley Institutional Small Cap Growth
  2003 Ed. (3551)
Morgan Stanley Institutional Small Cap Value
  2008 Ed. (2620)
Morgan Stanley Institutional U.S. Core Fixed Income
  2004 Ed. (693)
Morgan Stanley Instl US Core A
  2023 Ed. (4511)
Morgan Stanley International
  1989 Ed. (1349, 1350, 1351, 1352, 1353, 1354, 1361, 1362, 1373)
  1990 Ed. (1675, 1676, 1678, 1679, 1682, 1686, 1702, 1704, 1771)
  1991 Ed. (1581, 1583, 1585, 1590, 1591, 1592, 1593, 1594, 1595)
  1994 Ed. (1706, 1707)
  1996 Ed. (1859)
  1997 Ed. (1967, 1969, 1970)
Morgan Stanley International Small Cap
  2006 Ed. (3680)
Morgan Stanley International Small Cap Fund
  2003 Ed. (3529)
Morgan Stanley Investment Management
  2003 Ed. (3062, 3063, 3065, 3067, 3082)
  2004 Ed. (3174, 3196, 3210, 3786)
  2005 Ed. (3207)
  2021 Ed. (3622)
  2022 Ed. (614, 2545, 3712, 3715)
Morgan Stanley Japan
  1996 Ed. (1868)
  1997 Ed. (1975)
  2007 Ed. (3279, 3288)
  2009 Ed. (3463)
Morgan Stanley Japan Securities Co., Ltd.
  2010 Ed. (1760)
  2011 Ed. (1774)
Morgan Stanley KLD Social Index
  2006 Ed. (4403)
Morgan Stanley Latin America A
  1999 Ed. (3518, 3564)
Morgan Stanley Latin America B
  1999 Ed. (3564)
Morgan Stanley Latin America C
  1999 Ed. (3564)
Morgan Stanley Latin American Growth
  2003 Ed. (3619)
Morgan Stanley/MAS
  1997 Ed. (2894)
Morgan Stanley/Miller
  1999 Ed. (3052)
Morgan Stanley/Miller Anderson
  2000 Ed. (2840, 2851, 2853, 2855)

Morgan Stanley Mortgage Trust
  1990 Ed. (1357)
Morgan Stanley Multi Cap Growth
  2020 Ed. (4502, 4503, 4504, 4505)
Morgan Stanley Private Bank
  2015 Ed. (339)
  2016 Ed. (334)
  2021 Ed. (391)
  2022 Ed. (404)
Morgan Stanley Private Bank, National Association
  2021 Ed. (391)
  2022 Ed. (404)
  2023 Ed. (526)
Morgan Stanley Real Estate Fund III
  2004 Ed. (1537)
Morgan Stanley Realty Inc.
  1990 Ed. (2950)
Morgan Stanley Retail Funds
  2011 Ed. (1372)
Morgan Stanley Small Cap Growth
  2004 Ed. (3607)
Morgan Stanley Smith Barney
  2011 Ed. (379)
  2012 Ed. (573)
  2013 Ed. (709)
Morgan Stanley Special Value
  2008 Ed. (4515)
Morgan Stanley Tangible Asset Fund
  2000 Ed. (1153)
Morgan Stanley Trust
  2004 Ed. (4283)
  2005 Ed. (4216)
  2010 Ed. (4424)
  2011 Ed. (3697, 4369)
Morgan Stanley U.S. Small Cap Value
  2008 Ed. (4515)
Morgan Stanley/Van Kampen
  2007 Ed. (3660)
Morgan Stanley Venture Partners
  1999 Ed. (4707)
Morgan Stanley Worldwide High Income A
  1999 Ed. (748)
Morgan Stanley Wroldwide Hilnc A
  1999 Ed. (3581)
Morgan; Steve
  1996 Ed. (1717)
  2007 Ed. (4935)
Morgan Tire & Auto
  2001 Ed. (4539, 4541, 4543)
Morgan Yugo; Joe
  1990 Ed. (325)
Morgandale
  1990 Ed. (1147)
  1991 Ed. (1046)
  1992 Ed. (1352)
  1993 Ed. (1081)
Morgans Hotel
  1991 Ed. (1946)
  1992 Ed. (2481)
The Morganti Group Inc.
  2002 Ed. (1283)
Morgantown, WV
  2006 Ed. (2971)
  2007 Ed. (3364)
  2008 Ed. (3456, 3461, 3462)
  2009 Ed. (3536)
  2010 Ed. (3459)
  2011 Ed. (3462)
  2014 Ed. (3495)
Morgen-Walke Associates
  1994 Ed. (2948)
  1995 Ed. (3004, 3007)
  1996 Ed. (3103, 3105, 3131)
  1997 Ed. (3182, 3186, 3208)
  1998 Ed. (2313, 2938, 2939, 2954)
  1999 Ed. (3911, 3914, 3918)
  2000 Ed. (3628, 3630, 3635, 3662)
  2002 Ed. (3843)
  2003 Ed. (3977, 3980, 4007)
  2004 Ed. (3981, 3985, 4012, 4021, 4027, 4030)
Morgenthaler Ventures
  1997 Ed. (3833)
Morgridge; John
  1996 Ed. (1711, 1713)
  2005 Ed. (4856)
  2006 Ed. (4910)
  2011 Ed. (4831)
Morgridge; John P.
  1995 Ed. (1729, 1731)
  1996 Ed. (961)
Morguard Corp.
  2007 Ed. (4088)
  2008 Ed. (4116)
  2009 Ed. (4225)
  2011 Ed. (4097)
  2013 Ed. (1529)
  2014 Ed. (4573)
  2015 Ed. (4196, 4565, 4567)
  2016 Ed. (1461)
  2018 Ed. (4091)
  2019 Ed. (4097)
  2020 Ed. (4109)
  2022 Ed. (4091)
  2023 Ed. (4179)

Morguard REIT
 2011 Ed. (4159)
 2015 Ed. (4565)
MORI
 1991 Ed. (2387)
 1996 Ed. (2570)
 2000 Ed. (3046, 3049)
 2002 Ed. (3258, 3262)
Mori; Akira
 1994 Ed. (708)
 1995 Ed. (664)
 2008 Ed. (4846)
 2009 Ed. (4866, 4867)
 2010 Ed. (4868, 4869)
 2011 Ed. (4856, 4857)
 2012 Ed. (4863)
 2013 Ed. (4883)
 2014 Ed. (4896)
 2015 Ed. (4935)
 2016 Ed. (4851)
 2017 Ed. (4856)
 2018 Ed. (4864)
 2019 Ed. (4858)
 2020 Ed. (4848)
 2021 Ed. (4849)
 2022 Ed. (4844)
 2023 Ed. (4839)
Mori; Minoru
 1994 Ed. (708)
 1995 Ed. (664)
Mori Seiki
 1993 Ed. (2484)
 2001 Ed. (3185)
 2004 Ed. (885)
Mori; Taikichiro
 1990 Ed. (730)
 1991 Ed. (709)
 1992 Ed. (889)
 1993 Ed. (698, 699)
 1994 Ed. (707)
Mori Trust Sogo REIT
 2017 Ed. (4096)
Morial Convention Center; New Orleans Ernest N.
 2018 Ed. (1277)
Moriarty Consultants
 2018 Ed. (3625)
 2019 Ed. (3619)
 2020 Ed. (3589)
Morico Inc.
 2006 Ed. (1007)
The Morie Co., Inc.
 1990 Ed. (3094)
Morimoto Asia
 2019 Ed. (4187)
 2020 Ed. (4199)
 2021 Ed. (4139, 4140)
Morimura Group
 2019 Ed. (784)
 2020 Ed. (779)
Morin; Gary
 2005 Ed. (992)
 2006 Ed. (967)
Morinaga
 1997 Ed. (1577)
Morinaga Milk Industry Co. Ltd.
 1990 Ed. (1826)
The Morine Group REALTORS
 2022 Ed. (105)
Moringa School
 2019 Ed. (1380)
Morino Associates
 1989 Ed. (2503)
Moritz Cadillac Inc.
 1990 Ed. (305)
Moritz; Michael
 2005 Ed. (2318)
 2006 Ed. (4879)
 2007 Ed. (4874, 4933, 4935)
 2008 Ed. (4907)
 2009 Ed. (4828, 4922)
 2010 Ed. (4844, 4926)
 2012 Ed. (4820)
Morley Builders
 2002 Ed. (1326)
 2012 Ed. (1662)
 2013 Ed. (1450)
Morley Capital
 1991 Ed. (2226)
Morley Capital Management
 1992 Ed. (2780)
 1994 Ed. (2323)
 1995 Ed. (2071, 2381)
 1999 Ed. (3044)
 2000 Ed. (2776)
Morley Companies Inc.
 2003 Ed. (1563, 1565, 1759, 2324)
Morley Construction
 1994 Ed. (1145)
 2006 Ed. (1279)
 2007 Ed. (1358)
 2012 Ed. (1093)
Morley Fund Management
 2001 Ed. (3015, 3016)
Morley Group Inc.
 1994 Ed. (1174)
 1997 Ed. (1197)
 1998 Ed. (973)

Morley; Kevin
 1997 Ed. (1929)
Morneau Shepell Inc.
 2018 Ed. (2348)
 2019 Ed. (2349)
Morneau Sobeco Income Fund
 2009 Ed. (1188, 2488)
The Morning Consult
 2021 Ed. (750)
Morning Fresh
 1999 Ed. (1183)
Morning Fresh Liquid
 1992 Ed. (1177)
Morning Star Financial Services
 2016 Ed. (1802)
 2017 Ed. (1770)
 2018 Ed. (1724)
Morning Star Foods
 1992 Ed. (2189)
Morning Star Travel
 1989 Ed. (33)
Morningside Antiques LLC
 2017 Ed. (2938)
Morningstar
 2013 Ed. (1701)
 2018 Ed. (713)
MorningStar Farms
 2014 Ed. (2770, 2775)
 2022 Ed. (2813)
Morningstar Farms
 2003 Ed. (2506)
 2004 Ed. (2641)
 2005 Ed. (2632)
 2006 Ed. (2629)
 2007 Ed. (2606)
 2022 Ed. (2838)
 2023 Ed. (2925, 2940, 3671)
MorningStar Farms Grillers
 2022 Ed. (2813)
Morningstar Farms Grillers
 2006 Ed. (2629)
 2007 Ed. (2606)
 2022 Ed. (2838)
MorningStar Foods
 1992 Ed. (2187)
Morningstar Group
 1996 Ed. (1939, 1941)
 2000 Ed. (3989)
Morningstar Inc.
 2008 Ed. (1662, 3031)
 2010 Ed. (2860)
 2011 Ed. (2831)
 2012 Ed. (1256, 1554)
Morningstar New Zealand
 2003 Ed. (3028)
Morningstar.com
 2002 Ed. (4817, 4837)
 2003 Ed. (3026, 3027)
Moroccanoil
 2020 Ed. (2848)
Morocco
 1989 Ed. (362, 1869)
 1990 Ed. (1446, 1475, 1912, 1919, 1926, 3689)
 1991 Ed. (1380, 1642, 1835, 1842)
 1992 Ed. (1729, 2095, 2311, 2318, 2328)
 1993 Ed. (1968, 1975, 1982)
 1994 Ed. (1485)
 1995 Ed. (1517, 2011, 2018, 2030, 2037)
 1996 Ed. (1476, 2652, 3789, 3435, 3821)
 1997 Ed. (1541)
 1999 Ed. (1780)
 2000 Ed. (1609, 1896, 2352, 2353, 2359)
 2001 Ed. (507, 508, 1946, 2419, 3578, 3579, 4316)
 2002 Ed. (328, 329, 1811, 3074)
 2003 Ed. (2467, 3698, 3699, 3703)
 2004 Ed. (1918, 2593, 3741, 3742, 3747, 4598)
 2005 Ed. (2053, 2571, 3649, 3650, 4406, 4532)
 2006 Ed. (2152, 2329, 2576, 3747, 3748, 4423, 4613)
 2007 Ed. (2096, 2265, 2547, 3746, 3747, 3755, 4483, 4600)
 2008 Ed. (2206, 2689, 3160, 3827, 3828, 3832, 4549, 4793, 4795)
 2009 Ed. (2712, 3881, 3882, 3886, 4581)
 2010 Ed. (2632, 3792, 3793, 3797)
 2011 Ed. (2308, 2615, 3789, 3790, 4487)
 2012 Ed. (2207, 2512, 4963)
 2013 Ed. (2390, 2642, 4970)
 2014 Ed. (2327, 2600, 3179, 4979)
 2015 Ed. (3240, 5012)
 2016 Ed. (4931)
 2017 Ed. (2186)
 2018 Ed. (2247)
 2019 Ed. (2220)
 2020 Ed. (2217)
 2021 Ed. (2189, 3164, 3165)
 2022 Ed. (2219)
 2023 Ed. (2408, 3411)
Moroch & Associates
 1989 Ed. (160)
 2002 Ed. (184, 185)
Moroch-Leo Burnett
 2004 Ed. (131)

Moroch-Leo Burnett USA
 2003 Ed. (173, 174)
 2004 Ed. (132)
Moroch Partners
 2010 Ed. (122)
 2013 Ed. (3627, 3628)
 2023 Ed. (131)
Moroe; Yukihiro
 1996 Ed. (1882)
 1997 Ed. (1988)
Moroun
 2018 Ed. (1705)
Moroun family holdings
 2017 Ed. (2478)
 2018 Ed. (2536)
Moroun; Manuel
 2011 Ed. (4839)
 2012 Ed. (4843)
 2013 Ed. (4842)
 2015 Ed. (4895)
 2016 Ed. (4813)
 2017 Ed. (4824)
Moroun; Matty
 2013 Ed. (1173, 3479)
Morph
 2023 Ed. (302)
Morphic Technologies
 2010 Ed. (2955)
Morphic Technologies AB
 2010 Ed. (2940, 2950)
Morphogenesis
 2022 Ed. (187)
 2023 Ed. (260)
Morphy; John
 2006 Ed. (955)
 2007 Ed. (1051)
Morquard Corp.
 2014 Ed. (1464)
Morrell & Co.; John
 1991 Ed. (1750)
 1992 Ed. (2199, 2988, 2993, 2996, 3505, 3508, 3510)
 1993 Ed. (1884, 2514, 2521, 2879, 2887, 2888, 2890)
 1994 Ed. (2451, 2458, 2750, 2903, 2907)
 1995 Ed. (1909, 2519, 2527, 2959, 2964, 2966)
 1996 Ed. (1949, 2583, 2586, 2587, 2590, 3058, 3062, 3065, 3066)
 1997 Ed. (2734, 2735, 3142)
Morrigan's Cross
 2008 Ed. (553)
Morris Air
 1995 Ed. (3787)
Morris Architects
 2004 Ed. (2376)
 2009 Ed. (3170)
Morris Beck Construction Services Inc.
 2008 Ed. (1271)
Morris Capital; Philip
 1993 Ed. (845)
Morris Chang
 2006 Ed. (690)
 2014 Ed. (936)
Morris; Cindy
 2011 Ed. (2972)
Morris Companies Inc.; Philip
 1989 Ed. (188)
 1990 Ed. (246, 882, 2713)
Morris Co.; The Allen
 1990 Ed. (2953)
Morris Construction Co.
 1998 Ed. (880)
 1999 Ed. (1305)
Morris Corporate Center
 1997 Ed. (2377)
Morris Corp.
 2019 Ed. (3003)
The Morris Cos.
 1994 Ed. (3002)
Morris Cos. Inc.; Philip
 1989 Ed. (14, 21, 26, 33, 46, 186, 191, 1453, 2525, 2838)
 1990 Ed. (17, 170, 174, 175, 177, 878, 923, 1161, 1235, 1236, 1239, 1240, 1244, 3601)
 1992 Ed. (34, 232, 233, 239, 240, 328, 881, 1148, 1458, 1459, 1470, 1471, 1475, 1483, 1495, 1498, 1507, 1510, 1512, 1513, 1534, 1538, 1539, 1542, 1560, 1563, 1565, 1648, 1809, 1836, 3221, 3228, 3229, 3231, 3232, 3362, 3621)
 1995 Ed. (18, 22, 23, 141, 145, 146, 148, 152, 153, 651, 652, 654, 655, 656, 657, 658, 659, 660, 662, 691, 879, 984, 1221, 1222, 1223, 1228, 1233, 1234, 1238, 1255, 1266, 1269, 1280, 1284, 1292, 1293, 1294, 1306, 1309, 1310, 1311, 1313, 1314, 1320, 1336, 1422, 1431, 1466, 1567, 1886, 1888, 1891, 1894, 1895, 1898, 1900, 1904, 1905, 2760, 2762, 2763, 2765, 2771, 2772, 2812, 2889, 3047, 3433, 3437, 3570, 3571, 3572, 3573, 3574, 3575, 3618, 3622)
 1996 Ed. (28, 31, 155, 158, 159, 164, 728, 729, 732, 733, 734, 735, 737, 769, 862, 970, 1199, 1204, 1205, 1209, 1224, 1240, 1248, 1264, 1265, 1266, 1267, 1276, 1279, 1280, 1282, 1287, 1288, 1384, 1389, 1395, 1428, 1565, 1723, 1928, 1932, 1935, 1937, 1946, 2644, 2827, 2829, 2838, 2843, 2974, 3146, 3648, 3656, 3657, 3659, 3660, 3661, 3696, 3698, 3701, 3702)
 1997 Ed. (29, 31, 162, 166, 169, 240, 661, 662, 664, 665, 666, 668, 669, 670, 706, 875, 986, 1245, 1250, 1251, 1270, 1272, 1286, 1294, 1307, 1309, 1310, 1311, 1312, 1321, 1323, 1324, 1325, 1327, 1349, 1351, 1436, 1446, 1451, 1643, 1807, 1810, 2029, 2034, 2046, 2930, 2932, 2937, 2938, 3020, 3052, 3713, 3714, 3755, 3756, 3758)
Morris County, NJ
 1993 Ed. (1430)
 1994 Ed. (239, 716, 1474, 1478, 1479, 1480, 1481, 2061, 2168)
 1995 Ed. (337, 1513)
Morris; Dan
 2011 Ed. (3372)
Morris Duffy Alonso & Faley
 2013 Ed. (3441)
 2014 Ed. (3441)
 2015 Ed. (3472, 3474)
 2017 Ed. (3278, 3280)
Morris Furniture
 2015 Ed. (2864)
 2017 Ed. (2770)
Morris Gelb
 2008 Ed. (2631)
 2009 Ed. (2658)
Morris Gesellschaft mit Beschraenkter Haftung; Philip
 1994 Ed. (3547)
Morris GmbH; Philip
 1996 Ed. (3703)
 1997 Ed. (3759)
Morris III; Robert
 1989 Ed. (1416, 1418, 1419)
 1990 Ed. (1769)
 1991 Ed. (1684, 1707)
 1993 Ed. (1774, 1827)
 1994 Ed. (1810)
 1995 Ed. (1797, 1848)
 1996 Ed. (1772, 1826)
Morris; John
 2016 Ed. (4817)
Morris; Jonathan
 1996 Ed. (1855)
Morris, Jr.; Earle E.
 1991 Ed. (3210)
Morris Kahn
 2008 Ed. (4887)
 2009 Ed. (4907)
 2010 Ed. (4908)
 2011 Ed. (4895)
Morris, Manning & Martin
 2021 Ed. (3209, 3210)
Morris mbH; Philip
 1995 Ed. (3625)
Morris; Michael G.
 2007 Ed. (1034)
 2008 Ed. (956)
 2009 Ed. (955)
 2010 Ed. (908)
Morris Nichols
 2014 Ed. (3447)
Morris, Nichols
 2013 Ed. (3445)
 2014 Ed. (3445)
Morris Nichols Arsht & Tunnell
 2000 Ed. (2893)
 2002 Ed. (1359, 1374)
 2003 Ed. (1415)
 2005 Ed. (1457)
Morris; Nigel W.
 2005 Ed. (2512)
 2006 Ed. (2532)
Morris, NJ
 1990 Ed. (1483, 2157)
 1991 Ed. (1368)
 2001 Ed. (1940)
Morris; Philip
 1989 Ed. (15)
 1990 Ed. (1824)
 1992 Ed. (2185, 2187, 2188)
 1993 Ed. (19, 20, 21, 22, 24, 30, 31, 32, 34, 35, 41, 56, 147, 148, 149, 152, 224, 736, 749, 823, 825, 942, 1178, 1182, 1188, 1196, 1208, 1217, 1223, 1229, 1230, 1231, 1243, 1244, 1247, 1270, 1333, 1335, 1347, 1349, 1377, 1490, 1506, 1738, 1873, 1876, 1882, 1883, 2124, 2382, 2572, 2611, 2709, 2711, 2712, 2716, 2717, 2719, 2720, 2760, 3377, 3381, 3464, 3470, 3475, 3526, 3527, 3528, 3529, 3581, 3583)
 1994 Ed. (9, 12, 15, 16, 18, 22, 23, 24, 26, 31, 40, 41, 48, 127, 129, 134, 212, 695, 696, 697, 699, 700, 701, 702, 704, 705, 706, 742, 833, 834, 954, 1212, 1213, 1217, 1218, 1222, 1236, 1247, 1248, 1249, 1255, 1256, 1257, 1260, 1268, 1269, 1270, 1284, 1285,

1286, 1313, 1388, 1389, 1391, 1399, 1401, 1430, 1726, 1862, 1865, 1867, 1869, 1870, 1871, 1880, 2579, 2658, 2661, 2662, 2664, 2668, 2698, 2717, 2739, 2749, 2761, 2985, 3441, 3449, 3500, 3501, 3502, 3540, 3542, 3544)
Morris Schrage
  2006 Ed. (333)
Morris State Bancshares
  2021 Ed. (499)
Morris State Bancshares (Dublin, GA)
  2021 Ed. (499)
Morris Subaru; Jeff
  1992 Ed. (401)
Morris U.S.A.; Philip
  1989 Ed. (2781)
Morris View
  1990 Ed. (1739)
Morrisofa
  2019 Ed. (2785, 2786)
Morrison
  1989 Ed. (1451)
  1990 Ed. (3004, 3009, 3018)
  1991 Ed. (2859, 2874)
  1992 Ed. (3715)
  2009 Ed. (717)
Morrison Brown Argiz & Co.
  1998 Ed. (9)
  1999 Ed. (6)
Morrison, Brown, Argiz & Farra
  2007 Ed. (11)
  2008 Ed. (9)
  2009 Ed. (12)
  2010 Ed. (22, 23)
  2011 Ed. (20)
  2012 Ed. (25)
Morrison Communications Inc.
  2006 Ed. (3540)
  2007 Ed. (3601, 3602, 4447)
Morrison Custom Management
  1991 Ed. (1752, 1755)
Morrison; Denise
  2010 Ed. (2835)
  2011 Ed. (2818)
Morrison; Don
  2006 Ed. (2518)
Morrison Family Dining Division
  1991 Ed. (2880)
  1992 Ed. (3716)
  1993 Ed. (3032)
Morrison & Foerster
  1990 Ed. (2426)
  1991 Ed. (2292)
  1992 Ed. (2845)
  1993 Ed. (2399, 2404)
  1994 Ed. (2351, 2352)
  1995 Ed. (2412)
  2004 Ed. (3232)
  2005 Ed. (3261)
  2006 Ed. (3248)
  2007 Ed. (2904, 3309)
Morrison & Foerster LLP
  2002 Ed. (3059)
  2003 Ed. (3204, 3205)
  2006 Ed. (1584, 1680, 3108)
  2007 Ed. (1502, 3323)
  2008 Ed. (3025)
  2009 Ed. (3247, 3486)
  2010 Ed. (3178)
  2011 Ed. (3397, 3401, 3797)
  2012 Ed. (3364, 3396, 3399, 3413, 3419, 3787)
  2013 Ed. (3436, 3444, 3447)
  2014 Ed. (3436)
  2015 Ed. (3470)
  2016 Ed. (3317)
  2021 Ed. (3200)
  2022 Ed. (3336)
Morrison-Foreman Fight
  1995 Ed. (880)
Morrison Health Care
  1998 Ed. (1738, 1978, 1980)
  2000 Ed. (2496, 2499)
Morrison Health Care Group
  1996 Ed. (2144, 2145)
Morrison & Hecker LLP
  2001 Ed. (563)
Morrison Hershfield
  2012 Ed. (2395)
  2013 Ed. (2566)
  2014 Ed. (2495)
  2015 Ed. (2569)
  2016 Ed. (2491)
Morrison Homes
  1998 Ed. (874, 875)
  1999 Ed. (1335)
  2000 Ed. (1226)
  2002 Ed. (1178, 1203, 2674, 2679, 2680)
  2003 Ed. (1149, 1165, 1190)
  2004 Ed. (1172, 1195)
  2005 Ed. (1201)
Morrison Hospital Association
  2013 Ed. (1915)
Morrison; J. Clarence
  1993 Ed. (1812)
  1994 Ed. (1795)
  1995 Ed. (1796, 1833)
  1996 Ed. (1811, 1825)

1997 Ed. (1885)
Morrison; Jim
  2007 Ed. (4934)
Morrison Knudsen Corp.
  1989 Ed. (1002)
  1990 Ed. (1154, 1160, 1169)
  1991 Ed. (1048, 1050, 1075)
  1992 Ed. (1354, 1355, 1376, 1403, 1407, 1408, 3920)
  1993 Ed. (719, 1084, 1087, 1102, 1114, 1115, 1116, 1117, 1119, 1120, 1611, 3258)
  1994 Ed. (1106, 1108, 1110, 1125, 1132, 1136, 1162, 1167, 1169, 1641, 3252)
  1995 Ed. (1123, 1125, 1127, 1138, 1153, 1154, 1155, 1156, 1157, 1179, 1181, 1184, 1187, 1191, 1680, 1686, 1694, 3331)
  1996 Ed. (1098, 1106, 1108, 1112, 1113, 1121, 1123, 1126, 1127, 1128, 1129, 1153, 1154, 1155, 1160, 1161, 1164, 1166, 1376, 1654, 1663, 1668)
  1997 Ed. (1127, 1129, 1137, 1152, 1154, 1155, 1156, 1157, 1195, 1272, 1306, 1330, 1332, 1334, 1336, 1338, 1342, 1344, 1348, 1427, 1732, 1738, 3642, 3643, 3644, 3645)
  1998 Ed. (881, 937, 938, 940, 941, 970, 1052, 1089, 1090, 1091, 1097, 1452, 1479, 1480, 1481, 1483, 1485, 1487, 1488, 1490)
  1999 Ed. (387, 388, 389, 1342, 1354, 1359, 1360, 1362, 1364)
  2000 Ed. (1240, 1246, 1250, 1251, 1253, 1255, 1286, 1800, 1845, 1847, 1850, 1854)
  2001 Ed. (1403, 1404, 1408, 1463, 1464, 1465, 1467, 1729, 2239, 2240, 2290, 2291, 2295, 2299)
  2002 Ed. (1236, 1237, 1238, 1239, 1243, 1246, 1250, 1252, 1254, 1259, 1263, 1264, 1278, 1279, 1281, 1284, 1285, 1286, 1316, 1318)
Morrison-Knudsen Engineers Inc.
  1990 Ed. (1671)
Morrison Mahoney
  2021 Ed. (3228)
Morrison-Maierle Inc.
  2012 Ed. (2375)
  2013 Ed. (2557)
  2014 Ed. (2486)
  2015 Ed. (2561)
  2016 Ed. (2482)
  2017 Ed. (2338)
  2018 Ed. (2404)
  2019 Ed. (2447)
  2020 Ed. (2436)
  2021 Ed. (2360)
  2022 Ed. (2469)
  2023 Ed. (2584)
Morrison Management Specialists
  2001 Ed. (2483, 2763, 2764)
  2002 Ed. (2592, 2593, 2595)
  2003 Ed. (2526, 2527, 2528, 2529, 2530, 2533, 2798, 2799, 2800)
  2004 Ed. (2666)
  2005 Ed. (2662, 2663, 2664, 2665, 2809, 2886, 3665)
  2006 Ed. (2778, 2783)
  2008 Ed. (2905, 2909)
  2009 Ed. (2962, 2964, 4289, 4290)
  2010 Ed. (2751, 2752, 2753, 2754, 2901, 4253, 4254)
  2011 Ed. (2735, 2736, 2737, 2738)
  2012 Ed. (2674, 2675, 2676, 2804)
  2013 Ed. (2762, 2763, 2764)
Morrison Restaurants
  1994 Ed. (1740, 1742, 1746, 3054, 3073, 3083, 3085, 3091)
  1996 Ed. (1951, 3228)
Morrison; Sam
  2009 Ed. (4916)
  2010 Ed. (4920)
  2012 Ed. (4920)
  2013 Ed. (4894)
Morrison-Shipley Engineers Inc.
  2008 Ed. (2514)
  2009 Ed. (2525)
  2011 Ed. (2448)
  2012 Ed. (202)
Morrison Supermarkets plc; Wm
  2005 Ed. (1590, 1591, 1595, 1596, 4568)
  2006 Ed. (1431, 1438, 1682, 1684, 4644, 4645)
  2007 Ed. (1782, 2240, 2241, 4631, 4632, 4634, 4644)
Morrison Supply Co.
  2016 Ed. (2056)
  2017 Ed. (2015)
Morrison Utility Services
  2018 Ed. (1987)
Morrison; Van
  2005 Ed. (4884)
  2007 Ed. (4917)
  2008 Ed. (2587)
Morrison; William
  1990 Ed. (3500)

Morrisons
  1990 Ed. (3017)
  1991 Ed. (2871)
  1992 Ed. (3711)
  1993 Ed. (3011, 3019, 3023, 3031)
  1995 Ed. (3118, 3131)
  1996 Ed. (3214, 3222, 3623)
  1997 Ed. (2051, 3315, 3323, 3327, 3336)
  1999 Ed. (4061)
  2000 Ed. (3779)
  2001 Ed. (262)
  2007 Ed. (739)
  2008 Ed. (708, 720)
  2009 Ed. (112, 730)
  2010 Ed. (653)
  2011 Ed. (582)
  2012 Ed. (563)
  2013 Ed. (670, 2733, 2740)
  2014 Ed. (695, 2720)
  2015 Ed. (2768, 2775)
  2016 Ed. (2698)
  2017 Ed. (2651)
  2022 Ed. (4255)
  2023 Ed. (4294)
Morrison's Cafeterias
  1990 Ed. (3005)
Morrison's Custom Management
  1992 Ed. (2202, 2446, 2447, 2448, 2451)
  1993 Ed. (2061, 2062, 2063, 2064, 2067)
  1994 Ed. (1890, 2079, 2082, 2085)
Morrison's Family Dining
  1996 Ed. (3233)
Morrison's Fresh Cooking
  1999 Ed. (4062)
Morrison's Health Care Division
  1997 Ed. (2250)
Morrison's Hospitality Group
  1995 Ed. (1912, 2132, 2134)
  1996 Ed. (1954)
Morrisroe Group
  2019 Ed. (2046)
Morrissey & Co.
  2004 Ed. (4016)
  2005 Ed. (3967)
Morrissey; James D.
  1990 Ed. (1214)
Morristown BMW
  1990 Ed. (336)
  1995 Ed. (264)
Morristown Memorial Hospital
  1990 Ed. (2057)
  1992 Ed. (2461)
  1993 Ed. (2075)
  1994 Ed. (2091)
  1997 Ed. (2272)
  2002 Ed. (2457)
Morristown, TN
  2004 Ed. (3310)
  2005 Ed. (3334)
  2007 Ed. (1159, 2999)
  2008 Ed. (1052)
  2009 Ed. (1025, 3576)
  2010 Ed. (991)
  2011 Ed. (3470, 3495)
  2023 Ed. (3638)
Morrone's Italian Ices/Homemade Ice Cream
  2002 Ed. (2724)
Morrow
  2003 Ed. (726)
  2005 Ed. (729)
  2006 Ed. (641)
  2007 Ed. (666)
  2008 Ed. (625)
  2009 Ed. (645)
  2010 Ed. (613)
  2011 Ed. (545)
  2012 Ed. (525)
  2013 Ed. (626)
  2016 Ed. (643)
  2017 Ed. (4039)
  2018 Ed. (4063, 4068)
  2019 Ed. (4058, 4063)
  2020 Ed. (4067, 4072)
Morrow Bay State Park
  1999 Ed. (3704)
Morrow Equipment
  2020 Ed. (1009, 1016)
  2021 Ed. (975, 983)
  2022 Ed. (1012, 1021)
  2023 Ed. (1190)
Morrow Equipment Co.
  2022 Ed. (1021)
  2023 Ed. (1200)
Morrow Hill
  2023 Ed. (4193)
Morrow-Meadows Corp.
  1998 Ed. (946)
  2009 Ed. (1232, 4991)
  2011 Ed. (4995)
  2012 Ed. (4990)
  2014 Ed. (4987)
  2021 Ed. (1138, 4981)
  2023 Ed. (4984)
Morrow; Richard M.
  1990 Ed. (973)
  1991 Ed. (926, 1628)
  1992 Ed. (1143, 2059)

Morrow; William T.
  2011 Ed. (845)
MORSCO
  2021 Ed. (3913)
  2022 Ed. (3923)
  2023 Ed. (4010)
Morse Brothers Inc.
  2005 Ed. (3927)
Morse Cadillac; Ed
  1995 Ed. (266)
  1996 Ed. (267)
Morse Chevrolet; Ed
  1990 Ed. (339)
  1991 Ed. (269, 274, 276, 306)
  1992 Ed. (377, 378, 379, 411, 415, 417, 418)
  1993 Ed. (296, 299, 300, 301)
  1994 Ed. (254, 255, 265, 289, 291, 292)
  1995 Ed. (293, 295, 296)
Morse Daniel International
  2000 Ed. (1238)
Morse/Diesel Inc.
  1989 Ed. (1000)
  1990 Ed. (1176, 1183, 1210)
Morse Diesel International Inc.
  1992 Ed. (1371, 1434)
  1993 Ed. (1098, 1149)
  1994 Ed. (1109, 1156)
  1995 Ed. (1124, 1136, 1175)
  1996 Ed. (1105)
  1997 Ed. (1126)
  1999 Ed. (1321, 1326, 1340, 1383)
  2000 Ed. (1225, 1256)
  2002 Ed. (1234, 1251, 1280)
Morse Dodge; Ed
  1991 Ed. (277)
  1994 Ed. (267)
The Morse Group
  2018 Ed. (1174)
  2021 Ed. (1157)
The Morse Group Inc.
  2009 Ed. (1279)
  2011 Ed. (1225)
  2014 Ed. (1194)
  2018 Ed. (1193)
  2019 Ed. (1180, 1188, 1190, 1193)
  2020 Ed. (1171, 1173, 1202)
  2021 Ed. (1144, 1152, 1175)
  2022 Ed. (1152, 1159, 1162, 1174)
  2023 Ed. (1375, 1385, 1389, 1410)
The Morse Group, Inc.
  2023 Ed. (1383)
Morse Operations Inc.
  1996 Ed. (3766)
  2001 Ed. (497)
Morse Williams & Co.
  1999 Ed. (3088)
Morsemere Federal Savings Bank
  1990 Ed. (3120)
Morse's Heartland; Ed
  1994 Ed. (280)
Morsi Arab
  2013 Ed. (3475, 3483)
Morstan General Agency Inc.
  2017 Ed. (3081)
Mort & Co.
  2020 Ed. (119)
  2022 Ed. (117)
Mort Hall Acquisition Inc.
  1993 Ed. (705)
Mort Hall Ford
  1991 Ed. (712)
  1992 Ed. (894)
Mort Zuckerman
  2005 Ed. (4852)
  2006 Ed. (4906)
Mortal Instruments No. 4: City of Fallen Angels
  2013 Ed. (562)
Mortal Kombat
  1995 Ed. (3636, 3637, 3696)
Mortal Kombat II
  1996 Ed. (3721)
Mortensens Forlag AS; Ernst G.
  1991 Ed. (40)
Mortenson
  2020 Ed. (1115)
  2021 Ed. (993, 1102, 1105, 1116, 1121, 1123, 1128, 1183, 1206, 4427, 4428, 4430, 4436, 4446)
  2022 Ed. (1036, 1120, 1121, 1124, 1126, 1128, 1140, 1141, 1179, 1180, 1207, 1731, 2529, 2531, 2540, 2541, 4439, 4440, 4445, 4447, 4451, 4454, 4459)
  2023 Ed. (1214, 1351, 1356, 1363, 1364, 1873, 2586, 2671, 2673, 2682, 2683, 4462, 4467, 4468, 4474, 4477, 4482)
Mortenson Co.; M. A.
  1994 Ed. (1154)
  1995 Ed. (1173)
  1996 Ed. (1148)
  1997 Ed. (1177)
  2005 Ed. (1305)
  2006 Ed. (1352, 1679, 2458, 2796)
  2007 Ed. (1350)
  2008 Ed. (1222, 1238, 1345)
  2009 Ed. (2644, 3246, 4150)
  2010 Ed. (4082)

2011 Ed. (1079, 1280, 4056)
2012 Ed. (1002, 4088)
Mortenson Construction
2009 Ed. (1253, 1330, 1344, 1346)
2010 Ed. (1220, 1250, 1309, 1315, 1328, 1332)
2011 Ed. (1085, 1199, 1224, 1226, 1272, 1286, 1287, 1288, 1289, 1310, 1314, 1612)
2012 Ed. (1057, 1108, 1112, 1460, 2376, 4087)
2013 Ed. (1150, 1232, 1235, 1246, 1247, 1259, 1871)
2014 Ed. (1170, 1174, 1185, 1803)
2015 Ed. (1223, 1239, 1843)
2016 Ed. (1132, 4407, 4412, 4416)
2017 Ed. (1198, 4418, 4423, 4427)
2018 Ed. (1139, 1148, 4440, 4444, 4447)
2019 Ed. (1160, 1246, 4454, 4457, 4461)
2020 Ed. (1151, 1240, 4441, 4444, 4448)
2021 Ed. (1132, 4439, 4442, 4447)
Mortgage Advice Bureau Ltd.
2017 Ed. (2053)
Mortgage Alliance
2008 Ed. (1777, 1778)
Mortgage Authority
1995 Ed. (2599)
1998 Ed. (2525)
Mortgage Bank
1992 Ed. (364)
Mortgage Bank of Cyprus Ltd.
2009 Ed. (424)
2010 Ed. (400)
2011 Ed. (327)
Mortgage Bankers
1989 Ed. (1486)
Mortgage Center LLC
2006 Ed. (2179)
Mortgage Choice
2012 Ed. (1333)
Mortgage & escrow companies
1999 Ed. (698, 1811)
Mortgage companies
1999 Ed. (2528)
Mortgage Corp. of America
2001 Ed. (3353)
Mortgage finance
2008 Ed. (1643)
Mortgage Financial Services
2019 Ed. (2633)
2020 Ed. (2645)
The Mortgage Group Canada Inc.
2014 Ed. (1454)
Mortgage Guaranty Insurance
1989 Ed. (1711)
Mortgage industry
1999 Ed. (2529)
Mortgage Investors Corp.
2000 Ed. (1104)
Mortgage Master Inc.
2016 Ed. (3622)
Mortgage Network, Inc.
2022 Ed. (3684)
Mortgage One
2001 Ed. (3353)
Mortgage One/The Loan Guys
2001 Ed. (3353)
Mortgage origination
1997 Ed. (1570)
Mortgage interest on owner-occupied homes
1992 Ed. (2587)
Mortgage loan processing
1990 Ed. (531, 532)
Mortgage processing
1998 Ed. (290)
Mortgage Research Center
2009 Ed. (2763)
Mortgage Revenue Bonds
1989 Ed. (740)
The Mortgage Store Inc.
1999 Ed. (4810)
Mortgage Trust
2013 Ed. (1987)
Mortgage Trust Inc.
2010 Ed. (1924, 1929, 1930)
2011 Ed. (1977, 1979)
Mortgagebrokers.com Holdings Inc.
2010 Ed. (2859)
Mortgageport
2004 Ed. (1635)
MortgageRamp
2003 Ed. (2179)
Mortgages
1992 Ed. (2667)
1993 Ed. (2257)
Mortillaro Lobster Inc.
2015 Ed. (2744, 3189)
Mortimer B. Zuckerman
2004 Ed. (4867)
Mortimer Zuckerman
2007 Ed. (4902)
2008 Ed. (4830)
2009 Ed. (4851)
2010 Ed. (4857)

Morton
1992 Ed. (24)
1993 Ed. (16)
Morton Automotive Coatings
1996 Ed. (351)
Morton Buildings
2019 Ed. (2356, 3996)
2020 Ed. (2324)
2021 Ed. (2290, 3979)
2022 Ed. (2322, 3993)
2023 Ed. (2498)
Morton Custom Plastics Inc.
2001 Ed. (4519)
Morton Floors Inc.
1990 Ed. (1802)
1992 Ed. (2165)
1993 Ed. (1867)
1994 Ed. (1852)
1995 Ed. (1880)
1996 Ed. (1923)
1997 Ed. (2016)
Morton Fraser LLP
2019 Ed. (2072)
Morton International Coatings
2001 Ed. (11)
Morton International Inc.
1991 Ed. (919)
1992 Ed. (1127, 2162)
1993 Ed. (927, 1718)
1994 Ed. (940, 941)
1995 Ed. (972, 973)
1996 Ed. (950, 1727)
1997 Ed. (967, 972)
1998 Ed. (703, 709, 714)
1999 Ed. (1085, 1105, 1561, 1885, 3708)
2000 Ed. (1022, 1033, 1038)
2005 Ed. (1512)
Morton L. Mandel
1990 Ed. (1717)
1991 Ed. (1624)
1992 Ed. (2054)
Morton L. Topfer
2000 Ed. (1882)
Morton Plant Hospital
1998 Ed. (1990)
1999 Ed. (2748)
2000 Ed. (2528)
2005 Ed. (2912)
2006 Ed. (2921, 2923)
2008 Ed. (3064)
2009 Ed. (3149)
2010 Ed. (3080)
2011 Ed. (3052)
2012 Ed. (2989)
2013 Ed. (3079)
Morton Plant Mease Health Care
2002 Ed. (339)
Morton R. Lane State University Credit Union
2002 Ed. (1828)
Morton Thiokol
1989 Ed. (197, 879, 884, 901)
1990 Ed. (190, 938, 968)
1991 Ed. (3435)
Morton's
2002 Ed. (4018)
2010 Ed. (4217)
Morton's of Chicago
2002 Ed. (4016)
2004 Ed. (4147)
2006 Ed. (4136)
Morton's Restaurant Group
2000 Ed. (3000)
Morton's the Steakhouse
2021 Ed. (4200)
Morton's, the Steakhouse
2007 Ed. (4156)
2008 Ed. (4197, 4198)
2009 Ed. (4295)
2011 Ed. (4261)
2014 Ed. (4269)
2015 Ed. (4250)
2017 Ed. (4133)
Morton's The Steakhouse
2018 Ed. (4209, 4218)
2019 Ed. (4238, 4247)
2020 Ed. (4244)
Morven Partners LP
2003 Ed. (3655)
Mory Ejabat
2002 Ed. (2150)
Mosaic
2013 Ed. (950)
2014 Ed. (903)
2015 Ed. (929)
2017 Ed. (3763)
2018 Ed. (77, 78, 3812, 3969)
2020 Ed. (816, 821)
2021 Ed. (838, 839)
2022 Ed. (878, 879)
2023 Ed. (1058, 1059)
Mosaic Canada ULC
2022 Ed. (888)
2023 Ed. (1066)
Mosaic Canda ULC
2016 Ed. (824)
2017 Ed. (881)
2018 Ed. (814)

2019 Ed. (831)
2020 Ed. (829)
2022 Ed. (888)
Mosaic Capital
2018 Ed. (2652)
Mosaic Capital Corp.
2015 Ed. (842, 1513)
2016 Ed. (2640)
Mosaic Co.
2005 Ed. (2271)
2007 Ed. (928, 3433)
2008 Ed. (911)
2009 Ed. (1461, 1896, 1897, 4559, 4565, 4571)
2010 Ed. (857, 863, 868, 873, 877, 879, 880, 1425, 1832, 1833, 1834)
2011 Ed. (783, 786, 796, 804, 805, 809, 810, 1447, 1857, 1863)
2012 Ed. (734, 736, 737, 739, 756, 762, 767, 774, 1280, 1712, 1716, 1719, 1720)
2014 Ed. (3047)
2015 Ed. (3113)
2018 Ed. (3039)
2019 Ed. (820, 2981)
2020 Ed. (818, 3010)
2021 Ed. (837)
2022 Ed. (877)
The Mosaic Co.
2013 Ed. (930, 932, 951, 957, 958, 968, 974, 975, 982, 1872, 1874, 1878, 1879, 1880, 3714, 4517)
2014 Ed. (883, 886, 924, 925, 931, 1492, 1804, 1806, 1810, 1811, 3187)
2015 Ed. (912, 914, 945, 946, 952, 1549, 1846, 1848, 1850, 1851)
2016 Ed. (814, 855, 856, 1488, 1814)
2017 Ed. (870, 915, 916, 1780)
2018 Ed. (847, 848)
2019 Ed. (858, 859)
2020 Ed. (846)
2021 Ed. (1703)
2023 Ed. (1727, 3925)
The Mosaic Company
2021 Ed. (1535)
2022 Ed. (1551)
Mosaic Group
2000 Ed. (76)
2002 Ed. (1982)
Mosaic Group Marketing Services
2002 Ed. (4087)
Mosaic Investors
2005 Ed. (4489)
2006 Ed. (4564)
Mosaic Investors Fund
1999 Ed. (3557)
Mosaic Mid-Cap Fund
2003 Ed. (3536)
Mosaic Mid-Cap Growth
2003 Ed. (3497)
Mosaic Phosphates MP Inc.
2006 Ed. (3481, 3482)
2007 Ed. (3511, 3512)
2008 Ed. (3674, 3675)
2009 Ed. (3740, 3741)
2010 Ed. (3679, 3680)
2011 Ed. (3662)
Mosaic Potash
2011 Ed. (1556)
Mosaic Potash ULC
2012 Ed. (1401)
2013 Ed. (1510)
Mosaic Sales Solutions
2008 Ed. (3600)
2009 Ed. (3668)
2010 Ed. (3585)
2011 Ed. (3588)
Mosaic Technology & Communications
2002 Ed. (3264, 3265, 3266)
Mosaic451
2019 Ed. (1397, 4334)
Mosaica Education
2005 Ed. (3902)
2006 Ed. (3976)
2007 Ed. (4015)
Mosaico
2009 Ed. (157)
Mosaid
2015 Ed. (878)
Mosaid Technologies Inc.
2001 Ed. (2864)
2002 Ed. (2504)
2007 Ed. (2806, 2817)
2008 Ed. (2943)
Mosbiznesbank
1997 Ed. (603)
Mosbusinessbank
1993 Ed. (631)
1995 Ed. (595)
1996 Ed. (665)
Mosby
1994 Ed. (2685, 2686)
Mosby Building Arts
2023 Ed. (3179)
Moscone Center
1996 Ed. (1173)
Moscovskiy Oblastnoi Bank
2018 Ed. (465)

Moscow
1990 Ed. (861)
1997 Ed. (2960, 2961)
2000 Ed. (3374, 3375, 3377)
Moscow Bank for Business Promotion
1996 Ed. (667)
Moscow; Bank of
2005 Ed. (602)
2007 Ed. (546)
Moscow Business World Financial Group
2006 Ed. (467)
Moscow Business World (MDM) Bank
2003 Ed. (540, 604)
2004 Ed. (557, 612)
Moscow Exchange
2015 Ed. (4547, 4555, 4557)
Moscow Industrial Bank
1993 Ed. (631)
1995 Ed. (595)
1996 Ed. (665, 667)
1997 Ed. (603)
Moscow International Bank
1995 Ed. (595)
Moscow Music Festival
1991 Ed. (844)
Moscow Narodny Bank
1990 Ed. (582)
2002 Ed. (572, 582)
2003 Ed. (540)
Moscow National Bank
2002 Ed. (584)
Moscow, Russia
2004 Ed. (3305)
2005 Ed. (2033, 3313, 3329)
2006 Ed. (4182)
2010 Ed. (3483)
2011 Ed. (1729, 2623, 3786)
2012 Ed. (913)
2014 Ed. (2638)
2015 Ed. (2681)
2016 Ed. (2598)
2017 Ed. (2527)
2018 Ed. (2601)
2019 Ed. (2581, 2587)
2020 Ed. (2573, 2579)
2022 Ed. (3320)
2023 Ed. (3405)
Moscow Telephone
1997 Ed. (1502)
Moscow Tire Production Plant
2001 Ed. (4545)
Moscow United Electric Power
2012 Ed. (2356, 2357)
2013 Ed. (2528, 2538)
Moscow, USSR
1991 Ed. (3249)
1992 Ed. (2280)
Mosel Vitelic Inc.
2000 Ed. (4177)
2002 Ed. (1496, 1497, 2228, 4544, 4545)
Moseley
1995 Ed. (2429)
Moseley Architects
2008 Ed. (2525)
2010 Ed. (2453)
2021 Ed. (1671)
Moseley Construction Group Inc.
2017 Ed. (2086)
Moseley; Jack
1992 Ed. (2713)
Moselle
1992 Ed. (675)
Mosena; David
1991 Ed. (2548)
Mosena; David R.
1992 Ed. (3138)
Mosenergo
1997 Ed. (1502)
2002 Ed. (4462, 4463, 4464)
Moser Baer
2009 Ed. (859)
Moser; Henry
2011 Ed. (2527)
Moses Lake, WA
2008 Ed. (3509)
2009 Ed. (3574)
Moses; Lucy Goldschmidt
1994 Ed. (896, 897, 899, 1057)
Moshe Orenbuch
1996 Ed. (1779)
1997 Ed. (1854)
1998 Ed. (1598, 1618)
1999 Ed. (2258)
2000 Ed. (1985)
Moshi Moshi Hotline
2008 Ed. (1866)
Moskovitz; Dustin
2019 Ed. (4832)
2020 Ed. (4822)
Mosler Inc.
2002 Ed. (4541)
2003 Ed. (4330)
Mosley Construction Inc.
2006 Ed. (3523)
Mosley; Ian
1997 Ed. (2705)
Mosquito Authority
2023 Ed. (3916)

Mosquito Hunters
 2021 Ed. (830, 3798)
 2022 Ed. (3818)
 2023 Ed. (3916)
Mosquito Joe
 2015 Ed. (781)
 2018 Ed. (792, 1094, 3783)
 2019 Ed. (808, 3770)
 2020 Ed. (802, 3821, 4388)
 2021 Ed. (3798)
 2022 Ed. (3818)
 2023 Ed. (3171, 3916)
Mosquito Shield
 2023 Ed. (3916)
Mosquito Squad
 2016 Ed. (3780)
 2017 Ed. (3735)
 2018 Ed. (3783)
 2019 Ed. (3770)
 2020 Ed. (784, 3821)
 2021 Ed. (3798)
 2023 Ed. (3171)
Mosrealstroy
 2018 Ed. (1899)
Moss
 2020 Ed. (1113, 1136)
 2022 Ed. (1027, 1116, 1127, 1140, 1531, 4440, 4451)
 2023 Ed. (1335, 1357, 4462, 4474, 4477, 4482)
Moss Abbruch Erdbau Recycling
 2020 Ed. (1050)
Moss Adams
 2017 Ed. (6)
 2019 Ed. (6)
 2020 Ed. (8)
 2021 Ed. (8, 10)
 2022 Ed. (11)
 2023 Ed. (21, 26, 27)
Moss-Adams
 1998 Ed. (20)
 1999 Ed. (25)
 2000 Ed. (21)
 2012 Ed. (7)
Moss Adams LLP
 2002 Ed. (26, 27)
 2003 Ed. (11)
 2004 Ed. (17)
 2005 Ed. (13)
 2006 Ed. (18)
 2007 Ed. (14)
 2008 Ed. (12)
 2009 Ed. (15)
 2010 Ed. (25, 27)
 2011 Ed. (5, 23)
 2012 Ed. (5, 8, 11, 28, 1366)
 2013 Ed. (12, 14, 24, 1448, 1452)
 2014 Ed. (10, 20, 34, 1409, 1413)
 2015 Ed. (11, 21, 37, 1469, 1473)
 2016 Ed. (10, 20, 1398)
 2017 Ed. (16)
 2018 Ed. (15)
 2019 Ed. (16)
 2020 Ed. (18)
 2021 Ed. (20)
 2022 Ed. (4, 21)
 2023 Ed. (29, 61)
Moss & Associates
 2008 Ed. (1276)
Moss & Associates LLC
 2009 Ed. (1259)
 2018 Ed. (1113, 1130)
 2019 Ed. (1559)
Moss Development Inc.
 2021 Ed. (1347)
Moss Development Inc., dba One Man and a Toolbox
 2021 Ed. (1347)
Moss; Kate
 2008 Ed. (3745)
 2009 Ed. (3765, 3766)
 2011 Ed. (3693)
 2012 Ed. (3711)
 2013 Ed. (3761)
 2014 Ed. (3692)
 2015 Ed. (3711)
 2016 Ed. (3616, 3617)
Moss, Krusick & Associates LLC
 2023 Ed. (9)
Moss; Murray
 2011 Ed. (2971)
Moss; Patricia
 2006 Ed. (4980)
 2007 Ed. (384)
Moss Rehab
 2007 Ed. (2927)
Moss Rehabilitation
 2012 Ed. (2977)
 2013 Ed. (3069)
 2014 Ed. (3071)
Moss Solar
 2016 Ed. (4407, 4420)
 2017 Ed. (4422, 4432)
 2018 Ed. (4443, 4452)
 2019 Ed. (4440)
 2020 Ed. (4430)

Mosser Construction Inc.
 2018 Ed. (1127)
 2019 Ed. (1220)
Mossimo
 2000 Ed. (3322)
 2001 Ed. (1264, 1265)
Mossinghoff; Gerald
 1991 Ed. (2406)
MossRehab
 2015 Ed. (3136)
 2016 Ed. (2999)
Mosstroibank
 1995 Ed. (596)
Mossy Nissan
 1990 Ed. (311)
 1991 Ed. (288)
 1992 Ed. (393)
 1993 Ed. (279, 298)
 1994 Ed. (278)
 1995 Ed. (281)
 1996 Ed. (281)
MOST
 1990 Ed. (292, 293)
 1991 Ed. (1509, 1510, 1511)
 1992 Ed. (1910)
 1994 Ed. (1606)
 1995 Ed. (352, 1648)
 1996 Ed. (259, 1624)
 1997 Ed. (1704)
 1998 Ed. (1396)
Most Brand Development & Advertising
 2011 Ed. (1514)
 2012 Ed. (1362)
Most Brand Development + Advertising
 2012 Ed. (4098)
Most; Michael
 2017 Ed. (3592, 3597)
MostChoice.com
 2008 Ed. (110)
 2009 Ed. (3003)
Mosteghanemi; Ahlam
 2013 Ed. (3473)
Mostostal
 1994 Ed. (3648)
Mostostal Ex
 1996 Ed. (3817)
Mostostal-Export
 1997 Ed. (3863, 3864)
 2000 Ed. (4371)
Mostostal Warszawa
 2015 Ed. (1168)
Mostotrest
 2021 Ed. (651)
 2022 Ed. (686)
Moszkowski; Guy
 1995 Ed. (1820)
 1996 Ed. (1835)
 1997 Ed. (1908)
Mota-Engil
 2021 Ed. (1212, 1224)
 2022 Ed. (1213)
Mota-Engil, SGPS, S.A.
 2021 Ed. (2484)
 2022 Ed. (2596)
Mota-Velasco; German Larrea
 2009 Ed. (4906)
 2010 Ed. (4907)
 2011 Ed. (4894, 4899)
 2012 Ed. (4903)
 2013 Ed. (4888)
 2014 Ed. (4901)
 2015 Ed. (4941)
 2016 Ed. (4856)
 2017 Ed. (4860)
 2018 Ed. (4869)
 2019 Ed. (4863)
 2020 Ed. (4852)
 2021 Ed. (4853)
 2022 Ed. (4848)
Motamed; Thomas F.
 2011 Ed. (856)
Motel 6
 1990 Ed. (2077, 2966)
 1991 Ed. (1943, 1951, 1954)
 1992 Ed. (1486, 2488, 2489, 2491, 2494, 2495, 2497, 2502)
 1993 Ed. (2095, 2096, 2099)
 1994 Ed. (2096, 2097, 2111, 2112, 2119)
 1995 Ed. (2163, 2164, 2165)
 1996 Ed. (2161, 2162, 2183)
 1997 Ed. (2279, 2280, 2295, 2298)
 1998 Ed. (2009, 2015, 2023)
 1999 Ed. (2765, 2766, 2774, 2782, 2784)
 2000 Ed. (2551, 2562)
 2001 Ed. (2790)
 2002 Ed. (2644)
 2004 Ed. (2942)
 2005 Ed. (2939)
 2006 Ed. (2942, 2943)
 2007 Ed. (2953, 2954)
 2008 Ed. (3079)
 2009 Ed. (3169)
 2010 Ed. (3099, 3100)
 2011 Ed. (3068)
 2013 Ed. (3094)
 2014 Ed. (3088, 3093)
 2015 Ed. (3155, 3158)
 2016 Ed. (3010)

 2017 Ed. (2955)
 2018 Ed. (3066, 3069)
 2019 Ed. (3015)
 2020 Ed. (3046)
 2021 Ed. (820, 2911)
 2023 Ed. (3153)
Motel 6 and Studio 6
 2023 Ed. (3152)
Motel 6 LP
 1990 Ed. (2086, 2087, 2088)
 1992 Ed. (1469)
Motels of America
 1992 Ed. (2464)
 1993 Ed. (2077)
 1994 Ed. (2092)
 1995 Ed. (2147)
 1998 Ed. (2000)
Moth repellents
 1998 Ed. (122)
Mother Dairy
 2023 Ed. (2872)
Mother Earth News
 1990 Ed. (2799)
Mother Jones
 1992 Ed. (3384)
Mother in Law's Kimchi
 2022 Ed. (2848)
 2023 Ed. (2958)
Mother Road Brewing Company
 2023 Ed. (926)
Mother Stewarts Brewing
 2023 Ed. (923)
Motherboards
 1995 Ed. (1094)
Mothercare
 2006 Ed. (2051)
 2007 Ed. (705)
 2008 Ed. (677)
 2009 Ed. (686)
 2010 Ed. (4371)
 2011 Ed. (4307)
 2012 Ed. (4368)
Mothercare UK
 2007 Ed. (2021)
Mothernature.com
 2001 Ed. (2079)
Mothers Against Drunk Driving
 1991 Ed. (2614, 2616)
Mother's Day
 1990 Ed. (1948)
 1992 Ed. (2348)
 2001 Ed. (2627)
 2004 Ed. (2759)
Mothers Work Inc.
 2004 Ed. (3663, 4555)
 2008 Ed. (887, 4529)
Motherson Sumi
 2022 Ed. (650)
Motherson Sumi Systems
 2015 Ed. (1711)
 2016 Ed. (1659)
 2017 Ed. (1634)
 2018 Ed. (1613)
 2019 Ed. (1109, 1654)
 2020 Ed. (1095, 1612)
Motherwell; Robert
 1994 Ed. (898)
Motif Investing
 2017 Ed. (2525)
Motion
 2023 Ed. (3199)
Motion Composites Inc.
 2016 Ed. (3453)
Motion Control Engineering
 2020 Ed. (3435)
Motion picture production & distribution
 2002 Ed. (1407)
Motion Industries
 2021 Ed. (2260, 2594, 2968, 3939)
 2022 Ed. (2299, 2707, 3093, 3094, 3951)
 2023 Ed. (2839, 3198, 4036)
Motion Industries Canada
 2021 Ed. (3463)
 2022 Ed. (3521)
Motion Industries (Genuine Parts)
 2021 Ed. (2260)
Motion Industries Inc.
 1992 Ed. (2590)
 1993 Ed. (2161)
 1994 Ed. (2176)
 1995 Ed. (2233)
 1997 Ed. (2365)
 1998 Ed. (2086)
 1999 Ed. (2847)
 2000 Ed. (2622)
 2002 Ed. (1993)
 2003 Ed. (2891)
 2004 Ed. (2998)
 2005 Ed. (2211, 2996)
 2008 Ed. (1544, 3140)
 2009 Ed. (1472, 3224)
 2010 Ed. (3157)
 2011 Ed. (3123)
 2015 Ed. (3199)
 2016 Ed. (3056)
 2017 Ed. (3007)
 2018 Ed. (3131)
 2019 Ed. (3063)

 2020 Ed. (3097)
 2021 Ed. (2969, 3414)
 2022 Ed. (3094)
 2023 Ed. (1558)
Motion Media plc
 2002 Ed. (2498)
Motion Picture Association of America
 1996 Ed. (242)
Motion Picture and Television Fund
 1994 Ed. (892)
Motion picture/TV production
 1998 Ed. (607)
Motion picture/video production
 2001 Ed. (94)
Motion pictures
 1991 Ed. (739)
 1995 Ed. (2446)
 1997 Ed. (36)
 1998 Ed. (561)
 1999 Ed. (30, 1002, 4565)
 2000 Ed. (952, 4210, 4212)
 2001 Ed. (1093, 3245, 3246, 4484, 4485)
 2003 Ed. (1425, 2341, 2342)
 2005 Ed. (149, 4653)
 2006 Ed. (4712)
Motion picture previews
 2001 Ed. (95)
Motion pictures & videotape productions
 1998 Ed. (29)
Motion Recruitment
 2022 Ed. (2371)
 2023 Ed. (2533)
motion10
 2011 Ed. (1884)
Motion10 BV
 2014 Ed. (1840)
 2015 Ed. (1878)
Motional
 2023 Ed. (4309)
Motionplan Inc.
 2008 Ed. (2037)
MotionX-GPS
 2011 Ed. (4960)
Motiva Enterprises LLC
 2001 Ed. (497)
 2002 Ed. (3691)
 2003 Ed. (308, 3849)
 2004 Ed. (267)
 2005 Ed. (274)
 2006 Ed. (296, 349, 1421, 1716, 3981)
 2007 Ed. (3890)
 2008 Ed. (282, 1740, 2111, 3506, 4047)
 2009 Ed. (304, 1377, 1378, 1681, 2095, 4117)
 2010 Ed. (1363, 1364)
 2011 Ed. (1351)
 2012 Ed. (1216, 1217)
 2013 Ed. (1330, 1331)
 2015 Ed. (1322, 1323)
 2016 Ed. (1233)
 2017 Ed. (1285, 1286)
 2018 Ed. (1263, 1264)
 2019 Ed. (1297)
 2020 Ed. (1276, 3878)
 2021 Ed. (1257)
 2022 Ed. (1263)
Motiva Port Arthur Refinery
 2023 Ed. (3958)
Motivate
 2019 Ed. (1345)
Motivational Press
 2016 Ed. (3490)
Motive Communications
 2001 Ed. (1870, 2850)
 2005 Ed. (1129)
Motive Inc.
 2007 Ed. (2712)
 2008 Ed. (2846)
MotivePower
 1999 Ed. (3602)
Motivosity
 2021 Ed. (1938)
 2022 Ed. (980, 1983)
 2023 Ed. (2087)
Motley Crue
 1992 Ed. (1348)
Motley Fool
 2022 Ed. (2286)
The Motley Fool
 2002 Ed. (4812, 4830, 4834, 4886)
 2003 Ed. (3046)
 2004 Ed. (3155)
The Motley Fool Investment Guide
 1999 Ed. (691)
Motley Fool: Rule Breaker
 2003 Ed. (3025)
Motley Rice
 2012 Ed. (3384)
Motley; Ronald
 1997 Ed. (2612)
Moto Photo Inc.
 2001 Ed. (2530)
 2002 Ed. (4260)
Motoinsight
 2019 Ed. (973, 1498)
 2020 Ed. (958)
Motol University Hospital
 2011 Ed. (3054)

Motomaster
    2006 Ed. (4747, 4748)
    2012 Ed. (4710, 4711)
    2013 Ed. (4666, 4667)
    2015 Ed. (4731, 4732)
    2016 Ed. (4632, 4633)
MotoPhoto
    2005 Ed. (4358)
MOTOR
    2011 Ed. (4715)
Motor
    2016 Ed. (723)
Motor syndicate 218
    1996 Ed. (2529)
    1997 Ed. (2677)
    1998 Ed. (2399)
Motor vehicle parts and accesories
    1991 Ed. (2382)
    1992 Ed. (2969)
Motor vehicle parts & accessories
    1989 Ed. (1927, 1929)
    1990 Ed. (2514, 2515)
    1993 Ed. (2496)
    1995 Ed. (2502)
Motor vehicle accidents
    1998 Ed. (2039)
Motor Age
    2011 Ed. (4715)
    2015 Ed. (805)
    2016 Ed. (723)
Motor vehicle & passenger car bodies
    1993 Ed. (2496)
    1995 Ed. (2502)
Motor vehicles and car bodies
    1989 Ed. (1927)
    1990 Ed. (2514)
    1991 Ed. (2382)
    1992 Ed. (2969)
    2000 Ed. (2628)
Motor Car Auto Carriers
    2007 Ed. (4811)
Motor Cargo Industries Inc.
    2002 Ed. (4698)
Motor City Electric Co.
    2000 Ed. (1260)
    2021 Ed. (1150, 1151, 1164)
    2022 Ed. (1157, 1158)
    2023 Ed. (1383, 1384)
Motor City Sales & Service
    1995 Ed. (268)
Motor City Stamping Inc.
    1994 Ed. (3670)
    1997 Ed. (3917)
    1998 Ed. (3762)
    1999 Ed. (4812)
    2000 Ed. (4432)
    2001 Ed. (4924)
    2002 Ed. (4988)
    2004 Ed. (4990)
    2005 Ed. (4995)
Motor Coach Industries
    1995 Ed. (300)
Motor Coach Industries International Inc.
    2012 Ed. (3092)
Motor-Columbus AG
    2005 Ed. (2303, 2408)
    2007 Ed. (2393)
Motor vehicle parts and equipment
    1993 Ed. (1726)
Motor vehicles & equipment
    1992 Ed. (3610)
Motor Fuel Group
    2016 Ed. (2074)
    2019 Ed. (2046)
Motor vehicle & car body industry
    1998 Ed. (2433)
Motor insurance
    2001 Ed. (2223)
Motor vehicle & parts manufacturing
    2002 Ed. (2222, 2224, 2225)
Motor vehicle manufacturing
    2004 Ed. (2292)
Motor vehicle parts manufacturing
    2009 Ed. (3819, 3853)
Motor vehicles and equipment manufacturing
    1996 Ed. (3)
Motor vehicles manufacturing
    1996 Ed. (2)
Motor Oil
    2014 Ed. (1622, 3902)
    2015 Ed. (1672, 3929)
    2016 Ed. (1614, 3847)
Motor oil
    2002 Ed. (420)
    2003 Ed. (365)
    2005 Ed. (309)
Motor Oil Hellas
    2003 Ed. (1972)
    2004 Ed. (2013)
Motor Oil (Hellas) Corinth Refineries S.A.
    2021 Ed. (2452)
    2022 Ed. (2562)
Motor Oil (Hellas) Corinth Refineries SA
    2005 Ed. (1782)
    2006 Ed. (1739)
    2007 Ed. (1747)
    2008 Ed. (1773)
    2009 Ed. (1712)
Motor Oil (Hellas) Corith Refineries SA
    2017 Ed. (2462)
    2018 Ed. (2513)
Motor Oil (Hellas) SA
    2006 Ed. (3382)
    2008 Ed. (3560)
    2009 Ed. (3627)
    2010 Ed. (3548)
    2011 Ed. (3548)
    2012 Ed. (3541)
    2013 Ed. (3586)
Motor Oils
    2001 Ed. (538)
Motor vehicles and pans
    1991 Ed. (2029, 2031, 2033, 2035, 2037, 2039, 2041, 2042, 2045, 2046, 2047, 2048, 2049, 2050, 2051)
Motor vehicles & parts
    1992 Ed. (2600, 2602, 2604, 2607, 2609, 2611, 2612, 2615, 2616, 2618, 2619, 2621)
    1993 Ed. (1218, 1233, 1235, 1238, 1727)
    1995 Ed. (1295, 1297, 1299, 1304)
    1996 Ed. (1251, 1253, 1254, 1259, 1262)
    1997 Ed. (1302, 1305, 1440, 1443, 2382, 2383, 2384, 2385, 2386)
    1998 Ed. (1077, 2097, 2098, 2099, 2100, 2101)
    1999 Ed. (1512, 1676, 1677, 1678, 1679, 1680, 2093, 2102, 2848, 2863, 2867, 2868, 2869, 2870, 2871)
    2000 Ed. (1350, 1351, 2631, 2633, 2634, 2635)
    2002 Ed. (2775, 2778, 2789, 2792, 2793, 2795, 2797)
    2003 Ed. (1710, 2907)
    2004 Ed. (3007)
    2005 Ed. (3011)
    2008 Ed. (3158)
Motor vehicle records
    2001 Ed. (3037)
Motor vehicle services
    2002 Ed. (2779)
Motor vehicle dealers & petrol stations
    2001 Ed. (1754)
Motor syndicate
    1995 Ed. (2475)
Motor vehicle theft
    2000 Ed. (1632)
Motor Trend
    2006 Ed. (148)
    2007 Ed. (140)
Motor Trend
    2023 Ed. (3582)
Motor vehicle
    1989 Ed. (2347)
Motor Vehicle Parts
    1991 Ed. (1637)
    1992 Ed. (2073, 2084, 2085)
    2000 Ed. (1892)
Motor vehicle, parts, & fuel
    2007 Ed. (1321)
Motor/vehicle care products
    2003 Ed. (3943, 3944)
Motor vehicles
    1992 Ed. (1763)
    1994 Ed. (1271, 1273, 1275, 1277, 1282, 2434, 2435, 2931)
    1997 Ed. (188, 1843, 3165)
    2000 Ed. (39, 1892, 4245)
    2001 Ed. (94, 2178)
    2002 Ed. (56, 3969, 3970)
Motor Werks of Barrington
    1990 Ed. (319, 345)
Motor vehicle wholesaling
    2002 Ed. (2780)
Motor World Hyundai
    1994 Ed. (270)
Motorama Group
    2020 Ed. (253)
    2021 Ed. (241)
    2022 Ed. (262)
Motorcar Parts & Accessories Inc.
    2004 Ed. (4587)
MotorCity Casino-Hotel
    2013 Ed. (4983)
    2014 Ed. (4985)
    2015 Ed. (5031)
    2016 Ed. (4964)
    2017 Ed. (4954)
    2018 Ed. (4960)
Motorcraft Fast Lube
    2006 Ed. (352)
Motorcycle/auto parts
    1996 Ed. (1724)
Motorcycle Industry Council
    2011 Ed. (1517)
    2012 Ed. (1365)
    2013 Ed. (1451)
Motorcyclist
    2008 Ed. (152)
Motores Perkins
    1996 Ed. (1733)
Motorguide
    2020 Ed. (628)
Motorists Insurance Group
    2004 Ed. (3040)
    2009 Ed. (3283)
MotorK
    2017 Ed. (1690)
Motork
    2021 Ed. (3469)
MotorK Italia
    2019 Ed. (1701, 3457)
Motorola
    2013 Ed. (1120, 4633, 4949)
    2015 Ed. (3530, 4672)
    2016 Ed. (4583)
    2018 Ed. (3644)
Motorola Canada
    1992 Ed. (1185)
    1993 Ed. (961)
    1996 Ed. (986)
    2008 Ed. (2945)
    2009 Ed. (2995)
    2010 Ed. (2935)
Motorola Credit Union
    2002 Ed. (1844, 1863)
    2003 Ed. (1917)
Motorola Electronics
    2001 Ed. (1618)
Motorola Electronics Taiwan Ltd.
    1994 Ed. (1620)
Motorola Employees Credit Union
    1993 Ed. (1452)
    1994 Ed. (1505)
    2004 Ed. (1957)
    2005 Ed. (2099)
    2006 Ed. (2194)
    2007 Ed. (2115)
    2008 Ed. (2230)
    2009 Ed. (2214)
    2010 Ed. (2168)
    2011 Ed. (2170, 2187)
    2012 Ed. (2047)
    2013 Ed. (2229)
    2014 Ed. (2161)
    2015 Ed. (2225)
    2016 Ed. (2196)
Motorola Employees Credit Union-West
    2002 Ed. (1847)
    2003 Ed. (1906)
    2004 Ed. (1946)
Motorola Hospitality Group
    2001 Ed. (2487)
Motorola Inc.
    1989 Ed. (280, 902, 1339)
    1990 Ed. (919, 1105, 1460, 1622, 1623, 1624, 1627, 1628, 1629, 1632, 1642, 2204, 2987, 2990, 2995, 2996, 3231, 3232, 3236, 3238, 3511)
    1991 Ed. (249, 870, 922, 1516, 1523, 1524, 1525, 1526, 1527, 1528, 1539, 1640, 2070, 2839, 2844, 2847, 2854, 3080, 3280, 3286)
    1992 Ed. (1293, 1559, 1916, 1917, 1918, 1919, 1921, 1929, 3671, 3675, 3683, 3911, 3912, 3916, 3918, 3975, 4201, 4202)
    1993 Ed. (931, 1045, 1331, 1569, 1570, 1571, 1572, 1574, 1583, 1585, 1588, 1712, 1718, 2612, 2947, 3002, 3212, 3213, 3214, 3509)
    1994 Ed. (875, 878, 944, 1073, 1074, 1075, 1085, 1316, 1386, 1608, 1609, 1610, 1611, 1613, 1619, 1731, 2746, 2764, 2767, 2996, 3043, 3049, 3201, 3202, 3203, 3204, 3205)
    1995 Ed. (976, 1093, 1327, 1329, 1390, 1391, 1393, 1415, 1538, 1650, 1651, 1652, 1655, 1748, 1763, 1765, 2258, 2503, 2812, 2845, 2846, 3092, 3286, 3435, 3553)
    1996 Ed. (774, 777, 2105)
    1997 Ed. (240, 712, 916, 977, 978, 1341, 1400, 1401, 1402, 1403, 1405, 1428, 1584, 1611, 1705, 1706, 1707, 1807, 1814, 1816, 1822, 1823, 2473, 2787, 2788, 2967, 3007, 3022, 3226, 3235, 3253, 3298, 3492, 3493, 3494, 3637, 3690)
    1998 Ed. (153, 578, 718, 719, 1070, 1144, 1246, 1398, 1399, 1400, 1402, 1417, 1523, 2519, 2676, 2708, 2714, 2752, 2770, 2978, 3043, 3119, 3277, 3279, 3280, 3281, 3284, 3285, 3415, 3475)
    1999 Ed. (187, 994, 1265, 1620, 1623, 1624, 1625, 1653, 1845, 1965, 1966, 1968, 1969, 1972, 2120, 2506, 2879, 3112, 3298, 3406, 3714, 3716, 3730, 3974, 4043, 4044, 4270, 4274, 4275, 4277, 4280, 4281, 4489, 4544, 4545, 4547, 4552)
    2000 Ed. (216, 282, 942, 997, 998, 1042, 1454, 1743, 1744, 1745, 1748, 1751, 2239, 3020, 3029, 3381, 3447, 3707, 3757, 3758, 3993, 3997, 4000, 4002, 4003, 4126, 4187)
    2001 Ed. (24, 528, 1550, 1600, 1731, 2016, 2181, 2191, 2193, 2194, 2195, 2197, 2198, 2213, 2401, 2869, 3300, 3301, 3331, 3535, 3645, 3649, 3650, 3682, 4043, 4213, 4217, 4218, 4916)
    2002 Ed. (1122, 1123, 1443, 1499, 1587, 1592, 1612, 1613, 1667, 2079, 2097, 2105, 2106, 2107, 2109, 3231, 3618, 3966, 4257, 4258, 4581)
    2003 Ed. (1069, 1079, 1125, 1349, 1363, 1463, 1551, 1695, 1696, 1971, 2190, 2191, 2192, 2193, 2195, 2235, 2237, 2239, 2251, 2252, 2254, 2948, 3428, 3631, 3639, 3754, 3756, 4073, 4076, 4384, 4387, 4388, 4542, 4978)
    2004 Ed. (1081, 1082, 1085, 1090, 1135, 1368, 1493, 1731, 1732, 2017, 2040, 2185, 2233, 2234, 2254, 2262, 3020, 3678, 3779, 4404, 4492)
    2005 Ed. (85, 887, 1090, 1091, 1092, 1093, 1094, 1095, 1120, 1158, 1351, 1360, 1361, 1379, 1389, 1509, 1732, 1791, 1792, 2334, 2335, 2353, 3034, 3037, 3372, 3498, 3593, 3698, 4039, 4350, 4463, 4630, 4635, 4639)
    2006 Ed. (1083, 1084, 1085, 1086, 1109, 1112, 1148, 1151, 1358, 1364, 1639, 1762, 1763, 1850, 2389, 2390, 3695, 3696, 3697, 3699, 4290, 4699)
    2007 Ed. (708, 729, 1189, 1190, 1191, 1192, 1214, 1216, 1263, 1397, 1403, 1406, 1447, 1474, 1654, 1769, 1770, 2333, 2334, 2799, 2900, 3071, 3074, 3623, 3690, 3691, 4704, 4711, 4717, 4969)
    2008 Ed. (681, 702, 1097, 1098, 1099, 1159, 1350, 1433, 1468, 1663, 1799, 1800, 2320, 2459, 2460, 3022, 3199, 3744, 3782, 4638)
    2009 Ed. (665, 666, 689, 710, 1077, 1078, 1101, 1353, 1585, 1744, 1746, 2308, 2458, 2459, 3119, 3258, 3818, 4826)
    2010 Ed. (1044, 1045, 1046, 1047, 1083, 1337, 1572, 1689, 1691, 2017, 2240, 2379, 2380, 3053, 3189, 4688)
    2011 Ed. (974, 975, 976, 977, 1022, 1322, 1702, 2379, 2380, 3022, 3145, 3833, 4963)
    2012 Ed. (891, 895, 929, 948, 1188, 1557, 2309, 2310, 2949, 3688, 3690)
    2013 Ed. (1092)
    2014 Ed. (1052)
    2015 Ed. (1092)
Motorola Messaging Information & Media Inc.
    2001 Ed. (1702)
Motorola Micro TAC Personal Telephone
    1991 Ed. (2579)
Motorola Mobility
    2014 Ed. (3673)
    2015 Ed. (2395)
    2016 Ed. (2960)
Motorola Mobility Holdings
    2013 Ed. (1050)
Motorola Mobility Holdings Inc.
    2012 Ed. (889, 890)
    2013 Ed. (1047, 1048)
    2014 Ed. (2419)
Motorola RED
    2008 Ed. (4547)
Motorola Semiconductor Products Sector
    2001 Ed. (1146)
Motorola/Siemens
    2000 Ed. (3029)
Motorola Solutions
    2014 Ed. (3745)
    2015 Ed. (3769)
    2016 Ed. (999, 3684)
    2017 Ed. (3645)
    2018 Ed. (94, 95)
    2019 Ed. (80, 931, 1275, 1279, 3689)
    2020 Ed. (78, 79, 1264, 3721)
    2021 Ed. (3724)
    2022 Ed. (3741)
    2023 Ed. (1111, 2475, 3843, 4372, 4377)
Motorola Solutions (U.S.)
    2023 Ed. (4375)
Motorola Solutions Corp.
    2014 Ed. (2551)
Motorola Solutions Inc.
    2012 Ed. (889, 890, 892)
    2013 Ed. (1047, 1048, 1049, 1050, 1051, 1052, 2488, 2489, 2853, 3039)
    2014 Ed. (1012, 1013, 1014, 1015, 1240, 3052)
    2015 Ed. (1047, 1048, 1049, 1050, 1298, 1302, 3118)
    2016 Ed. (955, 956, 957, 958)
    2017 Ed. (995, 996, 997, 998)
    2018 Ed. (933, 3045)
    2019 Ed. (922, 923)
    2020 Ed. (917, 3016)
    2021 Ed. (924, 2877)
    2022 Ed. (943)
Motorola Solutions Systems Polska Sp. z.o.o.
    2015 Ed. (1995)
Motorpoint
    2017 Ed. (2031)
Motors
    1992 Ed. (99)

CUMULATIVE INDEX • 1989-2023

Motors Holdings
  2002 Ed. (383)
  2004 Ed. (3957)
Motors Insurance Group
  1994 Ed. (2219, 2220)
  2001 Ed. (4033)
Motors Liquidation Co.
  2011 Ed. (1093, 4748)
Motorsports
  2005 Ed. (4446)
MotorVac Technologies Inc.
  2004 Ed. (4583)
Motown Gospel
  2017 Ed. (3615)
Motown Industries
  1989 Ed. (734)
Motown Motion Pictures LLC
  2011 Ed. (3489)
Motricity
  2013 Ed. (4521)
Motrin
  1993 Ed. (2120)
  1996 Ed. (222)
  1997 Ed. (253)
  2003 Ed. (278, 1052)
  2004 Ed. (246, 1055)
  2008 Ed. (254)
  2009 Ed. (2356)
  2018 Ed. (175)
  2020 Ed. (178)
  2021 Ed. (177)
  2023 Ed. (236)
Motrin IB
  1992 Ed. (2558, 4235)
  1999 Ed. (274)
  2000 Ed. (1703)
  2001 Ed. (385)
  2002 Ed. (319, 320)
  2003 Ed. (278)
  2004 Ed. (247)
  2008 Ed. (254)
  2016 Ed. (201)
  2017 Ed. (187, 188)
  2018 Ed. (176, 177)
  2019 Ed. (177)
  2020 Ed. (179)
  2021 Ed. (178)
  2023 Ed. (237, 238)
Motsepe; Patrice
  2009 Ed. (4915)
  2010 Ed. (4919)
  2011 Ed. (4909)
  2012 Ed. (4919)
  2013 Ed. (4908)
  2014 Ed. (4918)
  2015 Ed. (4958)
  2016 Ed. (4874)
  2017 Ed. (4874)
  2018 Ed. (4886)
  2019 Ed. (4878)
  2020 Ed. (4867)
  2021 Ed. (4868)
  2022 Ed. (4864)
  2023 Ed. (4858)
Mott Children's Hospital; University of Michigan C. S.
  2012 Ed. (2959)
  2013 Ed. (3047)
Mott; Claudia
  1993 Ed. (1772, 1774, 1840)
  1994 Ed. (1820)
  1995 Ed. (1862)
  1996 Ed. (1839)
  1997 Ed. (1912)
Mott Foundation; Charles Stewart
  1993 Ed. (892)
Mott Grain & Agronomy
  2013 Ed. (109)
Mott MacDonald
  1995 Ed. (1008, 1685, 1695, 1697)
  1996 Ed. (1667, 1677, 1679)
  1997 Ed. (1747, 1751, 1757, 1758, 1760)
  1998 Ed. (1454)
  2000 Ed. (1809, 1813, 1822)
  2003 Ed. (2320)
  2004 Ed. (2387, 2400, 2403)
  2005 Ed. (2421, 2432, 2433, 2434, 2435)
  2019 Ed. (1828, 2464)
  2020 Ed. (1771, 2435, 2438, 2453, 2457, 2474)
  2021 Ed. (1739, 2376, 2380, 2381)
  2022 Ed. (1771, 2453, 2487, 2491, 2496, 2505, 2509, 2539)
  2023 Ed. (1903, 2597, 2599, 2603, 2605, 2613, 2616, 2617, 2618, 2675)
Mott Macdonald
  2020 Ed. (2413)
Mott MacDonald Group Ltd.
  1991 Ed. (1556)
  2006 Ed. (2460, 2471, 2472, 2474, 2475)
  2007 Ed. (2425, 2437, 2439, 2440)
  2008 Ed. (2552, 2554, 2564, 2567)
  2009 Ed. (2560, 2562, 2572, 2574, 2575)
  2010 Ed. (2476, 2478, 2488, 2490, 2491)
  2011 Ed. (2484, 2486, 2488, 2496, 2498, 2499)
  2012 Ed. (2403, 2405, 2407, 2415, 2416, 2417, 2418)

  2013 Ed. (2571, 2574, 2576, 2583, 2586, 2587, 2588)
  2014 Ed. (2500, 2503, 2505, 2515, 2516, 2517)
  2015 Ed. (2574, 2577, 2579, 2589, 2590, 2591)
  2016 Ed. (2496, 2499, 2501, 2511, 2512, 2513)
  2017 Ed. (2356, 2358, 2368, 2369, 2370)
  2018 Ed. (2374, 2420, 2422, 2423, 2435, 2436, 2437)
  2019 Ed. (2440, 2451, 2466, 2472, 2484, 2486, 2506, 2511, 2512)
  2020 Ed. (2441, 2455, 2458, 2461, 2473, 2475, 2498, 2503, 2504)
  2021 Ed. (2378, 2381, 2385, 2397, 2399, 2418)
  2022 Ed. (2508, 2533)
Mott MacDonald LLC
  2018 Ed. (1024)
  2019 Ed. (1032)
  2020 Ed. (1024)
  2021 Ed. (992)
Motto Mortgage
  2020 Ed. (2663)
  2021 Ed. (2571, 2573)
  2022 Ed. (861, 2690)
Motto; William
  2008 Ed. (2634)
Mott's
  2017 Ed. (204, 205)
  2018 Ed. (191, 192)
Mott's Apple Juice
  2006 Ed. (2671)
  2007 Ed. (2654)
Mott's Clamato
  2019 Ed. (2784)
Mott's Inc.
  1996 Ed. (227)
  2002 Ed. (2375)
  2003 Ed. (669, 863, 2574)
Motts for Tots
  2014 Ed. (2799)
  2015 Ed. (2840)
  2016 Ed. (2771)
MOTUS
  2023 Ed. (383)
Motus
  2017 Ed. (4470)
  2021 Ed. (271)
  2022 Ed. (287)
Motus Energy S.r.l.
  2018 Ed. (2354)
Motus Freight
  2021 Ed. (1787)
Mouawad; Robert
  2013 Ed. (4298)
  2016 Ed. (4854)
  2017 Ed. (4858)
  2018 Ed. (4867)
  2019 Ed. (4861)
  2020 Ed. (4850)
  2021 Ed. (4851)
  2022 Ed. (4846)
  2023 Ed. (4841)
Mouchel
  2016 Ed. (1197)
  2017 Ed. (1242)
Mouchel Associates Ltd.
  1994 Ed. (997)
Mouchel Parkman plc
  2009 Ed. (2121)
Moueix
  2005 Ed. (4966)
Moulinex
  1994 Ed. (721)
  1995 Ed. (680)
Moulinex Regal
  1990 Ed. (1834)
  1991 Ed. (1751)
  1992 Ed. (2201)
  1993 Ed. (1885)
Moulure Alexandria Moulding
  2019 Ed. (4994)
Mounds
  2020 Ed. (757)
  2021 Ed. (778)
  2022 Ed. (808)
  2023 Ed. (1011)
Mounissa Chodieva
  2008 Ed. (4880)
Mt. Airy Lodge
  1999 Ed. (4048)
Mount Allison University
  2007 Ed. (1168, 1176, 1178, 1180)
  2008 Ed. (1072, 1080, 1083, 1084)
  2009 Ed. (1049, 1055, 1057)
  2010 Ed. (1019, 1024)
  2011 Ed. (954, 959)
  2012 Ed. (874)
Mount Auburn
  1996 Ed. (2397)
Mount Bachelor, OR
  1993 Ed. (3324)
Mt. Carmel Public Utility Co.
  2002 Ed. (3558)

Mt. Clemens General Hospital
  2001 Ed. (2227, 2772)
  2002 Ed. (2619)
Mount Cook
  1989 Ed. (242)
Mount Gay
  1990 Ed. (3067, 3071, 3072)
  1991 Ed. (2906, 2907)
  1992 Ed. (3753)
  1994 Ed. (3124)
  1995 Ed. (3175)
  1996 Ed. (3269, 3270, 3272)
  1997 Ed. (3368, 3369, 3370)
  1998 Ed. (3110, 3111)
  1999 Ed. (4126, 4127, 4129)
  2000 Ed. (3834, 3836, 3837, 3839)
  2001 Ed. (4142, 4146, 4147)
  2002 Ed. (293, 4076, 4078)
  2003 Ed. (4207, 4212)
  2004 Ed. (4235)
  2005 Ed. (4158)
Mount Gibson Iron
  2013 Ed. (1421, 1430)
Mt. Hawley Insurance Co.
  2006 Ed. (3101)
  2008 Ed. (3264)
  2011 Ed. (3225)
  2012 Ed. (3194)
  2013 Ed. (3263)
  2014 Ed. (3291)
  2015 Ed. (3339)
  2016 Ed. (3200)
  2018 Ed. (3235)
  2021 Ed. (3059)
  2022 Ed. (3194)
Mount Holyoke College
  1990 Ed. (1093)
Mount Joy Wire Corp.
  2020 Ed. (3407)
Mt. Juliet Public Building Authority, TN
  1991 Ed. (2781)
Mt. Kisco Chevrolet-Cadillac-Hummer Inc.
  2004 Ed. (167)
Mt. Laurel Resort
  1999 Ed. (4048)
Mount Lucas Mgmt.
  1990 Ed. (2343)
Mount Mansfield Insurance Group Inc.
  1996 Ed. (881)
  1997 Ed. (904)
Mt. McKinley Bank
  2021 Ed. (360)
  2022 Ed. (372)
  2023 Ed. (465)
Mount Pleasant Estates
  2023 Ed. (4911)
Mount Pritchard Club
  2004 Ed. (3949)
Mount Real Corp.
  2007 Ed. (1319)
Mount St. Mary's College
  1992 Ed. (1276)
  1993 Ed. (1024)
  1994 Ed. (1051)
  1995 Ed. (1059)
  1999 Ed. (1232)
Mount Saint Vincent University
  2007 Ed. (1180)
  2008 Ed. (1080)
  2009 Ed. (1055)
Mt. San Antonio College
  1998 Ed. (807)
  1999 Ed. (1235)
  2000 Ed. (1144)
Mount Sinai
  2006 Ed. (2901, 3710, 3714, 3716)
  2007 Ed. (3706)
  2012 Ed. (3765)
  2017 Ed. (2119)
Mount Sinai Faculty Practice Associates
  2000 Ed. (2393)
Mount Sinai Health System
  1998 Ed. (1909, 2216)
  2016 Ed. (3003)
  2017 Ed. (2949)
  2018 Ed. (3062)
  2019 Ed. (3005)
  2023 Ed. (2349)
Mt. Sinai Health System
  1999 Ed. (2645, 2987, 2989, 2990, 2992)
Mount Sinai Hospital
  1996 Ed. (2830)
  2000 Ed. (2532)
  2001 Ed. (1816, 2774, 2775)
  2003 Ed. (1789)
  2004 Ed. (1823)
  2005 Ed. (1908)
  2006 Ed. (1936)
  2007 Ed. (1919)
  2008 Ed. (1986)
  2009 Ed. (1939)
  2010 Ed. (1876)
  2011 Ed. (1906)
  2012 Ed. (725, 1763)
  2013 Ed. (1937)
  2014 Ed. (1875)
  2015 Ed. (1910)
  2016 Ed. (2988, 2990, 2991, 3001)

Mt. Sinai Hospital
  2002 Ed. (2623)
Mount Sinai Hospital Foundation of Toronto
  2012 Ed. (724)
Mount Sinai Independent Practice Association Inc.
  2000 Ed. (2618)
Mount Sinai Medical Center
  1989 Ed. (1609)
  1990 Ed. (2058)
  1991 Ed. (891, 893, 1935)
  1992 Ed. (2462, 3258)
  1993 Ed. (2076)
  1994 Ed. (897)
  1995 Ed. (2146)
  1996 Ed. (2157)
  1997 Ed. (2273)
  1998 Ed. (1986, 1992, 1995)
  1999 Ed. (2732, 2733, 2748, 2751)
  2000 Ed. (2511, 2512, 2528)
  2002 Ed. (2602, 2621)
  2003 Ed. (2806, 2813, 2822, 2823, 2832)
  2004 Ed. (2907, 2909, 2917)
  2005 Ed. (2895, 2903, 2911)
  2006 Ed. (2910)
  2007 Ed. (2920, 2929)
  2008 Ed. (3052)
  2009 Ed. (3129, 3138)
  2010 Ed. (3061, 3069)
  2011 Ed. (3032, 3041)
  2012 Ed. (2969, 2970)
  2013 Ed. (3060, 3061)
  2014 Ed. (3060, 3062, 3063)
  2015 Ed. (3127, 3128, 3138)
Mt. Sinai Medical Center
  2002 Ed. (2609)
Mount Sinai New York University Health
  2004 Ed. (2813)
Mount Sinai NYU Health
  2000 Ed. (3320)
Mt. Sinai NYU Health
  2002 Ed. (1743)
Mount Sinai School of Medicine
  1999 Ed. (3331)
  2000 Ed. (3069)
  2001 Ed. (3259)
Mount Sunapee Resort
  2014 Ed. (4475)
  2015 Ed. (4469)
  2016 Ed. (4374)
  2018 Ed. (4375)
  2019 Ed. (4398)
  2020 Ed. (4397)
  2021 Ed. (4397)
Mt. Sylvan United Methodist Church
  2012 Ed. (4228)
Mount Tamalpias State Park
  1999 Ed. (3704)
Mount Union College
  1993 Ed. (1023)
  1994 Ed. (1050)
  1995 Ed. (1058)
  1996 Ed. (1043)
  1997 Ed. (1059)
  1998 Ed. (794)
  1999 Ed. (1223)
Mount Vernon-Anacortes, WA
  2005 Ed. (3467)
Mount Vernon Mills Inc.
  2012 Ed. (4103)
  2014 Ed. (1984)
  2015 Ed. (2032)
  2016 Ed. (2001)
  2017 Ed. (1961)
  2018 Ed. (1910)
Mount Vernon School District
  2013 Ed. (2164)
Mount Washington Valley Ski Touring & Snowshoe Foundation
  2015 Ed. (4470)
  2016 Ed. (4375)
  2018 Ed. (4376)
  2019 Ed. (4399)
  2020 Ed. (4398)
  2021 Ed. (4398)
Mountain
  1989 Ed. (2032)
  1990 Ed. (2654)
Mountain Alarm
  2005 Ed. (4291)
  2006 Ed. (4271)
  2008 Ed. (4296, 4297)
  2014 Ed. (4443)
  2017 Ed. (4334)
  2018 Ed. (4327)
  2019 Ed. (4355)
  2020 Ed. (4350)
  2022 Ed. (4373)
Mountain America Credit Union
  1996 Ed. (1498)
  2002 Ed. (1835, 1895)
  2003 Ed. (1949)
  2004 Ed. (1989)
  2005 Ed. (2131)
  2006 Ed. (2226)
  2007 Ed. (2147)
  2008 Ed. (2262)
  2009 Ed. (2248)

CUMULATIVE INDEX • 1989-2023

2010 Ed. (2120, 2148, 2202)
2011 Ed. (2220)
2012 Ed. (2031, 2081)
2013 Ed. (2262, 2270)
2014 Ed. (2195, 2204)
2015 Ed. (2209, 2259, 2262, 2268)
2016 Ed. (2180, 2181, 2230, 2239)
2018 Ed. (2079, 2080, 2124)
2020 Ed. (2106)
2021 Ed. (2017, 2044, 2096)
2022 Ed. (2046, 2053, 2079, 2128)
2023 Ed. (2158, 2165, 2191, 2246)
Mountain Avenue Federal Credit Union
  2019 Ed. (2128)
Mountain Bike
  1992 Ed. (3382)
Mountain biking
  1997 Ed. (3561)
  1999 Ed. (4384)
Mountain Brewers Inc.
  1996 Ed. (2630)
Mountain Coal Co.
  2001 Ed. (1292, 1592, 1674)
Mountain Crane Service
  2023 Ed. (1195)
Mountain Crest Liquors Inc.
  2006 Ed. (1540)
Mountain Dew
  1989 Ed. (2515)
  1991 Ed. (3152, 3153)
  1992 Ed. (4013, 4016, 4017, 4230)
  1993 Ed. (3352, 3354)
  1994 Ed. (3356, 3357, 3359)
  1995 Ed. (3415)
  1996 Ed. (3473, 3477)
  1997 Ed. (3541, 3544)
  1998 Ed. (450, 451, 3334, 3337)
  1999 Ed. (703, 4356, 4361, 4362, 4365)
  2000 Ed. (715, 4079, 4081)
  2001 Ed. (4302, 4307, 4308)
  2002 Ed. (4311, 4312, 4313, 4314, 4315, 4316, 4319, 4320, 4325)
  2003 Ed. (678, 866, 4469, 4473, 4475, 4476)
  2004 Ed. (681, 887)
  2005 Ed. (674, 874, 4397)
  2006 Ed. (572, 574, 793, 4413)
  2007 Ed. (618, 620, 882, 4473, 4475, 4478)
  2008 Ed. (568, 570, 860, 4458, 4459, 4462)
  2009 Ed. (597, 598, 600, 865, 4496)
  2010 Ed. (582, 584)
  2011 Ed. (510, 4479, 4482)
  2012 Ed. (478, 479, 480, 481, 482, 483, 4493, 4495)
  2013 Ed. (594, 596, 597, 598, 4460, 4461)
  2014 Ed. (607, 609, 610, 612, 4496)
  2015 Ed. (664, 679, 4495, 4496)
  2016 Ed. (606, 620, 622)
  2017 Ed. (657)
  2018 Ed. (616, 4435, 4436)
  2019 Ed. (627, 2775)
  2020 Ed. (610, 611, 4424)
  2021 Ed. (573, 4423, 4424)
  2022 Ed. (601, 4433, 4436)
  2023 Ed. (837, 4456, 4457)
Mountain Dew Amp Game Fuel
  2021 Ed. (2681)
Mountain Dew Black Label
  2019 Ed. (3692)
Mountain Dew DEWmocracy
  2011 Ed. (3750)
Mountain Dew Kickstart
  2015 Ed. (2841)
  2016 Ed. (2772)
  2017 Ed. (2745)
  2018 Ed. (2797)
  2019 Ed. (2775)
  2021 Ed. (2681)
Mountain Dew Live Wire
  2005 Ed. (4393)
Mountain Dew Pitch Black
  2019 Ed. (3692)
Mountain Dew (U.S.)
  2022 Ed. (4436)
Mountain Equipment Co-op
  2011 Ed. (1379, 4401)
  2012 Ed. (1237, 1395)
  2013 Ed. (1349, 1498)
  2014 Ed. (1285, 1286)
  2015 Ed. (1520, 4319)
  2016 Ed. (1464)
  2017 Ed. (724, 1472)
  2018 Ed. (670)
  2022 Ed. (1458)
Mountain Equipment Co-operative
  2007 Ed. (1434)
  2009 Ed. (1388)
Mountain Forestry Inc.
  2006 Ed. (2656)
Mountain Health
  2008 Ed. (3247)
Mountain High Credit Union
  2009 Ed. (2187, 3528)
Mountain Lodges of Peru
  2023 Ed. (4664)

Mountain Medical Affiliates
  2002 Ed. (3742)
  2003 Ed. (3921)
Mountain Medical Equipment
  1990 Ed. (254)
Mountain Mike's
  2023 Ed. (4251)
Mountain Mike's Pizza
  2020 Ed. (3940)
  2021 Ed. (3908)
  2022 Ed. (3908, 3912, 3913, 3914, 3918)
  2023 Ed. (4004, 4008)
Mountain Mudd Espresso
  2012 Ed. (849)
  2013 Ed. (1031)
Mountain New Kickstart
  2017 Ed. (3648)
Mountain-Pacific Quality Health Foundation
  2014 Ed. (2128)
Mountain Parks Bank East
  1997 Ed. (497)
Mountain Point
  2019 Ed. (1857)
Mountain Region U.S.
  2008 Ed. (3483)
Mountain/Rock-climbing
  1999 Ed. (4384)
Mountain Rose Herbs
  2015 Ed. (1969)
Mountain State Software Solutions
  2020 Ed. (2021, 3122)
Mountain States Bancorporation Inc.
  2005 Ed. (379)
  2007 Ed. (357)
  2008 Ed. (344)
Mountain States Computer Systems Inc.
  2002 Ed. (1142)
Mountain States Insurance Managers
  1995 Ed. (905)
Mountain States Mortgage Center Inc.
  2006 Ed. (3542)
Mountain States Rosen
  2008 Ed. (3611)
  2009 Ed. (3678, 3683)
  2016 Ed. (3479)
Mountain States Rosen LLC
  2010 Ed. (3593, 3596, 3597)
  2011 Ed. (3595, 3599)
  2012 Ed. (3582, 3586, 3590)
  2013 Ed. (3637, 3640, 3644)
  2014 Ed. (3580, 3583, 3585)
  2015 Ed. (3593, 3600)
  2016 Ed. (3476)
  2017 Ed. (3440)
Mountain Top Enterprises LLC
  2016 Ed. (4285)
Mountain Towers Healthcare & Rehab
  2014 Ed. (2128)
  2015 Ed. (2187)
  2016 Ed. (2163)
Mountain Valley
  1996 Ed. (760)
  1997 Ed. (696)
Mountain Vector Energy
  2021 Ed. (1745)
Mountain View Cooperative
  2013 Ed. (2674)
  2014 Ed. (2628)
  2015 Ed. (2671)
  2016 Ed. (2594)
  2017 Ed. (2523)
  2018 Ed. (2596)
Mountain View Funeral Home
  2014 Ed. (2090)
Mountain View Inn
  1993 Ed. (2091)
  1996 Ed. (2172)
  1997 Ed. (2286)
Mountain View Landscape
  2021 Ed. (3270)
  2022 Ed. (3354)
Mountain View Solar & Wind
  2017 Ed. (4419)
Mountain Village, CO
  2000 Ed. (1068, 4376)
  2001 Ed. (2817)
  2002 Ed. (2712)
  2003 Ed. (974)
Mountain Vista Builders Inc.
  1996 Ed. (2068)
Mountain Warehouse
  2018 Ed. (1988)
Mountain West Bank
  1996 Ed. (678, 2640)
  2021 Ed. (326)
Mountain Winery
  1997 Ed. (3906)
  1998 Ed. (3745)
The Mountain Winery
  2023 Ed. (1179)
Mountaineer Log & Siding
  2003 Ed. (1201)
  2004 Ed. (1208)
Mountaineer Park Inc.
  2005 Ed. (2014)
  2008 Ed. (2173)
  2009 Ed. (2156)
  2010 Ed. (2097)

2011 Ed. (2150)
2013 Ed. (2189)
Mountaineer Suzuki
  1996 Ed. (289)
MountainOne Financial Partners
  2005 Ed. (446, 453)
Mountainside Films
  2010 Ed. (2633, 4712)
Mountainside Medical Equipment, Inc.
  2019 Ed. (4780)
Mountainview Insurance Co.
  1994 Ed. (864)
Mountaire Corp.
  2013 Ed. (1415)
  2014 Ed. (1366, 1371, 1378)
  2015 Ed. (1441)
Mountaire Farms
  2017 Ed. (1519)
  2018 Ed. (1499)
  2021 Ed. (1487)
  2022 Ed. (1505)
  2023 Ed. (1679, 2846)
Mountaire Farms Inc.
  1998 Ed. (2449, 2450, 2891, 2892)
  2003 Ed. (3338, 3339)
  2008 Ed. (3610, 3618)
  2010 Ed. (4067)
  2011 Ed. (1474, 3594, 3604)
  2012 Ed. (1316, 3581, 3596)
  2013 Ed. (1417, 3636, 3650)
  2014 Ed. (3579, 3587)
  2015 Ed. (3591, 3601)
  2016 Ed. (3475, 3483)
  2017 Ed. (3439, 3449, 3954)
  2018 Ed. (3502, 3511, 3975)
  2019 Ed. (3491, 3498, 3946)
  2020 Ed. (3476, 3487, 3963, 3970)
  2021 Ed. (3496, 3506, 3927, 3935)
  2022 Ed. (3939, 3947)
  2023 Ed. (4022, 4031)
Mounties
  2019 Ed. (3003)
Mountjoy Chilton Medley
  2012 Ed. (24)
  2013 Ed. (22)
  2014 Ed. (18)
  2015 Ed. (19)
  2016 Ed. (18)
  2017 Ed. (14)
  2018 Ed. (13)
Mountleigh Group
  1992 Ed. (1628)
Mountleigh Group PLC
  1993 Ed. (1177)
MountMed
  1990 Ed. (248)
Mous
  2020 Ed. (1972)
Mouse
  1995 Ed. (1094)
Mouse/rat/mole traps
  2002 Ed. (2816)
Mouseflow
  2019 Ed. (1531)
Mouser Electronics
  2013 Ed. (892)
Mouser Electronics Inc.
  2008 Ed. (2464, 2466, 2468)
  2009 Ed. (2469, 2471)
Mouser Enterprises Inc.
  2009 Ed. (2472)
Moussaieff; Sam & Alisa
  2007 Ed. (4931)
Mousse
  1992 Ed. (2371)
Mousses
  2001 Ed. (2651, 2652)
Moussy
  1991 Ed. (703)
  1992 Ed. (880)
  1995 Ed. (643)
Moutai
  2008 Ed. (647)
  2009 Ed. (660)
  2013 Ed. (169, 646)
  2015 Ed. (681)
  2016 Ed. (622)
  2017 Ed. (659)
  2018 Ed. (166, 609, 618)
  2019 Ed. (620, 629)
  2020 Ed. (170, 659)
  2021 Ed. (160, 173, 574, 633, 686)
  2022 Ed. (153, 164, 166)
  2023 Ed. (231)
Moutai (China)
  2021 Ed. (173, 686)
  2022 Ed. (166)
Moutal
  2017 Ed. (660)
  2019 Ed. (630)
  2020 Ed. (612)
Mouthwash
  1990 Ed. (1956)
  1993 Ed. (2811)
  1994 Ed. (2818, 2937)
  2001 Ed. (3713)
  2004 Ed. (4746)

Mouthwashes
  1996 Ed. (3094)
Mouton-Cadet
  1989 Ed. (2942)
  1990 Ed. (3696)
  1992 Ed. (4465)
  1996 Ed. (3857, 3869)
Mouton; Jannie
  2018 Ed. (4886)
Mouvement des Caisses Desjardins
  2016 Ed. (2170, 2606)
  2017 Ed. (2538)
  2018 Ed. (2609)
  2019 Ed. (2594)
  2023 Ed. (799)
Mouvement Desjardins
  2023 Ed. (1495)
Mouvement des caisses Desjardins
  1991 Ed. (474)
  1996 Ed. (1919)
  1997 Ed. (2009)
  2001 Ed. (1498)
  2009 Ed. (2204, 2720, 4126)
  2012 Ed. (1395)
  2013 Ed. (1349)
  2015 Ed. (1520)
  2016 Ed. (1464)
  2017 Ed. (1472, 2537)
  2018 Ed. (1451)
  2019 Ed. (1478, 1482)
  2020 Ed. (2590)
  2022 Ed. (2649)
  2023 Ed. (2783)
Mouwasat Medical Services
  2017 Ed. (2847)
  2018 Ed. (2917)
Mouzenidis Travel S.A.
  2016 Ed. (1613)
  2018 Ed. (1574)
MOVA Pharmaceutical Corp.
  2004 Ed. (3357)
  2005 Ed. (3389)
  2006 Ed. (3376)
Movado
  2001 Ed. (1243)
Movado Group Inc.
  2004 Ed. (3217, 3218)
  2005 Ed. (3245, 3246)
  2013 Ed. (3179)
  2015 Ed. (3250)
Move Buddies
  2020 Ed. (1892)
MOVE Bumpers
  2019 Ed. (1802, 3402)
  2020 Ed. (1748, 3403)
Move Concerts
  2019 Ed. (1007)
Move Free Ultra
  2016 Ed. (2290)
Move It Now LLC
  2009 Ed. (3783)
Move & Store
  2021 Ed. (1347)
Movement Mortgage
  2017 Ed. (3585)
  2019 Ed. (3635, 3638)
  2020 Ed. (3608, 3611)
  2021 Ed. (3633)
  2022 Ed. (3699, 3700)
  2023 Ed. (3792)
Moveo
  2019 Ed. (3475)
  2020 Ed. (3453)
  2021 Ed. (3473)
  2022 Ed. (3530)
  2023 Ed. (3651)
Movers
  2022 Ed. (3769)
Movers+Shakers
  2023 Ed. (105, 106)
Movetia Digital
  2020 Ed. (2641)
MoveYourMetal.com
  2020 Ed. (3448)
Movianto
  2018 Ed. (4700)
  2019 Ed. (4706)
Movidamovil
  2009 Ed. (116)
Movie admissions, video rentals
  1995 Ed. (3077)
Movie Buffs
  1997 Ed. (3841)
Movie Channel
  1998 Ed. (604)
Movie Gallery Inc.
  1994 Ed. (3625)
  1996 Ed. (3785, 3786)
  1997 Ed. (3839, 3841)
  1998 Ed. (3670)
  1999 Ed. (4713)
  2000 Ed. (4346)
  2001 Ed. (2123)
  2002 Ed. (4751)
  2004 Ed. (4840, 4842, 4843, 4844)
  2006 Ed. (3572)
  2007 Ed. (3637)
  2008 Ed. (1544, 3750)

CUMULATIVE INDEX • 1989-2023

2009 Ed. (370, 1472, 3774)
2010 Ed. (1458, 3705, 3706)
2011 Ed. (1987, 3700, 3701)
2012 Ed. (1833, 3719, 3720)
2013 Ed. (3766)
2014 Ed. (1928, 3695, 3696)
2015 Ed. (1974, 3714, 3715)
2016 Ed. (1941, 3625, 3626)
Movie Gallery Veterans Stadium
  2005 Ed. (4444)
Movie memorabilia
  1990 Ed. (1083)
Movie production
  1997 Ed. (1722)
The Movie Shop
  1994 Ed. (3626)
The Movie Stop
  1994 Ed. (3626)
Movie Superstore
  1992 Ed. (4392)
Movie theater
  1995 Ed. (1533)
Movie theaters
  1992 Ed. (89, 90)
Movie Warehouse
  1998 Ed. (3668)
Movie World
  1998 Ed. (3669, 3671)
MovieBeam
  2007 Ed. (1225)
Moviefone
  2007 Ed. (3234)
  2008 Ed. (3363)
Movieland
  1990 Ed. (3673)
  1994 Ed. (3626)
Movies
  1990 Ed. (3532)
  1991 Ed. (734, 3302, 3308)
  1994 Ed. (837)
  1996 Ed. (860, 2473)
  1997 Ed. (3712)
  2000 Ed. (40)
  2002 Ed. (59, 216, 225, 226, 234, 926, 3887, 3888, 4584, 4585, 4586)
  2003 Ed. (22, 850)
  2004 Ed. (100)
  2005 Ed. (95)
  2006 Ed. (104)
  2007 Ed. (98, 2329)
  2008 Ed. (109, 2454)
  2009 Ed. (119)
  2011 Ed. (2361)
  2012 Ed. (42, 2285)
Movies, classic
  1996 Ed. (865)
Movies, contemporary
  1996 Ed. (865)
Movies, made-for-TV
  1996 Ed. (865)
Movies and media
  2000 Ed. (2629)
Movies N' Video Superstore
  1992 Ed. (4392)
Movies-on-demand
  1996 Ed. (859)
Movies or theater
  2000 Ed. (1048)
Movies To Go
  1993 Ed. (3665)
  1995 Ed. (3698)
Movies or TV programs
  1995 Ed. (3577)
Movies Unlimited
  1992 Ed. (4393)
  1993 Ed. (3666)
  1995 Ed. (3701)
Movile
  2020 Ed. (1680, 2346)
  2022 Ed. (2340)
Movilqueen SL
  2017 Ed. (1967)
Moving/storage companies
  1999 Ed. (698, 1811)
Movistar
  2008 Ed. (661, 3743)
  2009 Ed. (668, 676, 3763)
  2010 Ed. (1573)
  2011 Ed. (571, 2126, 3691)
  2012 Ed. (545, 4660)
  2013 Ed. (661, 675, 1407, 2129, 4623, 4640, 4641)
  2014 Ed. (681, 702, 1947, 4670, 4673)
  2015 Ed. (733, 748, 4667, 4678)
  2016 Ed. (675, 4579)
  2017 Ed. (704, 719, 4604)
  2018 Ed. (667)
  2019 Ed. (680)
  2020 Ed. (664, 673, 4598)
  2021 Ed. (639, 665, 4601)
  2022 Ed. (703, 4617)
  2023 Ed. (888, 4618)
Movit Co.
  2009 Ed. (105)
Movitel
  2022 Ed. (674)
  2023 Ed. (878)

Mowery & Schoenfeld
  2013 Ed. (3)
  2015 Ed. (3)
Mowi ASA
  2020 Ed. (1817)
  2021 Ed. (1785)
Moxi Hair Studio
  2022 Ed. (3009)
MOXIE Food + Drink
  2019 Ed. (2997)
  2020 Ed. (3026)
  2021 Ed. (2886)
  2022 Ed. (3011)
  2023 Ed. (3128)
Moxie, the Restaurant
  2014 Ed. (1914)
  2015 Ed. (1958)
Moxie Solar
  2019 Ed. (1686)
  2020 Ed. (1638)
  2021 Ed. (1618)
  2022 Ed. (4441)
Moxie's Grill & Bar
  2022 Ed. (4136)
  2023 Ed. (4221)
Moy Park
  2016 Ed. (2088, 2090)
  2017 Ed. (130, 2050, 2052, 2644)
  2018 Ed. (2012)
  2019 Ed. (2069)
  2020 Ed. (123, 1979, 2715)
  2021 Ed. (114, 1933, 2616)
  2022 Ed. (121, 2737)
  2023 Ed. (190, 2875)
Moy Park Ltd.
  2000 Ed. (224)
  2004 Ed. (191)
  2005 Ed. (1984, 1986, 1989)
  2006 Ed. (2063, 2065, 2068)
  2007 Ed. (2035, 2040)
  2008 Ed. (2123)
  2009 Ed. (2112, 2115)
  2010 Ed. (2050)
  2011 Ed. (2107)
  2012 Ed. (1948)
  2013 Ed. (2123)
  2014 Ed. (2058)
  2017 Ed. (2048)
  2018 Ed. (2004, 2009, 2011)
  2019 Ed. (2066, 2068, 3951)
  2020 Ed. (1976, 1978, 3968)
  2021 Ed. (1933, 3933)
  2022 Ed. (3945)
  2023 Ed. (4029)
M.O.Y. Surfacecoating
  2023 Ed. (3758)
Moya Doherty
  2005 Ed. (4884)
Moya Greene
  2016 Ed. (4940)
  2017 Ed. (4931)
Moya Villanueva & Associates
  1995 Ed. (2480)
Moyer; Benjamin
  1996 Ed. (1869)
Moyer Packing Co.
  1989 Ed. (932)
  1990 Ed. (1043)
  1992 Ed. (2995)
  1993 Ed. (2520)
  1995 Ed. (2525)
  1996 Ed. (2589)
  1997 Ed. (2733)
  1998 Ed. (2453)
Moyers; Edward L.
  1994 Ed. (1721)
Moynihan; Brian T.
  2011 Ed. (824)
Moz
  2015 Ed. (2144)
Moza Banco
  2014 Ed. (364)
  2015 Ed. (416)
Mozambique
  1989 Ed. (2240)
  1991 Ed. (2826)
  1994 Ed. (2007)
  2001 Ed. (1102, 1506)
  2003 Ed. (1383)
  2004 Ed. (889, 1397)
  2005 Ed. (875, 1419)
  2006 Ed. (797, 1404, 2330)
  2007 Ed. (886, 1436)
  2008 Ed. (863, 1387)
  2009 Ed. (869, 1390)
  2010 Ed. (211, 769, 815, 1064, 1067, 1375, 2220, 2264, 2265, 2839, 4685, 4842)
  2011 Ed. (132, 627, 743, 1002, 1005, 1368, 2271, 2272, 2821)
  2012 Ed. (136, 927, 2098, 2139, 2754, 4962)
  2013 Ed. (112, 1071, 2344, 2831, 3168, 4969)
  2014 Ed. (119, 1026, 1030, 2274, 4978)
  2015 Ed. (800, 2358, 5011)
  2016 Ed. (2833, 4930)
  2017 Ed. (1007)

2019 Ed. (2221)
2020 Ed. (2218)
Mozian & Associates
  2016 Ed. (1126)
  2017 Ed. (1170)
Mozilo; Angelo
  2006 Ed. (906)
  2007 Ed. (996)
  2008 Ed. (941)
  2010 Ed. (895)
Mozilo; Angelo R.
  2006 Ed. (938)
  2007 Ed. (1035)
  2008 Ed. (945, 957)
  2009 Ed. (944, 957)
Mozzarella
  2002 Ed. (983)
Mozzarella cheese
  1993 Ed. (897)
MP Consulting Services
  2018 Ed. (1022)
MP VAT Services SL
  2017 Ed. (1526, 1967)
MP VATSERVICES SL
  2019 Ed. (1538, 1969)
MP3.com
  2001 Ed. (4183)
MPACT
  1989 Ed. (281)
  1991 Ed. (1509, 1510)
  1992 Ed. (1910, 1912)
  1995 Ed. (1648)
MP&F Strategic Comms.
  2023 Ed. (4152)
MP&F Strategic Communications
  2020 Ed. (4056)
  2021 Ed. (4009, 4010, 4028)
  2022 Ed. (4018, 4027, 4028, 4036, 4044, 4047)
  2023 Ed. (4114, 4132, 4141)
MPB Architects
  1993 Ed. (249)
  1995 Ed. (241)
MPB Corp.
  1990 Ed. (2675)
  1991 Ed. (2577)
MPC Computers LLC
  2005 Ed. (1380)
  2006 Ed. (1369, 1372)
  2007 Ed. (1407)
MPC Insurance Ltd.
  1991 Ed. (857)
  1994 Ed. (866)
  1995 Ed. (908)
  1997 Ed. (904)
  1998 Ed. (641)
mPedigree
  2021 Ed. (1342)
MPedigree Network
  2017 Ed. (1373)
MPG
  2004 Ed. (119, 122)
  2005 Ed. (122, 124)
  2006 Ed. (125, 127)
  2007 Ed. (119, 121)
  2008 Ed. (126, 128)
  2009 Ed. (137, 139)
  2011 Ed. (54, 55)
  2012 Ed. (64)
MPG Crop Services
  2015 Ed. (2281)
  2016 Ed. (2252)
  2017 Ed. (2111)
MPG Painting
  2022 Ed. (1404)
mPharma
  2019 Ed. (1380)
mPhase Technologies Inc.
  2007 Ed. (2824)
Mphasis
  2010 Ed. (2691)
  2021 Ed. (625)
M.P.H.B.
  1996 Ed. (2448)
MPI Holdings Inc.
  1994 Ed. (1366)
  2011 Ed. (1712)
  2012 Ed. (1571)
  2013 Ed. (1726)
  2014 Ed. (1669)
MPI Research
  2010 Ed. (2304)
MPL Interiors and Architecture
  2001 Ed. (1446, 1448)
MPLX LP
  2015 Ed. (4021)
  2016 Ed. (3934)
MPM Ammirati Puris Lintas
  1997 Ed. (67)
MPM Capital
  2006 Ed. (4880)
MPM Lintas Comunicacoes
  1994 Ed. (73)
  1995 Ed. (52)
  1996 Ed. (68)
MPM Propaganda
  1989 Ed. (89)
  1990 Ed. (83)

1991 Ed. (80)
1992 Ed. (128)
Mport Single Hand Disposable IOL Inserter
  2001 Ed. (3588)
mPortal
  2007 Ed. (4968)
MPost
  2021 Ed. (1342)
mPower
  2022 Ed. (1231, 1238, 1698)
MPREIS
  2011 Ed. (1489)
MPS Egg Farms
  2022 Ed. (2238)
  2023 Ed. (2425, 2427)
MPS Group Inc.
  2002 Ed. (710)
  2004 Ed. (3015, 3018, 4693, 4694)
  2005 Ed. (2826, 4668)
  2006 Ed. (4721)
  2007 Ed. (835, 2800, 4742, 4743)
  2008 Ed. (2926, 4663)
  2009 Ed. (827)
  2010 Ed. (772)
MPS International New Discovery
  2004 Ed. (2477)
MPS Trading LLC
  2013 Ed. (1855)
MPT
  1997 Ed. (3694, 3695)
MPT Advanced Telecommunication
  2005 Ed. (21)
MPT Review
  1992 Ed. (2799, 2801)
  1993 Ed. (2360, 2361)
  2002 Ed. (4834)
MPV Projektentwicklung GmbH & Co. Objekt Schwerin-Krebsforden
  2005 Ed. (2587)
MPX
  2012 Ed. (4016, 4025)
  2013 Ed. (4085, 4088, 4090)
  2016 Ed. (1751, 3985, 3987, 3988)
MPX Energia On
  2014 Ed. (4008)
MPX/Maine Printing Co.
  2010 Ed. (4009, 4022)
MQSoftware, Inc.
  2003 Ed. (2721)
Mr. Appliance
  2021 Ed. (2838)
  2022 Ed. (3003, 3061)
  2023 Ed. (3119, 3170, 3178)
Mr. Appliance Corp.
  2002 Ed. (2703)
  2003 Ed. (4068)
  2004 Ed. (2167)
  2005 Ed. (2263)
  2006 Ed. (2323)
  2007 Ed. (2254)
  2008 Ed. (2391)
  2009 Ed. (2372)
  2010 Ed. (2296)
  2011 Ed. (2294)
  2012 Ed. (2190)
  2013 Ed. (3114)
  2014 Ed. (3113)
  2015 Ed. (3176)
  2016 Ed. (3030)
  2017 Ed. (2976)
  2018 Ed. (3100)
  2019 Ed. (3034)
  2020 Ed. (3070)
  2021 Ed. (2989)
  2022 Ed. (3065)
M.R. Beal & Co.
  2000 Ed. (3969, 3971)
Mr. Boston
  1998 Ed. (493)
  1999 Ed. (796)
Mr. Boston Brandy
  2000 Ed. (801)
  2001 Ed. (1012)
  2002 Ed. (769)
  2003 Ed. (755)
Mr. Boston Cordials
  2002 Ed. (3085)
  2003 Ed. (3218)
  2004 Ed. (3261)
Mr. Boston Line
  1991 Ed. (2312)
Mr. Boston Prepared Cocktail
  2002 Ed. (3106)
Mr. Boston Prepared Cocktails
  2003 Ed. (1030)
Mr. Brown
  2006 Ed. (1058)
  2007 Ed. (1146, 1148)
Mr. Bubble
  1999 Ed. (686)
  2000 Ed. (705)
  2002 Ed. (669)
  2003 Ed. (642, 2916)
  2008 Ed. (3162)
  2017 Ed. (600)
  2020 Ed. (566)
  2023 Ed. (810, 811)

Mr. Bubbles
  2001 Ed. (665)
Mr. Bult's Inc.
  2012 Ed. (4796)
  2014 Ed. (4807)
  2015 Ed. (4850)
  2016 Ed. (4754)
  2017 Ed. (4765)
  2018 Ed. (4761)
  2019 Ed. (4764)
  2020 Ed. (4739, 4752)
  2021 Ed. (4738, 4750)
  2022 Ed. (4740, 4752)
  2023 Ed. (4736)
Mr. Bult's Inc. (MBI)
  2023 Ed. (4724)
Mr. CD
  2013 Ed. (3805)
  2015 Ed. (3752)
  2016 Ed. (3660)
  2020 Ed. (3666)
  2021 Ed. (3672)
Mr. Checkout
  2023 Ed. (4272)
Mr. China: A Memoir
  2007 Ed. (654)
Mr. Chips
  1993 Ed. (39)
Mr. Clean
  1992 Ed. (1176)
  1993 Ed. (954)
  1994 Ed. (982)
  1995 Ed. (996)
  1998 Ed. (747)
  1999 Ed. (1182)
  2000 Ed. (1096)
  2001 Ed. (1237, 1240)
  2002 Ed. (1064)
  2003 Ed. (977, 981, 986)
  2004 Ed. (983)
  2006 Ed. (1014)
  2007 Ed. (1099)
  2008 Ed. (981)
  2009 Ed. (968, 3196)
  2010 Ed. (931)
Mr. Clean Carwash
  2013 Ed. (228)
  2014 Ed. (283)
Mr. Coffee
  1992 Ed. (1242, 2538)
  1993 Ed. (2110)
  1994 Ed. (1035, 2145, 2147)
  1995 Ed. (1044, 2185)
  1996 Ed. (2201, 2202)
  1997 Ed. (2330, 2331)
  1998 Ed. (2050, 2051)
  1999 Ed. (2807, 2808)
  2000 Ed. (2587)
  2001 Ed. (2811)
  2003 Ed. (2867)
  2005 Ed. (2955)
  2008 Ed. (1036)
  2009 Ed. (3177)
  2011 Ed. (3079)
Mr. Coffee Drip Coffee Maker, 10-Cup
  1990 Ed. (2105, 2106)
MR Consulting
  2023 Ed. (1683)
Mr. C's Car Wash
  2007 Ed. (348)
Mr. Dees Inc.
  2017 Ed. (2732)
  2021 Ed. (2672)
Mr. Dell Foods Inc.
  2017 Ed. (2732)
  2021 Ed. (2672)
Mr. Electric
  2002 Ed. (2703)
  2003 Ed. (4068)
  2004 Ed. (2167)
  2005 Ed. (2263)
  2006 Ed. (2323)
  2007 Ed. (2254)
  2008 Ed. (2391)
  2009 Ed. (2372)
  2010 Ed. (2296)
  2011 Ed. (2294)
  2012 Ed. (2186)
  2013 Ed. (720)
  2014 Ed. (744)
  2015 Ed. (3173)
  2016 Ed. (3027)
  2017 Ed. (2972)
  2018 Ed. (3096)
  2020 Ed. (3066)
  2021 Ed. (705, 4383)
  2022 Ed. (3060)
  2023 Ed. (3169, 3174, 4417)
Mr. Food
  2003 Ed. (3166)
  2005 Ed. (3250)
  2009 Ed. (2263)
Mr. Gasket Co.
  1990 Ed. (395)
  1991 Ed. (345)
  1992 Ed. (478)

Mr. Gatti's
  1989 Ed. (2235)
  1990 Ed. (2872)
  1991 Ed. (2751)
  1992 Ed. (3472)
  1993 Ed. (2864)
  1996 Ed. (3048)
  2009 Ed. (4067)
  2010 Ed. (3985)
Mr. Goodcents Franchise Systems
  2019 Ed. (4312)
  2020 Ed. (4303)
Mr. Goodcents Franchise Systems Inc.
  2002 Ed. (4091)
  2004 Ed. (4243)
  2005 Ed. (4176)
  2006 Ed. (4226)
  2008 Ed. (4276)
Mr. Handyman
  2021 Ed. (2838)
  2022 Ed. (3003)
  2023 Ed. (3119, 3170, 3178)
Mr. Handyman International
  2020 Ed. (3070)
  2021 Ed. (2948)
  2022 Ed. (3065)
Mr. Handyman International LLC
  2003 Ed. (2121)
  2004 Ed. (2164)
  2005 Ed. (2262)
  2006 Ed. (819, 2320)
  2007 Ed. (2251)
  2009 Ed. (2369)
  2010 Ed. (2293)
  2011 Ed. (2291)
  2012 Ed. (2187)
  2013 Ed. (3112, 4798)
  2014 Ed. (3111)
  2015 Ed. (3174)
  2016 Ed. (3028)
  2017 Ed. (2973)
  2019 Ed. (3030)
Mr. Hero
  1992 Ed. (2122)
  2000 Ed. (3762)
Mr. Hero Restaurants
  2002 Ed. (4091)
  2003 Ed. (4227)
  2004 Ed. (4243)
  2006 Ed. (4226)
  2007 Ed. (4241)
Mr. Holland's Opus
  1998 Ed. (3675)
Mr. Jax Fashions
  1990 Ed. (3569)
  1992 Ed. (4279)
Mr. Jay Appliance & TV
  2014 Ed. (4364)
Mr. Kipling
  1999 Ed. (367)
  2002 Ed. (928)
  2008 Ed. (710)
  2009 Ed. (720)
MR Legal Services
  2016 Ed. (3344)
Mr. Lube Canada Inc.
  2013 Ed. (4270)
Mr. Max Corp.
  2013 Ed. (4287)
Mr. Max Group
  2012 Ed. (4327)
Mr. Monopoly
  2008 Ed. (640)
  2012 Ed. (540)
  2013 Ed. (4853)
Mr. Movies Inc.
  1990 Ed. (3673)
  1993 Ed. (3664)
  1994 Ed. (3625)
  1995 Ed. (3697)
  1996 Ed. (3785)
  2004 Ed. (4840, 4844)
Mr. Mow It All
  2022 Ed. (4390)
Mr. & Mrs. Benson Ford Jr.
  2002 Ed. (979)
Mr. and Mrs. Harry B. Helmsley
  1991 Ed. (891, 893)
Mr. and Mrs. Sergio Proserpi
  1995 Ed. (935)
Mr. & Mrs. Smith
  2007 Ed. (3642)
Mr. & Mrs. T
  2019 Ed. (166)
Mr. & Mrs. William Buel Irvin
  1992 Ed. (1098)
Mr. Muscle
  1999 Ed. (1183)
  2002 Ed. (2709)
Mr. Nature
  1994 Ed. (3342)
Mr. Payroll
  2017 Ed. (860)
Mr. Payroll Check Cashing
  2007 Ed. (918)
  2010 Ed. (853)
  2011 Ed. (777)

Mr. Payroll Corp.
  2012 Ed. (731)
  2013 Ed. (923)
Mr. Philly
  1992 Ed. (2122)
Mr. Phipps
  1994 Ed. (3344)
  1996 Ed. (3463)
  1998 Ed. (3319)
Mr. Price Group
  2015 Ed. (2025)
  2017 Ed. (4222)
  2018 Ed. (4240)
Mr. Rooter
  2019 Ed. (3932)
  2020 Ed. (3946)
  2021 Ed. (3914)
  2022 Ed. (3061, 3924)
  2023 Ed. (3169, 3174, 4011)
Mr. Rooter Corp.
  2000 Ed. (2269)
  2002 Ed. (2058)
  2003 Ed. (770)
  2004 Ed. (3916)
  2005 Ed. (3862)
  2006 Ed. (3925)
  2007 Ed. (3977, 3980, 3981)
  2008 Ed. (4000, 4003, 4004)
  2009 Ed. (4074, 4077, 4078)
  2010 Ed. (3993, 3994)
  2011 Ed. (3998, 4000)
  2012 Ed. (3991, 3995, 3998)
  2013 Ed. (4056, 4060, 4062)
  2014 Ed. (3995, 3999, 4001)
  2015 Ed. (4043, 4047, 4049)
  2016 Ed. (3936, 3956, 3958)
  2017 Ed. (3931)
Mr. Rooter of Sonoma County
  2012 Ed. (1367)
  2014 Ed. (1417)
Mr. Sandless
  2015 Ed. (5039)
  2016 Ed. (4992)
  2017 Ed. (4986)
  2018 Ed. (4992)
  2019 Ed. (4988)
  2022 Ed. (4992)
Mr. Sandless/Dr. DecknFence
  2021 Ed. (4992)
Mr. Sandless Inc.
  2010 Ed. (2295)
  2011 Ed. (767, 2293)
  2012 Ed. (2189)
  2013 Ed. (3006)
  2014 Ed. (3015)
Mr. Sign Franchising Corp.
  1992 Ed. (2225)
Mr. Steak
  1990 Ed. (3012)
  1991 Ed. (2873)
Mr. Sub
  2011 Ed. (4265)
Mr. Submarine Ltd.
  1989 Ed. (1487)
  1990 Ed. (1854)
  1991 Ed. (1773)
  1992 Ed. (2227)
  2007 Ed. (4241)
Mr. T
  2009 Ed. (701)
Mr. Transmission
  1995 Ed. (1936)
  2002 Ed. (401)
  2003 Ed. (349)
  2004 Ed. (330)
  2005 Ed. (332)
  2006 Ed. (346)
  2007 Ed. (331)
  2008 Ed. (318)
  2009 Ed. (340)
  2010 Ed. (320)
  2011 Ed. (244)
  2012 Ed. (265)
  2013 Ed. (281)
  2014 Ed. (285)
  2015 Ed. (317)
  2016 Ed. (317)
  2017 Ed. (322)
  2018 Ed. (299)
  2019 Ed. (302)
  2020 Ed. (302)
  2021 Ed. (287)
  2023 Ed. (397)
Mr. Turkey
  2000 Ed. (3853)
Mr. Youth
  2010 Ed. (3578)
  2011 Ed. (3581)
  2013 Ed. (3620, 3625, 3629)
  2014 Ed. (3563, 3567)
Mr. Youth LLC
  2006 Ed. (3413)
  2008 Ed. (3595)
  2012 Ed. (1769)
  2013 Ed. (1931)
MRA Staffing
  1996 Ed. (2857)

MRA Staffing Recruitment
  1995 Ed. (2800)
Mrauto Sp.
  2019 Ed. (1930)
Mraz; Jason
  2011 Ed. (3714)
MRB Group
  1990 Ed. (2980)
  1991 Ed. (2386)
  1992 Ed. (2976, 3662)
  1993 Ed. (2996)
  1995 Ed. (3090)
  1996 Ed. (3191)
  1997 Ed. (3296)
  1999 Ed. (4041)
MRC
  1999 Ed. (2677)
MRC Global
  2013 Ed. (3921)
  2014 Ed. (3139, 3866, 4574)
  2015 Ed. (3199, 3893)
  2016 Ed. (3056, 3805)
  2017 Ed. (3007, 3759)
  2018 Ed. (3131)
  2019 Ed. (3063)
  2020 Ed. (3097)
  2021 Ed. (2969)
  2022 Ed. (3094)
  2023 Ed. (3199)
MRC Global Corp.
  2021 Ed. (2968, 3893)
  2022 Ed. (3093, 3907)
  2023 Ed. (4001)
MRC Polymers Inc.
  2007 Ed. (4109)
  2008 Ed. (4132)
MRE Consulting
  2005 Ed. (1251)
MRE Consulting, Ltd.
  2019 Ed. (743)
MRF
  2023 Ed. (4647)
MRF Ltd.
  1992 Ed. (56)
  1999 Ed. (1654)
  2000 Ed. (1456, 1458, 1459, 1460)
  2001 Ed. (17)
MRF Ltd./MRF Tyres
  1995 Ed. (1417)
  1996 Ed. (1378)
  1997 Ed. (1429)
MRH
  2015 Ed. (3758)
  2016 Ed. (3666)
  2020 Ed. (3681)
  2021 Ed. (3687)
MRH/4 Sound/Luthman
  2016 Ed. (3669)
MRH, Mineraloel-Rohstoff-Handel Gesellschaft MBH
  1991 Ed. (3480)
MRI Interentions Inc.
  2019 Ed. (1447)
MRI Interventions Inc.
  2020 Ed. (1410)
  2021 Ed. (1408)
MRI machines
  1992 Ed. (3006)
MRI/Management Recruiters
  2000 Ed. (2269)
MRI Network
  2008 Ed. (4495)
  2010 Ed. (4566)
  2011 Ed. (4529)
  2012 Ed. (4527)
MRI Worldwide
  2006 Ed. (4316)
MRI Worldwide; Management Recruiters/Sales Consultants/
  2005 Ed. (2467)
MRINetwork
  2016 Ed. (4472)
  2017 Ed. (4480)
  2022 Ed. (2364)
  2023 Ed. (2527)
MRJ
  1997 Ed. (794, 795, 797)
MRM
  2000 Ed. (913)
  2014 Ed. (65)
  2015 Ed. (73)
MRM Ag Services Inc.
  2013 Ed. (4419)
  2014 Ed. (4450)
  2015 Ed. (4445)
  2016 Ed. (4336)
MRM/Gillespie
  2000 Ed. (1671)
MRM/McCann
  2015 Ed. (2326)
MRM Worldwide
  2000 Ed. (1674)
  2007 Ed. (2202, 3434)
  2008 Ed. (2339)
  2009 Ed. (2324)
  2010 Ed. (125)
  2012 Ed. (2130)

CUMULATIVE INDEX • 1989-2023

MRO Software Inc.
  2003 Ed. (2160)
  2004 Ed. (2210)
MRO.com
  2001 Ed. (4759)
MRP Construction & Restoration
  2019 Ed. (2543)
  2020 Ed. (2533)
MRP Mitigation Restoration Professionals
  2019 Ed. (2543)
  2020 Ed. (2533)
MRP Site Development Inc.
  2002 Ed. (1288)
  2003 Ed. (1300)
  2004 Ed. (1303)
Mrs. Baird's
  1998 Ed. (260, 261, 494)
  2015 Ed. (765)
  2016 Ed. (686, 687)
Mrs. Baird's Bakeries
  1989 Ed. (360)
  1992 Ed. (496)
  1997 Ed. (330)
Mrs. Bowen's
  2022 Ed. (933)
Mrs. Budd's
  2022 Ed. (3548)
Mrs. Butterworth Lite
  1999 Ed. (4528)
Mrs. Butterworth Regular
  1999 Ed. (4528)
Mrs. Dash
  2014 Ed. (4522)
  2015 Ed. (4522)
  2016 Ed. (4458)
  2017 Ed. (4465)
Mrs. Doubtfire
  1995 Ed. (2612)
  1996 Ed. (3790, 3791)
  1998 Ed. (2537)
Mrs. Edwin A. Bergman
  1994 Ed. (892)
Mrs. Eugene C. Pulliam
  1994 Ed. (894)
Mrs. Fields
  1992 Ed. (2113, 2119, 3714)
  1993 Ed. (1759)
  1994 Ed. (1750, 1912, 3078)
  1995 Ed. (1783)
  1996 Ed. (3218)
  1997 Ed. (1842, 3319)
  1999 Ed. (2513, 4081)
  2000 Ed. (3762, 3783)
  2001 Ed. (4064)
  2002 Ed. (426)
  2003 Ed. (2091)
  2016 Ed. (2769)
The Mrs. Field's Brand Inc.
  2021 Ed. (1276)
The Mrs. Fields Brand Inc.
  2021 Ed. (1276)
Mrs. Fields Cookies
  1990 Ed. (1750)
  1991 Ed. (1657, 2885)
  1998 Ed. (1759)
  2008 Ed. (1028)
  2009 Ed. (1012)
  2010 Ed. (978)
  2011 Ed. (905)
  2014 Ed. (4479)
  2015 Ed. (4474)
  2017 Ed. (4129)
Mrs. Fields Original Cookies Inc.
  2004 Ed. (1379)
Mrs. Freshleys
  2016 Ed. (4379)
Mrs. Gerry's
  2017 Ed. (332)
  2022 Ed. (4279)
  2023 Ed. (4312)
Mrs. Gerry's Kitchen Inc.
  2017 Ed. (337)
  2019 Ed. (312)
Mrs. Gerrys Kitchen Inc.
  2021 Ed. (4270)
Mrs. Gooch's Natural Foods
  1992 Ed. (4486)
  1993 Ed. (3736)
  1994 Ed. (3671)
Mrs. Grass
  2014 Ed. (4502)
  2015 Ed. (4502)
  2016 Ed. (4438)
  2017 Ed. (4445)
  2018 Ed. (4464)
Mrs. Grissom's Salads
  2023 Ed. (3670)
Mrs. Meyer's Clean Day
  2018 Ed. (4429)
  2020 Ed. (4421)
  2021 Ed. (4422)
Mrs. Meyers Clean Day
  2016 Ed. (4402)
  2017 Ed. (4412)
  2018 Ed. (4428)
Mrs. Miracle
  2011 Ed. (495)

Mrs. Olson
  2017 Ed. (737)
  2023 Ed. (901)
Mrs. Paul's
  2002 Ed. (2370)
  2008 Ed. (2789)
Mrs. Smith's
  2014 Ed. (3976)
  2015 Ed. (4019)
  2016 Ed. (3932)
  2017 Ed. (3901)
  2022 Ed. (2786, 2787, 2788)
  2023 Ed. (2911)
Mrs. Smith's Bakeries Inc.
  2001 Ed. (2475)
Mrs. Smith's Oronoque Orchards
  2022 Ed. (2786)
Mrs T's
  1995 Ed. (1941)
Mrs. Vanelli's Fresh Italian Foods
  2002 Ed. (2250)
  2003 Ed. (2455)
Mrs. Vanelli's Pizza & Italian Foods
  1996 Ed. (1968, 3049)
Mrs. Vincent Astor
  1991 Ed. (893)
Mrs. Winner's
  1990 Ed. (1751)
  2000 Ed. (1910)
Mrs. Winner's Chicken
  1991 Ed. (1656)
  1992 Ed. (2112)
Mrs. Winner's Chicken & Biscuit
  2004 Ed. (4130)
Mrs. Winner's Chicken & Biscuits
  1993 Ed. (1758)
  1994 Ed. (1749)
  1995 Ed. (1782)
  1998 Ed. (1549)
  1999 Ed. (2135)
  2002 Ed. (2244)
  2011 Ed. (4234)
Mrs. Winner's/Lee's Famous
  2005 Ed. (2558)
Mrs. Wordsmith
  2021 Ed. (2194)
MRSB Group
  2009 Ed. (1548)
  2016 Ed. (1452)
MRU Holdings
  2010 Ed. (4606)
MRWED Group
  2013 Ed. (1429)
MRWED Training & Assessment
  2015 Ed. (1452)
MRWED Training & Development
  2010 Ed. (1490)
Ms.
  1994 Ed. (2793)
MS & AD
  2016 Ed. (3132)
  2017 Ed. (3071)
MS & AD Insurance
  2015 Ed. (3401)
  2016 Ed. (3184)
  2017 Ed. (3134)
MS & AD Insurance Group Holdings
  2013 Ed. (3351)
  2014 Ed. (3367)
MS & AD Insurance Group Holdings Inc.
  2012 Ed. (3268, 3271)
  2013 Ed. (1754, 3335, 3365)
  2014 Ed. (3353, 3365)
  2015 Ed. (3384, 3398)
  2016 Ed. (3256, 3271)
  2017 Ed. (3213, 3228)
  2018 Ed. (3297, 3308)
  2019 Ed. (3249, 3267)
  2020 Ed. (3255, 3268)
MS Age of Empires
  2008 Ed. (4810)
MS Aggressive Equity
  2007 Ed. (4539)
MS Automap Road Atlas
  1997 Ed. (1103)
MS Capital Opportunities
  2007 Ed. (4539)
MS Carriers Inc.
  1993 Ed. (3632, 3633)
  1994 Ed. (3592, 3593, 3596)
  1995 Ed. (3671, 3675)
  1996 Ed. (3758)
  1997 Ed. (3808)
  1999 Ed. (4688)
  2000 Ed. (4313, 4319)
  2002 Ed. (4693)
MS Consultants Inc.
  2019 Ed. (2440)
MS Dividend Growth
  2004 Ed. (3585)
MS-DOS
  1990 Ed. (3709)
  1992 Ed. (1331)
MS-DOS 6.2
  1995 Ed. (1103)
  1996 Ed. (1081)
MS-DOS 6.2 Upgrade
  1997 Ed. (1099)

MS/Essex Holdings Inc.
  1995 Ed. (2443)
MS-IL Staffing
  2016 Ed. (3585)
  2018 Ed. (3553, 4937)
  2019 Ed. (3602, 4943)
  2019 Ed. (3591, 4941)
MS-IL Staffing & Packaging
  2021 Ed. (4946)
  2022 Ed. (4942)
MS International Inc.
  2012 Ed. (3703)
  2013 Ed. (3755)
  2014 Ed. (3688)
  2017 Ed. (1418, 2620)
  2018 Ed. (2688, 3621)
  2019 Ed. (2662, 3615)
  2020 Ed. (2680)
  2021 Ed. (2589)
  2022 Ed. (1405, 2702)
  2023 Ed. (2834)
MS & L
  2011 Ed. (4103, 4119)
MS & L Worldwide
  2011 Ed. (35, 36, 37, 38, 978, 979, 980, 981, 4098, 4099, 4100, 4101)
MS Management Services Inc.
  1998 Ed. (3023)
MS Paint Adventures
  2015 Ed. (3774)
MS - Participacoes. S.G.P.S., S.A.
  2016 Ed. (1967)
MS Real Estate Fund
  2008 Ed. (3762)
MS Solar Solutions Corp.
  2015 Ed. (2418, 2880, 4872)
MS-Steel Oy
  2019 Ed. (1554)
MS Utilities
  2003 Ed. (3515)
MS Windows 95 Upgrade
  1997 Ed. (1103)
MSA
  1991 Ed. (2840)
  2009 Ed. (2008)
MSA 30X
  2018 Ed. (2233)
  2020 Ed. (2202)
  2021 Ed. (2178)
MSA Industries
  1994 Ed. (1852)
  1995 Ed. (1880)
  1996 Ed. (1923)
  1997 Ed. (2016)
MSA Professional Services Inc.
  2019 Ed. (2427, 2449)
  2022 Ed. (2472)
MSA Professional Services Inc. (MSA)
  2023 Ed. (2661)
MSA Safety
  2018 Ed. (1877)
MS&AD
  2021 Ed. (3009)
  2022 Ed. (3212)
  2023 Ed. (3306)
MS&AD Insurance Group Holdings
  2018 Ed. (3309)
  2019 Ed. (3250, 3268)
  2020 Ed. (2596)
  2021 Ed. (3120, 3132)
  2022 Ed. (3261, 3276)
  2023 Ed. (3353, 3365)
MSAS Cargo International Pty. Ltd.
  1997 Ed. (191)
Msauli
  1991 Ed. (2469)
MSB Bank
  1998 Ed. (3528)
MSBC Holdings
  1995 Ed. (502)
MSC
  2009 Ed. (4789)
  2023 Ed. (4693, 4694)
MSC Cruises
  2018 Ed. (2133)
  2020 Ed. (2115)
  2021 Ed. (2106)
  2022 Ed. (2138)
  2023 Ed. (2256)
MSC Divina
  2018 Ed. (2134)
MSC Industrial Direct Co.
  2013 Ed. (897)
MSC Industrial Direct Co., Inc.
  2003 Ed. (2891)
  2004 Ed. (3327, 3328, 4759, 4760)
  2005 Ed. (3352, 3353, 4738, 4739)
  2006 Ed. (4788, 4789)
  2007 Ed. (4360)
  2008 Ed. (845)
  2009 Ed. (857, 3475)
MSC Industrial Supply
  2020 Ed. (3097)
  2021 Ed. (2969)
  2022 Ed. (3094, 3103)
  2023 Ed. (3199, 3203)
MSC Mediterranean Shipping Co. S.A.
  2021 Ed. (4700)

MSC Mediterranean Shipping Company S.A.
  2021 Ed. (2491)
  2022 Ed. (2603, 4800)
MSC-Mediterranean Shipping Co. SA
  2022 Ed. (4707, 4708)
MSC-Mediterranean Shipping Co. SA (MSCU)
  2022 Ed. (4707, 4708)
MSC Services
  1996 Ed. (2918)
MSC Software
  2002 Ed. (1154)
MSCI
  2009 Ed. (4397)
  2015 Ed. (1907)
  2019 Ed. (4389)
  2020 Ed. (4383)
MSCI EAFE Index
  2009 Ed. (4569)
  2010 Ed. (4602)
  2011 Ed. (4562)
  2012 Ed. (4571)
  2013 Ed. (4519)
  2015 Ed. (4572)
  2017 Ed. (4494)
  2018 Ed. (4530)
  2019 Ed. (4516)
  2020 Ed. (4519)
  2021 Ed. (4501)
  2022 Ed. (4510)
MSCI Emerging Markets
  2015 Ed. (4572)
MSCI Emerging Markets Index
  2017 Ed. (4494)
  2018 Ed. (4530)
  2019 Ed. (4516)
  2020 Ed. (4519)
  2021 Ed. (4501)
  2022 Ed. (4510)
MSD
  2017 Ed. (2833, 3417, 3874)
  2020 Ed. (3445, 3898)
  2021 Ed. (3462, 3859)
  2022 Ed. (3878)
  2023 Ed. (3643, 3974)
MSD Consumer Care
  2016 Ed. (208, 947)
  2017 Ed. (993)
  2018 Ed. (928)
MSD Ireland
  2020 Ed. (2887)
  2021 Ed. (2762)
  2022 Ed. (2916)
  2023 Ed. (3039)
MSD Ireland (Human Health) Ltd.
  2013 Ed. (1773)
  2014 Ed. (1707)
  2015 Ed. (1749)
MSDW
  2000 Ed. (2193)
  2001 Ed. (2431)
MSDW Information
  2002 Ed. (4505)
MSDW Investment
  2002 Ed. (3937)
MSDW Spectrum Strategic Fund
  2005 Ed. (1085)
MSF Core Growth A, Oak Growth
  2003 Ed. (3491)
MSG Holdings LP
  2016 Ed. (1874)
MSG Network
  2009 Ed. (4525)
  2013 Ed. (4479)
Mshind Bar Soap
  2001 Ed. (84)
MSHS Group
  2019 Ed. (643)
MSI Cellular Investments Holdings
  2004 Ed. (95)
MSI Companies
  2007 Ed. (1383)
MSI Express
  2023 Ed. (1776)
MSI General Corp.
  2019 Ed. (4798)
  2021 Ed. (4783)
  2022 Ed. (4787)
  2023 Ed. (4777)
MSI Group
  2018 Ed. (2017)
MSI International
  2021 Ed. (2316)
MSI Security Systems Inc.
  1998 Ed. (1421)
  1999 Ed. (4204)
  2000 Ed. (3922)
MSi SSL
  2014 Ed. (3539)
MSIF Trust Fixed Income II: INST
  2003 Ed. (3113)
MSIF Trust Fixed Income: INST
  2003 Ed. (3113)
MSIF Trust Municipal: INST
  2003 Ed. (3132)
MSJ Group of Cos.
  2011 Ed. (1602)

M.S.J. Insurance Co.
  1993 Ed. (851)
  1994 Ed. (864)
  1995 Ed. (906)
MSL CPAs & Advisors
  2023 Ed. (9)
MSL Group
  2012 Ed. (4133, 4151)
  2014 Ed. (4141, 4142)
  2015 Ed. (4123, 4124)
  2016 Ed. (4037, 4038)
MSL Services Joint Venture
  2007 Ed. (1916)
MSLGROUP Americas
  2014 Ed. (3017)
  2015 Ed. (3084)
  2018 Ed. (3010)
  2019 Ed. (2951)
  2020 Ed. (2981)
  2021 Ed. (2841)
MSM Malaysia Holdings
  2014 Ed. (1757)
MSM Transportation Inc.
  2005 Ed. (1724)
  2006 Ed. (1596)
MSN
  1998 Ed. (2713)
  2000 Ed. (2744, 2745)
  2001 Ed. (4777, 4778, 4781)
  2003 Ed. (3020)
  2005 Ed. (3176, 3196, 3197)
  2006 Ed. (3183, 3187)
  2007 Ed. (3222, 3242)
  2011 Ed. (583, 3324, 4807)
  2012 Ed. (4824)
MSN Autos
  2007 Ed. (3226)
  2010 Ed. (3364)
MSN Games
  2007 Ed. (3231)
  2008 Ed. (3361)
MSN Health
  2007 Ed. (3232)
  2008 Ed. (3362)
MSN Latin America.com
  2009 Ed. (3435)
MSN Latino
  2012 Ed. (2880)
  2013 Ed. (2956)
  2014 Ed. (2973)
  2015 Ed. (3042)
  2016 Ed. (2937)
MSN Maps & Directions
  2005 Ed. (3190)
MSN Microsoft
  2004 Ed. (3152)
  2007 Ed. (3224, 3246)
  2008 Ed. (3354)
MSN Mobile
  2008 Ed. (3367)
MSN Money
  2003 Ed. (3024)
  2004 Ed. (3155)
  2007 Ed. (3237)
  2008 Ed. (3366)
  2010 Ed. (3367, 3372)
MSN MoneyCentral
  2002 Ed. (4793, 4817, 4831, 4843, 4846, 4851, 4853)
  2003 Ed. (3032)
MSN MoneyCentral Investor
  2002 Ed. (4792)
MSN Movies
  2007 Ed. (3234)
  2008 Ed. (3363)
MSN Music
  2007 Ed. (3235)
MSN Network
  2006 Ed. (3180)
  2007 Ed. (3220)
MSN Search
  2007 Ed. (3225)
  2008 Ed. (3355)
MSN Spaces
  2007 Ed. (3227)
MSN Stock Finder
  2002 Ed. (4852)
MSN/Windows Live
  2009 Ed. (3436, 3437, 3438)
  2010 Ed. (3375)
MSNBC
  1998 Ed. (3778)
  2007 Ed. (3236)
  2008 Ed. (3365, 3367)
  2010 Ed. (3368)
MSNBC.com
  1999 Ed. (4754)
  2001 Ed. (2966, 4774)
  2007 Ed. (846, 2328)
  2010 Ed. (783)
  2011 Ed. (708)
  2012 Ed. (652)
  2013 Ed. (796)
  2014 Ed. (813)
MSN.com
  2001 Ed. (4776)
  2007 Ed. (2328)
  2009 Ed. (837)

MSNLatino.com
  2009 Ed. (3435)
  2010 Ed. (2983)
MsourcE Corp.
  2005 Ed. (4647, 4650, 4651)
Msource Medical Development
  2007 Ed. (1601)
MSouth Equity Partners LP
  2015 Ed. (1662)
  2016 Ed. (1604)
MSP Design Group
  2023 Ed. (4061)
MSP Real Estate Inc.
  2020 Ed. (3027)
  2021 Ed. (2888)
  2022 Ed. (3013)
  2023 Ed. (3137)
mSpot
  2011 Ed. (197, 1143, 4023)
MSR Expl
  1996 Ed. (208)
MSS AG
  2018 Ed. (1927)
MSS Marketing Research
  2000 Ed. (3047)
MST Solutions
  2021 Ed. (1316)
  2022 Ed. (1325, 1364, 3120)
Mstar International
  2017 Ed. (2755)
mstar.net
  2006 Ed. (3186)
MSU Federal Credit Union
  2021 Ed. (2027)
  2022 Ed. (2106)
  2023 Ed. (2174, 2221)
msu.edu
  2001 Ed. (2965)
MSV Resources
  1997 Ed. (1374)
MSW Canadian Plastics Inc.
  2015 Ed. (857)
  2016 Ed. (3453)
MSW LLC
  2006 Ed. (3512, 4351)
  2007 Ed. (3553, 4411)
  2008 Ed. (3708, 4385)
  2016 Ed. (3585)
  2017 Ed. (3553)
MSW Plastics
  2019 Ed. (3448)
MSX International Inc.
  2001 Ed. (1256, 4747)
MT Associates
  1993 Ed. (2344)
  1996 Ed. (2419)
Mt-Auto & Fix OY
  2017 Ed. (1544)
MT Builders Cos.
  2016 Ed. (1358)
  2020 Ed. (1361)
MT Sobek
  2021 Ed. (4664)
MT & T Business Travel
  2006 Ed. (3521)
MT Tesoro Hawaii Corp.
  2004 Ed. (1726)
MTA Bus Co.
  2017 Ed. (770)
  2018 Ed. (703)
  2019 Ed. (717)
  2020 Ed. (708)
  2021 Ed. (714)
MTA Long Island Rail Road
  2002 Ed. (3904, 3905)
  2005 Ed. (3992)
MTA Long Island Railroad
  2012 Ed. (905)
  2013 Ed. (1060)
  2014 Ed. (1024)
  2016 Ed. (967)
  2017 Ed. (1004)
MTA Metro-North Railroad
  2002 Ed. (3904)
  2008 Ed. (1103)
  2012 Ed. (905)
  2013 Ed. (1060)
  2014 Ed. (1024)
  2016 Ed. (967)
  2017 Ed. (1004)
MTA New York City Transit
  1996 Ed. (1062)
  1997 Ed. (840)
  1998 Ed. (538)
  2000 Ed. (900, 3108)
  2002 Ed. (3904, 3905)
  2005 Ed. (3992)
  2006 Ed. (687, 4018)
  2008 Ed. (756, 1103)
  2009 Ed. (751, 1081)
  2010 Ed. (696, 1054)
  2011 Ed. (624, 990)
  2012 Ed. (594, 905, 906)
  2013 Ed. (729, 1060, 1061)
  2014 Ed. (751, 1024, 1025)
  2015 Ed. (789, 1060)
  2016 Ed. (709, 967, 968)
  2017 Ed. (770, 1004, 1005)

2018 Ed. (703)
  2019 Ed. (717)
  2020 Ed. (708)
MTA New York City Transit/MTA Bus Co.
  2021 Ed. (714)
MTA New York Transit
  1996 Ed. (832)
  1999 Ed. (956, 3989)
Mtandt Rentals
  2021 Ed. (3286)
MTB Small Cap Growth
  2006 Ed. (3647)
MTC Electronic Technologies
  1994 Ed. (2709, 2710)
  1996 Ed. (2890, 2895, 2896)
MTC Technologies Inc.
  2004 Ed. (4337)
  2005 Ed. (1363, 2773)
  2006 Ed. (1367)
  2007 Ed. (1404)
MTD
  2020 Ed. (3761)
MTD Products
  1998 Ed. (2545, 2546)
  2002 Ed. (3062, 3064, 3066, 3067)
  2009 Ed. (4238)
MTE Consultants Inc.
  2011 Ed. (1947)
MTech
  1990 Ed. (534, 1138)
MTech Mechanical
  2018 Ed. (1161, 1188)
  2019 Ed. (1170, 1177, 1206)
  2020 Ed. (1161, 1167, 1199)
  2021 Ed. (1140, 1173)
  2022 Ed. (1147, 1172)
  2023 Ed. (1407)
Mtel
  1996 Ed. (3150)
Mtel (Skytel)
  1998 Ed. (2984)
MTH Asset
  1993 Ed. (2319, 2323)
MTH Assets Mgmt.
  1990 Ed. (2346)
MTH Industries
  1993 Ed. (1133, 1954)
  1994 Ed. (1152, 1976)
  1995 Ed. (1166, 2002)
  1996 Ed. (1143, 2027)
  1997 Ed. (1170, 2149)
  1998 Ed. (948)
  1999 Ed. (1370, 2600)
  2000 Ed. (1262, 2343)
  2001 Ed. (1476)
  2007 Ed. (1362, 2696)
  2008 Ed. (1259)
  2010 Ed. (1234)
MTI Electronics
  2006 Ed. (3549, 4387)
MTI Information Technologies
  2010 Ed. (2954)
MTI Technology
  1996 Ed. (3304, 3306, 3778, 3779)
MTL Inc.
  1999 Ed. (4533)
MTL Instruments
  1995 Ed. (3098)
MTL Trust Holdings Ltd.
  2001 Ed. (4621)
MTM Entertainment Inc.
  1995 Ed. (1246)
MTM Inc.
  2021 Ed. (4970)
  2022 Ed. (4968)
  2023 Ed. (1879, 4971)
MTM Ruhrzinn
  2021 Ed. (4804)
MTN
  2004 Ed. (95)
  2014 Ed. (4670)
  2015 Ed. (755, 4678)
  2016 Ed. (681)
  2019 Ed. (678)
  2020 Ed. (1346)
  2021 Ed. (659, 1341, 4599)
  2022 Ed. (626, 697, 4615)
  2023 Ed. (856, 886, 4616)
Mtn Dew Energy
  2023 Ed. (834)
MTN Group
  2006 Ed. (2009, 4536)
  2007 Ed. (1975)
  2008 Ed. (65, 84, 96, 2072)
  2009 Ed. (74, 93, 105, 2043)
  2010 Ed. (84, 101, 107, 113, 118, 119, 1974, 1975, 4698)
  2011 Ed. (2036, 4654)
  2012 Ed. (552, 1885, 4659, 4664)
  2014 Ed. (4662)
  2015 Ed. (1399, 2022, 4659)
  2016 Ed. (1329, 4572)
  2017 Ed. (4586, 4593)
  2018 Ed. (4603)
  2022 Ed. (1897)
  2023 Ed. (2009)

MTN Group Ltd.
  2013 Ed. (2044, 4639)
  2014 Ed. (1978, 4672)
  2015 Ed. (2024, 2026, 4680)
  2016 Ed. (1996, 4589)
  2017 Ed. (1957, 2413, 4606)
  2018 Ed. (1908)
  2019 Ed. (1957)
  2020 Ed. (1891)
  2021 Ed. (1852)
MTNL
  2001 Ed. (1734)
MTO Cleaning Services
  2008 Ed. (746)
MTOclean Inc.
  2009 Ed. (740)
  2011 Ed. (615)
MTR
  2016 Ed. (1636)
  2021 Ed. (3384)
  2022 Ed. (3435)
MTR Corp.
  2006 Ed. (1751)
  2011 Ed. (4732)
  2012 Ed. (1545, 4181)
  2013 Ed. (4168)
  2014 Ed. (4186)
  2015 Ed. (4167)
  2016 Ed. (4080)
  2017 Ed. (4053)
  2018 Ed. (4076)
  2019 Ed. (4072)
  2020 Ed. (4082)
MTR Corp. Ltd.
  2023 Ed. (1759)
MTR Gaming Group Inc.
  2003 Ed. (4440)
  2004 Ed. (4093)
  2005 Ed. (4028)
  2009 Ed. (275, 2007)
  2010 Ed. (1679, 3445, 4809)
  2011 Ed. (2151, 3445, 4759)
  2012 Ed. (2001, 3462, 4781)
  2013 Ed. (2190, 3509, 4742)
  2014 Ed. (2122, 3483, 4792)
  2015 Ed. (2176, 3500, 4826)
  2016 Ed. (2151)
MTR Western
  2009 Ed. (4773)
MTRAX
  2019 Ed. (1701, 3457)
MTrust (Growth), Texas
  1989 Ed. (2145, 2149)
MTS
  2004 Ed. (1850, 4469)
  2008 Ed. (664)
  2009 Ed. (675, 3763)
  2010 Ed. (641)
  2013 Ed. (673, 4619)
  2014 Ed. (692, 699, 4670)
  2015 Ed. (744, 4664, 4678)
  2016 Ed. (673, 4577)
  2017 Ed. (715, 2878)
  2018 Ed. (2946)
  2020 Ed. (669)
  2021 Ed. (652, 4596)
  2022 Ed. (688, 4611)
  2023 Ed. (883, 4613)
MTS Allstream Inc.
  2007 Ed. (2823)
  2008 Ed. (2948)
  2009 Ed. (2998)
  2010 Ed. (2938)
  2011 Ed. (2888, 2903)
  2012 Ed. (2838)
  2014 Ed. (2938)
  2015 Ed. (2987)
MTS Communications Inc.
  2003 Ed. (3034, 4697)
MTS Nutrition
  2019 Ed. (1897, 2860)
MTS Safety Products Inc.
  2008 Ed. (4407)
MTS Systems
  2016 Ed. (1801, 2349)
MTS Systems Corp.
  1990 Ed. (1615)
  1991 Ed. (1517, 1521)
  2005 Ed. (3044, 3045)
MTU Aero Engines
  2017 Ed. (85, 93)
  2022 Ed. (646)
Mtu Aero Engines
  2022 Ed. (89)
MTU Aero Engines Holding AG
  2014 Ed. (2236)
  2015 Ed. (2301)
MTV
  1990 Ed. (869)
  1991 Ed. (838, 839)
  1992 Ed. (1015)
  1993 Ed. (822)
  1996 Ed. (854)
  1997 Ed. (870, 3717)
  1998 Ed. (2710)
  2001 Ed. (1089)
  2006 Ed. (4711, 4713)
  2007 Ed. (719)

2008 Ed. (688)
2009 Ed. (697)
2010 Ed. (3377)
2011 Ed. (725, 2521, 3323)
2012 Ed. (3310)
2013 Ed. (3666)
2014 Ed. (3603)
2015 Ed. (866)
2019 Ed. (753)
2020 Ed. (745)
"MTV Jams Countdown"
 2001 Ed. (1094)
MTV Movie Awards
 2011 Ed. (2938)
MTV: Music Television
 1990 Ed. (880, 885)
MTV Networks
 2008 Ed. (3364)
MTV/New Remote Productions
 2012 Ed. (4682)
MTV Tr3s
 2013 Ed. (2953)
MTY Food Group Inc.
 2011 Ed. (4265)
 2014 Ed. (4285)
Mu-Cana Investment
 1989 Ed. (2143)
 1990 Ed. (2362)
 1993 Ed. (2344, 2345)
 1994 Ed. (2325)
 1996 Ed. (2419)
Mu-Cana Investment Counseling Ltd.
 1989 Ed. (1786)
 1991 Ed. (2254, 2255)
 1992 Ed. (2783, 2784)
Mu Dynamics
 2013 Ed. (1121)
Muang Thai Life Assurance Co.
 2001 Ed. (2891)
Muang Thong Thani
 1993 Ed. (55)
Mubadala Development
 2009 Ed. (860, 1394)
Mubarak; Fahad Al
 2013 Ed. (367, 3486)
Mubarak; Khaldoon Al
 2013 Ed. (367, 3490)
Mubariz Gurbanoglu
 2010 Ed. (4900)
Mubea Inc.
 2003 Ed. (3372)
Mubea NA
 2016 Ed. (3432)
Muchmore Harrington Smalley & Associates
 2000 Ed. (2991)
 2001 Ed. (3156)
Mucinex
 2007 Ed. (1155)
 2008 Ed. (1037)
 2009 Ed. (1019)
 2010 Ed. (984)
 2016 Ed. (945)
 2017 Ed. (991)
 2018 Ed. (924, 925)
 2020 Ed. (909)
 2021 Ed. (920)
 2023 Ed. (1108, 1109)
Mucinex DM
 2016 Ed. (945)
 2017 Ed. (991)
 2018 Ed. (924, 925)
 2020 Ed. (909)
 2021 Ed. (920)
 2023 Ed. (1108, 1109)
Mucinex Fast Max
 2017 Ed. (990)
 2018 Ed. (923, 924, 925)
 2020 Ed. (908, 909)
 2021 Ed. (919, 920)
 2023 Ed. (1106, 1107)
Mucinex Fast Max Clear & Cool
 2020 Ed. (908)
Mucinex Fast Max & Nightshift
 2023 Ed. (1106)
MUCODEC
 2014 Ed. (353)
 2015 Ed. (401)
Mud Ltd.; B. W.
 1993 Ed. (968)
 1994 Ed. (994)
Mud Pie LLC
 2017 Ed. (4933)
 2018 Ed. (4937)
 2019 Ed. (4938)
 2020 Ed. (4936)
Mudajaya Group
 2012 Ed. (1676)
 2013 Ed. (1828)
 2014 Ed. (1757)
 2015 Ed. (1800)
Mudd
 2001 Ed. (1264)
Mudd College; Harvey
 1993 Ed. (1027)
 1994 Ed. (1054)
Muddy Waters Cold Brew
 2017 Ed. (982)

Mudge Rose Guthrie Alexander & Ferdon
 1990 Ed. (2292)
 1991 Ed. (2535)
 1993 Ed. (2627)
 1995 Ed. (1629, 2193, 2645, 2651, 3037, 3664)
 1996 Ed. (2212, 2238, 2724, 2726, 2728, 2731, 2732, 3138, 3287, 3740)
 1997 Ed. (2341, 2840, 2843, 2847, 2849, 3218, 3384, 3795)
 1998 Ed. (1376, 2574, 2968)
Mudge, Rose, Guthrie, Alexander, Ferdon
 1991 Ed. (1487, 1987, 2534, 2536, 2782, 2925, 3423)
 1993 Ed. (1549, 2615, 2617, 2626, 2940, 3101, 3622, 3625)
Mudra Communications
 1991 Ed. (108)
 1992 Ed. (159)
 1993 Ed. (107)
 1994 Ed. (94)
 1996 Ed. (97)
 1997 Ed. (99)
 1999 Ed. (100)
 2002 Ed. (117)
 2003 Ed. (84)
Mudra Communications (DDB)
 2000 Ed. (104)
Mudra Communications/India
 2001 Ed. (144)
MudShare
 2023 Ed. (140, 1900)
Muebleria Casa Abelardo SRL
 2002 Ed. (1794)
 2004 Ed. (1876)
Mueblerias Berrios
 2006 Ed. (4168)
 2007 Ed. (4189)
Muebles Expomobi
 2010 Ed. (1993)
Muehlbauer Holding AG
 2008 Ed. (1216)
Mueller
 2001 Ed. (1011)
 2023 Ed. (2830, 2831)
Mueller AG; Toni
 1996 Ed. (1021)
Mueller AG; Walter
 1994 Ed. (2415)
Mueller Copper Fittings Co.
 2006 Ed. (1893)
Mueller Copper Tube Co.
 2006 Ed. (1893)
Mueller; Edward A.
 2010 Ed. (906, 912)
 2011 Ed. (845, 857)
 2012 Ed. (799, 807)
Mueller Industries Inc.
 1994 Ed. (1112)
 1996 Ed. (1109)
 1997 Ed. (1130)
 1998 Ed. (883)
 1999 Ed. (1314)
 2002 Ed. (1172)
 2003 Ed. (3363, 3368, 3371)
 2004 Ed. (3429, 3445)
 2005 Ed. (3459)
 2006 Ed. (3364)
 2008 Ed. (845)
 2010 Ed. (2027)
 2016 Ed. (2028)
 2017 Ed. (1988)
 2018 Ed. (1944)
 2019 Ed. (3544)
 2020 Ed. (1922)
 2021 Ed. (1884, 1886)
 2022 Ed. (1930, 1932)
 2023 Ed. (2046, 2048)
Mueller Martini Versand-Systeme AG
 1996 Ed. (2568)
Mueller; Michael
 1994 Ed. (1792)
 1995 Ed. (1792, 1797)
 1996 Ed. (1808)
 1997 Ed. (1882)
Mueller Sport Care
 2017 Ed. (2618)
 2018 Ed. (2683)
 2023 Ed. (2830, 2831)
Mueller; V.
 1994 Ed. (3470)
Mueller Yogurt
 2015 Ed. (3776)
Mueller's
 1999 Ed. (782, 3712)
 2003 Ed. (3740)
 2008 Ed. (3858)
 2014 Ed. (3805, 3806)
 2015 Ed. (3828, 3829)
Muench, Rueckv.-Ges. AG
 1996 Ed. (1970)
 1997 Ed. (2086)
Muench.Rueckvers.VNA
 2006 Ed. (4504)
Muenshener Rueck.
 2000 Ed. (1439)
Muenster
 2001 Ed. (1173)

Muenster State Bank
 1994 Ed. (509)
Muer; C. A.
 1990 Ed. (3116)
 1991 Ed. (2939)
 1992 Ed. (3817)
 1994 Ed. (3071, 3156)
 1995 Ed. (3200)
 1996 Ed. (3301)
 1997 Ed. (3397)
Muer Restaurants; C. A.
 1993 Ed. (3112)
The Muffin Mam Inc.
 2023 Ed. (412)
Muffins
 1998 Ed. (255, 257)
 2002 Ed. (425, 430)
 2003 Ed. (367, 369, 375)
MUFG
 2011 Ed. (381)
 2012 Ed. (555)
 2013 Ed. (653)
 2014 Ed. (671)
 2015 Ed. (457, 728)
 2016 Ed. (399, 409, 521, 666, 668, 2168)
 2017 Ed. (404, 418, 539, 2109)
 2018 Ed. (368, 385, 506, 659, 2076)
 2019 Ed. (372, 521, 669, 2125)
 2020 Ed. (367, 653)
 2021 Ed. (424)
 2022 Ed. (438, 662, 664)
 2023 Ed. (600)
MUFG Americas Holdings Corp.
 2020 Ed. (483)
MUFG Bank Ltd.
 2021 Ed. (486)
 2022 Ed. (500)
 2023 Ed. (725)
MUFG Union Bank
 2018 Ed. (1413)
 2019 Ed. (1456)
 2020 Ed. (1419)
 2021 Ed. (363)
 2022 Ed. (376)
MUFG Union Bank, N.A.
 2022 Ed. (2194)
MUFG Union Bank, National Association
 2021 Ed. (363)
 2022 Ed. (376)
 2023 Ed. (490)
Mug
 1997 Ed. (3545)
 2005 Ed. (4393)
Mugg & Bean
 2019 Ed. (4249)
Mugs
 1996 Ed. (3476)
Mugsy
 2023 Ed. (4276)
Mugsy Jeans
 2022 Ed. (1600, 4231, 4235)
Muguruza; Garbiñe
 2021 Ed. (196)
Muhaidib; Sulaiman Al
 2013 Ed. (4298)
Muhairi; Khalifa Bin Butti Al
 2019 Ed. (4887)
 2020 Ed. (4876)
Muhammad; Abdulkarim
 2023 Ed. (3795)
Muhammad Ali
 2008 Ed. (272)
Muhlenberg College
 2005 Ed. (799)
 2006 Ed. (706)
Muhlenkamp
 1999 Ed. (3558)
 2002 Ed. (3422)
 2005 Ed. (4482)
 2006 Ed. (4557)
 2007 Ed. (4548)
Muhlenkamp Fund
 1995 Ed. (2725)
 1998 Ed. (2598, 2632)
 2003 Ed. (3493, 3538)
 2004 Ed. (3551, 3553, 3554, 3578)
 2005 Ed. (3551)
 2006 Ed. (3605, 3615, 3616)
 2007 Ed. (3665)
 2008 Ed. (4516)
Muhlhauser; Craig
 2012 Ed. (805)
Muhtar Kent
 2010 Ed. (898)
 2011 Ed. (832)
 2015 Ed. (964)
Muhtar Knt
 2013 Ed. (741)
MUI Bank
 1991 Ed. (601)
Muir Cornelius Moore
 1989 Ed. (2352)
Muirfield Fund
 1992 Ed. (3176)
Mujer de Madera
 2006 Ed. (2856)

Muji
 2013 Ed. (659)
 2014 Ed. (687)
 2017 Ed. (3649)
MUK Logistics
 2007 Ed. (4880)
Mukesh Ambani
 2007 Ed. (4909, 4914)
 2008 Ed. (4841, 4879)
 2009 Ed. (4902, 4903, 4904)
 2010 Ed. (4877, 4903, 4904, 4905)
 2011 Ed. (817, 4887, 4891, 4892, 4893)
 2012 Ed. (765, 4872, 4899, 4900, 4901)
 2013 Ed. (4875, 4876, 4916)
 2014 Ed. (4889, 4890)
 2015 Ed. (4928, 4929)
 2016 Ed. (4844, 4845)
 2017 Ed. (4851)
 2018 Ed. (4858, 4859)
 2019 Ed. (4853)
 2020 Ed. (4843)
 2021 Ed. (4843, 4844)
 2022 Ed. (4839)
 2023 Ed. (4834, 4871)
Mukesh Ambani (India)
 2022 Ed. (4876)
Mukesh & Anil Ambani
 2005 Ed. (4861)
 2006 Ed. (4926)
 2008 Ed. (4881)
Mukesh Chatter
 2001 Ed. (2279)
Mukesh D. Ambani
 2012 Ed. (3824)
Mukesh Dhirubhai Ambani
 2014 Ed. (934)
Mukesh Jagtiani
 2012 Ed. (2496)
Mukilteo School District
 2017 Ed. (2080)
Mukwano Industries
 2008 Ed. (96)
 2009 Ed. (105)
 2010 Ed. (113)
Mulally; Alan
 2008 Ed. (952)
 2009 Ed. (951)
 2012 Ed. (600)
 2014 Ed. (940)
 2015 Ed. (957, 964)
Mulally; Alan R.
 2011 Ed. (829)
Mulawa Holdings
 2004 Ed. (3951)
Mulberry Group
 2016 Ed. (3757)
 2017 Ed. (3711)
Mulcahy; Anne
 2005 Ed. (2513, 4990)
 2006 Ed. (895, 2526, 4975, 4983)
 2007 Ed. (2506, 4975, 4981, 4983)
 2008 Ed. (4948, 4950)
 2009 Ed. (4971)
 2010 Ed. (4980, 4990, 4991)
 2011 Ed. (4966, 4987)
Mulcahy; Anne M.
 2009 Ed. (4981)
Muldoon, Murphy & Faucette
 2001 Ed. (563)
Muldoon Murphy & Faucette LLP
 2005 Ed. (1437, 1438)
Mule Engineering & Construction Inc.
 2020 Ed. (1529)
MuleSoft
 2012 Ed. (979)
 2013 Ed. (1118)
 2014 Ed. (1078)
 2019 Ed. (987)
 2020 Ed. (971, 1320)
 2021 Ed. (952)
 2022 Ed. (988)
 2023 Ed. (1159)
Mulesource
 2009 Ed. (1129)
Mulhauser/McCleary Associates Inc.
 1991 Ed. (1759)
Mulia Boga Raya
 2022 Ed. (1620)
Mulkey Engineers & Consultants
 2010 Ed. (2453)
Mulkey Enterprises
 2008 Ed. (1293)
Mull; Dr. John
 2005 Ed. (4868)
Mull Drilling Co.
 2009 Ed. (3965)
Mullane; Robert E.
 1990 Ed. (972, 973, 1720)
 1991 Ed. (926, 1628)
Mullen
 1992 Ed. (184)
 1994 Ed. (104)
 1995 Ed. (103)
 1996 Ed. (119)
 1997 Ed. (123)
 1998 Ed. (61)
 1999 Ed. (130)
 2000 Ed. (148)

CUMULATIVE INDEX • 1989-2023

2002 Ed. (64, 156, 157)
2003 Ed. (169, 170)
2004 Ed. (127, 128, 130)
2012 Ed. (43)
2014 Ed. (58)
2015 Ed. (59)
Mullen Advertising
  1990 Ed. (131)
  1991 Ed. (130)
Mullen Group
  2008 Ed. (4779)
  2009 Ed. (4811)
  2010 Ed. (4829)
  2011 Ed. (4553, 4744, 4789)
  2012 Ed. (4759, 4810)
  2013 Ed. (4725)
  2014 Ed. (1469, 4776)
  2015 Ed. (4797)
  2023 Ed. (4705)
Mullen Group Income Fund
  2008 Ed. (4752)
  2009 Ed. (4780)
  2010 Ed. (4796)
  2011 Ed. (4743)
Mullen Group Inc.
  2013 Ed. (4745)
Mullen Group Ltd.
  2014 Ed. (4795)
  2015 Ed. (4829)
  2016 Ed. (4734)
  2017 Ed. (4753)
  2018 Ed. (3844, 4741)
  2019 Ed. (3819, 4741)
  2020 Ed. (4717)
  2022 Ed. (3842)
  2023 Ed. (3941)
Mullen; James
  1992 Ed. (2904)
Mullen; James C.
  2011 Ed. (831)
Mullen; James H.
  1993 Ed. (2462)
Mullen/LHC
  2003 Ed. (172)
Mullen Transportation
  2000 Ed. (4320)
  2002 Ed. (1610, 4695)
  2003 Ed. (4805)
  2006 Ed. (4853)
  2007 Ed. (4856)
MullenLowe
  2019 Ed. (51)
MullenLowe & Mediahub U.S.
  2023 Ed. (113)
MullenLowe & Mediahub
  2022 Ed. (69)
MullenLowe PR
  2023 Ed. (4112)
MullenLowe Profero
  2019 Ed. (3467)
Muller
  1994 Ed. (3680)
  2002 Ed. (767, 1960)
  2008 Ed. (715, 723)
  2009 Ed. (725, 733)
  2010 Ed. (649, 656)
Muller Boat Works Inc.
  1998 Ed. (3765)
Muller Engineering Co.
  2005 Ed. (2439)
Muller Jordan Weiss
  1989 Ed. (59)
Muller & Monroe Asset Management L.L.C.
  2021 Ed. (95)
  2022 Ed. (110)
Muller & Monroe Asset Management LLC
  2015 Ed. (112)
  2016 Ed. (120)
  2017 Ed. (111)
  2018 Ed. (122)
  2019 Ed. (108)
  2020 Ed. (103)
  2021 Ed. (95)
  2022 Ed. (110)
Muller Quaker Dairy
  2014 Ed. (2737)
Muller; Robert
  1997 Ed. (1947)
Muller UK & Ireland Group
  2019 Ed. (4711)
Muller Yogurt
  2015 Ed. (3775)
  2016 Ed. (3690)
Mulliez
  2001 Ed. (4512)
Mulliez family
  2010 Ed. (4895)
Mulligan Constructors Inc.
  2016 Ed. (1564)
Mulligan Printing
  2012 Ed. (4011)
Mullin; Leo F.
  1996 Ed. (1716)
Mullinax Automotive
  2022 Ed. (237)
Mullinax Ford of Central Florida
  2019 Ed. (1577)
  2021 Ed. (1529)

2022 Ed. (1546)
2023 Ed. (1721)
Mullinax Ford; Ed
  1995 Ed. (267)
  1996 Ed. (271, 297)
Mullinax Ford South
  1996 Ed. (271, 297)
  2002 Ed. (354, 355, 356, 358, 359)
Mullinax Lincoln-Mercury
  1996 Ed. (277)
Mullins; Keith
  1991 Ed. (1694)
Mullins; L. Keith
  1993 Ed. (1772, 1840)
  1994 Ed. (1820)
  1995 Ed. (1862)
  1996 Ed. (1839)
  1997 Ed. (1912)
Mulpha
  1996 Ed. (2448)
  1997 Ed. (2594)
Mulpha International Trading Corp.
  1994 Ed. (2349)
Mulqueen; Michael
  2005 Ed. (2468)
Mult Vit 100s
  1991 Ed. (3454)
Mult Vit w/iron 100s
  1991 Ed. (3454)
Mult W/Min 100s
  1991 Ed. (3454)
Multex Investor
  2002 Ed. (4850, 4861)
  2003 Ed. (3032)
Multex.com, Inc.
  2002 Ed. (2524)
  2003 Ed. (2724)
Multi Banco
  2000 Ed. (475)
Multi Bank Financial
  1994 Ed. (2703)
Multi Bintang Indonesia
  1989 Ed. (1127)
  1990 Ed. (1381)
  1991 Ed. (1303, 2012, 2013)
Multi Business Systems
  2016 Ed. (3985)
Multi-Channel Communications Inc.
  2007 Ed. (2739)
Multi-Chem
  2009 Ed. (2417)
Multi Choice
  2001 Ed. (84)
Multi-Color
  2013 Ed. (774, 1964)
  2016 Ed. (1915, 4353)
Multi-Color Corp.
  2005 Ed. (4379)
  2008 Ed. (4420)
  2014 Ed. (4086)
  2015 Ed. (4069)
  2016 Ed. (3977)
  2017 Ed. (3958)
  2018 Ed. (3980)
  2019 Ed. (3960)
Multi-Craft Contractors Inc.
  2008 Ed. (1272, 1338)
  2009 Ed. (1250)
  2010 Ed. (1247, 1319)
  2011 Ed. (1197)
  2012 Ed. (1140)
Multi-Craft Litho Inc.
  2006 Ed. (3515, 4354)
  2007 Ed. (3558, 3559, 4422)
  2008 Ed. (3711, 4396, 4963)
Multi Financial Group
  2012 Ed. (399)
  2015 Ed. (596)
  2018 Ed. (529)
Multi-Financial Securities
  2000 Ed. (847)
Multi-Fineline Electronix Inc.
  2007 Ed. (2726)
  2008 Ed. (2856)
  2012 Ed. (2769, 4634)
Multi Fund
  1997 Ed. (3817)
  1998 Ed. (3655)
Multi Grain Cheerios
  2014 Ed. (854)
Multi Holding Corp.
  2002 Ed. (3574)
Multi Link Telecom
  2002 Ed. (1619)
Multi-Marques
  2000 Ed. (3028)
Multi-Mile
  2006 Ed. (4743, 4744)
  2008 Ed. (4679)
  2009 Ed. (4718)
  2012 Ed. (4707)
  2013 Ed. (4672)
  2014 Ed. (4719)
  2015 Ed. (4737)
  2016 Ed. (4638)
  2017 Ed. (4652)
  2018 Ed. (4645)

Multi Phase Meters AS
  2011 Ed. (2916)
Multi Plan Inc./Donald Rubin Inc.
  1993 Ed. (2907)
Multi-Products Distribution Inc.
  2002 Ed. (1074)
Multi-Purpose
  1996 Ed. (2446)
Multi-Purpose Holdings
  1989 Ed. (1139)
  1990 Ed. (1397)
  1991 Ed. (1324)
  1992 Ed. (2824, 3979)
  1994 Ed. (2349)
Multi-Purpose Holdings Bhd
  1992 Ed. (1667)
  1995 Ed. (164, 1453)
  1997 Ed. (182, 1474)
Multi Shop
  2009 Ed. (28)
Multi-Tech
  1990 Ed. (2595)
Multi-utilities
  2008 Ed. (1632)
Multiactive Software Inc.
  2003 Ed. (2940, 2941)
Multibanco Comermex
  1989 Ed. (620)
  1990 Ed. (634)
  1991 Ed. (607)
  1992 Ed. (777)
  1993 Ed. (567)
  1994 Ed. (569)
  1995 Ed. (545)
  1996 Ed. (604)
  1997 Ed. (557)
Multibanco Mercantil Probursa
  1996 Ed. (604)
  1997 Ed. (557)
Multibank
  2016 Ed. (541)
  2017 Ed. (561)
  2018 Ed. (525)
  2019 Ed. (547)
  2020 Ed. (533)
  2023 Ed. (779)
Multibank Financial Corp.
  1990 Ed. (452, 648)
Multibanka
  1997 Ed. (538)
  2000 Ed. (591)
Multibras
  2005 Ed. (1839)
Multicanal
  1997 Ed. (877)
MultiCare
  2021 Ed. (1957)
  2022 Ed. (2001)
Multicare Cos. Inc.
  1999 Ed. (1552)
Multicare; Crest
  2008 Ed. (4699)
MultiCare Health System
  2010 Ed. (3344)
  2011 Ed. (3302)
MultiCare Health System - Inland Northwest
  2023 Ed. (2102)
MultiCare - Inland Northwest Region
  2021 Ed. (1957)
  2022 Ed. (2001)
Multicargo - Transportes E Logistica, LDA
  2016 Ed. (1967)
Multicat Mexico 2009 Ltd.
  2012 Ed. (3213)
Multichannel News
  1996 Ed. (2970)
  2007 Ed. (158)
MultiChoice
  2006 Ed. (95)
  2007 Ed. (85)
  2019 Ed. (678)
  2021 Ed. (658, 659)
  2023 Ed. (856, 886)
Multichoice Hellas
  2008 Ed. (44)
Multicom Holdings Ltd.
  1992 Ed. (1198)
Multicom Inc.
  2021 Ed. (4767)
  2023 Ed. (3625)
Multiconsult
  2009 Ed. (2597)
Multicor
  1989 Ed. (1780)
Multicoreware
  2016 Ed. (1004)
Multifamily residential properties
  1994 Ed. (2366)
Multifamily Utility
  2016 Ed. (4090)
Multifamily Utility Co.
  2017 Ed. (1424, 4067)
Multiflavor juice
  1990 Ed. (1859)
Multifood Distribution Group
  2000 Ed. (2242)

Multilayer PC boards
  1990 Ed. (1613)
MultiLink Technology Corp.
  2003 Ed. (2723)
  2004 Ed. (4580)
multiLIS
  1994 Ed. (2522, 2523)
Multimania
  2001 Ed. (4777)
Multimax Inc.
  2003 Ed. (1348)
  2008 Ed. (1399)
Multimedia
  1989 Ed. (782)
  1990 Ed. (780, 3525, 3552)
  1991 Ed. (750, 751)
  1992 Ed. (944, 945)
  1993 Ed. (752, 753, 2009)
  1994 Ed. (757, 759, 760, 2445)
  1995 Ed. (716, 717, 877)
  1996 Ed. (790)
  1997 Ed. (728)
  2001 Ed. (4220)
Multimedia artist
  2011 Ed. (3778)
Multimedia Games
  2005 Ed. (2775)
Multimedia PR & Marketing
  2002 Ed. (3854)
Multimedia Saatchi & Saatchi
  2000 Ed. (179)
Multimedia Security Service Inc.
  1998 Ed. (3201, 3202)
Multimedia Security Services Inc.
  1997 Ed. (3415, 3416)
Multimedia Solutions Corp.
  2002 Ed. (1155)
Multimedia Solutions Group
  2020 Ed. (2947)
Multiminerals
  1994 Ed. (3637)
Multinacional de Seguros
  2007 Ed. (3118)
  2008 Ed. (3261)
  2010 Ed. (3254)
Multinational Investment Bancorp
  1990 Ed. (2316)
Multipet
  2019 Ed. (3775)
  2023 Ed. (3922)
Multipet Lamb Chop
  2023 Ed. (3922)
MultiPlan
  2016 Ed. (4010)
MultiPlan Inc.
  1989 Ed. (2526)
  1996 Ed. (3079)
  1997 Ed. (2701, 3159)
  1998 Ed. (2428, 2910)
  1999 Ed. (3292, 3881, 3882)
  2000 Ed. (2439, 2504, 3599, 3602, 3603)
  2001 Ed. (2767, 3874)
  2002 Ed. (3743, 3744)
MultiPlan National Provider Network
  2005 Ed. (3883)
Multiplan Network
  2000 Ed. (2505)
  2001 Ed. (2768)
Multiple
  1992 Ed. (1870)
Multiple phone lines
  1994 Ed. (2101)
Multiple Opportunities
  2001 Ed. (3475)
Multiple Plant Services Inc.
  2000 Ed. (1265, 1271)
  2006 Ed. (1288)
Multiple Sclerosis
  2019 Ed. (3764)
Multiple Sclerosis Society of Canada
  2012 Ed. (723)
Multiplex Constructions
  2002 Ed. (1179, 3772, 3773)
  2003 Ed. (3953, 3960)
  2004 Ed. (1153, 1154, 3964, 3966)
  2005 Ed. (3909)
Multiplex Display Fixture Co.
  1999 Ed. (4500)
Multiplex Ltd.
  2006 Ed. (1438)
Multiplicas
  2007 Ed. (765)
  2008 Ed. (741)
  2010 Ed. (684)
Multiplied Media
  2012 Ed. (1302)
Multipolar Corp.
  2002 Ed. (3032, 4480, 4481)
Multiracial
  2008 Ed. (1211)
Multisector
  2006 Ed. (622)
Multisol
  2013 Ed. (935)
Multistate Transmission
  2001 Ed. (2530)

CUMULATIVE INDEX • 1989-2023

Multistate Transmissions
  2002 Ed. (401)
  2003 Ed. (349)
  2004 Ed. (330)
  2005 Ed. (332)
Multitex Handels GmbH
  2017 Ed. (1402)
Multiva
  2010 Ed. (682)
Multivalores B.G.
  2007 Ed. (757)
  2008 Ed. (736)
  2010 Ed. (676)
Multiver Ltd.
  2017 Ed. (2791)
Multiverse
  2007 Ed. (3446)
Multivision
  1997 Ed. (877)
Multivista
  2014 Ed. (3973)
  2018 Ed. (3931)
  2019 Ed. (3902)
  2020 Ed. (3916)
  2021 Ed. (3884)
  2022 Ed. (3896)
  2023 Ed. (3990)
Multivitamins
  1994 Ed. (3636, 3637)
  2004 Ed. (2102)
Multivitamins, adult
  2004 Ed. (2101)
Multivitamins, children
  2004 Ed. (2101)
Multnomah
  2003 Ed. (727)
  2004 Ed. (749)
Mulugheta; David
  2022 Ed. (4471)
Mulupa Food
  1999 Ed. (2872)
Mulva; J. J.
  2005 Ed. (2496)
Mulva; James
  2006 Ed. (897)
  2007 Ed. (987)
Mulva; James J.
  2008 Ed. (953)
  2011 Ed. (840)
Mulvaney Homes
  2002 Ed. (1181)
  2003 Ed. (1152)
  2004 Ed. (1157)
  2005 Ed. (1185)
Mulvanny G2 Architecture Corp.
  2008 Ed. (2018, 2019)
MulvannyG2
  2005 Ed. (260)
MulvannyG2 Architecture
  2005 Ed. (4118)
  2006 Ed. (283)
  2007 Ed. (4190)
  2008 Ed. (4227)
  2009 Ed. (4321)
  2010 Ed. (270, 2440, 2454)
  2011 Ed. (2446, 2463, 2470)
  2012 Ed. (2386)
  2014 Ed. (186)
  2016 Ed. (211)
Muma; L. M.
  2005 Ed. (2497)
Mumbai, Bombay India
  2000 Ed. (3374)
Mumbai, India
  2009 Ed. (259)
  2011 Ed. (3786)
  2013 Ed. (166)
  2019 Ed. (2591)
  2020 Ed. (2583)
  2023 Ed. (3400)
Mumbai Indians
  2023 Ed. (4452)
Mumford Co.
  2008 Ed. (3071)
Mumford & Sons
  2014 Ed. (3732)
  2015 Ed. (3734)
Mumm
  1989 Ed. (872)
  1992 Ed. (1082, 1083, 1085, 4460)
  1993 Ed. (876, 882, 883)
  1995 Ed. (930)
  1996 Ed. (896, 909)
  1997 Ed. (927, 931, 935, 938, 942)
  1998 Ed. (675, 678, 681, 682)
  1999 Ed. (1062, 1066, 1067, 1068, 4797, 4799)
  2001 Ed. (1162, 1163)
  2002 Ed. (968)
  2004 Ed. (924)
Mumm Champagne
  1991 Ed. (884, 885, 3499)
Mumm Cordon Rouge
  1995 Ed. (926, 3766)
  1996 Ed. (903, 3865)
Mumm Cuvee Napa
  2001 Ed. (1150)
  2002 Ed. (962)

2003 Ed. (899)
2004 Ed. (918)
2005 Ed. (909)
2006 Ed. (827)
Mumm; G. H.
  1990 Ed. (1249)
Mumm Napa
  2015 Ed. (4994)
Mumm Napa Valley
  1996 Ed. (903, 904, 906, 3839, 3864)
  1997 Ed. (3886)
Mummi Naps Valley
  1995 Ed. (921, 923, 926, 927, 3766, 3767)
Mumms
  2002 Ed. (777)
The Mummy
  2001 Ed. (2125, 3363, 3364, 3374, 3375, 3376, 3378, 3379)
  2002 Ed. (3399)
The Mummy Returns
  2003 Ed. (3453)
Mun; Rose Lee Wai
  2017 Ed. (4930)
Mun2
  2010 Ed. (2985)
  2011 Ed. (2946)
  2012 Ed. (2877)
  2013 Ed. (2953)
  2014 Ed. (2970)
  2015 Ed. (3039)
  2016 Ed. (2934)
Munch Bar
  1997 Ed. (894)
Munch Bunch
  2002 Ed. (1960)
Munchener Hypothekenbank
  2002 Ed. (573)
  2003 Ed. (532)
  2004 Ed. (548)
  2005 Ed. (530)
  2006 Ed. (459)
  2007 Ed. (471)
  2008 Ed. (436)
  2009 Ed. (460)
Munchener Ruck
  1995 Ed. (1401)
  1996 Ed. (1352, 3412)
  1997 Ed. (1415, 2425)
  2000 Ed. (4130)
Munchener Ruckvers-Ges. AG.
  1990 Ed. (2284)
Munchener Ruckversicherung
  1991 Ed. (1775)
  1993 Ed. (1320, 1902)
Munchener Ruckversicherungs-Gesellschaft
  1994 Ed. (1376)
Munchener Ruckversicherungs Gesellschaft AG
  2013 Ed. (2613, 3355)
  2014 Ed. (2559)
Munchener Ruckversicherungs-Gesellschaft AG
  2005 Ed. (2146, 3089, 3090, 3091, 3138, 3139, 3153, 3154)
  2006 Ed. (1734, 3094, 3095, 3145, 3146, 3147, 3150, 3151, 3154)
  2007 Ed. (1739, 1742, 3113, 3129, 3142, 3181, 3182, 3187, 3188, 3990)
  2008 Ed. (1767, 1769, 1770, 3258, 3329, 3330, 3332)
  2009 Ed. (1703, 3315, 3316, 3399, 3400, 3401, 3405, 3407)
  2010 Ed. (1382, 1656, 1657, 1659, 3249, 3250, 3333, 3334, 3335, 3340, 3342)
  2011 Ed. (1373, 1665, 3214, 3215, 3218, 3219, 3249, 3290, 3291, 3292, 3297, 3301)
  2012 Ed. (1518, 1520, 3173, 3174, 3176, 3178, 3180, 3181, 3269, 3270, 3279, 3280, 3284)
  2013 Ed. (1661, 1663, 3247, 3249, 3253, 3256, 3257, 3258, 3349, 3351, 3353, 3354, 3358)
  2014 Ed. (1616, 1617, 2561, 3273, 3275, 3284, 3285, 3286, 3366, 3367, 3369, 3371)
  2015 Ed. (1666, 1667, 3324, 3326, 3334, 3335, 3401, 3402, 3404)
  2016 Ed. (1610, 1611, 3178, 3180, 3191, 3192, 3194, 3275, 3277, 3279)
  2017 Ed. (1588, 1589, 2403, 3128, 3130, 3142, 3144, 3145, 3234, 3236)
  2018 Ed. (1572, 3224, 3232)
  2019 Ed. (1605, 1606, 3164, 3172, 3173, 3248, 3268, 3272)
  2020 Ed. (3195, 3202, 3270, 3272, 3273)
  2021 Ed. (3119, 3132, 3134, 3136, 3137)
  2022 Ed. (3278, 3280, 3281)
Munchener Ruckversicherungs-Gesellschaft AG (Munich Re)
  2001 Ed. (1716, 1717, 4038, 4040)
  2002 Ed. (1661, 1663, 2966, 2968, 2969, 2972, 2973, 2974, 3952)
  2003 Ed. (1686, 2990, 3012)
  2004 Ed. (3130, 3131, 3142, 3143, 3144)
  2021 Ed. (3119, 3132, 3134, 3136, 3137)
  2022 Ed. (3276, 3278, 3280, 3281)

Munchener Rueck
  1999 Ed. (2438, 2525, 2920, 2982)
Munchery
  2016 Ed. (2704)
Munchies
  2009 Ed. (3847)
  2014 Ed. (3761)
  2015 Ed. (3785)
  2016 Ed. (1254, 4386, 4394)
  2017 Ed. (1301, 1306, 4406)
  2018 Ed. (1280, 4418)
  2019 Ed. (1313, 4427)
  2020 Ed. (4418)
  2021 Ed. (4419)
  2022 Ed. (4421)
  2023 Ed. (4450)
Munchkin
  2016 Ed. (3087, 3095)
  2017 Ed. (3040, 3042)
  2018 Ed. (3147, 3149)
  2023 Ed. (3215)
Munchkin Bottling Inc.
  2002 Ed. (2801)
Munchkin Miracle 360 Degree
  2023 Ed. (3215)
Muncie, IN
  1990 Ed. (2553)
  1996 Ed. (3205)
  1998 Ed. (1520, 2474)
  2002 Ed. (2713)
  2005 Ed. (2381)
  2006 Ed. (2369)
  2007 Ed. (2369)
  2008 Ed. (2491)
  2009 Ed. (2497)
Muncie Press Star
  1991 Ed. (2600)
  1992 Ed. (3239)
Muncie Star Press
  1989 Ed. (2054)
The Muncy Bank & Trust
  1993 Ed. (510)
  1996 Ed. (543)
Muncy Building Enterprises
  1995 Ed. (2974, 2977)
  1996 Ed. (3075, 3076)
  1998 Ed. (2899, 2900)
Muncy Homes
  1990 Ed. (2597)
  1991 Ed. (2758, 2759)
  1999 Ed. (3871, 3872)
  2000 Ed. (3592, 3593)
  2003 Ed. (1197)
  2004 Ed. (1202)
  2006 Ed. (3555)
  2007 Ed. (3625)
  2010 Ed. (3700)
  2011 Ed. (3695)
Munder Balanced
  2001 Ed. (3454)
Munder Capital
  1993 Ed. (2313)
  2000 Ed. (2790, 2791)
  2006 Ed. (631, 3594)
  2007 Ed. (647, 648, 3662)
  2008 Ed. (608, 3764, 3775)
  2009 Ed. (3792, 3811)
Munder Capital Management
  1989 Ed. (1803, 2139)
  1990 Ed. (2320)
  1991 Ed. (2205, 2222)
  1992 Ed. (2753)
  1995 Ed. (2363, 2367, 2389)
  1996 Ed. (2381, 2399, 2421)
  1997 Ed. (2518)
  1998 Ed. (2261, 2307, 2657)
  1999 Ed. (3053, 3056, 3101)
  2000 Ed. (2846)
  2001 Ed. (3018)
  2002 Ed. (3022)
  2003 Ed. (3084, 3110)
  2005 Ed. (3583)
  2006 Ed. (3601)
  2009 Ed. (3445)
Munder Capital Mgmt.
  1990 Ed. (2337)
  2000 Ed. (2799)
Munder Energy
  2010 Ed. (3729)
Munder Framlington Emerging Markets
  2001 Ed. (2307)
Munder Framlington Emerging Markets Y
  1999 Ed. (3540)
Munder Framlington Healthcare
  2002 Ed. (4504)
Munder Micro Cap Equity
  2006 Ed. (3648, 3649)
  2007 Ed. (2491)
Munder Micro-Cap Equity A
  1999 Ed. (3576)
Munder Micro-Cap Equity Fund
  2003 Ed. (3541)
Munder Micro-Cap Equity Y
  1999 Ed. (3522)
Munder Mid-Cap Core Growth
  2007 Ed. (2488)
  2008 Ed. (2618)
  2010 Ed. (3727)

Munder Net Fund
  2001 Ed. (2306)
Munder Net Net Fund A
  2000 Ed. (622)
Munder NetNet
  1999 Ed. (3578)
  2000 Ed. (3225, 3290)
Munder Small Cap Value K
  1999 Ed. (598, 3575)
Munder Small Cap Value Y
  1999 Ed. (598, 3575)
Munder Small Company Growth
  1998 Ed. (2608)
Munder Small Company Growth K
  1998 Ed. (407)
Munder Small Company Growth Y
  1998 Ed. (407)
Mundet
  1997 Ed. (698)
Mundial Confianca
  1999 Ed. (3251)
Mundie; Craig J.
  2005 Ed. (2476)
Mundipharma
  2015 Ed. (1944)
Mundipharma Espana
  2015 Ed. (2043)
Mundipharma Gesellschaft mbH
  2015 Ed. (1459)
Mundipharma GmbH
  2010 Ed. (1497)
  2011 Ed. (1490)
  2012 Ed. (1338)
  2014 Ed. (1395)
Mundipharma Medical Co.
  2013 Ed. (2075)
  2014 Ed. (2008)
  2015 Ed. (2053)
Mundipharma Pharmaceuticals
  2015 Ed. (1750)
MundoFox
  2016 Ed. (2932)
  2017 Ed. (2891)
MundoHispanico.com
  2020 Ed. (2925)
MundoMax
  2018 Ed. (2957)
Mundoval Fund
  2021 Ed. (4477)
Mundra Port & Special Economic Zone
  2014 Ed. (4771)
  2015 Ed. (4798)
Mundt; Ray
  1992 Ed. (2064)
Mundt; Ray B.
  1990 Ed. (1725)
  1991 Ed. (1633)
  1993 Ed. (1706)
Mundy; Michael
  2017 Ed. (3593)
Munford
  1990 Ed. (1217)
Mungenast Automotive Family
  2021 Ed. (4970)
Mungenast & Burkard Alton Toyota
  2023 Ed. (4771)
Mungenast St. Louis Acura / Mungenast & Burkard Alton Toyota
  2023 Ed. (4771)
Munger Tolles & Olson LLP
  2013 Ed. (3438)
  2014 Ed. (3437)
Munger, Tolles & Olson LLP
  2002 Ed. (3059)
  2006 Ed. (3242)
  2007 Ed. (3299, 3318)
  2009 Ed. (3482)
  2010 Ed. (3413)
  2011 Ed. (3397, 3410)
  2012 Ed. (3402, 3427)
  2013 Ed. (3433)
  2014 Ed. (3435)
The Mungo Cos.
  2009 Ed. (1171, 1172)
Muni Assist Corp
  1990 Ed. (2655)
MuniAuction
  2001 Ed. (4754)
Munib Al Masri
  2013 Ed. (1173, 3484)
Munich
  1997 Ed. (3782)
  2000 Ed. (3377)
  2023 Ed. (847)
Munich Airport
  2022 Ed. (140, 146)
  2023 Ed. (215, 220)
Munich Airport (Germany)
  2022 Ed. (146)
Munich Amer Group
  2023 Ed. (3331, 3334, 3337, 3339)
Munich American Group
  2022 Ed. (3245, 3250)
Munich-American Holding Corp.
  2014 Ed. (3226, 3245)
  2015 Ed. (3299)
  2016 Ed. (3151)

Munich American Holding Group
  2013 Ed. (3340)
Munich American Life Group
  2014 Ed. (3327, 3330)
Munich American Reassurance Co.
  2003 Ed. (3013)
  2004 Ed. (3107)
  2007 Ed. (3150, 3155)
  2008 Ed. (3292, 3300, 3305)
  2009 Ed. (3352, 3360, 3365)
  2010 Ed. (3291)
  2011 Ed. (3259, 3264)
  2012 Ed. (3228, 3237)
  2013 Ed. (3307, 3316)
  2018 Ed. (3274)
  2019 Ed. (3226)
  2020 Ed. (3241)
  2021 Ed. (3107)
  2022 Ed. (3248)
Munich American Reinsurance
  1995 Ed. (3087)
  1999 Ed. (2905)
Munich-Cologne, Germany
  1992 Ed. (1166)
Munich, Germany
  1992 Ed. (1165, 3292)
  1993 Ed. (2468, 2531)
  2002 Ed. (2750)
  2004 Ed. (3305)
  2006 Ed. (4182)
  2007 Ed. (256, 257, 258)
  2008 Ed. (1819)
  2009 Ed. (4233)
  2010 Ed. (1714, 3486)
  2011 Ed. (1729)
  2012 Ed. (3490)
  2017 Ed. (3050)
  2019 Ed. (3103)
  2020 Ed. (2208)
Munich Group
  2000 Ed. (3750)
Munich Re
  2005 Ed. (2146, 3089, 3090, 3091, 3138, 3139, 3153, 3154)
  2006 Ed. (1734, 3094, 3095, 3145, 3146, 3147, 3150, 3151, 3154)
  2007 Ed. (1739, 1742, 3113, 3129, 3142, 3181, 3182, 3187, 3188, 3990)
  2008 Ed. (1767, 1769, 1770, 3258, 3329, 3330, 3332)
  2009 Ed. (1703, 3315, 3316, 3399, 3400, 3401, 3405, 3407)
  2010 Ed. (1382, 1656, 1657, 1659, 3249, 3250, 3333, 3334, 3335, 3340, 3342)
  2011 Ed. (1373, 1665, 3214, 3215, 3218, 3219, 3249, 3290, 3291, 3292, 3297, 3301)
  2012 Ed. (1518, 1520, 3173, 3174, 3176, 3178, 3180, 3181, 3269, 3270, 3279, 3280, 3284)
  2013 Ed. (1661, 1663, 2613, 3247, 3249, 3253, 3256, 3257, 3258, 3276, 3283, 3349, 3351, 3353, 3354, 3355, 3358)
  2014 Ed. (1616, 1617, 2559, 2561, 3273, 3275, 3284, 3285, 3286, 3366, 3367, 3369, 3371)
  2015 Ed. (1666, 1667, 3324, 3326, 3334, 3335, 3349, 3401, 3402, 3404)
  2016 Ed. (1610, 1611, 3131, 3178, 3180, 3191, 3192, 3194, 3275, 3277, 3279)
  2017 Ed. (1588, 1589, 2403, 3070, 3128, 3130, 3142, 3144, 3145, 3234, 3236)
  2018 Ed. (1572, 3181, 3224, 3232)
  2019 Ed. (1605, 1606, 3116, 3164, 3172, 3173, 3248, 3268, 3272)
  2020 Ed. (1569, 2594, 3195, 3202, 3208, 3270, 3272, 3273)
  2021 Ed. (1552, 3008, 3061, 3119, 3132, 3134, 3136, 3137)
  2022 Ed. (1571, 3210, 3260, 3276, 3278, 3280, 3281)
  2023 Ed. (1743, 3304)
Munich Re America Corp.
  2009 Ed. (3402)
  2010 Ed. (3337)
  2011 Ed. (3294)
  2012 Ed. (3275, 3276)
  2014 Ed. (3368)
  2016 Ed. (3274)
  2017 Ed. (3232)
  2019 Ed. (3271)
Munich Re Group
  2014 Ed. (1618)
  2015 Ed. (1732)
  2018 Ed. (3309)
  2019 Ed. (3269)
  2020 Ed. (3269)
  2022 Ed. (1573, 3260)
  2023 Ed. (1746, 3352, 3365)
Munich Re (Italia)
  2001 Ed. (2956, 2957, 2959)
Munich Reinsurance Co.
  1990 Ed. (2261)
  1991 Ed. (2132, 2133, 2829)
  1993 Ed. (2992, 2994)
  1994 Ed. (3040, 3042)
  1995 Ed. (2281, 3088)
  1996 Ed. (3186, 3188)
  1997 Ed. (2420, 3293)
  1998 Ed. (3039, 3040)
  1999 Ed. (2918, 4034, 4035, 4036, 4037)
  2012 Ed. (3216)
  2013 Ed. (3295, 3296, 3348)
  2015 Ed. (3400)
  2018 Ed. (3252)
  2023 Ed. (3368, 3371)
Munich Reinsurance Company
  2023 Ed. (3370)
Munich Reinsurance Group
  1992 Ed. (3658, 3660)
  2000 Ed. (3749, 3752)
Munich, West Germany
  1991 Ed. (2632)
Municie Press, Star
  1990 Ed. (2691)
Municie Star Press
  1990 Ed. (2700)
Municipal
  1996 Ed. (1503)
  2000 Ed. (1628)
Municipal Advisors Inc.
  1991 Ed. (2174)
  1996 Ed. (2357)
Municipal Advisory Co. Inc.
  1999 Ed. (3017)
Municipal Advisory Partners
  1993 Ed. (2268)
  1997 Ed. (2478, 2480)
  1998 Ed. (2233)
  2000 Ed. (2757, 2759, 2765)
  2001 Ed. (735, 875)
  2005 Ed. (3532)
Municipal Assistance Corp. for New York City
  1990 Ed. (3504, 3505)
  1991 Ed. (2532)
Municipal Assistance Corp., New York City
  1989 Ed. (2028)
Municipal Authority
  2001 Ed. (905)
Municipal Bond Consulting
  2001 Ed. (931)
Municipal Bond Investors Assurance
  1990 Ed. (2650, 2651, 2652, 2653)
  1991 Ed. (2168, 2537, 2538, 2539, 2540, 2541, 2542, 2543, 2544, 2545)
  1993 Ed. (2628, 2629, 2630, 2631, 2632, 2633, 2634, 2635, 2636, 2637)
  1995 Ed. (2654, 2655, 2656, 2657, 2658, 2659, 2660, 2661, 2662, 2663, 2664)
  1996 Ed. (2733, 2734, 2735, 2736, 2737, 2738, 2739, 2740, 2741, 2742)
  1997 Ed. (2850, 2851, 2852, 2853, 2854, 2855, 2856, 2857, 2858, 2859, 2860)
Municipal California long
  2004 Ed. (691)
  2006 Ed. (622)
Municipal Consultants Inc.
  2005 Ed. (1644)
Municipal Credit Union
  1994 Ed. (1504)
  1998 Ed. (1222)
  2001 Ed. (1961)
  2002 Ed. (1843, 1882)
  2003 Ed. (1902, 1936)
  2004 Ed. (1942, 1976)
  2005 Ed. (2082, 2118)
  2006 Ed. (2213)
  2007 Ed. (2134)
  2008 Ed. (2249)
  2009 Ed. (2235)
  2010 Ed. (2189)
  2011 Ed. (2207)
  2012 Ed. (2068)
  2013 Ed. (2250)
  2014 Ed. (2182)
  2015 Ed. (2246)
  2016 Ed. (2180, 2217)
  2018 Ed. (2112)
  2020 Ed. (2091)
  2021 Ed. (2081)
  2022 Ed. (2116)
  2023 Ed. (2231)
Municipal Electric Authority of Georgia
  1991 Ed. (3158)
  1992 Ed. (4029)
  1993 Ed. (1548, 1556, 3359)
  1994 Ed. (3363)
  1995 Ed. (1628, 1635)
  1996 Ed. (1612)
  2000 Ed. (1727)
Municipal Electric-Georgia
  1990 Ed. (2640)
Municipal Employee Credit Union of Baltimore
  1995 Ed. (1536)
Municipal Employees Credit Union of Baltimore
  2002 Ed. (1870)
  2003 Ed. (1924)
  2004 Ed. (1964)
  2005 Ed. (2106)
  2006 Ed. (2201)
  2007 Ed. (2122)
  2008 Ed. (2237)
  2009 Ed. (2223)
  2013 Ed. (2236)
  2014 Ed. (2168)
  2015 Ed. (2232)
  2016 Ed. (2203)
  2020 Ed. (2079)
  2021 Ed. (2069)
Municipal Employees Credit Union of Maryland
  2010 Ed. (2177)
  2011 Ed. (2195)
  2012 Ed. (2055)
Municipal Excess Liability Joint Insurance Fund
  2011 Ed. (4317, 4318)
Municipal Financial
  1992 Ed. (2153)
Municipal Financial Consultants Inc.
  1991 Ed. (2170)
Municipal-general bond funds
  1993 Ed. (717)
Municipal-high yield bond funds
  1993 Ed. (717)
The Municipal Insurance Co. of America
  2002 Ed. (3558)
Municipal Insurance Trust of North Carolina
  2011 Ed. (4315)
Municipal-insured bond funds
  1993 Ed. (717)
Municipal National intermediate
  2004 Ed. (691)
Municipal National long
  2004 Ed. (691)
Municipal New York intermediate
  2004 Ed. (691)
Municipal New York long
  2004 Ed. (691)
Municipal Reinsurance Health Insurance Fund
  2011 Ed. (4315, 4318)
Municipal Savings & Loan
  1992 Ed. (4360)
  1997 Ed. (3811)
Municipal Securities Rulemaking Board
  2013 Ed. (33)
Municipal single-state intermediate
  2004 Ed. (691)
Municipal single-state long
  2004 Ed. (691)
Municipal Stadium
  1989 Ed. (986)
Municipal Treasurers Association of the United States and Canada
  1999 Ed. (301)
Municipal high yield
  2006 Ed. (622)
Municipalities
  2001 Ed. (2153)
Municipality of Metro Toronto
  1994 Ed. (3553)
Municipality of Metropolitan Seattle
  1990 Ed. (847)
  1991 Ed. (1886, 3161)
  1992 Ed. (3487, 4032)
Municipality of Metropolitan Toronto
  1992 Ed. (4311)
  1993 Ed. (3590)
  1995 Ed. (3632)
The Munie Co.
  2019 Ed. (3332)
MuniEnhanced Fund
  1991 Ed. (2940)
Munistat/PFA Inc.
  1997 Ed. (2482)
Munistat Services Inc.
  1995 Ed. (2330)
Munistate Serivices Inc.
  1993 Ed. (2261)
MuniYield Insured Fund Inc.
  2004 Ed. (3215)
  2005 Ed. (3215, 3216)
Munk It A/S
  2006 Ed. (1678)
Munk Pack
  2023 Ed. (4437)
Munk; Peter
  1996 Ed. (960)
Munn's Sales & Service Inc.
  2015 Ed. (1244)
Munoz Holding Inc.
  2006 Ed. (1634)
Munro & Co.
  1991 Ed. (258)
Munro & Company
  1989 Ed. (273)
  1992 Ed. (361)
Munro Corporate PLC
  1991 Ed. (960)
Munro Footwear Group
  2020 Ed. (4393)
  2021 Ed. (4389)
Munro & Forster Communications
  2002 Ed. (3858)
Munro Pitt
  1991 Ed. (1698)
Munroe Regional Medical Center
  2005 Ed. (2893)
  2006 Ed. (2899)
  2008 Ed. (3041)
  2009 Ed. (3126)
  2011 Ed. (3029)
Munsey Park, NY
  2012 Ed. (3047)
Munson Medical Center
  2006 Ed. (2921)
  2008 Ed. (3062)
  2009 Ed. (3147)
  2010 Ed. (3078)
  2012 Ed. (2989)
Munster cheese
  2003 Ed. (929)
  2004 Ed. (937)
  2005 Ed. (929)
  2006 Ed. (838)
  2007 Ed. (919)
  2008 Ed. (902)
  2009 Ed. (910)
  2010 Ed. (854)
  2011 Ed. (778)
Muntenia
  2006 Ed. (4530)
Munters Moisture Control Services
  2009 Ed. (1248)
Muntons
  2018 Ed. (1989)
Munu Bhaskaran
  1996 Ed. (1852)
Munus
  2019 Ed. (1954)
Munus, s.r.o.
  2018 Ed. (1905)
Munze Osterreich AG
  1999 Ed. (3299)
  2001 Ed. (3216)
Murabito; John M.
  2010 Ed. (2563, 3140)
Murad Resurgence
  2016 Ed. (2284)
Murad Skin Care
  1997 Ed. (2390)
Murai, Wald, Biondo & Moreno PA
  2001 Ed. (565)
Murasaki Sports
  2012 Ed. (4519)
  2013 Ed. (4476)
Murat Theatre
  2003 Ed. (4529)
  2006 Ed. (1155)
  2011 Ed. (1069)
Murat Ulker
  2010 Ed. (4900)
  2011 Ed. (4888)
  2012 Ed. (4896)
  2013 Ed. (4919)
  2014 Ed. (4926)
  2015 Ed. (4966)
  2016 Ed. (4883)
  2017 Ed. (4881)
  2018 Ed. (4893)
  2019 Ed. (4885)
  2020 Ed. (4874)
  2021 Ed. (4875)
  2022 Ed. (4871)
  2023 Ed. (4865)
Murat Vargi
  2010 Ed. (4900)
Murata
  1990 Ed. (2040, 2041, 2042, 2043, 2044)
  1992 Ed. (1935, 2096, 2097)
  1993 Ed. (1733)
Murata Business Systems
  1991 Ed. (1643)
Murata/Erie
  1993 Ed. (1562)
Murata Machinery Ltd.
  2003 Ed. (3320)
  2004 Ed. (3397)
  2006 Ed. (3421)
  2007 Ed. (3436)
  2008 Ed. (3602)
  2009 Ed. (3669)
  2010 Ed. (3586)
  2011 Ed. (3589)
  2012 Ed. (3577)
  2013 Ed. (3631)
  2014 Ed. (3572)
  2015 Ed. (3586)
  2016 Ed. (3469)
  2017 Ed. (3432)
  2018 Ed. (3492)
  2019 Ed. (3482)
  2020 Ed. (3460)
  2021 Ed. (3481)
  2022 Ed. (3538)
Murata Machinery, Ltd.
  2023 Ed. (3659)
Murata Machinery Ltd. (Japan)
  2021 Ed. (3481)
Murata Manufacturing
  2001 Ed. (1146)
  2002 Ed. (4431)
  2003 Ed. (2249)
  2004 Ed. (2258)
  2006 Ed. (4095)
  2007 Ed. (2349)
  2012 Ed. (2323)
  2013 Ed. (2485)

CUMULATIVE INDEX • 1989-2023

2014 Ed. (2417)
2015 Ed. (2491)
2016 Ed. (2423, 2428)
2017 Ed. (2206, 2270, 2273)
2018 Ed. (2333)
2019 Ed. (2324)
2020 Ed. (2304)
2022 Ed. (662)
2023 Ed. (4404)
Murata Manufacturing Co. Ltd.
  2023 Ed. (1814)
Murata Manufacturing Co., Ltd.
  2013 Ed. (2496)
  2014 Ed. (2426)
  2015 Ed. (890, 2499)
  2016 Ed. (775, 2434)
  2017 Ed. (835, 2280)
  2018 Ed. (766, 2339)
  2019 Ed. (784, 2331)
  2020 Ed. (779, 2310)
  2023 Ed. (2343, 2365)
Murata/Muratec
  1994 Ed. (1735)
Muratee
  1995 Ed. (1761)
Muratore; Carol
  1989 Ed. (1417)
Murayama; Rie
  1996 Ed. (1871, 1881)
  1997 Ed. (1979, 1987)
Murchie; James
  1995 Ed. (1834)
  1996 Ed. (1812, 1813)
Murco Inc.
  1993 Ed. (2515, 2893)
  1996 Ed. (2587, 2589, 3065)
Murdaya Poo
  2010 Ed. (4866)
  2017 Ed. (4852)
  2018 Ed. (4860)
  2019 Ed. (4854)
  2021 Ed. (4845)
Murder at 1600
  1999 Ed. (4720)
"Murder, She Wrote"
  1995 Ed. (3582)
Murders/Assaults
  1992 Ed. (1763)
Murdoch
  1993 Ed. (2803)
Murdoch; Elisabeth
  2007 Ed. (4977)
Murdoch; Elizabeth
  2006 Ed. (4976)
  2007 Ed. (4976)
Murdoch; James
  2011 Ed. (629)
  2012 Ed. (599)
Murdoch; K. Rupert
  2007 Ed. (977, 1033)
  2008 Ed. (948)
  2011 Ed. (839)
  2015 Ed. (965)
Murdoch; Keith Rupert
  1989 Ed. (1986)
Murdoch; Lachlan
  2005 Ed. (785)
Murdoch Magazines
  1990 Ed. (2796)
  1991 Ed. (2709)
  1992 Ed. (3390)
  1996 Ed. (3607)
  2002 Ed. (3783)
  2004 Ed. (3939)
Murdoch; Rupert
  1989 Ed. (2751, 2905)
  1993 Ed. (1693)
  2005 Ed. (788, 4851)
  2006 Ed. (689, 4901)
  2007 Ed. (4896)
  2008 Ed. (4825)
  2009 Ed. (759, 4519, 4848)
  2010 Ed. (4855)
  2011 Ed. (4833)
  2012 Ed. (4845)
  2013 Ed. (4844)
  2014 Ed. (4860)
  2015 Ed. (4897)
  2016 Ed. (4815)
  2017 Ed. (4826)
  2018 Ed. (4831)
  2019 Ed. (4828)
  2020 Ed. (4818)
  2021 Ed. (4819)
  2022 Ed. (4812)
  2023 Ed. (4805)
Murdock Charitable Trust; M. J.
  1995 Ed. (1927)
Murdock; David
  2007 Ed. (4893)
  2008 Ed. (4830)
  2011 Ed. (628)
  2012 Ed. (4841)
  2013 Ed. (4839)
Murdock; David H.
  2005 Ed. (3936, 4843)
Murdock Development
  2002 Ed. (1495)

Murdock Holding Co.
  2009 Ed. (220, 4123)
  2010 Ed. (201, 4056)
  2011 Ed. (123, 4035)
Murdock; Justin
  2012 Ed. (3448)
Murdter Dvorak lisovna, spol. s.r.o.
  2008 Ed. (300, 1700)
  2009 Ed. (1626)
Murdter Dvorak nastrojarna, spol. s.r.o.
  2008 Ed. (1700)
Murdy; W. W.
  2005 Ed. (2495)
Murdy; Wayne W.
  2006 Ed. (1097)
  2009 Ed. (956)
  2010 Ed. (912)
Murer Consultants
  1993 Ed. (2068)
Murex LLC
  2022 Ed. (1957)
Murgado Automotive Group
  2020 Ed. (2918)
  2021 Ed. (2786)
  2022 Ed. (2950)
  2023 Ed. (3072)
Muriel
  1998 Ed. (731, 3438)
  2003 Ed. (966)
Muriel Coronella 10/15
  1990 Ed. (985)
Muriel Siebert
  2000 Ed. (1682)
  2012 Ed. (4975)
Muriel Siebert & Co., Inc.
  1996 Ed. (2658, 3352)
  1999 Ed. (1867, 3012)
  2005 Ed. (2205)
  2006 Ed. (662, 2267)
  2007 Ed. (758, 759, 760, 761, 2203)
  2008 Ed. (731, 737, 2340)
  2009 Ed. (737, 2328)
  2010 Ed. (679, 2257)
  2011 Ed. (606, 609, 610, 2264)
  2012 Ed. (2132)
Murine
  1993 Ed. (1541)
  1996 Ed. (1601)
  2016 Ed. (2337)
  2018 Ed. (2234)
  2020 Ed. (2203)
  2023 Ed. (2398)
Murine Plus
  1995 Ed. (1601, 1759)
  1997 Ed. (1817)
Murli Kewalram Chanrai
  2006 Ed. (4918)
  2008 Ed. (4850)
Muroexe Industries
  2020 Ed. (2537)
Murphey Favre Inc.
  1993 Ed. (763)
  1996 Ed. (802)
  1997 Ed. (738)
Murphy
  2019 Ed. (2044)
Murphy & Associates Inc.; P.
  1995 Ed. (854)
  1996 Ed. (836)
  1997 Ed. (847)
Murphy Bank
  2005 Ed. (520)
Murphy Bros. Enterprises
  2000 Ed. (987)
Murphy Bros. Exposition
  1997 Ed. (907)
  1998 Ed. (646)
  1999 Ed. (1039)
  2005 Ed. (2523)
Murphy Bros. Expositions
  1995 Ed. (910)
"Murphy Brown"
  1993 Ed. (3534)
  1995 Ed. (3582)
  1997 Ed. (3722)
Murphy-Brown LLC
  2004 Ed. (3288, 3289)
  2005 Ed. (3296, 3297)
  2006 Ed. (3288)
  2007 Ed. (3355)
  2008 Ed. (3452)
  2009 Ed. (3525)
  2010 Ed. (3454, 3455)
  2011 Ed. (3456)
  2012 Ed. (3468)
  2013 Ed. (3514)
  2014 Ed. (3488)
  2015 Ed. (3506)
  2016 Ed. (3365)
Murphy Business & Financial
  2018 Ed. (709)
  2019 Ed. (723)
Murphy Business & Financial Corp.
  2010 Ed. (698, 841)
  2011 Ed. (625, 767)
  2012 Ed. (595)
  2013 Ed. (732)
  2014 Ed. (757)

  2016 Ed. (792)
Murphy; Carolyn
  2009 Ed. (3766)
  2011 Ed. (3693)
  2016 Ed. (3617)
Murphy Co.
  2000 Ed. (1254)
  2005 Ed. (1294)
  2009 Ed. (1299, 1318, 1319)
  2010 Ed. (1310)
  2011 Ed. (1200, 1249, 1275, 1276)
  2012 Ed. (1142)
  2013 Ed. (1228, 1260)
  2014 Ed. (1194)
  2015 Ed. (1252)
  2016 Ed. (1168, 3937)
  2017 Ed. (1212)
  2021 Ed. (1140, 1154, 1173, 1176)
  2022 Ed. (1147, 1160, 1172, 1175)
  2023 Ed. (1387, 1407)
Murphy Co. Mechanical Contractors & Engineers
  1999 Ed. (1363)
Murphy Co. Mechanical Contractors & Engineers
  1993 Ed. (1125, 1140)
  1994 Ed. (1141)
  1995 Ed. (1160)
  1996 Ed. (1135)
  1997 Ed. (1163)
  1998 Ed. (951)
  1999 Ed. (1372)
  2003 Ed. (1235, 1337)
  2004 Ed. (1238, 1240, 1337)
  2005 Ed. (1288, 1317, 1342, 3861)
  2006 Ed. (1258, 1260, 1287, 1338, 3924)
  2007 Ed. (1387, 3977, 3978, 3979)
  2008 Ed. (1245, 1261, 1330, 4001, 4002)
  2009 Ed. (1221, 1223, 1227, 1255, 1317, 4076)
  2010 Ed. (1224)
  2011 Ed. (1274)
  2012 Ed. (1114, 1175, 3994)
  2013 Ed. (4059)
  2014 Ed. (3997)
  2015 Ed. (4045)
  2016 Ed. (141, 1153, 1158)
  2018 Ed. (1152, 1161, 1172, 1194)
  2019 Ed. (1164, 1169, 1170, 1177, 1188, 1206)
  2020 Ed. (1155, 1160, 1161, 1229)
Murphy; Dale
  1989 Ed. (719)
Murphy; Daniel
  2010 Ed. (2567)
Murphy; Daniel T.
  1991 Ed. (2343)
  1992 Ed. (2904)
Murphy; David L.
  2008 Ed. (2635, 3120)
  2009 Ed. (2661, 3208)
Murphy; Eddie
  1989 Ed. (1347)
  1990 Ed. (1672, 2504)
  2008 Ed. (183)
  2010 Ed. (2605)
  2011 Ed. (2510)
Murphy Express
  2017 Ed. (1284)
  2018 Ed. (2851)
Murphy family
  2009 Ed. (4918)
Murphy Family Farms
  1998 Ed. (757)
Murphy Farms Inc.
  2001 Ed. (3153)
  2003 Ed. (3234)
Murphy; Glenn
  2009 Ed. (2662)
Murphy/Jahn Inc.
  1990 Ed. (281)
  1992 Ed. (356)
  1999 Ed. (2788)
  2001 Ed. (407, 408)
Murphy; John
  1991 Ed. (928)
  2009 Ed. (4905)
  2010 Ed. (4906)
Murphy; Kathleen
  2011 Ed. (4977)
Murphy; Kevin
  1997 Ed. (1856)
Murphy O'Brien Inc.
  2009 Ed. (1529)
Murphy O'Brien Public Relations
  2013 Ed. (1454)
  2014 Ed. (1415)
Murphy Oil Corp.
  1993 Ed. (1273)
  1994 Ed. (1318, 1628)
  1995 Ed. (1339, 2754)
  1996 Ed. (1646, 2821)
  2001 Ed. (1613)
  2002 Ed. (1577)
  2003 Ed. (1611, 1612, 3818)
  2004 Ed. (1627, 1628, 3845, 3866)
  2005 Ed. (1653, 1654, 3736, 3737, 3746, 3756, 3795)

  2006 Ed. (1548, 1549, 3828, 3838, 3861)
  2007 Ed. (1578, 1579, 3832, 3838, 3845, 3855, 3889)
  2008 Ed. (1561, 1562, 3894, 3908)
  2009 Ed. (1487, 1489, 1557, 3958, 3962, 3975, 3979, 4008)
  2010 Ed. (1425, 1428, 1478, 1480, 1546, 3869, 3884, 3901, 3914)
  2011 Ed. (1475, 1477, 1547, 1722, 3879, 3892, 3896, 3900, 3933)
  2012 Ed. (843, 1315, 1317, 1319, 1392, 3859, 3865, 3873, 3876, 3877, 3881, 3931)
  2013 Ed. (1023, 1416, 1418, 1419, 3914, 3931, 3942, 3946, 3987)
  2014 Ed. (1261, 1374, 1377, 1383, 3859, 3888, 3930)
  2015 Ed. (1440, 1443, 1444, 3886, 3913)
  2016 Ed. (1365, 1367, 1368, 3681, 3815, 3819, 3852)
  2017 Ed. (1394)
Murphy Oil USA Inc.
  2004 Ed. (1627)
  2005 Ed. (1653)
  2006 Ed. (1548)
  2007 Ed. (1578)
  2008 Ed. (1561, 3932)
  2009 Ed. (1487, 4006)
  2010 Ed. (1478, 3913)
  2011 Ed. (1475, 3932)
  2012 Ed. (1317, 3930)
  2013 Ed. (1418, 3986)
  2014 Ed. (1377, 3929)
  2015 Ed. (1443, 4045)
  2016 Ed. (1366, 1367)
Murphy Overseas Ventures Inc.
  2003 Ed. (1611)
Murphy Pipe & Civil Group
  2016 Ed. (1381)
Murphy; Therese
  1997 Ed. (1879)
Murphy; Thomas S.
  1992 Ed. (2051)
  1996 Ed. (966)
Murphy USA
  2015 Ed. (1396, 1440, 4517)
  2016 Ed. (1320, 1326, 1365, 4453)
  2017 Ed. (1393, 4460)
  2018 Ed. (1367, 2851)
  2019 Ed. (1375)
  2020 Ed. (1342, 1367, 4461)
  2021 Ed. (1336, 4456)
  2022 Ed. (1345, 1374, 4465, 4467)
  2023 Ed. (1551, 1574, 4492)
Murphy USA Inc.
  2015 Ed. (1319, 1444)
  2016 Ed. (1233, 1234, 1368)
  2017 Ed. (1284, 1394)
  2018 Ed. (1262)
  2019 Ed. (1296, 1406)
  2020 Ed. (1275, 1368)
  2021 Ed. (1256, 1360)
  2022 Ed. (1261, 1262, 1376)
Murphy's
  1999 Ed. (1182)
Murphy's Mart
  1990 Ed. (1518)
Murphy's Oil
  2003 Ed. (977)
Murphy's Oil Soap
  2000 Ed. (1096)
  2001 Ed. (1237, 1240)
  2002 Ed. (1064)
Murray; Andy
  2013 Ed. (191)
  2014 Ed. (199)
Murray, Anne
  1989 Ed. (991)
  1991 Ed. (1040)
The Murray Automotive Group
  2007 Ed. (1866, 4363)
Murray, Axmith & Associates
  1991 Ed. (2650)
  1993 Ed. (2747)
The Murray Bank
  2021 Ed. (4297)
  2022 Ed. (4305)
  2023 Ed. (4335)
Murray-Benjamin Electric
  1998 Ed. (3765)
Murray Brown
  1996 Ed. (1907)
Murray; Catherine
  1996 Ed. (1897)
Murray Co.
  1994 Ed. (3560)
  1995 Ed. (3639)
  1996 Ed. (3723)
  1997 Ed. (3775)
  1998 Ed. (2342, 2545, 2546, 3351, 3596)
  1999 Ed. (3167, 3168, 4629)
  2000 Ed. (2913)
  2002 Ed. (3062, 3064, 3066, 3067)
  2008 Ed. (4001)
  2009 Ed. (1227)
  2011 Ed. (1301)
  2012 Ed. (1013, 1121, 3993, 3997, 4837)
  2013 Ed. (4058, 4831)

2015 Ed. (4045)
2016 Ed. (3955)
2020 Ed. (1165)
2022 Ed. (1146)
2023 Ed. (1370)
Murray Co. Mechanical Contractors
  2015 Ed. (1246)
  2018 Ed. (1156, 3955)
  2019 Ed. (1168)
  2020 Ed. (1159)
Murray Construction
  1997 Ed. (3261)
  2000 Ed. (3722)
Murray Construction Company Inc.
  2000 Ed. (3712)
Murray D. Martin
  2009 Ed. (953)
  2010 Ed. (905)
Murray; David
  2005 Ed. (4892)
  2007 Ed. (4926, 4928)
Murray Demo
  2006 Ed. (967)
  2007 Ed. (1063)
Murray; Eddie
  1989 Ed. (719)
Murray Edwards
  2005 Ed. (4864)
  2010 Ed. (704)
  2011 Ed. (633)
  2015 Ed. (796)
Murray Emerging Economies
  2000 Ed. (3309)
Murray Energy Corp.
  2009 Ed. (1419)
  2012 Ed. (847)
Murray European
  1992 Ed. (3203)
Murray Franklin
  1998 Ed. (921)
Murray Franklin Cos.
  2000 Ed. (1236)
Murray Franklyn
  2002 Ed. (1211)
  2003 Ed. (1212)
  2004 Ed. (1219)
Murray Goulburn
  2019 Ed. (2680)
Murray Goulburn Co-Op
  2015 Ed. (2758)
  2016 Ed. (2687)
Murray Goulburn Co-op
  2002 Ed. (3775)
  2003 Ed. (3959)
  2004 Ed. (2651, 2652, 3964, 3966)
  2005 Ed. (3909)
  2016 Ed. (1376, 1384, 2688)
Murray Goulburn Co-operative Co.
  2020 Ed. (1300)
Murray Income
  2000 Ed. (3298)
Murray; J. Terrence
  1996 Ed. (381)
Murray; James
  2007 Ed. (2465)
Murray; John
  2018 Ed. (4111)
  2019 Ed. (4121)
Murray Johnstone
  1992 Ed. (2679, 2793)
  1993 Ed. (2306)
Murray Johnstone Holdings (1984) Ltd.
  1990 Ed. (1413)
Murray Johnstone International
  1992 Ed. (2747)
  1997 Ed. (2523, 2539)
  1998 Ed. (2279)
  2001 Ed. (3003)
Murray-Kentucky Lake, KY
  1989 Ed. (2336)
Murray Lawrence & Partners; 362,
  1991 Ed. (2338)
Murray Lawrence & Partners Ltd.
  1992 Ed. (2900)
  1993 Ed. (2453, 2455, 2458)
Murray Lawrence & Partners; Non-marine 362,
  1991 Ed. (2336)
Murray Lawrence & Partnets
  1992 Ed. (2897)
Murray M. Rosenberg Foundation
  2002 Ed. (2339)
Murray Medical Campus
  2002 Ed. (2455)
Murray Moss
  2011 Ed. (2971)
Murray Ohio
  1990 Ed. (2681)
Murray Ohio Manufacturer Co. Corp.
  1990 Ed. (3557)
Murray Pipework Ltd.
  1990 Ed. (1413)
Murray Resources
  2021 Ed. (2321)
  2022 Ed. (2386)
  2023 Ed. (2548)

Murray & Roberts Contractors
  2002 Ed. (1304)
  2003 Ed. (1320)
Murray & Roberts Holdings Ltd.
  2002 Ed. (1764)
  2004 Ed. (1855)
Murray; Sir David
  2008 Ed. (4900, 4904)
  2009 Ed. (4919)
  2010 Ed. (4923)
Murray, Smith & Associates Inc.
  2011 Ed. (2463)
  2012 Ed. (209)
Murray; William
  1994 Ed. (1715)
  1996 Ed. (1710)
Murray Winckler
  1999 Ed. (2427)
  2000 Ed. (2187)
Murray's
  1999 Ed. (1420)
  2001 Ed. (1494)
  2022 Ed. (866, 3902)
  2023 Ed. (3996)
MurraySmith
  2020 Ed. (2427)
Murraysmith Inc.
  2023 Ed. (2647)
Murree Brewery
  2014 Ed. (1931)
  2015 Ed. (1977)
Murrell, Hall, McIntosh & Co.
  2008 Ed. (2008)
Murren; James
  1995 Ed. (1866)
  1996 Ed. (1847)
  1997 Ed. (1919)
  2005 Ed. (988)
  2006 Ed. (962)
  2007 Ed. (1059)
Murren; James J.
  2011 Ed. (835)
Murrow I CM
  2017 Ed. (1427)
Murry; Albert B.
  1992 Ed. (532)
Murry Gerber
  2005 Ed. (968)
  2006 Ed. (907)
  2007 Ed. (997)
  2010 Ed. (886)
Murry Goulburn Co-op
  2009 Ed. (4122)
Murry's
  2023 Ed. (2935)
Murry's Inc.
  2015 Ed. (3600)
Mursion
  2022 Ed. (2222, 2232)
Murtagh; Eugene
  2020 Ed. (4845)
  2021 Ed. (4846)
  2022 Ed. (4841)
  2023 Ed. (4836)
Musamaailma Oy
  2020 Ed. (3653)
  2021 Ed. (3658)
Musante; Anthony
  2017 Ed. (3591, 3592, 3598, 3599)
  2018 Ed. (3653)
  2019 Ed. (3640, 3641, 3647, 3648)
  2021 Ed. (3636)
  2023 Ed. (3795)
Muscarelle Inc.; Jos. L.
  1990 Ed. (1179)
Muscat Advertising-Oman
  1999 Ed. (137)
  2001 Ed. (192)
  2002 Ed. (163)
  2003 Ed. (131)
Muscat of Alexandria
  2001 Ed. (4872, 4873)
  2002 Ed. (4969, 4970)
  2003 Ed. (4968, 4969)
Muscat Arab CC
  2009 Ed. (76)
Muscat Blanc
  1996 Ed. (3837)
  2001 Ed. (4873)
  2002 Ed. (4969)
Muscat Festival
  2004 Ed. (70)
  2005 Ed. (65)
  2006 Ed. (72)
  2007 Ed. (63)
  2008 Ed. (67)
  2009 Ed. (76)
  2010 Ed. (86)
Muscat, Oman
  2009 Ed. (260)
Muscatine, IA
  2000 Ed. (1090, 3817)
Muscle or body aches
  1996 Ed. (221)
Muscle/body support devices
  2002 Ed. (2050, 2051, 2281)

Muscle & Fitness
  1991 Ed. (2705)
  1992 Ed. (3386)
  1993 Ed. (2805)
Muscle Maker Grill
  2014 Ed. (4278)
Muscle Marketing
  2017 Ed. (55)
Muscle Milk
  2015 Ed. (2325)
  2016 Ed. (2279, 4384)
  2017 Ed. (2135)
  2018 Ed. (2180, 4902)
  2019 Ed. (2169)
  2020 Ed. (4881)
  2021 Ed. (2155, 4881)
  2022 Ed. (2184, 3767)
  2023 Ed. (2305)
Muscle Milk Light
  2015 Ed. (2325)
  2016 Ed. (2279)
Muscle Milk Pro Series
  2019 Ed. (2169)
Muscle Milk Pro Series 40
  2015 Ed. (2325)
  2016 Ed. (2279)
  2017 Ed. (2135)
  2018 Ed. (2180)
  2021 Ed. (2155)
  2022 Ed. (2184)
Muscle Monster Energy Shake
  2017 Ed. (3648)
MuscleTech Research & Development Inc.
  2006 Ed. (140)
  2017 Ed. (4379)
Musco Marchewka & Co.
  2008 Ed. (279)
Muscular Dystrophy Association
  1993 Ed. (1701)
  1994 Ed. (906)
  1995 Ed. (940, 2779)
  1996 Ed. (914)
Muse
  2011 Ed. (1068)
  2013 Ed. (1138)
  2016 Ed. (74)
The Muse
  2019 Ed. (1000)
Muse; C. J.
  2011 Ed. (3371)
Muse Communications Inc.
  2006 Ed. (187)
  2007 Ed. (193)
  2008 Ed. (176)
  2009 Ed. (195)
  2015 Ed. (105)
  2016 Ed. (112)
Muse Cordero Chen & Partners
  1999 Ed. (64)
  2000 Ed. (68)
  2004 Ed. (171)
  2005 Ed. (174)
Muse Creative Holdings
  2003 Ed. (215)
Muse Creative Holdings LLC
  2002 Ed. (711)
Musement
  2020 Ed. (1651, 4704)
Museum Associates
  1996 Ed. (916)
The Museum Center at Union Terminal
  1993 Ed. (3594)
Museum of Contemporary Art
  1991 Ed. (894)
Museum of Contemporary Art (Chicago)
  1994 Ed. (892)
Museum of Fine Arts
  1989 Ed. (1146)
  2007 Ed. (3707)
  2008 Ed. (3792)
Museum of Fine Arts Boston
  2000 Ed. (317)
Museum of Flying
  2000 Ed. (1185)
Museum of Ice Cream
  2019 Ed. (2520)
Museum/Imagery
  1995 Ed. (2989)
Museum of Immigration (Ellis Island)
  1992 Ed. (4318)
Museum of Modern Art
  2000 Ed. (3343)
  2005 Ed. (3605)
  2012 Ed. (3765)
Museum of Natural History
  2009 Ed. (3828)
Museum of Radio & Television
  1993 Ed. (3594)
The Museum Shop
  1996 Ed. (3481)
  1997 Ed. (3546)
Museums
  1999 Ed. (3007)
  2002 Ed. (2782)
Musgrave
  2017 Ed. (1682, 2644, 4213)
  2020 Ed. (2715, 4256)
  2021 Ed. (1628, 2616, 4232)

2022 Ed. (2737, 4240)
  2023 Ed. (2875, 4280)
Musgrave Group
  2017 Ed. (1685)
  2018 Ed. (1645)
  2019 Ed. (1697)
  2020 Ed. (1649)
Musgrave Group PLC
  2022 Ed. (2566)
Musgrave Group plc
  2008 Ed. (1858)
  2009 Ed. (1809)
  2011 Ed. (1767)
Musgrave SuperValu Centra
  2005 Ed. (1985, 1987)
  2006 Ed. (2066)
  2007 Ed. (2038)
Musgrave & Theis LP
  2006 Ed. (1681)
  2007 Ed. (1684)
Mushrooms
  1999 Ed. (3837)
  2002 Ed. (4715)
  2003 Ed. (4827, 4828)
Mushrooms, exotic
  1998 Ed. (1859)
Music
  1992 Ed. (2859)
  1996 Ed. (865)
  2000 Ed. (1048)
  2001 Ed. (1099, 2988, 2990)
  2004 Ed. (3334, 3335)
  2005 Ed. (3359)
  2006 Ed. (104)
  2007 Ed. (98)
  2008 Ed. (109, 2439)
  2009 Ed. (119, 3598)
  2011 Ed. (2361)
  2012 Ed. (42, 2285)
Music amplifiers
  1994 Ed. (2591)
Music Boulevard
  1999 Ed. (3001, 3503)
Music Box
  1996 Ed. (3031)
Music boxes
  1997 Ed. (1049)
  1999 Ed. (1222)
Music/CDs/Records
  1999 Ed. (4314)
The Music Chamber
  2020 Ed. (3684)
  2021 Ed. (3691)
Music Club
  2013 Ed. (3805)
  2015 Ed. (3752)
  2016 Ed. (3660)
  2020 Ed. (3666)
  2021 Ed. (3672)
Music equipment
  1998 Ed. (1953)
Music Express
  2016 Ed. (3362)
  2017 Ed. (3327)
  2018 Ed. (3390)
  2019 Ed. (3367)
  2020 Ed. (3369)
Music Express Inc.
  2008 Ed. (4954)
Music Factory
  2020 Ed. (3673)
Music Fair Prods.
  1991 Ed. (2771)
Music Fair Productions
  1993 Ed. (2924)
Music Force
  2020 Ed. (3679)
  2021 Ed. (3685)
Music & games
  1998 Ed. (3661, 3662)
Music Gate
  2020 Ed. (3659)
  2021 Ed. (3664)
Music Go Round
  2002 Ed. (957)
  2004 Ed. (911)
  2008 Ed. (879)
  2013 Ed. (3801, 4303)
  2021 Ed. (3669)
Music Group
  2016 Ed. (3638)
  2017 Ed. (3622)
  2018 Ed. (3685)
  2019 Ed. (3670)
Music Hall at Fair Park
  2001 Ed. (4353)
  2002 Ed. (4345)
Music Junction
  2020 Ed. (3642)
  2021 Ed. (3647)
"Music Man"
  1991 Ed. (2772)
Music Max
  2020 Ed. (3677)
  2021 Ed. (3683)
Music Midtown Festival
  2014 Ed. (1103)
  2018 Ed. (1011)

Music Mountain Water Co., Inc.
  2006 Ed. (4355)
Music-on-demand
  1996 Ed. (859)
Music Planet
  2020 Ed. (3668)
  2021 Ed. (3674)
Music Room
  2013 Ed. (3812)
  2015 Ed. (3760)
  2016 Ed. (3668)
  2021 Ed. (3692)
Music Stand
  2007 Ed. (888)
Music Store Poznan
  2020 Ed. (3672)
  2021 Ed. (3678)
Music Store Professional
  2013 Ed. (3795, 3800)
  2014 Ed. (3735)
  2015 Ed. (3743, 3748)
  2016 Ed. (3651, 3656)
  2017 Ed. (3631)
  2020 Ed. (3655, 3662, 3686)
  2021 Ed. (3660, 3668)
Music Street
  2004 Ed. (81)
  2007 Ed. (75)
Music/video stores
  1998 Ed. (3295)
"Music Videos"
  1993 Ed. (3669, 3670)
  2001 Ed. (1094)
The Music Warehouse
  2015 Ed. (3754)
  2016 Ed. (3662)
  2020 Ed. (3668)
  2021 Ed. (3674)
Music Works Group
  2016 Ed. (3662)
  2020 Ed. (3668)
  2021 Ed. (3674)
Music World
  2011 Ed. (3708)
  2013 Ed. (3795)
  2016 Ed. (3651)
  2020 Ed. (3655)
  2021 Ed. (3660)
Music World/Musik Kahrig
  2021 Ed. (3660)
The Music of Your Heart
  2014 Ed. (634)
The Music Zoo
  2013 Ed. (3793)
  2014 Ed. (3734)
Musica.com
  2012 Ed. (2880)
  2013 Ed. (2956)
  2014 Ed. (2973)
  2015 Ed. (3042)
  2017 Ed. (2897)
  2018 Ed. (2963)
Musical Arts Association
  2001 Ed. (3549)
Musical Box
  2015 Ed. (3746)
  2016 Ed. (3654)
  2021 Ed. (3665)
Musical Grellmann
  2013 Ed. (3788)
  2015 Ed. (3738)
Musical Harmony
  2021 Ed. (3650)
Musical Harmony - Shop Matrix
  2021 Ed. (3650)
Musical instruments
  1998 Ed. (927)
Musical portable keyboards
  1994 Ed. (2591)
Musical Pontevedra
  2015 Ed. (3757)
  2016 Ed. (3665)
Musical instrument repairer
  1989 Ed. (2091)
Musical toys
  1998 Ed. (3605)
Musical.ly
  2018 Ed. (4581)
Musicasa Discount Music
  2016 Ed. (3665)
  2020 Ed. (3680)
  2021 Ed. (3686)
Musicblvd.com
  2000 Ed. (2753)
Musician Corner UAE
  2020 Ed. (3684)
  2021 Ed. (3691)
Musician's Friend
  2013 Ed. (3800)
  2014 Ed. (3735)
  2015 Ed. (3748)
Musicians Friend Inc.
  1993 Ed. (2641, 2642)
  1994 Ed. (2594, 2596)
  1995 Ed. (2675)
  1996 Ed. (2746, 2748)
  1997 Ed. (2861, 2863)
  1999 Ed. (3500, 3502)

Musicians Friend Wholesale
  2000 Ed. (3218, 3220)
  2001 Ed. (3415)
Musician's Gear Zone
  2020 Ed. (3678)
  2021 Ed. (3684)
Musician's Warehouse
  2020 Ed. (3684)
  2021 Ed. (3691)
MusiciansFriend.com
  2012 Ed. (2292)
Musicis
  2020 Ed. (3660)
Musicland Group Inc.
  2001 Ed. (1794, 2750)
Musicland Retail Inc.
  2001 Ed. (1794)
Musicland Stores Corp.
  1995 Ed. (3423)
  1996 Ed. (2745, 3486)
  1997 Ed. (3551, 3553)
  2001 Ed. (2751)
  2002 Ed. (2055, 4748, 4750)
  2003 Ed. (2776)
  2004 Ed. (2162, 2883, 4843)
  2005 Ed. (2873)
Musicmaker
  2020 Ed. (3658)
  2021 Ed. (3663)
Musicnotes.com
  2007 Ed. (2322)
  2014 Ed. (3734)
  2021 Ed. (3670)
Musifex
  2020 Ed. (3673)
  2021 Ed. (3679)
Musiikki Kullas Oy
  2020 Ed. (3653)
  2021 Ed. (3658)
Musik Hug AG
  2021 Ed. (3688)
Musik Kahrig
  2013 Ed. (3795)
  2016 Ed. (3651)
  2020 Ed. (3655)
  2021 Ed. (3660)
Musik Klier
  2013 Ed. (3795)
  2015 Ed. (3743)
  2016 Ed. (3651)
  2020 Ed. (3655)
  2021 Ed. (3660)
Musik-Magazinet AS
  2020 Ed. (3670)
Musik Produktiv
  2013 Ed. (3795)
  2015 Ed. (3743)
  2021 Ed. (3660)
Musikhaus Korn
  2013 Ed. (3795)
  2015 Ed. (3743)
  2016 Ed. (3651)
  2020 Ed. (3655)
  2021 Ed. (3660)
Musikhaus Thomann
  2013 Ed. (3795, 3800, 3813)
  2014 Ed. (3735, 3739)
  2015 Ed. (3743, 3748, 3761)
  2016 Ed. (3651, 3656, 3669)
  2017 Ed. (3631)
  2020 Ed. (3655, 3662, 3686)
  2021 Ed. (3660, 3668, 3693)
Musikhaus Thomann (Germany)
  2021 Ed. (3693)
Musikia
  2013 Ed. (3794)
  2015 Ed. (3742)
  2016 Ed. (3650)
Musikk-Miljo AS
  2020 Ed. (3670)
  2021 Ed. (3676)
Musikpunkt AG
  2021 Ed. (3688)
Musikpunkt AG/Musik Hug AG
  2021 Ed. (3688)
Musil Perkowitz Ruth Inc.
  1996 Ed. (235)
  1997 Ed. (267)
Musitech
  2020 Ed. (3645)
  2021 Ed. (3650)
Musix
  2021 Ed. (3688)
Musk; Elon
  2005 Ed. (2453)
  2014 Ed. (4849)
  2015 Ed. (798, 4886)
  2016 Ed. (4804)
  2017 Ed. (4816)
  2018 Ed. (4821)
  2019 Ed. (4817)
  2020 Ed. (4807)
  2021 Ed. (4808)
  2022 Ed. (748, 4801, 4802, 4817, 4876)
  2023 Ed. (4793, 4794, 4811, 4871)
Muskegon Chronicle
  1989 Ed. (2053)
  1990 Ed. (2695, 2699)

  1991 Ed. (2599, 2608)
  1992 Ed. (3245)
  1998 Ed. (79)
Muskegon, MI
  1990 Ed. (291)
  2014 Ed. (3244)
Muskegon-Norton Shores, MI
  2010 Ed. (3494)
Musket Corp.
  2013 Ed. (1979)
  2014 Ed. (1918)
  2015 Ed. (1963)
Muskingum River
  1992 Ed. (1896)
Muskita Aluminium Industries Ltd.
  2006 Ed. (4496)
Muskogee
  1998 Ed. (3401)
Muskogee, OK
  2005 Ed. (1190)
  2006 Ed. (1180)
  2007 Ed. (4097)
  2009 Ed. (1151)
Muslim Commercial Bank
  1989 Ed. (649)
  1992 Ed. (814)
  1996 Ed. (566)
  1999 Ed. (3132)
  2002 Ed. (3045, 4453, 4454)
  2004 Ed. (604)
  2006 Ed. (510)
  2008 Ed. (489)
  2009 Ed. (518)
  2010 Ed. (377, 497, 2673)
  2011 Ed. (427, 2662)
  2012 Ed. (2590)
Muslim Commercial Bank Limited
  2000 Ed. (2879)
Muslim Community Cooperative Australia Ltd.
  2009 Ed. (2728)
  2010 Ed. (2651)
  2011 Ed. (2638)
  2012 Ed. (2565)
Muso's Corner
  2013 Ed. (3787)
  2015 Ed. (3736)
Musos Corner
  2020 Ed. (3642)
  2021 Ed. (3647)
Musos Corner/Foleys Piano
  2021 Ed. (3647)
Musselman's
  2022 Ed. (911)
Mussels
  2001 Ed. (2447)
  2004 Ed. (2618, 2619)
  2005 Ed. (2607, 2008)
  2006 Ed. (2606, 2607)
  2007 Ed. (2581, 2582)
Musser; Melissa
  2023 Ed. (1298)
Mustafa Ali
  2013 Ed. (3488)
Mustafa Cherif
  2013 Ed. (3481)
Mustafa Holdings
  2012 Ed. (4361)
  2013 Ed. (4293)
Mustafa Kucuk
  2017 Ed. (4881)
  2018 Ed. (4893)
  2019 Ed. (4885)
  2021 Ed. (4875)
  2022 Ed. (4871)
Mustafa Rahmi Koc
  2012 Ed. (4896)
  2013 Ed. (4919)
  2014 Ed. (4926)
  2015 Ed. (4966)
  2016 Ed. (4883)
  2017 Ed. (4881)
  2018 Ed. (4893)
  2019 Ed. (4885)
  2020 Ed. (4874)
  2022 Ed. (4871)
Mustafawi; Adel
  2012 Ed. (790)
Mustang
  2001 Ed. (492, 533)
  2002 Ed. (380)
Mustang Cat
  2017 Ed. (2001)
  2021 Ed. (1896, 2463)
Mustang Engineering Holdings Inc.
  2007 Ed. (2417, 2434)
  2008 Ed. (2541, 2544, 2554, 2561)
  2009 Ed. (2547, 2551, 2552)
  2010 Ed. (2463, 2467)
  2011 Ed. (2480)
  2012 Ed. (2388, 2391)
Mustang Engineering LP
  2003 Ed. (2297)
  2004 Ed. (2360, 2362, 2364)
  2005 Ed. (2422)
Mustang; Ford
  2005 Ed. (348)

Mustang Holdings Inc.
  2003 Ed. (1729)
Mustang Pipeline Co.
  2006 Ed. (3910, 3911)
  2007 Ed. (3960, 3961)
  2008 Ed. (3987, 3988)
  2009 Ed. (4058, 4059)
  2010 Ed. (3974)
  2011 Ed. (3979)
  2012 Ed. (3978)
Mustang Rental Services
  2019 Ed. (274)
Mustang Resources
  2005 Ed. (1728)
  2007 Ed. (1622)
Mustapha Kamal Abu Bakar
  2006 Ed. (4917)
Mustard
  2002 Ed. (1981)
  2003 Ed. (1129)
Mustard seed
  1998 Ed. (3348)
MUT BEN "9" SELIG-CM STK
  1994 Ed. (3619)
Mutant Technology
  2002 Ed. (2494)
Muteki Ltd.
  2011 Ed. (3247)
MuteSix
  2021 Ed. (1394)
Mutesix
  2021 Ed. (61)
Mutton
  2005 Ed. (3417, 3418)
  2006 Ed. (3427, 3428)
  2007 Ed. (3442, 3443)
Muttontown, NY
  1989 Ed. (1634, 2773)
Mutua Madrilena
  1994 Ed. (2238)
  1996 Ed. (2289)
  2013 Ed. (2058)
Mutua Madrilena Autom
  1993 Ed. (2260)
Mutual of America
  1993 Ed. (2291, 2379)
  1995 Ed. (2277)
Mutual of America Life Insurance
  2017 Ed. (3189)
Mutual of America Life Insurance Co.
  1992 Ed. (3261)
  1997 Ed. (2426)
  1998 Ed. (172, 2137)
  1999 Ed. (2923)
  2007 Ed. (3138)
Mutual of America Scudder International
  1994 Ed. (3613)
Mutual American Investment Corp.: Stock
  1992 Ed. (4376)
Mutual American Life Assurance Co.
  1990 Ed. (2241)
Mutual Beacon
  1994 Ed. (2614)
  1995 Ed. (2678, 2698, 2704)
  1996 Ed. (2753, 2774, 2789, 2801)
  1997 Ed. (2874, 2882)
Mutual Beacon Fund
  1990 Ed. (2392)
Mutual Benefit
  1990 Ed. (1040, 1795)
Mutual Benefit Fund
  1994 Ed. (2604)
Mutual Benefit Life
  1990 Ed. (1039)
  1991 Ed. (968, 1724)
  1992 Ed. (2156)
Mutual Benefit Life Insurance
  1990 Ed. (2224)
  1992 Ed. (1203, 2676)
  1993 Ed. (2204, 2226)
Mutual fund companies
  1994 Ed. (2773)
Mutual Credit Union
  2002 Ed. (1874)
  2003 Ed. (1928)
  2004 Ed. (1968)
  2005 Ed. (2110)
  2006 Ed. (2205)
  2007 Ed. (2126)
  2008 Ed. (2241)
  2009 Ed. (2227)
  2010 Ed. (2181)
  2011 Ed. (2199)
  2012 Ed. (2060)
  2013 Ed. (2242)
  2014 Ed. (2174)
  2015 Ed. (2238)
  2016 Ed. (2226)
  2018 Ed. (2104)
  2020 Ed. (2083)
  2021 Ed. (2073)
  2022 Ed. (2108)
  2023 Ed. (2223)
Mutual of Detroit Insurance Co.
  1998 Ed. (2191)
  1999 Ed. (2960)
  2000 Ed. (2710)
  2001 Ed. (2948)

Mutual Discovery
  1995 Ed. (2724)
  2003 Ed. (3614)
  2004 Ed. (2481)
Mutual Discovery Z
  1999 Ed. (3574)
Mutual of Enumclaw Insurance Co.
  2015 Ed. (2143)
Mutual European
  2001 Ed. (3500)
  2003 Ed. (3609)
  2004 Ed. (2475, 3646, 3649)
  2005 Ed. (4494)
Mutual & Federal
  1990 Ed. (2283)
  1991 Ed. (2157)
  1993 Ed. (2259)
  1995 Ed. (2284)
  2000 Ed. (2673)
Mutual Federal S & L Association of Atlanta
  1991 Ed. (2922)
Mutual Financial Services
  2003 Ed. (3117, 3522)
  2005 Ed. (4486)
Mutual First Credit Union
  2002 Ed. (1877)
  2003 Ed. (1931)
  2004 Ed. (1971)
Mutual First Federal Credit Union
  2005 Ed. (2113)
  2006 Ed. (2208)
  2007 Ed. (2129)
  2008 Ed. (2244)
  2009 Ed. (2230)
  2010 Ed. (2184)
  2011 Ed. (2202)
  2012 Ed. (2063)
  2013 Ed. (2245)
  2014 Ed. (2177)
  2015 Ed. (2241)
  2016 Ed. (2212)
  2018 Ed. (2107)
Mutual First Financial
  2021 Ed. (1601)
Mutual fund
  1991 Ed. (2260)
Mutual Fund Forcaster
  1993 Ed. (2360)
Mutual Fund Public Co.
  1997 Ed. (2403)
  1999 Ed. (2895)
  2001 Ed. (2891)
The Mutual Fund Store
  2005 Ed. (1831)
The Mutual Fund Strategist
  1992 Ed. (2799, 2801)
  1993 Ed. (2360)
Mutual funds
  1993 Ed. (2365)
  1994 Ed. (338)
Mutual Funds Magazine
  1999 Ed. (3765)
Mutual funds/securities
  1997 Ed. (1570)
The Mutual Group
  1996 Ed. (2326)
  1997 Ed. (2455)
  1999 Ed. (2959)
Mutual Life Assurance
  1989 Ed. (923)
Mutual Life Assurance Co. Canada
  1994 Ed. (2263)
  1996 Ed. (2325)
Mutual Life Assurance Co. of Canada
  1992 Ed. (1186, 2672, 2673)
  1993 Ed. (2228)
  1995 Ed. (2311)
  1997 Ed. (1011, 2454)
Mutual Life of Canada
  1991 Ed. (2110)
Mutual Life Insurance Co. of New York
  1996 Ed. (2288)
  1998 Ed. (2137)
  1999 Ed. (2923)
  2000 Ed. (2672)
Mutual Life Insurance Co. of NY
  1991 Ed. (244, 2103)
  1994 Ed. (2261)
Mutual Life of New York
  1991 Ed. (243, 246)
  1992 Ed. (338, 4381)
  1993 Ed. (2258, 2380, 3653)
  1996 Ed. (2317)
  1997 Ed. (2426)
Mutual NY Var Acct B
  1989 Ed. (262, 263)
Mutual of Omaha
  1990 Ed. (2218, 2226)
  1993 Ed. (2194, 2195, 2197, 2198)
  1999 Ed. (2930)
  2010 Ed. (3305)
  2013 Ed. (3306)
  2014 Ed. (3329)
  2015 Ed. (3370)
  2023 Ed. (3269, 3336)
Mutual of Omaha America
  1990 Ed. (2387)

Mutual of Omaha Bank
  2011 Ed. (966, 3699, 4361)
  2012 Ed. (880, 3717, 4401)
  2021 Ed. (4307)
Mutual of Omaha Consolidated
  2009 Ed. (3367)
Mutual of Omaha Group
  2002 Ed. (3486)
  2003 Ed. (1774)
  2022 Ed. (3243)
  2023 Ed. (3332, 3348)
Mutual of Omaha Insurance
  2017 Ed. (3190)
  2019 Ed. (3225)
  2020 Ed. (3240)
  2021 Ed. (3106)
  2022 Ed. (3247)
Mutual of Omaha Insurance Co.
  1991 Ed. (2091)
  1992 Ed. (2653)
  1995 Ed. (2277, 2290)
  1996 Ed. (1423, 2265, 2299, 2300)
  1997 Ed. (1483)
  1998 Ed. (1179, 2150, 2151, 2171)
  1999 Ed. (1709, 2925, 2932, 2945)
  2000 Ed. (1520, 2676, 2678, 2695)
  2001 Ed. (1802, 2930, 2932, 2949)
  2002 Ed. (1733, 2889, 2890, 2932)
  2003 Ed. (1772, 1775, 2994)
  2004 Ed. (1809, 1811, 3112)
  2005 Ed. (1892, 1894, 3115)
  2006 Ed. (1914, 1916, 3120)
  2007 Ed. (1896, 1898, 2903, 3123, 3124, 3138, 3165, 3166, 3167)
  2008 Ed. (1960, 1962, 3273, 3274, 3313, 3314)
  2009 Ed. (1914, 3330, 3331, 3380, 3381, 3382)
  2010 Ed. (1847, 3187)
  2011 Ed. (1878, 1881, 3231, 3253)
  2012 Ed. (1735, 1739, 3224)
  2013 Ed. (1900, 1905)
  2014 Ed. (1832, 1837)
  2015 Ed. (1871, 1875)
  2016 Ed. (1835, 1839, 3138)
  2017 Ed. (1799, 3079)
  2018 Ed. (3186)
  2019 Ed. (1806)
  2020 Ed. (1752)
  2021 Ed. (1722)
  2022 Ed. (1755)
Mutual Omaha Interest Shares
  1991 Ed. (2561)
Mutual of Omaha Interest Shares
  1993 Ed. (2664)
Mutual of Omaha Life Insurance Co.
  2007 Ed. (1896)
  2008 Ed. (1960)
  2009 Ed. (1914)
Mutual of Omaha Marketing Corp.
  2001 Ed. (1802)
  2003 Ed. (1772)
Mutual of Omaha Tax-Free Income
  1992 Ed. (3167)
Mutual Qualified
  1990 Ed. (2371, 2392)
  1991 Ed. (2566)
  1994 Ed. (2614)
  1995 Ed. (2678, 2698, 2704)
  1996 Ed. (2753, 2774, 2789, 2801)
  1997 Ed. (2874, 2882)
Mutual Risk Captive Group Ltd.
  1999 Ed. (1029)
  2000 Ed. (979)
  2001 Ed. (2920)
Mutual Risk Management (Barbados) Ltd.
  1999 Ed. (1028)
  2001 Ed. (2919)
Mutual Risk Management (Cayman) Ltd.
  1990 Ed. (904)
  1991 Ed. (854)
  1992 Ed. (1059)
  1993 Ed. (849)
  1994 Ed. (862)
  1995 Ed. (904)
  1996 Ed. (878)
  1997 Ed. (899)
  1999 Ed. (1030)
Mutual Risk Management Ltd.
  2000 Ed. (978, 980)
  2001 Ed. (2921)
Mutual fund sales
  1993 Ed. (3683)
Mutual Savings Association
  2021 Ed. (4296)
  2022 Ed. (4304)
  2023 Ed. (4334)
Mutual Savings Bank
  1998 Ed. (3551)
  2021 Ed. (4319)
  2022 Ed. (4326)
  2023 Ed. (4356)
Mutual Savings Bank FSB
  1997 Ed. (3743)
Mutual Savings Bank of Wisconsin
  1998 Ed. (3571)
Mutual Savings & Loan Association
  1990 Ed. (3580, 3586)

Mutual Security Bank
  1994 Ed. (2339)
Mutual Security Credit Union
  2002 Ed. (1853)
  2003 Ed. (1910)
  2004 Ed. (1950)
  2005 Ed. (2092)
  2006 Ed. (2187)
  2007 Ed. (2108)
  2008 Ed. (2223)
  2009 Ed. (2206)
  2010 Ed. (2160)
  2011 Ed. (2180)
  2012 Ed. (2040)
  2013 Ed. (2218)
  2014 Ed. (2149)
  2015 Ed. (2213)
  2016 Ed. (2184)
  2018 Ed. (2087)
  2020 Ed. (2065)
  2021 Ed. (2055)
  2022 Ed. (2091)
  2023 Ed. (2205)
Mutual Series
  1998 Ed. (2618)
Mutual Service
  1999 Ed. (843, 844, 845, 846, 847, 848, 850)
  2000 Ed. (840, 841, 843, 844, 845, 846, 848)
  2002 Ed. (797, 798, 799, 800, 801)
  2005 Ed. (2604)
Mutual Service Insurance Group
  2002 Ed. (2951)
Mutual Service Life
  1991 Ed. (2096)
Mutual Shares
  1990 Ed. (2371, 2392)
  1991 Ed. (2557)
  1995 Ed. (2678, 2698)
  1996 Ed. (2753, 2774, 2801)
  1997 Ed. (2882)
Mutually Preferred PPO
  2000 Ed. (3598)
Mutuelles congolaises d'epargne et de credit
  2015 Ed. (401)
Mutuelles du Mans
  1990 Ed. (2279)
Muy Brands
  2019 Ed. (799)
  2020 Ed. (793)
MUY! Companies
  2019 Ed. (4230)
  2020 Ed. (4228)
  2021 Ed. (4192)
  2022 Ed. (4210)
  2023 Ed. (4245)
Muy! Cos.
  2018 Ed. (4201)
Muyuan Foodstuff
  2020 Ed. (2742)
Muziekhandel Leo Caerts
  2020 Ed. (3644)
  2021 Ed. (3649)
muzikant.cz s.r.o.
  2020 Ed. (3650)
  2021 Ed. (3655)
MUZIKER, a.s.
  2020 Ed. (3677)
  2021 Ed. (3683)
Muztorg Retail Chain
  2013 Ed. (3807)
  2015 Ed. (3755)
  2016 Ed. (3663)
  2020 Ed. (3675)
  2021 Ed. (3681)
Muztorg Retail Chain (A & T Trade)
  2021 Ed. (3681)
Muzzleloading
  2001 Ed. (4340)
Muzzo; Marco
  2005 Ed. (4871)
MV Transportation Inc.
  2004 Ed. (169)
  2005 Ed. (172)
  2006 Ed. (185, 3977, 4017, 4794)
  2007 Ed. (191)
  2008 Ed. (174, 177)
  2009 Ed. (193, 196)
  2010 Ed. (172, 175)
  2011 Ed. (96, 100, 3459)
  2012 Ed. (103, 107, 3472)
  2013 Ed. (3517, 3518)
  2014 Ed. (3491, 3492)
  2015 Ed. (3509, 3510)
  2016 Ed. (3368)
MV42
  2012 Ed. (56)
  2013 Ed. (2944)
  2014 Ed. (2962)
  2015 Ed. (3031)
  2016 Ed. (2927)
  2017 Ed. (2886)
  2018 Ed. (2953)
MVB Bank
  2022 Ed. (368)

MVB Bank, Inc.
  2021 Ed. (408)
  2022 Ed. (421)
  2023 Ed. (545)
MVB Financial
  2023 Ed. (462, 2090)
MVB Mortgage
  2022 Ed. (3691)
MVBMS Euro RSCG
  1994 Ed. (85)
  1995 Ed. (68)
  1996 Ed. (58)
  2002 Ed. (102)
MVC Capital Inc.
  2009 Ed. (2898, 2910, 2911)
  2010 Ed. (2842, 2854, 2855)
  2011 Ed. (2836)
MVD Express
  2020 Ed. (4982)
MVerge
  2020 Ed. (1231)
  2021 Ed. (1198)
MVi
  2010 Ed. (138)
M.Video
  2021 Ed. (650)
  2022 Ed. (687)
MVM Inc.
  1994 Ed. (2051, 2052, 2056, 2057)
  1995 Ed. (2102)
  2006 Ed. (2845)
  2007 Ed. (2834)
  2008 Ed. (2966)
  2009 Ed. (3046)
  2010 Ed. (2970)
  2011 Ed. (2933)
  2012 Ed. (2866)
  2013 Ed. (2936, 2938)
  2014 Ed. (2956, 2958)
MVMTWatches.com
  2018 Ed. (2329)
MVNP
  2023 Ed. (111, 4107)
MVP Health Care
  2011 Ed. (3630)
  2016 Ed. (1880)
  2017 Ed. (1839)
  2018 Ed. (1786)
  2019 Ed. (1843)
  2020 Ed. (1784)
  2021 Ed. (1753)
  2022 Ed. (1785)
  2023 Ed. (1917)
MVP Holdings LLC
  2021 Ed. (1646)
MVP Plastics
  2019 Ed. (3601)
MVT Services LLC
  2019 Ed. (4739)
  2022 Ed. (4722)
MVT Services LLC/Mesilla Valley Transportation
  2022 Ed. (4722)
MW Builders
  2023 Ed. (1340)
MW Builders Inc.
  2019 Ed. (1128)
  2020 Ed. (1118)
  2022 Ed. (1121)
MW Custom Papers LLC
  2008 Ed. (1986)
  2009 Ed. (1939)
M+W Energy
  2018 Ed. (4440, 4453)
  2019 Ed. (4443, 4454)
  2020 Ed. (4432)
M+W Group
  2020 Ed. (1131)
The M.W. Kellogg Co.
  1990 Ed. (1182, 1195, 1198, 1209, 1664)
  1992 Ed. (1953)
  1998 Ed. (660, 662, 1730)
  2000 Ed. (1275, 1279, 1287)
MW Polar Foods Inc.
  2003 Ed. (4312)
MW Post Advisory
  2003 Ed. (2701)
M+W U.S. Inc.
  2013 Ed. (2563)
  2014 Ed. (2492)
  2015 Ed. (1260, 2566)
  2016 Ed. (2488)
  2017 Ed. (2344)
MWA Inc. Architecture-Engineering
  2023 Ed. (273)
MWE
  1999 Ed. (3138)
MWH
  2003 Ed. (2300, 2303)
  2005 Ed. (2439)
  2009 Ed. (1150)
  2023 Ed. (2670, 2673, 2684, 2685)
MWH Americas Inc.
  2009 Ed. (2582, 2583)
  2011 Ed. (2473)
  2012 Ed. (2375)
  2013 Ed. (2557)
  2014 Ed. (1723)

CUMULATIVE INDEX • 1989-2023

MWH Constructors Inc.
  2021 Ed. (2416, 2428)
  2022 Ed. (2528, 2531, 2542, 2543)
MWH Global
  2014 Ed. (2575, 2576, 2586)
  2015 Ed. (1221, 2558, 2559, 2561, 2614, 2616, 2626, 5013)
  2016 Ed. (2476)
MWH Global Inc.
  2004 Ed. (1253, 1300, 1302, 2331, 2336, 2351, 2365, 2368, 2373, 2375, 2382, 2383, 2384, 2385, 2393, 2395, 2397, 2400, 2403, 2435, 2438, 2441, 2443, 2444, 2446)
  2005 Ed. (1309, 2425, 2429, 2432, 2435, 3915)
  2006 Ed. (1275, 1277, 1278, 2469, 2472, 2475, 2503, 2504, 2505, 2506, 2507, 3989)
  2007 Ed. (2420, 2424, 2432, 2437, 2440, 2472, 2473, 2474, 2475, 2476, 2478, 4027, 4889, 4890)
  2008 Ed. (2547, 2551, 2564, 2567, 2601, 2602, 2604, 2605, 2607, 4054, 4821, 4822)
  2009 Ed. (2554, 2558, 2572, 2575, 2629, 2630, 2632, 2633, 2635, 2636)
  2010 Ed. (1144, 2470, 2474, 2488, 2491, 2532, 2533, 2535, 2536, 2539, 4061, 4065)
  2011 Ed. (1087, 2496, 2499, 2534, 2536, 2537, 4040, 4041)
  2012 Ed. (1008, 2394, 2398, 2415, 2418, 2424, 2470, 2471, 2473, 2474, 2477, 2482, 2483, 4073, 4074)
  2013 Ed. (1152, 1562, 1565, 2565, 2569, 2586, 2588, 2591, 2619, 2625, 2629, 2630, 2631)
  2014 Ed. (1114, 1532, 1537, 2498, 2515, 2517, 2578, 2583, 2587, 2588, 2589)
  2015 Ed. (1292, 1583, 1588, 1589, 2568, 2572, 2589, 2591, 2618, 2619, 2623, 2627, 2628, 2629)
  2016 Ed. (1063, 1206, 1515, 1516, 2475, 2490, 2494, 2511, 2513, 2540, 2542, 2547, 2550, 2551, 2552, 2553)
  2017 Ed. (1509, 2332, 2338, 2346, 2350, 2368, 2370, 2432, 2437, 2440, 2441, 2442, 2443)
  2018 Ed. (2435, 2437, 2479, 2484, 2487, 2488, 2489, 2490)
MWI Inc.
  2008 Ed. (3573)
  2009 Ed. (3643)
MWI McDade-Woodcock Inc.
  2008 Ed. (1320)
  2009 Ed. (1304)
  2010 Ed. (1298)
MWI Veterinary Supply
  2014 Ed. (2900)
  2015 Ed. (2943)
MWI Veterinary Supply Inc.
  2008 Ed. (2139, 2143)
  2009 Ed. (2123)
  2010 Ed. (2059, 2063)
  2011 Ed. (2114, 2118)
  2012 Ed. (1952)
  2013 Ed. (1699, 2170, 2181)
  2014 Ed. (1647)
  2015 Ed. (1689)
  2016 Ed. (1642)
MWR InfoSecurity
  2018 Ed. (4306)
MWV
  2010 Ed. (3807)
  2011 Ed. (3803)
MWW
  2014 Ed. (4154)
  2023 Ed. (4130, 4134, 4138, 4143, 4145, 4153)
MWW Group
  1999 Ed. (3911, 3914, 3947)
  2000 Ed. (3628, 3630, 3661, 3668)
  2002 Ed. (3821, 3823, 3829, 3830, 3834, 3836, 3841, 3842, 3851)
  2003 Ed. (3977, 3978, 3979, 3980, 3982, 4007, 4017)
  2012 Ed. (4132, 4139, 4148, 4152, 4154, 4157, 4161)
  2013 Ed. (4125, 4131, 4132, 4133, 4135, 4141, 4143, 4148)
  2014 Ed. (4140, 4147, 4148, 4149, 4151, 4158, 4160, 4165)
  2015 Ed. (4122, 4130, 4131, 4132, 4134, 4137, 4139, 4141, 4145, 4146)
MWW/Savitt
  1999 Ed. (3954)
MWW Strategic Communications
  1992 Ed. (3562, 3572)
  1994 Ed. (2949)
  1995 Ed. (3004)
  1996 Ed. (3105)
  1997 Ed. (3186)
  1998 Ed. (2953, 2962)
MWWPR
  2016 Ed. (4036, 4044, 4045, 4046, 4048, 4051, 4053, 4055, 4059, 4060, 4061)

  2020 Ed. (4046, 4049, 4051, 4052, 4054, 4057)
  2021 Ed. (4015, 4018, 4020, 4021, 4024, 4029, 4030)
  2022 Ed. (4029, 4030, 4033, 4039, 4040, 4043, 4048)
MX-5 Miata
  2001 Ed. (492)
MX Logic Inc.
  2009 Ed. (3241)
  2010 Ed. (2939)
MX Promotions
  2002 Ed. (4086)
MX Telecom Ltd.
  2008 Ed. (2951, 2952)
MX4 Electronics Inc.
  2017 Ed. (4934)
  2018 Ed. (4938)
MXenergy
  2008 Ed. (2495, 4043)
MXI Security
  2012 Ed. (2836)
MXM Music
  2017 Ed. (3617, 3618)
  2018 Ed. (3680, 3681)
MXM Music AB
  2014 Ed. (3723)
  2015 Ed. (3727)
My 2 Boys
  2018 Ed. (781)
MY ALARM
  2023 Ed. (4395, 4396)
My Alarm Center
  2017 Ed. (4336)
  2018 Ed. (4329)
  2019 Ed. (4357)
  2020 Ed. (4352)
  2023 Ed. (4394)
My Backyard Sports
  2023 Ed. (1220)
My Benefit Express
  2009 Ed. (2487)
My Best Friend's Wedding
  1999 Ed. (3447, 4717)
  2001 Ed. (4695)
My Big Fat Greek Wedding
  2004 Ed. (3517)
  2005 Ed. (2259, 3518, 4832)
My Chauffeur
  1999 Ed. (3453)
  2000 Ed. (3168)
My Community Credit Union
  2019 Ed. (2127)
My Construction Supply
  2021 Ed. (3461)
  2022 Ed. (3519)
My Dollar Plan
  2014 Ed. (629)
My E.G. Services
  2017 Ed. (1728)
  2018 Ed. (1680)
  2019 Ed. (1746)
  2020 Ed. (1689)
My EG Services
  2012 Ed. (1676)
My Eyelab
  2021 Ed. (3753)
  2022 Ed. (861, 3772)
  2023 Ed. (3874)
My Favorite Muffin
  2015 Ed. (322)
  2016 Ed. (325)
  2018 Ed. (314)
My Friend's Place
  2002 Ed. (4089)
  2004 Ed. (4240)
  2011 Ed. (4350)
My Girl
  1993 Ed. (2599)
My Grandmother Asked Me to Tell You She's Sorry
  2018 Ed. (586)
My Gym Children's Fitness Center
  2003 Ed. (2696)
  2004 Ed. (2816)
  2005 Ed. (2812)
  2006 Ed. (2788)
  2007 Ed. (2788)
  2008 Ed. (2913)
  2009 Ed. (2968)
  2010 Ed. (2908)
  2011 Ed. (2878)
  2012 Ed. (2818)
  2013 Ed. (4037)
  2014 Ed. (3974)
  2015 Ed. (4017)
  2016 Ed. (3930)
  2017 Ed. (3899)
  2018 Ed. (3932)
  2019 Ed. (3903)
  2020 Ed. (3918)
  2021 Ed. (3886)
My Gym Enterprises
  2011 Ed. (769)
  2012 Ed. (707)
  2014 Ed. (858)
  2021 Ed. (819)
  2022 Ed. (851)

My Gym's Children's Fitness Center
  2002 Ed. (2362)
My Home Group Real Estate
  2017 Ed. (4067)
  2018 Ed. (4095)
  2019 Ed. (1397, 4102)
  2020 Ed. (1356)
My Horizontal Life
  2012 Ed. (524)
My Independence at Home
  2021 Ed. (4777)
  2022 Ed. (4779)
  2023 Ed. (3770, 4766)
My Journey to Millions
  2012 Ed. (494)
My Life
  2006 Ed. (637)
My Life As a Quant
  2006 Ed. (634)
My Little Pony
  2018 Ed. (4676)
  2019 Ed. (4681)
  2021 Ed. (4666, 4669)
  2022 Ed. (4674, 4679)
  2023 Ed. (4667, 4668)
My Little Pony (U.S.)
  2021 Ed. (4669)
  2022 Ed. (4679)
My Net Fone
  2016 Ed. (1377)
  2017 Ed. (1400)
My Pillow
  2017 Ed. (2138)
  2018 Ed. (3152)
My Pillow Premium
  2019 Ed. (3087)
My Premium Accountant
  2009 Ed. (2487)
M.Y. Safra Bank
  2021 Ed. (4312)
M.Y. Safra Bank, FSB
  2021 Ed. (4312)
MY SALON Suite
  2023 Ed. (3016, 3911)
My Salon Suite
  2018 Ed. (2878)
  2020 Ed. (3816)
  2021 Ed. (3792)
  2022 Ed. (3813)
My Salon Suite/Salon Plaza
  2018 Ed. (792)
  2020 Ed. (2863)
  2021 Ed. (2735)
  2022 Ed. (2891)
  2023 Ed. (3018)
My Show Must Go On
  2019 Ed. (1586, 4731)
My Sister's Keeper
  2007 Ed. (665)
My Spy Birdhouse
  2015 Ed. (2339)
My T-Mobile
  2010 Ed. (3373)
My University Money
  2013 Ed. (609)
My Web Search
  2007 Ed. (3225)
  2008 Ed. (3355)
My Yahoo!
  2002 Ed. (4838)
My Years with General Motors
  2005 Ed. (718)
The MYA Group Inc.
  2008 Ed. (3709, 4394)
Myanma Foreign Trade Bank
  1989 Ed. (498)
  1990 Ed. (512)
  1991 Ed. (469)
  1992 Ed. (789)
Myanmar
  1997 Ed. (305)
  2006 Ed. (3016)
  2009 Ed. (2168)
  2015 Ed. (248, 562, 800, 836, 1065, 2276, 2526, 2641, 2717, 2718, 3449, 4220, 4545, 4719, 4862)
  2016 Ed. (1586, 2247, 2461, 3308, 3688, 4621)
  2017 Ed. (1007)
Myanmar Beer
  2022 Ed. (582)
Myanmar Investment & Commercial Bank
  2006 Ed. (503)
  2007 Ed. (525)
  2010 Ed. (489)
Myanmar Maccomm Public Relations Advertising
  1999 Ed. (127)
Myanmar Media International
  1999 Ed. (127)
  2003 Ed. (124)
Myanmar Oriental Bank
  2006 Ed. (381, 503)
  2007 Ed. (363, 525)
  2008 Ed. (351)
  2010 Ed. (489)
MYAPPSHUB
  2022 Ed. (982, 2008)

MyBoeingFleet.com
  2004 Ed. (2203)
Mycal Corp.
  1999 Ed. (1668, 4112)
  2000 Ed. (3823, 3824)
  2002 Ed. (4061)
  2003 Ed. (4178)
MyCanvas.com
  2011 Ed. (2374)
Mycelex
  1993 Ed. (3650)
  1996 Ed. (249, 3769)
Mycelex-7
  1998 Ed. (1552)
MyCEO
  2022 Ed. (4778)
MyCFO
  2002 Ed. (2473, 4814)
Mycinettes
  1991 Ed. (3388)
myCIO Wealth Partners
  2015 Ed. (7)
myCIO Wealth Partners, LLC
  2020 Ed. (3)
  2021 Ed. (5)
  2022 Ed. (6)
  2023 Ed. (44)
Mycogen
  1994 Ed. (1196)
  1995 Ed. (665)
  1997 Ed. (674)
  1998 Ed. (465)
MyDailyMoment.com
  2013 Ed. (182, 3657)
MyDeal.com.au
  2019 Ed. (1411)
mydentist
  2018 Ed. (1987)
MyDoom
  2006 Ed. (1147)
MyElefant
  2018 Ed. (1554, 4578)
myElefant
  2019 Ed. (3457)
Myeongdong
  2006 Ed. (4182)
Myer
  2012 Ed. (542, 4328)
  2013 Ed. (659, 4278)
  2014 Ed. (676)
  2021 Ed. (598)
Myer-Emco
  2007 Ed. (2865)
  2009 Ed. (3067)
The Myer Emporium Ltd.
  2002 Ed. (1594)
  2004 Ed. (1634)
The Myer Family
  2001 Ed. (3317)
Myer Holdings Ltd.
  2023 Ed. (2329, 2361)
MyerEmco AudioVideo
  2009 Ed. (3065, 3068)
  2010 Ed. (2998, 2999)
Myers
  1990 Ed. (3067, 3071, 3072, 3073)
  2000 Ed. (3834)
  2005 Ed. (4158)
Myers; A. Maurice
  2005 Ed. (966)
Myers Anderson Architects
  2006 Ed. (286)
Myers; Blair
  2019 Ed. (4119)
Myers; Christopher
  2008 Ed. (369)
Myers Co. Group; L. E.
  1993 Ed. (933)
  1996 Ed. (1134)
  1997 Ed. (1161, 1162)
Myers Co.; The L. E.
  1992 Ed. (3226)
  1994 Ed. (1140)
  1995 Ed. (1159)
Myers; Greg
  2006 Ed. (990)
  2007 Ed. (1083)
Myers Group
  2010 Ed. (2896)
Myers Inc.; Allan A.
  1992 Ed. (1418, 1419)
  1993 Ed. (1132)
  1994 Ed. (1145, 1153)
  1995 Ed. (1167)
  1996 Ed. (1142)
Myers Industries Inc.
  2007 Ed. (2230)
  2008 Ed. (2358)
Myers:Lintas Norway
  1993 Ed. (124)
Myers; Mike
  2008 Ed. (2590)
  2010 Ed. (2521)
Myers Mitsubishi; Joe
  1992 Ed. (392)
  1993 Ed. (278)
  1995 Ed. (280)

Myer's Original
 1992 Ed. (3749, 3753)
 1993 Ed. (3057)
Myers Restaurant Supply
 2015 Ed. (2800)
 2016 Ed. (2730)
Myers' Rum
 1990 Ed. (2460)
 1991 Ed. (2328, 2329, 2330, 2906, 2907)
 1992 Ed. (2887)
 1997 Ed. (3366, 3369, 3370)
Myers and Stauffer LC
 2023 Ed. (16)
Myers; Steven
 1997 Ed. (1981)
Myers's
 1994 Ed. (3122, 3124)
 1995 Ed. (3170, 3174, 3175)
 1996 Ed. (3267, 3269, 3270, 3272)
 1998 Ed. (3108)
 1999 Ed. (4124)
 2001 Ed. (4142)
 2002 Ed. (296, 4070)
 2003 Ed. (4207)
 2004 Ed. (4230)
MyExtraGum.com
 2013 Ed. (2467)
MyEyeDr.
 2016 Ed. (3709)
 2017 Ed. (3666)
 2018 Ed. (3721)
 2019 Ed. (3708)
 2020 Ed. (3752)
 2021 Ed. (3752)
MyFastPC
 2018 Ed. (2021)
MyFitnessPal
 2016 Ed. (2563)
myFootpath
 2014 Ed. (2334)
MyHealth
 2021 Ed. (1545)
MyHeritage
 2015 Ed. (2974)
MyJobHelper.com
 2023 Ed. (3687)
Mykolaiv Alumina Works
 2002 Ed. (4495)
Mykrolis Corp.
 2005 Ed. (3394)
 2006 Ed. (3391)
Mylan
 2015 Ed. (4009, 4015)
 2016 Ed. (3892, 3922)
 2017 Ed. (3892)
 2018 Ed. (3911, 3921)
 2019 Ed. (3884, 3893)
 2020 Ed. (3902, 3909)
 2021 Ed. (3876)
 2022 Ed. (3893, 3894)
Mylan Co. Ad
 2001 Ed. (2067)
Mylan/Diff Co. Ad
 1997 Ed. (1656)
Mylan/DiffCo.
 1999 Ed. (1910)
Mylan Inc.
 1999 Ed. (1906)
 2000 Ed. (2321, 2323)
 2010 Ed. (1426, 3532)
 2011 Ed. (1992, 1996, 1998, 2000, 2002, 2828, 3531, 3944, 3961, 3962)
 2012 Ed. (1262, 1846, 1849, 1850, 1852, 3939, 3942, 3953, 3956, 3971)
 2013 Ed. (1363, 2004, 2006, 3998, 4003, 4004, 4005, 4028, 4029, 4031)
 2014 Ed. (1941, 3948, 3949, 3967, 3969)
 2015 Ed. (1987, 3984, 3985)
 2016 Ed. (1959, 1960, 3441, 3897)
 2017 Ed. (1922, 1924, 3401, 3866)
Mylan Laboratories Inc.
 1989 Ed. (1568, 1572, 2495, 2499)
 1991 Ed. (1232, 2587, 2589, 3229)
 1992 Ed. (1541)
 1993 Ed. (1183)
 1997 Ed. (1650, 2135)
 2001 Ed. (2061, 2103)
 2002 Ed. (2017, 3753)
 2004 Ed. (2151, 3877)
 2005 Ed. (1942, 1946, 1947, 1948, 1951, 2246, 2247, 3805, 3807)
 2006 Ed. (1983, 1987, 2781, 3873, 3876, 4468)
 2007 Ed. (3907)
 2008 Ed. (3942, 3952)
 2009 Ed. (2007)
 2010 Ed. (1939, 1942, 1944, 1945, 1947, 1949)
Mylan Labs
 1996 Ed. (1568)
Mylan NV
 2018 Ed. (1869, 3467)
 2019 Ed. (1922, 3437)
 2020 Ed. (1860)
Mylan Pharmaceuticals Inc.
 1996 Ed. (1577)
 1997 Ed. (1658, 2134)
 2001 Ed. (2064)

2012 Ed. (2693)
 2015 Ed. (2176)
 2016 Ed. (2151)
Mylanta
 1992 Ed. (340, 342, 343, 1846)
 1993 Ed. (236, 237)
 1994 Ed. (225, 226)
 1995 Ed. (224, 1618)
 1996 Ed. (225, 226)
 1997 Ed. (257)
 1998 Ed. (173, 174, 175, 1350)
 1999 Ed. (279)
 2000 Ed. (304)
 2002 Ed. (322)
 2003 Ed. (283)
 2004 Ed. (251)
Mylanta 12 oz.
 1991 Ed. (1451)
Mylanta liquid 12 oz.
 1990 Ed. (1575)
Mylanta II
 1996 Ed. (226)
Mylanta II Liquid 12
 1990 Ed. (1543)
Mylanta Liquid 12
 1990 Ed. (1542, 1543)
Mylanta Tonight Liquid Antacid + Anti-Gas
 2018 Ed. (3769)
Myles Garrett
 2023 Ed. (319)
Mylex
 1992 Ed. (2367, 3991)
Mylicon
 2018 Ed. (180)
MyLife
 2010 Ed. (3378)
 2012 Ed. (2875, 3311, 3312)
 2013 Ed. (2951, 3383)
 2014 Ed. (2968)
Mylod; Robert
 1991 Ed. (927)
 1992 Ed. (1144)
 1995 Ed. (981)
myMatrixx
 2012 Ed. (3975)
MyMMs.com
 2009 Ed. (2445)
 2010 Ed. (2367)
Mynd Management Inc.
 2022 Ed. (1409, 1411)
 2023 Ed. (1604)
MyNetworkTV
 2011 Ed. (2944)
 2012 Ed. (2874)
Mynt Systems
 2021 Ed. (1407, 2325, 2339)
 2022 Ed. (2392, 2410)
Myoflex
 1999 Ed. (275)
 2001 Ed. (384)
 2002 Ed. (315, 316)
Myogen Inc.
 2003 Ed. (682)
 2007 Ed. (4587)
 2008 Ed. (4668)
MYOU Video Corp.
 2002 Ed. (2542)
MyPalm
 2002 Ed. (4863)
MyPath
 2021 Ed. (2308)
 2022 Ed. (2337)
 2023 Ed. (2513)
mypoints.com
 2001 Ed. (2992, 2995, 2996)
MYR Group
 2022 Ed. (1595, 2421)
 2023 Ed. (1664, 2573)
MYR Group Inc.
 1998 Ed. (946, 955)
 1999 Ed. (1368, 1376)
 2000 Ed. (1260, 1268)
 2001 Ed. (1474)
 2002 Ed. (1289)
 2003 Ed. (1301)
 2004 Ed. (1304, 1315)
 2005 Ed. (1311, 1321)
 2006 Ed. (1281, 1293)
 2007 Ed. (1360)
 2008 Ed. (1257)
 2009 Ed. (1232, 1233, 1241)
 2010 Ed. (1231, 1232)
 2011 Ed. (1178, 1179)
 2012 Ed. (1126, 1127)
 2013 Ed. (1272, 1273)
 2014 Ed. (1205, 1206)
 2015 Ed. (1263, 1264, 1271)
 2016 Ed. (1178, 1179)
 2017 Ed. (1221, 1222)
 2018 Ed. (1201, 1202)
 2019 Ed. (1229)
 2020 Ed. (1197, 1223)
 2021 Ed. (1130, 1171, 1190)
 2022 Ed. (1133, 1170, 1191)
 2023 Ed. (1365, 1405, 1428)
Myres/Lintas
 1991 Ed. (137)

Myres Reklamebyra
 1999 Ed. (136)
Myriad Genetics
 2014 Ed. (615, 617, 2064)
 2016 Ed. (627)
 2017 Ed. (664)
 2019 Ed. (2851)
 2020 Ed. (2879)
Myriad Genetics Inc.
 2002 Ed. (4502)
 2017 Ed. (2060)
Myriam Marquez
 2011 Ed. (2955)
Myron Corp.
 2018 Ed. (3452)
Myron I. Gottlieb
 1991 Ed. (1621)
Myron Picoult
 1993 Ed. (1807)
 1994 Ed. (1790)
 1995 Ed. (1829)
Myron Wentz
 2019 Ed. (4876)
 2020 Ed. (4864)
 2021 Ed. (4865)
Myronivsky Hliboproduct
 2019 Ed. (3951)
 2020 Ed. (3968)
 2021 Ed. (3933)
 2022 Ed. (3945)
Myrtle Beach, FL
 1990 Ed. (3648)
Myrtle Beach-North Myrtle Beach-Conway, SC
 2010 Ed. (4193)
Myrtle Beach, SC
 1990 Ed. (998)
 1995 Ed. (3106, 3108, 3148)
 1996 Ed. (3201, 3203, 3248)
 1997 Ed. (2336, 2763, 3305, 3308, 3309, 3349)
 1998 Ed. (743, 1548, 2057, 3052, 3053)
 1999 Ed. (2127, 4052, 4053)
 2000 Ed. (1076, 1909, 3767, 3768, 3769, 4365)
 2001 Ed. (4048, 4055)
 2002 Ed. (3995, 3996)
 2003 Ed. (4088, 4089)
 2004 Ed. (4114, 4115)
 2005 Ed. (2388)
 2008 Ed. (2490)
 2009 Ed. (2494)
 2011 Ed. (4202)
 2012 Ed. (4254)
 2014 Ed. (4262)
 2019 Ed. (719)
 2020 Ed. (710)
 2021 Ed. (717, 3347)
Myrtle Potter
 2006 Ed. (2526)
 2007 Ed. (2506)
Myrtle Stockhus
 1994 Ed. (897)
mySimon
 2002 Ed. (4849)
MySoftware
 2000 Ed. (3391)
MySpace
 2007 Ed. (3246)
 2009 Ed. (692, 713)
 2010 Ed. (3378)
 2011 Ed. (3325, 3326)
 2012 Ed. (2875, 3311, 3312)
 2013 Ed. (2951, 3383, 3384)
 2014 Ed. (2968)
 2015 Ed. (3038)
MySpace Blogs
 2007 Ed. (3227)
MySpace Music
 2008 Ed. (3364)
MySpace.com
 2008 Ed. (3370, 3371)
MySQL AB
 2005 Ed. (1146)
 2006 Ed. (1135)
 2007 Ed. (1249)
 2008 Ed. (1147)
 2009 Ed. (1126)
Myst
 1995 Ed. (1100)
 1996 Ed. (887, 1078, 1080, 1083)
 1997 Ed. (1088, 1089, 1094, 1097)
 1998 Ed. (850)
MYST MPC
 1997 Ed. (1102)
The Mystery of Capital: Why Capitalism Triumphs in the West and Fails Everywhere Else
 2006 Ed. (579)
The Mystery System
 1999 Ed. (3904)
Mystery.org
 2022 Ed. (2225, 2226)
Mystic
 1997 Ed. (3661)
Mystic Cliffs
 2001 Ed. (4877, 4878, 4879, 4881, 4888, 4894)

 2002 Ed. (4941, 4943, 4948, 4955, 4961)
Mystic Lake Casino Hotel
 2012 Ed. (677)
 2013 Ed. (885)
 2014 Ed. (847)
Mystic Re II
 2012 Ed. (3213)
Mystic River
 2005 Ed. (727)
Mystic Scenic Studios Inc.
 2021 Ed. (4993)
Mystique
 1996 Ed. (329)
 2001 Ed. (485)
MYTA Technologies
 2021 Ed. (2957)
Myteam.com
 2003 Ed. (3053)
Myth Merchant Films
 2011 Ed. (2616, 4670)
The Myth of the Rational Market
 2011 Ed. (533)
Mythen SpA
 2009 Ed. (1819)
mythic
 2023 Ed. (127)
Mythic Entertainment
 2005 Ed. (3276)
The Mythical Man-Month
 2005 Ed. (709)
Mythics Emergent Group
 2021 Ed. (1253)
Mythics Inc.
 2013 Ed. (1325)
 2014 Ed. (1256, 1259)
 2015 Ed. (1315)
 2016 Ed. (1228, 1231)
 2017 Ed. (1277, 1280)
 2018 Ed. (1255, 1258)
 2019 Ed. (1279, 1292)
 2022 Ed. (1258)
MyThings
 2013 Ed. (2909)
 2015 Ed. (2974)
Mytho
 2021 Ed. (3857)
Mythology Distillery
 2023 Ed. (226)
MyThum Interactive Inc.
 2009 Ed. (2989)
 2010 Ed. (2928)
MyTown2go
 2022 Ed. (1636)
Myung-Hee; Lee
 2008 Ed. (4851)
 2009 Ed. (4873)
 2010 Ed. (4874, 4987)
 2011 Ed. (4862)
 2015 Ed. (4959)
Myvo Amego
 2014 Ed. (1272)
Mywedding.com
 2009 Ed. (3688)
myYearbook
 2010 Ed. (3378)
 2011 Ed. (3326)
 2012 Ed. (3312)
 2013 Ed. (2906, 3384)
MyYearbook.com
 2008 Ed. (3370)
MZ Capital Partners
 2019 Ed. (1637, 4102)
 2023 Ed. (1766, 4184, 4187)
MZB Disney Frozen
 2017 Ed. (600)
MzeroA.com
 2019 Ed. (2225)
MZI Group
 2013 Ed. (1146, 2926)
MZI Group Inc.
 2012 Ed. (2858)
 2014 Ed. (2953)
 2015 Ed. (3005)

N

N. B. Holdings Corp.
 2003 Ed. (426)
N. B. K.
 2007 Ed. (53)
 2008 Ed. (55)
N. Brown
 1992 Ed. (2960)
 2012 Ed. (4368)
N. C. Sturgeon General Contractors
 2009 Ed. (1153, 1154)
N. C. Sturgeon LP
 2005 Ed. (4149)
N-Cube
 1994 Ed. (3458)
N. D. Archibald
 2002 Ed. (2194)
 2003 Ed. (2390)
 2004 Ed. (2509)
 2005 Ed. (2493)

N. D. Chabraja
  2001 Ed. (2317)
  2003 Ed. (2378)
  2004 Ed. (2498)
  2005 Ed. (2482)
N. E. Agri Service
  1998 Ed. (1541)
N. E. B. C. Inc.
  1991 Ed. (1087)
N. E. Garrity
  2001 Ed. (2332)
N. E. Philadelphia (PA) News Gleaner
  2003 Ed. (3644)
N. E. Philadelphia (PA) Northeast Times
  2003 Ed. (3642)
N. E. W. Printing
  2014 Ed. (4099)
N. F. Smith & Associates
  2009 Ed. (2468)
The N. G. Bailey Organisation Ltd.
  1995 Ed. (1008)
N-Gage
  2009 Ed. (678, 685, 706)
N. H. Industria Metaliku Sh.a.
  2014 Ed. (1571)
N. H. Wesley
  2002 Ed. (2197)
  2003 Ed. (2375)
  2004 Ed. (2496)
  2005 Ed. (2480)
N-Hance
  2007 Ed. (2253)
  2008 Ed. (881, 2390)
  2009 Ed. (891, 2371)
  2010 Ed. (2295)
  2011 Ed. (2293)
  2012 Ed. (2189)
  2013 Ed. (3006)
  2014 Ed. (3015)
  2015 Ed. (5039)
  2016 Ed. (4992)
  2017 Ed. (4986)
  2018 Ed. (4992)
N-Hance Wood Refinishing
  2019 Ed. (4988)
  2020 Ed. (2979)
  2021 Ed. (4992)
N. Hurtado
  2002 Ed. (4396)
N/I Numeric Investors Emerging Growth
  2008 Ed. (2621)
N/I Numeric Investors Midcap
  2008 Ed. (2617)
N/I Numeric Investors Small Cap Value
  2007 Ed. (2492)
  2008 Ed. (2622)
N-iX
  2019 Ed. (977, 978)
  2020 Ed. (963)
N & K CPAs Inc.
  2010 Ed. (1666)
  2011 Ed. (1674)
  2013 Ed. (1671)
N. K. Hurst Co.
  2016 Ed. (4442)
  2017 Ed. (4449)
  2018 Ed. (4468)
N K K Corp.
  1990 Ed. (2545)
  1991 Ed. (2423)
N & L Apple
  1993 Ed. (837)
N. L. L. Construction SE
  2006 Ed. (1634)
N. L. V. Financial Corp.
  2003 Ed. (1842)
  2004 Ed. (1877)
  2005 Ed. (1992)
  2006 Ed. (2091)
n-Link Corp.
  2006 Ed. (3546)
  2007 Ed. (3610, 3611)
  2008 Ed. (3738, 4435, 4989)
N. M. Coulson
  1991 Ed. (1618)
N. M. Raiji & Co.
  1997 Ed. (10)
N. M. Rothschild
  1990 Ed. (902)
  1991 Ed. (1126, 2676)
  1992 Ed. (1456, 1484, 2140)
  1993 Ed. (1198)
  1994 Ed. (2474)
  1997 Ed. (1232, 3488)
N. M. Rothschild International Asset Management
  1991 Ed. (2243)
  1992 Ed. (2780)
N. M. Rothschild & Sons (Channel Islands) Ltd.
  1994 Ed. (450)
N. M. Rothschild & Sons (C.I.) Ltd.
  1991 Ed. (477)
  1992 Ed. (635)
  1993 Ed. (449)
  1995 Ed. (442)
  1996 Ed. (471)

N M Rothschild & Sons Ltd.
  1994 Ed. (1203)
  1996 Ed. (3393)
  2001 Ed. (1521, 1530, 1531)
  2002 Ed. (1354, 1355, 1360, 1364, 1365, 1367, 1368, 1369, 1371, 1421)
  2003 Ed. (1404, 1405, 1406, 1411, 1418, 4719)
  2004 Ed. (1429, 1430, 1431, 1434, 1435, 1442, 4695)
  2005 Ed. (1446, 1447, 1448, 1453, 1460, 4672)
  2006 Ed. (1416, 4724)
  2008 Ed. (4666)
  2009 Ed. (1393)
N/P Grey A/S
  1989 Ed. (97)
N. Racanelli Associates
  1991 Ed. (963, 965)
N. Scanniello
  2006 Ed. (348)
/n Software
  2005 Ed. (1145)
  2006 Ed. (1134)
  2008 Ed. (1146)
  2009 Ed. (1125)
  2010 Ed. (1105)
  2011 Ed. (1044)
  2012 Ed. (974)
  2014 Ed. (1082)
/n software
  2017 Ed. (1062)
  2018 Ed. (988)
  2019 Ed. (987)
/N SPRO Inc.
  2016 Ed. (1463)
'N Sync
  2001 Ed. (1384, 3408)
  2002 Ed. (1162, 1163, 2144, 3413)
  2003 Ed. (1127, 1128, 2327, 2332)
  2004 Ed. (2412, 2416)
N. T. Butterfield & Son; Bank of
  2005 Ed. (468)
  2006 Ed. (420)
  2007 Ed. (405)
n-tieractive Inc.
  2013 Ed. (2144)
N. V. Kon Nederlandsche Petroleum MIJ
  2002 Ed. (1644)
N V Ryan
  1990 Ed. (1343)
N. W. Ayer
  1989 Ed. (61, 64, 67, 79, 145)
  1990 Ed. (65, 134, 136)
  1991 Ed. (132, 840)
  1992 Ed. (108)
  1993 Ed. (65, 75)
  1995 Ed. (37)
  1997 Ed. (53)
N. W. Ayer & Partners
  1996 Ed. (54)
  1998 Ed. (39)
N. W. Ayer & Son
  2011 Ed. (48)
N. W. Newborn Specialists PC
  2008 Ed. (2020)
N-Y Associates Inc.
  2010 Ed. (2447)
  2011 Ed. (2456)
N. Z. Mill Products
  2003 Ed. (2513)
N2 Publishing
  2020 Ed. (55, 56, 787, 3997)
  2021 Ed. (59)
n2Grate
  2017 Ed. (4776)
n2grate
  2017 Ed. (1256, 1259)
  2018 Ed. (1235, 1236, 1238)
  2019 Ed. (926, 1755)
N2H2, Inc.
  2003 Ed. (2744)
N3
  2017 Ed. (1576)
N9NE Steak House
  2007 Ed. (4129)
N64
  2000 Ed. (3496)
N.A.
  1996 Ed. (717)
Na Ali'i Consulting
  2017 Ed. (1255)
  2018 Ed. (1235)
Na Ali'i Consulting & Sales
  2019 Ed. (1268, 1613)
Na Alii Consulting & Sales
  2018 Ed. (1576)
  2019 Ed. (1611)
  2020 Ed. (1573)
  2023 Ed. (3783)
Na Ali'i Consulting & Sales, LLC
  2019 Ed. (1612)
  2020 Ed. (1574)
  2021 Ed. (1558)
N.A. Beer
  1992 Ed. (880)
  1994 Ed. (679)

NA General Partnership
  2003 Ed. (1807)
  2005 Ed. (1940)
Na Hoku
  2007 Ed. (1749)
  2008 Ed. (1775)
Na Hoku, Hawaii's Finest Jewelers Since 1924
  2008 Ed. (1776)
Na Hoku Inc.
  2018 Ed. (1581)
Na; Li
  2014 Ed. (199)
NAAFI
  1996 Ed. (2186)
Naake; Judy
  2007 Ed. (2463)
Naamlooze Vennootschap Elma
  2012 Ed. (1740)
  2013 Ed. (1906)
Naamloze Vennootschap DSM
  1991 Ed. (911)
NAB
  2002 Ed. (4644)
  2003 Ed. (4774)
  2006 Ed. (651)
  2008 Ed. (4720)
  2010 Ed. (627, 4772)
  2011 Ed. (4723)
  2013 Ed. (480, 641)
  2014 Ed. (655)
  2015 Ed. (554, 715)
  2019 Ed. (659)
  2020 Ed. (643)
  2021 Ed. (600)
  2022 Ed. (629)
  2023 Ed. (620)
nab
  2021 Ed. (433)
  2022 Ed. (447)
  2023 Ed. (619, 858)
NAB 2003
  2004 Ed. (4752)
NAB 2004
  2005 Ed. (4733)
NAB Financial Planning
  2015 Ed. (2712)
  2016 Ed. (2637)
  2017 Ed. (2571, 2572)
NAB/Karl Koch
  1993 Ed. (1152)
NAB - National Australia Bank
  2022 Ed. (1384)
NAB Show
  2018 Ed. (4679)
  2019 Ed. (4682)
Nabanco
  1991 Ed. (360)
  1992 Ed. (503)
  1993 Ed. (351)
  1995 Ed. (2540)
  1996 Ed. (2604)
Nabbous; Mohammed
  2013 Ed. (3480, 3483)
Nabco Mechanical & Electrical Inc.
  2009 Ed. (1250)
  2010 Ed. (1247)
  2011 Ed. (1197)
  2012 Ed. (1140)
Nabeel Bin Salamah
  2013 Ed. (3478, 4614)
Nabeel Gareeb
  2009 Ed. (957)
  2010 Ed. (2570)
Nabekai Corp.
  2019 Ed. (1061, 1062)
Nabholz Construction Corp.
  2005 Ed. (1305)
  2006 Ed. (1250, 1274, 1341)
  2007 Ed. (1374, 1376, 1389)
  2008 Ed. (1271)
  2009 Ed. (1249, 1332)
  2014 Ed. (1367)
Nabholz Construction Services
  2011 Ed. (1196)
Nabi Biopharmaceuticals
  2004 Ed. (2150)
  2007 Ed. (4572)
NABIL Bank Ltd.
  2006 Ed. (4524)
Nabisco
  1989 Ed. (360, 361, 2505, 2506)
  1990 Ed. (1823)
  1992 Ed. (1046, 1073, 3405)
  1993 Ed. (740, 861, 2572)
  1994 Ed. (881)
  1995 Ed. (695, 698, 1207)
  1996 Ed. (1176, 1942)
  1997 Ed. (328, 1212, 1213, 2930, 3069, 3533)
  1998 Ed. (622, 623, 1717, 3782)
  1999 Ed. (1021, 1022, 2458)
  2000 Ed. (971, 2231)
  2001 Ed. (1813, 2464)
  2003 Ed. (2503)
  2006 Ed. (4389)
  2007 Ed. (4462)
  2008 Ed. (3161, 4444, 4448)

  2012 Ed. (4486)
  2014 Ed. (1268)
  2015 Ed. (1330, 1332)
  2016 Ed. (1249, 1251, 1252)
  2017 Ed. (1303, 1304, 1305)
  2018 Ed. (1282)
  2019 Ed. (1311)
  2023 Ed. (1048, 1479)
Nabisco 100 Calorie
  2009 Ed. (1382)
  2010 Ed. (1368)
Nabisco 100 Calorie Pack Ritz Snack Mix
  2009 Ed. (3847)
Nabisco 100 Calorie Packs
  2007 Ed. (3695)
Nabisco BelVita
  2017 Ed. (1299)
  2018 Ed. (1278)
Nabisco Better Cheddars
  1995 Ed. (1207)
Nabisco Biscuit Co.
  1992 Ed. (491, 493, 494, 495, 496, 497)
  1998 Ed. (265)
  2000 Ed. (373)
Nabisco Brands
  1989 Ed. (858)
  1990 Ed. (1827)
  1991 Ed. (1741, 1745)
  1994 Ed. (882, 1191, 1877, 2828, 3342)
  1999 Ed. (2460, 2473, 3637)
Nabisco Brands USA
  1992 Ed. (3075)
Nabisco Brands USA (Biscuit Div.)
  1989 Ed. (354, 357, 358, 359)
  1995 Ed. (342)
  1999 Ed. (369)
Nabisco Cheese Nips
  1995 Ed. (1207)
  1997 Ed. (1217)
Nabisco Cheese/Peanut Butter Crackers
  1997 Ed. (1216)
Nabisco Chicken in a Biskit
  1995 Ed. (1206)
Nabisco Chips Ahoy
  1997 Ed. (1215)
  1998 Ed. (989, 991)
  2002 Ed. (1337)
  2005 Ed. (1397)
  2022 Ed. (1270)
Nabisco Chips Ahoy!
  2014 Ed. (1269)
  2017 Ed. (1299)
  2018 Ed. (1278)
Nabisco Chips Ahoy Chewy
  2008 Ed. (1379)
Nabisco Chips Ahoy Chunky
  2008 Ed. (1379)
Nabisco Chips Ahoy Original
  2008 Ed. (1379)
Nabisco Dandy
  1995 Ed. (1208)
Nabisco Doo Dads
  2001 Ed. (4291)
Nabisco Fig Newton
  1998 Ed. (3659)
  2008 Ed. (1379)
Nabisco Fig Newtons
  1996 Ed. (3775)
Nabisco Foods
  1998 Ed. (256, 990, 2501, 2813)
  2000 Ed. (3131)
Nabisco Foods Group
  2000 Ed. (2636)
Nabisco Garden Crisps
  1995 Ed. (1206)
Nabisco Group
  2003 Ed. (3804)
Nabisco Group Holdings Corp.
  2001 Ed. (1042, 1601, 1602, 2458, 2473, 2474, 4561)
  2002 Ed. (2291, 2299, 2302, 2308)
  2003 Ed. (1513)
  2005 Ed. (1513, 1570)
Nabisco Harvest Crisps
  1995 Ed. (1206)
Nabisco Holdings Corp.
  1997 Ed. (3401, 3407)
  2001 Ed. (1813, 2464, 2474)
  2003 Ed. (2503, 2636, 2637, 4452)
  2005 Ed. (1513, 1570)
Nabisco Holdings; RJR
  1991 Ed. (1227)
Nabisco Honey Maid
  2002 Ed. (1339)
Nabisco Lorna Doone
  1996 Ed. (3775)
  1998 Ed. (3659)
Nabisco Mister Salty
  2009 Ed. (4488)
Nabisco Mr. Phipps
  1997 Ed. (3530, 3664)
Nabisco Newtons
  1995 Ed. (1205)
  1997 Ed. (1215)
  1998 Ed. (989, 991)
  2002 Ed. (1337)
  2005 Ed. (1397)
  2014 Ed. (1269)

CUMULATIVE INDEX • 1989-2023

Nabisco Nilla
 1998 Ed. (989)
 2014 Ed. (1269)
 2017 Ed. (1299)
 2018 Ed. (1278)
Nabisco Nilla Wafers
 1997 Ed. (1215)
 2008 Ed. (1379)
Nabisco Nutter Butter
 1997 Ed. (1215)
 1998 Ed. (989)
 2022 Ed. (1270)
Nabisco Oreo
 1996 Ed. (3775)
 1997 Ed. (1215)
 1998 Ed. (989, 991, 3659)
 2002 Ed. (1337)
 2008 Ed. (1379)
 2014 Ed. (1269)
 2017 Ed. (1299)
 2018 Ed. (1278)
 2022 Ed. (1270)
Nabisco Oreo Double Stuf
 2014 Ed. (1269)
 2017 Ed. (1299)
 2018 Ed. (1278)
Nabisco Oreo Double Stuff
 2008 Ed. (1379)
Nabisco Oreos
 2005 Ed. (1397)
Nabisco Oysterettes
 1995 Ed. (1208)
Nabisco Premium Saltines
 2002 Ed. (1339)
Nabisco; R. J. R.
 1990 Ed. (3601)
Nabisco Ritz
 2002 Ed. (1339)
 2014 Ed. (1270)
 2015 Ed. (1331)
 2016 Ed. (1250)
 2017 Ed. (1300)
 2018 Ed. (1279)
 2020 Ed. (1285)
 2021 Ed. (1268)
 2022 Ed. (1268)
Nabisco Ritz Bits
 2002 Ed. (1339)
 2020 Ed. (1285)
 2021 Ed. (1268)
 2022 Ed. (1268)
Nabisco Ritz Bits Cheese Crackers
 1997 Ed. (1216)
Nabisco Ritz Bits Peanut Butter Crackers
 1997 Ed. (1216)
Nabisco Ritz Party Mix
 2001 Ed. (4291)
Nabisco; RJR
 1989 Ed. (188)
 1990 Ed. (17, 170, 175, 1236, 1238, 1239, 1240, 1244, 1346, 1815, 1820, 1905, 2685, 2687, 3475)
 1991 Ed. (10, 11, 20, 27, 35, 39, 166, 167, 173, 175, 235, 842, 843, 889, 890, 949, 1136, 1143, 1144, 1147, 1153, 1158, 1159, 1162, 1163, 1235, 1474, 1733, 1736, 1739, 1740, 1742, 1749, 1822, 1823, 2309, 2377, 2592, 2593, 2661, 2663, 2665, 2696, 3314, 3331)
Nabisco Round Toast Sandwich
 1997 Ed. (1216)
Nabisco Saltines
 1997 Ed. (1217)
Nabisco Snackwells
 1995 Ed. (1205, 1207)
 1996 Ed. (2825)
 1997 Ed. (1215)
 1998 Ed. (989, 991)
 2000 Ed. (370, 371, 2383)
 2002 Ed. (1337)
 2005 Ed. (1397)
Nabisco Snackwell's Vanilla Sandwich Creme
 1998 Ed. (3659)
Nabisco Snorkels
 1995 Ed. (1207)
Nabisco Square Cheese/Peanut Butter Crackers
 1997 Ed. (1216)
Nabisco Swiss Creme
 1996 Ed. (3775)
 1998 Ed. (3659)
Nabisco Teddy Grahams
 2002 Ed. (1337)
 2005 Ed. (1397)
Nabisco Triscuit
 1995 Ed. (1206)
 2002 Ed. (1339)
 2014 Ed. (1270)
 2015 Ed. (1331)
 2016 Ed. (1250)
 2017 Ed. (1300)
 2018 Ed. (1279)
Nabisco US Food Group
 2003 Ed. (371, 372, 875, 926, 952, 1133, 1134, 1371, 2915, 3655, 4457, 4458, 4459)

Nabisco Wheat Thins
 1995 Ed. (1206)
 1997 Ed. (1217)
 2002 Ed. (1339)
 2014 Ed. (1270)
 2015 Ed. (1331)
 2016 Ed. (1250)
 2017 Ed. (1300)
 2018 Ed. (1279)
Nabla Cosmetics
 2021 Ed. (1982)
Nabors Alaska Drilling Inc.
 2003 Ed. (3422)
 2006 Ed. (1537)
 2007 Ed. (1566)
 2008 Ed. (1545)
 2009 Ed. (1474)
 2010 Ed. (1460)
 2011 Ed. (1461)
 2012 Ed. (1300)
 2013 Ed. (1405)
 2014 Ed. (1352)
Nabors Corporate Services Inc.
 2017 Ed. (1095)
Nabors Drilling USA LP
 2008 Ed. (4074)
Nabors, Giblin & Nickerson
 1995 Ed. (2651)
 2001 Ed. (792, 921)
Nabors Industries
 2014 Ed. (3896, 4122, 4129)
Nabors Industries Inc.
 1994 Ed. (204)
 1995 Ed. (205)
 1999 Ed. (3794)
 2000 Ed. (281, 283, 284, 288)
 2001 Ed. 3753)
 2002 Ed. (306, 307, 3666)
 2003 Ed. (2583, 3808, 3810, 3812, 3815, 4540)
 2004 Ed. (234, 2312, 2315, 3818, 3820, 3821)
 2005 Ed. (2393, 2396, 2397, 3726)
 2006 Ed. (2434, 2438, 2439, 3818, 3822)
 2007 Ed. (1602, 2382, 3831, 3834, 4516)
 2008 Ed. (1580, 3893)
 2009 Ed. (3957)
 2010 Ed. (1505, 3868)
 2011 Ed. (3878, 4087)
 2012 Ed. (3858, 4121)
 2013 Ed. (3913)
 2014 Ed. (3858)
 2015 Ed. (3885)
 2016 Ed. (3794)
Nabors Industries Ltd.
 2013 Ed. (1533)
 2014 Ed. (1503)
 2015 Ed. (1561)
NAC Architecture
 2009 Ed. (2546)
 2010 Ed. (2462)
 2012 Ed. (212, 2401)
 2019 Ed. (2448)
NAC Control Canarias
 2018 Ed. (4231)
Nac Reinsurance Corp.
 2002 Ed. (3953)
Nacarato Truck Center
 2021 Ed. (2467)
Nacarato Volvo Trucks
 2016 Ed. (2573)
 2017 Ed. (2472)
Nacatur 2
 2018 Ed. (2903)
Naccarato Restaurant Group
 2019 Ed. (3000)
NACCO Housewares Group
 2013 Ed. (2993)
NACCO Industries Cl. "A"
 1995 Ed. (3438)
Nacco Industries Inc.
 1989 Ed. (947, 1654)
 1990 Ed. (1073, 2174)
 1991 Ed. (987, 988, 1211, 2021)
 1992 Ed. (1231, 1232, 2595, 4062)
 1993 Ed. (1228, 2165, 3382)
 1994 Ed. (2184)
 1995 Ed. (2238)
 1996 Ed. (2244)
 1997 Ed. (2369)
 1998 Ed. (2088, 3371)
 1999 Ed. (1480, 2850, 4399)
 2001 Ed. (3183, 3184)
 2002 Ed. (1523, 2323)
 2004 Ed. (2110)
 2005 Ed. (2213, 2214, 2221)
 2006 Ed. (4852)
 2007 Ed. (4855)
 2008 Ed. (4778)
 2009 Ed. (4810)
 2010 Ed. (4828)
 2011 Ed. (4788)
 2012 Ed. (4809)
 2013 Ed. (4769)
 2014 Ed. (4819)
NACCO Materials Handling Group
 2011 Ed. (3527)

NACCO/MHG
 2001 Ed. (4639)
 2003 Ed. (4815)
 2004 Ed. (4802)
Nace Partners
 2022 Ed. (2378)
 2023 Ed. (2540)
Nacero
 2022 Ed. (1293)
Nacero (Newport Township, PA)
 2023 Ed. (1500)
Nacero (Penwell, TX)
 2023 Ed. (1500)
Nachi-Fujikoshi
 1990 Ed. (3064)
Nacho Doritos
 1999 Ed. (4345, 4703)
Nacho Money
 2014 Ed. (640)
Nacht; Marius
 2017 Ed. (4854)
NACIArchitecture
 2011 Ed. (2469, 2475)
Nacional
 1990 Ed. (511)
Nacional de Chocolates
 2002 Ed. (4395, 4398)
 2004 Ed. (37)
 2005 Ed. (30)
 2006 Ed. (37)
 2009 Ed. (38)
 2010 Ed. (48)
Nacional de Comercio
 1990 Ed. (634)
Nacional de Comercio Exteriore
 1989 Ed. (574)
Nacional de Costa Rica
 1989 Ed. (514)
 1990 Ed. (530)
Nacional de Desarrollo
 1990 Ed. (498)
Nacional Financiera
 1989 Ed. (577, 599)
 1990 Ed. (623, 634)
 1992 Ed. (754, 756, 778)
 1993 Ed. (550, 567)
 1994 Ed. (519, 549, 550)
 1995 Ed. (1561)
 2011 Ed. (1844)
 2018 Ed. (527)
 2019 Ed. (545, 574)
 2020 Ed. (531, 557)
 2023 Ed. (800)
Nacional de Mexico
 1990 Ed. (634)
Nacional de Panama
 1990 Ed. (664)
Nacional Telefonos de Venezuela
 1999 Ed. (1036)
NackaGeriatriken
 2011 Ed. (2061)
NACO Finance Corp.
 1998 Ed. (478)
NADAAA
 2019 Ed. (186)
Nadal Rafael
 2016 Ed. (221)
Nadal; Rafael
 2010 Ed. (278)
 2013 Ed. (185, 191)
 2014 Ed. (192, 199)
 2015 Ed. (219)
 2016 Ed. (215)
 2021 Ed. (197)
NadaMoo!
 2019 Ed. (2005)
 2020 Ed. (1931)
Nadamoo
 2022 Ed. (2847)
 2023 Ed. (2957)
Nadar; Shiv
 2006 Ed. (4926)
 2010 Ed. (3959)
 2014 Ed. (4890)
 2015 Ed. (4928, 4929)
 2016 Ed. (4844, 4845)
 2017 Ed. (4851)
 2018 Ed. (4858, 4859)
 2019 Ed. (4853)
 2020 Ed. (4843)
 2021 Ed. (4843, 4844)
 2022 Ed. (4839)
 2023 Ed. (4834)
Nadaskay Kopelson Architects
 2002 Ed. (335)
Nadasky/Kopelson
 1990 Ed. (283)
Nadec
 2021 Ed. (654)
 2022 Ed. (689)
Nadel Architects Inc.
 1998 Ed. (187)
 2002 Ed. (334)
Nadel; John M.
 2011 Ed. (3362)
The Nadel Partnership
 1992 Ed. (353, 358)
 1994 Ed. (236)

1995 Ed. (239)
Nadella; Satya
 2021 Ed. (724, 875)
Nadhmi Auchi
 2007 Ed. (4930)
 2008 Ed. (4906, 4910)
 2013 Ed. (3476)
Nadine Blue
 2000 Ed. (2341)
Nadine Chakar (State Street)
 2023 Ed. (4936)
Nadine Labaki
 2013 Ed. (906, 3472, 3479)
Nadinola
 1999 Ed. (4318)
 2020 Ed. (2033)
Nadinola cocoa butter
 1994 Ed. (3314)
Nadinola Deluxe
 1994 Ed. (3314)
Nadir Mohamed
 2012 Ed. (803)
Nadra Bank
 1999 Ed. (676)
 2011 Ed. (464)
Nadro
 2003 Ed. (4180)
 2004 Ed. (1772)
Nads
 2003 Ed. (2673)
 2020 Ed. (2860)
Nadwislanska Spolka Weglowa SA
 2002 Ed. (1755)
 2004 Ed. (1846)
NAE Credit Union
 2009 Ed. (3528)
N.A.E.Credit Union
 2002 Ed. (1834)
Naf Naf Grill
 2020 Ed. (2543)
Nafta
 1999 Ed. (805, 806)
 2000 Ed. (809, 810)
 2002 Ed. (783)
 2006 Ed. (655)
Naftagas
 1991 Ed. (1361)
Naftex Petrol EOOD
 2014 Ed. (1406)
 2015 Ed. (1466)
 2016 Ed. (1396)
Naftna Industrija Srbije AD
 2014 Ed. (1569, 1572, 1573)
 2015 Ed. (1620, 1623, 1625, 1627)
 2016 Ed. (1546, 1549, 1552, 1553)
 2017 Ed. (1536, 1539)
 2018 Ed. (1517)
 2019 Ed. (1545)
 2020 Ed. (1518)
 2021 Ed. (1503)
 2022 Ed. (1517)
 2023 Ed. (1691)
Naftogaz of Ukraine
 2015 Ed. (1613, 2535)
 2016 Ed. (2464)
 2017 Ed. (2315)
 2018 Ed. (2359)
Naftokhimik Prycarpatya
 2002 Ed. (4495)
Naga DDB
 2000 Ed. (128)
 2002 Ed. (140)
 2003 Ed. (106)
Naga DDB/Malaysia
 2001 Ed. (168)
Naga DDB Needham
 1994 Ed. (100)
 1997 Ed. (116)
 1999 Ed. (122)
NAGA DDB Needham DIK
 1993 Ed. (118)
Nagamori; Shigenobu
 2016 Ed. (4851)
 2018 Ed. (4864)
 2019 Ed. (4858)
 2020 Ed. (4848)
 2021 Ed. (4849)
 2022 Ed. (4844)
 2023 Ed. (4839)
Naganoken Kosei Nogyo KR
 2023 Ed. (1494)
Nagase & Co.
 2023 Ed. (1060, 1064, 1065)
Nagashima Spa Land
 1995 Ed. (220)
 1996 Ed. (220)
 1997 Ed. (252)
 1999 Ed. (273)
 2000 Ed. (301)
 2001 Ed. (382)
 2002 Ed. (313)
 2003 Ed. (272)
 2006 Ed. (267)
 2007 Ed. (272)
Nagel Inc.; Kuehne
 2013 Ed. (1225, 1226)

Nagorske; Lynn A.
　2007 Ed. (384)
　2008 Ed. (369)
　2009 Ed. (385)
Nagoya, Japan
　2002 Ed. (3730)
　2003 Ed. (3914)
Nagoya Railroad
　1991 Ed. (3416)
　2012 Ed. (4182)
　2013 Ed. (4163)
　2014 Ed. (4181)
Nagro; Nezar
　2013 Ed. (3652)
Naguib Sawiris
　2008 Ed. (4859, 4892)
　2009 Ed. (4885)
　2010 Ed. (4886)
　2011 Ed. (4876)
　2012 Ed. (4885)
　2013 Ed. (4869)
　2014 Ed. (4883)
　2015 Ed. (4921)
　2016 Ed. (4821, 4837)
　2017 Ed. (4832, 4845)
　2018 Ed. (4837, 4852)
　2019 Ed. (4847)
　2020 Ed. (4836)
　2021 Ed. (4837)
　2022 Ed. (4830)
　2023 Ed. (4825)
Nagymester Melyepitesi, Utepitesi ES Szal-litmanyozasi KFT
　2016 Ed. (1638)
Nahama & Weagant Energy
　1996 Ed. (2887)
Nahan
　2023 Ed. (4043)
Nahan Printing Inc.
　2006 Ed. (4360)
Nahayan; Mansour bin Zayed Al
　2010 Ed. (4914)
Nahayan; Mohamed Bin Zayed Al
　2010 Ed. (4913)
Naheola Credit Union
　2010 Ed. (2141)
Nahmad; Albert H.
　2008 Ed. (2639)
Nahmad; David
　2012 Ed. (4911)
　2013 Ed. (4889)
　2014 Ed. (4902)
　2015 Ed. (4942)
　2016 Ed. (4857)
　2017 Ed. (4861)
　2018 Ed. (4870)
　2019 Ed. (4864)
　2020 Ed. (4853)
　2021 Ed. (4854)
　2022 Ed. (4849)
　2023 Ed. (4844)
Nahmad; Ezra
　2014 Ed. (4902)
　2015 Ed. (4942)
　2016 Ed. (4857)
　2017 Ed. (4861)
　2018 Ed. (4870)
　2019 Ed. (4864)
　2020 Ed. (4853)
　2021 Ed. (4854)
　2022 Ed. (4849)
　2023 Ed. (4844)
Nahyan; Sheikh Khalifa Bin Zayed al
　2007 Ed. (2703)
　2009 Ed. (2889)
Nahyan; Sheikh Zayed Bin Sultan Al
　2005 Ed. (4880)
NAI Capital Commercial
　2002 Ed. (3912)
NAI/Eric Bram & Co.
　2002 Ed. (3914)
NAI Global
　2007 Ed. (4103)
　2008 Ed. (3071, 4108)
　2009 Ed. (4215, 4234)
　2011 Ed. (4149)
　2012 Ed. (4183, 4216)
　2013 Ed. (4169, 4202)
　2014 Ed. (4187, 4219)
　2015 Ed. (4168, 4204)
NAI Inc.
　2003 Ed. (4049, 4062)
　2004 Ed. (4067)
　2005 Ed. (4000, 4021)
　2006 Ed. (4035, 4052)
　2007 Ed. (4075)
NAI Maestas & Ward Commercial Real Estate
　2022 Ed. (4983)
NAI SunVista
　2023 Ed. (4985)
Naik; A.M.
　2014 Ed. (934)
NaiKun Wind Energy Group Inc.
　2008 Ed. (1658)
Nail accessories/implements
　2004 Ed. (3661)

Nail-care products
　1994 Ed. (2818)
NAIL Communications
　2015 Ed. (2008)
Nail Communications
　2004 Ed. (127)
Nail cosmetics
　2000 Ed. (4149)
Nail polish
　2002 Ed. (3640)
　2003 Ed. (1869)
Nail polish/treatments
　2004 Ed. (3661)
Nail polish remover
　2002 Ed. (3640)
　2003 Ed. (1869)
Nail polish removers
　2004 Ed. (3661)
Nailene
　2003 Ed. (3623)
　2004 Ed. (3660)
Nailene Quick French
　2004 Ed. (3659)
Nails, false
　2002 Ed. (3642)
Nailtiques
　2004 Ed. (3659)
Naimoli; Vincent J.
　1989 Ed. (1382)
　1990 Ed. (1721)
Naina Lal Kidwai
　2002 Ed. (4982)
Naïo Technologies
　2020 Ed. (3099)
Nair
　2003 Ed. (2672, 2673)
　2008 Ed. (2875)
　2020 Ed. (2860)
Nair 3 in 1
　2003 Ed. (2673)
Nair For Men
　2020 Ed. (2860)
Nair Sensitive Formula Shower Power
　2020 Ed. (2860)
Nair Shower Power
　2020 Ed. (2860)
Nairobi
　1990 Ed. (864)
Nairobi, Kenya
　2009 Ed. (254)
　2014 Ed. (170)
　2022 Ed. (3312)
NAIT
　2012 Ed. (1308)
　2014 Ed. (1480)
Naitonal Coatings Inc.
　2021 Ed. (1155)
Najib Mikati
　2008 Ed. (4890)
　2009 Ed. (4910)
　2010 Ed. (4911)
　2011 Ed. (4897)
　2012 Ed. (4907)
　2013 Ed. (4886)
　2014 Ed. (4899)
　2015 Ed. (4938)
　2016 Ed. (4854)
　2017 Ed. (4858)
　2018 Ed. (4867)
　2019 Ed. (4861)
　2020 Ed. (4850)
　2021 Ed. (4851)
　2022 Ed. (4846)
　2023 Ed. (4841)
Nakagama & Wallace
　1996 Ed. (2401)
Nakagawa; Hiroshi
　1996 Ed. (1880)
　1997 Ed. (1986)
Nakai Group
　2016 Ed. (1466, 4354)
Nakajima; Kenkichi
　1993 Ed. (698)
Nakama Re Ltd.
　2017 Ed. (3147)
　2019 Ed. (3175)
Nakazawa; Fumihiko
　1996 Ed. (1878)
　1997 Ed. (1985)
Naked
　2011 Ed. (4627)
　2012 Ed. (2705)
　2015 Ed. (2847, 2848)
　2016 Ed. (2775, 2781, 2782, 2783)
　2017 Ed. (2747, 2751, 2752, 2753)
　2018 Ed. (2799, 2804, 2805)
　2019 Ed. (2777, 2782, 2783)
　2021 Ed. (2682, 2685)
　2023 Ed. (2962)
naked capitalism
　2012 Ed. (493)
Naked Energy
　2010 Ed. (2788)
　2011 Ed. (4627)
　2012 Ed. (2705)
Naked Foods Naked Juice
　2010 Ed. (2788)

Naked Furniture
　1999 Ed. (2563)
Naked Juice
　2020 Ed. (2810)
　2021 Ed. (2686)
Naked Juice Protein Zone
　2020 Ed. (2810)
　2021 Ed. (2686)
Naked Protein
　2011 Ed. (4627)
Naked Protein Zone
　2012 Ed. (2705)
　2015 Ed. (2847, 2848)
　2016 Ed. (2775, 2781, 2782, 2783)
　2017 Ed. (2747, 2751, 2752, 2753)
　2018 Ed. (2799, 2804, 2805)
　2019 Ed. (2782, 2783)
Naked smoothies
　2021 Ed. (2682)
Naked Superfood
　2010 Ed. (2788)
　2011 Ed. (4627)
　2012 Ed. (2705)
　2015 Ed. (2847)
　2016 Ed. (2783)
　2017 Ed. (2753)
Naked Wines
　2017 Ed. (4901)
NakedWines.com Inc.
　2019 Ed. (4286)
Nakilat
　2022 Ed. (1883, 3442, 3446)
Nakornthai Strip Mill
　2006 Ed. (2048)
Nakornthon Bank
　1999 Ed. (647)
Nakumatt Supermarkets
　2008 Ed. (54)
　2009 Ed. (62)
　2010 Ed. (72)
NAL
　2010 Ed. (617)
NAL-Canadian Equity
　2004 Ed. (3614)
NAL Energy Corp.
　2012 Ed. (1410)
NAL-Equity Growth
　2003 Ed. (3569)
NAL Financial
　1999 Ed. (3675)
NAL Financial Group Inc.
　1998 Ed. (1705)
NAL-Investor Canadian Diversified
　2001 Ed. (3481)
NAL-Investor Canadian Equity
　2001 Ed. (3491, 3492, 3493)
NAL-Investor Global Equity
　2002 Ed. (3438)
NAL Merchant Bank
　1992 Ed. (806)
　1993 Ed. (599)
　1994 Ed. (602)
　1995 Ed. (573)
　1996 Ed. (643)
　1999 Ed. (613)
　2000 Ed. (635)
　2002 Ed. (628)
NAL Oil & Gas Trust
　2007 Ed. (4576)
Nalco
　2018 Ed. (4017)
　2019 Ed. (4006)
　2020 Ed. (4023)
　2021 Ed. (3989)
　2022 Ed. (4003)
　2023 Ed. (4087)
Nalco Chemical Co.
　1989 Ed. (895, 896, 897, 900, 901)
　1990 Ed. (962, 963, 964, 968)
　1991 Ed. (919, 920, 921)
　1992 Ed. (1126, 1127, 1128)
　1993 Ed. (927, 928)
　1994 Ed. (940, 941, 942)
　1995 Ed. (972, 973, 974)
　1996 Ed. (950, 951)
　1997 Ed. (974, 3869)
　1998 Ed. (698, 714, 716, 2751, 3372, 3702)
　1999 Ed. (1080, 1085, 3708)
　2001 Ed. (1214)
　2005 Ed. (1502)
Nalco Co.
　2010 Ed. (3912)
　2011 Ed. (3931)
　2012 Ed. (3095, 3929)
　2013 Ed. (3176)
Nalco Europe
　1992 Ed. (4426)
Nalco Holding Co.
　2007 Ed. (1652)
Nalco (Mining) Inc.
　2013 Ed. (3694)
　2014 Ed. (3628)
Nalcor Energy
　2021 Ed. (2220)

Naldecon
　1991 Ed. (991, 992, 1367)
　1992 Ed. (1245, 1246, 1247, 1250, 1251, 1259, 1264)
　1993 Ed. (1009, 1010)
　1996 Ed. (1026, 1027, 1028)
Naldecon DX
　1991 Ed. (991, 992, 1366, 1367)
　1992 Ed. (1259)
　1993 Ed. (1011)
　1996 Ed. (1027, 1028)
Naldecon Sr.
　1996 Ed. (1027)
Naldrett; Michael
　1997 Ed. (1994)
Naldrett; Mike
　1996 Ed. (1889)
Nalley Chevrolet
　1990 Ed. (302)
　1991 Ed. (273)
Nam Han-Bong
　2010 Ed. (3964)
Nam Polymers Inc.
　2010 Ed. (4172)
　2011 Ed. (4173)
Nam Tai Electronics Inc.
　2004 Ed. (2232, 2859)
　2005 Ed. (1273)
　2006 Ed. (1227, 1232)
　2007 Ed. (1712, 1716, 1721, 1723, 1724, 1727)
　2008 Ed. (1745, 1749, 1755, 1756)
Nam Ti Electronics
　1994 Ed. (2703)
Nam Viet
　2022 Ed. (1984)
Namaqua
　2008 Ed. (247)
　2009 Ed. (270)
　2010 Ed. (257)
Namasco Corp.
　2011 Ed. (3656)
　2012 Ed. (3660)
Namasté Solar
　2020 Ed. (4429, 4442)
　2021 Ed. (4429)
　2022 Ed. (4439)
　2023 Ed. (4461)
Namaste Solar
　2011 Ed. (1613, 2420)
　2016 Ed. (4419)
　2017 Ed. (4431)
　2018 Ed. (4451)
　2019 Ed. (4439)
Namath-Hanger Investment Corp.
　1999 Ed. (1245)
Namath; Joe
　1995 Ed. (250, 1671)
Nambe Pueblo Development Corp.
　2006 Ed. (3529, 4368)
Namco
　1998 Ed. (1793)
　1999 Ed. (2559)
　2000 Ed. (2298)
　2001 Ed. (4688)
　2002 Ed. (2385)
　2003 Ed. (2594)
Namco Bandai
　2016 Ed. (3347)
　2017 Ed. (3309)
Namco Bandai Holdings Inc.
　2011 Ed. (4713)
　2012 Ed. (4735)
　2013 Ed. (4698)
　2014 Ed. (4752)
　2015 Ed. (4772)
Namely
　2020 Ed. (3080)
Namenda
　2007 Ed. (3912)
Namib Poultry Industries
　2020 Ed. (3965)
　2021 Ed. (3929)
　2023 Ed. (4026)
Namibia
　1992 Ed. (1802)
　1997 Ed. (1604, 1605)
　1999 Ed. (1780, 1842)
　2000 Ed. (1609)
　2001 Ed. (1182, 1946, 2003, 4656)
　2002 Ed. (682, 1811, 4707)
　2003 Ed. (2051, 4822)
　2004 Ed. (1918, 2094, 4821)
　2005 Ed. (2053, 2198, 4801)
　2006 Ed. (2146, 2260, 2336, 4866)
　2007 Ed. (2090, 2198, 2267, 4868)
　2008 Ed. (2200, 2332, 2402, 4789)
　2009 Ed. (2319, 2401, 4820)
　2010 Ed. (211, 769, 2249, 2314, 2405, 3749, 4656)
　2011 Ed. (686, 2257, 2310, 2406, 4797)
　2012 Ed. (218, 2210, 3754, 4628)
　2013 Ed. (2393, 4568)
　2014 Ed. (119, 2274, 2330, 3749, 4623)
　2015 Ed. (134, 2286, 2358)
　2016 Ed. (140, 3688)
　2017 Ed. (2189)
　2018 Ed. (2249)

2020 Ed. (2219)
2021 Ed. (2191, 3164, 3165)
2022 Ed. (2221)
Namibia Breweries
  2002 Ed. (4449)
  2017 Ed. (2649)
  2018 Ed. (2711)
Namibia Breweries Limited
  2022 Ed. (2742)
Namibia Breweries Limited (Namibia)
  2022 Ed. (2742)
Namibian Minerals Corp.
  2001 Ed. (1605, 1656)
The NAMM Show
  2018 Ed. (4677)
Nammo
  2020 Ed. (2148)
  2021 Ed. (2144)
  2022 Ed. (2177)
Namoi Cotton Co-op
  2002 Ed. (247)
  2004 Ed. (1637)
Nampak
  2022 Ed. (624)
Nampak Ltd.
  2006 Ed. (3399)
  2012 Ed. (3564)
  2013 Ed. (3600)
NamSys
  2022 Ed. (2666)
Namtek Corp.
  2017 Ed. (1809)
  2019 Ed. (4801)
  2020 Ed. (4788)
Namuh Rhee
  1997 Ed. (1996)
Namyang Dairy Product
  2001 Ed. (51)
Namyang Dairy Products
  2004 Ed. (85)
  2005 Ed. (80)
Namyang Dairy Products Co., Ltd.
  2020 Ed. (2726)
NAN
  2009 Ed. (1720)
  2010 Ed. (4708, 4709)
  2011 Ed. (4664, 4665)
Nan Aron
  2007 Ed. (3704)
  2008 Ed. (3789)
Nan Chau Co.
  1990 Ed. (51)
Nan Inc.
  2016 Ed. (1619)
  2018 Ed. (3611)
  2019 Ed. (3605)
  2020 Ed. (3576)
  2021 Ed. (3606)
  2022 Ed. (3657)
  2023 Ed. (3763)
Nan, Inc.
  2019 Ed. (1612)
Nan Shan Life Insurance
  2021 Ed. (3078)
  2022 Ed. (3220)
Nan Shan Life insurance
  2021 Ed. (3078)
  2022 Ed. (3220)
Nan Shan Life Insurance Co. Ltd.
  1990 Ed. (2246, 3268)
  1992 Ed. (2677)
  1994 Ed. (2268, 3282)
Nan Ya Plastic
  1991 Ed. (1356, 3271)
  2000 Ed. (4176)
  2002 Ed. (4543)
  2006 Ed. (2034, 3404)
Nan Ya Plastics
  2014 Ed. (905)
  2015 Ed. (931, 2059)
  2016 Ed. (836, 2019)
  2017 Ed. (893, 1980)
  2018 Ed. (1932)
  2019 Ed. (1983)
  2020 Ed. (1910)
  2021 Ed. (1870)
  2022 Ed. (1915)
  2023 Ed. (2031)
Nan Ya Plastics Corp.
  1989 Ed. (1165, 1166)
  1990 Ed. (1426, 1427, 2503, 2519)
  1991 Ed. (1357)
  1992 Ed. (1697, 1698, 1699, 2094, 2974, 2975)
  1993 Ed. (1409, 3501, 3502)
  1994 Ed. (1457, 1458, 1734, 2439, 3472, 3525)
  1995 Ed. (1497)
  1996 Ed. (3627, 3628)
  1997 Ed. (1520, 1521, 3682)
  1999 Ed. (1743, 1744, 4530)
  2000 Ed. (1565, 1568, 1569)
  2001 Ed. (1864, 1865)
  2006 Ed. (2035)
  2007 Ed. (2008)
  2008 Ed. (2101, 3584)
  2009 Ed. (2077, 3655)
  2010 Ed. (2013)

2011 Ed. (2074)
2012 Ed. (1916)
2013 Ed. (864, 955, 963, 2082)
2014 Ed. (909, 4050)
2015 Ed. (935)
2016 Ed. (841)
2017 Ed. (898, 2493)
2018 Ed. (830, 2549)
2019 Ed. (845)
2020 Ed. (835)
2021 Ed. (2492)
2022 Ed. (898, 2604)
Nan Ya Technology Corp.
  2000 Ed. (3029)
Nan Yang Industries Co. Ltd.
  1990 Ed. (3268)
  1994 Ed. (3282)
Nan Yang Industries Co. Ltd
  1992 Ed. (3945)
Nana
  2022 Ed. (1361)
Nana Development Corp.
  2011 Ed. (1462)
NANA/Marriott
  2001 Ed. (1608)
  2003 Ed. (1604, 4093)
NANA Regional Corp.
  2014 Ed. (1345, 1348)
  2015 Ed. (1422, 1425)
  2016 Ed. (1345, 1348)
  2017 Ed. (1382)
  2018 Ed. (1351, 1354)
  2019 Ed. (1389, 1392)
  2020 Ed. (1354)
  2021 Ed. (1350)
  2022 Ed. (1360)
  2023 Ed. (1564)
Nana Regional Corp.
  2008 Ed. (1366, 1367, 1370)
  2009 Ed. (1365, 1367, 1370)
  2010 Ed. (1351, 1355, 1356, 1461)
  2011 Ed. (1319, 1320, 1340, 1343, 1344, 1462)
  2012 Ed. (1205, 1208, 1209, 1301)
  2013 Ed. (1319, 1406)
  2014 Ed. (1253, 1256, 1353)
  2015 Ed. (1310, 1430)
  2016 Ed. (1353)
Nana Regional Corporation
  2023 Ed. (1565)
Nanak's Landscaping
  2011 Ed. (3425, 3428)
  2012 Ed. (3441)
  2013 Ed. (3461)
NanaMacs Boutique
  2019 Ed. (1630)
NanaMacs Clothing
  2021 Ed. (1571)
Nancy A. McNamara
  1994 Ed. (3666)
Nancy Adams Personnel
  2022 Ed. (2370)
  2023 Ed. (2532)
Nancy Ajram
  2013 Ed. (906)
Nancy Braun
  2018 Ed. (4108)
Nancy Chan
  2019 Ed. (4117)
Nancy Hamon
  1994 Ed. (890)
Nancy Handel
  2007 Ed. (1081)
Nancy J. Friedman Public Relations
  2015 Ed. (4147)
  2016 Ed. (4061)
Nancy J. Friedman Public Relations Inc.
  2017 Ed. (4032)
Nancy Knowlton
  2003 Ed. (4989)
  2004 Ed. (4987)
Nancy Laurie
  2003 Ed. (4884)
Nancy Lerner Beck
  2005 Ed. (4855)
Nancy McKinstry
  2005 Ed. (4991)
  2006 Ed. (4984, 4985)
  2007 Ed. (4982)
  2008 Ed. (4949)
  2009 Ed. (4972, 4978)
  2010 Ed. (4988)
  2011 Ed. (4985)
Nancy Pelosi
  2012 Ed. (4958)
  2021 Ed. (4934)
  2022 Ed. (4929)
  2023 Ed. (4929)
Nancy Pelosi (U.S.)
  2021 Ed. (4935)
  2022 Ed. (4930)
Nancy Reagan
  2011 Ed. (2818)
Nancy Walton Laurie
  2004 Ed. (4868)
  2005 Ed. (4853)
  2006 Ed. (4913)

Nancy's
  1995 Ed. (1941)
  2019 Ed. (5000)
  2023 Ed. (1005)
Nandita Bakhshi (Bank of the West)
  2023 Ed. (4935)
N&K CPAs Inc.
  2023 Ed. (43)
Nando Wines
  1997 Ed. (3903)
Nando's
  1999 Ed. (2140)
  2012 Ed. (552)
  2015 Ed. (4266, 4309)
  2017 Ed. (4142)
  2018 Ed. (1987)
Nando's Group Holdings Ltd.
  2015 Ed. (4270)
Nando's Ireland
  2015 Ed. (1748)
Nando's Peri-Peri
  2017 Ed. (4144)
Naniq Systems LLC
  2008 Ed. (3693, 4366)
Nanit
  2020 Ed. (2139)
Nanjing
  2001 Ed. (3856)
Nanjing, China
  2007 Ed. (1098)
  2023 Ed. (3400)
Nanjing International Trust & Investment Co.
  1999 Ed. (2885)
Nanjing Xingang High-Tech Co., Ltd.
  2011 Ed. (1581)
Nanjing Xinjiekou Department Store
  2019 Ed. (4269)
The Nanny Diaries
  2004 Ed. (739, 741)
  2005 Ed. (728)
Nanny Poppinz
  2010 Ed. (924)
Nanny's
  1992 Ed. (45)
Nano One Materials Corp.
  2018 Ed. (4512)
Nano Pulse Industries
  1995 Ed. (2097)
Nano-Tex
  2006 Ed. (592)
Nano Virtual Pet
  1999 Ed. (4640, 4641)
Nanobit
  2018 Ed. (2838)
  2019 Ed. (1535, 2803)
Nanoco
  2017 Ed. (2872)
Nanogen, Inc.
  2002 Ed. (2481)
Nanolumens
  2017 Ed. (3370)
Nanomakers
  2020 Ed. (830)
NanoMech Inc.
  2015 Ed. (4237)
Nanomechanics Inc.
  2015 Ed. (4229, 4232)
Nanometrics
  2021 Ed. (4372)
NanoMuscle
  2003 Ed. (4683)
Nanosolar
  2006 Ed. (2436)
Nanosphere
  2003 Ed. (4683)
The NanoSteel Co.
  2011 Ed. (4193)
Nanostring Technologies
  2016 Ed. (630)
NanoString Technologies Inc.
  2023 Ed. (841)
nanosun
  2021 Ed. (1486)
Nantai Line Co., Ltd.
  1990 Ed. (240)
Nantero
  2010 Ed. (1070)
Nanticoke
  2002 Ed. (2659)
Nanticoke Homes
  1990 Ed. (1174, 1180)
  1991 Ed. (1061)
  1992 Ed. (1369)
  1993 Ed. (1092)
  1994 Ed. (1116, 2920, 2921)
  1995 Ed. (1132, 2974, 2977)
  1996 Ed. (3076)
  1997 Ed. (3154, 3155)
  1998 Ed. (2899)
  1999 Ed. (3871, 3872)
  2000 Ed. (3592)
  2001 Ed. (1387)
  2002 Ed. (2658)
Nantong
  2001 Ed. (3856)

Nantucket
  1992 Ed. (1227)
Nantucket County, MA
  1993 Ed. (1430)
  2003 Ed. (3437)
Nantucket Industries Inc.
  1994 Ed. (205)
Nanula; Richard
  2005 Ed. (990)
  2006 Ed. (950)
  2007 Ed. (1045)
Nanushka International
  2021 Ed. (1569, 2501)
NanYa
  1998 Ed. (2880)
Nanya PCB
  2006 Ed. (3947)
  2007 Ed. (4004)
  2008 Ed. (4022)
Nanya Technology
  2016 Ed. (4346)
  2018 Ed. (4344)
  2019 Ed. (4373)
  2020 Ed. (4367)
Nanya Technology Corp.
  2002 Ed. (1497)
  2007 Ed. (4351)
  2008 Ed. (4310)
  2009 Ed. (4420)
  2023 Ed. (1499)
Nanyang Business School
  2012 Ed. (625)
  2013 Ed. (763)
  2014 Ed. (787)
  2015 Ed. (831)
  2016 Ed. (733)
Nanyang Comm Bank
  1991 Ed. (539)
Nanyang Commercial Bank
  1989 Ed. (553)
  1992 Ed. (695, 696)
  1993 Ed. (498)
  1994 Ed. (500, 501)
  1995 Ed. (484, 485)
  1996 Ed. (528, 529)
  1997 Ed. (487, 488)
  1999 Ed. (535, 536)
  2000 Ed. (547, 548)
  2002 Ed. (566)
  2003 Ed. (501)
  2020 Ed. (365)
  2023 Ed. (594)
Nanyang Commercial Bank Hong Kong
  2014 Ed. (392)
  2015 Ed. (448)
  2016 Ed. (403)
  2017 Ed. (410)
  2018 Ed. (376)
  2019 Ed. (380)
  2020 Ed. (374)
Nanyang Polytechnic
  2008 Ed. (2403, 3786)
Nanyang Technological University
  2011 Ed. (684)
Naobaijin Health Products
  2006 Ed. (36)
  2007 Ed. (27)
Naobaijin Pharmaceutical
  2004 Ed. (36)
Naoko Ito
  1996 Ed. (1874)
  1999 Ed. (2381)
  2000 Ed. (2162)
Naoko Matsumoto
  1999 Ed. (2392)
  2000 Ed. (2175)
Naomi Ghez
  1999 Ed. (2228)
Naomi Osaka
  2021 Ed. (196, 197)
  2023 Ed. (322, 323)
Naoshima
  2001 Ed. (1500, 1501)
Naoto Hashimoto
  1996 Ed. (1887, 1888)
  1997 Ed. (1993)
  1999 Ed. (2392, 2394)
  2000 Ed. (2175, 2177)
Naousa Spinning Mills SA
  2002 Ed. (342)
Naoussa Spinning Mills
  1991 Ed. (261)
NAP
  1993 Ed. (829, 1032, 3667)
  1994 Ed. (844, 1063, 3629)
  1995 Ed. (885, 1075, 3702)
  1997 Ed. (880, 1072, 3844)
  1998 Ed. (608, 812, 1952, 3672)
  1999 Ed. (1009, 1242, 2693, 4714)
  2000 Ed. (963, 1151, 2479, 4347)
NAP Consumer Electronics Corp.
  1990 Ed. (3557)
NAP (Magnavox, Sylvania)
  1990 Ed. (890, 1098, 1109, 3674, 3675)
  1991 Ed. (1008, 3447)
  1992 Ed. (1036, 4395)

NAPA
 2000 Ed. (2339)
 2005 Ed. (311)
 2006 Ed. (329)
 2019 Ed. (290)
 2020 Ed. (291)
 2023 Ed. (389)
NAPA Auto Parts
 2005 Ed. (4445)
 2012 Ed. (4122)
 2013 Ed. (4115)
 2023 Ed. (4091)
Napa, CA
 1990 Ed. (2157)
 1991 Ed. (2002)
 1998 Ed. (1857, 2475)
 2007 Ed. (3369)
 2008 Ed. (3467)
 2009 Ed. (3546)
 2010 Ed. (3466, 3654)
 2011 Ed. (3469)
 2017 Ed. (772)
 2018 Ed. (707)
 2021 Ed. (718)
Napa County, CA
 1993 Ed. (1429, 2144)
 1994 Ed. (2167)
 1995 Ed. (2218)
NAPA-Echlin
 1995 Ed. (335)
Napa Electric
 2019 Ed. (1460)
Napa Ridge
 1995 Ed. (3757)
 1997 Ed. (3901, 3905, 3907)
 1998 Ed. (3742, 3750)
Napa Ridge Wine
 1991 Ed. (3494, 3496)
Napa Schools Credit Union
 2004 Ed. (1938)
Napa Valley
 1993 Ed. (2710)
Napa Valley Extra Virgin
 2018 Ed. (3719)
Napa Wine Co.
 2019 Ed. (4922)
Napal Grindlays Bank Ltd.
 1991 Ed. (618)
Napali Capital
 2022 Ed. (1964, 4094)
 2023 Ed. (4190)
Napanook
 2017 Ed. (4901)
Napate; Praveen
 1997 Ed. (1973)
Napco Security Group Inc.
 2008 Ed. (4417)
Napco Security Systems
 2018 Ed. (4299, 4303)
 2019 Ed. (4325, 4330)
 2020 Ed. (4317, 4321)
Napco Security Systems Inc.
 2004 Ed. (4345, 4346)
 2005 Ed. (4285, 4286)
Napco Security Technologies
 2021 Ed. (4334, 4338)
 2022 Ed. (4342, 4345)
 2023 Ed. (4372, 4377)
The Napeague Letter
 2002 Ed. (4869)
Naperville, IL
 1999 Ed. (1129, 1147)
Naperville (IL) Sun
 2003 Ed. (3642)
Naperville, IN
 2011 Ed. (3503)
Naperville Jeep-Eagle
 1995 Ed. (277)
 1996 Ed. (276)
Napier Park European Credit Opportunities Ltd.
 2015 Ed. (2969)
 2016 Ed. (2903)
Napier; Russell
 1997 Ed. (1959)
Napkin rings
 2001 Ed. (3039)
Napkins
 2001 Ed. (3039)
Napkins, paper
 2002 Ed. (4092)
Napkyn
 2018 Ed. (3486)
Napkyn Analytics
 2019 Ed. (1492)
 2020 Ed. (725, 1462)
Naples Area Chamber
 1999 Ed. (1057)
 2000 Ed. (1004)
Naples Area Chamber of Commerce
 1998 Ed. (670)
Naples Christian Academy
 2011 Ed. (4383)
Naples Federal Savings & Loan Assn.
 1990 Ed. (424)
Naples, FL
 1989 Ed. (1957)
 1990 Ed. (2552)
 1991 Ed. (1547, 2428)
 1992 Ed. (2578, 3036, 3052)
 1993 Ed. (2143, 2547, 2554)
 1994 Ed. (2165, 2495)
 1995 Ed. (874, 1667, 2216)
 1996 Ed. (2225)
 1997 Ed. (2336, 2763, 2765, 2772, 3303, 3309)
 1998 Ed. (743, 2057, 2481, 3053, 3057, 3706)
 1999 Ed. (1173, 3370, 4052, 4053, 4057)
 2000 Ed. (3108, 3765, 3767, 3768)
 2002 Ed. (3726)
 2003 Ed. (3390, 3400)
 2004 Ed. (981, 3456, 3465, 4762)
 2005 Ed. (2380)
 2006 Ed. (2427)
 2007 Ed. (2367, 3002)
 2008 Ed. (2488, 3116, 3456)
 2009 Ed. (2392, 2494)
 2010 Ed. (3654, 3662)
 2021 Ed. (3316)
Naples-Marco Island, FL
 2006 Ed. (4024)
 2007 Ed. (2374, 3359, 3363, 4057)
 2008 Ed. (3461, 4090)
 2011 Ed. (3657)
Naples; Ronald J.
 2007 Ed. (2500)
 2011 Ed. (2545)
Napleton Auto Group
 2022 Ed. (252)
Napleton Automotive Group
 2019 Ed. (228)
 2020 Ed. (232)
 2022 Ed. (238)
 2023 Ed. (348)
Napolean Barragan
 2010 Ed. (2963)
Napolean Brandford III
 2008 Ed. (184)
Napolean Lajoie, 1933
 1991 Ed. (702)
Napoleon Bonaparte
 2006 Ed. (1450)
Napoleon Brandford III
 2013 Ed. (2683)
Napoleon Perdis
 2020 Ed. (4277)
 2021 Ed. (4259)
 2022 Ed. (4220)
Napoli
 2008 Ed. (732)
Napoli; Robert P.
 2011 Ed. (3348)
Napolina
 1994 Ed. (1881)
 1996 Ed. (1948)
 2009 Ed. (856)
 2010 Ed. (803)
Napolina Dry Pasta
 1992 Ed. (2172)
Napolitano Enterprises
 2002 Ed. (2694)
Napolitano Homes
 2003 Ed. (1170)
 2004 Ed. (1178)
 2005 Ed. (1205)
Napolitano; Janet
 2014 Ed. (4968, 4969)
 2015 Ed. (5010)
Napp Pharmaceutical Holdings
 2009 Ed. (2109)
Napro Biotherapeutics
 2002 Ed. (1627)
Naprosyn
 1989 Ed. (2255)
 1990 Ed. (2898)
 1991 Ed. (2762)
 1992 Ed. (1876, 3525)
 1993 Ed. (1530, 2913, 2915)
 1994 Ed. (2926)
 1995 Ed. (2530)
Naproxen
 1995 Ed. (1590)
Naproxen sodium
 1997 Ed. (255)
Naproyn
 1990 Ed. (2899)
Napster.com
 2006 Ed. (2379)
Napus Credit Union
 2003 Ed. (1889)
 2005 Ed. (2066)
 2006 Ed. (2159)
 2011 Ed. (2170)
 2012 Ed. (2026)
 2013 Ed. (2220, 2238)
 2014 Ed. (2170)
 2015 Ed. (2216)
 2016 Ed. (2187)
Naqvi; Ali
 1997 Ed. (1999)
Nara Advertising
 1989 Ed. (129)
Nara Bancorp
 2003 Ed. (504, 506)
 2007 Ed. (390)
Nara Bank
 1996 Ed. (3459)
 2000 Ed. (4056)
 2002 Ed. (4296)
 2009 Ed. (495)
 2011 Ed. (405)
 2012 Ed. (388)
Nara Communications
 1991 Ed. (121)
Nara Corp.
 1990 Ed. (123)
Narajan
 2021 Ed. (1851, 2615)
Narayana Health
 2019 Ed. (1655)
Narayen; Shantanu
 2010 Ed. (889)
 2021 Ed. (875)
 2022 Ed. (748)
Narcotic analgesics
 2001 Ed. (2096)
Nardelli; Bob
 2006 Ed. (939)
Nardelli; Robert
 2006 Ed. (891, 2515)
 2007 Ed. (981)
Nardelli; Robert L.
 2007 Ed. (2503)
Nardone Brothers
 2017 Ed. (3914)
Nardone Brothers Baking Co.
 2017 Ed. (3916)
 2021 Ed. (3901)
 2022 Ed. (3911)
NAREIT
 2002 Ed. (4839)
NARENCO
 2017 Ed. (4424, 4437)
 2018 Ed. (4445, 4455)
 2021 Ed. (4435)
Narendra Modi
 2017 Ed. (3297)
 2018 Ed. (3368)
Naresh Goyal
 2008 Ed. (4896)
Nari Hamico Minerals
 2013 Ed. (2140)
NARI Technology Development
 2019 Ed. (2240)
 2020 Ed. (2237)
Nari Technology Development
 2014 Ed. (2421)
 2016 Ed. (2427)
 2017 Ed. (2272)
Narita
 1992 Ed. (311)
 2001 Ed. (353)
 2006 Ed. (249)
Narita Airport
 1996 Ed. (194)
 1998 Ed. (147)
Narita International Airport
 2020 Ed. (155)
 2021 Ed. (153, 156, 158)
 2022 Ed. (141, 146, 151)
 2023 Ed. (216, 220, 222)
Narita International Airport (Japan)
 2021 Ed. (156)
 2022 Ed. (146)
Narita, Japan; Tokyo
 2009 Ed. (255, 261, 4960)
 2010 Ed. (247, 250)
 2011 Ed. (169)
Naritiv
 2018 Ed. (4791)
Nariupol Illych Steelworks
 2006 Ed. (4544)
Narodna Pokladnica, S.R.O.
 2016 Ed. (1994)
Narodna banka Slovenska
 1997 Ed. (611)
 2009 Ed. (531)
 2010 Ed. (515)
 2011 Ed. (444)
Narodowy Bank Polski
 1989 Ed. (656)
 2009 Ed. (521)
 2010 Ed. (501)
 2011 Ed. (431)
Narodowy Fundusz Zdrowia
 2012 Ed. (1858)
 2013 Ed. (2018)
Narragansett Bay Commission
 2015 Ed. (2006)
 2016 Ed. (1977)
Narragansett Bay Insurance Co.
 2014 Ed. (3225)
Narragansett Capital Inc.
 1990 Ed. (3667)
 1991 Ed. (3442)
Narrativ
 2022 Ed. (1001)
Nart Bouran
 2013 Ed. (3652)
Narula; Deepak
 1997 Ed. (1953, 1954)
Narva Elektrijaamad; AS
 2009 Ed. (1648)
 2011 Ed. (1617)
Narva Vesi As
 2017 Ed. (1523)
Narvar
 2020 Ed. (983)
Nas
 2020 Ed. (3640)
Nas Digitech N.A.
 2020 Ed. (1458, 1468)
NAS/Hitachi
 1992 Ed. (1309)
NAS Whidbey
 2013 Ed. (2163)
NASA
 1994 Ed. (3331)
 1998 Ed. (2512)
 2001 Ed. (2862)
 2005 Ed. (165, 2746)
 2006 Ed. (3493)
 2007 Ed. (3528)
 2010 Ed. (2876, 3833)
 2011 Ed. (2856, 3686, 3835)
 2012 Ed. (2787, 3691, 3692, 3693, 3695, 3816, 4965)
 2013 Ed. (2854, 3742, 3743, 3744, 3747, 4976)
 2014 Ed. (2883, 3675, 3676, 3677, 3680, 4981)
 2015 Ed. (3693, 3694, 3695, 3698, 5014)
 2016 Ed. (3576, 3577, 3578, 4933)
 2017 Ed. (3546, 3547, 4451, 4925)
 2018 Ed. (4932)
 2019 Ed. (4933)
 2020 Ed. (3558)
 2021 Ed. (3585, 3586)
 2023 Ed. (162, 163, 1530)
NASA Ames Research
 1996 Ed. (2643)
NASA Ames Research Center
 2011 Ed. (4192)
 2012 Ed. (2742)
NASA Credit Union
 2002 Ed. (1870)
 2003 Ed. (1903, 1924)
 2004 Ed. (1964)
 2005 Ed. (2106)
 2006 Ed. (2201)
 2007 Ed. (2122)
 2008 Ed. (2237)
 2009 Ed. (2223)
 2010 Ed. (2177)
 2011 Ed. (2195)
 2012 Ed. (2055)
 2013 Ed. (2236)
 2014 Ed. (2168)
 2015 Ed. (2232)
 2016 Ed. (2186, 2203)
NASA Dryden Flight Research Center
 2015 Ed. (4224)
NASA Federal Credit Union
 2018 Ed. (2100)
 2020 Ed. (2079)
 2021 Ed. (2025, 2069)
 2022 Ed. (2104)
 2023 Ed. (2219)
NASA Glenn Research Center
 2011 Ed. (4186, 4191, 4197)
 2012 Ed. (4236, 4247, 4248)
 2014 Ed. (4241, 4249)
 2015 Ed. (4224, 4230)
 2016 Ed. (4141, 4150)
NASA Human Space Flight
 2004 Ed. (3163)
NASA Jet Propulsion Laboratory
 2017 Ed. (3053)
 2018 Ed. (3165)
NASA Johnson Space Center
 2012 Ed. (4238)
 2015 Ed. (4238)
 2017 Ed. (2007)
 2021 Ed. (1904)
NASA Langley Research Center
 2011 Ed. (4193)
NASA Marshall Space Flight Center
 2006 Ed. (1533)
 2007 Ed. (1563)
 2008 Ed. (1543)
 2009 Ed. (1471)
NASA Tech Briefs
 2010 Ed. (4769)
 2011 Ed. (4721)
 2012 Ed. (4742)
Nasacort
 2017 Ed. (990)
 2018 Ed. (923)
 2020 Ed. (3715)
 2021 Ed. (3720)
 2023 Ed. (3837, 3838)
Nasajon Sistemas
 2010 Ed. (1508)
Nasal preparations
 1996 Ed. (3094)
Nasal products
 2002 Ed. (1096)
 2003 Ed. (1054)
 2004 Ed. (1058)

Nasal spray
    1997 Ed. (3058, 3173, 3175)
Nasal spray/drops/inhalers
    2002 Ed. (1101)
Nasalcrom
    2002 Ed. (2998)
    2003 Ed. (3627)
NASB Financial Inc.
    2018 Ed. (337)
    2019 Ed. (340)
NASBA
    2010 Ed. (2020)
NASCAR
    2005 Ed. (3917, 4453)
    2006 Ed. (3990)
    2007 Ed. (4028)
    2008 Ed. (2277, 4055)
    2009 Ed. (4136, 4137)
    2016 Ed. (4463)
    2017 Ed. (4472)
    2018 Ed. (4318)
    2019 Ed. (4346)
    2020 Ed. (4341)
    2021 Ed. (4357)
    2022 Ed. (4363)
NASCAR Racing
    1997 Ed. (1088, 1097)
Nascar.com
    2003 Ed. (3054)
    2010 Ed. (2375, 3364)
NASCO
    2013 Ed. (1648)
NASD Inc.
    2006 Ed. (141)
    2007 Ed. (134, 1488)
NASD Regulation Inc.
    2002 Ed. (4844)
NASDAQ
    2019 Ed. (3311)
    2020 Ed. (3313)
    2021 Ed. (4470)
    2023 Ed. (4367)
Nasdaq
    1996 Ed. (206, 2832, 2883, 3588)
    2000 Ed. (2748, 4382)
    2001 Ed. (4379)
    2002 Ed. (4199)
    2005 Ed. (1472)
    2006 Ed. (1428, 4479)
    2008 Ed. (1409, 4501)
    2009 Ed. (4532, 4533)
    2017 Ed. (4313)
    2018 Ed. (4517)
    2019 Ed. (4511)
    2020 Ed. (4491)
    2021 Ed. (4472, 4474)
    2023 Ed. (4500, 4501)
NASDAQ 100
    2013 Ed. (2794)
    2014 Ed. (2830)
    2015 Ed. (2870)
    2016 Ed. (2803)
NASDAQ 100; E Mini
    2005 Ed. (2705)
    2006 Ed. (2681)
    2007 Ed. (2671)
    2008 Ed. (2802)
    2009 Ed. (2859)
    2010 Ed. (2797)
    2011 Ed. (2784)
    2012 Ed. (2714)
Nasdaq-100 index
    2005 Ed. (2466)
NASDAQ-100 Trust
    2002 Ed. (2170)
    2004 Ed. (234, 3172)
Nasdaq Copenhagen
    2021 Ed. (4473)
Nasdaq Helsinki
    2021 Ed. (4473)
NASDAQ LIFFE Markets
    2006 Ed. (2683)
    2007 Ed. (2673)
NASDAQ NFX
    2020 Ed. (911, 912)
NASDAQ OMX
    2014 Ed. (4550, 4554, 4555, 4559, 4561, 4563)
    2015 Ed. (4548, 4549, 4553, 4556, 4559)
Nasdaq OMX
    2015 Ed. (4560)
NASDAQ OMX Group
    2015 Ed. (3439)
    2016 Ed. (3299)
    2017 Ed. (3261)
    2018 Ed. (3335)
The NASDAQ OMX Group Inc.
    2010 Ed. (2641, 2701, 2864)
    2011 Ed. (2829, 2850)
    2012 Ed. (3340, 3815)
    2013 Ed. (3407)
NASDAQ OMX Nordic
    2014 Ed. (4549, 4553)
    2015 Ed. (4547)
NASDAQ OMX Nordic Exchange
    2015 Ed. (4552)

NASDAQ OMX PHLX
    2012 Ed. (886)
    2013 Ed. (1045)
    2014 Ed. (1009)
NASDAQ OMXA
    2014 Ed. (4556)
    2015 Ed. (4550)
NASDAQ Options Market
    2012 Ed. (886)
    2013 Ed. (1045)
    2014 Ed. (1009)
    2019 Ed. (918)
    2020 Ed. (913)
NASDAQ PHLX
    2019 Ed. (918)
    2020 Ed. (913)
Nasdaq Stock Market
    2006 Ed. (4480)
    2007 Ed. (4562, 4587)
Nasdaq Stockholm
    2021 Ed. (4473)
Nasdaq (U.S.)
    2021 Ed. (4474)
NASDI LLC
    2010 Ed. (1230)
    2011 Ed. (1177)
    2012 Ed. (1125)
    2013 Ed. (1271)
    2014 Ed. (1200, 1204)
    2015 Ed. (1262)
    2016 Ed. (1177)
    2018 Ed. (1198)
Nasdi, LLC
    2019 Ed. (1228)
    2020 Ed. (1222)
Naseem Hamed
    2003 Ed. (299)
    2005 Ed. (4895)
Naseer Homoud
    2013 Ed. (3477)
Nash; Avi
    1993 Ed. (1786)
    1994 Ed. (1769)
    1995 Ed. (1810)
    1996 Ed. (1785)
    1997 Ed. (1861)
Nash Finch Co.
    1989 Ed. (1445)
    1990 Ed. (1814, 1818)
    1991 Ed. (1731, 1737, 1862, 2471, 3253)
    1992 Ed. (2173, 2180, 2351, 4165)
    1993 Ed. (1998, 3487, 3488)
    1994 Ed. (1860, 1991, 2000, 3658)
    1995 Ed. (1884, 2056)
    1996 Ed. (1930, 2048, 2052, 3822, 3826)
    1997 Ed. (2027, 3875, 3876)
    1998 Ed. (1719, 1871, 1875, 3710, 3713)
    1999 Ed. (4755, 4758)
    2000 Ed. (2384, 2385, 2386, 2391)
    2002 Ed. (4901)
    2003 Ed. (1582, 4550, 4654, 4929, 4930)
    2004 Ed. (4931, 4932, 4933, 4934)
    2005 Ed. (1632, 1639, 4506, 4551, 4913, 4914, 4915, 4916)
    2006 Ed. (1528, 4630, 4947, 4948)
    2007 Ed. (1558, 4555, 4954)
    2008 Ed. (1539)
    2009 Ed. (4613)
    2010 Ed. (1446, 1452, 4644, 4953)
    2011 Ed. (1454, 4596, 4937)
    2012 Ed. (1263, 1287, 4939)
    2013 Ed. (1395, 4932)
    2014 Ed. (1333, 4939)
Nash Greenhouses
    2020 Ed. (3732)
    2021 Ed. (3734)
    2022 Ed. (3752)
    2023 Ed. (3857)
Nash Phillips/Copus, Inc.
    1989 Ed. (1003)
Nash Plumbing & Mechanical, a Division of HB Global
    2023 Ed. (1366)
Nash Plumbing & Mechanical LLC
    2022 Ed. (1148)
Nash; Rick
    2014 Ed. (196)
Nash; Steve
    2005 Ed. (4895)
Nashmi; Jennifer
    2013 Ed. (4987)
    2014 Ed. (4992)
    2016 Ed. (4991)
Nashoba Valley
    1996 Ed. (3859)
    1997 Ed. (3906)
Nashua Corp.
    1990 Ed. (2675)
    1991 Ed. (2577)
    1992 Ed. (1535, 1537, 3216)
    1993 Ed. (2705)
    1997 Ed. (3644)
Nashua Federal Savings & Loan
    1990 Ed. (1794)
Nashua Hollis CVS Inc.
    2001 Ed. (1841)
    2003 Ed. (1814)
    2004 Ed. (1848)

    2005 Ed. (1956)
    2006 Ed. (2002)
    2007 Ed. (1967)
    2008 Ed. (2062)
    2009 Ed. (2028)
Nashua Label Products
    2007 Ed. (4007)
Nashua, NH
    1990 Ed. (2568)
    1991 Ed. (2447)
    1995 Ed. (3778)
    1999 Ed. (3367)
    2002 Ed. (1801, 1903)
Nashua Telegraph
    1989 Ed. (2064)
    1990 Ed. (2710)
Nashua Trust Co.
    1990 Ed. (649)
    1993 Ed. (590)
Nashville Area Chamber of Commerce
    2005 Ed. (3320)
    2011 Ed. (3478)
    2013 Ed. (3530)
    2016 Ed. (3378)
    2017 Ed. (3337)
Nashville Arena
    1999 Ed. (1298)
Nashville Auto Auction
    1990 Ed. (299)
    1991 Ed. (267)
    1992 Ed. (373)
Nashville Bank of Commerce
    1998 Ed. (364)
Nashville Bridge Co.
    1993 Ed. (2491)
Nashville-Davidson-Murfreesboro-Franklin, TN
    2012 Ed. (3697)
    2022 Ed. (3424)
Nashville-Davidson-Murfreesboro, TN
    2008 Ed. (3508)
    2009 Ed. (3573)
    2020 Ed. (2356)
Nashville Display
    2000 Ed. (4134)
Nashville Display Manufacturing Co.
    1999 Ed. (4499)
Nashville Electric Service
    1993 Ed. (1554)
    1994 Ed. (1591)
    1995 Ed. (1634)
    1996 Ed. (1610)
    1998 Ed. (1381, 1382)
Nashville Machine Co.
    2008 Ed. (1328, 1338)
    2009 Ed. (1313, 1336)
    2011 Ed. (1268, 1296)
    2012 Ed. (1180)
The Nashville Network
    1990 Ed. (880, 885)
    1992 Ed. (1022)
Nashville Predators
    2013 Ed. (4480)
Nashville, Tenn., Electric Service
    1990 Ed. (1595, 1596, 1597)
Nashville, TN
    1990 Ed. (1485)
    1993 Ed. (948)
    1994 Ed. (2924, 2944)
    1996 Ed. (303, 973, 2209)
    1997 Ed. (2333)
    1998 Ed. (2057, 2485, 3054)
    1999 Ed. (1154, 1164, 3371, 4054, 4806)
    2000 Ed. (3769)
    2002 Ed. (1801, 2743, 2759)
    2003 Ed. (3260)
    2004 Ed. (2228, 2426, 2429, 3303)
    2005 Ed. (2972, 3321)
    2006 Ed. (748, 3309, 3313)
    2007 Ed. (2997, 3003, 3004, 3362, 3374)
    2008 Ed. (767, 977, 3460, 4348, 4354, 4357)
    2010 Ed. (4372)
    2012 Ed. (4373)
    2013 Ed. (3520)
    2014 Ed. (2620, 3494)
    2015 Ed. (2527, 3512)
    2016 Ed. (3371)
    2017 Ed. (2175, 4560)
    2018 Ed. (706)
    2019 Ed. (2207, 2386, 3058)
    2020 Ed. (2204, 3096)
    2021 Ed. (3348)
    2023 Ed. (2687, 2688)
Nashville, TN, Electric Service
    1991 Ed. (1494, 1495, 1496)
    1992 Ed. (1893, 1895)
Nashville Wire Products Manufacturing Co.
    2016 Ed. (2573)
    2017 Ed. (2472)
    2018 Ed. (2524)
    2019 Ed. (2533)
    2020 Ed. (2525)
    2021 Ed. (2467)
    2022 Ed. (2578)
    2023 Ed. (2720)
Nashville Zoo at Grassmere
    2023 Ed. (4661)

Nasicecement
    1997 Ed. (3928)
NASL SRS Tr.: Global Equity
    1992 Ed. (4379)
NASL SRS TR: Global Government Bond
    1992 Ed. (4379)
Nason Construction
    2009 Ed. (1320)
    2011 Ed. (1203)
Nason & Cullen Group Inc.
    1998 Ed. (974)
Nason & Cullen Inc.
    1990 Ed. (1212)
    1991 Ed. (1100)
    1993 Ed. (1153)
    1994 Ed. (1175)
    1997 Ed. (1198)
Nason Medical Center
    2012 Ed. (1888)
Nasoya
    2022 Ed. (326, 2848)
    2023 Ed. (416, 2958, 3671, 4484)
Naspers
    2014 Ed. (3596)
    2015 Ed. (1399, 2022, 3609)
    2016 Ed. (1329, 3492, 3499)
    2017 Ed. (749, 3460, 3470)
    2018 Ed. (687)
    2019 Ed. (703)
    2020 Ed. (690, 1346)
    2021 Ed. (1341, 1616)
    2022 Ed. (1897)
    2023 Ed. (2009)
Naspers Limited
    2022 Ed. (1352, 3578)
Naspers Ltd.
    2007 Ed. (78)
    2008 Ed. (84)
    2009 Ed. (50, 93)
    2010 Ed. (101, 109, 113, 119, 3607)
    2011 Ed. (2036)
    2012 Ed. (1885)
    2013 Ed. (2044)
    2014 Ed. (1978, 3602)
    2015 Ed. (2024, 2026)
    2016 Ed. (1996)
    2017 Ed. (1957, 2413)
    2018 Ed. (1908)
    2019 Ed. (1957)
    2020 Ed. (1891)
    2021 Ed. (1852)
Naspers Limited (South Africa)
    2022 Ed. (1352, 3578)
Nass; Abullah Ahmed
    2013 Ed. (3474)
Nassau, Bahamas
    1992 Ed. (3015)
Nassau Capital
    1998 Ed. (3667)
    2000 Ed. (4342)
Nassau Capital LLC
    1999 Ed. (4708)
    2000 Ed. (1535)
Nassau County Correctional Center
    1999 Ed. (3902)
Nassau County, NY
    1992 Ed. (1717, 1720)
    1993 Ed. (1428, 1430)
    1994 Ed. (239, 716, 1474, 1477, 1478, 1479, 1480, 1481, 2061, 2168)
    1995 Ed. (337, 1513)
    1997 Ed. (3559)
    1999 Ed. (1766)
    2002 Ed. (1085, 1808, 2298)
    2004 Ed. (1004, 2807)
    2008 Ed. (3437, 3438)
    2009 Ed. (3511, 3512)
Nassau Educators Credit Union
    2004 Ed. (1976)
    2005 Ed. (2118)
    2006 Ed. (2213)
    2007 Ed. (2134)
    2008 Ed. (2249)
    2009 Ed. (2235)
    2010 Ed. (2189)
    2011 Ed. (2207)
    2012 Ed. (2068)
    2013 Ed. (2250)
    2014 Ed. (2182)
    2015 Ed. (2246)
    2016 Ed. (2217)
Nassau Educators Federal Credit Union
    2020 Ed. (2091)
Nassau North Corporate Center Phase I
    1991 Ed. (1043)
Nassau North Corporation Center, Phase I
    1990 Ed. (1145)
Nassau, NY
    1989 Ed. (1177)
    1990 Ed. (1441, 1443, 2156, 2157)
    1991 Ed. (1368, 1370, 1375, 1376)
    1992 Ed. (1081, 1724, 3048)
    1997 Ed. (1075)
    2000 Ed. (1594)
    2013 Ed. (4787)
Nassau (NY) Shoppers Guide/Pennysaver
    2003 Ed. (3646)

CUMULATIVE INDEX • 1989-2023

Nassau (NY) This Week/Pennysaver
  2003 Ed. (3646)
Nassau Re
  2020 Ed. (44)
Nassau-Suffolk
  1990 Ed. (301)
  1992 Ed. (2864)
  2000 Ed. (1713, 3835, 4397)
Nassau-Suffolk, NJ
  2005 Ed. (2973)
Nassau-Suffolk, NY
  1989 Ed. (284, 1265, 1491, 1492, 1560, 1577, 1588, 1625, 1643, 1644, 1645, 1646, 1647, 1956, 1958, 1959, 2774)
  1990 Ed. (1054, 1055, 1218, 1867, 1868, 1958, 1986, 2111, 2123, 2124, 2154, 2155, 2162, 2163, 2164, 2165, 2166, 2167, 2548, 2549, 2551, 2554, 2555, 2557, 2562, 2563, 2564, 2565, 2566, 2607, 3046, 3047)
  1991 Ed. (275, 976, 977, 1102, 1782, 1783, 1863, 1888, 1965, 1972, 1973, 2000, 2006, 2007, 2008, 2009, 2010, 2011, 2424, 2425, 2430, 2431, 2433, 2434, 2435, 2436, 2438, 2441, 2442, 2891, 2892, 3248)
  1992 Ed. (374, 1086, 1161, 1213, 1214, 1440, 1797, 1850, 2254, 2255, 2352, 2377, 2521, 2549, 2551, 2575, 2580, 2581, 2582, 2583, 2584, 2585, 3040, 3041, 3049, 3050, 3056, 3057, 3059, 3399, 3735, 3736, 3752, 3809, 3953, 4159, 4456)
  1993 Ed. (884, 989, 1158, 1478, 1525, 1913, 1999, 2015, 2106, 2139, 2145, 2146, 2147, 2148, 2149, 2150, 2543, 2544, 2545, 2550, 2812, 3044, 3045, 3060, 3105, 3299, 3481, 3717)
  1994 Ed. (1017, 1188, 1524, 1566, 1935, 1936, 1992, 2027, 2129, 2162, 2169, 2170, 2171, 2172, 2173, 2174, 2489, 2490, 2492, 2503, 2811, 3103, 3104, 3121, 3151, 3456)
  1995 Ed. (928, 1026, 1027, 1202, 1555, 1609, 1964, 2048, 2080, 2181, 2219, 2220, 2221, 2222, 2223, 2451, 2555, 2557, 2900, 3148, 3173, 3195, 3522, 3746, 3753)
  1996 Ed. (1011, 1012, 1170, 1537, 1587, 1993, 2040, 2076, 2194, 2222, 2228, 2229, 2230, 2231, 2616, 2617, 2625, 2982, 3266, 3293, 3604, 3852)
  1997 Ed. (928, 940, 1031, 1032, 1211, 1596, 1669, 2110, 2111, 2162, 2176, 2265, 2315, 2356, 2357, 2358, 2359, 2360, 2361, 2362, 2639, 2649, 2759, 2760, 2770, 2775, 3066, 3303, 3350, 3365, 3390, 3512, 3657, 3893, 3900)
  1998 Ed. (672, 684, 2481, 3109, 3166, 3706, 3726, 3731, 3733)
  1999 Ed. (1070, 2672, 2673, 2832, 3195, 3214, 3259, 3260, 3380, 3382, 3383, 3385, 3386, 3390, 4125, 4150, 4773, 4779)
  2000 Ed. (1010, 1115, 2306, 2416, 2605, 2615, 2953, 3110, 3113, 3114, 3115, 3118, 3119, 3865, 4396)
  2001 Ed. (1153, 1155, 2080, 2757, 4143, 4164, 4679, 4680, 4792, 4850, 4851, 4852, 4853, 4855, 4856)
  2002 Ed. (870, 964, 966, 1086, 2028, 2045, 2301, 2382, 2444, 2762, 3138, 3331, 3332, 4075, 4180, 4744, 4745, 4929, 4931, 4932, 4933, 4934, 4935)
  2003 Ed. (352, 901, 903, 1047, 2345, 2765, 2787, 3390, 3394, 3395, 3404, 3405, 4083, 4160, 4208, 4307, 4851, 4906)
  2004 Ed. (336, 732, 919, 926, 981, 1006, 2752, 2809, 2983, 2984, 3309, 3456, 3460, 3461, 3470, 3471, 4112, 4210, 4221, 4231, 4317, 4835, 4836, 4896, 4972, 4973)
  2005 Ed. (910, 921, 2050, 2454, 2975, 2990, 3472, 4826, 4827, 4937, 4972, 4973, 4974)
Nassau This Week/Pennysaver
  2002 Ed. (3505)
Nassau Veterans Memorial Coliseum
  1989 Ed. (992)
  1999 Ed. (1298)
Nassau Vision Group
  1995 Ed. (2814)
Nassau Vision Group Laboratories
  2006 Ed. (3753, 3754)
  2007 Ed. (3752, 3753)
Nassauische Sparkasse
  1996 Ed. (516)
  2004 Ed. (558)
Nassauische Sparkasse Wiesbaden
  1992 Ed. (682)
  1993 Ed. (490)
NASSCO Holdings Inc.
  2002 Ed. (1424)
Nassda Corp.
  2003 Ed. (4319, 4320)

Nassef Sawiris
  2008 Ed. (4859)
  2009 Ed. (4885)
  2010 Ed. (4886)
  2011 Ed. (4876, 4900)
  2012 Ed. (4885, 4909)
  2013 Ed. (4869, 4918)
  2014 Ed. (4883)
  2015 Ed. (4906, 4921)
  2016 Ed. (4821, 4837)
  2017 Ed. (4832, 4845)
  2018 Ed. (4837, 4852)
  2019 Ed. (4847)
  2020 Ed. (4836)
  2021 Ed. (4837)
  2022 Ed. (4830)
  2023 Ed. (4825)
Nasser Al-Kharafi
  2003 Ed. (4895)
  2004 Ed. (4883)
  2005 Ed. (4886)
  2006 Ed. (4928)
  2007 Ed. (4921)
  2008 Ed. (4889, 4892)
  2009 Ed. (4909)
  2010 Ed. (4910, 4913)
  2011 Ed. (4900)
  2012 Ed. (4906, 4909)
Nasser Marafih
  2012 Ed. (790)
  2013 Ed. (4614)
Nasser Sunnaa
  2013 Ed. (3477)
Nassetta; Christopher
  2007 Ed. (980)
  2008 Ed. (941)
Nastasi & Associates Inc.
  1997 Ed. (1173)
  1998 Ed. (958)
  2001 Ed. (1484)
  2002 Ed. (1301)
Nastasi-White Inc.
  1992 Ed. (1413)
  1993 Ed. (1126)
  1994 Ed. (1143)
  1995 Ed. (1169)
  1996 Ed. (1136)
  1997 Ed. (1173)
  1998 Ed. (958)
  2001 Ed. (1484)
Nastech Pharmaceutical
  1999 Ed. (2623, 2670)
  2000 Ed. (2460)
  2008 Ed. (2140)
  2010 Ed. (2060)
  2011 Ed. (2115)
Nastel Technologies
  2002 Ed. (2525)
NASTRAN prevozi storitve trgovina
  2019 Ed. (1956)
Nasty Gal
  2014 Ed. (4333, 4982)
Nat Geo Mundo
  2017 Ed. (2894)
  2018 Ed. (2960)
Nat Robbins
  1999 Ed. (2112, 2113)
  2000 Ed. (1904)
Nat Rothschild
  2008 Ed. (4902)
Nat West Securities
  1999 Ed. (2321)
Nata Construction Tourism Trade & Industry Co.
  2019 Ed. (1265)
Natalia Franco
  2006 Ed. (2516)
Natalia Vodianova
  2008 Ed. (4898)
  2009 Ed. (3766)
  2011 Ed. (3693)
  2016 Ed. (3617)
  2017 Ed. (3584)
Natalie Massenet
  2010 Ed. (2527)
  2011 Ed. (2527)
Natalie Portman
  2013 Ed. (2598)
  2016 Ed. (2525)
Natalie Reid-Loudan
  2019 Ed. (3649)
Natalie's
  2020 Ed. (3753)
  2022 Ed. (3774)
  2023 Ed. (3875)
Natan R. Rok
  1994 Ed. (2059, 2521, 3655)
Natasha Boyden
  2011 Ed. (3358)
Natasi & Associates Inc.
  1999 Ed. (1379)
Natasi-White Inc.
  1999 Ed. (1379)
Natcan Trust Co.
  2009 Ed. (4813)
  2016 Ed. (4763)
  2017 Ed. (4774)
  2020 Ed. (4759)

Natchez, MS
  2015 Ed. (3533)
Natchez Trace Parkway
  1990 Ed. (2666)
Natchiq Inc.
  2002 Ed. (1265, 1266, 1267)
  2003 Ed. (1606)
  2004 Ed. (1277, 1279, 1621, 2360, 2364)
Natchitoches, LA
  2008 Ed. (4245)
Natchitoches Meat Pie
  2023 Ed. (2927)
NatCity Investments Inc.
  2007 Ed. (4276)
Natco Home
  2022 Ed. (2975)
Nate Blecharczyk
  2015 Ed. (797)
Nate McMillan
  2013 Ed. (545)
Nate Silver
  2014 Ed. (2412)
Naterra International
  2016 Ed. (3096)
Natexis
  2000 Ed. (535)
Natexis BAnques Populaires
  2004 Ed. (503)
  2008 Ed. (1411, 1418)
Nath Cos. Inc.
  2003 Ed. (1762)
  2022 Ed. (3646)
  2023 Ed. (3751)
Nath Cos., Inc.
  2016 Ed. (3597)
  2018 Ed. (3617)
Nathan
  2002 Ed. (2365)
  2008 Ed. (2770)
Nathan Brewer
  2016 Ed. (1113)
Nathan Jones
  2006 Ed. (973)
  2007 Ed. (1068)
Nathan & Lewis Securities
  1999 Ed. (843, 844, 845, 848, 849)
  2000 Ed. (840, 843, 846, 847)
  2002 Ed. (798, 799)
Nathan Richardson
  2005 Ed. (3183)
  2006 Ed. (3185)
Nathan Schneiderman
  2011 Ed. (3373)
Nathan's
  2009 Ed. (2827)
Nathan's Famous
  2014 Ed. (2755, 2756, 4263)
  2015 Ed. (1907, 4245)
  2016 Ed. (1870, 4156)
  2021 Ed. (2518)
  2023 Ed. (2755, 2768)
Nathans Famous
  2016 Ed. (2742)
Nathan's Famous Inc.
  1994 Ed. (3130)
  1995 Ed. (3116, 3135, 3137)
  2002 Ed. (2249)
  2009 Ed. (2829, 4478)
  2010 Ed. (2627, 4496, 4527)
  2011 Ed. (2609, 2762, 4435, 4466)
  2012 Ed. (2552)
  2013 Ed. (2673)
  2014 Ed. (2624)
  2015 Ed. (2668)
  2016 Ed. (2591)
Nathanson Creek
  2000 Ed. (4412, 4414, 4418, 4421, 4424, 4426)
Nathanson; Michael
  2018 Ed. (3318)
  2019 Ed. (3293)
Natio Vie
  2002 Ed. (2937)
Natioal Beef Packing Co. LP
  1997 Ed. (3145)
Nation Media Group
  2018 Ed. (1341, 4064)
  2019 Ed. (1379)
Nation Media Group Ltd.
  2002 Ed. (3482, 3483)
  2006 Ed. (3685)
Nation Pizza & Foods
  2014 Ed. (2775)
Nation Publishing Group
  1995 Ed. (1503)
  2000 Ed. (1573, 1574, 1576, 1578)
National
  1989 Ed. (2458)
  1990 Ed. (382, 383, 384, 2621, 3231)
  1991 Ed. (249)
  1993 Ed. (338, 674)
  1994 Ed. (321, 322, 323, 324)
  1995 Ed. (319, 322, 323)
  1996 Ed. (332, 333, 334, 335)
  1997 Ed. (312, 313, 314, 2473)
  1998 Ed. (235, 236, 238)
  1999 Ed. (342, 343, 344, 346)
  2000 Ed. (351, 352, 353)

  2005 Ed. (306)
  2006 Ed. (326)
  2007 Ed. (318)
  2008 Ed. (306)
  2009 Ed. (327)
  2010 Ed. (308)
  2020 Ed. (276)
  2021 Ed. (271)
  2022 Ed. (287)
National 1st Credit Union
  2013 Ed. (2256)
  2014 Ed. (2188)
National 4-H Council
  1993 Ed. (895)
  1995 Ed. (1929)
National Abatement Corp.
  1995 Ed. (1170)
National Academy of Sciences
  1995 Ed. (1931)
  1996 Ed. (916)
  1997 Ed. (274)
  1999 Ed. (295)
National Academy of Sciences and the Institute of Medicine
  1991 Ed. (1003, 1767)
National ads
  2004 Ed. (153)
  2005 Ed. (151)
  2006 Ed. (167)
  2007 Ed. (171)
  2008 Ed. (155)
  2009 Ed. (176)
National Advanced Systems
  1991 Ed. (1141)
  1992 Ed. (1925)
  1993 Ed. (2035)
National network advertising
  2004 Ed. (4053)
National spot advertising
  2004 Ed. (4053)
National Aeronautics & Space Administration
  1992 Ed. (1094)
  2005 Ed. (165, 2746)
  2006 Ed. (3493)
  2007 Ed. (3528)
  2010 Ed. (2876, 3833)
  2011 Ed. (2856, 3686, 3835)
  2012 Ed. (2787, 3691, 3692, 3693, 3695, 3816, 4965)
  2013 Ed. (2854, 3742, 3743, 3744, 3747, 4976)
  2014 Ed. (2883, 3675, 3676, 3677, 3680, 4981)
  2015 Ed. (3693, 3694, 3695, 3698, 5014)
  2016 Ed. (3576, 3577, 3578, 4933)
  2017 Ed. (3053, 3546, 3547, 4451, 4925)
  2018 Ed. (2157, 3165, 4932)
  2019 Ed. (2835, 4933)
  2020 Ed. (76, 2871, 3557, 3558)
  2021 Ed. (3584, 3585, 3586)
  2022 Ed. (2899, 3639, 3640, 4932)
National Aeronautics & Space Administration (NASA)
  2023 Ed. (3020, 3742, 4934)
National Aeronautics and Space Administration (NASA)
  2023 Ed. (3741)
National Aeronautics & Space Administration (NASA)
  2001 Ed. (4461)
  2002 Ed. (1024, 1025, 1026, 1027, 1028, 3962, 3972, 3986, 3987, 3988, 3989)
  2021 Ed. (3584, 3585, 3586)
  2022 Ed. (2899, 3639, 3640, 4932)
National Agency for Direct Investment
  2015 Ed. (3525)
National Agency of Investment Development
  2015 Ed. (3523)
National Agricultural Cooperative Federation
  2004 Ed. (620)
  2005 Ed. (610)
  2006 Ed. (524)
  2007 Ed. (553)
  2008 Ed. (505)
  2009 Ed. (536)
  2010 Ed. (520)
  2011 Ed. (449)
  2013 Ed. (398)
  2020 Ed. (2726)
  2023 Ed. (1491, 1493)
National AIDS Network
  1992 Ed. (1095)
National Airlines; Pan Am/
  1991 Ed. (1146)
National Alabama Corp.
  2009 Ed. (3570, 3572)
National Alliance for Advanced Transportation Batteries
  2011 Ed. (3489)
National Aluminum Co.
  2008 Ed. (849)
National, American CAM; Triangle Industries/
  1991 Ed. (1145)

1464   Business Rankings Annual • CUMULATIVE INDEX • 1989-2023 / Part 2

National American Insurance Co.
  2002 Ed. (2952)
National American University
  2012 Ed. (633)
  2013 Ed. (753)
  2014 Ed. (772)
  2015 Ed. (814)
National Amusements
  2013 Ed. (3769)
  2014 Ed. (3698)
  2015 Ed. (3716)
  2016 Ed. (3628)
  2017 Ed. (3604)
National Amusements Inc.
  1989 Ed. (1020)
  1990 Ed. (2440)
  1996 Ed. (1199, 1200, 1229, 2578)
  1999 Ed. (3451)
  2000 Ed. (948, 950)
  2001 Ed. (1789, 3361, 3362, 3390)
  2002 Ed. (1454)
  2003 Ed. (839, 1474, 1755, 3449, 3450)
  2004 Ed. (20, 1504, 1792, 3510, 3511)
  2005 Ed. (14, 1520, 1857, 3515, 3516)
  2006 Ed. (160, 193, 1868, 3572, 3573)
  2007 Ed. (152, 1871, 3637, 3638)
  2008 Ed. (3750, 3751)
  2009 Ed. (203, 3774, 3775)
  2010 Ed. (183, 3705, 3706)
  2011 Ed. (3700)
  2012 Ed. (3719)
  2013 Ed. (3766)
  2014 Ed. (1772, 3695, 3696)
  2015 Ed. (1818, 3714, 3715)
  2016 Ed. (1777, 3625, 3626)
  2018 Ed. (3663, 3664)
  2019 Ed. (3651)
  2020 Ed. (3618)
  2021 Ed. (3639)
National Appeal Carolinas
  2006 Ed. (795)
National Applied Research Laboratories
  2017 Ed. (4119)
National Aquarium Marine Mamal Pavillion
  1992 Ed. (4318)
National Arts Stabilization Fund
  1994 Ed. (1903)
  1995 Ed. (1930)
National Assembly
  2009 Ed. (63)
National Asset
  1995 Ed. (2367)
National Asset Management Ltd.
  1997 Ed. (2533)
  1999 Ed. (3070)
  2001 Ed. (2891)
  2011 Ed. (2662)
  2012 Ed. (2590)
National Asset Recovery Services Inc.
  2008 Ed. (4409)
National Association of Broadcasters Show
  2015 Ed. (4773)
National Association of Chain Drug Stores
  2004 Ed. (3920)
National Association of Community Health Care Centers
  1993 Ed. (889, 890)
National Association of Convenience Stores
  2004 Ed. (3920)
National Association for Exchange of Independent Resources
  2000 Ed. (3347)
National Association for Exchange of Industrial Resources
  1993 Ed. (896)
National Association for the Exchange of Industrial Resources
  2006 Ed. (3713, 3715)
  2007 Ed. (3705, 3707)
  2008 Ed. (3790, 3791)
National Association for Female Executives
  1998 Ed. (193)
National Association of Home Builders
  1995 Ed. (886)
  1996 Ed. (242)
  1997 Ed. (273)
National Association of Insurance & Financial Advisors
  2009 Ed. (4080)
National Association of Letter Carriers
  1998 Ed. (2322)
National Association of Life Underwriters
  1995 Ed. (886, 2954)
National Association of Life Underwriters PAC
  1989 Ed. (2236, 2237)
  1990 Ed. (2874)
National Association of the Partners of Americas
  1995 Ed. (1933)
National Association of Police Organizations
  1996 Ed. (242)
National Association of Realtors
  1995 Ed. (886)
  2006 Ed. (4047)
  2021 Ed. (3305)
  2022 Ed. (3390)

  2023 Ed. (3525)
National Association of Retired Federal Employees PAC
  1989 Ed. (2236)
  1990 Ed. (2873, 2874)
National Association of Securities Dealers
  1992 Ed. (3259)
  1996 Ed. (244)
  1997 Ed. (275)
  1999 Ed. (299)
  2007 Ed. (853)
National Association of Securities Dealers Automated Quotation System
  2006 Ed. (4479)
National Association of State Boards of Accountancy
  2011 Ed. (2077)
National Association for Stock Car Auto Racing
  2005 Ed. (3917, 4453)
  2006 Ed. (3990)
  2007 Ed. (4028)
  2008 Ed. (2277, 4055)
  2009 Ed. (4136, 4137)
  2016 Ed. (4463)
  2017 Ed. (4472)
  2018 Ed. (4318)
  2019 Ed. (4346)
  2020 Ed. (4341)
  2021 Ed. (4357)
  2022 Ed. (4363)
National Association for Stock Car Auto Racing (NASCAR)
  2001 Ed. (4344, 4349)
  2002 Ed. (1075)
  2003 Ed. (4523)
  2004 Ed. (855)
  2021 Ed. (4357)
  2022 Ed. (4363)
National Association of Wheat Growers
  1996 Ed. (242)
  1997 Ed. (273)
National Association of Wholesaler Distributors
  1997 Ed. (273)
National Atlantic Holdings Corp.
  2007 Ed. (3103, 4016)
National Auditorium
  1999 Ed. (1296)
National Audubon Society
  1991 Ed. (1580)
  1992 Ed. (1987)
  1993 Ed. (1637)
  1994 Ed. (907)
  1995 Ed. (944, 2783)
  1996 Ed. (915)
National Australia
  1990 Ed. (551, 559)
NAB - National Australia Bank
  2023 Ed. (1582)
National Australia Bank
  2013 Ed. (2613)
  2014 Ed. (2559, 2561)
  2016 Ed. (428, 656)
  2017 Ed. (442, 443, 536, 690, 1399)
  2018 Ed. (406, 407, 502, 648)
  2019 Ed. (408, 411, 2378)
  2020 Ed. (403, 2345, 2586)
  2021 Ed. (431, 434)
  2022 Ed. (448, 1384, 2339)
  2023 Ed. (617, 618)
National Australia Bank (Australia)
  2021 Ed. (434)
  2022 Ed. (448)
National Australia Bank Ltd.
  1989 Ed. (481, 482)
  1990 Ed. (504, 1331)
  1991 Ed. (383, 384, 453, 1254, 1255, 2301, 2302, 3264, 3265)
  1992 Ed. (605, 608, 718, 727, 1574, 1575, 4181, 4182)
  1993 Ed. (261, 262, 426, 427, 528, 1279, 1280)
  1994 Ed. (247, 248, 426, 427, 529, 1323, 1324)
  1995 Ed. (422, 423, 502, 1354, 1355, 2434, 2839)
  1996 Ed. (254, 255, 359, 446, 447, 1293, 1294, 1295)
  1997 Ed. (282, 283, 334, 411, 412, 1360, 1361, 1362)
  1998 Ed. (355, 1150, 3008)
  1999 Ed. (310, 311, 467, 471, 547, 548, 1582, 1583, 1584)
  2000 Ed. (325, 326, 464, 1386, 1387, 1388)
  2001 Ed. (576, 1628, 1629, 1630, 1631, 1633, 1634, 1635, 1956)
  2002 Ed. (345, 346, 520, 521, 523, 524, 1580, 1583, 1585, 1586, 1588, 1590, 1591, 1593, 2269)
  2003 Ed. (462, 463, 1519, 1617, 1619, 1620, 4571)
  2004 Ed. (448, 449, 495, 1638, 1639, 1640, 1642, 1647)
  2005 Ed. (460, 461, 1656, 1657, 1658, 1659, 1660, 1661, 3938, 3939, 4577)

  2006 Ed. (294, 413, 414, 1552, 1553, 1554, 1557)
  2007 Ed. (398, 399, 1586, 1592, 4658, 4659)
  2008 Ed. (380, 381, 1566, 1569, 1748, 1750, 1756)
  2009 Ed. (402, 1497, 1501, 1502)
  2010 Ed. (376, 378, 1488, 1489, 1492)
  2011 Ed. (299, 303, 1484, 1486, 2638)
  2012 Ed. (320, 321, 322, 371, 1330, 1331, 1334, 2565)
  2013 Ed. (374, 477, 478, 494, 814, 816, 870, 1428, 1431)
  2014 Ed. (387, 490, 491, 1387, 1390)
  2015 Ed. (442, 551, 552, 570, 1450, 1454)
  2016 Ed. (398, 425, 426, 516, 1375, 1378)
  2017 Ed. (403, 439, 440, 530, 1398, 1401, 2396)
  2018 Ed. (367, 403, 404, 1373, 1376)
  2019 Ed. (371, 407, 409, 1413, 1417)
  2020 Ed. (366, 399, 400, 1377, 1380)
  2021 Ed. (470, 1293, 1373, 1377)
  2022 Ed. (433, 484, 1302)
  2023 Ed. (708, 1508)
National Australia Bank Ltd. (Australia)
  2022 Ed. (433)
National Austrialia Bank Ltd.
  1991 Ed. (452)
National Auto Dealers Association
  1995 Ed. (886)
National Auto Dealers Exchange
  1990 Ed. (299)
  1991 Ed. (267)
National Auto Finance Co.
  1999 Ed. (4165)
National Automotive Management L.L.C.
  2019 Ed. (102)
  2020 Ed. (97)
National Aviation & Technology
  1990 Ed. (2374)
National Balanced
  2003 Ed. (3584, 3585)
National Bancard Corp.
  1994 Ed. (343, 1497)
  1995 Ed. (348, 1530, 1649)
  1996 Ed. (1492)
  1997 Ed. (335, 1554)
National Bancard Corp. (Nabanco)
  1991 Ed. (1393)
  1992 Ed. (1751)
National Bancorp
  2016 Ed. (506)
National Bancorp of Alaska Inc.
  1995 Ed. (373)
  1999 Ed. (424)
  2000 Ed. (429, 430)
National Bancorp Inc.
  1995 Ed. (492)
  2005 Ed. (362)
National Bancorp of Kentucky
  1995 Ed. (492)
National Bancshares Corp. of Texas
  2001 Ed. (570)
National Bancshares Texas
  1989 Ed. (676, 2672)
National Bank
  1989 Ed. (546)
  1990 Ed. (652)
  1991 Ed. (458)
  1992 Ed. (364)
  1993 Ed. (432)
  1994 Ed. (432)
  1995 Ed. (427)
  1996 Ed. (453)
  1997 Ed. (415)
  1999 Ed. (475)
  2000 Ed. (467)
  2002 Ed. (4436)
  2013 Ed. (375)
  2021 Ed. (354)
National Bank of Abu Dhabi
  1989 Ed. (472, 703)
  1990 Ed. (495)
  1991 Ed. (443, 683)
  1992 Ed. (599, 858)
  1993 Ed. (658)
  1994 Ed. (423, 659)
  1995 Ed. (416, 627, 628)
  1996 Ed. (442, 703, 704)
  1997 Ed. (407, 637)
  1999 Ed. (464, 677)
  2000 Ed. (455, 687)
  2002 Ed. (658)
  2003 Ed. (625)
  2004 Ed. (634)
  2005 Ed. (622)
  2006 Ed. (535)
  2007 Ed. (566)
  2008 Ed. (477, 519)
  2009 Ed. (553, 2106)
  2010 Ed. (373, 536, 2047)
  2011 Ed. (296, 297, 465, 2104)
  2012 Ed. (316, 317, 318, 419, 420, 1945)
  2013 Ed. (361, 368, 371, 534, 535, 685, 2108, 2109)

  2014 Ed. (378, 385, 548, 552, 2041, 2042)
  2015 Ed. (435, 441, 611, 615, 2090, 2707)
  2016 Ed. (390, 396, 555, 559, 2071, 2631)
  2017 Ed. (395, 401, 449, 578, 580, 581, 585, 586, 1768, 2029, 2565)
  2018 Ed. (365, 413, 543, 544, 545, 549, 672, 1722, 1985)
  2019 Ed. (364, 369, 563)
  2021 Ed. (1928)
National Bank of Alaska
  1991 Ed. (219)
  1992 Ed. (576)
  1993 Ed. (960)
  1994 Ed. (2550)
  2003 Ed. (1603, 2472)
National Bank of Alaska (Anchorage)
  1991 Ed. (418)
National Bank of Arizona
  2000 Ed. (434)
  2021 Ed. (317)
  2022 Ed. (330)
National Bank of Australia
  1995 Ed. (421)
National Bank of Bahrain
  1989 Ed. (454)
  1990 Ed. (476)
  1991 Ed. (427, 457)
  1992 Ed. (582, 613)
  1993 Ed. (431)
  1994 Ed. (410, 431)
  1995 Ed. (403, 426)
  1996 Ed. (430, 451, 452)
  1997 Ed. (395, 414)
  1999 Ed. (452, 474)
  2000 Ed. (444, 466)
  2002 Ed. (526, 4382)
  2003 Ed. (465)
  2004 Ed. (451)
  2005 Ed. (463)
  2006 Ed. (416, 4483)
  2007 Ed. (401)
  2008 Ed. (383)
  2009 Ed. (405)
  2010 Ed. (381)
  2011 Ed. (306)
  2012 Ed. (327)
  2013 Ed. (521)
  2014 Ed. (537)
  2015 Ed. (432)
  2016 Ed. (387)
  2017 Ed. (391)
  2018 Ed. (357)
  2019 Ed. (360)
  2020 Ed. (355)
  2022 Ed. (534, 1391)
  2023 Ed. (579)
National Bank of Belgium
  2021 Ed. (439)
  2022 Ed. (453)
  2023 Ed. (633)
National Bank of Brunei Berhad
  1989 Ed. (495)
National Bank of California
  1992 Ed. (3996)
National Bank Canada
  2018 Ed. (4525)
National Bank of Canada
  1990 Ed. (517, 518, 1780)
  1991 Ed. (474)
  1992 Ed. (630, 631, 632, 1595, 2152, 3102)
  1993 Ed. (447, 1858)
  1994 Ed. (447, 448, 1341)
  1995 Ed. (439, 440, 1875)
  1996 Ed. (466, 467, 468, 1318, 1919)
  1997 Ed. (429, 430, 431, 2009)
  1999 Ed. (487, 488, 489, 2437)
  2000 Ed. (482, 3155)
  2002 Ed. (535, 2268)
  2003 Ed. (473)
  2004 Ed. (460)
  2005 Ed. (473)
  2006 Ed. (423, 1628, 1629)
  2007 Ed. (412, 414, 1445, 1639, 1646, 4660, 4661)
  2008 Ed. (391, 392, 1647, 1655)
  2009 Ed. (414, 415, 416)
  2010 Ed. (391, 392, 1565, 4595)
  2011 Ed. (315, 316, 372, 4552)
  2012 Ed. (330, 331, 4559)
  2013 Ed. (537, 538, 543)
  2014 Ed. (553, 554, 558, 4569, 4572)
  2015 Ed. (616, 617, 620, 4563, 4564, 4566)
  2016 Ed. (560, 561, 563, 2606)
  2017 Ed. (587, 588, 590)
  2018 Ed. (550, 551, 553)
  2019 Ed. (569, 570, 573)
  2020 Ed. (552, 553, 556, 2347)
  2021 Ed. (474, 529, 531)
  2022 Ed. (488, 548, 549, 551, 2341)
  2023 Ed. (712, 794, 795, 796, 798)
National Bank Canadian Index
  2002 Ed. (3441, 3442)
National Bank of Canton
  1993 Ed. (508)

CUMULATIVE INDEX • 1989-2023

National Bank of Commerce
  2013 Ed. (355)
  2014 Ed. (373)
  2015 Ed. (427)
  2016 Ed. (2021)
National Bank of Commerce Ltd.
  1989 Ed. (692)
  1991 Ed. (416, 674, 675)
  1992 Ed. (574, 846, 847)
  1993 Ed. (512, 642, 643)
  1994 Ed. (645)
  1995 Ed. (617)
  1996 Ed. (545, 691)
  1997 Ed. (626)
  1998 Ed. (430)
  2000 Ed. (672)
National Bank/Commerce, Neb.
  1989 Ed. (2151)
National Bank of Detroit
  1989 Ed. (621)
  1990 Ed. (636, 2320)
  1991 Ed. (608, 2205)
  1992 Ed. (779)
  1994 Ed. (582)
National Bank for Development
  2009 Ed. (2732)
  2010 Ed. (2655)
  2011 Ed. (333, 2643)
  2012 Ed. (2570)
National Bank Direct Brokerage
  2012 Ed. (579)
National Bank Discount Brokerage
  2002 Ed. (813, 814, 815, 816, 818)
National Bank of Dubai
  1989 Ed. (445, 452, 472, 569, 576, 703)
  1990 Ed. (471, 495, 606)
  1991 Ed. (422, 424, 443, 683)
  1992 Ed. (580, 599, 858)
  1993 Ed. (417, 658)
  1994 Ed. (408, 423, 659)
  1995 Ed. (401, 416, 627, 628)
  1996 Ed. (427, 428, 442, 703, 704)
  1997 Ed. (393, 407, 637)
  1999 Ed. (449, 450, 464, 677)
  2000 Ed. (442, 455, 687)
  2001 Ed. (599)
  2002 Ed. (512, 513, 572, 633, 658)
  2003 Ed. (458, 459, 530, 625)
  2004 Ed. (446, 634)
  2005 Ed. (622)
  2006 Ed. (535, 4545)
  2007 Ed. (566)
  2008 Ed. (98, 519)
  2009 Ed. (553)
National Bank of Egypt
  1989 Ed. (447, 455, 522)
  1990 Ed. (477)
  1991 Ed. (428, 501)
  1992 Ed. (583, 655)
  1993 Ed. (465)
  1994 Ed. (411, 470)
  1995 Ed. (404, 461)
  1996 Ed. (431, 493)
  1997 Ed. (396, 456)
  1999 Ed. (450, 453, 506)
  2000 Ed. (442, 445, 518)
  2001 Ed. (599)
  2002 Ed. (554)
  2003 Ed. (485)
  2004 Ed. (482)
  2005 Ed. (488)
  2006 Ed. (43, 433)
  2007 Ed. (34, 434)
  2008 Ed. (38, 405)
  2009 Ed. (43, 431)
  2010 Ed. (53, 406, 2655)
  2011 Ed. (333)
  2012 Ed. (34, 340, 2570)
  2013 Ed. (362)
  2014 Ed. (379)
  2015 Ed. (397, 404)
  2016 Ed. (375, 384)
  2017 Ed. (368, 374, 377, 383)
  2018 Ed. (340, 343, 346)
  2019 Ed. (342, 343, 344, 348, 361)
  2020 Ed. (344, 346, 356)
  2021 Ed. (415, 419)
  2022 Ed. (427, 428, 429, 624)
  2023 Ed. (556, 557, 560, 561, 863)
National Bank of Egypt (Egypt)
  2022 Ed. (427, 428)
National Bank for FEA of Uzbekistan
  2002 Ed. (572, 660)
  2003 Ed. (530, 635)
  2004 Ed. (546, 649)
  2005 Ed. (531, 637)
  2006 Ed. (540)
  2008 Ed. (437, 438)
  2009 Ed. (461)
National Bank of Fiji
  1989 Ed. (527)
  1991 Ed. (505)
  1992 Ed. (660)
  1993 Ed. (472)
National Bank Financial
  2005 Ed. (1442, 1443)
  2007 Ed. (3282)
  2008 Ed. (3401)
  2009 Ed. (3459)

2010 Ed. (3396)
National Bank Financial & Co.
  2012 Ed. (3328)
  2013 Ed. (3413)
  2014 Ed. (3410)
National Bank of Fujairah
  1997 Ed. (407)
  1999 Ed. (464)
  2000 Ed. (455)
  2017 Ed. (579)
  2018 Ed. (358, 542)
  2022 Ed. (546)
National Bank of Greece
  1990 Ed. (585)
  1991 Ed. (260, 261)
  1992 Ed. (363, 689)
  1993 Ed. (253, 254, 494)
  1994 Ed. (242, 243, 496)
  1995 Ed. (478)
  1996 Ed. (247, 248, 522)
  1997 Ed. (276, 277, 481, 516)
  1999 Ed. (303, 304, 532)
  2000 Ed. (320, 321, 541, 542, 4127)
  2002 Ed. (341, 342, 565)
  2003 Ed. (500, 4586)
  2004 Ed. (491, 535)
  2005 Ed. (504, 514)
  2006 Ed. (290, 447, 1737, 1738, 3341)
  2007 Ed. (454, 1745)
  2008 Ed. (410, 420, 1772)
  2009 Ed. (50, 449, 1711)
  2010 Ed. (413, 425, 426, 1664)
  2011 Ed. (351, 1671)
  2012 Ed. (349, 1522, 4574)
  2013 Ed. (431, 432, 1667)
  2014 Ed. (448, 449, 1622)
  2015 Ed. (504, 505, 1672)
  2016 Ed. (459, 460, 1614)
  2017 Ed. (476, 477, 1591)
  2018 Ed. (438, 439, 1575)
  2019 Ed. (448, 449, 1609)
  2020 Ed. (434, 435, 1571)
  2021 Ed. (1555)
  2022 Ed. (1574)
  2023 Ed. (652, 1747)
National Bank of Greece (Cyprus) Ltd.
  2009 Ed. (424)
  2010 Ed. (400)
  2011 Ed. (327)
  2012 Ed. (1448)
  2013 Ed. (1583)
National Bank of Greece SA
  2006 Ed. (1739)
  2007 Ed. (1747)
  2011 Ed. (350)
  2012 Ed. (1523)
  2013 Ed. (1668)
  2023 Ed. (2359)
National Bank Holdings
  2022 Ed. (370, 1488)
  2023 Ed. (1664)
National Bank Holdings Corp.
  2019 Ed. (1512)
  2023 Ed. (461)
National Bank of Hungary
  1992 Ed. (653)
National Bank of Indianapolis
  2005 Ed. (1065)
National Bank Islamic
  2010 Ed. (2660)
  2011 Ed. (2648)
  2012 Ed. (2575)
  2014 Ed. (2653)
  2015 Ed. (2695)
National Bank of Kenya
  1989 Ed. (594)
  1991 Ed. (582)
  1992 Ed. (748)
  1993 Ed. (546)
  1994 Ed. (547)
  1995 Ed. (522)
  1996 Ed. (577)
  1997 Ed. (533)
  1999 Ed. (568, 3590, 3591)
  2000 Ed. (580)
  2002 Ed. (599)
  2003 Ed. (556)
  2004 Ed. (570)
  2005 Ed. (556)
  2007 Ed. (493)
  2008 Ed. (457)
  2009 Ed. (486)
  2010 Ed. (468)
  2011 Ed. (395)
  2013 Ed. (338)
  2014 Ed. (357)
National Bank of Kuwait
  1989 Ed. (445, 446, 449, 459, 597)
  1990 Ed. (470, 471, 472, 482, 621, 622)
  1991 Ed. (422, 433, 585)
  1992 Ed. (63, 580, 588, 752)
  1993 Ed. (417, 549)
  1994 Ed. (408, 415)
  1995 Ed. (401, 408, 524, 525)
  1996 Ed. (427, 428, 435, 579, 580)
  1997 Ed. (393, 400, 535)
  1999 Ed. (449, 450, 457, 570)
  2000 Ed. (442, 447, 582)
  2001 Ed. (599)

2002 Ed. (512, 513, 604, 622, 633, 1730)
  2003 Ed. (458, 459, 557)
  2004 Ed. (446, 513, 571)
  2005 Ed. (457, 557, 580, 582)
  2006 Ed. (410, 478, 4513)
  2007 Ed. (394, 494, 522)
  2008 Ed. (377, 458, 477)
  2009 Ed. (63, 399, 487, 504, 1842)
  2010 Ed. (73, 373, 469, 1782)
  2011 Ed. (296, 297, 1795)
  2012 Ed. (318, 383, 384, 1651)
  2013 Ed. (360, 361, 368, 527, 528, 1809)
  2014 Ed. (378, 543, 544, 1736)
  2015 Ed. (434, 435, 609, 1780)
  2016 Ed. (389, 390, 553, 1737)
  2017 Ed. (394, 449, 575, 578, 586, 1714)
  2018 Ed. (360, 413, 540, 544, 1671)
  2019 Ed. (363, 419, 559, 561, 1732, 1780)
  2020 Ed. (358, 359, 542, 544, 1678, 1724)
  2021 Ed. (437, 1657)
  2022 Ed. (451, 536, 538, 539, 1679, 1680, 1725)
  2023 Ed. (582, 583, 626, 788, 1833)
National Bank of Kuwait Group
  1991 Ed. (423, 424)
National Bank of Kuwait K.S.C
  2022 Ed. (1297)
National Bank of Kuwait K.S.C.
  2022 Ed. (1297)
National Bank of Kuwait (Kuwait)
  2021 Ed. (437)
  2022 Ed. (451, 539)
National Bank of Malawi
  1989 Ed. (612)
  1991 Ed. (600)
  1992 Ed. (768)
  1993 Ed. (560)
  1994 Ed. (562)
  1995 Ed. (538)
  1996 Ed. (596)
  1997 Ed. (550)
  1999 Ed. (585, 586)
  2000 Ed. (601, 602)
  2002 Ed. (616)
  2003 Ed. (581)
  2004 Ed. (588)
  2006 Ed. (4517)
  2011 Ed. (409)
  2013 Ed. (342)
  2014 Ed. (360)
  2015 Ed. (412)
National Bank of Middlebury
  1993 Ed. (510)
  1996 Ed. (543)
The National Bank of Middlebury
  2021 Ed. (405)
  2022 Ed. (418)
  2023 Ed. (542)
National Bank of New Zealand
  1990 Ed. (582)
  1992 Ed. (725)
  1999 Ed. (612)
  2000 Ed. (634)
  2004 Ed. (598)
  2005 Ed. (586)
  2006 Ed. (505)
National Bank of North Carolina
  1992 Ed. (2723)
National Bank Of Egypt
  2022 Ed. (639)
National Bank of Oman
  1989 Ed. (464)
  1990 Ed. (487)
  1991 Ed. (436, 640)
  1992 Ed. (592, 812)
  1994 Ed. (418, 609)
  1995 Ed. (411, 579)
  1999 Ed. (460, 617, 618)
  2000 Ed. (451)
  2002 Ed. (631, 4451, 4452)
  2003 Ed. (596)
  2004 Ed. (603)
  2005 Ed. (592)
  2006 Ed. (381, 460, 461, 509)
  2007 Ed. (363, 480, 534)
  2008 Ed. (351, 488)
  2009 Ed. (517, 2743)
  2010 Ed. (86, 496, 2666)
  2011 Ed. (426, 2655)
  2012 Ed. (398, 2583)
  2013 Ed. (369)
  2014 Ed. (383)
  2015 Ed. (439)
  2016 Ed. (394, 2623)
  2017 Ed. (398, 2556)
  2018 Ed. (358, 362, 542, 2624)
  2019 Ed. (366, 2610)
  2020 Ed. (361, 2620)
  2023 Ed. (584)
National Bank of Oman Ltd. SAO
  1989 Ed. (647)
  1993 Ed. (606)

National Bank of Oman Ltd. SAOG
  1996 Ed. (438, 649)
  1997 Ed. (403, 588)
National Bank of Oman Ltd. SAOG (Muscat)
  2000 Ed. (638)
National Bank of Pakistan
  1989 Ed. (649)
  1992 Ed. (814)
  1993 Ed. (608)
  1994 Ed. (611)
  1995 Ed. (581)
  1996 Ed. (651)
  1997 Ed. (590)
  1999 Ed. (619)
  2002 Ed. (569, 632)
  2003 Ed. (597)
  2004 Ed. (518, 604)
  2005 Ed. (540, 593)
  2006 Ed. (468, 510, 4527)
  2007 Ed. (481, 535)
  2008 Ed. (489, 2031)
  2009 Ed. (518, 1997)
  2010 Ed. (377, 497, 1935, 2644)
  2011 Ed. (427)
  2013 Ed. (530)
  2014 Ed. (549)
  2015 Ed. (612)
  2016 Ed. (556)
  2017 Ed. (582)
  2018 Ed. (546)
  2019 Ed. (565)
  2020 Ed. (548)
  2023 Ed. (790)
National Bank Products
  2012 Ed. (4041)
National Bank of Ras al-Khaimah
  1995 Ed. (628)
  1996 Ed. (704)
National Bank of the Republic of Tajikistan
  1997 Ed. (625)
National Bank of Romania
  1994 Ed. (625)
National Bank of Sharjah
  1989 Ed. (472)
  1990 Ed. (495)
  1991 Ed. (443)
  1992 Ed. (599, 858)
  1993 Ed. (658)
  1994 Ed. (423)
  1995 Ed. (416)
  1996 Ed. (442)
  2003 Ed. (420, 537, 625)
  2004 Ed. (399, 634)
  2005 Ed. (622)
  2006 Ed. (457)
National Bank Small Cap
  2002 Ed. (3446)
National Bank Small Capitalization
  2003 Ed. (3570, 3571)
National Bank of Solomon Islands Ltd.
  1989 Ed. (669)
National Bank of South Carolina
  1998 Ed. (428)
National Bank of Stamford
  1989 Ed. (557)
National Bank Texas
  1989 Ed. (1047)
National Bank & Trust Co.
  1992 Ed. (702)
National Bank of Umm Al-Qaiwain
  1994 Ed. (423)
  1995 Ed. (416)
  1997 Ed. (407)
National Bank of Umm Al-Qawain
  1995 Ed. (628)
National Bank of Umm Al Quwain
  2013 Ed. (534)
National Bank of Uzbekistan
  2004 Ed. (470)
  2017 Ed. (458)
  2018 Ed. (449, 483)
  2019 Ed. (460, 497)
  2020 Ed. (365, 445, 478, 504)
  2023 Ed. (665, 704)
National Bank/Washington
  1993 Ed. (2300)
National Bank of Washington (Washington, DC)
  1991 Ed. (688)
National Bank of Yemen
  1989 Ed. (474, 715)
  1990 Ed. (497)
  1991 Ed. (445, 695)
  1992 Ed. (869)
  1995 Ed. (637)
  1999 Ed. (681)
  2000 Ed. (698)
National Banki of Abu Dhabi
  2013 Ed. (689)
National commercial banks
  1989 Ed. (2475)
National Baptist Convention USA Inc.
  2000 Ed. (3754)
National Baptists of the U.S.A.
  1998 Ed. (2460)

National Basketball Association
  2002 Ed. (3792)
  2005 Ed. (4453)
  2012 Ed. (3599)
  2014 Ed. (48)
  2015 Ed. (51)
  2016 Ed. (50, 4463)
  2017 Ed. (47, 4472, 4564)
  2018 Ed. (47, 4318)
  2019 Ed. (44, 1678, 4346, 4483)
  2020 Ed. (47, 1635, 4341, 4469)
  2021 Ed. (51, 4357)
  2022 Ed. (48, 4363)
National Basketball Association Finals
  2009 Ed. (4512)
National Basketball Association (NBA)
  2001 Ed. (4344, 4349)
  2003 Ed. (4523)
  2021 Ed. (4357)
  2022 Ed. (4363)
National Beef Packaging Co.
  1998 Ed. (2889)
National Beef Packing Co.
  1998 Ed. (1733, 2451, 2453, 2455, 3647)
  2006 Ed. (3431)
  2008 Ed. (2784, 3609)
  2009 Ed. (2842)
  2010 Ed. (2783)
  2011 Ed. (2772, 3596)
  2012 Ed. (2701, 3583)
  2013 Ed. (1890, 3635, 3638)
  2014 Ed. (2776, 2784, 3578, 3581)
  2015 Ed. (3590, 3594)
  2016 Ed. (3474, 3477, 3481)
  2017 Ed. (1704, 3441, 3446)
  2018 Ed. (1660, 3501, 3503, 3504)
  2019 Ed. (1717, 3492, 3493)
  2020 Ed. (1665, 3478, 3479)
  2021 Ed. (3498, 3499)
  2022 Ed. (2798, 3558)
  2023 Ed. (2921)
National Beef Packing Co. LP
  1996 Ed. (2589)
  1997 Ed. (2048, 2732, 2733, 2737, 2738, 3139, 3140, 3144)
National Benefit Fund for Hospital & Health Care Employees
  1992 Ed. (3355, 4333)
National Benefit Services
  2006 Ed. (3110)
National Benevolent Association Christian Church
  1996 Ed. (912)
National Benevolent Association of the Christian Church
  1995 Ed. (941, 2780)
National Beverage
  2015 Ed. (675, 1631)
National Beverage Corp.
  1995 Ed. (654, 657, 1898)
  1997 Ed. (2023)
  1998 Ed. (151)
  2000 Ed. (733, 4080)
  2001 Ed. (4303)
  2002 Ed. (4321, 4326)
  2003 Ed. (737, 738, 739, 867, 4472, 4477)
  2004 Ed. (4447, 4448)
  2005 Ed. (667, 4394, 4395, 4396)
  2006 Ed. (4412)
  2007 Ed. (4474)
  2008 Ed. (4457)
  2011 Ed. (4477)
  2012 Ed. (4491, 4492)
  2013 Ed. (4459)
  2014 Ed. (4495)
  2015 Ed. (4493)
National Biscuit
  2002 Ed. (4451)
National Board for Professional Teaching Standards
  2004 Ed. (930)
National Bond
  1991 Ed. (2570)
  1993 Ed. (1916, 2677)
  1994 Ed. (2621)
National Breweries plc
  2002 Ed. (4499)
  2006 Ed. (4548)
National Brewing
  1992 Ed. (84)
  1994 Ed. (754)
National Broadcasting Co.
  2006 Ed. (2491)
National Broadcasting Co., Inc. (NBC)
  2001 Ed. (4492)
  2002 Ed. (4582)
  2003 Ed. (3347)
National Brokers of America
  2019 Ed. (1924, 3149)
National Brotherhood of Electrical Workers
  2005 Ed. (1972)
National Building Systems
  1994 Ed. (1116)
  1995 Ed. (1132)
National Business Aircraft Association
  1998 Ed. (2460)

National Business Aviation Association Annual Meeting & Convention
  2012 Ed. (4744)
  2013 Ed. (4700)
National Business Aviation Association Convention & Exhibition
  2015 Ed. (4773)
  2016 Ed. (4678)
National Business Research Institute
  2010 Ed. (2896)
National Business Systems
  1990 Ed. (3455)
National Cable Television Cooperative
  2003 Ed. (1377)
  2004 Ed. (1386)
  2005 Ed. (1407)
  2006 Ed. (1393)
  2007 Ed. (1428)
  2010 Ed. (666)
National Cable Television Cooperative Inc.
  2016 Ed. (1258)
  2017 Ed. (1318)
National Cable & Wire Manufacturing
  1997 Ed. (242)
National Can Industries
  2020 Ed. (3518)
  2021 Ed. (3538)
  2022 Ed. (3599)
The National Capital Bank of Washington
  2021 Ed. (367)
  2022 Ed. (380)
  2023 Ed. (496)
National Capital Commission
  2007 Ed. (1615)
National Capital Motors
  2003 Ed. (3954)
  2016 Ed. (1379)
  2019 Ed. (1410)
  2020 Ed. (1375)
  2021 Ed. (1370)
National Capital Parks
  1990 Ed. (2666)
National Car Rental
  1991 Ed. (333, 334)
  1992 Ed. (464)
  2013 Ed. (252)
  2014 Ed. (252)
  2015 Ed. (293)
  2016 Ed. (292)
  2017 Ed. (294)
  2020 Ed. (277)
  2021 Ed. (272)
  2022 Ed. (288)
  2023 Ed. (382, 383, 384)
National Car Rental System
  2003 Ed. (336)
  2004 Ed. (311)
  2005 Ed. (307)
  2006 Ed. (327)
  2007 Ed. (319)
  2008 Ed. (307)
  2009 Ed. (328)
  2010 Ed. (309)
  2011 Ed. (232)
National Car Wash
  2006 Ed. (363)
National Care Group
  2022 Ed. (1974)
National Career Development Association
  1999 Ed. (300)
National Carriers Inc.
  1991 Ed. (2824)
  2002 Ed. (3944)
  2004 Ed. (4773)
  2007 Ed. (4111)
  2008 Ed. (4134)
  2009 Ed. (4242)
  2010 Ed. (4173)
  2011 Ed. (4175)
  2020 Ed. (4156)
  2023 Ed. (4214)
The National Carton Industry
  2009 Ed. (4537)
National CASA Association
  2014 Ed. (28)
  2015 Ed. (31)
  2016 Ed. (31)
National chains and catalogs
  1990 Ed. (908, 909, 1453, 1454, 1537, 1538)
  1991 Ed. (859, 860, 1387, 1388, 1447, 1448, 3266)
National Catholic Risk Retention Group Inc.
  1994 Ed. (866)
National Century Finance Services
  2001 Ed. (2768)
National Centyer for Children in Poverty
  1992 Ed. (1100)
National chains
  1990 Ed. (2119)
  1991 Ed. (1967, 1978)
  1992 Ed. (2524)
  2000 Ed. (3546, 3802)
  2001 Ed. (1331, 3232, 3798)
National Children's Cancer Society
  1996 Ed. (918)

National Christian Charitable Foundation
  2006 Ed. (3714)
  2011 Ed. (3764)
  2012 Ed. (3766)
National CineMedia Inc.
  2009 Ed. (1597, 4399)
  2013 Ed. (1555)
  2021 Ed. (2841)
National City, BancOhio & FNB of Louisville
  1992 Ed. (3175)
National City Bank
  1989 Ed. (646)
  1990 Ed. (661)
  1991 Ed. (637)
  1992 Ed. (810)
  1993 Ed. (569, 604, 2991)
  1994 Ed. (571, 607, 3039)
  1995 Ed. (497, 521, 577, 2540)
  1996 Ed. (393, 549, 576, 647, 3599)
  1997 Ed. (532)
  1998 Ed. (332, 387, 421)
  1999 Ed. (376)
  2000 Ed. (379)
  2001 Ed. (595, 596, 763, 764)
  2002 Ed. (2578)
  2003 Ed. (2771, 3444)
  2004 Ed. (711, 2863)
  2005 Ed. (2868)
  2006 Ed. (632, 2873, 3559)
  2007 Ed. (375, 2867)
  2008 Ed. (346, 349, 350, 363, 364, 365, 1091, 2987)
  2009 Ed. (364, 367, 368, 379, 380, 381, 430, 1073, 3070)
  2010 Ed. (345, 346, 360, 3001, 3156)
National City Bank, Cleveland
  1997 Ed. (586)
  1999 Ed. (3175, 3181)
National City Bank (Columbus)
  1997 Ed. (586)
National City Bank, Dayton
  1999 Ed. (3182)
National City Bank Indiana
  1994 Ed. (370, 515)
  1997 Ed. (508)
  2002 Ed. (483)
  2007 Ed. (361, 362)
National City Bank of Indiana
  1998 Ed. (376)
  2003 Ed. (387, 434)
  2004 Ed. (366, 428)
  2005 Ed. (385, 434)
  2006 Ed. (379, 392)
  2007 Ed. (467)
National City Bank Kentucky
  2007 Ed. (210)
National City Bank Michigan/Illinois
  2002 Ed. (539)
National City Bank of Michigan/Illinois
  2001 Ed. (588, 610, 612)
National City Bank Midwest
  2006 Ed. (424)
National City Bank of the Midwest
  2007 Ed. (416)
  2008 Ed. (394)
National City Bank of Pittsburgh
  1998 Ed. (424)
National City Corp.
  1989 Ed. (624, 625)
  1990 Ed. (415)
  1991 Ed. (609)
  1992 Ed. (715, 780)
  1993 Ed. (1177, 3286)
  1994 Ed. (3033, 3035, 3276)
  1995 Ed. (3357)
  1996 Ed. (368, 3178, 3179, 3180)
  1997 Ed. (332, 329, 3281, 3282, 3283)
  1998 Ed. (282, 329)
  1999 Ed. (424, 436, 547, 667, 2698, 4030, 4031)
  2000 Ed. (327, 396, 436, 1531, 2484, 3157, 3741, 3742, 3743)
  2001 Ed. (433, 575, 582, 587, 597, 636, 637, 1672, 3348, 4029, 4280, 4281)
  2002 Ed. (438, 498, 3947, 4294)
  2003 Ed. (437, 439, 446, 449, 629, 630, 818, 4557)
  2004 Ed. (418, 432, 434, 440, 638, 639)
  2005 Ed. (355, 423, 438, 447, 449, 452, 627, 628, 1003, 2866, 4385)
  2006 Ed. (384, 396, 399, 402, 404, 405, 1513, 2283)
  2007 Ed. (387, 1473, 2231)
  2008 Ed. (371, 1467, 2006, 2354)
  2010 Ed. (1724, 1725, 1726, 1727, 1728, 1729, 1730, 1732)
National City Insurance Group
  2006 Ed. (3078)
  2008 Ed. (3246)
National City Mortgage Co.
  2002 Ed. (3383, 3384)
  2003 Ed. (3433, 3445)
  2005 Ed. (3302, 3501, 3509)
  2006 Ed. (3559, 3560, 3566, 3567, 3568)
National City Processing Co.
  1995 Ed. (348)
  1996 Ed. (1492, 2604)
  1997 Ed. (335, 1554)

1998 Ed. (272, 1204, 1206)
1999 Ed. (1791)
The National Civic League
  1995 Ed. (1931)
The National Civil Rights Museum
  1993 Ed. (3594)
National Coatings
  2020 Ed. (1170)
  2021 Ed. (1143)
National Coatings Inc.
  2021 Ed. (1155)
  2022 Ed. (1151)
National College of Education
  1992 Ed. (1093, 1280)
National Collegiate Athletic Association Men's Final Four
  2009 Ed. (4512)
National Commerce Bancorp
  1995 Ed. (373)
  1997 Ed. (3280)
  1998 Ed. (291, 324, 330)
  1999 Ed. (427, 437, 669)
  2000 Ed. (392, 393, 422, 429)
National Commerce Bank
  2008 Ed. (79)
National Commerce Financial Corp.
  2003 Ed. (422)
  2004 Ed. (642, 643, 1529)
  2005 Ed. (631, 632)
  2006 Ed. (1419)
National Commerce Trinidad & Tobao Ltd.
  1992 Ed. (851)
National Commercial B. Jamaica
  2004 Ed. (462)
National Commercial Bank
  1989 Ed. (446, 449, 461, 466, 505, 607, 665)
  1990 Ed. (470, 471, 472, 484, 489, 522, 627, 674, 675)
  1991 Ed. (422, 423, 424, 434, 438, 480, 481, 591, 656)
  1992 Ed. (580, 589, 594, 638, 760, 829)
  1993 Ed. (417, 452, 552, 622)
  1994 Ed. (408, 416, 420, 554, 627, 3137, 3139)
  1995 Ed. (401, 409, 413, 528, 599)
  1996 Ed. (427, 428, 440, 528, 584, 668, 669)
  1997 Ed. (393, 401, 405, 605)
  1999 Ed. (449, 450, 458, 462, 577, 630)
  2000 Ed. (442, 449, 453, 595, 656)
  2001 Ed. (599)
  2002 Ed. (512, 513, 566, 622, 633, 641)
  2003 Ed. (458, 459, 501, 587, 605)
  2004 Ed. (79, 446, 613)
  2005 Ed. (74, 457, 571, 580, 582, 603)
  2006 Ed. (83, 410, 518)
  2007 Ed. (73, 394, 522, 547)
  2008 Ed. (377, 477, 498)
  2009 Ed. (88, 399, 504, 528, 2724, 2746)
  2010 Ed. (96, 373, 511, 2669)
  2011 Ed. (296, 401, 415, 440, 2658)
  2012 Ed. (317, 318, 406, 2586)
  2013 Ed. (339, 361, 365, 368)
  2014 Ed. (378, 382, 548)
  2015 Ed. (407, 435, 437, 576, 611, 2711)
  2016 Ed. (390, 392, 524, 558, 1989, 2636)
  2017 Ed. (395, 400, 544, 578, 580, 584, 586, 1768, 1949, 2570)
  2018 Ed. (364, 510, 543, 548, 1722, 1901, 2638)
  2019 Ed. (364, 368, 525, 563, 567, 1780, 1949, 2623)
  2020 Ed. (359, 363, 510, 512, 546, 550, 1724, 1884, 2634)
  2021 Ed. (514, 1844)
  2022 Ed. (538, 540, 544, 1725, 1890)
  2023 Ed. (583, 586, 754, 756, 2800, 2802)
National Commercial Bank Jamaica
  1991 Ed. (574)
  1994 Ed. (543)
  1995 Ed. (518)
  1996 Ed. (572)
  1997 Ed. (528)
  1999 Ed. (562)
  2000 Ed. (573)
  2003 Ed. (474, 552)
  2004 Ed. (461, 566)
  2005 Ed. (552)
  2006 Ed. (3232)
  2011 Ed. (317)
  2012 Ed. (332)
  2013 Ed. (406)
  2014 Ed. (422)
  2015 Ed. (479)
  2016 Ed. (431)
  2019 Ed. (415)
  2020 Ed. (407)
National Commercial Bank Jamaica Limited
  1989 Ed. (591)
National Commercial Bank Ltd.
  2014 Ed. (2661)
  2015 Ed. (2702)
  2016 Ed. (2626)
  2017 Ed. (2560)

CUMULATIVE INDEX • 1989-2023

2018 Ed. (2628)
2019 Ed. (2614)
2020 Ed. (2624)
National Commercial Bank (Saudi Arabia)
  2021 Ed. (514)
  2022 Ed. (540)
National Commercial Bank of Trinidad & Tobago Ltd.
  1991 Ed. (679)
  1993 Ed. (647)
  1994 Ed. (649)
  1995 Ed. (622)
National Commerical Bank Jamaica Ltd.
  1992 Ed. (742)
  1993 Ed. (541)
National Committee to Preserve Social Security and Medicare
  1990 Ed. (288)
  1994 Ed. (240, 2675)
  1995 Ed. (248, 2777)
  1996 Ed. (241)
  1997 Ed. (272)
  1999 Ed. (294)
National Community
  1989 Ed. (424)
  1992 Ed. (2156)
National Community AIDS Partnership
  1995 Ed. (1926)
National Community Bank
  1991 Ed. (625, 1724)
  1992 Ed. (800)
  1993 Ed. (593)
  1994 Ed. (598)
National Community Banks
  1990 Ed. (637)
  1992 Ed. (524)
National Community Pharmacists Association
  2012 Ed. (3999)
National Computer Print Inc.
  2006 Ed. (4338)
National Computer Systems
  1990 Ed. (1115)
National Congress of Parents St Teachers
  1997 Ed. (272)
National Congress of Parents and Teachers
  1996 Ed. (241)
  1999 Ed. (294)
National Congressional Club
  1993 Ed. (2872, 2873)
National Construction Enterprises Inc.
  1998 Ed. (958)
  1999 Ed. (1379)
  2001 Ed. (1484)
  2002 Ed. (1301)
  2003 Ed. (1319)
  2004 Ed. (1319)
  2005 Ed. (1324)
  2006 Ed. (1297)
  2007 Ed. (1372)
  2008 Ed. (1259, 1268)
  2009 Ed. (1244)
  2010 Ed. (1243)
  2011 Ed. (1191)
  2012 Ed. (1137)
  2013 Ed. (1283)
  2014 Ed. (1216)
  2015 Ed. (1274)
  2016 Ed. (1189)
  2017 Ed. (1232)
  2019 Ed. (1238)
  2023 Ed. (1437)
National Construction LLC
  2007 Ed. (3554)
National Construction Providers Inc.
  2006 Ed. (3526)
National Consumer Cooperative Bank
  2005 Ed. (375)
National Consumer Insurance Co.
  1996 Ed. (2267)
National Consumer Marketing
  2005 Ed. (152)
  2006 Ed. (139, 168)
  2007 Ed. (132)
National Contract Flooring
  2019 Ed. (2001)
National Convenience
  1990 Ed. (1217)
  1998 Ed. (984)
National Convenience Stores Inc.
  1991 Ed. (1101)
  1993 Ed. (1159, 1160, 2715)
  1994 Ed. (1178, 1183, 3444)
  1996 Ed. (1172)
  1997 Ed. (1209)
National Coop. Refinery
  1989 Ed. (1055)
National Coop. Refinery Ass'n
  1991 Ed. (1222)
National Cooperative Bank NA
  2016 Ed. (1914)
National Cooperative Grocers Association
  2015 Ed. (1342)
  2016 Ed. (1263)
National Cooperative Refinery Association
  1992 Ed. (1530)
  1993 Ed. (1360)
  1994 Ed. (1412)

1995 Ed. (1445)
2003 Ed. (1375)
2004 Ed. (1382)
2011 Ed. (1784)
2013 Ed. (1797)
2014 Ed. (1724)
2015 Ed. (1336, 1769)
2016 Ed. (1720)
National Coporation Refinery
  1990 Ed. (1298)
National Corporate Housing
  2005 Ed. (1994)
  2014 Ed. (4984)
  2015 Ed. (5028)
  2016 Ed. (4946)
  2017 Ed. (4936)
  2018 Ed. (4942)
  2020 Ed. (4941)
  2022 Ed. (4941)
  2023 Ed. (4945)
National Corporate Housing Inc.
  2018 Ed. (4990)
  2019 Ed. (4986)
National Corporation for Tourism & Hotels
  2017 Ed. (2956)
National Council on the Aging
  1991 Ed. (896, 897, 899)
National Council for Industrial Defense
  1993 Ed. (250, 2729)
National Council of La Raza
  2002 Ed. (2559)
  2003 Ed. (2755)
  2004 Ed. (2837)
  2005 Ed. (2845)
  2006 Ed. (2843)
  2007 Ed. (2841)
  2008 Ed. (2964)
  2009 Ed. (3044)
  2010 Ed. (2968)
National Council of Negro Women
  1998 Ed. (193)
National Council of Senior Citizens
  1994 Ed. (240, 2675)
  1995 Ed. (248, 2777)
  1996 Ed. (241)
  1997 Ed. (272)
The National Council of YMCAs
  2000 Ed. (3346, 3348)
  2001 Ed. (1819)
  2003 Ed. (3651)
  2004 Ed. (3698)
  2005 Ed. (3607, 3608)
National Credit & Commerce Bank Ltd.
  1999 Ed. (475)
National Credit & Commercial Bank Ltd.
  2009 Ed. (2730)
  2010 Ed. (2653)
  2011 Ed. (2640)
  2012 Ed. (2567)
National Credit Union Administration
  2018 Ed. (1332)
National Credit Union Agency
  2017 Ed. (3545)
National Dairy Holdings LP
  2004 Ed. (2005)
  2005 Ed. (2142)
  2006 Ed. (2240, 3288, 3289)
  2007 Ed. (3355, 3356)
National Dairy Products Corp.
  2011 Ed. (29)
National Dairy Promotion & Research Board
  1994 Ed. (11, 2211)
National Data Corp.
  1990 Ed. (1455)
  1991 Ed. (1393)
  1992 Ed. (503, 1751, 3248, 4206)
  1994 Ed. (343, 1497)
  1995 Ed. (348, 1530, 1649, 2540)
  1996 Ed. (2604)
  1998 Ed. (2464)
  2001 Ed. (1955)
National Data Products
  1992 Ed. (990)
National Design/Build Services LLC
  2020 Ed. (1738)
National Detergent
  2002 Ed. (4451)
National Development Bank
  1991 Ed. (465)
  1992 Ed. (623)
  1994 Ed. (439)
  1995 Ed. (432)
  1996 Ed. (1052, 1053)
  1997 Ed. (420, 1070)
  1999 Ed. (480, 1240, 1241)
  2000 Ed. (472, 1149)
  2006 Ed. (1073)
  2013 Ed. (399)
National Development Bank of Sri Lanka
  1999 Ed. (640)
  2000 Ed. (666)
National Disaster Medical System Annual Conference & Exposition
  2005 Ed. (4730)
National Discount Brokers
  1999 Ed. (862, 1867, 3002)
  2000 Ed. (1682)

2002 Ed. (4868)
National Discount House of South Africa
  1992 Ed. (833)
National Dispatch Center Inc.
  1998 Ed. (1890)
National Distillers & Chemical Corp.
  1989 Ed. (191)
National Distributing Co., Inc.
  2004 Ed. (677)
  2005 Ed. (666)
National Easter Seal Society
  1989 Ed. (2074)
  1991 Ed. (898)
  1994 Ed. (906)
  1995 Ed. (940, 2779)
  1996 Ed. (914)
  1998 Ed. (1280)
  2000 Ed. (3345)
National Education
  1989 Ed. (2477)
  1990 Ed. (3261)
  1991 Ed. (2588)
  1992 Ed. (4072)
  1995 Ed. (3434)
National Education Association
  1996 Ed. (3499, 3603)
National Education Association Political Action Committee
  1993 Ed. (2873)
National Electric
  2003 Ed. (3764)
  2004 Ed. (3790)
  2007 Ed. (2187)
National Electric Information Corp.
  1997 Ed. (2258)
National Electric Union
  2007 Ed. (3795)
  2008 Ed. (3869)
  2009 Ed. (3926)
  2010 Ed. (3845)
  2011 Ed. (3847)
National Electrical
  1999 Ed. (3733)
  2000 Ed. (3450)
  2001 Ed. (3686)
National Electrical Benefit
  1995 Ed. (2851)
  1997 Ed. (3016)
National Electrical Benefit Fund
  2000 Ed. (3451)
National Electrical Benefit Fund, Washington, DC
  2000 Ed. (4283)
National Electrical Benefit Union
  1996 Ed. (2927)
National Electrical Contractors
  1994 Ed. (2757)
National Emergency Medical Services Association
  2009 Ed. (3478)
National Emergency Medicine Association/ National Heart Research
  1996 Ed. (918)
National Emergency Services
  1990 Ed. (2051, 2052)
  1993 Ed. (2061, 2062)
  1994 Ed. (2079, 2080)
  1995 Ed. (2132)
  1996 Ed. (2144, 2150)
National Enclosure Co.
  2015 Ed. (2904)
  2016 Ed. (2824)
National Energy Board
  2013 Ed. (2649)
  2014 Ed. (2607)
National Energy & Light
  2020 Ed. (1760)
  2021 Ed. (1729)
  2022 Ed. (1763)
National Energy Technology Laboratory
  2011 Ed. (4191)
  2012 Ed. (4248)
  2014 Ed. (4242)
  2015 Ed. (4229, 4237)
National Engineering Bureau
  2023 Ed. (306)
National Enquirer
  1991 Ed. (2702)
  1992 Ed. (3371)
  1993 Ed. (2791, 2796)
  1994 Ed. (2784, 2790)
  1996 Ed. (2958, 2959)
  1997 Ed. (3040, 3048)
  1998 Ed. (72)
  1999 Ed. (3751)
  2000 Ed. (3481)
  2001 Ed. (3195, 3198)
  2003 Ed. (3275)
  2004 Ed. (3337)
  2016 Ed. (3403)
National Enquirer, Weekly World News
  1990 Ed. (2690)
National Enterprises
  1990 Ed. (1174)
  1991 Ed. (1061)
  1992 Ed. (1369, 1476)
  1993 Ed. (1092)

National Envelope Corp.
  2006 Ed. (1729, 1867, 1896, 1929)
  2007 Ed. (1913)
  2009 Ed. (4992)
National Envelope Corp. East
  2010 Ed. (1865)
  2011 Ed. (1897)
National Equipment Services Inc.
  1999 Ed. (3171)
  2000 Ed. (2916)
  2002 Ed. (1611)
  2004 Ed. (3246)
National Equities
  2003 Ed. (3593, 3594)
  2004 Ed. (3626, 3627)
National Equity Fund
  2011 Ed. (188)
  2012 Ed. (195)
  2013 Ed. (175)
  2014 Ed. (182)
National Equity Fund, Inc.
  2018 Ed. (190)
  2019 Ed. (185)
  2020 Ed. (186)
  2021 Ed. (185)
  2022 Ed. (179)
  2023 Ed. (251)
National Event Management Inc.
  2005 Ed. (4736)
  2006 Ed. (4787)
  2008 Ed. (4723)
National Examiner
  1991 Ed. (2708)
  1992 Ed. (3373)
National Exchange Bank & Trust
  2021 Ed. (409)
  2022 Ed. (422)
  2023 Ed. (546)
National Exhibition Centre
  2006 Ed. (1156)
  2010 Ed. (1130)
National Exhibition & Convention Center
  2018 Ed. (1276)
National Export-Import Bank
  1992 Ed. (839)
  1993 Ed. (635)
  1994 Ed. (638)
  1995 Ed. (611)
National Express
  2006 Ed. (4823)
  2017 Ed. (4703)
  2018 Ed. (4695)
  2019 Ed. (4701)
National Express Corp.
  2016 Ed. (3369)
National Express Group plc
  2001 Ed. (4621)
  2002 Ed. (4671)
  2008 Ed. (4759)
  2009 Ed. (4790)
  2010 Ed. (4807)
National Express LLC
  2018 Ed. (704)
  2019 Ed. (718)
  2020 Ed. (709)
  2021 Ed. (715)
National/Fairchild
  1990 Ed. (3236)
National Federal Security
  1993 Ed. (2676)
National Federation of Agricultural Cooperative Associations - ZEN-NOH
  2023 Ed. (1492, 1493)
National Federation of Independent Business
  1998 Ed. (195)
  1999 Ed. (302)
  2000 Ed. (319, 2989)
  2002 Ed. (340)
National Federation of Nurses
  2012 Ed. (3361)
  2013 Ed. (3432)
  2014 Ed. (3432)
National Field Representatives Inc.
  2018 Ed. (1759)
National Film Board of Canada
  2012 Ed. (2557, 4684)
  2013 Ed. (2676)
National Finals Rodeo
  2001 Ed. (1383)
National Finance
  2002 Ed. (4488, 4489)
National Finance Corp. of Colorado
  2009 Ed. (3759)
  2010 Ed. (3694)
National Finance & Securities
  1991 Ed. (2942)
  1992 Ed. (3824)
  1994 Ed. (3197)
  1995 Ed. (3284)
  1997 Ed. (3490)
  1999 Ed. (4162)
National Financial
  2000 Ed. (1097)
National Financial Partners Corp.
  2009 Ed. (2716)
  2012 Ed. (3153)
  2013 Ed. (3226)

2014 Ed. (3246, 3255, 3263)
2015 Ed. (3300, 3308)
2016 Ed. (3154)
2017 Ed. (3098, 3100)
National Financial Services LLC
  2011 Ed. (4387)
  2013 Ed. (4406)
  2014 Ed. (4436)
  2015 Ed. (3247, 4418)
  2016 Ed. (4312)
National Financial Systems Inc.
  2007 Ed. (3525, 3545)
National Fire & Marine Insurance Co.
  2005 Ed. (3095)
  2006 Ed. (3101)
  2009 Ed. (3322)
  2010 Ed. (3258, 3260, 3262)
  2011 Ed. (3225)
  2013 Ed. (3263)
  2014 Ed. (3290)
  2015 Ed. (3339)
  2017 Ed. (3153, 3154)
  2018 Ed. (3234, 3235)
  2019 Ed. (3177)
  2020 Ed. (3205, 3206)
  2021 Ed. (3058, 3059)
  2022 Ed. (3193, 3194)
  2023 Ed. (3286)
National Fish & Seafood
  2014 Ed. (2794)
National Fitness Partners
  2023 Ed. (1978)
National Flour Mill
  2018 Ed. (3786)
  2020 Ed. (3824)
National Flour Mills Ltd.
  2002 Ed. (4680)
National Foods
  2015 Ed. (1977)
National Foods Inc.
  1994 Ed. (2452, 2904)
National Foot Care
  1990 Ed. (2896)
  1991 Ed. (2760)
National Football League
  1995 Ed. (2429)
  2002 Ed. (3792)
  2005 Ed. (4453)
  2010 Ed. (784, 785)
  2011 Ed. (711, 712)
  2012 Ed. (656, 657)
  2013 Ed. (801, 802)
  2014 Ed. (818, 819)
  2016 Ed. (4463)
  2017 Ed. (4472)
  2018 Ed. (4318)
  2019 Ed. (4346)
  2020 Ed. (4341)
  2021 Ed. (4357)
  2022 Ed. (4363)
National Football League (NFL)
  2001 Ed. (4344, 4349)
  2003 Ed. (4523)
  2021 Ed. (4357)
  2022 Ed. (4363)
National Football League Players Association
  2019 Ed. (4483)
National Forensic League
  1993 Ed. (250, 2729)
National Fraud Information Center
  2002 Ed. (4844)
National Freight Consortium Plc.
  1990 Ed. (1032, 1033)
National Freight Inc.
  1991 Ed. (3430)
  1992 Ed. (4355)
  1993 Ed. (3641)
  2009 Ed. (4795)
  2010 Ed. (4813)
National Fuel Gas Co.
  1989 Ed. (2037)
  1990 Ed. (2672)
  1991 Ed. (2576)
  1992 Ed. (3215)
  1993 Ed. (1935, 2703, 3463)
  1996 Ed. (2823)
  1997 Ed. (2927)
  1998 Ed. (2665)
  2001 Ed. (3946, 3947)
  2003 Ed. (3811)
  2004 Ed. (2192, 2195, 3670)
  2005 Ed. (2291, 2294, 2403, 2404, 2405, 3587)
  2006 Ed. (2354, 2357, 2441)
  2007 Ed. (2681, 2682)
  2008 Ed. (2812)
  2009 Ed. (3474)
  2012 Ed. (2721)
  2013 Ed. (2807)
  2016 Ed. (1881)
  2017 Ed. (1840)
  2018 Ed. (1787)
  2019 Ed. (1844)
  2020 Ed. (1785)
  2021 Ed. (1754)
  2023 Ed. (1918)

National Fuel Gas Distribution Corp.
  1994 Ed. (1961, 2654)
National Fuel Gas Supply Corp.
  1995 Ed. (1974, 2756)
  1999 Ed. (3594)
National Futures Association
  1996 Ed. (242)
  1997 Ed. (273)
  2011 Ed. (1699)
  2012 Ed. (1552)
  2013 Ed. (1700)
  2014 Ed. (29, 1648)
  2015 Ed. (1691)
  2023 Ed. (72)
National Gallery of Art
  1993 Ed. (891)
  2000 Ed. (317, 3217, 3343)
National Gallery of Art-DC
  1992 Ed. (1096)
National Gas & Industrialization
  2017 Ed. (2774)
  2018 Ed. (2840)
National General Cooling Co.
  2006 Ed. (4545)
National General Holdings
  2019 Ed. (1834, 3247)
National General Holdings Corp.
  2019 Ed. (3246)
  2021 Ed. (3080)
National Geographic
  2013 Ed. (3555, 3556)
  2014 Ed. (3531)
  2015 Ed. (3547, 3549, 3551)
  2016 Ed. (3400, 3402)
National Geographic
  1989 Ed. (277, 2180, 2181, 2182)
  1990 Ed. (287)
  1991 Ed. (2702)
  1992 Ed. (3380, 3381)
  1993 Ed. (250, 2729, 2790, 2794, 2795)
  1994 Ed. (2783, 2787, 2788, 2793, 2794)
  1995 Ed. (247, 2887)
  1996 Ed. (240, 2958, 2962, 2972)
  1997 Ed. (271, 709, 3048, 3050)
  1998 Ed. (2801)
  1999 Ed. (3752, 3771)
  2000 Ed. (3462, 3472)
  2001 Ed. (3196)
  2002 Ed. (3226)
  2003 Ed. (3274)
  2005 Ed. (3362)
  2007 Ed. (3404)
  2009 Ed. (3596)
  2010 Ed. (3515, 3516)
  2011 Ed. (3518, 3519)
  2012 Ed. (1776, 3514)
  2023 Ed. (3584)
National Geographic Adventure
  2004 Ed. (140)
  2007 Ed. (128)
  2008 Ed. (3532)
National Geographic, "Grizzlies"
  1991 Ed. (2772)
National Geographic, "Incredible Machine"
  1991 Ed. (2772)
National Geographic Kids
  2006 Ed. (145, 3348)
  2007 Ed. (169)
National Geographic, "Land of the Tiger"
  1991 Ed. (2772)
National Geographic, "Lions of...African Night"
  1991 Ed. (2772)
National Geographic Magazine
  1991 Ed. (2704)
National Geographic Mundo
  2015 Ed. (3039)
"National Geographic"; National Geographic,
  1991 Ed. (2772)
National Geographic, "Sharks"
  1991 Ed. (2772)
National Geographic Society
  1989 Ed. (274, 275, 2072)
  1990 Ed. (288)
  1992 Ed. (3266)
  1996 Ed. (241, 243)
  1999 Ed. (292)
National Geographic Traveler
  1989 Ed. (277)
  1992 Ed. (3378)
  2001 Ed. (259)
  2002 Ed. (3227)
National Geographic World
  1989 Ed. (277)
National Geospatial Intelligence Agency
  2017 Ed. (2819)
National Geospatial-Intelligence Agency
  2020 Ed. (2871, 3558)
  2021 Ed. (2743)
  2022 Ed. (2899, 3639)
National Geospatial-Intelligence Agency (NGA)
  2023 Ed. (3020, 3740, 3742)
National Girobank
  1992 Ed. (2160)

National Glass & Metal Co. Inc.
  1990 Ed. (1206)
  1991 Ed. (1087)
  1992 Ed. (1420)
  1993 Ed. (1133)
  1994 Ed. (1152, 1976)
  1995 Ed. (1166)
  1996 Ed. (1143)
  1997 Ed. (1170)
  1998 Ed. (948)
  1999 Ed. (1370)
National Glazing Solutions
  2020 Ed. (4915)
  2021 Ed. (4910)
  2022 Ed. (4905)
National Glazing Solutions, dba NGS Films and Graphics
  2021 Ed. (4910)
  2022 Ed. (4905)
  2023 Ed. (4894)
National Government Employees
  1990 Ed. (2790)
  1997 Ed. (3028)
National Government Employees Mutual Aid Association
  1995 Ed. (2873)
National Grape Co-Op
  1995 Ed. (1896)
National Graphics Inc.
  2006 Ed. (4344)
National Grid
  2010 Ed. (2240)
  2013 Ed. (2453, 2458)
  2014 Ed. (2360, 2389, 2851)
  2015 Ed. (1646, 2112, 2426, 2454, 2459, 2891)
  2016 Ed. (1589, 1778, 2400, 2402, 2405, 3683)
  2017 Ed. (2054, 2055, 2249, 2251, 2789, 3407)
  2018 Ed. (2019, 2020, 2302)
  2019 Ed. (2053, 2076, 2292)
  2020 Ed. (2255, 2278)
  2021 Ed. (1539, 1937, 2217, 2233, 2239)
  2022 Ed. (720, 1978, 2251, 2272, 2276)
  2023 Ed. (2452)
National Grid Group plc
  2002 Ed. (4419, 4420)
  2004 Ed. (1450, 1452, 1459, 1467, 1534, 1547)
National Grid plc
  2007 Ed. (2301, 2686)
  2008 Ed. (1743, 1753, 1756, 1816, 1818, 2433, 2815)
  2009 Ed. (2437, 2873)
  2010 Ed. (1711, 1812, 2056, 2352, 2356, 2813)
  2011 Ed. (2343, 2352, 2798, 4085)
  2012 Ed. (2274, 2725, 2728, 2734, 4119)
  2013 Ed. (2430, 2449, 2457, 2810, 2815, 2817, 4112)
  2014 Ed. (2366, 2383, 2572, 2848, 2853, 2855, 4065)
  2015 Ed. (2432, 2451, 2458, 2888, 2893, 2895)
  2016 Ed. (2378, 2396, 2399, 2813)
  2017 Ed. (2226, 2245, 2247, 2320, 2414, 2783)
  2018 Ed. (2282, 2297, 2300, 2305, 2363, 2472)
  2019 Ed. (2061, 2270, 2271, 2289, 2290, 2295)
  2020 Ed. (2274, 2276, 2379)
  2021 Ed. (2231)
  2022 Ed. (2278)
  2023 Ed. (2457, 2563)
National Grid Transco
  2005 Ed. (2308, 2402, 2404, 2406)
  2007 Ed. (2306)
National Grid Transco plc
  2006 Ed. (1431, 2697)
  2007 Ed. (2685, 2691)
  2009 Ed. (2876)
  2010 Ed. (2817)
  2011 Ed. (2797, 2803)
  2012 Ed. (2724, 2730)
  2013 Ed. (2801, 2821, 4827)
  2014 Ed. (2838, 2859, 4841, 4843)
  2015 Ed. (2878, 2899, 4878, 4880)
  2016 Ed. (2808, 2819)
  2017 Ed. (2778)
National Grid (U.K.)
  2021 Ed. (2239)
  2022 Ed. (2276)
National Grid USA
  2004 Ed. (1792)
  2005 Ed. (1857)
  2006 Ed. (1868)
  2007 Ed. (1871, 2287)
  2008 Ed. (2421)
  2009 Ed. (2420, 3103)
  2010 Ed. (3036)
  2011 Ed. (3005)
  2012 Ed. (2932)
  2013 Ed. (3021)
  2014 Ed. (3032)
  2015 Ed. (3098)
  2018 Ed. (3024)

2019 Ed. (2966)
2021 Ed. (2855)
National Grid USA Service Co.
  2010 Ed. (2338)
  2011 Ed. (2331)
National Grid USA Service Co., Inc.
  2021 Ed. (2216)
National Guard Training Base
  1996 Ed. (2643)
National Guardian Corp.
  1992 Ed. (3826)
  1993 Ed. (3115)
  1995 Ed. (3212)
  1996 Ed. (3309)
National Gypsum
  2020 Ed. (3400)
National Gypsum Co.
  1989 Ed. (823, 1516)
  1990 Ed. (837)
  1991 Ed. (799, 1224)
  1992 Ed. (3934)
  1996 Ed. (1202, 3812)
  2002 Ed. (1435)
  2003 Ed. (1455)
  2004 Ed. (1485)
  2005 Ed. (1501, 1534, 3919)
  2006 Ed. (2893, 3993)
  2007 Ed. (1270, 3424)
  2008 Ed. (3563)
  2009 Ed. (742, 4158, 4159)
  2010 Ed. (688, 4091, 4092)
  2011 Ed. (4062)
  2018 Ed. (1822)
  2019 Ed. (1864, 1876)
  2020 Ed. (1803, 1814)
  2021 Ed. (1782)
National Hardware Show
  1989 Ed. (2861)
  1990 Ed. (3627)
  1996 Ed. (3728)
  2001 Ed. (4610)
  2002 Ed. (4644)
National Health Corp.
  1990 Ed. (2726)
  1991 Ed. (2625)
  1992 Ed. (3280)
National Health Investors
  2010 Ed. (2027)
  2011 Ed. (4165)
  2012 Ed. (4213)
  2015 Ed. (4200)
  2016 Ed. (4116)
  2017 Ed. (4095)
  2018 Ed. (4122)
  2020 Ed. (4136)
  2021 Ed. (4089)
  2022 Ed. (4119)
National Health Laboratories
  1990 Ed. (1991)
  1991 Ed. (1892)
  1993 Ed. (2017, 2018)
  1994 Ed. (2031, 2033)
National Health Labs
  1992 Ed. (2381, 2383, 2384)
  1995 Ed. (1232, 2081, 2083)
  1996 Ed. (2081)
National Health Service
  2000 Ed. (1416)
  2001 Ed. (1695)
  2004 Ed. (1873)
National Health Service Executive Headquarters
  2002 Ed. (1643, 1787)
National Health Services Inc.
  1996 Ed. (3767)
  1998 Ed. (3650)
National HealthCare Corp.
  1999 Ed. (3636)
  2005 Ed. (3612)
  2006 Ed. (3727)
  2008 Ed. (3801)
  2009 Ed. (3846)
  2012 Ed. (2805, 3773)
  2013 Ed. (3841)
  2019 Ed. (1989)
  2020 Ed. (1915)
National Healthcare Corp.
  2017 Ed. (2835, 3653)
  2018 Ed. (2909, 3712)
  2019 Ed. (2864, 3699)
National Healthcare Group
  2011 Ed. (107)
National Heating & Vent Co.
  2014 Ed. (4989)
National Heating & Ventilation Co.
  2017 Ed. (4976)
National Heritage Academies
  2005 Ed. (2271)
National Heritage Corp.
  1990 Ed. (2056)
  1991 Ed. (1934)
  1992 Ed. (2459, 3280)
  1996 Ed. (2296)
  1998 Ed. (2147)
  1999 Ed. (2928)
National Heritage Insurance Co.
  2000 Ed. (2675, 2677)
  2001 Ed. (2929, 2931)

CUMULATIVE INDEX • 1989-2023

2002 Ed. (2887, 2888)
National Highway System
  1993 Ed. (3619)
National Hispanic Scholarship Fund
  1996 Ed. (917)
National Hockey League
  2002 Ed. (3792)
  2003 Ed. (808)
  2005 Ed. (4453)
  2016 Ed. (4463)
  2017 Ed. (4472)
  2018 Ed. (4318)
  2019 Ed. (4346)
  2020 Ed. (4341)
  2021 Ed. (4357)
  2022 Ed. (4363)
National Hockey League (NHL)
  2001 Ed. (4344, 4349)
  2003 Ed. (4523)
  2021 Ed. (4357)
  2022 Ed. (4363)
National Home Centers
  2003 Ed. (2762)
National Home Communities
  2000 Ed. (3152)
National Home Health Care
  2003 Ed. (2786)
National Home Life - Pacer Choice (VA)
  1991 Ed. (2149)
National Home Show
  2008 Ed. (4724)
  2010 Ed. (4776)
  2011 Ed. (4727)
National Home Video
  1997 Ed. (3841)
National Homefinders
  2000 Ed. (3711)
National House Industries
  2002 Ed. (1702)
National Housing Partnership
  1991 Ed. (247)
National Humanities Center
  1994 Ed. (1903)
National Imaging
  1989 Ed. (2368)
National Imprint Corp.
  2012 Ed. (4032)
National Income/Growth-A
  1993 Ed. (2653)
National Indemnity Co.
  2001 Ed. (2954, 2960, 2961, 4032)
  2002 Ed. (3959)
  2004 Ed. (3137)
  2005 Ed. (3132, 3145, 3147, 3149)
  2007 Ed. (3184)
  2008 Ed. (3323)
  2009 Ed. (3288, 3402)
  2010 Ed. (3337)
  2011 Ed. (3294)
  2012 Ed. (3275, 3276)
  2014 Ed. (3368)
  2015 Ed. (3393)
  2016 Ed. (3274)
  2017 Ed. (3221, 3232)
  2019 Ed. (3260, 3271)
  2020 Ed. (3264)
  2021 Ed. (3127)
  2022 Ed. (3270)
National Indoor Arena
  2011 Ed. (1074)
National Industrial Credit
  1999 Ed. (3591)
National Industrial Credit Bank
  2007 Ed. (493)
  2008 Ed. (457)
  2009 Ed. (486)
  2010 Ed. (468)
  2011 Ed. (395)
  2013 Ed. (338)
  2014 Ed. (357)
  2015 Ed. (406)
  2016 Ed. (376)
  2017 Ed. (376)
  2018 Ed. (345)
  2019 Ed. (350)
National Industries
  1992 Ed. (3160)
  2002 Ed. (4436)
  2006 Ed. (4513)
National Industries for the Blind
  2010 Ed. (1341)
  2011 Ed. (1326)
  2014 Ed. (2076)
National Industries Group
  2009 Ed. (1842)
  2010 Ed. (1782)
National Information Solutions Cooperative
  2015 Ed. (3275)
  2016 Ed. (3102)
National Information Solutions Cooperative Inc.
  2008 Ed. (3175)
National Institute for Dispute Resolution
  1992 Ed. (1097)
National Institute of Health
  1991 Ed. (893)
National Institute of Health Credit Union
  2002 Ed. (1870)

National Institute of Standards & Technology
  2013 Ed. (4976)
  2015 Ed. (4232)
National Institute of Standards and Technology
  1999 Ed. (3633)
National Institutes of Health
  1992 Ed. (25, 27)
  2002 Ed. (1023, 1024, 1025, 1026, 1027, 1028, 3986)
  2011 Ed. (108)
  2012 Ed. (3691, 3693, 4965)
  2013 Ed. (92)
  2014 Ed. (2883)
  2017 Ed. (4925)
  2019 Ed. (3584)
  2020 Ed. (3557)
  2021 Ed. (3584)
National Institutes of Health Credit Union
  2003 Ed. (1924)
  2004 Ed. (1964)
  2005 Ed. (2106)
  2006 Ed. (2201)
  2007 Ed. (2122)
  2008 Ed. (2237)
  2009 Ed. (2223)
  2011 Ed. (2195)
  2012 Ed. (2055)
  2013 Ed. (2236)
  2014 Ed. (2168)
  2015 Ed. (2232)
  2016 Ed. (2203)
National Institutes of Health Federal Credit Union
  2020 Ed. (2079)
National Institutes of Health; U.S.
  2015 Ed. (3695)
National Instruments
  2014 Ed. (1561, 3536)
  2015 Ed. (1722, 3557)
  2019 Ed. (933, 3064)
National Instruments Corp.
  2004 Ed. (1107, 1108)
  2005 Ed. (1111, 1112)
  2006 Ed. (1126, 2040)
  2007 Ed. (2330)
  2010 Ed. (2042, 2305)
  2011 Ed. (2099)
  2012 Ed. (1937)
  2013 Ed. (2100)
  2014 Ed. (2032)
  2015 Ed. (2081)
  2016 Ed. (2045)
  2017 Ed. (2004)
  2018 Ed. (1957)
  2019 Ed. (1003, 2011)
  2020 Ed. (1939)
  2021 Ed. (1899)
  2022 Ed. (1945)
National Instruments Corp. (UK) Ltd.
  2008 Ed. (2125, 2133)
  2010 Ed. (2048)
  2014 Ed. (2044)
  2015 Ed. (2092)
National Instruments France
  2012 Ed. (1503)
  2013 Ed. (1642)
National Instruments Italia
  2013 Ed. (1780)
National Instruments Japan Corp.
  2012 Ed. (1627)
  2013 Ed. (1786)
National Instruments Switzerland Corp.
  2014 Ed. (2009)
  2015 Ed. (2054)
National Insurance
  1992 Ed. (79)
  1994 Ed. (2239)
  2004 Ed. (3083)
  2005 Ed. (3088)
  2006 Ed. (3093)
  2009 Ed. (4535)
National Insurance Crime Bureau
  2011 Ed. (1699)
  2012 Ed. (1552)
National Integrated Industries Complex Co.
  2011 Ed. (732)
National Integrity Pinnacle Dreman Value
  1997 Ed. (3823)
National Intergroup
  1989 Ed. (882, 2474, 2478)
  1990 Ed. (931, 1288, 1343, 3249, 3258)
  1994 Ed. (916)
  1995 Ed. (952, 3301, 3335, 3728)
  1996 Ed. (3411, 3499, 3825)
National Internet Service
  2002 Ed. (2994)
National Interstate
  2007 Ed. (2724)
  2008 Ed. (2854)
National Investment Services
  1989 Ed. (2131)
  1990 Ed. (2323)
  1991 Ed. (2206)
  1993 Ed. (2325)

National Investment Trust Ltd.
  1997 Ed. (2402)
  1999 Ed. (2894)
  2001 Ed. (2890)
  2009 Ed. (2744)
  2010 Ed. (460, 2667)
  2011 Ed. (2656)
  2012 Ed. (2584)
National Iranian Co.
  1998 Ed. (2838)
National Iranian Oil Co.
  1991 Ed. (2717, 2735)
  1992 Ed. (3420, 3421)
  1993 Ed. (2825, 2826)
  1994 Ed. (2866, 2869, 2870)
  1995 Ed. (2932, 2933)
  1996 Ed. (3027, 3028)
  1997 Ed. (3110, 3111)
  1998 Ed. (2839)
  1999 Ed. (3817, 3818)
  2000 Ed. (3531, 3532)
  2001 Ed. (3772)
  2002 Ed. (3679, 3680)
  2003 Ed. (3825, 3844, 3858)
  2004 Ed. (3854, 3861, 3871)
  2005 Ed. (3765, 3788, 3799)
  2006 Ed. (3847, 3854, 3866)
  2007 Ed. (3870, 3880, 3896)
  2008 Ed. (3919, 3929, 3939)
  2009 Ed. (1811, 1812, 3989, 4001, 4014)
  2010 Ed. (1456, 1826, 3895, 3908, 3920)
  2011 Ed. (3913, 3927, 3939)
  2012 Ed. (3898, 3914, 3936)
  2013 Ed. (3963, 3966, 3990)
  2014 Ed. (3906, 3909, 3933)
  2015 Ed. (3934, 3937, 3969)
  2016 Ed. (3853, 3856, 3883)
  2017 Ed. (3815, 3818, 3849)
  2018 Ed. (3864)
  2019 Ed. (3832)
National Irish Bank
  2005 Ed. (548)
  2006 Ed. (472)
  2007 Ed. (485)
National Iron & Steel Mills Ltd.
  1990 Ed. (1414)
National Islamic Bank
  2017 Ed. (2550)
  2018 Ed. (2618)
  2019 Ed. (2604)
  2020 Ed. (2613)
National J. A. C. L. Credit Union
  2009 Ed. (3528)
National Jean Co.
  2010 Ed. (3403)
National Jet Systems
  2002 Ed. (3787)
National Jewish Center
  1999 Ed. (2741)
  2000 Ed. (2520)
  2002 Ed. (2612)
  2003 Ed. (2816)
  2004 Ed. (2920)
National Jewish Health
  2010 Ed. (3071)
  2011 Ed. (3043)
  2012 Ed. (2976)
  2013 Ed. (3068)
  2014 Ed. (3070)
  2015 Ed. (3135)
  2016 Ed. (2998)
National Jewish Medical & Research Center
  2005 Ed. (2906)
  2006 Ed. (2913)
  2007 Ed. (2932)
  2008 Ed. (3054)
  2009 Ed. (3140)
National Journal
  1989 Ed. (179, 2174)
National Law Enforcement Officers Memorial Fund
  1996 Ed. (918)
The National Law Journal
  2007 Ed. (4796)
National Law Publishing Co.
  1999 Ed. (3745)
National Leasing Co.
  2005 Ed. (1721)
  2009 Ed. (2745)
  2015 Ed. (2701)
  2016 Ed. (2625)
  2017 Ed. (2559)
  2018 Ed. (2627)
  2019 Ed. (2613)
  2020 Ed. (2623)
National Legal Shield
  1993 Ed. (2911)
National Lending Corp.
  2008 Ed. (2199)
  2009 Ed. (2176)
  2010 Ed. (2119)
  2011 Ed. (2167)
  2012 Ed. (2012)
National Liberation Army, Colombia
  2000 Ed. (4238)
National Liberty Corp.
  1990 Ed. (2281)

National Liberty Insurance Co. Inc.
  1997 Ed. (902)
  1999 Ed. (1032)
  2000 Ed. (982)
National Liberty Insurance Group
  1998 Ed. (639)
National Life
  1998 Ed. (2258)
National Life Balanced
  2002 Ed. (3453, 3454)
National Life Employees Credit Union
  2002 Ed. (1896)
  2003 Ed. (1950)
National Life Equities
  2002 Ed. (3465, 3466)
National Life Group
  2008 Ed. (2155)
National Life Insurance Co.
  2001 Ed. (1892)
  2003 Ed. (1842)
  2004 Ed. (1877, 3083)
  2005 Ed. (3088)
  2006 Ed. (2091)
National Life Investment
  1999 Ed. (3059)
National Life of Vermont
  1994 Ed. (3623)
  1997 Ed. (3835)
  1999 Ed. (4709)
National Live Stock and Meat
  1990 Ed. (1824)
National Live Stock & Meat Board
  1990 Ed. (19, 2214)
  1991 Ed. (12)
  1992 Ed. (36, 2637)
National Lloyds
  1993 Ed. (2237)
  1994 Ed. (2275)
  1996 Ed. (2341)
  1997 Ed. (2467)
  1998 Ed. (2202)
  1999 Ed. (2970)
National Lloyds Insurance Co.
  2000 Ed. (2722)
  2009 Ed. (3388)
National Logistics Management
  2006 Ed. (4794)
National Logistics Service
  2021 Ed. (1787)
National Lotteries
  2010 Ed. (104)
National Lottery
  1999 Ed. (174, 783)
  2004 Ed. (64)
  2005 Ed. (59)
National Lumber
  1993 Ed. (780)
  1995 Ed. (849)
National Lumber & Hardware
  2017 Ed. (4218)
  2018 Ed. (4238)
National Lumber (MI)
  1994 Ed. (797)
National Machinery LLC
  2004 Ed. (3330)
National Maintenance Contractors
  1991 Ed. (1772)
  1994 Ed. (1915)
National Maintenance Service
  2002 Ed. (2539)
National Marine Dredging
  2018 Ed. (1049)
National Marine Engineers' Beneficial Association
  1998 Ed. (2322)
National Marine Manufacturers Association Boat Show
  1999 Ed. (4642)
National Maritime Union
  1998 Ed. (2322)
National Media
  1991 Ed. (1871, 3144)
  1992 Ed. (3225)
  1995 Ed. (2250)
  1997 Ed. (2934)
  2000 Ed. (3322)
National Media House
  2004 Ed. (59)
National Medical
  1989 Ed. (1578, 1579)
  1990 Ed. (1988, 1989)
  1991 Ed. (1890, 1893)
  1992 Ed. (2381, 2384)
  1994 Ed. (1252)
National Medical Care Inc.
  1991 Ed. (1927)
  1992 Ed. (2435)
  1997 Ed. (1235)
National Medical Enterprises
  1989 Ed. (742, 1603)
  1990 Ed. (1167, 1232)
  1991 Ed. (1057, 1892, 1934, 2498, 2503, 2505, 2506, 2507, 3090)
  1992 Ed. (2383, 2458, 2459, 3123, 3128, 3130, 3131, 3132, 3279)
  1993 Ed. (2017, 2018, 2073)
  1994 Ed. (2031, 2033, 2089, 2572)

1995 Ed. (1257, 2082, 2085, 2144, 2627, 2802)
1996 Ed. (1230, 1260, 1285, 2077, 2079, 2155, 2548, 2704)
1997 Ed. (2270)
National Medical Enterprises Management Services Division
1994 Ed. (2086, 2087)
1995 Ed. (2135)
1996 Ed. (2147)
National Medical Enterprises Millhaven Corp.
1991 Ed. (2624)
National Medical Health Card Systems
2006 Ed. (2731)
2007 Ed. (2731)
2008 Ed. (2861)
National Medical Rentals
1991 Ed. (1928)
National Mental Health Association
1994 Ed. (906)
1995 Ed. (940, 2779)
1996 Ed. (914, 917)
2004 Ed. (932)
National Mercantile Bancorp
2003 Ed. (527)
National Merchandise Co. (Pic 'N Save)
1990 Ed. (1554)
National Merchant Bank
2000 Ed. (4446)
National Merchant Bank of Zimbabwe
2000 Ed. (701)
National Metalwares Inc.
1997 Ed. (2702)
National Microfinance Bank
2008 Ed. (512)
2009 Ed. (546)
2010 Ed. (529)
2011 Ed. (458)
2013 Ed. (355)
2014 Ed. (373)
2015 Ed. (427)
2016 Ed. (371, 1330)
2017 Ed. (373, 387)
2018 Ed. (355)
2019 Ed. (357)
2023 Ed. (575)
National Micrographics Systems Inc.
2004 Ed. (1347)
2005 Ed. (1355)
National Mineral Development Corp.
2009 Ed. (4564, 4565)
National Mobile
2006 Ed. (4513)
National Mobile Telephone
2002 Ed. (4436)
National Mortgage
1991 Ed. (534)
National Mortgage Bank
1991 Ed. (260, 261)
1992 Ed. (363)
1999 Ed. (303, 304)
2000 Ed. (320, 321)
National Mortgage Bank of Greece
1992 Ed. (689)
1993 Ed. (253, 254, 494)
1994 Ed. (496)
1995 Ed. (478)
1996 Ed. (522)
1997 Ed. (481)
1999 Ed. (532)
2000 Ed. (541)
National Multi Fixed Inc. A
1994 Ed. (2619)
National Multiple Sclerosis Society
1995 Ed. (940, 2779)
1997 Ed. (2951)
1999 Ed. (293, 3628)
2000 Ed. (3352)
National Mutual
1990 Ed. (2319)
National Mutual Asset Management
1993 Ed. (2352, 2358)
National Mutual Funds Management
1995 Ed. (2392)
1997 Ed. (2391, 2399)
2001 Ed. (2880)
National Mutual Holdings
2001 Ed. (1818)
National Mutual Insurance Federal Agricultural Cooperative
2012 Ed. (3216)
2013 Ed. (3348)
National Mutual Insurance Federation of Agricultural Cooperatives
2005 Ed. (3227)
2015 Ed. (3399, 3400)
2023 Ed. (1497)
National Mutual Pacific Fund
1990 Ed. (2397)
National Naval Medical Center
2011 Ed. (3053)
2012 Ed. (2991)
National Network Services
2005 Ed. (4808, 4810)
National newspapers
1995 Ed. (693)
1996 Ed. (771)

1997 Ed. (708)
2001 Ed. (1078)
National Nurses Organizing Committee
2009 Ed. (3478)
National Nurses United
2012 Ed. (3361)
2013 Ed. (3432)
2014 Ed. (3432)
National Nursing Organizing Committee
2011 Ed. (3393)
National Oceanic & Atmospheric Administration
2002 Ed. (3986)
2014 Ed. (3676)
National Office Warehouse
1994 Ed. (2690)
1995 Ed. (2804)
National Oil Corp.
1992 Ed. (3420)
1993 Ed. (2825, 2826)
1994 Ed. (2869, 2870)
1995 Ed. (2932, 2933)
1996 Ed. (3027, 3028)
1997 Ed. (3110, 3111)
1998 Ed. (2839)
1999 Ed. (3818)
2000 Ed. (3531, 3532)
2002 Ed. (3680)
2003 Ed. (3820, 3858)
2004 Ed. (3850, 3871)
2005 Ed. (3761, 3799)
2006 Ed. (3843, 3866)
2007 Ed. (3860, 3896)
2008 Ed. (3913, 3939)
2009 Ed. (1811, 1812, 3980, 4014)
2010 Ed. (3889, 3920)
2011 Ed. (3901, 3939)
2012 Ed. (3883, 3936)
2013 Ed. (3948, 3990)
2014 Ed. (3893, 3933)
2015 Ed. (3920, 3969)
2016 Ed. (3829, 3883)
2017 Ed. (3788, 3849)
2018 Ed. (3837)
2019 Ed. (3814)
National Oilwell Inc.
2003 Ed. (3810)
2004 Ed. (3821, 3822, 3823)
2005 Ed. (2397, 3728, 3729, 3730, 3731)
2006 Ed. (2439, 3820, 3822)
National Oilwell Varco
2013 Ed. (2098)
2014 Ed. (2540)
2015 Ed. (2073, 2076, 4112)
2016 Ed. (2041, 2042, 2044)
2017 Ed. (2000, 3994, 3998)
2018 Ed. (4020)
2019 Ed. (4009)
2020 Ed. (4025)
National Oilwell Varco Inc.
2006 Ed. (3821)
2007 Ed. (1529, 2382, 3836, 4516, 4519)
2008 Ed. (1514, 2498, 3896, 4525, 4922)
2009 Ed. (1442, 1461, 2093, 2933, 3960, 3961, 3996, 4556, 4571, 4938)
2010 Ed. (1424, 2846, 2868, 3508, 3829, 3871, 3906, 4121, 4588, 4946, 4947)
2011 Ed. (1426, 1429, 1430, 2091, 2097, 2853, 3511, 3828, 3881, 3882, 3887, 3925, 4086, 4929, 4930)
2012 Ed. (1265, 1266, 1938, 3061, 3509, 3860, 3864, 3867, 3868, 3904, 3909)
2013 Ed. (1367, 2101, 2543, 3549, 3917, 3918, 3920, 3921, 3923, 3924, 3925)
2014 Ed. (1311, 2033, 2475, 3153, 3862, 3863, 3865, 3866, 3868, 3869)
2015 Ed. (1375, 2082, 2549, 3212, 3541, 3889, 3890, 3892, 3893, 3895, 3896)
2016 Ed. (1302, 3068, 3391, 3393, 3434, 3800, 3802, 3804, 3805, 3806, 3807)
2017 Ed. (3352, 3355, 3395, 3753, 3756, 3758, 3759, 3760)
2018 Ed. (3417, 3461, 3804, 3806, 3808)
2019 Ed. (3388, 3780, 3782, 3783)
2020 Ed. (2372, 3839, 3841, 3842)
2021 Ed. (3811)
2022 Ed. (2402, 3832)
National Optical Observatory
1991 Ed. (257)
National Osteoporosis Foundation
1999 Ed. (293)
National Paragon Corp.
1990 Ed. (172, 2713)
1991 Ed. (172)
National Parent Teachers Association
1995 Ed. (248, 2777)
National Park Trust
2004 Ed. (935)
National Park Zoo
1990 Ed. (3325)
National Parking Corp. Ltd.
1993 Ed. (966, 967)
1994 Ed. (991, 992)
1995 Ed. (1004, 1005)
National Parking Corporation Ltd.
1992 Ed. (1192, 1193, 1199)

National Partnership Investments Corp.
1993 Ed. (238)
1998 Ed. (178)
National Patient Account Services
2010 Ed. (985)
2011 Ed. (913)
2012 Ed. (850)
2013 Ed. (1032)
2014 Ed. (1003)
National Patient Services
2009 Ed. (120)
National Pawnbrokers Association
1999 Ed. (301)
National Pen Co.
2017 Ed. (3963)
National Penn Bank
1998 Ed. (3318)
National Pension
2005 Ed. (3231)
2007 Ed. (3796)
2008 Ed. (3870)
2009 Ed. (3927)
2010 Ed. (3846)
2011 Ed. (3848)
2012 Ed. (3823)
2013 Ed. (3878)
2014 Ed. (3814)
2015 Ed. (3839)
2016 Ed. (3745)
2017 Ed. (3698)
2018 Ed. (3751, 3752)
2019 Ed. (3731)
2020 Ed. (3774)
2021 Ed. (3768)
2022 Ed. (3793)
2023 Ed. (3895)
National Pension Crop.
1997 Ed. (2397)
National Pension Fund
2001 Ed. (2886)
2002 Ed. (2824)
National Pension (S. Korea)
2021 Ed. (3768)
2022 Ed. (3793)
National Petrochemical Co.
2011 Ed. (808)
2012 Ed. (773)
2013 Ed. (946)
2014 Ed. (899)
2015 Ed. (926)
National Petrochemical Public
1997 Ed. (3400)
National Pharmaceutical Services
2006 Ed. (2416, 2417)
2007 Ed. (2364, 2365)
2010 Ed. (2400, 5001)
National Picture & Frame
1998 Ed. (2854)
National Pizza Co.
1991 Ed. (2884)
1993 Ed. (1899)
National Planning
2018 Ed. (2661)
National Plastics Exposition & Conference
1990 Ed. (3627)
National Poly Products
1998 Ed. (2873)
National Pools of Roanoke
2022 Ed. (4536)
National Positions
2012 Ed. (4082)
National Power Corp.
1995 Ed. (3208)
1997 Ed. (3215)
1999 Ed. (1639)
2001 Ed. (1835)
National Power plc
2001 Ed. (3949)
National Preferred Provider Network
2000 Ed. (3598, 3599)
2005 Ed. (3883)
National Presto
1990 Ed. (1081, 2107)
1991 Ed. (1751, 1961)
1992 Ed. (1243, 2201, 2394, 2517)
1993 Ed. (1006, 1885, 2026, 2104)
National Presto Industries
2013 Ed. (2296)
National Presto Industries Inc.
2004 Ed. (2949, 2950, 4547, 4556, 4566)
2005 Ed. (2949, 2950)
2009 Ed. (4552)
2012 Ed. (4482, 4697)
2013 Ed. (4658)
2017 Ed. (2100)
National print
1992 Ed. (94)
National Processing Co.
1990 Ed. (1455)
1991 Ed. (360, 1393)
1992 Ed. (503, 1751)
1993 Ed. (351)
1994 Ed. (343, 1497)
1995 Ed. (1530, 1649)
1998 Ed. (1929, 2464, 3180)
2001 Ed. (1955)
National Products
1992 Ed. (55)

National Projects Inc.
2003 Ed. (1691)
National Propane
1995 Ed. (3001)
1996 Ed. (3102)
1997 Ed. (3180)
1998 Ed. (2932)
1999 Ed. (3906)
National Propane Partners, LP
2000 Ed. (3623)
National Property Analysts Inc.
1989 Ed. (2490)
1990 Ed. (3284, 3288)
1991 Ed. (3120)
National Property Inspections
2013 Ed. (3007)
2014 Ed. (3016)
2015 Ed. (3083)
2016 Ed. (2979)
2017 Ed. (2936)
2018 Ed. (3009)
2019 Ed. (2950)
2020 Ed. (2980)
2021 Ed. (2840)
2022 Ed. (3005)
2023 Ed. (3121)
National Property Inspections Inc.
2002 Ed. (2056)
2003 Ed. (2120)
2004 Ed. (2163)
2005 Ed. (2261)
2006 Ed. (2319)
2007 Ed. (2250)
2008 Ed. (2388)
2009 Ed. (2368)
2010 Ed. (2292)
2011 Ed. (2290)
2012 Ed. (2184)
National & Provincial
1990 Ed. (3103)
1992 Ed. (3801)
1995 Ed. (3185)
National & Provincial Building Society
1990 Ed. (1786)
1991 Ed. (1719)
National Provisions
2009 Ed. (2826, 2828)
The National PTA
1990 Ed. (288)
1994 Ed. (240, 2675)
National PTA-National Congress of Parents and Teachers
1989 Ed. (274, 2072)
1993 Ed. (250, 2729)
National Public Radio
1991 Ed. (895)
National Public Service Personnel
2000 Ed. (3454)
2001 Ed. (3695)
National Public Service Personnel Fund
1999 Ed. (3735)
National Purchasing Alliance
2003 Ed. (2110)
National spot radio
1992 Ed. (919)
1993 Ed. (737)
1995 Ed. (693)
1996 Ed. (771)
1997 Ed. (708)
2001 Ed. (1078)
National Railroad
2004 Ed. (3787)
2007 Ed. (3791)
2008 Ed. (2302, 3865)
2009 Ed. (2293, 2297, 3923)
2010 Ed. (3841)
National Railroad Passenger Corp.
2001 Ed. (3983)
2003 Ed. (1851, 4036, 4037)
2004 Ed. (1886, 4057, 4058)
2005 Ed. (2003, 3995, 3996)
2006 Ed. (2104, 4029, 4030)
2007 Ed. (2059, 4064, 4065)
2010 Ed. (2091, 4144, 4145)
2011 Ed. (2148, 4144, 4145)
2012 Ed. (1995, 4176, 4177)
2013 Ed. (4164)
2014 Ed. (4182)
2015 Ed. (4163)
2016 Ed. (4076)
National Real Estate
2002 Ed. (4436, 4437)
National Real Estate Service
1990 Ed. (2951)
National Realty
1990 Ed. (2967)
National Realty & Development Corp.
1997 Ed. (3261)
2006 Ed. (4315)
National Recovery Agency
2019 Ed. (4974)
2020 Ed. (4977)
2022 Ed. (4978)
National Recovery Services
2012 Ed. (852)
National Recovery Services LLC
2013 Ed. (1034)

National Rehabilitation Hospital
  2008 Ed. (3050)
  2009 Ed. (3136)
  2012 Ed. (4227)
National Reinsurance
  1990 Ed. (2261)
  1991 Ed. (2375)
  1998 Ed. (1028)
  2001 Ed. (4032)
National Relief Charities
  2004 Ed. (935)
National Renal Alliance
  2008 Ed. (2103)
National Renewable Energy Corp.
  2016 Ed. (4426)
National Renewable Energy Lab
  2022 Ed. (3640)
National Renewable Energy Laboratory
  2011 Ed. (4188, 4190)
  2012 Ed. (4240, 4248)
  2014 Ed. (4241)
  2015 Ed. (4228, 4230)
  2016 Ed. (4146)
National Reproductions Corp.
  1996 Ed. (3086)
  1997 Ed. (3164)
National Republic Bank
  1990 Ed. (643)
  1992 Ed. (782)
  1993 Ed. (571)
  1994 Ed. (573)
  2006 Ed. (454)
National Republic Bank Chicago
  2002 Ed. (540)
  2007 Ed. (417)
  2008 Ed. (395)
National Republic Bank of Chicago
  1995 Ed. (548)
  2005 Ed. (521)
  2010 Ed. (394)
  2011 Ed. (319)
  2012 Ed. (334)
National Research
  2011 Ed. (4431)
National Research Council of Canada
  2010 Ed. (3833)
National Reserve Bank of Tonga
  1999 Ed. (649)
National Response Corp.
  2017 Ed. (2427)
  2018 Ed. (2474)
  2019 Ed. (2501)
  2020 Ed. (2493)
  2021 Ed. (2413)
National Restaurant Association Restaurant, Hotel-Motel Show
  1989 Ed. (2861)
National Restaurant Association SmartBrief
  2007 Ed. (4794)
  2008 Ed. (4711)
National Restaurant Management
  1993 Ed. (1899)
National restaurants
  2000 Ed. (952, 4210, 4212)
National Retail Properties
  2017 Ed. (1547)
  2018 Ed. (1529)
  2019 Ed. (1557)
National Retail Properties Inc.
  2008 Ed. (2363)
National Retail Systems Inc.
  2014 Ed. (4806)
  2015 Ed. (4841)
National Retail Systems, Inc.
  2019 Ed. (4756)
National Retirement Partners
  2010 Ed. (2687)
  2011 Ed. (2676, 4020)
National Revenue Corp.
  1997 Ed. (1045, 1046, 1047, 1048)
  2001 Ed. (1312, 1314)
National Review
  1996 Ed. (2967)
National Rifle Association of America
  2000 Ed. (2989)
National Rifle Association Political Victory Fund
  1989 Ed. (2236, 2237)
National Riggers & Erectors Inc.
  2000 Ed. (1269)
  2002 Ed. (1299)
  2003 Ed. (1317)
  2006 Ed. (1294)
National Right to Life Committee
  1989 Ed. (274, 2072)
  1990 Ed. (288)
  1994 Ed. (240, 2675)
  1995 Ed. (248, 2777)
  1997 Ed. (272)
  1999 Ed. (294)
  2000 Ed. (2989)
National Rugby League
  2004 Ed. (3951)
National Rural Electric
  1999 Ed. (3722)
  2000 Ed. (3433)
  2001 Ed. (3668)
  2003 Ed. (3761)

  2008 Ed. (3865)
  2009 Ed. (3923)
  2010 Ed. (3841)
National Rural Electric Co-op
  1994 Ed. (2755)
  1995 Ed. (2858)
  1997 Ed. (3014)
National Rural Electric Co-op Association
  1999 Ed. (299)
National Rural Electric Cooperative Association
  1996 Ed. (244, 2928)
  1997 Ed. (275)
  2008 Ed. (3177, 3179, 3180)
  2010 Ed. (2333, 2805)
  2011 Ed. (108)
  2015 Ed. (3272, 3274, 3275)
  2016 Ed. (3102, 3114, 3115)
National Rural Telecommunications Cooperative
  2003 Ed. (1377)
  2004 Ed. (1386)
  2005 Ed. (1407)
  2006 Ed. (1393)
National Rural Utilities Co-Op Finance
  1992 Ed. (3265)
National Rural Utilities Cooperative Finance Corp.
  2015 Ed. (1338)
National RV
  1992 Ed. (3643)
  1993 Ed. (2985)
  1996 Ed. (3173, 3257)
  1998 Ed. (3028)
National RV Holdings
  2000 Ed. (2396, 4042)
National RV Trade Show
  2008 Ed. (4720)
  2010 Ed. (4772)
  2011 Ed. (4723)
National Safety Commission
  2009 Ed. (2404)
National Safety Council
  1998 Ed. (194, 2460)
  2005 Ed. (3615)
  2006 Ed. (3732)
  2008 Ed. (3808)
National Savings Bank
  1992 Ed. (653, 697)
National Savings Capital Bond
  1991 Ed. (1726)
National Savings & Commercial Bank
  2002 Ed. (538, 567)
  2003 Ed. (502, 541)
  2004 Ed. (489, 539, 558)
  2005 Ed. (499, 503, 518)
  2006 Ed. (440, 449)
  2007 Ed. (443, 444, 445, 460)
  2008 Ed. (413, 424)
  2009 Ed. (437, 438)
National Savings Life Insurance Co.
  1992 Ed. (2662)
National Science Foundation
  1994 Ed. (3331)
  2002 Ed. (1023, 1024, 1025, 1026, 1027, 1028, 3962, 3972, 3986, 3988)
  2005 Ed. (2746)
  2012 Ed. (3691)
  2013 Ed. (3742)
National Seating & Mobility
  2003 Ed. (2785)
National Securities
  1994 Ed. (3196)
  1995 Ed. (834, 835)
  1998 Ed. (3214)
National security
  1992 Ed. (2902)
National Security Agency
  2009 Ed. (2940)
  2012 Ed. (3692, 3693)
  2013 Ed. (3743)
  2014 Ed. (3675, 3676, 3677, 4981)
  2015 Ed. (2927, 3693, 3694, 5014)
  2016 Ed. (2857, 3576, 3578)
  2017 Ed. (2819, 3545, 3546, 3547, 4925)
  2018 Ed. (2886, 3596, 4932)
  2019 Ed. (2835, 3584, 4933)
  2020 Ed. (2871, 3557, 3558)
  2021 Ed. (2743, 3584, 3585, 3586)
  2022 Ed. (2899, 3638, 3639, 3640, 4932)
National Security Agency (NSA)
  2021 Ed. (2743, 3584, 3585, 3586)
  2022 Ed. (2899, 3638, 3639, 3640, 4932)
  2023 Ed. (3020, 3740, 3741, 3742, 4934)
National Security Alliance
  2018 Ed. (4305)
  2019 Ed. (4332)
  2020 Ed. (4324)
National Security Council
  1992 Ed. (25, 27)
The National Security Group Inc.
  2004 Ed. (2116, 4583)
  2006 Ed. (2289, 2290)
National Security Insurance Co.
  1991 Ed. (2106)
  1993 Ed. (2224)
  1995 Ed. (2308)
  1997 Ed. (2451)

  1998 Ed. (2165)
National Security Systems Inc.
  1998 Ed. (1421)
  1999 Ed. (4204)
  2012 Ed. (4453)
National Security Technologies
  2015 Ed. (2123)
National Security Technologies LLC
  2014 Ed. (4231)
National Seed
  2015 Ed. (2123)
National Self Storage
  1992 Ed. (3909)
National Self Storage Management Inc.
  1996 Ed. (3395)
  1998 Ed. (3274)
National Semi
  1990 Ed. (2211)
National Semiconductor Corp.
  1989 Ed. (272, 2302, 2312, 2456, 2457)
  1990 Ed. (2202, 2996, 3230, 3232, 3233)
  1991 Ed. (256, 2854, 3080, 3082)
  1992 Ed. (1531, 1535, 1537, 3674, 3683, 3910, 3912, 3915, 3916)
  1993 Ed. (1057, 3211, 3212)
  1994 Ed. (2285, 3200, 3201, 3202)
  1997 Ed. (3494)
  1998 Ed. (3276)
  1999 Ed. (1550, 4267, 4268, 4269, 4270, 4282)
  2000 Ed. (3990, 3991, 3992, 3993)
  2001 Ed. (2181, 2962, 4210, 4215)
  2002 Ed. (2099, 2103, 2104, 4254)
  2003 Ed. (2193, 2241, 2244, 4389)
  2004 Ed. (2230, 2236, 4398, 4400)
  2005 Ed. (2337, 4342, 4343, 4345, 4346, 4352, 4500)
  2006 Ed. (2392, 4281, 4282, 4284, 4285, 4286, 4459)
  2007 Ed. (4349, 4350)
  2008 Ed. (3191)
  2009 Ed. (3250, 3263)
  2010 Ed. (3181, 3194)
National Senior Care Inc.
  2006 Ed. (1417)
National Service
  1989 Ed. (1287, 1288, 2479)
  1990 Ed. (1585, 1586, 3259)
  1991 Ed. (1481, 1483)
  1992 Ed. (1882, 1883, 1884)
  1998 Ed. (1373)
National Service Industries Inc.
  1990 Ed. (1587, 1893)
  1991 Ed. (1482, 1808)
  1993 Ed. (1318, 1546)
  1994 Ed. (1374, 1582, 1583, 1584)
  1995 Ed. (1399, 1624)
  1999 Ed. (1939)
  2001 Ed. (2140, 2141)
  2002 Ed. (2082)
  2003 Ed. (2196, 4561, 4562)
  2004 Ed. (947)
The National Shipping Co. of Saudi Arabia
  2018 Ed. (2357, 2365)
  2019 Ed. (2394, 2404)
National Social Security
  2015 Ed. (3839)
  2016 Ed. (3745)
  2017 Ed. (3698)
  2018 Ed. (3751, 3752)
  2019 Ed. (3731)
  2020 Ed. (3774)
  2021 Ed. (3768)
  2022 Ed. (3793)
  2023 Ed. (3895)
National Social Security (China)
  2021 Ed. (3768)
  2022 Ed. (3793)
National Societe Generale Bank
  2004 Ed. (482)
  2006 Ed. (433)
  2007 Ed. (434)
  2008 Ed. (405)
  2009 Ed. (431)
  2010 Ed. (406)
  2013 Ed. (362)
  2014 Ed. (379)
  2015 Ed. (404)
  2016 Ed. (384)
National Society for the Prevention of Cruelty to Children
  2007 Ed. (723)
  2008 Ed. (694)
  2009 Ed. (702)
National Staff Management Group
  2001 Ed. (3909)
National Standard
  2018 Ed. (2575)
  2019 Ed. (2547)
National Standard Co.
  1989 Ed. (2637)
  1990 Ed. (3435)
  1993 Ed. (1211)
National Starch
  1992 Ed. (24)
  1993 Ed. (16)

National Starch & Chemical Co.
  2001 Ed. (11)
  2004 Ed. (19, 2663)
National State Bank
  1993 Ed. (593, 2966)
  1994 Ed. (2550)
National Steel Car Ltd.
  2009 Ed. (3570, 3572)
National Steel City LLC
  2013 Ed. (1281)
  2014 Ed. (1214)
  2015 Ed. (1272)
  2016 Ed. (1187)
  2017 Ed. (1230)
  2018 Ed. (1209)
  2019 Ed. (1236)
  2021 Ed. (1197)
National Steel Constructors LLC
  2009 Ed. (1242)
  2010 Ed. (1241)
  2011 Ed. (1189)
National Steel Corp.
  1989 Ed. (1151)
  1990 Ed. (2539)
  1991 Ed. (1237, 2418, 2422)
  1992 Ed. (3026, 3031)
  1993 Ed. (2534, 2538, 3450)
  1994 Ed. (1387, 2475, 2485)
  1995 Ed. (1341, 1418, 2543, 2551, 3509)
  1996 Ed. (2614, 3585)
  1997 Ed. (2756, 3629)
  1998 Ed. (3404, 3406)
  2000 Ed. (3096, 3097, 3101)
  2001 Ed. (272, 1737, 2230, 3281, 3285, 4367, 4368)
  2002 Ed. (3313)
  2003 Ed. (1698, 3365, 4552, 4553)
  2004 Ed. (1735, 4536)
  2005 Ed. (1466, 1795, 3446, 3703)
National Stock Exchange India
  2014 Ed. (4549, 4551, 4559, 4562, 4564, 4565)
  2015 Ed. (4553, 4555, 4558)
National Storage Affiliates Trust
  2021 Ed. (4080)
National department stores
  1996 Ed. (1985, 1986)
National specialty stores
  1996 Ed. (1985, 1986)
National toy stores
  2001 Ed. (4602, 4603)
National Surface Cleaning Co.
  1990 Ed. (1248)
National Surgery Centers
  1999 Ed. (257, 1118, 2622)
National Syndications Inc.
  1992 Ed. (231)
  1993 Ed. (148)
  1994 Ed. (130)
  1995 Ed. (145)
  1996 Ed. (159)
  1998 Ed. (73)
  2000 Ed. (199, 208)
  2002 Ed. (222)
  2003 Ed. (194)
  2004 Ed. (154)
National Systems & Research Co.
  1993 Ed. (2034, 2041)
  1994 Ed. (2047, 2054)
  1995 Ed. (2098, 2105)
  1996 Ed. (2106, 2113)
National Technical Institute
  2022 Ed. (1760, 2226)
  2023 Ed. (1897, 2413)
National Technical System Inc.
  1993 Ed. (185)
National Technical Systems
  1992 Ed. (273)
  1995 Ed. (172)
National TechTeam
  1991 Ed. (1164)
  1995 Ed. (2063, 3384)
  1998 Ed. (1881)
  2001 Ed. (1352)
  2002 Ed. (1138)
  2003 Ed. (2946)
National Textiles LLC
  2006 Ed. (3993)
National Thermal Power Corp.
  2001 Ed. (1732)
  2006 Ed. (1765)
  2007 Ed. (1772)
  2008 Ed. (1802, 2505)
  2009 Ed. (1748, 2436, 2511)
  2010 Ed. (1694, 1695, 2355)
  2011 Ed. (1706, 2351)
  2012 Ed. (1562, 2266)
  2013 Ed. (2459)
  2014 Ed. (2390)
National Tobacco
  1998 Ed. (3575)
  2003 Ed. (4753)
National Total Income
  1990 Ed. (2368, 2385)
  1991 Ed. (2560)
  1992 Ed. (3152, 3195)

National Total Return
 1990 Ed. (2394)
 1993 Ed. (2662)
National Trade Bank
 1995 Ed. (535)
The National Trade Centre
 2001 Ed. (2352)
 2003 Ed. (2414)
 2005 Ed. (2520)
National Traffic Safety Management
 2022 Ed. (1457)
National Transportation Exchange
 2001 Ed. (4758)
National Treasure
 2007 Ed. (3641)
National Treasure 2: Book of Secrets
 2010 Ed. (2290, 2291)
National Trust Co.
 1989 Ed. (2143)
 1992 Ed. (3270)
 1994 Ed. (911, 2680)
 1995 Ed. (945)
 1996 Ed. (467, 919)
 1997 Ed. (429, 945, 946)
 1999 Ed. (488)
 2009 Ed. (4813)
 2016 Ed. (4763)
 2017 Ed. (4774)
National Trust Fund for Health Policy & Service Development (South Africa)
 1995 Ed. (1933)
National Trust for Historic Preservation
 1994 Ed. (907)
National Trustco
 1990 Ed. (3659)
 1992 Ed. (632, 4360)
 1994 Ed. (447, 3606)
 1995 Ed. (439)
 1996 Ed. (3761)
 1997 Ed. (3811)
National Underwriter, Life & Health
 2008 Ed. (4715)
 2009 Ed. (4757)
 2010 Ed. (4767)
National Underwriter, Property & Casualty
 2008 Ed. (4715)
 2009 Ed. (4757)
 2010 Ed. (4767)
National Union Fire
 1990 Ed. (2260)
 1994 Ed. (2223, 2283)
 1995 Ed. (2327)
 2001 Ed. (4031, 4036)
National Union Fire Insurance Co.
 1991 Ed. (2124)
 1992 Ed. (2688, 2695, 2696)
 1997 Ed. (2470)
 2004 Ed. (3134)
National Union Fire Insurance Co. of Pennsylvania
 2002 Ed. (3954, 3956)
National Union Fire Insurance Co. of Pittsburgh
 2000 Ed. (2728, 2733)
 2005 Ed. (3129)
 2007 Ed. (3174)
 2008 Ed. (3319, 3323)
 2009 Ed. (3391)
 2010 Ed. (3326)
 2011 Ed. (3284)
National Union Fire of Pittsburg
 1996 Ed. (2338)
National Union Fire of Pittsburgh
 1993 Ed. (2234)
 1994 Ed. (2272)
 1997 Ed. (2462, 2464, 3921)
 1998 Ed. (2207)
 1999 Ed. (2976)
National Union of Healthcare Workers
 2014 Ed. (3432)
National Union of Hospital & Health Care Employees
 2011 Ed. (3393)
 2012 Ed. (3361)
 2013 Ed. (3432)
 2014 Ed. (3432)
National Union of Municipal Personnel
 1996 Ed. (2947)
 1997 Ed. (3028)
National University
 2009 Ed. (804, 1063)
 2010 Ed. (738, 1031, 2499)
National University Hospital
 2012 Ed. (115)
National University of Singapore
 2010 Ed. (1036)
 2011 Ed. (684)
 2013 Ed. (770)
 2014 Ed. (787, 795)
 2015 Ed. (831, 838)
 2016 Ed. (733)
National University of Singapore, School of Business
 2012 Ed. (625)
 2013 Ed. (763)
National Urban League
 1989 Ed. (275)
 1991 Ed. (2618)

2002 Ed. (2348)
National Van
 1998 Ed. (3636)
 1999 Ed. (4676)
National Van Lines Inc.
 1996 Ed. (3760)
 1997 Ed. (3810)
 2002 Ed. (3406)
 2006 Ed. (3511, 4989)
 2007 Ed. (3551, 3552, 4410, 4986)
 2008 Ed. (3707, 4384, 4960)
 2020 Ed. (4742)
 2021 Ed. (4741)
 2022 Ed. (4743)
 2023 Ed. (4727)
National Video Inc.
 1989 Ed. (2888)
National Vision
 2003 Ed. (3701)
 2005 Ed. (3655)
 2012 Ed. (3783)
 2013 Ed. (3850)
 2023 Ed. (3024)
National Vision Holdings, Inc.
 2019 Ed. (3708)
 2020 Ed. (3752)
 2021 Ed. (3752)
National Vision Inc.
 2014 Ed. (3776)
 2015 Ed. (3796)
 2016 Ed. (3709)
 2017 Ed. (3666)
 2018 Ed. (3721)
National Vocational Technical Honor Society
 1999 Ed. (297)
National Western Life
 1990 Ed. (2234)
 1995 Ed. (2300)
 1996 Ed. (2322)
 1998 Ed. (3418)
National Western Life Federal Credit Union
 2005 Ed. (308)
National Western Life Group Inc.
 2020 Ed. (1939)
National Western Life Insurance Co.
 2004 Ed. (3100)
 2005 Ed. (3103)
National Westminister Bank Ltd.
 1989 Ed. (506)
 1990 Ed. (2434, 2439)
National Westminster
 1989 Ed. (545, 568, 571)
 1990 Ed. (551, 583)
 1993 Ed. (1690)
 1996 Ed. (360)
 1997 Ed. (458)
National Westminster Bancorp
 1991 Ed. (393)
 1992 Ed. (804)
 1993 Ed. (597)
 1996 Ed. (641, 1736, 1742)
 1997 Ed. (332, 580)
National Westminster Bancorp NJ
 1989 Ed. (371, 400)
National Westminster Bank
 1990 Ed. (2435, 2437)
 1991 Ed. (503, 504, 533, 549, 560, 563, 691, 1298, 2308, 2673, 3072, 3231)
 1992 Ed. (658, 664, 687, 710, 728, 1630, 3341, 3901)
 1993 Ed. (395, 468, 470, 482, 493, 532, 595, 1313, 1683, 1686, 1688, 2415, 2421, 2423, 2512, 2767, 2768, 3206, 3221)
 1994 Ed. (472, 473, 495, 902, 1368, 1381, 1631, 1708, 1709, 2736, 2737, 2738, 3273)
 1995 Ed. (464, 471, 477, 502, 571, 1394, 1404, 1407, 2433, 2434, 2438, 2441, 2442, 2839, 2843, 3354)
 1996 Ed. (508)
 1997 Ed. (480, 1421, 2686, 3529)
 1999 Ed. (278, 510, 511, 512, 513, 514, 531, 1643, 3176, 3184)
 2000 Ed. (521, 522, 523, 540, 2999)
National Westminster Bank Group
 1989 Ed. (1374)
 1990 Ed. (1704)
National Westminster Bank New Jersey
 1992 Ed. (670, 800)
 1993 Ed. (482, 593)
National Westminster Bank NJ
 1991 Ed. (517, 625)
 1994 Ed. (487, 598)
 1995 Ed. (568)
 1996 Ed. (637, 638)
National Westminster Bank plc
 1989 Ed. (710)
 1990 Ed. (542, 548, 574, 584, 600)
 1991 Ed. (514, 532)
 1992 Ed. (667)
 1996 Ed. (496, 503, 504, 505, 511, 519, 521, 553, 1368, 2477, 2478, 2480, 2483, 2910)
 1997 Ed. (459, 467, 468, 469, 3262)
 1998 Ed. (2347)
 2001 Ed. (579)

2002 Ed. (40, 557, 659, 663, 1947)
 2009 Ed. (555)
 2010 Ed. (538)
 2011 Ed. (467)
National Westminster Bank USA
 1990 Ed. (429, 629)
 1991 Ed. (369, 517, 593, 628, 1289)
 1992 Ed. (513, 551, 555, 670, 802, 1615)
 1994 Ed. (354, 382, 385, 386, 487, 600)
 1995 Ed. (361, 362, 381, 570)
 1996 Ed. (419, 508, 640, 2474, 2476, 2481)
 1998 Ed. (2347)
National Westminster Group
 1989 Ed. (2446, 2455)
 1990 Ed. (3222, 3223)
National Westminster PLC
 1989 Ed. (364)
National Wholesale Liquidators
 2000 Ed. (4434)
 2003 Ed. (2781)
National Wildlife Federation
 1990 Ed. (288)
 1991 Ed. (1580)
 1992 Ed. (254, 1987)
 1993 Ed. (250, 1637, 1701, 2729)
 1994 Ed. (240, 907, 2675)
 1995 Ed. (248, 944, 2777, 2783)
 1996 Ed. (241, 915)
 1997 Ed. (272)
 2000 Ed. (3342)
National Yellow Pages Services
 2004 Ed. (135)
Nationale Investeringsbank
 1993 Ed. (586)
 1994 Ed. (593)
 1995 Ed. (562)
 1996 Ed. (631)
 1997 Ed. (572)
 1999 Ed. (606)
 2000 Ed. (629)
Nationale Loterij
 2012 Ed. (32)
Nationale-Nederland
 1991 Ed. (1326)
Nationale Nederlanded NV
 1991 Ed. (1141)
Nationale-Nederlanden
 1989 Ed. (1746)
 1990 Ed. (1401, 2277, 3473)
 1991 Ed. (238, 1327)
 1992 Ed. (329, 330, 1671, 1672, 2708)
 1993 Ed. (226, 227, 1176, 1197, 2254)
 2001 Ed. (2922, 2924)
Nationale-Nederlanden (Den Haag)
 1991 Ed. (2159)
Nationale-Nederlanden NV
 1990 Ed. (2276, 2284)
 1994 Ed. (2234)
 1995 Ed. (2282)
Nationale Nederlanden P & C Group
 1992 Ed. (2693)
 1993 Ed. (2242)
 1995 Ed. (2325)
Nationale-Niederlanden
 1991 Ed. (237)
Nationale Westminster Bank Canada
 1997 Ed. (463)
Nationals; Washington
 2007 Ed. (578)
 2008 Ed. (529)
 2016 Ed. (569)
 2017 Ed. (598)
 2018 Ed. (562)
 2019 Ed. (581)
 2021 Ed. (535)
Nationar
 1991 Ed. (489)
NationBbank of Texas NA
 1995 Ed. (382)
Nations Air
 1998 Ed. (142)
Nations Bank
 1995 Ed. (1769, 1770, 1771, 1772, 2514)
 1996 Ed. (1747, 1748, 1749, 1750)
Nations Builders Insurance Services
 2007 Ed. (896)
Nation's Business
 1995 Ed. (247)
 1996 Ed. (240)
 1997 Ed. (271)
 1999 Ed. (292)
Nations Cabinetry
 2021 Ed. (4993)
Nations Capital Growth Trust A
 1994 Ed. (584)
Nations Convertible Securities Investment
 2002 Ed. (725, 726)
 2003 Ed. (690, 692)
 2004 Ed. (3547)
Nations Disciplined Equity Pr
 2000 Ed. (3287)
Nations Diversified Income Inv. A
 1998 Ed. (403)
Nations Diversified Income Inv. C
 1998 Ed. (403)

Nations Diversified Income Pr. A
 1998 Ed. (403)
Nations FL Municipal Bond Investment A
 1994 Ed. (584)
Nations Gartmore
 1997 Ed. (2539)
Nations Gas Technologies Inc.
 2020 Ed. (4036)
 2021 Ed. (4002)
Nations Global Government Income Part A
 1998 Ed. (408)
Nations High Yield Bond Investor
 2005 Ed. (699, 700)
Nations International Equity Trust A
 1996 Ed. (616)
Nations International Value
 2004 Ed. (3640)
 2006 Ed. (3675, 3677)
Nations International Value Investment
 2003 Ed. (3610)
Nations Lending Corp.
 2014 Ed. (1914)
 2015 Ed. (1957)
 2022 Ed. (3687)
Nations Marsico 21st Century
 2006 Ed. (3628, 3629)
Nations Marsico Focused Equity Inv A
 2000 Ed. (622)
Nations Marsico Focused Equity Inv B
 2000 Ed. (622)
Nations Marsico Focused Equity Investment
 2004 Ed. (2451)
Nations Marsico Focused Equity Pr A
 2000 Ed. (622)
Nations Marsico Gr & Inc Pr
 2000 Ed. (3270)
Nations Marsico International Opportunities
 2006 Ed. (3676)
Nations Mortgage Backed
 1994 Ed. (582)
Nations Municipal Income Pr. A
 1998 Ed. (2639)
Nation's Restaurant News
 1991 Ed. (2703)
 1996 Ed. (2970)
 1999 Ed. (3756, 3757, 3758)
 2000 Ed. (3482, 3483, 3484, 3485)
 2001 Ed. (249, 252)
 2002 Ed. (914)
 2003 Ed. (814)
 2004 Ed. (856)
 2005 Ed. (138, 830)
 2006 Ed. (756)
 2007 Ed. (159, 161, 849, 4794)
 2008 Ed. (143, 145, 815, 4711)
 2009 Ed. (164, 166, 840, 4755)
 2010 Ed. (154, 786, 4764)
 2011 Ed. (713)
Nation's Roof
 2019 Ed. (4298)
 2020 Ed. (4291)
 2021 Ed. (4266)
 2022 Ed. (4278)
Nations Roof
 2023 Ed. (4310)
Nations Roof LLC
 2012 Ed. (4381)
 2013 Ed. (4350)
 2014 Ed. (4399)
 2015 Ed. (4387)
 2016 Ed. (4285)
 2017 Ed. (4288)
Nations Short-Term Municipal Income
 2001 Ed. (3443)
Nations Short-Term Municipal Income A
 1996 Ed. (2796)
Nations Short-Term Municipal Income Investment
 2001 Ed. (726)
Nations Short-Term Municipal Income Investment N
 1996 Ed. (622)
Nations Short-Term Municipal Income Pr.
 2001 Ed. (726)
Nations Short-Term Municipal Income Tr A
 1996 Ed. (622)
Nations Strategic Fi.
 1996 Ed. (626)
Nations Strategic Fixed Income Trust A
 1994 Ed. (584)
Nations Trust Bank
 2002 Ed. (4478)
Nations Value Inv. A
 1996 Ed. (613)
Nations Value Trust A
 1996 Ed. (611, 613)
NationsBanc & Affiliates
 1999 Ed. (3440)
NationsBanc & Affiliates
 1999 Ed. (3439)
NationsBanc Capital Markets
 1993 Ed. (2261)
NationsBanc Insurance Co.
 2002 Ed. (2907)
NationsBanc Montgomery Securities LLC
 2000 Ed. (376, 378, 831, 863)

CUMULATIVE INDEX • 1989-2023

Nationsbanc Mortgage Corp.
  1995 Ed. (2599, 2600)
  1996 Ed. (2678, 2682)
  1997 Ed. (2808, 2809, 2810, 2811)
  1999 Ed. (3435, 3441)
  2000 Ed. (3163)
  2001 Ed. (3346)
  2002 Ed. (3392)
NationsBank Card Services
  1994 Ed. (343)
  1995 Ed. (348)
  1996 Ed. (2604)
  1997 Ed. (335)
NationsBank Carolinas
  1998 Ed. (103)
NationsBank Corp.
  1993 Ed. (362, 372, 373, 374, 375, 386, 630, 648, 649, 1245, 2289, 2298, 2300, 2419, 2735, 2768, 2871, 3229, 3285)
  1994 Ed. (346, 350, 351, 352, 362, 363, 367, 377, 384, 397, 402, 582, 586, 634, 650, 651, 1287, 1630, 1631, 1736, 1737, 1738, 1739, 2289, 2300, 2317, 2446, 2557, 2683, 2737, 2738, 2740, 3020, 3034, 3275)
  1995 Ed. (253, 254, 351, 354, 355, 357, 358, 364, 367, 370, 396, 553, 554, 555, 1312, 1663, 2540, 2603, 2793, 2794, 2798, 2837, 2842, 3224, 3231, 3308, 3337, 3356)
  1996 Ed. (257, 258, 367, 369, 370, 371, 373, 374, 379, 388, 394, 395, 617, 619, 697, 698, 927, 1194, 1249, 1263, 1281, 1430, 1647, 1648, 1650, 1651, 1653, 2366, 2378, 2415, 2480, 2580, 2855, 3184)
  1997 Ed. (285, 286, 338, 340, 341, 342, 343, 346, 347, 348, 358, 363, 364, 365, 367, 368, 371, 374, 375, 377, 380, 381, 385, 387, 513, 566, 568, 735, 1295, 1308, 1326, 1350, 1491, 1729, 1828, 1829, 1830, 1831, 2492, 2511, 2618, 2620, 2621, 2815, 3003, 3004, 3287, 3288, 3289, 3417, 3437)
  1998 Ed. (201, 202, 203, 268, 270, 274, 275, 277, 278, 279, 281, 282, 284, 285, 288, 294, 295, 297, 299, 300, 305, 306, 307, 308, 311, 315, 316, 317, 318, 319, 321, 325, 326, 327, 328, 332, 404, 406, 420, 1007, 1010, 1134, 1182, 1264, 1503, 1541, 1542, 1543, 1544, 1958, 2103, 2237, 2249, 2350, 2357, 2456, 2524, 2528, 2529, 2531, 3215, 3229, 3243, 3262, 3263, 3269, 3315, 3316)
  1999 Ed. (312, 313, 316, 370, 373, 380, 381, 382, 383, 398, 399, 400, 401, 403, 404, 405, 406, 407, 408, 410, 411, 412, 413, 415, 416, 418, 419, 420, 421, 422, 435, 439, 443, 445, 548, 595, 596, 597, 615, 651, 666, 1437, 1443, 1444, 1537, 1544, 1716, 1794, 1795, 1817, 1836, 2011, 2012, 2013, 2014, 2121, 2122, 2123, 2124, 2636, 2698, 3021, 3034, 3175, 3179, 3182, 3432, 3433, 3434, 3706, 3707, 4022, 4023, 4024, 4025, 4205, 4206, 4211, 4212, 4213, 4214, 4215, 4222, 4225, 4252, 4256, 4262, 4333, 4334, 4335, 4337)
  2000 Ed. (220, 327, 328, 381, 385, 397, 398, 399, 401, 402, 403, 404, 405, 406, 408, 409, 410, 411, 412, 413, 415, 416, 417, 418, 419, 431, 438, 505, 526, 558, 559, 566, 636, 676, 677, 680, 682, 1302, 1303, 1304, 1907, 2484, 2921, 2922, 2923, 2927, 3163, 3737, 4053)
  2001 Ed. (641)
  2002 Ed. (1386, 1431, 3392)
  2003 Ed. (1451)
  2004 Ed. (1481)
  2005 Ed. (1497)
NationsBank of Delaware
  1993 Ed. (384)
  1998 Ed. (302)
NationsBank of Delaware NA
  1994 Ed. (1496)
NationsBank of Florida NA
  1994 Ed. (393, 477, 3009)
  1995 Ed. (388, 467, 507, 3066)
  1996 Ed. (411, 499, 3163)
NationsBank of Georgia
  1993 Ed. (489)
NationsBank of Georgia NA
  1994 Ed. (491)
  1995 Ed. (474)
  1996 Ed. (515)
  1997 Ed. (374, 378, 379, 477)
NationsBank/Intercontinental/CS Holdings
  1997 Ed. (386)
NationsBank Leasing Corp.
  1998 Ed. (389)
NationsBank of Maryland NA
  1994 Ed. (565)
  1995 Ed. (541)
  1996 Ed. (411)

NationsBank Mortgage Corp.
  1994 Ed. (2549)
  1997 Ed. (2813, 2814)
  1998 Ed. (1861, 2522, 2523, 2525, 2527, 2530)
NationsBank NA
  1996 Ed. (402, 600, 644)
  2000 Ed. (4055)
NationsBank NA (Carolinas)
  1997 Ed. (179, 351, 359, 360, 584)
NationsBank NB Stable Capital
  1994 Ed. (2310)
NationsBank of North Carolina
  1994 Ed. (372, 603)
NationsBank of North Carolina NA
  1995 Ed. (388, 575)
  1997 Ed. (378, 379)
NationsBank South
  1998 Ed. (295, 300, 301, 306, 308, 314, 316, 318, 360, 1958, 3314)
NationsBank of South Carolina
  1994 Ed. (632)
NationsBank of South Carolina NA
  1995 Ed. (507, 607)
  1996 Ed. (680)
NationsBank Stable Capital Fund
  1995 Ed. (2072)
NationsBank of Tennessee
  1994 Ed. (645)
  1998 Ed. (430)
NationsBank of Tennessee NA
  1995 Ed. (617)
  1996 Ed. (691)
  1997 Ed. (626)
NationsBank of Texas
  1998 Ed. (301, 303, 307, 315, 316, 431, 2524)
Nationsbank of Texas NA
  1994 Ed. (353, 356, 368, 371, 379, 380, 387, 390, 395, 399, 400, 403, 646, 1039, 2553)
  1995 Ed. (360, 368, 369, 372, 374, 384, 385, 390, 395, 618, 2596, 2605)
  1996 Ed. (380, 389, 390, 399, 407, 408, 413, 418, 692, 2676)
  1997 Ed. (351, 360, 364, 372, 374, 379, 380, 627, 2807)
  1999 Ed. (405, 408, 421)
  2001 Ed. (1877)
  2007 Ed. (2013)
NationsBank Trust
  1994 Ed. (578)
NationsBank of Virginia NA
  1994 Ed. (663)
  1995 Ed. (632)
  1996 Ed. (708)
NationsBenefits
  2022 Ed. (2912, 2913)
NationsBuilders Insurance Services
  2009 Ed. (3311)
NationsCredit
  1996 Ed. (1765)
NationsHearing
  2021 Ed. (1512, 1514)
Nationsrent
  2000 Ed. (2916)
Nations's Business
  2000 Ed. (915)
Nationstar Mortgage Holdings
  2014 Ed. (4433)
Nationstar Mortgage Holdings Inc.
  2016 Ed. (2039)
NationsWay Transport
  1996 Ed. (988)
NationsWay Transport Service
  1998 Ed. (3644)
NationsWay Transportation
  1996 Ed. (3757)
  1997 Ed. (3807)
Nationwide
  1991 Ed. (2557)
  1992 Ed. (2643, 2655, 2664, 3150)
  1993 Ed. (2689)
  1995 Ed. (336, 3185)
  1996 Ed. (3770)
  1997 Ed. (256, 361, 2465)
  1999 Ed. (3556)
  2000 Ed. (303, 2721, 3855, 3932, 4410)
  2001 Ed. (4667)
  2004 Ed. (3050, 3051, 3052, 3053, 3054, 3071, 3072, 3073, 3095, 3111, 3114, 3126, 3128)
  2005 Ed. (1921, 3053, 3056, 3057, 3058, 3059, 3060, 3061, 3062, 3063, 3080, 3098, 3099, 3114, 3119, 3132, 3133, 3134, 3135, 3137, 3906)
  2006 Ed. (1955, 2051, 2340, 3058, 3060, 3061, 3062, 3063, 3064, 3065, 3085, 3113, 3114, 3124, 3141, 3142, 3143, 3144, 3979)
  2007 Ed. (738, 1938, 2903, 3088, 3089, 3090, 3091, 3092, 3093, 3101, 3127, 3128, 3175, 3176, 3177, 3178)
  2008 Ed. (2006, 3024, 3229, 3230, 3231, 3232, 3233, 3234, 3248, 3282, 3320, 3322, 3324, 3325, 3326)
  2009 Ed. (1970, 3111, 3289, 3290, 3291, 3292, 3293, 3294, 3309, 3339, 3390,

3392, 3393, 3394, 3395)
  2010 Ed. (1903, 3216, 3217, 3218, 3219, 3220, 3221, 3235, 3236, 3276, 3277, 3303, 3304, 3325, 3327, 3328, 3329, 3330)
  2011 Ed. (1938, 3013, 3180, 3181, 3182, 3183, 3184, 3206, 3207, 3245, 3246, 3283, 3285, 3286, 3287)
  2012 Ed. (1798, 2940, 3139, 3140, 3141, 3142, 3143, 3166, 3212, 3262, 3263, 3264)
  2013 Ed. (1972, 3029, 3217, 3218, 3219, 3220, 3221, 3238, 3273, 3339, 3344)
  2014 Ed. (1911, 3042, 3236, 3237, 3238, 3239, 3240, 3265, 3301, 3358, 3363)
  2015 Ed. (3108, 3294, 3295, 3296, 3297, 3298, 3345, 3391, 3396)
  2016 Ed. (3134, 3146, 3147, 3148, 3149, 3150, 3214, 3263, 3269)
  2017 Ed. (3074, 3089, 3090, 3091, 3092, 3093, 3113, 3168, 3219, 3225)
  2018 Ed. (3184, 3192, 3193, 3194, 3195, 3196, 3208, 3234, 3245, 3306, 3307, 3310)
  2019 Ed. (3118, 3125, 3126, 3127, 3128, 3129, 3145, 3187, 3188, 3258, 3264, 3266)
  2020 Ed. (3142, 3148, 3149, 3150, 3151, 3152, 3176, 3205, 3212, 3213, 3263, 3267)
  2021 Ed. (3011, 3019, 3020, 3021, 3022, 3023, 3041, 3058, 3066, 3067, 3126, 3130, 3131)
  2022 Ed. (1833, 1839, 1842, 1847, 2655, 3145, 3152, 3154, 3155, 3156, 3157, 3158, 3175, 3176, 3193, 3202, 3203, 3269, 3271, 3274, 3275)
  2023 Ed. (1959, 1965, 1967, 2803, 3238, 3360, 3364)
Nationwide Advertising Service
  1989 Ed. (69)
  1990 Ed. (63)
  1991 Ed. (64, 66)
  1993 Ed. (63)
  1994 Ed. (54)
  1995 Ed. (29)
  1996 Ed. (39, 44)
  1997 Ed. (41)
  1998 Ed. (41)
  1999 Ed. (46)
  2000 Ed. (50)
  2001 Ed. (188)
Nationwide AllianzGI International Gr
  2022 Ed. (4488, 4489, 4491)
Nationwide AllianzGI International Gr A
  2022 Ed. (4488, 4489, 4491)
  2023 Ed. (4506, 4509)
Nationwide Anglia
  1990 Ed. (3103)
  1993 Ed. (1861, 3575)
Nationwide Anglia Bldg. Soc.
  1992 Ed. (2160)
Nationwide Anglia Building Society
  1990 Ed. (1786)
  1991 Ed. (1719)
  1994 Ed. (3537)
  1995 Ed. (3613)
Nationwide Arena
  2001 Ed. (4355)
  2005 Ed. (4439)
Nationwide Bank
  2011 Ed. (4373)
  2012 Ed. (3715, 4413)
  2013 Ed. (3762, 4374, 4384)
Nationwide Beef Inc.
  1994 Ed. (2454, 2910)
Nationwide Best of America
  1996 Ed. (3771)
Nationwide Best of America IV VIP High Income
  1994 Ed. (3614)
Nationwide Building Society
  1996 Ed. (3690)
  2007 Ed. (2021)
  2009 Ed. (555, 2107)
  2010 Ed. (538)
  2011 Ed. (467)
  2013 Ed. (414, 472)
  2014 Ed. (431, 486)
  2015 Ed. (547)
  2016 Ed. (500)
  2017 Ed. (515)
  2018 Ed. (479)
  2019 Ed. (494)
  2020 Ed. (476)
  2021 Ed. (468)
  2023 Ed. (702, 703)
Nationwide Cellular Services
  1990 Ed. (1974, 1975, 3303)
Nationwide Children's Hospital
  2010 Ed. (3081)
  2011 Ed. (1934)
  2012 Ed. (1793, 2958, 2990)
  2013 Ed. (1966, 3047, 3049, 3051, 3052, 3054, 3055)
  2014 Ed. (1904)
  2015 Ed. (1862, 3145)
  2016 Ed. (1920)

Nationwide China Opportunities
  2009 Ed. (3803, 3804)
Nationwide Communications
  2001 Ed. (1545)
Nationwide Controlled Parking Systems Ltd.
  2011 Ed. (1765)
Nationwide Credit Inc.
  1997 Ed. (1044, 1045, 1046)
  2001 Ed. (1312)
  2005 Ed. (1055)
  2009 Ed. (1021)
Nationwide Credit Union
  2002 Ed. (1885)
  2003 Ed. (1939)
  2004 Ed. (1979)
  2005 Ed. (2121)
  2006 Ed. (2216)
  2007 Ed. (2137)
  2008 Ed. (2252)
Nationwide Custom Homes
  2010 Ed. (3700)
Nationwide DCVA Mass Investors Growth Stock Q
  2000 Ed. (4337)
Nationwide DCVA Nationwide Bond (Q)
  1997 Ed. (3820)
Nationwide DCVA Nationwide Q
  2000 Ed. (4336)
Nationwide Discount Sleep Centers
  1999 Ed. (2555)
Nationwide Enterprise
  1997 Ed. (2421)
Nationwide Excess & Surplus
  2021 Ed. (3058, 3059)
  2022 Ed. (3193)
  2023 Ed. (3286, 3287)
Nationwide Financial
  2002 Ed. (3017)
Nationwide Financial Services Inc.
  1998 Ed. (2107, 3179)
  2000 Ed. (2265, 2667)
  2003 Ed. (3083)
  2004 Ed. (1586, 3100, 3101, 3192)
  2005 Ed. (3103, 3104)
  2006 Ed. (3119)
  2007 Ed. (3137)
Nationwide Floor & Window Coverings
  2002 Ed. (4905)
  2003 Ed. (4940)
  2004 Ed. (4943)
  2005 Ed. (2960, 3158)
  2006 Ed. (3159)
  2007 Ed. (3193)
Nationwide Fuel
  2022 Ed. (1457)
Nationwide Fund
  1999 Ed. (3516, 3557)
  2000 Ed. (3272)
Nationwide Fund Advisors
  2018 Ed. (634)
  2019 Ed. (652, 3683)
Nationwide Group
  1989 Ed. (1672, 1673, 1674, 1676, 1678, 1734, 2975)
  1990 Ed. (2220, 2221, 2227, 2229, 2252, 3708)
  1991 Ed. (2082, 2083, 2090, 2092, 2130)
  1992 Ed. (2644, 2646, 2650, 2656, 2685)
  1993 Ed. (2188, 2190, 2193, 2201, 2203, 2238, 2241, 3740)
  1994 Ed. (2219, 2220, 2221, 2242, 2246, 2248, 2278, 2281, 3675)
  1995 Ed. (2266, 2267, 2291, 2320, 2322, 3800)
  1996 Ed. (2295, 2301, 2304, 2334, 2335, 2337, 3885)
  1999 Ed. (2901, 2902, 2903, 2913, 2921, 2927, 2934, 2937, 2971, 2972, 2978, 4822)
  2000 Ed. (2655, 2656, 2657, 2723, 2725, 4438, 4440)
  2002 Ed. (2835, 2838, 2839, 2840, 2841, 2842, 2867, 2894, 2912, 2931, 2957, 2959, 2960, 2975, 3486)
  2003 Ed. (1802, 2965, 2966, 2967, 2968, 2969, 2981, 2986, 2993, 2996, 2997, 2998, 3007, 3008, 3009)
  2004 Ed. (1835, 3127)
  2009 Ed. (3287, 3288, 3308, 3338)
  2010 Ed. (3214, 3215)
  2011 Ed. (3178, 3179)
  2013 Ed. (3342)
  2023 Ed. (3245, 3246, 3247, 3248, 3249, 3267, 3295, 3296, 3363)
Nationwide Health
  1995 Ed. (3069)
Nationwide Health Properties
  1993 Ed. (2971)
  1994 Ed. (3000)
  1999 Ed. (1936)
  2000 Ed. (1724)
  2006 Ed. (4192)
  2011 Ed. (4165)
  2012 Ed. (4213)
Nationwide Homes
  1990 Ed. (2597)

Nationwide Insurance
 2009 Ed. (2026)
 2012 Ed. (3128)
 2014 Ed. (3225)
Nationwide Insurance of America
 2001 Ed. (4034)
Nationwide Insurance Co.
 2016 Ed. (4022)
 2017 Ed. (3119)
 2018 Ed. (3213)
 2019 Ed. (3150)
 2020 Ed. (3180)
 2021 Ed. (3044)
 2022 Ed. (3178)
 2023 Ed. (3272)
Nationwide Insurance Co. and subsidiary cos.
 2000 Ed. (2670)
Nationwide Insurance Enterprise
 1997 Ed. (1494, 2436)
 1999 Ed. (1720, 2965, 2969)
 2000 Ed. (1531, 2717, 2720)
 2001 Ed. (2898, 2902, 2903, 2904, 2906, 2951)
 2002 Ed. (1749, 2949, 2950, 2962)
 2003 Ed. (3005, 4526)
 2004 Ed. (3124)
 2005 Ed. (3128, 3138)
 2006 Ed. (3138, 3145, 3146)
Nationwide Insurance Enterprises
 1996 Ed. (1432, 2283)
Nationwide Insurance Group
 1998 Ed. (1183, 2115, 2116, 2117, 2133, 2146, 2152, 2154, 2172, 2174, 2203, 2268, 3769)
 2000 Ed. (2843)
Nationwide Investing Growth
 1999 Ed. (3515)
Nationwide Life
 1989 Ed. (2130)
 1993 Ed. (2291, 3286, 3652, 3654, 3655)
 1995 Ed. (3303, 3357)
 1998 Ed. (171, 2189, 2266)
 1999 Ed. (2949, 2958, 3068, 4700)
Nationwide Life & Annuity
 2002 Ed. (2904)
Nationwide Life & Annuity Insurance
 1998 Ed. (3654)
Nationwide Life Insurance Co.
 1992 Ed. (4380, 4382)
 1994 Ed. (223, 2259, 3276)
 1995 Ed. (222)
 1996 Ed. (224, 2306, 2379)
 1997 Ed. (2430, 2453)
 1998 Ed. (2155, 2177, 2179, 3656)
 2000 Ed. (2697, 2700, 2709, 4327)
 2001 Ed. (2937, 2938, 2946, 4666, 4668)
 2002 Ed. (2920, 2921, 2929)
 2005 Ed. (3051)
 2006 Ed. (3122)
 2007 Ed. (3146)
 2008 Ed. (3298)
 2009 Ed. (3358, 3359)
 2010 Ed. (3297)
 2013 Ed. (3313)
Nationwide Life Insurance, Ohio
 1989 Ed. (2151)
Nationwide Life Spectrum MFS/Growth Stock
 1999 Ed. (4697)
Nationwide Lloyds
 1998 Ed. (2202)
 1999 Ed. (2970)
 2000 Ed. (2722)
Nationwide Logistics LLC
 2020 Ed. (4950)
 2021 Ed. (4953)
 2022 Ed. (4949)
 2023 Ed. (4953)
Nationwide Money Service
 2001 Ed. (436)
Nationwide Mortgage Bankers
 2021 Ed. (1757, 2555)
 2022 Ed. (1788, 1790, 2672, 2688, 3979)
 2023 Ed. (2810)
Nationwide Mutual
 1990 Ed. (2251)
 1996 Ed. (2331, 2336, 2339)
 1998 Ed. (2205)
Nationwide Mutual insurance Co.
 2019 Ed. (3177)
Nationwide Mutual Fire
 1991 Ed. (2125)
 1993 Ed. (2185, 2235)
 1994 Ed. (2217)
 1996 Ed. (2271, 2272, 2302, 2339)
 1997 Ed. (2411, 2432, 2463)
 1998 Ed. (2110, 2205)
 1999 Ed. (2898, 2974)
 2000 Ed. (2730)
Nationwide Mutual Fire Insurance Co.
 1992 Ed. (2689)
 2000 Ed. (2651, 2726, 2733)
 2002 Ed. (2956, 2965)
Nationwide Mutual Group
 2012 Ed. (3137, 3138, 3165, 3211, 3265)
 2013 Ed. (3214, 3215, 3237, 3272, 3345)
 2014 Ed. (3227, 3231, 3233, 3234, 3262,
  3264, 3300, 3361, 3364)
 2015 Ed. (3291, 3315, 3394)
 2016 Ed. (3139, 3141, 3143, 3144, 3164, 3165, 3213, 3266, 3270)
 2017 Ed. (3085, 3087, 3088, 3112, 3167, 3222, 3226)
 2018 Ed. (3190, 3207)
 2019 Ed. (3121, 3123, 3124, 3142, 3144, 3186, 3230, 3261, 3265)
 2020 Ed. (3146, 3175, 3214, 3265)
 2021 Ed. (3017, 3040, 3128)
Nationwide Mutual Insurance
 2017 Ed. (1897)
 2018 Ed. (1844)
 2019 Ed. (1896)
 2020 Ed. (1835, 3177)
 2021 Ed. (1801)
Nationwide Mutual Insurance Co.
 1990 Ed. (2224)
 1991 Ed. (1725, 2122, 2125)
 1992 Ed. (2686, 2689, 2696)
 1993 Ed. (2183, 2185, 2233, 2235)
 1994 Ed. (2215, 2217, 2222, 2270, 2273)
 1996 Ed. (2269, 2271)
 1997 Ed. (2406, 2407, 2408, 2409, 2411, 2431, 2434, 2462, 2463, 3921, 3922)
 1998 Ed. (2110, 2118, 2204)
 1999 Ed. (2898, 2904, 2973, 2974)
 2000 Ed. (2650, 2651, 2724, 2726, 2730)
 2001 Ed. (1827, 2899, 2901, 2908, 3084)
 2002 Ed. (1382, 2869, 2956, 2958)
 2003 Ed. (1800, 2985)
 2004 Ed. (3133)
 2005 Ed. (1919, 3129)
 2006 Ed. (1953)
 2007 Ed. (1489, 1500, 1936, 3174)
 2008 Ed. (1483, 2004, 3319, 3321, 3323)
 2009 Ed. (1966, 3391)
 2010 Ed. (1899, 3326)
 2011 Ed. (1934, 3284)
 2012 Ed. (1793)
 2013 Ed. (1966, 3341)
 2014 Ed. (1904, 3360)
 2015 Ed. (84, 1949, 1955, 3321, 3393, 4424)
 2016 Ed. (1920, 1922, 1925, 1928, 3265, 3268, 4006, 4318, 4686)
 2017 Ed. (1892, 1895, 1900, 3221, 3224, 3979)
 2018 Ed. (1834, 1841, 3305, 3995, 4313, 4688)
 2019 Ed. (1894, 1899, 3260, 4693)
 2020 Ed. (1833, 1839, 3168, 3264, 4337, 4359)
 2021 Ed. (1794, 1804, 3127, 4353, 4684)
 2022 Ed. (3270, 4359)
Nationwide Mutual Insurance Co. (hostile suitor), Allied Group Inc. (target company)
 2000 Ed. (4231)
Nationwide Mutual Life Group
 2023 Ed. (3348)
Nationwide Pharmaceutical
 2021 Ed. (1228)
 2022 Ed. (1240)
Nationwide Real Estate Executives
 2017 Ed. (4067)
Nationwide Small Company Growth
 2020 Ed. (4510)
 2021 Ed. (4492)
Nationwide Small Company Growth A
 2021 Ed. (4492)
Nationwide Termite & Pest Management
 2002 Ed. (1582)
Nationwide Title Clearing
 2021 Ed. (2577)
Nationwide Title Clearing Inc.
 2016 Ed. (1565)
Nationwide VA II Amtg NQ
 1990 Ed. (3664)
Nationwide VA II Amtg Q
 1990 Ed. (3664)
Nationwide VA MFI Q
 1989 Ed. (260)
Nationwide Ziegler NYSEArcaTech100
 2020 Ed. (4505)
Nationwise
 1989 Ed. (351)
 1990 Ed. (407)
 1991 Ed. (357, 1439)
 1992 Ed. (486)
 1994 Ed. (336)
Nationwise Automotive
 1996 Ed. (354)
NATIVE
 2018 Ed. (4458)
 2019 Ed. (4447)
Native
 2016 Ed. (4428)
 2023 Ed. (2302)
Native American
 1995 Ed. (2989)
 2005 Ed. (1102)
 2008 Ed. (1211)
Native American Bank NA
 2013 Ed. (485)
Native American casinos
 1999 Ed. (2566)

Native American Management Services
 2007 Ed. (3609)
Native American Systems Inc.
 2000 Ed. (3146)
 2002 Ed. (3373, 3374)
 2003 Ed. (3425)
 2004 Ed. (3494)
Native American Youth & Family Center
 2011 Ed. (1914, 1957, 1958, 1960, 1961)
Native Americans
 1998 Ed. (1, 547, 1997)
Native Digital
 2021 Ed. (1639)
Native Foods Cafe
 2015 Ed. (4260)
Native Grill & Wings
 2021 Ed. (4178)
Native Grill & Wings Franchising
 2019 Ed. (4207)
 2020 Ed. (4217)
Native Hawaiian Veterans
 2016 Ed. (4774)
 2017 Ed. (4787)
 2018 Ed. (3611)
 2019 Ed. (3605)
Native Hawaiian Veterans LLC
 2012 Ed. (1526)
 2018 Ed. (1577)
Native New Yorker
 2009 Ed. (4288)
 2010 Ed. (4216, 4250)
 2011 Ed. (4250)
Native Roots
 2018 Ed. (2224)
Native Roots Cannabis Co.
 2023 Ed. (2389)
Native Roots Dispensary
 2020 Ed. (2196)
Natixis
 2009 Ed. (3456)
 2011 Ed. (379)
 2012 Ed. (345)
 2013 Ed. (425)
 2014 Ed. (444)
 2015 Ed. (498, 499)
 2016 Ed. (453)
 2017 Ed. (471)
 2018 Ed. (433)
 2019 Ed. (444)
 2020 Ed. (431)
 2021 Ed. (445, 478)
 2022 Ed. (460, 492)
 2023 Ed. (648, 717)
Natixis ASG Tactical US Market
 2020 Ed. (3692, 3695)
Natixis Global
 2009 Ed. (613, 2651, 3790, 3811)
Natixis Global Asset Management
 2017 Ed. (675)
 2018 Ed. (631, 2492, 3694, 3695)
Natixis Investment Managers
 2019 Ed. (2518, 3680, 3681)
 2020 Ed. (632, 2511, 3714)
 2021 Ed. (3696)
 2022 Ed. (3712, 3716)
Natixis Real Estate Capital Inc.
 2011 Ed. (4162)
Natixis SA
 2008 Ed. (4537)
 2009 Ed. (443)
 2010 Ed. (419)
 2011 Ed. (344)
Natixis Vaughan Nelson
 2010 Ed. (4579)
Natixis Vaughan Nelson Select A
 2023 Ed. (4511)
Natkin Contracting LLC
 1999 Ed. (1363)
Natkin Group Inc.
 1990 Ed. (1201, 1208)
 1991 Ed. (1077, 1079)
 1992 Ed. (1410, 1412)
 1993 Ed. (1127, 1140)
 1994 Ed. (1141)
 1995 Ed. (1160)
 1996 Ed. (1135, 1137)
NATLSCO
 2004 Ed. (4348)
Natoli Construction Corp.; Joseph A.
 1990 Ed. (1179)
The Natoma Co.
 2022 Ed. (4967)
The Natoma Co., Property Management Services
 2022 Ed. (4967)
Natorl Co.
 2001 Ed. (4925)
Natour
 2001 Ed. (4635)
Natpet
 2021 Ed. (653)
Natrium Products
 1998 Ed. (3333)
Natrol
 1998 Ed. (1273, 1357)
 2000 Ed. (3003)
 2002 Ed. (1974)
 2003 Ed. (4856, 4859)

2016 Ed. (4785, 4788)
 2017 Ed. (4803)
 2018 Ed. (4378, 4379)
 2019 Ed. (4401, 4402, 4403)
 2020 Ed. (4402, 4403)
 2021 Ed. (4401, 4402)
Natrol Inc.
 2018 Ed. (4804)
Natrona County School Credit Union
 2002 Ed. (1902)
 2003 Ed. (1957)
Natrona County School Employees Credit Union
 2004 Ed. (1997)
Natsionalna Elektricheska Kompania EAD
 2009 Ed. (1519)
 2011 Ed. (1511)
 2012 Ed. (1359)
 2013 Ed. (1445)
 2014 Ed. (1406)
 2015 Ed. (1466)
 2016 Ed. (1396)
 2017 Ed. (1411)
 2018 Ed. (1388)
 2019 Ed. (1434)
 2020 Ed. (1395)
 2021 Ed. (1392)
 2022 Ed. (1396)
 2023 Ed. (1593)
Natsionalnyy Reservnyy Bank
 2003 Ed. (604)
 2007 Ed. (477, 480)
 2008 Ed. (442, 445, 497)
 2009 Ed. (458, 467, 470, 471, 527)
 2010 Ed. (438, 447, 451, 509, 510)
 2011 Ed. (367)
Natsteel Electronics Ltd.
 2000 Ed. (230, 4013)
 2001 Ed. (1458, 1459, 1623)
NatSteel Electronics Pte. Ltd.
 2003 Ed. (1509)
Natsteel Ltd.
 1993 Ed. (1390)
 1994 Ed. (1443, 3311)
 1995 Ed. (1479)
 1996 Ed. (3437)
 1999 Ed. (1729)
 2000 Ed. (1550, 4035)
 2002 Ed. (1226, 1762)
 2004 Ed. (1853)
Natura
 2004 Ed. (763)
 2008 Ed. (661)
 2012 Ed. (543, 552, 557, 3843)
 2013 Ed. (665)
 2014 Ed. (677, 678, 3824, 3835, 4005, 4007)
 2015 Ed. (737, 738, 3849)
 2016 Ed. (658, 3756)
 2017 Ed. (691, 702)
 2019 Ed. (3756)
 2020 Ed. (1392, 3799)
 2021 Ed. (605, 3784)
 2022 Ed. (2037, 3808)
 2023 Ed. (860, 2385)
Natura &Co
 2023 Ed. (2324)
Natura (Brazil)
 2021 Ed. (3784)
 2022 Ed. (3808)
Natura & Co
 2023 Ed. (3906)
Natura & Co.
 2019 Ed. (3750)
 2022 Ed. (2188)
 2023 Ed. (3897, 3903)
Natura & Co. Holding SA
 2023 Ed. (1325, 1509, 1591)
Natura Cosmeticos
 2009 Ed. (757)
 2011 Ed. (632)
 2015 Ed. (1738)
 2016 Ed. (3770)
 2017 Ed. (3725)
 2023 Ed. (2310, 2323)
Natura Cosmeticos SA
 2007 Ed. (1604)
 2012 Ed. (3840)
 2013 Ed. (1355, 1762, 2328, 2330, 2331, 2338, 3120, 3471, 3899)
 2014 Ed. (1301, 2261, 2263, 2264, 2265, 2269, 3821, 3832)
 2015 Ed. (1214, 2345, 2347, 2348, 2353, 3846, 3857)
 2016 Ed. (2295, 2298, 3752)
 2017 Ed. (2140)
 2018 Ed. (2188)
 2019 Ed. (2174)
 2020 Ed. (2168)
 2021 Ed. (1295, 2158)
 2022 Ed. (1303)
Natura Cosmeticos SA (Brazil)
 2021 Ed. (2158)
Natura Cosmetics
 2013 Ed. (3902)
 2019 Ed. (3757, 3760)

CUMULATIVE INDEX • 1989-2023

Natural
  2008 Ed. (534)
  2019 Ed. (591)
  2021 Ed. (546, 551)
  2022 Ed. (572, 578)
  2023 Ed. (821)
Natural Beauty Growers
  2020 Ed. (3744)
  2021 Ed. (3745)
  2022 Ed. (3763)
Natural Beverage
  1999 Ed. (725)
Natural Cures "They" Don't Want You to Know About
  2007 Ed. (663)
Natural Foo Holdings
  2012 Ed. (3584)
Natural Food
  2018 Ed. (1647, 2707)
Natural Food Holdings
  2012 Ed. (3582, 3585, 3586, 3590, 3591, 3592, 3593, 3594, 3596)
  2013 Ed. (3637, 3639, 3640, 3644, 3645, 3646, 3647, 3648)
  2014 Ed. (3582, 3583, 3587)
  2016 Ed. (3476, 3478, 3479)
Natural Foods
  1996 Ed. (2041)
  2001 Ed. (2014)
Natural gas
  1989 Ed. (1663)
  1990 Ed. (1663)
  1992 Ed. (1887, 1944, 1945)
  1994 Ed. (1627)
  1999 Ed. (2565)
  2001 Ed. (1332, 2162)
  2003 Ed. (1614, 1792)
  2005 Ed. (2316)
  2006 Ed. (2371)
  2007 Ed. (2309)
  2008 Ed. (2644, 2646)
  2014 Ed. (2830)
  2015 Ed. (2870)
  2016 Ed. (2803)
Natural Gas Pipeline of America
  1989 Ed. (1497, 1498, 1499)
  1990 Ed. (1879, 1881)
  1991 Ed. (1792, 1795, 1797, 1798)
  1992 Ed. (2263, 2265, 2266, 2267)
  1993 Ed. (1923, 1924, 1925, 1926, 1927)
  1994 Ed. (1944, 1946, 1947, 1948, 1949, 1950, 1951, 1952, 1953, 1954)
  1995 Ed. (1973, 1974, 1975, 1976, 1977, 1979, 1980, 1981)
  1996 Ed. (2000, 2002, 2003, 2004)
  1997 Ed. (2120, 2121, 2123, 2124)
  1998 Ed. (1810, 1811, 1812)
  1999 Ed. (2571, 2572, 2574)
  2000 Ed. (2310, 2312, 2314)
  2003 Ed. (3880, 3881)
Natural Gas Plant Liquids
  2001 Ed. (3750)
Natural Gas Services Group Inc.
  2007 Ed. (2722)
Natural Gas Transmission Services
  1999 Ed. (1184, 4321)
Natural Golf Corp.
  2005 Ed. (4254)
Natural Grocer Vitamin Cottage
  2011 Ed. (4596)
Natural Grocers by Vitamin Cottage
  2011 Ed. (2573)
  2019 Ed. (2546)
  2020 Ed. (2535)
  2022 Ed. (2607)
Natural Grocers by Vitamin Cottage Inc.
  2016 Ed. (1504)
  2023 Ed. (2748)
Natural Habitat Adventures
  2010 Ed. (1420)
  2011 Ed. (1423)
  2014 Ed. (2454)
Natural Health Trends
  2017 Ed. (1997, 2801)
  2018 Ed. (1392, 2860)
  2019 Ed. (1438, 2823, 3863)
Natural Health Trends Corp.
  2006 Ed. (2741)
Natural History
  1989 Ed. (277)
  1995 Ed. (2881)
Natural Ice
  1998 Ed. (2066)
  2008 Ed. (542)
  2012 Ed. (438)
  2013 Ed. (552)
  2015 Ed. (634)
  2016 Ed. (584)
  2017 Ed. (613)
Natural Instincts
  2001 Ed. (2654, 2655)
Natural Instincts; Clairol
  2007 Ed. (2757)
  2008 Ed. (2874)
  2009 Ed. (2937)
  2010 Ed. (2873)
Natural food items
  2001 Ed. (4288)

Natural Light
  1990 Ed. (761)
  1992 Ed. (932)
  1994 Ed. (752)
  1995 Ed. (702, 703, 706)
  1996 Ed. (782)
  1997 Ed. (715, 720, 3665)
  1998 Ed. (496, 500, 504, 3446)
  1999 Ed. (807, 813, 815, 1920, 4511)
  2000 Ed. (813, 819)
  2001 Ed. (673, 676, 677, 678)
  2002 Ed. (674, 675, 676)
  2003 Ed. (656, 660, 661, 664)
  2004 Ed. (664, 667)
  2005 Ed. (650, 651)
  2006 Ed. (550, 551)
  2007 Ed. (590, 591, 592, 597, 602)
  2008 Ed. (535, 536, 539, 542, 546)
  2009 Ed. (570)
  2010 Ed. (552)
  2011 Ed. (478, 479, 482, 483)
  2012 Ed. (434, 435, 436, 438)
  2013 Ed. (549, 552)
  2014 Ed. (563, 565, 568)
  2015 Ed. (627, 632, 634)
  2016 Ed. (576, 578, 582, 584)
  2017 Ed. (606, 611, 613, 616)
  2018 Ed. (570, 576)
Natural Lite
  2003 Ed. (657)
  2004 Ed. (665)
  2005 Ed. (648)
Natural Organics
  2000 Ed. (4434)
Natural Power & Energy
  2016 Ed. (4417)
  2017 Ed. (4429)
  2018 Ed. (4449)
  2019 Ed. (4437)
  2021 Ed. (4427, 4438, 4443)
Natural Power and Energy (NPE)
  2021 Ed. (4427, 4438, 4443)
Natural Resource Group Inc.
  2007 Ed. (3570)
Natural Resource Partners
  2007 Ed. (2724)
  2008 Ed. (2854)
  2009 Ed. (4482)
  2012 Ed. (2767)
Natural resources
  1989 Ed. (1658, 1845)
  1991 Ed. (2568)
  2002 Ed. (3426)
  2004 Ed. (2449)
  2006 Ed. (2509)
Natural Resources Defense Council
  1991 Ed. (1580)
  1992 Ed. (1987)
  1993 Ed. (1637)
  1995 Ed. (1932)
  2004 Ed. (931)
  2012 Ed. (3761)
Natural Resources; Illinois Department of
  2007 Ed. (2587)
  2008 Ed. (2724)
  2009 Ed. (2779)
  2010 Ed. (2711)
  2011 Ed. (2697)
  2012 Ed. (2627)
  2015 Ed. (2743, 3188)
  2016 Ed. (2673)
Natural Resources Partners LP
  2005 Ed. (1032, 1033)
Natural scientists
  1991 Ed. (2629)
Natural Selection Foods LLC
  2008 Ed. (2782)
Natural Shredded Cheese
  2002 Ed. (985)
Natural Skincare & Acne Clinic
  2020 Ed. (1487)
Natural Unshredded
  2002 Ed. (985)
Natural Vitality Calm
  2021 Ed. (4401)
Natural vitamins, mineral, supplements
  1991 Ed. (1456)
Natural Waters of Viti Ltd.
  2018 Ed. (644)
  2019 Ed. (658)
  2020 Ed. (640)
  2021 Ed. (592)
Natural White
  2004 Ed. (4742)
Natural White 5 Minute
  2004 Ed. (4744)
Natural White Pro
  2004 Ed. (4744)
Natural White Rapid White
  2004 Ed. (4744)
NaturaLamb
  1998 Ed. (870, 871)
NaturaLawn of America
  2002 Ed. (3065)
  2003 Ed. (3196)
  2004 Ed. (3242)
  2005 Ed. (3268)
  2007 Ed. (3332)

  2008 Ed. (3433)
  2009 Ed. (3507)
  2011 Ed. (3424, 3427, 3432, 3433)
  2012 Ed. (3440, 3445)
  2013 Ed. (3460, 3465, 3466)
  2014 Ed. (3460, 3465)
  2015 Ed. (3483)
  2016 Ed. (3324, 3327, 3332)
  2017 Ed. (3289, 3292, 3295)
  2018 Ed. (3357, 3360, 3363, 3364)
  2019 Ed. (3336, 3339, 3342, 3344)
  2020 Ed. (3338, 3341, 3344, 3345)
  2021 Ed. (3274, 3277, 3280, 3281)
  2022 Ed. (3358, 3361, 3364)
  2023 Ed. (3475, 3478, 3481, 3482)
Naturalizer
  1995 Ed. (3371)
Naturally
  2014 Ed. (3770)
  2015 Ed. (3789)
Naturally Delicious
  2018 Ed. (4424)
Naturally Fresh
  2014 Ed. (4405)
Naturally Potatoes
  2017 Ed. (3953)
Naturally Yours
  2000 Ed. (1638, 4162)
  2001 Ed. (4313)
Naturals
  2003 Ed. (644)
  2008 Ed. (531)
Nature
  1999 Ed. (3757)
  2004 Ed. (143, 144)
  2005 Ed. (137)
Nature and animals
  1995 Ed. (2981)
The Nature Conservancy
  1989 Ed. (1477)
  1991 Ed. (1580)
  1992 Ed. (1987)
  1993 Ed. (1637)
  1994 Ed. (907, 1905)
  1995 Ed. (944, 2783)
  1996 Ed. (915, 917)
  1998 Ed. (689)
  2000 Ed. (3342)
  2004 Ed. (931)
  2005 Ed. (3608)
  2006 Ed. (3711, 3712)
  2008 Ed. (3787, 3797, 3798)
  2009 Ed. (1948, 3829, 3830, 3843)
  2010 Ed. (3756, 3764)
  2011 Ed. (1674)
  2015 Ed. (2630)
  2016 Ed. (1929)
Nature Conservancy of Canada
  2012 Ed. (721)
Nature Hills Nursery Inc.
  2019 Ed. (2837)
Nature Made
  1994 Ed. (3633, 3634)
  1998 Ed. (1273, 1357)
  2002 Ed. (1974)
  2003 Ed. (2063, 2108, 4856, 4857, 4859, 4860)
  2004 Ed. (2100)
  2008 Ed. (2337)
  2016 Ed. (3764, 4785)
  2017 Ed. (2133, 3716, 4799)
  2018 Ed. (3767, 4378, 4794, 4798, 4799, 4800, 4801, 4802)
  2019 Ed. (4402, 4403)
  2020 Ed. (4403, 4793, 4794, 4795)
  2021 Ed. (4402, 4791, 4792)
  2023 Ed. (4781, 4782, 4783, 4784, 4785)
Nature Made Sleep
  2017 Ed. (4369)
Nature Made VitaMelts
  2018 Ed. (4801)
Nature Made Vitamins
  2016 Ed. (4785)
Nature Shop
  2012 Ed. (2851)
Nature Smart
  2016 Ed. (4788, 4790)
  2017 Ed. (4803, 4805)
  2018 Ed. (4804, 4806)
Nature Valley
  2003 Ed. (878, 4456)
  2004 Ed. (901)
  2005 Ed. (891)
  2006 Ed. (806)
  2007 Ed. (893)
  2008 Ed. (4444)
  2014 Ed. (2867)
  2015 Ed. (2906, 2907, 4484)
  2016 Ed. (2825, 2826, 2827, 4380, 4381)
  2017 Ed. (2796, 2797, 4392)
  2018 Ed. (2854, 2855, 2856, 4403, 4412)
  2019 Ed. (2820)
  2020 Ed. (2845)
  2021 Ed. (2721)
  2022 Ed. (2882, 2883, 4415)
  2023 Ed. (2996, 4443)

Nature Valley Chewy Trail Mix
  2014 Ed. (2867)
  2015 Ed. (2906)
  2016 Ed. (2827)
  2017 Ed. (2797)
  2018 Ed. (2856)
  2019 Ed. (2820)
  2022 Ed. (2883)
Nature Valley Fruit & Nut
  2022 Ed. (2882)
Nature Valley Granola
  1995 Ed. (3399)
Nature Valley Granola Bars
  2000 Ed. (2383, 4065)
Nature Valley Granola Bites
  1995 Ed. (3399)
Nature Valley Granola Cups
  2020 Ed. (2845)
  2021 Ed. (2721)
Nature Valley Nut Clusters
  2013 Ed. (3842)
Nature Valley Protein
  2017 Ed. (4399)
  2018 Ed. (4408, 4419)
Nature Valley Protein Bars
  2014 Ed. (3752)
Nature Valley Roasted Nut Crunch
  2017 Ed. (4392)
Nature Valley Sweet & Salty
  2022 Ed. (2882)
Nature Valley Sweet & Salty Nut
  2014 Ed. (2867)
  2015 Ed. (2906, 2907)
  2016 Ed. (2825, 2826, 2827)
  2017 Ed. (2796, 2797)
  2018 Ed. (2854, 2855, 2856)
  2019 Ed. (2820)
  2020 Ed. (2845)
  2021 Ed. (2721)
  2022 Ed. (2883)
NaturePlex
  2018 Ed. (2930)
Nature's Accents
  2003 Ed. (644)
Nature's Bakery
  2023 Ed. (4443)
Natures Bakery LLC
  2023 Ed. (4439)
Nature's Beauty
  2008 Ed. (2337)
Natures Beauty
  2023 Ed. (810)
Nature's Best
  2016 Ed. (1407)
Nature's Bounty
  1998 Ed. (1273, 1357)
  2002 Ed. (1974)
  2003 Ed. (4855, 4857, 4859)
  2004 Ed. (2100)
  2016 Ed. (4785, 4786, 4788, 4789)
  2017 Ed. (2133, 4799, 4800, 4803, 4804)
  2018 Ed. (4378, 4794, 4795, 4796, 4798, 4801, 4802, 4804, 4805)
  2019 Ed. (4402, 4403)
  2020 Ed. (4403, 4792, 4793, 4795)
  2021 Ed. (4402, 4789, 4791)
Natures Bounty
  2023 Ed. (4781, 4782, 4784, 4785)
Nature's Bounty Body Success
  2004 Ed. (2097)
The Nature's Bounty Co.
  2019 Ed. (4414)
  2021 Ed. (2596)
  2022 Ed. (2719)
Nature's Bounty Optimal Solutions
  2017 Ed. (4799)
  2018 Ed. (4794, 4801)
  2020 Ed. (4795)
Natures Bounty Optimal Solutns
  2023 Ed. (4784, 4785)
Nature's Bounty Vitamin World
  2003 Ed. (4857)
Nature's Cure
  2000 Ed. (22)
Nature's Elements
  1996 Ed. (3304, 3778)
Nature's Fusions
  2020 Ed. (1985)
  2022 Ed. (1104, 1983)
Nature's Goodness
  2008 Ed. (3161)
Nature's Harvest
  2018 Ed. (4410)
Nature's Own
  1996 Ed. (779)
  1998 Ed. (494)
  2008 Ed. (725)
  2014 Ed. (290, 291, 718)
  2015 Ed. (323, 324, 326, 764, 765)
  2016 Ed. (321, 323, 686, 687)
  2017 Ed. (330, 736)
Nature's Path
  2023 Ed. (2913)
Natures Path
  2006 Ed. (805)
Nature's Path Foods
  2021 Ed. (3463)

Nature's Path Foods Inc.
  2018 Ed. (772, 2760)
  2019 Ed. (786)
  2020 Ed. (781, 2783)
  2021 Ed. (813, 2654)
  2022 Ed. (846, 2790)
  2023 Ed. (2914)
Nature's Path Foods, Inc.
  2018 Ed. (770)
Natures Path Foods Inc.
  2007 Ed. (4363)
  2008 Ed. (869)
  2012 Ed. (693, 694)
  2017 Ed. (2722)
  2018 Ed. (2857)
Nature's Path Organic
  2022 Ed. (2789)
Nature's Pet Market
  2013 Ed. (3912)
Nature's Pet Market Franchising
  2014 Ed. (3857)
Natures Preserves
  2001 Ed. (3700, 3701)
  2002 Ed. (671)
Nature's Pride
  2012 Ed. (3755)
Nature's Resource
  1998 Ed. (1273, 1357)
  2003 Ed. (4856)
  2004 Ed. (2100)
Nature's Science
  2018 Ed. (4901)
Nature's Script
  2022 Ed. (2205)
Nature's Sunshine
  2008 Ed. (2337)
  2014 Ed. (2067)
  2016 Ed. (2096)
Nature's Sunshine Products Inc.
  2001 Ed. (2015)
  2004 Ed. (4931)
  2005 Ed. (4162, 4913, 4914)
  2006 Ed. (2090, 4216)
  2007 Ed. (4232)
  2008 Ed. (4263)
  2009 Ed. (4367)
  2010 Ed. (4394)
  2011 Ed. (4339)
Nature's Table Cafe
  2009 Ed. (2707)
  2012 Ed. (2552)
  2013 Ed. (2673)
Natures Truth
  2023 Ed. (4781, 4782, 4784, 4785)
Nature's Way
  2003 Ed. (4860, 4861)
  2016 Ed. (3762)
  2018 Ed. (4803)
Natures Way
  2023 Ed. (4782, 4785)
Nature's Way Alive
  2016 Ed. (4787)
  2017 Ed. (4801, 4802)
  2018 Ed. (4799, 4800)
  2020 Ed. (4794)
  2021 Ed. (4792)
Natures Way Alive
  2023 Ed. (4783)
Nature's Way Cafe
  2008 Ed. (2684)
Nature's Way Products
  2016 Ed. (4790)
  2017 Ed. (4804, 4805)
  2018 Ed. (4805, 4806)
Nature's Way Tissue Corp.
  2007 Ed. (3615, 4455)
Naturescape
  2015 Ed. (3480)
  2016 Ed. (3324)
  2017 Ed. (3292)
  2018 Ed. (3360)
  2019 Ed. (3339)
  2020 Ed. (3341)
  2021 Ed. (3277)
  2022 Ed. (3361)
  2023 Ed. (3478)
NatureSweet Tomatoes
  2016 Ed. (2034)
Naturewell
  2023 Ed. (2326)
Naturex
  2007 Ed. (1735)
  2008 Ed. (1763, 2747)
Naturgy
  2021 Ed. (2217, 2230)
  2022 Ed. (2271)
  2023 Ed. (2451)
Naturgy Energy Group
  2020 Ed. (1900, 2837)
  2021 Ed. (1859, 1861, 2229)
  2022 Ed. (1904, 1905, 2270)
  2023 Ed. (2019)
Naturgy Energy Group, SA
  2022 Ed. (2871)
Naturhouse
  2019 Ed. (800, 806)
Naturisitics
  2000 Ed. (1903)

Naturistics
  1999 Ed. (1759, 2113, 2114, 3189, 3190)
  2000 Ed. (2936, 3313)
  2001 Ed. (3516)
Naturlich Fuhlen - Silvia u. Bernd Milenkovics
  2010 Ed. (1497)
Natus Medical
  2017 Ed. (1416, 3472)
Natus Medical Inc.
  2010 Ed. (2857, 4498, 4506, 4509)
  2011 Ed. (1524, 2839, 4432, 4446)
Natuzzi
  1997 Ed. (2099)
  1999 Ed. (2548, 2549)
  2014 Ed. (2807, 2808)
  2018 Ed. (2811, 2812)
Natuzzi SpA
  2004 Ed. (2867)
NatWest
  1990 Ed. (553, 566)
  1991 Ed. (510, 511, 558, 559)
  1992 Ed. (1101, 1102, 2005, 2016, 2029, 2041, 3339, 3340)
  1995 Ed. (1541)
  1996 Ed. (797)
  1997 Ed. (3003)
  1998 Ed. (349, 1265)
  1999 Ed. (872, 874, 875, 876, 878)
  2000 Ed. (524)
  2001 Ed. (1552)
  2008 Ed. (707)
  2009 Ed. (716, 719)
  2015 Ed. (549)
  2016 Ed. (502)
  2017 Ed. (517)
  2019 Ed. (505)
  2020 Ed. (426)
  2021 Ed. (468)
  2023 Ed. (703)
NatWest Access Card
  1996 Ed. (1496)
NatWest Access & Visa Cards
  1996 Ed. (1496)
NatWest Bank USA
  1996 Ed. (3460)
  1997 Ed. (371, 378, 472, 577)
NatWest Capital Markets
  1993 Ed. (1658, 2275, 2769)
  1994 Ed. (1679, 1693, 1696)
NatWest/County NatWest
  1994 Ed. (1204)
NatWest Fund of Funds Account
  1997 Ed. (2914)
NatWest Group
  2001 Ed. (3006)
  2023 Ed. (702)
Natwest Group Holdings Corp.
  2001 Ed. (4197)
NatWest Investment Bank Ltd.
  1989 Ed. (562)
NatWest Investment Management
  1995 Ed. (2870)
  1996 Ed. (2943, 2945)
NatWest Markets Group
  1994 Ed. (2288)
  1995 Ed. (3223, 3276)
  1996 Ed. (1650, 1652, 3320, 3388)
  1997 Ed. (1729, 1730, 3002)
  1998 Ed. (1005, 2249, 3230)
  1999 Ed. (9, 2069, 2278, 4227)
NatWest Markets NV
  2023 Ed. (674)
NatWest Offshore Ltd.
  2000 Ed. (569)
NatWest Securities
  1994 Ed. (773, 1838, 1839)
  1995 Ed. (728, 752, 1719)
  1996 Ed. (1859)
  1997 Ed. (1967, 1968)
  1999 Ed. (2296, 2325)
NatWest Small Business
  1992 Ed. (2160)
NatWest UK Smaller Cos.
  1997 Ed. (2909)
NatWest Ventures
  1995 Ed. (2499, 2500)
Naughton Energy Corp.
  2006 Ed. (3536)
  2007 Ed. (3595)
  2008 Ed. (3729, 4980)
Naughton; Martin
  2011 Ed. (4879)
  2012 Ed. (4888, 4902)
  2013 Ed. (4879, 4880)
  2014 Ed. (4893)
  2015 Ed. (4932)
  2016 Ed. (4848)
  2017 Ed. (4853)
  2018 Ed. (4861)
  2019 Ed. (4855)
Naughton; Timothy J.
  2016 Ed. (872)
naughtone
  2018 Ed. (1991)
Naugles
  1990 Ed. (2569)

Naukovo-Virobniche Pidpriemstvo Standart TOV
  2019 Ed. (1552)
Naumes Inc.
  1998 Ed. (1771)
Nautel Ltd.
  2014 Ed. (1470)
  2015 Ed. (1525)
Nautica
  2009 Ed. (974)
  2010 Ed. (937)
Nautica Enterprises Inc.
  1995 Ed. (3391)
  1996 Ed. (3454)
  2004 Ed. (986, 987)
Nautical Ventures Group
  2017 Ed. (1560)
  2019 Ed. (644)
  2020 Ed. (625)
  2022 Ed. (610)
  2023 Ed. (850)
Nautilus
  2015 Ed. (2159, 2160, 2161, 2165)
  2016 Ed. (1117, 2132, 2133, 2136)
Nautilus Group Inc.
  2003 Ed. (2644, 2645, 2646)
  2005 Ed. (3379)
Nautilus Inc.
  2003 Ed. (141)
  2007 Ed. (1947)
Nautilus Insurance Co.
  2008 Ed. (3264)
  2011 Ed. (3225)
  2014 Ed. (3288, 3289, 3291)
  2015 Ed. (3337)
  2016 Ed. (3197, 3198)
Nautique
  2019 Ed. (645)
  2020 Ed. (626)
  2021 Ed. (582)
NAV Canada
  2007 Ed. (4826)
  2008 Ed. (4752)
  2009 Ed. (4780)
  2010 Ed. (4796)
  2012 Ed. (4759)
  2013 Ed. (4725)
  2014 Ed. (1491, 4776)
  2015 Ed. (1548)
  2016 Ed. (1486, 4690)
  2017 Ed. (1486, 4705)
  2018 Ed. (1463, 4697)
  2019 Ed. (4703)
  2020 Ed. (4669)
Nav Canada
  2021 Ed. (4689)
  2022 Ed. (4694)
  2023 Ed. (4682)
Nava Finance & Securities
  1989 Ed. (1785)
  1992 Ed. (3824)
  1997 Ed. (3490)
Navage
  2023 Ed. (3838)
Navaira; Emilio
  1997 Ed. (1113)
Navajo Agricultural Products Industry
  2005 Ed. (1905)
  2006 Ed. (1932)
  2007 Ed. (1916)
  2008 Ed. (1979)
  2009 Ed. (1934)
  2010 Ed. (1870)
  2011 Ed. (1902)
  2012 Ed. (1759)
  2013 Ed. (1929)
  2014 Ed. (1868)
  2015 Ed. (1904)
  2016 Ed. (1867)
Navajo Express
  2013 Ed. (4210)
  2020 Ed. (4154)
  2023 Ed. (4213)
Navajo Express Inc.
  2007 Ed. (4111)
  2008 Ed. (4134)
  2009 Ed. (4242)
  2010 Ed. (4173)
  2011 Ed. (4175)
  2012 Ed. (4226)
  2013 Ed. (4211)
  2016 Ed. (4131, 4132)
Navajo Express, Inc.
  2018 Ed. (4135)
  2019 Ed. (4151)
  2020 Ed. (4157, 4715)
  2021 Ed. (4105)
  2023 Ed. (4740)
Navajo Nation Inn
  1995 Ed. (2160)
Navajo Refining Co.
  2001 Ed. (1815)
  2003 Ed. (1788)
  2004 Ed. (1822)
Navajo Refining Co. LP
  2004 Ed. (1822)
  2005 Ed. (1906)
  2006 Ed. (1933)

2007 Ed. (1917)
Navajo Shippers
  2006 Ed. (4061)
  2007 Ed. (4110)
  2008 Ed. (4133)
Naval Academy; U.S.
  2009 Ed. (1037, 1045, 2584)
  2010 Ed. (1003, 1011, 2497)
  2012 Ed. (857)
Naval Air Federal Credit Union
  1994 Ed. (1503, 1504)
  1995 Ed. (1536)
Naval Air Station Fort Worth Joint Reserve Base
  2016 Ed. (2052)
  2018 Ed. (1964)
  2019 Ed. (2018)
  2020 Ed. (1945)
  2021 Ed. (1905)
Naval Air Station Jacksonville
  2020 Ed. (1541)
  2021 Ed. (1523)
  2022 Ed. (1540)
  2023 Ed. (1716)
Naval Air Systems Command
  2016 Ed. (3578)
  2017 Ed. (3547)
  2018 Ed. (2886, 4932)
  2021 Ed. (2743, 3585)
  2022 Ed. (2899, 4932)
Naval Air Systems Command (NAVAIR)
  2021 Ed. (2743, 3585)
  2022 Ed. (2899)
  2023 Ed. (3020, 3741, 4934)
Naval Criminal Investigative Service
  2005 Ed. (2827)
Naval Facilities Engineering Command; U.S.
  1991 Ed. (1056)
Naval Group
  2020 Ed. (2142)
  2021 Ed. (2138)
  2022 Ed. (2172)
  2023 Ed. (2295)
Naval Medical Center Portsmouth
  2011 Ed. (3053)
  2012 Ed. (2991)
  2013 Ed. (3080)
  2015 Ed. (3146)
Naval Medical Center San Diego
  2011 Ed. (3053)
  2012 Ed. (2991)
  2013 Ed. (3080)
  2015 Ed. (3146)
Naval Postgraduate School
  2006 Ed. (723)
  2007 Ed. (807)
  2008 Ed. (786)
Naval Research Laboratory; U.S.
  2022 Ed. (3638)
Naval Sea Systems Command
  2016 Ed. (4933)
  2017 Ed. (3546)
  2020 Ed. (3558)
  2021 Ed. (3585, 3586)
Naval Sea Systems Command (NAVSEA)
  2021 Ed. (3585, 3586)
  2023 Ed. (3020)
Naval Sea Systems Command; U.S.
  1991 Ed. (2271)
  1992 Ed. (2818)
  1993 Ed. (2382)
Naval Station Everett
  2013 Ed. (2168)
  2014 Ed. (2098)
  2015 Ed. (2153)
  2016 Ed. (2125)
  2017 Ed. (2080)
Naval Station Mayport
  2022 Ed. (1540)
Naval Supply Systems Command
  1998 Ed. (1739)
  2000 Ed. (2237)
Naval Supply Systems Command, Sup.51
  1997 Ed. (2055)
Naval Supply Systems Command-Support Services
  2001 Ed. (2485)
Naval Surface Warfare Center
  2000 Ed. (2619)
Navalny; Alexei
  2013 Ed. (735)
Navarra, IESE Business School; University of
  2011 Ed. (688, 689, 694)
Navarre Corp.
  2006 Ed. (1884, 1885, 1889)
Navarre; Richard
  2006 Ed. (977)
Navarre; Richard A.
  2010 Ed. (2570)
Navarro Discount Drugs
  1995 Ed. (1615)
  1999 Ed. (1929)
Navarro Discount Pharmacies
  2000 Ed. (1716, 3805)
  2001 Ed. (2713)
  2002 Ed. (2035, 2036, 2560, 3375)

2006 Ed. (2844)
2008 Ed. (2965)
2009 Ed. (3045)
2010 Ed. (2969)
2011 Ed. (2932)
2012 Ed. (2865)
2013 Ed. (2937)
2014 Ed. (2952, 2957)
2015 Ed. (3003, 3024)
Navarro Discount Pharmacy
  2016 Ed. (2925)
Navarro; Mary
  2015 Ed. (5016)
  2016 Ed. (4934)
Navarro Research & Engineering
  2002 Ed. (2539, 2540)
  2004 Ed. (2829)
  2005 Ed. (1164)
  2006 Ed. (2501)
  2017 Ed. (2438)
Navarro Research & Engineering Inc.
  2015 Ed. (3020)
  2019 Ed. (2512)
  2020 Ed. (2504)
  2021 Ed. (2424)
  2022 Ed. (2539)
Navarro & Wright Consulting Engineers Inc.
  2019 Ed. (3599)
  2020 Ed. (3571)
  2021 Ed. (3601)
  2022 Ed. (3652)
  2023 Ed. (3758)
Navco
  2022 Ed. (4766)
NAVCO Security Systems
  2000 Ed. (3922)
  2002 Ed. (4541)
  2004 Ed. (4351)
Navdeep S. Sooch
  2005 Ed. (976)
Navdy
  2016 Ed. (285)
Naveen Jain
  2002 Ed. (3355)
Naveller & Associates
  1993 Ed. (2296)
Navellier Aggressive Small Cap Equity
  2004 Ed. (3608)
Navellier Mid Cap Growth
  2003 Ed. (3498)
  2004 Ed. (3556)
Navellier Performance Mid Cap Growth
  2001 Ed. (3442)
Navellier Preferred Mid Cap Growth
  2004 Ed. (2453)
Naver
  2015 Ed. (2039)
  2016 Ed. (988, 2007)
  2017 Ed. (718, 1024)
  2018 Ed. (955, 1914)
  2019 Ed. (946, 1677, 1964, 3100)
  2020 Ed. (937, 1634)
  2021 Ed. (661, 4553)
  2022 Ed. (3577)
  2023 Ed. (887, 3685)
Navicure
  2009 Ed. (3003)
  2015 Ed. (1656)
Navidea Biopharmaceuticals Inc.
  2016 Ed. (1918)
  2017 Ed. (1889)
  2018 Ed. (1831)
  2019 Ed. (1884)
Navidec Inc.
  2003 Ed. (1643)
Navient
  2016 Ed. (359, 1527, 2608)
  2017 Ed. (358, 1518)
  2018 Ed. (329, 1498)
  2020 Ed. (1502)
  2021 Ed. (1488)
Navient Corp.
  2016 Ed. (1530)
  2017 Ed. (1520)
Navifico
  2011 Ed. (732)
Navigant
  1999 Ed. (4665)
  2000 Ed. (4300, 4301)
Navigant Consulting
  2013 Ed. (2871)
  2014 Ed. (2889)
  2015 Ed. (2948)
  2016 Ed. (2879)
  2017 Ed. (780)
  2018 Ed. (714)
  2019 Ed. (729)
  2020 Ed. (720)
Navigant Consulting Inc.
  2001 Ed. (4278)
  2003 Ed. (3280)
  2007 Ed. (2744)
  2008 Ed. (1662)
  2010 Ed. (2895, 2912)
  2011 Ed. (3004)
  2012 Ed. (2931)
  2013 Ed. (3020)
  2014 Ed. (3030)

Navigant Credit Union
  2009 Ed. (2243)
  2010 Ed. (2197)
  2011 Ed. (2215)
  2012 Ed. (1865, 2076)
  2013 Ed. (2261)
  2014 Ed. (1959, 2194)
  2015 Ed. (2006, 2258)
  2016 Ed. (2229)
  2018 Ed. (2119)
  2020 Ed. (2099)
  2021 Ed. (2089)
  2022 Ed. (2123)
  2023 Ed. (2239)
Navigant International Inc.
  2006 Ed. (1645)
Navigant International/RockyMountain
  2002 Ed. (4677)
Navigata Communications Inc.
  2005 Ed. (3490)
Navigate
  2018 Ed. (1089)
Navigation Maritime Bulgare EAD
  2009 Ed. (1519)
  2011 Ed. (1511)
Navigation Mixte
  1990 Ed. (3264)
  1992 Ed. (916, 1649)
Navigator
  1997 Ed. (137)
  2001 Ed. (481)
Navigator Credit Union
  2005 Ed. (2110)
  2006 Ed. (2205)
  2007 Ed. (2126)
  2008 Ed. (2241)
  2009 Ed. (2227)
  2010 Ed. (2181)
  2011 Ed. (2199)
  2012 Ed. (2060)
  2013 Ed. (2242)
  2014 Ed. (2174)
  2015 Ed. (2238)
  2016 Ed. (2209)
  2018 Ed. (2104)
  2020 Ed. (2083)
  2021 Ed. (2073)
  2022 Ed. (2108)
  2023 Ed. (2223)
Navigator DDB
  1999 Ed. (148)
  2000 Ed. (165)
  2002 Ed. (176)
  2003 Ed. (143)
Navigator DDB/Russia
  2001 Ed. (204)
Navigator OOO
  2016 Ed. (1987)
Navigator of the Seas
  2018 Ed. (2134)
Navigator Sentry Managed Volatility
  2020 Ed. (3693)
Navigator Systems
  2004 Ed. (3945)
Navigator Tax-Free MMF (Money Market Fund)
  1994 Ed. (2540)
The Navigators
  2000 Ed. (3350)
Navigators Group
  2010 Ed. (2864)
Navigators Group Inc.
  2014 Ed. (3346, 3352)
  2015 Ed. (3383)
  2019 Ed. (3246)
Navigators Insurance Co.
  2011 Ed. (3251)
Navigators Insurance Group
  2014 Ed. (3347)
  2015 Ed. (3380)
  2016 Ed. (3249)
  2017 Ed. (3206)
  2018 Ed. (3290)
  2019 Ed. (3241)
  2020 Ed. (3251)
Navigio Rekrytering & Ledarskap
  2013 Ed. (2070)
Naviglo
  2014 Ed. (2003)
  2015 Ed. (2049)
Navin Chaddha
  2009 Ed. (4828)
  2023 Ed. (4752)
Navin Chaddha (Mayfield Fund)
  2021 Ed. (4762)
Navin & Varsha Engineer
  2005 Ed. (4889)
NavInfo Co., Ltd.
  2008 Ed. (2928)
Navint Consulting
  2009 Ed. (4428)
Navio Systems
  2007 Ed. (3446)
Navion ASA
  2005 Ed. (1564)
Navion Financial Advisors
  2023 Ed. (4770)

Navion Shipping AS
  2004 Ed. (4799)
Navis Logistics Network
  2003 Ed. (895)
  2004 Ed. (914)
  2005 Ed. (905)
  2007 Ed. (907)
Navis Marine D.O.O.
  2018 Ed. (1505)
Navis Pack & Ship
  2009 Ed. (4088)
  2010 Ed. (4000)
  2012 Ed. (4005)
  2018 Ed. (3967)
Navis Pack & Ship Centers
  2004 Ed. (3930)
  2005 Ed. (3880)
  2006 Ed. (3940)
NaviSite
  2012 Ed. (1690)
Navistar
  1989 Ed. (2673)
  1990 Ed. (379, 3654)
  1998 Ed. (214, 2755, 3625, 3646)
  2000 Ed. (4304)
  2002 Ed. (4703)
Navistar International
  2013 Ed. (1362, 1364, 3146, 4224)
  2014 Ed. (2556, 3149)
  2019 Ed. (1369, 3389)
  2020 Ed. (3102, 3105, 3391)
  2021 Ed. (1319, 3410)
  2022 Ed. (3466)
  2023 Ed. (3576)
Navistar International Corp.
  1989 Ed. (311, 312, 1053, 2014)
  1990 Ed. (350, 357, 2625, 2626, 3449)
  1991 Ed. (314, 315, 316, 1221, 1640, 2491, 2492, 2683, 3228, 3424)
  1992 Ed. (2077)
  1993 Ed. (309, 312, 337, 934, 1718, 2605, 2606, 2785, 3380, 3628)
  1994 Ed. (294, 295, 299, 317, 1731, 2566, 2567, 3553)
  1995 Ed. (298, 1276, 1748, 2239, 2621, 2622, 2867, 2868, 3436, 3667)
  1996 Ed. (1727)
  1997 Ed. (295, 298, 2822, 2823, 3644, 3645)
  1998 Ed. (215, 216, 1123, 2539)
  1999 Ed. (321, 322, 324, 1480, 1495, 4388, 4484)
  2000 Ed. (341, 3028, 3171)
  2001 Ed. (475, 503, 504)
  2002 Ed. (3400, 3401, 4362, 4791)
  2003 Ed. (312, 314, 316, 3457)
  2004 Ed. (341, 1616, 3324, 3520, 4495)
  2005 Ed. (1641, 3349, 3355, 3521, 4039)
  2006 Ed. (3579)
  2007 Ed. (307, 3031)
  2008 Ed. (1448, 1449, 1450)
  2009 Ed. (313)
  2010 Ed. (295, 297)
  2011 Ed. (216, 219, 2244, 2247, 4746)
  2012 Ed. (226, 227, 230, 256, 2195, 4762)
  2013 Ed. (222, 227, 265, 2381, 3151)
  2014 Ed. (229, 3154)
  2015 Ed. (260, 264)
  2016 Ed. (253, 258, 3433, 4717)
  2017 Ed. (257, 262, 3393)
  2018 Ed. (244, 3433, 3459)
  2019 Ed. (240, 3430)
  2020 Ed. (3430)
  2021 Ed. (3445)
Navistar International Holdings
  1998 Ed. (3422, 3423, 3424)
Navistar International Transportation
  1991 Ed. (330)
  1996 Ed. (304, 305, 1595, 2698, 2699, 3747)
Navisun
  2023 Ed. (4464)
Navitaire
  2009 Ed. (4824)
Navitas
  2012 Ed. (1333)
  2013 Ed. (1430)
Navix Line
  1993 Ed. (1276)
  1994 Ed. (1322)
Navmar Applied Sciences Corp.
  2013 Ed. (1319)
  2014 Ed. (1253)
  2015 Ed. (1310)
Navmar Credit Union
  2002 Ed. (1860)
  2003 Ed. (1914)
NAVSEA
  2016 Ed. (4933)
Navteq Corp.
  2006 Ed. (4258)
  2007 Ed. (1652, 2727, 2733, 2735)
  2008 Ed. (1662, 2857, 4616)
Navy
  1990 Ed. (1458)
  1996 Ed. (2951)
  2000 Ed. (1628)

Navy Army & Air Force
  1990 Ed. (2093)
The Navy, Army & Air Force Institutes
  1993 Ed. (2100)
  1994 Ed. (2120)
Navy Army Community Credit Union
  2014 Ed. (2200)
  2015 Ed. (2264)
  2016 Ed. (2235)
  2018 Ed. (2123)
  2020 Ed. (2103)
  2021 Ed. (2093)
  2022 Ed. (2078, 2127)
  2023 Ed. (2243)
Navy Army Credit Union
  2012 Ed. (2016)
Navy Club System; U.S.
  1995 Ed. (1913, 1918)
  1996 Ed. (1952)
  1997 Ed. (2055)
Navy Credit Union
  2002 Ed. (1831, 1835, 1841, 1843, 1898)
  2003 Ed. (1887, 1892, 1901, 1902, 1952)
  2004 Ed. (1926, 1930, 1941, 1942, 1992)
  2005 Ed. (2065, 2070, 2077, 2081, 2082, 2134)
  2006 Ed. (2158, 2162, 2164, 2171, 2175, 2176, 2229)
  2007 Ed. (2098, 2099, 2100, 2150)
  2008 Ed. (2210, 2214, 2215, 2265)
  2009 Ed. (2178, 2189, 2190, 2198, 2252, 3772, 3773)
  2010 Ed. (2120, 2125, 2127, 2131, 2149, 2150, 2152, 2205)
  2011 Ed. (2172, 2173, 2223)
  2012 Ed. (2021, 2025, 2032, 2033, 2084)
  2013 Ed. (2214, 2219, 2223, 2262, 2267, 2268, 2272)
  2014 Ed. (2145, 2151, 2155, 2195, 2201, 2202, 2206)
  2015 Ed. (2209, 2215, 2219, 2265, 2266, 2270)
  2016 Ed. (2180, 2186, 2190, 2236, 2237, 2241)
Navy Exchange
  2013 Ed. (2163)
  2014 Ed. (4360)
  2015 Ed. (4369)
  2017 Ed. (2295)
  2021 Ed. (2275)
Navy Exchange Service Command
  1994 Ed. (1888)
  1995 Ed. (1918)
  1996 Ed. (1952)
  1997 Ed. (3311)
Navy Exchange Service Command/NEX-COM
  2001 Ed. (2485)
Navy FCU
  1999 Ed. (1799, 1800, 1801, 1802, 1803)
Navy Federal Credit Union
  1991 Ed. (1394)
  1992 Ed. (1754, 3262)
  1993 Ed. (1447, 1450)
  1994 Ed. (1502, 1503)
  1995 Ed. (1534, 1535)
  1996 Ed. (1497, 1499, 1500, 1501, 1502, 1503, 1512)
  1997 Ed. (1558, 1560, 1562, 1564, 1566, 1567, 1568, 1569)
  1998 Ed. (1220, 1221, 1222, 1223, 1224, 1225, 1227, 1228, 1229, 1230)
  2001 Ed. (434, 1960, 1961)
  2002 Ed. (1842)
  2003 Ed. (1378)
  2004 Ed. (1383, 1387, 1388)
  2005 Ed. (1404, 1408, 1409, 1995, 2047, 2060, 2061)
  2006 Ed. (1390, 1394, 1395)
  2007 Ed. (1429)
  2009 Ed. (1948, 2144, 2251)
  2010 Ed. (1667)
  2012 Ed. (1981, 2013, 2014, 2086)
  2013 Ed. (2150)
  2014 Ed. (1639, 1641, 2083, 2136, 2670)
  2015 Ed. (1338, 2067, 2136, 2200)
  2016 Ed. (1259, 2034, 2172)
  2017 Ed. (353, 1319, 2070, 3340)
  2018 Ed. (322, 1296, 1298, 2029, 2078, 2079, 2080, 2126, 3981)
  2019 Ed. (325, 1327, 1329, 1349, 2086, 2128, 2129, 2377, 2624)
  2020 Ed. (329, 1302, 1304, 1996, 2104, 2108, 2635)
  2021 Ed. (1283, 1285, 1947, 2094, 2098, 2540)
  2022 Ed. (1285, 1287, 1988, 2130)
  2023 Ed. (419, 1486, 1488, 1495, 2091, 2244, 2248)
Navy Federal Credit Union (VA)
  2021 Ed. (2094)
Navy Food Service Systems; U.S.
  1995 Ed. (1913, 1918)
  1996 Ed. (1952)
Navy Mutual Aid Association
  1995 Ed. (2786)
Navy to Navy Homes
  2023 Ed. (4760)

Navy Region Northwest
  2017 Ed. (2085)
  2018 Ed. (2041)
  2020 Ed. (2012)
Navy Resale and Services Support
  1992 Ed. (2204)
Navy Resale & Services Support Office
  1990 Ed. (1835)
  1991 Ed. (1753)
  1992 Ed. (4207)
Navy Reserve
  1992 Ed. (3278)
Navy; U.S.
  1992 Ed. (3277)
  1994 Ed. (2685, 2686)
  1996 Ed. (2857)
  2007 Ed. (3528)
  2009 Ed. (3756)
  2010 Ed. (3691, 3833)
  2011 Ed. (3686, 3835)
  2012 Ed. (2159, 2742, 3691, 3693, 3695, 3816, 4750, 4965)
  2013 Ed. (2854, 3743, 3744, 3747, 4706, 4976)
  2014 Ed. (3677, 3680, 4981)
  2015 Ed. (3694, 3698, 5014)
  2017 Ed. (2819, 3545, 3546, 4925)
  2018 Ed. (3700, 4932)
  2019 Ed. (3685, 4933)
  2020 Ed. (3716)
  2021 Ed. (3721)
Navy; United States
  2006 Ed. (2809)
Navy (VA)
  2000 Ed. (1627)
Nawras Telecom
  2008 Ed. (67)
  2009 Ed. (76)
  2010 Ed. (86)
Naxiades, Z., Tobacco In Leaves S.A.
  2018 Ed. (1574)
Naxtaff
  2009 Ed. (1825)
Naya
  1999 Ed. (765, 766, 4510)
  2000 Ed. (781)
Nayar; Falguni
  2023 Ed. (4923)
Nayara Hotel, Spa & Gardens
  2014 Ed. (3102)
  2015 Ed. (3167)
  2016 Ed. (3018)
Nayara Springs
  2016 Ed. (3019)
Nayed; Aref Ali
  2013 Ed. (3480)
Naylor Wentworth Architects
  2009 Ed. (290, 291)
  2010 Ed. (274)
Naylor Wentworth Lund Architects PC
  2008 Ed. (266, 267)
Naz-Dar
  1999 Ed. (3899)
Nazareth Literary, Benevolent Inst.
  1991 Ed. (2618)
Nazareth Mass Communications
  1990 Ed. (117)
Nazca Co., Ltd.
  2014 Ed. (2925)
Nazdar Co.
  2006 Ed. (3045)
Nazek Hariri
  2008 Ed. (4890)
  2009 Ed. (4910)
Nazionale del Lavoro
  2000 Ed. (458)
  2001 Ed. (601, 602)
NB Baker Electric Inc.
  2017 Ed. (1424)
NB Genesis Fund-Investment
  2011 Ed. (4536)
NB High Income Bond Investment
  2005 Ed. (3248)
  2006 Ed. (3234, 3235)
  2007 Ed. (3294)
  2008 Ed. (3409)
N.B. Power Commission
  1996 Ed. (1613, 2038)
  1997 Ed. (1692, 2156)
NB Stable Capital
  1997 Ed. (569)
NBA
  2005 Ed. (4453)
  2011 Ed. (3323)
  2016 Ed. (4463)
  2017 Ed. (4472, 4564)
  2018 Ed. (4318)
  2019 Ed. (4346)
  2020 Ed. (4341)
  2021 Ed. (4357)
  2022 Ed. (4363)
NBA 2K12
  2013 Ed. (4818)
NBA All-Star Game
  2006 Ed. (764)
NBA All-Star Pre-Game Show
  2006 Ed. (764)

NBA Allstar
  2010 Ed. (795)
NBA Allstar Game
  2008 Ed. (826)
  2009 Ed. (849)
  2010 Ed. (795)
  2011 Ed. (722)
NBA Allstar Saturday Night
  2011 Ed. (722)
NBA Allstar Tip Off
  2009 Ed. (849)
"NBA Basketball Playoffs"
  2001 Ed. (1100)
NBA Jam
  1996 Ed. (3721)
"NBA Playoffs"
  2013 Ed. (2945)
  2014 Ed. (2963)
  2015 Ed. (3032)
  2016 Ed. (2928)
  2017 Ed. (2887)
  2018 Ed. (2954)
NBA Playoffs
  2008 Ed. (826)
  2010 Ed. (2976)
  2011 Ed. (2938)
  2012 Ed. (2869)
NBA Playoffs on ABC
  2011 Ed. (2939)
NBA Playoffs-Conference Finals
  2010 Ed. (795)
  2011 Ed. (722)
NBA Playoffs-Conference Semifinals
  2010 Ed. (795)
NBA Street Vol. 2
  2005 Ed. (4831)
NBAA-BACE Business Aviation Convention & Exhibition
  2018 Ed. (4679)
  2019 Ed. (4682)
NBA.com
  2003 Ed. (3054)
NBB Bancorp
  1992 Ed. (4291)
  1994 Ed. (3536)
  1996 Ed. (360)
NBBJ
  1991 Ed. (251)
  1992 Ed. (351, 353)
  1993 Ed. (241, 244)
  1994 Ed. (231, 233, 1636)
  1995 Ed. (233, 235, 1675)
  1996 Ed. (229, 232, 1658)
  1997 Ed. (260, 263, 1736)
  1998 Ed. (182, 184, 1437)
  1999 Ed. (284, 285, 290, 2020)
  2000 Ed. (310, 311, 1797)
  2001 Ed. (403, 2238)
  2002 Ed. (330, 2130)
  2003 Ed. (2295)
  2004 Ed. (2334, 2335, 2345, 2348, 2376)
  2005 Ed. (3160, 3162, 3166, 3170)
  2006 Ed. (283, 2453, 2455, 2457, 2791, 3167, 3172, 3173)
  2007 Ed. (286, 288, 2409, 3201, 3206, 3207)
  2008 Ed. (261, 262, 264, 2532, 2537, 3343, 3348)
  2009 Ed. (285, 287, 2523, 2543, 2546, 3416)
  2010 Ed. (270, 2440, 2459, 2462)
  2011 Ed. (190, 194, 2446, 2469, 2470, 2475, 3311)
  2012 Ed. (196, 198, 201, 212, 2372, 2400, 3293, 3294)
  2013 Ed. (176, 179, 2570, 3368)
  2014 Ed. (183, 3373, 3378)
  2015 Ed. (212, 213, 2573, 3413, 3414)
  2016 Ed. (211)
  2017 Ed. (207)
  2018 Ed. (194)
  2019 Ed. (188, 190, 3280, 3281)
  2020 Ed. (189, 3278)
  2021 Ed. (188, 3143, 3144)
  2022 Ed. (190, 201, 2471, 3288)
  2023 Ed. (279, 289, 304, 308, 3372, 3380)
The NBBJ Group
  1989 Ed. (266)
  1990 Ed. (278)
NBC
  1989 Ed. (1136, 1902)
  1992 Ed. (924, 947, 948, 949, 4243, 4256)
  1993 Ed. (754, 3544)
  1994 Ed. (762)
  1995 Ed. (718, 3576)
  1996 Ed. (793)
  1997 Ed. (730, 731, 2719, 3717, 3719, 3721)
  1998 Ed. (513, 2441, 3500, 3501, 3502, 3778)
  1999 Ed. (825, 3307, 4569, 4570)
  2000 Ed. (4214)
  2001 Ed. (4496)
  2003 Ed. (4714)
  2004 Ed. (4691)
  2005 Ed. (4663)

  2007 Ed. (4739, 4741)
  2008 Ed. (4662)
  2010 Ed. (2982)
  2011 Ed. (2944, 4663, 4669)
  2012 Ed. (2874, 4681)
  2013 Ed. (2950)
  2015 Ed. (3036, 4711)
  2016 Ed. (2932)
  2017 Ed. (2446, 2891)
  2018 Ed. (2957, 3523, 3527)
  2019 Ed. (2902, 3510, 3514, 4643)
  2020 Ed. (4613)
  2021 Ed. (3519, 3520, 3523, 4625)
  2022 Ed. (621, 725, 3581, 3582, 4643)
  2023 Ed. (3688)
NBC Acquisition Corp.
  2007 Ed. (1896)
  2008 Ed. (1960)
  2009 Ed. (1914)
  2010 Ed. (1847)
NBC Bank-San Antonio
  1991 Ed. (1647)
NBC Connecticut
  2013 Ed. (1572)
NBC/GE
  1999 Ed. (823)
NBC International
  2013 Ed. (3569, 3619)
  2014 Ed. (3556)
  2017 Ed. (4561)
NBC Internet Inc.
  2002 Ed. (3547)
NBC NFL Playoff
  2011 Ed. (4673)
NBC NFL Playoff Game
  2009 Ed. (4702)
"NBC Nightly News"
  1992 Ed. (4254)
  1993 Ed. (3540)
  1995 Ed. (3586)
NBC (NY) Employees Credit Union
  2005 Ed. (2074)
NBC-TV
  2000 Ed. (3050, 4213)
  2001 Ed. (3230, 3231, 4490)
  2002 Ed. (3280, 3286)
  2003 Ed. (3346, 4712, 4713)
  2004 Ed. (3412, 4689, 4690)
  2005 Ed. (3425, 4660, 4661, 4662)
NBC (U.S.)
  2021 Ed. (3523)
NBC Universal
  2013 Ed. (4651)
  2014 Ed. (4701)
  2019 Ed. (3291, 3292, 4003)
  2020 Ed. (3287, 3288, 4020)
  2021 Ed. (3152, 3153, 3986)
  2022 Ed. (3296, 3297, 4000)
  2023 Ed. (4084)
NBC Universal Entertainment
  2006 Ed. (2496)
NBC Universal GE
  2010 Ed. (4711)
NBC Universal Hispanic Group
  2017 Ed. (2897)
  2018 Ed. (2963)
  2019 Ed. (2906)
  2020 Ed. (2925)
NBC Universal Inc.
  2006 Ed. (765, 3436, 4716, 4717, 4718)
  2007 Ed. (863, 1193, 3448, 4737, 4738)
  2008 Ed. (824, 3200, 3625, 4659)
  2009 Ed. (846, 3690, 3779, 4699, 4700)
  2011 Ed. (718, 3608, 3703, 4667, 4668)
  2012 Ed. (662, 2104, 3602, 3722, 4678, 4682)
NBC Universal Media
  2015 Ed. (1346)
NBC Universal Media LLC
  2014 Ed. (1875)
NBC Universe
  2017 Ed. (2894)
  2018 Ed. (2960)
NBC Universo
  2019 Ed. (2905)
  2020 Ed. (2924)
NBCU
  2020 Ed. (4614)
NBCUniversal
  2017 Ed. (4633)
  2021 Ed. (1423)
NBCUniversal/Universal Brand Development
  2023 Ed. (3503)
NBCUniversal Media
  2017 Ed. (3450)
  2018 Ed. (3513)
  2019 Ed. (3499)
  2020 Ed. (3488)
NBD Bancorp Inc.
  1989 Ed. (396, 623, 624)
  1990 Ed. (639, 641)
  1991 Ed. (377, 389, 1415)
  1992 Ed. (780)
  1993 Ed. (358, 569, 1480, 1481, 3279)
  1994 Ed. (340, 571, 1527, 3035, 3269)
  1995 Ed. (359, 553, 1560, 3350)
  1996 Ed. (378, 617, 1543, 3180)

  1997 Ed. (332, 334, 339, 348, 349, 1252, 1601, 2730)
  1999 Ed. (374)
NBD Bancorp/NBD Investment Management
  1996 Ed. (2421)
NBD Bank
  1994 Ed. (369, 372, 378, 403, 451, 506, 515, 570, 578, 583, 587, 2552, 2553)
  1995 Ed. (371, 443, 489, 497, 546, 2438, 2604)
  1997 Ed. (436, 493, 508, 558, 2623)
  1998 Ed. (343, 376, 395, 2353, 2354, 3316, 3566)
  1999 Ed. (502, 4334)
  2000 Ed. (219, 384, 510)
NBD Bank NA
  1992 Ed. (546, 570, 3104)
  1993 Ed. (388, 390, 568, 2590)
  1996 Ed. (472, 534, 549, 559, 605, 2394, 2398, 2406, 2676)
NBD Bank/NBD Investment Management
  1995 Ed. (2389)
NBD Grand Rapids NA
  1991 Ed. (608)
NBF
  2021 Ed. (527)
  2022 Ed. (547, 717)
  2023 Ed. (793)
NBH Bank
  2021 Ed. (364)
  2022 Ed. (377)
  2023 Ed. (491)
NBI Inc.
  1990 Ed. (2510)
  1991 Ed. (2591)
  1994 Ed. (2714)
NBK
  1991 Ed. (34)
  1994 Ed. (31)
  2001 Ed. (52)
  2013 Ed. (681)
  2016 Ed. (555)
  2017 Ed. (581)
  2018 Ed. (545)
  2019 Ed. (564)
  2020 Ed. (547)
  2021 Ed. (522)
  2022 Ed. (537)
  2023 Ed. (787, 789)
NBK Egypt
  2023 Ed. (580)
NBO Stores
  1989 Ed. (936)
NBS
  1996 Ed. (366)
NBS Bank
  1994 Ed. (404, 631)
  1995 Ed. (397, 606)
  1996 Ed. (421, 679)
  1997 Ed. (388, 614)
  1999 Ed. (446, 638)
  2001 Ed. (1535)
  2014 Ed. (360)
  2015 Ed. (412)
NBS Boland Bank
  2000 Ed. (439, 664)
NBS Holdings
  1993 Ed. (414, 626)
  1999 Ed. (641)
NBS Technologies
  2007 Ed. (2812)
NBSC
  2013 Ed. (303)
NBT Bancorp
  2002 Ed. (435)
  2010 Ed. (366)
  2016 Ed. (566)
NBT Bank
  2023 Ed. (448)
NBTY
  2013 Ed. (904)
NBTY Inc.
  2001 Ed. (2015)
  2003 Ed. (4861)
  2004 Ed. (3798, 3802)
  2005 Ed. (2247, 3709, 3712, 3713)
  2006 Ed. (3797, 3801)
  2008 Ed. (3872, 3879)
NBWM
  2020 Ed. (1509, 1754, 2641)
NC
  2022 Ed. (3583)
NC Community Credit Union
  2021 Ed. (2036)
NC Community Credit Union (NCCFCU)
  2021 Ed. (2036)
NC Services Group Ltd.
  2011 Ed. (1463)
NC Solar Now
  2017 Ed. (4437)
  2019 Ed. (4445)
  2020 Ed. (4434)
NCAA Basketball
  2010 Ed. (784)
  2011 Ed. (711)
NCAA Championship
  1992 Ed. (4252)

CUMULATIVE INDEX • 1989-2023

NCAA Final Four
  2019 Ed. (4481)
NCAA Final Four Tournament
  2004 Ed. (850)
NCAA Football
  2007 Ed. (4876)
  2008 Ed. (4811)
NCAA Football '04
  2005 Ed. (4831)
NCAA Men's Basketball March Madness
  2008 Ed. (809)
NCAA Men's Basketball Tournament
  2013 Ed. (801)
  2014 Ed. (818)
NCAA Men's Basketball Tourney
  2001 Ed. (4344)
NCAA Men's Final Four
  2013 Ed. (4475)
  2017 Ed. (4467)
  2018 Ed. (4486)
NCAA Women's Basketball Tournament
  2006 Ed. (764)
NCB
  2017 Ed. (581, 727)
  2018 Ed. (545)
  2019 Ed. (564, 676)
  2020 Ed. (547, 670)
  2021 Ed. (526, 655)
  2022 Ed. (545, 691)
NCB Corp.
  1990 Ed. (1465)
NCB FSB
  2013 Ed. (1040)
NCB, FSB
  2006 Ed. (451)
  2007 Ed. (462)
NCB Group
  1994 Ed. (2339, 2340)
  1996 Ed. (2437, 2438)
  1997 Ed. (2582, 2583)
  1999 Ed. (3126, 3127)
  2000 Ed. (2874)
  2002 Ed. (3033)
NCB Securities
  2005 Ed. (754)
NCBA
  2023 Ed. (564)
NCC
  1993 Ed. (1154, 1155)
  1999 Ed. (1399)
  2017 Ed. (1055)
  2021 Ed. (669)
NCC AB
  2000 Ed. (1286, 1290)
  2002 Ed. (1190, 1307, 1316, 1318)
  2003 Ed. (1323, 1330, 1334, 1336)
  2016 Ed. (1193)
  2018 Ed. (1218)
NCC Funds/Government Portfolio
  1992 Ed. (3094)
NCC Funds T-E Portfolio
  1992 Ed. (3168)
NCC Group
  2012 Ed. (1043)
  2014 Ed. (1129)
  2015 Ed. (1175)
  2016 Ed. (1010)
  2017 Ed. (1043)
  2018 Ed. (1047)
NCC International
  1992 Ed. (1429)
NCC International AB
  1994 Ed. (1173)
NCC L. P.
  1995 Ed. (1196)
NCC L.P.
  1995 Ed. (1195, 1200)
NCC-Puolimatka Oy
  1999 Ed. (1629)
NCD Ingredients
  2019 Ed. (832)
NCD Technologies
  2015 Ed. (4237)
NCES Inc.
  2007 Ed. (3557)
  2008 Ed. (4962)
NCG Banco
  2014 Ed. (476, 488)
  2016 Ed. (488)
NCG Porter Novelli
  2002 Ed. (3811)
NCH
  1990 Ed. (3310)
  1992 Ed. (4008, 4009)
  1993 Ed. (3346, 3347, 3348)
  1994 Ed. (3350)
  1995 Ed. (3409, 3410)
  1997 Ed. (3534)
  1998 Ed. (3328)
  2000 Ed. (4072)
nChannel Inc.
  2017 Ed. (1888)
NCI
  2014 Ed. (2936)
  2015 Ed. (2985)
NCI Building Systems Inc.
  2002 Ed. (1435)
  2003 Ed. (1455)

  2004 Ed. (783, 786, 787, 793, 1485)
  2005 Ed. (769, 772, 773, 777, 1501)
  2006 Ed. (677, 680)
  2009 Ed. (1143)
  2010 Ed. (1136)
NCI Inc.
  2010 Ed. (4589)
  2012 Ed. (2783, 2836)
  2013 Ed. (1312, 1317)
  2014 Ed. (1251)
  2015 Ed. (1308)
  2016 Ed. (1223)
  2017 Ed. (1266, 1272)
  2018 Ed. (1245, 1250)
  2019 Ed. (1279, 1283)
NCI Information Systems Inc.
  2008 Ed. (1365)
  2009 Ed. (1362, 1366)
  2010 Ed. (1346, 1350)
  2011 Ed. (1332, 1338)
  2012 Ed. (1198, 1203)
NCI Public Relations
  1997 Ed. (3187)
NCI Systems Inc.
  2003 Ed. (1354)
nCino
  2019 Ed. (1870)
nCipher plc
  2003 Ed. (2737)
"NCIS"
  2013 Ed. (4652)
  2016 Ed. (2929)
  2018 Ed. (2955, 4633)
NCIS
  2012 Ed. (4688)
"NCIS: Los Angeles"
  2013 Ed. (4652)
NCIS: Los Angeles
  2012 Ed. (4688)
NCL America
  2008 Ed. (1779)
  2009 Ed. (1720, 1723)
NCL Corp.
  2010 Ed. (4849)
  2012 Ed. (4835)
  2013 Ed. (4829, 4830)
  2014 Ed. (4844, 4845)
  2015 Ed. (4881, 4882)
  2016 Ed. (4799, 4800)
NCL Cruises Ltd.
  2001 Ed. (4626)
  2003 Ed. (4876)
NCL Holding
  2000 Ed. (3383)
NCL Holding ASA
  2002 Ed. (3544)
NCL Mutual Insurance Co.
  2000 Ed. (983)
nClouds
  2023 Ed. (4749)
NCM
  2013 Ed. (1267, 1271)
  2014 Ed. (1200, 1204)
  2015 Ed. (1257, 1262)
NCM Advertising
  1997 Ed. (107)
NCM Capital
  1991 Ed. (2235)
  1996 Ed. (2418, 2656, 3877)
  1997 Ed. (2531, 2535)
  2008 Ed. (180)
  2009 Ed. (199)
  2010 Ed. (177)
  2011 Ed. (102)
NCM Capital Management Group Inc.
  1991 Ed. (2241)
  1992 Ed. (2768)
  1993 Ed. (2328, 2330)
  2002 Ed. (712)
  2003 Ed. (216)
  2004 Ed. (172)
  2006 Ed. (191)
  2007 Ed. (197)
NCM Group
  2022 Ed. (1098, 1099, 1533)
NCMC Faculty Practice Plan
  2000 Ed. (2393)
NCMT
  2019 Ed. (2045)
NCNB
  1989 Ed. (574, 673, 674, 675)
  1990 Ed. (683, 684, 685)
  1991 Ed. (411, 663, 1275, 1308)
  1992 Ed. (536, 572)
  1993 Ed. (264, 356, 411, 412, 579, 1175, 1176, 1189, 2510, 2769, 2970, 2979)
  1994 Ed. (341)
  1996 Ed. (359)
NCNB National
  1992 Ed. (3639)
NCNB National Bank
  1991 Ed. (2813)
  1992 Ed. (2985)
NCNB National Bank of Florida
  1990 Ed. (546)
  1991 Ed. (489)
  1992 Ed. (663)
  1993 Ed. (475)

NCNB National Bank of Florida (Tampa)
  1991 Ed. (507)
NCNB National Bank of North Carolina
  1989 Ed. (644)
  1990 Ed. (656)
  1991 Ed. (634, 1923, 2811)
  1992 Ed. (546, 563, 807, 3104, 3627)
  1993 Ed. (403, 600)
NCNB National Bank of South Carolina
  1992 Ed. (834)
  1993 Ed. (628)
NCNB South Carolina
  1991 Ed. (661)
NCNB Texas
  1990 Ed. (1744, 1745)
NCNB Texas Asset Management
  1990 Ed. (2353)
NCNB Texas National Bank
  1990 Ed. (525)
  1991 Ed. (488, 676, 944, 1142, 1646, 1647, 1648, 1649)
  1992 Ed. (546, 550, 559, 570, 848, 2106, 2107, 2108, 2109, 3104)
  1993 Ed. (380, 390, 399, 400, 410, 644, 1744, 1745, 1746, 1747, 3009)
NCO Financial Systems Inc.
  2009 Ed. (1021)
NCO Group
  2013 Ed. (4103)
NCO Group Inc.
  2001 Ed. (1312, 1313, 1314)
  2002 Ed. (1551)
  2005 Ed. (1055)
NCO Portfolio Management
  2005 Ed. (2144)
  2009 Ed. (2266)
NCP Solutions
  2006 Ed. (4338)
NCPD Credit Union
  2009 Ed. (2191, 2197)
  2010 Ed. (2121, 2146)
  2012 Ed. (2018, 2030)
  2013 Ed. (2211, 2260)
  2014 Ed. (2142, 2193)
  2015 Ed. (2206, 2257)
  2016 Ed. (2177, 2228)
NCR
  2019 Ed. (1353)
  2023 Ed. (1127)
NCR Business Forms Div.
  1993 Ed. (789)
NCR Canada Ltd.
  1989 Ed. (1589)
  1990 Ed. (2005)
  1991 Ed. (1903)
  1995 Ed. (2099)
NCR Corp.
  1989 Ed. (975, 976, 979, 983, 1117, 1329, 1330, 1333, 1342, 2100, 2103, 2307, 2311, 2654)
  1990 Ed. (534, 535, 1121, 1124, 1129, 1131, 1140, 1612, 1627, 1644, 1782, 2190, 2201, 2204, 2733, 2735, 2990, 2992, 2993, 3239)
  1991 Ed. (1025, 1026, 1028, 1031, 1032, 1033, 1038, 1516, 1526, 1540, 1717, 2070, 2634, 2637, 2639, 2839, 2848, 2852, 3377)
  1992 Ed. (1300, 1306, 1307, 1309, 1310, 1311, 1316, 1317, 1320, 1321, 1529, 1919, 2631, 3671, 3679)
  1993 Ed. (1054, 1064, 1175, 1176, 1182, 1188, 1572, 2177, 3002, 3379, 3390)
  1994 Ed. (1084)
  1995 Ed. (1092, 1093)
  1997 Ed. (1261)
  1999 Ed. (1267, 1283, 2881)
  2000 Ed. (1161, 1164, 1173, 1359, 3367)
  2001 Ed. (435, 1344, 3565, 3566)
  2002 Ed. (1133, 1135, 4355)
  2003 Ed. (1089, 1092, 1361, 3671, 3672)
  2004 Ed. (263, 1102, 1103, 1104, 1110, 1111, 1114, 2903)
  2005 Ed. (1106, 1107, 1108, 1114, 1116, 1118, 1523, 3930)
  2006 Ed. (692, 1101, 1103, 1105, 1106, 1108, 1149, 1151)
  2007 Ed. (1209, 1210, 1264, 2893, 4038)
  2008 Ed. (1113, 3014)
  2009 Ed. (1092, 3100, 4184)
  2010 Ed. (1072, 2689, 2692, 3033, 4121)
  2011 Ed. (1011, 2300, 2678, 3002)
  2012 Ed. (934, 2607, 2929, 3788)
  2013 Ed. (1083, 2698, 3018)
  2014 Ed. (1046, 2682, 3028, 3785, 4128)
  2015 Ed. (1076, 1081, 1083, 2726, 3095, 3257)
  2016 Ed. (990, 2649, 3411)
  2017 Ed. (1026, 2587)
  2018 Ed. (1308, 3021)
  2019 Ed. (950, 2963)
  2020 Ed. (940, 2990)
  2021 Ed. (933, 2852, 3991)
  2022 Ed. (954, 4005)
  2023 Ed. (4089)
NCR Data Services
  1990 Ed. (1781)
  1992 Ed. (1762)

NCR Data Services Division
  1991 Ed. (1716, 3376, 3378)
NCR Japan
  1990 Ed. (1640)
  1991 Ed. (1537)
  1993 Ed. (1585)
  1994 Ed. (1367)
NCR Services
  2015 Ed. (3805)
NCRAM High Yield Total Return Composite
  2003 Ed. (3122)
NCRIC Group Inc.
  2005 Ed. (2606)
NCS HealthCare Inc.
  2005 Ed. (1544)
NCS Oilfield Services
  2015 Ed. (1506)
NCS Technologies
  2017 Ed. (1269)
NCSG Crane & Heavy Haul
  2016 Ed. (1447)
  2021 Ed. (982)
NCSG Crane & Heavy Haul Services Corp.
  2018 Ed. (1014, 1015)
  2019 Ed. (1016, 1020, 1022)
  2020 Ed. (1007)
  2021 Ed. (973)
NCsoft
  2012 Ed. (1323)
Ncsoft Corp.
  2022 Ed. (3577)
NCTA The Internet & Television Association
  2022 Ed. (3390)
NCTS Corp.
  2021 Ed. (1397)
ND Tax-Free Fund
  1998 Ed. (2644)
ND2A Group
  2022 Ed. (1745, 3573, 3575)
  2023 Ed. (1885, 3681)
Ndamuking Suh
  2014 Ed. (195)
Ndamukong Suh
  2017 Ed. (216)
NDB
  2000 Ed. (1150)
  2002 Ed. (4476, 4477)
ndb.com
  2001 Ed. (2974)
NDC
  1993 Ed. (351)
NDC/MMB Milk
  1989 Ed. (754)
  1991 Ed. (1743, 3326)
  1992 Ed. (2192)
NDC Telemarketing
  1991 Ed. (3282)
N'Djamena, Chad
  1992 Ed. (1712)
The NDN Companies
  2023 Ed. (1704)
nDreams
  2021 Ed. (2705)
NDS Group Inc.
  2002 Ed. (3547)
N.E. Agri Service
  1996 Ed. (1748)
  1999 Ed. (2122, 2123)
Ne-Yo
  2010 Ed. (3716)
  2011 Ed. (3714)
Nead Electric Inc.
  2018 Ed. (1175)
NEAD Organization
  2008 Ed. (1318, 1322, 1333, 1334)
  2009 Ed. (1328)
  2010 Ed. (1296)
  2011 Ed. (1254)
Neal Blue
  2021 Ed. (4818)
  2022 Ed. (4811)
Neal C. Hansen
  2005 Ed. (1103)
  2006 Ed. (1097, 1098)
Neal Communities
  2012 Ed. (1039)
  2013 Ed. (1186, 1187)
  2017 Ed. (1132)
  2018 Ed. (1064)
  2019 Ed. (1075)
  2020 Ed. (1064)
  2023 Ed. (1245)
Neal Communities of Southwest Florida
  2021 Ed. (1032)
Neal Custom Homes
  2002 Ed. (2679)
Neal; Dianne
  2006 Ed. (993)
Neal Dingmann
  2011 Ed. (3366)
Neal, Gerber & Eisenberg
  2021 Ed. (3211)
Neal & Harwell PLC
  2007 Ed. (1510)
Neal L. Patterson
  2005 Ed. (976)
  2008 Ed. (958)

2009 Ed. (960)
2010 Ed. (913)
2011 Ed. (816, 858)
2012 Ed. (808)
2013 Ed. (988)
2014 Ed. (946)
2015 Ed. (973)
Neal & Massy
　1994 Ed. (3580, 3581)
Neal & Massy Holdings Ltd.
　1996 Ed. (3745, 3746)
　1997 Ed. (3797, 3798)
　1999 Ed. (4669)
　2002 Ed. (4679, 4680)
　2006 Ed. (4485)
Neal Norman
　2018 Ed. (4110)
Neal; P. M.
　2005 Ed. (2480)
Neal Patterson
　2013 Ed. (983)
Neal Schmale
　2006 Ed. (979)
　2007 Ed. (1073)
Neal; Stephen L.
　1992 Ed. (1039)
Neale-May & Partners
　2002 Ed. (3812, 3821)
　2003 Ed. (3998, 4004, 4006)
　2004 Ed. (3989, 4003)
Nealed Power
　1989 Ed. (337)
Neame Lea
　2018 Ed. (3711)
Neany Inc.
　2013 Ed. (1316)
　2014 Ed. (1250)
Near East Asia
　1994 Ed. (3657)
Near; James W.
　1996 Ed. (958)
Near North Insurance Brokerage Inc.
　1998 Ed. (2123)
　1999 Ed. (2908)
　2001 Ed. (2910)
　2002 Ed. (2862)
Nearman & Associates, CPA
　2006 Ed. (4)
　2008 Ed. (2)
Nearman, Maynard, Vallez
　2009 Ed. (2)
Nearman, Maynard, Vallez CPAs
　2012 Ed. (7)
　2013 Ed. (14)
　2014 Ed. (10)
　2015 Ed. (11)
　2016 Ed. (10)
Nearpod
　2018 Ed. (2252)
Nearsoft
　2010 Ed. (1817)
　2013 Ed. (1851)
The Neat Co.
　2011 Ed. (2917)
　2012 Ed. (2853)
Neatco.com
　2012 Ed. (2296)
Neatea
　2001 Ed. (1000)
Neaton Auto Products
　2005 Ed. (327)
NeatReceipts
　2010 Ed. (1195)
Nebco Evans
　2000 Ed. (2217)
　2001 Ed. (4050)
Nebo Agency LLC
　2023 Ed. (103)
Nebraaska
　2013 Ed. (3044)
Nebraska
　1989 Ed. (201, 206, 1669, 1737, 1898, 1899, 2540, 2544, 2549, 2613, 2848)
　1990 Ed. (366, 1746, 2409, 3387, 3394, 3403, 3404, 3405, 3414, 3424)
　1991 Ed. (186, 1398, 1399, 1645, 1652, 2350, 2353, 2916, 3181, 3198, 3263)
　1992 Ed. (1066, 2810, 2914, 2917, 2918, 2922, 2923, 2926, 2928, 2934, 3483, 4023, 4078, 4085, 4118, 4119, 4120, 4180, 4429)
　1993 Ed. (363, 413, 3395, 3426, 3427, 3428)
　1994 Ed. (678, 2334, 3418, 3419, 3420)
　1995 Ed. (3489, 3490, 3491, 3540)
　1996 Ed. (3175, 3518, 3520, 3526, 3570, 3571, 3572, 3579, 3580)
　1997 Ed. (3147, 3227, 3564, 3566, 3568, 3609, 3610, 3611)
　1998 Ed. (2452, 2883, 3378, 3379)
　1999 Ed. (1996, 4422, 4429, 4442, 4451)
　2000 Ed. (1140)
　2001 Ed. (278, 1507, 1975, 1979, 2308, 2418, 2459, 2467, 2723, 3078, 3235, 3236, 3525, 3597, 4257, 4311, 4409, 4782, 4830)
　2002 Ed. (454, 455, 458, 950, 952, 1114, 1115, 1118, 1177, 1347, 1907, 2008, 2226, 2229, 2230, 2231, 2234, 2447, 2574, 2746, 2837, 3273, 4109, 4110, 4145, 4151, 4155, 4156, 4157, 4159, 4328, 4330, 4520, 4522, 4523, 4538, 4539)
　2003 Ed. (392, 409, 1065, 1384, 2433, 2434, 2436, 3248, 4040, 4213, 4242, 4243, 4244, 4285, 4291, 4294, 4295, 4296, 4298, 4414, 4415, 4482, 4494, 4666, 4896)
　2004 Ed. (186, 371, 376, 413, 895, 1098, 1398, 1399, 2000, 2001, 2002, 2177, 2294, 2563, 2564, 2568, 2569, 2573, 2987, 3038, 3039, 3290, 3293, 3702, 4236, 4261, 4293, 4299, 4300, 4301, 4304, 4306, 4453, 4456, 4457, 4506, 4513, 4519, 4529, 4648, 4649, 4884, 4887, 4979, 4980)
　2005 Ed. (390, 397, 403, 406, 408, 411, 1070, 1076, 1077, 1420, 2543, 4159, 4194, 4226, 4232, 4235, 4236, 4237, 4239, 4400, 4402, 4569, 4900)
　2006 Ed. (1405, 2358, 2550, 2551, 2984, 3059, 3131, 3256, 3730, 3904, 4213, 4417, 4419, 4650, 4666, 4933)
　2007 Ed. (1437, 2273, 2292, 2526, 2527, 3713, 4479, 4481, 4650, 4687, 4939)
　2008 Ed. (1388, 2424, 2654, 2655, 2896, 2897, 3271, 3800, 4463, 4465, 4581, 4596, 4916)
　2009 Ed. (1391, 2406, 2423, 2682, 2683, 3285, 3296, 3543, 4497, 4498, 4624, 4766, 4927)
　2010 Ed. (1058, 1376, 2318, 2340, 2574, 2593, 2594, 2959, 3223, 3448, 3460, 4539, 4540, 4652, 4680, 4780, 4838, 4931)
　2011 Ed. (996, 1369, 2314, 2334, 2551, 2575, 2576, 2921, 3186, 3448, 3463, 3476, 4483, 4485, 4600, 4632, 4731, 4796, 4916)
　2012 Ed. (911, 920, 2215, 2243, 2278, 2280, 2500, 2522, 2523, 2856, 3135, 3145, 3465, 3474, 4163, 4231, 4632, 4813)
　2013 Ed. (2284, 2517, 2655, 2656, 2657, 2703, 2832, 3222, 3516, 3523, 3829, 3839, 4152, 4723, 4776, 4972)
　2014 Ed. (621, 623, 755, 2331, 2461, 2590, 3229, 3241, 3497, 4632, 4639, 4761)
　2015 Ed. (2397, 2529, 2632, 3520)
　2016 Ed. (712, 2342, 2462, 2557, 4545)
　2017 Ed. (3094, 3333, 4539, 4546)
　2018 Ed. (708, 3397, 4564, 4571)
　2019 Ed. (2387, 3130, 3372, 4565, 4572)
　2020 Ed. (3378)
　2021 Ed. (2212, 3336, 3378, 3380, 3381)
　2022 Ed. (2248, 2357, 3400, 3428, 3430, 3431, 4901)
　2023 Ed. (2521, 3001, 3535, 3553, 3554, 3555, 4890)
Nebraska Cornhuskers
　2011 Ed. (2743)
Nebraska Credit Union; University of
　2016 Ed. (2212)
Nebraska Energy Credit Union
　2002 Ed. (1834, 1877)
　2003 Ed. (1931)
　2004 Ed. (1971)
　2005 Ed. (2113)
　2006 Ed. (2208)
　2007 Ed. (2129)
　2008 Ed. (2244)
　2009 Ed. (2230)
　2010 Ed. (2184)
　2011 Ed. (2202)
　2012 Ed. (2063)
　2013 Ed. (2245)
　2014 Ed. (2177)
　2015 Ed. (2241)
　2016 Ed. (2212)
Nebraska Energy Federal Credit Union
　2018 Ed. (2107)
　2020 Ed. (2086)
　2021 Ed. (2076)
　2022 Ed. (2111)
　2023 Ed. (2226)
Nebraska Furniture
　2014 Ed. (3516)
Nebraska Furniture Mart
　2014 Ed. (2440, 4357)
　2015 Ed. (2512, 4366)
　2016 Ed. (2449, 2953, 2956)
　2017 Ed. (2296, 2621, 2913, 2915)
　2018 Ed. (2689, 2691, 2979, 2981, 2982, 3001, 3088, 3090, 4224, 4265)
　2019 Ed. (2663, 2665, 2924, 2925, 2926, 2927, 3025, 4251)
　2020 Ed. (2681, 2683, 2942, 2943, 2944, 2945, 3063)
　2021 Ed. (2276, 2590, 2592, 2789, 2801, 2803, 2805, 2828, 2936, 2938)
　2022 Ed. (2703, 2705, 2968, 2970, 2972, 3053, 3055)
　2023 Ed. (2835, 2837, 3079, 3092, 3094, 3096)
Nebraska Furniture Mart Inc.
　1995 Ed. (2447)
　2006 Ed. (2888)
　2008 Ed. (1960)
　2009 Ed. (1914, 3085)
　2010 Ed. (1847)
　2012 Ed. (3111)
Nebraska Furniture Mart/Star Furniture
　2021 Ed. (2828)
Nebraska Health System
　2003 Ed. (1774)
Nebraska Heart Institute & Heart Hospital
　2013 Ed. (3045)
　2014 Ed. (3058)
Nebraska Higher Ed. Loan
　1990 Ed. (2644)
Nebraska Higher Education Loan Program
　1995 Ed. (2646, 2787, 3187)
　1996 Ed. (2725, 3286)
Nebraska Higher Education Loans
　1991 Ed. (3244)
Nebraska Investment Finance Agency
　2001 Ed. (862)
Nebraska Investment Finance Authority
　1991 Ed. (2523)
Nebraska Medical Center
　2011 Ed. (1878)
　2012 Ed. (1735)
　2013 Ed. (1900)
　2014 Ed. (1832)
　2015 Ed. (1871)
　2016 Ed. (1835)
Nebraska-Omaha; University of
　2011 Ed. (3449)
Nebraska Public Power Agency
　2001 Ed. (862)
Nebraska Public Power District
　1990 Ed. (1596)
　1991 Ed. (1495, 3158)
　1992 Ed. (1894, 4029)
　1993 Ed. (1555, 3359)
　1994 Ed. (1593)
　1995 Ed. (1635)
　1996 Ed. (1612)
　1998 Ed. (1377, 1381)
　2001 Ed. (2146, 3867)
　2006 Ed. (2363, 2695)
Nebraska State Bank
　2017 Ed. (125)
　2018 Ed. (125)
　2019 Ed. (121)
　2020 Ed. (116)
　2021 Ed. (108)
　2022 Ed. (113)
　2023 Ed. (187)
Nebraska State Bank (Oshkosh, NE)
　2021 Ed. (108)
Nebraska; University of
　1991 Ed. (888)
　2011 Ed. (641, 645)
Nebula Oy
　2010 Ed. (2941)
　2011 Ed. (2907)
NEC
　2013 Ed. (2486, 2500, 4647)
　2014 Ed. (2429, 4696)
　2015 Ed. (4637, 4707)
　2016 Ed. (987, 4611)
　2017 Ed. (1023, 4630)
　2018 Ed. (2339, 3154, 4623)
　2019 Ed. (3088)
　2020 Ed. (2147, 4566)
　2021 Ed. (2991, 2992, 3001)
　2022 Ed. (3128, 3129, 3138)
　2023 Ed. (3226, 3231)
NEC (IT Services)
　2023 Ed. (3227)
NEC America
　1990 Ed. (3522)
　1991 Ed. (1289)
NEC Computer Storage Philippines
　2000 Ed. (3030)
NEC Corp.
　1989 Ed. (983, 1307, 1341, 2458, 2644, 2794)
　1990 Ed. (890, 919, 1116, 1478, 1590, 1641, 2195, 2201, 2203, 2570, 2880, 2881, 2906, 2907, 3236, 3238, 3240, 3488, 3489, 3513, 3520)
　1991 Ed. (1536)
　1992 Ed. (60, 64, 1036, 1298, 1320, 1321, 1322, 1658, 1678, 1772, 1931, 1932, 2714, 2715, 3065, 3488, 3544, 3911, 3912, 3916, 3918, 3975, 4200, 4201, 4202)
　1993 Ed. (38, 41, 1056, 1059, 1060, 1061, 1062, 1357, 1584, 1586, 1587, 1612, 2166, 2176, 2565, 2566, 2567, 2568, 2882, 3007, 3212, 3214, 3483, 3509, 3586)
　1994 Ed. (20, 29, 32, 1074, 1087, 1096, 1616, 1617, 1618, 1645, 2186, 2199, 2202, 2203, 2204, 2207, 2511, 2512, 2514, 2515, 2516, 2995, 3050, 3199, 3201, 3202, 3203, 3204, 3205)
　1995 Ed. (1084, 1090, 1111, 1442, 1543, 1626, 1659, 1683, 2252, 2453, 2569, 2570, 2573, 2575, 2576, 2938, 2990, 2991, 3100, 3286, 3553)
　1996 Ed. (246, 1067, 1405, 1637, 2247, 2260, 2608, 2635, 2637, 2638, 2639, 3055, 3194, 3396, 3398, 3399, 3640, 3707)
　1997 Ed. (1611, 2782)
　1998 Ed. (1246, 1402, 1417, 1420, 2412, 2494, 2555, 2556, 2752, 2884, 3277, 3278, 3279, 3280, 3281, 3282, 3284, 3285)
　1999 Ed. (1690, 1992, 1993, 1994, 1995, 2030, 2875, 2876, 2877, 2881, 3406, 3714, 3716, 4047, 4271, 4272, 4273, 4274, 4275, 4276, 4277, 4279, 4280, 4281, 4561, 4615)
　2000 Ed. (307, 308, 998, 1490, 1495, 1772, 1773, 1795, 3703, 3704, 3705, 3707, 3760, 3994, 3996, 3998, 3999, 4000, 4002, 4003)
　2001 Ed. (398, 399, 1032, 1354, 1379, 1625, 1766, 2133, 3114, 3300, 3301, 3331, 3645, 3648, 3650, 3651, 4217, 4218)
　2002 Ed. (1140, 1707, 2105, 2106, 2107, 2108, 3251, 3334, 3336, 3337, 3338, 3339, 4258, 4518, 4636)
　2003 Ed. (1098, 1100, 1703, 2236, 2239, 2248, 2250, 3305, 3751, 3756, 3797, 3933, 4384, 4387, 4388)
　2004 Ed. (1117, 1119, 2255, 2256, 2261, 3362, 3776, 3780, 4404)
　2005 Ed. (1124, 1126, 2354, 2355, 3036, 3393, 3695, 3699, 4350, 4513)
　2006 Ed. (2399, 2400, 3389, 4287, 4288)
　2007 Ed. (708, 1212, 1213, 2347, 2828, 3074)
　2008 Ed. (681, 1117, 3568)
　2009 Ed. (689, 1096)
　2010 Ed. (1075)
　2011 Ed. (1014)
　2012 Ed. (2319, 2323)
　2013 Ed. (1086, 2485, 2496, 3202)
　2014 Ed. (2417, 2426)
　2015 Ed. (2491, 2499)
　2016 Ed. (2423, 2434)
　2017 Ed. (2270)
　2018 Ed. (2333)
　2019 Ed. (1706, 2324)
　2020 Ed. (2304)
NEC Corp. (Kyushu, Japan)
　1996 Ed. (1744)
NEC Corp. (Livingston, Scotland)
　1996 Ed. (1744)
NEC Electronics Corp.
　1992 Ed. (234)
　2007 Ed. (2828, 4356)
NEC Information Systems Inc.
　1990 Ed. (2579)
NEC Networks
　2005 Ed. (4630)
NEC Nextar
　1994 Ed. (3644)
NEC Technologies
　1995 Ed. (20, 21, 1088, 2240)
　1998 Ed. (2708)
NEC Telephones
　1994 Ed. (2936)
NEC USA Inc.
　2010 Ed. (1876)
　2011 Ed. (1906, 2379)
NeCastro; Joseph
　2006 Ed. (985)
　2007 Ed. (1078)
Necco
　1997 Ed. (886)
Necco Canada
　2000 Ed. (973)
Necessity Supplies
　2001 Ed. (1881)
Neches Credit Union
　2006 Ed. (2154)
NechesHuntsman Credit Union
　2006 Ed. (2154)
Neckermann Gruppe
　2012 Ed. (2286)
Necklaces/neckchains
　1998 Ed. (2316)
Necma, MA
　1992 Ed. (3043, 3044, 3045, 3046)
NECSO Entrecanales Cubiertas SA
　2002 Ed. (1327)
Nectar
　2021 Ed. (3488)
Nectar Backa Palanka
　2009 Ed. (67)
　2010 Ed. (77)
Nectar Imperial Champagne
　2003 Ed. (908)
Nectar Markets LLC
　2022 Ed. (1859)
　2023 Ed. (2388)
Nectarines
　2001 Ed. (2548)
　2004 Ed. (2694)
　2005 Ed. (2694)
　2006 Ed. (2669)
　2007 Ed. (2652)

Nectars
 2003 Ed. (2580)
NECX
 1996 Ed. (1633)
 1997 Ed. (1708, 1709, 1710)
 1998 Ed. (1404, 1415)
 1999 Ed. (1990)
 2000 Ed. (1770)
 2001 Ed. (2200)
NECX.com LLC
 2001 Ed. (2201)
Ned Davis
 1990 Ed. (1767, 1769)
 1997 Ed. (1915)
 1998 Ed. (1622)
Ned Davis Research
 2006 Ed. (3204)
 2007 Ed. (3272)
Ned Johnson
 2002 Ed. (3026)
 2003 Ed. (3058)
 2006 Ed. (689)
Ned Zachar
 1997 Ed. (1942)
 1998 Ed. (1585)
Ned Zuivelbureau
 1990 Ed. (40)
Ned. Zuivelburo
 1989 Ed. (43)
Nedap
 2018 Ed. (4298, 4300)
 2019 Ed. (4324, 4327)
 2020 Ed. (4316, 4321, 4323)
 2021 Ed. (4333, 4338)
 2022 Ed. (4341, 4345)
 2023 Ed. (4374, 4377)
Nedbank
 1989 Ed. (671, 672)
 1990 Ed. (679, 680, 681)
 2008 Ed. (504, 507)
 2009 Ed. (535, 539)
 2010 Ed. (369, 519)
 2011 Ed. (291, 448)
 2015 Ed. (755)
 2016 Ed. (370, 681)
 2017 Ed. (369, 390)
 2018 Ed. (340)
 2019 Ed. (344, 678)
 2020 Ed. (343, 344, 354, 1891)
 2021 Ed. (414, 418, 659, 1852)
 2022 Ed. (432, 626, 697)
 2023 Ed. (557, 574, 856, 1866)
Nedbank Group
 2015 Ed. (2023)
 2016 Ed. (369, 385)
 2017 Ed. (368, 385)
 2019 Ed. (342)
 2022 Ed. (428)
 2023 Ed. (556, 573)
Nedbank Group Ltd.
 2013 Ed. (333, 340)
 2014 Ed. (358)
 2015 Ed. (397, 408)
 2016 Ed. (372, 377)
 2017 Ed. (377, 384)
 2018 Ed. (346, 353)
 2019 Ed. (343, 356)
 2020 Ed. (352)
 2022 Ed. (427)
 2023 Ed. (2345, 2359)
Nedbank Group Ltd. (South Africa)
 2022 Ed. (427)
Nedbank Group (South Africa)
 2022 Ed. (428)
Nedbank Namibia
 2013 Ed. (347)
 2014 Ed. (365)
 2015 Ed. (417)
Nedbank (South Africa)
 2021 Ed. (414)
Nedbank Swaziland
 2014 Ed. (372)
 2015 Ed. (426)
Nedbank Swaziland Ltd.
 1999 Ed. (643)
 2002 Ed. (4482, 4483)
 2006 Ed. (4539)
Nedcor
 1991 Ed. (415, 554, 660)
 1992 Ed. (574, 833)
 1993 Ed. (414, 626, 627, 1396)
 1994 Ed. (404, 631)
 1995 Ed. (397, 606, 1486)
 1996 Ed. (421, 679)
 1997 Ed. (388, 614)
 1999 Ed. (446, 638, 641)
 2000 Ed. (439, 664, 2877)
 2001 Ed. (1846)
 2002 Ed. (509, 647, 650, 3038)
 2004 Ed. (619)
 2005 Ed. (609)
 2006 Ed. (523)
 2007 Ed. (552, 555)
Nedcor Bank
 2003 Ed. (610, 614)
 2004 Ed. (623)
 2005 Ed. (612)

Nedcor Investment Bank
 2001 Ed. (1534)
NEDECO
 1990 Ed. (1671)
 1991 Ed. (1555, 1556, 1559, 1562)
 1992 Ed. (1961, 1962, 1965)
 1993 Ed. (1613, 1617)
 1994 Ed. (1644, 1649)
 1995 Ed. (1684, 1688, 1695, 1697)
 1996 Ed. (1666, 1670, 1677, 1679)
 1997 Ed. (1746, 1749, 1750, 1754, 1758, 1760)
 1998 Ed. (1454, 1455)
 2000 Ed. (1808, 1821, 1822)
 2003 Ed. (2305, 2309, 2310, 2312, 2315, 2316, 2319, 2322, 2323)
Nederlander
 2006 Ed. (1152)
 2007 Ed. (1266)
Nederlander Concerts
 2023 Ed. (1176)
Nederlander Organization, Inc.
 1990 Ed. (2908)
 1998 Ed. (2931)
 2001 Ed. (3917, 3919)
 2002 Ed. (3798)
 2003 Ed. (1126)
Nederlands Huisartsen Genootschap
 2014 Ed. (1839)
Nederlands Waterschapsbank
 2023 Ed. (746)
Nederlandsche Middendsbank
 1991 Ed. (620)
Nederlandsche Middenstandsbank
 1989 Ed. (633)
 1990 Ed. (646)
Nederlandsche Petroleum Maatschappij; Koninklijke
 2006 Ed. (1691)
Nederlandse Gasunie; NV
 1990 Ed. (1400)
 1993 Ed. (1373)
 1999 Ed. (1711)
 2000 Ed. (1522)
 2005 Ed. (2413)
 2006 Ed. (2445, 2446)
 2007 Ed. (1903)
Nederlandse Gemeenten; Bank
 2005 Ed. (585)
 2006 Ed. (504)
 2007 Ed. (526)
 2008 Ed. (481)
Nederlandse Philips Bedrijven BV
 1997 Ed. (1389, 2696)
 1999 Ed. (1611, 3285)
Nederlandse Waterschapsb
 2002 Ed. (572)
Nederlandse Waterschapsbank
 1997 Ed. (572)
 1999 Ed. (606)
 2000 Ed. (629)
 2002 Ed. (625)
 2003 Ed. (530, 591)
 2004 Ed. (546, 596)
 2005 Ed. (528, 585)
 2006 Ed. (457, 504)
 2007 Ed. (469, 526)
 2008 Ed. (434, 481)
 2009 Ed. (458, 508, 509)
 2010 Ed. (438, 490, 491)
 2011 Ed. (419, 420)
 2013 Ed. (449)
 2014 Ed. (464)
 2015 Ed. (522)
 2016 Ed. (476)
 2017 Ed. (493, 520, 535)
 2018 Ed. (429, 458, 501)
 2019 Ed. (469, 500, 516)
 2020 Ed. (453, 481, 501)
 2021 Ed. (469, 513)
 2022 Ed. (483, 523)
 2023 Ed. (674, 705)
Nederlandse Waterschapsbank (Netherlands)
 2021 Ed. (469, 513)
 2022 Ed. (483, 523)
Nederlight
 1992 Ed. (2963)
Nedfin
 1989 Ed. (671)
Nedlloyd
 1990 Ed. (3646)
 1992 Ed. (3948, 3949, 3950)
Nedlloyd Container Line Ltd.
 2012 Ed. (4767)
 2013 Ed. (4716)
Nedlloyd Groep
 1993 Ed. (227)
Nedlloyd Group
 1991 Ed. (238)
 1992 Ed. (330, 3947)
 1997 Ed. (1147)
Neeco
 1990 Ed. (1976)
Need/Want
 2020 Ed. (1744, 4255)
Need2Buy
 2003 Ed. (2167)

Needham Aggressive Growth Retail
 2021 Ed. (4493)
 2023 Ed. (4521)
Needham Growth
 1998 Ed. (2603)
 2002 Ed. (3421)
 2003 Ed. (3498, 3508, 3549)
 2004 Ed. (2453, 3556, 3591)
 2007 Ed. (4689)
Needham Growth Retail
 2021 Ed. (4489)
 2023 Ed. (4517)
Needham Small Cap Growth Retail
 2021 Ed. (4492, 4493)
 2022 Ed. (4500, 4501, 4503)
 2023 Ed. (4518, 4521)
Needham; Wendy Beal
 1991 Ed. (1672)
Needham; Wendy Beale
 1994 Ed. (1761)
 1996 Ed. (1777, 1828)
 1997 Ed. (1852, 1857)
Needlepunch
 2000 Ed. (3353)
Needlework/knitting
 1996 Ed. (2122)
Neel-Schaffer Inc.
 2010 Ed. (2448, 2456)
 2011 Ed. (2457, 2465)
 2012 Ed. (207, 2370)
 2023 Ed. (2629)
Neeleman; David
 2005 Ed. (787, 2323)
 2006 Ed. (872)
 2007 Ed. (963)
Neeley School of Business; Texas Christian University
 2006 Ed. (740)
Neelie Kroes
 2009 Ed. (4978)
 2010 Ed. (4988)
 2011 Ed. (4985)
Neely; Paul T. and Barbara Hirschi
 1993 Ed. (893)
Neenah Paper Inc.
 2009 Ed. (1694)
Neenan Co.
 2001 Ed. (404)
 2002 Ed. (1173, 2396)
 2005 Ed. (1325, 2815)
 2006 Ed. (2793)
 2009 Ed. (2548)
Neeraj Agrawal
 2020 Ed. (4763)
Neeser Construction Inc.
 2009 Ed. (1247)
 2010 Ed. (1245)
 2011 Ed. (1194)
 2014 Ed. (1344)
 2015 Ed. (1421)
NEFCU
 2018 Ed. (2112)
Neff
 1998 Ed. (2345)
 2004 Ed. (2834, 2836)
 2007 Ed. (706)
 2008 Ed. (678)
Neff; Andrew
 1995 Ed. (1827)
 1996 Ed. (1800)
 1997 Ed. (1873)
Neff Rental
 1999 Ed. (3171)
 2000 Ed. (2916)
 2016 Ed. (3338)
 2018 Ed. (3370, 3372)
Neff & Ricci LLP
 2002 Ed. (24)
Neff + Ricci LLP
 2003 Ed. (9)
 2004 Ed. (15)
 2005 Ed. (11)
 2006 Ed. (16)
 2007 Ed. (12)
Neff; Thomas J.
 1991 Ed. (1614)
Neffs National Bank
 1993 Ed. (510)
Neft Gazprom; OAO
 2008 Ed. (3577)
 2009 Ed. (3648)
 2010 Ed. (2430, 3566)
 2011 Ed. (2434, 3569)
 2012 Ed. (3562)
 2013 Ed. (3599)
Nefte Bank
 1996 Ed. (575)
Neftohim AD
 2002 Ed. (4390, 4391)
Neg. Agricola Vista Alegre
 2007 Ed. (1856)
NEG Oil & Gas LLC
 2008 Ed. (1400)
Negative feeling/vending
 1992 Ed. (4385)
Negi; Mahendra
 1997 Ed. (1990)

Negrocios Industriales Real
 2006 Ed. (2545)
Nehemiah Pampers Kandoo
 2020 Ed. (3607)
 2023 Ed. (3786)
Nehls; Robert G.
 1990 Ed. (2662)
Nehme; Meighen
 2014 Ed. (4992)
 2015 Ed. (5037)
Nehmer
 2023 Ed. (305)
NEI Energy
 2020 Ed. (4434)
Nei-Turner Media Group Inc.
 2011 Ed. (3515)
NEIC Networking System
 1997 Ed. (2259)
Neidiger, Tucker, Bruner Inc.
 2002 Ed. (822)
Neidorff; Michael
 2009 Ed. (3314)
 2010 Ed. (3246)
Neidorff; Michael F.
 2015 Ed. (967)
NeighborCare Inc.
 2005 Ed. (2004, 2800)
 2006 Ed. (2107, 2785, 3875, 4630)
 2007 Ed. (2060)
Neighborhood Centers
 1996 Ed. (912)
Neighborhood Development Center
 2009 Ed. (2757)
 2010 Ed. (2681)
 2011 Ed. (2670)
 2012 Ed. (2598)
Neighborhood Health Partnership
 1999 Ed. (2655)
 2000 Ed. (2435)
Neighborhood Health Plan
 2010 Ed. (3611)
 2011 Ed. (3614)
Neighborhood Health Plan of Rhode Island
 2008 Ed. (3632)
 2009 Ed. (3696)
 2010 Ed. (3611)
 2011 Ed. (3614)
 2019 Ed. (1936)
 2020 Ed. (1873)
Neighborhood Loans
 2018 Ed. (1333)
 2019 Ed. (1634)
Neighborhood Market
 2018 Ed. (4547)
 2019 Ed. (4536)
 2020 Ed. (4543)
 2021 Ed. (4522)
Neighborhood Market/Marketside (Walmart)
 2021 Ed. (4522)
Neighborhood Reinvestment Corp.
 2012 Ed. (1776)
Neighborhood Restaurant Group
 2023 Ed. (4223)
Neighborhood stores
 2001 Ed. (681)
Neighborhood block watch
 1990 Ed. (845)
NeighborhoodFind.com LLC
 2004 Ed. (1544)
Neighborly Software
 2023 Ed. (1734)
Neighbors Construction Co.
 2016 Ed. (1717)
Neighbors Credit Union
 2006 Ed. (2199)
 2007 Ed. (2120)
 2008 Ed. (2235, 2242)
 2009 Ed. (2221, 2228)
 2010 Ed. (2175, 2182)
 2011 Ed. (2193, 2200)
 2012 Ed. (2053, 2061)
 2013 Ed. (2234, 2243)
 2014 Ed. (2166, 2175)
 2015 Ed. (2230, 2239)
 2016 Ed. (2201, 2210)
 2018 Ed. (2105)
 2020 Ed. (2084)
 2021 Ed. (2074)
 2022 Ed. (2109)
 2023 Ed. (2224)
neighbors Credit Union
 2023 Ed. (2176)
Neighbors Federal Credit Union
 2018 Ed. (2098)
 2020 Ed. (2077)
 2021 Ed. (2067)
 2022 Ed. (2102)
 2023 Ed. (2217)
NeighborWorks America
 2017 Ed. (1129)
 2018 Ed. (1060)
Neighborworks America
 2012 Ed. (1039)
Neighbours Game
 1991 Ed. (1784)
Neil Baker
 1999 Ed. (2331)

Neil Barsky
  1998 Ed. (1649)
  1999 Ed. (2229, 2239)
Neil Barton
  1999 Ed. (2316, 2317)
  2000 Ed. (2096, 2104, 2105)
Neil Blackley
  1999 Ed. (2310, 2341)
  2000 Ed. (2086, 2092, 2128)
Neil Bluhm
  2007 Ed. (4902)
  2022 Ed. (4813)
  2023 Ed. (4806)
Neil Brown
  2007 Ed. (385)
Neil Currie
  1999 Ed. (2345)
  2011 Ed. (3350)
Neil D. Nicastro
  1996 Ed. (1716)
  2000 Ed. (1877)
Neil Diamond
  1991 Ed. (1039, 1041)
  1994 Ed. (1099, 1101)
  1995 Ed. (1117)
  1998 Ed. (866)
  2001 Ed. (1380, 1384)
  2007 Ed. (1267)
  2008 Ed. (2583)
  2010 Ed. (1126)
Neil Group
  1992 Ed. (420)
Neil Hennessy
  2016 Ed. (2561)
Neil Kantor
  2018 Ed. (3654)
  2023 Ed. (3795)
Neil Kelly Co.
  2012 Ed. (1813)
  2013 Ed. (1984)
  2016 Ed. (1096)
  2017 Ed. (2977)
  2018 Ed. (3101)
  2019 Ed. (3035)
  2020 Ed. (3071)
  2021 Ed. (2949)
Neil Kelly Company
  2023 Ed. (3179)
Neil Laboratories, Inc.
  2002 Ed. (2523)
Neil Locke & Associates
  2009 Ed. (3173)
Neil MacKinnon
  1998 Ed. (1688)
Neil Mehta
  2023 Ed. (4752)
Neil Patrick Harris
  2015 Ed. (2605)
  2016 Ed. (2529)
Neil Payne
  1996 Ed. (1911)
  1997 Ed. (2001)
Neil S.Blaisdell Center
  2002 Ed. (4344)
Neil Shen
  2016 Ed. (4771)
  2017 Ed. (4781)
  2020 Ed. (4763)
  2023 Ed. (4752)
Neil Shen (Sequoia Capital)
  2021 Ed. (4762)
Neil Smit
  2009 Ed. (947)
Neil Steer
  1999 Ed. (2317, 2336)
  2000 Ed. (2123)
Neil Taylor
  2009 Ed. (4905)
  2010 Ed. (4906)
Neil Wallace
  2017 Ed. (2795)
Neil Young
  1992 Ed. (1351)
  1994 Ed. (1100)
  1995 Ed. (1118, 1120)
  1997 Ed. (1113)
  2005 Ed. (1161)
Neild; Ted
  2019 Ed. (3293)
  2020 Ed. (3294)
Neill Junor
  1999 Ed. (2341)
  2000 Ed. (2128)
NeilMed ClearCanal
  2021 Ed. (2178)
Neilmed Clearcanal
  2023 Ed. (2397)
NeilMed Sinus Rinse
  2018 Ed. (3699)
  2020 Ed. (3715)
  2021 Ed. (3720)
Neilmed Sinus Rinse
  2016 Ed. (3679)
  2023 Ed. (3837, 3838)
Neils Jorgensen
  2017 Ed. (3601)
Neilson
  2021 Ed. (608, 2619)

Neilson; Kerr
  2009 Ed. (4860, 4876)
  2010 Ed. (4862, 4878)
  2011 Ed. (4867, 4868)
  2012 Ed. (4873, 4874)
  2013 Ed. (4855, 4856)
  2014 Ed. (4869, 4870)
  2015 Ed. (4907, 4908)
  2016 Ed. (4823, 4824)
Neiman Group
  2002 Ed. (3848)
  2003 Ed. (4013)
Neiman Marcus
  1991 Ed. (1414)
  1992 Ed. (1217, 1786, 1794, 1795, 1796, 4260)
  1993 Ed. (1475, 1477)
  2000 Ed. (3814)
  2002 Ed. (4039)
  2003 Ed. (2008)
  2004 Ed. (2054, 2668)
  2006 Ed. (2255)
  2007 Ed. (4030)
  2013 Ed. (1020, 1741)
  2015 Ed. (4351)
  2018 Ed. (903, 2172, 3414)
  2019 Ed. (2164)
  2020 Ed. (891, 2161)
  2021 Ed. (904)
Neiman Marcus Direct
  2003 Ed. (869)
  2004 Ed. (893)
  2005 Ed. (879)
Neiman Marcus Group
  2013 Ed. (898)
  2017 Ed. (2919, 4459)
  2018 Ed. (878)
  2019 Ed. (881)
  2021 Ed. (4236)
  2023 Ed. (2074, 4261, 4286)
Neiman Marcus Group Inc.
  1990 Ed. (1048)
  1991 Ed. (886)
  1994 Ed. (1521)
  1995 Ed. (1551)
  1996 Ed. (1532)
  1997 Ed. (1591)
  1998 Ed. (1259, 1261)
  1999 Ed. (1834, 4095, 4098)
  2003 Ed. (1011)
  2004 Ed. (1014, 2055)
  2005 Ed. (1024, 2167, 4102, 4105)
  2006 Ed. (1036, 2252, 4161, 4169)
  2007 Ed. (1441, 2195, 4184)
  2008 Ed. (2327, 2328, 4057)
  2009 Ed. (893, 2314, 2316, 4167, 4168, 4578)
  2010 Ed. (2244, 2245, 2246, 4103, 4104)
  2011 Ed. (2254, 2255, 2256, 4073)
  2012 Ed. (1935, 2118, 2119, 2120, 2121, 2123, 4105, 4508)
  2013 Ed. (2102, 2317, 2321, 4269, 4472)
  2014 Ed. (988, 2034, 2249, 2252, 4328)
  2015 Ed. (2083, 2321, 4315)
  2016 Ed. (2058, 2064, 2274, 4212)
  2017 Ed. (2023, 4199)
  2018 Ed. (1980, 2173, 4225)
  2019 Ed. (2035, 4253)
  2020 Ed. (1959, 4250)
  2021 Ed. (1920, 4216)
Neiman Marcus Group Ltd.
  2018 Ed. (1972)
  2019 Ed. (2028)
Neiman Marcus Inc.
  2014 Ed. (985)
  2015 Ed. (1021)
  2016 Ed. (924)
Neiman Marcus/Neiman Marcus Direct
  1996 Ed. (3626)
  1997 Ed. (3340, 3681)
Neiman; Seth
  2005 Ed. (4817)
NeimanMarcus.com
  2006 Ed. (2382)
Neims; David W.
  2009 Ed. (959)
Nejmeh; Gregory
  1993 Ed. (1784)
  1994 Ed. (1768)
  1995 Ed. (1809)
  1996 Ed. (1784)
  1997 Ed. (1860)
Nekler Juice Bar Inc.
  2015 Ed. (1485)
  2016 Ed. (1409)
  2017 Ed. (1420)
Nektar Therapeutics
  2008 Ed. (1587, 1606, 1607)
Nekter Juice Bar
  2017 Ed. (4144)
  2018 Ed. (792, 3344)
  2019 Ed. (3324)
  2020 Ed. (3325)
  2021 Ed. (3190)
  2022 Ed. (3330)
  2023 Ed. (3417)
Nel/son Distributing
  2007 Ed. (4452)

Nelit Ileri Teknoloji Anonim Sirketi
  2018 Ed. (1983)
Nell Minow
  2004 Ed. (3169)
Nellie Borrero
  2014 Ed. (2976)
Nellie's
  2022 Ed. (2243)
  2023 Ed. (2430)
Nelligan O'Brien Payne LLP
  2015 Ed. (3475)
  2016 Ed. (3320)
  2018 Ed. (3348)
  2019 Ed. (3327)
Nelly
  2011 Ed. (3712, 3718, 3719)
Nellyville
  2004 Ed. (3533)
Nelms; David W.
  2015 Ed. (966)
Nelnet Inc.
  2006 Ed. (380)
  2012 Ed. (1738, 2608)
  2013 Ed. (1903, 2699)
  2014 Ed. (39, 1835, 2683)
  2015 Ed. (1873, 2727)
  2016 Ed. (1837, 2650)
  2017 Ed. (1797, 2597)
Nels Friets
  1997 Ed. (2001)
Nelson
  2005 Ed. (3164)
  2006 Ed. (3161, 3163)
  2007 Ed. (3197, 4443)
  2008 Ed. (2537, 3336, 3337, 3339, 4425)
  2009 Ed. (3411, 3412)
  2010 Ed. (3348, 3350)
  2011 Ed. (2477, 3305, 3307)
  2012 Ed. (2384, 3288, 3290)
  2013 Ed. (3363)
  2014 Ed. (3374)
  2015 Ed. (3409)
  2017 Ed. (3239)
  2018 Ed. (3313)
  2019 Ed. (3275, 3277)
  2020 Ed. (3275, 3276, 4072)
  2021 Ed. (3140)
  2022 Ed. (2360)
Nelson & Associates Inc.; R. A.
  2008 Ed. (1673)
Nelson, Benson & Zellmer
  1994 Ed. (581, 582)
Nelson Bostock Communications
  2002 Ed. (3853)
Nelson Brothers
  2019 Ed. (1442, 4102)
Nelson Capital
  1991 Ed. (2236)
  1995 Ed. (2365)
Nelson; Carol
  2007 Ed. (4978)
Nelson Chan
  2007 Ed. (2502)
Nelson Chrysler Dodge GM Inc.
  2007 Ed. (3569, 3570, 4428)
Nelson Communications
  1992 Ed. (117)
  2000 Ed. (58, 3629)
  2001 Ed. (212)
Nelson Communications Group
  1992 Ed. (3561, 3570)
  1994 Ed. (2949)
  1997 Ed. (57, 3186)
  1998 Ed. (2962)
  1999 Ed. (55, 3957)
  2000 Ed. (3645)
Nelson Communications Group & Nelson, Robb, DuVal & DeMenna
  1995 Ed. (3004)
Nelson Communications, Irvine & San Diego
  1995 Ed. (3024)
Nelson Communications Worldwide
  2002 Ed. (67)
  2003 Ed. (35)
Nelson; Corliss J.
  2008 Ed. (2630, 2632)
Nelson; Denise
  2017 Ed. (1155)
Nelson Diaz
  2013 Ed. (2962)
Nelson Ford-Lincoln-Mercury Inc.
  2006 Ed. (3521)
  2007 Ed. (3569, 3570, 4428)
Nelson Inc.; Thomas
  1997 Ed. (1255)
Nelson J. Marchioli
  2004 Ed. (2491, 2532)
Nelson J. Sabatini
  1995 Ed. (3503)
Nelson; John
  1996 Ed. (1912)
Nelson; Kimberly
  2016 Ed. (4928)
Nelson Laboratories Inc.
  2017 Ed. (3407)

Nelson Maintenance Services Inc.
  1993 Ed. (2039)
  1994 Ed. (2052)
  1996 Ed. (2065)
Nelson; Marilyn Carlson
  2006 Ed. (4913)
  2007 Ed. (4907)
  2008 Ed. (4836)
  2009 Ed. (4856)
  2011 Ed. (4830)
  2013 Ed. (4848)
  2014 Ed. (4864)
  2015 Ed. (4901)
Nelson McCann
  2000 Ed. (74)
  2001 Ed. (118)
Nelson McCann-Ivory Coast
  1999 Ed. (109)
  2000 Ed. (114)
Nelson Mullins
  2013 Ed. (3444)
Nelson Mullins Riley & Scarborough
  2011 Ed. (3398)
Nelson Mullins Riley & Scarborough LLP
  2021 Ed. (3209, 3210)
  2023 Ed. (3420)
Nelson Mullins Riley & Scarborought LLP
  2013 Ed. (3440)
Nelson Parkhill
  1992 Ed. (4, 5)
Nelson Parkhill BDO
  1992 Ed. (6)
Nelson Peltz
  2002 Ed. (1040)
  2004 Ed. (2491, 2530, 2531)
Nelson Re
  2011 Ed. (3247)
Nelson Resources Ltd.
  2005 Ed. (4512)
Nelson; Richard
  1996 Ed. (1840)
Nelson; Rick
  2011 Ed. (3374)
Nelson Schmidt
  2019 Ed. (3473)
Nelson; Shawn
  2007 Ed. (4161)
Nelson; Todd
  2006 Ed. (879)
  2007 Ed. (970)
Nelson; Todd S.
  2005 Ed. (981, 2504)
Nelson; Virginia S.
  1995 Ed. (937, 1069)
Nelson; Willie
  1992 Ed. (1351)
  1994 Ed. (1100)
  1995 Ed. (1118, 1120)
  1997 Ed. (1113)
NELSON Worldwide
  2021 Ed. (188)
  2022 Ed. (190, 3284)
  2023 Ed. (253, 3373)
Nelson Worldwide
  2021 Ed. (3139, 3147)
  2022 Ed. (3283, 3291)
  2023 Ed. (266, 279, 3382)
Nelt Co DOO
  2019 Ed. (1545)
  2020 Ed. (1518)
Nelt Co. DOO
  2022 Ed. (1517)
  2023 Ed. (1691)
NEM
  2019 Ed. (2131)
Nemacolin
  2023 Ed. (4967)
Nemacolin Woodlands Resort
  2008 Ed. (3076)
  2016 Ed. (4970)
  2017 Ed. (4961)
  2018 Ed. (4967)
  2019 Ed. (4962)
  2020 Ed. (4964)
  2021 Ed. (4967)
  2022 Ed. (4965)
Nemak North America
  2009 Ed. (335)
Nemak SA
  2003 Ed. (342, 343)
  2004 Ed. (321, 322)
neMarc Professional Services Inc.
  2021 Ed. (2723)
Nemaska Lithium Inc.
  2018 Ed. (1469)
Nemaska Lithium, Inc.
  2018 Ed. (4528)
Nemat (Minouche) Shafik
  2017 Ed. (4921)
Nemecek & Cole
  2011 Ed. (1519)
Nemeon
  2008 Ed. (1383)
  2010 Ed. (1371)
NEMEON Inc.
  2015 Ed. (1342)
Nemerovski; Joanne
  2018 Ed. (4109)

CUMULATIVE INDEX • 1989-2023

Nemesis
  2001 Ed. (2509)
NEMF
  2019 Ed. (4736)
Nemi Publishing
  2006 Ed. (4356)
Nemiroff
  2013 Ed. (3513)
  2014 Ed. (3487)
Nemo
  2006 Ed. (649)
Nemofeffer
  1991 Ed. (2913)
Nemours
  2015 Ed. (4780)
Nendo
  2021 Ed. (190)
Nenpuku
  1999 Ed. (2889)
  2001 Ed. (2885)
Nenpuku (Pension Welfare Public Service Corp.)
  2002 Ed. (2823)
Neo G
  2023 Ed. (2830)
NEO Material Technologies
  2008 Ed. (1625)
  2009 Ed. (4562)
  2011 Ed. (2896, 3124)
  2012 Ed. (2831)
Neo Performance Materials Inc.
  2020 Ed. (829, 4313)
  2022 Ed. (888)
  2023 Ed. (1066)
Neo Solar Power Corp.
  2011 Ed. (2886)
Neo Synephrine
  2000 Ed. (1134)
  2001 Ed. (3518)
  2003 Ed. (3627)
Neo Systems
  2021 Ed. (4578)
Neo Technology
  2016 Ed. (1031)
  2017 Ed. (1065)
  2018 Ed. (991)
  2019 Ed. (990)
Neo4j
  2020 Ed. (973)
  2021 Ed. (954)
  2022 Ed. (990)
  2023 Ed. (1161)
Neoax, Inc.
  1991 Ed. (340, 1188, 1878)
NeoCons Plus
  2020 Ed. (914, 1585)
Neodata
  1994 Ed. (3485, 3486)
Neodata Services Inc.
  1992 Ed. (4205)
Neoenergia SA
  2017 Ed. (3988)
Neoforma
  2003 Ed. (2170)
Neoforma Services
  2001 Ed. (2768)
Neoforma.com Inc.
  2001 Ed. (2767, 4768)
  2002 Ed. (4192)
  2003 Ed. (1505)
Neogen
  2016 Ed. (1787, 3501)
Neogen Corp.
  2010 Ed. (4585)
  2011 Ed. (4435, 4463, 4548)
  2012 Ed. (2777)
Neoh WM Lam
  1997 Ed. (19)
Neol - Stav, S.R.O.
  2016 Ed. (1526)
Neolit Restaurant
  2006 Ed. (26)
NeoMagic Corp.
  2009 Ed. (3020)
Neomouv
  2019 Ed. (3736)
Neon
  1996 Ed. (329)
  2001 Ed. (490, 494)
  2002 Ed. (416)
Neon Diagnostics
  2018 Ed. (2903)
  2019 Ed. (2857)
Neon Software Inc.
  2001 Ed. (1368)
Neon Systems
  2001 Ed. (1579)
Neo@Ogilvy
  2011 Ed. (43)
NeoPharm Inc.
  2005 Ed. (4541)
NeoPhotonics Corp.
  2009 Ed. (3018)
  2012 Ed. (4430)
Neoplanta ad
  2019 Ed. (2693)

Neopolitan
  1990 Ed. (2144)
  2001 Ed. (2832)
Neopost SA
  2004 Ed. (858)
Neose Pharmaceuticals Inc.
  1996 Ed. (742)
Neosed
  2006 Ed. (50)
Neosporin
  2002 Ed. (2279, 2280)
  2003 Ed. (2486)
  2004 Ed. (2616)
  2016 Ed. (2670)
  2018 Ed. (2679)
  2020 Ed. (2674)
  2021 Ed. (2583)
  2022 Ed. (2699)
  2023 Ed. (2828)
Neosporin Eczema Essentials
  2017 Ed. (2616)
Neosporin Plus
  2002 Ed. (2279, 2280)
  2003 Ed. (2486, 4429)
  2004 Ed. (2616)
  2018 Ed. (2679)
  2020 Ed. (2674)
  2021 Ed. (2583)
  2022 Ed. (2699)
  2023 Ed. (2828)
NeoStar Retail Group
  1997 Ed. (3550)
  1998 Ed. (2726)
  1999 Ed. (387)
NeoStem
  2014 Ed. (2927)
neoSurgical
  2016 Ed. (4149)
Neosynephrine
  2002 Ed. (2998)
NeoSystems LLC
  2021 Ed. (2895)
  2022 Ed. (3022)
  2023 Ed. (3138)
Neoteric Cosmetics
  2003 Ed. (4435)
Neoteris
  2003 Ed. (1093)
Neoteryx
  2017 Ed. (4120)
Neotop
  2017 Ed. (1689)
Neotys
  2016 Ed. (1034)
  2017 Ed. (1067)
  2018 Ed. (994)
  2019 Ed. (993)
  2020 Ed. (977)
Neovasc Inc.
  2015 Ed. (1521)
Neovasc Medical Inc.
  2012 Ed. (1014, 3531)
Neovation
  2019 Ed. (1487, 1500)
  2021 Ed. (2192, 2193)
Neovation Learning Solutions
  2020 Ed. (1458, 1468)
  2021 Ed. (1457)
  2022 Ed. (1464)
  2023 Ed. (1649)
Neovia
  2018 Ed. (3785)
  2019 Ed. (3772)
  2020 Ed. (3823)
Neovia Logistics
  2015 Ed. (3538)
  2020 Ed. (4798)
Neovia Logistics Services
  2014 Ed. (4834)
Neovizia, S.R.O.
  2016 Ed. (1994)
Neoware Systems Inc.
  2005 Ed. (2332)
  2006 Ed. (2731)
NEP Studios
  2012 Ed. (3599)
Nepal
  1989 Ed. (2240)
  1993 Ed. (1966, 1973, 1980)
  1994 Ed. (2007)
  1995 Ed. (2009, 2016, 2028, 2035)
  2001 Ed. (1129)
  2004 Ed. (1910)
  2008 Ed. (2192)
  2010 Ed. (1067, 1387, 1632, 2212, 2402, 2580, 2582, 2839, 4188, 4685, 4721)
  2011 Ed. (627, 1000, 1005, 1642, 2402, 2562, 2821, 3329, 4200, 4635, 4679)
  2012 Ed. (597, 927, 1495, 2091, 2092, 2197, 2201, 2334, 2509, 2512, 2754, 3084, 3087, 4252, 4693)
  2013 Ed. (1348, 1626, 2382, 2514, 2639, 2642, 2831, 3167, 4655)
  2014 Ed. (1284, 1592, 2597, 2600, 3172, 4707)
  2015 Ed. (1643, 2640, 2643, 3232)
  2016 Ed. (2565, 2833)
  2017 Ed. (2178)

  2020 Ed. (2209)
  2021 Ed. (2181, 3182, 3183)
  2022 Ed. (2211)
  2023 Ed. (2400)
Nepal Arab Bank Ltd.
  1993 Ed. (584)
  1994 Ed. (591)
  1995 Ed. (561)
  1999 Ed. (605)
  2000 Ed. (628)
Nepal Bangladesh Bank Ltd.
  2006 Ed. (4524)
Nepal Bank Ltd.
  1989 Ed. (632)
  1990 Ed. (644)
  1991 Ed. (618)
  1992 Ed. (793)
  1993 Ed. (584)
  1994 Ed. (591)
  1995 Ed. (561)
  2006 Ed. (4524)
Nepal Grindlays Bank Ltd.
  1992 Ed. (793)
  1993 Ed. (584)
  1994 Ed. (591)
  1995 Ed. (561)
  1999 Ed. (605)
  2000 Ed. (628)
Nepal Indosuez Bank Ltd.
  1999 Ed. (605)
  2000 Ed. (628)
Nepal Investment Bank Ltd.
  2006 Ed. (4524)
Nepal Lever Ltd.
  2006 Ed. (4524)
Nepal SBI Bank Ltd.
  2006 Ed. (4524)
NEPCO
  1999 Ed. (1362)
  2000 Ed. (1253)
  2002 Ed. (331, 1271, 1273)
  2003 Ed. (1262, 1280)
Neptune Aviation Services Inc.
  2011 Ed. (2752)
  2012 Ed. (2687)
Neptune Boat Lifts
  2018 Ed. (629)
Neptune Orient Lines
  1989 Ed. (1155)
  1990 Ed. (1414)
  1991 Ed. (1339, 1340)
  1992 Ed. (1685, 1686, 3979)
  1993 Ed. (1390, 3323)
  1994 Ed. (1443)
  1995 Ed. (1479)
  1996 Ed. (3437)
  1997 Ed. (1503, 3520)
  1999 Ed. (1729)
  2000 Ed. (1550)
  2001 Ed. (1623, 1842)
  2006 Ed. (2007)
  2007 Ed. (1974)
  2008 Ed. (2070)
  2009 Ed. (2038)
Neptune Technologies & Bioressources Inc.
  2015 Ed. (3987)
Neptune Technology & Bioresources
  2015 Ed. (3994)
Neptunus
  2004 Ed. (36)
Nera
  2022 Ed. (692)
NERCO Inc.
  1989 Ed. (948, 949, 1991, 1992)
  1990 Ed. (1069, 1070, 2584, 2585)
  1991 Ed. (987, 2465, 2466)
  1992 Ed. (1231, 1233, 3082, 3083)
  1993 Ed. (1001, 1384, 2575, 2576)
  1994 Ed. (926, 1438, 2525, 2854)
Nerco - N. Chlykas & Associates S.A.
  2017 Ed. (1590)
The Nerdery
  2013 Ed. (1883)
Nerds
  2016 Ed. (761)
  2017 Ed. (818)
  2020 Ed. (763)
  2021 Ed. (784)
  2022 Ed. (805, 816)
  2023 Ed. (1012)
NerdsToGo
  2022 Ed. (4563)
  2023 Ed. (4576)
NerdWallet
  2022 Ed. (1398, 3119)
Neremat
  2001 Ed. (1638)
  2003 Ed. (1624)
Nerf
  2016 Ed. (4677)
  2018 Ed. (4676)
  2019 Ed. (4681)
  2021 Ed. (4666, 4668, 4669)
  2022 Ed. (4674, 4676, 4679)
  2023 Ed. (4667, 4668)
Nerf (U.S.)
  2021 Ed. (4669)
  2022 Ed. (4679)

Nerium
  2015 Ed. (2350)
Nerium International
  2017 Ed. (1158)
Neron; Caroline
  2015 Ed. (5037)
Neron Inc.
  2016 Ed. (1480, 4214)
Nervecentre
  2018 Ed. (4578)
Nervous system disorders
  1995 Ed. (3799)
Nervous system/psychiatric disorders
  1995 Ed. (3798)
NES
  1999 Ed. (2718, 2721)
NES Associates LLC
  2014 Ed. (2076)
NES Healthcare Services
  1997 Ed. (2249, 2251)
NESB Corp.
  1992 Ed. (4292)
Nesbitt; Bryan
  2005 Ed. (785)
Nesbitt Burns Inc.
  1999 Ed. (863)
  2000 Ed. (879)
  2001 Ed. (1530)
Nesbitt Burns & Securities
  1999 Ed. (838)
Nesbitt Burns Securities
  1998 Ed. (340, 521, 2250, 3270)
Nesbitt Thomson Corp.
  1989 Ed. (812)
  1990 Ed. (822)
  1991 Ed. (1119)
  1992 Ed. (958)
  1993 Ed. (762)
  1994 Ed. (782, 785)
Nesbitt Thomson Deacon
  1990 Ed. (811)
  1992 Ed. (964)
Nesbitt Thomson Group
  1996 Ed. (807)
  1997 Ed. (749)
Nescafé
  2023 Ed. (891, 4454, 4457)
Nescafe
  1989 Ed. (754)
  1990 Ed. (3545)
  1991 Ed. (990, 1743, 3323)
  1992 Ed. (45, 887, 925, 1239, 1240, 2192, 2356, 4233)
  1994 Ed. (693, 748, 2004)
  1996 Ed. (725, 776, 777)
  1997 Ed. (712)
  1998 Ed. (489)
  1999 Ed. (710, 789)
  2001 Ed. (1011)
  2002 Ed. (703, 767)
  2003 Ed. (1042)
  2006 Ed. (1058)
  2007 Ed. (698, 1154)
  2008 Ed. (666, 1035)
  2009 Ed. (601, 1018)
  2010 Ed. (585, 656)
  2011 Ed. (580, 912)
  2012 Ed. (482)
  2013 Ed. (597, 677, 2732)
  2014 Ed. (610, 611, 706, 707, 4497)
  2015 Ed. (682, 750, 4497)
  2016 Ed. (623, 624, 677, 2697)
  2017 Ed. (647, 660, 661, 721, 722, 2648, 2660, 4416)
  2018 Ed. (605, 619, 669, 2710, 4436)
  2019 Ed. (630, 631, 683, 2695)
  2020 Ed. (601, 612, 613, 676, 4424)
  2021 Ed. (574, 674, 4425, 4426)
  2022 Ed. (594, 710, 4431, 4436)
Nescafe Clasico
  2014 Ed. (994)
Nescafe Gold Blend
  1991 Ed. (1743)
  1992 Ed. (2192)
  1999 Ed. (174, 783)
Nescafe (Switzerland)
  2021 Ed. (4426)
  2022 Ed. (4436)
Nescafe Tasters Choice
  2011 Ed. (903)
  2014 Ed. (994)
Nesco Holdings Inc.
  2022 Ed. (1619)
Nesco Inc.
  2001 Ed. (1254)
NESCO Industries Inc.
  2002 Ed. (1235)
Nesco Resource
  2022 Ed. (2380)
Nesen Cadillac
  1992 Ed. (410)
Nesen Hyundai
  1993 Ed. (271)
Nesen Motor Car Co.
  1993 Ed. (295)
  1994 Ed. (264)

Neshaminy Mall
 1989 Ed. (2493)
 1990 Ed. (3292)
 1991 Ed. (3127)
 1992 Ed. (3972)
 1994 Ed. (3305)
 1998 Ed. (3302)
 1999 Ed. (4312)
 2000 Ed. (4032)
NESN
 2017 Ed. (4471)
 2018 Ed. (4491)
 2019 Ed. (4484)
Nespray
 1992 Ed. (79)
Nespresso
 2009 Ed. (1018)
 2011 Ed. (912, 2730)
 2014 Ed. (4497)
 2015 Ed. (4497)
 2017 Ed. (722, 4416)
 2022 Ed. (4431)
 2023 Ed. (4454)
Nesquick; Nestle
 2008 Ed. (3672)
 2009 Ed. (3738)
 2010 Ed. (3674)
 2011 Ed. (3660)
Nesquik
 2017 Ed. (3531)
Nesquik Protein Plus
 2018 Ed. (3705)
Ness, Motley
 2002 Ed. (3721)
 2004 Ed. (3227)
Ness Technologies Inc.
 2006 Ed. (4680)
 2011 Ed. (3150)
The Nest
 2018 Ed. (583)
NEST
 2018 Ed. (4733)
Nest
 2017 Ed. (134)
 2018 Ed. (2977)
 2019 Ed. (2922)
 2020 Ed. (2940)
 2021 Ed. (2800)
 2022 Ed. (2967)
Nest Bank
 2020 Ed. (427)
Nest Bedding
 2018 Ed. (3498)
Nest Collective
 2013 Ed. (2717)
Nest D.C.
 2022 Ed. (3022)
Nest DC
 2023 Ed. (3138)
Nest D.C., Roost D.C. and Flock D.C.
 2022 Ed. (3022)
Nest Fragrances
 2020 Ed. (3775)
Nest Labs
 2016 Ed. (4770)
Neste
 1990 Ed. (1028)
 1993 Ed. (1309, 1341)
 2000 Ed. (1422)
 2019 Ed. (1346)
 2021 Ed. (615, 616)
 2022 Ed. (641, 642, 1521)
 2023 Ed. (864, 1695)
Neste Corporation
 2020 Ed. (1315)
Neste Oil
 2007 Ed. (1697)
 2008 Ed. (1724)
Neste Oil OYJ
 2014 Ed. (1301)
 2015 Ed. (1363)
Neste Oil Oyj
 2007 Ed. (1698)
 2008 Ed. (1725)
 2009 Ed. (1662, 1663, 1664, 3624)
 2010 Ed. (1620, 2502, 3545)
 2011 Ed. (1629, 1630, 3545)
 2012 Ed. (1480, 1481, 3538)
 2013 Ed. (1610, 1611, 3583)
 2014 Ed. (1577)
 2015 Ed. (1628)
 2016 Ed. (1556)
 2017 Ed. (1545)
 2018 Ed. (1527)
 2019 Ed. (1555)
 2020 Ed. (1524)
 2021 Ed. (1509)
Neste Oy
 1989 Ed. (1114)
 1990 Ed. (1360)
 1994 Ed. (1361)
 1995 Ed. (1385)
 1996 Ed. (1335)
 1997 Ed. (1396)
 1999 Ed. (1615, 1616, 2661, 3811)
 2000 Ed. (1419, 2443)
 2001 Ed. (1698)
 2003 Ed. (1674)

Neste Oyj
 2000 Ed. (3538)
 2019 Ed. (2411)
 2021 Ed. (1299, 1312)
 2022 Ed. (1307, 1321, 3864)
 2023 Ed. (1513, 3961)
Neste Oyj (Finland)
 2021 Ed. (1312)
 2022 Ed. (1321)
Neste Resins Corp.
 2001 Ed. (2504, 2505, 2511)
Nestea
 1991 Ed. (990)
 1992 Ed. (1240)
 1994 Ed. (3477)
 1995 Ed. (649, 3546)
 1996 Ed. (723, 3632)
 1998 Ed. (3441, 3469, 3470)
 2000 Ed. (4148, 4181, 4182)
 2002 Ed. (702)
 2003 Ed. (4520, 4675)
 2004 Ed. (4481)
 2005 Ed. (4448, 4604)
 2006 Ed. (4670)
 2007 Ed. (4478, 4691)
 2008 Ed. (4462, 4598, 4600)
 2009 Ed. (4496, 4648)
 2010 Ed. (4676)
 2011 Ed. (4624, 4626)
 2012 Ed. (4630)
 2013 Ed. (4582, 4583)
 2014 Ed. (4642, 4643)
Nestea Cool
 1998 Ed. (3470)
 2000 Ed. (4148, 4181)
 2003 Ed. (4675)
 2005 Ed. (4604)
 2006 Ed. (4670)
 2007 Ed. (4690, 4691)
 2008 Ed. (4598, 4600)
Nestea Decaf
 2000 Ed. (4182)
Nestea Diet
 2009 Ed. (4648)
 2011 Ed. (4624)
Nestea Enviga
 2009 Ed. (4648)
 2010 Ed. (4676)
Nestea Free
 2000 Ed. (4182)
Nestea Suntea
 2000 Ed. (4182)
Nester Consulting LLC
 2020 Ed. (4764)
Nester Healthcare
 2000 Ed. (4131)
Nestlé
 2023 Ed. (100, 160, 2026, 2149, 2842, 3190)
Nestle
 1989 Ed. (1164, 1867)
 1990 Ed. (30, 31, 1028, 1078, 1079, 1249, 1355, 1423, 1424, 1829, 1831, 1832, 2404, 3478, 3533)
 1991 Ed. (25, 989, 1270, 1271, 1352, 1353, 1354, 1355, 1747, 2580, 3303, 3517, 3518)
 1992 Ed. (46, 49, 53, 64, 70, 73, 78, 84, 923, 1046, 1603, 1604, 1605, 1606, 1694, 1695, 1696, 2200, 3221, 4497, 4498)
 1993 Ed. (25, 27, 30, 31, 35, 41, 43, 46, 47, 51, 55, 147, 149, 830, 831, 1269, 1296, 1306, 1406, 1407, 1408, 1518, 1879, 1881, 1882, 1883, 2124, 2709, 3528, 3742, 3743)
 1994 Ed. (1348, 1367, 1454, 1455, 1456, 1869, 1879, 1880, 2578, 2658, 3681, 3682)
 1995 Ed. (695, 1041, 2889)
 1996 Ed. (31, 1326, 1327, 1328, 1340, 1341, 1451, 1452, 1945, 1946, 2710, 3888)
 1997 Ed. (166, 1385, 1386, 1387, 1400, 1401, 1406, 1517, 1518, 1519, 2042, 2046, 2350, 2930, 3931, 3932)
 1998 Ed. (621, 1202, 1715, 1730, 1731, 2070, 2071)
 1999 Ed. (177, 708, 711, 1573, 1604, 1605, 1606, 1607, 1608, 1610, 1613, 1621, 1706, 1740, 1741, 1742, 1815, 2456, 2467, 2468, 2469, 2470, 2822, 3116, 3598, 4108, 4831, 4832)
 2000 Ed. (1427, 1561, 1563, 1640, 2227, 2279, 3822, 4083, 4084)
 2003 Ed. (750)
 2004 Ed. (2651)
 2006 Ed. (774, 4495)
 2007 Ed. (698, 741, 744, 871)
 2008 Ed. (666, 835)
 2011 Ed. (565, 577)
 2012 Ed. (667)
 2013 Ed. (677, 2732, 2740)
 2014 Ed. (598, 706, 707, 709, 1160, 2227, 2720)
 2015 Ed. (750, 756, 2775)
 2016 Ed. (677, 2697, 2705, 3048)
 2017 Ed. (721, 722, 1162, 1851, 1852, 2629, 2648, 2660, 2995)
 2018 Ed. (669, 1097, 2695, 2700, 2710, 2721, 3111, 3112, 3115, 3117)
 2019 Ed. (48, 681, 683, 2379, 2670, 2674, 2680, 2695, 3043, 3045, 3047)
 2020 Ed. (674, 676, 1099, 2686, 2690, 2697, 2734, 2739, 3082, 3084, 3086, 3806)
 2021 Ed. (67, 668, 674, 760, 2601, 2617, 2625, 2958, 2960, 4527)
 2022 Ed. (79, 710, 1107, 1909, 1910, 2201, 2714, 2741, 2752, 2754, 3078, 3080, 3086, 4531)
 2023 Ed. (98, 99, 891, 2025, 2850, 2866, 2879, 2881, 2883, 2886, 2887, 2888, 3189)
Nestle (U.S. & Canada)
 2023 Ed. (2889)
Nestle, North American operations
 2023 Ed. (2262)
Nestle, Zone Americas
 2023 Ed. (2275, 2279)
Nestle Aero
 2000 Ed. (972)
Nestle AG
 1990 Ed. (3714)
Nestle/Alpo
 1997 Ed. (3069)
 1998 Ed. (2813)
Nestle Australia
 2002 Ed. (32, 2303)
 2017 Ed. (2638)
 2021 Ed. (2610)
Nestle Baking
 2015 Ed. (329)
Nestle Belglux
 1992 Ed. (41)
Nestle Beverage
 2014 Ed. (2228)
Nestle Beverage Co.
 1994 Ed. (681)
Nestle-Brazil
 1997 Ed. (2047)
Nestle Butterfinger
 1998 Ed. (985, 2067)
 2004 Ed. (978)
Nestle Canada
 1996 Ed. (1942)
 2009 Ed. (2799)
 2010 Ed. (2731)
 2012 Ed. (2646)
 2014 Ed. (2714)
Nestlé Canada Inc.
 2023 Ed. (2867)
Nestle Canada Inc.
 2016 Ed. (2690)
 2017 Ed. (2640)
 2018 Ed. (2706)
 2019 Ed. (2682)
 2020 Ed. (2701)
 2022 Ed. (2731)
Nestle/Chambourcy
 1994 Ed. (3680)
Nestle Cheerios
 2008 Ed. (718)
 2009 Ed. (728)
 2010 Ed. (646)
Nestle Chile SA
 2001 Ed. (1972)
Nestle Chocolate
 2000 Ed. (1059)
Nestlé Coffee Mate
 2023 Ed. (2149)
Nestlé Coffee Mate Natural Bliss
 2023 Ed. (2149)
Nestle Comercial e Industrial
 1996 Ed. (1947)
Nestle Crunch
 1993 Ed. (836)
 1996 Ed. (1976)
 1997 Ed. (890, 983, 1199, 2348)
 1998 Ed. (617, 618, 619, 620, 985, 2067)
 1999 Ed. (1016, 1025, 1131)
 2000 Ed. (1055, 1056, 1058)
 2001 Ed. (1113)
 2002 Ed. (1048, 1049)
 2004 Ed. (978)
 2005 Ed. (996)
Nestle Crunch Bar
 1990 Ed. (2143)
Nestle Dreyer's Grand Ice Cream Co.
 2014 Ed. (2773, 2782)
Nestle Dreyer's Ice Cream Co.
 2015 Ed. (3192)
 2016 Ed. (3050, 3051)
 2017 Ed. (2999, 3000)
 2018 Ed. (3116, 3120, 3122)
 2019 Ed. (3046, 3050)
 2020 Ed. (3085, 3089)
Nestle Dreyers Ice Cream Co.
 2017 Ed. (2997, 2998)
 2018 Ed. (3121)
 2019 Ed. (3051, 3052)
 2020 Ed. (1295, 3090, 3091)
 2021 Ed. (1276, 2962)
 2022 Ed. (1275)

Nestle Dreyer's Ice Cream Cp.
 2015 Ed. (3193)
Nestlé Drumstick
 2023 Ed. (3190)
Nestle Drumstick
 2003 Ed. (2876)
 2008 Ed. (3121)
 2018 Ed. (3111, 3112, 3115)
 2019 Ed. (3043, 3045, 3047)
 2020 Ed. (3082, 3084, 3086)
 2021 Ed. (2958, 2960)
 2022 Ed. (3080, 3086)
 2023 Ed. (3189)
Nestle Enterprises
 1992 Ed. (1041)
 1994 Ed. (1877)
Nestle Grand Ice Cream Co.
 2017 Ed. (2742)
Nestle Grocery Division
 2001 Ed. (2836)
 2002 Ed. (41, 237)
Nestle HealthCare Nutrition
 2014 Ed. (874)
Nestle Healthcare Nutrition
 2014 Ed. (3177)
 2015 Ed. (3238)
 2016 Ed. (3093)
 2017 Ed. (3039)
Nestle Hellas
 2015 Ed. (1669)
Nestle Holdings, Inc.
 1991 Ed. (1739)
 1992 Ed. (2182)
Nestle Ice Cream
 2001 Ed. (2836)
 2005 Ed. (1571)
Nestle India
 2014 Ed. (2713)
 2016 Ed. (2694)
 2017 Ed. (1628, 2645)
Nestle India Ltd.
 1992 Ed. (56)
Nestle Industrial e Commercial (Brazil)
 2001 Ed. (1972)
Nestle Juicy Juice
 2011 Ed. (2775)
 2014 Ed. (2803)
 2016 Ed. (2780)
 2017 Ed. (2750)
Nestle Juicy Juice Fruitifuls
 2014 Ed. (606)
Nestle (Malaysia)
 1995 Ed. (1343, 1345, 3151)
 2012 Ed. (1678)
Nestle-Mexico
 1997 Ed. (2047)
Nestle N
 2000 Ed. (4447, 4448)
Nestle Nespresso
 2014 Ed. (2737)
Nestle Nesquick
 2005 Ed. (3477)
 2008 Ed. (3672)
 2009 Ed. (3738)
 2010 Ed. (3674)
 2011 Ed. (3660)
Nestle Nesquik
 2001 Ed. (3309)
 2013 Ed. (3719)
 2017 Ed. (3531)
Nestle New Zealand
 2015 Ed. (1927, 1928, 2766)
 2018 Ed. (1796, 1797)
Nestle Nigeria
 2006 Ed. (4525)
 2015 Ed. (1403)
 2016 Ed. (1333)
Nestle Nigeria plc
 2003 Ed. (4555)
Nestle, North American operations
 2023 Ed. (2270)
Nestle Oceania
 2015 Ed. (2758)
 2016 Ed. (2687)
Nestle Oil Oyj
 2011 Ed. (1631)
Nestle Philippines
 1992 Ed. (71)
Nestle Porteur
 1989 Ed. (1459)
Nestle Prepared Foods
 2008 Ed. (2778)
Nestle Prepared Foods Co.
 2014 Ed. (294, 2764, 2765, 2770, 2775, 2785)
 2015 Ed. (2792, 2831)
 2016 Ed. (2722)
 2017 Ed. (2678, 3408)
Nestle-Produtos Alimentares
 1992 Ed. (72)
Nestlé Pure Life
 2023 Ed. (837)
Nestle Pure Life
 2009 Ed. (650, 651)
 2010 Ed. (582, 619)
 2011 Ed. (510, 552, 553)
 2012 Ed. (479, 480, 482, 531, 532)
 2013 Ed. (594, 596, 631, 633)

CUMULATIVE INDEX • 1989-2023

2014 Ed. (607, 609, 610, 647, 648, 650, 706)
2015 Ed. (679, 682, 711, 713)
2016 Ed. (620, 649, 653)
2017 Ed. (657, 676, 680, 686)
2018 Ed. (616, 636, 637, 638, 641)
2019 Ed. (627, 654, 655)
2020 Ed. (610, 611, 635, 637)
2021 Ed. (573, 587, 589)
2022 Ed. (601, 616, 618)
2023 Ed. (852)
Nestle Purina PetCare
  2018 Ed. (3787, 3800)
  2019 Ed. (2719, 3773, 3774)
  2020 Ed. (3825, 3832)
Nestle Purina PetCare Co.
  2022 Ed. (3486, 3822, 3824)
  2023 Ed. (3611)
Nestle Purina Petcare Co.
  2010 Ed. (1839)
  2014 Ed. (3851, 3852, 3853, 3854, 3855, 3856)
  2015 Ed. (3876, 3877, 3878, 3879, 3880, 3881)
  2016 Ed. (3787, 3788, 3789, 3790, 3791, 3792)
  2017 Ed. (3742, 3743, 3744, 3745, 3746, 3747)
  2018 Ed. (3038, 3794, 3795, 3796, 3797, 3798, 3799)
  2020 Ed. (3009, 3828, 3829, 3830, 3831)
  2021 Ed. (3802, 3803, 3804)
  2022 Ed. (3823)
Nestle Quality Street
  2000 Ed. (1060)
Nestle Quik
  2001 Ed. (3309)
  2003 Ed. (3410)
Nestle Quik Instant Milk
  2003 Ed. (675)
Nestle (Registered)
  1996 Ed. (3889)
Nestle Rich Chocolate
  1998 Ed. (442)
Nestle Rowntree Division
  2002 Ed. (41)
Nestlé S.A.
  2023 Ed. (4442)
Nestle SA
  1989 Ed. (25, 27, 28, 30, 32, 36, 42, 46, 47, 51, 1106, 1110, 1144)
  1990 Ed. (24, 26, 27, 28, 29, 33, 34, 37, 39, 43, 44, 48, 51, 168, 728, 891, 1216, 1250, 1353)
  1991 Ed. (15, 18, 19, 21, 22, 23, 26, 28, 32, 36, 37, 42, 48, 51, 52, 166, 167, 1269, 1748, 2264, 3313)
  1992 Ed. (40, 50, 232, 233, 2191, 2196, 2809, 4226, 4227)
  1994 Ed. (17, 19, 21, 22, 23, 25, 26, 32, 33, 38, 44, 47, 129)
  1995 Ed. (22, 146, 148, 1373, 1374, 1375, 1379, 1390, 1422, 1435, 1494, 1495, 1496, 1767, 1894, 1902, 1903, 1905, 2760, 2762)
  1996 Ed. (158, 204, 1330, 1331, 1333, 1453, 1944, 2974)
  1997 Ed. (659, 1388, 1390, 1391, 1393, 1394, 1516, 1576, 2043, 2044, 2045, 3052)
  1998 Ed. (259, 453, 1722, 2786)
  2000 Ed. (718, 1411, 1413, 1415, 1562, 1639, 2225)
  2001 Ed. (13, 14, 20, 21, 23, 33, 36, 37, 40, 41, 43, 44, 45, 46, 49, 53, 57, 58, 59, 60, 61, 67, 73, 79, 80, 82, 85, 88, 90, 1578, 1691, 1751, 1860, 1861, 1862, 1863, 1970, 1971, 2069, 2070, 2071, 2470, 2845, 3228)
  2002 Ed. (1639, 1640, 1641, 1645, 1655, 1675, 1776, 1778, 1908, 2302, 2307, 2308, 2309, 2310, 4402, 4403, 4476, 4486)
  2003 Ed. (671, 1506, 1669, 1679, 1829, 1830, 2501, 2512, 2514, 2515, 2517, 2524, 2561, 3148, 3284)
  2004 Ed. (28, 29, 35, 40, 45, 48, 50, 51, 52, 62, 65, 66, 67, 71, 72, 73, 78, 82, 86, 88, 89, 92, 96, 138, 676, 1449, 1534, 1714, 2650, 2654, 2655, 3212, 3407, 4682)
  2005 Ed. (23, 26, 28, 33, 37, 39, 42, 44, 45, 46, 47, 48, 50, 53, 60, 67, 68, 69, 73, 77, 83, 84, 90, 129, 192, 665, 860, 865, 997, 1195, 1546, 1550, 1571, 1766, 1771, 1803, 1805, 1809, 1967, 2641, 2644, 2646, 2647, 2648, 3486, 4658)
  2006 Ed. (28, 29, 32, 34, 40, 42, 44, 46, 49, 53, 54, 57, 60, 63, 67, 73, 75, 76, 77, 78, 82, 86, 92, 93, 99, 103, 132, 142, 565, 566, 776, 1696, 1698, 1785, 1850, 2028, 2030, 2031, 2032, 2638, 2639, 2641, 2643, 2644, 2648, 3225, 3351, 3403, 3430, 4540, 4546, 4768)
  2007 Ed. (24, 26, 31, 33, 37, 38, 45, 48, 51, 55, 58, 59, 64, 66, 67, 68, 72, 76, 82, 83, 90, 96, 97, 126, 135, 612, 613, 873, 1326, 1604, 1790, 1792, 2000,

2001, 2002, 2003, 2004, 2617, 2618, 2619, 2621, 2622, 2628, 4778)
  2008 Ed. (29, 31, 37, 41, 43, 44, 51, 57, 60, 65, 69, 71, 72, 73, 77, 78, 82, 87, 89, 90, 95, 97, 99, 106, 107, 140, 556, 561, 562, 564, 843, 1160, 1827, 2093, 2094, 2095, 2096, 2743, 2746, 2748, 2749, 2751, 2753, 2754, 2755, 2756, 3583, 4693, 4695)
  2009 Ed. (30, 34, 36, 40, 41, 46, 49, 50, 65, 68, 69, 70, 80, 81, 82, 87, 91, 96, 98, 99, 102, 104, 106, 110, 113, 116, 161, 585, 590, 591, 593, 855, 1194, 1403, 1633, 1656, 1689, 1774, 1775, 1777, 1778, 1780, 1781, 1782, 2068, 2069, 2070, 2071, 2072, 2073, 2800, 2802, 2803, 2804, 2806, 2807, 2809, 2812, 3654, 4735, 4737)
  2010 Ed. (40, 44, 46, 50, 78, 80, 87, 88, 90, 91, 94, 99, 104, 106, 110, 116, 117, 152, 569, 570, 572, 576, 579, 711, 713, 716, 719, 802, 1198, 1410, 1616, 1646, 1713, 1715, 1716, 1719, 1745, 2007, 2008, 2009, 2010, 2729, 2733, 2734, 2735, 2736, 2738, 2741, 2744, 2746, 2748, 2750, 3572, 4743)
  2011 Ed. (76, 497, 503, 504, 730, 1147, 1383, 1385, 1625, 1626, 1723, 1724, 1731, 2068, 2069, 2070, 2071, 2712, 2713, 2715, 2716, 2718, 2719, 2721, 2723, 2726, 2727, 2729, 2730, 2731, 3575, 4476, 4702)
  2012 Ed. (78, 457, 462, 466, 469, 473, 474, 669, 1081, 1468, 1474, 1475, 1579, 1580, 1582, 1583, 1584, 1585, 1586, 1587, 1606, 1910, 1911, 1912, 1913, 2640, 2641, 2642, 2648, 2649, 2653, 2654, 2655, 2656, 2659, 2660, 2667, 2669, 3568, 4724)
  2013 Ed. (40, 42, 71, 73, 576, 584, 589, 590, 591, 592, 808, 1218, 1605, 1606, 1639, 1640, 1736, 1738, 1764, 2076, 2077, 2078, 2079, 2728, 2731, 2735, 2736, 2737, 2741, 2742, 2743, 2749, 2755, 2756, 3604, 4679)
  2014 Ed. (55, 90, 91, 581, 601, 602, 603, 604, 837, 1158, 1282, 1574, 1677, 1678, 1679, 1681, 1682, 1684, 1685, 1699, 2010, 2011, 2012, 2710, 2712, 2715, 2716, 2717, 2718, 2721, 2722, 2723, 2729, 2735, 2736, 2737, 2741)
  2015 Ed. (93, 649, 668, 671, 672, 673, 876, 880, 1212, 1626, 1650, 1723, 1724, 1726, 1727, 1728, 1730, 1731, 1739, 1742, 2055, 2056, 2761, 2769, 2770, 2771, 2772, 2774, 2777, 2778, 2784, 2790, 2793, 4708)
  2016 Ed. (55, 589, 609, 612, 613, 614, 615, 764, 1118, 1271, 1537, 1551, 1675, 1677, 1680, 2014, 2016, 2688, 2691, 2699, 2700, 2701, 2706, 2707, 2708, 2714, 2720, 2723)
  2017 Ed. (626, 649, 650, 651, 821, 1159, 1335, 1527, 1650, 1727, 1974, 1976, 2641, 2652, 2653, 2654, 2655, 2656, 2661, 2662, 2663, 2669, 2675, 2679, 3429)
  2018 Ed. (589, 606, 607, 608, 753, 1095, 1288, 1325, 1327, 1328, 1926, 1929, 2464, 2714, 2715, 2717, 2722, 2723, 2729, 2734, 2738, 2780, 2785, 2789, 2790, 3490, 4398)
  2019 Ed. (602, 617, 618, 619, 771, 772, 775, 1111, 1683, 1975, 1976, 1979, 2698, 2699, 2700, 2702, 2706, 2707, 2713, 2718, 2722, 2741, 3759, 4419)
  2020 Ed. (53, 590, 602, 603, 604, 765, 1097, 1905, 1907, 2727, 2733, 2735, 2740, 2741, 2746, 2750, 2754, 4414)
  2021 Ed. (57, 566, 567, 568, 786, 1091, 1865, 1867, 2620, 2622, 2626, 2627, 2628, 4415)
  2022 Ed. (595, 818, 1908, 1912, 2747, 2749, 2753, 2755, 4414)
  2023 Ed. (832, 1016)
Nestle SA, Banque Indosuez
  1994 Ed. (1206)
Nestle SA (Switzerland)
  2021 Ed. (786)
  2022 Ed. (818)
Nestle SA (U.S. & Canada)
  2021 Ed. (2628)
  2022 Ed. (2755)
Nestle Shredded Wheat
  1999 Ed. (1051)
  2002 Ed. (956)
  2008 Ed. (718)
  2009 Ed. (728)
  2010 Ed. (646)
Nestle Shreddies
  2002 Ed. (956)
  2008 Ed. (718)
  2009 Ed. (728)
  2010 Ed. (646)
Nestle Skinny Cow
  2017 Ed. (985)
Nestle Splash
  2019 Ed. (3693)

Nestle Sweet Success
  1996 Ed. (1548)
  1998 Ed. (1272, 1352)
  1999 Ed. (1844)
  2000 Ed. (1668)
Nestle (Switzerland)
  2021 Ed. (2625)
  2022 Ed. (2752)
Nestle Toll House Café by Chip
  2005 Ed. (1399)
  2007 Ed. (351)
  2008 Ed. (337)
  2009 Ed. (358)
  2010 Ed. (336)
  2011 Ed. (260)
  2013 Ed. (1342)
  2014 Ed. (1273)
  2015 Ed. (1333)
  2016 Ed. (1253)
  2018 Ed. (1283)
Nestle Tollhouse
  2016 Ed. (3048)
  2017 Ed. (1302)
  2022 Ed. (2201)
Nestle Tollhouse Ultimates
  2022 Ed. (2201)
Nestle Transportation Co.
  2003 Ed. (4789)
  2021 Ed. (3976)
  2022 Ed. (3990)
Nestle Treasures
  2001 Ed. (1111)
  2002 Ed. (1047)
Nestle U.K. Ltd.
  2004 Ed. (2653)
Nestle USA
  2013 Ed. (2290)
  2014 Ed. (950, 951, 1000, 2225, 2226, 2770, 2771, 2778, 2779, 2792, 2804, 4127)
  2015 Ed. (980, 981, 2290, 2291, 2821, 2822, 2823, 2824, 2825, 2828, 2834, 3237)
  2016 Ed. (879, 880, 881, 2261, 2263, 2755, 2756, 2757, 2760, 2763, 2764, 2767, 3092)
  2017 Ed. (929, 930, 931, 2116, 2710, 2712, 2713, 2714, 2718, 2731, 2738, 3038, 3372)
  2018 Ed. (865, 866, 867, 1839, 2137, 2149, 2150, 2768, 2769, 2770, 2771, 2775, 2788, 2792, 3436)
  2019 Ed. (2146, 2148, 2153, 2747, 2751, 2769, 3405)
  2020 Ed. (2131, 2135, 2786, 2790, 2806, 3408)
  2021 Ed. (2124, 2126, 2130, 2657, 2661, 2677, 3423)
  2022 Ed. (2156, 2160, 2795, 2831, 3987)
  2023 Ed. (3603)
Nestle USA Inc.
  1994 Ed. (1867)
  1995 Ed. (1891, 1944)
  1996 Ed. (1935)
  1997 Ed. (893)
  2000 Ed. (2214, 2636, 3131)
  2001 Ed. (2458, 2478)
  2002 Ed. (2291, 2718)
  2003 Ed. (679, 680, 737, 738, 739, 740, 964, 1043, 1044, 1133, 1134, 1960, 2062, 2505, 2513, 2560, 2562, 2880, 2915, 3412, 3742, 4472)
  2004 Ed. (2638)
  2005 Ed. (2629, 2657)
  2006 Ed. (1007, 2625)
  2007 Ed. (2602)
  2008 Ed. (2736, 2783, 4069, 4071, 4266)
  2009 Ed. (2791, 2841)
  2010 Ed. (2782)
  2011 Ed. (1806, 2771)
  2012 Ed. (1500, 2700)
  2013 Ed. (1632)
  2014 Ed. (1594, 2788)
  2016 Ed. (1587)
  2017 Ed. (1310, 1571, 2711, 2717, 2721, 2728, 2730, 2736)
  2018 Ed. (748, 752, 1553, 2767, 2772, 2774, 2779, 2784, 2787, 2791)
  2019 Ed. (769, 774, 1317, 1320, 1585, 2748, 2749, 2750, 2759, 2760, 2762, 2768)
  2020 Ed. (762, 764, 1295, 1554, 2787, 2788, 2789, 2796, 2797, 2799)
  2021 Ed. (1276, 2658, 2659, 2663, 2668, 2669, 2671)
  2022 Ed. (1278, 2796, 2817, 2818)
  2023 Ed. (2929, 2933)
Nestle USA, Inc.
  2017 Ed. (39)
  2018 Ed. (40)
  2019 Ed. (36, 2770)
  2020 Ed. (2807)
  2021 Ed. (2678)
  2022 Ed. (2832)
Nestle Waters
  2005 Ed. (667)
Nestle Waters NA
  2005 Ed. (735)

Nestle Waters North America
  2004 Ed. (674)
  2012 Ed. (4117)
  2014 Ed. (651)
  2016 Ed. (651)
  2017 Ed. (682, 684, 687, 688)
  2018 Ed. (645, 646)
Nestle Waters of North America
  2005 Ed. (2656)
Nestle Waters North America Inc.
  2018 Ed. (644)
  2019 Ed. (658)
  2020 Ed. (640)
  2021 Ed. (592)
  2022 Ed. (620)
Nestle Waters North America, Inc.
  2019 Ed. (4580)
  2020 Ed. (4563)
Nestle, Zone Americas
  2023 Ed. (2918, 2947)
Nestle's & Banque Indosuez/Cie de Suez's Demilac
  1994 Ed. (1227)
Nestle's Drumstick
  1997 Ed. (1199, 2348)
Nestle's Quik
  1995 Ed. (649, 2578)
Nestor Cano
  2006 Ed. (2516)
Nestor Healthcare
  2006 Ed. (2784)
Net 1 UEPS Technologies
  2017 Ed. (2578)
N.E.T./Adaptive
  1996 Ed. (246)
NET Brasile
  1997 Ed. (877)
Net Conversion LLC
  2022 Ed. (1526)
Net Element Inc.
  2020 Ed. (965)
Net Federal
  2001 Ed. (4462)
Net First National Bank
  2004 Ed. (361)
Net Guru Inc.
  2009 Ed. (1119)
Net Health Systems Inc.
  2008 Ed. (1140)
Net Market Makers
  2002 Ed. (4858)
Net Medical Xpress Solutions Inc.
  2017 Ed. (1827)
  2018 Ed. (1772)
  2019 Ed. (1832)
Net Perceptions, Inc.
  2002 Ed. (2515)
Net Reviews
  2019 Ed. (735)
Net Snippets Ltd.
  2006 Ed. (3023)
Net Solutions
  2016 Ed. (2069)
Net Systems
  2009 Ed. (1089)
Net Vision
  2007 Ed. (34)
Net at Work
  2022 Ed. (4761)
Net2000 Communications, Inc.
  2002 Ed. (2535)
  2003 Ed. (2743)
NetApp
  2013 Ed. (2510)
  2014 Ed. (1310, 1418, 4461)
  2015 Ed. (1468, 1478)
  2016 Ed. (3098)
  2018 Ed. (940)
  2019 Ed. (931)
  2020 Ed. (940)
  2021 Ed. (933)
  2022 Ed. (954, 1328)
  2023 Ed. (1127)
NetApp Australia
  2012 Ed. (1332)
NetApp Australia Pty. Ltd.
  2010 Ed. (1490)
NetApp Australia Pty., Ltd.
  2013 Ed. (1429)
  2014 Ed. (1388)
  2015 Ed. (1452)
NetApp Austria GmbH
  2014 Ed. (1396)
  2015 Ed. (1459)
NetApp BV
  2014 Ed. (1838)
  2015 Ed. (1876)
NetApp Canada Ltd.
  2011 Ed. (1537)
NetApp Denmark
  2014 Ed. (1556)
NetApp Deutschland GmbH
  2013 Ed. (1659)
NetApp France
  2011 Ed. (1652)
  2012 Ed. (1503)
  2013 Ed. (1642)

CUMULATIVE INDEX • 1989-2023

2014 Ed. (1601)
2015 Ed. (1652)
NetApp Greater China
2015 Ed. (1564)
NetApp Inc.
2010 Ed. (1082, 1085, 1417, 3164, 3186, 4681)
2011 Ed. (991, 1008, 1021, 1417, 1420, 1521, 1882, 3002, 3130, 3150, 4657)
2012 Ed. (915, 929, 990, 991, 992, 1254, 1258, 1769, 2929)
2013 Ed. (1093, 1131, 1132, 1133, 1357, 1359, 1599, 1786, 1931, 3018)
2014 Ed. (1053, 1092, 1093, 1094, 1302, 1304, 1561, 1676, 1870, 3028)
2015 Ed. (1091, 1131, 1132, 1133, 1609, 1722, 3095)
2016 Ed. (1000, 1043, 1044, 1045, 1895)
2017 Ed. (1034, 1078, 1079, 1080)
2018 Ed. (1002, 1003, 1004, 3020)
2019 Ed. (960, 1004, 1005, 1006, 2962)
2020 Ed. (987, 988, 989, 2991)
NetApp India Pvt. Ltd.
2012 Ed. (1560)
2013 Ed. (1715)
NetApp Switzerland
2011 Ed. (2067)
NetApp Switzerland GmbH
2013 Ed. (2075)
2014 Ed. (2008)
2015 Ed. (2053)
NetApp U.K. Ltd.
2013 Ed. (2110)
2014 Ed. (2044)
NetApp UK Ltd.
2010 Ed. (2048)
Netas
2022 Ed. (713)
Netbaby
2003 Ed. (3045)
NetBank Inc.
2004 Ed. (1063, 4248)
2005 Ed. (362, 1067, 4218)
2006 Ed. (1075, 4233, 4243)
2007 Ed. (1183, 4257)
2009 Ed. (370)
Netbay
2022 Ed. (1968)
NetBenefit plc
2003 Ed. (2734)
NetB@nk
2001 Ed. (631)
Netcall plc
2009 Ed. (3028)
Netcare
2021 Ed. (657)
2022 Ed. (624, 695)
Netcare Health System
1999 Ed. (3461)
Netcel
2019 Ed. (3459)
Netcentric
2018 Ed. (1927)
2019 Ed. (1978)
Netco Government Services Inc.
2008 Ed. (1399)
net.com
1998 Ed. (2713)
1999 Ed. (2999)
2000 Ed. (2744)
2002 Ed. (3542, 3544)
2005 Ed. (4628)
Netcom Solutions International Inc.
2002 Ed. (710, 716)
Netcom Systems Inc.
2001 Ed. (2872)
2002 Ed. (1418)
Netcom3 Global
2016 Ed. (1004)
Netcompany
2011 Ed. (3161)
Netcompany IT & Business Consulting A/S
2017 Ed. (1521)
NETCONN Solutions
2007 Ed. (3563, 3564)
2008 Ed. (4401, 4965)
Netcraft
2004 Ed. (3157)
NetCreations, Inc.
2001 Ed. (2866)
2002 Ed. (2524)
NetDesign
2011 Ed. (1607, 3161)
2012 Ed. (1453, 3119)
2013 Ed. (1590, 1598)
NetDialog
2010 Ed. (2951)
NetDimensions Inc.
2014 Ed. (1070)
2015 Ed. (1127)
2016 Ed. (1039)
2017 Ed. (1049)
NetDragon Websoft
2015 Ed. (4210)
NetEase
2018 Ed. (1474)
2019 Ed. (937, 963, 1505, 2823, 3100)
2020 Ed. (929, 950, 3131)

2021 Ed. (686, 4547)
2022 Ed. (2342, 3572, 3586, 4553)
2023 Ed. (3680)
Netease
2020 Ed. (1679)
2021 Ed. (1658)
Netease 163.com
2017 Ed. (4554)
2019 Ed. (4581)
NetEase (China)
2021 Ed. (686)
NetEase Inc.
2018 Ed. (4793)
NetEase, Inc.
2022 Ed. (2523)
Netease.com
2002 Ed. (4200)
2011 Ed. (1480, 1481)
2012 Ed. (937, 1322, 1323)
2013 Ed. (1075, 1421, 1422, 1424)
2014 Ed. (1037)
2015 Ed. (1072)
2016 Ed. (979)
2017 Ed. (1014)
2018 Ed. (948)
NetEast (China)
2022 Ed. (3586)
Netegrity Inc.
2003 Ed. (2161, 2703)
2004 Ed. (2775, 2778)
NetEx
2007 Ed. (1211)
Netezza Corp.
2011 Ed. (1827)
2012 Ed. (2765)
Netflix
2004 Ed. (4844)
2005 Ed. (1686)
2006 Ed. (2385, 2722, 2736)
2007 Ed. (2326, 3072)
2008 Ed. (3627, 4208)
2009 Ed. (1525, 2916)
2010 Ed. (264, 3371, 4268)
2011 Ed. (185, 1530, 3701)
2012 Ed. (711, 1380, 1585, 2282, 2283, 2301, 2302, 2306, 2769, 3305, 3307, 3709, 3720, 4308, 4556, 4824)
2013 Ed. (916)
2014 Ed. (2879)
2015 Ed. (2465, 2482, 3584)
2016 Ed. (2410, 2414, 4783)
2017 Ed. (1452, 1457, 2259)
2020 Ed. (1400, 2491, 4575)
2021 Ed. (1318, 1322, 1396, 1606, 2411, 3508, 3519, 3521, 3523)
2022 Ed. (993, 1293, 1326, 1327, 1331, 1349, 1402, 1403, 1630, 1631, 2520, 2887, 3566, 3581, 3586)
2023 Ed. (1164, 1507, 1532, 1533, 1536, 1537, 1546, 1556, 1597, 1789, 2664, 2665, 2666, 2667, 3675, 3687, 3688, 3689)
Netflix Inc.
2013 Ed. (2479, 3767)
2014 Ed. (3696)
2015 Ed. (1739, 2462, 2469, 2476, 2483, 2485)
2016 Ed. (1301, 1319, 1321, 2407, 2413, 2532, 4066, 4231)
2017 Ed. (1072, 1416, 1667, 2255, 2256, 2390, 2391, 2392, 3241, 4217, 4797)
2018 Ed. (998, 1320, 1392, 1432, 1625, 1635, 2157, 2307, 2315, 2322, 2448, 3026, 3316)
2019 Ed. (999, 1368, 1370, 1469, 1668, 1670, 1671, 1677, 1678, 2300, 2304, 2309, 2314, 2385, 2498, 2499, 2968, 4803)
2020 Ed. (51, 54, 982, 1311, 1322, 1335, 1337, 1626, 1629, 1633, 1634, 2282, 2286, 2291, 2293, 2489, 2490, 2997, 3285)
2021 Ed. (55, 1291, 1318, 1322, 1329, 1331, 1616, 2245, 2407, 2408, 2410, 2724, 3508, 3518)
2022 Ed. (1327, 1331, 1338, 1340, 2349, 2521, 2524, 2887, 3566, 3580)
Netflix (U.S.)
2021 Ed. (2411, 3523)
2022 Ed. (1630, 3586)
Netflix.com
2001 Ed. (2123, 4779)
2002 Ed. (4749, 4751)
2006 Ed. (2379)
2007 Ed. (2317)
2008 Ed. (2442)
2009 Ed. (2447)
2011 Ed. (2366)
2013 Ed. (2472)
NetFore Systems
2019 Ed. (1492)
NetGain Technologies Inc.
2016 Ed. (1728)
Netgate
2019 Ed. (2004)
Netgear
2013 Ed. (698, 4944)
2014 Ed. (1421)

2015 Ed. (1089)
2016 Ed. (998)
NETGEAR Inc.
2013 Ed. (1049)
Netgear Inc.
2005 Ed. (1678)
2006 Ed. (4679)
2007 Ed. (3692)
2008 Ed. (1114)
2014 Ed. (3192)
net.Genesis Corp.
2001 Ed. (2858)
Netguide
1998 Ed. (1276, 2793, 2794)
1999 Ed. (1851)
Netguru
2018 Ed. (1880)
Netguru Sp.
2019 Ed. (1930)
Nethconsult
1990 Ed. (1671)
1991 Ed. (1558, 1561, 1562)
1992 Ed. (1964, 1967)
1993 Ed. (1616, 1619)
1994 Ed. (1646, 1651, 1652)
1995 Ed. (1686, 1687, 1689, 1690, 1691, 1692, 1695, 1697, 1698)
1996 Ed. (1668, 1669, 1671, 1672, 1673, 1674, 1677, 1679, 1680, 1681)
1997 Ed. (1746, 1747, 1749, 1752, 1754, 1755, 1756, 1758, 1759, 1761, 1762)
1998 Ed. (1445, 1447, 1453, 1454)
2000 Ed. (1808, 1811, 1813, 1814, 1815, 1817, 1821, 1823)
2001 Ed. (2237, 2246)
Netherland Antilles
1990 Ed. (3076, 3616)
2000 Ed. (3840)
2001 Ed. (4149)
Netherland Office Products
2006 Ed. (4356)
Netherlands
1989 Ed. (230, 254, 363, 565, 1178, 1179, 1389, 1395, 1401, 1403, 1515, 1865, 2202, 2957)
1990 Ed. (203, 205, 413, 741, 742, 960, 984, 1259, 1263, 1264, 1445, 1450, 1481, 1728, 1736, 1747, 1830, 1930, 1931, 2403, 3076, 3471, 3611, 3612, 3615, 3617, 3619)
1991 Ed. (165, 516, 930, 1177, 1178, 1181, 1184, 1379, 1383, 1623, 1641, 1650, 1821, 1824, 1825, 1844, 2111, 2263, 2274, 2908, 2909, 3108, 3109, 3236, 3358, 3405, 3407)
1992 Ed. (225, 226, 227, 228, 229, 230, 269, 305, 498, 669, 723, 906, 907, 912, 1029, 1040, 1120, 1234, 1373, 1390, 1485, 1489, 1493, 1713, 1727, 1728, 1736, 1737, 1880, 2046, 2070, 2079, 2080, 2082, 2170, 2171, 2292, 2293, 2296, 2300, 2301, 2312, 2806, 2807, 3348, 3685, 3754, 4140, 4152, 4322)
1993 Ed. (171, 179, 201, 212, 481, 721, 722, 843, 917, 1035, 1202, 1203, 1206, 1209, 1299, 1422, 1463, 1542, 1717, 1719, 1720, 1722, 1723, 1724, 1730, 1741, 1932, 1952, 1957, 1958, 1976, 2129, 2368, 3202, 3456, 3476, 3596, 3597, 3681, 3723)
1994 Ed. (156, 184, 311, 335, 486, 730, 731, 735, 836, 841, 854, 855, 934, 957, 1230, 1349, 1484, 1488, 1489, 1974, 2130, 2264, 2367, 2731, 2898, 3436, 3450, 3476, 3643)
1995 Ed. (170, 191, 710, 876, 899, 900, 967, 1247, 1249, 1252, 1253, 1516, 1520, 1521, 1593, 1658, 1734, 1735, 1743, 1744, 1961, 2000, 2005, 2019, 2020, 2872, 3169, 3520, 3719, 3776)
1996 Ed. (363, 510, 872, 874, 942, 944, 1217, 1218, 1221, 1222, 1226, 1479, 1480, 1495, 1719, 1729, 1963, 2025, 2344, 2449, 3714, 3715, 3763, 3809, 3881)
1997 Ed. (287, 321, 474, 518, 693, 723, 897, 939, 966, 1264, 1265, 1544, 1545, 1557, 1687, 1809, 2117, 2147, 2555, 2558, 2561, 2562, 2563, 2564, 2568, 2570, 3000, 3079, 3080, 3770, 3860)
1998 Ed. (115, 352, 506, 632, 633, 635, 1030, 1031, 1032, 1033, 1131, 1367, 1431, 1527, 1528, 1530, 1732, 1803, 1838, 1846, 1847, 2192, 2209, 2312, 2461, 2707, 2749, 2814, 2897, 3467, 3593, 3691)
1999 Ed. (332, 1146, 1213, 1253, 1254, 1463, 1464, 1465, 1753, 1783, 1784, 1796, 2015, 2092, 2103, 2106, 2108, 2488, 2596, 2825, 2826, 2884, 2936, 3004, 3111, 3113, 3114, 3115, 3203, 3342, 3629, 3630, 3653, 3654, 3697, 3790, 4478, 4479, 4481, 4626, 4734, 4801, 4802, 4804)
2000 Ed. (820, 1064, 1154, 1155, 1321, 1322, 1323, 1324, 1585, 1608, 1612,

1613, 1649, 1889, 1890, 1899, 2335, 2360, 2374, 2375, 2862, 2863, 2943, 2981, 2982, 3355, 4273, 4360, 4361)
2001 Ed. (291, 358, 373, 525, 526, 625, 704, 979, 989, 1081, 1082, 1097, 1129, 1140, 1141, 1171, 1174, 1190, 1191, 1242, 1259, 1274, 1283, 1299, 1300, 1301, 1338, 1340, 1342, 1353, 1496, 1497, 1919, 1949, 1950, 2002, 2008, 2035, 2036, 2038, 2042, 2044, 2047, 2094, 2139, 2142, 2147, 2264, 2305, 2365, 2366, 2367, 2370, 2373, 2379, 2412, 2442, 2444, 2469, 2543, 2552, 2553, 2562, 2574, 2602, 2611, 2639, 2681, 2694, 2699, 2700, 2734, 2752, 2799, 2800, 2814, 2821, 2835, 3020, 3036, 3149, 3160, 3209, 3227, 3298, 3305, 3368, 3420, 3529, 3530, 3629, 3691, 3694, 3706, 3760, 3783, 3825, 3865, 3875, 3991, 4017, 4113, 4120, 4249, 4277, 4315, 4318, 4370, 4399, 4440, 4565, 4566, 4569, 4601, 4632, 4648, 4664, 4686, 4687, 4705, 4715, 4716, 4732, 4831, 4915, 4920, 4941)
2002 Ed. (559, 561, 681, 737, 739, 740, 746, 1409, 1410, 1411, 1412, 1419, 1474, 1475, 1477, 1478, 1479, 1486, 1682, 1809, 1810, 1814, 1823, 2409, 2412, 2424, 2426, 2509, 2751, 2752, 2753, 2754, 2755, 2756, 2757, 2900, 2936, 2997, 3099, 3101, 3595, 3723, 4056, 4378, 4773)
2003 Ed. (268, 290, 930, 949, 1036, 1084, 1085, 1096, 1430, 1431, 1432, 1433, 1438, 1494, 1495, 1879, 2151, 2217, 2219, 2220, 2221, 2224, 2233, 2234, 2616, 2617, 2618, 2620, 2623, 2624, 2641, 3257, 3259, 3333, 3629, 3755, 4191, 4496, 4672, 4698)
2004 Ed. (237, 257, 938, 1041, 1042, 1043, 1044, 1460, 1461, 1462, 1463, 1468, 1525, 1909, 1921, 2170, 2737, 2740, 2767, 2821, 3164, 3315, 3393, 3396, 3402, 3403, 3676, 3918, 4217, 4459, 4460, 4462, 4605, 4652, 4738, 4814, 4820)
2005 Ed. (240, 259, 505, 930, 1042, 1043, 1045, 1046, 1477, 1478, 1479, 1484, 1540, 1541, 2042, 2056, 2530, 2536, 2537, 2735, 2738, 2763, 2821, 3022, 3030, 3101, 3198, 3337, 3403, 3416, 3591, 3864, 4145, 4404, 4405, 4407, 4539, 4590, 4602, 4717, 4788, 4799, 4800)
2006 Ed. (260, 441, 839, 1051, 1052, 1055, 1432, 1433, 1434, 1435, 1439, 1442, 1443, 2124, 2138, 2150, 2538, 2539, 2540, 2702, 2703, 2717, 2802, 2824, 3017, 3116, 3273, 3325, 3412, 3426, 3691, 3770, 3928, 4193, 4421, 4422, 4424, 4573, 4620, 4656, 4682, 4769, 4859)
2007 Ed. (267, 446, 1140, 1141, 1142, 2086, 2094, 2524, 2697, 2794, 2827, 3428, 3686, 3767, 3983, 4209, 4413, 4418, 4419, 4482, 4607, 4676, 4702, 4776, 4862)
2008 Ed. (251, 414, 823, 1020, 1021, 1022, 1109, 1284, 1412, 1413, 1414, 1421, 1422, 2194, 2204, 2399, 2823, 2824, 2949, 2950, 3164, 3209, 3592, 3780, 3847, 4386, 4387, 4389, 4391, 4392, 4393, 4555, 4587, 4627)
2009 Ed. (272, 439, 845, 1005, 1006, 1007, 1087, 1267, 2170, 2377, 2379, 2381, 2397, 2407, 2408, 2881, 2882, 2965, 3275, 3662, 3815, 3903, 4470, 4586, 4631, 4642, 4643, 4644, 4663, 4666, 4668)
2010 Ed. (259, 281, 700, 768, 970, 971, 972, 1065, 1066, 1068, 1378, 1386, 2018, 2113, 2303, 2309, 2401, 2579, 2819, 2837, 3279, 3379, 3380, 3743, 3813, 3837, 4516, 4520, 4521, 4522, 4620, 4671, 4843)
2011 Ed. (179, 626, 897, 898, 899, 900, 1003, 1004, 1006, 1375, 2299, 2307, 2401, 2556, 2805, 2819, 3136, 3248, 3327, 3328, 3743, 3809, 3840, 4310, 4453, 4457, 4458, 4486, 4576, 4634, 4703, 4791, 4802)
2012 Ed. (596, 626, 925, 926, 928, 2206, 2333, 2508, 2752, 3083, 3214, 3313, 3314, 3821)
2013 Ed. (733, 767, 1069, 1070, 1072, 2389, 2513, 2643, 2646, 2687, 2829, 3166, 3385, 3386, 3873)
2014 Ed. (215, 759, 792, 1028, 1029, 1031, 1032, 1283, 2275, 2326, 2456, 2601, 2602, 2672, 2801, 3171, 3208, 3387, 3388, 3809, 3811)
2015 Ed. (794, 835, 1063, 1064, 1066, 1347, 2359, 2525, 2644, 2645, 2647, 2716, 3231, 3448, 3511, 3771, 3832, 3834)
2016 Ed. (716, 971, 974, 1266, 3686)
2017 Ed. (1008, 1009, 2185, 3073, 3329)
2018 Ed. (2246, 3393)

Business Rankings Annual • CUMULATIVE INDEX • 1989-2023 / Part 2   1487

CUMULATIVE INDEX • 1989-2023

2019 Ed. (632, 930, 2219, 3319, 3320, 3368, 4908, 4909)
2020 Ed. (921, 2216, 3374, 4909)
2021 Ed. (2188, 3172, 3173, 3186, 3187)
2022 Ed. (2218, 3316, 3317, 3326)
2023 Ed. (2405, 2407, 3401, 3402, 3406, 3414, 4886, 4887)
Netherlands Antilles
  1989 Ed. (229, 1514, 1865)
  1990 Ed. (204, 1747, 1900, 3613, 3618)
  1991 Ed. (1818, 2908, 3406)
  1992 Ed. (268, 3754, 4321)
  1993 Ed. (178, 2368, 3061, 3595)
  1994 Ed. (1973, 3125)
  1995 Ed. (3177)
  1996 Ed. (2024, 3273, 3275)
  1997 Ed. (2146, 3371)
  1998 Ed. (1839, 3113)
  1999 Ed. (2597, 4130)
  2000 Ed. (2336)
  2001 Ed. (1019, 2603)
  2002 Ed. (2410)
Netherlands Foreign Investment Agency
  2008 Ed. (3520)
  2014 Ed. (3511)
  2015 Ed. (3526)
Netherlands; Government of the
  2007 Ed. (60)
  2008 Ed. (63)
Netherlands PTT
  1989 Ed. (966)
  1990 Ed. (1108)
  1992 Ed. (4204)
  1995 Ed. (3555)
Netherlands Refining Co.
  1994 Ed. (2865)
  1995 Ed. (2928)
Netherlands/UK
  1993 Ed. (1299)
Netherlands/United Kingdom
  1994 Ed. (1349)
Netimmo SA
  2006 Ed. (2033)
NetIQ Corp.
  2004 Ed. (1538)
  2005 Ed. (1684)
Netizen
  2021 Ed. (1228, 1825)
Netizen Corp.
  2022 Ed. (1875, 4348)
NetLedger
  2002 Ed. (4800)
  2003 Ed. (2159)
Netlink Software Group America Inc.
  2016 Ed. (1790)
  2017 Ed. (1757)
Netlist inc.
  2023 Ed. (1603)
Netlist Inc.
  2009 Ed. (2985)
  2019 Ed. (1447)
  2020 Ed. (1410)
Netlog
  2011 Ed. (2905, 2912, 2913)
Netlogic Microsystems
  2009 Ed. (2897, 3020)
  2010 Ed. (2841)
  2011 Ed. (1524)
NetLogic Microsystems nc.
  2006 Ed. (4256)
Netmanage
  1995 Ed. (2062, 2063, 3207, 3382, 3384)
  1996 Ed. (2057, 2058, 2060, 2062, 3447, 3448, 3450)
  1997 Ed. (2164, 3521)
Netmarble
  2018 Ed. (4675)
  2020 Ed. (1897, 3131)
NetMed
  2000 Ed. (292)
Netmedia SA
  2010 Ed. (2943)
  2011 Ed. (2906)
  2012 Ed. (2840, 2841, 2850)
  2013 Ed. (2901)
Netmont Mining
  1995 Ed. (1367)
NetMotion Wireless
  2009 Ed. (3033)
NetNumina Solutions Inc.
  2001 Ed. (1871, 2851)
NetPlus Marketing Inc.
  2008 Ed. (2036, 4980)
netplusFR
  2018 Ed. (1927, 4596)
NetProspex
  2016 Ed. (1773)
NetQin Mobile Inc.
  2013 Ed. (1107, 1109)
NetQoS Inc.
  2007 Ed. (1224)
  2008 Ed. (1136)
  2010 Ed. (1097)
NetRatings Inc.
  2004 Ed. (2774)
NetReach, Inc.
  2003 Ed. (2728)

NetRefer
  2017 Ed. (1731)
  2018 Ed. (1682)
Netrepid
  2019 Ed. (4782)
  2020 Ed. (4769)
  2022 Ed. (4769)
Netrix
  1994 Ed. (2016, 3324)
Netro Corp.
  2001 Ed. (4191)
  2004 Ed. (4697)
  2005 Ed. (4673)
Netronix Integration
  2022 Ed. (4377)
  2023 Ed. (4397)
Nets; Brooklyn
  2014 Ed. (560)
  2015 Ed. (623)
  2016 Ed. (570)
  2017 Ed. (599)
  2018 Ed. (563)
  2019 Ed. (582)
  2020 Ed. (565)
  2022 Ed. (557)
NETS Electronics Inc.
  1999 Ed. (2671)
Netscape
  1998 Ed. (3708, 3774, 3775, 3779)
  1999 Ed. (32)
  2000 Ed. (2749, 2990)
  2001 Ed. (4778)
Netscape Communications Corp.
  1997 Ed. (1322, 3403, 3408, 3409, 3926)
  1999 Ed. (4490)
  2000 Ed. (1163, 1173, 1755, 1757, 1760)
  2001 Ed. (1547)
  2005 Ed. (1504, 4249)
Netscape Navigator
  1997 Ed. (1093)
  1998 Ed. (846)
  1999 Ed. (4749)
Netscape Navigator Gold
  1998 Ed. (846)
Netscape Navigator Personal Edition
  1998 Ed. (846)
Netscape World Online Subscribers
  1999 Ed. (1858)
NetScout
  2018 Ed. (53)
NetScout Systems
  2014 Ed. (1055, 1769)
  2016 Ed. (1770)
  2019 Ed. (2894)
NetScout Systems Inc.
  2008 Ed. (1127, 1906)
  2010 Ed. (1799, 4523)
  2011 Ed. (1827)
  2012 Ed. (963, 2776, 4634)
  2013 Ed. (1840)
  2019 Ed. (977, 981)
NetScoutSystems
  2016 Ed. (1001)
NetScreen Technologies Inc.
  2003 Ed. (4319)
Netshare
  2002 Ed. (4811)
Netshoes
  2014 Ed. (2395, 2407)
NetShops
  2008 Ed. (4207)
  2009 Ed. (4303)
NetShops.com
  2009 Ed. (2452)
NetSky
  2006 Ed. (1147)
Netsmart Technologies Inc.
  2000 Ed. (2460)
  2008 Ed. (4417)
Netsol Technologies
  2013 Ed. (1992)
NetSol Technologies Inc.
  2013 Ed. (1111)
  2019 Ed. (980)
Netspace
  2005 Ed. (3173)
  2006 Ed. (3181)
NetSpeak
  2000 Ed. (1168)
NetSpend
  2011 Ed. (2675)
Netspoke
  2006 Ed. (741)
NetSteps
  2011 Ed. (2127)
Netstock Direct
  2002 Ed. (4795, 4839)
Netstock Investment Corp.
  2004 Ed. (2229)
Netstream AG
  2014 Ed. (2008)
NetSuite
  2014 Ed. (1442)
  2018 Ed. (980)
NetSuite Inc.
  2006 Ed. (1118)
  2007 Ed. (1224)
  2010 Ed. (1528)

Nettbureau AS
  2019 Ed. (1877)
  2020 Ed. (1816)
Nettec plc
  2003 Ed. (2734)
Nettles
  1996 Ed. (2102)
Netto A/S
  2006 Ed. (1676)
Netto i/s
  2002 Ed. (1635)
  2004 Ed. (1697)
Netto Marken-Discount
  2012 Ed. (547)
  2013 Ed. (663)
  2014 Ed. (683)
  2021 Ed. (620)
  2022 Ed. (4234)
Netuitive
  2010 Ed. (2958)
Netuno USA
  2006 Ed. (2621)
NetVantage Inc.
  1999 Ed. (2624, 3265)
NetVersant Solutions Inc.
  2004 Ed. (4351)
  2005 Ed. (4294)
NetVersant Washington
  2005 Ed. (1998)
  2006 Ed. (1351)
Netviewer GmbH
  2008 Ed. (2951, 2952)
  2009 Ed. (3004)
Netvisor Oy
  2012 Ed. (2842)
NetVoice Technologies, Corp.
  2003 Ed. (2706)
NetWare
  1995 Ed. (1112)
  1996 Ed. (1088)
  1997 Ed. (1104)
  1998 Ed. (854)
  1999 Ed. (1279)
  2000 Ed. (1171)
  2001 Ed. (3533)
Netwealth Group
  2023 Ed. (1584)
NetWitness
  2012 Ed. (4446)
Netwood Communications
  1999 Ed. (3000)
Net@Work
  2002 Ed. (2766, 2767, 2768, 2769, 2771, 2772, 2777)
  2010 Ed. (139)
  2011 Ed. (62)
  2012 Ed. (29, 4816)
  2013 Ed. (4779)
  2014 Ed. (4822)
  2015 Ed. (4858)
  2016 Ed. (4766)
  2017 Ed. (4777)
  2018 Ed. (4770)
  2019 Ed. (4775)
  2020 Ed. (4762)
Network-1 Technologies Inc.
  2019 Ed. (977, 980)
Network in Action
  2021 Ed. (746)
  2022 Ed. (775)
Network & computer systems administrators
  2007 Ed. (3726)
  2008 Ed. (3861)
Network advertising, national
  2006 Ed. (4027)
Network Affiliates Inc.
  2002 Ed. (99)
  2003 Ed. (66)
  2004 Ed. (113)
  2005 Ed. (112)
  2007 Ed. (110, 111)
  2008 Ed. (120, 121)
  2009 Ed. (130)
  2010 Ed. (130)
  2012 Ed. (53)
Network systems analyst
  2005 Ed. (2384)
Network systems & datacom analysts
  2006 Ed. (3736)
Network systems analysts
  2007 Ed. (3721, 3724, 3726)
  2009 Ed. (3859, 3861)
Network Appliance Inc.
  2001 Ed. (1348, 1577)
  2002 Ed. (1502, 1548, 1550, 2427, 4357)
  2003 Ed. (1561)
  2004 Ed. (1111)
  2005 Ed. (1159)
  2006 Ed. (1151, 1584, 3019, 3693)
  2007 Ed. (1209, 1222, 4701)
  2008 Ed. (1113, 1124, 1501, 1503, 4605, 4614)
  2009 Ed. (1102, 1436, 1532)
Network Appliance Systems (India) Pvt. Ltd.
  2010 Ed. (1692)

Network architect
  2004 Ed. (2287)
  2011 Ed. (3782)
Network Associates Inc.
  2000 Ed. (1306, 1735)
  2002 Ed. (1158, 2078)
  2003 Ed. (1101, 1597)
  2004 Ed. (1125, 4559, 4565)
  2005 Ed. (1107, 4673)
Network Automation Inc.
  2014 Ed. (1070)
Network back-up system
  1998 Ed. (828)
Network to Code LLC
  2023 Ed. (4749)
Network Commerce
  2002 Ed. (2537)
Network Communications
  1993 Ed. (2980, 3697)
Network Computing
  1994 Ed. (2796, 2800)
  1998 Ed. (1275, 2793)
  1999 Ed. (1850)
  2000 Ed. (3470, 3486, 3487)
  2005 Ed. (141, 142, 143, 144)
  2006 Ed. (4783)
  2007 Ed. (162, 163, 164, 165)
  2008 Ed. (146, 147, 148, 149, 1122)
Network Connex
  2023 Ed. (2593)
Network Construction Services
  2001 Ed. (2702)
Network Controls & Electric
  2011 Ed. (2039)
Network Data Ltd.
  2002 Ed. (2494)
Network Designs Inc.
  2007 Ed. (3609)
  2008 Ed. (4988)
Network EFT Inc.
  1991 Ed. (265)
Network engineer
  2004 Ed. (2287)
Network Engines Inc.
  2013 Ed. (1126)
  2014 Ed. (1087)
Network Equipment
  1992 Ed. (1294)
  1996 Ed. (2835)
Network communications equipment
  2008 Ed. (1822, 1823, 1824)
  2009 Ed. (1770, 1771, 1772)
Network Equipment Tech
  1990 Ed. (1967, 3297)
Network Equipment Technologies
  1991 Ed. (3145)
Network Equipment Technology
  1990 Ed. (889)
Network General Corp.
  1991 Ed. (1869, 3142)
  1992 Ed. (3994)
Network Innovations Inc.
  2011 Ed. (1570)
Network Integration Services
  2000 Ed. (1789)
Network Liquidators
  2008 Ed. (4647)
Network management
  1999 Ed. (3009)
Network Management Group International Inc.
  1994 Ed. (3022)
Network Media Group
  2022 Ed. (3566, 3570)
Network monitoring, remote
  2005 Ed. (3666)
Network Multi-Family Security
  1997 Ed. (3415)
  1998 Ed. (3203)
Network, national
  2007 Ed. (4058)
  2008 Ed. (4095)
Network One
  1991 Ed. (1511)
  1992 Ed. (1913)
Network Optix
  2018 Ed. (968, 975)
  2019 Ed. (976)
Network Outsource.com, Inc.
  2003 Ed. (2718)
Network Peripherals
  1996 Ed. (1762, 2061, 3305, 3451, 3777)
Network radio
  1990 Ed. (54)
  1991 Ed. (736)
  1992 Ed. (919)
  1993 Ed. (737)
  1994 Ed. (744)
  1995 Ed. (693)
  1996 Ed. (771)
  1997 Ed. (708)
  1999 Ed. (992)
Network Rail
  2004 Ed. (1459, 1467)
  2006 Ed. (2241)
  2011 Ed. (938)
  2015 Ed. (4784)

Network Research Belgium
  2009 Ed. (1512)
Network Security Corp.
  1992 Ed. (3827)
Network Services
  2007 Ed. (4163, 4942)
  2008 Ed. (4206, 4919)
  2009 Ed. (4302, 4931)
  2010 Ed. (2266, 4269, 4936)
Network Shipping
  2003 Ed. (1225)
Network Six
  1998 Ed. (2726)
Network Solutions
  2000 Ed. (1340, 3391)
  2002 Ed. (916, 2535, 4808)
  2003 Ed. (1513)
  2005 Ed. (1504)
  2010 Ed. (1937)
  2011 Ed. (1990)
Network Solutions Provider
  2013 Ed. (80, 4644)
  2014 Ed. (98, 1422, 4657)
Network systems
  1991 Ed. (1514)
  1996 Ed. (1763)
  2005 Ed. (3624, 3630)
Network/systems administrator
  2005 Ed. (2384)
Network control technician
  2004 Ed. (2287)
Network Telephone Services
  1992 Ed. (3248)
Network television
  1994 Ed. (744)
  1997 Ed. (35)
  2001 Ed. (1078)
Network TV
  1990 Ed. (54)
  1991 Ed. (736)
  1992 Ed. (919)
  1993 Ed. (737)
  1995 Ed. (693)
  1996 Ed. (771)
  1997 Ed. (708)
  1999 Ed. (992)
  2000 Ed. (24, 794, 939)
  2002 Ed. (61)
Network World
  1996 Ed. (2970)
  2000 Ed. (3470)
  2006 Ed. (4783)
  2007 Ed. (4799)
  2008 Ed. (4718)
  2010 Ed. (4766)
  2011 Ed. (4719)
  2012 Ed. (4740)
Network World Fusion
  2005 Ed. (827)
Networking
  1996 Ed. (2914)
Networks
  2005 Ed. (3011)
  2006 Ed. (3002, 3003, 3004, 3007)
  2007 Ed. (3042, 3043)
  2008 Ed. (3154, 3155, 3156)
Networks Around the World Inc.
  2000 Ed. (1109, 2408)
Networks New Media Ltd.
  2003 Ed. (2738)
NetworkWorld
  1998 Ed. (2792, 2793, 2794)
  1999 Ed. (3761)
  2000 Ed. (3489)
  2001 Ed. (253, 256)
  2004 Ed. (145, 146)
  2005 Ed. (141, 142, 143, 144)
  2007 Ed. (162, 163, 164, 165)
  2008 Ed. (146, 147, 148, 149, 811)
  2009 Ed. (168, 169, 170, 836)
  2010 Ed. (155, 782)
  2011 Ed. (709)
NetWorth
  1995 Ed. (3207)
NetWorx Inc.
  2006 Ed. (3529)
  2007 Ed. (3581, 4436)
  2008 Ed. (3723, 4416)
Netwrix Corp.
  2019 Ed. (978)
NetX
  2004 Ed. (1635)
NetZero, Inc.
  2002 Ed. (2993)
NETZSCH North America LLC
  2015 Ed. (4230)
NEU
  2020 Ed. (1862, 4255)
Neubauer; J.
  2005 Ed. (2491)
Neuber
  1999 Ed. (1092)
  2002 Ed. (1004)
Neuberger
  1998 Ed. (2618)
  1999 Ed. (3523, 3524)
Neuberger & Berman
  1999 Ed. (3527)

Neuberger Berman
  2003 Ed. (3080)
  2005 Ed. (1465)
  2010 Ed. (1381)
  2018 Ed. (3694)
Neuberger Berman Fasciano
  2005 Ed. (4485)
  2006 Ed. (4560)
Neuberger Berman Focus Investment
  2006 Ed. (3614, 3618)
Neuberger Berman Genesis
  2011 Ed. (3731)
Neuberger Berman Genesis Investment
  2002 Ed. (3423)
  2004 Ed. (3574)
  2006 Ed. (3651)
Neuberger Berman Greater China Equity
  2020 Ed. (3704)
  2021 Ed. (3712)
Neuberger Berman Greater China Equity A
  2021 Ed. (3712)
Neuberger & Berman Guardian
  1995 Ed. (2735)
  1996 Ed. (2801)
Neuberger Berman High-Income Bond Investment
  2004 Ed. (696)
Neuberger Berman Ltd. Mat. Bond
  2003 Ed. (3546)
Neuberger & Berman Ltd. Mat. Tr.
  1996 Ed. (2767)
Neuberger & Berman Management
  1991 Ed. (2565)
Neuberger Berman Management
  2013 Ed. (2632, 3814)
Neuberger Berman Manhattan Investment
  2004 Ed. (3560)
Neuberger Berman Mid Cap Growth Investment
  2010 Ed. (3727)
Neuberger & Berman NYCDC Socially Res.
  1996 Ed. (2813)
Neuberger & Berman Partners
  1998 Ed. (2623, 2624)
Neuberger Berman Partners
  2009 Ed. (3798)
Neuberger Berman Partners Advantage
  2010 Ed. (3724)
Neuberger Berman Real Estate Trust
  2012 Ed. (4211)
Neuberger Berman Small Cap Growth Advisors
  2010 Ed. (3730)
Neuberger Berman Small Cap Growth Investment
  2020 Ed. (4511)
  2021 Ed. (4495)
Neuberger Berman Socially Responsible
  2004 Ed. (4443)
  2006 Ed. (4403)
Neuberger Berman Socially-Responsible Investment
  2007 Ed. (4468)
Neuberger Berman Socially Responsive Investment
  2008 Ed. (2614)
Neuberger Genesis
  1999 Ed. (3505)
Neuberger Genesis Trust
  1998 Ed. (2608)
Neuberger Guardian
  1994 Ed. (2601, 2604)
  1995 Ed. (2678)
  1996 Ed. (2753)
Neuberger Limited Maturity Bond
  1992 Ed. (3164)
Neuberger Partners
  1994 Ed. (2601)
Neuberger Partners Investment
  2007 Ed. (3670)
Neuca
  2017 Ed. (2834)
Neudesic
  2009 Ed. (4823)
  2010 Ed. (2924)
Neufchatel
  1993 Ed. (897)
Neufchatel cheese
  2005 Ed. (929)
  2006 Ed. (838)
  2007 Ed. (919)
  2008 Ed. (902)
  2009 Ed. (910)
  2010 Ed. (854)
  2011 Ed. (778)
Neuhoff Massivbau
  2021 Ed. (1012)
Neulasta
  2010 Ed. (2280, 2288)
  2011 Ed. (2288)
  2015 Ed. (2391)
Neuman Distributors
  1994 Ed. (1004)
  1998 Ed. (1331, 1332)
  2000 Ed. (1108)
  2001 Ed. (2062)

Neumann; Adam
  2018 Ed. (4862)
  2019 Ed. (4856)
  2020 Ed. (4846)
Neumann Enterprises
  2006 Ed. (4039)
Neumann Homes
  1998 Ed. (897)
  1999 Ed. (1327)
  2002 Ed. (1183, 2652, 2653)
  2003 Ed. (1153)
  2004 Ed. (1140, 1158)
  2005 Ed. (1186)
  2006 Ed. (1190)
Neumann Insurance Co.
  1993 Ed. (851)
  1994 Ed. (864)
  1995 Ed. (906)
Neumann/Joel Smith & Associates Inc.; Kenneth
  1991 Ed. (252)
  1992 Ed. (357)
Neumarkt
  2021 Ed. (647)
Neumaticos Michelin SA
  2000 Ed. (3829)
  2002 Ed. (4068)
Neumeier Investment
  1996 Ed. (2397)
Neumont University
  2007 Ed. (2268)
Neupogen
  1993 Ed. (1529)
  1994 Ed. (1560)
  1995 Ed. (1590)
  2000 Ed. (1707)
Neuraxon Inc.
  2009 Ed. (4830)
Neuro
  2015 Ed. (1326)
  2016 Ed. (3689)
Neuro Bliss
  2016 Ed. (4786)
  2017 Ed. (4800)
  2018 Ed. (4795, 4796, 4797)
  2019 Ed. (4805)
Neuro Sleep
  2017 Ed. (4369)
  2018 Ed. (4379)
  2019 Ed. (4401, 4403)
  2020 Ed. (4402)
  2021 Ed. (4401)
Neuro Sonic
  2017 Ed. (4800)
  2018 Ed. (4795, 4796, 4797)
  2019 Ed. (4805)
  2020 Ed. (4792)
  2021 Ed. (4789)
Neuro Trim
  2015 Ed. (2325)
Neurobiological Technologies
  1996 Ed. (3304, 3778)
Neurobrands
  2016 Ed. (4789)
  2017 Ed. (4804)
  2018 Ed. (4805)
Neurochem
  2005 Ed. (1729)
  2008 Ed. (1430)
  2009 Ed. (4573)
Neurocrine Biosciences
  2022 Ed. (602, 1324, 1398)
  2023 Ed. (1598, 3966)
Neurocrine Biosciences Inc.
  2003 Ed. (683)
  2006 Ed. (594)
  2007 Ed. (622)
  2008 Ed. (4530, 4541)
Neurohacker Collective
  2022 Ed. (1096)
Neurological disorder
  1995 Ed. (2078)
Neurology Associates of Eugene
  2006 Ed. (1970, 1971)
Neurology Associates of Eugene-Springfield PC
  2006 Ed. (1973)
  2007 Ed. (1944)
Neuromancer
  2005 Ed. (712)
Neuromed Pharmaceuticals
  2009 Ed. (4830)
The NeuroMedical Center Clinic
  2019 Ed. (2866)
Neuromedical Systems Inc.
  1997 Ed. (3406, 3408)
Neurometrix Inc.
  2007 Ed. (3461)
NeuroNova
  2003 Ed. (682)
Neurontin
  2005 Ed. (2251, 2254)
  2006 Ed. (2313)
NeuroPace Inc.
  2014 Ed. (3751)
NeuroStructures
  2018 Ed. (2906)

Neuroth Slusna Pomagala D.O.O.
  2018 Ed. (1505)
Neurotransmitter Modulators
  2000 Ed. (1696, 1705)
NeuStar
  2015 Ed. (2129, 4685)
NeuStar Inc.
  2007 Ed. (3075, 4281)
  2008 Ed. (3216)
  2017 Ed. (1074)
Neustar Manufacturing
  2017 Ed. (1489)
NeuTec Pharma
  2006 Ed. (3897)
Neutra Air
  2008 Ed. (206)
Neutral Tandem
  2013 Ed. (1701, 1706, 4643)
Neutral Tandem Inc.
  2009 Ed. (2909)
  2010 Ed. (2853)
  2012 Ed. (1411, 4633)
NeutriSci International Inc.
  2019 Ed. (4505)
Neutrogena
  1990 Ed. (3603)
  1991 Ed. (3135, 3398)
  1992 Ed. (1035, 4307)
  1994 Ed. (676, 3312, 3315, 3353)
  1996 Ed. (2550, 2981, 3416, 3442)
  1997 Ed. (3658)
  1998 Ed. (1354, 1358, 3291, 3306, 3307, 3308, 3309, 3331, 3432)
  1999 Ed. (4290, 4291, 4292, 4505)
  2000 Ed. (22, 4009, 4036, 4037, 4039, 4139)
  2001 Ed. (1913, 2400, 4292, 4293, 4300, 4392)
  2002 Ed. (29)
  2003 Ed. (12, 651, 1868, 2431, 2657, 2663, 2666, 4427, 4428, 4429, 4432, 4433, 4434, 4435, 4436, 4438, 4620, 4621, 4622, 4623, 4625, 4626, 4627)
  2006 Ed. (2125)
  2007 Ed. (2075)
  2008 Ed. (2181, 2184, 2187, 2652, 2872, 3878, 4343, 4344, 4553)
  2009 Ed. (3940)
  2010 Ed. (3853)
  2011 Ed. (3858)
  2012 Ed. (2010)
  2013 Ed. (2199, 3897, 3905)
  2014 Ed. (2129, 3830, 3837)
  2015 Ed. (2193)
  2016 Ed. (3772)
  2017 Ed. (17, 2104, 3719, 3728)
  2018 Ed. (18, 2066, 2067, 2068, 3776)
  2019 Ed. (2118, 2119, 2120, 3743, 3761)
  2020 Ed. (22, 2042, 2046, 2517, 3788, 3801, 3810, 4400)
  2021 Ed. (24, 2437, 3786)
  2022 Ed. (2036, 3802)
  2023 Ed. (62, 63, 2693, 2694, 3901)
Neutrogena Acne Stress Control
  2017 Ed. (17)
  2018 Ed. (18)
  2020 Ed. (22)
  2021 Ed. (24)
Neutrogena Acne Wash
  2001 Ed. (5)
  2002 Ed. (29)
  2003 Ed. (12)
Neutrogena Beach Defense
  2021 Ed. (4503)
Neutrogena Clear Pore
  2003 Ed. (12)
  2017 Ed. (17)
  2018 Ed. (18)
  2023 Ed. (63)
Neutrogena Corp.
  2017 Ed. (2807)
  2018 Ed. (2873)
  2023 Ed. (2128)
Neutrogena Deep Clean
  2001 Ed. (4292, 4293)
  2003 Ed. (2431)
  2018 Ed. (2499)
  2019 Ed. (2526)
  2020 Ed. (2042, 2517)
  2021 Ed. (2437)
  2023 Ed. (2694)
Neutrogena Healthy
  2001 Ed. (3165, 3166)
Neutrogena Healthy Defense
  2003 Ed. (4623)
  2004 Ed. (4429)
  2008 Ed. (4553)
Neutrogena Healthy Skin
  2001 Ed. (2400)
  2002 Ed. (1951)
  2003 Ed. (2432, 4431)
  2018 Ed. (2062, 2500)
  2020 Ed. (2040)
  2021 Ed. (1994)
Neutrogena Heat Safe
  1996 Ed. (2981)

Neutrogena Hydro Boost
 2018 Ed. (2501)
 2020 Ed. (2519)
 2023 Ed. (2693, 2696)
Neutrogena Kids
 2003 Ed. (2916)
Neutrogena Microdermabrasion System
 2020 Ed. (4400)
Neutrogena Moisture
 2003 Ed. (2432)
 2018 Ed. (2501)
 2020 Ed. (2519)
 2023 Ed. (2696)
Neutrogena Moisturizer
 2001 Ed. (3165, 3166)
Neutrogena Naturals
 2020 Ed. (2042)
Neutrogena Norwegian Formula
 2000 Ed. (4038)
Neutrogena On the Spot
 2002 Ed. (29)
 2003 Ed. (12)
Neutrogena Pore Refining
 2003 Ed. (2432)
Neutrogena Rapid Clear
 2017 Ed. (17)
 2018 Ed. (18)
 2020 Ed. (22)
 2021 Ed. (24)
 2023 Ed. (62, 63)
Neutrogena Rapid Wrinkle Repair
 2018 Ed. (2500)
 2020 Ed. (2518)
 2023 Ed. (2695)
Neutrogena Skin Clearing
 2003 Ed. (1863, 1865)
 2018 Ed. (2058)
Neutrogena Skin Clearing Mineral
 2018 Ed. (2065)
 2020 Ed. (2045)
 2023 Ed. (2134)
Neutrogena T-Gel
 2016 Ed. (2844)
Neutrogena Ultra Sheer
 2021 Ed. (4503)
Neutrogena Visably Firm
 2003 Ed. (4431)
Neutrogena Visibly Firm
 2004 Ed. (4429)
Neutrogena Beach Defense
 2017 Ed. (4501)
 2018 Ed. (4534)
 2019 Ed. (4518)
 2020 Ed. (4522)
 2021 Ed. (4503)
Neutrogena Clear Face
 2020 Ed. (4522)
Neutrogena Ultra Sheer
 2017 Ed. (4501)
 2018 Ed. (4534)
 2019 Ed. (4518)
 2020 Ed. (4522)
 2021 Ed. (4503)
Neuven
 2017 Ed. (2862)
Neuvoo
 2019 Ed. (1489, 1495, 3040)
 2020 Ed. (1459, 1464, 3079)
 2021 Ed. (1451, 2956)
neuvoo
 2021 Ed. (725, 733, 1440)
Neuwagen24.de
 2019 Ed. (252)
 2020 Ed. (257)
Neuwirth Fund
 1990 Ed. (2369)
Nevada
 1989 Ed. (1508, 1668, 1906, 1987, 2241, 2530, 2541, 2552, 2556, 2558, 2787, 2893, 2914, 2927)
 1990 Ed. (759, 2168, 2219, 2223, 2447, 3069, 3109, 3353, 3359, 3366, 3373, 3384, 3388, 3389, 3396, 3397, 3412, 3416, 3426, 3427, 3677)
 1991 Ed. (787, 792, 882, 1812, 2084, 2161, 2321, 2349, 2351, 2900, 3128, 3189, 3192, 3193, 3201, 3202, 3213, 3338, 3459, 3482, 3488, 3492)
 1992 Ed. (969, 1080, 1757, 1942, 2334, 2574, 2651, 2854, 2863, 2873, 2876, 2879, 2880, 2915, 2916, 2919, 2921, 2924, 2925, 2929, 3084, 3632, 3751, 3811, 3977, 4085, 4087, 4089, 4090, 4095, 4096, 4105, 4107, 4115, 4127, 4264, 4315, 4316, 4317, 4405, 4436, 4443, 4445, 4452, 4455, 4457)
 1993 Ed. (871, 1945, 2427, 2438, 2441, 2442, 2443, 3059, 3107, 3320, 3398, 3399, 3403, 3404, 3415, 3421, 3423, 3505, 3548, 3677, 3699, 3707, 3713, 3716, 3718, 3719)
 1994 Ed. (1969, 2371, 2376, 2379, 2380, 2382, 2388, 3120, 3150, 3309, 3376, 3377, 3391, 3392, 3396, 3403, 3405, 3414, 3475, 3507, 3639)
 1995 Ed. (244, 919, 1669, 1994, 2114, 2450, 2457, 2460, 2461, 2463, 2469, 2608, 3172, 3194, 3449, 3450, 3463, 3464, 3474, 3476, 3485, 3492, 3496, 3499, 3500, 3592, 3713, 3733, 3740, 3744, 3749, 3752, 3754, 3755)
 1996 Ed. (899, 2016, 2496, 2507, 2508, 2509, 2512, 2517, 3255, 3265, 3291, 3512, 3519, 3525, 3528, 3529, 3543, 3555, 3556, 3557, 3564, 3566, 3573, 3581, 3668, 3799, 3832, 3841, 3844, 3848, 3851, 3853, 3854)
 1997 Ed. (930, 1573, 2138, 2303, 2638, 2647, 2651, 2656, 3228, 3364, 3388, 3567, 3570, 3571, 3574, 3584, 3595, 3596, 3597, 3604, 3606, 3612, 3622, 3623, 3726, 3727, 3785, 3851, 3882, 3889, 3891, 3896, 3899)
 1998 Ed. (466, 472, 1321, 1799, 1831, 1977, 2028, 2059, 2367, 2382, 2383, 2386, 2406, 2437, 2926, 3106, 3167, 3374, 3381, 3382, 3383, 3384, 3385, 3386, 3387, 3388, 3464, 3511, 3512, 3684, 3717, 3734, 3735, 3736, 3737)
 1999 Ed. (799, 1848, 2588, 2812, 2834, 3140, 3197, 3218, 3220, 3222, 3225, 3227, 3595, 4122, 4151, 4401, 4402, 4403, 4412, 4424, 4425, 4430, 4439, 4441, 4444, 4448, 4454, 4581, 4582, 4621, 4727, 4780, 4781, 4782, 4783)
 2000 Ed. (804, 2328, 2940, 2957, 2959, 2961, 2964, 2966, 3689, 3832, 3866, 4105, 4232, 4235, 4290, 4356, 4404, 4405, 4406, 4407)
 2001 Ed. (354, 361, 414, 998, 1015, 1131, 2598, 2609, 2612, 2613, 2629, 2630, 3082, 3093, 3104, 3123, 3849, 3999, 4145, 4166, 4260, 4261, 4268, 4406, 4410, 4411, 4412, 4414, 4444, 4505, 4682, 4684, 4710, 4795, 4797, 4800, 4862, 4864, 4865, 4867, 4869, 4923)
 2002 Ed. (446, 447, 448, 449, 452, 462, 465, 492, 493, 495, 496, 770, 772, 869, 1119, 1905, 2230, 2351, 2352, 2400, 2402, 2848, 2896, 3088, 3090, 3110, 3111, 3112, 3113, 3114, 3121, 3122, 3123, 3124, 3125, 3126, 3197, 3198, 3199, 3213, 3367, 4071, 4073, 4101, 4106, 4107, 4140, 4146, 4152, 4165, 4169, 4170, 4176, 4178, 4369, 4371, 4372, 4605, 4606, 4607, 4739, 4741, 4762, 4764, 4779, 4914, 4915, 4919, 4920, 4921)
 2003 Ed. (380, 390, 398, 399, 401, 402, 404, 410, 415, 442, 443, 444, 758, 786, 1033, 1058, 1067, 2613, 2625, 3222, 3235, 3236, 3263, 3420, 3895, 4210, 4233, 4238, 4244, 4254, 4298, 4309, 4418, 4419, 4424, 4723, 4724, 4853, 4868, 4911, 4912, 4913, 4914, 4956, 4957)
 2004 Ed. (359, 368, 369, 371, 376, 379, 380, 382, 385, 388, 397, 414, 436, 438, 439, 768, 775, 1038, 1075, 1076, 1077, 1098, 2293, 2295, 2296, 2297, 2317, 2568, 2733, 2744, 2806, 2977, 3264, 3282, 3291, 3299, 3477, 3489, 3672, 3897, 3923, 4251, 4252, 4257, 4294, 4302, 4306, 4308, 4319, 4499, 4502, 4509, 4515, 4701, 4702, 4838, 4848, 4902, 4903, 4904, 4959, 4960, 4993)
 2005 Ed. (370, 386, 387, 388, 389, 390, 393, 401, 402, 403, 404, 406, 407, 412, 416, 442, 444, 445, 782, 1077, 1078, 1079, 1080, 1081, 2527, 2741, 3298, 3300, 3484, 3836, 3871, 4185, 4188, 4189, 4190, 4198, 4205, 4225, 4226, 4229, 4230, 4235, 4597, 4723, 4829, 4942, 4943, 4944)
 2006 Ed. (2707, 2755, 2986, 2987, 3483, 3934, 4332, 4334, 4476, 4477, 4665)
 2007 Ed. (2371, 2702, 3017, 3018, 3372, 3515, 3992, 4396, 4686)
 2008 Ed. (343, 2414, 2641, 2832, 3118, 3136, 3137, 3280, 3469, 3482, 4009, 4355, 4595)
 2009 Ed. (2399, 2413, 2503, 2831, 2888, 3034, 3207, 3219, 3220, 3221, 3298, 3336, 3337, 3548, 3577, 3771, 4245, 4350, 4452, 4639)
 2010 Ed. (822, 2312, 2319, 2324, 2328, 2329, 2574, 2592, 2595, 2596, 2774, 2827, 2880, 3023, 3138, 3152, 3153, 3154, 3225, 3272, 3447, 3461, 3468, 3495, 4182, 4504, 4668)
 2011 Ed. (736, 2315, 2320, 2324, 2325, 2551, 2574, 2577, 2578, 2764, 2811, 2862, 2992, 3105, 3118, 3119, 3120, 3188, 3241, 3447, 3464, 4180, 4440, 4613, 4617, 4999)
 2012 Ed. (2216, 2222, 2223, 2227, 2500, 2521, 2524, 2525, 2743, 2792, 2918, 3054, 3055, 3147, 3206, 3207, 3464, 3473, 4230, 4377, 4484, 4622, 4623, 4996)
 2013 Ed. (299, 737, 1066, 1156, 2397, 2657, 2704, 2834, 3043, 3135, 3136, 3224, 3568, 3720, 3828, 3840, 4040, 4446, 4571, 4578, 4579, 4584, 4774)
 2014 Ed. (3135, 3136, 3243, 3496, 4477, 4498, 4624, 4628, 4633, 4637, 4638, 4640)
 2015 Ed. (882, 2631, 3197, 3280, 3514, 4472, 4498, 4623, 4626, 4627)
 2016 Ed. (3054, 3373, 4377, 4430, 4541, 4544)
 2017 Ed. (829, 3005, 3006, 3332, 4371, 4535, 4540, 4544, 4545, 4547, 4998)
 2018 Ed. (760, 2236, 2353, 3129, 3130, 3396, 4380, 4560, 4565, 4569, 4570, 4572, 4997)
 2019 Ed. (2209, 2247, 3061, 3062, 3373, 4404, 4450, 4451, 4452, 4557, 4561, 4566, 4570, 4571, 4573, 4997)
 2020 Ed. (712, 771, 2207, 3377, 4289, 4438, 4439, 4557)
 2021 Ed. (720, 793, 2180, 3312, 3330, 3362, 3363, 4264, 4437, 4538)
 2022 Ed. (825, 2351, 2948, 3392, 3394, 3412, 3413, 4276, 4448, 4449, 4544)
 2023 Ed. (1022, 2516, 2565, 3527, 3529, 3542, 3543, 4469, 4470, 4471, 4558)
Nevada Banking Co.
 1997 Ed. (505)
 1998 Ed. (375)
Nevada Bell Telephone Co.
 2012 Ed. (897, 1746)
 2013 Ed. (1911)
 2014 Ed. (1020, 1845)
 2015 Ed. (1882)
 2016 Ed. (1844)
Nevada Community Bank
 1995 Ed. (494)
Nevada County, AZ
 1996 Ed. (1475)
Nevada County, CA
 2005 Ed. (2827)
Nevada Credit Union
 1996 Ed. (1509)
 2002 Ed. (1878)
 2003 Ed. (1932)
 2004 Ed. (1972)
 2005 Ed. (2114)
 2006 Ed. (2209)
 2007 Ed. (2130)
 2008 Ed. (2245)
 2009 Ed. (2173, 2231)
 2010 Ed. (2185)
 2011 Ed. (2203)
 2012 Ed. (2064)
Nevada Department of Corrections
 2023 Ed. (1896)
Nevada Department of Transportation
 2023 Ed. (1896)
Nevada Division of Public and Behavioral Health
 2023 Ed. (1896)
Nevada Federal Credit Union
 2009 Ed. (4448)
Nevada Gold & Casinos Inc.
 2009 Ed. (2089)
 2012 Ed. (2627)
Nevada Housing Division
 2001 Ed. (866)
Nevada Legislative Counsel Bureau
 2023 Ed. (1896)
Nevada Mikohn Inc.
 2008 Ed. (2724)
 2009 Ed. (2779)
Nevada Nikohn Inc.
 2007 Ed. (2587)
Nevada Power Co.
 2001 Ed. (1809)
 2005 Ed. (1897)
 2006 Ed. (1924)
 2007 Ed. (1908)
 2008 Ed. (1969)
 2009 Ed. (1924)
 2010 Ed. (1859)
 2012 Ed. (1746)
 2013 Ed. (1911)
 2014 Ed. (1845)
 2015 Ed. (1882)
Nevada Ready Mix
 2010 Ed. (4402)
 2011 Ed. (4347)
 2012 Ed. (4388)
Nevada-Reno; University of
 2013 Ed. (750)
Nevada; University of
 2009 Ed. (787)
 2011 Ed. (646)
NevadaNano
 2015 Ed. (4221)
Nevco Evans
 2000 Ed. (1404)
The Nevele Hotel
 1999 Ed. (4048)
Nevell Group Inc.
 2018 Ed. (1211)
 2021 Ed. (1199)
 2022 Ed. (1200)
 2023 Ed. (1437)
Never Give In: The Best of Winston Churchill's Speeches
 2006 Ed. (581)
Neverfail
 2018 Ed. (4769)
Neves; Jose
 2022 Ed. (4858)
Neville Jeffress Advertising
 1989 Ed. (83)
 1991 Ed. (74)
 1992 Ed. (121)
Neville Jeffress/Armstrongs Group
 1995 Ed. (46)
 1996 Ed. (62)
 1997 Ed. (60)
Neville Smith Timber
 2002 Ed. (3789)
Nevis
 2016 Ed. (769)
 2017 Ed. (828, 831)
 2018 Ed. (759, 761)
 2019 Ed. (778)
 2020 Ed. (770)
 2021 Ed. (792)
 2022 Ed. (824)
 2023 Ed. (1021)
Nevis Fund
 2004 Ed. (3607, 3608)
Nevro
 2018 Ed. (1436, 1439)
 2019 Ed. (3528)
 2022 Ed. (3594)
Nevro Corp.
 2018 Ed. (1438)
Nevron
 2010 Ed. (1105)
 2011 Ed. (1044)
Nevsun Resources
 2014 Ed. (3656)
 2015 Ed. (2905)
 2017 Ed. (3533, 3534)
 2018 Ed. (3582, 3585)
 2019 Ed. (3573)
Nevsun Resources Ltd.
 2004 Ed. (1665)
 2005 Ed. (1665)
 2006 Ed. (4594)
 2007 Ed. (4578)
 2010 Ed. (1514)
 2014 Ed. (3664, 4573)
 2015 Ed. (3682)
New adVentures
 2021 Ed. (1833, 3513)
New Africa Investment Ltd.
 2002 Ed. (3040)
New Again Houses
 2023 Ed. (4194)
New Age Electronics, Inc.
 2000 Ed. (1106, 2406)
New Age Thinking
 1997 Ed. (3346)
New Aim
 2022 Ed. (1383, 4272)
New Albertson's Inc.
 2008 Ed. (1934, 4560, 4561)
 2009 Ed. (1892, 4590, 4591)
 2010 Ed. (1828, 4624, 4625)
 2011 Ed. (4580)
 2012 Ed. (4587)
 2013 Ed. (4541)
 2014 Ed. (4598)
 2015 Ed. (4594)
 2016 Ed. (4515)
New Albertsons Inc.
 2014 Ed. (1801, 4599)
 2015 Ed. (4595)
 2016 Ed. (4516)
New Alliance Bank
 2006 Ed. (428)
 2007 Ed. (424)
New Alternatives
 2006 Ed. (4408)
 2007 Ed. (4471)
New Alternatives Investment
 2021 Ed. (4477)
New Alternatives Investor
 2022 Ed. (4484, 4485, 4487)
New America Network Inc.
 1990 Ed. (2949)
New America Savings Bank
 1995 Ed. (2598)
New American Capital Inc.
 2001 Ed. (2726)
New American Funding
 2017 Ed. (1418, 3585, 3589)
 2018 Ed. (1394, 3621, 3646)
 2019 Ed. (1440, 3615)
 2020 Ed. (3611)
 2021 Ed. (3633)
 2022 Ed. (1405, 3681, 3697, 3699)
 2023 Ed. (1594, 1600, 2803, 3790, 3792)
New American Healthcare Corp.
 1999 Ed. (3461)
 2001 Ed. (2667)
New American Roget's College Thesaurus
 1990 Ed. (2768)
New American Webster's Handy College Dictionary
 1990 Ed. (2768)
New Amsterdam
 1996 Ed. (2631)
 2017 Ed. (2790)
 2019 Ed. (4807)

CUMULATIVE INDEX • 1989-2023

2020 Ed. (4796)
New Amsterdam Brewing Co.
  1992 Ed. (927)
New Amsterdam Partners
  1996 Ed. (2397)
  2000 Ed. (2818)
New Amvisc Plus
  1995 Ed. (2810)
The New Argonauts: Regional Advantage in a Global Economy
  2008 Ed. (617)
New Asia Bank
  1990 Ed. (643)
  1992 Ed. (782)
  1993 Ed. (571)
  1994 Ed. (573)
  1995 Ed. (548)
New Asia Construction & Development Corp.
  1990 Ed. (1213)
  1992 Ed. (1438)
  1994 Ed. (1176)
New Atlantic Contracting Inc.
  2022 Ed. (1799)
New Avon
  2017 Ed. (2139)
  2018 Ed. (3730)
New Avon LLC
  2019 Ed. (31)
New Balance
  1990 Ed. (3339)
  1991 Ed. (262, 264)
  1992 Ed. (366)
  1993 Ed. (256)
  1996 Ed. (251)
  1997 Ed. (279, 280, 281)
  1998 Ed. (200)
  1999 Ed. (309)
  2000 Ed. (323, 324)
  2001 Ed. (423, 425)
  2002 Ed. (4275)
  2003 Ed. (300, 301)
  2004 Ed. (261)
  2005 Ed. (270)
  2006 Ed. (293, 4445, 4446)
  2007 Ed. (295, 3335, 4502, 4503)
  2008 Ed. (273, 4479, 4480)
  2009 Ed. (297)
  2010 Ed. (279, 4552)
  2011 Ed. (4503, 4504, 4505, 4526)
  2012 Ed. (817, 4511, 4512, 4513)
  2017 Ed. (944, 2471)
  2018 Ed. (879)
  2019 Ed. (882, 1350)
  2020 Ed. (869)
  2021 Ed. (4216, 4233)
  2022 Ed. (1712, 4218, 4241)
  2023 Ed. (1857, 4281)
New Balance Athletic Shoe
  2015 Ed. (1821)
  2016 Ed. (1783)
  2017 Ed. (1750)
  2018 Ed. (1701)
  2019 Ed. (1767)
  2020 Ed. (1710)
  2021 Ed. (1688)
New Balance Athletic Shoe Inc.
  2005 Ed. (269)
  2009 Ed. (4148, 4578)
  2012 Ed. (1672, 3454)
  2013 Ed. (1823, 3498)
  2014 Ed. (1751)
  2016 Ed. (1771, 1779)
  2017 Ed. (1745)
New Balance Athletics Inc.
  2018 Ed. (2523)
  2019 Ed. (2532)
  2020 Ed. (2524)
  2021 Ed. (2465)
  2022 Ed. (2576)
  2023 Ed. (2718)
New Barn
  2021 Ed. (3558, 3561)
New Bedford, MA
  1992 Ed. (2164, 2540, 3033)
  2000 Ed. (2200)
  2004 Ed. (4762)
New Bedford Standard-Times
  1989 Ed. (2064, 2065)
New Bedford Star-Times
  1990 Ed. (2710, 2711)
New Beetle
  2001 Ed. (485)
  2002 Ed. (416)
New Begium Brewing Co.
  1999 Ed. (3403)
New Belgium
  2008 Ed. (541)
  2014 Ed. (567)
  2015 Ed. (630, 631)
  2016 Ed. (580, 581)
  2017 Ed. (608, 609, 610)
  2018 Ed. (573)
  2019 Ed. (585, 586, 587)
  2020 Ed. (570, 571)
  2021 Ed. (543)
  2022 Ed. (571)
  2023 Ed. (820)

New Belgium Brewery
  2008 Ed. (2456)
New Belgium Brewing
  1998 Ed. (2488)
  2000 Ed. (3128)
  2011 Ed. (1423)
  2014 Ed. (2452)
New Belgium Brewing Co.
  2013 Ed. (697)
  2014 Ed. (719, 720, 721)
  2015 Ed. (767, 768, 769)
  2016 Ed. (689, 690, 692)
  2017 Ed. (742, 743)
  2018 Ed. (682, 683)
  2019 Ed. (698)
  2020 Ed. (687)
  2021 Ed. (695)
New Belgium Fat Tire
  2010 Ed. (557)
New Belgium Fat Tire Amber Ale
  2006 Ed. (555)
  2007 Ed. (595)
  2011 Ed. (484, 486)
  2012 Ed. (441)
New Belgium Ranger IPA
  2012 Ed. (440, 3516)
New Bern Transport Corp.
  2004 Ed. (4770)
  2005 Ed. (3925, 3928, 4746, 4761, 4783)
  2006 Ed. (3999, 4801)
  2007 Ed. (4034)
  2008 Ed. (4069, 4071)
New Big 10 Tire Stores Inc.
  2011 Ed. (4691)
  2012 Ed. (4714)
New Breed Logistics
  2012 Ed. (4062)
New Breed Logistics Inc.
  2013 Ed. (1958)
  2014 Ed. (1894)
New Breed Marketing
  2020 Ed. (3453)
  2021 Ed. (3473)
  2022 Ed. (3530)
  2023 Ed. (3651)
New Britain Herald
  1989 Ed. (2064)
  1990 Ed. (2710)
New Brunswick
  2001 Ed. (4110)
  2006 Ed. (1750, 3238, 3786, 4668)
  2007 Ed. (3783, 4688)
  2011 Ed. (4955)
New Brunswick Electric Power Comm.
  1990 Ed. (1599)
New Brunswick Electric Power Commission
  1992 Ed. (1897, 2342)
  1994 Ed. (1594, 1986)
New Brunswick Liquor Corp.
  2017 Ed. (1478)
New Brunswick Power Corp.
  2001 Ed. (1662)
New Brunswick Telephone Co.
  1990 Ed. (3519)
  1992 Ed. (4211)
  1994 Ed. (3491)
  1996 Ed. (3648)
New Brunswick; University of
  2007 Ed. (1167)
  2008 Ed. (1071, 1081, 1082)
  2009 Ed. (1048, 1055, 1056, 1067)
  2010 Ed. (1018, 1024)
  2011 Ed. (953)
  2012 Ed. (873, 3433)
New Buffalo Savings Bank
  2021 Ed. (4302)
New Caledonia
  2001 Ed. (1297, 3548)
  2002 Ed. (3520, 3521)
  2003 Ed. (1029, 3650)
  2004 Ed. (1033, 3694)
  2005 Ed. (1040, 3604)
  2006 Ed. (1049, 3708)
  2007 Ed. (1138, 3702)
  2008 Ed. (1018, 3785)
  2009 Ed. (1003, 3826)
  2010 Ed. (968, 3754)
  2011 Ed. (894, 3756)
New Canaan, CT
  1989 Ed. (1634, 2773)
New Capital Bank plc
  2002 Ed. (4499)
New Castle Corp.
  2001 Ed. (1808)
  2003 Ed. (1778)
  2004 Ed. (1813)
  2005 Ed. (1896)
  2006 Ed. (1923)
  2007 Ed. (1907)
  2008 Ed. (1968)
  2009 Ed. (1923)
  2010 Ed. (1858)
  2011 Ed. (1889)
  2012 Ed. (1745)
  2013 Ed. (1910)
  2014 Ed. (1844)
  2015 Ed. (1881)
  2016 Ed. (1843)

New Castle County, DE
  2008 Ed. (3478)
New Castle County, DE (Army Creek Landfill)
  1992 Ed. (2380)
New Castle County, DE (Tybouts Landfill)
  1992 Ed. (2380)
New Castle County School Employees Credit Union
  2006 Ed. (2188)
  2007 Ed. (2109)
  2008 Ed. (2224)
  2009 Ed. (2207)
  2010 Ed. (2161)
  2011 Ed. (2181)
  2012 Ed. (2041)
  2013 Ed. (2221)
  2014 Ed. (2153)
  2015 Ed. (2217)
  2016 Ed. (2188)
New Castle County School Employees Federal Credit Union
  2018 Ed. (2088)
  2020 Ed. (2066)
  2021 Ed. (2056)
  2022 Ed. (2092)
New Castle Ford-Lincoln-Mercury Inc.
  2004 Ed. (167)
New Castle, PA
  2014 Ed. (3518)
New Cent
  1995 Ed. (2584)
New Center Stamping Inc.
  2000 Ed. (4054)
  2001 Ed. (4284)
New Centuries Energies Inc.
  2001 Ed. (1046)
New Century Balanced
  2004 Ed. (3584)
New Century Bank
  2004 Ed. (361, 400, 403)
New Century BMW
  1995 Ed. (264)
New Century Energies Inc.
  1999 Ed. (1243, 1595, 1953)
  2000 Ed. (1402, 1403, 3674)
  2001 Ed. (1674)
New Century Financial Corp.
  2005 Ed. (417, 4689, 4690)
  2006 Ed. (2584, 2729, 2731, 4041, 4043, 4045, 4584)
  2007 Ed. (2554, 4086, 4087, 4555)
  2008 Ed. (4122, 4522)
  2009 Ed. (370)
  2010 Ed. (350)
  2011 Ed. (272)
  2012 Ed. (295)
New Century Global Inc.
  2002 Ed. (2855)
New Century International
  2009 Ed. (3807)
New Century Life
  1989 Ed. (1686, 1688)
  1990 Ed. (2238, 2239)
New Century Mortgage
  2006 Ed. (3558, 3562)
New China Life
  2021 Ed. (3072)
  2022 Ed. (3208)
New China Life (NCL)
  2023 Ed. (3302)
New China Life Insurance
  2014 Ed. (3318)
  2015 Ed. (3364)
  2016 Ed. (3226)
  2017 Ed. (3184)
  2019 Ed. (3207)
  2023 Ed. (3322)
New China Life Insurance Co., Ltd.
  2013 Ed. (3287)
  2014 Ed. (3313)
  2015 Ed. (3358)
  2016 Ed. (3220)
  2017 Ed. (3177)
  2018 Ed. (3260)
  2019 Ed. (3206)
  2020 Ed. (3226)
New City Bank
  2010 Ed. (394)
New City Investments Ltd.
  1995 Ed. (1010)
New College of Florida
  2007 Ed. (1163)
  2008 Ed. (1061, 1065)
  2009 Ed. (1037, 1042)
  2010 Ed. (1003, 1008)
  2011 Ed. (941)
  2012 Ed. (857)
The New Community Rules
  2011 Ed. (531)
The New Community Rules: Marketing on the Social Web
  2011 Ed. (532)
The New Competitors: How Foreign Investors Are Changing the U.S. Economy
  1991 Ed. (708)
New Complexion
  2001 Ed. (1904, 1905)

New Computer Terminal (Terminal F)
  2000 Ed. (1227)
New Concept Energy Inc.
  2019 Ed. (3804, 3805, 3806)
New Concepts Consulting Inc.
  2007 Ed. (196, 3588, 3589)
New Continental Fund Ltd. (DM)
  1996 Ed. (1059)
NEW Cooperative
  2023 Ed. (191, 2776, 2995)
New Corp. Deferred Preference
  1999 Ed. (310)
New Country Motor Car Group
  2008 Ed. (288)
New Covenant Income
  2006 Ed. (4402)
New Covent Gardens Soup Co.
  2008 Ed. (101)
New Creation Masonry
  2005 Ed. (1285)
New Credit America
  2020 Ed. (1844)
  2021 Ed. (1812)
New Danfords Inn
  1999 Ed. (2769)
New Day Office Products & Furnishings Inc.
  2015 Ed. (2137)
New Day Underwriting Managers LLC
  2016 Ed. (1857)
New Deal DDB
  2000 Ed. (154)
New Deal DDB Needham
  1996 Ed. (123)
  1997 Ed. (127)
  1999 Ed. (136)
New Deal DDB/Norway
  2001 Ed. (191)
  2002 Ed. (162)
  2003 Ed. (130)
New Deal Design
  2017 Ed. (3649)
New Degree Technology
  2019 Ed. (1509)
New Delhi
  2000 Ed. (3375)
New Delhi, India
  2000 Ed. (3374)
  2011 Ed. (3786)
  2012 Ed. (913)
  2013 Ed. (166)
New Dimension Labels
  2022 Ed. (3964)
New Dimension Precision Manifold Inc.
  2003 Ed. (3372)
New Dimensions Federal Credit Union
  2022 Ed. (2059)
  2023 Ed. (2171)
New Directions Behavioral Health LLC
  2010 Ed. (2394)
A New Earth
  2010 Ed. (566, 612)
New Earth
  2016 Ed. (3443)
New East Textile Co., Ltd.
  1992 Ed. (4282)
New Economy
  1995 Ed. (2697, 2705, 2726, 2731)
New Economy CPA
  2018 Ed. (1893)
New Edge Networks
  2006 Ed. (4705)
New Energy Co. of Indiana
  1994 Ed. (195)
New Energy Equity
  2021 Ed. (4438, 4443)
  2023 Ed. (4463, 4473, 4478)
New Energy LLC
  2017 Ed. (1935)
New Eng Zenith Fd MM
  1990 Ed. (3662)
New England
  1989 Ed. (310, 1810, 2032, 2134)
  1990 Ed. (354, 886, 2169, 2329, 2360, 2361, 2654)
  1991 Ed. (320, 2214)
  1992 Ed. (439, 2654)
  1993 Ed. (2287)
  1994 Ed. (2298)
  1996 Ed. (2376)
  1997 Ed. (2207, 2509)
  1998 Ed. (1865)
  1999 Ed. (2835)
  2000 Ed. (4161)
  2001 Ed. (2820)
  2002 Ed. (4734)
  2005 Ed. (4816)
  2008 Ed. (3483)
  2015 Ed. (1028)
  2016 Ed. (933)
  2017 Ed. (976)
  2018 Ed. (910)
New England Adj. Rate U.S. Government A
  1996 Ed. (2778)
New England American Forerunner Series Strat Bond Opp
  2000 Ed. (4329)

CUMULATIVE INDEX • 1989-2023

New England American Growth Series Equity Growth
  1997 Ed. (3822)
New England American Growth Series Strategic Bond Oppor
  2000 Ed. (4329)
New England Balanced A
  1996 Ed. (2806)
New England Balanced Fund A
  1998 Ed. (2620)
New England/Bay State Press & Printing Ltd.
  1997 Ed. (3166)
New England Biolabs
  2016 Ed. (1772)
New England Bond Income A
  1997 Ed. (2866, 2887)
New England Brewing Co.
  2023 Ed. (922)
New England Business Service Inc.
  1990 Ed. (2736)
  1992 Ed. (992)
  1993 Ed. (789)
  1998 Ed. (1274)
  1999 Ed. (1849)
  2004 Ed. (3728)
  2005 Ed. (3638, 4360)
New England Business Services Inc.
  2006 Ed. (4726)
New England Clean Energy
  2016 Ed. (4422)
  2017 Ed. (4434)
New England Construction Cos., Inc.
  2006 Ed. (3530)
New England Credit Union
  2002 Ed. (1896)
  2003 Ed. (1950)
  2004 Ed. (1990)
  2005 Ed. (2132)
  2006 Ed. (2227)
  2007 Ed. (2148)
  2008 Ed. (2263)
New England Critical Care
  1991 Ed. (1927)
  1992 Ed. (2435)
New England Deaconess Hospital
  1999 Ed. (2731)
New England Education Loan Market Corp.
  1996 Ed. (3286)
New England Education Loan Marketing Corp.
  1989 Ed. (1146)
  1995 Ed. (2787)
  1997 Ed. (2848)
New England Electric
  1989 Ed. (1298, 1299)
  1990 Ed. (1603)
  1992 Ed. (1900, 3944)
  1993 Ed. (1558)
  1994 Ed. (1597, 1598)
  1995 Ed. (1632, 1639, 1640)
  1996 Ed. (1616, 1617)
  1997 Ed. (1695, 1696)
  1998 Ed. (1388, 1389)
  1999 Ed. (1950)
New England Electric System
  1990 Ed. (3267)
New England Extrusion
  1998 Ed. (2873)
New England Federal Credit Union
  2009 Ed. (2249)
  2010 Ed. (2203)
  2011 Ed. (2221)
  2012 Ed. (2082)
  2013 Ed. (2271)
  2014 Ed. (2205)
  2015 Ed. (2269)
  2016 Ed. (2240)
  2018 Ed. (2125)
  2020 Ed. (2107)
  2021 Ed. (2045, 2097)
  2022 Ed. (2129)
  2023 Ed. (2247)
New England Federal Credit Union (NEFCU)
  2021 Ed. (2045)
New England Financial
  2009 Ed. (1718, 1719)
New England Financial Group
  2010 Ed. (1594)
New England Finish Systems LLC
  2023 Ed. (1381, 1382, 1390)
New England Futures Inc.
  1992 Ed. (2742)
New England Growth Fund
  1992 Ed. (3159, 3179)
New England International Equity A
  1996 Ed. (2790)
New England Inv.
  1998 Ed. (2590)
New England Investment Cos.
  1992 Ed. (2781)
New England Journal of Medicine
  1990 Ed. (2538)
  1991 Ed. (2410)
  1992 Ed. (3012)
  1994 Ed. (2470)
  1995 Ed. (2538)

  1996 Ed. (2602)
  1998 Ed. (2788, 2789, 2791)
  1999 Ed. (3748, 3755)
  2000 Ed. (3467, 3485)
  2001 Ed. (252, 1053)
  2004 Ed. (143, 144)
  2005 Ed. (137)
  2007 Ed. (158, 159, 160, 4798)
  2008 Ed. (143)
  2009 Ed. (164)
  2010 Ed. (154)
New England Kenworth
  2021 Ed. (2480)
  2022 Ed. (2592)
  2023 Ed. (2735, 4992)
New England Kenworth & The Patsy's Companies
  2021 Ed. (2480)
  2022 Ed. (2592)
New England Mechanical
  2008 Ed. (1693)
  2009 Ed. (1617)
New England Medical Center
  1993 Ed. (1897)
  1994 Ed. (1901)
New England Monthly
  1992 Ed. (3385)
New England Motor
  2006 Ed. (4809)
New England Motor Freight
  2000 Ed. (4312)
  2002 Ed. (4690)
  2004 Ed. (4789)
New England Mutual (Gro.)
  1989 Ed. (2146, 2150)
New England Mutual Life
  1995 Ed. (3349)
New England Mutual Life Ins.
  1990 Ed. (1791)
New England Mutual Life Insurance Co.
  1991 Ed. (1721)
  1992 Ed. (2736, 4381, 4382)
  1993 Ed. (2211, 2258, 2302, 3278, 3653)
  1994 Ed. (2261, 3268)
New England Mutual, Mass.
  1989 Ed. (2150)
New England Office Supply Inc.
  2006 Ed. (3519)
  2007 Ed. (3565, 3566, 4426)
New England Patriots
  2001 Ed. (4346)
  2003 Ed. (4522)
  2004 Ed. (2674)
  2005 Ed. (2667, 4437)
  2006 Ed. (2653)
  2007 Ed. (2632)
  2008 Ed. (2761)
  2009 Ed. (2817)
  2010 Ed. (2758)
  2011 Ed. (2744)
  2012 Ed. (2681, 4521)
  2013 Ed. (2767, 4480, 4481)
  2014 Ed. (2749)
  2015 Ed. (2802)
  2016 Ed. (2732)
  2017 Ed. (2688, 4473, 4474)
  2018 Ed. (2749, 4492, 4493)
  2019 Ed. (2732, 4485, 4486)
  2020 Ed. (2762)
  2021 Ed. (2637)
  2022 Ed. (2762, 4474)
  2023 Ed. (2896)
New England Revolution
  2018 Ed. (4432)
New England Securities
  1989 Ed. (819)
  1999 Ed. (839, 841, 842, 851, 852, 861, 865)
  2000 Ed. (833, 834, 837, 838, 839, 849, 850, 862)
  2002 Ed. (790, 791, 792, 793, 794)
New England Short-Term Corporate Income
  2001 Ed. (3428)
New England Tax Exempt
  1990 Ed. (2389)
New England Telephone
  1990 Ed. (743)
New England Telephone & Telegraph Co.
  2001 Ed. (1789)
New England Treatment Access
  2023 Ed. (2390, 2392)
New England; University of
  1994 Ed. (1048)
  1995 Ed. (1056)
New England Variable
  1995 Ed. (2296)
New England Wire Technologies Corp.
  2015 Ed. (1889)
  2017 Ed. (1812)
  2018 Ed. (1761)
New England Zenith Accumulator Equity Growth
  1997 Ed. (3822)
New England Zenith Accumulator Strategic Bond Oppor
  2000 Ed. (4329)
New England Zenith: Bond Inc.
  1992 Ed. (4374)

New England Zenith: Capital Growth
  1989 Ed. (1846)
  1992 Ed. (4376)
New England Zenith: Stock Index
  1992 Ed. (4377)
New English Ltd.
  1994 Ed. (1003)
New Enterprise Associates
  1992 Ed. (2770)
  1998 Ed. (3663, 3664, 3665)
  1999 Ed. (1967, 4704)
  2002 Ed. (4735)
  2003 Ed. (4848)
  2004 Ed. (4831)
  2005 Ed. (4818, 4819)
  2008 Ed. (4805)
  2009 Ed. (4829)
  2010 Ed. (4107, 4845)
  2013 Ed. (4784)
  2014 Ed. (2118, 4830)
  2015 Ed. (2171)
New Enterprise Associates X, LP
  2002 Ed. (4731)
New Enterprise Stone
  2019 Ed. (3996)
  2020 Ed. (4013)
New Enterprise Stone & Lime Co.
  2003 Ed. (3416)
  2004 Ed. (774, 3483)
  2005 Ed. (3480)
  2006 Ed. (3481, 3482)
  2007 Ed. (3511, 3512)
  2008 Ed. (3674, 3675)
  2009 Ed. (3740, 3741)
  2012 Ed. (4581)
  2013 Ed. (4526)
  2014 Ed. (4585)
  2015 Ed. (4579)
New Equipment Digest
  1992 Ed. (3374)
  2009 Ed. (4753, 4759)
  2010 Ed. (4769)
  2011 Ed. (4721)
  2012 Ed. (4742)
New Era
  1993 Ed. (3371)
  2001 Ed. (4348)
  2013 Ed. (2326)
  2015 Ed. (2343)
  2016 Ed. (2297)
New Era Bank
  1993 Ed. (509)
New Era Beverage
  1993 Ed. (679)
New Era Building Systems
  2000 Ed. (3592, 3593)
  2003 Ed. (1197)
  2004 Ed. (1202)
  2006 Ed. (3555)
New Era Electronics
  2009 Ed. (4417)
New Era Health
  2023 Ed. (2311)
New Era Network
  2000 Ed. (3391)
New Era of Networks
  2002 Ed. (1152, 2487)
  2003 Ed. (2709)
The New Financial Order
  2005 Ed. (722)
New First City, Texas-Dallas NA
  1994 Ed. (370)
New First City, Texas-Houston NA
  1994 Ed. (370, 385, 646)
New Flyer
  2021 Ed. (608)
New Flyer Industries Canada ULC
  2011 Ed. (1536)
  2012 Ed. (1406)
New Flyer Industries Inc.
  2007 Ed. (1613)
  2008 Ed. (1611)
  2011 Ed. (3124)
  2016 Ed. (3454)
  2018 Ed. (252, 1468)
  2019 Ed. (3449)
  2020 Ed. (3444)
The New Fortis Corp.
  2002 Ed. (2686)
  2003 Ed. (1168)
New Freedom
  1992 Ed. (2125)
  2001 Ed. (2411)
  2002 Ed. (2254)
  2003 Ed. (2462)
New Freedom Mortgage
  2006 Ed. (3560)
New Frontier Bank
  2007 Ed. (423)
  2009 Ed. (1594, 1595)
  2010 Ed. (197, 198)
New Frontier Solutions
  2021 Ed. (4738)
New Generation
  2005 Ed. (3288)
New Generation Construction Group Inc.
  2020 Ed. (1211)

New Generation Technologies Inc.
  2006 Ed. (3278)
New Generations Credit Union
  2009 Ed. (329)
New Germany Fund Inc.
  1992 Ed. (3833)
  1993 Ed. (2718)
New Glarus Brewing Co.
  2018 Ed. (579)
  2019 Ed. (596)
  2020 Ed. (578)
  2021 Ed. (552)
  2022 Ed. (580)
  2023 Ed. (933)
New Glory Craft Brewery
  2023 Ed. (917)
New Gold
  2013 Ed. (3723)
  2014 Ed. (3656)
  2015 Ed. (3674, 3675)
  2016 Ed. (1287)
  2017 Ed. (1344)
New Gold Inc.
  2011 Ed. (3666)
  2012 Ed. (1355, 1409, 3672)
  2013 Ed. (3729)
  2014 Ed. (3664)
  2015 Ed. (2905, 3682)
  2018 Ed. (2853)
  2019 Ed. (2819)
New Guaranty Federal Savings & Loan
  1991 Ed. (2921)
New Guinea
  2001 Ed. (1506)
  2003 Ed. (1383)
  2004 Ed. (1397)
  2005 Ed. (1419)
  2006 Ed. (1404)
  2007 Ed. (1436)
  2008 Ed. (1387)
  2009 Ed. (1390)
New Hampshire
  1989 Ed. (870, 1508, 1669, 1737, 1906, 2548, 2553, 2557, 2613, 2617, 2893, 2927, 2931)
  1990 Ed. (759, 2168, 2411, 2447, 3069, 3109, 3345, 3352, 3369, 3371, 3416, 3419, 3420, 3428, 3677)
  1991 Ed. (325, 882, 1651, 1812, 2321, 2349, 2352, 2815, 3179, 3189, 3193, 3194, 3197, 3198, 3203, 3204, 3213, 3459, 3488, 3492)
  1992 Ed. (1080, 2574, 2863, 2873, 2876, 2879, 2880, 2916, 2919, 2921, 2923, 2929, 2932, 3089, 3751, 3811, 4077, 4088, 4113, 4115, 4405, 4443, 4445, 4452, 4455, 4457)
  1993 Ed. (364, 871, 1945, 2138, 2180, 2427, 2438, 2441, 2442, 2443, 3059, 3107, 3421, 3422, 3442, 3505, 3677, 3707, 3716, 3719, 3732)
  1994 Ed. (1969, 2371, 2376, 2379, 2380, 2388, 3120, 3150, 3412, 3413, 3475, 3639)
  1995 Ed. (363, 919, 1994, 2450, 2457, 2460, 2461, 2469, 2608, 3172, 3194, 3483, 3484, 3496, 3497, 3499, 3713, 3740, 3744, 3749, 3752, 3754, 3755)
  1996 Ed. (899, 2016, 2091, 2496, 2507, 2508, 2509, 2517, 3265, 3291, 3564, 3565, 3581, 3668, 3799, 3841, 3844, 3848, 3851, 3853, 3854)
  1997 Ed. (930, 2138, 2638, 2647, 2656, 3147, 3227, 3364, 3388, 3566, 3568, 3574, 3584, 3605, 3727, 3851, 3889, 3891, 3899)
  1998 Ed. (673, 1831, 2367, 2382, 2383, 2386, 2970, 3106, 3167, 3377, 3512, 3684, 3734, 3735, 3736, 3737)
  1999 Ed. (1060, 1996, 2588, 2834, 3197, 3218, 3220, 3222, 3225, 3227, 3975, 4122, 4151, 4404, 4433, 4451, 4581, 4727, 4781, 4782, 4783)
  2000 Ed. (1007, 1792, 2328, 2452, 2507, 2608, 2940, 2957, 2959, 2961, 2964, 2966, 3688, 3832, 3866, 4095, 4098, 4100, 4101, 4110, 4180, 4235, 4356, 4404, 4405, 4407)
  2001 Ed. (1157, 1159, 2388, 2437, 2598, 2691, 2824, 2840, 3104, 3123, 3294, 3589, 3590, 3619, 3632, 3906, 4145, 4166, 4240, 4243, 4253, 4254, 4273, 4274, 4406, 4409, 4410, 4411, 4412, 4413, 4414, 4479, 4505, 4682, 4684, 4710, 4719, 4735, 4795, 4797, 4800, 4865, 4867, 4869, 4919)
  2002 Ed. (447, 448, 449, 452, 457, 460, 462, 464, 466, 467, 472, 477, 492, 493, 959, 961, 1117, 1119, 2121, 2400, 2402, 3088, 3090, 3110, 3111, 3112, 3113, 3114, 3121, 3122, 3123, 3124, 3125, 3126, 3197, 3198, 3200, 3252, 4071, 4073, 4158, 4162, 4163, 4164, 4165, 4166, 4167, 4170, 4176, 4178, 4369, 4550, 4551, 4605, 4607, 4739, 4741, 4762, 4764, 4777, 4778, 4915, 4920, 4921)
  2003 Ed. (390, 391, 392, 395, 398, 399, 401, 402, 404, 414, 418, 905, 1033,

1492   Business Rankings Annual • CUMULATIVE INDEX • 1989-2023 / Part 2

1057, 1064, 1066, 1068, 2606, 2613, 2829, 2884, 2885, 3222, 3235, 3237, 3895, 4210, 4232, 4247, 4248, 4249, 4251, 4253, 4254, 4255, 4297, 4309, 4412, 4413, 4724, 4853, 4868, 4911, 4912, 4913, 4914, 4956, 4957)
2004 Ed. (369, 370, 371, 374, 377, 378, 383, 387, 388, 393, 394, 397, 922, 1038, 1070, 1071, 1076, 1077, 1091, 1098, 1903, 2186, 2187, 2295, 2308, 2317, 2733, 2805, 2971, 2972, 2974, 2975, 2976, 2977, 2978, 2979, 3264, 3282, 3291, 3292, 3672, 3673, 3674, 4233, 4256, 4266, 4267, 4268, 4269, 4271, 4273, 4274, 4275, 4305, 4307, 4319, 4499, 4500, 4502, 4509, 4518, 4702, 4838, 4848, 4902, 4903, 4904, 4905, 4959, 4960, 4980)
2005 Ed. (386, 387, 388, 389, 390, 395, 397, 399, 400, 416, 913, 1075, 1078, 1080, 2527, 2528, 2786, 2984, 2985, 2986, 3298, 3299, 3318, 3945, 4200, 4201, 4202, 4204, 4207, 4208, 4238, 4240, 4829, 4942, 4943, 4944)
2006 Ed. (2707, 2981, 2982, 2987, 3904, 4474, 4476, 4663, 4665, 4667)
2007 Ed. (2164, 2272, 2273, 3014, 3015, 3018, 3210, 3824, 4683, 4685, 4686, 4687)
2008 Ed. (2642, 2906, 3004, 3133, 3134, 3137, 3279, 3351, 3482, 3800, 3885, 4593, 4595)
2009 Ed. (2405, 2406, 2438, 2503, 2669, 3090, 3216, 3217, 3221, 3430, 3476, 3948, 4066, 4244, 4637, 4639)
2010 Ed. (2317, 2318, 2326, 2327, 2359, 2363, 2420, 2573, 2577, 2592, 2595, 2596, 2774, 3022, 3145, 3146, 3147, 3154, 3360, 3409, 3448, 3470, 3495, 3612, 3984, 4176, 4570, 4665, 4667, 4668, 4716, 4838)
2011 Ed. (2313, 2314, 2322, 2323, 2355, 2359, 2423, 2550, 2552, 2574, 2577, 2578, 2764, 2991, 3112, 3113, 3114, 3120, 3315, 3448, 3615, 3990, 4532, 4613, 4614, 4618, 4674, 4796)
2012 Ed. (273, 908, 912, 2214, 2215, 2225, 2226, 2279, 2344, 2499, 2521, 2524, 2525, 2736, 2917, 3048, 3049, 3050, 3055, 3203, 3204, 3205, 3300, 3301, 3465, 3609, 4534, 4619, 4622, 4689, 4813)
2013 Ed. (299, 1155, 2396, 2421, 2517, 3129, 3136, 4122, 4152, 4491, 4576, 4577, 4578, 4584, 4723, 4776, 4972, 4999)
2014 Ed. (276, 2461, 3136, 3765, 4137, 4624, 4634, 4635, 4636, 4637, 4761)
2015 Ed. (884, 4623)
2016 Ed. (2462, 4541, 4542)
2017 Ed. (312, 3003, 3006, 4007, 4537, 4543, 4544)
2018 Ed. (3130, 4029, 4568, 4569)
2019 Ed. (2387, 3062, 4022, 4557, 4569, 4570)
2020 Ed. (4557, 4621)
2021 Ed. (3331, 3365, 3366, 4538)
2022 Ed. (2352, 3395, 3415, 3416, 4544)
2023 Ed. (2517, 3530, 3544, 3545, 4558)
New Hampshire Ball Bearings Inc.
2015 Ed. (1888)
2016 Ed. (1851)
2017 Ed. (1810)
2018 Ed. (1760)
2019 Ed. (1817)
2020 Ed. (1761)
2021 Ed. (1730)
New Hampshire Credit Union
2002 Ed. (1879)
2003 Ed. (1933)
2004 Ed. (1973)
2005 Ed. (2115)
2006 Ed. (2210)
2007 Ed. (2131)
2008 Ed. (2246)
2009 Ed. (2232)
2010 Ed. (2186)
2011 Ed. (2204)
2012 Ed. (2065)
2013 Ed. (2247)
2014 Ed. (2179)
2015 Ed. (2243)
2016 Ed. (2214)
New Hampshire Electric Cooperative Inc.
2003 Ed. (2134)
New Hampshire Federal Credit Union
2018 Ed. (2109)
2020 Ed. (2088)
2021 Ed. (2078)
2022 Ed. (2113)
2023 Ed. (2228)
New Hampshire Higher Education & Health Agency
2001 Ed. (870)
New Hampshire Higher Education Loan Agency
2001 Ed. (870)
New Hampshire Housing Finance Authority
2001 Ed. (870)

New Hampshire Industrial Development Authority
1991 Ed. (2530)
1993 Ed. (2616, 2625)
New Hampshire Local Government Center HealthTrust LLC
2011 Ed. (4314, 4318)
New Hampshire Municipal Bond Bank
2001 Ed. (870)
New Hampshire Postal Credit Union
2018 Ed. (2109)
2020 Ed. (2088)
2021 Ed. (2078)
2022 Ed. (2113)
2023 Ed. (2228)
New Hampshire Savings Bank
1990 Ed. (453)
1992 Ed. (799, 4292)
New Hampshire Savings Bank South
1992 Ed. (799)
New Hampshire Thrift Bancshares Inc.
1993 Ed. (591)
New Hampshire; University of
2006 Ed. (725)
New Hampton Inc.
1991 Ed. (869)
New Hanover County, NC
2023 Ed. (1116)
New Hanover Regional Medical Center
2019 Ed. (2850)
New Harding Group
1990 Ed. (2039)
New Haven/Bridgeport/Stamford/Danbury/Waterbury, CT
1997 Ed. (2355, 2761)
1999 Ed. (2833, 3389)
2000 Ed. (1070, 4364)
New Haven-Bridgeport-Stamford-Waterbury-Danbury, CT
2000 Ed. (2615, 3118)
2002 Ed. (3332)
2004 Ed. (981, 2984)
New Haven, CT
1989 Ed. (2099)
1992 Ed. (1163)
1994 Ed. (968)
1995 Ed. (2808)
1996 Ed. (2864)
2001 Ed. (2802)
2002 Ed. (2996)
2008 Ed. (3115)
2010 Ed. (3133)
2017 Ed. (771)
2021 Ed. (3315)
New Haven-Meriden, CT
1992 Ed. (2549)
2002 Ed. (2459)
2003 Ed. (2699)
2005 Ed. (2974)
New Haven-Milford, CT
2021 Ed. (3364)
2022 Ed. (3414)
2023 Ed. (3000)
New Haven Register
1989 Ed. (2063)
1990 Ed. (2709)
New Haven Savings Bank
1998 Ed. (3539)
2003 Ed. (478)
2004 Ed. (473)
2005 Ed. (355, 481)
New Haven Teachers Credit Union
1996 Ed. (1507)
New Haven; University of
2013 Ed. (751)
New Haven-Waterbury, CT
2004 Ed. (3456, 3460, 3461, 3465)
New Holland NV
1999 Ed. (3604)
New Holland Tractor Ltd.
2002 Ed. (3224)
New Hollywood Video
1995 Ed. (3697)
The New Home Co.
2016 Ed. (1400)
2017 Ed. (1134)
2018 Ed. (1060, 1066, 1078, 1397)
2019 Ed. (1089, 1441)
2020 Ed. (1403)
2021 Ed. (1032)
New Hope
2012 Ed. (1322, 1333)
New Hope Holding Group
2023 Ed. (2882)
New Hope Liuhe
2014 Ed. (2726)
2015 Ed. (2781)
2016 Ed. (1501, 2711)
2017 Ed. (2666)
2018 Ed. (2725)
2019 Ed. (3949, 3956)
2020 Ed. (2742, 3966, 3973)
2021 Ed. (3930, 3938)
2022 Ed. (3942, 3950)
2023 Ed. (4027)
New Hope Liuhe (China)
2021 Ed. (3938)
2022 Ed. (3950)

New Hope Liuhe Co., Ltd.
2023 Ed. (2730)
New Horizon Computer Learning Centers of Southern California
2012 Ed. (1365)
New Horizon Kids Quest Inc.
2004 Ed. (4583)
New Horizons
2011 Ed. (4714)
New Horizons Acquisition Corp.
2019 Ed. (3601)
New Horizons Community Credit Union
2007 Ed. (2107)
2008 Ed. (2222)
2009 Ed. (2205)
New Horizons Computer Learning Center
2006 Ed. (3514, 4353)
2008 Ed. (3710, 4395, 4962)
New Horizons Computer Learning Centers Inc.
2002 Ed. (4555)
2004 Ed. (4659)
2005 Ed. (4609)
2006 Ed. (4674)
New Horizons Computer Learning Centers of Southern California
2013 Ed. (1450, 1451)
2014 Ed. (1411, 1412)
2015 Ed. (1471, 1472)
2016 Ed. (1399)
New Horizons Enterprises
2014 Ed. (1721)
New Horizons Telecom, Inc.
2019 Ed. (1388)
The New Huntington Town House
2000 Ed. (4434)
New Iberia, LA
2012 Ed. (3497)
New Ideas
2006 Ed. (212)
New Image International
2023 Ed. (2322)
New & Improved: The Story of Mass Marketing in America
2006 Ed. (588)
New Indigo Resources
1997 Ed. (1376)
New Intelligence
2005 Ed. (2273)
New International Terminal
2000 Ed. (1227)
New Ireland Assurance Co.
2021 Ed. (3052)
2022 Ed. (3186)
2023 Ed. (3279)
New Japan Securities
1992 Ed. (1997, 2026)
1995 Ed. (1352)
New Japan Securities Europe
1990 Ed. (1678)
New Jersey
1989 Ed. (1, 3, 4, 310, 318, 746, 869, 870, 871, 1507, 1508, 1641, 1649, 1650, 1668, 1897, 1908, 1909, 1910, 2529, 2532, 2534, 2537, 2538, 2550, 2552, 2555, 2559, 2565, 2614, 2895, 2913, 2927, 2928, 2930, 2931, 2934, 2935)
1990 Ed. (354, 356, 402, 744, 825, 827, 828, 832, 833, 1237, 2021, 2147, 2168, 2219, 2223, 2411, 2429, 2447, 2450, 2492, 2493, 2494, 2495, 2496, 2512, 2867, 3068, 3109, 3110, 3281, 3344, 3345, 3347, 3348, 3356, 3357, 3358, 3359, 3363, 3367, 3369, 3370, 3371, 3372, 3375, 3376, 3377, 3378, 3379, 3380, 3386, 3387, 3390, 3391, 3392, 3398, 3399, 3400, 3401, 3402, 3407, 3408, 3409, 3411, 3417, 3419, 3421, 3428, 3429, 3506, 3606, 3649, 3692)
1991 Ed. (1, 320, 322, 726, 786, 788, 790, 881, 882, 1155, 1157, 1651, 1811, 2084, 2162, 2163, 2314, 2351, 2360, 2361, 2362, 2363, 2364, 2365, 2396, 2397, 2512, 2514, 2768, 3177, 3179, 3182, 3183, 3186, 3188, 3190, 3191, 3194, 3195, 3197, 3198, 3203, 3204, 3207, 3344, 3460, 3481, 3486, 3487, 3488, 3492)
1992 Ed. (1, 439, 441, 908, 933, 968, 971, 973, 975, 976, 1079, 1080, 1396, 1481, 2279, 2286, 2414, 2862, 2866, 2878, 2907, 2915, 2920, 2924, 2942, 2943, 2944, 2945, 2946, 2947, 3353, 3359, 3484, 3493, 3495, 3542, 3750, 3811, 3812, 4075, 4076, 4077, 4079, 4080, 4083, 4086, 4091, 4092, 4093, 4094, 4097, 4098, 4099, 4100, 4101, 4108, 4110, 4111, 4113, 4114, 4115, 4116, 4121, 4122, 4124, 4125, 4127, 4344, 4386, 4405, 4406, 4435, 4442, 4443, 4444, 4445, 4448, 4451, 4452, 4454, 4455, 4457, 4481)
1993 Ed. (364, 724, 744, 870, 871, 1195, 1220, 1501, 1599, 1945, 1946, 2138, 2426, 2440, 2460, 2526, 2778, 2883, 3058, 3059, 3107, 3108, 3222, 3400, 3401, 3402, 3405, 3406, 3407, 3408,

3409, 3416, 3418, 3419, 3420, 3421, 3422, 3423, 3424, 3429, 3431, 3432, 3434, 3435, 3436, 3437, 3438, 3441, 3661, 3678, 3703, 3706, 3707, 3709, 3712, 3713, 3715, 3716, 3718)
1994 Ed. (161, 749, 1214, 1216, 1258, 1968, 1969, 2602, 2770, 2377, 2401, 2405, 2751, 2752, 2756, 2758, 2766, 3028, 3119, 3120, 3149, 3150, 3217, 3374, 3375, 3378, 3379, 3380, 3381, 3382, 3383, 3385, 3386, 3387, 3389, 3390, 3393, 3394, 3395, 3396, 3397, 3398, 3399, 3406, 3408, 3409, 3410, 3412, 3413, 3414, 3415, 3416, 3422, 3423, 3424, 3427, 3638)
1995 Ed. (244, 363, 918, 919, 1230, 1231, 1281, 1993, 1994, 2114, 2204, 2269, 2449, 2458, 2479, 2481, 2643, 2644, 2848, 2849, 2852, 2856, 2859, 2957, 3171, 3172, 3192, 3194, 3299, 3448, 3451, 3452, 3453, 3454, 3455, 3457, 3458, 3459, 3461, 3462, 3465, 3466, 3467, 3468, 3469, 3470, 3477, 3478, 3479, 3480, 3481, 3483, 3484, 3485, 3486, 3487, 3493, 3494, 3495, 3497, 3501, 3502, 3665, 3712, 3713, 3740, 3741, 3743, 3744, 3748, 3751, 3752, 3754)
1996 Ed. (898, 899, 1201, 1203, 1237, 1721, 2015, 2091, 2495, 2506, 2536, 2723, 2922, 2923, 2926, 2929, 2936, 3174, 3264, 3265, 3291, 3292, 3514, 3515, 3519, 3521, 3522, 3523, 3524, 3525, 3527, 3530, 3531, 3532, 3533, 3534, 3535, 3537, 3538, 3539, 3541, 3542, 3545, 3546, 3547, 3548, 3549, 3550, 3551, 3558, 3560, 3561, 3562, 3564, 3565, 3566, 3567, 3568, 3574, 3575, 3576, 3578, 3582, 3743, 3798, 3799, 3840, 3841, 3843, 3844, 3847, 3850, 3851, 3853)
1997 Ed. (1, 929, 930, 1247, 1249, 1283, 2137, 2138, 2219, 2637, 2648, 2681, 2683, 3011, 3015, 3017, 3131, 3363, 3364, 3388, 3389, 3562, 3563, 3565, 3572, 3573, 3575, 3576, 3577, 3578, 3579, 3581, 3582, 3585, 3586, 3587, 3588, 3589, 3590, 3591, 3598, 3599, 3600, 3601, 3602, 3604, 3605, 3606, 3607, 3614, 3615, 3617, 3618, 3620, 3621, 3624, 3786, 3850, 3851, 3888, 3889, 3891, 3892, 3895, 3898, 3899, 3915)
1998 Ed. (473, 671, 673, 732, 742, 1024, 1025, 1109, 1316, 1322, 1702, 1799, 1830, 1928, 1935, 1945, 2112, 2113, 2366, 2384, 2401, 2404, 2415, 2416, 2417, 2418, 2438, 2561, 2562, 2756, 2759, 2766, 2767, 2772, 3105, 3167, 3168, 3374, 3384, 3388, 3389, 3390, 3391, 3392, 3393, 3394, 3396, 3397, 3464, 3465, 3620, 3683, 3684, 3727, 3728, 3729, 3732, 3735, 3736, 3737, 3759)
1999 Ed. (392, 1058, 1060, 1145, 1171, 1457, 1458, 1535, 2587, 2681, 2811, 2834, 2911, 3140, 3196, 3217, 3221, 3223, 3224, 3258, 3267, 3268, 3269, 3270, 3271, 3720, 3726, 3727, 3732, 3892, 4121, 4122, 4151, 4152, 4406, 4407, 4409, 4410, 4411, 4412, 4414, 4415, 4416, 4419, 4420, 4421, 4423, 4426, 4427, 4428, 4432, 4433, 4434, 4435, 4436, 4437, 4438, 4440, 4441, 4446, 4450, 4455, 4456, 4457, 4458, 4462, 4463, 4464, 4465, 4467, 4664, 4726, 4727, 4775, 4776, 4777, 4781, 4782, 4783)
2000 Ed. (1005, 1007, 1086, 1317, 1318, 1378, 2327, 2452, 2454, 2465, 2475, 2507, 2603, 2608, 2645, 2658, 2659, 2939, 2956, 2960, 2962, 2963, 3005, 3006, 3008, 3009, 3010, 3188, 3429, 3439, 3449, 3557, 3831, 3866, 3867, 4094, 4098, 4101, 4106, 4108, 4109, 4110, 4111, 4114, 4299, 4355, 4356, 4398, 4399, 4400, 4401, 4404, 4405, 4407)
2001 Ed. (1, 9, 10, 273, 274, 396, 402, 410, 412, 414, 415, 548, 549, 550, 660, 661, 667, 719, 720, 977, 978, 992, 993, 1030, 1031, 1050, 1051, 1084, 1086, 1109, 1110, 1124, 1131, 1157, 1158, 1159, 1201, 1202, 1232, 1234, 1266, 1267, 1268, 1269, 1293, 1294, 1295, 1304, 1371, 1372, 1373, 1375, 1376, 1420, 1421, 1429, 1436, 1491, 1492, 1941, 1942, 1965, 1966, 1968, 1975, 1976, 1979, 1980, 2053, 2055, 2056, 2111, 2112, 2130, 2132, 2261, 2286, 2287, 2368, 2380, 2381, 2387, 2388, 2390, 2391, 2392, 2393, 2394, 2420, 2421, 2452, 2453, 2460, 2538, 2542, 2556, 2563, 2564, 2573, 2576, 2593, 2594, 2597, 2604, 2606, 2607, 2617, 2623, 2624, 2626, 2630, 2659, 2660, 2682, 2683, 2684, 2685, 2690, 2692, 2705, 2738, 2805, 2807, 2828, 2829, 2840, 2963, 2997, 2998,

2999, 3000, 3032, 3033, 3034, 3035, 3042, 3043, 3048, 3049, 3079, 3082, 3083, 3090, 3091, 3096, 3097, 3098, 3099, 3103, 3122, 3169, 3170, 3172, 3173, 3204, 3205, 3223, 3224, 3225, 3226, 3262, 3263, 3288, 3294, 3307, 3313, 3314, 3354, 3355, 3356, 3357, 3384, 3386, 3413, 3414, 3416, 3417, 3419, 3536, 3537, 3538, 3570, 3571, 3577, 3589, 3590, 3606, 3607, 3618, 3632, 3633, 3636, 3637, 3640, 3642, 3643, 3652, 3653, 3660, 3661, 3662, 3663, 3707, 3708, 3716, 3717, 3732, 3733, 3770, 3771, 3781, 3782, 3785, 3786, 3787, 3788, 3789, 3790, 3791, 3792, 3805, 3807, 3808, 3809, 3810, 3816, 3827, 3828, 3879, 3880, 3881, 3883, 3889, 3893, 3895, 3896, 3897, 3903, 3904, 3906, 3907, 3913, 3916, 3993, 3999, 4005, 4012, 4140, 4141, 4144, 4157, 4165, 4166, 4172, 4174, 4175, 4176, 4198, 4212, 4224, 4238, 4247, 4248, 4253, 4254, 4271, 4272, 4294, 4295, 4304, 4305, 4327, 4328, 4335, 4361, 4363, 4408, 4410, 4413, 4414, 4429, 4430, 4444, 4445, 4448, 4459, 4460, 4480, 4481, 4482, 4516, 4518, 4571, 4583, 4594, 4599, 4600, 4633, 4634, 4653, 4654, 4657, 4658, 4682, 4683, 4684, 4709, 4720, 4726, 4727, 4728, 4734, 4737, 4739, 4740, 4742, 4798, 4808, 4810, 4811, 4812, 4813, 4814, 4815, 4820, 4821, 4822, 4823, 4824, 4825, 4826, 4827, 4833, 4863, 4865, 4866, 4867, 4868, 4869, 4912, 4913, 4918, 4919)
2002 Ed. (367, 378, 454, 460, 469, 471, 474, 773, 959, 960, 961, 1102, 1401, 1402, 1825, 2063, 2064, 2067, 2068, 2121, 2352, 2353, 2401, 2403, 2552, 2625, 2742, 2843, 2844, 2845, 2846, 2847, 2848, 2851, 2865, 2868, 2874, 2877, 2881, 2882, 2883, 2897, 2899, 2902, 2903, 2944, 2946, 2947, 2961, 2971, 2977, 2978, 2979, 2980, 2981, 3053, 3089, 3091, 3112, 3117, 3118, 3119, 3124, 3199, 3201, 3235, 3300, 3327, 3708, 4072, 4074, 4103, 4112, 4114, 4142, 4143, 4144, 4145, 4149, 4150, 4151, 4152, 4153, 4154, 4176, 4177, 4178, 4179, 4286, 4308, 4367, 4368, 4370, 4373, 4374, 4375, 4537, 4554, 4682, 4732, 4739, 4740, 4741, 4763, 4765, 4775, 4776, 4777, 4778, 4779, 4915, 4916, 4917, 4918, 4920, 4921, 4992)
2003 Ed. (398, 400, 401, 411, 412, 415, 904, 905, 969, 1032, 1061, 1062, 1065, 1082, 1083, 1976, 1977, 2127, 2128, 2270, 2424, 2582, 2612, 2687, 2751, 2839, 2884, 2885, 2960, 2961, 2962, 2963, 2964, 2982, 2984, 2988, 3003, 3221, 3236, 3238, 3243, 3261, 3360, 3762, 3763, 3874, 3896, 3897, 3898, 4209, 4210, 4231, 4235, 4236, 4240, 4241, 4243, 4244, 4285, 4290, 4291, 4292, 4293, 4308, 4309, 4412, 4413, 4467, 4551, 4680, 4852, 4853, 4867, 4910, 4913, 4954, 4955, 4957, 4992)
2004 Ed. (379, 390, 391, 393, 436, 776, 805, 921, 922, 980, 1037, 1074, 1091, 1093, 1094, 1095, 1096, 1097, 1903, 2023, 2175, 2176, 2186, 2187, 2188, 2293, 2294, 2298, 2299, 2300, 2302, 2303, 2304, 2305, 2316, 2565, 2574, 2732, 2805, 2930, 2971, 2972, 2973, 2974, 2975, 2976, 2977, 2978, 2979, 2980, 2988, 2989, 2990, 2991, 2992, 2993, 2994, 3041, 3042, 3043, 3044, 3045, 3046, 3047, 3048, 3049, 3057, 3058, 3069, 3070, 3087, 3091, 3092, 3094, 3096, 3098, 3099, 3118, 3120, 3145, 3146, 3263, 3281, 3294, 3300, 3301, 3425, 3426, 3671, 3733, 3734, 3898, 3899, 3924, 3925, 3926, 4232, 4233, 4253, 4254, 4259, 4260, 4262, 4263, 4293, 4298, 4299, 4300, 4301, 4318, 4319, 4446, 4503, 4504, 4505, 4507, 4508, 4509, 4516, 4517, 4518, 4520, 4522, 4523, 4524, 4525, 4526, 4527, 4528, 4531, 4654, 4658, 4818, 4837, 4838, 4847, 4900, 4957, 4958, 4960, 4981, 4996)
2005 Ed. (386, 387, 403, 405, 409, 410, 412, 843, 912, 913, 1076, 1099, 1100, 1101, 2276, 2277, 2382, 2526, 2840, 2920, 2937, 2984, 2985, 2986, 3122, 3301, 3319, 3441, 3643, 3690, 3837, 3838, 3872, 3873, 3874, 3945, 4195, 4196, 4233, 4234, 4392, 4472, 4598, 4599, 4600, 4608, 4828, 4829, 4939, 4940, 4941)
2006 Ed. (373, 1094, 2344, 2345, 2428, 2834, 2981, 2982, 3069, 3070, 3080, 3084, 3097, 3103, 3104, 3112, 3115, 3117, 3130, 3132, 3136, 3155, 3156, 3259, 3307, 3450, 3783, 3905, 3935, 3936, 3937, 4158, 4410, 4475, 4663, 4664, 4673)
2007 Ed. (356, 1198, 1199, 2177, 2185, 2191, 2192, 2193, 2272, 2274, 2280, 2281, 2372, 2520, 3009, 3014, 3015, 3210, 3371, 3474, 3781, 3794, 3954, 3993, 3994, 3995, 4021, 4022, 4472, 4534, 4683, 4684, 4694)
2008 Ed. (1104, 1105, 1757, 2299, 2309, 2313, 2405, 2406, 2407, 2414, 2415, 2416, 2492, 2906, 2958, 3118, 3129, 3130, 3133, 3134, 3266, 3351, 3471, 3648, 3859, 3868, 3984, 4010, 4048, 4356, 4361, 4455, 4497, 4593, 4594, 4603, 4729, 4838, 4940, 4996)
2009 Ed. (1082, 1083, 2290, 2299, 2304, 2405, 2413, 2414, 2415, 2498, 2499, 2667, 2676, 2877, 3038, 3207, 3214, 3215, 3216, 3217, 3298, 3430, 3476, 3550, 3551, 3554, 3577, 3712, 3876, 4066, 4087, 4119, 4245, 4455, 4494, 4527, 4637, 4638, 4651, 4765, 4961)
2010 Ed. (926, 1055, 1056, 1057, 2235, 2236, 2239, 2324, 2325, 2326, 2358, 2412, 2413, 2578, 3138, 3145, 3146, 3147, 3225, 3272, 3360, 3470, 3472, 3630, 3844, 3984, 3999, 4182, 4537, 4567, 4568, 4665, 4666, 4667, 4679, 4716, 4779, 4969)
2011 Ed. (993, 994, 995, 2250, 2313, 2321, 2322, 2354, 2415, 2416, 2553, 2560, 3105, 3112, 3113, 3114, 3188, 3241, 3315, 3473, 3481, 3631, 3846, 3990, 4007, 4180, 4445, 4475, 4531, 4615, 4616, 4631, 4674, 4730, 4958)
2012 Ed. (907, 908, 909, 917, 918, 919, 2214, 2224, 2226, 2278, 2279, 2337, 2505, 3042, 3048, 3049, 3050, 3147, 3208, 3301, 3483, 3485, 3631, 4003, 4164, 4230, 4377, 4485, 4490, 4533, 4620, 4621, 4631, 4952)
2013 Ed. (739, 1064, 1157, 1387, 2315, 2421, 2518, 2519, 2523, 2654, 2703, 2833, 3044, 3129, 3130, 3133, 3134, 3224, 3528, 3537, 3830, 4039, 4122, 4153, 4434, 4447, 4490, 4572, 4573, 4575, 4576, 4577, 4584, 4585, 4723, 4773, 4996)
2014 Ed. (620, 621, 622, 3133, 3134, 3243, 3513, 3765, 4073, 4137, 4478, 4498, 4625, 4629, 4630, 4634, 4635, 4636)
2015 Ed. (691, 692, 2293, 3196, 3519, 3528, 3779, 4055, 4056, 4473, 4498, 4624)
2016 Ed. (631, 3053, 3379, 3961, 3962, 4015, 4378, 4430, 4542)
2017 Ed. (1820, 3003, 3004, 3096, 3338, 3941, 3942, 3943, 3944, 4007, 4372, 4532, 4536, 4537, 4541, 4542, 4543, 4997)
2018 Ed. (624, 3127, 3128, 3401, 3963, 3964, 4029, 4381, 4557, 4559, 4561, 4562, 4566, 4568, 4772, 4996)
2019 Ed. (639, 2157, 3059, 3060, 3376, 3938, 3939, 3940, 4022, 4405, 4450, 4451, 4558, 4559, 4560, 4562, 4563, 4569, 4911, 4996)
2020 Ed. (619, 820, 992, 3379, 3953, 3954, 3955, 4438, 4439)
2021 Ed. (577, 3331, 3354, 3365, 3366, 3919, 3920, 4437)
2022 Ed. (605, 2352, 2885, 3395, 3404, 3415, 3416, 3931, 3932, 4448, 4900, 4999)
2023 Ed. (846, 2517, 2891, 3054, 3530, 3539, 3544, 3545, 4469, 4470, 4889)
Northern New Jersey
  2023 Ed. (2285)
New Jersey - American Water Co.
  2002 Ed. (4711)
New Jersey - American Water Company
  2000 Ed. (3678)
New Jersey Bell
  1989 Ed. (2039)
  1990 Ed. (2676)
  1991 Ed. (2578)
  1992 Ed. (3217)
  1993 Ed. (2706)
  1994 Ed. (2656)
New Jersey Bell Telephone Co.
  1995 Ed. (2758)
New Jersey Best Lawns, Sprinklers & Fencing
  2016 Ed. (3309)
New Jersey Building Authority
  1991 Ed. (2526)
  1997 Ed. (2844)
  2000 Ed. (3203)
New Jersey Business Forms
  2010 Ed. (4034)
  2014 Ed. (4095)
  2019 Ed. (3964, 3966, 3969)
  2020 Ed. (3985, 3987)
New Jersey City University
  2002 Ed. (1108)
New Jersey Convention & Exposition Center
  2002 Ed. (1335)

New Jersey & Delaware Valley
  1997 Ed. (2207)
New Jersey Department of Corrections
  1994 Ed. (1889)
  1995 Ed. (1917)
  1996 Ed. (1953)
  1997 Ed. (2056)
  2001 Ed. (2486)
New Jersey Devils
  1998 Ed. (3357)
  2000 Ed. (2476)
  2003 Ed. (4509)
  2010 Ed. (2990)
  2011 Ed. (2959)
New Jersey Division
  1999 Ed. (3718)
  2001 Ed. (3664, 3666, 3671, 3672, 3679, 3685)
  2002 Ed. (3601, 3603, 3606, 3607, 3614)
New Jersey Division of Investment
  1989 Ed. (2162)
  1990 Ed. (2781, 2784)
  1991 Ed. (2687, 2691, 2695)
  1992 Ed. (3356)
  1993 Ed. (2777, 2781)
  1994 Ed. (2770)
  1996 Ed. (2940)
  1998 Ed. (2762)
  2000 Ed. (3432)
  2004 Ed. (2024, 2025, 3788, 3789)
New Jersey Divison of Investment
  1991 Ed. (2693)
New Jersey Economic Development Authority
  1991 Ed. (1478)
  1993 Ed. (1544, 2616)
  1995 Ed. (1621, 2230, 2646)
  1997 Ed. (2363, 2846, 3217)
  1998 Ed. (2572)
  1999 Ed. (2844)
  2000 Ed. (2621, 3189, 3205)
  2001 Ed. (765, 874, 890)
New Jersey Economic Division
  2000 Ed. (3188)
New Jersey Educational Facilities Authority
  1998 Ed. (3159)
New Jersey, Gos
  1997 Ed. (2845)
  1999 Ed. (3473)
New Jersey Health Care Facilities Agency
  2001 Ed. (874)
New Jersey Health Care Facilities Finance Authority
  1990 Ed. (2649)
New Jersey Health Care Facilities Financial Authority
  1993 Ed. (2618)
  1997 Ed. (2842)
New Jersey Healthcare Facilities Finance Authority
  2000 Ed. (3197)
New Jersey Housing & Mortgage Finance Agency
  1991 Ed. (1986, 2519)
New Jersey Housing & Mortgage Financial Agency
  1995 Ed. (2192)
New Jersey Institute of Technology
  2009 Ed. (2586)
  2011 Ed. (2504)
  2014 Ed. (775)
  2015 Ed. (817)
New Jersey Manufacturers Insurance Co.
  2013 Ed. (1927)
  2014 Ed. (1866)
  2015 Ed. (1902)
  2016 Ed. (1865)
  2017 Ed. (1824)
  2018 Ed. (1769)
  2019 Ed. (1828)
  2020 Ed. (1771)
  2021 Ed. (1739)
New Jersey National Bank
  1991 Ed. (625)
  1992 Ed. (800)
  1996 Ed. (638)
New Jersey Natural Gas Co.
  2002 Ed. (4711)
  2016 Ed. (4023)
New Jersey Nets
  2003 Ed. (4508)
New Jersey Office Supply
  1992 Ed. (3289)
New Jersey Performing Arts Center
  1994 Ed. (1903)
  1995 Ed. (1930)
New Jersey Resources
  2017 Ed. (2321)
New Jersey Resources Corp.
  2000 Ed. (3678)
  2004 Ed. (2723, 2724, 3670)
  2005 Ed. (2713, 2714, 2726, 2728, 3588, 3769)
  2006 Ed. (2688, 2689, 2692)
  2007 Ed. (2682)
  2008 Ed. (2812)
New Jersey Sports & Exposition Authority
  1995 Ed. (2650)

New Jersey; State of
  1995 Ed. (2758)
New Jersey Transit
  2015 Ed. (1060)
  2017 Ed. (1005)
  2018 Ed. (4690)
New Jersey Transit Bus Operations Inc.
  2006 Ed. (3296, 3297)
New Jersey Transit Corp
  1994 Ed. (801, 802, 1076, 2408)
New Jersey Transit Corp.
  1991 Ed. (808)
  1992 Ed. (989)
  1993 Ed. (786, 1544)
  1995 Ed. (852)
  1996 Ed. (832)
  1997 Ed. (840)
  1998 Ed. (538, 2403)
  1999 Ed. (956, 3989)
  2000 Ed. (900, 3102)
  2001 Ed. (3158, 3159)
  2002 Ed. (3904, 3905)
  2003 Ed. (3239, 3240)
  2004 Ed. (3295, 3296)
  2005 Ed. (3309, 3992)
  2006 Ed. (687, 3296, 3297)
  2008 Ed. (756, 1103, 3455)
  2009 Ed. (751, 1081, 3533)
  2010 Ed. (696, 1054, 3457)
  2011 Ed. (624, 990)
  2012 Ed. (594, 905, 906)
  2013 Ed. (729, 1060)
  2014 Ed. (751, 1024)
  2015 Ed. (789)
  2016 Ed. (709, 967)
  2017 Ed. (770, 1004)
  2018 Ed. (703)
  2019 Ed. (717)
  2020 Ed. (708)
  2021 Ed. (714)
New Jersey Transit Corporation
  1989 Ed. (830)
  1990 Ed. (847)
  2000 Ed. (2994)
New Jersey Transit System
  1998 Ed. (537)
New Jersey Transportation Trust Fund
  2001 Ed. (874)
New Jersey Transportation Trust Fund Authority
  1997 Ed. (2831, 3794)
  1998 Ed. (3616)
  1999 Ed. (3472, 4658)
  2000 Ed. (4297)
New Jersey Turnpike Authority
  1990 Ed. (3505)
  1991 Ed. (2532)
  1993 Ed. (2613, 2614, 3623)
  1994 Ed. (3363)
  1995 Ed. (2643, 2644, 3663)
  1996 Ed. (2723)
  1997 Ed. (2845)
  1999 Ed. (3473)
  2000 Ed. (3188)
New Jersey Veterans Memorial Hospital
  1990 Ed. (1739)
The New Jim Crow
  2022 Ed. (587)
New Kid on the Block
  1995 Ed. (1105)
New Kids on the Block
  1992 Ed. (1348, 1982)
  1993 Ed. (1077, 1078, 1080, 1633)
  1994 Ed. (1667)
New Kids Hangin Tough Live
  1992 Ed. (4396)
New Landsbanki Islands hf
  2012 Ed. (1549)
  2013 Ed. (1695)
New Light Technologies Corp.
  2017 Ed. (1272)
New Ltd.
  1990 Ed. (1236)
New Line
  1993 Ed. (2596)
  1996 Ed. (2690, 2691)
  1997 Ed. (2816)
  2001 Ed. (3358)
  2006 Ed. (3575)
  2008 Ed. (3753)
  2009 Ed. (3778)
New Line Cinema
  1991 Ed. (2390, 3328)
  1992 Ed. (318, 321, 4245)
  1994 Ed. (2020)
  1995 Ed. (2070)
  1997 Ed. (2819)
  1998 Ed. (2532)
  1999 Ed. (3442, 3445, 4715)
  2000 Ed. (33, 3164)
  2001 Ed. (3360)
  2002 Ed. (3393, 3394, 3396)
  2003 Ed. (3451, 3452)
  2004 Ed. (3512, 4141)
  2005 Ed. (3517)
  2006 Ed. (3574)
  2007 Ed. (3639)
  2008 Ed. (3752)

2009 Ed. (3776)
2010 Ed. (3707)
New Line/Fine Line
 2000 Ed. (3165)
New LineCinema
 2000 Ed. (793)
New London Communications Inc.
 2008 Ed. (4024)
New London Day
 1989 Ed. (2063)
 1990 Ed. (2709)
New London-Norwich, CT-RI
 2004 Ed. (4221)
New London Press Inc.
 2003 Ed. (3928)
New London Security Credit Union
 1996 Ed. (1507)
 2003 Ed. (1900)
New London Trust Co.
 1994 Ed. (597)
New Look
 2000 Ed. (3879)
 2011 Ed. (581)
New Look Eyewear Inc.
 2015 Ed. (2952)
New Look Group
 2005 Ed. (1031)
New Madrid; City of
 1996 Ed. (2240)
New Madrid, MO
 1995 Ed. (1619)
New Market
 2010 Ed. (857)
New Market Cos.
 1993 Ed. (3304, 3305, 3314)
New Market Development Co. Ltd.
 1992 Ed. (3970)
New Market Management
 1994 Ed. (3304)
New Math Blaster Plus
 1995 Ed. (1105)
 1996 Ed. (1084)
New Mauritius Hotels Ltd.
 2002 Ed. (4443, 4444)
 2006 Ed. (4520)
New Meadowlands Stadium
 2012 Ed. (4526)
New Mexico
 1989 Ed. (2551, 2561, 2562, 2617)
 1990 Ed. (759, 1748, 2021, 3347, 3349, 3350, 3356, 3362, 3368, 3376, 3382, 3383, 3396, 3397, 3406, 3416, 3426, 3427)
 1991 Ed. (2350, 2815, 2916, 3178, 3184, 3193, 3201, 3202, 3208, 3338, 3344)
 1992 Ed. (1757, 2414, 2651, 2914, 2921, 2927, 3084, 4023, 4076, 4081, 4089, 4090, 4105, 4109, 4264, 4429, 4436)
 1993 Ed. (2153, 3398, 3399, 3413, 3414, 3417, 3440, 3548)
 1994 Ed. (2414, 2535, 3376, 3377, 3403, 3421, 3507)
 1995 Ed. (2114, 3449, 3450, 3474, 3475, 3492, 3592, 3733)
 1996 Ed. (35, 3513, 3516, 3517, 3518, 3528, 3529, 3543, 3555, 3556, 3559, 3668, 3832)
 1997 Ed. (1, 1573, 3148, 3228, 3562, 3567, 3569, 3570, 3571, 3583, 3594, 3595, 3596, 3622, 3623, 3727, 3785)
 1998 Ed. (466, 472, 1945, 1977, 2041, 2059, 2386, 3376, 3381, 3382, 3385, 3390, 3392, 3465, 3512, 3611, 3755)
 1999 Ed. (1209, 1211, 1848, 2812, 4401, 4402, 4418, 4420, 4430, 4440, 4444, 4447, 4448, 4453, 4454, 4460, 4466, 4536, 4581, 4765)
 2000 Ed. (2475, 3689, 4097, 4105, 4111, 4179, 4235, 4290, 4393)
 2001 Ed. (412, 413, 1287, 2361, 2580, 2705, 3032, 3033, 3524, 3526, 3527, 3573, 3574, 3654, 3738, 3747, 3748, 3768, 3769, 4228, 4260, 4261, 4311, 4505, 4580, 4581, 4837, 4923)
 2002 Ed. (450, 464, 474, 475, 476, 948, 1115, 1904, 1906, 2067, 2230, 2231, 2549, 2552, 2896, 3202, 3600, 3735, 3804, 3805, 4105, 4142, 4143, 4144, 4155, 4157, 4286, 4371, 4372, 4605, 4607, 4706, 4909)
 2003 Ed. (393, 397, 402, 410, 413, 416, 417, 442, 1057, 1058, 1064, 2751, 2829, 2886, 3628, 3758, 4231, 4233, 4235, 4236, 4238, 4243, 4244, 4250, 4285, 4286, 4289, 4294, 4295, 4400, 4418, 4419, 4724, 4821)
 2004 Ed. (367, 368, 380, 382, 388, 395, 396, 775, 896, 1066, 1071, 1075, 1076, 2295, 2537, 2568, 2569, 2981, 3477, 3478, 3675, 3783, 3837, 4270, 4304, 4308, 4412, 4453, 4514, 4515, 4529, 4530, 4702, 4819, 4979)
 2005 Ed. (400, 401, 414, 415, 422, 2525, 2840, 2987, 2988, 3589, 3701, 4197, 4198, 4229, 4241, 4362, 4723, 4794)
 2006 Ed. (2755, 2834, 2983, 3131, 3301,
 3690, 3790, 3945, 4014, 4305, 4477, 4664)
 2007 Ed. (2371, 3016, 3685, 3788, 4003, 4046, 4371, 4684)
 2008 Ed. (2414, 2641, 2897, 2958, 3135, 3280, 3281, 3482, 3779, 3862, 4082, 4594)
 2009 Ed. (2399, 2413, 2667, 3034, 3038, 3218, 3286, 3336, 3337, 3552, 3577, 3814, 3921, 4195, 4244, 4638, 4639, 4766)
 2010 Ed. (1060, 2324, 2571, 2577, 2775, 2880, 2959, 3148, 3149, 3150, 3272, 3273, 3274, 3361, 3471, 3495, 3742, 3839, 4130, 4666, 4667, 4668)
 2011 Ed. (749, 998, 2320, 2548, 2552, 2765, 2862, 2921, 3115, 3116, 3117, 3241, 3242, 3316, 3742, 3842, 4095, 4616, 4617)
 2012 Ed. (686, 910, 922, 2217, 2222, 2497, 2504, 2792, 2856, 3051, 3052, 3053, 3136, 3206, 3207, 3303, 4129, 4621, 4622)
 2013 Ed. (1156, 2316, 2657, 2704, 2835, 3271, 3568, 3732, 3840, 4123, 4571, 4576, 4578, 4587, 4724, 4973)
 2014 Ed. (2472, 3230, 4138, 4498, 4628, 4635, 4637, 4761)
 2015 Ed. (3767, 4782)
 2016 Ed. (3682, 4430, 4685)
 2017 Ed. (4008, 4535, 4542)
 2018 Ed. (4030, 4560, 4567, 4687)
 2019 Ed. (2209, 4023, 4561, 4568, 4692)
 2020 Ed. (2207, 4289, 4658)
 2021 Ed. (3330, 3362, 3363, 4264, 4683, 4906)
 2022 Ed. (2351, 2356, 3394, 3412, 3413, 3706, 3959, 4276, 4901)
 2023 Ed. (2516, 2565, 3529, 3542, 3543, 4674, 4890)
State of New Mexico
 2023 Ed. (4047)
New Mexico, Anderson School of Management; University of
 2011 Ed. (651)
 2012 Ed. (612)
 2013 Ed. (754)
 2014 Ed. (774)
New Mexico Bank & Trust
 2021 Ed. (343, 390)
 2022 Ed. (355, 403)
 2023 Ed. (525)
New Mexico Education Asst. Foundation
 1997 Ed. (3383)
New Mexico Educators Credit Union
 2002 Ed. (1881)
 2003 Ed. (1935)
 2004 Ed. (1926, 1975)
 2005 Ed. (2117)
 2006 Ed. (2212)
 2007 Ed. (2133)
 2008 Ed. (2248)
 2009 Ed. (2234)
 2010 Ed. (2188)
 2011 Ed. (2206)
 2012 Ed. (2067)
 2013 Ed. (2214, 2249)
 2014 Ed. (2181)
 2015 Ed. (2245)
 2016 Ed. (2216)
New Mexico Educators Federal Credit Union
 1997 Ed. (1561)
New Mexico Employees
 1997 Ed. (3025)
New Mexico Gas Co.
 2014 Ed. (1869)
 2015 Ed. (1905)
 2016 Ed. (1868)
 2019 Ed. (1831)
 2020 Ed. (1774)
New Mexico, Graduate School of Management; University of
 2005 Ed. (800)
 2006 Ed. (724)
New Mexico Hospitals; University of
 2014 Ed. (3106)
 2015 Ed. (3148)
 2016 Ed. (3003)
New Mexico Institute of Mining and Technology
 2000 Ed. (1837)
 2001 Ed. (2259)
New Mexico, Robert O. Anderson School of Management; University of
 2007 Ed. (808)
New Mexico State Fair
 1992 Ed. (2066)
 1993 Ed. (1709)
 1994 Ed. (1725)
 1995 Ed. (1733)
 1996 Ed. (1718)
 1997 Ed. (1805)
 1998 Ed. (1518)
New Mexico State Fair, Albuquerque
 1991 Ed. (1635)
New Mexico State Permanent Fund
 1992 Ed. (3357)
 1993 Ed. (2782)
 1994 Ed. (2771)
 1996 Ed. (2941)
 2000 Ed. (3431)
New Mexico State University
 1996 Ed. (949)
 1997 Ed. (971)
 1998 Ed. (710, 711)
 1999 Ed. (1106, 1108)
 2000 Ed. (1034, 1037)
 2002 Ed. (1029, 1032)
 2010 Ed. (730, 2504)
New Mexico State Veterans Home
 2016 Ed. (1868)
New Mexico; University of
 1996 Ed. (2458)
 1997 Ed. (2603)
 2007 Ed. (3462)
 2008 Ed. (2575, 3430, 3637)
 2009 Ed. (2601, 3504, 3700)
 2010 Ed. (2504, 3434, 3616)
 2011 Ed. (2505, 3418, 3618)
 2012 Ed. (2426, 3434, 3612)
 2015 Ed. (816)
New Milford Bank & Trust Co.
 1989 Ed. (636)
 1990 Ed. (647)
New Millennium Building Solutions
 2002 Ed. (3320)
New Mission Systems International
 2011 Ed. (4178)
New Missions Systems International
 2008 Ed. (4136)
New Moon
 2009 Ed. (577)
 2010 Ed. (559, 562)
 2011 Ed. (489, 491, 492)
New Moon: The Official Illustrated Movie Companion
 2011 Ed. (492)
New Musical Express
 2000 Ed. (3500)
New NGC Inc.
 2012 Ed. (4095)
 2013 Ed. (1958)
 2014 Ed. (1894)
 2015 Ed. (1939)
 2016 Ed. (1909)
 2017 Ed. (1883)
New Nigeria Bank
 1991 Ed. (416)
New Oji Paper
 1996 Ed. (1961)
 1997 Ed. (2074, 2075, 2994)
New Omaha Holdings LP
 2012 Ed. (2889)
New Oriental
 2021 Ed. (753)
 2022 Ed. (760)
 2023 Ed. (967)
New Oriental Education & Technology Group
 2013 Ed. (1422)
New Oriental Education & Technology Group Inc.
 2008 Ed. (4287)
 2012 Ed. (1496, 2212)
 2013 Ed. (2394)
New Orleans
 1992 Ed. (1012, 4191)
 2000 Ed. (3572)
New Orleans Ernest N. Morial Convention Center
 2018 Ed. (1277)
New Orleans, LA
 1989 Ed. (738, 828, 845)
 1990 Ed. (738, 1008, 1150, 1467, 2487, 2882, 2883, 2884, 2885)
 1991 Ed. (716, 828, 1103, 1940, 2550, 2631, 2756, 2901)
 1992 Ed. (896, 898, 2514, 2549, 3140, 3293, 3491, 3492, 3493, 3494, 3495, 3497, 3499, 3501, 3502, 4190)
 1993 Ed. (710, 1455, 2071, 3606)
 1994 Ed. (719, 720, 822, 952, 2472, 2913, 2944)
 1995 Ed. (676, 677, 872, 2539)
 1996 Ed. (748, 2209, 2864)
 1997 Ed. (678, 1000, 1117, 2140)
 1998 Ed. (738, 2693)
 1999 Ed. (254, 356, 1175, 2095, 3215, 3374, 3859)
 2000 Ed. (2954)
 2001 Ed. (2274, 2721, 2797, 4611)
 2002 Ed. (870, 1061, 2218, 2219, 2220, 2221, 4646)
 2003 Ed. (872, 3418, 3419, 3679, 3681, 3902, 3903, 3904, 3905, 3906, 3907, 3908, 3909, 3911, 3912, 3913, 4054, 4775, 4871)
 2004 Ed. (848, 3733, 3736, 4081, 4753, 4852)
 2005 Ed. (3064, 3644)
 2006 Ed. (748, 3742, 4099, 4785)
 2007 Ed. (2368)
 2008 Ed. (2489, 4119)
 2009 Ed. (2495)
 2010 Ed. (2408, 3134, 3135)
 2011 Ed. (2558)
 2012 Ed. (181, 3148, 4003)
 2013 Ed. (3225)
 2014 Ed. (3244)
 2017 Ed. (2175, 3097, 3939, 3940, 3941)
 2018 Ed. (706, 4448)
 2021 Ed. (3322)
 2023 Ed. (3562)
New Orleans-Metairie-Kenner, LA
 2005 Ed. (3336)
 2012 Ed. (3496, 4370)
New Orleans-Metairie, LA
 2021 Ed. (3374)
 2022 Ed. (3424)
New Orleans-Metarie-Kenner, LA
 2007 Ed. (4885)
 2008 Ed. (4817)
 2009 Ed. (4842)
New Orleans Original
 2002 Ed. (3151, 3155)
New Orleans Police Department Credit Union
 2003 Ed. (1888, 1895, 1898)
New Orleans Police Department Employees Credit Union
 2004 Ed. (1932, 1935)
New Orleans Time-Picayune
 1991 Ed. (2601)
New Orleans Times-Picayune
 1990 Ed. (2701)
New Orleans,LA
 2000 Ed. (3575)
New Oroperu Resources Inc.
 2009 Ed. (1581)
New Path Media
 2004 Ed. (1868)
New Pattern Inc.
 2000 Ed. (4054)
New Penn Financial
 2016 Ed. (3618, 3623)
 2017 Ed. (3590)
New Penn Motor Express
 1993 Ed. (3631, 3632)
 1994 Ed. (3591, 3592)
 1995 Ed. (3671, 3673)
 1998 Ed. (3640, 3641)
 1999 Ed. (4684, 4685)
 2000 Ed. (4312, 4315)
 2002 Ed. (4690, 4691, 4698)
 2003 Ed. (4802, 4803)
 2004 Ed. (4789, 4790)
 2005 Ed. (4761, 4762)
New Perspective
 1991 Ed. (2558)
 1992 Ed. (3151)
 1993 Ed. (2661, 2692)
 1994 Ed. (2605, 2646)
 1995 Ed. (2679, 2743)
 1996 Ed. (2754, 2775)
 1997 Ed. (2883)
 2000 Ed. (3232, 3291)
 2004 Ed. (2464)
New Perspective Fund
 2003 Ed. (2361, 2364)
 2004 Ed. (3645)
New PHD Ltd.
 2001 Ed. (235)
 2002 Ed. (3279)
New Philadelphia-Dover, OH
 2016 Ed. (3384)
New Plan Excel Realty Trust Inc.
 2000 Ed. (4019)
 2001 Ed. (4009, 4250)
 2002 Ed. (4279)
 2003 Ed. (4065, 4411)
 2004 Ed. (4091)
 2005 Ed. (4025)
 2006 Ed. (4055)
 2007 Ed. (4106)
 2008 Ed. (4127, 4334)
 2009 Ed. (4237)
New Plan Realty
 1995 Ed. (3069)
New Plan Realty Trust
 1989 Ed. (2287)
 1990 Ed. (2956)
 1991 Ed. (1232, 2808, 2816)
 1992 Ed. (1541, 3616, 3628, 3961, 3971)
 1993 Ed. (1246, 2961, 3315)
 1994 Ed. (1289, 3000, 3303)
 1996 Ed. (3427)
 1998 Ed. (3297, 3301)
 1999 Ed. (3663, 3664)
 2000 Ed. (4018, 4020)
New Port Richey Hospital
 2000 Ed. (2527)
New Prime Inc.
 2001 Ed. (1798)
 2003 Ed. (1767)
 2004 Ed. (1804)
 2005 Ed. (1875)
 2006 Ed. (1896)
 2007 Ed. (1888)
 2008 Ed. (1943)
 2009 Ed. (1903)
 2010 Ed. (1839)

N.E.W. Printing
 2016 Ed. (3998)
New Process Co.
 1990 Ed. (2508)
New Providence Co.
 2009 Ed. (4132)
New Re
 2001 Ed. (2957, 2958)
New Real SpA
 2006 Ed. (1430)
The New Realities: In Goverment and Politics/In Economics and Business/In Society and World View
 1991 Ed. (708)
New Relic
 2016 Ed. (1034)
 2017 Ed. (1063)
 2018 Ed. (989, 994)
 2019 Ed. (993)
 2020 Ed. (977)
 2021 Ed. (958)
 2022 Ed. (994)
 2023 Ed. (1166)
New Relic Inc.
 2019 Ed. (981)
New Republic Savings Bank
 2021 Ed. (4313)
New Residential Investment
 2018 Ed. (3335)
 2019 Ed. (3311)
 2020 Ed. (3313)
New Resources Corp.
 1997 Ed. (846, 1140)
 1998 Ed. (543)
New Richmond National Bank
 2004 Ed. (542)
New River Electrical Corp.
 1992 Ed. (1419)
 1993 Ed. (1132)
 1995 Ed. (1167)
 1996 Ed. (1142)
 1997 Ed. (1171)
 1998 Ed. (957)
 1999 Ed. (1378)
 2008 Ed. (1267)
New River Pharmaceuticals Inc.
 2006 Ed. (4256)
 2007 Ed. (4571, 4587)
 2008 Ed. (4288)
New School Online University
 2003 Ed. (3036)
New Seasons Market
 2013 Ed. (1984)
 2014 Ed. (1923)
 2017 Ed. (4197)
 2018 Ed. (1332, 4224)
 2019 Ed. (4251)
New Senior Investment Group
 2020 Ed. (4136)
 2021 Ed. (4089)
 2022 Ed. (4119)
New Skin
 2002 Ed. (2282)
 2003 Ed. (2484)
 2004 Ed. (2615)
 2018 Ed. (2680, 2681)
 2019 Ed. (2659)
 2020 Ed. (2675)
 2021 Ed. (2584)
 2023 Ed. (2829)
New Source Energy Partners
 2016 Ed. (3820, 3821, 3822)
New Source Medical
 2022 Ed. (1673)
New South
 1998 Ed. (2424, 3152)
New South Bank for Savings FSB
 1990 Ed. (3125)
New South Construction Co.
 2011 Ed. (1221)
 2018 Ed. (1114)
 2019 Ed. (1124)
 2020 Ed. (1114)
 2022 Ed. (1117)
 2023 Ed. (1336)
New South Construction Supply LLC
 2009 Ed. (2045)
New South Credit Union
 2006 Ed. (2165)
 2008 Ed. (2212, 2213)
New South Equipment Mats
 2013 Ed. (1146)
New South Federal Savings Bank
 1990 Ed. (3130)
New South Wales Lotteries
 2002 Ed. (3078)
New South Wales Treasury Corp.
 2002 Ed. (2269)
 2005 Ed. (3224)
New South Wales; University of
 2010 Ed. (1015)
New State & Local
 1995 Ed. (2859)
New Story
 2021 Ed. (190)
New Straits Times Press
 1997 Ed. (1475)
 2000 Ed. (1295, 1298)

New Super Mario Bros. Wii
 2012 Ed. (4825)
New Super Mario Brothers
 2008 Ed. (4811)
New Systems HandelsgmbH
 2021 Ed. (1384, 3773)
New Tech Solutions
 2022 Ed. (3673)
 2023 Ed. (3777)
New Tech Solutions Inc.
 2017 Ed. (1271, 3571)
 2018 Ed. (3630)
 2019 Ed. (3623)
 2021 Ed. (3622)
 2023 Ed. (3776)
New Tech Solutions, Inc.
 2022 Ed. (1252, 1258)
New Technology Management
 2001 Ed. (1355)
 2005 Ed. (4808)
New Technology Steel LLC
 2008 Ed. (3715, 4404, 4967)
New Teck Well Service L.L.C.
 2019 Ed. (1947)
New Tokyo International Airport
 1993 Ed. (209)
 1996 Ed. (197, 200, 201, 202, 1596, 1597, 1598)
 1997 Ed. (223, 224, 1679)
 1999 Ed. (250, 252)
New Tokyo International Authority
 2001 Ed. (352)
New Tradition Homes
 1998 Ed. (916)
 1999 Ed. (1338)
 2000 Ed. (1231)
 2002 Ed. (1206)
 2003 Ed. (1193)
 2004 Ed. (1198)
 2005 Ed. (1224)
New Truck
 2021 Ed. (2328)
New Urban West Inc.
 1997 Ed. (3259)
 1998 Ed. (3007)
 1999 Ed. (3997)
New Valence Robotics
 2017 Ed. (2195)
New Valley Corp.
 1994 Ed. (2750, 3444)
 1995 Ed. (2847, 2868, 2869)
 1998 Ed. (1706)
New Vector (U.S. West)
 1989 Ed. (863)
New Venture Gear Inc.
 2001 Ed. (1256, 2377)
 2005 Ed. (324)
New Venture Gear, New Process Gear Division
 1992 Ed. (2973)
New Vernon Associates
 2006 Ed. (3198)
New Vernon, NJ
 2006 Ed. (2972)
New Wave Group AB
 2006 Ed. (2029)
 2007 Ed. (1999)
 2008 Ed. (994, 2092, 4332, 4672)
 2009 Ed. (2067)
New Wave Logistics
 2005 Ed. (873)
New Wave Surgical
 2014 Ed. (2943)
New Waved Supermarkets
 1992 Ed. (67)
New Way Landscape & Tree Services
 2017 Ed. (3281)
New West
 2011 Ed. (4130)
New West Federal
 1991 Ed. (2919)
New West Federal Savings & Loan Association
 1990 Ed. (3096, 3098)
 1991 Ed. (3373, 3374)
New West FS & LA
 1992 Ed. (3786, 3787)
New West Management Services Organization Inc.
 2018 Ed. (1488)
New West Mezzanine Fund LP
 2004 Ed. (4832)
New West Savings, FS & LA
 1993 Ed. (3086, 3095)
New West Technologies
 2012 Ed. (3699, 4049)
 2013 Ed. (3749)
 2014 Ed. (3682)
New West Technologies LLC
 2012 Ed. (3705)
 2013 Ed. (3751)
 2014 Ed. (3684)
 2015 Ed. (3700)
New Wits
 1993 Ed. (2578)
 1995 Ed. (2584)

New Woman
 2000 Ed. (3502)
New Work Station Telemarketing
 1998 Ed. (3482)
 2001 Ed. (4465, 4468, 4469)
New World
 2001 Ed. (3333)
 2005 Ed. (4494)
 2006 Ed. (4589)
New World Capital Management
 2009 Ed. (1075)
New World Center
 2001 Ed. (71)
New World China Finance
 1999 Ed. (761, 1578)
New World Communications
 1995 Ed. (715)
 1997 Ed. (3718, 3719, 3721)
 1999 Ed. (1441)
New World Communications Group
 1998 Ed. (3500)
New World Development
 1990 Ed. (2082)
 1991 Ed. (1950)
 1992 Ed. (1632, 2439, 2442, 2486)
 1993 Ed. (2058, 2093)
 1994 Ed. (2109)
 1995 Ed. (2161, 2162)
 1996 Ed. (2138)
 1999 Ed. (1648, 1649, 2715, 2716, 2772)
 2000 Ed. (1450, 2547)
 2001 Ed. (1723)
 2002 Ed. (4422)
 2012 Ed. (4197)
 2013 Ed. (4179)
 2014 Ed. (4196)
 2015 Ed. (4176)
 2016 Ed. (4093)
 2017 Ed. (4069)
 2018 Ed. (4098)
 2019 Ed. (4105)
 2020 Ed. (4116)
 2021 Ed. (1566)
New World Development Co.
 2017 Ed. (2463)
 2018 Ed. (2514)
New World Development Company Limited
 2022 Ed. (4113)
New World Development Company Ltd.
 2021 Ed. (2453)
 2022 Ed. (2563)
New World Entertainment
 1991 Ed. (224)
New World Homes
 2002 Ed. (2670)
 2003 Ed. (1213)
New World Library
 1997 Ed. (3223)
New World Pasta
 2003 Ed. (2094, 3743)
 2014 Ed. (3807, 3808)
 2015 Ed. (3830, 3831)
New World Supermarkets
 1989 Ed. (45)
 1993 Ed. (44)
 1994 Ed. (35)
New World Symphony
 1994 Ed. (892)
New World Technologies
 1999 Ed. (1184, 4321)
New World Van
 1999 Ed. (4676)
New World Van Lines
 1996 Ed. (3760)
 1997 Ed. (3810)
 2002 Ed. (3406)
 2003 Ed. (4784)
New World Van Lines Inc.
 2022 Ed. (4743)
 2023 Ed. (4727)
New York
 2015 Ed. (3548)
 2016 Ed. (3399)
 2017 Ed. (3358)
New York
 1989 Ed. (1, 2, 3, 4, 318, 741, 869, 870, 1190, 1507, 1633, 1649, 1650, 1668, 1887, 1908, 1909, 1910, 2529, 2532, 2534, 2545, 2552, 2554, 2557, 2559, 2560, 2614, 2616, 2621, 2642, 2846, 2847, 2895, 2913, 2927, 2928, 2930, 2931, 2934)
 1990 Ed. (356, 402, 823, 824, 825, 826, 827, 828, 829, 831, 832, 833, 834, 1237, 2021, 2147, 2168, 2223, 2409, 2429, 2450, 2493, 2494, 2495, 2496, 2512, 2575, 2664, 2867, 3068, 3069, 3109, 3110, 3279, 3280, 3282, 3344, 3345, 3346, 3355, 3357, 3358, 3359, 3363, 3367, 3369, 3370, 3371, 3372, 3375, 3376, 3377, 3378, 3379, 3380, 3381, 3382, 3384, 3386, 3387, 3390, 3391, 3392, 3393, 3394, 3395, 3398, 3399, 3400, 3401, 3402, 3407, 3408, 3409, 3411, 3414, 3417, 3418, 3419, 3420, 3421, 3422, 3423, 3425, 3428, 3429, 3506, 3606, 3649, 3692)
 1991 Ed. (1, 320, 322, 786, 788, 789,
 790, 791, 794, 795, 796, 797, 881, 882, 1155, 1157, 1811, 2084, 2162, 2163, 2314, 2361, 2362, 2363, 2364, 2365, 2396, 2397, 2475, 2768, 2815, 3177, 3183, 3185, 3186, 3188, 3190, 3191, 3194, 3195, 3196, 3197, 3198, 3199, 3200, 3203, 3204, 3205, 3207, 3208, 3214, 3337, 3346, 3460, 3481, 3486, 3487)
 1992 Ed. (1, 98, 135, 441, 896, 933, 967, 968, 969, 970, 971, 972, 973, 974, 975, 976, 977, 978, 1011, 1012, 1013, 1014, 1079, 1080, 1086, 1166, 1396, 1468, 1481, 1757, 1810, 1850, 2279, 2286, 2339, 2340, 2387, 2414, 2559, 2560, 2561, 2562, 2573, 2586, 2849, 2857, 2862, 2864, 2866, 2875, 2877, 2878, 2907, 2918, 2920, 2932, 2944, 2945, 2946, 2947, 3054, 3118, 3140, 3359, 3484, 3493, 3495, 3632, 3750, 3751, 3811, 3812, 3819, 4014, 4075, 4079, 4080, 4082, 4086, 4091, 4092, 4093, 4094, 4096, 4097, 4098, 4099, 4100, 4101, 4102, 4103, 4104, 4105, 4106, 4108, 4110, 4113, 4114, 4115, 4116, 4121, 4122, 4123, 4124, 4125, 4127, 4263, 4314, 4315, 4316, 4317, 4344, 4386, 4406, 4435, 4442, 4444, 4448, 4451, 4454, 4455, 4481)
 1993 Ed. (364, 744, 870, 871, 1190, 1195, 1220, 1501, 1599, 1946, 2125, 2126, 2127, 2128, 2138, 2153, 2180, 2426, 2437, 2440, 2460, 2526, 2608, 2883, 3058, 3059, 3107, 3108, 3222, 3353, 3400, 3401, 3402, 3404, 3405, 3406, 3407, 3408, 3409, 3410, 3411, 3412, 3413, 3414, 3416, 3418, 3421, 3422, 3423, 3424, 3429, 3430, 3431, 3432, 3434, 3435, 3436, 3437, 3438, 3439, 3441, 3547, 3678, 3698, 3703, 3706, 3709, 3712, 3715, 3716)
 1994 Ed. (161, 749, 1214, 1216, 1258, 1968, 2155, 2156, 2157, 2158, 2370, 2377, 2387, 2401, 2405, 2556, 2568, 3028, 3119, 3120, 3149, 3150, 3217, 3375, 3378, 3379, 3380, 3381, 3382, 3383, 3385, 3386, 3387, 3388, 3389, 3390, 3392, 3393, 3394, 3395, 3396, 3397, 3398, 3399, 3400, 3401, 3402, 3404, 3406, 3408, 3411, 3412, 3413, 3414, 3415, 3416, 3422, 3423, 3424, 3425, 3426, 3427, 3506, 3638)
 1995 Ed. (244, 363, 918, 919, 947, 1230, 1231, 1281, 1993, 2114, 2199, 2200, 2201, 2202, 2204, 2269, 2449, 2458, 2468, 2479, 2481, 2623, 2799, 2957, 3171, 3172, 3192, 3194, 3299, 3448, 3451, 3452, 3453, 3454, 3455, 3457, 3458, 3459, 3461, 3462, 3464, 3465, 3466, 3467, 3468, 3469, 3470, 3471, 3472, 3473, 3475, 3477, 3478, 3479, 3482, 3483, 3484, 3485, 3486, 3487, 3493, 3494, 3495, 3498, 3501, 3502, 3591, 3665, 3712, 3732, 3741, 3743, 3748, 3751, 3752)
 1996 Ed. (36, 898, 899, 1201, 1203, 1237, 1644, 1720, 1721, 2015, 2216, 2217, 2218, 2219, 2220, 2495, 2506, 2516, 2536, 2701, 3264, 3265, 3291, 3292, 3511, 3515, 3517, 3518, 3519, 3521, 3522, 3523, 3524, 3525, 3527, 3530, 3531, 3532, 3533, 3534, 3535, 3537, 3538, 3539, 3541, 3542, 3544, 3545, 3546, 3547, 3548, 3549, 3550, 3551, 3552, 3553, 3554, 3556, 3558, 3559, 3560, 3563, 3564, 3565, 3566, 3567, 3568, 3574, 3575, 3576, 3577, 3667, 3743, 3798, 3831, 3840, 3843, 3847, 3850)
 1997 Ed. (1, 193, 331, 929, 930, 996, 1247, 1249, 1283, 1818, 2137, 2351, 2637, 2648, 2655, 2681, 2683, 3131, 3148, 3228, 3363, 3364, 3388, 3389, 3562, 3563, 3565, 3567, 3569, 3571, 3573, 3575, 3576, 3577, 3578, 3579, 3581, 3582, 3584, 3585, 3586, 3587, 3588, 3589, 3590, 3591, 3592, 3593, 3594, 3596, 3598, 3599, 3600, 3604, 3605, 3606, 3607, 3613, 3614, 3615, 3616, 3617, 3618, 3620, 3624, 3726, 3850, 3881, 3888, 3892, 3895, 3898, 3899, 3915)
 1998 Ed. (143, 179, 210, 473, 481, 592, 671, 673, 725, 732, 1024, 1025, 1109, 1322, 1535, 1536, 1702, 1746, 1799, 1830, 1832, 1928, 1945, 2112, 2113, 2359, 2366, 2378, 2379, 2381, 2384, 2401, 2415, 2416, 2417, 2418, 2419, 2459, 2473, 2538, 2970, 2983, 3105, 3106, 3109, 3166, 3167, 3168, 3373, 3374, 3377, 3380, 3384, 3389, 3390, 3391, 3392, 3393, 3396, 3397, 3464, 3465, 3472, 3489, 3511, 3517, 3616, 3620, 3683, 3716, 3727, 3728, 3729, 3732, 3736, 3759)
 1999 Ed. (355, 392, 526, 738, 798, 1058, 1059, 1060, 1077, 1145, 1167, 1171, 1457, 1458, 1535, 1846, 1859, 2587, 2714, 2811, 2834, 2911, 3140, 3196,

3217, 3219, 3221, 3223, 3224, 3258, 3267, 3268, 3269, 3270, 3271, 3272, 3375, 3377, 3892, 4121, 4122, 4150, 4151, 4152, 4405, 4406, 4407, 4410, 4411, 4413, 4414, 4415, 4416, 4417, 4419, 4420, 4421, 4423, 4426, 4427, 4428, 4432, 4433, 4434, 4435, 4436, 4437, 4438, 4440, 4441, 4443, 4445, 4446, 4450, 4453, 4455, 4456, 4457, 4458, 4459, 4462, 4463, 4464, 4465, 4466, 4467, 4468, 4535, 4582, 4664, 4726, 4764, 4775, 4776, 4777)
2000 Ed. (235, 274, 751, 803, 1005, 1007, 1085, 1086, 1317, 1318, 1378, 1792, 1905, 1906, 2327, 2382, 2454, 2470, 2472, 2474, 2475, 2507, 2536, 2537, 2586, 2603, 2608, 2645, 2658, 2659, 2939, 2956, 2958, 2960, 2962, 3005, 3006, 3008, 3009, 3010, 3377, 3557, 3558, 3819, 3831, 3832, 3866, 3867, 4015, 4016, 4024, 4025, 4094, 4097, 4098, 4100, 4101, 4103, 4106, 4107, 4108, 4109, 4111, 4113, 4114, 4179, 4232, 4269, 4299, 4355, 4391, 4392, 4398, 4399, 4400, 4401)
2001 Ed. (1, 2, 10, 273, 274, 284, 285, 361, 362, 396, 397, 401, 402, 410, 411, 412, 413, 414, 415, 429, 547, 548, 549, 550, 660, 661, 667, 720, 722, 977, 978, 993, 997, 998, 1006, 1007, 1014, 1030, 1031, 1050, 1051, 1084, 1085, 1086, 1087, 1106, 1107, 1110, 1123, 1126, 1127, 1157, 1158, 1159, 1201, 1202, 1244, 1245, 1262, 1263, 1266, 1267, 1268, 1269, 1304, 1305, 1345, 1346, 1360, 1361, 1372, 1373, 1375, 1376, 1377, 1378, 1396, 1397, 1400, 1411, 1415, 1416, 1417, 1418, 1419, 1424, 1425, 1428, 1429, 1430, 1431, 1432, 1433, 1434, 1436, 1437, 1438, 1491, 1492, 1941, 1942, 1965, 1966, 1967, 1968, 1975, 1976, 1979, 1980, 2048, 2049, 2050, 2051, 2053, 2055, 2056, 2111, 2112, 2131, 2132, 2144, 2149, 2150, 2152, 2218, 2234, 2235, 2260, 2261, 2266, 2286, 2287, 2368, 2380, 2381, 2385, 2386, 2387, 2388, 2389, 2390, 2391, 2392, 2393, 2394, 2396, 2397, 2399, 2418, 2420, 2421, 2437, 2452, 2453, 2460, 2472, 2523, 2537, 2538, 2541, 2542, 2544, 2545, 2556, 2557, 2563, 2564, 2566, 2567, 2572, 2573, 2593, 2594, 2597, 2607, 2617, 2618, 2619, 2620, 2623, 2624, 2625, 2626, 2630, 2659, 2660, 2662, 2663, 2664, 2682, 2683, 2684, 2685, 2689, 2690, 2692, 2705, 2738, 2739, 2758, 2824, 2828, 2829, 2840, 2963, 2964, 2997, 2998, 2999, 3000, 3027, 3029, 3032, 3033, 3034, 3035, 3042, 3043, 3046, 3047, 3048, 3049, 3069, 3072, 3078, 3079, 3082, 3083, 3091, 3095, 3096, 3097, 3098, 3099, 3103, 3169, 3170, 3172, 3173, 3204, 3205, 3223, 3224, 3225, 3226, 3262, 3263, 3287, 3288, 3295, 3307, 3308, 3313, 3314, 3354, 3355, 3356, 3357, 3383, 3384, 3385, 3386, 3396, 3397, 3400, 3401, 3413, 3414, 3416, 3417, 3418, 3419, 3523, 3536, 3537, 3538, 3539, 3545, 3557, 3567, 3568, 3570, 3571, 3583, 3584, 3589, 3590, 3607, 3615, 3616, 3618, 3619, 3632, 3633, 3636, 3637, 3640, 3643, 3652, 3653, 3660, 3661, 3662, 3663, 3707, 3708, 3716, 3717, 3732, 3733, 3781, 3782, 3786, 3787, 3788, 3789, 3790, 3791, 3792, 3795, 3796, 3805, 3815, 3816, 3827, 3828, 3840, 3841, 3878, 3879, 3880, 3881, 3883, 3888, 3889, 3892, 3893, 3894, 3895, 3896, 3897, 3898, 3899, 3907, 3913, 3914, 3915, 3916, 3963, 3964, 3965, 3966, 3968, 3969, 3993, 3994, 4005, 4006, 4011, 4012, 4019, 4141, 4144, 4145, 4157, 4158, 4165, 4166, 4172, 4174, 4175, 4176, 4198, 4199, 4211, 4212, 4224, 4230, 4232, 4238, 4240, 4241, 4243, 4247, 4248, 4253, 4254, 4272, 4273, 4274, 4287, 4295, 4304, 4305, 4328, 4332, 4335, 4336, 4360, 4361, 4362, 4363, 4407, 4408, 4415, 4429, 4430, 4431, 4442, 4443, 4444, 4445, 4448, 4460, 4479, 4480, 4481, 4482, 4488, 4489, 4515, 4516, 4517, 4518, 4532, 4570, 4571, 4582, 4583, 4584, 4594, 4595, 4599, 4600, 4614, 4615, 4633, 4634, 4637, 4642, 4643, 4646, 4653, 4654, 4657, 4658, 4659, 4660, 4683, 4709, 4718, 4720, 4721, 4726, 4727, 4728, 4729, 4734, 4737, 4739, 4740, 4742, 4794, 4796, 4798, 4808, 4809, 4810, 4811, 4812, 4813, 4814, 4815, 4820, 4821, 4822, 4823, 4824, 4825, 4826, 4827, 4833, 4838, 4863, 4866, 4868, 4913, 4917, 4918, 4938)
2002 Ed. (273, 367, 368, 378, 448, 449, 451, 452, 453, 454, 456, 457, 460, 461, 462, 465, 473, 494, 496, 497, 771, 864, 948, 959, 960, 961, 1102, 1113, 1116, 1401, 1402, 1824, 1825, 2063, 2064, 2067, 2068, 2120, 2121, 2351, 2352, 2353, 2401, 2552, 2625, 2737, 2738, 2739, 2740, 2741, 2843, 2844, 2845, 2846, 2847, 2848, 2849, 2851, 2865, 2868, 2874, 2877, 2881, 2882, 2883, 2892, 2897, 2899, 2902, 2903, 2919, 2944, 2946, 2947, 2953, 2961, 2971, 2978, 2979, 2980, 2981, 3053, 3089, 3112, 3115, 3116, 3117, 3118, 3119, 3124, 3199, 3212, 3235, 3236, 3239, 3240, 3252, 3289, 3300, 3327, 3341, 3344, 3708, 3730, 3735, 3804, 3805, 3901, 4071, 4072, 4073, 4074, 4108, 4111, 4112, 4113, 4147, 4149, 4150, 4151, 4153, 4163, 4164, 4176, 4177, 4178, 4179, 4195, 4196, 4286, 4308, 4367, 4368, 4370, 4373, 4374, 4375, 4376, 4550, 4554, 4606, 4681, 4706, 4732, 4740, 4763, 4775, 4777, 4910, 4916, 4917, 4918, 4992)
2003 Ed. (354, 380, 381, 391, 392, 393, 394, 395, 396, 402, 404, 405, 406, 407, 408, 419, 441, 757, 904, 905, 969, 1057, 1059, 1060, 1063, 1081, 2127, 2128, 2270, 2612, 2678, 2687, 2751, 2839, 2885, 2886, 2960, 2961, 2962, 2963, 2964, 2982, 2984, 2988, 3003, 3221, 3243, 3244, 3249, 3252, 3255, 3293, 3294, 3355, 3360, 3459, 3657, 3700, 3874, 3896, 3897, 3898, 3904, 3905, 3906, 3907, 3909, 3910, 3912, 3913, 4209, 4232, 4239, 4240, 4241, 4242, 4248, 4249, 4257, 4287, 4288, 4289, 4292, 4293, 4296, 4297, 4300, 4308, 4309, 4408, 4412, 4413, 4467, 4551, 4646, 4680, 4723, 4821, 4852, 4853, 4867, 4908, 4909, 4910, 4913, 4944, 4954, 4955, 4988, 4992)
2004 Ed. (360, 369, 370, 371, 372, 373, 374, 375, 383, 384, 385, 386, 387, 388, 398, 415, 435, 767, 776, 805, 896, 921, 980, 1066, 1068, 1069, 1072, 1073, 1091, 1092, 1093, 1903, 2023, 2175, 2176, 2187, 2188, 2298, 2299, 2300, 2301, 2302, 2303, 2304, 2305, 2308, 2309, 2316, 2317, 2536, 2727, 2728, 2732, 2793, 2805, 2930, 2973, 2974, 2977, 2978, 2979, 2980, 2981, 2988, 2989, 2990, 2991, 2992, 2993, 2994, 3037, 3041, 3042, 3043, 3044, 3045, 3046, 3047, 3048, 3049, 3057, 3058, 3069, 3070, 3087, 3090, 3091, 3092, 3094, 3096, 3098, 3099, 3118, 3120, 3121, 3145, 3146, 3263, 3278, 3281, 3291, 3293, 3299, 3301, 3311, 3312, 3313, 3355, 3356, 3418, 3425, 3478, 3671, 3673, 3674, 3702, 3743, 3898, 3899, 3924, 3925, 3926, 4232, 4261, 4262, 4267, 4268, 4269, 4271, 4272, 4277, 4295, 4297, 4305, 4309, 4318, 4319, 4419, 4446, 4500, 4501, 4503, 4504, 4505, 4507, 4508, 4509, 4511, 4517, 4520, 4521, 4522, 4523, 4524, 4525, 4526, 4527, 4528, 4529, 4530, 4531, 4654, 4658, 4701, 4818, 4837, 4838, 4847, 4898, 4900, 4948, 4957, 4958, 4981, 4993, 4995, 4996)
2005 Ed. (145, 371, 388, 389, 390, 391, 392, 393, 394, 395, 396, 398, 399, 404, 407, 418, 422, 441, 443, 843, 912, 1070, 1072, 1073, 1074, 1075, 1099, 2276, 2277, 2382, 2525, 2526, 2785, 2840, 2920, 2937, 2985, 2986, 3122, 3298, 3319, 3335, 3383, 3384, 3432, 3441, 3613, 3652, 3690, 3837, 3838, 3872, 3873, 3874, 4192, 4194, 4197, 4201, 4202, 4210, 4228, 4234, 4238, 4242, 4392, 4472, 4599, 4600, 4601, 4608, 4795, 4816, 4828, 4829, 4928, 4939, 4940, 4941)
2006 Ed. (373, 383, 1094, 1095, 2344, 2345, 2428, 2754, 2790, 2834, 2980, 2982, 3069, 3070, 3080, 3084, 3097, 3098, 3103, 3104, 3112, 3115, 3117, 3130, 3132, 3136, 3137, 3155, 3156, 3259, 3301, 3307, 3323, 3367, 3368, 3443, 3450, 3750, 3783, 3905, 3935, 3936, 3937, 3993, 4158, 4334, 4410, 4475, 4673, 4791)
2007 Ed. (168, 333, 341, 356, 366, 1198, 1199, 1200, 1201, 2274, 2280, 2281, 2372, 2373, 2520, 2763, 3009, 3015, 3371, 3385, 3419, 3420, 3459, 3474, 3647, 3713, 3749, 3781, 3954, 3993, 3994, 3995, 4022, 4472, 4534, 4694)
2008 Ed. (151, 327, 343, 354, 1104, 1105, 1106, 1107, 1757, 2405, 2406, 2407, 2414, 2415, 2416, 2437, 2492, 2648, 2906, 2918, 2958, 3118, 3129, 3130, 3134, 3471, 3512, 3532, 3545, 3633, 3648, 3759, 3781, 3806, 3830, 3859, 3984, 4010, 4011, 4012, 4048, 4361, 4455, 4497, 4603, 4661, 4729, 4838, 4940)
2009 Ed. (172, 350, 720, 1082, 1083, 1084, 1085, 2405, 2413, 2414, 2415, 2439, 2498, 2499, 2503, 2667, 2676, 2945, 3038, 3207, 3214, 3215, 3217, 3285, 3298, 3550, 3551, 3554, 3578, 3712, 3782, 3850, 3884, 4083, 4084, 4119, 4245, 4455, 4494, 4527, 4651, 4703, 4765, 4961, 4997)
2010 Ed. (156, 821, 926, 1055, 1056, 1057, 2317, 2324, 2325, 2326, 2357, 2360, 2363, 2412, 2413, 2418, 2420, 2571, 2578, 2878, 2879, 3023, 3138, 3147, 3225, 3275, 3470, 3472, 3496, 3515, 3613, 3630, 3710, 3769, 3795, 3995, 4537, 4567, 4568, 4669, 4679, 4717, 4779, 4969, 5002)
2011 Ed. (993, 994, 995, 2313, 2320, 2321, 2322, 2353, 2356, 2359, 2415, 2416, 2421, 2423, 2548, 2553, 2560, 2859, 2861, 2992, 3105, 3114, 3188, 3477, 3481, 3496, 3502, 3616, 3631, 3707, 3773, 3792, 4003, 4007, 4031, 4445, 4475, 4531, 4631, 4675, 4730, 4950, 4951, 4958, 4999)
2012 Ed. (274, 907, 908, 909, 917, 918, 919, 2214, 2224, 2226, 2279, 2281, 2336, 2337, 2344, 2497, 2505, 2735, 2791, 2918, 3042, 3050, 3135, 3147, 3208, 3210, 3483, 3485, 3610, 3631, 3728, 4003, 4061, 4164, 4230, 4377, 4485, 4490, 4533, 4611, 4631, 4690, 4952, 4996)
2013 Ed. (739, 1064, 1158, 1387, 2315, 2396, 2421, 2518, 2519, 2523, 2703, 2833, 3044, 3130, 3134, 3224, 3528, 3537, 3568, 3830, 4039, 4122, 4153, 4447, 4490, 4569, 4570, 4572, 4584, 4585, 4724, 4974, 4996)
2014 Ed. (95, 277, 620, 3134, 3229, 3243, 3298, 3513, 3589, 3750, 3765, 4073, 4137, 4478, 4498, 4625, 4626, 4627, 4629, 4632, 4639)
2015 Ed. (101, 691, 2293, 2543, 2544, 3528, 3779, 4055, 4056, 4101, 4473, 4498, 4627)
2016 Ed. (94, 2338, 2568, 3053, 3379, 3961, 3962, 4015, 4378, 4430, 4542)
2017 Ed. (3004, 3096, 3338, 3941, 3942, 3943, 3944, 4007, 4372, 4532, 4533, 4534, 4536, 4539, 4997)
2018 Ed. (1793, 3128, 3174, 3401, 3963, 3964, 3965, 4029, 4381, 4557, 4558, 4559, 4561, 4562, 4564, 4996)
2019 Ed. (1850, 2521, 3060, 3110, 3322, 3323, 3376, 3443, 3938, 3939, 3940, 4022, 4405, 4450, 4451, 4558, 4559, 4560, 4562, 4563, 4565, 4572, 4589, 4996)
2020 Ed. (618, 820, 992, 1792, 2753, 3322, 3323, 3379, 3440, 3942, 3953, 3954, 3955, 4289, 4369, 4439, 4621)
2021 Ed. (1759, 2433, 3163, 3184, 3185, 3331, 3354, 3365, 3366, 3458, 3919, 3920, 3921, 4264, 4374, 4437, 4555)
2022 Ed. (1005, 1793, 2352, 2784, 2885, 2948, 3308, 3309, 3324, 3325, 3395, 3404, 3415, 3416, 3516, 3706, 3931, 3932, 4276, 4448, 4449, 4562, 4900, 4999)
2023 Ed. (846, 1175, 2517, 2565, 2779, 2909, 3054, 3412, 3413, 3530, 3539, 3544, 3545, 3552, 3844, 4407, 4469, 4471, 4568, 4575, 4889)
State of New York
  2023 Ed. (1925)
New York Air
  1989 Ed. (237)
New York Airport
  1996 Ed. (172)
New York Association for New Americans Inc.
  1994 Ed. (904)
  1996 Ed. (912, 2853)
New York Athletic Club
  2002 Ed. (2631)
New York Bagel Boys
  2001 Ed. (545)
New York Bakery
  2022 Ed. (2784)
New York Bancorp/Home Federal Savings Bank
  2000 Ed. (4250)
New York Bancorp Inc.
  1995 Ed. (214)
  1996 Ed. (1211)
  1997 Ed. (3749)
  1998 Ed. (3558)
  1999 Ed. (4600)
New York; Bank of
  2005 Ed. (365, 382, 431, 435, 490, 1467, 2580)
  2006 Ed. (376, 388, 389, 393, 1077, 2582)
New York-Binghamton; State University of
  2009 Ed. (1042)
  2010 Ed. (1008)
  2011 Ed. (947)
  2012 Ed. (863)

New York Blood Center Inc.
  1991 Ed. (898)
  2006 Ed. (3784)
  2009 Ed. (3844)
  2010 Ed. (3762, 3763)
  2012 Ed. (3769)
New York Board of Education
  1991 Ed. (2521)
New York Board of Trade
  2001 Ed. (1333, 1334)
  2003 Ed. (2598, 2600)
  2004 Ed. (2713)
  2005 Ed. (2706, 2708)
  2006 Ed. (2683, 2684)
  2007 Ed. (2673, 2674)
  2008 Ed. (2804, 2805)
  2009 Ed. (2861, 2862)
New York-Boston
  1991 Ed. (195)
  1992 Ed. (267)
New York Burrito
  2002 Ed. (4021)
New York Burrito-Gourmet Wraps
  2002 Ed. (2360, 4089)
New York Bus Service
  1989 Ed. (829)
  1990 Ed. (846)
New York Business Development Corp.
  1996 Ed. (3460)
New York Business Systems
  2000 Ed. (3148)
New York Carpet World Inc.
  1989 Ed. (925, 927, 2332)
  1991 Ed. (953)
  1992 Ed. (1189)
  1993 Ed. (963)
  1994 Ed. (989)
  1998 Ed. (669)
New York Central Mutual
  1994 Ed. (2222)
New York-Chicago
  1991 Ed. (195)
  1992 Ed. (267)
New York City
  1989 Ed. (2028)
  1990 Ed. (3504)
  1992 Ed. (2540, 2551, 2553, 3033, 3039, 3353)
  1994 Ed. (2751, 2752, 2756, 2760, 2763, 2766, 2776)
  1999 Ed. (3475)
New York City area
  1992 Ed. (2545)
New York City Board of Education
  1990 Ed. (3106)
  1991 Ed. (2582, 2926, 2927, 2929)
  1992 Ed. (3802)
  1993 Ed. (3102)
  1994 Ed. (3146)
  1995 Ed. (3190)
  1996 Ed. (3288)
  1997 Ed. (3385)
  1998 Ed. (3160)
  2000 Ed. (3860)
  2004 Ed. (4311)
New York City Board of Education School Food & Nutrition Services
  1990 Ed. (3107)
New York City Comptroller's Office
  1989 Ed. (2162)
  1990 Ed. (2784)
New York City Deferred Compensation
  2008 Ed. (2323)
  2009 Ed. (2311)
  2010 Ed. (2242)
  2011 Ed. (2251)
New York City Defined Contribution
  2008 Ed. (2320)
  2009 Ed. (2308)
New York City Department of Buildings
  2005 Ed. (2827)
New York City Dept. of Corrections
  1999 Ed. (3902)
New York City Department of Education
  2012 Ed. (1771)
  2013 Ed. (1939)
  2015 Ed. (1913)
New York City Department of General Services
  1990 Ed. (1166)
  1991 Ed. (1056)
New York City Department of Health & Mental Hygiene
  2004 Ed. (4661)
New York City Department of Sanitation
  2009 Ed. (4189)
New York City Department of Transportation
  1994 Ed. (801)
  1998 Ed. (537, 2403)
New York City Economic Development Corp.
  2013 Ed. (3530)
  2018 Ed. (28)
  2019 Ed. (24)
New York City FC
  2018 Ed. (4432)
  2019 Ed. (4432)

New York City, GOs
  1996 Ed. (2722)
  1997 Ed. (2846)
  1999 Ed. (3472)
  2000 Ed. (3189)
New York City Health
  1990 Ed. (2635)
New York City Health & Hospital Corp.
  1990 Ed. (2056, 2631, 2636, 2638, 2725)
  1991 Ed. (2498, 2501, 2506, 2582)
New York City Health & Hospitals Corp.
  1991 Ed. (1934, 2497)
  1992 Ed. (3122, 3123, 3126, 3131, 3265)
  1993 Ed. (2073)
  1994 Ed. (2089, 2572, 2576)
  1995 Ed. (2144, 2627, 2631, 2802)
  1996 Ed. (2704, 2706, 2727)
  1997 Ed. (2179, 2270, 2824, 2828)
  1998 Ed. (1908, 1909, 2216, 2411, 2550, 2552, 2554)
  1999 Ed. (2645, 3463, 3465, 3466)
  2000 Ed. (3181, 3184, 3185)
  2001 Ed. (2669, 2677)
  2002 Ed. (3292, 3296)
  2003 Ed. (2681, 3470, 3471)
  2004 Ed. (2797)
  2011 Ed. (3634)
  2013 Ed. (2836)
New York City Housing Authority
  1991 Ed. (2582)
New York City Housing Development Corp.
  1990 Ed. (2139)
  1999 Ed. (2818)
New York City Independent Development Agency
  1996 Ed. (2725)
New York City Industrial Development Agency
  1993 Ed. (3624)
  1996 Ed. (2237)
  1997 Ed. (2363, 3794)
  1999 Ed. (2844)
  2000 Ed. (2621)
New York City Municipal Water Fin Authority
  1993 Ed. (2938)
New York City Municipal Water Finance
  1990 Ed. (2642)
New York City Municipal Water Finance Authority
  1995 Ed. (2643, 3036)
  1996 Ed. (2722)
  1998 Ed. (2969)
  2000 Ed. (3680)
New York City Municipal Water Financial Authority
  1991 Ed. (2514, 2780)
  1997 Ed. (3217)
New York City Municipal Water Financing Authority
  1989 Ed. (2028)
New York City, NY
  1990 Ed. (2135)
  2000 Ed. (1067, 1070, 1071, 1073, 1074, 1075, 1077, 1078, 1079, 1080, 1081, 1083, 1084, 2609, 3769, 4093)
New York City (NY) Marketeer
  2003 Ed. (3646)
New York; City of
  1996 Ed. (2534)
New York City Off-Track Betting Corp.
  2010 Ed. (262)
  2011 Ed. (183)
New York City Public Elementary Schools
  1992 Ed. (1094, 1280)
New York City Retirement
  1995 Ed. (2853, 2856, 2859, 2862)
  1998 Ed. (2756, 2759, 2762, 2765, 2772)
  1999 Ed. (3720, 3723, 3732)
  2000 Ed. (3429, 3438, 3449)
  2001 Ed. (3664, 3681, 3685)
  2002 Ed. (3601, 3617)
  2003 Ed. (1976, 1981, 3763)
  2007 Ed. (2176, 2177, 2183, 2189, 2192, 3793, 3794)
  2008 Ed. (2296, 2298, 2299, 2304, 2307, 2311, 2319, 2320, 2321, 2323, 3867, 3868)
  2009 Ed. (2305, 2311, 3925)
  2010 Ed. (2233, 2234, 2236, 2238, 2239, 2240, 2241, 2242, 3843, 3844)
  2011 Ed. (2250, 2251, 3845, 3846)
New York City Retirement Fund
  1991 Ed. (2696)
New York City Retirement Systems
  1990 Ed. (2781, 2791)
  1991 Ed. (2687, 2690)
  1992 Ed. (3356, 3362)
  1993 Ed. (2781)
  1994 Ed. (2770)
  1996 Ed. (2923, 2926, 2931, 2933, 2936, 2940)
  1997 Ed. (3010, 3011, 3015, 3019, 3024)
  2000 Ed. (3432)
  2004 Ed. (2024, 2030, 3788, 3789)
  2020 Ed. (3773)
New York City Systems
  1990 Ed. (2790, 2792)

New York City Teachers
  1995 Ed. (2853, 2855, 2857, 2861)
  1996 Ed. (2924, 2931, 2934, 2936)
  1997 Ed. (3012, 3019, 3020, 3024)
  1998 Ed. (2760, 2765, 2766, 2769, 2770)
  1999 Ed. (3723, 3724, 3729, 3730)
  2000 Ed. (3438, 3446, 3447)
  2001 Ed. (3681, 3682, 3684)
  2002 Ed. (3617, 3618, 3620)
  2003 Ed. (1981, 1986, 1987)
  2004 Ed. (2040, 2041)
New York City Transit Authority
  1989 Ed. (830)
  1990 Ed. (847)
  1991 Ed. (808)
  1992 Ed. (989, 4031)
  1993 Ed. (786, 3361)
  1994 Ed. (801, 1076)
  1995 Ed. (852)
  2001 Ed. (3158, 3159)
  2003 Ed. (3239, 3240)
  2004 Ed. (3295, 3296)
  2005 Ed. (3308)
  2006 Ed. (3296, 3297)
  2007 Ed. (3357, 3358)
  2008 Ed. (3454, 3455)
  2009 Ed. (3532, 3533)
  2010 Ed. (3456, 3457)
  2011 Ed. (3458, 3459)
  2012 Ed. (3471, 3472)
  2013 Ed. (3517, 3518)
  2014 Ed. (3491, 3492)
  2015 Ed. (3509, 3510)
  2016 Ed. (3368, 3369)
New York City Transit Authority (bus only)
  1991 Ed. (1886)
New York City Transitional Finance Agency
  2001 Ed. (878)
New York City Transitional Finance Authority
  2001 Ed. (765, 890)
New York Commodity Exchange
  1993 Ed. (1915)
New York Common
  1998 Ed. (2756, 2759, 2765, 2766, 2767, 2768, 2772)
  1999 Ed. (3720, 3723, 3724, 3725, 3726, 3727, 3728, 3732)
  2000 Ed. (3429, 3434, 3435, 3437, 3438, 3439, 3443, 3445)
New York Common Fund
  1999 Ed. (3735)
New York Community Bancorp
  2014 Ed. (2878, 2879)
New York Community Bancorp Inc.
  2003 Ed. (423, 427)
  2005 Ed. (355, 356, 357, 629, 630, 1616, 4690)
  2006 Ed. (2737, 4734, 4735)
  2012 Ed. (3712, 3713, 3714, 4701, 4702, 4703)
  2013 Ed. (4662, 4663, 4664)
  2014 Ed. (3693, 4714, 4715, 4716)
  2015 Ed. (3712, 4726, 4727, 4728)
  2016 Ed. (4628, 4629, 4630)
  2017 Ed. (4644, 4645, 4646)
  2018 Ed. (335, 4641, 4642, 4688)
  2019 Ed. (4655, 4693)
  2020 Ed. (4623, 4624)
New York Community Bank
  2005 Ed. (1068)
  2006 Ed. (1076)
  2007 Ed. (1184)
  2008 Ed. (1090)
  2009 Ed. (371, 1072)
  2010 Ed. (1041, 4435, 4437)
  2011 Ed. (968, 4380, 4382)
  2012 Ed. (882, 4420, 4421, 4422)
  2013 Ed. (1041, 4369, 4370, 4371)
  2014 Ed. (1006)
  2015 Ed. (1042)
  2016 Ed. (951, 3623)
  2017 Ed. (3586, 3590)
  2021 Ed. (391)
  2022 Ed. (404)
  2023 Ed. (526, 548)
The New York Community Trust
  1989 Ed. (1474, 1475)
  1993 Ed. (1896)
  1994 Ed. (1898, 1903, 1905)
  1995 Ed. (1070, 1928)
  1999 Ed. (2501)
  2000 Ed. (3341)
  2001 Ed. (2513, 2514, 2518)
  2002 Ed. (1127, 1128, 1129, 2337)
  2005 Ed. (2673, 2674)
  2010 Ed. (1052, 1053)
  2011 Ed. (988, 989)
  2012 Ed. (903, 904)
New York & Co.
  2008 Ed. (886, 998, 1010)
  2009 Ed. (994)
  2010 Ed. (958)
  2011 Ed. (884)
  2018 Ed. (4243, 4256)
New York Cotton Exchange
  1993 Ed. (1039, 1040)
  1994 Ed. (1071, 1072)

  1996 Ed. (1057)
  1998 Ed. (815, 816)
  1999 Ed. (1247)
New York County, NY
  1992 Ed. (1717)
  1993 Ed. (1427, 1428, 1434, 1435, 2141)
  1994 Ed. (1476, 1477, 1482, 1483, 2166)
  1995 Ed. (1511, 1514, 1515, 2217)
  1996 Ed. (1469, 1470, 2226)
  1997 Ed. (1538, 1539, 2352)
  1998 Ed. (1200, 2080)
  1999 Ed. (1766, 1768, 1769, 1770, 1772, 1777, 2830)
  2002 Ed. (1085, 1807, 2044, 2380, 3992, 4049)
  2003 Ed. (3437, 4986)
  2004 Ed. (1004, 2704, 2807, 2858, 2982, 4182, 4183)
  2023 Ed. (1116)
New York Daily News
  1990 Ed. (2692, 2693, 2697, 2703, 2704, 2706)
  1991 Ed. (2603, 2604, 2606, 2609)
  1992 Ed. (3241)
  1993 Ed. (2724)
  1999 Ed. (3614)
  2002 Ed. (3501, 3504)
  2003 Ed. (3643, 3647)
New York Daily Times
  2001 Ed. (261)
New York Dormitory Authority
  1999 Ed. (4144)
New York Equity
  2004 Ed. (3603)
New York Eye & Ear Infirmary
  2002 Ed. (2614)
  2008 Ed. (3047)
  2013 Ed. (3065)
  2014 Ed. (3067)
  2015 Ed. (3132)
  2016 Ed. (2995)
New York Founding Hospital
  1998 Ed. (2687)
New York Foundling
  1996 Ed. (2853)
New York Foundling Hospital
  2000 Ed. (3352)
New York-Ft. Lauderdale
  1991 Ed. (195)
New York Futures Exchange
  1993 Ed. (1039, 1040)
  1994 Ed. (1071, 1072)
  1996 Ed. (1057)
New York-Geneseo; State University of
  2007 Ed. (1163)
  2008 Ed. (1065)
  2009 Ed. (1042)
  2010 Ed. (1008)
  2011 Ed. (947)
  2012 Ed. (863)
New York Giants
  1998 Ed. (1749)
  2009 Ed. (2817)
  2010 Ed. (2758)
  2011 Ed. (2744)
  2012 Ed. (2679, 2681, 4521)
  2013 Ed. (2767)
  2014 Ed. (2749)
  2015 Ed. (2802)
  2016 Ed. (2732)
  2017 Ed. (2688)
  2018 Ed. (2749, 4493)
  2019 Ed. (2732, 4486)
  2020 Ed. (2762)
  2021 Ed. (2637)
  2022 Ed. (2762, 4474)
  2023 Ed. (2896)
New York Hilton & Towers
  1999 Ed. (2798)
The New York Hospital
  1993 Ed. (890, 1897)
  1998 Ed. (1986, 1991)
  1999 Ed. (2479, 2638)
New York Hospital-Cornell Medical Center
  1990 Ed. (2058)
  1991 Ed. (891, 893, 1935)
  1992 Ed. (2462)
  1993 Ed. (890, 2076)
  1994 Ed. (1901)
  1995 Ed. (2143, 2146)
  1996 Ed. (2157)
  1997 Ed. (2273)
  1999 Ed. (2740)
  2000 Ed. (2514, 2519)
New York Hospital Queens-Independent Physicians Association
  2000 Ed. (2618)
New York Housing Authority
  2007 Ed. (1485)
New York Hoy
  2009 Ed. (3825)
  2010 Ed. (2981)
New York Interconnect
  1991 Ed. (833, 841)
  1992 Ed. (1018)
  1994 Ed. (830)
  1998 Ed. (587, 601)

The New York Interconnect-WNYI
  1996 Ed. (856, 861)
New York International Gift Fair
  2004 Ed. (4755)
New York International Gift Show
  2004 Ed. (4756)
New York Islanders
  2013 Ed. (4480)
New York Jets
  2009 Ed. (2817)
  2010 Ed. (2758)
  2011 Ed. (2744)
  2012 Ed. (2681, 4483, 4521)
  2013 Ed. (2767)
  2014 Ed. (2749)
  2015 Ed. (2802)
  2016 Ed. (2732)
  2017 Ed. (2688)
  2018 Ed. (2749)
  2019 Ed. (2732)
  2020 Ed. (2762)
  2021 Ed. (2637)
  2022 Ed. (2762)
  2023 Ed. (2896)
New York JFK
  1992 Ed. (309, 310)
  1996 Ed. (1061)
New York Kennedy
  2000 Ed. (270, 272)
New York Kennedy Airport
  1998 Ed. (108)
New York Kennedy, NY
  2009 Ed. (258)
  2010 Ed. (249)
  2011 Ed. (168)
New York Knicks
  1998 Ed. (439, 3356)
  2000 Ed. (704)
  2001 Ed. (4345)
  2003 Ed. (4508)
  2004 Ed. (657)
  2005 Ed. (646)
  2006 Ed. (548)
  2007 Ed. (579)
  2008 Ed. (530)
  2009 Ed. (565)
  2010 Ed. (548)
  2011 Ed. (476)
  2012 Ed. (433)
  2013 Ed. (546)
  2014 Ed. (560)
  2015 Ed. (623)
  2016 Ed. (570)
  2017 Ed. (599, 4473, 4474)
  2018 Ed. (563, 4492, 4493)
  2019 Ed. (582, 4485, 4486)
  2020 Ed. (565)
  2022 Ed. (557, 4474)
  2023 Ed. (809)
New York Land Co.
  1991 Ed. (2640)
New York Law School
  2000 Ed. (2912)
New York Lee Credit Union
  1996 Ed. (1505)
New York (LGA)
  1992 Ed. (309)
New York & Life
  2000 Ed. (2836)
New York Life
  1989 Ed. (1679, 1681, 1683, 1684, 2104, 2134, 2137)
  1990 Ed. (235, 2231, 2233, 2236, 2237, 2240, 2243, 2323, 2324)
  1991 Ed. (243, 246, 2085, 2095, 2099, 2207)
  1993 Ed. (2011, 2204, 2205, 2206, 2207, 2208, 2210, 2211, 2212, 2214, 2216, 2217, 2218, 2281, 2922)
  1997 Ed. (2436, 2456, 2517)
  2000 Ed. (2694, 2695, 2698, 2781, 2835)
  2005 Ed. (692, 704)
  2013 Ed. (1673)
  2014 Ed. (45)
  2017 Ed. (2162, 2311)
  2018 Ed. (2352)
  2019 Ed. (2376)
  2021 Ed. (4937)
  2023 Ed. (3268, 3269)
New York Life & Annuity
  1989 Ed. (1707, 1708, 1709)
  1990 Ed. (2247, 2248, 2249)
  1991 Ed. (245, 2115, 2117)
  1993 Ed. (3250)
  1996 Ed. (2318)
New York Life Consolidated
  2009 Ed. (3367)
New York Life Group
  2003 Ed. (2992, 2993, 2998)
  2005 Ed. (3114)
  2013 Ed. (3301, 3305, 3308, 3309, 3310, 3320)
  2014 Ed. (3324, 3328, 3331, 3333, 3336)
  2015 Ed. (3371)
  2016 Ed. (3239)
  2017 Ed. (3195)
  2018 Ed. (3270, 3272, 3273, 3275, 3276, 3277, 3279)

CUMULATIVE INDEX • 1989-2023

2019 Ed. (3220, 3223, 3224, 3227, 3229, 3232)
2020 Ed. (3235, 3238, 3239, 3242, 3244, 3245)
2021 Ed. (3101, 3104, 3105, 3108, 3109, 3110, 3111)
2022 Ed. (3242, 3246, 3249, 3250, 3251, 3252)
2023 Ed. (3331, 3332, 3335, 3338, 3339, 3340, 3341, 3348)

New York Life Insurance
2015 Ed. (48)
2016 Ed. (47)
2017 Ed. (44)
2018 Ed. (3209, 3282)
2019 Ed. (3236)
2021 Ed. (3113)
2022 Ed. (3253)
2023 Ed. (3333, 3342, 3344)

New York Life Insurance & Annuity Co.
1995 Ed. (2295)
1997 Ed. (2437, 2438, 2441)
1998 Ed. (2168, 2169, 2188)
2002 Ed. (2934)
2007 Ed. (3149)
2008 Ed. (3299)
2009 Ed. (3359)
2010 Ed. (3297)
2011 Ed. (3258)
2012 Ed. (3235)
2013 Ed. (3313, 3314)

New York Life Insurance Companies
2017 Ed. (3979)

New York Life Insurance Co.
1989 Ed. (1806, 2142)
1990 Ed. (2224, 2349, 2351, 2354)
1991 Ed. (244, 2094, 2101, 2102, 2109, 2112, 2113, 2246)
1992 Ed. (338, 2159, 2370, 2657, 2658, 2663, 2664, 2666, 2669, 2670, 2671, 2674, 2675, 2676, 2711, 2729, 2739, 2774, 3223)
1993 Ed. (2226, 2227)
1994 Ed. (224, 2249, 2251, 2255, 2256, 2257, 2258, 2261, 2262, 2266, 2294, 2298, 2304, 2318, 3160)
1995 Ed. (223, 2292, 2294, 2295, 2296, 2299, 2301, 2302, 2303, 2307, 2314, 2387)
1996 Ed. (2070, 2283, 2288, 2305, 2306, 2307, 2308, 2309, 2310, 2313, 2314, 2315, 2316, 2320, 2323, 2324, 2328, 2376, 2382, 2383, 2387, 2416, 2829)
1997 Ed. (2426, 2430, 2443, 2444, 2445, 2446, 2453, 3412)
1998 Ed. (171, 2137, 2143, 2155, 2156, 2157, 2158, 2160, 2163, 2164, 2168, 2170, 2171, 2174, 2177, 2178, 2180, 2181, 2182, 2183, 2184, 2185, 2186, 2187, 2189, 2190, 2193, 2194, 2255, 2268, 2673)
1999 Ed. (2923, 2931, 2938, 2941, 2943, 2945, 2947, 2948, 2950, 2952, 2953, 2954, 2956, 2957, 2958, 2961, 3047, 4171, 4172, 4173)
2000 Ed. (2672, 2674, 2690, 2691, 2692, 2693, 2697, 2699, 2702, 2703, 2704, 2705, 2707, 2709, 2711, 2843, 3882, 3885, 3900)
2001 Ed. (2933, 2934, 2940, 2941, 2942, 2943, 2944, 2946, 2947, 2949)
2002 Ed. (728, 729, 1382, 2869, 2891, 2905, 2912, 2913, 2914, 2915, 2924, 2925, 2926, 2927, 2928, 2929, 2930, 2931, 2932, 2935, 2938, 2939, 2940, 3390)
2003 Ed. (2991, 2994, 2999, 3000)
2004 Ed. (180, 1615, 3102, 3106, 3108, 3111, 3112, 3114, 3115)
2005 Ed. (3051, 3084, 3105, 3109, 3115, 3118, 3119, 3120, 3906)
2006 Ed. (3088, 3118, 3120, 3122, 3123, 3124, 3125, 3126, 3490, 3979)
2007 Ed. (3130, 3138, 3140, 3145, 3146, 3147, 3148, 3151, 3152, 3153, 3155, 3156, 3157, 3160, 3162)
2008 Ed. (1483, 3285, 3288, 3291, 3293, 3294, 3295, 3296, 3297, 3298, 3301, 3302, 3305, 3306, 3307, 3309, 3311)
2009 Ed. (3343, 3346, 3348, 3350, 3353, 3354, 3355, 3356, 3357, 3358, 3361, 3362, 3365, 3368, 3369, 3372, 3375, 3380, 3381, 3382, 3752, 3754, 4080)
2010 Ed. (1666, 3287, 3289, 3293, 3294, 3295, 3296, 3298, 3299, 3302, 3305, 3306, 3307, 3309, 3311, 3317, 3318)
2011 Ed. (1674, 1910, 3013, 3253, 3255, 3257, 3260, 3261, 3264, 3265, 3267, 3268, 3269, 3272, 3274)
2012 Ed. (1524, 1800, 2693, 3224, 3226, 3229, 3231, 3233, 3234, 3235, 3237, 3238, 3239, 3240, 3241, 3242, 3248, 3690)
2013 Ed. (1974, 3303, 3311, 3312, 3314, 3316, 3317, 3318, 3319, 3321, 3324)
2014 Ed. (180, 3326, 3334, 3335, 3337, 3340)
2015 Ed. (3369, 3374)

2016 Ed. (206, 1885, 3231, 3237, 3238, 3240, 3243)
2017 Ed. (193, 1835, 1848, 3189, 3193, 3194, 3196, 3199)
2018 Ed. (44, 1781, 3284, 3995)
2019 Ed. (40, 180, 1851, 3222, 3230, 3231, 3233, 3238)
2020 Ed. (44, 1793, 3237, 3248)
2021 Ed. (3103, 3115)
2022 Ed. (3244, 3255)

New York Life Insurance Group
2016 Ed. (204, 3233, 3234, 3235)
2017 Ed. (191, 3191)
2018 Ed. (3278)

New York Life Investment
2003 Ed. (3071, 3078, 3086, 3441, 3442)

New York Life/Mainstay Funds
2000 Ed. (2265, 2667)

New York Life Venture Capital Group
1994 Ed. (3622)

New York state local
1995 Ed. (2873)

New York Local Government Assistance Corp.
1993 Ed. (2614)

New York-Long Island, NY
1999 Ed. (3372)
2017 Ed. (4428)
2018 Ed. (4772)

New York-Los Angeles
1991 Ed. (195)
1992 Ed. (267)

New York Magazine
1991 Ed. (2710)
1992 Ed. (3392)
1995 Ed. (2890)
2001 Ed. (248)
2007 Ed. (147)
2011 Ed. (78)
2015 Ed. (97)
2020 Ed. (3393)

New York Marriott
1999 Ed. (2798)

New York Marriott Marquis
1999 Ed. (2798)

New York Medical Group
2000 Ed. (2393)

New York Mercantile
1989 Ed. (2642)

New York Mercantile Exchange
1993 Ed. (1039, 1040, 1915)
1994 Ed. (1071, 1072)
1996 Ed. (1057)
1998 Ed. (815, 816)
1999 Ed. (1247)
2001 Ed. (1333, 1334)
2003 Ed. (2598, 2600)
2004 Ed. (2713)
2005 Ed. (2706, 2708)
2006 Ed. (2683, 2684)
2007 Ed. (2563, 2673, 2674)
2008 Ed. (2804, 2805)
2009 Ed. (2762, 2861, 2862)
2010 Ed. (2799)
2011 Ed. (970, 971)
2012 Ed. (884, 885)
2013 Ed. (1043, 1044)
2014 Ed. (1008)
2015 Ed. (1044)
2016 Ed. (953)
2018 Ed. (929)
2019 Ed. (916, 917)
2020 Ed. (911, 912)

New York Methodist Hospital
1997 Ed. (2267)

New York Metro
1997 Ed. (2207)

New York Metro Area Postal Credit Union
2004 Ed. (1931)

New York Metro Transportation Authority
2001 Ed. (878)

New York Mets
2000 Ed. (703)
2001 Ed. (664)
2004 Ed. (656)
2005 Ed. (645)
2006 Ed. (547)
2007 Ed. (578)
2008 Ed. (529)
2009 Ed. (564)
2010 Ed. (547)
2011 Ed. (475)
2012 Ed. (431)
2013 Ed. (544)
2014 Ed. (559)
2015 Ed. (622)
2016 Ed. (569)
2017 Ed. (598)
2018 Ed. (562)
2019 Ed. (581)
2020 Ed. (564)
2021 Ed. (535)
2023 Ed. (808)

New York-Miami
1991 Ed. (195)
1992 Ed. (267)

New York MTA Bus Co.
2009 Ed. (751)

New York Municipal
1992 Ed. (3147)

New York National Bank
1990 Ed. (587)

New York-New Jersey
2023 Ed. (4016, 4017)

New York/New Jersey
1991 Ed. (2756)
1992 Ed. (1389, 1395, 3496, 3497, 3498)
1996 Ed. (3056)
2000 Ed. (3574, 3575)
2021 Ed. (3919, 3920)
2022 Ed. (3931, 3932)

New York/New Jersey/Connecticut
1990 Ed. (2442)

New York-New Jersey-Long Island, NY
2008 Ed. (4351)

New York, New York
1989 Ed. (1905)
1992 Ed. (2412)

New York-Newark-Edison, NY-NJ-PA
2006 Ed. (261, 676, 1019, 2620, 2673, 2698, 2868, 3321, 3324, 3473, 3474, 3476, 3477, 3478, 3578, 3796, 4098, 4141, 4142, 4143)
2007 Ed. (217, 268, 772, 1105, 2597, 2658, 2692, 2858, 3376, 3383, 3387, 3388, 3498, 3499, 3501, 3502, 3503, 3643, 3802, 4063, 4120, 4164, 4165, 4166, 4809, 4877, 4885)
2008 Ed. (18, 204, 3477, 3524, 4097, 4100, 4748, 4817)
2009 Ed. (228, 3573, 4208, 4351, 4777, 4842)
2010 Ed. (3491)
2011 Ed. (3492, 4270)
2012 Ed. (3496, 4610)
2013 Ed. (3541)

New York-Newark-Jersey City, NY-NJ
2019 Ed. (3524, 3871)

New York-Newark-Jersey City, NY-NJ-PA
2015 Ed. (3532)
2016 Ed. (3383)
2018 Ed. (3402)
2021 Ed. (3358, 3364)
2022 Ed. (3408, 3414)

New York-Newark-New Jersey City, NY-NJ-CT
1992 Ed. (2554)

New York News
1992 Ed. (3243)

New York Newsday/Newsday
1996 Ed. (2849)

New York, Northern New Jersey, Long Island
1989 Ed. (1510, 2894, 2912, 2932, 2933, 2936)
1990 Ed. (1895, 2136, 3070, 3112)
1991 Ed. (883, 1813, 2933, 3339, 3457, 3483, 3499)
1992 Ed. (2389)

New York-Northern New Jersey-Long Island, NY
2003 Ed. (2827)

New York-Northern New Jersey-Long Island, NY-NJ
1993 Ed. (2154)

New York NW Transport Service Inc.
1999 Ed. (1186)

New York, NY
1989 Ed. (225, 226, 276, 284, 350, 727, 738, 828, 843, 844, 845, 846, 847, 910, 911, 913, 917, 993, 1177, 1265, 1491, 1492, 1560, 1577, 1625, 1627, 1628, 1645, 1646, 1647, 1926, 1952, 1956, 1958, 1959, 1960, 1961, 1962, 1963, 1964, 1965, 1966, 1967, 2051, 2317, 2906)
1990 Ed. (9, 301, 401, 404, 738, 873, 875, 876, 917, 1000, 1002, 1003, 1005, 1006, 1007, 1008, 1010, 1054, 1055, 1148, 1150, 1151, 1218, 1439, 1464, 1466, 1485, 1553, 1867, 1868, 1870, 1950, 1958, 1986, 2019, 2022, 2111, 2123, 2124, 2125, 2126, 2154, 2156, 2158, 2161, 2162, 2163, 2165, 2548, 2549, 2551, 2554, 2555, 2556, 2557, 2558, 2559, 2560, 2561, 2562, 2563, 2564, 2565, 2655, 2656, 2882, 2884, 2885, 3003, 3047, 3048, 3504, 3523, 3524, 3526, 3527, 3528, 3529, 3535, 3536, 3607, 3609, 3614)
1991 Ed. (56, 275, 348, 515, 715, 716, 826, 827, 828, 829, 831, 832, 935, 936, 937, 940, 976, 977, 1102, 1397, 1455, 1644, 1782, 1783, 1863, 1888, 1914, 1915, 1916, 1940, 1965, 1972, 1973, 1974, 1975, 1984, 2000, 2003, 2006, 2009, 2010, 2348, 2424, 2425, 2427, 2430, 2431, 2432, 2433, 2434, 2435, 2436, 2437, 2441, 2442, 2443, 2444, 2445, 2446, 2510, 2511, 2512, 2523, 2533, 2698, 2857, 2861, 2864, 2890, 2892, 2901, 3116, 3249, 3272, 3296, 3297, 3298, 3299, 3300)
1992 Ed. (237, 374, 482, 668, 897, 898, 1010, 1017, 1025, 1026, 1081, 1153, 1155, 1160, 1164, 1213, 1214, 1440, 1797, 2254, 2255, 2287, 2352, 2377, 2415, 2416, 2480, 2514, 2521, 2535, 2536, 2575, 2577, 2580, 2583, 2584, 3040, 3041, 3043, 3044, 3045, 3046, 3049, 3050, 3051, 3056, 3057, 3058, 3059, 3236, 3292, 3399, 3491, 3499, 3500, 3502, 3617, 3618, 3661, 3692, 3693, 3694, 3695, 3696, 3702, 3734, 3736, 3752, 3800, 3819, 3953, 4190, 4191, 4217, 4218, 4219, 4220, 4221, 4222, 4242, 4403, 4437, 4446, 4449, 4450, 4456)
1993 Ed. (57, 267, 347, 370, 480, 707, 709, 773, 808, 816, 818, 872, 884, 944, 945, 949, 950, 989, 1158, 1221, 1424, 1478, 1525, 1852, 1913, 1943, 1999, 2015, 2042, 2043, 2044, 2071, 2106, 2107, 2108, 2139, 2142, 2145, 2148, 2149, 2439, 2444, 2460, 2527, 2540, 2543, 2544, 2545, 2546, 2550, 2551, 2552, 2553, 2613, 2614, 2616, 2777, 2778, 2812, 2953, 3012, 3043, 3045, 3060, 3105, 3223, 3299, 3518, 3519, 3520, 3521, 3522, 3523, 3606, 3675, 3700, 3708, 3710, 3711, 3717)
1994 Ed. (128, 256, 332, 482, 719, 720, 820, 821, 822, 823, 824, 826, 827, 951, 963, 964, 965, 971, 973, 975, 1017, 1188, 1259, 1524, 1566, 1935, 1936, 1971, 1992, 2027, 2058, 2062, 2063, 2129, 2142, 2143, 2162, 2164, 2169, 2170, 2172, 2372, 2378, 2383, 2386, 2405, 2409, 2488, 2489, 2490, 2492, 2494, 2497, 2499, 2500, 2501, 2502, 2503, 2811, 2895, 2897, 3056, 3057, 3058, 3059, 3068, 3104, 3105, 3121, 3151, 3218, 3293, 3325, 3494, 3495, 3496, 3497, 3498)
1995 Ed. (142, 230, 231, 243, 245, 246, 257, 328, 330, 676, 677, 872, 874, 920, 928, 987, 990, 1026, 1027, 1113, 1202, 1282, 1555, 1609, 1622, 1869, 1924, 1964, 1966, 1995, 2048, 2080, 2115, 2116, 2181, 2183, 2184, 2189, 2205, 2213, 2215, 2219, 2220, 2222, 2451, 2459, 2464, 2467, 2481, 2553, 2554, 2555, 2557, 2558, 2560, 2561, 2562, 2563, 2564, 2571, 2643, 2644, 2646, 2665, 2849, 2873, 2900, 2956, 3102, 3103, 3104, 3105, 3113, 3149, 3150, 3173, 3195, 3300, 3369, 3543, 3544, 3562, 3563, 3564, 3565, 3566, 3567, 3633, 3651, 3715, 3735, 3742, 3745, 3746, 3747, 3753, 3780, 3781, 3782, 3783, 3784)
1996 Ed. (37, 38, 156, 238, 239, 261, 302, 346, 509, 747, 748, 857, 897, 907, 974, 975, 1011, 1012, 1170, 1238, 1537, 1587, 1993, 1994, 2018, 2040, 2076, 2114, 2120, 2121, 2194, 2198, 2199, 2210, 2222, 2224, 2228, 2229, 2281, 2497, 2510, 2513, 2518, 2536, 2537, 2539, 2543, 2571, 2572, 2573, 2574, 2575, 2615, 2616, 2617, 2619, 2620, 2622, 2623, 2624, 2625, 2634, 2723, 2725, 2865, 2982, 3197, 3198, 3199, 3200, 3209, 3249, 3250, 3266, 3293, 3425, 3653, 3802, 3834, 3842, 3845, 3846, 3852)
1997 Ed. (163, 270, 322, 473, 678, 679, 869, 928, 940, 998, 1000, 1001, 1002, 1031, 1032, 1117, 1211, 1284, 1596, 1669, 2072, 2073, 2110, 2111, 2140, 2162, 2176, 2228, 2230, 2265, 2315, 2326, 2327, 2335, 2337, 2339, 2354, 2356, 2357, 2358, 2360, 2361, 2639, 2649, 2657, 2682, 2684, 2712, 2720, 2721, 2722, 2723, 2758, 2759, 2760, 2762, 2764, 2766, 2768, 2769, 2770, 2771, 2773, 2774, 2775, 2784, 2831, 2848, 2959, 3066, 3306, 3307, 3313, 3350, 3351, 3365, 3390, 3512, 3710, 3853, 3883, 3890, 3893, 3894, 3900)
1998 Ed. (69, 143, 359, 474, 580, 585, 672, 684, 735, 736, 740, 741, 742, 793, 1055, 1235, 1316, 1521, 1547, 1943, 2003, 2004, 2365, 2405, 2476, 2477, 2478, 2479, 2562, 2564, 3051, 3054, 3055, 3058, 3586, 3612, 3685, 3718, 3725, 3726, 3731, 3733)
1999 Ed. (356, 733, 734, 797, 1070, 1149, 1150, 1151, 1154, 1156, 1157, 1158, 1159, 1160, 1161, 1163, 1164, 1165, 1166, 1168, 1169, 1172, 1349, 1487, 2095, 2096, 2126, 2493, 2494, 2590, 2686, 2757, 2758, 2828, 2832, 3195, 3211, 3212, 3213, 3214, 3215, 3373, 3374, 3378, 3379, 3380, 3382, 3383, 3384, 3385, 3386, 3387, 3388, 3390, 3391, 3392, 3852, 3853, 3858, 3859, 3860, 3890, 4040, 4051, 4055, 4125, 4646, 4728, 4766, 4773, 4774, 4778, 4779, 4807)
2000 Ed. (318, 747, 748, 802, 1006, 1010, 1072, 1082, 1089, 1091, 1092, 1115, 1117, 1158, 1330, 1594, 1596, 1597, 1598, 1600, 1606, 1607, 1662, 1713, 1790, 1908, 2306, 2330, 2392, 2416, 2437, 2580, 2604, 2606, 2607,

Business Rankings Annual • CUMULATIVE INDEX • 1989-2023 / Part 2   1499

CUMULATIVE INDEX • 1989-2023

2611, 2613, 2614, 2637, 2938, 2950, 2951, 2952, 2953, 2995, 2996, 3051, 3052, 3053, 3054, 3055, 3103, 3105, 3110, 3112, 3113, 3114, 3115, 3116, 3117, 3119, 3120, 3121, 3508, 3686, 3766, 3770, 3771, 3835, 3865, 4014, 4207, 4270, 4357, 4364, 4396, 4397, 4402, 4403)
2001 Ed. (416, 715, 765, 1013, 1090, 1153, 1154, 1155, 1234, 1940, 2080, 2283, 2363, 2596, 2717, 2721, 2722, 2757, 2793, 2794, 2797, 2816, 2818, 2819, 3102, 3120, 3291, 3292, 3646, 3718, 3727, 3877, 4021, 4049, 4089, 4143, 4164, 4611, 4678, 4679, 4680, 4708, 4790, 4791, 4792, 4836, 4848, 4849, 4850, 4851, 4852, 4853, 4854, 4855, 4856)
2002 Ed. (75, 229, 255, 276, 277, 336, 373, 396, 408, 719, 774, 921, 964, 965, 966, 1055, 1056, 1059, 1084, 1086, 1094, 1223, 2028, 2043, 2045, 2117, 2218, 2220, 2221, 2296, 2301, 2379, 2382, 2393, 2395, 2404, 2442, 2444, 2458, 2565, 2566, 2567, 2570, 2573, 2628, 2632, 2731, 2733, 2735, 2759, 2762, 2879, 3092, 3135, 3136, 3137, 3138, 3237, 3325, 3326, 3328, 3331, 3589, 3590, 3893, 3991, 3997, 3998, 4046, 4047, 4050, 4052, 4053, 4075, 4180, 4317, 4528, 4593, 4646, 4734, 4743, 4744, 4745, 4766, 4912, 4927, 4928, 4929, 4930, 4931, 4932, 4933, 4934, 4935)
2003 Ed. (27, 254, 256, 260, 309, 351, 352, 705, 756, 776, 777, 784, 832, 901, 902, 903, 973, 997, 998, 999, 1000, 1005, 1013, 1014, 1015, 1047, 1088, 1143, 1144, 1870, 2006, 2007, 2255, 2256, 2257, 2338, 2346, 2468, 2469, 2494, 2587, 2595, 2596, 2611, 2632, 2633, 2639, 2640, 2684, 2698, 2756, 2764, 2765, 2773, 2778, 2779, 2787, 2862, 2863, 3162, 3220, 3228, 3242, 3253, 3254, 3290, 3291, 3313, 3314, 3315, 3316, 3317, 3318, 3319, 3383, 3384, 3385, 3386, 3387, 3388, 3389, 3391, 3392, 3393, 3396, 3397, 3398, 3399, 3401, 3402, 3403, 3404, 3406, 3407, 3408, 3409, 3455, 3660, 3661, 3662, 3663, 3664, 3665, 3666, 3667, 3668, 3669, 3769, 3770, 3902, 3903, 4031, 4081, 4082, 4083, 4084, 4090, 4150, 4151, 4152, 4153, 4155, 4156, 4157, 4158, 4159, 4160, 4161, 4162, 4174, 4175, 4181, 4208, 4307, 4391, 4392, 4403, 4512, 4636, 4637, 4638, 4639, 4709, 4775, 4797, 4798, 4843, 4851, 4866, 4904, 4905, 4906, 4921, 4922, 4943, 4952, 4953, 4985, 4987)
2004 Ed. (187, 226, 227, 264, 265, 269, 332, 333, 334, 336, 731, 732, 766, 790, 791, 796, 797, 803, 804, 848, 870, 919, 920, 926, 984, 985, 988, 989, 990, 991, 994, 995, 996, 1001, 1006, 1007, 1011, 1012, 1015, 1016, 1017, 1018, 1054, 1101, 1109, 1138, 1139, 1146, 1147, 2048, 2049, 2052, 2053, 2263, 2264, 2265, 2266, 2418, 2419, 2598, 2599, 2601, 2602, 2627, 2630, 2646, 2649, 2696, 2702, 2706, 2707, 2710, 2711, 2720, 2731, 2749, 2750, 2751, 2752, 2760, 2761, 2762, 2763, 2795, 2801, 2809, 2811, 2839, 2850, 2851, 2854, 2855, 2860, 2861, 2865, 2866, 2872, 2873, 2874, 2880, 2887, 2898, 2899, 2900, 2901, 2947, 2948, 2951, 2952, 2965, 2983, 2984, 2985, 3216, 3219, 3262, 3280, 3298, 3309, 3314, 3347, 3348, 3353, 3354, 3367, 3368, 3369, 3370, 3371, 3372, 3373, 3374, 3375, 3376, 3377, 3378, 3379, 3380, 3381, 3382, 3383, 3384, 3385, 3386, 3387, 3389, 3390, 3391, 3392, 3449, 3450, 3451, 3452, 3453, 3454, 3455, 3457, 3458, 3459, 3462, 3463, 3464, 3466, 3467, 3468, 3469, 3470, 3472, 3473, 3474, 3475, 3476, 3518, 3523, 3704, 3705, 3706, 3707, 3708, 3709, 3710, 3711, 3712, 3713, 3714, 3715, 3716, 3717, 3718, 3719, 3720, 3721, 3722, 3723, 3724, 3725, 3795, 3796, 3799, 3800, 4050, 4087, 4102, 4103, 4104, 4109, 4110, 4111, 4112, 4113, 4116, 4150, 4152, 4153, 4154, 4155, 4156, 4164, 4165, 4166, 4167, 4168, 4170, 4171, 4172, 4173, 4174, 4175, 4176, 4177, 4178, 4185, 4186, 4191, 4192, 4193, 4199, 4200, 4201, 4202, 4208, 4209, 4210, 4211, 4231, 4317, 4406, 4407, 4408, 4409, 4415, 4418, 4478, 4479, 4611, 4612, 4616, 4617, 4618, 4619, 4676, 4753, 4765, 4766, 4782, 4783, 4834, 4835, 4836, 4846, 4894, 4896, 4910, 4911, 4914, 4915, 4947, 4953, 4954, 4955, 4956, 4972, 4973)
2005 Ed. (748, 841, 843, 881, 883, 910, 911, 921, 2025, 2027, 2032, 2033, 2202, 2204, 2389, 2454, 3064, 3312, 3314, 3326, 3333, 3336, 3471, 3472, 4654, 4734, 4804, 4825, 4826, 4827, 4927, 4933, 4934, 4935, 4936, 4937, 4938, 4972, 4973, 4974, 4983)
2006 Ed. (249, 749, 767, 771, 2128, 2848, 3068, 3302, 3303, 3975, 4059, 4182, 4429, 4707, 4785, 4970)
2007 Ed. (271, 775, 868, 1109, 2076, 2601, 2664, 2693, 2843, 2860, 3365, 3367, 3504, 3505, 3507, 3508, 3509, 3644, 3805, 4014, 4125, 4174, 4175, 4176, 4731)
2008 Ed. (767, 829, 1819, 3407, 3463, 3465, 3513, 3519, 4015, 4016, 4040, 4650, 4721, 4731)
2009 Ed. (851, 1767, 2326, 2327, 3050, 3052, 3053, 3467, 3538, 3539, 3874, 4087, 4114, 4692, 4965)
2010 Ed. (207, 208, 697, 793, 797, 1137, 1138, 1714, 2256, 2334, 2335, 2517, 2636, 2637, 2705, 2706, 2715, 2765, 2766, 2806, 2807, 2825, 2826, 2886, 2921, 2974, 2978, 2980, 3238, 3239, 3405, 3462, 3463, 3499, 3500, 3526, 3527, 3528, 3655, 3656, 3657, 3658, 3659, 3660, 3663, 3664, 3665, 3666, 3667, 3668, 3669, 3670, 3671, 3672, 3678, 3775, 3776, 3777, 3778, 3779, 3780, 3781, 3782, 3783, 3784, 3785, 3999, 4046, 4143, 4153, 4154, 4194, 4195, 4270, 4271, 4273, 4274, 4275, 4276, 4277, 4278, 4296, 4297, 4298, 4299, 4300, 4301, 4302, 4304, 4305, 4306, 4307, 4309, 4310, 4311, 4312, 4313, 4317, 4318, 4319, 4320, 4321, 4322, 4324, 4325, 4326, 4327, 4328, 4329, 4330, 4331, 4332, 4333, 4334, 4335, 4336, 4337, 4338, 4339, 4340, 4341, 4342, 4343, 4355, 4357, 4358, 4359, 4360, 4362, 4363, 4364, 4365, 4366, 4367, 4368, 4464, 4465, 4704, 4773, 4787, 4788, 4937, 4938)
2011 Ed. (720, 724, 1729, 2263, 2558, 2622, 2626, 2627, 2630, 2940, 2942, 3104, 3465, 3466, 3503, 3658, 4022, 4659, 4724)
2012 Ed. (181, 913, 1771, 2131, 2503, 2871, 3041, 3475, 3729, 4004, 4060)
2013 Ed. (165, 730, 1939, 2947, 3125, 3546, 4066, 4101, 4401, 4787)
2014 Ed. (125, 169, 752, 2641, 2642, 2644, 2965, 3124, 3546, 4074, 4118)
2015 Ed. (6, 196, 1913, 2596, 2684, 2686, 3034, 3185, 4057, 4100)
2016 Ed. (710, 2601, 2603, 2930, 3042, 3963, 4014)
2017 Ed. (137, 745, 771, 2394, 2530, 2531, 2532, 2534, 2889, 2989, 3646, 4149, 4780)
2018 Ed. (705, 1315, 2604, 2606, 2956, 3106)
2019 Ed. (133, 2175, 2523, 2584, 2586, 2589, 2590, 2591, 3058, 3690)
2020 Ed. (2514, 2576, 2578, 2581, 2582, 2583, 2921, 3096)
2021 Ed. (716, 3341)
2022 Ed. (3403)
2023 Ed. (2688, 2778, 3538, 4459, 4572, 4573)

New York NY Fresh Deli
  2007 Ed. (4241)
  2008 Ed. (4276)
New York, NY-NJ
  1990 Ed. (2566, 2567)
  1991 Ed. (2438, 2439, 2440)
New York, NY, NJ-CT
  1992 Ed. (369)
New York (NY) Observer
  2003 Ed. (3645)
New York (NY) People's Weekly World
  2003 Ed. (3645)
New York Observer
  2002 Ed. (3503)
New York-Orlando
  1991 Ed. (195)
  1992 Ed. (267)
New York Philharmonic Symphony
  1994 Ed. (892)
The New York Post
  1990 Ed. (2697, 2703)
  1991 Ed. (2603, 2609)
  1993 Ed. (2723)
  1996 Ed. (2849)
  1997 Ed. (2945)
  1998 Ed. (2683)
  1999 Ed. (3621)
  2000 Ed. (3339)
  2001 Ed. (261, 3543)
  2009 Ed. (3824)
  2010 Ed. (3752, 3753)
  2011 Ed. (3753, 3754)
  2012 Ed. (3758, 3759)
  2013 Ed. (3833)
  2014 Ed. (3754)
  2015 Ed. (3777)

New York Power Authority
  1990 Ed. (1596, 1597)
  1991 Ed. (1495, 1496)
  1992 Ed. (1894, 1895)
  1993 Ed. (1152, 1555, 1556)
  1994 Ed. (1592, 1593)
  1995 Ed. (1635, 1636)
  1996 Ed. (1611, 1612)
  1998 Ed. (1381, 1383)
  2003 Ed. (2138)
  2019 Ed. (2250)
  2020 Ed. (2244)
New York-Presbyterian
  2022 Ed. (42)
  2023 Ed. (86)
New York-Presbyterian; Children's Hospital of
  2005 Ed. (2900)
  2006 Ed. (2907)
  2007 Ed. (2926)
New York & Presbyterian Healthcare Network
  1999 Ed. (2645)
New York Presbyterian Healthcare Network
  2000 Ed. (3181, 3184, 3186, 3320, 3624)
New York-Presbyterian Healthcare System
  2001 Ed. (2669, 2670, 3923)
  2002 Ed. (1743, 3292, 3295, 3802)
  2003 Ed. (3470)
  2004 Ed. (3526)
  2006 Ed. (3587, 3588, 3591)
  2008 Ed. (2891)
  2009 Ed. (2955)
  2010 Ed. (2892)
New York-Presbyterian Healthcare Systems
  2003 Ed. (3466, 3467, 3469)
New York & Presbyterian Hospital
  2000 Ed. (2532)
  2007 Ed. (1919)
  2008 Ed. (1986)
  2009 Ed. (1939)
  2010 Ed. (1876)
  2011 Ed. (1906)
  2012 Ed. (1763)
  2013 Ed. (1937)
  2014 Ed. (1875)
New York-Presbyterian Hospital
  2000 Ed. (2529)
  2001 Ed. (2773, 2775)
  2002 Ed. (2603, 2604, 2606, 2611, 2615, 2623, 3801)
  2003 Ed. (2807, 2808, 2810, 2815, 2820, 2822, 2823, 2831, 3971)
  2004 Ed. (2912, 2919, 2923, 3974)
  2005 Ed. (1908, 2898, 2904, 2905, 2909, 2910, 3947)
  2006 Ed. (1936, 2902, 2903, 2904, 2912, 2915, 2916, 3710, 3711, 3712, 3716, 4016)
  2007 Ed. (2921, 2922, 2923, 2924, 2930, 2931, 2934, 4048)
  2008 Ed. (2902, 3787, 3788, 3793, 3798)
  2009 Ed. (3829, 3830, 3831)
  2012 Ed. (2798, 2992)
  2014 Ed. (3081)
  2015 Ed. (3266, 4425)
  2016 Ed. (4319)
  2017 Ed. (4322)
  2018 Ed. (4314)
  2019 Ed. (2850, 4342)
  2020 Ed. (4334)
  2021 Ed. (4350)
  2022 Ed. (4356)
New York and Presbyterian Hospitals
  1999 Ed. (2987, 2990, 2992)
New York and Presbyterian Hospitals Care Network
  1998 Ed. (1909)
New York-Presbyterian Morgan Stanley Children's Hospital
  2011 Ed. (3038)
New York-Presbyterian Morgan Stanley-Komansky Children's Hospital
  2012 Ed. (2957, 2959, 2960, 2961, 2966)
  2013 Ed. (3047, 3048)
New York-Presbyterian University Hospital of Columbia & Cornell
  2008 Ed. (3043, 3044, 3045, 3046, 3049, 3053, 3056, 3057, 4084)
  2009 Ed. (3128, 3130, 3131, 3132, 3134, 3135, 3139, 3142, 4197)
  2010 Ed. (3060, 3062, 3063, 3064, 3066, 3070, 3071, 3073, 4132)
  2011 Ed. (3031, 3033, 3034, 3035, 3037, 3042, 3045, 4097)
  2012 Ed. (2968, 2969, 2970, 2971, 2972, 2973, 2979, 2981, 2982, 4131)
  2013 Ed. (3058, 3059, 3060, 3061, 3062, 3063, 3064, 3067, 3068, 3072, 4124)
  2014 Ed. (3060, 3061, 3062, 3065, 3066, 3069, 3074, 4139)
  2015 Ed. (3125, 3126, 3127, 3130, 3131, 3134, 3139, 4121)
  2016 Ed. (2988, 2989, 2990, 2991, 2993, 2994, 2997, 2998, 3002, 4035)
New York Private Bank & Trust Corp.
  2006 Ed. (403)
  2007 Ed. (388)

2013 Ed. (323)
New York Public Library
  1992 Ed. (3266)
New York Rangers
  1998 Ed. (1946)
  2000 Ed. (2476)
  2001 Ed. (4347)
  2003 Ed. (4509)
  2006 Ed. (2862)
  2009 Ed. (3056)
  2010 Ed. (2990)
  2011 Ed. (2959)
  2012 Ed. (2888)
  2013 Ed. (2965)
  2014 Ed. (2978)
  2015 Ed. (3046)
  2016 Ed. (2938)
  2017 Ed. (2898)
  2018 Ed. (2964)
  2019 Ed. (2907)
  2020 Ed. (2926)
  2021 Ed. (2787)
  2022 Ed. (2953)
New York Red Bulls
  2019 Ed. (4432)
New York Restaurant Group
  1998 Ed. (3048)
  2000 Ed. (3763)
New York St. Medical Care Facilities Financial Agency
  1993 Ed. (2618)
New York-San Francisco
  1991 Ed. (195)
  1992 Ed. (267)
New York Servitas IPA Inc.
  2000 Ed. (2618)
New York Shipping Association
  1992 Ed. (3259)
New York Staffing Services
  2005 Ed. (2366)
New York State
  1991 Ed. (2511, 2514)
New York State Attorney General
  1991 Ed. (2528)
  1993 Ed. (2620, 2623, 2627, 3625)
New York State Bankers Association
  1996 Ed. (2534)
New York State Bar Journal
  2008 Ed. (4716)
New York State Common
  1999 Ed. (3718)
  2000 Ed. (3449)
  2001 Ed. (3664, 3666, 3670, 3671, 3672, 3675, 3676, 3678, 3679, 3680, 3681, 3685)
  2002 Ed. (3601, 3603, 3604, 3605, 3606, 3607, 3610, 3611, 3614, 3615, 3616, 3617)
  2003 Ed. (1976, 1977, 1978, 1979, 1981, 1982, 1983, 1984, 3762, 3763)
  2004 Ed. (2024, 2025, 2026, 2030, 2031, 2032, 2033, 3788, 3789, 3791)
  2007 Ed. (2177, 2178, 2179, 2188, 2190, 2191, 2192, 3793, 3794, 3796)
  2008 Ed. (2297, 2298, 2299, 2301, 2306, 2309, 2310, 2312, 2313, 3867, 3868, 3870)
  2009 Ed. (2289, 2290, 2292, 2295, 2296, 2299, 2301, 2303, 2304, 2305, 3925, 3927)
  2010 Ed. (2232, 2233, 2235, 2236, 2237, 2239, 3843, 3844, 3846)
  2011 Ed. (2250, 3845, 3846, 3848)
  2012 Ed. (3823)
New York State Common Retirement Fund
  1996 Ed. (2940)
  1998 Ed. (2762)
  2000 Ed. (3432, 3454)
  2001 Ed. (3695)
  2020 Ed. (3773)
New York State Conference of Mayors & Municipal Officials
  1996 Ed. (2534)
New York State Deferred Compensation
  2007 Ed. (2176)
  2008 Ed. (2323)
  2009 Ed. (2311)
  2010 Ed. (2242)
  2011 Ed. (2251)
New York State Department Correction Services
  1996 Ed. (1953)
New York State Department Correctional Services
  1995 Ed. (1917)
New York State Department of Correctional Services
  1994 Ed. (1889)
  1997 Ed. (2056)
New York State Department of Corrections
  2001 Ed. (2486)
New York State Dept. of Corrections
  2000 Ed. (3617)
New York State Dorm
  1990 Ed. (2644)

New York State Dormitory Authority
    1990 Ed. (1166)
    1991 Ed. (1056, 2510, 2521, 2525, 2533, 2923)
    1993 Ed. (2619, 2621, 3100)
    1995 Ed. (3187)
    1996 Ed. (2722, 2729, 3286)
    1997 Ed. (2831, 3383)
    1998 Ed. (2572, 3159)
    1999 Ed. (3475, 3483)
    2000 Ed. (3197, 3859)
    2001 Ed. (765, 878, 890)
New York State E & G
    1994 Ed. (1597)
New York State Electric & Gas Corp.
    1989 Ed. (1299)
    1990 Ed. (1602)
    1991 Ed. (1499)
    1992 Ed. (1900)
    1995 Ed. (1633)
    1996 Ed. (1616)
    1997 Ed. (1695)
    1998 Ed. (1388)
    2001 Ed. (3868)
New York State Energy R & D Authority
    1991 Ed. (2016)
    1993 Ed. (2159)
New York State Energy Research & Development Authority
    1997 Ed. (2839)
    1998 Ed. (1377)
New York State Environmental Facilities Corp.
    1991 Ed. (2529)
    1993 Ed. (2938)
    1997 Ed. (2846, 3217)
    1999 Ed. (3471)
    2000 Ed. (3201)
New York State Facilities Development Corp.
    1990 Ed. (1167)
    1991 Ed. (1057)
New York State Fair
    2001 Ed. (2355)
New York State Housing Finance
    1990 Ed. (2644)
New York State Housing Finance Agency
    1993 Ed. (2116)
    1996 Ed. (2211)
    1999 Ed. (2818)
    2000 Ed. (2592)
New York State Insurance Fund
    2017 Ed. (4996)
New York State & Local
    1990 Ed. (2790, 2792)
    1991 Ed. (2698)
    1993 Ed. (2777, 2778, 2781, 2786)
    1994 Ed. (2751, 2752, 2756, 2758, 2760, 2762, 2765, 2766, 2770, 2776)
    1995 Ed. (2848, 2849, 2852, 2853, 2854, 2856, 2863)
    1996 Ed. (2922, 2923, 2926, 2929, 2931, 2932, 2933, 2935, 2936, 2947)
    1997 Ed. (3010, 3011, 3015, 3017, 3019, 3021, 3024, 3028)
New York State & Local Retirement Systems
    1989 Ed. (2162)
    1990 Ed. (2781, 2784)
    1991 Ed. (2687, 2690, 2692)
    1992 Ed. (3353, 3356)
New York State Lottery
    1995 Ed. (2490)
    1996 Ed. (2552)
    1997 Ed. (2689)
    2000 Ed. (3014)
New York State Medical Care
    1990 Ed. (2646)
New York State Medical Care Facilities Finance Agency
    1990 Ed. (2649, 2655)
    1991 Ed. (2510, 2525)
    1996 Ed. (2727)
    1997 Ed. (2846)
    1998 Ed. (2572)
New York State Medical Care Facilities Financial Ag.
    1995 Ed. (2648)
New York State Medical Care Facilities Financing Authority
    1989 Ed. (2028)
New York State Medical Facilities Finance Agency
    1997 Ed. (2831, 2842)
New York State Mortage Agency
    1990 Ed. (2139)
New York State Mortgage Agency
    1991 Ed. (1986, 2519)
    1993 Ed. (2116)
    1995 Ed. (2192)
    1996 Ed. (2725)
    1997 Ed. (2340)
    1998 Ed. (2062)
    1999 Ed. (2818)
    2000 Ed. (2592)
New York State Office of Mental Health
    1994 Ed. (1889)
    2002 Ed. (3802)

New York State Power Authority
    1990 Ed. (2640, 3504)
    1991 Ed. (3158)
    1992 Ed. (4029)
    1993 Ed. (1548, 3359)
    1996 Ed. (2722)
New York State School Boards Association
    1996 Ed. (2534)
New York State Solar Farm
    2017 Ed. (4436)
New York State Teachers
    1990 Ed. (2792)
    1991 Ed. (2698)
    1993 Ed. (2778)
    1994 Ed. (2751, 2752, 2756, 2758, 2760, 2762, 2770)
    1995 Ed. (2848, 2849, 2852, 2853, 2854, 2859)
    1996 Ed. (2922, 2923, 2926, 2929, 2931, 2932)
    1997 Ed. (3010, 3011, 3015, 3017, 3019, 3021, 3023)
    1998 Ed. (2756, 2759, 2764, 2765, 2767, 2768, 2772)
    1999 Ed. (3718, 3720, 3723, 3725, 3726, 3727, 3728, 3732)
    2000 Ed. (3429, 3438, 3439, 3443, 3449, 3454)
    2001 Ed. (3664, 3666, 3671, 3672, 3676, 3679, 3681, 3685, 3695)
    2002 Ed. (3601, 3603, 3606, 3607, 3611, 3612, 3614, 3616, 3617)
    2003 Ed. (1976, 1981, 1983, 3762, 3763)
    2004 Ed. (2024, 2030, 2032, 3788, 3789)
    2007 Ed. (2185, 2187, 2188, 2189, 2191, 2192, 3793, 3794)
    2008 Ed. (2296, 2298, 2309, 2310, 2311, 2313, 3867, 3868)
    2009 Ed. (2287, 2289, 2299, 2301, 2302, 2304, 2305, 3925)
    2010 Ed. (2232, 2233, 2237, 2238, 2239, 3843, 3844)
    2011 Ed. (2250, 3845, 3846)
New York State Teachers' Retirement System
    1989 Ed. (2162)
    1990 Ed. (2781, 2784)
    1991 Ed. (2687, 2692)
    1992 Ed. (3353, 3356)
    1993 Ed. (2777, 2781)
    1996 Ed. (2940)
    1998 Ed. (2762)
    2000 Ed. (3432)
    2020 Ed. (3773)
New York State Thruway Authority
    1995 Ed. (3663)
    1997 Ed. (2831, 3794)
    1998 Ed. (3616)
    1999 Ed. (4658)
    2000 Ed. (4297)
    2001 Ed. (878, 890)
New York State United Teachers
    1996 Ed. (2534)
New York State Urban Development Agency
    1999 Ed. (2818, 3474)
New York State Urban Development Corp.
    1991 Ed. (2526, 3161)
    1993 Ed. (2621)
    1996 Ed. (2729)
    1998 Ed. (2563)
New York State Wines
    1991 Ed. (3495)
New York Stock Exchange
    1994 Ed. (3437)
    1996 Ed. (206, 1058, 2832, 2883, 3588)
    1997 Ed. (3632)
    1999 Ed. (1248)
    2001 Ed. (4379)
    2002 Ed. (4199)
    2005 Ed. (1472)
    2006 Ed. (1428, 4479, 4480)
    2008 Ed. (1409)
    2009 Ed. (4533)
New York Suburban Ice Rinks
    1999 Ed. (4338)
New York Teachers
    2000 Ed. (3445)
New York Technology Partners
    2022 Ed. (2377)
New York Telephone Co.
    1990 Ed. (2489)
    1991 Ed. (2358, 2582, 3478)
    1992 Ed. (2939)
    1993 Ed. (2471)
    1996 Ed. (2830)
The New York Times
    1989 Ed. (2264, 2265, 2266, 2267, 2268, 2667)
    1990 Ed. (249, 2693, 2697, 2703, 2704, 2706, 2796, 2930, 2932)
    1991 Ed. (1210, 2392, 2603, 2604, 2606, 2609, 2709, 2783, 2784, 2786, 2787, 3327)
    1992 Ed. (320, 322, 325, 327, 3368)
    1993 Ed. (2723, 2724)
    1994 Ed. (206, 211, 213, 2978, 2980, 2981)

1995 Ed. (2878)
    1996 Ed. (2847, 2849)
    1997 Ed. (228, 230, 234, 236, 238, 239, 2718, 2942, 3219, 3220, 3221)
    1998 Ed. (83, 152, 161, 163, 164, 512, 1049, 2679, 2683, 2972, 2973, 2976)
    1999 Ed. (260, 824, 1479, 3612, 3614, 3621, 3968, 3971, 3972)
    2000 Ed. (825, 3050, 3333, 3334, 3339, 3681, 3682, 3683)
    2001 Ed. (261, 1033, 3540, 3543, 3887, 3952)
    2002 Ed. (244, 1509, 1679, 1680, 2146, 3283, 3501, 3504, 3509, 3510, 3883, 3884, 3885)
    2003 Ed. (812, 1533, 1534, 1555, 3050, 3210, 3351, 3641, 3643, 3647, 4023, 4024, 4025, 4026, 4027, 4981, 4982)
    2004 Ed. (849, 854, 3158, 3409, 3410, 3411, 3415, 3683, 3684, 3685, 4041, 4045, 4046, 4984)
    2005 Ed. (828, 1614, 3422, 3423, 3424, 3598, 3599, 3600, 3980, 3983, 3984, 4467)
    2006 Ed. (754, 2491, 3433, 3434, 3704, 4020, 4021, 4022)
    2007 Ed. (847, 850, 2908, 3699, 4050, 4051, 4053, 4530, 4568, 4590)
    2008 Ed. (759, 813, 2453, 3031, 3200, 3783, 4086, 4087)
    2009 Ed. (838, 841, 3117, 3259, 3823, 3824, 4200, 4201)
    2010 Ed. (783, 1721, 3051, 3190, 3752, 3753, 4135, 4139)
    2011 Ed. (80, 708, 3020, 3154, 3752, 3753, 3754, 4135)
    2012 Ed. (652, 2947, 3109, 3757, 3758, 3759, 4168)
    2013 Ed. (796, 3833)
    2014 Ed. (813, 3754)
    2015 Ed. (3777)
The New York Times
    2020 Ed. (3292, 3496)
New York Times Almanac
    2003 Ed. (721)
The New York Times Almanac 2000
    2001 Ed. (987)
New York Times co.
    1998 Ed. (156)
New York Times Co.
    2013 Ed. (3036, 3832, 4156)
    2014 Ed. (3050, 3753, 4171)
    2015 Ed. (3116, 4151, 4153)
    2016 Ed. (4068)
    2017 Ed. (3451, 4037)
    2018 Ed. (3042, 3514)
    2019 Ed. (2984, 3500)
    2020 Ed. (3013)
    2021 Ed. (2874)
The New York Times Co.
    2016 Ed. (3486)
    2017 Ed. (4564)
    2021 Ed. (41)
New York Times Digital
    2001 Ed. (4196)
    2007 Ed. (3236, 3246)
    2008 Ed. (3365, 3374)
New York Times Magazine
    2015 Ed. (97)
The New York Times Magazine
    1993 Ed. (2802)
    1994 Ed. (2797)
    1996 Ed. (2964)
    1997 Ed. (3041)
    1998 Ed. (2797)
    1999 Ed. (3766)
    2000 Ed. (3491)
    2001 Ed. (260)
    2004 Ed. (147)
    2005 Ed. (145)
    2006 Ed. (151, 155)
    2007 Ed. (139, 143, 147, 150, 168)
    2008 Ed. (151)
    2009 Ed. (172, 174)
    2010 Ed. (156)
    2011 Ed. (78)
    2017 Ed. (3358)
    2020 Ed. (3393)
New York Times Magazine Group
    2000 Ed. (3684)
New York Times Publications
    1996 Ed. (2956)
New York Times Syndication Sales
    1989 Ed. (2047)
New York Times.com
    2003 Ed. (811)
New York Transit Authority
    1991 Ed. (2582)
New York University
    1991 Ed. (818, 819, 891, 1003, 2295, 2585)
    1992 Ed. (999, 1001, 1008, 1093, 1280, 2848, 3257)
    1993 Ed. (795, 893, 2407, 2713)
    1994 Ed. (1713, 2358, 2663)
    1995 Ed. (861, 2422, 2423, 2426, 2428, 2764)

1996 Ed. (2457, 2458, 2461, 2462, 2463, 2464, 2828, 2830)
    1997 Ed. (852, 862, 863, 864, 2602, 2603, 2606, 2607, 2608, 2933)
    1998 Ed. (551, 2334, 2335, 2337, 2338, 2339, 2340)
    1999 Ed. (970, 972, 973, 975, 976, 980, 982, 3158, 3159, 3163, 3164, 3165, 3166, 3328)
    2000 Ed. (917, 919, 921, 922, 925, 2903, 2904, 2905, 2907, 2908, 2909, 2910, 2911, 3066)
    2001 Ed. (1055, 1057, 1059, 1060, 1063, 3059, 3060, 3064, 3065, 3066, 3067, 3258)
    2002 Ed. (874, 876, 877, 879, 880, 886, 887, 889, 890, 893, 897)
    2003 Ed. (794)
    2004 Ed. (813, 820, 829, 3241)
    2005 Ed. (3266)
    2006 Ed. (717, 719, 730, 731, 3784)
    2007 Ed. (803, 804, 806, 3330)
    2008 Ed. (776, 779, 783, 785, 3431, 3639)
    2009 Ed. (779, 791, 798, 3505, 3708)
    2010 Ed. (1014, 1034, 3435, 3835)
    2011 Ed. (665, 951, 3420)
    2012 Ed. (868, 869)
    2013 Ed. (3066)
    2014 Ed. (36, 776, 795, 1875, 3063, 3066, 3068, 3071, 3072)
    2015 Ed. (39, 816, 818, 820, 838, 3128, 3131, 3136, 4234)
    2016 Ed. (38, 730, 733, 2991, 2994, 2996, 2999, 3000)
    2017 Ed. (35)
    2018 Ed. (36)
    2019 Ed. (32)
    2020 Ed. (36)
    2021 Ed. (39)
    2022 Ed. (37)
    2023 Ed. (80)
New York University Hospital
    2003 Ed. (1789)
    2004 Ed. (1823)
New York University Hospital for Joint Diseases
    2008 Ed. (3051)
    2009 Ed. (3134)
    2010 Ed. (3066)
    2011 Ed. (3037)
New York University Langone Medical Center
    2012 Ed. (2973, 2978)
    2013 Ed. (3069, 3070, 3078)
New York University, Leonard N. Stern School of Business
    2005 Ed. (2853)
    2007 Ed. (796, 820, 2849)
    2008 Ed. (787, 788)
    2009 Ed. (789, 803, 805)
    2010 Ed. (755)
    2011 Ed. (639, 687)
    2012 Ed. (606, 608, 609, 612)
    2013 Ed. (754)
    2014 Ed. (774)
New York University Medical Center
    1991 Ed. (1935)
    1992 Ed. (2462)
    1995 Ed. (2143)
    1998 Ed. (1991)
    1999 Ed. (2479, 2638, 2740, 2742)
    2000 Ed. (2521, 2529)
    2002 Ed. (2607)
    2003 Ed. (1789, 2811)
    2004 Ed. (1823, 2915)
    2005 Ed. (2901)
    2006 Ed. (2908)
    2007 Ed. (2927)
    2008 Ed. (3050)
    2009 Ed. (3136)
    2010 Ed. (3064, 3067)
    2011 Ed. (3035, 3039)
    2012 Ed. (2977)
New York University School of Medicine
    2009 Ed. (4054)
New York University, Stern
    1993 Ed. (798, 799, 800)
    1994 Ed. (808, 809)
    1995 Ed. (863)
    1996 Ed. (839)
New York University, Stern School of Business
    2006 Ed. (708, 724)
    2007 Ed. (797)
    2008 Ed. (772, 773, 791, 793, 795)
    2009 Ed. (783, 788, 808, 809, 810, 817, 818)
    2010 Ed. (722, 725, 737, 742, 743, 744, 746, 747, 748, 751, 757, 758, 759, 760, 761, 764, 766)
    2011 Ed. (642, 647, 652, 653, 654, 655, 657, 658, 659, 662, 668, 669, 670, 677, 692, 693)
    2012 Ed. (610, 613, 630, 632)
    2013 Ed. (755, 756, 770)
New York Venture
    1990 Ed. (2390)
    1991 Ed. (2556)

New York Venture Fund
 1994 Ed. (2603, 2632)
New York-Washington
 1991 Ed. (195)
 1992 Ed. (267)
New York Window Film Co.
 2020 Ed. (4915)
 2021 Ed. (4910)
 2022 Ed. (4905)
 2023 Ed. (4894)
New York Wines
 1989 Ed. (2941)
New York Yankees
 1995 Ed. (642)
 1998 Ed. (438, 3356)
 2000 Ed. (703)
 2001 Ed. (664)
 2004 Ed. (656)
 2005 Ed. (645, 4449)
 2006 Ed. (547)
 2007 Ed. (578)
 2008 Ed. (529)
 2009 Ed. (564, 4521)
 2010 Ed. (547)
 2011 Ed. (475)
 2012 Ed. (431, 4521)
 2013 Ed. (544, 4481)
 2014 Ed. (559)
 2015 Ed. (622)
 2016 Ed. (569)
 2017 Ed. (598, 4473, 4474)
 2018 Ed. (562, 4492, 4493)
 2019 Ed. (581, 4485, 4486)
 2020 Ed. (564)
 2021 Ed. (535)
 2022 Ed. (4474)
 2023 Ed. (808)
New York Zoological Society
 1994 Ed. (1905)
The New Yorker
 1994 Ed. (2794)
 1995 Ed. (2880)
 2004 Ed. (139)
 2005 Ed. (35, 130)
 2006 Ed. (154, 3346)
 2007 Ed. (146, 150)
 2013 Ed. (3556)
 2017 Ed. (3358)
 2020 Ed. (3393)
New Yorker
 2023 Ed. (3587)
The New Yorker
 2020 Ed. (3292)
New Yorker LH/LHS
 1999 Ed. (331)
New YorkTimes
 1990 Ed. (2929, 2931)
New Zealand
 1989 Ed. (1181, 2121)
 1990 Ed. (778, 1448, 1830)
 1991 Ed. (1184, 1381)
 1992 Ed. (230, 1493, 1496, 1732, 2170, 3000, 3543, 3600, 4239, 4319)
 1993 Ed. (843, 2028, 3597)
 1994 Ed. (1486, 3476)
 1995 Ed. (1253, 1518)
 1996 Ed. (1477, 2948, 3433, 3436)
 1997 Ed. (1542, 1556, 1812, 2475, 2555)
 1998 Ed. (819, 1131, 1241, 2744)
 1999 Ed. (1753, 1781, 2583)
 2000 Ed. (1585, 1610, 3309)
 2001 Ed. (1082, 1088, 1947, 1969, 2370, 2694, 3240, 3316, 3387, 4229, 4494, 4936)
 2002 Ed. (684, 739, 1812)
 2003 Ed. (824, 1084, 2483, 2619, 3257, 3332, 3415, 4401)
 2004 Ed. (863, 1911, 1919, 2170, 2821, 3394, 3402, 3479, 4413, 4542, 4543, 4991)
 2005 Ed. (837, 2054, 2269, 2735, 2821, 3030, 3401, 3415, 3478, 4363, 4970, 4971, 4997)
 2006 Ed. (763, 2124, 2147, 2327, 2332, 2802, 2810, 3410, 3425, 3479, 4306, 4995)
 2007 Ed. (862, 920, 2091, 2262, 2263, 2794, 2802, 3427, 3440, 3510, 4372, 4412, 4413, 4415, 4996)
 2008 Ed. (823, 903, 2201, 2396, 2398, 3205, 3484, 3591, 3671, 4244, 4327, 4386, 4387, 4388, 4587, 4995)
 2009 Ed. (845, 911, 2380, 2381, 2383, 2394, 2396, 2407, 2965, 3422, 3556, 3661, 3737, 4431, 4465, 4466, 4467, 4631, 4996)
 2010 Ed. (281, 700, 791, 855, 1065, 1386, 2214, 2306, 2308, 2585, 3151, 3380, 3399, 3498, 3600, 3673, 3746, 4474, 4516, 4517, 4518, 4659, 5000)
 2011 Ed. (204, 626, 717, 1003, 1375, 2302, 2306, 2567, 3387, 3602, 3659, 3746, 3747, 3840, 4411, 4453, 4454, 4607, 4998)
 2012 Ed. (218, 365, 596, 925, 1234, 1494, 2100, 2198, 2204, 2513, 3314, 3347, 3501, 3751, 3752, 3821)
 2013 Ed. (208, 488, 733, 1069, 1347, 1625, 2288, 2383, 2385, 2644, 3417, 3519, 3823, 3824, 3873)
 2014 Ed. (120, 215, 499, 759, 763, 1028, 1283, 1591, 2214, 2221, 2275, 2320, 2322, 2602, 3171, 3388, 3415, 3493, 3746, 3747, 3809)
 2015 Ed. (135, 247, 563, 794, 799, 1063, 1347, 1642, 2278, 2285, 2359, 2396, 2645, 3231, 3240, 3448, 3511, 3770, 3771, 3832, 4546)
 2016 Ed. (716, 971, 1266, 1585, 2249, 2257, 2341, 2566, 3307, 3370, 3685, 3686, 3739)
 2017 Ed. (826, 2179, 2181, 3329)
 2018 Ed. (757, 2240, 2244, 3393)
 2019 Ed. (2213, 2217, 3368)
 2020 Ed. (768, 2210, 2214, 3374)
 2021 Ed. (790, 2182, 2186, 3176, 3177)
 2022 Ed. (822, 2212, 2216, 3313, 3314)
 2023 Ed. (1019, 2401, 2405, 3398, 3399)
New Zealand; Bank of
 2005 Ed. (586)
 2006 Ed. (505)
 2007 Ed. (527)
New Zealand Exchange
 2009 Ed. (1946)
 2010 Ed. (1883)
New Zealand Forest Products
 1990 Ed. (1249)
New Zealand; Government of
 2008 Ed. (64)
New Zealand Honey Co.
 2011 Ed. (2914)
 2012 Ed. (2851)
New Zealand Investment Holdings
 2015 Ed. (3576)
 2017 Ed. (1852)
New Zealand Lotteries Commission
 2004 Ed. (68)
 2007 Ed. (61)
 2008 Ed. (64)
 2009 Ed. (73)
 2010 Ed. (83)
New Zealand Post
 2002 Ed. (1125, 1745)
 2003 Ed. (1792)
 2004 Ed. (1088)
 2015 Ed. (1925, 1931)
The New Zealand Refining Co., Ltd.
 1994 Ed. (2670)
 2011 Ed. (630)
New Zealand Rock Shop
 2021 Ed. (3674)
New Zealand Sugar Co.
 2015 Ed. (2766)
New Zealand TAB
 2002 Ed. (1745)
New Zealand Totalisator Agency
 2003 Ed. (1792)
 2004 Ed. (1645)
New Zealand Trade & Enterprise
 2015 Ed. (3524)
NewAge Products
 2018 Ed. (3475)
NewAge Systems, Inc.
 2002 Ed. (2523)
NewAgeSys Inc.
 2018 Ed. (3619)
Newalta Corp.
 2011 Ed. (3905, 4555, 4560)
 2012 Ed. (4562, 4568)
 2015 Ed. (2612)
 2016 Ed. (3836)
Newalta Income Fund
 2007 Ed. (2479)
 2008 Ed. (2592)
 2009 Ed. (1477, 2620)
 2010 Ed. (1462, 2523)
 2011 Ed. (2523)
Neward Group Inc.
 1998 Ed. (2748)
Neward InOne
 2004 Ed. (2251)
Newark
 1992 Ed. (1012, 1013, 2864)
 2000 Ed. (270, 272, 274, 3404)
 2001 Ed. (351)
Newark Airport
 1996 Ed. (172, 193)
 1997 Ed. (186, 219, 220)
 1998 Ed. (108)
 2001 Ed. (349)
Newark Airport Marriot
 1997 Ed. (2308)
Newark Airport Marriott
 1990 Ed. (2097)
 1992 Ed. (2511)
 1994 Ed. (2123)
 1998 Ed. (2036)
 1999 Ed. (2797)
 2000 Ed. (2575)
Newark Beth Israel Medical Center
 2001 Ed. (2774)
 2002 Ed. (2457)
Newark Board of Education Credit Union
 2002 Ed. (1837)
Newark Board of Education Employees Credit Union
 2009 Ed. (2185, 2186)
 2010 Ed. (2136)
Newark & Co. Real Estate
 1997 Ed. (3273)
Newark, DE
 1993 Ed. (336)
Newark Electronics
 2002 Ed. (2089, 2095)
Newark-Elizabeth, NJ
 2011 Ed. (2745)
 2015 Ed. (3539)
Newark Extended Care Facility
 1990 Ed. (1739)
The Newark Group Inc.
 2005 Ed. (3689, 4032)
 2010 Ed. (2759)
Newark InOne
 2004 Ed. (2249, 2250, 2252)
 2005 Ed. (2349, 2350, 2351, 2352, 4349)
 2007 Ed. (2331, 2340)
 2008 Ed. (2457, 2466, 2467, 2468, 2469, 2470)
 2009 Ed. (2469, 2470, 2471, 2472, 2473)
Newark International
 1994 Ed. (152, 191, 192)
 1995 Ed. (169, 194)
Newark International Airport
 1991 Ed. (216)
Newark, NJ
 1989 Ed. (2, 343, 843, 844, 845, 846, 847, 1644, 1962, 2051, 2247)
 1990 Ed. (243, 404, 1464, 2166, 2558, 2559, 2560, 2561)
 1991 Ed. (715, 716, 826, 827, 829, 1397, 2007, 2011, 2434, 2437, 2443, 2444, 2445, 2446)
 1992 Ed. (310, 897, 898, 1010, 1014, 1086, 1155, 1356, 2540, 2551, 2581, 2585, 3033, 3043, 3044, 3236, 3697, 3809, 4456)
 1993 Ed. (709, 808, 884, 2071, 2146, 2150, 3105, 3717)
 1994 Ed. (333, 718, 720, 820, 821, 822, 823, 827, 2171, 2173, 2174, 2503, 3151)
 1995 Ed. (243, 677, 2221, 2223, 2665, 3195, 3543, 3544, 3746)
 1996 Ed. (344, 346, 748, 2223, 2230, 2231, 2618, 3293, 3852)
 1997 Ed. (678, 940, 2355, 2359, 2361, 2362, 2761, 3303, 3390, 3900)
 1998 Ed. (684, 739, 1234, 2365, 2481, 3166, 3706, 3731)
 1999 Ed. (1070, 1172, 1175, 2833, 3373, 3389, 3890, 4040, 4150, 4773)
 2000 Ed. (1010, 1070, 2605, 2615, 3103, 3118, 3765, 3865, 4093, 4364, 4369, 4396)
 2001 Ed. (1155, 2793, 2794, 2796, 2797, 4164, 4678, 4680, 4792, 4851, 4852, 4853)
 2002 Ed. (396, 966, 2628, 2762, 2879, 3332, 4180, 4743, 4745, 4931, 4932, 4933)
 2003 Ed. (254, 903, 2346, 3390, 3770, 4307, 4851)
 2004 Ed. (926, 2984, 3456, 3800, 4317, 4787, 4834, 4836, 4972, 4973)
 2005 Ed. (881, 2389, 3064, 3323, 4825, 4827, 4973, 4974)
 2006 Ed. (3068)
 2007 Ed. (2269, 3011)
 2008 Ed. (4731)
 2009 Ed. (258, 2326, 3299)
 2010 Ed. (249, 3226)
 2011 Ed. (168, 3189, 3466, 3503)
 2012 Ed. (4004)
 2013 Ed. (165, 3225, 4066)
 2014 Ed. (125, 169, 752, 3244, 3523, 4074)
 2015 Ed. (196, 4057)
 2016 Ed. (3963)
 2017 Ed. (137, 3097, 4149)
 2018 Ed. (4448)
 2019 Ed. (133)
 2021 Ed. (3340, 3921)
 2022 Ed. (3933)
Newark, NJ/New York
 2021 Ed. (3921)
Newark-Northern New Jersey
 2004 Ed. (3734)
Newark Star Ledger
 1998 Ed. (76, 81, 82, 83, 84, 85)
 1999 Ed. (3613)
Newark-Union, NJ
 2012 Ed. (4814)
Neways Electronics International NV
 2009 Ed. (1922, 2475)
The Newberry Group Inc.
 2003 Ed. (2730)
 2006 Ed. (3523)
 2007 Ed. (3572, 3573, 4430)
Newberry State Bank
 1996 Ed. (536)
Newberry; Stephen
 2008 Ed. (939)
 2010 Ed. (889)
Newbold's Asset
 1993 Ed. (2317, 2321)
Newbold's Asset Management Inc.
 1989 Ed. (1800, 1803, 2139, 2141)
 1990 Ed. (2322)
 1991 Ed. (2230)
 1992 Ed. (2761)
 1998 Ed. (2310)
Newbold's Son & Co./Hopper Soliday & Co. Inc.; W.H.
 1992 Ed. (962)
Newbold's Son & Co. Inc./Hopper Soliday & Co. Inc.; W. H.
 1991 Ed. (783)
Newbold's Son & Co. Inc.; W.H.
 1989 Ed. (820)
Newbold's Son & Co.; W. H.
 1990 Ed. (819)
 1993 Ed. (768)
 1996 Ed. (810)
Newbold's Son's & Co.; W. H.
 1994 Ed. (784)
Newborn Specialists PC; N. W.
 2008 Ed. (2020)
Newbreed Capital Management
 1996 Ed. (1056)
Newbridge
 1993 Ed. (2612, 2752)
 1996 Ed. (246)
 1998 Ed. (196)
Newbridge Capital LLC
 2006 Ed. (1420)
Newbridge Networks Corp.
 1992 Ed. (1588, 3314)
 1994 Ed. (2703, 2709, 2710)
 1996 Ed. (2108, 2895, 2896)
 1997 Ed. (2214)
 1999 Ed. (2667)
 2000 Ed. (2458, 4266)
 2001 Ed. (1659, 2865)
 2003 Ed. (3637)
NewBridge Partners LLC
 2005 Ed. (360)
Newburgh, NY
 2004 Ed. (4221)
Newburgh, NY-PA
 2001 Ed. (2359)
 2005 Ed. (3472, 3475)
Newbury Marketing
 1993 Ed. (3513)
 1997 Ed. (3704)
Newcastle
 2001 Ed. (4301)
 2007 Ed. (725)
 2008 Ed. (697)
Newcastle Brown Ale
 2008 Ed. (540, 544)
 2009 Ed. (574)
 2010 Ed. (556)
 2011 Ed. (485)
 2013 Ed. (554)
 2014 Ed. (566)
 2015 Ed. (629)
 2016 Ed. (59, 579)
Newcastle Coal Infrastructure Group
 2019 Ed. (4700)
Newcastle Construction
 2004 Ed. (1141)
 2006 Ed. (1160)
Newcastle Entertainment Centre
 2013 Ed. (1143)
Newcastle Investment Corp.
 2012 Ed. (4205)
Newcastle Permanent
 2004 Ed. (3952)
Newcastle Permanent Building Society
 2023 Ed. (617)
Newcastle, South Africa
 2010 Ed. (3503)
Newcastle United
 2005 Ed. (4391)
 2006 Ed. (4398)
Newcastle United FC
 2022 Ed. (4427)
Newchic Company Limited
 2020 Ed. (2295)
Newco
 1990 Ed. (1138)
Newco Ferronikeli Complex LLC
 2014 Ed. (1571)
 2015 Ed. (1621)
 2016 Ed. (1548)
 2017 Ed. (1538)
NewCold
 2023 Ed. (4790)
NewCold Advanced Cold Logistics
 2020 Ed. (4801)
 2021 Ed. (4794, 4801)
NewCold Coöperatief U.A.
 2018 Ed. (4809)
NewCold Cooperatief U.A.
 2019 Ed. (4811)
Newcor
 1995 Ed. (2001)

CUMULATIVE INDEX • 1989-2023

Newcourt Credit Group Inc.
  1998 Ed. (388)
  2000 Ed. (1399)
Newcourt Small Business Lending Corp.
  2002 Ed. (4295)
Newcrest Mining
  2017 Ed. (3490)
  2018 Ed. (3545, 3593)
  2023 Ed. (3729)
Newcrest Mining Ltd.
  2007 Ed. (1587)
  2010 Ed. (3644)
  2011 Ed. (3649)
  2012 Ed. (3642, 3667, 3681)
  2013 Ed. (1432, 3686, 3738)
  2014 Ed. (3620, 3671)
  2015 Ed. (3633, 3689)
Newedge USA LLC
  2010 Ed. (2798)
  2011 Ed. (2785)
  2012 Ed. (2715)
  2013 Ed. (2795)
  2014 Ed. (2831)
  2015 Ed. (2871)
  2016 Ed. (2804)
Newegg
  2010 Ed. (4545)
  2011 Ed. (4494)
  2012 Ed. (2282, 2910, 3707, 4063, 4083, 4496)
  2015 Ed. (2477)
  2022 Ed. (2304)
Newegg Inc.
  2013 Ed. (2997)
  2014 Ed. (1431, 3004, 3686)
  2015 Ed. (3073, 3702)
  2016 Ed. (3595)
  2017 Ed. (2298, 3563)
  2018 Ed. (2345, 3614)
  2019 Ed. (2345)
  2021 Ed. (2278)
Newegg.com
  2006 Ed. (2374)
  2007 Ed. (2317)
  2008 Ed. (1110, 4043)
  2009 Ed. (2444, 4504)
  2011 Ed. (2367)
  2014 Ed. (2435, 2446)
  2015 Ed. (2507, 2518)
  2016 Ed. (755, 2440, 2452)
  2017 Ed. (2286, 2300)
  2021 Ed. (2267, 2280)
Newell Brands
  2017 Ed. (2922)
  2018 Ed. (1766, 2991, 3760, 3762, 3772)
  2019 Ed. (1356, 1827, 1829, 2934, 2936, 2938, 3740, 3744, 3753)
  2020 Ed. (1324, 1765, 1772, 2950, 2952, 3784, 3789)
  2021 Ed. (1740, 2809)
  2022 Ed. (1570, 2976)
  2023 Ed. (1504, 1740, 3098, 3100)
Newell Brands.
  2021 Ed. (2809)
  2022 Ed. (2976)
Newell Brands Inc.
  2018 Ed. (3175)
  2019 Ed. (3111, 3452)
  2020 Ed. (3138)
Newell Co.
  1990 Ed. (2037)
  1991 Ed. (1202, 1220, 1925, 1926, 2381, 2419, 2421)
  1992 Ed. (1388, 2432, 2433, 2967, 3029)
  1993 Ed. (1227, 2054, 2495)
  1994 Ed. (1223, 2073, 2074, 2131, 2333)
  1995 Ed. (2122, 2547)
  1996 Ed. (2197, 2609, 2610)
  1997 Ed. (2752, 2753)
  1998 Ed. (1962, 1963, 2049, 2434, 2468, 2469)
  1999 Ed. (2806, 3347, 3348, 3776)
  2000 Ed. (3034, 3084, 3085)
  2001 Ed. (3281)
  2002 Ed. (1460)
  2003 Ed. (1481)
  2004 Ed. (1511)
  2005 Ed. (1527)
Newell; Gabe
  2017 Ed. (4822)
  2018 Ed. (4827)
  2019 Ed. (4824)
  2020 Ed. (4814)
  2021 Ed. (4815)
  2022 Ed. (4808)
  2023 Ed. (4801)
Newell Rubbermaid
  2015 Ed. (3183)
  2016 Ed. (2841, 3039)
  2017 Ed. (2803, 2926, 2985)
Newell Rubbermaid Inc.
  2001 Ed. (3220, 3221, 3280, 3286)
  2002 Ed. (3316, 3317)
  2003 Ed. (1445, 2775, 2871, 3287, 3292, 3364, 3365, 3380, 4144)
  2004 Ed. (1226, 1475, 2790, 2791, 2868, 2870, 2871, 2875, 2876, 2957, 2959, 3027, 3430, 3431)

  2005 Ed. (1464, 1491, 2782, 2783, 2871, 2872, 2962, 3040, 3457, 3458, 3854, 4467, 4508, 4519)
  2006 Ed. (2875, 2876, 2878, 2957, 2961, 3043, 3466, 3467)
  2007 Ed. (2869, 2870, 2872, 2901, 2977, 2978, 3076, 3491, 3492, 4518)
  2008 Ed. (1214, 2992, 3217, 3662, 3663)
  2009 Ed. (1196, 3075, 3076, 3118, 3276, 3731, 3732)
  2010 Ed. (1200, 3007, 3008, 3052, 3201, 3650, 3651)
  2011 Ed. (1148, 1659, 1660, 2976, 2977, 2978, 3089, 3165, 3654, 3655)
  2012 Ed. (1082, 2164, 2906, 2907, 3121, 3525)
  2013 Ed. (1219, 2992, 2993, 3206, 3566, 4928)
  2014 Ed. (1159, 2999, 3000, 3823)
  2015 Ed. (1213, 2852, 2853, 3070, 3281, 3567, 3848)
  2016 Ed. (2966, 3121, 3423, 3754, 4287)
  2017 Ed. (2415, 3062, 3383, 3707)
  2018 Ed. (3449)
  2019 Ed. (3419)
Newell & Sorrell
  1995 Ed. (2227)
  1996 Ed. (2236)
Newell; Valerie
  2019 Ed. (3297)
  2020 Ed. (3300)
  2021 Ed. (3154, 3159)
  2022 Ed. (3298, 3303)
  2023 Ed. (3391)
NEWERA Partners Ltd.
  2002 Ed. (4482)
  2006 Ed. (4539)
Newey Group
  2018 Ed. (3711)
  2019 Ed. (3698)
Newfarmer; Gerald
  1993 Ed. (2638)
Newfarmer; Gerald E.
  1991 Ed. (2546)
Newfield Exploration Co.
  2004 Ed. (3833)
  2005 Ed. (3741, 3742)
  2017 Ed. (2002, 3778, 3779, 3780)
NewFound Recruiting
  2020 Ed. (3079)
  2022 Ed. (759)
Newfoundland
  2001 Ed. (4110)
  2006 Ed. (1750, 3238, 3786, 4668)
  2007 Ed. (3783, 4688)
  2021 Ed. (3184)
Newfoundland Capital Corp.
  1996 Ed. (3733)
  1997 Ed. (1375, 3789)
  2011 Ed. (602)
  2012 Ed. (567, 3604)
  2013 Ed. (707, 3660)
  2015 Ed. (775)
Newfoundland & Labrador
  2011 Ed. (4955)
Newfoundland & Labrador Credit Union
  2011 Ed. (1540)
  2012 Ed. (1385)
  2014 Ed. (1455)
  2015 Ed. (1511)
  2016 Ed. (1452)
Newfoundland & Labrador Hydro
  1990 Ed. (1599)
  1992 Ed. (1897)
Newfoundland Light & Power Co.
  1992 Ed. (1897)
Newfoundland Telephone Co.
  1990 Ed. (3519)
  1992 Ed. (4211)
Newgate LLP, Municipal Bond (Tax Free Extra Yield)
  2003 Ed. (3132, 3139)
Newgateway PLC
  1991 Ed. (1140, 1141, 1170)
Newhall; Ann
  2010 Ed. (2569)
Newhall Land & Farm
  2000 Ed. (3003)
Newhall Land & Farming Co.
  1995 Ed. (3065)
  1997 Ed. (3259)
  1998 Ed. (3007)
  1999 Ed. (3997)
Newhall Ld. & Farm
  1990 Ed. (2966)
Newhaven Homes
  2005 Ed. (1220)
Newhouse
  1990 Ed. (868, 877)
  1992 Ed. (1024, 2959)
Newhouse Broadcasting
  1993 Ed. (814)
  1994 Ed. (832)
  1996 Ed. (858)
Newhouse/Conde Nast
  1991 Ed. (2709)
  1992 Ed. (3390)

Newhouse; Donald
  1994 Ed. (708)
  2005 Ed. (4851)
  2006 Ed. (4901)
  2007 Ed. (4896)
  2008 Ed. (4825)
  2011 Ed. (4833)
  2012 Ed. (4845)
  2013 Ed. (4844)
  2014 Ed. (4860)
  2015 Ed. (4897)
  2016 Ed. (4815)
  2018 Ed. (4831)
  2019 Ed. (4828)
  2020 Ed. (4818)
  2021 Ed. (4819)
  2022 Ed. (4812)
  2023 Ed. (4805)
Newhouse; Donald E.
  1989 Ed. (732)
  1990 Ed. (731, 3688)
  1991 Ed. (710)
  1992 Ed. (890)
  1993 Ed. (699)
Newhouse; Donald Edward
  1995 Ed. (664)
Newhouse Foundation; Samuel I.
  1994 Ed. (1903)
Newhouse, Jr., Donald E Newhouse; Samuel I
  1991 Ed. (3477)
Newhouse, Jr.; Donald Edward
  1989 Ed. (1986)
Newhouse, Jr.; Donald Edward Newhouse; Samuel Irving
  1991 Ed. (2461)
Newhouse, Jr.; Samuel
  2018 Ed. (4831)
Newhouse Jr.; Samuel I.
  1989 Ed. (732)
  1990 Ed. (731)
  1991 Ed. (710)
  1992 Ed. (890)
  1993 Ed. (699)
  1994 Ed. (708)
  2011 Ed. (4833)
  2012 Ed. (4845)
  2013 Ed. (4844)
  2014 Ed. (4860)
  2015 Ed. (4897)
  2016 Ed. (4815)
Newhouse Jr.; Samuel Irving
  1995 Ed. (664)
  2005 Ed. (4851)
  2006 Ed. (4901)
  2007 Ed. (4896)
  2008 Ed. (4825)
Newhouse; Mitzi
  1990 Ed. (731)
Newhouse Newspapers
  1990 Ed. (2689)
Newhouse; Samuel I Newhouse, Jr., Donald E
  1991 Ed. (3477)
Newhouse; Samuel Irving & Donald Edward
  1990 Ed. (2576)
Newhouse; Samuel Irving Newhouse, Jr., Donald Edward
  1991 Ed. (2461)
Newker
  2018 Ed. (1036, 1917)
Newkirk Electric Associates
  2016 Ed. (4423)
Newkirk Electric Associates Inc.
  2018 Ed. (1167, 1170)
  2019 Ed. (1181, 1186)
  2020 Ed. (1172, 1177, 1183)
  2021 Ed. (1150)
  2022 Ed. (1153, 1157, 1165)
  2023 Ed. (1376, 1383)
Newkirk Electric Associates, Inc.
  2023 Ed. (1396)
Newk's Eatery
  2018 Ed. (2590)
  2019 Ed. (4216)
  2020 Ed. (2557, 4297, 4299, 4300)
  2021 Ed. (4275, 4276, 4277, 4278)
  2022 Ed. (4282, 4283, 4284, 4285)
  2023 Ed. (4230)
Newlight Technologies LLC
  2015 Ed. (4237)
Newlin; Stephen
  2016 Ed. (2559)
Newlin; Stephen D.
  2009 Ed. (4071)
  2013 Ed. (4051)
  2014 Ed. (3990)
  2016 Ed. (3950)
  2017 Ed. (3925)
Newline Interactive
  2019 Ed. (2034)
  2021 Ed. (929)
Newlink (Beijing) Technology Co., Ltd.
  2022 Ed. (2944)
NewLink Genetics Corp.
  2019 Ed. (635)

Newly Wed Foods Inc.
  1992 Ed. (492)
Newly Weds Foods
  2022 Ed. (44)
  2023 Ed. (88)
Newly Weds Foods Inc.
  2018 Ed. (313)
Newmac
  2002 Ed. (2377)
Newmafruit Farms
  2019 Ed. (2772)
Newman & Associates Inc.
  1993 Ed. (3135, 3142, 3167, 3182, 3200)
  1995 Ed. (3260)
  1996 Ed. (3363)
  1997 Ed. (3263)
  1998 Ed. (3009, 3254)
  1999 Ed. (4243)
  2000 Ed. (3979)
  2001 Ed. (786)
Newman Distributor
  1999 Ed. (1896)
Newman; J. Robert
  1992 Ed. (531)
Newman; Paul
  2006 Ed. (2499)
Newman-Stein Co.
  1992 Ed. (2977)
Newman's Own
  1995 Ed. (1889)
  1998 Ed. (3126)
  2006 Ed. (2499)
  2014 Ed. (4404)
  2015 Ed. (4392)
  2021 Ed. (4267)
  2022 Ed. (2850)
  2023 Ed. (2960)
Newman's Own All-Natural Bandito
  1995 Ed. (1889)
Newman's Own Inc.
  2017 Ed. (2730)
  2018 Ed. (2767, 3959)
  2019 Ed. (2762)
  2020 Ed. (2799)
  2021 Ed. (2669, 2671)
  2022 Ed. (2818)
  2023 Ed. (2933)
Newman's Own, Inc.
  2019 Ed. (2759)
  2020 Ed. (2796)
  2021 Ed. (2668, 4268)
  2022 Ed. (2817)
Newmans Own Inc.
  2022 Ed. (3926)
Newman's Own Lighten Up
  2014 Ed. (4404)
Newman's Own Organics
  2014 Ed. (995)
  2015 Ed. (1029, 1034)
  2016 Ed. (934)
Newman's Own Salsa
  1994 Ed. (3136)
Newmark & Co. Real Estate Inc.
  1998 Ed. (3019)
  1999 Ed. (4011)
  2000 Ed. (3729)
Newmark Grubb Knight Frank
  2014 Ed. (4187, 4219)
  2015 Ed. (4168, 4204)
  2017 Ed. (4058)
  2018 Ed. (4085, 4125)
  2019 Ed. (4089, 4135)
  2020 Ed. (4102, 4140)
Newmark Home Corp.
  1999 Ed. (1304)
  2000 Ed. (1188, 1189)
Newmark Homes
  2002 Ed. (1192, 2691)
  2003 Ed. (1185)
  2004 Ed. (1190)
  2005 Ed. (1216)
Newmark Knight Frank
  2008 Ed. (4108)
  2009 Ed. (4215)
  2011 Ed. (4149)
  2012 Ed. (4183)
  2013 Ed. (4169, 4202)
  2023 Ed. (4193)
Newmark & Lewis
  1989 Ed. (1255, 1256)
  1990 Ed. (1646, 2026, 2031, 3327)
  1992 Ed. (2428)
NewMark Merrill Companies
  2002 Ed. (1077)
  2003 Ed. (3965)
NewMark Merrill Cos.
  2021 Ed. (1404)
Newmark Rug
  1991 Ed. (862)
NewMarket Corp.
  2014 Ed. (3537)
  2015 Ed. (3558)
  2016 Ed. (3410)
Newmarket Corp.
  2006 Ed. (2447, 3575)
Newmarket Films
  2006 Ed. (3574)

Newmarket Software Systems Inc.
 1999 Ed. (2671)
NewMarket Technology Inc.
 2008 Ed. (2925)
 2009 Ed. (3022)
 2010 Ed. (2956)
NewMech Cos., Inc.
 2003 Ed. (1241, 1253)
 2008 Ed. (1248)
 2009 Ed. (1223, 1227)
Newmedia
 1999 Ed. (1850)
Newmeyer & Dillion LLP
 2015 Ed. (1472)
Newmond PLC
 2000 Ed. (2294)
Newmont
 2000 Ed. (2380)
 2021 Ed. (3832)
 2022 Ed. (1328, 1486, 1498, 3629, 3633, 3839, 3852)
 2023 Ed. (1532, 1662, 1664, 3705, 3729, 3734, 3938, 3950)
Newmont Australia
 2004 Ed. (3490)
Newmont Corp.
 2021 Ed. (1007)
 2022 Ed. (1050)
Newmont Gold Co.
 1989 Ed. (1946, 2665)
 1990 Ed. (2543, 2589)
 1991 Ed. (1846, 2420)
 1992 Ed. (3028)
 1993 Ed. (2536)
 1994 Ed. (2480)
 2001 Ed. (3322)
 2011 Ed. (1592, 3639)
 2012 Ed. (1435, 3635)
 2014 Ed. (1535, 3628)
 2015 Ed. (1586, 3641, 3642)
 2016 Ed. (1513, 3528, 3529)
Newmont Goldcorp
 2021 Ed. (1481, 3576, 3819)
 2022 Ed. (1498)
Newmont Goldcorp Corp.
 2021 Ed. (2871)
Newmont Mining
 2013 Ed. (1563, 3724)
 2014 Ed. (1308, 3643)
 2017 Ed. (3773)
 2018 Ed. (3039, 3593, 4531)
 2019 Ed. (3799, 3844)
 2020 Ed. (3855)
Newmont Mining Corp.
 1989 Ed. (1051, 1946, 2068, 2069)
 1990 Ed. (2543, 2715, 2716)
 1991 Ed. (1217, 1846, 2420, 2611, 2612)
 1992 Ed. (1286, 1469, 1525, 1526, 1527, 3028, 3082, 3083, 3252, 3253)
 1993 Ed. (1033, 1226, 1290, 2576, 2726)
 1994 Ed. (1064, 1342, 2480, 2672, 2673, 2674)
 1995 Ed. (1286, 2581, 2774, 2775, 2776)
 1996 Ed. (2034, 2850, 2851, 2852)
 1997 Ed. (2946, 2947, 2948)
 1998 Ed. (149, 1855, 2684, 2685)
 1999 Ed. (1502, 3357, 3360, 3364, 3365, 3413)
 2000 Ed. (3096, 3097, 3099, 3100, 3136, 3137, 3340)
 2001 Ed. (3277, 3289, 3320, 3322, 3323)
 2002 Ed. (1455, 1622, 1769, 3366)
 2003 Ed. (1475, 1648, 1650, 3366, 3367, 3368, 3371, 3374, 3817)
 2004 Ed. (1505, 1537, 1589, 1678, 1680, 1681, 1683, 2742, 2743, 3429, 3432, 3433, 3835, 3838, 4576, 4577, 4698)
 2005 Ed. (1521, 1734, 1736, 1737, 1738, 1739, 1741, 1745, 2739, 2740, 3409, 3447, 3448, 3449, 3452, 3454, 3485, 3743, 3745)
 2006 Ed. (831, 1647, 1648, 1649, 1650, 1652, 1654, 1655, 1656, 1657, 1659, 1663, 3422, 3456, 3457, 3471, 3484, 3485, 3825, 3827)
 2007 Ed. (1663, 1664, 1665, 1666, 1667, 1670, 2740, 3479, 3480, 3482, 3485, 3495, 3513, 3514, 3516, 3517, 3844, 4516)
 2008 Ed. (1675, 1676, 1683, 1684, 1685, 1686, 1688, 1689, 1692, 3653, 3654)
 2009 Ed. (1598, 1603, 1607, 1608, 1609, 1610, 1611, 1615, 1616, 3719, 3720, 3742, 3743, 3749, 3967, 3968)
 2010 Ed. (1585, 1587, 1588, 1589, 1593, 3637, 3638, 3681, 3685, 3876)
 2011 Ed. (1429, 1487, 1587, 1588, 1589, 1590, 1591, 1594, 3639, 3640, 3649, 3664, 3665, 3671, 3888)
 2012 Ed. (1261, 1429, 1430, 1431, 1432, 1433, 1434, 1436, 1438, 3635, 3636, 3637, 3664, 3665, 3666, 3869)
 2013 Ed. (1555, 1556, 1558, 1559, 1561, 1564, 1567, 1569, 3694, 3695, 3696, 3731, 3735, 3935)
 2014 Ed. (1526, 1528, 1530, 1531, 1534, 1536, 1540, 3628, 3629, 3630, 3667, 3669, 3880)

2015 Ed. (1577, 1579, 1580, 1582, 1585, 1587, 1591, 3113, 3641, 3642, 3643, 3686, 3687, 3905)
 2016 Ed. (1505, 1507, 1509, 1510, 1512, 1518, 3528, 3530, 3569)
 2017 Ed. (1500, 1503, 1505, 1508, 1511, 3497)
 2018 Ed. (1480, 1482, 1485, 1487, 3549)
 2019 Ed. (1517, 1520, 1523, 2981, 3542)
 2020 Ed. (1479, 1491, 1494, 3010, 3523)
 2022 Ed. (1494)
Newmont Waihi Gold
 2017 Ed. (1849)
Newmont Yandal Operations
 2004 Ed. (1631)
Newnan Hospital
 2002 Ed. (2455)
Newor Media
 2023 Ed. (4577)
NewPage Corp.
 2013 Ed. (296)
 2016 Ed. (1919)
NewPage Holding
 2013 Ed. (1744, 1748, 1749)
NewPage Holding Corp.
 2009 Ed. (1968, 3905, 3909, 4160)
 2010 Ed. (3815, 3820, 4093)
 2011 Ed. (3811, 3816, 4063)
 2012 Ed. (1591, 3795, 4096)
 2013 Ed. (1747, 1971, 3632)
 2014 Ed. (1910, 3573)
 2015 Ed. (1954, 3587)
 2016 Ed. (1927, 3470)
Newpark Resources Inc.
 2007 Ed. (4881)
 2011 Ed. (4814)
 2012 Ed. (2761)
 2013 Ed. (4824)
Newpoint Equity
 2000 Ed. (3271)
Newport
 1989 Ed. (907)
 1990 Ed. (992, 993)
 1991 Ed. (932)
 1992 Ed. (1151)
 1993 Ed. (941)
 1994 Ed. (953, 955)
 1995 Ed. (985, 986)
 1996 Ed. (971)
 1997 Ed. (985)
 1998 Ed. (727, 728, 729, 730)
 1999 Ed. (1135)
 2000 Ed. (1061)
 2001 Ed. (1230)
 2002 Ed. (4502, 4629)
 2003 Ed. (970, 971, 4751, 4756)
 2004 Ed. (4736)
 2005 Ed. (4713)
 2006 Ed. (4765)
 2007 Ed. (4771)
 2008 Ed. (976, 4691)
 2009 Ed. (4733)
 2010 Ed. (4741)
 2013 Ed. (4688, 4693)
 2014 Ed. (4739)
 2015 Ed. (988)
 2016 Ed. (889)
 2017 Ed. (937, 4670, 4673)
 2018 Ed. (871, 4659, 4662)
 2019 Ed. (4672)
 2020 Ed. (4639)
Newport Auto Center
 1990 Ed. (317)
 1991 Ed. (294)
 1992 Ed. (399)
 1993 Ed. (284)
 1994 Ed. (281, 282)
 1995 Ed. (284)
Newport Beach, CA
 1990 Ed. (2159)
 1991 Ed. (938, 2004)
 1992 Ed. (2578)
 1993 Ed. (2143)
 1994 Ed. (2165)
 1995 Ed. (2216)
 2006 Ed. (2972)
 2007 Ed. (3000)
Newport Beach & Co.
 2015 Ed. (1476)
Newport Beach/Fashion Island Area, CA
 1996 Ed. (1604)
Newport Beach/Laguna, CA
 1990 Ed. (999, 1001)
 1991 Ed. (939)
Newport Centre
 1989 Ed. (2492)
 1990 Ed. (3291)
Newport CH International LLC
 2015 Ed. (2650)
 2016 Ed. (2569)
 2017 Ed. (2450)
 2018 Ed. (2496)
Newport Coast, CA
 2010 Ed. (3137)
Newport Corp.
 2013 Ed. (897, 3189)
Newport Electronics Inc.
 1994 Ed. (1224, 1226)

Newport Federal Bank
 2021 Ed. (4321)
 2022 Ed. (4328)
 2023 Ed. (4358)
Newport Harbor Corp.
 2015 Ed. (2006)
Newport Hospitality Group
 2009 Ed. (3160)
Newport Imports Inc.
 1990 Ed. (316, 329)
 1991 Ed. (282, 293)
 1992 Ed. (387, 398)
 1993 Ed. (273, 283)
 1994 Ed. (272)
 1995 Ed. (278)
Newport Japan Opport
 2000 Ed. (3279)
Newport, Jersey City
 1990 Ed. (1178)
Newport/Layton Home
 2007 Ed. (3957)
 2009 Ed. (4055)
 2010 Ed. (3971)
Newport Media
 2007 Ed. (4968)
Newport Menthol
 1989 Ed. (904, 905)
Newport Menthol, Carton
 1990 Ed. (990, 991)
Newport Mining
 1993 Ed. (2536)
Newport News
 1998 Ed. (1277)
 1999 Ed. (1852)
Newport News Shipbuilding
 2019 Ed. (4777)
Newport News Shipbuilding Credit Union
 2002 Ed. (1898)
 2003 Ed. (1952)
 2004 Ed. (1992)
 2005 Ed. (2134)
 2006 Ed. (2229)
 2007 Ed. (2150)
Newport News Shipbuilding & Dry Dock Co.
 2001 Ed. (1894)
 2003 Ed. (1844)
Newport News Shipbuilding Employees Credit Union
 2008 Ed. (2265)
Newport News Shipbuilding Inc.
 1989 Ed. (2882)
 2001 Ed. (265, 266, 1894)
 2003 Ed. (1844, 1970)
 2005 Ed. (1491)
Newport News Shipbuildings Inc.
 2004 Ed. (4698)
Newport News, VA
 1990 Ed. (2883)
 1992 Ed. (3492, 3501)
 2000 Ed. (1065, 2993)
Newport Pacific Management
 1992 Ed. (2790, 2791, 2796, 2797, 2798)
 1996 Ed. (2404)
 1998 Ed. (2287, 2291)
 2000 Ed. (2819)
Newport Partners Income Fund
 2008 Ed. (2975)
 2009 Ed. (3058)
 2010 Ed. (2992)
Newport Printing Systems
 1993 Ed. (787)
Newport, RI
 1990 Ed. (997, 2157)
 1992 Ed. (2164)
 2000 Ed. (1090, 3817)
Newport Rolls-Royce
 1996 Ed. (286)
Newport Smooth Select
 2017 Ed. (3648)
Newport Sports Management
 2020 Ed. (4470)
 2021 Ed. (4463)
 2022 Ed. (4472)
Newport Tiger
 1994 Ed. (2605, 2616)
 1995 Ed. (2699, 2706, 2738)
 1996 Ed. (2804)
NewPower Worldwide
 2022 Ed. (1763, 1764)
NewRez
 2021 Ed. (3634)
NewRez LLC
 2022 Ed. (3688, 3694, 3695, 3696, 3697, 3698, 3700, 3701)
 2023 Ed. (3787, 3788, 3789, 3790, 3791, 3793, 3794)
NewRoads Environmental Services LLC
 2020 Ed. (1220)
 2021 Ed. (1187)
News 12 Long Island
 1991 Ed. (833, 841)
News America
 1997 Ed. (3034)
 1998 Ed. (2781)
 1999 Ed. (3744)
 2000 Ed. (3459)
 2001 Ed. (3362, 3954)

 2002 Ed. (2145)
 2003 Ed. (2339)
 2004 Ed. (2420)
 2005 Ed. (738, 2445)
 2006 Ed. (648, 2490)
 2007 Ed. (678)
 2008 Ed. (636)
News America FSI
 1999 Ed. (775)
 2000 Ed. (792)
 2001 Ed. (1008)
 2002 Ed. (763)
News America Holdings Inc.
 2001 Ed. (3362)
News America Marketing
 2006 Ed. (131)
 2007 Ed. (125)
News America Publishing
 1999 Ed. (2050)
 2000 Ed. (1839)
News Corp Ltd.
 2000 Ed. (948)
News Corp.
 1989 Ed. (2793)
 1990 Ed. (1331)
 1991 Ed. (1255)
 1992 Ed. (235, 1291, 1473, 1573, 1574, 1679, 1985, 2979, 3368, 3592, 3596, 4181, 4182)
 1993 Ed. (151, 752, 1278, 1279, 2505, 2507)
 1994 Ed. (133, 247, 248, 757, 1220, 1323, 1324, 1402, 1671, 2444, 2980, 2985)
 1995 Ed. (150, 715, 1353, 1354, 1355, 2510, 2878, 3041, 3044, 3047)
 1996 Ed. (865)
 1997 Ed. (282, 283, 1360, 1361, 1362, 2718, 2719, 2726, 3169, 3222, 3225, 3231, 3718, 3720)
 1998 Ed. (2441, 2711, 2780, 2922, 2977, 2980, 3500)
 1999 Ed. (310, 311, 1582, 1583, 1584, 2052, 3307, 3308, 3309, 3310, 3312, 3743, 3977, 4569)
 2000 Ed. (944, 1386, 1387, 1388, 1841, 3050, 3463, 3690, 4213, 4215)
 2001 Ed. (90, 1142, 1541, 1614, 1629, 1630, 1631, 1632, 1633, 1634, 1635, 3230, 3231, 3251, 4490)
 2002 Ed. (228, 345, 346, 1462, 1578, 1583, 1585, 1586, 1588, 1590, 1591, 1593, 1675, 2148, 2149, 3078, 3267, 3280, 3284, 3286, 3287, 3889)
 2003 Ed. (23, 829, 1470, 1483, 1506, 1614, 1615, 1617, 2344, 3210, 3346, 3347, 3352, 4032, 4571, 4712)
 2004 Ed. (98, 868, 1500, 1631, 1632, 1638, 1640, 1642, 1643, 1645, 2422, 3412, 3414, 3416, 3514, 4051, 4689)
 2005 Ed. (845, 1465, 1468, 1516, 1549, 1656, 1657, 2452, 3425, 3428, 3989, 4660)
 2006 Ed. (20, 160, 294, 657, 765, 1554, 1557, 2492, 2493, 2494, 2497, 2498, 3370, 3433, 3435, 3436, 3572, 3573, 4025, 4716)
 2007 Ed. (749, 863, 1920, 2311, 2453, 2454, 2455, 2456, 2458, 2459, 3445, 3447, 3448, 3456, 3637, 3638, 4737)
 2008 Ed. (824, 1406, 1987, 2588, 2589, 2593, 2594, 3623, 3625, 3626, 3630, 3750, 3751, 3755, 4093, 4094, 4659)
 2009 Ed. (846, 1940, 2617, 2618, 2621, 3689, 3690, 3693, 3694, 3774, 3775, 3777, 3779, 4205, 4206, 4699)
 2010 Ed. (157, 1385, 1743, 1877, 2376, 2518, 2519, 2524, 2525, 3605, 3609, 3705, 3706, 4138, 4141, 4142)
 2011 Ed. (79, 718, 986, 1424, 1907, 2375, 2519, 2520, 2524, 2525, 3607, 3608, 3612, 3700, 3701, 3703, 3752, 4138, 4141, 4142, 4667)
 2012 Ed. (80, 565, 571, 662, 1764, 2446, 2447, 2449, 2460, 3600, 3602, 3607, 3719, 3720, 3722, 3757, 4168, 4171, 4174, 4678, 4680)
 2013 Ed. (66, 74, 704, 706, 708, 805, 1938, 2609, 3659, 3662, 3669, 3766, 3767, 3768, 3832, 4161, 4650)
 2014 Ed. (85, 92, 93, 727, 729, 732, 825, 1876, 2534, 2547, 2566, 3597, 3602, 3695, 3696, 3697, 3753, 4058, 4173, 4178, 4179, 4700)
 2015 Ed. (776, 1911, 3610, 3611, 3615, 3714, 3715, 4153, 4159)
 2016 Ed. (697, 4065, 4070)
 2017 Ed. (71, 746, 747, 3450, 4040)
 2018 Ed. (88, 684, 685, 3042, 3513)
 2019 Ed. (77, 699, 701, 4059)
 2020 Ed. (74, 688, 689, 4068)
 2021 Ed. (68, 4206)
 2022 Ed. (3584, 4056)
 2023 Ed. (4160)
News Corporation
 2000 Ed. (325, 326)
News Corporation (Australia)
 1991 Ed. (723)

News Corp. Digital Media Group
  2011 Ed. (3324, 4807)
News Corp. Ltd.-Australia
  1990 Ed. (1242)
  1993 Ed. (1180)
  1995 Ed. (1236)
  1996 Ed. (1207, 1294)
  1997 Ed. (1253)
News Corp./Metromedia
  1991 Ed. (1145)
News & current events
  2007 Ed. (2329)
  2008 Ed. (2454)
News Gleaner
  2002 Ed. (3502)
News Gleaner Publications
  1990 Ed. (2712)
News Group Newspapers Ltd.
  2004 Ed. (3941)
News International Ltd.
  1991 Ed. (25)
  1992 Ed. (3235)
  1999 Ed. (1609)
  2009 Ed. (108)
News International Newspapers Ltd.
  2002 Ed. (39)
News International Plc
  1993 Ed. (1307)
  1994 Ed. (1358)
News International Supply Co., Ltd.
  2004 Ed. (3941)
News Journal
  1992 Ed. (3246)
  1998 Ed. (2681)
  2002 Ed. (3508)
News, local
  1992 Ed. (3235)
News, national
  1992 Ed. (3235)
News Orleans Times-Picayune/States Interm
  1989 Ed. (2055)
News, financial and other
  1991 Ed. (2610)
News Phone
  2004 Ed. (64)
News-Press
  1998 Ed. (2681)
  1999 Ed. (3618)
  2000 Ed. (3337)
  2002 Ed. (3508)
News Publishers' Press
  2003 Ed. (3928)
News Publishing Australia Ltd.
  2001 Ed. (3361, 3362)
  2003 Ed. (1789, 3449)
  2004 Ed. (1823)
  2005 Ed. (3516)
News Retrieval Service; Dow Jones
  1991 Ed. (2641, 3450)
News Shopper Property News Series
  2002 Ed. (3513)
News Shopper Series
  2002 Ed. (3513)
News stands
  1991 Ed. (724, 2706)
News/talk radio
  2001 Ed. (3962)
News-weeklies
  2000 Ed. (3471)
News of the World
  1999 Ed. (3619)
  2002 Ed. (3515)
Newsboys
  2001 Ed. (2270)
NewsCorp Overseas Ltd.
  2003 Ed. (4576)
Newsday
  1991 Ed. (2358)
  1992 Ed. (2939, 3237, 3238)
  1993 Ed. (2471, 2723, 2724)
  1996 Ed. (2847)
  1997 Ed. (2943, 2945)
  1998 Ed. (2683)
  1999 Ed. (3613, 3614, 3621)
  2000 Ed. (3334, 3339)
  2001 Ed. (261, 3543)
  2002 Ed. (3501)
  2015 Ed. (3777)
Newsec
  2011 Ed. (2060)
  2013 Ed. (2069)
  2014 Ed. (2002)
  2015 Ed. (2047)
Newsela
  2019 Ed. (2229)
NewsGator Technologies Inc.
  2006 Ed. (3023)
  2007 Ed. (3056)
NewsKnowledge GmbH
  2006 Ed. (3023)
  2007 Ed. (3056)
Newsletters
  2000 Ed. (3478)
Newsmedia Magazine
  1998 Ed. (1275)
NewsNet
  1994 Ed. (2695)

NewSouth Capital
  1996 Ed. (2396, 2400, 2408)
NewSouth Window Solutions LLC
  2021 Ed. (4913)
  2022 Ed. (4907)
  2023 Ed. (4896)
NewSouth Window Solutions, LLC
  2020 Ed. (4917)
  2021 Ed. (4912)
  2022 Ed. (3069, 4906)
  2023 Ed. (4897)
Newspaper
  1991 Ed. (736)
  1992 Ed. (919, 3645)
  1993 Ed. (737)
  1995 Ed. (144)
  2001 Ed. (2781)
Newspaper advertising
  1990 Ed. (2737)
Newspaper Enterprise Association
  1989 Ed. (2047)
The Newspaper Guild
  1998 Ed. (2322)
Newspaper inserts
  2001 Ed. (3882)
Newspaper publishing & printing
  1995 Ed. (2502)
Newspaper Publishing PLC
  1993 Ed. (973)
  1995 Ed. (1012)
Newspaper Services of America
  2003 Ed. (109, 116)
  2004 Ed. (120)
Newspapers
  1989 Ed. (1927)
  1990 Ed. (2514)
  1994 Ed. (744, 3027)
  1995 Ed. (693, 3724)
  1996 Ed. (771, 3085)
  1997 Ed. (35, 708)
  1998 Ed. (2439)
  2000 Ed. (24, 794, 939)
  2001 Ed. (95, 1078, 2022, 2024, 4876)
  2002 Ed. (61, 4954)
  2003 Ed. (25)
  2004 Ed. (1912)
Newspapers, daily
  1995 Ed. (143)
Newspapers, local
  1992 Ed. (94)
  1999 Ed. (992)
  2002 Ed. (918, 2569)
  2003 Ed. (26, 817)
  2004 Ed. (861, 2841)
  2005 Ed. (835, 2850)
  2006 Ed. (762, 2853)
Newspapers/magazines
  1997 Ed. (1208, 2256)
Newspapers, national
  1999 Ed. (992)
  2002 Ed. (918, 2569)
  2003 Ed. (25, 26, 817)
  2004 Ed. (861, 2841)
  -2005 Ed. (835, 2850)
  2006 Ed. (762, 2853)
Newspapers, online
  2007 Ed. (3240)
Newsphone Hellas
  2009 Ed. (1713)
Newsphone Hellas SA
  2006 Ed. (1740)
  2007 Ed. (1748)
Newspower Newsagents
  2020 Ed. (634)
  2021 Ed. (586)
  2022 Ed. (615)
Newsprint paper
  1992 Ed. (2073)
Newsquest (North London) Group
  2002 Ed. (3513)
"NewsRadio"
  2001 Ed. (4499)
NewsStand Inc.
  2006 Ed. (3023)
  2007 Ed. (3056)
NewStar Financial
  2012 Ed. (2762)
Newstel Information
  2000 Ed. (4196)
Newsweek
  1989 Ed. (185, 2172, 2180)
  1990 Ed. (2801)
  1991 Ed. (2701, 2702, 2707, 3246)
  1992 Ed. (3370, 3371, 3388)
  1993 Ed. (2789, 2790, 2797, 2804)
  1994 Ed. (2782, 2783, 2793, 2794, 2798, 2801, 2805)
  1995 Ed. (2878, 2882, 2886, 3041)
  1996 Ed. (2956, 2957, 2958, 2962, 2965, 2971)
  1997 Ed. (3035, 3036, 3038, 3045, 3048, 3049)
  1998 Ed. (1343, 2781, 2783, 2784, 2787, 2798)
  1999 Ed. (1853, 3744, 3752, 3753, 3764, 3770)
  2000 Ed. (3459, 3461, 3472, 3475, 3476, 3481, 3493)

  2001 Ed. (257, 1231, 3192, 3194, 3196, 3710, 3954)
  2002 Ed. (221)
  2003 Ed. (191)
  2004 Ed. (148, 3333, 3336)
  2005 Ed. (136, 146, 3361)
  2006 Ed. (146, 148, 151, 154, 156, 159, 3347)
  2007 Ed. (140, 143, 146, 148, 151, 170, 3403)
  2008 Ed. (153, 3533)
  2009 Ed. (174, 3600)
  2010 Ed. (783, 3518)
Newsweek International
  1990 Ed. (3326)
Newsweeklies
  2007 Ed. (166)
Newt Gingrich
  1994 Ed. (845)
  2010 Ed. (2897)
Newton Buying Corp.
  1997 Ed. (2321)
Newton; Cam
  2018 Ed. (201, 204)
  2019 Ed. (195)
Newton European
  2000 Ed. (3308)
Newton Federal Bank
  2021 Ed. (4292)
The Newton Group Inc.
  2008 Ed. (1311)
  2009 Ed. (1296, 1336)
  2010 Ed. (1288, 1319)
  2011 Ed. (1243, 1247, 1296, 1297)
  2012 Ed. (1171, 1172, 1180)
The Newton Group LLC
  2012 Ed. (1127)
  2018 Ed. (1168)
  2019 Ed. (1185)
  2020 Ed. (1176)
  2021 Ed. (1149)
  2023 Ed. (1380)
Newton Income
  1995 Ed. (2750)
  2000 Ed. (3297)
Newton Investment Management
  1993 Ed. (2356, 2357)
Newton McCollugh
  1993 Ed. (1701)
Newton; Michael
  2006 Ed. (2500)
Newton, NH
  2017 Ed. (4149)
Newton Re Ltd.
  2011 Ed. (3247)
Newton Trust
  1991 Ed. (626)
Newton; Wayne
  1991 Ed. (844)
  1994 Ed. (1100)
Newton-Wellesley Hospital
  2006 Ed. (2921)
Newtons
  1999 Ed. (1420)
  2001 Ed. (1493, 1494)
  2002 Ed. (1338)
  2003 Ed. (1369)
  2004 Ed. (1378)
  2005 Ed. (1398)
  2008 Ed. (1380)
  2014 Ed. (1268, 1269)
  2015 Ed. (1330)
  2016 Ed. (1249)
The Newtons Laboratory Diafimistiki S.A.
  2017 Ed. (1590)
Newtons; Nabisco
  2005 Ed. (1397)
Newtown
  2005 Ed. (3895, 3897)
Newtown Savings Bank
  2021 Ed. (365)
  2022 Ed. (378)
  2023 Ed. (494)
Newtrend
  1993 Ed. (459)
  1994 Ed. (464)
Newtrend/Miser
  1990 Ed. (535)
Newtrend/Miser Information
  1990 Ed. (534)
The Newtron Group
  2013 Ed. (1263)
  2014 Ed. (1198)
  2015 Ed. (4099)
  2016 Ed. (1167, 4013)
  2017 Ed. (1211, 1721)
  2019 Ed. (3075)
  2021 Ed. (1153)
The Newtron Group Inc.
  1993 Ed. (1124)
  1994 Ed. (1140)
  1995 Ed. (1159)
  2006 Ed. (1326)
  2007 Ed. (1378)
  2011 Ed. (1178)
  2012 Ed. (1126)

The Newtron Group LLC
  2018 Ed. (1184, 1185)
  2019 Ed. (1176, 1189, 1197)
  2020 Ed. (1166, 1190, 1196)
  2021 Ed. (1139, 1165, 1170, 1662)
  2022 Ed. (1682)
  2023 Ed. (1371, 1397)
Newtwork Equipment Technologies
  1991 Ed. (1876)
NewWave Telecom & Technologies Inc.
  2017 Ed. (1732, 4934)
  2019 Ed. (3586)
  2020 Ed. (3559)
  2021 Ed. (3587)
Newworld Farms
  2017 Ed. (2723)
NewYork-Presbyterian Hospital
  2019 Ed. (4592)
NewYorker.com
  2020 Ed. (3290, 3291)
NEX Group
  2018 Ed. (3339)
Nex-Link Communications Project Services LLC
  2005 Ed. (1545)
Nex Team
  2020 Ed. (4469)
Nexabit Networks
  2000 Ed. (1753, 4340)
  2001 Ed. (1247, 1866)
NexAir
  2022 Ed. (2866)
  2023 Ed. (2980)
nexAir
  2021 Ed. (2709)
NexAir LLC
  2008 Ed. (4428)
Nexamp
  2016 Ed. (4406, 4413, 4422)
  2017 Ed. (4424, 4434)
  2019 Ed. (4442)
  2020 Ed. (4431, 4445)
  2021 Ed. (4431)
  2022 Ed. (4442, 4444, 4450, 4455, 4458)
  2023 Ed. (4464, 4465, 4473, 4478)
Nexans
  2012 Ed. (2233)
  2022 Ed. (644)
Nexans Deutschland Industries AG & Co., KG
  2004 Ed. (4593)
Nexans SA
  2023 Ed. (1732)
Nexans Wires & Cables Co., Ltd.
  2007 Ed. (3497)
Nexar Technology
  2000 Ed. (3392)
Nexaweb Technologies
  2008 Ed. (1154)
  2009 Ed. (1129)
Nexbank
  2023 Ed. (538)
Nexbank, SSB
  2021 Ed. (402)
Nexcelom Bioscience
  2011 Ed. (197, 2866, 4023)
NexCen Brands
  2010 Ed. (4606)
NexCore Healthcare Capital Corp.
  2014 Ed. (1525)
  2015 Ed. (1576)
  2016 Ed. (1504)
NexCycle
  2000 Ed. (1098, 4043)
Nexem Corp.
  2020 Ed. (1402)
Nexen
  2013 Ed. (4667)
  2014 Ed. (1282)
  2015 Ed. (4732)
Nexen Inc.
  2003 Ed. (1637, 3823)
  2004 Ed. (3852)
  2005 Ed. (1727, 3763, 3774, 3776)
  2006 Ed. (1592, 3845)
  2007 Ed. (1613, 1648, 3862, 3864, 4589)
  2008 Ed. (1429, 1552, 1553, 1623, 3915)
  2009 Ed. (1398, 3982)
  2010 Ed. (1465, 1466, 1467, 1468, 3891)
  2011 Ed. (3903, 3904, 3908, 3915)
  2012 Ed. (3888, 3889, 3890, 4711)
  2013 Ed. (1498, 3953, 3954)
  2014 Ed. (1291, 3898, 3915, 4009)
  2015 Ed. (3924)
Nexen Tire
  2008 Ed. (850)
Nexeo Solutions
  2013 Ed. (937, 938)
  2014 Ed. (892)
  2015 Ed. (919, 920, 4096)
  2016 Ed. (820, 821, 4009)
  2017 Ed. (878, 879)
  2018 Ed. (811, 812)
  2019 Ed. (828, 829)
  2020 Ed. (826, 827)
Nexeo Solutions Holdings LLC
  2015 Ed. (4389)

CUMULATIVE INDEX • 1989-2023

Nexfor Inc.
　2001 Ed. (3627)
　2002 Ed. (3576)
　2003 Ed. (3723)
　2004 Ed. (3320)
　2005 Ed. (1709)
　2007 Ed. (1862)
Nexfor (USA) Inc.
　2003 Ed. (1749)
　2004 Ed. (1785)
　2005 Ed. (1851)
　2006 Ed. (1858)
NexGen Energy Ltd.
　2018 Ed. (1469)
NEXgistics LLC
　2021 Ed. (1748)
Nexi
　2023 Ed. (2155)
Nexia Infraestructuras
　2020 Ed. (1037, 1899)
Nexia International
　1996 Ed. (6, 19)
　1997 Ed. (17)
Nexiant
　2009 Ed. (2985)
NexInnovations
　2006 Ed. (2815)
　2007 Ed. (2807)
　2008 Ed. (1637, 2935)
Nexity
　2022 Ed. (2343)
Nexium
　2005 Ed. (2248, 2251, 2253, 2254, 3813, 3815)
　2006 Ed. (2313, 2315, 3881, 3882)
　2007 Ed. (2242, 2243, 2246, 2247, 3910, 3911)
　2008 Ed. (2378, 2379, 2381, 2382)
　2009 Ed. (2353, 2354, 2358, 2359, 2360)
　2010 Ed. (2280, 2281, 2285, 2286, 2287, 2288)
　2011 Ed. (2284, 2285, 2288)
　2012 Ed. (2178, 2179, 2182)
　2013 Ed. (2376, 2377, 2378)
　2014 Ed. (2308)
　2015 Ed. (2391)
Nexium 24-Hour
　2016 Ed. (207)
　2017 Ed. (194)
　2018 Ed. (181)
Nexium 24HR
　2018 Ed. (182)
　2019 Ed. (2203)
　2020 Ed. (181)
　2021 Ed. (180)
　2022 Ed. (170)
　2023 Ed. (242, 243)
NexJ Systems
　2012 Ed. (2828)
　2013 Ed. (2900)
NexJ Systems Inc.
　2013 Ed. (2911)
　2014 Ed. (1069, 1091, 2874)
　2015 Ed. (1100, 1528)
Nexolub
　2021 Ed. (1860)
NEXON
　2019 Ed. (941)
　2020 Ed. (933)
Nexon
　2016 Ed. (3347)
　2017 Ed. (3309)
　2023 Ed. (3682)
Nexon Publishing North America
　2010 Ed. (1513)
NexOptic Technology Corp.
　2018 Ed. (4516)
　2019 Ed. (4509)
Nexsen Pruet
　2001 Ed. (913)
　2021 Ed. (3249, 3250)
Nexsen Pruet Adams Kellmeier
　2008 Ed. (3413, 4112)
Nexsen Pruet LLC
　2013 Ed. (3440)
Nexstar
　2018 Ed. (4628)
　2019 Ed. (4644)
　2020 Ed. (4614)
Nexstar Broadcasting Group
　2017 Ed. (4633)
Nexstar Broadcasting Group Inc.
　2020 Ed. (1935)
Nexstar Media Group
　2019 Ed. (2006, 2495)
　2020 Ed. (1932, 2487)
　2021 Ed. (1892, 2407, 2724)
　2022 Ed. (1938, 2520)
Nexsus Techno Solutions Pvt. Ltd.
　2012 Ed. (2844)
NEXT
　2021 Ed. (894)
　2022 Ed. (924)
Next
　1991 Ed. (1279)
　1992 Ed. (1628, 4491)
　1993 Ed. (3474)
　1994 Ed. (3679)
　1995 Ed. (1404, 2879)
　2005 Ed. (1031)
　2006 Ed. (1782, 4174, 4186, 4644)
　2007 Ed. (716, 737, 1117, 4193, 4205, 4643)
　2008 Ed. (552, 706, 996, 4240)
　2009 Ed. (582, 694, 699, 715, 982, 4341)
　2010 Ed. (4369)
　2011 Ed. (566, 567, 878, 4292, 4305)
　2012 Ed. (563, 834, 4325, 4341)
　2013 Ed. (670, 1012, 4307)
　2014 Ed. (695, 976)
　2015 Ed. (741, 1014, 4340)
　2016 Ed. (4245)
　2017 Ed. (712, 967)
　2023 Ed. (1091, 2326)
The Next Always
　2013 Ed. (569)
Next Business Energy
　2020 Ed. (1376)
Next Choice
　2013 Ed. (3894)
Next Consult
　2020 Ed. (1394)
Next Generation Enrollment
　2012 Ed. (2327)
Next Geosolutions Europe S.P.A.
　2019 Ed. (1702)
Next Inc.
　2013 Ed. (1022, 4272)
　2014 Ed. (987, 4331)
　2015 Ed. (1022, 4320)
　2016 Ed. (4216)
　2017 Ed. (4203)
Next India Retail
　2012 Ed. (4346)
　2013 Ed. (4283)
Next King Size Box
　1999 Ed. (1138)
　2000 Ed. (1063)
Next Kraftwerke
　2018 Ed. (2354)
Next KS
　1997 Ed. (988)
Next Level Games Inc.
　2009 Ed. (1516)
　2010 Ed. (1512, 2926)
　2011 Ed. (2888)
Next Marketing
　2013 Ed. (3622)
　2014 Ed. (3560)
Next/Now
　2021 Ed. (3477)
　2022 Ed. (3534)
Next Phase Inc.
　2013 Ed. (1929)
　2014 Ed. (1868)
　2015 Ed. (1904)
　2016 Ed. (1867)
Next plc
　2009 Ed. (4329)
　2015 Ed. (4382, 4384)
　2016 Ed. (2077, 2078, 2080, 2081, 2083, 2085, 2087, 2275, 2276, 4230, 4259, 4267)
　2017 Ed. (2039, 2040, 2042, 2044, 2045, 2128, 2129, 4216, 4246, 4255)
　2018 Ed. (1998, 2001, 2006, 2174, 2175, 4263)
　2019 Ed. (2053, 2055, 2058, 2063, 2165, 2166, 4292)
　2020 Ed. (1973, 2162, 2163)
　2021 Ed. (1931)
Next PR
　2023 Ed. (73, 75)
Next Step Living
　2015 Ed. (2534)
　2016 Ed. (1781, 2463)
Next Tier Concepts Inc.
　2013 Ed. (1305)
　2016 Ed. (4981)
Next Wave Stocks
　2002 Ed. (4857)
Nextaff
　2009 Ed. (2484)
　2013 Ed. (1791, 3126)
　2014 Ed. (1721, 3125)
　2022 Ed. (775, 4480)
　2023 Ed. (988)
NexTag
　2007 Ed. (4167)
Nextance
　2008 Ed. (1126)
Nextbank
　2004 Ed. (361)
NEXTDC
　2017 Ed. (1397)
NEXTDC Ltd.
　2016 Ed. (2909)
NextDocs
　2012 Ed. (952)
　2013 Ed. (1097)
Nextdrop
　2017 Ed. (1635)
Nextech
　2023 Ed. (1145)
Nexteer
　2019 Ed. (290)
Nexteer Automotive
　2017 Ed. (253)
　2018 Ed. (241)
Nexteer Automotive Corp.
　2016 Ed. (1791)
Nexteer Automotive France
　2013 Ed. (1642)
Nextel
　2004 Ed. (4671)
　2005 Ed. (1601, 4629)
　2006 Ed. (4695)
　2010 Ed. (1471)
　2011 Ed. (1469)
　2013 Ed. (2012)
Nextel Argentina
　2013 Ed. (1407)
Nextel Communications A
　1998 Ed. (3422)
Nextel Communications Inc.
　1995 Ed. (1307)
　1996 Ed. (1202, 1277)
　1997 Ed. (1254, 2587)
　2000 Ed. (958)
　2001 Ed. (1039, 1041, 1600)
　2002 Ed. (1124, 1553, 1795, 2470, 4360, 4361, 4566, 4883, 4977)
　2003 Ed. (195, 1076, 1846, 4544, 4691, 4692, 4693, 4975, 4976, 4977, 4980)
　2004 Ed. (1081, 1578, 1589, 1880, 1881, 3021, 3023, 3024, 3662, 4486, 4669, 4670, 4676)
　2005 Ed. (836, 1089, 1090, 1098, 1609, 1633, 1823, 1996, 1997, 2005, 2006, 2010, 3038, 4450, 4517, 4623, 4626, 4627, 4641, 4652, 4978, 4985)
　2006 Ed. (803, 1092, 1422, 1448, 2096, 2097, 2108, 2110, 2111, 2850, 3041, 3550, 4465, 4473, 4687, 4688, 4692, 4693, 4696, 4704, 4971)
　2007 Ed. (154, 854, 1475, 1785)
Nextel Communications Philippines Inc.
　2005 Ed. (1995)
Nextel de Mexico
　2011 Ed. (1846)
　2013 Ed. (1849)
Nextel Partners Inc.
　2005 Ed. (1098, 4979)
　2006 Ed. (1092, 2084, 3038)
　2007 Ed. (1550, 3070, 3618, 4701, 4707, 4971)
Nextel SA
　2014 Ed. (1504)
Nextep
　2008 Ed. (2008)
Nextep Inc.
　2016 Ed. (1930)
Nexter
　2023 Ed. (2295)
NEXTera Energy
　2022 Ed. (2272)
NextEra Energy
　2015 Ed. (2422, 2460, 3276)
　2016 Ed. (1582, 2366, 2406)
　2017 Ed. (1568, 2214, 2254)
　2018 Ed. (1551)
　2019 Ed. (1581)
　2020 Ed. (1551)
　2021 Ed. (1326, 1534)
　2022 Ed. (1538, 1550, 2276)
　2023 Ed. (1712, 1713, 1726, 2433, 2436, 2454)
NextEra Energy Inc.
　2012 Ed. (1487, 1492, 1493, 1586, 2239, 2248, 2262, 2359, 2722, 2729)
　2013 Ed. (1616, 1620, 1623, 1624, 2414, 2415, 2423, 2455, 2456, 2804, 2811, 2818, 4822)
　2014 Ed. (1583, 1585, 1587, 1589, 1590, 2353, 2354, 2359, 2384, 2387, 2388, 2841, 2849, 2856, 4836)
　2015 Ed. (1635, 1639, 1641, 2420, 2425, 2452, 2456, 2457, 2458, 2889, 2896)
　2016 Ed. (1567, 1571, 1584, 2363, 2370, 2397, 2402, 2403, 2404)
　2017 Ed. (1555, 1557, 1558, 1570, 2207, 2212, 2218, 2219, 2246, 2249, 2250, 2252)
　2018 Ed. (1314, 1539, 1541, 1542, 2264, 2269, 2274, 2298, 2302, 2304, 2305, 2361, 2461, 2472)
　2019 Ed. (1570, 1584, 2249, 2254, 2260, 2261, 2292, 2294, 2295, 2400)
　2020 Ed. (1309, 1537, 1539, 1553, 2243, 2247, 2253, 2254, 2275, 2278, 2279, 2280, 2377)
　2021 Ed. (1290, 1537, 2214, 2215, 2232, 2238, 2239)
　2022 Ed. (1298, 1299, 1554, 2249, 2250, 2275, 2277)
　2023 Ed. (1505, 1506, 2435, 2456)
NextEra Energy, Inc.
　2021 Ed. (2334)
　2023 Ed. (2561)
NextEra Energy Inc. (U.S.)
　2021 Ed. (2239)
NextEra Energy (U.S.)
　2022 Ed. (2276)
Nextera Enterprises, Inc.
　2001 Ed. (4181)
Nextest Systems
　2002 Ed. (4255)
Nextevolution AG
　2009 Ed. (3004)
　2010 Ed. (2940, 2944, 2950)
NextGen Healthcare Inc.
　2021 Ed. (943)
　2022 Ed. (969)
　2023 Ed. (1140)
Nextgen Healthcare Information Systems
　2008 Ed. (2479)
　2009 Ed. (2482)
NextGen Information Services Inc.
　2006 Ed. (3523, 4362)
　2007 Ed. (3572, 3573, 4430)
　2008 Ed. (3718, 4409, 4969)
　2015 Ed. (3012)
　2018 Ed. (3628)
　2020 Ed. (3592)
NextGen Security LLC
　2018 Ed. (4322)
　2021 Ed. (4361)
　2022 Ed. (4368)
NextHome
　2020 Ed. (4126)
　2021 Ed. (4078, 4079)
　2022 Ed. (4106, 4107, 4109)
　2023 Ed. (4195, 4196)
NexTier Oilfield Solutions
　2022 Ed. (3989, 4001)
　2023 Ed. (4085)
Nextiva
　2023 Ed. (1148)
NextLevel Internet
　2022 Ed. (4581)
NextLevel Systems Inc.
　1998 Ed. (1890)
Nextlink Communications
　2002 Ed. (1553)
NEXTLINK Interactive, Inc.
　2001 Ed. (4468)
NextNet
　2017 Ed. (4776)
NexTone Communications
　2009 Ed. (3009)
NexTran
　2004 Ed. (263)
NexTrend
　2005 Ed. (757)
Nextret
　2009 Ed. (2058)
Nextsense Mess- Und Pruefsysteme GmbH
　2016 Ed. (1387)
Nextval Inc.
　2015 Ed. (4221)
NextVR
　2017 Ed. (4564)
　2018 Ed. (4582)
NextWave Media Group LLC
　2011 Ed. (1570)
NextWave Telecom—C & F Block
　2003 Ed. (1427)
NextWave Wireless Inc.
　2010 Ed. (4606)
NextWeb
　2007 Ed. (4727)
NextWindow
　2011 Ed. (2914)
　2012 Ed. (2851)
NextWorth Solutions
　2014 Ed. (189)
Nexumstp
　2021 Ed. (1082, 1631)
Nexus
　2015 Ed. (3058)
　2016 Ed. (2948)
Nexus 21
　2013 Ed. (2976)
　2014 Ed. (2988)
Nexus Blue Smokehouse
　2023 Ed. (174)
Nexus Brewery & Restaurant
　2019 Ed. (100)
　2020 Ed. (95)
　2021 Ed. (87)
　2022 Ed. (100)
Nexus Brewery & Restaurant/Nexus Blue Smokehouse
　2023 Ed. (174)
Nexus Choat
　1999 Ed. (3933)
　2002 Ed. (3869)
Nexus Comb Thru
　2023 Ed. (3007)
Nexus Communcacion Total
　1999 Ed. (65)
Nexus Communicacion Total
　2001 Ed. (112)
Nexus Comunicacion Total
　2002 Ed. (84)
Nexus Comunicacion Total (McCann)
　2000 Ed. (69)

Nexus Corp.
 2004 Ed. (4989)
 2005 Ed. (4994)
 2006 Ed. (4993)
 2007 Ed. (4990)
Nexus Global Business Solutions, Inc.
 2017 Ed. (1154)
Nexus Greenhouse Systems
 2018 Ed. (2226)
 2019 Ed. (2202)
 2020 Ed. (2197)
Nexus Oncology Ltd.
 2009 Ed. (3025)
 2010 Ed. (2957)
Nexus-Optimus
 2003 Ed. (51)
Nexus Staffing Solutions
 2020 Ed. (1490)
Nexus Technologies Inc.
 2002 Ed. (1072)
Nexus21
 2017 Ed. (2908)
 2018 Ed. (2971)
 2019 Ed. (2915)
 2020 Ed. (2933)
 2021 Ed. (2793)
 2022 Ed. (2959)
 2023 Ed. (3083)
NexusTek
 2021 Ed. (4759)
Nexway
 2010 Ed. (2942)
NexxtGen
 2022 Ed. (1963, 4581)
 2023 Ed. (4595)
NexxtGen Corporation
 2023 Ed. (4621)
Nexxus
 1991 Ed. (1880)
Nexxus Comb Thru
 2020 Ed. (2854)
Nexxus Humectress
 2016 Ed. (2843)
 2018 Ed. (2866, 2867)
Nexxus Products Co.
 2016 Ed. (2845, 2846)
 2017 Ed. (2806, 2807)
 2018 Ed. (2872, 2873)
Neya Systems
 2016 Ed. (4284)
Neyenesch Printers Inc.
 2009 Ed. (4984)
Neymar
 2014 Ed. (197)
 2015 Ed. (224)
 2019 Ed. (199)
 2020 Ed. (196, 201, 202)
 2021 Ed. (195, 2406)
 2022 Ed. (2518)
 2023 Ed. (316, 321, 323)
Neymar Jr.
 2016 Ed. (220)
 2017 Ed. (218)
 2018 Ed. (205)
Neyveli Lignite Corp.
 2007 Ed. (2390)
Neyveli Lignites
 1999 Ed. (741)
Nezar Nagro
 2013 Ed. (3652)
NFC
 1997 Ed. (3792)
NFC Championship
 2006 Ed. (4719)
NFC Championship Game
 1992 Ed. (4252)
 1993 Ed. (3538)
NFC Logistics
 1999 Ed. (963)
NFC North America
 1999 Ed. (1627)
 2000 Ed. (4317)
NFC Playoff
 1992 Ed. (4252)
NFC Playoff Game
 1993 Ed. (3538)
NFC Playoff Game Sunday
 1993 Ed. (3538)
NFC plc
 1993 Ed. (218, 219, 220, 221, 3473)
 1994 Ed. (206, 207, 209, 210, 213)
 1995 Ed. (209, 210, 213)
 1997 Ed. (235, 238)
 1998 Ed. (159)
 2000 Ed. (287)
 2001 Ed. (4623)
NFC Public Ltd. Co.
 1992 Ed. (323)
NFC (U.K.) Ltd.
 2001 Ed. (4622)
NFC Wildcard Game
 1993 Ed. (3538)
NFC Wildcard Playoff
 1992 Ed. (4252)
NFI
 2013 Ed. (1927)
 2014 Ed. (1866)
 2015 Ed. (1902)
 2016 Ed. (1865, 2575)
 2017 Ed. (4809)
 2018 Ed. (2525, 2527, 4814)
 2019 Ed. (2537, 3381, 4736, 4809)
 2020 Ed. (1771, 2526, 2529, 3382, 4712, 4726, 4798)
 2021 Ed. (1739, 2470, 3389, 4717, 4727, 4797)
 2022 Ed. (1771, 2580, 4719, 4792, 4793)
 2023 Ed. (1903, 2723, 4711, 4720, 4739, 4787, 4788)
NFI Group Inc.
 2022 Ed. (3520)
 2023 Ed. (3642)
NFI Industries
 2007 Ed. (4817)
 2008 Ed. (4744, 4764)
 2011 Ed. (4772)
 2015 Ed. (4830)
 2018 Ed. (4751)
 2020 Ed. (2528)
 2021 Ed. (2469)
 2023 Ed. (1901, 4680)
NFI Industries Inc.
 2016 Ed. (4745)
 2017 Ed. (4757)
 2018 Ed. (4754)
 2019 Ed. (4756)
 2020 Ed. (4735)
 2021 Ed. (4734)
 2022 Ed. (4736)
NFI Logistics
 2018 Ed. (4810)
 2019 Ed. (4808)
 2020 Ed. (4797)
 2021 Ed. (4795)
NFI Transportation
 2015 Ed. (2296)
 2016 Ed. (4744)
 2017 Ed. (2120)
 2018 Ed. (2158)
 2019 Ed. (2158)
 2020 Ed. (2140)
 2021 Ed. (2134)
 2022 Ed. (2168)
 2023 Ed. (2287)
Nfinity
 2010 Ed. (1195)
NFJ Investment Group
 1991 Ed. (2231)
 1995 Ed. (2360)
NFJ Investment Group, Income Equity
 2003 Ed. (3124, 3141)
NFJ Investment Group, Value Equity
 2003 Ed. (3124, 3127)
NFL
 2005 Ed. (4453)
 2008 Ed. (3367)
 2016 Ed. (4463)
 2017 Ed. (4472)
 2018 Ed. (4318)
 2019 Ed. (4346)
 2020 Ed. (4341)
 2021 Ed. (4357)
 2022 Ed. (4363)
"NFL Draft"
 2018 Ed. (2954)
NFL Films
 2007 Ed. (2452)
"NFL Football"
 2018 Ed. (4633)
NFL Football '94 Starring Joe Montana
 1995 Ed. (3696)
NFL Football: Chicago vs. Minnesota
 1992 Ed. (1033)
NFL Football: Cleveland vs. Houston
 1992 Ed. (1033)
NFL Football: Dallas vs. Washington
 1992 Ed. (1033)
NFL Football: L.A. Raiders vs. San Diego
 1992 Ed. (1033)
NFL Football: L.A. Raiders vs. Seattle
 1992 Ed. (1033)
NFL Football: L.A. Rams vs. New Orleans
 1992 Ed. (1033)
NFL Football: New England vs. Miami
 1992 Ed. (1033)
NFL Football: N.Y. Jets vs. Indianapolis
 1992 Ed. (1033)
NFL on Fox
 2006 Ed. (750)
NFL GameDay '98
 1999 Ed. (4712)
NFL Internet Group
 2003 Ed. (3054)
 2007 Ed. (3243)
 2008 Ed. (3372)
NFL Monday Night Football
 1993 Ed. (3534)
 1995 Ed. (3582)
 2001 Ed. (4487, 4498)
 2004 Ed. (300, 850, 4450, 4685, 4686, 4692)
 2006 Ed. (2855)
NFL Network
 2007 Ed. (2452)

NFL Regular Season
 2006 Ed. (764)
 2008 Ed. (826)
 2009 Ed. (849)
 2010 Ed. (795)
 2011 Ed. (722)
"NFL Sunday Night Pre-Kick"
 2018 Ed. (4633)
"NFL Thursday Night Football"
 2018 Ed. (4633)
nFlow Software Ltd.
 2009 Ed. (3026)
NFLShop.com
 2008 Ed. (2448)
NFM Lending
 2022 Ed. (3683)
NFO Research Inc.
 1990 Ed. (2980)
 1991 Ed. (2386, 2835)
 1992 Ed. (2976, 3662)
 1993 Ed. (2503, 2995)
 1994 Ed. (2442)
 1995 Ed. (2508)
 1996 Ed. (2569, 3190)
 1997 Ed. (2710)
 1998 Ed. (2436)
NFO UK
 2002 Ed. (3258, 3259, 3261, 3262)
NFO WorldGroup
 2002 Ed. (3253)
 2003 Ed. (4069, 4077)
 2004 Ed. (4096, 4101)
 2005 Ed. (1467, 4041)
NFO Worldwide Inc.
 1999 Ed. (3304, 4041, 4042)
 2000 Ed. (3041, 3042, 3755, 3756)
 2001 Ed. (4046, 4047)
 2002 Ed. (3255)
NFP
 2017 Ed. (2306)
 2019 Ed. (2350, 3251)
 2020 Ed. (3256)
 2021 Ed. (3121)
 2022 Ed. (3262, 3266)
 2023 Ed. (3354, 3358)
NFP Advisor Services
 2017 Ed. (2588, 3246)
NFP Corp.
 2018 Ed. (3197, 3199, 3202)
 2020 Ed. (3132, 3134)
 2021 Ed. (1911, 3025, 3027)
 2022 Ed. (3160, 3162)
 2023 Ed. (3251, 3253)
NFP Securities
 2002 Ed. (789)
NFPA Journal
 2009 Ed. (4756)
 2010 Ed. (4765)
 2011 Ed. (4718)
 2012 Ed. (4738)
NFS Financial Corp.
 1990 Ed. (453)
 1993 Ed. (591)
NFT Distribution Holdings
 2021 Ed. (4696)
NFT Distribution Operations
 2015 Ed. (4789)
 2018 Ed. (4700)
nFusion
 2019 Ed. (3473)
nFusion Group
 2008 Ed. (110)
Ng family
 2012 Ed. (4866)
 2013 Ed. (4906)
NG Heimos Greenhouse
 2023 Ed. (3853)
N.G. Heimos Greenhouses
 2020 Ed. (3728)
 2021 Ed. (3730)
 2022 Ed. (3748)
Ng; Jerry
 2022 Ed. (4840)
 2023 Ed. (4835)
Ng; Jiak See
 2023 Ed. (1303)
Ng Lee & Associates
 1996 Ed. (22, 23)
 1997 Ed. (24, 25)
Ng Philip
 2014 Ed. (4917)
Ng; Philip
 2014 Ed. (4916)
 2015 Ed. (4956, 4957)
 2016 Ed. (4872, 4873)
 2017 Ed. (4873)
 2018 Ed. (4885)
 2019 Ed. (4877)
 2020 Ed. (4865)
 2021 Ed. (4866)
 2022 Ed. (4862)
 2023 Ed. (4856)
Ng Robert
 2014 Ed. (4917)
Ng; Robert
 2014 Ed. (4916)
 2015 Ed. (4956, 4957)

 2016 Ed. (4872, 4873)
 2017 Ed. (4873)
 2018 Ed. (4885)
 2019 Ed. (4877)
 2020 Ed. (4865)
 2021 Ed. (4866)
 2022 Ed. (4862)
 2023 Ed. (4856)
Ng Teng Fong
 2006 Ed. (4918, 4919)
 2008 Ed. (4850)
 2009 Ed. (4871, 4872)
 2010 Ed. (4872, 4873)
 2011 Ed. (4860)
Ng; Thomas
 2010 Ed. (4844)
Ng-Yow; Richard
 1996 Ed. (1840)
NGage Technology Group
 2017 Ed. (1397)
Ngai Tahu
 2016 Ed. (3611)
 2017 Ed. (3579)
 2018 Ed. (3641)
Ngaire Cuneo
 1999 Ed. (4805)
NGAS Resources Inc.
 2006 Ed. (2739)
 2007 Ed. (4394)
 2008 Ed. (4360, 4364)
Ngata; Haloti
 2014 Ed. (195)
Ngati Porou
 2016 Ed. (3611)
 2017 Ed. (3579)
 2018 Ed. (3641)
Ngati Whatua ki Orakei
 2016 Ed. (3611)
 2017 Ed. (3579)
 2018 Ed. (3641)
NGC
 1997 Ed. (2924, 2927, 3118)
 1998 Ed. (1062, 2662, 2665, 2856, 2861)
 1999 Ed. (1746, 3594, 3832, 3833)
 2000 Ed. (1476)
NGCI
 2014 Ed. (190, 3182)
N'Gel
 2001 Ed. (1939)
Ngen; Choo Chong
 2019 Ed. (4877)
 2020 Ed. (4865)
 2021 Ed. (4866)
NGG Ltd. Inc.
 1996 Ed. (2027)
NGK
 1995 Ed. (335)
NGK Insulators
 2016 Ed. (2428)
 2017 Ed. (2273)
NGK Insulators Ltd.
 2001 Ed. (1146)
NGK Spark Plugs (USA) Inc.
 2006 Ed. (2117)
NGL Energy
 2022 Ed. (2409)
NGL Energy Partners
 2016 Ed. (1300, 4891)
 2017 Ed. (1357, 4890)
 2018 Ed. (4907)
 2019 Ed. (1369)
 2020 Ed. (1323, 1336)
 2021 Ed. (1318, 1337)
 2022 Ed. (1345, 1346, 3905)
 2023 Ed. (1552, 3999)
NGL Energy Partners LP
 2013 Ed. (4121)
 2014 Ed. (4136)
 2015 Ed. (4120)
 2016 Ed. (1932, 1935, 4034)
 2017 Ed. (1904, 4006)
 2018 Ed. (4028)
 2019 Ed. (1903, 2403, 4018, 4020)
 2020 Ed. (1842, 2380)
 2021 Ed. (1807, 2337)
 2022 Ed. (1850)
NGL Fine-Chem Ltd.
 2017 Ed. (1622)
 2018 Ed. (1602)
Ngo; Lam Fong
 2015 Ed. (4939)
Ngorongoro Sopa Lodge
 2014 Ed. (3102)
Ngozi Okonjo-Iweala
 2015 Ed. (5006)
 2016 Ed. (4923)
 2017 Ed. (4917)
 2023 Ed. (4926)
NGP Investments (No 1) Pty. Ltd.
 2022 Ed. (262)
NGP Melbourne
 2020 Ed. (253)
 2021 Ed. (241)
nGroup
 2010 Ed. (2397)
NGS Films & Graphics
 2020 Ed. (4915)
 2021 Ed. (4910)

2022 Ed. (4905)
NGS Films and Graphics
 2023 Ed. (4894)
NGS Printing
 2020 Ed. (3998)
NGuard Intermediate-Term Bond Index
 2004 Ed. (692)
Nguyen; Bill
 2005 Ed. (2453)
Nguyen Dang Quang
 2020 Ed. (4879)
 2022 Ed. (4875)
 2023 Ed. (4870)
Nguyen Kim Trading
 2012 Ed. (4365)
 2013 Ed. (4297)
Nguyen Thi Phuong Thao
 2018 Ed. (4898)
 2019 Ed. (4890)
 2020 Ed. (4879)
 2021 Ed. (4879)
 2022 Ed. (4875)
 2023 Ed. (4870)
Nguyen; Thuan
 2017 Ed. (3598)
 2018 Ed. (3651, 3652, 3656, 3658, 3659)
 2022 Ed. (3704)
 2023 Ed. (3795)
Nguyen; Tila "Tequila"
 2011 Ed. (756)
NH Auto Reinsurance Facility
 1992 Ed. (3259)
NH Ball Bearings
 2016 Ed. (3424)
 2017 Ed. (3385)
 2018 Ed. (3451)
 2019 Ed. (3422)
NH Bank
 2020 Ed. (2056)
 2021 Ed. (428)
 2022 Ed. (442)
 2023 Ed. (610)
NH Foods
 2017 Ed. (2646)
 2018 Ed. (2728)
 2019 Ed. (2712)
N.H. Geotech
 1993 Ed. (3604, 3605)
NH Hoteles
 2010 Ed. (717)
NH Hotels
 2021 Ed. (2908)
 2023 Ed. (3150)
NH Investment & Securities
 2016 Ed. (3301)
 2017 Ed. (3263)
 2018 Ed. (3336)
 2019 Ed. (3313)
 2020 Ed. (3315)
NHC Communications Inc.
 2002 Ed. (1604)
NHL
 2005 Ed. (4453)
 2016 Ed. (4463)
 2017 Ed. (4472)
 2018 Ed. (4318)
 2019 Ed. (4346)
 2020 Ed. (4341)
 2021 Ed. (4357)
 2022 Ed. (4363)
NHL Hockey '94
 1995 Ed. (3696)
NHL Network
 2003 Ed. (3054)
nhl.com
 2001 Ed. (2975)
NHMA International Housewares Exposition
 1989 Ed. (2861)
 1990 Ed. (3627)
 1996 Ed. (3728)
NHN
 2006 Ed. (4537)
 2008 Ed. (2079)
 2009 Ed. (1492, 1493, 1494)
 2010 Ed. (3376)
 2011 Ed. (2049, 3321)
 2012 Ed. (946, 1899, 3309)
 2013 Ed. (2057, 3382)
 2014 Ed. (1991)
NHNZ
 2013 Ed. (2677)
Nhon; Bui Thanh
 2023 Ed. (4870)
Nhong Shim
 1989 Ed. (40)
Nhongshim
 1991 Ed. (33)
NHP Electrical Engineering Products
 2020 Ed. (4907)
 2021 Ed. (4904)
 2022 Ed. (4897)
NHP Inc.
 1992 Ed. (3633)
 1993 Ed. (238, 239, 2980)
 1994 Ed. (3023)
 1998 Ed. (177, 178)
NHPC
 2012 Ed. (2261)

NHPC Ltd.
 2013 Ed. (2440)
 2014 Ed. (2374, 2471)
 2015 Ed. (2441)
 2020 Ed. (2281)
 2022 Ed. (2279)
NHS
 2005 Ed. (1060)
 2006 Ed. (1068)
 2007 Ed. (1160)
 2008 Ed. (1053)
 2009 Ed. (1026, 2119)
 2010 Ed. (992)
 2011 Ed. (926, 936)
 2012 Ed. (853)
 2013 Ed. (1035)
NI
 2023 Ed. (2061)
NI Numeric Investors Emerging Growth
 2006 Ed. (3648, 3649)
NI Numeric Investors Small Cap Value
 2004 Ed. (3573)
 2006 Ed. (3652, 3653)
The NIA Group
 1995 Ed. (2274)
Niacin
 2001 Ed. (4704)
Niaga
 1995 Ed. (3268)
Niaga Securities
 1997 Ed. (3473)
Niagara
 2000 Ed. (2407)
 2003 Ed. (3168)
Niagara Bottling LLC
 2018 Ed. (644)
 2019 Ed. (658)
 2020 Ed. (640)
 2021 Ed. (592)
Niagara Casinos
 2014 Ed. (1495)
 2015 Ed. (1552)
 2016 Ed. (1491)
Niagara Credit Union
 1999 Ed. (1804)
 2002 Ed. (1851)
 2005 Ed. (2090)
 2006 Ed. (2185)
Niagara Falls, NY
 1989 Ed. (1612)
 1990 Ed. (1010, 1151)
 1994 Ed. (2245)
Niagara Fallsview Casino Resort
 2013 Ed. (1525)
Niagara Fire Insurance Co.
 1991 Ed. (2585)
Niagara Mohawk Holdings Inc.
 2001 Ed. (1046)
Niagara Mohawk Power Corp.
 1991 Ed. (1806)
 1995 Ed. (1632)
 1997 Ed. (3214)
 2000 Ed. (3963)
 2002 Ed. (4873)
Niall Shiner
 1997 Ed. (1973, 1999)
Niamh Keating
 2007 Ed. (4920)
Niamh & Stephen Keating
 2005 Ed. (4885)
Niantic
 2018 Ed. (4582)
 2021 Ed. (1339, 1605, 2704)
Niantic (U.S.)
 2021 Ed. (1605)
Niarchos; Philip
 2011 Ed. (4890)
 2012 Ed. (4898)
 2013 Ed. (4872)
 2014 Ed. (4886)
 2015 Ed. (4925)
 2016 Ed. (4841)
 2017 Ed. (4849)
 2018 Ed. (4856)
 2019 Ed. (4851)
 2020 Ed. (4840)
 2021 Ed. (4841)
 2022 Ed. (4835)
 2023 Ed. (4830)
Niaspan
 2006 Ed. (2312)
NIB Capital Bank
 2002 Ed. (625)
 2003 Ed. (591)
 2004 Ed. (596)
 2005 Ed. (585)
 2006 Ed. (504)
 2007 Ed. (526)
 2008 Ed. (481)
 2009 Ed. (509)
 2010 Ed. (491)
NIB Health Funds
 2002 Ed. (3777)
NIB International Bank
 2004 Ed. (484)
 2005 Ed. (492)
 2007 Ed. (438)
 2008 Ed. (408)

2009 Ed. (434)
 2010 Ed. (409)
 2013 Ed. (337)
Nibbard Brown & Co. Inc.
 1994 Ed. (784)
NIBC
 2014 Ed. (464)
 2015 Ed. (522)
 2016 Ed. (476)
 2017 Ed. (493)
 2018 Ed. (458)
 2019 Ed. (469)
 2020 Ed. (453)
NIBC Bank NV
 2009 Ed. (508)
 2010 Ed. (490)
NIBC Holding
 2023 Ed. (674)
Nibco Inc.
 2007 Ed. (3216)
Nibe Industrier AB
 2023 Ed. (2024)
NIBID
 1999 Ed. (304)
Niblock; Robert A.
 2008 Ed. (1108)
 2009 Ed. (1086)
Nibs
 2008 Ed. (837)
NIC
 2013 Ed. (1095)
 2014 Ed. (1034)
 2015 Ed. (4457)
 2016 Ed. (1715, 4353)
NIC Bank
 2000 Ed. (3315)
 2017 Ed. (373)
 2019 Ed. (342)
NIC Inc.
 2002 Ed. (4445)
 2003 Ed. (2717)
 2006 Ed. (4522)
 2011 Ed. (4428, 4460)
Nicaragua
 1993 Ed. (2367)
 1996 Ed. (3274)
 1997 Ed. (3372)
 1999 Ed. (1146)
 2001 Ed. (4148, 4587, 4588)
 2002 Ed. (537, 4080)
 2004 Ed. (2766)
 2005 Ed. (4729)
 2006 Ed. (2330)
 2010 Ed. (1063, 4188, 4685)
 2011 Ed. (1002, 2564)
 2013 Ed. (2386)
 2014 Ed. (2323)
 2021 Ed. (2183, 3168, 3169)
 2022 Ed. (2213)
 2023 Ed. (2402)
Nicastro; Louis J.
 1996 Ed. (1715)
Nicastro; Neil D.
 1996 Ed. (1716)
Nicci Bengtson
 2023 Ed. (1299)
Niccol; Brian
 2021 Ed. (724)
Nice
 1989 Ed. (2795)
 1991 Ed. (3387)
 1999 Ed. (1219)
 2000 Ed. (1133)
 2006 Ed. (93)
Nice-business Solutions Finland Oy
 2010 Ed. (1618)
Nice, France
 1992 Ed. (1165)
Nice Girls Don't Get the Corner Office
 2006 Ed. (635)
Nice Group
 1992 Ed. (82)
 1993 Ed. (54)
 2009 Ed. (37)
Nice 'N Clean
 2020 Ed. (4420)
 2021 Ed. (4421)
Nice 'n Clean
 2003 Ed. (3430)
Nice N Clean
 2022 Ed. (2189)
 2023 Ed. (3786)
Nice 'n Easy
 1997 Ed. (2171)
 2001 Ed. (2654, 2655)
Nice 'N Easy; Clairol
 2005 Ed. (2779)
 2006 Ed. (2751)
 2007 Ed. (2757)
 2008 Ed. (2874)
 2009 Ed. (2937)
 2010 Ed. (2873)
Nice 'n' Fluffy
 2003 Ed. (2429)
Nice-Pak Products
 2016 Ed. (3096)
 2017 Ed. (3043)
 2018 Ed. (3150)

Nice Systems
 2016 Ed. (517)
Niche Bakers Corp.
 2021 Ed. (763)
Nichi
 1997 Ed. (3354)
Nichiboshin Ltd.
 1990 Ed. (1778)
 1991 Ed. (1715)
Nichidenbo
 2021 Ed. (1868)
Nichido
 1992 Ed. (2712)
Nichido Fire & Marine Insurance Co. Ltd.
 1990 Ed. (2274)
 1994 Ed. (2232)
 1995 Ed. (2279)
 1997 Ed. (2418)
 1999 Ed. (2915)
Nichido Fire & Marine Isurance Co. Ltd.
 1991 Ed. (2143)
 1992 Ed. (2706)
Nichido Firel & Marine Insurance Co. Ltd.
 1993 Ed. (2252)
Nichii
 1989 Ed. (2333)
 1990 Ed. (3050, 3054)
 1994 Ed. (3113)
 1998 Ed. (3096)
Nichimen Corp.
 1989 Ed. (1132)
 1990 Ed. (3636)
 1992 Ed. (1568, 1657, 1659, 3738, 4434)
 1993 Ed. (1277, 1356, 3047, 3261, 3270)
 1994 Ed. (1319, 1410, 3106, 3255)
 1995 Ed. (3152, 3334)
 1996 Ed. (3406)
 1997 Ed. (3784)
 1998 Ed. (3610)
 1999 Ed. (4107, 4645)
 2000 Ed. (3821, 4285, 4286)
Nichirei Corp.
 1991 Ed. (1744)
 1992 Ed. (2193)
 1993 Ed. (1880)
 1994 Ed. (1876)
 1995 Ed. (1901)
 1997 Ed. (2040)
 1999 Ed. (2465)
 2002 Ed. (2306)
 2007 Ed. (4880)
Nichirei Logistics Group
 2011 Ed. (4811)
 2016 Ed. (4792)
 2017 Ed. (4807)
Nichirei Logistics Group Inc.
 2018 Ed. (4808)
Nichirei Logistics Group, Inc.
 2018 Ed. (4809, 4813)
 2019 Ed. (4811)
 2020 Ed. (4801)
 2021 Ed. (4794, 4801)
Nichiro Gyogyo Kaisha Ltd.
 1992 Ed. (256)
 1993 Ed. (162)
 1994 Ed. (146)
 1995 Ed. (164)
 1997 Ed. (182)
 1999 Ed. (200)
 2000 Ed. (223)
Nichiyu
 2006 Ed. (4852)
 2007 Ed. (4855)
Nichola Pease
 2008 Ed. (4897, 4902)
Nicholas-Applegate
 1992 Ed. (2791, 2797, 2798)
 1995 Ed. (2355, 2359, 2367)
 2000 Ed. (2834)
 2002 Ed. (3009)
 2003 Ed. (3071)
Nicholas-Applegate Balanced Growth A
 1999 Ed. (3534)
Nicholas-Applegate Capital
 1991 Ed. (2230)
Nicholas-Applegate Capital Management
 1993 Ed. (2330)
Nicholas-Applegate Capital Management LP
 2003 Ed. (1502, 1507)
 2004 Ed. (3195)
Nicholas-Applegate Emerging Companies I
 1999 Ed. (3540)
Nicholas-Applegate Emerging Cos
 2000 Ed. (3258)
Nicholas-Applegate Emerging Country A
 1998 Ed. (2622, 2630)
Nicholas-Applegate Emerging Country B
 1998 Ed. (2622, 2630)
Nicholas-Applegate Emerging Country C
 1998 Ed. (2622, 2630)
Nicholas-Applegate Emerging Country Inst.
 1998 Ed. (2622)
Nicholas-Applegate Emerging Country Institutional
 1998 Ed. (2630)

Nicholas-Applegate Emerging Country
    Qualified
  1998 Ed. (2630)
Nicholas-Applegate Growth Equity A
  1993 Ed. (2687)
Nicholas Applegate High-Yield Bond Fund
  2003 Ed. (3530)
Nicholas-Applegate Int Sm Cap Growth
  2000 Ed. (3275)
Nicholas-Applegate International Core Gr I
  1999 Ed. (3564)
Nicholas Applegate International Small Cap
    Growth Fund
  2003 Ed. (3529)
Nicholas-Applegate Latin America
  2002 Ed. (3477)
Nicholas-Applegate Worldwide Growth
  2000 Ed. (3233)
Nicholas; Brett
  2012 Ed. (2495)
  2013 Ed. (2638)
  2014 Ed. (2594)
  2015 Ed. (2636)
  2016 Ed. (2561)
Nicholas Chabraja
  2006 Ed. (870, 3931)
  2007 Ed. (961)
  2010 Ed. (884)
Nicholas; Charles R.
  1997 Ed. (1804)
Nicholas & Co.
  2006 Ed. (2087)
Nicholas Co.
  1989 Ed. (1998)
  1991 Ed. (2565)
Nicholas D. Chabraja
  2005 Ed. (2517)
  2007 Ed. (1029)
  2008 Ed. (951)
  2009 Ed. (950, 958)
  2010 Ed. (902)
Nicholas Fund
  1990 Ed. (2391)
  2004 Ed. (3658)
  2006 Ed. (3609)
Nicholas Hawkins
  1999 Ed. (2346)
  2000 Ed. (2134)
Nicholas; Henry
  2011 Ed. (4838)
Nicholas II
  1999 Ed. (3505)
Nicholas III; Henry
  2005 Ed. (4856)
  2006 Ed. (4910)
Nicholas Income
  1990 Ed. (2386)
  1993 Ed. (2675)
  1996 Ed. (2781, 2795)
  1999 Ed. (753)
  2000 Ed. (766)
  2003 Ed. (3524)
Nicholas J. St. George
  1999 Ed. (1411)
Nicholas J. Tricarico, Architect
  2005 Ed. (3169)
  2006 Ed. (3171)
Nicholas K. Akins
  2015 Ed. (972)
Nicholas Kiwi
  1992 Ed. (61)
Nicholas Kwan
  1999 Ed. (2281)
Nicholas L. Ribis
  1999 Ed. (2079)
  2000 Ed. (1877)
Nicholas Laboratories
  1992 Ed. (1874)
Nicholas Limited Edition
  1992 Ed. (3193)
Nicholas Lobaccaro
  2000 Ed. (1982)
Nicholas; Peter
  2007 Ed. (4892)
  2008 Ed. (4829)
Nicholas; Peter M.
  2005 Ed. (4849)
  2006 Ed. (4904)
Nicholas Spencer
  1996 Ed. (1771, 1773, 1785)
  1997 Ed. (1861)
  1998 Ed. (1651)
  1999 Ed. (2241)
Nicholas Toufexis
  1991 Ed. (1682)
Nicholls'
  2016 Ed. (2088)
Nichols
  2016 Ed. (601)
  2017 Ed. (637)
Nichols Brothers Boat Builders
  2013 Ed. (2163)
Nichols Foods Ltd.
  2003 Ed. (3297)
Nichols Homeshield
  1990 Ed. (1294)

Nichols Institute
  1996 Ed. (1210)
Nichols; J. Larry
  2007 Ed. (2507)
  2011 Ed. (840)
Nichols; Mike
  2008 Ed. (2582)
Nichols Pang
  1997 Ed. (1962)
Nichols Partnership
  2012 Ed. (1035)
Nichols Research Corp.
  1992 Ed. (488)
  1993 Ed. (1566)
Nichols; S. E.
  1990 Ed. (1303)
  1991 Ed. (3224)
The Nichols Team Inc.
  2014 Ed. (1886)
Nicholson Chamberlain Colls Group Ltd.
  1995 Ed. (1006, 1007)
Nicholson Construction of America
  1993 Ed. (1128)
  1994 Ed. (1147)
  1995 Ed. (1172)
Nicholson Construction Co.
  1991 Ed. (1082)
  1992 Ed. (1415)
  1996 Ed. (1139)
  1998 Ed. (947)
  1999 Ed. (1369)
  2004 Ed. (1305)
  2005 Ed. (1312)
  2008 Ed. (1275)
  2009 Ed. (1234)
  2010 Ed. (1233)
  2011 Ed. (1180)
  2012 Ed. (1128)
  2013 Ed. (1274)
  2016 Ed. (1180)
  2017 Ed. (1223)
Nicholson Kovac Inc.
  2006 Ed. (198)
  2007 Ed. (206)
  2008 Ed. (193, 194)
  2009 Ed. (211, 212)
  2010 Ed. (191, 192, 195)
  2011 Ed. (113, 114, 117)
Nicholson; Vanessa-Mae
  2007 Ed. (4925)
Nicholson; W. W.
  1995 Ed. (1232)
Nicholson; Wendy
  2011 Ed. (3357)
Nicira
  2013 Ed. (1090)
NICK
  1998 Ed. (583, 589)
  2000 Ed. (943)
  2010 Ed. (4708)
  2011 Ed. (4664)
Nick A. Caporella
  1989 Ed. (1382)
  1990 Ed. (1721, 1722)
  1993 Ed. (1703)
  1994 Ed. (1722)
Nick Alexander Imports
  1991 Ed. (303)
  1992 Ed. (408)
  1993 Ed. (293)
  1994 Ed. (262)
  1995 Ed. (264)
  1996 Ed. (265)
Nick Barta
  2018 Ed. (3654)
Nick Bell
  1999 Ed. (2310)
Nick Davies
  2013 Ed. (735)
Nick Jr.
  2005 Ed. (147, 148)
  2007 Ed. (167)
Nick Jr. Family Magazine
  2005 Ed. (131)
  2006 Ed. (134)
  2007 Ed. (128)
Nick Kolcheff, aka Nickmercs
  2021 Ed. (4787)
Nick Maddock
  2019 Ed. (3649)
Nick Mendoza Productions
  1991 Ed. (1911)
Nick at Nite
  2019 Ed. (753)
  2020 Ed. (745)
NICK at NITE/Nickelodeon
  1994 Ed. (829)
Nick Pink
  1999 Ed. (2335)
  2000 Ed. (2099, 2122)
Nick Robertson
  2007 Ed. (2465)
  2012 Ed. (2450)
Nick Roditi
  1998 Ed. (1689)
  1999 Ed. (2434)

Nick Snee
  1999 Ed. (2301)
  2000 Ed. (2077)
nick.com
  2001 Ed. (4775)
Nicke Widyawati
  2022 Ed. (4926)
  2023 Ed. (4924)
Nickel
  2008 Ed. (1093)
Nickel alloys
  2001 Ed. (3547)
  2006 Ed. (3707)
  2007 Ed. (3701)
Nickel Asia Corp.
  2017 Ed. (1928)
Nickel & Dimed
  2005 Ed. (721)
*Nickel & Dimed: On (Not) Getting by in
    America*
  2006 Ed. (590)
Nickel & Suede
  2020 Ed. (1094, 1744)
  2021 Ed. (1639)
Nickelback
  2011 Ed. (3711, 3715, 3716, 3719, 3720)
Nickelodean
  2004 Ed. (140)
Nickelodeon
  1990 Ed. (869, 880, 885)
  1992 Ed. (1022)
  1993 Ed. (812, 822)
  1996 Ed. (854)
  2000 Ed. (4216)
  2001 Ed. (1089, 4496)
  2002 Ed. (3227)
  2003 Ed. (4714)
  2004 Ed. (4691)
  2005 Ed. (4663)
  2006 Ed. (4711)
  2007 Ed. (719, 4732, 4733, 4739)
  2008 Ed. (4654)
  2011 Ed. (725)
  2015 Ed. (866)
  2019 Ed. (753)
  2020 Ed. (745)
Nickelodeon Consumer Products
  2013 Ed. (3511)
  2014 Ed. (3485)
  2015 Ed. (3502)
  2016 Ed. (3353)
  2017 Ed. (3318)
  2018 Ed. (3381)
  2019 Ed. (3363)
  2020 Ed. (3365)
Nickelodeon Kids
  2011 Ed. (3324, 4807)
Nickelodeon/Nick at Nite
  1992 Ed. (1015)
Nickelson & Co., Inc.; D. R.
  2006 Ed. (4994)
Nickerson & Co., Inc.; C. H.
  2006 Ed. (1278)
Nicki Minaj
  2012 Ed. (3734)
  2013 Ed. (3782, 3783)
  2014 Ed. (3729, 3731)
  2015 Ed. (3731)
  2016 Ed. (3640)
  2017 Ed. (3627, 3629)
  2018 Ed. (3688)
Nicklaus Children's Health System
  2020 Ed. (2896)
Nicklaus; Jack
  1996 Ed. (250)
  1997 Ed. (278)
  2008 Ed. (267)
Nickle Electrical Cos.
  2010 Ed. (1255)
  2011 Ed. (1204)
  2019 Ed. (1122, 1211)
  2020 Ed. (1111)
  2021 Ed. (1101)
Nickles
  1995 Ed. (339)
Nickles Bakery; Alfred
  1992 Ed. (493)
Nickson General Contractors Inc.
  2021 Ed. (3610)
  2023 Ed. (3766)
Nicky Byrne
  2005 Ed. (4885)
  2008 Ed. (4884)
Nicky Oppenheimer
  2003 Ed. (4895)
  2004 Ed. (4883)
  2005 Ed. (4886)
  2006 Ed. (4928)
  2007 Ed. (4921)
  2008 Ed. (4892, 4895)
  2009 Ed. (4915)
  2010 Ed. (4913, 4919)
  2011 Ed. (4900, 4909)
  2012 Ed. (4909, 4919)
  2013 Ed. (4908, 4918)
  2014 Ed. (4918)
  2015 Ed. (4906, 4958)
  2016 Ed. (4821, 4874)

  2017 Ed. (4832, 4874)
  2018 Ed. (4837, 4886)
  2019 Ed. (4878)
  2020 Ed. (4867)
  2021 Ed. (4868)
  2022 Ed. (4864)
Nicky Oppenheimer & family
  2023 Ed. (4858)
Nico & Vinz
  2016 Ed. (3642)
Nicoderm
  1994 Ed. (1560)
  1999 Ed. (4342)
  2000 Ed. (3319)
Nicoderm CQ
  1999 Ed. (3597)
  2003 Ed. (3780, 4451)
  2018 Ed. (4383)
  2023 Ed. (4432)
Nicol; James
  2005 Ed. (3857)
Nicola Sturgeon
  2021 Ed. (4933)
  2022 Ed. (4928)
Nicolae
  2001 Ed. (988)
Nicolai Holt
  1997 Ed. (1974)
Nicolas Cage
  2001 Ed. (8)
  2002 Ed. (2141)
  2010 Ed. (2508)
  2011 Ed. (2510)
Nicolas Gonzalez Oddone
  2002 Ed. (4456, 4457)
  2006 Ed. (4529)
Nicolas Hayek
  2008 Ed. (4875)
  2009 Ed. (4899)
  2010 Ed. (4898)
  2011 Ed. (4885)
Nicole Arnaboldi
  2015 Ed. (5023)
Nicole Eskenazi
  1996 Ed. (3875)
Nicole Kidman
  2001 Ed. (2270)
  2003 Ed. (2329)
  2004 Ed. (2409)
  2005 Ed. (4862)
  2006 Ed. (4922)
  2008 Ed. (2579)
  2009 Ed. (701, 2606, 4877)
  2010 Ed. (2509)
  2011 Ed. (2511)
Nicole Perrin
  2006 Ed. (4922)
Nicole Richie
  2008 Ed. (2584)
Nicole S. Arnaboldi
  2010 Ed. (4979)
  2011 Ed. (4977)
  2012 Ed. (4975)
  2013 Ed. (4965)
NICOLEHOLLIS
  2022 Ed. (3290)
NicoleHollis
  2023 Ed. (3381)
Nicolet Bankshares
  2021 Ed. (358, 1972)
  2022 Ed. (2017)
Nicolet Bankshares Inc.
  2018 Ed. (2051)
  2019 Ed. (2112)
  2020 Ed. (2027)
Nicolet Instruments
  1989 Ed. (1309, 1326)
Nicolet National Bank
  2021 Ed. (357, 409)
  2022 Ed. (369, 422)
  2023 Ed. (459, 546)
Nicor Gas
  2005 Ed. (2716, 2717, 2718, 2721, 2723,
    2724, 2725)
Nicor Inc.
  1989 Ed. (2033)
  1990 Ed. (2668)
  1991 Ed. (2572)
  1992 Ed. (2259, 3211, 3214)
  1993 Ed. (1918, 2702)
  1994 Ed. (1941, 2650, 2653)
  1995 Ed. (2752, 2755, 2906)
  1996 Ed. (2819, 2822)
  1997 Ed. (2926)
  1998 Ed. (2661, 2664)
  1999 Ed. (3593)
  2001 Ed. (3946, 3947)
  2003 Ed. (3811, 3814)
  2004 Ed. (3820, 3821, 4493)
  2005 Ed. (2726, 2728, 2730, 3728, 3729,
    3769, 3771)
  2006 Ed. (2692)
  2007 Ed. (2682)
  2008 Ed. (2812)
Nicorette
  1996 Ed. (1594)
  1998 Ed. (2669)
  1999 Ed. (1905, 4342)

2002 Ed. (2053)
 2003 Ed. (2108, 3780, 4450)
 2018 Ed. (4382, 4384)
 2020 Ed. (4404)
 2021 Ed. (4403)
 2023 Ed. (4430, 4431)
Nicorette Smoking Cessations
 1999 Ed. (1932)
Nicotac
 2023 Ed. (4431)
Nicotrol
 1999 Ed. (4342)
 2003 Ed. (4451)
Nicro D.O.O.
 2017 Ed. (1525)
Nictus Ltd.
 2015 Ed. (2027)
Niculae; Ioan
 2011 Ed. (4906)
 2016 Ed. (4869)
Niculescu; Peter
 1997 Ed. (1953)
Niczowski; Susan
 2007 Ed. (4985)
 2008 Ed. (4991)
 2009 Ed. (4985)
 2010 Ed. (4992)
 2012 Ed. (4986)
 2013 Ed. (4987)
 2014 Ed. (4992)
Nidec
 2016 Ed. (2428)
 2017 Ed. (2273)
 2020 Ed. (767, 1658)
Nidec Corp.
 2000 Ed. (4127)
 2006 Ed. (3037)
 2007 Ed. (1834, 2349)
 2012 Ed. (2231, 2234)
 2013 Ed. (2402, 2408)
 2014 Ed. (2341, 2346)
 2015 Ed. (2407, 2412)
 2016 Ed. (2352, 2356)
 2017 Ed. (2201, 2205)
 2018 Ed. (2257, 2261)
 2019 Ed. (2242, 2246)
 2020 Ed. (2239, 2241)
Nidera
 2006 Ed. (2541)
Nidera UK Ltd.
 2017 Ed. (2046)
 2019 Ed. (2687)
Nido
 1991 Ed. (32, 41, 45)
NIE
 2000 Ed. (2865)
Niederhoffer Investments Inc.
 1996 Ed. (1055)
Niedersachsische Immobilien KG
 2007 Ed. (4090)
Niehaus Ryan Wong
 1999 Ed. (3912, 3953)
 2000 Ed. (3667)
Niel; Xavier
 2012 Ed. (4886)
 2013 Ed. (4870)
 2014 Ed. (4884)
 2015 Ed. (4923)
 2016 Ed. (4839)
 2017 Ed. (4847)
 2018 Ed. (4854)
 2019 Ed. (4849)
 2021 Ed. (4839)
 2022 Ed. (4832)
 2023 Ed. (4827)
The Niello Co.
 2018 Ed. (2529)
The Niello Company
 2022 Ed. (236)
Niels Peter Louis-Hansen
 2010 Ed. (4887)
 2011 Ed. (4875)
 2012 Ed. (4884)
 2013 Ed. (4868)
 2014 Ed. (4882)
 2015 Ed. (4920)
 2016 Ed. (4836)
 2017 Ed. (4844)
 2018 Ed. (4851)
 2019 Ed. (4846)
 2020 Ed. (4835)
 2021 Ed. (4836)
 2022 Ed. (4829)
 2023 Ed. (4824)
Nielsen
 2015 Ed. (3605)
 2017 Ed. (778, 4320)
 2018 Ed. (716, 2215)
 2019 Ed. (2194)
 2020 Ed. (2981, 3638)
 2021 Ed. (30, 33, 52, 2841)
 2022 Ed. (28, 49)
Nielsen & Associates; S. N.
 2010 Ed. (1273, 1309)
 2011 Ed. (1224, 1272)
Nielsen Business Media
 2010 Ed. (4775)
 2011 Ed. (4726)

Nielsen Chile
 2011 Ed. (1572)
The Nielsen Co.
 1990 Ed. (3000, 3001)
 1991 Ed. (2386)
 1992 Ed. (2976)
 1994 Ed. (2442)
 2008 Ed. (4138)
 2009 Ed. (3102, 4253)
 2010 Ed. (3035, 4185, 4190)
 2011 Ed. (4183, 4201)
 2012 Ed. (4233, 4253)
 2013 Ed. (4213, 4214)
 2016 Ed. (3579)
 2017 Ed. (3548)
Nielsen Co.; A. C.
 1991 Ed. (2835)
 1992 Ed. (3662)
 1993 Ed. (2503, 2995, 2996)
 1995 Ed. (3089, 3090)
The Nielsen Co. BV
 2011 Ed. (49)
Nielsen Co. US Inc.
 2010 Ed. (2506)
Nielsen Construction Co.
 1995 Ed. (1146)
Nielsen Holdings
 2015 Ed. (4152, 4155)
 2016 Ed. (4067, 4069)
 2017 Ed. (4036, 4038)
 2018 Ed. (4060, 4062)
 2019 Ed. (4055, 4057)
 2020 Ed. (4065, 4066)
Nielsen Holdings BV
 2012 Ed. (4170, 4172, 4428, 4430)
 2013 Ed. (4160)
 2014 Ed. (4174, 4177)
 2015 Ed. (4158)
 2016 Ed. (4072)
 2017 Ed. (4046)
 2018 Ed. (4070)
 2019 Ed. (4065)
 2020 Ed. (4075)
Nielsen Holdings NV
 2014 Ed. (4227, 4228)
 2015 Ed. (4217, 4218)
 2016 Ed. (3462, 3463)
 2017 Ed. (3426, 3427)
 2018 Ed. (3484, 3485)
 2019 Ed. (3453, 3454)
 2020 Ed. (3447)
Nielsen Holdings plc
 2020 Ed. (1310)
Nielsen Holdings, PLC
 2020 Ed. (4331)
 2021 Ed. (4347)
 2022 Ed. (4353)
Nielsen/IMS International
 1996 Ed. (3190, 3191)
 1997 Ed. (3295, 3296)
Nielsen Marketing Research
 1991 Ed. (2387)
Nielsen; Martin Moller
 2017 Ed. (4844)
 2018 Ed. (4851)
 2019 Ed. (4846)
 2020 Ed. (4835)
 2021 Ed. (4836)
 2022 Ed. (4829)
 2023 Ed. (4824)
Nielsen Media Research
 1998 Ed. (3042)
 1999 Ed. (4042)
 2000 Ed. (3042, 3756)
 2001 Ed. (4046, 4047)
 2002 Ed. (3255)
 2005 Ed. (1522)
 2008 Ed. (4315)
Nielsen plc
 2018 Ed. (4311)
 2019 Ed. (4339)
Nielsen; S. N.
 2009 Ed. (1278)
Nielson; Karen
 2018 Ed. (3660)
Nieman Printing
 2019 Ed. (3962, 3964)
Nieman Printing Inc.
 2008 Ed. (4030)
 2009 Ed. (4103)
 2010 Ed. (4027, 4040)
 2012 Ed. (4019, 4029, 4043)
Niemi Buick Inc.; Ben
 1994 Ed. (263)
Nierenberg; Bradley
 2006 Ed. (2514)
Nieves; John
 2016 Ed. (3335)
NIF Group Inc.
 2004 Ed. (3065)
 2005 Ed. (3076)
 2006 Ed. (3077)
 2008 Ed. (3228)
 2011 Ed. (3177)
Nifedipine
 1992 Ed. (1870)
 2002 Ed. (3754)

Nifedipine ER OSM
 2002 Ed. (2049)
Nigel Alliance
 2008 Ed. (4007)
Nigel Daily
 2011 Ed. (3362)
Nigel Dally
 1999 Ed. (432, 2147)
Nigel Doughty
 2008 Ed. (4006)
Nigel Frank International
 2013 Ed. (1934)
 2014 Ed. (1873)
 2015 Ed. (1908)
 2016 Ed. (1871)
Nigel Green
 2007 Ed. (4929)
 2008 Ed. (4905)
Nigel Mansell
 1996 Ed. (250)
Nigel Morris
 2003 Ed. (2409)
Nigel Travis
 2007 Ed. (2512)
 2008 Ed. (2640)
 2009 Ed. (2666)
Nigel & Trevor Green
 2005 Ed. (4891)
Nigel W. Morris
 2005 Ed. (2512)
 2006 Ed. (2532)
Niger
 1993 Ed. (2951)
 2001 Ed. (4656)
 2002 Ed. (1815, 4707)
 2003 Ed. (1881, 4822)
 2004 Ed. (4821)
 2005 Ed. (4801)
 2006 Ed. (4866)
 2007 Ed. (4868)
Nigeria
 1989 Ed. (1219, 1869)
 1990 Ed. (1075, 1475, 2759, 3633)
 1991 Ed. (2754)
 1992 Ed. (499, 2083, 2095)
 1993 Ed. (1952, 2366, 3357)
 1994 Ed. (2860)
 1995 Ed. (1736, 2925)
 1996 Ed. (3020, 3821)
 1997 Ed. (3105, 3633)
 1998 Ed. (2311)
 1999 Ed. (1133, 2109, 4477)
 2000 Ed. (824, 1896, 3571)
 2001 Ed. (507, 508, 1102, 1298, 2369, 3610, 3761, 3763, 3765, 4128)
 2002 Ed. (682)
 2003 Ed. (1035, 3711, 3759, 3826, 4198)
 2004 Ed. (889, 1040, 3757, 3784, 3855, 4225, 4598)
 2005 Ed. (875, 1041, 3672, 3702, 3766, 4152, 4532)
 2006 Ed. (797, 1050, 1054, 2328, 2640, 2715, 2827, 3771, 3791, 3848, 4208, 4613)
 2007 Ed. (886, 1139, 2257, 2830, 3768, 3789, 3871, 4211, 4218, 4754)
 2008 Ed. (863, 1019, 2200, 3848, 3863, 3920, 4247, 4624, 4677)
 2009 Ed. (869, 1004, 2169, 3238, 3426, 3904, 3922, 3990, 4346, 4660, 4717)
 2010 Ed. (815, 969, 2406, 3814, 3840, 3896, 4376)
 2011 Ed. (743, 895, 2407, 3810, 3843, 3914, 4312, 4324)
 2012 Ed. (219, 2138, 2511)
 2013 Ed. (487, 2343, 3168)
 2014 Ed. (2212, 4707)
 2015 Ed. (3239, 4719)
 2016 Ed. (4621)
 2021 Ed. (3164)
 2023 Ed. (3411)
Nigeria Airways Ltd.
 2002 Ed. (1746)
 2004 Ed. (1827)
Nigeria Bottling Co. plc
 2002 Ed. (4450)
Nigeria Emerging Market Fund
 1997 Ed. (2907)
Nigeria International Bank
 1992 Ed. (806)
 1993 Ed. (599)
 1994 Ed. (602)
 1995 Ed. (573)
 1996 Ed. (643)
 1997 Ed. (583)
 1999 Ed. (613)
Nigeria Merchant Bank
 1992 Ed. (806)
 1995 Ed. (573)
 1996 Ed. (643)
Nigerian Bottling Co.
 2006 Ed. (4525)
Nigerian Breweries
 2001 Ed. (1605)
 2006 Ed. (4525)
 2015 Ed. (1403)
 2016 Ed. (1333)
 2022 Ed. (678)

Nigerian Breweries plc
 2002 Ed. (4450)
 2003 Ed. (4555)
Nigerian Industrial Development Bank
 1991 Ed. (415, 416)
Nigerian International Bank
 1990 Ed. (569)
Nigerian Investment Promotion Commission
 2015 Ed. (3523)
Nigerian National Petroleum Corp.
 1992 Ed. (3420, 3421)
 1993 Ed. (2825, 2826)
 1994 Ed. (2869, 2870)
 1995 Ed. (2932, 2933)
 1996 Ed. (3027, 3028)
 1997 Ed. (3110, 3111)
 1998 Ed. (2838, 2839)
 1999 Ed. (3817, 3818)
 2000 Ed. (3531, 3532)
 2002 Ed. (1746, 3679, 3680)
 2003 Ed. (3820, 3825, 3858)
 2004 Ed. (1827, 3850, 3854, 3871)
 2005 Ed. (3761, 3765, 3799)
 2006 Ed. (3843, 3847, 3866)
 2007 Ed. (3860, 3870, 3896)
 2008 Ed. (3913, 3919, 3939)
 2009 Ed. (1811, 1812, 3980, 3989, 4014)
 2010 Ed. (1456, 1826, 3889, 3895, 3920)
 2011 Ed. (3901, 3939)
 2012 Ed. (3883, 3936)
 2013 Ed. (3948, 3990)
 2014 Ed. (3893, 3906, 3933)
 2015 Ed. (3920, 3969)
 2016 Ed. (3829, 3883)
 2017 Ed. (3788, 3849)
 2018 Ed. (3837)
 2019 Ed. (3814)
Night
 2008 Ed. (555, 624)
The Night Before Christmas
 2003 Ed. (710)
Night at the Museum
 2009 Ed. (2366, 2367)
Night Musk
 1990 Ed. (2793)
Night of Olay
 1994 Ed. (3313)
 2002 Ed. (1951)
Night of the Proms
 2005 Ed. (1161)
Night School
 2019 Ed. (599)
Night Shift Brewing
 2023 Ed. (910)
Night Spice
 1990 Ed. (3604)
Night Train
 2001 Ed. (4842)
 2002 Ed. (4922)
 2003 Ed. (4946)
 2004 Ed. (4950)
Night View
 2015 Ed. (2342)
Nightfighter Security LLC
 2019 Ed. (4780)
NightHawk Radiology
 2012 Ed. (1959)
NightHawk Radiology Services
 2008 Ed. (2143, 2887)
 2010 Ed. (2063)
 2011 Ed. (2118)
The Nightingale
 2017 Ed. (620, 624)
 2018 Ed. (587)
 2019 Ed. (601)
Nightingale-Conant
 1998 Ed. (1274)
 1999 Ed. (1849)
Nightingale Informatix Corp.
 2009 Ed. (2994)
 2010 Ed. (2928, 2934)
 2011 Ed. (2900)
 2012 Ed. (2770)
Nightingale Nursing Service
 2006 Ed. (1912)
 2007 Ed. (1894)
 2008 Ed. (1958)
 2009 Ed. (1911)
 2010 Ed. (1844)
 2011 Ed. (1875)
 2012 Ed. (1732)
 2013 Ed. (1896)
 2014 Ed. (1829)
 2015 Ed. (1836)
Nightingale Nursing Service Inc.
 2016 Ed. (1832)
A Nightmare on Elm Street
 2012 Ed. (3723)
NightRider Janitorial Services
 2023 Ed. (4754)
Nigro, Karlin & Segal
 1996 Ed. (18)
 1998 Ed. (11, 20)
 1999 Ed. (15, 25)
 2000 Ed. (12, 21)
 2002 Ed. (26, 27)

Nigro Karlin Segal & Feldstein
  2012 Ed. (28)
  2013 Ed. (5, 24)
  2014 Ed. (20)
Nigro Karlin Segal Feldstein & Bolno
  2015 Ed. (21)
  2016 Ed. (20)
  2017 Ed. (16)
  2018 Ed. (15)
  2019 Ed. (16)
  2020 Ed. (18)
NIH Federal Credit Union
  2018 Ed. (2100)
Nihat Ozdemir
  2020 Ed. (4874)
  2021 Ed. (4875)
  2022 Ed. (4871)
  2023 Ed. (4865)
NIH.gov
  2007 Ed. (3232)
  2008 Ed. (3362)
Nihon Architects, Engineers & Consultants Inc.
  1991 Ed. (1561)
Nihon Business Computer
  1990 Ed. (1640)
Nihon Keizai Shimbun
  1996 Ed. (2848)
  1997 Ed. (2944)
  1999 Ed. (3619)
  2002 Ed. (3511)
Nihon Kohden
  2016 Ed. (2884)
  2017 Ed. (2839)
Nihon Life
  1989 Ed. (1698)
Nihon M & A Center
  2015 Ed. (1759)
Nihon M&A Center
  2021 Ed. (1368)
Nihon Ryo-In Consul
  1990 Ed. (3025)
Nihon Sekkei
  2022 Ed. (188)
  2023 Ed. (261)
Nihon Sekkei Inc.
  1998 Ed. (1448)
Nihon Travel Agency
  1990 Ed. (3653)
Nihon Unisys
  1990 Ed. (2203)
  1991 Ed. (1537, 2069)
  1993 Ed. (1585)
  1994 Ed. (2199, 2203)
NII Brokerage
  2012 Ed. (3167)
NII Holdings
  2014 Ed. (2119, 2552)
  2015 Ed. (2172)
  2017 Ed. (4615)
NII Holdings Inc.
  2005 Ed. (1098, 2012, 3035, 3037, 4641)
  2006 Ed. (1092, 2736, 2739, 4578, 4704)
  2007 Ed. (3618, 4564, 4707, 4725)
  2008 Ed. (1534, 4613, 4614, 4642, 4645, 4939)
  2009 Ed. (4687)
  2010 Ed. (2869, 4700)
  2011 Ed. (986, 4640, 4649)
  2012 Ed. (4641, 4643, 4672)
  2013 Ed. (4617)
  2016 Ed. (343)
NIIB Group Ltd.
  2018 Ed. (2011)
NIIT
  2000 Ed. (1177)
NIIT Ltd.
  2014 Ed. (1662)
  2015 Ed. (1705)
NIIT Technologies
  2015 Ed. (1706, 3273)
  2020 Ed. (1610)
NIIT Technologies Ltd.
  2012 Ed. (4749)
  2014 Ed. (4759)
Nik Storonsky
  2023 Ed. (4868)
Nika
  1997 Ed. (2675, 2676)
NIKA Technologies
  2012 Ed. (2428)
NIKE
  2022 Ed. (929)
Nike
  1989 Ed. (279, 943, 944, 2459, 2485)
  1990 Ed. (3273)
  1991 Ed. (262, 263, 264, 980, 982, 984, 3088, 3090, 3115, 3165, 3171, 3317)
  1992 Ed. (30, 93, 224, 366, 367, 368, 1208, 1219, 1221, 1223, 3923, 3925, 3954, 3955, 3956, 4042, 4043, 4049, 4052, 4071, 4228)
  1993 Ed. (18, 256, 258, 259, 260, 983, 991, 993, 3225, 3287, 3300, 3372, 3376, 3456, 3530)
  1994 Ed. (49, 244, 246, 747, 1010, 1021, 1023, 1025, 3222, 3278, 3294, 3295, 3370, 3499)
  1995 Ed. (252, 1030, 1033, 1391, 3304, 3359, 3569, 3728)
  1996 Ed. (251, 1001, 3491, 3493, 3654)
  1997 Ed. (279, 280, 281, 1021, 1036, 1038, 1292, 1293, 1496, 3557, 3558)
  1998 Ed. (200, 761, 774, 775, 776, 777, 779, 780, 926, 1043, 1046, 1050, 1061, 1185, 3349, 3350, 3411)
  1999 Ed. (309, 792, 1201, 1202, 1203, 1204, 1205, 1344, 1474, 1502, 1528, 1558, 1623, 1625, 1722, 4303, 4377, 4378, 4380)
  2000 Ed. (323, 324, 1112, 1121, 1122, 1124, 1429, 1533, 4088)
  2001 Ed. (423, 425, 1275, 1276, 1280, 1281, 1831, 1832, 2616, 3080, 3081, 4244, 4245, 4348, 4350)
  2002 Ed. (58, 1081, 1082, 1083, 1751, 2416, 2705, 4274, 4275)
  2003 Ed. (20, 300, 301, 751, 1002, 1006, 1007, 1009, 1217, 1806, 1807, 1808, 3201, 3202, 4404)
  2004 Ed. (261, 761, 764, 1002, 1005, 1008, 1226, 1563, 1574, 1839, 1840, 2903, 4222, 4223, 4416, 4417, 4711, 4712)
  2005 Ed. (269, 270, 1016, 1018, 1019, 1257, 1601, 1605, 1939, 1940, 3181, 4150, 4151, 4366, 4367, 4429, 4430, 4431, 4432, 4433, 4452, 4683, 4684)
  2006 Ed. (136, 293, 1015, 1016, 1022, 1025, 1026, 1027, 1217, 1218, 1488, 1961, 1974, 1975, 1976, 2071, 2072, 2077, 2078, 2082, 4206, 4207, 4310, 4445, 4446, 4729, 4730)
  2007 Ed. (129, 295, 1100, 1101, 1103, 1104, 1108, 1110, 111, 1114, 1115, 1117, 1518, 1945, 1946, 1947, 2043, 2044, 2886, 2987, 3801, 3809, 3816, 4216, 4217, 4377, 4502, 4503, 4514)
  2008 Ed. (273, 765, 982, 983, 984, 985, 990, 992, 993, 995, 996, 1041, 1433, 1500, 2013, 2027, 2028, 2029, 2136, 2138, 2142, 2144, 2146, 3008, 3106, 3872, 3881, 4253, 4254, 4479, 4480)
  2009 Ed. (297, 768, 972, 973, 976, 977, 979, 980, 982, 1401, 1404, 1433, 1991, 1992, 1993, 1994, 1995, 2124, 2127, 2130, 3094, 3201, 3943, 3947, 4354, 4355, 4437, 4525)
  2010 Ed. (279, 933, 936, 939, 940, 941, 942, 943, 944, 1416, 1438, 1716, 1717, 1931, 1932, 1933, 2058, 2066, 2068, 2069, 3027, 3126, 3849, 3857, 3860, 4379, 4380, 4479, 4552, 4590)
  2011 Ed. (202, 580, 581, 868, 871, 872, 873, 874, 875, 876, 878, 1439, 1730, 1731, 1732, 1733, 1734, 1735, 1738, 1986, 1987, 1988, 2113, 2121, 2123, 2124, 2529, 2996, 3094, 3323, 3855, 3864, 3868, 4321, 4322, 4414, 4503, 4504, 4505, 4526)
  2012 Ed. (550, 815, 816, 817, 821, 822, 824, 828, 829, 830, 831, 834, 1240, 1274, 1580, 1581, 1582, 1583, 1584, 1832, 1833, 1834, 1835, 1953, 1954, 1960, 1961, 1964, 1965, 1966, 1967, 2453, 2454, 2922, 3829, 3844, 4382, 4383, 4477, 4511, 4512, 4513, 4517, 4961)
  2013 Ed. (1002, 1011, 1012, 4479)
  2014 Ed. (966, 975, 976, 4524)
  2015 Ed. (762, 1001, 1013, 1014)
  2016 Ed. (908, 916)
  2017 Ed. (943, 955, 965, 966, 967, 2448, 4471)
  2018 Ed. (886, 895, 896, 4261, 4491)
  2019 Ed. (888, 897, 3732, 4290, 4484)
  2020 Ed. (883, 884, 885, 4271)
  2021 Ed. (885, 895, 901, 902, 4527)
  2022 Ed. (915, 917, 930, 4361)
  2023 Ed. (1081, 1082, 1083, 1084, 1092, 1093, 1095)
Nike ACG
  2001 Ed. (424)
Nike, Cl. 'B'
  1993 Ed. (3390)
NIKE, Inc.
  2022 Ed. (926, 2611)
Nike Inc.
  2013 Ed. (996, 997, 998, 1000, 1001, 1005, 1006, 1007, 1008, 1351, 1737, 1988, 1989, 1990, 1991, 2171, 2173, 2174, 2176, 2177, 2178, 2179, 3011, 3891, 3904, 4351, 4352, 4439)
  2014 Ed. (958, 959, 960, 961, 964, 965, 970, 971, 972, 973, 1298, 1677, 1678, 1679, 1680, 1681, 1684, 1927, 1928, 1929, 1930, 2100, 2101, 2104, 2105, 2107, 2108, 2109, 2553, 2570, 3020, 3825, 3836, 4400, 4401, 4471)
  2015 Ed. (994, 995, 996, 997, 999, 1000, 1007, 1008, 1009, 1010, 1360, 1723, 1725, 1726, 1973, 1974, 1975, 1976, 2155, 2156, 2157, 2160, 2162, 2163, 2165, 3087, 3850, 3862, 4388, 4389, 4465)
  2016 Ed. (899, 900, 901, 902, 906, 907, 911, 912, 913, 1117, 1271, 1274, 1276, 1277, 1940, 1941, 1944, 1945, 1947, 2130, 2131, 2133, 2134, 2136, 3440, 3758, 3771, 4267, 4286, 4287)
  2017 Ed. (946, 947, 948, 950, 953, 954, 958, 959, 960, 961, 962, 1333, 1335, 1348, 1649, 1652, 1665, 1670, 1908, 1910, 2415, 3400, 3712, 3727, 4255)
  2018 Ed. (878, 881, 882, 885, 889, 890, 891, 892, 1326, 1327, 1625, 1855, 2451, 2452, 2462, 2463, 2495, 2742, 3013, 3109, 3466, 4487)
  2019 Ed. (881, 883, 884, 886, 887, 893, 894, 895, 896, 1107, 1906, 1908, 1911, 2726, 2954, 3436)
  2020 Ed. (868, 870, 873, 874, 879, 880, 881, 1626, 1845, 1847, 1849, 2984, 3434, 4282)
  2021 Ed. (883, 884, 895, 898, 899, 1091, 1809, 1811, 1813, 1883, 2844, 3451)
  2022 Ed. (914, 925, 927, 1855, 1856, 1929, 3510)
  2023 Ed. (1324, 1972, 1975, 2045, 2752, 3605, 4421)
Nike Inc. (apparel only)
  2000 Ed. (1123)
Nike Inc. Class 'B'
  1994 Ed. (2715)
  1996 Ed. (3510)
Nike at Nite
  2006 Ed. (4713)
  2007 Ed. (4732, 4733)
  2008 Ed. (4654, 4655)
  2009 Ed. (4696)
Nike Retail Denmark
  2005 Ed. (1753)
  2007 Ed. (1679)
  2012 Ed. (1457)
  2013 Ed. (1592)
Nike Sports Korea
  2012 Ed. (4519)
NIKE U.K. Ltd.
  2002 Ed. (36)
Nike (U.S.)
  2021 Ed. (901, 902)
  2022 Ed. (930)
Nike.com
  2012 Ed. (2297)
NikeStore.com
  2008 Ed. (2446)
Nikita
  2010 Ed. (1895)
Nikkei 225
  1993 Ed. (1916)
  2008 Ed. (4501)
Nikkei Credit Union
  2002 Ed. (1826)
  2013 Ed. (2212)
Nikkei Net Interactive
  2002 Ed. (4826)
Nikkeisha
  2002 Ed. (127)
Nikken Corp.
  2018 Ed. (3375)
  2019 Ed. (3354, 3356, 3358)
  2020 Ed. (3355, 3357, 3359)
  2021 Ed. (3288, 3290, 3292)
  2022 Ed. (3373, 3375)
  2023 Ed. (3494)
Nikken Corp. (Japan)
  2021 Ed. (3288, 3292)
  2022 Ed. (3373)
Nikken Sekkei
  2022 Ed. (188, 203)
  2023 Ed. (261, 309)
Nikken Sekkei (Japan)
  2022 Ed. (203)
Nikken Sekkei Ltd.
  1998 Ed. (1448)
Nikki Golf
  2012 Ed. (4519)
  2013 Ed. (4476)
Nikko
  1991 Ed. (758)
  1992 Ed. (2024)
  1997 Ed. (772, 773, 774, 775, 776)
  1999 Ed. (894, 895, 896, 898)
Nikko Asset Management
  2011 Ed. (1372)
Nikko Capital
  1991 Ed. (2219)
Nikko Capital Management
  1993 Ed. (2359)
  1999 Ed. (3075)
Nikko Citi
  2009 Ed. (3463)
Nikko Citigroup
  2007 Ed. (3279, 3288)
Nikko Cordial
  2007 Ed. (2548)
Nikko Hotels
  2000 Ed. (2557)
Nikko Hotels International
  2001 Ed. (2788)
Nikko Japan Tilt Fund
  1992 Ed. (3171, 3174)
Nikko Merchant Bank (S)
  1989 Ed. (1783)
Nikko Research Center
  1996 Ed. (1868)
  1997 Ed. (1975)
  1999 Ed. (2363)
Nikko Salomon Smith Barney
  2000 Ed. (2145)
  2002 Ed. (832, 833, 834, 1376, 2169)
  2003 Ed. (3097)
Nikko Securities Co. (Europe) Ltd.
  1991 Ed. (3111)
The Nikko Securities Co., Ltd.
  1989 Ed. (817, 1350, 1353, 1354, 1365, 1371, 1433, 2449, 2451, 2452, 2453)
  1990 Ed. (1788)
  1991 Ed. (722, 780, 1581, 1583, 1584, 1590, 1591, 1595, 3066, 3068, 3077, 3078)
  1992 Ed. (960, 961, 1569, 1989, 1994, 1997, 2007, 2015, 2019, 2023, 2638, 3898, 3899, 3906)
  1993 Ed. (767, 1302, 1327, 1641, 1648, 1655, 1656, 1657, 1671, 1681, 1682, 3204, 3209, 3254, 3268)
  1994 Ed. (773, 783, 1678, 1690)
  1995 Ed. (793, 3272)
  1996 Ed. (808, 1701, 3384)
  1997 Ed. (770, 3483)
  1998 Ed. (528, 1497, 1500)
  1999 Ed. (893)
  2002 Ed. (1920)
Niklas Herlin
  2015 Ed. (4922)
  2016 Ed. (4838)
  2017 Ed. (4846)
  2018 Ed. (4853)
Niklas Zennstrom
  2007 Ed. (4934)
  2008 Ed. (4908)
Niko Canner
  2011 Ed. (1142)
Nikolaas Faes
  1999 Ed. (2291)
Nikolai
  2002 Ed. (294)
Nikolaos Angelakis & Co. E.E.
  2002 Ed. (2383)
Nikolaus & Hohenadel LLP
  2023 Ed. (3430)
Nikon
  1990 Ed. (3237)
  1991 Ed. (846, 3083)
  1992 Ed. (1318, 3914)
  1993 Ed. (3210)
  1994 Ed. (2873, 2874)
  1995 Ed. (1394, 2937, 3285)
  1996 Ed. (868, 3035, 3397)
  1998 Ed. (610, 611, 1140, 3275)
  1999 Ed. (1013, 1630, 3337)
  2000 Ed. (966, 1433)
  2001 Ed. (1104)
  2003 Ed. (2202, 4377)
  2004 Ed. (1347)
  2007 Ed. (870, 2992)
  2008 Ed. (833, 834)
  2012 Ed. (666, 2901, 2903)
  2016 Ed. (3347)
  2017 Ed. (3309)
Nikon Corp.
  2013 Ed. (2974, 2986)
  2014 Ed. (2985, 2996)
  2015 Ed. (3053, 3068)
Nikon Engineering
  2001 Ed. (4219)
Nikon at Jones Beach Theater
  2010 Ed. (260)
  2011 Ed. (180, 181)
  2014 Ed. (176)
  2015 Ed. (205)
  2016 Ed. (196)
  2017 Ed. (183)
  2018 Ed. (171)
Nikon Keizai Shimbun
  1989 Ed. (2062)
Nikopol Ferroalloys
  2006 Ed. (4544)
Nikos Theodosopoulos
  1999 Ed. (2273)
  2000 Ed. (2051)
Niku Corp.
  2002 Ed. (2471)
Nikzon
  2018 Ed. (2930)
  2020 Ed. (2907)
  2021 Ed. (2776)
Nilan Johnson
  2013 Ed. (3444)
Nilaya Productions
  2015 Ed. (2674, 4713)
Nile Bank Ltd.
  1994 Ed. (658)
  1995 Ed. (404)
  1996 Ed. (431, 702)
  1997 Ed. (396, 635)
  2000 Ed. (685)
Nile Special Lager
  2001 Ed. (87)

CUMULATIVE INDEX • 1989-2023

Nile Spice
  2003 Ed. (4486)
  2008 Ed. (4464)
Nilein Bank (El)
  1989 Ed. (681)
Nilekani; Rohini
  2010 Ed. (3959)
Niles
  2015 Ed. (242)
  2018 Ed. (215)
Niles Audio
  2013 Ed. (201, 207)
  2014 Ed. (209)
  2015 Ed. (237)
  2016 Ed. (232)
  2017 Ed. (228)
Niles Bolton Associates
  2007 Ed. (2410)
  2010 Ed. (2446)
  2012 Ed. (2383)
Niles Bolton Associates Inc.
  2023 Ed. (253)
Niles, MI
  2007 Ed. (2369)
  2008 Ed. (2491)
  2009 Ed. (2497)
NILK
  1994 Ed. (434)
Nilla
  2001 Ed. (1494)
  2014 Ed. (1268)
  2015 Ed. (1330)
  2016 Ed. (1249)
  2018 Ed. (1281)
  2019 Ed. (1310)
  2020 Ed. (1286)
  2021 Ed. (1269)
  2022 Ed. (1269)
Nilla Wafers
  1999 Ed. (1420)
  2007 Ed. (1423)
Nilla Wafers; Nabisco
  2008 Ed. (1379)
Nilsen
  2020 Ed. (2260)
  2021 Ed. (2219)
  2022 Ed. (2257)
NimbeLink
  2021 Ed. (1700)
Nimble Storage
  2015 Ed. (1501)
Nimble Storage Inc.
  2017 Ed. (2869)
Nimbo
  2016 Ed. (4765)
Nimda
  2006 Ed. (1147)
Nimsoft
  2010 Ed. (1096)
Nina Ricci
  1990 Ed. (1579)
  2001 Ed. (2117)
Nina Wang
  2008 Ed. (4844)
Ninas Leger
  1994 Ed. (961)
Nine Dragons Paper Holdings
  2019 Ed. (3730)
  2020 Ed. (3771)
Nine Dragons Paper (Holdings) Limited
  2022 Ed. (2563)
Nine Dragons Paper (Holdings) Ltd.
  2012 Ed. (1546, 3806)
  2013 Ed. (3869)
  2014 Ed. (3800)
  2015 Ed. (3823)
  2016 Ed. (3731)
  2017 Ed. (3687)
  2021 Ed. (2638)
  2022 Ed. (2765)
  2023 Ed. (1759, 3663)
Nine Line Apparel
  2018 Ed. (4233)
  2019 Ed. (1595, 4261)
Nine Mile Point
  1990 Ed. (2721)
Nine Mile Point-1
  1990 Ed. (2722)
Nine Point Medical
  2016 Ed. (4149)
Nine West
  1995 Ed. (3371)
  2001 Ed. (4245)
Nine West Footwear Corp.
  2010 Ed. (3438)
  2011 Ed. (3436)
  2012 Ed. (3453)
  2013 Ed. (3497)
  2015 Ed. (3491)
  2016 Ed. (3341)
Nine West Group
  2019 Ed. (882)
  2020 Ed. (869)
Nine West Group Inc.
  1995 Ed. (3515)
  1996 Ed. (2831, 3426)
  1997 Ed. (1038)
  1998 Ed. (780)
  1999 Ed. (1202, 1205, 4303)
  2000 Ed. (1121, 1124)
  2001 Ed. (3080, 3081)
  2002 Ed. (4273, 4274)
  2003 Ed. (3201, 4405, 4406)
  2004 Ed. (3247)
  2005 Ed. (1494, 3272)
  2006 Ed. (3263)
  2007 Ed. (3335)
  2008 Ed. (3435)
  2009 Ed. (3509)
Nine West Holdings
  2020 Ed. (4338)
Nine West Holdings, Inc.
  2020 Ed. (327)
Nine Zero Hotel
  2007 Ed. (2942)
NinelineApparel.com
  2018 Ed. (2329)
Nineteen Minutes
  2010 Ed. (612)
NineTwoThree Digital Ventures
  2023 Ed. (1150)
Ninety Nine Restaurant & Pub
  2017 Ed. (4131, 4140)
  2023 Ed. (4244)
Nineveh Coal Co.
  2001 Ed. (1291)
Ninfa's Inc.
  1990 Ed. (2008)
  1991 Ed. (1906)
  1992 Ed. (2401)
  1994 Ed. (2051)
Ninfa's Mexican Restaurants
  1998 Ed. (1761, 3071)
Ningbo
  2001 Ed. (1096, 3854, 3855)
Ningbo, China
  2006 Ed. (1012)
  2007 Ed. (1098)
Ningbo Cixing
  2014 Ed. (4435)
Ningbo GQY Video & Telecom
  2012 Ed. (4444)
Ningbo Orient Wires & Cables
  2023 Ed. (1576)
Ningbo Port
  2014 Ed. (4771)
  2015 Ed. (4798)
  2016 Ed. (4691, 4701)
  2017 Ed. (4706, 4714)
  2018 Ed. (4698)
Ningbo-Zhoushan
  2023 Ed. (4018)
Ningbo-Zhoushan, China
  2015 Ed. (4058)
  2016 Ed. (3964)
  2017 Ed. (3945)
  2018 Ed. (3966)
  2019 Ed. (3941)
  2020 Ed. (3956)
  2021 Ed. (3922)
  2022 Ed. (3934)
Ningxia Dayuan Chemical
  2011 Ed. (4409)
Ninh Hoa Sugar
  2013 Ed. (2140)
  2015 Ed. (2123)
Ninja Duo
  2016 Ed. (2291)
Ninja Mega
  2015 Ed. (2338)
Ninja Partners
  2021 Ed. (725, 750)
Ninja Som
  2021 Ed. (3650)
Ninkasi Brewing Co.
  2023 Ed. (914)
Ninoy Aquino International Airport
  2021 Ed. (157)
Ninston
  1992 Ed. (63)
Nintendo
  1990 Ed. (2027)
  1991 Ed. (1917)
  1992 Ed. (1649, 1679, 2420, 2421, 4328)
  1993 Ed. (2049, 2050, 3601, 3602, 3603)
  1994 Ed. (1398, 2069, 3561, 3562)
  1995 Ed. (3640)
  1996 Ed. (1405, 2126, 3722, 3724, 3726)
  1997 Ed. (1462, 2235, 3777, 3779, 3836, 3837, 3938)
  1998 Ed. (840, 841, 3595, 3599, 3603)
  1999 Ed. (1257, 1278, 1690, 2690, 4627, 4628, 4632)
  2000 Ed. (955, 1492, 2478, 4275)
  2001 Ed. (1617, 4604, 4688)
  2002 Ed. (4642)
  2003 Ed. (2242, 2246, 2249, 2603, 4773)
  2004 Ed. (2258, 4748)
  2005 Ed. (4725)
  2006 Ed. (652, 1121, 4779)
  2007 Ed. (694, 2992, 4785)
  2008 Ed. (660, 1129, 4704)
  2009 Ed. (667, 773, 1801, 1824, 2596, 3270, 3273, 3274, 3517, 4744)
  2010 Ed. (626, 633, 637, 1077, 1744, 1765, 1766, 3444, 4753, 4760)
  2011 Ed. (560, 574, 1779, 3444, 4713)
  2012 Ed. (556, 956, 1630, 1634, 2895, 2901, 2903, 3461, 3549, 4734, 4735)
  2013 Ed. (654, 4816)
  2014 Ed. (672, 709, 2430, 4831)
  2015 Ed. (4868)
  2016 Ed. (667, 3347, 4128, 4130, 4784)
  2017 Ed. (1336, 3309, 4105, 4107, 4691, 4798)
  2018 Ed. (1320, 4129, 4132, 4675, 4792)
  2019 Ed. (933, 2931, 4146, 4148, 4680, 4804)
  2020 Ed. (3125, 4148, 4152)
  2021 Ed. (1634, 2410, 4100, 4551, 4559)
  2022 Ed. (662, 1654, 2524, 4558, 4677)
  2023 Ed. (1812, 2469, 2667)
Nintendo 64
  1998 Ed. (3607)
  1999 Ed. (4639)
  2002 Ed. (4746)
Nintendo Action Set
  1990 Ed. (3040)
Nintendo Co.
  2020 Ed. (51)
Nintendo Co., Ltd.
  2013 Ed. (2974, 2986, 3508, 3618, 4698)
  2014 Ed. (2985, 2996, 3482, 3554, 4752)
  2015 Ed. (3053, 3068, 4772)
  2018 Ed. (4793)
Nintendo DS
  2009 Ed. (685, 706)
  2011 Ed. (4810)
Nintendo Entertainment System-Nintendo
  1991 Ed. (3409)
Nintendo/Game boy
  1991 Ed. (2579)
  1994 Ed. (3562)
  2000 Ed. (1156, 1170)
Nintendo Game Genie
  1993 Ed. (3600)
Nintendo/Gameboy
  1999 Ed. (1277)
Nintendo Wii
  2012 Ed. (550)
Nintento Wii
  2011 Ed. (584)
Nintex
  2020 Ed. (976)
  2021 Ed. (957)
  2022 Ed. (995)
  2023 Ed. (1165)
The Ninth Gate
  2001 Ed. (3366)
NIO
  2020 Ed. (2348)
  2021 Ed. (244)
  2022 Ed. (266, 2342, 4509)
  2023 Ed. (365)
Nio
  2020 Ed. (1475)
NIO Inc.
  2020 Ed. (4314)
NIOC
  1992 Ed. (3447)
  1998 Ed. (1802)
Nipissing University
  2009 Ed. (1057)
Nipon Steel
  1991 Ed. (3401)
Nippon
  1990 Ed. (2758)
  1992 Ed. (2712, 3326)
  2000 Ed. (2713)
Nippon ABS
  1999 Ed. (280)
Nippon Broadcasting System
  2001 Ed. (1765, 4493)
Nippon Building Fund
  2007 Ed. (4091)
  2016 Ed. (4117)
  2017 Ed. (4096)
Nippon Cargo
  2001 Ed. (305)
Nippon Cargo Airlines
  2017 Ed. (145)
Nippon Credit
  1992 Ed. (1997)
Nippon Credit Bank Ltd.
  1990 Ed. (1681)
  1991 Ed. (519, 1584)
  1992 Ed. (672, 717)
  1993 Ed. (484)
  1994 Ed. (485)
  1996 Ed. (507)
  1997 Ed. (471)
  1998 Ed. (353, 377)
  1999 Ed. (546, 1659)
  2000 Ed. (557)
Nippon Credit International
  1992 Ed. (2026)
Nippon Credit Trust Co.
  1998 Ed. (366)
Nippon Dantai Life
  1998 Ed. (2136)
Nippon Denso
  1989 Ed. (1655)
Nippon Electric Co.
  1993 Ed. (1461)
Nippon Electric Glass
  2001 Ed. (2605)
  2007 Ed. (2349)
  2012 Ed. (2323)
  2013 Ed. (2485)
Nippon Express
  2014 Ed. (2761)
  2015 Ed. (2813, 2815, 3808)
  2016 Ed. (2748, 3721, 4702)
  2017 Ed. (4715)
  2020 Ed. (2773, 3383)
  2021 Ed. (2645, 3393)
  2022 Ed. (1112, 1654, 2773, 2776, 2778, 3451, 3782)
  2023 Ed. (1331, 2903, 2904, 3563)
Nippon Express Co.
  2017 Ed. (2697, 2699)
  2018 Ed. (2756)
  2019 Ed. (2739)
  2020 Ed. (2780)
  2021 Ed. (2652)
Nippon Express Co., Ltd.
  1989 Ed. (2874)
  1990 Ed. (3641, 3645)
  1991 Ed. (3416)
  1992 Ed. (4337, 4343)
  1993 Ed. (3613, 3620)
  1994 Ed. (3570, 3578)
  1995 Ed. (3654, 3662)
  1996 Ed. (3738)
  1997 Ed. (2077, 3136, 3788)
  1998 Ed. (1755, 2888)
  1999 Ed. (2498, 3681, 3861, 4653)
  2000 Ed. (3576, 4293)
  2002 Ed. (3573, 4265)
  2003 Ed. (3709)
  2004 Ed. (3753)
  2005 Ed. (4365)
  2006 Ed. (4309)
  2007 Ed. (4374, 4376, 4835)
  2008 Ed. (4329, 4331)
  2009 Ed. (4434)
  2012 Ed. (1090, 2696, 4476, 4811)
  2013 Ed. (1226, 2778, 3857, 4746, 4768)
  2014 Ed. (1166, 2762, 4796, 4818)
  2015 Ed. (1220, 4831, 4854)
  2016 Ed. (1128, 2746, 4735, 4761)
  2017 Ed. (1172, 2696, 4754, 4769)
  2018 Ed. (1106, 2755, 4742, 4764)
  2019 Ed. (1117, 2738, 4744, 4769)
  2020 Ed. (1107, 2778, 4723, 4755)
  2021 Ed. (1098, 2650)
Nippon Express USA Inc.
  2000 Ed. (2258)
Nippon Fire
  1990 Ed. (2259)
Nippon Fire & Marin Insurance Co. Ltd.
  1993 Ed. (2252)
Nippon Fire & Marine
  1996 Ed. (2292)
Nippon Fire & Marine Insurance Co. Ltd.
  1990 Ed. (2274)
  1991 Ed. (2143)
  1992 Ed. (2706)
  1994 Ed. (2232)
  1995 Ed. (2279)
  1999 Ed. (2915)
Nippon Foundry
  2001 Ed. (1763)
Nippon Fund
  1990 Ed. (2400)
Nippon Indosari Corpindo
  2013 Ed. (1732)
Nippon Kangyo Kakumaru (Europe)
  1990 Ed. (1678)
Nippon Kasei
  2001 Ed. (2508)
Nippon Koei Co., Ltd.
  1990 Ed. (1671)
  1991 Ed. (1556, 1562)
  1992 Ed. (1962)
  1993 Ed. (1613, 1614)
  1994 Ed. (1646)
  1996 Ed. (1667, 1677)
  1997 Ed. (1747, 1757, 1758)
  1998 Ed. (1454)
  2000 Ed. (1822)
  2005 Ed. (2435)
  2006 Ed. (2475)
Nippon Koel Co. Ltd.
  1995 Ed. (1685, 1695)
Nippon Kogan
  1989 Ed. (2639)
Nippon Kokan
  1990 Ed. (3438, 3469)
  1991 Ed. (3401)
Nippon Kokan K. K.
  1991 Ed. (2423)
Nippon Kokan KK
  1992 Ed. (3032)
  1993 Ed. (2539)
  1994 Ed. (2486)
Nippon Life
  1991 Ed. (2147)
  1993 Ed. (2230, 2256, 2346)
  1994 Ed. (2236, 2265, 2327)
  1995 Ed. (1387, 2312, 2391)
  1997 Ed. (1447, 2396, 2423, 2424, 2547)

1998 Ed. (2134, 2135)
1999 Ed. (2889, 2922, 2961, 3104, 3106, 3587)
2000 Ed. (2712, 2849)
2019 Ed. (1332)
2020 Ed. (1307)
2021 Ed. (1288)
2022 Ed. (1290, 1291)
2023 Ed. (1492, 1493, 1497)
Nippon Life Benefits
2017 Ed. (28)
Nippon Life Insurance
2016 Ed. (3132, 3137)
2017 Ed. (3071, 3077)
2018 Ed. (1653, 3182, 3253, 3282)
2019 Ed. (3212, 3236)
2020 Ed. (2596)
2021 Ed. (3009, 3095, 3113)
2022 Ed. (663, 3212, 3236, 3253)
2023 Ed. (1815, 3306, 3325, 3342)
Nippon Life Insurance Co.
1989 Ed. (1746)
1990 Ed. (2278)
1991 Ed. (957)
1992 Ed. (1190, 2638, 2710)
1996 Ed. (996, 1337, 2287, 2327, 2423)
2001 Ed. (2885, 2925)
2002 Ed. (1704, 2823, 2939, 2940, 2942, 4216)
2003 Ed. (3000)
2004 Ed. (1629, 1765, 3084, 3115, 3117, 3211)
2005 Ed. (3091, 3121, 3227)
2006 Ed. (1550, 1827, 3095, 3127)
2007 Ed. (1835, 3160, 3162)
2008 Ed. (1868, 3309, 3311)
2009 Ed. (1822, 3372, 3375, 3377)
2010 Ed. (1763, 3309, 3313)
2011 Ed. (1777, 3216, 3219, 3272, 3276)
2012 Ed. (1631, 3181, 3215, 3250)
2013 Ed. (1788, 3258, 3326, 3347)
2014 Ed. (1718, 3286, 3342)
2015 Ed. (1761, 3399, 3400)
2016 Ed. (3194)
2018 Ed. (3251)
2019 Ed. (3194, 3195)
2020 Ed. (3215)
2021 Ed. (3081)
2022 Ed. (3223)
Nippon Life Insurance Company
2023 Ed. (3313)
Nippon Life Insurance Company of America
2014 Ed. (28, 45)
2018 Ed. (29)
Nippon Life Insurance Co. (Japan)
2021 Ed. (3081)
2022 Ed. (3223)
Nippon Life (Japan)
2021 Ed. (1288)
2022 Ed. (1290, 1291)
Nippon Light Metal Co. Ltd.
1989 Ed. (2070)
1991 Ed. (2423)
1992 Ed. (1644, 1681)
1993 Ed. (2539)
1994 Ed. (1392, 2484, 2486)
1995 Ed. (2550, 2552)
1996 Ed. (2613)
1999 Ed. (3358)
2000 Ed. (3093)
Nippon Light Metal Mining Co. Ltd.
1997 Ed. (2757)
Nippon Meat
2004 Ed. (4920)
Nippon Meat Packers
2013 Ed. (2748)
2014 Ed. (2728)
2016 Ed. (2695, 2713)
Nippon Meat Packers Inc.
1991 Ed. (1744)
1992 Ed. (2193)
1993 Ed. (1880, 2525, 2898)
1994 Ed. (1876)
1995 Ed. (1901)
1997 Ed. (2040)
1999 Ed. (2465, 2466)
2000 Ed. (2223, 2224)
2002 Ed. (2306, 3274)
2003 Ed. (3337)
2004 Ed. (3407)
2006 Ed. (3430)
2007 Ed. (2624)
2012 Ed. (2653, 2661)
2013 Ed. (2735)
Nippon Mektron
2005 Ed. (3884)
2006 Ed. (3947)
2007 Ed. (4004)
2008 Ed. (4022)
2015 Ed. (4063)
Nippon Mining
1990 Ed. (2540)
1991 Ed. (909)
1992 Ed. (1113, 1497)
1993 Ed. (908, 2035)
1994 Ed. (923)
1995 Ed. (959)
2007 Ed. (3878)

Nippon Mining Holdings Inc.
2005 Ed. (3778, 3782)
2007 Ed. (3874, 3891)
2008 Ed. (3934)
2009 Ed. (2508, 4009)
2010 Ed. (3915)
Nippon Mining & Metals Co. Ltd.
2001 Ed. (1505, 4944)
Nippon Mitsubishi Oil Corp.
2003 Ed. (3821)
2004 Ed. (3851)
Nippon Mitsubishi Petroleum Refining Co. Ltd.
2002 Ed. (3695)
2003 Ed. (3852)
Nippon Motorola
1991 Ed. (1537)
Nippon Oil Corp.
1989 Ed. (1344)
1990 Ed. (2849)
1992 Ed. (1643, 3738)
1993 Ed. (1341, 3047)
1994 Ed. (2861, 3106)
1997 Ed. (3352)
2005 Ed. (3762, 3778, 3780, 3782, 3796)
2006 Ed. (3863)
2007 Ed. (2386, 3874, 3878, 3891)
2008 Ed. (2501, 3568, 3934)
2009 Ed. (3638)
2010 Ed. (1763, 2423, 3557, 3915)
2011 Ed. (3560)
2012 Ed. (3553)
2013 Ed. (3592)
Nippon Paint
2016 Ed. (837)
2017 Ed. (894)
2018 Ed. (818, 3733)
2019 Ed. (835, 846, 1709, 3721)
2020 Ed. (833, 3764)
2021 Ed. (3764)
2022 Ed. (3786)
2023 Ed. (3888)
Nippon Paint Co., Ltd.
1996 Ed. (1023)
2006 Ed. (3766)
2007 Ed. (3763)
2008 Ed. (3843)
2009 Ed. (3899)
2010 Ed. (3809)
2011 Ed. (3805)
2012 Ed. (848, 3793)
2013 Ed. (1028, 3859)
2014 Ed. (3789)
2015 Ed. (3811)
2016 Ed. (3724)
2017 Ed. (3681)
Nippon Paint Holdings Co.
2018 Ed. (3734)
2019 Ed. (3722)
2020 Ed. (3765)
2021 Ed. (3765)
2022 Ed. (3787)
Nippon Paint Holdings Co., Ltd.
2023 Ed. (3889)
Nippon Paint (Japan)
2021 Ed. (3764)
2022 Ed. (3786)
Nippon Paint (USA)
2019 Ed. (3720)
Nippon Paper Group
2017 Ed. (3684)
2018 Ed. (3740)
Nippon Paper Group Inc.
2006 Ed. (3781)
2007 Ed. (3779, 3780)
2008 Ed. (3856)
2009 Ed. (3916)
2010 Ed. (3823, 3824)
2011 Ed. (3820, 3821, 3822)
2012 Ed. (3804, 3805, 3806, 3807, 3810)
2013 Ed. (3860, 3867, 3868, 3869, 3870)
2014 Ed. (3792, 3798, 3800, 3801)
2015 Ed. (3823)
2016 Ed. (3731)
2017 Ed. (3687)
Nippon Paper Industries
1995 Ed. (2835)
1996 Ed. (1388, 1961)
1997 Ed. (1437, 2074, 2075, 2994)
1998 Ed. (1148, 1753, 2746)
1999 Ed. (2495, 2496, 3690)
2000 Ed. (3408)
2002 Ed. (3579)
2014 Ed. (3799)
2016 Ed. (2736)
2017 Ed. (2692)
2018 Ed. (3736, 3742)
2019 Ed. (3725, 3730)
2020 Ed. (3768, 3771)
Nippon Paper Industries Co., Ltd.
2015 Ed. (3821)
2016 Ed. (3729)
2017 Ed. (3685)
Nippon Performance
1997 Ed. (2201)
Nippon Pet Food Co.
2018 Ed. (3784)
2019 Ed. (3771)

2020 Ed. (3822)
Nippon Phonogram
1995 Ed. (1245)
Nippon Prologis REIT
2016 Ed. (4117)
2017 Ed. (4096)
Nippon Sanso Corp.
1990 Ed. (1890)
1991 Ed. (1790)
1993 Ed. (1938)
1999 Ed. (2857)
2000 Ed. (2319)
2001 Ed. (2585)
2002 Ed. (2392)
Nippon Sheet Glass
2013 Ed. (1192)
Nippon Sheet Glass Co., Ltd.
2010 Ed. (692)
2011 Ed. (621)
2012 Ed. (591, 1053)
2013 Ed. (726)
2019 Ed. (784)
2020 Ed. (779)
Nippon Shinpan Co. Ltd.
1989 Ed. (1131)
1990 Ed. (1778)
1991 Ed. (1715)
1992 Ed. (2149)
1993 Ed. (1857)
1994 Ed. (1846)
1995 Ed. (1874)
Nippon Shinyaku Co. Ltd.
1995 Ed. (1351)
Nippon Shokubai Co., Ltd.
2001 Ed. (1212)
2002 Ed. (1002, 1017)
2006 Ed. (858)
2008 Ed. (919)
Nippon Steel
2013 Ed. (3429, 4502)
2014 Ed. (3427, 4546)
2015 Ed. (3459, 4544)
2021 Ed. (3570, 3577)
2023 Ed. (3728, 3736)
Nippon Steel Corp.
1989 Ed. (2639)
1990 Ed. (2540)
1991 Ed. (1251, 2423, 3220)
1992 Ed. (1658, 1678, 3032, 4309)
1993 Ed. (1357, 2035, 3586)
1994 Ed. (1320, 2476, 2478, 2486)
1995 Ed. (2544, 2546, 2552)
1996 Ed. (2607)
1997 Ed. (2751)
1998 Ed. (2467, 3405)
1999 Ed. (3346, 3351, 4472, 4474)
2000 Ed. (3083)
2001 Ed. (3284, 4375, 4376)
2002 Ed. (3309, 3310, 3311, 4434)
2003 Ed. (3377)
2004 Ed. (3442, 4539)
2005 Ed. (3456)
2006 Ed. (3464, 3465)
2007 Ed. (3487, 3488, 3489, 3490)
2008 Ed. (1869, 3660, 3661)
2009 Ed. (1823, 3728, 3729, 3730)
2010 Ed. (1764, 3643, 3645, 3647, 3649)
2011 Ed. (1776, 1778, 3648, 3650, 3652, 3653)
2012 Ed. (1632, 3353, 3358, 3649, 3651, 4541, 4542)
2013 Ed. (1789, 3423, 3428, 3711, 3713, 4496, 4501)
2014 Ed. (3644)
2022 Ed. (1654)
Nippon Steel Corporation
2021 Ed. (3541, 3544)
2022 Ed. (3601, 3606, 3607)
2023 Ed. (1812, 3707, 3710, 3711)
Nippon Steel (Japan)
2000 Ed. (4119)
Nippon Steel & Sumitomo Metal
2014 Ed. (1719, 3426, 3646, 4545)
2015 Ed. (3458, 3656, 4543)
2016 Ed. (3534, 3544, 4482)
2017 Ed. (3434, 3501, 3514, 4489)
2018 Ed. (3561, 3563, 3594, 4511)
2019 Ed. (3541, 3553, 3555, 3582, 4504)
2020 Ed. (3464, 3465, 3529, 3554, 4488)
2021 Ed. (3580)
Nippon Steel & Sumitomo Metal Corp.
2014 Ed. (3420, 4539)
2015 Ed. (3453, 3654, 3657, 4538)
2016 Ed. (3542, 3546, 4477)
2017 Ed. (3415, 3512, 4485)
2018 Ed. (3560, 4506)
2019 Ed. (3552, 4499)
2020 Ed. (4483)
Nippon Steel & Sumitomo Metal (Japan)
2021 Ed. (3580)
Nippon Steel Trading
2012 Ed. (4747)
Nippon Steel Trading America Inc.
2011 Ed. (1806)
2014 Ed. (1594)
Nippon Steel Trading Co., Ltd.
2013 Ed. (3691)
2014 Ed. (3625)

2015 Ed. (3638)
2016 Ed. (3523)
2017 Ed. (3496)
2018 Ed. (3548)
2019 Ed. (3540)
2020 Ed. (3522)
Nippon Suisan Kaisha, Ltd.
2002 Ed. (2306)
Nippon Suisan Kaisma Ltd.
1992 Ed. (256)
1993 Ed. (162)
1994 Ed. (146)
1995 Ed. (164, 1426)
1997 Ed. (182)
1999 Ed. (200)
2000 Ed. (223)
Nippon Suisan USA
2006 Ed. (4250)
2007 Ed. (4265)
2008 Ed. (4284)
2009 Ed. (4393)
2010 Ed. (4440)
2011 Ed. (4385)
2012 Ed. (2700, 4425)
2013 Ed. (4392)
2014 Ed. (4428)
2015 Ed. (4410)
2016 Ed. (4306)
2018 Ed. (4293)
2019 Ed. (4319)
2020 Ed. (4309)
Nippon Tel & Tel
2000 Ed. (1424, 1498)
Nippon Telegraph & Tel
2022 Ed. (1653)
2023 Ed. (1811)
Nippon Telegraph & Telephone
2015 Ed. (4674)
2016 Ed. (4585)
2017 Ed. (4601)
2018 Ed. (4609)
2019 Ed. (4615)
2020 Ed. (4589, 4595)
2021 Ed. (4586, 4618)
2022 Ed. (4600, 4636)
2023 Ed. (1812, 1815, 4604, 4630, 4631)
Nippon Telegraph & Telephone Corp.
1989 Ed. (966)
1990 Ed. (1342, 1385, 1390, 1392)
1991 Ed. (1280, 1281, 1282, 1305, 1309, 1314, 1315, 1317, 1318, 1538, 2069, 2856, 3235, 3400)
1992 Ed. (1568, 1569, 1638, 1650, 1655, 1657, 1660)
1993 Ed. (38, 1274, 1333, 1349, 1358, 2937, 3007, 3587)
1994 Ed. (1320, 1365, 1388, 1399, 1409, 3261, 3483, 3550, 3551)
1995 Ed. (1350, 1388, 1434, 1444, 3100, 3208, 3334, 3340, 3341, 3342, 3343, 3551)
1997 Ed. (1356, 1357, 1399, 1448, 1461, 1463, 1464, 3693, 3761, 3762)
1998 Ed. (1166, 3477)
1999 Ed. (1580, 1581, 1675, 1681, 1682, 1689, 1691, 4047, 4496, 4551, 4552, 4614, 4615)
2000 Ed. (1482, 1491, 1493, 1494, 1495, 1497, 4192, 4262, 4263)
2005 Ed. (1532, 1767, 4632, 4633, 4634)
2006 Ed. (1550, 1711, 1713, 1825, 1826, 1827, 1829, 4697, 4698, 4774)
2007 Ed. (1580, 1833, 1835, 1837, 4717, 4718, 4719, 4720, 4721)
2008 Ed. (1563, 1867, 1868, 1869, 4641, 4643)
2009 Ed. (1491, 1821, 1822, 4681, 4684)
2010 Ed. (1406, 1482, 1762, 1763, 1765, 4693, 4695, 4697)
2011 Ed. (1478, 1776, 1777, 1778, 1779, 4648, 4650, 4653)
2012 Ed. (1320, 1324, 1629, 1631, 1632, 1633, 4636, 4654, 4655, 4658, 4661)
2013 Ed. (1420, 1787, 1788, 1789, 1790, 3202, 4609, 4634, 4635, 4638)
2014 Ed. (1384, 1717, 1718, 1720, 4671, 4677, 4689)
2015 Ed. (1760, 1761, 1762, 4673, 4677, 4679, 4688, 4699)
2016 Ed. (1711, 1712, 1713, 4584, 4587, 4588, 4595, 4604)
2017 Ed. (1694, 1696, 1697, 2409, 4599, 4600, 4603, 4605, 4608, 4614, 4623)
2018 Ed. (1652, 1653, 2471, 4608, 4615, 4622)
2019 Ed. (1707, 1708, 4624, 4625, 4632, 4639)
2020 Ed. (1655, 1657, 4594, 4603, 4609)
2021 Ed. (1636, 1638, 4617)
2022 Ed. (1657, 4635)
Nippon Telegraph & Telephone Corp. (NTT)
2001 Ed. (47, 1614, 1616, 1620, 1622, 1624, 1626, 1704, 1740, 1748, 1749, 1764, 1766, 1767, 1768, 1769, 2173)
2002 Ed. (305, 1483, 1579, 1703, 1704, 1705, 1706, 1707, 1708, 4431, 4569, 4570, 4603, 4635, 4636)
2003 Ed. (1506, 1678, 1728, 2249, 2250, 4593, 4701, 4702, 4704)

2004 Ed. (1629, 1707, 1709, 1710, 1738, 1765, 4673)
2021 Ed. (1636, 1638)
2022 Ed. (1657)
Nippon Telegraph & Telephone
1999 Ed. (4553)
Nippon Telephone & Telegraph
1996 Ed. (1338, 1398, 1408, 3406, 3407, 3408, 3409, 3415, 3706, 3707)
1999 Ed. (1619, 1692)
Nippon Television
2016 Ed. (3491)
2017 Ed. (3459)
Nippon Television Network Corp.
1996 Ed. (792)
2001 Ed. (1617, 4493)
Nippon Trust Bank
1990 Ed. (596)
Nippon TV Network
2007 Ed. (3452)
Nippon Unipac Holding
2005 Ed. (3688)
2006 Ed. (3782)
Nippon Unisys
1990 Ed. (1640)
Nippon Yakin Kogyo
2004 Ed. (3693)
Nippon Yusen
1989 Ed. (2874)
1990 Ed. (3641)
1991 Ed. (3416)
1992 Ed. (4337, 4343)
1993 Ed. (3613)
1994 Ed. (3570)
1995 Ed. (3654)
1997 Ed. (3510, 3788)
1998 Ed. (3294)
1999 Ed. (4299, 4653)
2000 Ed. (4293)
2007 Ed. (4835)
2016 Ed. (4695, 4702)
2017 Ed. (4709, 4715)
2018 Ed. (4702)
2019 Ed. (4707)
2020 Ed. (4678)
Nippon Yusen Kabushiki Kaisha
2002 Ed. (4272)
2007 Ed. (4375)
2008 Ed. (4330)
2009 Ed. (4435)
2010 Ed. (4478, 4806)
2011 Ed. (4413, 4755)
2012 Ed. (4769, 4770, 4773)
2013 Ed. (4715, 4727, 4729)
2014 Ed. (4768, 4778)
2015 Ed. (4791, 4807)
2017 Ed. (4726)
Nippon Yusen Kaisha
2010 Ed. (4804)
2011 Ed. (4753)
2015 Ed. (4818)
2016 Ed. (4721)
2017 Ed. (4738)
2018 Ed. (4724, 4725, 4726)
2019 Ed. (4726, 4727)
Nippon Yusoki Co.
2014 Ed. (4819)
2015 Ed. (4855)
Nippon Zeon
2001 Ed. (4138)
2002 Ed. (1000)
Nippondenso
1990 Ed. (1668)
1999 Ed. (280)
Nippondenso America Inc.
1993 Ed. (1312)
1994 Ed. (1366)
1996 Ed. (1346)
1997 Ed. (704)
Nippondenso Electronics
1996 Ed. (342)
Nipponham
2023 Ed. (2874)
Nipponkoa Insurance
2007 Ed. (3114)
Nipporica Associates LLC
2007 Ed. (3557)
Nipro
2016 Ed. (2884)
2017 Ed. (2839)
Nips
2014 Ed. (828, 831)
2015 Ed. (868)
2016 Ed. (756)
2017 Ed. (813)
2018 Ed. (745)
Nips; Pearson
2008 Ed. (836, 839)
Nipsco Industries Inc.
1994 Ed. (1595)
1995 Ed. (1637)
1996 Ed. (1614, 1615)
1997 Ed. (1693, 1694)
1998 Ed. (1386, 1387)
1999 Ed. (1949)
2000 Ed. (1461)
2001 Ed. (1737)

Niraj Gupta
2000 Ed. (1988)
Nirma Chemical
1992 Ed. (56)
Nirma Chemicals
1993 Ed. (33)
2005 Ed. (45)
Nirmala Sitharaman
2022 Ed. (4925)
2023 Ed. (4923)
Niroo Mokarekeh
2002 Ed. (4429, 4430)
Nirop Synchrome
1996 Ed. (1600)
Nirvana Cannabis Co.
2023 Ed. (2381)
Nirvana Investments
2023 Ed. (2386)
nirvanaHealth
2023 Ed. (1856, 3041)
NISA Investment
1996 Ed. (2386)
1997 Ed. (2516)
1998 Ed. (2254)
1999 Ed. (3048, 3069, 3072)
Niscayah
2010 Ed. (4451, 4452)
2011 Ed. (4390)
2012 Ed. (4448, 4451, 4452)
Niscayah Inc.
2013 Ed. (4408)
Nishat Mills
2007 Ed. (1948)
2008 Ed. (2030)
Nishi-Nippon Bank
2002 Ed. (596)
2003 Ed. (535)
2004 Ed. (549, 550)
Nishi-Nippon City Bank
2012 Ed. (379)
2013 Ed. (389)
2014 Ed. (400)
2015 Ed. (456)
Nishi Vasudeva
2016 Ed. (4939)
2017 Ed. (4930)
Nishihama & Kishida CPAs Inc.
2007 Ed. (1750)
Nishikori; Kei
2021 Ed. (197)
Nishimatsu Construction Co. Ltd.
1996 Ed. (1152)
1997 Ed. (1181)
1998 Ed. (971)
1999 Ed. (1323, 1407)
2000 Ed. (1276, 1289)
2004 Ed. (1321, 1334)
Nishimatsuya Chain
2008 Ed. (1564, 1866)
Nishimoto Trading Co. Ltd.
2003 Ed. (3745)
Nishio Rent All
2017 Ed. (3306)
2019 Ed. (3354)
2022 Ed. (3374)
2023 Ed. (3492)
Nishio Rent All Co.
2018 Ed. (3373, 3375)
2019 Ed. (3357, 3358)
2020 Ed. (3358, 3359)
2021 Ed. (3291, 3292)
2022 Ed. (3376, 3377)
2023 Ed. (3494, 3495)
Nishio Rent All Co. (Japan)
2021 Ed. (3292)
2022 Ed. (3377)
Nishio Rent All Company Ltd.
2020 Ed. (3355)
2021 Ed. (3288)
Nishio Rent All Company Ltd. (Japan)
2021 Ed. (3288)
NiSource
2015 Ed. (2895)
2016 Ed. (2817)
2017 Ed. (2207, 2788)
2018 Ed. (2264)
2019 Ed. (2249)
2020 Ed. (2243)
Nisource
2015 Ed. (1370)
NiSource Inc.
2002 Ed. (1390, 1559, 1670)
2003 Ed. (1698, 1699)
2004 Ed. (1587, 1735, 1736, 2199, 2321, 2723, 2724)
2005 Ed. (1795, 1796, 2311, 2713, 2714, 2726, 2727, 2728, 2729, 2731, 3768, 3769, 3770, 3772, 4507)
2006 Ed. (1768, 1769, 2688, 2689, 2691)
2007 Ed. (1776, 1777, 2679)
2008 Ed. (1807, 1808)
2009 Ed. (1754, 1757)
2010 Ed. (1701, 1704)
2011 Ed. (1427, 1712, 1714, 1717)
2012 Ed. (1569, 1571, 1572, 1574, 2245, 2466, 2720)
2013 Ed. (1723, 1726, 1730, 1731, 2805, 3821)

2014 Ed. (1667, 1669, 1672, 2842, 2845)
2015 Ed. (1713, 1715, 1716, 1718, 2882, 2886, 3768)
2016 Ed. (1661, 1662, 1664, 1668, 2810, 2814)
2017 Ed. (1637, 1638, 1643, 2424, 2780, 2784)
2018 Ed. (1616, 1617, 2305, 2845)
2019 Ed. (1659, 2295, 2813, 2966)
2020 Ed. (1617, 1618, 2835, 3011)
2021 Ed. (1595)
2023 Ed. (1777)
NISP; Bank
2006 Ed. (456)
2008 Ed. (433)
Nisreen Shocair
2013 Ed. (3477)
Nissan
1989 Ed. (308, 314, 317, 320, 325, 326, 327, 1409, 1595)
1990 Ed. (300, 343, 353, 358, 359, 364, 367, 373, 2624, 2627)
1992 Ed. (61, 77, 83, 431, 432, 437, 438, 442, 445, 455, 456, 460, 462, 463, 481, 2413, 3117, 4346, 4348, 4349)
1993 Ed. (307, 308, 316, 330, 331)
1994 Ed. (301, 307, 313, 319, 3585)
1995 Ed. (302, 312, 317, 2587)
1996 Ed. (310, 315, 322, 3748, 3749)
1997 Ed. (290, 300, 307, 309, 1584, 2804)
1998 Ed. (212, 218, 227, 3498)
1999 Ed. (323, 326, 335, 338, 778)
2000 Ed. (25, 340, 344, 358, 795, 3001, 3002, 3031)
2001 Ed. (457, 458, 459, 462, 463, 464, 465, 483, 535, 1009)
2002 Ed. (413, 414, 4703)
2003 Ed. (305, 306, 317, 358, 359, 360, 743)
2004 Ed. (342)
2005 Ed. (342, 741)
2006 Ed. (313, 317, 355, 356, 4855)
2007 Ed. (309, 313, 315, 342, 680, 684, 694)
2008 Ed. (139, 302, 329, 639, 643, 660)
2009 Ed. (160, 324, 353, 569, 658, 714)
2010 Ed. (328, 330, 626, 637)
2011 Ed. (230, 256, 574)
2012 Ed. (246, 277, 556)
2013 Ed. (238, 247, 249, 272, 274, 654, 655, 2380)
2014 Ed. (246, 248, 249, 279, 671, 672)
2015 Ed. (279, 289, 291, 718, 728)
2016 Ed. (275, 286, 308, 657, 667, 668)
2017 Ed. (69, 275, 288, 290, 291, 315, 699)
2018 Ed. (86, 260, 269, 270, 292, 659)
2019 Ed. (261, 271, 292, 669)
2020 Ed. (271, 272, 294, 653)
2021 Ed. (253, 266, 280)
2022 Ed. (274, 296, 664, 4758)
2023 Ed. (372, 380, 396, 870, 4746)
Nissan 112 Sales
1991 Ed. (310)
1992 Ed. (420)
Nissan 200 SX
1989 Ed. (341, 1670)
Nissan 240SX/200SX
1992 Ed. (450)
1993 Ed. (325)
Nissan 300ZX
1991 Ed. (355)
1992 Ed. (453)
1993 Ed. (328, 350)
Nissan Alliance
2016 Ed. (2340)
Nissan Altima
1999 Ed. (4564)
2004 Ed. (347)
2005 Ed. (344, 345, 348)
2006 Ed. (358)
2007 Ed. (344)
2008 Ed. (331, 332)
2009 Ed. (355)
2010 Ed. (332)
2017 Ed. (311)
Nissan Auto Dealers Assn.
1990 Ed. (19)
Nissan Auto Dealers Association
1994 Ed. (11, 2211)
Nissan Auto Directors Assn.
1990 Ed. (2214)
Nissan Automobiles
2000 Ed. (26, 27, 28, 29)
Nissan Automobiles-Altima
2000 Ed. (198, 4219, 4220, 4221)
Nissan Baking Co.; J. J.
1992 Ed. (494)
Nissan/Barret
2009 Ed. (4810)
Nissan Bluebird
1990 Ed. (375)
Nissan of Brandon
1994 Ed. (278)
1995 Ed. (281)

1996 Ed. (281)
Nissan Cab-Chassis
2004 Ed. (308)
Nissan Canada Inc.
1992 Ed. (4431)
2008 Ed. (4921)
2009 Ed. (4328, 4935)
2010 Ed. (300, 4943)
2011 Ed. (222)
Nissan passenger cars
1991 Ed. (737)
Nissan cars, trucks & vans
1992 Ed. (920)
Nissan Chassis
2005 Ed. (304)
2006 Ed. (323)
2008 Ed. (304)
Nissan Diesel Motor
1991 Ed. (1283)
1992 Ed. (1681)
Nissan Division
2005 Ed. (341)
Nissan of Downey
1990 Ed. (311)
1991 Ed. (288)
Nissan Europe NV
1995 Ed. (2549)
1996 Ed. (2612)
1999 Ed. (4288)
Nissan Fire & Marine Insurance Co. Ltd.
1997 Ed. (2418)
Nissan Forklift Corp.
2010 Ed. (4828)
2011 Ed. (4788)
2012 Ed. (4809)
2013 Ed. (4769)
2014 Ed. (4819)
Nissan Italia
2011 Ed. (1769)
2012 Ed. (1621)
2013 Ed. (1780)
Nissan Laurel Altima
1992 Ed. (75)
Nissan March
1997 Ed. (310)
1999 Ed. (339)
Nissan Maxima
1991 Ed. (313, 350)
1992 Ed. (435, 452, 454)
1993 Ed. (327)
1996 Ed. (3764)
2000 Ed. (360)
2017 Ed. (311)
Nissan Micra
1996 Ed. (320)
Nissan Mitsubishi Kia of Lake Charles
2006 Ed. (183)
2007 Ed. (189)
Nissan Motor
2014 Ed. (245, 1719)
2016 Ed. (277)
2017 Ed. (277, 285, 289)
2018 Ed. (267)
2019 Ed. (269)
2020 Ed. (242, 269)
2023 Ed. (371)
Nissan Motor Acceptance Corp.
1996 Ed. (337)
1998 Ed. (229)
2007 Ed. (329)
Nissan Motor Co.
2014 Ed. (4699)
2015 Ed. (90, 4710)
2016 Ed. (85, 768, 4614)
2017 Ed. (67, 68, 4631)
2018 Ed. (84, 85, 4626)
2019 Ed. (71, 74, 4642)
2020 Ed. (71, 4612)
2021 Ed. (4624)
2022 Ed. (4642)
2023 Ed. (354, 4637)
Nissan Motor Co., Ltd.
1989 Ed. (319)
1990 Ed. (21, 26, 34, 36, 47)
1991 Ed. (28, 31, 39, 52, 317, 326, 327, 328, 1251, 1315, 1553, 1582, 2494, 3312, 3425)
1992 Ed. (60, 1569, 1655, 1658, 1678, 1959, 4223, 4225)
1993 Ed. (21, 50, 53, 55, 265, 266, 310, 311, 312, 320, 334, 335, 337, 1357, 1612, 1738, 1741, 2607, 3366)
1994 Ed. (13, 35, 41, 308, 316, 1645)
1995 Ed. (148, 306, 307, 314, 315, 316, 670, 1350, 1423, 1543, 1683, 2241, 3100, 3570, 3571)
1996 Ed. (160, 305, 306, 319, 323, 324, 326, 327, 328, 330, 775, 1385, 3656)
1997 Ed. (298, 308, 319, 1359, 1581, 1744)
1998 Ed. (86, 214, 231, 232, 233, 243, 1246)
1999 Ed. (179, 322, 336, 337, 351, 352, 2030)
2000 Ed. (27, 28, 29, 198, 356, 1795, 3760, 4190, 4220, 4221)
2001 Ed. (47, 52, 60, 64, 71, 74, 89, 453, 456, 506, 515, 519, 520, 1620,

1764, 1766, 3835, 4044, 4639)
2002 Ed. (349, 365, 366, 375, 381, 398, 1579, 1655, 1707, 1708, 2323, 3251, 3403, 4670, 4896)
2003 Ed. (17, 304, 318, 1728, 3305, 3458, 3748, 4815)
2004 Ed. (56, 60, 70, 76, 285, 287, 305, 306, 2171, 3362, 3524, 3773, 4681, 4802, 4919)
2005 Ed. (51, 55, 65, 71, 74, 154, 288, 294, 298, 300, 301, 3393, 3522, 3523, 3692, 4657)
2006 Ed. (58, 62, 80, 83, 137, 144, 169, 314, 320, 1550, 1825, 1826, 1827, 1829, 2484, 3389, 3580, 3581, 3582, 3583, 4709, 4774, 4852)
2007 Ed. (49, 53, 71, 73, 130, 314, 316, 317, 1327, 1580, 1585, 1833, 1835, 1837, 2260, 3380, 3645, 3646, 4716, 4830, 4855)
2008 Ed. (52, 91, 287, 293, 296, 301, 1563, 1867, 1868, 3568, 3758, 4652, 4656, 4778)
2009 Ed. (59, 156, 308, 314, 322, 323, 1491, 1821, 1822, 3633, 3638, 3781, 4694)
2010 Ed. (93, 147, 290, 296, 299, 302, 303, 305, 1406, 1482, 1762, 1763, 3552, 3557, 3708, 4706)
2011 Ed. (71, 212, 218, 221, 226, 227, 229, 255, 1478, 1777, 1779, 3552, 3555, 3560, 3826, 4661)
2012 Ed. (229, 234, 243, 245, 247, 276, 1079, 1320, 1631, 1633, 3545, 3547, 3553, 3726, 3812, 4764, 4771)
2013 Ed. (225, 237, 243, 244, 248, 1420, 1787, 1788, 1790, 3592, 3613, 3616, 4736)
2014 Ed. (233, 239, 243, 244, 247, 1384, 1717, 1718, 1720, 2318, 3550, 4785)
2015 Ed. (269, 278, 285, 286, 290, 1760, 1761, 3573)
2016 Ed. (256, 274, 281, 282, 1711, 1713)
2017 Ed. (260, 274, 282, 283, 284, 1694, 1697, 3415)
2018 Ed. (246, 259, 264, 265, 266, 1652, 1653)
2019 Ed. (242, 259, 260, 266, 267, 268, 1706, 1707, 1708)
2020 Ed. (247, 263, 264, 267, 268, 1657)
2021 Ed. (232, 252, 263, 1638)
2022 Ed. (253, 273, 280, 1657)
Nissan Motor Corp. in Hawaii Ltd.
 2006 Ed. (1749)
Nissan Motor Insurance Corp.
 1997 Ed. (902)
 1998 Ed. (639)
 1999 Ed. (1032)
 2000 Ed. (982)
Nissan Motor Manufacturing Corp.
 1990 Ed. (3557)
Nissan Motor Manufacturing Corp. USA Inc.
 2001 Ed. (1875)
 2003 Ed. (1832)
 2004 Ed. (1865)
Nissan Motors
 1998 Ed. (87)
Nissan North America
 2016 Ed. (2024, 3438)
 2017 Ed. (1984, 3341, 3398)
 2018 Ed. (1938, 3465)
 2019 Ed. (1988, 1989, 1991, 3434)
 2020 Ed. (1914, 1915, 3433)
 2021 Ed. (1875, 1876, 3449)
 2022 Ed. (1921, 1922, 1924, 3508)
 2023 Ed. (2037, 2038, 2040, 3632)
Nissan North America Inc.
 2003 Ed. (319, 320, 321, 322, 323, 324, 325, 326, 327, 328, 329, 330, 331)
 2004 Ed. (288, 289, 290, 291, 292, 293, 294, 295, 296, 297, 298, 299, 3307, 4794)
 2005 Ed. (4767)
 2006 Ed. (305)
 2007 Ed. (1470)
 2008 Ed. (1464)
 2009 Ed. (3095)
 2010 Ed. (3028)
 2011 Ed. (2300, 2997, 4747)
 2012 Ed. (2923)
 2013 Ed. (3012)
 2014 Ed. (3021, 3545)
 2015 Ed. (3088)
 2016 Ed. (1819)
 2017 Ed. (1784, 3384)
 2018 Ed. (1737, 3014)
 2019 Ed. (2955, 3421)
 2020 Ed. (1735, 2985, 3422)
 2021 Ed. (2845, 3437)
 2022 Ed. (3494)
Nissan Pathfinder
 1996 Ed. (3764)
 2000 Ed. (4087)
Nissan Pavilion at Stone Ridge
 2001 Ed. (374)
 2010 Ed. (260)
 2011 Ed. (180)

Nissan Pickup
 1992 Ed. (2410)
 2004 Ed. (308)
 2005 Ed. (304)
 2006 Ed. (323)
 2008 Ed. (304)
 2013 Ed. (4771)
Nissan Pintara
 1990 Ed. (360)
Nissan Platina
 2005 Ed. (303)
 2006 Ed. (322)
 2008 Ed. (303)
Nissan PN300
 2013 Ed. (4771)
Nissan Prince Osaka
 1997 Ed. (293)
Nissan Pulsar
 1990 Ed. (360)
Nissan Quest
 1997 Ed. (2798)
Nissan SA
 1991 Ed. (47)
Nissan Sentra
 1989 Ed. (342, 348, 1671)
 1990 Ed. (349, 2017)
 1992 Ed. (440, 449, 485, 2409, 2410)
 1993 Ed. (319, 324, 2187)
 1995 Ed. (305, 2111)
 1996 Ed. (313)
 2004 Ed. (307)
 2005 Ed. (303)
 2006 Ed. (322)
 2008 Ed. (303, 328)
 2009 Ed. (349, 352)
 2010 Ed. (325, 329)
 2013 Ed. (276)
 2014 Ed. (275)
Nissan Shatai
 1993 Ed. (346)
Nissan Skyline
 1990 Ed. (360)
Nissan Smyrna
 1992 Ed. (4351)
 1997 Ed. (320)
 2000 Ed. (4305)
Nissan Stanza
 1992 Ed. (454)
 1993 Ed. (327)
Nissan Steel Corp.
 2012 Ed. (3553)
Nissan Sunny
 1990 Ed. (375, 377)
 1997 Ed. (310)
Nissan Tiida
 2013 Ed. (276)
Nissan Tsuru
 1990 Ed. (376)
 2004 Ed. (307)
 2005 Ed. (303)
 2006 Ed. (322)
 2008 Ed. (303)
 2013 Ed. (276)
Nissan United Kingdom
 1992 Ed. (1094)
Nissan Versa
 2013 Ed. (275)
Nissan X-Trail
 2005 Ed. (304)
 2006 Ed. (323)
 2008 Ed. (304)
Nissay/Nippon Life Insurance
 2023 Ed. (3306)
Nissay Dowa General Insurance
 2007 Ed. (3114)
Nissen Baking
 1998 Ed. (258)
Nissen Baking Co.; J. J.
 1989 Ed. (358)
Nissha Printing
 2007 Ed. (4368)
Nisshin Fire & Marine Insurance Co. Ltd.
 1997 Ed. (2418)
Nisshin Flour Milling Co. Ltd.
 1990 Ed. (1826)
Nisshin Petfood
 2018 Ed. (3784)
 2019 Ed. (3771)
 2020 Ed. (3822)
Nisshin Seifun
 2007 Ed. (2624)
 2016 Ed. (2695)
Nisshin Steel Co. Ltd.
 1989 Ed. (2639)
 1990 Ed. (2545)
 1999 Ed. (3358)
 2000 Ed. (3093)
Nisshinbo
 1989 Ed. (2820)
Nisshinbo Industries
 1990 Ed. (3568)
 1991 Ed. (3355)
 1992 Ed. (4278)
 1993 Ed. (3556)
 1994 Ed. (3519)
 1995 Ed. (3603)
 1999 Ed. (280, 4592)
 2000 Ed. (4242)

2001 Ed. (4514)
 2007 Ed. (3821)
Nissho of California
 2012 Ed. (3436)
Nissho Iwai American Corp.
 2001 Ed. (4817)
 2003 Ed. (4925)
Nissho Iwai Corp.
 1989 Ed. (1132)
 1990 Ed. (1383)
 1991 Ed. (1250, 1280, 1288, 1306, 1314, 1316, 1317)
 1992 Ed. (1612, 1614, 1647, 1656, 1659, 4434)
 1993 Ed. (1277, 1311, 1346, 1356, 3047, 3261, 3263, 3269, 3270)
 1994 Ed. (1319, 1363, 1400, 1410, 1411, 3106, 3255)
 1995 Ed. (1349, 1389, 1429, 1430, 1441, 1443, 3152, 3334, 3342)
 1996 Ed. (1339, 1394, 1407, 3406, 3408)
 1997 Ed. (1356, 1399, 1434, 1450, 1461, 1463, 3352, 3784)
 1998 Ed. (3610)
 1999 Ed. (761, 1578, 1581, 1619, 1689, 1692, 4107, 4645)
 2000 Ed. (1424, 1494, 1498, 3821, 4285, 4286)
 2001 Ed. (1624, 1767, 2173)
 2002 Ed. (1703, 4664, 4895)
 2003 Ed. (4780)
 2004 Ed. (4761, 4918)
Nissho Iwai Petroleum
 2001 Ed. (1842)
Nissho Iwai Petroleum Co.(S) Pte. Ltd.
 1997 Ed. (1503)
Nissho Iwai (UK) Ltd.
 1991 Ed. (3479)
Nissin
 2023 Ed. (2874)
Nissin Cup Noodles
 2016 Ed. (4440)
Nissin Food Products
 2007 Ed. (2624)
Nissin Food Products Co.
 2018 Ed. (2736)
Nissin Foods
 2016 Ed. (2695)
 2017 Ed. (2646)
Nissin Foods Holdings Co., Ltd.
 2020 Ed. (2714)
Nissin Foods USA Co.
 2003 Ed. (2094, 3744)
Nissin Mold Co.
 2018 Ed. (4721)
Nissin Souper Meal
 2016 Ed. (4440)
NISSO Pronity
 2016 Ed. (1710)
Nisson Motors Co.
 2010 Ed. (3509)
NIST
 2012 Ed. (4242)
NIT
 1998 Ed. (3425)
Nita Ing
 2002 Ed. (4982)
Nital Trading Co.
 2012 Ed. (2501)
 2013 Ed. (2924)
Nite Time Decor Inc.
 2002 Ed. (2985)
 2005 Ed. (2265)
 2012 Ed. (2189)
 2013 Ed. (3006)
Nite White for Whitening Teeth
 1996 Ed. (1524)
Nitec Solutions Ltd.
 2002 Ed. (2496)
Nitel Inc.
 2012 Ed. (1411)
Nitin Anandkar
 1999 Ed. (2355)
 2000 Ed. (2141)
Nitin Passi
 2017 Ed. (2393)
Nitinol Medical Technologies
 1998 Ed. (3177)
Nitor Infotech Pvt. Ltd.
 2012 Ed. (2844)
 2013 Ed. (2907)
Nitori
 2013 Ed. (659)
 2014 Ed. (687)
 2016 Ed. (4229)
 2017 Ed. (4215)
 2022 Ed. (4237)
 2023 Ed. (4278)
Nitori; Akio
 2019 Ed. (4858)
 2021 Ed. (4849)
 2022 Ed. (4844)
 2023 Ed. (4839)
Nitrate compounds
 2000 Ed. (3562)
Nitricap Labs
 2011 Ed. (2866)

Nitrile
 1994 Ed. (3116)
Nitrites/nitrates
 1995 Ed. (2531)
Nitro 2 Go
 2012 Ed. (4523)
 2013 Ed. (593)
Nitro PDF Inc.
 2013 Ed. (1108)
Nitrobenzene
 1999 Ed. (3624)
Nitrofurantoin
 1996 Ed. (1572)
Nitrogen
 1990 Ed. (944)
 1991 Ed. (906)
 1992 Ed. (1104)
 1993 Ed. (899, 904)
 1994 Ed. (913)
 1995 Ed. (955)
 1996 Ed. (924, 953)
 1997 Ed. (956)
NitroMed Inc.
 2005 Ed. (4254)
 2006 Ed. (1874)
 2008 Ed. (4541)
Nittany Lions; Pennsylvania State
 2011 Ed. (2743)
Nitto Boseki Co. Ltd.
 1990 Ed. (3568)
 1991 Ed. (3355)
 1992 Ed. (4278)
 1993 Ed. (3556)
 1994 Ed. (3519)
 1995 Ed. (3603)
 1997 Ed. (3736)
 1999 Ed. (4592)
 2001 Ed. (4514)
Nitto Denko
 2002 Ed. (3720)
 2003 Ed. (1700)
 2006 Ed. (4510)
 2007 Ed. (953)
 2010 Ed. (3827)
 2011 Ed. (3827)
 2012 Ed. (771)
 2013 Ed. (943)
 2014 Ed. (896)
 2015 Ed. (924)
 2016 Ed. (827, 837)
 2017 Ed. (884, 894)
 2018 Ed. (818)
 2019 Ed. (835)
 2020 Ed. (833)
Niu
 2017 Ed. (1497)
Niugini - Lloyds International Bank Ltd.
 1991 Ed. (644)
Niugini-Lloyds International Bank Limited
 1989 Ed. (651)
Nivarox-Far SA
 1996 Ed. (2264)
Nivea
 1996 Ed. (2549, 2550)
 1998 Ed. (1354, 3306)
 2000 Ed. (4038)
 2001 Ed. (2648, 2649, 2650, 3167, 3168, 3714, 4396)
 2003 Ed. (3264, 4426, 4428)
 2004 Ed. (760, 4429, 4430)
 2006 Ed. (3331)
 2007 Ed. (688, 722, 3819)
 2008 Ed. (652, 693, 711, 3884)
 2009 Ed. (668, 700, 721, 3946)
 2010 Ed. (644)
 2011 Ed. (3867)
 2012 Ed. (3843)
 2013 Ed. (2199, 3885, 3903)
 2014 Ed. (2129, 3835)
 2015 Ed. (2189, 2194, 2195, 3861)
 2016 Ed. (2164)
 2017 Ed. (2104, 3726)
 2018 Ed. (2067, 2068)
 2019 Ed. (2119, 2120)
 2020 Ed. (2046)
 2021 Ed. (1984, 2001, 3396)
 2022 Ed. (2029, 2038)
 2023 Ed. (2126, 2144, 3565, 4451)
Nivea Beaute
 2001 Ed. (1921, 1922, 1923, 1924)
Nivea Body
 2008 Ed. (4343)
Nivea Creme
 2001 Ed. (1933)
Nivea In Shower Lotion
 2017 Ed. (3718)
Nivea for Men
 2004 Ed. (2683)
 2018 Ed. (4366)
Nivea Sun
 2001 Ed. (1933, 4394, 4395, 4397)
Nivea Visage
 2001 Ed. (3165, 3166)
Nivea Visage Q10
 2002 Ed. (1951)
 2003 Ed. (4431)

CUMULATIVE INDEX • 1989-2023

Nivel Publicidad
  1997 Ed. (156)
  1999 Ed. (167)
  2000 Ed. (157)
The Niven Marketing Group
  1989 Ed. (2352)
Nivid Infotech
  2020 Ed. (4587)
NIWA
  2015 Ed. (4216)
Nix
  1993 Ed. (2776)
  1995 Ed. (1590)
  1996 Ed. (2919)
  2001 Ed. (3089)
  2003 Ed. (3212)
  2018 Ed. (3379)
  2019 Ed. (3362)
  2020 Ed. (3364)
  2021 Ed. (3296)
  2023 Ed. (3500, 3501)
Nix, Patterson & Roach
  2002 Ed. (3721)
Nix Ultra
  2019 Ed. (3362)
  2020 Ed. (3364)
  2021 Ed. (3296)
  2023 Ed. (3500, 3501)
Nixdorf
  1990 Ed. (1130, 2195, 2197)
  1991 Ed. (2063, 2064, 2066)
  1992 Ed. (1319, 2633, 2634)
Nixdorf Computer
  1989 Ed. (1306)
Nixdorf Computer AG
  1993 Ed. (1307)
Nixon; Gordon
  2012 Ed. (803)
  2015 Ed. (796)
Nixon Group
  2002 Ed. (3818)
  2003 Ed. (4002)
Nixon Hargrave Devans & Doyle
  1999 Ed. (3967)
  2000 Ed. (3198, 3199, 3200, 3679)
  2001 Ed. (877)
Nixon, Hargrove, Devans & Doyle
  1998 Ed. (2573, 3158)
Nixon Library; Richard
  1992 Ed. (4318)
Nixon Peabody
  2012 Ed. (3378)
Nixon Peabody LLP
  2001 Ed. (564, 877, 889)
  2005 Ed. (3533)
  2007 Ed. (3649, 3657)
  2008 Ed. (3025)
  2009 Ed. (1942, 2026)
  2011 Ed. (2019)
  2021 Ed. (3227, 3228)
  2023 Ed. (3450)
Nixon; Simon
  2006 Ed. (2500)
  2007 Ed. (2462, 4933)
  2008 Ed. (2595, 4907)
  2009 Ed. (2623, 4922)
  2010 Ed. (4926)
Nixon & Vanderhye PC
  2011 Ed. (3837)
Nixon.com
  2015 Ed. (2470)
Nizari Progressive Credit Union
  2003 Ed. (1893, 1898)
  2004 Ed. (1928, 1929, 1938)
  2005 Ed. (2067, 2068, 2071, 2078)
  2006 Ed. (2160, 2161, 2172)
  2009 Ed. (2184)
  2010 Ed. (2144)
Nizhegorodvtormet
  2019 Ed. (1947)
Nizhnekamsk Petrochemical Combine
  1993 Ed. (910)
Nizhnekamsk Tire Production Association
  1993 Ed. (910)
Nizhnekamskneftekhim
  2011 Ed. (794)
  2012 Ed. (752)
Nizhnekamskshina
  2001 Ed. (4545)
Nizhnevartovskneftegaz
  1996 Ed. (3098)
Nizoral
  2018 Ed. (2864)
  2020 Ed. (2849)
Nizoral Cream (Janssen)
  2001 Ed. (2495)
Nizwa Bank
  2016 Ed. (2623)
  2017 Ed. (2556)
  2018 Ed. (2624)
  2019 Ed. (2597, 2610)
  2020 Ed. (2620)
NJ Best Lawns Sprinklers & Fencing
  2019 Ed. (3333)
  2020 Ed. (3335)
  2021 Ed. (3271)
  2022 Ed. (3355)

NJ Transit
  2017 Ed. (1820)
NJBF
  2021 Ed. (3952)
  2022 Ed. (3962, 3964)
NJF, an MMGY Global company
  2019 Ed. (4049)
  2020 Ed. (4060)
NJHA Corporate Services
  2006 Ed. (2772)
NJM Insurance Group
  2017 Ed. (4996)
  2022 Ed. (1771)
  2023 Ed. (1903)
Njorku
  2018 Ed. (1342)
N'Joy
  2015 Ed. (4582)
  2016 Ed. (4501)
  2017 Ed. (4498)
NJOY
  2015 Ed. (987)
  2016 Ed. (3689)
NJoy
  2015 Ed. (1326)
NJOY Ace
  2021 Ed. (3725)
NK Shacolas (Holdings) Ltd.
  2009 Ed. (1624)
  2011 Ed. (1602)
NKC
  1990 Ed. (2630)
NKH & W Inc.
  1997 Ed. (51)
  1999 Ed. (42)
  2005 Ed. (184, 186, 187)
NKK Corp.
  1991 Ed. (3220)
  1992 Ed. (1681, 3032, 4309)
  1993 Ed. (2539)
  1994 Ed. (198, 2478, 2486)
  1995 Ed. (2546, 2552)
  1996 Ed. (2607)
  1997 Ed. (1359, 2751, 2757)
  1998 Ed. (2467, 3280, 3405)
  1999 Ed. (3346, 3351, 3358)
  2000 Ed. (3083, 3093)
  2001 Ed. (3284, 3301, 4375, 4376)
  2002 Ed. (3310, 3311, 4433)
  2003 Ed. (3377)
  2004 Ed. (3442, 4539)
NKK (Japan)
  2000 Ed. (4119)
Nkkelpersonell AS
  2009 Ed. (1962)
NKSFB
  2020 Ed. (2)
NKSJ Holdings
  2014 Ed. (2561, 3367)
  2016 Ed. (3184)
NKSJ Holdings Inc.
  2012 Ed. (3268, 3271)
  2013 Ed. (3335, 3346)
  2014 Ed. (3353, 3365)
  2015 Ed. (3384, 3398)
  2016 Ed. (3256, 3271)
  2017 Ed. (3213, 3228)
NL Chemicals Inc.
  1993 Ed. (1729)
NL Industries Inc.
  1989 Ed. (878, 883, 2208)
  1990 Ed. (933, 934, 937)
  1991 Ed. (2719)
  1992 Ed. (4260)
  1994 Ed. (915)
  1995 Ed. (3436, 3447)
  1996 Ed. (2835, 3499)
  2004 Ed. (944)
  2005 Ed. (934, 935)
NLC Mutual Insurance Co.
  1998 Ed. (641)
  1999 Ed. (1033)
nLight Corp.
  2009 Ed. (3033)
nLIGHT Inc.
  2022 Ed. (1858)
NLMK
  2021 Ed. (651)
NLP Logix LLC
  2018 Ed. (1534)
NLS Engineering
  2021 Ed. (732)
NLV Financial Corp.
  2012 Ed. (1979)
  2013 Ed. (2138)
  2015 Ed. (2121)
  2016 Ed. (2104)
NM Capital
  1995 Ed. (2357, 2365, 2369)
NM Capital Management
  1992 Ed. (2755)
NM Capital Mgmt.
  1990 Ed. (2339)
NM Gold
  1995 Ed. (2747)
NM Hong Kong Fund
  1990 Ed. (2399)

NM Industrial Services
  2014 Ed. (3690)
  2015 Ed. (3706)
NM Rothschild
  1993 Ed. (1173)
  1998 Ed. (1006)
  2001 Ed. (1535)
NM Schroder Far Eastern Growth Fund
  1990 Ed. (2397)
NM Schroder Tokyo Fund
  1990 Ed. (2400)
NM Solar Group
  2022 Ed. (1775)
  2023 Ed. (1907)
NM Wellness Center LLC
  2023 Ed. (3125)
NMB
  1990 Ed. (562)
NMB Bank
  1990 Ed. (645)
  1991 Ed. (619)
  1992 Ed. (1483)
  2002 Ed. (666)
  2003 Ed. (640)
NMB Postbank
  1993 Ed. (586, 1176, 1197, 1889)
NMB Postbank Group
  1992 Ed. (719, 795, 1672)
NMBZ
  2002 Ed. (4997)
NMBZ Holdings
  2004 Ed. (654)
  2005 Ed. (539, 540, 612, 642)
  2014 Ed. (377)
NMC
  2009 Ed. (1512)
NMC Health
  2016 Ed. (2885)
  2017 Ed. (2840)
NMC Homecare
  1993 Ed. (2055)
  1994 Ed. (2075)
  1995 Ed. (2124)
  1996 Ed. (2131)
  1997 Ed. (2242)
  1998 Ed. (1965, 1966, 3419)
NMDC
  2012 Ed. (3646, 3678)
  2016 Ed. (3567)
  2018 Ed. (3588)
NMDC Ltd.
  2013 Ed. (3690)
  2014 Ed. (3624)
  2015 Ed. (3637)
  2016 Ed. (3522)
  2017 Ed. (3495)
NME Properties Inc.
  2015 Ed. (2077)
NMHG Holding Co.
  2010 Ed. (1932)
  2011 Ed. (1987)
  2012 Ed. (1833)
  2013 Ed. (1989)
NMHG Oregon Inc.
  2007 Ed. (1945)
NMI Holdings
  2022 Ed. (1403, 2668)
  2023 Ed. (2805)
NMI Holdings Inc.
  2016 Ed. (3041)
  2017 Ed. (2988, 3207)
  2019 Ed. (3242)
NMS Capital Group
  2020 Ed. (1406)
NMS Communications Corp.
  2005 Ed. (4637)
NMT Medical Inc.
  2007 Ed. (4552)
N.M.W. Computers
  1990 Ed. (3465)
NMXS.com Inc.
  2015 Ed. (1103)
NN
  2021 Ed. (3074, 3079)
  2022 Ed. (676, 3213, 3221)
NN Ball & Roler
  1997 Ed. (3522)
NN Group
  2017 Ed. (1803, 3178)
  2018 Ed. (1754)
  2019 Ed. (1811)
  2020 Ed. (1755)
  2021 Ed. (1725)
  2022 Ed. (1757)
  2023 Ed. (1893, 3307)
NN Inc.
  2004 Ed. (4534)
  2005 Ed. (4476)
Innovation: How Innovators Think, Act & Change Our World
  2015 Ed. (706)
NNPC
  1998 Ed. (1802)
No-Ad
  1997 Ed. (711, 3659)
  1998 Ed. (1358, 3432)
  1999 Ed. (4505)
  2000 Ed. (4039, 4139)

  2001 Ed. (4392, 4396)
  2003 Ed. (4619, 4621, 4622)
  2008 Ed. (4553)
No Brainer Enterprises
  2005 Ed. (1254)
No Brand
  2018 Ed. (4410, 4424)
  2023 Ed. (1005, 1478, 3996)
No brand
  2022 Ed. (799, 3548, 3902)
  2023 Ed. (4312)
No Brand Interstate Meat
  2022 Ed. (3552)
  2023 Ed. (3673)
No Country for Old Men
  2010 Ed. (2290)
No point of difference
  1990 Ed. (2678)
No creative differentiation
  1990 Ed. (2678)
No Easy Day
  2014 Ed. (576, 578)
No-fault, auto
  2006 Ed. (4067)
  2007 Ed. (4113)
No Holds Barred
  2003 Ed. (849)
No Limit Agency
  2023 Ed. (4122)
No Logo
  2005 Ed. (719)
No Man's Land
  2021 Ed. (4420)
  2022 Ed. (4422)
  2023 Ed. (4448)
No Man's Land: What to Do When Your Company Is Too Big to Be Small But Too Small to Be Big
  2009 Ed. (634)
No Mas Vello
  2013 Ed. (3910)
no! no! Pro
  2015 Ed. (2330)
  2016 Ed. (2285)
No Nonsense
  1992 Ed. (2445)
  1994 Ed. (1014)
  1998 Ed. (766)
  1999 Ed. (1195)
  2016 Ed. (2982, 2983)
  2017 Ed. (2943)
  2018 Ed. (3057, 3058)
  2023 Ed. (3510, 3511)
No Nonsense Great Shapes
  2016 Ed. (2982)
  2018 Ed. (3057)
  2023 Ed. (3510, 3511)
No Nonsense Great Shapes Figure Enhancement
  2017 Ed. (2943)
No Place Like Home Inc.
  2016 Ed. (4963)
  2017 Ed. (4953)
  2018 Ed. (4959)
  2019 Ed. (4955)
  2020 Ed. (4957)
  2021 Ed. (4961)
No Scrubs
  2001 Ed. (3406)
The No Spin Zone: Confrontations with the Powerful and Famous in America
  2003 Ed. (717)
No States Power
  1989 Ed. (1297, 2036)
  1990 Ed. (1601)
  1992 Ed. (1899)
  1993 Ed. (1557)
  1994 Ed. (1596)
  1998 Ed. (1386, 1387)
No Strings Attached
  2011 Ed. (3710)
No Yolks
  2014 Ed. (3805)
  2015 Ed. (3828)
NOAA Undersea Research Center
  2007 Ed. (2801)
  2008 Ed. (2403, 3786)
Noah
  2000 Ed. (3271, 3293)
Noah Consulting
  2016 Ed. (3102, 3115)
Noah Holdings
  2016 Ed. (1498, 4307)
  2017 Ed. (1494, 2577, 2801)
  2018 Ed. (1474)
  2019 Ed. (1505, 2630)
Noah Holdings Ltd.
  2012 Ed. (4432, 4434)
NOAH Indoor Stage
  2013 Ed. (1786)
Noah's
  2014 Ed. (4304)
Noah's Ark
  2001 Ed. (4736)
  2003 Ed. (4875)
  2004 Ed. (4856)
  2005 Ed. (4840)
  2006 Ed. (4893)

2007 Ed. (4884)
Noah's Ark, WI
 2000 Ed. (4374)
Noam Gottesman
 2014 Ed. (4854)
 2015 Ed. (4891)
 2016 Ed. (4809)
Noatak National Preserve
 1990 Ed. (2667)
Nob Hill
 1990 Ed. (1146)
 1991 Ed. (1045)
Nob Hill Foods
 2004 Ed. (4646)
 2007 Ed. (4642)
Nobart Inc.
 1992 Ed. (3091)
 1993 Ed. (2582)
 1994 Ed. (2531)
 1995 Ed. (2589)
 1996 Ed. (2659)
Nobel
 1994 Ed. (960)
 2006 Ed. (4705)
Nobel Biocare
 2007 Ed. (2781)
Nobel Biocare Holding AG
 2008 Ed. (1723)
 2009 Ed. (1661)
Nobel Group
 2013 Ed. (852)
Nobel Inds
 1991 Ed. (1349)
Nobel Industrier
 1989 Ed. (200)
Nobel Industrier A/S
 1996 Ed. (2555)
Nobel Industrier A/S (Koncern)
 1995 Ed. (2492)
Nobel Industrier Sweden
 1996 Ed. (1214)
Nobel Industries
 1992 Ed. (1692)
 1993 Ed. (1403)
 1994 Ed. (3440)
Nobel Learning Communities
 2010 Ed. (4507, 4529)
Nobel Petit
 2001 Ed. (2113)
Nobel Pharmaceuticals
 2021 Ed. (3865)
Nobel's Explosives Co. Ltd.
 1991 Ed. (1338)
Nobia Nordisk Bygginterior AB
 2000 Ed. (2294)
Nobilis Health Corp.
 2016 Ed. (1494)
 2018 Ed. (1452)
Nobility Homes Inc.
 2004 Ed. (3496)
 2005 Ed. (3496, 3497)
 2008 Ed. (4377)
Noble
 2019 Ed. (3427)
Noble Affiliates Inc.
 1989 Ed. (2206)
 1990 Ed. (2832)
 1991 Ed. (2719)
 1992 Ed. (3423)
 1993 Ed. (2828)
 1994 Ed. (2840)
 1999 Ed. (3413)
 2001 Ed. (3757, 3758)
 2003 Ed. (3812, 3815)
 2004 Ed. (2312, 2315, 2320, 3826, 3827)
Noble y Asociados
 1989 Ed. (134)
 1991 Ed. (105)
Noble China
 1997 Ed. (658, 1376)
Noble Communications
 1991 Ed. (66)
 1992 Ed. (108)
 1993 Ed. (65)
 1994 Ed. (56)
Noble Corp.
 2013 Ed. (2546, 3918, 3971)
 2014 Ed. (2478, 3913)
 2015 Ed. (2552, 3947)
 2017 Ed. (3828, 4891)
Noble County Community Foundation Inc.
 1994 Ed. (1907)
Noble Credit Union
 2021 Ed. (2011)
 2023 Ed. (2159)
Noble Digital
 2022 Ed. (3528)
Noble Drilling Corp.
 1996 Ed. (1211)
 2000 Ed. (2397)
 2003 Ed. (3815, 4533)
Noble Energy
 2015 Ed. (2075, 3904)
 2017 Ed. (3763)
 2018 Ed. (3812)
 2019 Ed. (3786)

Noble Energy Inc.
 2005 Ed. (3734, 3735)
 2008 Ed. (3898, 3901)
 2009 Ed. (3608, 3962)
 2010 Ed. (2428, 3887, 3888)
 2011 Ed. (3892, 3899)
 2012 Ed. (3880, 3922)
 2013 Ed. (3934, 3945)
 2015 Ed. (3908, 3909, 3972)
 2016 Ed. (3886)
 2017 Ed. (3777)
 2018 Ed. (3823, 3825, 3831)
 2019 Ed. (2811, 3810)
 2020 Ed. (3849)
 2021 Ed. (3722, 3815)
 2023 Ed. (3933)
Noble Energy Production Inc.
 2009 Ed. (2864, 3965)
Noble Fiber Technologies
 2005 Ed. (3377)
Noble Foods
 2019 Ed. (2233)
 2020 Ed. (2230)
 2021 Ed. (2204)
 2022 Ed. (2237)
 2023 Ed. (2424)
Noble Ford Mercury
 2004 Ed. (167)
 2009 Ed. (191)
Noble Group
 2013 Ed. (1754)
 2014 Ed. (1509, 1510, 1643, 4758)
 2015 Ed. (1567, 4779)
 2016 Ed. (1500)
 2018 Ed. (4684)
 2019 Ed. (4684, 4689)
 2020 Ed. (4886)
Noble Group Ltd.
 1993 Ed. (119)
 1999 Ed. (4167)
 2009 Ed. (1731)
 2010 Ed. (1680)
 2011 Ed. (1692, 1693)
 2012 Ed. (1546, 2145)
 2013 Ed. (2350)
 2014 Ed. (2281)
 2015 Ed. (2366)
 2016 Ed. (2312)
 2017 Ed. (2152)
 2018 Ed. (2203)
 2019 Ed. (1623, 2181)
Noble Inc.
 2005 Ed. (2393, 2396)
 2006 Ed. (1635, 2434, 2438, 3822, 4596)
 2007 Ed. (1651, 3834, 4516)
 2008 Ed. (1661)
 2009 Ed. (1584, 2093, 3962, 3996)
 2010 Ed. (1570, 3901, 4584, 4778)
 2011 Ed. (2092, 3887, 3919, 4547, 4729)
 2012 Ed. (2461, 3867, 3921)
Noble Investment Group
 2006 Ed. (2926)
 2009 Ed. (4220)
Noble Investment Group LLC
 2018 Ed. (3597)
 2019 Ed. (3585)
Noble Lowndes
 1990 Ed. (1651)
 1991 Ed. (1545)
 1993 Ed. (1591, 1592)
Noble Lowndes & Partners Ltd.
 1994 Ed. (1623)
Noble Raredon
 1990 Ed. (3464)
Noble Romans
 1998 Ed. (3412)
 2004 Ed. (1377)
Noble Roman's Pizza
 1994 Ed. (2887)
 2010 Ed. (3983)
 2011 Ed. (3988)
NobleBank & Trust NA
 2012 Ed. (1297)
Noblesoft Technologies
 2023 Ed. (1152)
Nobleza Picardo
 1989 Ed. (1089)
 1992 Ed. (39)
Nobleza Piccardo SAICIF
 1990 Ed. (20)
Noblin; Amy
 2011 Ed. (3342)
Noblis
 2019 Ed. (99)
Noblis Inc.
 2010 Ed. (779)
 2012 Ed. (646)
 2013 Ed. (788)
 2015 Ed. (855)
Noblis, Inc.
 2021 Ed. (4385)
Noblis, Inc. (U.S.)
 2021 Ed. (4385)
Noboa Corp.
 2004 Ed. (355)
Nobody Beats The Wiz
 1996 Ed. (2128)
 1997 Ed. (2237)

 1998 Ed. (1955)
 1999 Ed. (2696)
 2000 Ed. (2481)
 2001 Ed. (2217)
Nobody's Supposed to Be Here
 2001 Ed. (3406)
Noboru Terashima
 1996 Ed. (1884)
 1997 Ed. (1990)
 2000 Ed. (2152)
NoBrand
 2018 Ed. (564, 2069, 2679, 2684)
 2020 Ed. (2673, 2674)
Nobrand
 2014 Ed. (2793)
 2016 Ed. (2328, 2670)
 2017 Ed. (2618)
 2022 Ed. (2782, 4279)
Nobrand Items 4U
 2023 Ed. (3899)
Nobu
 2008 Ed. (4166, 4178)
 2009 Ed. (4282)
 2011 Ed. (4242)
 2021 Ed. (4194)
Nobu Matsuhisa
 2014 Ed. (876)
Noburu Terashima
 1999 Ed. (2372)
Nobutada Saji
 2003 Ed. (4890)
 2004 Ed. (4876)
 2005 Ed. (4861)
 2008 Ed. (4846)
 2009 Ed. (4866, 4867)
 2010 Ed. (4868, 4869)
 2011 Ed. (4856, 4857)
Nobuyuki Idei
 2003 Ed. (787)
 2005 Ed. (789, 2470)
 2006 Ed. (690)
Nobuyuki Matsuhisa
 2001 Ed. (1175)
 2002 Ed. (986)
 2003 Ed. (931)
 2004 Ed. (939)
 2010 Ed. (856)
Nobuyuki Saji
 1999 Ed. (2364)
Nod
 2021 Ed. (648)
Noda; Masahiro
 2022 Ed. (4844)
 2023 Ed. (4839)
NoDakBonds
 2001 Ed. (887)
Nodarse & Associates Inc.
 2002 Ed. (4989)
Nodaway Valley Bank
 1989 Ed. (213)
Node.js
 2014 Ed. (1082)
The Node.js Project
 2017 Ed. (1072)
NodeSource
 2020 Ed. (971)
 2021 Ed. (952)
Nodogoshi Nama
 2022 Ed. (564)
Noe, Jr.; Robert S.
 1991 Ed. (2343)
Noe; Leo
 2007 Ed. (917)
Noel Co.
 2002 Ed. (4398)
 2010 Ed. (1298, 3713)
Noel Gallagher's High Flying Birds
 2019 Ed. (1010)
Noel Group Inc.
 1996 Ed. (2069)
 1997 Ed. (2169)
Noel Hayden
 2012 Ed. (2450)
Noel Irwin-Hentschel
 1999 Ed. (2055)
Noel Leeming Appliances
 1993 Ed. (44)
Noel Leeming Group
 2010 Ed. (83)
Noema Systems LLC
 2020 Ed. (3571)
Noemie Dupuy
 2016 Ed. (4991)
Noetic Specialty Insurance Co.
 2006 Ed. (3100)
 2010 Ed. (3261)
 2015 Ed. (3338)
Noevir
 2014 Ed. (2259)
 2015 Ed. (2343)
 2019 Ed. (3757)
 2023 Ed. (2314)
Noevir Holdings
 2019 Ed. (3760)
Noevir USA
 2005 Ed. (4162)
 2007 Ed. (4232)
 2008 Ed. (4263)

 2009 Ed. (4367)
 2010 Ed. (4394)
 2011 Ed. (4339)
Nogales, AZ
 2005 Ed. (3878, 3879)
 2011 Ed. (2559)
Nogales Investors
 2006 Ed. (3619)
Nogales, Mexico
 1993 Ed. (2500)
Nogales Produce Inc.
 2006 Ed. (2046)
 2009 Ed. (2097)
Noglows; William P.
 2006 Ed. (2521)
 2007 Ed. (2500)
Noha (CNA Financial Corp); Edward J.
 1991 Ed. (2156)
Noha; Edward J.
 1990 Ed. (973, 1720, 2282)
 1991 Ed. (926, 1628)
 1992 Ed. (1143, 2059, 2713)
 1994 Ed. (2237)
Nohon Unisys
 1993 Ed. (2176)
Noilly Prat
 2001 Ed. (4676)
 2002 Ed. (4742)
 2003 Ed. (4850)
 2004 Ed. (4833)
 2005 Ed. (4820, 4823)
Noisy Trumpet Digital & Public Relations
 2023 Ed. (4119)
NOK
 2016 Ed. (295)
NOK Corp.
 2003 Ed. (4204)
 2010 Ed. (4384)
 2011 Ed. (4329)
 2012 Ed. (4385)
 2013 Ed. (4354)
 2014 Ed. (4403)
 2015 Ed. (4391)
 2016 Ed. (4289)
 2017 Ed. (4290)
 2018 Ed. (4273)
 2019 Ed. (4300)
Nokala AB Oy
 1999 Ed. (1615)
Nokia
 1990 Ed. (1361, 2200, 2207, 3458)
 1991 Ed. (870, 1278, 1900, 2073)
 1992 Ed. (2395, 2634)
 1993 Ed. (1581, 2029, 2178, 2179)
 1994 Ed. (1360, 2045)
 1996 Ed. (1334, 1335, 1396, 1736, 1742, 2100)
 1997 Ed. (916, 1396, 1397, 1452)
 1999 Ed. (1616, 1617)
 2000 Ed. (997, 998, 1420, 1421, 1422, 3322, 4127)
 2001 Ed. (24, 31, 35, 1696, 1700, 1701, 1750, 1820, 1867, 1868, 2214, 2868, 2871, 2872, 3331, 4213, 4916)
 2002 Ed. (304, 768, 1638, 1641, 1646, 1647, 1676, 1681, 1689, 2096, 2100, 2468, 2469, 2510, 2810, 3216, 3248, 4581)
 2003 Ed. (746, 751, 752, 1527, 1545, 1668, 1673, 1679, 1706, 2207, 2208, 2209, 2237, 2944, 3428, 3636, 3637, 3638, 3639, 3754, 4583, 4701, 4974, 4978)
 2004 Ed. (44, 97, 758, 761, 762, 1090, 1707, 1714, 1716, 2253, 3020, 3024, 3779, 4568, 4672)
 2005 Ed. (38, 91, 239, 742, 887, 1095, 1120, 1765, 1771, 3034, 3498, 3698, 4040, 4630, 4632)
 2006 Ed. (26, 45, 62, 83, 93, 100, 652, 654, 1087, 1109, 1112, 1469, 1696, 1701, 1702, 1704, 2396, 2400, 3029, 3039, 3379, 4575, 4647)
 2007 Ed. (53, 83, 89, 685, 686, 691, 708, 721, 729, 1192, 1214, 1216, 1584, 1692, 1697, 1699, 1700, 1813, 2825, 3062, 3071, 3073, 3074, 3623, 3624, 4703, 4717)
 2008 Ed. (40, 47, 79, 90, 98, 107, 648, 650, 653, 654, 655, 681, 690, 691, 692, 702, 1099, 1724, 1726, 1727, 2475, 3210, 3557, 3744, 4632)
 2009 Ed. (74, 99, 107, 117, 662, 663, 669, 670, 689, 699, 710, 756, 760, 772, 1078, 1127, 1633, 1661, 1662, 1664, 1665, 1666, 1763, 1766, 1801, 2589, 2595, 2598, 2599, 3006, 3272, 3624, 3818, 4622, 4669, 4672)
 2010 Ed. (64, 84, 107, 117, 629, 634, 712, 1046, 1047, 1413, 1620, 1621, 1622, 1623, 1710, 1744, 2502, 2503, 2945, 3545, 3745, 4687)
 2011 Ed. (562, 568, 572, 584, 976, 977, 1395, 1396, 1397, 1398, 1399, 1400, 1402, 1625, 1629, 1631, 1632, 1904, 2904, 2909, 2910, 3545, 3745, 3833, 4637, 4963, 4964)
 2012 Ed. (548, 554, 894, 895, 1321,

CUMULATIVE INDEX • 1989-2023

1474, 1480, 2839, 3538, 4636, 4956, 4957)
2013 Ed. (4641)
2014 Ed. (2430, 2568)
2015 Ed. (718)
2016 Ed. (657)
2018 Ed. (942, 1463)
2019 Ed. (929)
2021 Ed. (616, 927, 4371, 4621)
2022 Ed. (640, 642, 681, 946, 1521, 4381)
2023 Ed. (864, 1114, 1695, 1697, 3843, 4632, 4634)
Nokia AB
 2002 Ed. (4484, 4485)
Nokia AB Oy
 2000 Ed. (1419, 4124)
 2001 Ed. (1698)
 2003 Ed. (1674)
Nokia Americas
 2005 Ed. (1974)
 2006 Ed. (942)
 2007 Ed. (1037)
 2008 Ed. (960)
Nokia Australia
 2004 Ed. (4919)
Nokia Corp.
 2013 Ed. (877, 1051, 1052, 1610, 2897, 3027, 3583, 4218, 4592, 4948, 4949)
 2014 Ed. (1015, 1016, 1296, 1577, 2924, 3039, 4063, 4243, 4575)
 2015 Ed. (1050, 1051, 1359, 1628, 2972, 3105, 4569)
 2016 Ed. (958, 959, 1556, 2908, 3684)
 2017 Ed. (998, 999, 1545, 2866, 3645, 4275)
 2018 Ed. (934, 935, 1527, 3702)
 2019 Ed. (924, 925, 1555, 3689, 4627)
 2020 Ed. (918, 1524, 4596)
 2021 Ed. (1509, 4619)
 2022 Ed. (4637)
Nokia Corp. (Finland)
 2021 Ed. (4619)
 2022 Ed. (4637)
Nokia Corp., K
 1991 Ed. (1901)
Nokia Data
 1990 Ed. (1130)
 1991 Ed. (2455)
Nokia Group
 1991 Ed. (1276)
 1995 Ed. (1384, 1385)
Nokia Inc.
 2019 Ed. (2022, 2987)
 2020 Ed. (1947, 3016)
 2021 Ed. (1907)
Nokia Komarom
 2015 Ed. (2977)
Nokia Komarom Kft
 2012 Ed. (1548)
 2013 Ed. (1694)
Nokia Matkapuhelimet Oy
 2001 Ed. (1698)
 2002 Ed. (2097)
 2003 Ed. (1674)
 2004 Ed. (2185)
Nokia Mobile Phones Oy
 2008 Ed. (1725)
 2009 Ed. (1663, 4680)
Nokia-Mobira
 1990 Ed. (919)
Nokia Nederland BV
 2012 Ed. (1740)
 2013 Ed. (1906)
Nokia Networks
 2008 Ed. (1725)
Nokia Oy Ab
 1989 Ed. (1114)
 1990 Ed. (1360)
Nokia Oyj
 2000 Ed. (2443)
 2005 Ed. (1760, 4639)
 2006 Ed. (1703, 2801, 4546)
 2007 Ed. (1698, 3422)
 2008 Ed. (1725)
 2009 Ed. (1663, 4680)
 2011 Ed. (1620, 1630, 4647)
 2012 Ed. (91, 1253, 1481, 2318)
 2013 Ed. (76, 1611, 2487)
 2017 Ed. (2401)
 2023 Ed. (1696)
Nokia Oyj A
 2000 Ed. (2444)
Nokia Oyj K
 2000 Ed. (2444)
Nokia Romania SRL
 2014 Ed. (3183)
Nokia Siemens Networks
 2009 Ed. (4672)
 2010 Ed. (4687)
Nokia Siemens Networks BV
 2011 Ed. (4637)
Nokia Siemens Networks Oy
 2012 Ed. (1481, 3537)
 2013 Ed. (1611, 3589)
Nokia Telecommunications Oy
 2001 Ed. (3649)

Nokia Theatre
 2006 Ed. (1154)
 2010 Ed. (1132)
 2011 Ed. (1076, 1077)
Nokia Theatre L.A. Live
 2010 Ed. (1132)
 2011 Ed. (1076)
 2012 Ed. (1000)
 2013 Ed. (1143)
 2014 Ed. (1104)
 2015 Ed. (1141)
 2016 Ed. (1053)
Nokia kanta V
 1994 Ed. (2046)
Nokian Renkaat Holding Oy
 2012 Ed. (237)
 2013 Ed. (231)
 2014 Ed. (235)
 2015 Ed. (271)
Nokian Tyres
 2018 Ed. (4653)
Nokian Tyres plc
 2006 Ed. (3919)
NOL
 1991 Ed. (3130)
NOL Transferable Subscription Rights 1993
 1991 Ed. (3130)
Nolan Archibald
 1989 Ed. (2340)
 2000 Ed. (1873)
Nolan; Christopher
 2013 Ed. (2601)
 2015 Ed. (2603)
Nolan D. Archibald
 2009 Ed. (946)
 2010 Ed. (898)
Noland Co.
 1993 Ed. (1088)
 1994 Ed. (1112)
 1995 Ed. (1128)
 1996 Ed. (1109)
 2004 Ed. (4589, 4912, 4913)
Noland D. Archibald
 1993 Ed. (936)
Noland; Jayson
 2011 Ed. (3347)
Nolet; Carolus
 2016 Ed. (4859)
 2017 Ed. (4863)
 2018 Ed. (4872)
Noll Human Resource Services
 2023 Ed. (2537)
Noll Printing
 1992 Ed. (3531)
NoLoad FundX
 2002 Ed. (4834)
Nolo.com
 2002 Ed. (4835)
 2003 Ed. (3038)
Nolte Associates Inc.
 2012 Ed. (2369)
Nolte GmbH & Co.
 2003 Ed. (4779)
Nolte Gmbh & Co. KG
 2005 Ed. (4122, 4912)
Nolvadex
 2001 Ed. (2068)
NOM
 2021 Ed. (61, 1394, 3967)
Noma Inc.; O. P.
 2006 Ed. (1880)
Noma Industries
 1992 Ed. (1288)
Nomadic Real Estate Investments
 2021 Ed. (4080)
Nomensa
 2019 Ed. (3464)
Nomi Ghez
 1991 Ed. (1681, 1707)
 1993 Ed. (1773, 1798)
 1994 Ed. (1781)
 1995 Ed. (1821)
 1996 Ed. (1794)
 1997 Ed. (1968)
 1998 Ed. (1640)
 2000 Ed. (2010)
Nomiki Bibliothiki Group SA
 2006 Ed. (1740)
NomNomNow
 2020 Ed. (2288)
Nomodic
 2022 Ed. (1051, 1444)
Nomodic Modular Structures
 2021 Ed. (1003, 1009)
Nomos Bank
 2013 Ed. (455, 499)
 2014 Ed. (433, 457, 471, 472)
 2015 Ed. (489, 515, 529, 530)
 2016 Ed. (484)
 2017 Ed. (501)
Nomos-Bank
 2012 Ed. (404)
 2013 Ed. (443)
Nomos-Bank; Bank Novaya Moskva—
 2005 Ed. (539)
Nomovok Oy
 2010 Ed. (2941)

Nomura
 1990 Ed. (817, 1772)
 1991 Ed. (758, 781, 1597)
 1992 Ed. (2024, 2638, 2639)
 1993 Ed. (1641)
 1996 Ed. (1868, 3100)
 1997 Ed. (772, 773, 774, 775, 776, 1975, 2812, 3488)
 1999 Ed. (894, 895, 896, 897, 898, 2363)
 2000 Ed. (883, 2145)
 2011 Ed. (2692)
 2012 Ed. (4441, 4455)
 2013 Ed. (2695, 2712, 4417)
 2014 Ed. (2694)
 2015 Ed. (2741, 4414, 4443)
 2016 Ed. (2652, 2664)
 2017 Ed. (2599, 2610)
 2018 Ed. (3331, 3341)
 2019 Ed. (3306, 3318)
 2020 Ed. (3308)
 2021 Ed. (424)
 2022 Ed. (438, 662)
 2023 Ed. (600)
Nomura Asset Capital Corp.
 1998 Ed. (3009)
Nomura Bank
 1993 Ed. (1664)
Nomura Bank International
 2006 Ed. (464, 467)
 2007 Ed. (477)
 2008 Ed. (442)
Nomura Bank (Luxembourg) SA
 2008 Ed. (1717)
 2009 Ed. (496)
 2010 Ed. (479)
Nomura Bank Nederland
 1996 Ed. (631)
 1999 Ed. (606)
Nomura Bank (Switzerland)
 1994 Ed. (1683)
Nomura Capital
 1991 Ed. (2218)
 1992 Ed. (2786, 2788, 2789)
 1993 Ed. (2305, 2349, 2351)
 1994 Ed. (2331)
 1999 Ed. (4007, 4308)
Nomura Group
 1998 Ed. (192, 379)
 1999 Ed. (2889)
Nomura Holdings
 2007 Ed. (2548)
 2008 Ed. (4286)
 2009 Ed. (2770, 4396)
 2010 Ed. (3394)
 2012 Ed. (380, 3337)
 2013 Ed. (387, 391)
 2014 Ed. (398, 404)
 2015 Ed. (454, 1732, 3447)
 2016 Ed. (407, 3306)
 2017 Ed. (416)
 2018 Ed. (382)
 2019 Ed. (385)
 2020 Ed. (379)
 2023 Ed. (599)
Nomura Holdings Inc.
 2013 Ed. (3402)
 2014 Ed. (3402)
 2015 Ed. (3435)
 2016 Ed. (3295)
 2023 Ed. (2343, 2364)
Nomura Indonesia
 1997 Ed. (3473)
Nomura International
 1994 Ed. (1702)
 1996 Ed. (3376)
 2010 Ed. (3398)
Nomura International Group
 1991 Ed. (3066, 3067, 3068, 3069, 3070, 3071)
 1992 Ed. (3898, 3899, 3900)
 1993 Ed. (1680, 1681, 1682, 1687, 2346, 3203, 3204, 3205)
Nomura International (Hong Kong)
 1997 Ed. (3472)
Nomura Intl (HK)
 1989 Ed. (1779)
Nomura Real Estate
 2012 Ed. (4203)
 2016 Ed. (4101)
 2017 Ed. (4077)
Nomura Research
 1995 Ed. (817)
Nomura Research Institute
 1994 Ed. (1838)
 2007 Ed. (1261)
 2012 Ed. (2607)
 2013 Ed. (2698)
 2016 Ed. (986)
 2017 Ed. (1053)
 2019 Ed. (941)
 2020 Ed. (933)
Nomura Research Institute Ltd.
 2014 Ed. (2682)
 2015 Ed. (2726)
 2016 Ed. (2649)
 2017 Ed. (2587)

Nomura Securities Co.
 1989 Ed. (817, 1348, 1349, 1350, 1351, 1353, 1354, 1365, 1367, 1368, 1371, 1432, 1433, 2118, 2448, 2449, 2450, 2451, 2452, 2453)
 1990 Ed. (218, 794, 900, 1384, 1385, 1390, 1392, 1674, 1675, 1676, 1677, 1678, 1680, 1681, 1691, 1692, 1693, 1694, 1696, 1697, 1698, 1700, 1702, 1788, 1789, 2770, 3157, 3219, 3220, 3221, 3224, 3225, 3226, 3227)
 1991 Ed. (221, 722, 780, 850, 851, 1315, 1318, 1581, 1583, 1584, 1585, 1589, 1590, 1591, 1593, 1595, 1598, 1599, 1602, 1603, 1604, 1605, 1606, 1720, 3075, 3076, 3077, 3078, 3079, 3400)
 1992 Ed. (961, 1054, 1569, 1655, 1989, 1990, 1993, 1994, 1995, 1997, 1998, 2000, 2005, 2010, 2013, 2015, 2019, 2023, 2026, 2027, 2030, 2031, 2032, 2033, 2036, 2037, 3343, 3836, 3880, 3896, 3897, 3903, 3904, 4310)
 1993 Ed. (767, 1274, 1359, 1648, 1649, 1652, 1653, 1654, 1655, 1656, 1657, 1663, 1668, 1669, 1670, 1671, 1672, 1674, 1675, 1676, 1677, 1685, 3201, 3202, 3208, 3209, 3268)
 1994 Ed. (729, 773, 783, 1672, 1673, 1674, 1675, 1676, 1678, 1681, 1686, 1687, 1688, 1690, 1691, 1697, 1698, 1700, 1701, 1704, 3191, 3551)
 1995 Ed. (728, 729, 790, 791, 792, 793, 794, 1720, 1721, 2391, 3269, 3271, 3272, 3273)
 1996 Ed. (808, 1408, 1699, 1700, 1701, 1703, 1706, 3315, 3345, 3375, 3378, 3381, 3383, 3384, 3387, 3411, 3412, 3707)
 1997 Ed. (770, 1783, 1785, 1789, 1790, 3471, 3476, 3483, 3761, 3762)
 1998 Ed. (528, 1496, 1497, 1500, 1501, 3248, 3249)
 1999 Ed. (893, 1574, 2065, 4191, 4615)
 2000 Ed. (3926, 4262)
 2001 Ed. (961, 974, 4178)
 2002 Ed. (832, 833, 834, 1376, 1685, 1920, 2169, 4191, 4432, 4433)
 2003 Ed. (1416, 3097, 4317, 4324, 4364, 4374)
 2004 Ed. (1443, 3211, 4352, 4384, 4385, 4397)
 2005 Ed. (1459, 4255, 4325, 4326, 4327, 4336, 4337, 4339)
 2006 Ed. (4277, 4278)
 2007 Ed. (3279, 3288, 4299, 4318, 4327, 4328, 4329, 4339, 4341)
 2008 Ed. (4304)
 2009 Ed. (3463)
Nomura Securities Group
 2002 Ed. (2823)
Nomura Securities International Inc.
 1991 Ed. (2973, 3030, 3046)
Nomura Securities (SES)
 2001 Ed. (1844)
Nomura Singapore
 1994 Ed. (3195)
Non-alcoholic beverages
 2002 Ed. (2217)
Non-alcoholic wines/malts
 1990 Ed. (1952)
Non-bank financial services
 1993 Ed. (2917)
Non-chocolate
 2008 Ed. (840)
Non-cotton/puff cosmetic products
 2002 Ed. (3642)
Non-dairy beverages
 2000 Ed. (2222)
Non-durable goods
 1991 Ed. (2827)
 1992 Ed. (3651, 3652)
Non-edible groceries
 2000 Ed. (3620, 4151)
Non-European Industrialized countries
 1992 Ed. (4195)
Non-ferrous metals
 1994 Ed. (2192)
Non-filter cigarettes
 1992 Ed. (2355)
Non-financial asset investors
 2002 Ed. (2781, 2782)
Non-herbal supplements
 2004 Ed. (2102)
Non-life insurance companies
 1992 Ed. (2640)
Non-marine syndicate 33
 1992 Ed. (2897)
 1996 Ed. (2531)
 1997 Ed. (2677, 2679)
 1998 Ed. (2399)
Non-marine syndicate 51
 1996 Ed. (2531)
 1997 Ed. (2679)
 1998 Ed. (2399)
Non-Marine 190
 1990 Ed. (2468)

Non-marine 190, Three Quays Underwriting
    Management Ltd.
  1991 Ed. (2336)
Non-marine syndicate 205
  1996 Ed. (2531)
  1997 Ed. (2679)
Non-Marine 210
  1990 Ed. (2468)
Non-marine 210, R. W. Sturge & Co.
  1991 Ed. (2336)
Non-Marine 362
  1990 Ed. (2468)
Non-marine syndicate 362
  1992 Ed. (2895, 2897)
  1996 Ed. (2529, 2531)
  1997 Ed. (2677, 2679)
  1998 Ed. (2399)
Non-marine 362, Murray Lawrence &
    Partners
  1991 Ed. (2336)
Non-marine syndicate 376
  1996 Ed. (2531)
  1997 Ed. (2679)
Non-marine syndicate 386
  1992 Ed. (2897)
  1996 Ed. (2531)
  1997 Ed. (2677, 2679)
Non-marine syndicate 435
  1996 Ed. (2529, 2531)
  1997 Ed. (2677, 2679)
  1998 Ed. (2399)
Non-marine syndicate 490
  1996 Ed. (2531)
Non-marine syndicate 510
  1992 Ed. (2895, 2897)
  1996 Ed. (2529, 2531)
  1997 Ed. (2677, 2679)
  1998 Ed. (2399)
Non-marine 510, R. J. Klin & Co. Ltd.
  1991 Ed. (2336)
Non-Marine 799
  1990 Ed. (2468)
Non-marine syndicate 1007
  1996 Ed. (2531)
  1997 Ed. (2679)
Non-marine syndicate 1095
  1997 Ed. (2679)
Non-marine 2488
  1998 Ed. (2399)
Non-marine Syndiacte 210
  1992 Ed. (2895)
Non-marine syndicate
  1993 Ed. (2453, 2455)
  1994 Ed. (2397, 2399)
  1995 Ed. (2475, 2477)
Non-marine Syndicate 190
  1992 Ed. (2895, 2897)
Non-marine Syndicate 210
  1992 Ed. (2897)
Non-marine Syndicate 404
  1992 Ed. (2897)
Non-marine Syndicate 839
  1992 Ed. (2897)
Non-marine Syndicate 1066
  1992 Ed. (2897)
Non-marine Syndicate 1067
  1992 Ed. (2897)
Non-Marine Underwriters Lloyd's
  1992 Ed. (2680)
  1993 Ed. (2237)
Non-monetary gold (excl. ores)
  1989 Ed. (1387)
Non-office jobs
  1998 Ed. (3758)
Non-Partisan Political Support Committee
    for General Electric Employees
  1992 Ed. (3475)
Non-profit institutions
  1992 Ed. (3664)
Non-profit organizations
  1997 Ed. (1579, 1613)
Non-Stop Dogwear
  2020 Ed. (1816)
Non-U.S. Bond Hedged
  2003 Ed. (3147)
Non-U.S. Fixed Income
  2003 Ed. (3147)
Non-U.S. stocks
  2001 Ed. (2525)
Nonaka; Tomoyo
  2007 Ed. (4982)
Nonbank Financial
  1991 Ed. (1139, 1186)
  2000 Ed. (1310)
Nonchocolate
  2001 Ed. (1112)
Nonchocolate candy
  2001 Ed. (2085)
Noncommercial restaurant services
  2001 Ed. (4078)
Nondepository Credit Institutions
  1990 Ed. (1269)
Nondepository institutions
  2002 Ed. (2265)
Nondurable goods
  1993 Ed. (2989)
  1996 Ed. (3827)

  2010 Ed. (4939, 4940)
  2011 Ed. (4922, 4923)
Nonfat ice cream
  2000 Ed. (2596)
Nonferrous metals
  1990 Ed. (2188)
  1991 Ed. (2057)
  1992 Ed. (2629)
Nonfinancial business services
  2005 Ed. (4815)
Nong Shim
  2016 Ed. (4438)
  2017 Ed. (4445)
  2018 Ed. (4464)
Nong Shim Co.
  2016 Ed. (4442)
  2017 Ed. (4449)
  2018 Ed. (4468)
Nong Shim Co., Ltd.
  2020 Ed. (2726)
Nong Shim Food Co. Ltd.
  2003 Ed. (3744)
Nonggongshang Supermarket (Group) Co.,
    Ltd.
  2017 Ed. (4249)
Nonggongshang Supermarket Group Co.,
    Ltd.
  2013 Ed. (4325)
  2014 Ed. (4376)
  2016 Ed. (4262)
Nonghyup
  2021 Ed. (1288)
  2022 Ed. (1290, 1291)
Nonghyup (National Agricultural Coopera-
    tive Federation - NACF)
  2023 Ed. (1491, 1493)
NongHyup Bank
  2014 Ed. (411)
Nonghyup Bank
  2021 Ed. (490)
  2022 Ed. (504)
  2023 Ed. (729)
NongHyup Financial Group
  2015 Ed. (468)
  2016 Ed. (417)
  2017 Ed. (429)
  2018 Ed. (395)
  2019 Ed. (397)
  2020 Ed. (390)
  2023 Ed. (609)
Nonghyup (Korea)
  2022 Ed. (1291)
Nonghyup (S. Korea)
  2021 Ed. (1288)
  2022 Ed. (1290)
Nongshim
  2001 Ed. (51)
  2014 Ed. (4502, 4505)
  2015 Ed. (4502, 4505)
  2016 Ed. (4440)
Nonherbal supplements
  2002 Ed. (2051)
Nonionics
  1999 Ed. (4526)
Nonkululeko Nyembezi-Heitz
  2013 Ed. (4958)
Nonpaper packaging
  1993 Ed. (2989)
Nonprofit institutions
  2002 Ed. (3973, 3974, 3979)
Nonprofit Megaphone
  2023 Ed. (108)
Nonprofits Insurance Alliance of California
  2006 Ed. (3054)
"Nonstop Country"
  2001 Ed. (1100)
Nonzero: The Logic of Human Destiny
  2006 Ed. (579)
Noodles & Co.
  2004 Ed. (3969)
  2005 Ed. (2552, 3276, 3913, 4050, 4051)
  2006 Ed. (2559, 2621, 3987)
  2008 Ed. (2662, 2679, 4166)
  2009 Ed. (2703)
  2010 Ed. (1590)
  2011 Ed. (1592, 4244)
  2012 Ed. (1435, 4266, 4267)
  2013 Ed. (910, 1566, 4230)
  2014 Ed. (857, 1535, 4270, 4277)
  2015 Ed. (1588, 4251, 4258)
  2016 Ed. (783, 1504, 4161, 4200, 4201,
    4202)
  2017 Ed. (1499, 1507, 2516, 2517, 2518,
    2519, 2520, 2521, 4134, 4178)
  2018 Ed. (780, 4184, 4185, 4203)
  2019 Ed. (796, 797, 2555, 2567, 2568,
    2569, 2570, 2571, 2572)
  2020 Ed. (790, 2546, 2559, 2561, 2562,
    2563, 4229)
  2021 Ed. (818, 2521, 2522, 2523, 2524,
    2525, 2526, 4193)
  2022 Ed. (850, 2633, 2634, 2635, 2636,
    2637, 2638)
  2023 Ed. (1032)
Noodles & Company
  2019 Ed. (4231)
  2023 Ed. (4220)

Noodles & dumplings
  2002 Ed. (3588)
  2003 Ed. (3746)
Noom
  2022 Ed. (1790, 2912)
Noonan Pontiac
  1996 Ed. (283)
Noonan/Russo
  2003 Ed. (4004)
Noonan/Russo Communications
  1996 Ed. (3106, 3108)
  1997 Ed. (3187)
  1998 Ed. (2937)
  1999 Ed. (3911)
  2003 Ed. (3989)
  2004 Ed. (3988)
Noonan Russo/Presence
  2004 Ed. (4012, 4021)
  2005 Ed. (3952, 3954, 3965)
Noonan Russo/PresenceEuro
  2005 Ed. (3970)
Noonan Services
  2018 Ed. (2009)
  2019 Ed. (2066)
  2020 Ed. (1976)
Noonan Services Group
  2017 Ed. (4072)
  2020 Ed. (4119)
Noonday Collection
  2017 Ed. (1995, 4206)
Noor Bank
  2016 Ed. (2631)
  2017 Ed. (579, 2565)
  2018 Ed. (2634)
  2019 Ed. (361, 562, 2619)
  2020 Ed. (511, 2630)
Noor Financial
  2009 Ed. (919)
Noor Islamic Bank
  2011 Ed. (2668)
  2012 Ed. (2596)
  2014 Ed. (2666)
  2015 Ed. (2707)
Noor Takaful Insurance
  2009 Ed. (2752)
  2011 Ed. (2665)
  2012 Ed. (2593)
Noora Health
  2017 Ed. (1635)
  2018 Ed. (1614)
Noord-Holland, Netherlands
  2010 Ed. (3487)
Noorda; Raymond J.
  1994 Ed. (1716, 1718)
  1995 Ed. (1729)
  1996 Ed. (961)
Noordervliet & Winninghoff/LB
  1989 Ed. (138)
Noosh.com
  2001 Ed. (4762)
Nooter Construction
  2009 Ed. (1237)
  2010 Ed. (1236)
  2011 Ed. (1169, 1170, 1171, 1184, 1281,
    3999)
  2012 Ed. (1114, 1131, 1175)
  2013 Ed. (1251, 1255)
  2014 Ed. (1189)
  2015 Ed. (1242, 1247)
Nooter Construction Co.
  2013 Ed. (1277)
  2014 Ed. (1210)
  2015 Ed. (1268)
  2017 Ed. (1226)
Nooyi; Indra
  2005 Ed. (4990)
  2006 Ed. (949, 4974)
  2007 Ed. (1044, 4974)
  2008 Ed. (964, 4948, 4950)
  2009 Ed. (4971, 4981, 4983)
  2010 Ed. (885, 4980, 4990, 4991)
  2011 Ed. (4966, 4969, 4979, 4987, 4988)
  2012 Ed. (598, 4958, 4959, 4968, 4976,
    4984)
  2013 Ed. (4959, 4960, 4966, 4967, 4979)
  2014 Ed. (4968, 4976)
  2015 Ed. (5009, 5010, 5024, 5026, 5027)
  2016 Ed. (4926, 4941)
  2017 Ed. (4932)
  2019 Ed. (4937)
Nooyi; Indra K.
  2009 Ed. (946)
  2010 Ed. (898)
  2011 Ed. (832)
  2014 Ed. (945)
  2015 Ed. (964)
NOP Group
  1991 Ed. (2387)
NOP Research Group
  1996 Ed. (2570)
  2000 Ed. (3043, 3044, 3045, 3046, 3047,
    3048, 3049)
  2002 Ed. (3258, 3259, 3260, 3261, 3262)
NOP World
  2004 Ed. (4101)
  2005 Ed. (4041)
  2006 Ed. (4096)
  2007 Ed. (4117)

NOP World US
  2003 Ed. (4069)
  2004 Ed. (4096)
  2005 Ed. (4037)
  2006 Ed. (4068)
Nopalea
  2015 Ed. (2341)
Nor-Cal Beverage Co.
  2020 Ed. (4966)
  2021 Ed. (4969)
  2022 Ed. (4967)
Nor-Cal Beverage Co. Inc.
  2023 Ed. (4970)
Nor-Tech
  2002 Ed. (4290)
Nora Beverages
  2001 Ed. (996)
Nora Gardner
  2023 Ed. (1304)
Nora Inds
  1991 Ed. (1333)
Nora Industrier
  1993 Ed. (2745)
Nora Roberts
  2006 Ed. (2485)
  2017 Ed. (243)
  2018 Ed. (230)
  2019 Ed. (225)
  2020 Ed. (228)
Norada Real Estate Investments
  2021 Ed. (4066, 4080)
  2022 Ed. (4109)
NorAg Resources Inc.
  2015 Ed. (2760)
NorAm Energy Corp.
  1996 Ed. (2007, 2008, 2009, 2010, 2011,
    2820, 2823, 3037)
  1997 Ed. (2127, 2129, 2130, 2131, 2924,
    2927, 3118, 3119)
  1998 Ed. (1047, 1817, 1818, 1819, 1820,
    1821, 2662, 2665, 2856, 2861, 2964,
    3360)
  1999 Ed. (3832)
Norampac Inc.
  2007 Ed. (3762, 3776)
  2008 Ed. (3839, 3854)
  2009 Ed. (3895, 3914)
  2010 Ed. (3808, 3821)
Norand
  1996 Ed. (2882)
Noranda Aluminium Co.
  1999 Ed. (3415)
Noranda Aluminum Holding Corp.
  2011 Ed. (2079)
  2017 Ed. (3509)
  2018 Ed. (3557)
Noranda Forest Inc.
  1991 Ed. (1764)
  1992 Ed. (1237, 2212, 2213)
  1994 Ed. (1894, 1895, 2732)
  1996 Ed. (1960)
  1997 Ed. (2070, 2987, 2995)
  1998 Ed. (2747)
  1999 Ed. (2492, 3691)
Noranda Income Fund
  2010 Ed. (4832)
Noranda Inc.
  1989 Ed. (1148, 2070, 2071)
  1990 Ed. (1339, 1340, 1408, 1531, 1731,
    1738, 2540, 2589, 2767)
  1991 Ed. (1262, 1263, 1264, 2642, 3403)
  1992 Ed. (1587, 1590, 1595, 1598, 1600,
    1835, 2417)
  1993 Ed. (1287, 1288, 1402, 1504, 1893,
    3591)
  1994 Ed. (1338)
  1995 Ed. (1578, 1925)
  1996 Ed. (1564, 2123)
  1997 Ed. (1641, 1813)
  1998 Ed. (3305)
  1999 Ed. (1888, 3359, 3360, 3361, 3363,
    3364, 3365)
  2000 Ed. (3095, 3101)
  2001 Ed. (2375, 3285, 4270)
  2002 Ed. (3313, 3314, 3315, 3322, 3369)
  2003 Ed. (3376)
  2005 Ed. (1727, 3485)
  2006 Ed. (1593, 1611, 3485)
  2007 Ed. (3517, 3518)
Noranda Metallurgy
  1997 Ed. (2795)
  1999 Ed. (3415)
Noranda Minerals
  1994 Ed. (2526)
  1996 Ed. (2649)
Noranda Mining & Exploration
  1997 Ed. (2795)
Norandex Building Materials
  2010 Ed. (4315)
  2011 Ed. (4289)
  2012 Ed. (4331)
Norasia
  2003 Ed. (2418, 2423)
  2004 Ed. (2538)
Norasia Container Lines Ltd.
  2012 Ed. (1679)
  2013 Ed. (1830)

Norbella Inc.
  2023 Ed. (4960)
Norbert Dentressangle Group
  2015 Ed. (4795, 4805)
  2016 Ed. (4693, 4699)
Norbert Dentressangle U.S.
  2017 Ed. (4808)
Norbert Toth
  1999 Ed. (2354)
  2000 Ed. (2140)
Norbest Inc.
  1992 Ed. (2989, 3506)
  1993 Ed. (2517, 2518, 2895, 2896)
  2000 Ed. (3057, 3058, 3583, 3584)
Norbev
  2020 Ed. (1972)
Norbond Inc.
  2014 Ed. (1499)
  2020 Ed. (1443, 2763)
  2022 Ed. (2764)
  2023 Ed. (2897)
Norbord Inc.
  2006 Ed. (1609)
  2007 Ed. (2636)
  2009 Ed. (2820, 3913)
  2010 Ed. (2761, 2763)
  2011 Ed. (2747)
  2013 Ed. (3865)
  2015 Ed. (2805)
  2016 Ed. (2733)
  2017 Ed. (2689)
  2020 Ed. (1444)
Norbrook Holdings
  2017 Ed. (2050)
  2018 Ed. (2004, 2011)
Norcal Group
  2004 Ed. (3119)
  2007 Ed. (3168)
  2014 Ed. (3345)
  2017 Ed. (3204)
  2018 Ed. (3288)
  2019 Ed. (3240)
  2020 Ed. (3250)
  2021 Ed. (3117)
  2022 Ed. (3256)
NorCal Lumber
  2018 Ed. (2889)
  2019 Ed. (2845)
  2021 Ed. (2750)
NORCAL Mutual Insurance Co.
  2014 Ed. (3343)
  2015 Ed. (3377)
  2016 Ed. (3246, 3247)
  2017 Ed. (3202, 3203)
  2018 Ed. (3286, 3287)
  2020 Ed. (3249)
  2021 Ed. (3116)
Norcal, Recycle Central
  2006 Ed. (4060)
Norcen Energy Resources
  1991 Ed. (2729)
  1992 Ed. (1597, 3436)
  1994 Ed. (211, 2853)
  1995 Ed. (212)
  1996 Ed. (3014)
  1997 Ed. (3095, 3096)
Norco
  2002 Ed. (2588)
  2021 Ed. (2709)
Norco Co-op
  2019 Ed. (3447)
  2020 Ed. (2698)
  2021 Ed. (2611)
  2022 Ed. (2728)
Norco Inc.
  2022 Ed. (2866)
  2023 Ed. (2980)
Norco Ranch Inc.
  2011 Ed. (3457)
Norcold
  1998 Ed. (1959)
Norcom
  1992 Ed. (4132)
  1993 Ed. (3447)
  1995 Ed. (3507)
  1997 Ed. (3625)
  1998 Ed. (3399)
Norconsult
  2009 Ed. (2597)
Norconsult AS
  1991 Ed. (1555)
Norconsult International AS
  1993 Ed. (1613)
Norcor Holdings Ltd.
  1993 Ed. (974)
  1994 Ed. (1002)
  1995 Ed. (1015)
Norcraft
  2007 Ed. (3297)
  2009 Ed. (3473)
Norcraft Cos.
  2012 Ed. (4994)
  2013 Ed. (4993)
  2014 Ed. (4998)
  2015 Ed. (5044)
  2016 Ed. (4998)

Norcros
  1991 Ed. (1279)
  1996 Ed. (1355)
Norcross/Duluth/Lilburn, GA
  1992 Ed. (3291)
Nord Energi Fibernet A/S
  2017 Ed. (1521)
NORD/LB Latvija
  2006 Ed. (4515)
Nord LB Luxembourg
  2023 Ed. (671)
Nord/LB Norddeutsche Landesbank
  2013 Ed. (427)
  2014 Ed. (445)
  2015 Ed. (500)
  2016 Ed. (456)
Nord Pool ASA
  2006 Ed. (1947)
Nord Pool Spot AS
  2007 Ed. (1930)
  2008 Ed. (1996)
  2011 Ed. (1929)
Nord Resources Corp.
  1997 Ed. (3642, 3643, 3644, 3645)
Nord Zahar
  2006 Ed. (4521)
Nordbanken
  1989 Ed. (684)
  1990 Ed. (690)
  1991 Ed. (669)
  1992 Ed. (842)
  1993 Ed. (639)
  1994 Ed. (642, 1451)
  1995 Ed. (614)
  1996 Ed. (688)
  1997 Ed. (517, 622)
  1999 Ed. (644, 1739, 4482)
  2000 Ed. (669)
Nordbanken Group
  1992 Ed. (712)
Nordbanken Holding
  2000 Ed. (1558)
  2001 Ed. (1858)
Nordbanken Holding AB
  2002 Ed. (1415)
Nordcloud
  2020 Ed. (1523)
Norddeutsche Landesbank
  1989 Ed. (542)
  1990 Ed. (580)
  1992 Ed. (683)
  1993 Ed. (491)
  1994 Ed. (493)
  1995 Ed. (475)
  1996 Ed. (517)
  1997 Ed. (478)
  2017 Ed. (474)
  2018 Ed. (436)
  2019 Ed. (445)
  2020 Ed. (432)
Norddeutsche Landesbank Girozentrale
  1990 Ed. (581)
  1991 Ed. (528)
  2002 Ed. (563)
  2004 Ed. (533)
  2005 Ed. (512)
  2006 Ed. (446)
  2007 Ed. (452)
  2010 Ed. (423)
  2011 Ed. (348)
  2021 Ed. (479)
  2022 Ed. (493)
  2023 Ed. (718)
Norddeutsche Landesbank Luxembourg
  2004 Ed. (584)
  2005 Ed. (573)
  2006 Ed. (495)
  2007 Ed. (515)
  2008 Ed. (472)
  2009 Ed. (497)
  2010 Ed. (480)
  2011 Ed. (407)
  2013 Ed. (447)
  2014 Ed. (462)
  2015 Ed. (520)
  2016 Ed. (473)
  2017 Ed. (491)
  2018 Ed. (456)
  2019 Ed. (467)
  2020 Ed. (451)
Norddeutsche Landesbank Luxembourg SA
  2011 Ed. (406)
Norddeutsche L'bank
  1991 Ed. (529)
Nordea
  2006 Ed. (1402, 4575)
  2009 Ed. (1665)
  2012 Ed. (1457)
  2013 Ed. (676, 1592)
  2014 Ed. (704)
  2015 Ed. (557, 749)
  2016 Ed. (450, 493, 676)
  2017 Ed. (720)
  2018 Ed. (668)
  2019 Ed. (517, 682)
  2020 Ed. (675)
  2021 Ed. (464, 671)
  2022 Ed. (478, 681, 705, 707)

  2023 Ed. (694, 890)
Nordea AB
  2006 Ed. (2801)
Nordea Bank
  2003 Ed. (1828)
  2006 Ed. (2026)
  2007 Ed. (1998)
  2012 Ed. (368)
  2013 Ed. (491)
  2014 Ed. (503, 2004)
  2015 Ed. (495, 567)
  2016 Ed. (449, 492)
  2017 Ed. (467, 508)
  2018 Ed. (471)
  2019 Ed. (485)
  2020 Ed. (468)
  2021 Ed. (1509)
  2022 Ed. (1521)
  2023 Ed. (1695)
Nordea Bank AB
  2006 Ed. (2025, 2027)
  2007 Ed. (1995, 1997)
  2008 Ed. (2089, 2091)
  2009 Ed. (541, 2061, 2066)
  2010 Ed. (524, 712, 2002, 2004, 2005)
  2011 Ed. (453, 2064, 2066)
  2012 Ed. (1906, 1907, 1909)
  2013 Ed. (1640, 2071, 2074)
  2014 Ed. (2006)
  2015 Ed. (2051)
  2016 Ed. (2013)
  2017 Ed. (1973)
  2018 Ed. (1924, 2466)
  2019 Ed. (1974)
  2020 Ed. (1903)
Nordea Bank Abp
  2022 Ed. (1307)
  2023 Ed. (1513)
Nordea Bank Danmark
  2004 Ed. (479)
  2005 Ed. (486)
  2006 Ed. (432)
  2007 Ed. (430)
  2008 Ed. (404)
  2009 Ed. (428, 429)
  2010 Ed. (404, 405)
  2011 Ed. (332)
  2013 Ed. (419)
  2014 Ed. (438)
  2015 Ed. (492)
  2016 Ed. (446)
  2017 Ed. (464)
  2018 Ed. (427)
Nordea Bank Finland
  2004 Ed. (492)
  2005 Ed. (509)
  2006 Ed. (442)
  2007 Ed. (448)
  2008 Ed. (415)
  2009 Ed. (441, 442)
  2010 Ed. (417, 418)
  2011 Ed. (342, 343)
  2013 Ed. (423)
  2014 Ed. (442)
  2015 Ed. (496)
  2016 Ed. (451)
  2017 Ed. (469)
  2018 Ed. (431, 499)
  2019 Ed. (441)
Nordea Bank Norge
  2004 Ed. (602)
  2005 Ed. (591)
  2006 Ed. (508)
  2007 Ed. (533)
  2008 Ed. (487)
  2009 Ed. (516)
  2010 Ed. (495)
  2011 Ed. (424, 425)
  2013 Ed. (450)
  2014 Ed. (465)
  2015 Ed. (523)
  2016 Ed. (477)
  2017 Ed. (495)
  2018 Ed. (460)
  2019 Ed. (471)
Nordea Bank Polska
  2004 Ed. (485)
Nordea Bank Russia
  2020 Ed. (482)
Nordea Finance
  2016 Ed. (288)
Nordea Group
  2003 Ed. (616)
  2004 Ed. (625)
  2005 Ed. (614)
  2006 Ed. (527)
  2007 Ed. (557)
  2008 Ed. (509)
  2009 Ed. (542)
  2010 Ed. (525)
  2011 Ed. (454)
  2013 Ed. (464)
  2014 Ed. (479)
  2015 Ed. (539)
  2016 Ed. (491)
  2017 Ed. (507)
  2019 Ed. (484)
  2020 Ed. (467)
  2021 Ed. (456)

  2023 Ed. (645, 676)
Nordea Liv & Pension
  2011 Ed. (1607)
  2012 Ed. (1453)
  2013 Ed. (1589)
  2014 Ed. (1560)
Nordea Live & Pension
  2013 Ed. (1598)
Nordeman Grimm Inc.
  1990 Ed. (1710)
  1991 Ed. (1616)
  1992 Ed. (2048)
  1993 Ed. (1692)
Norden Systems
  1990 Ed. (1743)
Nordex
  2010 Ed. (3509)
  2019 Ed. (4913)
Nordex Group
  2018 Ed. (4914)
Nordex SE
  2023 Ed. (1745)
Nordic
  1990 Ed. (720)
  1997 Ed. (2201)
  2016 Ed. (2875)
  2022 Ed. (2917)
Nordic Aviation Capital
  2019 Ed. (159)
  2020 Ed. (151)
  2021 Ed. (148)
Nordic Baltic Holding AB
  2002 Ed. (1773, 1775)
Nordic Capital
  2008 Ed. (1410)
Nordic Choice Hotels
  2014 Ed. (2001)
  2015 Ed. (1942)
Nordic Cold Storage
  2009 Ed. (4837)
  2010 Ed. (4846)
  2011 Ed. (4812)
  2012 Ed. (4828)
Nordic Cold Storage LLC
  2006 Ed. (4888)
  2008 Ed. (4815)
Nordic Construction Ltd.
  2003 Ed. (2258)
  2006 Ed. (1742)
Nordic ski exercise
  1997 Ed. (3561)
Nordic Finance Business Partner AB
  2019 Ed. (1973)
Nordic Investment Bank
  1992 Ed. (662)
  1993 Ed. (474)
Nordic - Office of Architecture
  2022 Ed. (193)
Nordic PCL Construction Inc.
  2010 Ed. (1666)
  2011 Ed. (1674, 1684)
  2012 Ed. (1524, 1528, 1535)
  2013 Ed. (1677, 1682)
  2014 Ed. (1634)
  2016 Ed. (1619)
  2018 Ed. (1577)
  2021 Ed. (1558)
Nordic Refrigerated Services
  2001 Ed. (4724, 4725)
Nordic Telephone Co.
  2008 Ed. (1425, 3445, 4079)
Nordic Track
  1996 Ed. (3491)
  1997 Ed. (2389)
  1998 Ed. (600)
Nordic Trak
  1991 Ed. (1634)
  1992 Ed. (2065)
Nordica
  1991 Ed. (3132)
  1992 Ed. (3981)
Nordica Assistans AB
  2016 Ed. (2012)
Nordicom Technologies
  2023 Ed. (4749)
NordicTrack
  1993 Ed. (1707)
NordicTrack Incline Trainer
  2015 Ed. (2337)
  2016 Ed. (2290)
Nordion Inc.
  2013 Ed. (2875)
  2015 Ed. (1968, 2952)
  2016 Ed. (1471)
Nordis Technologies
  2019 Ed. (3979)
Nordiska Invest
  1991 Ed. (506)
Nordkranen A/S
  2016 Ed. (1531)
Nordlandsbanken
  2002 Ed. (630)
  2003 Ed. (595)
Nordlb
  1992 Ed. (2016)
Nordlund; Donald E.
  1990 Ed. (1720)

Nordmann & Rassmann
  1999 Ed. (1092)
Nordmann; Ronald
  1993 Ed. (1791)
  1994 Ed. (1774)
NordNet (TeleTrade)
  2003 Ed. (2712)
Nordskar & Thorkildsen
  1989 Ed. (146)
  1990 Ed. (137)
Nordskar & Thorkildsen Leo Burnett
  1991 Ed. (137)
  1992 Ed. (192)
  1993 Ed. (124)
  1994 Ed. (107)
  1995 Ed. (108)
Nordson Corp.
  1990 Ed. (2502)
  1991 Ed. (2370)
  1993 Ed. (2486)
  1997 Ed. (2370)
  1998 Ed. (2090)
  1999 Ed. (2851)
  2001 Ed. (2231)
  2005 Ed. (3352)
  2009 Ed. (1400)
  2010 Ed. (3551)
  2011 Ed. (3551)
  2018 Ed. (3418)
Nordson EFD LLC
  2012 Ed. (1865)
Nordstjernan AB
  1992 Ed. (4343)
Nordstrom
  2013 Ed. (898, 1014)
  2014 Ed. (652, 961, 979, 2101, 2105, 2391)
  2015 Ed. (997, 1016, 2464, 4351)
  2016 Ed. (902, 921, 925, 927)
  2017 Ed. (943, 949, 969, 973, 2919)
  2018 Ed. (878, 900, 905, 1628, 2172, 4243)
  2019 Ed. (901, 904, 2164, 4252)
  2020 Ed. (888, 891, 894, 2161)
  2021 Ed. (904, 907)
  2022 Ed. (2011, 4259)
  2023 Ed. (2110, 4287, 4300)
Nordstrom/Nordstrom Rack
  2023 Ed. (3105, 3111)
Nordstrom; Blake W.
  2008 Ed. (942)
  2009 Ed. (942)
  2010 Ed. (893)
Nordstrom; Bruce
  2016 Ed. (4817)
Nordstrom FSB
  2010 Ed. (4426)
  2011 Ed. (4371)
  2012 Ed. (4411)
  2013 Ed. (4374)
Nordstrom Inc.
  1989 Ed. (933, 934, 1238, 1239)
  1990 Ed. (1049, 1050, 1490, 1494, 1495, 3031)
  1991 Ed. (886, 974, 975, 1414, 2654, 2656, 2659)
  1992 Ed. (1089, 1091, 1211, 1212, 1784, 1788, 1789, 1790, 1791, 3318, 3733)
  1993 Ed. (988, 1476, 1477, 3295)
  1994 Ed. (1015, 1016, 1522, 3071, 3108, 3287, 3452)
  1995 Ed. (1024, 1029, 1552, 3145, 3147, 3366, 3426)
  1996 Ed. (1008, 1009, 1010, 1247, 1460, 1535, 3245, 3247, 3487)
  1997 Ed. (350, 1028, 1029, 1529, 1592, 3342, 3345, 3348)
  1998 Ed. (769, 770, 1192, 1258, 1259, 3078, 3083)
  1999 Ed. (1198, 1750, 1833, 4095, 4098, 4099, 4103, 4105)
  2000 Ed. (1582, 3412, 3814, 3816, 3818, 4427)
  2001 Ed. (1271, 1272, 1897, 4105)
  2002 Ed. (1796, 1919, 4039, 4045)
  2003 Ed. (1010, 1011, 1849, 2010, 2011)
  2004 Ed. (1013, 1014, 1883, 1884, 2055, 2668)
  2005 Ed. (1022, 1023, 1024, 1569, 1999, 2000, 4097, 4101, 4102, 4105, 4108)
  2006 Ed. (1031, 1032, 1036, 2071, 2072, 2078, 2082, 2098, 2100, 2101, 2255, 2659, 4149, 4155, 4161, 4163, 4432)
  2007 Ed. (1118, 1119, 1123, 1454, 2043, 2044, 2056, 2057, 2886, 4162, 4177, 4178, 4182, 4183, 4184)
  2008 Ed. (999, 1000, 1502, 2136, 2138, 2142, 2145, 2146, 2165, 2166, 2276, 2327, 3008, 4215, 4217, 4219, 4237)
  2009 Ed. (985, 986, 1408, 2124, 2125, 2127, 2130, 2146, 2147, 2148, 2149, 2315, 3094, 4309, 4310, 4311)
  2010 Ed. (949, 950, 1721, 2058, 2067, 2068, 2069, 2086, 2087, 2088, 2089, 2246, 3027, 4287, 4288, 4352)
  2011 Ed. (879, 880, 1736, 2113, 2122, 2123, 2124, 2143, 2144, 2145, 2146, 2236, 2256, 4279, 4280, 4301, 4507)
  2012 Ed. (710, 838, 839, 1255, 1256, 1585, 1953, 1958, 1959, 1965, 1966, 1967, 1988, 1990, 1991, 1992, 1993, 2119, 2120, 2121, 2122, 2123, 4315, 4352)
  2013 Ed. (915, 1015, 1016, 1741, 2162, 2169, 2171, 2174, 2177, 2178, 2179, 2180, 2181, 2182, 2183, 2317, 2320, 2321, 2323, 3038, 4302, 4310)
  2014 Ed. (980, 981, 1287, 1683, 2094, 2099, 2100, 2108, 2109, 2110, 2111, 2112, 2113, 2249, 2251, 2252, 2253, 3051, 4343, 4349)
  2015 Ed. (1017, 1018, 1729, 2149, 2154, 2155, 2156, 2161, 2162, 2163, 2164, 2166, 2167, 2320, 2321, 2322, 3117, 4337, 4344)
  2016 Ed. (919, 920, 926, 1679, 2123, 2134, 2135, 2137, 2274, 2408, 4236, 4238, 4249)
  2017 Ed. (2081, 2082, 2083, 2084, 2415, 4223, 4234)
  2018 Ed. (2038, 2039, 2040, 2173, 2452, 4251)
  2019 Ed. (1107, 2097, 2098, 2099, 4270, 4282)
  2020 Ed. (2008, 4259, 4269)
  2021 Ed. (1961, 4237, 4253)
  2022 Ed. (2004, 4247, 4251, 4265)
  2023 Ed. (4291)
Nordstrom, Inc.
  2022 Ed. (4262)
  2023 Ed. (2361)
Nordstrom National Credit Bank
  1998 Ed. (369)
Nordstrom Rack
  2019 Ed. (903)
  2020 Ed. (892)
  2021 Ed. (905)
  2023 Ed. (3105, 3111)
Nordstrom.com
  2001 Ed. (2977, 2982, 2983, 4779)
  2006 Ed. (2382)
  2008 Ed. (2446)
Nordyne
  1992 Ed. (260)
  1993 Ed. (164)
  1994 Ed. (148, 1925, 1926, 2043)
  1995 Ed. (167, 1949, 1950)
  1997 Ed. (184, 2095, 2096, 2200)
  1998 Ed. (106, 1779, 1780, 1922)
  1999 Ed. (203, 2539, 2540, 2659)
Nordyne (Intertherm)
  1990 Ed. (196, 1589, 1862, 2001)
  1991 Ed. (1484, 1778)
  1992 Ed. (1885, 2243, 2394)
  1993 Ed. (2026)
Noreen Energy Resources Ltd.
  1993 Ed. (223, 1930, 2704)
Norelco
  1990 Ed. (194, 2809)
  1991 Ed. (2713)
  1992 Ed. (257, 1242, 3401, 3402)
  1993 Ed. (163, 2813)
  1994 Ed. (147, 2813, 2815)
  1995 Ed. (166, 2902)
  1996 Ed. (2984, 2986)
  1997 Ed. (183, 1688, 1689, 3060, 3062)
  1998 Ed. (105, 1375, 1378, 1379, 2805, 2806)
  1999 Ed. (202, 1940, 1944, 1945, 3774, 3775)
  2000 Ed. (1728, 1729, 3507)
  2002 Ed. (2071, 2072)
  2003 Ed. (3790)
  2005 Ed. (3707)
  2007 Ed. (3807)
  2009 Ed. (3936)
  2011 Ed. (3852)
Norelco Rechargeable Electric Shaver
  1990 Ed. (2803, 2804)
Norelco Tripleheader Shaver
  1990 Ed. (2803)
Norene & Associates Inc.; R. V.
  1993 Ed. (2267)
Norethin
  1991 Ed. (1473)
Norex Exploration Services Ltd.
  2008 Ed. (1548)
Norex Group
  2012 Ed. (1400)
Norex Industries Inc.
  1998 Ed. (158)
Norfersk AS
  2018 Ed. (1824)
Norfolk
  2013 Ed. (4732)
Norfolk County, MA
  1993 Ed. (1430)
  1994 Ed. (716, 1478, 2407)
  1995 Ed. (2483)
  1996 Ed. (2538)
Norfolk NADEP
  1996 Ed. (2643)
Norfolk Naval Air Station
  1996 Ed. (2643)
Norfolk Naval Base
  1993 Ed. (2884)

Norfolk-Newport, VA
  1990 Ed. (2160, 2550)
Norfolk-Portsmouth, VA
  2004 Ed. (2749)
Norfolk Southern
  2015 Ed. (4809)
  2016 Ed. (4712)
  2017 Ed. (4699)
  2018 Ed. (4690)
  2019 Ed. (4695)
  2020 Ed. (1332)
  2021 Ed. (3390)
  2022 Ed. (3448)
  2023 Ed. (4165)
Norfolk Southern Corp.
  1989 Ed. (1049, 2281, 2282, 2283, 2868)
  1990 Ed. (2944, 2945, 2946)
  1991 Ed. (2798, 2799, 2800, 3239)
  1992 Ed. (3608, 3609, 3611)
  1993 Ed. (2956, 2957, 2958, 3294)
  1994 Ed. (2990, 2991, 2992, 2993, 3221, 3286)
  1995 Ed. (2044, 3054, 3055, 3056, 3057, 3337, 3365)
  1996 Ed. (1459, 3155, 3156, 3157, 3158, 3159, 3413)
  1997 Ed. (1528, 3242, 3243, 3244, 3245, 3246, 3247)
  1998 Ed. (1010, 1191, 2989, 2990, 2992, 2993, 2994, 3507, 3614)
  1999 Ed. (1749, 3984, 3985, 3986, 3987, 4652)
  2000 Ed. (3699, 3700, 4292)
  2001 Ed. (3981, 3982, 3983, 3984, 3985, 4616)
  2002 Ed. (1795, 3899, 3900, 4885)
  2003 Ed. (1845, 4035, 4036, 4037, 4038, 4039, 4041, 4781, 4801)
  2004 Ed. (2689, 2690, 4057, 4058, 4059, 4060, 4763, 4774, 4785, 4788)
  2005 Ed. (1537, 1997, 2687, 2688, 3995, 3996, 3997, 3998, 4749, 4756, 4758, 4759)
  2006 Ed. (2097, 2109, 4029, 4030, 4031, 4032, 4033, 4802, 4807, 4811, 4812, 4824)
  2007 Ed. (218, 2053, 2054, 2062, 4064, 4065, 4066, 4067, 4068, 4808, 4821, 4823, 4834)
  2008 Ed. (2159, 2161, 2162, 2171, 4098, 4099, 4101, 4750)
  2009 Ed. (2139, 2141, 2835, 4209, 4210, 4212, 4771, 4788)
  2010 Ed. (2081, 2082, 2083, 4144, 4145, 4146, 4148, 4803, 4805)
  2011 Ed. (2138, 3016, 4144, 4145, 4146, 4741, 4754, 4806)
  2012 Ed. (1983, 1986, 2943, 4176, 4177, 4178, 4179, 4181, 4756, 4772, 4808)
  2013 Ed. (2146, 2148, 2149, 2151, 3040, 4164, 4165, 4166, 4167, 4168, 4720, 4728, 4731)
  2014 Ed. (50, 2079, 2085, 2088, 2571, 3054, 4182, 4183, 4184, 4185, 4186, 4772, 4780)
  2015 Ed. (2133, 2138, 2141, 2812, 4163, 4164, 4165, 4166, 4167, 4799, 4812)
  2016 Ed. (2112, 2114, 2116, 2119, 2745, 4076, 4077, 4078, 4079, 4080, 4704, 4713)
  2017 Ed. (2072, 2420, 4051, 4052, 4053, 4717, 4731)
  2018 Ed. (2031, 3047, 4075, 4076)
  2019 Ed. (2989, 4070, 4071, 4072)
  2020 Ed. (1998, 2779, 3008, 4080, 4081, 4082, 4686)
  2021 Ed. (2651, 2869, 4044)
  2022 Ed. (2777, 4062, 4700)
Norfolk Southern Railway Co.
  2001 Ed. (3983, 3984)
  2003 Ed. (1845, 4036, 4037)
  2004 Ed. (4057, 4058)
  2005 Ed. (3995, 3996)
  2006 Ed. (4029, 4030)
  2007 Ed. (4064)
  2008 Ed. (4098)
  2009 Ed. (4209)
  2010 Ed. (2081, 4144, 4145)
  2011 Ed. (4144, 4145)
  2012 Ed. (1982, 4176, 4177)
  2013 Ed. (4164, 4165)
  2014 Ed. (4182, 4183)
  2015 Ed. (4163, 4164)
  2016 Ed. (4076, 4077)
Norfolk, VA
  1990 Ed. (2486, 2487, 2882, 2883)
  1992 Ed. (1389, 2550, 3492, 3500, 3501, 3502)
  1994 Ed. (3511)
  1996 Ed. (2206)
  1998 Ed. (738, 2693)
  1999 Ed. (733, 1149, 1349, 2095, 2096, 2493, 2673, 3259, 3858, 3859, 3860)
  2002 Ed. (2218, 2219, 2220)
  2004 Ed. (1162, 3736)
  2006 Ed. (3390, 3742)
  2008 Ed. (4015, 4016)
  2009 Ed. (3297)
  2010 Ed. (3224)

  2011 Ed. (2560, 3187)
  2012 Ed. (4003, 4004)
  2013 Ed. (4066, 4786)
  2014 Ed. (4073, 4074)
  2015 Ed. (4057)
  2016 Ed. (3963)
  2017 Ed. (3944)
  2018 Ed. (3965)
  2019 Ed. (3940)
  2020 Ed. (3955)
  2021 Ed. (3921)
  2022 Ed. (3933)
  2023 Ed. (3562)
Norfolk-Virginia Beach-Newport News, VA
  1990 Ed. (2608)
  1991 Ed. (716)
  1992 Ed. (898)
  1993 Ed. (1737)
  1994 Ed. (720)
  1995 Ed. (677)
  1996 Ed. (748)
  1999 Ed. (2672, 3260)
  2003 Ed. (2345, 2632, 2826, 3246)
  2004 Ed. (2423, 2424, 2751, 3303)
  2006 Ed. (3313)
  2008 Ed. (3474, 4348, 4357)
  2009 Ed. (3573)
Norfolk-Virginia Beach-Newport News, VA-NC
  2001 Ed. (2280, 2284)
  2005 Ed. (2457, 2460)
Norfolk/Virginia Beach/Portsmouth, VA
  1992 Ed. (2100, 2101)
Norfolk-Virginia Beach, VA
  2001 Ed. (2795)
Norfolk & Western Railway Co.
  2013 Ed. (4164, 4165)
  2014 Ed. (4182)
Norform
  2018 Ed. (2592)
Norfos Mazmena UAB
  2012 Ed. (1660)
  2013 Ed. (1814)
Norgard Clohessy
  2002 Ed. (4)
Norgard Clohessy Equity
  2002 Ed. (1582)
Norgard Mikkelsen
  1990 Ed. (93)
Norgard Mikkelsen Reklamebureau
  1991 Ed. (91)
Norge
  1990 Ed. (1046, 1047, 3681)
  1991 Ed. (972, 973)
  1992 Ed. (1206, 1207)
  1993 Ed. (981, 982)
  1994 Ed. (1007, 1008)
  1995 Ed. (1019, 1020)
Norges Bank
  2004 Ed. (517)
  2009 Ed. (774, 1959)
  2010 Ed. (715)
Norges Kooperative Landsforening
  1997 Ed. (1492)
Norgesgruppen
  2018 Ed. (2540)
  2023 Ed. (2736)
NorgesGruppen ASA
  2013 Ed. (4337)
  2014 Ed. (4388)
  2017 Ed. (4261)
  2021 Ed. (2481)
  2022 Ed. (2593)
Norgren Group Ltd.; IMI
  2005 Ed. (1775)
  2006 Ed. (1720)
Norgren USA
  2011 Ed. (1650)
  2013 Ed. (1633)
Noribachi
  2017 Ed. (3370)
Noridian
  2019 Ed. (2851)
  2020 Ed. (2879)
Noridian Administrative Services LLC
  2005 Ed. (1916)
  2006 Ed. (1945)
  2007 Ed. (1928)
  2008 Ed. (1994)
  2009 Ed. (1955)
  2010 Ed. (1893)
  2011 Ed. (1924)
Noridian Healthcare Solutions LLC
  2016 Ed. (1910)
Noridian Mutual Insurance Co.
  2003 Ed. (1796)
  2004 Ed. (1831)
  2005 Ed. (1916)
  2006 Ed. (1945)
  2007 Ed. (1928)
  2008 Ed. (1994)
  2009 Ed. (1955)
  2010 Ed. (1893)
  2011 Ed. (1924)
  2013 Ed. (1959)
  2014 Ed. (1895)
  2015 Ed. (1940)
  2016 Ed. (1910)

CUMULATIVE INDEX • 1989-2023

Noriko Oki
 1999 Ed. (2367)
 2000 Ed. (2166)
Norilsk Metallurgical Combine
 2004 Ed. (3695)
Norilsk Nickel
 1996 Ed. (3098)
 1997 Ed. (1502)
 2002 Ed. (4462, 4464)
 2005 Ed. (1958)
 2006 Ed. (2005, 2006, 4533)
 2007 Ed. (1970)
 2008 Ed. (2066)
 2014 Ed. (3634)
 2015 Ed. (3648)
 2016 Ed. (3533)
 2017 Ed. (3500)
 2018 Ed. (3587, 3591)
 2019 Ed. (1948, 3546, 3551)
 2020 Ed. (1883, 3524, 3528)
 2021 Ed. (1842)
 2022 Ed. (1889)
 2023 Ed. (2002)
Norilsk Nickel (Cyprus) Ltd.
 2012 Ed. (1448)
 2013 Ed. (1583)
Norilsk Nickel; Mining & Metallurgical Company
 2012 Ed. (3645, 3652)
 2013 Ed. (3689, 3715)
 2014 Ed. (3623, 3647)
 2015 Ed. (3636, 3657)
 2016 Ed. (3521, 3546)
 2017 Ed. (3494)
Norilsk Nickel; MMC
 2010 Ed. (3566)
 2011 Ed. (3569)
Norilsk Nickel; OJSC Mining & Metallurgical Company
 2012 Ed. (1875, 3562, 3648, 3655, 3679, 3684)
 2013 Ed. (2036, 3599, 3703, 3710)
 2014 Ed. (1971, 3636, 3643)
 2015 Ed. (2016, 3650, 3653)
 2016 Ed. (1988, 3537, 3541)
 2017 Ed. (1948, 3504, 3511)
 2018 Ed. (1900, 3553, 3559)
Norilsk Nickel RAO
 2003 Ed. (3301)
 2008 Ed. (3577)
 2009 Ed. (3648)
Norima Consulting
 2019 Ed. (1487, 1500)
Norinchukin Bank
 1989 Ed. (478, 479, 480, 561, 564, 566, 567, 570, 592)
 1990 Ed. (445, 502, 547, 594, 596, 601, 602, 603, 604, 609, 617, 618)
 1991 Ed. (382, 448, 449, 508, 512, 550, 553, 557, 561, 562)
 1992 Ed. (604, 716, 717, 726, 744, 2640)
 1993 Ed. (544, 1656)
 1994 Ed. (525, 526, 530, 545)
 1995 Ed. (69, 505, 506, 509, 520)
 1996 Ed. (557, 558, 561, 574)
 1997 Ed. (515, 529, 1447)
 1998 Ed. (383, 1163)
 1999 Ed. (466, 552, 563)
 2000 Ed. (462, 574, 575)
 2002 Ed. (594, 595, 597)
 2003 Ed. (553)
 2004 Ed. (567)
 2005 Ed. (553)
 2006 Ed. (475)
 2007 Ed. (489)
 2008 Ed. (454)
 2009 Ed. (483)
 2010 Ed. (465)
 2011 Ed. (392)
 2012 Ed. (320, 380)
 2013 Ed. (387, 391)
 2014 Ed. (398, 404)
 2015 Ed. (454)
 2016 Ed. (407)
 2017 Ed. (416)
 2018 Ed. (382)
 2019 Ed. (385)
 2020 Ed. (379)
 2021 Ed. (424, 486)
 2022 Ed. (438, 500)
 2023 Ed. (599, 600, 725)
Norinchukin Bank Group
 2002 Ed. (2823)
NORINCO
 2023 Ed. (2294, 2300)
Norit NV
 2002 Ed. (3713)
Noritake
 2001 Ed. (3822)
 2011 Ed. (4604)
Noriyuki Matsushima
 1996 Ed. (1869)
 1997 Ed. (1976)
 1999 Ed. (2374)
 2000 Ed. (2154)
Noriyuki Maysushima
 1999 Ed. (2375)

Norkabel
 1992 Ed. (2963)
Norkom Technologies Ltd.
 2003 Ed. (2716)
Norlarco Credit Union
 2002 Ed. (1852)
 2003 Ed. (1909)
 2004 Ed. (1949)
 2005 Ed. (2091)
 2006 Ed. (2186)
 2007 Ed. (2107)
 2008 Ed. (2222)
 2009 Ed. (2205)
Norlease
 2003 Ed. (569)
Norlisk Nickel
 2011 Ed. (3647, 3653)
Norlop Thompson
 2000 Ed. (89)
 2001 Ed. (131)
 2002 Ed. (103)
 2003 Ed. (68)
Norlop Thompson Asociados
 1989 Ed. (101)
 1991 Ed. (95)
 1992 Ed. (143)
 1993 Ed. (95)
 1995 Ed. (69)
 1996 Ed. (82)
 1997 Ed. (82)
 1999 Ed. (83)
Norlop-Thompson/Ecuador
 1990 Ed. (96)
Norlys Amba (ex Eniig Amba)
 2023 Ed. (1496)
Norm Brownstein
 2007 Ed. (2497)
 2009 Ed. (4857)
Norm Reeves Honda
 1991 Ed. (279)
 1995 Ed. (269, 294)
 1996 Ed. (272, 301)
 1998 Ed. (209)
 2000 Ed. (334)
Norm Reeves Honda Superstore
 1992 Ed. (376, 384, 416)
 1993 Ed. (270, 298)
 1999 Ed. (320)
 2002 Ed. (352, 353, 358, 370)
 2004 Ed. (271, 272, 274)
Norm Reeves Honda Superstores
 2005 Ed. (276)
Norma
 2002 Ed. (4412, 4413)
 2006 Ed. (4501)
Norma Barnes-Euresti
 2010 Ed. (2560)
Norma Lerner
 2005 Ed. (4855)
Norma Martinez Lozano
 2007 Ed. (2496)
Norma Pace
 1995 Ed. (1256)
Norma Paige
 1993 Ed. (3731)
Normac Foods Inc.
 1994 Ed. (2050)
 1995 Ed. (2101, 2106, 2501)
 1996 Ed. (2066, 2067, 2110, 2565)
Normaction SA
 2008 Ed. (1763)
Normal People
 2022 Ed. (587)
Norman Augustine
 1992 Ed. (2058)
 1995 Ed. (979)
 1996 Ed. (963)
 1999 Ed. (1120)
Norman B. Rice
 1993 Ed. (2513)
Norman Braman
 2011 Ed. (4842)
 2012 Ed. (4848)
 2013 Ed. (4834)
 2014 Ed. (4849)
 2015 Ed. (4886)
 2016 Ed. (4804)
 2017 Ed. (4816)
 2019 Ed. (4817)
 2020 Ed. (4807)
 2021 Ed. (4808)
 2022 Ed. (4802)
Norman Broadbent International Inc.
 1992 Ed. (2048)
 1997 Ed. (1793)
Norman Chan
 2012 Ed. (292)
Norman Cosmetics; Merle
 1994 Ed. (1912)
Norman D. Shumway
 1992 Ed. (1039)
Norman E. Brinker
 1995 Ed. (978, 1727)
 1996 Ed. (958)
 1998 Ed. (721)
Norman Energy Corp.
 1997 Ed. (2128)

Norman; Greg
 1989 Ed. (278)
Norman Hawkes
 1992 Ed. (2905)
Norman Hickey
 1990 Ed. (2478)
Norman Jaffe
 1999 Ed. (2147)
Norman; Josh
 2019 Ed. (195)
Norman Lorentz
 2004 Ed. (976)
Norman; Neal
 2018 Ed. (4110)
Norman, OK
 2017 Ed. (2105)
Norman P. Blake Jr.
 1994 Ed. (2237)
 1998 Ed. (720, 2138)
Norman R. Hawkes
 1991 Ed. (2344)
 1993 Ed. (2463)
Norman Reeves Honda Superstore
 1994 Ed. (269, 290)
Norman Regional Health System
 2008 Ed. (2007)
Norman Rice
 1992 Ed. (2987)
Norman Rosenthal
 1991 Ed. (1708)
 1993 Ed. (1807)
 1994 Ed. (1790)
 1995 Ed. (1829)
 1996 Ed. (1806)
 1997 Ed. (1880)
Norman Sisisky
 2001 Ed. (3318)
Norman W. Hickey
 1991 Ed. (2342)
 1992 Ed. (2903)
 1993 Ed. (2461)
Norman Waitt
 2002 Ed. (3350)
Norman Weinger
 1991 Ed. (1687, 1708, 1709)
 1993 Ed. (1833)
Normandeau Associates Inc.
 2017 Ed. (4982)
Normandy Design Build Remodeling
 2017 Ed. (2977)
 2018 Ed. (3101)
Normandy Farms
 1991 Ed. (2898)
Normandy Farms Estates
 1990 Ed. (3061)
Normandy Mining Ltd.
 2002 Ed. (3368)
 2004 Ed. (1537, 4698)
 2005 Ed. (1521)
Normandy Remodeling
 2016 Ed. (1096)
 2022 Ed. (3066)
 2023 Ed. (3179)
Normann; Ronald
 1991 Ed. (1703)
Normant; Serge
 2007 Ed. (2758)
Normura
 1997 Ed. (765, 821)
Nornickel
 2021 Ed. (3578)
Noroco
 2000 Ed. (690, 691, 693)
Noront Resources
 2009 Ed. (1560, 1561, 1583)
 2011 Ed. (1562)
Norpac Controls Ltd.
 2007 Ed. (1607)
NORPAC Foods Inc.
 2008 Ed. (2782)
 2009 Ed. (2840)
 2010 Ed. (2781)
 2011 Ed. (2770)
 2012 Ed. (2699)
 2014 Ed. (2774, 2783)
 2015 Ed. (2829)
 2016 Ed. (2761)
 2017 Ed. (2724)
 2018 Ed. (2781)
 2019 Ed. (2757)
Norpac Foods Inc.
 2015 Ed. (2837)
 2017 Ed. (2739)
 2018 Ed. (2793)
 2019 Ed. (2771)
 2021 Ed. (2679)
Norpro
 2021 Ed. (2956)
Norquest Seafood Co.
 2003 Ed. (2523)
Norrell
 1996 Ed. (3306, 3779)
 1998 Ed. (3504, 3505, 3506)
 1999 Ed. (4572, 4573, 4574, 4576)
 2000 Ed. (4225, 4226)
Norrell Services
 1999 Ed. (2508)
 2000 Ed. (4228)

Norrep
 2003 Ed. (3570, 3571, 3572, 3583)
 2004 Ed. (3616, 3617, 3618)
 2005 Ed. (3568)
 2006 Ed. (2512)
Norris Auto Group
 2016 Ed. (1757)
 2019 Ed. (1748)
Norris Design
 2010 Ed. (273)
Norris McLaughlin & Marcus
 2016 Ed. (1948)
Norrtag AB
 2016 Ed. (2012)
Norsan Group
 2000 Ed. (3805)
 2001 Ed. (2713)
 2002 Ed. (2560)
 2009 Ed. (3045)
 2010 Ed. (2969)
 2011 Ed. (2932)
 2012 Ed. (2865)
 2013 Ed. (2937)
 2015 Ed. (3004, 3024)
Norsan Meats LLC
 2022 Ed. (3554)
Norsat International Inc.
 2003 Ed. (2931)
 2005 Ed. (1664)
 2007 Ed. (2806)
 2009 Ed. (2988)
 2014 Ed. (1501)
 2015 Ed. (1053, 1557)
Norse Mythology
 2019 Ed. (598)
Norsemont Mining Inc.
 2010 Ed. (1547)
Norsk Data
 1990 Ed. (1130, 2202, 2207)
 1991 Ed. (2073)
Norsk Hydro
 1989 Ed. (1147, 1344)
 1990 Ed. (953, 1028, 1407, 1703, 3474)
 1991 Ed. (1333, 1334, 1335, 2647, 2648)
 1992 Ed. (1121, 1676, 1677, 3305, 3306)
 1993 Ed. (913, 918, 1380, 1381, 2745, 2746)
 1994 Ed. (930, 935, 1434, 1435, 2700, 2701)
 1997 Ed. (1492, 1493, 2970, 2971)
 1999 Ed. (1101, 1103, 1717, 1718, 1719, 3661, 3662)
 2000 Ed. (1030, 1529, 1530, 3382, 3383)
 2011 Ed. (3647)
 2012 Ed. (3645)
 2013 Ed. (3689)
 2014 Ed. (3623)
 2015 Ed. (3636)
 2016 Ed. (3521)
 2017 Ed. (3494)
 2018 Ed. (170)
 2019 Ed. (172)
 2020 Ed. (173)
 2021 Ed. (3545)
 2022 Ed. (1825)
 2023 Ed. (1950, 3711)
Norsk Hydro A/S
 1990 Ed. (1406)
 2001 Ed. (1826)
 2003 Ed. (1798, 1799, 3824)
 2004 Ed. (3442, 3853)
 2005 Ed. (192, 1195, 1918, 3456, 3486, 3764, 3773, 3774, 3775, 3776, 3777)
Norsk Hydro AS
 1995 Ed. (1469)
 1996 Ed. (1431, 2876, 2877)
 1999 Ed. (1717)
 2007 Ed. (3872)
Norsk Hydro ASA
 2001 Ed. (3284)
 2002 Ed. (1010, 1020, 1748, 3310, 3542, 3544)
 2003 Ed. (946, 4598)
 2006 Ed. (1947, 1948, 1949, 1950, 3396, 3464, 3465, 3757, 3846)
 2007 Ed. (214, 1286, 1930, 1931, 1932, 1933, 2213, 3486, 3488, 3489, 3519, 3867)
 2008 Ed. (1427, 1749, 1751, 1996, 1997, 1998, 1999, 2353, 2502, 3574, 3660, 3661, 3918, 3921)
 2009 Ed. (774, 1958, 1959, 1960, 1961, 2597, 3644, 3728, 3988, 3991)
 2010 Ed. (1710, 1897, 1898, 3562, 3643)
 2011 Ed. (1930, 3565, 3648)
 2012 Ed. (189, 1791, 3558, 3649)
 2013 Ed. (170, 1355, 1962, 3596, 3711)
 2014 Ed. (175, 1900, 3644)
 2015 Ed. (204, 1945)
 2016 Ed. (195, 1913)
 2017 Ed. (182, 1885)
 2018 Ed. (1825)
 2019 Ed. (1879, 3552)
 2020 Ed. (1817)
 2021 Ed. (1785)
 2023 Ed. (2344)
Norsk Hydro Produksjon
 1993 Ed. (1381)

Norsk Hydro Produksjon A/S
 1990 Ed. (1406)
 1994 Ed. (1435)
 2005 Ed. (1918)
Norsk Hydro Produksjon AS
 1996 Ed. (1431)
 1997 Ed. (1492)
 2000 Ed. (1528)
 2007 Ed. (1930)
Norsk Meierier
 1992 Ed. (68)
Norsk Oppdrettsservice AS
 2018 Ed. (1824)
Norsk Privatkonomi ASA
 2009 Ed. (1962)
Norsk Ravare
 2020 Ed. (1816, 4802)
Norsk Tipping
 2004 Ed. (69)
 2005 Ed. (64)
 2006 Ed. (71)
 2007 Ed. (62)
Norsk Tipping A-S
 1993 Ed. (45)
 1994 Ed. (36)
 2001 Ed. (63)
Norsk Tipping AS
 2009 Ed. (75)
 2010 Ed. (85)
Norske Informasjonsterminaler AS
 2009 Ed. (3016)
Norske Meierier
 1993 Ed. (45)
 1994 Ed. (36)
Norske Skog
 2004 Ed. (3767)
Norske Skog Canada
 2003 Ed. (3734)
 2007 Ed. (2636)
Norske Skogindustrier
 1992 Ed. (3305)
 2006 Ed. (1949)
Norske Skogindustrier A/S
 1993 Ed. (1381)
 1994 Ed. (1435, 2701)
 2005 Ed. (1918)
Norske Skogindustrier AS
 1995 Ed. (1469)
 1997 Ed. (2970)
 2000 Ed. (1528)
Norske Skogindustrier ASA
 2002 Ed. (3542)
 2004 Ed. (3768)
 2006 Ed. (3396, 3757)
 2007 Ed. (1933)
 2008 Ed. (1999, 3574)
 2009 Ed. (3644)
 2010 Ed. (3562, 3824)
 2011 Ed. (3565)
 2012 Ed. (3558)
 2013 Ed. (3596)
NorskeCanada
 2003 Ed. (3732)
 2005 Ed. (1668)
 2006 Ed. (1574)
Norsolor
 1990 Ed. (1350)
Norspace AS
 2010 Ed. (2953)
Norstaff Inc.
 2005 Ed. (1643)
Norstar Bancorp.
 1989 Ed. (364)
 1990 Ed. (415)
Norstar Bank of Upstate New York
 1993 Ed. (2967)
Norstar Trust, N.Y.
 1989 Ed. (2146, 2150, 2155)
NorState Federal Credit Union
 2021 Ed. (2024)
Norsteel Buildings Ltd.
 2014 Ed. (1146)
Norsys
 2011 Ed. (1652)
Nortankers
 1994 Ed. (203)
Nortech Systems
 2010 Ed. (4507, 4525)
Nortek
 2014 Ed. (4578)
 2017 Ed. (1943)
 2018 Ed. (4930)
 2019 Ed. (4930)
 2022 Ed. (2965)
Nortek/BlueBolt
 2022 Ed. (2965)
Nortek Control/2GIG
 2023 Ed. (3172, 4391)
Nortek Control/Furman
 2023 Ed. (3084)
Nortek Control/Panamax
 2023 Ed. (3084)
Nortek Inc.
 1990 Ed. (836)
 1991 Ed. (2384, 3224)
 1993 Ed. (1088, 1388)
 1994 Ed. (1112, 1265, 1442)
 1995 Ed. (1128, 2239)

 1997 Ed. (1130)
 1998 Ed. (883)
 1999 Ed. (1314)
 2000 Ed. (2286, 2442)
 2002 Ed. (252, 2376, 2377, 2465, 2701)
 2003 Ed. (1814)
 2004 Ed. (788, 789)
 2005 Ed. (3936)
 2008 Ed. (2062)
 2009 Ed. (2028, 3178)
 2010 Ed. (1961, 3109)
 2011 Ed. (2021)
 2012 Ed. (1869)
 2014 Ed. (1963)
 2015 Ed. (2010)
 2016 Ed. (1981)
Nortek Security & Control
 2017 Ed. (4912)
Nortel
 1997 Ed. (3708)
 2000 Ed. (4206, 4363)
 2005 Ed. (1982, 1984, 1985)
 2006 Ed. (2063, 4695)
 2007 Ed. (2035, 4712)
 2008 Ed. (4639)
 2009 Ed. (2112)
Nortel Inversora
 2004 Ed. (24)
Nortel Inversora SA
 2003 Ed. (4570)
Nortel Matra
 1997 Ed. (916)
Nortel Networks Corp.
 2000 Ed. (1398, 2458)
 2001 Ed. (1658, 1659, 1660, 1664, 1665, 2170, 2172, 2196, 2865, 2868, 4044)
 2002 Ed. (1123, 1385, 1483, 1494, 1605, 1606, 1607, 1609, 1641, 1693, 2109, 2228, 2502, 2503, 2510, 2786, 4360, 4361, 4560, 4561, 4876)
 2003 Ed. (1079, 1629, 1635, 1639, 1701, 2251, 2252, 2892, 2933, 2937, 2938, 2939, 2940, 2941, 3148, 3631, 3636, 3637, 3638, 3639, 3754, 4541, 4542, 4545, 4575, 4701, 4978)
 2004 Ed. (1090, 1663, 1738, 2825, 3016, 3678, 3680, 3779, 4672)
 2005 Ed. (1120, 1710, 1719, 1727, 1974, 2828, 2830, 2833, 3025, 3698, 4517, 4630, 4632, 4639)
 2006 Ed. (942, 1109, 1112, 1615, 1618, 2812, 2814, 2815, 2817, 3699, 4593)
 2007 Ed. (1037, 1216, 1474, 1632, 1798, 1799, 1802, 1803, 1805, 2804, 2807, 2809, 2819, 4717)
 2008 Ed. (960, 1468, 2930, 2932, 2935, 2937, 3201)
 2009 Ed. (962, 1554, 1566, 2987, 2990, 2991, 2992, 2993, 3119, 4566, 4671)
 2010 Ed. (1724, 1727, 1728, 2927, 2929, 2930, 2932, 2933, 3053, 3193)
 2011 Ed. (1739, 1741, 1742, 1743, 1744, 1747, 2890, 2892, 2895, 3022, 3833)
 2012 Ed. (2830, 2949)
 2013 Ed. (3039)
NorTerra Inc.
 2008 Ed. (2975)
 2010 Ed. (2992)
 2011 Ed. (3523)
 2012 Ed. (4070)
Nortex
 1995 Ed. (1478)
 2000 Ed. (226)
North 6th Agency
 2018 Ed. (4034)
 2019 Ed. (4027)
 2020 Ed. (4037)
North Adams Transcript
 2008 Ed. (1907)
 2009 Ed. (1869)
North America
 1992 Ed. (1235, 2129, 3294, 3295, 3552)
 1993 Ed. (1113, 1721, 2027, 2243, 2475, 3350)
 1994 Ed. (189, 3657)
 1995 Ed. (1593, 2489, 2872)
 1996 Ed. (325, 936, 1175, 1725, 2553, 3662)
 1997 Ed. (1682, 1806, 2113, 2690, 3491)
 1998 Ed. (251, 505, 857, 1807, 2422, 2660, 2735, 2815)
 1999 Ed. (199, 1913, 1937, 2856, 3274, 3282, 3586, 3632, 3842, 3900, 4039, 4118, 4550, 4827)
 2000 Ed. (350, 2867, 3012, 3548, 3830, 4343)
 2001 Ed. (368, 516, 517, 728, 1098, 3157, 3371, 3372, 3857, 4374)
 2002 Ed. (1022, 2026, 4323, 4324)
 2003 Ed. (3854)
 2005 Ed. (1598, 3199)
 2006 Ed. (1485, 3178, 3551, 4683)
 2007 Ed. (1515, 3247, 3619)
 2008 Ed. (728, 1497, 3375, 3742)
 2009 Ed. (1430, 3439, 3762)
 2010 Ed. (1414)
North America Syndicate
 1989 Ed. (2047)

North American Airlines Inc.
 2005 Ed. (1348, 2153)
 2006 Ed. (2243)
 2007 Ed. (2167)
North American Armorgroup Inc.
 2004 Ed. (1879)
North American Bancard
 2010 Ed. (3488)
The North American Bank & Trust Co.
 2004 Ed. (402)
North American Biologicals
 1997 Ed. (2022)
North American Bison Corp.
 2009 Ed. (2828)
North American Breweries
 2013 Ed. (550)
 2014 Ed. (564, 719)
 2015 Ed. (628, 767)
 2016 Ed. (577, 689)
 2017 Ed. (742)
 2018 Ed. (682)
 2019 Ed. (697)
North American Builders Indemnity Co.
 1995 Ed. (906)
North American Capital Management, Equity
 2003 Ed. (3125)
North American Central School Bus
 2019 Ed. (718)
 2020 Ed. (709)
 2021 Ed. (715)
North American Chemical Co.
 1998 Ed. (3333)
North American Coal
 1990 Ed. (1069)
 1992 Ed. (1233)
 1998 Ed. (782)
 1999 Ed. (1208, 1210)
 2000 Ed. (1129)
North American Coatings
 2010 Ed. (1237)
North American Coatings LLC
 2011 Ed. (1185)
 2012 Ed. (1132)
 2013 Ed. (1278)
 2014 Ed. (1211)
North American Coffee Partnership
 2018 Ed. (599)
 2019 Ed. (611)
The North American Coffee Partnership
 2003 Ed. (1044)
North American Communications Inc.
 1989 Ed. (2655)
 2006 Ed. (4369)
North American Co.
 1989 Ed. (948, 949)
 1996 Ed. (995)
North American Construction Co.
 2008 Ed. (4050)
North American Construction Group Inc.
 2010 Ed. (1248)
 2011 Ed. (1198)
North American Construction Group Ltd.
 2023 Ed. (3941)
North American Dismantling Corp.
 2013 Ed. (1271)
 2016 Ed. (1177)
 2017 Ed. (1220)
 2021 Ed. (1189)
North American Dismantling Group
 2014 Ed. (3516)
North American Diversified II
 1995 Ed. (1081)
North American Enclosures
 1998 Ed. (2854)
North American Energy Partners
 2009 Ed. (3985)
 2010 Ed. (3893)
 2011 Ed. (1099, 3907)
 2012 Ed. (3891)
North American Fidelity & Guarantee Ltd.
 1994 Ed. (861)
North American Galvanizing
 2009 Ed. (2898, 4453, 4480)
 2010 Ed. (2842)
North American Galvanizing & Coatings Inc.
 2009 Ed. (2915)
 2010 Ed. (4500, 4501, 4505, 4528)
 2011 Ed. (4434, 4444, 4468)
North American Global Equity A
 1999 Ed. (3580)
North American Group
 2011 Ed. (1940)
North American Holding
 1990 Ed. (2748)
North American Holding C1A
 1990 Ed. (2748)
North American Housing Corp.
 1990 Ed. (1174, 2597)
 1991 Ed. (1061)
 1992 Ed. (1369)
 1993 Ed. (1092)
 1994 Ed. (1116)
 1995 Ed. (1132)
North American (IMCO)
 1995 Ed. (2603)

North American Intelecom
 1994 Ed. (3493)
 1995 Ed. (3560)
 1996 Ed. (2918)
North American International Motorcycle Super Show
 2004 Ed. (4757)
North American Investment Corp.
 1989 Ed. (819)
North American Life Assurance Co.
 1995 Ed. (2311)
 1996 Ed. (2326)
 1997 Ed. (2454, 2455)
North American Life & Casualty
 1993 Ed. (3652)
North American Lighting
 2023 Ed. (353)
North American Logistics
 2002 Ed. (1225)
North American Metals Distribution Group
 1999 Ed. (3354)
 2000 Ed. (3089)
North American Mortgage
 1995 Ed. (2597, 2598, 2600, 2609, 2611)
 1996 Ed. (2679, 2680, 2682, 2683)
 1997 Ed. (2809, 2811)
 1998 Ed. (2522, 2526)
 1999 Ed. (370)
 2000 Ed. (3158, 3161)
 2001 Ed. (3346)
 2003 Ed. (3433, 3435, 3443, 3445, 3446, 3447, 3448)
North American Mortgage/Dime
 2001 Ed. (3345, 4522)
North American Mortgage (IMCO)
 1994 Ed. (2557)
North American Natural Gas
 2018 Ed. (2836)
North American Palladium
 2021 Ed. (3564, 3565, 3566, 3573, 3574)
North American Palladium Ltd.
 2003 Ed. (1633, 1640)
North American Philips
 1990 Ed. (1080, 1591, 1592, 1593, 1623, 1642)
 1991 Ed. (1523)
 1992 Ed. (1536, 1616, 1918)
 1993 Ed. (1005, 1547, 1550, 1551, 1569, 1588)
 1994 Ed. (1035, 1586, 1588, 1608, 1610, 1619)
 1995 Ed. (1044, 1627, 1630, 1652)
 1997 Ed. (1686)
North American Philips Light
 2017 Ed. (3320)
 2018 Ed. (3383)
North American Philips (Norelco)
 1991 Ed. (1485, 1490, 1491)
 1992 Ed. (1886)
North American Philips (Norelco, Schick)
 1992 Ed. (1889, 1890)
North American Pipe Corp.
 2005 Ed. (3843)
 2006 Ed. (3914)
 2007 Ed. (3964)
 2008 Ed. (3990)
 2009 Ed. (4061)
 2010 Ed. (3979)
 2011 Ed. (3983)
 2012 Ed. (3980)
 2013 Ed. (4043)
 2014 Ed. (3979)
 2015 Ed. (4024)
 2016 Ed. (3938)
 2017 Ed. (3907)
 2018 Ed. (3938)
North American Plastics
 2021 Ed. (3910)
 2022 Ed. (3920)
 2023 Ed. (4009)
North American Plywood
 2022 Ed. (4991)
North American Plywood Corp.
 2017 Ed. (4988)
 2018 Ed. (2807)
 2019 Ed. (4990)
 2020 Ed. (4992)
North American Railway Braking
 1992 Ed. (2961)
North American Reinsurance
 1990 Ed. (2261)
 1991 Ed. (2829)
North American Risk Co.
 2008 Ed. (3808, 4249)
 2009 Ed. (3852)
North American Risk Management Inc.
 2005 Ed. (3615)
 2006 Ed. (3732, 4199)
 2007 Ed. (3715)
North American Savings (Kansas City, MO)
 2023 Ed. (736)
North American Savings Bank
 1998 Ed. (3553)
 2004 Ed. (4719)
 2021 Ed. (4305)
 2022 Ed. (4313)

CUMULATIVE INDEX • 1989-2023

North American Savings Bank, F.S.B.
  2021 Ed. (4305)
  2022 Ed. (4313)
  2023 Ed. (4343)
North American Savings Bank, FSB
  2011 Ed. (4362)
  2012 Ed. (4402)
  2013 Ed. (4375)
North American Securities Administrators Association
  2002 Ed. (4844)
North American Security
  1993 Ed. (3652, 3655)
  1996 Ed. (3770)
North American Security Life
  1992 Ed. (4380)
North American Security Venture Global Equity
  1994 Ed. (3613)
North American Site Developers Inc.
  2000 Ed. (1259)
  2001 Ed. (1473)
  2002 Ed. (1288)
  2003 Ed. (1300)
  2004 Ed. (1303)
  2005 Ed. (1310)
  2006 Ed. (1280)
  2007 Ed. (1359)
  2008 Ed. (1256)
North American Steel Alliance
  2008 Ed. (1383)
  2009 Ed. (1386)
  2010 Ed. (1371)
  2011 Ed. (1364)
  2012 Ed. (1227)
  2015 Ed. (1342)
  2016 Ed. (1263)
North American/Swiss Reinsurance
  1992 Ed. (3658)
  1993 Ed. (2992)
  1994 Ed. (3040)
  1996 Ed. (3186)
North American Systems
  1990 Ed. (1080)
  1993 Ed. (1005)
  1997 Ed. (1041)
  1998 Ed. (786)
North American Timber Corp.
  2001 Ed. (2502)
  2003 Ed. (2543)
North American Title Co.
  1990 Ed. (2265)
  1998 Ed. (2215)
  1999 Ed. (2986)
  2000 Ed. (2739)
North American Trade Corp.
  1994 Ed. (2049)
  2000 Ed. (2463)
North American Trust
  1996 Ed. (3761)
North American Tungsten Corp.
  2014 Ed. (1501)
  2015 Ed. (1558)
North American U.S. Government Securities A
  1996 Ed. (2810)
North American Vaccine Inc.
  1993 Ed. (214, 217)
North American Van Lines Commercial Transport Div.
  1991 Ed. (3430)
  1993 Ed. (3636)
  1995 Ed. (3675)
North American Van Lines Commercial Transport Division
  1992 Ed. (4355)
  1994 Ed. (3596)
North American Van Lines Inc.
  1991 Ed. (2496)
  1992 Ed. (3121, 4357)
  1993 Ed. (2610, 3635, 3643, 3644)
  1994 Ed. (2571, 3590, 3595, 3603, 3604)
  1995 Ed. (2626, 3678, 3681)
  1996 Ed. (3755, 3760)
  1997 Ed. (3810)
  1998 Ed. (2544, 3636)
  1999 Ed. (3459, 4676)
  2000 Ed. (3177)
  2004 Ed. (1735, 2688)
  2005 Ed. (1795, 2686)
  2006 Ed. (1768)
  2007 Ed. (1776, 4846)
North American Ventures
  1990 Ed. (3455)
North American Video
  1999 Ed. (4204)
  2003 Ed. (4330)
  2007 Ed. (4435, 4992)
  2008 Ed. (3722, 4415, 4973)
  2012 Ed. (4453)
North Anna
  1998 Ed. (3401)
North Antelope/Rochelle
  2002 Ed. (3365)
North Antelope, WY
  2000 Ed. (1126)

North Atlantic Books
  2021 Ed. (4035)
  2023 Ed. (4159)
North Atlantic Energy Corp.
  2004 Ed. (1816)
  2005 Ed. (1900)
  2006 Ed. (1926)
  2007 Ed. (1911)
  2010 Ed. (1861)
  2011 Ed. (1893)
North Atlantic Refining Ltd.
  2008 Ed. (1611)
North Atlantic Trading Co.
  2011 Ed. (4697)
  2012 Ed. (4717)
  2013 Ed. (4681)
North Bancshares
  2003 Ed. (512)
North Bay Health Care
  2012 Ed. (1378)
  2013 Ed. (1473)
  2014 Ed. (1435)
  2016 Ed. (1432)
  2017 Ed. (1444)
North Beach, FL
  2012 Ed. (3047)
North Bethesda Hotel LLC
  2013 Ed. (1834, 3089)
  2014 Ed. (1763, 3087)
North Borward Hospital District
  2002 Ed. (3296)
North Branch Construction
  2019 Ed. (1816)
North Bridge Venture Partners
  2002 Ed. (4738)
  2008 Ed. (4805)
North British Distillery Co. Ltd.
  1993 Ed. (967)
  1994 Ed. (993)
North Broken Hill Peko
  1990 Ed. (2540)
North Broward Hospital District
  1990 Ed. (2631)
  1994 Ed. (2576)
  1998 Ed. (2554)
  1999 Ed. (3466)
  2000 Ed. (3185)
  2003 Ed. (3471)
  2006 Ed. (3590)
North Canadian Oils
  1992 Ed. (3436)
North Carolina
  1989 Ed. (1737, 2529, 2543, 2547, 2553, 2613, 2913, 2934)
  1990 Ed. (760, 824, 830, 833, 2410, 2430, 2513, 2664, 3279, 3280, 3281, 3282, 3356, 3357, 3358, 3367, 3378, 3385, 3389, 3391, 3392, 3399, 3400, 3401, 3407, 3408, 3410, 3411, 3413, 3415, 3425, 3429)
  1991 Ed. (789, 794, 795, 796, 1853, 2349, 2351, 2352, 2475, 2476, 2768, 3179, 3181, 3183, 3184, 3187, 3190, 3200, 3263, 3481)
  1992 Ed. (969, 972, 973, 975, 2098, 2099, 2286, 2339, 2340, 2574, 2915, 2923, 2926, 2927, 2929, 2968, 3118, 3484, 3542, 3819, 4074, 4077, 4078, 4080, 4081, 4091, 4092, 4094, 4100, 4108, 4119, 4120, 4121, 4126, 4180, 4435, 4451)
  1993 Ed. (1501, 1734, 1735, 1946, 2151, 2153, 2180, 2585, 2586, 2608, 3395, 3396, 3397, 3400, 3402, 3408, 3409, 3416, 3427, 3428, 3433, 3435, 3698, 3712, 3718)
  1994 Ed. (1968, 2381, 2382, 2535, 2568, 2756, 2766, 3379, 3380, 3384, 3386, 3387, 3393, 3398, 3399, 3406, 3411, 3419, 3422, 3423)
  1995 Ed. (675, 1669, 1762, 1764, 1993, 2204, 2269, 2462, 2463, 2608, 2623, 2799, 2856, 3451, 3452, 3456, 3458, 3459, 3469, 3470, 3477, 3482, 3490, 3491, 3493, 3494, 3499, 3500, 3502, 3540, 3732, 3748, 3749)
  1996 Ed. (1737, 1738, 2015, 2504, 2511, 2512, 2701, 2856, 3175, 3254, 3255, 3512, 3513, 3514, 3516, 3522, 3524, 3527, 3531, 3532, 3536, 3538, 3539, 3545, 3550, 3551, 3558, 3563, 3571, 3572, 3574, 3575, 3576, 3579, 3798, 3831, 3847, 3848)
  1997 Ed. (1, 1818, 1819, 2137, 2650, 3562, 3564, 3573, 3575, 3578, 3579, 3585, 3590, 3591, 3598, 3610, 3611, 3613, 3614, 3615, 3619, 3881, 3895, 3896)
  1998 Ed. (179, 473, 725, 732, 1535, 1536, 1830, 2059, 2112, 2113, 2385, 2404, 2406, 2561, 2883, 2901, 2971, 3375, 3379, 3380, 3385, 3388, 3391, 3398, 3611, 3716, 3727, 3734)
  1999 Ed. (981, 1145, 2587, 2812, 2911, 3226, 3595, 3724, 4414, 4415, 4416, 4417, 4422, 4424, 4426, 4427, 4429, 4430, 4431, 4435, 4436, 4443, 4449,

4457, 4458, 4464, 4467, 4537, 4764, 4775, 4780)
  2000 Ed. (276, 751, 1140, 1905, 1906, 2327, 2658, 2659, 2965, 3434, 3558, 3587, 3859, 4102, 4104, 4105, 4112, 4113, 4289, 4290, 4391, 4399, 4406)
  2001 Ed. (370, 371, 396, 397, 660, 661, 666, 667, 719, 720, 721, 722, 992, 993, 997, 998, 1028, 1029, 1084, 1087, 1106, 1109, 1123, 1126, 1127, 1201, 1245, 1262, 1263, 1266, 1267, 1269, 1294, 1371, 1378, 1396, 1397, 1400, 1411, 1415, 1416, 1417, 1418, 1419, 1422, 1423, 1427, 1428, 1429, 1430, 1432, 1433, 1434, 1435, 1437, 1438, 1439, 1491, 1934, 1942, 1965, 1966, 2049, 2050, 2051, 2055, 2056, 2111, 2132, 2144, 2150, 2152, 2218, 2234, 2380, 2381, 2385, 2386, 2387, 2388, 2389, 2390, 2391, 2392, 2393, 2394, 2397, 2398, 2418, 2421, 2453, 2466, 2471, 2537, 2563, 2566, 2567, 2572, 2573, 2594, 2597, 2607, 2617, 2618, 2619, 2620, 2662, 2682, 2684, 2685, 2723, 2739, 2758, 2807, 2964, 2997, 2998, 3035, 3046, 3047, 3072, 3078, 3079, 3090, 3091, 3172, 3173, 3174, 3175, 3213, 3214, 3235, 3236, 3295, 3338, 3339, 3386, 3396, 3397, 3400, 3418, 3419, 3525, 3567, 3568, 3577, 3615, 3617, 3620, 3632, 3639, 3640, 3654, 3716, 3730, 3731, 3736, 3788, 3791, 3795, 3796, 3809, 3810, 3840, 3841, 3849, 3871, 3872, 3894, 3895, 3897, 3899, 3904, 3914, 3965, 3969, 3993, 3994, 4000, 4005, 4006, 4012, 4173, 4238, 4242, 4258, 4259, 4305, 4336, 4407, 4408, 4415, 4442, 4443, 4445, 4480, 4489, 4515, 4516, 4517, 4518, 4532, 4536, 4552, 4570, 4581, 4646, 4799, 4821, 4823, 4824, 4826, 4827, 4838, 4839, 4862, 4863, 4864, 4917, 4927, 4928, 4929, 4930, 4931, 4934, 4935, 4937, 4938)
  2002 Ed. (368, 448, 450, 451, 453, 456, 459, 461, 463, 466, 468, 473, 494, 497, 864, 1112, 1113, 1116, 1117, 1802, 2064, 2069, 2226, 2229, 2401, 2403, 2574, 2736, 2737, 2738, 2739, 2740, 2741, 2742, 2746, 2846, 2851, 2874, 2881, 2882, 2883, 2971, 2981, 2983, 3120, 3127, 3129, 3212, 3235, 3236, 3239, 3240, 3273, 3289, 3300, 3600, 3901, 4102, 4103, 4160, 4166, 4167, 4308, 4366, 4375, 4376, 4537, 4538, 4539, 4627, 4681, 4732, 4765, 4910, 4911, 4914, 4916, 4919)
  2003 Ed. (354, 381, 391, 394, 395, 396, 400, 403, 404, 415, 419, 441, 1057, 1059, 1063, 2424, 2433, 2434, 2612, 2963, 2982, 3237, 3244, 3248, 3249, 3250, 3252, 3255, 3256, 3293, 3294, 3360, 3758, 3763, 3898, 4232, 4249, 4251, 4284, 4290, 4408, 4416, 4417, 4467, 4646, 4666, 4755, 4944, 4954, 4956)
  2004 Ed. (360, 370, 373, 374, 375, 377, 380, 385, 386, 398, 413, 435, 1066, 1068, 1070, 1904, 2000, 2188, 2294, 2297, 2301, 2302, 2316, 2563, 2564, 2565, 2566, 2567, 2572, 2574, 2727, 2728, 2732, 2971, 2972, 2993, 2994, 3044, 3046, 3087, 3092, 3121, 3275, 3290, 3292, 3311, 3312, 3313, 3355, 3356, 3425, 3783, 3923, 3926, 3933, 4271, 4292, 4298, 4300, 4301, 4419, 4446, 4501, 4506, 4510, 4512, 4513, 4519, 4522, 4526, 4527, 4648, 4649, 4735, 4901, 4948, 4957, 4959)
  2005 Ed. (371, 392, 393, 394, 395, 396, 398, 399, 404, 418, 441, 1070, 1072, 1074, 1075, 2034, 2543, 2544, 3299, 3383, 3384, 3441, 3701, 3871, 3874, 4204, 4225, 4231, 4392, 4569, 4601, 4712, 4795, 4928, 4939, 4942)
  2006 Ed. (2130, 2550, 2551, 2984, 3104, 3323, 3367, 3368, 3450, 3790, 3934, 3937, 4158, 4410, 4650, 4764, 4791, 4865)
  2007 Ed. (333, 356, 2078, 2274, 2373, 2526, 2527, 3385, 3419, 3420, 3474, 3788, 3794, 3992, 3995, 4472, 4650, 4770)
  2008 Ed. (343, 1757, 2407, 2641, 2654, 2655, 3266, 3469, 3470, 3482, 3512, 3545, 3648, 3862, 4009, 4011, 4012, 4455, 4581, 4661, 4690, 4733)
  2009 Ed. (2288, 2311, 2682, 2683, 3296, 3537, 3543, 3548, 3549, 3552, 3577, 3578, 3712, 3921, 4083, 4084, 4243, 4494, 4624, 4703, 4732, 4768)
  2010 Ed. (823, 2106, 2242, 2324, 2593, 2594, 3223, 3447, 3460, 3465, 3468, 3469, 3471, 3496, 3630, 3839, 3844, 3995, 4175, 4537, 4568, 4652, 4717, 4740)
  2011 Ed. (253, 750, 2159, 2251, 2320, 2575, 2576, 3186, 3447, 3463, 3464, 3468, 3471, 3472, 3496, 3502, 3631,

3842, 3846, 4003, 4475, 4531, 4600, 4675, 4700, 4951)
  2012 Ed. (687, 922, 2222, 2223, 2227, 2336, 2499, 2522, 3145, 3208, 3464, 3473, 3474, 3476, 3477, 3478, 3500, 3631, 4490, 4533, 4690)
  2013 Ed. (1066, 1158, 2316, 2520, 2523, 2654, 2655, 2656, 3131, 3222, 3516, 3522, 3523, 3525, 3526, 3527, 3545, 4490, 4569, 4570, 4572, 4587, 4974, 4996)
  2014 Ed. (620, 621, 622, 3134, 3241, 3496, 3497, 3499, 3500, 3501, 3521, 3589, 4498, 4625, 4626, 4627, 4629, 4761)
  2015 Ed. (302, 691, 692, 790, 2631, 3514, 3516, 3517, 3518, 3519, 3536, 3779, 4054, 4498)
  2016 Ed. (631, 2556, 3054, 3373, 3374, 3375, 3376, 3387, 4430)
  2017 Ed. (3005, 3094, 3332, 3333, 3335, 3346, 4533, 4534, 4545)
  2018 Ed. (624, 708, 760, 1316, 2236, 2250, 3129, 3396, 3397, 3399, 3400, 3406, 4558, 4559, 4570, 4687)
  2019 Ed. (639, 721, 2209, 3061, 3130, 3323, 3371, 3372, 3373, 3374, 3377, 3443, 4450, 4451, 4452, 4571, 4692, 4911)
  2020 Ed. (618, 619, 771, 772, 820, 2207, 2753, 3222, 3323, 3377, 3378, 3440, 3942, 4289, 4438, 4439, 4621, 4658)
  2021 Ed. (577, 793, 794, 2180, 3163, 3185, 3312, 3333, 3335, 3372, 3373, 3377, 3458, 4264, 4374, 4437, 4683)
  2022 Ed. (605, 746, 825, 826, 2354, 2356, 3308, 3309, 3325, 3392, 3397, 3399, 3401, 3422, 3423, 3427, 3515, 3516, 4276, 4448)
  2023 Ed. (846, 953, 1022, 1023, 2519, 2891, 3412, 3413, 3527, 3532, 3534, 3536, 3537, 3548, 3549, 3552, 3639, 4407, 4469, 4558, 4568, 4575, 4674, 4889)
North Carolina A & T University
  2000 Ed. (744)
North Carolina-Asheville; University of
  2008 Ed. (1061)
North Carolina AT & T State University
  2008 Ed. (181)
North Carolina Baptist Hospital
  2001 Ed. (1821)
  2008 Ed. (1990)
  2009 Ed. (1950)
  2010 Ed. (1886)
  2011 Ed. (1918)
North Carolina Baptist Hospitals Inc.
  2003 Ed. (1793)
  2004 Ed. (1828)
  2005 Ed. (1911)
  2006 Ed. (1940)
North Carolina-Chapel Hill, Kenan-Flagler School of Business; University of
  2005 Ed. (800, 803, 810, 813, 814, 815)
  2006 Ed. (724)
  2007 Ed. (795, 814, 833, 834)
  2008 Ed. (772, 794, 795)
  2009 Ed. (788, 811, 812, 824)
  2010 Ed. (725, 732, 736, 739, 756, 757, 760, 761, 763)
  2011 Ed. (639, 647, 651, 654, 655, 671, 672, 692)
  2012 Ed. (608, 610)
North Carolina at Chapel Hill; University of
  1997 Ed. (2632)
North Carolina-Chapel Hill; University of
  2005 Ed. (797, 798, 3439)
  2006 Ed. (704, 705, 715, 720, 723, 725, 3957)
  2007 Ed. (801, 1163)
  2008 Ed. (781, 1062, 1065, 3639)
  2009 Ed. (780, 797, 800, 801, 1033, 1038, 1042, 1065, 3708)
  2010 Ed. (724, 740, 1004, 1008, 1013, 3450, 3626, 3768)
  2011 Ed. (941, 947, 950, 3450, 3627, 3772)
  2012 Ed. (863, 879)
North Carolina Children's Hospital
  2012 Ed. (2963)
  2013 Ed. (3055)
North Carolina Correction Enterprises
  2009 Ed. (4092)
  2011 Ed. (4011)
  2016 Ed. (3973)
North Carolina Corrections Enterprise
  2006 Ed. (3950, 3951)
North Carolina Department of Commerce
  2003 Ed. (3245)
North Carolina East Municipal Power Agency
  1989 Ed. (2028)
  2000 Ed. (3188)
  2001 Ed. (427, 882)
North Carolina Eastern Municipal Power Agency
  1990 Ed. (3505)
  1991 Ed. (1486, 2532)

1993 Ed. (1548)
1996 Ed. (2722, 2723)
1997 Ed. (2845)
1999 Ed. (1943, 3473)
North Carolina Eastern Municipal Power Authority
1990 Ed. (2640)
North Carolina Electric Membership Corp.
2003 Ed. (1377)
2004 Ed. (1385, 1386)
2005 Ed. (1406, 1407)
2006 Ed. (1392, 1393)
2007 Ed. (1428)
2015 Ed. (1337)
2023 Ed. (1496)
North Carolina Farm Bureau Mutual
2002 Ed. (3955)
2003 Ed. (2985)
2004 Ed. (3133)
North Carolina Farm Bureau Mutual Insurance Co.
2014 Ed. (3352)
North Carolina Housing Finance Agency
2001 Ed. (882)
North Carolina Local Government Credit Union
2002 Ed. (1883)
2003 Ed. (1937)
North Carolina Local Government Employees Credit Union
2004 Ed. (1977)
2005 Ed. (2119)
2006 Ed. (2214)
North Carolina Medical Care Commission
1993 Ed. (2619)
1999 Ed. (3483)
North Carolina Medical Care Committee
1995 Ed. (2648)
North Carolina Municipal Power 1
1990 Ed. (2640)
North Carolina Municipal Power Agency No. 1
1995 Ed. (1628, 2643)
2001 Ed. (882)
North Carolina Mutual Life
1989 Ed. (1690)
North Carolina Mutual Life Insurance Co.
1990 Ed. (2275)
1991 Ed. (2106, 2144)
1992 Ed. (2707)
1993 Ed. (2253)
1994 Ed. (2233)
1995 Ed. (2280)
1996 Ed. (2286)
1997 Ed. (2419)
1998 Ed. (2132)
1999 Ed. (2916)
2000 Ed. (2669)
2002 Ed. (714)
2003 Ed. (2976)
2004 Ed. (3079)
2005 Ed. (3087)
2006 Ed. (3092)
2007 Ed. (3585, 4397, 4438)
North Carolina Natural Gas
1995 Ed. (2795)
North Carolina Retirement
1996 Ed. (2936)
1998 Ed. (2766)
North Carolina Retirement System
2004 Ed. (2024, 2027, 2028, 3789)
North Carolina Retirement Systems
1991 Ed. (2692)
2020 Ed. (3773)
North Carolina School of the Arts
1992 Ed. (1277)
North Carolina School of the Arts in Winston-Salem
1995 Ed. (1070, 1928)
North Carolina State
1992 Ed. (3663)
North Carolina; State of
1989 Ed. (2284)
North Carolina State University
1989 Ed. (2284)
1995 Ed. (971, 1070, 1928)
1999 Ed. (2046)
2000 Ed. (1034, 1037, 1836)
2001 Ed. (2258)
2002 Ed. (1029, 1032)
2006 Ed. (706)
2011 Ed. (947)
North Carolina State University at Raleigh
1996 Ed. (948)
North Carolina State University-Raleigh
1994 Ed. (939)
1997 Ed. (970)
2009 Ed. (2586)
2010 Ed. (2499)
2011 Ed. (2504)
North Carolina; University of
1993 Ed. (806)
1994 Ed. (818, 1713)
2006 Ed. (731, 3948)
2011 Ed. (3838)
2012 Ed. (611)
2014 Ed. (773)
2015 Ed. (810)

North Castle Partners
1989 Ed. (140)
1990 Ed. (131)
1991 Ed. (130)
1992 Ed. (184)
1997 Ed. (52, 123)
1998 Ed. (61)
1999 Ed. (130)
2000 Ed. (148)
2002 Ed. (157)
2003 Ed. (170)
2004 Ed. (127, 128)
North central
1989 Ed. (2032)
1990 Ed. (2654)
1994 Ed. (2586)
North Central Farmers Elevator
2012 Ed. (1893, 2747)
2013 Ed. (2050, 4419)
2014 Ed. (1986, 4450)
2015 Ed. (4445)
2016 Ed. (4336)
2017 Ed. (4339)
2018 Ed. (4334)
2019 Ed. (4361)
North Central Health Services
1991 Ed. (2624)
North/Central New Jersey
1990 Ed. (1157)
North & Central NJ
1990 Ed. (2133)
North Central Power Co. Inc.
2000 Ed. (3673)
North Central Texas Health Facilities Corp.
1993 Ed. (2618)
North Channel Bank GmbH & Co. KG
2017 Ed. (1587)
North Coast Brewing Co.
2000 Ed. (3126)
2023 Ed. (913)
North Coast Concrete
2007 Ed. (1336)
North Coast Credit Union
2002 Ed. (1833)
2010 Ed. (2142)
North Coast Electric Co.
2018 Ed. (2531)
North Coast Energy Inc.
2002 Ed. (3662)
2004 Ed. (3825)
2005 Ed. (4383)
North Colorado Medical Center
1994 Ed. (890)
2009 Ed. (3149)
North Community Bank
1998 Ed. (344)
1999 Ed. (494)
2010 Ed. (394)
2011 Ed. (319)
North Conway Bank
1990 Ed. (649)
1993 Ed. (590)
North Corridor, IL
1996 Ed. (1602)
North Country Bank & Trust Co.
2005 Ed. (3307)
North Country Credit Union
2002 Ed. (1846)
2003 Ed. (1905)
2004 Ed. (1945)
2005 Ed. (2086)
North Country Federal Credit Union
2018 Ed. (2125)
2020 Ed. (2107)
2021 Ed. (2045, 2097)
2022 Ed. (2129)
2023 Ed. (2192, 2247)
North County Ford
2005 Ed. (276)
North Dakota
1989 Ed. (206, 1669, 1736, 1888, 1898, 1899, 2540, 2541, 2549, 2558, 2561, 2562, 2612, 2787, 2848)
1990 Ed. (366, 1746, 2430, 2889, 3349, 3382, 3410, 3412, 3414, 3418, 3424, 3429, 3507)
1991 Ed. (186, 1399, 2162, 2350, 2353, 2354, 2924, 3175, 3182, 3192, 3205, 3206, 3208)
1992 Ed. (2573, 2876, 2880, 2914, 2915, 2917, 2918, 2919, 2925, 2926, 2927, 2932, 2933, 2934, 3090, 4078, 4079, 4104, 4428, 4429)
1993 Ed. (363, 2438, 2442, 3412, 3691)
1994 Ed. (678, 2371, 2376, 2379, 2380, 2388, 3402, 3475)
1995 Ed. (2457, 2460, 2461, 2469, 3473)
1996 Ed. (2090, 2508, 2509, 2517, 3513, 3518, 3520, 3554)
1997 Ed. (2656, 3147, 3568, 3594)
1998 Ed. (2382, 3376)
1999 Ed. (799, 1211, 3220, 4453)
2000 Ed. (804, 1791, 2940, 2959, 3832, 4096)
2001 Ed. (277, 278, 354, 1015, 2053, 2361, 2664, 3104, 3557, 3597, 3747, 4145, 4150, 4797, 4830)
2002 Ed. (441, 446, 447, 464, 465, 477,

492, 493, 495, 496, 668, 1907, 2008, 2011, 2230, 2231, 2285, 2738, 3079, 3111, 3122, 3199, 3524, 3528, 3734, 3805, 3906, 4071, 4073, 4082, 4102, 4115, 4159, 4160, 4161, 4162, 4163, 4164, 4167, 4168, 4169, 4170, 4520, 4522, 4523, 4892)
2003 Ed. (390, 397, 409, 416, 418, 443, 444, 1065, 1066, 1068, 2148, 2678, 2793, 2794, 2828, 3652, 3657, 4210, 4213, 4237, 4247, 4255, 4912)
2004 Ed. (186, 376, 378, 380, 381, 397, 438, 1074, 1075, 1077, 2001, 2002, 2022, 2308, 2310, 2318, 2537, 2568, 2569, 2726, 2793, 2806, 2904, 2972, 3039, 3700, 3702, 3837, 4233, 4236, 4256, 4263, 4266, 4267, 4268, 4269, 4271, 4274, 4275, 4296, 4513, 4530, 4884, 4885, 4886, 4903, 4979, 4980)
2005 Ed. (1071, 2528, 2615, 2786, 2882, 2916, 3298, 3300, 3611, 3613, 3882, 4159, 4189, 4198, 4199, 4200, 4207, 4208, 4225, 4233, 4240, 4898, 4899)
2006 Ed. (2358, 2613, 2754, 2756, 2894, 2980, 3256, 3726, 3730, 3906, 3943, 4213, 4474, 4931, 4932, 4996)
2007 Ed. (2292, 2308, 2589, 2916, 3709, 3713, 4001, 4226, 4937, 4938, 4997)
2008 Ed. (2424, 2434, 2435, 2436, 2641, 2726, 3037, 3271, 3800, 3806, 4257, 4914, 4915)
2009 Ed. (2423, 2438, 2441, 2504, 2668, 2781, 3034, 3122, 3296, 3537, 3552, 3553, 3579, 3697, 3850, 4361, 4766, 4925, 4926)
2010 Ed. (1058, 1059, 1060, 2327, 2328, 2340, 2359, 2362, 2411, 2414, 2418, 2421, 2572, 2577, 2713, 2775, 2878, 2959, 3023, 3055, 3139, 3223, 3271, 3471, 3612, 3631, 3709, 3769, 3996, 4002, 4183, 4388, 4536, 4569, 4570, 4680, 4780, 4838, 4929, 4930, 4968)
2011 Ed. (996, 997, 998, 2323, 2324, 2334, 2355, 2358, 2414, 2417, 2422, 2424, 2552, 2699, 2765, 2921, 2992, 3025, 3026, 3106, 3186, 3240, 3463, 3474, 3475, 3615, 3632, 3706, 3773, 4004, 4010, 4181, 4331, 4474, 4532, 4632, 4731, 4796, 4914, 4915, 4957)
2012 Ed. (273, 911, 920, 921, 922, 2223, 2227, 2243, 2244, 2335, 2338, 2345, 2504, 2736, 2856, 3043, 3135, 3145, 3205, 3609, 3632, 3727, 4163, 4231, 4489, 4534, 4632, 4813, 4951)
2013 Ed. (736, 1066, 1155, 1156, 1386, 2284, 2422, 2517, 2521, 2522, 2656, 2657, 2832, 3132, 3222, 3523, 3732, 3827, 3829, 4152, 4435, 4491, 4574, 4586, 4587, 4723, 4776, 4971, 4972, 4998, 4999)
2014 Ed. (276, 2316, 2331, 2461, 2462, 3229, 3241, 3497, 4631, 4633, 4946)
2015 Ed. (2393, 2397, 2529, 2631, 2632, 3197, 3520, 4625, 4626, 4986)
2016 Ed. (2338, 2342, 2462, 3054, 4543, 4544, 4903)
2017 Ed. (312, 3005, 3006, 3094, 3333, 4008, 4535, 4538, 4540, 4544, 4545, 4998)
2018 Ed. (3129, 3130, 3397, 4030, 4560, 4563, 4565, 4569, 4570, 4997)
2019 Ed. (2387, 3061, 3062, 3130, 3372, 4023, 4561, 4564, 4566, 4570, 4571, 4912, 4997)
2020 Ed. (4289, 4911)
2021 Ed. (2212, 3336, 3380, 3381, 4264, 4905, 4906)
2022 Ed. (2248, 2357, 3400, 3430, 3431, 3742, 4276, 4899, 4901)
2023 Ed. (2521, 3001, 3535, 3554, 3555, 4888)
North Dakota Housing Finance Agency
2001 Ed. (886)
North Dakota Rural Water Finance Agency
2001 Ed. (886)
North Dakota; University of
2008 Ed. (774)
2009 Ed. (790)
2011 Ed. (942)
North Dallas Bank
1991 Ed. (677)
North Dallas Bank & Trust Co.
2004 Ed. (401)
North-east Agri Service
2000 Ed. (1907)
North East Press Ltd.
2002 Ed. (3513)
North Easton Savings Bank
2023 Ed. (439)
North Estonian Bank
1997 Ed. (457)
The North Face
2001 Ed. (1108)
2008 Ed. (4547)
2011 Ed. (202, 4503, 4526)
2012 Ed. (4511)
2014 Ed. (2407)
2017 Ed. (955, 965)
2018 Ed. (886)

2021 Ed. (885)
2022 Ed. (915)
2023 Ed. (1083)
North Florida Credit Union
2004 Ed. (1933)
North Florida Field Services
2015 Ed. (1149)
North Fork Bancorp.
1997 Ed. (3280)
1998 Ed. (276, 324, 419, 3035)
1999 Ed. (393, 427, 437, 482, 610)
2000 Ed. (422, 423, 429, 3738, 3739, 3740)
2003 Ed. (424, 427, 627, 628, 1505)
2004 Ed. (441, 640, 641, 4483)
2005 Ed. (355, 629, 630, 4455)
2006 Ed. (1419)
2007 Ed. (381, 4519)
North Fork Bancorporation Inc.
2005 Ed. (450)
2006 Ed. (405, 1522)
2007 Ed. (2215)
North Fork Bank
1994 Ed. (369, 372)
2000 Ed. (633)
2001 Ed. (644)
2007 Ed. (1184)
2008 Ed. (1090)
2009 Ed. (1072)
North Fork Bank & Trust Co.
1993 Ed. (2966)
North Forty Fine Furniture
2005 Ed. (4996)
2006 Ed. (4994)
North Growth U.S. Equity
2002 Ed. (3450)
2003 Ed. (3580, 3581)
2004 Ed. (2460, 2461, 2462)
North Hawaii Community Hospital
2007 Ed. (1755)
2008 Ed. (1783)
2009 Ed. (1724)
2010 Ed. (1672)
2011 Ed. (1681)
2012 Ed. (1532)
2013 Ed. (1678)
2014 Ed. (1630)
2015 Ed. (1679)
2016 Ed. (1624)
2017 Ed. (1597)
North Hempstead, NY
1992 Ed. (1167)
North Hempstead Solid Waste Management, NY
1993 Ed. (2624)
North High Brewing
2023 Ed. (927)
North Highland
2008 Ed. (2103)
2009 Ed. (1184, 1185, 1638)
2010 Ed. (1180, 1182, 1183, 1184, 1185, 1191, 1192, 1864, 2020, 2030)
2011 Ed. (1139, 1140, 1634, 1896, 2077, 2087)
2012 Ed. (1062, 1063, 1064, 1065, 1066, 1067, 1068, 1074, 1075, 1751, 1839, 1929)
2013 Ed. (1198, 1199, 1200, 1201, 1202, 1203, 1208, 1209, 1447, 1612, 1931)
2014 Ed. (1150, 1408, 1519, 1579, 1933)
2015 Ed. (1203, 1468, 1629, 1980)
2016 Ed. (1111)
The North Highland Co.
2013 Ed. (1916)
2014 Ed. (1855)
2019 Ed. (2355)
2020 Ed. (2323)
2021 Ed. (2289)
2022 Ed. (2314, 2321)
2023 Ed. (2497)
The North Highland Company
2022 Ed. (2314)
North Highland Consulting
2013 Ed. (2090)
2014 Ed. (2024)
North Holland-Amsterdam Severocesky, Czech Republic
2005 Ed. (3329)
North Hollywood, CA
2017 Ed. (745)
North Idaho College
2016 Ed. (2124)
2021 Ed. (1956)
2022 Ed. (2000)
2023 Ed. (2101)
North Island Credit Union
2002 Ed. (1831)
North Island Federal Credit Union
1997 Ed. (1565)
North Italia
2021 Ed. (4185)
North Japan Foods
1996 Ed. (1176)
North Jersey Media Group
2013 Ed. (2652)
North Jersey Media Group Inc.
2014 Ed. (2608)
2015 Ed. (2654)

2016 Ed. (2574)
2018 Ed. (2525)
North Jersey Prospector
2002 Ed. (3500)
North Jersey Savings & Loan Association
1990 Ed. (3588)
North; Justin
2023 Ed. (1308)
North Kalgurli Mines
1990 Ed. (3470)
North Kansas City Hospital
2011 Ed. (1870)
2012 Ed. (1726)
2013 Ed. (1889)
North Kansas City Hospital Auxiliary
2010 Ed. (1839)
North Kansas City, MO
1995 Ed. (2482)
1996 Ed. (2537)
North Kansas, MO
1994 Ed. (2406)
North Kona, HI
1997 Ed. (999)
Korea, North
2023 Ed. (2400)
North Korea
1991 Ed. (259)
1992 Ed. (362)
1993 Ed. (1464, 1466)
1995 Ed. (1544)
2001 Ed. (4262, 4264)
2002 Ed. (4705)
2004 Ed. (4421, 4423)
2005 Ed. (4369, 4371)
2006 Ed. (4317, 4319)
2007 Ed. (4382, 4863)
2008 Ed. (4338, 4784)
2009 Ed. (4443, 4816)
2010 Ed. (4484, 4834)
2011 Ed. (4419, 4792)
2012 Ed. (2197, 2203)
2013 Ed. (2382, 2384)
2014 Ed. (2319, 2321)
2017 Ed. (2178, 2180)
2018 Ed. (2239, 2243)
2019 Ed. (2212, 2216)
2020 Ed. (2209, 2213)
2021 Ed. (2181, 2185)
2022 Ed. (2211, 2215)
2023 Ed. (2404)
North London Collegiate School
1999 Ed. (4145)
North Macedonia
2021 Ed. (2311)
North Maple Inn
2005 Ed. (2938)
2006 Ed. (2940)
2007 Ed. (2951)
North Medical Community Health Plan
2000 Ed. (2432)
North Memorial Health
2021 Ed. (2861)
North Midland Construction plc
2008 Ed. (1187)
North Mississippi Health Services
2021 Ed. (1709)
2022 Ed. (1736)
2023 Ed. (1877)
North Mississippi Health Services Inc.
2004 Ed. (1802)
2005 Ed. (1873)
2006 Ed. (1893)
2007 Ed. (1886)
2008 Ed. (1941)
2009 Ed. (1901)
2010 Ed. (1837)
2011 Ed. (1868)
2012 Ed. (1724, 1725)
2013 Ed. (1886)
2014 Ed. (1818, 1819)
2015 Ed. (1858, 1859)
2016 Ed. (1817)
North Mississippi Medical Center
2014 Ed. (1820)
2015 Ed. (1860)
2016 Ed. (1819)
North Mississippi Medical Center Inc.
2001 Ed. (1796)
2003 Ed. (1765)
2004 Ed. (1802)
2005 Ed. (1873)
2006 Ed. (1893)
2007 Ed. (1886)
2008 Ed. (1941)
2009 Ed. (1901)
2010 Ed. (1837)
2011 Ed. (1868)
2012 Ed. (1724)
2013 Ed. (1886)
2014 Ed. (1818)
2015 Ed. (1858)
2016 Ed. (1817)
North Pacific Bank
2002 Ed. (596)
North Pacific Canners
2014 Ed. (2795)

North Pacific Group Inc.
2009 Ed. (2818, 4162)
2010 Ed. (2759, 4095)
North Pacific Industries
2021 Ed. (999)
North Pacific Lumber Co.
1990 Ed. (843)
1991 Ed. (806)
1992 Ed. (987)
1993 Ed. (782)
1994 Ed. (798)
North Pacific Paper Corp.
2000 Ed. (3410)
North Pacific Processors
2003 Ed. (2523)
North Park College
1992 Ed. (1275)
1993 Ed. (1023)
1995 Ed. (1058)
North Park Lincoln-Mercury
1991 Ed. (284)
1995 Ed. (274)
1996 Ed. (277)
North Pittsburgh Systems Inc.
2004 Ed. (2125)
2005 Ed. (1949)
2008 Ed. (2050)
North Point Ministries
2013 Ed. (1648)
North Point Outdoors
2023 Ed. (2734)
North Point-Sarasota-Bradenton, FL
2020 Ed. (2357)
North Port, FL
2021 Ed. (3316)
North Qatar C.
2009 Ed. (85)
North Reading Transportation
2019 Ed. (718)
North Ridge Medical Center
1998 Ed. (1989)
1999 Ed. (2747)
2000 Ed. (2527)
2002 Ed. (2620)
North Rock Insurance Co., Ltd.
2006 Ed. (3055)
2007 Ed. (3085)
North Shor University
1999 Ed. (2752)
North Shore Animal League
1996 Ed. (915)
1998 Ed. (1280)
North Shore Bank
2021 Ed. (357, 4325)
2022 Ed. (4332)
2023 Ed. (459)
North Shore Bank FSB
1998 Ed. (3571)
North Shore Bank, FSB
2013 Ed. (1040)
2021 Ed. (4325)
2022 Ed. (4332)
2023 Ed. (4362)
North Shore Community College
2009 Ed. (2403, 3827)
North Shore Credit Union
2005 Ed. (2585)
2006 Ed. (2588)
North Shore Health System
1998 Ed. (1909, 2553)
North Shore-LIJ Health System
2016 Ed. (3004)
North Shore LIJ Health System Credit Union
2010 Ed. (2132)
North Shore-LIJ Medical Group
2015 Ed. (2913)
North Shore-Long Island Jewish Health System
1999 Ed. (2645, 3463, 3467)
2000 Ed. (3181, 3186)
2001 Ed. (2669, 3923)
2002 Ed. (3295, 3802)
2003 Ed. (3467)
2006 Ed. (3591)
2015 Ed. (3148, 4867)
2016 Ed. (2834, 3003)
North Shore Medical Center
2011 Ed. (3052)
North Shore Properties Inc.
2003 Ed. (1694)
North Shore Trust & Savings
2021 Ed. (4293)
2022 Ed. (4301)
2023 Ed. (4331)
North Shore University Hospital
1990 Ed. (2489)
1991 Ed. (2358)
1993 Ed. (2471)
2001 Ed. (2774)
2016 Ed. (2838)
2017 Ed. (3985)
North Shore University Hospital at Manhasset
1998 Ed. (1992)

North Shore University Hospital-Manhasset/Syosset
2001 Ed. (2773, 2775)
2002 Ed. (2623)
North Slope Borough, AK
1994 Ed. (2406)
1995 Ed. (2482)
1996 Ed. (2537)
North Sound Bank
1996 Ed. (546)
1997 Ed. (505)
1998 Ed. (375)
North & South America
2000 Ed. (4040)
North Springs Mixed Use
2002 Ed. (3532)
North Square Multi Strategy
2022 Ed. (3727)
North Square Multi Strategy A
2022 Ed. (3727)
2023 Ed. (3823)
North Star
2018 Ed. (1029)
2019 Ed. (1039)
2020 Ed. (1044, 1049, 1053)
North Star Communication
2009 Ed. (29)
North Star Community Credit Union
2004 Ed. (1978)
2005 Ed. (2075, 2120)
2006 Ed. (2215)
2007 Ed. (2136)
2008 Ed. (2251)
2009 Ed. (2192, 2237)
2010 Ed. (2191)
2011 Ed. (2209)
2012 Ed. (2070)
2013 Ed. (2252)
2014 Ed. (2184)
2015 Ed. (2248)
2016 Ed. (2219)
2018 Ed. (2114)
2020 Ed. (2093)
2021 Ed. (2083)
2022 Ed. (2118)
2023 Ed. (2233)
North Star Dodge
1996 Ed. (270)
North Star Dodge Center Inc.
1993 Ed. (268)
North Star Group Services Inc.
2016 Ed. (2537, 2540, 2546, 2548)
2018 Ed. (2486)
North Star Steel Co.
1990 Ed. (3440)
1993 Ed. (3449)
North State
1997 Ed. (989)
North State Grocery
2020 Ed. (2322)
2021 Ed. (2288)
2022 Ed. (2317, 2320)
North State National Bank
2002 Ed. (3556)
2003 Ed. (507, 508)
2004 Ed. (409)
North State Telecommunications Corp.
2004 Ed. (4584)
North Telecom
1992 Ed. (4201)
North Texas Health Science Center; University of
2007 Ed. (3462)
North Texas; University of
1994 Ed. (896, 1057)
2005 Ed. (799)
2006 Ed. (706)
2009 Ed. (1063, 3520)
2010 Ed. (3449)
2011 Ed. (3449)
North Vernon Industrial Park
1994 Ed. (2188)
North Waterloo Farmers Mutual Insurance Co.
2015 Ed. (1553)
North West Co.
2006 Ed. (4857)
2014 Ed. (2700)
2015 Ed. (2764)
2016 Ed. (2829)
2017 Ed. (4507)
2018 Ed. (4539)
2019 Ed. (4525)
2020 Ed. (4529)
2022 Ed. (4517)
North West Co. Fund
2010 Ed. (4596)
2011 Ed. (2714)
2012 Ed. (2645)
North West Company Fund
2004 Ed. (3173)
North West Co. Inc.
2023 Ed. (4530)
North West Gold
1992 Ed. (319)
North West Quadrant
1992 Ed. (2796)

North West Securities
1990 Ed. (1787)
North-West Telecommunications
1991 Ed. (1165, 1166)
North West Water
1993 Ed. (1323)
North Western Health
2002 Ed. (1130)
North Wind Group
2020 Ed. (2504)
2021 Ed. (2421, 2424)
2022 Ed. (2536, 2539)
North Wind Inc.
2005 Ed. (2837)
2006 Ed. (3510, 4349)
2007 Ed. (3549, 3550, 4409)
2008 Ed. (1356, 3706, 4382, 4959)
2013 Ed. (3750)
2023 Ed. (2681)
Northam
1995 Ed. (2586)
Northam; R. E.
1996 Ed. (967)
Northampton Hilton Inn
1991 Ed. (1949)
Northbridge Financial
2023 Ed. (3277)
Northbridge Financial Corp.
2010 Ed. (4599)
Northbrook Computers Inc.
1995 Ed. (3142)
Northbrook Life Insurance
1999 Ed. (4697)
Northbrook Technology
2005 Ed. (1983, 1986)
2006 Ed. (2065)
2007 Ed. (2034, 2037)
Northcoast Golf Show
1999 Ed. (4642)
Northcorp Realty Advisors
1993 Ed. (3009)
Northcote & Asociados
1990 Ed. (88)
1992 Ed. (134)
1994 Ed. (77)
1995 Ed. (57)
1996 Ed. (70)
1997 Ed. (71)
1999 Ed. (72)
2001 Ed. (120)
2002 Ed. (91)
2003 Ed. (58)
Northcote y Asociados
1989 Ed. (93)
Northcote & Asociados (O & M)
2000 Ed. (78)
Northcote/Ogilvy & Mather
1993 Ed. (87)
Northcote/Oglivy & Mather
1991 Ed. (86)
Northcott; Richard
2007 Ed. (4931)
Northcountry Credit Union
2002 Ed. (1896)
2003 Ed. (1950)
2004 Ed. (1990)
2005 Ed. (2132)
2006 Ed. (2227)
2007 Ed. (2148)
2008 Ed. (2263)
2009 Ed. (2249)
2010 Ed. (2203)
2011 Ed. (2221)
2012 Ed. (2082)
2013 Ed. (2271)
2014 Ed. (2205)
2015 Ed. (2269)
2016 Ed. (2240)
The Northcross Group
2001 Ed. (1445)
2002 Ed. (1955)
Northcutt Associates; James
1996 Ed. (2346)
1997 Ed. (2474)
Northeast
1994 Ed. (2586)
Northeast Arkansas Credit Union
2002 Ed. (1848)
2003 Ed. (1907)
2004 Ed. (1947)
2005 Ed. (2088)
2006 Ed. (2183)
2007 Ed. (2104)
2008 Ed. (2219)
2009 Ed. (2202)
2010 Ed. (2156)
2011 Ed. (2171, 2177)
2012 Ed. (2037)
2013 Ed. (2210, 2255)
2014 Ed. (2141)
2015 Ed. (2205)
2016 Ed. (2176)
Northeast Arkansas Federal Credit Union
2018 Ed. (2084)
2020 Ed. (2062)
2021 Ed. (2052)
2022 Ed. (2088)

CUMULATIVE INDEX • 1989-2023

Northeast Bancorp
  2013 Ed. (482)
Northeast Bancorp Inc.
  1989 Ed. (635)
  1990 Ed. (452, 648)
  1991 Ed. (623)
Northeast Bank
  2021 Ed. (378)
  2023 Ed. (511)
Northeast Capital & Advisory Inc.
  2001 Ed. (556, 559)
Northeast Construction Inc.
  1999 Ed. (2674)
Northeast Credit Union
  2002 Ed. (1879)
  2003 Ed. (1933)
  2004 Ed. (1973)
  2005 Ed. (2115)
  2006 Ed. (2210)
  2007 Ed. (2131)
  2008 Ed. (2246)
  2009 Ed. (2232)
  2010 Ed. (2186)
  2011 Ed. (2204)
  2012 Ed. (2065)
  2013 Ed. (2247)
  2014 Ed. (2179)
  2015 Ed. (2243)
  2016 Ed. (2214)
  2018 Ed. (2109)
  2020 Ed. (2088)
  2021 Ed. (2033, 2078)
  2022 Ed. (2068, 2113)
  2023 Ed. (2180, 2228)
Northeast Delta Dental
  2006 Ed. (4329)
  2007 Ed. (4393)
  2008 Ed. (4346)
Northeast Federal Corp.
  1994 Ed. (2666, 3225)
Northeast Florida Telephone Co. Inc.
  1998 Ed. (3485)
Northeast Georgia Medical Center
  2011 Ed. (3046)
  2012 Ed. (2983)
Northeast Grocery Inc.
  2023 Ed. (1917)
Northeast Hyundai
  1996 Ed. (273)
Northeast Industrial Area
  1996 Ed. (2249)
  1997 Ed. (2375)
Northeast Investment Trust
  1995 Ed. (2688, 2707)
  2006 Ed. (628)
  2008 Ed. (596)
Northeast Investors
  1996 Ed. (2781, 2795, 2808)
  1997 Ed. (688)
Northeast Investors Trust
  1990 Ed. (2386)
  1994 Ed. (2617)
  1996 Ed. (2761)
  1997 Ed. (2892)
  1998 Ed. (2599, 2621, 2633)
  1999 Ed. (753, 3539)
  2000 Ed. (766)
  2004 Ed. (3221)
  2005 Ed. (703)
  2006 Ed. (625, 630)
Northeast Laboratory Services Inc.
  2006 Ed. (4356)
Northeast Maryland Waste Disposal Authority
  1996 Ed. (2730)
Northeast Missouri State Bank
  1994 Ed. (511)
Northeast National Bank
  1996 Ed. (540)
Northeast Philadelphia Airport Industrial Park
  1994 Ed. (2190)
  1995 Ed. (2242)
Northeast Philadelphia Industrial Park
  1996 Ed. (2251)
  2000 Ed. (2626)
Northeast Remsco Construction Inc.
  2009 Ed. (1243, 3040)
  2010 Ed. (1296, 1313, 2965)
  2011 Ed. (1190, 1254, 1282, 2926)
  2012 Ed. (1177, 2860)
  2013 Ed. (1261, 2929)
  2014 Ed. (1195, 2946)
  2015 Ed. (1253, 2994, 3014)
Northeast Savings
  1991 Ed. (1723, 3224)
Northeast Savings FA
  1991 Ed. (1207)
Northeast Scale Co.
  2017 Ed. (2483)
Northeast Securities Co., Ltd.
  1999 Ed. (853, 854, 855, 856, 858, 860)
  2000 Ed. (851, 852, 853, 854, 855, 856, 858)
  2002 Ed. (803, 804, 805, 806)
  2011 Ed. (1582)

Northeast Times
  1990 Ed. (2712)
  2002 Ed. (3500)
Northeast United States
  2002 Ed. (680, 756, 2373, 2550, 3141, 4318, 4341, 4553, 4936)
Northeast Utilities
  1989 Ed. (1299)
  1990 Ed. (1603, 2193, 2926, 3267)
  1991 Ed. (1500, 2779, 3112)
  1992 Ed. (1900, 3584, 3944)
  1993 Ed. (2936)
  1994 Ed. (1205, 1598, 2975)
  1995 Ed. (1335, 1632, 1639, 3034)
  1997 Ed. (1696)
  1998 Ed. (1385)
  2002 Ed. (1629)
  2003 Ed. (1555, 1661, 1662)
  2004 Ed. (1690, 1691, 2196, 2197)
  2005 Ed. (1747, 1749, 2295, 2310)
  2006 Ed. (1666, 1667, 1668, 2353, 2362, 2363, 2364, 2694, 2695, 2696)
  2007 Ed. (1672, 1673, 1674, 2297, 2913)
  2008 Ed. (1514, 1698, 1699, 1908, 2426, 2427, 3035)
  2009 Ed. (1623, 1870, 2418, 2429, 2867, 3103)
  2010 Ed. (1599, 2017)
  2011 Ed. (1601)
  2012 Ed. (1447, 1688, 2269, 2466)
  2013 Ed. (1842)
  2014 Ed. (1774, 2555)
  2015 Ed. (1595, 1822)
  2016 Ed. (1777)
Northeast Utilities Service Co.
  2011 Ed. (1173, 1599)
  2012 Ed. (1119, 1445)
Northeast Utilities System
  2004 Ed. (1689)
Northeastern Bank of Pennsylvania
  1990 Ed. (2435, 2439)
  1993 Ed. (2967)
  1994 Ed. (3011)
Northeastern Engineers Credit Union
  2002 Ed. (1840)
  2009 Ed. (2183)
  2016 Ed. (2179, 2227)
Northeastern Insurance Agency
  2023 Ed. (1910)
Northeastern Ohio Universities Colleges of Medicine & Pharmacy
  2011 Ed. (1932)
Northeastern University
  2006 Ed. (725)
  2007 Ed. (2268)
  2010 Ed. (997)
  2011 Ed. (942)
Northen Indiana Public Service Co.
  1998 Ed. (1813)
Northern
  1990 Ed. (3513)
  1991 Ed. (2770)
  1992 Ed. (4308)
  1993 Ed. (3585)
  1994 Ed. (3549)
  1995 Ed. (2991)
  1996 Ed. (3705)
  2003 Ed. (3719, 4668, 4759)
Northern Air Cargo
  2003 Ed. (241)
Northern Arizona Healthcare Corp.
  2007 Ed. (1574)
  2008 Ed. (1557)
  2009 Ed. (1483)
  2010 Ed. (1473)
  2011 Ed. (1471)
  2012 Ed. (1311)
  2013 Ed. (1411)
  2014 Ed. (1362)
  2015 Ed. (1437)
Northern Arizona University
  2009 Ed. (792, 795, 797)
Northern Automotive
  1990 Ed. (407, 1514)
  1991 Ed. (357, 1434, 1438, 1439)
  1992 Ed. (486, 1821)
  1994 Ed. (336)
  1995 Ed. (336)
  1996 Ed. (354)
  1997 Ed. (325)
  1998 Ed. (247)
Northern Bancorp
  2020 Ed. (486)
Northern Bank
  2007 Ed. (2037)
Northern Bank/Danske
  2019 Ed. (2068)
  2020 Ed. (1978)
Northern Blizzard Resources Inc.
  2017 Ed. (4315)
Northern Border Partners LP
  2005 Ed. (2728, 3769)
Northern Border Pipeline Co.
  1989 Ed. (1499)
  1990 Ed. (1881)
  1991 Ed. (1793)
  1995 Ed. (1978)

Northern British Columbia; University of
  2007 Ed. (1168)
  2008 Ed. (1072)
  2009 Ed. (1049, 1069)
  2010 Ed. (1019)
  2011 Ed. (954)
  2012 Ed. (874)
Northern California
  1997 Ed. (2207)
Northern California Bancorp Inc.
  2008 Ed. (429)
  2009 Ed. (454)
  2010 Ed. (433)
  2011 Ed. (358)
Northern California Medical Associates
  2015 Ed. (1470)
Northern California Power Agency
  1999 Ed. (1943)
Northern California Tax-Exempt
  2004 Ed. (700)
Northern Capital Insurance
  2011 Ed. (3211, 4020)
Northern Capital Management LLC, Diversified Growth Portfolio
  2003 Ed. (3126)
Northern Colorado Electric LLC
  2004 Ed. (3493)
Northern Colorado; University of
  2008 Ed. (2409)
Northern Contours
  2017 Ed. (4988)
  2021 Ed. (4993)
  2022 Ed. (4991)
Northern Cross Investments
  2001 Ed. (3005)
Northern Cross Vineyard
  2023 Ed. (4905)
Northern Dock Systems
  2017 Ed. (4352)
Northern Dynasty Minerals Ltd.
  2005 Ed. (1728)
  2006 Ed. (4492)
Northern Electric
  1990 Ed. (1584, 2108)
  1991 Ed. (1480)
  1992 Ed. (2519)
  1993 Ed. (1545)
Northern Electric Belton
  1992 Ed. (1881)
Northern Electric plc
  2005 Ed. (2405)
Northern Empire Bancshares
  2002 Ed. (3549, 3556)
  2003 Ed. (504, 506)
  2004 Ed. (408, 409)
Northern Energy & Power
  2018 Ed. (4446, 4451)
"Northern Exposure"
  1995 Ed. (3582)
Northern Fixed Income Fund
  1999 Ed. (599)
  2001 Ed. (725)
Northern Foods
  1991 Ed. (1284)
  1995 Ed. (1425)
  1997 Ed. (1418)
  2005 Ed. (2650)
  2006 Ed. (2645)
Northern Foods plc
  2006 Ed. (2646)
  2007 Ed. (2626)
Northern Group Retail Ltd.
  2005 Ed. (3179)
Northern High-Yield Fixed Income
  2003 Ed. (3524)
Northern High Yield Municipal
  2009 Ed. (3788)
Northern Hills Credit Union
  2002 Ed. (1892)
  2003 Ed. (1946)
  2004 Ed. (1986)
  2005 Ed. (2128)
  2006 Ed. (2223)
  2007 Ed. (2144)
  2008 Ed. (2259)
  2009 Ed. (2245)
  2010 Ed. (2199)
  2011 Ed. (2217)
  2012 Ed. (2078)
  2013 Ed. (2264)
  2014 Ed. (2197)
  2015 Ed. (2261)
  2016 Ed. (2232)
Northern Hills Federal Credit Union
  2018 Ed. (2121)
  2020 Ed. (2101)
  2021 Ed. (2091)
  2022 Ed. (2125)
  2023 Ed. (2241)
Northern Illinois Gas Co.
  1990 Ed. (1886, 1887)
  1991 Ed. (1802, 1803, 1804, 1805)
  1992 Ed. (2271, 2272, 2273, 2274, 2275, 3467)
  1993 Ed. (1933, 1934, 1935, 1936, 1937)
  1994 Ed. (1959, 1960, 1961, 1962, 1963)
  1995 Ed. (1984, 1985, 1986, 1987, 1988)
  1996 Ed. (2007, 2008, 2009, 2010, 2011)

1997 Ed. (2127, 2128, 2129, 2130, 2131)
  1998 Ed. (1817, 1818, 1819, 1820, 1821)
  1999 Ed. (2577, 2579, 2580, 2581)
Northern Income Equity
  2002 Ed. (726)
Northern Indiana Public Service Co.
  1991 Ed. (1488, 1805)
  1992 Ed. (2274)
  1996 Ed. (2000)
  1999 Ed. (2573)
  2005 Ed. (2721)
  2006 Ed. (1768)
  2008 Ed. (1807)
  2009 Ed. (1754)
Northern Institutional Balanced A
  2000 Ed. (624)
Northern Institutional International Growth A
  2000 Ed. (623)
Northern Intermediate Tax-Exempt
  2004 Ed. (703)
Northern International Fixed-Income
  2000 Ed. (3292)
Northern Investment
  1991 Ed. (2226, 2234)
Northern Investment Mgmt.
  1990 Ed. (2334, 2344)
Northern Investments
  1997 Ed. (2508, 2512)
  1998 Ed. (2306)
Northern Iowa; University of
  1992 Ed. (1271)
Northern Ireland
  1992 Ed. (3543)
  1993 Ed. (2367)
Northern Ireland Electricity
  1995 Ed. (1404)
  2016 Ed. (2088)
  2017 Ed. (2050)
Northern Ireland Electricity Networks
  2018 Ed. (2004, 2011)
  2019 Ed. (2068)
  2020 Ed. (1978)
Northern Ireland Water
  2016 Ed. (2088)
  2017 Ed. (2050)
  2018 Ed. (2004, 2011)
  2019 Ed. (2068)
  2020 Ed. (1978)
Northern Kentucky Tri-ED
  2007 Ed. (3373)
Northern Labs Inc.
  2003 Ed. (992, 993)
Northern Light
  1990 Ed. (2453)
  1991 Ed. (2319)
  1995 Ed. (2466)
  1996 Ed. (2515)
  1997 Ed. (2654)
  1999 Ed. (3003, 3205)
  2000 Ed. (2797)
  2001 Ed. (3148)
  2002 Ed. (3103, 4848)
  2003 Ed. (4903)
  2004 Ed. (4893)
Northern Light Technology LLC
  2001 Ed. (4746)
Northern Lights Casino, Hotel & Event Center
  2012 Ed. (677)
  2013 Ed. (885)
  2014 Ed. (847)
Northern Massachusetts Telephone Workers Credit Union
  2006 Ed. (2159)
Northern Massachusetts Telephone Workers Credit Union
  2002 Ed. (1871)
Northern Municipal Power Agency, MN
  1991 Ed. (1486)
Northern Natural, Div. of Enron
  1990 Ed. (1879, 1880)
Northern Natural Division of Enron
  1989 Ed. (1497, 1498, 1499)
Northern Natural Gas Co.
  1991 Ed. (1792, 1793, 1794, 1795, 1797)
  1992 Ed. (2263, 2265, 2266, 2267)
  1993 Ed. (1923, 1925, 1927)
  1994 Ed. (1944, 1946, 1947, 1948, 1949, 1951, 1952, 1953, 1954)
  1995 Ed. (1973, 1974, 1975, 1976, 1977, 1978, 1979, 1980, 1981)
  1996 Ed. (2002, 2003, 2004)
  1997 Ed. (2120, 2121, 2124)
  1998 Ed. (1810, 1811, 1812)
  1999 Ed. (2571, 2572)
  2000 Ed. (2310, 2312, 2314)
  2003 Ed. (3880, 3881)
Northern Nef Inc.
  2003 Ed. (1354)
Northern Oil & Gas
  2014 Ed. (2463, 2876)
  2015 Ed. (1839, 1840, 2531)
  2016 Ed. (3560)
Northern Oil & Gas Inc.
  2016 Ed. (1803)
Northern Orion Explorations
  2006 Ed. (1429)

Northern spotted owl
1996 Ed. (1643)
Northern Pictures
2023 Ed. (4640)
Northern Pipeline Construction Co.
2007 Ed. (4036)
Northern Plains Nitrogen
2015 Ed. (3529)
Northern Print Network
2014 Ed. (4087, 4091, 4094)
Northern Printing Network Inc.
2010 Ed. (4022, 4023, 4026, 4030, 4032)
2012 Ed. (4025, 4026, 4030, 4033, 4035, 4042)
2013 Ed. (4080, 4083, 4085)
2014 Ed. (4090, 4092)
Northern Property REIT
2011 Ed. (4157)
Northern Quest Resort & Casino
2021 Ed. (1957)
2023 Ed. (2102)
Northern Rock
1995 Ed. (3185)
Northern Rock plc
2004 Ed. (635)
2005 Ed. (624, 2145)
2006 Ed. (537, 538)
2007 Ed. (567, 568, 569)
2008 Ed. (520, 521)
2009 Ed. (555, 556)
2010 Ed. (538, 539)
Northern Schools Credit Union
2002 Ed. (1846)
2003 Ed. (1905)
2004 Ed. (1945)
2005 Ed. (2086)
2006 Ed. (2181)
2007 Ed. (2102)
2008 Ed. (2217)
2009 Ed. (2200)
Northern Select Equity
2000 Ed. (3223)
Northern Skies Credit Union
2006 Ed. (2181)
2007 Ed. (2102)
2008 Ed. (2217)
2009 Ed. (2200)
2010 Ed. (2154)
2011 Ed. (2175)
2012 Ed. (2035)
2013 Ed. (2208)
2014 Ed. (2139)
2015 Ed. (2203)
2016 Ed. (2174)
Northern Skies Federal Credit Union
2018 Ed. (2082)
2020 Ed. (2060)
2021 Ed. (2050)
2022 Ed. (2086)
2023 Ed. (2200)
Northern Small Cap Value
2008 Ed. (4512)
2010 Ed. (3731, 4574)
Northern Star Cooperative Services
2019 Ed. (4017)
2020 Ed. (4036)
2021 Ed. (4002)
2022 Ed. (4016)
2023 Ed. (4100)
Northern Star Holdings
1991 Ed. (3234)
Northern Star Inc.
2017 Ed. (3953)
2020 Ed. (3962)
Northern Star Resources
2018 Ed. (1375)
2020 Ed. (1379)
Northern State Bank
1996 Ed. (546)
1997 Ed. (505)
1998 Ed. (367, 375)
Northern State Prison
1999 Ed. (3902)
Northern States Power Co.
1991 Ed. (1498, 1806, 2471)
1993 Ed. (3280)
1995 Ed. (1633, 1637, 3351)
1996 Ed. (1614)
1997 Ed. (1278, 1282, 3214)
1999 Ed. (1949)
2001 Ed. (427, 2146)
2005 Ed. (2719)
Northern States Power Co. of Wisconsin
2001 Ed. (2146)
Northern Sydney Health
2002 Ed. (1130)
2004 Ed. (1649)
Northern Technologies
1996 Ed. (205)
Northern Technologies International Corp.
2005 Ed. (3678)
Northern Technology
2000 Ed. (622, 3225, 3290)
2001 Ed. (2306, 3448)
Northern Telecom
1989 Ed. (1098, 1148, 1589, 2794)
1990 Ed. (2191, 2720)
1991 Ed. (1016, 2062, 2642, 3280, 3281)
1992 Ed. (1339, 1590, 1599, 1601, 2399, 3544, 4202, 4414, 4415)
1993 Ed. (359, 1176, 1288, 1289, 1402, 2588, 2589, 3508, 3509)
1994 Ed. (1073, 1074, 1339, 1340, 2048, 2545, 2546, 2936, 3482, 3555, 3556)
1995 Ed. (1365, 2258, 2990, 3550, 3553)
1996 Ed. (1308, 1310, 1312, 1313, 1315, 2107, 2673, 2674, 3640, 3712)
1997 Ed. (1371, 1373, 2805, 3301, 3861)
1998 Ed. (3476)
1999 Ed. (1593, 1736, 2667, 3430, 4548, 4618)
2000 Ed. (1400, 3154, 4265, 4266)
2001 Ed. (4473)
2002 Ed. (1608, 4565)
2003 Ed. (4694)
2004 Ed. (1664, 4671)
2005 Ed. (4629)
Northern Tier Credit Union
2002 Ed. (1884)
2003 Ed. (1938)
2004 Ed. (1978)
2005 Ed. (2120)
2006 Ed. (2215)
2007 Ed. (2136)
2008 Ed. (2251)
2009 Ed. (2196, 2237)
2010 Ed. (2191)
2011 Ed. (2209)
2012 Ed. (2070)
2013 Ed. (2252)
2014 Ed. (2184)
2015 Ed. (2248)
2016 Ed. (2219)
Northern Tier Energy LP
2017 Ed. (3368)
Northern Tier Federal Credit Union
2018 Ed. (2114)
Northern Tool & Equipment
2017 Ed. (848)
Northern Tool + Equipment
2017 Ed. (2931)
2018 Ed. (3005)
2019 Ed. (2943)
2020 Ed. (925, 2973)
2021 Ed. (2833)
2022 Ed. (2998)
2023 Ed. (3114)
Northern Truck Equipment Corp.
2006 Ed. (4378)
2007 Ed. (4446)
Northern Trust
1989 Ed. (2136)
1990 Ed. (639, 703, 2328)
1991 Ed. (609, 946, 2216)
1992 Ed. (524, 538, 539, 540, 558, 636, 701, 780, 852, 853, 1178, 1180, 2738, 2773, 2981, 2982, 2983, 2984, 3175)
1993 Ed. (376, 398, 450, 502, 569, 578, 648, 649, 2286, 2289, 2292, 2422, 2508, 2509, 2510, 2511)
1994 Ed. (249, 364, 388, 451, 506, 578, 581, 582, 586, 650, 651, 2297, 2300, 2306, 2317, 2446, 2447, 2448, 3036, 3037, 3038, 3039, 3253)
1995 Ed. (383, 443, 489, 553, 554, 2387, 2513, 2514, 2515, 3085, 3332)
1996 Ed. (256, 391, 406, 472, 534, 617, 619, 697, 698, 2375, 2378, 2390, 2394, 2398, 2406, 2415, 2477, 2580, 2581, 2582, 3182, 3183, 3185)
1997 Ed. (284, 373, 436, 493, 566, 568, 2511, 2520, 2524, 2528, 2623, 2727, 2728, 2729, 2730, 3285, 3286, 3290)
1998 Ed. (201, 287, 291, 304, 325, 326, 343, 363, 405, 426, 2281, 2283, 2284, 2305, 2354, 2442, 2443, 2444, 2445, 2446, 2655)
1999 Ed. (312, 409, 436, 439, 493, 651, 652, 657, 3055, 3056, 3060, 3063, 3064, 3065, 3066, 3067, 3081, 3083, 3085, 3175, 3176, 3313, 3314, 3317, 3583, 4030, 4032)
2000 Ed. (406, 427, 428, 432, 486, 620, 676, 677, 678, 680, 681, 2770, 2790, 2795, 2798, 2842, 3744, 3746)
2001 Ed. (431, 594, 612, 636, 637, 640, 1730, 3509, 3510)
2002 Ed. (491, 507, 539)
2003 Ed. (431, 437, 454, 629, 630, 3063)
2004 Ed. (425, 638, 639, 3209)
2005 Ed. (431, 437, 627, 628, 923, 2580)
2006 Ed. (389, 424, 779, 2582)
2007 Ed. (372, 416, 2552, 2888, 3286)
2008 Ed. (360, 367, 394, 2291, 2315, 2316, 2317, 2318, 3184, 3403)
2009 Ed. (363, 371, 376, 383, 389, 391, 395, 417, 626, 1745, 2281, 3452)
2010 Ed. (352, 357, 366, 393, 455, 592, 1690, 3174, 3720)
2011 Ed. (279, 285, 318, 319, 375, 527, 1703, 2541, 3139)
2012 Ed. (298, 301, 308, 333, 370, 501, 502, 1558)
2014 Ed. (2294)
2018 Ed. (2639)
2019 Ed. (325)
2020 Ed. (334)
2021 Ed. (452, 1624, 2557)
2022 Ed. (467, 1644, 2676)
2023 Ed. (663, 743, 1799, 2814)
Northern Trust Bank
2009 Ed. (430, 451)
Northern Trust Bank of Colorado
2003 Ed. (477)
Northern Trust Bank of Florida
1999 Ed. (441)
2000 Ed. (434)
Northern Trust Bank of FloridaA
1998 Ed. (334, 348)
Northern Trust Co.
2013 Ed. (301)
2014 Ed. (306, 315)
2015 Ed. (356)
The Northern Trust Co.
2021 Ed. (372)
2022 Ed. (385)
The Northern Trust Company
2023 Ed. (503)
Northern Trust Co. (Chicago)
1991 Ed. (543)
Northern Trust Corp.
2013 Ed. (311, 317, 493, 1712)
2014 Ed. (325, 331, 505, 1659)
2015 Ed. (365, 371, 569, 2740)
2016 Ed. (347, 353, 359, 515, 2639, 2663)
2017 Ed. (358, 529, 2609)
2018 Ed. (329, 497, 2672)
2019 Ed. (332, 338, 512)
2020 Ed. (336, 495)
2021 Ed. (507)
2022 Ed. (519)
2023 Ed. (743)
Northern Trust of Florida Corp.
2000 Ed. (526)
2002 Ed. (445)
Northern Trust Global Corp.
1998 Ed. (2257, 2263, 2266)
2000 Ed. (2801)
Northern Trust Global Investments
1999 Ed. (3100)
2000 Ed. (2779, 2799, 2809, 2810, 2813, 2845)
2002 Ed. (3005, 3006, 3017, 3018, 3019)
2003 Ed. (3072, 3079, 3083, 3084, 3110)
2004 Ed. (3178, 3192)
2005 Ed. (3211)
2006 Ed. (3193, 3196)
2007 Ed. (3252, 3253, 3254)
2008 Ed. (3379)
2009 Ed. (3447, 3451)
2010 Ed. (3392)
Northern Trust (Inter.), ILL.
1989 Ed. (2157)
Northern Trust Investment
2013 Ed. (2632)
Northern Trust Investments
2018 Ed. (635)
2019 Ed. (2519)
2020 Ed. (633, 2510)
2022 Ed. (2546)
Northern Trust Retirement Consulting
1998 Ed. (2293)
Northern Utah Healthcare Corp.
2005 Ed. (1990)
2006 Ed. (2088)
2008 Ed. (2148)
2009 Ed. (2131)
NorthernTool.com
2006 Ed. (2384)
2012 Ed. (2295)
Northfield Bancorp
2013 Ed. (2843)
Northfield Bank
2021 Ed. (4312)
2022 Ed. (4319)
2023 Ed. (548, 4349)
Northfield Capital
2011 Ed. (2686)
Northfield Car Wash
2006 Ed. (364)
Northfield International
1995 Ed. (1080)
2005 Ed. (1086)
Northfield Savings Bank
1997 Ed. (642)
2021 Ed. (353, 405)
2022 Ed. (418)
2023 Ed. (456, 542)
Northgate
1995 Ed. (2574)
2007 Ed. (4838)
2018 Ed. (4739)
Northgate Computer Systems Inc.
1992 Ed. (234, 1184)
1993 Ed. (1055, 1056, 1578, 2166)
Northgate Exploration
1990 Ed. (1936)
1992 Ed. (2335)
Northgate Gonzalez Market
2012 Ed. (3703)
2013 Ed. (3755, 4550)
2014 Ed. (3688, 4607)
2018 Ed. (3621)
2019 Ed. (3615)
Northgate Information Solutions
2006 Ed. (1146)
2007 Ed. (1262)
2008 Ed. (1121)
Northgate Information Solutions plc
2009 Ed. (2121)
Northgate Lincoln-Mercury
1990 Ed. (331)
1991 Ed. (284)
1992 Ed. (389)
1993 Ed. (275)
1995 Ed. (274)
Northgate Minerals
2007 Ed. (2698)
2008 Ed. (2825)
2009 Ed. (2883)
2010 Ed. (2820, 3682)
2011 Ed. (3666)
2012 Ed. (2739, 3672)
Northgate Minerals Corp.
2013 Ed. (3729)
Northgate Pic
2018 Ed. (4740)
Northgate Plaza
1991 Ed. (1044)
Northland
1998 Ed. (190)
2002 Ed. (2375)
Northland Center
2000 Ed. (4028)
2001 Ed. (4252)
2002 Ed. (4280)
Northland Concrete & Masonry
2009 Ed. (1236)
2011 Ed. (1155)
Northland Concrete & Masonry Co.
2015 Ed. (1267)
2016 Ed. (1182)
2017 Ed. (1225)
2018 Ed. (1205)
2019 Ed. (1232)
2020 Ed. (1226)
2021 Ed. (1193)
2022 Ed. (1194)
Northland Concrete & Masonry Co. LLC
2023 Ed. (1431)
Northland Concrete & Masonry LLC
2010 Ed. (1235)
2011 Ed. (1183)
Northland Cranberries
1998 Ed. (1772)
1999 Ed. (717, 718, 719, 722, 725)
2000 Ed. (729)
2005 Ed. (667)
Northland Financial Co.
1995 Ed. (3068)
1997 Ed. (3263)
1998 Ed. (3009)
1999 Ed. (4006, 4306)
Northland Inn & Conference Center
1992 Ed. (2483)
Northland/Marquette Capital Group Inc.
2000 Ed. (3724, 4017)
2002 Ed. (3386)
Northland Power Income Fund
2011 Ed. (2345, 2796)
Northland Power Inc.
2022 Ed. (4885)
2023 Ed. (1641, 4035)
Northland Properties
2017 Ed. (4073)
Northland Properties Corp.
2010 Ed. (4751)
2011 Ed. (1100, 4158, 4711)
2012 Ed. (1015, 4193, 4732)
2013 Ed. (1172, 4183, 4696)
2014 Ed. (1125, 4200, 4749)
2015 Ed. (4769)
2016 Ed. (4086, 4673)
2021 Ed. (4662)
2022 Ed. (4099)
2023 Ed. (4189)
Northland Residential Corp.
2006 Ed. (1158)
Northland Woodworks Inc.
2020 Ed. (4994)
Northlander Commodity Advisors
2019 Ed. (2628)
Northlands Park
2001 Ed. (2352)
2003 Ed. (2414)
2005 Ed. (2520)
Northlich
2003 Ed. (3975, 3978, 3981)
Northlich Public Relations
2002 Ed. (3833, 3846)
2003 Ed. (4011)
Northlich Stolley LaWarre
2000 Ed. (3663)
NorthMarq Capital
2019 Ed. (4132)
NorthMarq Capital Inc.
2002 Ed. (4277)
2003 Ed. (447, 4057)
2004 Ed. (4083)
2005 Ed. (4016)

2008 Ed. (4121)
2009 Ed. (4230)
2011 Ed. (4163)
NorthMarq Capital LLC
   2012 Ed. (4210)
   2013 Ed. (4198)
   2014 Ed. (4215)
   2015 Ed. (4198)
   2017 Ed. (4093)
NorthMed HMO
   1995 Ed. (2086, 2088)
   1997 Ed. (2185, 2193)
   1998 Ed. (1911)
Northmill Group
   2021 Ed. (1862)
Northpark Community Credit Union
   2010 Ed. (2137, 2141)
Northpoint Commerce Center
   1994 Ed. (2188)
NorthPoint Communications
   2001 Ed. (4183)
NorthPoint Communications Group, Inc.
   2002 Ed. (916)
NorthPoint Construction Management
   2020 Ed. (1760)
Northpoint Ford Lincoln Mercury Inc.
   2008 Ed. (166)
Northpointe Bank
   2015 Ed. (558)
   2021 Ed. (381, 3631)
   2022 Ed. (394, 3685, 3693, 3694)
   2023 Ed. (515, 3787, 3788)
NorthPointe Capital LLC
   2002 Ed. (3022)
Northpointe Personnel
   2009 Ed. (2484)
Northridge, CA
   2002 Ed. (2061)
   2005 Ed. (2268)
   2009 Ed. (2376)
   2010 Ed. (2300)
   2012 Ed. (2194)
Northridge earthquake
   2000 Ed. (1681)
   2002 Ed. (949)
   2005 Ed. (882, 884)
Northridge Energy Development Group Inc.
   2011 Ed. (1464)
   2015 Ed. (2556)
Northridge Fashion Center
   1994 Ed. (3300)
   1995 Ed. (3377)
   1999 Ed. (4310)
   2000 Ed. (4030)
Northridge Hospital Medical Center
   2011 Ed. (1803)
   2012 Ed. (2954)
NorthRim Bank
   1996 Ed. (546)
Northrim Bank
   2021 Ed. (360)
   2022 Ed. (372)
   2023 Ed. (465)
Northrock Resources
   1997 Ed. (1375)
Northrop Corp.
   1989 Ed. (194, 195, 196)
   1990 Ed. (187, 188, 189, 1326)
   1991 Ed. (179, 180, 181, 183, 1407)
   1992 Ed. (242, 248, 249, 250, 251, 253, 2941, 3077)
   1993 Ed. (153, 157, 159, 160, 1286, 1460, 1462)
   1994 Ed. (137, 138, 139, 142, 144, 1267, 1513, 1517, 2413)
   1995 Ed. (155, 158, 159, 162, 1546, 2488)
   1996 Ed. (1522, 3666)
   1997 Ed. (1235, 1287, 1582, 2791)
Northrop Grumman
   2013 Ed. (2148, 2186, 4219)
   2014 Ed. (1310, 2081, 2117, 2536, 2558, 2882, 3672, 3674, 4256)
   2015 Ed. (2315, 3690, 3691)
   2016 Ed. (109)
   2017 Ed. (73, 97, 101, 2820)
   2018 Ed. (90, 91, 97, 111, 2887, 4933)
   2019 Ed. (78, 85, 2836)
   2020 Ed. (75, 76, 94, 1669, 2153, 2344, 2872, 3555)
   2021 Ed. (1054, 2149, 2744, 3426, 3581)
   2022 Ed. (85, 95, 98, 1993, 2182, 2338, 2900, 3483, 3635, 4931)
   2023 Ed. (162, 163, 167, 172, 173, 1264, 1470, 2094, 2352, 2514, 3019, 3021, 3606, 3737, 3738, 3739, 3841, 4780, 4933)
Northrop Grumman Corp.
   1996 Ed. (165, 167, 1272, 1518, 1520, 1521, 2548)
   1997 Ed. (170, 171, 172, 2688)
   1998 Ed. (92, 93, 94, 96, 97, 1244, 1245, 1247, 1248, 1250, 1251, 2413, 2414, 2502)
   1999 Ed. (184, 186, 187, 188, 192, 1484, 1819, 1821, 1822, 1971)
   2000 Ed. (213, 214, 215, 216, 217, 218, 960, 1646, 1647, 1648, 1651, 1747, 2461, 3004)
   2001 Ed. (263, 264, 265, 266, 267, 270, 542, 1646, 1981)
   2002 Ed. (239, 240, 241, 242, 1452, 1603, 1911)
   2003 Ed. (197, 198, 199, 200, 201, 202, 203, 207, 1342, 1344, 1345, 1349, 1350, 1351, 1352, 1356, 1358, 1359, 1362, 1363, 1745, 1746, 1964, 1966, 1967, 1968, 1969, 1970, 1971, 1975, 3747)
   2004 Ed. (157, 158, 159, 160, 161, 162, 163, 165, 166, 882, 1343, 1344, 1345, 1346, 1349, 1352, 1355, 1360, 1361, 1362, 1364, 1367, 1368, 1370, 1450, 1452, 1457, 1475, 1547, 1660, 2009, 2010, 2012, 2014, 2015, 2016, 2017, 2018, 2019, 3028, 3772, 4655, 4698)
   2005 Ed. (155, 156, 157, 158, 159, 160, 161, 163, 165, 166, 167, 1349, 1352, 1353, 1354, 1359, 1363, 1364, 1365, 1368, 1371, 1374, 1376, 1377, 1378, 1381, 1387, 1389, 1390, 1391, 1468, 1491, 1496, 1542, 1571, 1611, 1612, 1681, 1687, 2008, 2148, 2150, 2151, 2152, 2153, 2154, 2155, 2156, 2157, 2158, 3042, 3043, 3691, 4461, 4673)
   2006 Ed. (171, 172, 173, 174, 175, 176, 177, 178, 179, 180, 1355, 1356, 1357, 1359, 1361, 1363, 1365, 1368, 1373, 1377, 1379, 1586, 1590, 1772, 2105, 2243, 2244, 2245, 2246, 2247, 2248, 2250, 3047, 3048, 3241, 3291, 3363, 3395, 3932)
   2007 Ed. (174, 176, 177, 178, 179, 182, 183, 184, 185, 186, 1396, 1398, 1400, 1402, 1405, 1406, 1411, 1415, 1417, 1468, 1535, 1610, 1612, 2167, 2168, 2169, 2170, 2171, 2172, 3079, 3080, 3792)
   2008 Ed. (158, 159, 160, 162, 163, 164, 1348, 1349, 1352, 1354, 1355, 1358, 1361, 1362, 1368, 1372, 1373, 1462, 1519, 1598, 1610, 2160, 2282, 2283, 2284, 2285, 2286, 2287, 2308, 3220, 3221, 3866, 4798, 4803)
   2009 Ed. (181, 183, 186, 187, 189, 1348, 1352, 1355, 1357, 1358, 1360, 1363, 1368, 1372, 1374, 1441, 1536, 1547, 1849, 1851, 2152, 2270, 2271, 2272, 2273, 2274, 2275, 3279, 3280, 3924, 4825)
   2010 Ed. (161, 162, 164, 165, 166, 167, 169, 1336, 1339, 1341, 1342, 1344, 1347, 1352, 1358, 1360, 1530, 1532, 1536, 2092, 2225, 2226, 2227, 2228, 2229, 2230, 2231, 2232, 3204, 3205, 3842, 4591)
   2011 Ed. (82, 83, 84, 88, 89, 90, 91, 93, 930, 933, 1321, 1324, 1326, 1327, 1329, 1333, 1341, 1346, 1348, 1526, 1528, 1534, 1807, 1808, 2242, 2243, 2244, 2245, 2246, 2247, 2249, 3168, 3169, 3844, 4803)
   2012 Ed. (84, 85, 86, 88, 89, 94, 95, 96, 97, 113, 855, 856, 1187, 1190, 1191, 1192, 1193, 1195, 1199, 1206, 1211, 1213, 1372, 1380, 1381, 1664, 1665, 2106, 2107, 2108, 2109, 2110, 2111, 2112, 2113, 2115, 2116, 2465, 3688, 3694, 3811, 4761, 4762, 4823)
   2013 Ed. (77, 90, 1037, 1309, 1313, 1320, 1464, 1470, 2149, 2151, 2154, 2294, 2295, 2300, 2301, 2302, 2303, 2307, 2308, 2309, 2310, 3746, 4733, 4734, 4812)
   2014 Ed. (96, 97, 99, 1243, 1247, 1254, 1433, 2079, 2082, 2085, 2088, 2119, 2232, 2233, 2238, 2240, 2241, 2243, 2244, 2245, 2246, 2554, 3221, 3222, 3679)
   2015 Ed. (102, 113, 1301, 1305, 1311, 1494, 2133, 2135, 2138, 2141, 2172, 2297, 2298, 2304, 2305, 2306, 2307, 2311, 2312, 2313, 2314, 3284, 3285, 3563, 3697, 4867)
   2016 Ed. (91, 92, 93, 100, 104, 105, 106, 1216, 1218, 1220, 1226, 1428, 1760, 1763, 2112, 2114, 2116, 2119, 2146, 2147, 2265, 2266, 2267, 2268, 2340, 3125, 3126, 3382, 3416, 3435, 3573, 3966, 4782)
   2017 Ed. (77, 78, 80, 81, 83, 92, 95, 96, 98, 99, 1264, 1266, 1268, 1275, 1439, 1734, 1737, 2069, 2072, 2089, 2121, 2122, 2123, 2124, 2164, 3373, 3542, 3947, 4796)
   2018 Ed. (95, 96, 98, 104, 106, 107, 109, 110, 1243, 1245, 1247, 1253, 1420, 1685, 2031, 2159, 2160, 2162, 2163, 2214, 2217, 3437, 3463, 3968, 4790)
   2019 Ed. (81, 82, 83, 86, 94, 95, 97, 98, 1278, 1280, 1286, 1750, 1753, 2085, 2159, 2160, 2161, 2193, 3406, 3432, 3943, 4802)
   2020 Ed. (79, 80, 83, 88, 90, 91, 93, 1267, 1424, 1693, 1995, 1998, 2001, 2141, 2154, 2186, 3409, 3958, 4789)
   2021 Ed. (69, 79, 81, 84, 1239, 1245, 1423, 1673, 1676, 1946, 1951, 1969, 2135, 2136, 2150, 2166, 2309, 2744, 3424, 3447, 4786)
   2022 Ed. (82, 94, 97, 1237, 1244, 1250, 1430, 1522, 1691, 1987, 2015, 2169, 2170, 2183, 3481, 3506)
   2023 Ed. (1623, 1698, 2114, 2299, 2300, 3595, 3630)
Northrop Grumman Corp. (U.S.)
   2021 Ed. (2150)
   2022 Ed. (2183)
Northrop Grumman Credit Union
   2010 Ed. (2177)
   2015 Ed. (2215)
   2016 Ed. (2186)
Northrop Grumman Employees Federal Credit Union
   2005 Ed. (358)
Northrop Grumman Information Technology Inc.
   2004 Ed. (1363)
   2005 Ed. (1379)
   2007 Ed. (1395)
   2008 Ed. (806, 2159, 2160)
   2009 Ed. (830, 2139, 2140)
Northrop Grumman Mission Systems
   2008 Ed. (2160)
   2009 Ed. (2140)
Northrop Grumman Ship Systems, Avondale Operations
   2004 Ed. (1782)
Northrop Grumman Ship Systems Inc.
   2004 Ed. (1802)
   2005 Ed. (1873, 1874, 3330)
   2006 Ed. (1893)
   2007 Ed. (1886, 1887)
   2008 Ed. (1941, 1942)
   2009 Ed. (1901, 1902)
   2010 Ed. (1837, 1838)
   2011 Ed. (1868, 4745)
Northrop Grumman Shipbuilding
   2009 Ed. (2140)
Northrop Grumman Space & Mission Systems Corp.
   2004 Ed. (4776)
Northrop Grumman Space Systems Division
   2003 Ed. (3308, 3309)
Northrop Grumman Systems Corp.
   2011 Ed. (4745)
   2012 Ed. (4761)
   2013 Ed. (4733)
Northrop Grumman (U.S)
   2022 Ed. (98)
Northrop Team; The Creig
   2017 Ed. (4083)
   2018 Ed. (4111, 4112)
   2019 Ed. (4121, 4122)
Northrup Grumman Corp.
   1999 Ed. (183)
   2007 Ed. (2884)
   2008 Ed. (3006)
   2009 Ed. (3092)
   2010 Ed. (3025)
   2011 Ed. (2994)
   2012 Ed. (2920)
   2013 Ed. (3009)
   2014 Ed. (3018)
   2015 Ed. (3085)
   2018 Ed. (3011)
   2019 Ed. (2952)
   2020 Ed. (2982)
   2021 Ed. (2842)
Northshore Sheet Metal Inc.
   2011 Ed. (1187)
NorthShore University HealthSystem
   2010 Ed. (3075)
   2011 Ed. (3047)
   2012 Ed. (2984)
   2013 Ed. (3074)
   2014 Ed. (2897, 3076)
   2015 Ed. (3141)
   2021 Ed. (2767)
Northside Hospital
   2017 Ed. (2824)
Northside Hospital Inc.
   2022 Ed. (1568)
   2023 Ed. (1741)
NorthStar
   2018 Ed. (1055)
   2019 Ed. (1065)
Northstar
   2022 Ed. (1188, 1190)
Northstar Advantage High Total Return A
   1997 Ed. (2903)
Northstar Aerospace Inc.
   2008 Ed. (2934)
NorthStar Alarm Services LLC
   2022 Ed. (4375)
   2023 Ed. (4395)
Northstar Balance Sheet Opp A
   1999 Ed. (3534)
Northstar Bank of Texas
   2010 Ed. (2029)
   2011 Ed. (2086)
   2012 Ed. (1930)
   2013 Ed. (2091)
   2014 Ed. (2025)
   2015 Ed. (2068)
The Northstar Companies
   2010 Ed. (985)
Northstar Computer Forms
   2000 Ed. (912)
NorthStar Engineered Technologies
   2012 Ed. (4241)
Northstar Fire & Water Restoration
   2007 Ed. (766)
The Northstar Group
   1993 Ed. (2980)
Northstar Group Services Inc.
   2016 Ed. (1171, 1177)
   2017 Ed. (1216, 1220, 2427, 2430, 2436, 2438)
   2018 Ed. (1198, 1200, 2474, 2477, 2483, 2485)
   2019 Ed. (1226, 1228)
   2020 Ed. (1220, 1222)
   2021 Ed. (1187, 1189)
   2022 Ed. (1190)
   2023 Ed. (1425, 1427)
Northstar Healthcare
   2009 Ed. (4400)
   2010 Ed. (1560)
Northstar Homes
   2004 Ed. (1220)
NorthStar Moving Corp.
   2010 Ed. (1523)
NorthStar Systems International Inc.
   2009 Ed. (1118, 1119)
   2010 Ed. (1094, 1122)
Northstone Northern Ireland Ltd.
   2017 Ed. (1112)
Northtown Automotive Cos.
   2016 Ed. (1879)
Northtown Nissan Inc.
   1990 Ed. (311)
   1992 Ed. (393)
   1993 Ed. (279)
   1994 Ed. (278)
Northumbrian Water
   2005 Ed. (1475)
   2006 Ed. (2697)
   2007 Ed. (2691)
   2010 Ed. (2356)
Northumbrian Water Group
   1993 Ed. (1323)
   2017 Ed. (2055)
   2018 Ed. (2020)
   2020 Ed. (1984)
   2021 Ed. (1937)
   2022 Ed. (1978)
   2023 Ed. (2084, 2455)
Northumbrian Water Group plc
   2012 Ed. (2359)
Northview Apartment REIT
   2018 Ed. (4101)
Northview Enterprises Inc.
   2019 Ed. (4786)
   2020 Ed. (4774)
Northville
   1992 Ed. (3442)
Northville Industries Corp.
   1990 Ed. (1035, 1891, 2848)
   1991 Ed. (964, 966)
   1998 Ed. (2412)
Northvolt
   2019 Ed. (2210)
Northwave
   2021 Ed. (4341)
Northwave Security
   2019 Ed. (4333)
   2020 Ed. (4325)
Northway
   2022 Ed. (4991)
Northway Bank
   2021 Ed. (388)
   2022 Ed. (401)
   2023 Ed. (523)
Northway Brewing Co.
   2023 Ed. (925)
Northwell Health
   2017 Ed. (2852, 2949)
   2018 Ed. (2922, 3062)
   2019 Ed. (3005)
   2020 Ed. (3039, 4334)
   2021 Ed. (1756, 2752, 2903, 4350)
   2022 Ed. (1787, 2902, 2934, 2952, 3029, 4356, 4790)
   2023 Ed. (1921, 2349, 3023, 3059)
Northwell Health at Jones Beach Theater
   2019 Ed. (173)
   2020 Ed. (174)
   2023 Ed. (1181)
Northwell Health (U.S.)
   2022 Ed. (2934)
Northwest Adventist Credit Union
   2014 Ed. (2188)
Northwest Ag Supply LLC
   2013 Ed. (2283)
   2014 Ed. (2217)
   2015 Ed. (2281)
   2016 Ed. (2252)
   2017 Ed. (2111)
   2018 Ed. (2132)

CUMULATIVE INDEX • 1989-2023

2019 Ed. (2130)
2020 Ed. (2113)
Northwest Airlines Corp.
  1989 Ed. (234, 235, 236, 238)
  1990 Ed. (213, 218, 223, 224, 225, 238, 242, 3541)
  1991 Ed. (196, 197, 200, 203, 205, 206, 207, 208, 209, 213, 825, 2471, 3318, 3413)
  1992 Ed. (262, 266, 278, 281, 282, 283, 284, 285, 286, 287, 288, 289, 295, 296, 297, 298, 299, 300, 301, 302, 303, 1379, 2298, 4334, 4336, 4340)
  1993 Ed. (169, 177, 188, 190, 191, 193, 196, 197, 199, 200, 202, 1106, 1955, 3610, 3612)
  1994 Ed. (154, 155, 157, 158, 159, 160, 162, 164, 165, 169, 172, 173, 174, 175, 177, 178, 181, 182, 183, 185, 190, 3567, 3569, 3572)
  1995 Ed. (173, 174, 176, 178, 179, 182, 184, 185, 187, 189, 192, 1316, 1322, 1328, 3351, 3653)
  1996 Ed. (173, 174, 175, 177, 178, 180, 181, 182, 183, 185, 186, 189, 190, 191, 355, 1115, 1274, 1285, 1421)
  1997 Ed. (189, 190, 192, 194, 195, 196, 197, 198, 199, 200, 201, 202, 203, 206, 209, 210, 211, 212, 213, 215, 216, 217, 218, 1291, 1333, 1481)
  1998 Ed. (112, 113, 114, 118, 119, 120, 121, 124, 125, 126, 127, 128, 129, 130, 131, 132, 133, 134, 135, 136, 137, 138, 140, 141, 142, 248, 249, 250, 818, 925, 1065, 1177)
  1999 Ed. (208, 211, 214, 215, 216, 218, 219, 220, 221, 222, 223, 224, 225, 226, 228, 229, 231, 232, 233, 236, 237, 238, 240, 241, 242, 243, 244, 245, 363, 1664)
  2000 Ed. (229, 231, 233, 236, 237, 238, 240, 241, 242, 243, 244, 245, 246, 247, 248, 249, 250, 252, 253, 255, 258, 259, 260, 261, 262, 263, 264, 265, 266, 267, 268, 1471, 3436, 4381)
  2001 Ed. (271, 292, 293, 294, 296, 297, 298, 299, 300, 310, 312, 315, 318, 320, 322, 323, 324, 325, 329, 330, 335, 337, 338, 1795, 3830)
  2002 Ed. (257, 258, 259, 260, 261, 262, 263, 264, 265, 266, 267, 268, 269, 272, 1566, 1568, 1731, 1916, 2076)
  2003 Ed. (239, 240, 241, 242, 243, 244, 245, 246, 248, 250, 251, 252, 253, 1763, 1764, 4796)
  2004 Ed. (196, 197, 198, 199, 200, 203, 204, 205, 206, 207, 208, 211, 212, 213, 215, 216, 220, 221, 222, 1800, 1801, 4558)
  2005 Ed. (199, 200, 201, 202, 203, 206, 207, 208, 209, 210, 211, 212, 220, 223, 224, 228, 229, 230, 1870, 1871, 1872)
  2006 Ed. (213, 214, 215, 216, 218, 220, 221, 222, 223, 224, 239, 240, 242, 244, 245, 246, 248, 1887, 1891, 1892)
  2007 Ed. (222, 226, 229, 230, 231, 238, 241, 242, 246, 247, 248, 365, 1514, 1524, 1798, 1799, 1802, 1883, 1884, 1885, 2885, 4582, 4583, 4584)
  2008 Ed. (208, 209, 211, 213, 217, 220, 221, 225, 226, 227, 235, 1443, 1445, 1446, 1448, 1508, 1531, 1835, 1838, 1934, 1936, 1939, 1940, 3007, 4534)
  2009 Ed. (229, 230, 232, 233, 234, 245, 248, 250, 251, 252, 253, 1416, 1892, 1894, 1895, 1898, 1900, 3093)
  2010 Ed. (215, 216, 217, 236, 238, 239, 241, 242, 243, 244, 1828, 3026)
  2011 Ed. (140, 165, 166, 167)
Northwest Airlines World Traveler
  1994 Ed. (2799)
  1998 Ed. (2796, 2799)
Northwest Alaskan Pipeline Co.
  1994 Ed. (1947)
  1995 Ed. (1974)
Northwest Arctic County, AK
  1994 Ed. (2167)
  1995 Ed. (2218)
Northwest Balanced
  2003 Ed. (3558)
Northwest Bancorp
  2001 Ed. (568)
  2005 Ed. (625, 1943)
  2011 Ed. (1999)
Northwest Bancorp Inc.
  2016 Ed. (2120)
Northwest Bancshares
  2021 Ed. (349)
Northwest Bank
  2021 Ed. (371, 374, 397)
  2022 Ed. (341, 362, 384, 387, 410)
  2023 Ed. (420, 451, 502, 505, 532)
Northwest Bank/Minnesota
  1993 Ed. (2299)
Northwest Bank South Dakota, N.A.
  1989 Ed. (205)
Northwest Cable Advertising
  1996 Ed. (856, 861)

Northwest Cargo
  1994 Ed. (153)
Northwest Cattlemen's Alliance
  2006 Ed. (2647)
Northwest Community Bank
  2012 Ed. (334)
Northwest Community Credit Union
  2005 Ed. (1933, 1934, 1938, 2123)
  2006 Ed. (1968, 2218)
  2007 Ed. (2139)
  2008 Ed. (2254)
  2009 Ed. (2240)
  2010 Ed. (2194)
  2011 Ed. (2212)
  2012 Ed. (2073)
  2013 Ed. (2257)
  2014 Ed. (2189)
  2015 Ed. (2253)
  2016 Ed. (2224)
  2018 Ed. (2117)
  2020 Ed. (2096)
  2021 Ed. (2086)
  2022 Ed. (2121)
  2023 Ed. (2128, 2236)
Northwest Community Hospital
  2010 Ed. (3058)
  2011 Ed. (3029)
The Northwest Co.
  1989 Ed. (240)
  1990 Ed. (206, 207, 208, 209, 226)
  1991 Ed. (204)
  1992 Ed. (280, 291)
  1996 Ed. (184)
  2001 Ed. (295)
  2007 Ed. (589)
  2009 Ed. (3183)
  2010 Ed. (3115)
Northwest Convenant Medical Center
  1998 Ed. (1994)
Northwest Covenant Medical Center
  1999 Ed. (2750)
Northwest Credit Union
  2002 Ed. (1898)
  2003 Ed. (1889, 1952)
  2004 Ed. (1992)
  2005 Ed. (2134)
  2006 Ed. (2229)
  2007 Ed. (2150)
  2008 Ed. (2265)
  2009 Ed. (2252)
  2010 Ed. (2205)
  2011 Ed. (2223)
  2012 Ed. (2084)
  2013 Ed. (2262, 2272)
  2014 Ed. (2195, 2206)
  2015 Ed. (2234, 2270)
  2016 Ed. (2205, 2241)
Northwest Dairy Association
  2013 Ed. (95)
  2014 Ed. (102)
  2015 Ed. (116)
  2016 Ed. (122)
  2017 Ed. (114)
  2018 Ed. (124)
  2019 Ed. (110)
Northwest Dairymen's Association
  1993 Ed. (1457)
Northwest Electric & Solar
  2019 Ed. (4449)
Northwest Exterminating
  2014 Ed. (1606)
  2015 Ed. (1656)
  2016 Ed. (1598)
Northwest Fabrics & Crafts
  1999 Ed. (1054)
Northwest Family Services
  2011 Ed. (1915, 1973)
  2012 Ed. (1774, 1823, 1825)
Northwest Farm Credit System
  2000 Ed. (222)
Northwest Federal Credit Union
  2004 Ed. (1927)
  2009 Ed. (2251)
  2014 Ed. (2136)
  2015 Ed. (2200)
  2018 Ed. (2126)
  2020 Ed. (2108)
  2021 Ed. (2098)
  2022 Ed. (2130)
  2023 Ed. (2248)
Northwest Georgia Bank
  1997 Ed. (503)
  1998 Ed. (373)
Northwest Growth
  2002 Ed. (3435)
  2003 Ed. (3564, 3565)
Northwest Hills Credit Union Inc.
  2002 Ed. (1828)
Northwest Housing Alternatives
  2011 Ed. (1915, 1969)
  2012 Ed. (1774)
Northwest Institutional Consulting Group
  2016 Ed. (3124)
  2017 Ed. (3065)
Northwest International Equity
  2002 Ed. (3438)
Northwest Landscape Services
  2018 Ed. (3361)

Northwest London
  1992 Ed. (1031)
Northwest Medical Center
  2006 Ed. (2919)
  2008 Ed. (3041)
  2009 Ed. (3143)
  2017 Ed. (1391)
Northwest Medical Teams International
  2007 Ed. (3705, 3706)
  2008 Ed. (3790)
Northwest Missouri State University
  2011 Ed. (962)
Northwest Mortgage Group Inc.
  2015 Ed. (1970)
Northwest Natural Gas
  2016 Ed. (2371)
Northwest Natural Gas Co.
  1996 Ed. (2009)
  1999 Ed. (276)
  2004 Ed. (1451)
  2005 Ed. (2714)
  2006 Ed. (1976, 2076, 2688, 2689)
  2007 Ed. (1947)
  2008 Ed. (2141)
  2009 Ed. (2123, 2418, 2867)
  2010 Ed. (2062)
  2011 Ed. (2117)
  2012 Ed. (1952, 1960)
  2013 Ed. (2170)
  2014 Ed. (2104)
Northwest Natural Products
  2016 Ed. (4788, 4790)
  2017 Ed. (4803, 4805)
  2018 Ed. (4804, 4806)
Northwest Nazarene College
  1992 Ed. (1276)
  1993 Ed. (1024)
  1996 Ed. (1044)
  1997 Ed. (1060)
  1998 Ed. (797)
  1999 Ed. (1226)
Northwest Newborn Specialists
  2010 Ed. (1930)
Northwest Newborn Specialists PC
  2006 Ed. (1968, 1973)
  2007 Ed. (1944)
  2009 Ed. (1985)
  2010 Ed. (1925)
  2011 Ed. (1975, 1980)
  2012 Ed. (1826)
Northwest Outdoor Advertising
  2001 Ed. (1544)
Northwest Pilot Project
  2011 Ed. (1916, 1983, 1984, 1985)
  2012 Ed. (1775, 1829, 1830, 1831)
Northwest Pipe
  2004 Ed. (4534)
  2005 Ed. (4476)
  2010 Ed. (2070)
  2011 Ed. (2125)
  2016 Ed. (3449)
Northwest Pipeline Corp.
  1990 Ed. (1880)
  1994 Ed. (1944, 1948, 1949, 1951, 1953)
  1995 Ed. (1975, 1979)
  1996 Ed. (2001, 2002)
  1998 Ed. (1814)
Northwest Pipeline, LLC
  2019 Ed. (2081)
  2020 Ed. (1990)
Northwest Plus Credit Union
  2005 Ed. (2079)
Northwest Portland Area Indian Health Board
  2010 Ed. (1925)
Northwest Portland Indian Health
  2005 Ed. (1933)
Northwest Portland Indian Health Board
  2006 Ed. (1968)
Northwest Process Inc.
  2004 Ed. (1839)
Northwest Propane
  2023 Ed. (4100)
Northwest Propane Gas Co.
  2020 Ed. (4036)
  2021 Ed. (4002)
NorthWest Quadrant
  1992 Ed. (2798)
Northwest Retreaders Inc.
  2005 Ed. (4699)
  2006 Ed. (4754)
  2007 Ed. (4760)
  2008 Ed. (4683)
  2009 Ed. (4724)
  2010 Ed. (4733)
  2011 Ed. (4693)
  2012 Ed. (4715)
  2013 Ed. (4676)
Northwest Savings Bank
  1998 Ed. (3564)
Northwest Seaport Alliance
  2020 Ed. (3953, 3954)
  2021 Ed. (3919, 3920)
  2022 Ed. (3931, 3932)
  2023 Ed. (4017)
Northwest Software Inc.
  2006 Ed. (3535)

Northwest Specialty Equity
  2004 Ed. (3616, 3617, 3618)
  2005 Ed. (3568)
  2006 Ed. (2512)
Northwest Specialty Growth Fund Inc.
  2010 Ed. (3733)
Northwest Specialty High Yield Bond
  2002 Ed. (3456, 3457)
  2006 Ed. (3665)
Northwest Sports
  1992 Ed. (1984)
  1994 Ed. (1670)
Northwest Staffing
  2005 Ed. (1932)
Northwest Staffing Resources Inc.
  2003 Ed. (1806)
  2005 Ed. (1939)
  2007 Ed. (1945)
  2008 Ed. (2027)
  2009 Ed. (1991)
  2010 Ed. (1931)
Northwest States
  1996 Ed. (365)
  1997 Ed. (2207)
Northwest Suites & Housing Services
  2007 Ed. (3610, 3611, 4452)
Northwest Tank & Environmental Services Inc.
  2023 Ed. (3073)
Northwest Tire Factory LLC
  2004 Ed. (1840)
Northwest United States
  2002 Ed. (2550, 4734)
NorthWest Visual
  2017 Ed. (3973)
Northwest Wholesale & Retreading
  2014 Ed. (4724)
  2015 Ed. (4743)
  2016 Ed. (4645)
  2017 Ed. (4658)
Northwestern College
  2009 Ed. (1032)
  2010 Ed. (1000)
  2015 Ed. (39)
  2016 Ed. (38)
  2017 Ed. (35)
  2018 Ed. (36)
  2019 Ed. (32)
  2022 Ed. (37)
  2023 Ed. (80)
NorthWestern Corp.
  1990 Ed. (857, 858, 860)
  1991 Ed. (1855)
  1993 Ed. (1991)
  1996 Ed. (2291)
  1997 Ed. (2154)
  2001 Ed. (1850, 2233)
  2002 Ed. (1527, 1765, 2126, 3711)
  2003 Ed. (1595, 1823, 2280)
  2004 Ed. (1859, 2201)
  2005 Ed. (421, 1962)
  2006 Ed. (2014)
  2007 Ed. (1980, 2393, 2396)
  2008 Ed. (2078)
  2009 Ed. (2049)
  2010 Ed. (1982)
  2011 Ed. (2044)
  2012 Ed. (1893)
  2013 Ed. (2050)
  2014 Ed. (1986)
  2015 Ed. (2034)
  2016 Ed. (2003)
Northwestern Dodge Inc.
  1990 Ed. (737)
  1991 Ed. (714)
  1995 Ed. (3795)
  1996 Ed. (744, 3880)
  1997 Ed. (676, 3917)
  1998 Ed. (468, 3762)
  1999 Ed. (4812)
  2000 Ed. (4432)
  2001 Ed. (4924)
NorthWestern Energy
  2013 Ed. (2052)
  2015 Ed. (2035)
Northwestern Fruit & Produce Co.
  1998 Ed. (1771)
Northwestern Growth Corp.
  2003 Ed. (1239, 1240, 1822, 1823)
  2004 Ed. (1858, 1859)
  2005 Ed. (1292, 1961, 1962)
  2006 Ed. (2013)
Northwestern Healthcare
  1998 Ed. (1908, 2553)
  2000 Ed. (3186)
Northwestern Healthcare Network
  1995 Ed. (2628)
  1996 Ed. (2704, 2705)
  1997 Ed. (2830)
  1999 Ed. (2987, 2988, 3467)
Northwestern Industries
  2013 Ed. (2822)
  2014 Ed. (2860)
  2015 Ed. (2901)
  2016 Ed. (2821)

Northwestern Long Term Care Insurance Co.
  2009 Ed. (3381, 3382)
  2010 Ed. (3317, 3318)
Northwestern Meat Inc.
  1990 Ed. (2016)
  1995 Ed. (3727)
  1996 Ed. (2112, 3823)
  1997 Ed. (2218, 3872)
  1998 Ed. (1940, 3711)
  1999 Ed. (2678, 2683, 4756)
  2000 Ed. (2467, 4386)
  2001 Ed. (2716)
  2002 Ed. (2564)
  2007 Ed. (2517)
  2008 Ed. (2645, 2968)
  2009 Ed. (2673)
Northwestern Memorial Hospital
  1990 Ed. (2054)
  1991 Ed. (1932)
  1992 Ed. (2456)
  1994 Ed. (890, 2088)
  1995 Ed. (2141)
  1996 Ed. (2153)
  1997 Ed. (2268)
  1998 Ed. (1987)
  1999 Ed. (2728, 2746)
  2000 Ed. (2513, 2525)
  2001 Ed. (2770, 2771)
  2002 Ed. (2618)
  2003 Ed. (2823, 2833)
  2006 Ed. (2922)
  2010 Ed. (1688, 3075)
  2011 Ed. (1701, 3047)
  2012 Ed. (1556, 2984)
  2013 Ed. (1709, 3074)
  2014 Ed. (1656, 3076)
  2015 Ed. (3126, 3127, 3131, 3133, 3134, 3139, 3141)
  2016 Ed. (2989, 2994, 2997, 3002)
Northwestern Mutual
  1989 Ed. (1701, 1702, 1703, 1704)
  1990 Ed. (2235, 2243)
  2000 Ed. (2698)
  2005 Ed. (1809, 3114)
  2013 Ed. (4197)
  2014 Ed. (1519, 1935, 4214)
  2015 Ed. (2179, 4098, 4103)
  2016 Ed. (2154, 3243)
  2017 Ed. (2092, 2579, 2588, 2590, 2591, 2592, 2593, 2594, 2596, 3199)
  2018 Ed. (2047, 3282, 3284)
  2019 Ed. (1376, 2107, 3236, 3238)
  2020 Ed. (1343, 2022, 3248)
  2021 Ed. (1973, 2577, 3113, 3115)
  2022 Ed. (2018, 2025, 3253, 3255)
  2023 Ed. (2116, 2120, 2122, 3269, 3333, 3342, 3344)
Northwestern Mutual Consolidated
  2009 Ed. (3378)
Northwestern Mutual Financial Network
  2008 Ed. (3167, 3170)
  2009 Ed. (1028)
  2010 Ed. (994)
Northwestern Mutual Group
  2003 Ed. (2979, 2993)
  2008 Ed. (3291)
  2009 Ed. (3350)
  2010 Ed. (3289, 3293)
  2011 Ed. (3268)
  2012 Ed. (3226, 3230, 3241)
  2013 Ed. (3305, 3307, 3309, 3320)
  2014 Ed. (3328, 3330, 3332, 3336)
  2015 Ed. (3371)
  2016 Ed. (3239)
  2017 Ed. (3195)
  2018 Ed. (3273, 3274, 3276, 3279)
  2019 Ed. (3224, 3226, 3228, 3232)
  2020 Ed. (3239, 3241, 3243, 3245)
  2021 Ed. (3105, 3107, 3109, 3111)
  2022 Ed. (3246, 3248, 3250, 3252)
  2023 Ed. (3334, 3335, 3337, 3338, 3339, 3340, 3341, 3348)
Northwestern Mutual Insurance
  2017 Ed. (3114)
  2018 Ed. (3209)
  2019 Ed. (3146)
Northwestern Mutual Investment Services
  2018 Ed. (2646, 2647, 2653, 2655, 2656, 2657, 2658, 2659, 2662)
  2019 Ed. (2631, 2632, 2638, 2640, 2642, 2643, 2644, 2647, 3307)
  2020 Ed. (2643, 2644, 2650, 2654, 2655, 2656, 2659, 3309)
  2021 Ed. (2558, 2560, 2562, 2563, 2567, 2568, 3160)
  2022 Ed. (2670, 2671, 2677, 2679, 2681, 2682, 2686, 2687, 3304)
  2023 Ed. (2807, 2809, 2815, 2816, 2817, 3393)
Northwestern Mutual Investment Services LLC
  2007 Ed. (4274)
Northwestern Mutual Life
  1989 Ed. (1679, 1681, 1683, 1684, 1685, 2104)
  1990 Ed. (2231, 2233, 2236, 2237, 2240)
  1992 Ed. (2663, 2666)
  1993 Ed. (2196, 2204, 2205, 2206, 2207, 2208, 2209, 2210, 2211, 2214, 2216, 2217, 2218, 2221, 2226, 2227, 2972, 3296)
  2000 Ed. (1583, 2694, 2695, 3846)
Northwestern Mutual Life Insurance Co.
  1991 Ed. (1725, 2086, 2094, 2095, 2099, 2101, 2102, 2109, 2112, 2113)
  1992 Ed. (2658, 2664, 2669, 2670, 2674, 2675, 2711, 3629)
  1994 Ed. (2249, 2251, 2255, 2256, 2257, 2258, 2261, 2262, 2266, 3014, 3288)
  1995 Ed. (2292, 2294, 2295, 2297, 2298, 2301, 2302, 2303, 2304, 2314, 3068, 3070, 3367)
  1996 Ed. (1461, 2298, 2305, 2306, 2307, 2308, 2309, 2310, 2316, 2317, 2320, 2323, 2328)
  1997 Ed. (1530, 2427, 2430, 2437, 2439, 2440, 2443, 2444, 2445, 2446, 2453, 2456, 3263, 3265, 3412)
  1998 Ed. (1070, 1193, 2143, 2149, 2155, 2157, 2158, 2163, 2164, 2166, 2167, 2168, 2170, 2171, 2174, 2177, 2178, 2182, 2183, 2184, 2185, 2186, 2187, 2189, 2190, 2193, 2194, 3009, 3011, 3119)
  1999 Ed. (1751, 2931, 2939, 2940, 2941, 2943, 2945, 2947, 2948, 2952, 2953, 2954, 2956, 2957, 2958, 4171, 4172)
  2000 Ed. (2674, 2690, 2691, 2692, 2693, 2697, 2699, 2703, 2704, 2705, 2707, 2708, 2709, 2711, 3723, 3882, 3885)
  2001 Ed. (1900, 2933, 2934, 2937, 2941, 2942, 2944, 2945, 2947)
  2002 Ed. (1797, 2869, 2890, 2891, 2905, 2913, 2914, 2915, 2916, 2920, 2924, 2925, 2926, 2927, 2928, 2929, 2930, 2932, 2935, 2938, 2939)
  2003 Ed. (1856, 2991, 2994, 2999, 3000)
  2004 Ed. (1615, 1892, 2270, 2273, 3102, 3105, 3106, 3107, 3108, 3109, 3110, 3111, 3112, 3114)
  2005 Ed. (1640, 2018, 3051, 3105, 3108, 3109, 3110, 3111, 3112, 3113, 3115, 3118, 3119, 3120)
  2006 Ed. (1529, 2121, 3088, 3118, 3120, 3122, 3123, 3124, 3125, 3126)
  2007 Ed. (1489, 2069, 3125, 3130, 3138, 3139, 3140, 3142, 3143, 3144, 3145, 3146, 3150, 3151, 3152, 3155, 3156, 3157, 3160, 3162)
  2008 Ed. (1483, 2177, 3274, 3275, 3285, 3290, 3293, 3294, 3295, 3296, 3300, 3301, 3302, 3304, 3305, 3309, 3311)
  2009 Ed. (2160, 2161, 2162, 3332, 3343, 3348, 3349, 3353, 3354, 3355, 3356, 3360, 3361, 3362, 3364, 3365, 3372, 3375)
  2010 Ed. (2101, 2102, 3287, 3288, 3292, 3294, 3295, 3298, 3299, 3301, 3305, 3309, 3311)
  2011 Ed. (2154, 2155, 3233, 3253, 3255, 3259, 3260, 3261, 3262, 3264, 3269, 3272, 3274)
  2012 Ed. (2004, 2005, 3224, 3225, 3229, 3231, 3232, 3234, 3235, 3237, 3239, 3248)
  2013 Ed. (2193, 2194, 3303, 3304, 3308, 3310, 3311, 3314, 3316, 3318, 3324)
  2014 Ed. (2124, 2125, 3326, 3327, 3331, 3333, 3335, 3340)
  2015 Ed. (2181, 3369)
  2016 Ed. (2157, 3231, 3233, 3234, 3235, 3236, 3238)
  2017 Ed. (2094, 2098, 3189, 3191, 3192, 3194)
  2018 Ed. (2053, 3272, 3275, 3277, 3278)
  2019 Ed. (2110, 2113, 3222, 3223, 3227, 3229, 3231)
  2020 Ed. (2025, 2029, 3237, 3238, 3242, 3244)
  2021 Ed. (1976, 1978, 3103, 3104, 3108, 3110)
  2022 Ed. (2021, 2023, 3244, 3245, 3249, 3251)
Northwestern Mutual Select VA FL Index 500 Stock
  2000 Ed. (4336)
Northwestern Mutual Wealth Management
  2021 Ed. (4325)
  2022 Ed. (4332)
  2023 Ed. (4362)
Northwestern National Life
  1993 Ed. (2213, 2221)
  1996 Ed. (2312, 2313, 2314, 2315)
  1998 Ed. (2180, 2181)
Northwestern National Life Insurance Co.
  1991 Ed. (2471)
  1992 Ed. (2661)
Northwestern Nissan
  1991 Ed. (288)
Northwestern Printing Co.
  2000 Ed. (3609)
Northwestern Savings Bank
  1997 Ed. (3381)
  1998 Ed. (3154)
Northwestern Savings & Loan Association
  1993 Ed. (3567)
  1994 Ed. (3142, 3532)
  1995 Ed. (3184)
  1996 Ed. (3284)
Northwestern Selecta Inc.
  2004 Ed. (4924)
  2005 Ed. (4907)
  2006 Ed. (2000, 4939)
  2007 Ed. (1963, 4946)
  2016 Ed. (4890)
  2017 Ed. (4889)
  2018 Ed. (4905)
Northwestern State University
  2010 Ed. (3767)
  2012 Ed. (3771)
Northwestern Steel
  1998 Ed. (3403)
Northwestern Steel & Wire
  1993 Ed. (3449)
Northwestern University
  1990 Ed. (856)
  1991 Ed. (820, 821, 823, 1003, 1568, 1767)
  1992 Ed. (1002, 1003, 1007, 1280, 1973, 2216, 2338, 2671)
  1993 Ed. (1624)
  1994 Ed. (1663)
  1995 Ed. (858, 859, 1710)
  1996 Ed. (837, 849, 1692, 2464)
  1997 Ed. (850, 855, 858, 859, 1774, 2609)
  1998 Ed. (548, 552, 555, 556, 560, 799, 1467, 2335, 2340)
  1999 Ed. (969, 970, 971, 972, 973, 974, 977, 978, 980, 981, 982, 983, 984, 1228, 2043, 2044, 3159, 3166, 3335)
  2000 Ed. (916, 917, 918, 919, 920, 923, 924, 925, 926, 927, 928, 1829, 1834, 2903, 2904, 2910, 3074)
  2001 Ed. (1054, 1055, 1057, 1058, 1061, 1062, 1063, 1064, 1065, 2255, 2256, 3061, 3067, 3261)
  2002 Ed. (873, 874, 875, 876, 877, 878, 879, 881, 882, 883, 884, 898, 2348, 2349)
  2003 Ed. (789, 793, 794, 795, 798)
  2004 Ed. (828, 829, 1061)
  2005 Ed. (795, 801, 3266)
  2006 Ed. (717, 719, 721, 723, 731, 737)
  2007 Ed. (804, 806, 807, 1181)
  2008 Ed. (771, 776, 783, 785, 786, 1089, 3639)
  2009 Ed. (798, 800, 1034, 3505)
  2010 Ed. (1026, 3435)
  2011 Ed. (965)
  2012 Ed. (866)
  2014 Ed. (768, 778)
  2015 Ed. (807, 821)
  2016 Ed. (725)
Northwestern University, J. L. Kellogg Graduate School of Management
  1989 Ed. (842)
Northwestern University, Kellogg
  1991 Ed. (814)
  1992 Ed. (997, 1009)
  1993 Ed. (796, 801, 802, 806)
  1994 Ed. (806, 810, 811, 815, 816, 818)
  1995 Ed. (862, 864, 866, 867)
  1996 Ed. (842, 845, 846)
Northwestern University, Kellogg School of Business
  2004 Ed. (810, 811, 812, 813, 814, 815, 816, 817, 818)
  2005 Ed. (803, 804, 806, 807, 809, 810, 813, 815)
  2006 Ed. (702, 707, 708, 709, 710, 711, 712, 718, 728)
  2007 Ed. (796, 798, 810, 814, 817, 823, 825, 827, 828, 829, 830, 834)
  2008 Ed. (182, 770, 780, 788)
  2010 Ed. (723)
  2012 Ed. (607)
  2013 Ed. (756)
Northwestern University, Kellogg School of Management
  2009 Ed. (803, 805, 818, 824)
  2010 Ed. (722, 728, 739, 742, 744, 746, 749, 750, 751, 752, 753, 754)
  2011 Ed. (639, 652, 655, 657, 660, 661, 662, 663, 664, 665, 678, 687, 690)
  2012 Ed. (608)
  2013 Ed. (748)
Northwestern Utilities
  1990 Ed. (1888)
  1992 Ed. (2276)
  1994 Ed. (1964)
  1996 Ed. (2012)
  1997 Ed. (2132)
Northwood Pulp & Timber Ltd.
  1994 Ed. (1896)
  1996 Ed. (1962)
  1997 Ed. (2076)
  1998 Ed. (1754)
  1999 Ed. (2497)
Northwoods Bank of Minnesota
  2021 Ed. (4303)
  2022 Ed. (4311)
  2023 Ed. (4341)
Norton
  1989 Ed. (823, 1516, 1651, 1928)
  1990 Ed. (836, 837, 1902, 2171, 2516)
  1991 Ed. (799, 2018, 2381)
  1992 Ed. (1459, 1469, 1486, 4259)
  2006 Ed. (645)
  2007 Ed. (1229)
  2008 Ed. (1129)
  2019 Ed. (4063)
Norton Antivirus
  1997 Ed. (1093, 1100)
  1998 Ed. (846)
Norton Antivirus Upgrade
  1997 Ed. (1093, 1100)
Norton Community Credit Union
  2002 Ed. (1832)
  2004 Ed. (1937)
Norton Corrosion Ltd.
  2009 Ed. (2523)
  2010 Ed. (2440)
Norton Frickey & Associates
  1989 Ed. (1889)
Norton; Gale
  2007 Ed. (2497)
Norton; Graham
  2007 Ed. (4917)
Norton Healthcare
  2008 Ed. (3173)
Norton Healthcare Foundation Inc.
  2015 Ed. (1777)
Norton Healthcare Inc.
  2016 Ed. (1733)
  2017 Ed. (1710)
  2018 Ed. (1668)
  2019 Ed. (1727)
  2020 Ed. (1673)
  2021 Ed. (1652)
Norton Hospitals Foundation Inc.
  2010 Ed. (1777)
  2011 Ed. (1790)
  2012 Ed. (1647)
  2013 Ed. (1805)
  2014 Ed. (1732)
Norton Hospitals Inc.
  2003 Ed. (1732)
  2004 Ed. (1769)
  2005 Ed. (1835)
Norton Navigator Upgrade
  1997 Ed. (1100)
Norton Publicidade
  1989 Ed. (89)
  1990 Ed. (83)
  1991 Ed. (80)
  1992 Ed. (128)
  1993 Ed. (84)
Norton Rose
  1991 Ed. (2286)
  1992 Ed. (14, 15, 2835, 2836)
  1999 Ed. (3151)
  2001 Ed. (1539, 4180)
  2005 Ed. (1457)
  2010 Ed. (3427, 3428)
  2011 Ed. (3412, 3413)
Norton Rose Fulbright
  2016 Ed. (3319)
  2017 Ed. (3277)
  2020 Ed. (3326)
  2021 Ed. (3197)
  2022 Ed. (3332, 3343)
  2023 Ed. (3423, 3426, 3453)
Norton Rose Fulbright Canada LLP
  2015 Ed. (3475)
  2016 Ed. (3315, 3320)
  2017 Ed. (3274)
  2018 Ed. (3348)
  2019 Ed. (3327)
  2020 Ed. (3328)
Norton Rose Fulbright LLP
  2021 Ed. (3218, 3219, 3220, 3238)
Norton Rose LLP
  2014 Ed. (3451)
Norton Simon Art Foundation
  1989 Ed. (1476)
Norton Simon Foundation
  1989 Ed. (1476)
Norton Sound Health Corp.
  2003 Ed. (2693)
Norton Utilities
  1995 Ed. (1098)
  1996 Ed. (1077, 1081)
  1997 Ed. (1091, 1096, 1099)
  1998 Ed. (845, 846)
Norton Utilities Upgrade
  1997 Ed. (1093, 1100)
NortonLifeLock
  2021 Ed. (2852)
Nortura SA
  2020 Ed. (2720)
Norvac
  2003 Ed. (3958)
Norvasc
  1995 Ed. (1590, 2530)
  1996 Ed. (1571, 2598)
  1997 Ed. (1656, 2741)
  1998 Ed. (2915)
  1999 Ed. (1891, 1892, 1893, 1898, 1908, 1910, 3325, 3884, 3886)
  2000 Ed. (1699, 1704, 1708, 3063, 3604, 3606)
  2001 Ed. (2066, 2067, 2097, 2098)
  2002 Ed. (2023, 3749)

CUMULATIVE INDEX • 1989-2023

2003 Ed. (2113, 2116)
2004 Ed. (2154, 2155, 2156)
2005 Ed. (2248, 2252, 2253, 2255, 2256)
2006 Ed. (2314, 2316)
2007 Ed. (2243, 2246)
2008 Ed. (2379)
Norvax
  2009 Ed. (1106)
Norvik Banka
  2011 Ed. (398)
Norvik Banka AS
  2012 Ed. (1658)
  2013 Ed. (1812)
Norwalk
  2000 Ed. (2297)
Norwalk, CT
  1990 Ed. (2568)
Norwalk Hospital
  1994 Ed. (890)
Norwalk - The Furniture Idea
  1998 Ed. (1781, 1788, 1789)
  1999 Ed. (2563)
  2005 Ed. (902)
  2006 Ed. (817)
  2007 Ed. (2670)
  2008 Ed. (2801)
Norway
  1989 Ed. (363, 2899)
  1990 Ed. (984, 1264, 1878, 3503)
  1991 Ed. (930, 2276, 3270, 3465)
  1992 Ed. (226, 227, 305, 1029, 1736, 2358, 3685, 4140, 4187, 4412)
  1993 Ed. (240, 1035, 1542, 2950, 3680)
  1994 Ed. (841, 854, 855, 1230, 1234, 1488, 1515, 1533, 1699, 1705, 2006, 2008, 2367, 2731, 3476, 3642)
  1995 Ed. (345, 683, 899, 900, 1244, 1520, 2925, 3418, 3520, 3605, 3718)
  1996 Ed. (872, 874, 1479, 1963, 3020, 3763, 3808)
  1997 Ed. (896, 897, 1544, 2117, 2475, 3105, 3509)
  1998 Ed. (634, 635, 819, 1030, 1131, 1431, 1849, 3467)
  1999 Ed. (1253, 1254, 1753, 1783, 1784, 3289, 3653, 3654)
  2000 Ed. (1154, 1585, 1608, 1612, 1613)
  2001 Ed. (291, 367, 386, 390, 670, 697, 704, 979, 1125, 1141, 1171, 1242, 1259, 1297, 1340, 1497, 1917, 1944, 1949, 1950, 1984, 2002, 2008, 2020, 2035, 2036, 2038, 2042, 2044, 2045, 2126, 2142, 2369, 2395, 2442, 2443, 2444, 2448, 2449, 2543, 2574, 2575, 2639, 2658, 2735, 2799, 2825, 3036, 3044, 3199, 3207, 3298, 3315, 3387, 3420, 3602, 3638, 3761, 3764, 3783, 3875, 3991, 4276, 4277, 4393, 4500, 4549, 4569, 4596, 4664, 4670, 4686, 4687, 4732, 4915, 4920, 4921)
  2002 Ed. (302, 303, 1412, 1809, 1814, 1823, 2426, 2997, 3229, 3520, 4055, 4378, 4508)
  2003 Ed. (267, 493, 1029, 1084, 1879, 2151, 2488, 2489, 2619, 3023, 3257, 3276, 4176, 4700, 4743)
  2004 Ed. (232, 233, 1033, 1461, 1909, 1921, 2170, 2620, 2621, 2767, 3164, 3339, 4203, 4725, 4820)
  2005 Ed. (238, 505, 1040, 1122, 1479, 2042, 2056, 2609, 2610, 2761, 2762, 2763, 3030, 3198, 3363, 4130, 4602, 4701, 4799)
  2006 Ed. (259, 1049, 1213, 2124, 2138, 2150, 2540, 2608, 2609, 2716, 2717, 2824, 2985, 3273, 3336, 3349, 3553, 4176, 4574, 4681, 4682, 4756)
  2007 Ed. (266, 1138, 2086, 2094, 2583, 2584, 2827, 3394, 4412, 4413, 4414, 4417, 4551, 4762)
  2008 Ed. (248, 1018, 1283, 1412, 1413, 2194, 2204, 2720, 2721, 2841, 2844, 2949, 2950, 3504, 4387, 4389, 4393, 4519, 4686)
  2009 Ed. (271, 439, 1003, 2170, 2384, 2407, 2408, 2773, 2775, 2776, 2965, 4464, 4465, 4466, 4469, 4470, 4666, 4667, 4726)
  2010 Ed. (258, 281, 700, 1065, 1386, 2113, 2213, 2214, 2301, 2401, 2707, 2708, 2837, 3151, 3170, 3379, 3380, 3399, 3498, 3770, 4516, 4520, 4522, 4722, 4735, 4843)
  2011 Ed. (178, 204, 626, 894, 910, 1003, 1375, 2230, 2231, 2401, 2693, 2694, 2819, 3327, 3328, 3387, 4454, 4455, 4680, 4694, 4802)
  2012 Ed. (218, 596, 601, 925, 1234, 2094, 2333, 2617, 2620, 2752, 3083, 3313, 3314, 3347, 3501, 4547, 4609, 4819)
  2013 Ed. (208, 733, 742, 1347, 2513, 2829, 3166, 3385, 3386, 3417, 3519, 4504, 4782, 4969)
  2014 Ed. (120, 499, 759, 763, 1283, 2275, 2456, 2675, 2870, 3171, 3179, 3387, 3388, 3415, 3493, 4548, 4828)
  2015 Ed. (135, 247, 563, 794, 799, 1063, 1347, 2359, 2525, 2716, 2719, 2910,
3231, 3240, 3448, 3511, 4546, 4863)
  2016 Ed. (716, 971, 1266, 2460, 2831, 3307, 3370)
  2017 Ed. (3329)
  2018 Ed. (3393)
  2023 Ed. (2407)
Norway Savings Bank
  2009 Ed. (1857)
  2010 Ed. (1789)
  2021 Ed. (378)
  2022 Ed. (391)
  2023 Ed. (511)
Norway Telephone Co.
  2014 Ed. (1980)
  2016 Ed. (1998)
Norwegian
  1990 Ed. (3295)
  2020 Ed. (667)
Norwegian Air
  2018 Ed. (4732)
  2021 Ed. (135)
  2022 Ed. (679)
Norwegian Air Shuttle
  2008 Ed. (229, 230)
  2017 Ed. (155)
Norwegian Air Shuttle ASA
  2010 Ed. (228, 234)
  2012 Ed. (165, 166, 168, 169, 170)
  2013 Ed. (145, 147, 148, 149)
  2015 Ed. (164)
Norwegian Caribbean
  1990 Ed. (2774)
Norwegian Cruise Line
  2015 Ed. (2282)
  2016 Ed. (2253)
  2017 Ed. (2112)
  2018 Ed. (2133)
  2019 Ed. (3361)
  2020 Ed. (2115, 3363)
  2021 Ed. (2106, 3295)
  2022 Ed. (2138)
  2023 Ed. (2256)
Norwegian Cruise Line Holdings
  2017 Ed. (4723)
  2018 Ed. (1530)
  2019 Ed. (1558, 3008)
  2020 Ed. (1537)
Norwegian Cruise Line Holdings Ltd.
  2015 Ed. (4881, 4882)
  2016 Ed. (4799, 4800)
  2018 Ed. (3065, 3067, 3073)
  2019 Ed. (3011, 3012, 3017)
  2020 Ed. (3042, 3043, 3055, 4686)
  2022 Ed. (4700)
Norwegian Cruise Line Ltd.
  1998 Ed. (1236)
  1999 Ed. (1808)
  2000 Ed. (1633)
  2001 Ed. (4626)
  2003 Ed. (4876, 4877)
  2004 Ed. (4857, 4858)
  2005 Ed. (4841)
  2006 Ed. (4894, 4895)
  2007 Ed. (4886, 4887)
  2008 Ed. (4818, 4819)
  2009 Ed. (4843, 4844)
  2010 Ed. (4849, 4850)
  2011 Ed. (4816)
Norwegian Dairy Association
  1991 Ed. (40)
Norwegian Epic
  2018 Ed. (2134)
Norwegian Escape
  2018 Ed. (2134)
Norwegian Formula
  2001 Ed. (3167, 3168)
Norwegian krone
  2008 Ed. (2275)
Norwegian kroner
  2007 Ed. (2159)
  2008 Ed. (2273)
Norwesco Inc.
  2001 Ed. (4126, 4127)
  2003 Ed. (3891)
  2004 Ed. (3912)
  2005 Ed. (3858)
  2006 Ed. (3921)
  2007 Ed. (3975)
  2008 Ed. (3998)
  2009 Ed. (4072)
  2010 Ed. (3991)
  2011 Ed. (3996)
  2012 Ed. (3989)
  2013 Ed. (4054)
  2014 Ed. (3993)
  2015 Ed. (4041)
  2016 Ed. (3953)
  2017 Ed. (3928)
Norwest Adv. Index
  1999 Ed. (3541)
Norwest Advantage
  2000 Ed. (3282)
Norwest Advantage-CO Tax Free A
  1998 Ed. (411)
  1999 Ed. (602)
Norwest Advantage-CO Tax Free I
  1998 Ed. (411)
  1999 Ed. (602)
Norwest Advantage-Growth Bal
  2000 Ed. (624)
Norwest Advantage-Intrm Gov Inc I
  2000 Ed. (626)
Norwest Advantage-Large Co. Growth
  2000 Ed. (3281)
Norwest Advantage-Stable Inc I
  1998 Ed. (412)
Norwest Advantage Tax-Free Income A
  1998 Ed. (411)
  1999 Ed. (602)
  2000 Ed. (771)
Norwest Advantage-Tax Free Income I
  1998 Ed. (411, 2639)
  1999 Ed. (602)
Norwest Advisors Income Stock I
  1997 Ed. (2900)
Norwest Asset Securities Corp.
  1999 Ed. (3438)
Norwest Bank
  1992 Ed. (371)
  1995 Ed. (367, 1769, 1771, 1772, 3085)
  1996 Ed. (393, 639, 2475, 2482, 3185, 3599)
  1997 Ed. (338, 339, 363, 3290)
  1998 Ed. (274, 417, 1541, 1542, 1543, 1544, 2443, 2605)
  1999 Ed. (380, 381, 405, 3313, 3314)
  2000 Ed. (381, 403, 412, 417, 1907)
  2001 Ed. (581, 595, 596, 763, 764)
Norwest Bank Arizona NA
  1995 Ed. (418)
  1996 Ed. (444)
  1997 Ed. (409)
  1998 Ed. (337)
Norwest Bank Colorado NA
  1996 Ed. (476)
  1997 Ed. (440)
  1998 Ed. (345)
Norwest Bank Denver, NA
  1995 Ed. (447)
Norwest Bank Des Moines NA
  1991 Ed. (564)
  1992 Ed. (731)
Norwest Bank Farm Management
  1999 Ed. (2121, 2122, 2123, 2124)
Norwest Bank Grafton NA
  1989 Ed. (215)
Norwest Bank Indiana NA
  1996 Ed. (549)
  1997 Ed. (508)
  1998 Ed. (376)
Norwest Bank Iowa NA
  1992 Ed. (543)
  1993 Ed. (533)
  1994 Ed. (532)
  1997 Ed. (520)
  1998 Ed. (385)
  2000 Ed. (434)
Norwest Bank Minneapolis
  1989 Ed. (626)
  1991 Ed. (945)
Norwest Bank Minneapolis NA
  1990 Ed. (642, 1014)
  1992 Ed. (1179)
Norwest Bank Minnesota
  1990 Ed. (1016)
Norwest Bank Minnesota International Equity
  1994 Ed. (2312)
Norwest Bank Minnesota NA
  1991 Ed. (944)
  1992 Ed. (781, 1178, 2985)
  1993 Ed. (388, 570, 576, 577, 2332, 2335, 2354, 2355, 2590)
  1994 Ed. (249, 356, 395, 572)
  1995 Ed. (371, 372, 390, 547, 2596, 2604, 2605)
  1996 Ed. (256, 606)
  1997 Ed. (284, 559)
  1998 Ed. (201, 396, 3316)
Norwest Bank Minnesota NA (Minneapolis)
  1991 Ed. (610)
Norwest Bank Minnesota South NA
  1997 Ed. (559)
  1998 Ed. (396)
Norwest Bank Moorhead NA
  1989 Ed. (212)
Norwest Bank NA
  1993 Ed. (376, 569, 1191, 1744, 1745, 1746, 1747, 2593, 3280)
  1994 Ed. (364, 366, 370, 373, 455, 571, 586, 1736, 1737, 1738, 1739, 3039)
Norwest Bank NE
  1997 Ed. (1829, 1830, 1831)
Norwest Bank Nebraska NA
  1991 Ed. (616)
  1992 Ed. (792)
  1993 Ed. (583)
  1994 Ed. (590)
  1995 Ed. (560)
  1996 Ed. (629)
  1997 Ed. (571)
  1998 Ed. (334, 413)
Norwest Bank Nevada NA
  1998 Ed. (3129, 3528)
Norwest Bank New Mexico NA
  1997 Ed. (578)
Norwest Bank Small Company Growth
  1994 Ed. (2311)
Norwest Bank of South Dakota
  2000 Ed. (220)
Norwest Bank South Dakota NA
  1991 Ed. (662)
  1992 Ed. (835)
  1993 Ed. (629)
  1995 Ed. (387, 608)
  1996 Ed. (410, 681)
  1997 Ed. (179, 377, 616)
  1998 Ed. (103, 296, 429)
  1999 Ed. (198, 399)
Norwest Bank of South Dakota NA
  1994 Ed. (145, 392, 633)
Norwest Bank Texas South Central
  1998 Ed. (431)
Norwest Bank Wahpeton NA
  1989 Ed. (215)
Norwest Bank Wisconsin NA
  1995 Ed. (636)
  1996 Ed. (712)
  1997 Ed. (647)
  1998 Ed. (436)
Norwest Bank Wyoming
  1999 Ed. (441)
Norwest Capital Management & Trust
  1990 Ed. (1744, 1745)
Norwest Corp.
  1989 Ed. (624)
  1990 Ed. (450, 536)
  1991 Ed. (609)
  1992 Ed. (521, 538, 539, 780)
  1994 Ed. (352, 524, 3033, 3034, 3035, 3270)
  1995 Ed. (358, 553, 3351)
  1996 Ed. (368, 388, 618, 1194, 1195, 1421, 3178, 3179, 3180)
  1997 Ed. (333, 343, 345, 566, 567, 568, 1240, 1241, 1277, 1481, 3281, 3282, 3283)
  1998 Ed. (277, 280, 282, 283, 285, 288, 293, 317, 319, 328, 332, 404, 406, 1177, 2103, 2357, 2456, 3315)
  1999 Ed. (312, 383, 397, 422, 439, 443, 595, 596, 663, 1707, 4022, 4023, 4024, 4025, 4333, 4335)
  2000 Ed. (374, 385, 505, 1302, 1303, 1304, 3156, 3157, 3737, 4053)
  2002 Ed. (1431)
  2003 Ed. (1451)
  2004 Ed. (1481)
  2005 Ed. (1497)
Norwest Equity Partners
  1997 Ed. (3833)
Norwest Farm Management
  1991 Ed. (1646, 1648, 1649)
  1996 Ed. (1747, 1748, 1749, 1750)
Norwest Financial Group Inc.
  1997 Ed. (1847)
Norwest Financial Services Inc.
  1996 Ed. (1767)
Norwest Foundation
  2001 Ed. (2515)
  2002 Ed. (976, 977, 2336)
Norwest Funding Inc.
  1996 Ed. (2679, 2681, 2682, 2683)
  1997 Ed. (2808, 2809, 2810, 2811)
  2001 Ed. (3346, 3347)
Norwest Income Stock Investment A
  1996 Ed. (620)
Norwest Income Stock Trust
  1996 Ed. (620, 2792)
Norwest Insurance Inc.
  2000 Ed. (2661, 2662, 2663)
Norwest Investment
  1996 Ed. (2379)
Norwest Investment Management Inc.
  1993 Ed. (2334, 2341)
  1999 Ed. (3082)
  2000 Ed. (2811)
  2001 Ed. (920)
Norwest Investment Services Inc.
  1991 Ed. (3035)
  2001 Ed. (819, 852, 4382)
Norwest Investments & Trust
  1992 Ed. (2106, 2108, 2109)
  1993 Ed. (2291)
Norwest Mortgage
  1999 Ed. (3439)
Norwest Mortgage Inc.
  1991 Ed. (1660)
  1993 Ed. (1993, 2592)
  1994 Ed. (1984, 2548, 2554, 2557)
  1995 Ed. (2042, 2597, 2599, 2600, 2603, 2606, 2609, 2610)
  1996 Ed. (2036, 2675, 2677, 2684, 2686)
  1997 Ed. (2813, 2814)
  1998 Ed. (1861, 2400, 2522, 2523, 2525, 2526, 2527, 2528, 2529, 2530)
  1999 Ed. (2608, 3435, 3436, 3437, 3440, 3441)
  2000 Ed. (3158, 3159, 3161, 3162, 3163)
  2001 Ed. (3345, 3346, 3347, 3351, 3352, 4522)
Norwest Mortgage Inc./CA
  2002 Ed. (3392)

CUMULATIVE INDEX • 1989-2023

Norwest Nova Inc.
  2001 Ed. (1794, 1959)
Norwest Passage VA Fortis Global Growth
  1997 Ed. (3825)
Norwest Romania
  2019 Ed. (1944)
Norwest Stable Return Fund
  1995 Ed. (2072)
Norwest Trust Corp.
  1998 Ed. (405)
Nor'Wester Brewing Co.
  1998 Ed. (2488)
Norwex Malta Ltd.
  2017 Ed. (1731)
Norwich
  1992 Ed. (334)
  1993 Ed. (230)
Norwich International Bond
  1994 Ed. (726)
Norwich Life
  1993 Ed. (2231)
  1995 Ed. (2315)
Norwich Master Trust
  1997 Ed. (2919)
Norwich Union
  1993 Ed. (2255)
  2009 Ed. (3342)
Norwich Union Direct
  2009 Ed. (109, 148)
The Norwich Union Life Insurance Society
  1990 Ed. (2242, 2280)
  1991 Ed. (2145)
  1994 Ed. (2234)
  1995 Ed. (2282)
Norwich Union Linked Life Assurance Ltd.
  2004 Ed. (2607)
Norwich Union plc
  2002 Ed. (1416, 2941)
The Norwood Co.
  2009 Ed. (1323)
  2010 Ed. (1254, 1305)
Norwood Construction Co. Inc.
  1993 Ed. (1153)
Norwood Industrial Construction Co. Inc.
  1996 Ed. (1168)
Norwood Subaru
  1991 Ed. (296)
  1994 Ed. (284)
NOS
  2011 Ed. (4520, 4521)
  2013 Ed. (595)
  2014 Ed. (608)
  2015 Ed. (680)
  2016 Ed. (616, 4467)
  2017 Ed. (658)
  2018 Ed. (611)
  2019 Ed. (622, 4487)
  2020 Ed. (605, 4471)
  2022 Ed. (596)
Nos
  2015 Ed. (676)
  2016 Ed. (617)
  2017 Ed. (653, 654)
  2018 Ed. (612, 613)
  2019 Ed. (623, 624)
  2020 Ed. (606, 607)
  2021 Ed. (569, 570, 4595)
  2022 Ed. (598, 4610)
  2023 Ed. (834, 4612)
NOS/BBDO
  2002 Ed. (169)
  2003 Ed. (137)
NOS Electronics Taiwan Inc.
  1994 Ed. (1459)
NOS Energy
  2011 Ed. (4523)
  2012 Ed. (4522)
  2013 Ed. (4484)
  2014 Ed. (4529)
  2015 Ed. (4529)
NOS Energy Shot
  2011 Ed. (4524)
  2012 Ed. (4523)
Nosbaum; Leroy D.
  2005 Ed. (977)
Nosbusch; Keith
  2015 Ed. (2635)
The Nosh Em Group LLC
  2022 Ed. (4402)
NoSQL Movement
  2012 Ed. (976)
Nossa Caixa
  2000 Ed. (473, 478)
  2006 Ed. (421)
  2011 Ed. (312)
Nossa Caixa Nosso Banco
  2000 Ed. (588)
Nossaman, Guthner, Knox & Elliott
  1995 Ed. (3664)
  1999 Ed. (2843)
  2000 Ed. (2620)
Nostalgia Network
  1992 Ed. (1032)
Nostrum Oil & Gas
  2017 Ed. (3820)
Not a Moment Too Soon
  1996 Ed. (3031)

Not enough revenue
  2005 Ed. (784)
Not Your Father's
  2017 Ed. (3360)
Not Your Father's Root Beer
  2018 Ed. (1267, 3703)
Notarize
  2023 Ed. (1137, 1150, 1856, 4577)
Notary Public Underwriters
  2011 Ed. (1635)
Note pads and adding machine tape
  1995 Ed. (3079)
Notebaert; Richard
  2006 Ed. (3931)
Notebaert; Richard C.
  2005 Ed. (1103)
  2006 Ed. (1098)
  2009 Ed. (956)
  2010 Ed. (912)
The Notebook
  1999 Ed. (692)
  2000 Ed. (709)
  2006 Ed. (639)
  2018 Ed. (2232)
Notebooks, pads, & paper
  1999 Ed. (2713)
Notes
  1996 Ed. (1086)
Notework
  1994 Ed. (1621)
Nothenberg; Rudolf
  1995 Ed. (2668)
Nothenberg; Rudy
  1991 Ed. (2546)
  1993 Ed. (2638)
Nothing Bundt Cakes
  2014 Ed. (4278)
  2015 Ed. (4260)
  2019 Ed. (794, 4470)
  2020 Ed. (785, 788, 4237)
  2021 Ed. (829, 4201)
  2022 Ed. (860, 4211)
  2023 Ed. (4304, 4488)
Nothing's Fair in the Fifth Grade
  1990 Ed. (981)
"Noticerio 1"
  1993 Ed. (3531)
Noticias del Mundo (Los Angeles)
  1992 Ed. (4028)
Noticias del Mundo (New York)
  1992 Ed. (4028)
Noticiero con J. Doriga
  2012 Ed. (2878)
Notion Vtec
  2010 Ed. (1793)
NotionT Inc.
  2013 Ed. (1464, 1637, 4098)
Notiont Inc.
  2013 Ed. (1056)
NOTIS
  1991 Ed. (2310, 2311)
  1994 Ed. (2522)
Notley; Rachel
  2017 Ed. (775)
notonthehighstreet.com
  2013 Ed. (2913)
Notorious Nineteen
  2014 Ed. (577)
  2015 Ed. (647)
Notre Dame; College of
  1994 Ed. (1051)
Notre Dame Federal Credit Union
  2022 Ed. (2055)
Notre Dame Fighting Irish
  2011 Ed. (2743)
  2014 Ed. (2748)
Notre Dame, Mendoza School of Business; University of
  2006 Ed. (707)
  2007 Ed. (795, 797, 815, 829)
  2008 Ed. (773, 777)
  2009 Ed. (789)
  2010 Ed. (726, 755)
  2011 Ed. (653, 692, 694)
  2012 Ed. (608)
Notre Dame University
  2003 Ed. (795)
  2005 Ed. (811)
Notre Dame; University of
  1991 Ed. (2928)
  1992 Ed. (1093, 1124, 1280, 1283, 3803)
  1995 Ed. (3189)
  1996 Ed. (2464)
  1997 Ed. (2609)
  2005 Ed. (2852)
  2006 Ed. (725, 2858)
  2007 Ed. (2268)
  2010 Ed. (2315)
  2011 Ed. (648, 693)
  2015 Ed. (810)
Notting Hill
  2001 Ed. (3364, 3366, 3373, 3374, 3375, 3378, 3381, 3382)
Nottingham
  1992 Ed. (1031)
Nottingham Group Holdings Ltd.
  1994 Ed. (1002)

Nottingham University
  2011 Ed. (683, 694)
Notz Stucki
  2004 Ed. (2819)
Notz, Stucki & Cie.
  2005 Ed. (2819)
Nouakchott, Mauritania
  1993 Ed. (1425)
Noubar Afeyan
  2023 Ed. (4802)
Nourishing Brands
  2023 Ed. (2123)
Nourison Rug
  2009 Ed. (4359)
  2010 Ed. (4387)
Nourypharma Ltd.
  2007 Ed. (4952)
Nouvelle Banque de Kinshas
  1994 Ed. (671)
Nouvelle Banque de Kinshasa
  1993 Ed. (670)
Nouvelle Kitchen Towels
  1999 Ed. (4604)
Nouvelle Toilet Tissue
  1999 Ed. (4604)
  2002 Ed. (3585)
Nouvelles Fermetures International, LDA
  2018 Ed. (1883)
Nouvobanq
  2014 Ed. (354)
  2015 Ed. (402)
NOV
  2023 Ed. (3928)
NOV Inc.
  2023 Ed. (2559)
Nova
  2021 Ed. (2777)
Nova banka
  2006 Ed. (429)
Nova Bus Inc.
  2001 Ed. (1814)
  2003 Ed. (1787)
Nova Cartotecnica Roberto.s
  2021 Ed. (2973)
Nova Chemicals
  2013 Ed. (956)
  2014 Ed. (910)
NOVA Chemicals Corp.
  1999 Ed. (1091, 1736)
  2000 Ed. (1020, 1027)
  2001 Ed. (1209, 2309, 3842, 3843)
  2002 Ed. (989, 992, 1018, 2786)
  2003 Ed. (2369, 2892)
  2005 Ed. (1648, 1947, 1948, 1950)
  2006 Ed. (854, 1542, 1979, 1983, 1984, 1985, 1986, 1987, 1989, 1990)
  2007 Ed. (936, 950, 1572, 1955)
  2008 Ed. (915, 927, 1555, 1622, 2003, 2048)
  2009 Ed. (923, 935, 2006, 2010, 2011, 2013)
  2010 Ed. (865, 876, 1949)
  2011 Ed. (789, 790, 804, 813)
  2012 Ed. (766, 768)
Nova Chemicals Corp.
  2016 Ed. (824)
  2017 Ed. (881)
  2018 Ed. (814)
  2019 Ed. (831)
  2020 Ed. (829)
  2022 Ed. (888)
  2023 Ed. (1066)
NOVA Consultants
  2016 Ed. (4423)
NOVA Corp.
  2017 Ed. (3551)
Nova Corp.
  1990 Ed. (1882)
  1991 Ed. (1286)
  1992 Ed. (1590, 4313)
  1993 Ed. (1288)
  1998 Ed. (693)
  1999 Ed. (1082, 3431)
  2011 Ed. (1167)
Nova Corp. of Alberta
  1992 Ed. (1595, 2268, 4148)
  1994 Ed. (1955)
  1997 Ed. (1372, 3766)
Nova Corporation of Alberta
  1991 Ed. (2479)
Nova Corporation of Alberta A
  1991 Ed. (3403)
Nova Datacom
  2013 Ed. (181)
Nova Datacom LLC
  2012 Ed. (4815)
Nova Development
  2000 Ed. (1106, 2406)
Nova Dipo D.O.O.
  2017 Ed. (1524)
Nova Electronics Data Inc.
  2006 Ed. (3527, 4366)
Nova Engineering & Environmental LLC
  2019 Ed. (2424)
  2022 Ed. (2435)
NOVA Entertainment
  2019 Ed. (3502)
  2020 Ed. (4077)

  2021 Ed. (4043)
  2022 Ed. (4061)
Nova Farms
  2023 Ed. (2392)
Nova Group
  2012 Ed. (1366)
  2013 Ed. (1449)
  2014 Ed. (1410)
  2015 Ed. (1470)
Nova Group, Inc.
  2022 Ed. (1432)
  2023 Ed. (1625)
Nova Groupe
  2019 Ed. (3736)
NOVA Home Loans
  2022 Ed. (3680)
Nova Information Systems Inc.
  1998 Ed. (2464)
  2000 Ed. (379)
Nova KBM
  2014 Ed. (433)
  2016 Ed. (442)
  2023 Ed. (689)
Nova Kreditna Banka Maribor
  2023 Ed. (636)
Nova Kreditna Banka Maribor DD
  1997 Ed. (612, 613)
  1999 Ed. (637)
Nova Kreditna banka Maribor
  2000 Ed. (663)
  2002 Ed. (646)
  2003 Ed. (609)
  2004 Ed. (618)
  2005 Ed. (608)
  2006 Ed. (522)
  2007 Ed. (551)
  2008 Ed. (503)
  2009 Ed. (533, 534)
  2010 Ed. (517, 518)
  2011 Ed. (446, 447)
  2013 Ed. (459)
  2014 Ed. (475)
  2015 Ed. (534)
  2016 Ed. (487)
  2017 Ed. (503)
  2018 Ed. (467)
  2019 Ed. (479)
  2020 Ed. (463)
Nova Landscape Group Inc.
  2023 Ed. (3743)
Nova Leap Health
  2021 Ed. (1446)
Nova Legal Funding
  2022 Ed. (2663)
Nova Lifestyle
  2016 Ed. (2793)
  2017 Ed. (2760)
Nova Ljubljanska Banka
  2000 Ed. (663)
  2002 Ed. (646)
  2003 Ed. (609)
  2004 Ed. (618)
  2005 Ed. (499, 503, 608)
  2006 Ed. (522)
  2007 Ed. (443, 445, 551)
  2008 Ed. (503)
  2009 Ed. (437, 438, 533, 534)
  2010 Ed. (517, 518)
  2011 Ed. (338, 339, 446, 447)
  2013 Ed. (459)
  2014 Ed. (475)
  2015 Ed. (534)
  2016 Ed. (487)
  2017 Ed. (503)
  2018 Ed. (467)
  2019 Ed. (479)
  2020 Ed. (463)
  2023 Ed. (689)
Nova Ljubljanska banka
  2023 Ed. (636)
Nova Ljubljanska Banka d.d.
  2014 Ed. (458)
  2015 Ed. (516)
  2016 Ed. (469)
  2017 Ed. (487)
  2018 Ed. (452)
  2019 Ed. (463)
  2020 Ed. (447)
  2021 Ed. (453)
  2022 Ed. (468)
  2023 Ed. (668)
Nova Ljubljanska Banka DD Ljubljana
  1996 Ed. (677)
  1997 Ed. (612, 613)
  1999 Ed. (637)
Nova Ljubljanska Banka d.d. (Slovenia)
  2021 Ed. (453)
  2022 Ed. (468)
Nova Ljubljanska Banks
  2016 Ed. (442)
Nova Measuring Instruments
  2017 Ed. (3354)
  2020 Ed. (4361)
  2021 Ed. (4372)
Nova Musik
  2013 Ed. (3793)
Nova Nordisk AS
  1995 Ed. (1371)

Business Rankings Annual • CUMULATIVE INDEX • 1989-2023 / Part 2   1533

Nova & Partners
  2001 Ed. (1955)
Nova Petrochemicals
  1992 Ed. (1114)
Nova Pharmaceutical
  1993 Ed. (2999)
Nova Pontocom
  2014 Ed. (2395)
  2015 Ed. (2471)
Nova Poshta OOO
  2017 Ed. (1543)
Nova Schin
  2021 Ed. (604)
Nova Scotia
  2001 Ed. (4110)
  2006 Ed. (1750, 3238, 3786, 4668)
  2007 Ed. (3783, 4688)
  2011 Ed. (4955)
Nova Scotia, Canada
  1998 Ed. (725)
  2009 Ed. (3561)
Nova Scotia, Jamaica; Bank of
  2005 Ed. (552)
Nova Scotia Liquor Commission
  2016 Ed. (1476)
  2017 Ed. (1478)
  2021 Ed. (4220)
Nova Scotia Liquor Corp.
  2015 Ed. (1534)
Nova Scotia Power
  1994 Ed. (1594)
  2011 Ed. (2345, 2796)
  2015 Ed. (2444, 2883)
Nova Scotia; The Bank of
  2005 Ed. (1710, 1722)
Nova Southeastern University
  1998 Ed. (805)
  2000 Ed. (929, 1142)
  2001 Ed. (3068)
  2002 Ed. (867, 1106)
  2008 Ed. (758)
  2009 Ed. (753, 799, 1063)
  2010 Ed. (699, 738, 1031)
  2011 Ed. (650, 962)
  2015 Ed. (3272, 3276)
Nova Southwestern University
  1999 Ed. (1233)
Nova Technology Solutions LLC
  2017 Ed. (4795)
  2018 Ed. (4789)
Nova Test 11
  2012 Ed. (91, 1519, 2318)
  2013 Ed. (76, 1662, 2487)
Nova USA Wood Products
  2011 Ed. (1082)
Novabase - S. G. P. S. SA
  2006 Ed. (1998)
  2007 Ed. (1962)
  2008 Ed. (2055)
Novabase - SGPS SA
  2009 Ed. (2020)
Novacaixagalicia
  2013 Ed. (460)
Novacare Employee Services Inc.
  2001 Ed. (1833)
Novacare Inc.
  1994 Ed. (1207)
  1995 Ed. (1241)
  2001 Ed. (2676)
Novacare PA Inc.
  2001 Ed. (2676)
NovaCentrix
  2011 Ed. (4196)
  2012 Ed. (4246)
Novacept Inc.
  2006 Ed. (1427)
Novachuk; Oleg
  2008 Ed. (4880)
Novacor
  1999 Ed. (3850)
Novacor Chemicals (Canada) Ltd.
  1994 Ed. (924)
  1995 Ed. (999)
  1996 Ed. (931, 932, 986)
Novadaq Technologies
  2008 Ed. (2933)
  2010 Ed. (2934)
  2015 Ed. (2984)
  2016 Ed. (3111)
  2017 Ed. (3058)
  2018 Ed. (3169)
Novae
  2008 Ed. (3541)
NovaGold Resources Inc.
  2006 Ed. (1603)
Novagold Resources Inc.
  2018 Ed. (1468)
Novahistime DMX
  1991 Ed. (1367)
Novahistine
  1992 Ed. (1246)
Novahistine DMX
  1991 Ed. (992)
Novak Construction Co.
  2020 Ed. (1211)
  2023 Ed. (1415)
Novak; D. C.
  2005 Ed. (2491)

Novak; David
  2006 Ed. (915, 2531)
  2007 Ed. (1005, 2512)
  2008 Ed. (935, 2640)
  2009 Ed. (2666)
  2012 Ed. (2494)
  2013 Ed. (2637)
  2014 Ed. (2592)
  2015 Ed. (2634)
Novak; David C.
  2007 Ed. (1026)
  2011 Ed. (835, 849)
  2012 Ed. (800)
Novak Djokovic
  2010 Ed. (278)
  2013 Ed. (191)
  2014 Ed. (199)
  2016 Ed. (215)
  2018 Ed. (204)
  2021 Ed. (197)
  2023 Ed. (322)
Novak-Fleck
  1998 Ed. (911)
Novakovic; Phebe
  2015 Ed. (5026)
  2017 Ed. (4932)
  2019 Ed. (4937)
  2020 Ed. (4935)
  2021 Ed. (4940)
Novakovic; Phebe N.
  2015 Ed. (968)
  2016 Ed. (872)
NovaLogic Inc.
  2002 Ed. (1154)
Novamed
  2009 Ed. (4463)
Novamed Eyecare Inc.
  2002 Ed. (1611)
Novamerican Steel
  2006 Ed. (4601)
  2007 Ed. (4535)
  2008 Ed. (4498)
  2009 Ed. (4529)
Novamerican Steel Canada
  2010 Ed. (4572)
Novamoxin
  2003 Ed. (2114)
Novan Inc.
  2018 Ed. (4529)
Novanet
  2015 Ed. (1944)
Novant Health
  2016 Ed. (1896, 3003)
  2017 Ed. (1860)
  2018 Ed. (1807)
  2019 Ed. (1859)
  2022 Ed. (1803)
  2023 Ed. (1930, 2330, 2331, 2332, 2333, 2334, 2335, 2336)
Novant Health Inc.
  2017 Ed. (1857)
  2018 Ed. (1804)
  2021 Ed. (1766)
  2022 Ed. (1801)
Novapress AG
  1996 Ed. (3088)
NovaQuest InfoSystems
  1996 Ed. (1091)
  1997 Ed. (1111, 2801)
  1998 Ed. (862, 2515)
  1999 Ed. (1274, 3423)
  2000 Ed. (3149)
Novar plc
  2002 Ed. (1793)
Novara Computer Services Inc.
  2002 Ed. (1155, 1156)
Novarc Technologies
  2023 Ed. (1635)
Novare Group
  2008 Ed. (1196, 1199)
  2009 Ed. (1172, 1176)
  2010 Ed. (1165)
Novare Services
  2000 Ed. (2495)
  2001 Ed. (2762)
Novartis
  1998 Ed. (576, 1345, 2812)
  1999 Ed. (196, 1102, 1613, 1669, 1682, 1740, 1741, 1742, 1906, 1911, 1912, 1914, 1915, 1916, 1917, 1918, 1919, 2538, 3326, 3656, 3659, 4711, 4831)
  2000 Ed. (1561, 1701, 1709, 1710, 2249, 3064, 3380, 3512, 4344)
  2001 Ed. (3587)
  2007 Ed. (698)
  2008 Ed. (666)
  2013 Ed. (4013, 4024)
  2014 Ed. (85, 2562, 3962, 3969, 4697)
  2015 Ed. (3997, 4005)
  2016 Ed. (1610, 1684, 3903, 3911, 3918)
  2017 Ed. (1671, 1976, 2850, 3855, 3860, 3878, 3879, 3888)
  2018 Ed. (1929, 3893, 3908, 3909, 3915, 3918)
  2019 Ed. (641, 1347, 1979, 3532, 3880, 3881, 3888)
  2020 Ed. (1907, 2889, 3512, 3883, 3899, 3907, 3912)

  2021 Ed. (672, 1867, 3860, 3861, 3864, 3866, 3870)
  2022 Ed. (1909, 1910, 3879, 3882, 3883, 3884, 3887, 3892, 3893)
  2023 Ed. (2025, 2026, 3046, 3975, 3976, 3977, 3978, 3979, 3983, 3985, 3986, 3988, 4638, 4673)
Novartis AG
  2000 Ed. (1562)
  2001 Ed. (275, 1187, 1861, 1862, 1863, 2069, 2070, 2071, 2074, 2075, 2076, 2100, 4685)
  2002 Ed. (996, 1007, 1638, 1776, 1778, 2017, 2018, 2021, 2025, 3216, 3753, 4486, 4789)
  2003 Ed. (679, 680, 1830, 2502, 2695, 3749, 3868, 3869, 3870, 3872, 4608)
  2004 Ed. (953, 1707, 1743, 3879, 3881, 3884, 3885, 3886, 3888)
  2005 Ed. (1765, 1766, 1802, 1967, 3809, 3814, 3816, 3820, 3822, 3823, 3824, 3825, 3826, 3829, 3830, 4040)
  2006 Ed. (140, 772, 1696, 1698, 1711, 2028, 2030, 2031, 2032, 3351, 3403, 3877, 3884, 3885, 3888, 3889, 3890, 3891, 3895, 4540, 4546)
  2007 Ed. (45, 1693, 1706, 1712, 1713, 1722, 2000, 2001, 2002, 2003, 2004, 3913, 3916, 3918, 3920, 3921, 3922, 3923, 3924, 3925, 3926, 3927, 3928, 3929, 3930, 3931, 3932, 3933, 3934, 3935, 3936, 3937, 3938, 3940, 3941, 3943, 3944, 3945, 3946, 3988)
  2008 Ed. (1424, 1735, 1741, 1742, 1744, 1750, 1827, 2094, 2095, 2096, 3583, 3842, 3943, 3944, 3945, 3950, 3952, 3953, 3954, 3957, 3958, 3959, 3960, 3961, 3962, 3963, 3964, 3966, 3969, 3970, 3972, 3973, 3974, 3975, 3976, 3977, 4267)
  2009 Ed. (603, 604, 1766, 2069, 2070, 2071, 2072, 2073, 3654, 3898, 4026, 4027, 4029, 4030, 4031, 4032, 4033, 4034, 4035, 4036, 4037, 4038, 4040, 4045, 4046, 4047, 4049, 4050, 4051, 4371, 4563)
  2010 Ed. (1616, 1711, 1812, 2007, 2008, 2009, 2010, 2284, 3572, 3831, 3929, 3931, 3932, 3933, 3934, 3936, 3937, 3938, 3939, 3941, 3942, 3947, 3948, 3949, 3950, 3952, 3953, 4398)
  2011 Ed. (1626, 1840, 2052, 2069, 2070, 2071, 2286, 2301, 3575, 3949, 3951, 3953, 3954, 3955, 3956, 3958, 3959, 3960, 3963, 3969, 3970, 4343)
  2012 Ed. (490, 738, 750, 1291, 1475, 1910, 1911, 1912, 1913, 2164, 2180, 2196, 3568, 3944, 3946, 3949, 3950, 3951, 3952, 3953, 3954, 3955, 3956, 3957, 3958, 3959, 3960, 3966, 3967, 3972)
  2013 Ed. (1605, 1606, 2076, 2077, 2078, 2079, 3470, 3604, 4005, 4006, 4007, 4011, 4012, 4014, 4016, 4017, 4018, 4019, 4020, 4021, 4023, 4025, 4026, 4027, 4028, 4029, 4032, 4035, 4047)
  2014 Ed. (1574, 2010, 2011, 2012, 3950, 3951, 3954, 3955, 3957, 3958, 3959, 3960, 3963, 3964, 3965, 3967, 3970, 4047, 4237)
  2015 Ed. (1626, 2055, 2056, 3986, 3989, 3996, 3998, 4000, 4001, 4002, 4003, 4004, 4006, 4007, 4014, 4225)
  2016 Ed. (1537, 2014, 3899, 3900, 3902, 3912, 3914, 3915, 3916, 3919, 3920, 3927)
  2017 Ed. (1527, 1974, 3868, 3870, 3880, 3883, 3884, 3885, 3886, 3889, 3890, 3897)
  2018 Ed. (1926, 3910, 3912, 3913, 3914, 3916, 3919, 3928)
  2019 Ed. (1975, 1976, 3883, 3885, 3886, 3887, 3889, 3891, 3900)
  2020 Ed. (1905, 3901, 3903, 3904, 3905, 3914)
  2021 Ed. (1865, 3862, 3869, 3871, 3874, 3881)
  2022 Ed. (1908, 1912, 3880)
  2023 Ed. (2348, 2373)
Novartis Argentina
  2014 Ed. (1355)
Novartis Capital
  2012 Ed. (2104)
Novartis de Colombia SA
  2014 Ed. (1512)
Novartis Consumer Health
  2016 Ed. (203, 208)
  2017 Ed. (190, 195, 993, 3882)
  2018 Ed. (183)
Novartis Consumer Health Inc.
  2002 Ed. (50)
  2003 Ed. (282, 284, 1053, 2109, 4436)
Novartis Credit Union
  2003 Ed. (1890)
  2004 Ed. (1928, 1929)
  2005 Ed. (2067, 2068)
Novartis Farmaceutica SA
  2014 Ed. (1992)
  2015 Ed. (2040)

Novartis Group
  2000 Ed. (1563)
Novartis Hellas
  2014 Ed. (1619)
Novartis I
  2000 Ed. (4447)
Novartis India
  2001 Ed. (1735)
Novartis Institute of BioMedical Research
  2011 Ed. (785)
Novartis International AG
  2001 Ed. (1860)
  2008 Ed. (2093)
  2009 Ed. (925, 2068, 4025)
  2011 Ed. (792, 1620, 2068, 3950)
Novartis N
  2000 Ed. (4447, 4448)
Novartis Patient Assistance Foundation Inc.
  2012 Ed. (2691)
Novartis Pharma AG
  2005 Ed. (1467)
  2012 Ed. (750, 3950)
  2013 Ed. (4011)
Novartis Pharmaceuticals
  2018 Ed. (3897)
  2019 Ed. (3865)
  2020 Ed. (3887)
  2021 Ed. (3847)
  2022 Ed. (3868)
  2023 Ed. (3967)
Novartis Pharmaceuticals Canada Inc.
  2011 Ed. (1539)
Novartis Pharmaceuticals Corp.
  2000 Ed. (1711)
  2001 Ed. (1812)
  2002 Ed. (2027)
  2003 Ed. (3871)
  2005 Ed. (1902)
  2006 Ed. (1929)
  2007 Ed. (2907)
  2008 Ed. (3030, 3176)
  2009 Ed. (3116)
  2010 Ed. (3050)
  2011 Ed. (3019, 3677, 3679)
  2012 Ed. (1753, 2162, 2946)
  2013 Ed. (1920, 2364, 2774, 3035, 4805)
  2014 Ed. (1859, 2296, 3049)
  2015 Ed. (217, 1895, 2378, 2379, 3115, 5015)
  2016 Ed. (1862, 2323, 2324)
  2017 Ed. (1821, 2163, 2165, 2311)
  2018 Ed. (1767, 3041, 3930)
Novartis Spain
  2013 Ed. (2058)
Novartis Vaccines & Diagnostics
  2013 Ed. (2774)
Novartis de Venezuela SA
  2010 Ed. (2074)
  2011 Ed. (2131)
  2012 Ed. (1975)
  2013 Ed. (2135)
  2014 Ed. (2069)
Novartiz AG
  2012 Ed. (738)
Novasen
  2003 Ed. (2115, 2116)
Novasoft
  1998 Ed. (839, 1323)
Novasoft Corporacion Empresarial SL
  2010 Ed. (1993)
Novasoft Information Technology Corp.
  2002 Ed. (2523)
  2003 Ed. (2723)
Novasoft Sanidad
  2005 Ed. (2788)
Novastar
  2021 Ed. (1554)
NovaStar Financial Inc.
  2005 Ed. (1834)
  2006 Ed. (1830)
  2009 Ed. (4573)
  2012 Ed. (1637)
Novatek
  2006 Ed. (3038)
  2012 Ed. (3919)
  2013 Ed. (3969)
  2014 Ed. (3911)
  2015 Ed. (2016, 3944)
  2016 Ed. (3861)
  2017 Ed. (1948, 3824)
  2018 Ed. (1900, 3868)
  2019 Ed. (1948, 3835)
  2020 Ed. (1883, 3868)
  2021 Ed. (651, 652, 1842, 3826)
  2022 Ed. (688, 1889)
  2023 Ed. (2002)
NOVATEK; JSC
  2018 Ed. (2357, 2365, 3877)
  2019 Ed. (2394)
Novatek Microelectronics Corp.
  2005 Ed. (3035)
  2007 Ed. (3070)
  2008 Ed. (1564)
Novatek OAO
  2009 Ed. (2515)
  2010 Ed. (2430)
  2012 Ed. (2357)
  2013 Ed. (2528, 2544)

2014 Ed. (2476)
2015 Ed. (2550)
Novatek; OAO
  2014 Ed. (3901, 3917)
  2015 Ed. (2533)
  2016 Ed. (3869)
NOVATEK; PAO
  2020 Ed. (3872)
  2021 Ed. (3827)
NovAtel Inc.
  2007 Ed. (4574)
  2008 Ed. (2939)
Novatel Wireless Inc.
  2003 Ed. (2726)
  2009 Ed. (2897)
  2010 Ed. (2841, 2925)
  2011 Ed. (2835)
Novati Technologies
  2017 Ed. (1995)
Novation
  1999 Ed. (2754)
  2003 Ed. (2110)
  2004 Ed. (2928)
  2005 Ed. (2918)
  2006 Ed. (2771, 2773)
  2008 Ed. (2893)
  2009 Ed. (2956, 2957)
  2010 Ed. (2893, 2894)
  2013 Ed. (2884)
Novation Cos., Inc.
  2014 Ed. (1726)
Novation LLC
  2015 Ed. (2960)
  2016 Ed. (2894)
Novato Community Hospital
  2020 Ed. (1425)
  2021 Ed. (1424)
  2022 Ed. (1431)
  2023 Ed. (1624)
NovaTorque Inc.
  2014 Ed. (4250)
Novavax
  2022 Ed. (4509)
Novavine
  2018 Ed. (4921)
  2021 Ed. (4917)
  2022 Ed. (4911)
Novaya Moskva—Nomos-Bank; Bank
  2005 Ed. (539)
Noveko International Inc.
  2009 Ed. (1561, 1583)
Novel Enterprises
  1992 Ed. (1613)
Novel Investor
  2014 Ed. (629)
Novel Iron Works Inc.
  2017 Ed. (4982)
  2018 Ed. (4989)
  2019 Ed. (4985)
Novel technologies
  2001 Ed. (3831)
Novelis
  2019 Ed. (3404)
  2021 Ed. (3422)
Novelis Corp.
  2013 Ed. (1654, 3693)
Novelis Inc.
  2007 Ed. (1638, 4535)
  2008 Ed. (3657)
  2009 Ed. (335, 1553, 3725, 3726, 3744, 4126)
  2010 Ed. (1543, 3642)
  2011 Ed. (1545)
  2012 Ed. (1390, 4069)
  2013 Ed. (1495)
  2014 Ed. (1463)
  2015 Ed. (1536)
  2016 Ed. (1460, 3519, 3527)
  2017 Ed. (1470, 1577, 3492)
  2018 Ed. (1560, 3580)
  2019 Ed. (3572)
  2020 Ed. (1447, 3547)
  2022 Ed. (1452, 3625)
  2023 Ed. (1639, 3722)
Novell
  2013 Ed. (2133)
Novell Inc.
  1989 Ed. (2645)
  1990 Ed. (1137, 1618)
  1991 Ed. (1014, 1015, 1035, 1520, 2076, 2341, 2844)
  1992 Ed. (1327, 1328, 1329, 1330, 1332, 1333, 1469, 3312, 3673, 3684, 4145)
  1993 Ed. (1069, 1070, 1073, 1348, 2751, 2757, 3466, 3469)
  1994 Ed. (1091, 1092, 1093, 1096, 1097, 2017, 2705, 2707, 2708, 2712, 3445, 3446, 3447)
  1995 Ed. (1097, 1110, 1111, 1114, 2255, 2821, 3437)
  1996 Ed. (1064, 1072, 1073, 1087, 2890, 2891, 2893, 2894, 3594, 3595)
  1997 Ed. (30, 240, 1078, 1082, 1086, 1097, 1107, 1261, 1282, 1320, 2205, 2967, 2976, 2978, 2979)
  1998 Ed. (153, 826, 839, 842, 843, 844, 855, 1056, 1121, 1123, 1124, 1323, 2714, 2722, 2723, 3413, 3422, 3423)

1999 Ed. (1281, 1282, 1556, 1559, 1560, 1561, 1961, 2877, 4400, 4491, 4492)
2000 Ed. (1172, 1173, 1754)
2001 Ed. (1362)
2002 Ed. (1146, 1149, 4362, 4363, 4871)
2003 Ed. (2243, 2945, 4547)
2005 Ed. (1147, 4458)
2006 Ed. (1136, 1142, 1455, 1872, 4458, 4469, 4587, 4701)
2007 Ed. (1232)
2008 Ed. (1155, 1913)
2012 Ed. (1693)
Novell IPX
  1993 Ed. (1065)
Novell NetWare
  1994 Ed. (2404)
No+Vello
  2019 Ed. (800)
Novellus Systems Inc.
  1992 Ed. (2362, 3988, 3994)
  1999 Ed. (1959, 1962, 2615, 2666)
  2000 Ed. (1756, 1757, 3992)
  2003 Ed. (3296, 4377)
  2004 Ed. (3327, 3328, 4400)
  2006 Ed. (4605)
  2008 Ed. (4307)
Novelties
  1996 Ed. (2491)
  1998 Ed. (1768)
  2001 Ed. (3908)
Novelties, frozen
  1998 Ed. (1239)
Novelz
  2011 Ed. (4195)
November
  2001 Ed. (1156, 4681, 4857, 4858, 4859)
  2002 Ed. (4704)
November 6, 1929
  1989 Ed. (2748)
  1991 Ed. (3238)
  1999 Ed. (4393, 4497)
November 6, 1996
  1999 Ed. (4395, 4397)
November 14, 1929
  1989 Ed. (2750)
  1999 Ed. (4394)
November 15, 1991
  1999 Ed. (4396)
November 30, 1987
  1989 Ed. (2747)
November 30, 1995
  1998 Ed. (2718)
NovenPharm
  1996 Ed. (2885)
Noventum Consulting
  2013 Ed. (1600)
  2014 Ed. (1562)
noventum consulting
  2010 Ed. (1614, 1655)
  2011 Ed. (1619)
noventum consulting GmbH
  2011 Ed. (1664)
  2012 Ed. (1517)
  2013 Ed. (1660)
Noveon International Inc.
  2006 Ed. (857, 1418)
Noverco
  1990 Ed. (2925)
  1991 Ed. (2778)
Novescia Rhone Alpes
  2016 Ed. (1536, 1593)
Novex Systems LLC
  2016 Ed. (3972)
Novi, MI
  2014 Ed. (3244)
Novia Finland Oy
  2010 Ed. (1618)
  2012 Ed. (1478)
  2013 Ed. (1608)
Novia Salcedo Fundacion
  2011 Ed. (2050)
NoviaSalcedo Fundacion
  2010 Ed. (1989)
NoviCap
  2021 Ed. (2550)
Novilytic
  2016 Ed. (4149)
Novinda Corp.
  2016 Ed. (4144)
Novinger's Inc.
  1991 Ed. (1080)
Novinsky; Vadim
  2014 Ed. (4927)
  2015 Ed. (4967)
  2019 Ed. (4886)
  2020 Ed. (4875)
  2022 Ed. (4872)
  2023 Ed. (4866)
Novita Technologies Inc.
  2018 Ed. (1935)
Novmetric Medical Systems Inc.
  1999 Ed. (3667)
Novo
  1990 Ed. (3457)
Novo B
  1991 Ed. (1105, 1106)

Novo Banco
  2017 Ed. (497)
  2018 Ed. (462)
  2019 Ed. (474)
  2020 Ed. (457)
  2023 Ed. (681)
Novo Brazil Brewing Co.
  2019 Ed. (696)
Novo Logistics
  2023 Ed. (4986)
Novo Nordisk
  2013 Ed. (1356, 2075)
  2014 Ed. (1356, 2090, 2562, 3966)
  2017 Ed. (1353, 3856)
  2018 Ed. (50, 3894)
  2019 Ed. (3876)
  2020 Ed. (648, 3893, 3909, 3912)
  2021 Ed. (55, 613, 3864, 3879)
  2022 Ed. (1507, 3887, 3888, 3889, 3890, 3891, 3893, 3894)
  2023 Ed. (1681, 3983, 3984, 3985, 3986, 3987, 3988, 4638)
Novo Nordisk A/S
  1996 Ed. (1323, 1324)
  2001 Ed. (1682, 2073)
  2002 Ed. (1342, 1343, 1634)
  2003 Ed. (1666, 1668, 4580)
  2005 Ed. (873)
  2006 Ed. (1402, 1674, 1675, 3377)
  2007 Ed. (1677, 1678, 1679, 1714, 1716, 1724, 3916)
  2008 Ed. (1703, 1715, 1752, 3555, 3943, 3956)
  2009 Ed. (602, 767, 1630, 1631, 1633, 1634, 2110, 2590, 3622)
  2010 Ed. (586, 587, 710, 1603, 1604, 1606, 1607, 1851, 3544, 3930, 3937)
  2011 Ed. (511, 512, 1609, 1610, 1882, 2054, 2067, 3543, 3949, 3952, 3959, 3965, 3968, 3971, 3972)
  2012 Ed. (484, 1456, 2519, 3536, 3949, 3961, 3962, 3965, 3968)
  2013 Ed. (600, 1355, 1591, 3581, 4007, 4026, 4027, 4030, 4033)
  2014 Ed. (614, 1301, 1557, 3951, 3964, 3965, 3968, 3971)
  2015 Ed. (685, 690, 1363, 1606, 3989, 4007, 4008, 4010, 4011, 4012, 4013, 4015, 4016)
  2016 Ed. (1532, 3902, 3920, 3921, 3923, 3924, 3925, 3926, 3928)
  2017 Ed. (1522, 2400, 3870, 3890, 3891, 3893, 3894, 3895, 3896, 3898)
  2018 Ed. (1502, 2467, 3919, 3920, 3922, 3923, 3924, 3925, 3926, 3927, 3929)
  2019 Ed. (1532, 3892, 3894, 3895, 3896, 3898, 3899, 3901)
  2020 Ed. (1505, 3908, 3910, 3911, 3913, 3915)
  2021 Ed. (1298, 1490, 3875, 3877, 3878, 3880, 3882)
  2022 Ed. (1306)
Novo-Nordisk B
  1992 Ed. (1444, 1445)
  1994 Ed. (1194, 1195)
  1996 Ed. (1179, 1180)
  1997 Ed. (1218, 1219)
Novo Nordisk BV
  2014 Ed. (1838)
  2015 Ed. (1876)
Novo Nordisk Farma
  2013 Ed. (1608)
Novo Nordisk Farmaceutici
  2012 Ed. (1621)
Novo Nordisk France
  2011 Ed. (1652)
Novo Nordisk Inc.
  1991 Ed. (1266)
  1993 Ed. (1161, 1162, 1293)
  1994 Ed. (1345)
  1995 Ed. (1370)
  1997 Ed. (1382)
  1999 Ed. (1423, 1424, 1598)
  2000 Ed. (1407)
  2008 Ed. (1973)
  2009 Ed. (1928)
  2010 Ed. (1863, 1868)
  2011 Ed. (1420, 1895, 1900)
  2012 Ed. (1751, 1756, 3959)
  2013 Ed. (1916, 1923, 4025)
  2014 Ed. (1855, 1862, 3939, 3963)
  2015 Ed. (1891, 1897, 1899, 3975, 4006)
  2016 Ed. (1862, 3889, 3919)
  2017 Ed. (45, 1818, 3860, 3889)
  2018 Ed. (1765)
  2019 Ed. (1822, 3859)
  2020 Ed. (1766, 3881)
  2021 Ed. (1735, 3845)
Novo Nordisk Pharma Argentina
  2010 Ed. (1471)
  2011 Ed. (1469)
Novo-Nordisk Pharmaceuticals Inc.
  2001 Ed. (2589)
Novo Resources Corp.
  2019 Ed. (4508)
NovoCure
  2022 Ed. (3594)

Novocure
  2017 Ed. (669, 1689)
  2023 Ed. (3698)
Novogradac & Co., LLP
  2004 Ed. (17)
  2005 Ed. (13)
  2006 Ed. (18)
  2007 Ed. (14)
  2008 Ed. (12)
  2009 Ed. (15)
  2010 Ed. (25, 27)
  2011 Ed. (23)
  2012 Ed. (28)
  2013 Ed. (24)
  2014 Ed. (20)
  2015 Ed. (21)
  2016 Ed. (20)
  2017 Ed. (16)
  2018 Ed. (15)
  2019 Ed. (16)
  2020 Ed. (18)
  2021 Ed. (20)
  2022 Ed. (21)
  2023 Ed. (61)
Novolex
  2018 Ed. (3949)
  2019 Ed. (1959, 3400, 3926)
  2020 Ed. (1893, 3401, 3762, 3941)
  2021 Ed. (1854, 3416, 3762, 3909)
  2022 Ed. (1898, 3475, 3784, 3919)
  2023 Ed. (2011, 3594, 3887)
Novolex Holdings LLC
  2017 Ed. (1961)
  2018 Ed. (1910)
Novolipetsk Ferrous
  2007 Ed. (3486)
Novolipetsk; OJSC
  2013 Ed. (849)
Novolipetsk Steel
  2007 Ed. (1970)
  2011 Ed. (2026, 3647)
  2012 Ed. (3356, 3645, 3652, 4544)
  2013 Ed. (849, 3426, 3689, 3715, 4499)
  2014 Ed. (3423, 3623, 3634, 4542)
  2015 Ed. (3456, 3636, 3648, 4541)
  2016 Ed. (3521, 3533, 4480)
  2017 Ed. (3494, 3500, 4487)
  2018 Ed. (2543, 2574, 4509)
  2019 Ed. (4502, 4504)
  2020 Ed. (4486)
  2021 Ed. (2485)
  2022 Ed. (2597, 3605)
Novomatic AG
  2017 Ed. (2453)
  2021 Ed. (2440)
  2022 Ed. (2551)
Novomer
  2012 Ed. (4638)
Novon
  2007 Ed. (700)
  2008 Ed. (671)
Novonor
  2022 Ed. (2553)
Novopan-Keller AG
  1996 Ed. (2555)
Novopharm Ltd.
  2001 Ed. (2061)
Novoset OY
  2017 Ed. (1544)
Novosti-McCann
  1992 Ed. (208)
Novosti McCann-Erickson
  1993 Ed. (133)
  1994 Ed. (113)
  1995 Ed. (119)
Novotel
  1998 Ed. (2019)
  2000 Ed. (2555)
  2021 Ed. (2907)
  2022 Ed. (643)
  2023 Ed. (3149)
Novotel Hotels
  1994 Ed. (2114)
  1996 Ed. (2177)
Novotny; Joseph H.
  1992 Ed. (2905)
Novozybkovskii Mashinostroitelnyi Zavod
  2016 Ed. (1987)
  2017 Ed. (1947)
Novozymes
  2006 Ed. (1402)
  2010 Ed. (1606)
  2014 Ed. (2935)
  2016 Ed. (3902)
  2018 Ed. (1327)
  2020 Ed. (1505)
  2021 Ed. (1490)
  2023 Ed. (842)
Novozymes A/S
  2009 Ed. (1634, 2590)
  2010 Ed. (1607, 3937)
  2011 Ed. (512, 1607, 3949, 3952, 3959)
  2012 Ed. (488, 1253, 1453, 1456, 3949)
  2013 Ed. (605, 1355, 1589, 1591, 4007)
  2014 Ed. (625, 1554, 1557, 3951)
  2015 Ed. (694, 1606)
  2016 Ed. (633, 1532)
  2017 Ed. (668, 1522)

2018 Ed. (625)
2021 Ed. (1298, 1312)
2022 Ed. (1306)
2023 Ed. (1512, 1682)
Novozymes A/S (Denmark)
2021 Ed. (1312)
Novozymes Switzerland AG
2011 Ed. (2067)
2014 Ed. (2008)
Novra Technologies
2013 Ed. (2895)
NovuHealth
2019 Ed. (1781)
2020 Ed. (1726)
NOVUM Research Park
1992 Ed. (2596)
Novus
1999 Ed. (1795)
Novus Auto Glass
2005 Ed. (333)
2006 Ed. (347)
2007 Ed. (332)
2008 Ed. (319)
2009 Ed. (341)
2010 Ed. (321)
Novus Credit Services Inc.
2003 Ed. (1885)
2006 Ed. (2145)
2007 Ed. (2089)
NOVUS Glass
2022 Ed. (301)
2023 Ed. (399)
Novus Glass
2011 Ed. (245, 763)
2012 Ed. (266)
2013 Ed. (282)
2014 Ed. (286)
2015 Ed. (318, 898)
2016 Ed. (318)
2018 Ed. (300)
2019 Ed. (304)
2020 Ed. (306)
2021 Ed. (291)
2023 Ed. (404)
Novus Global Solutions LLC
2017 Ed. (1154)
2018 Ed. (1089)
Novus Marketing
1997 Ed. (119)
Novus Print Media Network
2009 Ed. (138)
Novus Staffing Solutions
2015 Ed. (3019)
Novus Windshield Repair
1990 Ed. (1851, 1852)
1991 Ed. (1772)
1992 Ed. (2222)
1995 Ed. (1937)
1998 Ed. (1757, 1759)
1999 Ed. (2509, 2520)
2000 Ed. (2268)
2002 Ed. (403)
2003 Ed. (350)
2004 Ed. (331)
Now
1990 Ed. (988)
Now 26
2010 Ed. (3713)
Now Communications
2015 Ed. (1208)
Now, Discover Your Strengths
2018 Ed. (582)
NOW Inc.
2021 Ed. (2969)
2022 Ed. (3094)
2023 Ed. (4001)
Now & Later
1994 Ed. (847, 851)
1995 Ed. (896)
1997 Ed. (887)
Now You See Her
2013 Ed. (565)
Nowak; Eugene
1989 Ed. (1416)
1991 Ed. (1697)
1993 Ed. (1813)
NowaLed
2021 Ed. (2328)
NowDocs
2002 Ed. (4806)
NOWE Bank Ltd.
1997 Ed. (457)
Nowhere to Hide
2001 Ed. (3379)
Nowitzki; Dirk
2015 Ed. (221)
Nowlin Savings
1990 Ed. (3129)
Nowsco Well Service
1990 Ed. (2740)
1992 Ed. (3296)
1994 Ed. (2694)
1996 Ed. (2868)
1997 Ed. (2962)
Nowsite
2022 Ed. (1457)
Nox Medical
2018 Ed. (1591)

Noxell Corp.
1989 Ed. (1629)
1990 Ed. (1433, 2807, 2810, 3311, 3603)
1991 Ed. (1362, 1363, 2581, 3151)
1992 Ed. (1709, 1710)
1993 Ed. (1419)
1994 Ed. (1472)
1995 Ed. (1508)
1996 Ed. (1465)
1997 Ed. (1532)
1998 Ed. (1194)
2002 Ed. (1468)
2003 Ed. (1489)
Noxon 7
2003 Ed. (983)
Noxzema
1994 Ed. (3313)
1996 Ed. (3441)
1997 Ed. (3063)
1998 Ed. (3307, 3309)
1999 Ed. (4295, 4296)
2000 Ed. (22, 4036)
2001 Ed. (4227, 4292, 4293)
2002 Ed. (4261)
2003 Ed. (2431, 4397)
Noxzema About Face
2020 Ed. (4400)
Noxzema Skin Cream
1990 Ed. (2806)
Noyabrskneftegaz
1997 Ed. (1502)
Nozaki of America
1996 Ed. (875)
Nozomu Kunishige
1996 Ed. (1886)
1997 Ed. (1992)
NP/3 Advertising
1993 Ed. (92)
1996 Ed. (78)
1997 Ed. (78)
1999 Ed. (79)
2000 Ed. (85)
NP/3 Marketing
1990 Ed. (93)
NP/3 Reklamebureau
1991 Ed. (91)
NP Auto Group
2020 Ed. (274)
2021 Ed. (269)
2022 Ed. (286)
NP Auto Group (Priceless & Nextcar)
2021 Ed. (269)
2022 Ed. (286)
2023 Ed. (381)
NP Digital
2023 Ed. (105, 106, 1595)
NP Dodge Real Estate Sales, Inc.
2021 Ed. (4058)
NP3 Communication
2002 Ed. (98)
NP3 Communications
2003 Ed. (65)
NPA System
1990 Ed. (1140)
NPA Systems
1991 Ed. (1038)
NPAS
2015 Ed. (1039)
NPC
2001 Ed. (583)
2005 Ed. (3890)
2006 Ed. (856, 3964)
2008 Ed. (4030)
2011 Ed. (812)
2012 Ed. (1628, 1839)
NPC Inc.
2013 Ed. (1995, 4078, 4079)
2014 Ed. (1933, 4085)
2016 Ed. (1948)
NPC International
2000 Ed. (3796)
2003 Ed. (4139)
2010 Ed. (4214)
2012 Ed. (4263)
2018 Ed. (4201)
2019 Ed. (4230)
2020 Ed. (4228)
2021 Ed. (4192)
2022 Ed. (4210)
2023 Ed. (4245)
The NPD Group Inc.
1992 Ed. (2977)
1993 Ed. (2503)
1994 Ed. (2442)
1995 Ed. (2508)
1996 Ed. (2569)
1997 Ed. (2710, 3295, 3296)
1998 Ed. (2436, 3041)
1999 Ed. (3304, 4041)
2000 Ed. (3042)
2013 Ed. (4214)
2014 Ed. (4227, 4228)
2015 Ed. (4217, 4218)
2016 Ed. (3462, 3463)
2017 Ed. (3427)
2018 Ed. (3485)
2019 Ed. (3454)
2020 Ed. (3447)

NPE 2000
2001 Ed. (4610)
NPI Global Care
2000 Ed. (3299)
NPI Global Care Income
2000 Ed. (3300)
NPI Latin America
2000 Ed. (3310)
NPL Construction Co.
2006 Ed. (4001)
2023 Ed. (1212)
npm
2018 Ed. (988)
NPM Franchising
2015 Ed. (3882)
2016 Ed. (3793)
NPN360
2015 Ed. (4071, 4072, 4077)
2016 Ed. (3980)
NPN360 Inc.
2017 Ed. (3960, 3961, 3977)
2019 Ed. (3963, 3968, 3980)
2020 Ed. (3984, 3989, 4000)
2021 Ed. (3949, 3954, 3966)
2022 Ed. (3961, 3966, 3978)
npower
2009 Ed. (145)
2011 Ed. (935)
NPR Morning Edition
2005 Ed. (823)
NPS Pharmaceuticals Inc.
2005 Ed. (1466)
2006 Ed. (2087)
NPS Pharmacy
2018 Ed. (1935)
2019 Ed. (1986)
NQ Mobile
2014 Ed. (1066, 1069)
2015 Ed. (1104)
NQ Mobile Inc.
2015 Ed. (1107)
NR Evans & Son
2016 Ed. (4708)
2018 Ed. (4706, 4711)
NRA Annual Meeting & Exhibits
2018 Ed. (4678)
NRA Group LLC
2019 Ed. (4974)
2020 Ed. (4977)
NRA Political Victory Fund
1993 Ed. (2872)
NRBC Holding Corp.
2012 Ed. (356)
NRC Electronics
2005 Ed. (2345)
NRD Capital Management LLC
2020 Ed. (2757)
Nreal
2022 Ed. (4573)
N.R.F. Distributors
1991 Ed. (1728)
1992 Ed. (2166)
NRF Distributors Inc.
2017 Ed. (2620)
2018 Ed. (2688)
2019 Ed. (2662)
2020 Ed. (2680)
2021 Ed. (2589)
2022 Ed. (2702)
2023 Ed. (2834)
NRG
2010 Ed. (2952)
nrg
2023 Ed. (2438)
NRG America Life Reassurance Corp.
1991 Ed. (2094)
NRG Energy
2014 Ed. (1863)
2015 Ed. (1373)
2016 Ed. (4412, 4413, 4416, 4424)
2017 Ed. (2002, 2207, 4424, 4435)
2018 Ed. (2264, 4445, 4453)
2019 Ed. (1349, 2249)
2020 Ed. (2243)
2022 Ed. (1326, 1328, 1335, 1336, 1944, 2409)
2023 Ed. (2564)
NRG Energy Inc
2021 Ed. (2338)
NRG Energy Inc.
2005 Ed. (421)
2007 Ed. (2384)
2008 Ed. (1401, 1512, 1513, 2499)
2009 Ed. (2505)
2010 Ed. (2341, 2345, 2422, 2426, 2428, 2863, 3766)
2011 Ed. (1901, 2335, 2339, 2425, 2430, 2432, 2849, 3768)
2012 Ed. (1230, 1758, 2238, 2245, 2263, 2346, 2353, 2363, 2719, 2727, 3751)
2013 Ed. (1926, 1928, 2418, 2536, 2537)
2014 Ed. (1865, 2357, 2470, 2471)
2015 Ed. (1903, 2423, 2541, 2542)
2016 Ed. (1860, 1866, 2049, 2367, 2468)
2017 Ed. (1823, 1825, 2215, 2321)
2018 Ed. (2271)
2019 Ed. (1827, 1829, 2257, 2403)
2020 Ed. (2250, 2380)

2021 Ed. (2337, 2338)
NRG Energy, Inc.
2018 Ed. (2355)
NRG Home Solar
2016 Ed. (4409, 4410, 4424)
NRG Metals Inc.
2019 Ed. (4508)
NRG Park
2018 Ed. (1277)
NRG Systems Inc.
2008 Ed. (2152)
2009 Ed. (2135)
2010 Ed. (2077)
2011 Ed. (2134)
NRG Victory International Ltd.
1993 Ed. (847)
NrGize Lifestyle Cafe
2017 Ed. (3271)
Nrgize Lifestyle Cafe
2010 Ed. (3406)
2012 Ed. (3359)
2013 Ed. (3430)
2014 Ed. (3430)
2015 Ed. (3463)
2016 Ed. (3312)
NRI Inc.
2015 Ed. (4743)
2016 Ed. (4645)
2017 Ed. (4658)
NRL Credit Union
2012 Ed. (2055)
2013 Ed. (2236)
2014 Ed. (2168, 2188)
NRL Federal Credit Union
2002 Ed. (1870)
2003 Ed. (1924)
2004 Ed. (1964)
2005 Ed. (2106)
2006 Ed. (2201)
NRMA
2002 Ed. (3781)
2004 Ed. (3764)
2019 Ed. (3764)
2022 Ed. (1283)
NRMA Insurance Group
2002 Ed. (3772, 3777)
Nrmu Miljevina - Miljevina A.D.
2016 Ed. (1534)
The NRP Group
2020 Ed. (183, 1078)
2021 Ed. (182, 1045)
2022 Ed. (171, 176, 1081)
2023 Ed. (91, 248, 1256)
The NRP Group LLC
2018 Ed. (187, 1077)
NRT
2017 Ed. (4059)
NRT Inc.
2004 Ed. (4069, 4071)
2005 Ed. (4001, 4002)
2006 Ed. (4036, 4037)
2007 Ed. (4076, 4077)
2008 Ed. (4109, 4110)
2009 Ed. (4216, 4217)
NRT LLC
2010 Ed. (4150, 4151)
2011 Ed. (4150, 4151)
2012 Ed. (4184, 4185)
2018 Ed. (4083, 4084)
2019 Ed. (4077, 4078, 4081, 4082, 4086, 4087, 4088)
2020 Ed. (4086, 4090, 4095, 4096, 4097, 4098, 4099, 4100, 4101)
NRT - Tokyo Narita International Airport
2022 Ed. (148, 151)
NRTA/AARP Bulletin
1993 Ed. (2794, 2795)
1994 Ed. (2787, 2788)
Nrthbrk "VA" DWR: Euro GR
1994 Ed. (3618)
Nrthbrk "VA" DWR: HY
1994 Ed. (3616)
Nrthbrk "VAII" DWR: Euro GR
1994 Ed. (3618)
Nrthbrk "VAII"DWR: HY
1994 Ed. (3616)
NRW
2001 Ed. (1252)
NRW Bank
2017 Ed. (474)
NRW.BANK
2017 Ed. (520, 535)
2018 Ed. (429, 501)
2019 Ed. (500, 516)
2020 Ed. (481, 501)
2021 Ed. (469, 513)
2022 Ed. (483, 523)
2023 Ed. (705, 746)
NRW.BANK (Germany)
2021 Ed. (469, 513)
2022 Ed. (483, 523)
N.S. Bancorp
1992 Ed. (3799)
1994 Ed. (3536)
1995 Ed. (3612)
NS Group Inc.
1993 Ed. (3449)
1999 Ed. (3602)

2006 Ed. (1844)
2007 Ed. (1849)
NS - Slovakia, A. S.
  2017 Ed. (1954)
NSB
  2015 Ed. (756)
  2019 Ed. (681)
  2020 Ed. (674)
  2021 Ed. (668)
  2022 Ed. (704)
  2023 Ed. (889)
NSB Group
  2008 Ed. (1637)
NSB Holding
  2001 Ed. (4529)
NSB Retail Systems plc
  2002 Ed. (2494)
  2008 Ed. (2944)
NSB/SSB
  2018 Ed. (781)
NSBN LLP
  2013 Ed. (1450)
  2015 Ed. (1471)
NSC corp.
  2000 Ed. (1257)
NSC Corp.
  1994 Ed. (1150)
  1997 Ed. (1174)
  1998 Ed. (943, 1804)
  1999 Ed. (1365)
  2001 Ed. (1471, 2587)
NSCSA
  2003 Ed. (2423)
  2004 Ed. (2542)
NSF International
  2009 Ed. (1643)
NSG Group
  2019 Ed. (784)
  2020 Ed. (779)
The NSG Group
  2016 Ed. (775)
  2017 Ed. (835)
  2018 Ed. (766)
NSI Global Inc.
  2003 Ed. (2934)
NSI Research Group
  1991 Ed. (1911, 1912)
NSK
  2004 Ed. (321, 322)
  2012 Ed. (3076)
  2013 Ed. (3148)
  2014 Ed. (3151)
  2015 Ed. (3211)
  2016 Ed. (3066)
  2017 Ed. (3015)
  2018 Ed. (3136)
  2019 Ed. (3072)
  2020 Ed. (3104)
NSM AG
  2000 Ed. (3036)
NSN
  2010 Ed. (667)
  2011 Ed. (599)
NSPCC
  1992 Ed. (3270)
  1996 Ed. (919)
NSPCC (London East Central)
  2002 Ed. (42)
NSR Solutions
  2015 Ed. (1295)
NSR Technologies
  2012 Ed. (4248)
NSS Corp.
  1991 Ed. (1878)
NST Travel Group Holdings Ltd.
  2012 Ed. (3460)
  2013 Ed. (3503)
NSTAR
  2005 Ed. (2309, 4360)
  2006 Ed. (4301)
  2007 Ed. (1873)
  2008 Ed. (1911, 1916, 1921, 2500)
  2011 Ed. (2339)
  2012 Ed. (2269)
Nstein Technologies
  2006 Ed. (3025)
  2007 Ed. (1240, 3058)
  2008 Ed. (1134)
  2010 Ed. (1096)
NSW Business Chamber
  2019 Ed. (3764)
NSW Lotteries
  2002 Ed. (1587)
  2004 Ed. (1645)
NSW Teachers Credit Union Ltd.
  2002 Ed. (1849)
NSW Treasury Corp.
  2004 Ed. (1647)
nSynergy Pty. Ltd.
  2011 Ed. (2887)
NT-MDT Co.
  2011 Ed. (4195)
  2014 Ed. (4244)
NTB Tire & Service Centers
  2018 Ed. (4644)
  2019 Ed. (4657)

NTC Logistics India
  2022 Ed. (1009)
  2023 Ed. (1187)
NTDStichler Architects
  2008 Ed. (2535)
NTDStichler Architecture
  2007 Ed. (288)
  2008 Ed. (264)
nTech Workforce Inc.
  2022 Ed. (3641)
NTELOS Inc.
  2004 Ed. (3664, 4580)
Ntera
  2003 Ed. (4683)
N.te's Gravenhage
  1992 Ed. (794)
NTH Consultants Ltd.
  1997 Ed. (1780)
  1998 Ed. (1491)
  1999 Ed. (2059)
  2001 Ed. (2304)
  2002 Ed. (2151)
nThrive
  2019 Ed. (2851)
NTI Inc.
  2002 Ed. (2000)
NTK Holdings Inc.
  2009 Ed. (742, 4164)
  2010 Ed. (688, 1961, 4098)
  2011 Ed. (617, 2021, 4068)
  2012 Ed. (1869)
  2013 Ed. (2028)
  2014 Ed. (1963)
  2016 Ed. (1980)
NTL
  1999 Ed. (2625)
  2000 Ed. (2407)
  2001 Ed. (1039, 1551)
  2002 Ed. (39, 1124, 1385, 1484, 1492, 1553, 2470, 3547, 3565, 3566)
  2003 Ed. (1076, 1518, 1789)
  2004 Ed. (412)
  2005 Ed. (1098)
  2006 Ed. (1092, 3437, 4578)
  2007 Ed. (4706, 4709)
  2008 Ed. (680, 701, 1411)
NTL (CWC) Ltd.
  2002 Ed. (1126)
NtlSteel B
  1996 Ed. (2833)
NTM Engineering Inc.
  2016 Ed. (1950)
  2019 Ed. (4974)
NTN Bower Corp.
  2014 Ed. (2912)
NTN Communications Inc.
  1995 Ed. (205)
NTN USA Corp.
  2008 Ed. (313)
NTPC
  2017 Ed. (1623, 1625, 1626, 1630)
  2018 Ed. (1603, 1604, 1605, 1608)
  2019 Ed. (1643, 1645, 1647, 1650)
  2020 Ed. (1599, 1603, 1604, 1605, 1607)
  2021 Ed. (1583, 1584, 1586, 1587, 1589)
  2022 Ed. (1604, 1605)
  2023 Ed. (1769)
NTPC Ltd.
  2010 Ed. (1692, 2426)
  2011 Ed. (2427, 2430)
  2012 Ed. (1560, 2261, 2350, 2353)
  2013 Ed. (834, 882, 1717, 2440, 2537)
  2014 Ed. (1662, 1664, 2374, 2378, 2471, 4022)
  2015 Ed. (1705, 1708, 2441, 2446, 2539, 2542)
  2016 Ed. (1656, 2388, 2391, 2469)
  2017 Ed. (1627, 2237, 2240, 2322)
  2018 Ed. (1606, 2292, 2364)
  2019 Ed. (2282)
  2020 Ed. (2269, 2381)
  2021 Ed. (2338)
  2022 Ed. (2417)
  2023 Ed. (2562, 2570)
NTPM
  2011 Ed. (1818)
NTR Inc.
  2008 Ed. (4989)
NTS Netzwerk Telekom Service AG
  2014 Ed. (1395)
NTT
  1989 Ed. (1341, 2793)
  1990 Ed. (2203, 3514)
  1992 Ed. (1932, 4151, 4310)
  1993 Ed. (1587, 2176, 3475)
  1994 Ed. (1073, 1389, 1616, 2199, 3050, 3449)
  1996 Ed. (3194, 3597, 3649, 3650, 3651)
  1997 Ed. (1433, 1454, 3652, 3692, 3694, 3695)
  1998 Ed. (1158, 1168, 2217)
  1999 Ed. (1663, 1995, 4549)
  2000 Ed. (1204, 1470, 2642, 4204)
  2005 Ed. (1532, 1767, 4632, 4633, 4634)
  2006 Ed. (1550, 1711, 1713, 1825, 1826, 1827, 1829, 4697, 4698, 4774)
  2007 Ed. (1580, 1833, 1835, 1837, 4717, 4718, 4719, 4720, 4721)

  2008 Ed. (1563, 1867, 1868, 1869, 4641, 4643)
  2009 Ed. (1491, 1821, 1822, 4681, 4684)
  2010 Ed. (1406, 1482, 1762, 1763, 1765, 4693, 4695, 4697)
  2011 Ed. (1478, 1776, 1777, 1778, 1779, 4648, 4650, 4653)
  2012 Ed. (1320, 1324, 1629, 1631, 1632, 1633, 4636, 4654, 4655, 4658, 4661)
  2013 Ed. (1420, 1787, 1788, 1789, 1790, 3202, 4609, 4634, 4635, 4638)
  2014 Ed. (1384, 1717, 1718, 1720, 4671, 4677, 4689)
  2015 Ed. (1760, 1761, 1762, 4655, 4673, 4677, 4679, 4681, 4688, 4699)
  2016 Ed. (668, 1711, 1712, 1713, 4569, 4584, 4587, 4588, 4590, 4595, 4604)
  2017 Ed. (699, 701, 1694, 1696, 1697, 4582, 4599, 4603, 4604, 4605, 4607, 4608, 4614, 4623)
  2018 Ed. (659, 1652, 1653, 4600, 4611, 4615, 4622)
  2019 Ed. (669, 1707, 1708, 4616, 4628, 4632, 4639)
  2020 Ed. (653, 662, 1655, 1657, 4597, 4598, 4603, 4609)
  2021 Ed. (637, 1636, 1638, 4620)
  2022 Ed. (664, 1654, 1657, 4638)
NTT Corp
  1995 Ed. (3552, 3554)
NTT Data
  2016 Ed. (986)
  2017 Ed. (1053)
  2020 Ed. (3137)
  2021 Ed. (2992, 3000, 3003, 4551)
  2022 Ed. (3129, 3140, 4558)
Ntt Data
  2023 Ed. (3227, 3233)
NTT Data Corp.
  1999 Ed. (2879)
  2001 Ed. (1616, 1769)
  2002 Ed. (4635, 4636)
  2004 Ed. (1131)
  2006 Ed. (1143)
  2007 Ed. (1261)
  2008 Ed. (1156, 4799)
  2011 Ed. (1037)
  2013 Ed. (1115)
  2015 Ed. (1114)
  2016 Ed. (1026)
  2018 Ed. (1000)
  2019 Ed. (1335)
NTT Data Inc.
  2014 Ed. (2912)
NTT Data (Japan)
  2021 Ed. (3003)
  2022 Ed. (3140)
NTT Data Services
  2019 Ed. (951)
  2022 Ed. (955)
  2023 Ed. (1128)
NTT Data Services (formerly Dell Services)
  2022 Ed. (955)
NTT DoCoMo
  2013 Ed. (653, 658, 4640, 4641)
  2014 Ed. (2569)
  2016 Ed. (666, 2535, 3612)
  2017 Ed. (3580)
NTT Docomo
  2016 Ed. (668, 4569)
NTT DOCOMO Inc.
  2018 Ed. (2471)
  2019 Ed. (4624)
NTT DoCoMo Inc.
  2003 Ed. (1728, 2948, 4704, 4974)
  2004 Ed. (3022, 4674)
  2005 Ed. (1765, 3036, 4632, 4634, 4986)
  2006 Ed. (1711, 1712, 1826, 1829, 3029, 3329, 4602, 4774)
  2007 Ed. (684, 1837, 3062, 3621, 3622, 4717)
  2008 Ed. (643, 3743)
  2009 Ed. (658, 3763, 4685)
  2010 Ed. (626, 1765, 4587, 4604, 4698)
  2011 Ed. (560, 571, 1779, 3691, 4654)
  2012 Ed. (37, 541, 555, 1633, 4659, 4660)
  2013 Ed. (1790, 4639)
  2014 Ed. (1720, 4672)
  2015 Ed. (1762, 4680)
  2016 Ed. (1712, 4589)
  2017 Ed. (1696, 2409, 4606)
  2019 Ed. (1706)
NTT Group
  2013 Ed. (655, 4610, 4641)
  2014 Ed. (671, 4673)
  2015 Ed. (728)
  2021 Ed. (4587)
  2022 Ed. (4601)
  2023 Ed. (870, 4605, 4633)
NTT (Japan)
  2021 Ed. (4620)
  2022 Ed. (4638)
NTT Limited
  2022 Ed. (4685)
NTT Ltd.
  2014 Ed. (2569)

NTT Mobile Communications Network (NTT DoCoMo)
  2001 Ed. (1616, 1617, 1622, 1626, 1749, 1768, 1769, 2868, 3334)
  2002 Ed. (1693, 1705, 1706, 2810, 4635, 4636)
  2003 Ed. (4703)
NTT (Nippon Telegraph & Telephone)
  2022 Ed. (1654)
NTT Urban Development
  2016 Ed. (4101)
  2017 Ed. (4077)
NTT Urban Developments
  2007 Ed. (4091)
NTUC
  2005 Ed. (76)
NTUC FairPrice
  1990 Ed. (46)
  1991 Ed. (46)
  2001 Ed. (76)
  2010 Ed. (98)
NTUC Fairprice Co-operative
  2006 Ed. (85)
  2007 Ed. (75)
  2008 Ed. (81)
  2012 Ed. (4361)
  2013 Ed. (4293)
NTUC Income
  2022 Ed. (3215)
  2023 Ed. (3308)
NTUC Income Insurance Co-operative
  1999 Ed. (2893)
  2001 Ed. (2889)
  2002 Ed. (2827)
  2005 Ed. (3230)
NTUC Income Insurance Cooperative
  1997 Ed. (2401)
Nu-Car Carriers
  1991 Ed. (3431)
Nu Coastal LLC
  2006 Ed. (1420)
Nu Hair
  2003 Ed. (2651)
Nu Horizons Electronics Corp.
  1996 Ed. (1632, 1635)
  1997 Ed. (1710)
  1998 Ed. (1404, 1409)
  1999 Ed. (1983, 2623, 2670)
  2000 Ed. (1764, 2460)
  2001 Ed. (2202, 2205, 2209, 2210, 2212)
  2002 Ed. (1501, 2077, 2086, 2088, 2089, 2091, 2092, 2093, 2095)
  2003 Ed. (2188, 2946)
  2004 Ed. (2247, 2248, 2251)
  2005 Ed. (2348)
  2007 Ed. (2340)
  2008 Ed. (2457, 2464, 2465, 2466, 2469, 2470)
  2009 Ed. (2467, 2469, 2470, 2473)
Nu-Kote Holding
  1995 Ed. (3162)
Nu-Kote Holdings
  1997 Ed. (3522)
Nu Skin
  2022 Ed. (2188)
  2023 Ed. (2320, 2323, 2324)
Nu Skin Enterprises
  2015 Ed. (2116)
  2016 Ed. (2100)
  2017 Ed. (2057, 2060, 2064)
  2018 Ed. (2024)
  2019 Ed. (2081, 2174)
  2020 Ed. (1990, 2168)
  2021 Ed. (1942, 2158)
Nu Skin Enterprises Inc.
  2001 Ed. (2015)
  2003 Ed. (2095, 2096)
  2004 Ed. (1897, 1898, 3798, 3802)
  2005 Ed. (2021, 2022, 4162)
  2006 Ed. (2090, 3364, 3797, 3801, 3803, 4216)
  2007 Ed. (4232)
  2008 Ed. (4263)
  2009 Ed. (3942, 4367)
  2010 Ed. (3856, 4394)
  2011 Ed. (2128, 3863, 4339)
  2012 Ed. (1971, 3840)
  2013 Ed. (2133, 3899)
  2014 Ed. (2067, 3832)
  2015 Ed. (2114, 3857)
  2016 Ed. (2095, 2096)
Nu Skin Enterprises, Inc.
  2017 Ed. (3677)
  2018 Ed. (3730)
Nu Skin Enterprises (USA)
  2021 Ed. (2158)
Nu Skin International Inc.
  2016 Ed. (2095)
Nu-Swift PLC
  1993 Ed. (2498)
  1994 Ed. (2438)
Nu Trans Inc.
  2000 Ed. (4291)
Nu-Wave Oven Pro
  2015 Ed. (2340)
Nu West Industries
  1993 Ed. (1762)
  1994 Ed. (1753)

CUMULATIVE INDEX • 1989-2023

Nu-World Holdings
  2018 Ed. (3419)
Nu-World Holdings Limited
  2022 Ed. (3465)
Nu-World Holdings Limited (South Africa)
  2022 Ed. (3465)
Nua Internet Surveys
  2002 Ed. (4808)
Nuala
  2006 Ed. (2499)
Nuance/Alders
  1999 Ed. (247)
Nuance Communications
  2014 Ed. (1778)
  2020 Ed. (2992)
  2021 Ed. (2852)
Nuance Communications Canada Inc.
  2014 Ed. (1451)
Nuance Communications Inc.
  2008 Ed. (1135)
  2009 Ed. (1114)
  2017 Ed. (1046)
Nuance Global Traders
  2002 Ed. (2708)
Nuance Group
  2004 Ed. (1652)
The Nuance Group
  2013 Ed. (159)
  2014 Ed. (163)
  2015 Ed. (190)
  2016 Ed. (185)
Nu'Art Events
  2021 Ed. (4709)
Nubank
  2019 Ed. (1733)
  2020 Ed. (1680)
  2022 Ed. (3981)
  2023 Ed. (763)
Nube Group
  2023 Ed. (174)
Nuby Easy Grip
  2023 Ed. (3215)
Nuby Non Drip
  2023 Ed. (3215)
NuCar Connection
  2004 Ed. (319)
  2005 Ed. (320)
  2008 Ed. (311)
Nuclear
  1990 Ed. (1663)
  1992 Ed. (1887)
  1994 Ed. (1627)
  2001 Ed. (2155, 2162)
  2005 Ed. (2316)
  2006 Ed. (2371)
  2007 Ed. (2309)
Nuclear Electric PLC
  1997 Ed. (1391, 1392)
Nuclear energy
  1991 Ed. (3250)
  1992 Ed. (1944, 1945)
Nuclear power generation
  2004 Ed. (2292)
Nuclear medicine
  1992 Ed. (3006, 3593)
  2001 Ed. (2761)
Nuclear Networking
  2022 Ed. (61)
Nuclear power
  1991 Ed. (2053)
  1995 Ed. (1647)
  2001 Ed. (2161)
Nuclear Regulatory Commission
  2012 Ed. (3692, 3693, 4965)
  2013 Ed. (3744, 4976)
  2014 Ed. (4981)
  2015 Ed. (5014)
  2016 Ed. (3577)
Nuclear Regulatory Commission; U.S.
  2011 Ed. (2856)
  2015 Ed. (3695)
  2016 Ed. (3578)
  2017 Ed. (3547)
  2021 Ed. (2743, 3584)
  2022 Ed. (2899)
Nuclear waste
  2001 Ed. (2303)
Nuclearelectrica SA
  2016 Ed. (1552)
nucleargraduates
  2011 Ed. (935)
Nucleo
  2005 Ed. (66)
  2006 Ed. (74)
  2007 Ed. (65)
Nucleo Publicidad
  1997 Ed. (156)
  1999 Ed. (167)
  2002 Ed. (206)
Nucleom
  2019 Ed. (1494, 1495, 4382)
  2021 Ed. (4381)
  2022 Ed. (4391)
Nucleus Software Exports
  2009 Ed. (1112)
Nucleus Software Exports Ltd.
  2013 Ed. (1130)
  2014 Ed. (1091)

  2015 Ed. (1130)
NuCo2
  2009 Ed. (4461)
NuCom
  1996 Ed. (2918)
Nucon Engineering Associates
  2006 Ed. (3505)
The Nucon Group
  2006 Ed. (3505)
Nucor
  2017 Ed. (3364)
  2018 Ed. (3429, 3563)
  2019 Ed. (3555)
  2020 Ed. (3529)
  2021 Ed. (3545, 3576, 3577)
  2022 Ed. (1818, 3607)
  2023 Ed. (1944, 3704, 3708, 3711, 3734)
Nucor Bar Mill Group
  2017 Ed. (3408)
Nucor Corp.
  1989 Ed. (2635, 2636, 2637)
  1990 Ed. (3434, 3435, 3436)
  1991 Ed. (2621, 3216, 3217, 3218)
  1992 Ed. (3275, 4133, 4134, 4136)
  1993 Ed. (1379, 2735, 3448, 3449, 3451)
  1994 Ed. (1433, 2683, 3431, 3432, 3433)
  1995 Ed. (1468, 2543, 2792, 2793, 2794, 2796, 2798, 3509, 3510)
  1996 Ed. (1430, 2605, 2614, 2855, 3585, 3586)
  1997 Ed. (1491, 2749, 2756, 3629, 3630)
  1998 Ed. (1182, 2466, 2470, 2471, 2509, 3403, 3404, 3406, 3459)
  1999 Ed. (1716, 3344, 3351, 3356, 3357, 3360, 3361, 3362, 3363, 3364, 3414, 4471, 4472)
  2000 Ed. (1527, 3081, 3091, 3092, 3096, 3097, 3098, 3099, 3100, 3101, 3138)
  2001 Ed. (1822, 3276, 3281, 3285, 3289, 4367, 4368)
  2002 Ed. (3303, 3304, 3313, 3315, 3321, 3322)
  2003 Ed. (1794, 3363, 3365, 3370, 3372, 3373, 3374, 4552, 4553)
  2004 Ed. (3429, 3431, 3434, 3436, 3437, 3438, 4532, 4533, 4536)
  2005 Ed. (1915, 3446, 3449, 3451, 3452, 3453, 3454, 4474, 4475)
  2006 Ed. (1496, 1497, 1941, 1943, 1944, 2282, 3422, 3455, 3458, 3460, 3461, 3462, 3463, 3471, 3484, 4459, 4460, 4461, 4473)
  2007 Ed. (1925, 1926, 1927, 2218, 2219, 2220, 2231, 3022, 3477, 3478, 3481, 3482, 3483, 3484, 3485, 3489, 3495, 3513, 3516, 4560)
  2008 Ed. (1991, 1992, 1993, 2356, 2358, 2359, 2362, 2852, 3141, 3603, 3651, 3652, 3655, 3656, 3661, 4496)
  2009 Ed. (1951, 1952, 1954, 2928, 3225, 3717, 3718, 3722, 3723, 3724, 3730)
  2010 Ed. (1423, 1445, 1887, 1888, 1890, 1891, 1892, 3158, 3635, 3636, 3640, 3641, 3646, 3647)
  2011 Ed. (1919, 1920, 1922, 1923, 3637, 3638, 3642, 3643, 3644, 3651, 3652)
  2012 Ed. (1780, 1782, 1783, 1784, 2195, 3354, 3494, 3633, 3634, 3639, 3640, 3641, 4536)
  2013 Ed. (1952, 1953, 1954, 1956, 1957, 3424, 3428, 3692, 3693, 3698, 3701, 3708, 3713, 4497, 4501)
  2014 Ed. (1888, 1890, 1892, 1893, 3421, 3426, 3626, 3627, 3632, 3635, 3641, 4540, 4545)
  2015 Ed. (1934, 1936, 1938, 3454, 3458, 3639, 3640, 3645, 3649, 3651, 4539, 4543)
  2016 Ed. (1891, 1901, 1902, 1904, 1907, 1908, 3526, 3527, 3532, 3536, 3539, 4478, 4482)
  2017 Ed. (1865, 1866, 1870, 1874, 1876, 1882, 3499, 3503, 3507, 3509, 4486, 4489)
  2018 Ed. (1815, 1816, 1818, 1821, 3464, 3551, 3557, 4507, 4511)
  2019 Ed. (1867, 1873, 1875, 3544, 3548, 3549, 4500, 4504)
  2020 Ed. (1806, 1807, 1810, 1812, 1813, 3525, 3526, 4484, 4488)
  2021 Ed. (1773, 1774, 1780, 1781, 3542, 3543)
  2022 Ed. (1810, 1821, 1823, 3603, 3604)
  2023 Ed. (1948, 3709)
Nucor-Yamato Steel Sales Corp.
  2012 Ed. (1317)
Nucorp Group
  1995 Ed. (2329)
Nucorp Inc.
  1992 Ed. (1131)
nuCourse Distribution Inc.
  2014 Ed. (1423)
NUCRYST Pharmaceuticals
  2011 Ed. (3948)
Nude
  2023 Ed. (1636)
Nudge
  2016 Ed. (2093, 2096)

Nudge: Improving Decisions about Health, Wealth, & Happiness
  2010 Ed. (601)
Nudges Grillers
  2021 Ed. (3799)
Nudges Jerky Cuts
  2021 Ed. (3799)
  2022 Ed. (3819)
Nudi Suzuki
  1995 Ed. (286)
NUE Agency
  2015 Ed. (3608)
Nue-Pro Select
  2020 Ed. (4112)
NuEnergy
  2020 Ed. (1034, 1438, 1453)
Nuernberger Beteiligungs
  2019 Ed. (3164)
  2020 Ed. (3195)
"Nuestra Belleza"
  2018 Ed. (2962)
"Nuestra Belleza Latina"
  2013 Ed. (2955)
Nuestra Belleza Latina
  2012 Ed. (2879)
Nuestro LLC
  2007 Ed. (4427)
NuevaCare
  2019 Ed. (1445)
NueVista LLC
  2008 Ed. (4607)
Nuevo Amanecer Latino Children's Services
  2002 Ed. (2559)
Nuevo Banco Comercial
  2007 Ed. (570)
  2014 Ed. (535)
Nuevo Banco Industrial de Azul
  2000 Ed. (459)
Nuevo Laredo
  1994 Ed. (2440)
Nuevo Laredo, Mexico
  1993 Ed. (2500)
Nuevo Leon
  2001 Ed. (2839)
Nuevo Leon, Mexico
  2011 Ed. (3497)
Nuevo Mundo
  2000 Ed. (640, 641, 643, 644, 645, 646)
Nufabrx
  2023 Ed. (1928, 4565)
Nufarm
  2002 Ed. (3760)
  2004 Ed. (1653)
  2016 Ed. (822)
Nuffer, Smith, Tucker
  2004 Ed. (4015)
Nugenix
  2016 Ed. (2293)
  2019 Ed. (3087)
Nugget
  2021 Ed. (1777)
  2022 Ed. (1816, 3476, 3979)
  2023 Ed. (1942, 3598)
Nugget Market
  2022 Ed. (1397, 4216)
  2023 Ed. (4259)
Nugget Market Inc.
  2008 Ed. (1504, 2485)
  2009 Ed. (1437, 1532, 2490, 4599)
  2010 Ed. (1417)
  2011 Ed. (1417, 1421, 2398, 2399, 3434)
  2012 Ed. (1254, 1259, 2330, 3447)
  2013 Ed. (2508, 3467)
  2014 Ed. (1418, 4327)
  2015 Ed. (1478, 4314)
  2016 Ed. (4211)
  2017 Ed. (1412)
  2018 Ed. (1389)
  2019 Ed. (4252)
  2020 Ed. (4249)
  2021 Ed. (4214)
Nuheat
  2007 Ed. (1607)
Nuheat IndustriesLtd.
  2009 Ed. (1517)
NuHome
  2002 Ed. (1186)
NUI/Elizabethtown Gas Co.
  2002 Ed. (4711)
Nui Nho Stone
  2018 Ed. (2026)
  2019 Ed. (2083)
NuJak Development Inc.
  2018 Ed. (1535)
Nujira
  2013 Ed. (2913)
Nujood Ali
  2013 Ed. (3491)
Nuk Active Cup
  2023 Ed. (3215)
NUK Logistik GmbH
  2011 Ed. (4811)
Nukamatt
  2004 Ed. (59)

NuLeaf Naturals
  2021 Ed. (1089, 1339, 1467, 1605, 2753, 2766, 3967)
  2022 Ed. (1483, 2912)
NuLeaf Naturals (U.S.)
  2021 Ed. (1605)
Nulo Pet Food
  2019 Ed. (2004)
NuLogX Inc.
  2006 Ed. (4349)
Num-Zit
  1993 Ed. (1473)
Numa Networks
  2022 Ed. (1413)
Numark Credit Union
  2006 Ed. (2172)
Numark Industries
  2013 Ed. (3777)
No. 1 Cochran
  1991 Ed. (268)
  2008 Ed. (284, 285, 320, 4791)
The No. 1 Ladies' Detective Agency
  2005 Ed. (728)
No. 2 Heating Oil
  1994 Ed. (1939)
No. 2 pencils, 7-count
  1990 Ed. (3430)
No. 2 pencils, 7-ct.
  1989 Ed. (2632, 2633)
No. 2 Textile
  1994 Ed. (3289, 3290)
No. 50
  1989 Ed. (1996)
Number the Stars
  2004 Ed. (736)
Numbers
  1990 Ed. (1872)
  1996 Ed. (2554)
  2012 Ed. (3710)
Numbers, illegal
  1992 Ed. (2256)
Numerated
  2023 Ed. (1853, 2810)
Numerated Growth Technologies
  2023 Ed. (1856)
Numerex
  2008 Ed. (2458)
Numeric Investment Small Cap Value
  2004 Ed. (4541)
Numeric Investors
  1995 Ed. (2360)
  2000 Ed. (2858)
  2002 Ed. (3013)
Numerica Credit Union
  2007 Ed. (2151)
  2008 Ed. (2266)
  2009 Ed. (2253)
  2010 Ed. (2206)
  2011 Ed. (2224)
  2012 Ed. (2085)
  2013 Ed. (2273)
  2014 Ed. (2207)
  2015 Ed. (2271)
  2016 Ed. (2242)
  2018 Ed. (2127)
  2020 Ed. (2109)
  2021 Ed. (2099)
  2022 Ed. (2131)
  2023 Ed. (2249)
Numerica Financial
  1990 Ed. (453)
  1991 Ed. (1723)
Numerica Group
  2006 Ed. (8)
Numerica Savings Bank
  1990 Ed. (1794)
Numericable SFR
  2017 Ed. (3455)
Numerical Financial
  1990 Ed. (1793)
Numerical Productions Inc.
  2007 Ed. (3554)
  2008 Ed. (4961)
Numerical Technologies, Inc.
  2003 Ed. (2731, 4382)
Numero Data
  2022 Ed. (981)
Numerous ATM's
  1992 Ed. (571)
Numetrix
  1999 Ed. (4525)
Numi
  2022 Ed. (4225)
Numico NV; Koninklijke
  2006 Ed. (1686, 1688)
Numico NV; Royal
  2007 Ed. (2617)
NUMMI
  2000 Ed. (4305)
Nuna Bank
  1995 Ed. (479)
  1996 Ed. (523)
  1997 Ed. (482)
NUnit Development Team
  2007 Ed. (1254)

Nunn
 2019 Ed. (4489)
 2020 Ed. (4473)
 2022 Ed. (4476)
Nunn's Home Medical Equipment
 2019 Ed. (4931)
NuoDB
 2017 Ed. (1063)
Nuon
 2021 Ed. (641)
Nuova Cimimontubi Spa
 1991 Ed. (1096, 1098)
Nuova Italsider SPA
 1989 Ed. (1130)
Nuova Metaltermica
 2018 Ed. (1036)
Nuova Pansac SpA
 2007 Ed. (1831)
 2008 Ed. (918, 1865)
 2009 Ed. (1819)
Nuova Tirrena SpA
 2010 Ed. (1382)
Nuovo Banco Ambrosiano
 1989 Ed. (575)
Nuovo Pasta
 2022 Ed. (3790)
Nuovo Pignone SpA
 1993 Ed. (1144)
Nupercaina
 1992 Ed. (336)
Nupercaina/Ciba
 1992 Ed. (2397)
Nupercainal
 1993 Ed. (2031)
 1996 Ed. (2101)
 2018 Ed. (2930)
 2020 Ed. (2907)
 2021 Ed. (2776)
Nupercainal Bio Active
 2018 Ed. (2931)
Nuplex Industries
 2015 Ed. (3576)
 2016 Ed. (822)
Nuprecon/CST
 2010 Ed. (1228, 1230)
Nuprecon/CST Holdings LLC
 2011 Ed. (1175, 1177)
 2012 Ed. (1123, 1125)
Nuprecon Inc.
 2004 Ed. (1303)
 2006 Ed. (1280)
 2008 Ed. (1256)
 2009 Ed. (1231, 1345)
Nuprecon LP
 2011 Ed. (1195, 1291)
 2012 Ed. (1139)
Nupremis, Inc.
 2002 Ed. (2487)
Nuprin
 1990 Ed. (269, 3547)
 1991 Ed. (240)
 1992 Ed. (2558, 4235)
 1993 Ed. (2120)
 1994 Ed. (1574, 1576)
 1997 Ed. (253)
Nupro
 1989 Ed. (41)
 1990 Ed. (38)
 1991 Ed. (35)
Nur OJSC
 2006 Ed. (4514)
Nur Touristic GmbH
 2004 Ed. (4798)
Nurbank
 2010 Ed. (467)
 2011 Ed. (394)
 2013 Ed. (440)
 2023 Ed. (661)
Nurco Companies
 1991 Ed. (3143)
Nuremberg
 1997 Ed. (3782)
Nurnberger
 2012 Ed. (3176)
 2013 Ed. (3249)
 2014 Ed. (3275)
 2015 Ed. (3326)
 2016 Ed. (3180)
 2017 Ed. (3130)
 2018 Ed. (3224)
Nuro
 2020 Ed. (4693)
 2021 Ed. (4265)
Nuro Inc.
 2023 Ed. (2459, 4308)
Nurofen
 1992 Ed. (1875)
 1994 Ed. (1577)
 1996 Ed. (1594)
 2001 Ed. (2108)
 2002 Ed. (2053)
 2010 Ed. (2907)
Nurofen Analgesics
 1999 Ed. (1932)
Nurol Construction & Trading Co. Inc.
 2023 Ed. (1461)
Nursalim; Cherie
 2010 Ed. (3960)

Nurse Anesthesia of Maine
 2013 Ed. (1824)
Nurse anesthetist
 1990 Ed. (3701)
Nurse Book Society
 1994 Ed. (2686)
Nurse Next Door Home Care Services
 2018 Ed. (123)
 2019 Ed. (109)
 2020 Ed. (105)
 2021 Ed. (97)
 2023 Ed. (3112)
Nurse Next Door Home Healthcare Services Inc.
 2013 Ed. (1486)
 2014 Ed. (1454)
Nurse Next Door Professional Home Healthcare Services Inc.
 2009 Ed. (1516)
 2010 Ed. (1512)
 2011 Ed. (1505)
Nurse practitioner
 2011 Ed. (3783)
Nurse Service Org.
 1991 Ed. (2622)
Nurse Service Organization
 1990 Ed. (2723)
 1994 Ed. (2685)
NurseCore Management Services, LLC
 2020 Ed. (4943)
Nursefinders
 1999 Ed. (2705)
 2000 Ed. (2490)
 2008 Ed. (4494)
Nurseries & garden stores
 2010 Ed. (4279, 4280)
 2011 Ed. (4271, 4272)
Nursery
 2007 Ed. (673)
Nursery/daycare
 2001 Ed. (3794)
Nurses
 2022 Ed. (3769)
Nurses' aides, orderlies, attendants
 1989 Ed. (2077)
Nurse's Book Society
 1995 Ed. (2800)
Nurses' Choice
 1990 Ed. (2723)
Nurses, licensed practical/vocational
 2005 Ed. (3622, 3623)
Nurses, registered
 2002 Ed. (3531)
 2005 Ed. (3622, 3623, 3629, 3631)
 2006 Ed. (3735)
 2007 Ed. (3722, 3723, 3725, 3728)
 2009 Ed. (3858, 3860, 3863)
 2010 Ed. (3786)
 2011 Ed. (3777)
 2012 Ed. (3778)
 2013 Ed. (3843)
 2014 Ed. (3764)
 2017 Ed. (3664)
 2019 Ed. (3705)
Nurses (registered) & other health therapists
 1993 Ed. (2739)
Nurses Service Organization
 1992 Ed. (3277)
 1995 Ed. (2799)
 1996 Ed. (2856)
 1999 Ed. (3634)
 2001 Ed. (3554)
Nurses, licensed practical & vocational
 2007 Ed. (3722, 3725)
 2009 Ed. (3860)
Nursing
 2004 Ed. (2279)
 2005 Ed. (1062)
Nursing '98
 1999 Ed. (3748)
Nursing accessories
 2002 Ed. (422)
Nursing aide, orderly
 1993 Ed. (3727)
Nursing aides
 2002 Ed. (3531)
 2005 Ed. (3628, 3629, 3631)
 2010 Ed. (3773)
 2011 Ed. (3777)
 2012 Ed. (3778)
 2013 Ed. (3843)
 2014 Ed. (3764)
Nursing aides, orderlies, & attendants
 1993 Ed. (2738)
 2007 Ed. (3723, 3725)
 2009 Ed. (3858, 3860)
Nursing assistants
 2017 Ed. (3664)
 2019 Ed. (3705)
 2022 Ed. (3769)
Nursing home care
 1996 Ed. (2083)
 2001 Ed. (3271)
Nursing care facilities
 1996 Ed. (2)
 2010 Ed. (3772)
 2011 Ed. (3776)

 2012 Ed. (3777)
 2014 Ed. (3763)
 2019 Ed. (3704)
Nursing, personal care facilities
 1996 Ed. (3)
Nursing homes
 1994 Ed. (2028, 2029)
 1995 Ed. (1588)
Nursing and personal-care facilities
 1994 Ed. (3327, 3329)
Nursing Services Inc.
 2013 Ed. (1578)
 2014 Ed. (4986)
 2016 Ed. (4984)
 2017 Ed. (4973)
 2018 Ed. (4981)
 2019 Ed. (4976)
 2020 Ed. (4979)
 2021 Ed. (4980)
 2022 Ed. (4980)
 2023 Ed. (4983)
Nursinsur
 1999 Ed. (3635)
Nursinsur/Liability Insurance for Nurses
 2000 Ed. (3359)
Nursoy
 1994 Ed. (2197)
Nurture Landscapes
 2019 Ed. (3343)
Nurun Inc.
 2007 Ed. (2816)
 2008 Ed. (2941)
Nurzhan Subkhanberdin
 2008 Ed. (4888)
 2009 Ed. (4908)
 2011 Ed. (4896)
 2012 Ed. (4905)
NUS Corp.
 1992 Ed. (1951)
Nusenda Credit Union
 2018 Ed. (2111)
 2020 Ed. (2090)
 2021 Ed. (2080)
 2022 Ed. (2115)
 2023 Ed. (2230)
NuSkin
 2023 Ed. (2319)
NuSkin Cosmetics Inc.
 2014 Ed. (2269)
 2015 Ed. (2353)
 2016 Ed. (2298)
NuSkin Enterprises inc.
 2013 Ed. (2333)
NuSkin Enterprises Inc.
 2013 Ed. (2330)
 2014 Ed. (2262, 2263, 2264, 2265)
 2015 Ed. (2346, 2347, 2348, 2349)
 2016 Ed. (2295)
 2017 Ed. (2139, 2140)
 2018 Ed. (2186)
NuStar Energy
 2013 Ed. (1360)
 2014 Ed. (1307)
 2015 Ed. (1367)
 2021 Ed. (1918, 4685)
 2022 Ed. (1961, 4688)
NuStar Energy LP
 2010 Ed. (1426, 2028, 2042, 3974, 3975)
 2011 Ed. (1421, 2085, 2099, 2398, 2432, 2433, 3434, 3979, 3980)
 2012 Ed. (915, 1929, 1937, 2329, 2330, 2332, 2355, 2356, 3447, 3927, 3978, 3979)
 2013 Ed. (1062, 2100, 2508, 2512, 3467, 3984, 4041, 4042)
 2014 Ed. (2032, 3927, 3977, 3978, 4763)
 2015 Ed. (2081, 4020, 4021)
 2016 Ed. (3933, 3934)
 2017 Ed. (2021)
 2018 Ed. (1973, 1978)
 2019 Ed. (2029, 2033, 4697)
 2020 Ed. (1953)
 2021 Ed. (1915)
Nustar Energy LP
 2016 Ed. (2059)
NuStar GP Holdings
 2012 Ed. (2767)
 2013 Ed. (2850)
NuStar GP Holdings LLC
 2010 Ed. (3974)
 2012 Ed. (3978)
 2013 Ed. (4041)
 2014 Ed. (3977)
 2015 Ed. (4020)
 2016 Ed. (3933)
NuStar Pipeline Partners LP
 2015 Ed. (4020)
 2016 Ed. (3933)
Nut Harvest
 2018 Ed. (1267, 3714)
 2019 Ed. (3703, 4428)
Nut & Honey
 1990 Ed. (3540)
 1991 Ed. (3322)
Nutanix
 2018 Ed. (968, 1436, 1438)
 2020 Ed. (948, 966)

Nutanix Inc.
 2018 Ed. (1402)
Nutcracker
 1996 Ed. (2859)
 2008 Ed. (3802)
Nutella
 2022 Ed. (660, 2735)
 2023 Ed. (2873)
Nutella & Go
 2018 Ed. (1280)
Nutmeg Federal Savings & Loan Association
 2001 Ed. (576)
Nutmeg Industries
 1993 Ed. (2714)
Nutmeg Insurance Co.
 2001 Ed. (1675)
Nutmeg Mills
 1991 Ed. (3170)
 1992 Ed. (1226, 1227, 4051)
 1993 Ed. (3371)
Nutmeg State Credit Union
 2002 Ed. (1853)
 2003 Ed. (1910)
 2004 Ed. (1950)
 2005 Ed. (2092)
 2020 Ed. (2065)
 2021 Ed. (2055)
 2022 Ed. (2091)
 2023 Ed. (2205)
Nutmeg State Federal Credit Union
 2006 Ed. (2187)
 2007 Ed. (2108)
 2008 Ed. (2223)
 2009 Ed. (2206)
 2010 Ed. (2160)
 2011 Ed. (2180)
 2012 Ed. (2040)
 2013 Ed. (2218)
 2014 Ed. (2149)
 2015 Ed. (2213)
 2016 Ed. (2184)
 2021 Ed. (2055)
 2022 Ed. (2091)
Nutmeg State Financial Credit Union
 2018 Ed. (2087)
 2023 Ed. (2161)
NuTone
 2014 Ed. (4820)
 2015 Ed. (4856)
 2016 Ed. (4764)
 2021 Ed. (4758)
 2022 Ed. (4759)
Nutone
 1990 Ed. (3480)
 1992 Ed. (4157)
 1993 Ed. (3479)
 1994 Ed. (3453)
 1995 Ed. (3521)
 1997 Ed. (3654)
 1998 Ed. (3430)
 1999 Ed. (4504)
 2002 Ed. (4517)
 2019 Ed. (4773)
 2020 Ed. (4760)
nuTonomy
 2019 Ed. (4592)
NuTool
 2003 Ed. (4381)
Nutopia
 2012 Ed. (2558, 4686)
Nutpods
 2023 Ed. (2149)
nutpods
 2021 Ed. (1963)
Nutra Nail
 1999 Ed. (3778)
NUTRABIOTICS
 2022 Ed. (3871, 3877)
Nutraceutical
 2019 Ed. (3961)
Nutraceuticals
 1998 Ed. (2666)
NutraChamps
 2021 Ed. (1446)
 2023 Ed. (1635)
Nutrament
 1996 Ed. (1548)
Nutramigen
 2001 Ed. (2847)
 2002 Ed. (2802)
NutraNail
 1995 Ed. (2899)
 2008 Ed. (3777)
NutraSweet Spoonful
 1995 Ed. (3539)
 1996 Ed. (3624)
Nutrea Nutrition Animale
 2020 Ed. (2230)
 2021 Ed. (2204)
 2022 Ed. (2237)
Nutreco Holding NV
 2009 Ed. (3642)
 2010 Ed. (3561)
 2011 Ed. (3564)
 2012 Ed. (3557)
 2013 Ed. (3582)

Nutri-Grain
 1995 Ed. (3399)
 2003 Ed. (878)
 2004 Ed. (901)
 2005 Ed. (891)
 2006 Ed. (806)
 2007 Ed. (893)
 2020 Ed. (4415)
 2022 Ed. (4415)
Nutri Grain Bars
 2015 Ed. (4485)
 2016 Ed. (4381)
 2017 Ed. (4391)
 2018 Ed. (4412)
Nutri-Grain Bars
 2015 Ed. (4484)
 2016 Ed. (4380, 4382)
 2017 Ed. (4392, 4393)
 2018 Ed. (4403, 4404)
 2019 Ed. (4420)
 2020 Ed. (4415)
 2021 Ed. (4416)
 2022 Ed. (4415)
Nutri Grain Harvest
 2016 Ed. (4380)
Nutri-Grain; Kellogg's
 2008 Ed. (870, 4444)
 2009 Ed. (880)
 2010 Ed. (831)
Nutri-Lawn
 2002 Ed. (3065)
Nutri-Lawn Corp.
 2018 Ed. (3360)
 2019 Ed. (3339)
 2020 Ed. (3341)
Nutri-lawn Corp.
 2016 Ed. (3324)
Nutri Pharma ASA
 2011 Ed. (2916)
Nutriavicola SA
 2019 Ed. (2238)
 2020 Ed. (2235)
 2022 Ed. (2242)
 2023 Ed. (2429)
NutriBullet
 2015 Ed. (2340, 2341)
 2016 Ed. (2291)
Nutrien
 2020 Ed. (836, 3860, 4009, 4010)
 2021 Ed. (856, 3975, 3976)
 2023 Ed. (1223, 3729)
Nutrien Ag Solutions
 2020 Ed. (118)
 2021 Ed. (110, 3970, 3992)
 2022 Ed. (115, 122, 124, 2136, 2640, 3983, 4006, 4379)
 2023 Ed. (186, 191, 193, 2254, 2776, 4067, 4090, 4398)
Nutrien Ltd.
 2021 Ed. (3564, 3565, 3571, 3573, 3574)
 2022 Ed. (888, 3629)
 2023 Ed. (1066)
Nutrilite
 2003 Ed. (2108, 4860)
 2008 Ed. (2337)
Nutrimix Feed Co.
 2005 Ed. (3389)
Nutrinor, Coop Agroalimentaire
 2013 Ed. (1344)
Nutrinor Coopérative
 2023 Ed. (189)
Nutrinor Cooperative
 2008 Ed. (1385)
 2009 Ed. (1388)
 2010 Ed. (1373)
 2020 Ed. (122)
 2022 Ed. (120)
NutriPro
 2018 Ed. (3786)
 2020 Ed. (3824)
Nutrisa
 2014 Ed. (690)
Nutrisystem
 2017 Ed. (2138)
 2018 Ed. (3152)
 2019 Ed. (1913, 3087, 3288)
 2020 Ed. (51, 1851, 3285)
NutriSystem Inc.
 2007 Ed. (132, 2734, 4552)
 2008 Ed. (4352)
 2009 Ed. (2903, 2907, 2913, 2914, 2931, 4451)
 2010 Ed. (2851, 2867, 4585)
 2011 Ed. (4548)
 2012 Ed. (4482)
Nutrisystem Inc.
 2019 Ed. (4287)
Nutrisystem Success
 2015 Ed. (2332, 2337)
Nutrisystems LP
 2018 Ed. (4392)
 2022 Ed. (4408)
Nutrition Warehouse
 2015 Ed. (1449)
Nutritional/health bars
 2008 Ed. (2836)
Nutritional items
 2002 Ed. (4758)

Nutritional supplements
 2002 Ed. (4758)
 2003 Ed. (4862)
 2004 Ed. (2127)
 2005 Ed. (2233)
Nutro
 1997 Ed. (3069)
 1998 Ed. (2813)
 2000 Ed. (3453)
The Nutro Co.
 2020 Ed. (3831)
Nutro Products Inc.
 1999 Ed. (3786)
 2002 Ed. (3656)
Nuts
 1992 Ed. (4005, 4007)
 1996 Ed. (1561)
 2001 Ed. (2084)
 2002 Ed. (3493, 4721)
 2003 Ed. (4830)
 2006 Ed. (4395)
Nuts About Miami
 2006 Ed. (3729)
 2007 Ed. (3712)
 2008 Ed. (3804)
 2009 Ed. (3849)
Nuts, bagged
 2003 Ed. (3656)
Nuts, bags
 2002 Ed. (3527)
Nuts, baking
 1999 Ed. (4508)
Nuts, canned
 2003 Ed. (3656)
Nuts, cans
 2002 Ed. (3527)
Nuts & dried fruit
 2000 Ed. (4141)
Nuts Groep B.V.
 2018 Ed. (1753)
Nuts, jars
 2002 Ed. (3527)
 2003 Ed. (3656)
Nuts, mixed
 1992 Ed. (3281)
 1993 Ed. (2736)
 1994 Ed. (2687)
Nuts, snack
 1995 Ed. (3406)
 1998 Ed. (1727, 1728)
Nuts, unshelled
 2002 Ed. (3527)
Nutsspaarbank te's-Gravenhage
 1994 Ed. (592, 593)
 1995 Ed. (562)
Nutsspaarbank te 's-Gravenhage
 1993 Ed. (585)
Nutter Butter
 2020 Ed. (1287)
 2021 Ed. (1270)
Nutter McClennen & Fish
 2021 Ed. (3227)
Nutter, McClennen & Fish
 1990 Ed. (2415)
 1991 Ed. (2281)
 1992 Ed. (2830)
 1993 Ed. (2393)
Nutty Bar
 2015 Ed. (1330)
 2016 Ed. (1249)
 2018 Ed. (1281)
 2019 Ed. (1310)
 2020 Ed. (1286)
 2021 Ed. (1269)
 2022 Ed. (1269)
Nutty Guys
 2009 Ed. (3849)
The Nutty Professor
 1998 Ed. (2535)
 1999 Ed. (3448)
Nutty Scientists
 2018 Ed. (2253)
 2019 Ed. (2226)
Nuturn Bates
 2003 Ed. (97)
nuun
 2012 Ed. (2631)
NuUnion Credit Union
 2008 Ed. (2239)
 2009 Ed. (2225)
 2010 Ed. (2179)
 2011 Ed. (2197)
NUVA
 2022 Ed. (4554)
Nuva
 2021 Ed. (1465)
NuVasive
 2014 Ed. (3781)
 2015 Ed. (3801)
 2016 Ed. (3714)
 2017 Ed. (3670)
 2022 Ed. (3777)
 2023 Ed. (3877)
NuVasive Inc.
 2009 Ed. (2986)
 2013 Ed. (1916, 2840)
 2018 Ed. (3726)
 2019 Ed. (3713)

 2020 Ed. (3755)
 2021 Ed. (3755)
Nuveen
 2008 Ed. (3776)
 2010 Ed. (3738)
 2020 Ed. (3714)
 2021 Ed. (2577, 3695, 3696)
Nuveen Advisory
 2001 Ed. (3453)
Nuveen Asset Management
 2011 Ed. (2540, 3729, 3730)
Nuveen & Co.; John
 1990 Ed. (3164, 3207, 3211, 3216)
 1991 Ed. (2944, 2983, 2986, 3036, 3038, 3062)
 1993 Ed. (762, 3138, 3175)
 1995 Ed. (758, 3258)
 1996 Ed. (3361)
Nuveen Co.; The John
 1989 Ed. (2382)
 1990 Ed. (2645, 2647, 3150)
 1992 Ed. (3857, 3858, 3860)
 1996 Ed. (801)
Nuveen Equity Long/Short
 2020 Ed. (3692, 3694)
 2021 Ed. (3699)
 2022 Ed. (3719)
Nuveen Equity Long/Short A
 2021 Ed. (3699)
 2022 Ed. (3719)
 2023 Ed. (3815)
Nuveen Flag All American A
 1999 Ed. (757)
Nuveen Flag Intermediate Municipal A
 1999 Ed. (758)
Nuveen Fund Advisors
 2012 Ed. (2486, 3741, 3742)
 2017 Ed. (3638)
 2019 Ed. (648)
Nuveen High Income Bond
 2014 Ed. (633)
 2018 Ed. (633)
Nuveen High Yield Municipal Bond
 2007 Ed. (643)
Nuveen Insurance Municipal Opportunity Fund
 2004 Ed. (3176, 3177)
Nuveen Insured Muni Opp Fund
 1993 Ed. (3117)
Nuveen Insured Municipal Bond R
 1997 Ed. (692)
Nuveen Insured Quality Municipal Fund
 1992 Ed. (3833)
Nuveen Investment Quality Municipal Fund
 1992 Ed. (3833)
Nuveen Investments
 2005 Ed. (2226)
 2006 Ed. (1455)
 2007 Ed. (3277)
 2008 Ed. (2360, 2367)
 2009 Ed. (1394)
Nuveen Mid Cap Value A
 2023 Ed. (4515)
Nuveen Municipal Advantage Fund
 1991 Ed. (1275, 2940)
Nuveen Municipal Bond R
 1998 Ed. (2639)
Nuveen Municipal Market
 1992 Ed. (3833)
Nuveen Municipal Value Fund
 1989 Ed. (1113, 2369)
Nuveen NWQ Multi-Cap Value
 2006 Ed. (3616, 3617)
Nuveen Performance Plus Muni
 1991 Ed. (1275, 2940)
Nuveen Preferred Securities
 2012 Ed. (500)
Nuveen Premium Income Muni
 1990 Ed. (3135)
Nuveen Premium Income Muni Fund
 1990 Ed. (1359)
Nuveen Premium Income Municipal Fund
 2004 Ed. (3176, 3177)
Nuveen Quality Income Muni
 1993 Ed. (3117)
Nuveen Real Estate
 2022 Ed. (174)
 2023 Ed. (250)
Nuveen Select Quality Muni
 1993 Ed. (3117)
Nuveen St Co.; John
 1997 Ed. (737)
Nuveen Symphony Credit Opportunity
 2018 Ed. (633)
Nuveen Tax-Exempt Money Market Fund
 1992 Ed. (3097, 3101)
Nuveen, a TIAA company
 2021 Ed. (2577)
Nuveen Winslow International Small Cap
 2020 Ed. (4515)
NuView Systems Inc.
 2007 Ed. (2362)
NuVim Inc.
 2007 Ed. (4287)
NuVision
 1991 Ed. (2644)

Nuvista Energy
 2014 Ed. (1445)
NuVista Energy Ltd.
 2014 Ed. (1502)
NuVists Energy Ltd.
 2009 Ed. (1399)
NuVo
 2015 Ed. (239, 241)
 2016 Ed. (234)
 2017 Ed. (231)
Nuvo Construction Co., Inc.
 2009 Ed. (3036)
Nuvo Network Management
 2003 Ed. (3034)
Nuvo TV
 2014 Ed. (2970)
Nuvolo
 2020 Ed. (1767)
NuvoTV
 2016 Ed. (2934)
NuWave Induction Cooktop
 2015 Ed. (2338)
Nuway Construction
 2006 Ed. (1171)
NuWest Group
 2023 Ed. (2098)
Nux Vomica
 1992 Ed. (2437)
NV Bekaert SA
 2021 Ed. (2441)
 2022 Ed. (2552)
N.V. Bondsspaarbank Schiedam Vlaardingen
 1993 Ed. (585)
NV DSM
 1991 Ed. (1326)
 1992 Ed. (1671, 4149)
NV Energy
 2017 Ed. (1804)
NV Energy Inc.
 2011 Ed. (1890)
 2012 Ed. (1746)
 2013 Ed. (1911)
 2014 Ed. (1845)
 2015 Ed. (1882)
NV Healthcare
 2016 Ed. (1126)
 2017 Ed. (1170)
 2018 Ed. (1104)
 2020 Ed. (1105)
 2021 Ed. (1096)
NV Healthcare LLC
 2023 Ed. (1328)
NV Homes
 2002 Ed. (1180, 1189)
 2005 Ed. (1182, 1188, 1246)
 2007 Ed. (2052)
 2008 Ed. (2158)
 2009 Ed. (2138)
 2010 Ed. (2080)
 2011 Ed. (2137)
NV Homes/NVR
 2000 Ed. (1205, 1213)
NV Kon. Nederlandse Petroleum Maatschappij
 1991 Ed. (1269, 3480)
 1992 Ed. (1607)
 1994 Ed. (1353)
 1996 Ed. (1330, 2651)
 1997 Ed. (1388, 2796)
NV Koninkijke Nederlandsche Petroleum Mij
 1995 Ed. (1464)
NV Koninklijke KNP BT
 1996 Ed. (2905)
 1997 Ed. (2996)
NV Koninklijke Nederlandsche Petroleum MIJ
 1994 Ed. (1354, 1355, 1359, 1427, 2528)
 1995 Ed. (1377, 1378, 1379, 1382, 2583)
 1999 Ed. (1614, 3416, 3896)
NV Koninklijke Nederlandse Petroleum Maatschappij
 1993 Ed. (1300)
N.V. Nederlands Gasunie
 2001 Ed. (3949)
NV Nederlandse Gasunie
 1994 Ed. (1427)
 1995 Ed. (1464)
 1996 Ed. (1426)
 1997 Ed. (1484)
 2005 Ed. (2413)
 2006 Ed. (2445, 2446)
 2007 Ed. (1903)
 2012 Ed. (2726)
 2013 Ed. (2812)
NV Nederlandse Spoorwegen
 2002 Ed. (3902)
NV Partners
 1996 Ed. (2099)
NV Philips
 1989 Ed. (15, 25, 43, 1340)
 1990 Ed. (1639, 2205)
 1991 Ed. (2063, 2064, 2071)
 1992 Ed. (2633, 2634)
 1993 Ed. (2177, 2178, 2179, 2488)
NV Philips' Gloeilampenfabneken
 2001 Ed. (3648)

NV Philips Gloeilampenfabrieken
  1991 Ed. (1269, 2372)
  1992 Ed. (2955)
  1994 Ed. (2423)
N.V. Philips GMB
  1991 Ed. (1536)
NV Spaarbank CVB Utrecht
  1993 Ed. (585)
  1994 Ed. (592)
NV Sparebank Centrale Volksbank
  1992 Ed. (794)
NV Verenigd Bezit VNU
  1994 Ed. (2933)
  1997 Ed. (3168)
NV Verenigd Streekvervoer Nederland
  2002 Ed. (4671)
NV5 Global
  2019 Ed. (1558, 2414)
  2020 Ed. (1526, 2387, 2478)
  2021 Ed. (1511, 2402)
  2022 Ed. (1524, 2421, 2515)
  2023 Ed. (2625)
NV5 Global Inc.
  2020 Ed. (2396)
  2022 Ed. (2430)
NVblu
  2019 Ed. (4544, 4547)
NVE
  2013 Ed. (1867, 4420)
NVE Corp.
  2006 Ed. (2733)
  2011 Ed. (4437, 4439, 4464)
NVE Inc.
  2016 Ed. (2139)
NVF Co.
  1990 Ed. (1486, 1810)
NVHomes
  1999 Ed. (1330)
NVIDIA
  2016 Ed. (4342)
  2017 Ed. (4344)
  2018 Ed. (939, 4340)
  2019 Ed. (1438, 3091, 4367, 4369)
  2020 Ed. (27, 30, 48, 924, 1400, 3123, 4361, 4363, 4575)
  2021 Ed. (30, 33, 52, 1396, 2985, 4372)
  2022 Ed. (28, 31, 49, 3117)
  2023 Ed. (71, 74, 93)
Nvidia
  2017 Ed. (4349, 4351)
  2018 Ed. (1389, 1437, 4336, 4347, 4531, 4582, 4717)
  2019 Ed. (1343, 1368, 1369, 1435, 4362, 4375, 4378, 4592)
  2020 Ed. (1313, 1335, 1396, 2847, 4358, 4368, 4371, 4571)
  2021 Ed. (685, 1292, 1329, 1393, 1616, 2724, 4373, 4377, 4559, 4563)
  2022 Ed. (622, 1301, 1322, 1338, 1340, 1397, 1402, 4383, 4386, 4388, 4569, 4677)
  2023 Ed. (898, 1519, 1529, 1532, 1535, 1536, 1544, 1545, 1546, 1594, 1597, 3218, 4406, 4408, 4410, 4412)
NVIDIA Corp.
  2001 Ed. (1644, 2871, 2872)
  2002 Ed. (1550, 1551, 2428, 2430, 2483, 2528, 2812, 2814)
  2003 Ed. (4379, 4382, 4536, 4538, 4539, 4540)
  2004 Ed. (1134, 1583, 2257, 4399, 4400, 4401, 4489, 4494, 4558, 4559, 4565, 4579)
  2005 Ed. (1613, 4340, 4342, 4343, 4345, 4610)
  2006 Ed. (2730, 4281, 4285, 4286)
  2007 Ed. (2720, 4343, 4349, 4350, 4351)
  2008 Ed. (1596, 3644, 4309, 4312, 4539)
  2009 Ed. (4413, 4414, 4419)
  2010 Ed. (2016, 4457)
  2012 Ed. (4461)
  2013 Ed. (2611, 4421)
  2014 Ed. (2538, 2551, 4452)
  2015 Ed. (4447)
  2016 Ed. (4339)
  2017 Ed. (2421, 4340)
  2018 Ed. (2451, 2458, 3031, 4337)
  2019 Ed. (1341, 2973, 3099, 4364)
  2020 Ed. (3001, 4360)
  2021 Ed. (2862, 3417)
Nvidia Corp.
  2013 Ed. (4423)
  2014 Ed. (4454)
  2018 Ed. (4529)
  2022 Ed. (2293)
  2023 Ed. (1791, 2459, 2473, 4308)
nView
  1995 Ed. (2067)
NVision IT
  2018 Ed. (1740)
Nvision Solutions, Inc.
  2021 Ed. (3629, 4986)
Nvisium
  2017 Ed. (4316)
NVR
  2017 Ed. (2966)
  2018 Ed. (2028, 3080, 3081, 4527)
  2019 Ed. (3022)

2020 Ed. (1030, 1058, 1075, 1336, 3060)
2021 Ed. (1042, 2929)
2022 Ed. (1073, 1075, 1076, 1077, 1078, 1079, 1993, 3045, 3046)
2023 Ed. (1247, 1249, 1250, 1251, 1252, 1253, 1254, 3164)
NVR Building Products Co.
  1990 Ed. (2597)
NVR Inc.
  1991 Ed. (1988)
  1996 Ed. (1096, 1097, 1101, 1132)
  1997 Ed. (1119, 1120)
  1998 Ed. (877, 878, 887, 888, 889, 890)
  1999 Ed. (1308, 1309, 1310, 1316, 1317, 1318, 1319)
  2000 Ed. (1190, 1191, 1192, 1197, 1199)
  2001 Ed. (1391, 1392, 1393, 1405, 1406, 2803)
  2002 Ed. (1172, 2656, 2657, 2661, 2665, 2666, 2667, 2668, 2669)
  2003 Ed. (1141, 1147, 1200, 1202, 1203, 1204, 4550)
  2004 Ed. (1205, 1206, 1207, 1209, 1210, 1211, 1577, 1604, 1607, 1608, 2946, 2959)
  2005 Ed. (1182, 1185, 1187, 1188, 1204, 1216, 1222, 1230, 1231, 1232, 1233, 1234, 1235, 1236, 1246, 1608, 1626, 1631, 1634, 2007, 2948, 2964)
  2006 Ed. (1194, 1197, 1199, 1200, 1202, 1203, 1216, 1498, 1514, 1520, 1523, 2947, 2959, 4049, 4581, 4583, 4595)
  2007 Ed. (1269, 1300, 1304, 1307, 1308, 1309, 1310, 1311, 1530, 1542, 1551, 4093, 4563)
  2008 Ed. (1201, 1202, 1212, 1514, 1533, 4118)
  2009 Ed. (1174, 1178, 1179, 1180, 1445, 1462, 2142, 3175)
  2010 Ed. (1167, 1169, 1170, 1725, 2082, 3108)
  2011 Ed. (1116, 1117, 2139, 3078, 3089)
  2012 Ed. (1037, 1038, 1983, 3020)
  2013 Ed. (1184, 1185)
  2014 Ed. (1136, 1137)
  2015 Ed. (1187, 1188)
  2016 Ed. (1097, 1099, 1130, 3022)
  2017 Ed. (1097, 1136, 1138, 1139, 1140, 1141, 1143)
  2018 Ed. (1025, 1068, 1070, 1071, 1072, 1073, 1075)
  2019 Ed. (1033, 1079, 1081, 1082, 1083, 1084, 1086)
  2020 Ed. (1025, 1068, 1070, 1071, 1072, 1073, 1076, 3061)
  2021 Ed. (1036, 1038, 1039, 1040, 1041, 1043)
  2022 Ed. (1075)
NVR L. P.
  1991 Ed. (1047, 1058, 1062, 1063)
NVR L.P.
  1990 Ed. (1155)
  1992 Ed. (319, 1353, 1362, 1363, 1366, 2555, 3920)
  1993 Ed. (1083, 1089, 1095)
  1994 Ed. (359, 360, 1105, 1113, 1119)
  1995 Ed. (1122, 1129, 1134)
NVR Mortgage Finance Inc.
  1996 Ed. (2678)
  2005 Ed. (3303)
NVRyan
  1990 Ed. (2966)
NVRyan L.P.
  1990 Ed. (1164, 1170, 1171)
NVST.com
  2002 Ed. (4860)
NW Auto Recyclers
  2014 Ed. (3539)
NW Ayer Inc.
  1989 Ed. (142)
  1990 Ed. (132)
  1992 Ed. (186)
NW Financial Corp.
  2001 Ed. (875)
NW Mutual Financial Network
  2003 Ed. (1854, 3878)
NW Mutual Life Insurance
  1996 Ed. (2283)
NW Mutual VA C MM
  1989 Ed. (262, 263)
  1990 Ed. (3662)
NW Mutual VL MM
  1989 Ed. (262)
NW Natural Holdings
  2023 Ed. (2455)
NW Power
  2006 Ed. (2363, 2695)
NW Preferred Credit Union
  2016 Ed. (2186)
NW Transport
  1993 Ed. (3640)
  1994 Ed. (988, 3600)
NW Transport Service Inc.
  1992 Ed. (1188)
  1995 Ed. (1001, 3679)
  1998 Ed. (751)
NW Wind & Solar
  2016 Ed. (4429)
  2017 Ed. (4441)

2018 Ed. (4460)
2019 Ed. (4449)
NW Wine Company
  2023 Ed. (4907)
NWA Credit Union
  2002 Ed. (1873)
  2003 Ed. (1927)
  2004 Ed. (1967)
  2005 Ed. (2109)
NWA Eagan
  1989 Ed. (2867)
NWA Inc.
  1989 Ed. (231, 232, 233)
  1990 Ed. (212, 214, 217, 3637, 3638)
  1991 Ed. (1136, 1140, 1143, 1154, 1156, 1308, 1822, 3331, 3333, 3418)
  1993 Ed. (957, 958, 3280)
  1994 Ed. (188, 2003, 2444)
  1996 Ed. (2031, 2486)
  1997 Ed. (2151, 2629)
  1998 Ed. (1844)
  1999 Ed. (1707, 2603)
  2000 Ed. (1517, 2346)
  2001 Ed. (292, 293, 1795)
  2002 Ed. (3790)
  2003 Ed. (239, 240, 247, 1763, 2621)
  2004 Ed. (196, 197, 1800, 2738)
  2005 Ed. (199, 200, 1870, 2736)
  2006 Ed. (213)
NWD Investments
  2009 Ed. (3445)
NWG Energia
  2020 Ed. (2364)
NWH Inc.
  2004 Ed. (4549)
NWL "2" BOA3: AMT Bond
  1994 Ed. (3615)
NWL "2" BOA3: VIP HI Inc.
  1994 Ed. (3616)
NWL "2" BOA3: VIP OVERSEA
  1994 Ed. (3618)
NWN
  2009 Ed. (4823)
  2010 Ed. (4840)
  2011 Ed. (3137)
NWNL
  1992 Ed. (2668)
  1993 Ed. (2219)
NWNL Select Annuity II VIP High Income
  1994 Ed. (3614)
NWNL "Select" II: FHI
  1994 Ed. (3616)
NWNL "Select" II: FHI Q
  1994 Ed. (3616)
NWNL "Select" II: FOP
  1994 Ed. (3618)
NWNL "Select" II: FOP Q
  1994 Ed. (3618)
NWNL "Select" II: VIP2 IG
  1994 Ed. (3615)
NWP Communications Ltd.
  2003 Ed. (2737)
NWQ Investment Management
  1992 Ed. (2753)
NWS Holdings
  2014 Ed. (4068)
NWS Holdings Ltd.
  2013 Ed. (832)
  2014 Ed. (4020)
NXP
  2021 Ed. (642)
  2023 Ed. (4405)
NXP Corp.
  2014 Ed. (2074)
NXP Semiconductors
  2008 Ed. (2280, 4313)
  2012 Ed. (4464)
  2013 Ed. (4424)
  2015 Ed. (4450)
  2016 Ed. (4344)
  2017 Ed. (4346, 4350)
  2018 Ed. (4342)
  2019 Ed. (4371)
  2020 Ed. (4365)
  2021 Ed. (3460)
  2023 Ed. (1893, 3623)
NXP Semiconductors Austria
  2011 Ed. (1489)
NXP Semiconductors N.V.
  2020 Ed. (3425)
  2021 Ed. (3440)
  2022 Ed. (3498)
NxStage Medical
  2011 Ed. (1832)
NXT GEN Technologies
  2023 Ed. (1706)
NXTbook Media
  2006 Ed. (3023)
  2007 Ed. (3056)
Nxtbook Media
  2014 Ed. (1935)
  2015 Ed. (1982)
  2016 Ed. (1950)
Nxtbook Media LLC
  2010 Ed. (1938)
  2011 Ed. (1991)
  2012 Ed. (1840)

NxTrend
  2001 Ed. (4424)
NxTrend Technology
  2001 Ed. (4425)
NXTsoft
  2023 Ed. (1561)
NxTV
  2009 Ed. (3688)
NY Advance Electric, Inc.
  2019 Ed. (4780)
  2021 Ed. (4765)
NY Brooklyn
  2017 Ed. (737)
NY Brooklyn Bread
  2017 Ed. (739, 740)
  2018 Ed. (680)
  2023 Ed. (901)
N.Y. Central Mutual Fire
  1996 Ed. (2302)
  1997 Ed. (2432)
NY. Marriott, World Trade Center
  1999 Ed. (2798)
NY/NJ Port Authority
  2020 Ed. (4329)
  2021 Ed. (4345)
  2022 Ed. (4351)
Nya Sparbanken
  1994 Ed. (641, 642)
  1995 Ed. (614)
Nya Sparebanken
  1993 Ed. (638)
NYC Employees/Teachers
  1993 Ed. (2786)
NYC Health + Hospitals
  2020 Ed. (4334)
  2021 Ed. (4350)
  2022 Ed. (4356)
NYCB, Home of Nassau Veterans Memorial Coliseum
  2019 Ed. (1013)
  2020 Ed. (998)
NYCB Mortgage Banking
  2018 Ed. (3647)
  2019 Ed. (3636)
NYCB Mortgage Co.
  2016 Ed. (3623)
  2017 Ed. (3586, 3590)
  2018 Ed. (3650)
NYCE
  1989 Ed. (281)
  1990 Ed. (292, 293)
  1991 Ed. (1510)
  1992 Ed. (1910, 1912, 1913)
  1993 Ed. (263)
  1994 Ed. (1606)
  1995 Ed. (352, 1648)
  1996 Ed. (259, 1624)
  1997 Ed. (1704)
  1998 Ed. (1396, 1397)
  1999 Ed. (1954, 1955)
  2000 Ed. (1732)
  2001 Ed. (584, 2185, 2186, 2188, 2189, 3826)
NYCE (New York Switch Corp.)
  1991 Ed. (1509, 1511)
NYCOM Information Services
  1993 Ed. (2010, 3335)
Nycomed
  1996 Ed. (2595)
  1997 Ed. (2745)
  1999 Ed. (3339, 3661)
  2011 Ed. (1926)
Nycomed A
  2000 Ed. (3383)
Nycomed Amersham
  2000 Ed. (3078)
  2001 Ed. (3269)
  2002 Ed. (3543)
Nycomed B
  2000 Ed. (3383)
Nycomed Canada Inc.
  2010 Ed. (1539)
Nycomed/co ad
  1997 Ed. (2746)
Nycomed Pharma AS
  2008 Ed. (3955)
Nycor Inc.
  1997 Ed. (1254)
NYDJ
  2018 Ed. (894)
Nye County, NV
  1999 Ed. (1765)
Nye, NV
  2000 Ed. (1593)
Nyembezi-Heitz; Nonkululeko
  2013 Ed. (4958)
NYFIX Inc.
  2004 Ed. (2826, 4432)
  2005 Ed. (2834)
Nygard International Partnership
  2014 Ed. (3203)
Nygard; Peter
  2005 Ed. (4869)
Nyhus Communications
  2011 Ed. (4132)
  2013 Ed. (4151)
Nyhus Communications LLC
  2023 Ed. (3139)

NYK
  1997 Ed. (1147)
  2009 Ed. (4789)
  2013 Ed. (4732)
  2014 Ed. (4781)
NYK Group
  2015 Ed. (4808)
  2016 Ed. (4711)
  2020 Ed. (2773)
  2021 Ed. (2645)
  2022 Ed. (2773)
Nyk Group Danmark
  2012 Ed. (1457)
  2013 Ed. (1592)
NYK Line
  1992 Ed. (3951)
  1998 Ed. (931, 3293)
  2002 Ed. (4271)
  2003 Ed. (1228, 2426)
  2004 Ed. (1231, 2558)
  2006 Ed. (4813)
  2015 Ed. (4818)
  2016 Ed. (4721)
  2017 Ed. (4738)
  2018 Ed. (4724, 4725, 4726)
  2019 Ed. (4726, 4727)
NYK Line (North America) Inc.
  1993 Ed. (3298)
NYK Logistics
  2007 Ed. (1334, 1335, 2647, 2648)
  2009 Ed. (2834, 2836)
Nykredit
  1996 Ed. (3411)
  1999 Ed. (1599)
  2013 Ed. (419)
  2014 Ed. (438)
  2015 Ed. (492)
  2016 Ed. (446)
  2017 Ed. (464)
  2018 Ed. (427)
  2019 Ed. (435)
  2020 Ed. (423)
  2021 Ed. (443, 456)
  2022 Ed. (458)
  2023 Ed. (641, 642, 676)
Nykredit Group
  2002 Ed. (550)
  2003 Ed. (483)
  2004 Ed. (479)
  2005 Ed. (486)
  2006 Ed. (432)
Nykredit Holding A/S
  2009 Ed. (428)
  2010 Ed. (404)
  2011 Ed. (331)
Nykredit Holding AS
  2000 Ed. (1406)
  2001 Ed. (1680)
Nykredit Kredit Realkreditaktieselskab
  2009 Ed. (428)
  2010 Ed. (404)
Nykredit Realkredit
  2009 Ed. (42)
  2010 Ed. (52)
Nykredit Realkredit Group
  2007 Ed. (430)
  2008 Ed. (404)
  2009 Ed. (429)
  2010 Ed. (405)
  2011 Ed. (332)
Nyla Technology Solutions
  2021 Ed. (1229, 1233, 4543, 4556)
  2022 Ed. (2886, 4549, 4564)
NYLCare
  1998 Ed. (1919)
Nylcare Health Plans of the Midwest Inc.
  1999 Ed. (2653)

NYLife Insurance Co. of Arizona
  2001 Ed. (2935)
  2002 Ed. (2934)
NYLIFE Securities
  2000 Ed. (833, 834, 837, 838, 839, 850, 862, 865, 866)
  2002 Ed. (790, 791, 792, 793, 794)
Nylon
  2001 Ed. (3812)
NYMag.com
  2020 Ed. (3290, 3291)
Nymat Machine Tool Corp.
  2008 Ed. (1984, 4930)
  2009 Ed. (4952)
NYMBLE AGENCY
  2023 Ed. (142)
NYMEX Holdings
  2009 Ed. (2908)
  2010 Ed. (2852)
NYNEX Asset Management Co.
  1996 Ed. (2938)
  1998 Ed. (2758)
NYNEX Business Centers (Atlanta, GA)
  1991 Ed. (1037)
NYNEX-Cellular Phone Business
  1997 Ed. (1237)
Nynex Corp.
  1989 Ed. (1087, 1145, 2161)
  1990 Ed. (918, 1138, 2200, 2782, 2791, 2923, 2924, 3443, 3509, 3510, 3514, 3518)
  1991 Ed. (871, 872, 1329, 2685, 2696, 2776, 2777, 3113, 3284, 3478)
  1992 Ed. (1067, 3260, 3582, 3583, 4063, 4208, 4209, 4210)
  1993 Ed. (821, 2779, 2934, 2935, 3383, 3463, 3514, 3515, 3516)
  1994 Ed. (680, 2754, 2760, 2761, 2763, 2768, 2973, 2974, 3220, 3488, 3489, 3490)
  1995 Ed. (2764, 3439)
  1996 Ed. (864, 1192, 1235, 2547, 2828, 2925, 3501, 3636, 3638, 3647, 3649, 3651)
  1997 Ed. (1306, 2933, 3013, 3020, 3021, 3687, 3689, 3692, 3706, 3835)
  1998 Ed. (568, 1013, 1026, 1029, 2672, 2757, 2769, 2771, 3364, 3471, 3473, 3484, 3487, 3774)
  1999 Ed. (1459, 1460, 3717, 3719, 3729, 3731, 4392, 4542, 4562)
  2000 Ed. (4204)
  2001 Ed. (1335)
NYNEX Mobile
  1989 Ed. (863)
  1991 Ed. (874)
NYNEX Mobile Communications
  1994 Ed. (877)
NYPD Blue
  2003 Ed. (4715, 4716)
Nypro Inc.
  2001 Ed. (2874)
  2004 Ed. (3027)
  2005 Ed. (3040)
  2006 Ed. (3043)
  2007 Ed. (3076)
  2008 Ed. (3217, 4253)
  2009 Ed. (3276, 4069, 4353, 4354)
  2010 Ed. (3201, 3987, 4378, 4379)
  2011 Ed. (3165, 4321)
  2012 Ed. (3121, 4382)
  2013 Ed. (3206)
  2015 Ed. (3281, 4388)
  2016 Ed. (3121)
  2017 Ed. (3062)
  2018 Ed. (3175)
  2019 Ed. (3111)

  2020 Ed. (3138)
  2021 Ed. (3004)
NyproMold Inc.
  2013 Ed. (4055)
  2014 Ed. (3994)
  2015 Ed. (4042)
  2016 Ed. (3954)
NyQuil
  1991 Ed. (991, 992, 995, 996)
  1992 Ed. (1250, 1251, 1254, 1265, 1873)
  1993 Ed. (1007, 1531)
  1994 Ed. (1573)
  1995 Ed. (2898)
  1996 Ed. (1024, 1031)
  1997 Ed. (1043)
  1998 Ed. (788, 789)
  1999 Ed. (1218)
  2000 Ed. (277, 1135)
  2001 Ed. (1310)
  2003 Ed. (1050)
  2008 Ed. (1038)
Nyquil 6 oz.
  1990 Ed. (1540)
Nyquil 10 oz.
  1990 Ed. (1540)
Nyren Scott-Malden
  1999 Ed. (2349)
Nyroop; Kirsten
  1993 Ed. (3445)
NYS Collection Eyewear
  2021 Ed. (4239)
NYS Medical Care Facilities Finance Agency
  1989 Ed. (739)
Nysa Fund
  2020 Ed. (4511)
Nysarc Inc.
  2014 Ed. (4116)
NYSE
  2006 Ed. (4479)
  2018 Ed. (4517)
  2019 Ed. (4511)
  2020 Ed. (4491)
  2021 Ed. (4470, 4471, 4474)
  2023 Ed. (4500, 4501)
NYSE-AMEX
  2012 Ed. (886)
  2013 Ed. (1045)
  2014 Ed. (1009)
NYSE AMEX Options
  2019 Ed. (918)
  2020 Ed. (913)
NYSE-ARCA
  2011 Ed. (972)
  2012 Ed. (886)
  2013 Ed. (1045)
  2014 Ed. (1009)
  2019 Ed. (918)
  2020 Ed. (913)
NYSE Euronext
  2014 Ed. (4550, 4554, 4555, 4556, 4558, 4559, 4560, 4561, 4563)
  2015 Ed. (4548, 4549, 4550, 4551, 4552, 4553, 4555, 4556, 4559, 4560)
NYSE Euronext Inc.
  2010 Ed. (2641, 2703, 4441)
  2011 Ed. (2689, 2828, 2829, 4386)
  2012 Ed. (2455, 2622, 3340, 4426)
  2013 Ed. (2711, 3407)
  2014 Ed. (3405)
NYSE Group
  2009 Ed. (4532)
NYSE Liffe
  2014 Ed. (4557, 4558, 4562)
NYSE Liffe U.S.
  2012 Ed. (884, 885)
  2013 Ed. (1043, 1044)

  2014 Ed. (1008)
  2015 Ed. (1044)
  2016 Ed. (953)
NYSE (U.S.)
  2021 Ed. (4474)
NYTimes.com
  2009 Ed. (837)
  2020 Ed. (3290, 3291, 3293)
Nytol
  1991 Ed. (3136, 3137)
NYTP - New York Technology Partners
  2022 Ed. (2377)
  2023 Ed. (2539)
NYU Langone Health
  2020 Ed. (3039)
  2021 Ed. (45, 2903)
  2023 Ed. (2349, 2350)
NYX
  2017 Ed. (2102)
  2018 Ed. (2061)
  2020 Ed. (3372)
  2021 Ed. (1992)
NYX Butter Gloss
  2020 Ed. (3371)
NYX Cosmetics
  2015 Ed. (2472)
NYX Gaming Group Ltd.
  2019 Ed. (4509)
NYX Inc.
  2009 Ed. (1645)
  2013 Ed. (183)
  2015 Ed. (216)
  2016 Ed. (1790)
  2017 Ed. (1757)
  2018 Ed. (113, 3631)
NYX Matte Finish
  2020 Ed. (2044)
  2021 Ed. (1988)
NYX Micro
  2020 Ed. (2038)
  2021 Ed. (1992)
NYX Professional Cosmetics
  2020 Ed. (3787)
NYX Professional Makeup
  2019 Ed. (3742)
NYX Suede
  2020 Ed. (3372)
NZ Listener
  1989 Ed. (45)
NZ Refining
  2017 Ed. (1849)
NZ Rock Shops
  2015 Ed. (3754)
  2016 Ed. (3662)
  2020 Ed. (3668)
NZ TAB
  2002 Ed. (3078)
NZC Guggenheim Total Return Strategy
  2012 Ed. (2822)
NZI Bank
  1992 Ed. (805)
  1993 Ed. (598)
NZI Corp.
  1990 Ed. (3470)
  1991 Ed. (2594, 2595)
NZI Merchant Bank
  1992 Ed. (3025)
NZone Sports of America
  2015 Ed. (4017)
NZPM Group
  2015 Ed. (1924)
NZS
  2023 Ed. (3596)

formation can be obtained
ICGtesting.com
in the USA
062203131022
37BV00004B/26